CLT
— Acadêmica e Profissional —

MAURICIO GODINHO DELGADO
GABRIELA NEVES DELGADO
Organizadores

— Acadêmica e Profissional —

2307

EDITORA LTDA.

© Todos os direitos reservados

Rua Jaguaribe, 571
CEP 01224-003
São Paulo, SP — Brasil
Fone (11) 2167-1101
www.ltr.com.br
1ª edição: setembro, 2016

Fechamento desta edição: 31.07.2016

Versão impressa — LTr 5487.1 — ISBN 978-85-361-9020-4

Dados Internacionais de Catalogação na Publicação (CIP)
(Câmara Brasileira do Livro, SP, Brasil)

CLT — Acadêmica e Profissional / Mauricio Godinho Delgado, Gabriela Neves Delgado, organizadores. — São Paulo : LTr, 2016.

Bibliografia

1. Direito do trabalho — Brasil 2. Justiça do trabalho — Brasil 3. Trabalho — Leis e legislação — Brasil I. Delgado, Maurício Godinho. II. Delgado, Gabriela Neves.

16.06855 CDU-34:331(81)(094)

Índice para catálogo sistemático:
1. Brasil : CLT universitária 34:331(81)(094)
2. Brasil : Consolidação das Leis do Trabalho:
 Direito do trabalho 34:331(81)(094)
3. Brasil : Leis trabalhistas 34:331(81)(094)

APRESENTAÇÃO

A obra **CLT — Acadêmica e Profissional** apresenta o texto normativo da Consolidação das Leis do Trabalho referenciado às normas jurídicas constitucionais, às normas convencionais da OIT ratificadas pelo Brasil e aos preceitos da legislação trabalhista suplementares à Consolidação, além de normas da legislação brasileira geral ou especial aplicáveis ao Direito do Trabalho e ao Direito Processual do Trabalho.

De maneira lógica, sistemática e essencialmente prática, esta **CLT — Acadêmica e Profissional** agrega, ainda, a cada preceito normativo da Consolidação, os verbetes sumulares dos Tribunais Superiores correspondentes ao Direito Material e Processual do Trabalho do País.

Com isso, o livro busca viabilizar consulta segura, ágil e racional dos dispositivos colacionados, quer por parte dos Acadêmicos do Direito, quer por parte dos mais diversos profissionais da área jurídica trabalhista (Magistrados, Membros do Ministério Público, da Advocacia Pública e da Defensoria Pública, Professores, Advogados Públicos e Privados, Consultores Jurídicos de Instituições e Empresas, Assessores, Assistentes e demais Servidores Públicos e toda a notável gama de operadores consistentes e zelosos do Direito).

Na perspectiva da legislação, foi estruturada coletânea normativa em torno dos diversos artigos integrantes da Consolidação das Leis do Trabalho, considerados três eixos jurídicos: o constitucional, o internacional ratificado (Convenções da OIT) e o infraconstitucional (legislação trabalhista suplementar à CLT e legislação não trabalhista, mas também aplicável à área material e processual do trabalho).

A coletânea referencial aos artigos componentes da CLT se completa com as correspondentes súmulas, orientações jurisprudenciais e precedentes normativos do Tribunal Superior do Trabalho (TST), além das súmulas do Supremo Tribunal Federal (STF) e súmulas do Superior Tribunal de Justiça (STJ) que sejam afetas à área material e processual trabalhista.

Aos Organizadores desta obra coube a elaboração do projeto do livro, a estruturação, identificação e aplicação da metodologia adequada para a sistematização e unificação de todo o repositório normativo, a seleção do referencial normativo e sumular de interesse do campo jurídico material e processual trabalhista, além da contínua análise e reavaliação do caráter lógico, sistemático e *prático* da obra organizada.

Registre-se que este projeto recebeu importante suporte operacional e técnico da Assistente de Pesquisa Jurídica e de Informática, *Valéria de Oliveira Dias*. O agradecimento a ela, por parte dos Organizadores da obra, é profundo e sempre será enfatizado.

Os Organizadores também agradecem à *LTr Editora*, na pessoa de seu Diretor-Responsável, Armando Casimiro Costa Filho, pelo estímulo e suporte editoriais imprescindíveis. Agradecem também à Sonia Regina Claro pela competente e prestimosa editoração técnica da obra.

Brasília, julho de 2016.
Mauricio Godinho Delgado
Gabriela Neves Delgado
(Organizadores)

SUMÁRIO

CONSTITUIÇÃO FEDERAL DE 1988

Índice Sistemático da Constituição Federal de 1988 ... 9
Constituição da República Federativa do Brasil de 1988 ... 11
Ato das Disposições Constitucionais Transitórias — ADCT ... 74
Emendas Constitucionais .. 91

CONSOLIDAÇÃO DAS LEIS DO TRABALHO — CLT

Índice Sistemático da Consolidação das Leis do Trabalho ... 107
Consolidação das Leis do Trabalho .. 111

CONSTITUIÇÃO DA ORGANIZAÇÃO INTERNACIONAL DO TRABALHO E SEU ANEXO (DECLARAÇÃO DE FILADÉLFIA) E CONVENÇÕES DA OIT RATIFICADAS PELO BRASIL

Índice númerico das convenções da OIT Ratificadas pelo Brasil .. 703
Constituição da OIT e Seu Anexo (Declaração de Filadélfia) ... 708
Convenções da OIT Ratificadas pelo Brasil .. 709

CÓDIGO CIVIL DE 2002 (Excertos Pertinentes à Área Trabalhista)

Índice Sistemático do Código de Processo Civil de 2002 ... 821
Código de Processo Civil de 2002 (Excertos Pertinentes à Área Trabalhista) 825

CÓDIGO DE PROCESSO CIVIL — CPC

Índice Sistemático do Código de Processo Civil de 1973 ... 837
Código de Processo Civil de 1973 ... 843
Exposição de Motivos do Código de Processo Civil de 1973 ... 927
Índice Sistemático do Código de Processo Civil de 2015 ... 937
Código de Processo Civil de 2015 ... 945

LEGISLAÇÃO COMPLEMENTAR À CLT

Índice Cronológico da Legislação Complementar à CLT (Leis e Decretos) 1045
Legislação Complementar à CLT (Leis e Decretos) ... 1057
Índice Cronológico de Atos Normativos do Ministérios do Trabalho (Isolados ou em conjunto com outros órgãos)
Atos Normativos do Ministérios do Trabalho (Isolados ou em conjunto com outros órgãos) 1492
Regimento Interno do Tribunal Superior do Trabalho — TST .. 1673
Atos Normativos do Tribunal Superior do Trabalho — TST ... 1626
Consolidação dos Provimentos da Corregedoria-Geral da Justiça do Trabalho 1236
Atos Normativos do Conselho Superior da Justiça do Trabalho (CSJT) 1603

SÚMULAS DOS TRIBUNAIS SUPERIORES AFETAS À ÁREA TRABALHISTA

SÚMULAS DO SUPREMO TRIBUNAL FEDERAL (STF) AFETAS À ÁREA TRABALHISTA

Súmulas Vinculantes do STF ... 1701
Súmulas do STF afetas à área trabalhista .. 1702

SÚMULAS, ORIENTAÇÕES JURISPRUDENCIAIS E PRECEDENTES NORMATIVOS DO TRIBUNAL SUPERIOR DO TRABALHO (TST)

Súmulas do TST ... 1708

ORIENTAÇÕES JURISPRUDENCIAIS (OJS) DO TST

OJs do Tribunal Pleno .. 1736
OJs da Seção de Dissídios Individuais 1 — SDI-1 ... 1737
OJs Transitórias da Seção de Dissídios Individuais 1 — SD1 ... 1756
OJs da Seção de Dissídios Coletivos — SDC .. 1769
Precedentes Normativos (PNs) da Seção de Dissídios Coletivos — SDC 1771

SÚMULAS DO SUPERIOR TRIBUNAL DE JUSTIÇA (STJ) AFETAS À ÁREA TRABALHISTA

Súmulas do STJ afetas à área trabalhista .. 1774

ÍNDICE CRONOLÓGICO AO FINAL DESTA OBRA

Índice cronológico da legislação complementar à CLT (Leis e Decretos) 1045
Índice cronológico de Atos Normativos do Ministério do Trabalho (isolados ou em conjunto com outros órgãos) 1050
Índice cronológico de Atos Normativos do Tribunal Superior do Trabalho (TST) e do Conselho Superior da Justiça do Trabalho (CSJT) ... 1054

RELAÇÃO DE ÍNDICES COMPONENTES DESTA OBRA:

Índice cronológico da legislação complementar à CLT (Leis e Decretos)	1045
Índice cronológico da atos normativos do Ministério do Trabalho (isolados ou em conjunto com outros órgãos)	1050
Índice cronológico da atos normativos do Tribunal Superior do Trabalho (TST) e do Conselho Superior da Justiça do Trabalho (CSJT)	1054
Índice Númerico das Convenções da OIT ratificadas pelo Brasil	703
Índice Sistemático da Constituição Federal de 1988	9
Índice Sistemático da Consolidação das Leis do Trabalho	107
Índice Sistemático da Código Civil de 2002	821
Índice Sistemático da Código de Processo Civil de 1973	837
Índice Sistemático da Código de Processo Civil de 2015	937

ÍNDICE SISTEMÁTICO DA CONSTITUIÇÃO FEDERAL DE 1988

PREÂMBULO .. 11

Título I
Dos Princípios Fundamentais

Arts. 1º a 4º .. 11

Título II
Dos Direitos e Garantias Fundamentais

Capítulo I — Dos Direitos e Deveres Individuais e Coletivos (Art. 5º) .. 11
Capítulo II — Dos Direitos Sociais (Arts. 6º a 11) ... 13
Capítulo III — Da Nacionalidade (Arts. 12 e 13) ... 15
Capítulo IV — Dos Direitos Políticos (Arts. 14 a 16) .. 15
Capítulo V — Dos Partidos Políticos (Art. 17) .. 16

Título III
Da Organização do Estado

Capítulo I — Da Organização Político-Administrativa (Arts. 18 e 19) .. 16
Capítulo II — Da União (Arts. 20 a 24) ... 16
Capítulo III — Dos Estados Federados (Arts. 25 a 28) .. 19
Capítulo IV — Dos Municípios (Arts. 29 a 31) .. 19
Capítulo V — Do Distrito Federal e dos Territórios .. 21
 Seção I — Do Distrito Federal (Art. 32) ... 21
 Seção II — Dos Territórios (Art. 33) ... 21
Capítulo VI — Da Intervenção (Arts. 34 a 36) .. 22
Capítulo VII — Da Administração Pública .. 22
 Seção I — Disposições Gerais (Arts. 37 e 38) .. 22
 Seção II — Dos Servidores Públicos (Arts. 39 a 41) ... 24
 Seção III — Dos Militares dos Estados, do Distrito Federal e dos Territórios (Art. 42) 26
 Seção IV — Das Regiões (Art. 43) .. 26

Título IV
Da Organização dos Poderes

Capítulo I — Do Poder Legislativo .. 26
 Seção I — Do Congresso Nacional (Arts. 44 a 47) ... 26
 Seção II — Das Atribuições do Congresso Nacional (Arts. 48 a 50) 27
 Seção III — Da Câmara dos Deputados (Art. 51) ... 28
 Seção IV — Do Senado Federal (Art. 52) ... 28
 Seção V — Dos Deputados e dos Senadores (Arts. 53 a 56) .. 28
 Seção VI — Das Reuniões (Art. 57) .. 29
 Seção VII — Das Comissões (Art. 58) .. 30
 Seção VIII — Do Processo Legislativo .. 30
 Subseção I — Disposição Geral (Art. 59) ... 30
 Subseção II — Da Emenda à Constituição (Art. 60) .. 30
 Subseção III — Das Leis (Arts. 61 a 69) .. 30
 Seção IX — Da Fiscalização Contábil, Financeira e Orçamentária (Arts. 70 a 75) 32
Capítulo II — Do Poder Executivo .. 33
 Seção I — Do Presidente e do Vice-Presidente da República (Arts. 76 a 83) 33
 Seção II — Das Atribuições do Presidente da República (Art. 84) 34
 Seção III — Da Responsabilidade do Presidente da República (Arts. 85 e 86) 34
 Seção IV — Dos Ministros de Estado (Arts. 87 a 88) ... 35
 Seção V — Do Conselho da República e do Conselho de Defesa Nacional 35
 Subseção I — Do Conselho da República (Arts. 89 e 90) ... 35
 Subseção II — Do Conselho de Defesa Nacional (Art. 91) ... 35
Capítulo III — Do Poder Judiciário .. 35
 Seção I — Disposições Gerais (Arts. 92 a 100) .. 35
 Seção II — Do Supremo Tribunal Federal (Arts. 101 a 103) .. 39
 Seção III — Do Superior Tribunal de Justiça (Arts. 104 e 105) .. 41

ÍNDICE SISTEMÁTICO DA CONSTITUIÇÃO FEDERAL/1988

Seção IV — Dos Tribunais Regionais Federais e dos Juízes Federais (Arts. 106 a 110)	42
Seção V — Dos Tribunais e Juízes do Trabalho (Arts. 111 a 117)	43
Seção VI — Dos Tribunais e Juízes Eleitorais (Arts. 118 a 121)	44
Seção VII — Dos Tribunais e Juízes Militares (Arts. 122 a 124)	44
Seção VIII — Dos Tribunais e Juízes dos Estados (Arts. 125 e 126)	44
Capítulo IV — Das Funções Essenciais à Justiça	45
Seção I — Do Ministério Público (Arts. 127 a 130)	45
Seção II — Da Advocacia Pública (Arts. 131 e 132)	47
Seção III — Da Advocacia (Art. 133)	47
Seção IV — Da Defensória Pública (Arts. 134 a 135)	47

Título V
Da Defesa do Estado e das Instituições Democráticas

Capítulo I — Do Estado de Defesa e do Estado de Sítio	47
Seção I — Do Estado de Defesa (Art. 136)	47
Seção II — Do Estado de Sítio (Arts. 137 a 139)	48
Seção III — Disposições Gerais (Arts. 140 e 141)	48
Capítulo II — Das Forças Armadas (Arts. 142 a 143)	48
Capítulo III — Da Segurança Pública (Art. 144)	49

Título VI
Da Tributação e do Orçamento

Capítulo I — Do Sistema Tributário Nacional	50
Seção I — Dos Princípios Gerais (Arts. 145 a 149)	50
Seção II — Das Limitações do Poder De Tributar (Arts. 150 a 152)	51
Seção III — Dos Impostos da União (Arts. 153 e 154)	52
Seção IV — Dos Impostos dos Estados e do Distrito Federal (Art. 155)	53
Seção V — Dos Impostos dos Municípios (Art. 156)	54
Seção VI — Da Repartição das Receitas Tributárias (Arts. 157 a 162)	55
Capítulo II — Das Finanças Públicas	55
Seção I — Normas Gerais (Arts. 163 e 164)	55
Seção II — Dos Orçamentos (Arts. 165 a 169)	55

Título VII
Da Ordem Econômica e Financeira

Capítulo I — Dos Princípios Gerais da Atividade Econômica (Arts. 170 a 181)	58
Capítulo II — Da Política Urbana (Arts. 182 e 183)	60
Capítulo III — Da Política Agrícola e Fundiária e da Reforma Agrária (Arts. 184 a 191)	60
Capítulo IV — Do Sistema Financeiro Nacional (Art. 192)	61

Título VIII
Da Ordem Social

Capítulo I — Disposição Geral (Art. 193)	61
Capítulo II — Da Seguridade Social	61
Seção I — Disposições Gerais (Arts. 194 e 195)	61
Seção II — Da Saúde (Arts. 196 a 200)	62
Seção III — Da Previdência Social (Arts. 201 e 202)	63
Seção IV — Da Assistência Social (Arts. 203 e 204)	64
Capítulo III — Da Educação, da Cultura e do Desporto	64
Seção I — Da Educação (Arts. 205 a 214)	64
Seção II — Da Cultura (Arts. 215 e 216)	66
Seção III — Do Desporto (Art. 217)	67
Capítulo IV — Da Ciência e Tecnologia (Arts. 218 e 219)	67
Capítulo V — Da Comunicação Social (Arts. 220 a 224)	68
Capítulo VI — Do Meio Ambiente (Art. 225)	68
Capítulo VII — Da Família, da Criança, do Adolescente e do Idoso (Arts. 226 a 230)	69
Capítulo VIII — Dos Índios (Arts. 231 e 232)	70

Título IX
Das Disposições Constitucionais Gerais

Arts. 233 a 250	70

Ato das Disposições Constitucionais Transitórias

Arts. 1º a 97	74

CONSTITUIÇÃO DA REPÚBLICA FEDERATIVA DO BRASIL DE 1988

PREÂMBULO

Nós, representantes do povo brasileiro, reunidos em Assembleia Nacional Constituinte para instituir um Estado democrático, destinado a assegurar o exercício dos direitos sociais e individuais, a liberdade, a segurança, o bem-estar, o desenvolvimento, a igualdade e a justiça como valores supremos de uma sociedade fraterna, pluralista e sem preconceitos, fundada na harmonia social e comprometida, na ordem interna e internacional, com a solução pacífica das controvérsias, promulgamos, sob a proteção de Deus, a seguinte Constituição da República Federativa do Brasil.

TÍTULO I
DOS PRINCÍPIOS FUNDAMENTAIS

Art. 1º A República Federativa do Brasil, formada pela união indissolúvel dos Estados e Municípios e do Distrito Federal, constitui-se em Estado democrático de direito e tem como fundamentos:

I — a soberania;
II — a cidadania;
III — a dignidade da pessoa humana;
IV — os valores sociais do trabalho e da livre-iniciativa;
V — o pluralismo político.
Parágrafo único. Todo o poder emana do povo, que o exerce por meio de representantes eleitos ou diretamente, nos termos desta Constituição.

Art. 2º São Poderes da União, independentes e harmônicos entre si, o Legislativo, o Executivo e o Judiciário.

Art. 3º Constituem objetivos fundamentais da República Federativa do Brasil:

I — construir uma sociedade livre, justa e solidária;
II — garantir o desenvolvimento nacional;
III — erradicar a pobreza e a marginalização e reduzir as desigualdades sociais e regionais;
IV — promover o bem de todos, sem preconceitos de origem, raça, sexo, cor, idade e quaisquer outras formas de discriminação.

Art. 4º A República Federativa do Brasil rege-se nas suas relações internacionais pelos seguintes princípios:

I — independência nacional;
II — prevalência dos direitos humanos;
III — autodeterminação dos povos;
IV — não-intervenção;
V — igualdade entre os Estados;
VI — defesa da paz;
VII — solução pacífica dos conflitos;
VIII — repúdio ao terrorismo e ao racismo;
IX — cooperação entre os povos para o progresso da humanidade;
X — concessão de asilo político.
Parágrafo único. A República Federativa do Brasil buscará a integração econômica, política, social e cultural dos povos da América Latina, visando à formação de uma comunidade latino-americana de nações.

TÍTULO II
DOS DIREITOS E GARANTIAS FUNDAMENTAIS

CAPÍTULO I
DOS DIREITOS E DEVERES INDIVIDUAIS E COLETIVOS

Art. 5º Todos são iguais perante a lei, sem distinção de qualquer natureza, garantindo-se aos brasileiros e aos estrangeiros residentes no País a inviolabilidade do direito à vida, à liberdade, à igualdade, à segurança e à propriedade, nos termos seguintes:

I — homens e mulheres são iguais em direitos e obrigações, nos termos desta Constituição;
II — ninguém será obrigado a fazer ou deixar de fazer alguma coisa senão em virtude de lei;
III — ninguém será submetido a tortura nem a tratamento desumano ou degradante;
IV — é livre a manifestação do pensamento, sendo vedado o anonimato;
V — é assegurado o direito de resposta, proporcional ao agravo, além da indenização por dano material, moral ou à imagem;
VI — é inviolável a liberdade de consciência e de crença, sendo assegurado o livre exercício dos cultos religiosos e garantida, na forma da lei, a proteção aos locais de culto e a suas liturgias;
VII — é assegurada, nos termos da lei, a prestação de assistência religiosa nas entidades civis e militares de internação coletiva;
VIII — ninguém será privado de direitos por motivo de crença religiosa ou de convicção filosófica ou política, salvo se as invocar para eximir-se de obrigação legal a todos imposta e recusar-se a cumprir prestação alternativa, fixada em lei;
IX — é livre a expressão da atividade intelectual, artística, científica e de comunicação, independentemente de censura ou licença;
X — são invioláveis a intimidade, a vida privada, a honra e a imagem das pessoas, assegurado o direito a indenização pelo dano material ou moral decorrente de sua violação;
XI — a casa é asilo inviolável do indivíduo, ninguém nela podendo penetrar sem consentimento do morador, salvo em caso de flagrante delito ou desastre, ou para prestar socorro, ou, durante o dia, por determinação judicial;
XII — é inviolável o sigilo da correspondência e das comunicações telegráficas, de dados e das comunicações telefônicas, salvo, no último caso, por ordem judicial, nas hipóteses e na forma que a lei estabelecer para fins de investigação criminal ou instrução processual penal;
XIII — é livre o exercício de qualquer trabalho, ofício ou profissão, atendidas as qualificações profissionais que a lei estabelecer;
XIV — é assegurado a todos o acesso à informação e resguardado o sigilo da fonte, quando necessário ao exercício profissional;

XV — é livre a locomoção no território nacional em tempo de paz, podendo qualquer pessoa, nos termos da lei, nele entrar, permanecer ou dele sair com seus bens;

XVI — todos podem reunir-se pacificamente, sem armas, em locais abertos ao público, independentemente de autorização, desde que não frustrem outra reunião anteriormente convocada para o mesmo local, sendo apenas exigido prévio aviso à autoridade competente;

XVII — é plena a liberdade de associação para fins lícitos, vedada a de caráter paramilitar;

XVIII — a criação de associações e, na forma da lei, a de cooperativas independem de autorização, sendo vedada a interferência estatal em seu funcionamento;

XIX — as associações só poderão ser compulsoriamente dissolvidas ou ter suas atividades suspensas por decisão judicial, exigindo-se, no primeiro caso, o trânsito em julgado;

XX — ninguém poderá ser compelido a associar-se ou a permanecer associado;

XXI — as entidades associativas, quando expressamente autorizadas, têm legitimidade para representar seus filiados judicial ou extrajudicialmente;

XXII — é garantido o direito de propriedade;

XXIII — a propriedade atenderá a sua função social;

XXIV — a lei estabelecerá o procedimento para desapropriação por necessidade ou utilidade pública, ou por interesse social, mediante justa e prévia indenização em dinheiro, ressalvados os casos previstos nesta Constituição;

XXV — no caso de iminente perigo público, a autoridade competente poderá usar de propriedade particular, assegurada ao proprietário indenização ulterior, se houver dano;

XXVI — a pequena propriedade rural, assim definida em lei, desde que trabalhada pela família, não será objeto de penhora para pagamento de débitos decorrentes de sua atividade produtiva, dispondo a lei sobre os meios de financiar o seu desenvolvimento;

XXVII — aos autores pertence o direito exclusivo de utilização, publicação ou reprodução de suas obras, transmissível aos herdeiros pelo tempo que a lei fixar;

XXVIII — são assegurados, nos termos da lei:

a) a proteção às participações individuais em obras coletivas e à reprodução da imagem e voz humanas, inclusive nas atividades desportivas;

b) o direito de fiscalização do aproveitamento econômico das obras que criarem ou de que participarem aos criadores, aos intérpretes e às respectivas representações sindicais e associativas;

XXIX — a lei assegurará aos autores de inventos industriais privilégio temporário para sua utilização, bem como proteção às criações industriais, à propriedade das marcas, aos nomes de empresas e a outros signos distintivos, tendo em vista o interesse social e o desenvolvimento tecnológico e econômico do País;

XXX — é garantido o direito de herança;

XXXI — a sucessão de bens de estrangeiros situados no País será regulada pela lei brasileira em benefício do cônjuge ou dos filhos brasileiros, sempre que não lhes seja mais favorável a lei pessoal do *de cujus*;

XXXII — o Estado promoverá, na forma da lei, a defesa do consumidor;

XXXIII — todos têm direito a receber dos órgãos públicos informações de seu interesse particular, ou de interesse coletivo ou geral, que serão prestadas no prazo da lei, sob pena de responsabilidade, ressalvadas aquelas cujo sigilo seja imprescindível à segurança da sociedade e do Estado;

XXXIV — são a todos assegurados, independentemente do pagamento de taxas:

a) o direito de petição aos poderes públicos em defesa de direitos ou contra ilegalidade ou abuso de poder;

b) a obtenção de certidões em repartições públicas, para defesa de direitos e esclarecimento de situações de interesse pessoal;

XXXV — a lei não excluirá da apreciação do Poder Judiciário lesão ou ameaça a direito;

XXXVI — a lei não prejudicará o direito adquirido, o ato jurídico perfeito e a coisa julgada;

XXXVII — não haverá juízo ou tribunal de exceção;

XXXVIII — é reconhecida a instituição do júri, com a organização que lhe der a lei, assegurados:

a) a plenitude de defesa;

b) o sigilo das votações;

c) a soberania dos veredictos;

d) a competência para o julgamento dos crimes dolosos contra a vida;

XXXIX — não há crime sem lei anterior que o defina, nem pena sem prévia cominação legal;

XL — a lei penal não retroagirá, salvo para beneficiar o réu;

XLI — a lei punirá qualquer discriminação atentatória dos direitos e liberdades fundamentais;

XLII — a prática do racismo constitui crime inafiançável e imprescritível, sujeito à pena de reclusão, nos termos da lei;

XLIII — a lei considerará crimes inafiançáveis e insuscetíveis de graça ou anistia a prática da tortura, o tráfico ilícito de entorpecentes e drogas afins, o terrorismo e os definidos como crimes hediondos, por eles respondendo os mandantes, os executores e os que, podendo evitá-los, se omitirem;

XLIV — constitui crime inafiançável e imprescritível a ação de grupos armados, civis ou militares, contra a ordem constitucional e o Estado democrático;

XLV — nenhuma pena passará da pessoa do condenado, podendo a obrigação de reparar o dano e a decretação do perdimento de bens ser, nos termos da lei, estendidas aos sucessores e contra eles executadas, até o limite do valor do patrimônio transferido;

XLVI — a lei regulará a individualização da pena e adotará, entre outras, as seguintes:

a) privação ou restrição da liberdade;

b) perda de bens;

c) multa;

d) prestação social alternativa;

e) suspensão ou interdição de direitos;

XLVII — não haverá penas:

a) de morte, salvo em caso de guerra declarada, nos termos do art. 84, XIX;

b) de caráter perpétuo;

c) de trabalhos forçados;

d) de banimento;

e) cruéis;

XLVIII — a pena será cumprida em estabelecimentos distintos, de acordo com a natureza do delito, a idade e o sexo do apenado;

XLIX — é assegurado aos presos o respeito à integridade física e moral;

L — às presidiárias serão asseguradas condições para que possam permanecer com seus filhos durante o período de amamentação;

LI — nenhum brasileiro será extraditado, salvo o naturalizado, em caso de crime comum, praticado antes da naturalização, ou de comprovado envolvimento em tráfico ilícito de entorpecentes e drogas afins, na forma da lei;

LII — não será concedida extradição de estrangeiro por crime político ou de opinião;

LIII — ninguém será processado nem sentenciado senão pela autoridade competente;

LIV — ninguém será privado da liberdade ou de seus bens sem o devido processo legal;

LV — aos litigantes, em processo judicial ou administrativo, e aos acusados em geral são assegurados o contraditório e a ampla defesa, com os meios e recursos a ela inerentes;

LVI — são inadmissíveis, no processo, as provas obtidas por meios ilícitos;

LVII — ninguém será considerado culpado até o trânsito em julgado de sentença penal condenatória;

LVIII — o civilmente identificado não será submetido a identificação criminal, salvo nas hipóteses previstas em lei;

LIX — será admitida ação privada nos crimes de ação pública, se esta não for intentada no prazo legal;

LX — a lei só poderá restringir a publicidade dos atos processuais quando a defesa da intimidade ou o interesse social o exigirem;

LXI — ninguém será preso senão em flagrante delito ou por ordem escrita e fundamentada de autoridade judiciária competente, salvo nos casos de transgressão militar ou crime propriamente militar, definidos em lei;

LXII — a prisão de qualquer pessoa e o local onde se encontre serão comunicados imediatamente ao juiz competente e à família do preso ou à pessoa por ele indicada;

LXIII — o preso será informado de seus direitos, entre os quais o de permanecer calado, sendo-lhe assegurada a assistência da família e de advogado;

LXIV — o preso tem direito à identificação dos responsáveis por sua prisão ou por seu interrogatório policial;

LXV — a prisão ilegal será imediatamente relaxada pela autoridade judiciária;

LXVI — ninguém será levado à prisão ou nela mantido quando a lei admitir a liberdade provisória, com ou sem fiança;

LXVII — não haverá prisão civil por dívida, salvo a do responsável pelo inadimplemento voluntário e inescusável de obrigação alimentícia e a do depositário infiel;

LXVIII — conceder-se-á *habeas corpus* sempre que alguém sofrer ou se achar ameaçado de sofrer violência ou coação em sua liberdade de locomoção, por ilegalidade ou abuso de poder;

LXIX — conceder-se-á mandado de segurança para proteger direito líquido e certo, não amparado por *habeas corpus* ou *habeas data*, quando o responsável pela ilegalidade ou abuso de poder for autoridade pública ou agente de pessoa jurídica no exercício de atribuições do poder público;

LXX — o mandado de segurança coletivo pode ser impetrado por:

a) partido político com representação no Congresso Nacional;

b) organização sindical, entidade de classe ou associação legalmente constituída e em funcionamento há pelo menos um ano, em defesa dos interesses de seus membros ou associados;

LXXI — conceder-se-á mandado de injunção sempre que a falta de norma regulamentadora torne inviável o exercício dos direitos e liberdades constitucionais e das prerrogativas inerentes à nacionalidade, à soberania e à cidadania;

LXXII — conceder-se-á *habeas data*:

a) para assegurar o conhecimento de informações relativas à pessoa do impetrante, constantes de registros ou bancos de dados de entidades governamentais ou de caráter público;

b) para a retificação de dados, quando não se prefira fazê-lo por processo sigiloso, judicial ou administrativo;

LXXIII — qualquer cidadão é parte legítima para propor ação popular que vise a anular ato lesivo ao patrimônio público ou de entidade de que o Estado participe, à moralidade administrativa, ao meio ambiente e ao patrimônio histórico e cultural, ficando o autor, salvo comprovada má-fé, isento de custas judiciais e do ônus da sucumbência;

LXXIV — o Estado prestará assistência jurídica integral e gratuita aos que comprovarem insuficiência de recursos;

LXXV — o Estado indenizará o condenado por erro judiciário, assim como o que ficar preso além do tempo fixado na sentença;

LXXVI — são gratuitos para os reconhecidamente pobres, na forma da lei:

a) o registro civil de nascimento;

b) a certidão de óbito;

LXXVII — são gratuitas as ações de *habeas corpus* e *habeas data*, e, na forma da lei, os atos necessários ao exercício da cidadania.

LXXVIII — a todos, no âmbito judicial e administrativo, são assegurados a razoável duração do processo e os meios que garantam a celeridade de sua tramitação. *(Inciso acrescido pela Emenda Constitucional n. 45, de 2004)*

§ 1º As normas definidoras dos direitos e garantias fundamentais têm aplicação imediata.

§ 2º Os direitos e garantias expressos nesta Constituição não excluem outros decorrentes do regime e dos princípios por ela adotados, ou dos tratados internacionais em que a República Federativa do Brasil seja parte.

§ 3º Os tratados e convenções internacionais sobre direitos humanos que forem aprovados, em cada Casa do Congresso Nacional, em dois turnos, por três quintos dos votos dos respectivos membros, serão equivalentes às emendas constitucionais. *(Parágrafo acrescido pela Emenda Constitucional n. 45, de 2004)*

§ 4º O Brasil se submete à jurisdição de Tribunal Penal Internacional a cuja criação tenha manifestado adesão. *(Parágrafo acrescido pela Emenda Constitucional n. 45, de 2004)*

CAPÍTULO II
DOS DIREITOS SOCIAIS

Art. 6º São direitos sociais a educação, a saúde, a alimentação, o trabalho, a moradia, o transporte, o lazer, a segurança, a previdência social, a proteção à maternidade e à infância, a assistência aos desamparados, na forma desta Constituição. *(Artigo com redação dada pela Emenda Constitucional n. 90, de 2015)*

Art. 7º São direitos dos trabalhadores urbanos e rurais, além de outros que visem à melhoria de sua condição social:

I — relação de emprego protegida contra despedida arbitrária ou sem justa causa, nos termos de lei complementar, que preverá indenização compensatória, dentre outros direitos;

II — seguro-desemprego, em caso de desemprego involuntário;

III — fundo de garantia do tempo de serviço;

IV — salário mínimo, fixado em lei, nacionalmente unificado, capaz de atender às suas necessidades vitais básicas e às de sua família com moradia, alimentação, educação, saúde, lazer, vestuário, higiene, transporte e previdência social, com reajustes periódicos que lhe preservem o poder aquisitivo, sendo vedada sua vinculação para qualquer fim;

V — piso salarial proporcional à extensão e à complexidade do trabalho;

VI — irredutibilidade do salário, salvo o disposto em convenção ou acordo coletivo;

VII — garantia de salário, nunca inferior ao mínimo, para os que percebem remuneração variável;

VIII — décimo terceiro salário com base na remuneração integral ou no valor da aposentadoria;

X — remuneração do trabalho noturno superior à do diurno;

X — proteção do salário na forma da lei, constituindo crime sua retenção dolosa;

XI — participação nos lucros, ou resultados, desvinculada da remuneração, e, excepcionalmente, participação na gestão da empresa, conforme definido em lei;

XII — salário-família pago em razão do dependente do trabalhador de baixa renda nos termos da lei; *(Inciso com redação dada pela Emenda Constitucional n. 20, de 1998)*

XIII — duração do trabalho normal não superior a oito horas diárias e quarenta e quatro semanais, facultada a compensação de horários e a redução da jornada, mediante acordo ou convenção coletiva de trabalho;

XIV — jornada de seis horas para o trabalho realizado em turnos ininterruptos de revezamento, salvo negociação coletiva;

XV — repouso semanal remunerado, preferencialmente aos domingos;

XVI — remuneração do serviço extraordinário superior, no mínimo, em cinquenta por cento à do normal;

XVII — gozo de férias anuais remuneradas com, pelo menos, um terço a mais do que o salário normal;

XVIII — licença à gestante, sem prejuízo do emprego e do salário, com a duração de cento e vinte dias;

XIX — licença-paternidade, nos termos fixados em lei;

XX — proteção do mercado de trabalho da mulher, mediante incentivos específicos, nos termos da lei;

XXI — aviso prévio proporcional ao tempo de serviço, sendo no mínimo de trinta dias, nos termos da lei;

XXII — redução dos riscos inerentes ao trabalho, por meio de normas de saúde, higiene e segurança;

XXIII — adicional de remuneração para as atividades penosas, insalubres ou perigosas, na forma da lei;

XXIV — aposentadoria;

XXV — assistência gratuita aos filhos e dependentes desde o nascimento até 5 (cinco) anos de idade em creches e pré-escolas; *(Inciso com redação dada pela Emenda Constitucional n. 53, de 2006)*

XXVI — reconhecimento das convenções e acordos coletivos de trabalho;

XXVII — proteção em face da automação, na forma da lei;

XXVIII — seguro contra acidentes de trabalho, a cargo do empregador, sem excluir a indenização a que este está obrigado, quando incorrer em dolo ou culpa;

XXIX — ação, quanto aos créditos resultantes das relações de trabalho, com prazo prescricional de cinco anos para os trabalhadores urbanos e rurais, até o limite de dois anos após a extinção do contrato de trabalho; *(Inciso com redação dada pela Emenda Constitucional n. 28, de 2000)*

a) *(Alínea revogada pela Emenda Constitucional n. 28, de 2000)*

b) *(Alínea revogada pela Emenda Constitucional n. 28, de 2000)*

XXX — proibição de diferença de salários, de exercício de funções e de critério de admissão por motivo de sexo, idade, cor ou estado civil;

XXXI — proibição de qualquer discriminação no tocante a salário e critérios de admissão do trabalhador portador de deficiência;

XXXII — proibição de distinção entre trabalho manual, técnico e intelectual ou entre os profissionais respectivos;

XXXIII — proibição de trabalho noturno, perigoso ou insalubre a menores de dezoito e de qualquer trabalho a menores de dezesseis anos, salvo na condição de aprendiz, a partir de quatorze anos; *(Inciso com redação dada pela Emenda Constitucional n. 20, de 1998)*

XXXIV — igualdade de direitos entre o trabalhador com vínculo empregatício permanente e o trabalhador avulso.

Parágrafo único. São assegurados à categoria dos trabalhadores domésticos os direitos previstos nos incisos IV, VI, VII, VIII, X, XIII, XV, XVI, XVII, XVIII, XIX, XXI, XXII, XXIV, XXVI, XXX, XXXI e XXXIII e, atendidas as condições estabelecidas em lei e observada a simplificação do cumprimento das obrigações tributárias, principais e acessórias, decorrentes da relação de trabalho e suas peculiaridades, os previstos nos incisos I, II, III, IX, XII, XXV e XXVIII, bem como a sua integração à previdência social. *(Parágrafo único com redação dada pela Emenda Constitucional n. 72, de 2013)*

Art. 8º É livre a associação profissional ou sindical, observado o seguinte:

I — a lei não poderá exigir autorização do Estado para a fundação de sindicato, ressalvado o registro no órgão competente, vedadas ao poder público a interferência e a intervenção na organização sindical;

II — é vedada a criação de mais de uma organização sindical, em qualquer grau, representativa de categoria profissional ou econômica, na mesma base territorial, que será definida pelos trabalhadores ou empregadores interessados, não podendo ser inferior à área de um Município;

III — ao sindicato cabe a defesa dos direitos e interesses coletivos ou individuais da categoria, inclusive em questões judiciais ou administrativas;

IV — a assembleia geral fixará a contribuição que, em se tratando de categoria profissional, será descontada em folha, para custeio do sistema confederativo da representação sindical respectiva, independentemente da contribuição prevista em lei;

V — ninguém será obrigado a filiar-se ou a manter-se filiado a sindicato;

VI — é obrigatória a participação dos sindicatos nas negociações coletivas de trabalho;

VII — o aposentado filiado tem direito a votar e ser votado nas organizações sindicais;

VIII — é vedada a dispensa do empregado sindicalizado a partir do registro da candidatura a cargo de direção ou representação sindical e, se eleito, ainda que suplente, até um ano após o final do mandato, salvo se cometer falta grave nos termos da lei.

Parágrafo único. As disposições deste artigo aplicam-se à organização de sindicatos rurais e de colônias de pescadores, atendidas as condições que a lei estabelecer.

Art. 9º É assegurado o direito de greve, competindo aos trabalhadores decidir sobre a oportunidade de exercê-lo e sobre os interesses que devam por meio dele defender.

§ 1º A lei definirá os serviços ou atividades essenciais e disporá sobre o atendimento das necessidades inadiáveis da comunidade.

§ 2º Os abusos cometidos sujeitam os responsáveis às penas da lei.

Art. 10. É assegurada a participação dos trabalhadores e empregadores nos colegiados dos órgãos públicos em que seus interesses profissionais ou previdenciários sejam objeto de discussão e deliberação.

Art. 11. Nas empresas de mais de duzentos empregados, é assegurada a eleição de um representante destes com a finalidade exclusiva de promover-lhes o entendimento direto com os empregadores.

CAPÍTULO III
DA NACIONALIDADE

Art. 12. São brasileiros:

I — natos:

a) os nascidos na República Federativa do Brasil, ainda que de pais estrangeiros, desde que estes não estejam a serviço de seu país;

b) os nascidos no estrangeiro, de pai brasileiro ou de mãe brasileira, desde que qualquer deles esteja a serviço da República Federativa do Brasil;

c) os nascidos no estrangeiro de pai brasileiro ou de mãe brasileira, desde que sejam registrados em repartição brasileira competente ou venham a residir na República Federativa do Brasil e optem, em qualquer tempo, depois de atingida a maioridade, pela nacionalidade brasileira; *(Alínea com redação dada pela Emenda Constitucional n. 54, de 2007)*

II — naturalizados:

a) os que, na forma da lei, adquiram a nacionalidade brasileira, exigidas aos originários de países de língua portuguesa apenas residência por um ano ininterrupto e idoneidade moral;

b) os estrangeiros de qualquer nacionalidade residentes na República Federativa do Brasil há mais de quinze anos ininterruptos e sem condenação penal, desde que requeiram a nacionalidade brasileira. *(Alínea com redação dada pela Emenda Constitucional de Revisão n. 3, de 1994)*

§ 1º Aos portugueses com residência permanente no País, se houver reciprocidade em favor dos brasileiros, serão atribuídos os direitos inerentes ao brasileiro, salvo os casos previstos nesta Constituição. *(Parágrafo com redação dada pela Emenda Constitucional de Revisão n. 3, de 1994)*

§ 2º A lei não poderá estabelecer distinção entre brasileiros natos e naturalizados, salvo nos casos previstos nesta Constituição.

§ 3º São privativos de brasileiro nato os cargos:

I — de Presidente e Vice-Presidente da República;

II — de Presidente da Câmara dos Deputados;

III — de Presidente do Senado Federal;

IV — de Ministro do Supremo Tribunal Federal;

V — da carreira diplomática;

VI — de oficial das Forças Armadas;

VII — de Ministro de Estado da Defesa. *(Inciso acrescido pela Emenda Constitucional n. 23, de 1999)*

§ 4º Será declarada a perda da nacionalidade do brasileiro que:

I — tiver cancelada sua naturalização, por sentença judicial, em virtude de atividade nociva ao interesse nacional;

II — adquirir outra nacionalidade, salvo nos casos: *(Inciso com redação dada pela Emenda Constitucional de Revisão n. 3, de 1994)*

a) de reconhecimento de nacionalidade originária pela lei estrangeira; *(Alínea acrescida pela Emenda Constitucional de Revisão n. 3, de 1994)*

b) de imposição de naturalização, pela norma estrangeira, ao brasileiro residente em Estado estrangeiro, como condição para permanência em seu território ou para o exercício de direitos civis; *(Alínea acrescida pela Emenda Constitucional de Revisão n. 3, de 1994)*

Art. 13. A língua portuguesa é o idioma oficial da República Federativa do Brasil.

§ 1º São símbolos da República Federativa do Brasil a bandeira, o hino, as armas e o selo nacionais.

§ 2º Os Estados, o Distrito Federal e os Municípios poderão ter símbolos próprios.

CAPÍTULO IV
DOS DIREITOS POLÍTICOS

Art. 14. A soberania popular será exercida pelo sufrágio universal e pelo voto direto e secreto, com valor igual para todos, e, nos termos da lei, mediante:

I — plebiscito;

II — referendo;

III — iniciativa popular.

§ 1º O alistamento eleitoral e o voto são:

I — obrigatórios para os maiores de dezoito anos;

II — facultativos para:

a) os analfabetos;

b) os maiores de setenta anos;

c) os maiores de dezesseis e menores de dezoito anos.

§ 2º Não podem alistar-se como eleitores os estrangeiros e, durante o período do serviço militar obrigatório, os conscritos.

§ 3º São condições de elegibilidade, na forma da lei:

I — a nacionalidade brasileira;

II — o pleno exercício dos direitos políticos;

III — o alistamento eleitoral;

IV — o domicílio eleitoral na circunscrição;

V — a filiação partidária;

VI — a idade mínima de:

a) trinta e cinco anos para Presidente e Vice-Presidente da República e Senador;

b) trinta anos para Governador e Vice-Governador de Estado e do Distrito Federal;

c) vinte e um anos para Deputado Federal, Deputado Estadual ou Distrital, Prefeito, Vice-Prefeito e juiz de paz;

d) dezoito anos para Vereador.

§ 4º São inelegíveis os inalistáveis e os analfabetos.

§ 5º O Presidente da República, os Governadores de Estado e do Distrito Federal, os Prefeitos e quem os houver sucedido ou substituído no curso dos mandatos poderão ser reeleitos para um único período subsequente. *(Parágrafo com redação dada pela Emenda Constitucional n. 16, de 1997)*

§ 6º Para concorrerem a outros cargos, o Presidente da República, os Governadores de Estado e do Distrito Federal e os Prefeitos devem renunciar aos respectivos mandatos até seis meses antes do pleito.

§ 7º São inelegíveis, no território de jurisdição do titular, o cônjuge e os parentes consanguíneos ou afins, até o se-

gundo grau ou por adoção, do Presidente da República, de Governador de Estado ou Território, do Distrito Federal, de Prefeito ou de quem os haja substituído dentro dos seis meses anteriores ao pleito, salvo se já titular de mandato eletivo e candidato à reeleição.

§ 8º O militar alistável é elegível, atendidas as seguintes condições:

I — se contar menos de dez anos de serviço, deverá afastar-se da atividade;

II — se contar mais de dez anos de serviço, será agregado pela autoridade superior e, se eleito, passará automaticamente, no ato da diplomação, para a inatividade.

§ 9º Lei complementar estabelecerá outros casos de inelegibilidade e os prazos de sua cessação, a fim de proteger a probidade administrativa, a moralidade para o exercício do mandato, considerada a vida pregressa do candidato, e a normalidade e legitimidade das eleições contra a influência do poder econômico ou o abuso do exercício de função, cargo ou emprego na administração direta ou indireta. *(Parágrafo com redação dada pela Emenda Constitucional de Revisão n. 4, de 1994)*

§ 10. O mandato eletivo poderá ser impugnado ante a Justiça Eleitoral no prazo de quinze dias contados da diplomação, instruída a ação com provas de abuso do poder econômico, corrupção ou fraude.

§ 11. A ação de impugnação de mandato tramitará em segredo de justiça, respondendo o autor, na forma da lei, se temerária ou de manifesta má-fé.

Art. 15. É vedada a cassação de direitos políticos, cuja perda ou suspensão só se dará nos casos de:

I — cancelamento da naturalização por sentença transitada em julgado;

II — incapacidade civil absoluta;

III — condenação criminal transitada em julgado, enquanto durarem seus efeitos;

IV — recusa de cumprir obrigação a todos imposta ou prestação alternativa, nos termos do art. 5º, VIII;

V — improbidade administrativa, nos termos do art. 37, § 4º.

Art. 16. A lei que alterar o processo eleitoral entrará em vigor na data de sua publicação, não se aplicando à eleição que ocorra até um ano da data de sua vigência. *(Artigo com redação dada pela Emenda Constitucional n. 4, de 1993)*

CAPÍTULO V
DOS PARTIDOS POLÍTICOS

Art. 17. É livre a criação, fusão, incorporação e extinção de partidos políticos, resguardados a soberania nacional, o regime democrático, o pluripartidarismo, os direitos fundamentais da pessoa humana e observados os seguintes preceitos:

I — caráter nacional;

II — proibição de recebimento de recursos financeiros de entidade ou governo estrangeiros ou de subordinação a estes;

III — prestação de contas à Justiça Eleitoral;

IV — funcionamento parlamentar de acordo com a lei.

§ 1º É assegurada aos partidos políticos autonomia para definir sua estrutura interna, organização e funcionamento e para adotar os critérios de escolha e o regime de suas coligações eleitorais, sem obrigatoriedade de vinculação entre as candidaturas em âmbito nacional, estadual, distrital ou municipal, devendo seus estatutos estabelecer normas de disciplina e fidelidade partidária. *(Parágrafo com redação dada pela Emenda Constitucional n. 52, de 2006)*

§ 2º Os partidos políticos, após adquirirem personalidade jurídica, na forma da lei civil, registrarão seus estatutos no Tribunal Superior Eleitoral.

§ 3º Os partidos políticos têm direito a recursos do fundo partidário e acesso gratuito ao rádio e à televisão, na forma da lei.

§ 4º É vedada a utilização pelos partidos políticos de organização paramilitar.

TÍTULO III
DA ORGANIZAÇÃO DO ESTADO

CAPÍTULO I
DA ORGANIZAÇÃO POLÍTICO-ADMINISTRATIVA

Art. 18. A organização político-administrativa da República Federativa do Brasil compreende a União, os Estados, o Distrito Federal e os Municípios, todos autônomos, nos termos desta Constituição.

§ 1º Brasília é a Capital Federal.

§ 2º Os Territórios Federais integram a União, e sua criação, transformação em Estado ou reintegração ao Estado de origem serão reguladas em lei complementar.

§ 3º Os Estados podem incorporar-se entre si, subdividir-se ou desmembrar-se para se anexarem a outros, ou formarem novos Estados ou Territórios Federais, mediante aprovação da população diretamente interessada, através de plebiscito, e do Congresso Nacional, por lei complementar.

§ 4º A criação, a incorporação, a fusão e o desmembramento de Municípios, far-se-ão por lei estadual, dentro do período determinado por lei complementar federal, e dependerão de consulta prévia, mediante plebiscito, às populações dos Municípios envolvidos, após divulgação dos Estudos de Viabilidade Municipal, apresentados e publicados na forma da lei. *(Parágrafo com redação dada pela Emenda Constitucional n. 15, de 1996)*

Art. 19. É vedado à União, aos Estados, ao Distrito Federal e aos Municípios:

I — estabelecer cultos religiosos ou igrejas, subvencioná-los, embaraçar-lhes o funcionamento ou manter com eles ou seus representantes relações de dependência ou aliança, ressalvada, na forma da lei, a colaboração de interesse público;

II — recusar fé aos documentos públicos;

III — criar distinções entre brasileiros ou preferências entre si.

CAPÍTULO II
DA UNIÃO

Art. 20. São bens da União:

I — os que atualmente lhe pertencem e os que lhe vierem a ser atribuídos;

II — as terras devolutas indispensáveis à defesa das fronteiras, das fortificações e construções militares, das vias federais de comunicação e à preservação ambiental, definidas em lei;

III — os lagos, rios e quaisquer correntes de água em terrenos de seu domínio, ou que banhem mais de um Estado, sirvam de limites com outros países, ou se estendam a território estrangeiro ou dele provenham, bem como os terrenos marginais e as praias fluviais;

IV — as ilhas fluviais e lacustres nas zonas limítrofes com outros países; as praias marítimas; as ilhas oceânicas e

as costeiras, excluídas, destas, as que contenham a sede de Municípios, exceto aquelas áreas afetadas ao serviço público e a unidade ambiental federal, e as referidas no art. 26, II; *(Inciso com redação dada pela Emenda Constitucional n. 46, de 2005)*

V — os recursos naturais da plataforma continental e da zona econômica exclusiva;

VI — o mar territorial;

VII — os terrenos de marinha e seus acrescidos;

VIII — os potenciais de energia hidráulica;

IX — os recursos minerais, inclusive os do subsolo;

X — as cavidades naturais subterrâneas e os sítios arqueológicos e pré-históricos;

XI — as terras tradicionalmente ocupadas pelos índios.

§ 1º É assegurada, nos termos da lei, aos Estados, ao Distrito Federal e aos Municípios, bem como a órgãos da administração direta da União, participação no resultado da exploração de petróleo ou gás natural, de recursos hídricos para fins de geração de energia elétrica e de outros recursos minerais no respectivo território, plataforma continental, mar territorial ou zona econômica exclusiva, ou compensação financeira por essa exploração.

§ 2º A faixa de até cento e cinquenta quilômetros de largura, ao longo das fronteiras terrestres, designada como faixa de fronteira, é considerada fundamental para defesa do território nacional, e sua ocupação e utilização serão reguladas em lei.

Art. 21. Compete à União:

I — manter relações com Estados estrangeiros e participar de organizações internacionais;

II — declarar a guerra e celebrar a paz;

III — assegurar a defesa nacional;

IV — permitir, nos casos previstos em lei complementar, que forças estrangeiras transitem pelo território nacional ou nele permaneçam temporariamente;

V — decretar o estado de sítio, o estado de defesa e a intervenção federal;

VI — autorizar e fiscalizar a produção e o comércio de material bélico;

VII — emitir moeda;

VIII — administrar as reservas cambiais do País e fiscalizar as operações de natureza financeira, especialmente as de crédito, câmbio e capitalização, bem como as de seguros e de previdência privada;

IX — elaborar e executar planos nacionais e regionais de ordenação do território e de desenvolvimento econômico e social;

X — manter o serviço postal e o correio aéreo nacional;

XI — explorar, diretamente ou mediante autorização, concessão ou permissão, os serviços de telecomunicações, nos termos da lei, que disporá sobre a organização dos serviços, a criação de um órgão regulador e outros aspectos institucionais; *(Inciso com redação dada pela Emenda Constitucional n. 8, de 1995)*

XII — explorar, diretamente ou mediante autorização, concessão ou permissão:

a) os serviços de radiodifusão sonora e de sons e imagens; *(Alínea com redação dada pela Emenda Constitucional n. 8, de 1995)*

b) os serviços e instalações de energia elétrica e o aproveitamento energético dos cursos de água, em articulação com os Estados onde se situam os potenciais hidroenergéticos;

c) a navegação aérea, aeroespacial e a infra-estrutura aeroportuária;

d) os serviços de transporte ferroviário e aquaviário entre portos brasileiros e fronteiras nacionais, ou que transponham os limites de Estado ou Território;

e) os serviços de transporte rodoviário interestadual e internacional de passageiros;

f) os portos marítimos, fluviais e lacustres;

XIII — organizar e manter o Poder Judiciário, o Ministério Público do Distrito Federal e dos Territórios e a Defensoria Pública dos Territórios; *(Inciso com redação dada pela Emenda Constitucional n. 69, de 2012, publicada no DOU de 30.3.2012, produzindo efeitos 120 dias após a publicação)*

XIV — organizar e manter a polícia civil, a polícia militar e o corpo de bombeiros militar do Distrito Federal, bem como prestar assistência financeira ao Distrito Federal para execução de serviços públicos, por meio de fundo próprio; *(Inciso com redação dada pela Emenda Constitucional n. 19, de 1998)*

XV — organizar e manter os serviços oficiais de estatística, geografia, geologia e cartografia de âmbito nacional;

XVI — exercer a classificação, para efeito indicativo, de diversões públicas e de programas de rádio e televisão;

XVII — conceder anistia;

XVIII — planejar e promover a defesa permanente contra as calamidades públicas, especialmente as secas e as inundações;

XIX — instituir sistema nacional de gerenciamento de recursos hídricos e definir critérios de outorga de direitos de seu uso;

XX — instituir diretrizes para o desenvolvimento urbano, inclusive habitação, saneamento básico e transportes urbanos;

XXI — estabelecer princípios e diretrizes para o sistema nacional de viação;

XXII — executar os serviços de polícia marítima, aeroportuária e de fronteiras; *(Inciso com redação dada pela Emenda Constitucional n. 19, de 1998)*

XXIII — explorar os serviços e instalações nucleares de qualquer natureza e exercer monopólio estatal sobre a pesquisa, a lavra, o enriquecimento e reprocessamento, a industrialização e o comércio de minérios nucleares e seus derivados, atendidos os seguintes princípios e condições:

a) toda atividade nuclear em território nacional somente será admitida para fins pacíficos e mediante aprovação do Congresso Nacional;

b) sob regime de permissão, são autorizadas a comercialização e a utilização de radioisótopos para a pesquisa e usos medicinais, agrícolas e industriais; *(Alínea com redação dada pela Emenda Constitucional n. 49, de 2006)*

c) sob regime de permissão, são autorizadas a produção, comercialização e utilização de radioisótopos de meia-vida igual ou inferior a duas horas; *(Alínea acrescida pela Emenda Constitucional n. 49, de 2006)*

d) a responsabilidade civil por danos nucleares independe da existência de culpa; *(Primitiva alínea c renomeada pela Emenda Constitucional n. 49, de 2006)*

XXIV — organizar, manter e executar a inspeção do trabalho;

XXV — estabelecer as áreas e as condições para o exercício da atividade de garimpagem, em forma associativa.

Art. 22. Compete privativamente à União legislar sobre:

I — direito civil, comercial, penal, processual, eleitoral, agrário, marítimo, aeronáutico, espacial e do trabalho;

II — desapropriação;

III — requisições civis e militares, em caso de iminente perigo e em tempo de guerra;

IV — águas, energia, informática, telecomunicações e radiodifusão;

V — serviço postal;

VI — sistema monetário e de medidas, títulos e garantias dos metais;

VII — política de crédito, câmbio, seguros e transferência de valores;

VIII — comércio exterior e interestadual;

IX — diretrizes da política nacional de transportes;

X — regime dos portos, navegação lacustre, fluvial, marítima, aérea e aeroespacial;

XI — trânsito e transporte;

XII — jazidas, minas, outros recursos minerais e metalurgia;

XIII — nacionalidade, cidadania e naturalização;

XIV — populações indígenas;

XV — emigração e imigração, entrada, extradição e expulsão de estrangeiros;

XVI — organização do sistema nacional de emprego e condições para o exercício de profissões;

XVII — organização judiciária, do Ministério Público do Distrito Federal e dos Territórios e da Defensoria Pública dos Territórios, bem como organização administrativa destes; *(Inciso com redação dada pela Emenda Constitucional n. 69, de 2012, publicada no DOU de 30/3/2012, produzindo efeitos 120 dias após a publicação)*

XVIII — sistema estatístico, sistema cartográfico e de geologia nacionais;

XIX — sistemas de poupança, captação e garantia da poupança popular;

XX — sistemas de consórcios e sorteios;

XXI — normas gerais de organização, efetivos, material bélico, garantias, convocação e mobilização das polícias militares e corpos de bombeiros militares;

XXII — competência da polícia federal e das polícias rodoviária e ferroviária federais;

XXIII — seguridade social;

XXIV — diretrizes e bases da educação nacional;

XXV — registros públicos;

XXVI — atividades nucleares de qualquer natureza;

XXVII — normas gerais de licitação e contratação, em todas as modalidades, para as administrações públicas diretas, autárquicas e fundacionais da União, Estados, Distrito Federal e Municípios, obedecido o disposto no art. 37, XXI, e para as empresas públicas e sociedades de economia mista, nos termos do art. 173, § 1º, III; *(Inciso com redação dada pela Emenda Constitucional n. 19, de 1998)*

XXVIII — defesa territorial, defesa aeroespacial, defesa marítima, defesa civil e mobilização nacional;

XXIX — propaganda comercial.

Parágrafo único. Lei complementar poderá autorizar os Estados a legislar sobre questões específicas das matérias relacionadas neste artigo.

Art. 23. É competência comum da União, dos Estados, do Distrito Federal e dos Municípios:

I — zelar pela guarda da Constituição, das leis e das instituições democráticas e conservar o patrimônio público;

II — cuidar da saúde e assistência pública, da proteção e garantia das pessoas portadoras de deficiência;

III — proteger os documentos, as obras e outros bens de valor histórico, artístico e cultural, os monumentos, as paisagens naturais notáveis e os sítios arqueológicos;

IV — impedir a evasão, a destruição e a descaracterização de obras de arte e de outros bens de valor histórico, artístico ou cultural;

V — proporcionar os meios de acesso à cultura, à educação, à ciência, à tecnologia, à pesquisa e à inovação; *(Inciso com redação dada pela Emenda Constitucional n. 85, de 2015, republicada no DOU de 3.3.2015)*

VI — proteger o meio ambiente e combater a poluição em qualquer de suas formas;

VII — preservar as florestas, a fauna e a flora;

VIII — fomentar a produção agropecuária e organizar o abastecimento alimentar;

IX — promover programas de construção de moradias e a melhoria das condições habitacionais e de saneamento básico;

X — combater as causas da pobreza e os fatores de marginalização, promovendo a integração social dos setores desfavorecidos;

XI — registrar, acompanhar e fiscalizar as concessões de direitos de pesquisa e exploração de recursos hídricos e minerais em seus territórios;

XII — estabelecer e implantar política de educação para a segurança do trânsito.

Parágrafo único. Leis complementares fixarão normas para a cooperação entre a União e os Estados, o Distrito Federal e os Municípios, tendo em vista o equilíbrio do desenvolvimento e do bem-estar em âmbito nacional. *(Parágrafo único com redação dada pela Emenda Constitucional n. 53, de 2006)*

Art. 24. Compete à União, aos Estados e ao Distrito Federal legislar concorrentemente sobre:

I — direito tributário, financeiro, penitenciário, econômico e urbanístico;

II — orçamento;

III — juntas comerciais;

IV — custas dos serviços forenses;

V — produção e consumo;

VI — florestas, caça, pesca, fauna, conservação da natureza, defesa do solo e dos recursos naturais, proteção do meio ambiente e controle da poluição;

VII — proteção ao patrimônio histórico, cultural, artístico, turístico e paisagístico;

VIII — responsabilidade por dano ao meio ambiente, ao consumidor, a bens e direitos de valor artístico, estético, histórico, turístico e paisagístico;

IX — educação, cultura, ensino, desporto, ciência, tecnologia, pesquisa, desenvolvimento e inovação; *(Inciso com redação dada pela Emenda Constitucional n. 85, de 2015, republicada no DOU de 3.3.2015)*

X — criação, funcionamento e processo do juizado de pequenas causas;

XI — procedimentos em matéria processual;

XII — previdência social, proteção e defesa da saúde;

XIII — assistência jurídica e defensoria pública;

XIV — proteção e integração social das pessoas portadoras de deficiência;

XV — proteção à infância e à juventude;

XVI — organização, garantias, direitos e deveres das polícias civis.

§ 1º No âmbito da legislação concorrente, a competência da União limitar-se-á a estabelecer normas gerais.

§ 2º A competência da União para legislar sobre normas gerais não exclui a competência suplementar dos Estados.

§ 3º Inexistindo lei federal sobre normas gerais, os Estados exercerão a competência legislativa plena, para atender a suas peculiaridades.

§ 4º A superveniência de lei federal sobre normas gerais suspende a eficácia da lei estadual, no que lhe for contrário.

CAPÍTULO III
DOS ESTADOS FEDERADOS

Art. 25. Os Estados organizam-se e regem-se pelas Constituições e leis que adotarem, observados os princípios desta Constituição.

§ 1º São reservadas aos Estados as competências que não lhes sejam vedadas por esta Constituição.

§ 2º Cabe aos Estados explorar diretamente, ou mediante concessão, os serviços locais de gás canalizado, na forma da lei, vedada a edição de medida provisória para a sua regulamentação. *(Parágrafo com redação dada pela Emenda Constitucional n. 5, de 1995)*

§ 3º Os Estados poderão, mediante lei complementar, instituir regiões metropolitanas, aglomerações urbanas e microrregiões, constituídas por agrupamentos de Municípios limítrofes, para integrar a organização, o planejamento e a execução de funções públicas de interesse comum.

Art. 26. Incluem-se entre os bens dos Estados:

I — as águas superficiais ou subterrâneas, fluentes, emergentes e em depósito, ressalvadas, neste caso, na forma da lei, as decorrentes de obras da União;

II — as áreas, nas ilhas oceânicas e costeiras, que estiverem no seu domínio, excluídas aquelas sob domínio da União, Municípios ou terceiros;

III — as ilhas fluviais e lacustres não pertencentes à União;

IV — as terras devolutas não compreendidas entre as da União.

Art. 27. O número de Deputados à Assembleia Legislativa corresponderá ao triplo da representação do Estado na Câmara dos Deputados e, atingido o número de trinta e seis, será acrescido de tantos quantos forem os Deputados Federais acima de doze.

§ 1º Será de quatro anos o mandato dos Deputados Estaduais, aplicando-se-lhes as regras desta Constituição sobre sistema eleitoral, inviolabilidade, imunidades, remuneração, perda de mandato, licença, impedimentos e incorporação às Forças Armadas.

§ 2º O subsídio dos Deputados Estaduais será fixado por lei de iniciativa da Assembleia Legislativa, na razão de, no máximo, setenta e cinco por cento daquele estabelecido, em espécie, para os Deputados Federais, observado o que dispõem os arts. 39, § 4º, 57, § 7º, 150, II, 153, III, e 153, § 2º, I. *(Parágrafo com redação dada pela Emenda Constitucional n. 19, de 1998)*

§ 3º Compete às Assembleias Legislativas dispor sobre seu regimento interno, polícia e serviços administrativos de sua secretaria, e prover os respectivos cargos.

§ 4º A lei disporá sobre a iniciativa popular no processo legislativo estadual.

Art. 28. A eleição do Governador e do Vice-Governador de Estado, para mandato de quatro anos, realizar-se-á no primeiro domingo de outubro, em primeiro turno, e no último domingo de outubro, em segundo turno, se houver, do ano anterior ao do término do mandato de seus antecessores, e a posse ocorrerá em primeiro de janeiro do ano subsequente, observado, quanto ao mais, o disposto no art. 77. *("Caput" do artigo com redação dada pela Emenda Constitucional n. 16, de 1997)*

§ 1º Perderá o mandato o Governador que assumir outro cargo ou função na administração pública direta ou indireta, ressalvada a posse em virtude de concurso público e observado o disposto no art. 38, I, IV e V. *(Parágrafo único transformado em § 1º pela Emenda Constitucional n. 19, de 1998)*

§ 2º Os subsídios do Governador, do Vice-Governador e dos Secretários de Estado serão fixados por lei de iniciativa da Assembleia Legislativa, observado o que dispõem os arts. 37, XI, 39, §4º, 150, II, 153, III, e 153, § 2º, I. *(Parágrafo acrescido pela Emenda Constitucional n. 19, de 1998)*

CAPÍTULO IV
DOS MUNICÍPIOS

Art. 29. O Município reger-se-á por lei orgânica, votada em dois turnos, com o interstício mínimo de dez dias, e aprovada por dois terços dos membros da Câmara Municipal, que a promulgará, atendidos os princípios estabelecidos nesta Constituição, na Constituição do respectivo Estado e os seguintes preceitos:

I — eleição do Prefeito, do Vice-Prefeito e dos Vereadores, para mandato de quatro anos, mediante pleito direto e simultâneo realizado em todo o País;

II — eleição do Prefeito e do Vice-Prefeito realizada no primeiro domingo de outubro do ano anterior ao término do mandato dos que devam suceder, aplicadas as regras do art. 77, no caso de Municípios com mais de duzentos mil eleitores; *(Inciso com redação dada pela Emenda Constitucional n. 16, de 1997)*

III — posse do Prefeito e do Vice-Prefeito no dia 1º de janeiro do ano subsequente ao da eleição;

IV — para a composição das Câmaras Municipais, será observado o limite máximo de: *("Caput" do inciso com redação dada pela Emenda Constitucional n. 58, de 2009)*

a) 9 (nove) Vereadores, nos Municípios de até 15.000 (quinze mil) habitantes; *(Alínea com redação dada pela Emenda Constitucional n. 58, de 2009)*

b) 11 (onze) Vereadores, nos Municípios de mais de 15.000 (quinze mil) habitantes e de até 30.000 (trinta mil) habitantes; *(Alínea com redação dada pela Emenda Constitucional n. 58, de 2009)*

c) 13 (treze) Vereadores, nos Municípios com mais de 30.000 (trinta mil) habitantes e de até 50.000 (cinquenta mil) habitantes; *(Alínea com redação dada pela Emenda Constitucional n. 58, de 2009)*

d) 15 (quinze) Vereadores, nos Municípios de mais de 50.000 (cinquenta mil) habitantes e de até 80.000 (oitenta mil) habitantes; *(Alínea acrescida pela Emenda Constitucional n. 58, de 2009)*

e) 17 (dezessete) Vereadores, nos Municípios de mais de 80.000 (oitenta mil) habitantes e de até 120.000 (cento e vinte mil) habitantes; *(Alínea acrescida pela Emenda Constitucional n. 58, de 2009)*

f) 19 (dezenove) Vereadores, nos Municípios de mais de 120.000 (cento e vinte mil) habitantes e de até 160.000 (cento e sessenta mil) habitantes; *(Alínea acrescida pela Emenda Constitucional n. 58, de 2009)*

g) 21 (vinte e um) Vereadores, nos Municípios de mais de 160.000 (cento e sessenta mil) habitantes e de até 300.000 (trezentos mil) habitantes; *(Alínea acrescida pela Emenda Constitucional n. 58, de 2009)*

h) 23 (vinte e três) Vereadores, nos Municípios de mais de 300.000 (trezentos mil) habitantes e de até 450.000 (quatrocentos e cinquenta mil) habitantes; *(Alínea acrescida pela Emenda Constitucional n. 58, de 2009)*

i) 25 (vinte e cinco) Vereadores, nos Municípios de mais de 450.000 (quatrocentos e cinquenta mil) habitantes e de

até 600.000 (seiscentos mil) habitantes; *(Alínea acrescida pela Emenda Constitucional n. 58, de 2009)*

j) 27 (vinte e sete) Vereadores, nos Municípios de mais de 600.000 (seiscentos mil) habitantes e de até 750.000 (setecentos e cinquenta mil) habitantes; *(Alínea acrescida pela Emenda Constitucional n. 58, de 2009)*

k) 29 (vinte e nove) Vereadores, nos Municípios de mais de 750.000 (setecentos e cinquenta mil) habitantes e de até 900.000 (novecentos mil) habitantes; *(Alínea acrescida pela Emenda Constitucional n. 58, de 2009)*

l) 31 (trinta e um) Vereadores, nos Municípios de mais de 900.000 (novecentos mil) habitantes e de até 1.050.000 (um milhão e cinquenta mil) habitantes; *(Alínea acrescida pela Emenda Constitucional n. 58, de 2009)*

m) 33 (trinta e três) Vereadores, nos Municípios de mais de 1.050.000 (um milhão e cinquenta mil) habitantes e de até 1.200.000 (um milhão e duzentos mil) habitantes; *(Alínea acrescida pela Emenda Constitucional n. 58, de 2009)*

n) 35 (trinta e cinco) Vereadores, nos Municípios de mais de 1.200.000 (um milhão e duzentos mil) habitantes e de até 1.350.000 (um milhão e trezentos e cinquenta mil) habitantes; *(Alínea acrescida pela Emenda Constitucional n. 58, de 2009)*

o) 37 (trinta e sete) Vereadores, nos Municípios de 1.350.000 (um milhão e trezentos e cinquenta mil) habitantes e de até 1.500.000 (um milhão e quinhentos mil) habitantes; *(Alínea acrescida pela Emenda Constitucional n. 58, de 2009)*

p) 39 (trinta e nove) Vereadores, nos Municípios de mais de 1.500.000 (um milhão e quinhentos mil) habitantes e de até 1.800.000 (um milhão e oitocentos mil) habitantes; *(Alínea acrescida pela Emenda Constitucional n. 58, de 2009)*

q) 41 (quarenta e um) Vereadores, nos Municípios de mais de 1.800.000 (um milhão e oitocentos mil) habitantes e de até 2.400.000 (dois milhões e quatrocentos mil) habitantes; *(Alínea acrescida pela Emenda Constitucional n. 58, de 2009)*

r) 43 (quarenta e três) Vereadores, nos Municípios de mais de 2.400.000 (dois milhões e quatrocentos mil) habitantes e de até 3.000.000 (três milhões) de habitantes; *(Alínea acrescida pela Emenda Constitucional n. 58, de 2009)*

s) 45 (quarenta e cinco) Vereadores, nos Municípios de mais de 3.000.000 (três milhões) de habitantes e de até 4.000.000 (quatro milhões) de habitantes; *(Alínea acrescida pela Emenda Constitucional n. 58, de 2009)*

t) 47 (quarenta e sete) Vereadores, nos Municípios de mais de 4.000.000 (quatro milhões) de habitantes e de até 5.000.000 (cinco milhões) de habitantes; *(Alínea acrescida pela Emenda Constitucional n. 58, de 2009)*

u) 49 (quarenta e nove) Vereadores, nos Municípios de mais de 5.000.000 (cinco milhões) de habitantes e de até 6.000.000 (seis milhões) de habitantes; *(Alínea acrescida pela Emenda Constitucional n. 58, de 2009)*

v) 51 (cinquenta e um) Vereadores, nos Municípios de mais de 6.000.000 (seis milhões) de habitantes e de até 7.000.000 (sete milhões) de habitantes; *(Alínea acrescida pela Emenda Constitucional n. 58, de 2009)*

w) 53 (cinquenta e três) Vereadores, nos Municípios de mais de 7.000.000 (sete milhões) de habitantes e de até 8.000.000 (oito milhões) de habitantes; e *(Alínea acrescida pela Emenda Constitucional n. 58, de 2009)*

x) 55 (cinquenta e cinco) Vereadores, nos Municípios de mais de 8.000.000 (oito milhões) de habitantes; *(Alínea acrescida pela Emenda Constitucional n. 58, de 2009)*

V — subsídios do Prefeito, do Vice-Prefeito e dos Secretários Municipais fixados por lei de iniciativa da Câmara Municipal, observado o que dispõem os arts. 37, XI, 39, § 4º, 150, II, 153, III, e 153, § 2º, I; *(Inciso com redação dada pela Emenda Constitucional n. 19, de 1998)*

VI — o subsídio dos Vereadores será fixado pelas respectivas Câmaras Municipais em cada legislatura para a subsequente, observado o que dispõe esta Constituição, observados os critérios estabelecidos na respectiva Lei Orgânica e os seguintes limites máximos: *(Inciso acrescido pela Emenda Constitucional n. 1, de 1992 e com nova redação dada pela Emenda Constitucional n. 25, de 2000)*

a) em Municípios de até dez mil habitantes, o subsídio máximo dos Vereadores corresponderá a vinte por cento do subsídio dos Deputados Estaduais; *(Alínea acrescida pela Emenda Constitucional n. 25, de 2000)*

b) em Municípios de dez mil e um a cinquenta mil habitantes, o subsídio máximo dos Vereadores corresponderá a trinta por cento do subsídio dos Deputados Estaduais; *(Alínea acrescida pela Emenda Constitucional n. 25, de 2000)*

c) em Municípios de cinquenta mil e um a cem mil habitantes, o subsídio máximo dos Vereadores corresponderá a quarenta por cento do subsídio dos Deputados Estaduais; *(Alínea acrescida pela Emenda Constitucional n. 25, de 2000)*

d) em Municípios de cem mil e um a trezentos mil habitantes, o subsídio máximo dos Vereadores corresponderá a cinquenta por cento do subsídio dos Deputados Estaduais; *(Alínea acrescida pela Emenda Constitucional n. 25, de 2000)*

e) em Municípios de trezentos mil e um a quinhentos mil habitantes, o subsídio máximo dos Vereadores corresponderá a sessenta por cento do subsídio dos Deputados Estaduais; *(Alínea acrescida pela Emenda Constitucional n. 25, de 2000)*

f) em Municípios de mais de quinhentos mil habitantes, o subsídio máximo dos Vereadores corresponderá a setenta e cinco por cento do subsídio dos Deputados Estaduais; *(Alínea acrescida pela Emenda Constitucional n. 25, de 2000)*

VII — o total da despesa com a remuneração dos vereadores não poderá ultrapassar o montante de cinco por cento da receita do município; *(Inciso acrescido pela Emenda Constitucional n. 1, de 1992)*

VIII — inviolabilidade dos Vereadores por suas opiniões, palavras e votos no exercício do mandato e na circunscrição do Município; *(Primitivo inciso VI renumerado pela Emenda Constitucional n. 1, de 1992)*

IX — proibições e incompatibilidades, no exercício da vereança, similares, no que couber, ao disposto nesta Constituição para os membros do Congresso Nacional e, na Constituição do respectivo Estado, para os membros da Assembleia Legislativa; *(Primitivo inciso VII renumerado pela Emenda Constitucional n. 1, de 1992)*

X — julgamento do Prefeito perante o Tribunal de Justiça; *(Primitivo inciso VIII renumerado pela Emenda Constitucional n. 1, de 1992)*

XI — organização das funções legislativas e fiscalizadoras da Câmara Municipal; *(Primitivo inciso IX renumerado pela Emenda Constitucional n. 1, de 1992)*

XII — cooperação das associações representativas no planejamento municipal; *(Primitivo inciso X renumerado pela Emenda Constitucional n. 1, de 1992)*

XIII — iniciativa popular de projetos de lei de interesse específico do Município, da cidade ou de bairros, através de manifestação de, pelo menos, cinco por cento do eleitorado; *(Primitivo inciso XI renumerado pela Emenda Constitucional n. 1, de 1992)*

XIV — perda do mandato do Prefeito, nos termos do art. 28, parágrafo único. *(Primitivo inciso XII renumerado pela Emenda Constitucional n. 1, de 1992)*

Art. 29-A. O total da despesa do Poder Legislativo Municipal, incluídos os subsídios dos Vereadores e excluídos os gastos com inativos, não poderá ultrapassar os seguintes percentuais, relativos ao somatório da receita tributária e das transferências previstas no § 5º do art. 153 e nos arts. 158 e 159, efetivamente realizado no exercício anterior: *("Caput" do artigo acrescido pela Emenda Constitucional n. 25, de 2000)*

I — 7% (sete por cento) para Municípios com população de até 100.000 (cem mil) habitantes; *(Inciso acrescido pela Emenda Constitucional n. 25, de 2000).e com nova redação dada pela Emenda Constitucional n. 58, de 2009)*

II — 6% (seis por cento) para Municípios com população entre 100.000 (cem mil) e 300.000 (trezentos mil) habitantes; *(Inciso acrescido pela Emenda Constitucional n. 25, de 2000) e com nova redação dada pela Emenda Constitucional n. 58, de 2009)*

III — 5% (cinco por cento) para Municípios com população entre 300.001 (trezentos mil e um) e 500.000 (quinhentos mil) habitantes; *(Inciso acrescido pela Emenda Constitucional n. 25, de 2000) e com nova redação dada pela Emenda Constitucional n. 58, de 2009)*

IV — 4,5% (quatro inteiros e cinco décimos por cento) para Municípios com população entre 500.001 (quinhentos mil e um) e 3.000.000 (três milhões) de habitantes; *(Inciso acrescido pela Emenda Constitucional n. 25, de 2000).e com nova redação dada pela Emenda Constitucional n. 58, de 2009)*

V — 4% (quatro por cento) para Municípios com população entre 3.000.001 (três milhões e um) e 8.000.000 (oito milhões) de habitantes; *(Inciso acrescido pela Emenda Constitucional n. 58, de 2009)*

VI — 3,5% (três inteiros e cinco décimos por cento) para Municípios com população acima de 8.000.001 (oito milhões e um) habitantes. *(Inciso acrescido pela Emenda Constitucional n. 58, de 2009)*

§ 1º A Câmara Municipal não gastará mais de setenta por cento de sua receita com folha de pagamento, incluído o gasto com o subsídio de seus Vereadores. *(Parágrafo acrescido pela Emenda Constitucional n. 25, de 2000)*

§ 2º Constitui crime de responsabilidade do Prefeito Municipal:

I — efetuar repasse que supere os limites definidos neste artigo;

II — não enviar o repasse até o dia vinte de cada mês; ou

III — enviá-lo a menor em relação à proporção fixada na Lei Orçamentária. *(Parágrafo acrescido pela Emenda Constitucional n. 25, de 2000)*

§ 3º Constitui crime de responsabilidade do Presidente da Câmara Municipal o desrespeito ao § 1º deste artigo. *(Parágrafo acrescido pela Emenda Constitucional n. 25, de 2000)*

Art. 30. Compete aos Municípios:

I — legislar sobre assuntos de interesse local;

II — suplementar a legislação federal e a estadual no que couber;

III — instituir e arrecadar os tributos de sua competência, bem como aplicar suas rendas, sem prejuízo da obrigatoriedade de prestar contas e publicar balancetes nos prazos fixados em lei;

IV — criar, organizar e suprimir Distritos, observada a legislação estadual;

V — organizar e prestar, diretamente ou sob regime de concessão ou permissão, os serviços públicos de interesse local, incluído o de transporte coletivo, que tem caráter essencial;

VI — manter, com a cooperação técnica e financeira da União e do Estado, programas de educação infantil e de ensino fundamental; *(Inciso com redação dada pela Emenda Constitucional n. 53, de 2006)*

VII — prestar, com a cooperação técnica e financeira da União e do Estado, serviços de atendimento à saúde da população;

VIII — promover, no que couber, adequado ordenamento territorial, mediante planejamento e controle do uso, do parcelamento e da ocupação do solo urbano;

IX — promover a proteção do patrimônio histórico-cultural local, observada a legislação e a ação fiscalizadora federal e estadual.

Art. 31. A fiscalização do Município será exercida pelo Poder Legislativo municipal, mediante controle externo, e pelos sistemas de controle interno do Poder Executivo municipal, na forma da lei.

§ 1º O controle externo da Câmara Municipal será exercido com o auxílio dos Tribunais de Contas dos Estados ou do Município ou dos Conselhos ou Tribunais de Contas dos Municípios, onde houver.

§ 2º O parecer prévio, emitido pelo órgão competente, sobre as contas que o Prefeito deve anualmente prestar, só deixará de prevalecer por decisão de dois terços dos membros da Câmara Municipal.

§ 3º As contas dos Municípios ficarão, durante sessenta dias, anualmente, à disposição de qualquer contribuinte, para exame e apreciação, o qual poderá questionar-lhes a legitimidade, nos termos da lei.

§ 4º É vedada a criação de tribunais, Conselhos ou órgãos de contas municipais.

CAPÍTULO V
DO DISTRITO FEDERAL E DOS TERRITÓRIOS

Seção I
Do Distrito Federal

Art. 32. O Distrito Federal, vedada sua divisão em Municípios, reger-se-á por lei orgânica, votada em dois turnos com interstício mínimo de dez dias, e aprovada por dois terços da Câmara Legislativa, que a promulgará, atendidos os princípios estabelecidos nesta Constituição.

§ 1º Ao Distrito Federal são atribuídas as competências legislativas reservadas aos Estados e Municípios.

§ 2º A eleição do Governador e do Vice-Governador, observadas as regras do art. 77, e dos Deputados Distritais coincidirá com a dos Governadores e Deputados Estaduais, para mandato de igual duração.

§ 3º Aos Deputados Distritais e à Câmara Legislativa aplica-se o disposto no art. 27.

§ 4º Lei federal disporá sobre a utilização, pelo Governo do Distrito Federal, das polícias civil e militar e do corpo de bombeiros militar.

Seção II
Dos Territórios

Art. 33. A lei disporá sobre a organização administrativa e judiciária dos Territórios.

§ 1º Os Territórios poderão ser divididos em Municípios, aos quais se aplicará, no que couber, o disposto no Capítulo IV deste Título.

§ 2º As contas do Governo do Território serão submetidas ao Congresso Nacional, com parecer prévio do Tribunal de Contas da União.

§ 3º Nos Territórios Federais com mais de cem mil habitantes, além do Governador, nomeado na forma desta Constituição, haverá órgãos judiciários de primeira e segunda instâncias, membros do Ministério Público e defensores públicos federais; a lei disporá sobre as eleições para a Câmara Territorial e sua competência deliberativa.

CAPÍTULO VI
DA INTERVENÇÃO

Art. 34. A União não intervirá nos Estados nem no Distrito Federal, exceto para:

I — manter a integridade nacional;

II — repelir invasão estrangeira ou de uma unidade da Federação em outra;

III — por termo a grave comprometimento da ordem pública;

IV — garantir o livre exercício de qualquer dos Poderes nas unidades da Federação;

V — reorganizar as finanças da unidade da Federação que:

a) suspender o pagamento da dívida fundada por mais de dois anos consecutivos, salvo motivo de força maior;

b) deixar de entregar aos Municípios receitas tributárias fixadas nesta Constituição dentro dos prazos estabelecidos em lei;

VI — prover a execução de lei federal, ordem ou decisão judicial;

VII — assegurar a observância dos seguintes princípios constitucionais:

a) forma republicana, sistema representativo e regime democrático;

b) direitos da pessoa humana;

c) autonomia municipal;

d) prestação de contas da administração pública, direta e indireta.

e) aplicação do mínimo exigido da receita resultante de impostos estaduais, compreendida a proveniente de transferências, na manutenção e desenvolvimento do ensino e nas ações e serviços públicos de saúde. *(Alínea acrescida pela Emenda Constitucional n. 14, de 1996 e com nova redação dada pela Emenda Constitucional n. 29, de 2000)*

Art. 35. O Estado não intervirá em seus Municípios, nem a União nos Municípios localizados em Território Federal, exceto quando:

I — deixar de ser paga, sem motivo de força maior, por dois anos consecutivos, a dívida fundada;

II — não forem prestadas contas devidas, na forma da lei;

III — não tiver sido aplicado o mínimo exigido da receita municipal na manutenção e desenvolvimento do ensino e nas ações e serviços públicos de saúde; *(Inciso com redação dada pela Emenda Constitucional n. 29, de 2000)*

IV — o Tribunal de Justiça der provimento a representação para assegurar a observância de princípios indicados na Constituição estadual, ou para prover a execução de lei, de ordem ou de decisão judicial.

Art. 36. A decretação da intervenção dependerá:

I — no caso do art. 34, IV, de solicitação do Poder Legislativo ou do Poder Executivo coacto ou impedido, ou de requisição do Supremo Tribunal Federal, se a coação for exercida contra o Poder Judiciário;

II — no caso de desobediência a ordem ou decisão judiciária, de requisição do Supremo Tribunal Federal, do Superior Tribunal de Justiça ou do Tribunal Superior Eleitoral;

III — de provimento, pelo Supremo Tribunal Federal, de representação do Procurador-Geral da República, na hipótese do art. 34, VII, e no caso de recusa à execução de lei federal. *(Inciso com redação dada pela Emenda Constitucional n. 45, de 2004)*

IV — *(Revogado pela Emenda Constitucional n. 45, de 2004)*

§ 1º O decreto de intervenção, que especificará a amplitude, o prazo e as condições de execução e que, se couber, nomeará o interventor, será submetido à apreciação do Congresso Nacional ou da Assembleia Legislativa do Estado, no prazo de vinte e quatro horas.

§ 2º Se não estiver funcionando o Congresso Nacional ou a Assembleia Legislativa, far-se-á convocação extraordinária, no mesmo prazo de vinte e quatro horas.

§ 3º Nos casos do art. 34, VI e VII, ou do art. 35, IV, dispensada a apreciação pelo Congresso Nacional ou pela Assembleia Legislativa, o decreto limitar-se-á a suspender a execução do ato impugnado, se essa medida bastar ao restabelecimento da normalidade.

§ 4º Cessados os motivos da intervenção, as autoridades afastadas de seus cargos a estes voltarão, salvo impedimento legal.

CAPÍTULO VII
DA ADMINISTRAÇÃO PÚBLICA

Seção I
Disposições Gerais

Art. 37. A administração pública direta e indireta de qualquer dos Poderes da União, dos Estados, do Distrito Federal e dos Municípios obedecerá aos princípios de legalidade, impessoalidade, moralidade, publicidade e eficiência e, também, ao seguinte: *("Caput" do artigo com redação dada pela Emenda Constitucional n. 19, de 1998)*

I — os cargos, empregos e funções públicas são acessíveis aos brasileiros que preencham os requisitos estabelecidos em lei, assim como aos estrangeiros, na forma da lei; *(Inciso com redação dada pela Emenda Constitucional n. 19, de 1998)*

II — a investidura em cargo ou emprego público depende de aprovação prévia em concurso público de provas ou de provas e títulos, de acordo com a natureza e a complexidade do cargo ou emprego, na forma prevista em lei, ressalvadas as nomeações para cargo em comissão declarado em lei de livre nomeação e exoneração; *(Inciso com redação dada pela Emenda Constitucional n. 19, de 1998)*

III — o prazo de validade do concurso público será de até dois anos, prorrogável uma vez, por igual período;

IV — durante o prazo improrrogável previsto no edital de convocação, aquele aprovado em concurso público de provas ou de provas e títulos será convocado com prioridade sobre novos concursados para assumir cargo ou emprego, na carreira;

V — as funções de confiança, exercidas exclusivamente por servidores ocupantes de cargo efetivo, e os cargos em comissão, a serem preenchidos por servidores de carreira nos casos, condições e percentuais mínimos previstos em lei, destinam-se apenas às atribuições de direção, chefia e assessoramento; *(Inciso com redação dada pela Emenda Constitucional n. 19, de 1998)*

VI — é garantido ao servidor público civil o direito à livre associação sindical;

VII — o direito de greve será exercido nos termos e nos limites definidos em lei específica; *(Inciso com redação dada pela Emenda Constitucional n. 19, de 1998)*

VIII — a lei reservará percentual dos cargos e empregos públicos para as pessoas portadoras de deficiência e definirá os critérios de sua admissão;

IX — a lei estabelecerá os casos de contratação por tempo determinado para atender a necessidade temporária de excepcional interesse público;

X — a remuneração dos servidores públicos e o subsídio de que trata o § 4º do art. 39 somente poderão ser fixados ou alterados por lei específica, observada a iniciativa privativa em cada caso, assegurada revisão geral anual, sempre na mesma data e sem distinção de índices; *(Inciso com redação dada pela Emenda Constitucional n. 19, de 1998)*

XI — a remuneração e o subsídio dos ocupantes de cargos, funções e empregos públicos da administração direta, autárquica e fundacional, dos membros de qualquer dos Poderes da União, dos Estados, do Distrito Federal e dos Municípios, dos detentores de mandato eletivo e dos demais agentes políticos e os proventos, pensões ou outra espécie remuneratória, percebidos cumulativamente ou não, incluídas as vantagens pessoais ou de qualquer outra natureza, não poderão exceder o subsídio mensal, em espécie, dos Ministros do Supremo Tribunal Federal, aplicando-se como limite, nos Municípios, o subsídio do Prefeito, e nos Estados e no Distrito Federal, o subsídio mensal do Governador no âmbito do Poder Executivo, o subsídio dos Deputados Estaduais e Distritais no âmbito do Poder Legislativo e o subsídio dos Desembargadores do Tribunal de Justiça, limitado a noventa inteiros e vinte e cinco centésimos por cento do subsídio mensal, em espécie, dos Ministros do Supremo Tribunal Federal, no âmbito do Poder Judiciário, aplicável este limite aos membros do Ministério Público, aos Procuradores e aos Defensores Públicos; *(Inciso com redação dada pela Emenda Constitucional n. 41, de 2003)*

XII — os vencimentos dos cargos do Poder Legislativo e do Poder Judiciário não poderão ser superiores aos pagos pelo Poder Executivo;

XIII — é vedada a vinculação ou equiparação de quaisquer espécies remuneratórias para o efeito de remuneração de pessoal do serviço público; *(Inciso com redação dada pela Emenda Constitucional n. 19, de 1998)*

XIV — os acréscimos pecuniários percebidos por servidor público não serão computados nem acumulados para fins de concessão de acréscimos ulteriores; *(Inciso com redação dada pela Emenda Constitucional n. 19, de 1998)*

XV — o subsídio e os vencimentos dos ocupantes de cargos e empregos públicos são irredutíveis, ressalvado o disposto nos incisos XI e XIV deste artigo e nos arts. 39, § 4º, 150, II, 153, III, e 153, § 2º, I; *(Inciso com redação dada pela Emenda Constitucional n. 19, de 1998)*

XVI — é vedada a acumulação remunerada de cargos públicos, exceto, quando houver compatibilidade de horários, observado em qualquer caso o disposto no inciso XI: *("Caput" do inciso com redação dada pela Emenda Constitucional n. 19, de 1998)*

a) a de dois cargos de professor;

b) a de um cargo de professor com outro, técnico ou científico;

c) a de dois cargos ou empregos privativos de profissionais de saúde, com profissões regulamentadas; *(Alínea com redação dada pela Emenda Constitucional n. 34, de 2001)*

XVII — a proibição de acumular estende-se a empregos e funções e abrange autarquias, fundações, empresas públicas, sociedades de economia mista, suas subsidiárias, e sociedades controladas, direta ou indiretamente, pelo poder público; *(Inciso com redação dada pela Emenda Constitucional n. 19, de 1998)*

XVIII — a administração fazendária e seus servidores fiscais terão, dentro de suas áreas de competência e jurisdição, precedência sobre os demais setores administrativos, na forma da lei;

XIX — somente por lei específica poderá ser criada autarquia e autorizada a instituição de empresa pública, de sociedade de economia mista e de fundação, cabendo à lei complementar, neste último caso, definir as áreas de sua atuação; *(Inciso com redação dada pela Emenda Constitucional n. 19, de 1998)*

XX — depende de autorização legislativa, em cada caso, a criação de subsidiárias das entidades mencionadas no inciso anterior, assim como a participação de qualquer delas em empresa privada;

XXI — ressalvados os casos especificados na legislação, as obras, serviços, compras e alienações serão contratados mediante processo de licitação pública que assegure igualdade de condições a todos os concorrentes, com cláusulas que estabeleçam obrigações de pagamento, mantidas as condições efetivas da proposta, nos termos da lei, o qual somente permitirá as exigências de qualificação técnica e econômica indispensáveis à garantia do cumprimento das obrigações.

XXII — as administrações tributárias da União, dos Estados, do Distrito Federal e dos Municípios, atividades essenciais ao funcionamento do Estado, exercidas por servidores de carreiras específicas, terão recursos prioritários para a realização de suas atividades e atuarão de forma integrada, inclusive com o compartilhamento de cadastros e de informações fiscais, na forma da lei ou convênio. *(Inciso acrescido pela Emenda Constitucional n. 42, de 2003)*

§ 1º A publicidade dos atos, programas, obras, serviços e campanhas dos órgãos públicos deverá ter caráter educativo, informativo ou de orientação social, dela não podendo constar nomes, símbolos ou imagens que caracterizem promoção pessoal de autoridades ou servidores públicos.

§ 2º A não-observância do disposto nos incisos II e III implicará a nulidade do ato e a punição da autoridade responsável, nos termos da lei.

§ 3º A lei disciplinará as formas de participação do usuário na administração pública direta e indireta, regulando especialmente:

I — as reclamações relativas à prestação dos serviços públicos em geral, asseguradas a manutenção de serviços de atendimento ao usuário e a avaliação periódica, externa e interna, da qualidade dos serviços;

II — o acesso dos usuários a registros administrativos e a informações sobre atos de governo, observado o disposto no art. 5º, X e XXXIII;

III — a disciplina da representação contra o exercício negligente ou abusivo de cargo, emprego ou função na administração pública. *(Parágrafo com redação dada pela Emenda Constitucional n. 19, de 1998)*

§ 4º Os atos de improbidade administrativa importarão a suspensão dos direitos políticos, a perda da função pública, a indisponibilidade dos bens e o ressarcimento ao erário, na forma e gradação previstas em lei, sem prejuízo da ação penal cabível.

§ 5º A lei estabelecerá os prazos de prescrição para ilícitos praticados por qualquer agente, servidor ou não, que causem prejuízos ao erário, ressalvadas as respectivas ações de ressarcimento.

§ 6º As pessoas jurídicas de direito público e as de direito privado prestadoras de serviços públicos responderão pelos danos que seus agentes, nessa qualidade, causarem a terceiros, assegurado o direito de regresso contra o responsável nos casos de dolo ou culpa.

§ 7º A lei disporá sobre os requisitos e as restrições ao ocupante de cargo ou emprego da administração direta e indireta que possibilite o acesso a informações privilegiadas. *(Parágrafo acrescido pela Emenda Constitucional n. 19, de 1998)*

§ 8º A autonomia gerencial, orçamentária e financeira dos órgãos e entidades da administração direta e indireta poderá ser ampliada mediante contrato, a ser firmado entre seus administradores e o poder público, que tenha por objeto a fixação de metas de desempenho para o órgão ou entidade, cabendo à lei dispor sobre:

I — o prazo de duração do contrato;

II — os controles e critérios de avaliação de desempenho, direitos, obrigações e responsabilidade dos dirigentes;

III — a remuneração do pessoal. *(Parágrafo acrescido pela Emenda Constitucional n. 19, de 1998)*

§ 9º O disposto no inciso XI aplica-se às empresas públicas e às sociedades de economia mista, e suas subsidiárias, que receberem recursos da União, dos Estados, do Distrito Federal ou dos Municípios para pagamento de despesas de pessoal ou de custeio em geral. *(Parágrafo acrescido pela Emenda Constitucional n. 19, de 1998)*

§ 10. É vedada a percepção simultânea de proventos de aposentadoria decorrentes do art. 40 ou dos arts. 42 e 142 com a remuneração de cargo, emprego ou função pública, ressalvados os cargos acumuláveis na forma desta Constituição, os cargos eletivos e os cargos em comissão declarados em lei de livre nomeação e exoneração. *(Parágrafo acrescido pela Emenda Constitucional n. 20, de 1998)*

§ 11. Não serão computadas, para efeito dos limites remuneratórios de que trata o inciso XI do caput deste artigo, as parcelas de caráter indenizatório previstas em lei. *(Parágrafo acrescido pela Emenda Constitucional n. 47, de 2005)*

§ 12. Para os fins do disposto no inciso XI do caput deste artigo, fica facultado aos Estados e ao Distrito Federal fixar, em seu âmbito, mediante emenda às respectivas Constituições e Lei Orgânica, como limite único, o subsídio mensal dos Desembargadores do respectivo Tribunal de Justiça, limitado a noventa inteiros e vinte e cinco centésimos por cento do subsídio mensal dos Ministros do Supremo Tribunal Federal, não se aplicando o disposto neste parágrafo aos subsídios dos Deputados Estaduais e Distritais e dos Vereadores. *(Parágrafo acrescido pela Emenda Constitucional n. 47, de 2005)*

Art. 38. Ao servidor público da administração direta, autárquica e fundacional, no exercício de mandato eletivo, aplicam-se as seguintes disposições: *("Caput" do artigo com redação dada pela Emenda Constitucional n. 19, de 1998)*

I — tratando-se de mandato eletivo federal, estadual ou distrital, ficará afastado de seu cargo, emprego ou função;

II — investido no mandato de Prefeito, será afastado do cargo, emprego ou função, sendo-lhe facultado optar pela sua remuneração;

III — investido no mandato de Vereador, havendo compatibilidade de horários, perceberá as vantagens de seu cargo, emprego ou função, sem prejuízo da remuneração do cargo eletivo, e, não havendo compatibilidade, será aplicada a norma do inciso anterior;

IV — em qualquer caso que exija o afastamento para o exercício de mandato eletivo, seu tempo de serviço será contado para todos os efeitos legais, exceto para promoção por merecimento;

V — para efeito de benefício previdenciário, no caso de afastamento, os valores serão determinados como se no exercício estivesse.

Seção II
Dos Servidores Públicos
(Redação dada pela Emenda Constitucional n. 18, de 1998)

Art. 39. A União, os Estados, o Distrito Federal e os Municípios instituirão, no âmbito de sua competência, regime jurídico único e planos de carreira para os servidores da administração pública direta, das autarquias e das fundações públicas. *(Vide ADIN n. 2.135-4)*

§ 1º A fixação dos padrões de vencimento e dos demais componentes do sistema remuneratório observará:

I — a natureza, o grau de responsabilidade e a complexidade dos cargos componentes de cada carreira;

II — os requisitos para a investidura;

III — as peculiaridades dos cargos. *(Parágrafo com redação dada pela Emenda Constitucional n. 19, de 1998)*

§ 2º A União, os Estados e o Distrito Federal manterão escolas de governo para a formação e o aperfeiçoamento dos servidores públicos, constituindo-se a participação nos cursos um dos requisitos para a promoção na carreira, facultada, para isso, a celebração de convênios ou contratos entre os entes federados. *(Parágrafo com redação dada pela Emenda Constitucional n. 19, de 1998)*

§ 3º Aplica-se aos servidores ocupantes de cargo público o disposto no art. 7º, IV, VII, VIII, IX, XII, XIII, XV, XVI, XVII, XVIII, XIX, XX, XXII e XXX, podendo a lei estabelecer requisitos diferenciados de admissão quando a natureza do cargo o exigir. *(Parágrafo acrescido pela Emenda Constitucional n. 19, de 1998)*

§ 4º O membro de Poder, o detentor de mandato eletivo, os Ministros de Estado e os Secretários Estaduais e Municipais serão remunerados exclusivamente por subsídio fixado em parcela única, vedado o acréscimo de qualquer gratificação, adicional, abono, prêmio, verba de representação ou outra espécie remuneratória, obedecido, em qualquer caso, o disposto no art. 37, X e XI. *(Parágrafo acrescido pela Emenda Constitucional n. 19, de 1998)*

§ 5º Lei da União, dos Estados, do Distrito Federal e dos Municípios poderá estabelecer a relação entre a maior e a menor remuneração dos servidores públicos, obedecido, em qualquer caso, o disposto no art. 37, XI. *(Parágrafo acrescido pela Emenda Constitucional n. 19, de 1998)*

§ 6º Os Poderes Executivo, Legislativo e Judiciário publicarão anualmente os valores do subsídio e da remuneração dos cargos e empregos públicos. *(Parágrafo acrescido pela Emenda Constitucional n. 19, de 1998)*

§ 7º Lei da União, dos Estados, do Distrito Federal e dos Municípios disciplinará a aplicação de recursos orçamentários provenientes da economia com despesas correntes em cada órgão, autarquia e fundação, para aplicação no desenvolvimento de programas de qualidade e produtividade, treinamento e desenvolvimento, modernização, reaparelhamento e racionalização do serviço público, inclusive sob a forma de adicional ou prêmio de produtividade. *(Parágrafo acrescido pela Emenda Constitucional n. 19, de 1998)*

§ 8º A remuneração dos servidores públicos organizados em carreira poderá ser fixada nos termos do § 4º. *(Parágrafo acrescido pela Emenda Constitucional n. 19, de 1998)*

Art. 40. Aos servidores titulares de cargos efetivos da União, dos Estados, do Distrito Federal e dos Municípios, incluídas suas autarquias e fundações, é assegurado regime de previdência de caráter contributivo e solidário, mediante contribuição do respectivo ente público, dos servidores ativos e inativos e dos pensionistas, observados

critérios que preservem o equilíbrio financeiro e atuarial e o disposto neste artigo. *("Caput" do artigo com redação dada pela Emenda Constitucional n. 41, de 2003)*

§ 1º Os servidores abrangidos pelo regime de previdência de que trata este artigo serão aposentados, calculados os seus proventos a partir dos valores fixados na forma dos §§ 3º e 17: *(Parágrafo com redação dada pela Emenda Constitucional n. 41, de 2003)*

I — por invalidez permanente, sendo os proventos proporcionais ao tempo de contribuição, exceto se decorrente de acidente em serviço, moléstia profissional ou doença grave, contagiosa ou incurável, na forma da lei; *(Inciso com redação dada pela Emenda Constitucional n. 41, de 2003)*

II — compulsoriamente, com proventos proporcionais ao tempo de contribuição, aos 70 (setenta) anos de idade, ou aos 75 (setenta e cinco) anos de idade, na forma de lei complementar; *(Inciso com redação dada pela Emenda Constitucional n. 88, de 2015)*

III — voluntariamente, desde que cumprido tempo mínimo de dez anos de efetivo exercício no serviço público e cinco anos no cargo efetivo em que se dará a aposentadoria, observadas as seguintes condições:

a) sessenta anos de idade e trinta e cinco de contribuição, se homem, e cinquenta e cinco anos de idade e trinta de contribuição, se mulher;

b) sessenta e cinco anos de idade, se homem, e sessenta anos de idade, se mulher, com proventos proporcionais ao tempo de contribuição. *(Inciso com redação dada pela Emenda Constitucional n. 20, de 1998)*

§ 2º Os proventos de aposentadoria e as pensões, por ocasião de sua concessão, não poderão exceder a remuneração do respectivo servidor, no cargo efetivo em que se deu a aposentadoria ou que serviu de referência para a concessão da pensão. *(Parágrafo com redação dada pela Emenda Constitucional n. 20, de 1998)*

§ 3º Para o cálculo dos proventos de aposentadoria, por ocasião da sua concessão, serão consideradas as remunerações utilizadas como base para as contribuições do servidor aos regimes de previdência de que tratam este artigo e o art. 201, na forma da lei. *(Parágrafo com redação dada pela Emenda Constitucional n. 41, de 2003)*

§ 4º É vedada a adoção de requisitos e critérios diferenciados para a concessão de aposentadoria aos abrangidos pelo regime de que trata este artigo, ressalvados, nos termos definidos em leis complementares, os casos de servidores:

I — portadores de deficiência;

II — que exerçam atividades de risco;

III — cujas atividades sejam exercidas sob condições especiais que prejudiquem a saúde ou a integridade física. *(Parágrafo com redação dada pela Emenda Constitucional n. 47, de 2005)*

§ 5º Os requisitos de idade e de tempo de contribuição serão reduzidos em cinco anos, em relação ao disposto no § 1º, III, a, para o professor que comprove exclusivamente tempo de efetivo exercício das funções de magistério na educação infantil e no ensino fundamental e médio. *(Parágrafo com redação dada pela Emenda Constitucional n. 20, de 1998)*

§ 6º Ressalvadas as aposentadorias decorrentes dos cargos acumuláveis na forma desta Constituição, é vedada a percepção de mais de uma aposentadoria à conta do regime de previdência previsto neste artigo. *(Parágrafo com redação dada pela Emenda Constitucional n. 20, de 1998)*

§ 7º Lei disporá sobre a concessão do benefício de pensão por morte, que será igual: *("Caput" do parágrafo com redação dada pela Emenda Constitucional n. 41, de 2003)*

I — ao valor da totalidade dos proventos do servidor falecido, até o limite máximo estabelecido para os benefícios do regime geral de previdência social de que trata o art. 201, acrescido de setenta por cento da parcela excedente a este limite, caso aposentado à data do óbito; ou *(Inciso acrescido pela Emenda Constitucional n. 41, de 2003)*

II — ao valor da totalidade da remuneração do servidor no cargo efetivo em que se deu o falecimento, até o limite máximo estabelecido para os benefícios do regime geral de previdência social de que trata o art. 201, acrescido de setenta por cento da parcela excedente a este limite, caso em atividade na data do óbito. *(Inciso acrescido pela Emenda Constitucional n. 41, de 2003)*

§ 8º É assegurado o reajustamento dos benefícios para preservar-lhes, em caráter permanente, o valor real, conforme critérios estabelecidos em lei. *(Parágrafo com redação dada pela Emenda Constitucional n. 41, de 2003)*

§ 9º O tempo de contribuição federal, estadual ou municipal será contado para efeito de aposentadoria e o tempo de serviço correspondente para efeito de disponibilidade. *(Parágrafo com redação dada pela Emenda Constitucional n. 20, de 1998)*

§ 10. A lei não poderá estabelecer qualquer forma de contagem de tempo de contribuição fictício. *(Parágrafo com redação dada pela Emenda Constitucional n. 20, de 1998)*

§ 11. Aplica-se o limite fixado no art. 37, XI, à soma total dos proventos de inatividade, inclusive quando decorrentes da acumulação de cargos ou empregos públicos, bem como de outras atividades sujeitas a contribuição para o regime geral de previdência social, e ao montante resultante da adição de proventos de inatividade com remuneração de cargo acumulável na forma desta Constituição, cargo em comissão declarado em lei de livre nomeação e exoneração, e de cargo eletivo. *(Parágrafo com redação dada pela Emenda Constitucional n. 20, de 1998)*

§ 12. Além do disposto neste artigo, o regime de previdência dos servidores públicos titulares de cargo efetivo observará, no que couber, os requisitos e critérios fixados para o regime geral de previdência social. *(Parágrafo com redação dada pela Emenda Constitucional n. 20, de 1998)*

§ 13. Ao servidor ocupante, exclusivamente, de cargo em comissão declarado em lei de livre nomeação e exoneração bem como de outro cargo temporário ou de emprego público, aplica-se o regime geral de previdência social. *(Parágrafo com redação dada pela Emenda Constitucional n. 20, de 1998)*

§ 14. A União, os Estados, o Distrito Federal e os Municípios, desde que instituam regime de previdência complementar para os seus respectivos servidores titulares de cargo efetivo, poderão fixar, para o valor das aposentadorias e pensões a serem concedidas pelo regime de que trata este artigo, o limite máximo estabelecido para os benefícios do regime geral de previdência social de que trata o art. 201. *(Parágrafo com redação dada pela Emenda Constitucional n. 20, de 1998)*

§ 15. O regime de previdência complementar de que trata o § 14 será instituído por lei de iniciativa do respectivo Poder Executivo, observado o disposto no art. 202 e seus parágrafos, no que couber, por intermédio de entidades fechadas de previdência complementar, de natureza pública, que oferecerão aos respectivos participantes planos de benefícios somente na modalidade de contribuição definida. *(Parágrafo com redação dada pela Emenda Constitucional n. 41, de 2003)*

§ 16. Somente mediante sua prévia e expressa opção, o disposto nos §§ 14 e 15 poderá ser aplicado ao servidor que tiver ingressado no serviço público até a data da publicação do ato de instituição do correspondente regime de

previdência complementar. *(Parágrafo com redação dada pela Emenda Constitucional n. 20, de 1998)*

§ 17. Todos os valores de remuneração considerados para o cálculo do benefício previsto no § 3° serão devidamente atualizados, na forma da lei. *(Parágrafo acrescido pela Emenda Constitucional n. 41, de 2003)*

§ 18. Incidirá contribuição sobre os proventos de aposentadorias e pensões concedidas pelo regime de que trata este artigo que superem o limite máximo estabelecido para os benefícios do regime geral de previdência social de que trata o art. 201, com percentual igual ao estabelecido para os servidores titulares de cargos efetivos. *(Parágrafo acrescido pela Emenda Constitucional n. 41, de 2003)*

§ 19. O servidor de que trata este artigo que tenha completado as exigências para aposentadoria voluntária estabelecidas no § 1°, III, a, e que opte por permanecer em atividade fará jus a um abono de permanência equivalente ao valor da sua contribuição previdenciária até completar as exigências para aposentadoria compulsória contidas no § 1°, II. *(Parágrafo acrescido pela Emenda Constitucional n. 41, de 2003)*

§ 20. Fica vedada a existência de mais de um regime próprio de previdência social para os servidores titulares de cargos efetivos, e de mais de uma unidade gestora do respectivo regime em cada ente estatal, ressalvado o disposto no art. 142, § 3°, X. *(Parágrafo acrescido pela Emenda Constitucional n. 41, de 2003)*

§ 21. A contribuição prevista no § 18 deste artigo incidirá apenas sobre as parcelas de proventos de aposentadoria e de pensão que superem o dobro do limite máximo estabelecido para os benefícios do regime geral de previdência social de que trata o art. 201 desta Constituição, quando o beneficiário, na forma da lei, for portador de doença incapacitante. *(Parágrafo acrescido pela Emenda Constitucional n. 47, de 2005)*

Art. 41. São estáveis após três anos de efetivo exercício os servidores nomeados para cargo de provimento efetivo em virtude de concurso público. *("Caput" do artigo com redação dada pela Emenda Constitucional n. 19, de 1998)*

§ 1° O servidor público estável só perderá o cargo:

I — em virtude de sentença judicial transitada em julgado;

II — mediante processo administrativo em que lhe seja assegurada ampla defesa;

III — mediante procedimento de avaliação periódica de desempenho, na forma de lei complementar, assegurada ampla defesa. *(Parágrafo com redação dada pela Emenda Constitucional n. 19, de 1998)*

§ 2° Invalidada por sentença judicial a demissão do servidor estável, será ele reintegrado, e o eventual ocupante da vaga, se estável, reconduzido ao cargo de origem, sem direito a indenização, aproveitado em outro cargo ou posto em disponibilidade com remuneração proporcional ao tempo de serviço. *(Parágrafo com redação dada pela Emenda Constitucional n. 19, de 1998)*

§ 3° Extinto o cargo ou declarada a sua desnecessidade, o servidor estável ficará em disponibilidade, com remuneração proporcional ao tempo de serviço, até seu adequado aproveitamento em outro cargo. *(Parágrafo com redação dada pela Emenda Constitucional n. 19, de 1998)*

§ 4° Como condição para a aquisição da estabilidade, é obrigatória a avaliação especial de desempenho por comissão instituída para essa finalidade. *(Parágrafo acrescido pela Emenda Constitucional n. 19, de 1998)*

Seção III
Dos Militares dos Estados, do Distrito Federal e dos Territórios
(Redação dada pela Emenda Constitucional n. 18, de 1998)

Art. 42. Os membros das Polícias Militares e Corpos de Bombeiros Militares, instituições organizadas com base na hierarquia e disciplina, são militares dos Estados, do Distrito Federal e dos Territórios. *("Caput" do artigo com redação dada pela Emenda Constitucional n. 18, de 1998)*

§ 1° Aplicam-se aos militares dos Estados, do Distrito Federal e dos Territórios, além do que vier a ser fixado em lei, as disposições do art. 14, § 8°; do art. 40, § 9°; e do art. 142, §§ 2° e 3°, cabendo a lei estadual específica dispor sobre as matérias do art. 142, § 3°, inciso X, sendo as patentes dos oficiais conferidas pelos respectivos governadores. *(Parágrafo com redação dada pela Emenda Constitucional n. 20, de 1998)*

§ 2° Aos pensionistas dos militares dos Estados, do Distrito Federal e dos Territórios, aplica-se o que for fixado em lei específica do respectivo ente estatal. *(Parágrafo com redação dada pela Emenda Constitucional n. 41, de 2003)*

Seção IV
Das Regiões

Art. 43. Para efeitos administrativos, a União poderá articular sua ação em um mesmo complexo geoeconômico e social, visando a seu desenvolvimento e à redução das desigualdades regionais.

§ 1° Lei complementar disporá sobre:

I — as condições para integração de regiões em desenvolvimento;

II — a composição dos organismos regionais que executarão, na forma da lei, os planos regionais, integrantes dos planos nacionais de desenvolvimento econômico e social, aprovados juntamente com estes.

§ 2° Os incentivos regionais compreenderão, além de outros, na forma da lei:

I — igualdade de tarifas, fretes, seguros e outros itens de custos e preços de responsabilidade do poder público;

II — juros favorecidos para financiamento de atividades prioritárias;

III — isenções, reduções ou diferimento temporário de tributos federais devidos por pessoas físicas ou jurídicas;

IV — prioridade para o aproveitamento econômico e social dos rios e das massas de água represadas ou represáveis nas regiões de baixa renda, sujeitas a secas periódicas.

§ 3° Nas áreas a que se refere o § 2°, IV, a União incentivará a recuperação de terras áridas e cooperará com os pequenos e médios proprietários rurais para o estabelecimento, em suas glebas, de fontes de água e de pequena irrigação.

TÍTULO IV
DA ORGANIZAÇÃO DOS PODERES

CAPÍTULO I
DO PODER LEGISLATIVO

Seção I
Do Congresso Nacional

Art. 44. O Poder Legislativo é exercido pelo Congresso Nacional, que se compõe da Câmara dos Deputados e do Senado Federal.

Parágrafo único. Cada legislatura terá a duração de quatro anos.

CONSTITUIÇÃO FEDERAL/1988

Art. 45. A Câmara dos Deputados compõe-se de representantes do povo, eleitos, pelo sistema proporcional, em cada Estado, em cada Território e no Distrito Federal.

§ 1º O número total de Deputados, bem como a representação por Estado e pelo Distrito Federal, será estabelecido por lei complementar, proporcionalmente à população, procedendo-se aos ajustes necessários, no ano anterior às eleições, para que nenhuma daquelas unidades da Federação tenha menos de oito ou mais de setenta Deputados.

§ 2º Cada Território elegerá quatro Deputados.

Art. 46. O Senado Federal compõe-se de representantes dos Estados e do Distrito Federal, eleitos segundo o princípio majoritário.

§ 1º Cada Estado e o Distrito Federal elegerão três Senadores, com mandato de oito anos.

§ 2º A representação de cada Estado e do Distrito Federal será renovada de quatro em quatro anos, alternadamente, por um e dois terços.

§ 3º Cada Senador será eleito com dois suplentes.

Art. 47. Salvo disposição constitucional em contrário, as deliberações de cada Casa e de suas comissões serão tomadas por maioria dos votos, presente a maioria absoluta de seus membros.

Seção II
Das Atribuições do Congresso Nacional

Art. 48. Cabe ao Congresso Nacional, com a sanção do Presidente da República, não exigida esta para o especificado nos arts. 49, 51 e 52, dispor sobre todas as matérias de competência da União, especialmente sobre:

I — sistema tributário, arrecadação e distribuição de rendas;

II — plano plurianual, diretrizes orçamentárias, orçamento anual, operações de crédito, dívida pública e emissões de curso forçado;

III — fixação e modificação do efetivo das Forças Armadas;

IV — planos e programas nacionais, regionais e setoriais de desenvolvimento;

V — limites do território nacional, espaço aéreo e marítimo e bens do domínio da União;

VI — incorporação, subdivisão ou desmembramento de áreas de Territórios ou Estados, ouvidas as respectivas Assembleias Legislativas;

VII — transferência temporária da sede do Governo Federal;

VIII — concessão de anistia;

IX — organização administrativa, judiciária, do Ministério Público e da Defensoria Pública da União e dos Territórios e organização judiciária e do Ministério Público do Distrito Federal; *(Inciso com redação dada pela Emenda Constitucional n. 69, de 2012, publicada no DOU de 30.3.2012, produzindo efeitos 120 dias após a publicação)*

X — criação, transformação e extinção de cargos, empregos e funções públicas, observado o que estabelece o art. 84, VI, b; *(Inciso com redação dada pela Emenda Constitucional n. 32, de 2001)*

XI — criação e extinção de Ministérios e órgãos da administração pública; *(Inciso com redação dada pela Emenda Constitucional n. 32, de 2001)*

XII — telecomunicações e radiodifusão;

XIII — matéria financeira, cambial e monetária, instituições financeiras e suas operações;

XIV — moeda, seus limites de emissão, e montante da dívida mobiliária federal.

XV — fixação do subsídio dos Ministros do Supremo Tribunal Federal, observado o que dispõem os arts. 39, § 4º; 150, II; 153, III; e 153, § 2º, I. *(Inciso acrescido pela Emenda Constitucional n. 19, de 1998 e com nova redação dada pela Emenda Constitucional n. 41, de 2003)*

Art. 49. É da competência exclusiva do Congresso Nacional:

I — resolver definitivamente sobre tratados, acordos ou atos internacionais que acarretem encargos ou compromissos gravosos ao patrimônio nacional;

II — autorizar o Presidente da República a declarar guerra, a celebrar a paz, a permitir que forças estrangeiras transitem pelo território nacional ou nele permaneçam temporariamente, ressalvados os casos previstos em lei complementar;

III — autorizar o Presidente e o Vice-Presidente da República a se ausentarem do País, quando a ausência exceder a quinze dias;

IV — aprovar o estado de defesa e a intervenção federal, autorizar o estado de sítio, ou suspender qualquer uma dessas medidas;

V — sustar os atos normativos do Poder Executivo que exorbitem do poder regulamentar ou dos limites de delegação legislativa;

VI — mudar temporariamente sua sede;

VII — fixar idêntico subsídio para os Deputados Federais e os Senadores, observado o que dispõem os arts. 37, XI, 39, § 4º, 150, II, 153, III, e 153, § 2º, I; *(Inciso com redação dada pela Emenda Constitucional n. 19, de 1998)*

VIII — fixar os subsídios do Presidente e do Vice-Presidente da República e dos Ministros de Estado, observado o que dispõem os arts. 37, XI, 39, § 4º, 150, II, 153, III, e 153, § 2º, I; *(Inciso com redação dada pela Emenda Constitucional n. 19, de 1998)*

IX — julgar anualmente as contas prestadas pelo Presidente da República e apreciar os relatórios sobre a execução dos planos de governo;

X — fiscalizar e controlar, diretamente, ou por qualquer de suas Casas, os atos do Poder Executivo, incluídos os da administração indireta;

XI — zelar pela preservação de sua competência legislativa em face da atribuição normativa dos outros Poderes;

XII — apreciar os atos de concessão e renovação de concessão de emissoras de rádio e televisão;

XIII — escolher dois terços dos membros do Tribunal de Contas da União;

XIV — aprovar iniciativas do Poder Executivo referentes a atividades nucleares;

XV — autorizar referendo e convocar plebiscito;

XVI — autorizar, em terras indígenas, a exploração e o aproveitamento de recursos hídricos e a pesquisa e lavra de riquezas minerais;

XVII — aprovar, previamente, a alienação ou concessão de terras públicas com área superior a dois mil e quinhentos hectares.

Art. 50. A Câmara dos Deputados e o Senado Federal, ou qualquer de suas Comissões, poderão convocar Ministro de Estado ou quaisquer titulares de órgãos diretamente subordinados à Presidência da República para prestarem, pessoalmente, informações sobre assunto previamente determinado, importando crime de responsabilidade a ausência sem justificação adequada. *("Caput" do artigo com redação dada pela Emenda Constitucional de Revisão n. 2, de 1994)*

§ 1º Os Ministros de Estado poderão comparecer ao Senado Federal, à Câmara dos Deputados ou a qualquer de suas comissões, por sua iniciativa e mediante entendimentos com a Mesa respectiva, para expor assunto de relevância de seu Ministério.

§ 2º As Mesas da Câmara dos Deputados e do Senado Federal poderão encaminhar pedidos escritos de informação a Ministros de Estado ou a qualquer das pessoas referidas no *caput* deste artigo, importando em crime de responsabilidade a recusa, ou o não atendimento, no prazo de trinta dias, bem como a prestação de informações falsas. *(Parágrafo com redação dada pela Emenda Constitucional de Revisão n. 2, de 1994)*

Seção III
Da Câmara dos Deputados

Art. 51. Compete privativamente à Câmara dos Deputados:

I — autorizar, por dois terços de seus membros, a instauração de processo contra o Presidente e o Vice-Presidente da República e os Ministros de Estado;

II — proceder à tomada de contas do Presidente da República, quando não apresentadas ao Congresso Nacional dentro de sessenta dias após a abertura da sessão legislativa;

III — elaborar seu regimento interno;

IV — dispor sobre sua organização, funcionamento, polícia, criação, transformação ou extinção dos cargos, empregos e funções de seus serviços, e a iniciativa de lei para fixação da respectiva remuneração, observados os parâmetros estabelecidos na lei de diretrizes orçamentárias; *(Inciso com redação dada pela Emenda Constitucional n. 19, de 1998)*

V — eleger membros do Conselho da República, nos termos do art. 89, VII.

Seção IV
Do Senado Federal

Art. 52. Compete privativamente ao Senado Federal:

I — processar e julgar o Presidente e o Vice-Presidente da República nos crimes de responsabilidade, bem como os Ministros de Estado e os Comandantes da Marinha, do Exército e da Aeronáutica nos crimes da mesma natureza conexos com aqueles; *(Inciso com redação dada pela Emenda Constitucional n. 23, de 1999)*

II — processar e julgar os Ministros do Supremo Tribunal Federal, os membros do Conselho Nacional de Justiça e do Conselho Nacional do Ministério Público, o Procurador-Geral da República e o Advogado-Geral da União nos crimes de responsabilidade; *(Inciso com redação dada pela Emenda Constitucional n. 45, de 2004)*

III — aprovar previamente, por voto secreto, após arguição pública, a escolha de:

a) magistrados, nos casos estabelecidos nesta Constituição;

b) Ministros do Tribunal de Contas da União indicados pelo Presidente da República;

c) Governador de Território;

d) presidente e diretores do Banco Central;

e) Procurador-Geral da República;

f) titulares de outros cargos que a lei determinar;

IV — aprovar previamente, por voto secreto, após arguição em sessão secreta, a escolha dos chefes de missão diplomática de caráter permanente;

V — autorizar operações externas de natureza financeira, de interesse da União, dos Estados, do Distrito Federal, dos Territórios e dos Municípios;

VI — fixar, por proposta do Presidente da República, limites globais para o montante da dívida consolidada da União, dos Estados, do Distrito Federal e dos Municípios;

VII — dispor sobre limites globais e condições para as operações de crédito externo e interno da União, dos Estados, do Distrito Federal e dos Municípios, de suas autarquias e demais entidades controladas pelo poder público federal;

VIII — dispor sobre limites e condições para a concessão de garantia da União em operações de crédito externo e interno;

IX — estabelecer limites globais e condições para o montante da dívida mobiliária dos Estados, do Distrito Federal e dos Municípios;

X — suspender a execução, no todo ou em parte, de lei declarada inconstitucional por decisão definitiva do Supremo Tribunal Federal;

XI — aprovar, por maioria absoluta e por voto secreto, a exoneração, de ofício, do Procurador-Geral da República antes do término de seu mandato;

XII — elaborar seu regimento interno;

XIII — dispor sobre sua organização, funcionamento, polícia, criação, transformação ou extinção dos cargos, empregos e funções de seus serviços, e a iniciativa de lei para fixação da respectiva remuneração, observados os parâmetros estabelecidos na lei de diretrizes orçamentárias; *(Inciso com redação dada pela Emenda Constitucional n. 19, de 1998)*

XIV — eleger membros do Conselho da República, nos termos do art. 89, VII.

XV — avaliar periodicamente a funcionalidade do Sistema Tributário Nacional, em sua estrutura e seus componentes, e o desempenho das administrações tributárias da União, dos Estados e do Distrito Federal e dos Municípios. *(Inciso acrescido pela Emenda Constitucional n. 42, de 2003)*

Parágrafo único. Nos casos previstos nos incisos I e II, funcionará como Presidente o do Supremo Tribunal Federal, limitando-se a condenação, que somente será proferida por dois terços dos votos do Senado Federal, à perda do cargo, com inabilitação, por oito anos, para o exercício de função pública, sem prejuízo das demais sanções judiciais cabíveis.

Seção V
Dos Deputados e dos Senadores

Art. 53. Os Deputados e Senadores são invioláveis, civil e penalmente, por quaisquer de suas opiniões, palavras e votos. *("Caput" do artigo com redação dada pela Emenda Constitucional n. 35, de 2001)*

§ 1º Os Deputados e Senadores, desde a expedição do diploma, serão submetidos a julgamento perante o Supremo Tribunal Federal. *(Parágrafo com redação dada pela Emenda Constitucional n. 35, de 2001)*

§ 2º Desde a expedição do diploma, os membros do Congresso Nacional não poderão ser presos, salvo em flagrante de crime inafiançável. Nesse caso, os autos serão remetidos dentro de vinte e quatro horas à Casa respectiva, para que, pelo voto da maioria de seus membros, resolva sobre a prisão. *(Parágrafo com redação dada pela Emenda Constitucional n. 35, de 2001)*

§ 3º Recebida a denúncia contra o Senador ou Deputado, por crime ocorrido após a diplomação, o Supremo Tribunal Federal dará ciência à Casa respectiva, que, por iniciativa de partido político nela representado e pelo voto da maioria de seus membros, poderá, até a decisão final, sustar o

andamento da ação. *(Parágrafo com redação dada pela Emenda Constitucional n. 35, de 2001)*

§ 4º O pedido de sustação será apreciado pela Casa respectiva no prazo improrrogável de quarenta e cinco dias do seu recebimento pela Mesa Diretora. *(Parágrafo com redação dada pela Emenda Constitucional n. 35, de 2001)*

§ 5º A sustação do processo suspende a prescrição, enquanto durar o mandato. *(Parágrafo com redação dada pela Emenda Constitucional n. 35, de 2001)*

§ 6º Os Deputados e Senadores não serão obrigados a testemunhar sobre informações recebidas ou prestadas em razão do exercício do mandato, nem sobre as pessoas que lhes confiaram ou deles receberam informações. *(Parágrafo com redação dada pela Emenda Constitucional n. 35, de 2001)*

§ 7º A incorporação às Forças Armadas de Deputados e Senadores, embora militares e ainda que em tempo de guerra, dependerá de prévia licença da Casa respectiva. *(Parágrafo com redação dada pela Emenda Constitucional n. 35, de 2001)*

§ 8º As imunidades de Deputados ou Senadores subsistirão durante o estado de sítio, só podendo ser suspensas mediante o voto de dois terços dos membros da Casa respectiva, nos casos de atos praticados fora do recinto do Congresso Nacional, que sejam incompatíveis com a execução da medida. *(Parágrafo acrescido pela Emenda Constitucional n. 35, de 2001)*

Art. 54. Os Deputados e Senadores não poderão:

I — desde a expedição do diploma:

a) firmar ou manter contrato com pessoa jurídica de direito público, autarquia, empresa pública, sociedade de economia mista ou empresa concessionária de serviço público, salvo quando o contrato obedecer a cláusulas uniformes;

b) aceitar ou exercer cargo, função ou emprego remunerado, inclusive os de que sejam demissíveis *ad nutum*, nas entidades constantes da alínea anterior;

II — desde a posse:

a) ser proprietários, controladores ou diretores de empresa que goze de favor decorrente de contrato com pessoa jurídica de direito público, ou nela exercer função remunerada;

b) ocupar cargo ou função de que sejam demissíveis *ad nutum*, nas entidades referidas no inciso I, *a*;

c) patrocinar causa em que seja interessada qualquer das entidades a que se refere o inciso I, *a*;

d) ser titulares de mais de um cargo ou mandato público eletivo.

Art. 55. Perderá o mandato o Deputado ou Senador:

I — que infringir qualquer das proibições estabelecidas no artigo anterior;

II — cujo procedimento for declarado incompatível com o decoro parlamentar;

III — que deixar de comparecer, em cada sessão legislativa, à terça parte das sessões ordinárias da Casa a que pertencer, salvo licença ou missão por esta autorizada;

IV — que perder ou tiver suspensos os direitos políticos;

V — quando o decretar a Justiça Eleitoral, nos casos previstos nesta Constituição;

VI — que sofrer condenação criminal em sentença transitada em julgado.

§ 1º É incompatível com o decoro parlamentar, além dos casos definidos no regimento interno, o abuso das prerrogativas asseguradas a membro do Congresso Nacional ou a percepção de vantagens indevidas.

§ 2º Nos casos dos incisos I, II e VI, a perda do mandato será decidida pela Câmara dos Deputados ou pelo Senado Federal, por maioria absoluta, mediante provocação da respectiva Mesa ou de partido político representado no Congresso Nacional, assegurada ampla defesa. *(Parágrafo com redação dada pela Emenda Constitucional n. 76, de 2013)*

§ 3º Nos casos previstos nos incisos III a V, a perda será declarada pela Mesa da Casa respectiva, de ofício ou mediante provocação de qualquer de seus membros ou de partido político representado no Congresso Nacional, assegurada ampla defesa.

§ 4º A renúncia de parlamentar submetido a processo que vise ou possa levar à perda do mandato, nos termos deste artigo, terá seus efeitos suspensos até as deliberações finais de que tratam os §§ 2º e 3º. *(Parágrafo acrescido pela Emenda Constitucional de Revisão n. 6, de 1994)*

Art. 56. Não perderá o mandato o Deputado ou Senador:

I — investido no cargo de Ministro de Estado, Governador de Território, Secretário de Estado, do Distrito Federal, de Território, de Prefeitura de capital ou chefe de missão diplomática temporária;

II — licenciado pela respectiva Casa por motivo de doença, ou para tratar, sem remuneração, de interesse particular, desde que, neste caso, o afastamento não ultrapasse cento e vinte dias por sessão legislativa.

§ 1º O suplente será convocado nos casos de vaga, de investidura em funções previstas neste artigo ou de licença superior a cento e vinte dias.

§ 2º Ocorrendo vaga e não havendo suplente, far-se-á eleição para preenchê-la se faltarem mais de quinze meses para o término do mandato.

§ 3º Na hipótese do inciso I, o Deputado ou Senador poderá optar pela remuneração do mandato.

Seção VI
Das Reuniões

Art. 57. O Congresso Nacional reunir-se-á, anualmente, na Capital Federal, de 2 de fevereiro a 17 de julho e de 1º de agosto a 22 de dezembro. *("Caput" com redação dada pela Emenda constitucional n. 50, de 2006)*

§ 1º As reuniões marcadas para essas datas serão transferidas para o primeiro dia útil subsequente, quando recaírem em sábados, domingos ou feriados.

§ 2º A sessão legislativa não será interrompida sem a aprovação do projeto de lei de diretrizes orçamentárias.

§ 3º Além de outros casos previstos nesta Constituição, a Câmara dos Deputados e o Senado Federal reunir-se-ão em sessão conjunta para:

I — inaugurar a sessão legislativa;

II — elaborar o regimento comum e regular a criação de serviços comuns às duas Casas;

III — receber o compromisso do Presidente e do Vice-Presidente da República;

IV — conhecer do veto e sobre ele deliberar.

§ 4º Cada uma das Casas reunir-se-á em sessões preparatórias, a partir de 1º de fevereiro, no primeiro ano da legislatura, para a posse de seus membros e eleição das respectivas Mesas, para mandato de 2 (dois) anos, vedada a recondução para o mesmo cargo na eleição imediatamente subsequente. *(Parágrafo com redação dada pela Emenda constitucional n. 50, de 2006)*

§ 5º A Mesa do Congresso Nacional será presidida pelo Presidente do Senado Federal, e os demais cargos serão

exercidos, alternadamente, pelos ocupantes de cargos equivalentes na Câmara dos Deputados e no Senado Federal.

§ 6º A convocação extraordinária do Congresso Nacional far-se-á:

I — pelo Presidente do Senado Federal, em caso de decretação de estado de defesa ou de intervenção federal, de pedido de autorização para a decretação de estado de sítio e para o compromisso e a posse do Presidente e do Vice-Presidente da República;

II — pelo Presidente da República, pelos Presidentes da Câmara dos Deputados e do Senado Federal ou a requerimento da maioria dos membros de ambas as Casas, em caso de urgência ou interesse público relevante, em todas as hipóteses deste inciso com a aprovação da maioria absoluta de cada uma das Casas do Congresso Nacional. *(Inciso com redação dada pela Emenda constitucional n. 50, de 2006)*

§ 7º Na sessão legislativa extraordinária, o Congresso Nacional somente deliberará sobre a matéria para a qual foi convocado, ressalvada a hipótese do § 8º deste artigo, vedado o pagamento de parcela indenizatória, em razão da convocação. *(Parágrafo com redação dada pela Emenda constitucional n. 50, de 2006)*

§ 8º Havendo medidas provisórias em vigor na data de convocação extraordinária do Congresso Nacional, serão elas automaticamente incluídas na pauta da convocação. *(Parágrafo acrescido pela Emenda Constitucional n. 32, de 2001)*

Seção VII
Das Comissões

Art. 58. O Congresso Nacional e suas Casas terão comissões permanentes e temporárias, constituídas na forma e com as atribuições previstas no respectivo regimento ou no ato de que resultar sua criação.

§ 1º Na constituição das Mesas e de cada comissão, é assegurada, tanto quanto possível, a representação proporcional dos partidos ou dos blocos parlamentares que participam da respectiva Casa.

§ 2º Às comissões, em razão da matéria de sua competência, cabe:

I — discutir e votar projeto de lei que dispensar, na forma do regimento, a competência do plenário, salvo se houver recurso de um décimo dos membros da Casa;

II — realizar audiências públicas com entidades da sociedade civil;

III — convocar Ministros de Estado para prestar informações sobre assuntos inerentes a suas atribuições;

IV — receber petições, reclamações, representações ou queixas de qualquer pessoa contra atos ou omissões das autoridades ou entidades públicas;

V — solicitar depoimento de qualquer autoridade ou cidadão;

VI — apreciar programas de obras, planos nacionais, regionais e setoriais de desenvolvimento e sobre eles emitir parecer.

§ 3º As comissões parlamentares de inquérito, que terão poderes de investigação próprios das autoridades judiciais, além de outros previstos nos regimentos das respectivas Casas, serão criadas pela Câmara dos Deputados e pelo Senado Federal, em conjunto ou separadamente, mediante requerimento de um terço de seus membros, para a apuração de fato determinado e por prazo certo, sendo suas conclusões, se for o caso, encaminhadas ao Ministério Público, para que promova a responsabilidade civil ou criminal dos infratores.

§ 4º Durante o recesso, haverá uma comissão representativa do Congresso Nacional, eleita por suas Casas na última sessão ordinária do período legislativo, com atribuições definidas no regimento comum, cuja composição reproduzirá, quanto possível, a proporcionalidade da representação partidária.

Seção VIII
Do Processo Legislativo

Subseção I
Disposição Geral

Art. 59. O processo legislativo compreende a elaboração de:

I — emendas à Constituição;

II — leis complementares;

III — leis ordinárias;

IV — leis delegadas;

V — medidas provisórias;

VI — decretos legislativos;

VII — resoluções.

Parágrafo único. Lei complementar disporá sobre a elaboração, redação, alteração e consolidação das leis.

Subseção II
Da Emenda à Constituição

Art. 60. A Constituição poderá ser emendada mediante proposta:

I — de um terço, no mínimo, dos membros da Câmara dos Deputados ou do Senado Federal;

II — do Presidente da República;

III — de mais da metade das Assembleias Legislativas das unidades da Federação, manifestando-se, cada uma delas, pela maioria relativa de seus membros.

§ 1º A Constituição não poderá ser emendada na vigência de intervenção federal, de estado de defesa ou de estado de sítio.

§ 2º A proposta será discutida e votada em cada Casa do Congresso Nacional, em dois turnos, considerando-se aprovada se obtiver, em ambos, três quintos dos votos dos respectivos membros.

§ 3º A emenda à Constituição será promulgada pelas Mesas da Câmara dos Deputados e do Senado Federal, com o respectivo número de ordem.

§ 4º Não será objeto de deliberação a proposta de emenda tendente a abolir:

I — a forma federativa de Estado;

II — o voto direto, secreto, universal e periódico;

III — a separação dos Poderes;

IV — os direitos e garantias individuais.

§ 5º A matéria constante de proposta de emenda rejeitada ou havida por prejudicada não pode ser objeto de nova proposta na mesma sessão legislativa.

Subseção III
Das Leis

Art. 61. A iniciativa das leis complementares e ordinárias cabe a qualquer membro ou comissão da Câmara dos Deputados, do Senado Federal ou do Congresso Nacional, ao Presidente da República, ao Supremo Tribunal Federal, aos Tribunais Superiores, ao Procurador-Geral da República e aos cidadãos, na forma e nos casos previstos nesta Constituição.

§ 1º São de iniciativa privativa do Presidente da República as leis que:

I — fixem ou modifiquem os efetivos das Forças Armadas;

II — disponham sobre:

a) criação de cargos, funções ou empregos públicos na administração direta e autárquica ou aumento de sua remuneração;

b) organização administrativa e judiciária, matéria tributária e orçamentária, serviços públicos e pessoal da administração dos Territórios;

c) servidores públicos da União e Territórios, seu regime jurídico, provimento de cargos, estabilidade e aposentadoria; *(Alínea com redação dada pela Emenda Constitucional n. 18, de 1998)*

d) organização do Ministério Público e da Defensoria Pública da União, bem como normas gerais para a organização do Ministério Público e da Defensoria Pública dos Estados, do Distrito Federal e dos Territórios;

e) criação e extinção de Ministérios e órgãos da administração pública, observado o disposto no art. 84, VI; *(Alínea com redação dada pela Emenda Constitucional n. 32, de 2001)*

f) militares das Forças Armadas, seu regime jurídico, provimento de cargos, promoções, estabilidade, remuneração, reforma e transferência para a reserva. *(Alínea acrescida pela Emenda Constitucional n. 18, de 1998)*

§ 2º A iniciativa popular pode ser exercida pela apresentação à Câmara dos Deputados de projeto de lei subscrito por, no mínimo, um por cento do eleitorado nacional, distribuído pelo menos por cinco Estados, com não menos de três décimos por cento dos eleitores de cada um deles.

Art. 62. Em caso de relevância e urgência, o Presidente da República poderá adotar medidas provisórias, com força de lei, devendo submetê-las de imediato ao Congresso Nacional. *("Caput" do artigo com redação dada pela Emenda Constitucional n. 32, de 2001)*

§ 1º É vedada a edição de medidas provisórias sobre matéria:

I — relativa a:

a) nacionalidade, cidadania, direitos políticos, partidos políticos e direito eleitoral;

b) direito penal, processual penal e processual civil;

c) organização do Poder Judiciário e do Ministério Público, a carreira e a garantia de seus membros;

d) planos plurianuais, diretrizes orçamentárias, orçamento e créditos adicionais e suplementares, ressalvado o previsto no art. 167, § 3º;

II — que vise a detenção ou sequestro de bens, de poupança popular ou qualquer outro ativo financeiro;

III — reservada a lei complementar;

IV — já disciplinada em projeto de lei aprovado pelo Congresso Nacional e pendente de sanção ou veto do Presidente da República. *(Parágrafo acrescido pela Emenda Constitucional n. 32, de 2001)*

§ 2º Medida provisória que implique instituição ou majoração de impostos, exceto os previstos nos arts. 153, I, II, IV, V, e 154, II, só produzirá efeitos no exercício financeiro seguinte se houver sido convertida em lei até o último dia daquele em que foi editada. *(Parágrafo acrescido pela Emenda Constitucional n. 32, de 2001)*

§ 3º As medidas provisórias, ressalvado o disposto nos §§ 11 e 12 perderão eficácia, desde a edição, se não forem convertidas em lei no prazo de sessenta dias, prorrogável, nos termos do § 7º, uma vez por igual período, devendo o Congresso Nacional disciplinar, por decreto legislativo, as relações jurídicas delas decorrentes. *(Parágrafo acrescido pela Emenda Constitucional n. 32, de 2001)*

§ 4º O prazo a que se refere o § 3º contar-se-á da publicação da medida provisória, suspendendo-se durante os períodos de recesso do Congresso Nacional. *(Parágrafo acrescido pela Emenda Constitucional n. 32, de 2001)*

§ 5º A deliberação de cada uma das Casas do Congresso Nacional sobre o mérito das medidas provisórias dependerá de juízo prévio sobre o atendimento de seus pressupostos constitucionais. *(Parágrafo acrescido pela Emenda Constitucional n. 32, de 2001)*

§ 6º Se a medida provisória não for apreciada em até quarenta e cinco dias contados de sua publicação, entrará em regime de urgência, subsequentemente, em cada uma das Casas do Congresso Nacional, ficando sobrestadas, até que se ultime a votação, todas as demais deliberações legislativas da Casa em que estiver tramitando. *(Parágrafo acrescido pela Emenda Constitucional n. 32, de 2001)*

§ 7º Prorrogar-se-á uma única vez por igual período a vigência de medida provisória que, no prazo de sessenta dias, contado de sua publicação, não tiver a sua votação encerrada nas duas Casas do Congresso Nacional. *(Parágrafo acrescido pela Emenda Constitucional n. 32, de 2001)*

§ 8º As medidas provisórias terão sua votação iniciada na Câmara dos Deputados. *(Parágrafo acrescido pela Emenda Constitucional n. 32, de 2001)*

§ 9º Caberá à comissão mista de Deputados e Senadores examinar as medidas provisórias e sobre elas emitir parecer, antes de serem apreciadas, em sessão separada, pelo plenário de cada uma das Casas do Congresso Nacional. *(Parágrafo acrescido pela Emenda Constitucional n. 32, de 2001)*

§ 10. É vedada a reedição, na mesma sessão legislativa, de medida provisória que tenha sido rejeitada ou que tenha perdido sua eficácia por decurso de prazo. *(Parágrafo acrescido pela Emenda Constitucional n. 32, de 2001)*

§ 11. Não editado o decreto legislativo a que se refere o § 3º até sessenta dias após a rejeição ou perda de eficácia de medida provisória, as relações jurídicas constituídas e decorrentes de atos praticados durante sua vigência conservar-se-ão por ela regidas. *(Parágrafo acrescido pela Emenda Constitucional n. 32, de 2001)*

§ 12. Aprovado projeto de lei de conversão alterando o texto original da medida provisória, esta manter-se-á integralmente em vigor até que seja sancionado ou vetado o projeto. *(Parágrafo acrescido pela Emenda Constitucional n. 32, de 2001)*

Art. 63. Não será admitido aumento da despesa prevista:

I — nos projetos de iniciativa exclusiva do Presidente da República, ressalvado o disposto no art. 166, §§ 3º e 4º;

II — nos projetos sobre organização dos serviços administrativos da Câmara dos Deputados, do Senado Federal, dos tribunais federais e do Ministério Público.

Art. 64. A discussão e votação dos projetos de lei de iniciativa do Presidente da República, do Supremo Tribunal Federal e dos Tribunais Superiores terão início na Câmara dos Deputados.

§ 1º O Presidente da República poderá solicitar urgência para apreciação de projetos de sua iniciativa.

§ 2º Se, no caso do § 1º, a Câmara dos Deputados e o Senado Federal não se manifestarem sobre a proposição, cada qual sucessivamente, em até quarenta e cinco dias, sobrestar-se-ão todas as demais deliberações legislativas da respectiva Casa, com exceção das que tenham prazo constitucional determinado, até que se ultime a votação. *(Parágrafo com redação dada pela Emenda Constitucional n. 32, de 2001)*

§ 3º A apreciação das emendas do Senado Federal pela Câmara dos Deputados far-se-á no prazo de dez dias, observado quanto ao mais o disposto no parágrafo anterior.

§ 4º Os prazos do § 2º não correm nos períodos de recesso do Congresso Nacional, nem se aplicam aos projetos de código.

Art. 65. O projeto de lei aprovado por uma Casa será revisto pela outra, em um só turno de discussão e votação, e enviado à sanção ou promulgação, se a Casa revisora o aprovar, ou arquivado, se o rejeitar.

Parágrafo único. Sendo o projeto emendado, voltará à Casa iniciadora.

Art. 66. A Casa na qual tenha sido concluída a votação enviará o projeto de lei ao Presidente da República, que, aquiescendo, o sancionará.

§ 1º Se o Presidente da República considerar o projeto, no todo ou em parte, inconstitucional ou contrário ao interesse público, vetá-lo-á total ou parcialmente, no prazo de quinze dias úteis, contados da data do recebimento, e comunicará, dentro de quarenta e oito horas, ao Presidente do Senado Federal os motivos do veto.

§ 2º O veto parcial somente abrangerá texto integral de artigo, de parágrafo, de inciso ou de alínea.

§ 3º Decorrido o prazo de quinze dias, o silêncio do Presidente da República importará sanção.

§ 4º O veto será apreciado em sessão conjunta, dentro de trinta dias a contar de seu recebimento, só podendo ser rejeitado pelo voto da maioria absoluta dos Deputados e Senadores. *(Parágrafo com redação dada pela Emenda Constitucional n. 76, de 2013)*

§ 5º Se o veto não for mantido, será o projeto enviado, para promulgação, ao Presidente da República.

§ 6º Esgotado sem deliberação o prazo estabelecido no § 4º, o veto será colocado na ordem do dia da sessão imediata, sobrestadas as demais proposições, até sua votação final. *(Parágrafo com redação dada pela Emenda Constitucional n. 32, de 2001)*

§ 7º Se a lei não for promulgada dentro de quarenta e oito horas pelo Presidente da República, nos casos dos §§ 3º e 5º, o Presidente do Senado a promulgará, e, se este não o fizer em igual prazo, caberá ao Vice-Presidente do Senado fazê-lo.

Art. 67. A matéria constante de projeto de lei rejeitado somente poderá constituir objeto de novo projeto, na mesma sessão legislativa, mediante proposta da maioria absoluta dos membros de qualquer das Casas do Congresso Nacional.

Art. 68. As leis delegadas serão elaboradas pelo Presidente da República, que deverá solicitar a delegação ao Congresso Nacional.

§ 1º Não serão objeto de delegação os atos de competência exclusiva do Congresso Nacional, os de competência privativa da Câmara dos Deputados ou do Senado Federal, a matéria reservada à lei complementar, nem a legislação sobre:

I — organização do Poder Judiciário e do Ministério Público, a carreira e a garantia de seus membros;

II — nacionalidade, cidadania, direitos individuais, políticos e eleitorais;

III — planos plurianuais, diretrizes orçamentárias e orçamentos.

§ 2º A delegação ao Presidente da República terá a forma de resolução do Congresso Nacional, que especificará seu conteúdo e os termos de seu exercício.

§ 3º Se a resolução determinar a apreciação do projeto pelo Congresso Nacional, este a fará em votação única, vedada qualquer emenda.

Art. 69. As leis complementares serão aprovadas por maioria absoluta.

Seção IX
Da Fiscalização Contábil, Financeira e Orçamentária

Art. 70. A fiscalização contábil, financeira, orçamentária, operacional e patrimonial da União e das entidades da administração direta e indireta, quanto à legalidade, legitimidade, economicidade, aplicação das subvenções e renúncia de receitas, será exercida pelo Congresso Nacional, mediante controle externo, e pelo sistema de controle interno de cada Poder.

Parágrafo único. Prestará contas qualquer pessoa física ou jurídica, pública ou privada, que utilize, arrecade, guarde, gerencie ou administre dinheiros, bens e valores públicos ou pelos quais a União responda, ou que, em nome desta, assuma obrigações de natureza pecuniária. *(Parágrafo único com redação dada pela Emenda Constitucional n. 19, de 1998)*

Art. 71. O controle externo, a cargo do Congresso Nacional, será exercido com o auxílio do Tribunal de Contas da União, ao qual compete:

I — apreciar as contas prestadas anualmente pelo Presidente da República, mediante parecer prévio, que deverá ser elaborado em sessenta dias a contar de seu recebimento;

II — julgar as contas dos administradores e demais responsáveis por dinheiros, bens e valores públicos da administração direta e indireta, incluídas as fundações e sociedades instituídas e mantidas pelo poder público federal, e as contas daqueles que derem causa a perda, extravio ou outra irregularidade de que resulte prejuízo ao erário público;

III — apreciar, para fins de registro, a legalidade dos atos de admissão de pessoal, a qualquer título, na administração direta e indireta, incluídas as fundações instituídas e mantidas pelo poder público, excetuadas as nomeações para cargo de provimento em comissão, bem como a das concessões de aposentadorias, reformas e pensões, ressalvadas as melhorias posteriores que não alterem o fundamento legal do ato concessório;

IV — realizar, por iniciativa própria, da Câmara dos Deputados, do Senado Federal, de comissão técnica ou de inquérito, inspeções e auditorias de natureza contábil, financeira, orçamentária, operacional e patrimonial, nas unidades administrativas dos Poderes Legislativo, Executivo e Judiciário, e demais entidades referidas no inciso II;

V — fiscalizar as contas nacionais das empresas supranacionais de cujo capital social a União participe, de forma direta ou indireta, nos termos do tratado constitutivo;

VI — fiscalizar a aplicação de quaisquer recursos repassados pela União, mediante convênio, acordo, ajuste ou outros instrumentos congêneres, a Estado, ao Distrito Federal ou a Município;

VII — prestar as informações solicitadas pelo Congresso Nacional, por qualquer de suas Casas, ou por qualquer das respectivas comissões, sobre a fiscalização contábil, financeira, orçamentária, operacional e patrimonial e sobre resultados de auditorias e inspeções realizadas;

VIII — aplicar aos responsáveis, em caso de ilegalidade de despesa ou irregularidade de contas, as sanções previstas em lei, que estabelecerá, entre outras cominações, multa proporcional ao dano causado ao erário;

IX — assinar prazo para que o órgão ou entidade adote as providências necessárias ao exato cumprimento da lei, se verificada ilegalidade;

X — sustar, se não atendido, a execução do ato impugnado, comunicando a decisão à Câmara dos Deputados e ao Senado Federal;

XI — representar ao Poder competente sobre irregularidades ou abusos apurados.

§ 1º No caso de contrato, o ato de sustação será adotado diretamente pelo Congresso Nacional, que solicitará, de imediato, ao Poder Executivo as medidas cabíveis.

§ 2º Se o Congresso Nacional ou o Poder Executivo, no prazo de noventa dias, não efetivar as medidas previstas no parágrafo anterior, o Tribunal decidirá a respeito.

§ 3º As decisões do Tribunal de que resulte imputação de débito ou multa terão eficácia de título executivo.

§ 4º O Tribunal encaminhará ao Congresso Nacional, trimestral e anualmente, relatório de suas atividades.

Art. 72. A comissão mista permanente a que se refere o art. 166, § 1º, diante de indícios de despesas não autorizadas, ainda que sob a forma de investimentos não programados ou de subsídios não aprovados, poderá solicitar à autoridade governamental responsável que, no prazo de cinco dias, preste os esclarecimentos necessários.

§ 1º Não prestados os esclarecimentos, ou considerados estes insuficientes, a comissão solicitará ao Tribunal pronunciamento conclusivo sobre a matéria, no prazo de trinta dias.

§ 2º Entendendo o Tribunal irregular a despesa, a comissão, se julgar que o gasto possa causar dano irreparável ou grave lesão à economia pública, proporá ao Congresso Nacional sua sustação.

Art. 73. O Tribunal de Contas da União, integrado por nove Ministros, tem sede no Distrito Federal, quadro próprio de pessoal e jurisdição em todo o território nacional, exercendo, no que couber, as atribuições previstas no art. 96.

§ 1º Os Ministros do Tribunal de Contas da União serão nomeados dentre brasileiros que satisfaçam os seguintes requisitos:

I — mais de trinta e cinco e menos de sessenta e cinco anos de idade;

II — idoneidade moral e reputação ilibada;

III — notórios conhecimentos jurídicos, contábeis, econômicos e financeiros ou de administração pública;

IV — mais de dez anos de exercício de função ou de efetiva atividade profissional que exija os conhecimentos mencionados no inciso anterior.

§ 2º Os Ministros do Tribunal de Contas da União serão escolhidos:

I — um terço pelo Presidente da República, com aprovação do Senado Federal, sendo dois alternadamente dentre auditores e membros do Ministério Público junto ao Tribunal, indicados em lista tríplice pelo Tribunal, segundo os critérios de antiguidade e merecimento;

II — dois terços pelo Congresso Nacional.

§ 3º Os Ministros do Tribunal de Contas da União terão as mesmas garantias, prerrogativas, impedimentos, vencimentos e vantagens dos Ministros do Superior Tribunal de Justiça, aplicando-se-lhes, quanto à aposentadoria e pensão, as normas constantes do art. 40. *(Parágrafo com redação dada pela Emenda Constitucional n. 20, de 1998)*

§ 4º O auditor, quando em substituição a Ministro, terá as mesmas garantias e impedimentos do titular e, quando no exercício das demais atribuições da judicatura, as de juiz de Tribunal Regional Federal.

Art. 74. Os Poderes Legislativo, Executivo e Judiciário manterão, de forma integrada, sistema de controle interno com a finalidade de:

I — avaliar o cumprimento das metas previstas no plano plurianual, a execução dos programas de governo e dos orçamentos da União;

II — comprovar a legalidade e avaliar os resultados, quanto à eficácia e eficiência, da gestão orçamentária, financeira e patrimonial nos órgãos e entidades da administração federal, bem como da aplicação de recursos públicos por entidades de direito privado;

III — exercer o controle das operações de crédito, avais e garantias, bem como dos direitos e haveres da União;

IV — apoiar o controle externo no exercício de sua missão institucional.

§ 1º Os responsáveis pelo controle interno, ao tomarem conhecimento de qualquer irregularidade ou ilegalidade, dela darão ciência ao Tribunal de Contas da União, sob pena de responsabilidade solidária.

§ 2º Qualquer cidadão, partido político, associação ou sindicato é parte legítima para, na forma da lei, denunciar irregularidades ou ilegalidades perante o Tribunal de Contas da União.

Art. 75. As normas estabelecidas nesta Seção aplicam-se, no que couber, à organização, composição e fiscalização dos Tribunais de Contas dos Estados e do Distrito Federal, bem como dos Tribunais e Conselhos de Contas dos Municípios.

Parágrafo único. As Constituições estaduais disporão sobre os Tribunais de Contas respectivos, que serão integrados por sete conselheiros.

CAPÍTULO II
DO PODER EXECUTIVO

Seção I
Do Presidente e do Vice-Presidente da República

Art. 76. O Poder Executivo é exercido pelo Presidente da República, auxiliado pelos Ministros de Estado.

Art. 77. A eleição do Presidente e do Vice-Presidente da República realizar-se-á, simultaneamente, no primeiro domingo de outubro, em primeiro turno, e no último domingo de outubro, em segundo turno, se houver, do ano anterior ao do término do mandato presidencial vigente. *("Caput" do artigo com redação dada pela Emenda Constitucional n. 16, de 1997)*

§ 1º A eleição do Presidente da República importará a do Vice-Presidente com ele registrado.

§ 2º Será considerado eleito Presidente o candidato que, registrado por partido político, obtiver a maioria absoluta de votos, não computados os em branco e os nulos.

§ 3º Se nenhum candidato alcançar maioria absoluta na primeira votação, far-se-á nova eleição em até vinte dias após a proclamação do resultado, concorrendo os dois candidatos mais votados e considerando-se eleito aquele que obtiver a maioria dos votos válidos.

§ 4º Se, antes de realizado o segundo turno, ocorrer morte, desistência ou impedimento legal de candidato, convocar-se-á, dentre os remanescentes, o de maior votação.

§ 5º Se, na hipótese dos parágrafos anteriores, remanescer, em segundo lugar, mais de um candidato com a mesma votação, qualificar-se-á o mais idoso.

Art. 78. O Presidente e o Vice-Presidente da República tomarão posse em sessão do Congresso Nacional, prestando o compromisso de manter, defender e cumprir a Constituição, observar as leis, promover o bem geral do povo brasileiro, sustentar a união, a integridade e a independência do Brasil.

Parágrafo único. Se, decorridos dez dias da data fixada para a posse, o Presidente ou o Vice-Presidente, salvo motivo de força maior, não tiver assumido o cargo, este será declarado vago.

Art. 79. Substituirá o Presidente, no caso de impedimento, e suceder-lhe-á, no de vaga, o Vice-Presidente.

Parágrafo único. O Vice-Presidente da República, além de outras atribuições que lhe forem conferidas por lei complementar, auxiliará o Presidente, sempre que por ele convocado para missões especiais.

Art. 80. Em caso de impedimento do Presidente e do Vice-Presidente, ou vacância dos respectivos cargos, serão sucessivamente chamados ao exercício da Presidência o Presidente da Câmara dos Deputados, o do Senado Federal e o do Supremo Tribunal Federal.

Art. 81. Vagando os cargos de Presidente e Vice-Presidente da República, far-se-á eleição noventa dias depois de aberta a última vaga.

§ 1º Ocorrendo a vacância nos últimos dois anos do período presidencial, a eleição para ambos os cargos será feita trinta dias depois da última vaga, pelo Congresso Nacional, na forma da lei.

§ 2º Em qualquer dos casos, os eleitos deverão completar o período de seus antecessores.

Art. 82. O mandato do Presidente da República é de quatro anos e terá início em primeiro de janeiro do ano seguinte ao da sua eleição. *(Artigo com redação dada pela Emenda Constitucional n. 16, de 1997)*

Art. 83. O Presidente e o Vice-Presidente da República não poderão, sem licença do Congresso Nacional, ausentar-se do País por período superior a quinze dias, sob pena de perda do cargo.

Seção II
Das Atribuições do Presidente da República

Art. 84. Compete privativamente ao Presidente da República:

I — nomear e exonerar os Ministros de Estado;

II — exercer, com o auxílio dos Ministros de Estado, a direção superior da administração federal;

III — iniciar o processo legislativo, na forma e nos casos previstos nesta Constituição;

IV — sancionar, promulgar e fazer publicar as leis, bem como expedir decretos e regulamentos para sua fiel execução;

V — vetar projetos de lei, total ou parcialmente;

VI — dispor, mediante decreto, sobre: *(Inciso com redação dada pela Emenda Constitucional n. 32, de 2001)*

a) organização e funcionamento da administração federal, quando não implicar aumento de despesa nem criação ou extinção de órgãos públicos; *(Alínea acrescida pela Emenda Constitucional n. 32, de 2001)*

b) extinção de funções ou cargos públicos, quando vagos; *(Alínea acrescida pela Emenda Constitucional n. 32, de 2001)*

VII — manter relações com Estados estrangeiros e acreditar seus representantes diplomáticos;

VIII — celebrar tratados, convenções e atos internacionais, sujeitos a referendo do Congresso Nacional;

IX — decretar o estado de defesa e o estado de sítio;

X — decretar e executar a intervenção federal;

XI — remeter mensagem e plano de governo ao Congresso Nacional por ocasião da abertura da sessão legislativa, expondo a situação do País e solicitando as providências que julgar necessárias;

XII — conceder indulto e comutar penas, com audiência, se necessário, dos órgãos instituídos em lei;

XIII — exercer o comando supremo das Forças Armadas, nomear os Comandantes da Marinha, do Exército e da Aeronáutica, promover seus oficiais-generais e nomeá-los para os cargos que lhes são privativos; *(Inciso com redação dada pela Emenda Constitucional n. 23, de 1999)*

XIV — nomear, após aprovação pelo Senado Federal, os Ministros do Supremo Tribunal Federal e dos Tribunais Superiores, os Governadores de Territórios, o Procurador-Geral da República, o presidente e os diretores do Banco Central e outros servidores, quando determinado em lei;

XV — nomear, observado o disposto no art. 73, os Ministros do Tribunal de Contas da União;

XVI — nomear os magistrados, nos casos previstos nesta Constituição, e o Advogado-Geral da União;

XVII — nomear membros do Conselho da República, nos termos do art. 89, VII;

XVIII — convocar e presidir o Conselho da República e o Conselho de Defesa Nacional;

XIX — declarar guerra, no caso de agressão estrangeira, autorizado pelo Congresso Nacional ou referendado por ele, quando ocorrida no intervalo das sessões legislativas, e, nas mesmas condições, decretar, total ou parcialmente, a mobilização nacional;

XX — celebrar a paz, autorizado ou com o referendo do Congresso Nacional;

XXI — conferir condecorações e distinções honoríficas;

XXII — permitir, nos casos previstos em lei complementar, que forças estrangeiras transitem pelo território nacional ou nele permaneçam temporariamente;

XXIII — enviar ao Congresso Nacional o plano plurianual, o projeto de lei de diretrizes orçamentárias e as propostas de orçamento previstas nesta Constituição;

XXIV — prestar, anualmente, ao Congresso Nacional, dentro de sessenta dias após a abertura da sessão legislativa, as contas referentes ao exercício anterior;

XXV — prover e extinguir os cargos públicos federais, na forma da lei;

XXVI — editar medidas provisórias com força de lei, nos termos do art. 62;

XXVII — exercer outras atribuições previstas nesta Constituição.

Parágrafo único. O Presidente da República poderá delegar as atribuições mencionadas nos incisos VI, XII e XXV, primeira parte, aos Ministros de Estado, ao Procurador-Geral da República ou ao Advogado-Geral da União, que observarão os limites traçados nas respectivas delegações.

Seção III
Da Responsabilidade do Presidente da República

Art. 85. São crimes de responsabilidade os atos do Presidente da República que atentem contra a Constituição Federal e, especialmente, contra:

I — a existência da União;

II — o livre exercício do Poder Legislativo, do Poder Judiciário, do Ministério Público e dos Poderes constitucionais das unidades da Federação;

III — o exercício dos direitos políticos, individuais e sociais;

IV — a segurança interna do País;

V — a probidade na administração;

VI — a lei orçamentária;

VII — o cumprimento das leis e das decisões judiciais.

Parágrafo único. Esses crimes serão definidos em lei especial, que estabelecerá as normas de processo e julgamento.

Art. 86. Admitida a acusação contra o Presidente da República, por dois terços da Câmara dos Deputados, será ele submetido a julgamento perante o Supremo Tribunal Federal, nas infrações penais comuns, ou perante o Senado Federal, nos crimes de responsabilidade.

§ 1º O Presidente ficará suspenso de suas funções:

I — nas infrações penais comuns, se recebida a denúncia ou queixa-crime pelo Supremo Tribunal Federal;

II — nos crimes de responsabilidade, após a instauração do processo pelo Senado Federal.

§ 2º Se, decorrido o prazo de cento e oitenta dias, o julgamento não estiver concluído, cessará o afastamento do Presidente, sem prejuízo do regular prosseguimento do processo.

§ 3º Enquanto não sobrevier sentença condenatória, nas infrações comuns, o Presidente da República não estará sujeito a prisão.

§ 4º O Presidente da República, na vigência de seu mandato, não pode ser responsabilizado por atos estranhos ao exercício de suas funções.

Seção IV
Dos Ministros de Estado

Art. 87. Os Ministros de Estado serão escolhidos dentre brasileiros maiores de vinte e um anos e no exercício dos direitos políticos.

Parágrafo único. Compete ao Ministro de Estado, além de outras atribuições estabelecidas nesta Constituição e na lei:

I — exercer a orientação, coordenação e supervisão dos órgãos e entidades da administração federal na área de sua competência e referendar os atos e decretos assinados pelo Presidente da República;

II — expedir instruções para a execução das leis, decretos e regulamentos;

III — apresentar ao Presidente da República relatório anual de sua gestão no Ministério;

IV — praticar os atos pertinentes às atribuições que lhe forem outorgadas ou delegadas pelo Presidente da República.

Art. 88. A lei disporá sobre a criação e extinção de Ministérios e órgãos da administração pública. *(Artigo com redação dada pela Emenda Constitucional n. 32, de 2001)*

Seção V
Do Conselho da República e do
Conselho de Defesa Nacional

Subseção I
Do Conselho da República

Art. 89. O Conselho da República é órgão superior de consulta do Presidente da República, e dele participam:

I — o Vice-Presidente da República;

II — o Presidente da Câmara dos Deputados;

III — o Presidente do Senado Federal;

IV — os líderes da maioria e da minoria na Câmara dos Deputados;

V — os líderes da maioria e da minoria no Senado Federal;

VI — o Ministro da Justiça;

VII — seis cidadãos brasileiros natos, com mais de trinta e cinco anos de idade, sendo dois nomeados pelo Presidente da República, dois eleitos pelo Senado Federal e dois eleitos pela Câmara dos Deputados, todos com mandato de três anos, vedada a recondução.

Art. 90. Compete ao Conselho da República pronunciar-se sobre:

I — intervenção federal, estado de defesa e estado de sítio;

II — as questões relevantes para a estabilidade das instituições democráticas.

§ 1º O Presidente da República poderá convocar Ministro de Estado para participar da reunião do Conselho, quando constar da pauta questão relacionada com o respectivo Ministério.

§ 2º A lei regulará a organização e o funcionamento do Conselho da República.

Subseção II
Do Conselho de Defesa Nacional

Art. 91. O Conselho de Defesa Nacional é órgão de consulta do Presidente da República nos assuntos relacionados com a soberania nacional e a defesa do Estado democrático, e dele participam como membros natos:

I — o Vice-Presidente da República;

II — o Presidente da Câmara dos Deputados;

III — o Presidente do Senado Federal;

IV — o Ministro da Justiça;

V — o Ministro de Estado da Defesa; *(Inciso com redação dada pela Emenda Constitucional n. 23, de 1999)*

VI — o Ministro das Relações Exteriores;

VII — o Ministro do Planejamento.

VIII — os Comandantes da Marinha, do Exército e da Aeronáutica. *(Inciso acrescido pela Emenda Constitucional n. 23, de 1999)*

§ 1º Compete ao Conselho de Defesa Nacional:

I — opinar nas hipóteses de declaração de guerra e de celebração da paz, nos termos desta Constituição;

II — opinar sobre a decretação do estado de defesa, do estado de sítio e da intervenção federal;

III — propor os critérios e condições de utilização de áreas indispensáveis à segurança do território nacional e opinar sobre seu efetivo uso, especialmente na faixa de fronteira e nas relacionadas com a preservação e a exploração dos recursos naturais de qualquer tipo;

IV — estudar, propor e acompanhar o desenvolvimento de iniciativas necessárias a garantir a independência nacional e a defesa do Estado democrático.

§ 2º A lei regulará a organização e o funcionamento do Conselho de Defesa Nacional.

CAPÍTULO III
DO PODER JUDICIÁRIO

Seção I
Disposições Gerais

Art. 92. São órgãos do Poder Judiciário:

I — o Supremo Tribunal Federal;

I-A — o Conselho Nacional de Justiça; *(Inciso acrescido pela Emenda Constitucional n. 45, de 2004)*
II — o Superior Tribunal de Justiça;
II-A — o Tribunal Superior do Trabalho *(inciso com redação dada pela Emenda Constitucional n. 92, de 2016)*
III — os Tribunais Regionais Federais e Juízes Federais;
IV — os Tribunais e Juízes do Trabalho;
V — os Tribunais e Juízes Eleitorais;
VI — os Tribunais e Juízes Militares;
VII — os Tribunais e Juízes dos Estados e do Distrito Federal e Territórios.

§ 1º O Supremo Tribunal Federal, o Conselho Nacional de Justiça e os Tribunais Superiores têm sede na Capital Federal. *(Parágrafo acrescido pela Emenda Constitucional 45, de 2004)*

§ 2º O Supremo Tribunal Federal e os Tribunais Superiores têm jurisdição em todo o território nacional. *(Parágrafo acrescido pela Emenda Constitucional 45, de 2004)*

Art. 93. Lei complementar, de iniciativa do Supremo Tribunal Federal, disporá sobre o Estatuto da Magistratura, observados os seguintes princípios:

I — ingresso na carreira, cujo cargo inicial será o de juiz substituto, mediante concurso público de provas e títulos, com a participação da Ordem dos Advogados do Brasil em todas as fases, exigindo-se do bacharel em direito, no mínimo, três anos de atividade jurídica e obedecendo-se, nas nomeações, à ordem de classificação; *(Inciso com redação dada pela Emenda Constitucional n. 45, de 2004)*

II — promoção de entrância para entrância, alternadamente, por antiguidade e merecimento, atendidas as seguintes normas:

a) é obrigatória a promoção do juiz que figure por três vezes consecutivas ou cinco alternadas em lista de merecimento;

b) a promoção por merecimento pressupõe dois anos de exercício na respectiva entrância e integrar o juiz a primeira quinta parte da lista de antiguidade desta, salvo se não houver com tais requisitos quem aceite o lugar vago;

c) aferição do merecimento conforme o desempenho e pelos critérios objetivos de produtividade e presteza no exercício da jurisdição e pela frequência e aproveitamento em cursos oficiais ou reconhecidos de aperfeiçoamento; *(Alínea com redação dada pela Emenda Constitucional n. 45, de 2004)*

d) na apuração de antiguidade, o tribunal somente poderá recusar o juiz mais antigo pelo voto fundamentado de dois terços de seus membros, conforme procedimento próprio, e assegurada ampla defesa, repetindo-se a votação até fixar-se a indicação; *(Alínea com redação dada pela Emenda Constitucional n. 45, de 2004)*

e) não será promovido o juiz que, injustificadamente, retiver autos em seu poder além do prazo legal, não podendo devolvê-los ao cartório sem o devido despacho ou decisão; *(Alínea acrescida pela Emenda Constitucional n. 45, de 2004)*

III — o acesso aos tribunais de segundo grau far-se-á por antiguidade e merecimento, alternadamente, apurados na última ou única entrância; *(Inciso com redação dada pela Emenda Constitucional n. 45, de 2004)*

IV — previsão de cursos oficiais de preparação, aperfeiçoamento e promoção de magistrados, constituindo etapa obrigatória do processo de vitaliciamento a participação em curso oficial ou reconhecido por escola nacional de formação e aperfeiçoamento de magistrados; *(Inciso com redação dada pela Emenda Constitucional n. 45, de 2004)*

V — o subsídio dos Ministros dos Tribunais Superiores corresponderá a noventa e cinco por cento do subsídio mensal fixado para os Ministros do Supremo Tribunal Federal e os subsídios dos demais magistrados serão fixados em lei e escalonados, em nível federal e estadual, conforme as respectivas categorias da estrutura judiciária nacional, não podendo a diferença entre uma e outra ser superior a dez por cento ou inferior a cinco por cento, nem exceder a noventa e cinco por cento do subsídio mensal dos Ministros dos Tribunais Superiores, obedecido, em qualquer caso, o disposto nos arts. 37, XI, e 39, § 4º; *(Inciso com redação dada pela Emenda Constitucional n. 19, de 1998)*

VI — a aposentadoria dos magistrados e a pensão de seus dependentes observarão o disposto no art. 40; *(Inciso com redação dada pela Emenda Constitucional n. 20, de 1998)*

VII — o juiz titular residirá na respectiva comarca, salvo autorização do tribunal; *(Inciso com redação dada pela Emenda Constitucional n. 45, de 2004)*

VIII — o ato de remoção, disponibilidade e aposentadoria do magistrado, por interesse público, fundar-se-á em decisão por voto da maioria absoluta do respectivo tribunal ou do Conselho Nacional de Justiça, assegurada ampla defesa; *(Inciso com redação dada pela Emenda Constitucional n. 45, de 2004)*

VIII-A — a remoção a pedido ou a permuta de magistrados de comarca de igual entrância atenderá, no que couber, ao disposto nas alíneas a, b, c e e do inciso II; *(Inciso acrescido pela Emenda Constitucional n. 45, de 2004)*

IX — todos os julgamentos dos órgãos do Poder Judiciário serão públicos, e fundamentadas todas as decisões, sob pena de nulidade, podendo a lei limitar a presença, em determinados atos, às próprias partes e a seus advogados, ou somente a estes, em casos nos quais a preservação do direito à intimidade do interessado no sigilo não prejudique o interesse público à informação; *(Inciso com redação dada pela Emenda Constitucional n. 45, de 2004)*

X — as decisões administrativas dos tribunais serão motivadas e em sessão pública, sendo as disciplinares tomadas pelo voto da maioria absoluta de seus membros; *(Inciso com redação dada pela Emenda Constitucional n. 45, de 2004)*

XI — nos tribunais com número superior a vinte e cinco julgadores, poderá ser constituído órgão especial, com o mínimo de onze e o máximo de vinte e cinco membros, para o exercício das atribuições administrativas e jurisdicionais delegadas da competência do tribunal pleno, provendo-se metade das vagas por antiguidade e a outra metade por eleição pelo tribunal pleno; *(Inciso com redação dada pela Emenda Constitucional n. 45, de 2004)*

XII — a atividade jurisdicional será ininterrupta, sendo vedado férias coletivas nos juízos e tribunais de segundo grau, funcionando, nos dias em que não houver expediente forense normal, juízes em plantão permanente; *(Inciso acrescido pela Emenda Constitucional n. 45, de 2004)*

XIII — o número de juízes na unidade jurisdicional será proporcional à efetiva demanda judicial e à respectiva população; *(Inciso acrescido pela Emenda Constitucional n. 45, de 2004)*

XIV — os servidores receberão delegação para a prática de atos de administração e atos de mero expediente sem caráter decisório; *(Inciso acrescido pela Emenda Constitucional n. 45, de 2004)*

XV — a distribuição de processos será imediata, em todos os graus de jurisdição. *(Inciso acrescido pela Emenda Constitucional n. 45, de 2004)*

Art. 94. Um quinto dos lugares dos Tribunais Regionais Federais, dos tribunais dos Estados, e do Distrito Federal e Territórios será composto de membros do Ministério Público, com mais de dez anos de carreira, e de advogados de notório saber jurídico e de reputação ilibada, com mais

de dez anos de efetiva atividade profissional, indicados em lista sêxtupla pelos órgãos de representação das respectivas classes.

Parágrafo único. Recebidas as indicações, o tribunal formará lista tríplice, enviando-a ao Poder Executivo, que, nos vinte dias subsequentes, escolherá um de seus integrantes para nomeação.

Art. 95. Os juízes gozam das seguintes garantias:

I — vitaliciedade, que, no primeiro grau, só será adquirida após dois anos de exercício, dependendo a perda do cargo, nesse período, de deliberação do tribunal a que o juiz estiver vinculado e, nos demais casos, de sentença judicial transitada em julgado;

II — inamovibilidade, salvo por motivo de interesse público, na forma do art. 93, VIII;

III — irredutibilidade de subsídio, ressalvado o disposto nos arts. 37, X e XI, 39, § 4º, 150, II, 153, III, e 153, § 2º, I. *(Inciso com redação dada pela Emenda Constitucional n. 19, de 1998)*

Parágrafo único. Aos juízes é vedado:

I — exercer, ainda que em disponibilidade, outro cargo ou função, salvo uma de magistério;

II — receber, a qualquer título ou pretexto, custas ou participação em processo;

III — dedicar-se a atividade político-partidária.

IV — receber, a qualquer título ou pretexto, auxílios ou contribuições de pessoas físicas, entidades públicas ou privadas, ressalvadas as exceções previstas em lei; *(Inciso acrescido pela Emenda Constitucional n. 45, de 2004)*

V — exercer a advocacia no juízo ou tribunal do qual se afastou, antes de decorridos três anos do afastamento do cargo por aposentadoria ou exoneração. *(Inciso acrescido pela Emenda Constitucional n. 45, de 2004)*

Art. 96. Compete privativamente:

I — aos tribunais:

a) eleger seus órgãos diretivos e elaborar seus regimentos internos, com observância das normas de processo e das garantias processuais das partes, dispondo sobre a competência e o funcionamento dos respectivos órgãos jurisdicionais e administrativos;

b) organizar suas secretarias e serviços auxiliares e os dos juízos que lhes forem vinculados, velando pelo exercício da atividade correicional respectiva;

c) prover, na forma prevista nesta Constituição, os cargos de juiz de carreira da respectiva jurisdição;

d) propor a criação de novas varas judiciárias;

e) prover, por concurso público de provas, ou de provas e títulos, obedecido o disposto no art. 169, parágrafo único, os cargos necessários à administração da justiça, exceto os de confiança assim definidos em lei;

f) conceder licença, férias e outros afastamentos a seus membros e aos juízes e servidores que lhes forem imediatamente vinculados;

II — ao Supremo Tribunal Federal, aos Tribunais Superiores e aos Tribunais de Justiça propor ao Poder Legislativo respectivo, observado o disposto no art. 169:

a) a alteração do número de membros dos tribunais inferiores;

b) a criação e a extinção de cargos e a remuneração dos seus serviços auxiliares e dos juízos que lhes forem vinculados, bem como a fixação do subsídio de seus membros e dos juízes, inclusive dos tribunais inferiores, onde houver; *(Alínea com redação dada pela Emenda Constitucional n. 41, 2003)*

c) a criação ou extinção dos tribunais inferiores;

d) a alteração da organização e da divisão judiciárias;

III — aos Tribunais de Justiça julgar os juízes estaduais e do Distrito Federal e Territórios, bem como os membros do Ministério Público, nos crimes comuns e de responsabilidade, ressalvada a competência da Justiça Eleitoral.

Art. 97. Somente pelo voto da maioria absoluta de seus membros ou dos membros do respectivo órgão especial poderão os tribunais declarar a inconstitucionalidade de lei ou ato normativo do poder público.

Art. 98. A União, no Distrito Federal e nos Territórios, e os Estados criarão:

I — juizados especiais, providos por juízes togados, ou togados e leigos, competentes para a conciliação, o julgamento e a execução de causas cíveis de menor complexidade e infrações penais de menor potencial ofensivo, mediante os procedimentos oral e sumaríssimo, permitidos, nas hipóteses previstas em lei, a transação e o julgamento de recursos por turmas de juízes de primeiro grau;

II — justiça de paz, remunerada, composta de cidadãos eleitos pelo voto direto, universal e secreto, com mandato de quatro anos e competência para, na forma da lei, celebrar casamentos, verificar, de ofício ou em face de impugnação apresentada, o processo de habilitação e exercer atribuições conciliatórias, sem caráter jurisdicional, além de outras previstas na legislação.

§ 1º Lei federal disporá sobre a criação de juizados especiais no âmbito da Justiça Federal. *(Parágrafo único acrescido pela Emenda Constitucional n. 22, de 1999 e transformado em § 1º pela Emenda Constitucional n. 45, de 2004)*

§ 2º As custas e emolumentos serão destinados exclusivamente ao custeio dos serviços afetos às atividades específicas da Justiça. *(Parágrafo acrescido pela Emenda Constitucional n. 45, de 2004)*

Art. 99. Ao Poder Judiciário é assegurada autonomia administrativa e financeira.

§ 1º Os tribunais elaborarão suas propostas orçamentárias dentro dos limites estipulados conjuntamente com os demais Poderes na lei de diretrizes orçamentárias.

§ 2º O encaminhamento da proposta, ouvidos os outros tribunais interessados, compete:

I — no âmbito da União, aos Presidentes do Supremo Tribunal Federal e dos Tribunais Superiores, com a aprovação dos respectivos tribunais;

II — no âmbito dos Estados e no do Distrito Federal e Territórios, aos Presidentes dos Tribunais de Justiça, com a aprovação dos respectivos tribunais.

§ 3º Se os órgãos referidos no § 2º não encaminharem as respectivas propostas orçamentárias dentro do prazo estabelecido na lei de diretrizes orçamentárias, o Poder Executivo considerará, para fins de consolidação da proposta orçamentária anual, os valores aprovados na lei orçamentária vigente, ajustados de acordo com os limites estipulados na forma do § 1º deste artigo. *(Parágrafo acrescido pela Emenda Constitucional n. 45, de 2004)*

§ 4º Se as propostas orçamentárias de que trata este artigo forem encaminhadas em desacordo com os limites estipulados na forma do § 1º, o Poder Executivo procederá aos ajustes necessários para fins de consolidação da proposta orçamentária anual. *(Parágrafo acrescido pela Emenda Constitucional n. 45, de 2004)*

§ 5º Durante a execução orçamentária do exercício, não poderá haver a realização de despesas ou a assunção de obrigações que extrapolem os limites estabelecidos na lei

de diretrizes orçamentárias, exceto se previamente autorizadas, mediante a abertura de créditos suplementares ou especiais. *(Parágrafo acrescido pela Emenda Constitucional n. 45, de 2004)*

Art. 100. Os pagamentos devidos pelas Fazendas Públicas Federal, Estaduais, Distrital e Municipais, em virtude de sentença judiciária, far-se-ão exclusivamente na ordem cronológica de apresentação dos precatórios e à conta dos créditos respectivos, proibida a designação de casos ou de pessoas nas dotações orçamentárias e nos créditos adicionais abertos para este fim. *("Caput" do artigo com redação dada pela Emenda Constitucional n. 62, de 2009)*

§ 1º Os débitos de natureza alimentícia compreendem aqueles decorrentes de salários, vencimentos, proventos, pensões e suas complementações, benefícios previdenciários e indenizações por morte ou por invalidez, fundadas em responsabilidade civil, em virtude de sentença judicial transitada em julgado, e serão pagos com preferência sobre todos os demais débitos, exceto sobre aqueles referidos no § 2º deste artigo. *(Parágrafo com redação dada pela Emenda Constitucional n. 62, de 2009)*

§ 2º Os débitos de natureza alimentícia cujos titulares tenham 60 (sessenta) anos de idade ou mais na data de expedição do precatório, ou sejam portadores de doença grave, definidos na forma da lei, serão pagos com preferência sobre todos os demais débitos, até o valor equivalente ao triplo do fixado em lei para os fins do disposto no § 3º deste artigo, admitido o fracionamento para essa finalidade, sendo que o restante será pago na ordem cronológica de apresentação do precatório. *(Parágrafo com redação dada pela Emenda Constitucional n. 62, de 2009) (Expressão "na data de expedição do precatório" declarada inconstitucional, em controle concentrado, pelo Supremo Tribunal Federal, pela ADIN n. 4.357 e ADIN n. 4.425, publicadas no DOU de 2.4.2013, p. 1) (Vide modulação de efeitos da declaração de inconstitucionalidade decidida na Questão de Ordem na ADIN n. 4.357 e na Questão de Ordem na ADIN n. 4.425, publicadas no DOU de 15.4.2015, p. 1)*

§ 3º O disposto no *caput* deste artigo relativamente à expedição de precatórios não se aplica aos pagamentos de obrigações definidas em leis como de pequeno valor que as Fazendas referidas devam fazer em virtude de sentença judicial transitada em julgado. *(Parágrafo com redação dada pela Emenda Constitucional n. 62, de 2009)*

§ 4º Para os fins do disposto no § 3º, poderão ser fixados, por leis próprias, valores distintos às entidades de direito público, segundo as diferentes capacidades econômicas, sendo o mínimo igual ao valor do maior benefício do regime geral de previdência social. *(Parágrafo com redação dada pela Emenda Constitucional n. 62, de 2009)*

§ 5º É obrigatória a inclusão, no orçamento das entidades de direito público, de verba necessária ao pagamento de seus débitos, oriundos de sentenças transitadas em julgado, constantes de precatórios judiciários apresentados até 1º de julho, fazendo-se o pagamento até o final do exercício seguinte, quando terão seus valores atualizados monetariamente. *(Parágrafo com redação dada pela Emenda Constitucional n. 62, de 2009)*

§ 6º As dotações orçamentárias e os créditos abertos serão consignados diretamente ao Poder Judiciário, cabendo ao Presidente do Tribunal que proferir a decisão exequenda determinar o pagamento integral e autorizar, a requerimento do credor e exclusivamente para os casos de preterimento de seu direito de precedência ou de não alocação orçamentária do valor necessário à satisfação do seu débito, o sequestro da quantia respectiva. *(Parágrafo com redação dada pela Emenda Constitucional n. 62, de 2009)*

§ 7º O Presidente do Tribunal competente que, por ato comissivo ou omissivo, retardar ou tentar frustrar a liquidação regular de precatórios incorrerá em crime de responsabilidade e responderá, também, perante o Conselho Nacional de Justiça. *(Parágrafo acrescido pela Emenda Constitucional n. 62, de 2009)*

§ 8º É vedada a expedição de precatórios complementares ou suplementares de valor pago, bem como o fracionamento, repartição ou quebra do valor da execução para fins de enquadramento de parcela do total ao que dispõe o § 3º deste artigo. *(Parágrafo acrescido pela Emenda Constitucional n. 62, de 2009)*

§ 9º No momento da expedição dos precatórios, independentemente de regulamentação, deles deverá ser abatido, a título de compensação, valor correspondente aos débitos líquidos e certos, inscritos ou não em dívida ativa e constituídos contra o credor original pela Fazenda Pública devedora, incluídas parcelas vincendas de parcelamentos, ressalvados aqueles cuja execução esteja suspensa em virtude de contestação administrativa ou judicial. *(Parágrafo acrescido pela Emenda Constitucional n. 62, de 2009, e declarado inconstitucional, em controle concentrado, pelo Supremo Tribunal Federal, pela ADIN n. 4.357 e ADIN n. 4.425, publicadas no DOU de 2.4.2013, p. 1) (Vide modulação de efeitos da declaração de inconstitucionalidade decidida na Questão de Ordem na ADIN n. 4.357 e na Questão de Ordem na ADIN n. 4.425, publicadas no DOU de 15.4.2015, p. 1)*

§ 10. Antes da expedição dos precatórios, o Tribunal solicitará à Fazenda Pública devedora, para resposta em até 30 (trinta) dias, sob pena de perda do direito de abatimento, informação sobre os débitos que preencham as condições estabelecidas no § 9º, para os fins nele previstos. *(Parágrafo acrescido pela Emenda Constitucional n. 62, de 2009, e declarado inconstitucional, em controle concentrado, pelo Supremo Tribunal Federal, pela ADIN n. 4.357 e ADIN n. 4.425, publicadas no DOU de 2.4.2013, p. 1) (Vide modulação de efeitos da declaração de inconstitucionalidade decidida na Questão de Ordem na ADIN n. 4.357 e na Questão de Ordem na ADIN n. 4.425, publicadas no DOU de 15.4.2015, p. 1)*

§ 11. É facultada ao credor, conforme estabelecido em lei da entidade federativa devedora, a entrega de créditos em precatórios para compra de imóveis públicos do respectivo ente federado. *(Parágrafo acrescido pela Emenda Constitucional n. 62, de 2009)*

§ 12. A partir da promulgação desta Emenda Constitucional, a atualização de valores de requisitórios, após sua expedição, até o efetivo pagamento, independentemente de sua natureza, será feita pelo índice oficial de remuneração básica da caderneta de poupança, e, para fins de compensação da mora, incidirão juros simples no mesmo percentual de juros incidentes sobre a caderneta de poupança, ficando excluída a incidência de juros compensatórios. *(Parágrafo acrescido pela Emenda Constitucional n. 62, de 2009) (Expressões "índice oficial de remuneração básica da caderneta de poupança" e "independentemente de sua natureza" declaradas inconstitucionais, em controle concentrado, pelo Supremo Tribunal Federal, pela ADIN n. 4.357 e ADIN n. 4.425, publicadas no DOU de 2.4.2013, p. 1) (Vide modulação de efeitos da declaração de inconstitucionalidade decidida na Questão de Ordem na ADIN n. 4.357 e na Questão de Ordem na ADIN n. 4.425, publicadas no DOU de 15.4.2015, p. 1)*

§ 13. O credor poderá ceder, total ou parcialmente, seus créditos em precatórios a terceiros, independentemente da concordância do devedor, não se aplicando ao cessionário o disposto nos §§ 2º e 3º. *(Parágrafo acrescido pela Emenda Constitucional n. 62, de 2009)*

§ 14. A cessão de precatórios somente produzirá efeitos após comunicação, por meio de petição protocolizada, ao tribunal de origem e à entidade devedora. *(Parágrafo acrescido pela Emenda Constitucional n. 62, de 2009)*

§ 15. Sem prejuízo do disposto neste artigo, lei complementar a esta Constituição Federal poderá estabelecer regime especial para pagamento de crédito de precatórios de Estados, Distrito Federal e Municípios, dispondo sobre vinculações à receita corrente líquida e forma e prazo de liquidação. *(Parágrafo acrescido pela Emenda Constitucional n. 62, de 2009)*

§ 16. A seu critério exclusivo e na forma de lei, a União poderá assumir débitos, oriundos de precatórios, de Estados, Distrito Federal e Municípios, refinanciando-os diretamente. *(Parágrafo acrescido pela Emenda Constitucional n. 62, de 2009)*

Seção II
Do Supremo Tribunal Federal

Art. 101. O Supremo Tribunal Federal compõe-se de onze Ministros, escolhidos dentre cidadãos com mais de trinta e cinco e menos de sessenta e cinco anos de idade, de notável saber jurídico e reputação ilibada.

Parágrafo único. Os Ministros do Supremo Tribunal Federal serão nomeados pelo Presidente da República, depois de aprovada a escolha pela maioria absoluta do Senado Federal.

Art. 102. Compete ao Supremo Tribunal Federal, precipuamente, a guarda da Constituição, cabendo-lhe:

I — processar e julgar, originariamente:

a) a ação direta de inconstitucionalidade de lei ou ato normativo federal ou estadual e a ação declaratória de constitucionalidade de lei ou ato normativo federal; *(Alínea com redação dada pela Emenda Constitucional n. 3, de 1993)*

b) nas infrações penais comuns, o Presidente da República, o Vice-Presidente, os membros do Congresso Nacional, seus próprios Ministros e o Procurador-Geral da República;

c) nas infrações penais comuns e nos crimes de responsabilidade, os Ministros de Estado e os Comandantes da Marinha, do Exército e da Aeronáutica, ressalvado o disposto no art. 52, I, os membros dos Tribunais Superiores, os do Tribunal de Contas da União e os chefes de missão diplomática de caráter permanente; *(Alínea com redação dada pela Emenda Constitucional n. 23, de 1999)*

d) o *habeas corpus*, sendo paciente qualquer das pessoas referidas nas alíneas anteriores; o mandado de segurança e o *habeas data* contra atos do Presidente da República, das Mesas da Câmara dos Deputados e do Senado Federal, do Tribunal de Contas da União, do Procurador-Geral da República e do próprio Supremo Tribunal Federal;

e) o litígio entre Estado estrangeiro ou organismo internacional e a União, o Estado, o Distrito Federal ou o Território;

f) as causas e os conflitos entre a União e os Estados, a União e o Distrito Federal, ou entre uns e outros, inclusive as respectivas entidades da administração indireta;

g) a extradição solicitada por Estado estrangeiro;

h) *(Revogada pela Emenda Constitucional n. 45, de 2004)*

i) o *habeas corpus*, quando o coator for Tribunal Superior ou quando o coator ou o paciente for autoridade ou funcionário cujos atos estejam sujeitos diretamente à jurisdição do Supremo Tribunal Federal, ou se trate de crime sujeito à mesma jurisdição em uma única instância; *(Alínea com redação dada pela Emenda Constitucional n. 22, de 1999)*

j) a revisão criminal e a ação rescisória de seus julgados;

l) a reclamação para a preservação de sua competência e garantia da autoridade de suas decisões;

m) a execução de sentença nas causas de sua competência originária, facultada a delegação de atribuições para a prática de atos processuais;

n) a ação em que todos os membros da magistratura sejam direta ou indiretamente interessados, e aquela em que mais da metade dos membros do tribunal de origem estejam impedidos ou sejam direta ou indiretamente interessados;

o) os conflitos de competência entre o Superior Tribunal de Justiça e quaisquer tribunais, entre Tribunais Superiores, ou entre estes e qualquer outro tribunal;

p) o pedido de medida cautelar das ações diretas de inconstitucionalidade;

q) o mandado de injunção, quando a elaboração da norma regulamentadora for atribuição do Presidente da República, do Congresso Nacional, da Câmara dos Deputados, do Senado Federal, da Mesa de uma dessas Casas Legislativas, do Tribunal de Contas da União, de um dos Tribunais Superiores, ou do próprio Supremo Tribunal Federal;

r) as ações contra o Conselho Nacional de Justiça e contra o Conselho Nacional do Ministério Público. *(Alínea acrescida pela Emenda Constitucional n. 45, de 2004)*

II — julgar, em recurso ordinário:

a) o *habeas corpus*, o mandado de segurança, o *habeas data* e o mandado de injunção decididos em única instância pelos Tribunais Superiores, se denegatória a decisão;

b) o crime político;

III — julgar, mediante recurso extraordinário, as causas decididas em única ou última instância, quando a decisão recorrida:

a) contrariar dispositivo desta Constituição;

b) declarar a inconstitucionalidade de tratado ou lei federal;

c) julgar válida lei ou ato de governo local contestado em face desta Constituição.

d) julgar válida lei local contestada em face de lei federal. *(Alínea acrescida pela Emenda Constitucional n. 45, de 2004)*

§ 1º A arguição de descumprimento de preceito fundamental, decorrente desta Constituição, será apreciada pelo Supremo Tribunal Federal, na forma da lei. *(Parágrafo único transformado em § 1º pela Emenda Constitucional n. 3, de 1993)*

§ 2º As decisões definitivas de mérito, proferidas pelo Supremo Tribunal Federal, nas ações diretas de inconstitucionalidade e nas ações declaratórias de constitucionalidade, produzirão eficácia contra todos e efeito vinculante, relativamente aos demais órgãos do Poder Judiciário e à administração pública direta e indireta, nas esferas federal, estadual e municipal. *(Parágrafo acrescido pela Emenda Constitucional n. 3, de 1993 e com nova redação dada pela Emenda Constitucional n. 45, de 2004))*

§ 3º No recurso extraordinário o recorrente deverá demonstrar a repercussão geral das questões constitucionais discutidas no caso, nos termos da lei, a fim de que o Tribunal examine a admissão do recurso, somente podendo recusá-lo pela manifestação de dois terços de seus membros. *(Parágrafo acrescido pela Emenda Constitucional n. 45, de 2004)*

Art. 103. Podem propor a ação direta de inconstitucionalidade e a ação declaratória de constitucionalidade: *("Caput" do artigo com redação dada pela Emenda Constitucional n. 45, de 2004)*

I — o Presidente da República;

II — a Mesa do Senado Federal;

III — a Mesa da Câmara dos Deputados;

IV — a Mesa de Assembleia Legislativa ou da Câmara Legislativa do Distrito Federal; *(Inciso com redação dada pela Emenda Constitucional n. 45, de 2004)*

V — o Governador de Estado ou do Distrito Federal; *(Inciso com redação dada pela Emenda Constitucional n. 45, de 2004)*

VI — o Procurador-Geral da República;

VII — o Conselho Federal da Ordem dos Advogados do Brasil;

VIII — partido político com representação no Congresso Nacional;

IX — confederação sindical ou entidade de classe de âmbito nacional.

§ 1º O Procurador-Geral da República deverá ser previamente ouvido nas ações de inconstitucionalidade e em todos os processos de competência do Supremo Tribunal Federal.

§ 2º Declarada a inconstitucionalidade por omissão de medida para tornar efetiva norma constitucional, será dada ciência ao Poder competente para a adoção das providências necessárias e, em se tratando de órgão administrativo, para fazê-lo em trinta dias.

§ 3º Quando o Supremo Tribunal Federal apreciar a inconstitucionalidade, em tese, de norma legal ou ato normativo, citará, previamente, o Advogado-Geral da União, que defenderá o ato ou texto impugnado.

§ 4º *(Parágrafo acrescido pela Emenda Constitucional n. 3, de 1993 e revogado pela Emenda Constitucional n. 45, de 2004)*

Art. 103-A. O Supremo Tribunal Federal poderá, de ofício ou por provocação, mediante decisão de dois terços dos seus membros, após reiteradas decisões sobre matéria constitucional, aprovar súmula que, a partir de sua publicação na imprensa oficial, terá efeito vinculante em relação aos demais órgãos do Poder Judiciário e à administração pública direta e indireta, nas esferas federal, estadual e municipal, bem como proceder à sua revisão ou cancelamento, na forma estabelecida em lei.

§ 1º A súmula terá por objetivo a validade, a interpretação e a eficácia de normas determinadas, acerca das quais haja controvérsia atual entre órgãos judiciários ou entre esses e a administração pública que acarrete grave insegurança jurídica e relevante multiplicação de processos sobre questão idêntica.

§ 2º Sem prejuízo do que vier a ser estabelecido em lei, a aprovação, revisão ou cancelamento de súmula poderá ser provocada por aqueles que podem propor a ação direta de inconstitucionalidade.

§ 3º Do ato administrativo ou decisão judicial que contrariar a súmula aplicável ou que indevidamente a aplicar, caberá reclamação ao Supremo Tribunal Federal que, julgando-a procedente, anulará o ato administrativo ou cassará a decisão judicial reclamada, e determinará que outra seja proferida com ou sem a aplicação da súmula, conforme o caso. *(Artigo acrescido pela Emenda Constitucional n. 45, de 2004)*

Art. 103-B. O Conselho Nacional de Justiça compõe-se de 15 (quinze) membros com mandato de 2 (dois) anos, admitida 1 (uma) recondução, sendo: *("Caput" do artigo acrescido pela Emenda Constitucional n. 45, de 2004 e com nova redação dada pela Emenda Constitucional n. 61, de 2009)*

I — o Presidente do Supremo Tribunal Federal; *(Inciso acrescido pela Emenda Constitucional n. 45, de 2004 e com nova redação dada pela Emenda Constitucional n. 61, de 2009)*

II — um Ministro do Superior Tribunal de Justiça, indicado pelo respectivo tribunal; *(Inciso acrescido pela Emenda Constitucional n. 45, de 2004)*

III — um Ministro do Tribunal Superior do Trabalho, indicado pelo respectivo tribunal; *(Inciso acrescido pela Emenda Constitucional n. 45, de 2004)*

IV — um desembargador de Tribunal de Justiça, indicado pelo Supremo Tribunal Federal; *(Inciso acrescido pela Emenda Constitucional n. 45, de 2004)*

V — um juiz estadual, indicado pelo Supremo Tribunal Federal; *(Inciso acrescido pela Emenda Constitucional n. 45, de 2004)*

VI — um juiz de Tribunal Regional Federal, indicado pelo Superior Tribunal de Justiça; *(Inciso acrescido pela Emenda Constitucional n. 45, de 2004)*

VII — um juiz federal, indicado pelo Superior Tribunal de Justiça; *(Inciso acrescido pela Emenda Constitucional n. 45, de 2004)*

VIII — um juiz de Tribunal Regional do Trabalho, indicado pelo Tribunal Superior do Trabalho; *(Inciso acrescido pela Emenda Constitucional n. 45, de 2004)*

IX — um juiz do trabalho, indicado pelo Tribunal Superior do Trabalho; *(Inciso acrescido pela Emenda Constitucional n. 45, de 2004)*

X — um membro do Ministério Público da União, indicado pelo Procurador-Geral da República; *(Inciso acrescido pela Emenda Constitucional n. 45, de 2004)*

XI — um membro do Ministério Público estadual, escolhido pelo Procurador-Geral da República dentre os nomes indicados pelo órgão competente de cada instituição estadual; *(Inciso acrescido pela Emenda Constitucional n. 45, de 2004)*

XII — dois advogados, indicados pelo Conselho Federal da Ordem dos Advogados do Brasil; *(Inciso acrescido pela Emenda Constitucional n. 45, de 2004)*

XIII — dois cidadãos, de notável saber jurídico e reputação ilibada, indicados um pela Câmara dos Deputados e outro pelo Senado Federal. *(Inciso acrescido pela Emenda Constitucional n. 45, de 2004)*

§ 1º O Conselho será presidido pelo Presidente do Supremo Tribunal Federal e, nas suas ausências e impedimentos, pelo Vice-Presidente do Supremo Tribunal Federal. *(Parágrafo acrescido pela Emenda Constitucional n. 45, de 2004 e com nova redação dada pela Emenda Constitucional n. 61, de 2009)*

§ 2º Os demais membros do Conselho serão nomeados pelo Presidente da República, depois de aprovada a escolha pela maioria absoluta do Senado Federal. *(Parágrafo acrescido pela Emenda Constitucional n. 45, de 2004 e com nova redação dada pela Emenda Constitucional n. 61, de 2009)*

§ 3º Não efetuadas, no prazo legal, as indicações previstas neste artigo, caberá a escolha ao Supremo Tribunal Federal. *(Parágrafo acrescido pela Emenda Constitucional n. 45, de 2004)*

§ 4º Compete ao Conselho o controle da atuação administrativa e financeira do Poder Judiciário e do cumprimento dos deveres funcionais dos juízes, cabendo-lhe, além de outras atribuições que lhe forem conferidas pelo Estatuto da Magistratura:

I — zelar pela autonomia do Poder Judiciário e pelo cumprimento do Estatuto da Magistratura, podendo expedir atos regulamentares, no âmbito de sua competência, ou recomendar providências;

II — zelar pela observância do art. 37 e apreciar, de ofício ou mediante provocação, a legalidade dos atos administrativos praticados por membros ou órgãos do Poder Judiciário, podendo desconstituí-los, revê-los ou fixar prazo para que se adotem as providências necessárias ao exato cumprimento da lei, sem prejuízo da competência do Tribunal de Contas da União;

III — receber e conhecer das reclamações contra membros ou órgãos do Poder Judiciário, inclusive contra seus serviços auxiliares, serventias e órgãos prestadores de serviços notariais e de registro que atuem por delegação do poder público ou oficializados, sem prejuízo da competência disciplinar e correicional dos tribunais, podendo avocar processos disciplinares em curso e determinar a remoção, a disponibilidade ou a aposentadoria com subsídios ou proventos proporcionais ao tempo de serviço e aplicar outras sanções administrativas, assegurada ampla defesa;

IV — representar ao Ministério Público, no caso de crime contra a administração pública ou de abuso de autoridade;

V — rever, de ofício ou mediante provocação, os processos disciplinares de juízes e membros de tribunais julgados há menos de um ano;

VI — elaborar semestralmente relatório estatístico sobre processos e sentenças prolatadas, por unidade da Federação, nos diferentes órgãos do Poder Judiciário;

VII — elaborar relatório anual, propondo as providências que julgar necessárias, sobre a situação do Poder Judiciário no País e as atividades do Conselho, o qual deve integrar mensagem do Presidente do Supremo Tribunal Federal a ser remetida ao Congresso Nacional, por ocasião da abertura da sessão legislativa. *(Parágrafo acrescido pela Emenda Constitucional n. 45, de 2004)*

§ 5º O Ministro do Superior Tribunal de Justiça exercerá a função de Ministro-Corregedor e ficará excluído da distribuição de processos no Tribunal, competindo-lhe, além das atribuições que lhe forem conferidas pelo Estatuto da Magistratura, as seguintes:

I — receber as reclamações e denúncias, de qualquer interessado, relativas aos magistrados e aos serviços judiciários;

II — exercer funções executivas do Conselho, de inspeção e de correição geral;

III — requisitar e designar magistrados, delegando-lhes atribuições, e requisitar servidores de juízos ou tribunais, inclusive nos Estados, Distrito Federal e Territórios. *(Parágrafo acrescido pela Emenda Constitucional n. 45, de 2004)*

§ 6º Junto ao Conselho oficiarão o Procurador-Geral da República e o Presidente do Conselho Federal da Ordem dos Advogados do Brasil. *(Parágrafo acrescido pela Emenda Constitucional n. 45, de 2004)*

§ 7º A União, inclusive no Distrito Federal e nos Territórios, criará ouvidorias de justiça, competentes para receber reclamações e denúncias de qualquer interessado contra membros ou órgãos do Poder Judiciário, ou contra seus serviços auxiliares, representando diretamente ao Conselho Nacional de Justiça. *(Parágrafo acrescido pela Emenda Constitucional n. 45, de 2004)*

Seção III
Do Superior Tribunal de Justiça

Art. 104. O Superior Tribunal de Justiça compõe-se de, no mínimo, trinta e três Ministros.

Parágrafo único. Os Ministros do Superior Tribunal de Justiça serão nomeados pelo Presidente da República, dentre brasileiros com mais de trinta e cinco e menos de sessenta e cinco anos, de notável saber jurídico e reputação ilibada, depois de aprovada a escolha pela maioria absoluta do Senado Federal, sendo: *("Caput" do parágrafo único com redação dada pela Emenda Constitucional n. 45, de 2004)*

I — um terço dentre juízes dos Tribunais Regionais Federais e um terço dentre desembargadores dos Tribunais de Justiça, indicados em lista tríplice elaborada pelo próprio Tribunal;

II — um terço, em partes iguais, dentre advogados e membros do Ministério Público Federal, Estadual, do Distrito Federal e dos Territórios, alternadamente, indicados na forma do art. 94.

Art. 105. Compete ao Superior Tribunal de Justiça:

I — processar e julgar, originariamente:

a) nos crimes comuns, os Governadores dos Estados e do Distrito Federal, e, nestes e nos de responsabilidade, os desembargadores dos Tribunais de Justiça dos Estados e do Distrito Federal, os membros dos Tribunais de Contas dos Estados e do Distrito Federal, os dos Tribunais Regionais Federais, dos Tribunais Regionais Eleitorais e do Trabalho, os membros dos Conselhos ou Tribunais de Contas dos Municípios e os do Ministério Público da União que oficiem perante tribunais;

b) os mandados de segurança e os *habeas data* contra ato de Ministro de Estado, dos Comandantes da Marinha, do Exército e da Aeronáutica ou do próprio Tribunal; *(Alínea com redação dada pela Emenda Constitucional n. 23, de 1999)*

c) os *habeas corpus*, quando o coator ou paciente for qualquer das pessoas mencionadas na alínea *a*, ou quando o coator for tribunal sujeito à sua jurisdição, Ministro de Estado ou Comandante da Marinha, do Exército ou da Aeronáutica, ressalvada a competência da Justiça Eleitoral; *(Alínea com redação dada pela Emenda Constitucional n. 23, de 1999)*

d) os conflitos de competência entre quaisquer tribunais, ressalvado o disposto no art. 102, I, *o*, bem como entre tribunal e juízes a ele não vinculados e entre juízes vinculados a tribunais diversos;

e) as revisões criminais e as ações rescisórias de seus julgados;

f) a reclamação para a preservação de sua competência e garantia da autoridade de suas decisões;

g) os conflitos de atribuições entre autoridades administrativas e judiciárias da União, ou entre autoridades judiciárias de um Estado e administrativas de outro ou do Distrito Federal, ou entre as deste e da União;

h) o mandado de injunção, quando a elaboração da norma regulamentadora for atribuição de órgão, entidade ou autoridade federal, da administração direta ou indireta, excetuados os casos de competência do Supremo Tribunal Federal e dos órgãos da Justiça Militar, da Justiça Eleitoral, da Justiça do Trabalho e da Justiça Federal;

i) a homologação de sentenças estrangeiras e a concessão de *exequatur* às cartas rogatórias; *(Alínea acrescida pela Emenda Constitucional n. 45, de 2004)*

II — julgar, em recurso ordinário:

a) os *habeas corpus* decididos em única ou última instância pelos Tribunais Regionais Federais ou pelos tribunais dos Estados, do Distrito Federal e Territórios, quando a decisão for denegatória;

b) os mandados de segurança decididos em única instância pelos Tribunais Regionais Federais ou pelos tribunais dos Estados, do Distrito Federal e Territórios, quando denegatória a decisão;

c) as causas em que forem partes Estado estrangeiro ou organismo internacional, de um lado, e, do outro, Município ou pessoa residente ou domiciliada no País;

III — julgar, em recurso especial, as causas decididas, em única ou última instância, pelos Tribunais Regionais Federais ou pelos tribunais dos Estados, do Distrito Federal e Territórios, quando a decisão recorrida:

a) contrariar tratado ou lei federal, ou negar-lhes vigência;

b) julgar válido ato de governo local contestado em face de lei federal; *(Alínea com redação dada pela Emenda Constitucional n. 45, de 2004)*

c) der a lei federal interpretação divergente da que lhe haja atribuído outro tribunal.

Parágrafo único. Funcionarão junto ao Superior Tribunal de Justiça: *("Caput" do parágrafo único com redação dada pela Emenda Constitucional n. 45, de 2004)*

I — a Escola Nacional de Formação e Aperfeiçoamento de Magistrados, cabendo-lhe, dentre outras funções, regulamentar os cursos oficiais para o ingresso e promoção na carreira; *(Inciso acrescido pela Emenda Constitucional n. 45, de 2004)*

II — o Conselho da Justiça Federal, cabendo-lhe exercer, na forma da lei, a supervisão administrativa e orçamentária da Justiça Federal de primeiro e segundo graus, como órgão central do sistema e com poderes correicionais, cujas decisões terão caráter vinculante. *(Inciso acrescido pela Emenda Constitucional n. 45, de 2004)*

Seção IV
Dos Tribunais Regionais Federais e dos Juízes Federais

Art. 106. São órgãos da Justiça Federal:

I — os Tribunais Regionais Federais;

II — os Juízes Federais.

Art. 107. Os Tribunais Regionais Federais compõem-se de, no mínimo, sete juízes, recrutados, quando possível, na respectiva região e nomeados pelo Presidente da República dentre brasileiros com mais de trinta e menos de sessenta e cinco anos, sendo:

I — um quinto dentre advogados com mais de dez anos de efetiva atividade profissional e membros do Ministério Público Federal com mais de dez anos de carreira;

II — os demais, mediante promoção de juízes federais com mais de cinco anos de exercício, por antiguidade e merecimento, alternadamente.

§ 1º A lei disciplinará a remoção ou a permuta de juízes dos Tribunais Regionais Federais e determinará sua jurisdição e sede. *(Parágrafo único transformado em § 1º pela Emenda Constitucional n. 45, de 2004)*

§ 2º Os Tribunais Regionais Federais instalarão a justiça itinerante, com a realização de audiências e demais funções da atividade jurisdicional, nos limites territoriais da respectiva jurisdição, servindo-se de equipamentos públicos e comunitários. *(Parágrafo acrescido pela Emenda Constitucional n. 45, de 2004)*

§ 3º Os Tribunais Regionais Federais poderão funcionar descentralizadamente, constituindo Câmaras regionais, a fim de assegurar o pleno acesso do jurisdicionado à justiça em todas as fases do processo. *(Parágrafo acrescido pela Emenda Constitucional n. 45, de 2004)*

Art. 108. Compete aos Tribunais Regionais Federais:

I — processar e julgar, originariamente:

a) os juízes federais da área de sua jurisdição, incluídos os da Justiça Militar e da Justiça do Trabalho, nos crimes comuns e de responsabilidade, e os membros do Ministério Público da União, ressalvada a competência da Justiça Eleitoral;

b) as revisões criminais e as ações rescisórias de julgados seus ou dos juízes federais da região;

c) os mandados de segurança e os *habeas data* contra ato do próprio Tribunal ou de juiz federal;

d) os *habeas corpus*, quando a autoridade coatora for juiz federal;

e) os conflitos de competência entre juízes federais vinculados ao Tribunal;

II — julgar, em grau de recurso, as causas decididas pelos juízes federais e pelos juízes estaduais no exercício da competência federal da área de sua jurisdição.

Art. 109. Aos juízes federais compete processar e julgar:

I — as causas em que a União, entidade autárquica ou empresa pública federal forem interessadas na condição de autoras, rés, assistentes ou oponentes, exceto as de falência, as de acidentes de trabalho e as sujeitas à Justiça Eleitoral e à Justiça do Trabalho;

II — as causas entre Estado estrangeiro ou organismo internacional e Município ou pessoa domiciliada ou residente no País;

III — as causas fundadas em tratado ou contrato da União com Estado estrangeiro ou organismo internacional;

IV — os crimes políticos e as infrações penais praticadas em detrimento de bens, serviços ou interesse da União ou de suas entidades autárquicas ou empresas públicas, excluídas as contravenções e ressalvada a competência da Justiça Militar e da Justiça Eleitoral;

V — os crimes previstos em tratado ou convenção internacional, quando, iniciada a execução no País, o resultado tenha ou devesse ter ocorrido no estrangeiro, ou reciprocamente;

V-A — as causas relativas a direitos humanos a que se refere o § 5º deste artigo; *(Inciso acrescido pela Emenda Constitucional n. 45, de 2004)*

VI — os crimes contra a organização do trabalho e, nos casos determinados por lei, contra o sistema financeiro e a ordem econômico-financeira;

VII — os *habeas corpus*, em matéria criminal de sua competência ou quando o constrangimento provier de autoridade cujos atos não estejam diretamente sujeitos a outra jurisdição;

VIII — os mandados de segurança e os *habeas data* contra ato de autoridade federal, excetuados os casos de competência dos tribunais federais;

IX — os crimes cometidos a bordo de navios ou aeronaves, ressalvada a competência da Justiça Militar;

X — os crimes de ingresso ou permanência irregular de estrangeiro, a execução de carta rogatória, após o *exequatur*, e de sentença estrangeira, após a homologação, as causas referentes à nacionalidade, inclusive a respectiva opção, e à naturalização;

XI — a disputa sobre direitos indígenas.

§ 1º As causas em que a União for autora serão aforadas na seção judiciária onde tiver domicílio a outra parte.

§ 2º As causas intentadas contra a União poderão ser aforadas na seção judiciária em que for domiciliado o autor, naquela onde houver ocorrido o ato ou fato que deu origem à demanda ou onde esteja situada a coisa, ou, ainda, no Distrito Federal.

§ 3º Serão processadas e julgadas na Justiça estadual, no foro do domicílio dos segurados ou beneficiários, as causas em que forem parte instituição de previdência social e segurado, sempre que a comarca não seja sede de vara do juízo federal, e, se verificada essa condição, a lei poderá permitir que outras causas sejam também processadas e julgadas pela Justiça estadual.

§ 4º Na hipótese do parágrafo anterior, o recurso cabível será sempre para o Tribunal Regional Federal na área de jurisdição do juiz de primeiro grau.

§ 5º Nas hipóteses de grave violação de direitos humanos, o Procurador-Geral da República, com a finalidade de assegurar o cumprimento de obrigações decorrentes de tratados internacionais de direitos humanos dos quais o Brasil seja parte, poderá suscitar, perante o Superior Tribunal de Justiça, em qualquer fase do inquérito ou processo, incidente de deslocamento de competência para a Justiça Federal. *(Parágrafo acrescido pela Emenda Constitucional n. 45, de 2004)*

Art. 110. Cada Estado, bem como o Distrito Federal, constituirá uma seção judiciária, que terá por sede a respectiva capital, e varas localizadas segundo o estabelecido em lei.

Parágrafo único. Nos Territórios Federais, a jurisdição e as atribuições cometidas aos juízes federais caberão aos juízes da Justiça local, na forma da lei.

Seção V
Dos Tribunais e Juízes do Trabalho

Art. 111. São órgãos da Justiça do Trabalho:

I — o Tribunal Superior do Trabalho;

II — os Tribunais Regionais do Trabalho;

III — Juízes do Trabalho. *(Inciso com redação dada pela Emenda Constitucional n. 24, de 1999)*

§ 1º *(Revogado pela Emenda Constitucional n. 45, de 2004)*

§ 2º *(Revogado pela Emenda Constitucional n. 45, de 2004)*

§ 3º *(Revogado pela Emenda Constitucional n. 45, de 2004)*

Art. 111-A. O Tribunal Superior do Trabalho compor-se-á de vinte e sete Ministros, escolhidos dentre brasileiros com mais de trinta e cinco e menos de sessenta e cinco anos, de notável saber jurídico e reputação ilibada, nomeados pelo Presidente da República após aprovação pela maioria absoluta do Senado Federal, sendo: *(Redação alterada pela Emenda Constitucional n. 92, 2016)*

I — um quinto dentre advogados com mais de dez anos de efetiva atividade profissional e membros do Ministério Público do Trabalho com mais de dez anos de efetivo exercício, observado o disposto no art. 94;

II — os demais dentre juízes dos Tribunais Regionais do Trabalho, oriundos da magistratura da carreira, indicados pelo próprio Tribunal Superior.

§ 1º A lei disporá sobre a competência do Tribunal Superior do Trabalho.

§ 2º Funcionarão junto ao Tribunal Superior do Trabalho:

I — a Escola Nacional de Formação e Aperfeiçoamento de Magistrados do Trabalho, cabendo-lhe, dentre outras funções, regulamentar os cursos oficiais para o ingresso e promoção na carreira;

II — o Conselho Superior da Justiça do Trabalho, cabendo-lhe exercer, na forma da lei, a supervisão administrativa, orçamentária, financeira e patrimonial da Justiça do Trabalho de primeiro e segundo graus, como órgão central do sistema, cujas decisões terão efeito vinculante. *(Artigo acrescido pela Emenda Constitucional n. 45, de 2004)*

§ 3º Compete ao Tribunal Superior do Trabalho processar e julgar, originariamente, a reclamação para a preservação de sua competência e garantia da autoridade de suas decisões. *(Parágrafo incluído pela Emenda Constitucional n. 92, de 2016)*

Art. 112. A lei criará varas da Justiça do Trabalho, podendo, nas comarcas não abrangidas por sua jurisdição, atribuí-la aos juízes de direito, com recurso para o respectivo Tribunal Regional do Trabalho. *(Artigo com redação dada pela Emenda Constitucional n. 45, de 2004)*

Art. 113. A lei disporá sobre a constituição, investidura, jurisdição, competência, garantias e condições de exercício dos órgãos da Justiça do Trabalho. *(Artigo com redação dada pela Emenda Constitucional n. 24, de 1999)*

Art. 114. Compete à Justiça do Trabalho processar e julgar: *("Caput" do artigo com redação dada pela Emenda Constitucional n. 45, de 2004)*

I — as ações oriundas da relação de trabalho, abrangidos os entes de direito público externo e da administração pública direta e indireta da União, dos Estados, do Distrito Federal e dos Municípios; *(Inciso acrescido pela Emenda Constitucional n. 45, de 2004)*

II — as ações que envolvam exercício do direito de greve; *(Inciso acrescido pela Emenda Constitucional n. 45, de 2004)*

III — as ações sobre representação sindical, entre sindicatos, entre sindicatos e trabalhadores, e entre sindicatos e empregadores; *(Inciso acrescido pela Emenda Constitucional n. 45, de 2004)*

IV — os mandados de segurança, *habeas corpus* e *habeas data*, quando o ato questionado envolver matéria sujeita à sua jurisdição; *(Inciso acrescido pela Emenda Constitucional n. 45, de 2004)*

V — os conflitos de competência entre órgãos com jurisdição trabalhista, ressalvado o disposto no art. 102, I, *o*; *(Inciso acrescido pela Emenda Constitucional n. 45, de 2004)*

VI — as ações de indenização por dano moral ou patrimonial, decorrentes da relação de trabalho; *(Inciso acrescido pela Emenda Constitucional n. 45, de 2004)*

VII — as ações relativas às penalidades administrativas impostas aos empregadores pelos órgãos de fiscalização das relações de trabalho; *(Inciso acrescido pela Emenda Constitucional n. 45, de 2004)*

VIII — a execução, de ofício, das contribuições sociais previstas no art. 195, I, *a*, e II, e seus acréscimos legais, decorrentes das sentenças que proferir; *(Inciso acrescido pela Emenda Constitucional n. 45, de 2004)*

IX — outras controvérsias decorrentes da relação de trabalho, na forma da lei. *(Inciso acrescido pela Emenda Constitucional n. 45, de 2004)*

§ 1º Frustrada a negociação coletiva, as partes poderão eleger árbitros.

§ 2º Recusando-se qualquer das partes à negociação coletiva ou à arbitragem, é facultado às mesmas, de comum acordo, ajuizar dissídio coletivo de natureza econômica, podendo a Justiça do Trabalho decidir o conflito, respeitadas as disposições mínimas legais de proteção ao trabalho, bem como as convencionadas anteriormente. *(Parágrafo com redação dada pela Emenda Constitucional n. 45, de 2004)*

§ 3º Em caso de greve em atividade essencial, com possibilidade de lesão do interesse público, o Ministério Público do Trabalho poderá ajuizar dissídio coletivo, competindo à Justiça do Trabalho decidir o conflito. *(Parágrafo acrescido pela Emenda Constitucional n. 20, de 1998 e com nova redação dada pela Emenda Constitucional n. 45, de 2004)*

Art. 115. Os Tribunais Regionais do Trabalho compõem-se de, no mínimo, sete juízes, recrutados, quando possível, na respectiva região, e nomeados pelo Presidente da República dentre brasileiros com mais de trinta e menos de sessenta e cinco anos, sendo: *("Caput" do artigo com redação dada pela Emenda Constitucional n. 45, de 2004)*

I — um quinto dentre advogados com mais de dez anos de efetiva atividade profissional e membros do Ministério

Público do Trabalho com mais de dez anos de efetivo exercício, observado o disposto no art. 94; *(Inciso com redação dada pela Emenda Constitucional n. 45, de 2004)*

II — os demais, mediante promoção de juízes do trabalho por antiguidade e merecimento, alternadamente. *(Inciso com redação dada pela Emenda Constitucional n. 45, de 2004)*

§ 1º Os Tribunais Regionais do Trabalho instalarão a justiça itinerante, com a realização de audiências e demais funções de atividade jurisdicional, nos limites territoriais da respectiva jurisdição, servindo-se de equipamentos públicos e comunitários. *(Parágrafo acrescido pela Emenda Constitucional n. 45, de 2004)*

§ 2º Os Tribunais Regionais do Trabalho poderão funcionar descentralizadamente, constituindo Câmaras regionais, a fim de assegurar o pleno acesso do jurisdicionado à justiça em todas as fases do processo. *(Parágrafo acrescido pela Emenda Constitucional n. 45, de 2004)*

Art. 116. Nas Varas do Trabalho, a jurisdição será exercida por um juiz singular. *("Caput" do artigo com redação dada pela Emenda Constitucional n. 24, de 1999)*

Parágrafo único. *(Revogado pela Emenda Constitucional n. 24, de 1999)*

Art. 117. *(Revogado pela Emenda Constitucional n. 24, de 1999)*

Seção VI
Dos Tribunais e Juízes Eleitorais

Art. 118. São órgãos da Justiça Eleitoral:

I — o Tribunal Superior Eleitoral;

II — os Tribunais Regionais Eleitorais;

III — os juízes eleitorais;

IV — as Juntas Eleitorais.

Art. 119. O Tribunal Superior Eleitoral compor-se-á, no mínimo, de sete membros, escolhidos:

I — mediante eleição, pelo voto secreto:

a) três juízes dentre os Ministros do Supremo Tribunal Federal;

b) dois juízes dentre os Ministros do Superior Tribunal de Justiça;

II — por nomeação do Presidente da República, dois juízes dentre seis advogados de notável saber jurídico e idoneidade moral, indicados pelo Supremo Tribunal Federal.

Parágrafo único. O Tribunal Superior Eleitoral elegerá seu Presidente e o Vice-Presidente dentre os Ministros do Supremo Tribunal Federal, e o corregedor eleitoral dentre os Ministros do Superior Tribunal de Justiça.

Art. 120. Haverá um Tribunal Regional Eleitoral na capital de cada Estado e no Distrito Federal.

§ 1º Os Tribunais Regionais Eleitorais compor-se-ão:

I — mediante eleição, pelo voto secreto:

a) de dois juízes dentre os desembargadores do Tribunal de Justiça;

b) de dois juízes, dentre juízes de direito, escolhidos pelo Tribunal de Justiça;

II — de um juiz do Tribunal Regional Federal com sede na capital do Estado ou no Distrito Federal, ou, não havendo, de juiz federal, escolhido, em qualquer caso, pelo Tribunal Regional Federal respectivo;

III — por nomeação, pelo Presidente da República, de dois juízes dentre seis advogados de notável saber jurídico e idoneidade moral, indicados pelo Tribunal de Justiça.

§ 2º O Tribunal Regional Eleitoral elegerá seu Presidente e o Vice-Presidente dentre os desembargadores.

Art. 121. Lei complementar disporá sobre a organização e competência dos Tribunais, dos juízes de direito e das Juntas Eleitorais.

§ 1º Os membros dos Tribunais, os juízes de direito e os integrantes das Juntas Eleitorais, no exercício de suas funções, e no que lhes for aplicável, gozarão de plenas garantias e serão inamovíveis.

§ 2º Os juízes dos Tribunais Eleitorais, salvo motivo justificado, servirão por dois anos, no mínimo, e nunca por mais de dois biênios consecutivos, sendo os substitutos escolhidos na mesma ocasião e pelo mesmo processo, em número igual para cada categoria.

§ 3º São irrecorríveis as decisões do Tribunal Superior Eleitoral, salvo as que contrariarem esta Constituição e as denegatórias de *habeas corpus* ou mandado de segurança.

§ 4º Das decisões dos Tribunais Regionais Eleitorais somente caberá recurso quando:

I — forem proferidas contra disposição expressa desta Constituição ou de lei;

II — ocorrer divergência na interpretação de lei entre dois ou mais Tribunais Eleitorais;

III — versarem sobre inelegibilidade ou expedição de diplomas nas eleições federais ou estaduais;

IV — anularem diplomas ou decretarem a perda de mandatos eletivos federais ou estaduais;

V — denegarem *habeas corpus*, mandado de segurança, *habeas data* ou mandado de injunção.

Seção VII
Dos Tribunais e Juízes Militares

Art. 122. São órgãos da Justiça Militar:

I — o Superior Tribunal Militar;

II — os Tribunais e juízes militares instituídos por lei.

Art. 123. O Superior Tribunal Militar compor-se-á de quinze Ministros vitalícios, nomeados pelo Presidente da República, depois de aprovada a indicação pelo Senado Federal, sendo três dentre oficiais-generais da Marinha, quatro dentre oficiais-generais do Exército, três dentre oficiais-generais da Aeronáutica, todos da ativa e do posto mais elevado da carreira, e cinco dentre civis.

Parágrafo único. Os Ministros civis serão escolhidos pelo Presidente da República dentre brasileiros maiores de trinta e cinco anos, sendo:

I — três dentre advogados de notório saber jurídico e conduta ilibada, com mais de dez anos de efetiva atividade profissional;

II — dois, por escolha paritária, dentre juízes-auditores e membros do Ministério Público da Justiça Militar.

Art. 124. À Justiça Militar compete processar e julgar os crimes militares definidos em lei.

Parágrafo único. A lei disporá sobre a organização, o funcionamento e a competência da Justiça Militar.

Seção VIII
Dos Tribunais e Juízes dos Estados

Art. 125. Os Estados organizarão sua Justiça, observados os princípios estabelecidos nesta Constituição.

§ 1º A competência dos tribunais será definida na Constituição do Estado, sendo a lei de organização judiciária de iniciativa do Tribunal de Justiça.

§ 2º Cabe aos Estados a instituição de representação de inconstitucionalidade de leis ou atos normativos estaduais ou municipais em face da Constituição estadual, vedada a atribuição da legitimação para agir a um único órgão.

§ 3º A lei estadual poderá criar, mediante proposta do Tribunal de Justiça, a Justiça Militar estadual, constituída, em primeiro grau, pelos juízes de direito e pelos Conselhos de Justiça e, em segundo grau, pelo próprio Tribunal de Justiça, ou por Tribunal de Justiça Militar nos Estados em que o efetivo militar seja superior a vinte mil integrantes. *(Parágrafo com redação dada pela Emenda Constitucional n. 45, de 2004)*

§ 4º Compete à Justiça Militar estadual processar e julgar os militares dos Estados, nos crimes militares definidos em lei e as ações judiciais contra atos disciplinares militares, ressalvada a competência do júri quando a vítima for civil, cabendo ao tribunal competente decidir sobre a perda do posto e da patente dos oficiais e da graduação das praças. *(Parágrafo com redação dada pela Emenda Constitucional n. 45, de 2004)*

§ 5º Compete aos juízes de direito do juízo militar processar e julgar, singularmente, os crimes militares cometidos contra civis e as ações judiciais contra atos disciplinares militares, cabendo ao Conselho de Justiça, sob a presidência de juiz de direito, processar e julgar os demais crimes militares. *(Parágrafo acrescido pela Emenda Constitucional n. 45, de 2004)*

§ 6º O Tribunal de Justiça poderá funcionar descentralizadamente, constituindo Câmaras regionais, a fim de assegurar o pleno acesso do jurisdicionado à justiça em todas as fases do processo. *(Parágrafo acrescido pela Emenda Constitucional n. 45, de 2004)*

§ 7º O Tribunal de Justiça instalará a justiça itinerante, com a realização de audiências e demais funções da atividade jurisdicional, nos limites territoriais da respectiva jurisdição, servindo-se de equipamentos públicos e comunitários. *(Parágrafo acrescido pela Emenda Constitucional n. 45, de 2004)*

Art. 126. Para dirimir conflitos fundiários, o Tribunal de Justiça proporá a criação de varas especializadas, com competência exclusiva para questões agrárias *("Caput" do artigo com redação dada pela Emenda Constitucional n. 45, de 2004)*

Parágrafo único. Sempre que necessário à eficiente prestação jurisdicional, o juiz far-se-á presente no local do litígio.

CAPÍTULO IV
DAS FUNÇÕES ESSENCIAIS À JUSTIÇA

Seção I
Do Ministério Público

Art. 127. O Ministério Público é instituição permanente, essencial à função jurisdicional do Estado, incumbindo-lhe a defesa da ordem jurídica, do regime democrático e dos interesses sociais e individuais indisponíveis.

§ 1º São princípios institucionais do Ministério Público a unidade, a indivisibilidade e a independência funcional.

§ 2º Ao Ministério Público é assegurada autonomia funcional e administrativa, podendo, observado o disposto no art. 169, propor ao Poder Legislativo a criação e extinção de seus cargos e serviços auxiliares, provendo-os por concurso público de provas ou de provas e títulos, a política remuneratória e os planos de carreira; a lei disporá sobre sua organização e funcionamento. *(Parágrafo com redação dada pela Emenda Constitucional n. 19, de 1998)*

§ 3º O Ministério Público elaborará sua proposta orçamentária dentro dos limites estabelecidos na lei de diretrizes orçamentárias.

§ 4º Se o Ministério Público não encaminhar a respectiva proposta orçamentária dentro do prazo estabelecido na lei de diretrizes orçamentárias, o Poder Executivo considerará, para fins de consolidação da proposta orçamentária anual, os valores aprovados na lei orçamentária vigente, ajustados de acordo com os limites estipulados na forma do § 3º. *(Parágrafo acrescido pela Emenda Constitucional n. 45, de 2004)*

§ 5º Se a proposta orçamentária de que trata este artigo for encaminhada em desacordo com os limites estipulados na forma do § 3º, o Poder Executivo procederá aos ajustes necessários para fins de consolidação da proposta orçamentária anual. *(Parágrafo acrescido pela Emenda Constitucional n. 45, de 2004)*

§ 6º Durante a execução orçamentária do exercício, não poderá haver a realização de despesas ou a assunção de obrigações que extrapolem os limites estabelecidos na lei de diretrizes orçamentárias, exceto se previamente autorizadas, mediante a abertura de créditos suplementares ou especiais. *(Parágrafo acrescido pela Emenda Constitucional n. 45, de 2004)*

Art. 128. O Ministério Público abrange:

I — o Ministério Público da União, que compreende:

a) o Ministério Público Federal;

b) o Ministério Público do Trabalho;

c) o Ministério Público Militar;

d) o Ministério Público do Distrito Federal e Territórios;

II — os Ministérios Públicos dos Estados.

§ 1º O Ministério Público da União tem por chefe o Procurador-Geral da República, nomeado pelo Presidente da República dentre integrantes da carreira, maiores de trinta e cinco anos, após a aprovação de seu nome pela maioria absoluta dos membros do Senado Federal, para mandato de dois anos, permitida a recondução.

§ 2º A destituição do Procurador-Geral da República, por iniciativa do Presidente da República, deverá ser precedida de autorização da maioria absoluta do Senado Federal.

§ 3º Os Ministérios Públicos dos Estados e o do Distrito Federal e Territórios formarão lista tríplice dentre integrantes da carreira, na forma da lei respectiva, para escolha de seu Procurador-Geral, que será nomeado pelo Chefe do Poder Executivo, para mandato de dois anos, permitida uma recondução.

§ 4º Os Procuradores-Gerais nos Estados e no Distrito Federal e Territórios poderão ser destituídos por deliberação da maioria absoluta do Poder Legislativo, na forma da lei complementar respectiva.

§ 5º Leis complementares da União e dos Estados, cuja iniciativa é facultada aos respectivos Procuradores-Gerais, estabelecerão a organização, as atribuições e o estatuto de cada Ministério Público, observadas, relativamente a seus membros:

I — as seguintes garantias:

a) vitaliciedade, após dois anos de exercício, não podendo perder o cargo senão por sentença judicial transitada em julgado;

b) inamovibilidade, salvo por motivo de interesse público, mediante decisão do órgão colegiado competente do Ministério Público, pelo voto da maioria absoluta de seus membros, assegurada ampla defesa; *(Alínea com redação dada pela Emenda Constitucional n. 45, de 2004)*

c) irredutibilidade de subsídio, fixado na forma do art. 39, § 4º, e ressalvado o disposto nos arts. 37, X e XI, 150, II,

153, III, 153, § 2º, I; *(Alínea com redação dada pela Emenda Constitucional n. 19, de 1998)*

II — as seguintes vedações:

a) receber, a qualquer título e sob qualquer pretexto, honorários, percentagens ou custas processuais;

b) exercer a advocacia;

c) participar de sociedade comercial, na forma da lei;

d) exercer, ainda que em disponibilidade, qualquer outra função pública, salvo uma de magistério;

e) exercer atividade político-partidária: *(Alínea com redação dada pela Emenda Constitucional n. 45, de 2004)*

f) receber, a qualquer título ou pretexto, auxílios ou contribuições de pessoas físicas, entidades públicas ou privadas, ressalvadas as exceções previstas em lei. *(Alínea acrescida pela Emenda Constitucional n. 45, de 2004)*

§ 6º Aplica-se aos membros do Ministério Público o disposto no art. 95, parágrafo único, V. *(Parágrafo acrescido pela Emenda Constitucional n. 45, de 2004)*

Art. 129. São funções institucionais do Ministério Público:

I — promover, privativamente, a ação penal pública, na forma da lei;

II — zelar pelo efetivo respeito dos poderes públicos e dos serviços de relevância pública aos direitos assegurados nesta Constituição, promovendo as medidas necessárias a sua garantia;

III — promover o inquérito civil e a ação civil pública, para a proteção do patrimônio público e social, do meio ambiente e de outros interesses difusos e coletivos;

IV — promover a ação de inconstitucionalidade ou representação para fins de intervenção da União e dos Estados, nos casos previstos nesta Constituição;

V — defender judicialmente os direitos e interesses das populações indígenas;

VI — expedir notificações nos procedimentos administrativos de sua competência, requisitando informações e documentos para instruí-los, na forma da lei complementar respectiva;

VII — exercer o controle externo da atividade policial, na forma da lei complementar mencionada no artigo anterior;

VIII — requisitar diligências investigatórias e a instauração de inquérito policial, indicados os fundamentos jurídicos de suas manifestações processuais;

IX — exercer outras funções que lhe forem conferidas, desde que compatíveis com sua finalidade, sendo-lhe vedada a representação judicial e a consultoria jurídica de entidades públicas.

§ 1º A legitimação do Ministério Público para as ações civis previstas neste artigo não impede a de terceiros, nas mesmas hipóteses, segundo o disposto nesta Constituição e na lei.

§ 2º As funções do Ministério Público só podem ser exercidas por integrantes da carreira, que deverão residir na comarca da respectiva lotação, salvo autorização do chefe da instituição. *(Parágrafo com redação dada pela Emenda Constitucional n. 45, de 2004)*

§ 3º O ingresso na carreira do Ministério Público far-se-á mediante concurso público de provas e títulos, assegurada a participação da Ordem dos Advogados do Brasil em sua realização, exigindo-se do bacharel em direito, no mínimo, três anos de atividade jurídica e observando-se, nas nomeações, a ordem de classificação. *(Parágrafo com redação dada pela Emenda Constitucional n. 45, de 2004)*

§ 4º Aplica-se ao Ministério Público, no que couber, o disposto no art. 93. *(Parágrafo com redação dada pela Emenda Constitucional n. 45, de 2004)*

§ 5º A distribuição de processos no Ministério Público será imediata. *(Parágrafo acrescido pela Emenda Constitucional n. 45, de 2004)*

Art. 130. Aos membros do Ministério Público junto aos Tribunais de Contas aplicam-se as disposições desta Seção pertinentes a direitos, vedações e forma de investidura.

Art. 130-A. O Conselho Nacional do Ministério Público compõe-se de quatorze membros nomeados pelo Presidente da República, depois de aprovada a escolha pela maioria absoluta do Senado Federal, para um mandato de dois anos, admitida uma recondução, sendo:

I — o Procurador-Geral da República, que o preside;

II — quatro membros do Ministério Público da União, assegurada a representação de cada uma de suas carreiras;

III — três membros do Ministério Público dos Estados;

IV — dois juízes, indicados um pelo Supremo Tribunal Federal e outro pelo Superior Tribunal de Justiça;

V — dois advogados, indicados pelo Conselho Federal da Ordem dos Advogados do Brasil;

VI — dois cidadãos de notável saber jurídico e reputação ilibada, indicados um pela Câmara dos Deputados e outro pelo Senado Federal.

§ 1º Os membros do Conselho oriundos do Ministério Público serão indicados pelos respectivos Ministérios Públicos, na forma da lei.

§ 2º Compete ao Conselho Nacional do Ministério Público o controle da atuação administrativa e financeira do Ministério Público e do cumprimento dos deveres funcionais de seus membros, cabendo-lhe:

I — zelar pela autonomia funcional e administrativa do Ministério Público, podendo expedir atos regulamentares, no âmbito de sua competência, ou recomendar providências;

II — zelar pela observância do art. 37 e apreciar, de ofício ou mediante provocação, a legalidade dos atos administrativos praticados por membros ou órgãos do Ministério Público da União e dos Estados, podendo desconstituí-los, revê-los ou fixar prazo para que se adotem as providências necessárias ao exato cumprimento da lei, sem prejuízo da competência dos Tribunais de Contas;

III — receber e conhecer das reclamações contra membros ou órgãos do Ministério Público da União ou dos Estados, inclusive contra seus serviços auxiliares, sem prejuízo da competência disciplinar e correicional da instituição, podendo avocar processos disciplinares em curso, determinar a remoção, a disponibilidade ou a aposentadoria com subsídios ou proventos proporcionais ao tempo de serviço e aplicar outras sanções administrativas, assegurada ampla defesa;

IV — rever, de ofício ou mediante provocação, os processos disciplinares de membros do Ministério Público da União ou dos Estados julgados há menos de um ano;

V — elaborar relatório anual, propondo as providências que julgar necessárias sobre a situação do Ministério Público no País e as atividades do Conselho, o qual deve integrar a mensagem prevista no art. 84, XI.

§ 3º O Conselho escolherá, em votação secreta, um Corregedor nacional, dentre os membros do Ministério Público que o integram, vedada a recondução, competindo-lhe, além das atribuições que lhe forem conferidas pela lei, as seguintes:

I — receber reclamações e denúncias, de qualquer interessado, relativas aos membros do Ministério Público e dos seus serviços auxiliares;

II — exercer funções executivas do Conselho, de inspeção e correição geral;

III — requisitar e designar membros do Ministério Público, delegando-lhes atribuições, e requisitar servidores de órgãos do Ministério Público.

§ 4º O Presidente do Conselho Federal da Ordem dos Advogados do Brasil oficiará junto ao Conselho.

§ 5º Leis da União e dos Estados criarão ouvidorias do Ministério Público, competentes para receber reclamações e denúncias de qualquer interessado contra membros ou órgãos do Ministério Público, inclusive contra seus serviços auxiliares, representando diretamente ao Conselho Nacional do Ministério Público. *(Artigo acrescido pela Emenda Constitucional n. 45, de 2004)*

Seção II
Da Advocacia Pública
(Redação dada pela Emenda Constitucional n. 19, de 1998)

Art. 131. A Advocacia-Geral da União é a instituição que, diretamente ou através de órgão vinculado, representa a União, judicial e extrajudicialmente, cabendo-lhe, nos termos da lei complementar que dispuser sobre sua organização e funcionamento, as atividades de consultoria e assessoramento jurídico do Poder Executivo.

§ 1º A Advocacia-Geral da União tem por chefe o Advogado-Geral da União, de livre nomeação pelo Presidente da República dentre cidadãos maiores de trinta e cinco anos, de notável saber jurídico e reputação ilibada.

§ 2º O ingresso nas classes iniciais das carreiras da instituição de que trata este artigo far-se-á mediante concurso público de provas e títulos.

§ 3º Na execução da dívida ativa de natureza tributária, a representação da União cabe à Procuradoria-Geral da Fazenda Nacional, observado o disposto em lei.

Art. 132. Os Procuradores dos Estados e do Distrito Federal, organizados em carreira, na qual o ingresso dependerá de concurso público de provas e títulos, com a participação da Ordem dos Advogados do Brasil em todas as suas fases, exercerão a representação judicial e a consultoria jurídica das respectivas unidades federadas. *("Caput" do artigo com redação dada pela Emenda Constitucional n. 19, de 1998)*

Parágrafo único. Aos procuradores referidos neste artigo é assegurada estabilidade após três anos de efetivo exercício, mediante avaliação de desempenho perante os órgãos próprios, após relatório circunstanciado das corregedorias. *(Parágrafo único acrescido pela Emenda Constitucional n. 19, de 1998)*

Seção III
Da Advocacia
(Denominação da Seção com redação dada pela Emenda Constitucional n. 80, de 2014)

Art. 133. O advogado é indispensável à administração da justiça, sendo inviolável por seus atos e manifestações no exercício da profissão, nos limites da lei.

Seção IV
Da Defensoria Pública
(Seção acrescida pela Emenda Constitucional n. 80, de 2014)

Art. 134. A Defensoria Pública é instituição permanente, essencial à função jurisdicional do Estado, incumbindo-lhe, como expressão e instrumento do regime democrático, fundamentalmente, a orientação jurídica, a promoção dos direitos humanos e a defesa, em todos os graus, judicial e extrajudicial, dos direitos individuais e coletivos, de forma integral e gratuita, aos necessitados, na forma do inciso LXXIV do art. 5º desta Constituição Federal. *("Caput" do artigo com redação dada pela Emenda Constitucional n. 80, de 2014)*

§ 1º Lei complementar organizará a Defensoria Pública da União e do Distrito Federal e dos Territórios e prescreverá normas gerais para sua organização nos Estados, em cargos de carreira, providos, na classe inicial, mediante concurso público de provas e títulos, assegurada a seus integrantes a garantia da inamovibilidade e vedado o exercício da advocacia fora das atribuições institucionais. *(Parágrafo único transformado em § 1º pela Emenda Constitucional n. 45, de 2004)*

§ 2º Às Defensorias Públicas Estaduais são asseguradas autonomia funcional e administrativa e a iniciativa de sua proposta orçamentária dentro dos limites estabelecidos na lei de diretrizes orçamentárias e subordinação ao disposto no art. 99, § 2º. *(Parágrafo acrescido pela Emenda Constitucional n. 45, de 2004)*

§ 3º Aplica-se o disposto no § 2º às Defensorias Públicas da União e do Distrito Federal. *(Parágrafo acrescido pela Emenda Constitucional n. 74, de 2013)*

§ 4º São princípios institucionais da Defensoria Pública a unidade, a indivisibilidade e a independência funcional, aplicando-se também, no que couber, o disposto no art. 93 e no inciso II do art. 96 desta Constituição Federal. *(Parágrafo acrescido pela Emenda Constitucional n. 80, de 2014)*

Art. 135. Os servidores integrantes das carreiras disciplinadas nas Seções II e III deste Capítulo serão remunerados na forma do art. 39, § 4º. *(Artigo com redação dada pela Emenda Constitucional n. 19, de 1998)*

TÍTULO V
DA DEFESA DO ESTADO E DAS INSTITUIÇÕES DEMOCRÁTICAS

CAPÍTULO I
DO ESTADO DE DEFESA E DO ESTADO DE SÍTIO

Seção I
Do Estado de Defesa

Art. 136. O Presidente da República pode, ouvidos o Conselho da República e o Conselho de Defesa Nacional, decretar estado de defesa para preservar ou prontamente restabelecer, em locais restritos e determinados, a ordem pública ou a paz social ameaçadas por grave e iminente instabilidade institucional ou atingidas por calamidades de grandes proporções na natureza.

§ 1º O decreto que instituir o estado de defesa determinará o tempo de sua duração, especificará as áreas a serem abrangidas e indicará, nos termos e limites da lei, as medidas coercitivas a vigorarem, dentre as seguintes:

I — restrições aos direitos de:

a) reunião, ainda que exercida no seio das associações;

b) sigilo de correspondência;

c) sigilo de comunicação telegráfica e telefônica;

II — ocupação e uso temporário de bens e serviços públicos, na hipótese de calamidade pública, respondendo a União pelos danos e custos decorrentes.

§ 2º O tempo de duração do estado de defesa não será superior a trinta dias, podendo ser prorrogado uma vez,

por igual período, se persistirem as razões que justificaram a sua decretação.

§ 3º Na vigência do estado de defesa:

I — a prisão por crime contra o Estado, determinada pelo executor da medida, será por este comunicada imediatamente ao juiz competente, que a relaxará, se não for legal, facultado ao preso requerer exame de corpo de delito à autoridade policial;

II — a comunicação será acompanhada de declaração, pela autoridade, do estado físico e mental do detido no momento de sua autuação;

III — a prisão ou detenção de qualquer pessoa não poderá ser superior a dez dias, salvo quando autorizada pelo Poder Judiciário;

IV — é vedada a incomunicabilidade do preso.

§ 4º Decretado o estado de defesa ou sua prorrogação, o Presidente da República, dentro de vinte e quatro horas, submeterá o ato com a respectiva justificação ao Congresso Nacional, que decidirá por maioria absoluta.

§ 5º Se o Congresso Nacional estiver em recesso, será convocado, extraordinariamente, no prazo de cinco dias.

§ 6º O Congresso Nacional apreciará o decreto dentro de dez dias contados de seu recebimento, devendo continuar funcionando enquanto vigorar o estado de defesa.

§ 7º Rejeitado o decreto, cessa imediatamente o estado de defesa.

Seção II
Do Estado de Sítio

Art. 137. O Presidente da República pode, ouvidos o Conselho da República e o Conselho de Defesa Nacional, solicitar ao Congresso Nacional autorização para decretar o estado de sítio nos casos de:

I — comoção grave de repercussão nacional ou ocorrência de fatos que comprovem a ineficácia de medida tomada durante o estado de defesa;

II — declaração de estado de guerra ou resposta a agressão armada estrangeira.

Parágrafo único. O Presidente da República, ao solicitar autorização para decretar o estado de sítio ou sua prorrogação, relatará os motivos determinantes do pedido, devendo o Congresso Nacional decidir por maioria absoluta.

Art. 138. O decreto do estado de sítio indicará sua duração, as normas necessárias a sua execução e as garantias constitucionais que ficarão suspensas, e, depois de publicado, o Presidente da República designará o executor das medidas específicas e as áreas abrangidas.

§ 1º O estado de sítio, no caso do art. 137, I, não poderá ser decretado por mais de trinta dias, nem prorrogado, de cada vez, por prazo superior; no do inciso II, poderá ser decretado por todo o tempo que perdurar a guerra ou a agressão armada estrangeira.

§ 2º Solicitada autorização para decretar o estado de sítio durante o recesso parlamentar, o Presidente do Senado Federal, de imediato, convocará extraordinariamente o Congresso Nacional para se reunir dentro de cinco dias, a fim de apreciar o ato.

§ 3º O Congresso Nacional permanecerá em funcionamento até o término das medidas coercitivas.

Art. 139. Na vigência do estado de sítio decretado com fundamento no art. 137, I, só poderão ser tomadas contra as pessoas as seguintes medidas:

I — obrigação de permanência em localidade determinada;

II — detenção em edifício não destinado a acusados ou condenados por crimes comuns;

III — restrições relativas à inviolabilidade da correspondência, ao sigilo das comunicações, à prestação de informações e à liberdade de imprensa, radiodifusão e televisão, na forma da lei;

IV — suspensão da liberdade de reunião;

V — busca e apreensão em domicílio;

VI — intervenção nas empresas de serviços públicos;

VII — requisição de bens.

Parágrafo único. Não se inclui nas restrições do inciso III a difusão de pronunciamentos de parlamentares efetuados em suas Casas Legislativas, desde que liberada pela respectiva Mesa.

Seção III
Disposições Gerais

Art. 140. A Mesa do Congresso Nacional, ouvidos os líderes partidários, designará Comissão composta de cinco de seus membros para acompanhar e fiscalizar a execução das medidas referentes ao estado de defesa e ao estado de sítio.

Art. 141. Cessado o estado de defesa ou o estado de sítio, cessarão também seus efeitos, sem prejuízo da responsabilidade pelos ilícitos cometidos por seus executores ou agentes.

Parágrafo único. Logo que cesse o estado de defesa ou o estado de sítio, as medidas aplicadas em sua vigência serão relatadas pelo Presidente da República, em mensagem ao Congresso Nacional, com especificação e justificação das providências adotadas, com relação nominal dos atingidos e indicação das restrições aplicadas.

CAPÍTULO II
DAS FORÇAS ARMADAS

Art. 142. As Forças Armadas, constituídas pela Marinha, pelo Exército e pela Aeronáutica, são instituições nacionais permanentes e regulares, organizadas com base na hierarquia e na disciplina, sob a autoridade suprema do Presidente da República, e destinam-se à defesa da Pátria, à garantia dos poderes constitucionais e, por iniciativa de qualquer destes, da lei e da ordem.

§ 1º Lei complementar estabelecerá as normas gerais a serem adotadas na organização, no preparo e no emprego das Forças Armadas.

§ 2º Não caberá *habeas corpus* em relação a punições disciplinares militares.

§ 3º Os membros das Forças Armadas são denominados militares, aplicando-se-lhes, além das que vierem a ser fixadas em lei, as seguintes disposições: *(Parágrafo acrescido pela Emenda Constitucional n. 18, de 1998)*

I — as patentes, com prerrogativas, direitos e deveres a elas inerentes, são conferidas pelo Presidente da República e asseguradas em plenitude aos oficiais da ativa, da reserva ou reformados, sendo-lhes privativos os títulos e postos militares e, juntamente com os demais membros, o uso dos uniformes das Forças Armadas; *(Inciso acrescido pela Emenda Constitucional n. 18, de 1998)*

II — o militar em atividade que tomar posse em cargo ou emprego público civil permanente, ressalvada a hipótese prevista no art. 37, inciso XVI, alínea "c", será transferido para a reserva, nos termos da lei; *(Inciso acrescido pela Emenda Constitucional n. 18, de 1998, com redação dada pela Emenda Constitucional n. 77, de 2014)*

III — o militar da ativa que, de acordo com a lei, tomar posse em cargo, emprego ou função pública civil temporária, não eletiva, ainda que da administração indireta, ressalvada a hipótese prevista no art. 37, inciso XVI, alínea "c", ficará agregado ao respectivo quadro e somente poderá, enquanto permanecer nessa situação, ser promovido por antiguidade, contando-se-lhe o tempo de serviço apenas para aquela promoção e transferência para a reserva, sendo depois de dois anos de afastamento, contínuos ou não, transferido para a reserva, nos termos da lei; *(Inciso acrescido pela Emenda Constitucional n. 18, de 1998, com redação dada pela Emenda Constitucional n. 77, de 2014)*

IV — ao militar são proibidas a sindicalização e a greve; *(Inciso acrescido pela Emenda Constitucional n. 18, de 1998)*

V — o militar, enquanto em serviço ativo, não pode estar filiado a partidos políticos; *(Inciso acrescido pela Emenda Constitucional n. 18, de 1998)*

VI — o oficial só perderá o posto e a patente se for julgado indigno do oficialato ou com ele incompatível, por decisão de tribunal militar de caráter permanente, em tempo de paz, ou de tribunal especial, em tempo de guerra; *(Inciso acrescido pela Emenda Constitucional n. 18, de 1998)*

VII — o oficial condenado na justiça comum ou militar a pena privativa de liberdade superior a dois anos, por sentença transitada em julgado, será submetido ao julgamento previsto no inciso anterior; *(Inciso acrescido pela Emenda Constitucional n. 18, de 1998)*

VIII — aplica-se aos militares o disposto no art. 7º, incisos VIII, XII, XVII, XVIII, XIX e XXV, e no art. 37, incisos XI, XIII, XIV e XV, bem como, na forma da lei e com prevalência da atividade militar, no art. 37, inciso XVI, alínea "c"; *(Inciso acrescido pela Emenda Constitucional n. 18, de 1998, com redação dada pela Emenda Constitucional n. 77, de 2014)*

IX — *(Revogado pela Emenda Constitucional n. 41, de 2003)*

X — a lei disporá sobre o ingresso nas Forças Armadas, os limites de idade, a estabilidade e outras condições de transferência do militar para a inatividade, os direitos, os deveres, a remuneração, as prerrogativas e outras situações especiais dos militares, consideradas as peculiaridades de suas atividades, inclusive aquelas cumpridas por força de compromissos internacionais e de guerra. *(Inciso acrescido pela Emenda Constitucional n. 18, de 1998)*

Art. 143. O serviço militar é obrigatório nos termos da lei.

§ 1º Às Forças Armadas compete, na forma da lei, atribuir serviço alternativo aos que, em tempo de paz, após alistados, alegarem imperativo de consciência, entendendo-se como tal o decorrente de crença religiosa e de convicção filosófica ou política, para se eximirem de atividades de caráter essencialmente militar.

§ 2º As mulheres e os eclesiásticos ficam isentos do serviço militar obrigatório em tempo de paz, sujeitos, porém, a outros encargos que a lei lhes atribuir.

CAPÍTULO III
DA SEGURANÇA PÚBLICA

Art. 144. A segurança pública, dever do Estado, direito e responsabilidade de todos, é exercida para a preservação da ordem pública e da incolumidade das pessoas e do patrimônio, através dos seguintes órgãos:

I — polícia federal;

II — polícia rodoviária federal;

III — polícia ferroviária federal;

IV — polícias civis;

V — polícias militares e corpos de bombeiros militares.

§ 1º A polícia federal, instituída por lei como órgão permanente, organizado e mantido pela União e estruturado em carreira, destina-se a: *("Caput" do parágrafo com redação dada pela Emenda Constitucional n. 19, de 1998)*

I — apurar infrações penais contra a ordem política e social ou em detrimento de bens, serviços e interesses da União ou de suas entidades autárquicas e empresas públicas, assim como outras infrações cuja prática tenha repercussão interestadual ou internacional e exija repressão uniforme, segundo se dispuser em lei;

II — prevenir e reprimir o tráfico ilícito de entorpecentes e drogas afins, o contrabando e o descaminho, sem prejuízo da ação fazendária e de outros órgãos públicos nas respectivas áreas de competência;

III — exercer as funções de polícia marítima, aeroportuária e de fronteiras; *(Inciso com redação dada pela Emenda Constitucional n. 19, de 1998)*

IV — exercer, com exclusividade, as funções de polícia judiciária da União.

§ 2º A polícia rodoviária federal, órgão permanente, organizado e mantido pela União e estruturado em carreira, destina-se, na forma da lei, ao patrulhamento ostensivo das rodovias federais. *(Parágrafo com redação dada pela Emenda Constitucional n. 19, de 1998)*

§ 3º A polícia ferroviária federal, órgão permanente, organizado e mantido pela União e estruturado em carreira, destina-se, na forma da lei, ao patrulhamento ostensivo das ferrovias federais. *(Parágrafo com redação dada pela Emenda Constitucional n. 19, de 1998)*

§ 4º Às polícias civis, dirigidas por delegados de polícia de carreira, incumbem, ressalvada a competência da União, as funções de polícia judiciária e a apuração de infrações penais, exceto as militares.

§ 5º Às polícias militares cabem a polícia ostensiva e a preservação da ordem pública; aos corpos de bombeiros militares, além das atribuições definidas em lei, incumbe a execução de atividades de defesa civil.

§ 6º As polícias militares e corpos de bombeiros militares, forças auxiliares e reserva do Exército, subordinam-se, juntamente com as polícias civis, aos Governadores dos Estados, do Distrito Federal e dos Territórios.

§ 7º A lei disciplinará a organização e o funcionamento dos órgãos responsáveis pela segurança pública, de maneira a garantir a eficiência de suas atividades.

§ 8º Os Municípios poderão constituir guardas municipais destinadas à proteção de seus bens, serviços e instalações, conforme dispuser a lei.

§ 9º A remuneração dos servidores policiais integrantes dos órgãos relacionados neste artigo será fixada na forma do § 4º do art. 39. *(Parágrafo acrescido pela Emenda Constitucional n. 19, de 1998)*

§ 10. A segurança viária, exercida para a preservação da ordem pública e da incolumidade das pessoas e do seu patrimônio nas vias públicas:

I — compreende a educação, engenharia e fiscalização de trânsito, além de outras atividades previstas em lei, que assegurem ao cidadão o direito à mobilidade urbana eficiente; e

II — compete, no âmbito dos Estados, do Distrito Federal e dos Municípios, aos respectivos órgãos ou entidades executivos e seus agentes de trânsito, estruturados em Carreira, na forma da lei. *(Parágrafo acrescido pela Emenda Constitucional n. 82, de 2014)*

TÍTULO VI
DA TRIBUTAÇÃO E DO ORÇAMENTO

CAPÍTULO I
DO SISTEMA TRIBUTÁRIO NACIONAL

Seção I
Dos Princípios Gerais

Art. 145. A União, os Estados, o Distrito Federal e os Municípios poderão instituir os seguintes tributos:

I — impostos;

II — taxas, em razão do exercício do poder de polícia ou pela utilização, efetiva ou potencial, de serviços públicos específicos e divisíveis, prestados ao contribuinte ou postos a sua disposição;

III — contribuição de melhoria, decorrente de obras públicas.

§ 1º Sempre que possível, os impostos terão caráter pessoal e serão graduados segundo a capacidade econômica do contribuinte, facultado à administração tributária, especialmente para conferir efetividade a esses objetivos, identificar, respeitados os direitos individuais e nos termos da lei, o patrimônio, os rendimentos e as atividades econômicas do contribuinte.

§ 2º As taxas não poderão ter base de cálculo própria de impostos.

Art. 146. Cabe à lei complementar:

I — dispor sobre conflitos de competência, em matéria tributária, entre a União, os Estados, o Distrito Federal e os Municípios;

II — regular as limitações constitucionais ao poder de tributar;

III — estabelecer normas gerais em matéria de legislação tributária, especialmente sobre:

a) definição de tributos e de suas espécies, bem como, em relação aos impostos discriminados nesta Constituição, a dos respectivos fatos geradores, bases de cálculo e contribuintes;

b) obrigação, lançamento, crédito, prescrição e decadência tributários;

c) adequado tratamento tributário ao ato cooperativo praticado pelas sociedades cooperativas.

d) definição de tratamento diferenciado e favorecido para as microempresas e para as empresas de pequeno porte, inclusive regimes especiais ou simplificados no caso do imposto previsto no art. 155, II, das contribuições previstas no art. 195, I e §§ 12 e 13, e da contribuição a que se refere o art. 239. *(Alínea acrescida pela Emenda Constitucional n. 42, de 2003)*

Parágrafo único. A lei complementar de que trata o inciso III, d, também poderá instituir um regime único de arrecadação dos impostos e contribuições da União, dos Estados, do Distrito Federal e dos Municípios, observado que:

I — será opcional para o contribuinte;

II — poderão ser estabelecidas condições de enquadramento diferenciadas por Estado;

III — o recolhimento será unificado e centralizado e a distribuição da parcela de recursos pertencentes aos respectivos entes federados será imediata, vedada qualquer retenção ou condicionamento;

IV — a arrecadação, a fiscalização e a cobrança poderão ser compartilhadas pelos entes federados, adotado cadastro nacional único de contribuintes. *(Parágrafo único acrescido pela Emenda Constitucional n. 42, de 2003)*

Art. 146-A. Lei complementar poderá estabelecer critérios especiais de tributação, com o objetivo de prevenir desequilíbrios da concorrência, sem prejuízo da competência de a União, por lei, estabelecer normas de igual objetivo. *(Artigo acrescido pela Emenda Constitucional n. 42, de 2003)*

Art. 147. Competem à União, em Território Federal, os impostos estaduais e, se o Território não for dividido em Municípios, cumulativamente, os impostos municipais; ao Distrito Federal cabem os impostos municipais.

Art. 148. A União, mediante lei complementar, poderá instituir empréstimos compulsórios:

I — para atender a despesas extraordinárias, decorrentes de calamidade pública, de guerra externa ou sua iminência;

II — no caso de investimento público de caráter urgente e de relevante interesse nacional, observado o disposto no art. 150, III, b.

Parágrafo único. A aplicação dos recursos provenientes de empréstimo compulsório será vinculada à despesa que fundamentou sua instituição.

Art. 149. Compete exclusivamente à União instituir contribuições sociais, de intervenção no domínio econômico e de interesse das categorias profissionais ou econômicas, como instrumento de sua atuação nas respectivas áreas, observado o disposto nos arts. 146, III, e 150, I e III, e sem prejuízo do previsto no art. 195, § 6º, relativamente às contribuições a que alude o dispositivo.

§ 1º Os Estados, o Distrito Federal e os Municípios instituirão contribuição, cobrada de seus servidores, para o custeio, em benefício destes, do regime previdenciário de que trata o art. 40, cuja alíquota não será inferior à da contribuição dos servidores titulares de cargos efetivos da União. *(Parágrafo único transformado em § 1º pela Emenda Constitucional n. 33, de 2001 e com nova redação dada pela Emenda Constitucional n. 41, de 2003)*

§ 2º As contribuições sociais e de intervenção no domínio econômico de que trata o *caput* deste artigo: *(Parágrafo acrescido pela Emenda Constitucional n. 33, de 2001)*

I — não incidirão sobre as receitas decorrentes de exportação; *(Inciso acrescido pela Emenda Constitucional n. 33, de 2001)*

II — incidirão também sobre a importação de produtos estrangeiros ou serviços; *(Inciso acrescido pela Emenda Constitucional n. 33, de 2001 e com nova redação dada pela Emenda Constitucional n. 42, de 2003)*

III — poderão ter alíquotas:

a) *ad valorem*, tendo por base o faturamento, a receita bruta ou o valor da operação e, no caso de importação, o valor aduaneiro;

b) específica, tendo por base a unidade de medida adotada. *(Inciso acrescido pela Emenda Constitucional n. 33, de 2001)*

§ 3º A pessoa natural destinatária das operações de importação poderá ser equiparada a pessoa jurídica, na forma da lei. *(Parágrafo acrescido pela Emenda Constitucional n. 33, de 2001)*

§ 4º A lei definirá as hipóteses em que as contribuições incidirão uma única vez. *(Parágrafo acrescido pela Emenda Constitucional n. 33, de 2001)*

Art. 149-A Os Municípios e o Distrito Federal poderão instituir contribuição, na forma das respectivas leis, para o custeio do serviço de iluminação pública, observado o disposto no art. 150, I e III.

Parágrafo único. É facultada a cobrança da contribuição a que se refere o *caput*, na fatura de consumo de energia elétrica. *(Artigo acrescido pela Emenda Constitucional n. 39, de 2002)*

Seção II
Das Limitações do Poder de Tributar

Art. 150. Sem prejuízo de outras garantias asseguradas ao contribuinte, é vedado à União, aos Estados, ao Distrito Federal e aos Municípios:

I — exigir ou aumentar tributo sem lei que o estabeleça;

II — instituir tratamento desigual entre contribuintes que se encontrem em situação equivalente, proibida qualquer distinção em razão de ocupação profissional ou função por eles exercida, independentemente da denominação jurídica dos rendimentos, títulos ou direitos;

III — cobrar tributos:

a) em relação a fatos geradores ocorridos antes do início da vigência da lei que os houver instituído ou aumentado;

b) no mesmo exercício financeiro em que haja sido publicada a lei que os instituiu ou aumentou;

c) antes de decorridos noventa dias da data em que haja sido publicada a lei que os instituiu ou aumentou, observado o disposto na alínea *b*; *(Alínea acrescida pela Emenda Constitucional n. 42, de 2003)*

IV — utilizar tributo com efeito de confisco;

V — estabelecer limitações ao tráfego de pessoas ou bens por meio de tributos interestaduais ou intermunicipais, ressalvada a cobrança de pedágio pela utilização de vias conservadas pelo poder público;

VI — instituir impostos sobre:

a) patrimônio, renda ou serviços, uns dos outros;

b) templos de qualquer culto;

c) patrimônio, renda ou serviços dos partidos políticos, inclusive suas fundações, das entidades sindicais dos trabalhadores, das instituições de educação e de assistência social, sem fins lucrativos, atendidos os requisitos da lei;

d) livros, jornais, periódicos e o papel destinado a sua impressão;

e) fonogramas e videofonogramas musicais produzidos no Brasil contendo obras musicais ou literomusicais de autores brasileiros e/ou obras em geral interpretadas por artistas brasileiros bem como os suportes materiais ou arquivos digitais que os contenham, salvo na etapa de replicação industrial de mídias ópticas de leitura a *laser*. *(Alínea acrescida pela Emenda Constitucional n. 75, de 2013)*

§ 1º A vedação do inciso III, *b*, não se aplica aos tributos previstos nos arts. 148, I, 153, I, II, IV e V; e 154, II; e a vedação do inciso III, *c*, não se aplica aos tributos previstos nos arts. 148, I, 153, I, II, III e V; e 154, II, nem à fixação da base de cálculo dos impostos previstos nos arts. 155, III, e 156, I. *(Parágrafo com redação dada pela Emenda Constitucional n. 42, de 2003)*

§ 2º A vedação do inciso VI, *a*, é extensiva às autarquias e às fundações instituídas e mantidas pelo poder público, no que se refere ao patrimônio, à renda e aos serviços vinculados a suas finalidades essenciais ou às delas decorrentes.

§ 3º As vedações do inciso VI, *a*, e do parágrafo anterior não se aplicam ao patrimônio, à renda e aos serviços relacionados com exploração de atividades econômicas regidas pelas normas aplicáveis a empreendimentos privados, ou em que haja contraprestação ou pagamento de preços ou tarifas pelo usuário, nem exoneram o promitente comprador da obrigação de pagar imposto relativamente ao bem imóvel.

§ 4º As vedações expressas no inciso VI, alíneas *b* e *c*, compreendem somente o patrimônio, a renda e os serviços relacionados com as finalidades essenciais das entidades nelas mencionadas.

§ 5º A lei determinará medidas para que os consumidores sejam esclarecidos acerca dos impostos que incidam sobre mercadorias e serviços.

§ 6º Qualquer subsídio ou isenção, redução de base de cálculo, concessão de crédito presumido, anistia ou remissão, relativas a impostos, taxas ou contribuições, só poderá ser concedido mediante lei específica, federal, estadual ou municipal, que regule exclusivamente as matérias acima enumeradas ou o correspondente tributo ou contribuição, sem prejuízo do disposto no artigo 155, § 2º, XII, *g*. *(Parágrafo com redação dada pela Emenda Constitucional n. 3, de 1993)*

§ 7º A lei poderá atribuir a sujeito passivo de obrigação tributária a condição de responsável pelo pagamento de imposto ou contribuição, cujo fato gerador deva ocorrer posteriormente, assegurada a imediata e preferencial restituição da quantia paga, caso não se realize o fato gerador presumido. *(Parágrafo acrescido pela Emenda Constitucional n. 3, de 1993)*

Art. 151. É vedado à União:

I — instituir tributo que não seja uniforme em todo o território nacional ou que implique distinção ou preferência em relação a Estado, ao Distrito Federal ou a Município, em detrimento de outro, admitida a concessão de incentivos fiscais destinados a promover o equilíbrio do desenvolvimento socioeconômico entre as diferentes regiões do País;

II — tributar a renda das obrigações da dívida pública dos Estados, do Distrito Federal e dos Municípios, bem como a remuneração e os proventos dos respectivos agentes públicos, em níveis superiores aos que fixar para suas obrigações e para seus agentes;

III — instituir isenções de tributos da competência dos Estados, do Distrito Federal ou dos Municípios.

Art. 152. É vedado aos Estados, ao Distrito Federal e aos Municípios estabelecer diferença tributária entre bens e serviços, de qualquer natureza, em razão de sua procedência ou destino.

Seção III
Dos Impostos da União

Art. 153. Compete à União instituir impostos sobre:

I — importação de produtos estrangeiros;

II — exportação, para o exterior, de produtos nacionais ou nacionalizados;

III — renda e proventos de qualquer natureza;

IV — produtos industrializados;

V — operações de crédito, câmbio e seguro, ou relativas a títulos ou valores mobiliários;

VI — propriedade territorial rural;

VII — grandes fortunas, nos termos de lei complementar.

§ 1º É facultado ao Poder Executivo, atendidas as condições e os limites estabelecidos em lei, alterar as alíquotas dos impostos enumerados nos incisos I, II, IV e V.

§ 2º O imposto previsto no inciso III:

I — será informado pelos critérios da generalidade, da universalidade e da progressividade, na forma da lei;

II — *(Revogado pela Emenda Constitucional n. 20, de 1998)*

§ 3º O imposto previsto no inciso IV:

I — será seletivo, em função da essencialidade do produto;

II — será não cumulativo, compensando-se o que for devido em cada operação com o montante cobrado nas anteriores;

III — não incidirá sobre produtos industrializados destinados ao exterior.

IV — terá reduzido seu impacto sobre a aquisição de bens de capital pelo contribuinte do imposto, na forma da lei. *(Inciso acrescido pela Emenda Constitucional n. 42, de 2003)*

§ 4º O imposto previsto no inciso VI do *caput*: *("Caput" do parágrafo com redação dada pela Emenda Constitucional n. 42, de 2003)*

I — será progressivo e terá suas alíquotas fixadas de forma a desestimular a manutenção de propriedades improdutivas; *(Inciso acrescido pela Emenda Constitucional n. 42, de 2003)*

II — não incidirá sobre pequenas glebas rurais, definidas em lei, quando as explore o proprietário que não possua outro imóvel; *(Inciso acrescido pela Emenda Constitucional n. 42, de 2003)*

III — será fiscalizado e cobrado pelos Municípios que assim optarem, na forma da lei, desde que não implique redução do imposto ou qualquer outra forma de renúncia fiscal. *(Inciso acrescido pela Emenda Constitucional n. 42, de 2003)*

§ 5º O ouro, quando definido em lei como ativo financeiro ou instrumento cambial, sujeita-se exclusivamente à incidência do imposto de que trata o inciso V do *caput* deste artigo, devido na operação de origem; a alíquota mínima será de um por cento, assegurada a transferência do montante da arrecadação nos seguintes termos:

I — trinta por cento para o Estado, o Distrito Federal ou o Território, conforme a origem;

II — setenta por cento para o Município de origem.

Art. 154. A União poderá instituir:

I — mediante lei complementar, impostos não previstos no artigo anterior, desde que sejam não cumulativos e não tenham fato gerador ou base de cálculo próprios dos discriminados nesta Constituição;

II — na iminência ou no caso de guerra externa, impostos extraordinários, compreendidos ou não em sua competência tributária, os quais serão suprimidos, gradativamente, cessadas as causas de sua criação.

Seção IV
Dos Impostos dos Estados e do Distrito Federal

Art. 155. Compete aos Estados e ao Distrito Federal instituir impostos sobre: *("Caput" do artigo com redação dada pela Emenda Constitucional n. 3, de 1993)*

I — transmissão *causa mortis* e doação, de quaisquer bens ou direitos; *(Inciso com redação dada pela Emenda Constitucional n. 3, de 1993)*

II — operações relativas à circulação de mercadorias e sobre prestações de serviços de transporte interestadual e intermunicipal e de comunicação, ainda que as operações e as prestações se iniciem no exterior; *(Inciso com redação dada pela Emenda Constitucional n. 3, de 1993)*

III — propriedade de veículos automotores. *(Inciso com redação dada pela Emenda Constitucional n. 3, de 1993)*

§ 1º O imposto previsto no inciso I: *("Caput" do parágrafo com redação dada pela Emenda Constitucional n. 3, de 1993)*

I — relativamente a bens imóveis e respectivos direitos, compete ao Estado da situação do bem, ou ao Distrito Federal;

II — relativamente a bens móveis, títulos e créditos, compete ao Estado onde se processar o inventário ou arrolamento, ou tiver domicílio o doador, ou ao Distrito Federal;

III — terá a competência para sua instituição regulada por lei complementar:

a) se o doador tiver domicílio ou residência no exterior;

b) se o *de cujus* possuía bens, era residente ou domiciliado ou teve o seu inventário processado no exterior;

IV — terá suas alíquotas máximas fixadas pelo Senado Federal.

§ 2º O imposto previsto no inciso II, atenderá ao seguinte: *("Caput" do parágrafo com redação dada pela Emenda Constitucional n. 3, de 1993)*

I — será não cumulativo, compensando-se o que for devido em cada operação relativa à circulação de mercadorias ou prestação de serviços com o montante cobrado nas anteriores pelo mesmo ou outro Estado ou pelo Distrito Federal;

II — a isenção ou não-incidência, salvo determinação em contrário da legislação:

a) não implicará crédito para compensação com o montante devido nas operações ou prestações seguintes;

b) acarretará a anulação do crédito relativo às operações anteriores;

III — poderá ser seletivo, em função da essencialidade das mercadorias e dos serviços;

IV — resolução do Senado Federal, de iniciativa do Presidente da República ou de um terço dos Senadores, aprovada pela maioria absoluta de seus membros, estabelecerá as alíquotas aplicáveis às operações e prestações, interestaduais e de exportação;

V — é facultado ao Senado Federal:

a) estabelecer alíquotas mínimas nas operações internas, mediante resolução de iniciativa de um terço e aprovada pela maioria absoluta de seus membros;

b) fixar alíquotas máximas nas mesmas operações para resolver conflito específico que envolva interesse de Estados, mediante resolução de iniciativa da maioria absoluta e aprovada por dois terços de seus membros;

VI — salvo deliberação em contrário dos Estados e do Distrito Federal, nos termos do disposto no inciso XII, *g*, as alíquotas internas, nas operações relativas à circulação de mercadorias e nas prestações de serviços, não poderão ser inferiores às previstas para as operações interestaduais;

VII — nas operações e prestações que destinem bens e serviços a consumidor final, contribuinte ou não do imposto, localizado em outro Estado, adotar-se-á a alíquota interestadual e caberá ao Estado de localização do destinatário o imposto correspondente à diferença entre a alíquota interna do Estado destinatário e a alíquota interestadual; *(Inciso com redação dada pela Emenda Constitucional n. 87, de 2015, publicada no DOU de 17.4.2015, em vigor na data de sua publicação, produzindo efeitos no ano subsequente e após 90 dias desta)*

a) *(Revogada pela Emenda Constitucional n. 87, de 2015, publicada no DOU de 17.4.2015, em vigor na data de sua publicação, produzindo efeitos no ano subsequente e após 90 dias desta)*

b) *(Revogada pela Emenda Constitucional n. 87, de 2015, publicada no DOU de 17.4.2015, em vigor na data de sua publicação, produzindo efeitos no ano subsequente e após 90 dias desta)*

VIII — a responsabilidade pelo recolhimento do imposto correspondente à diferença entre a alíquota interna e a interestadual de que trata o inciso VII será atribuída: *(Inciso com redação dada pela Emenda Constitucional n. 87, de 2015, publicada no DOU de 17.4.2015, em vigor na data de sua publicação, produzindo efeitos no ano subsequente e após 90 dias desta)*

a) ao destinatário, quando este for contribuinte do imposto; *(Alínea acrescida pela Emenda Constitucional n. 87, de 2015, publicada no DOU de 17.4.2015, em vigor na data de sua publicação, produzindo efeitos no ano subsequente e após 90 dias desta)*

b) ao remetente, quando o destinatário não for contribuinte do imposto; *(Alínea acrescida pela Emenda Constitucional n. 87, de 2015, publicada no DOU de 17.4.2015, em vigor na data de sua publicação, produzindo efeitos no ano subsequente e após 90 dias desta)*

IX — incidirá também:

a) sobre a entrada de bem ou mercadoria importados do exterior por pessoa física ou jurídica, ainda que não seja contribuinte habitual do imposto, qualquer que seja a sua finalidade, assim como sobre o serviço prestado no exterior, cabendo o imposto ao Estado onde estiver situado o domicílio ou o estabelecimento do destinatário da mercadoria, bem ou serviço; *(Alínea com redação dada pela Emenda Constitucional n. 33, de 2001)*

b) sobre o valor total da operação, quando mercadorias forem fornecidas com serviços não compreendidos na competência tributária dos Municípios;

X — não incidirá:

a) sobre operações que destinem mercadorias para o exterior, nem sobre serviços prestados a destinatários no exterior, assegurada a manutenção e o aproveitamento do montante do imposto cobrado nas operações e prestações anteriores; *(Alínea com redação dada pela Emenda Constitucional n. 42, de 2003)*

b) sobre operações que destinem a outros Estados petróleo, inclusive lubrificantes, combustíveis líquidos e gasosos dele derivados, e energia elétrica;

c) sobre o ouro, nas hipóteses definidas no art. 153, § 5º;

d) nas prestações de serviço de comunicação nas modalidades de radiodifusão sonora e de sons e imagens de recepção livre e gratuita; *(Alínea acrescida pela Emenda Constitucional n. 42, de 2003)*

XI — não compreenderá, em sua base de cálculo, o montante do imposto sobre produtos industrializados, quando a operação, realizada entre contribuintes e relativa a produto destinado à industrialização ou à comercialização, configure fato gerador dos dois impostos;

XII — cabe à lei complementar:

a) definir seus contribuintes;

b) dispor sobre substituição tributária;

c) disciplinar o regime de compensação do imposto;

d) fixar, para efeito de sua cobrança e definição do estabelecimento responsável, o local das operações relativas à circulação de mercadorias e das prestações de serviços;

e) excluir da incidência do imposto, nas exportações para o exterior, serviços e outros produtos além dos mencionados no inciso X, *a* ;

f) prever casos de manutenção de crédito, relativamente à remessa para outro Estado e exportação para o exterior, de serviços e de mercadorias;

g) regular a forma como, mediante deliberação dos Estados e do Distrito Federal, isenções, incentivos e benefícios fiscais serão concedidos e revogados.

h) definir os combustíveis e lubrificantes sobre os quais o imposto incidirá uma única vez, qualquer que seja a sua finalidade, hipótese em que não se aplicará o disposto no inciso X, *b*; *(Alínea acrescida pela Emenda Constitucional n. 33, de 2001)*

i) fixar a base de cálculo, de modo que o montante do imposto a integre, também na importação do exterior de bem, mercadoria ou serviço. *(Alínea acrescida pela Emenda Constitucional n. 33, de 2001)*

§ 3º À exceção dos impostos de que tratam o inciso II do *caput* deste artigo e o art. 153, I e II, nenhum outro imposto poderá incidir sobre operações relativas a energia elétrica, serviços de telecomunicações, derivados de petróleo, combustíveis e minerais do País. *(Parágrafo com redação dada pela Emenda Constitucional n. 33, de 2001)*

§ 4º Na hipótese do inciso XII, *h*, observar-se-á o seguinte:

I — nas operações com os lubrificantes e combustíveis derivados de petróleo, o imposto caberá ao Estado onde ocorrer o consumo;

II — nas operações interestaduais, entre contribuintes, com gás natural e seus derivados, e lubrificantes e combustíveis não incluídos no inciso I deste parágrafo, o imposto será repartido entre os Estados de origem e de destino, mantendo-se a mesma proporcionalidade que ocorre nas operações com as demais mercadorias;

III — nas operações interestaduais com gás natural e seus derivados, e lubrificantes e combustíveis não incluídos no inciso I deste parágrafo, destinadas a não contribuinte, o imposto caberá ao Estado de origem;

IV — as alíquotas do imposto serão definidas mediante deliberação dos Estados e Distrito Federal, nos termos do § 2º, XII, *g*, observando-se o seguinte:

a) serão uniformes em todo o território nacional, podendo ser diferenciadas por produto;

b) poderão ser específicas, por unidade de medida adotada, ou *ad valorem*, incidindo sobre o valor da operação ou sobre o preço que o produto ou seu similar alcançaria em uma venda em condições de livre concorrência;

c) poderão ser reduzidas e restabelecidas, não se lhes aplicando o disposto no art. 150, III, *b*. *(Parágrafo acrescido pela Emenda Constitucional n. 33, de 2001)*

§ 5º As regras necessárias à aplicação do disposto no § 4º, inclusive as relativas à apuração e à destinação do imposto, serão estabelecidas mediante deliberação dos Estados e do Distrito Federal, nos termos do § 2º, XII, *g*. *(Parágrafo acrescido pela Emenda Constitucional n. 33, de 2001)*

§ 6º O imposto previsto no inciso III:

I — terá alíquotas mínimas fixadas pelo Senado Federal;

II — poderá ter alíquotas diferenciadas em função do tipo e utilização. *(Parágrafo acrescido pela Emenda Constitucional n. 42, de 2003)*

Seção V
Dos Impostos dos Municípios

Art. 156. Compete aos Municípios instituir impostos sobre:

I — propriedade predial e territorial urbana;

II — transmissão *inter vivos* , a qualquer título, por ato oneroso, de bens imóveis, por natureza ou acessão física, e de direitos reais sobre imóveis, exceto os de garantia, bem como cessão de direitos a sua aquisição;

III — serviços de qualquer natureza, não compreendidos no art. 155, II, definidos em lei complementar. *(Inciso com redação dada pela Emenda Constitucional n. 3, de 1993)*

IV — *(Revogado pela Emenda Constitucional n. 3, de 1993)*

§ 1º Sem prejuízo da progressividade no tempo a que se refere o art. 182, § 4º, inciso II, o imposto previsto no inciso I poderá: *(Parágrafo com redação dada pela Emenda Constitucional n. 29, de 2000)*

I — ser progressivo em razão do valor do imóvel; e *(Inciso acrescido pela Emenda Constitucional n. 29, de 2000)*

II — ter alíquotas diferentes de acordo com a localização e o uso do imóvel. *(Inciso acrescido pela Emenda Constitucional n. 29, de 2000)*

§ 2º O imposto previsto no inciso II:

I — não incide sobre a transmissão de bens ou direitos incorporados ao patrimônio de pessoa jurídica em realização de capital, nem sobre a transmissão de bens ou direitos decorrente de fusão, incorporação, cisão ou extinção de pessoa jurídica, salvo se, nesses casos, a atividade preponderante do adquirente for a compra e venda desses bens ou direitos, locação de bens imóveis ou arrendamento mercantil;

II — compete ao Município da situação do bem.

§ 3º Em relação ao imposto previsto no inciso III do *caput* deste artigo, cabe à lei complementar: *("Caput" do parágrafo com redação dada pela Emenda Constitucional n. 37, de 2002)*

I — fixar as suas alíquotas máximas e mínimas; *(Inciso acrescido pela Emenda Constitucional n. 3, de 1993 e com nova redação dada pela Emenda Constitucional n. 37, de 2002)*

II — excluir da sua incidência exportações de serviços para o exterior; *(Inciso acrescido pela Emenda Constitucional n. 3, de 1993)*

III — regular a forma e as condições como isenções, incentivos e benefícios fiscais serão concedidos e revogados. *(Inciso acrescido pela Emenda Constitucional n. 37, de 2002)*

§ 4º *(Revogado pela Emenda Constitucional n. 3, de 1993)*

Seção VI
Da Repartição das Receitas Tributárias

Art. 157. Pertencem aos Estados e ao Distrito Federal:

I — o produto da arrecadação do imposto da União sobre renda e proventos de qualquer natureza, incidente na fonte sobre rendimentos pagos, a qualquer título, por eles, suas autarquias e pelas fundações que instituírem e mantiverem;

II — vinte por cento do produto da arrecadação do imposto que a União instituir no exercício da competência que lhe é atribuída pelo art. 154, I.

Art. 158. Pertencem aos Municípios:

I — o produto da arrecadação do imposto da União sobre renda e proventos de qualquer natureza, incidente na fonte sobre rendimentos pagos, a qualquer título, por eles, suas autarquias e pelas fundações que instituírem e mantiverem;

II — cinquenta por cento do produto da arrecadação do imposto da União sobre a propriedade territorial rural, relativamente aos imóveis neles situados, cabendo a totalidade na hipótese da opção a que se refere o art. 153, § 4º, III; *(Inciso com redação dada pela Emenda Constitucional n. 42, de 2003)*

III — cinquenta por cento do produto da arrecadação do imposto do Estado sobre a propriedade de veículos automotores licenciados em seus territórios;

IV — vinte e cinco por cento do produto da arrecadação do imposto do Estado sobre operações relativas à circulação de mercadorias e sobre prestações de serviços de transporte interestadual e intermunicipal e de comunicação.

Parágrafo único. As parcelas de receita pertencentes aos Municípios, mencionadas no inciso IV, serão creditadas conforme os seguintes critérios:

I — três quartos, no mínimo, na proporção do valor adicionado nas operações relativas à circulação de mercadorias e nas prestações de serviços, realizadas em seus territórios;

II — até um quarto, de acordo com o que dispuser lei estadual ou, no caso dos Territórios, lei federal.

Art. 159. A União entregará:

I — do produto da arrecadação dos impostos sobre renda e proventos de qualquer natureza e sobre produtos industrializados, 49% (quarenta e nove por cento), na seguinte forma: *("Caput" do inciso com redação dada pela Emenda Constitucional n. 84, de 2014, publicada no DOU de 3.12.2014, em vigor na data de sua publicação, com efeitos financeiros a partir de 1º de janeiro do exercício subsequente)*

a) vinte e um inteiros e cinco décimos por cento ao Fundo de Participação dos Estados e do Distrito Federal;

b) vinte e dois inteiros e cinco décimos por cento ao Fundo de Participação dos Municípios;

c) três por cento, para aplicação em programas de financiamento ao setor produtivo das Regiões Norte, Nordeste e Centro-Oeste, através de suas instituições financeiras de caráter regional, de acordo com os planos regionais de desenvolvimento, ficando assegurada ao semi-árido do Nordeste a metade dos recursos destinados à região, na forma que a lei estabelecer;

d) um por cento ao Fundo de Participação dos Municípios, que será entregue no primeiro decêndio do mês de dezembro de cada ano; *(Alínea acrescida pela Emenda Constitucional n. 55, de 2007)*

e) 1% (um por cento) ao Fundo de Participação dos Municípios, que será entregue no primeiro decêndio do mês de julho de cada ano; *(Alínea acrescida pela Emenda Constitucional n. 84, de 2014, publicada no DOU de 3.12.2014, em vigor na data de sua publicação, com efeitos financeiros a partir de 1º de janeiro do exercício subsequente)*

II — do produto da arrecadação do imposto sobre produtos industrializados, dez por cento aos Estados e ao Distrito Federal, proporcionalmente ao valor das respectivas exportações de produtos industrializados;

III — do produto da arrecadação da contribuição de intervenção no domínio econômico prevista no art. 177, § 4º, 29% (vinte e nove por cento) para os Estados e o Distrito Federal, distribuídos na forma da lei, observada a destinação a que refere o inciso II, *c*, do referido parágrafo. *(Inciso com redação dada pela Emenda Constitucional n. 44, de 2004)*

§ 1º Para efeito de cálculo da entrega a ser efetuada de acordo com o previsto no inciso I, excluir-se-á a parcela da arrecadação do imposto de renda e proventos de qualquer natureza pertencente aos Estados, ao Distrito Federal e aos Municípios, nos termos do disposto nos arts. 157, I, e 158, I.

§ 2º A nenhuma unidade federada poderá ser destinada parcela superior a vinte por cento do montante a que se refere o inciso II, devendo o eventual excedente ser distribuído entre os demais participantes, mantido, em relação a esses, o critério de partilha nele estabelecido.

§ 3º Os Estados entregarão aos respectivos Municípios vinte e cinco por cento dos recursos que receberem nos termos do inciso II, observados os critérios estabelecidos no art. 158, parágrafo único, I e II.

§ 4º Do montante de recursos de que trata o inciso III que cabe a cada Estado, vinte e cinco por cento serão destinados aos seus Municípios, na forma da lei a que se refere o mencionado inciso. *(Parágrafo acrescido pela Emenda Constitucional n. 42, de 2003)*

Art. 160. É vedada a retenção ou qualquer restrição à entrega e ao emprego dos recursos atribuídos, nesta Seção, aos Estados, ao Distrito Federal e aos Municípios, neles compreendidos adicionais e acréscimos relativos a impostos.

Parágrafo único. A vedação prevista neste artigo não impede a União e os Estados de condicionarem a entrega de recursos: *(Parágrafo único com redação dada pela Emenda Constitucional n. 29, de 2000)*

I — ao pagamento de seus créditos, inclusive de suas autarquias; *(Inciso acrescido pela Emenda Constitucional n. 29, de 13.9.2000)*

II — ao cumprimento do disposto no art. 198, § 2º, incisos II e III. *(Inciso acrescido pela Emenda Constitucional n. 29, de 2000)*

Art. 161. Cabe à lei complementar:

I — definir valor adicionado para fins do disposto no art. 158, parágrafo único, I;

II — estabelecer normas sobre a entrega dos recursos de que trata o art. 159, especialmente sobre os critérios de rateio dos fundos previstos em seu inciso I, objetivando promover o equilíbrio socioeconômico entre Estados e entre Municípios;

III — dispor sobre o acompanhamento, pelos beneficiários, do cálculo das quotas e da liberação das participações previstas nos arts. 157, 158 e 159.

Parágrafo único. O Tribunal de Contas da União efetuará o cálculo das quotas referentes aos fundos de participação a que alude o inciso II.

Art. 162. A União, os Estados, o Distrito Federal e os Municípios divulgarão, até o último dia do mês subsequente ao da arrecadação, os montantes de cada um dos tributos arrecadados, os recursos recebidos, os valores de origem tributária entregues e a entregar e a expressão numérica dos critérios de rateio.

Parágrafo único. Os dados divulgados pela União serão discriminados por Estado e por Município; os dos Estados, por Município.

CAPÍTULO II
DAS FINANÇAS PÚBLICAS

Seção I
Normas Gerais

Art. 163. Lei complementar disporá sobre:

I — finanças públicas;

II — dívida pública externa e interna, incluída a das autarquias, fundações e demais entidades controladas pelo poder público;

III — concessão de garantias pelas entidades públicas;

IV — emissão e resgate de títulos da dívida pública;

V — fiscalização financeira da administração pública direta e indireta; *(Inciso com redação dada pela Emenda Constitucional n. 40, de 2003)*

VI — operações de câmbio realizadas por órgãos e entidades da União, dos Estados, do Distrito Federal e dos Municípios;

VII — compatibilização das funções das instituições oficiais de crédito da União, resguardadas as características e condições operacionais plenas das voltadas ao desenvolvimento regional.

Art. 164. A competência da União para emitir moeda será exercida exclusivamente pelo banco central.

§ 1º É vedado ao banco central conceder, direta ou indiretamente, empréstimos ao Tesouro Nacional e a qualquer órgão ou entidade que não seja instituição financeira.

§ 2º O banco central poderá comprar e vender títulos de emissão do Tesouro Nacional, com o objetivo de regular a oferta de moeda ou a taxa de juros.

§ 3º As disponibilidades de caixa da União serão depositadas no banco central; as dos Estados, do Distrito Federal, dos Municípios e dos órgãos ou entidades do poder público e das empresas por ele controladas, em instituições financeiras oficiais, ressalvados os casos previstos em lei.

Seção II
Dos Orçamentos

Art. 165. Leis de iniciativa do Poder Executivo estabelecerão:

I — o plano plurianual;

II — as diretrizes orçamentárias;

III — os orçamentos anuais.

§ 1º A lei que instituir o plano plurianual estabelecerá, de forma regionalizada, as diretrizes, objetivos e metas da administração pública federal para as despesas de capital e outras delas decorrentes e para as relativas aos programas de duração continuada.

§ 2º A lei de diretrizes orçamentárias compreenderá as metas e prioridades da administração pública federal, incluindo as despesas de capital para o exercício financeiro subsequente, orientará a elaboração da lei orçamentária anual, disporá sobre as alterações na legislação tributária e estabelecerá a política de aplicação das agências financeiras oficiais de fomento.

§ 3º O Poder Executivo publicará, até trinta dias após o encerramento de cada bimestre, relatório resumido da execução orçamentária.

§ 4º Os planos e programas nacionais, regionais e setoriais previstos nesta Constituição serão elaborados em consonância com o plano plurianual e apreciados pelo Congresso Nacional.

§ 5º A lei orçamentária anual compreenderá:

I — o orçamento fiscal referente aos Poderes da União, seus fundos, órgãos e entidades da administração direta e indireta, inclusive fundações instituídas e mantidas pelo poder público;

II — o orçamento de investimento das empresas em que a União, direta ou indiretamente, detenha a maioria do capital social com direito a voto;

III — o orçamento da seguridade social, abrangendo todas as entidades e órgãos a ela vinculados, da administração direta ou indireta, bem como os fundos e fundações instituídos e mantidos pelo poder público.

§ 6º O projeto de lei orçamentária será acompanhado de demonstrativo regionalizado do efeito, sobre as receitas e despesas, decorrente de isenções, anistias, remissões, subsídios e benefícios de natureza financeira, tributária e creditícia.

§ 7º Os orçamentos previstos no § 5º, I e II, deste artigo, compatibilizados com o plano plurianual, terão entre suas funções a de reduzir desigualdades inter-regionais, segundo critério populacional.

§ 8º A lei orçamentária anual não conterá dispositivo estranho à previsão da receita e à fixação da despesa, não se incluindo na proibição a autorização para abertura de créditos suplementares e contratação de operações de crédito, ainda que por antecipação de receita, nos termos da lei.

§ 9º Cabe à lei complementar:

I — dispor sobre o exercício financeiro, a vigência, os prazos, a elaboração e a organização do plano plurianual, da lei de diretrizes orçamentárias e da lei orçamentária anual;

II — estabelecer normas de gestão financeira e patrimonial da administração direta e indireta, bem como condições para a instituição e funcionamento de fundos.

III — dispor sobre critérios para a execução equitativa, além de procedimentos que serão adotados quando houver impedimentos legais e técnicos, cumprimento de restos a pagar e limitação das programações de caráter obrigatório, para a realização do disposto no § 11 do art. 166. *(Inciso acrescido pela Emenda Constitucional n. 86, de 2015, publicada no DOU de 18.3.2015, em vigor na data de publicação, produzindo efeitos a partir da execução orçamentária do exercício de 2014)*

Art. 166. Os projetos de lei relativos ao plano plurianual, às diretrizes orçamentárias, ao orçamento anual e aos créditos adicionais serão apreciados pelas duas Casas do Congresso Nacional, na forma do regimento comum.

§ 1º Caberá a uma comissão mista permanente de Senadores e Deputados:

I — examinar e emitir parecer sobre os projetos referidos neste artigo e sobre as contas apresentadas anualmente pelo Presidente da República;

II — examinar e emitir parecer sobre os planos e programas nacionais, regionais e setoriais previstos nesta Constituição e exercer o acompanhamento e a fiscalização orçamentária, sem prejuízo da atuação das demais comissões do Congresso Nacional e de suas Casas, criadas de acordo com o art. 58.

§ 2º As emendas serão apresentadas na comissão mista, que sobre elas emitirá parecer, e apreciadas, na forma regimental, pelo plenário das duas Casas do Congresso Nacional.

§ 3º As emendas ao projeto de lei do orçamento anual ou aos projetos que o modifiquem somente podem ser aprovadas caso:

I — sejam compatíveis com o plano plurianual e com a lei de diretrizes orçamentárias;

II — indiquem os recursos necessários, admitidos apenas os provenientes de anulação de despesa, excluídas as que incidam sobre:

a) dotações para pessoal e seus encargos;

b) serviço da dívida;

c) transferências tributárias constitucionais para Estados, Municípios e o Distrito Federal; ou

III — sejam relacionadas:

a) com a correção de erros ou omissões; ou

b) com os dispositivos do texto do projeto de lei.

§ 4º As emendas ao projeto de lei de diretrizes orçamentárias não poderão ser aprovadas quando incompatíveis com o plano plurianual.

§ 5º O Presidente da República poderá enviar mensagem ao Congresso Nacional para propor modificação nos projetos a que se refere este artigo enquanto não iniciada a votação, na comissão mista, da parte cuja alteração é proposta.

§ 6º Os projetos de lei do plano plurianual, das diretrizes orçamentárias e do orçamento anual serão enviados pelo Presidente da República ao Congresso Nacional, nos termos da lei complementar a que se refere o art. 165, § 9º.

§ 7º Aplicam-se aos projetos mencionados neste artigo, no que não contrariar o disposto nesta Seção, as demais normas relativas ao processo legislativo.

§ 8º Os recursos que, em decorrência de veto, emenda ou rejeição do projeto de lei orçamentária anual, ficarem sem despesas correspondentes poderão ser utilizados, conforme o caso, mediante créditos especiais ou suplementares, com prévia e específica autorização legislativa.

§ 9º As emendas individuais ao projeto de lei orçamentária serão aprovadas no limite de 1,2% (um inteiro e dois décimos por cento) da receita corrente líquida prevista no projeto encaminhado pelo Poder Executivo, sendo que a metade deste percentual será destinada a ações e serviços públicos de saúde. *(Parágrafo acrescido pela Emenda Constitucional n. 86, de 2015, publicada no DOU de 18.3.2015, em vigor na data de publicação, produzindo efeitos a partir da execução orçamentária do exercício de 2014)*

§ 10. A execução do montante destinado a ações e serviços públicos de saúde previsto no § 9º, inclusive custeio, será computada para fins do cumprimento do inciso I do § 2º do art. 198, vedada a destinação para pagamento de pessoal ou encargos sociais. *(Parágrafo acrescido pela Emenda Constitucional n. 86, de 2015, publicada no DOU de 18.3.2015, em vigor na data de publicação, produzindo efeitos a partir da execução orçamentária do exercício de 2014)*

§ 11. É obrigatória a execução orçamentária e financeira das programações a que se refere o § 9º deste artigo, em montante correspondente a 1,2% (um inteiro e dois décimos por cento) da receita corrente líquida realizada no exercício anterior, conforme os critérios para a execução equitativa da programação definidos na lei complementar prevista no § 9º do art. 165. *(Parágrafo acrescido pela Emenda Constitucional n. 86, de 2015, publicada no DOU de 18.3.2015, em vigor na data de publicação, produzindo efeitos a partir da execução orçamentária do exercício de 2014)*

§ 12. As programações orçamentárias previstas no § 9º deste artigo não serão de execução obrigatória nos casos dos impedimentos de ordem técnica. *(Parágrafo acrescido pela Emenda Constitucional n. 86, de 2015, publicada no DOU de 18.3.2015, em vigor na data de publicação, produzindo efeitos a partir da execução orçamentária do exercício de 2014)*

§ 13. Quando a transferência obrigatória da União, para a execução da programação prevista no §11 deste artigo, for destinada a Estados, ao Distrito Federal e a Municípios, independerá da adimplência do ente federativo destinatário e não integrará a base de cálculo da receita corrente líquida para fins de aplicação dos limites de despesa de pessoal de que trata o *caput* do art. 169. *(Parágrafo acrescido pela Emenda Constitucional n. 86, de 2015, publicada no DOU de 18.3.2015, em vigor na data de publicação, produzindo efeitos a partir da execução orçamentária do exercício de 2014)*

§ 14. No caso de impedimento de ordem técnica, no empenho de despesa que integre a programação, na forma do § 11 deste artigo, serão adotadas as seguintes medidas:

I — até 120 (cento e vinte) dias após a publicação da lei orçamentária, o Poder Executivo, o Poder Legislativo, o Poder Judiciário, o Ministério Público e a Defensoria Pública enviarão ao Poder Legislativo as justificativas do impedimento;

II — até 30 (trinta) dias após o término do prazo previsto no inciso I, o Poder Legislativo indicará ao Poder Executivo

o remanejamento da programação cujo impedimento seja insuperável;

III — até 30 de setembro ou até 30 (trinta) dias após o prazo previsto no inciso II, o Poder Executivo encaminhará projeto de lei sobre o remanejamento da programação cujo impedimento seja insuperável;

IV — se, até 20 de novembro ou até 30 (trinta) dias após o término do prazo previsto no inciso III, o Congresso Nacional não deliberar sobre o projeto, o remanejamento será implementado por ato do Poder Executivo, nos termos previstos na lei orçamentária. *(Parágrafo acrescido pela Emenda Constitucional n. 86, de 2015, publicada no DOU de 18.3.2015, em vigor na data de publicação, produzindo efeitos a partir da execução orçamentária do exercício de 2014)*

§ 15. Após o prazo previsto no inciso IV do § 14, as programações orçamentárias previstas no § 11 não serão de execução obrigatória nos casos dos impedimentos justificados na notificação prevista no inciso I do § 14. *(Parágrafo acrescido pela Emenda Constitucional n. 86, de 2015, publicada no DOU de 18.3.2015, em vigor na data de publicação, produzindo efeitos a partir da execução orçamentária do exercício de 2014)*

§ 16. Os restos a pagar poderão ser considerados para fins de cumprimento da execução financeira prevista no § 11 deste artigo, até o limite de 0,6% (seis décimos por cento) da receita corrente líquida realizada no exercício anterior. *(Parágrafo acrescido pela Emenda Constitucional n. 86, de 2015, publicada no DOU de 18.3.2015, em vigor na data de publicação, produzindo efeitos a partir da execução orçamentária do exercício de 2014)*

§ 17. Se for verificado que a reestimativa da receita e da despesa poderá resultar no não cumprimento da meta de resultado fiscal estabelecida na lei de diretrizes orçamentárias, o montante previsto no § 11 deste artigo poderá ser reduzido em até a mesma proporção da limitação incidente sobre o conjunto das despesas discricionárias. *(Parágrafo acrescido pela Emenda Constitucional n. 86, de 2015, publicada no DOU de 18.3.2015, em vigor na data de publicação, produzindo efeitos a partir da execução orçamentária do exercício de 2014)*

§ 18. Considera-se equitativa a execução das programações de caráter obrigatório que atenda de forma igualitária e impessoal às emendas apresentadas, independentemente da autoria. *(Parágrafo acrescido pela Emenda Constitucional n. 86, de 2015, publicada no DOU de 18.3.2015, em vigor na data de publicação, produzindo efeitos a partir da execução orçamentária do exercício de 2014)*

Art. 167. São vedados:

I — o início de programas ou projetos não incluídos na lei orçamentária anual;

II — a realização de despesas ou a assunção de obrigações diretas que excedam os créditos orçamentários ou adicionais;

III — a realização de operações de créditos que excedam o montante das despesas de capital, ressalvadas as autorizadas mediante créditos suplementares ou especiais com finalidade precisa, aprovados pelo Poder Legislativo por maioria absoluta;

IV — a vinculação de receita de impostos a órgão, fundo ou despesa, ressalvadas a repartição do produto da arrecadação dos impostos a que se referem os arts. 158 e 159, a destinação de recursos para as ações e serviços públicos de saúde, para manutenção e desenvolvimento do ensino e para realização de atividades da administração tributária, como determinado, respectivamente, pelos arts. 198, § 2º, 212 e 37, XXII, e a prestação de garantias às operações de crédito por antecipação de receita, previstas no art. 165, § 8º, bem como o disposto no § 4º deste artigo; *(Inciso com redação dada pela Emenda Constitucional n. 42, de 2003)*

V — a abertura de crédito suplementar ou especial sem prévia autorização legislativa e sem indicação dos recursos correspondentes;

VI — a transposição, o remanejamento ou a transferência de recursos de uma categoria de programação para outra ou de um órgão para outro, sem prévia autorização legislativa;

VII — a concessão ou utilização de créditos ilimitados;

VIII — a utilização, sem autorização legislativa específica, de recursos dos orçamentos fiscal e da seguridade social para suprir necessidade ou cobrir déficit de empresas, fundações e fundos, inclusive dos mencionados no art. 165, 5º;

IX — a instituição de fundos de qualquer natureza, sem prévia autorização legislativa.

X — a transferência voluntária de recursos e a concessão de empréstimos, inclusive por antecipação de receita, pelos Governos Federal e Estaduais e suas instituições financeiras, para pagamento de despesas com pessoal ativo, inativo e pensionista, dos Estados, do Distrito Federal e dos Municípios. *(Inciso acrescido pela Emenda Constitucional n. 19, de 1998)*

XI — a utilização dos recursos provenientes das contribuições sociais de que trata o art. 195, I, a, e II, para a realização de despesas distintas do pagamento de benefícios do regime geral de previdência social de que trata o art. 201. *(Inciso acrescido pela Emenda Constitucional n. 20, de 1998)*

§ 1º Nenhum investimento cuja execução ultrapasse um exercício financeiro poderá ser iniciado sem prévia inclusão no plano plurianual, ou sem lei que autorize a inclusão, sob pena de crime de responsabilidade.

§ 2º Os créditos especiais e extraordinários terão vigência no exercício financeiro em que forem autorizados, salvo se o ato de autorização for promulgado nos últimos quatro meses daquele exercício, caso em que, reabertos nos limites de seus saldos, serão incorporados ao orçamento do exercício financeiro subsequente.

§ 3º A abertura de crédito extraordinário somente será admitida para atender a despesas imprevisíveis e urgentes, como as decorrentes de guerra, comoção interna ou calamidade pública, observado o disposto no art. 62.

§ 4º É permitida a vinculação de receitas próprias geradas pelos impostos a que se referem os arts. 155 e 156, e dos recursos de que tratam os arts. 157, 158, 159, I, a e b, e II, para prestação de garantia ou contragarantia à União e para pagamento de débitos para com esta. *(Parágrafo acrescido pela Emenda Constitucional n. 3, de 1993)*

§ 5º A transposição, o remanejamento ou a transferência de recursos de uma categoria de programação para outra poderão ser admitidos, no âmbito das atividades de ciência, tecnologia e inovação, com o objetivo de viabilizar os resultados de projetos restritos a essas funções, mediante ato do Poder Executivo, sem necessidade da prévia autorização legislativa prevista no inciso VI deste artigo. *(Parágrafo acrescido pela Emenda Constitucional n. 85, de 2015, republicada no DOU de 3.3.2015)*

Art. 168. Os recursos correspondentes às dotações orçamentárias, compreendidos os créditos suplementares e especiais, destinados aos órgãos dos Poderes Legislativo e Judiciário, do Ministério Público e da Defensoria Pública, ser-lhes-ão entregues até o dia 20 de cada mês, em duodécimos, na forma da lei complementar a que se refere o art. 165, § 9º. *(Artigo com redação dada pela Emenda Constitucional n. 45, de 2004)*

Art. 169. A despesa com pessoal ativo e inativo da União, dos Estados, do Distrito Federal e dos Municípios não poderá exceder os limites estabelecidos em lei complementar.

§ 1º A concessão de qualquer vantagem ou aumento de remuneração, a criação de cargos, empregos e funções ou alteração de estrutura de carreiras, bem como a admissão ou contratação de pessoal, a qualquer título, pelos órgãos e entidades da administração direta ou indireta, inclusive fundações instituídas e mantidas pelo poder público, só poderão ser feitas: *(Parágrafo único transformado em § 1º com nova redação dada pela Emenda Constitucional n. 19, de 1998)*

I — se houver prévia dotação orçamentária suficiente para atender às projeções de despesa de pessoal e aos acréscimos dela decorrentes; *(Inciso acrescido pela Emenda Constitucional n. 19, de 1998)*

II — se houver autorização específica na lei de diretrizes orçamentárias, ressalvadas as empresas públicas e as sociedades de economia mista. *(Inciso acrescido pela Emenda Constitucional n. 19, de 1998)*

§ 2º Decorrido o prazo estabelecido na lei complementar referida neste artigo para a adaptação aos parâmetros ali previstos, serão imediatamente suspensos todos os repasses de verbas federais ou estaduais aos Estados, ao Distrito Federal e aos Municípios que não observarem os referidos limites. *(Parágrafo acrescido pela Emenda Constitucional n. 19, de 1998)*

§ 3º Para o cumprimento dos limites estabelecidos com base neste artigo, durante o prazo fixado na lei complementar referida no *caput*, a União, os Estados, o Distrito Federal e os Municípios adotarão as seguintes providências:

I — redução em pelo menos vinte por cento das despesas com cargos em comissão e funções de confiança;

II — exoneração dos servidores não estáveis. *(Parágrafo acrescido pela Emenda Constitucional n. 19, de 1998)*

§ 4º Se as medidas adotadas com base no parágrafo anterior não forem suficientes para assegurar o cumprimento da determinação da lei complementar referida neste artigo, o servidor estável poderá perder o cargo, desde que ato normativo motivado de cada um dos Poderes especifique a atividade funcional, o órgão ou unidade administrativa objeto da redução de pessoal. *(Parágrafo acrescido pela Emenda Constitucional n. 19, de 1998)*

§ 5º O servidor que perder o cargo na forma do parágrafo anterior fará jus a indenização correspondente a um mês de remuneração por ano de serviço. *(Parágrafo acrescido pela Emenda Constitucional n. 19, de 1998)*

§ 6º O cargo objeto da redução prevista nos parágrafos anteriores será considerado extinto, vedada a criação de cargo, emprego ou função com atribuições iguais ou assemelhadas pelo prazo de quatro anos. *(Parágrafo acrescido pela Emenda Constitucional n. 19, de 1998)*

§ 7º Lei federal disporá sobre as normas gerais a serem obedecidas na efetivação do disposto no § 4º. *(Parágrafo acrescido pela Emenda Constitucional n. 19, de 1998)*

TÍTULO VII
DA ORDEM ECONÔMICA E FINANCEIRA

CAPÍTULO I
DOS PRINCÍPIOS GERAIS DA ATIVIDADE ECONÔMICA

Art. 170. A ordem econômica, fundada na valorização do trabalho humano e na livre iniciativa, tem por fim assegurar a todos existência digna, conforme os ditames da justiça social, observados os seguintes princípios:

I — soberania nacional;

II — propriedade privada;

III — função social da propriedade;

IV — livre concorrência;

V — defesa do consumidor;

VI — defesa do meio ambiente, inclusive mediante tratamento diferenciado conforme o impacto ambiental dos produtos e serviços e de seus processos de elaboração e prestação; *(Inciso com redação dada pela Emenda Constitucional n. 42, de 2003)*

VII — redução das desigualdades regionais e sociais;

VIII — busca do pleno emprego;

IX — tratamento favorecido para as empresas de pequeno porte constituídas sob as leis brasileiras e que tenham sua sede e administração no País. *(Inciso com redação dada pela Emenda Constitucional n. 6, de 1995)*

Parágrafo único. É assegurado a todos o livre exercício de qualquer atividade econômica, independentemente de autorização de órgãos públicos, salvo nos casos previstos em lei.

Art. 171. *(Revogado pela Emenda Constitucional n. 6, de 1995)*

Art. 172. A lei disciplinará, com base no interesse nacional, os investimentos de capital estrangeiro, incentivará os reinvestimentos e regulará a remessa de lucros.

Art. 173. Ressalvados os casos previstos nesta Constituição, a exploração direta de atividade econômica pelo Estado só será permitida quando necessária aos imperativos da segurança nacional ou a relevante interesse coletivo, conforme definidos em lei.

§ 1º A lei estabelecerá o estatuto jurídico da empresa pública, da sociedade de economia mista e de suas subsidiárias que explorem atividade econômica de produção ou comercialização de bens ou de prestação de serviços, dispondo sobre: *(Parágrafo com redação dada pela Emenda Constitucional n. 19, de 1998)*

I — sua função social e formas de fiscalização pelo Estado e pela sociedade; *(Inciso acrescido pela Emenda Constitucional n. 19, de 1998)*

II — a sujeição ao regime jurídico próprio das empresas privadas, inclusive quanto aos direitos e obrigações civis, comerciais, trabalhistas e tributários; *(Inciso acrescido pela Emenda Constitucional n. 19, de 1998)*

III — licitação e contratação de obras, serviços, compras e alienações, observados os princípios da administração pública; *(Inciso acrescido pela Emenda Constitucional n. 19, de 1998)*

IV — a constituição e o funcionamento dos conselhos de administração e fiscal, com a participação de acionistas minoritários; *(Inciso acrescido pela Emenda Constitucional n. 19, de 1998)*

V — os mandatos, a avaliação de desempenho e a responsabilidade dos administradores. *(Inciso acrescido pela Emenda Constitucional n. 19, de 1998)*

§ 2º As empresas públicas e as sociedades de economia mista não poderão gozar de privilégios fiscais não extensivos às do setor privado.

§ 3º A lei regulamentará as relações da empresa pública com o Estado e a sociedade.

§ 4º A lei reprimirá o abuso do poder econômico que vise à dominação dos mercados, à eliminação da concorrência e ao aumento arbitrário dos lucros.

§ 5º A lei, sem prejuízo da responsabilidade individual dos dirigentes da pessoa jurídica, estabelecerá a responsabilidade desta, sujeitando-a às punições compatíveis com sua natureza, nos atos praticados contra a ordem econômica e financeira e contra a economia popular.

Art. 174. Como agente normativo e regulador da atividade econômica, o Estado exercerá, na forma da lei, as funções de fiscalização, incentivo e planejamento, sendo este determinante para o setor público e indicativo para o setor privado.

§ 1º A lei estabelecerá as diretrizes e bases do planejamento do desenvolvimento nacional equilibrado, o qual incorporará e compatibilizará os planos nacionais e regionais de desenvolvimento.

§ 2º A lei apoiará e estimulará o cooperativismo e outras formas de associativismo.

§ 3º O Estado favorecerá a organização da atividade garimpeira em cooperativas, levando em conta a proteção do meio ambiente e a promoção econômico-social dos garimpeiros.

§ 4º As cooperativas a que se refere o parágrafo anterior terão prioridade na autorização ou concessão para pesquisa e lavra dos recursos e jazidas de minerais garimpáveis, nas áreas onde estejam atuando, e naquelas fixadas de acordo com o art. 21, XXV, na forma da lei.

Art. 175. Incumbe ao poder público, na forma da lei, diretamente ou sob regime de concessão ou permissão, sempre através de licitação, a prestação de serviços públicos.

Parágrafo único. A lei disporá sobre:

I — o regime das empresas concessionárias e permissionárias de serviços públicos, o caráter especial de seu contrato e de sua prorrogação, bem como as condições de caducidade, fiscalização e rescisão da concessão ou permissão;

II — os direitos dos usuários;

III — política tarifária;

IV — a obrigação de manter serviço adequado.

Art. 176. As jazidas, em lavra ou não, e demais recursos minerais e os potenciais de energia hidráulica constituem propriedade distinta da do solo, para efeito de exploração ou aproveitamento, e pertencem à União, garantida ao concessionário a propriedade do produto da lavra.

§ 1º A pesquisa e a lavra de recursos minerais e o aproveitamento dos potenciais a que se refere o *caput* deste artigo somente poderão ser efetuados mediante autorização ou concessão da União, no interesse nacional, por brasileiros ou empresa constituída sob as leis brasileiras e que tenha sua sede e administração no País, na forma da lei, que estabelecerá as condições específicas quando essas atividades se desenvolverem em faixa de fronteira ou terras indígenas. *(Parágrafo com redação dada pela Emenda Constitucional n. 6, de 1995)*

§ 2º É assegurada participação ao proprietário do solo nos resultados da lavra, na forma e no valor que dispuser a lei.

§ 3º A autorização de pesquisa será sempre por prazo determinado, e as autorizações e concessões previstas neste artigo não poderão ser cedidas ou transferidas, total ou parcialmente, sem prévia anuência do Poder concedente.

§ 4º Não dependerá de autorização ou concessão o aproveitamento do potencial de energia renovável de capacidade reduzida.

Art. 177. Constituem monopólio da União:

I — a pesquisa e a lavra das jazidas de petróleo e gás natural e outros hidrocarbonetos fluidos;

II — a refinação do petróleo nacional ou estrangeiro;

III — a importação e exportação dos produtos e derivados básicos resultantes das atividades previstas nos incisos anteriores;

IV — o transporte marítimo do petróleo bruto de origem nacional ou de derivados básicos de petróleo produzidos no País, bem assim o transporte, por meio de conduto, de petróleo bruto, seus derivados e gás natural de qualquer origem;

V — a pesquisa, a lavra, o enriquecimento, o reprocessamento, a industrialização e o comércio de minérios e minerais nucleares e seus derivados, com exceção dos radioisótopos cuja produção, comercialização e utilização poderão ser autorizadas sob regime de permissão, conforme as alíneas *b* e *c* do inciso XXIII do *caput* do art. 21 desta Constituição Federal. *(Inciso com redação dada pela Emenda Constitucional n. 49, de 2006)*

§ 1º A União poderá contratar com empresas estatais ou privadas a realização das atividades previstas nos incisos I a IV deste artigo observadas as condições estabelecidas em lei. *(Parágrafo com redação dada pela Emenda Constitucional n. 9, de 1995)*

§ 2º A lei a que se refere o § 1º disporá sobre:

I — a garantia do fornecimento dos derivados de petróleo em todo o território nacional;

II — as condições de contratação;

III — a estrutura e atribuições do órgão regulador do monopólio da União; *(Parágrafo acrescido pela Emenda Constitucional n. 9, de 1995)*

§ 3º A lei disporá sobre o transporte e a utilização de materiais radioativos no território nacional. *(Primitivo § 2º renumerado pela Emenda Constitucional n. 9, de 1995)*

§ 4º A lei que instituir contribuição de intervenção no domínio econômico relativa às atividades de importação ou comercialização de petróleo e seus derivados, gás natural e seus derivados e álcool combustível deverá atender aos seguintes requisitos:

I — a alíquota da contribuição poderá ser:

a) diferenciada por produto ou uso;

b) reduzida e restabelecida por ato do Poder Executivo, não se lhe aplicando o disposto no art. 150,III, *b*;

II — os recursos arrecadados serão destinados:

a) ao pagamento de subsídios a preços ou transporte de álcool combustível, gás natural e seus derivados e derivados de petróleo;

b) ao financiamento de projetos ambientais relacionados com a indústria do petróleo e do gás;

c) ao financiamento de programas de infra-estrutura de transportes. *(Parágrafo acrescido pela Emenda Constitucional n. 33, de 2001)*

Art. 178. A lei disporá sobre a ordenação dos transportes aéreo, aquático e terrestre, devendo, quanto à ordenação do transporte internacional, observar os acordos firmados pela União, atendido o princípio da reciprocidade. *("Caput" do artigo com redação dada pela Emenda Constitucional n. 7, de 1995)*

Parágrafo único. Na ordenação do transporte aquático, a lei estabelecerá as condições em que o transporte de mercadorias na cabotagem e a navegação interior poderão ser feitos por embarcações estrangeiras. *(Parágrafo único acrescido pela Emenda Constitucional n. 7, de 1995)*

Art. 179. A União, os Estados, o Distrito Federal e os Municípios dispensarão às microempresas e às empresas de pequeno porte, assim definidas em lei, tratamento jurídico

diferenciado, visando a incentivá-las pela simplificação de suas obrigações administrativas, tributárias, previdenciárias e creditícias, ou pela eliminação ou redução destas por meio de lei.

Art. 180. A União, os Estados, o Distrito Federal e os Municípios promoverão e incentivarão o turismo como fator de desenvolvimento social e econômico.

Art. 181. O atendimento de requisição de documento ou informação de natureza comercial, feita por autoridade administrativa ou judiciária estrangeira, a pessoa física ou jurídica residente ou domiciliada no País dependerá de autorização do Poder competente.

CAPÍTULO II
DA POLÍTICA URBANA

Art. 182. A política de desenvolvimento urbano, executada pelo poder público municipal, conforme diretrizes gerais fixadas em lei, tem por objetivo ordenar o pleno desenvolvimento das funções sociais da cidade e garantir o bem-estar de seus habitantes.

§ 1º O plano diretor, aprovado pela Câmara Municipal, obrigatório para cidades com mais de vinte mil habitantes, é o instrumento básico da política de desenvolvimento e de expansão urbana.

§ 2º A propriedade urbana cumpre sua função social quando atende às exigências fundamentais de ordenação da cidade expressas no plano diretor.

§ 3º As desapropriações de imóveis urbanos serão feitas com prévia e justa indenização em dinheiro.

§ 4º É facultado ao poder público municipal, mediante lei específica para área incluída no plano diretor, exigir, nos termos da lei federal, do proprietário do solo urbano não edificado, subutilizado ou não utilizado que promova seu adequado aproveitamento, sob pena, sucessivamente, de:

I — parcelamento ou edificação compulsórios;

II — imposto sobre a propriedade predial e territorial urbana progressivo no tempo;

III — desapropriação com pagamento mediante títulos da dívida pública de emissão previamente aprovada pelo Senado Federal, com prazo de resgate de até dez anos, em parcelas anuais, iguais e sucessivas, assegurados o valor real da indenização e os juros legais.

Art. 183. Aquele que possuir como sua área urbana de até duzentos e cinquenta metros quadrados, por cinco anos, ininterruptamente e sem oposição, utilizando-a para sua moradia ou de sua família, adquirir-lhe-á o domínio, desde que não seja proprietário de outro imóvel urbano ou rural.

§ 1º O título de domínio e a concessão de uso serão conferidos ao homem ou à mulher, ou a ambos, independentemente do estado civil.

§ 2º Esse direito não será reconhecido ao mesmo possuidor mais de uma vez.

§ 3º Os imóveis públicos não serão adquiridos por usucapião.

CAPÍTULO III
DA POLÍTICA AGRÍCOLA E FUNDIÁRIA E DA REFORMA AGRÁRIA

Art. 184. Compete à União desapropriar por interesse social, para fins de reforma agrária, o imóvel rural que não esteja cumprindo sua função social, mediante prévia e justa indenização em títulos da dívida agrária, com cláusula de preservação do valor real, resgatáveis no prazo de até vinte anos, a partir do segundo ano de sua emissão, e cuja utilização será definida em lei.

§ 1º As benfeitorias úteis e necessárias serão indenizadas em dinheiro.

§ 2º O decreto que declarar o imóvel como de interesse social, para fins de reforma agrária, autoriza a União a propor a ação de desapropriação.

§ 3º Cabe à lei complementar estabelecer procedimento contraditório especial, de rito sumário, para o processo judicial de desapropriação.

§ 4º O orçamento fixará anualmente o volume total de títulos da dívida agrária, assim como o montante de recursos para atender ao programa de reforma agrária no exercício.

§ 5º São isentas de impostos federais, estaduais e municipais as operações de transferência de imóveis desapropriados para fins de reforma agrária.

Art. 185. São insuscetíveis de desapropriação para fins de reforma agrária:

I — a pequena e média propriedade rural, assim definida em lei, desde que seu proprietário não possua outra;

II — a propriedade produtiva.

Parágrafo único. A lei garantirá tratamento especial à propriedade produtiva e fixará normas para o cumprimento dos requisitos relativos a sua função social.

Art. 186. A função social é cumprida quando a propriedade rural atende, simultaneamente, segundo critérios e graus de exigência estabelecidos em lei, aos seguintes requisitos:

I — aproveitamento racional e adequado;

II — utilização adequada dos recursos naturais disponíveis e preservação do meio ambiente;

III — observância das disposições que regulam as relações de trabalho;

IV — exploração que favoreça o bem-estar dos proprietários e dos trabalhadores.

Art. 187. A política agrícola será planejada e executada na forma da lei, com a participação efetiva do setor de produção, envolvendo produtores e trabalhadores rurais, bem como dos setores de comercialização, de armazenamento e de transportes, levando em conta, especialmente:

I — os instrumentos creditícios e fiscais;

II — os preços compatíveis com os custos de produção e a garantia de comercialização;

III — o incentivo à pesquisa e à tecnologia;

IV — a assistência técnica e extensão rural;

V — o seguro agrícola;

VI — o cooperativismo;

VII — a eletrificação rural e irrigação;

VIII — a habitação para o trabalhador rural.

§ 1º Incluem-se no planejamento agrícola as atividades agroindustriais, agropecuárias, pesqueiras e florestais.

§ 2º Serão compatibilizadas as ações de política agrícola e de reforma agrária.

Art. 188. A destinação de terras públicas e devolutas será compatibilizada com a política agrícola e com o plano nacional de reforma agrária.

§ 1º A alienação ou a concessão, a qualquer título, de terras públicas com área superior a dois mil e quinhentos hectares a pessoa física ou jurídica, ainda que por

interposta pessoa, dependerá de prévia aprovação do Congresso Nacional.

§ 2º Excetuam-se do disposto no parágrafo anterior as alienações ou as concessões de terras públicas para fins de reforma agrária.

Art. 189. Os beneficiários da distribuição de imóveis rurais pela reforma agrária receberão títulos de domínio ou de concessão de uso, inegociáveis pelo prazo de dez anos.

Parágrafo único. O título de domínio e a concessão de uso serão conferidos ao homem ou à mulher, ou a ambos, independentemente do estado civil, nos termos e condições previstos em lei.

Art. 190. A lei regulará e limitará a aquisição ou o arrendamento de propriedade rural por pessoa física ou jurídica estrangeira e estabelecerá os casos que dependerão de autorização do Congresso Nacional.

Art. 191. Aquele que, não sendo proprietário de imóvel rural ou urbano, possua como seu, por cinco anos ininterruptos, sem oposição, área de terra, em zona rural, não superior a cinquenta hectares, tornando-a produtiva por seu trabalho ou de sua família, tendo nela sua moradia, adquirir-lhe-á a propriedade.

Parágrafo único. Os imóveis públicos não serão adquiridos por usucapião.

CAPÍTULO IV
DO SISTEMA FINANCEIRO NACIONAL

Art. 192. O sistema financeiro nacional, estruturado de forma a promover o desenvolvimento equilibrado do País e a servir aos interesses da coletividade, em todas as partes que o compõem, abrangendo as cooperativas de crédito, será regulado por leis complementares que disporão, inclusive, sobre a participação de capital estrangeiro nas instituições que o integram. *(Artigo com redação dada pela Emenda Constitucional n. 40, de 2003)*

I — *(Revogado pela Emenda Constitucional n. 40, de 2003)*
II — *(Revogado pela Emenda Constitucional n. 40, de 2003)*
III — *(Revogado pela Emenda Constitucional n. 40, de 2003)*
a) *(Revogada pela Emenda Constitucional n. 40, de 2003)*
b) *(Revogada pela Emenda Constitucional n. 40, de 2003)*
IV — *(Revogado pela Emenda Constitucional n. 40, de 2003)*
V — *(Revogado pela Emenda Constitucional n. 40, de 2003)*
VI — *(Revogado pela Emenda Constitucional n. 40, de 2003)*
VII — *(Revogado pela Emenda Constitucional n. 40, de 2003)*
VIII — *(Revogado pela Emenda Constitucional n. 40, de 2003)*
§ 1º *(Revogado pela Emenda Constitucional n. 40, de 2003)*
§ 2º *(Revogado pela Emenda Constitucional n. 40, de 2003)*
§ 3º *(Revogado pela Emenda Constitucional n. 40, de 2003)*

TÍTULO VIII
DA ORDEM SOCIAL

CAPÍTULO I
DISPOSIÇÃO GERAL

Art. 193. A ordem social tem como base o primado do trabalho, e como objetivo o bem-estar e a justiça sociais.

CAPÍTULO II
DA SEGURIDADE SOCIAL

Seção I
Disposições Gerais

Art. 194. A seguridade social compreende um conjunto integrado de ações de iniciativa dos poderes públicos e da sociedade, destinadas a assegurar os direitos relativos à saúde, à previdência e à assistência social.

Parágrafo único. Compete ao poder público, nos termos da lei, organizar a seguridade social, com base nos seguintes objetivos:

I — universalidade da cobertura e do atendimento;

II — uniformidade e equivalência dos benefícios e serviços às populações urbanas e rurais;

III — seletividade e distributividade na prestação dos benefícios e serviços;

IV — irredutibilidade do valor dos benefícios;

V — equidade na forma de participação no custeio;

VI — diversidade da base de financiamento;

VII — caráter democrático e descentralizado da administração, mediante gestão quadripartite, com participação dos trabalhadores, dos empregadores, dos aposentados e do Governo nos órgãos colegiados. *(Inciso com redação dada pela Emenda Constitucional n. 20, de 1998)*

Art. 195. A seguridade social será financiada por toda a sociedade, de forma direta e indireta, nos termos da lei, mediante recursos provenientes dos orçamentos da União, dos Estados, do Distrito Federal e dos Municípios, e das seguintes contribuições sociais:

I — do empregador, da empresa e da entidade a ela equiparada na forma da lei, incidentes sobre:

a) a folha de salários e demais rendimentos do trabalho pagos ou creditados, a qualquer título, à pessoa física que lhe preste serviço, mesmo sem vínculo empregatício;

b) a receita ou o faturamento;

c) o lucro; *(Inciso com redação dada pela Emenda Constitucional n. 20, de 1998)*

II — do trabalhador e dos demais segurados da previdência social, não incidindo contribuição sobre aposentadoria e pensão concedidas pelo regime geral de previdência social de que trata o art. 201; *(Inciso com redação dada pela Emenda Constitucional n. 20, de 1998)*

III — sobre a receita de concursos de prognósticos;

IV — do importador de bens ou serviços do exterior, ou de quem a lei a ele equiparar. *(Inciso acrescido pela Emenda Constitucional n. 42, de 2003)*

§ 1º As receitas dos Estados, do Distrito Federal e dos Municípios destinadas à seguridade social constarão dos respectivos orçamentos, não integrando o orçamento da União.

§ 2º A proposta de orçamento da seguridade social será elaborada de forma integrada pelos órgãos responsáveis pela saúde, previdência social e assistência social, tendo em vista as metas e prioridades estabelecidas na lei de diretrizes orçamentárias, assegurada a cada área a gestão de seus recursos.

§ 3º A pessoa jurídica em débito com o sistema da seguridade social, como estabelecido em lei, não poderá contratar com o poder público nem dele receber benefícios ou incentivos fiscais ou creditícios.

§ 4º A lei poderá instituir outras fontes destinadas a garantir a manutenção ou expansão da seguridade social, obedecido o disposto no art. 154, I.

§ 5º Nenhum benefício ou serviço da seguridade social poderá ser criado, majorado ou estendido sem a correspondente fonte de custeio total.

§ 6º As contribuições sociais de que trata este artigo só poderão ser exigidas após decorridos noventa dias da data da publicação da lei que as houver instituído ou modificado, não se lhes aplicando o disposto no art. 150, III, b .

§ 7º São isentas de contribuição para a seguridade social as entidades beneficentes de assistência social que atendam às exigências estabelecidas em lei.

§ 8º O produtor, o parceiro, o meeiro e o arrendatário rurais e o pescador artesanal, bem como os respectivos cônjuges, que exerçam suas atividades em regime de economia familiar, sem empregados permanentes, contribuirão para a seguridade social mediante a aplicação de uma alíquota sobre o resultado da comercialização da produção e farão jus aos benefícios nos termos da lei. *(Parágrafo com redação dada pela Emenda Constitucional n. 20, de 1998)*

§ 9º As contribuições sociais previstas no inciso I do caput deste artigo poderão ter alíquotas ou bases de cálculo diferenciadas, em razão da atividade econômica, da utilização intensiva de mão de obra, do porte da empresa ou da condição estrutural do mercado de trabalho. *(Parágrafo acrescido pela Emenda Constitucional n. 20, de 1998 e com nova redação dada pela Emenda Constitucional n. 47 de 2005)*

§ 10. A lei definirá os critérios de transferência de recursos para o sistema único de saúde e ações de assistência social da União para os Estados, o Distrito Federal e os Municípios, e dos Estados para os Municípios, observada a respectiva contrapartida de recursos. *(Parágrafo acrescido pela Emenda Constitucional n. 20, de 1998)*

§ 11. É vedada a concessão de remissão ou anistia das contribuições sociais de que tratam os incisos I, a, e II deste artigo, para débitos em montante superior ao fixado em lei complementar. *(Parágrafo acrescido pela Emenda Constitucional n. 20, de 1998)*

§ 12. A lei definirá os setores de atividade econômica para os quais as contribuições incidentes na forma dos incisos I, b; e IV do caput, serão não cumulativas. *(Parágrafo acrescido pela Emenda Constitucional n. 42, de 2003)*

§ 13. Aplica-se o disposto no § 12 inclusive na hipótese de substituição gradual, total ou parcial, da contribuição incidente na forma do inciso I, a, pela incidente sobre a receita ou o faturamento. *(Parágrafo acrescido pela Emenda Constitucional n. 42, de 2003)*

Seção II
Da Saúde

Art. 196. A saúde é direito de todos e dever do Estado, garantido mediante políticas sociais e econômicas que visem à redução do risco de doença e de outros agravos e ao acesso universal e igualitário às ações e serviços para sua promoção, proteção e recuperação.

Art. 197. São de relevância pública as ações e serviços de saúde, cabendo ao poder público dispor, nos termos da lei, sobre sua regulamentação, fiscalização e controle, devendo sua execução ser feita diretamente ou através de terceiros e, também, por pessoa física ou jurídica de direito privado.

Art. 198. As ações e serviços públicos de saúde integram uma rede regionalizada e hierarquizada e constituem um sistema único, organizado de acordo com as seguintes diretrizes:

I — descentralização, com direção única em cada esfera de governo;

II — atendimento integral, com prioridade para as atividades preventivas, sem prejuízo dos serviços assistenciais;

III — participação da comunidade.

§ 1º O sistema único de saúde será financiado, nos termos do art. 195, com recursos do orçamento da seguridade social, da União, dos Estados, do Distrito Federal e dos Municípios, além de outras fontes. *(Parágrafo único transformado em § 1º pela Emenda Constitucional n. 29, de 2000)*

§ 2º A União, os Estados, o Distrito Federal e os Municípios aplicarão, anualmente, em ações e serviços públicos de saúde recursos mínimos derivados da aplicação de percentuais calculados sobre: *(Parágrafo acrescido pela Emenda Constitucional n. 29, de 2000)*

I — no caso da União, a receita corrente líquida do respectivo exercício financeiro, não podendo ser inferior a 15% (quinze por cento); *(Inciso acrescido pela Emenda Constitucional n. 29, de 2000, com redação dada pela Emenda Constitucional n. 86, de 2015, publicada no DOU de 18.3.2015, em vigor na data de publicação, produzindo efeitos a partir da execução orçamentária do exercício de 2014) (Vide art. 2º da Emenda Constitucional n. 86, de 2015)*

II — no caso dos Estados e do Distrito Federal, o produto da arrecadação dos impostos a que se refere o art. 155 e dos recursos de que tratam os arts. 157 e 159, inciso I, alínea a, e inciso II, deduzidas as parcelas que forem transferidas aos respectivos Municípios; *(Inciso acrescido pela Emenda Constitucional n. 29, de 2000)*

III — no caso dos Municípios e do Distrito Federal, o produto da arrecadação dos impostos a que se refere o art. 156 e dos recursos de que tratam os arts. 158 e 159, inciso I, alínea b e § 3º. *(Inciso acrescido pela Emenda Constitucional n. 29, de 2000)*

§ 3º Lei complementar, que será reavaliada pelo menos a cada cinco anos, estabelecerá: *(Parágrafo acrescido pela Emenda Constitucional n. 29, de 2000)*

I — os percentuais de que tratam os incisos II e III do § 2º; *(Inciso acrescido pela Emenda Constitucional n. 29, de 2000, com redação dada pela Emenda Constitucional n. 86, de 2015, publicada no DOU de 18.3.2015, em vigor na data de publicação, produzindo efeitos a partir da execução orçamentária do exercício de 2014)*

II — os critérios de rateio dos recursos da União vinculados à saúde destinados aos Estados, ao Distrito Federal e aos Municípios, e dos Estados destinados a seus respectivos Municípios, objetivando a progressiva redução das disparidades regionais; *(Inciso acrescido pela Emenda Constitucional n. 29, de 2000)*

III — as normas de fiscalização, avaliação e controle das despesas com saúde nas esferas federal, estadual, distrital e municipal; *(Inciso acrescido pela Emenda Constitucional n. 29, de 2000)*

IV — *(Inciso acrescido pela Emenda Constitucional n. 29, de 2000, e revogado pela Emenda Constitucional n. 86, de 2015)*

§ 4º Os gestores locais do sistema único de saúde poderão admitir agentes comunitários de saúde e agentes de combate às endemias por meio de processo seletivo público, de acordo com a natureza e complexidade de suas atribuições e requisitos específicos para sua atuação. *(Parágrafo acrescido pela Emenda Constitucional n. 51, de 2006)*

§ 5º Lei federal disporá sobre o regime jurídico, o piso salarial profissional nacional, as diretrizes para os Planos de Carreira e a regulamentação das atividades de agente comunitário de saúde e agente de combate às endemias, competindo à União, nos termos da lei, prestar assistência financeira complementar aos Estados, ao Distrito Federal

e aos Municípios, para o cumprimento do referido piso salarial. *(Parágrafo acrescido pela Emenda Constitucional n. 51, de 2006)* e *(Parágrafo com nova redação dada pela Emenda Constitucional n. 63, de 2010)*

§ 6º Além das hipóteses previstas no § 1º do art. 41 e no § 4º do art. 169 da Constituição Federal, o servidor que exerça funções equivalentes às de agente comunitário de saúde ou de agente de combate às endemias poderá perder o cargo em caso de descumprimento dos requisitos específicos, fixados em lei, para o seu exercício. *(Parágrafo acrescido pela Emenda Constitucional n. 51, de 2006)*

Art. 199. A assistência à saúde é livre à iniciativa privada.

§ 1º As instituições privadas poderão participar de forma complementar do sistema único de saúde, segundo diretrizes deste, mediante contrato de direito público ou convênio, tendo preferência as entidades filantrópicas e as sem fins lucrativos.

§ 2º É vedada a destinação de recursos públicos para auxílios ou subvenções às instituições privadas com fins lucrativos.

§ 3º É vedada a participação direta ou indireta de empresas ou capitais estrangeiros na assistência à saúde no País, salvo nos casos previstos em lei.

§ 4º A lei dispora sobre as condições e os requisitos que facilitem a remoção de órgãos, tecidos e substâncias humanas para fins de transplante, pesquisa e tratamento, bem como a coleta, processamento e transfusão de sangue e seus derivados, sendo vedado todo tipo de comercialização.

Art. 200. Ao sistema único de saúde compete, além de outras atribuições, nos termos da lei:

I — controlar e fiscalizar procedimentos, produtos e substâncias de interesse para a saúde e participar da produção de medicamentos, equipamentos, imunobiológicos, hemoderivados e outros insumos;

II — executar as ações de vigilância sanitária e epidemiológica, bem como as de saúde do trabalhador;

III — ordenar a formação de recursos humanos na área de saúde;

IV — participar da formulação da política e da execução das ações de saneamento básico;

V — incrementar, em sua área de atuação, o desenvolvimento científico e tecnológico e a inovação; *(Inciso com redação dada pela Emenda Constitucional n. 85, de 2015, republicada no DOU de 3.3.2015)*

VI — fiscalizar e inspecionar alimentos, compreendido o controle de seu teor nutricional, bem como bebidas e águas para consumo humano;

VII — participar do controle e fiscalização da produção, transporte, guarda e utilização de substâncias e produtos psicoativos, tóxicos e radioativos;

VIII — colaborar na proteção do meio ambiente, nele compreendido o do trabalho.

Seção III
Da Previdência Social

Art. 201. A previdência social será organizada sob a forma de regime geral, de caráter contributivo e de filiação obrigatória, observados critérios que preservem o equilíbrio financeiro e atuarial, e atenderá, nos termos da lei, a: *("Caput" do artigo com redação dada pela Emenda Constitucional n. 20, de 1998)*

I — cobertura dos eventos de doença, invalidez, morte e idade avançada; *(Inciso com redação dada pela Emenda Constitucional n. 20, de 1998)*

II — proteção à maternidade, especialmente à gestante; *(Inciso com redação dada pela Emenda Constitucional n. 20, de 1998)*

III — proteção ao trabalhador em situação de desemprego involuntário; *(Inciso com redação dada pela Emenda Constitucional n. 20, de 1998)*

IV — salário-família e auxílio-reclusão para os dependentes dos segurados de baixa renda; *(Inciso com redação dada pela Emenda Constitucional n. 20, de 1998)*

V — pensão por morte do segurado, homem ou mulher, ao cônjuge ou companheiro e dependentes, observado o disposto no § 2º. *(Inciso com redação dada pela Emenda Constitucional n. 20, de 1998)*

§ 1º É vedada a adoção de requisitos e critérios diferenciados para a concessão de aposentadoria aos beneficiários do regime geral de previdência social, ressalvados os casos de atividades exercidas sob condições especiais que prejudiquem a saúde ou a integridade física e quando se tratar de segurados portadores de deficiência, nos termos definidos em lei complementar. *(Parágrafo com redação dada pela Emenda Constitucional n. 47, de 2005)*

§ 2º Nenhum benefício que substitua o salário de contribuição ou o rendimento do trabalho do segurado terá valor mensal inferior ao salário mínimo. *(Parágrafo com redação dada pela Emenda Constitucional n. 20, de 1998)*

§ 3º Todos os salários de contribuição considerados para o cálculo de benefício serão devidamente atualizados, na forma da lei. *(Parágrafo com redação dada pela Emenda Constitucional n. 20, de 1998)*

§ 4º É assegurado o reajustamento dos benefícios para preservar-lhes, em caráter permanente, o valor real, conforme critérios definidos em lei. *(Parágrafo com redação dada pela Emenda Constitucional n. 20, de 1998)*

§ 5º É vedada a filiação ao regime geral de previdência social, na qualidade de segurado facultativo, de pessoa participante de regime próprio de previdência. *(Parágrafo com redação dada pela Emenda Constitucional n. 20, de 1998)*

§ 6º A gratificação natalina dos aposentados e pensionistas terá por base o valor dos proventos do mês de dezembro de cada ano. *(Parágrafo com redação dada pela Emenda Constitucional n. 20, de 1998)*

§ 7º É assegurada aposentadoria no regime geral de previdência social, nos termos da lei, obedecidas as seguintes condições: *("Caput" do parágrafo com redação dada pela Emenda Constitucional n. 20, de 1998)*

I — trinta e cinco anos de contribuição, se homem, e trinta anos de contribuição, se mulher; *(Inciso acrescido pela Emenda Constitucional n. 20, de 1998)*

II — sessenta e cinco anos de idade, se homem, e sessenta anos de idade, se mulher, reduzido em cinco anos o limite para os trabalhadores rurais de ambos os sexos e para os que exerçam suas atividades em regime de economia familiar, nestes incluídos o produtor rural, o garimpeiro e o pescador artesanal. *(Inciso acrescido pela Emenda Constitucional n. 20, de 1998)*

§ 8º Os requisitos a que se refere o inciso I do parágrafo anterior serão reduzidos em cinco anos, para o professor que comprove exclusivamente tempo de efetivo exercício das funções de magistério na educação infantil e no ensino fundamental e médio. *(Parágrafo com redação dada pela Emenda Constitucional n. 20, de 1998)*

§ 9º Para efeito de aposentadoria, é assegurada a contagem recíproca do tempo de contribuição na administração pública e na atividade privada, rural e urbana, hipótese em que os diversos regimes de previdência social se compensarão financeiramente, segundo critérios estabelecidos

em lei. *(Parágrafo acrescido pela Emenda Constitucional n. 20, de 1998)*

§ 10. Lei disciplinará a cobertura do risco de acidente do trabalho, a ser atendida concorrentemente pelo regime geral de previdência social e pelo setor privado. *(Parágrafo acrescido pela Emenda Constitucional n. 20, de 1998)*

§ 11. Os ganhos habituais do empregado, a qualquer título, serão incorporados ao salário para efeito de contribuição previdenciária e consequente repercussão em benefícios, nos casos e na forma da lei. *(Parágrafo acrescido pela Emenda Constitucional n. 20, de 1998)*

§ 12. Lei disporá sobre sistema especial de inclusão previdenciária para atender a trabalhadores de baixa renda e àqueles sem renda própria que se dediquem exclusivamente ao trabalho doméstico no âmbito de sua residência, desde que pertencentes a famílias de baixa renda, garantindo-lhes acesso a benefícios de valor igual a um salário-mínimo. *(Parágrafo acrescido pela Emenda Constitucional n. 41, de 2003 e com nova redação dada pela Emenda Constitucional n. 47, de 2005)*

§ 13. O sistema especial de inclusão previdenciária de que trata o § 12 deste artigo terá alíquotas e carências inferiores às vigentes para os demais segurados do regime geral de previdência social. *(Parágrafo acrescido pela Emenda Constitucional n. 47, de 2005)*

Art. 202. O regime de previdência privada, de caráter complementar e organizado de forma autônoma em relação ao regime geral de previdência social, será facultativo, baseado na constituição de reservas que garantam o benefício contratado, e regulado por lei complementar. *("Caput" do artigo com redação dada pela Emenda Constitucional n. 20, de 1998)*

§ 1º A lei complementar de que trata este artigo assegurará ao participante de planos de benefícios de entidades de previdência privada o pleno acesso às informações relativas à gestão de seus respectivos planos. *(Parágrafo com redação dada pela Emenda Constitucional n. 20, de 1998)*

§ 2º As contribuições do empregador, os benefícios e as condições contratuais previstas nos estatutos, regulamentos e planos de benefícios das entidades de previdência privada não integram o contrato de trabalho dos participantes, assim como, à exceção dos benefícios concedidos, não integram a remuneração dos participantes, nos termos da lei. *(Parágrafo com redação dada pela Emenda Constitucional n. 20, de 1998)*

§ 3º É vedado o aporte de recursos a entidade de previdência privada pela União, Estados, Distrito Federal e Municípios, suas autarquias, fundações, empresas públicas, sociedades de economia mista e outras entidades públicas, salvo na qualidade de patrocinador, situação na qual, em hipótese alguma, sua contribuição normal poderá exceder a do segurado. *(Parágrafo acrescido pela Emenda Constitucional n. 20, de 1998)*

§ 4º Lei complementar disciplinará a relação entre a União, Estados, Distrito Federal ou Municípios, inclusive suas autarquias, fundações, sociedades de economia mista e empresas controladas direta ou indiretamente, enquanto patrocinadoras de entidades fechadas de previdência privada, e suas respectivas entidades fechadas de previdência privada. *(Parágrafo acrescido pela Emenda Constitucional n. 20, de 1998)*

§ 5º A lei complementar de que trata o parágrafo anterior aplicar-se-á, no que couber, às empresas privadas permissionárias ou concessionárias de prestação de serviços públicos, quando patrocinadoras de entidades fechadas de previdência privada. *(Parágrafo acrescido pela Emenda Constitucional n. 20, de 1998)*

§ 6º A lei complementar a que se refere o § 4º deste artigo estabelecerá os requisitos para a designação dos membros das diretorias das entidades fechadas de previdência privada e disciplinará a inserção dos participantes nos colegiados e instâncias de decisão em que seus interesses sejam objeto de discussão e deliberação. *(Parágrafo acrescido pela Emenda Constitucional n. 20, de 1998)*

Seção IV
Da Assistência Social

Art. 203. A assistência social será prestada a quem dela necessitar, independentemente de contribuição à seguridade social, e tem por objetivos:

I — a proteção à família, à maternidade, à infância, à adolescência e à velhice;

II — o amparo às crianças e adolescentes carentes;

III — a promoção da integração ao mercado de trabalho;

IV — a habilitação e reabilitação das pessoas portadoras de deficiência e a promoção de sua integração à vida comunitária;

V — a garantia de um salário mínimo de benefício mensal à pessoa portadora de deficiência e ao idoso que comprovem não possuir meios de prover à própria manutenção ou de tê-la provida por sua família, conforme dispuser a lei.

Art. 204. As ações governamentais na área da assistência social serão realizadas com recursos do orçamento da seguridade social, previstos no art. 195, além de outras fontes, e organizadas com base nas seguintes diretrizes:

I — descentralização político-administrativa, cabendo a coordenação e as normas gerais à esfera federal e a coordenação e a execução dos respectivos programas às esferas estadual e municipal, bem como a entidades beneficentes e de assistência social;

II — participação da população, por meio de organizações representativas, na formulação das políticas e no controle das ações em todos os níveis.

Parágrafo único. É facultado aos Estados e ao Distrito Federal vincular a programa de apoio à inclusão e promoção social até cinco décimos por cento de sua receita tributária líquida, vedada a aplicação desses recursos no pagamento de:

I — despesas com pessoal e encargos sociais;

II — serviço da dívida;

III — qualquer outra despesa corrente não vinculada diretamente aos investimentos ou ações apoiados. *(Parágrafo único acrescido pela Emenda Constitucional n. 42, de 2003)*

CAPÍTULO III
DA EDUCAÇÃO, DA CULTURA E DO DESPORTO

Seção I
Da Educação

Art. 205. A educação, direito de todos e dever do Estado e da família, será promovida e incentivada com a colaboração da sociedade, visando ao pleno desenvolvimento da pessoa, seu preparo para o exercício da cidadania e sua qualificação para o trabalho.

Art. 206. O ensino será ministrado com base nos seguintes princípios:

I — igualdade de condições para o acesso e permanência na escola;

II — liberdade de aprender, ensinar, pesquisar e divulgar o pensamento, a arte e o saber;

III — pluralismo de ideias e de concepções pedagógicas, e coexistência de instituições públicas e privadas de ensino;

IV — gratuidade do ensino público em estabelecimentos oficiais;

V — valorização dos profissionais da educação escolar, garantidos, na forma da lei, planos de carreira, com ingresso exclusivamente por concurso público de provas e títulos, aos das redes públicas; *(Inciso com redação dada pela Emenda Constitucional n. 53, de 2006)*

VI — gestão democrática do ensino público, na forma da lei;

VII — garantia de padrão de qualidade.

VIII — piso salarial profissional nacional para os profissionais da educação escolar pública, nos termos de lei federal. *(Inciso acrescido pela Emenda Constitucional n. 53, de 2006)*

Parágrafo único. A lei disporá sobre as categorias de trabalhadores considerados profissionais da educação básica e sobre a fixação de prazo para a elaboração ou adequação de seus planos de carreira, no âmbito da União, dos Estados, do Distrito Federal e dos Municípios. *(Parágrafo único acrescido pela Emenda Constitucional n. 53, de 2006)*

Art. 207. As universidades gozam de autonomia didático-científica, administrativa e de gestão financeira e patrimonial, e obedecerão ao princípio de indissociabilidade entre ensino, pesquisa e extensão.

§ 1º É facultado às universidades admitir professores, técnicos e cientistas estrangeiros, na forma da lei. *(Parágrafo acrescido pela Emenda Constitucional n. 11, de 1996)*

§ 2º O disposto neste artigo aplica-se às instituições de pesquisa científica e tecnológica. *(Parágrafo acrescido pela Emenda Constitucional n. 11, de 1996)*

Art. 208. O dever do Estado com a educação será efetivado mediante a garantia de:

I — educação básica obrigatória e gratuita dos 4 (quatro) aos 17 (dezessete) anos de idade, assegurada inclusive sua oferta gratuita para todos os que a ela não tiveram acesso na idade própria; *(Inciso com redação dada pela Emenda Constitucional n. 59, de 2009)*

II — progressiva universalização do ensino médio gratuito; *(Inciso com redação dada pela Emenda Constitucional n. 14, de 1996)*

III — atendimento educacional especializado aos portadores de deficiência, preferencialmente na rede regular de ensino;

IV — educação infantil, em creche e pré-escola, às crianças até 5 (cinco) anos de idade; *(Inciso com redação dada pela Emenda Constitucional n. 53, de 2006)*

V — acesso aos níveis mais elevados do ensino, da pesquisa e da criação artística, segundo a capacidade de cada um;

VI — oferta de ensino noturno regular, adequado às condições do educando;

VII — atendimento ao educando, em todas as etapas da educação básica, por meio de programas suplementares de material didático-escolar, transporte, alimentação e assistência à saúde. *(Inciso com redação dada pela Emenda Constitucional n. 59, de 2009)*

§ 1º O acesso ao ensino obrigatório e gratuito é direito público subjetivo.

§ 2º O não oferecimento do ensino obrigatório pelo poder público, ou sua oferta irregular, importa responsabilidade da autoridade competente.

§ 3º Compete ao poder público recensear os educandos no ensino fundamental, fazer-lhes a chamada e zelar, junto aos pais ou responsáveis, pela frequência à escola.

Art. 209. O ensino é livre à iniciativa privada, atendidas as seguintes condições:

I — cumprimento das normas gerais da educação nacional;

II — autorização e avaliação de qualidade pelo poder público.

Art. 210. Serão fixados conteúdos mínimos para o ensino fundamental, de maneira a assegurar formação básica comum e respeito aos valores culturais e artísticos, nacionais e regionais.

§ 1º O ensino religioso, de matrícula facultativa, constituirá disciplina dos horários normais das escolas públicas de ensino fundamental.

§ 2º O ensino fundamental regular será ministrado em língua portuguesa, assegurada às comunidades indígenas também a utilização de suas línguas maternas e processos próprios de aprendizagem.

Art. 211. A União, os Estados, o Distrito Federal e os Municípios organizarão em regime de colaboração seus sistemas de ensino.

§ 1º A União organizará o sistema federal de ensino e o dos Territórios, financiará as instituições de ensino públicas federais e exercerá, em matéria educacional, função redistributiva e supletiva, de forma a garantir equalização de oportunidades educacionais e padrão mínimo de qualidade do ensino mediante assistência técnica e financeira aos Estados, ao Distrito Federal e aos Municípios; *(Parágrafo com redação dada pela Emenda constitucional n. 14, de 1996)*

§ 2º Os Municípios atuarão prioritariamente no ensino fundamental e na educação infantil. *(Parágrafo com redação dada pela Emenda constitucional n. 14, de 1996)*

§ 3º Os Estados e o Distrito Federal atuarão prioritariamente no ensino fundamental e médio. *(Parágrafo acrescido pela Emenda constitucional n. 14, de 1996)*

§ 4º Na organização de seus sistemas de ensino, a União, os Estados, o Distrito Federal e os Municípios definirão formas de colaboração, de modo a assegurar a universalização do ensino obrigatório. *(Parágrafo acrescido pela Emenda constitucional n. 14, de 1996 e com nova redação dada pela Emenda Constitucional n. 59, de 2009)*

§ 5º A educação básica pública atenderá prioritariamente ao ensino regular. *(Parágrafo acrescido pela Emenda Constitucional n. 53, de 2006)*

Art. 212. A União aplicará, anualmente, nunca menos de dezoito, e os Estados, o Distrito Federal e os Municípios vinte e cinco por cento, no mínimo, da receita resultante de impostos, compreendida a proveniente de transferências, na manutenção e desenvolvimento do ensino.

§ 1º A parcela da arrecadação de impostos transferida pela União aos Estados, ao Distrito Federal e aos Municípios, ou pelos Estados aos respectivos Municípios, não é considerada, para efeito do cálculo previsto neste artigo, receita do governo que a transferir.

§ 2º Para efeito do cumprimento do disposto no *caput* deste artigo, serão considerados os sistemas de ensino federal, estadual e municipal e os recursos aplicados na forma do art. 213.

§ 3º A distribuição dos recursos públicos assegurará prioridade ao atendimento das necessidades do ensino obrigatório, no que se refere a universalização, garantia

de padrão de qualidade e equidade, nos termos do plano nacional de educação. *(Parágrafo com redação dada pela Emenda Constitucional n. 59, de 2009)*

§ 4º Os programas suplementares de alimentação e assistência à saúde previstos no art. 208, VII, serão financiados com recursos provenientes de contribuições sociais e outros recursos orçamentários.

§ 5º A educação básica pública terá como fonte adicional de financiamento a contribuição social do salário-educação, recolhida pelas empresas na forma da lei. *(Parágrafo com redação dada pela Emenda Constitucional n. 53, de 2006)*

§ 6º As cotas estaduais e municipais da arrecadação da contribuição social do salário-educação serão distribuídas proporcionalmente ao número de alunos matriculados na educação básica nas respectivas redes públicas de ensino. *(Parágrafo acrescido pela Emenda Constitucional n. 53, de 2006)*

Art. 213. Os recursos públicos serão destinados às escolas públicas, podendo ser dirigidos a escolas comunitárias, confessionais ou filantrópicas, definidas em lei, que:

I — comprovem finalidade não lucrativa e apliquem seus excedentes financeiros em educação;

II — assegurem a destinação de seu patrimônio a outra escola comunitária, filantrópica ou confessional, ou ao poder público, no caso de encerramento de suas atividades.

§ 1º Os recursos de que trata este artigo poderão ser destinados a bolsas de estudo para o ensino fundamental e médio, na forma da lei, para os que demonstrarem insuficiência de recursos, quando houver falta de vagas e cursos regulares da rede pública na localidade da residência do educando, ficando o poder público obrigado a investir prioritariamente na expansão de sua rede na localidade.

§ 2º As atividades de pesquisa, de extensão e de estímulo e fomento à inovação realizadas por universidades e/ou por instituições de educação profissional e tecnológica poderão receber apoio financeiro do Poder Público. *(Parágrafo com redação dada pela Emenda Constitucional n. 85, de 2015, republicada no DOU de 3.3.2015)*

Art. 214. A lei estabelecerá o plano nacional de educação, de duração decenal, com o objetivo de articular o sistema nacional de educação em regime de colaboração e definir diretrizes, objetivos, metas e estratégias de implementação para assegurar a manutenção e desenvolvimento do ensino em seus diversos níveis, etapas e modalidades por meio de ações integradas dos poderes públicos das diferentes esferas federativas que conduzam a: *("Caput" do artigo com redação dada pela Emenda Constitucional n. 59, de 2009)*

I — erradicação do analfabetismo;

II — universalização do atendimento escolar;

III — melhoria da qualidade do ensino;

IV — formação para o trabalho;

V — promoção humanística, científica e tecnológica do País.

VI — estabelecimento de meta de aplicação de recursos públicos em educação como proporção do produto interno bruto. *(Inciso acrescido pela Emenda Constitucional n. 59, de 2009)*

<div align="center">Seção II
Da Cultura</div>

Art. 215. O Estado garantirá a todos o pleno exercício dos direitos culturais e acesso às fontes da cultura nacional, e apoiará e incentivará a valorização e a difusão das manifestações culturais.

§ 1º O Estado protegerá as manifestações das culturas populares, indígenas e afro-brasileiras, e das de outros grupos participantes do processo civilizatório nacional.

§ 2º A lei disporá sobre a fixação de datas comemorativas de alta significação para os diferentes segmentos étnicos nacionais.

§ 3º A lei estabelecerá o Plano Nacional de Cultura, de duração plurianual, visando ao desenvolvimento cultural do País e à integração das ações do poder público que conduzem à:

I — defesa e valorização do patrimônio cultural brasileiro;

II — produção, promoção e difusão de bens culturais;

III — formação de pessoal qualificado para a gestão da cultura em suas múltiplas dimensões;

IV — democratização do acesso aos bens de cultura;

V — valorização da diversidade étnica e regional. *(Parágrafo acrescido pela Emenda Constitucional n. 48, de 2005)*

Art. 216. Constituem patrimônio cultural brasileiro os bens de natureza material e imaterial, tomados individualmente ou em conjunto, portadores de referência à identidade, à ação, à memória dos diferentes grupos formadores da sociedade brasileira, nos quais se incluem:

I — as formas de expressão;

II — os modos de criar, fazer e viver;

III — as criações científicas, artísticas e tecnológicas;

IV — as obras, objetos, documentos, edificações e demais espaços destinados às manifestações artístico-culturais;

V — os conjuntos urbanos e sítios de valor histórico, paisagístico, artístico, arqueológico, paleontológico, ecológico e científico.

§ 1º O poder público, com a colaboração da comunidade, promoverá e protegerá o patrimônio cultural brasileiro, por meio de inventários, registros, vigilância, tombamento e desapropriação, e de outras formas de acautelamento e preservação.

§ 2º Cabem à administração pública, na forma da lei, a gestão da documentação governamental e as providências para franquear sua consulta a quantos dela necessitem.

§ 3º A lei estabelecerá incentivos para a produção e o conhecimento de bens e valores culturais.

§ 4º Os danos e ameaças ao patrimônio cultural serão punidos, na forma da lei.

§ 5º Ficam tombados todos os documentos e os sítios detentores de reminiscências históricas dos antigos quilombos.

§ 6º É facultado aos Estados e ao Distrito Federal vincular a fundo estadual de fomento à cultura até cinco décimos por cento de sua receita tributária líquida, para o financiamento de programas e projetos culturais, vedada a aplicação desses recursos no pagamento de:

I — despesas com pessoal e encargos sociais;

II — serviço da dívida;

III — qualquer outra despesa corrente não vinculada diretamente aos investimentos ou ações apoiados. *(Parágrafo acrescido pela Emenda Constitucional n. 42, de 2003)*

Art. 216-A. O Sistema Nacional de Cultura, organizado em regime de colaboração, de forma descentralizada e participativa, institui um processo de gestão e promoção conjunta de políticas públicas de cultura, democráticas e permanentes, pactuadas entre os entes da Federação e a

sociedade, tendo por objetivo promover o desenvolvimento humano, social e econômico com pleno exercício dos direitos culturais.

§ 1º O Sistema Nacional de Cultura fundamenta-se na política nacional de cultura e nas suas diretrizes, estabelecidas no Plano Nacional de Cultura, e rege-se pelos seguintes princípios:

I — diversidade das expressões culturais;

II — universalização do acesso aos bens e serviços culturais;

III — fomento à produção, difusão e circulação de conhecimento e bens culturais;

IV — cooperação entre os entes federados, os agentes públicos e privados atuantes na área cultural;

V — integração e interação na execução das políticas, programas, projetos e ações desenvolvidas;

VI — complementaridade nos papéis dos agentes culturais;

VII — transversalidade das políticas culturais;

VIII — autonomia dos entes federados e das instituições da sociedade civil;

IX — transparência e compartilhamento das informações;

X — democratização dos processos decisórios com participação e controle social;

XI — descentralização articulada e pactuada da gestão, dos recursos e das ações;

XII — ampliação progressiva dos recursos contidos nos orçamentos públicos para a cultura.

§ 2º Constitui a estrutura do Sistema Nacional de Cultura, nas respectivas esferas da Federação:

I — órgãos gestores da cultura;

II — conselhos de política cultural;

III — conferências de cultura;

IV — comissões intergestores;

V — planos de cultura;

VI — sistemas de financiamento à cultura;

VII — sistemas de informações e indicadores culturais;

VIII — programas de formação na área da cultura; e

IX — sistemas setoriais de cultura.

§ 3º Lei federal disporá sobre a regulamentação do Sistema Nacional de Cultura, bem como de sua articulação com os demais sistemas nacionais ou políticas setoriais de governo.

§ 4º Os Estados, o Distrito Federal e os Municípios organizarão seus respectivos sistemas de cultura em leis próprias. *(Artigo acrescido pela Emenda Constitucional n. 71, de 2012)*

Seção III
Do Desporto

Art. 217. É dever do Estado fomentar práticas desportivas formais e não formais, como direito de cada um, observados:

I — a autonomia das entidades desportivas dirigentes e associações, quanto a sua organização e funcionamento;

II — a destinação de recursos públicos para a promoção prioritária do desporto educacional e, em casos específicos, para a do desporto de alto rendimento;

III — o tratamento diferenciado para o desporto profissional e o não profissional;

IV — a proteção e o incentivo às manifestações desportivas de criação nacional.

§ 1º O Poder Judiciário só admitirá ações relativas à disciplina e às competições desportivas após esgotarem-se as instâncias da justiça desportiva, regulada em lei.

§ 2º A justiça desportiva terá o prazo máximo de sessenta dias, contados da instauração do processo, para proferir decisão final.

§ 3º O poder público incentivará o lazer, como forma de promoção social.

CAPÍTULO IV
DA CIÊNCIA, TECNOLOGIA E INOVAÇÃO
(Denominação do capítulo com redação dada pela Emenda Constitucional n. 85, de 2015, republicada no DOU de 3.3.2015)

Art. 218. O Estado promoverá e incentivará o desenvolvimento científico, a pesquisa, a capacitação científica e tecnológica e a inovação. *("Caput" do artigo com redação dada pela Emenda Constitucional n. 85, de 2015, republicada no DOU de 3.3.2015)*

§ 1º A pesquisa científica básica e tecnológica receberá tratamento prioritário do Estado, tendo em vista o bem público e o progresso da ciência, tecnologia e inovação. *(Parágrafo com redação dada pela Emenda Constitucional n. 85, de 2015, republicada no DOU de 3.3.2015)*

§ 2º A pesquisa tecnológica voltar-se-á preponderantemente para a solução dos problemas brasileiros e para o desenvolvimento do sistema produtivo nacional e regional.

§ 3º O Estado apoiará a formação de recursos humanos nas áreas de ciência, pesquisa, tecnologia e inovação, inclusive por meio do apoio às atividades de extensão tecnológica, e concederá aos que delas se ocupem meios e condições especiais de trabalho. *(Parágrafo com redação dada pela Emenda Constitucional n. 85, de 2015, republicada no DOU de 3.3.2015)*

§ 4º A lei apoiará e estimulará as empresas que invistam em pesquisa, criação de tecnologia adequada ao País, formação e aperfeiçoamento de seus recursos humanos e que pratiquem sistemas de remuneração que assegurem ao empregado, desvinculada do salário, participação nos ganhos econômicos resultantes da produtividade de seu trabalho.

§ 5º É facultado aos Estados e ao Distrito Federal vincular parcela de sua receita orçamentária a entidades públicas de fomento ao ensino e à pesquisa científica e tecnológica.

§ 6º O Estado, na execução das atividades previstas no *caput*, estimulará a articulação entre entes, tanto públicos quanto privados, nas diversas esferas de governo. *(Parágrafo acrescido pela Emenda Constitucional n. 85, de 2015, republicada no DOU de 3.3.2015)*

§ 7º O Estado promoverá e incentivará a atuação no exterior das instituições públicas de ciência, tecnologia e inovação, com vistas à execução das atividades previstas no *caput*. *(Parágrafo acrescido pela Emenda Constitucional n. 85, de 2015, republicada no DOU de 3.3.2015)*

Art. 219. O mercado interno integra o patrimônio nacional e será incentivado de modo a viabilizar o desenvolvimento cultural e sócio-econômico, o bem-estar da população e a autonomia tecnológica do País, nos termos de lei federal.

Parágrafo único. O Estado estimulará a formação e o fortalecimento da inovação nas empresas, bem como nos demais entes, públicos ou privados, a constituição e a manutenção de parques e polos tecnológicos e de demais ambientes promotores da inovação, a atuação dos inventores independentes e a criação, absorção, difusão e transferência de tecnologia. *(Parágrafo único acrescido*

pela Emenda Constitucional n. 85, de 2015, republicada no DOU de 3.3.2015)

Art. 219-A. A União, os Estados, o Distrito Federal e os Municípios poderão firmar instrumentos de cooperação com órgãos e entidades públicos e com entidades privadas, inclusive para o compartilhamento de recursos humanos especializados e capacidade instalada, para a execução de projetos de pesquisa, de desenvolvimento científico e tecnológico e de inovação, mediante contrapartida financeira ou não financeira assumida pelo ente beneficiário, na forma da lei. *(Artigo acrescido pela Emenda Constitucional n. 85, de 2015, republicada no DOU de 3.3.2015)*

Art. 219-B. O Sistema Nacional de Ciência, Tecnologia e Inovação será organizado em regime de colaboração entre entes, tanto públicos quanto privados, com vistas a promover o desenvolvimento científico e tecnológico e a inovação.

§ 1º Lei federal disporá sobre as normas gerais do Sistema Nacional de Ciência, Tecnologia e Inovação.

§ 2º Os Estados, o Distrito Federal e os Municípios legislarão concorrentemente sobre suas peculiaridades. *(Artigo acrescido pela Emenda Constitucional n. 85, de 2015, republicada no DOU de 3.3.2015)*

CAPÍTULO V
DA COMUNICAÇÃO SOCIAL

Art. 220. A manifestação do pensamento, a criação, a expressão e a informação, sob qualquer forma, processo ou veículo não sofrerão qualquer restrição, observado o disposto nesta Constituição.

§ 1º Nenhuma lei conterá dispositivo que possa constituir embaraço à plena liberdade de informação jornalística em qualquer veículo de comunicação social, observado o disposto no art. 5º, IV, V, X, XIII e XIV.

§ 2º É vedada toda e qualquer censura de natureza política, ideológica e artística.

§ 3º Compete à lei federal:

I — regular as diversões e espetáculos públicos, cabendo ao poder público informar sobre a natureza deles, as faixas etárias a que não se recomendem, locais e horários em que sua apresentação se mostre inadequada;

II — estabelecer os meios legais que garantam à pessoa e à família a possibilidade de se defenderem de programas ou programações de rádio e televisão que contrariem o disposto no art. 221, bem como da propaganda de produtos, práticas e serviços que possam ser nocivos à saúde e ao meio ambiente.

§ 4º A propaganda comercial de tabaco, bebidas alcoólicas, agrotóxicos, medicamentos e terapias estará sujeita a restrições legais, nos termos do inciso II do parágrafo anterior, e conterá, sempre que necessário, advertência sobre os malefícios decorrentes de seu uso.

§ 5º Os meios de comunicação social não podem, direta ou indiretamente, ser objeto de monopólio ou oligopólio.

§ 6º A publicação de veículo impresso de comunicação independe de licença de autoridade.

Art. 221. A produção e a programação das emissoras de rádio e televisão atenderão aos seguintes princípios:

I — preferência a finalidades educativas, artísticas, culturais e informativas;

II — promoção da cultura nacional e regional e estímulo à produção independente que objetive sua divulgação;

III — regionalização da produção cultural, artística e jornalística, conforme percentuais estabelecidos em lei;

IV — respeito aos valores éticos e sociais da pessoa e da família.

Art. 222. A propriedade de empresa jornalística e de radiodifusão sonora e de sons e imagens é privativa de brasileiros natos ou naturalizados há mais de dez anos, ou de pessoas jurídicas constituídas sob as leis brasileiras e que tenham sede no País. *("Caput" do artigo com redação dada pela Emenda Constitucional n. 36, de 2002)*

§ 1º Em qualquer caso, pelo menos setenta por cento do capital total e do capital votante das empresas jornalísticas e de radiodifusão sonora e de sons e imagens deverá pertencer, direta ou indiretamente, a brasileiros natos ou naturalizados há mais de dez anos, que exercerão obrigatoriamente a gestão das atividades e estabelecerão o conteúdo da programação. *(Parágrafo com redação dada pela Emenda Constitucional n. 36, de 2002)*

§ 2º A responsabilidade editorial e as atividades de seleção e direção da programação veiculada são privativas de brasileiros natos ou naturalizados há mais de dez anos, em qualquer meio de comunicação social. *(Parágrafo com redação dada pela Emenda Constitucional n. 36, de 2002)*

§ 3º Os meios de comunicação social eletrônica, independentemente da tecnologia utilizada para a prestação do serviço, deverão observar os princípios enunciados no art. 221, na forma de lei específica, que também garantirá a prioridade de profissionais brasileiros na execução de produções nacionais. *(Parágrafo acrescido pela Emenda Constitucional n. 36, de 2002)*

§ 4º Lei disciplinará a participação de capital estrangeiro nas empresas de que trata o § 1º. *(Parágrafo acrescido pela Emenda Constitucional n. 36, de 2002)*

§ 5º As alterações de controle societário das empresas de que trata o § 1º serão comunicadas ao Congresso Nacional. *(Parágrafo acrescido pela Emenda Constitucional n. 36, de 2002)*

Art. 223. Compete ao Poder Executivo outorgar e renovar concessão, permissão e autorização para o serviço de radiodifusão sonora e de sons e imagens, observado o princípio da complementaridade dos sistemas privado, público e estatal.

§ 1º O Congresso Nacional apreciará o ato no prazo do art. 64, §§ 2º e 4º, a contar do recebimento da mensagem.

§ 2º A não-renovação da concessão ou permissão dependerá de aprovação de, no mínimo, dois quintos do Congresso Nacional, em votação nominal.

§ 3º O ato de outorga ou renovação somente produzirá efeitos legais após deliberação do Congresso Nacional, na forma dos parágrafos anteriores.

§ 4º O cancelamento da concessão ou permissão, antes de vencido o prazo, depende de decisão judicial.

§ 5º O prazo da concessão ou permissão será de dez anos para as emissoras de rádio e de quinze para as de televisão.

Art. 224. Para os efeitos do disposto neste Capítulo, o Congresso Nacional instituirá, como órgão auxiliar, o Conselho de Comunicação Social, na forma da lei.

CAPÍTULO VI
DO MEIO AMBIENTE

Art. 225. Todos têm direito ao meio ambiente ecologicamente equilibrado, bem de uso comum do povo e essencial à sadia qualidade de vida, impondo-se ao poder público e

à coletividade o dever de defendê-lo e preservá-lo para as presentes e futuras gerações.

§ 1º Para assegurar a efetividade desse direito, incumbe ao poder público:

I — preservar e restaurar os processos ecológicos essenciais e prover o manejo ecológico das espécies e ecossistemas;

II — preservar a diversidade e a integridade do patrimônio genético do País e fiscalizar as entidades dedicadas à pesquisa e manipulação de material genético;

III — definir, em todas as unidades da Federação, espaços territoriais e seus componentes a serem especialmente protegidos, sendo a alteração e a supressão permitidas somente através de lei, vedada qualquer utilização que comprometa a integridade dos atributos que justifiquem sua proteção;

IV — exigir, na forma da lei, para instalação de obra ou atividade potencialmente causadora de significativa degradação do meio ambiente, estudo prévio de impacto ambiental, a que se dará publicidade;

V — controlar a produção, a comercialização e o emprego de técnicas, métodos e substâncias que comportem risco para a vida, a qualidade de vida e o meio ambiente;

VI — promover a educação ambiental em todos os níveis de ensino e a conscientização pública para a preservação do meio ambiente;

VII — proteger a fauna e a flora, vedadas, na forma da lei, as práticas que coloquem em risco sua função ecológica, provoquem a extinção de espécies ou submetam os animais a crueldade.

§ 2º Aquele que explorar recursos minerais fica obrigado a recuperar o meio ambiente degradado, de acordo com solução técnica exigida pelo órgão público competente, na forma da lei.

§ 3º As condutas e atividades consideradas lesivas ao meio ambiente sujeitarão os infratores, pessoas físicas ou jurídicas, a sanções penais e administrativas, independentemente da obrigação de reparar os danos causados.

§ 4º A Floresta Amazônica brasileira, a Mata Atlântica, a Serra do Mar, o Pantanal Mato-Grossense e a Zona Costeira são patrimônio nacional, e sua utilização far-se-á, na forma da lei, dentro de condições que assegurem a preservação do meio ambiente, inclusive quanto ao uso dos recursos naturais.

§ 5º São indisponíveis as terras devolutas ou arrecadadas pelos Estados, por ações discriminatórias, necessárias à proteção dos ecossistemas naturais.

§ 6º As usinas que operem com reator nuclear deverão ter sua localização definida em lei federal, sem o que não poderão ser instaladas.

CAPITULO VII
DA FAMÍLIA, DA CRIANÇA, DO ADOLESCENTE, DO JOVEM E DO IDOSO
(Redação dada pela Emenda Constitucional n. 65, de 2010)

Art. 226. A família, base da sociedade, tem especial proteção do Estado.

§ 1º O casamento é civil e gratuita a celebração.

§ 2º O casamento religioso tem efeito civil, nos termos da lei.

§ 3º Para efeito da proteção do Estado, é reconhecida a união estável entre o homem e a mulher como entidade familiar, devendo a lei facilitar sua conversão em casamento.

§ 4º Entende-se, também, como entidade familiar a comunidade formada por qualquer dos pais e seus descendentes.

§ 5º Os direitos e deveres referentes à sociedade conjugal são exercidos igualmente pelo homem e pela mulher.

§ 6º O casamento civil pode ser dissolvido pelo divórcio. *(Parágrafo com redação dada pela Emenda Constitucional n. 66, de 2010)*

§ 7º Fundado nos princípios da dignidade da pessoa humana e da paternidade responsável, o planejamento familiar é livre decisão do casal, competindo ao Estado propiciar recursos educacionais e científicos para o exercício desse direito, vedada qualquer forma coercitiva por parte de instituições oficiais ou privadas.

§ 8º O Estado assegurará a assistência à família na pessoa de cada um dos que a integram, criando mecanismos para coibir a violência no âmbito de suas relações.

Art. 227. É dever da família, da sociedade e do Estado assegurar à criança, ao adolescente e ao jovem, com absoluta prioridade, o direito à vida, à saúde, à alimentação, à educação, ao lazer, à profissionalização, à cultura, à dignidade, ao respeito, à liberdade e à convivência familiar e comunitária, além de colocá-los a salvo de toda forma de negligência, discriminação, exploração, violência, crueldade e opressão. *("Caput" do artigo com redação dada pela Emenda Constitucional n. 65, de 2010)*

§ 1º O Estado promoverá programas de assistência integral à saúde da criança, do adolescente e do jovem, admitida a participação de entidades não governamentais, mediante políticas específicas e obedecendo aos seguintes preceitos: *(Parágrafo com redação dada pela Emenda Constitucional n. 65, de 2010)*

I — aplicação de percentual dos recursos públicos destinados à saúde na assistência materno-infantil;

II — criação de programas de prevenção e atendimento especializado para as pessoas portadoras de deficiência física, sensorial ou mental, bem como de integração social do adolescente e do jovem portador de deficiência, mediante o treinamento para o trabalho e a convivência, e a facilitação do acesso aos bens e serviços coletivos, com a eliminação de obstáculos arquitetônicos e de todas as formas de discriminação. *(Inciso com redação dada pela Emenda Constitucional n. 65, de 2010)*

§ 2º A lei disporá sobre normas de construção dos logradouros e dos edifícios de uso público e de fabricação de veículos de transporte coletivo, a fim de garantir acesso adequado às pessoas portadoras de deficiência.

§ 3º O direito a proteção especial abrangerá os seguintes aspectos:

I — idade mínima de quatorze anos para admissão ao trabalho, observado o disposto no art. 7º, XXXIII;

II — garantia de direitos previdenciários e trabalhistas;

III — garantia de acesso do trabalhador adolescente e jovem à escola; *(Inciso com redação dada pela Emenda Constitucional n. 65, de 2010)*

IV — garantia de pleno e formal conhecimento da atribuição de ato infracional, igualdade na relação processual e defesa técnica por profissional habilitado, segundo dispuser a legislação tutelar específica;

V — obediência aos princípios de brevidade, excepcionalidade e respeito à condição peculiar de pessoa em desenvolvimento, quando da aplicação de qualquer medida privativa da liberdade;

VI — estímulo do poder público, através de assistência jurídica, incentivos fiscais e subsídios, nos termos da lei, ao acolhimento, sob a forma de guarda, de criança ou adolescente órfão ou abandonado;

VII — programas de prevenção e atendimento especializado à criança, ao adolescente e ao jovem dependente de entorpecentes e drogas afins. *(Inciso com redação dada pela Emenda Constitucional n. 65, de 2010)*

§ 4º A lei punirá severamente o abuso, a violência e a exploração sexual da criança e do adolescente.

§ 5º A adoção será assistida pelo poder público, na forma da lei, que estabelecerá casos e condições de sua efetivação por parte de estrangeiros.

§ 6º Os filhos, havidos ou não da relação do casamento, ou por adoção, terão os mesmos direitos e qualificações, proibidas quaisquer designações discriminatórias relativas à filiação.

§ 7º No atendimento dos direitos da criança e do adolescente levar-se-á em consideração o disposto no art. 204.

§ 8º A Lei estabelecerá:

I — o estatuto da juventude, destinado a regular os direitos dos jovens;

II — o plano nacional de juventude, de duração decenal, visando à articulação das várias esferas do poder público para a execução de políticas públicas. *(Parágrafo acrescido pela Emenda Constitucional n. 65, de 2010)*

Art. 228. São penalmente inimputáveis os menores de dezoito anos, sujeitos às normas da legislação especial.

Art. 229. Os pais têm o dever de assistir, criar e educar os filhos menores, e os filhos maiores têm o dever de ajudar e amparar os pais na velhice, carência ou enfermidade.

Art. 230. A família, a sociedade e o Estado têm o dever de amparar as pessoas idosas, assegurando sua participação na comunidade, defendendo sua dignidade e bem-estar e garantindo-lhes o direito à vida.

§ 1º Os programas de amparo aos idosos serão executados preferencialmente em seus lares.

§ 2º Aos maiores de sessenta e cinco anos é garantida a gratuidade dos transportes coletivos urbanos.

CAPÍTULO VIII
DOS ÍNDIOS

Art. 231. São reconhecidos aos índios sua organização social, costumes, línguas, crenças e tradições, e os direitos originários sobre as terras que tradicionalmente ocupam, competindo à União demarcá-las, proteger e fazer respeitar todos os seus bens.

§ 1º São terras tradicionalmente ocupadas pelos índios as por eles habitadas em caráter permanente, as utilizadas para suas atividades produtivas, as imprescindíveis à preservação dos recursos ambientais necessários a seu bem-estar e as necessárias a sua reprodução física e cultural, segundo seus usos, costumes e tradições.

§ 2º As terras tradicionalmente ocupadas pelos índios destinam-se a sua posse permanente, cabendo-lhes o usufruto exclusivo das riquezas do solo, dos rios e dos lagos nelas existentes.

§ 3º O aproveitamento dos recursos hídricos, incluídos os potenciais energéticos, a pesquisa e a lavra das riquezas minerais em terras indígenas só podem ser efetivados com autorização do Congresso Nacional, ouvidas as comunidades afetadas, ficando-lhes assegurada participação nos resultados da lavra, na forma da lei.

§ 4º As terras de que trata este artigo são inalienáveis e indisponíveis, e os direitos sobre elas, imprescritíveis.

§ 5º É vedada a remoção dos grupos indígenas de suas terras, salvo, *ad referendum* do Congresso Nacional, em caso de catástrofe ou epidemia que ponha em risco sua população, ou no interesse da soberania do País, após deliberação do Congresso Nacional, garantido, em qualquer hipótese, o retorno imediato logo que cesse o risco.

§ 6º São nulos e extintos, não produzindo efeitos jurídicos, os atos que tenham por objeto a ocupação, o domínio e a posse das terras a que se refere este artigo, ou a exploração das riquezas naturais do solo, dos rios e dos lagos nelas existentes, ressalvado relevante interesse público da União, segundo o que dispuser lei complementar, não gerando a nulidade e a extinção direito a indenização ou a ações contra a União, salvo, na forma da lei, quanto às benfeitorias derivadas da ocupação de boa-fé.

§ 7º Não se aplica às terras indígenas o disposto no art. 174, §§ 3º e 4º.

Art. 232. Os índios, suas comunidades e organizações são partes legítimas para ingressar em juízo em defesa de seus direitos e interesses, intervindo o Ministério Público em todos os atos do processo.

TÍTULO IX
DAS DISPOSIÇÕES CONSTITUCIONAIS GERAIS

Art. 233. *(Revogado pela Emenda Constitucional n. 28, 2000)*

Art. 234. É vedado à União, direta ou indiretamente, assumir, em decorrência da criação de Estado, encargos referentes a despesas com pessoal inativo e com encargos e amortizações da dívida interna ou externa da administração pública, inclusive da indireta.

Art. 235. Nos dez primeiros anos da criação de Estado, serão observadas as seguintes normas básicas:

I — a Assembleia Legislativa será composta de dezessete Deputados se a população do Estado for inferior a seiscentos mil habitantes, e de vinte e quatro se igual ou superior a esse número, até um milhão e quinhentos mil;

II — o Governo terá no máximo dez Secretarias;

III — o Tribunal de Contas terá três membros, nomeados, pelo Governador eleito, dentre brasileiros de comprovada idoneidade e notório saber;

IV — o Tribunal de Justiça terá sete desembargadores;

V — os primeiros desembargadores serão nomeados pelo Governador eleito, escolhidos da seguinte forma:

a) cinco dentre os magistrados com mais de trinta e cinco anos de idade, em exercício na área do novo Estado ou do Estado originário;

b) dois dentre promotores, nas mesmas condições, e advogados de comprovada idoneidade e saber jurídico, com dez anos, no mínimo, de exercício profissional, obedecido o procedimento fixado na Constituição;

VI — no caso de Estado proveniente de Território Federal, os cinco primeiros desembargadores poderão ser escolhidos dentre juízes de direito de qualquer parte do País;

VII — em cada comarca, o primeiro juiz de direito, o primeiro promotor de justiça e o primeiro defensor público serão nomeados pelo Governador eleito após concurso público de provas e títulos;

VIII — até a promulgação da Constituição estadual, responderão pela Procuradoria-Geral, pela Advocacia-Geral e pela Defensoria-Geral do Estado advogados de notório saber, com trinta e cinco anos de idade, no mínimo, nomeados pelo Governador eleito e demissíveis *ad nutum* ;

IX — se o novo Estado for resultado de transformação de Território Federal, a transferência de encargos financeiros da União para pagamento dos servidores optantes que pertenciam à administração federal ocorrerá da seguinte forma:

a) no sexto ano de instalação, o Estado assumirá vinte por cento dos encargos financeiros para fazer face ao pagamento dos servidores públicos, ficando ainda o restante sob a responsabilidade da União;

b) no sétimo ano, os encargos do Estado serão acrescidos de trinta por cento e, no oitavo, dos restantes cinquenta por cento;

X — as nomeações que se seguirem às primeiras, para os cargos mencionados neste artigo, serão disciplinadas na Constituição estadual;

XI — as despesas orçamentárias com pessoal não poderão ultrapassar cinquenta por cento da receita do Estado.

Art. 236. Os serviços notariais e de registro são exercidos em caráter privado, por delegação do poder público.

§ 1º Lei regulará as atividades, disciplinará a responsabilidade civil e criminal dos notários, dos oficiais de registro e de seus prepostos, e definirá a fiscalização de seus atos pelo Poder Judiciário.

§ 2º Lei federal estabelecerá normas gerais para fixação de emolumentos relativos aos atos praticados pelos serviços notariais e de registro.

§ 3º O ingresso na atividade notarial e de registro depende de concurso público de provas e títulos, não se permitindo que qualquer serventia fique vaga, sem abertura de concurso de provimento ou de remoção, por mais de seis meses.

Art. 237. A fiscalização e o controle sobre o comércio exterior, essenciais à defesa dos interesses fazendários nacionais, serão exercidos pelo Ministério da Fazenda.

Art. 238. A lei ordenará a venda e revenda de combustíveis de petróleo, álcool carburante e outros combustíveis derivados de matérias-primas renováveis, respeitados os princípios desta Constituição.

Art. 239. A arrecadação decorrente das contribuições para o Programa de Integração Social, criado pela Lei Complementar n. 7, de 7 de setembro de 1970, e para o Programa de Formação do Patrimônio do Servidor Público, criado pela Lei Complementar n. 8, de 3 de dezembro de 1970, passa, a partir da promulgação desta Constituição, a financiar, nos termos que a lei dispuser, o programa do seguro-desemprego e o abono de que trata o § 3º deste artigo.

§ 1º Dos recursos mencionados no *caput* deste artigo, pelo menos quarenta por cento serão destinados a financiar programas de desenvolvimento econômico, através do Banco Nacional de Desenvolvimento Econômico e Social, com critérios de remuneração que lhes preservem o valor.

§ 2º Os patrimônios acumulados do Programa de Integração Social e do Programa de Formação do Patrimônio do Servidor Público são preservados, mantendo-se os critérios de saque nas situações previstas nas leis específicas, com exceção da retirada por motivo de casamento, ficando vedada a distribuição da arrecadação de que trata o *caput* deste artigo, para depósito nas contas individuais dos participantes.

§ 3º Aos empregados que percebam de empregadores que contribuem para o Programa de Integração Social ou para o Programa de Formação do Patrimônio do Servidor Público, até dois salários mínimos de remuneração mensal, é assegurado o pagamento de um salário mínimo anual, computado neste valor o rendimento das contas individuais, no caso daqueles que já participavam dos referidos programas, até a data da promulgação desta Constituição.

§ 4º O financiamento do seguro-desemprego receberá uma contribuição adicional da empresa cujo índice de rotatividade da força de trabalho superar o índice médio da rotatividade do setor, na forma estabelecida por lei.

Art. 240. Ficam ressalvadas do disposto no art. 195 as atuais contribuições compulsórias dos empregadores sobre a folha de salários, destinadas às entidades privadas de serviço social e de formação profissional vinculadas ao sistema sindical.

Art. 241. A União, os Estados, o Distrito Federal e os Municípios disciplinarão por meio de lei os consórcios públicos e os convênios de cooperação entre os entes federados, autorizando a gestão associada de serviços públicos, bem como a transferência total ou parcial de encargos, serviços, pessoal e bens essenciais à continuidade dos serviços transferidos. *(Artigo com redação dada pela Emenda Constitucional n. 19, de 1998)*

Art. 242. O princípio do art. 206, IV, não se aplica às instituições educacionais oficiais criadas por lei estadual ou municipal e existentes na data da promulgação desta Constituição, que não sejam total ou preponderantemente mantidas com recursos públicos.

§ 1º O ensino da História do Brasil levará em conta as contribuições das diferentes culturas e etnias para a formação do povo brasileiro.

§ 2º O Colégio Pedro II, localizado na cidade do Rio de Janeiro, será mantido na órbita federal.

Art. 243. As propriedades rurais e urbanas de qualquer região do País onde forem localizadas culturas ilegais de plantas psicotrópicas ou a exploração de trabalho escravo na forma da lei serão expropriadas e destinadas à reforma agrária e a programas de habitação popular, sem qualquer indenização ao proprietário e sem prejuízo de outras sanções previstas em lei, observado, no que couber, o disposto no art. 5º.

Parágrafo único. Todo e qualquer bem de valor econômico apreendido em decorrência do tráfico ilícito de entorpecentes e drogas afins e da exploração de trabalho escravo será confiscado e reverterá a fundo especial com destinação específica, na forma da lei. *(Artigo com redação dada pela Emenda Constitucional n. 81, de 2014)*

Art. 244. A lei disporá sobre a adaptação dos logradouros, dos edifícios de uso público e dos veículos de transporte coletivo atualmente existentes a fim de garantir acesso adequado às pessoas portadoras de deficiência, conforme o disposto no art. 227, § 2º.

Art. 245. A lei disporá sobre as hipóteses e condições em que o poder público dará assistência aos herdeiros e dependentes carentes de pessoas vitimadas por crime doloso, sem prejuízo da responsabilidade civil do autor do ilícito.

Art. 246. É vedada a adoção de medida provisória na regulamentação de artigo da Constituição cuja redação tenha sido alterada por meio de emenda promulgada entre 1º de janeiro de 1995 até a promulgação desta emenda, inclusive. *(Artigo acrescido pela Emenda Constitucional n. 6, de 1995 e com nova redação dada pela Emenda Constitucional n. 32, de 2001)*

Art. 247. As leis previstas no inciso III do § 1º do art. 41 e no § 7º do art. 169 estabelecerão critérios e garantias especiais para a perda do cargo pelo servidor público estável que, em decorrência das atribuições de seu cargo efetivo, desenvolva atividades exclusivas de Estado.

Parágrafo único. Na hipótese de insuficiência de desempenho, a perda do cargo somente ocorrerá mediante processo administrativo em que lhe sejam assegurados o contraditório e a ampla defesa. *(Artigo acrescido pela Emenda Constitucional n. 19, de 1998)*

Art. 248. Os benefícios pagos, a qualquer título, pelo órgão responsável pelo regime geral de previdência social, ainda que à conta do Tesouro Nacional, e os não sujeitos ao limite máximo de valor fixado para os benefícios concedidos por esse regime observarão os limites fixados no art. 37, XI. *(Artigo acrescido pela Emenda Constitucional n. 20, de 1998)*

Art. 249. Com o objetivo de assegurar recursos para o pagamento de proventos de aposentadoria e pensões concedidas aos respectivos servidores e seus dependentes, em adição aos recursos dos respectivos tesouros, a União, os Estados, o Distrito Federal e os Municípios poderão constituir fundos integrados pelos recursos provenientes de contribuições e por bens, direitos e ativos de qualquer natureza, mediante lei que disporá sobre a natureza e administração desses fundos. *(Artigo acrescido pela Emenda Constitucional n. 20, de 1998)*

Art. 250. Com o objetivo de assegurar recursos para o pagamento dos benefícios concedidos pelo regime geral de previdência social, em adição aos recursos de sua arrecadação, a União poderá constituir fundo integrado por bens, direitos e ativos de qualquer natureza, mediante lei que disporá sobre a natureza e administração desse fundo. *(Artigo acrescido pela Emenda Constitucional n. 20, de 1998)*

Brasília, 5 de outubro de 1988.

Ulysses Guimarães, Presidente — Mauro Benevides, Vice-Presidente — Jorge Arbage, Vice-Presidente — Marcelo Cordeiro, Secretário — Mário Maia, Secretário — Arnaldo Faria de Sá, Secretário — Benedita da Silva, Suplente de Secretário — Luiz Soyer, Suplente de Secretário — Sotero Cunha, Suplente de Secretário — Bernardo Cabral, Relator Geral — Adolfo Oliveira, Relator Adjunto — Antônio Carlos Konder Reis, Relator Adjunto — José Fogaça, Relator Adjunto — Abigail Feitosa — Acival Gomes — Adauto Pereira — Ademir Andrade — Adhemar de Barros Filho — Adroaldo Streck — Adylson Motta — Aécio de Borba — Aécio Neves — Affonso Camargo — Afif Domingos — Afonso Arinos — Afonso Sancho — Agassiz Almeida — Agripino de Oliveira Lima — Airton Cordeiro — Airton Sandoval — Alarico Abib — Albano Franco — Albérico Cordeiro — Albérico Filho — Alceni Guerra — Alcides Saldanha — Aldo Arantes — Alércio Dias — Alexandre Costa — Alexandre Puzyna — Alfredo Campos — Almir Gabriel — Aloisio Vasconcelos — Aloysio Chaves — Aloysio Teixeira — Aluizio Bezerra — Aluízio Campos — Álvaro Antônio — Álvaro Pacheco — Álvaro Valle — Alysson Paulinelli — Amaral Netto — Amaury Müller — Amilcar Moreira — Ângelo Magalhães — Anna Maria Rattes — Annibal Barcellos — Antero de Barros — Antônio Câmara — Antônio Carlos Franco — Antonio Carlos Mendes Thame — Antônio de Jesus — Antonio Ferreira — Antonio Gaspar — Antonio Mariz — Antonio Perosa — antônio Salim Curiati — Antonio Ueno — Arnaldo Martins — Arnaldo Moraes — Arnaldo Prieto — Arnold Fioravante — Arolde de Oliveira — Artenir Werner — Artur da Távola — Asdrubal Bentes — Assis Canuto — Átila Lira — Augusto Carvalho — Áureo Mello — Basílio Villani — Benedicto Monteiro — Benito Gama — Beth Azize — Bezerra de Melo — BocayuvaCunha—BonifáciodeAndrada—BoscoFrança—Brandão Monteiro — Caio Pompeu — Carlos Alberto — Carlos Alberto Caó — Carlos Benevides — Carlos Cardinal — Carlos Chiarelli — Carlos Cotta — Carlos De'Carli — Carlos Mosconi — Carlos Sant'Anna — Carlos Vinagre — Carlos Virgílio — Carrel Benevides — Cássio Cunha Lima — Célio de Castro — Celso Dourado — César Cals Neto — César Maia — Chagas Duarte — Chagas Neto — Chagas Rodrigues — Chico Humberto — Christóvam Chiaradia — Cid Carvalho — Cid Sabóia de Carvalho — Cláudio Ávila — Cleonâncio Fonseca — Costa Ferreira — Cristina Tavares — Cunha Bueno — Dálton Canabrava — Darcy Deitos — Darcy Pozza — Daso Coimbra — Davi Alves Silva — Del Bosco Amaral — Delfim Netto — Délio Braz — Denisar Arneiro — Dionisio Dal Prá — Dionísio Hage — Dirce Tutu Quadros — Dirceu Carneiro — Divaldo Suruagy — Djenal Gonçalves — Domingos Juvenil — Domingos Leonelli — Doreto Campanari — Edésio Frias — Edison Lobão — Edivaldo Motta — Edme Tavares — Edmilson Valentim — Eduardo Bonfim — Eduardo Jorge — Eduardo Moreira — Egídio Ferreira Lima — Elias Murad — Eliel Rodrigues — Eliézer Moreira — Enoc Vieira — Eraldo Tinoco — Eraldo Trindade — Erico Pegoraro — Ervin Bonkoski — Etevaldo Nogueira — Euclides Scalco — Eunice Michiles — Evaldo Gonçalves — Expedito Machado — Ézio Ferreira — Fábio Feldmann — Fábio Raunheitti — Farabulini Júnior — Fausto Fernandes — Fausto Rocha — Felipe Mendes — Feres Nader — Fernando Bezerra Coelho — Fernando Cunha — Fernando Gasparian — Fernando Gomes — Fernando Henrique Cardoso — Fernando Lyra — Fernando Santana — Fernando Velasco — Firmo de Castro — Flavio Palmier da Veiga — Flávio Rocha — Florestan Fernandes — Floriceno Paixão — França Teixeira — Francisco Amaral — Francisco Benjamim — Francisco Carneiro — Francisco Coelho — Francisco Diógenes — Francisco Dornelles — Francisco Küster — Francisco Pinto — Francisco Rollemberg — Francisco Rossi — Francisco Sales — Furtado Leite — Gabriel Guerreiro — Gandi Jamil — Gastone Righi — Genebaldo Correia — Genésio Bernardino — Geovani Borges — Geraldo Alckmin Filho — Geraldo Bulhões — Geraldo Campos — Geraldo Fleming — Geraldo Melo — Gerson Camata — Gerson Marcondes — Gerson Peres — Gidel Dantas — Gil César — Gilson Machado — Gonzaga Patriota — Guilherme Palmeira — Gumercindo Milhomem — Gustavo de Faria — Harlan Gadelha — Haroldo Lima — Haroldo Sabóia — Hélio Costa — Hélio Duque — Hélio Manhães — Hélio Rosas — Henrique Córdova — Henrique Eduardo Alves — Heráclito Fortes — Hermes Zaneti — Hilário Braun — Homero Santos — Humberto Lucena — Humberto Souto — Iberê Ferreira — Ibsen Pinheiro — Inocêncio Oliveira — Irajá Rodrigues — Iram Saraiva — Irapuan Costa Júnior — Irma Passoni — Ismael Wanderley — Israel Pinheiro — Itamar Franco — Ivo Cersósimo — Ivo Lech — Ivo Mainardi — Ivo Vanderlinde — Jacy Scanagatta — Jairo Azi — Jairo Carneiro — Jalles Fontoura — Jamil Haddad — Jarbas Passarinho — Jayme Paliarin — Jayme Santana — Jesualdo Cavalcanti — Jesus Tajra — Joaci Góes — João Agripino — João Alves — João Calmon — João Carlos Bacelar — João Castelo — João Cunha — João da Mata — João de Deus Antunes — João Herrmann Neto — João Lobo — João Machado Rollemberg — João Menezes — João Natal — João Paulo — João Rezek — Joaquim Bevilácqua — Joaquim Francisco — Joaquim Hayckel —Joaquim Sucena — Jofran Frejat — Jonas Pinheiro — Jonival Lucas — Jorge Bornhausen — Jorge Hage — Jorge Leite — Jorge Uequed — Jorge Vianna — José Agripino — José Camargo — José Carlos Coutinho — José Carlos Grecco — José Carlos Martinez — José Carlos Sabóia — José Carlos Vasconcelos — José Costa — José da Conceição — José Dutra — José Egreja — José Elias — José Fernandes — José Freire — José Genoíno — José Geraldo — José Guedes — José Ignácio Ferreira — José Jorge — José Lins — José Lourenço — José Luiz de Sá — José Luiz Maia — José Maranhão — José Maria Eymael — José Maurício — José Melo — José Mendonça Bezerra — José Moura — José Paulo Bisol — José Queiroz — José Richa — José Santana de Vasconcellos — José Serra — José Tavares — José Teixeira — José Thomaz Nonô — José Tinoco — José Ulisses de Oliveira — José Viana — José Yunes — Jovanni Masini — Juarez Antunes — Júlio Campos — Júlio Costamilan — Jutahy Júnior — Jutahy Magalhães — Koyu Iha — Lael Varella — Lavoisier Maia — Leite Chaves — Lélio Souza — Leopoldo Peres — Leur Lomanto — Levy Dias — Lézio Sathler — Lídice da Mata — Louremberg Nunes Rocha — Lourival Baptista — Lúcia Braga — Lúcia Vânia — Lúcio Alcântara — Luís Eduardo — Luís Roberto Ponte — Luiz Alberto Rodrigues — Luiz Freire — Luiz Gushiken — Luiz Henrique — Luiz Inácio Lula da Silva — Luiz Leal — Luiz Marques — Luiz Salomão — Luiz Viana — Luiz Viana Neto — Lysâneas Maciel — Maguito Vilela — Maluly Neto — Manoel Castro — Manoel Moreira — Manoel Ribeiro — Mansueto de Lavor — Manuel Viana — Márcia Kubitschek — Márcio Braga — Márcio Lacerda — Marco Maciel — Marcondes Gadelha — Marcos Lima — Marcos Queiroz — Maria de Lourdes Abadia — Maria Lúcia — Mário Assad — Mário Covas — Mário de Oliveira — Mário Lima — Marluce Pinto —

Matheus Iensen — Mattos Leão — Maurício Campos — Maurício Correa — Maurício Fruet — Maurício Nasser — Maurício Pádua — Maurílio Ferreira Lima — Mauro Borges — Mauro Campos — Mauro Miranda — Mauro Sampaio — Max Rosenmann — Meira Filho — Melo Freire — Mello Reis — Mendes Botelho — Mendes Canale — Mendes Ribeiro — Messias Góis — Messias Soares — Michel Temer — Milton Barbosa — Milton Lima — Milton Reis — Miraldo Gomes — Miro Teixeira — Moema São Thiago — Moysés Pimentel — Mozarildo Cavalcanti — Mussa Demes — Myrian Portella — Nabor Júnior — Naphtali Alves de Souza — Narciso Mendes — Nelson Aguiar — Nelson Carneiro — Nelson Jobim — Nelson Sabrá — Nelson Seixas — Nelson Wedekin — Nelton Friedrich — Nestor Duarte — Ney Maranhão — Nilso Sguarezi — Nilson Gibson — Nion Albernaz — Noel de Carvalho — Nyder Barbosa — Octávio Elísio — Odacir Soares — Olavo Pires — Olívio Dutra — Onofre Corrêa — Orlando Bezerra — Orlando Pacheco — Oscar Corrêa — Osmar Leitão — Osmir Lima — Osmundo Rebouças — Osvaldo Bender — Osvaldo Coelho — Osvaldo Macedo — Osvaldo Sobrinho — Osvaldo Almeida — Oswaldo Trevisan — Ottomar Pinto — Paes de Andrade — Paes Landim — Paulo Delgado — Paulo Macarini — Paulo Marques — Paulo Mincarone — Paulo Paim — Paulo Pimentel — Paulo Ramos — Paulo Roberto — Paulo Roberto Cunha — Paulo Silva — Paulo Zarzur — Pedro Canedo — Pedro Ceolin — Percival Muniz — Pimenta da Veiga — Plínio Arruda Sampaio — Plínio Martins — Pompeu de Sousa — Rachid Saldanha Derzi — Raimundo Bezerra — Raimundo Lira — Raimundo Rezende — Raquel Cândido — Raquel Capiberibe — Raul Belém — Raul Ferraz — Renan Calheiros — Renato Bernardi — Renato Johnsson — Renato Vianna — Ricardo Fiuza — Ricardo Izar — Rita Camata — Rita Furtado — Roberto Augusto — Roberto Balestra — Roberto Brant — Roberto Campos — Roberto D'Ávila — Roberto Freire — Roberto Jefferson — Roberto Rollemberg — Roberto Torres — Roberto Vital — Robson Marinho — Rodrigues Palma — Ronaldo Aragão — Ronaldo Carvalho — Ronaldo Cezar Coelho — Ronan Tito — Ronaro Corrêa — Rosa Prata — Rose de Freitas — Rospide Netto — Rubem Branquinho — Rubem Medina — Ruben Figueiró — Ruberval Pilotto — Ruy Bacelar — Ruy Nedel — Sadie Hauache — Salatiel Carvalho — Samir Achôa — Sandra Cavalcanti — Santinho Furtado — Sarney Filho — Saulo Queiroz — Sérgio Brito — Sérgio Spada — Sérgio Werneck — Severo Gomes — Sigmaringa Seixas — Sílvio Abreu — Simão Sessim — Siqueira Campos — Sólon Borges dos Reis — Stélio Dias — Tadeu França — Telmo Kirst — Teotonio Vilela Filho — Theodoro Mendes — Tito Costa — Ubiratan Aguiar — Ubiratan Spinelli — Uldurico Pinto — Valmir Campelo — Valter Pereira — Vasco Alves — Vicente Bogo — Victor Faccioni — Victor Fontana — Victor Trovão — Vieira da Silva — Vilson Souza — Vingt Rosado — Vinicius Cansanção — Virgildásio de Senna — Virgílio Galassi — Virgílio Guimarães — Vitor Buaiz — Vivaldo Barbosa — Vladimir Palmeira — Wagner Lago — Waldec Ornélas — Waldyr Pugliesi — Walmor de Luca — Wilma Maia — Wilson Campos — Wilson Martins — Ziza Valadares.

PARTICIPANTES: Álvaro Dias — Antônio Britto — Bete Mendes — Borges da Silveira — Cardoso Alves — Edivaldo Holanda — Expedito Júnior — Fadah Gattass — Francisco Dias — Geovah Amarante — Hélio Gueiros — Horácio Ferraz — Hugo Napoleão — Iturival Nascimento — Ivan Bonato — Jorge Medauar — José Mendonça de Morais — Leopoldo Bessone — Marcelo Miranda — Mauro Fecury — Neuto de Conto — Nivaldo Machado — Oswaldo Lima Filho — Paulo Almada — Prisco Viana — Ralph Biasi — Rosário Congro Neto — Sérgio Naya — Tidei de Lima.

IN MEMORIAM: *Alair Ferreira — Antônio Farias — Fábio Lucena — Norberto Schwantes — Virgílio Távora.*

ATO DAS DISPOSIÇÕES CONSTITUCIONAIS TRANSITÓRIAS

Art. 1º O Presidente da República, o Presidente do Supremo Tribunal Federal e os membros do Congresso Nacional prestarão o compromisso de manter, defender e cumprir a Constituição, no ato e na data de sua promulgação.

Art. 2º No dia 7 de setembro de 1993 o eleitorado definirá, através de plebiscito, a forma (república ou monarquia constitucional) e o sistema de governo (parlamentarismo ou presidencialismo) que devem vigorar no País.

§ 1º Será assegurada gratuidade na livre divulgação dessas formas e sistemas, através dos meios de comunicação de massa cessionários de serviço público.

§ 2º O Tribunal Superior Eleitoral, promulgada a Constituição, expedirá as normas regulamentadoras deste artigo.

Art. 3º A revisão constitucional será realizada após cinco anos, contados da promulgação da Constituição, pelo voto da maioria absoluta dos membros do Congresso Nacional, em sessão unicameral.

Art. 4º O mandato do atual Presidente da República terminará em 15 de março de 1990.

§ 1º A primeira eleição para Presidente da República após a promulgação da Constituição será realizada no dia 15 de novembro de 1989, não se lhe aplicando o disposto no art. 16 da Constituição.

§ 2º É assegurada a irredutibilidade da atual representação dos Estados e do Distrito Federal na Câmara dos Deputados.

§ 3º Os mandatos dos Governadores e dos Vice-Governadores eleitos em 15 de novembro de 1986 terminarão em 15 de março de 1991.

§ 4º Os mandatos dos atuais Prefeitos, Vice-Prefeitos e Vereadores terminarão no dia 1º de janeiro de 1989, com a posse dos eleitos.

Art. 5º Não se aplicam às eleições previstas para 15 de novembro de 1988 o disposto no art. 16 e as regras do art. 77 da Constituição.

§ 1º Para as eleições de 15 de novembro de 1988 será exigido domicílio eleitoral na circunscrição pelo menos durante os quatro meses anteriores ao pleito, podendo os candidatos que preencham este requisito, atendidas as demais exigências da lei, ter seu registro efetivado pela Justiça Eleitoral após a promulgação da Constituição.

§ 2º Na ausência de norma legal específica, caberá ao Tribunal Superior Eleitoral editar as normas necessárias à realização das eleições de 1988, respeitada a legislação vigente.

§ 3º Os atuais parlamentares federais e estaduais eleitos Vice-Prefeitos, se convocados a exercer a função de Prefeito, não perderão o mandato parlamentar.

§ 4º O número de Vereadores por município será fixado, para a representação a ser eleita em 1988, pelo respectivo Tribunal Regional Eleitoral, respeitados os limites estipulados no art. 29, IV, da Constituição.

§ 5º Para as eleições de 15 de novembro de 1988, ressalvados os que já exercem mandato eletivo, são inelegíveis para qualquer cargo, no território de jurisdição do titular, o cônjuge e os parentes por consanguinidade ou afinidade, até o segundo grau, ou por adoção, do Presidente da República, do Governador de Estado, do Governador do Distrito Federal e do Prefeito que tenham exercido mais da metade do mandato.

Art. 6º Nos seis meses posteriores à promulgação da Constituição, parlamentares federais, reunidos em número não inferior a trinta, poderão requerer ao Tribunal Superior Eleitoral o registro de novo partido político, juntando ao requerimento o manifesto, o estatuto e o programa devidamente assinados pelos requerentes.

§ 1º O registro provisório, que será concedido de plano pelo Tribunal Superior Eleitoral, nos termos deste artigo, defere ao novo partido todos os direitos, deveres e prerrogativas dos atuais, entre eles o de participar, sob legenda própria, das eleições que vierem a ser realizadas nos doze meses seguintes a sua formação.

§ 2º O novo partido perderá automaticamente seu registro provisório se, no prazo de vinte e quatro meses, contados de sua formação, não obtiver registro definitivo no Tribunal Superior Eleitoral, na forma que a lei dispuser.

Art. 7º O Brasil propugnará pela formação de um tribunal internacional dos direitos humanos.

Art. 8º É concedida anistia aos que, no período de 18 de setembro de 1946 até a data da promulgação da Constituição, foram atingidos, em decorrência de motivação exclusivamente política, por atos de exceção, institucionais ou complementares, aos que foram abrangidos pelo Decreto Legislativo n. 18, de 15 de dezembro de 1961, e aos atingidos pelo Decreto-Lei n. 864, de 12 de setembro de 1969, asseguradas as promoções, na inatividade, ao cargo, emprego, posto ou graduação a que teriam direito se estivessem em serviço ativo, obedecidos os prazos de permanência em atividade previstos nas leis e regulamentos vigentes, respeitadas as características e peculiaridades das carreiras dos servidores públicos civis e militares e observados os respectivos regimes jurídicos.

§ 1º O disposto neste artigo somente gerará efeitos financeiros a partir da promulgação da Constituição, vedada a remuneração de qualquer espécie em caráter retroativo.

§ 2º Ficam assegurados os benefícios estabelecidos neste artigo aos trabalhadores do setor privado, dirigentes e representantes sindicais que, por motivos exclusivamente políticos, tenham sido punidos, demitidos ou compelidos ao afastamento das atividades remuneradas que exerciam, bem como aos que foram impedidos de exercer atividades profissionais em virtude de pressões ostensivas ou expedientes oficiais sigilosos.

§ 3º Aos cidadãos que foram impedidos de exercer, na vida civil, atividade profissional específica, em decorrência das Portarias Reservadas do Ministério da Aeronáutica n. S-50-GM5, de 19 de junho de 1964, e n. S-285-GM5, será concedida reparação de natureza econômica, na forma que dispuser lei de iniciativa do Congresso Nacional e a entrar em vigor no prazo de doze meses a contar da promulgação da Constituição.

§ 4º Aos que, por força de atos institucionais, tenham exercido gratuitamente mandato eletivo de vereador serão computados, para efeito de aposentadoria no serviço público e previdência social, os respectivos períodos.

§ 5º A anistia concedida nos termos deste artigo aplica-se aos servidores públicos civis e aos empregados em todos os níveis de governo ou em suas fundações, empresas públicas ou empresas mistas sob controle estatal, exceto nos Ministérios militares, que tenham sido punidos ou demitidos por atividades profissionais interrompidas em virtude de decisão de seus trabalhadores, bem como em decorrência do Decreto-Lei n. 1.632, de 4 de agosto de

ATO DAS DISPOSIÇÕES CONSTITUCIONAIS TRANSITÓRIAS

1978, ou por motivos exclusivamente políticos, assegurada a readmissão dos que foram atingidos a partir de 1979, observado o disposto no § 1º.

Art. 9º Os que, por motivos exclusivamente políticos, foram cassados ou tiveram seus direitos políticos suspensos no período de 15 de julho a 31 de dezembro de 1969, por ato do então Presidente da República, poderão requerer ao Supremo Tribunal Federal o reconhecimento dos direitos e vantagens interrompidos pelos atos punitivos, desde que comprovem terem sido estes eivados de vício grave.

Parágrafo único. O Supremo Tribunal Federal proferirá a decisão no prazo de cento e vinte dias, a contar do pedido do interessado.

Art. 10. Até que seja promulgada a lei complementar a que se refere o art. 7º, I, da Constituição:

I — fica limitada a proteção nele referida ao aumento, para quatro vezes, da porcentagem prevista no art. 6º, *caput* e § 1º, da Lei n. 5.107, de 13 de setembro de 1966;

II — fica vedada a dispensa arbitrária ou sem justa causa:
a) do empregado eleito para cargo de direção de comissões internas de prevenção de acidentes, desde o registro de sua candidatura até um ano após o final de seu mandato;
b) da empregada gestante, desde a confirmação da gravidez até cinco meses após o parto.

§ 1º Até que a lei venha a disciplinar o disposto no art. 7º, XIX, da Constituição, o prazo da licença-paternidade a que se refere o inciso é de cinco dias.

§ 2º Até ulterior disposição legal, a cobrança das contribuições para o custeio das atividades dos sindicatos rurais será feita juntamente com a do imposto territorial rural, pelo mesmo órgão arrecadador.

§ 3º Na primeira comprovação do cumprimento das obrigações trabalhistas pelo empregador rural, na forma do art. 233, após a promulgação da Constituição, será certificada perante a Justiça do Trabalho a regularidade do contrato e das atualizações das obrigações trabalhistas de todo o período.

Art. 11. Cada Assembleia Legislativa, com poderes constituintes, elaborará a Constituição do Estado, no prazo de um ano, contado da promulgação da Constituição Federal, obedecidos os princípios desta.

Parágrafo único. Promulgada a Constituição do Estado, caberá à Câmara Municipal, no prazo de seis meses, votar a Lei Orgânica respectiva, em dois turnos de discussão e votação, respeitado o disposto na Constituição Federal e na Constituição Estadual.

Art. 12. Será criada, dentro de noventa dias da promulgação da Constituição, Comissão de Estudos Territoriais, com dez membros indicados pelo Congresso Nacional e cinco pelo Poder Executivo, com a finalidade de apresentar estudos sobre o território nacional e anteprojetos relativos a novas unidades territoriais, notadamente na Amazônia Legal e em áreas pendentes de solução.

§ 1º No prazo de um ano, a Comissão submeterá ao Congresso Nacional os resultados de seus estudos para, nos termos da Constituição, serem apreciados nos doze meses subsequentes, extinguindo-se logo após.

§ 2º Os Estados e os Municípios deverão, no prazo de três anos, a contar da promulgação da Constituição, promover, mediante acordo ou arbitramento, a demarcação de suas linhas divisórias atualmente litigiosas, podendo para isso fazer alterações e compensações de área que atendam aos acidentes naturais, critérios históricos, conveniências administrativas e comodidade das populações limítrofes.

§ 3º Havendo solicitação dos Estados e Municípios interessados, a União poderá encarregar-se dos trabalhos demarcatórios.

§ 4º Se, decorrido o prazo de três anos, a contar da promulgação da Constituição, os trabalhos demarcatórios não tiverem sido concluídos, caberá à União determinar os limites das áreas litigiosas.

§ 5º Ficam reconhecidos e homologados os atuais limites do Estado do Acre com os Estados do Amazonas e de Rondônia, conforme levantamentos cartográficos e geodésicos realizados pela Comissão Tripartite integrada por representantes dos Estados e dos serviços técnico-especializados do Instituto Brasileiro de Geografia e Estatística.

Art. 13. É criado o Estado do Tocantins, pelo desmembramento da área descrita neste artigo, dando-se sua instalação no quadragésimo sexto dia após a eleição prevista no § 3º, mas não antes de 1º de janeiro de 1989.

§ 1º O Estado do Tocantins integra a Região Norte e limita-se com o Estado de Goiás pelas divisas norte dos Municípios de São Miguel do Araguaia, Porangatu, Formoso, Minaçu, Cavalcante, Monte Alegre de Goiás e Campos Belos, conservando a leste, norte e oeste as divisas atuais de Goiás com os Estados da Bahia, Piauí, Maranhão, Pará e Mato Grosso.

§ 2º O Poder Executivo designará uma das cidades do Estado para sua capital provisória até a aprovação da sede definitiva do governo pela Assembleia Constituinte.

§ 3º O Governador, o Vice-Governador, os Senadores, os Deputados Federais e os Deputados Estaduais serão eleitos, em um único turno, até setenta e cinco dias após a promulgação da Constituição, mas não antes de 15 de novembro de 1988, a critério do Tribunal Superior Eleitoral, obedecidas, entre outras, as seguintes normas:

I — o prazo de filiação partidária dos candidatos será encerrado setenta e cinco dias antes da data das eleições;

II — as datas das convenções regionais partidárias destinadas a deliberar sobre coligações e escolha de candidatos, de apresentação de requerimento de registro dos candidatos escolhidos e dos demais procedimentos legais serão fixadas, em calendário especial, pela Justiça Eleitoral;

III — são inelegíveis os ocupantes de cargos estaduais ou municipais que não se tenham deles afastado, em caráter definitivo, setenta e cinco dias antes da data das eleições previstas neste parágrafo;

IV — ficam mantidos os atuais diretórios regionais dos partidos políticos do Estado de Goiás, cabendo às comissões executivas nacionais designar comissões provisórias no Estado do Tocantins, nos termos e para os fins previstos na lei.

§ 4º Os mandatos do Governador, do Vice-Governador, dos Deputados Federais e Estaduais eleitos na forma do parágrafo anterior extinguir-se-ão concomitantemente aos das demais unidades da Federação; o mandato do Senador eleito menos votado extinguir-se-á nessa mesma oportunidade, e os dos outros dois, juntamente com os dos Senadores eleitos em 1986 nos demais Estados.

§ 5º A Assembleia Estadual Constituinte será instalada no quadragésimo sexto dia da eleição de seus integrantes, mas não antes de 1º de janeiro de 1989, sob a presidência do Presidente do Tribunal Regional Eleitoral do Estado de Goiás, e dará posse, na mesma data, ao Governador e ao Vice-Governador eleitos.

§ 6º Aplicam-se à criação e instalação do Estado do Tocantins, no que couber, as normas legais disciplinadoras da divisão do Estado de Mato Grosso, observado o disposto no art. 234 da Constituição.

§ 7º Fica o Estado de Goiás liberado dos débitos e encargos decorrentes de empreendimentos no território do novo Estado, e autorizada a União, a seu critério, a assumir os referidos débitos.

Art. 14. Os Territórios Federais de Roraima e do Amapá são transformados em Estados Federados, mantidos seus atuais limites geográficos.

§ 1º A instalação dos Estados dar-se-á com a posse dos Governadores eleitos em 1990.

§ 2º Aplicam-se à transformação e instalação dos Estados de Roraima e Amapá as normas e os critérios seguidos na criação do Estado de Rondônia, respeitado o disposto na Constituição e neste Ato.

§ 3º O Presidente da República, até quarenta e cinco dias após a promulgação da Constituição, encaminhará à apreciação do Senado Federal os nomes dos governadores dos Estados de Roraima e do Amapá que exercerão o Poder Executivo até a instalação dos novos Estados com a posse dos governadores eleitos.

§ 4º Enquanto não concretizada a transformação em Estados, nos termos deste artigo, os Territórios Federais de Roraima e do Amapá serão beneficiados pela transferência de recursos prevista nos arts. 159, I, *a*, da Constituição, e 34, § 2º, II, deste Ato.

Art. 15. Fica extinto o Território Federal de Fernando de Noronha, sendo sua área reincorporada ao Estado de Pernambuco.

Art. 16. Até que se efetive o disposto no art. 32, § 2º, da Constituição, caberá ao Presidente da República, com a aprovação do Senado Federal, indicar o Governador e o Vice-Governador do Distrito Federal.

§ 1º A competência da Câmara Legislativa do Distrito Federal, até que se instale, será exercida pelo Senado Federal.

§ 2º A fiscalização contábil, financeira, orçamentária, operacional e patrimonial do Distrito Federal, enquanto não for instalada a Câmara Legislativa, será exercida pelo Senado Federal, mediante controle externo, com o auxílio do Tribunal de Contas do Distrito Federal, observado o disposto no art. 72 da Constituição.

§ 3º Incluem-se entre os bens do Distrito Federal aqueles que lhe vierem a ser atribuídos pela União na forma da lei.

Art. 17. Os vencimentos, a remuneração, as vantagens e os adicionais, bem como os proventos de aposentadoria que estejam sendo percebidos em desacordo com a Constituição serão imediatamente reduzidos aos limites dela decorrentes, não se admitindo, neste caso, invocação de direito adquirido ou percepção de excesso a qualquer título.

§ 1º É assegurado o exercício cumulativo de dois cargos ou empregos privativos de médico que estejam sendo exercidos por médico militar na administração pública direta ou indireta.

§ 2º É assegurado o exercício cumulativo de dois cargos ou empregos privativos de profissionais de saúde que estejam sendo exercidos na administração pública direta ou indireta.

Art. 18. Ficam extintos os efeitos jurídicos de qualquer ato legislativo ou administrativo, lavrado a partir da instalação da Assembleia Nacional Constituinte, que tenha por objeto a concessão de estabilidade a servidor admitido sem concurso público, da administração direta ou indireta, inclusive das fundações instituídas e mantidas pelo Poder Público.

Art. 19. Os servidores públicos civis da União, dos Estados, do Distrito Federal e dos Municípios, da administração direta, autárquica e das fundações públicas, em exercício na data da promulgação da Constituição, há pelo menos cinco anos continuados, e que não tenham sido admitidos na forma regulada no art. 37 da Constituição, são considerados estáveis no serviço público.

§ 1º O tempo de serviço dos servidores referidos neste artigo será contado como título quando se submeterem a concurso para fins de efetivação, na forma da lei.

§ 2º O disposto neste artigo não se aplica aos ocupantes de cargos, funções e empregos de confiança ou em comissão, nem aos que a lei declare de livre exoneração, cujo tempo de serviço não será computado para os fins do *caput* deste artigo, exceto se se tratar de servidor.

§ 3º O disposto neste artigo não se aplica aos professores de nível superior, nos termos da lei.

Art. 20. Dentro de cento e oitenta dias, proceder-se-á à revisão dos direitos dos servidores públicos inativos e pensionistas e à atualização dos proventos e pensões a eles devidos, a fim de ajustá-los ao disposto na Constituição.

Art. 21. Os juízes togados de investidura limitada no tempo, admitidos mediante concurso público de provas e títulos e que estejam em exercício na data da promulgação da Constituição, adquirem estabilidade, observado o estágio probatório, e passam a compor quadro em extinção, mantidas as competências, prerrogativas e restrições da legislação a que se achavam submetidos, salvo as inerentes à transitoriedade da investidura.

Parágrafo único. A aposentadoria dos juízes de que trata este artigo regular-se-á pelas normas fixadas para os demais juízes estaduais.

Art. 22. É assegurado aos defensores públicos investidos na função até a data de instalação da Assembleia Nacional Constituinte o direito de opção pela carreira, com a observância das garantias e vedações previstas no art. 134, parágrafo único, da Constituição.

Art. 23. Até que se edite a regulamentação do art. 21, XVI, da Constituição, os atuais ocupantes do cargo de censor federal continuarão exercendo funções com este compatíveis, no Departamento de Polícia Federal, observadas as disposições constitucionais.

Parágrafo único. A lei referida disporá sobre o aproveitamento dos censores federais, nos termos deste artigo.

Art. 24. A União, os Estados, o Distrito Federal e os Municípios editarão leis que estabeleçam critérios para a compatibilização de seus quadros de pessoal ao disposto no art. 39 da Constituição e à reforma administrativa dela decorrente, no prazo de dezoito meses, contados da sua promulgação.

Art. 25. Ficam revogados, a partir de cento e oitenta dias da promulgação da Constituição, sujeito este prazo a prorrogação por lei, todos os dispositivos legais que atribuam ou deleguem a órgão do Poder Executivo competência assinalada pela Constituição ao Congresso Nacional, especialmente no que tange a:

I — ação normativa;

II — alocação ou transferência de recursos de qualquer espécie.

§ 1º Os decretos-leis em tramitação no Congresso Nacional e por este não apreciados até a promulgação da Constituição terão seus efeitos regulados da seguinte forma:

I — se editados até 2 de setembro de 1988, serão apreciados pelo Congresso Nacional no prazo de até cento e oitenta dias a contar da promulgação da Constituição, não computado o recesso parlamentar;

ATO DAS DISPOSIÇÕES CONSTITUCIONAIS TRANSITÓRIAS

II — decorrido o prazo definido no inciso anterior, e não havendo apreciação, os decretos-leis ali mencionados serão considerados rejeitados;

III — nas hipóteses definidas nos incisos I e II, terão plena validade os atos praticados na vigência dos respectivos decretos-leis, podendo o Congresso Nacional, se necessário, legislar sobre os efeitos deles remanescentes.

§ 2º Os decretos-leis editados entre 3 de setembro de 1988 e a promulgação da Constituição serão convertidos, nesta data, em medidas provisórias, aplicando-se-lhes as regras estabelecidas no art. 62, parágrafo único.

Art. 26. No prazo de um ano a contar da promulgação da Constituição, o Congresso Nacional promoverá, através de Comissão mista, exame analítico e pericial dos atos e fatos geradores do endividamento externo brasileiro.

§ 1º A Comissão terá a força legal de Comissão parlamentar de inquérito para os fins de requisição e convocação, e atuará com o auxílio do Tribunal de Contas da União.

§ 2º Apurada irregularidade, o Congresso Nacional proporá ao Poder Executivo a declaração de nulidade do ato e encaminhará o processo ao Ministério Público Federal, que formalizará, no prazo de sessenta dias, a ação cabível.

Art. 27. O Superior Tribunal de Justiça será instalado sob a presidência do Supremo Tribunal Federal.

§ 1º Até que se instale o Superior Tribunal de Justiça, o Supremo Tribunal Federal exercerá as atribuições e competências definidas na ordem constitucional precedente.

§ 2º A composição inicial do Superior Tribunal de Justiça far-se-á:

I — pelo aproveitamento dos Ministros do Tribunal Federal de Recursos;

II — pela nomeação dos Ministros que sejam necessários para completar o número estabelecido na Constituição.

§ 3º Para os efeitos do disposto na Constituição, os atuais Ministros do Tribunal Federal de Recursos serão considerados pertencentes à classe de que provieram, quando de sua nomeação.

§ 4º Instalado o Tribunal, os Ministros aposentados do Tribunal Federal de Recursos tornar-se-ão, automaticamente, Ministros aposentados do Superior Tribunal de Justiça.

§ 5º Os Ministros a que se refere o § 2º, II, serão indicados em lista tríplice pelo Tribunal Federal de Recursos, observado o disposto no art. 104, parágrafo único, da Constituição.

§ 6º Ficam criados cinco Tribunais Regionais Federais, a serem instalados no prazo de seis meses a contar da promulgação da Constituição, com a jurisdição e sede que lhes fixar o Tribunal Federal de Recursos, tendo em conta o número de processos e sua localização geográfica.

§ 7º Até que se instalem os Tribunais Regionais Federais, o Tribunal Federal de Recursos exercerá a competência a eles atribuída em todo o território nacional, cabendo-lhe promover sua instalação e indicar os candidatos a todos os cargos da composição inicial, mediante lista tríplice, podendo desta constar juízes federais de qualquer região, observado o disposto no § 9º.

§ 8º É vedado, a partir da promulgação da Constituição, o provimento de vagas de Ministros do Tribunal Federal de Recursos.

§ 9º Quando não houver juiz federal que conte o tempo mínimo previsto no art. 107, II, da Constituição, a promoção poderá contemplar juiz com menos de cinco anos no exercício do cargo.

§ 10. Compete à Justiça Federal julgar as ações nela propostas até a data da promulgação da Constituição, e aos Tribunais Regionais Federais, bem como ao Superior Tribunal de Justiça, julgar as ações rescisórias das decisões até então proferidas pela Justiça Federal, inclusive daquelas cuja matéria tenha passado à competência de outro ramo do Judiciário.

§ 11. São criados, ainda, os seguintes Tribunais Regionais Federais: o da 6ª Região, com sede em Curitiba, Estado do Paraná, e jurisdição nos Estados do Paraná, Santa Catarina e Mato Grosso do Sul; o da 7ª Região, com sede em Belo Horizonte, Estado de Minas Gerais, e jurisdição no Estado de Minas Gerais; o da 8ª Região, com sede em Salvador, Estado da Bahia, e jurisdição nos Estados da Bahia e Sergipe; e o da 9ª Região, com sede em Manaus, Estado do Amazonas, e jurisdição nos Estados do Amazonas, Acre, Rondônia e Roraima. *(Parágrafo acrescido pela Emenda Constitucional n. 73, de 2013)*

Art. 28. Os juízes federais de que trata o art. 123, § 2º, da Constituição de 1967, com a redação dada pela Emenda Constitucional n. 7, de 1977, ficam investidos na titularidade de varas na seção judiciária para a qual tenham sido nomeados ou designados; na inexistência de vagas, proceder-se-á ao desdobramento das varas existentes.

Parágrafo único. Para efeito de promoção por antiguidade, o tempo de serviço desses juízes será computado a partir do dia de sua posse.

Art. 29. Enquanto não aprovadas as leis complementares relativas ao Ministério Público e à Advocacia-Geral da União, o Ministério Público Federal, a Procuradoria-Geral da Fazenda Nacional, as Consultorias Jurídicas dos Ministérios, as Procuradorias e Departamentos Jurídicos de autarquias federais com representação própria e os membros das Procuradorias das Universidades fundacionais públicas continuarão a exercer suas atividades na área das respectivas atribuições.

§ 1º O Presidente da República, no prazo de cento e vinte dias, encaminhará ao Congresso Nacional projeto de lei complementar dispondo sobre a organização e o funcionamento da Advocacia-Geral da União.

§ 2º Aos atuais Procuradores da República, nos termos da lei complementar, será facultada a opção, de forma irretratável, entre as carreiras do Ministério Público Federal e da Advocacia-Geral da União.

§ 3º Poderá optar pelo regime anterior, no que respeita às garantias e vantagens, o membro do Ministério Público admitido antes da promulgação da Constituição, observando-se, quanto às vedações, a situação jurídica na data desta.

§ 4º Os atuais integrantes do quadro suplementar dos Ministérios Públicos do Trabalho e Militar que tenham adquirido estabilidade nessas funções passam a integrar o quadro da respectiva carreira.

§ 5º Cabe à atual Procuradoria-Geral da Fazenda Nacional, diretamente ou por delegação, que pode ser ao Ministério Público Estadual, representar judicialmente a União nas causas de natureza fiscal, na área da respectiva competência, até a promulgação das leis complementares previstas neste artigo.

Art. 30. A legislação que criar a justiça de paz manterá os atuais juízes de paz até a posse dos novos titulares, assegurando-lhes os direitos e atribuições conferidos a estes, e designará o dia para a eleição prevista no art. 98, II, da Constituição.

Art. 31. Serão estatizadas as serventias do foro judicial, assim definidas em lei, respeitados os direitos dos atuais titulares.

Art. 32. O disposto no art. 236 não se aplica aos serviços notariais e de registro que já tenham sido oficializados pelo Poder Público, respeitando-se o direito de seus servidores.

Art. 33. Ressalvados os créditos de natureza alimentar, o valor dos precatórios judiciais pendentes de pagamento na data da promulgação da Constituição, incluído o remanescente de juros e correção monetária, poderá ser pago em moeda corrente, com atualização, em prestações anuais, iguais e sucessivas, no prazo máximo de oito anos, a partir de 1º de julho de 1989, por decisão editada pelo Poder Executivo até cento e oitenta dias da promulgação da Constituição.

Parágrafo único. Poderão as entidades devedoras, para o cumprimento do disposto neste artigo, emitir, em cada ano, no exato montante do dispêndio, títulos de dívida pública não computáveis para efeito do limite global de endividamento.

Art. 34. O sistema tributário nacional entrará em vigor a partir do primeiro dia do quinto mês seguinte ao da promulgação da Constituição, mantido, até então, o da Constituição de 1967, com a redação dada pela Emenda n. 1, de 1969, e pelas posteriores.

§ 1º Entrarão em vigor com a promulgação da Constituição os arts. 148, 149, 150, 154, I, 156, III, e 159, I, c, revogadas as disposições em contrário da Constituição de 1967 e das Emendas que a modificaram, especialmente de seu art. 25, III.

§ 2º O Fundo de Participação dos Estados e do Distrito Federal e o Fundo de Participação dos Municípios obedecerão às seguintes determinações:

I — a partir da promulgação da Constituição, os percentuais serão, respectivamente, de dezoito por cento e de vinte por cento, calculados sobre o produto da arrecadação dos impostos referidos no art. 153, III e IV, mantidos os atuais critérios de rateio até a entrada em vigor da lei complementar a que se refere o art. 161, II;

II — o percentual relativo ao Fundo de Participação dos Estados e do Distrito Federal será acrescido de um ponto percentual no exercício financeiro de 1989 e, a partir de 1990, inclusive, à razão de meio ponto por exercício, até 1992, inclusive, atingindo em 1993 o percentual estabelecido no art. 159, I, a;

III — o percentual relativo ao Fundo de Participação dos Municípios, a partir de 1989, inclusive, será elevado à razão de meio ponto percentual por exercício financeiro, até atingir o estabelecido no art. 159, I, b.

§ 3º Promulgada a Constituição, a União, os Estados, o Distrito Federal e os Municípios poderão editar as leis necessárias à aplicação do sistema tributário nacional nela previsto.

§ 4º As leis editadas nos termos do parágrafo anterior produzirão efeitos a partir da entrada em vigor do sistema tributário nacional previsto na Constituição.

§ 5º Vigente o novo sistema tributário nacional, fica assegurada a aplicação da legislação anterior, no que não seja incompatível com ele e com a legislação referida nos §§ 3º e 4º.

§ 6º Até 31 de dezembro de 1989, o disposto no art. 150, III, b, não se aplica aos impostos de que tratam os arts. 155, I, a e b, e 156, II e III, que podem ser cobrados trinta dias após a publicação da lei que os tenha instituído ou aumentado.

§ 7º Até que sejam fixadas em lei complementar, as alíquotas máximas do imposto municipal sobre vendas a varejo de combustíveis líquidos e gasosos não excederão a três por cento.

§ 8º Se, no prazo de sessenta dias contados da promulgação da Constituição, não for editada a lei complementar necessária à instituição do imposto de que trata o art. 155, I, b, os Estados e o Distrito Federal, mediante convênio celebrado nos termos da Lei Complementar n. 24, de 7 de janeiro de 1975, fixarão normas para regular provisoriamente a matéria.

§ 9º Até que lei complementar disponha sobre a matéria, as empresas distribuidoras de energia elétrica, na condição de contribuintes ou de substitutos tributários, serão as responsáveis, por ocasião da saída do produto de seus estabelecimentos, ainda que destinado a outra unidade da Federação, pelo pagamento do imposto sobre operações relativas à circulação de mercadorias incidente sobre energia elétrica, desde a produção ou importação até a última operação, calculado o imposto sobre o preço então praticado na operação final e assegurado seu recolhimento ao Estado ou ao Distrito Federal, conforme o local onde deva ocorrer essa operação.

§ 10. Enquanto não entrar em vigor a lei prevista no art. 159, I, c, cuja promulgação se fará até 31 de dezembro de 1989, é assegurada a aplicação dos recursos previstos naquele dispositivo da seguinte maneira:

I — seis décimos por cento na Região Norte, através do Banco da Amazônia S.A.;

II — um inteiro e oito décimos por cento na Região Nordeste, através do Banco do Nordeste do Brasil S.A.;

III — seis décimos por cento na Região Centro-Oeste, através do Banco do Brasil S.A.

§ 11. Fica criado, nos termos da lei, o Banco de Desenvolvimento do Centro-Oeste, para dar cumprimento, na referida região, ao que determinam os arts. 159, I, c, e 192, § 2º, da Constituição.

§ 12. A urgência prevista no art. 148, II, não prejudica a cobrança do empréstimo compulsório instituído, em benefício das Centrais Elétricas Brasileiras S.A. (Eletrobrás), pela Lei n. 4.156, de 28 de novembro de 1962, com as alterações posteriores.

Art. 35. O disposto no art. 165, § 7º, será cumprido de forma progressiva, no prazo de até dez anos, distribuindo-se os recursos entre as regiões macroeconômicas em razão proporcional à população, a partir da situação verificada no biênio 1986-87.

§ 1º Para aplicação dos critérios de que trata este artigo, excluem-se das despesas totais as relativas:

I — aos projetos considerados prioritários no plano plurianual;

II — à segurança e defesa nacional;

III — à manutenção dos órgãos federais no Distrito Federal;

IV — ao Congresso Nacional, ao Tribunal de Contas da União e ao Poder Judiciário;

V — ao serviço da dívida da administração direta e indireta da União, inclusive fundações instituídas e mantidas pelo Poder Público federal.

§ 2º Até a entrada em vigor da lei complementar a que se refere o art. 165, § 9º, I e II, serão obedecidas as seguintes normas:

I — o projeto do plano plurianual, para vigência até o final do primeiro exercício financeiro do mandato presidencial subsequente, será encaminhado até quatro meses antes do encerramento do primeiro exercício financeiro e devolvido para sanção até o encerramento da sessão legislativa;

II — o projeto de lei de diretrizes orçamentárias será encaminhado até oito meses e meio antes do encerramento do exercício financeiro e devolvido para sanção até o encerramento do primeiro período da sessão legislativa;

ATO DAS DISPOSIÇÕES CONSTITUCIONAIS TRANSITÓRIAS

III — o projeto de lei orçamentária da União será encaminhado até quatro meses antes do encerramento do exercício financeiro e devolvido para sanção até o encerramento da sessão legislativa.

Art. 36. Os fundos existentes na data da promulgação da Constituição, excetuados os resultantes de isenções fiscais que passem a integrar patrimônio privado e os que interessem à defesa nacional, extinguir-se-ão se não forem ratificados pelo Congresso Nacional no prazo de dois anos.

Art. 37. A adaptação ao que estabelece o art. 167, III, deverá processar-se no prazo de cinco anos, reduzindo-se o excesso à base de, pelo menos, um quinto por ano.

Art. 38. Até a promulgação da lei complementar referida no art. 169, a União, os Estados, o Distrito Federal e os Municípios não poderão despender com pessoal mais do que sessenta e cinco por cento do valor das respectivas receitas correntes.

Parágrafo único. A União, os Estados, o Distrito Federal e os Municípios, quando a respectiva despesa de pessoal exceder o limite previsto neste artigo, deverão retornar àquele limite, reduzindo o percentual excedente à razão de um quinto por ano.

Art. 39. Para efeito do cumprimento das disposições constitucionais que impliquem variações de despesas e receitas da União, após a promulgação da Constituição, o Poder Executivo deverá elaborar e o Poder Legislativo apreciar projeto de revisão da lei orçamentária referente ao exercício financeiro de 1989.

Parágrafo único. O Congresso Nacional deverá votar no prazo de doze meses a lei complementar prevista no art. 161, II.

Art. 40. É mantida a Zona Franca de Manaus, com suas características de área livre de comércio, de exportação e importação, e de incentivos fiscais, pelo prazo de vinte e cinco anos, a partir da promulgação da Constituição.

Parágrafo único. Somente por lei federal podem ser modificados os critérios que disciplinaram ou venham a disciplinar a aprovação dos projetos na Zona Franca de Manaus.

Art. 41. Os Poderes Executivos da União, dos Estados, do Distrito Federal e dos Municípios reavaliarão todos os incentivos fiscais de natureza setorial ora em vigor, propondo aos Poderes Legislativos respectivos as medidas cabíveis.

§ 1º Considerar-se-ão revogados após dois anos, a partir da data da promulgação da Constituição, os incentivos que não forem confirmados por lei.

§ 2º A revogação não prejudicará os direitos que já tiverem sido adquiridos, àquela data, em relação a incentivos concedidos sob condição e com prazo certo.

§ 3º Os incentivos concedidos por convênio entre Estados, celebrados nos termos do art. 23, § 6º, da Constituição de 1967, com a redação da Emenda n. 1, de 17 de outubro de 1969, também deverão ser reavaliados e reconfirmados nos prazos deste artigo.

Art. 42. Durante 40 (quarenta) anos, a União aplicará dos recursos destinados à irrigação: *("Caput" do artigo com redação dada pela Emenda Constitucional n. 89, de 2015)*

I — 20% (vinte por cento) na Região Centro-Oeste; *(Inciso com redação dada pela Emenda Constitucional n. 89, de 2015)*

II — 50% (cinquenta por cento) na Região Nordeste, preferencialmente no Semiárido. *(Inciso com redação dada pela Emenda Constitucional n. 89, de 2015)*

Parágrafo único. Dos percentuais previstos nos incisos I e II do *caput*, no mínimo 50% (cinquenta por cento) serão destinados a projetos de irrigação que beneficiem agricultores familiares que atendam aos requisitos previstos em legislação específica. *(Parágrafo único acrescido pela Emenda Constitucional n. 89, de 2015)*

Art. 43. Na data da promulgação da lei que disciplinar a pesquisa e a lavra de recursos e jazidas minerais, ou no prazo de um ano, a contar da promulgação da Constituição, tornar-se-ão sem efeito as autorizações, concessões e demais títulos atributivos de direitos minerários, caso os trabalhos de pesquisa ou de lavra não hajam sido comprovadamente iniciados nos prazos legais ou estejam inativos.

Art. 44. As atuais empresas brasileiras titulares de autorização de pesquisa, concessão de lavra de recursos minerais e de aproveitamento dos potenciais de energia hidráulica em vigor terão quatro anos, a partir da promulgação da Constituição, para cumprir os requisitos do art. 176, § 1º.

§ 1º Ressalvadas as disposições de interesse nacional previstas no texto constitucional, as empresas brasileiras ficarão dispensadas do cumprimento do disposto no art. 176, § 1º, desde que, no prazo de até quatro anos da data da promulgação da Constituição, tenham o produto de sua lavra e beneficiamento destinado a industrialização no território nacional, em seus próprios estabelecimentos ou em empresa industrial controladora ou controlada.

§ 2º Ficarão também dispensadas do cumprimento do disposto no art. 176, § 1º, as empresas brasileiras titulares de concessão de energia hidráulica para uso em seu processo de industrialização.

§ 3º As empresas brasileiras referidas no § 1º somente poderão ter autorizações de pesquisa e concessões de lavra ou potenciais de energia hidráulica, desde que a energia e o produto da lavra sejam utilizados nos respectivos processos industriais.

Art. 45. Ficam excluídas do monopólio estabelecido pelo art. 177, II, da Constituição as refinarias em funcionamento no País amparadas pelo art. 43 e nas condições do art. 45 da Lei n. 2.004, de 3 de outubro de 1953.

Parágrafo único. Ficam ressalvados da vedação do art. 177, § 1º, os contratos de risco feitos com a Petróleo Brasileiro S.A. (Petrobrás), para pesquisa de petróleo, que estejam em vigor na data da promulgação da Constituição.

Art. 46. São sujeitos à correção monetária desde o vencimento, até seu efetivo pagamento, sem interrupção ou suspensão, os créditos junto a entidades submetidas aos regimes de intervenção ou liquidação extrajudicial, mesmo quando esses regimes sejam convertidos em falência.

Parágrafo único. O disposto neste artigo aplica-se também:

I — às operações realizadas posteriormente à decretação dos regimes referidos no *caput* deste artigo;

II — às operações de empréstimo, financiamento, refinanciamento, assistência financeira de liquidez, cessão ou sub-rogação de créditos ou cédulas hipotecárias, efetivação de garantia de depósitos do público ou de compra de obrigações passivas, inclusive as realizadas com recursos de fundos que tenham essas destinações;

III — aos créditos anteriores à promulgação da Constituição;

IV — aos créditos das entidades da administração pública anteriores à promulgação da Constituição, não liquidados até 1º de janeiro de 1988.

Art. 47. Na liquidação dos débitos, inclusive suas renegociações e composições posteriores, ainda que ajuizados, decorrentes de quaisquer empréstimos concedidos por bancos e por instituições financeiras, não existirá correção monetária desde que o empréstimo tenha sido concedido:

I — aos micro e pequenos empresários ou seus estabelecimentos no período de 28 de fevereiro de 1986 a 28 de fevereiro de 1987;

II — aos mini, pequenos e médios produtores rurais no período de 28 de fevereiro de 1986 a 31 de dezembro de 1987, desde que relativos a crédito rural.

§ 1º Consideram-se, para efeito deste artigo, microempresas as pessoas jurídicas e as firmas individuais com receitas anuais de até dez mil Obrigações do Tesouro Nacional, e pequenas empresas as pessoas jurídicas e as firmas individuais com receita anual de até vinte e cinco mil Obrigações do Tesouro Nacional.

§ 2º A classificação de mini, pequeno e médio produtor rural será feita obedecendo-se às normas de crédito rural vigentes à época do contrato.

§ 3º A isenção da correção monetária a que se refere este artigo só será concedida nos seguintes casos:

I — se a liquidação do débito inicial, acrescido de juros legais e taxas judiciais, vier a ser efetivada no prazo de noventa dias, a contar da data da promulgação da Constituição;

II — se a aplicação dos recursos não contrariar a finalidade do financiamento, cabendo o ônus da prova à instituição credora;

III — se não for demonstrado pela instituição credora que o mutuário dispõe de meios para o pagamento de seu débito, excluído desta demonstração seu estabelecimento, a casa de moradia e os instrumentos de trabalho e produção;

IV — se o financiamento inicial não ultrapassar o limite de cinco mil obrigações do Tesouro Nacional;

V — se o beneficiário não for proprietário de mais de cinco módulos rurais.

§ 4º Os benefícios de que trata este artigo não se estendem aos débitos já quitados e aos devedores que sejam constituintes.

§ 5º No caso de operações com prazos de vencimento posteriores à data-limite de liquidação da dívida, havendo interesse do mutuário, os bancos e as instituições financeiras promoverão, por instrumento próprio, alteração nas condições contratuais originais de forma a ajustá-las ao presente benefício.

§ 6º A concessão do presente benefício por bancos comerciais privados em nenhuma hipótese acarretará ônus para o Poder Público, ainda que através de refinanciamento e repasse de recursos pelo banco central.

§ 7º No caso de repasse a agentes financeiros oficiais ou cooperativas de crédito, o ônus recairá sobre a fonte de recursos originária.

Art. 48. O Congresso Nacional, dentro de cento e vinte dias da promulgação da Constituição, elaborará código de defesa do consumidor.

Art. 49. A lei disporá sobre o instituto da enfiteuse em imóveis urbanos, sendo facultada aos foreiros, no caso de sua extinção, a remição dos aforamentos mediante aquisição do domínio direto, na conformidade do que dispuserem os respectivos contratos.

§ 1º Quando não existir cláusula contratual, serão adotados os critérios e bases hoje vigentes na legislação especial dos imóveis da União.

§ 2º Os direitos dos atuais ocupantes inscritos ficam assegurados pela aplicação de outra modalidade de contrato.

§ 3º A enfiteuse continuará sendo aplicada aos terrenos de marinha e seus acrescidos, situados na faixa de segurança, a partir da orla marítima.

§ 4º Remido o foro, o antigo titular do domínio direto deverá, no prazo de noventa dias, sob pena de responsabilidade, confiar à guarda do registro de imóveis competente toda a documentação a ele relativa.

Art. 50. Lei agrícola a ser promulgada no prazo de um ano disporá, nos termos da Constituição, sobre os objetivos e instrumentos de política agrícola, prioridades, planejamento de safras, comercialização, abastecimento interno, mercado externo e instituição de crédito fundiário.

Art. 51. Serão revistos pelo Congresso Nacional, através de Comissão mista, nos três anos a contar da data da promulgação da Constituição, todas as doações, vendas e concessões de terras públicas com área superior a três mil hectares, realizadas no período de 1º de janeiro de 1962 a 31 de dezembro de 1987.

§ 1º No tocante às vendas, a revisão será feito com base exclusivamente no critério de legalidade da operação.

§ 2º No caso de concessões e doações, a revisão obedecerá aos critérios de legalidade e de conveniência do interesse público.

§ 3º Nas hipóteses previstas nos parágrafos anteriores, comprovada a ilegalidade, ou havendo interesse público, as terras reverterão ao patrimônio da União, dos Estados, do Distrito Federal ou dos Municípios.

Art. 52. Até que sejam fixadas as condições do art. 192, são vedados: *("Caput" do artigo com redação dada pela Emenda Constitucional n. 40, de 2003)*

I — a instalação, no País, de novas agências de instituições financeiras domiciliadas no exterior;

II — o aumento do percentual de participação, no capital de instituições financeiras com sede no País, de pessoas físicas ou jurídicas residentes ou domiciliadas no exterior.

Parágrafo único. A vedação a que se refere este artigo não se aplica às autorizações resultantes de acordos internacionais, de reciprocidade, ou de interesse do Governo brasileiro.

Art. 53. Ao ex-combatente que tenha efetivamente participado de operações bélicas durante a Segunda Guerra Mundial, nos termos da Lei n. 5.315, de 12 de setembro de 1967, serão assegurados os seguintes direitos:

I — aproveitamento no serviço público, sem a exigência de concurso, com estabilidade;

II — pensão especial correspondente à deixada por segundo-tenente das Forças Armadas, que poderá ser requerida a qualquer tempo, sendo inacumulável com quaisquer rendimentos recebidos dos cofres públicos, exceto os benefícios previdenciários, ressalvado o direito de opção;

III — em caso de morte, pensão à viúva ou companheira ou dependente, de forma proporcional, de valor igual à do inciso anterior;

IV — assistência médica, hospitalar e educacional gratuita, extensiva aos dependentes;

V — aposentadoria com proventos integrais aos vinte e cinco anos de serviço efetivo, em qualquer regime jurídico;

VI — prioridade na aquisição da casa própria, para os que não a possuam ou para suas viúvas ou companheiras.

ATO DAS DISPOSIÇÕES CONSTITUCIONAIS TRANSITÓRIAS

Parágrafo único. A concessão da pensão especial do inciso II substitui, para todos os efeitos legais, qualquer outra pensão já concedida ao ex-combatente.

Art. 54. Os seringueiros recrutados nos termos do Decreto-Lei n. 5.813, de 14 de setembro de 1943, e amparados pelo Decreto-Lei n. 9.882, de 16 de setembro de 1946, receberão, quando carentes, pensão mensal vitalícia no valor de dois salários mínimos.

§ 1º O benefício é estendido aos seringueiros que, atendendo a apelo do Governo brasileiro, contribuíram para o esforço de guerra, trabalhando na produção de borracha, na Região Amazônica, durante a Segunda Guerra Mundial.

§ 2º Os benefícios estabelecidos neste artigo são transferíveis aos dependentes reconhecidamente carentes.

§ 3º A concessão do benefício far-se-á conforme lei a ser proposta pelo Poder Executivo dentro de cento e cinquenta dias da promulgação da Constituição.

Art. 54-A. Os seringueiros de que trata o art. 54 deste Ato das Disposições Constitucionais Transitórias receberão indenização, em parcela única, no valor de R$ 25.000,00 (vinte e cinco mil reais). *(Artigo acrescido pela Emenda Constitucional n. 78, de 2014, publicada no DOU de 15.5.2014, em vigor no exercício financeiro seguinte ao de sua publicação)*

Art. 55. Até que seja aprovada a lei de diretrizes orçamentárias, trinta por cento, no mínimo, do orçamento da seguridade social, excluído o seguro-desemprego, serão destinados ao setor de saúde.

Art. 56. Até que a lei disponha sobre o art. 195, I, a arrecadação decorrente de, no mínimo, cinco dos seis décimos percentuais correspondentes à alíquota da contribuição de que trata o Decreto-Lei n. 1.940, de 25 de maio de 1982, alterada pelo Decreto-Lei n. 2.049, de 1º de agosto de 1983, pelo Decreto n. 91.236, de 8 de maio de 1985, e pela Lei n. 7.611, de 8 de julho de 1987, passa a integrar a receita da seguridade social, ressalvados, exclusivamente no exercício de 1988, os compromissos assumidos com programas e projetos em andamento.

Art. 57. Os débitos dos Estados e dos Municípios relativos às contribuições previdenciárias até 30 de junho de 1988 serão liquidados, com correção monetária, em cento e vinte parcelas mensais, dispensados os juros e multas sobre eles incidentes, desde que os devedores requeiram o parcelamento e iniciem seu pagamento no prazo de cento e oitenta dias a contar da promulgação da Constituição.

§ 1º O montante a ser pago em cada um dos dois primeiros anos não será inferior a cinco por cento do total do débito consolidado e atualizado, sendo o restante dividido em parcelas mensais de igual valor.

§ 2º A liquidação poderá incluir pagamentos na forma de cessão de bens e prestação de serviços, nos termos da Lei n. 7.578, de 23 de dezembro de 1986.

§ 3º Em garantia do cumprimento do parcelamento, os Estados e os Municípios consignarão, anualmente, nos respectivos orçamentos as dotações necessárias ao pagamento de seus débitos.

§ 4º Descumprida qualquer das condições estabelecidas para concessão do parcelamento, o débito será considerado vencido em sua totalidade, sobre ele incidindo juros de mora; nesta hipótese, parcela dos recursos correspondentes aos fundos de participação, destinada aos Estados e Municípios devedores, será bloqueada e repassada à previdência social para pagamento de seus débitos.

Art. 58. Os benefícios de prestação continuada, mantidos pela previdência social na data da promulgação da Constituição, terão seus valores revistos, a fim de que seja restabelecido o poder aquisitivo, expresso em número de salários mínimos, que tinham na data de sua concessão, obedecendo-se a esse critério de atualização até a implantação do plano de custeio e benefícios referidos no artigo seguinte.

Parágrafo único. As prestações mensais dos benefícios atualizadas de acordo com este artigo serão devidas e pagas a partir do sétimo mês a contar da promulgação da Constituição.

Art. 59. Os projetos de lei relativos à organização da seguridade social e aos planos de custeio e de benefício serão apresentados no prazo máximo de seis meses da promulgação da Constituição ao Congresso Nacional, que terá seis meses para apreciá-los.

Parágrafo único. Aprovados pelo Congresso Nacional, os planos serão implantados progressivamente nos dezoito meses seguintes.

Art. 60. Até o 14º (décimo quarto) ano a partir da promulgação desta Emenda Constitucional, os Estados, o Distrito Federal e os Municípios destinarão parte dos recursos a que se refere o *caput* do art. 212 da Constituição Federal à manutenção e desenvolvimento da educação básica e à remuneração condigna dos trabalhadores da educação, respeitadas as seguintes disposições:

I — a distribuição dos recursos e de responsabilidades entre o Distrito Federal, os Estados e seus Municípios é assegurada mediante a criação, no âmbito de cada Estado e do Distrito Federal, de um Fundo de Manutenção e Desenvolvimento da Educação Básica e de Valorização dos Profissionais da Educação — FUNDEB, de natureza contábil;

II — os Fundos referidos no inciso I do *caput* deste artigo serão constituídos por 20% (vinte por cento) dos recursos a que se referem os incisos I, II e III do art. 155; o inciso II do *caput* do art. 157; os incisos II, III e IV do *caput* do art. 158; e as alíneas a e b do inciso I e o inciso II do *caput* do art. 159, todos da Constituição Federal, e distribuídos entre cada Estado e seus Municípios, proporcionalmente ao número de alunos das diversas etapas e modalidades da educação básica presencial, matriculados nas respectivas redes, nos respectivos âmbitos de atuação prioritária estabelecidos nos §§ 2º e 3º do art. 211 da Constituição Federal;

III — observadas as garantias estabelecidas nos incisos I, II, III e IV do *caput* do art. 208 da Constituição Federal e as metas de universalização da educação básica estabelecidas no Plano Nacional de Educação, a lei disporá sobre:

a) a organização dos Fundos, a distribuição proporcional de seus recursos, as diferenças e as ponderações quanto ao valor anual por aluno entre etapas e modalidades da educação básica e tipos de estabelecimento de ensino;

b) a forma de cálculo do valor anual mínimo por aluno;

c) os percentuais máximos de apropriação dos recursos dos Fundos pelas diversas etapas e modalidades da educação básica, observados os arts. 208 e 214 da Constituição Federal, bem como as metas do Plano Nacional de Educação;

d) a fiscalização e o controle dos Fundos;

e) prazo para fixar, em lei específica, piso salarial profissional nacional para os profissionais do magistério público da educação básica;

IV — os recursos recebidos à conta dos Fundos instituídos nos termos do inciso I do *caput* deste artigo serão

aplicados pelos Estados e Municípios exclusivamente nos respectivos âmbitos de atuação prioritária, conforme estabelecido nos §§ 2º e 3º do art. 211 da Constituição Federal;

V — a União complementará os recursos dos Fundos a que se refere o inciso II do *caput* deste artigo sempre que, no Distrito Federal e em cada Estado, o valor por aluno não alcançar o mínimo definido nacionalmente, fixado em observância ao disposto no inciso VII do *caput* deste artigo, vedada a utilização dos recursos a que se refere o § 5º do art. 212 da Constituição Federal;

VI — até 10% (dez por cento) da complementação da União prevista no inciso V do *caput* deste artigo poderá ser distribuída para os Fundos por meio de programas direcionados para a melhoria da qualidade da educação, na forma da lei a que se refere o inciso III do *caput* deste artigo;

VII — a complementação da União de que trata o inciso V do *caput* deste artigo será de, no mínimo:

a) R$ 2.000.000.000,00 (dois bilhões de reais), no primeiro ano de vigência dos Fundos;

b) R$ 3.000.000.000,00 (três bilhões de reais), no segundo ano de vigência dos Fundos;

c) R$ 4.500.000.000,00 (quatro bilhões e quinhentos milhões de reais), no terceiro ano de vigência dos Fundos;

d) 10% (dez por cento) do total dos recursos a que se refere o inciso II do *caput* deste artigo, a partir do quarto ano de vigência dos Fundos;

VIII — a vinculação de recursos à manutenção e desenvolvimento do ensino estabelecida no art. 212 da Constituição Federal suportará, no máximo, 30% (trinta por cento) da complementação da União, considerando-se para os fins deste inciso os valores previstos no inciso VII do *caput* deste artigo;

IX — os valores a que se referem as alíneas a, b, e c do inciso VII do *caput* deste artigo serão atualizados, anualmente, a partir da promulgação desta Emenda Constitucional, de forma a preservar, em caráter permanente, o valor real da complementação da União;

X — aplica-se à complementação da União o disposto no art. 160 da Constituição Federal;

XI — o não-cumprimento do disposto nos incisos V e VII do *caput* deste artigo importará crime de responsabilidade da autoridade competente;

XII — proporção não inferior a 60% (sessenta por cento) de cada Fundo referido no inciso I do *caput* deste artigo será destinada ao pagamento dos profissionais do magistério da educação básica em efetivo exercício.

§ 1º A União, os Estados, o Distrito Federal e os Municípios deverão assegurar, no financiamento da educação básica, a melhoria da qualidade de ensino, de forma a garantir padrão mínimo definido nacionalmente.

§ 2º O valor por aluno do ensino fundamental, no Fundo de cada Estado e do Distrito Federal, não poderá ser inferior ao praticado no âmbito do Fundo de Manutenção e Desenvolvimento do Ensino Fundamental e de Valorização do Magistério — FUNDEF, no ano anterior à vigência desta Emenda Constitucional.

§ 3º O valor anual mínimo por aluno do ensino fundamental, no âmbito do Fundo de Manutenção e Desenvolvimento da Educação Básica e de Valorização dos Profissionais da Educação — FUNDEB, não poderá ser inferior ao valor mínimo fixado nacionalmente no ano anterior ao da vigência desta Emenda Constitucional.

§ 4º Para efeito de distribuição de recursos dos Fundos a que se refere o inciso I do *caput* deste artigo, levar-se-á em conta a totalidade das matrículas no ensino fundamental e considerar-se-á para a educação infantil, para o ensino médio e para a educação de jovens e adultos 1/3 (um terço) das matrículas no primeiro ano, 2/3 (dois terços) no segundo ano e sua totalidade a partir do terceiro ano.

§ 5º A porcentagem dos recursos de constituição dos Fundos, conforme o inciso II do *caput* deste artigo, será alcançada gradativamente nos primeiros 3 (três) anos de vigência dos Fundos, da seguinte forma:

I — no caso dos impostos e transferências constantes do inciso II do *caput* do art. 155; do inciso IV do *caput* do art. 158; e das alíneas a e b do inciso I e do inciso II do *caput* do art. 159 da Constituição Federal:

a) 16,66% (dezesseis inteiros e sessenta e seis centésimos por cento), no primeiro ano;

b) 18,33% (dezoito inteiros e trinta e três centésimos por cento), no segundo ano;

c) 20% (vinte por cento), a partir do terceiro ano;

II — no caso dos impostos e transferências constantes dos incisos I e III do *caput* do art. 155; do inciso II do *caput* do art. 157; e dos incisos II e III do *caput* do art. 158 da Constituição Federal:

a) 6,66% (seis inteiros e sessenta e seis centésimos por cento), no primeiro ano;

b) 13,33% (treze inteiros e trinta e três centésimos por cento), no segundo ano;

c) 20% (vinte por cento), a partir do terceiro ano.

§ 6º (Revogado).

§ 7º (Revogado). *(Artigo com redação dada pela Emenda Constitucional n. 53, de 2006)*

Art. 61. As entidades educacionais a que se refere o art. 213, bem como as fundações de ensino e pesquisa cuja criação tenha sido autorizada por lei, que preencham os requisitos dos incisos I e II do referido artigo e que, nos últimos três anos, tenham recebido recursos públicos, poderão continuar a recebê-los, salvo disposição legal em contrário.

Art. 62. A lei criará o Serviço Nacional de Aprendizagem Rural (SENAR) nos moldes da legislação relativa ao Serviço Nacional de Aprendizagem Industrial (SENAI) e ao Serviço Nacional de Aprendizagem do Comércio (SENAC), sem prejuízo das atribuições dos órgãos públicos que atuam na área.

Art. 63. É criada uma Comissão composta de nove membros, sendo três do Poder Legislativo, três do Poder Judiciário e três do Poder Executivo, para promover as comemorações do centenário da proclamação da República e da promulgação da primeira Constituição republicana do País, podendo, a seu critério, desdobrar-se em tantas subcomissões quantas forem necessárias.

Parágrafo único. No desenvolvimento de suas atribuições, a Comissão promoverá estudos, debates e avaliações sobre a evolução política, social, econômica e cultural do País, podendo articular-se com os governos estaduais e municipais e com instituições públicas e privadas que desejem participar dos eventos.

Art. 64. A Imprensa Nacional e demais gráficas da União, dos Estados, do Distrito Federal e dos Municípios, da administração direta ou indireta, inclusive fundações instituídas e mantidas pelo Poder Público, promoverão edição popular do texto integral da Constituição, que será posta à disposição das escolas e dos cartórios, dos sindicatos, dos quartéis, das igrejas e de outras instituições representativas da comunidade, gratuitamente, de modo que cada cidadão brasileiro possa receber do Estado um exemplar da Constituição do Brasil.

ATO DAS DISPOSIÇÕES CONSTITUCIONAIS TRANSITÓRIAS

Art. 65. O Poder Legislativo regulamentará, no prazo de doze meses, o art. 220, § 4º.

Art. 66. São mantidas as concessões de serviços públicos de telecomunicações atualmente em vigor, nos termos da lei.

Art. 67. A União concluirá a demarcação das terras indígenas no prazo de cinco anos a partir da promulgação da Constituição.

Art. 68. Aos remanescentes das comunidades dos quilombos que estejam ocupando suas terras é reconhecida a propriedade definitiva, devendo o Estado emitir-lhes os títulos respectivos.

Art. 69. Será permitido aos Estados manter consultorias jurídicas separadas de suas Procuradorias-Gerais ou Advocacias-Gerais, desde que, na data da promulgação da Constituição, tenham órgãos distintos para as respectivas funções.

Art. 70. Fica mantida a atual competência dos tribunais estaduais até que a mesma seja definida na Constituição do Estado, nos termos do art. 125, § 1º, da Constituição.

Art. 71. É instituído, nos exercícios financeiros de 1994 e 1995, bem assim nos períodos de 1º.1.1996 a 30.6.97 e 1º.7.1997 a 31.12.1999, o Fundo Social de Emergência, com o objetivo de saneamento financeiro da Fazenda Pública Federal e de estabilização econômica, cujos recursos serão aplicados prioritariamente no custeio das ações dos sistemas de saúde e educação, incluindo a complementação de recursos de que trata o § 3º do art. 60 do Ato das Disposições Constitucionais Transitórias, benefícios previdenciários e auxílios assistenciais de prestação continuada, inclusive liquidação de passivo previdenciário, e despesas orçamentárias associadas a programas de relevante interesse econômico e social. *("Caput" do artigo acrescido pela Emenda Constitucional de Revisão n. 1, de 1994 e com nova redação dada pela Emenda Constitucional n. 17, de 1997)*

§ 1º Ao Fundo criado por este artigo não se aplica o disposto na parte final do inciso II do § 9º do art. 165 da Constituição. *(Parágrafo único acrescido pela Emenda Constitucional de Revisão n. 1, de 1994 e transformado em § 1º pela Emenda Constitucional n. 10, de 1996)*

§ 2º O Fundo criado por este artigo passa a ser denominado Fundo de Estabilização Fiscal a partir do início do exercício financeiro de 1996. *(Parágrafo acrescido pela Emenda Constitucional n. 10, de 1996)*

§ 3º O Poder Executivo publicará demonstrativo da execução orçamentária, de periodicidade bimestral, no qual se discriminarão as fontes e usos do Fundo criado por este artigo. *(Parágrafo acrescido pela Emenda Constitucional n. 10, de 1996)*

Art. 72. Integram o Fundo Social de Emergência: *("Caput" do artigo acrescido pela Emenda Constitucional de Revisão n. 1, de 1994)*

I — o produto da arrecadação do imposto sobre renda e proventos de qualquer natureza incidente na fonte sobre pagamentos efetuados, a qualquer título pela União, inclusive suas autarquias e fundações; *(Inciso acrescido pela Emenda Constitucional de Revisão n. 1, de 1994)*

II — a parcela do produto da arrecadação do imposto sobre renda e proventos de qualquer natureza e do imposto sobre operações de crédito, câmbio e seguro, ou relativas a títulos e valores mobiliários, decorrente das alterações produzidas pela Lei n. 8.894, de 21 de junho de 1994, e pelas Leis n.s 8.849 e 8.848, ambas de 28 de janeiro de 1994, e modificações posteriores; *(Inciso acrescido pela Emenda Constitucional de Revisão n. 1, de 1994 e com nova redação dada pela Emenda Constitucional n. 10, de 1996)*

III — a parcela do produto da arrecadação resultante da elevação da alíquota da contribuição social sobre o lucro dos contribuintes a que se refere o § 1º do Art. 22 da Lei n. 8.212, de 24 de julho de 1991, a qual, nos exercícios financeiros de 1994 e 1995, bem assim no período de 1º de janeiro de 1996 a 30 de junho de 1997, passa a ser de trinta por cento, sujeita a alteração por lei ordinária, mantidas as demais normas da Lei n. 7.689, de 15 de dezembro de 1988; *(Inciso acrescido pela Emenda Constitucional de Revisão n. 1, de 1994 e com nova redação dada pela Emenda Constitucional n. 10, de 1996)*

IV — vinte por cento do produto da arrecadação de todos os impostos e contribuições da União, já instituídos ou a serem criados, excetuado o previsto nos incisos I, II e III, observado o disposto nos §§ 3º e 4º; *(Inciso acrescido pela Emenda Constitucional de Revisão n. 1, de 1994 e com nova redação dada pela Emenda Constitucional n. 10, de 1996)*

V — a parcela do produto da arrecadação da contribuição de que trata a Lei Complementar n. 7, de 7 de setembro de 1970, devida pelas pessoas jurídicas a que se refere o inciso III deste artigo, a qual será calculada, nos exercícios financeiros de 1994 a 1995, bem assim nos períodos de 1ºde janeiro de 1996 a 30 de junho de 1997 e de 1º de julho de 1997 a 31 de dezembro de 1999, mediante a aplicação da alíquota de setenta e cinco centésimos por cento, sujeita a alteração por lei ordinária posterior, sobre a receita bruta operacional, como definida na legislação do imposto sobre renda e proventos de qualquer natureza. *(Inciso acrescido pela Emenda Constitucional de Revisão n. 1, de 1994 e com nova redação dada pela Emenda Constitucional n. 17, de 1997)*

VI — outras receitas previstas em lei específica. *(Inciso acrescido pela Emenda Constitucional de Revisão n. 1, de 1994)*

§ 1º As alíquotas e a base de cálculo previstas nos incisos III e V aplicar-se-ão a partir do primeiro dia do mês seguinte aos noventa dias posteriores à promulgação desta emenda. *(Parágrafo acrescido pela Emenda Constitucional de Revisão n. 1, de 1994)*

§ 2º As parcelas de que tratam os incisos I, II, III e V serão previamente deduzidas da base de cálculo de qualquer vinculação ou participação constitucional ou legal, não se lhes aplicando o disposto nos artigos, 159, 212 e 239 da Constituição. *(Parágrafo acrescido pela Emenda Constitucional de Revisão n. 1, de 1994 e com nova redação dada pela Emenda Constitucional n. 10, de 1996)*

§ 3º A parcela de que trata o inciso IV será previamente deduzida da base de cálculo das vinculações ou participações constitucionais previstas nos arts. 153, § 5º, 157, II, 212 e 239 da Constituição. *(Parágrafo acrescido pela Emenda Constitucional de Revisão n. 1, de 1994 e com nova redação dada pela Emenda Constitucional n. 10, de 1996)*

§ 4º O disposto no parágrafo anterior não se aplica aos recursos previstos nos Artigos 158, II e 159 da Constituição. *(Parágrafo acrescido pela Emenda Constitucional de Revisão n. 1, de 1994 e com nova redação dada pela Emenda Constitucional n. 10, de 1996)*

§ 5º A parcela dos recursos provenientes do imposto sobre renda e proventos de qualquer natureza, destinada ao Fundo Social de Emergência, nos termos do inciso II deste artigo, não poderá exceder a cinco inteiros e seis décimos

ATO DAS DISPOSIÇÕES CONSTITUCIONAIS TRANSITÓRIAS

por cento do total do produto da sua arrecadação. *(Parágrafo acrescido pela Emenda Constitucional de Revisão n. 1, de 1994 e com nova redação dada pela Emenda Constitucional n. 10, de 1996)*

Art. 73. Na regulação do Fundo Social de emergência não poderá ser utilizado instrumento previsto o inciso V do Art. 59 da Constituição. *(Artigo acrescido pela Emenda Constitucional de Revisão n. 1, de 1994)*

Art. 74. A União poderá instituir contribuição provisória sobre movimentação ou transmissão de valores e de créditos e direitos de natureza financeira.

§ 1º A alíquota da contribuição de que trata este artigo não excederá a vinte e cinco centésimos por cento, facultado ao Poder Executivo reduzi-la ou restabelecê-la, total ou parcialmente, nas condições e limites fixados em lei.

§ 2º A contribuição de que trata este artigo não se aplica o disposto nos arts. 153, § 5º, e 154, I, da Constituição.

§ 3º O produto da arrecadação da contribuição de que trata este artigo será destinado integralmente ao Fundo Nacional de Saúde, para financiamento das ações e serviços de saúde.

§ 4º A contribuição de que trata este artigo terá sua exigibilidade subordinada ao disposto no art. 195, § 6º, da Constituição, e não poderá ser cobrada por prazo superior a dois anos. *(Artigo acrescido pela Emenda Constitucional n. 12, de 1996)*

Art. 75. É prorrogada, por trinta e seis meses, a cobrança da contribuição provisória sobre movimentação ou transmissão de valores e de créditos e direitos de natureza financeira de que trata o art. 74, instituída pela Lei n. 9.311, de 24 de outubro de 1996, modificada pela Lei n. 9.539, de 12 de dezembro de 1997, cuja vigência é também prorrogada por idêntico prazo.

§ 1º Observado o disposto no § 6º do art. 195 da Constituição Federal, a alíquota da contribuição será de trinta e oito centésimos por cento, nos primeiros doze meses, e de trinta centésimos, nos meses subsequentes, facultado ao Poder Executivo reduzi-la total ou parcialmente, nos limites aqui definidos.

§ 2º O resultado do aumento da arrecadação, decorrente da alteração da alíquota, nos exercícios financeiros de 1999, 2000 e 2001, será destinado ao custeio da previdência social.

§ 3º É a União autorizada a emitir títulos da dívida pública interna, cujos recursos serão destinados ao custeio da saúde e da previdência social, em montante equivalente ao produto da arrecadação da contribuição, prevista e não realizada em 1999. *(Artigo acrescido pela Emenda Constitucional n. 21, de 1999) (Vide ADIN n. 2.031-5)*

Art. 76. São desvinculados de órgão, fundo ou despesa, até 31 de dezembro de 2015, 20% (vinte por cento) da arrecadação da União de impostos, contribuições sociais e de intervenção no domínio econômico, já instituídos ou que vierem a ser criados até a referida data, seus adicionais e respectivos acréscimos legais. *("Caput" do artigo acrescido pela Emenda Constitucional n. 27, de 2000 e com nova redação dada pela Emenda Constitucional n. 68, de 2011)*

§ 1º O disposto no *caput* não reduzirá a base de cálculo das transferências a Estados, Distrito Federal e Municípios, na forma do § 5º do art. 153, do inciso I do art. 157, dos incisos I e II do art. 158 e das alíneas *a*, *b* e *d* do inciso I e do inciso II do art. 159 da Constituição Federal, nem a base de cálculo das destinações a que se refere a alínea *c* do inciso I do art. 159 da Constituição Federal. *(Parágrafo acrescido pela Emenda Constitucional n. 27, de 2000 e com nova redação dada pela Emenda Constitucional n. 68, de 2011)*

§ 2º Excetua-se da desvinculação de que trata o *caput* a arrecadação da contribuição social do salário-educação a que se refere o § 5º do art. 212 da Constituição Federal. *(Parágrafo acrescido pela Emenda Constitucional n. 27, de 2000 e com nova redação dada pela Emenda Constitucional n. 68, de 2011)*

§ 3º Para efeito do cálculo dos recursos para manutenção e desenvolvimento do ensino de que trata o art. 212 da Constituição Federal, o percentual referido no *caput* será nulo. *(Parágrafo acrescido pela Emenda Constitucional n. 59, de 2009 e com nova redação dada pela Emenda Constitucional n. 68, de 2011)*

Art. 77. Até o exercício financeiro de 2004, os recursos mínimos aplicados nas ações e serviços públicos de saúde serão equivalentes:

I — no caso da União:

a) no ano 2000, o montante empenhado em ações e serviços públicos de saúde no exercício financeiro de 1999 acrescido de, no mínimo, cinco por cento;

b) do ano 2001 ao ano 2004, o valor apurado no ano anterior, corrigido pela variação nominal do Produto Interno Bruto — PIB;

II — no caso dos Estados e do Distrito Federal, doze por cento do produto da arrecadação dos impostos a que se refere o art. 155 e dos recursos de que tratam os arts. 157 e 159, inciso I, alínea *a*, e inciso II, deduzidas as parcelas que forem transferidas aos respectivos Municípios; e

III — no caso dos Municípios e do Distrito Federal, quinze por cento do produto da arrecadação dos impostos a que se refere o art. 156 e dos recursos de que tratam os arts. 158 e 159, inciso I, alínea *b* e § 3º.

§ 1º Os Estados, o Distrito Federal e os Municípios que apliquem percentuais inferiores aos fixados nos incisos II e III deverão elevá-los gradualmente, até o exercício financeiro de 2004, reduzida a diferença à razão de, pelo menos, um quinto por ano, sendo que, a partir de 2000, a aplicação será de pelo menos sete por cento.

§ 2º Dos recursos da União apurados nos termos deste artigo, quinze por cento, no mínimo, serão aplicados nos Municípios, segundo o critério populacional, em ações e serviços básicos de saúde, na forma da lei.

§ 3º Os recursos dos Estados, do Distrito Federal e dos Municípios destinados às ações e serviços públicos de saúde e os transferidos pela União para a mesma finalidade serão aplicados por meio de Fundo de Saúde que será acompanhado e fiscalizado por Conselho de Saúde, sem prejuízo do disposto no art. 74 da Constituição Federal.

§ 4º Na ausência da lei complementar a que se refere o art. 198, § 3º, a partir do exercício financeiro de 2005, aplicar-se-á à União, aos Estados, ao Distrito Federal e aos Municípios o disposto neste artigo. *(Artigo acrescido pela Emenda Constitucional n. 29, de 2000)*

Art. 78. Ressalvados os créditos definidos em lei como de pequeno valor, os de natureza alimentícia, os de que trata o art. 33 deste Ato das Disposições Constitucionais Transitórias e suas complementações e os que já tiverem os seus respectivos recursos liberados ou depositados em juízo, os precatórios pendentes na data de promulgação desta Emenda e os que decorram de ações iniciais ajuizadas até 31 de dezembro de 1999 serão liquidados pelo seu valor real, em moeda corrente, acrescido de juros legais, em prestações anuais, iguais e sucessivas, no prazo máximo de dez anos, permitida a cessão dos créditos.

ATO DAS DISPOSIÇÕES CONSTITUCIONAIS TRANSITÓRIAS

§ 1º É permitida a decomposição de parcelas, a critério do credor.

§ 2º As prestações anuais a que se refere o *caput* deste artigo terão, se não liquidadas até o final do exercício a que se referem, poder liberatório do pagamento de tributos da entidade devedora.

§ 3º O prazo referido no *caput* deste artigo fica reduzido para dois anos, nos casos de precatórios judiciais originários de desapropriação de imóvel residencial do credor, desde que comprovadamente único à época da imissão na posse.

§ 4º O Presidente do Tribunal competente deverá, vencido o prazo ou em caso de omissão no orçamento, ou preterição ao direito de precedência, a requerimento do credor, requisitar ou determinar o sequestro de recursos financeiros da entidade executada, suficientes à satisfação da prestação. *(Artigo acrescido pela Emenda Constitucional n. 30, de 2000)*

Art. 79. É instituído, para vigorar até o ano de 2010, no âmbito do Poder Executivo Federal, o Fundo de Combate a Erradicação da Pobreza, a ser regulado por lei complementar com o objetivo de viabilizar a todos os brasileiros acesso a níveis dignos de subsistência, cujos recursos serão aplicados em ações suplementares de nutrição, habitação, educação, saúde, reforço de renda familiar e outros programas de relevante interesse social voltados para melhoria da qualidade de vida. *(Prazo prorrogado por tempo indeterminado, de acordo com o art. 1º da Emenda Constitucional n. 67, de 2010)*

Parágrafo único. O Fundo previsto neste artigo terá Conselho Consultivo e de Acompanhamento que conte com a participação de representantes da sociedade civil, nos termos da lei. *(Artigo acrescido pela Emenda Constitucional n. 31, de 2000)*

Art. 80. Compõem o Fundo de Combate e Erradicação da Pobreza:

I — a parcela do produto da arrecadação correspondente a um adicional de oito centésimos por cento, aplicável de 18 de junho de 2000 a 17 de junho de 2002, na alíquota da contribuição social de que trata o art. 75 do Ato das Disposições Constitucionais Transitórias;

II — a parcela do produto da arrecadação correspondente a um adicional de cinco pontos percentuais na alíquota do Imposto sobre Produtos Industrializados — IPI, ou do imposto que vier a substituí-lo, incidente sobre produtos supérfluos e aplicável até a extinção do Fundo;

III — o produto da arrecadação do imposto de que trata o art. 153, inciso VII, da Constituição;

IV — dotações orçamentárias;

V — doações, de qualquer natureza, de pessoas físicas ou jurídicas do País ou do exterior;

VI — outras receitas, a serem definidas na regulamentação do referido Fundo.

§ 1º Aos recursos integrantes do Fundo de que trata este artigo não se aplica o disposto nos arts. 159 e 167, inciso IV, da Constituição, assim como qualquer desvinculação de recursos orçamentários.

§ 2º A arrecadação decorrente do disposto no inciso I deste artigo, no período compreendido entre 18 de junho de 2000 e o início da vigência da lei complementar a que se refere a art. 79, será integralmente repassada ao Fundo, preservado o seu valor real, em títulos públicos federais, progressivamente resgatáveis após 18 de junho de 2002, na forma da lei. *(Artigo acrescido pela Emenda Constitucional n. 31, de 2000)*

Art. 81. É instituído Fundo constituído pelos recursos recebidos pela União em decorrência da desestatização de sociedades de economia mista ou empresas públicas por ela controladas, direta ou indiretamente, quando a operação envolver a alienação do respectivo controle acionário a pessoa ou entidade não integrante da Administração Pública, ou de participação societária remanescente após a alienação, cujos rendimentos, gerados a partir de 18 de junho de 2002, reverterão ao Fundo de Combate e Erradicação de Pobreza.

§ 1º Caso o montante anual previsto nos rendimentos transferidos ao Fundo de Combate e Erradicação da Pobreza, na forma deste artigo, não alcance o valor de quatro bilhões de reais, far-se-á complementação na forma do art. 80, inciso IV, do Ato das disposições Constitucionais Transitórias.

§ 2º Sem prejuízo do disposto no § 1º, o Poder Executivo poderá destinar ao Fundo a que se refere este artigo outras receitas decorrentes da alienação de bens da União.

§ 3º A constituição do Fundo a que se refere o *caput*, a transferência de recursos ao Fundo de Combate e Erradicação da Pobreza e as demais disposições referentes ao § 1º deste artigo serão disciplinadas em lei, não se aplicando o disposto no art. 165, § 9º, inciso II, da Constituição. *(Artigo acrescido pela Emenda Constitucional n. 31, de 2000)*

Art. 82. Os Estados, o Distrito Federal e os Municípios devem instituir Fundos de Combate á Pobreza, com os recursos de que trata este artigo e outros que vierem a destinar, devendo os referidos Fundos ser geridos por entidades que contem com a participação da sociedade civil. *(Artigo acrescido pela Emenda Constitucional n. 31, de 2000)*

§ 1º Para o financiamento dos Fundos Estaduais e Distrital, poderá ser criado adicional de até dois pontos percentuais na alíquota do Imposto sobre Circulação de Mercadorias e Serviços — ICMS, sobre os produtos e serviços supérfluos e nas condições definidas na lei complementar de que trata o art. 155, § 2º, XII, da Constituição, não se aplicando, sobre este percentual, o disposto no art. 158, IV, da Constituição. *(Parágrafo acrescido pela Emenda Constitucional n. 31, de 2000 e com nova redação dada pela Emenda Constitucional n. 42, de 2003)*

§ 2º Para o financiamento dos Fundos Municipais, poderá ser criado adicional de até meio ponto percentual na alíquota do Imposto sobre serviços ou do imposto que vier a substituí-lo, sobre serviços supérfluos. *(Parágrafo acrescido pela Emenda Constitucional n. 31, de 2000)*

Art. 83. Lei federal definirá os produtos e serviços supérfluos a que se referem os arts. 80, II, e 82, § 2º. *(Artigo acrescido pela Emenda Constitucional n. 31, de 2000 e com nova redação dada pela Emenda Constitucional n. 42, de 2003)*

Art. 84. A contribuição provisória sobre movimentação ou transmissão de valores e de créditos e direitos de natureza financeira, prevista nos arts. 74, 75 e 80, I, deste Ato das Disposições Constitucionais Transitórias, será cobrada até 31 de dezembro de 2004. *("Caput" do artigo acrescido pela Emenda Constitucional n. 37, de 2002)*

§ 1º Fica prorrogada, até a data referida no *caput* deste artigo, a vigência da Lei n. 9.311, de 24 de outubro de 1996, e suas alterações. *(Parágrafo acrescido pela Emenda Constitucional n. 37, de 2002)*

§ 2º Do produto da arrecadação da contribuição social de que trata este artigo será destinada a parcela correspondente à alíquota de:

I — vinte centésimos por cento ao Fundo Nacional de Saúde, para financiamento das ações e serviços de saúde;

II — dez centésimos por cento ao custeio da previdência social;

III — oito centésimos por cento ao Fundo de Combate e Erradicação da Pobreza, de que tratam os arts. 80 e 81 deste Ato das Disposições Constitucionais Transitórias. *(Parágrafo acrescido pela Emenda Constitucional n. 37, de 2002)*

§ 3º A alíquota da contribuição de que trata este artigo será de: *("Caput" do parágrafo acrescido pela Emenda Constitucional n. 37, de 2002)*

I — trinta e oito centésimos por cento, nos exercícios financeiros de 2002 e 2003; *(Inciso acrescido pela Emenda Constitucional n. 37, de 2002)*

II — *(Revogado pela Emenda Constitucional n. 42, de 2003)*

Art. 85. A contribuição a que se refere o art. 84 deste Ato das Disposições Constitucionais Transitórias não incidirá, a partir do trigésimo dia da data de publicação desta Emenda Constitucional, nos lançamentos:

I — em contas correntes de depósito especialmente abertas e exclusivamente utilizadas para operações de:

a) câmaras e prestadoras de serviços de compensação e de liquidação de que trata o parágrafo único do art. 2º da Lei n. 10.214, de 27 de março de 2001;

b) companhias securitizadoras de que trata a Lei n. 9.514, de 20 de novembro de 1997;

c) sociedades anônimas que tenham por objeto exclusivo a aquisição de créditos oriundos de operações praticadas no mercado financeiro;

II — em contas correntes de depósito, relativos a:

a) operações de compra e venda de ações, realizadas em recintos ou sistemas de negociação de bolsas de valores e no mercado de balcão organizado;

b) contratos referenciados em ações ou índices de ações, em suas diversas modalidades, negociados em bolsas de valores, de mercadorias e de futuros;

III — em contas de investidores estrangeiros, relativos a entradas no País e a remessas para o exterior de recursos financeiros empregados, exclusivamente, em operações e contratos referidos no inciso II deste artigo.

§ 1º O Poder Executivo disciplinará o disposto neste artigo no prazo de trinta dias da data de publicação desta Emenda Constitucional.

§ 2º O disposto no inciso I deste artigo aplica-se somente às operações relacionadas em ato do Poder Executivo, dentre aquelas que constituam o objeto social das referidas entidades.

§ 3º O disposto no inciso II deste artigo aplica-se somente a operações e contratos efetuados por intermédio de instituições financeiras, sociedades corretoras de títulos e valores mobiliários, sociedades distribuidoras de títulos e valores mobiliários e sociedades corretoras de mercadorias. *(Artigo acrescido pela Emenda Constitucional n. 37, de 2002)*

Art. 86. Serão pagos conforme disposto no art. 100 da Constituição Federal, não se lhes aplicando a regra de parcelamento estabelecida no *caput* do art. 78 deste Ato das Disposições Constitucionais Transitórias, os débitos da Fazenda Federal, Estadual, Distrital ou Municipal oriundos de sentenças transitadas em julgado, que preencham, cumulativamente, as seguintes condições:

I — ter sido objeto de emissão de precatórios judiciários;

II — ter sido definidos como de pequeno valor pela lei de que trata o § 3º do art. 100 da Constituição Federal ou pelo art. 87 deste Ato das Disposições Constitucionais Transitórias;

III — estar, total ou parcialmente, pendentes de pagamento na data da publicação desta Emenda Constitucional.

§ 1º Os débitos a que se refere o *caput* deste artigo, ou os respectivos saldos, serão pagos na ordem cronológica de apresentação dos respectivos precatórios, com precedência sobre os de maior valor.

§ 2º Os débitos a que se refere o *caput* deste artigo, se ainda não tiverem sido objeto de pagamento parcial, nos termos do art. 78 deste Ato das Disposições Constitucionais Transitórias, poderão ser pagos em duas parcelas anuais, se assim dispuser a lei.

§ 3º Observada a ordem cronológica de sua apresentação, os débitos de natureza alimentícia previstos neste artigo terão precedência para pagamento sobre todos os demais. *(Artigo acrescido pela Emenda Constitucional n. 37, de 2002)*

Art. 87. Para efeito do que dispõem o § 3º do art. 100 da Constituição Federal e o art. 78 deste Ato das Disposições Constitucionais Transitórias serão considerados de pequeno valor, até que se dê a publicação oficial das respectivas leis definidoras pelos entes da Federação, observado o disposto no § 4º do art. 100 da Constituição Federal, os débitos ou obrigações consignados em precatório judiciário, que tenham valor igual ou inferior a:

I — quarenta salários-mínimos, perante a Fazenda dos Estados e do Distrito Federal;

II — trinta salários-mínimos, perante a Fazenda dos Municípios.

Parágrafo único. Se o valor da execução ultrapassar o estabelecido neste artigo, o pagamento far-se-á, sempre, por meio de precatório, sendo facultada à parte exequente a renúncia ao crédito do valor excedente, para que possa optar pelo pagamento do saldo sem o precatório, da forma prevista no § 3º do art. 100. *(Artigo acrescido pela Emenda Constitucional n. 37, de 2002)*

Art. 88. Enquanto lei complementar não disciplinar o disposto nos incisos I e III do § 3º do art. 156 da Constituição Federal, o imposto a que se refere o inciso III do *caput* do mesmo artigo:

I — terá alíquota mínima de dois por cento, exceto para os serviços a que se referem os itens 32, 33 e 34 da Lista de Serviços anexa ao Decreto-Lei n. 406, de 31 de dezembro de 1968;

II — não será objeto de concessão de isenções, incentivos e benefícios fiscais, que resulte, direta ou indiretamente, na redução da alíquota mínima estabelecida no inciso I. *(Artigo acrescido pela Emenda Constitucional n. 37, de 2002)*

Art. 89. Os integrantes da carreira policial militar e os servidores municipais do ex-Território Federal de Rondônia que, comprovadamente, se encontravam no exercício regular de suas funções prestando serviço àquele ex-Território na data em que foi transformado em Estado, bem como os servidores e os policiais militares alcançados pelo disposto no art. 36 da Lei Complementar n. 41, de 22 de dezembro de 1981, e aqueles admitidos regularmente nos quadros do Estado de Rondônia até a data de posse do primeiro Governador eleito, em 15 de março de 1987, constituirão, mediante opção, quadro em extinção da administração federal, assegurados os direitos e as vantagens a eles inerentes, vedado o pagamento, a qualquer título, de diferenças remuneratórias. *("Caput" do artigo acrescido pela Emenda Constitucional n. 38, de 2002 e com nova redação dada pela Emenda Constitucional n. 60, de 2009, não produzindo efeitos retroativos)*

ATO DAS DISPOSIÇÕES CONSTITUCIONAIS TRANSITÓRIAS

§ 1º Os membros da Polícia Militar continuarão prestando serviços ao Estado de Rondônia, na condição de cedidos, submetidos às corporações da Polícia Militar, observadas as atribuições de função compatíveis com o grau hierárquico. *(Parágrafo único acrescido pela Emenda Constitucional n. 38, de 2002 e transformado em § 1º com nova redação dada pela Emenda Constitucional n. 60, de 2009, não produzindo efeitos retroativos)*

§ 2º Os servidores a que se refere o *caput* continuarão prestando serviços ao Estado de Rondônia na condição de cedidos, até seu aproveitamento em órgão ou entidade da administração federal direta, autárquica ou fundacional. *(Parágrafo acrescido pela Emenda Constitucional n. 60, de 2009, não produzindo efeitos retroativos)*

Art. 90. O prazo previsto no *caput* do art. 84 deste Ato das Disposições Constitucionais Transitórias fica prorrogado até 31 de dezembro de 2007.

§ 1º Fica prorrogada, até a data referida no *caput* deste artigo, a vigência da Lei n. 9.311, de 24 de outubro de 1996, e suas alterações.

§ 2º Até a data referida no *caput* deste artigo, a alíquota da contribuição de que trata o art. 84 deste Ato das Disposições Constitucionais Transitórias será de trinta e oito centésimos por cento. *(Artigo acrescido pela Emenda Constitucional n. 42, de 2003)*

Art. 91. A União entregará aos Estados e ao Distrito Federal o montante definido em lei complementar, de acordo com critérios, prazos e condições nela determinados, podendo considerar as exportações para o exterior de produtos primários e semi-elaborados, a relação entre as exportações e as importações, os créditos decorrentes de aquisições destinadas ao ativo permanente e a efetiva manutenção e aproveitamento do crédito do imposto a que se refere o art. 155, § 2º, X, *a*.

§ 1º Do montante de recursos que cabe a cada Estado, setenta e cinco por cento pertencem ao próprio Estado, e vinte e cinco por cento, aos seus Municípios, distribuídos segundo os critérios a que se refere o art. 158, parágrafo único, da Constituição.

§ 2º A entrega de recursos prevista neste artigo perdurará, conforme definido em lei complementar, até que o imposto a que se refere o art. 155, II, tenha o produto de sua arrecadação destinado predominantemente, em proporção não inferior a oitenta por cento, ao Estado onde ocorrer o consumo das mercadorias, bens ou serviços.

§ 3º Enquanto não for editada a lei complementar de que trata o *caput*, em substituição ao sistema de entrega de recursos nele previsto, permanecerá vigente o sistema de entrega de recursos previsto no art. 31 e Anexo da Lei Complementar n. 87, de 13 de setembro de 1996, com a redação dada pela Lei Complementar n. 115, de 26 de dezembro de 2002.

§ 4º Os Estados e o Distrito Federal deverão apresentar à União, nos termos das instruções baixadas pelo Ministério da Fazenda, as informações relativas ao imposto de que trata o art. 155, II, declaradas pelos contribuintes que realizarem operações ou prestações com destino ao exterior. *(Artigo acrescido pela Emenda Constitucional n. 42, de 2003)*

Art. 92. São acrescidos dez anos ao prazo fixado no art. 40 deste Ato das Disposições Constitucionais Transitórias. *(Artigo acrescido pela Emenda Constitucional n. 42, de 2003)*

Art. 92-A. São acrescidos 50 (cinquenta) anos ao prazo fixado pelo art. 92 deste Ato das Disposições Constitucionais Transitórias. *(Artigo acrescido pela Emenda Constitucional n. 83, de 2014)*

Art. 93. A vigência do disposto no art. 159, III, e § 4º, iniciará somente após a edição da lei de que trata o referido inciso III. *(Artigo acrescido pela Emenda Constitucional n. 42, de 2003)*

Art. 94. Os regimes especiais de tributação para microempresas e empresas de pequeno porte próprios da União, dos Estados, do Distrito Federal e dos Municípios cessarão a partir da entrada em vigor do regime previsto no art. 146, III, *d*, da Constituição. *(Artigo acrescido pela Emenda Constitucional n. 42, de 2003)*

Art. 95. Os nascidos no estrangeiro entre 7 de junho de 1994 e a data da promulgação desta Emenda Constitucional, filhos de pai brasileiro ou mãe brasileira, poderão ser registrados em repartição diplomática ou consular brasileira competente ou em ofício de registro, se vierem a residir na República Federativa do Brasil. *(Artigo acrescido pela Emenda Constitucional n. 54, de 2007)*

Art. 96. Ficam convalidados os atos de criação, fusão, incorporação e desmembramento de Municípios, cuja lei tenha sido publicada até 31 de dezembro de 2006, atendidos os requisitos estabelecidos na legislação do respectivo Estado à época de sua criação. *(Artigo acrescido pela Emenda Constitucional n. 57, de 2008)*

Art. 97. Até que seja editada a lei complementar de que trata o § 15 do art. 100 da Constituição Federal, os Estados, o Distrito Federal e os Municípios que, na data de publicação desta Emenda Constitucional, estejam em mora na quitação de precatórios vencidos, relativos às suas administrações direta e indireta, inclusive os emitidos durante o período de vigência do regime especial instituído por este artigo, farão esses pagamentos de acordo com as normas a seguir estabelecidas, sendo inaplicável o disposto no art. 100 desta Constituição Federal, exceto em seus §§ 2º, 3º, 9º, 10, 11, 12, 13 e 14, e sem prejuízo dos acordos de juízos conciliatórios já formalizados na data de promulgação desta Emenda Constitucional.

§ 1º Os Estados, o Distrito Federal e os Municípios sujeitos ao regime especial de que trata este artigo optarão, por meio de ato do Poder Executivo:

I — pelo depósito em conta especial do valor referido pelo § 2º deste artigo; ou

II — pela adoção do regime especial pelo prazo de até 15 (quinze) anos, caso em que o percentual a ser depositado na conta especial a que se refere o § 2º deste artigo corresponderá, anualmente, ao saldo total dos precatórios devidos, acrescido do índice oficial de remuneração básica da caderneta de poupança e de juros simples no mesmo percentual de juros incidentes sobre a caderneta de poupança para fins de compensação da mora, excluída a incidência de juros compensatórios, diminuído das amortizações e dividido pelo número de anos restantes no regime especial de pagamento.

§ 2º Para saldar os precatórios, vencidos e a vencer, pelo regime especial, os Estados, o Distrito Federal e os Municípios devedores depositarão mensalmente, em conta especial criada para tal fim, 1/12 (um doze avos) do valor calculado percentualmente sobre as respectivas receitas correntes líquidas, apuradas no segundo mês anterior ao mês de pagamento, sendo que esse percentual, calculado no momento de opção pelo regime e mantido fixo até o final do prazo a que se refere o § 14 deste artigo, será:

I — para os Estados e para o Distrito Federal:

a) de, no mínimo, 1,5% (um inteiro e cinco décimos por cento), para os Estados das regiões Norte, Nordeste e Centro-Oeste, além do Distrito Federal, ou cujo estoque de precatórios pendentes das suas administrações direta e indireta corresponder a até 35% (trinta e cinco por cento) do total da receita corrente líquida;

b) de, no mínimo, 2% (dois por cento), para os Estados das regiões Sul e Sudeste, cujo estoque de precatórios pendentes das suas administrações direta e indireta corresponder a mais de 35% (trinta e cinco por cento) da receita corrente líquida;

II — para Municípios:

a) de, no mínimo, 1% (um por cento), para Municípios das regiões Norte, Nordeste e Centro-Oeste, ou cujo estoque de precatórios pendentes das suas administrações direta e indireta corresponder a até 35% (trinta e cinco por cento) da receita corrente líquida;

b) de, no mínimo, 1,5% (um inteiro e cinco décimos por cento), para Municípios das regiões Sul e Sudeste, cujo estoque de precatórios pendentes das suas administrações direta e indireta corresponder a mais de 35 % (trinta e cinco por cento) da receita corrente líquida.

§ 3º Entende-se como receita corrente líquida, para os fins de que trata este artigo, o somatório das receitas tributárias, patrimoniais, industriais, agropecuárias, de contribuições e de serviços, transferências correntes e outras receitas correntes, incluindo as oriundas do § 1º do art. 20 da Constituição Federal, verificado no período compreendido pelo mês de referência e os 11 (onze) meses anteriores, excluídas as duplicidades, e deduzidas:

I — nos Estados, as parcelas entregues aos Municípios por determinação constitucional;

II — nos Estados, no Distrito Federal e nos Municípios, a contribuição dos servidores para custeio do seu sistema de previdência e assistência social e as receitas provenientes da compensação financeira referida no § 9º do art. 201 da Constituição Federal.

§ 4º As contas especiais de que tratam os §§ 1º e 2º serão administradas pelo Tribunal de Justiça local, para pagamento de precatórios expedidos pelos tribunais.

§ 5º Os recursos depositados nas contas especiais de que tratam os §§ 1º e 2º deste artigo não poderão retornar para Estados, Distrito Federal e Municípios devedores.

§ 6º Pelo menos 50% (cinquenta por cento) dos recursos de que tratam os §§ 1º e 2º deste artigo serão utilizados para pagamento de precatórios em ordem cronológica de apresentação, respeitadas as preferências definidas no § 1º, para os requisitórios do mesmo ano e no § 2º do art. 100, para requisitórios de todos os anos.

§ 7º Nos casos em que não se possa estabelecer a precedência cronológica entre 2 (dois) precatórios, pagar-se-á primeiramente o precatório de menor valor.

§ 8º A aplicação dos recursos restantes dependerá de opção a ser exercida por Estados, Distrito Federal e Municípios devedores, por ato do Poder Executivo, obedecendo à seguinte forma, que poderá ser aplicada isoladamente ou simultaneamente:

I — destinados ao pagamento dos precatórios por meio do leilão;

II — destinados a pagamento a vista de precatórios não quitados na forma do § 6° e do inciso I, em ordem única e crescente de valor por precatório;

III — destinados a pagamento por acordo direto com os credores, na forma estabelecida por lei própria da entidade devedora, que poderá prever criação e forma de funcionamento de câmara de conciliação.

§ 9º Os leilões de que trata o inciso I do § 8º deste artigo:

I — serão realizados por meio de sistema eletrônico administrado por entidade autorizada pela Comissão de Valores Mobiliários ou pelo Banco Central do Brasil;

II — admitirão a habilitação de precatórios, ou parcela de cada precatório indicada pelo seu detentor, em relação aos quais não esteja pendente, no âmbito do Poder Judiciário, recurso ou impugnação de qualquer natureza, permitida por iniciativa do Poder Executivo a compensação com débitos líquidos e certos, inscritos ou não em dívida ativa e constituídos contra devedor originário pela Fazenda Pública devedora até a data da expedição do precatório, ressalvados aqueles cuja exigibilidade esteja suspensa nos termos da legislação, ou que já tenham sido objeto de abatimento nos termos do § 9º do art. 100 da Constituição Federal;

III — ocorrerão por meio de oferta pública a todos os credores habilitados pelo respectivo ente federativo devedor;

IV — considerarão automaticamente habilitado o credor que satisfaça o que consta no inciso II;

V — serão realizados tantas vezes quanto necessário em função do valor disponível;

VI — a competição por parcela do valor total ocorrerá a critério do credor, com deságio sobre o valor desta;

VII — ocorrerão na modalidade deságio, associado ao maior volume ofertado cumulado ou não com o maior percentual de deságio, pelo maior percentual de deságio, podendo ser fixado valor máximo por credor, ou por outro critério a ser definido em edital;

VIII — o mecanismo de formação de preço constará nos editais publicados para cada leilão;

IX — a quitação parcial dos precatórios será homologada pelo respectivo Tribunal que o expediu.

§ 10. No caso de não liberação tempestiva dos recursos de que tratam o inciso II do § 1º e os §§ 2º e 6º deste artigo:

I — haverá o sequestro de quantia nas contas de Estados, Distrito Federal e Municípios devedores, por ordem do Presidente do Tribunal referido no § 4º, até o limite do valor não liberado;

II — constituir-se-á, alternativamente, por ordem do Presidente do Tribunal requerido, em favor dos credores de precatórios, contra Estados, Distrito Federal e Municípios devedores, direito líquido e certo, autoaplicável e independentemente de regulamentação, à compensação automática com débitos líquidos lançados por esta contra aqueles, e, havendo saldo em favor do credor, o valor terá automaticamente poder liberatório do pagamento de tributos de Estados, Distrito Federal e Municípios devedores, até onde se compensarem;

III — o chefe do Poder Executivo responderá na forma da legislação de responsabilidade fiscal e de improbidade administrativa;

IV — enquanto perdurar a omissão, a entidade devedora:

a) não poderá contrair empréstimo externo ou interno;

b) ficará impedida de receber transferências voluntárias;

V — a União reterá os repasses relativos ao Fundo de Participação dos Estados e do Distrito Federal e ao Fundo de Participação dos Municípios, e os depositará nas contas especiais referidas no § 1º, devendo sua utilização obedecer ao que prescreve o § 5º, ambos deste artigo.

§ 11. No caso de precatórios relativos a diversos credores, em litisconsórcio, admite-se o desmembramento do valor, realizado pelo Tribunal de origem do precatório, por credor, e, por este, a habilitação do valor total a que tem direito, não se aplicando, neste caso, a regra do § 3º do art. 100 da Constituição Federal.

ATO DAS DISPOSIÇÕES CONSTITUCIONAIS TRANSITÓRIAS

§ 12. Se a lei a que se refere o § 4º do art. 100 não estiver publicada em até 180 (cento e oitenta) dias, contados da data de publicação desta Emenda Constitucional, será considerado, para os fins referidos, em relação a Estados, Distrito Federal e Municípios devedores, omissos na regulamentação, o valor de:

I — 40 (quarenta) salários mínimos para Estados e para o Distrito Federal;

II — 30 (trinta) salários mínimos para Municípios.

§ 13. Enquanto Estados, Distrito Federal e Municípios devedores estiverem realizando pagamentos de precatórios pelo regime especial, não poderão sofrer sequestro de valores, exceto no caso de não liberação tempestiva dos recursos de que tratam o inciso II do § 1º e o § 2º deste artigo.

§ 14. O regime especial de pagamento de precatório previsto no inciso I do § 1º vigorará enquanto o valor dos precatórios devidos for superior ao valor dos recursos vinculados, nos termos do § 2º, ambos deste artigo, ou pelo prazo fixo de até 15 (quinze) anos, no caso da opção prevista no inciso II do § 1º.

§ 15. Os precatórios parcelados na forma do art. 33 ou do art. 78 deste Ato das Disposições Constitucionais Transitórias e ainda pendentes de pagamento ingressarão no regime especial com o valor atualizado das parcelas não pagas relativas a cada precatório, bem como o saldo dos acordos judiciais e extrajudiciais.

§ 16. A partir da promulgação desta Emenda Constitucional, a atualização de valores de requisitórios, até o efetivo pagamento, independentemente de sua natureza, será feita pelo índice oficial de remuneração básica da caderneta de poupança, e, para fins de compensação da mora, incidirão juros simples no mesmo percentual de juros incidentes sobre a caderneta de poupança, ficando excluída a incidência de juros compensatórios.

§ 17. O valor que exceder o limite previsto no § 2º do art. 100 da Constituição Federal será pago, durante a vigência do regime especial, na forma prevista nos §§ 6º e 7º ou nos incisos I, II e III do § 8° deste artigo, devendo os valores dispendidos para o atendimento do disposto no § 2º do art. 100 da Constituição Federal serem computados para efeito do § 6º deste artigo.

§ 18. Durante a vigência do regime especial a que se refere este artigo, gozarão também da preferência a que se refere o § 6º os titulares originais de precatórios que tenham completado 60 (sessenta) anos de idade até a data da promulgação desta Emenda Constitucional. *(Artigo acrescido pela Emenda Constitucional n. 62, de 2009)*

Art. 98. O número de defensores públicos na unidade jurisdicional será proporcional à efetiva demanda pelo serviço da Defensoria Pública e à respectiva população.

§ 1º No prazo de 8 (oito) anos, a União, os Estados e o Distrito Federal deverão contar com defensores públicos em todas as unidades jurisdicionais, observado o disposto no *caput* deste artigo.

§ 2º Durante o decurso do prazo previsto no § 1º deste artigo, a lotação dos defensores públicos ocorrerá, prioritariamente, atendendo as regiões com maiores índices de exclusão social e adensamento populacional. *(Artigo acrescido pela Emenda Constitucional n. 80, de 2014)*

Art. 99. Para efeito do disposto no inciso VII do § 2º do art. 155, no caso de operações e prestações que destinem bens e serviços a consumidor final não contribuinte localizado em outro Estado, o imposto correspondente à diferença entre a alíquota interna e a interestadual será partilhado entre os Estados de origem e de destino, na seguinte proporção:

I — para o ano de 2015: 20% (vinte por cento) para o Estado de destino e 80% (oitenta por cento) para o Estado de origem;

II — para o ano de 2016: 40% (quarenta por cento) para o Estado de destino e 60% (sessenta por cento) para o Estado de origem;

III — para o ano de 2017: 60% (sessenta por cento) para o Estado de destino e 40% (quarenta por cento) para o Estado de origem;

IV — para o ano de 2018: 80% (oitenta por cento) para o Estado de destino e 20% (vinte por cento) para o Estado de origem;

V — a partir do ano de 2019: 100% (cem por cento) para o Estado de destino. *(Artigo acrescido pela Emenda Constitucional n. 87, de 2015, publicada no DOU de 17.4.2015, em vigor na data de sua publicação, produzindo efeitos no ano subsequente e após 90 dias desta)*

Art. 100. Até que entre em vigor a lei complementar de que trata o inciso II do § 1º do art. 40 da Constituição Federal, os Ministros do Supremo Tribunal Federal, dos Tribunais Superiores e do Tribunal de Contas da União aposentar-se-ão, compulsoriamente, aos 75 (setenta e cinco) anos de idade, nas condições do art. 52 da Constituição Federal. *(Artigo acrescido pela Emenda Constitucional n. 88, de 2015)*

Brasília, 5 de outubro de 1988.

Ulysses Guimarães, Presidente — Mauro Benevides, Vice-Presidente — Jorge Arbage, Vice-Presidente — Marcelo Cordeiro, Secretário — Mário Maia, Secretário — Arnaldo Faria de Sá, Secretário — Benedita da Silva, Suplente de Secretário — Luiz Soyer, Suplente de Secretário — Sotero Cunha, Suplente de Secretário — Bernardo Cabral, Relator Geral — Adolfo Oliveira, Relator Adjunto — Antônio Carlos Konder Reis, Relator Adjunto — José Fogaça, Relator Adjunto — Abigail Feitosa — Acival Gomes — Adauto Pereira — Ademir Andrade — Adhemar de Barros Filho — Adroaldo Streck — Adylson Motta — Aécio de Borba — Aécio Neves — Affonso Camargo — Afif Domingos — Afonso Arinos — Afonso Sancho — Agassiz Almeida — Agripino de Oliveira Lima — Airton Cordeiro — Airton Sandoval — Alarico Abib — Albano Franco — Albérico Cordeiro — Albérico Filho — Alceni Guerra — Alcides Saldanha — Aldo Arantes — Alércio Dias — Alexandre Costa — Alexandre Puzyna — Alfredo Campos — Almir Gabriel — Aloisio Vasconcelos — Aloysio Chaves — Aloysio Teixeira — Aluizio Bezerra — Aluízio Campos — Álvaro Antônio — Álvaro Pacheco — Álvaro Valle — Alysson Paulinelli — Amaral Netto — Amaury Müller — Amilcar Moreira — Ângelo Magalhães — Anna Maria Rattes — Annibal Barcellos — Antero de Barros — Antônio Câmara — Antônio Carlos Franco — Antonio Carlos Mendes Thame — Antônio de Jesus — Antonio Ferreira — Antonio Gaspar — Antonio Mariz — Antonio Perosa — Antônio Salim Curiati — Antonio Ueno — Arnaldo Martins — Arnaldo Moraes — Arnaldo Prieto — Arnold Fioravante — Arolde de Oliveira — Artenir Werner — Artur da Távola — Asdrubal Bentes — Assis Canuto — Átila Lira — Augusto Carvalho — Áureo Mello — Basílio Villani — Benedicto Monteiro — Benito Gama — Beth Azize — Bezerra de Melo — Bocayuva Cunha — Bonifácio de Andrada — Bosco França — Brandão Monteiro — Caio Pompeu — Carlos Alberto — Carlos Alberto Caó — Carlos Benevides — Carlos Cardinal — Carlos Chiarelli — Carlos Cotta — Carlos De'Carli — Carlos Mosconi — Carlos Sant'Anna — Carlos Vinagre — Carlos Virgílio — Carrel Benevides — Cássio Cunha Lima — Célio de Castro — Celso Dourado — César Cals Neto — César Maia — Chagas Duarte — Chagas Neto — Chagas Rodrigues — Chico Humberto — Christóvam Chiaradia — Cid Carvalho — Cid Sabóia de Carvalho — Cláudio Ávila — Cleonâncio Fonseca — Costa Ferreira — Cristina Tavares — Cunha Bueno — Dálton Canabrava — Darcy Deitos — Darcy Pozza — Daso Coimbra — Davi Alves Silva — Del Bosco Amaral — Delfim Netto — Délio Braz — Denisar Arneiro — Dionisio Dal Prá — Dionísio Hage — Dirce Tutu Quadros — Dirceu Carneiro — Divaldo Suruagy — Djenal Gonçalves — Domingos Juvenil — Domingos Leonelli — Doreto Campanari — Edésio Frias — Edison Lobão — Edivaldo Motta — Edme Tavares — Edmilson Valentim — Eduardo Bonfim — Eduardo Jorge — Eduardo Moreira — Egídio Ferreira Lima — Elias Murad — Eliel Rodrigues — Eliézer Moreira — Enoc Vieira — Eraldo

Tinoco — Eraldo Trindade — Erico Pegoraro — Ervin Bonkoski — Etevaldo Nogueira — Euclides Scalco — Eunice Michiles — Evaldo Gonçalves — Expedito Machado — Ézio Ferreira — Fábio Feldmann — Fábio Raunheitti — Farabulini Júnior — Fausto Fernandes — Fausto Rocha — Felipe Mendes — Feres Nader — Fernando Bezerra Coelho — Fernando Cunha — Fernando Gasparian — Fernando Gomes — Fernando Henrique Cardoso — Fernando Lyra — Fernando Santana — Fernando Velasco — Firmo de Castro — Flavio Palmier da Veiga — Flávio Rocha — Florestan Fernandes — Floriceno Paixão — França Teixeira — Francisco Amaral — Francisco Benjamim — Francisco Carneiro — Francisco Coelho — Francisco Diógenes — Francisco Dornelles — Francisco Küster — Francisco Pinto — Francisco Rollemberg — Francisco Rossi — Francisco Sales — Furtado Leite — Gabriel Guerreiro — Gandi Jamil — Gastone Righi — Genebaldo Correia — Genésio Bernardino — Geovani Borges — Geraldo Alckmin Filho — Geraldo Bulhões — Geraldo Campos — Geraldo Fleming — Geraldo Melo — Gerson Camata — Gerson Marcondes — Gerson Peres — Gidel Dantas — Gil César — Gilson Machado — Gonzaga Patriota — Guilherme Palmeira — Gumercindo Milhomem — Gustavo de Faria — Harlan Gadelha — Haroldo Lima — Haroldo Sabóia — Hélio Costa — Hélio Duque — Hélio Manhães — Hélio Rosas — Henrique Córdova — Henrique Eduardo Alves — Heráclito Fortes — Hermes Zaneti — Hilário Braun — Homero Santos — Humberto Lucena — Humberto Souto — Iberê Ferreira — Ibsen Pinheiro — Inocêncio Oliveira — Irajá Rodrigues — Iram Saraiva — Irapuan Costa Júnior — Irma Passoni — Ismael Wanderley — Israel Pinheiro — Itamar Franco — Ivo Cersósimo — Ivo Lech — Ivo Mainardi — Ivo Vanderlinde — Jacy Scanagatta — Jairo Azi — Jairo Carneiro — Jalles Fontoura — Jamil Haddad — Jarbas Passarinho — Jayme Paliarin — Jayme Santana — Jesualdo Cavalcanti — Jesus Tajra — Joaci Góes — João Agripino — João Alves — João Calmon — João Carlos Bacelar — João Castelo — João Cunha — João da Mata — João de Deus Antunes — João Herrmann Neto — João Lobo — João Machado Rollemberg — João Menezes — João Natal — João Paulo — João Rezek — Joaquim Bevilácqua — Joaquim Francisco — Joaquim Hayckel — Joaquim Sucena — Jofran Frejat — Jonas Pinheiro — Jonival Lucas — Jorge Bornhausen — Jorge Hage — Jorge Leite — Jorge Uequed — Jorge Vianna — José Agripino — José Camargo — José Carlos Coutinho — José Carlos Grecco — José Carlos Martinez — José Carlos Sabóia — José Carlos Vasconcelos — José Costa — José da Conceição — José Dutra — José Egreja — José Elias — José Fernandes — José Freire — José Genoíno — José Geraldo — José Guedes — José Ignácio Ferreira — José Jorge — José Lins — José Lourenço — José Luiz de Sá — José Luiz Maia — José Maranhão — José Maria Eymael — José Maurício — José Melo — José Mendonça Bezerra — José Moura — José Paulo Bisol — José Queiroz — José Richa — José Santana de Vasconcellos — José Serra — José Tavares — José Teixeira — José Thomaz Nonô — José Tinoco — José Ulísses de Oliveira — José Viana — José Yunes — Jovanni Masini — Juarez Antunes — Júlio Campos — Júlio Costamilan — Jutahy Júnior — Jutahy Magalhães — Koyu Iha — Lael Varella — Lavoisier Maia — Leite Chaves — Lélio Souza — Leopoldo Peres — Leur Lomanto — Levy Dias — Lézio Sathler — Lídice da Mata — Louremberg Nunes Rocha — Lourival Baptista — Lúcia Braga — Lúcia Vânia — Lúcio Alcântara — Luís Eduardo — Luís Roberto Ponte — Luiz Alberto Rodrigues — Luiz Freire — Luiz Gushiken — Luiz Henrique — Luiz Inácio Lula da Silva — Luiz Leal — Luiz Marques — Luiz Salomão — Luiz Viana — Luiz Viana Neto — Lysâneas Maciel — Maguito Vilela — Maluly Neto — Manoel Castro — Manoel Moreira — Manoel Ribeiro — Mansueto de Lavor — Manuel Viana — Márcia Kubitschek — Márcio Braga — Márcio Lacerda — Marco Maciel — Marcondes Gadelha — Marcos Lima — Marcos Queiroz — Maria de Lourdes Abadia — Maria Lúcia — Mário Assad — Mário Covas — Mário de Oliveira — Mário Lima — Marluce Pinto — Matheus Iensen — Mattos Leão — Maurício Campos — Maurício Correa — Maurício Fruet — Maurício Nasser — Maurício Pádua — Maurílio Ferreira Lima — Mauro Borges — Mauro Campos — Mauro Miranda — Mauro Sampaio — Max Rosenmann — Meira Filho — Melo Freire — Mello Reis — Mendes Botelho — Mendes Canale — Mendes Ribeiro — Messias Góis — Messias Soares — Michel Temer — Milton Barbosa — Milton Lima — Milton Reis — Miraldo Gomes — Miro Teixeira — Moema São Thiago — Moysés Pimentel — Mozarildo Cavalcanti — Mussa Demes — Myrian Portella — Nabor Júnior — Naphtali Alves de Souza — Narciso Mendes — Nelson Aguiar — Nelson Carneiro — Nelson Jobim — Nelson Sabrá — Nelson Seixas — Nelson Wedekin — Nelton Friedrich — Nestor Duarte — Ney Maranhão — Nilso Sguarezi — Nilson Gibson — Nion Albernaz — Noel de Carvalho — Nyder Barbosa — Octávio Elísio — Odacir Soares — Olavo Pires — Olívio Dutra — Onofre Corrêa — Orlando Bezerra — Orlando Pacheco — Oscar Corrêa — Osmar Leitão — Osmir Lima — Osmundo Rebouças — Osvaldo Bender — Osvaldo Coelho — Osvaldo Macedo — Osvaldo Sobrinho — Oswaldo Almeida — Oswaldo Trevisan — Ottomar Pinto — Paes de Andrade — Paes Landim — Paulo Delgado — Paulo Macarini — Paulo Marques — Paulo Mincarone — Paulo Paim — Paulo Pimentel — Paulo Ramos — Paulo Roberto — Paulo Roberto Cunha — Paulo Silva — Paulo Zarzur — Pedro Canedo — Pedro Ceolin — Percival Muniz — Pimenta da Veiga — Plínio Arruda Sampaio — Plínio Martins — Pompeu de Sousa — Rachid Saldanha Derzi — Raimundo Bezerra — Raimundo Lira — Raimundo Rezende — Raquel Cândido — Raquel Capiberibe — Raul Belém — Raul Ferraz — Renan Calheiros — Renato Bernardi — Renato Johnsson — Renato Vianna — Ricardo Fiuza — Ricardo Izar — Rita Camata — Rita Furtado — Roberto Augusto — Roberto Balestra — Roberto Brant — Roberto Campos — Roberto D'Ávila — Roberto Freire — Roberto Jefferson — Roberto Rollemberg — Roberto Torres — Roberto Vital — Robson Marinho — Rodrigues Palma — Ronaldo Aragão — Ronaldo Carvalho — Ronaldo Cezar Coelho — Ronan Tito — Ronaro Corrêa — Rosa Prata — Rose de Freitas — Rospide Netto — Rubem Branquinho — Rubem Medina — Ruben Figueiró — Ruberval Pilotto — Ruy Bacelar — Ruy Nedel — Sadie Hauache — Salatiel Carvalho — Samir Achôa — Sandra Cavalcanti — Santinho Furtado — Sarney Filho — Saulo Queiroz — Sérgio Brito — Sérgio Spada — Sérgio Werneck — Severo Gomes — Sigmaringa Seixas — Sílvio Abreu — Simão Sessim — Siqueira Campos — Sólon Borges dos Reis — Stélio Dias — Tadeu França — Telmo Kirst — Teotonio Vilela Filho — Theodoro Mendes — Tito Costa — Ubiratan Aguiar — Ubiratan Spinelli — Uldurico Pinto — Valmir Campelo — Valter Pereira — Vasco Alves — Vicente Bogo — Victor Faccioni — Victor Fontana — Victor Trovão — Vieira da Silva — Vilson Souza — Vingt Rosado — Vinicius Cansanção — Virgildásio de Senna — Virgílio Galassi — Virgílio Guimarães — Vitor Buaiz — Vivaldo Barbosa — Vladimir Palmeira — Wagner Lago — Waldec Ornélas — Waldyr Pugliesi — Walmor de Luca — Wilma Maia — Wilson Campos — Wilson Martins — Ziza Valadares.

PARTICIPANTES: Álvaro Dias — Antônio Britto — Bete Mendes — Borges da Silveira — Cardoso Alves — Edivaldo Holanda — Expedito Júnior — Fadah Gattass — Francisco Dias — Geovah Amarante — Hélio Gueiros — Horácio Ferraz — Hugo Napoleão — Iturival Nascimento — Ivan Bonato — Jorge Medauar — José Mendonça de Morais — Leopoldo Bessone — Marcelo Miranda — Mauro Fecury — Neuto de Conto — Nivaldo Machado — Oswaldo Lima Filho — Paulo Almada — Prisco Viana — Ralph Biasi — Rosário Congro Neto — Sérgio Naya — Tidei de Lima.

IN MEMORIAM: Alair Ferreira — Antônio Farias — Fábio Lucena — Norberto Schwantes — Virgílio Távora.

EMENDAS CONSTITUCIONAIS

EMENDA CONSTITUCIONAL N. 19, de 4 de junho de 1998
(DOU 5.6.98)

ARTS. 25 A 34
DISPOSITIVOS RELACIONADOS COM SERVIDORES PÚBLICOS

Art. 25. Até a instituição do fundo a que se refere o inciso XIV do art. 21 da Constituição Federal, compete à União manter os atuais compromissos financeiros com a prestação de serviços públicos do Distrito Federal.

Art. 26. No prazo de dois anos da promulgação desta Emenda, as entidades da administração indireta terão seus estatutos revistos quanto à respectiva natureza jurídica, tendo em conta a finalidade e as competências efetivamente executadas.

Art. 27. O Congresso Nacional, dentro de cento e vinte dias da promulgação desta Emenda, elaborará lei de defesa do usuário de serviços públicos.

Art. 28. É assegurado o prazo de dois anos de efetivo exercício para aquisição da estabilidade aos atuais servidores em estágio probatório, sem prejuízo da avaliação a que se refere o § 4º do art. 41 da Constituição Federal.

Art. 29. Os subsídios, vencimentos, remuneração, proventos da aposentadoria e pensões e quaisquer outras espécies remuneratórias adequar-se-ão, a partir da promulgação desta Emenda, aos limites decorrentes da Constituição Federal, não se admitindo a percepção de excesso a qualquer título.

Art. 30. O projeto de lei complementar a que se refere o art. 163 da Constituição Federal será apresentado pelo Poder Executivo ao Congresso Nacional no prazo máximo de cento e oitenta dias da promulgação desta Emenda.

Art. 31. Os servidores públicos federais da administração direta e indireta, os servidores municipais e os integrantes da carreira policial militar dos ex-Territórios Federais do Amapá e de Roraima, que comprovadamente encontravam-se no exercício regular de suas funções prestando serviços àqueles ex-Territórios na data em que foram transformados em Estado; os policiais militares que tenham sido admitidos por força de lei federal, custeados pela União; e, ainda, os servidores civis nesses Estados com vínculo funcional já reconhecido pela União, constituirão quadro em extinção da administração federal, assegurados os direitos e vantagens inerentes aos seus servidores, vedado o pagamento, a qualquer título, de diferenças remuneratórias.

§ 1º Os servidores de carreira policial militar continuarão prestando serviços aos respectivos Estados, na condição de cedidos, submetidos às disposições legais e regulamentares a que estão sujeitas as corporações das respectivas Polícias Militares, observadas as atribuições de função compatíveis com seu grau hierárquico.

§ 2º Os servidores civis continuarão prestando serviços aos respectivos Estados, na condição de cedidos, até seu aproveitamento em órgão da administração federal.

Art. 32. A Constituição Federal passa a vigorar acrescida do seguinte artigo:

"Art. 247. As leis previstas no inciso III do § 1º do art. 41 e no § 7º do art. 169 estabelecerão critérios e garantias especiais para a perda do cargo pelo servidor público estável que, em decorrência das atribuições de seu cargo efetivo, desenvolva atividades exclusivas de Estado.

Parágrafo único. Na hipótese de insuficiência de desempenho, a perda do cargo somente ocorrerá mediante processo administrativo em que lhe sejam assegurados o contraditório e a ampla defesa."

Art. 33. Consideram-se servidores não estáveis, para os fins do art. 169, § 3º, II, da Constituição Federal aqueles admitidos na administração direta, autárquica e fundacional sem concurso público de provas ou de provas e títulos após o dia 5 de outubro de 1983.

Art. 34. Esta Emenda Constitucional entra em vigor na data de sua promulgação.

Brasília, 4 de junho de 1998.

EMENDA CONSTITUCIONAL N. 20, de 15 de dezembro de 1998
(DOU 16.12.98)

DISPOSITIVOS RELACIONADOS COM O DIREITO DO TRABALHO

Os dispositivos relacionados com o Direito do Trabalho estão inseridos no texto da Constituição Federal (arts. 7º, XII e XXXII, 114, § 3º, 201 e 202) com exceção dos arts. 13, 14 e 15 que seguem:

..

Art. 13. Até que a lei discipline o acesso ao salário-família e auxílio-reclusão para os servidores, segurados e seus dependentes, esses benefícios serão concedidos apenas àqueles que tenham renda bruta mensal igual ou inferior a R$ 360,00 (trezentos e sessenta reais), que, até a publicação da lei, serão corrigidos pelos mesmos índices aplicados aos benefícios do regime geral de previdência social.

Art. 14. O limite máximo para o valor dos benefícios do regime geral de previdência social de que trata o art. 201 da Constituição Federal é fixado em R$ 1.200,00 (um mil e duzentos reais), devendo, a partir da data da publicação desta Emenda, ser reajustado de forma a preservar, em caráter permanente, seu valor real, atualizado pelos mesmos índices aplicados aos benefícios do regime geral de previdência social.

Art. 15. Até que a lei complementar a que se refere o art. 201, § 1º, da Constituição Federal, seja publicada, permanece em vigor o disposto nos arts. 57 e 58 da Lei n. 8.213, de 24 de julho de 1991, na redação vigente à data da publicação desta Emenda.

EMENDA CONSTITUCIONAL N. 24, DE 9 de dezembro de 1999
(DOU 10.12.99)

OS DEMAIS DISPOSITIVOS DESTA EMENDA ESTÃO INSERIDOS NOS ARTS. 111, 112, 113, 115, 116 E 117

Art. 2º É assegurado o cumprimento dos mandatos dos atuais ministros classistas temporários do Tribunal Superior do Trabalho e dos atuais juízes classistas temporários dos Tribunais Regionais do Trabalho e das Varas do Trabalho.

Art. 3º Esta Emenda Constitucional entra em vigor na data de sua publicação.

Brasília, 9 de dezembro de 1999

EMENDA CONSTITUCIONAL N. 32, DE 11 de novembro de 2001
(DOU 12.9.01)

OS DISPOSITIVOS RELACIONADOS COM OS SERVIDORES PÚBLICOS ESTÃO INSERIDOS NO TEXTO DA CONSTITUIÇÃO FEDERAL (ARTS. 48, X E 84, VI, ALÍNEAS "A" E "B")

(...)

Art. 2º As medidas provisórias editadas em data anterior à da publicação desta emenda continuam em vigor até que medida provisória ulterior as revogue explicitamente ou até deliberação definitiva do Congresso Nacional.

Art. 3º Esta Emenda Constitucional entra em vigor na data de sua publicação.

Brasília, 11 de setembro de 2001

EMENDA CONSTITUCIONAL N. 41, DE 19 DE DEZEMBRO DE 2003
(DOU 31.12.03)

Modifica os arts. 37, 40, 42, 48, 96, 149 e 201 da Constituição Federal, revoga o inciso IX do § 3º do art. 142 da Constituição Federal e dispositivos da Emenda Constitucional n. 20, de 15 de dezembro de 1998, e dá outras providências. (Os dispositivos constitucionais que constam desta obra já foram alterados com as modificações introduzidas por esta Emenda)

Art. 2º Observado o disposto no art. 4º da Emenda Constitucional n. 20, de 15 de dezembro de 1998, é assegurado o direito de opção pela aposentadoria voluntária com proventos calculados de acordo com o art. 40, §§ 3º e 17, da Constituição Federal, àquele que tenha ingressado regularmente em cargo efetivo na Administração Pública direta, autárquica e fundacional, até a data de publicação daquela Emenda, quando o servidor, cumulativamente:

I — tiver cinquenta e três anos de idade, se homem, e quarenta e oito anos de idade, se mulher;

II — tiver cinco anos de efetivo exercício no cargo em que se der a aposentadoria;

III — contar tempo de contribuição igual, no mínimo, à soma de:

a) trinta e cinco anos, se homem, e trinta anos, se mulher; e

b) um período adicional de contribuição equivalente a vinte por cento do tempo que, na data de publicação daquela Emenda, faltaria para atingir o limite de tempo constante da alínea *a* deste inciso.

§ 1º O servidor de que trata este artigo que cumprir as exigências para aposentadoria na forma do caput terá os seus proventos de inatividade reduzidos para cada ano antecipado em relação aos limites de idade estabelecidos pelo art. 40, § 1º, III, a, e § 5º da Constituição Federal, na seguinte proporção:

I — três inteiros e cinco décimos por cento, para aquele que completar as exigências para aposentadoria na forma do *caput* até 31 de dezembro de 2005;

II — cinco por cento, para aquele que completar as exigências para aposentadoria na forma do caput a partir de 1º de janeiro de 2006.

§ 2º Aplica-se ao magistrado e ao membro do Ministério Público e de Tribunal de Contas o disposto neste artigo.

§ 3º Na aplicação do disposto no § 2º deste artigo, o magistrado ou o membro do Ministério Público ou de Tribunal de Contas, se homem, terá o tempo de serviço exercido até a data de publicação da Emenda Constitucional n. 20, de 15 de dezembro de 1998, contado com acréscimo de dezessete por cento, observado o disposto no § 1º deste artigo.

§ 4º O professor, servidor da União, dos Estados, do Distrito Federal e dos Municípios, incluídas suas autarquias e fundações, que, até a data de publicação da Emenda Constitucional n. 20, de 15 de dezembro de 1998, tenha ingressado, regularmente, em cargo efetivo de magistério e que opte por aposentar-se na forma do disposto no *caput*, terá o tempo de serviço exercido até a publicação daquela Emenda contado com o acréscimo de dezessete por cento, se homem, e de vinte por cento, se mulher, desde que se aposente, exclusivamente, com tempo de efetivo exercício nas funções de magistério, observado o disposto no § 1º.

§ 5º O servidor de que trata este artigo, que tenha completado as exigências para aposentadoria voluntária estabelecidas no *caput*, e que opte por permanecer em atividade, fará jus a um abono de permanência equivalente ao valor da sua contribuição previdenciária até completar as exigências para aposentadoria compulsória contidas no art. 40, § 1º, II, da Constituição Federal.

§ 6º Às aposentadorias concedidas de acordo com este artigo aplica-se o disposto no art. 40, § 8º, da Constituição Federal.

Art. 3º É assegurada a concessão, a qualquer tempo, de aposentadoria aos servidores públicos, bem como pensão aos seus dependentes, que, até a data de publicação desta Emenda, tenham cumprido todos os requisitos para obtenção desses benefícios, com base nos critérios da legislação então vigente.

§ 1º O servidor de que trata este artigo que opte por permanecer em atividade tendo completado as exigências para aposentadoria voluntária e que conte com, no mínimo, vinte e cinco anos de contribuição, se mulher, ou trinta anos de contribuição, se homem, fará jus a um abono de permanência equivalente ao valor da sua contribuição previdenciária até completar as exigências para aposentadoria compulsória contidas no art. 40, § 1º, II, da Constituição Federal.

§ 2º Os proventos da aposentadoria a ser concedida aos servidores públicos referidos no *caput*, em termos integrais ou proporcionais ao tempo de contribuição já exercido até a data de publicação desta Emenda, bem como as pensões de seus dependentes, serão calculados de acordo com a legislação em vigor à época em que foram atendidos os requisitos nela estabelecidos para a concessão desses benefícios ou nas condições da legislação vigente.

Art. 4º Os servidores inativos e os pensionistas da União, dos Estados, do Distrito Federal e dos Municípios, incluídas suas autarquias e fundações, em gozo de benefícios na data de publicação desta Emenda, bem como os alcançados pelo disposto no seu art. 3º, contribuirão para

o custeio do regime de que trata o art. 40 da Constituição Federal com percentual igual ao estabelecido para os servidores titulares de cargos efetivos.

Parágrafo único. A contribuição previdenciária a que se refere o *caput* incidirá apenas sobre a parcela dos proventos e das pensões que supere:

I — cinquenta por cento do limite máximo estabelecido para os benefícios do regime geral de previdência social de que trata o art. 201 da Constituição Federal, para os servidores inativos e os pensionistas dos Estados, do Distrito Federal e dos Municípios;

II — sessenta por cento do limite máximo estabelecido para os benefícios do regime geral de previdência social de que trata o art. 201 da Constituição Federal, para os servidores inativos e os pensionistas da União.

Art. 5º O limite máximo para o valor dos benefícios do regime geral de previdência social de que trata o art. 201 da Constituição Federal é fixado em R$ 2.400,00 (dois mil e quatrocentos reais), devendo, a partir da data de publicação desta Emenda, ser reajustado de forma a preservar, em caráter permanente, seu valor real, atualizado pelos mesmos índices aplicados aos benefícios do regime geral de previdência social.

Art. 6º Ressalvado o direito de opção à aposentadoria pelas normas estabelecidas pelo art. 40 da Constituição Federal ou pelas regras estabelecidas pelo art. 2º desta Emenda, o servidor da União, dos Estados, do Distrito Federal e dos Municípios, incluídas suas autarquias e fundações, que tenha ingressado no serviço público até a data de publicação desta Emenda poderá aposentar-se com proventos integrais, que corresponderão à totalidade da remuneração do servidor no cargo efetivo em que se der a aposentadoria, na forma da lei, quando, observadas as reduções de idade e tempo de contribuição contidas no § 5º do art. 40 da Constituição Federal, vier a preencher, cumulativamente, as seguintes condições:

I — sessenta anos de idade, se homem, e cinquenta e cinco anos de idade, se mulher;

II — trinta e cinco anos de contribuição, se homem, e trinta anos de contribuição, se mulher;

III — vinte anos de efetivo exercício no serviço público; e

IV — dez anos de carreira e cinco anos de efetivo exercício no cargo em que se der a aposentadoria.

Parágrafo único. Revogado pela Emenda Constitucional n. 47, de 5.7.05, DOU 6.7.05.

Art. 6º-A. O servidor da União, dos Estados, do Distrito Federal e dos Municípios, incluídas suas autarquias e fundações, que tenha ingressado no serviço público até a data de publicação desta Emenda Constitucional e que tenha se aposentado ou venha a se aposentar por invalidez permanente, com fundamento no inciso I do § 1º do art. 40 da Constituição Federal, tem direito a proventos de aposentadoria calculados com base na remuneração do cargo efetivo em que se der a aposentadoria, na forma da lei, não sendo aplicáveis as disposições constantes dos §§ 3º, 8º e 17 do art. 40 da Constituição Federal. *(Artigo acrescentado pela Emenda Constitucional n. 70, de 29.3.12, DOU 30.3.12).*

Parágrafo único. Aplica-se ao valor dos proventos de aposentadorias concedidas com base no *caput* o disposto no art. 7º desta Emenda Constitucional, observando-se igual critério de revisão às pensões derivadas dos proventos desses servidores." *(Artigo acrescentado pela Emenda Constitucional n. 70, de 29.3.12, DOU 30.3.12)*

Nota: *O art. 2º da Emenda Constitucional n. 70, de 29.3.12, está assim disposto:*

"Art. 2º A União, os Estados, o Distrito Federal e os Municípios, assim como as respectivas autarquias e fundações, procederão, no prazo de 180 (cento e oitenta) dias da entrada em vigor desta Emenda Constitucional, à revisão das aposentadorias, e das pensões delas decorrentes, concedidas a partir de 1º de janeiro de 2004, com base na redação dada ao § 1º do art. 40 da Constituição Federal pela Emenda Constitucional n. 20, de 15 de dezembro de 1998, com efeitos financeiros a partir da data de promulgação desta Emenda Constitucional".

Art. 7º Observado o disposto no art. 37, XI, da Constituição Federal, os proventos de aposentadoria dos servidores públicos titulares de cargo efetivo e as pensões dos seus dependentes pagos pela União, Estados, Distrito Federal e Municípios, incluídas suas autarquias e fundações, em fruição na data de publicação desta Emenda, bem como os proventos de aposentadoria dos servidores e as pensões dos dependentes abrangidos pelo art. 3º desta Emenda, serão revistos na mesma proporção e na mesma data, sempre que se modificar a remuneração dos servidores em atividade, sendo também estendidos aos aposentados e pensionistas quaisquer benefícios ou vantagens posteriormente concedidos aos servidores em atividade, inclusive quando decorrentes da transformação ou reclassificação do cargo ou função em que se deu a aposentadoria ou que serviu de referência para a concessão da pensão, na forma da lei.

Art. 8º Até que seja fixado o valor do subsídio de que trata o art. 37, XI, da Constituição Federal, será considerado, para os fins do limite fixado naquele inciso, o valor da maior remuneração atribuída por lei na data de publicação desta Emenda a Ministro do Supremo Tribunal Federal, a título de vencimento, de representação mensal e da parcela recebida em razão de tempo de serviço, aplicando-se como limite, nos Municípios, o subsídio do Prefeito, e nos Estados e no Distrito Federal, o subsídio mensal do Governador no âmbito do Poder Executivo, o subsídio dos Deputados Estaduais e Distritais no âmbito do Poder Legislativo e o subsídio dos Desembargadores do Tribunal de Justiça, limitado a noventa inteiros e vinte e cinco centésimos por cento da maior remuneração mensal de Ministro do Supremo Tribunal Federal a que se refere este artigo, no âmbito do Poder Judiciário, aplicável este limite aos membros do Ministério Público, aos Procuradores e aos Defensores Públicos.

Art. 9º Aplica-se o disposto no art. 17 do Ato das Disposições Constitucionais Transitórias aos vencimentos, remunerações e subsídios dos ocupantes de cargos, funções e empregos públicos da administração direta, autárquica e fundacional, dos membros de qualquer dos Poderes da União, dos Estados, do Distrito Federal e dos Municípios, dos detentores de mandato eletivo e dos demais agentes políticos e os proventos, pensões ou outra espécie remuneratória percebidos cumulativamente ou não, incluídas as vantagens pessoais ou de qualquer outra natureza.

Art. 10. Revogam-se o inciso IX do § 3º do art. 142 da Constituição Federal, bem como os arts. 8º e 10 da Emenda Constitucional n. 20, de 15 de dezembro de 1998.

Art. 11. Esta Emenda Constitucional entra em vigor na data de sua publicação.

Brasília, em 19 de dezembro de 2003.

Mesa da Câmara dos Deputados: Deputado João Paulo Cunha, Presidente. Deputado Inocêncio de Oliveira, 1º Vice-Presidente. Deputado Luiz Piauhylino, 2º Vice-Presidente. Deputado Geddel Vieira Lima, 1º Secretário. Deputado Severino Cavalcanti, 2º Secretário. Deputado Nilton Capixaba, 3º Secretário. Deputado Ciro Nogueira, 4º Secretário. Mesa do Senado Federal: Senador José Sarney, Presidente. Senador Paulo Paim, 1º Vice-Presidente. Senador Eduardo Siqueira Campos, 2º Vice-Presidente. Senador Romeu Tuma, 1º Secretário. Senador Alberto Silva, 2º Secretário. Senador Heráclito Fortes, 3º Secretário. Senador Sérgio Zambiasi, 4º Secretário.

EMENDA CONSTITUCIONAL N. 45, DE 8 de DEZEMBRO DE 2004
(DOU 31.12.04)

OS DEMAIS DISPOSITIVOS DESTA EMENDA ESTÃO INSERIDOS NOS RESPECTIVOS ARTIGOS PERTINENTES COM O TEXTO CONSTITUCIONAL

..

Art. 3º A lei criará o Fundo de Garantia das Execuções Trabalhistas, integrado pelas multas decorrentes de condenações trabalhistas e administrativas oriundas da fiscalização do trabalho, além de outras receitas.

..

Art. 5º O Conselho Nacional de Justiça e o Conselho Nacional do Ministério Público serão instalados no prazo de cento e oitenta dias a contar da promulgação desta Emenda, devendo a indicação ou escolha de seus membros ser efetuada até trinta dias antes do termo final.

§ 1º Não efetuadas as indicações e escolha dos nomes para os Conselhos Nacional de Justiça e do Ministério Público dentro do prazo fixado no *caput* deste artigo, caberá, respectivamente, ao Supremo Tribunal Federal e ao Ministério Público da União realizá-las.

§ 2º Até que entre em vigor o Estatuto da Magistratura, o Conselho Nacional de Justiça, mediante resolução, disciplinará seu funcionamento e definirá as atribuições do Ministro-Corregedor.

Art. 6º O Conselho Superior da Justiça do Trabalho será instalado no prazo de cento e oitenta dias, cabendo ao Tribunal Superior do Trabalho regulamentar seu funcionamento por resolução, enquanto não promulgada a lei a que se refere o art. 111-A, § 2º, II.

Art. 7º O Congresso Nacional instalará, imediatamente após a promulgação desta Emenda Constitucional, comissão especial mista, destinada a elaborar, em cento e oitenta dias, os projetos de lei necessários à regulamentação da matéria nela tratada, bem como promover alterações na legislação federal objetivando tornar mais amplo o acesso à Justiça e mais célere a prestação jurisdicional.

Art. 8º As atuais súmulas do Supremo Tribunal Federal somente produzirão efeito vinculante após sua confirmação por dois terços de seus integrantes e publicação na imprensa oficial.

Art. 9º São revogados o inciso IV do art. 36; a alínea *h* do inciso I do art. 102; o § 4º do art. 103; e os §§ 1º a 3º do art. 111.

Art. 10. Esta Emenda Constitucional entra em vigor na data de sua publicação.
Brasília, em 8 de dezembro de 2004
Mesa da Câmara dos Deputados
Deputado João Paulo Cunha
Presidente
Deputado Inocêncio de Oliveira
1º Vice-Presidente
Deputado Luiz Piauhylino
2º Vice-Presidente
Deputado Geddel Vieira Lima
1º Secretário
Deputado Severino Cavalcanti
2º Secretário
Deputado Nilton Capixaba
3º Secretário
Deputado Ciro Nogueira
4º Secretário
Mesa do Senado Federal
Senador José Sarney
Presidente
Senador Paulo Paim
1º Vice-Presidente
Senador Eduardo Siqueira Campos
2º Vice-Presidente
Senador Romeu Tuma
1º Secretário
Senador Alberto Silva
2º Secretário
Senador Heráclito Fortes
3º Secretário
Senador Sérgio Zambiasi
4º Secretário

EMENDA CONSTITUCIONAL N. 47, DE 5 de Julho DE 2005
(DOU 6.7.05)

Altera os arts. 37, 40, 195 e 201 da Constituição Federal, para dispor sobre a previdência social, e dá outras providências.
Os demais dispositivos desta emenda estão inseridos nos respectivos artigos pertinentes com o texto constitucional

AS MESAS DA CÂMARA DOS DEPUTADOS E DO SENADO FEDERAL, nos termos do § 3º do art. 60 da Constituição Federal, promulgam a seguinte Emenda ao texto constitucional:

..

Art. 2º Aplica-se aos proventos de aposentadorias dos servidores públicos que se aposentarem na forma do *caput* do art. 6º da Emenda Constitucional n. 41, de 2003, o disposto no art. 7º da mesma Emenda.

Art. 3º Ressalvado o direito de opção à aposentadoria pelas normas estabelecidas pelo art. 40 da Constituição Federal ou pelas regras estabelecidas pelos arts. 2º e 6º da Emenda Constitucional n. 41, de 2003, o servidor da União, dos Estados, do Distrito Federal e dos Municípios, incluídas suas autarquias e fundações, que tenha ingressado no serviço público até 16 de dezembro de 1998 poderá aposentar-se com proventos integrais, desde que preencha, cumulativamente, as seguintes condições:

I — trinta e cinco anos de contribuição, se homem, e trinta anos de contribuição, se mulher;

II — vinte e cinco anos de efetivo exercício no serviço público, quinze anos de carreira e cinco anos no cargo em que se der a aposentadoria;

III — idade mínima resultante da redução, relativamente aos limites do art. 40, § 1º, inciso III, alínea "a", da Constituição Federal, de um ano de idade para cada ano de

contribuição que exceder a condição prevista no inciso I do *caput* deste artigo.

Parágrafo único. Aplica-se ao valor dos proventos de aposentadorias concedidas com base neste artigo o disposto no art. 7º da Emenda Constitucional n. 41, de 2003, observando-se igual critério de revisão às pensões derivadas dos proventos de servidores falecidos que tenham se aposentado em conformidade com este artigo.

Art. 4º Enquanto não editada a lei a que se refere o § 11 do art. 37 da Constituição Federal, não será computada, para efeito dos limites remuneratórios de que trata o inciso XI do *caput* do mesmo artigo, qualquer parcela de caráter indenizatório, assim definida pela legislação em vigor na data de publicação da Emenda Constitucional n. 41, de 2003.

Art. 5º Revoga-se o parágrafo único do art. 6º da Emenda Constitucional n. 41, de 19 de dezembro de 2003.

Art. 6º Esta Emenda Constitucional entra em vigor na data de sua publicação, com efeitos retroativos à data de vigência da Emenda Constitucional n. 41, de 2003.

Brasília, em 5 de julho de 2005

Mesa da Câmara dos Deputados
Deputado Severino Cavalcanti
Presidente
Deputado José Thomaz Nonô
1º Vice-Presidente
Deputado Ciro Nogueira
2º Vice-Presidente
Deputado Inocêncio Oliveira
1º Secretário
Deputado Eduardo Gomes
3º Secretário
Deputado João Caldas
4º Secretário

Mesa do Senado Federal
Senador Renan Calheiros
Presidente
Senador Tião Viana
1º Vice-Presidente
Senador Efraim Morais
1º Secretário
Senador Paulo Octávio
3º Secretário
Senador Eduardo Siqueira Campos
4º Secretário

EMENDA CONSTITUCIONAL N. 62, DE 9 DE DEZEMBRO DE 2009
(DOU 10.12.09)

Altera o art. 100 da Constituição Federal e acrescenta o art. 97 ao Ato das Disposições Constitucionais Transitórias, instituindo regime especial de pagamento de precatórios pelos Estados, Distrito Federal e Municípios

Arts 1º e 2º Os dispositivos constantes dos arts. 1º e 2º já foram inseridos nos respectivos arts. 100 da Constituição Federal e 97 do Ato das Disposições Constitucionais Transitórias.

Art. 3º A implantação do regime de pagamento criado pelo art. 97 do Ato das Disposições Constitucionais Transitórias deverá ocorrer no prazo de até 90 (noventa dias), contados da data da publicação desta Emenda Constitucional.

Art. 4º A entidade federativa voltará a observar somente o disposto no art. 100 da Constituição Federal:

I — no caso de opção pelo sistema previsto no inciso I do § 1º do art. 97 do Ato das Disposições Constitucionais Transitórias, quando o valor dos precatórios devidos for inferior ao dos recursos destinados ao seu pagamento;

II — no caso de opção pelo sistema previsto no inciso II do § 1º do art. 97 do Ato das Disposições Constitucionais Transitórias, ao final do prazo.

Art. 5º Ficam convalidadas todas as cessões de precatórios efetuadas antes da promulgação desta Emenda Constitucional, independentemente da concordância da entidade devedora.

Art. 6º Ficam também convalidadas todas as compensações de precatórios com tributos vencidos até 31 de outubro de 2009 da entidade devedora, efetuadas na forma do disposto no § 2º do art. 78 do ADCT, realizadas antes da promulgação desta Emenda Constitucional.

Art. 7º Esta Emenda Constitucional entra em vigor na data de sua publicação.

Brasília, em 9 de dezembro de 2009.

Mesa da Câmara dos Deputados
Deputado Michel Temer
Presidente
Deputado Marco Maia
1º Vice-Presidente
Deputado Antonio Carlos Magalhães Neto
2º Vice-Presidente
Deputado Rafael Guerra
1º Secretário
Deputado Inocêncio Oliveira
2º Secretário
Deputado Odair Cunha
3º Secretário
Deputado Nelson Marquezelli
4º Secretário

Mesa do Senado Federal
Senador Marco Perillo
1º Vice-Presidente, no exercício da Presidência
Senador Serys Slhessarenko
2º Vice-Presidente
Senador Heráclito Fortes
1º Secretário
Senador Mão Santa
3º Secretário
Senador Patrícia Saboya
4º Secretária

EMENDA CONSTITUCIONAL N. 69, DE 29 DE MARÇO DE 2012
(DOU 30.3.12)

Altera os arts. 21, 22 e 48 da Constituição Federal, para transferir da União para o Distrito Federal as atribuições de organizar e manter a Defensoria Pública do Distrito Federal.

As Mesas da Câmara dos Deputados e do Senado Federal, nos termos do art. 60 da Constituição Federal, promulgam a seguinte Emenda ao texto constitucional:

Art. 1º Os arts. 21, 22 e 48 da Constituição Federal passam a vigorar com a seguinte redação: Os dispositivos constantes deste artigo já foram inseridos nos respectivos artigos da Constituição Federal..

Art. 2º Sem prejuízo dos preceitos estabelecidos na Lei Orgânica do Distrito Federal, aplicam-se à Defensoria Pública do Distrito Federal os mesmos princípios e regras que, nos termos da Constituição Federal, regem as Defensorias Públicas dos Estados.

Art. 3º O Congresso Nacional e a Câmara Legislativa do Distrito Federal, imediatamente após a promulgação desta Emenda Constitucional e de acordo com suas competências, instalarão comissões especiais destinadas a elaborar, em 60 (sessenta) dias, os projetos de lei necessários à adequação da legislação infraconstitucional à matéria nela tratada.

Art. 4º Esta Emenda Constitucional entra em vigor na data de sua publicação, produzindo efeitos quanto ao disposto no art. 1º após decorridos 120 (cento e vinte) dias de sua publicação oficial.
Brasília, 29 de março de 2012.

Mesa da Câmara dos Deputados Mesa do Senado Federal
Deputado Marco Maia
Presidente
Senador José Sarney
Presidente
Deputada Rose de Freitas
1ª Vice-Presidente
Senadora Marta Suplicy
1ª Vice-Presidente
Deputado Eduardo da Fonte
2º Vice-Presidente
Senador Waldemir Moka
2º Vice-Presidente
Deputado Eduardo Gomes
1º Secretário
Senador Cícero Lucena
1º Secretário
Deputado Jorge Tadeu Mudalen
2º Secretário
Senador João Ribeiro
2º Secretário
Deputado Inocêncio Oliveira
3º Secretário
Senador João Vicente Claudino
3º Secretário
Deputado Júlio Delgado
4º Secretário
Senador Ciro Nogueira
4º Secretário

EMENDA CONSTITUCIONAL N. 79, DE 27 DE MAIO DE 2014
(DOU 28.5.2014)

Altera o art. 31 da Emenda Constitucional n. 19, de 4 de junho de 1998, para prever a inclusão, em quadro em extinção da Administração Federal, de servidores e policiais militares admitidos pelos Estados do Amapá e de Roraima, na fase de instalação dessas unidades federadas, e dá outras providências.

As Mesas da Câmara dos Deputados e do Senado Federal, nos termos do § 3º do art. 60 da Constituição Federal, promulgam a seguinte Emenda ao texto constitucional:

Art. 1º O art. 31 da Emenda Constitucional n. 19, de 4 de junho de 1998, passa a vigorar com a seguinte redação:

> "Art. 31. Os servidores públicos federais da administração direta e indireta, os servidores municipais e os integrantes da carreira policial militar dos ex-Territórios Federais do Amapá e de Roraima que comprovadamente encontravam-se no exercício regular de suas funções prestando serviços àqueles ex-Territórios na data em que foram transformados em Estados, os servidores e os policiais militares admitidos regularmente pelos governos dos Estados do Amapá e de Roraima no período entre a transformação e a efetiva instalação desses Estados em outubro de 1993 e, ainda, os servidores nesses Estados com vínculo funcional já reconhecido pela União integrarão, mediante opção, quadro em extinção da administração federal.

§ 1º O enquadramento referido no *caput* para os servidores ou para os policiais militares admitidos regularmente entre a transformação e a instalação dos Estados em outubro de 1993 deverá dar-se no cargo em que foram originariamente admitidos ou em cargo equivalente.

§ 2º Os integrantes da carreira policial militar a que se refere o *caput* continuarão prestando serviços aos respectivos Estados, na condição de cedidos, submetidos às disposições estatutárias a que estão sujeitas as corporações das respectivas Polícias Militares, observados as atribuições de função compatíveis com seu grau hierárquico e o direito às devidas promoções.

§ 3º Os servidores a que se refere o *caput* continuarão prestando serviços aos respectivos Estados e a seus Municípios, na condição de cedidos, até seu aproveitamento em órgão ou entidade da administração federal direta, autárquica ou fundacional."(NR)

Art. 2º Para fins do enquadramento disposto no *caput* do art. 31 da Emenda Constitucional n. 19, de 4 de junho de 1998, e no *caput* do art. 89 do Ato das Disposições Constitucionais Transitórias, é reconhecido o vínculo funcional, com a União, dos servidores regularmente admitidos nos quadros dos Municípios integrantes dos ex-Territórios do Amapá, de Roraima e de Rondônia em efetivo exercício na data de transformação desses ex-Territórios em Estados.

Art. 3º Os servidores dos ex-Territórios do Amapá, de Roraima e de Rondônia incorporados a quadro em extinção da União serão enquadrados em cargos de atribuições equivalentes ou assemelhadas, integrantes de planos de cargos e carreiras da União, no nível de progressão alcançado, assegurados os direitos, vantagens e padrões remuneratórios a eles inerentes.

Art. 4º Cabe à União, no prazo máximo de 180 (cento e oitenta) dias, contado a partir da data de publicação desta Emenda Constitucional, regulamentar o enquadramento de servidores estabelecido no art. 31 da Emenda Constitucional n. 19, de 4 de junho de 1998, e no art. 89 do Ato das Disposições Constitucionais Transitórias.

Parágrafo único. No caso de a União não regulamentar o enquadramento previsto no *caput*, o optante tem direito ao pagamento retroativo das diferenças remuneratórias desde a data do encerramento do prazo para a regulamentação referida neste artigo.

Art. 5º A opção para incorporação em quadro em extinção da União, conforme disposto no art. 31 da Emenda Constitucional n. 19, de 4 de junho de 1998, e no art. 89 do Ato das Disposições Constitucionais Transitórias, deverá ser formalizada pelos servidores e policiais militares interessados perante a administração, no prazo máximo de 180 (cento e oitenta) dias, contado a partir da regulamentação prevista no art. 4º.

Art. 6º Os servidores admitidos regularmente que comprovadamente se encontravam no exercício de funções policiais nas Secretarias de Segurança Pública dos ex-Ter-

ritórios do Amapá, de Roraima e de Rondônia na data em que foram transformados em Estados serão enquadrados no quadro da Polícia Civil dos ex-Territórios, no prazo de 180 (cento e oitenta) dias, assegurados os direitos, vantagens e padrões remuneratórios a eles inerentes.

Art. 7º Aos servidores admitidos regularmente pela União nas Carreiras do Grupo Tributação, Arrecadação e Fiscalização de que trata a Lei n. 6.550, de 5 de julho de 1978, cedidos aos Estados do Amapá, de Roraima e de Rondônia são assegurados os mesmos direitos remuneratórios auferidos pelos integrantes das Carreiras correspondentes do Grupo Tributação, Arrecadação e Fiscalização da União de que trata a Lei n. 5.645, de 10 de dezembro de 1970.

Art. 8º Os proventos das aposentadorias, pensões, reformas e reservas remuneradas, originadas no período de outubro de 1988 a outubro de 1993, passam a ser mantidos pela União a partir da data de publicação desta Emenda Constitucional, vedado o pagamento, a qualquer título, de valores referentes a períodos anteriores a sua publicação.

Art. 9º É vedado o pagamento, a qualquer título, em virtude das alterações promovidas por esta Emenda Constitucional, de remunerações, proventos, pensões ou indenizações referentes a períodos anteriores à data do enquadramento, salvo o disposto no parágrafo único do art. 4º.

Art. 10. Esta Emenda Constitucional entra em vigor na data de sua publicação.

Brasília, em 27 de maio de 2014

Mesa da Câmara dos Deputados

Deputado HENRIQUE EDUARDO ALVES
Presidente
Deputado ARLINDO CHINAGLIA
1º Vice-Presidente
Deputado FÁBIO FARIA
2º Vice-Presidente
Deputado MARCIO BITTAR
1º Secretário
Deputado SIMÃO SESSIM
2º Secretário
Deputado MAURÍCIO QUINTELLA LESSA
3º Secretário
Deputado ANTONIO CARLOS BIFFI
4º Secretário

Mesa do Senado Federal

Senador RENAN CALHEIROS
Presidente
Senador JORGE VIANA
1º Vice-Presidente
Senador ROMERO JUCÁ
2º Vice-Presidente
Senador FLEXA RIBEIRO
1º Secretário
Senadora ANGELA PORTELA
2ª Secretária
Senador CIRO NOGUEIRA
3º Secretário
Senador JOÃO VICENTE CLAUDINO
4º Secretário

EMENDA CONSTITUCIONAL N. 92, DE 12 DE JULHO DE 2016
(DOU 13.7.16)

Altera os arts. 92 e 111-A da ConstituiçãoFederal, para explicitar o Tribunal Superior do Trabalho como órgão do Poder Judiciário, alterar os requisitos para o provimento dos cargos de Ministros daquele Tribunal e modificar-lhe a competência.

As Mesas da Câmara dos Deputados e do Senado Federal, nos termos do § 3º do art. 60 da Constituição Federal, promulgam a seguinte Emenda ao texto constitucional:

Art. 1º Os arts. 92 e 111-A da Constituição Federal passam a vigorar com as seguintes alterações:

"Art. 92. ..
II-A — o Tribunal Superior do Trabalho;
.."(NR)

"Seção V
Do Tribunal Superior do Trabalho, dos Tribunais Regionais do Trabalho e dos Juízes do Trabalho
...

'Art. 111-A. O Tribunal Superior do Trabalho compor-se-á de vinte e sete Ministros, escolhidos dentre brasileiros com mais de trinta e cinco anos e menos de sessenta e cinco anos, de notável saber jurídico e reputação ilibada, nomeados pelo Presidente da
República após aprovação pela maioria absoluta do Senado Federal, sendo:
...

§ 3º Compete ao Tribunal Superior do Trabalho processar e julgar, originariamente, a reclamação para a preservação de sua competência e garantia da autoridade de suas decisões.'
.."(NR)

Art. 2º Esta Emenda Constitucional entra em vigor na data de sua publicação.

Brasília, em 12 de julho de 2016

Mesa da Câmara dos Deputados Mesa do Senado Federal

Deputado WALDIR MARANHÃO
1º Vice-Presidente, no exercício da Presidência
Senador RENAN CALHEIROS
Presidente
Deputado GIACOBO
2º Vice- Presidente
Senador JORGE VIANA
1º Vice- Presidente
Deputado BETO MANSUR
1º Secretário
Senador ROMERO JUCÁ
2º Vice- Presidente
Deputado FELIPE BORNIER
2º Secretário
Senador VICENTINHO ALVES
1º Secretário
Deputada MARA GABRILLI
3ª Secretária
Senador ZEZE PERRELLA
2º Secretário
Deputado ALEX CANZIANI
4º Secretário
Senador GLADSON CAMELI
3º Secretário
Senadora ÂNGELA PORTELA
4ª Secretária

DECRETO-LEI N. 5.452, DE 1º DE MAIO DE 1943
(DOU 9.8.1943)

Aprova a Consolidação das Leis do Trabalho

O Presidente da República, usando da atribuição que lhe confere o art. 180 da Constituição, DECRETA:

Art. 1º Fica aprovada a Consolidação das Leis do Trabalho, que a este Decreto-Lei acompanha, com as alterações por ela introduzidas na legislação vigente.

Parágrafo único Continuam em vigor as disposições legais transitórias ou de emergência, bem como as que não tenham aplicação em todo o território nacional.

Art. 2º O presente Decreto-Lei entrará em vigor em 10 de novembro de 1943.

Rio de Janeiro, 1º de maio de 1943, 122º da Independência e 55º da República.

GETÚLIO VARGAS
Alexandre Marcondes Filho.

CONSTITUIÇÃO FEDERAL DE 1988
DOU 5.10.1988

Vide art. 1º, *caput* e incisos II, III e IV; art. 3º, *caput* e incisos I a IV; art. 5º, *caput* e incisos I, III, V, X, XIII, XXII, XXIII e §§ 1º, 2º e 3º; art. 6º; art. 7º, *caput*, incisos I a XXXIV e parágrafo único; art. 22, *caput*, inciso I e parágrafo único; art. 170, *caput* e incisos II, III, VII e VIII; e art. 193, *caput*

Art. 1º A República Federativa do Brasil, formada pela união indissolúvel dos Estados e Municípios e do Distrito Federal, constitui-se em Estado Democrático de Direito e tem como fundamentos:
(...)
II — a cidadania
III — a dignidade da pessoa humana;
IV — os valores sociais do trabalho e da livre-iniciativa;

Art. 3º Constituem objetivos fundamentais da República Federativa do Brasil:
I — construir uma sociedade livre, justa e solidária;
II — garantir o desenvolvimento nacional;
III — erradicar a pobreza e a marginalização e reduzir as desigualdades sociais e regionais;
IV — promover o bem de todos, sem preconceitos de origem, raça, sexo, cor, idade e quaisquer outras formas de discriminação.

Art. 5º Todos são iguais perante a lei, sem distinção de qualquer natureza, garantindo-se aos brasileiros e aos estrangeiros residentes no País a inviolabilidade do direito à vida, à liberdade, à igualdade, à segurança e à propriedade, nos termos seguintes:
I — homens e mulheres são iguais em direitos e obrigações, nos termos desta Constituição;
(...)
III — ninguém será submetido a tortura nem a tratamento desumano ou degradante;
(..)
V — é assegurado o direito de resposta, proporcional ao agravo, além da indenização por dano material, moral ou à imagem;
(...)
X — são invioláveis a intimidade, a vida privada, a honra e a imagem das pessoas, assegurado o direito a indenização pelo dano material ou moral decorrente de sua violação;
(...)
XIII — é livre o exercício de qualquer trabalho, ofício ou profissão, atendidas as qualificações profissionais que a lei estabelecer;
(...)
XXII — é garantido o direito de propriedade;
XXIII — a propriedade atenderá a sua função social;
(...)
§ 1º As normas definidoras dos direitos e garantias fundamentais têm aplicação imediata.
§ 2º Os direitos e garantias expressos nesta Constituição não excluem outros decorrentes do regime e dos princípios por ela adotados, ou dos tratados internacionais em que a República Federativa do Brasil seja parte.
§ 3º Os tratados e convenções internacionais sobre direitos humanos que forem aprovados, em cada Casa do Congresso Nacional, em dois turnos, por três quintos dos votos dos respectivos membros, serão equivalentes às emendas constitucionais. *(Incluído pela Emenda Constitucional n. 45, de 2004)*

Art. 6º São direitos sociais a educação, a saúde, a alimentação, o trabalho, a moradia, o transporte, o lazer, a segurança, a previdência social, a proteção à maternidade e à infância, a assistência aos desamparados, na forma desta Constituição. *(Redação dada pela Emenda Constitucional n. 90, de 2015)*

Art. 7º São direitos dos trabalhadores urbanos e rurais, além de outros que visem à melhoria de sua condição social:

Art. 2º

I — relação de emprego protegida contra despedida arbitrária ou sem justa causa, nos termos de lei complementar, que preverá indenização compensatória, dentre outros direitos;
II — seguro-desemprego, em caso de desemprego involuntário;
III — fundo de garantia do tempo de serviço;
IV — salário mínimo, fixado em lei, nacionalmente unificado, capaz de atender a suas necessidades vitais básicas e às de sua família com moradia, alimentação, educação, saúde, lazer, vestuário, higiene, transporte e previdência social, com reajustes periódicos que lhe preservem o poder aquisitivo, sendo vedada sua vinculação para qualquer fim;
V — piso salarial proporcional à extensão e à complexidade do trabalho;
VI — irredutibilidade do salário, salvo o disposto em convenção ou acordo coletivo;
VII — garantia de salário, nunca inferior ao mínimo, para os que percebem remuneração variável;
VIII — décimo terceiro salário com base na remuneração integral ou no valor da aposentadoria;
IX — remuneração do trabalho noturno superior à do diurno;
X — proteção do salário na forma da lei, constituindo crime sua retenção dolosa;
XI — participação nos lucros, ou resultados, desvinculada da remuneração, e, excepcionalmente, participação na gestão da empresa, conforme definido em lei;
XII — salário-família pago em razão do dependente do trabalhador de baixa renda nos termos da lei; *(Redação dada pela Emenda Constitucional n. 20, de 1998)*
XIII — duração do trabalho normal não superior a oito horas diárias e quarenta e quatro semanais, facultada a compensação de horários e a redução da jornada, mediante acordo ou convenção coletiva de trabalho;
XIV — jornada de seis horas para o trabalho realizado em turnos ininterruptos de revezamento, salvo negociação coletiva;
XV — repouso semanal remunerado, preferencialmente aos domingos;
XVI — remuneração do serviço extraordinário superior, no mínimo, em cinquenta por cento à do normal;
XVII — gozo de férias anuais remuneradas com, pelo menos, um terço a mais do que o salário normal;
XVIII — licença à gestante, sem prejuízo do emprego e do salário, com a duração de cento e vinte dias;
XIX — licença-paternidade, nos termos fixados em lei;
XX — proteção do mercado de trabalho da mulher, mediante incentivos específicos, nos termos da lei;
XXI — aviso prévio proporcional ao tempo de serviço, sendo no mínimo de trinta dias, nos termos da lei;
XXII — redução dos riscos inerentes ao trabalho, por meio de normas de saúde, higiene e segurança;
XXIII — adicional de remuneração para as atividades penosas, insalubres ou perigosas, na forma da lei;
XXIV — aposentadoria;
XXV — assistência gratuita aos filhos e dependentes desde o nascimento até 5 (cinco) anos de idade em creches e pré-escolas; *(Redação dada pela Emenda Constitucional n. 53, de 2006)*
XXVI — reconhecimento das convenções e acordos coletivos de trabalho;
XXVII — proteção em face da automação, na forma da lei;
XXVIII — seguro contra acidentes de trabalho, a cargo do empregador, sem excluir a indenização a que este está obrigado, quando incorrer em dolo ou culpa;
XXIX — ação, quanto aos créditos resultantes das relações de trabalho, com prazo prescricional de cinco anos para os trabalhadores urbanos e rurais, até o limite de dois anos após a extinção do contrato de trabalho; *(Redação dada pela Emenda Constitucional n. 28, de 25.05.2000)*
a) (Revogada). *(Redação dada pela Emenda Constitucional n. 28, de 25.05.2000)*
b) (Revogada). *(Redação dada pela Emenda Constitucional n. 28, de 25.05.2000)*
XXX — proibição de diferença de salários, de exercício de funções e de critério de admissão por motivo de sexo, idade, cor ou estado civil;
XXXI — proibição de qualquer discriminação no tocante a salário e critérios de admissão do trabalhador portador de deficiência;
XXXII — proibição de distinção entre trabalho manual, técnico e intelectual ou entre os profissionais respectivos;
XXXIII — proibição de trabalho noturno, perigoso ou insalubre a menores de dezoito e de qualquer trabalho a menores de dezesseis anos, salvo na condição de aprendiz, a partir de quatorze anos; *(Redação dada pela Emenda Constitucional n. 20, de 1998)*
XXXIV — igualdade de direitos entre o trabalhador com vínculo empregatício permanente e o trabalhador avulso.
Parágrafo único. São assegurados à categoria dos trabalhadores domésticos os direitos previstos nos incisos IV, VI, VII, VIII, X, XIII, XV, XVI, XVII, XVIII, XIX, XXI, XXII, XXIV, XXVI, XXX, XXXI e XXXIII e, atendidas as condições estabelecidas em lei e observada a simplificação do cumprimento das obrigações tributárias, principais e acessórias, decorrentes da relação de trabalho e suas peculiaridades, os previstos nos incisos I, II, III, IX, XII, XXV e XXVIII, bem como a sua integração à previdência social. *(Redação dada pela Emenda Constitucional n. 72, de 2013)*

Art. 22. Compete privativamente à União legislar sobre:
I — direito civil, comercial, penal, processual, eleitoral, agrário, marítimo, aeronáutico, espacial e do trabalho;
(...)
Parágrafo único. Lei complementar poderá autorizar os Estados a legislar sobre questões específicas das matérias relacionadas neste artigo.

Art. 170. A ordem econômica, fundada na valorização do trabalho humano e na livre-iniciativa, tem por fim assegurar a todos existência digna, conforme os ditames da justiça social, observados os seguintes princípios:
(...)
II — propriedade privada;
III — função social da propriedade;
(...)
VII — redução das desigualdades regionais e sociais;
VIII — busca do pleno emprego;

Art. 193. A ordem social tem como base o primado do trabalho, e como objetivo o bem-estar e a justiça sociais.

CONSOLIDAÇÃO DAS LEIS DO TRABALHO
EXPOSIÇÃO DE MOTIVOS

Sr. Presidente da República:

Tenho grande honra de apresentar a Vossa Excelência o projeto definitivo de Consolidação das Leis de Proteção ao Trabalho, relevante cometimento jurídico e social, cuja redação última foi procedida, havendo sido escrupulosamente apreciadas as sugestões e emendas propostas ao anteprojeto, após uma verdadeira autocrítica, que a própria Comissão efetuou, do texto original divulgado pelo Diário Oficial de 5 de janeiro do corrente ano.

2. A Comissão cotejou e julgou cerca de dois mil reparos, observações ou comentários feitos à Consolidação.

3. Peço vênia a Vossa Excelência, preliminarmente, para ressaltar o esforço, a cultura, a inteligência com que, no desempenho da difícil incumbência, se houveram os signatários do Relatório incluso no aprofundado exame da matéria.

4. Durante quase um ano, em longas reuniões diárias entregaram-se à tarefa complexa e ilustre, com uma dedicação e um espírito público que bem demonstram o patriotismo que os inspirou. Desejo, por isso, antes de mais nada, e perante V. Exa., patentear o meu reconhecimento e a minha admiração por esses notáveis colaboradores da obra ministerial.

5. É da mais alta significação social e merece uma referência especial o interesse suscitado pela divulgação do anteprojeto.

6. Juristas e magistrados, entidades públicas, empresas privadas e associações culturais concorreram com a judiciosa reflexão de sua experiência para sugerir um ou outro retoque.

7. Revelando, não só a repercussão alcançada pelo monumento legal projetado, mas, principalmente, uma vigorosa consciência sindical — prova plena de um regime social já radicado — manifestaram-se as classes de empregadores e de empregados, através das respectivas instituições representativas. Esta foi, na realidade, a contribuição mais palpitante, trazida à Comissão, quer pelo teor original da discussão das teses, quer pela eficiência patente do sistema paritário de equilíbrio social, evidenciando-se, do contraste de interesses, sob a luz de um pensamento público de bem comum, a fórmula de composição harmônica das forças do capital e do trabalho.

8. A Consolidação corresponde a um estágio no desenvolvimento do progresso jurídico.

9. Entre a compilação ou coleção de leis e um código — que são, respectivamente, os momentos extremos de um processo de corporificação do direito — existe a consolidação, que é a fase própria da concatenação dos textos e da coordenação dos princípios, quando já se denuncia primeiro o pensamento do sistema depois de haverem sido reguladas, de modo amplo, relações sociais em determinado plano da vida política.

10. Projetada a ação do Estado em várias direções, para atender ao tratamento de situações especiais e constantes de uma mesma órbita jurídica, impõe-se, desde o instante em que se surpreende a unidade interna desses problemas, perscrutar a sua inteligência ordenadora, que será então a *ratio legis* do sistema normativo necessário.

11. Esse o significado da Consolidação, que não é uma coleção de leis, mas a sua coordenação sistematizada.

Não é apenas um engenho de arquitetura legislativa, mas uma recapitulação de valores coerentes, que resultaram de uma grande expansão legislativa, anterior, em um dado ramo de direito.

12. É o diploma do idealismo excepcional do Brasil orientado pela clarividência genial de V. Exa., reajustando o imenso e fundamental processo de sua dinâmica econômica, nas suas relações com o trabalho, aos padrões mais altos de dignidade e de humanidade da justiça social. É incontestavelmente a síntese das instituições políticas estabelecidas por V. Exa. desde o início de seu governo.

13. Empenhou-se, por isso, a Comissão, na articulação dos textos legais vigentes, na exata dedução dos princípios, na concordância essencial das regras, na unidade interna do sistema. As lacunas preenchidas propuseram-se a tornar explícitas verdades inerentes às leis anteriores. Algumas inovações aparentes não passam de necessárias consequências da Constituição. As omissões intencionalmente ocorridas restringiram-se a excluir do conjunto as leis tipicamente transitórias e que, para atender a situações de emergência decorrentes do estado de guerra, ficaram à margem dos postulados do nosso direito social.

14. O que importa salientar é ter havido a preocupação dominante de subordinação às leis preexistentes e não como se procedesse à organização de um código, para o qual se permite modernamente a originalidade inicial e onde é mesmo espontânea e essencial a livre criação do direito, sem qualquer dependência do regime vigente.

15. A Consolidação representa, portanto, em sua substância normativa e em seu título, neste ano de 1943, não um ponto de partida, nem uma adesão recente a uma doutrina, mas a maturidade de uma ordem social há mais de um decênio instituída, que já se consagrou pelos benefícios distribuídos, como também pelo julgamento da opinião pública consciente, e sob cujo espírito de equidade confraternizaram as classes na vida econômica, instaurando nesse ambiente, antes instável e incerto, os mesmos sentimentos de humanismo cristão que encheram de generosidade e de nobreza os anais da nossa vida pública e social.

16. No relatório elaborado pela Comissão respectiva, que corresponde a um prefácio admirável da obra monumental, e no qual se filia a presente exposição de motivos, encontrará Vossa Excelência minucioso e brilhante estudo das doutrinas, dos sistemas, das leis, dos regulamentos e das emendas sugeridas comprovando que a Consolidação representa um documento resultante da instituição do gênio com que Vossa Excelência vem preparando o Brasil para uma missão universal.

17. A estrutura da Consolidação e a ordenada distribuição das matérias que lhe compõem o texto evidenciam claramente não só um plano lógico como também um pensamento doutrinário.

18. A sucessiva disposição das matérias, nos Títulos e Capítulos, corresponde a uma racional precedência.

19. Assim, sem fazer injúria ao bom senso geral, exemplificarei, entretanto: o contrato individual do trabalho pressupõe a regulamentação legal de tutela do empregado, não lhe podendo ser adversa; a organização sindical pressupõe igualmente a condição de emprego ou o exercício de profissão e a constituição da empresa; o contrato coletivo de trabalho seria, por sua vez, inviável sem a prévia formação sindical das classes.

20. Essa uma distribuição em que os institutos jurídico-políticos são alinhados, não ao saber de classificações subjetivas ou sob a sugestão irrefletida de padrões quaisquer, mas sim, e verdadeiramente, de acordo com dados racionais derivados do próprio valor e da função social que lhes é essencial.

21. Para melhor compreensão, dividiu a Comissão o Título II do anteprojeto em dois Títulos, visando a tornar ainda mais intuitivo o esquema da Consolidação: ocupando-se essas duas divisões, respectivamente, "Das Normas Gerais de Tutela do Trabalho" e "Das Normas Especiais de Tutela do Trabalho", que constituem exatamente os princípios institucionais e básicos da proteção do trabalho.

22. Mais uma vez nota-se nessa concepção um ânimo de ordem que resultou de uma meditação exclusiva sobre os institutos concatenados.

23. O pormenorizado exame, nesta exposição, de todos os temas ali discutidos, importaria reproduzir, quase na íntegra, o referido relatório, com prejuízo talvez de sua harmonia e da lógica irretorquível com que se apresenta.

24. Peço licença, entretanto, para assinalar alguns aspectos principais do trabalho da Comissão.

25. No concernente à identificação profissional, há quem incorra em absoluto equívoco, ignorando o sentido exato dessa instituição jurídica.

26. Houve quem lhe apontasse apenas a utilidade de mero instrumento de contrato do trabalho, quando, na verdade, é este, embora de grande alcance, apenas um aspecto da carteira profissional, cujo caráter fundamental é o de documento de qualificação profissional, constituindo mesmo a primeira manifestação de tutela do Estado ao trabalhador, antes formalmente "desqualificado" sob o ponto de vista profissional e a seguir, com a emissão daquele título, habilitado à ocupação de um emprego ou ao exercício de uma profissão. Não há como subordinar essa criação típica do Direito Social ao papel acessório de prova do contrato de trabalho, quando, como se vê, a sua emissão antecede livremente o ajuste do emprego e agora, pela Consolidação, passará até a constituir uma condição obrigatória para o trabalho.

27. Foi, aliás, considerando a importância da carteira profissional como elemento primacial para manutenção do cadastro profissional dos trabalhadores, como título de qualificação profissional, como documento indispensável à colocação e à inscrição sindical e, finalmente, por servir de instrumento prático do contrato individual do trabalho, que a Comissão encontrou razões bastantes para reputar uma instituição fundamental de proteção do trabalhador e não admitir fosse relegada à inoperância da franquia liberal, tornando-a, então, obrigatória.

28. Em relação aos contratos de trabalho, cumpre esclarecer que a precedência das "normas" de tutela sobre os "contratos" acentuou que a ordem institucional ou estatutária prevalece sobre a concepção contratualista.

29. A análise do conteúdo da nossa legislação social prova exuberantemente a primazia do caráter institucional sobre o efeito do contrato, restrito este à objetivação do ajuste, à determinação do salário e à estipulação da natureza dos serviços e isso mesmo dentro de *standards* e sob condições preestabelecidas na lei.

30. Ressaltar essa expressão peculiar constituiria certamente uma conformação com a realidade e com a filosofia do novo Direito justificando-se assim a ênfase inicial atribuída à enumeração das normas de proteção ao trabalho, para somente em seguida ser referido o contrato individual.

31. Nem há como contestar semelhante método, desde que o Direito Social é, por definição, um complexo de normas e de instituições votadas à proteção do trabalho dependente na atividade privada.

32. Entre as inúmeras sugestões trazidas, uma houve que suscitou singular estranheza, dada a sua procedência de uma entidade representativa de empregados.

33. Objetava contra a exclusão da permissão contida no inciso final do parágrafo único do art. 4º da Lei n. 264, de 5 de outubro de 1936, e reclamava a sua incorporação à Consolidação.

34. Esse texto propositadamente omitido colidia rigorosamente com um dispositivo legal posterior — art. 12 do Decreto-lei n. 2.308, de 13 de junho de 1942 — em que se anunciava uma regra irrecusável de proteção ao trabalhador.

35. Como se tolerar, efetivamente, que possa um empregado realizar os encargos de sua função, por mais rudimentar que esta seja, durante oito horas sucessivas, sem um intervalo para repouso ou alimentação?

36. Talvez uma incompreensão tivesse surgido na consideração desse preceito legal vigente: há, na realidade, determinadas funções de supervisão e de controle, tais como as exercidas por encarregados de estações ou usinas elétricas, cujo trabalho é intermitente, não exigindo uma atenção constante e um esforço continuado, sendo benéfica, então, para esses empregados, a exclusão da hora de repouso pela redução que se dá no tempo de permanência no serviço, facilitada, por outro lado, a organização das tabelas de rodízio dos ocupantes desses cargos pelas empresas.

37. Essa hipótese, constituindo tipicamente, o caso do trabalho descontínuo, segundo a conhecida definição de *Barassi*, não se enquadra, entretanto, na determinação do citado art. 12 do Decreto-lei n. 2.308, que apenas abrange o "trabalho contínuo", conforme foi incluído à Consolidação no Capítulo "Da Duração do Trabalho", parecendo, portanto, resolvida a dúvida.

38. O trabalho dos menores, entre catorze e dezoito anos, ou tem como finalidade a preparação dos mesmos para um ofício, uma profissão, ou, então, constitui uma exploração e um aniquilamento da juventude.

39. Esse pensamento fez com que o Decreto-lei n. 3.616, de 13 de setembro de 1941, salvo nos casos excepcionais de força maior ou de interesse público, proibisse para os menores a prorrogação da duração normal de trabalho. Tal a fonte do dispositivo idêntico que se encontra na Consolidação, sem incorrer em inovação.

40. Atentando, também, nos deveres impostos aos empregadores de menores, ver-se-á que são eles obrigados a permitir a esses seus empregados a frequência às aulas, quer às de instrução primária, conforme sempre foi estabelecido, como também às de formação profissional a cargo do Serviço Nacional de Aprendizagem dos Industriários, de acordo com o estatuído pelo Decreto-lei n. 4.481, de 16 de julho de 1942.

EXPOSIÇÃO DE MOTIVOS

41. Acreditamos que não se levantará mais qualquer argumento contra a razoabilíssima disposição legal de proibição da prorrogação do horário normal do trabalho dos menores, justificada não só por óbvias considerações biológicas de preservação da saúde dos adolescentes, como também por motivos educacionais irrefutáveis.

42. A clara e total definição que do contrato individual do trabalho foi dada pelo anteprojeto da Consolidação, provocou algumas divergências de mero gosto polêmico.

43. A emenda então apresentada não pôde ser aceita. Revelava, primeiramente, incompreensão do espírito institucional tantas vezes salientado nesses empreendimentos. Repetia ainda um conceito prévio e básico já formulado, qual seja, o de empregado.

44. O que os objetantes não alcançaram foi o deliberado propósito de se reconhecer a correspondência e equivalência entre a "relação de emprego" e o "contrato individual do trabalho", para os efeitos da legislação social, correspondência essa que a escola contratualista italiana nega, exigindo a expressa pactuação.

45. Na concepção do projeto, admitido, como fundamento de contrato, o acordo tácito, é lógico que a "relação de emprego" constitui o ato jurídico suficiente para provocar a objetivação das medidas tutelares que se contêm no direito do trabalho em vigor.

46. O conceito firmado na Consolidação é tanto mais justo e relevante quanto é o que se evidencia em face de contratos formalmente nulos ou substancialmente contrários à ordem pública dos preceitos da legislação de proteção ao trabalho.

47. Embora seja plenamente positivo o texto da Consolidação, diante de dúvidas, propostas, urge repetir que o projeto não feriu nenhum direito, garantindo até simples expectativas de direito, uma vez que todos os empregados bancários admitidos até a data da vigência do Decreto-lei que aprovar a Consolidação terão assegurada a estabilidade em dois anos, nos termos do art. 15 do mesmo Decreto n. 24.615, de 9 de julho de 1934.

48. O que não poderia ser admitido, em uma Consolidação que se propõe a sistematizar os princípios do nosso Direito Social, era a persistência de um singular privilégio para uma categoria de trabalhadores, quando o prestígio das instituições públicas exige exatamente uma igualdade de tratamento para situações sociais idênticas.

49. Fosse uma medida de proteção especial correlata de peculiares condições de trabalho, e não teria havido a menor dúvida em se manter tal regime, conforme aliás procedeu a Comissão, conservando do estatuto profissional dos bancários todos os preceitos que lhes fossem favoráveis e suprimindo os que não se equiparassem às disposições gerais de proteção à duração de trabalho, tais como os que legitimavam a prorrogação a horas suplementares independentemente de pagamento extraordinário.

50. Houve, portanto, estrita justiça.

51. Conforme ficou esclarecido, inicialmente, a redação final que tenho a subida honra de apresentar a Vossa Excelência foi precedida de um meticuloso exame de todas as sugestões apresentadas, não constituindo menor contribuição a que cada um dos membros da Comissão procurou fazer, corrigindo e completando o anteprojeto.

52. Na revisão realizada, a Comissão assumiu uma posição censora de sua própria obra, promovendo consequentemente o aprimoramento do respectivo teor.

53. Na introdução aperfeiçoou a redação dos artigos; inseriu a definição de empregador, que integra o conceito definitivo da relação de emprego, acompanhando-a da noção legal de empregadora única dada pela Lei n. 435, de 17 de maio de 1937; removeu, outrossim, para o Capítulo pertinente, a declaração da igualdade de salário por trabalho do mesmo valor sem distinção de sexo. Foi, por outro lado, suprimida a afirmação concernente à proibição da renúncia de direitos, que entendeu a Comissão ser elementar do princípio de ordem pública, mediante o qual são nulos os atos praticados no intuito de excluir a eficácia da legislação social.

54. O Título das normas institucionais foi reconstituído em dois outros, para mais fácil apresentação dos preceitos nele contidos.

55. O Capítulo sobre a identificação profissional e os registros de empregados foi melhorando na nomenclatura, na redação e na disposição das Seções.

56. Sofreu alteração o texto que reproduziu o parágrafo único do art. 18 do Decreto n. 22.035, de 29 de outubro de 1932, eliminando-se agora da carteira profissional a averbação de notas desabonadoras, as quais, somente, quando resultarem de sentença transitada em julgado, serão inscritas no prontuário do portador da carteira.

57. Ligeiros retoques foram dados ao Capítulo sobre a duração geral do trabalho.

58. Considerou-se de justiça equiparar o regime de trabalho dos operadores das empresas de serviços telefônicos aos das que exploram serviços de telegrafia, radiotelegrafia e radiotelefonia, cujas condições de fadiga são idênticas.

59. A duração do trabalho nos serviços ferroviários foi reexaminada de acordo com sugestões do Sindicato dos Empregados Ferroviários do Rio de Janeiro, e das empresas responsáveis por esses serviços, principalmente a Companhia Paulista de Estradas de Ferro, cuja cooperação inteligente favoreceu a racionalização imprimida ao projeto, com a supressão, pela qual se batia a Comissão, do confuso e prejudicial sistema de ciclos de 96 horas em 14 dias, com duração máxima diária de 16 horas, do citado Decreto n. 279, de graves consequências para a saúde dos ferroviários.

60. As disposições destinadas à regulamentação das condições de trabalho nos serviços de estiva mereceram igual reexame, atendidas, em harmonia, as sugestões da Comissão de Marinha Mercante, do Sindicato dos Estivadores do Rio de Janeiro e do Sindicato dos Trabalhadores em Estiva de Minérios desta Capital.

61. Houve também a preocupação de atender tanto quanto possível à equiparação, pleiteada pelo Sindicato dos Operários nos Serviços Portuários de Santos, entre os serviços de estiva e os de capatazias, que realmente funcionam em necessária coordenação.

62. Uma lacuna estava a exigir, há longa data, fosse coberta na nossa legislação. Recomendado, reiteradas vezes, pelo Presidente da República, diante da insuficiência da lei geral, não se ultimara, entretanto, até o presente, o projetado Decreto-lei especial amparando as condições de trabalho em minas de subsolo. Coligindo os dados apurados pelo Departamento Nacional do Trabalho, depois de sucessivas e conclusivas investigações locais, foi constituída uma Seção

prevendo as reduções do horário nos trabalhos em minas subterrâneas, trabalhos esses árduos e particularmente ruinosos para a vida dos respectivos operários.

63. Na Seção em que se regula o exercício da profissão de químico, foi adotada a indicação da Federação das Indústrias do Estado de São Paulo, no sentido de ficarem declinados os tipos de indústrias em que se torna obrigatória a admissão de um químico. De acordo com a sugestão e segundo o critério do Instituto Nacional de Tecnologia deste Ministério, ficou resolvida essa questão e homologada a orientação prática deste Ministério.

64. O Capítulo da Nacionalização do Trabalho recebeu pequenas emendas de redação, tendo sido suprimido o dispositivo do anteprojeto relativo aos cargos de chefia. Reconsiderando a matéria, verificou a Comissão que o problema, que suscitava a emenda aditiva ao anteprojeto, encontrava solução no próprio texto legal quando este disciplina que os ocupantes de funções técnicas somente ficarão à margem da proporcionalidade na falta de trabalhadores nacionais especializados. Sem gerar confusões que não haviam sido, aliás, pretendidas pelo preceito ora suprimido, o qual não continha qualquer restrição à desejada colaboração de iniciativas e de capitais estrangeiros, restará sempre no dispositivo acima referido o remédio para o governo proporcionar garantias às elites de técnicos nacionais.

65. O regime de Higiene e Segurança do Trabalho, pela revisão efetuada, adquiriu maior eficácia, por força da explícita declaração que constitui formalidade longamente seguida, da exigência de prévia verificação e aprovação das instalações dos estabelecimentos industriais para o respectivo funcionamento.

66. Estabeleceu-se, igualmente, a obrigatoriedade do uso, pelos empregados, dos equipamentos de defesa pessoal fornecidos pelos empregadores e aprovados pelas autoridades de Higiene do Trabalho.

67. Quanto aos Capítulos da proteção ao trabalho das mulheres e dos menores, as correções limitaram-se a erros de impressão, tendo sido, por outro lado, restabelecido o preceito inscrito no parágrafo único do art. 16 do antigo Decreto n. 22.042, de 3 de novembro de 1932, que, pela referência feita no § 3º do art. 16 do Decreto-lei n. 3.616, de 13 de setembro de 1941, é intuitivo concluir fora omitido, involuntariamente, neste último diploma legal.

68. Os deveres impostos aos empregadores para o efeito da habilitação profissional dos respectivos empregados menores e consubstanciados no Decreto-lei n. 4.481, de 16 de julho de 1942, corporificando normas de tutela dessa classe de empregados, cujo trabalho tem de ser orientado pelo alto escopo da educação técnica, passaram a integrar a Seção correspondente do Capítulo versando esse regime especial.

69. É oportuno salientar que a legislação social, universalmente, vem atribuindo um remarcado desvelo pelas condições de trabalho dos menores.

70. Em consonância com as convenções internacionais e as recomendações de congressos, e mesmo a estas se antecipando, o Brasil, pela pessoal inspiração de Vossa Excelência, vem realizando, através deste Ministério, uma salutar ação pública de preservação da juventude que trabalha.

71. O prosseguimento dessa política especializada é um imperativo e pareceu à Comissão dever ser assim ponderado na revisão, a que se procede, do Código de Menores, pois os seus preceitos atinentes ao trabalho foram totalmente melhorados e anexados à nossa legislação trabalhista, cujo Decreto-lei n. 3.616, consolidado agora, consagra a melhor solução de articulação e distinção entre a competência dos magistrados de menores e a das autoridades de trabalho, conferindo àqueles a plenitude das funções morais, jurisdicionais e supletivas do pátrio poder, que lhes são eminentemente reservados, e atribuindo às autoridades deste Ministério a efetivação do regime de proteção ao trabalho.

72. O Título em que se compendiam as regras constitutivas do contrato individual de trabalho careceu apenas de pequenas especificações do pensamento já expresso, acrescentando-se-lhes, entretanto, as normas pertinentes aos contratos de artistas teatrais e congêneres, oriundos da celebrada Lei Getúlio Vargas, cuja atualização vinha sendo ultimamente promovida por uma Comissão Interministerial, da qual provieram os artigos de lei aditados ao presente projeto.

73. Estatuiu a Consolidação que aos trabalhadores rurais se aplicam as regras básicas do contrato individual do trabalho, inclusive o aviso prévio, não lhes atingindo, porém, o regime de garantias em caso de rescisão, a que não tenham dado motivo, nem o instituto da estabilidade. A essa conclusão chegou a Comissão, em voto preponderante, sob a alegação de serem imprescindíveis maiores esclarecimentos das exatas condições das classes rurais, inibidas, no momento, por falta de lei, da representação sindical dos respectivos interesses.

74. Em seu relatório, manifesta a Comissão, consequentemente e em princípio, a sua restrição quanto ao projeto do Código Rural, publicado no Diário Oficial de 16 de janeiro último, na parte referente ao Contrato de Trabalho, objeto preciso desta Consolidação e não de um Código em que, com exclusividade, deveriam ser tratados os problemas relativos à produção na agricultura e em atividades conexas.

75. A revisão dos artigos compreendidos no Título da Organização Sindical ofereceu oportunidade para pequenas adaptações, sem afetar o sistema.

76. Procedeu-se à consolidação do Decreto-lei n. 5.242, de 11 de fevereiro de 1943, que dispôs sobre a exigência da sindicalização para o exercício da função de representação social em órgão oficial bem como para o gozo de favores ou isenções tributárias.

77. Suprimiu-se a emenda constante do anteprojeto tendente à instituição do regime de tomada de contas dos sindicatos. A eficiência do sistema de controle contábil do patrimônio das entidades sindicais e o regime de recolhimento do imposto sindical, posteriormente criados pela Portaria Ministerial n. 884, de 5 de dezembro de 1942, veio indicar ser prescindível esse processo de tomada de contas, que poderia determinar a burocratização desses órgãos de classe, por todos os títulos evitável, a fim de se conservar a espontaneidade e originalidade do regime sindical.

78. A Federação das Indústrias do Estado de São Paulo propôs e foram aceitos os aumentos, de um para sete, do número máximo de membros da diretoria das entidades de grau superior, e de Cr$ 20,00 para Cr$ 30,00, a importância mínima correspondente ao imposto sindical de empregadores.

79. A Comissão de Enquadramento Sindical, dado o crescente desenvolvimento de sua atividade, teve a respectiva composição ampliada, incluindo um representante do Ministério da Agricultura na previsão da próxima sindicalização das classes rurais.

EXPOSIÇÃO DE MOTIVOS

80. Ligeiros reparos foram feitos ao Capítulo do Imposto Sindical, na base do regime estabelecido pelo Decreto-lei n. 4.298, de 14 de maio de 1942, introduzindo-se apenas um artigo destinado a facultar a ação executiva, com os privilégios da Fazenda Pública, excluído o foro próprio, para a cobrança do imposto sindical, quando houver débito certificado pela autoridade competente deste Ministério.

81. Finalmente, quanto à Justiça do Trabalho, deliberou-se a exclusão de toda a parte consistente em regimento dos órgãos e serviços, bem como dos assuntos referentes à administração dos seguros sociais.

82. O julgamento dos agravos foi elevado ao seu verdadeiro nível, que é o da instância superior, necessário à adequada conceituação desses recursos e à jurídica apreciação da respectiva substância. Apurou-se, outrossim, a definição do prejulgado, estabelecendo-se a forma do seu processamento e os efeitos que gera.

83. Tais, em rápida resenha, as principais modificações operadas no anteprojeto publicado. De todas essas alterações deflui um único pensamento — o de ajustar, mais e mais, a obra constituída às diretrizes da Política Social do Governo, fixadas de maneira tão ampla e coerente no magnífico quadro das disposições legais que acabam de ser recapituladas.

84. Ao pedir a atenção de Vossa Excelência para essa notável obra de construção jurídica, afirmo, com profunda convicção e de um modo geral, que, nesta hora dramática que o mundo sofre, a Consolidação constitui um marco venerável na história de nossa civilização, demonstra a vocação brasileira pelo direito e, na escureza que envolve a humanidade, representa a expressão de uma luz que não se apagou.

Apresento a Vossa Excelência os protestos do meu mais profundo respeito.

Rio de Janeiro, 19 de abril de 1943.

Alexandre Marcondes Filho

ÍNDICE SISTEMÁTICO DA CONSOLIDAÇÃO DA LEIS DO TRABALHO

TÍTULO I — Introdução (1º a 12) .. 111

TÍTULO II — Das Normas Gerais de Tutela do Trabalho (13 a 223) .. 139

 Capítulo I — Da Identificação Profissional (13 a 56) .. 139

 Seção I — Da Carteira de Trabalho e Previdência Social (13) .. 139
 Seção II — Da emissão da Carteira de Trabalho e Previdência Social (14 a 24) 142
 Seção III — Da entrega da Carteira de Trabalho e Previdência Social (25 a 28) 144
 Seção IV — Das anotações (29 a 35) .. 144
 Seção V — Das reclamações por falta ou recusa de anotações (36 a 39) 146
 Seção VI — Do valor das anotações (40) .. 148
 Seção VII — Dos livros de registro de empregados (41 a 48) ... 148
 Seção VIII — Das penalidades (49 a 56) ... 149

 Capítulo II — Da Duração do Trabalho (57 a 75) ... 152

 Seção I — Disposição preliminar (57) .. 152
 Seção II — Da jornada de trabalho (58 a 65) .. 152
 Seção III — Dos períodos de descanso (66 a 72) .. 169
 Seção IV — Do trabalho noturno (73) .. 178
 Seção V — Do quadro de horário (74) ... 182
 Seção VI — Das penalidades (75) ... 184

 Capítulo III — Do Salário Mínimo (76 a 128) .. 185

 Seção I — Do conceito (76 a 83) ... 185
 Seção II — Das regiões, zonas e subzonas (84 a 86) ... 188
 Seção III — Da constituição das comissões (87 a 100) Revogados .. 189
 Seção IV — Das atribuições das comissões de salário mínimo (101 a 111) Revogados 189
 Seção V — Da fixação do salário mínimo (112 a 116) ... 189
 Seção VI — Disposições Gerais (117 a 128) ... 189

 Capítulo IV — Das Férias Anuais (129 a 153) .. 190

 Seção I — Do direito a férias e da sua duração (129 a 133) ... 190
 Seção II — Da concessão e da época das férias (134 a 138) .. 198
 Seção III — Das férias coletivas (139 a 141) ... 201
 Seção IV — Da remuneração e do abono de férias (142 a 145) ... 202
 Seção V — Dos efeitos da cessação do contrato de trabalho (146 a 148) 205
 Seção VI — Do início da prescrição (149) ... 207
 Seção VII — Disposições especiais (150 a 152) ... 208
 Seção VIII — Das penalidades (153) ... 209

 Capítulo V — Segurança e Medicina do Trabalho (154 a 201) .. 209

 Seção I — Disposições Gerais (154 a 159) ... 209
 Seção II — Da inspeção prévia e do embargo ou interdição (160 e 161) 213
 Seção III — Dos órgãos de segurança e de medicina do trabalho nas empresas (162 a 165) ... 214
 Seção IV — Do equipamento de proteção individual (166 e 167) .. 217
 Seção V — Das medidas preventivas de medicina do trabalho (168 e 169) 217
 Seção VI — Das edificações (170 a 174) ... 218
 Seção VII — Da iluminação (175) .. 219
 Seção VIII — Do conforto térmico (176 a 178) .. 219
 Seção IX — Das instalações elétricas (179 a 181) .. 220
 Seção X — Da movimentação, armazenagem e manuseio de materiais (182 e 183) 220
 Seção XI — Das máquinas e equipamentos (184 a 186) .. 221
 Seção XII — Das caldeiras, fornos e recipientes sob pressão (187 e 188) 222
 Seção XIII — Das atividades insalubres e perigosas (189 a 197) .. 222
 Seção XIV — Da prevenção da fadiga (198 e 199) ... 231
 Seção XV — Das outras medidas especiais de proteção (200) .. 232
 Seção XVI — Das penalidades (201) ... 233

TÍTULO III — Das Normas Especiais de Tutela do Trabalho (224 a 441) 234

 Capítulo I — Das Disposições Especiais sobre Duração e Condições de Trabalho (224 a 351) 234

 Seção I — Dos bancários (224 a 226) ... 234
 Seção II — Dos empregados nos serviços de telefonia, de telegrafia submarina e subfluvial, de radiotelegrafia e radiotelefonia (227 a 231) ... 241
 Seção III — Dos músicos profissionais (232 e 233) Revogados ... 242
 Seção IV — Dos operadores cinematográficos (234 e 235) .. 243
 Seção IV-A — Do serviço do motorista profissional (235-A e 235-H) 244

Seção V — Do serviço ferroviário (236 a 247)	253
Seção VI — Das equipagens das embarcações da marinha mercante nacional, da navegação fluvial e lacustre, do tráfego nos portos e da pesca (248 a 252)	258
Seção VII — Dos serviços frigoríficos (253)	259
Seção VIII — Dos serviços estiva (254 a 292) Revogados	260
Seção IX — Revogada	260
Seção X — Do trabalho em minas de subsolo (293 a 301)	261
Seção XI — Dos jornalistas profissionais (302 a 316)	263
Seção XII — Dos professores (317 a 324)	266
Seção XIII — Dos químicos (325 a 350)	270
Seção XIV — Das penalidades (351)	279
Capítulo II — Da Nacionalização do Trabalho (352 a 371)	279
Seção I — Da proporcionalidade de empregados brasileiros (352 a 358)	279
Seção II — Das relações anuais de empregados (359 a 362)	283
Seção III — Das penalidades (363 e 364)	285
Seção IV — Disposições Gerais (365 a 367)	285
Seção V — Das disposições especiais sobre a nacionalização da Marinha Mercante (368 a 371)	286
Capítulo III — Da Proteção do Trabalho da Mulher (372 a 401)	288
Seção I — Da duração, condições de trabalho e da Discriminação contra mulher (372 a 380)	288
Seção II — Do trabalho noturno (381)	291
Seção III — Dos períodos de descanso (382 a 386)	292
Seção IV — Dos métodos e locais de trabalho (387 a 390-E)	293
Seção V — Da proteção à maternidade (391 a 400)	295
Seção VI — Das penalidades (401)	304
Capítulo IV — Da Proteção do Trabalho do Menor (402 a 441)	305
Seção I — Disposições Gerais (402 a 410)	305
Seção II — Da duração do trabalho (411 a 414)	309
Seção III — Da admissão em emprego e da Carteira de Trabalho e Previdência Social (415 a 423)	310
Seção IV — Dos deveres dos responsáveis legais de menores e dos empregadores — Da aprendizagem (424 a 433)	311
Seção V — Das penalidades (434 a 438)	316
Seção VI — Disposições Finais (439 a 441)	317
TÍTULO IV — Do Contrato Individual de Trabalho (442 a 510)	319
Capítulo I — Disposições Gerais (442 a 456)	319
Capítulo II — Da remuneração (457 a 467)	334
Capítulo III — Da alteração (468 a 470)	356
Capítulo IV — Da suspensão e da interrupção (471 a 476-A)	359
Capítulo V — Da rescisão (477 a 486)	371
Capítulo VI — Do aviso prévio (487 a 491)	384
Capítulo VII — Da estabilidade (492 a 500)	390
Capítulo VIII — Da força maior (501 a 504)	395
Capítulo IX — Disposições especiais (505 a 510)	396
TÍTULO V — Da Organização Sindical (511 a 610)	399
Capítulo I — Da Instituição Sindical (511 a 569)	399
Seção I — Da associação em sindicato (511 a 514)	399
Seção II — Do reconhecimento e investidura sindical (515 a 521)	404
Seção III — Da administração do sindicato (522 a 528)	408
Seção IV — Das eleições sindicais (529 a 532)	413
Seção V — Das associações sindicais de grau superior (533 a 539)	415
Seção VI — Dos direitos dos exercentes de atividades ou profissões e dos sindicalizados (540 a 547)	418
Seção VII — Da gestão financeira do sindicato e sua fiscalização (548 a 552)	427
Seção VIII — Das penalidades (553 a 557)	430
Seção IX — Disposições Gerais (558 a 569)	432
Capítulo II — Do Enquadramento Sindical (570 a 577)	434
(Quadro a que se refere o art. 577)	691
Capítulo III — Da Contribuição Sindical (578 a 610)	439
Seção I — Da fixação e do recolhimento da contribuição sindical (578 a 591)	439
Seção II — Da aplicação do imposto sindical (592 a 594)	445

Seção III — Da comissão do imposto sindical (595 a 597) Revogados 448
Seção IV — Das penalidades (598 a 600) 449
Seção V — Disposições Gerais (601 a 610) 450

TÍTULO VI — Das Convenções Coletivas de Trabalho (611 a 625) 453

TÍTULO VI-A — Das Comissões de Conciliação Prévia (625-A a 625-H) 465

TÍTULO VII — Do Processo de Multas Administrativas (626 a 642) 469

Capítulo I — Da fiscalização, da autuação e da imposição de multas (626 a 634) 469
Capítulo II — Dos recursos (635 a 638) 474
Capítulo III — Do depósito, da inscrição e da cobrança (639 a 642) 476

TÍTULO VII-A — Da Prova de Inexistência de Débitos Trabalhistas (642-A) 478

TÍTULO VIII — Da Justiça do Trabalho (643 a 735) 479

Capítulo I — Introdução (643 a 646) 479
Capítulo II — Das Varas do Trabalho) (647 a 667) 483
 Seção I — Da composição e funcionamento (647 a 649) 483
 Seção II — Da jurisdição e competência das Juntas (650 a 653) 484
 Seção III — Dos presidentes das Juntas (654 a 659) 490
 Seção IV — Dos vogais das Juntas (660 a 667) 496
Capítulo III — Dos Juízos de Direito (668 e 669) 498
Capítulo IV — Dos Tribunais Regionais do Trabalho (670 a 689) 499
 Seção I — Da composição e do funcionamento (670 a 673) 499
 Seção II — Da jurisdição e competência (674 a 680) 502
 Seção III — Dos presidentes dos Tribunais Regionais (681 a 683) 508
 Seção IV — Dos juízes representantes classistas dos Tribunais Regionais (684 a 689) 509
Capítulo V — Do Tribunal Superior do Trabalho (690 a 709) 511
 Seção I — Disposições preliminares (690 a 692) 511
 Seção II — Da composição e funcionamento do Tribunal Superior do Trabalho (693 a 701) 512
 Seção III — Da competência do Tribunal Pleno (702) 515
 Seção IV — Da competência da Câmara de Justiça do Trabalho (703 a 705) Revogados 516
 Seção V — Da competência da Câmara de Previdência Social (706) Revogado 516
 Seção VI — Das atribuições do presidente do Tribunal Superior do Trabalho (707) 516
 Seção VII — Das atribuições do vice-presidente (708) 517
 Seção VIII — Das atribuições do corregedor (709) 518
Capítulo VI — Dos Serviços Auxiliares da Justiça do Trabalho (710 a 721) 519
 Seção I — Da Secretaria das Varas do Trabalho (710 a 712) 519
 Seção II — Dos distribuidores (713 a 715) 521
 Seção III — Do cartório dos Juízos de Direito (716 e 717) 522
 Seção IV — Das secretarias dos Tribunais Regionais (718 a 720) 522
 Seção V — Dos oficiais de justiça e oficiais de justiça avaliadores (721) 523
Capítulo VII — Das penalidades (722 a 733) 524
 Seção I — Do *lockout* e da greve (722 a 725) 524
 Seção II — Das penalidades contra os membros da Justiça do Trabalho (726 a 728) 526
 Seção III — De outras penalidades (729 a 733) 527
Capítulo VIII — Disposições Gerais (734 e 735) 528

TÍTULO IX — Do Ministério Público do Trabalho (736 a 762) 529

Capítulo I — Disposições Gerais (736 a 739) 529
Capítulo II — Da Procuradoria da Justiça do Trabalho (740 a 754) 532
 Seção I — Da organização (740 a 745) 532
 Seção II — Da competência da Procuradoria-Geral (746) 534
 Seção III — Da competência das Procuradorias Regionais (747) 536
 Seção IV — Das atribuições do Procurador-Geral (748) 537
 Seção V — Das atribuições dos procuradores (749) 538
 Seção VI — Das atribuições dos procuradores regionais (750 e 751) 539
 Seção VII — Da secretaria (752 a 754) 539
Capítulo III — Da Procuradoria de Previdência Social 540
 Seção I — Da organização (755 a 762) Revogados 540

TÍTULO X — Do Processo Judiciário do Trabalho (763 a 910) 541

Capítulo I — Disposições preliminares (763 a 769) 541
Capítulo II — Do processo em geral (770 a 836) 547
 Seção I — Dos atos, termos e prazos processuais (770 a 782) 547
 Seção II — Da distribuição (783 a 788) 560
 Seção III — Das custas e emolumentos (789 a 790-B) 563
 Seção IV — Das partes e dos procuradores (791 a 793) 570
 Seção V — Das nulidades (794 a 798) 574
 Seção VI — Das exceções (799 a 802) 577
 Seção VII — Dos conflitos de jurisdição (803 a 812) 581
 Seção VIII — Das audiências (813 a 817) 586
 Seção IX — Das provas (818 a 830) 588
 Seção X — Da decisão e sua eficácia (831 a 836) 599
Capítulo III — Dos dissídios individuais (837 a 855) 612
Seção I — Da forma de reclamação e da notificação (837 a 842) 612
Seção II — Da audiência de julgamento (843 a 852) 618
Seção II-A — Do procedimento sumaríssimo (852-A a 852-I) 624
Seção III — Do inquérito para apuração de falta grave (853 a 855) 628
Capítulo IV — Dos dissídios coletivos (856 a 875) 630
Seção I — Da instauração da instância (856 a 859) 630
Seção II — Da conciliação e do julgamento (860 a 867) 635
Seção III — Da extensão das decisões (868 a 871) 637
Seção IV — Do cumprimento das decisões (872) 639
Seção V — Da revisão (873 a 875) 640
 Capítulo V — Da execução (876 a 892) 641
 Seção I — Das disposições preliminares (876 a 879) 641
 Seção II — Do mandado e da penhora (880 a 883) 646
 Seção III — Dos embargos à execução e da sua impugnação (884) 652
 Seção IV — Do julgamento e dos trâmites finais da execução (885 a 889-A) 652
 Seção V — Da execução por prestações sucessivas (890 a 892) 655
 Capítulo VI — Dos recursos (893 a 902) 65
 Capítulo VII — Da aplicação das penalidades (903 a 908) 686
Capítulo VIII — Disposições finais (909 e 910) 688

TÍTULO XI — Disposições Finais e Transitórias (911 a 922) 689

Quadro a que se refere o art. 577 da CLT 691
Quadro a que se refere o art. 405, inciso I, da CLT 701

CONSOLIDAÇÃO DAS LEIS DO TRABALHO

TÍTULO I
INTRODUÇÃO

Art. 1º Esta Consolidação estatui as normas que regulam as relações individuais e coletivas de trabalho, nela previstas.

CONSTITUIÇÃO FEDERAL DE 1988
DOU 5.10.1988

Vide art. 1º, *caput* e incisos II, III e IV; art. 3º, *caput* e incisos I a IV; art. 5º, *caput*, incisos I, III, V, X, XIII, XXII, XXIII e §§ 1º, 2º e 3º; art. 7º, *caput*, incisos I a XXXIV e parágrafo único; art. 8º, *caput*, incisos I a VIII e parágrafo único; art. 9º, *caput* e §§ 1º e 2º; art. 10; art. 11; art. 22, *caput*, inciso I e parágrafo único; art. 114, *caput*, incisos I a IX e §§ 1º a 3º; art. 170, *caput* e incisos II, III, VII e VIII; e art. 193, *caput*

Art. 1º A República Federativa do Brasil, formada pela união indissolúvel dos Estados e Municípios e do Distrito Federal, constitui-se em Estado Democrático de Direito e tem como fundamentos:
(...)
II — a cidadania
III — a dignidade da pessoa humana;
IV — os valores sociais do trabalho e da livre-iniciativa;

Art. 3º Constituem objetivos fundamentais da República Federativa do Brasil:
I — construir uma sociedade livre, justa e solidária;
II — garantir o desenvolvimento nacional;
III — erradicar a pobreza e a marginalização e reduzir as desigualdades sociais e regionais;
IV — promover o bem de todos, sem preconceitos de origem, raça, sexo, cor, idade e quaisquer outras formas de discriminação.

Art. 5º Todos são iguais perante a lei, sem distinção de qualquer natureza, garantindo-se aos brasileiros e aos estrangeiros residentes no País a inviolabilidade do direito à vida, à liberdade, à igualdade, à segurança e à propriedade, nos termos seguintes:
I — homens e mulheres são iguais em direitos e obrigações, nos termos desta Constituição;
(...)
III — ninguém será submetido a tortura nem a tratamento desumano ou degradante;
(..)
V — é assegurado o direito de resposta, proporcional ao agravo, além da indenização por dano material, moral ou à imagem;
(...)
X — são invioláveis a intimidade, a vida privada, a honra e a imagem das pessoas, assegurado o direito a indenização pelo dano material ou moral decorrente de sua violação;
(...)
XIII — é livre o exercício de qualquer trabalho, ofício ou profissão, atendidas as qualificações profissionais que a lei estabelecer;
(...)
XXII — é garantido o direito de propriedade;
XXIII — a propriedade atenderá a sua função social;
(...)

§ 1º As normas definidoras dos direitos e garantias fundamentais têm aplicação imediata.

§ 2º Os direitos e garantias expressos nesta Constituição não excluem outros decorrentes do regime e dos princípios por ela adotados, ou dos tratados internacionais em que a República Federativa do Brasil seja parte.

§ 3º Os tratados e convenções internacionais sobre direitos humanos que forem aprovados, em cada Casa do Congresso Nacional, em dois turnos, por três quintos dos votos dos respectivos membros, serão equivalentes às emendas constitucionais. *(Incluído pela Emenda Constitucional n. 45, de 2004)*

Art. 7º São direitos dos trabalhadores urbanos e rurais, além de outros que visem à melhoria de sua condição social:
I — relação de emprego protegida contra despedida arbitrária ou sem justa causa, nos termos de lei complementar, que preverá indenização compensatória, dentre outros direitos;
II — seguro-desemprego, em caso de desemprego involuntário;
III — fundo de garantia do tempo de serviço;
IV — salário mínimo, fixado em lei, nacionalmente unificado, capaz de atender a suas necessidades vitais básicas e às de sua família com moradia, alimentação, educação, saúde, lazer, vestuário, higiene, transporte e previdência social, com reajustes periódicos que lhe preservem o poder aquisitivo, sendo vedada sua vinculação para qualquer fim;
V — piso salarial proporcional à extensão e à complexidade do trabalho;
VI — irredutibilidade do salário, salvo o disposto em convenção ou acordo coletivo;
VII — garantia de salário, nunca inferior ao mínimo, para os que percebem remuneração variável;
VIII — décimo terceiro salário com base na remuneração integral ou no valor da aposentadoria;
IX — remuneração do trabalho noturno superior à do diurno;
X — proteção do salário na forma da lei, constituindo crime sua retenção dolosa;
XI — participação nos lucros, ou resultados, desvinculada da remuneração, e, excepcionalmente, participação na gestão da empresa, conforme definido em lei;
XII — salário-família pago em razão do dependente do trabalhador de baixa renda nos termos da lei; *(Redação dada pela Emenda Constitucional n. 20, de 1998)*
XIII — duração do trabalho normal não superior a oito horas diárias e quarenta e quatro semanais, facultada a compensação de horários e a redução da jornada, mediante acordo ou convenção coletiva de trabalho;
XIV — jornada de seis horas para o trabalho realizado em turnos ininterruptos de revezamento, salvo negociação coletiva;

Art. 1º

XV — repouso semanal remunerado, preferencialmente aos domingos;

XVI — remuneração do serviço extraordinário superior, no mínimo, em cinquenta por cento à do normal;

XVII — gozo de férias anuais remuneradas com, pelo menos, um terço a mais do que o salário normal;

XVIII — licença à gestante, sem prejuízo do emprego e do salário, com a duração de cento e vinte dias;

XIX — licença-paternidade, nos termos fixados em lei;

XX — proteção do mercado de trabalho da mulher, mediante incentivos específicos, nos termos da lei;

XXI — aviso prévio proporcional ao tempo de serviço, sendo no mínimo de trinta dias, nos termos da lei;

XXII — redução dos riscos inerentes ao trabalho, por meio de normas de saúde, higiene e segurança;

XXIII — adicional de remuneração para as atividades penosas, insalubres ou perigosas, na forma da lei;

XXIV — aposentadoria;

XXV — assistência gratuita aos filhos e dependentes desde o nascimento até 5 (cinco) anos de idade em creches e pré-escolas; *(Redação dada pela Emenda Constitucional n. 53, de 2006)*

XXVI — reconhecimento das convenções e acordos coletivos de trabalho;

XVII — proteção em face da automação, na forma da lei;

XXVIII — seguro contra acidentes de trabalho, a cargo do empregador, sem excluir a indenização a que este está obrigado, quando incorrer em dolo ou culpa;

XXIX — ação, quanto aos créditos resultantes das relações de trabalho, com prazo prescricional de cinco anos para os trabalhadores urbanos e rurais, até o limite de dois anos após a extinção do contrato de trabalho; *(Redação dada pela Emenda Constitucional n. 28, de 25.5.2000)*

a) (Revogada). *(Redação dada pela Emenda Constitucional n. 28, de 25.5.2000)*

b) (Revogada). *(Redação dada pela Emenda Constitucional n. 28, de 25.5.2000)*

XXX — proibição de diferença de salários, de exercício de funções e de critério de admissão por motivo de sexo, idade, cor ou estado civil;

XXXI — proibição de qualquer discriminação no tocante a salário e critérios de admissão do trabalhador portador de deficiência;

XXXII — proibição de distinção entre trabalho manual, técnico e intelectual ou entre os profissionais respectivos;

XXXIII — proibição de trabalho noturno, perigoso ou insalubre a menores de dezoito e de qualquer trabalho a menores de dezesseis anos, salvo na condição de aprendiz, a partir de quatorze anos; *(Redação dada pela Emenda Constitucional n. 20, de 1998)*

XXXIV — igualdade de direitos entre o trabalhador com vínculo empregatício permanente e o trabalhador avulso.

Parágrafo único. São assegurados à categoria dos trabalhadores domésticos os direitos previstos nos incisos IV, VI, VII, VIII, X, XIII, XV, XVI, XVII, XVIII, XIX, XXI, XXII, XXIV, XXVI, XXX, XXXI e XXXIII e, atendidas as condições estabelecidas em lei e observada a simplificação do cumprimento das obrigações tributárias, principais e acessórias, decorrentes da relação de trabalho e suas peculiaridades, os previstos nos incisos I, II, III, IX, XII, XXV e XXVIII, bem como a sua integração à previdência social. *(Redação dada pela Emenda Constitucional n. 72, de 2013)*

Art. 8º É livre a associação profissional ou sindical, observado o seguinte:

I — a lei não poderá exigir autorização do Estado para a fundação de sindicato, ressalvado o registro no órgão competente, vedadas ao Poder Público a interferência e a intervenção na organização sindical;

II — é vedada a criação de mais de uma organização sindical, em qualquer grau, representativa de categoria profissional ou econômica, na mesma base territorial, que será definida pelos trabalhadores ou empregadores interessados, não podendo ser inferior à área de um Município;

III — ao sindicato cabe a defesa dos direitos e interesses coletivos ou individuais da categoria, inclusive em questões judiciais ou administrativas;

IV — a assembleia geral fixará a contribuição que, em se tratando de categoria profissional, será descontada em folha, para custeio do sistema confederativo da representação sindical respectiva, independentemente da contribuição prevista em lei;

V — ninguém será obrigado a filiar-se ou a manter-se filiado a sindicato;

VI — é obrigatória a participação dos sindicatos nas negociações coletivas de trabalho;

VII — o aposentado filiado tem direito a votar e ser votado nas organizações sindicais;

VIII — é vedada a dispensa do empregado sindicalizado a partir do registro da candidatura a cargo de direção ou representação sindical e, se eleito, ainda que suplente, até um ano após o final do mandato, salvo se cometer falta grave nos termos da lei.

Parágrafo único. As disposições deste artigo aplicam-se à organização de sindicatos rurais e de colônias de pescadores, atendidas as condições que a lei estabelecer.

Art. 9º É assegurado o direito de greve, competindo aos trabalhadores decidir sobre a oportunidade de exercê-lo e sobre os interesses que devam por meio dele defender.

§ 1º A lei definirá os serviços ou atividades essenciais e disporá sobre o atendimento das necessidades inadiáveis da comunidade.

§ 2º Os abusos cometidos sujeitam os responsáveis às penas da lei.

Art. 10. É assegurada a participação dos trabalhadores e empregadores nos colegiados dos órgãos públicos em que seus interesses profissionais ou previdenciários sejam objeto de discussão e deliberação.

Art. 11. Nas empresas de mais de duzentos empregados, é assegurada a eleição de um representante destes com a finalidade exclusiva de promover-lhes o entendimento direto com os empregadores.

Art. 22. Compete privativamente à União legislar sobre:

I — direito civil, comercial, penal, processual, eleitoral, agrário, marítimo, aeronáutico, espacial e do trabalho;

(...)

Parágrafo único. Lei complementar poderá autorizar os Estados a legislar sobre questões específicas das matérias relacionadas neste artigo.

Art. 111-A ...

§ 3º Compete ao Tribunal Superior do Trabalho processar e julgar, originariamente, a reclamação para preservação de sua competência e garantia da autoridade de suas decisões *(Redação dada pela Emenda Constitucional n. 92, de 2016)*

Art. 114. Compete à Justiça do Trabalho processar e julgar: *(Redação dada pela Emenda Constitucional n. 45, de 2004)*

I — as ações oriundas da relação de trabalho, abrangidos os entes de direito público externo e da administração pública direta e indireta da União, dos Estados, do Distrito Federal e dos Municípios; *(Incluído pela Emenda Constitucional n. 45, de 2004)*

TÍTULO I — INTRODUÇÃO

II — as ações que envolvam exercício do direito de greve; *(Incluído pela Emenda Constitucional n. 45, de 2004)*

III — as ações sobre representação sindical, entre sindicatos, entre sindicatos e trabalhadores, e entre sindicatos e empregadores; *(Incluído pela Emenda Constitucional n. 45, de 2004)*

IV — os mandados de segurança, habeas corpus e habeas data, quando o ato questionado envolver matéria sujeita à sua jurisdição; *(Incluído pela Emenda Constitucional n. 45, de 2004)*

V — os conflitos de competência entre órgãos com jurisdição trabalhista, ressalvado o disposto no art. 102, I, o; *(Incluído pela Emenda Constitucional n. 45, de 2004)*

VI — as ações de indenização por dano moral ou patrimonial, decorrentes da relação de trabalho; *(Incluído pela Emenda Constitucional n. 45, de 2004)*

VII — as ações relativas às penalidades administrativas impostas aos empregadores pelos órgãos de fiscalização das relações de trabalho; *(Incluído pela Emenda Constitucional n. 45, de 2004)*

VIII — a execução, de ofício, das contribuições sociais previstas no art. 195, I, a, e II, e seus acréscimos legais, decorrentes das sentenças que proferir; *(Incluído pela Emenda Constitucional n. 45, de 2004)*

IX — outras controvérsias decorrentes da relação de trabalho, na forma da lei. *(Incluído pela Emenda Constitucional n. 45, de 2004)*

§ 1º Frustrada a negociação coletiva, as partes poderão eleger árbitros.

§ 2º Recusando-se qualquer das partes à negociação coletiva ou à arbitragem, é facultado às mesmas, de comum acordo, ajuizar dissídio coletivo de natureza econômica, podendo a Justiça do Trabalho decidir o conflito, respeitadas as disposições mínimas legais de proteção ao trabalho, bem como as convencionadas anteriormente. *(Redação dada pela Emenda Constitucional n. 45, de 2004)*

§ 3º Em caso de greve em atividade essencial, com possibilidade de lesão do interesse público, o Ministério Público do Trabalho poderá ajuizar dissídio coletivo, competindo à Justiça do Trabalho decidir o conflito. *(Redação dada pela Emenda Constitucional n. 45, de 2004)*

Art. 170. A ordem econômica, fundada na valorização do trabalho humano e na livre-iniciativa, tem por fim assegurar a todos existência digna, conforme os ditames da justiça social, observados os seguintes princípios:

(...)

II — propriedade privada;

III — função social da propriedade;

(...)

VII — redução das desigualdades regionais e sociais;

VIII — busca do pleno emprego;

Art. 193. A ordem social tem como base o primado do trabalho, e como objetivo o bem-estar e a justiça sociais.

LEI N. 7.064, DE 6 DE DEZEMBRO DE 1982
Dispõe sobre a situação de trabalhadores contratados ou transferidos para prestar serviços no exterior
DOU 7.12.1982

> Vide art. 1º, *caput* e parágrafo único; e art. 3º, *caput*, incisos I e II e parágrafo único

Art. 1º Esta Lei regula a situação de trabalhadores contratados no Brasil ou transferidos por seus empregadores para prestar serviço no exterior. *(Redação dada pela Lei n. 11.962, de 2009)*

Parágrafo único. Fica excluído do regime desta Lei o empregado designado para prestar serviços de natureza transitória, por período não superior a 90 (noventa) dias, desde que:

a) tenha ciência expressa dessa transitoriedade;

b) receba, além da passagem de ida e volta, diárias durante o período de trabalho no exterior, as quais, seja qual for o respectivo valor, não terão natureza salarial.

Art. 3º A empresa responsável pelo contrato de trabalho do empregado transferido assegurar-lhe-á, independentemente da observância da legislação do local da execução dos serviços:

I — os direitos previstos nesta Lei;

II — a aplicação da legislação brasileira de proteção ao trabalho, naquilo que não for incompatível com o disposto nesta Lei, quando mais favorável do que a legislação territorial, no conjunto de normas e em relação a cada matéria.

Parágrafo único. Respeitadas as disposições especiais desta Lei, aplicar-se-á a legislação brasileira sobre Previdência Social, Fundo de Garantia por Tempo de Serviço — FGTS e Programa de Integração Social — PIS/PASEP.

Art. 2º Considera-se empregador a empresa, individual ou coletiva, que, assumindo os riscos da atividade econômica, admite, assalaria e dirige a prestação pessoal de serviço.

CONSTITUIÇÃO FEDERAL DE 1988
DOU 5.10.1988

> Vide art. 1º, *caput* e inciso IV; art. 5º, *caput* e incisos XXII e XXIII; art. 170, *caput* e incisos II, III, VI, VII, VIII e IX; e art. 173, *caput*, § 1º e inciso II

Art. 1º A República Federativa do Brasil, formada pela união indissolúvel dos Estados e Municípios e do Distrito Federal, constitui-se em Estado Democrático de Direito e tem como fundamentos:

(...)

IV — os valores sociais do trabalho e da livre-iniciativa;

Art. 5º Todos são iguais perante a lei, sem distinção de qualquer natureza, garantindo-se aos brasileiros e aos estrangeiros residentes no País a inviolabilidade do direito à vida, à liberdade, à igualdade, à segurança e à propriedade, nos termos seguintes:

(...)

XXII — é garantido o direito de propriedade;

XXIII — a propriedade atenderá a sua função social;

Art. 170. A ordem econômica, fundada na valorização do trabalho humano e na livre-iniciativa, tem por fim assegurar

Art. 2º

a todos existência digna, conforme os ditames da justiça social, observados os seguintes princípios:

(...)

II — propriedade privada;

III — função social da propriedade;

(...)

VI — defesa do meio ambiente, inclusive mediante tratamento diferenciado conforme o impacto ambiental dos produtos e serviços e de seus processos de elaboração e prestação; *(Redação dada pela Emenda Constitucional n. 42, de 19.12.2003)*

VII — redução das desigualdades regionais e sociais;

VIII — busca do pleno emprego;

IX — tratamento favorecido para as empresas de pequeno porte constituídas sob as leis brasileiras e que tenham sua sede e administração no País. *(Redação dada pela Emenda Constitucional n. 6, de 1995)*

Art. 173. Ressalvados os casos previstos nesta Constituição, a exploração direta de atividade econômica pelo Estado só será permitida quando necessária aos imperativos da segurança nacional ou a relevante interesse coletivo, conforme definidos em lei.

§ 1º A lei estabelecerá o estatuto jurídico da empresa pública, da sociedade de economia mista e de suas subsidiárias que explorem atividade econômica de produção ou comercialização de bens ou de prestação de serviços, dispondo sobre: *(Redação dada pela Emenda Constitucional n. 19, de 1998)*

(...)

II — a sujeição ao regime jurídico próprio das empresas privadas, inclusive quanto aos direitos e obrigações civis, comerciais, trabalhistas e tributários; *(Incluído pela Emenda Constitucional n. 19, de 1998)*

CONSOLIDAÇÃO DAS LEIS DO TRABALHO
Decreto-Lei n. 5.452, de 1º de maio de 1943
DOU 9.8.1943

Vide art. 10 e art. 448

Art. 10. Qualquer alteração na estrutura jurídica da empresa não afetará os direitos adquiridos por seus empregados.

Art. 448. A mudança na propriedade ou na estrutura jurídica da empresa não afetará os contratos de trabalho dos respectivos empregados.

LEI COMPLEMENTAR N. 150, DE 1º DE JUNHO DE 2015
Dispõe sobre o contrato de trabalho doméstico; altera as Leis n. 8.212, de 24 de julho de 1991, n. 8.213, de 24 de julho de 1991, e n. 11.196, de 21 de novembro de 2005; revoga o inciso I do art. 3º da Lei n. 8.009, de 29 de março de 1990, o art. 36 da Lei n. 8.213, de 24 de julho de 1991, a Lei n. 5.859, de 11 de dezembro de 1972, e o inciso VII do art. 12 da Lei n. 9.250, de 26 de dezembro 1995; e dá outras providências.
DOU 2.6.2015

Vide art. 1º

Art. 1º Ao empregado doméstico, assim considerado aquele que presta serviços de forma contínua, subordinada, onerosa e pessoal e de finalidade não lucrativa à pessoa ou à família, no âmbito residencial destas, por mais de 2 (dois) dias por semana, aplica-se o disposto nesta Lei.

LEI N. 5.859, DE 11 DE DEZEMBRO DE 1972
(Revogada pela Lei Complementar n. 150, de 2015)
Dispõe sobre a profissão de empregado doméstico e dá outras providências
DOU 12.12.1972

Vide art. 1º

Art. 1º Ao empregado doméstico, assim considerado aquele que presta serviços de natureza contínua e de finalidade não lucrativa à pessoa ou à família no âmbito residencial destas, aplica-se o disposto nesta lei.

DECRETO N. 71.885, DE 26 DE FEVEREIRO DE 1973
Aprova o Regulamento da Lei n. 5.859, de dezembro de 1972, que dispõe sobre a profissão de empregado doméstico e dá outras providências
DOU 9.3.1973

Vide art. 3º, caput e inciso II

Art. 3º Para os fins constantes da Lei n. 5.859, de 11 de dezembro de 1972, considera-se:

(...)

II — empregador doméstico a pessoa ou família que admita a seu serviço empregado doméstico.

LEI N. 5.889, DE 8 DE JUNHO DE 1973
Estatui normas reguladoras do trabalho rural
DOU 11.6.1973

Vide art. 3º, caput e §§ 1º e 2º; e art. 4º

Art. 3º Considera-se empregador rural, para os efeitos desta Lei, a pessoa física ou jurídica, proprietário ou não, que explore atividade agro-econômica, em caráter permanente ou temporário, diretamente ou através de prepostos e com auxílio de empregados.

§ 1º Inclui-se na atividade econômica referida no *caput* deste artigo, além da exploração industrial em estabelecimento agrário não compreendido na Consolidação das Leis do Trabalho — CLT, aprovada pelo Decreto-Lei n. 5.452, de 1º de maio de 1943, a exploração do turismo rural ancilar à exploração agroeconômica. *(Redação dada pela Lei n. 13.171, de 2015)*

§ 2º Sempre que uma ou mais empresas, embora tendo cada uma delas personalidade jurídica própria, estiverem sob direção, controle ou administração de outra, ou ainda quando, mesmo guardando cada uma sua autonomia, integrem grupo econômico ou financeiro rural, serão responsáveis solidariamente nas obrigações decorrentes da relação de emprego.

Art. 4º Equipara-se ao empregador rural, a pessoa física ou jurídica que, habitualmente, em caráter profissional, e por conta de terceiros, execute serviços de natureza agrária, mediante utilização do trabalho de outrem.

LEI N. 8.036, DE 11 DE MAIO DE 1990
Dispõe sobre o Fundo de Garantia do Tempo de Serviço, e dá outras providências
DOU 14.5.1990 e retificado em 15.5.1990

Vide art. 15, caput e §1º

Art. 15. Para os fins previstos nesta lei, todos os empregadores ficam obrigados a depositar, até o dia 7 (sete) de cada mês, em conta bancária vinculada, a importância correspondente a 8 (oito) por cento da remuneração paga ou devida,

TÍTULO I — INTRODUÇÃO

Art. 2º

no mês anterior, a cada trabalhador, incluídas na remuneração as parcelas de que tratam os arts. 457 e 458 da CLT e a gratificação de Natal a que se refere a Lei n. 4.090, de 13 de julho de 1962, com as modificações da Lei n. 4.749, de 12 de agosto de 1965. *(Vide Lei n. 13.189, de 2015)*

§ 1º Entende-se por empregador a pessoa física ou a pessoa jurídica de direito privado ou de direito público, da administração pública direta, indireta ou fundacional de qualquer dos Poderes, da União, dos Estados, do Distrito Federal e dos Municípios, que admitir trabalhadores a seu serviço, bem assim aquele que, regido por legislação especial, encontrar-se nessa condição ou figurar como fornecedor ou tomador de mão de obra, independente da responsabilidade solidária e/ou subsidiária a que eventualmente venha obrigar-se.

LEI COMPLEMENTAR N. 123, DE 14 DE DEZEMBRO DE 2006
Institui o Estatuto Nacional da Microempresa e da Empresa de Pequeno Porte
DOU 15.12.2006, republicado em 31.1.2009, republicado em 31.1.2012 e republicado em 6.3.2012

Vide art. 50; art. 51, *caput* e incisos I a V; art. 52, *caput*, incisos I a IV e parágrafo único; art. 53; e art. 54

Art. 50. As microempresas e as empresas de pequeno porte serão estimuladas pelo poder público e pelos Serviços Sociais Autônomos a formar consórcios para acesso a serviços especializados em segurança e medicina do trabalho.

Art. 51. As microempresas e as empresas de pequeno porte são dispensadas:
I — da afixação de Quadro de Trabalho em suas dependências;
II — da anotação das férias dos empregados nos respectivos livros ou fichas de registro;
III — de empregar e matricular seus aprendizes nos cursos dos Serviços Nacionais de Aprendizagem;
IV — da posse do livro intitulado "Inspeção do Trabalho"; e
V — de comunicar ao Ministério do Trabalho e Emprego a concessão de férias coletivas.

Art. 52. O disposto no art. 51 desta Lei Complementar não dispensa as microempresas e as empresas de pequeno porte dos seguintes procedimentos:
I — anotações na Carteira de Trabalho e Previdência Social — CTPS;
II — arquivamento dos documentos comprobatórios de cumprimento das obrigações trabalhistas e previdenciárias, enquanto não prescreverem essas obrigações;
III — apresentação da Guia de Recolhimento do Fundo de Garantia do Tempo de Serviço e Informações à Previdência Social — GFIP;
IV — apresentação das Relações Anuais de Empregados e da Relação Anual de Informações Sociais — RAIS e do Cadastro Geral de Empregados e Desempregados — CAGED.
Parágrafo único. (Vetado).

Art. 53. (Revogado)

Art. 54. É facultado ao empregador de microempresa ou de empresa de pequeno porte fazer-se substituir ou representar perante a Justiça do Trabalho por terceiros que conheçam dos fatos, ainda que não possuam vínculo trabalhista ou societário.

LEI COMPLEMENTAR N. 13.303, DE 30 DE JUNHO DE 2016
Dispõe sobre o estatuto jurídico da empresa pública, da sociedade de economia mista e de suas subsidiárias, no âmbito da União, dos Estados, do Distrito Federal e dos Municípios

SÚMULA DO TST

Vide Súmula 377/TST

Súmula 377 TST — PREPOSTO. EXIGÊNCIA DA CONDIÇÃO DE EMPREGADO (nova redação) — Res. 146/2008, DJ 28.4.2008, 2 e 5.5.2008
Exceto quanto à reclamação de empregado doméstico, ou contra micro ou pequeno empresário, o preposto deve ser necessariamente empregado do reclamado. Inteligência do art. 843, § 1º, da CLT e do art. 54 da Lei Complementar n. 123, de 14 de dezembro de 2006.

§ 1º

Equiparam-se ao empregador, para os efeitos exclusivos da relação de emprego, os profissionais liberais, as instituições de beneficência, as associações recreativas ou outras instituições sem fins lucrativos, que admitirem trabalhadores como empregados.

LEI N. 5.889, DE 8 DE JUNHO DE 1973
Estatui normas reguladoras do trabalho rural
DOU 11.6.1973

Vide art. 4º

Art. 4º Equipara-se ao empregador rural, a pessoa física ou jurídica que, habitualmente, em caráter profissional, e por conta de terceiros, execute serviços de natureza agrária, mediante utilização do trabalho de outrem.

LEI N. 8.036, DE 11 DE MAIO DE 1990
Dispõe sobre o Fundo de Garantia do Tempo de Serviço, e dá outras providências.
DOU 14.5.1990 e retificado em 15.5.1990

Vide art. 15, *caput* e §1º

Art. 15. Para os fins previstos nesta lei, todos os empregadores ficam obrigados a depositar, até o dia 7 (sete) de cada mês, em conta bancária vinculada, a importância correspondente a 8 (oito) por cento da remuneração paga ou devida, no mês anterior, a cada trabalhador, incluídas na remuneração as parcelas de que tratam os arts. 457 e 458 da CLT e a gratificação de Natal a que se refere a Lei n. 4.090, de 13 de julho de 1962, com as modificações da Lei n. 4.749, de 12 de agosto de 1965.
§ 1º Entende-se por empregador a pessoa física ou a pessoa jurídica de direito privado ou de direito público, da administração pública direta, indireta ou fundacional de qualquer dos Poderes, da União, dos Estados, do Distrito Federal e dos Municípios, que admitir trabalhadores a seu serviço, bem assim aquele que, regido por legislação especial, encontrar-se nessa condição ou figurar como fornecedor ou tomador de mão de obra, independente da responsabilidade solidária e/ou subsidiária a que eventualmente venha obrigar-se.

Art. 2º

TÍTULO I — INTRODUÇÃO

§ 2º Sempre que uma ou mais empresas, tendo, embora, cada uma delas, personalidade jurídica própria, estiverem sob a direção, controle ou administração de outra, constituindo grupo industrial, comercial ou de qualquer outra atividade econômica, serão, para os efeitos da relação de emprego, solidariamente responsáveis a empresa principal e cada uma das subordinadas.

LEI N. 5.889, DE 8 DE JUNHO DE 1973
Estatui normas reguladoras do trabalho rural
DOU 11.6.1973

Vide art. 3º, caput e § 2º

Art. 3º Considera-se empregador rural, para os efeitos desta Lei, a pessoa física ou jurídica, proprietário ou não, que explore atividade agroeconômica, em caráter permanente ou temporário, diretamente ou através de prepostos e com auxílio de empregados.
(...)
§ 2º Sempre que uma ou mais empresas, embora tendo cada uma delas personalidade jurídica própria, estiverem sob direção, controle ou administração de outra, ou ainda quando, mesmo guardando cada uma sua autonomia, integrem grupo econômico ou financeiro rural, serão responsáveis solidariamente nas obrigações decorrentes da relação de emprego.

LEI N. 6.404, DE 15 DE DEZEMBRO DE 1976
Dispõe sobre as sociedades por ações
DOU 17.12.1976

Vide art. 265, caput e §§ 1º e 2º

Art. 265. A sociedade controladora e suas controladas podem constituir, nos termos deste Capítulo, grupo de sociedades, mediante convenção pela qual se obriguem a combinar recursos ou esforços para a realização dos respectivos objetos, ou a participar de atividades ou empreendimentos comuns.
§ 1º A sociedade controladora, ou de comando do grupo, deve ser brasileira, e exercer, direta ou indiretamente, e de modo permanente, o controle das sociedades filiadas, como titular de direitos de sócio ou acionista, ou mediante acordo com outros sócios ou acionistas.
§ 2º A participação recíproca das sociedades do grupo obedecerá ao disposto no art. 244.

LEI N. 8.036, DE 11 DE MAIO DE 1990
Dispõe sobre o Fundo de Garantia do Tempo de Serviço, e dá outras providências
DOU 14.5.1990 e retificado em 15.5.1990

Vide art. 15, caput e § 1º

Art. 15 Para os fins previstos nesta lei, todos os empregadores ficam obrigados a depositar, até o dia 7 (sete) de cada mês, em conta bancária vinculada, a importância correspondente a 8 (oito) por cento da remuneração paga ou devida, no mês anterior, a cada trabalhador, incluídas na remuneração as parcelas de que tratam os arts. 457 e 458 da CLT e a gratificação de Natal a que se refere a Lei n. 4.090, de 13 de julho de 1962, com as modificações da Lei n. 4.749, de 12 de agosto de 1965.
§ 1º Entende-se por empregador a pessoa física ou a pessoa jurídica de direito privado ou de direito público, da administração pública direta, indireta ou fundacional de qualquer dos Poderes, da União, dos Estados, do Distrito Federal e dos Municípios, que admitir trabalhadores a seu serviço, bem assim aquele que, regido por legislação especial, encontrar-se nessa condição ou figurar como fornecedor ou tomador de mão de obra, independente da responsabilidade solidária e/ou subsidiária a que eventualmente venha obrigar-se.

LEI N. 8.212, DE 24 DE JULHO DE 1991
Dispõe sobre a organização da Seguridade Social, institui Plano de Custeio, e dá outras providências
DOU 25.7.1991, republicado em 11.4.1996 e republicado em 14.8.1998

Vide art. 25-A

Art. 25-A. Equipara-se ao empregador rural pessoa física o consórcio simplificado de produtores rurais, formado pela união de produtores rurais pessoas físicas, que outorgar a um deles poderes para contratar, gerir e demitir trabalhadores para prestação de serviços, exclusivamente, aos seus integrantes, mediante documento registrado em cartório de títulos e documentos. *(Incluído pela Lei n. 10.256, de 2001)*

SÚMULAS DO TST

Vide Súmulas 93, 129 e 239/TST

Súmula 93 TST — BANCÁRIO (mantida) — Res. 121/2003, DJ 19, 20 e 21.11.2003
Integra a remuneração do bancário a vantagem pecuniária por ele auferida na colocação ou na venda de papéis ou valores mobiliários de empresas pertencentes ao mesmo grupo econômico, se exercida essa atividade no horário e no local de trabalho e com o consentimento, tácito ou expresso, do banco empregador.

Súmula 129 TST — CONTRATO DE TRABALHO. GRUPO ECONÔMICO (mantida) — Res. 121/2003, DJ 19, 20 e 21.11.2003
A prestação de serviços a mais de uma empresa do mesmo grupo econômico, durante a mesma jornada de trabalho, não caracteriza a coexistência de mais de um contrato de trabalho, salvo ajuste em contrário.

Súmula 239 TST — BANCÁRIO. EMPREGADO DE EMPRESA DE PROCESSAMENTO DE DADOS (incorporadas as Orientações Jurisprudenciais ns. 64 e 126 da SBDI-1) — Res. 129/2005, DJ 20, 22 e 25.4.2005
É bancário o empregado de empresa de processamento de dados que presta serviço a banco integrante do mesmo grupo econômico, exceto quando a empresa de processamento de dados presta serviços a banco e a empresas não bancárias do mesmo grupo econômico ou a terceiros. *(primeira parte — ex-Súmula n. 239 — Res. 15/1985, DJ 09.12.1985; segunda parte — ex-OJs ns. 64 e 126 da SBDI-1 — inseridas, respectivamente, em 13.09.1994 e 20.04.1998)*

TÍTULO I — INTRODUÇÃO

Art. 3º

ORIENTAÇÃO JURISPRUDENCIAL DA SDI-1 DO TST

Vide OJ 411 SDI-1/TST

OJ 411 SDI-1 TST — SUCESSÃO TRABALHISTA. AQUISIÇÃO DE EMPRESA PERTENCENTE A GRUPO ECONÔMICO. RESPONSABILIDADE SOLIDÁRIA DO SUCESSOR POR DÉBITOS TRABALHISTAS DE EMPRESA NÃO ADQUIRIDA. INEXISTÊNCIA. *(DEJT divulgado em 22, 25 e 26.10.2010)*
O sucessor não responde solidariamente por débitos trabalhistas de empresa não adquirida, integrante do mesmo grupo econômico da empresa sucedida, quando, à época, a empresa devedora direta era solvente ou idônea economicamente, ressalvada a hipótese de má-fé ou fraude na sucessão.

ORIENTAÇÃO JURISPRUDENCIAL TRANSITÓRIA DA SDI-1 DO TST

Vide OJT 30 SDI-1/TST

OJT 30 SDI-1 TST — CISÃO PARCIAL DE EMPRESA. RESPONSABILIDADE SOLIDÁRIA. PROFORTE *(DJ 9.12.2003)*
É solidária a responsabilidade entre a empresa cindida subsistente e aquelas que absorverem parte do seu patrimônio, quando constatada fraude na cisão parcial.

Art. 3º Considera-se empregado toda pessoa física que prestar serviços de natureza não eventual a empregador, sob a dependência deste e mediante salário.

CONSOLIDAÇÃO DAS LEIS DO TRABALHO
Decreto-Lei n. 5.452, de 1º de maio de 1943
DOU 9.8.1943

Vide art. 2º, *caput* e § 1º; art. 6º, *caput* e parágrafo único; e art. 442

Art. 2º Considera-se empregador a empresa, individual ou coletiva, que, assumindo os riscos da atividade econômica, admite, assalaria e dirige a prestação pessoal de serviço.

§ 1º Equiparam-se ao empregador, para os efeitos exclusivos da relação de emprego, os profissionais liberais, as instituições de beneficência, as associações recreativas ou outras instituições sem fins lucrativos, que admitirem trabalhadores como empregados.

Art. 6º Não se distingue entre o trabalho realizado no estabelecimento do empregador, o executado no domicílio do empregado e o realizado a distância, desde que estejam caracterizados os pressupostos da relação de emprego. *(Redação dada pela Lei n. 12.551, de 2011)*
Parágrafo único. Os meios telemáticos e informatizados de comando, controle e supervisão se equiparam, para fins de subordinação jurídica, aos meios pessoais e diretos de comando, controle e supervisão do trabalho alheio. *(Incluído pela Lei n. 12.551, de 2011)*

Art. 442. Contrato individual de trabalho é o acordo tácito ou expresso, correspondente à relação de emprego.

LEI COMPLEMENTAR N. 150, DE 1º DE JUNHO DE 2015
Dispõe sobre o contrato de trabalho doméstico; altera as Leis n. 8.212, de 24 de julho de 1991, n. 8.213, de 24 de julho de 1991, e n. 11.196, de 21 de novembro de 2005; revoga o inciso I do art. 3º da Lei n. 8.009, de 29 de março de 1990, o art. 36 da Lei n. 8.213, de 24 de julho de 1991, a Lei n. 5.859, de 11 de dezembro de 1972, e o inciso VII do art. 12 da Lei n. 9.250, de 26 de dezembro 1995; e dá outras providências.
DOU 2.6.2015

Vide art. 1º

Art. 1º Ao empregado doméstico, assim considerado aquele que presta serviços de forma contínua, subordinada, onerosa e pessoal e de finalidade não lucrativa à pessoa ou à família, no âmbito residencial destas, por mais de 2 (dois) dias por semana, aplica-se o disposto nesta Lei.

LEI N. 5.859, DE 11 DE DEZEMBRO DE 1972
(Revogada pela Lei Complementar n. 150, de 2015)
Dispõe sobre a profissão de empregado doméstico e dá outras providências
DOU 12.12.1972

Vide art. 1º

Art. 1º Ao empregado doméstico, assim considerado aquele que presta serviços de natureza contínua e de finalidade não lucrativa à pessoa ou à família no âmbito residencial destas, aplica-se o disposto nesta lei.

DECRETO N. 71.885, DE 26 DE FEVEREIRO DE 1973
Aprova o Regulamento da Lei n. 5.859, de dezembro de 1972, que dispõe sobre a profissão de empregado doméstico e dá outras providências
DOU 9.3.1973

Vide art. 3º, *caput* e inciso I

Art. 3º Para os fins constantes da Lei n. 5.859, de 11 de dezembro de 1972, considera-se:
I — empregado doméstico aquele que presta serviços de natureza contínua e de finalidade não lucrativa a pessoa ou à família, no âmbito residencial destas.

LEI N. 5.889, DE 8 DE JUNHO DE 1973
Estatui normas reguladoras do trabalho rural
DOU 11.6.1973

Vide art. 2º

Art. 2º Empregado rural é toda pessoa física que, em propriedade rural ou prédio rústico, presta serviços de natureza não eventual a empregador rural, sob a dependência deste e mediante salário.

LEI N. 9.504, DE 30 DE SETEMBRO DE 1997
Estabelece normas para as eleições
DOU 1º.10.1997

Vide art. 100

Art. 100. A contratação de pessoal para prestação de serviços nas campanhas eleitorais não gera vínculo

Art. 3º

empregatício com o candidato ou partido contratantes, aplicando-se à pessoa física contratada o disposto na alínea h do inciso V do art. 12 da Lei n. 8.212, de 24 de julho de 1991. *(Redação dada pela Lei n. 13.165, de 2015)*

SÚMULAS DO TST

Vide Súmulas 386, 430 e 462/TST

Súmula 386 TST — POLICIAL MILITAR. RECONHECIMENTO DE VÍNCULO EMPREGATÍCIO COM EMPRESA PRIVADA (conversão da Orientação Jurisprudencial n. 167 da SBDI-1) — Res. 129/2005, DJ 20, 22 e 25.4.2005
Preenchidos os requisitos do art. 3º da CLT, é legítimo o reconhecimento de relação de emprego entre policial militar e empresa privada, independentemente do eventual cabimento de penalidade disciplinar prevista no Estatuto do Policial Militar. *(ex-OJ n. 167 da SBDI-1 — inserida em 26.3.1999)*

Súmula 430 TST — ADMINISTRAÇÃO PÚBLICA INDIRETA. CONTRATAÇÃO. AUSÊNCIA DE CONCURSO PÚBLICO. NULIDADE. ULTERIOR PRIVATIZAÇÃO. CONVALIDAÇÃO. INSUBSISTÊNCIA DO VÍCIO — Res. 177/2012, DEJT divulgado em 13, 14 e 15.2.2012
Convalidam-se os efeitos do contrato de trabalho que, considerado nulo por ausência de concurso público, quando celebrado originalmente com ente da Administração Pública Indireta, continua a existir após a sua privatização.

Súmula 462 TST — MULTA DO ART. 477, § 8º, DA CLT. INCIDÊNCIA. RECONHECIMENTO JUDICIAL DA RELAÇÃO DE EMPREGO.
A circunstância de a relação de emprego ter sido reconhecida apenas em juízo não tem o condão de afastar a incidência da multa prevista no art. 477, § 8º, da CLT. A referida multa não será devida apenas quando, comprovadamente, o empregado der causa à mora no pagamento das verbas rescisórias.

ORIENTAÇÕES JURISPRUDENCIAIS DA SDI-1 DO TST

Vide OJs 38, 199 e 366 SDI-1/TST

OJ 38 SDI-1 TST — EMPREGADO QUE EXERCE ATIVIDADE RURAL. EMPRESA DE REFLORESTAMENTO. PRESCRIÇÃO PRÓPRIA DO RURÍCOLA. (LEI N. 5.889, DE 8.6.1973, ART. 10, E DECRETO N. 73.626, DE 12.2.19/74, ART. 2º, § 4º) (inserido dispositivo) — DEJT divulgado em 16, 17 e 18.11.2010
O empregado que trabalha em empresa de reflorestamento, cuja atividade está diretamente ligada ao manuseio da terra e de matéria-prima, é rurícola e não industriário, nos termos do Decreto n. 73.626, de 12.2.1974, art. 2º, § 4º, pouco importando que o fruto de seu trabalho seja destinado à indústria. Assim, aplica-se a prescrição própria dos rurícolas aos direitos desses empregados.

OJ 199 SDI-1 TST — JOGO DO BICHO. CONTRATO DE TRABALHO. NULIDADE. OBJETO ILÍCITO (título alterado e inserido dispositivo) — DEJT divulgado em 16, 17 e 18.11.2010
É nulo o contrato de trabalho celebrado para o desempenho de atividade inerente à prática do jogo do bicho, ante a ilicitude de seu objeto, o que subtrai o requisito de validade para a formação do ato jurídico.

OJ 366 SDI-1 TST — ESTAGIÁRIO. DESVIRTUAMENTO DO CONTRATO DE ESTÁGIO. RECONHECIMENTO DO VÍNCULO EMPREGATÍCIO COM A ADMINISTRAÇÃO PÚBLICA DIRETA OU INDIRETA. PERÍODO POSTERIOR À CONSTITUIÇÃO FEDERAL DE 1988. IMPOSSIBILIDADE *(DJ 20, 21 e 23.5.2008)*
Ainda que desvirtuada a finalidade do contrato de estágio celebrado na vigência da Constituição Federal de 1988, é inviável o reconhecimento do vínculo empregatício com ente da Administração Pública direta ou indireta, por força do art. 37, II, da CF/1988, bem como o deferimento de indenização pecuniária, exceto em relação às parcelas previstas na Súmula n. 363 do TST, se requeridas.

Parágrafo único — Não haverá distinções relativas à espécie de emprego e à condição de trabalhador, nem entre o trabalho intelectual, técnico e manual.

CONSTITUIÇÃO FEDERAL DE 1988
DOU 5.10.1988

Vide art. 3º, *caput* e inciso IV; 5º, *caput*; e art. 7º, *caput* e incisos XXX, XXXI, XXXII e XXXIV

Art. 3º Constituem objetivos fundamentais da República Federativa do Brasil:
(...)
IV — promover o bem de todos, sem preconceitos de origem, raça, sexo, cor, idade e quaisquer outras formas de discriminação.

Art. 5º Todos são iguais perante a lei, sem distinção de qualquer natureza, garantindo-se aos brasileiros e aos estrangeiros residentes no País a inviolabilidade do direito à vida, à liberdade, à igualdade, à segurança e à propriedade, nos termos seguintes:

Art. 7º São direitos dos trabalhadores urbanos e rurais, além de outros que visem à melhoria de sua condição social:
(...)
XXX — proibição de diferença de salários, de exercício de funções e de critério de admissão por motivo de sexo, idade, cor ou estado civil;
XXXI — proibição de qualquer discriminação no tocante a salário e critérios de admissão do trabalhador portador de deficiência;
XXXII — proibição de distinção entre trabalho manual, técnico e intelectual ou entre os profissionais respectivos;
(...)
XXXIV — igualdade de direitos entre o trabalhador com vínculo empregatício permanente e o trabalhador avulso.

CONSOLIDAÇÃO DAS LEIS DO TRABALHO
Decreto-Lei n. 5.452, de 1º de maio de 1943
DOU 9.8.1943

Vide art. 5º; art. 6º; art. 373-A, *caput* e inciso III; e art. 461, *caput* e §§ 1º a 4º

Art. 5º A todo trabalho de igual valor corresponderá salário igual, sem distinção de sexo.

Art. 6º Não se distingue entre o trabalho realizado no estabelecimento do empregador, o executado no domicílio do empregado e o realizado a distância, desde que estejam caracterizados os pressupostos da relação de emprego. *(Redação dada pela Lei n. 12.551, de 2011)*

TÍTULO I — INTRODUÇÃO

Art. 373-A. Ressalvadas as disposições legais destinadas a corrigir as distorções que afetam o acesso da mulher ao mercado de trabalho e certas especificidades estabelecidas nos acordos trabalhistas, é vedado: *(Incluído pela Lei n. 9.799, de 26.5.1999)*
(...)
III — considerar o sexo, a idade, a cor ou situação familiar como variável determinante para fins de remuneração, formação profissional e oportunidades de ascensão profissional; *(Incluído pela Lei n. 9.799, de 26.5.1999)*

Art. 461. Sendo idêntica a função, a todo trabalho de igual valor, prestado ao mesmo empregador, na mesma localidade, corresponderá igual salário, sem distinção de sexo, nacionalidade ou idade. *(Redação dada pela Lei n. 1.723, de 8.11.1952)*

§ 1º — Trabalho de igual valor, para os fins deste Capítulo, será o que for feito com igual produtividade e com a mesma perfeição técnica, entre pessoas cuja diferença de tempo de serviço não for superior a 2 (dois) anos. *(Redação dada pela Lei n. 1.723, de 8.11.1952)*

§ 2º — Os dispositivos deste artigo não prevalecerão quando o empregador tiver pessoal organizado em quadro de carreira, hipótese em que as promoções deverão obedecer aos critérios de antiguidade e merecimento. *(Redação dada pela Lei n. 1.723, de 8.11.1952)*

§ 3º — No caso do parágrafo anterior, as promoções deverão ser feitas alternadamente por merecimento e por antiguidade, dentro de cada categoria profissional. *(Incluído pela Lei n. 1.723, de 8.11.1952)*

§ 4º — O trabalhador readaptado em nova função por motivo de deficiência física ou mental atestada pelo órgão competente da Previdência Social não servirá de paradigma para fins de equiparação salarial. *(Incluído pela Lei n. 5.798, de 31.8.1972)*

SÚMULA DO TST

Vide Súmula 6, VII/TST

Súmula 6 TST — EQUIPARAÇÃO SALARIAL. ART. 461 DA CLT (redação do item VI alterada) — Res. 198/2015, republicada em razão de erro material — DEJT divulgado em 12, 15 e 16.6.2015
(...)
VII — Desde que atendidos os requisitos do art. 461 da CLT, é possível a equiparação salarial de trabalho intelectual, que pode ser avaliado por sua perfeição técnica, cuja aferição terá critérios objetivos. *(ex-OJ da SBDI-1 n. 298 — DJ 11.8.2003)*

Art. 4º

Considera-se como de serviço efetivo o período em que o empregado esteja à disposição do empregador, aguardando ou executando ordens, salvo disposição especial expressamente consignada.

CONSOLIDAÇÃO DAS LEIS DO TRABALHO
Decreto-Lei n. 5.452, de 1º de maio de 1943
DOU 9.8.1943

Vide art. 58, *caput* e §§ 1º e 2º; art. 238; e art. 294

Art. 58. A duração normal do trabalho, para os empregados em qualquer atividade privada, não excederá de 8 (oito) horas diárias, desde que não seja fixado expressamente outro limite.

§ 1º Não serão descontadas nem computadas como jornada extraordinária as variações de horário no registro de ponto não excedentes de cinco minutos, observado o limite máximo de dez minutos diários. *(Parágrafo incluído pela Lei n. 10.243, de 19.6.2001)*

§ 2º O tempo despendido pelo empregado até o local de trabalho e para o seu retorno, por qualquer meio de transporte, não será computado na jornada de trabalho, salvo quando, tratando-se de local de difícil acesso ou não servido por transporte público, o empregador fornecer a condução. *(Parágrafo incluído pela Lei n. 10.243, de 19.6.2001)*

Art. 238. Será computado como de trabalho efetivo todo o tempo, em que o empregado estiver à disposição da estrada. *(Restaurado pelo Decreto-Lei n. 5, de 4.4.1966)*

Art. 294. O tempo despendido pelo empregado da boca da mina ao local do trabalho e vice-versa será computado para o efeito de pagamento do salário.

SÚMULAS DO TST

Vide Súmulas 85, 90, 96, 118, 269, 320, 366, 428 e 429/TST

Súmula 85 TST — COMPENSAÇÃO DE JORNADA (inserido o item V) — Res. 174/2011, DEJT divulgado em 27, 30 e 31.5.2011

I. A compensação de jornada de trabalho deve ser ajustada por acordo individual escrito, acordo coletivo ou convenção coletiva. *(ex-Súmula n. 85 — primeira parte — alterada pela Res. 121/2003, DJ 21.11.2003)*

II. O acordo individual para compensação de horas é válido, salvo se houver norma coletiva em sentido contrário. *(ex-OJ n. 182 da SBDI-1 — inserida em 8.11.2000)*

III. O mero não atendimento das exigências legais para a compensação de jornada, inclusive quando encetada mediante acordo tácito, não implica a repetição do pagamento das horas excedentes à jornada normal diária, se não dilatada a jornada máxima semanal, sendo devido apenas o respectivo adicional. *(ex-Súmula n. 85 — segunda parte — alterada pela Res. 121/2003, DJ 21.11.2003)*

V. A prestação de horas extras habituais descaracteriza o acordo de compensação de jornada. Nesta hipótese, as horas que ultrapassarem a jornada semanal normal deverão ser pagas como horas extraordinárias e, quanto àquelas destinadas à compensação, deverá ser pago a mais apenas o adicional por trabalho extraordinário. *(ex-OJ n. 220 da SBDI-1 — inserida em 20.6.2001)*

V. As disposições contidas nesta súmula não se aplicam ao regime compensatório na modalidade "banco de horas", que somente pode ser instituído por negociação coletiva.

VI — Não é válido acordo de compensação de jornada em atividade insalubre, ainda que estipulado em norma coletiva, sem a necessária inspeção prévia e permissão da autoridade competente, na forma do art. 60 da CLT.

Súmula 90 TST — HORAS "IN ITINERE". TEMPO DE SERVIÇO (incorporadas as Súmulas ns. 324 e 325 e as Orientações Jurisprudenciais ns. 50 e 236 da SBDI-1) — Res. 129/2005, DJ 20, 22 e 25.4.2005

I — O tempo despendido pelo empregado, em condução fornecida pelo empregador, até o local de trabalho de difícil acesso, ou não servido por transporte público regular, e para o seu retorno é computável na jornada de trabalho. *(ex-Súmula n. 90 — RA 80/1978, DJ 10.11.1978)*

Art. 4º

II — A incompatibilidade entre os horários de início e término da jornada do empregado e os do transporte público regular é circunstância que também gera o direito às horas "in itinere". *(ex-OJ n. 50 da SBDI-1 — inserida em 1º.2.1995)*

III — A mera insuficiência de transporte público não enseja o pagamento de horas "in itinere". *(ex-Súmula n. 324 — Res. 16/1993, DJ 21.12.1993)*

IV — Se houver transporte público regular em parte do trajeto percorrido em condução da empresa, as horas "in itinere" remuneradas limitam-se ao trecho não alcançado pelo transporte público. *(ex-Súmula n. 325 — Res. 17/1993, DJ 21.12.1993)*

V — Considerando que as horas "in itinere" são computáveis na jornada de trabalho, o tempo que extrapola a jornada legal é considerado como extraordinário e sobre ele deve incidir o adicional respectivo. *(ex-OJ n. 236 da SBDI-1 — inserida em 20.6.2001)*

Súmula 96 TST — MARÍTIMO (mantida) — Res. 121/2003, DJ 19, 20 e 21.11.2003

A permanência do tripulante a bordo do navio, no período de repouso, além da jornada, não importa presunção de que esteja à disposição do empregador ou em regime de prorrogação de horário, circunstâncias que devem resultar provadas, dada a natureza do serviço.

Súmula 118 TST — JORNADA DE TRABALHO. HORAS EXTRAS (mantida) — Res. 121/2003, DJ 19, 20 e 21.11.2003

Os intervalos concedidos pelo empregador na jornada de trabalho, não previstos em lei, representam tempo à disposição da empresa, remunerados como serviço extraordinário, se acrescidos ao final da jornada.

Súmula 269 TST — DIRETOR ELEITO. CÔMPUTO DO PERÍODO COMO TEMPO DE SERVIÇO (mantida) — Res. 121/2003, DJ 19, 20 e 21.11.2003

O empregado eleito para ocupar cargo de diretor tem o respectivo contrato de trabalho suspenso, não se computando o tempo de serviço desse período, salvo se permanecer a subordinação jurídica inerente à relação de emprego.

Súmula 320 TST — HORAS "IN ITINERE". OBRIGATORIEDADE DE CÔMPUTO NA JORNADA DE TRABALHO (mantida) — Res. 121/2003, DJ 19, 20 e 21.11.2003

O fato de o empregador cobrar, parcialmente ou não, importância pelo transporte fornecido, para local de difícil acesso ou não servido por transporte regular, não afasta o direito à percepção das horas "in itinere".

Súmula 366 TST — CARTÃO DE PONTO. REGISTRO. HORAS EXTRAS. MINUTOS QUE ANTECEDEM E SUCEDEM A JORNADA DE TRABALHO (nova redação) — Res. 197/2015 — DEJT divulgado em 14, 15 e 18.5.2015

Não serão descontadas nem computadas como jornada extraordinária as variações de horário do registro de ponto não excedentes de cinco minutos, observado o limite máximo de dez minutos diários. Se ultrapassado esse limite, será considerada como extra a totalidade do tempo que exceder a jornada normal, pois configurado tempo à disposição do empregador, não importando as atividades desenvolvidas pelo empregado ao longo do tempo residual (troca de uniforme, lanche, higiene pessoal, etc).

Súmula 428 TST — SOBREAVISO APLICAÇÃO ANALÓGICA DO ART. 244, § 2º DA CLT (redação alterada na sessão do Tribunal Pleno realizada em 14.9.2012) — Res. 185/2012, DEJT divulgado em 25, 26 e 27.9.2012

I — O uso de instrumentos telemáticos ou informatizados fornecidos pela empresa ao empregado, por si só, não caracteriza o regime de sobreaviso.

II — Considera-se em sobreaviso o empregado que, à distância e submetido a controle patronal por instrumentos telemáticos ou informatizados, permanecer em regime de plantão ou equivalente, aguardando a qualquer momento o chamado para o serviço durante o período de descanso.

Súmula 429 TST — TEMPO À DISPOSIÇÃO DO EMPREGADOR. ART. 4º DA CLT. PERÍODO DE DESLOCAMENTO ENTRE A PORTARIA E O LOCAL DE TRABALHO — Res. 174/2011, DEJT divulgado em 27, 30 e 31.5.2011

Considera-se à disposição do empregador, na forma do art. 4º da CLT, o tempo necessário ao deslocamento do trabalhador entre a portaria da empresa e o local de trabalho, desde que supere o limite de 10 (dez) minutos diários.

PRECEDENTE NORMATIVO DA SDC DO TST

Vide PN 31/TST

PN 31 — PROFESSOR (JANELAS) (positivo)

Os tempos vagos (janelas) em que o professor ficar à disposição do curso serão remunerados como aula, no limite de 1 (uma) hora diária por unidade.

Parágrafo único — Computar-se-ão, na contagem de tempo de serviço, para efeito de indenização e estabilidade, os períodos em que o empregado estiver afastado do trabalho prestando serviço militar ... (VETADO) ... e por motivo de acidente do trabalho. *(Incluído pela Lei n. 4.072, de 16.6.1962)*

CONSOLIDAÇÃO DAS LEIS DO TRABALHO
Decreto-Lei n. 5.452, de 1º de maio de 1943
DOU 9.8.1943

Vide art. 472

Art. 472. O afastamento do empregado em virtude das exigências do serviço militar, ou de outro encargo público, não constituirá motivo para alteração ou rescisão do contrato de trabalho por parte do empregador.

LEI N. 8.036, DE 11 DE MAIO DE 1990
Dispõe sobre o Fundo de Garantia do Tempo de Serviço, e dá outras providências
DOU 14.5.1990 e retificado em 15.5.1990

Vide art. 15, *caput* e § 5º

Art. 15. Para os fins previstos nesta lei, todos os empregadores ficam obrigados a depositar, até o dia

TÍTULO I — INTRODUÇÃO

7 (sete) de cada mês, em conta bancária vinculada, a importância correspondente a 8 (oito) por cento da remuneração paga ou devida, no mês anterior, a cada trabalhador, incluídas na remuneração as parcelas de que tratam os arts. 457 e 458 da CLT e a gratificação de Natal a que se refere a Lei n. 4.090, de 13 de julho de 1962, com as modificações da Lei n. 4.749, de 12 de agosto de 1965. *(Vide Lei n. 13.189, de 2015)*
(...)
§ 5º O depósito de que trata o caput deste artigo é obrigatório nos casos de afastamento para prestação do serviço militar obrigatório e licença por acidente do trabalho. *(Incluído pela Lei n. 9.711, de 1998)*

SÚMULA DO STF

Vide Súmula 463/STF

Súmula 463 STF — Para efeito de indenização e estabilidade, conta-se o tempo em que o empregado esteve afastado, em serviço militar obrigatório, mesmo anteriormente à Lei n. 4.072, de 1.6.62.

SÚMULA DO TST

Vide Súmula 46/TST

Súmula 46 TST — ACIDENTE DE TRABALHO (mantida) — Res. 121/2003, DJ 19, 20 e 21.11.2003

As faltas ou ausências decorrentes de acidente do trabalho não são consideradas para os efeitos de duração de férias e cálculo da gratificação natalina.

Art. 5º
A todo trabalho de igual valor corresponderá salário igual, sem distinção de sexo.

CONSTITUIÇÃO FEDERAL DE 1988
DOU 5.10.1988

Vide art. 1º, *caput* e incisos II, III e IV; art. 3º, *caput* e incisos I, III e IV; art. 5º, *caput* e incisos I, III, V e X; e 7º, *caput* e incisos XXX, XXXI, XXXII e XXXIV

Art. 1º A República Federativa do Brasil, formada pela união indissolúvel dos Estados e Municípios e do Distrito Federal, constitui-se em Estado Democrático de Direito e tem como fundamentos:
(...)
II — a cidadania
III — a dignidade da pessoa humana;
IV — os valores sociais do trabalho e da livre-iniciativa;

Art. 3º Constituem objetivos fundamentais da República Federativa do Brasil:
I — construir uma sociedade livre, justa e solidária;
(...)
III — erradicar a pobreza e a marginalização e reduzir as desigualdades sociais e regionais;
IV — promover o bem de todos, sem preconceitos de origem, raça, sexo, cor, idade e quaisquer outras formas de discriminação.

Art. 5º Todos são iguais perante a lei, sem distinção de qualquer natureza, garantindo-se aos brasileiros e aos estrangeiros residentes no País a inviolabilidade do direito à vida, à liberdade, à igualdade, à segurança e à propriedade, nos termos seguintes:
I — homens e mulheres são iguais em direitos e obrigações, nos termos desta Constituição;
(...)
III — ninguém será submetido a tortura nem a tratamento desumano ou degradante;
(...)
V — é assegurado o direito de resposta, proporcional ao agravo, além da indenização por dano material, moral ou à imagem;
(...)
X — são invioláveis a intimidade, a vida privada, a honra e a imagem das pessoas, assegurado o direito a indenização pelo dano material ou moral decorrente de sua violação;

Art. 7º São direitos dos trabalhadores urbanos e rurais, além de outros que visem à melhoria de sua condição social:
(...)
XXX — proibição de diferença de salários, de exercício de funções e de critério de admissão por motivo de sexo, idade, cor ou estado civil;
XXXI — proibição de qualquer discriminação no tocante a salário e critérios de admissão do trabalhador portador de deficiência;
XXXII — proibição de distinção entre trabalho manual, técnico e intelectual ou entre os profissionais respectivos;
(...)
XXXIV — igualdade de direitos entre o trabalhador com vínculo empregatício permanente e o trabalhador avulso.

CONVENÇÃO 100 DA OIT
Convenção concernente à igualdade de remuneração para a mão de obra masculina e a mão de obra feminina por um trabalho de igual valor

Adotada pela OIT em 29.6.1951
Ratificada pelo Brasil em 25.4.1957
Promulgada pelo Decreto n. 41.721, de 25 de junho de 1957
DOU 28.6.1957

Vide art. 2º, 1 e 2

Art. 2º
1. Cada Membro deverá, por meios adaptados aos métodos em vigor para a fixação das taxas de remuneração, incentivar e, na medida em que tudo isto é compatível com os ditos métodos, assegurar a aplicação a todos os trabalhadores do princípio de igualdade de remuneração para a mão de obra masculina e a mão de obra feminina por um trabalho de igual valor.
2. Este princípio poderá ser aplicado por meio:
a) seja da legislação nacional;
b) seja de qualquer sistema de fixação de remuneração estabelecida ou reconhecido pela legislação;
c) seja de convenções coletivas firmadas entre empregadores e empregados;
d) seja de uma combinação desses diversos meios.

Art. 5º

CONVENÇÃO 111 DA OIT
Convenção concernente à discriminação em matéria de emprego e profissão
Adotada pela OIT em 25.6.1958
Ratificada pelo Brasil em 26.11.1965
Promulgada pelo Decreto n. 62.150, de 19 de janeiro de 1968
DOU 20.1.1968

Vide art. 1º, 1, a) e b); e art. 2º

Art. 1º
1. Para fins da presente convenção, o termo "discriminação" compreende:
a) Toda distinção, exclusão ou preferência fundada na raça, cor, sexo, religião, opinião política, ascendência nacional ou origem social, que tenha por efeito destruir ou alterar a igualdade de oportunidades ou de tratamento em matéria de emprego ou profissão;
b) Qualquer outra distinção, exclusão ou preferência que tenha por efeito destruir ou alterar a igualdade de oportunidades ou tratamento em matéria de emprego ou profissão, que poderá ser especificada pelo Membro Interessado depois de consultadas as organizações representativas de empregadores e trabalhadores, quando estas existam, e outros organismos adequados.
(...)

Art. 2º
Qualquer Membro para o qual a presente convenção se encontre em vigor compromete-se a formular e aplicar uma política nacional que tenha por fim promover, por métodos adequados às circunstâncias e aos usos nacionais, a igualdade de oportunidade e de tratamento em matéria de emprego e profissão, com objetivo de eliminar toda discriminação nessa matéria.

CONSOLIDAÇÃO DAS LEIS DO TRABALHO
Decreto-Lei n. 5.452, de 1º de maio de 1943
DOU 9.8.1943

Vide art. 6º; art. 373-A, *caput* e inciso III; e art. 461, *caput* e §§ 1º a 4º

Art. 6º Não se distingue entre o trabalho realizado no estabelecimento do empregador, o executado no domicílio do empregado e o realizado a distância, desde que estejam caracterizados os pressupostos da relação de emprego. *(Redação dada pela Lei n. 12.551, de 2011)*

Art. 373-A. Ressalvadas as disposições legais destinadas a corrigir as distorções que afetam o acesso da mulher ao mercado de trabalho e certas especificidades estabelecidas nos acordos trabalhistas, é vedado: *(Incluído pela Lei n. 9.799, de 26.5.1999)*
(...)
III — considerar o sexo, a idade, a cor ou situação familiar como variável determinante para fins de remuneração, formação profissional e oportunidades de ascensão profissional; *(Incluído pela Lei n. 9.799, de 26.5.1999)*

Art. 461. Sendo idêntica a função, a todo trabalho de igual valor, prestado ao mesmo empregador, na mesma localidade, corresponderá igual salário, sem distinção de sexo, nacionalidade ou idade. *(Redação dada pela Lei n. 1.723, de 8.11.1952)*
§ 1º Trabalho de igual valor, para os fins deste Capítulo, será o que for feito com igual produtividade e com a mesma perfeição técnica, entre pessoas cuja diferença de tempo de serviço não for superior a 2 (dois) anos. *(Redação dada pela Lei n. 1.723, de 8.11.1952)*
§ 2º Os dispositivos deste artigo não prevalecerão quando o empregador tiver pessoal organizado em quadro de carreira, hipótese em que as promoções deverão obedecer aos critérios de antiguidade e merecimento. *(Redação dada pela Lei n. 1.723, de 8.11.1952)*
§ 3º No caso do parágrafo anterior, as promoções deverão ser feitas alternadamente por merecimento e por antiguidade, dentro de cada categoria profissional. *(Incluído pela Lei n. 1.723, de 8.11.1952)*
§ 4º O trabalhador readaptado em nova função por motivo de deficiência física ou mental atestada pelo órgão competente da Previdência Social não servirá de paradigma para fins de equiparação salarial. *(Incluído pela Lei n. 5.798, de 31.8.1972)*

LEI N. 9.029, DE 13 DE ABRIL DE 1995
Proíbe a exigência de atestados de gravidez e esterilização, e outras práticas discriminatórias, para efeitos admissionais ou de permanência da relação jurídica de trabalho, e dá outras providências.
DOU 17.4.1995

Vide arts. 1º a 6º

Art. 1º É proibida a adoção de qualquer prática discriminatória e limitativa para efeito de acesso à relação de trabalho, ou de sua manutenção, por motivo de sexo, origem, raça, cor, estado civil, situação familiar, deficiência, reabilitação profissional, idade, entre outros, ressalvadas, nesse caso, as hipóteses de proteção à criança e ao adolescente previstas no inciso XXXIII do art. 7º da Constituição Federal. *(Redação dada pela Lei n. 13.146, de 2015)*

Art. 2º Constituem crime as seguintes práticas discriminatórias:
I — a exigência de teste, exame, perícia, laudo, atestado, declaração ou qualquer outro procedimento relativo à esterilização ou a estado de gravidez;
II — a adoção de quaisquer medidas, de iniciativa do empregador, que configurem;
a) indução ou instigamento à esterilização genética;
b) promoção do controle de natalidade, assim não considerado o oferecimento de serviços e de aconselhamento ou planejamento familiar, realizados através de instituições públicas ou privadas, submetidas às normas do Sistema Único de Saúde (SUS).
Pena: detenção de um a dois anos e multa.
Parágrafo único. São sujeitos ativos dos crimes a que se refere este artigo:
I — a pessoa física empregadora;
II — o representante legal do empregador, como definido na legislação trabalhista;
III — o dirigente, direto ou por delegação, de órgãos públicos e entidades das administrações públicas direta, indireta e fundacional de qualquer dos Poderes da União, dos Estados, do Distrito Federal e dos Municípios.

Art. 3º Sem prejuízo do prescrito no art. 2º desta Lei e nos dispositivos legais que tipificam os crimes resultantes de preconceito de etnia, raça, cor ou deficiência, as infrações ao disposto nesta Lei são passíveis das seguintes cominações: *(Redação dada pela Lei n. 13.146, de 2015)*
I — multa administrativa de dez vezes o valor do maior salário pago pelo empregador, elevado em cinquenta por cento em caso de reincidência;
II — proibição de obter empréstimo ou financiamento junto a instituições financeiras oficiais.

Art. 4º O rompimento da relação de trabalho por ato discriminatório, nos moldes desta Lei, além do direito à reparação pelo dano moral, faculta ao empregado optar entre: *(Redação dada pela Lei n. 12.288, de 2010)*
I — a reintegração com ressarcimento integral de todo o período de afastamento, mediante pagamento das remu-

TÍTULO I — INTRODUÇÃO

nerações devidas, corrigidas monetariamente e acrescidas de juros legais; *(Redação dada pela Lei n. 13.146, de 2015)*

II — a percepção, em dobro, da remuneração do período de afastamento, corrigida monetariamente e acrescida dos juros legais.

Art. 5º Esta lei entra em vigor na data de sua publicação.

Art. 6º Revogam-se as disposições em contrário.

LEI N. 9.799, DE 26 DE MAIO DE 1999
Insere na Consolidação das Leis do Trabalho regras sobre o acesso da mulher ao mercado de trabalho e dá outras providências.
DOU 27.5.1999

LEI N. 13.271, DE 15 DE ABRIL DE 2016
Dispõe sobre a proibição de revista íntima de funcionárias nos locais de trabalho e trata da revista íntima em ambientes prisionais

Art. 1º As empresas privadas, os órgãos e entidades da administração pública, direta e indireta, ficam proibidos de adotar qualquer prática de revista íntima de suas funcionárias e de clientes do sexo feminino.

Art. 2º Pelo não cumprimento do art. 1º, ficam os infratores sujeitos a:

I — multa de R$ 20.000,00 (vinte mil reais) ao empregador, revertidos aos órgãos de proteção dos direitos da mulher;

II — multa em dobro do valor estipulado no inciso I, em caso de reincidência, independentemente da indenização por danos morais e materiais e sanções de ordem penal.

SÚMULA DO STF

Vide Súmula 202/STF

Súmula 202 STF — Na equiparação de salário, em caso de trabalho igual, toma-se em conta o tempo de serviço na função, e não no emprego.

SÚMULA DO TST

Vide Súmula 6/TST

Súmula 6 TST — EQUIPARAÇÃO SALARIAL. ART. 461 DA CLT (redação do item VI alterada) — Res. 198/2015, republicada em razão de erro material — DEJT divulgado em 12, 15 e 16.6.2015

I — Para os fins previstos no § 2º do art. 461 da CLT, só é válido o quadro de pessoal organizado em carreira quando homologado pelo Ministério do Trabalho, excluindo-se, apenas, dessa exigência o quadro de carreira das entidades de direito público da administração direta, autárquica e fundacional aprovado por ato administrativo da autoridade competente. *(ex-Súmula n. 6 — alterada pela Res. 104/2000, DJ 20.12.2000)*

II — Para efeito de equiparação de salários em caso de trabalho igual, conta-se o tempo de serviço na função e não no emprego. *(ex-Súmula n. 135 — RA 102/1982, DJ 11.10.1982 e DJ 15.10.1982)*

III — A equiparação salarial só é possível se o empregado e o paradigma exercerem a mesma função, desempenhando as mesmas tarefas, não importando se os cargos têm, ou não, a mesma denominação. *(ex-OJ da SBDI-1 n. 328 — DJ 9.12.2003)*

IV — É desnecessário que, ao tempo da reclamação sobre equiparação salarial, reclamante e paradigma estejam a serviço do estabelecimento, desde que o pedido se relacione com situação pretérita. *(ex-Súmula n. 22 — RA 57/1970, DO-GB 27.11.1970)*

V — A cessão de empregados não exclui a equiparação salarial, embora exercida a função em órgão governamental estranho à cedente, se esta responde pelos salários do paradigma e do reclamante. *(ex-Súmula n. 111 — RA 102/1980, DJ 25.9.1980)*

VI — Presentes os pressupostos do art. 461 da CLT, é irrelevante a circunstância de que o desnível salarial tenha origem em decisão judicial que beneficiou o paradigma, exceto: a) se decorrente de vantagem pessoal ou de tese jurídica superada pela jurisprudência de Corte Superior; b) na hipótese de equiparação salarial em cadeia, suscitada em defesa, se o empregador produzir prova do alegado fato modificativo, impeditivo ou extintivo do direito à equiparação salarial em relação ao paradigma remoto, considerada irrelevante, para esse efeito, a existência de diferença de tempo de serviço na função superior a dois anos entre o reclamante e os empregados paradigmas componentes da cadeia equiparatória, à exceção do paradigma imediato. *(Res. 198/2015, TST)*

VII — Desde que atendidos os requisitos do art. 461 da CLT, é possível a equiparação salarial de trabalho intelectual, que pode ser avaliado por sua perfeição técnica, cuja aferição terá critérios objetivos. *(ex-OJ da SBDI-1 n. 298 — DJ 11.8.2003)*

VIII — É do empregador o ônus da prova do fato impeditivo, modificativo ou extintivo da equiparação salarial. *(ex-Súmula n. 68 — RA 9/1977, DJ 11.2.1977)*

IX — Na ação de equiparação salarial, a prescrição é parcial e só alcança as diferenças salariais vencidas no período de 5 (cinco) anos que precedeu o ajuizamento. *(ex-Súmula n. 274 — alterada pela Res. 121/2003, DJ 21.11.2003)*

X — O conceito de "mesma localidade" de que trata o art. 461 da CLT refere-se, em princípio, ao mesmo município, ou a municípios distintos que, comprovadamente, pertençam à mesma região metropolitana. *(ex-OJ da SBDI-1 n. 252 — inserida em 13.3.2002)*

ORIENTAÇÕES JURISPRUDENCIAIS DA SDI-1 DO TST

Vide OJs 296, 297, 383 e 418 SDI-1/TST

OJ 296 SDI-1 TST — EQUIPARAÇÃO SALARIAL. ATENDENTE E AUXILIAR DE ENFERMAGEM. IMPOSSIBILIDADE *(DJ 11.8.2003)*
Sendo regulamentada a profissão de auxiliar de enfermagem, cujo exercício pressupõe habilitação técnica, realizada pelo Conselho Regional de Enfermagem, impossível a equiparação salarial do simples atendente com o auxiliar de enfermagem.

OJ 297 SDI-1 TST — EQUIPARAÇÃO SALARIAL. SERVIDOR PÚBLICO DA ADMINISTRAÇÃO DIRETA, AUTÁRQUICA E FUNDACIONAL. ART. 37, XIII, DA CF/1988 *(DJ 11.8.2003)*
O art. 37, inciso XIII, da CF/1988, veda a equiparação de qualquer natureza para o efeito de remuneração do pessoal do serviço público, sendo juridicamente impossível a aplicação da norma infraconstitucional prevista no art. 461 da CLT quando se pleiteia equiparação salarial entre servidores públicos, independentemente de terem sido contratados pela CLT.

OJ 383 SDI-1 TST — TERCEIRIZAÇÃO. EMPREGADOS DA EMPRESA PRESTADORA DE SERVIÇOS E DA TOMADORA. ISONOMIA. ART. 12, "A", DA LEI N. 6.019, DE 3.1.1974. (mantida) — Res. 175/2011, DEJT divulgado em 27, 30 e 31.5.2011

A contratação irregular de trabalhador, mediante empresa interposta, não gera vínculo de emprego com ente da Administração Pública, não afastando, contudo, pelo princípio da isonomia, o direito dos empregados terceirizados às mesmas verbas trabalhistas legais e normativas asseguradas àqueles contratados pelo tomador dos serviços, desde que presente a igualdade de funções. Aplicação analógica do art. 12, "a", da Lei n. 6.019, de 3.1.1974.

OJ 418 SDI-1 TST — EQUIPARAÇÃO SALARIAL. PLANO DE CARGOS E SALÁRIOS. APROVAÇÃO POR INSTRUMENTO COLETIVO. AUSÊNCIA DE ALTERNÂNCIA DE CRITÉRIOS DE PROMOÇÃO POR ANTIGUIDADE E MERECIMENTO. *(DEJT divulgado em 12, 13 e 16.4.2012)*

Não constitui óbice à equiparação salarial a existência de plano de cargos e salários que, referendado por norma coletiva, prevê critério de promoção apenas por merecimento ou antiguidade, não atendendo, portanto, o requisito de alternância dos critérios, previsto no art. 461, § 2º, da CLT.

Art. 6º	Não se distingue entre o trabalho realizado no estabelecimento do empregador, o executado no domicílio do empregado e o realizado a distância, desde que estejam caracterizados os pressupostos da relação de emprego. *(Redação dada pela Lei n. 12.551, de 2011)*
Parágrafo único	Os meios telemáticos e informatizados de comando, controle e supervisão se equiparam, para fins de subordinação jurídica, aos meios pessoais e diretos de comando, controle e supervisão do trabalho alheio. *(Redação dada pela Lei n. 12.551, de 2011)*

CONSTITUIÇÃO FEDERAL DE 1988
DOU 5.10.1988

Vide art. 1º, *caput* e incisos II, III e IV; art. 3º, *caput* e incisos I, II e IV; art. 7º, *caput* e inciso XXVII

Art. 1º A República Federativa do Brasil, formada pela união indissolúvel dos Estados e Municípios e do Distrito Federal, constitui-se em Estado Democrático de Direito e tem como fundamentos:

(...)

II — a cidadania

III — a dignidade da pessoa humana;

IV — os valores sociais do trabalho e da livre-iniciativa;

Art. 3º Constituem objetivos fundamentais da República Federativa do Brasil:

I — construir uma sociedade livre, justa e solidária;

II — garantir o desenvolvimento nacional;

(...)

IV — promover o bem de todos, sem preconceitos de origem, raça, sexo, cor, idade e quaisquer outras formas de discriminação.

Art. 7º São direitos dos trabalhadores urbanos e rurais, além de outros que visem à melhoria de sua condição social:

(...)

XXVII — proteção em face da automação, na forma da lei;

CONSOLIDAÇÃO DAS LEIS DO TRABALHO
Decreto-Lei n. 5.452, de 1º de maio de 1943
DOU 9.8.1943

Vide art. 62, *caput* e inciso I; e art. 83

Art. 62. Não são abrangidos pelo regime previsto neste capítulo: *(Redação dada pela Lei n. 8.966, de 27.12.1994)*

I — os empregados que exercem atividade externa incompatível com a fixação de horário de trabalho, devendo tal condição ser anotada na Carteira de Trabalho e Previdência Social e no registro de empregados; *(Incluído pela Lei n. 8.966, de 27.12.1994)*

Art. 83. É devido o salário mínimo ao trabalhador em domicílio, considerado este como o executado na habitação do empregado ou em oficina de família, por conta de empregador que o remunere.

SÚMULA DO TST

Vide Súmula 428/TST

Súmula 428 TST — SOBREAVISO APLICAÇÃO ANALÓGICA DO ART. 244, § 2º DA CLT (redação alterada na sessão do Tribunal Pleno realizada em 14.9.2012) — Res. 185/2012, DEJT divulgado em 25, 26 e 27.9.2012

I — O uso de instrumentos telemáticos ou informatizados fornecidos pela empresa ao empregado, por si só, não caracteriza o regime de sobreaviso.

II — Considera-se em sobreaviso o empregado que, à distância e submetido a controle patronal por instrumentos telemáticos ou informatizados, permanecer em regime de plantão ou equivalente, aguardando a qualquer momento o chamado para o serviço durante o período de descanso.

Art. 7º	Os preceitos constantes da presente Consolidação salvo quando for em cada caso, expressamente determinado em contrário, não se aplicam: *(Redação dada pelo Decreto-Lei n. 8.079, 11.10.1945)*
a)	aos empregados domésticos, assim considerados, de um modo geral, os que prestam serviços de natureza não econômica à pessoa ou à família, no âmbito residencial destas;

TÍTULO I — INTRODUÇÃO

Art. 7º

CONSTITUIÇÃO FEDERAL DE 1988
DOU 5.10.1988

Vide art. 7º, caput e parágrafo único

Art. 7º São direitos dos trabalhadores urbanos e rurais, além de outros que visem à melhoria de sua condição social:
(...)
Parágrafo único. São assegurados à categoria dos trabalhadores domésticos os direitos previstos nos incisos IV, VI, VII, VIII, X, XIII, XV, XVI, XVII, XVIII, XIX, XXI, XXII, XXIV, XXVI, XXX, XXXI e XXXIII e, atendidas as condições estabelecidas em lei e observada a simplificação do cumprimento das obrigações tributárias, principais e acessórias, decorrentes da relação de trabalho e suas peculiaridades, os previstos nos incisos I, II, III, IX, XII, XXV e XXVIII, bem como a sua integração à previdência social. *(Redação dada pela Emenda Constitucional n. 72, de 2013)*

LEI COMPLEMENTAR N. 150, DE 1º DE JUNHO DE 2015
Dispõe sobre o contrato de trabalho doméstico; altera as Leis n. 8.212, de 24 de julho de 1991, n. 8.213, de 24 de julho de 1991, e n. 11.196, de 21 de novembro de 2005; revoga o inciso I do art. 3º da Lei n. 8.009, de 29 de março de 1990, o art. 36 da Lei n. 8.213, de 24 de julho de 1991, a Lei n. 5.859, de 11 de dezembro de 1972, e o inciso VII do art. 12 da Lei n. 9.250, de 26 de dezembro 1995; e dá outras providências.
DOU 2.6.2015

Vide art. 1º e art. 19, caput

Art. 1º Ao empregado doméstico, assim considerado aquele que presta serviços de forma contínua, subordinada, onerosa e pessoal e de finalidade não lucrativa à pessoa ou à família, no âmbito residencial destas, por mais de 2 (dois) dias por semana, aplica-se o disposto nesta Lei.

Art. 19. Observadas as peculiaridades do trabalho doméstico, a ele também se aplicam as Leis n. 605, de 5 de janeiro de 1949, n. 4.090, de 13 de julho de 1962, n. 4.749, de 12 de agosto de 1965, e n. 7.418, de 16 de dezembro de 1985, e, subsidiariamente, a Consolidação das Leis do Trabalho (CLT), aprovada pelo Decreto-Lei n. 5.452, de 1º de maio de 1943.

LEI N. 5.859, DE 11 DE DEZEMBRO DE 1972
(Revogada pela Lei Complementar n. 150, de 2015)
Dispõe sobre a profissão de empregado doméstico e dá outras providências
DOU 12.12.1972

DECRETO N. 71.885, DE 9 DE MARÇO DE 1973
Dispõe sobre a profissão de empregado doméstico e dá outras providências
DOU 12.12.1972

DECRETO N. 3.361, DE 10 DE FEVEREIRO DE 2000
Regulamenta dispositivos da Lei n. 5.859, de 11 de dezembro de 1972, que dispõe sobre a profissão de empregado doméstico, para facultar o acesso do empregado doméstico ao Fundo de Garantia do Tempo de Serviço — FGTS e ao Programa do Seguro-Desemprego
DOU 11.2.2000

b) aos trabalhadores rurais, assim considerados aqueles que, exercendo funções diretamente ligadas à agricultura e à pecuária, não sejam empregados em atividades que, pelos métodos de execução dos respectivos trabalhos ou pela finalidade de suas operações, se classifiquem como industriais ou comerciais;

CONSTITUIÇÃO FEDERAL DE 1988
DOU 5.10.1988

Vide art. 7º, caput e inciso XXIX

Art. 7º São direitos dos trabalhadores urbanos e rurais, além de outros que visem à melhoria de sua condição social:
(...)
XXIX — ação, quanto aos créditos resultantes das relações de trabalho, com prazo prescricional de cinco anos para os trabalhadores urbanos e rurais, até o limite de dois anos após a extinção do contrato de trabalho; *(Redação dada pela Emenda Constitucional n. 28, de 25.5.2000)*

CONVENÇÃO 141 DA OIT
Relativa às organizações de trabalhadores rurais e sua função no desenvolvimento econômico e social
Adotada pela OIT em 23.6.1975
Ratificada pelo Brasil em 27.9.1994
Promulgada pelo Decreto n. 1.703, de 17 de novembro de 1995
DOU 20.11.1995

Vide art. 1º

Art. 1º A presente Convenção aplica-se a todos os tipos de organizações de trabalhadores rurais, inclusive as que não se restringem a esses trabalhadores, mas que os representem.

LEI N. 5.889, DE 8 DE JUNHO DE 1973
Estatui normas reguladoras do trabalho rural
DOU 11.6.1973

Vide art. 2º e art. 17

Art. 2º Empregado rural é toda pessoa física que, em propriedade rural ou prédio rústico, presta serviços de natureza não eventual a empregador rural, sob a dependência deste e mediante salário.

Art. 17. As normas da presente Lei são aplicáveis, no que couber, aos trabalhadores rurais não compreendidos na definição do art. 2º, que prestem serviços a empregador rural.

DECRETO N. 73.626, DE 12 DE FEVEREIRO DE 1974
Aprova regulamento da Lei n. 5.889, de 8 de junho de 1973
DOU 13.2.1974

Vide art. 3º

Art. 7º

Art. 3º Empregado rural é toda pessoa física que, em propriedade rural ou prédio rústico, presta serviços de natureza não eventual a empregador rural, sob a dependência deste e mediante salário.

SÚMULA DO STF

Vide Súmula 196/STF

Súmula 196 STF — Ainda que exerça atividade rural, o empregado de empresa industrial ou comercial é classificado de acordo com a categoria do empregador.

ORIENTAÇÕES JURISPRUDENCIAIS DA SDI-1 DO TST

Vide OJs 38 e 417 SDI-1/TST

OJ 38 SDI-1/TST — EMPREGADO QUE EXERCE ATIVIDADE RURAL. EMPRESA DE REFLORESTAMENTO. PRESCRIÇÃO PRÓPRIA DO RURÍCOLA. (LEI N. 5.889, DE 8.6.1973, ART. 10, E DECRETO N. 73.626, DE 12.2.1974, ART. 2º, § 4º) (inserido dispositivo) — DEJT divulgado em 16, 17 e 18.11.2010

O empregado que trabalha em empresa de reflorestamento, cuja atividade está diretamente ligada ao manuseio da terra e de matéria-prima, é rurícola e não industriário, nos termos do Decreto n. 73.626, de 12.2.1974, art. 2º, § 4º, pouco importando que o fruto de seu trabalho seja destinado à indústria. Assim, aplica-se a prescrição própria dos rurícolas aos direitos desses empregados.

OJ 417 SDI-1/TST — PRESCRIÇÃO. RURÍCOLA. EMENDA CONSTITUCIONAL N. 28, DE 26.5.2000. CONTRATO DE TRABALHO EM CURSO. *(DEJT divulgado em 14, 15 e 16.2.2012)*

Não há prescrição total ou parcial da pretensão do trabalhador rural que reclama direitos relativos a contrato de trabalho que se encontrava em curso à época da promulgação da Emenda Constitucional n. 28, de 26.5.2000, desde que ajuizada a demanda no prazo de cinco anos de sua publicação, observada a prescrição bienal.

c) aos funcionários públicos da União, dos Estados e dos Municípios e aos respectivos extranumerários em serviço nas próprias repartições; *(Redação dada pelo Decreto-Lei n. 8.079, 11.10.1945)*

CONSTITUIÇÃO FEDERAL DE 1988
DOU 5.10.1988

Vide art. 37, *caput*, incisos I, II, IV, VIII e IX e § 2º; art. 39, *caput* e § 3º; art. 114, *caput* e inciso I; e art. 173, *caput* e inciso II

Art. 37. A administração pública direta e indireta de qualquer dos Poderes da União, dos Estados, do Distrito Federal e dos Municípios obedecerá aos princípios de legalidade, impessoalidade, moralidade, publicidade e eficiência e, também, ao seguinte: *(Redação dada pela Emenda Constitucional n. 19, de 1998)*

I — os cargos, empregos e funções públicas são acessíveis aos brasileiros que preencham os requisitos estabelecidos em lei, assim como aos estrangeiros, na forma da lei; *(Redação dada pela Emenda Constitucional n. 19, de 1998)*

II — a investidura em cargo ou emprego público depende de aprovação prévia em concurso público de provas ou de provas e títulos, de acordo com a natureza e a complexidade do cargo ou emprego, na forma prevista em lei, ressalvadas as nomeações para cargo em comissão declarado em lei de livre nomeação e exoneração; *(Redação dada pela Emenda Constitucional n. 19, de 1998)*

(...)

IV — durante o prazo improrrogável previsto no edital de convocação, aquele aprovado em concurso público de provas ou de provas e títulos será convocado com prioridade sobre novos concursados para assumir cargo ou emprego, na carreira;

(...)

VIII — a lei reservará percentual dos cargos e empregos públicos para as pessoas portadoras de deficiência e definirá os critérios de sua admissão;

IX — a lei estabelecerá os casos de contratação por tempo determinado para atender a necessidade temporária de excepcional interesse público;

(...)

§ 2º A não observância do disposto nos incisos II e III implicará a nulidade do ato e a punição da autoridade responsável, nos termos da lei.

Art. 39. A União, os Estados, o Distrito Federal e os Municípios instituirão conselho de política de administração e remuneração de pessoal, integrado por servidores designados pelos respectivos Poderes. *(Redação dada pela Emenda Constitucional n. 19, de 1998)* (Vide ADIN n. 2.135-4)

(...)

§ 3º Aplica-se aos servidores ocupantes de cargo público o disposto no art. 7º, IV, VII, VIII, IX, XII, XIII, XV, XVI, XVII, XVIII, XIX, XX, XXII e XXX, podendo a lei estabelecer requisitos diferenciados de admissão quando a natureza do cargo o exigir. *(Incluído pela Emenda Constitucional n. 19, de 1998)*

Art. 114. Compete à Justiça do Trabalho processar e julgar: *(Redação dada pela Emenda Constitucional n. 45, de 2004)*

I — as ações oriundas da relação de trabalho, abrangidos os entes de direito público externo e da administração pública direta e indireta da União, dos Estados, do Distrito Federal e dos Municípios; *(Incluído pela Emenda Constitucional n. 45, de 2004)*

Art. 173. Ressalvados os casos previstos nesta Constituição, a exploração direta de atividade econômica pelo Estado só será permitida quando necessária aos imperativos da segurança nacional ou a relevante interesse coletivo, conforme definidos em lei.

(...)

II — a sujeição ao regime jurídico próprio das empresas privadas, inclusive quanto aos direitos e obrigações civis, comerciais, trabalhistas e tributários; *(Incluído pela Emenda Constitucional n. 19, de 1998)*

TÍTULO I — INTRODUÇÃO

CONVENÇÃO 151 DA OIT

Convenção sobre as Relações de Trabalho na Administração Pública

Adotada pela OIT em 27.6.1978
Ratificada pelo Brasil em 15.6.2010
Promulgada pelo Decreto n. 7.944, de 6.3.2013
DOU 7.3.2013

LEI N. 8.112, DE 11 DE DEZEMBRO DE 1990

Dispõe sobre o regime jurídico dos servidores públicos civis da União, das autarquias e das fundações públicas federais

DOU 19.4.1991

SÚMULAS VINCULANTES DO STF

Vide Súmulas Vinculantes 15, 16 e 37/STF

Súmula Vinculante 15 — O cálculo de gratificações e outras vantagens do servidor público não incide sobre o abono utilizado para se atingir o salário mínimo.

Súmula Vinculante 16 — Os artigos 7º, IV, e 39, § 3º (redação da EC n. 19/98), da Constituição, referem-se ao total da remuneração percebida pelo servidor público.

Súmula Vinculante 37 — Não cabe ao Poder Judiciário, que não tem função legislativa, aumentar vencimentos de servidores públicos sob o fundamento de isonomia.

ORIENTAÇÃO JURISPRUDENCIAL DA SDC DO TST

Vide OJ 5 SDC/TST

OJ 5 SDC TST — DISSÍDIO COLETIVO. PESSOA JURÍDICA DE DIREITO PÚBLICO. POSSIBILIDADE JURÍDICA. CLÁUSULA DE NATUREZA SOCIAL (redação alterada na sessão do Tribunal Pleno realizada em 14.9.2012) — Res. 186/2012, DEJT divulgado em 25, 26 e 27.9.2012

Em face de pessoa jurídica de direito público que mantenha empregados, cabe dissídio coletivo exclusivamente para apreciação de cláusulas de natureza social. Inteligência da Convenção n. 151 da Organização Internacional do Trabalho, ratificada pelo Decreto Legislativo n. 206/2010

d) aos servidores de autarquias paraestatais, desde que sujeitos a regime próprio de proteção ao trabalho que lhes assegure situação análoga à dos funcionários públicos. *(Redação dada pelo Decreto-Lei n. 8.079, 11.10.1945)*

CONSTITUIÇÃO FEDERAL DE 1988

DOU 5.10.1988

Vide art. 37, *caput* e incisos I e II; art. 39; art. 114, *caput* e inciso I; e art. 173, *caput* e inciso II

Art. 37. A administração pública direta e indireta de qualquer dos Poderes da União, dos Estados, do Distrito Federal e dos Municípios obedecerá aos princípios de legalidade, impessoalidade, moralidade, publicidade e eficiência e, também, ao seguinte: *(Redação dada pela Emenda Constitucional n. 19, de 1998)*

I — os cargos, empregos e funções públicas são acessíveis aos brasileiros que preencham os requisitos estabelecidos em lei, assim como aos estrangeiros, na forma da lei; *(Redação dada pela Emenda Constitucional n. 19, de 1998)*

II — a investidura em cargo ou emprego público depende de aprovação prévia em concurso público de provas ou de provas e títulos, de acordo com a natureza e a complexidade do cargo ou emprego, na forma prevista em lei, ressalvadas as nomeações para cargo em comissão declarado em lei de livre nomeação e exoneração; *(Redação dada pela Emenda Constitucional n. 19, de 1998)*

Art. 39. A União, os Estados, o Distrito Federal e os Municípios instituirão, no âmbito de sua competência, regime jurídico único e planos de carreira para os servidores da administração pública direta, das autarquias e das fundações públicas. *(Vide ADIN n. 2.135-4)*

Art. 114. Compete à Justiça do Trabalho processar e julgar: *(Redação dada pela Emenda Constitucional n. 45, de 2004)*

I — as ações oriundas da relação de trabalho, abrangidos os entes de direito público externo e da administração pública direta e indireta da União, dos Estados, do Distrito Federal e dos Municípios; *(Incluído pela Emenda Constitucional n. 45, de 2004)*

Art. 173. Ressalvados os casos previstos nesta Constituição, a exploração direta de atividade econômica pelo Estado só será permitida quando necessária aos imperativos da segurança nacional ou a relevante interesse coletivo, conforme definidos em lei.

(...)

II — a sujeição ao regime jurídico próprio das empresas privadas, inclusive quanto aos direitos e obrigações civis, comerciais, trabalhistas e tributários; *(Incluído pela Emenda Constitucional n. 19, de 1998)*

CONVENÇÃO 151 DA OIT

Convenção sobre as Relações de Trabalho na Administração Pública

Adotada pela OIT em 27.6.1978
Ratificada pelo Brasil em 15.6.2010
Promulgada pelo Decreto n. 7.944, de 6.3.2013
DOU 7.3.2013

LEI N. 8.112, DE 11 DE DEZEMBRO DE 1990

Dispõe sobre o regime jurídico dos servidores públicos civis da União, das autarquias e das fundações públicas federais

DOU 19.4.1991

SÚMULA VINCULANTE DO STF

Vide Súmula Vinculante 37/STF

Súmula Vinculante 37 — Não cabe ao Poder Judiciário, que não tem função legislativa, aumentar vencimentos de servidores públicos sob o fundamento de isonomia.

Art. 8º

SÚMULA DO STF

Vide Súmula 679/STF

Súmula 679 STF — A fixação de vencimentos dos servidores públicos não pode ser objeto de convenção coletiva.

SÚMULAS DO TST

Vide Súmulas 58, 243 e 319/TST

Súmula 58 TST — PESSOAL DE OBRAS (mantida) — Res. 121/2003, DJ 19, 20 e 21.11.2003
Ao empregado admitido como pessoal de obras, em caráter permanente e não amparado pelo regime estatutário, aplica-se a legislação trabalhista.

Súmula 243 TST — OPÇÃO PELO REGIME TRABALHISTA. SUPRESSÃO DAS VANTAGENS ESTATUTÁRIAS (mantida) — Res. 121/2003, DJ 19, 20 e 21.11.2003
Exceto na hipótese de previsão contratual ou legal expressa, a opção do funcionário público pelo regime trabalhista implica a renúncia dos direitos inerentes ao regime estatutário.

Súmula 319 TST — REAJUSTES SALARIAIS ("GATILHOS"). APLICAÇÃO AOS SERVIDORES PÚBLICOS CONTRATADOS SOB A ÉGIDE DA LEGISLAÇÃO TRABALHISTA (mantida) — Res. 121/2003, DJ 19, 20 e 21.11.2003
Aplicam-se aos servidores públicos, contratados sob o regime da CLT, os reajustes decorrentes da correção automática dos salários pelo mecanismo denominado "gatilho", de que tratam os Decretos-leis ns. 2.284, de 10.03.1986 e 2.302, de 21.11.1986.

ORIENTAÇÕES JURISPRUDENCIAIS DA SDI-1 DO TST

Vide OJs 297 e 308 SDI-1/TST

OJ 297 SDI-1 TST — EQUIPARAÇÃO SALARIAL. SERVIDOR PÚBLICO DA ADMINISTRAÇÃO DIRETA, AUTÁRQUICA E FUNDACIONAL. ART. 37, XIII, DA CF/1988 *(DJ 11.8.2003)*

O art. 37, inciso XIII, da CF/1988, veda a equiparação de qualquer natureza para o efeito de remuneração do pessoal do serviço público, sendo juridicamente impossível a aplicação da norma infraconstitucional prevista no art. 461 da CLT quando se pleiteia equiparação salarial entre servidores públicos, independentemente de terem sido contratados pela CLT.

OJ 308 SDI-1 TST — JORNADA DE TRABALHO. ALTERAÇÃO. RETORNO À JORNADA INICIALMENTE CONTRATADA. SERVIDOR PÚBLICO (DJ 11.8.2003)
O retorno do servidor público (administração direta, autárquica e fundacional) à jornada inicialmente contratada não se insere nas vedações do art. 468 da CLT, sendo a sua jornada definida em lei e no contrato de trabalho firmado entre as partes.

ORIENTAÇÃO JURISPRUDENCIAL DA SDC DO TST

Vide OJ 5 SDC/TST

OJ 5 SDC TST — DISSÍDIO COLETIVO. PESSOA JURÍDICA DE DIREITO PÚBLICO. POSSIBILIDADE JURÍDICA. CLÁUSULA DE NATUREZA SOCIAL (redação alterada na sessão do Tribunal Pleno realizada em 14.9.2012) — Res. 186/2012, DEJT divulgado em 25, 26 e 27.9.2012
Em face de pessoa jurídica de direito público que mantenha empregados, cabe dissídio coletivo exclusivamente para apreciação de cláusulas de natureza social. Inteligência da Convenção n. 151 da Organização Internacional do Trabalho, ratificada pelo Decreto Legislativo n. 206/2010.

SÚMULAS DO STJ

Vide Súmulas 97 e 378 STJ

Súmula 97 STJ — Compete a justiça do trabalho processar e julgar reclamação de servidor público relativamente a vantagens trabalhistas anteriores a instituição do regime jurídico único.

Súmula 378 STJ — Reconhecido o desvio de função, o servidor faz jus às diferenças salariais decorrentes.

Parágrafo único — Revogado pelo Decreto-Lei n. 8.249, de 1945

Art. 8º As autoridades administrativas e a Justiça do Trabalho, na falta de disposições legais ou contratuais, decidirão, conforme o caso, pela jurisprudência, por analogia, por equidade e outros princípios e normas gerais de direito, principalmente do direito do trabalho, e, ainda, de acordo com os usos e costumes, o direito comparado, mas sempre de maneira que nenhum interesse de classe ou particular prevaleça sobre o interesse público.

Parágrafo único — O direito comum será fonte subsidiária do direito do trabalho, naquilo em que não for incompatível com os princípios fundamentais deste.

CONSTITUIÇÃO FEDERAL DE 1988
DOU 5.10.1988

Vide art. 1º, *caput* e incisos II, III e IV; art. 5º, *caput*, inciso XXXVI e §§ 2º e 3º; art. 7º, *caput*

Art. 1º A República Federativa do Brasil, formada pela união indissolúvel dos Estados e Municípios e do Distrito Federal, constitui-se em Estado Democrático de Direito e tem como fundamentos:

(...)

II — a cidadania

III — a dignidade da pessoa humana;

IV — os valores sociais do trabalho e da livre-iniciativa;

TÍTULO I — INTRODUÇÃO

Art. 5º Todos são iguais perante a lei, sem distinção de qualquer natureza, garantindo-se aos brasileiros e aos estrangeiros residentes no País a inviolabilidade do direito à vida, à liberdade, à igualdade, à segurança e à propriedade, nos termos seguintes:

(...)

XXXVI — a lei não prejudicará o direito adquirido, o ato jurídico perfeito e a coisa julgada;

(...)

§ 2º Os direitos e garantias expressos nesta Constituição não excluem outros decorrentes do regime e dos princípios por ela adotados, ou dos tratados internacionais em que a República Federativa do Brasil seja parte.

§ 3º Os tratados e convenções internacionais sobre direitos humanos que forem aprovados, em cada Casa do Congresso Nacional, em dois turnos, por três quintos dos votos dos respectivos membros, serão equivalentes às emendas constitucionais. *(Incluído pela Emenda Constitucional n. 45, de 2004)*

Art. 7º São direitos dos trabalhadores urbanos e rurais, além de outros que visem à melhoria de sua condição social:

CONVENÇÃO 144 DA OIT

Convenção sobre Consultas Tripartites para Promover a Aplicação das Normas Internacionais do Trabalho
Adotada pela OIT em 21.6.1976
Ratificada pelo Brasil em 27.9.1994
Promulgada pelo Decreto n. 2.518, de 12 de março de 1998
DOU 13.4.1998

CONSOLIDAÇÃO DAS LEIS DO TRABALHO
Decreto-Lei n. 5.452, de 1º de maio de 1943
DOU 9.8.1943

Vide art. 769; e art. 889

Art. 769. Nos casos omissos, o direito processual comum será fonte subsidiária do direito processual do trabalho, exceto naquilo em que for incompatível com as normas deste Título.

Art. 889. Aos trâmites e incidentes do processo da execução são aplicáveis, naquilo em que não contravierem ao presente Título, os preceitos que regem o processo dos executivos fiscais para a cobrança judicial da dívida ativa da Fazenda Pública Federal.

LEI COMPLEMENTAR N. 150, DE 1º DE JUNHO DE 2015

Dispõe sobre o contrato de trabalho doméstico; altera as Leis n. 8.212, de 24 de julho de 1991, n. 8.213, de 24 de julho de 1991, e n. 11.196, de 21 de novembro de 2005; revoga o inciso I do art. 3º da Lei n. 8.009, de 29 de março de 1990, o art. 36 da Lei n. 8.213, de 24 de julho de 1991, a Lei n. 5.859, de 11 de dezembro de 1972, e o inciso VII do art. 12 da Lei n. 9.250, de 26 de dezembro 1995; e dá outras providências.
DOU 2.6.2015

Vide art. 19, *caput*

Art. 19. Observadas as peculiaridades do trabalho doméstico, a ele também se aplicam as Leis n. 605, de 5 de janeiro de 1949, n. 4.090, de 13 de julho de 1962, n. 4.749, de 12 de agosto de 1965, e n. 7.418, de 16 de dezembro de 1985, e, subsidiariamente, a Consolidação das Leis do Trabalho (CLT), aprovada pelo Decreto-Lei n. 5.452, de 1º de maio de 1943.

LEI DE INTRODUÇÃO ÀS NORMAS DO DIREITO BRASILEIRO
Redação dada pela Lei n. 12.376, de 2010
Decreto-Lei n. 4.657, de 4 de setembro de 1942
DOU 9.9.1942, retificado em 8.10.1942 e retificado em 17.6.1943

Vide art. 4º; art. 5º; e art. 6º

Art. 4º Quando a lei for omissa, o juiz decidirá o caso de acordo com a analogia, os costumes e os princípios gerais de direito.

Art. 5º Na aplicação da lei, o juiz atenderá aos fins sociais a que ela se dirige e às exigências do bem comum.

Art. 6º A Lei em vigor terá efeito imediato e geral, respeitados o ato jurídico perfeito, o direito adquirido e a coisa julgada. *(Redação dada pela Lei n. 3.238, de 1957)*

CÓDIGO DE PROCESSO CIVIL DE 1973
Lei n. 5.869, de 11 de janeiro de 1973
DOU 17.1.1973 e republicado em 27.7.2006

Vide art. 126; e art. 127

Art. 126. O juiz não se exime de sentenciar ou despachar alegando lacuna ou obscuridade da lei. No julgamento da lide caber-lhe-á aplicar as normas legais; não as havendo, recorrerá à analogia, aos costumes e aos princípios gerais de direito. *(Redação dada pela Lei n. 5.925, de 1º.10.1973)*

Art. 127. O juiz só decidirá por equidade nos casos previstos em lei.

CÓDIGO DE PROCESSO CIVIL DE 2015
Lei n. 13.105, de 16 de março de 2015
DOU 17.3.2015

Vide art. 8º; art. 15; e art. 140, *caput* e parágrafo único

Art. 8º Ao aplicar o ordenamento jurídico, o juiz atenderá aos fins sociais e às exigências do bem comum, resguardando e promovendo a dignidade da pessoa humana e observando a proporcionalidade, a razoabilidade, a legalidade, a publicidade e a eficiência.

Art. 15. Na ausência de normas que regulem processos eleitorais, trabalhistas ou administrativos, as disposições deste Código lhes serão aplicadas supletiva e subsidiariamente.

Art. 140. O juiz não se exime de decidir sob a alegação de lacuna ou obscuridade do ordenamento jurídico.

Parágrafo único. O juiz só decidirá por equidade nos casos previstos em lei.

SÚMULA DO STF

Vide Súmula 612/STF

Súmula 612 STF — Ao trabalhador rural não se aplicam, por analogia, os benefícios previstos na Lei n. 6.367, de 19.10.1976.

Art. 9º

TÍTULO I — INTRODUÇÃO

SÚMULAS DO TST

Vide Súmulas 212, 229, 258, 301, 346, 428 e 438/TST

Súmula 212 TST — DESPEDIMENTO. ÔNUS DA PROVA (mantida) — Res. 121/2003, DJ 19, 20 e 21.11.2003

O ônus de provar o término do contrato de trabalho, quando negados a prestação de serviço e o despedimento, é do empregador, pois o princípio da continuidade da relação de emprego constitui presunção favorável ao empregado.

Súmula 229 TST — SOBREAVISO. ELETRICITÁRIOS (nova redação) — Res. 121/2003, DJ 19, 20 e 21.11.2003

Por aplicação analógica do art. 244, § 2º, da CLT, as horas de sobreaviso dos eletricitários são remuneradas à base de 1/3 sobre a totalidade das parcelas de natureza salarial.

Súmula 258 TST — SALÁRIO-UTILIDADE. PERCENTUAIS (nova redação) — Res. 121/2003, DJ 19, 20 e 21.11.2003

Os percentuais fixados em lei relativos ao salário "in natura" apenas se referem às hipóteses em que o empregado percebe salário mínimo, apurando-se, nas demais, o real valor da utilidade.

Súmula 301 TST — AUXILIAR DE LABORATÓRIO. AUSÊNCIA DE DIPLOMA. EFEITOS (mantida) — Res. 121/2003, DJ 19, 20 e 21.11.2003

O fato de o empregado não possuir diploma de profissionalização de auxiliar de laboratório não afasta a observância das normas da Lei n. 3.999, de 15.12.1961, uma vez comprovada a prestação de serviços na atividade.

Súmula 346 TST — DIGITADOR. INTERVALOS INTRAJORNADA. APLICAÇÃO ANALÓGICA DO ART. 72 DA CLT (mantida) — Res. 121/2003, DJ 19, 20 e 21.11.2003

Os digitadores, por aplicação analógica do art. 72 da CLT, equiparam-se aos trabalhadores nos serviços de mecanografia (datilografia, escrituração ou cálculo), razão pela qual têm direito a intervalos de descanso de 10 (dez) minutos a cada 90 (noventa) de trabalho consecutivo.

Súmula 428 TST — SOBREAVISO APLICAÇÃO ANALÓGICA DO ART. 244, § 2º DA CLT (redação alterada na sessão do Tribunal Pleno realizada em 14.9.2012) — Res. 185/2012, DEJT divulgado em 25, 26 e 27.9.2012

I — O uso de instrumentos telemáticos ou informatizados fornecidos pela empresa ao empregado, por si só, não caracteriza o regime de sobreaviso.

II — Considera-se em sobreaviso o empregado que, à distância e submetido a controle patronal por instrumentos telemáticos ou informatizados, permanecer em regime de plantão ou equivalente, aguardando a qualquer momento o chamado para o serviço durante o período de descanso.

Súmula 438 TST — INTERVALO PARA RECUPERAÇÃO TÉRMICA DO EMPREGADO. AMBIENTE ARTIFICIALMENTE FRIO. HORAS EXTRAS. ART. 253 DA CLT. APLICAÇÃO ANALÓGICA — Res. 185/2012, DEJT divulgado em 25, 26 e 27.9.2012

O empregado submetido a trabalho contínuo em ambiente artificialmente frio, nos termos do parágrafo único do art. 253 da CLT, ainda que não labore em câmara frigorífica, tem direito ao intervalo intrajornada previsto no *caput* do art. 253 da CLT.

ORIENTAÇÃO JURISPRUDENCIAL DA SDI-2 DO TST

Vide OJ 130 SDI-2/TST

OJ 130 SDI-2 TST — AÇÃO CIVIL PÚBLICA. COMPETÊNCIA. LOCAL DO DANO. LEI N. 7.347/1985, ART. 2º. CÓDIGO DE DEFESA DO CONSUMIDOR, ART. 93 (redação alterada na sessão do Tribunal Pleno realizada em 14.9.2012) — Res. 186/2012, DEJT divulgado em 25, 26 e 27.9.2012

I — A competência para a Ação Civil Pública fixa-se pela extensão do dano.

II — Em caso de dano de abrangência regional, que atinja cidades sujeitas à jurisdição de mais de uma Vara do Trabalho, a competência será de qualquer das varas das localidades atingidas, ainda que vinculadas a Tribunais Regionais do Trabalho distintos.

III — Em caso de dano de abrangência suprarregional ou nacional, há competência concorrente para a Ação Civil Pública das varas do trabalho das sedes dos Tribunais Regionais do Trabalho.

IV — Estará prevento o juízo a que a primeira ação houver sido distribuída.

PRECEDENTE NORMATIVO DA SDC DO TST

Vide PN 79 SDC/TST

PN 79 SDC TST — TRABALHADOR TEMPORÁRIO. DESCANSO SEMANAL (positivo)

Concede-se ao trabalhador temporário o acréscimo de 1/6 ao seu salário diário, correspondente ao descanso semanal remunerado, por aplicação analógica do art. 3º da Lei n. 605/1949.

Art. 9º

Serão nulos de pleno direito os atos praticados com o objetivo de desvirtuar, impedir ou fraudar a aplicação dos preceitos contidos na presente Consolidação.

CONSOLIDAÇÃO DAS LEIS DO TRABALHO
Decreto-Lei n. 5.452, de 1º de maio de 1943
DOU 9.8.1943

Vide art. 444

Art. 444. As relações contratuais de trabalho podem ser objeto de livre estipulação das partes interessadas em tudo quanto não contravenha às disposições de proteção ao trabalho, aos contratos coletivos que lhes sejam aplicáveis e às decisões das autoridades competentes.

CÓDIGO PENAL
Decreto-Lei n. 2.848, de 7 de dezembro de 1940
DOU 31.12.1940 e retificado em 3.1.1941

Vide Título IV — Dos crimes contra a organização do trabalho

ATENTADO CONTRA A LIBERDADE DE TRABALHO

Art. 197. Constranger alguém, mediante violência ou grave ameaça:

TÍTULO I — INTRODUÇÃO

Art. 9º

I — a exercer ou não exercer arte, ofício, profissão ou indústria, ou a trabalhar ou não trabalhar durante certo período ou em determinados dias:
Pena — detenção, de um mês a um ano, e multa, além da pena correspondente à violência;
II — a abrir ou fechar o seu estabelecimento de trabalho, ou a participar de parede ou paralisação de atividade econômica:
Pena — detenção, de três meses a um ano, e multa, além da pena correspondente à violência.

ATENTADO CONTRA A LIBERDADE DE CONTRATO DE TRABALHO E BOICOTAGEM VIOLENTA

Art. 198. Constranger alguém, mediante violência ou grave ameaça, a celebrar contrato de trabalho, ou a não fornecer a outrem ou não adquirir de outrem matéria-prima ou produto industrial ou agrícola:
Pena — detenção, de um mês a um ano, e multa, além da pena correspondente à violência.

ATENTADO CONTRA A LIBERDADE DE ASSOCIAÇÃO

Art. 199. Constranger alguém, mediante violência ou grave ameaça, a participar ou deixar de participar de determinado sindicato ou associação profissional:
Pena — detenção, de um mês a um ano, e multa, além da pena correspondente à violência.

PARALISAÇÃO DE TRABALHO, SEGUIDA DE VIOLÊNCIA OU PERTURBAÇÃO DA ORDEM

Art. 200. Participar de suspensão ou abandono coletivo de trabalho, praticando violência contra pessoa ou contra coisa:
Pena — detenção, de um mês a um ano, e multa, além da pena correspondente à violência.
Parágrafo único — Para que se considere coletivo o abandono de trabalho é indispensável o concurso de, pelo menos, três empregados.

PARALISAÇÃO DE TRABALHO DE INTERESSE COLETIVO

Art. 201. Participar de suspensão ou abandono coletivo de trabalho, provocando a interrupção de obra pública ou serviço de interesse coletivo:
Pena — detenção, de seis meses a dois anos, e multa.

INVASÃO DE ESTABELECIMENTO INDUSTRIAL, COMERCIAL OU AGRÍCOLA. SABOTAGEM

Art. 202. Invadir ou ocupar estabelecimento industrial, comercial ou agrícola, com o intuito de impedir ou embaraçar o curso normal do trabalho, ou com o mesmo fim danificar o estabelecimento ou as coisas nele existentes ou delas dispor:
Pena — reclusão, de um a três anos, e multa.

FRUSTRAÇÃO DE DIREITO ASSEGURADO POR LEI TRABALHISTA

Art. 203. Frustrar, mediante fraude ou violência, direito assegurado pela legislação do trabalho:
Pena — detenção de um ano a dois anos, e multa, além da pena correspondente à violência. *(Redação dada pela Lei n. 9.777, de 29.12.1998)*

§ 1º Na mesma pena incorre quem: *(Incluído pela Lei n. 9.777, de 1998)*
I — obriga ou coage alguém a usar mercadorias de determinado estabelecimento, para impossibilitar o desligamento do serviço em virtude de dívida; *(Incluído pela Lei n. 9.777, de 1998)*
II — impede alguém de se desligar de serviços de qualquer natureza, mediante coação ou por meio da retenção de seus documentos pessoais ou contratuais. *(Incluído pela Lei n. 9.777, de 1998)*
§ 2º A pena é aumentada de um sexto a um terço se a vítima é menor de dezoito anos, idosa, gestante, indígena ou portadora de deficiência física ou mental. *(Incluído pela Lei n. 9.777, de 1998)*

FRUSTRAÇÃO DE LEI SOBRE A NACIONALIZAÇÃO DO TRABALHO

Art. 204. Frustrar, mediante fraude ou violência, obrigação legal relativa à nacionalização do trabalho:
Pena — detenção, de um mês a um ano, e multa, além da pena correspondente à violência.

EXERCÍCIO DE ATIVIDADE COM INFRAÇÃO DE DECISÃO ADMINISTRATIVA

Art. 205. Exercer atividade, de que está impedido por decisão administrativa:
Pena — detenção, de três meses a dois anos, ou multa.

ALICIAMENTO PARA O FIM DE EMIGRAÇÃO

Art. 206. Recrutar trabalhadores, mediante fraude, com o fim de levá-los para território estrangeiro. *(Redação dada pela Lei n. 8.683, de 1993)*
Pena — detenção, de 1 (um) a 3 (três) anos e multa. *(Redação dada pela Lei n. 8.683, de 1993)*

ALICIAMENTO DE TRABALHADORES DE UM LOCAL PARA OUTRO DO TERRITÓRIO NACIONAL

Art. 207. Aliciar trabalhadores, com o fim de levá-los de uma para outra localidade do território nacional:
Pena — detenção de um a três anos, e multa. *(Redação dada pela Lei n. 9.777, de 29.12.1998)*
§ 1º Incorre na mesma pena quem recrutar trabalhadores fora da localidade de execução do trabalho, dentro do território nacional, mediante fraude ou cobrança de qualquer quantia do trabalhador, ou, ainda, não assegurar condições do seu retorno ao local de origem. *(Incluído pela Lei n. 9.777, de 1998)*
§ 2º A pena é aumentada de um sexto a um terço se a vítima é menor de dezoito anos, idosa, gestante, indígena ou portadora de deficiência física ou mental. *(Incluído pela Lei n. 9.777, de 1998)*

SÚMULAS DO TST

Vide Súmulas 77, 91, 152, 199, 230, 301, 331, 363, 430 e 462/TST

Súmula 77 TST — PUNIÇÃO (mantida) — Res. 121/2003, DJ 19, 20 e 21.11.2003
Nula é a punição de empregado se não precedida de inquérito ou sindicância internos a que se obrigou a empresa por norma regulamentar.

Art. 9º

Súmula 91 TST — SALÁRIO COMPLESSIVO (mantida) — Res. 121/2003, DJ 19, 20 e 21.11.2003

Nula é a cláusula contratual que fixa determinada importância ou percentagem para atender englobadamente vários direitos legais ou contratuais do trabalhador.

Súmula 152 TST — GRATIFICAÇÃO. AJUSTE TÁCITO (mantida) — Res. 121/2003, DJ 19, 20 e 21.11.2003

O fato de constar do recibo de pagamento de gratificação o caráter de liberalidade não basta, por si só, para excluir a existência de ajuste tácito (ex-Prejulgado n. 25).

Súmula 199 TST — BANCÁRIO. PRÉ-CONTRATAÇÃO DE HORAS EXTRAS (incorporadas as Orientações Jurisprudenciais ns. 48 e 63 da SBDI-1) — Res. 129/2005, DJ 20, 22 e 25.4.2005

I — A contratação do serviço suplementar, quando da admissão do trabalhador bancário, é nula. Os valores assim ajustados apenas remuneram a jornada normal, sendo devidas as horas extras com o adicional de, no mínimo, 50% (cinquenta por cento), as quais não configuram pré-contratação, se pactuadas após a admissão do bancário. *(ex-Súmula n. 199 — alterada pela Res. 41/1995, DJ 21.2.1995 — e ex- -OJ n. 48 da SBDI-1 — inserida em 25.11.1996)*

II — Em se tratando de horas extras pré-contratadas, opera-se a prescrição total se a ação não for ajuizada no prazo de cinco anos, a partir da data em que foram suprimidas. *(ex-OJ n. 63 da SBDI-1 — inserida em 14.3.1994)*

Súmula 230 TST — AVISO PRÉVIO. SUBSTITUIÇÃO PELO PAGAMENTO DAS HORAS REDUZIDAS DA JORNADA DE TRABALHO (mantida) — Res. 121/2003, DJ 19, 20 e 21.11.2003

É ilegal substituir o período que se reduz da jornada de trabalho, no aviso prévio, pelo pagamento das horas correspondentes.

Súmula 301 TST — AUXILIAR DE LABORATÓRIO. AUSÊNCIA DE DIPLOMA. EFEITOS (mantida) — Res. 121/2003, DJ 19, 20 e 21.11.2003

O fato de o empregado não possuir diploma de profissionalização de auxiliar de laboratório não afasta a observância das normas da Lei n. 3.999, de 15.12.1961, uma vez comprovada a prestação de serviços na atividade.

Súmula 331 TST — CONTRATO DE PRESTAÇÃO DE SERVIÇOS. LEGALIDADE (nova redação do item IV e inseridos os itens V e VI à redação) — Res. 174/2011, DEJT divulgado em 27, 30 e 31.5.2011

I — A contratação de trabalhadores por empresa interposta é ilegal, formando-se o vínculo diretamente com o tomador dos serviços, salvo no caso de trabalho temporário (Lei n. 6.019, de 3.1.1974).

II — A contratação irregular de trabalhador, mediante empresa interposta, não gera vínculo de emprego com os órgãos da Administração Pública direta, indireta ou fundacional (art. 37, II, da CF/1988).

III — Não forma vínculo de emprego com o tomador a contratação de serviços de vigilância (Lei n. 7.102, de 20.6.1983) e de conservação e limpeza, bem como a de serviços especializados ligados à atividade-meio do tomador, desde que inexistente a pessoalidade e a subordinação direta.

IV — O inadimplemento das obrigações trabalhistas, por parte do empregador, implica a responsabilidade subsidiária do tomador dos serviços quanto àquelas obrigações, desde que haja participado da relação processual e conste também do título executivo judicial.

V — Os entes integrantes da Administração Pública direta e indireta respondem subsidiariamente, nas mesmas condições do item IV, caso evidenciada a sua conduta culposa no cumprimento das obrigações da Lei n. 8.666, de 21.6.1993, especialmente na fiscalização do cumprimento das obrigações contratuais e legais da prestadora de serviço como empregadora. A aludida responsabilidade não decorre de mero inadimplemento das obrigações trabalhistas assumidas pela empresa regularmente contratada.

VI — A responsabilidade subsidiária do tomador de serviços abrange todas as verbas decorrentes da condenação referentes ao período da prestação laboral.

Súmula 363 TST — CONTRATO NULO. EFEITOS (nova redação) — Res. 121/2003, DJ 19, 20 e 21.11.2003

A contratação de servidor público, após a CF/1988, sem prévia aprovação em concurso público, encontra óbice no respectivo art. 37, II e § 2º, somente lhe conferindo direito ao pagamento da contraprestação pactuada, em relação ao número de horas trabalhadas, respeitado o valor da hora do salário mínimo, e dos valores referentes aos depósitos do FGTS.

Súmula 430 TST — ADMINISTRAÇÃO PÚBLICA INDIRETA. CONTRATAÇÃO. AUSÊNCIA DE CONCURSO PÚBLICO. NULIDADE. ULTERIOR PRIVATIZAÇÃO. CONVALIDAÇÃO. INSUBSISTÊNCIA DO VÍCIO — Res. 177/2012, DEJT divulgado em 13, 14 e 15.2.2012

Convalidam-se os efeitos do contrato de trabalho que, considerado nulo por ausência de concurso público, quando celebrado originalmente com ente da Administração Pública Indireta, continua a existir após a sua privatização.

Súmula 462 TST — MULTA DO ART. 477, § 8º, DA CLT. INCIDÊNCIA. RECONHECIMENTO JUDICIAL DA RELAÇÃO DE EMPREGO.

A circunstância de a relação de emprego ter sido reconhecida apenas em juízo não tem o condão de afastar a incidência da multa prevista no art. 477, § 8º, da CLT. A referida multa não será devida apenas quando, comprovadamente, o empregado der causa à mora no pagamento das verbas rescisórias.

ORIENTAÇÕES JURISPRUDENCIAIS DA SDI-1 DO TST

Vide OJs 199, 362 e 366 SDI-1/TST

OJ 199 SDI-1 TST — JOGO DO BICHO. CONTRATO DE TRABALHO. NULIDADE. OBJETO ILÍCITO (título alterado e inserido dispositivo) — DEJT divulgado em 16, 17 e 18.11.2010

É nulo o contrato de trabalho celebrado para o desempenho de atividade inerente à prática do jogo do bicho, ante a ilicitude de seu objeto, o que subtrai o requisito de validade para a formação do ato jurídico.

OJ 362 SDI-1 TST — CONTRATO NULO. EFEITOS. FGTS. MEDIDA PROVISÓRIA N. 2.164-41, DE 24.08.2001, E ART. 19-A DA LEI N. 8.036, DE 11.05.1990. IRRETROATIVIDADE *(DJ 20, 21 e 23.5.2008)*

Não afronta o princípio da irretroatividade da lei a aplicação do art. 19-A da Lei n. 8.036, de 11.05.1990, aos contratos declarados nulos celebrados antes da vigência da Medida Provisória n. 2.164-41, de 24.8.2001.

OJ 366 SDI-1 TST — ESTAGIÁRIO. DESVIRTUAMENTO DO CONTRATO DE ESTÁGIO. RECONHECIMENTO DO VÍNCULO EMPREGATÍCIO COM A ADMINISTRAÇÃO PÚBLICA DIRETA OU INDIRETA. PERÍODO POSTERIOR À CONSTITUIÇÃO FEDERAL DE 1988. IMPOSSIBILIDADE *(DJ 20, 21 e 23.5.2008)*

Ainda que desvirtuada a finalidade do contrato de estágio celebrado na vigência da Constituição Federal de 1988, é inviável o reconhecimento do vínculo empregatício com ente da Administração Pública direta ou indireta, por força do art. 37, II, da CF/1988, bem como o deferimento de indenização pecuniária, exceto em relação às parcelas previstas na Súmula n. 363 do TST, se requeridas.

TÍTULO I — INTRODUÇÃO

Art. 10

ORIENTAÇÃO JURISPRUDENCIAL DA SDC DO TST

Vide OJ 30 SDC/TST

OJ 30 SDC TST — ESTABILIDADE DA GESTANTE. RENÚNCIA OU TRANSAÇÃO DE DIREITOS CONSTITUCIONAIS. IMPOSSIBILIDADE. (republicada em decorrência de erro material) — DEJT divulgado em 19, 20 e 21.9.2011

Nos termos do art. 10, II, "b", do ADCT, a proteção à maternidade foi erigida à hierarquia constitucional, pois retirou do âmbito do direito potestativo do empregador a possibilidade de despedir arbitrariamente a empregada em estado gravídico. Portanto, a teor do artigo 9º, da CLT, torna-se nula de pleno direito a cláusula que estabelece a possibilidade de renúncia ou transação, pela gestante, das garantias referentes à manutenção do emprego e salário.

Art. 10 Qualquer alteração na estrutura jurídica da empresa não afetará os direitos adquiridos por seus empregados.

CONSOLIDAÇÃO DAS LEIS DO TRABALHO
Decreto-Lei n. 5.452, de 1º de maio de 1943
DOU 9.8.1943

Vide art. 448

Art. 448. A mudança na propriedade ou na estrutura jurídica da empresa não afetará os contratos de trabalho dos respectivos empregados.

LEI N. 11.101, DE 9 DE FEVEREIRO DE 2005
Regula a recuperação judicial, a extrajudicial e a falência do empresário e da sociedade empresária
DOU 9.2.2005 — Edição extra

Vide art. 60, *caput* e parágrafo único; art. 83, *caput*, incisos I e IV, e alínea c; e art. 141, *caput*, inciso II e § 2º

Art. 60. Se o plano de recuperação judicial aprovado envolver alienação judicial de filiais ou de unidades produtivas isoladas do devedor, o juiz ordenará a sua realização, observado o disposto no art. 142 desta Lei.

Parágrafo único. O objeto da alienação estará livre de qualquer ônus e não haverá sucessão do arrematante nas obrigações do devedor, inclusive as de natureza tributária, observado o disposto no § 1º do art. 141 desta Lei.

Art. 83. A classificação dos créditos na falência obedece à seguinte ordem:
I — os créditos derivados da legislação do trabalho, limitados a 150 (cento e cinquenta) salários-mínimos por credor, e os decorrentes de acidentes de trabalho;
(...)
IV — créditos com privilégio especial, a saber:
(...)
c) aqueles a cujos titulares a lei confira o direito de retenção sobre a coisa dada em garantia;

Art. 141. Na alienação conjunta ou separada de ativos, inclusive da empresa ou de suas filiais, promovida sob qualquer das modalidades de que trata este artigo:
(...)
II — o objeto da alienação estará livre de qualquer ônus e não haverá sucessão do arrematante nas obrigações do devedor, inclusive as de natureza tributária, as derivadas da legislação do trabalho e as decorrentes de acidentes de trabalho.
(...)
§ 2º Empregados do devedor contratados pelo arrematante serão admitidos mediante novos contratos de trabalho e o arrematante não responde por obrigações decorrentes do contrato anterior.

SÚMULA DO STF

Vide Súmula 227/STF

Súmula 227 STF — A concordata do empregador não impede a execução de crédito nem a reclamação de empregado na Justiça do Trabalho.

SUMULA DO TST

Vide Súmula 304/TST

Súmula 304 TST — CORREÇÃO MONETÁRIA. EMPRESAS EM LIQUIDAÇÃO. ART. 46 DO ADCT/CF (mantida) — Res. 121/2003, DJ 19, 20 e 21.11.2003 e republicada DJ 25.11.2003

Os débitos trabalhistas das entidades submetidas aos regimes de intervenção ou liquidação extrajudicial estão sujeitos a correção monetária desde o respectivo vencimento até seu efetivo pagamento, sem interrupção ou suspensão, não incidindo, entretanto, sobre tais débitos, juros de mora.

ORIENTAÇÕES JURISPRUDENCIAIS DA SDI-1 DO TST

Vide OJs 92, 143, 225, 261, 343, 408 e 411 SDI-1/TST

OJ 92 SDI-1 TST — DESMEMBRAMENTO DE MUNICÍPIOS. RESPONSABILIDADE TRABALHISTA *(inserida em 30.5.1997)*

Em caso de criação de novo município, por desmembramento, cada uma das novas entidades responsabiliza-se pelos direitos trabalhistas do empregado no período em que figurarem como real empregador.

OJ 143 SDI-1 TST — EMPRESA EM LIQUIDAÇÃO EXTRAJUDICIAL. EXECUÇÃO. CRÉDITOS TRABALHISTAS. LEI N. 6.024/74 *(inserida em 27.11.1998)*

A execução trabalhista deve prosseguir diretamente na Justiça do Trabalho mesmo após a decretação da liquidação extrajudicial. Lei n. 6.830/80, arts. 5º e 29, aplicados supletivamente (CLT art. 889 e CF/1988, art. 114).

OJ 225 SDI-1 TST — CONTRATO DE CONCESSÃO DE SERVIÇO PÚBLICO. RESPONSABILIDADE TRABALHISTA (nova redação) — DJ 20.4.2005

Celebrado contrato de concessão de serviço público em que uma empresa (primeira concessionária) outorga a outra (segunda concessionária), no todo ou em parte, mediante arrendamento, ou qualquer outra forma contratual, a título transitório, bens de sua propriedade:

I — em caso de rescisão do contrato de trabalho após a entrada em vigor da concessão, a segunda concessionária,

Art. 11

na condição de sucessora, responde pelos direitos decorrentes do contrato de trabalho, sem prejuízo da responsabilidade subsidiária da primeira concessionária pelos débitos trabalhistas contraídos até a concessão;

II — no tocante ao contrato de trabalho extinto antes da vigência da concessão, a responsabilidade pelos direitos dos trabalhadores será exclusivamente da antecessora.

OJ 261 SDI-1 TST — BANCOS. SUCESSÃO TRABALHISTA *(inserida em 27.9.2002)*

As obrigações trabalhistas, inclusive as contraídas à época em que os empregados trabalhavam para o banco sucedido, são de responsabilidade do sucessor, uma vez que a este foram transferidos os ativos, as agências, os direitos e deveres contratuais, caracterizando típica sucessão trabalhista.

OJ 343 SDI-1 TST — PENHORA. SUCESSÃO. ART. 100 DA CF/1988. EXECUÇÃO *(DJ 22.6.2004)*

É válida a penhora em bens de pessoa jurídica de direito privado, realizada anteriormente à sucessão pela União ou por Estado-membro, não podendo a execução prosseguir mediante precatório. A decisão que a mantém não viola o art. 100 da CF/1988.

OJ 408 SDI-1 TST — JUROS DE MORA. EMPRESA EM LIQUIDAÇÃO EXTRAJUDICIAL. SUCESSÃO TRABALHISTA. *(DEJT divulgado em 22, 25 e 26.10.2010)*

É devida a incidência de juros de mora em relação aos débitos trabalhistas de empresa em liquidação extrajudicial sucedida nos moldes dos arts. 10 e 448 da CLT. O sucessor responde pela obrigação do sucedido, não se beneficiando de qualquer privilégio a este destinado.

OJ 411 SDI-1 TST — SUCESSÃO TRABALHISTA. AQUISIÇÃO DE EMPRESA PERTENCENTE A GRUPO ECONÔMICO. RESPONSABILIDADE SOLIDÁRIA DO SUCESSOR POR DÉBITOS TRABALHISTAS DE EMPRESA NÃO ADQUIRIDA. INEXISTÊNCIA. *(DEJT divulgado em 22, 25 e 26.10.2010)*

O sucessor não responde solidariamente por débitos trabalhistas de empresa não adquirida, integrante do mesmo grupo econômico da empresa sucedida, quando, à época, a empresa devedora direta era solvente ou idônea economicamente, ressalvada a hipótese de má-fé ou fraude na sucessão.

ORIENTAÇÃO JURISPRUDENCIAL DA SDI-2 DO TST

Vide OJ 53 SDI-2/TST

OJ 53 SDI-2 TST — MANDADO DE SEGURANÇA. COOPERATIVA EM LIQUIDAÇÃO EXTRAJUDICIAL. LEI N. 5.764/71, ART. 76. INAPLICÁVEL. NÃO SUSPENDE A EXECUÇÃO (inserida em 20.09.2000)

A liquidação extrajudicial de sociedade cooperativa não suspende a execução dos créditos trabalhistas existentes contra ela.

ORIENTAÇÕES JURISPRUDENCIAIS TRANSITÓRIAS DA SDI-1 DO TST

Vide OJTs 48 e 59 SDI-1/TST

OJT 48 SDI-1 TST — PETROMISA. SUCESSÃO. PETROBRAS. LEGITIMIDADE (conversão da Orientação Jurisprudencial n. 202 da SBDI-1) — DJ 20.4.2005

Em virtude da decisão tomada em assembleia, a Petrobras é a real sucessora da Petromisa, considerando que recebeu todos os bens móveis e imóveis da extinta Petromisa. *(ex-OJ n. 202 da SDI-1 — inserida em 8.11.00)*

OJT 59 SDI-1 TST — INTERBRAS. SUCESSÃO. RESPONSABILIDADE *(DJ 25.4.2007)*

A Petrobras não pode ser responsabilizada solidária ou subsidiariamente pelas obrigações trabalhistas da extinta Interbras, da qual a União é a real sucessora, nos termos do art. 20 da Lei n. 8.029, de 12.4.1990. *(atual art. 23, em face da renumeração dada pela Lei n. 8.154, de 28.12.1990)*

Art. 11	O direito de ação quanto a créditos resultantes das relações de trabalho prescreve: *(Redação dada pela Lei n. 9.658, de 5.6.1998)*
I -	em cinco anos para o trabalhador urbano, até o limite de dois anos após a extinção do contrato; *(Incluído pela Lei n. 9.658, de 5.6.1998) (Vide Emenda Constitucional n. 28 de 25.5.2000)*
II -	em dois anos, após a extinção do contrato de trabalho, para o trabalhador rural. *(Incluído pela Lei n. 9.658, de 5.6.1998) (Vide Emenda Constitucional n. 28 de 25.5.2000)*
§ 1º	O disposto neste artigo não se aplica às ações que tenham por objeto anotações para fins de prova junto à Previdência Social. *(Incluído pela Lei n. 9.658, de 5.6.1998)*
§ 2º	(Vetado)
§ 3º	(Vetado)

CONSTITUIÇÃO FEDERAL DE 1988
DOU 5.10.1988

Vide art. 7º, caput e inciso XXIX

Art. 7º São direitos dos trabalhadores urbanos e rurais, além de outros que visem à melhoria de sua condição social:

(...)

TÍTULO I — INTRODUÇÃO

XXIX — ação, quanto aos créditos resultantes das relações de trabalho, com prazo prescricional de cinco anos para os trabalhadores urbanos e rurais, até o limite de dois anos após a extinção do contrato de trabalho; *(Redação dada pela Emenda Constitucional n. 28, de 25.5.2000)*

DECRETO-LEI N. 5.452, DE 1º DE MAIO DE 1943
DOU 9.8.1943

Vide art. 149; art. 440; e art. 625-G

Art. 149. A prescrição do direito de reclamar a concessão das férias ou o pagamento da respectiva remuneração é contada do término do prazo mencionado no art. 134 ou, se for o caso, da cessação do contrato de trabalho. *(Redação dada pelo Decreto-Lei n. 1.535, de 13.4.1977)*

Art. 440. Contra os menores de 18 (dezoito) anos não corre nenhum prazo de prescrição.

Art. 625-G. O prazo prescricional será suspenso a partir da provocação da Comissão de Conciliação Prévia, recomeçando a fluir, pelo que lhe resta, a partir da tentativa frustrada de conciliação ou do esgotamento do prazo previsto no art. 625-F. *(Incluído pela Lei n. 9.958, de 12.1.2000)*

LEI N. 5.889, DE 8 DE JUNHO DE 1973
Estatui normas reguladoras do trabalho rural
DOU 11.6.1973

Vide art. 10, *caput* e parágrafo único

Art. 10. A prescrição dos direitos assegurados por esta Lei aos trabalhadores rurais só ocorrerá após dois anos de cessação do contrato de trabalho.
Parágrafo único. Contra o menor de dezoito anos não corre qualquer prescrição.

CÓDIGO DE PROCESSO CIVIL DE 1973
Lei n. 5.869, de 11 de janeiro de 1973
DOU 17.1.1973 e republicado em 27.7.2006

Vide art. 219, *caput* e § 5º

Art. 219. A citação válida torna prevento o juízo, induz litispendência e faz litigiosa a coisa; e, ainda quando ordenada por juiz incompetente, constitui em mora o devedor e interrompe a prescrição.
(...)
§ 5º O juiz pronunciará, de ofício, a prescrição.

CÓDIGO DE PROCESSO CIVIL DE 2015
Lei n. 13.105, de 16 de março de 2015
DOU 17.3.2015

Vide art. 9º, *caput* e parágrafo único; art. 10; art. 332, *caput* e § 1º; art. 487, *caput* e parágrafo único

Art. 9º Não se proferirá decisão contra uma das partes sem que ela seja previamente ouvida.
Parágrafo único. O disposto no caput não se aplica:
I — à tutela provisória de urgência;
II — às hipóteses de tutela da evidência previstas no art. 311, incisos II e III;
III — à decisão prevista no art. 701.

Art. 10. O juiz não pode decidir, em grau algum de jurisdição, com base em fundamento a respeito do qual não se tenha dado às partes oportunidade de se manifestar, ainda que se trate de matéria sobre a qual deva decidir de ofício.

Art. 332. Nas causas que dispensem a fase instrutória, o juiz, independentemente da citação do réu, julgará liminarmente improcedente o pedido que contrariar:
(...)
§ 1º O juiz também poderá julgar liminarmente improcedente o pedido se verificar, desde logo, a ocorrência de decadência ou de prescrição.

Art. 487. Haverá resolução de mérito quando o juiz:
(...)
Parágrafo único. Ressalvada a hipótese do § 1º do art. 332, a prescrição e a decadência não serão reconhecidas sem que antes seja dada às partes oportunidade de manifestar-se.

SÚMULAS DO STF

Vide Súmulas 230, 327, 349 e 403/STF

Súmula 230 STF — A prescrição da ação de acidente do trabalho conta-se do exame pericial que comprovar a enfermidade ou verificar a natureza da incapacidade.

Súmula 327 STF — O direito trabalhista admite a prescrição intercorrente.

Súmula 349 STF — A prescrição atinge somente as prestações de mais de dois anos, reclamadas com fundamento em decisão normativa da Justiça do Trabalho, ou em convenção coletiva de trabalho, quando não estiver em causa a própria validade de tais atos.

Súmula 403 STF — É de decadência o prazo de trinta dias para instauração do inquérito judicial, a contar da suspensão, por falta grave, de empregado estável.

SÚMULAS DO TST

Vide Súmulas 6, IX, 62, 114, 153, 156, 199, 206, 268, 275, 294, 308, 326, 327, 350, 362, 373, 382, 409 e 452/TST

Súmula 6 TST — EQUIPARAÇÃO SALARIAL. ART. 461 DA CLT (redação do item VI alterada) — Res. 198/2015, republicada em razão de erro material — DEJT divulgado em 12, 15 e 16.6.2015
(...)
IX — Na ação de equiparação salarial, a prescrição é parcial e só alcança as diferenças salariais vencidas no período de 5 (cinco) anos que precedeu o ajuizamento. *(ex-Súmula n. 274 — alterada pela Res. 121/2003, DJ 21.11.2003)*

Súmula 62 TST — ABANDONO DE EMPREGO (mantida) — Res. 121/2003, DJ 19, 20 e 21.11.2003
O prazo de decadência do direito do empregador de ajuizar inquérito em face do empregado que incorre em abandono de emprego é contado a partir do momento em que o empregado pretendeu seu retorno ao serviço.

Súmula 114 TST — PRESCRIÇÃO INTERCORRENTE (mantida) — Res. 121/2003, DJ 19, 20 e 21.11.2003
É inaplicável na Justiça do Trabalho a prescrição intercorrente.

Súmula 153 TST — PRESCRIÇÃO (mantida) — Res. 121/2003, DJ 19, 20 e 21.11.2003
Não se conhece de prescrição não arguida na instância ordinária (ex-Prejulgado n. 27).

Súmula 156 TST — PRESCRIÇÃO. PRAZO (mantida) — Res. 121/2003, DJ 19, 20 e 21.11.2003
Da extinção do último contrato começa a fluir o prazo prescricional do direito de ação em que se objetiva a soma de períodos descontínuos de trabalho (ex-Prejulgado n. 31).

Súmula 199 TST — BANCÁRIO. PRÉ-CONTRATAÇÃO DE HORAS EXTRAS (incorporadas as Orientações Jurisprudenciais ns. 48 e 63 da SBDI-1) — Res. 129/2005, DJ 20, 22 e 25.4.2005
I — A contratação do serviço suplementar, quando da admissão do trabalhador bancário, é nula. Os valores assim ajustados apenas remuneram a jornada normal, sendo devidas as horas extras com o adicional de, no mínimo, 50% (cinquenta por cento), as quais não configuram pré-contratação, se pactuadas após a admissão do bancário. *(ex-Súmula n. 199 — alterada pela Res. 41/1995, DJ 21.2.1995 — e ex-OJ n. 48 da SBDI-1 — inserida em 25.11.1996)*
II — Em se tratando de horas extras pré-contratadas, opera-se a prescrição total se a ação não for ajuizada no prazo de cinco anos, a partir da data em que foram suprimidas. (ex-OJ n. 63 da SBDI-1 — inserida em 14.03.1994)

Súmula 206 TST — FGTS. INCIDÊNCIA SOBRE PARCELAS PRESCRITAS (nova redação) — Res. 121/2003, DJ 19, 20 e 21.11.2003
A prescrição da pretensão relativa às parcelas remuneratórias alcança o respectivo recolhimento da contribuição para o FGTS.

Súmula 268 TST — PRESCRIÇÃO. INTERRUPÇÃO. AÇÃO TRABALHISTA ARQUIVADA (nova redação) — Res. 121/2003, DJ 19, 20 e 21.11.2003
A ação trabalhista, ainda que arquivada, interrompe a prescrição somente em relação aos pedidos idênticos.

Súmula 275 TST — PRESCRIÇÃO. DESVIO DE FUNÇÃO E REENQUADRAMENTO (incorporada a Orientação Jurisprudencial n. 144 da SBDI-1) — Res. 129/2005, DJ 20, 22 e 25.4.2005
I — Na ação que objetive corrigir desvio funcional, a prescrição só alcança as diferenças salariais vencidas no período de 5 (cinco) anos que precedeu o ajuizamento. *(ex-Súmula n. 275 — alterada pela Res. 121/2003, DJ 21.11.2003)*
II — Em se tratando de pedido de reenquadramento, a prescrição é total, contada da data do enquadramento do empregado. *(ex-OJ n. 144 da SBDI-1 — inserida em 27.11.1998)*

Súmula 294 TST — PRESCRIÇÃO. ALTERAÇÃO CONTRATUAL. TRABALHADOR URBANO (mantida) — Res. 121/2003, DJ 19, 20 e 21.11.2003
Tratando-se de ação que envolva pedido de prestações sucessivas decorrente de alteração do pactuado, a prescrição é total, exceto quando o direito à parcela esteja também assegurado por preceito de lei.

Súmula 308 TST — PRESCRIÇÃO QUINQUENAL (incorporada a Orientação Jurisprudencial n. 204 da SBDI-1) — Res. 129/2005, DJ 20, 22 e 25.4.2005

I — Respeitado o biênio subsequente à cessação contratual, a prescrição da ação trabalhista concerne às pretensões imediatamente anteriores a cinco anos, contados da data do ajuizamento da reclamação e, não, às anteriores ao quinquênio da data da extinção do contrato. *(ex-OJ n. 204 da SBDI-1 — inserida em 8.11.2000)*
II — A norma constitucional que ampliou o prazo de prescrição da ação trabalhista para 5 (cinco) anos é de aplicação imediata e não atinge pretensões já alcançadas pela prescrição bienal quando da promulgação da CF/1988. *(ex-Súmula n. 308 — Res. 6/1992, DJ 5.11.1992)*

Súmula 326 TST — COMPLEMENTAÇÃO DE APOSENTADORIA. PRESCRIÇÃO TOTAL (nova redação) — Res. 174/2011, DEJT divulgado em 27, 30 e 31.5.2011
A pretensão à complementação de aposentadoria jamais recebida prescreve em 2 (dois) anos contados da cessação do contrato de trabalho.

Súmula 327 TST — COMPLEMENTAÇÃO DE APOSENTADORIA. DIFERENÇAS. PRESCRIÇÃO PARCIAL (nova redação) — Res. 174/2011, DEJT divulgado em 27, 30 e 31.5.2011
A pretensão a diferenças de complementação de aposentadoria sujeita-se à prescrição parcial e quinquenal, salvo se o pretenso direito decorrer de verbas não recebidas no curso da relação de emprego e já alcançadas pela prescrição, à época da propositura da ação.

Súmula 350 TST — PRESCRIÇÃO. TERMO INICIAL. AÇÃO DE CUMPRIMENTO. SENTENÇA NORMATIVA (mantida) — Res. 121/2003, DJ 19, 20 e 21.11.2003
O prazo de prescrição com relação à ação de cumprimento de decisão normativa flui apenas da data de seu trânsito em julgado.

Súmula 362 TST — FGTS. PRESCRIÇÃO (nova redação) — Res. 198/2015, republicada em razão de erro material — DEJT divulgado em 12, 15 e 16.6.2015
I — Para os casos em que a ciência da lesão ocorreu a partir de 13.11.2014, é quinquenal a prescrição do direito de reclamar contra o não recolhimento de contribuição para o FGTS, observado o prazo de dois anos após o término do contrato;
II — Para os casos em que o prazo prescricional já estava em curso em 13.11.2014, aplica-se o prazo prescricional que se consumar primeiro: trinta anos, contados do termo inicial, ou cinco anos, a partir de 13.11.2014 (STF-ARE-709212/DF).

Súmula 373 TST — GRATIFICAÇÃO SEMESTRAL. CONGELAMENTO. PRESCRIÇÃO PARCIAL (conversão da Orientação Jurisprudencial n. 46 da SBDI-1) — Res. 129/2005, DJ 20, 22 e 25.4.2005
Tratando-se de pedido de diferença de gratificação semestral que teve seu valor congelado, a prescrição aplicável é a parcial. *(ex-OJ n. 46 da SBDI-1 — inserida em 29.3.1996)*

Súmula 382 TST — MUDANÇA DE REGIME CELETISTA PARA ESTATUTÁRIO. EXTINÇÃO DO CONTRATO. PRESCRIÇÃO BIENAL (conversão da Orientação Jurisprudencial n. 128 da SBDI-1) — Res. 129/2005, DJ 20, 22 e 25.4.2005
A transferência do regime jurídico de celetista para estatutário implica extinção do contrato de trabalho, fluindo o prazo da prescrição bienal a partir da mudança de regime. *(ex-OJ n. 128 da SBDI-1 — inserida em 20.4.1998)*

TÍTULO I — INTRODUÇÃO

Súmula 409 TST — AÇÃO RESCISÓRIA. PRAZO PRESCRICIONAL. TOTAL OU PARCIAL. VIOLAÇÃO DO ART. 7º, XXIX, DA CF/1988. MATÉRIA INFRACONSTITUCIONAL (conversão da Orientação Jurisprudencial n. 119 da SBDI-2) — Res. 137/2005, DJ 22, 23 e 24.8.2005

Não procede ação rescisória calcada em violação do art. 7º, XXIX, da CF/1988 quando a questão envolve discussão sobre a espécie de prazo prescricional aplicável aos créditos trabalhistas, se total ou parcial, porque a matéria tem índole infraconstitucional, construída, na Justiça do Trabalho, no plano jurisprudencial. (ex-OJ n. 119 da SBDI-2 — DJ 11.08.2003)

Súmula 452 TST — DIFERENÇAS SALARIAIS. PLANO DE CARGOS E SALÁRIOS. DESCUMPRIMENTO. CRITÉRIOS DE PROMOÇÃO NÃO OBSERVADOS. PRESCRIÇÃO PARCIAL. (conversão da Orientação Jurisprudencial n. 404 da SBDI-1) — Res. 194/2014, DEJT divulgado em 21, 22 e 23.5.2014

Tratando-se de pedido de pagamento de diferenças salariais decorrentes da inobservância dos critérios de promoção estabelecidos em Plano de Cargos e Salários criado pela empresa, a prescrição aplicável é a parcial, pois a lesão é sucessiva e se renova mês a mês.

ORIENTAÇÕES JURISPRUDENCIAIS SDI-1 DO TST

Vide OJs 38, 76, 83, 129, 130, 175, 242, 243, 271, 361, 370, 375, 392, 401 e 417 SDI-1/TST

OJ 38 SDI-1 TST — EMPREGADO QUE EXERCE ATIVIDADE RURAL. EMPRESA DE REFLORESTAMENTO. PRESCRIÇÃO PRÓPRIA DO RURÍCOLA. (LEI N. 5.889, DE 8.6.1973, ART. 10, E DECRETO N. 73.626, DE 12.02.19/74, ART. 2º, § 4º) (inserido dispositivo) — DEJT divulgado em 16, 17 e 18.11.2010

O empregado que trabalha em empresa de reflorestamento, cuja atividade está diretamente ligada ao manuseio da terra e de matéria-prima, é rurícola e não industriário, nos termos do Decreto n. 73.626, de 12.2.1974, art. 2º, § 4º, pouco importando que o fruto de seu trabalho seja destinado à indústria. Assim, aplica-se a prescrição própria dos rurícolas aos direitos desses empregados.

OJ 76 SDI-1 TST — SUBSTITUIÇÃO DOS AVANÇOS TRIENAIS POR QUINQUÊNIOS. ALTERAÇÃO DO CONTRATO DE TRABALHO. PRESCRIÇÃO TOTAL. CEEE (inserido dispositivo) — DJ 20.4.2005

A alteração contratual consubstanciada na substituição dos avanços trienais por quinquênios decorre de ato único do empregador, momento em que começa a fluir o prazo fatal de prescrição.

OJ 83 SDI-1 TST — AVISO PRÉVIO. INDENIZADO. PRESCRIÇÃO *(inserida em 28.4.1997)*

A prescrição começa a fluir no final da data do término do aviso prévio. Art. 487, § 1º, da CLT.

OJ 129 SDI-1 TST — PRESCRIÇÃO. COMPLEMENTAÇÃO DA PENSÃO E AUXÍLIO-FUNERAL *(inserida em 20.4.1998)*

A prescrição extintiva para pleitear judicialmente o pagamento da complementação de pensão e do auxílio-funeral é de 2 anos, contados a partir do óbito do empregado.

OJ 130 SDI-1 TST — PRESCRIÇÃO. MINISTÉRIO PÚBLICO. ARGUIÇÃO. "CUSTOS LEGIS". ILEGITIMIDADE. (atualizada em decorrência do CPC de 2015) (Inserida em 20.04.1998. Nova redação — Res. 129/2005, DJ. 20.04.2005 — Alterada pela Res. 209/2016 — DeJT 1º.06.2016)

Ao exarar o parecer na remessa de ofício, na qualidade de "custos legis", o Ministério Público não tem legitimidade para arguir a prescrição em favor de entidade de direito público, em matéria de direito patrimonial.

OJ 175 SDI-1 TST — COMISSÕES. ALTERAÇÃO OU SUPRESSÃO. PRESCRIÇÃO TOTAL (nova redação em decorrência da incorporação da Orientação Jurisprudencial n. 248 da SBDI-1) — DJ 22.11.2005

A supressão das comissões, ou a alteração quanto à forma ou ao percentual, em prejuízo do empregado, é suscetível de operar a prescrição total da ação, nos termos da Súmula n. 294 do TST, em virtude de cuidar-se de parcela não assegurada por preceito de lei.

OJ 242 SDI-1 TST — PRESCRIÇÃO TOTAL. HORAS EXTRAS. ADICIONAL. INCORPORAÇÃO *(inserida em 20.6.2001)*

Embora haja previsão legal para o direito à hora extra, inexiste previsão para a incorporação ao salário do respectivo adicional, razão pela qual deve incidir a prescrição total.

OJ 243 SDI-1 TST — PRESCRIÇÃO TOTAL. PLANOS ECONÔMICOS *(inserida em 20.6.2001)*

Aplicável a prescrição total sobre o direito de reclamar diferenças salariais resultantes de planos econômicos.

OJ 271 SDI-1 TST — RURÍCOLA. PRESCRIÇÃO. CONTRATO DE EMPREGO EXTINTO. EMENDA CONSTITUCIONAL N. 28/2000. INAPLICABILIDADE (alterada) — DJ 22.11.2005

O prazo prescricional da pretensão do rurícola, cujo contrato de emprego já se extinguira ao sobrevir a Emenda Constitucional n. 28, de 26.5.2000, tenha sido ou não ajuizada a ação trabalhista, prossegue regido pela lei vigente ao tempo da extinção do contrato de emprego.

OJ 361 SDI-1 TST — APOSENTADORIA ESPONTÂNEA. UNICIDADE DO CONTRATO DE TRABALHO. MULTA DE 40% DO FGTS SOBRE TODO O PERÍODO *(DJ 20, 21 e 23.5.2008)*

A aposentadoria espontânea não é causa de extinção do contrato de trabalho se o empregado permanece prestando serviços ao empregador após a jubilação. Assim, por ocasião da sua dispensa imotivada, o empregado tem direito à multa de 40% do FGTS sobre a totalidade dos depósitos efetuados no curso do pacto laboral.

OJ 370 SDI-1 TST — FGTS. MULTA DE 40%. DIFERENÇAS DOS EXPURGOS INFLACIONÁRIOS. PRESCRIÇÃO. INTERRUPÇÃO DECORRENTE DE PROTESTOS JUDICIAIS. *(DEJT divulgado em 3, 4 e 5.12.2008)*

O ajuizamento de protesto judicial dentro do biênio posterior à Lei Complementar n. 110, de 29.6.2001, interrompe a prescrição, sendo irrelevante o transcurso de mais de dois anos da propositura de outra medida acautelatória, com o mesmo objetivo, ocorrida antes da vigência da referida lei, pois ainda não iniciado o prazo prescricional, conforme disposto na Orientação Jurisprudencial n. 344 da SBDI-1.

OJ 375 SDI-1 TST — AUXÍLIO-DOENÇA. APOSENTADORIA POR INVALIDEZ. SUSPENSÃO DO CONTRATO DE TRABALHO. PRESCRIÇÃO. CONTAGEM. *(DEJT divulgado em 19, 20 e 22.4.2010)*

A suspensão do contrato de trabalho, em virtude da percepção do auxílio-doença ou da aposentadoria por invalidez, não impede a fluência da prescrição quinquenal, ressalvada a hipótese de absoluta impossibilidade de acesso ao Judiciário.

Art. 12

OJ 392 SDI-1 TST — PRESCRIÇÃO. INTERRUPÇÃO. AJUIZAMENTO DE PROTESTO JUDICIAL. MARCO INICIAL. *(republicada em razão de erro material) — Res. 209/2016, DEJT divulgado em 01,02 e 03.06.2016*

O protesto judicial é medida aplicável no processo do trabalho, por força do art. 769 da CLT e do art. 15 do CPC de 2015. O ajuizamento da ação, por si só, interrompe o prazo prescricional, em razão da inaplicabilidade do § 2º do art. 240 do CPC de 2015 (§ 2º do art. 219 do CPC de 1973), incompatível com o disposto no art. 841 da CLT.

OJ 401 SDI-1 TST — PRESCRIÇÃO. MARCO INICIAL. AÇÃO CONDENATÓRIA. TRÂNSITO EM JULGADO DA AÇÃO DECLARATÓRIA COM MESMA CAUSA DE PEDIR REMOTA AJUIZADA ANTES DA EXTINÇÃO DO CONTRATO DE TRABALHO. *(DEJT divulgado em 2, 3 e 4.8.2010)*

O marco inicial da contagem do prazo prescricional para o ajuizamento de ação condenatória, quando advém a dispensa do empregado no curso de ação declaratória que possua a mesma causa de pedir remota, é o trânsito em julgado da decisão proferida na ação declaratória e não a data da extinção do contrato de trabalho.

OJ 417 SDI-1 TST — PRESCRIÇÃO. RURÍCOLA. EMENDA CONSTITUCIONAL N. 28, DE 26.05.2000. CONTRATO DE TRABALHO EM CURSO. *(DEJT divulgado em 14, 15 e 16.2.2012)*

Não há prescrição total ou parcial da pretensão do trabalhador rural que reclama direitos relativos a contrato de trabalho que se encontrava em curso à época da promulgação da Emenda Constitucional n. 28, de 26.5.2000, desde que ajuizada a demanda no prazo de cinco anos de sua publicação, observada a prescrição bienal.

SÚMULAS DO STJ

Vide Súmulas 249, 278 e 427/STJ

Súmula 249 STJ — Cabe ação declaratória para reconhecimento de tempo de serviço para fins previdenciários.

Súmula 278 STJ — O termo inicial do prazo prescricional, na ação de indenização, é a data em que o segurado teve ciência inequívoca da incapacidade laboral.

Súmula 427 STJ — A ação de cobrança de diferenças de valores de complementação de aposentadoria prescreve em cinco anos contados da data do pagamento.

Art. 12 — Os preceitos concernentes ao regime de seguro social são objeto de lei especial.

CONSTITUIÇÃO FEDERAL DE 1988
DOU 5.10.1988

Vide art. 194, *caput* e incisos I a VII; e art. 195, *caput* e incisos I a IV

Art. 194. A seguridade social compreende um conjunto integrado de ações de iniciativa dos Poderes Públicos e da sociedade, destinadas a assegurar os direitos relativos à saúde, à previdência e à assistência social.

Parágrafo único. Compete ao Poder Público, nos termos da lei, organizar a seguridade social, com base nos seguintes objetivos:

I — universalidade da cobertura e do atendimento;

II — uniformidade e equivalência dos benefícios e serviços às populações urbanas e rurais;

III — seletividade e distributividade na prestação dos benefícios e serviços;

IV — irredutibilidade do valor dos benefícios;

V — equidade na forma de participação no custeio;

VI — diversidade da base de financiamento;

VII — caráter democrático e descentralizado da administração, mediante gestão quadripartite, com participação dos trabalhadores, dos empregadores, dos aposentados e do Governo nos órgãos colegiados. *(Redação dada pela Emenda Constitucional n. 20, de 1998)*

Art. 195. A seguridade social será financiada por toda a sociedade, de forma direta e indireta, nos termos da lei, mediante recursos provenientes dos orçamentos da União, dos Estados, do Distrito Federal e dos Municípios, e das seguintes contribuições sociais:

I — do empregador, da empresa e da entidade a ela equiparada na forma da lei, incidentes sobre: *(Redação dada pela Emenda Constitucional n. 20, de 1998)*

a) a folha de salários e demais rendimentos do trabalho pagos ou creditados, a qualquer título, à pessoa física que lhe preste serviço, mesmo sem vínculo empregatício; *(Incluído pela Emenda Constitucional n. 20, de 1998)*

b) a receita ou o faturamento; *(Incluído pela Emenda Constitucional n. 20, de 1998)*

c) o lucro; *(Incluído pela Emenda Constitucional n. 20, de 1998)*

II — do trabalhador e dos demais segurados da previdência social, não incidindo contribuição sobre aposentadoria e pensão concedidas pelo regime geral de previdência social de que trata o art. 201; *(Redação dada pela Emenda Constitucional n. 20, de 1998)*

III — sobre a receita de concursos de prognósticos.

IV — do importador de bens ou serviços do exterior, ou de quem a lei a ele equiparar. *(Incluído pela Emenda Constitucional n. 42, de 19.12.2003)*

LEI N. 8.212, DE 24 DE JULHO DE 1991
Dispõe sobre a organização da Seguridade Social, institui Plano de Custeio, e dá outras providências

DOU 25.7.1991, republicado em 11.4.1996 e republicado em 14.8.1998

LEI N. 8.213, DE 24 DE JULHO DE 1991
Dispõe sobre os Planos de Benefícios da Previdência Social e dá outras providências

DOU 25.7.1991, republicado 11.4.1996 e republicado em 14.8.1998

DECRETO N. 3.048, DE 6 DE MAIO DE 1999
Aprova o Regulamento da Previdência Social, e dá outras providências.

DOU 7.5.1999, republicado em 12.5.1999; retificado em 18.6.1999 e 21.6.1999

TÍTULO II
DAS NORMAS GERAIS DE TUTELA DO TRABALHO

CAPÍTULO I
DA IDENTIFICAÇÃO PROFISSIONAL

SEÇÃO I
DA CARTEIRA DE TRABALHO E PREVIDÊNCIA SOCIAL
(Redação dada pelo Decreto-Lei n. 926, de 10.10.1969)

Art. 13 A Carteira de Trabalho e Previdência Social é obrigatória para o exercício de qualquer emprego, inclusive de natureza rural, ainda que em caráter temporário, e para o exercício por conta própria de atividade profissional remunerada. *(Redação dada pelo Decreto-Lei n. 926, de 10.10.1969)*

LEI COMPLEMENTAR N. 150, DE 1º DE JUNHO DE 2015
Dispõe sobre o contrato de trabalho doméstico; altera as Leis n. 8.212, de 24 de julho de 1991, n. 8.213, de 24 de julho de 1991, e n. 11.196, de 21 de novembro de 2005; revoga o inciso I do art. 3º da Lei n. 8.009, de 29 de março de 1990, o art. 36 da Lei n. 8.213, de 24 de julho de 1991, a Lei n. 5.859, de 11 de dezembro de 1972, e o inciso VII do art. 12 da Lei n. 9.250, de 26 de dezembro 1995; e dá outras providências
DOU 2.6.2015

Vide art. 9º

Art. 9º A Carteira de Trabalho e Previdência Social será obrigatoriamente apresentada, contra recibo, pelo empregado ao empregador que o admitir, o qual terá o prazo de 48 (quarenta e oito) horas para nela anotar, especificamente, a data de admissão, a remuneração e, quando for o caso, os contratos previstos nos incisos I e II do art. 4º.

CONSOLIDAÇÃO DAS LEIS DO TRABALHO
Decreto-Lei n. 5.452, de 1º de maio de 1943
DOU 9.8.1943

Vide art. 55

Art. 55. Incorrerá na multa de valor igual a 1 (um) salário-mínimo regional a empresa que infringir o art. 13 e seus parágrafos. *(Redação dada pelo Decreto-Lei n. 229, de 28.2.1967)*

DECRETO-LEI N. 926, DE 10 DE OUTUBRO DE 1969
Institui a Carteira de Trabalho e Previdência Social, altera dispositivos da Consolidação das Leis do Trabalho e do Estatuto do Trabalhador Rural, e dá outras providências
DOU 13.10.1969

Vide art. 1º, caput e parágrafo único; e art. 6º

Art. 1º Fica instituída a Carteira de Trabalho e Previdência Social, que substituirá a Carteira Profissional, a Carteira de Trabalho do Menor e a Carteira Profissional do Trabalhador Rural.

Parágrafo único. Entendem-se como concernentes à Carteira de Trabalho e Previdência Social, as referências da Consolidação das Leis do Trabalho (Decreto-Lei n. 5.452, de 1 de maio de 1943) e do Estatuto do Trabalhador Rural (Lei n. 4.214, de 2 de março de 1963) à Carteira Profissional, à Carteira de Trabalho do Menor e à Carteira do Trabalhador Rural.

Art. 6º Fica mantida para os fins da Consolidação das Leis do Trabalho e do Estatuto do Trabalhador Rural, a validade das Carteiras Profissionais Carteiras de Trabalho do Menor e Carteiras Profissionais de Trabalhador Rural de modelo atual, emitidas até 31 de dezembro de 1969.

LEI N. 5.859, DE 11 DE DEZEMBRO DE 1972
(Revogada pela Lei Complementar n. 150, de 1º de junho de 2015)
Dispõe sobre a profissão de empregado doméstico e dá outras providências
DOU 12.12.1972

Vide art. 2º, caput e inciso I

Art. 2º Para admissão ao emprego deverá o empregado doméstico apresentar:

I — Carteira de Trabalho e Previdência Social;

CÓDIGO PENAL
Decreto-Lei n. 2.848, de 7 de dezembro de 1940
DOU 9.8.1943

Vide art. 203; e art. 297

FRUSTRAÇÃO DE DIREITO ASSEGURADO POR LEI TRABALHISTA

Art. 203 — Frustrar, mediante fraude ou violência, direito assegurado pela legislação do trabalho:

Pena — detenção, de um mês a um ano, e multa, de dois contos a dez contos de réis, além da pena correspondente à violência.

Pena — detenção de um ano a dois anos, e multa, além da pena correspondente à violência. *(Redação dada pela Lei n. 9.777, de 1998)*

§ 1º Na mesma pena incorre quem: *(Incluído pela Lei n. 9.777, de 1998)*

I — obriga ou coage alguém a usar mercadorias de determinado estabelecimento, para impossibilitar o desligamento do serviço em virtude de dívida; *(Incluído pela Lei n. 9.777, de 1998)*

II — impede alguém de se desligar de serviços de qualquer natureza, mediante coação ou por meio da retenção de seus documentos pessoais ou contratuais. *(Incluído pela Lei n. 9.777, de 1998)*

§ 2º A pena é aumentada de um sexto a um terço se a vítima é menor de dezoito anos, idosa, gestante, indígena ou portadora de deficiência física ou mental. *(Incluído pela Lei n. 9.777, de 1998)*

FALSIFICAÇÃO DE DOCUMENTO PÚBLICO

Art. 297 — Falsificar, no todo ou em parte, documento público, ou alterar documento público verdadeiro:

Pena — reclusão, de dois a seis anos, e multa.

§ 1º Se o agente é funcionário público, e comete o crime prevalecendo-se do cargo, aumenta-se a pena de sexta parte.

§ 2º Para os efeitos penais, equiparam-se a documento público o emanado de entidade paraestatal, o título ao portador ou transmissível por endosso, as ações de sociedade comercial, os livros mercantis e o testamento particular.

§ 3º Nas mesmas penas incorre quem insere ou faz inserir: *(Incluído pela Lei n. 9.983, de 2000)*

I — na folha de pagamento ou em documento de informações que seja destinado a fazer prova perante a previdência social, pessoa que não possua a qualidade de segurado obrigatório; *(Incluído pela Lei n. 9.983, de 2000)*

II — na Carteira de Trabalho e Previdência Social do empregado ou em documento que deva produzir efeito perante a previdência social, declaração falsa ou diversa da que deveria ter sido escrita; *(Incluído pela Lei n. 9.983, de 2000)*

III — em documento contábil ou em qualquer outro documento relacionado com as obrigações da empresa perante a previdência social, declaração falsa ou diversa da que deveria ter constado. *(Incluído pela Lei n. 9.983, de 2000)*

§ 4º Nas mesmas penas incorre quem omite, nos documentos mencionados no § 3º, nome do segurado e seus dados pessoais, a remuneração, a vigência do contrato de trabalho ou de prestação de serviços. *(Incluído pela Lei n. 9.983, de 2000)*

LEI N. 5.889, DE 8 DE JUNHO DE 1973
Estatui normas reguladoras do trabalho rural
DOU 11.6.1973

Vide art. 6º; e art. 14-A, *caput*, § 3º e incisos I e II

Art. 6º Nos serviços, caracteristicamente intermitentes, não serão computados, como de efeito exercício, os intervalos entre uma e outra parte da execução da tarefa diária, desde que tal hipótese seja expressamente ressalvada na Carteira de Trabalho e Previdência Social.

Art. 14-A. O produtor rural pessoa física poderá realizar contratação de trabalhador rural por pequeno prazo para o exercício de atividades de natureza temporária. *(Incluído pela Lei n. 11.718, de 2008)*

(...)

§ 3º O contrato de trabalho por pequeno prazo deverá ser formalizado mediante a inclusão do trabalhador na GFIP, na forma do disposto no § 2º deste artigo, e: *(Incluído pela Lei n. 11.718, de 2008)*

I — mediante a anotação na Carteira de Trabalho e Previdência Social e em Livro ou Ficha de Registro de Empregados; ou

II — mediante contrato escrito, em 2 (duas) vias, uma para cada parte, onde conste, no mínimo: *(Incluído pela Lei n. 11.718, de 2008)*

a) expressa autorização em acordo coletivo ou convenção coletiva; *(Incluído pela Lei n. 11.718, de 2008)*

b) identificação do produtor rural e do imóvel rural onde o trabalho será realizado e indicação da respectiva matrícula; *(Incluído pela Lei n. 11.718, de 2008)*

c) identificação do trabalhador, com indicação do respectivo Número de Inscrição do Trabalhador — NIT. *(Incluído pela Lei n. 11.718, de 2008)*

LEI N. 6.019, DE 3 DE JANEIRO DE 1974
Dispõe sobre o Trabalho Temporário nas Empresas Urbanas, e dá outras providências
DOU 4.1.1974

Vide art. 12, *caput* e § 1º

Art. 12. Ficam assegurados ao trabalhador temporário os seguintes direitos:

(...)

§ 1º Registrar-se-á na Carteira de Trabalho e Previdência Social do trabalhador sua condição de temporário.

SÚMULA DO STF

Vide Súmula 225/STF

Súmula 225 STF — Não é absoluto o valor probatório das anotações da carteira profissional.

SÚMULAS DO TST

Vide Súmulas 12 e 462/TST

Súmula 12 TST — CARTEIRA PROFISSIONAL (mantida) — Res. 121/2003, DJ 19, 20 e 21.11.2003

As anotações apostas pelo empregador na carteira profissional do empregado não geram presunção "juris et de jure", mas apenas "juris tantum".

Súmula 462 TST — MULTA DO ART. 477, § 8º, DA CLT. INCIDÊNCIA. RECONHECIMENTO JUDICIAL DA RELAÇÃO DE EMPREGO.

A circunstância de a relação de emprego ter sido reconhecida apenas em juízo não tem o condão de afastar a incidência da multa prevista no art. 477, § 8º, da CLT. A referida multa não será devida apenas quando, comprovadamente, o empregado der causa à mora no pagamento das verbas rescisórias.

ORIENTAÇÃO JURISPRUDENCIAL DA SDI-1 DO TST

Vide OJ 82 SDI-1/TST

OJ 82 SDI-1 TST — AVISO PRÉVIO. BAIXA NA CTPS *(inserida em 28.4.1997)*

A data de saída a ser anotada na CTPS deve corresponder à do término do prazo do aviso prévio, ainda que indenizado.

PRECEDENTES NORMATIVOS DA SDC DO TST

Vide PN 5, 98 e 105 SDC/TST

PN 5 SDC TST — ANOTAÇÕES DE COMISSÕES (positivo)

O empregador é obrigado a anotar, na CTPS, o percentual das comissões a que faz jus o empregado.

PN 98 SDC TST — RETENÇÃO DA CTPS. INDENIZAÇÃO (positivo)

Será devida ao empregado a indenização correspondente a 1 (um) dia de salário, por dia de atraso, pela retenção de sua carteira profissional após o prazo de 48 horas.

PN 105 SDC TST — ANOTAÇÃO NA CARTEIRA PROFISSIONAL (positivo)

As empresas ficam obrigadas a anotar na carteira de trabalho a função efetivamente exercida pelo empregado, observada a Classificação Brasileira de Ocupações (CBO).

TÍTULO II — DAS NORMAS GERAIS DE TUTELA DO TRABALHO

Art. 13

§ 1º	O disposto neste artigo aplica-se, igualmente, a quem: *(Redação dada pelo Decreto-Lei n. 926, de 10.10.1969)*
I -	proprietário rural ou não, trabalhe individualmente ou em regime de economia familiar, assim entendido o trabalho dos membros da mesma família, indispensável à própria subsistência, e exercido em condições de mútua dependência e colaboração; *(Incluído pelo Decreto-Lei n. 926, de 10.10.1969)*
II -	em regime de economia familiar e sem empregado, explore área não excedente do módulo rural ou de outro limite que venha a ser fixado, para cada região, pelo Ministério do Trabalho e Previdência Social. *(Incluído pelo Decreto-Lei n. 926, de 10.10.1969)*

LEI N. 4.504, DE 30 DE NOVEMBRO DE 1964
Dispõe sobre o Estatuto da Terra, e dá outras providências
DOU 30.11.1964, retificado em 17.12.1964 e retificado em 6.4.1965

Vide art. 4º, *caput* e incisos II e III

Art. 4º Para os efeitos desta Lei, definem-se:
(...)
II — "Propriedade Familiar", o imóvel rural que, direta e pessoalmente explorado pelo agricultor e sua família, lhes absorva toda a força de trabalho, garantindo-lhes a subsistência e o progresso social e econômico, com área máxima fixada para cada região e tipo de exploração, e eventualmente trabalho com a ajuda de terceiros;
III — "Módulo Rural", a área fixada nos termos do inciso anterior;

DECRETO-LEI N. 229, DE 28 DE FEVEREIRO DE 1967
Altera dispositivos da Consolidação das Leis do Trabalho, aprovada pelo Decreto-Lei n. 5.452, de 1º de maio de 1943, e dá outras providencias
DOU 28.2.1967 e retificado em 9.3.1967

Vide art. 29

Art. 29. Aplicam-se ao trabalhador rural as disposições do Capítulo I do Título II da CLT, com as alterações determinadas neste Decreto-Lei.

MEDIDA PROVISÓRIA N. 726, DE 12 DE MAIO DE 2016
Altera e revoga dispositivos da Lei n. 10.683, de 28 de maio de 2003, que dispõe sobre a organização da Presidência da República e dos Ministérios
DOU 12.5.2016 — Edição extra e retificada em 19.5.2016 — Edição extra

Vide art. 2º, *caput* e inciso IV

Art. 2º. Ficam transformados:
(...)
IV — o Ministério do Trabalho e Previdência Social em Ministério do Trabalho;

§ 2º	A Carteira de Trabalho e Previdência Social e respectiva Ficha de Declaração obedecerão aos modelos que o Ministério do Trabalho e Previdência Social adotar. *(Redação dada pelo Decreto-Lei n. 926, de 10.10.1969)*
§ 3º	Nas localidades onde não for emitida a Carteira de Trabalho e Previdência Social poderá ser admitido, até 30 (trinta) dias, o exercício de emprego ou atividade remunerada por quem não a possua, ficando a empresa obrigada a permitir o comparecimento do empregado ao posto de emissão mais próximo. *(Redação dada pela lei n. 5.686, de 3.8.1971)*
§ 4º	Na hipótese do § 3º: *(Incluído pelo Decreto-Lei n. 926, de 10.10.1969)*
I -	o empregador fornecerá ao empregado, no ato da admissão, documento do qual constem a data da admissão, a natureza do trabalho, o salário e a forma de seu pagamento; *(Incluído pelo Decreto-Lei n. 926, de 10.10.1969)*
II -	se o empregado ainda não possuir a carteira na data em que for dispensado, o empregador lhe fornecerá atestado de que conste o histórico da relação empregatícia. *(Incluído pelo Decreto-Lei n. 926, de 10.10.1969)*

Arts. 14 a 16

TÍTULO II — DAS NORMAS GERAIS DE TUTELA DO TRABALHO

MEDIDA PROVISÓRIA N. 726, DE 12 DE MAIO DE 2016
Altera e revoga dispositivos da Lei n. 10.683, de 28 de maio de 2003, que dispõe sobre a organização da Presidência da República e dos Ministérios
DOU 12.5.2016 — Edição extra e retificada em 19.5.2016 — Edição extra

Vide art. 2º, caput e inciso IV

Art. 2º. Ficam transformados:
(...)
IV — o Ministério do Trabalho e Previdência Social em Ministério do Trabalho;

SÚMULA DO STF

Vide Súmula 225/STF

Súmula 225 STF — Não é absoluto o valor probatório das anotações da carteira profissional.

SÚMULA DO TST

Vide Súmula 12/TST

Súmula 12 TST — CARTEIRA PROFISSIONAL (mantida) — Res. 121/2003, DJ 19, 20 e 21.11.2003
As anotações apostas pelo empregador na carteira profissional do empregado não geram presunção "juris et de jure", mas apenas "juris tantum".

SEÇÃO II
DA EMISSÃO DA CARTEIRA
(Redação dada pelo Decreto-Lei n. 926, de 10.10.1969)

Art. 14	A Carteira de Trabalho e Previdência Social será emitida pelas Delegacias Regionais do Trabalho ou, mediante convênio, pelos órgãos federais, estaduais e municipais da administração direta ou indireta. *(Redação dada pelo Decreto-Lei n. 926, de 10.10.1969)*
Parágrafo único	Inexistindo convênio com os órgãos indicados ou na inexistência destes, poderá ser admitido convênio com sindicatos para o mesmo fim. *(Redação dada pela Lei n. 5.686, de 3.8.1971)*
Art. 15	Para obtenção da Carteira de Trabalho e Previdência Social o interessado comparecerá pessoalmente ao órgão emitente, onde será identificado e prestará as declarações necessárias. *(Redação dada pelo Decreto-Lei n. 926, de 10.10.1969)*
Art. 16	A Carteira de Trabalho e Previdência Social (CTPS), além do número, série, data de emissão e folhas destinadas às anotações pertinentes ao contrato de trabalho e as de interesse da Previdência Social, conterá: *(Redação dada pela Lei n. 8.260, de 12.12.1991)*
I -	fotografia, de frente, modelo 3 X 4; *(Redação dada pela Lei n. 8.260, de 12.12.1991)*
II -	nome, filiação, data e lugar de nascimento e assinatura; *(Redação dada pela Lei n. 8.260, de 12.12.1991)*
III -	nome, idade e estado civil dos dependentes; *(Redação dada pela Lei n. 8.260, de 12.12.1991)*
IV -	número do documento de naturalização ou data da chegada ao Brasil, e demais elementos constantes da identidade de estrangeiro, quando for o caso; *(Redação dada pela Lei n. 8.260, de 12.12.1991)*
Parágrafo único	A Carteira de Trabalho e Previdência Social — CTPS será fornecida mediante a apresentação de: *(Incluído pela Lei n. 8.260, de 12.12.1991)*
a)	duas fotografias com as características mencionadas no inciso I; *(Incluída pela Lei n. 8.260, de 12.12.1991)*
b)	qualquer documento oficial de identificação pessoal do interessado, no qual possam ser colhidos dados referentes ao nome completo, filiação, data e lugar de nascimento. *(Incluída pela Lei n. 8.260, de 12.12.1991)*

TÍTULO II — DAS NORMAS GERAIS DE TUTELA DO TRABALHO

Arts. 17 a 24

LEI N. 9.465, DE 7 DE JULHO DE 1997
Dispõe sobre fornecimento gratuito de registro extemporâneo de nascimento
DOU 8.7.1997

LEI N. 9.534, DE 10 DE DEZEMBRO DE 1997
Dá nova redação ao art. 30 da Lei n. 6.015, de 31 de dezembro de 1973, que dispõe sobre os registros públicos; acrescenta inciso ao art. 1º da Lei n. 9.265, de 12 de fevereiro de 1996, que trata da gratuidade dos atos necessários ao exercício da cidadania; e altera os arts. 30 e 45 da Lei n. 8.935, de 18 de novembro de 1994, que dispõe sobre os serviços notariais e de registro
DOU 11.12.1997

Art. 17 Na impossibilidade de apresentação, pelo interessado, de documento idôneo que o qualifique, a Carteira de Trabalho e Previdência Social será fornecida com base em declarações verbais confirmadas por 2 (duas) testemunhas, lavrando-se, na primeira folha de anotações gerais da carteira, termo assinado pelas mesmas testemunhas. *(Redação dada pelo Decreto-Lei n. 926, de 10.10.1969)*

§ 1º Tratando-se de menor de 18 (dezoito) anos, as declarações previstas neste artigo serão prestadas por seu responsável legal. *(Redação dada pelo Decreto-Lei n. 926, de 10.10.1969)*

§ 2º Se o interessado não souber ou não puder assinar sua carteira, ela será fornecida mediante impressão digital ou assinatura a rogo. *(Redação dada pelo Decreto-Lei n. 926, de 10.10.1969)*

Arts. 18 e 19 *(Revogados pela Lei n. 7.855, de 24.10.1989)*

Art. 20 As anotações relativas a alteração do estado civil e aos dependentes do portador da Carteira de Trabalho e Previdência Social serão feitas pelo Instituto Nacional de Previdência Social (INPS) e somente em sua falta, por qualquer dos órgãos emitentes. *(Redação dada pelo Decreto-Lei n. 926, de 10.10.1969)*

Art. 21 Em caso de imprestabilidade ou esgotamento do espaço destinado a registros e anotações, o interessado deverá obter outra carteira, conservando-se o número e a série da anterior. *(Redação dada pela Lei n. 5.686, de 3.8.1971)*

CONSOLIDAÇÃO DAS LEIS DO TRABALHO
Decreto-Lei n. 5.452, de 1º de maio de 1943
DOU 9.8.1943

Vide art. 32, caput e paragrafo único

Art. 32. As anotações relativas a alterações no estado civil dos portadores de Carteira de Trabalho e Previdência Social serão feitas mediante prova documental. As declarações referentes aos dependentes serão registradas nas fichas respectivas, pelo funcionário encarregado da identificação profissional, a pedido do próprio declarante, que as assinará. *(Redação dada pelo Decreto-Lei n. 229, de 28.2.1967)*

Parágrafo único. As Delegacias Regionais e os órgãos autorizados deverão comunicar ao Departamento Nacional de Mão de Obra todas as alterações que anotarem nas Carteiras de Trabalho e Previdência Social. *(Redação dada pelo Decreto-Lei n. 229, de 28.2.1967)*

Arts. 22 a 24 *(Revogados pelo Decreto-Lei n. 926, de 10.10.1969)*

SEÇÃO III
DA ENTREGA DAS CARTEIRAS DE TRABALHO E PREVIDÊNCIA SOCIAL

Art. 25 As Carteiras de Trabalho e Previdência Social serão entregues aos interessados pessoalmente, mediante recibo.

Art. 26 Os sindicatos poderão, mediante solicitação das respectivas diretorias incumbir-se da entrega das Carteiras de Trabalho e Previdência Social pedidas por seus associados e pelos demais profissionais da mesma classe. *(Redação dada pelo Decreto-Lei n. 229, de 28.2.1967)*

Parágrafo único Não poderão os sindicatos, sob pena das sanções previstas neste Capítulo cobrar remuneração pela entrega das Carteiras de Trabalho e Previdência Social, cujo serviço nas respectivas sedes será fiscalizado pelas Delegacias Regionais ou órgãos autorizados. *(Redação dada pelo Decreto-Lei n. 229, de 28.2.1967)*

Art. 27 *(Revogado pela Lei n. 7.855, de 24.10.1989)*

Art. 28 *(Revogado pela Lei n. 7.855, de 24.10.1989)*

SEÇÃO IV
DAS ANOTAÇÕES

Art. 29 A Carteira de Trabalho e Previdência Social será obrigatoriamente apresentada, contra recibo, pelo trabalhador ao empregador que o admitir, o qual terá o prazo de quarenta e oito horas para nela anotar, especificamente, a data de admissão, a remuneração e as condições especiais, se houver, sendo facultada a adoção de sistema manual, mecânico ou eletrônico, conforme instruções a serem expedidas pelo Ministério do Trabalho. *(Redação dada pela Lei n. 7.855, de 24.10.1989)*

CONSOLIDAÇÃO DAS LEIS DO TRABALHO
Decreto-Lei n. 5.452, de 1º de maio de 1943
DOU 9.8.1943

Vide art. 53

Art. 53. A empresa que receber Carteira de Trabalho e Previdência Social para anotar e a retiver por mais de 48 (quarenta e oito) horas ficará sujeita à multa de valor igual à metade do salário-mínimo regional. *(Redação dada pelo Decreto-Lei n. 229, de 28.2.1967)*

LEI N. 2.959, DE 17 DE NOVEMBRO DE 1956
Altera o Decreto-Lei n. 5.452, de 1º.5.43 (CLT), e dispõe sobre os contratos por obra ou serviço certo
DOU 21.11.1956

Vide art. 1º

Art. 1º No contrato individual de trabalho por obra certa, as inscrições na carteira profissional do empregado serão feitas pelo construtor, desse modo constituído em empregador, desde que exerça a atividade em caráter permanente.

DECRETO N. 71.885, DE 26 DE FEVEREIRO DE 1973
Aprova o Regulamento da Lei n. 5.859, de dezembro de 1972, que dispõe sobre a profissão de empregado doméstico, e dá outras providências
DOU 9.3.1973

Vide art. 5º, caput e incisos I a IV

Art. 5º Na Carteira de Trabalho e Previdência Social do empregado doméstico serão feitas, pelo respectivo empregador, as seguintes anotações:

I — data de admissão.
II — salário mensal ajustado.
III — inicio e término das férias.
IV — data da dispensa.

TÍTULO II — DAS NORMAS GERAIS DE TUTELA DO TRABALHO

Art. 29

SÚMULA DO STF

Vide Súmula 225/STF

Súmula 225 STF — Não é absoluto o valor probatório das anotações da carteira profissional.

SÚMULA DO TST

Vide Súmula 12/TST

Súmula 12 TST — CARTEIRA PROFISSIONAL (mantida) — Res. 121/2003, DJ 19, 20 e 21.11.2003

As anotações apostas pelo empregador na carteira profissional do empregado não geram presunção "juris et de jure", mas apenas "juris tantum".

PRECEDENTE NORMATIVO DA SDC DO TST

Vide PN 105 SDC/TST

PN 105 SDC TST — ANOTAÇÃO NA CARTEIRA PROFISSIONAL (positivo)

As empresas ficam obrigadas a anotar na carteira de trabalho a função efetivamente exercida pelo empregado, observada a Classificação Brasileira de Ocupações (CBO).

§ 1º	As anotações concernentes à remuneração devem especificar o salário, qualquer que seja sua forma de pagamento, seja ele em dinheiro ou em utilidades, bem como a estimativa da gorjeta. *(Redação dada pelo Decreto-Lei n. 229, de 28.2.1967)*
§ 2º	As anotações na Carteira de Trabalho e Previdência Social serão feitas: *(Redação dada pela Lei n. 7.855, de 24.10.1989)*
a)	na data-base; *(Redação dada pela Lei n. 7.855, de 24.10.1989)*
b)	a qualquer tempo, por solicitação do trabalhador; *(Redação dada pela Lei n. 7.855, de 24.10.1989)*
c)	no caso de rescisão contratual; ou *(Redação dada pela Lei n. 7.855, de 24.10.1989)*
d)	necessidade de comprovação perante a Previdência Social. *(Redação dada pela Lei n. 7.855, de 24.10.1989)*
§ 3º	A falta de cumprimento pelo empregador do disposto neste artigo acarretará a lavratura do auto de infração, pelo Fiscal do Trabalho, que deverá, de ofício, comunicar a falta de anotação ao órgão competente, para o fim de instaurar o processo de anotação. *(Redação dada pela Lei n. 7.855, de 24.10.1989)*
§ 4º	É vedado ao empregador efetuar anotações desabonadoras à conduta do empregado em sua Carteira de Trabalho e Previdência Social. *(Incluído pela Lei n. 10.270, de 29.8.2001)*
§ 5º	O descumprimento do disposto no § 4º deste artigo submeterá o empregador ao pagamento de multa prevista no art. 52 deste Capítulo. *(Incluído pela Lei n. 10.270, de 29.8.2001)*

SÚMULA DO STF

Vide Súmula 225/STF

Súmula 225 STF — Não é absoluto o valor probatório das anotações da carteira profissional.

SÚMULA DO TST

Vide Súmula 12/TST

Súmula 12 TST — CARTEIRA PROFISSIONAL (mantida) — Res. 121/2003, DJ 19, 20 e 21.11.2003

As anotações apostas pelo empregador na carteira profissional do empregado não geram presunção "juris et de jure", mas apenas "juris tantum".

ORIENTAÇÃO JURISPRUDENCIAL DA SDI-1 DO TST

Vide OJ 82 SDI-1/TST

OJ 82 SDI-1 TST — AVISO PRÉVIO. BAIXA NA CTPS (inserida em 28.4.1997)

A data de saída a ser anotada na CTPS deve corresponder à do término do prazo do aviso prévio, ainda que indenizado.

PRECEDENTE NORMATIVO DA SDC DO TST

Vide PN 5 SDC/TST

PN 5 SDC TST — ANOTAÇÕES DE COMISSÕES (positivo)

O empregador é obrigado a anotar, na CTPS, o percentual das comissões a que faz jus o empregado.

TÍTULO II — DAS NORMAS GERAIS DE TUTELA DO TRABALHO

Art. 30 — Os acidentes do trabalho serão obrigatoriamente anotados pelo Instituto Nacional de Previdência Social na carteira do acidentado. *(Redação dada pelo Decreto-Lei n. 926, de 10.10.1969)*

Art. 31 — Aos portadores de Carteiras de Trabalho e Previdência Social assegurado o direito de as apresentar aos órgãos autorizados, para o fim de ser anotado o que for cabível, não podendo ser recusada a solicitação, nem cobrado emolumento não previsto em lei. *(Redação dada pelo Decreto-Lei n. 229, de 28.2.1967)*

Art. 32 — As anotações relativas a alterações no estado civil dos portadores de Carteira de Trabalho e Previdência Social serão feitas mediante prova documental. As declarações referentes aos dependentes serão registradas nas fichas respectivas, pelo funcionário encarregado da identificação profissional, a pedido do próprio declarante, que as assinará. *(Redação dada pelo Decreto-Lei n. 229, de 28.2.1967)*

Parágrafo único — As Delegacias Regionais e os órgãos autorizados deverão comunicar ao Departamento Nacional de Mão de Obra todas as alterações que anotarem nas Carteiras de Trabalho e Previdência Social. *(Redação dada pelo Decreto-Lei n. 229, de 28.2.1967)*

Art. 33 — As Anotações nas fichas de declaração e nas Carteiras Profissionais serão feitas seguidamente sem abreviaturas, ressalvando-se no fim de cada assentamento, as emendas, entrelinhas e quaisquer circunstâncias que possam ocasionar dúvidas. *(Redação dada pelo Decreto-Lei n. 229, de 28.2.1967)*

Art. 34 — Tratando-se de serviço de profissionais de qualquer atividade, exercido por empreitada individual ou coletiva, com ou sem fiscalização da outra parte contratante, a carteira será anotada pelo respectivo sindicato profissional ou pelo representante legal de sua cooperativa.

Art. 35 — *(Revogado pela Lei n. 6.533, de 24.5.1978)*

SEÇÃO V
DAS RECLAMAÇÕES POR FALTA OU RECUSA DE ANOTAÇÃO

Art. 36 — Recusando-se a empresa fazer às anotações a que se refere o art. 29 ou a devolver a Carteira de Trabalho e Previdência Social recebida, poderá o empregado comparecer, pessoalmente ou por intermédio de seu sindicato perante a Delegacia Regional ou órgão autorizado, para apresentar reclamação. *(Redação dada pelo Decreto-Lei n. 229, de 28.2.1967)*

Art. 37 — No caso do art. 36, lavrado o termo de reclamação, determinar-se-á a realização de diligência para instrução do feito, observado, se for o caso o disposto no § 2º do art. 29, notificando-se posteriormente o reclamado por carta registrada, caso persista a recusa, para que, em dia e hora previamente designados, venha prestar esclarecimentos ou efetuar as devidas anotações na Carteira de Trabalho e Previdência Social ou sua entrega. *(Redação dada pelo Decreto-Lei n. 229, de 28.2.1967)*

TÍTULO II — DAS NORMAS GERAIS DE TUTELA DO TRABALHO

Arts. 38 e 39

Parágrafo único	Não comparecendo o reclamado, lavrar-se-á termo de ausência, sendo considerado revel e confesso sobre os termos da reclamação feita, devendo as anotações serem efetuadas por despacho da autoridade que tenha processado a reclamação. *(Redação dada pelo Decreto-Lei n. 229, de 28.2.1967)*
Art. 38	Comparecendo o empregador e recusando-se a fazer as anotações reclamadas, será lavrado um termo de comparecimento, que deverá conter, entre outras indicações, o lugar, o dia e hora de sua lavratura, o nome e a residência do empregador, assegurando-se-lhe o prazo de 48 (quarenta e oito) horas, a contar do termo, para apresentar defesa.
Parágrafo único	Findo o prazo para a defesa, subirá o processo à autoridade administrativa de primeira instância, para se ordenarem diligências, que completem a instrução do feito, ou para julgamento, se o caso estiver suficientemente esclarecido.
Art. 39	Verificando-se que as alegações feitas pelo reclamado versam sobre a não existência de relação de emprego ou sendo impossível verificar essa condição pelos meios administrativos, será o processo encaminhado a Justiça do Trabalho ficando, nesse caso, sobrestado o julgamento do auto de infração que houver sido lavrado. *(Redação dada pelo Decreto-Lei n. 229, de 28.2.1967)*
§ 1º	Se não houver acordo, a Junta de Conciliação e Julgamento, em sua sentença ordenará que a Secretaria efetue as devidas anotações uma vez transitada em julgado, e faça a comunicação à autoridade competente para o fim de aplicar a multa cabível. *(Incluído pelo Decreto-Lei n. 229, de 28.2.1967)*
§ 2º	Igual procedimento observar-se-á no caso de processo trabalhista de qualquer natureza, quando for verificada a falta de anotações na Carteira de Trabalho e Previdência Social, devendo o Juiz, nesta hipótese, mandar proceder, desde logo, àquelas sobre as quais não houver controvérsia. *(Incluído pelo Decreto-Lei n. 229, de 28.2.1967)*

CONSTITUIÇÃO FEDERAL DE 1988
DOU 5.10.1988

Vide art. 5º, inciso XXXV; e art. 114, *caput* e incisos I a IX

Art 5º ()
XXXV — a lei não excluirá da apreciação do Poder Judiciário lesão ou ameaça a direito;

Art. 114. Compete à Justiça do Trabalho processar e julgar: *(Redação dada pela Emenda Constitucional n. 45, de 2004)*

I — as ações oriundas da relação de trabalho, abrangidos os entes de direito público externo e da administração pública direta e indireta da União, dos Estados, do Distrito Federal e dos Municípios; *(Incluído pela Emenda Constitucional n. 45, de 2004)*

II — as ações que envolvam exercício do direito de greve; *(Incluído pela Emenda Constitucional n. 45, de 2004)*

III — as ações sobre representação sindical, entre sindicatos, entre sindicatos e trabalhadores, e entre sindicatos e empregadores; *(Incluído pela Emenda Constitucional n. 45, de 2004)*

IV — os mandados de segurança, habeas corpus e habeas data, quando o ato questionado envolver matéria sujeita à sua jurisdição; *(Incluído pela Emenda Constitucional n. 45, de 2004)*

V — os conflitos de competência entre órgãos com jurisdição trabalhista, ressalvado o disposto no art. 102, I, o; *(Incluído pela Emenda Constitucional n. 45, de 2004)*

VI — as ações de indenização por dano moral ou patrimonial, decorrentes da relação de trabalho; *(Incluído pela Emenda Constitucional n. 45, de 2004)*

VII — as ações relativas às penalidades administrativas impostas aos empregadores pelos órgãos de fiscalização das relações de trabalho; *(Incluído pela Emenda Constitucional n. 45, de 2004)*

VIII — a execução, de ofício, das contribuições sociais previstas no art. 195, I, a, e II, e seus acréscimos legais, decorrentes das sentenças que proferir; *(Incluído pela Emenda Constitucional n. 45, de 2004)*

IX — outras controvérsias decorrentes da relação de trabalho, na forma da lei. *(Incluído pela Emenda Constitucional n. 45, de 2004)*

CONSOLIDAÇÃO DAS LEIS DO TRABALHO
Decreto-Lei n. 5.452, de 1º de maio de 1943
DOU 9.8.1943

Vide art. 643, *caput*

Art. 643. Os dissídios, oriundos das relações entre empregados e empregadores bem como de trabalhadores avulsos e seus tomadores de serviços, em atividades reguladas na legislação social, serão dirimidos pela Justiça do Trabalho, de acordo com o presente Título e na forma estabelecida pelo processo judiciário do trabalho. *(Redação dada pela Lei n. 7.494, de 17.6.1986)*

SEÇÃO VI
DO VALOR DAS ANOTAÇÕES

Art. 40	As Carteiras de Trabalho e Previdência Social regularmente emitidas e anotadas servirão de prova nos atos em que sejam exigidas carteiras de identidade e especialmente: *(Redação dada pelo Decreto-Lei n. 229, de 28.2.1967)*
I -	Nos casos de dissídio na Justiça do Trabalho entre a empresa e o empregado por motivo de salário, férias ou tempo de serviço; *(Redação dada pelo Decreto-Lei n. 229, de 28.2.1967)*
II -	Perante a Previdência Social, para o efeito de declaração de dependentes; *(Redação dada pelo Decreto-Lei n. 229, de 28.2.1967)*
III -	Para cálculo de indenização por acidente do trabalho ou moléstia profissional. *(Redação dada pelo Decreto-Lei n. 229, de 28.2.1967)*

SÚMULA DO STF

Vide Súmula 225/STF

Súmula 225 STF — Não é absoluto o valor probatório das anotações da carteira profissional.

SÚMULA DO TST

Vide Súmula 12 e 462/TST

Súmula 12 TST — CARTEIRA PROFISSIONAL (mantida) — Res. 121/2003, DJ 19, 20 e 21.11.2003

As anotações apostas pelo empregador na carteira profissional do empregado não geram presunção "juris et de jure", mas apenas "juris tantum".

Súmula 462 TST — MULTA DO ART. 477, § 8º, DA CLT. INCIDÊNCIA. RECONHECIMENTO JUDICIAL DA RELAÇÃO DE EMPREGO.
A circunstância de a relação de emprego ter sido reconhecida apenas em juízo não tem o condão de afastar a incidência da multa prevista no art. 477, § 8º, da CLT. A referida multa não será devida apenas quando, comprovadamente, o empregado der causa à mora no pagamento das verbas rescisórias.

SEÇÃO VII
DOS LIVROS DE REGISTRO DE EMPREGADOS

Art. 41	Em todas as atividades será obrigatório para o empregador o registro dos respectivos trabalhadores, podendo ser adotados livros, fichas ou sistema eletrônico, conforme instruções a serem expedidas pelo Ministério do Trabalho. *(Redação dada pela Lei n. 7.855, de 24.10.1989)*
Parágrafo único	Além da qualificação civil ou profissional de cada trabalhador, deverão ser anotados todos os dados relativos à sua admissão no emprego, duração e efetividade do trabalho, a férias, acidentes e demais circunstâncias que interessem à proteção do trabalhador. *(Redação dada pela Lei n. 7.855, de 24.10.1989)*

Art. 42	*(Revogado pela Lei n. 10.243, de 19.6.2001)*

Arts. 43 e 44	*(Revogados pela Lei n. 7.855, de 24.10.1989)*

Arts. 45 e 46	*(Revogados pelo Decreto-Lei n. 229, de 28.2.1967)*

TÍTULO II — DAS NORMAS GERAIS DE TUTELA DO TRABALHO

Art. 47 — A empresa que mantiver empregado não registrado nos termos do art. 41 e seu parágrafo único, incorrerá na multa de valor igual a 1 (um) salário-mínimo regional, por empregado não registrado, acrescido de igual valor em cada reincidência. *(Redação dada pelo Decreto-Lei n. 229, de 28.2.1967)*

Parágrafo único — As demais infrações referentes ao registro de empregados sujeitarão a empresa à multa de valor igual à metade do salário-mínimo regional, dobrada na reincidência. *(Parágrafo incluído pelo Decreto-Lei n. 229, de 28.2.1967)*

Art. 48 — As multas previstas nesta Seção serão aplicadas pela autoridade de primeira instância no Distrito Federal, e pelas autoridades regionais do Ministério do Trabalho, Indústria e Comércio, nos Estados e no Território do Acre.

DECRETO-LEI N. 229, DE 28 DE FEVEREIRO DE 1967
Altera dispositivos da Consolidação das Leis do Trabalho, aprovada pelo Decreto-Lei n. 5.452, de 1º de maio de 1943, e dá outras providencias
DOU 28.2.1967 e retificado em 9.3.1967

Vide art. 35, caput e incisos I a IV

Art. 35. As referências feitas na CLT:

I — ao Ministério do Trabalho, Indústria e Comércio entendem-se como concernentes ao Ministério do Trabalho e Previdência Social (MTPS);

II — a institutos de seguro social ou de previdência social e a Institutos de Aposentadoria e Pensões entendem-se como concernentes ao Instituto Nacional da Previdência Social (INPS);

III — ao Serviço de Alimentação da Previdência Social (SAPS), entendem-se como concernentes ao Departamento Nacional de Higiene e Segurança do Trabalho (DNSHT);

IV — ao Departamento Nacional do Trabalho, como autoridade julgadora de infração em primeira instância, entendem-se como concernentes às Delegacias Regionais do Trabalho.

DECRETO N. 6.341, DE 3 DE JANEIRO DE 2008
Altera a denominação da Delegacia Regional do Trabalho para Superintendência Regional do Trabalho e Emprego
DOU 4.1.2008

SEÇÃO VIII
DAS PENALIDADES

Art. 49 — Para os efeitos da emissão, substituição ou anotação de Carteiras de Trabalho e Previdência Social, considerar-se-á, crime de falsidade, com as penalidades previstas no art. 299 do Código Penal: *(Redação dada pelo Decreto-Lei n. 229, de 28.2.1967)*

I - Fazer, no todo ou em parte, qualquer documento falso ou alterar o verdadeiro; *(Incluído pelo Decreto-Lei n. 229, de 28.2.1967)*

II - Afirmar falsamente a sua própria identidade, filiação, lugar de nascimento, residência, profissão ou estado civil e beneficiários, ou atestar os de outra pessoa; *(Incluído pelo Decreto-Lei n. 229, de 28.2.1967)*

III - Servir-se de documentos, por qualquer forma falsificados; *(Incluído pelo Decreto-Lei n. 229, de 28.2.1967)*

IV - Falsificar, fabricando ou alterando, ou vender, usar ou possuir Carteira de Trabalho e Previdência Social assim alteradas; *(Incluído pelo Decreto-Lei n. 229, de 28.2.1967)*

V - Anotar dolosamente em Carteira de Trabalho e Previdência Social ou registro de empregado, ou confessar ou declarar em juízo ou fora dele, data de admissão em emprego diversa da verdadeira. *(Incluído pelo Decreto-Lei n. 229, de 28.2.1967)*

CÓDIGO PENAL
Lei n. 5.869, de 11 de janeiro de 1973
DOU 17.1.1973 e republicado em 27.7.2006

Vide art. 203, *caput*; e art. 299, *caput*

FRUSTRAÇÃO DE DIREITO ASSEGURADO POR LEI TRABALHISTA

Art. 203 — Frustrar, mediante fraude ou violência, direito assegurado pela legislação do trabalho:

Pena — detenção, de um mês a um ano, e multa, de dois contos a dez contos de réis, além da pena correspondente à violência.

Pena — detenção de um ano a dois anos, e multa, além da pena correspondente à violência. *(Redação dada pela Lei n. 9.777, de 1998)*

§ 1º Na mesma pena incorre quem: *(Incluído pela Lei n. 9.777, de 1998)*

I — obriga ou coage alguém a usar mercadorias de determinado estabelecimento, para impossibilitar o desligamento do serviço em virtude de dívida; *(Incluído pela Lei n. 9.777, de 1998)*

II — impede alguém de se desligar de serviços de qualquer natureza, mediante coação ou por meio da retenção de seus documentos pessoais ou contratuais. *(Incluído pela Lei n. 9.777, de 1998)*

§ 2º A pena é aumentada de um sexto a um terço se a vítima é menor de dezoito anos, idosa, gestante, indígena ou portadora de deficiência física ou mental. *(Incluído pela Lei n. 9.777, de 1998)*

FALSIDADE IDEOLÓGICA

Art. 299. Omitir, em documento público ou particular, declaração que dele devia constar, ou nele inserir ou fazer inserir declaração falsa ou diversa da que devia ser escrita, com o fim de prejudicar direito, criar obrigação ou alterar a verdade sobre fato juridicamente relevante:

Pena — reclusão, de um a cinco anos, e multa, se o documento é público, e reclusão de um a três anos, e multa, se o documento é particular.

Parágrafo único — Se o agente é funcionário público, e comete o crime prevalecendo-se do cargo, ou se a falsificação ou alteração é de assentamento de registro civil, aumenta-se a pena de sexta parte.

SÚMULA DO STJ

Vide Súmula 62/STJ

Súmula 62 STJ — Compete a Justiça Estadual processar e julgar o crime de falsa anotação na Carteira de Trabalho e Previdência Social, atribuído a empresa privada.

Art. 50 Comprovando-se falsidade, quer nas declarações para emissão de Carteira de Trabalho e Previdência Social, quer nas respectivas anotações, o fato será levado ao conhecimento da autoridade que houver emitido a carteira, para fins de direito.

Art. 51 Incorrerá em multa de valor igual a 3 (três) vezes o salário-mínimo regional aquele que, comerciante ou não, vender ou expuser à venda qualquer tipo de carteira igual ou semelhante ao tipo oficialmente adotado. *(Redação dada pelo Decreto-Lei n. 229, de 28.2.1967)*

Art. 52 O extravio ou inutilização da Carteira de Trabalho e Previdência Social por culpa da empresa sujeitará esta à multa de valor igual à metade do salário mínimo regional. *(Redação dada pelo Decreto-Lei n. 926, de 10.10.1969)*

CONSOLIDAÇÃO DAS LEIS DO TRABALHO
Decreto-Lei n. 5.452, de 1º de maio de 1943
DOU 9.8.1943

Vide art. 29, *caput* e §§ 4º e 5º

Art. 29. A Carteira de Trabalho e Previdência Social será obrigatoriamente apresentada, contra recibo, pelo trabalhador ao empregador que o admitir, o qual terá o prazo de quarenta e oito horas para nela anotar, especificamente, a data de admissão, a remuneração e as condições especiais, se houver, sendo facultada a adoção de sistema manual, mecânico ou eletrônico, conforme instruções a serem expedidas pelo Ministério do Trabalho. *(Redação dada pela Lei n. 7.855, de 24.10.1989)*

(...)

§ 4º É vedado ao empregador efetuar anotações desabonadoras à conduta do empregado em sua Carteira de Trabalho e Previdência Social. *(Incluído pela Lei n. 10.270, de 29.8.2001)*

§ 5º O descumprimento do disposto no § 4º deste artigo submeterá o empregador ao pagamento de multa prevista no art. 52 deste Capítulo. *(Incluído pela Lei n. 10.270, de 29.8.2001)*

TÍTULO II — DAS NORMAS GERAIS DE TUTELA DO TRABALHO

Art. 53 A empresa que receber Carteira de Trabalho e Previdência Social para anotar e a retiver por mais de 48 (quarenta e oito) horas ficará sujeita à multa de valor igual à metade do salário-mínimo regional. *(Redação dada pelo Decreto-Lei n. 229, de 28.2.1967)*

CONSOLIDAÇÃO DAS LEIS DO TRABALHO
Decreto-Lei n. 5.452, de 1º de maio de 1943
DOU 9.8.1943

Vide art. 29, caput

Art. 29. A Carteira de Trabalho e Previdência Social será obrigatoriamente apresentada, contra recibo, pelo trabalhador ao empregador que o admitir, o qual terá o prazo de quarenta e oito horas para nela anotar, especificamente, a data de admissão, a remuneração e as condições especiais, se houver, sendo facultada a adoção de sistema manual, mecânico ou eletrônico, conforme instruções a serem expedidas pelo Ministério do Trabalho. *(Redação dada pela Lei n. 7.855, de 24.10.1989)*

LEI N. 5.553, DE 6 DE DEZEMBRO DE 1968
Dispõe sobre a apresentação e uso de documentos de identificação pessoal
DOU 10.12.1968

Vide art. 1º; e art. 3º, caput e parágrafo único

Art. 1º A nenhuma pessoa física, bem como a nenhuma pessoa jurídica, de direito público ou de direito privado, é lícito reter qualquer documento de identificação pessoal, ainda que apresentado por fotocópia autenticada ou pública-forma, inclusive comprovante de quitação com o serviço militar, título de eleitor, carteira profissional, certidão de registro de nascimento, certidão de casamento, comprovante de naturalização e carteira de identidade de estrangeiro.

Art. 3º Constitui contravenção penal, punível com pena de prisão simples de 1 (um) a 3 (três) meses ou multa de NCR$ 0,50 (cinquenta centavos) a NCR$ 3,00 (três cruzeiros novos), a retenção de qualquer documento a que se refere esta Lei.

Parágrafo único. Quando a infração for praticada por preposto ou agente de pessoa jurídica, considerar-se-á responsável quem houver ordenado o ato que ensejou a retenção, a menos que haja, pelo executante, desobediência ou inobservância de ordens ou instruções expressas, quando, então, será este o infrator.

PRECEDENTE NORMATIVO DA SDC DO TST

Vide PN 98 SDC/TST

PN 98 SDC TST — RETENÇÃO DA CTPS. INDENIZAÇÃO (positivo)

Será devida ao empregado a indenização correspondente a 1 (um) dia de salário, por dia de atraso, pela retenção de sua carteira profissional após o prazo de 48 horas.

Art. 54 A empresa que, tendo sido intimada, não comparecer para anotar a Carteira de Trabalho e Previdência Social de seu empregado, ou cujas alegações para recusa tenham sido julgadas improcedentes, ficará sujeita à multa de valor igual a 1 (um) salário-mínimo regional. *(Redação dada pelo Decreto-Lei n. 229, de 28.2.1967)*

Art. 55 Incorrerá na multa de valor igual a 1 (um) salário-mínimo regional a empresa que infringir o art. 13 e seus parágrafos. *(Redação dada pelo Decreto-lei n. 229, de 28.2.1967)*

Art. 56 O sindicato que cobrar remuneração pela entrega de Carteira de Trabalho e Previdência Social ficará sujeito à multa de valor igual a 3 (três) vezes o salário-mínimo regional. *(Redação dada pelo Decreto-lei n. 229, de 28.2.1967)*

LEIS N. 6.205/75; N. 6.986/82; N. 6.708/79; N. 7.855/89
Novos valores de multas administrativas

LEI N. 10.522/02
Conversão da UFIR em real

LEI N. 8.383/1991
Unidade Fiscal de Referência (UFIR) — medida de valor e atualização de tributos, multas e penalidades administrativas e fiscais

CAPÍTULO II
DA DURAÇÃO DO TRABALHO

SEÇÃO I
DISPOSIÇÃO PRELIMINAR

Art. 57 Os preceitos deste Capítulo aplicam-se a todas as atividades, salvo as expressamente excluídas, constituindo exceções as disposições especiais, concernentes estritamente a peculiaridades profissionais constantes do Capítulo I do Título III.

CONSTITUIÇÃO FEDERAL DE 1988
DOU 5.10.1988

Vide art. 7º, caput, incisos XIII, XIV e XVI e parágrafo único

Art. 7º São direitos dos trabalhadores urbanos e rurais, além de outros que visem à melhoria de sua condição social:
(...)
XIII — duração do trabalho normal não superior a oito horas diárias e quarenta e quatro semanais, facultada a compensação de horários e a redução da jornada, mediante acordo ou convenção coletiva de trabalho;
XIV — jornada de seis horas para o trabalho realizado em turnos ininterruptos de revezamento, salvo negociação coletiva;
(...)
XVI — remuneração do serviço extraordinário superior, no mínimo, em cinquenta por cento à do normal;
(...)
Parágrafo único. São assegurados à categoria dos trabalhadores domésticos os direitos previstos nos incisos IV, VI, VII, VIII, X, XIII, XV, XVI, XVII, XVIII, XIX, XXI, XXII, XXIV, XXVI, XXX, XXXI e XXXIII e, atendidas as condições estabelecidas em lei e observada a simplificação do cumprimento das obrigações tributárias, principais e acessórias, decorrentes da relação de trabalho e suas peculiaridades, os previstos nos incisos I, II, III, IX, XII, XXV e XXVIII, bem como a sua integração à previdência social. *(Redação dada pela Emenda Constitucional n. 72, de 2013)*

LEI COMPLEMENTAR N. 150, DE 1º DE JUNHO DE 2015
Dispõe sobre o contrato de trabalho doméstico; altera as Leis n. 8.212, de 24 de julho de 1991, n. 8.213, de 24 de julho de 1991, e n. 11.196, de 21 de novembro de 2005; revoga o inciso I do art. 3º da Lei n. 8.009, de 29 de março de 1990, o art. 36 da Lei n. 8.213, de 24 de julho de 1991, a Lei n. 5.859, de 11 de dezembro de 1972, e o inciso VII do art. 12 da Lei n. 9.250, de 26 de dezembro 1995; e dá outras providências
DOU 2.6.2015

Vide art. 2º, caput

Art. 2º A duração normal do trabalho doméstico não excederá 8 (oito) horas diárias e 44 (quarenta e quatro) semanais, observado o disposto nesta Lei.

CONSOLIDAÇÃO DAS LEIS DO TRABALHO
Decreto-Lei n. 5.452, de 1º de maio de 1943
DOU 9.8.1943

Vide art. 7º, caput e alínea a; e art. 62, caput e incisos I e II e parágrafo único

Art. 7º Os preceitos constantes da presente Consolidação salvo quando for em cada caso, expressamente determinado em contrário, não se aplicam: *(Redação dada pelo Decreto-Lei n. 8.079, 11.10.1945)*
a) aos empregados domésticos, assim considerados, de um modo geral, os que prestam serviços de natureza não econômica à pessoa ou à família, no âmbito residencial destas;

Art. 62. Não são abrangidos pelo regime previsto neste capítulo: *(Redação dada pela Lei n. 8.966, de 27.12.1994)*
I — os empregados que exercem atividade externa incompatível com a fixação de horário de trabalho, devendo tal condição ser anotada na Carteira de Trabalho e Previdência Social e no registro de empregados; *(Incluído pela Lei n. 8.966, de 27.12.1994)*
II — os gerentes, assim considerados os exercentes de cargos de gestão, aos quais se equiparam, para efeito do disposto neste artigo, os diretores e chefes de departamento ou filial. *(Incluído pela Lei n. 8.966, de 27.12.1994)*
Parágrafo único — O regime previsto neste capítulo será aplicável aos empregados mencionados no inciso II deste artigo, quando o salário do cargo de confiança, compreendendo a gratificação de função, se houver, for inferior ao valor do respectivo salário efetivo acrescido de 40% (quarenta por cento). *(Incluído pela Lei n. 8.966, de 27.12.1994)*

SEÇÃO II
DA JORNADA DE TRABALHO

Art. 58 A duração normal do trabalho, para os empregados em qualquer atividade privada, não excederá de 8 (oito) horas diárias, desde que não seja fixado expressamente outro limite.

TÍTULO II — DAS NORMAS GERAIS DE TUTELA DO TRABALHO

Art. 58

CONSTITUIÇÃO FEDERAL DE 1988
DOU 5.10.1988

Vide art. 7º, *caput* e incisos XIII, XIV e XVI

Art. 7º São direitos dos trabalhadores urbanos e rurais, além de outros que visem à melhoria de sua condição social:

(...)

XIII — duração do trabalho normal não superior a oito horas diárias e quarenta e quatro semanais, facultada a compensação de horários e a redução da jornada, mediante acordo ou convenção coletiva de trabalho;

XIV — jornada de seis horas para o trabalho realizado em turnos ininterruptos de revezamento, salvo negociação coletiva;

(...)

XVI — remuneração do serviço extraordinário superior, no mínimo, em cinquenta por cento à do normal;

CONSOLIDAÇÃO DAS LEIS DO TRABALHO
Decreto-Lei n. 5.452, de 1º de maio de 1943
DOU 9.8.1943

Vide art. 4º, *caput* e parágrafo único

Art. 4º Considera-se como de serviço efetivo o período em que o empregado esteja à disposição do empregador, aguardando ou executando ordens, salvo disposição especial expressamente consignada.

Parágrafo único. Computar-se-ão, na contagem de tempo de serviço, para efeito de indenização e estabilidade, os períodos em que o empregado estiver afastado do trabalho prestando serviço militar ... (VETADO) ... e por motivo de acidente do trabalho. *(Incluído pela Lei n. 4.072, de 16.6.1962)*

SÚMULA DO STF

Vide Súmula 675 STF

Súmula 675 STF — Os intervalos fixados para descanso e alimentação durante a jornada de seis horas não descaracterizam o sistema de turnos ininterruptos de revezamento para o efeito do art. 7º, XIV, da Constituição.

SÚMULAS DO TST

Vide Súmulas 61, 96, 102, 109, 110, 113, 119, 124, 143, 287, 370, 391, 423, 431 e 444/TST

Súmula 61 TST — FERROVIÁRIO (mantida) — Res. 121/2003, DJ 19, 20 e 21.11.2003
Aos ferroviários que trabalham em estação do interior, assim classificada por autoridade competente, não são devidas horas extras (art. 243 da CLT).

Súmula 96 TST — MARÍTIMO (mantida) — Res. 121/2003, DJ 19, 20 e 21.11.2003
A permanência do tripulante a bordo do navio, no período de repouso, além da jornada, não importa presunção de que esteja à disposição do empregador ou em regime de prorrogação de horário, circunstâncias que devem resultar provadas, dada a natureza do serviço.

Súmula 102 TST — BANCÁRIO. CARGO DE CONFIANÇA (mantida) — Res. 174/2011, DEJT divulgado em 27, 30 e 31.5.2011

I — A configuração, ou não, do exercício da função de confiança a que se refere o art. 224, § 2º, da CLT, dependente da prova das reais atribuições do empregado, é insuscetível de exame mediante recurso de revista ou de embargos. *(ex-Súmula n. 204 — alterada pela Res. 121/2003, DJ 21.11.2003)*

II — O bancário que exerce a função a que se refere o § 2º do art. 224 da CLT e recebe gratificação não inferior a um terço de seu salário já tem remuneradas as duas horas extraordinárias excedentes de seis. *(ex-Súmula n. 166 — RA 102/1982, DJ 11.10.1982 e DJ 15.10.1982)*

III — Ao bancário exercente de cargo de confiança previsto no art. 224, § 2º, da CLT são devidas as 7ª e 8ª horas, como extras, no período em que se verificar o pagamento a menor da gratificação de 1/3. *(ex-OJ n. 288 da SBDI-1 — DJ 11.8.2003)*

IV — O bancário sujeito à regra do art. 224, § 2º, da CLT cumpre jornada de trabalho de 8 (oito) horas, sendo extraordinárias as trabalhadas além da oitava. *(ex-Súmula n. 232- RA 14/1985, DJ 19.9.1985)*

V — O advogado empregado de banco, pelo simples exercício da advocacia, não exerce cargo de confiança, não se enquadrando, portanto, na hipótese do § 2º do art. 224 da CLT. *(ex-OJ n. 222 da SBDI-1 — inserida em 20.6.2001)*

VI — O caixa bancário, ainda que caixa executivo, não exerce cargo de confiança. Se perceber gratificação igual ou superior a um terço do salário do posto efetivo, essa remunera apenas a maior responsabilidade do cargo e não as duas horas extraordinárias além da sexta. *(ex-Súmula n. 102 — RA 66/1980, DJ 18.6.1980 e republicada DJ 14.7.1980)*

VII — O bancário exercente de função de confiança, que percebe a gratificação não inferior ao terço legal, ainda que norma coletiva contemple percentual superior, não tem direito às sétima e oitava horas como extras, mas tão somente às diferenças de gratificação de função, se postuladas. *(ex-OJ n. 15 da SBDI-1 — inserida em 14.3.1994)*

Súmula 109 TST — GRATIFICAÇÃO DE FUNÇÃO (mantida) — Res. 121/2003, DJ 19, 20 e 21.11.2003
O bancário não enquadrado no § 2º do art. 224 da CLT, que receba gratificação de função, não pode ter o salário relativo a horas extraordinárias compensado com o valor daquela vantagem.

Súmula 110 TST — JORNADA DE TRABALHO. INTERVALO (mantida) — Res. 121/2003, DJ 19, 20 e 21.11.2003
No regime de revezamento, as horas trabalhadas em seguida ao repouso semanal de 24 horas, com prejuízo do intervalo mínimo de 11 horas consecutivas para descanso entre jornadas, devem ser remuneradas como extraordinárias, inclusive com o respectivo adicional.

Súmula 113 TST — BANCÁRIO. SÁBADO. DIA ÚTIL (mantida) — Res. 121/2003, DJ 19, 20 e 21.11.2003
O sábado do bancário é dia útil não trabalhado, não dia de repouso remunerado. Não cabe a repercussão do pagamento de horas extras habituais em sua remuneração.

Súmula 119 TST — JORNADA DE TRABALHO (mantida) — Res. 121/2003, DJ 19, 20 e 21.11.2003
Os empregados de empresas distribuidoras e corretoras de títulos e valores mobiliários não têm direito à jornada especial dos bancários.

Súmula 124 TST — BANCÁRIO. SALÁRIO-HORA. DIVISOR (redação alterada na sessão do Tribunal Pleno realizada em 14.9.2012) — Res. 185/2012, DEJT divulgado em 25, 26 e 27.9.2012

153

Art. 58
TÍTULO II — DAS NORMAS GERAIS DE TUTELA DO TRABALHO

I — O divisor aplicável para o cálculo das horas extras do bancário, se houver ajuste individual expresso ou coletivo no sentido de considerar o sábado como dia de descanso remunerado, será:

a) 150, para os empregados submetidos à jornada de seis horas, prevista no *caput* do art. 224 da CLT;

b) 200, para os empregados submetidos à jornada de oito horas, nos termos do § 2º do art. 224 da CLT.

II — Nas demais hipóteses, aplicar-se-á o divisor:

a) 180, para os empregados submetidos à jornada de seis horas prevista no *caput* do art. 224 da CLT;

b) 220, para os empregados submetidos à jornada de oito horas, nos termos do § 2º do art. 224 da CLT.

Súmula 143 TST — SALÁRIO PROFISSIONAL (mantida) — Res. 121/2003, DJ 19, 20 e 21.11.2003

O salário profissional dos médicos e dentistas guarda proporcionalidade com as horas efetivamente trabalhadas, respeitado o mínimo de 50 (cinquenta) horas (ex-Prejulgado n. 15).

Súmula 287 TST — JORNADA DE TRABALHO. GERENTE BANCÁRIO (nova redação) — Res. 121/2003, DJ 19, 20 e 21.11.2003

A jornada de trabalho do empregado de banco gerente de agência é regida pelo art. 224, § 2º, da CLT. Quanto ao gerente-geral de agência bancária, presume-se o exercício de encargo de gestão, aplicando-se-lhe o art. 62 da CLT.

Súmula 370 TST — MÉDICO E ENGENHEIRO. JORNADA DE TRABALHO. LEIS NS. 3.999/1961 E 4.950-A/1966 (conversão das Orientações Jurisprudenciais ns. 39 e 53 da SBDI-1) — Res. 129/2005, DJ 20, 22 e 25.4.2005

Tendo em vista que as Leis ns. 3.999/1961 e 4.950-A/1966 não estipulam a jornada reduzida, mas apenas estabelecem o salário mínimo da categoria para uma jornada de 4 horas para os médicos e de 6 horas para os engenheiros, não há que se falar em horas extras, salvo as excedentes à oitava, desde que seja respeitado o salário mínimo/horário das categorias. (ex-OJs ns. 39 e 53 da SBDI-1 — inseridas, respectivamente, em 7.11.1994 e 29.4.1994)

Súmula 391 TST — PETROLEIROS. LEI N. 5.811/72. TURNO ININTERRUPTO DE REVEZAMENTO. HORAS EXTRAS E ALTERAÇÃO DA JORNADA PARA HORÁRIO FIXO (conversão das Orientações Jurisprudenciais ns. 240 e 333 da SBDI-1) — Res. 129/2005, DJ 20, 22 e 25.4.2005

I — A Lei n. 5.811/1972 foi recepcionada pela CF/1988 no que se refere à duração da jornada de trabalho em regime de revezamento dos petroleiros. (ex-OJ n. 240 da SBDI-1 — inserida em 20.6.2001)

II — A previsão contida no art. 10 da Lei n. 5.811/1972, possibilitando a mudança do regime de revezamento para horário fixo, constitui alteração lícita, não violando os arts. 468 da CLT e 7º, VI, da CF/1988. (ex-OJ n. 333 da SBDI-1 — DJ 9.12.2003)

Súmula 423 TST — TURNO ININTERRUPTO DE REVEZAMENTO. FIXAÇÃO DE JORNADA DE TRABALHO MEDIANTE NEGOCIAÇÃO COLETIVA. VALIDADE. (conversão da Orientação Jurisprudencial n. 169 da SBDI-1) Res. 139/2006 — DJ 10, 11 e 13.10.2006)

Estabelecida jornada superior a seis horas e limitada a oito horas por meio de regular negociação coletiva, os empregados submetidos a turnos ininterruptos de revezamento não têm direito ao pagamento da 7ª e 8ª horas como extras.

Súmula 431 TST — SALÁRIO-HORA. EMPREGADO SUJEITO AO REGIME GERAL DE TRABALHO (ART. 58, *CAPUT*, DA CLT). 40 HORAS SEMANAIS. CÁLCULO. APLICAÇÃO DO DIVISOR 200 (redação alterada na sessão do tribunal pleno realizada em 14.09.2012) — Res. 185/2012, DEJT divulgado em 25, 26 e 27.9.2012

Para os empregados a que alude o art. 58, *caput*, da CLT, quando sujeitos a 40 horas semanais de trabalho, aplica-se o divisor 200 (duzentos) para o cálculo do valor do salário-hora.

Súmula 444 TST — JORNADA DE TRABALHO. NORMA COLETIVA. LEI. ESCALA DE 12 POR 36. VALIDADE. — Res. 185/2012, DEJT divulgado em 25, 26 e 27.9.2012 — republicada em decorrência do despacho proferido no processo TST-PA-504.280/2012.2 — DEJT divulgado em 26.11.2012

É valida, em caráter excepcional, a jornada de doze horas de trabalho por trinta e seis de descanso, prevista em lei ou ajustada exclusivamente mediante acordo coletivo de trabalho ou convenção coletiva de trabalho, assegurada a remuneração em dobro dos feriados trabalhados. O empregado não tem direito ao pagamento de adicional referente ao labor prestado na décima primeira e décima segunda horas.

ORIENTAÇÕES JURISPRUDENCIAIS DA SDI-1 DO TST

Vide OJs 60, 274, 275, 360, 396 e 403 SDI-1/TST

OJ 60 SDI-1 TST — PORTUÁRIOS. HORA NOTURNA. HORAS EXTRAS. (LEI N. 4.860/65, ARTS. 4º E 7º, § 5º) (nova redação em decorrência da incorporação da Orientação Jurisprudencial n. 61 da SBDI-1) — DJ 20.4.2005

I — A hora noturna no regime de trabalho no porto, compreendida entre dezenove horas e sete horas do dia seguinte, é de sessenta minutos.

II — Para o cálculo das horas extras prestadas pelos trabalhadores portuários, observar-se-á somente o salário básico percebido, excluídos os adicionais de risco e produtividade. (ex-OJ n. 61 da SDI-1 — inserida em 14.3.1994)

OJ 274 SDI-1 TST — TURNO ININTERRUPTO DE REVEZAMENTO. FERROVIÁRIO. HORAS EXTRAS. DEVIDAS (inserida em 27.9.2002)

O ferroviário submetido a escalas variadas, com alternância de turnos, faz jus à jornada especial prevista no art. 7º, XIV, da CF/1988.

OJ 275 SDI-1 TST — TURNO ININTERRUPTO DE REVEZAMENTO. HORISTA. HORAS EXTRAS E ADICIONAL. DEVIDOS (inserida em 27.9.2002)

Inexistindo instrumento coletivo fixando jornada diversa, o empregado horista submetido a turno ininterrupto de revezamento faz jus ao pagamento das horas extraordinárias laboradas além da 6ª, bem como ao respectivo adicional.

OJ 360 SDI-1 TST — TURNO ININTERRUPTO DE REVEZAMENTO. DOIS TURNOS. HORÁRIO DIURNO E NOTURNO. CARACTERIZAÇÃO (DJ 14.3.2008)

Faz jus à jornada especial prevista no art. 7º, XIV, da CF/1988 o trabalhador que exerce suas atividades em sistema de alternância de turnos, ainda que em dois turnos de trabalho, que compreendam, no todo ou em parte, o horário diurno e o noturno, pois submetido à alternância de horário prejudicial à saúde, sendo irrelevante que a atividade da empresa se desenvolva de forma ininterrupta.

TÍTULO II — DAS NORMAS GERAIS DE TUTELA DO TRABALHO

Art. 58

OJ 396 SDI-1 TST — TURNOS ININTERRUPTOS DE REVEZAMENTO. ALTERAÇÃO DA JORNADA DE 8 PARA 6 HORAS DIÁRIAS. EMPREGADO HORISTA. APLICAÇÃO DO DIVISOR 180. *(DEJT divulgado em 9, 10 e 11.6.2010)*

Para o cálculo do salário hora do empregado horista, submetido a turnos ininterruptos de revezamento, considerando a alteração da jornada de 8 para 6 horas diárias, aplica-se o divisor 180, em observância ao disposto no art. 7º, VI, da Constituição Federal, que assegura a irredutibilidade salarial.

OJ 403 SDI-1 TST — ADVOGADO EMPREGADO. CONTRATAÇÃO ANTERIOR A LEI N. 8.906, de 04.07.1994. JORNADA DE TRABALHO MANTIDA COM O ADVENTO DA LEI. DEDICAÇÃO EXCLUSIVA. CARACTERIZAÇÃO. *(DEJT divulgado em 16, 17 e 20.9.2010)*

O advogado empregado contratado para jornada de 40 horas semanais, antes da edição da Lei n. 8.906, de 4.7.1994, está sujeito ao regime de dedicação exclusiva disposto no art. 20 da referida lei, pelo que não tem direito à jornada de 20 horas semanais ou 4 diárias.

PRECEDENTE NORMATIVO DA SDC DO TST

Vide PN 31 SDC/TST

PN 31 SDC TST — PROFESSOR (JANELAS) (positivo)

Os tempos vagos (janelas) em que o professor ficar à disposição do curso serão remunerados como aula, no limite de 1 (uma) hora diária por unidade.

§ 1º Não serão descontadas nem computadas como jornada extraordinária as variações de horário no registro de ponto não excedentes de cinco minutos, observado o limite máximo de dez minutos diários. *(Parágrafo incluído pela Lei n. 10.243, de 19.6.2001)*

CONSTITUIÇÃO FEDERAL DE 1988
DOU 5.10.1988

Vide art. 7º, *caput* e incisos XIII, XIV e XVI

Art. 7º São direitos dos trabalhadores urbanos e rurais, além de outros que visem à melhoria de sua condição social:

(...)

XIII — duração do trabalho normal não superior a oito horas diárias e quarenta e quatro semanais, facultada a compensação de horários e a redução da jornada, mediante acordo ou convenção coletiva de trabalho;

XIV — jornada de seis horas para o trabalho realizado em turnos ininterruptos de revezamento, salvo negociação coletiva;

(...)

XVI — remuneração do serviço extraordinário superior, no mínimo, em cinquenta por cento à do normal;

CONSOLIDAÇÃO DAS LEIS DO TRABALHO
Decreto-Lei n. 5.452, de 1º de maio de 1943
DOU 9.8.1943

Vide art. 74, *caput* e § 2º

Art. 74. O horário do trabalho constará de quadro, organizado conforme modelo expedido pelo Ministro do Trabalho, Indústria e Comércio, e afixado em lugar bem visível. Esse quadro será discriminativo no caso de não ser o horário único para todos os empregados de uma mesma seção ou turma.

(...)

§ 2º Para os estabelecimentos de mais de dez trabalhadores será obrigatória a anotação da hora de entrada e de saída, em registro manual, mecânico ou eletrônico, conforme instruções a serem expedidas pelo Ministério do Trabalho, devendo haver pré-assinalação do período de repouso. *(Redação dada pela Lei n. 7.855, de 24.10.1989)*

SÚMULAS DO TST

Vide Súmulas 366, 429 e 449/TST

Súmula 366 TST — CARTÃO DE PONTO. REGISTRO. HORAS EXTRAS. MINUTOS QUE ANTECEDEM E SUCEDEM A JORNADA DE TRABALHO (nova redação) — Res. 197/2015 — DEJT divulgado em 14, 15 e 18.5.2015

Não serão descontadas nem computadas como jornada extraordinária as variações de horário do registro de ponto não excedentes de cinco minutos, observado o limite máximo de dez minutos diários. Se ultrapassado esse limite, será considerada como extra a totalidade do tempo que exceder a jornada normal, pois configurado tempo à disposição do empregador, não importando as atividades desenvolvidas pelo empregado ao longo do tempo residual (troca de uniforme, lanche, higiene pessoal, etc).

Súmula 429 TST — TEMPO À DISPOSIÇÃO DO EMPREGADOR. ART. 4º DA CLT. PERÍODO DE DESLOCAMENTO ENTRE A PORTARIA E O LOCAL DE TRABALHO — Res. 174/2011, DEJT divulgado em 27, 30 e 31.5.2011

Considera-se à disposição do empregador, na forma do art. 4º da CLT, o tempo necessário ao deslocamento do trabalhador entre a portaria da empresa e o local de trabalho, desde que supere o limite de 10 (dez) minutos diários.

Súmula 449 TST — MINUTOS QUE ANTECEDEM E SUCEDEM A JORNADA DE TRABALHO. LEI N. 10.243, DE 19.06.2001. NORMA COLETIVA. FLEXIBILIZAÇÃO. IMPOSSIBILIDADE. (conversão da Orientação Jurisprudencial n. 372 da SBDI-1) — Res. 194/2014, DEJT divulgado em 21, 22 e 23.5.2014

A partir da vigência da Lei n. 10.243, de 19.6.2001, que acrescentou o § 1º ao art. 58 da CLT, não mais prevalece cláusula prevista em convenção ou acordo coletivo que elastece o limite de 5 minutos que antecedem e sucedem a jornada de trabalho para fins de apuração das horas extras.

Art. 58-A

TÍTULO II — DAS NORMAS GERAIS DE TUTELA DO TRABALHO

§ 2º	O tempo despendido pelo empregado até o local de trabalho e para o seu retorno, por qualquer meio de transporte, não será computado na jornada de trabalho, salvo quando, tratando-se de local de difícil acesso ou não servido por transporte público, o empregador fornecer a condução. *(Parágrafo incluído pela Lei n. 10.243, de 19.6.2001)*
§ 3º	Poderão ser fixados, para as microempresas e empresas de pequeno porte, por meio de acordo ou convenção coletiva, em caso de transporte fornecido pelo empregador, em local de difícil acesso ou não servido por transporte público, o tempo médio despendido pelo empregado, bem como a forma e a natureza da remuneração. *(Incluído pela Lei Complementar n. 123, de 2006)*

SÚMULAS DO TST

Vide Súmulas 90, 320 e 429/TST

Súmula 90 TST — HORAS "IN ITINERE". TEMPO DE SERVIÇO (incorporadas as Súmulas ns. 324 e 325 e as Orientações Jurisprudenciais ns. 50 e 236 da SBDI-1) — Res. 129/2005, DJ 20, 22 e 25.4.2005

I — O tempo despendido pelo empregado, em condução fornecida pelo empregador, até o local de trabalho de difícil acesso, ou não servido por transporte público regular, e para o seu retorno é computável na jornada de trabalho. *(ex-Súmula n. 90 — RA 80/1978, DJ 10.11.1978)*

II — A incompatibilidade entre os horários de início e término da jornada do empregado e os do transporte público regular é circunstância que também gera o direito às horas "in itinere". *(ex-OJ n. 50 da SBDI-1 — inserida em 1º.2.1995)*

III — A mera insuficiência de transporte público não enseja o pagamento de horas "in itinere". *(ex-Súmula n. 324 — Res. 16/1993, DJ 21.12.1993)*

IV — Se houver transporte público regular em parte do trajeto percorrido em condução da empresa, as horas "in itinere" remuneradas limitam-se ao trecho não alcançado pelo transporte público. *(ex-Súmula n. 325 — Res. 17/1993, DJ 21.12.1993)*

V — Considerando que as horas "in itinere" são computáveis na jornada de trabalho, o tempo que extrapola a jornada legal é considerado como extraordinário e sobre ele deve incidir o adicional respectivo. *(ex-OJ n. 236 da SBDI-1 — inserida em 20.6.2001)*

Súmula 320 TST — HORAS "IN ITINERE". OBRIGATORIEDADE DE CÔMPUTO NA JORNADA DE TRABALHO (mantida) — Res. 121/2003, DJ 19, 20 e 21.11.2003

O fato de o empregador cobrar, parcialmente ou não, importância pelo transporte fornecido, para local de difícil acesso ou não servido por transporte regular, não afasta o direito à percepção das horas "in itinere".

Súmula 429 TST — TEMPO À DISPOSIÇÃO DO EMPREGADOR. ART. 4º DA CLT. PERÍODO DE DESLOCAMENTO ENTRE A PORTARIA E O LOCAL DE TRABALHO — Res. 174/2011, DEJT divulgado em 27, 30 e 31.5.2011

Considera-se à disposição do empregador, na forma do art. 4º da CLT, o tempo necessário ao deslocamento do trabalhador entre a portaria da empresa e o local de trabalho, desde que supere o limite de 10 (dez) minutos diários.

ORIENTAÇÃO JURISPRUDENCIAL TRANSITÓRIA DA SDI-1 DO TST

Vide OJT 36 SDI-1/TST

OJT 36 SDI-1 TST — HORA "IN ITINERE". TEMPO GASTO ENTRE A PORTARIA DA EMPRESA E O LOCAL DO SERVIÇO. DEVIDA. AÇOMINAS. (mantida) — Res. 175/2011, DEJT divulgado em 27, 30 e 31.5.2011

Configura-se como hora "in itinere" o tempo gasto pelo obreiro para alcançar seu local de trabalho a partir da portaria da Açominas. *(ex-OJ n. 98 da SDI-1 — inserida em 30.5.97)*

Art. 58-A	Considera-se trabalho em regime de tempo parcial aquele cuja duração não exceda a vinte e cinco horas semanais. *(Incluído pela Medida Provisória n. 2.164-41, de 2001)*
§ 1º	O salário a ser pago aos empregados sob o regime de tempo parcial será proporcional à sua jornada, em relação aos empregados que cumprem, nas mesmas funções, tempo integral. *(Incluído pela Medida Provisória n. 2.164-41, de 2001)*
§ 2º	Para os atuais empregados, a adoção do regime de tempo parcial será feita mediante opção manifestada perante a empresa, na forma prevista em instrumento decorrente de negociação coletiva. *(Incluído pela Medida Provisória n. 2.164-41, de 2001)*

TÍTULO II — DAS NORMAS GERAIS DE TUTELA DO TRABALHO

Art. 59

CONSTITUIÇÃO FEDERAL DE 1988
DOU 5.10.1988

Vide art. 7º, caput e inciso XIII

Art. 7º São direitos dos trabalhadores urbanos e rurais, além de outros que visem à melhoria de sua condição social:
(...)
XIII — duração do trabalho normal não superior a oito horas diárias e quarenta e quatro semanais, facultada a compensação de horários e a redução da jornada, mediante acordo ou convenção coletiva de trabalho;

CONSOLIDAÇÃO DAS LEIS DO TRABALHO
Decreto-Lei n. 5.452, de 1º de maio de 1943
DOU 9.8.1943

Vide art. 59, caput e § 4º; art. 130-A; e art. 143, caput e § 3º

Art. 59. A duração normal do trabalho poderá ser acrescida de horas suplementares, em número não excedente de 2 (duas), mediante acordo escrito entre empregador e empregado, ou mediante contrato coletivo de trabalho.
()
§ 4º Os empregados sob o regime de tempo parcial não poderão prestar horas extras. *(Incluído pela Medida Provisória n. 2.164-41, de 2001)*

Art. 130-A. Na modalidade do regime de tempo parcial, após cada período de doze meses de vigência do contrato de trabalho, o empregado terá direito a férias, na seguinte proporção: *(Incluído pela Medida Provisória n. 2.164-41, de 2001)*
I — dezoito dias, para a duração do trabalho semanal superior a vinte e duas horas, até vinte e cinco horas; *(Incluído pela Medida Provisória n. 2.164-41, de 2001)*
II — dezesseis dias, para a duração do trabalho semanal superior a vinte horas, até vinte e duas horas; *(Incluído pela Medida Provisória n. 2.164-41, de 2001)*
III — quatorze dias, para a duração do trabalho semanal superior a quinze horas, até vinte horas; *(Incluído pela Medida Provisória n. 2.164-41, de 2001)*
IV — doze dias, para a duração do trabalho semanal superior a dez horas, até quinze horas; *(Incluído pela Medida Provisória n. 2.164-41, de 2001)*
V — dez dias, para a duração do trabalho semanal superior a cinco horas, até dez horas; *(Incluído pela Medida Provisória n. 2.164-41, de 2001)*
VI — oito dias, para a duração do trabalho semanal igual ou inferior a cinco horas. *(Incluído pela Medida Provisória n. 2.164-41, de 2001)*

Parágrafo único. O empregado contratado sob o regime de tempo parcial que tiver mais de sete faltas injustificadas ao longo do período aquisitivo terá o seu período de férias reduzido à metade. *(Incluído pela Medida Provisória n. 2.164-41, de 2001)*

Art. 143. É facultado ao empregado converter 1/3 (um terço) do período de férias a que tiver direito em abono pecuniário, no valor da remuneração que lhe seria devida nos dias correspondentes. *(Redação dada pelo Decreto-Lei n. 1.535, de 13.4.1977)*
(...)
§ 3º O disposto neste artigo não se aplica aos empregados sob o regime de tempo parcial. *(Incluído pela Medida Provisória n. 2.164-41, de 2001)*

SÚMULA DO TST

Vide Súmula 449/TST

Súmula 449 TST — MINUTOS QUE ANTECEDEM E SUCEDEM A JORNADA DE TRABALHO. LEI N. 10.243, DE 19.6.2001. NORMA COLETIVA. FLEXIBILIZAÇÃO. IMPOSSIBILIDADE. (conversão da Orientação Jurisprudencial n. 372 da SBDI-1) — Res. 194/2014, DEJT divulgado em 21, 22 e 23.5.2014 .

A partir da vigência da Lei n. 10.243, de 19.6.2001, que acrescentou o § 1º ao art. 58 da CLT, não mais prevalece cláusula prevista em convenção ou acordo coletivo que elastece o limite de 5 minutos que antecedem e sucedem a jornada de trabalho para fins de apuração das horas extras.

ORIENTAÇÃO JURISPRUDENCIAL DA SDI-1 DO TST

Vide OJ 358 SDI-1/TST

OJ 358 SDI-1 TST — SALÁRIO MÍNIMO E PISO SALARIAL PROPORCIONAL À JORNADA REDUZIDA. EMPREGADO. SERVIDOR PÚBLICO (redação alterada na sessão do Tribunal Pleno realizada em 16.2.2016) — Res. 202/2016, DEJT divulgado em 19, 22 e 23.2.2016
I — Havendo contratação para cumprimento de jornada reduzida, inferior à previsão constitucional de oito horas diárias ou quarenta e quatro semanais, é lícito o pagamento do piso salarial ou do salário mínimo proporcional ao tempo trabalhado.
II — Na Administração Pública direta, autárquica e fundacional não é válida remuneração de empregado público inferior ao salário mínimo, ainda que cumpra jornada de trabalho reduzida. Precedentes do Supremo Tribunal Federal.

Art. 59 A duração normal do trabalho poderá ser acrescida de horas suplementares, em número não excedente de 2 (duas), mediante acordo escrito entre empregador e empregado, ou mediante contrato coletivo de trabalho.

CONSTITUIÇÃO FEDERAL DE 1988
DOU 5.10.1988

Vide art. 7º, caput e incisos XIII e XVI

Art. 7º São direitos dos trabalhadores urbanos e rurais, além de outros que visem à melhoria de sua condição social:
(...)
XIII — duração do trabalho normal não superior a oito horas diárias e quarenta e quatro semanais, facultada a compensação de horários e a redução da jornada, mediante acordo ou convenção coletiva de trabalho;
(...)
XVI — remuneração do serviço extraordinário superior, no mínimo, em cinquenta por cento à do normal;

CONSOLIDAÇÃO DAS LEIS DO TRABALHO
Decreto-Lei n. 5.452, de 1º de maio de 1943
DOU 9.8.1943

Vide art. 413, caput, incisos I e II e parágrafo único

Art. 413. É vedado prorrogar a duração normal diária do trabalho do menor, salvo: *(Redação dada pelo Decreto-Lei n. 229, de 28.2.1967)*

I — até mais 2 (duas) horas, independentemente de acréscimo salarial, mediante convenção ou acordo coletivo nos termos do Título VI desta Consolidação, desde que o excesso de horas em um dia seja compensado pela diminuição em outro, de modo a ser observado o limite máximo de 48 (quarenta e oito) horas semanais ou outro inferior legalmente fixada; *(Incluído pelo Decreto-Lei n. 229, de 28.2.1967)*

II — excepcionalmente, por motivo de força maior, até o máximo de 12 (doze) horas, com acréscimo salarial de, pelo menos, 25% (vinte e cinco por cento) sobre a hora normal e desde que o trabalho do menor seja imprescindível ao funcionamento do estabelecimento. *(Incluído pelo Decreto-Lei n. 229, de 28.2.1967)*

Parágrafo único. Aplica-se à prorrogação do trabalho do menor o disposto no art. 375, no parágrafo único do art. 376, no art. 378 e no art. 384 desta Consolidação. *(Incluído pelo Decreto-Lei n. 229, de 28.2.1967)*

SÚMULAS DO TST

Vide Súmulas 45, 63, 102, 109, 110, 113, 115, 118, 132, 172, 199, 226, 253, 264, 291, 340, 347, 354, 370, 376 e 444/TST

Súmula 45 TST — SERVIÇO SUPLEMENTAR (mantida) — Res. 121/2003, DJ 19, 20 e 21.11.2003
A remuneração do serviço suplementar, habitualmente prestado, integra o cálculo da gratificação natalina prevista na Lei n. 4.090, de 13.7.1962.

Súmula 63 TST — FUNDO DE GARANTIA (mantida) — Res. 121/2003, DJ 19, 20 e 21.11.2003
A contribuição para o Fundo de Garantia do Tempo de Serviço incide sobre a remuneração mensal devida ao empregado, inclusive horas extras e adicionais eventuais.

Súmula 102 TST — BANCÁRIO. CARGO DE CONFIANÇA (mantida) — Res. 174/2011, DEJT divulgado em 27, 30 e 31.5.2011
I — A configuração, ou não, do exercício da função de confiança a que se refere o art. 224, § 2º, da CLT, dependente da prova das reais atribuições do empregado, é insuscetível de exame mediante recurso de revista ou de embargos. *(ex-Súmula n. 204 — alterada pela Res. 121/2003, DJ 21.11.2003)*
II — O bancário que exerce a função a que se refere o § 2º do art. 224 da CLT e recebe gratificação não inferior a um terço de seu salário já tem remuneradas as duas horas extraordinárias excedentes de seis. *(ex-Súmula n. 166 — RA 102/1982, DJ 11.10.1982 e DJ 15.10.1982)*
III — Ao bancário exercente de cargo de confiança previsto no artigo 224, § 2º, da CLT são devidas as 7ª e 8ª horas, como extras, no período em que se verificar o pagamento a menor da gratificação de 1/3. *(ex-OJ n. 288 da SBDI-1 — DJ 11.8.2003)*
IV — O bancário sujeito à regra do art. 224, § 2º, da CLT cumpre jornada de trabalho de 8 (oito) horas, sendo extraordinárias as trabalhadas além da oitava. *(ex-Súmula n. 232- RA 14/1985, DJ 19.9.1985)*
V — O advogado empregado de banco, pelo simples exercício da advocacia, não exerce cargo de confiança, não se enquadrando, portanto, na hipótese do § 2º do art. 224 da CLT. *(ex-OJ n. 222 da SBDI-1 — inserida em 20.6.2001)*
VI — O caixa bancário, ainda que caixa executivo, não exerce cargo de confiança. Se perceber gratificação igual ou superior a um terço do salário do posto efetivo, essa remunera apenas a maior responsabilidade do cargo e não as duas horas extraordinárias além da sexta. *(ex-Súmula n. 102 — RA 66/1980, DJ 18.06.1980 e republicada DJ 14.7.1980)*
VII — O bancário exercente de função de confiança, que percebe a gratificação não inferior ao terço legal, ainda que norma coletiva contemple percentual superior, não tem direito às sétima e oitava horas como extras, mas tão somente às diferenças de gratificação de função, se postuladas. *(ex-OJ n. 15 da SBDI-1 — inserida em 14.3.1994)*

Súmula 109 TST — GRATIFICAÇÃO DE FUNÇÃO (mantida) — Res. 121/2003, DJ 19, 20 e 21.11.2003
O bancário não enquadrado no § 2º do art. 224 da CLT, que receba gratificação de função, não pode ter o salário relativo a horas extraordinárias compensado com o valor daquela vantagem.

Súmula 110 TST — JORNADA DE TRABALHO. INTERVALO (mantida) — Res. 121/2003, DJ 19, 20 e 21.11.2003
No regime de revezamento, as horas trabalhadas em seguida ao repouso semanal de 24 horas, com prejuízo do intervalo mínimo de 11 horas consecutivas para descanso entre jornadas, devem ser remuneradas como extraordinárias, inclusive com o respectivo adicional.

Súmula 113 TST — BANCÁRIO. SÁBADO. DIA ÚTIL (mantida) — Res. 121/2003, DJ 19, 20 e 21.11.2003
O sábado do bancário é dia útil não trabalhado, não dia de repouso remunerado. Não cabe a repercussão do pagamento de horas extras habituais em sua remuneração.

Súmula 115 TST — HORAS EXTRAS. GRATIFICAÇÕES SEMESTRAIS (nova redação) — Res. 121/2003, DJ 19, 20 e 21.11.2003
O valor das horas extras habituais integra a remuneração do trabalhador para o cálculo das gratificações semestrais.

Súmula 118 TST — JORNADA DE TRABALHO. HORAS EXTRAS (mantida) — Res. 121/2003, DJ 19, 20 e 21.11.2003
Os intervalos concedidos pelo empregador na jornada de trabalho, não previstos em lei, representam tempo à disposição da empresa, remunerados como serviço extraordinário, se acrescidos ao final da jornada.

Súmula 132 TST — ADICIONAL DE PERICULOSIDADE. INTEGRAÇÃO (incorporadas as Orientações Jurisprudenciais ns. 174 e 267 da SBDI-1) — Res. 129/2005, DJ 20, 22 e 25.04.2005
I — O adicional de periculosidade, pago em caráter permanente, integra o cálculo de indenização e de horas extras (ex-Prejulgado n. 3). *(ex-Súmula n. 132 — RA 102/1982, DJ 11.10.1982/ DJ 15.10.1982 — e ex-OJ n. 267 da SBDI-1 — inserida em 27.09.2002)*
II — Durante as horas de sobreaviso, o empregado não se encontra em condições de risco, razão pela qual é incabível a integração do adicional de periculosidade sobre as mencionadas horas. *(ex-OJ n. 174 da SBDI-1 — inserida em 08.11.2000)*

Súmula 172 TST — REPOUSO REMUNERADO. HORAS EXTRAS. CÁLCULO (mantida) — Res. 121/2003, DJ 19, 20 e 21.11.2003

TÍTULO II — DAS NORMAS GERAIS DE TUTELA DO TRABALHO

Art. 59

Computam-se no cálculo do repouso remunerado as horas extras habitualmente prestadas. *(ex-Prejulgado n. 52)*

Súmula 199 TST — BANCÁRIO. PRÉ-CONTRATAÇÃO DE HORAS EXTRAS (incorporadas as Orientações Jurisprudenciais ns. 48 e 63 da SBDI-1) — Res. 129/2005, DJ 20, 22 e 25.4.2005

I — A contratação do serviço suplementar, quando da admissão do trabalhador bancário, é nula. Os valores assim ajustados apenas remuneram a jornada normal, sendo devidas as horas extras com o adicional de, no mínimo, 50% (cinquenta por cento), as quais não configuram pré-contratação, se pactuadas após a admissão do bancário. *(ex-Súmula n. 199 — alterada pela Res. 41/1995, DJ 21.2.1995 — e ex-OJ n. 48 da SBDI-1 — inserida em 25.11.1996)*

II — Em se tratando de horas extras pré-contratadas, opera-se a prescrição total se a ação não for ajuizada no prazo de cinco anos, a partir da data em que foram suprimidas. *(ex-OJ n. 63 da SBDI-1 — inserida em 14.03.1994)*

Súmula 226 TST — BANCÁRIO. GRATIFICAÇÃO POR TEMPO DE SERVIÇO. INTEGRAÇÃO NO CÁLCULO DAS HORAS EXTRAS (mantida) — Res. 121/2003, DJ 19, 20 e 21.11.2003

A gratificação por tempo de serviço integra o cálculo das horas extras.

Súmula 253 TST — GRATIFICAÇÃO SEMESTRAL. REPERCUSSÕES (nova redação) — Res. 121/2003, DJ 19, 20 e 21.11.2003

A gratificação semestral não repercute no cálculo das horas extras, das férias e do aviso prévio, ainda que indenizados. Repercute, contudo, pelo seu duodécimo na indenização por antiguidade e na gratificação natalina.

Súmula 264 TST — HORA SUPLEMENTAR. CÁLCULO (mantida) — Res. 121/2003, DJ 19, 20 e 21.11.2003

A remuneração do serviço suplementar é composta do valor da hora normal, integrado por parcelas de natureza salarial e acrescido do adicional previsto em lei, contrato, acordo, convenção coletiva ou sentença normativa.

Súmula 291 TST — HORAS EXTRAS. HABITUALIDADE. SUPRESSÃO. INDENIZAÇÃO. (nova redação em decorrência do julgamento do processo TST-IUJERR 10700-45.2007.5.22.0101) — Res. 174/2011, DEJT divulgado em 27, 30 e 31.5.2011

A supressão total ou parcial, pelo empregador, de serviço suplementar prestado com habitualidade, durante pelo menos 1 (um) ano, assegura ao empregado o direito à indenização correspondente ao valor de 1 (um) mês das horas suprimidas, total ou parcialmente, para cada ano ou fração igual ou superior a seis meses de prestação de serviço acima da jornada normal. O cálculo observará a média das horas suplementares nos últimos 12 (doze) meses anteriores à mudança, multiplicada pelo valor da hora extra do dia da supressão.

Súmula 340 TST — COMISSIONISTA. HORAS EXTRAS (nova redação) — Res. 121/2003, DJ 19, 20 e 21.11.2003

O empregado, sujeito a controle de horário, remunerado à base de comissões, tem direito ao adicional de, no mínimo, 50% (cinquenta por cento) pelo trabalho em horas extras, calculado sobre o valor-hora das comissões recebidas no mês, considerando-se como divisor o número de horas efetivamente trabalhadas.

Súmula 347 TST — HORAS EXTRAS HABITUAIS. APURAÇÃO. MÉDIA FÍSICA (mantida) — Res. 121/2003, DJ 19, 20 e 21.11.2003

O cálculo do valor das horas extras habituais, para efeito de reflexos em verbas trabalhistas, observará o número de horas efetivamente prestadas e a ele aplica-se o valor do salário-hora da época do pagamento daquelas verbas.

Súmula 354 TST — GORJETAS. NATUREZA JURÍDICA. REPERCUSSÕES (mantida) — Res. 121/2003, DJ 19, 20 e 21.11.2003

As gorjetas, cobradas pelo empregador na nota de serviço ou oferecidas espontaneamente pelos clientes, integram a remuneração do empregado, não servindo de base de cálculo para as parcelas de aviso prévio, adicional noturno, horas extras e repouso semanal remunerado.

Súmula 370 TST — MÉDICO E ENGENHEIRO. JORNADA DE TRABALHO. LEIS NS. 3.999/1961 E 4.950-A/1966 (conversão das Orientações Jurisprudenciais ns. 39 e 53 da SBDI-1) — Res. 129/2005, DJ 20, 22 e 25.4.2005

Tendo em vista que as Leis n. 3.999/1961 e 4.950-A/1966 não estipulam a jornada reduzida, mas apenas estabelecem o salário mínimo da categoria para uma jornada de 4 horas para os médicos e de 6 horas para os engenheiros, não há que se falar em horas extras, salvo as excedentes à oitava, desde que seja respeitado o salário mínimo/horário das categorias. *(ex-OJs ns. 39 e 53 da SBDI-1 — inseridas, respectivamente, em 07.11.1994 e 29.04.1994)*

Súmula 376 TST — HORAS EXTRAS. LIMITAÇÃO. ART. 59 DA CLT. REFLEXOS (conversão das Orientações Jurisprudenciais ns. 89 e 117 da SBDI-1) — Res. 129/2005, DJ 20, 22 e 25.4.2005

I — A limitação legal da jornada suplementar a duas horas diárias não exime o empregador de pagar todas as horas trabalhadas. *(ex-OJ n. 117 da SBDI-1 — inserida em 20.11.1997)*

II — O valor das horas extras habitualmente prestadas integra o cálculo dos haveres trabalhistas, independentemente da limitação prevista no "caput" do art. 59 da CLT. *(ex-OJ n. 89 da SBDI-1 — inserida em 28.04.1997)*

Súmula 444 TST — JORNADA DE TRABALHO. NORMA COLETIVA. LEI. ESCALA DE 12 POR 36. VALIDADE. — Res. 185/2012, DEJT divulgado em 25, 26 e 27.9.2012 — republicada em decorrência do despacho proferido no processo TST-PA-504.280/2012.2 — DEJT divulgado em 26.11.2012

É válida, em caráter excepcional, a jornada de doze horas de trabalho por trinta e seis de descanso, prevista em lei ou ajustada exclusivamente mediante acordo coletivo de trabalho ou convenção coletiva de trabalho, assegurada a remuneração em dobro dos feriados trabalhados. O empregado não tem direito ao pagamento de adicional referente ao labor prestado na décima primeira e décima segunda horas.

ORIENTAÇÕES JURISPRUDENCIAIS DA SDI-1 DO TST

Vide OJs 47, 233, 235, 275, 323, 332, 394, 397, 403, 415 e 420 SDI-1/TST

OJ 47 SDI-1 TST — HORA EXTRA. ADICIONAL DE INSALUBRIDADE. BASE DE CÁLCULO (alterada) — Res. 148/2008, DJ 4 e 7.7.2008 — Republicada DJ 8, 9 e 10.7.2008

A base de cálculo da hora extra é o resultado da soma do salário contratual mais o adicional de insalubridade.

OJ 233 SDI-1 TST — HORAS EXTRAS. COMPROVAÇÃO DE PARTE DO PERÍODO ALEGADO (nova redação) — DJ 20.4.2005

159

Art. 59

TÍTULO II — DAS NORMAS GERAIS DE TUTELA DO TRABALHO

A decisão que defere horas extras com base em prova oral ou documental não ficará limitada ao tempo por ela abrangido, desde que o julgador fique convencido de que o procedimento questionado superou aquele período.

OJ 235 SDI-1 TST — HORAS EXTRAS. SALÁRIO POR PRODUÇÃO (redação alterada na sessão do Tribunal Pleno realizada em 16.04.2012) — Res. 182/2012, DEJT divulgado em 19, 20 e 23.4.2012

O empregado que recebe salário por produção e trabalha em sobrejornada tem direito à percepção apenas do adicional de horas extras, exceto no caso do empregado cortador de cana, a quem é devido o pagamento das horas extras e do adicional respectivo.

OJ 275 SDI-1 TST — TURNO ININTERRUPTO DE REVEZAMENTO. HORISTA. HORAS EXTRAS E ADICIONAL. DEVIDOS (inserida em 27.9.2002)

Inexistindo instrumento coletivo fixando jornada diversa, o empregado horista submetido a turno ininterrupto de revezamento faz jus ao pagamento das horas extraordinárias laboradas além da 6ª, bem como ao respectivo adicional.

OJ 323 SDI-1 TST — ACORDO DE COMPENSAÇÃO DE JORNADA. "SEMANA ESPANHOLA". VALIDADE *(DJ 9.12.2003)*

É válido o sistema de compensação de horário quando a jornada adotada é a denominada "semana espanhola", que alterna a prestação de 48 horas em uma semana e 40 horas em outra, não violando os arts. 59, § 2º, da CLT e 7º, XIII, da CF/88 o seu ajuste mediante acordo ou convenção coletiva de trabalho.

OJ 332 SDI-1 TST — MOTORISTA. HORAS EXTRAS. ATIVIDADE EXTERNA. CONTROLE DE JORNADA POR TACÓGRAFO. RESOLUÇÃO N. 816/86 DO CONTRAN *(DJ 9.12.2003)*

O tacógrafo, por si só, sem a existência de outros elementos, não serve para controlar a jornada de trabalho de empregado que exerce atividade externa.

OJ 394 SDI-1 TST — REPOUSO SEMANAL REMUNERADO — RSR. INTEGRAÇÃO DAS HORAS EXTRAS. NÃO REPERCUSSÃO NO CÁLCULO DAS FÉRIAS, DO DÉCIMO TERCEIRO SALÁRIO, DO AVISO PRÉVIO E DOS DEPÓSITOS DO FGTS. *(DEJT divulgado em 9, 10 e 11.6.2010)*

A majoração do valor do repouso semanal remunerado, em razão da integração das horas extras habitualmente prestadas, não repercute no cálculo das férias, da gratificação natalina, do aviso prévio e do FGTS, sob pena de caracterização de "bis in idem".

OJ 397 SDI-1 TST — COMISSIONISTA MISTO. HORAS EXTRAS. BASE DE CÁLCULO. APLICAÇÃO DA SÚMULA N. 340 DO TST. (DEJT divulgado em 2, 3 e 4.8.2010)

O empregado que recebe remuneração mista, ou seja, uma parte fixa e outra variável, tem direito a horas extras pelo trabalho em sobrejornada. Em relação à parte fixa, são devidas as horas simples acrescidas do adicional de horas extras. Em relação à parte variável, é devido somente o adicional de horas extras, aplicando-se à hipótese o disposto na Súmula n. 340 do TST.

OJ 403 SDI-1 TST — ADVOGADO EMPREGADO. CONTRATAÇÃO ANTERIOR A LEI N. 8.906, de 4.7.1994. JORNADA DE TRABALHO MANTIDA COM O ADVENTO DA LEI. DEDICAÇÃO EXCLUSIVA. CARACTERIZAÇÃO. *(DEJT divulgado em 16, 17 e 20.9.2010)*

O advogado empregado contratado para jornada de 40 horas semanais, antes da edição da Lei n. 8.906, de 4.7.1994, está sujeito ao regime de dedicação exclusiva disposto no art. 20 da referida lei, pelo que não tem direito à jornada de 20 horas semanais ou 4 diárias.

OJ 415 SDI-1 TST — HORAS EXTRAS. RECONHECIMENTO EM JUÍZO. CRITÉRIO DE DEDUÇÃO/ABATIMENTO DOS VALORES COMPROVADAMENTE PAGOS NO CURSO DO CONTRATO DE TRABALHO. *(DEJT divulgado em 14, 15 e 16.2.2012)*

A dedução das horas extras comprovadamente pagas daquelas reconhecidas em juízo não pode ser limitada ao mês de apuração, devendo ser integral e aferida pelo total das horas extraordinárias quitadas durante o período imprescrito do contrato de trabalho.

OJ 420 SDI-1 TST — TURNOS ININTERRUPTOS DE REVEZAMENTO. ELASTECIMENTO DA JORNADA DE TRABALHO. NORMA COLETIVA COM EFICÁCIA RETROATIVA. INVALIDADE. (DEJT divulgado em 28 e 29.6.2012 e 2.7.2012)

É inválido o instrumento normativo que, regularizando situações pretéritas, estabelece jornada de oito horas para o trabalho em turnos ininterruptos de revezamento.

PRECEDENTE NORMATIVO DA SDC DO TST

Vide PN 32 SDC/TST

PN 32 SDC TST — JORNADA DO ESTUDANTE (positivo)

Proíbe-se a prorrogação da jornada de trabalho do empregado estudante, ressalvadas as hipóteses dos arts. 59 e 61 da CLT.

§ 1º
Do acordo ou do contrato coletivo de trabalho deverá constar, obrigatoriamente, a importância da remuneração da hora suplementar, que será, pelo menos, 20% (vinte por cento) superior à da hora normal.

CONSTITUIÇÃO FEDERAL DE 1988
DOU 5.10.1988

Vide art. 7º, *caput* e inciso XVI

Art. 7º São direitos dos trabalhadores urbanos e rurais, além de outros que visem à melhoria de sua condição social:

(...)

XVI — remuneração do serviço extraordinário superior, no mínimo, em cinquenta por cento à do normal;

SÚMULAS DO TST

Vide Súmulas 63, 85, 90, 146, 199, 264, 340 e 431/TST

Súmula 63 TST — FUNDO DE GARANTIA (mantida) — Res. 121/2003, DJ 19, 20 e 21.11.2003

TÍTULO II — DAS NORMAS GERAIS DE TUTELA DO TRABALHO

Art. 59

A contribuição para o Fundo de Garantia do Tempo de Serviço incide sobre a remuneração mensal devida ao empregado, inclusive horas extras e adicionais eventuais.

Súmula 85 TST — COMPENSAÇÃO DE JORNADA (inserido o item V) — Res. 174/2011, DEJT divulgado em 27, 30 e 31.5.2011

I — A compensação de jornada de trabalho deve ser ajustada por acordo individual escrito, acordo coletivo ou convenção coletiva. *(ex-Súmula n. 85 — primeira parte — alterada pela Res. 121/2003, DJ 21.11.2003)*

II — O acordo individual para compensação de horas é válido, salvo se houver norma coletiva em sentido contrário. *(ex-OJ n. 182 da SBDI-1 — inserida em 8.11.2000)*

III — O mero não atendimento das exigências legais para a compensação de jornada, inclusive quando encetada mediante acordo tácito, não implica a repetição do pagamento das horas excedentes à jornada normal diária, se não dilatada a jornada máxima semanal, sendo devido apenas o respectivo adicional. *(ex-Súmula n. 85 — segunda parte — alterada pela Res. 121/2003, DJ 21.11.2003)*

IV — A prestação de horas extras habituais descaracteriza o acordo de compensação de jornada. Nesta hipótese, as horas que ultrapassarem a jornada semanal normal deverão ser pagas como horas extraordinárias e, quanto àquelas destinadas à compensação, deverá ser pago a mais apenas o adicional por trabalho extraordinário. *(ex-OJ n. 220 da SBDI-1 — inserida em 20.6.2001)*

V — As disposições contidas nesta súmula não se aplicam ao regime compensatório na modalidade "banco de horas", que somente pode ser instituído por negociação coletiva.

VI — Não é válido acordo de compensação de jornada em atividade insalubre, ainda que estipulado em norma coletiva, sem a necessária inspeção prévia e permissão da autoridade competente, na forma do art. 60 da CLT.

Súmula 90 TST — HORAS "IN ITINERE". TEMPO DE SERVIÇO (incorporadas as Súmulas ns. 324 e 325 e as Orientações Jurisprudenciais ns. 50 e 236 da SBDI-1) — Res. 129/2005, DJ 20, 22 e 25.4.2005

I — O tempo despendido pelo empregado, em condução fornecida pelo empregador, até o local de trabalho de difícil acesso, ou não servido por transporte público regular, e para o seu retorno é computável na jornada de trabalho. *(ex-Súmula 90 — RA 80/1978, DJ 10.11.1978)*

II — A incompatibilidade entre os horários de início e término da jornada do empregado e os do transporte público regular é circunstância que também gera o direito às horas "in itinere". *(ex-OJ n. 50 da SBDI-1 — inserida em 1º.2.1995)*

III — A mera insuficiência de transporte público não enseja o pagamento de horas "in itinere". *(ex-Súmula n. 324 — Res. 16/1993, DJ 21.12.1993)*

IV — Se houver transporte público regular em parte do trajeto percorrido em condução da empresa, as horas "in itinere" remuneradas limitam-se ao trecho não alcançado pelo transporte público. *(ex-Súmula n. 325 — Res. 17/1993, DJ 21.12.1993)*

V — Considerando que as horas "in itinere" são computáveis na jornada de trabalho, o tempo que extrapola a jornada legal é considerado como extraordinário e sobre ele deve incidir o adicional respectivo. *(ex-OJ n. 236 da SBDI-1 — inserida em 20.6.2001)*

Súmula 146 TST — TRABALHO EM DOMINGOS E FERIADOS, NÃO COMPENSADO (incorporada a Orientação Jurisprudencial n. 93 da SBDI-1) — Res. 121/2003, DJ 19, 20 e 21.11.2003

O trabalho prestado em domingos e feriados, não compensado, deve ser pago em dobro, sem prejuízo da remuneração relativa ao repouso semanal.

Súmula 199 TST — BANCÁRIO. PRÉ-CONTRATAÇÃO DE HORAS EXTRAS (incorporadas as Orientações Jurisprudenciais ns. 48 e 63 da SBDI-1) — Res. 129/2005, DJ 20, 22 e 25.4.2005

I — A contratação do serviço suplementar, quando da admissão do trabalhador bancário, é nula. Os valores assim ajustados apenas remuneram a jornada normal, sendo devidas as horas extras com o adicional de, no mínimo, 50% (cinquenta por cento), as quais não configuram pré-contratação, se pactuadas após a admissão do bancário. *(ex-Súmula n. 199 — alterada pela Res. 41/1995, DJ 21.2.1995 — e ex-OJ n. 48 da SBDI-1 — inserida em 25.11.1996)*

II — Em se tratando de horas extras pré-contratadas, opera-se a prescrição total se a ação não for ajuizada no prazo de cinco anos, a partir da data em que foram suprimidas. *(ex-OJ n. 63 da SBDI-1 — inserida em 14.3.1994)*

Súmula 264 TST — HORA SUPLEMENTAR. CÁLCULO (mantida) — Res. 121/2003, DJ 19, 20 e 21.11.2003

A remuneração do serviço suplementar é composta do valor da hora normal, integrado por parcelas de natureza salarial e acrescido do adicional previsto em lei, contrato, acordo, convenção coletiva ou sentença normativa.

Súmula 340 TST — COMISSIONISTA. HORAS EXTRAS (nova redação) — Res. 121/2003, DJ 19, 20 e 21.11.2003

O empregado, sujeito a controle de horário, remunerado à base de comissões, tem direito ao adicional de, no mínimo, 50% (cinquenta por cento) pelo trabalho em horas extras, calculado sobre o valor-hora das comissões recebidas no mês, considerando-se como divisor o número de horas efetivamente trabalhadas.

Súmula 431 TST — SALÁRIO-HORA. EMPREGADO SUJEITO AO REGIME GERAL DE TRABALHO (ART. 58, CAPUT, DA CLT). 40 HORAS SEMANAIS. CÁLCULO. APLICAÇÃO DO DIVISOR 200 (redação alterada na sessão do tribunal pleno realizada em 14.9.2012) — Res. 185/2012, DEJT divulgado em 25, 26 e 27.9.2012

Para os empregados a que alude o art. 58, *caput*, da CLT, quando sujeitos a 40 horas semanais de trabalho, aplica-se o divisor 200 (duzentos) para o cálculo do valor do salário-hora.

ORIENTAÇÕES JURISPRUDENCIAIS DA SDI-1 DO TST

Vide OJs 235, 242 e 415 SDI-1/TST

OJ 235 SDI-1 TST — HORAS EXTRAS. SALÁRIO POR PRODUÇÃO (redação alterada na sessão do Tribunal Pleno realizada em 16.04.2012) — Res. 182/2012, DEJT divulgado em 19, 20 e 23.4.2012

O empregado que recebe salário por produção e trabalha em sobrejornada tem direito à percepção apenas do adicional de horas extras, exceto no caso do empregado cortador de cana, a quem é devido o pagamento das horas extras e do adicional respectivo.

OJ 242 SDI-1 TST — PRESCRIÇÃO TOTAL. HORAS EXTRAS. ADICIONAL. INCORPORAÇÃO *(inserida em 20.6.2001)*

Embora haja previsão legal para o direito à hora extra, inexiste previsão para a incorporação ao salário do respectivo adicional, razão pela qual deve incidir a prescrição total.

Art. 59

TÍTULO II — DAS NORMAS GERAIS DE TUTELA DO TRABALHO

OJ 415 SDI-1 TST — HORAS EXTRAS. RECONHECIMENTO EM JUÍZO. CRITÉRIO DE DEDUÇÃO/ ABATIMENTO DOS VALORES COMPROVADAMENTE PAGOS NO CURSO DO CONTRATO DE TRABALHO. *(DEJT divulgado em 14, 15 e 16.2.2012)*

A dedução das horas extras comprovadamente pagas daquelas reconhecidas em juízo não pode ser limitada ao mês de apuração, devendo ser integral e aferida pelo total das horas extraordinárias quitadas durante o período imprescrito do contrato de trabalho.

§ 2º Poderá ser dispensado o acréscimo de salário se, por força de acordo ou convenção coletiva de trabalho, o excesso de horas em um dia for compensado pela correspondente diminuição em outro dia, de maneira que não exceda, no período máximo de um ano, à soma das jornadas semanais de trabalho previstas, nem seja ultrapassado o limite máximo de dez horas diárias. *(Redação dada pela Medida Provisória n. 2.164-41, de 2001)*

SÚMULAS DO TST

Vide Súmulas 85, 146 e 444/TST

Súmula 85 TST — COMPENSAÇÃO DE JORNADA (inserido o item V) — Res. 174/2011, DEJT divulgado em 27, 30 e 31.5.2011

I — A compensação de jornada de trabalho deve ser ajustada por acordo individual escrito, acordo coletivo ou convenção coletiva. *(ex-Súmula n. 85 — primeira parte — alterada pela Res. 121/2003, DJ 21.11.2003)*

II — O acordo individual para compensação de horas é válido, salvo se houver norma coletiva em sentido contrário. *(ex-OJ n. 182 da SBDI-1 — inserida em 8.11.2000)*

III — O mero não atendimento das exigências legais para a compensação de jornada, inclusive quando encetada mediante acordo tácito, não implica a repetição do pagamento das horas excedentes à jornada normal diária, se não dilatada a jornada máxima semanal, sendo devido apenas o respectivo adicional. *(ex-Súmula n. 85 — segunda parte — alterada pela Res. 121/2003, DJ 21.11.2003)*

IV — A prestação de horas extras habituais descaracteriza o acordo de compensação de jornada. Nesta hipótese, as horas que ultrapassarem a jornada semanal normal deverão ser pagas como horas extraordinárias e, quanto àquelas destinadas à compensação, deverá ser pago a mais apenas o adicional por trabalho extraordinário. *(ex-OJ n. 220 da SBDI-1 — inserida em 20.6.2001)*

V — As disposições contidas nesta súmula não se aplicam ao regime compensatório na modalidade "banco de horas", que somente pode ser instituído por negociação coletiva.

VI — Não é válido acordo de compensação de jornada em atividade insalubre, ainda que estipulado em norma coletiva, sem a necessária inspeção prévia e permissão da autoridade competente, na forma do art. 60 da CLT.

Súmula 146 TST — TRABALHO EM DOMINGOS E FERIADOS, NÃO COMPENSADO (incorporada a Orientação Jurisprudencial n. 93 da SBDI-1) — Res. 121/2003, DJ 19, 20 e 21.11.2003

O trabalho prestado em domingos e feriados, não compensado, deve ser pago em dobro, sem prejuízo da remuneração relativa ao repouso semanal.

Súmula 444 TST — JORNADA DE TRABALHO. NORMA COLETIVA. LEI. ESCALA DE 12 POR 36. VALIDADE. — Res. 185/2012, DEJT divulgado em 25, 26 e 27.09.2012 — republicada em decorrência do despacho proferido no processo TST-PA-504.280/2012.2 — DEJT divulgado em 26.11.2012

É valida, em caráter excepcional, a jornada de doze horas de trabalho por trinta e seis de descanso, prevista em lei ou ajustada exclusivamente mediante acordo coletivo de trabalho ou convenção coletiva de trabalho, assegurada a remuneração em dobro dos feriados trabalhados. O empregado não tem direito ao pagamento de adicional referente ao labor prestado na décima primeira e décima segunda horas.

ORIENTAÇÕES JURISPRUDENCIAIS DA SDI-1 DO TST

Vide OJs 323, 342 e 415 SDI-1/TST

OJ 323 SDI-1 TST — ACORDO DE COMPENSAÇÃO DE JORNADA. "SEMANA ESPANHOLA". VALIDADE *(DJ 9.12.2003)*

É válido o sistema de compensação de horário quando a jornada adotada é a denominada "semana espanhola", que alterna a prestação de 48 horas em uma semana e 40 horas em outra, não violando os arts. 59, § 2º, da CLT e 7º, XIII, da CF/88 o seu ajuste mediante acordo ou convenção coletiva de trabalho.

OJ 342 SDI-1 TST — INTERVALO INTRAJORNADA PARA REPOUSO E ALIMENTAÇÃO. NÃO CONCESSÃO OU REDUÇÃO. PREVISÃO EM NORMA COLETIVA. INVALIDADE. EXCEÇÃO AOS CONDUTORES DE VEÍCULOS RODOVIÁRIOS, EMPREGADOS EM EMPRESAS DE TRANSPORTE COLETIVO URBANO (cancelada. Convertido o item I no item II da Súmula n. 437) — Res. 186/2012, DEJT divulgado em 25, 26 e 27.9.2012

I — É inválida cláusula de acordo ou convenção coletiva de trabalho contemplando a supressão ou redução do intervalo intrajornada porque este constitui medida de higiene, saúde e segurança do trabalho, garantido por norma de ordem pública (art. 71 da CLT e art. 7º, XXII, da CF/1988), infenso à negociação coletiva.

II — Ante a natureza do serviço e em virtude das condições especiais de trabalho a que são submetidos estritamente os condutores e cobradores de veículos rodoviários, empregados em empresas de transporte público coletivo urbano, é válida cláusula de acordo ou convenção coletiva de trabalho contemplando a redução do intervalo intrajornada, desde que garantida a redução da jornada para, no mínimo, sete horas diárias ou quarenta e duas semanais, não prorrogada, mantida a mesma remuneração e concedidos intervalos para descanso menores e fracionados ao final de cada viagem, não descontados da jornada.

TÍTULO II — DAS NORMAS GERAIS DE TUTELA DO TRABALHO

Art. 60

OJ 415 SDI-1 TST — HORAS EXTRAS. RECONHECIMENTO EM JUÍZO. CRITÉRIO DE DEDUÇÃO/ABATIMENTO DOS VALORES COMPROVADAMENTE PAGOS NO CURSO DO CONTRATO DE TRABALHO. *(DEJT divulgado em 14, 15 e 16.2.2012)*

A dedução das horas extras comprovadamente pagas daquelas reconhecidas em juízo não pode ser limitada ao mês de apuração, devendo ser integral e aferida pelo total das horas extraordinárias quitadas durante o período imprescrito do contrato de trabalho.

PRECEDENTE NORMATIVO DA SDC DO TST

Vide PN 87 SDC/TST

PN SDC TST — TRABALHO EM DOMINGOS E FERIADOS. PAGAMENTO DOS SALÁRIOS (positivo)

É devida a remuneração em dobro do trabalho em domingos e feriados não compensados, sem prejuízo do pagamento do repouso remunerado, desde que, para este, não seja estabelecido outro dia pelo empregador.

§ 3º Na hipótese de rescisão do contrato de trabalho sem que tenha havido a compensação integral da jornada extraordinária, na forma do parágrafo anterior, fará o trabalhador jus ao pagamento das horas extras não compensadas, calculadas sobre o valor da remuneração na data da rescisão. *(Incluído pela Lei n. 9.601, de 21.1.1998)*

CONSOLIDAÇÃO DAS LEIS DO TRABALHO
Decreto-Lei n. 5.452, de 1º de maio de 1943
DOU 9.8.1943

Vide art. 59, caput e § 2º

Art. 59. A duração normal do trabalho poderá ser acrescida de horas suplementares, em número não excedente de 2 (duas), mediante acordo escrito entre empregador e empregado, ou mediante contrato coletivo de trabalho.
(...)
§ 2º Poderá ser dispensado o acréscimo de salário se, por força de acordo ou convenção coletiva de trabalho, o excesso de horas em um dia for compensado pela correspondente diminuição em outro dia, de maneira que não exceda, no período máximo de um ano, à soma das jornadas semanais de trabalho previstas, nem seja ultrapassado o limite máximo de dez horas diárias. *(Redação dada pela Medida Provisória n. 2.164-41, de 2001)*

ORIENTAÇÃO JURISPRUDENCIAL DA SDI-1 DO TST

Vide OJ 415 SDI-1/TST

OJ 415 SDI-1 TST — HORAS EXTRAS. RECONHECIMENTO EM JUÍZO. CRITÉRIO DE DEDUÇÃO/ABATIMENTO DOS VALORES COMPROVADAMENTE PAGOS NO CURSO DO CONTRATO DE TRABALHO. *(DEJT divulgado em 14, 15 e 16.2.2012)*

A dedução das horas extras comprovadamente pagas daquelas reconhecidas em juízo não pode ser limitada ao mês de apuração, devendo ser integral e aferida pelo total das horas extraordinárias quitadas durante o período imprescrito do contrato de trabalho.

§ 4º Os empregados sob o regime de tempo parcial não poderão prestar horas extras. *(Incluído pela Medida Provisória n. 2.164-41, de 2001)*

CONSOLIDAÇÃO DAS LEIS DO TRABALHO
Decreto-Lei n. 5.452, de 1º de maio de 1943
DOU 9.8.1943

Vide art. 58-A, caput e §§ 1º e 2º

Art. 58-A. Considera-se trabalho em regime de tempo parcial aquele cuja duração não exceda a vinte e cinco horas semanais. *(Incluído pela Medida Provisória n. 2.164-41, de 2001)*

§ 1º O salário a ser pago aos empregados sob o regime de tempo parcial será proporcional à sua jornada, em relação aos empregados que cumprem, nas mesmas funções, tempo integral. *(Incluído pela Medida Provisória n. 2.164-41, de 2001)*

§ 2º Para os atuais empregados, a adoção do regime de tempo parcial será feita mediante opção manifestada perante a empresa, na forma prevista em instrumento decorrente de negociação coletiva. *(Incluído pela Medida Provisória n. 2.164-41, de 2001)*

Art. 60 Nas atividades insalubres, assim consideradas as constantes dos quadros mencionados no capítulo "Da Segurança e da Medicina do Trabalho", ou que neles venham a ser incluídas por ato do Ministro do Trabalho, Indústria e Comércio, quaisquer prorrogações só poderão ser acordadas mediante licença prévia das autoridades competentes em matéria de higiene do trabalho, as quais, para esse efeito, procederão aos necessários exames locais e à verificação dos métodos e processos de trabalho, quer diretamente, quer por intermédio de autoridades sanitárias federais, estaduais e municipais, com quem entrarão em entendimento para tal fim.

Art. 61

CONSTITUIÇÃO FEDERAL DE 1988
DOU 5.10.1988

Vide art. 7º, *caput* e incisos XIII, XVI, XXII e XXXIII; art. 196; art. 197; e art. 200, *caput* e inciso VIII

Art. 7º São direitos dos trabalhadores urbanos e rurais, além de outros que visem à melhoria de sua condição social:
(...)
XIII — duração do trabalho normal não superior a oito horas diárias e quarenta e quatro semanais, facultada a compensação de horários e a redução da jornada, mediante acordo ou convenção coletiva de trabalho;
(...)
XVI — remuneração do serviço extraordinário superior, no mínimo, em cinquenta por cento à do normal;
(...)
XXII — redução dos riscos inerentes ao trabalho, por meio de normas de saúde, higiene e segurança;
(...)
XXXIII — proibição de trabalho noturno, perigoso ou insalubre a menores de dezoito e de qualquer trabalho a menores de dezesseis anos, salvo na condição de aprendiz, a partir de quatorze anos; *(Redação dada pela Emenda Constitucional n. 20, de 1998)*

Art. 196. A saúde é direito de todos e dever do Estado, garantido mediante políticas sociais e econômicas que visem à redução do risco de doença e de outros agravos e ao acesso universal e igualitário às ações e serviços para sua promoção, proteção e recuperação.

Art. 197. São de relevância pública as ações e serviços de saúde, cabendo ao Poder Público dispor, nos termos da lei, sobre sua regulamentação, fiscalização e controle, devendo sua execução ser feita diretamente ou através de terceiros e, também, por pessoa física ou jurídica de direito privado.

Art. 200. Ao sistema único de saúde compete, além de outras atribuições, nos termos da lei:
(...)
VIII — colaborar na proteção do meio ambiente, nele compreendido o do trabalho.

CONSOLIDAÇÃO DAS LEIS DO TRABALHO
Decreto-Lei n. 5.452, de 1º de maio de 1943
DOU 9.8.1943

Vide art. 189; art. 190; art. 191, *caput*, incisos I e II e parágrafo único; e art. 192

Art. 189. Serão consideradas atividades ou operações insalubres aquelas que, por sua natureza, condições ou métodos de trabalho, exponham os empregados a agentes nocivos à saúde, acima dos limites de tolerância fixados em razão da natureza e da intensidade do agente e do tempo de exposição aos seus efeitos. *(Redação dada pela Lei n. 6.514, de 22.12.1977)*

Art. 190. O Ministério do Trabalho aprovará o quadro das atividades e operações insalubres e adotará normas sobre os critérios de caracterização da insalubridade, os limites de tolerância aos agentes agressivos, meios de proteção e o tempo máximo de exposição do empregado a esses agentes. *(Redação dada pela Lei n. 6.514, de 22.12.1977)*
Parágrafo único. As normas referidas neste artigo incluirão medidas de proteção do organismo do trabalhador nas operações que produzem aerodispersóides tóxicos, irritantes, alérgicos ou incômodos. *(Redação dada pela Lei n. 6.514, de 22.12.1977)*

Art. 191. A eliminação ou a neutralização da insalubridade ocorrerá: *(Redação dada pela Lei n. 6.514, de 22.12.1977)*
I — com a adoção de medidas que conservem o ambiente de trabalho dentro dos limites de tolerância; *(Incluído pela Lei n. 6.514, de 22.12.1977)*
II — com a utilização de equipamentos de proteção individual ao trabalhador, que diminuam a intensidade do agente agressivo a limites de tolerância. *(Incluído pela Lei n. 6.514, de 22.12.1977)*
Parágrafo único. Caberá às Delegacias Regionais do Trabalho, comprovada a insalubridade, notificar as empresas, estipulando prazos para sua eliminação ou neutralização, na forma deste artigo. *(Incluído pela Lei n. 6.514, de 22.12.1977)*

Art. 192. O exercício de trabalho em condições insalubres, acima dos limites de tolerância estabelecidos pelo Ministério do Trabalho, assegura a percepção de adicional respectivamente de 40% (quarenta por cento), 20% (vinte por cento) e 10% (dez por cento) do salário-mínimo da região, segundo se classifiquem nos graus máximo, médio e mínimo. *(Redação dada pela Lei n. 6.514, de 22.12.1977)*

Art. 394-A. A empregada gestante ou lactante será afastada, enquanto durar a gestação e a lactação, de quaisquer atividades, operações ou locais insalubres, devendo exercer suas atividades em local salubre. *(Incluído pela Lei n. 13.287, de 11.05.2016)*

SÚMULAS DO TST

Vide Súmula 85, VI/TST

Súmula 85 TST — COMPENSAÇÃO DE JORNADA (inserido o item VI) — Res. 209/2016, DEJT divulgado em 01, 02 e 03.06.2016
VI — Não é válido acordo de compensação de jornada em atividade insalubre, ainda que estipulado em norma coletiva, sem a necessária inspeção prévia e permissão da autoridade competente, na forma do art. 60 da CLT.

Art. 61	Ocorrendo necessidade imperiosa, poderá a duração do trabalho exceder do limite legal ou convencionado, seja para fazer face a motivo de força maior, seja para atender à realização ou conclusão de serviços inadiáveis ou cuja inexecução possa acarretar prejuízo manifesto.
§ 1º	O excesso, nos casos deste artigo, poderá ser exigido independentemente de acordo ou contrato coletivo e deverá ser comunicado, dentro de 10 (dez) dias, à autoridade competente em matéria de trabalho, ou, antes desse prazo, justificado no momento da fiscalização sem prejuízo dessa comunicação.

TÍTULO II — DAS NORMAS GERAIS DE TUTELA DO TRABALHO

Art. 62

§ 2º Nos casos de excesso de horário por motivo de força maior, a remuneração da hora excedente não será inferior à da hora normal. Nos demais casos de excesso previstos neste artigo, a remuneração será, pelo menos, 25% (vinte e cinco por cento) superior à da hora normal, e o trabalho não poderá exceder de 12 (doze) horas, desde que a lei não fixe expressamente outro limite.

§ 3º Sempre que ocorrer interrupção do trabalho, resultante de causas acidentais, ou de força maior, que determinem a impossibilidade de sua realização, a duração do trabalho poderá ser prorrogada pelo tempo necessário até o máximo de 2 (duas) horas, durante o número de dias indispensáveis à recuperação do tempo perdido, desde que não exceda de 10 (dez) horas diárias, em período não superior a 45 (quarenta e cinco) dias por ano, sujeita essa recuperação à prévia autorização da autoridade competente.

CONSTITUIÇÃO FEDERAL DE 1988
DOU 5.10.1988

Vide art. 7º, *caput* e incisos XIII e XVI

Art. 7º São direitos dos trabalhadores urbanos e rurais, além de outros que visem à melhoria de sua condição social:
(...)
XIII — duração do trabalho normal não superior a oito horas diárias e quarenta e quatro semanais, facultada a compensação de horários e a redução da jornada, mediante acordo ou convenção coletiva de trabalho;
(...)
XVI — remuneração do serviço extraordinário superior, no mínimo, em cinquenta por cento à do normal;

CONSOLIDAÇÃO DAS LEIS DO TRABALHO
Decreto-Lei n. 5.452, de 1º de maio de 1943
DOU 9.8.1943

Vide art. 413, *caput* e inciso II; e art. 501, *caput* e §§ 1º e 2º

Art. 413. É vedado prorrogar a duração normal diária do trabalho do menor, salvo: *(Redação dada pelo Decreto-Lei n. 229, de 28.2.1967)*
(...)
II — excepcionalmente, por motivo de força maior, até o máximo de 12 (doze) horas, com acréscimo salarial de, pelo menos, 25% (vinte e cinco por cento) sobre a hora normal e desde que o trabalho do menor seja imprescindível ao funcionamento do estabelecimento. *(Incluído pelo Decreto-Lei n. 229, de 28.2.1967)*

Art. 501. Entende-se como força maior todo acontecimento inevitável, em relação à vontade do empregador, e para a realização do qual este não concorreu, direta ou indiretamente.

§ 1º A imprevidência do empregador exclui a razão de força maior.

§ 2º A ocorrência do motivo de força maior que não afetar substancialmente, nem for suscetível de afetar, em tais condições, a situação econômica e financeira da empresa não se aplicam as restrições desta Lei referentes ao disposto neste Capítulo.

LEI N. 4.923, DE 23 DE DEZEMBRO DE 1965
Institui o Cadastro Permanente das Admissões e Dispensas de Empregados, estabelece medidas contra o desemprego e de assistência aos desempregados, e dá outras providências
DOU 29.12.1965 e retificado em 26.1.1966

Vide art. 4º

Art. 4º É igualmente vedado às empresas mencionadas no art. 3º, nas condições e prazos nele contidos, trabalhar em regime de horas extraordinárias, ressalvadas estritamente as hipóteses previstas no art. 61, e seus parágrafos 1º e 2º, da Consolidação das Leis do Trabalho.

PRECEDENTE NORMATIVO DA SDC DO TST

Vide PN 32 SDC/TST

PN 32 SDC TST — JORNADA DO ESTUDANTE (positivo)
Proíbe-se a prorrogação da jornada de trabalho do empregado estudante, ressalvadas as hipóteses dos arts. 59 e 61 da CLT.

Art. 62 Não são abrangidos pelo regime previsto neste capítulo: *(Redação dada pela Lei n. 8.966, de 27.12.1994)*

CONSTITUIÇÃO FEDERAL DE 1988
DOU 5.10.1988

Vide art. 7º, *caput*, incisos XIII e XVI e parágrafo único

Art. 7º São direitos dos trabalhadores urbanos e rurais, além de outros que visem à melhoria de sua condição social:

(...)
XIII — duração do trabalho normal não superior a oito horas diárias e quarenta e quatro semanais, facultada a compensação de horários e a redução da jornada, mediante acordo ou convenção coletiva de trabalho;
(...)

XVI — remuneração do serviço extraordinário superior, no mínimo, em cinquenta por cento à do normal;

(...)

Parágrafo único. São assegurados à categoria dos trabalhadores domésticos os direitos previstos nos incisos IV, VI, VII, VIII, X, XIII, XV, XVI, XVII, XVIII, XIX, XXI, XXII, XXIV, XXVI, XXX, XXXI e XXXIII e, atendidas as condições estabelecidas em lei e observada a simplificação do cumprimento das obrigações tributárias, principais e acessórias, decorrentes da relação de trabalho e suas peculiaridades, os previstos nos incisos I, II, III, IX, XII, XXV e XXVIII, bem como a sua integração à previdência social. *(Redação dada pela Emenda Constitucional n. 72, de 2013)*

I - os empregados que exercem atividade externa incompatível com a fixação de horário de trabalho, devendo tal condição ser anotada na Carteira de Trabalho e Previdência Social e no registro de empregados; *(Incluído pela Lei n. 8.966, de 27.12.1994)*

CONSOLIDAÇÃO DAS LEIS DO TRABALHO
Decreto-Lei n. 5.452, de 1º de maio de 1943
DOU 9.8.1943

Vide art. 6º, caput e parágrafo único

Art. 6º Não se distingue entre o trabalho realizado no estabelecimento do empregador, o executado no domicílio do empregado e o realizado a distância, desde que estejam caracterizados os pressupostos da relação de emprego. *(Redação dada pela Lei n. 12.551, de 2011)*

Parágrafo único. Os meios telemáticos e informatizados de comando, controle e supervisão se equiparam, para fins de subordinação jurídica, aos meios pessoais e diretos de comando, controle e supervisão do trabalho alheio. *(Incluído pela Lei n. 12.551, de 2011)*

ORIENTAÇÃO JURISPRUDENCIAL DA SDI-1 DO TST

Vide OJ 332 SDI-1/TST

OJ 332 SDI-1 TST — MOTORISTA. HORAS EXTRAS. ATIVIDADE EXTERNA. CONTROLE DE JORNADA POR TACÓGRAFO. RESOLUÇÃO N. 816/86 DO CONTRAN *(DJ 9.12.2003)*

O tacógrafo, por si só, sem a existência de outros elementos, não serve para controlar a jornada de trabalho de empregado que exerce atividade externa.

II - os gerentes, assim considerados os exercentes de cargos de gestão, aos quais se equiparam, para efeito do disposto neste artigo, os diretores e chefes de departamento ou filial. *(Incluído pela Lei n. 8.966, de 27.12.1994)*

Parágrafo único O regime previsto neste capítulo será aplicável aos empregados mencionados no inciso II deste artigo, quando o salário do cargo de confiança, compreendendo a gratificação de função, se houver, for inferior ao valor do respectivo salário efetivo acrescido de 40% (quarenta por cento). *(Incluído pela Lei n. 8.966, de 27.12.1994)*

CONSOLIDAÇÃO DAS LEIS DO TRABALHO
Decreto-Lei n. 5.452, de 1º de maio de 1943
DOU 9.8.1943

Vide art. 468, caput e parágrafo único; e art. 469, caput e § 1º; e art. 499

Art. 468. Nos contratos individuais de trabalho só é lícita a alteração das respectivas condições por mútuo consentimento, e ainda assim desde que não resultem, direta ou indiretamente, prejuízos ao empregado, sob pena de nulidade da cláusula infringente desta garantia.

Parágrafo único. Não se considera alteração unilateral a determinação do empregador para que o respectivo empregado reverta ao cargo efetivo, anteriormente ocupado, deixando o exercício de função de confiança.

Art. 469. Ao empregador é vedado transferir o empregado, sem a sua anuência, para localidade diversa da que resultar do contrato, não se considerando transferência a que não acarretar necessariamente a mudança do seu domicílio.

(...)

§ 1º Não estão compreendidos na proibição deste artigo: os empregados que exerçam cargo de confiança e aqueles cujos contratos tenham como condição, implícita ou explícita, a transferência, quando esta decorra de real necessidade de serviço. *(Redação dada pela Lei n. 6.203, de 17.4.1975)*

Art. 499. Não haverá estabilidade no exercício dos cargos de diretoria, gerência ou outros de confiança imediata do empregador, ressalvado o cômputo do tempo de serviço para todos os efeitos legais.

SÚMULAS DO TST

Vide Súmulas 102, 269, 287 e 372/TST

Súmula 102 TST — BANCÁRIO. CARGO DE CONFIANÇA (mantida) — Res. 174/2011, DEJT divulgado em 27, 30 e 31.5.2011

I — A configuração, ou não, do exercício da função de confiança a que se refere o art. 224, § 2º, da CLT,

TÍTULO II — DAS NORMAS GERAIS DE TUTELA DO TRABALHO

dependente da prova das reais atribuições do empregado, é insuscetível de exame mediante recurso de revista ou de embargos. *(ex-Súmula n. 204 — alterada pela Res. 121/2003, DJ 21.11.2003)*

II — O bancário que exerce a função a que se refere o § 2º do art. 224 da CLT e recebe gratificação não inferior a um terço de seu salário já tem remuneradas as duas horas extraordinárias excedentes de seis. *(ex-Súmula n. 166 — RA 102/1982, DJ 11.10.1982 e DJ 15.10.1982)*

III — Ao bancário exercente de cargo de confiança previsto no artigo 224, § 2º, da CLT são devidas as 7ª e 8ª horas, como extras, no período em que se verificar o pagamento a menor da gratificação de 1/3. *(ex-OJ n. 288 da SBDI-1 — DJ 11.8.2003)*

IV — O bancário sujeito à regra do art. 224, § 2º, da CLT cumpre jornada de trabalho de 8 (oito) horas, sendo extraordinárias as trabalhadas além da oitava. *(ex-Súmula n. 232 — RA 14/1985, DJ 19.9.1985)*

V — O advogado empregado de banco, pelo simples exercício da advocacia, não exerce cargo de confiança, não se enquadrando, portanto, na hipótese do § 2º do art. 224 da CLT. *(ex-OJ n. 222 da SBDI-1 — inserida em 20.6.2001)*

VI — O caixa bancário, ainda que caixa executivo, não exerce cargo de confiança. Se perceber gratificação igual ou superior a um terço do salário do posto efetivo, essa remunera apenas a maior responsabilidade do cargo e não as duas horas extraordinárias além da sexta. *(ex-Súmula n. 102 — RA 66/1980, DJ 18.06.1980 e republicada DJ 14.7.1980)*

VII — O bancário exercente de função de confiança, que percebe a gratificação não inferior ao terço legal, ainda que norma coletiva contemple percentual superior, não tem direito às sétima e oitava horas como extras, mas tão somente às diferenças de gratificação de função, se postuladas. *(ex-OJ n. 15 da SBDI-1 — inserida em 14.3.1994)*

Súmula 269 TST — DIRETOR ELEITO. CÔMPUTO DO PERÍODO COMO TEMPO DE SERVIÇO (mantida) — Res. 121/2003, DJ 19, 20 e 21.11.2003

O empregado eleito para ocupar cargo de diretor tem o respectivo contrato de trabalho suspenso, não se computando o tempo de serviço desse período, salvo se permanecer a subordinação jurídica inerente à relação de emprego.

Súmula 287 TST — JORNADA DE TRABALHO. GERENTE BANCÁRIO (nova redação) — Res. 121/2003, DJ 19, 20 e 21.11.2003

A jornada de trabalho do empregado de banco gerente de agência é regida pelo art. 224, § 2º, da CLT. Quanto ao gerente-geral de agência bancária, presume-se o exercício de encargo de gestão, aplicando-se-lhe o art. 62 da CLT.

Súmula 372 TST — GRATIFICAÇÃO DE FUNÇÃO. SUPRESSÃO OU REDUÇÃO. LIMITES (conversão das Orientações Jurisprudenciais ns. 45 e 303 da SBDI-1) — Res. 129/2005, DJ 20, 22 e 25.4.2005

I — Percebida a gratificação de função por dez ou mais anos pelo empregado, se o empregador, sem justo motivo, revertê-lo a seu cargo efetivo, não poderá retirar-lhe a gratificação tendo em vista o princípio da estabilidade financeira. *(ex-OJ n. 45 da SBDI-1 — inserida em 25.11.1996)*

II — Mantido o empregado no exercício da função comissionada, não pode o empregador reduzir o valor da gratificação. *(ex-OJ n. 303 da SBDI-1 — DJ 11.8.2003)*

Art. 63

Não haverá distinção entre empregados e interessados, e a participação em lucros e comissões, salvo em lucros de caráter social, não exclui o participante do regime deste Capítulo.

CONSTITUIÇÃO FEDERAL DE 1988
DOU 5.10.1988

Vide art. 7º, caput e inciso XI

Art. 7º São direitos dos trabalhadores urbanos e rurais, além de outros que visem à melhoria de sua condição social:
(...)
XI — participação nos lucros, ou resultados, desvinculada da remuneração, e, excepcionalmente, participação na gestão da empresa, conforme definido em lei;

LEI N. 10.101, DE 19 DE DEZEMBRO DE 2000
Dispõe sobre a participação dos trabalhadores nos lucros ou resultados da empresa e dá outras providências
DOU 20.12.2000

SÚMULAS DO TST

Vide Súmulas 340 e 451/TST

Súmula 340 TST — COMISSIONISTA. HORAS EXTRAS (nova redação) — Res. 121/2003, DJ 19, 20 e 21.11.2003

O empregado, sujeito a controle de horário, remunerado à base de comissões, tem direito ao adicional de, no mínimo, 50% (cinquenta por cento) pelo trabalho em horas extras, calculado sobre o valor-hora das comissões recebidas no mês, considerando-se como divisor o número de horas efetivamente trabalhadas.

Súmula 451 TST — PARTICIPAÇÃO NOS LUCROS E RESULTADOS. RESCISÃO CONTRATUAL ANTERIOR À DATA DA DISTRIBUIÇÃO DOS LUCROS. PAGAMENTO PROPORCIONAL AOS MESES TRABALHADOS. PRINCÍPIO DA ISONOMIA. (conversão da Orientação Jurisprudencial n. 390 da SBDI-1) — Res. 194/2014, DEJT divulgado em 21, 22 e 23.5.2014

Fere o princípio da isonomia instituir vantagem mediante acordo coletivo ou norma regulamentar que condiciona a percepção da parcela participação nos lucros e resultados ao fato de estar o contrato de trabalho em vigor na data prevista para a distribuição dos lucros. Assim, inclusive na rescisão contratual antecipada, é devido o pagamento da parcela de forma proporcional aos meses trabalhados, pois o ex-empregado concorreu para os resultados positivos da empresa.

Arts. 64 e 65

TÍTULO II — DAS NORMAS GERAIS DE TUTELA DO TRABALHO

Art. 64 — O salário-hora normal, no caso de empregado mensalista, será obtido dividindo-se o salário mensal correspondente à duração do trabalho, a que se refere o art. 58, por 30 (trinta) vezes o número de horas dessa duração.

Parágrafo único — Sendo o número de dias inferior a 30 (trinta), adotar-se-á para o cálculo, em lugar desse número, o de dias de trabalho por mês.

LEI N. 605, DE 5 DE JANEIRO DE 1949
Repouso semanal remunerado e o pagamento de salário nos dias feriados civis e religiosos
DOU 14.1.1949

Vide art. 7°, caput e § 2°

Art. 7° A remuneração do repouso semanal corresponderá:
(...)
§ 2° Consideram-se já remunerados os dias de repouso semanal do empregado mensalista ou quinzenalista cujo cálculo de salário mensal ou quinzenal, ou cujos descontos por falta sejam efetuados na base do número de dias do mês ou de 30 (trinta) e 15 (quinze) diárias, respectivamente.

SÚMULAS DO TST

Vide Súmulas 124, 264, 318, 347 e 431/TST

Súmula 124 TST — BANCÁRIO. SALÁRIO-HORA. DIVISOR (redação alterada na sessão do Tribunal Pleno realizada em 14.9.2012) — Res. 185/2012, DEJT divulgado em 25, 26 e 27.9.2012

I — O divisor aplicável para o cálculo das horas extras do bancário, se houver ajuste individual expresso ou coletivo no sentido de considerar o sábado como dia de descanso remunerado, será:

a) 150, para os empregados submetidos à jornada de seis horas, prevista no caput do art. 224 da CLT;

b) 200, para os empregados submetidos à jornada de oito horas, nos termos do § 2° do art. 224 da CLT.

II — Nas demais hipóteses, aplicar-se-á o divisor:

a) 180, para os empregados submetidos à jornada de seis horas prevista no caput do art. 224 da CLT;

b) 220, para os empregados submetidos à jornada de oito horas, nos termos do § 2° do art. 224 da CLT.

Súmula 264 TST — HORA SUPLEMENTAR. CÁLCULO (mantida) — Res. 121/2003, DJ 19, 20 e 21.11.2003

A remuneração do serviço suplementar é composta do valor da hora normal, integrado por parcelas de natureza salarial e acrescido do adicional previsto em lei, contrato, acordo, convenção coletiva ou sentença normativa.

Súmula 318 TST — DIÁRIAS. BASE DE CÁLCULO PARA SUA INTEGRAÇÃO NO SALÁRIO (mantida) — Res. 121/2003, DJ 19, 20 e 21.11.2003

Tratando-se de empregado mensalista, a integração das diárias no salário deve ser feita tomando-se por base o salário mensal por ele percebido e não o valor do dia de salário, somente sendo devida a referida integração quando o valor das diárias, no mês, for superior à metade do salário mensal.

Súmula 347 TST — HORAS EXTRAS HABITUAIS. APURAÇÃO. MÉDIA FÍSICA (mantida) — Res. 121/2003, DJ 19, 20 e 21.11.2003

O cálculo do valor das horas extras habituais, para efeito de reflexos em verbas trabalhistas, observará o número de horas efetivamente prestadas e a ele aplica-se o valor do salário-hora da época do pagamento daquelas verbas.

Súmula 431 TST — SALÁRIO-HORA. EMPREGADO SUJEITO AO REGIME GERAL DE TRABALHO (ART. 58, CAPUT, DA CLT). 40 HORAS SEMANAIS. CÁLCULO. APLICAÇÃO DO DIVISOR 200 (redação alterada na sessão do tribunal pleno realizada em 14.9.2012) — Res. 185/2012, DEJT divulgado em 25, 26 e 27.9.2012

Para os empregados a que alude o art. 58, caput, da CLT, quando sujeitos a 40 horas semanais de trabalho, aplica-se o divisor 200 (duzentos) para o cálculo do valor do salário-hora.

ORIENTAÇÃO JURISPRUDENCIAL DA SDI-1 DO TST

Vide OJ 396 SDI-1/TST

OJ 396 SDI-1 TST — TURNOS ININTERRUPTOS DE REVEZAMENTO. ALTERAÇÃO DA JORNADA DE 8 PARA 6 HORAS DIÁRIAS. EMPREGADO HORISTA. APLICAÇÃO DO DIVISOR 180. *(DEJT divulgado em 9, 10 e 11.6.2010)*

Para o cálculo do salário hora do empregado horista, submetido a turnos ininterruptos de revezamento, considerando a alteração da jornada de 8 para 6 horas diárias, aplica-se o divisor 180, em observância ao disposto no art. 7°, VI, da Constituição Federal, que assegura a irredutibilidade salarial.

Art. 65 — No caso do empregado diarista, o salário-hora normal será obtido dividindo-se o salário diário correspondente à duração do trabalho, estabelecido no art. 58, pelo número de horas de efetivo trabalho.

SÚMULA DO TST

Vide Súmula 431/TST

Súmula 431 TST — SALÁRIO-HORA. EMPREGADO SUJEITO AO REGIME GERAL DE TRABALHO (ART. 58, CAPUT, DA CLT). 40 HORAS SEMANAIS. CÁLCULO.

APLICAÇÃO DO DIVISOR 200 (redação alterada na sessão do tribunal pleno realizada em 14.9.2012) — Res. 185/2012, DEJT divulgado em 25, 26 e 27.9.2012

Para os empregados a que alude o art. 58, caput, da CLT, quando sujeitos a 40 horas semanais de trabalho, aplica-se o divisor 200 (duzentos) para o cálculo do valor do salário-hora.

TÍTULO II — DAS NORMAS GERAIS DE TUTELA DO TRABALHO

SEÇÃO III
DOS PERÍODOS DE DESCANSO

Art. 66 — Entre 2 (duas) jornadas de trabalho haverá um período mínimo de 11 (onze) horas consecutivas para descanso.

CONSOLIDAÇÃO DAS LEIS DO TRABALHO
Decreto-Lei n. 5.452, de 1º de maio de 1943
DOU 9.8.1943

Vide art. 227, caput, e art. 229, caput; art. 235, caput e § 2º; art. 235-C, caput e § 3º; art. 245; art. 302, caput e art. 308, caput; art. 372, caput, e art. 382; e art. 411 e art. 412

Art. 227. Nas empresas que explorem o serviço de telefonia, telegrafia submarina ou subfluvial, de radiotelegrafia ou de radiotelefonia, fica estabelecida para os respectivos operadores a duração máxima de seis horas contínuas de trabalho por dia ou 36 (trinta e seis) horas semanais.

Art. 229. Para os empregados sujeitos a horários variáveis, fica estabelecida a duração máxima de 7 (sete) horas diárias de trabalho e 17 (dezessete) horas de folga, deduzindo-se deste tempo 20 (vinte) minutos para descanso, de cada um dos empregados, sempre que se verificar um esforço contínuo de mais de 3 (três) horas.

Art. 235. Nos estabelecimentos cujo funcionamento normal seja noturno, será facultado aos operadores cinematográficos e seus ajudantes, mediante acordo ou contrato coletivo de trabalho e com um acréscimo de 25% (vinte e cinco por cento) sobre o salário da hora normal, executar o trabalho em sessões diurnas extraordinárias e, cumulativamente, nas noturnas, desde que isso se verifique até 3 (três) vezes por semana e entre as sessões diurnas e as noturnas haja o intervalo de 1 (uma) hora, no mínimo, de descanso.
(...)
§ 2º Em seguida a cada período de trabalho haverá um intervalo de repouso no mínimo de 12 (doze) horas.

Art. 235-C. A jornada diária de trabalho do motorista profissional será de 8 (oito) horas, admitindo-se a sua prorrogação por até 2 (duas) horas extraordinárias ou, mediante previsão em convenção ou acordo coletivo, por até 4 (quatro) horas extraordinárias. *(Redação dada pela Lei n. 13.103, de 2015)*
(...)
§ 3º Dentro do período de 24 (vinte e quatro) horas, são asseguradas 11 (onze) horas de descanso, sendo facultados o seu fracionamento e a coincidência com os períodos de parada obrigatória na condução do veículo estabelecida pela Lei n. 9.503, de 23 de setembro de 1997 — Código de Trânsito Brasileiro, garantidos o mínimo de 8 (oito) horas ininterruptas no primeiro período e o gozo do remanescente dentro das 16 (dezesseis) horas seguintes ao fim do primeiro período. *(Redação dada pela Lei n. 13.103, de 2015)*

Art. 245. O horário normal de trabalho dos cabineiros nas estações de tráfego intenso não excederá de 8 (oito) horas e deverá ser dividido em 2 (dois) turnos com intervalo não inferior a 1 (uma) hora de repouso, não podendo nenhum turno ter duração superior a 5 (cinco) horas, com um período de descanso entre 2 (duas) jornadas de trabalho de 14 (quatorze) horas consecutivas.

Art. 302. Os dispositivos da presente Seção se aplicam aos que nas empresas jornalísticas prestem serviços como jornalistas, revisores, fotógrafos, ou na ilustração, com as exceções nela previstas.

Art. 308. Em seguida a cada período diário de trabalho haverá um intervalo mínimo de 10 (dez) horas, destinado ao repouso.

Art. 372. Os preceitos que regulam o trabalho masculino são aplicáveis ao trabalho feminino, naquilo em que não colidirem com a proteção especial instituída por este Capítulo.

Art. 382. Entre 2 (duas) jornadas de trabalho, haverá um intervalo de 11(onze) horas consecutivas, no mínimo, destinado ao repouso.

Art. 411. A duração do trabalho do menor regular-se-á pelas disposições legais relativas à duração do trabalho em geral, com as restrições estabelecidas neste Capítulo.

Art. 412. Após cada período de trabalho efetivo, quer contínuo, quer dividido em 2 (dois) turnos, haverá um intervalo de repouso, não inferior a 11(onze) horas.

LEI COMPLEMENTAR N. 150, DE 1º DE JUNHO DE 2015
Dispõe sobre o contrato de trabalho doméstico; altera as Leis n. 8.212, de 24 de julho de 1991, n. 8.213, de 24 de julho de 1991, e n. 11.196, de 21 de novembro de 2005; revoga o inciso I do art. 3º da Lei n. 8.009, de 29 de março de 1990, o art. 36 da Lei n. 8.213, de 24 de julho de 1991, a Lei n. 5.859, de 11 de dezembro de 1972, e o inciso VII do art. 12 da Lei n. 9.250, de 26 de dezembro 1995; e dá outras providências
DOU 2.6.2015

Vide art. 10, caput e § 1º; e art. 15

Art. 10. É facultado às partes, mediante acordo escrito entre essas, estabelecer horário de trabalho de 12 (doze) horas seguidas por 36 (trinta e seis) horas ininterruptas de descanso, observados ou indenizados os intervalos para repouso e alimentação.
§ 1º A remuneração mensal pactuada pelo horário previsto no caput deste artigo abrange os pagamentos devidos pelo descanso semanal remunerado e pelo descanso em feriados, e serão considerados compensados os feriados e as prorrogações de trabalho noturno, quando houver, de que tratam o art. 70 e o § 5º do art. 73 da Consolidação das Leis do Trabalho (CLT), aprovada pelo Decreto-Lei n. 5.452, de 1º de maio de 1943, e o art. 9º da Lei n. 605, de 5 de janeiro de 1949.

Art. 15. Entre 2 (duas) jornadas de trabalho deve haver período mínimo de 11 (onze) horas consecutivas para descanso.

Art. 67

TÍTULO II — DAS NORMAS GERAIS DE TUTELA DO TRABALHO

LEI N. 5.889, DE 8 DE JUNHO DE 1973
Estatui normas reguladoras do trabalho rural
DOU 11.6.1973

Vide art. 5º

Art. 5º Em qualquer trabalho contínuo de duração superior a seis horas, será obrigatória a concessão de um intervalo para repouso ou alimentação observados os usos e costumes da região, não se computando este intervalo na duração do trabalho. Entre duas jornadas de trabalho haverá um período mínimo de onze horas consecutivas para descanso.

LEI N. 9.719, DE 27 DE NOVEMBRO DE 1998
Dispõe sobre normas e condições gerais de proteção ao trabalho portuário, institui multas pela inobservância de seus preceitos, e dá outras providências
DOU 30.11.1998

Vide art. 8º

Art. 8º Na escalação diária do trabalhador portuário avulso deverá sempre ser observado um intervalo mínimo de onze horas consecutivas entre duas jornadas, salvo em situações excepcionais, constantes de acordo ou convenção coletiva de trabalho.

SÚMULAS DO TST

Vide Súmulas 96, 110 e 444/TST

Súmula 96 TST — MARÍTIMO (mantida) — Res. 121/2003, DJ 19, 20 e 21.11.2003
A permanência do tripulante a bordo do navio, no período de repouso, além da jornada, não importa presunção de que esteja à disposição do empregador ou em regime de prorrogação de horário, circunstâncias que devem resultar provadas, dada a natureza do serviço.

Súmula 110 TST — JORNADA DE TRABALHO. INTERVALO (mantida) — Res. 121/2003, DJ 19, 20 e 21.11.2003
No regime de revezamento, as horas trabalhadas em seguida ao repouso semanal de 24 horas, com prejuízo do intervalo mínimo de 11 horas consecutivas para descanso entre jornadas, devem ser remuneradas como extraordinárias, inclusive com o respectivo adicional.

Súmula 444 TST — JORNADA DE TRABALHO. NORMA COLETIVA. LEI. ESCALA DE 12 POR 36. VALIDADE. — Res. 185/2012, DEJT divulgado em 25, 26 e 27.09.2012 — republicada em decorrência do despacho proferido no processo TST-PA-504.280/2012.2 — DEJT divulgado em 26.11.2012
É valida, em caráter excepcional, a jornada de doze horas de trabalho por trinta e seis de descanso, prevista em lei ou ajustada exclusivamente mediante acordo coletivo de trabalho ou convenção coletiva de trabalho, assegurada a remuneração em dobro dos feriados trabalhados. O empregado não tem direito ao pagamento de adicional referente ao labor prestado na décima primeira e décima segunda horas.

ORIENTAÇÃO JURISPRUDENCIAL DA SDI-1 DO TST

Vide OJ 355 SDI-1/TST

OJ 355 SDI-1 TST — INTERVALO INTERJORNADAS. INOBSERVÂNCIA. HORAS EXTRAS. PERÍODO PAGO COMO SOBREJORNADA. ART. 66 DA CLT. APLICAÇÃO ANALÓGICA DO § 4º DO ART. 71 DA CLT *(DJ 14.3.2008)*
O desrespeito ao intervalo mínimo interjornadas previsto no art. 66 da CLT acarreta, por analogia, os mesmos efeitos previstos no § 4º do art. 71 da CLT e na Súmula n. 110 do TST, devendo-se pagar a integralidade das horas que foram subtraídas do intervalo, acrescidas do respectivo adicional.

Art. 67 Será assegurado a todo empregado um descanso semanal de 24 (vinte e quatro) horas consecutivas, o qual, salvo motivo de conveniência pública ou necessidade imperiosa do serviço, deverá coincidir com o domingo, no todo ou em parte.

Parágrafo único Nos serviços que exijam trabalho aos domingos, com exceção quanto aos elencos teatrais, será estabelecida escala de revezamento, mensalmente organizada e constando de quadro sujeito à fiscalização.

CONSTITUIÇÃO FEDERAL DE 1988
DOU 5.10.1988

Vide art. 7º, *caput* e inciso XV

Art. 7º São direitos dos trabalhadores urbanos e rurais, além de outros que visem à melhoria de sua condição social:
(...)
XV — repouso semanal remunerado, preferencialmente aos domingos;

CONVENÇÃO 14 DA OIT
Convenção concernente à concessão do repouso semanal nos estabelecimentos industriais, adotada na terceira sessão da conferência de Genebra, em 17 de novembro de 1921 (com as modificações da convenção de revisão dos artigos finais, de 1946)
Adotada pela OIT em 1921
Ratificada pelo Brasil em 25.04.1957
Promulgada pelo Decreto n. 41.721, de 25.6.1957
DOU 28.6.1957

TÍTULO II — DAS NORMAS GERAIS DE TUTELA DO TRABALHO Art. 67

CONVENÇÃO 106 DA OIT
Convenção relativa ao repouso semanal no comércio e nos escritórios
Adotada pela OIT em 1957
Ratificada pelo Brasil em 18.06.1965
Promulgada pelo Decreto n. 58.823, de 14.7.1966
DOU 20.7.1966, retificado em 28.7.1966

CONSOLIDAÇÃO DAS LEIS DO TRABALHO
Decreto-Lei n. 5.452, de 1º de maio de 1943
DOU 9.8.1943

Vide arts. 235-C, *caput*, § 3º e art. 235-F; art. 302, *caput*, e art. 307; e art. 319

Art. 235-C. A jornada diária de trabalho do motorista profissional será de 8 (oito) horas, admitindo-se a sua prorrogação por até 2 (duas) horas extraordinárias ou, mediante previsão em convenção ou acordo coletivo, por até 4 (quatro) horas extraordinárias. *(Redação dada pela Lei n. 13.103, de 2015)*
(...)
§ 3º Dentro do período de 24 (vinte e quatro) horas, são asseguradas 11 (onze) horas de descanso, sendo facultados o seu fracionamento e a coincidência com os períodos de parada obrigatória na condução do veículo estabelecida pela Lei n. 9.503, de 23 de setembro de 1997 — Código de Trânsito Brasileiro, garantidos o mínimo de 8 (oito) horas ininterruptas no primeiro período e o gozo do remanescente dentro das 16 (dezesseis) horas seguintes ao fim do primeiro período. *(Redação dada pela Lei n. 13.103, de 2015)*

Art. 235-F. Convenção e acordo coletivo poderão prever jornada especial de 12 (doze) horas de trabalho por 36 (trinta e seis) horas de descanso para o trabalho do motorista profissional empregado em regime de compensação. *(Redação dada pela Lei n. 13.103, de 2015)*

Art. 302. Os dispositivos da presente Seção se aplicam aos que nas empresas jornalísticas prestem serviços como jornalistas, revisores, fotógrafos, ou na ilustração, com as exceções nela previstas.

Art. 307. A cada 6 (seis) dias de trabalho efetivo corresponderá 1 (um) dia de descanso obrigatório, que coincidirá com o domingo, salvo acordo escrito em contrário, no qual será expressamente estipulado o dia em que se deve verificar o descanso.

Art. 319. Aos professores é vedado, aos domingos, a regência de aulas e o trabalho em exames.

LEI N. 605, DE 5 DE JANEIRO DE 1949
Repouso semanal remunerado e o pagamento de salário nos dias feriados civis e religiosos
DOU 14.1.1949

Vide art. 1º

Art. 1º Todo empregado tem direito ao repouso semanal remunerado de vinte e quatro horas consecutivas, preferentemente aos domingos e, nos limites das exigências técnicas das empresas, nos feriados civis e religiosos, de acordo com a tradição local.

DECRETO N. 27.048 DE 12 DE AGOSTO DE 1949
Aprova o regulamento da Lei n. 605, de 5 de janeiro de 1949, que dispõe sobre o repouso semanal remunerado e o pagamento de salário nos dias feriados civis e religiosos
DOU 16.8.1949

Vide art. 1º

Art. 1º Todo empregado tem direito a repouso remunerado, num dia de cada semana, perfeitamente aos domingos, nos feriados civis e nos religiosos, de acordo com a tradição local, salvo as exceções previstas neste Regulamento.

LEI N. 10.101, DE 19 DE DEZEMBRO DE 2000
Dispõe sobre a participação dos trabalhadores nos lucros ou resultados da empresa e dá outras providências
DOU 20.12.2000

Vide art. 6º, *caput* e parágrafo único

Art. 6º Fica autorizado o trabalho aos domingos nas atividades do comércio em geral, observada a legislação municipal, nos termos do art. 30, inciso I, da Constituição. *(Redação dada pela Lei n. 11.603, de 2007)*
Parágrafo único. O repouso semanal remunerado deverá coincidir, pelo menos uma vez no período máximo de três semanas, com o domingo, respeitadas as demais normas de proteção ao trabalho e outras a serem estipuladas em negociação coletiva. *(Redação dada pela Lei n. 11.603, de 2007)*

SÚMULAS DO STF

Vide Súmulas 201 e 461/STF

Súmula 201 STF — O vendedor pracista, remunerado mediante comissão, não tem direito ao repouso semanal remunerado.

Súmula 461 STF — É duplo, e não triplo, o pagamento do salário nos dias destinados a descanso.

SÚMULAS DO TST

Vide Súmulas 15, 27, 96, 113, 146, 172, 351, 354 e 360/TST

Súmula 15 TST — ATESTADO MÉDICO (mantida) — Res. 121/2003, DJ 19, 20 e 21.11.2003
A justificação da ausência do empregado motivada por doença, para a percepção do salário-enfermidade e da remuneração do repouso semanal, deve observar a ordem preferencial dos atestados médicos estabelecida em lei.

Súmula 27 TST — COMISSIONISTA (mantida) — Res. 121/2003, DJ 19, 20 e 21.11.2003
É devida a remuneração do repouso semanal e dos dias feriados ao empregado comissionista, ainda que pracista.

Súmula 96 TST — MARÍTIMO (mantida) — Res. 121/2003, DJ 19, 20 e 21.11.2003
A permanência do tripulante a bordo do navio, no período de repouso, além da jornada, não importa presunção de que esteja à disposição do empregador ou em regime de prorrogação de horário, circunstâncias que devem resultar provadas, dada a natureza do serviço.

Súmula 113 TST — BANCÁRIO. SÁBADO. DIA ÚTIL (mantida) — Res. 121/2003, DJ 19, 20 e 21.11.2003
O sábado do bancário é dia útil não trabalhado, não dia de repouso remunerado. Não cabe a repercussão do pagamento de horas extras habituais em sua remuneração.

Súmula 146 TST — TRABALHO EM DOMINGOS E FERIADOS, NÃO COMPENSADO (incorporada a Orientação Jurisprudencial n. 93 da SBDI-1) — Res. 121/2003, DJ 19, 20 e 21.11.2003
O trabalho prestado em domingos e feriados, não compensado, deve ser pago em dobro, sem prejuízo da remuneração relativa ao repouso semanal.

Súmula 172 TST — REPOUSO REMUNERADO. HORAS EXTRAS. CÁLCULO (mantida) — Res. 121/2003, DJ 19, 20 e 21.11.2003

Computam-se no cálculo do repouso remunerado as horas extras habitualmente prestadas. *(ex-Prejulgado n. 52).*

Súmula 351 TST — PROFESSOR. REPOUSO SEMANAL REMUNERADO. ART. 7º, § 2º, DA LEI N. 605, DE 05.01.1949 E ART. 320 DA CLT (mantida) — Res. 121/2003, DJ 19, 20 e 21.11.2003

O professor que recebe salário mensal à base de hora-aula tem direito ao acréscimo de 1/6 a título de repouso semanal remunerado, considerando-se para esse fim o mês de quatro semanas e meia.

Súmula 354 TST — GORJETAS. NATUREZA JURÍDICA. REPERCUSSÕES (mantida) — Res. 121/2003, DJ 19, 20 e 21.11.2003

As gorjetas, cobradas pelo empregador na nota de serviço ou oferecidas espontaneamente pelos clientes, integram a remuneração do empregado, não servindo de base de cálculo para as parcelas de aviso prévio, adicional noturno, horas extras e repouso semanal remunerado.

Súmula 360 TST — TURNOS ININTERRUPTOS DE REVEZAMENTO. INTERVALOS INTRAJORNADA E SEMANAL (mantida) — Res. 121/2003, DJ 19, 20 e 21.11.2003

A interrupção do trabalho destinada a repouso e alimentação, dentro de cada turno, ou o intervalo para repouso semanal, não descaracteriza o turno de revezamento com jornada de 6 (seis) horas previsto no art. 7º, XIV, da CF/1988.

ORIENTAÇÕES JURISPRUDENCIAIS DA SDI-1 DO TST

Vide OJs 394 e 410 SDI-1/TST

OJ 394 SDI-1 TST — REPOUSO SEMANAL REMUNERADO — RSR. INTEGRAÇÃO DAS HORAS EXTRAS. NÃO REPERCUSSÃO NO CÁLCULO DAS FÉRIAS, DO DÉCIMO TERCEIRO SALÁRIO, DO AVISO PRÉVIO E DOS DEPÓSITOS DO FGTS. *(DEJT divulgado em 09, 10 e 11.6.2010)*

A majoração do valor do repouso semanal remunerado, em razão da integração das horas extras habitualmente prestadas, não repercute no cálculo das férias, da gratificação natalina, do aviso prévio e do FGTS, sob pena de caracterização de "bis in idem".

OJ 410 SDI-1 TST — REPOUSO SEMANAL REMUNERADO. CONCESSÃO APÓS O SÉTIMO DIA CONSECUTIVO DE TRABALHO. ART. 7º, XV, DA CF. VIOLAÇÃO. *(DEJT divulgado em 22, 25 e 26.10.2010)*

Viola o art. 7º, XV, da CF a concessão de repouso semanal remunerado após o sétimo dia consecutivo de trabalho, importando no seu pagamento em dobro.

PRECEDENTES NORMATIVOS DA SDC DO TST

Vide PNs 68, 79, 87 e 92 SDC/TST

PN 68 SDC TST — EMPREGADO RURAL. FALTAS AO SERVIÇO. COMPRAS (positivo)

Autoriza-se o chefe de família, se empregado rural, a faltar ao serviço um dia por mês ou meio dia por quinzena, para efetuar compras, sem remuneração ou mediante compensação de horário, mas sem prejuízo do repouso remunerado, desde que não tenha falta injustificada durante o mês.

PN 79 SDC TST — TRABALHADOR TEMPORÁRIO. DESCANSO SEMANAL (positivo)

Concede-se ao trabalhador temporário o acréscimo de 1/6 ao seu salário diário, correspondente ao descanso semanal remunerado, por aplicação analógica do art. 3º da Lei n. 605/1949.

PN 87 SDC TST — TRABALHO EM DOMINGOS E FERIADOS. PAGAMENTO DOS SALÁRIOS (positivo)

É devida a remuneração em dobro do trabalho em domingos e feriados não compensados, sem prejuízo do pagamento do repouso remunerado, desde que, para este, não seja estabelecido outro dia pelo empregador.

PN 92 SDC TST — GARANTIA DE REPOUSO REMUNERADO. INGRESSO COM ATRASO (positivo)

Assegura-se o repouso remunerado ao empregado que chegar atrasado, quando permitido seu ingresso pelo empregador, compensado o atraso no final da jornada de trabalho ou da semana.

Art. 68	O trabalho em domingo, seja total ou parcial, na forma do art. 67, será sempre subordinado à permissão prévia da autoridade competente em matéria de trabalho.
Parágrafo único	A permissão será concedida a título permanente nas atividades que, por sua natureza ou pela conveniência pública, devem ser exercidas aos domingos, cabendo ao Ministro do Trabalho, Indústria e Comércio, expedir instruções em que sejam especificadas tais atividades. Nos demais casos, ela será dada sob forma transitória, com discriminação do período autorizado, o qual, de cada vez, não excederá de 60 (sessenta) dias.

Art. 69	Na regulamentação do funcionamento de atividades sujeitas ao regime deste Capítulo, os municípios atenderão aos preceitos nele estabelecidos, e as regras que venham a fixar não poderão contrariar tais preceitos nem as instruções que, para seu cumprimento, forem expedidas pelas autoridades competentes em matéria de trabalho.

TÍTULO II — DAS NORMAS GERAIS DE TUTELA DO TRABALHO

Art. 70 Salvo o disposto nos artigos 68 e 69, é vedado o trabalho em dias feriados nacionais e feriados religiosos, nos termos da legislação própria. *(Redação dada pelo Decreto-Lei n. 229, de 28.2.1967)*

LEI N. 605, DE 5 DE JANEIRO DE 1949
Repouso semanal remunerado e o pagamento de salário nos dias feriados civis e religiosos
DOU 14.1.1949

Vide art. 1º

Art. 1º Todo empregado tem direito ao repouso semanal remunerado de vinte e quatro horas consecutivas, preferentemente aos domingos e, nos limites das exigências técnicas das empresas, nos feriados civis e religiosos, de acordo com a tradição local.

LEI N. 662, DE 6 DE ABRIL DE 1949
Declara feriados nacionais os dias 1º de janeiro, 1º de maio, 7 de setembro, 15 de novembro e 25 de dezembro
DOU 13.4.1949

Vide art. 1º; art. 2º; e art. 3º

Art. 1º São feriados nacionais os dias 1º de janeiro, 21 de abril, 1º de maio, 7 de setembro, 2 de novembro, 15 de novembro e 25 de dezembro. *(Redação dada pela Lei n. 10.607, de 19.12.2002)*

Art. 2º Só serão permitidas, nos feriados nacionais, atividades privadas e administrativas absolutamente indispensáveis.

Art. 3º Os chamados "pontos facultativos", que os Estados, Distrito Federal ou os Municípios decretarem, não suspenderão as horas normais do ensino, nem prejudicarão os atos da vida forense, dos tabeliães e dos cartórios de registro.

LEI N. 1.408, DE 9 DE AGOSTO DE 1951
Prorroga vencimento de prazos judiciais e dá outras providências
DOU 13.8.1951

Vide art. 5º

Art. 5º Não haverá expediente no Foro e nos ofícios de justiça, no "Dia da Justiça", nos feriados nacionais, na terça-feira de Carnaval, na Sexta-feira Santa, e nos dias que a Lei estadual designar.

LEI N. 6.802, DE 30 DE JUNHO DE 1980
Declara feriado nacional o dia 12 de outubro, Consagrado a Nossa Senhora Aparecida, Padroeira do Brasil
DOU 1º.7.1980

Vide art. 1º

Art. 1º É declarado feriado nacional o dia 12 de outubro, para culto público e oficial a Nossa Senhora Aparecida, Padroeira do Brasil.

LEI N. 9.093, DE 12 DE SETEMBRO DE 1995
Dispõe sobre feriados
DOU 1º.7.1980

Vide art. 1º; art. 2º; art. 3º; e art. 4º

Art. 1º São feriados civis:
I — os declarados em lei federal;
II — a data magna do Estado fixada em lei estadual.
III — os dias do início e do término do ano do centenário de fundação do Município, fixados em lei municipal. *(Inciso incluído pela Lei n. 9.335, de 10.12.1996)*

Art. 2º São feriados religiosos os dias de guarda, declarados em lei municipal, de acordo com a tradição local e em número não superior a quatro, neste incluída a Sexta-Feira da Paixão.

Art. 3º Esta Lei entra em vigor na data de sua publicação.

Art. 4º Revogam-se as disposições em contrário, especialmente o art. 11 da Lei n. 605, de 5 de janeiro de 1949.

LEI N. 10.101, DE 19 DE DEZEMBRO DE 2000
Dispõe sobre a participação dos trabalhadores nos lucros ou resultados da empresa e dá outras providências
DOU 20.12.2000

Vide art. 6º-A

Art. 6º-A É permitido o trabalho em feriados nas atividades do comércio em geral, desde que autorizado em convenção coletiva de trabalho e observada a legislação municipal, nos termos do art. 30, inciso I, da Constituição. *(Incluído pela Lei n. 11.603, de 2007)*

SÚMULAS DO TST

Vide Súmulas 146 e 444/TST

Súmula 146 TST — TRABALHO EM DOMINGOS E FERIADOS, NÃO COMPENSADO (incorporada a Orientação Jurisprudencial n. 93 da SBDI-1) — Res. 121/2003, DJ 19, 20 e 21.11.2003
O trabalho prestado em domingos e feriados, não compensado, deve ser pago em dobro, sem prejuízo da remuneração relativa ao repouso semanal.

Súmula 444 TST — JORNADA DE TRABALHO. NORMA COLETIVA. LEI. ESCALA DE 12 POR 36. VALIDADE. — Res. 185/2012, DEJT divulgado em 25, 26 e 27.09.2012 — republicada em decorrência do despacho proferido no processo TST-PA-504.280/2012.2 — DEJT divulgado em 26.11.2012
É valida, em caráter excepcional, a jornada de doze horas de trabalho por trinta e seis de descanso, prevista em lei ou ajustada exclusivamente mediante acordo coletivo de trabalho ou convenção coletiva de trabalho, assegurada a remuneração em dobro dos feriados trabalhados. O empregado não tem direito ao pagamento de adicional referente ao labor prestado na décima primeira e décima segunda horas.

ORIENTAÇÃO JURISPRUDENCIAL TRANSITÓRIA DA SDI-1 DO TST

Vide OJT 72 SDI-1/TST

Art. 71

OJT 72 SDI-1 TST — PETROBRAS. DOMINGOS E FERIADOS TRABALHADOS. REGIME DE TURNOS ININTERRUPTOS DE REVEZAMENTO. PAGAMENTO EM DOBRO CONCEDIDO POR LIBERALIDADE DO EMPREGADOR. INCORPORAÇÃO AO CONTRATO DE TRABALHO. SUPRESSÃO UNILATERAL. ACORDO COLETIVO POSTERIOR QUE VALIDA A SUPRESSÃO. RETROAÇÃO DA NORMA COLETIVA. IMPOSSIBILIDADE. *(DEJT divulgado em 9, 10 e 11.6.2010)*

O pagamento em dobro, concedido por liberalidade da empresa, dos domingos e feriados trabalhados de forma habitual pelo empregado da Petrobras submetido ao regime de turnos ininterruptos de revezamento não pode ser suprimido unilateralmente, pois é vantagem incorporada ao contrato de trabalho, nos termos do art. 468 da CLT.

Assim, o acordo coletivo, posteriormente firmado, somente opera efeitos a partir da data de sua entrada em vigor, sendo incabível a utilização da norma coletiva para regular situação pretérita.

PRECEDENTE NORMATIVO DA SDC DO TST

Vide PN 87 SDC/TST

PN 87 SDC TST — TRABALHO EM DOMINGOS E FERIADOS. PAGAMENTO DOS SALÁRIOS (positivo)

É devida a remuneração em dobro do trabalho em domingos e feriados não compensados, sem prejuízo do pagamento do repouso remunerado, desde que, para este, não seja estabelecido outro dia pelo empregador.

Art. 71 — Em qualquer trabalho contínuo, cuja duração exceda de 6 (seis) horas, é obrigatória a concessão de um intervalo para repouso ou alimentação, o qual será, no mínimo, de 1 (uma) hora e, salvo acordo escrito ou contrato coletivo em contrário, não poderá exceder de 2 (duas) horas.

CONSOLIDAÇÃO DAS LEIS DO TRABALHO
Decreto-Lei n. 5.452, de 1º de maio de 1943
DOU 9.8.1943

Vide art. 72; art. 253; art. 293 e art. 298; art. 396, caput; e art. 383 e art. 396, caput e parágrafo único

Art. 72. Nos serviços permanentes de mecanografia (datilografia, escrituração ou cálculo), a cada período de 90 (noventa) minutos de trabalho consecutivo corresponderá um repouso de 10 (dez) minutos não deduzidos da duração normal de trabalho.

Art. 253. Para os empregados que trabalham no interior das câmaras frigoríficas e para os que movimentam mercadorias do ambiente quente ou normal para o frio e vice-versa, depois de 1 (uma) hora e 40 (quarenta) minutos de trabalho contínuo, será assegurado um período de 20 (vinte) minutos de repouso, computado esse intervalo como de trabalho efetivo.

Art. 293. A duração normal do trabalho efetivo para os empregados em minas no subsolo não excederá de 6 (seis) horas diárias ou de 36 (trinta e seis) semanais.

Art. 298. Em cada período de 3 (três) horas consecutivas de trabalho, será obrigatória uma pausa de 15 (quinze) minutos para repouso, a qual será computada na duração normal de trabalho efetivo.

Art. 396. Para amamentar o próprio filho, até que este complete 6 (seis) meses de idade, a mulher terá direito, durante a jornada de trabalho, a 2 (dois) descansos especiais, de meia hora cada um.

Art. 383. Durante a jornada de trabalho, será concedido à empregada um período para refeição e repouso não inferior a 1 (uma) hora nem superior a 2 (duas) horas salvo a hipótese prevista no art. 71, § 3º.

Art. 396. Para amamentar o próprio filho, até que este complete 6 (seis) meses de idade, a mulher terá direito, durante a jornada de trabalho, a 2 (dois) descansos especiais, de meia hora cada um.

Parágrafo único. Quando o exigir a saúde do filho, o período de 6 (seis) meses poderá ser dilatado, a critério da autoridade competente.

LEI COMPLEMENTAR N. 150, DE 1º DE JUNHO DE 2015
Dispõe sobre o contrato de trabalho doméstico; altera as Leis n. 8.212, de 24 de julho de 1991, n. 8.213, de 24 de julho de 1991, e n. 11.196, de 21 de novembro de 2005; revoga o inciso I do art. 3º da Lei n. 8.009, de 29 de março de 1990, o art. 36 da Lei n. 8.213, de 24 de julho de 1991, a Lei n. 5.859, de 11 de dezembro de 1972, e o inciso VII do art. 12 da Lei n. 9.250, de 26 de dezembro 1995; e dá outras providências
DOU 2.6.2015

Vide art. 13, caput e §§ 1º e 2º

Art. 13. É obrigatória a concessão de intervalo para repouso ou alimentação pelo período de, no mínimo, 1 (uma) hora e, no máximo, 2 (duas) horas, admitindo-se, mediante prévio acordo escrito entre empregador e empregado, sua redução a 30 (trinta) minutos.

§ 1º Caso o empregado resida no local de trabalho, o período de intervalo poderá ser desmembrado em 2 (dois) períodos, desde que cada um deles tenha, no mínimo, 1 (uma) hora, até o limite de 4 (quatro) horas ao dia.

§ 2º Em caso de modificação do intervalo, na forma do § 1º, é obrigatória a sua anotação no registro diário de horário, vedada sua prenotação.

LEI N. 5.889, DE 8 DE JUNHO DE 1973
Estatui normas reguladoras do trabalho rural
DOU 11.6.1973

Vide art. 5º; e art. 6º

Art. 5º Em qualquer trabalho contínuo de duração superior a seis horas, será obrigatória a concessão de um intervalo para repouso ou alimentação observados os usos e costumes da região, não se computando este intervalo na duração do trabalho. Entre duas jornadas de trabalho haverá um período mínimo de onze horas consecutivas para descanso.

TÍTULO II — DAS NORMAS GERAIS DE TUTELA DO TRABALHO

Art. 6º Nos serviços, caracteristicamente intermitentes, não serão computados, como de efetivo exercício, os intervalos entre uma e outra parte da execução da tarefa diária, desde que tal hipótese seja expressamente ressalvada na Carteira de Trabalho e Previdência Social.

DECRETO N. 73.626, DE 12 DE FEVEREIRO DE 1974
Aprova Regulamento da Lei n. 5.889, de 8 de junho de 1973
DOU 13.2.1974

Vide art. 5º, caput e §§ 1º e 2º

Art. 5º Os contratos de trabalho, individuais ou coletivos, estipularão, conforme os usos, praxes e costumes, de cada região, o início e o término normal da jornada de trabalho, que não poderá exceder de 8 (oito) horas por dia.

§ 1º Será obrigatória, em qualquer trabalho contínuo de duração superior a 6 (seis) horas, a concessão de um intervalo mínimo de 1 (uma) hora para repouso ou alimentação, observados os usos e costumes da região.

§ 2º Os intervalos para repouso ou alimentação não serão computados na duração do trabalho.

SÚMULAS DO TST

Vide Súmulas 118, 360, 437 e 446/TST

Súmula 118 TST — JORNADA DE TRABALHO. HORAS EXTRAS (mantida) — Res. 121/2003, DJ 19, 20 e 21.11.2003
Os intervalos concedidos pelo empregador na jornada de trabalho, não previstos em lei, representam tempo à disposição da empresa, remunerados como serviço extraordinário, se acrescidos ao final da jornada.

Súmula 360 TST — TURNOS ININTERRUPTOS DE REVEZAMENTO. INTERVALOS INTRAJORNADA E SEMANAL (mantida) — Res. 121/2003, DJ 19, 20 e 21.11.2003
A interrupção do trabalho destinada a repouso e alimentação, dentro de cada turno, ou o intervalo para repouso semanal, não descaracteriza o turno de revezamento com jornada de 6 (seis) horas previsto no art. 7º, XIV, da CF/1988.

Súmula 437 TST — INTERVALO INTRAJORNADA PARA REPOUSO E ALIMENTAÇÃO. APLICAÇÃO DO ART. 71 DA CLT (conversão das Orientações Jurisprudenciais ns. 307, 342, 354, 380 e 381 da SBDI-1) — Res. 185/2012, DEJT divulgado em 25, 26 e 27.09.2012

I — Após a edição da Lei n. 8.923/94, a não concessão ou a concessão parcial do intervalo intrajornada mínimo, para repouso e alimentação, a empregados urbanos e rurais, implica o pagamento total do período correspondente, e não apenas daquele suprimido, com acréscimo de, no mínimo, 50% sobre o valor da remuneração da hora normal de trabalho (art. 71 da CLT), sem prejuízo do cômputo da efetiva jornada de labor para efeito de remuneração.

II — É inválida cláusula de acordo ou convenção coletiva de trabalho contemplando a supressão ou redução do intervalo intrajornada porque este constitui medida de higiene, saúde e segurança do trabalho, garantido por norma de ordem pública (art. 71 da CLT e art. 7º, XXII, da CF/1988), infenso à negociação coletiva.

III — Possui natureza salarial a parcela prevista no art. 71, § 4º, da CLT, com redação introduzida pela Lei n. 8.923, de 27 de julho de 1994, quando não concedido ou reduzido pelo empregador o intervalo mínimo intrajornada para repouso e alimentação, repercutindo, assim, no cálculo de outras parcelas salariais.

IV — Ultrapassada habitualmente a jornada de seis horas de trabalho, é devido o gozo do intervalo intrajornada mínimo de uma hora, obrigando o empregador a remunerar o período para descanso e alimentação não usufruído como extra, acrescido do respectivo adicional, na forma prevista no art. 71, caput e § 4º da CLT.

Súmula 446 TST — MAQUINISTA FERROVIÁRIO. INTERVALO INTRAJORNADA. SUPRESSÃO PARCIAL OU TOTAL. HORAS EXTRAS DEVIDAS. COMPATIBILIDADE ENTRE OS ARTS. 71, § 4º, E 238, § 5º, DA CLT. Res. 193/2013, DEJT divulgado em 13, 16 e 17.12.2013
A garantia ao intervalo intrajornada, prevista no art. 71 da CLT, por constituir-se em medida de higiene, saúde e segurança do empregado, é aplicável também ao ferroviário maquinista integrante da categoria "c" (equipagem de trem em geral), não havendo incompatibilidade entre as regras inscritas nos arts. 71, § 4º, e 238, § 5º, da CLT.

§ 1º	Não excedendo de 6 (seis) horas o trabalho, será, entretanto, obrigatório um intervalo de 15 (quinze) minutos quando a duração ultrapassar 4 (quatro) horas.
§ 2º	Os intervalos de descanso não serão computados na duração do trabalho.

SÚMULA DO STF

Vide Súmula 675/STF

Súmula 675 STF — Os intervalos fixados para descanso e alimentação durante a jornada de seis horas não descaracterizam o sistema de turnos ininterruptos de revezamento para o efeito do art. 7º, XIV, da Constituição.

ORIENTAÇÃO JURISPRUDENCIAL DA SDI-1 DO TST

Vide OJ 178 SDI-1/TST

OJ 178 SDI-1 TST — BANCÁRIO. INTERVALO DE 15 MINUTOS. NÃO COMPUTÁVEL NA JORNADA DE TRABALHO (inserido dispositivo) — DJ 20.4.2005
Não se computa, na jornada do bancário sujeito a seis horas diárias de trabalho, o intervalo de quinze minutos para lanche ou descanso.

Art. 71

TÍTULO II — DAS NORMAS GERAIS DE TUTELA DO TRABALHO

§ 3º O limite mínimo de uma hora para repouso ou refeição poderá ser reduzido por ato do Ministro do Trabalho, Indústria e Comércio, quando ouvido o Serviço de Alimentação de Previdência Social, se verificar que o estabelecimento atende integralmente às exigências concernentes à organização dos refeitórios, e quando os respectivos empregados não estiverem sob regime de trabalho prorrogado a horas suplementares.

CONSOLIDAÇÃO DAS LEIS DO TRABALHO
Decreto-Lei n. 5.452, de 1º de maio de 1943
DOU 9.8.1943

Vide art. 383

Art. 383. Durante a jornada de trabalho, será concedido à empregada um período para refeição e repouso não inferior a 1 (uma) hora nem superior a 2 (duas) horas salvo a hipótese prevista no art. 71, § 3º.

LEI N. 5.889, DE 8 DE JUNHO DE 1973
Estatui normas reguladoras do trabalho rural
DOU 11.6.1973

Vide art. 5º; e art. 6º

Art. 5º Em qualquer trabalho contínuo de duração superior a seis horas, será obrigatória a concessão de um intervalo para repouso ou alimentação observados os usos e costumes da região, não se computando este intervalo na duração do trabalho. Entre duas jornadas de trabalho haverá um período mínimo de onze horas consecutivas para descanso.

Art. 6º Nos serviços, caracteristicamente intermitentes, não serão computados, como de efetivo exercício, os intervalos entre uma e outra parte da execução da tarefa diária, desde que tal hipótese seja expressamente ressalvada na Carteira de Trabalho e Previdência Social.

SÚMULA DO TST

Vide Súmula 437/TST

Súmula 437 TST — INTERVALO INTRAJORNADA PARA REPOUSO E ALIMENTAÇÃO. APLICAÇÃO DO ART. 71 DA CLT (conversão das Orientações Jurisprudenciais ns. 307, 342, 354, 380 e 381 da SBDI-1) — Res. 185/2012, DEJT divulgado em 25, 26 e 27.9.2012

I — Após a edição da Lei n. 8.923/94, a não concessão ou a concessão parcial do intervalo intrajornada mínimo, para repouso e alimentação, a empregados urbanos e rurais, implica o pagamento total do período correspondente, e não apenas daquele suprimido, com acréscimo de, no mínimo, 50% sobre o valor da remuneração da hora normal de trabalho (art. 71 da CLT), sem prejuízo do cômputo da efetiva jornada de labor para efeito de remuneração.

II — É inválida cláusula de acordo ou convenção coletiva de trabalho contemplando a supressão ou redução do intervalo intrajornada porque este constitui medida de higiene, saúde e segurança do trabalho, garantido por norma de ordem pública (art. 71 da CLT e art. 7º, XXII, da CF/1988), infenso à negociação coletiva.

III — Possui natureza salarial a parcela prevista no art. 71, § 4º, da CLT, com redação introduzida pela Lei n. 8.923, de 27 de julho de 1994, quando não concedido ou reduzido pelo empregador o intervalo mínimo intrajornada para repouso e alimentação, repercutindo, assim, no cálculo de outras parcelas salariais.

IV — Ultrapassada habitualmente a jornada de seis horas de trabalho, é devido o gozo do intervalo intrajornada mínimo de uma hora, obrigando o empregador a remunerar o período para descanso e alimentação não usufruído como extra, acrescido do respectivo adicional, na forma prevista no art. 71, *caput* e § 4º da CLT.

§ 4º Quando o intervalo para repouso e alimentação, previsto neste artigo, não for concedido pelo empregador, este ficará obrigado a remunerar o período correspondente com um acréscimo de no mínimo 50% (cinquenta por cento) sobre o valor da remuneração da hora normal de trabalho. *(Incluído pela Lei n. 8.923, de 27.7.1994)*

SÚMULAS DO TST

Vide Súmulas 118, 360 e 437/TST

Súmula 118 TST — JORNADA DE TRABALHO. HORAS EXTRAS (mantida) — Res. 121/2003, DJ 19, 20 e 21.11.2003
Os intervalos concedidos pelo empregador na jornada de trabalho, não previstos em lei, representam tempo à disposição da empresa, remunerados como serviço extraordinário, se acrescidos ao final da jornada.

Súmula 360 TST — TURNOS ININTERRUPTOS DE REVEZAMENTO. INTERVALOS INTRAJORNADA E SEMANAL (mantida) — Res. 121/2003, DJ 19, 20 e 21.11.2003

A interrupção do trabalho destinada a repouso e alimentação, dentro de cada turno, ou o intervalo para repouso semanal, não descaracteriza o turno de revezamento com jornada de 6 (seis) horas previsto no art. 7º, XIV, da CF/1988.

Súmula 437 TST — INTERVALO INTRAJORNADA PARA REPOUSO E ALIMENTAÇÃO. APLICAÇÃO DO ART. 71 DA CLT (conversão das Orientações Jurisprudenciais ns. 307, 342, 354, 380 e 381 da SBDI-1) — Res. 185/2012, DEJT divulgado em 25, 26 e 27.9.2012

I — Após a edição da Lei n. 8.923/94, a não concessão ou a concessão parcial do intervalo intrajornada mínimo, para repouso e alimentação, a empregados urbanos e rurais, implica o pagamento total do período correspondente, e não apenas daquele suprimido, com acréscimo de, no

TÍTULO II — DAS NORMAS GERAIS DE TUTELA DO TRABALHO

Art. 72

mínimo, 50% sobre o valor da remuneração da hora normal de trabalho (art. 71 da CLT), sem prejuízo do cômputo da efetiva jornada de labor para efeito de remuneração.

II — É inválida cláusula de acordo ou convenção coletiva de trabalho contemplando a supressão ou redução do intervalo intrajornada porque este constitui medida de higiene, saúde e segurança do trabalho, garantido por norma de ordem pública (art. 71 da CLT e art. 7º, XXII, da CF/1988), infenso à negociação coletiva.

III — Possui natureza salarial a parcela prevista no art. 71, § 4º, da CLT, com redação introduzida pela Lei n. 8.923, de 27 de julho de 1994, quando não concedido ou reduzido pelo empregador o intervalo mínimo intrajornada para repouso e alimentação, repercutindo, assim, no cálculo de outras parcelas salariais.

IV — Ultrapassada habitualmente a jornada de seis horas de trabalho, é devido o gozo do intervalo intrajornada mínimo de uma hora, obrigando o empregador a remunerar o período para descanso e alimentação não usufruído como extra, acrescido do respectivo adicional, na forma prevista no art. 71, *caput* e § 4º da CLT.

§ 5º O intervalo expresso no *caput* poderá ser reduzido e/ou fracionado, e aquele estabelecido no § 1º poderá ser fracionado, quando compreendidos entre o término da primeira hora trabalhada e o início da última hora trabalhada, desde que previsto em convenção ou acordo coletivo de trabalho, ante a natureza do serviço e em virtude das condições especiais de trabalho a que são submetidos estritamente os motoristas, cobradores, fiscalização de campo e afins nos serviços de operação de veículos rodoviários, empregados no setor de transporte coletivo de passageiros, mantida a remuneração e concedidos intervalos para descanso menores ao final de cada viagem. *(Redação dada pela Lei n. 13.103, de 2015)*

Art. 72 Nos serviços permanentes de mecanografia (datilografia, escrituração ou cálculo), a cada período de 90 (noventa) minutos de trabalho consecutivo corresponderá um repouso de 10 (dez) minutos não deduzidos da duração normal de trabalho.

CONSOLIDAÇÃO DAS LEIS DO TRABALHO
Decreto-Lei n. 5.452, de 1º de maio de 1943
DOU 9.8.1943

Vide art. 71, *caput* e § 1º; art. 253; art. 293 e art. 298; art. 372, *caput*, art. 383 e art. 396, *caput* e parágrafo único.

Art. 71. Em qualquer trabalho contínuo, cuja duração exceda de 6 (seis) horas, é obrigatória a concessão de um intervalo para repouso ou alimentação, o qual será, no mínimo, de 1 (uma) hora e, salvo acordo escrito ou contrato coletivo em contrário, não poderá exceder de 2 (duas) horas.

§ 1º Não excedendo de 6 (seis) horas o trabalho, será, entretanto, obrigatório um intervalo de 15 (quinze) minutos quando a duração ultrapassar 4 (quatro) horas.

Art. 253. Para os empregados que trabalham no interior das câmaras frigoríficas e para os que movimentam mercadorias do ambiente quente ou normal para o frio e vice-versa, depois de 1 (uma) hora e 40 (quarenta) minutos de trabalho contínuo, será assegurado um período de 20 (vinte) minutos de repouso, computado esse intervalo como de trabalho efetivo.

Art. 293. A duração normal do trabalho efetivo para os empregados em minas no subsolo não excederá de 6 (seis) horas diárias ou de 36 (trinta e seis) semanais.

Art. 298. Em cada período de 3 (três) horas consecutivas de trabalho, será obrigatória uma pausa de 15 (quinze) minutos para repouso, a qual será computada na duração normal de trabalho efetivo.

Art. 372. Os preceitos que regulam o trabalho masculino são aplicáveis ao trabalho feminino, naquilo em que não colidirem com a proteção especial instituída por este Capítulo.

Art. 383. Durante a jornada de trabalho, será concedido à empregada um período para refeição e repouso não inferior a 1 (uma) hora nem superior a 2 (duas) horas salvo a hipótese prevista no art. 71, § 3º.

Art. 396. Para amamentar o próprio filho, até que este complete 6 (seis) meses de idade, a mulher terá direito, durante a jornada de trabalho, a 2 (dois) descansos especiais, de meia hora cada um.

Parágrafo único. Quando o exigir a saúde do filho, o período de 6 (seis) meses poderá ser dilatado, a critério da autoridade competente.

SÚMULA DO TST

Vide Súmula 346 /TST

Súmula 346 TST — DIGITADOR. INTERVALOS INTRAJORNADA. APLICAÇÃO ANALÓGICA DO ART. 72 DA CLT (mantida) — Res. 121/2003, DJ 19, 20 e 21.11.2003
Os digitadores, por aplicação analógica do art. 72 da CLT, equiparam-se aos trabalhadores nos serviços de mecanografia (datilografia, escrituração ou cálculo), razão pela qual têm direito a intervalos de descanso de 10 (dez) minutos a cada 90 (noventa) de trabalho consecutivo.

Art. 73

TÍTULO II — DAS NORMAS GERAIS DE TUTELA DO TRABALHO

SEÇÃO IV
DO TRABALHO NOTURNO

Art. 73 Salvo nos casos de revezamento semanal ou quinzenal, o trabalho noturno terá remuneração superior a do diurno e, para esse efeito, sua remuneração terá um acréscimo de 20% (vinte por cento), pelo menos, sobre a hora diurna. *(Redação dada pelo Decreto-Lei n. 9.666, de 1946)*

CONSTITUIÇÃO FEDERAL DE 1988
DOU 5.10.1988

Vide art. 7º, caput e incisos IX e XXXIII

Art. 7º São direitos dos trabalhadores urbanos e rurais, além de outros que visem à melhoria de sua condição social:
(...)
IX — remuneração do trabalho noturno superior à do diurno;
(...)
XXXIII — proibição de trabalho noturno, perigoso ou insalubre a menores de dezoito e de qualquer trabalho a menores de dezesseis anos, salvo na condição de aprendiz, a partir de quatorze anos; *(Redação dada pela Emenda Constitucional n. 20, de 1998)*

CONVENÇÃO 89 DA OIT
Convenção relativa ao trabalho noturno das mulheres ocupadas na indústria
Adotada pela OIT em 9.7.1948
Ratificada pelo Brasil em 25.4.1957
Promulgada pelo Decreto n. 41.721, de 25 de junho de 1957
DOU 28.6.1957

CONVENÇÃO 171 DA OIT
Convenção relativa ao trabalho noturno
Adotada pela OIT em 26.7.1990
Ratificada pelo Brasil em 18.12.2002
Promulgada pelo Decreto n. 5.005, de 8 de março de 2004
DOU 9.3.2004

CONSOLIDAÇÃO DAS LEIS DO TRABALHO
Decreto-Lei n. 5.452, de 1º de maio de 1943
DOU 9.8.1943

Vide art. 224, caput e §§ 1º e 2º; art. 381, caput e §§ 1º e 2º; e art. 404

Art. 224. A duração normal do trabalho dos empregados em bancos, casas bancárias e Caixa Econômica Federal será de 6 (seis) horas contínuas nos dias úteis, com exceção dos sábados, perfazendo um total de 30 (trinta) horas de trabalho por semana. *(Redação dada pela Lei n. 7.430, de 17.12.1985)*

§ 1º A duração normal do trabalho estabelecida neste artigo ficará compreendida entre 7 (sete) e 22 (vinte e duas) horas, assegurando-se ao empregado, no horário diário, um intervalo de 15 (quinze) minutos para alimentação. *(Redação dada pelo Decreto-Lei n. 229, de 28.2.1967)*

§ 2º As disposições deste artigo não se aplicam aos que exercem funções de direção, gerência, fiscalização, chefia e equivalentes, ou que desempenhem outros cargos de confiança, desde que o valor da gratificação não seja inferior a 1/3 (um terço) do salário do cargo efetivo. *(Redação dada pelo Decreto-Lei n. 754, de 11.8.1969)*

Art. 381. O trabalho noturno das mulheres terá salário superior ao diurno.

§ 1º Para os fins desse artigo, os salários serão acrescidos duma percentagem adicional de 20% (vinte por cento) no mínimo.

§ 2º Cada hora do período noturno de trabalho das mulheres terá 52 (cinquenta e dois) minutos e 30 (trinta) segundos.

Art. 404. Ao menor de 18 (dezoito) anos é vedado o trabalho noturno, considerado este o que for executado no período compreendido entre as 22 (vinte e duas) e as 5 (cinco) horas.

LEI COMPLEMENTAR N. 150, DE 1º DE JUNHO DE 2015
Dispõe sobre o contrato de trabalho doméstico; altera as Leis n. 8.212, de 24 de julho de 1991, n. 8.213, de 24 de julho de 1991, e n. 11.196, de 21 de novembro de 2005; revoga o inciso I do art. 3º da Lei n. 8.009, de 29 de março de 1990, o art. 36 da Lei n. 8.213, de 24 de julho de 1991, a Lei n. 5.859, de 11 de dezembro de 1972, e o inciso VII do art. 12 da Lei n. 9.250, de 26 de dezembro 1995; e dá outras providências
DOU 2.6.2015

Vide art. 14, caput e § 2º

Art. 14. Considera-se noturno, para os efeitos desta Lei, o trabalho executado entre as 22 horas de um dia e as 5 horas do dia seguinte.
(...)
§ 2º A remuneração do trabalho noturno deve ter acréscimo de, no mínimo, 20% (vinte por cento) sobre o valor da hora diurna.

DECRETO-LEI N. 546, DE 18 DE ABRIL DE 1969
Dispõe sobre o trabalho noturno em estabelecimentos bancários, nas atividades que especifica
DOU 16.10.1972

Vide art. 1º, caput e §§ 1º a 4º

Art. 1º É permitido, inclusive à mulher, o trabalho noturno em estabelecimento bancário, para a execução de tarefa pertinente ao movimento de compensação de cheques ou a computação eletrônica, respeitado o disposto no artigo 73, e seus parágrafos da Consolidação das Leis do Trabalho.

§ 1º A designação para o trabalho noturno dependerá de concordância expressa do empregado.

§ 2º O trabalho após as vinte e duas horas será realizado em turnos especiais, não podendo ultrapassar seis horas.

§ 3º É vedado aproveitar em outro horário o bancário que trabalhar no período da noite, bem como utilizar em tarefa noturna o que trabalhar durante o dia, facultada, contudo, a adoção de horário misto, na forma prevista no § 4º do precitado art. 73 da Consolidação das Leis do Trabalho.

TÍTULO II — DAS NORMAS GERAIS DE TUTELA DO TRABALHO

§ 4º O disposto neste artigo poderá ser estendido, em casos especiais, a atividade bancária de outra natureza, mediante autorização do Ministério do Trabalho e Previdência Social.

LEI N. 5.811, DE 11 DE OUTUBRO DE 1972
Dispõe sobre o regime de trabalho dos empregados nas atividades de exploração, perfuração, produção e refinação de petróleo, industrialização do xisto, indústria petroquímica e transporte de petróleo e seus derivados por meio de dutos
DOU 16.10.1972

Vide art. 3º, *caput* e inciso I

Art. 3º Durante o período em que o empregado permanecer no regime de revezamento em turno de 8 (oito) horas, ser-lhe-ão assegurados os seguintes direitos:

I — Pagamento do adicional de trabalho noturno na forma do art. 73 da Consolidação das Leis do Trabalho;

LEI N. 5.889, DE 8 DE JUNHO DE 1973
Estatui normas reguladoras do trabalho rural
DOU 11.6.1073

Vide art. 7º, *caput* e parágrafo único; e art. 8º

Art. 7º Para os efeitos desta Lei, considera-se trabalho noturno o executado entre as vinte e uma horas de um dia e as cinco horas do dia seguinte, na lavoura, e entre as vinte horas de um dia e as quatro horas do dia seguinte, na atividade pecuária.

Parágrafo único. Todo trabalho noturno será acrescido de 25% (vinte e cinco por cento) sobre a remuneração normal.

Art. 8º Ao menor de 18 anos é vedado o trabalho noturno.

LEI N. 8.906, DE 4 DE JULHO DE 1994
Dispõe sobre o Estatuto da Advocacia e a Ordem dos Advogados do Brasil (OAB)
DOU 5.7.1994

Vide art. 20, *caput* e § 3º

Art. 20. A jornada de trabalho do advogado empregado, no exercício da profissão, não poderá exceder a duração diária de quatro horas contínuas e a de vinte horas semanais, salvo acordo ou convenção coletiva ou em caso de dedicação exclusiva.

(...)

§ 3º As horas trabalhadas no período das vinte horas de um dia até as cinco horas do dia seguinte são remuneradas como noturnas, acrescidas do adicional de vinte e cinco por cento.

SÚMULAS DO STF

Vide Súmulas 213, 214, 313 e 402/STF

Súmula 213 STF — É devido o adicional de serviço noturno, ainda que sujeito o empregado ao regime de revezamento.

Súmula 214 STF — A duração legal da hora de serviço noturno (52 minutos e 30 segundos) constitui vantagem suplementar que não dispensa o salário adicional.

Súmula 313 STF — Provada a identidade entre o trabalho diurno e o noturno, é devido o adicional, quanto a este, sem a limitação do art. 73, § 3º, da CLT, independentemente da natureza da atividade do empregador.

Súmula 402 STF — Vigia noturno tem direito a salário adicional.

SÚMULAS DO TST

Vide Súmulas 60, 65, 112, 140, 172, 265, 354 e 391/TST

Súmula 60 TST — ADICIONAL NOTURNO. INTEGRAÇÃO NO SALÁRIO E PRORROGAÇÃO EM HORÁRIO DIURNO (incorporada a Orientação Jurisprudencial n. 6 da SBDI-1) — Res. 129/2005, DJ 20, 22 e 25.04.2005

I — O adicional noturno, pago com habitualidade, integra o salário do empregado para todos os efeitos. *(ex-Súmula n. 60 — RA 105/1974, DJ 24.10.1974)*

II — Cumprida integralmente a jornada no período noturno e prorrogada esta, devido é também o adicional quanto às horas prorrogadas. Exegese do art. 73, § 5º, da CLT. *(ex-OJ n. 6 da SBDI-1 — inserida em 25.11.1996)*

Súmula 65 TST — VIGIA (mantida) — Res. 121/2003, DJ 19, 20 e 21.11.2003

O direito à hora reduzida de 52 minutos e 30 segundos aplica-se ao vigia noturno.

Súmula 112 TST — TRABALHO NOTURNO. PETRÓLEO (mantida) — Res. 121/2003, DJ 19, 20 e 21.11.2003

O trabalho noturno dos empregados nas atividades de exploração, perfuração, produção e refinação do petróleo, industrialização do xisto, indústria petroquímica e transporte de petróleo e seus derivados, por meio de dutos, é regulado pela Lei n. 5.811, de 11.10.1972, não se lhe aplicando a hora reduzida de 52 minutos e 30 segundos prevista no art. 73, § 1º, da CLT.

Súmula 140 TST — VIGIA (mantida) — Res. 121/2003, DJ 19, 20 e 21.11.2003

É assegurado ao vigia sujeito ao trabalho noturno o direito ao respectivo adicional (ex-Prejulgado n. 12).

Súmula 172 TST — REPOUSO REMUNERADO. HORAS EXTRAS. CÁLCULO (mantida) — Res. 121/2003, DJ 19, 20 e 21.11.2003

Computam-se no cálculo do repouso remunerado as horas extras habitualmente prestadas. (ex-Prejulgado n. 52).

Súmula 265 TST — ADICIONAL NOTURNO. ALTERAÇÃO DE TURNO DE TRABALHO. POSSIBILIDADE DE SUPRESSÃO (mantida) — Res. 121/2003, DJ 19, 20 e 21.11.2003

A transferência para o período diurno de trabalho implica a perda do direito ao adicional noturno.

Súmula 354 TST — GORJETAS. NATUREZA JURÍDICA. REPERCUSSÕES (mantida) — Res. 121/2003, DJ 19, 20 e 21.11.2003

As gorjetas, cobradas pelo empregador na nota de serviço ou oferecidas espontaneamente pelos clientes, integram a remuneração do empregado, não servindo de base de cálculo para as parcelas de aviso prévio, adicional noturno, horas extras e repouso semanal remunerado.

Súmula 391 TST — PETROLEIROS. LEI N. 5.811/72. TURNO ININTERRUPTO DE REVEZAMENTO. HORAS EXTRAS E ALTERAÇÃO DA JORNADA PARA HORÁRIO FIXO (conversão das Orientações Jurisprudenciais ns. 240 e 333 da SBDI-1) — Res. 129/2005, DJ 20, 22 e 25.4.2005

Art. 73

TÍTULO II — DAS NORMAS GERAIS DE TUTELA DO TRABALHO

I — A Lei n. 5.811/1972 foi recepcionada pela CF/1988 no que se refere à duração da jornada de trabalho em regime de revezamento dos petroleiros. *(ex-OJ n. 240 da SBDI-1 — inserida em 20.6.2001)*

II — A previsão contida no art. 10 da Lei n. 5.811/1972, possibilitando a mudança do regime de revezamento para horário fixo, constitui alteração lícita, não violando os arts. 468 da CLT e 7º, VI, da CF/1988. *(ex-OJ n. 333 da SBDI-1 — DJ 9.12.2003)*

ORIENTAÇÕES JURISPRUDENCIAIS DA SDI-1 DO TST

Vide OJs 97, 259 e 388 SDI-1/TST

OJ 97 SDI-1 TST — HORAS EXTRAS. ADICIONAL NOTURNO. BASE DE CÁLCULO (inserida em 30.05.1997)
O adicional noturno integra a base de cálculo das horas extras prestadas no período noturno.

OJ 259 SDI-1 TST — ADICIONAL NOTURNO. BASE DE CÁLCULO. ADICIONAL DE PERICULOSIDADE. INTEGRAÇÃO (inserida em 27.09.2002)
O adicional de periculosidade deve compor a base de cálculo do adicional noturno, já que também neste horário o trabalhador permanece sob as condições de risco.

OJ 388 SDI-1 TST — JORNADA 12X36. JORNADA MISTA QUE COMPREENDA A TOTALIDADE DO PERÍODO NOTURNO. ADICIONAL NOTURNO. DEVIDO. *(DEJT divulgado em 9, 10 e 11.6.2010)*
O empregado submetido à jornada de 12 horas de trabalho por 36 de descanso, que compreende a totalidade do período noturno, tem direito ao adicional noturno, relativo às horas trabalhadas após as 5 horas da manhã.

§ 1º
A hora do trabalho noturno será computada como de 52 minutos e 30 segundos. *(Redação dada pelo Decreto-Lei n. 9.666, de 1946)*

CONSTITUIÇÃO FEDERAL DE 1988
DOU 5.10.1988

Vide art. 7º, caput e inciso IX

Art. 7º São direitos dos trabalhadores urbanos e rurais, além de outros que visem à melhoria de sua condição social:
(...)
IX — remuneração do trabalho noturno superior à do diurno;

LEI COMPLEMENTAR N. 150, DE 1º DE JUNHO DE 2015
Dispõe sobre o contrato de trabalho doméstico; altera as Leis n. 8.212, de 24 de julho de 1991, n. 8.213, de 24 de julho de 1991, e n. 11.196, de 21 de novembro de 2005; revoga o inciso I do art. 3º da Lei n. 8.009, de 29 de março de 1990, o art. 36 da Lei n. 8.213, de 24 de julho de 1991, a Lei n. 5.859, de 11 de dezembro de 1972, e o inciso VII do art. 12 da Lei n. 9.250, de 26 de dezembro 1995; e dá outras providências
DOU 2.6.2015

Vide art. 14, caput e § 1º

Art. 14. Considera-se noturno, para os efeitos desta Lei, o trabalho executado entre as 22 horas de um dia e as 5 horas do dia seguinte.

§ 1º A hora de trabalho noturno terá duração de 52 (cinquenta e dois) minutos e 30 (trinta) segundos.

LEI N. 5.811, DE 11 DE OUTUBRO DE 1972
Dispõe sobre o regime de trabalho dos empregados nas atividades de exploração, perfuração, produção e refinação de petróleo, industrialização do xisto, indústria petroquímica e transporte de petróleo e seus derivados por meio de dutos
DOU 16.10.1972

Vide art. 3º, caput e inciso I

Art. 3º Durante o período em que o empregado permanecer no regime de revezamento em turno de 8 (oito) horas, ser-lhe-ão assegurados os seguintes direitos:

I — Pagamento do adicional de trabalho noturno na forma do art. 73 da Consolidação das Leis do Trabalho;

LEI N. 5.889, DE 8 DE JUNHO DE 1973
Estatui normas reguladoras do trabalho rural
DOU 11.6.1973

Vide art. 7º, caput e parágrafo único

Art. 7º Para os efeitos desta Lei, considera-se trabalho noturno o executado entre as vinte e uma horas de um dia e as cinco horas do dia seguinte, na lavoura, e entre as vinte horas de um dia e as quatro horas do dia seguinte, na atividade pecuária.

Parágrafo único. Todo trabalho noturno será acrescido de 25% (vinte e cinco por cento) sobre a remuneração normal.

LEI N. 4.860, DE 26 DE NOVEMBRO DE 1965
Dispõe sobre o regime de trabalho nos portos organizados, e dá outras providências
DOU 29.11.1965 e retificado em 10.12.1965

Vide art. 4º, caput e § 1º

Art. 4º Na fixação do regime de trabalho de cada porto, para permitir a continuidade das operações portuárias, os horários de trabalho poderão ser estabelecidos em um ou dois períodos de serviço.

§ 1º Os períodos de serviço serão diurno, entre 7 (sete) e 19 (dezenove) horas, e noturno, entre 19 (dezenove) e 7 (sete) horas do dia seguinte, ... VETADO ... A hora do trabalho... VETADO... é de 60 (sessenta) minutos ... VETADO ...

SÚMULA DO STF

Vide Súmula 214/STF

Súmula 214 STF — A duração legal da hora de serviço noturno (52 minutos e 30 segundos) constitui vantagem suplementar que não dispensa o salário adicional.

TÍTULO II — DAS NORMAS GERAIS DE TUTELA DO TRABALHO

SÚMULAS DO TST

Vide Súmulas 65 e 112/TST

Súmula 65 TST — VIGIA (mantida) — Res. 121/2003, DJ 19, 20 e 21.11.2003

O direito à hora reduzida de 52 minutos e 30 segundos aplica-se ao vigia noturno.

Súmula 112 TST — TRABALHO NOTURNO. PETRÓLEO (mantida) — Res. 121/2003, DJ 19, 20 e 21.11.2003

O trabalho noturno dos empregados nas atividades de exploração, perfuração, produção e refinação do petróleo, industrialização do xisto, indústria petroquímica e transporte de petróleo e seus derivados, por meio de dutos, é regulado pela Lei n. 5.811, de 11.10.1972, não se lhe aplicando a hora reduzida de 52 minutos e 30 segundos prevista no art. 73, § 1°, da CLT.

ORIENTAÇÕES JURISPRUDENCIAIS DA SDI-1 DO TST

Vide OJs 60, 127 e 395 SDI-1/TST

OJ 60 SDI-1 TST — PORTUÁRIOS. HORA NOTURNA. HORAS EXTRAS. (LEI N. 4.860/65, ARTS. 4° E 7°, § 5°) (nova redação em decorrência da incorporação da Orientação Jurisprudencial n. 61 da SBDI-1) — DJ 20.4.2005

I — A hora noturna no regime de trabalho no porto, compreendida entre dezenove horas e sete horas do dia seguinte, é de sessenta minutos.

II — Para o cálculo das horas extras prestadas pelos trabalhadores portuários, observar-se-á somente o salário básico percebido, excluídos os adicionais de risco e produtividade. *(ex-OJ n. 61 da SDI-1 — inserida em 14.3.1994)*

OJ 127 SDI-1 TST — HORA NOTURNA REDUZIDA. SUBSISTÊNCIA APÓS A CF/1988 *(inserida em 20.4.1998)*

O art. 73, § 1° da CLT, que prevê a redução da hora noturna, não foi revogado pelo inciso IX do art. 7° da CF/1988.

OJ 395 SDI-1 TST — TURNO ININTERRUPTO DE REVEZAMENTO. HORA NOTURNA REDUZIDA. INCIDÊNCIA. *(DEJT divulgado em 9, 10 e 11.6.2010)*

O trabalho em regime de turnos ininterruptos de revezamento não retira o direito à hora noturna reduzida, não havendo incompatibilidade entre as disposições contidas nos arts. 73, § 1°, da CLT e 7°, XIV, da Constituição Federal.

§ 2° Considera-se noturno, para os efeitos deste artigo, o trabalho executado entre as 22 horas de um dia e as 5 horas do dia seguinte. *(Redação dada pelo Decreto-Lei n. 9.666, de 1946)*

LEI N. 5.889, DE 8 DE JUNHO DE 1973
Estatui normas reguladoras do trabalho rural
DOU 11.6.1973

Vide art. 7°, *caput*

Art. 7° Para os efeitos desta Lei, considera-se trabalho noturno o executado entre as vinte e uma horas de um dia e as cinco horas do dia seguinte, na lavoura, e entre as vinte horas de um dia e as quatro horas do dia seguinte, na atividade pecuária.

LEI N. 8.906, DE 4 DE JULHO DE 1994
Dispõe sobre o Estatuto da Advocacia e a Ordem dos Advogados do Brasil (OAB)
DOU 5.7.1994

Vide art. 20, *caput* e § 3°

Art. 20. A jornada de trabalho do advogado empregado, no exercício da profissão, não poderá exceder a duração diária de quatro horas contínuas e a de vinte horas semanais, salvo acordo ou convenção coletiva ou em caso de dedicação exclusiva.

(...)

§ 3° As horas trabalhadas no período das vinte horas de um dia até as cinco horas do dia seguinte são remuneradas como noturnas, acrescidas do adicional de vinte e cinco por cento.

§ 3° O acréscimo, a que se refere o presente artigo, em se tratando de empresas que não mantêm, pela natureza de suas atividades, trabalho noturno habitual, será feito, tendo em vista os quantitativos pagos por trabalhos diurnos de natureza semelhante. Em relação às empresas cujo trabalho noturno decorra da natureza de suas atividades, o aumento será calculado sobre o salário mínimo geral vigente na região, não sendo devido quando exceder desse limite, já acrescido da percentagem. *(Redação dada pelo Decreto-Lei n. 9.666, de 1946)*

Art. 74

TÍTULO II — DAS NORMAS GERAIS DE TUTELA DO TRABALHO

SÚMULA DO STF

Vide Súmula 313/STF

Súmula 313 STF — Provada a identidade entre o trabalho diurno e o noturno, é devido o adicional, quanto a este, sem a limitação do art. 73, § 3º, da CLT, independentemente da natureza da atividade do empregador.

§ 4º Nos horários mistos, assim entendidos os que abrangem períodos diurnos e noturnos, aplica-se às horas de trabalho noturno o disposto neste artigo e seus parágrafos. *(Redação dada pelo Decreto-Lei n. 9.666, de 1946)*

ORIENTAÇÃO JURISPRUDENCIAL DA SDI-1 DO TST

Vide OJ 388 SDI-1/TST

OJ 388 SDI-1 TST — JORNADA 12X36. JORNADA MISTA QUE COMPREENDA A TOTALIDADE DO PERÍODO NOTURNO. ADICIONAL NOTURNO. DEVIDO. *(DEJT divulgado em 9, 10 e 11.6.2010)*

O empregado submetido à jornada de 12 horas de trabalho por 36 de descanso, que compreenda a totalidade do período noturno, tem direito ao adicional noturno, relativo às horas trabalhadas após as 5 horas da manhã.

§ 5º Às prorrogações do trabalho noturno aplica-se o disposto neste capítulo. *(Incluído pelo Decreto-Lei n. 9.666, de 1946)*

LEI COMPLEMENTAR N. 150, DE 1º DE JUNHO DE 2015

Dispõe sobre o contrato de trabalho doméstico; altera as Leis n. 8.212, de 24 de julho de 1991, n. 8.213, de 24 de julho de 1991, e n. 11.196, de 21 de novembro de 2005; revoga o inciso I do art. 3º da Lei n. 8.009, de 29 de março de 1990, o art. 36 da Lei n. 8.213, de 24 de julho de 1991, a Lei n. 5.859, de 11 de dezembro de 1972, e o inciso VII do art. 12 da Lei n. 9.250, de 26 de dezembro 1995; e dá outras providências
DOU 2.6.2015

Vide art. 10, *caput* e § 1º

Art. 10. É facultado às partes, mediante acordo escrito entre essas, estabelecer horário de trabalho de 12 (doze) horas seguidas por 36 (trinta e seis) horas ininterruptas de descanso, observados ou indenizados os intervalos para repouso e alimentação.

§ 1º A remuneração mensal pactuada pelo horário previsto no *caput* deste artigo abrange os pagamentos devidos pelo descanso semanal remunerado e pelo descanso em feriados, e serão considerados compensados os feriados e as prorrogações de trabalho noturno, quando houver, de que tratam o art. 70 e o § 5º do art. 73 da Consolidação das Leis do Trabalho (CLT), aprovada pelo Decreto-Lei n. 5.452, de 1º de maio de 1943, e o art. 9º da Lei n. 605, de 5 de janeiro de 1949.

SÚMULA DO TST

Vide Súmula 60, II/TST

Súmula 60, II, TST — ADICIONAL NOTURNO. INTEGRAÇÃO NO SALÁRIO E PRORROGAÇÃO EM HORÁRIO DIURNO (incorporada a Orientação Jurisprudencial n. 6 da SBDI-1) — Res. 129/2005, DJ 20, 22 e 25.4.2005

(...)

II — Cumprida integralmente a jornada no período noturno e prorrogada esta, devido é também o adicional quanto às horas prorrogadas. Exegese do art. 73, § 5º, da CLT. *(ex-OJ n. 6 da SBDI-1 — inserida em 25.11.1996)*

SEÇÃO V
DO QUADRO DE HORÁRIO

Art. 74 O horário do trabalho constará de quadro, organizado conforme modelo expedido pelo Ministro do Trabalho, Indústria e Comércio, e afixado em lugar bem visível. Esse quadro será discriminativo no caso de não ser o horário único para todos os empregados de uma mesma seção ou turma.

§ 1º O horário de trabalho será anotado em registro de empregados com a indicação de acordos ou contratos coletivos porventura celebrados.

§ 2º Para os estabelecimentos de mais de dez trabalhadores será obrigatória a anotação da hora de entrada e de saída, em registro manual, mecânico ou eletrônico, conforme instruções a serem expedidas pelo Ministério do Trabalho, devendo haver pré-assinalação do período de repouso. *(Redação dada pela Lei n. 7.855, de 24.10.1989)*

TÍTULO II — DAS NORMAS GERAIS DE TUTELA DO TRABALHO

Art. 74

CONSOLIDAÇÃO DAS LEIS DO TRABALHO
Decreto-Lei n. 5.452, de 1º de maio de 1943
DOU 9.8.1943

Vide art. 58, *caput* e § 1º

Art. 58. A duração normal do trabalho, para os empregados em qualquer atividade privada, não excederá de 8 (oito) horas diárias, desde que não seja fixado expressamente outro limite.

§ 1º Não serão descontadas nem computadas como jornada extraordinária as variações de horário no registro de ponto não excedentes de cinco minutos, observado o limite máximo de dez minutos diários. *(Parágrafo incluído pela Lei n. 10.243, de 19.6.2001)*

LEI COMPLEMENTAR N. 123, DE 14 DE DEZEMBRO DE 2006
Institui o Estatuto Nacional da Microempresa e da Empresa de Pequeno Porte; altera dispositivos das Leis ns. 8.212 e 8.213, ambas de 24 de julho de 1991, da Consolidação das Leis do Trabalho — CLT, aprovada pelo Decreto-Lei n. 5.452, de 1º de maio de 1943, da Lei n. 10.189, de 14 de fevereiro de 2001, da Lei Complementar n. 63, de 11 de janeiro de 1990; e revoga as Leis ns. 9.317, de 5 de dezembro de 1996, e 9.841, de 5 de outubro de 1999.

DOU 15.12.2006, republicado em 31.1.2009, republicado em 31.1.2012 e republicado em 6.3.2012

Vide art. 51, *caput* e inciso I

Art. 51. As microempresas e as empresas de pequeno porte são dispensadas:

I — da afixação de Quadro de Trabalho em suas dependências;

SÚMULAS DO TST

Vide Súmulas 338, 366 e 449/TST

Súmula 338 TST — JORNADA DE TRABALHO. REGISTRO. ÔNUS DA PROVA (incorporadas as Orientações Jurisprudenciais ns. 234 e 306 da SBDI-1) — Res. 129/2005, DJ 20, 22 e 25.4.2005

I — É ônus do empregador que conta com mais de 10 (dez) empregados o registro da jornada de trabalho na forma do art. 74, § 2º, da CLT. A não apresentação injustificada dos controles de frequência gera presunção relativa de veracidade da jornada de trabalho, a qual pode ser elidida por prova em contrário. *(ex-Súmula n. 338 — alterada pela Res. 121/2003, DJ 21.11.2003)*

II — A presunção de veracidade da jornada de trabalho, ainda que prevista em instrumento normativo, pode ser elidida por prova em contrário. *(ex-OJ n. 234 da SBDI-1 — inserida em 20.6.2001)*

III — Os cartões de ponto que demonstram horários de entrada e saída uniformes são inválidos como meio de prova, invertendo-se o ônus da prova, relativo às horas extras, que passa a ser do empregador, prevalecendo a jornada da inicial se dele não se desincumbir. *(ex-OJ n. 306 da SBDI-1- DJ 11.8.2003)*

Súmula 366 TST — CARTÃO DE PONTO. REGISTRO. HORAS EXTRAS. MINUTOS QUE ANTECEDEM E SUCEDEM A JORNADA DE TRABALHO (nova redação) — Res. 197/2015 — DEJT divulgado em 14, 15 e 18.5.2015

Não serão descontadas nem computadas como jornada extraordinária as variações de horário do registro de ponto não excedentes de cinco minutos, observado o limite máximo de dez minutos diários. Se ultrapassado esse limite, será considerada como extra a totalidade do tempo que exceder a jornada normal, pois configurado tempo à disposição do empregador, não importando as atividades desenvolvidas pelo empregado ao longo do tempo residual (troca de uniforme, lanche, higiene pessoal, etc).

Súmula 449 TST — MINUTOS QUE ANTECEDEM E SUCEDEM A JORNADA DE TRABALHO. LEI N. 10.243, DE 19.6.2001. NORMA COLETIVA. FLEXIBILIZAÇÃO. IMPOSSIBILIDADE. (conversão da Orientação Jurisprudencial n. 372 da SBDI-1) — Res. 194/2014, DEJT divulgado em 21, 22 e 23.5.2014

A partir da vigência da Lei n. 10.243, de 19.6.2001, que acrescentou o § 1º ao art. 58 da CLT, não mais prevalece cláusula prevista em convenção ou acordo coletivo que elastece o limite de 5 minutos que antecedem e sucedem a jornada de trabalho para fins de apuração das horas extras.

ORIENTAÇÃO JURISPRUDENCIAL DA SDI-1 DO TST

Vide OJ 233 SDI-1/TST

OJ 233 SDI-1 TST — HORAS EXTRAS. COMPROVAÇÃO DE PARTE DO PERÍODO ALEGADO (nova redação) — DJ 20.4.2005

A decisão que defere horas extras com base em prova oral ou documental não ficará limitada ao tempo por ela abrangido, desde que o julgador fique convencido de que o procedimento questionado superou aquele período.

§ 3º Se o trabalho for executado fora do estabelecimento, o horário dos empregados constará, explicitamente, de ficha ou papeleta em seu poder, sem prejuízo do que dispõe o § 1º deste artigo.

CONSOLIDAÇÃO DAS LEIS DO TRABALHO
Decreto-Lei n. 5.452, de 1º de maio de 1943
DOU 9.8.1943

Vide art. 62, *caput* e inciso I

Art. 62. Não são abrangidos pelo regime previsto neste capítulo: *(Redação dada pela Lei n. 8.966, de 27.12.1994)*

I — os empregados que exercem atividade externa incompatível com a fixação de horário de trabalho, devendo tal condição ser anotada na Carteira de Trabalho e Previdência Social e no registro de empregados; *(Incluído pela Lei n. 8.966, de 27.12.1994)*

ORIENTAÇÃO JURISPRUDENCIAL DA SDI-1 DO TST

Vide OJ 332 SDI-1/TST

OJ 332 SDI-1 TST — MOTORISTA. HORAS EXTRAS. ATIVIDADE EXTERNA. CONTROLE DE JORNADA POR TACÓGRAFO. RESOLUÇÃO N. 816/86 DO CONTRAN *(DJ 9.12.2003)*

O tacógrafo, por si só, sem a existência de outros elementos, não serve para controlar a jornada de trabalho de empregado que exerce atividade externa.

Art. 75

TÍTULO II — DAS NORMAS GERAIS DE TUTELA DO TRABALHO

SEÇÃO VI
DAS PENALIDADES

Art. 75 Os infratores dos dispositivos do presente Capítulo incorrerão na multa de cinquenta a cinco mil cruzeiros, segundo a natureza da infração, sua extensão e a intenção de quem a praticou, aplicada em dobro no caso de reincidência e oposição à fiscalização ou desacato à autoridade.

Parágrafo único São competentes para impor penalidades, no Distrito Federal, a autoridade de 1ª instância do Departamento Nacional do Trabalho e, nos Estados e no Território do Acre, as autoridades regionais do Ministério do Trabalho, Indústria e Comércio.

DECRETO-LEI N. 229, DE 28 DE FEVEREIRO DE 1967
Altera dispositivos da Consolidação das Leis do Trabalho, aprovada pelo Decreto-Lei n. 5.452, de 1º de maio de 1943, e dá outras providencias
DOU 28.2.1967 e retificado em 9.3.1967

Vide art. 35, *caput* e incisos I a IV

Art. 35. As referências feitas na CLT:

I — ao Ministério do Trabalho, Indústria e Comércio entendem-se como concernentes ao Ministério do Trabalho e Previdência Social (MTPS);

II — a institutos de seguro social ou de previdência social e a Institutos de Aposentadoria e Pensões entendem-se como concernentes ao Instituto Nacional da Previdência Social (INPS);

III — ao Serviço de Alimentação da Previdência Social (SAPS), entendem-se como concernentes ao Departamento Nacional de Higiene e Segurança do Trabalho (DNSHT);

IV — ao Departamento Nacional do Trabalho, como autoridade julgadora de infração em primeira instância, entendem-se como concernentes às Delegacias Regionais do Trabalho.

DECRETO N. 6.341, DE 3 DE JANEIRO DE 2008
Altera a denominação da Delegacia Regional do Trabalho para Superintendência Regional do Trabalho e Emprego
DOU 4.1.2008

LEIS N. 6.205/75; N. 6.986/82; N. 6.708/79; N. 7.855/89
Novos valores de multas administrativas

LEI N. 8.383/1991
Unidade Fiscal de Referência (UFIR) — medida de valor e atualização de tributos, multas e penalidades administrativas e fiscais

LEI N. 10.522/02
Conversão da UFIR em real

SÚMULAS DO TST
Vide Súmulas 340 e 347/TST

Súmula 340 TST — COMISSIONISTA. HORAS EXTRAS (nova redação) — Res. 121/2003, DJ 19, 20 e 21.11.2003

O empregado, sujeito a controle de horário, remunerado à base de comissões, tem direito ao adicional de, no mínimo, 50% (cinquenta por cento) pelo trabalho em horas extras, calculado sobre o valor-hora das comissões recebidas no mês, considerando-se como divisor o número de horas efetivamente trabalhadas.

Súmula 347 TST — HORAS EXTRAS HABITUAIS. APURAÇÃO. MÉDIA FÍSICA (mantida) — Res. 121/2003, DJ 19, 20 e 21.11.2003

O cálculo do valor das horas extras habituais, para efeito de reflexos em verbas trabalhistas, observará o número de horas efetivamente prestadas e a ele aplica-se o valor do salário-hora da época do pagamento daquelas verbas.

ORIENTAÇÕES JURISPRUDENCIAIS DA SDI-1 DO TST
Vide OJs 235 e 397/TST

OJ 235 SDI-1 TST — HORAS EXTRAS. SALÁRIO POR PRODUÇÃO (redação alterada na sessão do Tribunal Pleno realizada em 16.04.2012) — Res. 182/2012, DEJT divulgado em 19, 20 e 23.4.2012

O empregado que recebe salário por produção e trabalha em sobrejornada tem direito à percepção apenas do adicional de horas extras, exceto no caso do empregado cortador de cana, a quem é devido o pagamento das horas extras e do adicional respectivo.

OJ 397 SDI-1 TST — COMISSIONISTA MISTO. HORAS EXTRAS. BASE DE CÁLCULO. APLICAÇÃO DA SÚMULA N. 340 DO TST. (DEJT divulgado em 2, 3 e 4.8.2010)

O empregado que recebe remuneração mista, ou seja, uma parte fixa e outra variável, tem direito a horas extras pelo trabalho em sobrejornada. Em relação à parte fixa, são devidas as horas simples acrescidas do adicional de horas extras. Em relação à parte variável, é devido somente o adicional de horas extras, aplicando-se à hipótese o disposto na Súmula n. 340 do TST.

TÍTULO II — DAS NORMAS GERAIS DE TUTELA DO TRABALHO

Art. 76

CAPÍTULO III
DO SALÁRIO MÍNIMO

SEÇÃO I
DO CONCEITO

Art. 76 Salário mínimo é a contraprestação mínima devida e paga diretamente pelo empregador a todo trabalhador, inclusive ao trabalhador rural, sem distinção de sexo, por dia normal de serviço, e capaz de satisfazer, em determinada época e região do País, as suas necessidades normais de alimentação, habitação, vestuário, higiene e transporte.

CONSTITUIÇÃO FEDERAL DE 1988
DOU 5.10.1988

Vide art. 7º, caput e incisos IV, VI e VII

Art. 7º São direitos dos trabalhadores urbanos e rurais, além de outros que visem à melhoria de sua condição social:
(...)
IV — salário mínimo, fixado em lei, nacionalmente unificado, capaz de atender a suas necessidades vitais básicas e às de sua família com moradia, alimentação, educação, saúde, lazer, vestuário, higiene, transporte e previdência social, com reajustes periódicos que lhe preservem o poder aquisitivo, sendo vedada sua vinculação para qualquer fim;
(...)
VI — irredutibilidade do salário, salvo o disposto em convenção ou acordo coletivo;
VII — garantia de salário, nunca inferior ao mínimo, para os que percebem remuneração variável;

SÚMULAS VINCULANTES DO STF

Vide Súmulas Vinculantes 4 e 6/STF

Súmula Vinculante 4 STF — Salvo nos casos previstos na Constituição, o salário mínimo não pode ser usado como indexador de base de cálculo de vantagem de servidor público ou de empregado, nem ser substituído por decisão judicial.

Súmula Vinculante 6 STF — Não viola a Constituição o estabelecimento de remuneração inferior ao salário mínimo para as praças prestadoras de serviço militar inicial.

SÚMULAS DO STF

Vide Súmulas 199, 203, 204, 307 e 467/STF

Súmula 199 STF — O salário das férias do empregado horista corresponde à média do período aquisitivo, não podendo ser inferior ao mínimo.

Súmula 203 STF — Não está sujeita à vacância de 60 dias a vigência de novos níveis de salário mínimo.

Súmula 204 STF — Tem direito o trabalhador substituto, ou de reserva, ao salário mínimo no dia em que fica à disposição do empregador sem ser aproveitado na função específica; se aproveitado, recebe o salário contratual.

Súmula 307 STF — É devido o adicional de serviço insalubre, calculado à base do salário mínimo da região, ainda que a remuneração contratual seja superior ao salário mínimo acrescido da taxa de insalubridade.

Súmula 467 STF — A base do cálculo das contribuições previdenciárias, anteriormente à vigência da Lei Orgânica da Previdência Social, é o salário mínimo mensal, observados os limites da Lei n. 2.755 de 1956.

SÚMULAS DO TST

Vide Súmulas 228, 258, 358, 363 e 370/TST

Súmula 228 TST — ADICIONAL DE INSALUBRIDADE. BASE DE CÁLCULO (redação alterada na sessão do Tribunal Pleno em 26.06.2008) — Res. 148/2008, DJ 4 e 7.7.2008 — Republicada DJ 8, 9 e 10.7.2008. SÚMULA CUJA EFICÁCIA ESTÁ SUSPENSA POR DECISÃO LIMINAR DO SUPREMO TRIBUNAL FEDERAL — Res. 185/2012, DEJT divulgado em 25, 26 e 27.9.2012

A partir de 9 de maio de 2008, data da publicação da Súmula Vinculante n. 4 do Supremo Tribunal Federal, o adicional de insalubridade será calculado sobre o salário básico, salvo critério mais vantajoso fixado em instrumento coletivo.

Súmula 258 TST — SALÁRIO-UTILIDADE. PERCENTUAIS (nova redação) — Res. 121/2003, DJ 19, 20 e 21.11.2003

Os percentuais fixados em lei relativos ao salário "in natura" apenas se referem às hipóteses em que o empregado percebe salário mínimo, apurando-se, nas demais, o real valor da utilidade.

Súmula 358 TST — RADIOLOGISTA. SALÁRIO PROFISSIONAL. LEI N. 7.394, DE 29.10.1985 (mantida) — Res. 121/2003, DJ 19, 20 e 21.11.2003

O salário profissional dos técnicos em radiologia é igual a 2 (dois) salários mínimos e não a 4 (quatro).

Súmula 363 TST — CONTRATO NULO. EFEITOS (nova redação) — Res. 121/2003, DJ 19, 20 e 21.11.2003

A contratação de servidor público, após a CF/1988, sem prévia aprovação em concurso público, encontra óbice no respectivo art. 37, II e § 2º, somente lhe conferindo direito ao pagamento da contraprestação pactuada, em relação ao número de horas trabalhadas, respeitado o valor da hora do salário mínimo, e dos valores referentes aos depósitos do FGTS.

Súmula 370 TST — MÉDICO E ENGENHEIRO. JORNADA DE TRABALHO. LEIS NS. 3.999/1961 E 4.950-A/1966 (conversão das Orientações Jurisprudenciais ns. 39 e 53 da SBDI-1) — Res. 129/2005, DJ 20, 22 e 25.4.2005

Tendo em vista que as Leis ns. 3.999/1961 e 4.950-A/1966 não estipulam a jornada reduzida, mas apenas estabelecem o salário mínimo da categoria para uma jornada de 4 horas para os médicos e de 6 horas para os engenheiros, não há que se falar em horas extras, salvo as excedentes à oitava, desde que seja respeitado o salário mínimo/horário das categorias. *(ex-OJs ns. 39 e 53 da SBDI-1 — inseridas, respectivamente, em 7.11.1994 e 29.4.1994)*

ORIENTAÇÕES JURISPRUDENCIAIS DA SDI-1 DO TST

Vide OJs 208, 272, 358 e 393 SDI-1/TST

OJ 208 SDI-1 TST — RADIOLOGISTA. GRATIFICAÇÃO DE RAIOS X. REDUÇÃO. LEI N. 7.923/89 *(inserida em 8.11.2000)*

A alteração da gratificação por trabalho com raios X, de quarenta para dez por cento, na forma da Lei n. 7.923/89, não causou prejuízo ao trabalhador porque passou a incidir sobre o salário incorporado com todas as demais vantagens.

OJ 272 SDI-1 TST — SALÁRIO MÍNIMO. SERVIDOR. SALÁRIO-BASE INFERIOR. DIFERENÇAS. INDEVIDAS *(inserida em 27.9.2002)*

A verificação do respeito ao direito ao salário mínimo não se apura pelo confronto isolado do salário-base com o mínimo legal, mas deste com a soma de todas as parcelas de natureza salarial recebidas pelo empregado diretamente do empregador.

OJ 358 SDI-1 TST — SALÁRIO MÍNIMO E PISO SALARIAL PROPORCIONAL À JORNADA REDUZIDA. EMPREGADO. SERVIDOR PÚBLICO (redação alterada na sessão do Tribunal Pleno realizada em 16.02.2016) — Res. 202/2016, DEJT divulgado em 19, 22 e 23.2.2016

I — Havendo contratação para cumprimento de jornada reduzida, inferior à previsão constitucional de oito horas diárias ou quarenta e quatro semanais, é lícito o pagamento do piso salarial ou do salário mínimo proporcional ao tempo trabalhado.

II — Na Administração Pública direta, autárquica e fundacional não é válida remuneração de empregado público inferior ao salário mínimo, ainda que cumpra jornada de trabalho reduzida. Precedentes do Supremo Tribunal Federal.

OJ 393 SDI-1 TST — PROFESSOR. JORNADA DE TRABALHO ESPECIAL. ART. 318 DA CLT. SALÁRIO MÍNIMO. PROPORCIONALIDADE. (DEJT divulgado em 9, 10 e 11.6.2010)

A contraprestação mensal devida ao professor, que trabalha no limite máximo da jornada prevista no art. 318 da CLT, é de um salário mínimo integral, não se cogitando do pagamento proporcional em relação a jornada prevista no art. 7º, XIII, da Constituição Federal.

ORIENTAÇÕES JURISPRUDENCIAIS DA SDI-2 DO TST

Vide OJs 2 e 71 SDI-2/TST

OJ 2 SDI-2 TST — AÇÃO RESCISÓRIA. ADICIONAL DE INSALUBRIDADE. BASE DE CÁLCULO. SALÁRIO MÍNIMO. CABÍVEL (mantida a redação na sessão do Tribunal Pleno realizada em 26.06.2008) — Res. 148/2008, DJ 4 e 7.7.2008 — Republicada DJ 8, 9 e 10.7.2008

Viola o art. 192 da CLT decisão que acolhe pedido de adicional de insalubridade com base na remuneração do empregado.

OJ 71 SDI-2 TST — AÇÃO RESCISÓRIA. SALÁRIO PROFISSIONAL. FIXAÇÃO. MÚLTIPLO DE SALÁRIO MÍNIMO. ART. 7º, IV, DA CF/88 (nova redação) — DJ 22.11.2004

A estipulação do salário profissional em múltiplos do salário mínimo não afronta o art. 7º, inciso IV, da Constituição Federal de 1988, só incorrendo em vulneração do referido preceito constitucional a fixação de correção automática do salário pelo reajuste do salário mínimo.

ORIENTAÇÃO JURISPRUDENCIAL DA SDC DO TST

Vide OJ 26 SDC/TST

OJ 26 SDC TST — SALÁRIO NORMATIVO. MENOR EMPREGADO. ART. 7º, XXX, DA CF/88. VIOLAÇÃO. *(inserida em 25.5.1998)*

Os empregados menores não podem ser discriminados em cláusula que fixa salário mínimo profissional para a categoria.

Art. 77	(Revogado pela Lei n. 4.589, de 11.12.1964)

Art. 78	Quando o salário for ajustado por empreitada, ou convencionado por tarefa ou peça, será garantida ao trabalhador uma remuneração diária nunca inferior à do salário mínimo por dia normal da região, zona ou subzona.
Parágrafo único	Quando o salário-mínimo mensal do empregado a comissão ou que tenha direito a percentagem for integrado por parte fixa e parte variável, ser-lhe-á sempre garantido o salário-mínimo, vedado qualquer desconto em mês subsequente a título de compensação. *(Incluído pelo Decreto-Lei n. 229, de 28.2.1967)*

CONSTITUIÇÃO FEDERAL DE 1988
DOU 5.10.1988

Vide art. 7º, caput e inciso IV e VII

Art. 7º São direitos dos trabalhadores urbanos e rurais, além de outros que visem à melhoria de sua condição social:

(...)

TÍTULO II — DAS NORMAS GERAIS DE TUTELA DO TRABALHO

IV — salário mínimo, fixado em lei, nacionalmente unificado, capaz de atender a suas necessidades vitais básicas e às de sua família com moradia, alimentação, educação, saúde, lazer, vestuário, higiene, transporte e previdência social, com reajustes periódicos que lhe preservem o poder aquisitivo, sendo vedada sua vinculação para qualquer fim;
(...)
VII — garantia de salário, nunca inferior ao mínimo, para os que percebem remuneração variável;

CONSOLIDAÇÃO DAS LEIS DO TRABALHO
Decreto-Lei n. 5.452, de 1º de maio de 1943
DOU 9.8.1943

Vide art. 483, *caput* e alínea g

Art. 483. O empregado poderá considerar rescindido o contrato e pleitear a devida indenização quando:
(...)
g) o empregador reduzir o seu trabalho, sendo este por peça ou tarefa, de forma a afetar sensivelmente a importância dos salários.

SÚMULA DO STF

Vide Súmula 199/STF

Súmula 199 STF — O salário das férias do empregado horista corresponde à média do período aquisitivo, não podendo ser inferior ao mínimo.

SÚMULAS DO TST

Vide Súmulas 340 e 347/TST

Súmula 340 TST — COMISSIONISTA. HORAS EXTRAS (nova redação) — Res. 121/2003, DJ 19, 20 e 21.11.2003

O empregado, sujeito a controle de horário, remunerado à base de comissões, tem direito ao adicional de, no mínimo, 50% (cinquenta por cento) pelo trabalho em horas extras, calculado sobre o valor-hora das comissões recebidas no mês, considerando-se como divisor o número de horas efetivamente trabalhadas.

Súmula 347 TST — HORAS EXTRAS HABITUAIS. APURAÇÃO. MÉDIA FÍSICA (mantida) — Res. 121/2003, DJ 19, 20 e 21.11.2003

O cálculo do valor das horas extras habituais, para efeito de reflexos em verbas trabalhistas, observará o número de horas efetivamente prestadas e a ele aplica-se o valor do salário-hora da época do pagamento daquelas verbas.

ORIENTAÇÕES JURISPRUDENCIAIS DA SDI-1 DO TST

Vide OJs 235 e 397/TST

OJ 235 SDI-1 TST — HORAS EXTRAS. SALÁRIO POR PRODUÇÃO (redação alterada na sessão do Tribunal Pleno realizada em 16.04.2012) — Res. 182/2012, DEJT divulgado em 19, 20 e 23.4.2012

O empregado que recebe salário por produção e trabalha em sobrejornada tem direito à percepção apenas do adicional de horas extras, exceto no caso do empregado cortador de cana, a quem é devido o pagamento das horas extras e do adicional respectivo.

OJ 397 SDI-1 TST — COMISSIONISTA MISTO. HORAS EXTRAS. BASE DE CÁLCULO. APLICAÇÃO DA SÚMULA N. 340 DO TST. (DEJT divulgado em 2, 3 e 4.8.2010)

O empregado que recebe remuneração mista, ou seja, uma parte fixa e outra variável, tem direito a horas extras pelo trabalho em sobrejornada. Em relação à parte fixa, são devidas as horas simples acrescidas do adicional de horas extras. Em relação à parte variável, é devido somente o adicional de horas extras, aplicando-se à hipótese o disposto na Súmula n. 340 do TST.

Art. 79 (Revogado pela Lei n. 4.589, de 11.12.1964)

Art. 80 (Revogado pela Lei n. 10.097, de 2000)

Art. 81 O salário mínimo será determinado pela fórmula $Sm = a + b + c + d + e$, em que "a", "b", "c", "d" e "e" representam, respectivamente, o valor das despesas diárias com alimentação, habitação, vestuário, higiene e transporte necessários à vida de um trabalhador adulto.

§ 1º A parcela correspondente à alimentação terá um valor mínimo igual aos valores da lista de provisões, constantes dos quadros devidamente aprovados e necessários à alimentação diária do trabalhador adulto.

§ 2º Poderão ser substituídos pelos equivalentes de cada grupo, também mencionados nos quadros a que alude o parágrafo anterior, os alimentos, quando as condições da região, zona ou subzona o aconselharem, respeitados os valores nutritivos determinados nos mesmos quadros.

§ 3º O Ministério do Trabalho, Indústria e Comércio fará, periodicamente, a revisão dos quadros a que se refere o § 1º deste artigo.

Art. 82	Quando o empregador fornecer, *in natura*, uma ou mais das parcelas do salário mínimo, o salário em dinheiro será determinado pela fórmula Sd = Sm — P, em que Sd representa o salário em dinheiro, Sm o salário mínimo e P a soma dos valores daquelas parcelas na região, zona ou subzona.
Parágrafo único	O salário mínimo pago em dinheiro não será inferior a 30% (trinta por cento) do salário mínimo fixado para a região, zona ou subzona.
Art. 83	É devido o salário mínimo ao trabalhador em domicílio, considerado este como o executado na habitação do empregado ou em oficina de família, por conta de empregador que o remunere.

SEÇÃO II
DAS REGIÕES, ZONAS E SUBZONAS

Art. 84	Para efeito da aplicação do salário mínimo, será o país dividido em 22 regiões, correspondentes aos Estados, Distrito Federal e Território do Acre. *(Vide Decreto-Lei n. 2.351, de 1987)*
Parágrafo único	Em cada região, funcionará uma Comissão de Salário Mínimo, com sede na capital do Estado, no Distrito Federal e na sede do governo do Território do Acre. *(Vide Decreto-Lei n. 2.351, de 1987)*
Art. 85	*(Revogado pela Lei n. 4.589, de 11.12.1964)*
Art. 86	Sempre que, em uma região ou zona, se verifiquem diferenças de padrão de vida, determinadas por circunstâncias econômicas de caráter urbano, suburbano, rural ou marítimo, poderá o Ministro do Trabalho, Indústria e Comércio, mediante proposta da respectiva Comissão de Salário Mínimo e ouvido o Serviço de Estatística da Previdência e Trabalho, autorizá-la a subdividir a região ou zona, de acordo com tais circunstâncias. *(Vide Decreto-Lei n. 2.351, de 1987)*
§ 1º	Deverá ser efetuado, também em sua totalidade, e no ato da entrega da declaração, o pagamento do imposto devido, quando se verificar a hipótese do art. 52. (Parágrafo único renumerado pela Lei n. 5.381, de 9.2.1968) *(Vide Lei n. 4.589, de 11.12.1964)*
§ 2º	Enquanto não se verificarem as circunstâncias mencionadas neste artigo, vigorará nos municípios que se criarem o salário-mínimo fixado para os municípios de que tenham sido desmembrados. *(Incluído pela Lei n. 5.381, de 9.2.1968) (Vide Decreto-Lei n. 2.351, de 1987)*
§ 3º	No caso de novos municípios formados pelo desmembramento de mais de um município, vigorará neles, até que se verifiquem as referidas circunstâncias, o maior salário-mínimo estabelecido para os municípios que lhes deram origem. *(Incluído pela Lei n. 5.381, de 9.2.1968) (Vide Decreto-Lei n. 2.351, de 1987)*

CONSTITUIÇÃO FEDERAL DE 1988
DOU 5.10.1988

Vide art. 7º, caput e inciso IV

Art. 7º São direitos dos trabalhadores urbanos e rurais, além de outros que visem à melhoria de sua condição social:
(...)

IV — salário mínimo, fixado em lei, nacionalmente unificado, capaz de atender a suas necessidades vitais básicas e às de sua família com moradia, alimentação, educação, saúde, lazer, vestuário, higiene, transporte e previdência social, com reajustes periódicos que lhe preservem o poder aquisitivo, sendo vedada sua vinculação para qualquer fim;

TÍTULO II — DAS NORMAS GERAIS DE TUTELA DO TRABALHO

SEÇÃO III
DA CONSTITUIÇÃO DAS COMISSÕES

Arts. 87 a 100 — *(Revogados pela Lei n. 4.589, de 11.12.1964)*

SEÇÃO IV
DAS ATRIBUIÇÕES DAS COMISSÕES DE SALÁRIO MÍNIMO

Arts. 101 a 111 — *(Revogados pela Lei n. 4.589, de 11.12.1964)*

SEÇÃO V
DA FIXAÇÃO DO SALÁRIO MÍNIMO

Arts. 112 a 116 — *(Revogados pela Lei n. 4.589, de 11.12.1964)*

SEÇÃO VI
DISPOSIÇÕES GERAIS

Art. 117 — Será nulo de pleno direito, sujeitando o empregador às sanções do art. 120, qualquer contrato ou convenção que estipule remuneração inferior ao salário mínimo estabelecido na região, zona ou subzona, em que tiver de ser cumprido.

Art. 118 — O trabalhador a quem for pago salário inferior ao mínimo terá direito, não obstante qualquer contrato ou convenção em contrário, a reclamar do empregador o complemento de seu salário mínimo estabelecido na região, zona ou subzona, em que tiver de ser cumprido.

Art. 119 — Prescreve em 2 (dois) anos a ação para reaver a diferença, contados, para cada pagamento, da data em que o mesmo tenha sido efetuado.

Art. 120 — Aquele que infringir qualquer dispositivo concernente ao salário mínimo será passível da multa de cinquenta e dois mil cruzeiros, elevada ao dobro na reincidência.

Art. 121 — *(Revogado pelo Decreto-Lei n. 229, de 28.2.1967)*

Arts. 122 e 123 — *(Revogados pela Lei n. 4.589, de 11.12.1964)*

Art. 124 — A aplicação dos preceitos deste Capítulo não poderá, em caso algum, ser causa determinante da redução do salário.

Art. 125 — (Revogado pela Lei n. 4.589, de 11.12.1964)

Art. 126 — O Ministro do Trabalho, Indústria e Comércio, expedirá as instruções necessárias à fiscalização do salário mínimo, podendo cometer essa fiscalização a qualquer dos órgãos componentes do respectivo Ministério, e, bem assim, aos fiscais dos Institutos de Aposentadoria e Pensões na forma da legislação em vigor.

Arts. 127 e 128 — (Revogados pelo Decreto-Lei n. 229, de 28.2.1967)

CAPÍTULO IV
DAS FÉRIAS ANUAIS
(Redação dada pelo Decreto-Lei n. 1.535, de 13.4.1977)

SEÇÃO I
DO DIREITO A FÉRIAS E DA SUA DURAÇÃO
(Redação dada pelo Decreto-Lei n. 1.535, de 13.4.1977)

Art. 129 — Todo empregado terá direito anualmente ao gozo de um período de férias, sem prejuízo da remuneração. *(Redação dada pelo Decreto-Lei n. 1.535, de 13.4.1977)*

CONSTITUIÇÃO FEDERAL DE 1988
DOU 5.10.1988

Vide art. 7°, caput, incisos XVII e XXXIV e parágrafo único

Art. 7° São direitos dos trabalhadores urbanos e rurais, além de outros que visem à melhoria de sua condição social:
(...)
XVII — gozo de férias anuais remuneradas com, pelo menos, um terço a mais do que o salário normal;
(...)
XXXIV — igualdade de direitos entre o trabalhador com vínculo empregatício permanente e o trabalhador avulso.
Parágrafo único. São assegurados à categoria dos trabalhadores domésticos os direitos previstos nos incisos IV, VI, VII, VIII, X, XIII, XV, XVI, XVII, XVIII, XIX, XXI, XXII, XXIV, XXVI, XXX, XXXI e XXXIII e, atendidas as condições estabelecidas em lei e observada a simplificação do cumprimento das obrigações tributárias, principais e acessórias, decorrentes da relação de trabalho e suas peculiaridades, os previstos nos incisos I, II, III, IX, XII, XXV e XXVIII, bem como a sua integração à previdência social. *(Redação dada pela Emenda Constitucional n. 72, de 2013)*

CONVENÇÃO 132 DA OIT
Convenção sobre férias anuais remuneradas (revista em 1970)
Adotada pela OIT em 24.6.1970
Ratificada pelo Brasil em 23.09.1998
Promulgada pelo Decreto n. 3.197, de 5 de outubro de 1999
DOU 5.10.1999

LEI N. 5.085, DE 27 DE AGOSTO DE 1966
Reconhece aos trabalhadores avulsos o direito a férias.
DOU 31.8.1966

Vide art. 1°

Art. 1° É reconhecido aos trabalhadores avulsos, inclusive aos estivadores, conferentes e consertadores de carga e descarga, vigias portuários, arrumadores e ensacadores de café e de cacau, o direito a férias anuais remuneradas, aplicando-se aos mesmos, no que couber, as disposições constantes das Seções I a V, do Capítulo IV, do Título II, arts. 130 a 147, da Consolidação das Leis do Trabalho, aprovada pelo Decreto-Lei n. 5.452, de 1°.5.1943.

TÍTULO II — DAS NORMAS GERAIS DE TUTELA DO TRABALHO

DECRETO N. 80.271, DE 1 DE SETEMBRO DE 1977
Regulamenta a concessão de férias anuais remuneradas aos trabalhadores avulsos e dá outras providências
DOU 1.9.1977

Vide art. 1º

Art. 1º Os trabalhadores avulsos, sindicalizados ou não, terão direito, anualmente, ao gozo de um período de férias, sem prejuízo da respectiva remuneração, aplicando-se, no que couber as disposições constantes das Seções I, II e VIII e art. 142, do Capítulo IV do Título II da Consolidação das Leis do Trabalho, com a redação do Decreto-Lei n. 1.535, de 13 de abril de 1977.

LEI N. 6.019, DE 3 DE JANEIRO DE 1974
Dispõe sobre o Trabalho Temporário nas Empresas Urbanas, e dá outras providências
DOU 4.1.1974

Vide art. 12, *caput* e alínea *c*

Art. 12. Ficam assegurados ao trabalhador temporário os seguintes direitos:
(...)
c) férias proporcionais, nos termos do art. 25 da Lei n. 5.107, de 13 de setembro de 1966;

DECRETO N. 73.841, DE 13 DE MARÇO DE 1974
Regulamenta a Lei n. 6.019, de 3 de janeiro de 1974, que dispõe sobre o trabalho temporário
DOU 13.3.1974

Vide art. 17, *caput* e inciso II

Art. 17. Ao trabalhador temporário são assegurados os seguintes direitos:
(...)
II — pagamento de férias proporcionais, em caso de dispensa sem justa causa ou término normal do contrato temporário de trabalho, calculado na base de 1/12 (um doze avos) do último salário percebido, por mês trabalhado, considerando-se como mês completo a fração igual ou superior a 15 (quinze) dias;

LEI N. 5.859, DE 11 DE DEZEMBRO DE 1972
(Revogada pela Lei Complementar n. 150, de 1.6.2015)
Dispõe sobre a profissão de empregado doméstico e dá outras providências
DOU 12.12.1972

Vide art. 3º

Art. 3º O empregado doméstico terá direito a férias anuais remuneradas de 30 (trinta) dias com, pelo menos, 1/3 (um terço) a mais que o salário normal, após cada período de 12 (doze) meses de trabalho, prestado à mesma pessoa ou família. *(Redação dada pela Lei n. 11.324, de 2006)*

LEI COMPLEMENTAR N. 150, DE 1º DE JUNHO DE 2015
Dispõe sobre o contrato de trabalho doméstico; altera as Leis n. 8.212, de 24 de julho de 1991, n. 8.213, de 24 de julho de 1991, e n. 11.196, de 21 de novembro de 2005; revoga o inciso I do art. 3º da Lei n. 8.009, de 29 de março de 1990, o art. 36 da Lei n. 8.213, de 24 de julho de 1991, a Lei n. 5.859, de 11 de dezembro de 1972, e o inciso VII do art. 12 da Lei n. 9.250, de 26 de dezembro 1995; e dá outras providências
DOU 2.6.2015

Vide art. 17

Art. 17. O empregado doméstico terá direito a férias anuais remuneradas de 30 (trinta) dias, salvo o disposto no § 3º do art. 3º, com acréscimo de, pelo menos, um terço do salário normal, após cada período de 12 (doze) meses de trabalho prestado à mesma pessoa ou família.

SÚMULAS DO STF

Vide Súmula 198, 199 e 200/STF

Súmula 198 STF — As ausências motivadas por acidente do trabalho não são descontáveis do período aquisitivo das férias.

Súmula 199 STF — O salário das férias do empregado horista corresponde à média do período aquisitivo, não podendo ser inferior ao mínimo.

Súmula 200 STF — Não é inconstitucional a L. 1.530, de 26.12.51, que manda incluir na indenização por despedida injusta parcela correspondente a férias proporcionais.

SÚMULAS DO TST

Vide Súmulas 7, 10, 14, 46, 81, 89, 149, 171, 253, 261, 328 e 450/TST

Súmula 7 TST — FÉRIAS (mantida) — Res. 121/2003, DJ 19, 20 e 21.11.2003
A indenização pelo não deferimento das férias no tempo oportuno será calculada com base na remuneração devida ao empregado na época da reclamação ou, se for o caso, na da extinção do contrato.

Súmula 10 TST — PROFESSOR. DISPENSA SEM JUSTA CAUSA. TÉRMINO DO ANO LETIVO OU NO CURSO DE FÉRIAS ESCOLARES. AVISO PRÉVIO *(redação alterada em sessão do Tribunal Pleno realizada em 14.9.2012)* — Res. 185/2012, DEJT divulgado em 25, 26 e 27.9.2012
O direito aos salários do período de férias escolares assegurado aos professores (art. 322, *caput* e § 3º, da CLT) não exclui o direito ao aviso prévio, na hipótese de dispensa sem justa causa ao término do ano letivo ou no curso das férias escolares.

Súmula 14 TST — CULPA RECÍPROCA (nova redação) — Res. 121/2003, DJ 19, 20 e 21.11.2003
Reconhecida a culpa recíproca na rescisão do contrato de trabalho (art. 484 da CLT), o empregado tem direito a 50% (cinquenta por cento) do valor do aviso prévio, do décimo terceiro salário e das férias proporcionais.

Súmula 46 TST — ACIDENTE DE TRABALHO (mantida) — Res. 121/2003, DJ 19, 20 e 21.11.2003
As faltas ou ausências decorrentes de acidente do trabalho não são consideradas para os efeitos de duração de férias e cálculo da gratificação natalina.

Súmula 81 TST — FÉRIAS (mantida) — Res. 121/2003, DJ 19, 20 e 21.11.2003
Os dias de férias gozados após o período legal de concessão deverão ser remunerados em dobro.

Súmula 89 TST — FALTA AO SERVIÇO (mantida) — Res. 121/2003, DJ 19, 20 e 21.11.2003
Se as faltas já são justificadas pela lei, consideram-se como ausências legais e não serão descontadas para o cálculo do período de férias.

Art. 130

TÍTULO II — DAS NORMAS GERAIS DE TUTELA DO TRABALHO

Súmula 149 TST — TAREFEIRO. FÉRIAS (mantida) — Res. 121/2003, DJ 19, 20 e 21.11.2003
A remuneração das férias do tarefeiro deve ser calculada com base na média da produção do período aquisitivo, aplicando-se-lhe a tarifa da data da concessão *(ex-Prejulgado n. 22)*.

Súmula 171 TST — FÉRIAS PROPORCIONAIS. CONTRATO DE TRABALHO. EXTINÇÃO (republicada em razão de erro material no registro da referência legislativa), DJ 5.5.2004
Salvo na hipótese de dispensa do empregado por justa causa, a extinção do contrato de trabalho sujeita o empregador ao pagamento da remuneração das férias proporcionais, ainda que incompleto o período aquisitivo de 12 (doze) meses (art. 147 da CLT) *(ex-Prejulgado n. 51)*.

Súmula 253 TST — GRATIFICAÇÃO SEMESTRAL. REPERCUSSÕES (nova redação) — Res. 121/2003, DJ 19, 20 e 21.11.2003
A gratificação semestral não repercute no cálculo das horas extras, das férias e do aviso prévio, ainda que indenizados. Repercute, contudo, pelo seu duodécimo na indenização por antiguidade e na gratificação natalina.

Súmula 261 TST — FÉRIAS PROPORCIONAIS. PEDIDO DE DEMISSÃO. CONTRATO VIGENTE HÁ MENOS DE UM ANO (nova redação) — Res. 121/2003, DJ 19, 20 e 21.11.2003
O empregado que se demite antes de complementar 12 (doze) meses de serviço tem direito a férias proporcionais.

Súmula 328 TST — FÉRIAS. TERÇO CONSTITUCIONAL (mantida) — Res. 121/2003, DJ 19, 20 e 21.11.2003
O pagamento das férias, integrais ou proporcionais, gozadas ou não, na vigência da CF/1988, sujeita-se ao acréscimo do terço previsto no respectivo art. 7º, XVII.

Súmula 450 TST — FÉRIAS. GOZO NA ÉPOCA PRÓPRIA. PAGAMENTO FORA DO PRAZO. DOBRA DEVIDA. ARTS. 137 E 145 DA CLT. (conversão da Orientação Jurisprudencial n. 386 da SBDI-1) — Res. 194/2014, DEJT divulgado em 21, 22 e 23.5.2014
É devido o pagamento em dobro da remuneração de férias, incluído o terço constitucional, com base no art. 137 da CLT, quando, ainda que gozadas na época própria, o empregador tenha descumprido o prazo previsto no art. 145 do mesmo diploma legal.

ORIENTAÇÕES JURISPRUDENCIAIS DA SDI-1 DO TST

Vide OJs 195 e 394 SDI-1/TST

OJ 195 SDI-1 TST — FÉRIAS INDENIZADAS. FGTS. NÃO INCIDÊNCIA (inserido dispositivo) — DJ 20.04.2005

Não incide a contribuição para o FGTS sobre as férias indenizadas.

OJ 394 SDI-1 TST — REPOUSO SEMANAL REMUNERADO — RSR. INTEGRAÇÃO DAS HORAS EXTRAS. NÃO REPERCUSSÃO NO CÁLCULO DAS FÉRIAS, DO DÉCIMO TERCEIRO SALÁRIO, DO AVISO PRÉVIO E DOS DEPÓSITOS DO FGTS. (DEJT divulgado em 09, 10 e 11.6.2010)
A majoração do valor do repouso semanal remunerado, em razão da integração das horas extras habitualmente prestadas, não repercute no cálculo das férias, da gratificação natalina, do aviso prévio e do FGTS, sob pena de caracterização de *bis in idem*.

ORIENTAÇÃO JURISPRUDENCIAL TRANSITÓRIA DA SDI-1 DO TST

Vide OJT 50 SDI-1/TST

OJT 50 SDI-1 TST — FÉRIAS. ABONO INSTITUÍDO POR INSTRUMENTO NORMATIVO E TERÇO CONSTITUCIONAL. SIMULTANEIDADE INVIÁVEL (conversão da Orientação Jurisprudencial n. 231 da SBDI-1) — DJ 20.4.2005
O abono de férias decorrente de instrumento normativo e o abono de 1/3 (um terço) previsto no art. 7º, XVII, da CF/88 têm idêntica natureza jurídica, destinação e finalidade, constituindo-se *bis in idem* seu pagamento simultâneo, sendo legítimo o direito do empregador de obter compensação de valores porventura pagos. *(ex-OJ n. 231 da SDI-1 — inserida em 20.6.01)*

PRECEDENTES NORMATIVOS DA SDC DO TST

Vide PNs 100 e 116 SDC/TST

PN 100 SDC TST — FÉRIAS. INÍCIO DO PERÍODO DE GOZO (positivo)
O início das férias, coletivas ou individuais, não poderá coincidir com sábado, domingo, feriado ou dia de compensação de repouso semanal.

PN 116 SDC TST — FÉRIAS. CANCELAMENTO OU ADIANTAMENTO (positivo)
Comunicado ao empregado o período do gozo de férias individuais ou coletivas, o empregador somente poderá cancelar ou modificar o início previsto se ocorrer necessidade imperiosa e, ainda assim, mediante o ressarcimento, ao empregado, dos prejuízos financeiros por este comprovados.

Art. 130	Após cada período de 12 (doze) meses de vigência do contrato de trabalho, o empregado terá direito a férias, na seguinte proporção: *(Redação dada pelo Decreto-Lei n. 1.535, de 13.4.1977)*
I -	30 (trinta) dias corridos, quando não houver faltado ao serviço mais de 5 (cinco) vezes; *(Incluído pelo Decreto-Lei n. 1.535, de 13.4.1977)*
II -	24 (vinte e quatro) dias corridos, quando houver tido de 6 (seis) a 14 (quatorze) faltas; *(Incluído pelo Decreto-Lei n. 1.535, de 13.4.1977)*
III -	18 (dezoito) dias corridos, quando houver tido de 15 (quinze) a 23 (vinte e três) faltas; *(Incluído pelo Decreto-Lei n. 1.535, de 13.4.1977)*

TÍTULO II — DAS NORMAS GERAIS DE TUTELA DO TRABALHO

Art. 130-A

IV -	12 (doze) dias corridos, quando houver tido de 24 (vinte e quatro) a 32 (trinta e duas) faltas. *(Incluído pelo Decreto-Lei n. 1.535, de 13.4.1977)*
§ 1º	É vedado descontar, do período de férias, as faltas do empregado ao serviço. *(Incluído pelo Decreto-Lei n. 1.535, de 13.4.1977)*
§ 2º	O período das férias será computado, para todos os efeitos, como tempo de serviço. *(Incluído pelo Decreto-Lei n. 1.535, de 13.4.1977)*

SÚMULAS DO TST

Vide Súmulas 46 e 89/TST

Súmula 46 TST — ACIDENTE DE TRABALHO (mantida) — Res. 121/2003, DJ 19, 20 e 21.11.2003
As faltas ou ausências decorrentes de acidente do trabalho não são consideradas para os efeitos de duração de férias e cálculo da gratificação natalina.

Súmula 89 TST — FALTA AO SERVIÇO (mantida) — Res. 121/2003, DJ 19, 20 e 21.11.2003
Se as faltas já são justificadas pela lei, consideram-se como ausências legais e não serão descontadas para o cálculo do período de férias.

Art. 130-A	Na modalidade do regime de tempo parcial, após cada período de doze meses de vigência do contrato de trabalho, o empregado terá direito a férias, na seguinte proporção: *(Incluído pela Medida Provisória n. 2.164-41, de 2001)*
I -	dezoito dias, para a duração do trabalho semanal superior a vinte e duas horas, até vinte e cinco horas; *(Incluído pela Medida Provisória n. 2.164-41, de 2001)*
II -	dezesseis dias, para a duração do trabalho semanal superior a vinte horas, até vinte e duas horas; *(Incluído pela Medida Provisória n. 2.164-41, de 2001)*
III -	quatorze dias, para a duração do trabalho semanal superior a quinze horas, até vinte horas; *(Incluído pela Medida Provisória n. 2.164-41, de 2001)*
IV -	doze dias, para a duração do trabalho semanal superior a dez horas, até quinze horas; *(Incluído pela Medida Provisória n. 2.164-41, de 2001)*
V -	dez dias, para a duração do trabalho semanal superior a cinco horas, até dez horas; *(Incluído pela Medida Provisória n. 2.164-41, de 2001)*
VI -	oito dias, para a duração do trabalho semanal igual ou inferior a cinco horas. *(Incluído pela Medida Provisória n. 2.164-41, de 2001)*
Parágrafo único	O empregado contratado sob o regime de tempo parcial que tiver mais de sete faltas injustificadas ao longo do período aquisitivo terá o seu período de férias reduzido à metade. *(Incluído pela Medida Provisória n. 2.164-41, de 2001)*

CONSOLIDAÇÃO DAS LEIS DO TRABALHO
Decreto-Lei n. 5.452, de 1º de maio de 1943
DOU 9.8.1943

Vide art. 58-A, *caput* e §§ 1º e 2º; e art. 143, *caput* e § 3º

Art. 58-A. Considera-se trabalho em regime de tempo parcial aquele cuja duração não exceda a vinte e cinco horas semanais. *(Incluído pela Medida Provisória n. 2.164-41, de 2001)*

§ 1º O salário a ser pago aos empregados sob o regime de tempo parcial será proporcional à sua jornada, em relação aos empregados que cumprem, nas mesmas funções, tempo integral. *(Incluído pela Medida Provisória n. 2.164-41, de 2001)*

§ 2º Para os atuais empregados, a adoção do regime de tempo parcial será feita mediante opção manifestada perante a empresa, na forma prevista em instrumento decorrente de negociação coletiva. *(Incluído pela Medida Provisória n. 2.164-41, de 2001)*

Art. 143. É facultado ao empregado converter 1/3 (um terço) do período de férias a que tiver direito em abono pecuniário, no valor da remuneração que lhe seria devida nos dias correspondentes. *(Redação dada pelo Decreto-Lei n. 1.535, de 13.4.1977)*

(...)

§ 3º O disposto neste artigo não se aplica aos empregados sob o regime de tempo parcial. *(Incluído pela Medida Provisória n. 2.164-41, de 2001)*

Art. 131

TÍTULO II — DAS NORMAS GERAIS DE TUTELA DO TRABALHO

Art. 131 Não será considerada falta ao serviço, para os efeitos do artigo anterior, a ausência do empregado: *(Redação dada pelo Decreto-Lei n. 1.535, de 13.4.1977)*

SÚMULA DO TST

Vide Súmula 89/TST

Súmula 89 TST — FALTA AO SERVIÇO (mantida) — Res. 121/2003, DJ 19, 20 e 21.11.2003

Se as faltas já são justificadas pela lei, consideram-se como ausências legais e não serão descontadas para o cálculo do período de férias.

I - nos casos referidos no art. 473; *(Incluído pelo Decreto-Lei n. 1.535, de 13.4.1977)*

CONSOLIDAÇÃO DAS LEIS DO TRABALHO
Decreto-Lei n. 5.452, de 1º de maio de 1943
DOU 9.8.1943

Vide art. 320, *caput* e § 3º

Art. 320. A remuneração dos professores será fixada pelo número de aulas semanais, na conformidade dos horários.

(...)

§ 3º Não serão descontadas, no decurso de 9 (nove) dias, as faltas verificadas por motivo de gala ou de luto em consequência de falecimento do cônjuge, do pai ou mãe, ou de filho.

II - durante o licenciamento compulsório da empregada por motivo de maternidade ou aborto, observados os requisitos para percepção do salário-maternidade custeado pela Previdência Social; *(Redação dada pela Lei n. 8.921, de 25.7.1994)*

ATO DAS DISPOSIÇÕES CONSTITUCIONAIS TRANSITÓRIAS (ADCT)
DOU 5.10.1988

Vide art. 10, *caput*, inciso II e alínea *b*

Art. 10. Até que seja promulgada a lei complementar a que se refere o art. 7º, I, da Constituição:
(...)
II — fica vedada a dispensa arbitrária ou sem justa causa:
(...)
b) da empregada gestante, desde a confirmação da gravidez até cinco meses após o parto.

CONSOLIDAÇÃO DAS LEIS DO TRABALHO
Decreto-Lei n. 5.452, de 1º de maio de 1943
DOU 9.8.1943

Vide art. 392, *caput*; art. 392-A, *caput*; art. 392-B; art. 392-C; e art. 395

Art. 392. A empregada gestante tem direito à licença-maternidade de 120 (cento e vinte) dias, sem prejuízo do emprego e do salário. *(Redação dada pela Lei n. 10.421, 15.4.2002)*

Art. 392-A. À empregada que adotar ou obtiver guarda judicial para fins de adoção de criança será concedida licença-maternidade nos termos do art. 392. *(Redação dada pela Lei n. 12.873, de 2013)*

Art. 392-B. Em caso de morte da genitora, é assegurado ao cônjuge ou companheiro empregado o gozo de licença por todo o período da licença-maternidade ou pelo tempo restante a que teria direito a mãe, exceto no caso de falecimento do filho ou de seu abandono. *(Redação dada pela Lei n. 12.873, de 2013)*

Art. 392-C. Aplica-se, no que couber, o disposto no art. 392-A e 392-B ao empregado que adotar ou obtiver guarda judicial para fins de adoção. *(Incluído pela Lei n. 12.873, de 2013)*

Art. 395. Em caso de aborto não criminoso, comprovado por atestado médico oficial, a mulher terá um repouso remunerado de 2 (duas) semanas, ficando-lhe assegurado o direito de retornar à função que ocupava antes de seu afastamento.

III - por motivo de acidente do trabalho ou enfermidade atestada pelo Instituto Nacional do Seguro Social — INSS, excetuada a hipótese do inciso IV do art. 133; *(Redação dada pela Lei n. 8.726, de 5.11.1993)*

TÍTULO II — DAS NORMAS GERAIS DE TUTELA DO TRABALHO

Art. 131

CONSOLIDAÇÃO DAS LEIS DO TRABALHO
Decreto-Lei n. 5.452, de 1º de maio de 1943
DOU 9.8.1943

Vide art. 133, *caput* e inciso IV

Art. 133. Não terá direito a férias o empregado que, no curso do período aquisitivo: *(Redação dada pelo Decreto-Lei n. 1.535, de 13.4.1977)*
(...)
IV — tiver percebido da Previdência Social prestações de acidente de trabalho ou de auxílio-doença por mais de 6 (seis) meses, embora descontínuos. *(Incluído pelo Decreto-Lei n. 1.535, de 13.4.1977)*

SÚMULA DO STF

Vide Súmula 198/STF

Súmula 198 STF — As ausências motivadas por acidente do trabalho não são descontáveis do período aquisitivo das férias.

SÚMULA DO TST

Vide Súmula 46/TST

Súmula 46 TST — ACIDENTE DE TRABALHO (mantida) — Res. 121/2003, DJ 19, 20 e 21.11.2003
As faltas ou ausências decorrentes de acidente do trabalho não são consideradas para os efeitos de duração de férias e cálculo da gratificação natalina.

IV - justificada pela empresa, entendendo-se como tal a que não tiver determinado o desconto do correspondente salário; *(Incluído pelo Decreto-Lei n. 1.535, de 13.4.1977)*

CONSOLIDAÇÃO DAS LEIS DO TRABALHO
Decreto-Lei n. 5.452, de 1º de maio de 1943
DOU 9.8.1943

Vide art. 133, *caput* e inciso II

Art. 133. Não terá direito a férias o empregado que, no curso do período aquisitivo: *(Redação dada pelo Decreto-Lei n. 1.535, de 13.4.1977)*

(...)
II — permanecer em gozo de licença, com percepção de salários, por mais de 30 (trinta) dias; *(Incluído pelo Decreto-Lei n. 1.535, de 13.4.1977)*

V - durante a suspensão preventiva para responder a inquérito administrativo ou de prisão preventiva, quando for impronunciado ou absolvido; e *(Incluído pelo Decreto-Lei n. 1.535, de 13.4.1977)*

CONSOLIDAÇÃO DAS LEIS DO TRABALHO
Decreto-Lei n. 5.452, de 1º de maio de 1943
DOU 9.8.1943

Vide art. 402, *caput* e alínea d

Art. 482. Constituem justa causa para rescisão do contrato de trabalho pelo empregador:

()
d) condenação criminal do empregado, passada em julgado, caso não tenha havido suspensão da execução da pena;

VI - nos dias em que não tenha havido serviço, salvo na hipótese do inciso III do art. 133. *(Incluído pelo Decreto-Lei n. 1.535, de 13.4.1977)*

CONSOLIDAÇÃO DAS LEIS DO TRABALHO
Decreto-Lei n. 5.452, de 1º de maio de 1943
DOU 9.8.1943

Vide art. 133, *caput* e inciso III

Art. 133. Não terá direito a férias o empregado que, no curso do período aquisitivo: *(Redação dada pelo Decreto-Lei n. 1.535, de 13.4.1977)*

(...)
III — deixar de trabalhar, com percepção do salário, por mais de 30 (trinta) dias, em virtude de paralisação parcial ou total dos serviços da empresa; e *(Incluído pelo Decreto-Lei n. 1.535, de 13.4.1977)*

Art. 132

O tempo de trabalho anterior à apresentação do empregado para serviço militar obrigatório será computado no período aquisitivo, desde que ele compareça ao estabelecimento dentro de 90 (noventa) dias da data em que se verificar a respectiva baixa. *(Redação dada pelo Decreto-Lei n. 1.535, de 13.4.1977)*

CONSOLIDAÇÃO DAS LEIS DO TRABALHO
Decreto-Lei n. 5.452, de 1º de maio de 1943
DOU 9.8.1943

Vide art. 4º, *caput* e parágrafo único; art. 472, *caput* e § 1º; e art. 473, *caput* e inciso VI

Art. 4º Considera-se como de serviço efetivo o período em que o empregado esteja à disposição do empregador, aguardando ou executando ordens, salvo disposição especial expressamente consignada.

Parágrafo único. Computar-se-ão, na contagem de tempo de serviço, para efeito de indenização e estabilidade, os períodos em que o empregado estiver afastado do trabalho prestando serviço militar ... (VETADO) ... e por motivo de acidente do trabalho. *(Incluído pela Lei n. 4.072, de 16.6.1962)*

Art. 472. O afastamento do empregado em virtude das exigências do serviço militar, ou de outro encargo público, não constituirá motivo para alteração ou rescisão do contrato de trabalho por parte do empregador.

§ 1º Para que o empregado tenha direito a voltar a exercer o cargo do qual se afastou em virtude de exigências do serviço militar ou de encargo público, é indispensável que notifique o empregador dessa intenção, por telegrama ou carta registrada, dentro do prazo máximo de 30 (trinta) dias, contados da data em que se verificar a respectiva baixa ou a terminação do encargo a que estava obrigado.

Art. 473. O empregado poderá deixar de comparecer ao serviço sem prejuízo do salário: *(Redação dada pelo Decreto-Lei n. 229, de 28.2.1967)*

(...)

VI — no período de tempo em que tiver de cumprir as exigências do Serviço Militar referidas na letra "c" do art. 65 da Lei n. 4.375, de 17 de agosto de 1964 (Lei do Serviço Militar). *(Incluído pelo Decreto-Lei n. 757, de 12.8.1969)*

Art. 133

Não terá direito a férias o empregado que, no curso do período aquisitivo: *(Redação dada pelo Decreto-Lei n. 1.535, de 13.4.1977)*

I - deixar o emprego e não for readmitido dentro de 60 (sessenta) dias subsequentes à sua saída; *(Incluído pelo Decreto-Lei n. 1.535, de 13.4.1977)*

CONSOLIDAÇÃO DAS LEIS DO TRABALHO
Decreto-Lei n. 5.452, de 1º de maio de 1943
DOU 9.8.1943

Vide art. 453, *caput*

Art. 453. No tempo de serviço do empregado, quando readmitido, serão computados os períodos, ainda que não contínuos, em que tiver trabalhado anteriormente na empresa, salvo se houver sido despedido por falta grave, recebido indenização legal ou se aposentado espontaneamente. *(Redação dada pela Lei n. 6.204, de 29.4.1975)*

II - permanecer em gozo de licença, com percepção de salários, por mais de 30 (trinta) dias; *(Incluído pelo Decreto-Lei n. 1.535, de 13.4.1977)*

CONSOLIDAÇÃO DAS LEIS DO TRABALHO
Decreto-Lei n. 5.452, de 1º de maio de 1943
DOU 9.8.1943

Vide art. 131, *caput* e inciso IV

Art. 131. Não será considerada falta ao serviço, para os efeitos do artigo anterior, a ausência do empregado: *(Redação dada pelo Decreto-Lei n. 1.535, de 13.4.1977)*

(...)

IV — justificada pela empresa, entendendo-se como tal a que não tiver determinado o desconto do correspondente salário; *(Incluído pelo Decreto-Lei n. 1.535, de 13.4.1977)*

III - deixar de trabalhar, com percepção do salário, por mais de 30 (trinta) dias, em virtude de paralisação parcial ou total dos serviços da empresa; e *(Incluído pelo Decreto-Lei n. 1.535, de 13.4.1977)*

TÍTULO II — DAS NORMAS GERAIS DE TUTELA DO TRABALHO

Art. 133

CONSOLIDAÇÃO DAS LEIS DO TRABALHO
Decreto-Lei n. 5.452, de 1º de maio de 1943
DOU 9.8.1943

Vide art. 131, *caput* e inciso VI

Art. 131. Não será considerada falta ao serviço, para os efeitos do artigo anterior, a ausência do empregado: *(Redação dada pelo Decreto-Lei n. 1.535, de 13.4.1977)*

(...)

VI — nos dias em que não tenha havido serviço, salvo na hipótese do inciso III do art. 133. *(Incluído pelo Decreto-Lei n. 1.535, de 13.4.1977)*

IV -	tiver percebido da Previdência Social prestações de acidente de trabalho ou de auxílio-doença por mais de 6 (seis) meses, embora descontínuos. *(Incluído pelo Decreto-Lei n. 1.535, de 13.4.1977)*

CONSOLIDAÇÃO DAS LEIS DO TRABALHO
Decreto-Lei n. 5.452, de 1º de maio de 1943
DOU 9.8.1943

Vide art. 131, *caput* e inciso III

Art. 131. Não será considerada falta ao serviço, para os efeitos do artigo anterior, a ausência do empregado: *(Redação dada pelo Decreto-Lei n. 1.535, de 13.4.1977)*
(...)
III — por motivo de acidente do trabalho ou enfermidade atestada pelo Instituto Nacional do Seguro Social — INSS, excetuada a hipótese do inciso IV do art. 133; *(Redação dada pela Lei n. 8.726, de 5.11.1993)*

SÚMULA DO STF

Vide Súmula 198/STF

Súmula 198 STF — As ausências motivadas por acidente do trabalho não são descontáveis do período aquisitivo das férias.

SÚMULAS DO TST

Vide Súmulas 46 e 440/TST

Súmula 46 TST — ACIDENTE DE TRABALHO (mantida) — Res. 121/2003, DJ 19, 20 e 21.11.2003
As faltas ou ausências decorrentes de acidente do trabalho não são consideradas para os efeitos de duração de férias e cálculo da gratificação natalina.

Súmula 440 TST — AUXÍLIO-DOENÇA ACIDENTÁRIO. APOSENTADORIA POR INVALIDEZ. SUSPENSÃO DO CONTRATO DE TRABALHO. RECONHECIMENTO DO DIREITO À MANUTENÇÃO DE PLANO DE SAÚDE OU DE ASSISTÊNCIA MÉDICA — Res. 185/2012, DEJT divulgado em 25, 26 e 27.9.2012
Assegura-se o direito à manutenção de plano de saúde ou de assistência médica oferecido pela empresa ao empregado, não obstante suspenso o contrato de trabalho em virtude de auxílio-doença acidentário ou de aposentadoria por invalidez.

§ 1º	A interrupção da prestação de serviços deverá ser anotada na Carteira de Trabalho e Previdência Social. *(Incluído pelo Decreto-Lei n. 1.535, de 13.4.1977)*
§ 2º	Iniciar-se-á o decurso de novo período aquisitivo quando o empregado, após o implemento de qualquer das condições previstas neste artigo, retornar ao serviço. *(Incluído pelo Decreto-Lei n. 1.535, de 13.4.1977)*
§ 3º	Para os fins previstos no inciso III deste artigo a empresa comunicará ao órgão local do Ministério do Trabalho, com antecedência mínima de 15 (quinze) dias, as datas de início e fim da paralisação total ou parcial dos serviços da empresa, e, em igual prazo, comunicará, nos mesmos termos, ao sindicato representativo da categoria profissional, bem como afixará aviso nos respectivos locais de trabalho. *(Incluído pela Lei n. 9.016, de 30.3.1995)*
§ 4º	(Vetado) *(Incluído pela Lei n. 9.016, de 30.3.1995)*

SEÇÃO II
DA CONCESSÃO E DA ÉPOCA DAS FÉRIAS
(Redação dada pelo Decreto-Lei n. 1.535, de 13.4.1977)

Art. 134	As férias serão concedidas por ato do empregador, em um só período, nos 12 (doze) meses subsequentes à data em que o empregado tiver adquirido o direito. *(Redação dada pelo Decreto-Lei n. 1.535, de 13.4.1977)*
§ 1º	Somente em casos excepcionais serão as férias concedidas em 2 (dois) períodos, um dos quais não poderá ser inferior a 10 (dez) dias corridos. *(Incluído pelo Decreto-Lei n. 1.535, de 13.4.1977)*
§ 2º	Aos menores de 18 (dezoito) anos e aos maiores de 50 (cinquenta) anos de idade, as férias serão sempre concedidas de uma só vez. *(Incluído pelo Decreto-Lei n. 1.535, de 13.4.1977)*

CONSOLIDAÇÃO DAS LEIS DO TRABALHO
Decreto-Lei n. 5.452, de 1º de maio de 1943
DOU 9.8.1943

Vide art. 139, caput e § 1º

Art. 139. Poderão ser concedidas férias coletivas a todos os empregados de uma empresa ou de determinados estabelecimentos ou setores da empresa. *(Redação dada pelo Decreto-Lei n. 1.535, de 13.4.1977)*

§ 1º As férias poderão ser gozadas em 2 (dois) períodos anuais desde que nenhum deles seja inferior a 10 (dez) dias corridos. *(Redação dada pelo Decreto-Lei n. 1.535, de 13.4.1977)*

LEI COMPLEMENTAR N. 150, DE 1º DE JUNHO DE 2015
Dispõe sobre o contrato de trabalho doméstico; altera as Leis n. 8.212, de 24 de julho de 1991, n. 8.213, de 24 de julho de 1991, e n. 11.196, de 21 de novembro de 2005; revoga o inciso I do art. 3º da Lei n. 8.009, de 29 de março de 1990, o art. 36 da Lei n. 8.213, de 24 de julho de 1991, a Lei n. 5.859, de 11 de dezembro de 1972, e o inciso VII do art. 12 da Lei n. 9.250, de 26 de dezembro 1995; e dá outras providências
DOU 2.6.2015

Vide art. 17, caput e §§ 1º a 6º

Art. 17. O empregado doméstico terá direito a férias anuais remuneradas de 30 (trinta) dias, salvo o disposto no § 3º do art. 3º, com acréscimo de, pelo menos, um terço do salário normal, após cada período de 12 (doze) meses de trabalho prestado à mesma pessoa ou família.
(...)
§ 2º O período de férias poderá, a critério do empregador, ser fracionado em até 2 (dois) períodos, sendo 1 (um) deles de, no mínimo, 14 (quatorze) dias corridos.

SÚMULA DO STF

Vide Súmula 198/STF

Súmula 198 STF — As ausências motivadas por acidente do trabalho não são descontáveis do período aquisitivo das férias.

SÚMULAS DO TST

Vide Súmulas 7, 171, 261 e 450/TST

Súmula 7 TST — FÉRIAS (mantida) — Res. 121/2003, DJ 19, 20 e 21.11.2003

A indenização pelo não deferimento das férias no tempo oportuno será calculada com base na remuneração devida ao empregado na época da reclamação ou, se for o caso, na da extinção do contrato.

Súmula 171 TST — FÉRIAS PROPORCIONAIS. CONTRATO DE TRABALHO. EXTINÇÃO (republicada em razão de erro material no registro da referência legislativa), DJ 05.05.2004

Salvo na hipótese de dispensa do empregado por justa causa, a extinção do contrato de trabalho sujeita o empregador ao pagamento da remuneração das férias proporcionais, ainda que incompleto o período aquisitivo de 12 (doze) meses (art. 147 da CLT) *(ex-Prejulgado n. 51)*.

Súmula 261 TST — FÉRIAS PROPORCIONAIS. PEDIDO DE DEMISSÃO. CONTRATO VIGENTE HÁ MENOS DE UM ANO (nova redação) — Res. 121/2003, DJ 19, 20 e 21.11.2003

O empregado que se demite antes de complementar 12 (doze) meses de serviço tem direito a férias proporcionais.

Súmula 450 TST — FÉRIAS. GOZO NA ÉPOCA PRÓPRIA. PAGAMENTO FORA DO PRAZO. DOBRA DEVIDA. ARTS. 137 E 145 DA CLT. (conversão da Orientação Jurisprudencial n. 386 da SBDI-1) — Res. 194/2014, DEJT divulgado em 21, 22 e 23.5.2014

É devido o pagamento em dobro da remuneração de férias, incluído o terço constitucional, com base no art. 137 da CLT, quando, ainda que gozadas na época própria, o empregador tenha descumprido o prazo previsto no art. 145 do mesmo diploma legal.

PRECEDENTE NORMATIVO DA SDC DO TST

Vide PN 100 SDC/TST

PN 100 SDC TST — FÉRIAS. INÍCIO DO PERÍODO DE GOZO (positivo)

O início das férias, coletivas ou individuais, não poderá coincidir com sábado, domingo, feriado ou dia de compensação de repouso semanal.

TÍTULO II — DAS NORMAS GERAIS DE TUTELA DO TRABALHO

Arts. 135 e 136

Art. 135	A concessão das férias será participada, por escrito, ao empregado, com antecedência de, no mínimo, 30 (trinta) dias. Dessa participação o interessado dará recibo. *(Redação dada pela Lei n. 7.414, de 9.12.1985)*
§ 1º	O empregado não poderá entrar no gozo das férias sem que apresente ao empregador sua Carteira de Trabalho e Previdência Social, para que nela seja anotada a respectiva concessão. *(Incluído pelo Decreto-Lei n. 1.535, de 13.4.1977)*
§ 2º	A concessão das férias será, igualmente, anotada no livro ou nas fichas de registro dos empregados. *(Incluído pelo Decreto-Lei n. 1.535, de 13.4.1977)*

LEI COMPLEMENTAR N. 123, DE 14 DE DEZEMBRO DE 2006

Institui o Estatuto Nacional da Microempresa e da Empresa de Pequeno Porte; altera dispositivos das Leis ns. 8.212 e 8.213, ambas de 24 de julho de 1991, da Consolidação das Leis do Trabalho — CLT, aprovada pelo Decreto-Lei n. 5.452, de 1º de maio de 1943, da Lei n. 10.189, de 14 de fevereiro de 2001, da Lei Complementar n. 63, de 11 de janeiro de 1990; e revoga as Leis ns. 9.317, de 5 de dezembro de 1996, e 9.841, de 5 de outubro de 1999

DOU 15.12.2006, republicado em 31.1.2009, republicado em 31.1.2012 e republicado em 6.3.2012.

Vide art. 51, *caput* e inciso II

Art. 51. As microempresas e as empresas de pequeno porte são dispensadas:

(...)

II — da anotação das férias dos empregados nos respectivos livros ou fichas de registro;

LEI COMPLEMENTAR N. 150, DE 1º DE JUNHO DE 2015

Dispõe sobre o contrato de trabalho doméstico; altera as Leis n. 0.212, de 24 de julho de 1001, n. 8.213, de 24 de julho de 1991, e n. 11.196, de 21 de novembro de 2005; revoga o inciso I do art. 3º da Lei n. 8.009, de 29 de março de 1990, o art. 36 da Lei n. 8.213, de 24 de julho de 1991, a Lei n. 5.859, de 11 de dezembro de 1972, e o inciso VII do art. 12 da Lei n. 9.250, de 26 de dezembro 1995; e dá outras providências

DOU 2.6.2015

Vide art. 17, *caput* e §§ 1º a 6º

Art. 17. O empregado doméstico terá direito a férias anuais remuneradas de 30 (trinta) dias, salvo o disposto no § 3º do art. 3º, com acréscimo de, pelo menos, um terço do salário normal, após cada período de 12 (doze) meses de trabalho prestado à mesma pessoa ou família.

§ 1º Na cessação do contrato de trabalho, o empregado, desde que não tenha sido demitido por justa causa, terá direito à remuneração relativa ao período incompleto de férias, na proporção de um doze avos por mês de serviço ou fração superior a 14 (quatorze) dias.

§ 2º O período de férias poderá, a critério do empregador, ser fracionado em até 2 (dois) períodos, sendo 1 (um) deles de, no mínimo, 14 (quatorze) dias corridos.

§ 3º É facultado ao empregado doméstico converter um terço do período de férias a que tiver direito em abono pecuniário, no valor da remuneração que lhe seria devida nos dias correspondentes.

§ 4º O abono de férias deverá ser requerido até 30 (trinta) dias antes do término do período aquisitivo.

§ 5º É lícito ao empregado que reside no local de trabalho nele permanecer durante as férias.

§ 6º As férias serão concedidas pelo empregador nos 12 (doze) meses subsequentes à data em que o empregado tiver adquirido o direito.

PRECEDENTE NORMATIVO DA SDC DO TST

Vide PN 116 SDC/TST

PN 116 SDC TST — FÉRIAS. CANCELAMENTO OU ADIANTAMENTO (positivo)

Comunicado ao empregado o período do gozo de férias individuais ou coletivas, o empregador somente poderá cancelar ou modificar o início previsto se ocorrer necessidade imperiosa e, ainda assim, mediante o ressarcimento, ao empregado, dos prejuízos financeiros por este comprovados.

Art. 136	A época da concessão das férias será a que melhor consulte os interesses do empregador. *(Redação dada pelo Decreto-Lei n. 1.535, de 13.4.1977)*
§ 1º	Os membros de uma família, que trabalharem no mesmo estabelecimento ou empresa, terão direito a gozar férias no mesmo período, se assim o desejarem e se disto não resultar prejuízo para o serviço. *(Redação dada pelo Decreto-Lei n. 1.535, de 13.4.1977)*
§ 2º	O empregado estudante, menor de 18 (dezoito) anos, terá direito a fazer coincidir suas férias com as férias escolares. *(Redação dada pelo Decreto-Lei n. 1.535, de 13.4.1977)*

Art. 137 — Sempre que as férias forem concedidas após o prazo de que trata o art. 134, o empregador pagará em dobro a respectiva remuneração. *(Redação dada pelo Decreto-Lei n. 1.535, de 13.4.1977)*

§ 1º Vencido o mencionado prazo sem que o empregador tenha concedido as férias, o empregado poderá ajuizar reclamação pedindo a fixação, por sentença, da época de gozo das mesmas. *(Incluído pelo Decreto-Lei n. 1.535, de 13.4.1977)*

§ 2º A sentença cominará pena diária de 5% (cinco por cento) do salário mínimo da região, devida ao empregado até que seja cumprida. *(Incluído pelo Decreto-Lei n. 1.535, de 13.4.1977)*

§ 3º Cópia da decisão judicial transitada em julgado será remetida ao órgão local do Ministério do Trabalho, para fins de aplicação da multa de caráter administrativo. *(Incluído pelo Decreto-Lei n. 1.535, de 13.4.1977)*

CONSOLIDAÇÃO DAS LEIS DO TRABALHO
Decreto-Lei n. 5.452, de 1º de maio de 1943
DOU 9.8.1943

Vide art. 145, caput e parágrafo único

Art. 145. O pagamento da remuneração das férias e, se for o caso, o do abono referido no art. 143 serão efetuados até 2 (dois) dias antes do início do respectivo período. *(Redação dada pelo Decreto-Lei n. 1.535, de 13.4.1977)*

Parágrafo único. O empregado dará quitação do pagamento, com indicação do início e do termo das férias. *(Incluído pelo Decreto-Lei n. 1.535, de 13.4.1977)*

LEI COMPLEMENTAR N. 150, DE 1º DE JUNHO DE 2015
Dispõe sobre o contrato de trabalho doméstico; altera as Leis n. 8.212, de 24 de julho de 1991, n. 8.213, de 24 de julho de 1991, e n. 11.196, de 21 de novembro de 2005; revoga o inciso I do art. 3º da Lei n. 8.009, de 29 de março de 1990, o art. 36 da Lei n. 8.213, de 24 de julho de 1991, a Lei n. 5.859, de 11 de dezembro de 1972, e o inciso VII do art. 12 da Lei n. 9.250, de 26 de dezembro 1995; e dá outras providências
DOU 2.6.2015

Vide art. 17, caput e §§ 1º a 6º

Art. 17. O empregado doméstico terá direito a férias anuais remuneradas de 30 (trinta) dias, salvo o disposto no § 3º do art. 3º, com acréscimo de, pelo menos, um terço do salário normal, após cada período de 12 (doze) meses de trabalho prestado à mesma pessoa ou família.

§ 1º Na cessação do contrato de trabalho, o empregado, desde que não tenha sido demitido por justa causa, terá direito à remuneração relativa ao período incompleto de férias, na proporção de um doze avos por mês de serviço ou fração superior a 14 (quatorze) dias.

§ 2º O período de férias poderá, a critério do empregador, ser fracionado em até 2 (dois) períodos, sendo 1 (um) deles de, no mínimo, 14 (quatorze) dias corridos.

§ 3º É facultado ao empregado doméstico converter um terço do período de férias a que tiver direito em abono pecuniário, no valor da remuneração que lhe seria devida nos dias correspondentes.

§ 4º O abono de férias deverá ser requerido até 30 (trinta) dias antes do término do período aquisitivo.

§ 5º É lícito ao empregado que reside no local de trabalho nele permanecer durante as férias.

§ 6º As férias serão concedidas pelo empregador nos 12 (doze) meses subsequentes à data em que o empregado tiver adquirido o direito.

SÚMULAS DO TST

Vide Súmulas 7, 81, 328 e 450/TST

Súmula 7 TST — FÉRIAS (mantida) — Res. 121/2003, DJ 19, 20 e 21.11.2003
A indenização pelo não deferimento das férias no tempo oportuno será calculada com base na remuneração devida ao empregado na época da reclamação ou, se for o caso, na da extinção do contrato.

Súmula 81 TST — FÉRIAS (mantida) — Res. 121/2003, DJ 19, 20 e 21.11.2003
Os dias de férias gozados após o período legal de concessão deverão ser remunerados em dobro.

Súmula 328 TST — FÉRIAS. TERÇO CONSTITUCIONAL (mantida) — Res. 121/2003, DJ 19, 20 e 21.11.2003
O pagamento das férias, integrais ou proporcionais, gozadas ou não, na vigência da CF/1988, sujeita-se ao acréscimo do terço previsto no respectivo art. 7º, XVII.

Súmula 450 TST — FÉRIAS. GOZO NA ÉPOCA PRÓPRIA. PAGAMENTO FORA DO PRAZO. DOBRA DEVIDA. ARTS. 137 E 145 DA CLT. (conversão da Orientação Jurisprudencial n. 386 da SBDI-1) — Res. 194/2014, DEJT divulgado em 21, 22 e 23.05.2014
É devido o pagamento em dobro da remuneração de férias, incluído o terço constitucional, com base no art. 137 da CLT, quando, ainda que gozadas na época própria, o empregador tenha descumprido o prazo previsto no art. 145 do mesmo diploma legal.

Art. 138 Durante as férias, o empregado não poderá prestar serviços a outro empregador, salvo se estiver obrigado a fazê-lo em virtude de contrato de trabalho regularmente mantido com aquele. *(Redação dada pelo Decreto-Lei n. 1.535, de 13.4.1977)*

TÍTULO II — DAS NORMAS GERAIS DE TUTELA DO TRABALHO Arts. 139 e 140

SEÇÃO III
DAS FÉRIAS COLETIVAS
(Redação dada pelo Decreto-Lei n. 1.535, de 13.4.1977)

Art. 139	Poderão ser concedidas férias coletivas a todos os empregados de uma empresa ou de determinados estabelecimentos ou setores da empresa. *(Redação dada pelo Decreto-Lei n. 1.535, de 13.4.1977).*
§ 1º	As férias poderão ser gozadas em 2 (dois) períodos anuais desde que nenhum deles seja inferior a 10 (dez) dias corridos. *(Redação dada pelo Decreto-Lei n. 1.535, de 13.4.1977)*
§ 2º	Para os fins previstos neste artigo, o empregador comunicará ao órgão local do Ministério do Trabalho, com a antecedência mínima de 15 (quinze) dias, as datas de início e fim das férias, precisando quais os estabelecimentos ou setores abrangidos pela medida. *(Redação dada pelo Decreto-Lei n. 1.535, de 13.4.1977).*
§ 3º	Em igual prazo, o empregador enviará cópia da aludida comunicação aos sindicatos representativos da respectiva categoria profissional, e providenciará a afixação de aviso nos locais de trabalho. *(Incluído pelo Decreto-Lei n. 1.535, de 13.4.1977)*

CONSOLIDAÇÃO DAS LEIS DO TRABALHO
Decreto-Lei n. 5.452, de 1º de maio de 1943
DOU 9.8.1943

Vide art. 134, *caput* e § 1º

Art. 134. As férias serão concedidas por ato do empregador, em um só período, nos 12 (doze) meses subsequentes à data em que o empregado tiver adquirido o direito. *(Redação dada pelo Decreto-Lei n. 1.535, de 13.4.1977)*
§ 1º Somente em casos excepcionais serão as férias concedidas em 2 (dois) períodos, um dos quais não poderá ser inferior a 10 (dez) dias corridos. *(Incluído pelo Decreto-Lei n. 1.535, de 13.4.1977)*

LEI COMPLEMENTAR N. 123, DE 14 DE DEZEMBRO DE 2006
Institui o Estatuto Nacional da Microempresa e da Empresa de Pequeno Porte; altera dispositivos das Leis ns. 8.212 e 8.213, ambas de 24 de julho de 1991, da Consolidação das Leis do Trabalho — CLT, aprovada pelo Decreto-Lei n. 5.452, de 1º de maio de 1943, da Lei n. 10.189, de 14 de fevereiro de 2001, da Lei Complementar n. 63, de 11 de janeiro de 1990; e revoga as Leis ns. 9.317, de 5 de dezembro de 1996, e 9.841, de 5 de outubro de 1999
DOU 15.12.2006, republicado em 31.1.2009, republicado em 31.1.2012 e republicado em 6.3.2012.

Vide art. 51, *caput* e inciso V

Art. 51. As microempresas e as empresas de pequeno porte são dispensadas:

(...)

V — de comunicar ao Ministério do Trabalho e Emprego a concessão de férias coletivas.

PRECEDENTES NORMATIVOS DA SDC DO TST

Vide PNs 100 e 116 SDC/TST

PN 100 SDC TST — FÉRIAS. INÍCIO DO PERÍODO DE GOZO (positivo)

O início das férias, coletivas ou individuais, não poderá coincidir com sábado, domingo, feriado ou dia de compensação de repouso semanal.

PN 116 SDC TST — FÉRIAS. CANCELAMENTO OU ADIANTAMENTO (positivo)

Comunicado ao empregado o período do gozo de férias individuais ou coletivas, o empregador somente poderá cancelar ou modificar o início previsto se ocorrer necessidade imperiosa e, ainda assim, mediante o ressarcimento, ao empregado, dos prejuízos financeiros por este comprovados.

Art. 140	Os empregados contratados há menos de 12 (doze) meses gozarão, na oportunidade, férias proporcionais, iniciando-se, então, novo período aquisitivo. *(Redação dada pelo Decreto-Lei n. 1.535, de 13.4.1977)*

SÚMULA DO STF

Vide Súmula 199/STF

Súmula 199 STF — O salário das férias do empregado horista corresponde à média do período aquisitivo, não podendo ser inferior ao mínimo.

SÚMULA DO TST

Vide Súmula 328/TST

Súmula 328 TST — FÉRIAS. TERÇO CONSTITUCIONAL (mantida) — Res. 121/2003, DJ 19, 20 e 21.11.2003
O pagamento das férias, integrais ou proporcionais, gozadas ou não, na vigência da CF/1988, sujeita-se ao acréscimo do terço previsto no respectivo art. 7º, XVII.

Art. 141 Quando o número de empregados contemplados com as férias coletivas for superior a 300 (trezentos), a empresa poderá promover, mediante carimbo, anotações de que trata o art. 135, § 1º. *(Redação dada pelo Decreto-Lei n. 1.535, de 13.4.1977)*

§ 1º O carimbo, cujo modelo será aprovado pelo Ministério do Trabalho, dispensará a referência ao período aquisitivo a que correspondem, para cada empregado, as férias concedidas. *(Incluído pelo Decreto-Lei n. 1.535, de 13.4.1977)*

§ 2º Adotado o procedimento indicado neste artigo, caberá à empresa fornecer ao empregado cópia visada do recibo correspondente à quitação mencionada no parágrafo único do art. 145. *(Incluído pelo Decreto-Lei n. 1.535, de 13.4.1977)*

§ 3º Quando da cessação do contrato de trabalho, o empregador anotará na Carteira de Trabalho e Previdência Social as datas dos períodos aquisitivos correspondentes às férias coletivas gozadas pelo empregado. *(Incluído pelo Decreto-Lei n. 1.535, de 13.4.1977)*

SEÇÃO IV
DA REMUNERAÇÃO E DO ABONO DE FÉRIAS
(Redação dada pelo Decreto-Lei n. 1.535, de 13.4.1977)

Art. 142 O empregado perceberá, durante as férias, a remuneração que lhe for devida na data da sua concessão. *(Redação dada pelo Decreto-Lei n. 1.535, de 13.4.1977)*

CONSTITUIÇÃO FEDERAL DE 1988
DOU 5.10.1988

Vide art. 7º, caput e inciso XVII

Art. 7º São direitos dos trabalhadores urbanos e rurais, além de outros que visem à melhoria de sua condição social:
(...)
XVII — gozo de férias anuais remuneradas com, pelo menos, um terço a mais do que o salário normal;

SÚMULAS DO TST

Vide Súmulas 7 e 328/TST

Súmula 7 TST — FÉRIAS (mantida) — Res. 121/2003, DJ 19, 20 e 21.11.2003
A indenização pelo não deferimento das férias no tempo oportuno será calculada com base na remuneração devida ao empregado na época da reclamação ou, se for o caso, na da extinção do contrato.

Súmula 328 TST — FÉRIAS. TERÇO CONSTITUCIONAL (mantida) — Res. 121/2003, DJ 19, 20 e 21.11.2003
O pagamento das férias, integrais ou proporcionais, gozadas ou não, na vigência da CF/1988, sujeita-se ao acréscimo do terço previsto no respectivo art. 7º, XVII.

TÍTULO II — DAS NORMAS GERAIS DE TUTELA DO TRABALHO

Art. 142

§ 1º Quando o salário for pago por hora com jornadas variáveis, apurar-se-á a média do período aquisitivo, aplicando-se o valor do salário na data da concessão das férias. *(Incluído pelo Decreto-Lei n. 1.535, de 13.4.1977)*

SÚMULA DO STF

Vide Súmula 199/STF

Súmula 199 STF — O salário das férias do empregado horista corresponde à média do período aquisitivo, não podendo ser inferior ao mínimo.

§ 2º Quando o salário for pago por tarefa tomar-se-á por base a media da produção no período aquisitivo do direito a férias, aplicando-se o valor da remuneração da tarefa na data da concessão das férias. *(Incluído pelo Decreto-Lei n. 1.535, de 13.4.1977)*

SÚMULA DO TST

Vide Súmula 149/TST

Súmula 149 TST — TAREFEIRO. FÉRIAS (mantida) — Res. 121/2003, DJ 19, 20 e 21.11.2003

A remuneração das férias do tarefeiro deve ser calculada com base na média da produção do período aquisitivo, aplicando-se-lhe a tarifa da data da concessão (ex-Prejulgado n. 22)

§ 3º Quando o salário for pago por percentagem, comissão ou viagem, apurar-se-á a média percebida pelo empregado nos 12 (doze) meses que precederem à concessão das férias. *(Incluído pelo Decreto-Lei n. 1.535, de 13.4.1977)*

ORIENTAÇÃO JURISPRUDENCIAL DA SDI-1 DO TST

Vide OJ 181 SDI-1/TST

OJ 181 SDI-1 TST — COMISSÕES. CORREÇÃO MONETÁRIA. CÁLCULO (inserida em 08.11.2000)

O valor das comissões deve ser corrigido monetariamente para em seguida obter-se a média para efeito de cálculo de férias, 13º salário e verbas rescisórias.

§ 4º A parte do salário paga em utilidades será computada de acordo com a anotação na Carteira de Trabalho e Previdência Social. *(Incluído pelo Decreto-Lei n. 1.535, de 13.4.1977)*

CONSOLIDAÇÃO DAS LEIS DO TRABALHO
Decreto-Lei n. 5.452, de 1º de maio de 1943
DOU 9.8.1943

Vide art. 458, *caput*

Art. 458. Além do pagamento em dinheiro, compreende-se no salário, para todos os efeitos legais, a alimentação, habitação, vestuário ou outras prestações "in natura" que a empresa, por força do contrato ou do costume, fornecer habitualmente ao empregado. Em caso algum será permitido o pagamento com bebidas alcoólicas ou drogas nocivas. *(Redação dada pelo Decreto-Lei n. 229, de 28.2.1967)*

§ 5º Os adicionais por trabalho extraordinário, noturno, insalubre ou perigoso serão computados no salário que servirá de base ao cálculo da remuneração das férias. *(Incluído pelo Decreto-Lei n. 1.535, de 13.4.1977)*

Art. 143

TÍTULO II — DAS NORMAS GERAIS DE TUTELA DO TRABALHO

SÚMULA DO TST

Vide Súmula 347/TST

Súmula 347 TST — HORAS EXTRAS HABITUAIS. APURAÇÃO. MÉDIA FÍSICA (mantida) — Res. 121/2003, DJ 19, 20 e 21.11.2003

O cálculo do valor das horas extras habituais, para efeito de reflexos em verbas trabalhistas, observará o número de horas efetivamente prestadas e a ele aplica-se o valor do salário-hora da época do pagamento daquelas verbas.

§ 6º Se, no momento das férias, o empregado não estiver percebendo o mesmo adicional do período aquisitivo, ou quando o valor deste não tiver sido uniforme será computada a média duodecimal recebida naquele período, após a atualização das importâncias pagas, mediante incidência dos percentuais dos reajustamentos salariais supervenientes. *(Incluído pelo Decreto-Lei n. 1.535, de 13.4.1977)*

SÚMULAS DO TST

Vide Súmulas 253 e 328/TST

Súmula 253 TST — GRATIFICAÇÃO SEMESTRAL. REPERCUSSÕES (nova redação) — Res. 121/2003, DJ 19, 20 e 21.11.2003

A gratificação semestral não repercute no cálculo das horas extras, das férias e do aviso prévio, ainda que indenizados. Repercute, contudo, pelo seu duodécimo na indenização por antiguidade e na gratificação natalina.

Súmula 328 TST — FÉRIAS. TERÇO CONSTITUCIONAL (mantida) — Res. 121/2003, DJ 19, 20 e 21.11.2003

O pagamento das férias, integrais ou proporcionais, gozadas ou não, na vigência da CF/1988, sujeita-se ao acréscimo do terço previsto no respectivo art. 7º, XVII.

Art. 143 É facultado ao empregado converter 1/3 (um terço) do período de férias a que tiver direito em abono pecuniário, no valor da remuneração que lhe seria devida nos dias correspondentes. *(Redação dada pelo Decreto-Lei n. 1.535, de 13.4.1977)*

§ 1º O abono de férias deverá ser requerido até 15 (quinze) dias antes do término do período aquisitivo. *(Incluído pelo Decreto-Lei n. 1.535, de 13.4.1977)*

§ 2º Tratando-se de férias coletivas, a conversão a que se refere este artigo deverá ser objeto de acordo coletivo entre o empregador e o sindicato representativo da respectiva categoria profissional, independendo de requerimento individual a concessão do abono. *(Incluído pelo Decreto-Lei n. 1.535, de 13.4.1977)*

§ 3º O disposto neste artigo não se aplica aos empregados sob o regime de tempo parcial. *(Incluído pela Medida Provisória n. 2.164-41, de 2001)*

CONSOLIDAÇÃO DAS LEIS DO TRABALHO
Decreto-Lei n. 5.452, de 1º de maio de 1943
DOU 9.8.1943

Vide art. 58-A, *caput*; art. 59, *caput* e § 4º; e art. 130-A

Art. 58-A. Considera-se trabalho em regime de tempo parcial aquele cuja duração não exceda a vinte e cinco horas semanais. *(Incluído pela Medida Provisória n. 2.164-41, de 2001)*

Art. 59. A duração normal do trabalho poderá ser acrescida de horas suplementares, em número não excedente de 2 (duas), mediante acordo escrito entre empregador e empregado, ou mediante contrato coletivo de trabalho.

(...)

§ 4º Os empregados sob o regime de tempo parcial não poderão prestar horas extras. *(Incluído pela Medida Provisória n. 2.164-41, de 2001)*

Art. 130-A. Na modalidade do regime de tempo parcial, após cada período de doze meses de vigência do contrato de trabalho, o empregado terá direito a férias, na seguinte proporção: *(Incluído pela Medida Provisória n. 2.164-41, de 2001)*

TÍTULO II — DAS NORMAS GERAIS DE TUTELA DO TRABALHO Arts. 144 a 146

ORIENTAÇÃO JURISPRUDENCIAL TRANSITÓRIA DA SDI-1 DO TST

Vide OJT 50 SDI-1/TST

OJT 50 SDI-1 TST — FÉRIAS. ABONO INSTITUÍDO POR INSTRUMENTO NORMATIVO E TERÇO CONSTITUCIONAL. SIMULTANEIDADE INVIÁVEL *(conversão da Orientação Jurisprudencial n. 231 da SBDI-1)* — DJ 20.4.2005

O abono de férias decorrente de instrumento normativo e o abono de 1/3 (um terço) previsto no art. 7º, XVII, da CF/88 têm idêntica natureza jurídica, destinação e finalidade, constituindo-se "bis in idem" seu pagamento simultâneo, sendo legítimo o direito do empregador de obter compensação de valores porventura pagos. *(ex-OJ n. 231 da SDI-1 — inserida em 20.6.01)*

Art. 144 O abono de férias de que trata o artigo anterior, bem como o concedido em virtude de cláusula do contrato de trabalho, do regulamento da empresa, de convenção ou acordo coletivo, desde que não excedente de vinte dias do salário, não integrarão a remuneração do empregado para os efeitos da legislação do trabalho. *(Redação dada pela Lei n. 9.528, de 1998)*

SÚMULA DO STJ

Vide Súmula 386/STJ

Súmula 386 STJ — São isentas de imposto de renda as indenizações de férias proporcionais e o respectivo adicional.

Art. 145 O pagamento da remuneração das férias e, se for o caso, o do abono referido no art. 143 serão efetuados até 2 (dois) dias antes do início do respectivo período. *(Redação dada pelo Decreto-Lei n. 1.535, de 13.4.1977)*

Parágrafo único O empregado dará quitação do pagamento, com indicação do início e do termo das férias. *(Incluído pelo Decreto-Lei n. 1.535, de 13.4.1977)*

SÚMULAS DO TST

Vide Súmulas 81 e 450/TST

Súmula 81 TST — FÉRIAS (mantida) — Res. 121/2003, DJ 19, 20 e 21.11.2003

Os dias de férias gozados após o período legal de concessão deverão ser remunerados em dobro.

Súmula 450 TST — FÉRIAS. GOZO NA ÉPOCA PRÓPRIA. PAGAMENTO FORA DO PRAZO. DOBRA DEVIDA. ARTS. 137 E 145 DA CLT. (conversão da Orientação Jurisprudencial n. 386 da SBDI-1) — Res. 194/2014, DEJT divulgado em 21, 22 e 23.5.2014

É devido o pagamento em dobro da remuneração de férias, incluído o terço constitucional, com base no art. 137 da CLT, quando, ainda que gozadas na época própria, o empregador tenha descumprido o prazo previsto no art. 145 do mesmo diploma legal.

SEÇÃO V
DOS EFEITOS DA CESSAÇÃO DO CONTRATO DE TRABALHO
(REDAÇÃO DADA PELO DECRETO-LEI N. 1.535, DE 13.4.1977)

Art. 146 Na cessação do contrato de trabalho, qualquer que seja a sua causa, será devida ao empregado a remuneração simples ou em dobro, conforme o caso, correspondente ao período de férias cujo direito tenha adquirido. *(Redação dada pelo Decreto-Lei n. 1.535, de 13.4.1977)*

Parágrafo único Na cessação do contrato de trabalho, após 12 (doze) meses de serviço, o empregado, desde que não haja sido demitido por justa causa, terá direito à remuneração relativa ao período incompleto de férias, de acordo com o art. 130, na proporção de 1/12 (um doze avos) por mês de serviço ou fração superior a 14 (quatorze) dias. *(Redação dada pelo Decreto-Lei n. 1.535, de 13.4.1977)*

Arts. 147 e 148

TÍTULO II — DAS NORMAS GERAIS DE TUTELA DO TRABALHO

CONSTITUIÇÃO FEDERAL DE 1988
DOU 5.10.1988

Vide art. 7º, *caput* e inciso XVII

Art. 7º São direitos dos trabalhadores urbanos e rurais, além de outros que visem à melhoria de sua condição social:
(...)
XVII — gozo de férias anuais remuneradas com, pelo menos, um terço a mais do que o salário normal;

CONVENÇÃO 132 DA OIT
Convenção sobre férias anuais remuneradas (revista em 1970)
Adotada pela OIT em 24.6.1970
Ratificada pelo Brasil em 23.09.1998
Promulgada pelo Decreto n. 3.197, de 5 de outubro de 1999
DOU 5.10.1999

Vide art. 11

Art. 11. Toda pessoa empregada que tenha completado o período mínimo de serviço que pode ser exigido de acordo com o § 1º do art. 5º da presente Convenção deverá ter direito em caso de cessação da relação empregatícia, ou a um período de férias remuneradas proporcional à duração do período de serviço pelo qual ela não gozou ainda tais férias, ou a uma indenização compensatória, ou a um crédito de férias equivalente.

SÚMULA DO STF

Vide Súmula 200/STF

Súmula 200 STF — Não é inconstitucional a Lei n. 1.530, de 26.12.51, que manda incluir na indenização por despedida injusta parcela correspondente a férias proporcionais.

SÚMULAS DO TST

Vide Súmulas 14, 171, 261 e 328/TST

Súmula 14 TST — CULPA RECÍPROCA (nova redação) — Res. 121/2003, DJ 19, 20 e 21.11.2003
Reconhecida a culpa recíproca na rescisão do contrato de trabalho (art. 484 da CLT), o empregado tem direito a 50% (cinquenta por cento) do valor do aviso prévio, do décimo terceiro salário e das férias proporcionais.

Súmula 171 TST — FÉRIAS PROPORCIONAIS. CONTRATO DE TRABALHO. EXTINÇÃO (republicada em razão de erro material no registro da referência legislativa), DJ 5.5.2004
Salvo na hipótese de dispensa do empregado por justa causa, a extinção do contrato de trabalho sujeita o empregador ao pagamento da remuneração das férias proporcionais, ainda que incompleto o período aquisitivo de 12 (doze) meses (art. 147 da CLT) *(ex-Prejulgado n. 51)*.

Súmula 261 TST — FÉRIAS PROPORCIONAIS. PEDIDO DE DEMISSÃO. CONTRATO VIGENTE HÁ MENOS DE UM ANO (nova redação) — Res. 121/2003, DJ 19, 20 e 21.11.2003
O empregado que se demite antes de complementar 12 (doze) meses de serviço tem direito a férias proporcionais.

Súmula 328 TST — FÉRIAS. TERÇO CONSTITUCIONAL (mantida) — Res. 121/2003, DJ 19, 20 e 21.11.2003
O pagamento das férias, integrais ou proporcionais, gozadas ou não, na vigência da CF/1988, sujeita-se ao acréscimo do terço previsto no respectivo art. 7º, XVII.

ORIENTAÇÃO JURISPRUDENCIAL DA SDI-1 DO TST

Vide OJ 195 SDI-1/TST

OJ 195 SDI-1 TST — FÉRIAS INDENIZADAS. FGTS. NÃO INCIDÊNCIA (inserido dispositivo) — DJ 20.4.2005
Não incide a contribuição para o FGTS sobre as férias indenizadas.

SÚMULAS DO STJ

Vide Súmulas 125 e 386/STJ

Súmula 125 STJ — O pagamento de férias não gozadas por necessidade do serviço não está sujeito a incidência do imposto de renda.

Súmula 386 STJ — São isentas de imposto de renda as indenizações de férias proporcionais e o respectivo adicional.

Art. 147 O empregado que for despedido sem justa causa, ou cujo contrato de trabalho se extinguir em prazo predeterminado, antes de completar 12 (doze) meses de serviço, terá direito à remuneração relativa ao período incompleto de férias, de conformidade com o disposto no artigo anterior. *(Redação dada pelo Decreto-Lei n. 1.535, de 13.4.1977)*

Art. 148 A remuneração das férias, ainda quando devida após a cessação do contrato de trabalho, terá natureza salarial, para os efeitos do art. 449. *(Redação dada pelo Decreto-Lei n. 1.535, de 13.4.1977)*

CONSOLIDAÇÃO DAS LEIS DO TRABALHO
Decreto-Lei n. 5.452, de 1º de maio de 1943
DOU 9.8.1943

Vide art. 449, *caput* e §§ 1º e 2º

Art. 449. Os direitos oriundos da existência do contrato de trabalho subsistirão em caso de falência, concordata ou dissolução da empresa.

§ 1º Na falência constituirão créditos privilegiados a totalidade dos salários devidos ao empregado e a totalidade

TÍTULO II — DAS NORMAS GERAIS DE TUTELA DO TRABALHO

Art. 149

das indenizações a que tiver direito. *(Redação dada pela Lei n. 6.449, de 14.10.1977)*

§ 2º Havendo concordata na falência, será facultado aos contratantes tornar sem efeito a rescisão do contrato de trabalho e consequente indenização, desde que o empregador pague, no mínimo, a metade dos salários que seriam devidos ao empregado durante o interregno.

LEI N. 11.101, DE 9 DE FEVEREIRO DE 2005
Regula a recuperação judicial, a extrajudicial e a falência do empresário e da sociedade empresária
DOU 9.2.2005 — edição extra

Vide art. 83, caput, incisos I a VIII e §§ 1º a 4º; e art. 151

Art. 83. A classificação dos créditos na falência obedece à seguinte ordem:

I — os créditos derivados da legislação do trabalho, limitados a 150 (cento e cinquenta) salários-mínimos por credor, e os decorrentes de acidentes de trabalho;

II — créditos com garantia real até o limite do valor do bem gravado;

III — créditos tributários, independentemente da sua natureza e tempo de constituição, excetuadas as multas tributárias;

IV — créditos com privilégio especial, a saber:

a) os previstos no art. 964 da Lei n. 10.406, de 10 de janeiro de 2002;

b) os assim definidos em outras leis civis e comerciais, salvo disposição contrária desta Lei;

c) aqueles a cujos titulares a lei confira o direito de retenção sobre a coisa dada em garantia;

d) aqueles em favor dos microempreendedores individuais e das microempresas e empresas de pequeno porte de que trata a Lei Complementar n. 123, de 14 de dezembro de 2006 *(Incluído pela Lei Complementar n. 147, de 2014)*

V — créditos com privilégio geral, a saber:

a) os previstos no art. 965 da Lei n. 10.406, de 10 de janeiro de 2002;

b) os previstos no parágrafo único do art. 67 desta Lei;

c) os assim definidos em outras leis civis e comerciais, salvo disposição contrária desta Lei;

VI — créditos quirografários, a saber:

a) aqueles não previstos nos demais incisos deste artigo;

b) os saldos dos créditos não cobertos pelo produto da alienação dos bens vinculados ao seu pagamento;

c) os saldos dos créditos derivados da legislação do trabalho que excederem o limite estabelecido no inciso I do caput deste artigo;

VII — as multas contratuais e as penas pecuniárias por infração das leis penais ou administrativas, inclusive as multas tributárias;

VIII — créditos subordinados, a saber:

a) os assim previstos em lei ou em contrato;

b) os créditos dos sócios e dos administradores sem vínculo empregatício.

§ 1º Para os fins do inciso II do *caput* deste artigo, será considerado como valor do bem objeto de garantia real a importância efetivamente arrecadada com sua venda, ou, no caso de alienação em bloco, o valor de avaliação do bem individualmente considerado.

§ 2º Não são oponíveis à massa os valores decorrentes de direito de sócio ao recebimento de sua parcela do capital social na liquidação da sociedade.

§ 3º As cláusulas penais dos contratos unilaterais não serão atendidas se as obrigações neles estipuladas se vencerem em virtude da falência.

§ 4º Os créditos trabalhistas cedidos a terceiros serão considerados quirografários.

Art. 151. Os créditos trabalhistas de natureza estritamente salarial vencidos nos 3 (três) meses anteriores à decretação da falência, até o limite de 5 (cinco) salários-mínimos por trabalhador, serão pagos tão logo haja disponibilidade em caixa.

SEÇÃO VI
DO INÍCIO DA PRESCRIÇÃO
(Redação dada pelo Decreto-Lei n. 1.535, de 13.4.1977)

Art. 149 — A prescrição do direito de reclamar a concessão das férias ou o pagamento da respectiva remuneração é contada do término do prazo mencionado no art. 134 ou, se for o caso, da cessação do contrato de trabalho. *(Redação dada pelo Decreto-Lei n. 1.535, de 13.4.1977)*

CONSTITUIÇÃO FEDERAL DE 1988
DOU 5.10.1988

Vide art. 7º, caput e XXIX

Art. 7º São direitos dos trabalhadores urbanos e rurais, além de outros que visem à melhoria de sua condição social:

(...)

XXIX — ação, quanto aos créditos resultantes das relações de trabalho, com prazo prescricional de cinco anos para os trabalhadores urbanos e rurais, até o limite de dois anos após a extinção do contrato de trabalho; *(Redação dada pela Emenda Constitucional n. 28, de 25.5.2000)*

CONSOLIDAÇÃO DAS LEIS DO TRABALHO
Decreto-Lei n. 5.452, de 1º de maio de 1943
DOU 9.8.1943

Vide art. 11, caput, incisos I e II e § 1º; e art. 440

Art. 11. O direito de ação quanto a créditos resultantes das relações de trabalho prescreve: *(Redação dada pela Lei n. 9.658, de 5.6.1998)*

I — em cinco anos para o trabalhador urbano, até o limite de dois anos após a extinção do contrato; *(Incluído pela Lei n. 9.658, de 5.6.1998) (Vide Emenda Constitucional n. 28 de 25.5.2000)*

Art. 150

TÍTULO II — DAS NORMAS GERAIS DE TUTELA DO TRABALHO

II — em dois anos, após a extinção do contrato de trabalho, para o trabalhador rural. *(Incluído pela Lei n. 9.658, de 5.6.1998) (Vide Emenda Constitucional n. 28 de 25.5.2000)*

§ 1º O disposto neste artigo não se aplica às ações que tenham por objeto anotações para fins de prova junto à Previdência Social. *(Incluído pela Lei n. 9.658, de 5.6.1998)*

Art. 440. Contra os menores de 18 (dezoito) anos não corre nenhum prazo de prescrição.

CÓDIGO CIVIL DE 2002
Institui o Código Civil
DOU 11.1.2002

Vide art. 197, caput e incisos I a III; art. 198 caput e incisos I a III; e art. 199 caput e incisos I a III

Art. 197. Não corre a prescrição:

I — entre os cônjuges, na constância da sociedade conjugal;

II — entre ascendentes e descendentes, durante o poder familiar;

III — entre tutelados ou curatelados e seus tutores ou curadores, durante a tutela ou curatela.

Art. 198. Também não corre a prescrição:

I — contra os incapazes de que trata o art. 3º;

II — contra os ausentes do País em serviço público da União, dos Estados ou dos Municípios;

III — contra os que se acharem servindo nas Forças Armadas, em tempo de guerra.

Art. 199. Não corre igualmente a prescrição:

I — pendendo condição suspensiva;

II — não estando vencido o prazo;

III — pendendo ação de evicção.

SEÇÃO VII
DISPOSIÇÕES ESPECIAIS
(Incluída pelo Decreto-Lei n. 1.535, de 13.4.1977)

Art. 150	O tripulante que, por determinação do armador, for transferido para o serviço de outro, terá computado, para o efeito de gozo de férias, o tempo de serviço prestado ao primeiro, ficando obrigado a concedê-las o armador em cujo serviço ele se encontra na época de gozá-las. *(Redação dada pelo Decreto-Lei n. 1.535, de 13.4.1977)*
§ 1º	As férias poderão ser concedidas, a pedido dos interessados e com aquiescência do armador, parceladamente, nos portos de escala de grande estadia do navio, aos tripulantes ali residentes. *(Incluído pelo Decreto-Lei n. 1.535, de 13.4.1977)*
§ 2º	Será considerada grande estadia a permanência no porto por prazo excedente de 6 (seis) dias. *(Incluído pelo Decreto-Lei n. 1.535, de 13.4.1977)*
§ 3º	Os embarcadiços, para gozarem férias nas condições deste artigo, deverão pedi-las, por escrito, ao armador, antes do início da viagem, no porto de registro ou armação. *(Incluído pelo Decreto-Lei n. 1.535, de 13.4.1977)*
§ 4º	O tripulante, ao terminar as férias, apresentar-se-á ao armador, que deverá designá-lo para qualquer de suas embarcações ou o adir a algum dos seus serviços terrestres, respeitadas a condição pessoal e a remuneração. *(Incluído pelo Decreto-Lei n. 1.535, de 13.4.1977)*
§ 5º	Em caso de necessidade, determinada pelo interesse público, e comprovada pela autoridade competente, poderá o armador ordenar a suspensão das férias já iniciadas ou a iniciar-se, ressalvado ao tripulante o direito ao respectivo gozo posteriormente. *(Incluído pelo Decreto-Lei n. 1.535, de 13.4.1977)*
§ 6º	O Delegado do Trabalho Marítimo poderá autorizar a acumulação de 2 (dois) períodos de férias do marítimo, mediante requerimento justificado: *(Incluído pelo Decreto-Lei n. 1.535, de 13.4.1977)*
I -	do sindicato, quando se tratar de sindicalizado; e *(Incluído pelo Decreto-Lei n. 1.535, de 13.4.1977)*
II -	da empresa, quando o empregado não for sindicalizado. *(Incluído pelo Decreto-Lei n. 1.535, de 13.4.1977*

TÍTULO II — DAS NORMAS GERAIS DE TUTELA DO TRABALHO

Arts. 151 a 154

Art. 151 Enquanto não se criar um tipo especial de caderneta profissional para os marítimos, as férias serão anotadas pela Capitania do Porto na caderneta-matrícula do tripulante, na página das observações. *(Redação dada pelo Decreto-Lei n. 1.535, de 13.4.1977)*

Art. 152 A remuneração do tripulante, no gozo de férias, será acrescida da importância correspondente à etapa que estiver vencendo. *(Redação dada pelo Decreto-Lei n. 1.535, de 13.4.1977)*

CONVENÇÃO 146 DA OIT
Convenção relativa às férias anuais pagas dos marítimos

Adotada pela OIT em 29.10.1976
Ratificada pelo Brasil em 24.9.1998
Promulgada pelo Decreto n. 3.168, de 14 de setembro de 1999
DOU 15.9.1999

SEÇÃO VIII
DAS PENALIDADES
(Incluída pelo Decreto-Lei n. 1.535, de 13.4.1977)

Art. 153 As infrações ao disposto neste Capítulo serão punidas com multas de valor igual a 160 BTN por empregado em situação irregular. *(Redação dada pela Lei n. 7.855, de 24.10.1989)*

Parágrafo único Em caso de reincidência, embaraço ou resistência à fiscalização, emprego de artifício ou simulação com o objetivo de fraudar a lei, a multa será aplicada em dobro. *(Redação dada pela Lei n. 7.855, de 24.10.1989)*

CAPÍTULO V
DA SEGURANÇA E DA MEDICINA DO TRABALHO
(Redação dada pela Lei n. 6.514, de 22.12.1977)

SEÇÃO I
DISPOSIÇÕES GERAIS

Art. 154 A observância, em todos os locais de trabalho, do disposto neste Capítulo, não desobriga as empresas do cumprimento de outras disposições que, com relação à matéria, sejam incluídas em códigos de obras ou regulamentos sanitários dos Estados ou Municípios em que se situem os respectivos estabelecimentos, bem como daquelas oriundas de convenções coletivas de trabalho. *(Redação dada pela Lei n. 6.514, de 22.12.1977)*

CONSTITUIÇÃO FEDERAL DE 1988
DOU 5.10.1988

Vide art. 6º, caput; art. 7º, caput e incisos IV, XXII, XXIII e XXVIII; art. 21, caput e inciso XXIV; art. 23, caput e inciso II; art. 24, caput e inciso XII; art. 194, caput; art. 196; art. 200, caput e inciso VIII; e art. 225

Art. 6º São direitos sociais a educação, a saúde, a alimentação, o trabalho, a moradia, o transporte, o lazer, a segurança, a previdência social, a proteção à maternidade e à infância, a assistência aos desamparados, na forma desta Constituição. *(Redação dada pela Emenda Constitucional n. 90, de 2015)*

Art. 7º São direitos dos trabalhadores urbanos e rurais, além de outros que visem à melhoria de sua condição social:
(...)
IV — salário mínimo, fixado em lei, nacionalmente unificado, capaz de atender a suas necessidades vitais básicas e às de sua família com moradia, alimentação, educação, saúde, lazer, vestuário, higiene, transporte e previdência

social, com reajustes periódicos que lhe preservem o poder aquisitivo, sendo vedada sua vinculação para qualquer fim;
(...)
XXII — redução dos riscos inerentes ao trabalho, por meio de normas de saúde, higiene e segurança;
XXIII — adicional de remuneração para as atividades penosas, insalubres ou perigosas, na forma da lei;
(...)
XXVIII — seguro contra acidentes de trabalho, a cargo do empregador, sem excluir a indenização a que este está obrigado, quando incorrer em dolo ou culpa;

Art. 21. Compete à União:
(...)
XXIV — organizar, manter e executar a inspeção do trabalho;

Art. 23. É competência comum da União, dos Estados, do Distrito Federal e dos Municípios:
(...)
II — cuidar da saúde e assistência pública, da proteção e garantia das pessoas portadoras de deficiência;

Art. 24. Compete à União, aos Estados e ao Distrito Federal legislar concorrentemente sobre:
(...)
XII — previdência social, proteção e defesa da saúde;

Art. 194. A seguridade social compreende um conjunto integrado de ações de iniciativa dos Poderes Públicos e da sociedade, destinadas a assegurar os direitos relativos à saúde, à previdência e à assistência social.

Art. 196. A saúde é direito de todos e dever do Estado, garantido mediante políticas sociais e econômicas que visem à redução do risco de doença e de outros agravos e ao acesso universal e igualitário às ações e serviços para sua promoção, proteção e recuperação.

Art. 200. Ao sistema único de saúde compete, além de outras atribuições, nos termos da lei:
(...)
VIII — colaborar na proteção do meio ambiente, nele compreendido o do trabalho.

Art. 225. Todos têm direito ao meio ambiente ecologicamente equilibrado, bem de uso comum do povo e essencial à sadia qualidade de vida, impondo-se ao Poder Público e à coletividade o dever de defendê-lo e preservá-lo para as presentes e futuras gerações.

CONVENÇÃO 115 DA OIT
Convenção relativa à proteção contra as radiações
Adotada pela OIT em 22.6.1960
Ratificada pelo Brasil em 5.9.1966
Promulgada pelo Decreto n. 62.151, de 19 de janeiro de 1968
DOU 23.1.1968

CONVENÇÃO 120 DA OIT
Convenção sobre a higiene no comércio e nos escritórios
Adotada pela OIT em 8.7.1964
Ratificada pelo Brasil em 24.3.1969
Promulgada pelo Decreto n. 66.498, de 27 de abril de 1970
DOU 30.4.1970, retificado em 6.5.1970

CONVENÇÃO 127 DA OIT
Convenção relativa ao peso máximo das cargas
Adotada pela OIT em 28.6.1967
Ratificada pelo Brasil em 21.8.1970
Promulgada pelo Decreto n. 67.339, de 5 de outubro de 1970
DOU 6.10.1960

CONVENÇÃO 136 DA OIT
Convensão sobre a proteção contra os riscos da intoxicação pelo benzeno
Adotada pela OIT em 23.6.1971
Ratificada pelo Brasil em 24.3.1993
Promulgada pelo Decreto n. 1.253, de 27 de setembro de 1994
DOU 28.9.1994

CONVENÇÃO 139 DA OIT
Convenção sobre prevenção e controle de riscos profissionais causados por substâncias ou agentes cancerígenos
Adotada pela OIT em 24.6.1974
Ratificada pelo Brasil em 27.6.1990
Promulgada pelo Decreto n. 157, de 2 de julho de 1991
DOU 23.7.1991

CONVENÇÃO 148 DA OIT
Convenção sobre a contaminação do ar, ruído e vibrações
Adotada pela OIT em 20.6.1977
Ratificada pelo Brasil em 14.1.1982
Promulgada pelo Decreto n. 93.413, de 15 de outubro de 1986
DOU 16.10.1986

CONVENÇÃO 152 DA OIT
Convenção relativa a segurança e higiene dos trabalhos portuários
Adotada pela OIT em 25.6.1979
Ratificada pelo Brasil em 18.5.1990
Promulgada pelo Decreto n. 99.534, de 19 de setembro de 1990
DOU 20.8.1990

CONVENÇÃO 155 DA OIT
Convenção sobre segurança e saúde dos trabalhadores
Adotada pela OIT em 22.6.1981
Ratificada pelo Brasil em 18.5.1992
Promulgada pelo Decreto n. 1.254, de 29 de setembro de 1994
DOU 30.9.1994

CONVENÇÃO 161 DA OIT
Convenção relativa aos serviços de saúde do trabalho
Adotada pela OIT em 26.6.1985
Ratificada pelo Brasil em 18.5.1990
Promulgada pelo Decreto n. 127, de 22 de maio de 1991
DOU 23.5.1991

CONVENÇÃO 162 DA OIT
Convenção sobre a utilização do amianto com segurança
Adotada pela OIT em 24.6.1986
Ratificada pelo Brasil em 18.5.1990
Promulgada pelo Decreto n. 126, de 22 de maio de 1991
DOU 23.5.1991

CONVENÇÃO 164 DA OIT
Convenção sobre a proteção à saúde e assistência médica aos trabalhadores marítimos
Adotada pela OIT em 8.10.1987
Ratificada pelo Brasil em 4.3.1997
Promulgada pelo Decreto n. 2.671, de 15 de julho de 1998
DOU 16.7.1998

TÍTULO II — DAS NORMAS GERAIS DE TUTELA DO TRABALHO

Arts. 155 a 157

CONVENÇÃO 167 DA OIT
Convenção sobre a segurança e saúde na construção
Adotada pela OIT em 20.6.1988
Ratificada pelo Brasil em 19.5.2006
Promulgada pelo Decreto n. 6.271, de 22 de novembro de 2007
DOU 23.11.2007

CONVENÇÃO 170 DA OIT
Convenção relativa à segurança no trabalho com produtos químicos
Adotada pela OIT em 25.6.1990
Ratificada pelo Brasil em 23.12.1996
Promulgada pelo Decreto n. 2.657, de 3 de julho de 1998
DOU 6.7.1998

CONVENÇÃO 174 DA OIT
Convenção sobre a prevenção de acidentes industriais maiores
Adotada pela OIT em 22.6.1993
Ratificada pelo Brasil em 2.8.2001
Promulgada pelo Decreto n. 4.085, de 15 de janeiro de 2002
DOU 16.1.2002

CONVENÇÃO 176 DA OIT
Convenção sobre segurança e saúde nas minas
Adotada pela OIT em 22.6.1995
Ratificada pelo Brasil em 18.5.2006
Promulgada pelo Decreto n. 6.270, de 22 de novembro de 2007
DOU 23.11.2007

LEI COMPLEMENTAR N. 123, DE 14 DE DEZEMBRO DE 2006
Institui o Estatuto Nacional da Microempresa e da Empresa de Pequeno Porte; altera dispositivos das Leis ns. 8.212 e 8.213, ambas de 24 de julho de 1991, da Consolidação das Leis do Trabalho — CLT, aprovada pelo Decreto-Lei n. 5.452, de 1º de maio de 1943, da Lei n. 10.189, de 14 de fevereiro de 2001, da Lei Complementar n. 63, de 11 de janeiro de 1990; e revoga as Leis ns. 9.317, de 5 de dezembro de 1996, e 9.841, de 5 de outubro de 1999.
DOU 15.12.2006, republicado em 31.1.2009, republicado em 31.1.2012 e republicado em 6.3.2012

Vide art. 50

Art. 50. As microempresas e as empresas de pequeno porte serão estimuladas pelo poder público e pelos Serviços Sociais Autônomos a formar consórcios para acesso a serviços especializados em segurança e medicina do trabalho.

SÚMULA DO STF

Vide Súmula 736/STF

Súmula 736 STF — Compete à Justiça do Trabalho julgar as ações que tenham como causa de pedir o descumprimento de normas trabalhistas relativas à segurança, higiene e saúde dos trabalhadores.

Art. 155	Incumbe ao órgão de âmbito nacional competente em matéria de segurança e medicina do trabalho: *(Redação dada pela Lei n. 6.514, de 22.12.1977)*
I -	estabelecer, nos limites de sua competência, normas sobre a aplicação dos preceitos deste Capítulo, especialmente os referidos no art. 200; *(Incluído pela Lei n. 6.514, de 22.12.1977)*
II -	coordenar, orientar, controlar e supervisionar a fiscalização e as demais atividades relacionadas com a segurança e a medicina do trabalho em todo o território nacional, inclusive a Campanha Nacional de Prevenção de Acidentes do Trabalho; *(Incluído pela Lei n. 6.514, de 22.12.1977)*
III -	conhecer, em última instância, dos recursos, voluntários ou de ofício, das decisões proferidas pelos Delegados Regionais do Trabalho, em matéria de segurança e medicina do trabalho. *(Incluído pela Lei n. 6.514, de 22.12.1977)*

Art. 156	Compete especialmente às Delegacias Regionais do Trabalho, nos limites de sua jurisdição: *(Redação dada pela Lei n. 6.514, de 22.12.1977)*
I -	promover a fiscalização do cumprimento das normas de segurança e medicina do trabalho; *(Incluído pela Lei n. 6.514, de 22.12.1977)*
II -	adotar as medidas que se tornem exigíveis, em virtude das disposições deste Capítulo, determinando as obras e reparos que, em qualquer local de trabalho, se façam necessárias; *(Incluído pela Lei n. 6.514, de 22.12.1977)*
III -	impor as penalidades cabíveis por descumprimento das normas constantes deste Capítulo, nos termos do art. 201. *(Incluído pela Lei n. 6.514, de 22.12.1977)*

Art. 157	Cabe às empresas: *(Redação dada pela Lei n. 6.514, de 22.12.1977)*
I -	cumprir e fazer cumprir as normas de segurança e medicina do trabalho; *(Incluído pela Lei n. 6.514, de 22.12.1977)*

Art. 157

TÍTULO II — DAS NORMAS GERAIS DE TUTELA DO TRABALHO

II - instruir os empregados, através de ordens de serviço, quanto às precauções a tomar no sentido de evitar acidentes do trabalho ou doenças ocupacionais; *(Incluído pela Lei n. 6.514, de 22.12.1977)*

III - adotar as medidas que lhes sejam determinadas pelo órgão regional competente; *(Incluído pela Lei n. 6.514, de 22.12.1977)*

IV - facilitar o exercício da fiscalização pela autoridade competente. *(Incluído pela Lei n. 6.514, de 22.12.1977)*

CONSTITUIÇÃO FEDERAL DE 1988
DOU 5.10.1988

Vide art. 7°, *caput* e incisos XXII, XXIII e XXVIII; art. 200, *caput* e inciso VIII; e art. 225

Art. 7° São direitos dos trabalhadores urbanos e rurais, além de outros que visem à melhoria de sua condição social:
(...)
XXII — redução dos riscos inerentes ao trabalho, por meio de normas de saúde, higiene e segurança;
XXIII — adicional de remuneração para as atividades penosas, insalubres ou perigosas, na forma da lei;
(...)
XXVIII — seguro contra acidentes de trabalho, a cargo do empregador, sem excluir a indenização a que este está obrigado, quando incorrer em dolo ou culpa;

Art. 200. Ao sistema único de saúde compete, além de outras atribuições, nos termos da lei:
(...)
VIII — colaborar na proteção do meio ambiente, nele compreendido o do trabalho.

Art. 225. Todos têm direito ao meio ambiente ecologicamente equilibrado, bem de uso comum do povo e essencial à sadia qualidade de vida, impondo-se ao Poder Público e à coletividade o dever de defendê-lo e preservá-lo para as presentes e futuras gerações.

DECRETO-LEI N. 229, DE 28 DE FEVEREIRO DE 1967
Altera dispositivos da Consolidação das Leis do Trabalho, aprovada pelo Decreto-Lei n. 5.452, de 1° de maio de 1943, e dá outras providencias
DOU 28.2.1967 e retificado em 9.3.1967

Vide art. 35, *caput* e incisos I a IV

Art. 35. As referências feitas na CLT:
I — ao Ministério do Trabalho, Indústria e Comércio entendem-se como concernentes ao Ministério do Trabalho e Previdência Social (MTPS);
II — a institutos de seguro social ou de previdência social e a Institutos de Aposentadoria e Pensões entendem-se como concernentes ao Instituto Nacional da Previdência Social (INPS);
III — ao Serviço de Alimentação da Previdência Social (SAPS), entendem-se como concernentes ao Departamento Nacional de Higiene e Segurança do Trabalho (DNSHT);
IV — ao Departamento Nacional do Trabalho, como autoridade julgadora de infração em primeira instância, entendem-se como concernentes às Delegacias Regionais do Trabalho.

DECRETO N. 6.341, DE 3 DE JANEIRO DE 2008
Altera a denominação da Delegacia Regional do Trabalho para Superintendência Regional do Trabalho e Emprego
DOU 4.1.2008

SÚMULA VINCULANTE DO STF

Vide Súmula Vinculante 22/STF

Súmula Vinculante 22 STF — A Justiça do Trabalho é competente para processar e julgar as ações de indenização por danos morais e patrimoniais decorrentes de acidente de trabalho propostas por empregado contra empregador, inclusive aquelas que ainda não possuíam sentença de mérito em primeiro grau quando da promulgação da Emenda Constitucional n. 45/04.

SÚMULAS DO TST

Vide Súmulas 85, VI, e 289/TST

Súmula 85 TST — COMPENSAÇÃO DE JORNADA (inserido o item VI) — Res. 209/2016, DEJT divulgado em 01, 02 e 03.06.2016
VI — Não é válido acordo de compensação de jornada em atividade insalubre, ainda que estipulado em norma coletiva, sem a necessária inspeção prévia e permissão da autoridade competente, na forma do art. 60 da CLT.

Súmula 289 TST — INSALUBRIDADE. ADICIONAL. FORNECIMENTO DO APARELHO DE PROTEÇÃO. EFEITO (mantida) — Res. 121/2003, DJ 19, 20 e 21.11.2003
O simples fornecimento do aparelho de proteção pelo empregador não o exime do pagamento do adicional de insalubridade. Cabe-lhe tomar as medidas que conduzam à diminuição ou eliminação da nocividade, entre as quais as relativas ao uso efetivo do equipamento pelo empregado.

TÍTULO II — DAS NORMAS GERAIS DE TUTELA DO TRABALHO

Arts. 158 a 160

Art. 158	Cabe aos empregados: *(Redação dada pela Lei n. 6.514, de 22.12.1977)*
I -	I — observar as normas de segurança e medicina do trabalho, inclusive as instruções de que trata o item II do artigo anterior; *(Redação dada pela Lei n. 6.514, de 22.12.1977)*
II -	colaborar com a empresa na aplicação dos dispositivos deste Capítulo. *(Redação dada pela Lei n. 6.514, de 22.12.1977)*
Parágrafo único	Constitui ato faltoso do empregado a recusa injustificada: *(Incluído pela Lei n. 6.514, de 22.12.1977)*
a)	à observância das instruções expedidas pelo empregador na forma do item II do artigo anterior; *(Incluída pela Lei n. 6.514, de 22.12.1977)*
b)	ao uso dos equipamentos de proteção individual fornecidos pela empresa. *(Incluída pela Lei n. 6.514, de 22.12.1977)*

CONSOLIDAÇÃO DAS LEIS DO TRABALHO
Decreto-Lei n. 5.452, de 1º de maio de 1943
DOU 9.8.1943

Vide arts. 482, *caput* e alíneas e e h

Art. 482. Constituem justa causa para rescisão do contrato de trabalho pelo empregador:
(...)
e) desídia no desempenho das respectivas funções;
(...)
h) ato de indisciplina ou de insubordinação;

SÚMULA DO TST

Vide Súmula 289/TST

Súmula 289 TST — INSALUBRIDADE. ADICIONAL. FORNECIMENTO DO APARELHO DE PROTEÇÃO. EFEITO (mantida) — Res. 121/2003, DJ 19, 20 e 21.11.2003

O simples fornecimento do aparelho de proteção pelo empregador não o exime do pagamento do adicional de insalubridade. Cabe-lhe tomar as medidas que conduzam à diminuição ou eliminação da nocividade, entre as quais as relativas ao uso efetivo do equipamento pelo empregado.

Art. 159	Mediante convênio autorizado pelo Ministro do Trabalho, poderão ser delegadas a outros órgãos federais, estaduais ou municipais atribuições de fiscalização ou orientação às empresas quanto ao cumprimento das disposições constantes deste Capítulo. *(Redação dada pela Lei n. 6.514, de 22.12.1977)*

SEÇÃO II
DA INSPEÇÃO PRÉVIA E DO EMBARGO OU INTERDIÇÃO
(Redação dada pela Lei n. 6.514, de 22.12.1977)

Art. 160	Nenhum estabelecimento poderá iniciar suas atividades sem prévia inspeção e aprovação das respectivas instalações pela autoridade regional competente em matéria de segurança e medicina do trabalho. *(Redação dada pela Lei n. 6.514, de 22.12.1977)*
§ 1º	Nova inspeção deverá ser feita quando ocorrer modificação substancial nas instalações, inclusive equipamentos, que a empresa fica obrigada a comunicar, prontamente, à Delegacia Regional do Trabalho. *(Incluído pela Lei n. 6.514, de 22.12.1977)*
§ 2º	É facultado às empresas solicitar prévia aprovação, pela Delegacia Regional do Trabalho, dos projetos de construção e respectivas instalações. *(Incluído pela Lei n. 6.514, de 22.12.1977)*

Arts. 161 e 162 — TÍTULO II — DAS NORMAS GERAIS DE TUTELA DO TRABALHO

CONSTITUIÇÃO FEDERAL DE 1988
DOU 5.10.1988

Vide art. 21, *caput* e inciso XXIV

Art. 21. Compete à União:
(...)
XXIV — organizar, manter e executar a inspeção do trabalho;

Art. 161	O Delegado Regional do Trabalho, à vista do laudo técnico do serviço competente que demonstre grave e iminente risco para o trabalhador, poderá interditar estabelecimento, setor de serviço, máquina ou equipamento, ou embargar obra, indicando na decisão, tomada com a brevidade que a ocorrência exigir, as providências que deverão ser adotadas para prevenção de infortúnios de trabalho. *(Redação dada pela Lei n. 6.514, de 22.12.1977)*
§ 1º	As autoridades federais, estaduais e municipais darão imediato apoio às medidas determinadas pelo Delegado Regional do Trabalho. *(Incluído pela Lei n. 6.514, de 22.12.1977)*
§ 2º	A interdição ou embargo poderão ser requeridos pelo serviço competente da Delegacia Regional do Trabalho e, ainda, por agente da inspeção do trabalho ou por entidade sindical. *(Incluído pela Lei n. 6.514, de 22.12.1977)*
§ 3º	Da decisão do Delegado Regional do Trabalho poderão os interessados recorrer, no prazo de 10 (dez) dias, para o órgão de âmbito nacional competente em matéria de segurança e medicina do trabalho, ao qual será facultado dar efeito suspensivo ao recurso. *(Incluído pela Lei n. 6.514, de 22.12.1977)*
§ 4º	Responderá por desobediência, além das medidas penais cabíveis, quem, após determinada a interdição ou embargo, ordenar ou permitir o funcionamento do estabelecimento ou de um dos seus setores, a utilização de máquina ou equipamento, ou o prosseguimento de obra, se, em consequência, resultarem danos a terceiros. *(Incluído pela Lei n. 6.514, de 22.12.1977)*
§ 5º	O Delegado Regional do Trabalho, independente de recurso, e após laudo técnico do serviço competente, poderá levantar a interdição. *(Incluído pela Lei n. 6.514, de 22.12.1977)*
§ 6º	Durante a paralisação dos serviços, em decorrência da interdição ou embargo, os empregados receberão os salários como se estivessem em efetivo exercício. *(Incluído pela Lei n. 6.514, de 22.12.1977)*

SEÇÃO III
DOS ÓRGÃOS DE SEGURANÇA E DE MEDICINA DO TRABALHO NAS EMPRESAS

Art. 162	As empresas, de acordo com normas a serem expedidas pelo Ministério do Trabalho, estarão obrigadas a manter serviços especializados em segurança e em medicina do trabalho. *(Redação dada pela Lei n. 6.514, de 22.12.1977)*
Parágrafo único	As normas a que se refere este artigo estabelecerão: *(Redação dada pela Lei n. 6.514, de 22.12.1977)*
a)	classificação das empresas segundo o número de empregados e a natureza do risco de suas atividades; *(Incluída pela Lei n. 6.514, de 22.12.1977)*
b)	o número mínimo de profissionais especializados exigido de cada empresa, segundo o grupo em que se classifique, na forma da alínea anterior; *(Incluída pela Lei n. 6.514, de 22.12.1977)*

TÍTULO II — DAS NORMAS GERAIS DE TUTELA DO TRABALHO

c)	a qualificação exigida para os profissionais em questão e o seu regime de trabalho; *(Incluída pela Lei n. 6.514, de 22.12.1977)*
d)	as demais características e atribuições dos serviços especializados em segurança e em medicina do trabalho, nas empresas. *(Incluída pela Lei n. 6.514, de 22.12.1977)*

CONVENÇÃO 161 DA OIT
Convenção relativa aos serviços de saúde do trabalho
Adotada pela OIT em 26.6.1985
Ratificada pelo Brasil em 18.5.1990
Promulgada pelo Decreto n. 127, de 22 de maio de 1991
DOU 23.5.1991

DECRETO-LEI N. 4.552, DE 27 DE DEZEMBRO DE 2002
Aprova o regulamento da inspeção do trabalho
DOU 30.12.2002

Vide art. 1º

Art. 1º Fica aprovado o Regulamento da Inspeção do Trabalho, que a este Decreto acompanha.

Art. 163	Será obrigatória a constituição de Comissão Interna de Prevenção de Acidentes (CIPA), de conformidade com instruções expedidas pelo Ministério do Trabalho, nos estabelecimentos ou locais de obra nelas especificadas. *(Redação dada pela Lei n. 6.514, de 22.12.1977)*
Parágrafo único	O Ministério do Trabalho regulamentará as atribuições, a composição e o funcionamento das CIPA(s). *(Redação dada pela Lei n. 6.514, de 22.12.1977)*

CONVENÇÃO 174 DA OIT
Convenção sobre a prevenção de acidentes industriais maiores

Adotada pela OIT em 22.6.1993
Ratificada pelo Brasil em 2.8.2001
Promulgada pelo Decreto n. 4.085, de 15 de janeiro de 2002
DOU 16.1.2002

Art. 164	Cada CIPA será composta de representantes da empresa e dos empregados, de acordo com os critérios que vierem a ser adotados na regulamentação de que trata o parágrafo único do artigo anterior. *(Redação dada pela Lei n. 6.514, de 22.12.1977)*
§ 1º	Os representantes dos empregadores, titulares e suplentes, serão por eles designados. *(Redação dada pela Lei n. 6.514, de 22.12.1977)*
§ 2º	Os representantes dos empregados, titulares e suplentes, serão eleitos em escrutínio secreto, do qual participem, independentemente de filiação sindical, exclusivamente os empregados interessados. *(Redação dada pela Lei n. 6.514, de 22.12.1977)*
§ 3º	O mandato dos membros eleitos da CIPA terá a duração de 1 (um) ano, permitida uma reeleição. *(Incluído pela Lei n. 6.514, de 22.12.1977)*
§ 4º	O disposto no parágrafo anterior não se aplicará ao membro suplente que, durante o seu mandato, tenha participado de menos da metade do número de reuniões da CIPA. *(Incluído pela Lei n. 6.514, de 22.12.1977)*
§ 5º	O empregador designará, anualmente, dentre os seus representantes, o Presidente da CIPA e os empregados elegerão, dentre eles, o Vice-Presidente. *(Incluído pela Lei n. 6.514, de 22.12.1977)*

PRECEDENTE NORMATIVO DA SDC DO TST

Vide PN 86 SDC/TST

PN 86 SDC TST — REPRESENTANTES DOS TRABALHADORES. ESTABILIDADE NO EMPREGO (positivo) Nas empresas com mais de 200 empregados é assegurada a eleição direta de um representante, com as garantias do art. 543, e seus parágrafos, da CLT.

Art. 165

Art. 165	Os titulares da representação dos empregados nas CIPA (s) não poderão sofrer despedida arbitrária, entendendo-se como tal a que não se fundar em motivo disciplinar, técnico, econômico ou financeiro. *(Redação dada pela Lei n. 6.514, de 22.12.1977)*
Parágrafo único	Ocorrendo a despedida, caberá ao empregador, em caso de reclamação à Justiça do Trabalho, comprovar a existência de qualquer dos motivos mencionados neste artigo, sob pena de ser condenado a reintegrar o empregado. *(Redação dada pela Lei n. 6.514, de 22.12.1977)*

CONSTITUIÇÃO FEDERAL DE 1988
DOU 5.10.1988

Vide art. 7º, *caput* e inciso I

Art. 7º São direitos dos trabalhadores urbanos e rurais, além de outros que visem à melhoria de sua condição social:

I — relação de emprego protegida contra despedida arbitrária ou sem justa causa, nos termos de lei complementar, que preverá indenização compensatória, dentre outros direitos;

ATO DAS DISPOSIÇÕES CONSTITUCIONAIS TRANSITÓRIAS (ADCT)
DOU 5.10.1988

Vide art. 10, *caput*, inciso II, alínea a

Art. 10. Até que seja promulgada a lei complementar a que se refere o art. 7º, I, da Constituição:

(...)

II — fica vedada a dispensa arbitrária ou sem justa causa:
a) do empregado eleito para cargo de direção de comissões internas de prevenção de acidentes, desde o registro de sua candidatura até um ano após o final de seu mandato;

SÚMULA DO STF

Vide Súmula 676/STF

Súmula 676 STF — A garantia da estabilidade provisória prevista no art. 10, II, "a", do Ato das Disposições Constitucionais Transitórias, também se aplica ao suplente do cargo de direção de Comissões Internas de Prevenção de Acidentes (CIPA).

SÚMULA DO TST

Vide Súmula 339/TST

Súmula 339 TST — CIPA. SUPLENTE. GARANTIA DE EMPREGO. CF/1988 (incorporadas as Orientações Jurisprudenciais ns. 25 e 329 da SBDI-1) — Res. 129/2005, DJ 20, 22 e 25.04.2005

I — O suplente da CIPA goza da garantia de emprego prevista no art. 10, II, "a", do ADCT a partir da promulgação da Constituição Federal de 1988. *(ex-Súmula 339 — Res. 39/1994, DJ 22.12.1994 — e ex-OJ n. 25 da SBDI-1 — inserida em 29.03.1996)*

II — A estabilidade provisória do cipeiro não constitui vantagem pessoal, mas garantia para as atividades dos membros da CIPA, que somente tem razão de ser quando em atividade a empresa. Extinto o estabelecimento, não se verifica a despedida arbitrária, sendo impossível a reintegração e indevida a indenização do período estabilitário. *(ex-OJ n. 329 da SBDI-1 — DJ 09.12.2003)*

ORIENTAÇÃO JURISPRUDENCIAL DA SDI-1 DO TST

Vide OJ 399 SDI-1/TST

OJ 399 SDI-1 TST — ESTABILIDADE PROVISÓRIA. AÇÃO TRABALHISTA AJUIZADA APÓS O TÉRMINO DO PERÍODO DE GARANTIA NO EMPREGO. ABUSO DO EXERCÍCIO DO DIREITO DE AÇÃO. NÃO CONFIGURAÇÃO. INDENIZAÇÃO DEVIDA. *(DEJT divulgado em 2, 3 e 4.8.2010)*

O ajuizamento de ação trabalhista após decorrido o período de garantia de emprego não configura abuso do exercício do direito de ação, pois este está submetido apenas ao prazo prescricional inscrito no art. 7º, XXIX, da CF/1988, sendo devida a indenização desde a dispensa até a data do término do período estabilitário.

ORIENTAÇÃO JURISPRUDENCIAL DA SDI-2 DO TST

Vide OJ 6 SDI-2/TST

OJ 6 SDI-2 TST — AÇÃO RESCISÓRIA. CIPEIRO SUPLENTE. ESTABILIDADE. ADCT DA CF/88, ART. 10, II, "A". SÚMULA N. 83 DO TST (nova redação) — DJ 22.8.2005

Rescinde-se o julgado que nega estabilidade a membro suplente de CIPA, representante de empregado, por ofensa ao art. 10, II, "a", do ADCT da CF/88, ainda que se cuide de decisão anterior à Súmula n. 339 do TST. Incidência da Súmula n. 83 do TST.

TÍTULO II — DAS NORMAS GERAIS DE TUTELA DO TRABALHO

Arts. 166 a 168

SEÇÃO IV
DO EQUIPAMENTO DE PROTEÇÃO INDIVIDUAL

Art. 166 A empresa é obrigada a fornecer aos empregados, gratuitamente, equipamento de proteção individual adequado ao risco e em perfeito estado de conservação e funcionamento, sempre que as medidas de ordem geral não ofereçam completa proteção contra os riscos de acidentes e danos à saúde dos empregados. *(Redação dada pela Lei n. 6.514, de 22.12.1977)*

SÚMULAS DO TST

Vide Súmulas 80 e 289/TST

Súmula 80 TST — INSALUBRIDADE (mantida) — Res. 121/2003, DJ 19, 20 e 21.11.2003
A eliminação da insalubridade mediante fornecimento de aparelhos protetores aprovados pelo órgão competente do Poder Executivo exclui a percepção do respectivo adicional.

Súmula 289 TST — INSALUBRIDADE. ADICIONAL. FORNECIMENTO DO APARELHO DE PROTEÇÃO. EFEITO (mantida) — Res. 121/2003, DJ 19, 20 e 21.11.2003
O simples fornecimento do aparelho de proteção pelo empregador não o exime do pagamento do adicional de insalubridade. Cabe-lhe tomar as medidas que conduzam à diminuição ou eliminação da nocividade, entre as quais as relativas ao uso efetivo do equipamento pelo empregado.

Art. 167 O equipamento de proteção só poderá ser posto à venda ou utilizado com a indicação do Certificado de Aprovação do Ministério do Trabalho. *(Redação dada pela Lei n. 6.514, de 22.12.1977)*

SEÇÃO V
DAS MEDIDAS PREVENTIVAS DE MEDICINA DO TRABALHO

Art. 168	Será obrigatório exame médico, por conta do empregador, nas condições estabelecidas neste artigo e nas instruções complementares a serem expedidas pelo Ministério do Trabalho: *(Redação dada pela Lei n. 7.855, de 24.10.1989)*
I -	a admissão; *(Incluído pela Lei n. 7.855, de 24.10.1989)*
II -	na demissão; *(Incluído pela Lei n. 7.855, de 24.10.1989)*
III -	periodicamente. *(Incluído pela Lei n. 7.855, de 24.10.1989)*
§ 1º	O Ministério do Trabalho baixará instruções relativas aos casos em que serão exigíveis exames: *(Incluído pela Lei n. 7.855, de 24.10.1989*
a)	por ocasião da demissão; *(Incluído pela Lei n. 7.855, de 24.10.1989)*
b)	complementares. *(Incluído pela Lei n. 7.855, de 24.10.1989)*
§ 2º	Outros exames complementares poderão ser exigidos, a critério médico, para apuração da capacidade ou aptidão física e mental do empregado para a função que deva exercer. *(Incluído pela Lei n. 7.855, de 24.10.1989)*
§ 3º	O Ministério do Trabalho estabelecerá, de acordo com o risco da atividade e o tempo de exposição, a periodicidade dos exames médicos. *(Incluído pela Lei n. 7.855, de 24.10.1989)*
§ 4º	O empregador manterá, no estabelecimento, o material necessário à prestação de primeiros socorros médicos, de acordo com o risco da atividade. *(Incluído pela Lei n. 7.855, de 24.10.1989)*
§ 5º	O resultado dos exames médicos, inclusive o exame complementar, será comunicado ao trabalhador, observados os preceitos da ética médica. *(Incluído pela Lei n. 7.855, de 24.10.1989)*

Arts. 169 a 172

TÍTULO II — DAS NORMAS GERAIS DE TUTELA DO TRABALHO

§ 6º	Serão exigidos exames toxicológicos, previamente à admissão e por ocasião do desligamento, quando se tratar de motorista profissional, assegurados o direito à contraprova em caso de resultado positivo e a confidencialidade dos resultados dos respectivos exames. *(Incluído pela Lei n. 13.103, de 2015)*
§ 7º	Para os fins do disposto no § 6º, será obrigatório exame toxicológico com janela de detecção mínima de 90 (noventa) dias, específico para substâncias psicoativas que causem dependência ou, comprovadamente, comprometam a capacidade de direção, podendo ser utilizado para essa finalidade o exame toxicológico previsto na Lei n. 9.503, de 23 de setembro de 1997 — Código de Trânsito Brasileiro, desde que realizado nos últimos 60 (sessenta) dias. *(Incluído pela Lei n. 13.103, de 2015)*

LEI N. 9.029, DE 13 DE ABRIL DE 1995

Proíbe a exigência de atestados de gravidez e esterilização, e outras práticas discriminatórias, para efeitos admissionais ou de permanência da relação jurídica de trabalho, e dá outras providências

DOU 17.4.1995

Vide art. 1º

Art. 1º É proibida a adoção de qualquer prática discriminatória e limitativa para efeito de acesso à relação de trabalho, ou de sua manutenção, por motivo de sexo, origem, raça, cor, estado civil, situação familiar, deficiência, reabilitação profissional, idade, entre outros, ressalvadas, nesse caso, as hipóteses de proteção à criança e ao adolescente previstas no inciso XXXIII do art. 7º da Constituição Federal. *(Redação dada pela Lei n. 13.146, de 2015)*

PRECEDENTE NORMATIVO DA SDC DO TST

Vide PN 107 SDC/TST

PN 107 SDC TST — EMPREGADO RURAL. CAIXA DE MEDICAMENTOS (positivo)

Nos locais de trabalho no campo serão mantidos pelo empregador medicamentos e materiais de primeiros socorros.

Art. 169	Será obrigatória a notificação das doenças profissionais e das produzidas em virtude de condições especiais de trabalho, comprovadas ou objeto de suspeita, de conformidade com as instruções expedidas pelo Ministério do Trabalho. *(Redação dada pela Lei n. 6.514, de 22.12.1977)*

SEÇÃO VI
DAS EDIFICAÇÕES

Art. 170	As edificações deverão obedecer aos requisitos técnicos que garantam perfeita segurança aos que nelas trabalhem. *(Redação dada pela Lei n. 6.514, de 22.12.1977)*
Art. 171	Os locais de trabalho deverão ter, no mínimo, 3 (três) metros de pé-direito, assim considerada a altura livre do piso ao teto. *(Redação dada pela Lei n. 6.514, de 22.12.1977)*
Parágrafo único	Poderá ser reduzido esse mínimo desde que atendidas as condições de iluminação e conforto térmico compatíveis com a natureza do trabalho, sujeitando-se tal redução ao controle do órgão competente em matéria de segurança e medicina do trabalho. *(Redação dada pela Lei n. 6.514, de 22.12.1977)*
Art. 172	Os pisos dos locais de trabalho não deverão apresentar saliências nem depressões que prejudiquem a circulação de pessoas ou a movimentação de materiais. *(Redação dada pela Lei n. 6.514, de 22.12.1977)*

TÍTULO II — DAS NORMAS GERAIS DE TUTELA DO TRABALHO

Art. 173 As aberturas nos pisos e paredes serão protegidas de forma que impeçam a queda de pessoas ou de objetos. *(Redação dada pela Lei n. 6.514, de 22.12.1977)*

Art. 174 As paredes, escadas, rampas de acesso, passarelas, pisos, corredores, coberturas e passagens dos locais de trabalho deverão obedecer às condições de segurança e de higiene do trabalho estabelecidas pelo Ministério do Trabalho e manter-se em perfeito estado de conservação e limpeza. *(Redação dada pela Lei n. 6.514, de 22.12.1977)*

SEÇÃO VII
DA ILUMINAÇÃO

Art. 175 Em todos os locais de trabalho deverá haver iluminação adequada, natural ou artificial, apropriada à natureza da atividade. *(Redação dada pela Lei n. 6.514, de 22.12.1977)*

§ 1º A iluminação deverá ser uniformemente distribuída, geral e difusa, a fim de evitar ofuscamento, reflexos incômodos, sombras e contrastes excessivos. *(Incluído pela Lei n. 6.514, de 22.12.1977)*

§ 2º O Ministério do Trabalho estabelecerá os níveis mínimos de iluminamento a serem observados. *(Incluído pela Lei n. 6.514, de 22.12.1977)*

ORIENTAÇÃO JURISPRUDENCIAL TRANSITÓRIA DA SDI-1 DO TST

Vide OJT 57 SDI-1/TST

OJT 57 SDI-1 TST — ADICIONAL DE INSALUBRIDADE. DEFICIÊNCIA DE ILUMINAMENTO. LIMITAÇÃO (conversão da Orientação Jurisprudencial n. 153 da SBDI-1) — DJ 20.4.2005

Somente após 26.2.91 foram, efetivamente, retiradas do mundo jurídico as normas ensejadoras do direito ao adicional de insalubridade por iluminamento insuficiente no local da prestação de serviço, como previsto na Portaria n. 3751/90 do Ministério do Trabalho. *(ex-OJ n. 153 da SDI-1 — inserida em 26.3.99)*

SEÇÃO VIII
DO CONFORTO TÉRMICO

Art. 176 Os locais de trabalho deverão ter ventilação natural, compatível com o serviço realizado. *(Redação dada pela Lei n. 6.514, de 22.12.1977)*

Parágrafo único A ventilação artificial será obrigatória sempre que a natural não preencha as condições de conforto térmico. *(Incluído pela Lei n. 6.514, de 22.12.1977)*

Art. 177 Se as condições de ambiente se tornarem desconfortáveis, em virtude de instalações geradoras de frio ou de calor, será obrigatório o uso de vestimenta adequada para o trabalho em tais condições ou de capelas, anteparos, paredes duplas, isolamento térmico e recursos similares, de forma que os empregados fiquem protegidos contra as radiações térmicas. *(Redação dada pela Lei n. 6.514, de 22.12.1977)*

Art. 178 As condições de conforto térmico dos locais de trabalho devem ser mantidas dentro dos limites fixados pelo Ministério do Trabalho. *(Redação dada pela Lei n. 6.514, de 22.12.1977)*

SEÇÃO IX
DAS INSTALAÇÕES ELÉTRICAS

Art. 179 O Ministério do Trabalho disporá sobre as condições de segurança e as medidas especiais a serem observadas relativamente a instalações elétricas, em qualquer das fases de produção, transmissão, distribuição ou consumo de energia. *(Redação dada pela Lei n. 6.514, de 22.12.1977)*

Art. 180 Somente profissional qualificado poderá instalar, operar, inspecionar ou reparar instalações elétricas. *(Redação dada pela Lei n. 6.514, de 22.12.1977)*

Art. 181 Os que trabalharem em serviços de eletricidade ou instalações elétricas devem estar familiarizados com os métodos de socorro a acidentados por choque elétrico. *(Redação dada pela Lei n. 6.514, de 22.12.1977)*

ORIENTAÇÕES JURISPRUDENCIAIS DA SDI-1 DO TST

Vide OJs 324 e 347 SDI-1/TST

OJ 324 SDI-1 TST — ADICIONAL DE PERICULOSIDADE. SISTEMA ELÉTRICO DE POTÊNCIA. DECRETO N. 93.412/86, ART. 2º, § 1º *(DJ 9.12.2003)*
É assegurado o adicional de periculosidade apenas aos empregados que trabalham em sistema elétrico de potência em condições de risco, ou que o façam com equipamentos e instalações elétricas similares, que ofereçam risco equivalente, ainda que em unidade consumidora de energia elétrica.

OJ 347 SDI-1 TST — ADICIONAL DE PERICULOSIDADE. SISTEMA ELÉTRICO DE POTÊNCIA. LEI N. 7.369, DE 20.9.1985, REGULAMENTADA PELO DECRETO N. 93.412, DE 14.10.1986. EXTENSÃO DO DIREITO AOS CABISTAS, INSTALADORES E REPARADORES DE LINHAS E APARELHOS EM EMPRESA DE TELEFONIA *(DJ 25.4.2007)*
É devido o adicional de periculosidade aos empregados cabistas, instaladores e reparadores de linhas e aparelhos de empresas de telefonia, desde que, no exercício de suas funções, fiquem expostos a condições de risco equivalente ao do trabalho exercido em contato com sistema elétrico de potência.

SEÇÃO X
DA MOVIMENTAÇÃO, ARMAZENAGEM E MANUSEIO DE MATERIAIS

Art. 182 O Ministério do Trabalho estabelecerá normas sobre: *(Redação dada pela Lei n. 6.514, de 22.12.1977)*

I - as precauções de segurança na movimentação de materiais nos locais de trabalho, os equipamentos a serem obrigatoriamente utilizados e as condições especiais a que estão sujeitas a operação e a manutenção desses equipamentos, inclusive exigências de pessoal habilitado; *(Incluído pela Lei n. 6.514, de 22.12.1977)*

II - as exigências similares relativas ao manuseio e à armazenagem de materiais, inclusive quanto às condições de segurança e higiene relativas aos recipientes e locais de armazenagem e os equipamentos de proteção individual; *(Incluído pela Lei n. 6.514, de 22.12.1977)*

TÍTULO II — DAS NORMAS GERAIS DE TUTELA DO TRABALHO

III -	a obrigatoriedade de indicação de carga máxima permitida nos equipamentos de transporte, dos avisos de proibição de fumar e de advertência quanto à natureza perigosa ou nociva à saúde das substâncias em movimentação ou em depósito, bem como das recomendações de primeiros socorros e de atendimento médico e símbolo de perigo, segundo padronização internacional, nos rótulos dos materiais ou substâncias armazenados ou transportados. *(Incluído pela Lei n. 6.514, de 22.12.1977)*
Parágrafo único	As disposições relativas ao transporte de materiais aplicam-se, também, no que couber, ao transporte de pessoas nos locais de trabalho. *(Incluído pela Lei n. 6.514, de 22.12.1977)*

PRECEDENTE NORMATIVO DA SDC DO TST

Vide PN 71 SDC/TST

PN 71 SDC TST — EMPREGADO RURAL. TRANSPORTE. CONDIÇÕES DE SEGURANÇA (positivo)

Quando fornecidos pelo empregador, os veículos destinados a transportar trabalhadores rurais deverão satisfazer as condições de segurança e comodidade, sendo proibido o carregamento de ferramentas soltas junto às pessoas conduzidas.

Art. 183	As pessoas que trabalharem na movimentação de materiais deverão estar familiarizados com os métodos raciocinais de levantamento de cargas. *(Redação dada pela Lei n. 6.514, de 22.12.1977)*

SEÇÃO XI
DAS MÁQUINAS E EQUIPAMENTOS
(Redação dada pela Lei n. 6.514, de 22.12.1977)

Art. 184	As máquinas e os equipamentos deverão ser dotados de dispositivos de partida e parada e outros que se fizerem necessários para a prevenção de acidentes do trabalho, especialmente quanto ao risco de acionamento acidental. *(Redação dada pela Lei n. 6.514, de 22.12.1977)*
Parágrafo único	É proibida a fabricação, a importação, a venda, a locação e o uso de máquinas e equipamentos que não atendam ao disposto neste artigo. *(Incluído pela Lei n. 6.514, de 22.12.1977)*

Art. 185	Os reparos, limpeza e ajustes somente poderão ser executados com as máquinas paradas, salvo se o movimento for indispensável à realização do ajuste. *(Redação dada pela Lei n. 6.514, de 22.12.1977)*

Art. 186	O Ministério do Trabalho estabelecerá normas adicionais sobre proteção e medidas de segurança na operação de máquinas e equipamentos, especialmente quanto à proteção das partes móveis, distância entre estas, vias de acesso às máquinas e equipamentos de grandes dimensões, emprego de ferramentas, sua adequação e medidas de proteção exigidas quando motorizadas ou elétricas. *(Redação dada pela Lei n. 6.514, de 22.12.1977)*

SEÇÃO XII
DAS CALDEIRAS, FORNOS E RECIPIENTES SOB PRESSÃO

Art. 187	As caldeiras, equipamentos e recipientes em geral que operam sob pressão deverão dispor de válvula e outros dispositivos de segurança, que evitem seja ultrapassada a pressão interna de trabalho compatível com a sua resistência. *(Redação dada pela Lei n. 6.514, de 22.12.1977)*
Parágrafo único	O Ministério do Trabalho expedirá normas complementares quanto à segurança das caldeiras, fornos e recipientes sob pressão, especialmente quanto ao revestimento interno, à localização, à ventilação dos locais e outros meios de eliminação de gases ou vapores prejudiciais à saúde, e demais instalações ou equipamentos necessários à execução segura das tarefas de cada empregado. *(Redação dada pela Lei n. 6.514, de 22.12.1977)*
Art. 188	As caldeiras serão periodicamente submetidas a inspeções de segurança, por engenheiro ou empresa especializada, inscritos no Ministério do Trabalho, de conformidade com as instruções que, para esse fim, forem expedidas. *(Redação dada pela Lei n. 6.514, de 22.12.1977)*
§ 1º	Toda caldeira será acompanhada de "Prontuário", com documentação original do fabricante, abrangendo, no mínimo: especificação técnica, desenhos, detalhes, provas e testes realizados durante a fabricação e a montagem, características funcionais e a pressão máxima de trabalho permitida (PMTP), esta última indicada, em local visível, na própria caldeira. *(Incluído pela Lei n. 6.514, de 22.12.1977)*
§ 2º	O proprietário da caldeira deverá organizar, manter atualizado e apresentar, quando exigido pela autoridade competente, o Registro de Segurança, no qual serão anotadas, sistematicamente, as indicações das provas efetuadas, inspeções, reparos e quaisquer outras ocorrências. *(Incluído pela Lei n. 6.514, de 22.12.1977)*
§ 3º	Os projetos de instalação de caldeiras, fornos e recipientes sob pressão deverão ser submetidos à aprovação prévia do órgão regional competente em matéria de segurança do trabalho. *(Incluído pela Lei n. 6.514, de 22.12.1977)*

SÚMULA DO STF

Vide Súmula 194/STF

Súmula 194 STF — É competente o Ministro do Trabalho para a especificação das atividades insalubres.

SEÇÃO XIII
DAS ATIVIDADES INSALUBRES OU PERIGOSAS
(REDAÇÃO DADA PELA LEI N. 6.514, DE 22.12.1977)

Art. 189	Serão consideradas atividades ou operações insalubres aquelas que, por sua natureza, condições ou métodos de trabalho, exponham os empregados a agentes nocivos à saúde, acima dos limites de tolerância fixados em razão da natureza e da intensidade do agente e do tempo de exposição aos seus efeitos. *(Redação dada pela Lei n. 6.514, de 22.12.1977)*

TÍTULO II — DAS NORMAS GERAIS DE TUTELA DO TRABALHO

CONSTITUIÇÃO FEDERAL DE 1988
DOU 5.10.1988

Vide art. 7º, caput e incisos XXII, XXIII e XXXIII

Art. 7º São direitos dos trabalhadores urbanos e rurais, além de outros que visem à melhoria de sua condição social:
(...)
XXII — redução dos riscos inerentes ao trabalho, por meio de normas de saúde, higiene e segurança;
XXIII — adicional de remuneração para as atividades penosas, insalubres ou perigosas, na forma da lei;
(...)
XXXIII — proibição de trabalho noturno, perigoso ou insalubre a menores de dezoito e de qualquer trabalho a menores de dezesseis anos, salvo na condição de aprendiz, a partir de quatorze anos; *(Redação dada pela Emenda Constitucional n. 20, de 1998)*

CONVENÇÃO 162 DA OIT
Convenção sobre a utilização do amianto com segurança
Adotada pela OIT em 24.6.1986
Ratificada pelo Brasil em 18.5.1990
Promulgada pelo Decreto n. 126, de 22 de maio de 1991
DOU 23.5.1991

CONVENÇÃO 170 DA OIT
Convenção relativa à segurança no trabalho com produtos químicos
Adotada pela OIT em 25.6.1990
Ratificada pelo Brasil em 23.12.1996
Promulgada pelo Decreto n. 2.657, de 3 de julho de 1998
DOU 6.7.1998

CONVENÇÃO 174 DA OIT
Convenção sobre a prevenção de acidentes industriais maiores
Adotada pela OIT em 22.6.1993
Ratificada pelo Brasil em 2.8.2001
Promulgada pelo Decreto n. 4.085, de 15 de janeiro de 2002
DOU 16.1.2002

SÚMULA DO TST

Vide Súmula 448 /TST

Súmula 448 TST — ATIVIDADE INSALUBRE. CARACTERIZAÇÃO. PREVISÃO NA NORMA REGULAMENTADORA N. 15 DA PORTARIA DO MINISTÉRIO DO TRABALHO N. 3.214/78. INSTALAÇÕES SANITÁRIAS. (conversão da Orientação Jurisprudencial n. 4 da SBDI-1 com nova redação do item II) — Res. 194/2014, DEJT divulgado em 21, 22 e 23.5.2014.

I — Não basta a constatação da insalubridade por meio de laudo pericial para que o empregado tenha direito ao respectivo adicional, sendo necessária a classificação da atividade insalubre na relação oficial elaborada pelo Ministério do Trabalho.

II — A higienização de instalações sanitárias de uso público ou coletivo de grande circulação, e a respectiva coleta de lixo, por não se equiparar à limpeza em residências e escritórios, enseja o pagamento de adicional de insalubridade em grau máximo, incidindo o disposto no Anexo 14 da NR-15 da Portaria do MTE n. 3.214/78 quanto à coleta e industrialização de lixo urbano.

ORIENTAÇÕES JURISPRUDENCIAIS DA SDI-1 DO TST

Vide OJs 171, 172 e 173 SDI-1/TST

OJ 171 SDI-1 TST — ADICIONAL DE INSALUBRIDADE. ÓLEOS MINERAIS. SENTIDO DO TERMO "MANIPULAÇÃO" *(inserida em 8.11.2000)*

Para efeito de concessão de adicional de insalubridade não há distinção entre fabricação e manuseio de óleos minerais — Portaria n. 3.214 do Ministério do Trabalho, NR-15, Anexo XIII.

OJ 172 SDI-1 TST — ADICIONAL DE INSALUBRIDADE OU PERICULOSIDADE. CONDENAÇÃO. INSERÇÃO EM FOLHA DE PAGAMENTO *(inserida em 8.11.2000)*

Condenada ao pagamento do adicional de insalubridade ou periculosidade, a empresa deverá inserir, mês a mês e enquanto o trabalho for executado sob essas condições, o valor correspondente em folha de pagamento.

OJ 173 SDI-1 TST — ADICIONAL DE INSALUBRIDADE. ATIVIDADE A CÉU ABERTO. EXPOSIÇÃO AO SOL E AO CALOR. (redação alterada na sessão do Tribunal Pleno realizada em 14.9.2012) — Res. 186/2012, DEJT divulgado em 25, 26 e 27.9.2012

I — Ausente previsão legal, indevido o adicional de insalubridade ao trabalhador em atividade a céu aberto, por sujeição à radiação solar (art. 195 da CLT e Anexo 7 da NR-15 da Portaria n. 3.214/78 do MTE).

II — Tem direito ao adicional de insalubridade o trabalhador que exerce atividade exposto ao calor acima dos limites de tolerância, inclusive em ambiente externo com carga solar, nas condições previstas no Anexo 3 da NR-15 da Portaria n. 3.214/78 do MTE.

Art. 190 O Ministério do Trabalho aprovará o quadro das atividades e operações insalubres e adotará normas sobre os critérios de caracterização da insalubridade, os limites de tolerância aos agentes agressivos, meios de proteção e o tempo máximo de exposição do empregado a esses agentes. *(Redação dada pela Lei n. 6.514, de 22.12.1977)*

Parágrafo único As normas referidas neste artigo incluirão medidas de proteção do organismo do trabalhador nas operações que produzem aerodispersóides tóxicos, irritantes, alérgicos ou incômodos. *(Redação dada pela Lei n. 6.514, de 22.12.1977)*

Art. 191

TÍTULO II — DAS NORMAS GERAIS DE TUTELA DO TRABALHO

CONSTITUIÇÃO FEDERAL DE 1988
DOU 5.10.1988

Vide art. 87, caput e inciso II

Art. 87. Os Ministros de Estado serão escolhidos dentre brasileiros maiores de vinte e um anos e no exercício dos direitos políticos.
(...)
II — expedir instruções para a execução das leis, decretos e regulamentos;

SÚMULAS DO STF

Vide Súmulas 194 e 460/STF

Súmula 194 STF — É competente o Ministro do Trabalho para a especificação das atividades insalubres.

Súmula 460 STF — Para efeito do adicional de insalubridade, a perícia judicial, em reclamação trabalhista, não dispensa o enquadramento da atividade entre as insalubres, que é ato da competência do Ministro do Trabalho e Previdência Social.

SÚMULAS DO TST

Vide Súmulas 248 e 448/TST

Súmula 248 TST — ADICIONAL DE INSALUBRIDADE. DIREITO ADQUIRIDO (mantida) — Res. 121/2003, DJ 19, 20 e 21.11.2003

A reclassificação ou a descaracterização da insalubridade, por ato da autoridade competente, repercute na satisfação do respectivo adicional, sem ofensa a direito adquirido ou ao princípio da irredutibilidade salarial.

Súmula 448 TST — ATIVIDADE INSALUBRE. CARACTERIZAÇÃO. PREVISÃO NA NORMA REGULAMENTADORA N. 15 DA PORTARIA DO MINISTÉRIO DO TRABALHO N. 3.214/78. INSTALAÇÕES SANITÁRIAS. (conversão da Orientação Jurisprudencial n. 4 da SBDI-1 com nova redação do item II) — Res. 194/2014, DEJT divulgado em 21, 22 e 23.5.2014.

I — Não basta a constatação da insalubridade por meio de laudo pericial para que o empregado tenha direito ao respectivo adicional, sendo necessária a classificação da atividade insalubre na relação oficial elaborada pelo Ministério do Trabalho.

II — A higienização de instalações sanitárias de uso público ou coletivo de grande circulação, e a respectiva coleta de lixo, por não se equiparar à limpeza em residências e escritórios, enseja o pagamento de adicional de insalubridade em grau máximo, incidindo o disposto no Anexo 14 da NR-15 da Portaria do MTE n. 3.214/78 quanto à coleta e industrialização de lixo urbano.

ORIENTAÇÃO JURISPRUDENCIAL DA SDI-1 DO TST

Vide OJ 171 SDI-1/TST

OJT 171 SDI-1 TST — ADICIONAL DE INSALUBRIDADE. ÓLEOS MINERAIS. SENTIDO DO TERMO "MANIPULAÇÃO" *(inserida em 8.11.2000)*

Para efeito de concessão de adicional de insalubridade não há distinção entre fabricação e manuseio de óleos minerais — Portaria n. 3.214 do Ministério do Trabalho, NR-15, Anexo XIII.

ORIENTAÇÃO JURISPRUDENCIAL TRANSITÓRIA DA SDI-1 DO TST

Vide OJT 57 SDI-1/TST

OJT 57 SDI-1 TST — ADICIONAL DE INSALUBRIDADE. DEFICIÊNCIA DE ILUMINAMENTO. LIMITAÇÃO (conversão da Orientação Jurisprudencial n. 153 da SBDI-1) — DJ 20.4.2005

Somente após 26.2.91 foram, efetivamente, retiradas do mundo jurídico as normas ensejadoras do direito ao adicional de insalubridade por iluminamento insuficiente no local da prestação de serviço, como previsto na Portaria n. 3.751/90 do Ministério do Trabalho. *(ex-OJ n. 153 da SDI-1 — inserida em 26.3.99)*

Art. 191	A eliminação ou a neutralização da insalubridade ocorrerá: *(Redação dada pela Lei n. 6.514, de 22.12.1977)*
I -	com a adoção de medidas que conservem o ambiente de trabalho dentro dos limites de tolerância; *(Incluído pela Lei n. 6.514, de 22.12.1977)*
II -	com a utilização de equipamentos de proteção individual ao trabalhador, que diminuam a intensidade do agente agressivo a limites de tolerância. *(Incluído pela Lei n. 6.514, de 22.12.1977)*
Parágrafo único	Caberá às Delegacias Regionais do Trabalho, comprovada a insalubridade, notificar as empresas, estipulando prazos para sua eliminação ou neutralização, na forma deste artigo. *(Incluído pela Lei n. 6.514, de 22.12.1977)*

SÚMULAS DO TST

Vide Súmulas 80, 289 e 448/TST

Súmula 80 TST — INSALUBRIDADE (mantida) — Res. 121/2003, DJ 19, 20 e 21.11.2003

A eliminação da insalubridade mediante fornecimento de aparelhos protetores aprovados pelo órgão competente do Poder Executivo exclui a percepção do respectivo adicional.

Súmula 289 TST — INSALUBRIDADE. ADICIONAL. FORNECIMENTO DO APARELHO DE PROTEÇÃO. EFEITO (mantida) — Res. 121/2003, DJ 19, 20 e 21.11.2003

O simples fornecimento do aparelho de proteção pelo empregador não o exime do pagamento do adicional de in-

SÚMULAS DO TST

Vide Súmulas 39, 70, 132, 191, 361, 364, 447 e 453/TST

Súmula 39 TST — PERICULOSIDADE (mantida) — Res. 121/2003, DJ 19, 20 e 21.11.2003

Os empregados que operam em bomba de gasolina têm direito ao adicional de periculosidade (Lei n. 2.573, de 15.8.1955).

Súmula 70 TST — ADICIONAL DE PERICULOSIDADE (mantida) — Res. 121/2003, DJ 19, 20 e 21.11.2003

O adicional de periculosidade não incide sobre os triênios pagos pela Petrobras.

Súmula 132 TST — ADICIONAL DE PERICULOSIDADE. INTEGRAÇÃO (incorporadas as Orientações Jurisprudenciais ns. 174 e 267 da SBDI-1) — Res. 129/2005, DJ 20, 22 e 25.4.2005

I — O adicional de periculosidade, pago em caráter permanente, integra o cálculo de indenização e de horas extras (ex-Prejulgado n. 3). (ex-Súmula n. 132 — RA 102/1982, DJ 11.10.1982/ DJ 15.10.1982 — e ex-OJ n. 267 da SBDI-1 — inserida em 27.9.2002)

II — Durante as horas de sobreaviso, o empregado não se encontra em condições de risco, razão pela qual é incabível a integração do adicional de periculosidade sobre as mencionadas horas. *(ex-OJ n. 174 da SBDI-1 — inserida em 8.11.2000)*

Súmula 191 TST — ADICIONAL. PERICULOSIDADE. INCIDÊNCIA (nova redação) — Res. 121/2003, DJ 19, 20 e 21.11.2003

O adicional de periculosidade incide apenas sobre o salário básico e não sobre este acrescido de outros adicionais. Em relação aos eletricitários, o cálculo do adicional de periculosidade deverá ser efetuado sobre a totalidade das parcelas de natureza salarial.

Súmula 361 TST — ADICIONAL DE PERICULOSIDADE. ELETRICITÁRIOS. EXPOSIÇÃO INTERMITENTE (mantida) — Res. 121/2003, DJ 19, 20 e 21.11.2003

O trabalho exercido em condições perigosas, embora de forma intermitente, dá direito ao empregado a receber o adicional de periculosidade de forma integral, porque a Lei n. 7.369, de 20.9.1985, não estabeleceu nenhuma proporcionalidade em relação ao seu pagamento.

Súmula 364 TST — ADICIONAL DE PERICULOSIDADE. EXPOSIÇÃO EVENTUAL, PERMANENTE E INTERMITENTE (cancelado o item II e dada nova redação ao item I) — Res. 174/2011, DEJT divulgado em 27, 30 e 31.5.2011

Tem direito ao adicional de periculosidade o empregado exposto permanentemente ou que, de forma intermitente, sujeita-se a condições de risco. Indevido, apenas, quando o contato dá-se de forma eventual, assim considerado o fortuito, ou o que, sendo habitual, dá-se por tempo extremamente reduzido. *(ex-OJs da SBDI-1 ns. 5 — inserida em 14.3.1994 — e 280 — DJ 11.8.2003)*

Súmula 447 TST — ADICIONAL DE PERICULOSIDADE. PERMANÊNCIA A BORDO DURANTE O ABASTECIMENTO DA AERONAVE. INDEVIDO. Res. 193/2013, DEJT divulgado em 13, 16 e 17.12.2013

Os tripulantes e demais empregados em serviços auxiliares de transporte aéreo que, no momento do abastecimento da aeronave, permanecem a bordo não têm direito ao adicional de periculosidade a que aludem o art. 193 da CLT e o Anexo 2, item 1, "c", da NR-16 do MTE.

Súmula 453 TST — ADICIONAL DE PERICULOSIDADE. PAGAMENTO ESPONTÂNEO. CARACTERIZAÇÃO DE FATO INCONTROVERSO. DESNECESSÁRIA A PERÍCIA DE QUE TRATA O ART. 195 DA CLT. (conversão da Orientação Jurisprudencial n. 406 da SBDI-1) — Res. 194/2014, DEJT divulgado em 21, 22 e 23.5.2014

O pagamento de adicional de periculosidade efetuado por mera liberalidade da empresa, ainda que de forma proporcional ao tempo de exposição ao risco ou em percentual inferior ao máximo legalmente previsto, dispensa a realização da prova técnica exigida pelo art. 195 da CLT, pois torna incontroversa a existência do trabalho em condições perigosas.

ORIENTAÇÕES JURISPRUDENCIAIS DA SDI-1 DO TST

Vide OJs 165, 172, 259, 279, 324, 345, 347, 385 e 402 SDI-1/TST

OJ 165 SDI-1 TST — PERÍCIA. ENGENHEIRO OU MÉDICO. ADICIONAL DE INSALUBRIDADE E PERICULOSIDADE. VÁLIDO. ART. 195 DA CLT *(inserida em 26.3.1999)*

O art. 195 da CLT não faz qualquer distinção entre o médico e o engenheiro para efeito de caracterização e classificação da insalubridade e periculosidade, bastando para a elaboração do laudo seja o profissional devidamente qualificado.

OJ 172 SDI-1 TST — ADICIONAL DE INSALUBRIDADE OU PERICULOSIDADE. CONDENAÇÃO. INSERÇÃO EM FOLHA DE PAGAMENTO *(inserida em 8.11.2000)*

Condenada ao pagamento do adicional de insalubridade ou periculosidade, a empresa deverá inserir, mês a mês e enquanto o trabalho for executado sob essas condições, o valor correspondente em folha de pagamento.

OJ 259 SDI-1 TST — ADICIONAL NOTURNO. BASE DE CÁLCULO. ADICIONAL DE PERICULOSIDADE. INTEGRAÇÃO *(inserida em 27.9.2002)*

O adicional de periculosidade deve compor a base de cálculo do adicional noturno, já que também neste horário o trabalhador permanece sob as condições de risco.

OJ 345 SDI-1 TST — ADICIONAL DE PERICULOSIDADE. RADIAÇÃO IONIZANTE OU SUBSTÂNCIA RADIOATIVA. DEVIDO *(DJ 22.6.2005)*

A exposição do empregado à radiação ionizante ou à substância radioativa enseja a percepção do adicional de periculosidade, pois a regulamentação ministerial (Portarias do Ministério do Trabalho ns. 3.393, de 17.12.1987, e 518, de 7.4.2003), ao reputar perigosa a atividade, reveste-se de plena eficácia, porquanto expedida por força de delegação legislativa contida no art. 200, *caput*, e inciso VI, da CLT. No período de 12.12.2002 a 6.4.2003, enquanto vigeu a Portaria n. 496 do Ministério do Trabalho, o empregado faz jus ao adicional de insalubridade.

OJ 385 SDI-1 TST — ADICIONAL DE PERICULOSIDADE. DEVIDO. ARMAZENAMENTO DE LÍQUIDO INFLAMÁVEL NO PRÉDIO. CONSTRUÇÃO VERTICAL. *(DEJT divulgado em 9, 10 e 11.6.2010)*

É devido o pagamento do adicional de periculosidade ao empregado que desenvolve suas atividades em edifício (construção vertical), seja em pavimento igual ou distinto daquele onde estão instalados tanques para armazenamento de líquido inflamável, em quantidade acima do limite legal, considerando-se como área de risco toda a área interna da construção vertical.

TÍTULO II — DAS NORMAS GERAIS DE TUTELA DO TRABALHO

Art. 193

Portaria n. 496 do Ministério do Trabalho, o empregado faz jus ao adicional de insalubridade.

ORIENTAÇÕES JURISPRUDENCIAIS TRANSITÓRIAS DA SDI-1 DO TST

Vide OJTs 12, 33 e 57 SDI-1/TST

OJT 12 SDI-1 TST — CSN. ADICIONAL DE INSALUBRIDADE E DE PERICULOSIDADE. SALÁRIO COMPLESSIVO. PREVALÊNCIA DO ACORDO COLETIVO (inserido dispositivo) — DJ 20.4.2005

O pagamento do adicional de insalubridade e periculosidade embutido no salário contratual dos empregados da CSN não caracteriza a complessividade salarial, uma vez que essa forma de pagamento decorre de acordo coletivo há muitos anos em vigor.

OJT 33 SDI-1 TST — ADICIONAL DE INSALUBRIDADE. BASE DE CÁLCULO, NA VIGÊNCIA DO DECRETO-LEI N. 2.351/87: PISO NACIONAL DE SALÁRIOS (conversão da Orientação Jurisprudencial n. 3 da SBDI-1) — DJ 20.04.2005

Na vigência do Decreto-Lei n. 2.351/87, o piso nacional de salários é a base de cálculo para o adicional de insalubridade. *(ex-OJ n. 3 da SDI-1 — inserida em 14.3.1994)*

OJT 57 SDI-1 TST — ADICIONAL DE INSALUBRIDADE. DEFICIÊNCIA DE ILUMINAMENTO. LIMITAÇÃO (conversão da Orientação Jurisprudencial n. 153 da SBDI-1) — DJ 20.4.2005

Somente após 26.2.91 foram, efetivamente, retiradas do mundo jurídico as normas ensejadoras do direito ao adicional de insalubridade por iluminamento insuficiente no local da prestação de serviço, como previsto na Portaria n. 3.751/90 do Ministério do Trabalho. *(ex-OJ n. 153 da SDI-1 — inserida em 26.3.99)*

ORIENTAÇÃO JURISPRUDENCIAL DA SDI-2 DO TST

Vide OJ 2 SDI-2/TST

OJ 2 SDI-2 TST — AÇÃO RESCISÓRIA. ADICIONAL DE INSALUBRIDADE. BASE DE CÁLCULO. SALÁRIO MÍNIMO. CABÍVEL (mantida a redação na sessão do Tribunal Pleno realizada em 26.6.2008) — Res. 148/2008, DJ 4 e 7.7.2008 — Republicada DJ 8, 9 e 10.7.2008

Viola o art. 192 da CLT decisão que acolhe pedido de adicional de insalubridade com base na remuneração do empregado

PRECEDENTE NORMATIVO DA SDC DO TST

Vide PN 106/TST

PN 106 SDC TST — EMPREGADO RURAL. ATIVIDADE INSALUBRE. FORNECIMENTO DE LEITE (positivo)

Os empregadores que se dedicarem à pecuária leiteira fornecerão, diariamente, 1 (um) litro de leite aos trabalhadores que exerçam atividades insalubres.

Art. 193	São consideradas atividades ou operações perigosas, na forma da regulamentação aprovada pelo Ministério do Trabalho e Emprego, aquelas que, por sua natureza ou métodos de trabalho, impliquem risco acentuado em virtude de exposição permanente do trabalhador a: *(Redação dada pela Lei n. 12.740, de 2012)*
I -	inflamáveis, explosivos ou energia elétrica; *(Incluído pela Lei n. 12.740, de 2012)*
II -	roubos ou outras espécies de violência física nas atividades profissionais de segurança pessoal ou patrimonial. *(Incluído pela Lei n. 12.740, de 2012)*
§ 1º	O trabalho em condições de periculosidade assegura ao empregado um adicional de 30% (trinta por cento) sobre o salário sem os acréscimos resultantes de gratificações, prêmios ou participações nos lucros da empresa. *(Incluído pela Lei n. 6.514, de 22.12.1977)*
§ 2º	O empregado poderá optar pelo adicional de insalubridade que porventura lhe seja devido. *(Incluído pela Lei n. 6.514, de 22.12.1977)*
§ 3º	Serão descontados ou compensados do adicional outros da mesma natureza eventualmente já concedidos ao vigilante por meio de acordo coletivo. *(Incluído pela Lei n. 12.740, de 2012)*
§ 4º	São também consideradas perigosas as atividades de trabalhador em motocicleta. *(Incluído pela Lei n. 12.997, de 2014)*

CONSTITUIÇÃO FEDERAL DE 1988
DOU 5.10.1988

Vide art. 7º, caput e inciso XXIII

Art. 7º São direitos dos trabalhadores urbanos e rurais, além de outros que visem à melhoria de sua condição social:
(...)

XXIII — adicional de remuneração para as atividades penosas, insalubres ou perigosas, na forma da lei;

SÚMULA DO STF

Vide Súmula 212/STF

Súmula 212 STF — Tem direito ao adicional de serviço perigoso o empregado de posto de revenda de combustível líquido.

Súmula 139 TST — ADICIONAL DE INSALUBRIDADE (incorporada a Orientação Jurisprudencial n. 102 da SBDI-1) — Res. 129/2005, DJ 20, 22 e 25.4.2005

Enquanto percebido, o adicional de insalubridade integra a remuneração para todos os efeitos legais. *(ex-OJ n. 102 da SBDI-1 — inserida em 1º.10.1997)*

Súmula 228 TST — ADICIONAL DE INSALUBRIDADE. BASE DE CÁLCULO (redação alterada na sessão do Tribunal Pleno em 26.6.2008) — Res. 148/2008, DJ 4 e 7.7.2008 — Republicada DJ 8, 9 e 10.7.2008. SÚMULA CUJA EFICÁCIA ESTÁ SUSPENSA POR DECISÃO LIMINAR DO SUPREMO TRIBUNAL FEDERAL — Res. 185/2012, DEJT divulgado em 25, 26 e 27.9.2012

A partir de 9 de maio de 2008, data da publicação da Súmula Vinculante n. 4 do Supremo Tribunal Federal, o adicional de insalubridade será calculado sobre o salário básico, salvo critério mais vantajoso fixado em instrumento coletivo.

Súmula 248 TST — ADICIONAL DE INSALUBRIDADE. DIREITO ADQUIRIDO (mantida) — Res. 121/2003, DJ 19, 20 e 21.11.2003

A reclassificação ou a descaracterização da insalubridade, por ato da autoridade competente, repercute na satisfação do respectivo adicional, sem ofensa a direito adquirido ou ao princípio da irredutibilidade salarial.

Súmula 289 TST — INSALUBRIDADE. ADICIONAL. FORNECIMENTO DO APARELHO DE PROTEÇÃO. EFEITO (mantida) — Res. 121/2003, DJ 19, 20 e 21.11.2003

O simples fornecimento do aparelho de proteção pelo empregador não o exime do pagamento do adicional de insalubridade. Cabe-lhe tomar as medidas que conduzam à diminuição ou eliminação da nocividade, entre as quais as relativas ao uso efetivo do equipamento pelo empregado.

Súmula 293 TST — ADICIONAL DE INSALUBRIDADE. CAUSA DE PEDIR. AGENTE NOCIVO DIVERSO DO APONTADO NA INICIAL (mantida) — Res. 121/2003, DJ 19, 20 e 21.11.2003

A verificação mediante perícia de prestação de serviços em condições nocivas, considerado agente insalubre diverso do apontado na inicial, não prejudica o pedido de adicional de insalubridade.

Súmula 448 TST — ATIVIDADE INSALUBRE. CARACTERIZAÇÃO. PREVISÃO NA NORMA REGULAMENTADORA N. 15 DA PORTARIA DO MINISTÉRIO DO TRABALHO N. 3.214/78. INSTALAÇÕES SANITÁRIAS. (conversão da Orientação Jurisprudencial n. 4 da SBDI-1 com nova redação do item II) — Res. 194/2014, DEJT divulgado em 21, 22 e 23.5.2014.

I — Não basta a constatação da insalubridade por meio de laudo pericial para que o empregado tenha direito ao respectivo adicional, sendo necessária a classificação da atividade insalubre na relação oficial elaborada pelo Ministério do Trabalho.

II — A higienização de instalações sanitárias de uso público ou coletivo de grande circulação, e a respectiva coleta de lixo, por não se equiparar à limpeza em residências e escritórios, enseja o pagamento de adicional de insalubridade em grau máximo, incidindo o disposto no Anexo 14 da NR-15 da Portaria do MTE n. 3.214/78 quanto à coleta e industrialização de lixo urbano.

ORIENTAÇÕES JURISPRUDENCIAIS DA SDI-1 DO TST

Vide OJs 47, 103, 121, 165, 172, 173, 278 e 345 SDI-1/TST

OJ 47 SDI-1 TST — HORA EXTRA. ADICIONAL DE INSALUBRIDADE. BASE DE CÁLCULO (alterada) — Res. 148/2008, DJ 4 e 7.7.2008 — Republicada DJ 8, 9 e 10.7.2008

A base de cálculo da hora extra é o resultado da soma do salário contratual mais o adicional de insalubridade.

OJ 103 SDI-1 TST — ADICIONAL DE INSALUBRIDADE. REPOUSO SEMANAL E FERIADOS (nova redação) — DJ 20.4.2005

O adicional de insalubridade já remunera os dias de repouso semanal e feriados.

OJ 121 SDI-1 TST — SUBSTITUIÇÃO PROCESSUAL. DIFERENÇA DO ADICIONAL DE INSALUBRIDADE. LEGITIMIDADE. (nova redação) — DJ 20.4.2005

O sindicato tem legitimidade para atuar na qualidade de substituto processual para pleitear diferença de adicional de insalubridade.

OJ 165 SDI-1 TST — PERÍCIA. ENGENHEIRO OU MÉDICO. ADICIONAL DE INSALUBRIDADE E PERICULOSIDADE. VÁLIDO. ART. 195 DA CLT *(inserida em 26.3.1999)*

O art. 195 da CLT não faz qualquer distinção entre o médico e o engenheiro para efeito de caracterização e classificação da insalubridade e periculosidade, bastando para a elaboração do laudo seja o profissional devidamente qualificado.

OJ 172 SDI-1 TST — ADICIONAL DE INSALUBRIDADE OU PERICULOSIDADE. CONDENAÇÃO. INSERÇÃO EM FOLHA DE PAGAMENTO *(inserida em 8.11.2000)*

Condenada ao pagamento do adicional de insalubridade ou periculosidade, a empresa deverá inserir, mês a mês e enquanto o trabalho for executado sob essas condições, o valor correspondente em folha de pagamento.

OJ 173 SDI-1 TST — ADICIONAL DE INSALUBRIDADE. ATIVIDADE A CÉU ABERTO. EXPOSIÇÃO AO SOL E AO CALOR. (redação alterada na sessão do Tribunal Pleno realizada em 14.9.2012) — Res. 186/2012, DEJT divulgado em 25, 26 e 27.9.2012

I — Ausente previsão legal, indevido o adicional de insalubridade ao trabalhador em atividade a céu aberto, por sujeição à radiação solar (art. 195 da CLT e Anexo 7 da NR-15 da Portaria n. 3.214/78 do MTE).

II — Tem direito ao adicional de insalubridade o trabalhador que exerce atividade exposto ao calor acima dos limites de tolerância, inclusive em ambiente externo com carga solar, nas condições previstas no Anexo 3 da NR-15 da Portaria n. 3.214/78 do MTE.

OJ 278 SDI-1 TST — ADICIONAL DE INSALUBRIDADE. PERÍCIA. LOCAL DE TRABALHO DESATIVADO *(DJ 11.8.2003)*

A realização de perícia é obrigatória para a verificação de insalubridade. Quando não for possível sua realização, como em caso de fechamento da empresa, poderá o julgador utilizar-se de outros meios de prova.

OJ 345 SDI-1 TST — ADICIONAL DE PERICULOSIDADE. RADIAÇÃO IONIZANTE OU SUBSTÂNCIA RADIOATIVA. DEVIDO *(DJ 22.6.2005)*

A exposição do empregado à radiação ionizante ou à substância radioativa enseja a percepção do adicional de periculosidade, pois a regulamentação ministerial (Portarias do Ministério do Trabalho ns. 3.393, de 17.12.1987, e 518, de 7.4.2003), ao reputar perigosa a atividade, reveste-se de plena eficácia, porquanto expedida por força de delegação legislativa contida no art. 200, *caput*, e inciso VI, da CLT. No período de 12.12.2002 a 6.4.2003, enquanto vigeu a

TÍTULO II — DAS NORMAS GERAIS DE TUTELA DO TRABALHO

salubridade. Cabe-lhe tomar as medidas que conduzam à diminuição ou eliminação da nocividade, entre as quais as relativas ao uso efetivo do equipamento pelo empregado.

Súmula 448 TST — ATIVIDADE INSALUBRE. CARACTERIZAÇÃO. PREVISÃO NA NORMA REGULAMENTADORA N. 15 DA PORTARIA DO MINISTÉRIO DO TRABALHO N. 3.214/78. INSTALAÇÕES SANITÁRIAS. (conversão da Orientação Jurisprudencial n. 4 da SBDI-1 com nova redação do item II) — Res. 194/2014, DEJT divulgado em 21, 22 e 23.5.2014.

I — Não basta a constatação da insalubridade por meio de laudo pericial para que o empregado tenha direito ao respectivo adicional, sendo necessária a classificação da atividade insalubre na relação oficial elaborada pelo Ministério do Trabalho.

II — A higienização de instalações sanitárias de uso público ou coletivo de grande circulação, e a respectiva coleta de lixo, por não se equipararem à limpeza em residências e escritórios, enseja o pagamento de adicional de insalubridade em grau máximo, incidindo o disposto no Anexo 14 da NR-15 da Portaria do MTE n. 3.214/78 quanto à coleta e industrialização de lixo urbano.

Art. 192

O exercício de trabalho em condições insalubres, acima dos limites de tolerância estabelecidos pelo Ministério do Trabalho, assegura a percepção de adicional respectivamente de 40% (quarenta por cento), 20% (vinte por cento) e 10% (dez por cento) do salário-mínimo da região, segundo se classifiquem nos graus máximo, médio e mínimo. *(Redação dada pela Lei n. 6.514, de 22.12.1977)*

CONSTITUIÇÃO FEDERAL DE 1988
DOU 5.10.1988

Vide art. 7º, caput e incisos IV, XVII e XXIII

Art. 7º São direitos dos trabalhadores urbanos e rurais, além de outros que visem à melhoria de sua condição social:
(...)
IV — salário mínimo, fixado em lei, nacionalmente unificado, capaz de atender a suas necessidades vitais básicas e às de sua família com moradia, alimentação, educação, saúde, lazer, vestuário, higiene, transporte e previdência social, com reajustes periódicos que lhe preservem o poder aquisitivo, sendo vedada sua vinculação para qualquer fim;
XXII — redução dos riscos inerentes ao trabalho, por meio de normas de saúde, higiene e segurança;
XXIII — adicional de remuneração para as atividades penosas, insalubres ou perigosas, na forma da lei;

CONSOLIDAÇÃO DAS LEIS DO TRABALHO
Decreto-Lei n. 5.452, de 1º de maio de 1943
DOU 9.8.1943

Vide art. 76

Art. 76. Salário mínimo é a contraprestação mínima devida e paga diretamente pelo empregador a todo trabalhador, inclusive ao trabalhador rural, sem distinção de sexo, por dia normal de serviço, e capaz de satisfazer, em determinada época e região do País, as suas necessidades normais de alimentação, habitação, vestuário, higiene e transporte.

SÚMULA VINCULANTE DO STF

Vide Súmula Vinculante 4/STF

Súmula Vinculante 4 STF — Salvo nos casos previstos na Constituição, o salário mínimo não pode ser usado como indexador de base de cálculo de vantagem de servidor público ou de empregado, nem ser substituído por decisão judicial.

SÚMULAS DO STF

Vide Súmulas 194, 307 e 460/STF

Súmula 194 STF — É competente o Ministro do Trabalho para a especificação das atividades insalubres.

Súmula 307 STF — É devido o adicional de serviço insalubre, calculado à base do salário mínimo da região, ainda que a remuneração contratual seja superior ao salário mínimo acrescido da taxa de insalubridade.

Súmula 460 STF — Para efeito do adicional de insalubridade, a perícia judicial, em reclamação trabalhista, não dispensa o enquadramento da atividade entre as insalubres, que é ato da competência do Ministro do Trabalho e Previdência Social.

SÚMULAS DO TST

Vide Súmulas 47, 80, 85, VI, 139, 228, 248, 289, 293 e 448/TST

Súmula 47 TST — INSALUBRIDADE (mantida) — Res. 121/2003, DJ 19, 20 e 21.11.2003
O trabalho executado em condições insalubres, em caráter intermitente, não afasta, só por essa circunstância, o direito à percepção do respectivo adicional.

Súmula 80 TST — INSALUBRIDADE (mantida) — Res. 121/2003, DJ 19, 20 e 21.11.2003
A eliminação da insalubridade mediante fornecimento de aparelhos protetores aprovados pelo órgão competente do Poder Executivo exclui a percepção do respectivo adicional.

Súmula 85 TST — COMPENSAÇÃO DE JORNADA (inserido o item V) — Res. 174/2011, DEJT divulgado em 27, 30 e 31.5.2011
(...)
VI — Não é válido acordo de compensação de jornada em atividade insalubre, ainda que estipulado em norma coletiva, sem a necessária inspeção prévia e permissão da autoridade competente, na forma do art. 60 da CLT.

TÍTULO II — DAS NORMAS GERAIS DE TUTELA DO TRABALHO

Arts. 194 e 195

ORIENTAÇÃO JURISPRUDENCIAL TRANSITÓRIA DA SDI-1 DO TST

Vide OJT 12 SDI-1/TST

OJT 12 SDI-1 TST — CSN. ADICIONAL DE INSALUBRIDADE E DE PERICULOSIDADE. SALÁRIO COMPLESSIVO. PREVALÊNCIA DO ACORDO COLETIVO (inserido dispositivo) — DJ 20.4.2005

O pagamento do adicional de insalubridade e periculosidade embutido no salário contratual dos empregados da CSN não caracteriza a complessividade salarial, uma vez que essa forma de pagamento decorre de acordo coletivo há muitos anos em vigor.

Art. 194 — O direito do empregado ao adicional de insalubridade ou de periculosidade cessará com a eliminação do risco à sua saúde ou integridade física, nos termos desta Seção e das normas expedidas pelo Ministério do Trabalho. *(Redação dada pela Lei n. 6.514, de 22.12.1977)*

SÚMULAS DO TST

Vide Súmulas 80, 248 e 289/TST

Súmula 80 TST — INSALUBRIDADE (mantida) — Res. 121/2003, DJ 19, 20 e 21.11.2003

A eliminação da insalubridade mediante fornecimento de aparelhos protetores aprovados pelo órgão competente do Poder Executivo exclui a percepção do respectivo adicional.

Súmula 248 TST — ADICIONAL DE INSALUBRIDADE. DIREITO ADQUIRIDO (mantida) — Res. 121/2003, DJ 19, 20 e 21.11.2003

A reclassificação ou a descaracterização da insalubridade, por ato da autoridade competente, repercute na satisfação do respectivo adicional, sem ofensa a direito adquirido ou ao princípio da irredutibilidade salarial.

Súmula 289 TST — INSALUBRIDADE. ADICIONAL. FORNECIMENTO DO APARELHO DE PROTEÇÃO. EFEITO (mantida) — Res. 121/2003, DJ 19, 20 e 21.11.2003

O simples fornecimento do aparelho de proteção pelo empregador não o exime do pagamento do adicional de insalubridade. Cabe-lhe tomar as medidas que conduzam à diminuição ou eliminação da nocividade, entre as quais as relativas ao uso efetivo do equipamento pelo empregado.

Art. 195 — A caracterização e a classificação da insalubridade e da periculosidade, segundo as normas do Ministério do Trabalho, far-se-ão através de perícia a cargo de Médico do Trabalho ou Engenheiro do Trabalho, registrados no Ministério do Trabalho. *(Redação dada pela Lei n. 6.514, de 22.12.1977)*

§ 1º É facultado às empresas e aos sindicatos das categorias profissionais interessadas requererem ao Ministério do Trabalho a realização de perícia em estabelecimento ou setor deste, com o objetivo de caracterizar e classificar ou delimitar as atividades insalubres ou perigosas. *(Redação dada pela Lei n. 6.514, de 22.12.1977)*

§ 2º Arguida em juízo insalubridade ou periculosidade, seja por empregado, seja por Sindicato em favor de grupo de associado, o juiz designará perito habilitado na forma deste artigo, e, onde não houver, requisitará perícia ao órgão competente do Ministério do Trabalho. *(Redação dada pela Lei n. 6.514, de 22.12.1977)*

§ 3º O disposto nos parágrafos anteriores não prejudica a ação fiscalizadora do Ministério do Trabalho, nem a realização ex officio da perícia. *(Redação dada pela Lei n. 6.514, de 22.12.1977)*

SÚMULA DO STF

Vide Súmula 460/STF

Súmula 460 STF — Para efeito do adicional de insalubridade, a perícia judicial, em reclamação trabalhista, não dispensa o enquadramento da atividade entre as insalubres, que é ato da competência do Ministro do Trabalho e Previdência Social.

SÚMULAS DO TST

Vide Súmulas 293, 448 e 453/TST

Súmula 293 TST — ADICIONAL DE INSALUBRIDADE. CAUSA DE PEDIR. AGENTE NOCIVO DIVERSO DO APONTADO NA INICIAL (mantida) — Res. 121/2003, DJ 19, 20 e 21.11.2003

A verificação mediante perícia de prestação de serviços em condições nocivas, considerado agente insalubre diverso do apontado na inicial, não prejudica o pedido de adicional de insalubridade.

Súmula 448 TST — ATIVIDADE INSALUBRE. CARACTERIZAÇÃO. PREVISÃO NA NORMA REGULAMENTADORA N. 15 DA PORTARIA DO MINISTÉRIO DO TRABALHO N. 3.214/78. INSTALAÇÕES SANITÁRIAS. (conversão da Orientação Jurisprudencial n. 4 da SBDI-1 com nova redação do item II) — Res. 194/2014, DEJT divulgado em 21, 22 e 23.5.2014.

I — Não basta a constatação da insalubridade por meio de laudo pericial para que o empregado tenha direito ao respectivo adicional, sendo necessária a classificação da atividade insalubre na relação oficial elaborada pelo Ministério do Trabalho.

II — A higienização de instalações sanitárias de uso público ou coletivo de grande circulação, e a respectiva coleta de lixo, por não se equiparar à limpeza em residências e escritórios, enseja o pagamento de adicional de insalubridade em grau máximo, incidindo o disposto no Anexo 14 da NR-15 da Portaria do MTE n. 3.214/78 quanto à coleta e industrialização de lixo urbano.

Súmula 453 TST — ADICIONAL DE PERICULOSIDADE. PAGAMENTO ESPONTÂNEO. CARACTERIZAÇÃO DE FATO INCONTROVERSO. DESNECESSÁRIA A PERÍCIA DE QUE TRATA O ART. 195 DA CLT. (conversão da Orientação Jurisprudencial n. 406 da SBDI-1) — Res. 194/2014, DEJT divulgado em 21, 22 e 23.5.2014

O pagamento de adicional de periculosidade efetuado por mera liberalidade da empresa, ainda que de forma proporcional ao tempo de exposição ao risco ou em percentual inferior ao máximo legalmente previsto, dispensa a realização da prova técnica exigida pelo art. 195 da CLT, pois torna incontroversa a existência do trabalho em condições perigosas.

ORIENTAÇÕES JURISPRUDENCIAIS DA SDI-1 DO TST

Vide OJs 121, 165, 171, 172, 173 e 278/SDI-1/TST

OJ 121 SDI-1 TST — SUBSTITUIÇÃO PROCESSUAL. DIFERENÇA DO ADICIONAL DE INSALUBRIDADE. LEGITIMIDADE. (nova redação) — DJ 20.4.2005

O sindicato tem legitimidade para atuar na qualidade de substituto processual para pleitear diferença de adicional de insalubridade.

OJ 165 SDI-1 TST — PERÍCIA. ENGENHEIRO OU MÉDICO. ADICIONAL DE INSALUBRIDADE E PERICULOSIDADE. VÁLIDO. ART. 195 DA CLT *(inserida em 26.3.1999)*

O art. 195 da CLT não faz qualquer distinção entre o médico e o engenheiro para efeito de caracterização e classificação da insalubridade e periculosidade, bastando para a elaboração do laudo seja o profissional devidamente qualificado.

OJ 171 SDI-1 TST — ADICIONAL DE INSALUBRIDADE. ÓLEOS MINERAIS. SENTIDO DO TERMO "MANIPULAÇÃO" *(inserida em 8.11.2000)*

Para efeito de concessão de adicional de insalubridade não há distinção entre fabricação e manuseio de óleos minerais — Portaria n. 3.214 do Ministério do Trabalho, NR-15, Anexo XIII.

OJ 172 SDI-1 TST — ADICIONAL DE INSALUBRIDADE OU PERICULOSIDADE. CONDENAÇÃO. INSERÇÃO EM FOLHA DE PAGAMENTO *(inserida em 8.11.2000)*

Condenada ao pagamento do adicional de insalubridade ou periculosidade, a empresa deverá inserir, mês a mês e enquanto o trabalho for executado sob essas condições, o valor correspondente em folha de pagamento.

OJ 173 SDI-1 TST — ADICIONAL DE INSALUBRIDADE. ATIVIDADE A CÉU ABERTO. EXPOSIÇÃO AO SOL E AO CALOR. (redação alterada na sessão do Tribunal Pleno realizada em 14.9.2012) — Res. 186/2012, DEJT divulgado em 25, 26 e 27.9.2012

I — Ausente previsão legal, indevido o adicional de insalubridade ao trabalhador em atividade a céu aberto, por sujeição à radiação solar (art. 195 da CLT e Anexo 7 da NR-15 da Portaria n. 3.214/78 do MTE).

II — Tem direito ao adicional de insalubridade o trabalhador que exerce atividade exposto ao calor acima dos limites de tolerância, inclusive em ambiente externo com carga solar, nas condições previstas no Anexo 3 da NR-15 da Portaria n. 3.214/78 do MTE.

OJ 278 SDI-1 TST — ADICIONAL DE INSALUBRIDADE. PERÍCIA. LOCAL DE TRABALHO DESATIVADO *(DJ 11.8.2003)*

A realização de perícia é obrigatória para a verificação de insalubridade. Quando não for possível sua realização, como em caso de fechamento da empresa, poderá o julgador utilizar-se de outros meios de prova.

Art. 196 Os efeitos pecuniários decorrentes do trabalho em condições de insalubridade ou periculosidade serão devidos a contar da data da inclusão da respectiva atividade nos quadros aprovados pelo Ministro do Trabalho, respeitadas as normas do art. 11. *(Redação dada pela Lei n. 6.514, de 22.12.1977)*

CONSTITUIÇÃO FEDERAL DE 1988
DOU 5.10.1988

Vide art. 7º, *caput* e XXIX

Art. 7º São direitos dos trabalhadores urbanos e rurais, além de outros que visem à melhoria de sua condição social:

(...)

XXIX — ação, quanto aos créditos resultantes das relações de trabalho, com prazo prescricional de cinco anos para os trabalhadores urbanos e rurais, até o limite de dois anos após a extinção do contrato de trabalho; *(Redação dada pela Emenda Constitucional n. 28, de 25.5.2000)*

CONSOLIDAÇÃO DAS LEIS DO TRABALHO
Decreto-Lei n. 5.452, de 1º de maio de 1943
DOU 9.8.1943

Vide art. 11, *caput* e incisos I e II

Art. 11. O direito de ação quanto a créditos resultantes das relações de trabalho prescreve: *(Redação dada pela Lei n. 9.658, de 5.6.1998)*

TÍTULO II — DAS NORMAS GERAIS DE TUTELA DO TRABALHO

I — em cinco anos para o trabalhador urbano, até o limite de dois anos após a extinção do contrato; *(Incluído pela Lei n. 9.658, de 5.6.1998) (Vide Emenda Constitucional n. 28 de 25.5.2000)*

II — em dois anos, após a extinção do contrato de trabalho, para o trabalhador rural. *(Incluído pela Lei n. 9.658, de 5.6.1998) (Vide Emenda Constitucional n. 28 de 25.5.2000)*

SÚMULA DO STF

Vide Súmula 460/STF

Súmula 460 STF — Para efeito do adicional de insalubridade, a perícia judicial, em reclamação trabalhista, não dispensa o enquadramento da atividade entre as insalubres, que é ato da competência do Ministro do Trabalho e Previdência Social.

SÚMULA DO TST

Vide Súmula 248/TST

Súmula 248 TST — ADICIONAL DE INSALUBRIDADE. DIREITO ADQUIRIDO (mantida) — Res. 121/2003, DJ 19, 20 e 21.11.2003

A reclassificação ou a descaracterização da insalubridade, por ato da autoridade competente, repercute na satisfação do respectivo adicional, sem ofensa a direito adquirido ou ao princípio da irredutibilidade salarial.

ORIENTAÇÃO JURISPRUDENCIAL DA SDI-1 DO TST

Vide OJ 172 SDI-1/TST

OJ 172 SDI-1 TST — ADICIONAL DE INSALUBRIDADE OU PERICULOSIDADE. CONDENAÇÃO. INSERÇÃO EM FOLHA DE PAGAMENTO *(inserida em 8.11.2000)*

Condenada ao pagamento do adicional de insalubridade ou periculosidade, a empresa deverá inserir, mês a mês e enquanto o trabalho for executado sob essas condições, o valor correspondente em folha de pagamento.

Art. 197	Os materiais e substâncias empregados, manipulados ou transportados nos locais de trabalho, quando perigosos ou nocivos à saúde, devem conter, no rótulo, sua composição, recomendações de socorro imediato e o símbolo de perigo correspondente, segundo a padronização internacional. *(Redação dada pela Lei n. 6.514, de 22.12.1977)*
Parágrafo único	Os estabelecimentos que mantenham as atividades previstas neste artigo afixarão, nos setores de trabalho atingidas, avisos ou cartazes, com advertência quanto aos materiais e substâncias perigosos ou nocivos à saúde. *(Redação dada pela Lei n. 6.514, de 22.12.1977)*

PRECEDENTE NORMATIVO DA SDC DO TST

Vide PN 50 SDC/TST

PN 50 SDC TST — EMPREGADO RURAL. DEFENSIVOS AGRÍCOLAS (positivo)

O empregador rural é obrigado a possuir o receituário agronômico de defensivos agrícolas e a observar as medidas de prevenção nele contidas.

SEÇÃO XIV
DA PREVENÇÃO DA FADIGA

Art. 198	É de 60 kg (sessenta quilogramas) o peso máximo que um empregado pode remover individualmente, ressalvadas as disposições especiais relativas ao trabalho do menor e da mulher. *(Redação dada pela Lei n. 6.514, de 22.12.1977)*
Parágrafo único	Não está compreendida na proibição deste artigo a remoção de material feita por impulsão ou tração de vagonetes sobre trilhos, carros de mão ou quaisquer outros aparelhos mecânicos, podendo o Ministério do Trabalho, em tais casos, fixar limites diversos, que evitem sejam exigidos do empregado serviços superiores às suas forças. *(Redação dada pela Lei n. 6.514, de 22.12.1977)*

CONSOLIDAÇÃO DAS LEIS DO TRABALHO
Decreto-Lei n. 5.452, de 1º de maio de 1943
DOU 9.8.1943

Vide art. 390; art. 405, caput e § 5º;
e art. 483, caput e alínea a

Art. 390. Ao empregador é vedado empregar a mulher em serviço que demande o emprego de força muscular superior a 20 (vinte) quilos para o trabalho continuo, ou 25 (vinte e cinco) quilos para o trabalho ocasional.

Parágrafo único. Não está compreendida na determinação deste artigo a remoção de material feita por impulsão ou tração de vagonetes sobre trilhos, de carros de mão ou quaisquer aparelhos mecânicos.

Art. 405. Ao menor não será permitido o trabalho: *(Redação dada pelo Decreto-Lei n. 229, de 28.2.1967)*

(...)
§ 5º Aplica-se ao menor o disposto no art. 390 e seu parágrafo único. *(Incluído pelo Decreto-Lei n. 229, de 28.2.1967)*

Art. 483. O empregado poderá considerar rescindido o contrato e pleitear a devida indenização quando:

a) forem exigidos serviços superiores às suas forças, defesos por lei, contrários aos bons costumes, ou alheios ao contrato;

CONVENÇÃO 127 DA OIT
Convenção relativa ao peso máximo das cargas
Adotada pela OIT em 28.6.1967
Ratificada pelo Brasil em 21.8.1970
Promulgada pelo Decreto n. 67.339, de 5 de outubro de 1970
DOU 6.10.1960

Art. 199	Será obrigatória a colocação de assentos que assegurem postura correta ao trabalhador, capazes de evitar posições incômodas ou forçadas, sempre que a execução da tarefa exija que trabalhe sentado. *(Redação dada pela Lei n. 6.514, de 22.12.1977)*
Parágrafo único	Quando o trabalho deva ser executado de pé, os empregados terão à sua disposição assentos para serem utilizados nas pausas que o serviço permitir. *(Redação dada pela Lei n. 6.514, de 22.12.1977)*

SEÇÃO XV
DAS OUTRAS MEDIDAS ESPECIAIS DE PROTEÇÃO

Art. 200	Cabe ao Ministério do Trabalho estabelecer disposições complementares às normas de que trata este Capítulo, tendo em vista as peculiaridades de cada atividade ou setor de trabalho, especialmente sobre: *(Redação dada pela Lei n. 6.514, de 22.12.1977)*
I -	medidas de prevenção de acidentes e os equipamentos de proteção individual em obras de construção, demolição ou reparos; *(Incluído pela Lei n. 6.514, de 22.12.1977)*
II -	depósitos, armazenagem e manuseio de combustíveis, inflamáveis e explosivos, bem como trânsito e permanência nas áreas respectivas; *(Incluído pela Lei n. 6.514, de 22.12.1977)*
III -	trabalho em escavações, túneis, galerias, minas e pedreiras, sobretudo quanto à prevenção de explosões, incêndios, desmoronamentos e soterramentos, eliminação de poeiras, gases, etc. e facilidades de rápida saída dos empregados; *(Incluído pela Lei n. 6.514, de 22.12.1977)*
IV -	proteção contra incêndio em geral e as medidas preventivas adequadas, com exigências ao especial revestimento de portas e paredes, construção de paredes contrafogo, diques e outros anteparos, assim como garantia geral de fácil circulação, corredores de acesso e saídas amplas e protegidas, com suficiente sinalização; *(Incluído pela Lei n. 6.514, de 22.12.1977)*
V -	proteção contra insolação, calor, frio, umidade e ventos, sobretudo no trabalho a céu aberto, com provisão, quanto a este, de água potável, alojamento profilaxia de endemias; *(Incluído pela Lei n. 6.514, de 22.12.1977)*

TÍTULO II — DAS NORMAS GERAIS DE TUTELA DO TRABALHO

Arts. 201 a 223

VI -	proteção do trabalhador exposto a substâncias químicas nocivas, radiações ionizantes e não ionizantes, ruídos, vibrações e trepidações ou pressões anormais ao ambiente de trabalho, com especificação das medidas cabíveis para eliminação ou atenuação desses efeitos limites máximos quanto ao tempo de exposição, à intensidade da ação ou de seus efeitos sobre o organismo do trabalhador, exames médicos obrigatórios, limites de idade controle permanente dos locais de trabalho e das demais exigências que se façam necessárias; *(Incluído pela Lei n. 6.514, de 22.12.1977)*
VII -	higiene nos locais de trabalho, com discriminação das exigências, instalações sanitárias, com separação de sexos, chuveiros, lavatórios, vestiários e armários individuais, refeitórios ou condições de conforto por ocasião das refeições, fornecimento de água potável, condições de limpeza dos locais de trabalho e modo de sua execução, tratamento de resíduos industriais; *(Incluído pela Lei n. 6.514, de 22.12.1977)*
VIII -	emprego das cores nos locais de trabalho, inclusive nas sinalizações de perigo. *(Incluído pela Lei n. 6.514, de 22.12.1977)*
Parágrafo único	Tratando-se de radiações ionizantes e explosivos, as normas a que se referem este artigo serão expedidas de acordo com as resoluções a respeito adotadas pelo órgão técnico. *(Incluído pela Lei n. 6.514, de 22.12.1977)*

ORIENTAÇÃO JURISPRUDENCIAL DA SDI-1 DO TST

Vide OJ 345 SDI-1/TST

OJ 345 SDI-1 TST — ADICIONAL DE PERICULOSIDADE. RADIAÇÃO IONIZANTE OU SUBSTÂNCIA RADIOATIVA. DEVIDO *(DJ 22.6.2005)*
A exposição do empregado à radiação ionizante ou à substância radioativa enseja a percepção do adicional de periculosidade, pois a regulamentação ministerial (Portarias do Ministério do Trabalho ns. 3.393, de 17.12.1987, e 518, de 7.4.2003), ao reputar perigosa a atividade, reveste-se de plena eficácia, porquanto expedida por força de delegação legislativa contida no art. 200, *caput*, e inciso VI, da CLT. No período de 12.12.2002 a 6.4.2003, enquanto vigeu a Portaria n. 496 do Ministério do Trabalho, o empregado faz jus ao adicional de insalubridade.

SEÇÃO XVI
DAS PENALIDADES

Art. 201	As infrações ao disposto neste Capítulo relativas à medicina do trabalho serão punidas com multa de 3 (três) a 30 (trinta) vezes o valor de referência previsto no art. 2º, parágrafo único, da Lei n. 6.205, de 29 de abril de 1975, e as concernentes à segurança do trabalho com multa de 5 (cinco) a 50 (cinquenta) vezes o mesmo valor. *(Redação dada pela Lei n. 6.514, de 22.12.1977)*
Parágrafo único	Em caso de reincidência, embaraço ou resistência à fiscalização, emprego de artifício ou simulação com o objetivo de fraudar a lei, a multa será aplicada em seu valor máximo. *(Incluído pela Lei n. 6.514, de 22.12.1977)*
Arts. 202 a 223	*(Revogados pela Lei n. 6.514, de 22.12.1977)*

LEIS N. 6.205/75; N. 6.986/82; N. 6.708/79; N. 7.855/89
Novos valores de multas administrativas

LEI N. 10.522/02
Conversão da UFIR em real

LEI N. 8.383/1991
Unidade Fiscal de Referência (UFIR) — medida de valor e atualização de tributos, multas e penalidades administrativas e fiscais

TÍTULO III
DAS NORMAS ESPECIAIS DE TUTELA DO TRABALHO

CAPÍTULO I
DAS DISPOSIÇÕES ESPECIAIS SOBRE DURAÇÃO E CONDIÇÕES DE TRABALHO

SEÇÃO I
DOS BANCÁRIOS

Art. 224 A duração normal do trabalho dos empregados em bancos, casas bancárias e Caixa Econômica Federal será de 6 (seis) horas continuas nos dias úteis, com exceção dos sábados, perfazendo um total de 30 (trinta) horas de trabalho por semana. *(Redação dada pela Lei n. 7.430, de 17.12.1985)*

CONSTITUIÇÃO FEDERAL DE 1988
DOU 5.10.1988

Vide art. 7º, *caput* e inciso XVI

Art. 7º São direitos dos trabalhadores urbanos e rurais, além de outros que visem à melhoria de sua condição social:
(...)
XVI — remuneração do serviço extraordinário superior, no mínimo, em cinquenta por cento à do normal;

SÚMULAS DO TST

Vide Súmulas 55, 93, 102, 109, 113, 117, 119, 124, 199, 226, 239, 240, 247, 257 e 287/TST

Súmula 55 TST — FINANCEIRAS (mantida) — Res. 121/2003, DJ 19, 20 e 21.11.2003
As empresas de crédito, financiamento ou investimento, também denominadas financeiras, equiparam-se aos estabelecimentos bancários para os efeitos do art. 224 da CLT.

Súmula 93 TST — BANCÁRIO (mantida) — Res. 121/2003, DJ 19, 20 e 21.11.2003
Integra a remuneração do bancário a vantagem pecuniária por ele auferida na colocação ou na venda de papéis ou valores mobiliários de empresas pertencentes ao mesmo grupo econômico, se exercida essa atividade no horário e no local de trabalho e com o consentimento, tácito ou expresso, do banco empregador.

Súmula 102 TST — BANCÁRIO. CARGO DE CONFIANÇA (mantida) — Res. 174/2011, DEJT divulgado em 27, 30 e 31.5.2011
I — A configuração, ou não, do exercício da função de confiança a que se refere o art. 224, § 2º, da CLT, dependente da prova das reais atribuições do empregado, é insuscetível de exame mediante recurso de revista ou de embargos. *(ex-Súmula n. 204 — alterada pela Res. 121/2003, DJ 21.11.2003)*
II — O bancário que exerce a função a que se refere o § 2º do art. 224 da CLT e recebe gratificação não inferior a um terço de seu salário já tem remuneradas as duas horas extraordinárias excedentes de seis. *(ex-Súmula n. 166 — RA 102/1982, DJ 11.10.1982 e DJ 15.10.1982)*
III — Ao bancário exercente de cargo de confiança previsto no art. 224, § 2º, da CLT são devidas as 7ª e 8ª horas, como extras, no período em que se verificar o pagamento a menor da gratificação de 1/3. *(ex-OJ n. 288 da SBDI-1 — DJ 11.8.2003)*
IV — O bancário sujeito à regra do art. 224, § 2º, da CLT cumpre jornada de trabalho de 8 (oito) horas, sendo extraordinárias as trabalhadas além da oitava. *(ex-Súmula n. 232- RA 14/1985, DJ 19.9.1985)*
V — O advogado empregado de banco, pelo simples exercício da advocacia, não exerce cargo de confiança, não se enquadrando, portanto, na hipótese do § 2º do art. 224 da CLT. *(ex-OJ n. 222 da SBDI-1 — inserida em 20.6.2001)*
VI — O caixa bancário, ainda que caixa executivo, não exerce cargo de confiança. Se perceber gratificação igual ou superior a um terço do salário do posto efetivo, essa remunera apenas a maior responsabilidade do cargo e não as duas horas extraordinárias além da sexta. *(ex-Súmula n. 102 — RA 66/1980, DJ 18.6.1980 e republicada DJ 14.7.1980)*
VII — O bancário exercente de função de confiança, que percebe a gratificação não inferior ao terço legal, ainda que norma coletiva contemple percentual superior, não tem direito às sétima e oitava horas como extras, mas tão somente às diferenças de gratificação de função, se postuladas. *(ex-OJ n. 15 da SBDI-1 — inserida em 14.3.1994)*

Súmula 109 TST — GRATIFICAÇÃO DE FUNÇÃO (mantida) — Res. 121/2003, DJ 19, 20 e 21.11.2003
O bancário não enquadrado no § 2º do art. 224 da CLT, que receba gratificação de função, não pode ter o salário relativo a horas extraordinárias compensado com o valor daquela vantagem.

Súmula 113 TST — BANCÁRIO. SÁBADO. DIA ÚTIL (mantida) — Res. 121/2003, DJ 19, 20 e 21.11.2003
O sábado do bancário é dia útil não trabalhado, não dia de repouso remunerado. Não cabe a repercussão do pagamento de horas extras habituais em sua remuneração.

Súmula 117 TST — BANCÁRIO. CATEGORIA DIFERENCIADA (mantida) — Res. 121/2003, DJ 19, 20 e 21.11.2003
Não se beneficiam do regime legal relativo aos bancários os empregados de estabelecimento de crédito pertencentes a categorias profissionais diferenciadas.

TÍTULO III — DAS NORMAS ESPECIAIS DE TUTELA DO TRABALHO

Art. 224

Súmula 119 TST — JORNADA DE TRABALHO (mantida) — Res. 121/2003, DJ 19, 20 e 21.11.2003
Os empregados de empresas distribuidoras e corretoras de títulos e valores mobiliários não têm direito à jornada especial dos bancários.

Súmula 124 TST — BANCÁRIO. SALÁRIO-HORA. DIVISOR (redação alterada na sessão do Tribunal Pleno realizada em 14.09.2012) — Res. 185/2012, DEJT divulgado em 25, 26 e 27.9.2012
I — O divisor aplicável para o cálculo das horas extras do bancário, se houver ajuste individual expresso ou coletivo no sentido de considerar o sábado como dia de descanso remunerado, será:
a) 150, para os empregados submetidos à jornada de seis horas, prevista no *caput* do art. 224 da CLT;
b) 200, para os empregados submetidos à jornada de oito horas, nos termos do § 2º do art. 224 da CLT.
II — Nas demais hipóteses, aplicar-se-á o divisor:
a)180, para os empregados submetidos à jornada de seis horas prevista no *caput* do art. 224 da CLT;
b) 220, para os empregados submetidos à jornada de oito horas, nos termos do § 2º do art. 224 da CLT.

Súmula 199 TST — JORNADA DE TRABALHO (mantida) — Res. 121/2003, DJ 19, 20 e 21.11.2003
Os empregados de empresas distribuidoras e corretoras de títulos e valores mobiliários não têm direito à jornada especial dos bancários.

Súmula 226 TST — BANCÁRIO. GRATIFICAÇÃO POR TEMPO DE SERVIÇO. INTEGRAÇÃO NO CÁLCULO DAS HORAS EXTRAS (mantida) — Res. 121/2003, DJ 19, 20 e 21.11.2003
A gratificação por tempo de serviço integra o cálculo das horas extras.

Súmula 239 TST — BANCÁRIO. EMPREGADO DE EMPRESA DE PROCESSAMENTO DE DADOS (incorporadas as Orientações Jurisprudenciais ns. 64 e 126 da SBDI-1) — Res. 129/2005, DJ 20, 22 e 25.04.2005
É bancário o empregado de empresa de processamento de dados que presta serviço a banco integrante do mesmo grupo econômico, exceto quando a empresa de processamento de dados presta serviços a banco e a empresas não bancárias do mesmo grupo econômico ou a terceiros. *(primeira parte — ex-Súmula n. 239 — Res. 15/1985, DJ 09.12.1985; segunda parte — ex-OJs ns. 64 e 126 da SBDI-1 — inseridas, respectivamente, em 13.9.1994 e 20.4.1998)*

Súmula 240 TST — BANCÁRIO. GRATIFICAÇÃO DE FUNÇÃO E ADICIONAL POR TEMPO DE SERVIÇO (mantida) — Res. 121/2003, DJ 19, 20 e 21.11.2003
O adicional por tempo de serviço integra o cálculo da gratificação prevista no art. 224, § 2º, da CLT.

Súmula 247 TST — QUEBRA DE CAIXA. NATUREZA JURÍDICA (mantida) — Res. 121/2003, DJ 19, 20 e 21.11.2003
A parcela paga aos bancários sob a denominação "quebra de caixa" possui natureza salarial, integrando o salário do prestador de serviços, para todos os efeitos legais.

Súmula 257 TST — VIGILANTE (mantida) — Res. 121/2003, DJ 19, 20 e 21.11.2003
O vigilante, contratado diretamente por banco ou por intermédio de empresas especializadas, não é bancário.

Súmula 287 TST — JORNADA DE TRABALHO. GERENTE BANCÁRIO (nova redação) — Res. 121/2003, DJ 19, 20 e 21.11.2003
A jornada de trabalho do empregado de banco gerente de agência é regida pelo art. 224, § 2º, da CLT. Quanto ao gerente-geral de agência bancária, presume-se o exercício de encargo de gestão, aplicando-se-lhe o art. 62 da CLT.

ORIENTAÇÕES JURISPRUDENCIAIS DA SDI-1 DO TST

Vide OJs 123, 178 e 379 SDI-1/TST

OJ 123 SDI-1 TST — BANCÁRIOS. AJUDA ALIMENTAÇÃO *(inserida em 20.4.1998)*
A ajuda alimentação prevista em norma coletiva em decorrência de prestação de horas extras tem natureza indenizatória e, por isso, não integra o salário do empregado bancário.

OJ 178 SDI-1 TST — BANCÁRIO. INTERVALO DE 15 MINUTOS. NÃO COMPUTÁVEL NA JORNADA DE TRABALHO (inserido dispositivo) — DJ 20.4.2005
Não se computa, na jornada do bancário sujeito a seis horas diárias de trabalho, o intervalo de quinze minutos para lanche ou descanso.

OJ 379 SDI-1 TST — EMPREGADO DE COOPERATIVA DE CRÉDITO. BANCÁRIO. EQUIPARAÇÃO. IMPOSSIBILIDADE. *(DEJT divulgado em 19, 20 e 22.4.2010)*
Os empregados de cooperativas de crédito não se equiparam a bancário, para efeito de aplicação do art. 224 da CLT, em razão da inexistência de expressa previsão legal, considerando, ainda, as diferenças estruturais e operacionais entre as instituições financeiras e as cooperativas de crédito. Inteligência das Leis ns. 4.594, de 29.12.1964, e 5.764, de 16.12.1971.

ORIENTAÇÕES JURISPRUDENCIAIS TRANSITÓRIAS DA SDI-1 DO TST

Vide OJTs 34 e 77 SDI-1/TST

OJT 34 SDI-1 TST — BRDE. ENTIDADE AUTÁRQUICA DE NATUREZA BANCÁRIA. LEI N. 4.595/64, ART. 17. RES. BACEN 469/70, ART. 8º. CLT, ART. 224, § 2º. CF, ART. 173, § 1º (conversão da Orientação Jurisprudencial n. 22 da SBDI-1) — DJ 20.4.2005
O Banco Regional de Desenvolvimento do Extremo Sul — BRDE é uma entidade autárquica de natureza bancária, e, como tal, submete-se ao art. 173, § 1º, da Constituição Federal de 1988. Desta forma, sendo a natureza das atividades por ele exercidas similares às de qualquer instituição financeira, seus empregados são bancários, regendo-se pelas normas especiais a eles referentes, inclusive o art. 224 da CLT. *(ex-OJ n. 22 da SDI-1 — inserida em 14.03.94)*

OJT 77 SDI-1 TST — BNDES. ARTS. 224 A 226 DA CLT. APLICÁVEL A SEUS EMPREGADOS (conversão da Orientação Jurisprudencial n. 179 da SBDI-1) — DEJT divulgado em 16, 17 e 18.11.2010
Até o advento da Lei n. 10.556, de 13.11.2002, era aplicável aos empregados do BNDES a jornada de trabalho dos bancários prevista nos arts. 224 a 226 da CLT.

ESPECIFICIDADES

EMPRESAS PÚBLICAS E SOCIEDADES DE ECONOMIA MISTA

CONSTITUIÇÃO FEDERAL DE 1988
DOU 5.10.1988

Vide art. 37, *caput*, inciso II e § 2º; e art. 173, *caput*, § 1º e inciso II

Art. 37. A administração pública direta e indireta de qualquer dos Poderes da União, dos Estados, do Distrito

Federal e dos Municípios obedecerá aos princípios de legalidade, impessoalidade, moralidade, publicidade e eficiência e, também, ao seguinte: *(Redação dada pela Emenda Constitucional n. 19, de 1998)*

(...)

II — a investidura em cargo ou emprego público depende de aprovação prévia em concurso público de provas ou de provas e títulos, de acordo com a natureza e a complexidade do cargo ou emprego, na forma prevista em lei, ressalvadas as nomeações para cargo em comissão declarado em lei de livre nomeação e exoneração; *(Redação dada pela Emenda Constitucional n. 19, de 1998)*

(...)

§ 2º A não observância do disposto nos incisos II e III implicará a nulidade do ato e a punição da autoridade responsável, nos termos da lei.

Art. 173. Ressalvados os casos previstos nesta Constituição, a exploração direta de atividade econômica pelo Estado só será permitida quando necessária aos imperativos da segurança nacional ou a relevante interesse coletivo, conforme definidos em lei.

§ 1º A lei estabelecerá o estatuto jurídico da empresa pública, da sociedade de economia mista e de suas subsidiárias que explorem atividade econômica de produção ou comercialização de bens ou de prestação de serviços, dispondo sobre: *(Redação dada pela Emenda Constitucional n. 19, de 1998)*

(...)

II — a sujeição ao regime jurídico próprio das empresas privadas, inclusive quanto aos direitos e obrigações civis, comerciais, trabalhistas e tributários; *(Incluído pela Emenda Constitucional n. 19, de 1998)*

LEI N. 13.303, DE 30 DE JUNHO DE 2016
Dispõe sobre o estatuto jurídico da empresa pública, da sociedade de economia mista e de suas subsidiárias, no âmbito da União, dos Estados, do Distrito Federal e dos Municípios

SÚMULA DO TST

Vide Súmula 363/TST

Súmula 363 TST — CONTRATO NULO. EFEITOS (nova redação) — Res. 121/2003, DJ 19, 20 e 21.11.2003
A contratação de servidor público, após a CF/1988, sem prévia aprovação em concurso público, encontra óbice no respectivo art. 37, II e § 2º, somente lhe conferindo direito ao pagamento da contraprestação pactuada, em relação ao número de horas trabalhadas, respeitado o valor da hora do salário mínimo, e dos valores referentes aos depósitos do FGTS.

ORIENTAÇÕES JURISPRUDENCIAIS DA SDI-1 DO TST

Vide OJs 16, 17 e 18 SDI-1/TST

OJ 16 SDI-1 TST — BANCO DO BRASIL. ACP. ADICIONAL DE CARÁTER PESSOAL. INDEVIDO (inserido dispositivo) — DJ 20.4.2005
A isonomia de vencimentos entre servidores do Banco Central do Brasil e do Banco do Brasil, decorrente de sentença normativa, alcançou apenas os vencimentos e vantagens de caráter permanente. Dado o caráter personalíssimo do Adicional de Caráter Pessoal — ACP e não integrando a remuneração dos funcionários do Banco do Brasil, não foi ele contemplado na decisão normativa para efeitos de equiparação à tabela de vencimentos do Banco Central do Brasil.

OJ 17 SDI-1 TST — BANCO DO BRASIL. AP E ADI (inserida em 07.11.1994)
Os adicionais AP, ADI ou AFR, somados ou considerados isoladamente, sendo equivalentes a 1/3 do salário do cargo efetivo (art. 224, § 2º, da CLT), excluem o empregado ocupante de cargo de confiança do Banco do Brasil da jornada de 6 horas.

OJ 18 SDI-1 TST — COMPLEMENTAÇÃO DE APOSENTADORIA. BANCO DO BRASIL. (redação do item I alterada em decorrência do julgamento dos processos TST-IUJ E-ED-RR-301900-52.2005.5.09.0661 e ERR 119900-56.1999.5.04.0751) — Res. 175/2011, DEJT divulgado em 27, 30 e 31.5.2011

I — O valor das horas extras integra a remuneração do empregado para o cálculo da complementação de aposentadoria, desde que sobre ele incida a contribuição à Caixa de Previdência dos Funcionários do Banco do Brasil — PREVI, observado o respectivo regulamento no tocante à integração.

II — Os adicionais AP e ADI não integram o cálculo para a apuração do teto da complementação de aposentadoria; *(ex-OJ n. 21 da SDI-1 — inserida em 13.2.1995)*

III — No cálculo da complementação de aposentadoria deve-se observar a média trienal; *(ex-OJs ns. 19 e 289 ambas da SDI-1 — inseridas respectivamente em 5.6.95 e 11.8.2003)*

IV — A complementação de aposentadoria proporcional aos anos de serviço prestados exclusivamente ao Banco do Brasil somente se verifica a partir da Circular Funci n. 436/63; *(ex-OJ n. 20 da SDI-1 — inserida em 13.2.1995)*

V — O telex DIREC do Banco do Brasil n. 5003/1987 não assegura a complementação de aposentadoria integral, porque não aprovado pelo órgão competente ao qual a instituição se subordina. *(ex-OJ n. 136 da SDI-1 — inserida em 27.11.1998)*

ORIENTAÇÕES JURISPRUDENCIAIS TRANSITÓRIAS DA SDI-1 DO TST

Vide OJTs 7, 27, 32, 40, 56, 69, 70 e 77 SDI-1/TST

OJT 7 SDI-1 TST — BANRISUL. COMPLEMENTAÇÃO DE APOSENTADORIA. ADI E CHEQUE-RANCHO. NÃO INTEGRAÇÃO (nova redação em decorrência da incorporação da Orientação Jurisprudencial Transitória n. 8 da SBDI-1) — DJ 20.4.2005, DJ 22.8.2005
As parcelas ADI e cheque-rancho não integram a complementação de aposentadoria dos empregados do Banrisul. *(ex-OJ Transitória n. 8 da SDI-1 — inserida em 19.10.00)*

OJT 27 SDI-1 TST — BANRISUL. GRATIFICAÇÃO JUBILEU. PRESCRIÇÃO *(DJ 9.12.2003)*
A Gratificação Jubileu, instituída pela Resolução n. 1.761/67, que foi alterada, reduzindo-se o seu valor, pela Resolução n. 1.885/70, era devida a todo empregado que completasse 25, 30, 35 e 40 anos de serviço no Banco. Era vantagem a ser paga de uma única vez, na data da aposentadoria, fluindo desta data o prazo prescricional, sendo inaplicável a Súmula n. 294 do TST, que é restrito aos casos em que se postulam prestações sucessivas.

OJT 32 SDI-1 TST — COMPLEMENTAÇÃO DE APOSENTADORIA. BANCO DO BRASIL. SUCUMBÊNCIA. INVERSÃO *(DJ 10.11.2004)*
Imposta condenação originária em diferenças de complementação de aposentadoria, por ocasião do julgamento de recurso de revista, imperativo o exame no acórdão, sob pena de negativa de prestação jurisdicional, de postulação aduzida em contestação e/ou em contrarrazões visando à

TÍTULO III — DAS NORMAS ESPECIAIS DE TUTELA DO TRABALHO

limitação da condenação à média trienal e ao teto, matéria insuscetível de prequestionamento.

OJT 40 SDI-1 TST — BANRISUL. COMPLEMENTAÇÃO DE APOSENTADORIA (conversão da Orientação Jurisprudencial n. 155 da SBDI-1) — DJ 20.4.2005

A Resolução n. 1.600/64, vigente à época da admissão do empregado, incorporou-se ao contrato de trabalho, pelo que sua alteração não poderá prejudicar o direito adquirido, mesmo em virtude da edição da Lei n. 6.435/77. Incidência das Súmulas ns. 51 e 288. *(ex-OJ n. 155 da SDI-1 — inserida em 26.3.99)*

OJT 56 SDI-1 TST — ANISTIA. LEI N. 8.878/94. EFEITOS FINANCEIROS DEVIDOS A PARTIR DO EFETIVO RETORNO À ATIVIDADE (conversão da Orientação Jurisprudencial n. 221 da SBDI-1) — DJ 20.4.2005

Os efeitos financeiros da anistia concedida pela Lei n. 8.878/94 somente serão devidos a partir do efetivo retorno à atividade, vedada a remuneração em caráter retroativo. *(ex-OJ n. 221 da SDI-1 — inserida em 20.6.01)*

OJT 69 SDI-1 TST — BANCO DO BRASIL. COMPLEMENTAÇÃO DE APOSENTADORIA. ALTERAÇÃO DO PLANO DE CARGOS COMISSIONADOS. EXTENSÃO AOS INATIVOS. *(DEJT divulgado em 26, 27 e 28.5.2010)*

As alterações na estrutura do Plano de Cargos Comissionados do Banco do Brasil, introduzidas pelas Cartas-Circulares DIREC/FUNCI 96/0904 e 96/0957, dentre as quais a substituição do Abono de Função e Representação (AFR) pelo Adicional de Função (AF) e pelo Adicional Temporário de Revitalização (ATR), não autorizam o pagamento de diferenças de complementação de aposentadoria aos inativos por só abrangerem os empregados em atividade, bem como em razão de o Plano de Incentivo à Aposentadoria da época do jubilamento não conter previsão de aplicação de eventual alteração na estrutura dos cargos comissionados àqueles que se aposentassem.

OJT 70 SDI-1 TST — CAIXA ECONÔMICA FEDERAL. BANCÁRIO. PLANO DE CARGOS EM COMISSÃO. OPÇÃO PELA JORNADA DE OITO HORAS. INEFICÁCIA. EXERCÍCIO DE FUNÇÕES MERAMENTE TÉCNICAS. NÃO CARACTERIZAÇÃO DE EXERCÍCIO DE FUNÇÃO DE CONFIANÇA. (DEJT divulgado em 26, 27 e 28.5.2010)

Ausente a fidúcia especial a que alude o art. 224, § 2º, da CLT, é ineficaz a adesão do empregado à jornada de oito horas constante do Plano de Cargos em Comissão da Caixa Econômica Federal, o que importa no retorno à jornada de seis horas, sendo devidas como extras a sétima e a oitava horas laboradas. A diferença de gratificação de função recebida em face da adesão ineficaz poderá ser compensada com as horas extraordinárias prestadas.

OJT 77 SDI-1 TST — BNDES. ARTS. 224 A 226 DA CLT. APLICÁVEL A SEUS EMPREGADOS (conversão da Orientação Jurisprudencial n. 179 da SBDI-1) — DEJT divulgado em 16, 17 e 18.11.2010

Até o advento da Lei n. 10.556, de 13.11.2002, era aplicável aos empregados do BNDES a jornada de trabalho dos bancários prevista nos arts. 224 a 226 da CLT.

ORIENTAÇÕES JURISPRUDENCIAIS DA SDI-2 DO TST

Vide OJs 4 e 5 SDI-2/TST

OJ 4 SDI-2 TST — AÇÃO RESCISÓRIA. BANCO DO BRASIL. ADICIONAL DE CARÁTER PESSOAL. ACP *(inserida em 20.9.2000)*

Procede, por ofensa ao art. 5º, inciso XXXVI, da CF/88, o pedido de rescisão de julgado que acolheu Adicional de Caráter Pessoal em favor de empregado do Banco do Brasil S.A.

OJ 5 SDI-2 TST — AÇÃO RESCISÓRIA. BANCO DO BRASIL. AP E ADI. HORAS EXTRAS. SÚMULA N. 83 DO TST. APLICÁVEL *(inserida em 20.9.2000)*

Não se acolhe pedido de rescisão de julgado que deferiu a empregado do Banco do Brasil S.A. horas extras após a sexta, não obstante o pagamento dos adicionais AP e ADI, ou AFR quando a decisão rescindenda for anterior à Orientação Jurisprudencial n. 17, da Seção de Dissídios Individuais do TST (07.11.94). Incidência das Súmulas ns. 83 do TST e 343 do STF.

PRECEDENTE NORMATIVO DA SDC DO TST

Vide PN 10 SDC/TST

PN 10 SDC TST — BANCO DO BRASIL COMO PARTE EM DISSÍDIO COLETIVO NO TRT (positivo) *(nova redação dada pela SDC em sessão de 14.9.1998 — homologação Res. 86/1998, DJ 15.10.1998)*

Os Tribunais Regionais do Trabalho são incompetentes para processar e julgar Dissídios Coletivos em que sejam partes o Banco do Brasil S.A. e entidades sindicais dos bancários.

EMPRESAS PRIVADAS OU PRIVATIZADAS

SÚMULAS DO TST

Vide Súmulas 313 e 345/TST

Súmula 313 TST — COMPLEMENTAÇÃO DE APOSENTADORIA. PROPORCIONALIDADE. BANESPA (mantida) — Res. 121/2003, DJ 19, 20 e 21.11.2003

A complementação de aposentadoria, prevista no art. 106, e seus parágrafos, do regulamento de pessoal editado em 1965, só é integral para os empregados que tenham 30 (trinta) ou mais anos de serviços prestados exclusivamente ao banco.

Súmula 345 TST — COMPLEMENTAÇÃO DE APOSENTADORIA. PROPORCIONALIDADE. BANESPA (mantida) — Res. 121/2003, DJ 19, 20 e 21.11.2003

A complementação de aposentadoria, prevista no art. 106, e seus parágrafos, do regulamento de pessoal editado em 1965, só é integral para os empregados que tenham 30 (trinta) ou mais anos de serviços prestados exclusivamente ao banco.

ORIENTAÇÃO JURISPRUDENCIAL DA SDI-1 DO TST

Vide OJ 41 SDI-1/TST

OJ 41 SDI-1 TST — ESTABILIDADE. INSTRUMENTO NORMATIVO. VIGÊNCIA. EFICÁCIA (inserida em 25.11.1996)

Preenchidos todos os pressupostos para a aquisição de estabilidade decorrente de acidente ou doença profissional, ainda durante a vigência do instrumento normativo, goza o empregado de estabilidade mesmo após o término da vigência deste.

ORIENTAÇÕES JURISPRUDENCIAIS TRANSITÓRIAS DA SDI-1 DO TST

Vide OJTs 25, 26, 38 e 68 SDI-1/TST

OJT 25 SDI-1 TST — BANCO MERIDIONAL. COMPLEMENTAÇÃO DE APOSENTADORIA. REAJUSTES. EXTENSÃO *(DJ 9.12.2003)*

Art. 224

Os reajustes salariais concedidos sobre quaisquer parcelas aos empregados ativos devem ser estendidos aos inativos, com exclusão apenas das parcelas ressalvadas expressamente no Regulamento do Banco.

OJT 26 SDI-1 TST — BANERJ. PLANO BRESSER. ACORDO COLETIVO DE TRABALHO DE 1991. NÃO É NORMA PROGRAMÁTICA *(DJ 9.12.2003)*

É de eficácia plena e imediata o *caput* da cláusula 5ª do Acordo Coletivo de Trabalho de 1991/1992 celebrado pelo Banerj contemplando o pagamento de diferenças salariais do Plano Bresser, sendo devido o percentual de 26,06% nos meses de janeiro a agosto de 1992, inclusive.

OJT 38 SDI-1 TST — BANCO MERIDIONAL. CIRCULAR 34046/89. DISPENSA SEM JUSTA CAUSA (conversão da Orientação Jurisprudencial n. 137 da SBDI-1) — DJ 20.4.2005

A inobservância dos procedimentos disciplinados na Circular 34046/89 do Banco Meridional, norma de caráter eminentemente procedimental, não é causa para a nulidade da dispensa sem justa causa. *(ex-OJ n. 137 da SDI-1 — inserida em 27.11.98)*

OJT 68 SDI-1 TST — BANCO DO ESTADO DE SÃO PAULO S.A. — BANESPA. CONVENÇÃO COLETIVA. REAJUSTE SALARIAL. SUPERVENIÊNCIA DE ACORDO EM DISSÍDIO COLETIVO. PREVALÊNCIA. *(DEJT divulgado em 3, 4 e 5.11.2009)*

O acordo homologado no Dissídio Coletivo n. TST — DC — 810.905/2001.3, que estabeleceu a garantia de emprego aos empregados em atividade do Banco do Estado de São Paulo S.A. — Banespa e que, portanto, não se aplica aos empregados aposentados, prevalece sobre a fixação do reajuste salarial previsto na convenção coletiva firmada entre a Federação Nacional dos Bancos — Fenaban e os sindicatos dos bancários, ante a consideração do conjunto das cláusulas constantes do acordo e em respeito às disposições dos arts. 5º, XXXVI, e 7º, XXVI, da CF/1988.

ORIENTAÇÃO JURISPRUDENCIAL DA SDI-2 DO TST

Vide OJ 8 SDI-2/TST

OJ 8 SDI-2 TST — AÇÃO RESCISÓRIA. COMPLEMENTAÇÃO DE APOSENTADORIA. BANESPA. SÚMULA N. 83 DO TST (nova redação) — DJ 22.8.2005

Não se rescinde julgado que acolheu pedido de complementação de aposentadoria integral em favor de empregado do BANESPA, antes da Súmula n. 313 do TST, em virtude da notória controvérsia jurisprudencial então reinante. Incidência da Súmula n. 83 do TST.

§ 1º A duração normal do trabalho estabelecida neste artigo ficará compreendida entre 7 (sete) e 22 (vinte e duas) horas, assegurando-se ao empregado, no horário diário, um intervalo de 15 (quinze) minutos para alimentação. *(Redação dada pelo Decreto-Lei n. 229, de 28.2.1967)*

CONSTITUIÇÃO FEDERAL DE 1988
DOU 5.10.1988

Vide art. 7º, *caput* e inciso IX

Art. 7º São direitos dos trabalhadores urbanos e rurais, além de outros que visem à melhoria de sua condição social:

(...)

IX — remuneração do trabalho noturno superior à do diurno;

ORIENTAÇÃO JURISPRUDENCIAL SDI-1 DO TST

Vide OJ 178 SDI-1/TST

OJ 178 SDI-1 TST — BANCÁRIO. INTERVALO DE 15 MINUTOS. NÃO COMPUTÁVEL NA JORNADA DE TRABALHO (inserido dispositivo) — DJ 20.4.2005

Não se computa, na jornada do bancário sujeito a seis horas diárias de trabalho, o intervalo de quinze minutos para lanche ou descanso.

§ 2º As disposições deste artigo não se aplicam aos que exercem funções de direção, gerência, fiscalização, chefia e equivalentes, ou que desempenhem outros cargos de confiança, desde que o valor da gratificação não seja inferior a 1/3 (um terço) do salário do cargo efetivo. *(Redação dada pelo Decreto-Lei n. 754, de 11.8.1969)*

SÚMULAS DO TST

Vide Súmulas 93, 102, 109, 113, 117, 119, 124, 199, 226, 239, 240, 247 e 287/TST

Súmula 93 TST — BANCÁRIO (mantida) — Res. 121/2003, DJ 19, 20 e 21.11.2003

Integra a remuneração do bancário a vantagem pecuniária por ele auferida na colocação ou na venda de papéis ou valores mobiliários de empresas pertencentes ao mesmo grupo econômico, se exercida essa atividade no horário e no local de trabalho e com o consentimento, tácito ou expresso, do banco empregador.

Súmula 102 TST — BANCÁRIO. CARGO DE CONFIANÇA (mantida) — Res. 174/2011, DEJT divulgado em 27, 30 e 31.5.2011

I — A configuração, ou não, do exercício da função de confiança a que se refere o art. 224, § 2º, da CLT, dependente da prova das reais atribuições do empregado, é insuscetível de exame mediante recurso de revista ou de embargos. *(ex-Súmula n. 204 — alterada pela Res. 121/2003, DJ 21.11.2003)*

TÍTULO III — DAS NORMAS ESPECIAIS DE TUTELA DO TRABALHO

Art. 224

II — O bancário que exerce a função a que se refere o § 2º do art. 224 da CLT e recebe gratificação não inferior a um terço de seu salário já tem remuneradas as duas horas extraordinárias excedentes de seis. *(ex-Súmula n. 166 — RA 102/1982, DJ 11.10.1982 e DJ 15.10.1982)*

III — Ao bancário exercente de cargo de confiança previsto no artigo 224, § 2º, da CLT são devidas as 7ª e 8ª horas, como extras, no período em que se verificar o pagamento a menor da gratificação de 1/3. *(ex-OJ n. 288 da SBDI-1 — DJ 11.8.2003)*

IV — O bancário sujeito à regra do art. 224, § 2º, da CLT cumpre jornada de trabalho de 8 (oito) horas, sendo extraordinárias as trabalhadas além da oitava. *(ex-Súmula n. 232- RA 14/1985, DJ 19.9.1985)*

V — O advogado empregado de banco, pelo simples exercício da advocacia, não exerce cargo de confiança, não se enquadrando, portanto, na hipótese do § 2º do art. 224 da CLT. *(ex-OJ n. 222 da SBDI-1 — inserida em 20.6.2001)*

VI — O caixa bancário, ainda que caixa executivo, não exerce cargo de confiança. Se perceber gratificação igual ou superior a um terço do salário do posto efetivo, essa remunera apenas a maior responsabilidade do cargo e não as duas horas extraordinárias além da sexta. *(ex-Súmula n. 102 — RA 66/1980, DJ 18.6.1980 e republicada DJ 14.7.1980)*

VII — O bancário exercente de função de confiança, que percebe a gratificação não inferior ao terço legal, ainda que norma coletiva contemple percentual superior, não tem direito às sétima e oitava horas como extras, mas tão somente às diferenças de gratificação de função, se postuladas. *(ex-OJ n. 15 da SBDI-1 — inserida em 14.3.1994)*

Súmula 109 TST — GRATIFICAÇÃO DE FUNÇÃO (mantida) — Res. 121/2003, DJ 19, 20 e 21.11.2003

O bancário não enquadrado no § 2º do art. 224 da CLT, que receba gratificação de função, não pode ter o salário relativo a horas extraordinárias compensado com o valor daquela vantagem.

Súmula 113 TST — BANCÁRIO. SÁBADO. DIA ÚTIL (mantida) — Res. 121/2003, DJ 19, 20 e 21.11.2003

O sábado do bancário é dia útil não trabalhado, não dia de repouso remunerado. Não cabe a repercussão do pagamento de horas extras habituais em sua remuneração.

Súmula 117 TST — BANCÁRIO. CATEGORIA DIFERENCIADA (mantida) — Res. 121/2003, DJ 19, 20 e 21.11.2003

Não se beneficiam do regime legal relativo aos bancários os empregados de estabelecimento de crédito pertencentes a categorias profissionais diferenciadas.

Súmula 119 TST — JORNADA DE TRABALHO (mantida) — Res. 121/2003, DJ 19, 20 e 21.11.2003

Os empregados de empresas distribuidoras e corretoras de títulos e valores mobiliários não têm direito à jornada especial dos bancários.

Súmula 124 TST — BANCÁRIO. SALÁRIO-HORA. DIVISOR (redação alterada na sessão do Tribunal Pleno realizada em 14.9.2012) — Res. 185/2012, DEJT divulgado em 25, 26 e 27.9.2012

I — O divisor aplicável para o cálculo das horas extras do bancário, se houver ajuste individual expresso ou coletivo no sentido de considerar o sábado como dia de descanso remunerado, será:

a) 150, para os empregados submetidos à jornada de seis horas, prevista no *caput* do art. 224 da CLT;

b) 200, para os empregados submetidos à jornada de oito horas, nos termos do § 2º do art. 224 da CLT.

II — Nas demais hipóteses, aplicar-se-á o divisor:

a) 180, para os empregados submetidos à jornada de seis horas prevista no *caput* do art. 224 da CLT;

b) 220, para os empregados submetidos à jornada de oito horas, nos termos do § 2º do art. 224 da CLT.

Súmula 199 TST — JORNADA DE TRABALHO (mantida) — Res. 121/2003, DJ 19, 20 e 21.11.2003

Os empregados de empresas distribuidoras e corretoras de títulos e valores mobiliários não têm direito à jornada especial dos bancários.

Súmula 226 TST — BANCÁRIO. GRATIFICAÇÃO POR TEMPO DE SERVIÇO. INTEGRAÇÃO NO CÁLCULO DAS HORAS EXTRAS (mantida) — Res. 121/2003, DJ 19, 20 e 21.11.2003

A gratificação por tempo de serviço integra o cálculo das horas extras.

Súmula 239 TST — BANCÁRIO. EMPREGADO DE EMPRESA DE PROCESSAMENTO DE DADOS (incorporadas as Orientações Jurisprudenciais ns. 64 e 126 da SBDI-1) — Res. 129/2005, DJ 20, 22 e 25.4.2005

É bancário o empregado de empresa de processamento de dados que presta serviço a banco integrante do mesmo grupo econômico, exceto quando a empresa de processamento de dados presta serviços a banco e a empresas não bancárias do mesmo grupo econômico ou a terceiros. (primeira parte — ex-Súmula n. 239 — Res. 15/1985, DJ 9.12.1985; segunda parte — ex-OJs ns. 64 e 126 da SBDI-1 — inseridas, respectivamente, em 13.9.1994 e 20.4.1998)

Súmula 240 TST — BANCÁRIO. GRATIFICAÇÃO DE FUNÇÃO E ADICIONAL POR TEMPO DE SERVIÇO (mantida) — Res. 121/2003, DJ 19, 20 e 21.11.2003

O adicional por tempo de serviço integra o cálculo da gratificação prevista no art. 224, § 2º, da CLT.

Súmula 247 TST — QUEBRA DE CAIXA. NATUREZA JURÍDICA (mantida) — Res. 121/2003, DJ 19, 20 e 21.11.2003

A parcela paga aos bancários sob a denominação "quebra de caixa" possui natureza salarial, integrando o salário do prestador de serviços, para todos os efeitos legais.

Súmula 287 TST — JORNADA DE TRABALHO. GERENTE BANCÁRIO (nova redação) — Res. 121/2003, DJ 19, 20 e 21.11.2003

A jornada de trabalho do empregado de banco gerente de agência é regida pelo art. 224, § 2º, da CLT. Quanto ao gerente-geral de agência bancária, presume-se o exercício de encargo de gestão, aplicando-se-lhe o art. 62 da CLT.

ORIENTAÇÕES JURISPRUDENCIAIS DA SDI-1 DO TST

Vide OJs 17 e 379 SDI-1/TST

OJ 17 SDI-1 TST — BANCO DO BRASIL. AP E ADI *(inserida em 7.11.1994)*

Os adicionais AP, ADI ou AFR, somados ou considerados isoladamente, sendo equivalentes a 1/3 do salário do cargo efetivo (art. 224, § 2º, da CLT), excluem o empregado

ocupante de cargo de confiança do Banco do Brasil da jornada de 6 horas.

OJ 379 SDI-1 TST — EMPREGADO DE COOPERATIVA DE CRÉDITO. BANCÁRIO. EQUIPARAÇÃO. IMPOSSIBILIDADE. *(DEJT divulgado em 19, 20 e 22.4.2010)*

Os empregados de cooperativas de crédito não se equiparam a bancário, para efeito de aplicação do art. 224 da CLT, em razão da inexistência de expressa previsão legal, considerando, ainda, as diferenças estruturais e operacionais entre as instituições financeiras e as cooperativas de crédito. Inteligência das Leis ns. 4.594, de 29.12.1964, e 5.764, de 16.12.1971

ORIENTAÇÃO JURISPRUDENCIAL DA SDI-2 DO TST

Vide OJ 5 SDI-2/TST

OJ 5 SDI-2 TST — AÇÃO RESCISÓRIA. BANCO DO BRASIL. AP E ADI. HORAS EXTRAS. SÚMULA N. 83 DO TST. APLICÁVEL *(inserida em 20.9.2000)*

Não se acolhe pedido de rescisão de julgado que deferiu a empregado do Banco do Brasil S.A. horas extras após a sexta, não obstante o pagamento dos adicionais AP e ADI, ou AFR quando a decisão rescindenda for anterior à Orientação Jurisprudencial n. 17, da Seção de Dissídios Individuais do TST (7.11.94). Incidência das Súmulas ns. 83 do TST e 343 do STF.

ORIENTAÇÃO JURISPRUDENCIAL TRANSITÓRIA DA SDI-1 DO TST

Vide OJT 70 SDI-1/TST

OJT 70 SDI-1 TST — CAIXA ECONÔMICA FEDERAL. BANCÁRIO. PLANO DE CARGOS EM COMISSÃO. OPÇÃO PELA JORNADA DE OITO HORAS. INEFICÁCIA. EXERCÍCIO DE FUNÇÕES MERAMENTE TÉCNICAS. NÃO CARACTERIZAÇÃO DE EXERCÍCIO DE FUNÇÃO DE CONFIANÇA. *(DEJT divulgado em 26, 27 e 28.5.2010)*

Ausente a fidúcia especial a que alude o art. 224, § 2º, da CLT, é ineficaz a adesão do empregado à jornada de oito horas constante do Plano de Cargos em Comissão da Caixa Econômica Federal, o que importa no retorno à jornada de seis horas, sendo devidas como extras a sétima e a oitava horas laboradas. A diferença de gratificação de função recebida em face da adesão ineficaz poderá ser compensada com as horas extraordinárias prestadas.

Art. 225 A duração normal de trabalho dos bancários poderá ser excepcionalmente prorrogada até 8 (oito) horas diárias, não excedendo de 40 (quarenta) horas semanais, observados os preceitos gerais sobre a duração do trabalho. *(Redação dada pela Lei n. 6.637, de 8.5.1979)*

SÚMULA DO TST

Vide Súmula 199/TST

Súmula 199 TST — BANCÁRIO. PRÉ-CONTRATAÇÃO DE HORAS EXTRAS (incorporadas as Orientações Jurisprudenciais ns. 48 e 63 da SBDI-1) — Res. 129/2005, DJ 20, 22 e 25.4.2005

I — A contratação do serviço suplementar, quando da admissão do trabalhador bancário, é nula. Os valores assim ajustados apenas remuneram a jornada normal, sendo devidas as horas extras com o adicional de, no mínimo, 50% (cinquenta por cento), as quais não configuram pré-contratação, se pactuadas após a admissão do bancário. *(ex-Súmula n. 199 — alterada pela Res. 41/1995, DJ 21.2.1995 — e ex-OJ n. 48 da SBDI-1 — inserida em 25.11.1996)*

II — Em se tratando de horas extras pré-contratadas, opera-se a prescrição total se a ação não for ajuizada no prazo de cinco anos, a partir da data em que foram suprimidas. *(ex-OJ n. 63 da SBDI-1 — inserida em 14.3.1994)*

ORIENTAÇÃO JURISPRUDENCIAL TRANSITÓRIA DA SDI-1 DO TST

Vide OJT 70 SDI-1/TST

OJT 70 SDI-1 TST — CAIXA ECONÔMICA FEDERAL. BANCÁRIO. PLANO DE CARGOS EM COMISSÃO. OPÇÃO PELA JORNADA DE OITO HORAS. INEFICÁCIA. EXERCÍCIO DE FUNÇÕES MERAMENTE TÉCNICAS. NÃO CARACTERIZAÇÃO DE EXERCÍCIO DE FUNÇÃO DE CONFIANÇA. *(DEJT divulgado em 26, 27 e 28.5.2010)*

Ausente a fidúcia especial a que alude o art. 224, § 2º, da CLT, é ineficaz a adesão do empregado à jornada de oito horas constante do Plano de Cargos em Comissão da Caixa Econômica Federal, o que importa no retorno à jornada de seis horas, sendo devidas como extras a sétima e a oitava horas laboradas. A diferença de gratificação de função recebida em face da adesão ineficaz poderá ser compensada com as horas extraordinárias prestadas.

Art. 226 O regime especial de 6 (seis) horas de trabalho também se aplica aos empregados de portaria e de limpeza, tais como porteiros, telefonistas de mesa, contínuos e serventes, empregados em bancos e casas bancárias. *(Redação dada pela Lei n. 3.488, de 12.12.1958)*

Parágrafo único A direção de cada banco organizará a escala de serviço do estabelecimento de maneira a haver empregados do quadro da portaria em função, meia hora antes e até meia hora após o encerramento dos trabalhos, respeitado o limite de 6 (seis) horas diárias. *(Incluído pela Lei n. 3.488, de 12.12.1958)*

TÍTULO III — DAS NORMAS ESPECIAIS DE TUTELA DO TRABALHO

Art. 227 a 229

SÚMULAS DO TST

Vide Súmulas 117, 178 e 257/TST

Súmula 117 TST — BANCÁRIO. CATEGORIA DIFERENCIADA (mantida) — Res. 121/2003, DJ 19, 20 e 21.11.2003
Não se beneficiam do regime legal relativo aos bancários os empregados de estabelecimento de crédito pertencentes a categorias profissionais diferenciadas.

Súmula 178 TST — TELEFONISTA. ART. 227, E PARÁGRAFOS, DA CLT. APLICABILIDADE (mantida) — Res. 121/2003, DJ 19, 20 e 21.11.2003
É aplicável à telefonista de mesa de empresa que não explora o serviço de telefonia o disposto no art. 227, e seus parágrafos, da CLT *(ex-Prejulgado n. 59)*.

Súmula 257 TST — VIGILANTE (mantida) — Res. 121/2003, DJ 19, 20 e 21.11.2003
O vigilante, contratado diretamente por banco ou por intermédio de empresas especializadas, não é bancário.

SEÇÃO II
DOS EMPREGADOS NOS SERVIÇOS DE TELEFONIA, DE TELEGRAFIA SUBMARINA E SUBFLUVIAL, DE RADIOTELEGRAFIA E RADIOTELEFONIA

Art. 227 — Nas empresas que explorem o serviço de telefonia, telegrafia submarina ou subfluvial, de radiotelegrafia ou de radiotelefonia, fica estabelecida para os respectivos operadores a duração máxima de seis horas contínuas de trabalho por dia ou 36 (trinta e seis) horas semanais.

§ 1º Quando, em caso de indeclinável necessidade, forem os operadores obrigados a permanecer em serviço além do período normal fixado neste artigo, a empresa pagar-lhes-á extraordinariamente o tempo excedente com acréscimo de 50% (cinquenta por cento) sobre o seu salário-hora normal.

§ 2º O trabalho aos domingos, feriados e dias santos de guarda será considerado extraordinário e obedecerá, quanto à sua execução e remuneração, ao que dispuserem empregadores e empregados em acordo, ou os respectivos sindicatos em contrato coletivo de trabalho.

SÚMULA DO TST

Vide Súmula 178/TST

Súmula 178 TST — TELEFONISTA. ART. 227, E PARÁGRAFOS, DA CLT. APLICABILIDADE (mantida) — Res. 121/2003, DJ 19, 20 e 21.11.2003
É aplicável à telefonista de mesa de empresa que não explora o serviço de telefonia o disposto no art. 227, e seus parágrafos, da CLT *(ex-Prejulgado n. 59)*.

ORIENTAÇÃO JURISPRUDENCIAL DA SDI-1 DO TST

Vide OJ 213 SDI-1/TST

OJ 213 SDI-1 TST — TELEX. OPERADORES. ART. 227 DA CLT. INAPLICÁVEL *(inserida em 08.11.2000)*
O operador de telex de empresa, cuja atividade econômica não se identifica com qualquer uma das previstas no art. 227 da CLT, não se beneficia de jornada reduzida.

Art. 228 — Os operadores não poderão trabalhar, de modo ininterrupto, na transmissão manual, bem como na recepção visual, auditiva, com escrita manual ou datilográfica, quando a velocidade for superior a 25 (vinte e cinco) palavras por minuto.

Art. 229 — Para os empregados sujeitos a horários variáveis, fica estabelecida a duração máxima de 7 (sete) horas diárias de trabalho e 17 (dezessete) horas de folga, deduzindo-se deste tempo 20 (vinte) minutos para descanso, de cada um dos empregados, sempre que se verificar um esforço contínuo de mais de 3 (três) horas.

§ 1º São considerados empregados sujeitos a horários variáveis, além dos operadores, cujas funções exijam classificação distinta, os que pertençam a seções de técnica, telefones, revisão, expedição, entrega e balcão.

Arts. 230 a 233

TÍTULO III — DAS NORMAS ESPECIAIS DE TUTELA DO TRABALHO

§ 2º	Quanto à execução e remuneração aos domingos, feriados e dias santos de guarda e às prorrogações de expediente, o trabalho dos empregados a que se refere o parágrafo anterior será regido pelo que se contém no § 1º do art. 227 desta Seção.
Art. 230	A direção das empresas deverá organizar as turmas de empregados, para a execução dos seus serviços, de maneira que prevaleça sempre o revezamento entre os que exercem a mesma função, quer em escalas diurnas, quer em noturnas.
§ 1º	Aos empregados que exerçam a mesma função será permitida, entre si, a troca de turmas, desde que isso não importe em prejuízo dos serviços, cujo chefe ou encarregado resolverá sobre a oportunidade ou possibilidade dessa medida, dentro das prescrições desta Seção.
§ 2º	As empresas não poderão organizar horários que obriguem os empregados a fazer a refeição do almoço antes das 10 (dez) e depois das 13 (treze) horas e a de jantar antes das 16 (dezesseis) e depois das 19:30 (dezenove e trinta) horas.
Art. 231	As disposições desta Seção não abrangem o trabalho dos operadores de radiotelegrafia embarcados em navios ou aeronaves.

SEÇÃO III
DOS MÚSICOS PROFISSIONAIS

Arts. 232 e 233	*Revogados pelos arts. 41 a 45 da Lei n. 3.857, de 22 de dezembro de 1960.*

LEI N. 3.857, DE 22 DE DEZEMBRO DE 1960.
Cria a Ordem dos Músicos do Brasil e dispõe sobre a Regulamentação do Exercício da Profissão de Músico e dá outras Providências
DOU 23.12.1960

Vide art. 41, *caput* e §§ 1º e 2º; art. 42, incisos I e II e §§ 1º a 3º; art. 43, *caput* e parágrafo único; art. 44; art. 45, *caput*, alíneas *a* a *c* e parágrafo único

Art. 41. A duração normal do trabalho dos músicos não poderá exceder de 5 (cinco) horas, excetuados os casos previstos nesta lei.

§ 1º O tempo destinado aos ensaios será computado no período de trabalho.

§ 2º Com exceção do destinado à refeição, que será de 1 (uma) hora, os demais intervalos que se verificarem, na duração normal do trabalho ou nas prorrogações serão computados como de serviço efetivo.

Art. 42. A duração normal do trabalho poderá ser elevada:
I — a 6 (seis) horas, nos estabelecimentos de diversões públicas, tais como — cabarés, boates, dancings, táxi-dancings, salões de danças e congêneres, onde atuem 2 (dois) ou mais conjuntos.
II — excepcionalmente, a 7 (sete) horas, nos casos de força maior, ou festejos populares e serviço reclamado pelo interesse nacional.

§ 1º A hora de prorrogação, nos casos previstos do item II deste artigo, será remunerada com o dobro do valor do salário normal.

§ 2º Em todos os casos de prorrogação do período normal de trabalho, haverá obrigatoriamente, um intervalo para repouso de 30 (trinta) minutos, no mínimo.

§ 3º As prorrogações de caráter permanente deverão ser precedidas de homologação da autoridade competente.

Art. 43. Nos espetáculos de ópera, bailado e teatro musicado, a duração normal do trabalho, para fins de ensaios, poderá ser dividida em dois períodos, separados por intervalo de várias horas, em benefício do rendimento artístico e desde que a tradição e a natureza do espetáculo assim o exijam.

Parágrafo único. Nos ensaios gerais, destinados à censura oficial, poderá ser excedida a duração normal do trabalho.

Art. 44. Nos espetáculos de teatro musicado, como revista, opereta e outros gêneros semelhantes, os músicos receberão uma diária por sessão excedente das normais.

Art. 45. O músico das empresas nacionais de navegação terá um horário especial de trabalho, devendo participar, obrigatoriamente, de orquestra ou como solista:

TÍTULO III — DAS NORMAS ESPECIAIS DE TUTELA DO TRABALHO

Arts. 234 e 235

a) nas horas do almoço ou jantar;
b) das 21 às 22 horas;
c) nas entradas e saídas dos portos, desde que esse trabalho seja executado depois das 7 e antes das 22 horas.
Parágrafo único. O músico de que trata este artigo ficará dispensado de suas atividades durante as permanências das embarcações nos portos, desde que não hajam passageiros a bordo.

SÚMULA DO STF

Vide Súmula 312/STF

Súmula 312 STF — Músico integrante de orquestra da empresa, com atuação permanente e vínculo de subordinação, está sujeito a legislação geral do trabalho, e não à especial dos artistas.

SEÇÃO IV
DOS OPERADORES CINEMATOGRÁFICOS

Art. 234	A duração normal do trabalho dos operadores cinematográficos e seus ajudantes não excederá de seis horas diárias, assim distribuídas:
a)	5 (cinco) horas consecutivas de trabalho em cabina, durante o funcionamento cinematográfico;
b)	1 (um) período suplementar, até o máximo de 1 (uma) hora para limpeza, lubrificação dos aparelhos de projeção, ou revisão de filmes.
Parágrafo único	Mediante remuneração adicional de 25% (vinte e cinco por cento) sobre o salário da hora normal e observado um intervalo de 2 (duas) horas para folga, entre o período a que se refere a alínea "b" deste artigo e o trabalho em cabina de que trata a alínea "a", poderá o trabalho dos operadores cinematográficos e seus ajudantes ter a duração prorrogada por 2 (duas) horas diárias, para exibições extraordinárias.

CONSTITUIÇÃO FEDERAL DE 1988
DOU 5.10.1988

Vide art. 7º, *caput* e incisos XIII e XVI

Art. 7º São direitos dos trabalhadores urbanos e rurais, além de outros que visem à melhoria de sua condição social:
(...)
XIII — duração do trabalho normal não superior a oito horas diárias e quarenta e quatro semanais, facultada a compensação de horários e a redução da jornada, mediante acordo ou convenção coletiva de trabalho;
(...)
XVI — remuneração do serviço extraordinário superior, no mínimo, em cinquenta por cento à do normal;

Art. 235	Nos estabelecimentos cujo funcionamento normal seja noturno, será facultado aos operadores cinematográficos e seus ajudantes, mediante acordo ou contrato coletivo de trabalho e com um acréscimo de 25% (vinte e cinco por cento) sobre o salário da hora normal, executar o trabalho em sessões diurnas extraordinárias e, cumulativamente, nas noturnas, desde que isso se verifique até 3 (três) vezes por semana e entre as sessões diurnas e as noturnas haja o intervalo de 1 (uma) hora, no mínimo, de descanso.
§ 1º	A duração de trabalho cumulativo a que alude o presente artigo não poderá exceder de 10 (dez) horas.
§ 2º	Em seguida a cada período de trabalho haverá um intervalo de repouso no mínimo de 12 (doze) horas.

CONSTITUIÇÃO FEDERAL DE 1988
DOU 5.10.1988

Vide art. 7º, *caput* e incisos XIII e XVI

Art. 7º São direitos dos trabalhadores urbanos e rurais, além de outros que visem à melhoria de sua condição social:
(...)

XIII — duração do trabalho normal não superior a oito horas diárias e quarenta e quatro semanais, facultada a compensação de horários e a redução da jornada, mediante acordo ou convenção coletiva de trabalho; *(vide Decreto-Lei n. 5.452, de 1943)*
(...)
XVI — remuneração do serviço extraordinário superior, no mínimo, em cinquenta por cento à do normal; *(Vide Decreto-Lei n. 5.452, art. 59 § 1º)*

CONSOLIDAÇÃO DAS LEIS DO TRABALHO
Decreto-Lei n. 5.452, de 1º de maio de 1943
DOU 9.8.1943

Vide art. 66

Art. 66. Entre 2 (duas) jornadas de trabalho haverá um período mínimo de 11 (onze) horas consecutivas para descanso.

SEÇÃO IV-A
(Incluída pela Lei n. 12.619, de 2012)

DO SERVIÇO DO MOTORISTA PROFISSIONAL EMPREGADO
(Redação dada pela Lei n. 13.103, de 2015)

Art. 235-A	Os preceitos especiais desta Seção aplicam-se ao motorista profissional empregado: *(Redação dada pela Lei n. 13.103, de 2015)*
I -	de transporte rodoviário coletivo de passageiros; *(Incluído pela Lei n. 13.103, de 2015)*
II -	de transporte rodoviário de cargas. *(Incluído pela Lei n. 13.103, de 2015)*

LEI N. 13.103, DE 2 DE MARÇO DE 2015

Dispõe sobre o exercício da profissão de motorista; altera a Consolidação das Leis do Trabalho — CLT, aprovada pelo Decreto-Lei n. 5.452, de 1º de maio de 1943, e as Leis ns. 9.503, de 23 de setembro de 1997 — Código de Trânsito Brasileiro, e 11.442, de 5 de janeiro de 2007 (empresas e transportadores autônomos de carga), para disciplinar a jornada de trabalho e o tempo de direção do motorista profissional; altera a Lei n. 7.408, de 25 de novembro de 1985; revoga dispositivos da Lei n. 12.619, de 30 de abril de 2012; e dá outras providências

DOU 3.3.2015

Em vigor 45 (quarenta e cinco) dias após a data de sua publicação, de acordo com o art. 1º do Decreto-Lei n. 4.657/1942

Vide art. 1º, caput, parágrafo único e incisos I e II

Art. 1º É livre o exercício da profissão de motorista profissional, atendidas as condições e qualificações profissionais estabelecidas nesta Lei.
Parágrafo único. Integram a categoria profissional de que trata esta Lei os motoristas de veículos automotores cuja condução exija formação profissional e que exerçam a profissão nas seguintes atividades ou categorias econômicas:
I — de transporte rodoviário de passageiros;
II — de transporte rodoviário de cargas.

Art. 235-B	São deveres do motorista profissional empregado: *(Redação dada pela Lei n. 13.103, de 2015)*
I -	estar atento às condições de segurança do veículo; *(Incluída pela Lei n. 12.619, de 2012)*
II -	conduzir o veículo com perícia, prudência, zelo e com observância aos princípios de direção defensiva; *(Incluída pela Lei n. 12.619, de 2012)*
III -	respeitar a legislação de trânsito e, em especial, as normas relativas ao tempo de direção e de descanso controlado e registrado na forma do previsto no art. 67-E da Lei n. 9.503, de 23 de setembro de 1997 — Código de Trânsito Brasileiro; *(Redação dada pela Lei n. 13.103, de 2015)*
IV -	zelar pela carga transportada e pelo veículo; *(Incluída pela Lei n. 12.619, de 2012)*
V -	colocar-se à disposição dos órgãos públicos de fiscalização na via pública; *(Incluída pela Lei n. 12.619, de 2012)*

TÍTULO III — DAS NORMAS ESPECIAIS DE TUTELA DO TRABALHO

Art. 235-C

VI -	(VETADO); *(Incluída pela Lei n. 12.619, de 2012)*
VII -	submeter-se a exames toxicológicos com janela de detecção mínima de 90 (noventa) dias e a programa de controle de uso de droga e de bebida alcoólica, instituído pelo empregador, com sua ampla ciência, pelo menos uma vez a cada 2 (dois) anos e 6 (seis) meses, podendo ser utilizado para esse fim o exame obrigatório previsto na Lei n. 9.503, de 23 de setembro de 1997 — Código de Trânsito Brasileiro, desde que realizado nos últimos 60 (sessenta) dias. *(Redação dada pela Lei n. 13.103, de 2015)*
Parágrafo único	A recusa do empregado em submeter-se ao teste ou ao programa de controle de uso de droga e de bebida alcoólica previstos no inciso VII será considerada infração disciplinar, passível de penalização nos termos da lei. *(Redação dada pela Lei n. 13.103, de 2015)*

LEI N. 13.103, DE 2 DE MARÇO DE 2015
Dispõe sobre o exercício da profissão de motorista; altera a Consolidação das Leis do Trabalho — CLT, aprovada pelo Decreto-Lei n. 5.452, de 1º de maio de 1943, e as Leis ns. 9.503, de 23 de setembro de 1997 — Código de Trânsito Brasileiro, e 11.442, de 5 de janeiro de 2007 (empresas e transportadores autônomos de carga), para disciplinar a jornada de trabalho e o tempo de direção do motorista profissional; altera a Lei n. 7.408, de 25 de novembro de 1985; revoga dispositivos da Lei n. 12.619, de 30 de abril de 2012; e dá outras providências
DOU 3.3.2015
Em vigor 45 (quarenta e cinco) dias após a data de sua publicação, de acordo com o art. 1º do Decreto-Lei n. 4.657/1942

Vide art. 13, *caput* e incisos I a IV

Art. 13. O exame toxicológico com janela de detecção mínima de 90 (noventa) dias de que tratam o art. 148-A da Lei n. 9.503, de 23 de setembro de 1997 — Código de Trânsito Brasileiro, os §§ 6º e 7º do art. 168 e o inciso VII do art. 235-B da Consolidação das Leis do Trabalho — CLT, aprovada pelo Decreto-Lei n. 5.452, de 1º de maio de 1943, será exigido:

I — em 90 (noventa) dias da publicação desta Lei, para a renovação e habilitação das categorias C, D e E;

II — em 1 (um) ano a partir da entrada em vigor desta Lei, para a admissão e a demissão de motorista profissional;

III — em 3 (três) anos e 6 (seis) meses a partir da entrada em vigor desta Lei, para o disposto no § 2º do art. 148-A da Lei n. 9.503, de 23 de setembro de 1997;

IV — em 2 (dois) anos e 6 (seis) meses a partir da entrada em vigor desta Lei, para o disposto no § 3º do art. 148-A da Lei n. 9.503, de 23 de setembro de 1997.

Parágrafo único. Caberá ao Contran estabelecer adequações necessárias ao cronograma de realização dos exames.

Art. 235-C	A jornada diária de trabalho do motorista profissional será de 8 (oito) horas, admitindo-se a sua prorrogação por até 2 (duas) horas extraordinárias ou, mediante previsão em convenção ou acordo coletivo, por até 4 (quatro) horas extraordinárias. *(Redação dada pela Lei n. 13.103, de 2015)*

CONSTITUIÇÃO FEDERAL DE 1988
DOU 5.10.1988

Vide art. 7º, *caput* e incisos XIII, XVI e XXII

Art. 7º São direitos dos trabalhadores urbanos e rurais, além de outros que visem à melhoria de sua condição social:
(...)
XIII — duração do trabalho normal não superior a oito horas diárias e quarenta e quatro semanais, facultada a compensação de horários e a redução da jornada, mediante acordo ou convenção coletiva de trabalho;
(...)
XVI — remuneração do serviço extraordinário superior, no mínimo, em cinquenta por cento à do normal;
(...)
XXII — redução dos riscos inerentes ao trabalho, por meio de normas de saúde, higiene e segurança;

§ 1º	Será considerado como trabalho efetivo o tempo em que o motorista empregado estiver à disposição do empregador, excluídos os intervalos para refeição, repouso e descanso e o tempo de espera. *(Redação dada pela Lei n. 13.103, de 2015)*

Art. 235-C

TÍTULO III — DAS NORMAS ESPECIAIS DE TUTELA DO TRABALHO

CONSTITUIÇÃO FEDERAL DE 1988
DOU 5.10.1988

Vide art. 7º, caput e inciso XXII

Art. 7º São direitos dos trabalhadores urbanos e rurais, além de outros que visem à melhoria de sua condição social:
(...)
XXII — redução dos riscos inerentes ao trabalho, por meio de normas de saúde, higiene e segurança;

CONSOLIDAÇÃO DAS LEIS DO TRABALHO
Decreto-Lei n. 5.452, de 1º de maio de 1943
DOU 9.8.1943

Vide art. 4º

Art. 4º Considera-se como de serviço efetivo o período em que o empregado esteja à disposição do empregador, aguardando ou executando ordens, salvo disposição especial expressamente consignada.

§ 2º Será assegurado ao motorista profissional empregado intervalo mínimo de 1 (uma) hora para refeição, podendo esse período coincidir com o tempo de parada obrigatória na condução do veículo estabelecido pela Lei n. 9.503, de 23 de setembro de 1997 — Código de Trânsito Brasileiro, exceto quando se tratar do motorista profissional enquadrado no § 5º do art. 71 desta Consolidação. *(Redação dada pela Lei n. 13.103, de 2015)*

CONSTITUIÇÃO FEDERAL DE 1988
DOU 5.10.1988

Vide art. 7º, caput e inciso XXII

Art. 7º São direitos dos trabalhadores urbanos e rurais, além de outros que visem à melhoria de sua condição social:
(...)
XXII — redução dos riscos inerentes ao trabalho, por meio de normas de saúde, higiene e segurança;

CONSOLIDAÇÃO DAS LEIS DO TRABALHO
Decreto-Lei n. 5.452, de 1º de maio de 1943
DOU 9.8.1943

Vide art. 71, caput e § 5º

Art. 71. Em qualquer trabalho contínuo, cuja duração exceda de 6 (seis) horas, é obrigatória a concessão de um intervalo para repouso ou alimentação, o qual será, no mínimo, de 1 (uma) hora e, salvo acordo escrito ou contrato coletivo em contrário, não poderá exceder de 2 (duas) horas.
(...)
§ 5º O intervalo expresso no caput poderá ser reduzido e/ou fracionado, e aquele estabelecido no § 1º poderá ser fracionado, quando compreendidos entre o término da primeira hora trabalhada e o início da última hora trabalhada, desde que previsto em convenção ou acordo coletivo de trabalho, ante a natureza do serviço e em virtude das condições especiais de trabalho a que são submetidos estritamente os motoristas, cobradores, fiscalização de campo e afins nos serviços de operação de veículos rodoviários, empregados no setor de transporte coletivo de passageiros, mantida a remuneração e concedidos intervalos para descanso menores ao final de cada viagem. *(Redação dada pela Lei n. 13.103, de 2015)*

LEI N. 13.103, DE 2 DE MARÇO DE 2015
Dispõe sobre o exercício da profissão de motorista; altera a Consolidação das Leis do Trabalho — CLT, aprovada pelo Decreto-Lei n. 5.452, de 1º de maio de 1943, e as Leis ns. 9.503, de 23 de setembro de 1997 — Código de Trânsito Brasileiro, e 11.442, de 5 de janeiro de 2007 (empresas e transportadores autônomos de carga), para disciplinar a jornada de trabalho e o tempo de direção do motorista profissional; altera a Lei n. 7.408, de 25 de novembro de 1985; revoga dispositivos da Lei n. 12.619, de 30 de abril de 2012; e dá outras providências

DOU 3.3.2015
Em vigor 45 (quarenta e cinco) dias após a data de sua publicação, de acordo com o art. 1º do Decreto-Lei n. 4.657/1942

Vide art. 11, caput e §§ 1º a 3º; art. 12, caput e incisos I e II; e art. 14

Art. 11. Atos do órgão competente da União ou, conforme o caso, de autoridade do ente da federação com circunscrição sobre a via publicarão a relação de trechos das vias públicas que disponham de pontos de parada ou de locais de descanso adequados para o cumprimento desta Lei.
§ 1º A primeira relação dos trechos das vias referidas no caput será publicada no prazo de até 180 (cento e oitenta) dias a contar da data da publicação desta Lei.
§ 2º As relações de trechos das vias públicas de que trata o caput deverão ser ampliadas e revisadas periodicamente.
§ 3º Os estabelecimentos existentes nas vias poderão requerer no órgão competente com jurisdição sobre elas o seu reconhecimento como ponto de parada e descanso.

Art. 12. O disposto nos §§ 2º e 3º do art. 235-C do Capítulo I do Título III da Consolidação das Leis do Trabalho — CLT, aprovada pelo Decreto-Lei n. 5.452, de 1º de maio de 1943, e no caput e nos §§ 1º e 3º do art. 67-C do Capítulo III-A da Lei n. 9.503, de 23 de setembro de 1997 — Código de Trânsito Brasileiro, produzirá efeitos:

TÍTULO III — DAS NORMAS ESPECIAIS DE TUTELA DO TRABALHO

Art. 235-C

I — a partir da data da publicação dos atos de que trata o art. 11, para os trechos das vias deles constantes;

II — a partir da data da publicação das relações subsequentes, para as vias por elas acrescidas.

Parágrafo único. Durante os primeiros 180 (cento e oitenta) dias de sujeição do trecho ao disposto na Consolidação das Leis do Trabalho — CLT, aprovada pelo Decreto-Lei n. 5.452, de 1º de maio de 1943, e na Lei n. 9.503, de 23 de setembro de 1997 — Código de Trânsito Brasileiro, com as alterações constantes desta Lei, a fiscalização do seu cumprimento será meramente informativa e educativa.

Art. 14. Decorrido o prazo de 3 (três) anos a contar da publicação desta Lei, os seus efeitos dar-se-ão para todas as vias, independentemente da publicação dos atos de que trata o art. 11 ou de suas revisões.

§ 3º Dentro do período de 24 (vinte e quatro) horas, são asseguradas 11 (onze) horas de descanso, sendo facultados o seu fracionamento e a coincidência com os períodos de parada obrigatória na condução do veículo estabelecida pela Lei n. 9.503, de 23 de setembro de 1997 — Código de Trânsito Brasileiro, garantidos o mínimo de 8 (oito) horas ininterruptas no primeiro período e o gozo do remanescente dentro das 16 (dezesseis) horas seguintes ao fim do primeiro período. *(Redação dada pela Lei n. 13.103, de 2015)*

CONSTITUIÇÃO FEDERAL DE 1988
DOU 5.10.1988

Vide art. 7º, caput e inciso XXII

Art. 7º São direitos dos trabalhadores urbanos e rurais, além de outros que visem à melhoria de sua condição social:
(...)
XXII — redução dos riscos inerentes ao trabalho, por meio de normas de saúde, higiene e segurança;

CONSOLIDAÇÃO DAS LEIS DO TRABALHO
Decreto-Lei n. 5.452, de 1º de maio de 1943
DOU 9.8.1943

Vide art. 66

Art. 66. Entre 2 (duas) jornadas de trabalho haverá um período mínimo de 11 (onze) horas consecutivas para descanso.

LEI N. 13.103, DE 2 DE MARÇO DE 2015
Dispõe sobre o exercício da profissão de motorista; altera a Consolidação das Leis do Trabalho — CLT, aprovada pelo Decreto-Lei n. 5.452, de 1º de maio de 1943, e as Leis ns. 9.503, de 23 de setembro de 1997 — Código de Trânsito Brasileiro, e 11.442, de 5 de janeiro de 2007 (empresas e transportadores autônomos de carga), para disciplinar a jornada de trabalho e o tempo de direção do motorista profissional; altera a Lei n. 7.408, de 25 de novembro de 1985; revoga dispositivos da Lei n. 12.619, de 30 de abril de 2012; e dá outras providências

DOU 3.3.2015
Em vigor 45 (quarenta e cinco) dias após a data de sua publicação, de acordo com o art. 1º do Decreto-Lei n. 4.657/1942

Vide art. 11, caput e §§ 1º a 3º; art. 12, caput e incisos I e II; e art. 14

Art. 11. Atos do órgão competente da União ou, conforme o caso, de autoridade do ente da federação com circunscrição sobre a via publicarão a relação de trechos das vias públicas que disponham de pontos de parada ou de locais de descanso adequados para o cumprimento desta Lei.

§ 1º A primeira relação dos trechos das vias referidas no *caput* será publicada no prazo de até 180 (cento e oitenta) dias a contar da data da publicação desta Lei.

§ 2º As relações de trechos das vias públicas de que trata o *caput* deverão ser ampliadas e revisadas periodicamente.

§ 3º Os estabelecimentos existentes nas vias poderão requerer no órgão competente com jurisdição sobre elas o seu reconhecimento como ponto de parada e descanso.

Art. 12. O disposto nos §§ 2º e 3º do art. 235-C do Capítulo I do Título III da Consolidação das Leis do Trabalho — CLT, aprovada pelo Decreto-Lei n. 5.452, de 1º de maio de 1943, e no *caput* e nos §§ 1º e 3º do art. 67-C do Capítulo III-A da Lei n. 9.503, de 23 de setembro de 1997 — Código de Trânsito Brasileiro, produzirá efeitos:

I — a partir da data da publicação dos atos de que trata o art. 11, para os trechos das vias deles constantes;

II — a partir da data da publicação das relações subsequentes, para as vias por elas acrescidas.

Parágrafo único. Durante os primeiros 180 (cento e oitenta) dias de sujeição do trecho ao disposto na Consolidação das Leis do Trabalho — CLT, aprovada pelo Decreto-Lei n. 5.452, de 1º de maio de 1943, e na Lei n. 9.503, de 23 de setembro de 1997 — Código de Trânsito Brasileiro, com as alterações constantes desta Lei, a fiscalização do seu cumprimento será meramente informativa e educativa.

Art. 14. Decorrido o prazo de 3 (três) anos a contar da publicação desta Lei, os seus efeitos dar-se-ão para todas as vias, independentemente da publicação dos atos de que trata o art. 11 ou de suas revisões.

Art. 235-C

TÍTULO III — DAS NORMAS ESPECIAIS DE TUTELA DO TRABALHO

§ 4º Nas viagens de longa distância, assim consideradas aquelas em que o motorista profissional empregado permanece fora da base da empresa, matriz ou filial e de sua residência por mais de 24 (vinte e quatro) horas, o repouso diário pode ser feito no veículo ou em alojamento do empregador, do contratante do transporte, do embarcador ou do destinatário ou em outro local que ofereça condições adequadas. *(Redação dada pela Lei n. 13.103, de 2015)*

CONSTITUIÇÃO FEDERAL DE 1988
DOU 5.10.1988

Vide art. 7º, caput e inciso XV

Art. 7º São direitos dos trabalhadores urbanos e rurais, além de outros que visem à melhoria de sua condição social:

(...)
XV — repouso semanal remunerado, preferencialmente aos domingos;

§ 5º As horas consideradas extraordinárias serão pagas com o acréscimo estabelecido na Constituição Federal ou compensadas na forma do § 2º do art. 59 desta Consolidação. *(Redação dada pela Lei n. 13.103, de 2015)*

CONSTITUIÇÃO FEDERAL DE 1988
DOU 5.10.1988

Vide art. 7º, caput e incisos XIII e XVI

Art. 7º São direitos dos trabalhadores urbanos e rurais, além de outros que visem à melhoria de sua condição social:
(...)
XIII — duração do trabalho normal não superior a oito horas diárias e quarenta e quatro semanais, facultada a compensação de horários e a redução da jornada, mediante acordo ou convenção coletiva de trabalho;
(...)
XVI — remuneração do serviço extraordinário superior, no mínimo, em cinquenta por cento à do normal;

CONSOLIDAÇÃO DAS LEIS DO TRABALHO
Decreto-Lei n. 5.452, de 1º de maio de 1943
DOU 9.8.1943

Vide art. 59, caput e § 2º

Art. 59. A duração normal do trabalho poderá ser acrescida de horas suplementares, em número não excedente de 2 (duas), mediante acordo escrito entre empregador e empregado, ou mediante contrato coletivo de trabalho.
(...)
§ 2º Poderá ser dispensado o acréscimo de salário se, por força de acordo ou convenção coletiva de trabalho, o excesso de horas em um dia for compensado pela correspondente diminuição em outro dia, de maneira que não exceda, no período máximo de um ano, à soma das jornadas semanais de trabalho previstas, nem seja ultrapassado o limite máximo de dez horas diárias. *(Redação dada pela Medida Provisória n. 2.164-41, de 2001)*

§ 6º À hora de trabalho noturno aplica-se o disposto no art. 73 desta Consolidação. *(Redação dada pela Lei n. 13.103, de 2015)*

CONSTITUIÇÃO FEDERAL DE 1988
DOU 5.10.1988

Vide art. 7º, caput e incisos IX e XXII

Art. 7º São direitos dos trabalhadores urbanos e rurais, além de outros que visem à melhoria de sua condição social:
(...)
IX — remuneração do trabalho noturno superior à do diurno;
(...)
XXII — redução dos riscos inerentes ao trabalho, por meio de normas de saúde, higiene e segurança;

CONSOLIDAÇÃO DAS LEIS DO TRABALHO
Decreto-Lei n. 5.452, de 1º de maio de 1943
DOU 9.8.1943

Vide art. 73, caput e §§ 1º a 5º

Art. 73. Salvo nos casos de revezamento semanal ou quinzenal, o trabalho noturno terá remuneração superior a do diurno e, para esse efeito, sua remuneração terá um acréscimo de 20% (vinte por cento), pelo menos, sobre a hora diurna. *(Redação dada pelo Decreto-Lei n. 9.666, de 1946)*

§ 1º A hora do trabalho noturno será computada como de 52 minutos e 30 segundos. *(Redação dada pelo Decreto-Lei n. 9.666, de 1946)*

TÍTULO III — DAS NORMAS ESPECIAIS DE TUTELA DO TRABALHO

Art. 235-C

§ 2º Considera-se noturno, para os efeitos deste artigo, o trabalho executado entre as 22 horas de um dia e as 5 horas do dia seguinte. *(Redação dada pelo Decreto-Lei n. 9.666, de 1946)*

§ 3º O acréscimo, a que se refere o presente artigo, em se tratando de empresas que não mantêm, pela natureza de suas atividades, trabalho noturno habitual, será feito, tendo em vista os quantitativos pagos por trabalhos diurnos de natureza semelhante. Em relação às empresas cujo trabalho noturno decorra da natureza de suas atividades, o aumento será calculado sobre o salário mínimo geral vigente na região, não sendo devido quando exceder desse limite, já acrescido da percentagem. *(Redação dada pelo Decreto-Lei n. 9.666, de 1946)*

§ 4º Nos horários mistos, assim entendidos os que abrangem períodos diurnos e noturnos, aplica-se às horas de trabalho noturno o disposto neste artigo e seus parágrafos. *(Redação dada pelo Decreto-Lei n. 9.666, de 1946)*

§ 5º Às prorrogações do trabalho noturno aplica-se o disposto neste capítulo. *(Incluído pelo Decreto-Lei n. 9.666, de 1946)*

§ 7º	(VETADO). *(Incluída pela Lei n. 12.619, de 2012)*
§ 8º	São considerados tempo de espera as horas em que o motorista profissional empregado ficar aguardando carga ou descarga do veículo nas dependências do embarcador ou do destinatário e o período gasto com a fiscalização da mercadoria transportada em barreiras fiscais ou alfandegárias, não sendo computados como jornada de trabalho e nem como horas extraordinárias. *(Redação dada pela Lei n. 13.103, de 2015)*
§ 9º	As horas relativas ao tempo de espera serao indenizadas na proporção de 30% (trinta por cento) do salário-hora normal. *(Redação dada pela Lei n. 13.103, de 2015)*
§ 10	Em nenhuma hipótese, o tempo de espera do motorista empregado prejudicará o direito ao recebimento da remuneração correspondente ao salário-base diário. *(Incluído pela Lei n. 13.103, de 2015)*
§ 11	Quando a espera de que trata o § 8º for superior a 2 (duas) horas ininterruptas e for exigida a permanência do motorista empregado junto ao veículo, caso o local ofereça condições adequadas, o tempo será considerado como de repouso para os fins do intervalo de que tratam os §§ 2º e 3º, sem prejuízo do disposto no § 9º. *(Incluído pela Lei n. 13.103, de 2015)*
§ 12	Durante o tempo de espera, o motorista poderá realizar movimentações necessárias do veículo, as quais não serão consideradas como parte da jornada de trabalho, ficando garantido, porém, o gozo do descanso de 8 (oito) horas ininterruptas aludido no § 3º. *(Incluído pela Lei n. 13.103, de 2015)*
§ 13	Salvo previsão contratual, a jornada de trabalho do motorista empregado não tem horário fixo de início, de final ou de intervalos. *(Incluído pela Lei n. 13.103, de 2015)*
§ 14	O empregado é responsável pela guarda, preservação e exatidão das informações contidas nas anotações em diário de bordo, papeleta ou ficha de trabalho externo, ou no registrador instantâneo inalterável de velocidade e tempo, ou nos rastreadores ou sistemas e meios eletrônicos, instalados nos veículos, normatizados pelo Contran, até que o veículo seja entregue à empresa. *(Incluído pela Lei n. 13.103, de 2015)*
§ 15	Os dados referidos no § 14 poderão ser enviados a distância, a critério do empregador, facultando-se a anexação do documento original posteriormente. *(Incluído pela Lei n. 13.103, de 2015)*
§ 16	Aplicam-se as disposições deste artigo ao ajudante empregado nas operações em que acompanhe o motorista. *(Incluído pela Lei n. 13.103, de 2015)*
§ 17	O disposto no *caput* deste artigo aplica-se também aos operadores de automotores destinados a puxar ou a arrastar maquinaria de qualquer natureza ou a executar trabalhos de construção ou pavimentação e aos operadores de tratores, colheitadeiras, autopropelidos e demais aparelhos automotores destinados a puxar ou a arrastar maquinaria agrícola ou a executar trabalhos agrícolas. *(Incluído pela Lei n. 13.154, de 2015)*

Art. 235-D

TÍTULO III — DAS NORMAS ESPECIAIS DE TUTELA DO TRABALHO

Art. 235-D	Nas viagens de longa distância com duração superior a 7 (sete) dias, o repouso semanal será de 24 (vinte e quatro) horas por semana ou fração trabalhada, sem prejuízo do intervalo de repouso diário de 11 (onze) horas, totalizando 35 (trinta e cinco) horas, usufruído no retorno do motorista à base (matriz ou filial) ou ao seu domicílio, salvo se a empresa oferecer condições adequadas para o efetivo gozo do referido repouso. *(Redação dada pela Lei n. 13.103, de 2015)*
I, II e III -	Revogados; *(Redação dada pela Lei n. 13.103, de 2015)*

CONSTITUIÇÃO FEDERAL DE 1988
DOU 5.10.1988

Vide art. 7º, caput e incisos XV e XXII

Art. 7º São direitos dos trabalhadores urbanos e rurais, além de outros que visem à melhoria de sua condição social:
(...)
XV — repouso semanal remunerado, preferencialmente aos domingos;
(...)
XXII — redução dos riscos inerentes ao trabalho, por meio de normas de saúde, higiene e segurança;

CONSOLIDAÇÃO DAS LEIS DO TRABALHO
Decreto-Lei n. 5.452, de 1º de maio de 1943
DOU 9.8.1943

Vide art. 66 e art. 67

Art. 66. Entre 2 (duas) jornadas de trabalho haverá um período mínimo de 11 (onze) horas consecutivas para descanso.

Art. 67. Será assegurado a todo empregado um descanso semanal de 24 (vinte e quatro) horas consecutivas, o qual, salvo motivo de conveniência pública ou necessidade imperiosa do serviço, deverá coincidir com o domingo, no todo ou em parte.

§ 1º	É permitido o fracionamento do repouso semanal em 2 (dois) períodos, sendo um destes de, no mínimo, 30 (trinta) horas ininterruptas, a serem cumpridos na mesma semana e em continuidade a um período de repouso diário, que deverão ser usufruídos no retorno da viagem. *(Incluído pela Lei n. 13.103, de 2015)*
§ 2º	A cumulatividade de descansos semanais em viagens de longa distância de que trata o caput fica limitada ao número de 3 (três) descansos consecutivos. *(Incluído pela Lei n. 13.103, de 2015)*
§ 3º	O motorista empregado, em viagem de longa distância, que ficar com o veículo parado após o cumprimento da jornada normal ou das horas extraordinárias fica dispensado do serviço, exceto se for expressamente autorizada a sua permanência junto ao veículo pelo empregador, hipótese em que o tempo será considerado de espera. *(Incluído pela Lei n. 13.103, de 2015)*
§ 4º	Não será considerado como jornada de trabalho, nem ensejará o pagamento de qualquer remuneração, o período em que o motorista empregado ou o ajudante ficarem espontaneamente no veículo usufruindo dos intervalos de repouso. *(Incluído pela Lei n. 13.103, de 2015)*
§ 5º	Nos casos em que o empregador adotar 2 (dois) motoristas trabalhando no mesmo veículo, o tempo de repouso poderá ser feito com o veículo em movimento, assegurado o repouso mínimo de 6 (seis) horas consecutivas fora do veículo em alojamento externo ou, se na cabine leito, com o veículo estacionado, a cada 72 (setenta e duas) horas. *(Incluído pela Lei n. 13.103, de 2015)*
§ 6º	Em situações excepcionais de inobservância justificada do limite de jornada de que trata o art. 235-C, devidamente registradas, e desde que não se comprometa a segurança rodoviária, a duração da jornada de trabalho do motorista profissional empregado poderá ser elevada pelo tempo necessário até o veículo chegar a um local seguro ou ao seu destino. *(Incluído pela Lei n. 13.103, de 2015)*

TÍTULO III — DAS NORMAS ESPECIAIS DE TUTELA DO TRABALHO

§ 7º	Nos casos em que o motorista tenha que acompanhar o veículo transportado por qualquer meio onde ele siga embarcado e em que o veículo disponha de cabine leito ou a embarcação disponha de alojamento para gozo do intervalo de repouso diário previsto no § 3º do art. 235-C, esse tempo será considerado como tempo de descanso. *(Incluído pela Lei n. 13.103, de 2015)*
§ 8º	Para o transporte de cargas vivas, perecíveis e especiais em longa distância ou em território estrangeiro poderão ser aplicadas regras conforme a especificidade da operação de transporte realizada, cujas condições de trabalho serão fixadas em convenção ou acordo coletivo de modo a assegurar as adequadas condições de viagem e entrega ao destino final. *(Incluído pela Lei n. 13.103, de 2015)*
Art. 235-E	Para o transporte de passageiros, serão observados os seguintes dispositivos: *(Redação dada pela Lei n. 13.103, de 2015)*
I -	é facultado o fracionamento do intervalo de condução do veículo previsto na Lei n. 9.503, de 23 de setembro de 1997 — Código de Trânsito Brasileiro, em períodos de no mínimo 5 (cinco) minutos; *(Incluído pela Lei n. 13.103, de 2015)*
II -	será assegurado ao motorista intervalo mínimo de 1 (uma) hora para refeição, podendo ser fracionado em 2 (dois) períodos e coincidir com o tempo de parada obrigatória na condução do veículo estabelecido pela Lei n. 9.503, de 23 de setembro de 1997 — Código de Trânsito Brasileiro, exceto quando se tratar do motorista profissional enquadrado no § 5º do art. 71 desta Consolidação; *(Incluído pela Lei n. 13.103, de 2015)*
III -	nos casos em que o empregador adotar 2 (dois) motoristas no curso da mesma viagem, o descanso poderá ser feito com o veículo em movimento, respeitando-se os horários de jornada de trabalho, assegurado, após 72 (setenta e duas) horas, o repouso em alojamento externo ou, se em poltrona correspondente ao serviço de leito, com o veículo estacionado. *(Incluído pela Lei n. 13.103, de 2015)*
§ 1º	(Revogado). *(Redação dada pela Lei n. 13.103, de 2015)*
§ 2º	(VETADO). *(Incluída pela Lei n. 12.619, de 2012)*
§§ 3º a 7º	(Revogados). *(Redação dada pela Lei n. 13.103, de 2015)*
§ 8º	(VETADO). *(Incluída pela Lei n. 12.619, de 2012)*
§§ 9º a 12	(Revogados). *(Redação dada pela Lei n. 13.103, de 2015)*

CONSOLIDAÇÃO DAS LEIS DO TRABALHO
Decreto-Lei n. 5.452, de 1º de maio de 1943
DOU 9.8.1943

Vide art. 66 e art. 71, caput e § 5º

Art. 66. Entre 2 (duas) jornadas de trabalho haverá um período mínimo de 11 (onze) horas consecutivas para descanso.

Art. 71. Em qualquer trabalho contínuo, cuja duração exceda de 6 (seis) horas, é obrigatória a concessão de um intervalo para repouso ou alimentação, o qual será, no mínimo, de 1 (uma) hora e, salvo acordo escrito ou contrato coletivo em contrário, não poderá exceder de 2 (duas) horas.

(...)

§ 5º O intervalo expresso no caput poderá ser reduzido e/ou fracionado, e aquele estabelecido no § 1º poderá ser fracionado, quando compreendidos entre o término da primeira hora trabalhada e o início da última hora trabalhada, desde que previsto em convenção ou acordo coletivo de trabalho, ante a natureza do serviço e em virtude das condições especiais de trabalho a que são submetidos estritamente os motoristas, cobradores, fiscalização de campo e afins nos serviços de operação de veículos rodoviários, empregados no setor de transporte coletivo de passageiros, mantida a remuneração e concedidos intervalos para descanso menores ao final de cada viagem. *(Redação dada pela Lei n. 13.103, de 2015)*

TÍTULO III — DAS NORMAS ESPECIAIS DE TUTELA DO TRABALHO

Art. 235-F

Convenção e acordo coletivo poderão prever jornada especial de 12 (doze) horas de trabalho por 36 (trinta e seis) horas de descanso para o trabalho do motorista profissional empregado em regime de compensação. *(Redação dada pela Lei n. 13.103, de 2015)*

CONSTITUIÇÃO FEDERAL DE 1988
DOU 5.10.1988

Vide art. 7º, caput e inciso XIII

Art. 7º São direitos dos trabalhadores urbanos e rurais, além de outros que visem à melhoria de sua condição social:
(...)
XIII — duração do trabalho normal não superior a oito horas diárias e quarenta e quatro semanais, facultada a compensação de horários e a redução da jornada, mediante acordo ou convenção coletiva de trabalho;

CONSOLIDAÇÃO DAS LEIS DO TRABALHO
Decreto-Lei n. 5.482, de 1º de maio de 1943
DOU 9.8.1943

Vide art. 66; e art. 67

Art. 66. Entre 2 (duas) jornadas de trabalho haverá um período mínimo de 11 (onze) horas consecutivas para descanso.

Art. 67. Será assegurado a todo empregado um descanso semanal de 24 (vinte e quatro) horas consecutivas, o qual, salvo motivo de conveniência pública ou necessidade imperiosa do serviço, deverá coincidir com o domingo, no todo ou em parte.

SÚMULA DO TST

Vide Súmula 444/TST

Súmula 444 TST — JORNADA DE TRABALHO. NORMA COLETIVA. LEI. ESCALA DE 12 POR 36. VALIDADE. — Res. 185/2012, DEJT divulgado em 25, 26 e 27.9.2012 — republicada em decorrência do despacho proferido no processo TST-PA-504.280/2012.2 — DEJT divulgado em 26.11.2012

É válida, em caráter excepcional, a jornada de doze horas de trabalho por trinta e seis de descanso, prevista em lei ou ajustada exclusivamente mediante acordo coletivo de trabalho ou convenção coletiva de trabalho, assegurada a remuneração em dobro dos feriados trabalhados. O empregado não tem direito ao pagamento de adicional referente ao labor prestado na décima primeira e décima segunda horas.

Art. 235-G

É permitida a remuneração do motorista em função da distância percorrida, do tempo de viagem ou da natureza e quantidade de produtos transportados, inclusive mediante oferta de comissão ou qualquer outro tipo de vantagem, desde que essa remuneração ou comissionamento não comprometa a segurança da rodovia e da coletividade ou possibilite a violação das normas previstas nesta Lei. *(Redação dada pela Lei n. 13.103, de 2015)*

CONSTITUIÇÃO FEDERAL DE 1988
DOU 5.10.1988

Vide art. 7º, caput e inciso VII

Art. 7º São direitos dos trabalhadores urbanos e rurais, além de outros que visem à melhoria de sua condição social:
(...)
VII — garantia de salário, nunca inferior ao mínimo, para os que percebem remuneração variável;

CONSOLIDAÇÃO DAS LEIS DO TRABALHO
Decreto-Lei n. 5.452, de 1º de maio de 1943
DOU 9.8.1943

Vide art. 457, caput e § 1º

Art. 457. Compreendem-se na remuneração do empregado, para todos os efeitos legais, além do salário devido e pago diretamente pelo empregador, como contraprestação do serviço, as gorjetas que receber. *(Redação dada pela Lei n. 1.999, de 1.10.1953)*

§ 1º Integram o salário não só a importância fixa estipulada, como também as comissões, percentagens, gratificações ajustadas, diárias para viagens e abonos pagos pelo empregador. *(Redação dada pela Lei n. 1.999, de 1.10.1953)*

Art. 235-H

(Revogado). *(Redação dada pela Lei n. 13.103, de 2015)*

TÍTULO III — DAS NORMAS ESPECIAIS DE TUTELA DO TRABALHO

SEÇÃO V
DO SERVIÇO FERROVIÁRIO

Art. 236 No serviço ferroviário — considerado este o de transporte em estradas de ferro abertas ao tráfego público, compreendendo a administração, construção, conservação e remoção das vias férreas e seus edifícios, obras de arte, material rodante, instalações complementares e acessórias, bem como o serviço de tráfego, de telegrafia, telefonia e funcionamento de todas as instalações ferroviárias — aplicam-se os preceitos especiais constantes desta Seção.

SÚMULA DO STF

Vide Súmula 371/STF

Súmula 371 STF — Ferroviário, que foi admitido como servidor autárquico, não tem direito a dupla aposentadoria.

SÚMULAS DO TST

Vide Súmulas 52, 61, 67 e 446 /TST

Súmula 52 TST — TEMPO DE SERVIÇO (mantida) — Res. 121/2003, DJ 19, 20 e 21.11.2003

O adicional de tempo de serviço (quinquênio) é devido, nas condições estabelecidas no art. 19 da Lei n. 4.345, de 26.06.1964, aos contratados sob o regime da CLT, pela empresa a que se refere a mencionada lei, inclusive para o fim de complementação de aposentadoria.

Súmula 61 TST — FERROVIÁRIO (mantida) — Res. 121/2003, DJ 19, 20 e 21.11.2003

Aos ferroviários que trabalham em estação do interior, assim classificada por autoridade competente, não são devidas horas extras (art. 243 da CLT).

Súmula 67 TST — GRATIFICAÇÃO. FERROVIÁRIO (mantida) — Res. 121/2003, DJ 19, 20 e 21.11.2003

Chefe de trem, regido pelo estatuto dos ferroviários (Decreto n. 35.530, de 19.09.1959), não tem direito à gratificação prevista no respectivo art. 110.

Súmula 446 TST — MAQUINISTA FERROVIÁRIO. INTERVALO INTRAJORNADA. SUPRESSÃO PARCIAL OU TOTAL. HORAS EXTRAS DEVIDAS. COMPATIBILIDADE ENTRE OS ARTS. 71, § 4º, E 238, § 5º, DA CLT. Res. 193/2013, DEJT divulgado em 13, 16 e 17.12.2013

A garantia ao intervalo intrajornada, prevista no art. 71 da CLT, por constituir-se em medida de higiene, saúde e segurança do empregado, é aplicável também ao ferroviário maquinista integrante da categoria "c" (equipagem de trem em geral), não havendo incompatibilidade entre as regras inscritas nos arts. 71, § 4º, e 238, § 5º, da CLT.

ORIENTAÇÃO JURISPRUDENCIAL DA SDI-1 DO TST

Vide OJ 274 SDI-1/TST

OJ 274 SDI-1 TST — TURNO ININTERRUPTO DE REVEZAMENTO. FERROVIÁRIO. HORAS EXTRAS. DEVIDAS (inserida em 27.09.2002)

O ferroviário submetido a escalas variadas, com alternância de turnos, faz jus à jornada especial prevista no art. 7º, XIV, da CF/1988.

Art. 237	O pessoal a que se refere o artigo antecedente fica dividido nas seguintes categorias:
a)	funcionários de alta administração, chefes e ajudantes de departamentos e seções, engenheiros residentes, chefes de depósitos, inspetores e demais empregados que exercem funções administrativas ou fiscalizadoras;
b)	pessoal que trabalhe em lugares ou trechos determinados e cujas tarefas requeiram atenção constante; pessoal de escritório, turmas de conservação e construção da via permanente, oficinas e estações principais, inclusive os respectivos telegrafistas; pessoal de tração, lastro e revistadores;
c)	das equipagens de trens em geral;
d)	pessoal cujo serviço é de natureza intermitente ou de pouca intensidade, embora com permanência prolongada nos locais de trabalho; vigias e pessoal das estações do interior, inclusive os respectivos telegrafistas.

TÍTULO III — DAS NORMAS ESPECIAIS DE TUTELA DO TRABALHO

Art. 238	Será computado como de trabalho efetivo todo o tempo, em que o empregado estiver à disposição da estrada. *(Restaurado pelo Decreto-Lei n. 5, de 4.4.1966)*
§ 1º	Nos serviços efetuados pelo pessoal da categoria c, não será considerado como de trabalho efetivo o tempo gasto em viagens do local ou para o local de terminação e início dos mesmos serviços. *(Restaurado pelo Decreto-Lei n. 5, de 4.4.1966)*
§ 2º	Ao pessoal removido ou comissionado fora da sede será contado como de trabalho normal e efetivo o tempo gasto em viagens, sem direito à percepção de horas extraordinárias. *(Restaurado pelo Decreto-Lei n. 5, de 4.4.1966)*
§ 3º	No caso das turmas de conservação da via permanente, o tempo efetivo do trabalho será contado desde a hora da saída da casa da turma até a hora em que cessar o serviço em qualquer ponto compreendido centro dos limites da respectiva turma. Quando o empregado trabalhar fora dos limites da sua turma, ser-lhe-á também computado como de trabalho efetivo o tempo gasto no percurso da volta a esses limites. *(Restaurado pelo Decreto-Lei n. 5, de 4.4.1966)*
§ 4º	Para o pessoal da equipagem de trens, só será considerado esse trabalho efetivo, depois de chegado ao destino, o tempo em que o ferroviário estiver ocupado ou retido à disposição da Estrada. Quando, entre dois períodos de trabalho, não mediar intervalo superior a uma hora, será esse intervalo computado como de trabalho efetivo. *(Restaurado pelo Decreto-Lei n. 5, de 4.4.1966)*
§ 5º	O tempo concedido para refeição não se computa como de trabalho efetivo, senão para o pessoal da categoria c, quando as refeições forem tomadas em viagem ou nas estações durante as paradas. Esse tempo não será inferior a uma hora, exceto para o pessoal da referida categoria em serviço de trens. *(Restaurado pelo Decreto-Lei n. 5, de 4.4.1966)*
§ 6º	No trabalho das turmas encarregadas da conservação de obras de arte, linhas telegráficas ou telefônicas e edifícios, não será contado, como de trabalho efetivo, o tempo de viagem para o local do serviço, sempre que não exceder de uma hora, seja para ida ou para volta, e a Estrada fornecer os meios de locomoção, computando-se, sempre o tempo excedente a esse limite. *(Restaurado pelo Decreto-Lei n. 5, de 4.4.1966)*

SÚMULAS DO TST

Vide Súmulas 61 e 446 /TST

Súmula 61 TST — FERROVIÁRIO (mantida) — Res. 121/2003, DJ 19, 20 e 21.11.2003

Aos ferroviários que trabalham em estação do interior, assim classificada por autoridade competente, não são devidas horas extras (art. 243 da CLT).

Súmula 446 TST — MAQUINISTA FERROVIÁRIO. INTERVALO INTRAJORNADA. SUPRESSÃO PARCIAL OU TOTAL. HORAS EXTRAS DEVIDAS. COMPATIBILIDADE ENTRE OS ARTS. 71, § 4º, E 238, § 5º, DA CLT. Res. 193/2013, DEJT divulgado em 13, 16 e 17.12.2013

A garantia ao intervalo intrajornada, prevista no art. 71 da CLT, por constituir-se em medida de higiene, saúde e segurança do empregado, é aplicável também ao ferroviário maquinista integrante da categoria "c" (equipagem de trem em geral), não havendo incompatibilidade entre as regras inscritas nos arts. 71, § 4º, e 238, § 5º, da CLT.

ORIENTAÇÃO JURISPRUDENCIAL DA SDI-1 DO TST

Vide OJ 274 SDI-1/TST

OJ 274 SDI-1 TST — TURNO ININTERRUPTO DE REVEZAMENTO. FERROVIÁRIO. HORAS EXTRAS. DEVIDAS (inserida em 27.09.2002)

O ferroviário submetido a escalas variadas, com alternância de turnos, faz jus à jornada especial prevista no art. 7º, XIV, da CF/1988.

Art. 239	Para o pessoal da categoria "c", a prorrogação do trabalho independe de acordo ou contrato coletivo, não podendo, entretanto, exceder de 12 (doze) horas, pelo que as empresas organizarão, sempre que possível, os serviços de equipagens de trens com destacamentos nos trechos das linhas de modo a ser observada a duração normal de oito horas de trabalho. *(Vide Decreto-Lei n. 6.361, de 1944)*

TÍTULO III — DAS NORMAS ESPECIAIS DE TUTELA DO TRABALHO

Arts. 240 e 241

§ 1º	Para o pessoal sujeito ao regime do presente artigo, depois de cada jornada de trabalho haverá um repouso de 10 (dez) horas contínuas, no mínimo, observando-se, outrossim, o descanso semanal.
§ 2º	Para o pessoal da equipagem de trens, a que se refere o presente artigo, quando a empresa não fornecer alimentação, em viagem, e hospedagem, no destino, concederá uma ajuda de custo para atender a tais despesas.
§ 3º	As escalas do pessoal abrangido pelo presente artigo serão organizadas de modo que não caiba a qualquer empregado, quinzenalmente, um total de horas de serviço noturno superior às de serviço diurno.
§ 4º	Os períodos de trabalho do pessoal a que alude o presente artigo serão registrados em cadernetas especiais, que ficarão sempre em poder do empregado, de acordo com o modelo aprovado pelo Ministro do Trabalho, Indústria e Comércio.

CONSTITUIÇÃO FEDERAL DE 1988
DOU 5.10.1988

Vide art. 7º, caput e inciso XV

Art. 7º São direitos dos trabalhadores urbanos e rurais, além de outros que visem à melhoria de sua condição social:
(...)
XV — repouso semanal remunerado, preferencialmente aos domingos;

CONSOLIDAÇÃO DAS LEIS DO TRABALHO
Decreto-Lei n. 5.452, de 1º de maio de 1943
DOU 9.8.1943

Vide art. 66; e art. 67

Art. 66. Entre 2 (duas) jornadas de trabalho haverá um período mínimo de 11 (onze) horas consecutivas para descanso.

Art. 67. Será assegurado a todo empregado um descanso semanal de 24 (vinte e quatro) horas consecutivas, o qual, salvo motivo de conveniência pública ou necessidade imperiosa do serviço, deverá coincidir com o domingo, no todo ou em parte.

Art. 240	Nos casos de urgência ou de acidente, capazes de afetar a segurança ou regularidade do serviço, poderá a duração do trabalho ser excepcionalmente elevada a qualquer número de horas, incumbindo à Estrada zelar pela incolumidade dos seus empregados e pela possibilidade de revezamento de turmas, assegurando ao pessoal um repouso correspondente e comunicando a ocorrência ao Ministério do Trabalho, Indústria e Comércio, dentro de 10 (dez) dias da sua verificação.
Parágrafo único	Nos casos previstos neste artigo, a recusa, sem causa justificada, por parte de qualquer empregado, à execução de serviço extraordinário será considerada falta grave.

Art. 241	As horas excedentes das do horário normal de oito horas serão pagas como serviço extraordinário na seguinte base: as duas primeiras com o acréscimo de 25% (vinte e cinco por cento) sobre o salário-hora normal; as duas subsequentes com um adicional de 50% (cinquenta por cento) e as restantes com um adicional de 75% (setenta e cinco por cento). *(Vide Decreto-Lei n. 6.361, de 1944)*
Parágrafo único	Para o pessoal da categoria "c", a primeira hora será majorada de 25% (vinte e cinco por cento), a segunda hora será paga com o acréscimo de 50% (cinquenta por cento) e as duas subsequentes com o de 60% (sessenta por cento), salvo caso de negligência comprovada.

Arts. 242 a 244

TÍTULO III — DAS NORMAS ESPECIAIS DE TUTELA DO TRABALHO

CONSTITUIÇÃO FEDERAL DE 1988
DOU 5.10.1988

Vide art. 7º, *caput* e inciso XVI

Art. 7º São direitos dos trabalhadores urbanos e rurais, além de outros que visem à melhoria de sua condição social:

(...)

XVI — remuneração do serviço extraordinário superior, no mínimo, em cinquenta por cento à do normal;

Art. 242 — As frações de meia hora superiores a 10 (dez) minutos serão computadas como meia hora.

Art. 243 — Para os empregados de estações do interior, cujo serviço for de natureza intermitente ou de pouca intensidade, não se aplicam os preceitos gerais sobre duração do trabalho, sendo-lhes, entretanto, assegurado o repouso contínuo de dez horas, no mínimo, entre dois períodos de trabalho e descanso semanal

SÚMULAS DO TST

Vide Súmulas 61 e 67 /TST

Súmula 61 TST — FERROVIÁRIO (mantida) — Res. 121/2003, DJ 19, 20 e 21.11.2003
Aos ferroviários que trabalham em estação do interior, assim classificada por autoridade competente, não são devidas horas extras (art. 243 da CLT).

Súmula 67 TST — GRATIFICAÇÃO. FERROVIÁRIO (mantida) — Res. 121/2003, DJ 19, 20 e 21.11.2003
Chefe de trem, regido pelo estatuto dos ferroviários (Decreto n. 35.530, de 19.09.1959), não tem direito à gratificação prevista no respectivo art. 110.

Art. 244 — As estradas de ferro poderão ter empregados extranumerários, de sobreaviso e de prontidão, para executarem serviços imprevistos ou para substituições de outros empregados que faltem à escala organizada. *(Restaurado pelo Decreto-Lei n. 5, de 4.4.1966)*

§ 1º Considera-se "extranumerário" o empregado não efetivo, candidato efetivação, que se apresentar normalmente ao serviço, embora só trabalhe quando for necessário. O extranumerário só receberá os dias de trabalho efetivo. *(Restaurado pelo Decreto-Lei n. 5, de 4.4.1966)*

§ 2º Considera-se de "sobreaviso" o empregado efetivo, que permanecer em sua própria casa, aguardando a qualquer momento o chamado para o serviço. Cada escala de "sobreaviso" será, no máximo, de vinte e quatro horas. As horas de "sobreaviso", para todos os efeitos, serão contadas à razão de 1/3 (um terço) do salário normal. *(Restaurado pelo Decreto-Lei n. 5, de 4.4.1966)*

SÚMULAS DO TST

Vide Súmulas 132, II, 229 e 428/TST

Súmula 132 TST — ADICIONAL DE PERICULOSIDADE. INTEGRAÇÃO (incorporadas as Orientações Jurisprudenciais ns. 174 e 267 da SBDI-1) — Res. 129/2005, DJ 20, 22 e 25.04.2005
(...)
II — Durante as horas de sobreaviso, o empregado não se encontra em condições de risco, razão pela qual é incabível a integração do adicional de periculosidade sobre as mencionadas horas. *(ex-OJ n. 174 da SBDI-1 — inserida em 08.11.2000)*

Súmula 229 TST — SOBREAVISO. ELETRICITÁRIOS (nova redação) — Res. 121/2003, DJ 19, 20 e 21.11.2003
Por aplicação analógica do art. 244, § 2º, da CLT, as horas de sobreaviso dos eletricitários são remuneradas à base de 1/3 sobre a totalidade das parcelas de natureza salarial.

Súmula 428 TST — SOBREAVISO APLICAÇÃO ANALÓGICA DO ART. 244, § 2º DA CLT (redação alterada na sessão do Tribunal Pleno realizada em 14.09.2012) — Res. 185/2012, DEJT divulgado em 25, 26 e 27.09.2012
I — O uso de instrumentos telemáticos ou informatizados fornecidos pela empresa ao empregado, por si só, não caracteriza o regime de sobreaviso.

TÍTULO III — DAS NORMAS ESPECIAIS DE TUTELA DO TRABALHO

Arts. 245 a 247

II — Considera-se em sobreaviso o empregado que, à distância e submetido a controle patronal por instrumentos telemáticos ou informatizados, permanecer em regime de plantão ou equivalente, aguardando a qualquer momento o chamado para o serviço durante o período de descanso.

§ 3º	Considera-se de "prontidão" o empregado que ficar nas dependências da estrada, aguardando ordens. A escala de prontidão será, no máximo, de doze horas. As horas de prontidão serão, para todos os efeitos, contadas à razão de 2/3 (dois terços) do salário-hora normal. *(Restaurado pelo Decreto-Lei n. 5, de 4.4.1966)*
§ 4º	Quando, no estabelecimento ou dependência em que se achar o empregado, houver facilidade de alimentação, as doze horas de prontidão, a que se refere o parágrafo anterior, poderão ser contínuas. Quando não existir essa facilidade, depois de seis horas de prontidão, haverá sempre um intervalo de uma hora para cada refeição, que não será, nesse caso, computada como de serviço. *(Restaurado pelo Decreto-Lei n. 5, de 4.4.1966)*
Art. 245	O horário normal de trabalho dos cabineiros nas estações de tráfego intenso não excederá de 8 (oito) horas e deverá ser dividido em 2 (dois) turnos com intervalo não inferior a 1 (uma) hora de repouso, não podendo nenhum turno ter duração superior a 5 (cinco) horas, com um período de descanso entre 2 (duas) jornadas de trabalho de 14 (quatorze) horas consecutivas.

CONSOLIDAÇÃO DAS LEIS DO TRABALHO
Decreto-Lei n. 5.452, de 1º de maio de 1943
DOU 9.8.1943

Vide art. 71, *caput* e § 4º; e art. 238, *caput* e § 5º

Art. 71. Em qualquer trabalho contínuo, cuja duração exceda de 6 (seis) horas, é obrigatória a concessão de um intervalo para repouso ou alimentação, o qual será, no mínimo, de 1 (uma) hora e, salvo acordo escrito ou contrato coletivo em contrário, não poderá exceder de 2 (duas) horas.
(...)
§ 4º Quando o intervalo para repouso e alimentação, previsto neste artigo, não for concedido pelo empregador, este ficará obrigado a remunerar o período correspondente com um acréscimo de no mínimo 50% (cinquenta por cento) sobre o valor da remuneração da hora normal de trabalho. *(Incluído pela Lei n. 8.923, de 27.7.1994)*

Art. 238. Será computado como de trabalho efetivo todo o tempo, em que o empregado estiver à disposição da estrada. *(Restaurado pelo Decreto-Lei n. 5, de 4.4.1966)*
(...)

§ 5º O tempo concedido para refeição não se computa como de trabalho efetivo, senão para o pessoal da categoria c, quando as refeições forem tomadas em viagem ou nas estações durante as paradas. Esse tempo não será inferior a uma hora, exceto para o pessoal da referida categoria em serviço de trens. *(Restaurado pelo Decreto-Lei n. 5, de 4.4.1966)*

SÚMULA DO TST

Vide Súmula 446 /TST

Súmula 446 TST — MAQUINISTA FERROVIÁRIO. INTERVALO INTRAJORNADA. SUPRESSÃO PARCIAL OU TOTAL. HORAS EXTRAS DEVIDAS. COMPATIBILIDADE ENTRE OS ARTS. 71, § 4º, E 238, § 5º, DA CLT. Res. 193/2013, DEJT divulgado em 13, 16 e 17.12.2013
A garantia ao intervalo intrajornada, prevista no art. 71 da CLT, por constituir-se em medida de higiene, saúde e segurança do empregado, é aplicável também ao ferroviário maquinista integrante da categoria "c" (equipagem de trem em geral), não havendo incompatibilidade entre as regras inscritas nos arts. 71, § 4º, e 238, § 5º, da CLT.

Art. 246	O horário de trabalho dos operadores telegrafistas nas estações de tráfego intenso não excederá de 6 (seis) horas diárias.
Art. 247	As estações principais, estações de tráfego intenso e estações do interior serão classificadas para cada empresa pelo Departamento Nacional da Estradas de Ferro.

SEÇÃO VI
DAS EQUIPAGENS DAS EMBARCAÇÕES DA MARINHA MERCANTE NACIONAL, DE NAVEGAÇÃO FLUVIAL E LACUSTRE, DO TRÁFEGO NOS PORTOS E DA PESCA

Art. 248	Entre as horas 0 (zero) e 24 (vinte e quatro) de cada dia civil, o tripulante poderá ser conservado em seu posto durante 8 (oito) horas, quer de modo contínuo, quer de modo intermitente.
§ 1º	A exigência do serviço contínuo ou intermitente ficará a critério do comandante e, neste último caso, nunca por período menor que 1 (uma) hora.
§ 2º	Os serviços de quarto nas máquinas, passadiço, vigilância e outros que, consoante parecer médico, possam prejudicar a saúde do tripulante serão executados por períodos não maiores e com intervalos não menores de 4 (quatro) horas.

SÚMULA DO STF

Vide Súmula 531/STF

Súmula 531 STF — É inconstitucional o Decreto n. 51.668, de 17.1.1963, que estabeleceu salário profissional para trabalhadores de transportes marítimos, fluviais e lacustres.

Art. 249	Todo o tempo de serviço efetivo, excedente de 8 (oito) horas, ocupado na forma do artigo anterior, será considerado de trabalho extraordinário, sujeito à compensação a que se refere o art. 250, exceto se se tratar de trabalho executado:
a)	em virtude de responsabilidade pessoal do tripulante e no desempenho de funções de direção, sendo consideradas como tais todas aquelas que a bordo se achem constituídas em um único indivíduo com responsabilidade exclusiva e pessoal;
b)	na iminência de perigo, para salvaguarda ou defesa da embarcação, dos passageiros, ou da carga, a juízo exclusivo do comandante ou do responsável pela segurança a bordo;
c)	por motivo de manobras ou fainas gerais que reclamem a presença, em seus postos, de todo o pessoal de bordo;
d)	na navegação lacustre e fluvial, quando se destina ao abastecimento do navio ou embarcação de combustível e rancho, ou por efeito das contingências da natureza da navegação, na transposição de passos ou pontos difíceis, inclusive operações de alívio ou transbordo de carga, para obtenção de calado menor para essa transposição.
§ 1º	O trabalho executado aos domingos e feriados será considerado extraordinário, salvo se se destinar:
a)	ao serviço de quartos e vigilância, movimentação das máquinas e aparelhos de bordo, limpeza e higiene da embarcação, preparo de alimentação da equipagem e dos passageiros, serviço pessoal destes e, bem assim, aos socorros de urgência ao navio ou ao pessoal;
b)	ao fim da navegação ou das manobras para a entrada ou saída de portos, atracação, desatracação, embarque ou desembarque de carga e passageiros.
Parágrafo único	Não excederá de 30 (trinta) horas semanais o serviço extraordinário prestado para o tráfego nos portos.

TÍTULO III — DAS NORMAS ESPECIAIS DE TUTELA DO TRABALHO Arts. 250 a 253

CONSTITUIÇÃO FEDERAL DE 1988
DOU 5.10.1988

Vide art. 7º, *caput* e inciso XVI

Art. 7º São direitos dos trabalhadores urbanos e rurais, além de outros que visem à melhoria de sua condição social:
(...)
XVI — remuneração do serviço extraordinário superior, no mínimo, em cinquenta por cento à do normal;

SÚMULA DO TST

Vide Súmula 96/TST

Súmula 96 TST — MARÍTIMO (mantida) — Res. 121/2003, DJ 19, 20 e 21.11.2003
A permanência do tripulante a bordo do navio, no período de repouso, além da jornada, não importa presunção de que esteja à disposição do empregador ou em regime de prorrogação de horário, circunstâncias que devem resultar provadas, dada a natureza do serviço.

Art. 250	As horas de trabalho extraordinário serão compensadas, segundo a conveniência do serviço, por descanso em período equivalente no dia seguinte ou no subsequente dentro das do trabalho normal, ou no fim da viagem, ou pelo pagamento do salário correspondente.
Parágrafo único	As horas extraordinárias de trabalho são indivisíveis, computando-se a fração de hora como hora inteira.

CONSTITUIÇÃO FEDERAL DE 1988
DOU 5.10.1988

Vide art. 7º, *caput* e inciso XVI

Art. 7º São direitos dos trabalhadores urbanos e rurais, além de outros que visem à melhoria de sua condição social:
(...)
XVI — remuneração do serviço extraordinário superior, no mínimo, em cinquenta por cento à do normal;

SÚMULA DO TST

Vide Súmula 96/TST

Súmula 96 TST — MARÍTIMO (mantida) — Res. 121/2003, DJ 19, 20 e 21.11.2003
A permanência do tripulante a bordo do navio, no período de repouso, além da jornada, não importa presunção de que esteja à disposição do empregador ou em regime de prorrogação de horário, circunstâncias que devem resultar provadas, dada a natureza do serviço.

Art. 251	Em cada embarcação haverá um livro em que serão anotadas as horas extraordinárias de trabalho de cada tripulante, e outro, do qual constarão, devidamente circunstanciadas, as transgressões dos mesmos tripulantes.
Parágrafo único	Os livros de que trata este artigo obedecerão a modelos organizados pelo Ministério do Trabalho, Indústria e Comércio, serão escriturados em dia pelo comandante da embarcação e ficam sujeitos às formalidades instituídas para os livros de registro de empregados em geral.
Art. 252	Qualquer tripulante que se julgue prejudicado por ordem emanada de superior hierárquico poderá interpor recurso, em termos, perante a Delegacia do Trabalho Marítimo, por intermédio do respectivo comandante, o qual deverá encaminhá-lo com a respectiva informação dentro de 5 (cinco) dias, contados de sua chegada ao porto.

SEÇÃO VII
DOS SERVIÇOS FRIGORÍFICOS

Art. 253	Para os empregados que trabalham no interior das câmaras frigoríficas e para os que movimentam mercadorias do ambiente quente ou normal para o frio e vice-versa, depois de 1 (uma) hora e 40 (quarenta) minutos de trabalho contínuo, será assegurado um período de 20 (vinte) minutos de repouso, computado esse intervalo como de trabalho efetivo.

Arts. 254 a 292

TÍTULO III — DAS NORMAS ESPECIAIS DE TUTELA DO TRABALHO

Parágrafo único — Considera-se artificialmente frio, para os fins do presente artigo, o que for inferior, nas primeira, segunda e terceira zonas climáticas do mapa oficial do Ministério do Trabalho, Indústria e Comércio, a 15º (quinze graus), na quarta zona a 12º (doze graus), e nas quinta, sexta e sétima zonas a 10º (dez graus).

SÚMULA DO TST

Vide Súmula 438/TST

Súmula 438 TST — INTERVALO PARA RECUPERAÇÃO TÉRMICA DO EMPREGADO. AMBIENTE ARTIFICIALMENTE FRIO. HORAS EXTRAS. ART. 253 DA CLT.

APLICAÇÃO ANALÓGICA — Res. 185/2012, DEJT divulgado em 25, 26 e 27.09.2012
O empregado submetido a trabalho contínuo em ambiente artificialmente frio, nos termos do parágrafo único do art. 253 da CLT, ainda que não labore em câmara frigorífica, tem direito ao intervalo intrajornada previsto no *caput* do art. 253 da CLT.

SEÇÃO VIII
DOS SERVIÇOS DE ESTIVA

Arts. 254 a 284 (Revogados pela Lei n. 8.630, de 25.2.1993, que posteriormente foi revogada pela Lei n. 12.815, de 5.6.2013)

SEÇÃO IX
DOS SERVIÇOS DE CAPATAZIAS NOS PORTOS

Arts. 285 a 292 (Revogados pela Lei n. 8.630, de 25.2.1993, que posteriormente foi revogada pela Lei n. 12.815, de 5.6.2013)

CONSTITUIÇÃO FEDERAL DE 1988
DOU 5.10.1988

Vide art. 7º, *caput* e inciso XXXIV

Art. 7º São direitos dos trabalhadores urbanos e rurais, além de outros que visem à melhoria de sua condição social:
(...)
XXXIV — igualdade de direitos entre o trabalhador com vínculo empregatício permanente e o trabalhador avulso.

LEI N. 12.815, DE 5 DE JUNHO DE 2013
Dispõe sobre a exploração direta e indireta pela União de portos e instalações portuárias e sobre as atividades desempenhadas pelos operadores portuários; altera as Leis ns. 5.025, de 10 de junho de 1966, 10.233, de 5 de junho de 2001, 10.683, de 28 de maio de 2003, 9.719, de 27 de novembro de 1998, e 8.213, de 24 de julho de 1991; revoga as Leis ns. 8.630, de 25 de fevereiro de 1993, e 11.610, de 12 de dezembro de 2007, e dispositivos das Leis ns. 11.314, de 3 de julho de 2006, e 11.518, de 5 de setembro de 2007; e dá outras providências
DOU 5.6.2013 — edição extra

LEI N. 8.630, DE 25 DE FEVEREIRO DE 1993
(Lei posteriormente revogada pela Lei n. 12.815, de 5.6.2013)
Dispõe sobre o regime jurídico da exploração dos portos organizados e das instalações portuárias e dá outras providências. (LEI DOS PORTOS)
DOU 26.2.1993

SÚMULA DO TST

Vide Súmula 309/TST

Súmula 309 TST — VIGIA PORTUÁRIO. TERMINAL PRIVATIVO. NÃO OBRIGATORIEDADE DE REQUISIÇÃO (mantida) — Res. 121/2003, DJ 19, 20 e 21.11.2003
Tratando-se de terminais privativos destinados à navegação de cabotagem ou de longo curso, não é obrigatória a requisição de vigia portuário indicado por sindicato.

ORIENTAÇÕES JURISPRUDENCIAIS DA SDI-1 DO TST

Vide OJs 60, 316 e 402 SDI-1/TST

OJ 60 SDI-1 TST — PORTUÁRIOS. HORA NOTURNA. HORAS EXTRAS. (LEI N. 4.860/65, ARTS. 4º E 7º, § 5º) (nova redação em decorrência da incorporação da Orientação Jurisprudencial n. 61 da SBDI-1) — DJ 20.4.2005

TÍTULO III — DAS NORMAS ESPECIAIS DE TUTELA DO TRABALHO

I — A hora noturna no regime de trabalho no porto, compreendida entre dezenove horas e sete horas do dia seguinte, é de sessenta minutos.

II — Para o cálculo das horas extras prestadas pelos trabalhadores portuários, observar-se-á somente o salário básico percebido, excluídos os adicionais de risco e produtividade. *(ex-OJ n. 61 da SDI-1 — inserida em 14.3.1994)*

OJ 316 SDI-1 TST — PORTUÁRIOS. ADICIONAL DE RISCO. LEI N. 4.860/65 *(DJ 11.8.2003)*

O adicional de risco dos portuários, previsto no art. 14 da Lei n. 4.860/65, deve ser proporcional ao tempo efetivo no serviço considerado sob risco e apenas concedido àqueles que prestam serviços na área portuária.

OJ 402 SDI-1 TST — ADICIONAL DE RISCO. PORTUÁRIO. TERMINAL PRIVATIVO. ARTS. 14 E 19 DA LEI N. 4.860, DE 26.11.1965. INDEVIDO. (mantida) — Res. 175/2011, DEJT divulgado em 27, 30 e 31.5.2011

O adicional de risco previsto no art. 14 da Lei n. 4.860, de 26.11.1965, aplica-se somente aos portuários que trabalham em portos organizados, não podendo ser conferido aos que operam terminal privativo.

SEÇÃO X
DO TRABALHO EM MINAS DE SUBSOLO

Art. 293 A duração normal do trabalho efetivo para os empregados em minas no subsolo não excederá de 6 (seis) horas diárias ou de 36 (trinta e seis) semanais.

CONVENÇÃO 176 DA OIT
Convenção sobre segurança e saúde nas minas

Adotada pela OIT em 22.6.1995
Ratificada pelo Brasil em 18.5.2006
Promulgada pelo Decreto n. 6.270, de 22 de novembro de 2007
DOU 23.11.2007

Art. 294 O tempo despendido pelo empregado da boca da mina ao local do trabalho e vice-versa será computado para o efeito de pagamento do salário.

CONSOLIDAÇÃO DAS LEIS DO TRABALHO
Decreto-Lei n. 5.452, de 1º de maio de 1943
DOU 9.8.1943

Vide art. 4º, *caput*

Art. 4º Considera-se como de serviço efetivo o período em que o empregado esteja à disposição do empregador, aguardando ou executando ordens, salvo disposição especial expressamente consignada.

SÚMULA DO TST

Vide Súmula 429/TST

Súmula 429 TST — TEMPO À DISPOSIÇÃO DO EMPREGADOR. ART. 4º DA CLT. PERÍODO DE DESLOCAMENTO ENTRE A PORTARIA E O LOCAL DE TRABALHO — Res. 174/2011, DEJT divulgado em 27, 30 e 31.5.2011

Considera-se à disposição do empregador, na forma do art. 4º da CLT, o tempo necessário ao deslocamento do trabalhador entre a portaria da empresa e o local de trabalho, desde que supere o limite de 10 (dez) minutos diários.

Art. 295 A duração normal do trabalho efetivo no subsolo poderá ser elevada até 8 (oito) horas diárias ou 48 (quarenta e oito) semanais, mediante acordo escrito entre empregado e empregador ou contrato coletivo de trabalho, sujeita essa prorrogação à prévia licença da autoridade competente em matéria de higiene do trabalho.

Parágrafo único A duração normal do trabalho efetivo no subsolo poderá ser inferior a 6 (seis) horas diárias, por determinação da autoridade de que trata este artigo, tendo em vista condições locais de insalubridade e os métodos e processos do trabalho adotado.

TÍTULO III — DAS NORMAS ESPECIAIS DE TUTELA DO TRABALHO

CONSTITUIÇÃO FEDERAL DE 1988
DOU 5.10.1988

Vide art. 7º, caput e inciso XIII

Art. 7º São direitos dos trabalhadores urbanos e rurais, além de outros que visem à melhoria de sua condição social:

(...)

XIII — duração do trabalho normal não superior a oito horas diárias e quarenta e quatro semanais, facultada a compensação de horários e a redução da jornada, mediante acordo ou convenção coletiva de trabalho;

Art. 296 — A remuneração da hora prorrogada será no mínimo de 25% (vinte e cinco por cento) superior à da hora normal e deverá constar do acordo ou contrato coletivo de trabalho.

CONSTITUIÇÃO FEDERAL DE 1988
DOU 5.10.1988

Vide art. 7º, caput e inciso XVI

Art. 7º São direitos dos trabalhadores urbanos e rurais, além de outros que visem à melhoria de sua condição social:

(...)

XVI — remuneração do serviço extraordinário superior, no mínimo, em cinquenta por cento à do normal;

Art. 297 — Ao empregado no subsolo será fornecida, pelas empresas exploradoras de minas, alimentação adequada à natureza do trabalho, de acordo com as instruções estabelecidas pelo Serviço de Alimentação da Previdência Social e aprovadas pelo Ministério do Trabalho, Indústria e Comércio.

Art. 298 — Em cada período de 3 (três) horas consecutivas de trabalho, será obrigatória uma pausa de 15 (quinze) minutos para repouso, a qual será computada na duração normal de trabalho efetivo.

Art. 299 — Quando nos trabalhos de subsolo ocorrer acontecimentos que possam comprometer a vida ou saúde do empregado, deverá a empresa comunicar o fato imediatamente à autoridade regional do trabalho, do Ministério do Trabalho, Indústria e Comércio.

Art. 300 — Sempre que, por motivo de saúde, for necessária a transferência do empregado, a juízo da autoridade competente em matéria da segurança e da medicina do trabalho, dos serviços no subsolo para os de superfície, é a empresa obrigada a realizar essa transferência, assegurando ao transferido a remuneração atribuída ao trabalhador de superfície em serviço equivalente, respeitada a capacidade profissional do interessado. *(Redação dada pela Lei n. 2.924, de 21.10.1956)*

Parágrafo único — No caso de recusa do empregado em atender a essa transferência, será ouvida a autoridade competente em matéria de higiene e segurança do trabalho, que decidirá a respeito. *(Redação dada pela Lei n. 2.924, de 21.10.1956)*

Art. 301 — O trabalho no subsolo somente será permitido a homens, com idade compreendida entre 21 (vinte e um) e 50 (cinquenta) anos, assegurada a transferência para a superfície nos termos previstos no artigo anterior.

TÍTULO III — DAS NORMAS ESPECIAIS DE TUTELA DO TRABALHO

CONSTITUIÇÃO FEDERAL DE 1988
DOU 5.10.1988

Vide art. 7º, caput e inciso XXXIII

Art. 7º São direitos dos trabalhadores urbanos e rurais, além de outros que visem à melhoria de sua condição social:

(...)

XXXIII — proibição de trabalho noturno, perigoso ou insalubre a menores de dezoito e de qualquer trabalho a menores de dezesseis anos, salvo na condição de aprendiz, a partir de quatorze anos; *(Redação dada pela Emenda Constitucional n. 20, de 1998)*

SEÇÃO XI
DOS JORNALISTAS PROFISSIONAIS

Art. 302 Os dispositivos da presente Seção se aplicam aos que nas empresas jornalísticas prestem serviços como jornalistas, revisores, fotógrafos, ou na ilustração, com as exceções nela previstas.

§ 1º Entende-se como jornalista o trabalhador intelectual cuja função se estende desde a busca de informações até a redação de notícias e artigos e a organização, orientação e direção desse trabalho.

§ 2º Consideram-se empresas jornalísticas, para os fins desta Seção, aquelas que têm a seu cargo a edição de jornais, revistas, boletins e periódicos, ou a distribuição de noticiário, e, ainda, a radiodifusão em suas seções destinadas à transmissão de notícias e comentários.

CONSTITUIÇÃO FEDERAL DE 1988
DOU 5.10.1988

Vide art. 5º, caput e incisos IX e XIV; art. 220, caput e §§ 1º a 6º; art. 221, caput e incisos I a IV; art. 222, caput e §§ 1º a 5º; art. 223, caput e §§ 1º a 5º; e art. 224

Art. 5º Todos são iguais perante a lei, sem distinção de qualquer natureza, garantindo-se aos brasileiros e aos estrangeiros residentes no País a inviolabilidade do direito à vida, à liberdade, à igualdade, à segurança e à propriedade, nos termos seguintes:
(...)
IX — é livre a expressão da atividade intelectual, artística, científica e de comunicação, independentemente de censura ou licença;
(...)
XIV — é assegurado a todos o acesso à informação e resguardado o sigilo da fonte, quando necessário ao exercício profissional;

Art. 220. A manifestação do pensamento, a criação, a expressão e a informação, sob qualquer forma, processo ou veículo não sofrerão qualquer restrição, observado o disposto nesta Constituição.
§ 1º Nenhuma lei conterá dispositivo que possa constituir embaraço à plena liberdade de informação jornalística em qualquer veículo de comunicação social, observado o disposto no art. 5º, IV, V, X, XIII e XIV.
§ 2º É vedada toda e qualquer censura de natureza política, ideológica e artística.
§ 3º Compete à lei federal:
I — regular as diversões e espetáculos públicos, cabendo ao Poder Público informar sobre a natureza deles, as faixas etárias a que não se recomendem, locais e horários em que sua apresentação se mostre inadequada;
II — estabelecer os meios legais que garantam à pessoa e à família a possibilidade de se defenderem de programas ou programações de rádio e televisão que contrariem o disposto no art. 221, bem como da propaganda de produtos, práticas e serviços que possam ser nocivos à saúde e ao meio ambiente.

§ 4º A propaganda comercial de tabaco, bebidas alcoólicas, agrotóxicos, medicamentos e terapias estará sujeita a restrições legais, nos termos do inciso II do parágrafo anterior, e conterá, sempre que necessário, advertência sobre os malefícios decorrentes de seu uso.
§ 5º Os meios de comunicação social não podem, direta ou indiretamente, ser objeto de monopólio ou oligopólio.
§ 6º A publicação de veículo impresso de comunicação independe de licença de autoridade.

Art. 221. A produção e a programação das emissoras de rádio e televisão atenderão aos seguintes princípios:
I — preferência a finalidades educativas, artísticas, culturais e informativas;
II — promoção da cultura nacional e regional e estímulo à produção independente que objetive sua divulgação;
III — regionalização da produção cultural, artística e jornalística, conforme percentuais estabelecidos em lei;
IV — respeito aos valores éticos e sociais da pessoa e da família.

Art. 222. A propriedade de empresa jornalística e de radiodifusão sonora e de sons e imagens é privativa de brasileiros natos ou naturalizados há mais de dez anos, ou de pessoas jurídicas constituídas sob as leis brasileiras e que tenham sede no País. *(Redação dada pela Emenda Constitucional n. 36, de 2002)*
§ 1º Em qualquer caso, pelo menos setenta por cento do capital total e do capital votante das empresas jornalísticas e de radiodifusão sonora e de sons e imagens deverá pertencer, direta ou indiretamente, a brasileiros natos ou naturalizados há mais de dez anos, que exercerão obrigatoriamente a gestão das atividades e estabelecerão o conteúdo da programação. *(Redação dada pela Emenda Constitucional n. 36, de 2002)*
§ 2º A responsabilidade editorial e as atividades de seleção e direção da programação veiculada são privativas de

brasileiros natos ou naturalizados há mais de dez anos, em qualquer meio de comunicação social. *(Redação dada pela Emenda Constitucional n. 36, de 2002)*

§ 3º Os meios de comunicação social eletrônica, independentemente da tecnologia utilizada para a prestação do serviço, deverão observar os princípios enunciados no art. 221, na forma de lei específica, que também garantirá a prioridade de profissionais brasileiros na execução de produções nacionais. *(Incluído pela Emenda Constitucional n. 36, de 2002)*

§ 4º Lei disciplinará a participação de capital estrangeiro nas empresas de que trata o § 1º. *(Incluído pela Emenda Constitucional n. 36, de 2002)*

§ 5º As alterações de controle societário das empresas de que trata o § 1º serão comunicadas ao Congresso Nacional. *(Incluído pela Emenda Constitucional n. 36, de 2002)*

Art. 223. Compete ao Poder Executivo outorgar e renovar concessão, permissão e autorização para o serviço de radiodifusão sonora e de sons e imagens, observado o princípio da complementaridade dos sistemas privado, público e estatal.

§ 1º O Congresso Nacional apreciará o ato no prazo do art. 64, § 2º e § 4º, a contar do recebimento da mensagem.

§ 2º A não renovação da concessão ou permissão dependerá de aprovação de, no mínimo, dois quintos do Congresso Nacional, em votação nominal.

§ 3º O ato de outorga ou renovação somente produzirá efeitos legais após deliberação do Congresso Nacional, na forma dos parágrafos anteriores.

§ 4º O cancelamento da concessão ou permissão, antes de vencido o prazo, depende de decisão judicial.

§ 5º O prazo da concessão ou permissão será de dez anos para as emissoras de rádio e de quinze para as de televisão.

Art. 224. Para os efeitos do disposto neste capítulo, o Congresso Nacional instituirá, como seu órgão auxiliar, o Conselho de Comunicação Social, na forma da lei.

PRECEDENTE NORMATIVO DA SDC DO TST

Vide PNs 55 e 112 SDC/TST

PN 55 SDC TST — JORNALISTA. CONTRATO DE TRABALHO (positivo)

O empregador é obrigado a mencionar no contrato de trabalho o órgão de imprensa no qual o jornalista vai trabalhar.

PN 112 SDC TST — JORNALISTA. SEGURO DE VIDA (positivo)

Institui-se a obrigação do seguro de vida em favor de jornalista designado para prestar serviço em área de risco.

Art. 303 A duração normal do trabalho dos empregados compreendidos nesta Seção não deverá exceder de 5 (cinco) horas, tanto de dia como à noite.

CONSTITUIÇÃO FEDERAL DE 1988
DOU 5.10.1988

Vide art. 7º, *caput* e inciso IX

Art. 7º São direitos dos trabalhadores urbanos e rurais, além de outros que visem à melhoria de sua condição social:

(...)

IX — remuneração do trabalho noturno superior à do diurno;

ORIENTAÇÃO JURISPRUDENCIAL DA SDI-1 DO TST

Vide OJ 407 SDI-1/TST

OJ 407 SDI-1 TST — JORNALISTA. EMPRESA NÃO JORNALÍSTICA. JORNADA DE TRABALHO REDUZIDA. ARTS. 302 E 303 DA CLT. *(DEJT divulgado em 22, 25 e 26.10.2010)*

O jornalista que exerce funções típicas de sua profissão, independentemente do ramo de atividade do empregador, tem direito à jornada reduzida prevista no art. 303 da CLT.

Art. 304 Poderá a duração normal do trabalho ser elevada a 7 (sete) horas, mediante acordo escrito, em que se estipule aumento de ordenado, correspondente ao excesso do tempo de trabalho, em que se fixe um intervalo destinado a repouso ou a refeição.

Parágrafo único Para atender a motivos de força maior, poderá o empregado prestar serviços por mais tempo do que aquele permitido nesta Seção. Em tais casos, porém o excesso deve ser comunicado à Divisão de Fiscalização do Departamento Nacional do Trabalho ou às Delegacias Regionais do Ministério do Trabalho, Indústria e Comércio, dentro de 5 (cinco) dias, com a indicação expressa dos seus motivos.

TÍTULO III — DAS NORMAS ESPECIAIS DE TUTELA DO TRABALHO

Art. 305 As horas de serviço extraordinário, quer as prestadas em virtude de acordo, quer as que derivam das causas previstas no parágrafo único do artigo anterior, não poderão ser remuneradas com quantia inferior à que resulta do quociente da divisão da importância do salário mensal por 150 (cento e cinquenta) para os mensalistas, e do salário diário por 5 (cinco) para os diaristas, acrescido de, pelo menos, 25% (vinte e cinco por cento).

CONSTITUIÇÃO FEDERAL DE 1988
DOU 5.10.1988

Vide art. 7º, *caput* e inciso XVI

Art. 7º São direitos dos trabalhadores urbanos e rurais, além de outros que visem à melhoria de sua condição social:

(...)

XVI — remuneração do serviço extraordinário superior, no mínimo, em cinquenta por cento à do normal;

Art. 306 Os dispositivos dos arts. 303, 304 e 305 não se aplicam àqueles que exercem as funções de redator-chefe, secretário, subsecretário, chefe e subchefe de revisão, chefe de oficina, de ilustração e chefe de portaria.

Parágrafo único Não se aplicam, do mesmo modo, os artigos acima referidos aos que se ocuparem unicamente em serviços externos.

Art. 307 A cada 6 (seis) dias de trabalho efetivo corresponderá 1 (um) dia de descanso obrigatório, que coincidirá com o domingo, salvo acordo escrito em contrário, no qual será expressamente estipulado o dia em que se deve verificar o descanso.

CONSTITUIÇÃO FEDERAL DE 1988
DOU 5.10.1988

Vide art. 7º, *caput* e inciso XV

Art. 7º São direitos dos trabalhadores urbanos e rurais, além de outros que visem à melhoria de sua condição social:
(...)
XV — repouso semanal remunerado, preferencialmente aos domingos;

CONSOLIDAÇÃO DAS LEIS DO TRABALHO
Decreto-Lei n. 5.452, de 1º de maio de 1943
DOU 9.8.1943

Vide art. 67, *caput*

Art. 67. Será assegurado a todo empregado um descanso semanal de 24 (vinte e quatro) horas consecutivas, o qual, salvo motivo de conveniência pública ou necessidade imperiosa do serviço, deverá coincidir com o domingo, no todo ou em parte.

LEI N. 605, DE 5 DE JANEIRO DE 1949
Repouso semanal remunerado e o pagamento de salário nos dias feriados civis e religiosos
DOU 14.1.1949

Vide art. 1º

Art. 1º Todo empregado tem direito ao repouso semanal remunerado de vinte e quatro horas consecutivas, preferentemente aos domingos e, nos limites das exigências técnicas das empresas, nos feriados civis e religiosos, de acordo com a tradição local.

Art. 308 Em seguida a cada período diário de trabalho haverá um intervalo mínimo de 10 (dez) horas, destinado ao repouso.

CONSOLIDAÇÃO DAS LEIS DO TRABALHO
Decreto-Lei n. 5.452, de 1º de maio de 1943
DOU 9.8.1943

Vide art. 66

Art. 66. Entre 2 (duas) jornadas de trabalho haverá um período mínimo de 11 (onze) horas consecutivas para descanso.

Arts. 309 a 317

TÍTULO III — DAS NORMAS ESPECIAIS DE TUTELA DO TRABALHO

Art. 309 — Será computado como de trabalho efetivo o tempo em que o empregado estiver à disposição do empregador.

CONSOLIDAÇÃO DAS LEIS DO TRABALHO
Decreto-Lei n. 5.452, de 1º de maio de 1943
DOU 9.8.1943

Vide art. 4º, caput e parágrafo único

Art. 4º Considera-se como de serviço efetivo o período em que o empregado esteja à disposição do empregador, aguardando ou executando ordens, salvo disposição especial expressamente consignada.

Parágrafo único. Computar-se-ão, na contagem de tempo de serviço, para efeito de indenização e estabilidade, os períodos em que o empregado estiver afastado do trabalho prestando serviço militar ... (VETADO) ... e por motivo de acidente do trabalho. *(Incluído pela Lei n. 4.072, de 16.6.1962)*

Arts. 310 a 314 — *(Revogados pelo Decreto-Lei n. 972, de 17.10.1969)*

Art. 315 — O Governo Federal, de acordo com os governos estaduais, promoverá a criação de escolas de preparação ao jornalismo, destinadas à formação dos profissionais da imprensa.

Art. 316 — A empresa jornalística que deixar de pagar pontualmente, e na forma acordada, os salários devidos a seus empregados, terá suspenso o seu funcionamento, até que se efetue o pagamento devido.

Parágrafo único — Para os efeitos do cumprimento deste artigo deverão os prejudicados reclamar contra a falta de pagamento perante a autoridade competente e, proferida a condenação, desde que a empresa não a cumpra, ou, em caso de recurso, não deposite o valor da indenização, a autoridade que proferir a condenação oficiará à autoridade competente, para a suspensão da circulação do jornal.

Em igual pena de suspensão incorrerá a empresa que deixar de recolher as contribuições devidas às instituições de previdência social.

SEÇÃO XII
DOS PROFESSORES

Art. 317 — O exercício remunerado do magistério, em estabelecimentos particulares de ensino, exigirá apenas habilitação legal e registro no Ministério da Educação. *(Redação dada pela Lei n. 7.855, de 24.10.1989)*

CONSTITUIÇÃO FEDERAL DE 1988
DOU 5.10.1988

Vide art. 6º; art. 7º, caput e inciso XXXII; art. 37, caput e incisos XVI e XVII; art. 201, § 8º; art. 205; e art. 206, inciso V e parágrafo único

Art. 6º São direitos sociais a educação, a saúde, a alimentação, o trabalho, a moradia, o transporte, o lazer, a segurança, a previdência social, a proteção à maternidade e à infância, a assistência aos desamparados, na forma desta Constituição. *(Redação dada pela Emenda Constitucional n. 90, de 2015)*

Art. 7º São direitos dos trabalhadores urbanos e rurais, além de outros que visem à melhoria de sua condição social:
(...)
XXXII — proibição de distinção entre trabalho manual, técnico e intelectual ou entre os profissionais respectivos;

Art. 37. A administração pública direta e indireta de qualquer dos Poderes da União, dos Estados, do Distrito Federal e dos Municípios obedecerá aos princípios de legalidade, impessoalidade, moralidade, publicidade e eficiência e, também, ao seguinte: *(Redação dada pela Emenda Constitucional n. 19, de 1998)*

TÍTULO III — DAS NORMAS ESPECIAIS DE TUTELA DO TRABALHO

(...)

XVI — é vedada a acumulação remunerada de cargos públicos, exceto, quando houver compatibilidade de horários, observado em qualquer caso o disposto no inciso XI: *(Redação dada pela Emenda Constitucional n. 19, de 1998)*

a) a de dois cargos de professor; *(Redação dada pela Emenda Constitucional n. 19, de 1998)*

b) a de um cargo de professor com outro técnico ou científico; *(Redação dada pela Emenda Constitucional n. 19, de 1998)*

c) a de dois cargos ou empregos privativos de profissionais de saúde, com profissões regulamentadas; *(Redação dada pela Emenda Constitucional n. 34, de 2001)*

XVII — a proibição de acumular estende-se a empregos e funções e abrange autarquias, fundações, empresas públicas, sociedades de economia mista, suas subsidiárias, e sociedades controladas, direta ou indiretamente, pelo poder público; *(Redação dada pela Emenda Constitucional n. 19, de 1998)*

Art. 201. (...)

§ 8º Os requisitos a que se refere o inciso I do parágrafo anterior serão reduzidos em cinco anos, para o professor que comprove exclusivamente tempo de efetivo exercício das funções de magistério na educação infantil e no ensino fundamental e médio. *(Redação dada pela Emenda Constitucional n. 20, de 1998)*

Art. 205. A educação, direito de todos e dever do Estado e da família, será promovida e incentivada com a colaboração da sociedade, visando ao pleno desenvolvimento da pessoa, seu preparo para o exercício da cidadania e sua qualificação para o trabalho.

Art. 206. (...)

V — valorização dos profissionais da educação escolar, garantidos, na forma da lei, planos de carreira, com ingresso exclusivamente por concurso público de provas e títulos, aos das redes públicas; *(Redação dada pela Emenda Constitucional n. 53, de 2006)*

Parágrafo único. A lei disporá sobre as categorias de trabalhadores considerados profissionais da educação básica e sobre a fixação de prazo para a elaboração ou adequação de seus planos de carreira, no âmbito da União, dos Estados, do Distrito Federal e dos Municípios. *(Incluído pela Emenda Constitucional n. 53, de 2006)*

LEI N. 9.394, DE 20 DE DEZEMBRO DE 1996
Estabelece as diretrizes e bases da educação nacional
DOU 23.12.1996

Vide art. 67, § 2º

Art. 67. (...)

§ 2º Para os efeitos do disposto no § 5º do art. 40 e no § 8º do art. 201 da Constituição Federal, são consideradas funções de magistério as exercidas por professores e especialistas em educação no desempenho de atividades educativas, quando exercidas em estabelecimento de educação básica em seus diversos níveis e modalidades, incluídas, além do exercício da docência, as de direção de unidade escolar e as de coordenação e assessoramento pedagógico. *(Incluído pela Lei n. 11.301, de 2006)*

LEI N. 11.301, DE 10 DE MAIO DE 2006
Altera o art. 67 da Lei n. 9.394, de 20 de dezembro de 1996, incluindo, para os efeitos do disposto no § 5º do art. 40 e no § 8º do art. 201 da Constituição Federal, definição de funções de magistério
DOU 11.5.2006

SÚMULAS DO STF

Vide Súmulas 48 e 726/STF

Súmula 48 STF — É legítimo o rodízio de docentes livres na substituição do professor catedrático.

Súmula 726 STF — Para efeito de aposentadoria especial de professores, não se computa o tempo de serviço prestado fora da sala de aula.

ORIENTAÇÃO JURISPRUDENCIAL DA SDI-1 DO TST

Vide OJ 65 SDI-1/TST

OJ 65 SDI-1 TST — PROFESSOR ADJUNTO. INGRESSO NO CARGO DE PROFESSOR TITULAR. EXIGÊNCIA DE CONCURSO PÚBLICO NÃO AFASTADA PELA CONSTITUIÇÃO FEDERAL DE 1988 (CF/1988, ART. 37, II E 206, V) (inserido dispositivo) — DJ 20.4.2005

O acesso de professor adjunto ao cargo de professor titular só pode ser efetivado por meio de concurso público, conforme dispõem os arts. 37, inciso II, e 206, inciso V, da CF/1988.

ORIENTAÇÃO JURISPRUDENCIAL DA SDI-2 DO TST

Vide OJ 38 SDI-2/TST

OJ 38 SDI-2 TST — AÇÃO RESCISÓRIA. PROFESSOR-ADJUNTO. INGRESSO NO CARGO DE PROFESSOR-TITULAR. EXIGÊNCIA DE CONCURSO PÚBLICO (LEI N. 7.596/87, DECRETO N. 94.664/87 E ART. 206, V, CF/88) *(inserida em 20.9.2000)*

A assunção do professor-adjunto ao cargo de professor titular de universidade pública, sem prévia aprovação em concurso público, viola o art. 206, inciso V, da Constituição Federal. Procedência do pedido de rescisão do julgado.

PRECEDENTES NORMATIVOS DA SDC DO TST

Vide PN 31 e 78 SDC/TST

PN 31 SDC TST — PROFESSOR (JANELAS) (positivo)

Os tempos vagos (janelas) em que o professor ficar à disposição do curso serão remunerados como aula, no limite de 1 (uma) hora diária por unidade.

PN 78 SDC TST — PROFESSOR. REDUÇÃO SALARIAL NÃO CONFIGURADA (negativo)

Não configura redução salarial ilegal a diminuição de carga horária motivada por inevitável supressão de aulas eventuais ou de turmas.

Art. 318 Num mesmo estabelecimento de ensino não poderá o professor dar, por dia, mais de 4 (quatro) aulas consecutivas, nem mais de 6 (seis), intercaladas.

Arts. 319 e 320 — TÍTULO III — DAS NORMAS ESPECIAIS DE TUTELA DO TRABALHO

ORIENTAÇÕES JURISPRUDENCIAIS DA SDI-1 DO TST

Vide OJs 206, 244 e 393 SDI-1/TST

OJ 206 SDI-1 TST — PROFESSOR. HORAS EXTRAS. ADICIONAL DE 50% *(inserida em 8.11.2000)*

Excedida a jornada máxima (art. 318 da CLT), as horas excedentes devem ser remuneradas com o adicional de, no mínimo, 50% (art. 7º, XVI, CF/1988).

OJ 244 SDI-1 TST — PROFESSOR. REDUÇÃO DA CARGA HORÁRIA. POSSIBILIDADE *(inserida em 20.6.2001)*

A redução da carga horária do professor, em virtude da diminuição do número de alunos, não constitui alteração contratual, uma vez que não implica redução do valor da hora-aula.

OJ 393 SDI-1 TST — PROFESSOR. JORNADA DE TRABALHO ESPECIAL. ART. 318 DA CLT. SALÁRIO MÍNIMO. PROPORCIONALIDADE. *(DEJT divulgado em 9, 10 e 11.6.2010)*

A contraprestação mensal devida ao professor, que trabalha no limite máximo da jornada prevista no art. 318 da CLT, é de um salário mínimo integral, não se cogitando do pagamento proporcional em relação a jornada prevista no art. 7º, XIII, da Constituição Federal.

PRECEDENTES NORMATIVOS DA SDC DO TST

Vide PNs 31 e 78 SDC/TST

PN 31 SDC TST — PROFESSOR (JANELAS) (positivo)

Os tempos vagos (janelas) em que o professor ficar à disposição do curso serão remunerados como aula, no limite de 1 (uma) hora diária por unidade.

PN 78 SDC TST — PROFESSOR. REDUÇÃO SALARIAL NÃO CONFIGURADA (negativo)

Não configura redução salarial ilegal a diminuição de carga horária motivada por inevitável supressão de aulas eventuais ou de turmas.

Art. 319	Aos professores é vedado, aos domingos, a regência de aulas e o trabalho em exames.

SÚMULA DO TST

Vide Súmula 351/TST

Súmula 351 TST — PROFESSOR. REPOUSO SEMANAL REMUNERADO. ART. 7º, § 2º, DA LEI N. 605, DE 5.1.1949 E ART. 320 DA CLT (mantida) — Res. 121/2003, DJ 19, 20 e 21.11.2003

O professor que recebe salário mensal à base de hora-aula tem direito ao acréscimo de 1/6 a título de repouso semanal remunerado, considerando-se para esse fim o mês de quatro semanas e meia.

Art. 320	A remuneração dos professores será fixada pelo número de aulas semanais, na conformidade dos horários.
§ 1º	O pagamento far-se-á mensalmente, considerando-se para este efeito cada mês constituído de quatro semanas e meia.
§ 2º	Vencido cada mês, será descontada, na remuneração dos professores, a importância correspondente ao número de aulas a que tiverem faltado.
§ 3º	Não serão descontadas, no decurso de 9 (nove) dias, as faltas verificadas por motivo de gala ou de luto em consequência de falecimento do cônjuge, do pai ou mãe, ou de filho.

ORIENTAÇÕES JURISPRUDENCIAIS DA SDI-1 DO TST

Vide OJs 244 e 393 SDI-1/TST

OJ 244 SDI-1 TST — PROFESSOR. REDUÇÃO DA CARGA HORÁRIA. POSSIBILIDADE *(inserida em 20.6.2001)*

A redução da carga horária do professor, em virtude da diminuição do número de alunos, não constitui alteração contratual, uma vez que não implica redução do valor da hora-aula.

OJ 393 SDI-1 TST — PROFESSOR. JORNADA DE TRABALHO ESPECIAL. ART. 318 DA CLT. SALÁRIO MÍNIMO. PROPORCIONALIDADE. *(DEJT divulgado em 9, 10 e 11.6.2010)*

A contraprestação mensal devida ao professor, que trabalha no limite máximo da jornada prevista no art. 318 da CLT, é de um salário mínimo integral, não se cogitando do pagamento proporcional em relação a jornada prevista no art. 7º, XIII, da Constituição Federal.

PRECEDENTES NORMATIVOS DA SDC DO TST

Vide PNs 31 e 78 SDC/TST

PN 31 SDC TST — PROFESSOR (JANELAS) (positivo)

Os tempos vagos (janelas) em que o professor ficar à disposição do curso serão remunerados como aula, no limite de 1 (uma) hora diária por unidade.

PN 78 SDC TST — PROFESSOR. REDUÇÃO SALARIAL NÃO CONFIGURADA (negativo)

Não configura redução salarial ilegal a diminuição de carga horária motivada por inevitável supressão de aulas eventuais ou de turmas.

TÍTULO III — DAS NORMAS ESPECIAIS DE TUTELA DO TRABALHO

Art. 321 Sempre que o estabelecimento de ensino tiver necessidade de aumentar o número de aulas marcado nos horários, remunerará o professor, findo cada mês, com uma importância correspondente ao número de aulas excedentes.

ORIENTAÇÃO JURISPRUDENCIAL DA SDI-1 DO TST

Vide OJ 206 SDI-1/TST

OJ 206 SDI-1 TST — PROFESSOR. HORAS EXTRAS. ADICIONAL DE 50% (inserida em 08.11.2000)

Excedida a jornada máxima (art. 318 da CLT), as horas excedentes devem ser remuneradas com o adicional de, no mínimo, 50% (art. 7º, XVI, CF/1988).

Art. 322 No período de exames e no de férias escolares, é assegurado aos professores o pagamento, na mesma periodicidade contratual, da remuneração por eles percebida, na conformidade dos horários, durante o período de aulas. *(Redação dada pela Lei n. 9.013, de 30.3.1995)*

§ 1º Não se exigirá dos professores, no período de exames, a prestação de mais de 8 (oito) horas de trabalho diário, salvo mediante o pagamento complementar de cada hora excedente pelo preço correspondente ao de uma aula.

ORIENTAÇÃO JURISPRUDENCIAL DA SDI-1 DO TST

Vide OJ 206 SDI-1/TST

OJ 206 SDI-1 TST — PROFESSOR. HORAS EXTRAS. ADICIONAL DE 50% (inserida em 08.11.2000)

Excedida a jornada máxima (art. 318 da CLT), as horas excedentes devem ser remuneradas com o adicional de, no mínimo, 50% (art. 7º, XVI, CF/1988).

§ 2º No período de férias, não se poderá exigir dos professores outro serviço senão o relacionado com a realização de exames.

CONSTITUIÇÃO FEDERAL DE 1988
DOU 5.10.1988

Vide art. 7º, *caput* e inciso XVII

Art. 7º São direitos dos trabalhadores urbanos e rurais, além de outros que visem à melhoria de sua condição social:

(...)

XVII — gozo de férias anuais remuneradas com, pelo menos, um terço a mais do que o salário normal;

§ 3º Na hipótese de dispensa sem justa causa, ao término do ano letivo ou no curso das férias escolares, é assegurado ao professor o pagamento a que se refere o *caput* deste artigo. *(Incluído pela Lei n. 9.013, de 30.3.1995)*

SÚMULA DO TST

Vide Súmula 10/TST

Súmula 10 TST — PROFESSOR. DISPENSA SEM JUSTA CAUSA. TÉRMINO DO ANO LETIVO OU NO CURSO DE FÉRIAS ESCOLARES. AVISO PRÉVIO (redação alterada em sessão do Tribunal Pleno realizada em 14.9.2012) — Res. 185/2012, DEJT divulgado em 25, 26 e 27.9.2012

O direito aos salários do período de férias escolares assegurado aos professores (art. 322, *caput* e § 3º, da CLT) não exclui o direito ao aviso prévio, na hipótese de dispensa sem justa causa ao término do ano letivo ou no curso das férias escolares.

Art. 323 Não será permitido o funcionamento do estabelecimento particular de ensino que não remunere condignamente os seus professores, ou não lhes pague pontualmente a remuneração de cada mês.

Parágrafo único	Compete ao Ministério da Educação e Saúde fixar os critérios para a determinação da condigna remuneração devida aos professores bem como assegurar a execução do preceito estabelecido no presente artigo.
Art. 324	(Revogado pela Lei n. 7.855, de 24.10.1989)

SEÇÃO XIII
DOS QUÍMICOS

Art. 325	É livre o exercício da profissão de químico em todo o território da República, observadas as condições de capacidade técnica e outras exigências previstas na presente Seção:
a)	aos possuidores de diploma de químico, químico industrial, químico industrial agrícola ou engenheiro químico, concedido, no Brasil, por escola oficial ou oficialmente reconhecida;
b)	aos diplomados em química por instituto estrangeiro de ensino superior, que tenham, de acordo com a lei e a partir de 14 de julho de 1934, revalidado os seus diplomas;
c)	aos que, ao tempo da publicação do Decreto n. 24.693 de 12 de julho de 1934, se achavam no exercício efetivo de função pública ou particular, para a qual seja exigida a qualidade de químico, e que tenham requerido o respectivo registro até a extinção do prazo fixado pelo Decreto-Lei n. 2.298, de 10 de junho de 1940.
§ 1º	Aos profissionais incluídos na alínea "c" deste artigo, se dará, para os efeitos da presente Seção, a denominação de "licenciados".
§ 2º	O livre exercício da profissão de que trata o presente artigo só é permitido a estrangeiros, quando compreendidos:
a)	nas alíneas "a" e "b", independentemente de revalidação do diploma, se exerciam, legitimamente, na República, a profissão de químico em a data da promulgação da Constituição de 1934;
b)	na alínea "b", se a seu favor militar a existência de reciprocidade internacional, admitida em lei, para o reconhecimento dos respectivos diplomas;
c)	na alínea "c", satisfeitas as condições nela estabelecidas.
§ 3º	O livre exercício da profissão a brasileiros naturalizados está subordinado à prévia prestação do serviço militar, no Brasil.
§ 4º	Só aos brasileiros natos é permitida a revalidação dos diplomas de químicos, expedidos por institutos estrangeiros de ensino superior.

CONSTITUIÇÃO FEDERAL DE 1988
DOU 5.10.1988

Vide art. 5º, *caput*; e art. 12, *caput* e § 2º

Art. 5º Todos são iguais perante a lei, sem distinção de qualquer natureza, garantindo-se aos brasileiros e aos estrangeiros residentes no País a inviolabilidade do direito à vida, à liberdade, à igualdade, à segurança e à propriedade, nos termos seguintes:

Art. 12. São brasileiros:
(...)
§ 2º A lei não poderá estabelecer distinção entre brasileiros natos e naturalizados, salvo nos casos previstos nesta Constituição.

LEI N. 2.800, DE 18 DE JUNHO DE 1956
Cria os Conselhos Federal e Regionais de Química, dispõe sobre o exercício da profissão de químico, e dá outras providências
DOU 19.6.1956

TÍTULO III — DAS NORMAS ESPECIAIS DE TUTELA DO TRABALHO

LEI N. 6.192, DE 19 DE DEZEMBRO DE 1974
Dispõe sobre restrições a brasileiros naturalizados, e dá outras providências
DOU 20.12.1974

Vide art. 1º; e art. 2º

Art. 1º É vedada qualquer distinção entre brasileiros natos e naturalizados.

Art. 2º A condição de "brasileiro nato", exigida em leis ou decretos, para qualquer fim, fica modificada para a de "brasileiro".

Art. 326	Todo aquele que exercer ou pretender exercer as funções de químico é obrigado ao uso de Carteira de Trabalho e Previdência Social, devendo os profissionais que se encontrarem nas condições das alíneas "a" e "b" do art. 325, registrar os seus diplomas de acordo com a legislação vigente. *(Vide Lei n. 2.800, de 18.6.1956)*
§ 1º	A requisição de Carteira de Trabalho e Previdência Social para uso dos químicos, além do disposto no capítulo "Da Identificação Profissional", somente será processada mediante apresentação dos seguintes documentos que provem:
a)	ser o requerente brasileiro, nato ou naturalizado, ou estrangeiro;
b)	estar, se for brasileiro, de posse dos direitos civis e políticos;
c)	ter diploma de químico, químico industrial, químico industrial agrícola ou engenheiro químico, expedido por escola superior oficial ou oficializada;
d)	ter, se diplomado no estrangeiro, o respectivo diploma revalidado nos termos da lei;
e)	haver, o que for brasileiro naturalizado, prestado serviço militar no Brasil;
f)	achar-se o estrangeiro, ao ser promulgada a Constituição de 1934, exercendo legitimamente, na República, a profissão de químico, ou concorrer a seu favor a existência de reciprocidade internacional, admitida em lei, para o reconhecimento dos diplomas dessa especialidade.
§ 2º	A requisição de que trata o parágrafo anterior deve ser acompanhada:
a)	do diploma devidamente autenticado no caso da alínea "b" do artigo precedente, e com as firmas reconhecidas no país de origem e na Secretaria de Estado das Relações Exteriores, ou da respectiva certidão, bem como do título de revalidação, ou certidão respectiva, de acordo com a legislação em vigor;
b)	do certificado ou atestado comprobatório de se achar o requerente na hipótese da alínea "c" do referido artigo, ao tempo da publicação do Decreto n. 24.693 de 12 de julho de 1934, no exercício efetivo de função pública, ou particular, para a qual seja exigida a qualidade de químico, devendo esses documentos ser autenticados pelo Delegado Regional do Trabalho, quando se referirem a requerentes moradores nas capitais dos Estados, ou coletor federal, no caso de residirem os interessados nos municípios do interior;
c)	de 3 (três) exemplares de fotografia exigida pelo art. 329 e de 1 (uma) folha com as declarações que devem ser lançadas na Carteira de Trabalho e Previdência Social de conformidade com o disposto nas alíneas do mesmo artigo e seu parágrafo único.
§ 3º	Reconhecida a validade dos documentos apresentados, o Serviço de Identificação Profissional do Departamento Nacional do Trabalho, no Distrito Federal, ou os órgãos regionais do Ministério do Trabalho, Indústria e Comércio, nos Estados e no Território do Acre, registrarão, em livros próprios, os documentos a que se refere a alínea "c" do § 1º e, juntamente com a Carteira de Trabalho e Previdência Social emitida, os devolverão ao interessado.

Arts. 327 e 328

CONSTITUIÇÃO FEDERAL DE 1988
DOU 5.10.1988

Vide art. 5º, *caput*; e art. 12, *caput* e § 2º

Art. 5º Todos são iguais perante a lei, sem distinção de qualquer natureza, garantindo-se aos brasileiros e aos estrangeiros residentes no País a inviolabilidade do direito à vida, à liberdade, à igualdade, à segurança e à propriedade, nos termos seguintes:

Art. 12. São brasileiros:
(...)
§ 2º A lei não poderá estabelecer distinção entre brasileiros natos e naturalizados, salvo nos casos previstos nesta Constituição.

LEI N. 2.800, DE 18 DE JUNHO DE 1956
Cria os Conselhos Federal e Regionais de Química, dispõe sobre o exercício da profissão de químico, e dá outras providências
DOU 19.6.1956

LEI N. 6.192, DE 19 DE DEZEMBRO DE 1974
Dispõe sobre restrições a brasileiros naturalizados, e dá outras providências
DOU 20.12.1974

Vide art. 1º; e art. 2º

Art. 1º É vedada qualquer distinção entre brasileiros natos e naturalizados.

Art. 2º A condição de "brasileiro nato", exigida em leis ou decretos, para qualquer fim, fica modificada para a de "brasileiro".

Art. 327 — Além dos emolumentos fixados no Capítulo "Da Identificação Profissional", o registro do diploma fica sujeito à taxa de Cr$ 30,00 (trinta cruzeiros).

LEI N. 2.800, DE 18 DE JUNHO DE 1956
Cria os Conselhos Federal e Regionais de Química, dispõe sobre o exercício da profissão de químico, e dá outras providências
DOU 19.6.1956

Vide art. 15; e art. 26

Art. 15. Todas as atribuições estabelecidas no Decreto-Lei n. 5.452, de 1º de maio de 1943 — Consolidação das Leis do Trabalho — referentes ao registro, à fiscalização e à imposição de penalidades, quanto ao exercício da profissão de químico, passam a ser de competência dos Conselhos Regionais de Química.

Art. 26. Os Conselhos Regionais de Química cobrarão taxas pela expedição ou substituição de carteira profissional e pela certidão referente à anotação de função técnica ou de registro de firma.

Art. 328 — Só poderão ser admitidos a registro os diplomas, certificados de diplomas, cartas e outros títulos, bem como atestados e certificados que estiverem na devida forma e cujas firmas hajam sido regularmente reconhecidas por tabelião público e, sendo estrangeiros, pela Secretaria do Estado das Relações Exteriores, acompanhados estes últimos da respectiva tradução, feita por intérprete comercial brasileiro.

Parágrafo único — O Departamento Nacional do Trabalho e as Delegacias Regionais do Ministério do Trabalho, Indústria e Comércio, nos Estados, publicarão, periodicamente, a lista dos químicos registrados na forma desta Seção.

LEI N. 2.800, DE 18 DE JUNHO DE 1956
Cria os Conselhos Federal e Regionais de Química, dispõe sobre o exercício da profissão de químico, e dá outras providências
DOU 19.6.1956

Vide art. 8º, *caput* e alínea *e*; art. 13, *caput* e alíneas *a* e *d*; e art. 15

Art. 8º São atribuições do Conselho Federal de Química:
(...)
e) publicar o relatório anual dos seus trabalhos e, periodicamente, a relação de todos os profissionais registrados;

Art. 13. As atribuições dos Conselhos Regionais de Química são as seguintes:

a) registrar os profissionais de acordo com a presente lei e expedir a carteira profissional;
(...)
d) publicar relatórios anuais dos seus trabalhos, e, periodicamente, a relação dos profissionais registrados;

Art. 15. Todas as atribuições estabelecidas no Decreto-Lei n. 5.452, de 1º de maio de 1943 — Consolidação das Leis do Trabalho — referentes ao registro, à fiscalização e à imposição de penalidades, quanto ao exercício da profissão de químico, passam a ser de competência dos Conselhos Regionais de Química.

TÍTULO III — DAS NORMAS ESPECIAIS DE TUTELA DO TRABALHO

Art. 329	A cada inscrito, e como documento comprobatório do registro, será fornecida pelo Departamento Nacional do Trabalho, no Distrito Federal, ou pelas Delegacias Regionais, nos Estados e no Território do Acre, uma Carteira de Trabalho e Previdência Social numerada, que, além da fotografia, medindo 3 (três) por 4 (quatro) centímetros, tirada de frente, com a cabeça descoberta, e das impressões do polegar, conterá as declarações seguintes:
a)	o nome por extenso;
b)	a nacionalidade e, se estrangeiro, a circunstância de ser ou não naturalizado;
c)	a data e lugar do nascimento;
d)	a denominação da escola em que houver feito o curso;
e)	a data da expedição do diploma e o número do registro no Ministério do Trabalho, Indústria e Comércio;
f)	a data da revalidação do diploma, se de instituto estrangeiro;
g)	a especificação, inclusive data, de outro título ou títulos de habilitação;
Parágrafo único	A carteira destinada aos profissionais a que se refere o § 1º do art. 325 deverá, em vez das declarações indicadas nas alíneas "d", "e" e "f" deste artigo, e além do título — licenciado — posto em destaque, conter a menção do título de nomeação ou admissão e respectiva data, se funcionário público, ou do atestado relativo ao exercício, na qualidade de químico, de um cargo em empresa particular, com designação desta e da data inicial do exercício.

LEI N. 2.800, DE 18 DE JUNHO DE 1956
Cria os Conselhos Federal e Regionais de Química, dispõe sobre o exercício da profissão de químico, e dá outras providências
DOU 19.6.1956

Vide art. 13, *caput* e alíneas *a* a *h*; e art. 15

Art. 13. As atribuições dos Conselhos Regionais de Química são as seguintes:

a) registrar os profissionais de acordo com a presente lei e expedir a carteira profissional;

b) examinar reclamações e representações escritas acerca dos serviços de registro e das infrações desta lei e decidir, com recurso, para o Conselho Federal de Química;

c) fiscalizar o exercício da profissão, impedindo e punindo as infrações à lei, bem como enviando às autoridades competentes relatórios documentados sobre fatos que apuraram e cuja solução não seja de sua alçada;

d) publicar relatórios anuais dos seus trabalhos, e, periodicamente, a relação dos profissionais registrados;

e) organizar o seu regimento interno, submetendo-o à aprovação do Conselho Federal de Química;

f) sugerir ao Conselho Federal de Química as medidas necessárias à regularidade dos serviços e à fiscalização do exercício profissional;

g) admitir a colaboração dos sindicatos e associações profissionais nos casos das matérias das letras anteriores;

h) eleger um delegado-eleitor para a assembleia referida na letra "b" do art. 4º.

Art. 15. Todas as atribuições estabelecidas no Decreto-Lei n. 5.452, de 1º de maio de 1943 — Consolidação das Leis do Trabalho — referentes ao registro, à fiscalização e à imposição de penalidades, quanto ao exercício da profissão de químico, passam a ser de competência dos Conselhos Regionais de Química.

LEI N. 4.070, DE 15 DE JUNHO DE 1962
Eleva o Território do Acre à categoria de Estado e dá outras providências
DOU 22.6.1962

Art. 330	A carteira profissional, expedida nos termos desta secção, é obrigatória para o exercício da profissão, substitui em todos os casos o diploma ou título e servirá de carteira de identidade. *(Redação dada pelo Decreto-Lei n. 5.922, de 1943).*

CONSOLIDAÇÃO DAS LEIS DO TRABALHO
Decreto-Lei n. 5.452, de 1º de maio de 1943
DOU 9.8.1943

Vide art. 29, *caput*

Art. 29. A Carteira de Trabalho e Previdência Social será obrigatoriamente apresentada, contra recibo, pelo trabalhador ao empregador que o admitir, o qual terá o prazo de quarenta e oito horas para nela anotar, especificamente, a data de admissão, a remuneração e as condições especiais, se houver, sendo facultada a adoção de sistema manual, mecânico ou eletrônico, conforme instruções a serem expedidas pelo Ministério do Trabalho. *(Redação dada pela Lei n. 7.855, de 24.10.1989)*

TÍTULO III — DAS NORMAS ESPECIAIS DE TUTELA DO TRABALHO

Art. 331	Nenhuma autoridade poderá receber impostos relativos ao exercício profissional de químico, senão à vista da prova de que o interessado se acha registrado de acordo com a presente Seção, e essa prova será também exigida para a realização de concursos periciais e todos os outros atos oficiais que exijam capacidade técnica de químico.
Art. 332	Quem, mediante anúncios, placas, cartões comerciais ou outros meios capazes de ser identificados, se propuser ao exercício da química, em qualquer dos seus ramos, sem que esteja devidamente registrado, fica sujeito às penalidades aplicáveis ao exercício ilegal da profissão.
Art. 333	Os profissionais a que se referem os dispositivos anteriores só poderão exercer legalmente as funções de químicos depois de satisfazerem as obrigações constantes do art. 330 desta Seção.
Art. 334	O exercício da profissão de químico compreende:
a)	a fabricação de produtos e subprodutos químicos em seus diversos graus de pureza;
b)	a análise química, a elaboração de pareceres, atestados e projetos de especialidade e sua execução, perícia civil ou judiciária sobre essa matéria, a direção e a responsabilidade de laboratórios ou departamentos químicos, de indústria e empresas comerciais;
c)	o magistério nas cadeiras de química dos cursos superiores especializados em química;
d)	a engenharia química.
§ 1º	Aos químicos, químicos industriais e químicos industriais agrícolas que estejam nas condições estabelecidas no art. 325, alíneas "a" e "b", compete o exercício das atividades definidas nos itens "a", "b" e "c" deste artigo, sendo privativa dos engenheiros químicos a do item "d".
§ 2º	Aos que estiverem nas condições do art. 325, alíneas "a" e "b", compete, como aos diplomados em medicina ou farmácia, as atividades definidas no art. 2º, alíneas "d", "e" e "f" do Decreto n. 20.377, de 8 de setembro de 1931, cabendo aos agrônomos e engenheiros agrônomos as que se acham especificadas no art. 6º, alínea "h", do Decreto n. 23.196, de 12 de outubro de 1933.
Art. 335	É obrigatória a admissão de químicos nos seguintes tipos de indústria:
a)	e fabricação de produtos químicos;
b)	que mantenham laboratório de controle químico;
c)	de fabricação de produtos industriais que são obtidos por meio de reações químicas dirigidas, tais como: cimento, açúcar e álcool, vidro, curtume, massas plásticas artificiais, explosivos, derivados de carvão ou de petróleo, refinação de óleos vegetais ou minerais, sabão, celulose e derivados.

TÍTULO III — DAS NORMAS ESPECIAIS DE TUTELA DO TRABALHO

Arts. 336 a 341

Art. 336 No preenchimento de cargos públicos, para os quais se faz mister a qualidade de químico, ressalvadas as especializações referidas no § 2º do art. 334, a partir da data da publicação do Decreto n. 24.693, de 12 de julho de 1934, requer-se, como condição essencial, que os candidatos previamente hajam satisfeito as exigências do art. 333 desta Seção.

Art. 337 Fazem fé pública os certificados de análises químicas, pareceres, atestados, laudos de perícias e projetos relativos a essa especialidade, assinados por profissionais que satisfaçam as condições estabelecidas nas alíneas "a" e "b" do art. 325.

RESOLUÇÃO NORMATIVA N. 195, DE 14.04.2004
Regulamenta em caráter de exclusividade, os arts. 337 e 341 da CLT, e os arts. 1º, 3º e 4º alínea i, do Decreto n. 85.877 de 07/04/81
DOU 19.4.2004

Art. 338 É facultado aos químicos que satisfizerem as condições constantes do art. 325, alíneas "a" e "b", o ensino da especialidade a que se dedicarem, nas escolas superiores, oficiais ou oficializadas.

Parágrafo único Na hipótese de concurso para o provimento de cargo ou emprego público, os químicos a que este artigo se refere terão preferência, em igualdade de condições.

Art. 339 O nome do químico responsável pela fabricação dos produtos de uma fábrica, usina ou laboratório deverá figurar nos respectivos rótulos, faturas e anúncios, compreendida entre estes últimos a legenda impressa em cartas e sobrecartas.

Art. 340 Somente os químicos habilitados, nos termos do art. 325, alíneas "a" e "b", poderão ser nomeados *ex officio* para os exames periciais de fábricas, laboratórios e usinas e de produtos aí fabricados.

Parágrafo único Não se acham compreendidos no artigo anterior os produtos farmacêuticos e os laboratórios de produtos farmacêuticos.

Art. 341 Cabe aos químicos habilitados, conforme estabelece o art. 325, alíneas "a" e "b", a execução de todos os serviços que, não especificados no presente regulamento, exijam por sua natureza o conhecimento de química.

RESOLUÇÃO NORMATIVA N. 123, DE 9.11.1990
Interpreta o caráter de exclusividade das atribuições dos profissionais da Química a que se refere o art. 341 da CLT
DOU 28.1.1991

Vide arts. 1º a 5º

Art. 1º É atribuição exclusiva dos profissionais da Química a execução de todas as atividades científicas e técnicas que, por sua natureza, exijam o conhecimento de Química e de Engenharia Química e que não estejam explicitadas em Lei como atividades afins ou privativas de outras profissões.

Art. 2º Estão naturalmente abrangidas no art. 341 da CLT como atividades afins as dos químicos, aquelas que, por sua natureza, exijam o conhecimento de Química e que estejam explicitadas em Lei como atividades não privativas de outras profissões.

Art. 3º As entidades públicas e particulares a que se refere o art. 3º do Decreto n. 85.877, de 7.4.81, que

tenham serviços com atividades de químicos, devem comprovar perante o CRQ da jurisdição que tais atividades estão sob a responsabilidade de profissional habilitado e registrado.

Art. 4º Está obrigada a registro no CRQ da jurisdição, a empresa que, em sua atividade básica, tiver pelo menos 1 (um) tipo de atividade privativa de Profissional da Química.

Art. 5º Esta Resolução entrará em vigor a partir da data da sua publicação, revogadas as disposições em contrário.

RESOLUÇÃO NORMATIVA N. 195, DE 14.4.2004
Regulamenta em caráter de exclusividade, os arts. 337 e 341 da CLT, e os arts. 1º, 3º e 4º alínea i, do Decreto n. 85.877 de 7.4.81
DOU 19.4.2004

Art. 342 — A fiscalização do exercício da profissão de químico incumbe ao Departamento Nacional do Trabalho no Distrito Federal e às autoridades regionais do Ministério do Trabalho, Indústria e Comércio, nos Estados e Território do Acre.

LEI N. 2.800, DE 18 DE JUNHO DE 1956
Cria os Conselhos Federal e Regionais de Química, dispõe sobre o exercício da profissão de químico, e dá outras providências
DOU 19.6.1956

Vide art. 1º; art. 13, *caput* e alíneas *a* a *h*; e art. 15

Art. 1º A fiscalização do exercício da profissão de químico, regulada no Decreto-Lei n. 5.452, de 1º de maio de 1943 — Consolidação das Leis do Trabalho, Título III, Capítulo I, Seção XIII — será exercida pelo Conselho Federal de Química e pelos Conselhos Regionais de Química, criados por esta lei.

Art. 13. As atribuições dos Conselhos Regionais de Química são as seguintes:

a) registrar os profissionais de acordo com a presente lei e expedir a carteira profissional;

b) examinar reclamações e representações escritas acerca dos serviços de registro e das infrações desta lei e decidir, com recurso, para o Conselho Federal de Química;

c) fiscalizar o exercício da profissão, impedindo e punindo as infrações à lei, bem como enviando às autoridades competentes relatórios documentados sobre fatos que apuraram e cuja solução não seja de sua alçada;

d) publicar relatórios anuais dos seus trabalhos, e, periodicamente, a relação dos profissionais registrados;

e) organizar o seu regimento interno, submetendo-o à aprovação do Conselho Federal de Química;

f) sugerir ao Conselho Federal de Química as medidas necessárias à regularidade dos serviços e à fiscalização do exercício profissional;

g) admitir a colaboração dos sindicatos e associações profissionais nos casos das matérias das letras anteriores;

h) eleger um delegado-eleitor para a assembleia referida na letra b do art. 4º.

Art. 15. Todas as atribuições estabelecidas no Decreto-Lei n. 5.452, de 1º de maio de 1943 — Consolidação das Leis do Trabalho — referentes ao registro, à fiscalização e à imposição de penalidades, quanto ao exercício da profissão de químico, passam a ser de competência dos Conselhos Regionais de Química.

LEI N. 4.070, DE 15 DE JUNHO DE 1962
Eleva o Território do Acre à categoria de Estado e dá outras providências
DOU 22.6.1962

Art. 343	São atribuições dos órgãos de fiscalização:
a)	examinar os documentos exigidos para o registro profissional de que trata o art. 326 e seus §§ 1º e 2º e o art. 327, proceder à respectiva inscrição e indeferir o pedido dos interessados que não satisfizerem as exigências desta Seção;
b)	registrar as comunicações e contratos, a que aludem o art. 350 e seus parágrafos, e dar as respectivas baixas;
c)	verificar o exato cumprimento das disposições desta Seção, realizando as investigações que forem necessárias, bem como o exame dos arquivos, livros de escrituração, folhas de pagamento, contratos e outros documentos de uso de firmas ou empresas industriais ou comerciais, em cujos serviços tome parte 1 (um) ou mais profissionais que desempenhem função para a qual se deva exigir a qualidade de químico.

Art. 344	Aos sindicatos de químicos devidamente reconhecidos é facultado auxiliar a fiscalização, no tocante à observação da alínea "c" do artigo anterior.

TÍTULO III — DAS NORMAS ESPECIAIS DE TUTELA DO TRABALHO

Arts. 345 e 346

Art. 345	Verificando-se, pelo Ministério do Trabalho, Indústria e Comércio, serem falsos os diplomas ou outros títulos dessa natureza, atestados, certificados e quaisquer documentos exibidos para os fins de que trata esta Seção, incorrerão os seus autores e cúmplices nas penalidades estabelecidas em lei.
Parágrafo único	A falsificação de diploma ou outros quaisquer títulos, uma vez verificada, será imediatamente comunicada ao Serviço de Identificação Profissional, do Departamento Nacional do Trabalho, remetendo-se-lhe os documentos falsificados, para instauração do processo que no caso couber.

CÓDIGO PENAL
Decreto-Lei n. 2.848, de 7 de dezembro de 1940
DOU 31.12.1940

Vide art. 297, caput e §§ 1º a 4º

Art. 297. Falsificar, no todo ou em parte, documento público, ou alterar documento público verdadeiro:

Pena — reclusão, de dois a seis anos, e multa.

§ 1º Se o agente é funcionário público, e comete o crime prevalecendo-se do cargo, aumenta-se a pena de sexta parte.

§ 2º Para os efeitos penais, equiparam-se a documento público o emanado de entidade paraestatal, o título ao portador ou transmissível por endosso, as ações de sociedade comercial, os livros mercantis e o testamento particular.

§ 3º Nas mesmas penas incorre quem insere ou faz inserir: *(Incluído pela Lei n. 9.983, de 2000)*

I — na folha de pagamento ou em documento de informações que seja destinado a fazer prova perante a previdência social, pessoa que não possua a qualidade de segurado obrigatório; *(Incluído pela Lei n. 9.983, de 2000)*

II — na Carteira de Trabalho e Previdência Social do empregado ou em documento que deva produzir efeito perante a previdência social, declaração falsa ou diversa da que deveria ter sido escrita; *(Incluído pela Lei n. 9.983, de 2000)*

III — em documento contábil ou em qualquer outro documento relacionado com as obrigações da empresa perante a previdência social, declaração falsa ou diversa da que deveria ter constado. *(Incluído pela Lei n. 9.983, de 2000)*

§ 4º Nas mesmas penas incorre quem omite, nos documentos mencionados no § 3º, nome do segurado e seus dados pessoais, a remuneração, a vigência do contrato de trabalho ou de prestação de serviços. *(Incluído pela Lei n. 9.983, de 2000)*

LEI N. 2.800, DE 18 DE JUNHO DE 1956
Cria os Conselhos Federal e Regionais de Química, dispõe sobre o exercício da profissão de químico, e dá outras providências
DOU 19.6.1956

Vide art. 15

Art. 15. Todas as atribuições estabelecidas no Decreto-Lei n. 5.452, de 1º de maio de 1943 — Consolidação das Leis do Trabalho — referentes ao registro, à fiscalização e à imposição de penalidades, quanto ao exercício da profissão de químico, passam a ser de competência dos Conselhos Regionais de Química.

SÚMULA DO STJ

Vide Súmula 104/STJ

Súmula 104 STJ — Compete à Justiça Estadual o processo e julgamento dos crimes de falsificação e uso de documento falso relativo a estabelecimento particular de ensino.

Art. 346	Será suspenso do exercício de suas funções, independentemente de outras penas em que possa incorrer, o químico, inclusive o licenciado, que incidir em alguma das seguintes faltas:
a)	revelar improbidade profissional, dar falso testemunho, quebrar o sigilo profissional e promover falsificações, referentes à prática de atos de que trata esta Seção;
b)	concorrer com seus conhecimentos científicos para a prática de crime ou atentado contra a pátria, a ordem social ou a saúde pública;
c)	deixar, no prazo marcado nesta Seção, de requerer a revalidação e registro do diploma estrangeiro, ou o seu registro profissional no Ministério do Trabalho, Indústria e Comércio.
Parágrafo único	O tempo de suspensão a que alude este artigo variará entre 1 (um) mês e 1 (um) ano, a critério do Departamento Nacional do Trabalho, após processo regular, ressalvada a ação da justiça pública.

RESOLUÇÃO NORMATIVA N. 241, DE 15.12.2011
Regulamenta o art. 346 da CLT e altera os prazos estabelecidos na RO n. 9.593 de 13/07/2000
DOU 16.12.2011

Art. 347 Aqueles que exercerem a profissão de químico sem ter preenchido as condições do art. 325 e suas alíneas, nem promovido o seu registro, nos termos do art. 326, incorrerão na multa de 200 cruzeiros a 5.000 cruzeiros, que será elevada ao dobro, no caso de reincidência.

Art. 348 Aos licenciados a que alude o § 1º do art. 325 poderão, por ato do Departamento Nacional do Trabalho, sujeito à aprovação do Ministro, ser cassadas as garantias asseguradas por esta Seção, desde que interrompam, por motivo de falta prevista no art. 346, a função pública ou particular em que se encontravam por ocasião da publicação do Decreto n. 24.693, de 12 de julho de 1934.

LEI N. 2.800, DE 18 DE JUNHO DE 1956
Cria os Conselhos Federal e Regionais de Química, dispõe sobre o exercício da profissão de químico, e dá outras providências
DOU 19.6.1956

Vide art. 15

Art. 15. Todas as atribuições estabelecidas no Decreto-Lei n. 5.452, de 1º de maio de 1943 — Consolidação das Leis do Trabalho — referentes ao registro, à fiscalização e à imposição de penalidades, quanto ao exercício da profissão de químico, passam a ser de competência dos Conselhos Regionais de Química.

Art. 349 O número de químicos estrangeiros a serviço de particulares, empresas ou companhias não poderá exceder de 1/3 (um terço) aos dos profissionais brasileiros compreendidos nos respectivos quadros.

CONSTITUIÇÃO FEDERAL DE 1988
DOU 5.10.1988

Vide art. 5º, caput; e art. 12, caput e § 2º

Art. 5º Todos são iguais perante a lei, sem distinção de qualquer natureza, garantindo-se aos brasileiros e aos estrangeiros residentes no País a inviolabilidade do direito à vida, à liberdade, à igualdade, à segurança e à propriedade, nos termos seguintes:

Art. 12. São brasileiros:
(...)
§ 2º A lei não poderá estabelecer distinção entre brasileiros natos e naturalizados, salvo nos casos previstos nesta Constituição.

LEI N. 6.192, DE 19 DE DEZEMBRO DE 1974
Dispõe sobre restrições a brasileiros naturalizados, e dá outras providências
DOU 20.12.1974

Vide art. 1º; e art. 2º

Art. 1º É vedada qualquer distinção entre brasileiros natos e naturalizados.

Art. 2º A condição de "brasileiro nato", exigida em leis ou decretos, para qualquer fim, fica modificada para a de "brasileiro".

Art. 350 O químico que assumir a direção técnica ou cargo de químico de qualquer usina, fábrica, ou laboratório industrial ou de análise deverá, dentro de 24 (vinte e quatro) horas e por escrito, comunicar essa ocorrência ao órgão fiscalizador, contraindo, desde essa data, a responsabilidade da parte técnica referente à sua profissão, assim como a responsabilidade técnica dos produtos manufaturados.

§ 1º Firmando-se contrato entre o químico e o proprietário da usina fábrica, ou laboratório, será esse documento apresentado, dentro do prazo de 30 (trinta) dias, para registro, ao órgão fiscalizador.

TÍTULO III — DAS NORMAS ESPECIAIS DE TUTELA DO TRABALHO

§ 2º Comunicação idêntica à de que trata a primeira parte deste artigo fará o químico quando deixar a direção técnica ou o cargo de químico, em cujo exercício se encontrava, a fim de ressalvar a sua responsabilidade e fazer-se o cancelamento do contrato. Em caso de falência do estabelecimento, a comunicação será feita pela firma proprietária.

LEI N. 11.101, DE 9 DE FEVEREIRO DE 2005
Regula a recuperação judicial, a extrajudicial e a falência do empresário e da sociedade empresária
DOU 9.2.2005 — Edição extra

SEÇÃO XIV
DAS PENALIDADES

Art. 351 Os infratores dos dispositivos do presente Capítulo incorrerão na multa de cinquenta a cinco mil cruzeiros, segundo a natureza da infração, sua extensão e a intenção de quem a praticou, aplicada em dobro no caso de reincidência, oposição à fiscalização ou desacato à autoridade.

Parágrafo único São competentes para impor penalidades as autoridades de primeira instância incumbidas da fiscalização dos preceitos constantes do presente Capítulo.

CONSTITUIÇÃO FEDERAL DE 1988
DOU 5.10.1988

Vide art. 21, *caput* e inciso XXIV

Art. 21. Compete à União:
(...)
XXIV — organizar, manter e executar a Inspeção do trabalho;

CONSOLIDAÇÃO DAS LEIS DO TRABALHO
Decreto-Lei n. 5.452, de 1º de maio de 1943
DOU 9.8.1943

Vide art. 626, *caput* e parágrafo único

Art. 626. Incumbe às autoridades competentes do Ministério do Trabalho, Indústria e Comércio, ou àquelas que exerçam funções delegadas, a fiscalização do fiel cumprimento das normas de proteção ao trabalho.

Parágrafo único — Os fiscais dos Institutos de Seguro Social e das entidades paraestatais em geral dependentes do Ministério do Trabalho, Indústria e Comércio serão competentes para a fiscalização a que se refere o presente artigo, na forma das instruções que forem expedidas pelo Ministro do Trabalho, Indústria e Comércio.

LEIS N. 6.205/75; N. 6.986/82; N. 6.708/79; N. 7.855/89
Novos valores de multas administrativas

LEI N. 8.383/1991
Unidade Fiscal de Referência (UFIR) — medida de valor e atualização de tributos, multas e penalidades administrativas e fiscais

LEI N. 10.522/02
Conversão da UFIR em real

CAPÍTULO II
DA NACIONALIZAÇÃO DO TRABALHO

SEÇÃO I
DA PROPORCIONALIDADE DE EMPREGADOS BRASILEIROS

Art. 352 As empresas, individuais ou coletivas, que explorem serviços públicos dados em concessão, ou que exerçam atividades industriais ou comerciais, são obrigadas a manter, no quadro do seu pessoal, quando composto de 3 (três) ou mais empregados, uma proporção de brasileiros não inferior à estabelecida no presente Capítulo.

Art. 352

TÍTULO III — DAS NORMAS ESPECIAIS DE TUTELA DO TRABALHO

§ 1º	Sob a denominação geral de atividades industriais e comerciais compreende-se, além de outras que venham a ser determinadas em portaria do Ministro do Trabalho, Indústria e Comércio, as exercidas:
a)	nos estabelecimentos industriais em geral;
b)	nos serviços de comunicações, de transportes terrestres, marítimos, fluviais, lacustres e aéreos;
c)	nas garagens, oficinas de reparos e postos de abastecimento de automóveis e nas cocheiras;
d)	na indústria da pesca;
e)	nos estabelecimentos comerciais em geral;
f)	nos escritórios comerciais em geral;
g)	nos estabelecimentos bancários, ou de economia coletiva, nas empresas de seguros e nas de capitalização;
h)	nos estabelecimentos jornalísticos, de publicidade e de radiodifusão;
i)	nos estabelecimentos de ensino remunerado, excluídos os que neles trabalhem por força de voto religioso;
j)	nas drogarias e farmácias;
l)	nos estabelecimentos de diversões públicas, excluídos os elencos teatrais, e nos clubes esportivos;
m)	nos hotéis, restaurantes, bares e estabelecimentos congêneres;
n)	nos estabelecimentos hospitalares e fisioterápicos cujos serviços sejam remunerados, excluídos os que neles trabalhem por força de voto religioso;
o)	nas empresas de mineração;
§ 2º	Não se acham sujeitas às obrigações da proporcionalidade as indústrias rurais, as que, em zona agrícola, se destinem ao beneficiamento ou transformação de produtos da região e as atividades industriais de natureza extrativa, salvo a mineração.

CONSTITUIÇÃO FEDERAL DE 1988
DOU 5.10.1988

Vide art. 5º, caput e inciso XIII; art. 12, caput, incisos I e II e §§ 1º a 4º; e art. 19, caput e inciso III

Art. 5º Todos são iguais perante a lei, sem distinção de qualquer natureza, garantindo-se aos brasileiros e aos estrangeiros residentes no País a inviolabilidade do direito à vida, à liberdade, à igualdade, à segurança e à propriedade, nos termos seguintes:
(...)
XIII — é livre o exercício de qualquer trabalho, ofício ou profissão, atendidas as qualificações profissionais que a lei estabelecer;

Art. 12. São brasileiros:
I — natos:
a) os nascidos na República Federativa do Brasil, ainda que de pais estrangeiros, desde que estes não estejam a serviço de seu país;
b) os nascidos no estrangeiro, de pai brasileiro ou mãe brasileira, desde que qualquer deles esteja a serviço da República Federativa do Brasil;
c) os nascidos no estrangeiro de pai brasileiro ou de mãe brasileira, desde que sejam registrados em repartição brasileira competente ou venham a residir na República Federativa do Brasil e optem, em qualquer tempo, depois de atingida a maioridade, pela nacionalidade brasileira; *(Redação dada pela Emenda Constitucional n. 54, de 2007)*

II — naturalizados:
a) os que, na forma da lei, adquiram a nacionalidade brasileira, exigidas aos originários de países de língua portuguesa apenas residência por um ano ininterrupto e idoneidade moral;
b) os estrangeiros de qualquer nacionalidade, residentes na República Federativa do Brasil há mais de quinze anos ininterruptos e sem condenação penal, desde que requeiram a nacionalidade brasileira. *(Redação dada pela Emenda Constitucional de Revisão n. 3, de 1994)*

§ 1º Aos portugueses com residência permanente no País, se houver reciprocidade em favor de brasileiros, serão atribuídos os direitos inerentes ao brasileiro, salvo os casos previstos nesta Constituição. *(Redação dada pela Emenda Constitucional de Revisão n. 3, de 1994)*

TÍTULO III — DAS NORMAS ESPECIAIS DE TUTELA DO TRABALHO

§ 2º A lei não poderá estabelecer distinção entre brasileiros natos e naturalizados, salvo nos casos previstos nesta Constituição.

§ 3º São privativos de brasileiro nato os cargos:
I — de Presidente e Vice-Presidente da República;
II — de Presidente da Câmara dos Deputados;
III — de Presidente do Senado Federal;
IV — de Ministro do Supremo Tribunal Federal;
V — da carreira diplomática;
VI — de oficial das Forças Armadas.
VII — de Ministro de Estado da Defesa *(Incluído pela Emenda Constitucional n. 23, de 1999)*

§ 4º — Será declarada a perda da nacionalidade do brasileiro que:
I — tiver cancelada sua naturalização, por sentença judicial, em virtude de atividade nociva ao interesse nacional;
II — adquirir outra nacionalidade, salvo nos casos: *(Redação dada pela Emenda Constitucional de Revisão n. 3, de 1994)*
a) de reconhecimento de nacionalidade originária pela lei estrangeira; *(Incluído pela Emenda Constitucional de Revisão n. 3, de 1994)*
b) de imposição de naturalização, pela norma estrangeira, ao brasileiro residente em estado estrangeiro, como condição para permanência em seu território ou para o exercício de direitos civis; *(Incluído pela Emenda Constitucional de Revisão n. 3, de 1994)*

Art. 19. É vedado à União, aos Estados, ao Distrito Federal e aos Municípios:
(...)
III — criar distinções entre brasileiros ou preferências entre si.

CONVENÇÃO 118 DA OIT
Convenção sobre igualdade de tratamento dos nacionais e não nacionais em matéria de Previdência Social
Adotada pela OIT em 28.6.1962
Ratificada pelo Brasil em 24.3.1969
Promulgada pelo Decreto n. 66.497, de 27 de abril de 1970
DOU 30.4.1970

LEI N. 6.192, DE 19 DE DEZEMBRO DE 1974
Dispõe sobre restrições a brasileiros naturalizados, e dá outras providências
DOU 20.12.1974

Vide art. 1º; e art. 2º

Art. 1º É vedada qualquer distinção entre brasileiros natos e naturalizados.

Art. 2º A condição de "brasileiro nato", exigida em leis ou decretos, para qualquer fim, fica modificada para a de "brasileiro".

LEI N. 6.815, DE 19 DE AGOSTO DE 1980
Define a situação jurídica do estrangeiro no Brasil, cria o Conselho Nacional de Imigração
DOU 21.8.1980, retificado em 22.8.1980 e republicado em 22.8.1981

Art. 353 Equiparam-se aos brasileiros, para os fins deste Capítulo, ressalvado o exercício de profissões reservadas aos brasileiros natos ou aos brasileiros em geral, os estrangeiros que, residindo no País há mais de dez anos, tenham cônjuge ou filho brasileiro, e os portugueses. *(Redação dada pela Lei n. 6.651, de 23.5.1979)*

CONSTITUIÇÃO FEDERAL DE 1988
DOU 5.10.1988

Vide art. 5º, *caput* e inciso XIII; art. 12, *caput* e § 2º; e art. 19, *caput* e inciso III

Art. 5º Todos são iguais perante a lei, sem distinção de qualquer natureza, garantindo-se aos brasileiros e aos estrangeiros residentes no País a inviolabilidade do direito à vida, à liberdade, à igualdade, à segurança e à propriedade, nos termos seguintes:
(...)
XIII — é livre o exercício de qualquer trabalho, ofício ou profissão, atendidas as qualificações profissionais que a lei estabelecer;

Art. 12. São brasileiros:
(...)

§ 2º A lei não poderá estabelecer distinção entre brasileiros natos e naturalizados, salvo nos casos previstos nesta Constituição.

Art. 19. É vedado à União, aos Estados, ao Distrito Federal e aos Municípios:
(...)
III — criar distinções entre brasileiros ou preferências entre si.

SÚMULA DO STF
Vide Súmula 1/STF

Súmula 1 STF — É vedada a expulsão de estrangeiro casado com Brasileira, ou que tenha filho Brasileiro, dependente da economia paterna.

Art. 354 A proporcionalidade será de 2/3 (dois terços) de empregados brasileiros, podendo, entretanto, ser fixada proporcionalidade inferior, em atenção às circunstâncias especiais de cada atividade, mediante ato do Poder Executivo, e depois de devidamente apurada pelo Departamento Nacional do Trabalho e pelo Serviço de Estatística de Previdência e Trabalho a insuficiência do número de brasileiros na atividade de que se tratar.

TÍTULO III — DAS NORMAS ESPECIAIS DE TUTELA DO TRABALHO

Parágrafo único	A proporcionalidade é obrigatória não só em relação à totalidade do quadro de empregados, com as exceções desta Lei, como ainda em relação à correspondente folha de salários.

CONSTITUIÇÃO FEDERAL DE 1988
DOU 5.10.1988

Vide art. 5º, *caput* e inciso XIII; art. 12, *caput* e § 2º; e art. 19, *caput* e inciso III

Art. 5º Todos são iguais perante a lei, sem distinção de qualquer natureza, garantindo-se aos brasileiros e aos estrangeiros residentes no País a inviolabilidade do direito à vida, à liberdade, à igualdade, à segurança e à propriedade, nos termos seguintes:
(...)

XIII — é livre o exercício de qualquer trabalho, ofício ou profissão, atendidas as qualificações profissionais que a lei estabelecer;

Art. 12. São brasileiros:
(...)
§ 2º A lei não poderá estabelecer distinção entre brasileiros natos e naturalizados, salvo nos casos previstos nesta Constituição.

Art. 19. É vedado à União, aos Estados, ao Distrito Federal e aos Municípios:
(...)
III — criar distinções entre brasileiros ou preferências entre si.

Art. 355	Consideram-se como estabelecimentos autônomos, para os efeitos da proporcionalidade a ser observada, as sucursais, filiais e agências em que trabalhem 3 (três) ou mais empregados.
Art. 356	Sempre que uma empresa ou indivíduo explore atividades sujeitas a proporcionalidades diferentes, observar-se-á, em relação a cada uma delas, a que lhe corresponder.
Art. 357	Não se compreendem na proporcionalidade os empregados que exerçam funções técnicas especializadas, desde que, a juízo do Ministério do Trabalho, Indústria e Comércio, haja falta de trabalhadores nacionais.
Art. 358	Nenhuma empresa, ainda que não sujeita à proporcionalidade, poderá pagar a brasileiro que exerça função análoga, a juízo do Ministério do Trabalho, Indústria e Comércio, à que é exercida por estrangeiro a seu serviço, salário inferior ao deste, excetuando-se os casos seguintes:
a)	quando, nos estabelecimentos que não tenham quadros de empregados organizados em carreira, o brasileiro contar menos de 2 (dois) anos de serviço, e o estrangeiro mais de 2 (dois) anos;
b)	quando, mediante aprovação do Ministério do Trabalho, Indústria e Comércio, houver quadro organizado em carreira em que seja garantido o acesso por antiguidade;
c)	quando o brasileiro for aprendiz, ajudante ou servente, e não o for o estrangeiro;
d)	quando a remuneração resultar de maior produção, para os que trabalham à comissão ou por tarefa.
Parágrafo único	Nos casos de falta ou cessação de serviço, a dispensa do empregado estrangeiro deve preceder à de brasileiro que exerça função análoga.

TÍTULO III — DAS NORMAS ESPECIAIS DE TUTELA DO TRABALHO

CONSTITUIÇÃO FEDERAL DE 1988
DOU 5.10.1988

Vide art. 5º, *caput* e inciso XIII; art. 12, *caput* e § 2º; e art. 19, *caput* e inciso III

Art. 5º Todos são iguais perante a lei, sem distinção de qualquer natureza, garantindo-se aos brasileiros e aos estrangeiros residentes no País a inviolabilidade do direito à vida, à liberdade, à igualdade, à segurança e à propriedade, nos termos seguintes:
(...)

XIII — é livre o exercício de qualquer trabalho, ofício ou profissão, atendidas as qualificações profissionais que a lei estabelecer;

Art. 12. São brasileiros:
(...)
§ 2º A lei não poderá estabelecer distinção entre brasileiros natos e naturalizados, salvo nos casos previstos nesta Constituição.

Art. 19. É vedado à União, aos Estados, ao Distrito Federal e aos Municípios:
(...)
III — criar distinções entre brasileiros ou preferências entre si.

SEÇÃO II
DAS RELAÇÕES ANUAIS DE EMPREGADOS

Art. 359 — Nenhuma empresa poderá admitir a seu serviço empregado estrangeiro sem que este exiba a carteira de identidade de estrangeiro devidamente anotada.

Parágrafo único — A empresa é obrigada a assentar no registro de empregados os dados referentes à nacionalidade de qualquer empregado estrangeiro e o número da respectiva carteira de identidade.

DECRETO N. 97.936, DE 10 DE JULHO DE 1989
Institui o Cadastro Nacional do Trabalhador e dá outras providências
DOU 11.7.1989

Vide art. 1º

Art. 1º Fica instituído o Cadastro Nacional do Trabalhador (CNT), destinado a registrar informações de interesse do trabalhador, do Ministério do Trabalho e da Previdência Social (MTPS) e da Caixa Econômica Federal (CEF). *(Redação dada pelo Decreto n. 99.378, de 1990)*

Art. 360 — Toda empresa compreendida na enumeração do art. 352, § 1º, deste Capítulo, qualquer que seja o número de seus empregados, deve apresentar anualmente às repartições competentes do Ministério do Trabalho, de 2 de maio a 30 de junho, uma relação, em três vias, de todos os seus empregados, segundo o modelo que for expedido.

§ 1º — As relações terão, na primeira via, o selo de três cruzeiros pela folha inicial e dois cruzeiros por folha excedente, além do selo do Fundo de Educação, e nelas será assinalada, em tinta vermelha, a modificação havida com referência à última relação apresentada. Se se tratar de nova empresa, a relação, encimada pelos dizeres — Primeira Relação — deverá ser feita dentro de 30 (trinta) dias de seu registro no Departamento Nacional da Indústria e Comércio ou repartições competentes.

§ 2º — A entrega das relações far-se-á diretamente às repartições competentes do Ministério do Trabalho, Indústria e Comércio, ou, onde não as houver, às Coletorias Federais, que as remeterão desde logo àquelas repartições. A entrega operar-se-á contra recibo especial, cuja exibição é obrigatória, em caso de fiscalização, enquanto não for devolvida ao empregador a via autenticada da declaração.

§ 3º — Quando não houver empregado far-se-á declaração negativa.

LEI COMPLEMENTAR N. 123, DE 14 DE DEZEMBRO DE 2006
Institui o Estatuto Nacional da Microempresa e da Empresa de Pequeno Porte; altera dispositivos das Leis ns. 8.212 e 8.213, ambas de 24 de julho de 1991, da Consolidação das Leis do Trabalho — CLT, aprovada pelo Decreto-Lei n. 5.452, de 1º de maio de 1943, da Lei n. 10.189, de 14 de fevereiro de 2001, da Lei Complementar n. 63, de 11 de janeiro de 1990; e revoga as Leis n. 9.317, de 5 de dezembro de 1996, e n. 9.841, de 5 de outubro de 1999.
DOU 15.12.2006, republicado em 31.1.2009, republicado em 31.1.2012 e republicado em 6.3.2012

LEI N. 3.519, DE 30 DE DEZEMBRO DE 1958
Modifica a Consolidação das Leis do Imposto do Selo, baixada com o Decreto n. 32.392, de 9 de março de 1953, e dá outras providências
DOU 30.12.1958

LEI N. 4.923, DE 23 DE DEZEMBRO DE 1965
Institui o Cadastro Permanente das Admissões e Dispensas de Empregados, estabelece medidas contra o desemprego e de assistência aos desempregados, e dá outras providências
DOU 29.12.1965 e retificado em 26.1.1966

Vide art. 1º

Art. 1º Fica instituído, em caráter permanente, no Ministério do Trabalho e Previdência Social, o registro das admissões e dispensas de empregados nas empresas abrangidas pelo sistema da Consolidação das Leis do Trabalho.

DECRETO N. 63.659, DE 20 DE NOVEMBRO DE 1968
Define a estrutura e as atribuições da Secretaria da Receita Federal e dá outras providências
DOU 21.11.1968

DECRETO N. 76.900, DE 23 DE DEZEMBRO DE 1975
Institui a Relação Anual de Informações Sociais — RAIS e dá outras providências
DOU 24.12.1975

DECRETO N. 97.936, DE 10 DE JULHO DE 1989
Institui o Cadastro Nacional do Trabalhador e dá outras providências
DOU 11.7.1989

Vide art. 5º, caput e inciso I

Art. 5º O DIS substituirá os seguintes documentos:
I — Relação Anual de Informações Sociais — RAIS (Decreto n. 76.900, de 23 de dezembro de 1975);

Art. 361	Apurando-se, das relações apresentadas, qualquer infração, será concedido ao infrator o prazo de 10 (dez) dias para defesa, seguindo-se o despacho pela autoridade competente.
Art. 362	As repartições às quais competir a fiscalização do disposto no presente Capítulo manterão fichário especial de empresas, do qual constem as anotações referentes ao respectivo cumprimento, e fornecerão aos interessados as certidões de quitação que se tornarem necessárias, no prazo de 30 (trinta) dias, contados da data do pedido. *(Redação dada pelo Decreto-Lei n. 229, de 28.2.1967)*
§ 1º	As certidões de quitação farão prova até 30 de setembro do ano seguinte àquele a que se referiram e estarão sujeitas à taxa correspondente a 1/10 (um décimo do salário-mínimo regional. Sem elas nenhum fornecimento ou contrato poderá ser feito com o Governo da União, dos Estados ou Municípios, ou com as instituições paraestatais a eles subordinadas, nem será renovada autorização a empresa estrangeira para funcionar no País. *(Redação dada pelo Decreto-Lei n. 229, de 28.2.1967) (Taxa extinta pela Lei n. 8.522, de 1992)*
§ 2º	A primeira via da relação, depois de considerada pela repartição fiscalizadora, será remetida anualmente ao Departamento Nacional de Mão de Obra (DNMO), como subsídio ao estudo das condições de mercado de trabalho, de um modo geral, e, em particular, no que se refere à mão de obra qualificada. *(Redação dada pelo Decreto-Lei n. 229, de 28.2.1967)*
§ 3º	A segunda via da relação será remetida pela repartição competente ao Serviço de Estatística da Previdência e Trabalho e a terceira via devolvida à empresa, devidamente autenticada. *(Incluído pelo Decreto-Lei n. 229, de 28.2.1967)*

LEI N. 8.522, DE 11 DE DEZEMBRO DE 1992
Extingue taxas, emolumentos, contribuições, parcela da União das Custas e Emolumentos da Justiça do Distrito Federal, e dá outras providências
DOU 12.12.1992

TÍTULO III — DAS NORMAS ESPECIAIS DE TUTELA DO TRABALHO

Arts. 363 a 367

SEÇÃO III
DAS PENALIDADES

Art. 363	O processo das infrações do presente Capítulo obedecerá ao disposto no Título "Do Processo de Multas Administrativas", no que lhe for aplicável, com observância dos modelos de auto a serem expedidos.
Art. 364	As infrações do presente Capítulo serão punidas com a multa de cem a dez mil cruzeiros.
Parágrafo único	Em se tratando de empresa concessionária de serviço público, ou de sociedade estrangeira autorizada a funcionar no País, se a infratora, depois de multada, não atender afinal ao cumprimento do texto infringido poderá ser-lhe cassada a concessão ou autorização.

CONSTITUIÇÃO FEDERAL DE 1988
DOU 5.10.1988

Vide art. 21, caput e inciso XXIV

Art. 21. Compete à União:
(...)
XXIV — organizar, manter e executar a inspeção do trabalho;

CONSOLIDAÇÃO DAS LEIS DO TRABALHO
Decreto-Lei n. 5.452, de 1º de maio de 1943
DOU 9.8.1943

Vide art. 626, caput e parágrafo único

Art. 626. Incumbe às autoridades competentes do Ministério do Trabalho, Indústria e Comércio, ou àquelas que exerçam funções delegadas, a fiscalização do fiel cumprimento das normas de proteção ao trabalho.

Parágrafo único. Os fiscais dos Institutos de Seguro Social e das entidades paraestatais em geral dependentes do Ministério do Trabalho, Indústria e Comércio serão competentes para a fiscalização a que se refere o presente artigo, na forma das instruções que forem expedidas pelo Ministro do Trabalho, Indústria e Comércio.

LEIS N. 6.205/75; N. 6.986/82; N. 6.708/79; N. 7.855/89
Novos valores de multas administrativas

LEI N. 8.383/1991
Unidade Fiscal de Referência (UFIR) — medida de valor e atualização de tributos, multas e penalidades administrativas e fiscais

LEI N. 10.522/02
Conversão da UFIR em real

SEÇÃO IV
DISPOSIÇÕES GERAIS

Art. 365	O presente Capítulo não derroga as restrições vigentes quanto às exigências de nacionalidade brasileira para o exercício de determinadas profissões nem as que vigoram para as faixas de fronteiras, na conformidade da respectiva legislação.
Art. 366	Enquanto não for expedida a carteira a que se refere o art. 359 deste Capítulo, valerá, a título precário, como documento hábil, uma certidão, passada pelo serviço competente do Registro de Estrangeiros, provando que o empregado requereu sua permanência no País.
Art. 367	A redução a que se refere o art. 354, enquanto o Serviço de Estatística da Previdência e Trabalho não dispuser dos dados estatísticos necessários à fixação da proporcionalidade conveniente para cada atividade, poderá ser feita por ato do Ministro do Trabalho, Indústria e Comércio, mediante representação fundamentada da associação sindical.
Parágrafo único	O Serviço de Estatística da Previdência e Trabalho deverá promover, e manter em dia, estudos necessários aos fins do presente Capítulo.

SEÇÃO V
DAS DISPOSIÇÕES ESPECIAIS SOBRE A NACIONALIZAÇÃO DA MARINHA MERCANTE

Art. 368 O comando de navio mercante nacional só poderá ser exercido por brasileiro nato.

CONSTITUIÇÃO FEDERAL DE 1988
DOU 5.10.1988

Vide art. 5º, *caput* e inciso XIII; art. 12, *caput* e § 2º; e art. 19, *caput* e inciso III

Art. 5º Todos são iguais perante a lei, sem distinção de qualquer natureza, garantindo-se aos brasileiros e aos estrangeiros residentes no País a inviolabilidade do direito à vida, à liberdade, à igualdade, à segurança e à propriedade, nos termos seguintes:

(...)

XIII — é livre o exercício de qualquer trabalho, ofício ou profissão, atendidas as qualificações profissionais que a lei estabelecer;

Art. 12. São brasileiros:

(...)

§ 2º A lei não poderá estabelecer distinção entre brasileiros natos e naturalizados, salvo nos casos previstos nesta Constituição.

Art. 19. É vedado à União, aos Estados, ao Distrito Federal e aos Municípios:

(...)

III — criar distinções entre brasileiros ou preferências entre si.

CONVENÇÃO 147 DA OIT
Convenção sobre normas mínimas da Marinha Mercante
Adotada pela OIT em 29.10.1976
Ratificada pelo Brasil em 17.1.1991
Promulgada pelo Decreto n. 447, de 7 de fevereiro de 1992
DOU 10.2.1992

LEI N. 6.192, DE 19 DE DEZEMBRO DE 1974
Dispõe sobre restrições a brasileiros naturalizados, e dá outras providências
DOU 20.12.1974

Vide art. 1º; e art. 2º

Art. 1º É vedada qualquer distinção entre brasileiros natos e naturalizados.

Art. 2º A condição de "brasileiro nato", exigida em leis ou decretos, para qualquer fim, fica modificada para a de "brasileiro".

LEI N. 9.719, DE 27 DE NOVEMBRO DE 1998
Dispõe sobre normas e condições gerais de proteção ao trabalho portuário, institui multas pela inobservância de seus preceitos, e dá outras providências
DOU 30.11.1998

LEI N. 12.815, DE 5 DE JUNHO DE 2013
Dispõe sobre a exploração direta e indireta pela União de portos e instalações portuárias e sobre as atividades desempenhadas pelos operadores portuários
DOU 5.6.2013 — edição extra

Art. 369 A tripulação de navio ou embarcação nacional será constituída, pelo menos, de 2/3 (dois terços) de brasileiros natos. *(Redação dada pela Lei n. 5.683, de 21.7.1971)*

Parágrafo único O disposto neste artigo não se aplica aos navios nacionais de pesca, sujeitos a legislação específica. *(Incluído pela Lei n. 5.683, de 21.7.1971)*

CONSTITUIÇÃO FEDERAL DE 1988
DOU 5.10.1988

Vide art. 5º, *caput* e inciso XIII; art. 12, *caput* e § 2º; e art. 19, *caput* e inciso III; e 178, *caput* e parágrafo único

Art. 5º Todos são iguais perante a lei, sem distinção de qualquer natureza, garantindo-se aos brasileiros e aos estrangeiros residentes no País a inviolabilidade do direito à vida, à liberdade, à igualdade, à segurança e à propriedade, nos termos seguintes:

(...)

XIII — é livre o exercício de qualquer trabalho, ofício ou profissão, atendidas as qualificações profissionais que a lei estabelecer;

Art. 12. São brasileiros:

(...)

§ 2º A lei não poderá estabelecer distinção entre brasileiros natos e naturalizados, salvo nos casos previstos nesta Constituição.

Art. 19. É vedado à União, aos Estados, ao Distrito Federal e aos Municípios:

(...)

III — criar distinções entre brasileiros ou preferências entre si.

Art. 178. A lei disporá sobre a ordenação dos transportes aéreo, aquático e terrestre, devendo, quanto à ordenação do transporte internacional, observar os acordos firmados

TÍTULO III — DAS NORMAS ESPECIAIS DE TUTELA DO TRABALHO

pela União, atendido o princípio da reciprocidade. *(Redação dada pela Emenda Constitucional n. 7, de 1995)*

Parágrafo único. Na ordenação do transporte aquático, a lei estabelecerá as condições em que o transporte de mercadorias na cabotagem e a navegação interior poderão ser feitos por embarcações estrangeiras. *(Incluído pela Emenda Constitucional n. 7, de 1995)*

LEI N. 6.192, DE 19 DE DEZEMBRO DE 1974
Dispõe sobre restrições a brasileiros naturalizados, e dá outras providências
DOU 20.12.1974

Vide art. 1º; e art. 2º

Art. 1º É vedada qualquer distinção entre brasileiros natos e naturalizados.

Art. 2º A condição de "brasileiro nato", exigida em leis ou decretos, para qualquer fim, fica modificada para a de "brasileiro".

Art. 370 As empresas de navegação organizarão as relações dos tripulantes das respectivas embarcações, enviando-as no prazo a que se refere a Seção II deste Capítulo à Delegacia do Trabalho Marítimo onde as mesmas tiverem sede.

Parágrafo único As relações a que alude o presente artigo obedecerão, na discriminação hierárquica e funcional do pessoal embarcadiço, ao quadro aprovado pelo regulamento das Capitanias dos Portos.

LEI N. 7.731, DE 14 DE FEVEREIRO DE 1989
Extingue órgãos da Administração Federal direta e dá outras providências
DOU 15.2.1989

Vide art. 1º, caput, inciso III, alínea d

Art. 1º Ficam extintos os seguintes órgãos da Administração Federal direta:
(...)
III — no Ministério do Trabalho:
(...)
d) Conselho Superior de Trabalho Marítimo — CSTM, e respectivas Delegacias;

DECRETO N. 76.900, DE 23 DE DEZEMBRO DE 1975
Institui a Relação Anual de Informações Sociais — RAIS e dá outras providências
DOU 24.12.1975

DECRETO N. 97.936, DE 10 DE JULHO DE 1989
Institui o Cadastro Nacional do Trabalhador e dá outras providências
DOU 11.7.1989

Vide art. 5º, caput e inciso I

Art. 5º O DIS substituirá os seguintes documentos:
I — Relação Anual de Informações Sociais — RAIS *(Decreto n. 76.900, de 23 de dezembro de 1975)*;

Art. 371 A presente Seção é também aplicável aos serviços de navegação fluvial e lacustre e à praticagem nas barras, portos, rios, lagos e canais.

CONSTITUIÇÃO FEDERAL DE 1988
DOU 5.10.1988

Vide art. 178, caput e parágrafo único

Art. 178. A lei disporá sobre a ordenação dos transportes aéreo, aquático e terrestre, devendo, quanto à ordenação do transporte internacional, observar os acordos firmados pela União, atendido o princípio da reciprocidade. *(Redação dada pela Emenda Constitucional n. 7, de 1995)*

Parágrafo único. Na ordenação do transporte aquático, a lei estabelecerá as condições em que o transporte de mercadorias na cabotagem e a navegação interior poderão ser feitos por embarcações estrangeiras. *(Incluído pela Emenda Constitucional n. 7, de 1995)*

TÍTULO III — DAS NORMAS ESPECIAIS DE TUTELA DO TRABALHO

CAPÍTULO III
DA PROTEÇÃO DO TRABALHO DA MULHER

SEÇÃO I
DA DURAÇÃO, CONDIÇÕES DO TRABALHO E DA DISCRIMINAÇÃO CONTRA A MULHER
(Redação dada pela Lei n. 9.799, de 26.5.1999)

Art. 372 Os preceitos que regulam o trabalho masculino são aplicáveis ao trabalho feminino, naquilo em que não colidirem com a proteção especial instituída por este Capítulo.

Parágrafo único Não é regido pelos dispositivos a que se refere este artigo o trabalho nas oficinas em que sirvam exclusivamente pessoas da família da mulher e esteja esta sob a direção do esposo, do pai, da mãe, do tutor ou do filho.

CONSTITUIÇÃO FEDERAL DE 1988
DOU 5.10.1988

Vide art. 3º, caput e incisos I, III e IV; art. 5º, caput e inciso I; e art. 7º, caput e incisos XX e XXX

Art. 3º Constituem objetivos fundamentais da República Federativa do Brasil:
I — construir uma sociedade livre, justa e solidária;
(...)
III — erradicar a pobreza e a marginalização e reduzir as desigualdades sociais e regionais;
IV — promover o bem de todos, sem preconceitos de origem, raça, sexo, cor, idade e quaisquer outras formas de discriminação.

Art. 5º Todos são iguais perante a lei, sem distinção de qualquer natureza, garantindo-se aos brasileiros e aos estrangeiros residentes no País a inviolabilidade do direito à vida, à liberdade, à igualdade, à segurança e à propriedade, nos termos seguintes:
I — homens e mulheres são iguais em direitos e obrigações, nos termos desta Constituição;

Art. 7º São direitos dos trabalhadores urbanos e rurais, além de outros que visem à melhoria de sua condição social:

(...)
XX — proteção do mercado de trabalho da mulher, mediante incentivos específicos, nos termos da lei;
(...)
XXX — proibição de diferença de salários, de exercício de funções e de critério de admissão por motivo de sexo, idade, cor ou estado civil;

CONVENÇÃO 100 DA OIT
Convenção sobre igualdade de remuneração de homens e mulheres trabalhadores por trabalho de igual valor
Adotada pela OIT em 29.6.1951
Ratificada pelo Brasil em 25.4.1957
Promulgada pelo Decreto n. 41.721, de 25 de junho de 1957
DOU 28.6.1957

CONVENÇÃO 111 DA OIT
Convenção sobre discriminação em matéria de emprego e ocupação
Adotada pela OIT em 25.6.1958
Ratificada pelo Brasil em 26.11.1965
Promulgada pelo Decreto n. 62.150, de 19 de janeiro de 1968
DOU 20.1.1968

Art. 373 A duração normal de trabalho da mulher será de 8 (oito) horas diárias, exceto nos casos para os quais for fixada duração inferior.

CONSTITUIÇÃO FEDERAL DE 1988
DOU 5.10.1988

Vide art. 3º, caput e incisos I, III e IV; art. 5º, caput e inciso I; e art. 7º, caput e incisos XIII, XVI e XX

Art. 3º Constituem objetivos fundamentais da República Federativa do Brasil:
I — construir uma sociedade livre, justa e solidária;
(...)
III — erradicar a pobreza e a marginalização e reduzir as desigualdades sociais e regionais;

IV — promover o bem de todos, sem preconceitos de origem, raça, sexo, cor, idade e quaisquer outras formas de discriminação.

Art. 5º Todos são iguais perante a lei, sem distinção de qualquer natureza, garantindo-se aos brasileiros e aos estrangeiros residentes no País a inviolabilidade do direito à vida, à liberdade, à igualdade, à segurança e à propriedade, nos termos seguintes:
I — homens e mulheres são iguais em direitos e obrigações, nos termos desta Constituição;

TÍTULO III — DAS NORMAS ESPECIAIS DE TUTELA DO TRABALHO

Art. 7º São direitos dos trabalhadores urbanos e rurais, além de outros que visem à melhoria de sua condição social:
(...)
XIII — duração do trabalho normal não superior a oito horas diárias e quarenta e quatro semanais, facultada a compensação de horários e a redução da jornada, mediante acordo ou convenção coletiva de trabalho;

(...)
XVI — remuneração do serviço extraordinário superior, no mínimo, em cinquenta por cento à do normal;
(...)
XX — proteção do mercado de trabalho da mulher, mediante incentivos específicos, nos termos da lei;

Art. 373-A

Art. 373-A	Ressalvadas as disposições legais destinadas a corrigir as distorções que afetam o acesso da mulher ao mercado de trabalho e certas especificidades estabelecidas nos acordos trabalhistas, é vedado: *(Incluído pela Lei n. 9.799, de 26.5.1999)*
I -	publicar ou fazer publicar anúncio de emprego no qual haja referência ao sexo, à idade, à cor ou situação familiar, salvo quando a natureza da atividade a ser exercida, pública e notoriamente, assim o exigir; *(Incluído pela Lei n. 9.799, de 26.5.1999)*
II -	recusar emprego, promoção ou motivar a dispensa do trabalho em razão de sexo, idade, cor, situação familiar ou estado de gravidez, salvo quando a natureza da atividade seja notória e publicamente incompatível; *(Incluído pela Lei n. 9.799, de 26.5.1999)*
III -	considerar o sexo, a idade, a cor ou situação familiar como variável determinante para fins de remuneração, formação profissional e oportunidades de ascensão profissional; *(Incluído pela Lei n. 9.799, de 26.5.1999)*
IV -	exigir atestado ou exame, de qualquer natureza, para comprovação de esterilidade ou gravidez, na admissão ou permanência no emprego; *(Incluído pela Lei n. 9.799, de 26.5.1999)*
V -	impedir o acesso ou adotar critérios subjetivos para deferimento de inscrição ou aprovação em concursos, em empresas privadas, em razão de sexo, idade, cor, situação familiar ou estado de gravidez; *(Incluído pela Lei n. 9.799, de 26.5.1999)*
VI -	proceder o empregador ou preposto a revistas íntimas nas empregadas ou funcionárias. *(Incluído pela Lei n. 9.799, de 26.5.1999)*
Parágrafo único	O disposto neste artigo não obsta a adoção de medidas temporárias que visem ao estabelecimento das políticas de igualdade entre homens e mulheres, em particular as que se destinam a corrigir as distorções que afetam a formação profissional, o acesso ao emprego e as condições gerais de trabalho da mulher. *(Incluído pela Lei n. 9.799, de 26.5.1999)*

CONSTITUIÇÃO FEDERAL DE 1988
DOU 5.10.1988

Vide art. 3º, *caput* e incisos I, III e IV; art. 5º, *caput* e incisos I, V e X; e art. 7º, *caput* e incisos XX e XXX; art. 114, *caput* e inciso VI

Art. 3º Constituem objetivos fundamentais da República Federativa do Brasil:
I — construir uma sociedade livre, justa e solidária;
(...)
III — erradicar a pobreza e a marginalização e reduzir as desigualdades sociais e regionais;
IV — promover o bem de todos, sem preconceitos de origem, raça, sexo, cor, idade e quaisquer outras formas de discriminação.

Art. 5º Todos são iguais perante a lei, sem distinção de qualquer natureza, garantindo-se aos brasileiros e aos estrangeiros residentes no País a inviolabilidade do direito à vida, à liberdade, à igualdade, à segurança e à propriedade, nos termos seguintes:
I — homens e mulheres são iguais em direitos e obrigações, nos termos desta Constituição;
(...)
V — é assegurado o direito de resposta, proporcional ao agravo, além da indenização por dano material, moral ou à imagem;
(...)
X — são invioláveis a intimidade, a vida privada, a honra e a imagem das pessoas, assegurado o direito a indenização pelo dano material ou moral decorrente de sua violação;

Art. 7º São direitos dos trabalhadores urbanos e rurais, além de outros que visem à melhoria de sua condição social:
(...)
XX — proteção do mercado de trabalho da mulher, mediante incentivos específicos, nos termos da lei;
(...)
XXX — proibição de diferença de salários, de exercício de funções e de critério de admissão por motivo de sexo, idade, cor ou estado civil;

Art. 114. Compete à Justiça do Trabalho processar e julgar: *(Redação dada pela Emenda Constitucional n. 45, de 2004)*
(...)
VI — as ações de indenização por dano moral ou patrimonial, decorrentes da relação de trabalho; *(Incluído pela Emenda Constitucional n. 45, de 2004)*

CONVENÇÃO 100 DA OIT
Convenção sobre igualdade de remuneração de homens e mulheres trabalhadores por trabalho de igual valor
Adotada pela OIT em 29.6.1951
Ratificada pelo Brasil em 25.4.1957
Promulgada pelo Decreto n. 41.721, de 25 de junho de 1957
DOU 28.6.1957

CONVENÇÃO 111 DA OIT
Convenção sobre discriminação em matéria de emprego e ocupação
Adotada pela OIT em 25.6.1958
Ratificada pelo Brasil em 26.11.1965
Promulgada pelo Decreto n. 62.150, de 19 de janeiro de 1968
DOU 20.1.1968

LEI N. 9.029, DE 13 DE ABRIL DE 1995
Proíbe a exigência de atestados de gravidez e esterilização, e outras práticas discriminatórias, para efeitos admissionais ou de permanência da relação jurídica de trabalho, e dá outras providências.
DOU 17.4.1995

Vide art. 1º; art. 2º, *caput*, incisos I e II e parágrafo único; art. 3º, *caput* e incisos I e II; art. 4º, *caput* e incisos I e II; art. 5º; e art. 6º

Art. 1º É proibida a adoção de qualquer prática discriminatória e limitativa para efeito de acesso à relação de trabalho, ou de sua manutenção, por motivo de sexo, origem, raça, cor, estado civil, situação familiar, deficiência, reabilitação profissional, idade, entre outros, ressalvadas, nesse caso, as hipóteses de proteção à criança e ao adolescente previstas no inciso XXXIII do art. 7º da Constituição Federal. *(Redação dada pela Lei n. 13.146, de 2015)*

Art. 2º Constituem crime as seguintes práticas discriminatórias:
I — a exigência de teste, exame, perícia, laudo, atestado, declaração ou qualquer outro procedimento relativo à esterilização ou a estado de gravidez;
II — a adoção de quaisquer medidas, de iniciativa do empregador, que configurem:
a) indução ou instigamento à esterilização genética;
b) promoção do controle de natalidade, assim não considerado o oferecimento de serviços e de aconselhamento ou planejamento familiar, realizados através de instituições públicas ou privadas, submetidas às normas do Sistema Único de Saúde (SUS).

Pena: detenção de um a dois anos e multa.
Parágrafo único. São sujeitos ativos dos crimes a que se refere este artigo:
I — a pessoa física empregadora;
II — o representante legal do empregador, como definido na legislação trabalhista;
III — o dirigente, direto ou por delegação, de órgãos públicos e entidades das administrações públicas direta, indireta e fundacional de qualquer dos Poderes da União, dos Estados, do Distrito Federal e dos Municípios.

Art. 3º Sem prejuízo do prescrito no art. 2º desta Lei e nos dispositivos legais que tipificam os crimes resultantes de preconceito de etnia, raça, cor ou deficiência, as infrações ao disposto nesta Lei são passíveis das seguintes cominações: *(Redação dada pela Lei n. 13.146, de 2015)*
I — multa administrativa de dez vezes o valor do maior salário pago pelo empregador, elevado em cinquenta por cento em caso de reincidência;
II — proibição de obter empréstimo ou financiamento junto a instituições financeiras oficiais.

Art. 4º O rompimento da relação de trabalho por ato discriminatório, nos moldes desta Lei, além do direito à reparação pelo dano moral, faculta ao empregado optar entre: *(Redação dada pela Lei n. 12.288, de 2010)*
I — a reintegração com ressarcimento integral de todo o período de afastamento, mediante pagamento das remunerações devidas, corrigidas monetariamente e acrescidas de juros legais; *(Redação dada pela Lei n. 13.146, de 2015)*
II — a percepção, em dobro, da remuneração do período de afastamento, corrigida monetariamente e acrescida dos juros legais.

Art. 5º Esta lei entra em vigor na data de sua publicação.

Art. 6º Revogam-se as disposições em contrário.

CÓDIGO CIVIL DE 2002
Lei n. 10.406, de 10 de janeiro de 2002
DOU 11.1.2002

Vide art. 186; e art. 927, *caput* e parágrafo único

Art. 186. Aquele que, por ação ou omissão voluntária, negligência ou imprudência, violar direito e causar dano a outrem, ainda que exclusivamente moral, comete ato ilícito.

187. Também comete ato ilícito o titular de um direito que, ao exercê-lo, excede manifestamente os limites impostos pelo seu fim econômico ou social, pela boa-fé ou pelos bons costumes.

Art. 927. Aquele que, por ato ilícito (arts. 186 e 187), causar dano a outrem, fica obrigado a repará-lo.
Parágrafo único. Haverá obrigação de reparar o dano, independentemente de culpa, nos casos especificados em lei, ou quando a atividade normalmente desenvolvida pelo autor do dano implicar, por sua natureza, risco para os direitos de outrem.

LEI N. 13.271, DE 15 DE ABRIL DE 2016
Dispõe sobre a proibição de revista íntima de funcionárias nos locais de trabalho e trata da revista íntima em ambientes prisionais
Este texto não substitui o publicado no DOU de 18.4.2016

vide art. 1º, art. 2º, *caput* e incisos I e II; art. 3º e art. 4º

Art. 1º As empresas privadas, os órgãos e entidades da administração pública, direta e indireta, ficam proibidos

TÍTULO III — DAS NORMAS ESPECIAIS DE TUTELA DO TRABALHO

Arts. 374 a 381

de adotar qualquer prática de revista íntima de suas funcionárias e de clientes do sexo feminino.

Art. 2º Pelo não cumprimento do art. 1º, ficam os infratores sujeitos a:

I — multa de R$ 20.000,00 (vinte mil reais) ao empregador, revertidos aos órgãos de proteção dos direitos da mulher;

II — multa em dobro do valor estipulado no inciso I, em caso de reincidência, independentemente da indenização por danos morais e materiais e sanções de ordem penal.

Art. 3º (VETADO).

Art. 4º Esta Lei entra em vigor na data de sua publicação.

SÚMULAS DO TST

Vide Súmulas 392 e 443/TST

Súmula 392 TST — DANO MORAL E MATERIAL. RELAÇÃO DE TRABALHO. COMPETÊNCIA DA JUSTIÇA DO TRABALHO (redação alterada em sessão do Tribunal Pleno realizada em 27.10.2015) — Res. 200/2015, DEJT divulgado em 29.10.2015 e 3 e 4.11.2015

Nos termos do art. 114, inc. VI, da Constituição da República, a Justiça do Trabalho é competente para processar e julgar ações de indenização por dano moral e material, decorrentes da relação de trabalho, inclusive as oriundas de acidente de trabalho e doenças a ele equiparadas, ainda que propostas pelos dependentes ou sucessores do trabalhador falecido.

Súmula 443 TST — DISPENSA DISCRIMINATÓRIA. PRESUNÇÃO. EMPREGADO PORTADOR DE DOENÇA GRAVE. ESTIGMA OU PRECONCEITO. DIREITO À REINTEGRAÇÃO — Res. 185/2012, DEJT divulgado em 25, 26 e 27.9.2012

Presume-se discriminatória a despedida de empregado portador do vírus HIV ou de outra doença grave que suscite estigma ou preconceito. Inválido o ato, o empregado tem direito à reintegração no emprego.

Art. 374 e 375 *(Revogados pela Lei n. 7.855, de 24.10.1989)*

Art. 376 *(Revogado pela Lei n. 10.244, de 2001)*

Art. 377 A adoção de medidas de proteção ao trabalho das mulheres é considerada de ordem pública, não justificando, em hipótese alguma, a redução de salário.

CONSTITUIÇÃO FEDERAL DE 1988
DOU 5.10.1988

Vide art. 7º, *caput* e incisos VI e XX

Art. 7º São direitos dos trabalhadores urbanos e rurais, além de outros que visem à melhoria de sua condição social:

(...)

VI — irredutibilidade do salário, salvo o disposto em convenção ou acordo coletivo;

(...)

XX — proteção do mercado de trabalho da mulher, mediante incentivos específicos, nos termos da lei;

Art. 378 *(Revogado pela Lei n. 7.855, de 24.10.1989)*

SEÇÃO II
DO TRABALHO NOTURNO

Arts. 379 e 380 *(Revogados pela Lei n. 7.855, de 24.10.1989)*

Art. 381 O trabalho noturno das mulheres terá salário superior ao diurno.

§ 1º Para os fins desse artigo, os salários serão acrescidos duma percentagem adicional de 20% (vinte por cento) no mínimo.

Arts. 382 e 383
TÍTULO III — DAS NORMAS ESPECIAIS DE TUTELA DO TRABALHO

§ 2º Cada hora do período noturno de trabalho das mulheres terá 52 (cinquenta e dois) minutos e 30 (trinta) segundos.

CONSTITUIÇÃO FEDERAL DE 1988
DOU 5.10.1988

Vide art. 7º, *caput* e inciso IX

Art. 7º São direitos dos trabalhadores urbanos e rurais, além de outros que visem à melhoria de sua condição social:
(...)
IX — remuneração do trabalho noturno superior à do diurno;

CONSOLIDAÇÃO DAS LEIS DO TRABALHO
Decreto-Lei n. 5.452, de 1º de maio de 1943
DOU 9.8.1943

Vide art. 73

Art. 73. Salvo nos casos de revezamento semanal ou quinzenal, o trabalho noturno terá remuneração superior a do diurno e, para esse efeito, sua remuneração terá um acréscimo de 20% (vinte por cento), pelo menos, sobre a hora diurna. *(Redação dada pelo Decreto-Lei n. 9.666, de 1946)*

CONVENÇÃO 89 DA OIT
Convenção relativa ao trabalho noturno das mulheres ocupadas na indústria
Adotada pela OIT em 9.7.1948
Ratificada pelo Brasil em 25.4.1957
Promulgada pelo Decreto n. 41.721, de 25 de junho de 1957
DOU 28.6.1957

CONVENÇÃO 171 DA OIT
Convenção relativa ao trabalho noturno
Adotada pela OIT em 26.7.1990
Ratificada pelo Brasil em 18.12.2002
Promulgada pelo Decreto n. 5.005, de 8 de março de 2004
DOU 9.3.2004

SÚMULA DO TST

Vide Súmula 265/TST

Súmula 265 TST — ADICIONAL NOTURNO. ALTERAÇÃO DE TURNO DE TRABALHO. POSSIBILIDADE DE SUPRESSÃO (mantida) — Res. 121/2003, DJ 19, 20 e 21.11.2003
A transferência para o período diurno de trabalho implica a perda do direito ao adicional noturno.

SEÇÃO III
DOS PERÍODOS DE DESCANSO

Art. 382 Entre 2 (duas) jornadas de trabalho, haverá um intervalo de 11 (onze) horas consecutivas, no mínimo, destinado ao repouso.

CONSOLIDAÇÃO DAS LEIS DO TRABALHO
Decreto-Lei n. 5.452, de 1º de maio de 1943
DOU 9.8.1943

Vide art. 66

Art. 66. Entre 2 (duas) jornadas de trabalho haverá um período mínimo de 11 (onze) horas consecutivas para descanso.

Art. 383 Durante a jornada de trabalho, será concedido à empregada um período para refeição e repouso não inferior a 1 (uma) hora nem superior a 2 (duas) horas salvo a hipótese prevista no art. 71, § 3º.

CONSOLIDAÇÃO DAS LEIS DO TRABALHO
Decreto-Lei n. 5.452, de 1º de maio de 1943
DOU 9.8.1943

Vide art. 71, *caput* e §§ 1º a 3º

Art. 71. Em qualquer trabalho contínuo, cuja duração exceda de 6 (seis) horas, é obrigatória a concessão de um intervalo para repouso ou alimentação, o qual será, no mínimo, de 1 (uma) hora e, salvo acordo escrito ou contrato coletivo em contrário, não poderá exceder de 2 (duas) horas.

§ 1º — Não excedendo de 6 (seis) horas o trabalho, será, entretanto, obrigatório um intervalo de 15 (quinze) minutos quando a duração ultrapassar 4 (quatro) horas.
§ 2º — Os intervalos de descanso não serão computados na duração do trabalho.
§ 3º — O limite mínimo de uma hora para repouso ou refeição poderá ser reduzido por ato do Ministro do Trabalho, Indústria e Comércio, quando ouvido o Serviço de Alimentação de Previdência Social, se verificar que o estabelecimento atende integralmente às exigências concernentes à organização dos refeitórios, e quando os respectivos empregados não estiverem sob regime de trabalho prorrogado a horas suplementares.

TÍTULO III — DAS NORMAS ESPECIAIS DE TUTELA DO TRABALHO

Art. 384 Em caso de prorrogação do horário normal, será obrigatório um descanso de 15 (quinze) minutos no mínimo, antes do início do período extraordinário do trabalho.

CONSTITUIÇÃO FEDERAL DE 1988
DOU 5.10.1988

Vide art. 7º, caput e inciso XX

Art. 7º São direitos dos trabalhadores urbanos e rurais, além de outros que visem à melhoria de sua condição social:
(...)
XX — proteção do mercado de trabalho da mulher, mediante incentivos específicos, nos termos da lei;

CONSOLIDAÇÃO DAS LEIS DO TRABALHO
Decreto-Lei n. 5.452, de 1º de maio de 1943
DOU 9.8.1943

Vide art. 413, caput e parágrafo único

Art. 413. É vedado prorrogar a duração normal diária do trabalho do menor, salvo: *(Redação dada pelo Decreto-Lei n. 229, de 28.2.1967)*
(...)
Parágrafo único. Aplica-se à prorrogação do trabalho do menor o disposto no art. 375, no parágrafo único do art. 376, no art. 378 e no art. 384 desta Consolidação. *(Incluído pelo Decreto-Lei n. 229, de 28.2.1967)*

Art. 385 O descanso semanal será de 24 (vinte e quatro) horas consecutivas e coincidirá no todo ou em parte com o domingo, salvo motivo de conveniência pública ou necessidade imperiosa de serviço, a juízo da autoridade competente, na forma das disposições gerais, caso em que recairá em outro dia.

Parágrafo único Observar-se-ão, igualmente, os preceitos da legislação geral sobre a proibição de trabalho nos feriados civis e religiosos.

CONSTITUIÇÃO FEDERAL DE 1988
DOU 5.10.1988

Vide art. 7º, caput e inciso XV

Art. 7º São direitos dos trabalhadores urbanos e rurais, além de outros que visem à melhoria de sua condição social:
(...)
XV — repouso semanal remunerado, preferencialmente aos domingos;

CONSOLIDAÇÃO DAS LEIS DO TRABALHO
Decreto-Lei n. 5.452, de 1º de maio de 1943
DOU 9.8.1943

Vide art. 67, caput e parágrafo único

Art. 67. Será assegurado a todo empregado um descanso semanal de 24 (vinte e quatro) horas consecutivas, o qual, salvo motivo de conveniência pública ou necessidade imperiosa do serviço, deverá coincidir com o domingo, no todo ou em parte.
Parágrafo único. Nos serviços que exijam trabalho aos domingos, com exceção quanto aos elencos teatrais, será estabelecida escala de revezamento, mensalmente organizada e constando de quadro sujeito à fiscalização.

LEI N. 605, DE 5 DE JANEIRO DE 1949
Repouso semanal remunerado e o pagamento de salário nos dias feriados civis e religiosos
DOU 14.1.1949

Vide art. 1º

Art. 1º Todo empregado tem direito ao repouso semanal remunerado de vinte e quatro horas consecutivas, preferentemente aos domingos e, nos limites das exigências técnicas das empresas, nos feriados civis e religiosos, de acordo com a tradição local.

Art. 386 Havendo trabalho aos domingos, será organizada uma escala de revezamento quinzenal, que favoreça o repouso dominical.

SEÇÃO IV
DOS MÉTODOS E LOCAIS DE TRABALHO

Art. 387 *(Revogado pela Lei n. 7.855, de 24.10.1989)*

Art. 388

Em virtude de exame e parecer da autoridade competente, o Ministro do Trabalho, Indústria e Comércio poderá estabelecer derrogações totais ou parciais às proibições a que alude o artigo anterior, quando tiver desaparecido, nos serviços considerados perigosos ou insalubres, todo e qualquer caráter perigoso ou prejudicial mediante a aplicação de novos métodos de trabalho ou pelo emprego de medidas de ordem preventiva. *(Artigo sem efeito em face da revogação do artigo anterior)*

Art. 389

Toda empresa é obrigada:

I - a prover os estabelecimentos de medidas concernentes à higienização dos métodos e locais de trabalho, tais como ventilação e iluminação e outros que se fizerem necessários à segurança e ao conforto das mulheres, a critério da autoridade competente; *(Incluído pelo Decreto-Lei n. 229, de 28.2.1967)*

II - a instalar bebedouros, lavatórios, aparelhos sanitários; dispor de cadeiras ou bancos, em número suficiente, que permitam às mulheres trabalhar sem grande esgotamento físico; *(Incluído pelo Decreto-Lei n. 229, de 28.2.1967)*

III - a instalar vestiários com armários individuais privativos das mulheres, exceto os estabelecimentos comerciais, escritórios, bancos e atividades afins, em que não seja exigida a troca de roupa e outros, a critério da autoridade competente em matéria de segurança e higiene do trabalho, admitindo-se como suficientes as gavetas ou escaninhos, onde possam as empregadas guardar seus pertences; *(Incluído pelo Decreto-Lei n. 229, de 28.2.1967)*

IV - a fornecer, gratuitamente, a juízo da autoridade competente, os recursos de proteção individual, tais como óculos, máscaras, luvas e roupas especiais, para a defesa dos olhos, do aparelho respiratório e da pele, de acordo com a natureza do trabalho. *(Incluído pelo Decreto-Lei n. 229, de 28.2.1967)*

§ 1º Os estabelecimentos em que trabalharem pelo menos 30 (trinta) mulheres com mais de 16 (dezesseis) anos de idade terão local apropriado onde seja permitido às empregadas guardar sob vigilância e assistência os seus filhos no período da amamentação. *(Incluído pelo Decreto-Lei n. 229, de 28.2.1967)*

§ 2º A exigência do § 1º poderá ser suprida por meio de creches distritais mantidas, diretamente ou mediante convênios, com outras entidades públicas ou privadas, pelas próprias empresas, em regime comunitário, ou a cargo do SESI, do SESC, da LBA ou de entidades sindicais. *(Incluído pelo Decreto-Lei n. 229, de 28.2.1967)*

CONSTITUIÇÃO FEDERAL DE 1988
DOU 5.10.1988

Vide art. 3º, *caput* e incisos I e III; e art. 7º, *caput* e incisos XX e XXV

Art. 3º Constituem objetivos fundamentais da República Federativa do Brasil:
I — construir uma sociedade livre, justa e solidária;
(...)
III — erradicar a pobreza e a marginalização e reduzir as desigualdades sociais e regionais;

Art. 7º São direitos dos trabalhadores urbanos e rurais, além de outros que visem à melhoria de sua condição social:
(...)
XX — proteção do mercado de trabalho da mulher, mediante incentivos específicos, nos termos da lei;
(...)
XXII — redução dos riscos inerentes ao trabalho, por meio de normas de saúde, higiene e segurança;
(...)
XXV — assistência gratuita aos filhos e dependentes desde o nascimento até 5 (cinco) anos de idade em creches e pré-escolas; *(Redação dada pela Emenda Constitucional n. 53, de 2006)*

CONSOLIDAÇÃO DAS LEIS DO TRABALHO
Decreto-Lei n. 5.452, de 1º de maio de 1943
DOU 9.8.1943

Vide art. 394-A

Art. 394-A. A empregada gestante ou lactante será afastada, enquanto durar a gestação e a lactação, de quaisquer atividades, operações ou locais insalubres, devendo exercer suas atividades em local salubre. *(Incluído pela Lei n. 13.287, de 11.5.2016)*

SÚMULA DO STJ

Vide Súmula 310/STJ

Súmula 310 STJ — O auxílio-creche não integra o salário de contribuição.

TÍTULO III — DAS NORMAS ESPECIAIS DE TUTELA DO TRABALHO

Arts. 390 a 391

Art. 390	Ao empregador é vedado empregar a mulher em serviço que demande o emprego de força muscular superior a 20 (vinte) quilos para o trabalho contínuo, ou 25 (vinte e cinco) quilos para o trabalho ocasional.
Parágrafo único	Não está compreendida na determinação deste artigo a remoção de material feita por impulsão ou tração de vagonetes sobre trilhos, de carros de mão ou quaisquer aparelhos mecânicos.

CONVENÇÃO 127 DA OIT
Convenção relativa ao peso máximo das cargas
Adotada pela OIT em 28.6.1967
Ratificada pelo Brasil em 21.8.1970
Promulgada pelo Decreto n. 67.339, de 5 de outubro de 1970
DOU 6.10.1960

CONSOLIDAÇÃO DAS LEIS DO TRABALHO
Decreto-Lei n. 5.452, de 1º de maio de 1943
DOU 9.8.1943

Vide art. 198, *caput* e parágrafo único; art. 405, § 5º; e art. 483, *caput* e alínea a

Art. 198. É de 60 kg (sessenta quilogramas) o peso máximo que um empregado pode remover individualmente, ressalvadas as disposições especiais relativas ao trabalho do menor e da mulher. *(Redação dada pela Lei n. 6.514, de 22.12.1977)*

Parágrafo único. Não está compreendida na proibição deste artigo a remoção de material feita por impulsão ou tração de vagonetes sobre trilhos, carros de mão ou quaisquer outros aparelhos mecânicos, podendo o Ministério do Trabalho, em tais casos, fixar limites diversos, que evitem sejam exigidos do empregado serviços superiores às suas forças. *(Redação dada pela Lei n. 6.514, de 22.12.1977)*

Art. 405. (...)
§ 5º Aplica-se ao menor o disposto no art. 390 e seu parágrafo único. *(Incluído pelo Decreto-Lei n. 229, de 28.2.1967)*

Art. 483. O empregado poderá considerar rescindido o contrato e pleitear a devida indenização quando:
a) forem exigidos serviços superiores às suas forças, defesos por lei, contrários aos bons costumes, ou alheios ao contrato;

Art. 390-A	(VETADO). *(Incluído pela Lei n. 9.799, de 1999)*
Art. 390-B	As vagas dos cursos de formação de mão de obra, ministrados por instituições governamentais, pelos próprios empregadores ou por qualquer órgão de ensino profissionalizante, serão oferecidas aos empregados de ambos os sexos. *(Incluído pela Lei n. 9.799, de 1999)*
Art. 390-C	As empresas com mais de cem empregados, de ambos os sexos, deverão manter programas especiais de incentivos e aperfeiçoamento profissional da mão de obra. *(Incluído pela Lei n. 9.799, de 1999)*
Art. 390-D	(VETADO). *(Incluído pela Lei n. 9.799, de 1999)*
Art. 390-E	A pessoa jurídica poderá associar-se a entidade de formação profissional, sociedades civis, sociedades cooperativas, órgãos e entidades públicas ou entidades sindicais, bem como firmar convênios para o desenvolvimento de ações conjuntas, visando à execução de projetos relativos ao incentivo ao trabalho da mulher. *(Incluído pela Lei n. 9.799, de 1999)*

SEÇÃO V
DA PROTEÇÃO À MATERNIDADE

Art. 391	Não constitui justo motivo para a rescisão do contrato de trabalho da mulher o fato de haver contraído matrimônio ou de encontrar-se em estado de gravidez.

Art. 391

TÍTULO III — DAS NORMAS ESPECIAIS DE TUTELA DO TRABALHO

Parágrafo único Não serão permitidos em regulamentos de qualquer natureza contratos coletivos ou individuais de trabalho, restrições ao direito da mulher ao seu emprego, por motivo de casamento ou de gravidez.

CONSTITUIÇÃO FEDERAL DE 1988
DOU 5.10.1988

Vide art. 3º, caput, I, II e IV; art. 5º, caput, I; art. 7º, caput e incisos I, XVIII, XXV e XXX

Art. 3º Constituem objetivos fundamentais da República Federativa do Brasil:
I — construir uma sociedade livre, justa e solidária;
(...)
III — erradicar a pobreza e a marginalização e reduzir as desigualdades sociais e regionais;
IV — promover o bem de todos, sem preconceitos de origem, raça, sexo, cor, idade e quaisquer outras formas de discriminação.
(...)

Art. 5º Todos são iguais perante a lei, sem distinção de qualquer natureza, garantindo-se aos brasileiros e aos estrangeiros residentes no País a inviolabilidade do direito à vida, à liberdade, à igualdade, à segurança e à propriedade, nos termos seguintes:
I — homens e mulheres são iguais em direitos e obrigações, nos termos desta Constituição;
(...)

Art. 7º São direitos dos trabalhadores urbanos e rurais, além de outros que visem à melhoria de sua condição social:
I — relação de emprego protegida contra despedida arbitrária ou sem justa causa, nos termos de lei complementar, que preverá indenização compensatória, dentre outros direitos;
(...)
XVIII — licença à gestante, sem prejuízo do emprego e do salário, com a duração de cento e vinte dias;
(...)
XXV — assistência gratuita aos filhos e dependentes desde o nascimento até 5 (cinco) anos de idade em creches e pré-escolas; (Redação dada pela Emenda Constitucional n. 53, de 2006)
(...)
XXX — proibição de diferença de salários, de exercício de funções e de critério de admissão por motivo de sexo, idade, cor ou estado civil;

ATO DAS DISPOSIÇÕES CONSTITUCIONAIS TRANSITÓRIAS (ADCT)
DOU 5.10.1988

Vide art. 10, caput e inciso II, alínea b

Art. 10. Até que seja promulgada a lei complementar a que se refere o art. 7º, I, da Constituição:
(...)
II — fica vedada a dispensa arbitrária ou sem justa causa:
(...)
b) da empregada gestante, desde a confirmação da gravidez até cinco meses após o parto. (Vide Lei Complementar n. 146, de 2014)

CONVENÇÃO 103 DA OIT
Convenção relativa ao amparo à maternidade (revista)
Adotada pelo OIT em 28.6.1952
Ratificada pelo Brasil em 18.6.1965
Promulgada pelo Decreto n. 58.820, de 14 de julho de 1966
DOU 19.7.1966

CONSOLIDAÇÃO DAS LEIS DO TRABALHO
Decreto-Lei n. 5.452, de 1º de maio de 1943
DOU 9.8.1943

Vide art. 373-A, caput e inciso II

Art. 373-A. Ressalvadas as disposições legais destinadas a corrigir as distorções que afetam o acesso da mulher ao mercado de trabalho e certas especificidades estabelecidas nos acordos trabalhistas, é vedado: (Incluído pela Lei n. 9.799, de 26.5.1999)
(...)
II — recusar emprego, promoção ou motivar a dispensa do trabalho em razão de sexo, idade, cor, situação familiar ou estado de gravidez, salvo quando a natureza da atividade seja notória e publicamente incompatível; (Incluído pela Lei n. 9.799, de 26.5.1999)

LEI COMPLEMENTAR N. 146, DE 25 DE JUNHO DE 2014
Estende a estabilidade provisória prevista na alínea b do inciso II do art. 10 do Ato das Disposições Constitucionais Transitórias à trabalhadora gestante, nos casos de morte desta, a quem detiver a guarda de seu filho
DOU 26.6.2014 — edição extra

Vide art. 1º

Art. 1º O direito prescrito na alínea b do inciso II do art. 10 do Ato das Disposições Constitucionais Transitórias, nos casos em que ocorrer o falecimento da genitora, será assegurado a quem detiver a guarda do seu filho.

LEI COMPLEMENTAR N. 150, DE 1º DE JUNHO DE 2015
Dispõe sobre o contrato de trabalho doméstico; altera as Leis n. 8.212, de 24 de julho de 1991, n. 8.213, de 24 de julho de 1991, e n. 11.196, de 21 de novembro de 2005; revoga o inciso I do art. 3º da Lei n. 8.009, de 29 de março de 1990, o art. 36 da Lei n. 8.213, de 24 de julho de 1991, a Lei n. 5.859, de 11 de dezembro de 1972, e o inciso VII do art. 12 da Lei n. 9.250, de 26 de dezembro 1995; e dá outras providências
DOU 2.6.2015

Vide art. 25, caput e parágrafo único

Art. 25 A empregada doméstica gestante tem direito a licença-maternidade de 120 (cento e vinte) dias, sem prejuízo do emprego e do salário, nos termos da Seção V do Capítulo III do Título III da Consolidação das Leis do Trabalho (CLT), aprovada pelo Decreto-Lei n. 5.452, de 1º de maio de 1943.

Parágrafo único. A confirmação do estado de gravidez durante o curso do contrato de trabalho, ainda que durante o prazo do aviso prévio trabalhado ou indenizado, garante à empregada gestante a estabilidade provisória prevista na alínea "b" do inciso II do art. 10 do Ato das Disposições Constitucionais Transitórias.

TÍTULO III — DAS NORMAS ESPECIAIS DE TUTELA DO TRABALHO

Art. 391-A

A confirmação do estado de gravidez advindo no curso do contrato de trabalho, ainda que durante o prazo do aviso prévio trabalhado ou indenizado, garante à empregada gestante a estabilidade provisória prevista na alínea b do inciso II do art. 10 do Ato das Disposições Constitucionais Transitórias. *(Incluído pela Lei n. 12.812, de 2013)*

CONSTITUIÇÃO FEDERAL DE 1988
DOU 5.10.1988

Vide art. 7º, caput e incisos I, XVIII, XXI, XXV e XXX

Art. 7º São direitos dos trabalhadores urbanos e rurais, além de outros que visem à melhoria de sua condição social:
I — relação de emprego protegida contra despedida arbitrária ou sem justa causa, nos termos de lei complementar, que preverá indenização compensatória, dentre outros direitos;
(...)
XVIII — licença à gestante, sem prejuízo do emprego e do salário, com a duração de cento e vinte dias;
(...)
XXI — aviso prévio proporcional ao tempo de serviço, sendo no mínimo de trinta dias, nos termos da lei;
(...)
XXV — assistência gratuita aos filhos e dependentes desde o nascimento até 5 (cinco) anos de idade em creches e pré-escolas; *(Redação dada pela Emenda Constitucional n. 53, de 2006)*
(...)
XXX — proibição de diferença de salários, de exercício de funções e de critério de admissão por motivo de sexo, idade, cor ou estado civil;

ATO DAS DISPOSIÇÕES CONSTITUCIONAIS TRANSITÓRIAS (ADCT)
DOU 5.10.1988

Vide art. 10, caput e inciso II, alínea b

Art. 10. Até que seja promulgada a lei complementar a que se refere o art. 7º, I, da Constituição:
(...)
II — fica vedada a dispensa arbitrária ou sem justa causa:
(...)
b) da empregada gestante, desde a confirmação da gravidez até cinco meses após o parto.

LEI N. 5.859, DE 11 DE DEZEMBRO DE 1972
(Revogada pela Lei Complementar n. 150, de 1º de junho de 2015)
Dispõe sobre a profissão de empregado doméstico e dá outras providências
DOU 12.12.1972

Vide art. 4º-A

Art. 4º-A. É vedada a dispensa arbitrária ou sem justa causa da empregada doméstica gestante desde a confirmação da gravidez até 5 (cinco) meses após o parto. *(Incluído pela Lei n. 11.324, de 2006)*

LEI N. 9.029, DE 13 DE ABRIL DE 1995
Proíbe a exigência de atestados de gravidez e esterilização, e outras práticas discriminatórias, para efeitos admissionais ou de permanência da relação jurídica de trabalho, e dá outras providências.
DOU 17.4.1995

Vide art. 1º; art. 2º, caput, incisos I e II e parágrafo único; art. 3º, caput e incisos I e II; art. 4º, caput e incisos I e II; art. 5º; e art. 6º

Art. 1º É proibida a adoção de qualquer prática discriminatória e limitativa para efeito de acesso à relação de trabalho, ou de sua manutenção, por motivo de sexo, origem, raça, cor, estado civil, situação familiar, deficiência, reabilitação profissional, idade, entre outros, ressalvadas, nesse caso, as hipóteses de proteção à criança e ao adolescente previstas no inciso XXXIII do art. 7º da Constituição Federal. *(Redação dada pela Lei n. 13.146, de 2015)*

Art. 2º Constituem crime as seguintes práticas discriminatórias:
I — a exigência de teste, exame, perícia, laudo, atestado, declaração ou qualquer outro procedimento relativo à esterilização ou a estado de gravidez;
II — a adoção de quaisquer medidas, de iniciativa do empregador, que configurem;
a) indução ou instigamento à esterilização genética;
b) promoção do controle de natalidade, assim não considerado o oferecimento de serviços e de aconselhamento ou planejamento familiar, realizados através de instituições públicas ou privadas, submetidas às normas do Sistema Único de Saúde (SUS).
Pena: detenção de um a dois anos e multa.
Parágrafo único. São sujeitos ativos dos crimes a que se refere este artigo:
I — a pessoa física empregadora;
II — o representante legal do empregador, como definido na legislação trabalhista;
III — o dirigente, direto ou por delegação, de órgãos públicos e entidades das administrações públicas direta, indireta e fundacional de qualquer dos Poderes da União, dos Estados, do Distrito Federal e dos Municípios.

Art. 3º Sem prejuízo do prescrito no art. 2º desta Lei e nos dispositivos legais que tipificam os crimes resultantes de preconceito de etnia, raça, cor ou deficiência, as infrações ao disposto nesta Lei são passíveis das seguintes cominações: *(Redação dada pela Lei n. 13.146, de 2015)*
I — multa administrativa de dez vezes o valor do maior salário pago pelo empregador, elevado em cinquenta por cento em caso de reincidência;
II — proibição de obter empréstimo ou financiamento junto a instituições financeiras oficiais.

Art. 4º O rompimento da relação de trabalho por ato discriminatório, nos moldes desta Lei, além do direito à reparação pelo dano moral, faculta ao empregado optar entre: *(Redação dada pela Lei n. 12.288, de 2010)*
I — a reintegração com ressarcimento integral de todo o período de afastamento, mediante pagamento das remunerações devidas, corrigidas monetariamente e acrescidas de juros legais; *(Redação dada pela Lei n. 13.146, de 2015)*
II — a percepção, em dobro, da remuneração do período de afastamento, corrigida monetariamente e acrescida dos juros legais.

Art. 5º Esta lei entra em vigor na data de sua publicação.

Art. 6º Revogam-se as disposições em contrário.

Art. 392

TÍTULO III — DAS NORMAS ESPECIAIS DE TUTELA DO TRABALHO

SÚMULA DO TST

Vide Súmula 244/TST

Súmula 244 TST — GESTANTE. ESTABILIDADE PROVISÓRIA (redação do item III alterada na sessão do Tribunal Pleno realizada em 14.09.2012) — Res. 185/2012, DEJT divulgado em 25, 26 e 27.9.2012

I — O desconhecimento do estado gravídico pelo empregador não afasta o direito ao pagamento da indenização decorrente da estabilidade (art. 10, II, "b" do ADCT).

II — A garantia de emprego à gestante só autoriza a reintegração se esta se der durante o período de estabilidade. Do contrário, a garantia restringe-se aos salários e demais direitos correspondentes ao período de estabilidade.

III — A empregada gestante tem direito à estabilidade provisória prevista no art. 10, inciso II, alínea "b", do Ato das Disposições Constitucionais Transitórias, mesmo na hipótese de admissão mediante contrato por tempo determinado.

ORIENTAÇÃO JURISPRUDENCIAL DA SDI-1 DO TST

Vide OJ 399 SDI-1/TST

OJ 399 SDI-1 TST — ESTABILIDADE PROVISÓRIA. AÇÃO TRABALHISTA AJUIZADA APÓS O TÉRMINO DO PERÍODO DE GARANTIA NO EMPREGO. ABUSO DO EXERCÍCIO DO DIREITO DE AÇÃO. NÃO CONFIGURAÇÃO. INDENIZAÇÃO DEVIDA. (DEJT divulgado em 2, 3 e 4.8.2010)

O ajuizamento de ação trabalhista após decorrido o período de garantia de emprego não configura abuso do exercício do direito de ação, pois este está submetido apenas ao prazo prescricional inscrito no art. 7º, XXIX, da CF/1988, sendo devida a indenização desde a dispensa até a data do término do período estabilitário.

ORIENTAÇÃO JURISPRUDENCIAL DA SDC DO TST

Vide OJ 30 SDC/TST

OJ 30 SDC TST — ESTABILIDADE DA GESTANTE. RENÚNCIA OU TRANSAÇÃO DE DIREITOS CONSTITUCIONAIS. IMPOSSIBILIDADE. (republicada em decorrência de erro material) — DEJT divulgado em 19, 20 e 21.9.2011

Nos termos do art. 10, II, "b", do ADCT, a proteção à maternidade foi erigida à hierarquia constitucional, pois retirou do âmbito do direito potestativo do empregador a possibilidade de despedir arbitrariamente a empregada em estado gravídico. Portanto, a teor do art. 9º, da CLT, torna-se nula de pleno direito a cláusula que estabelece a possibilidade de renúncia ou transação, pela gestante, das garantias referentes à manutenção do emprego e salário.

Art. 392	A empregada gestante tem direito à licença-maternidade de 120 (cento e vinte) dias, sem prejuízo do emprego e do salário. *(Redação dada pela Lei n. 10.421, 15.4.2002)*
§ 1º	A empregada deve, mediante atestado médico, notificar o seu empregador da data do início do afastamento do emprego, que poderá ocorrer entre o 28º (vigésimo oitavo) dia antes do parto e ocorrência deste. *(Redação dada pela Lei n. 10.421, 15.4.2002)*
§ 2º	Os períodos de repouso, antes e depois do parto, poderão ser aumentados de 2 (duas) semanas cada um, mediante atestado médico. *(Redação dada pela Lei n. 10.421, 15.4.2002)*
§ 3º	Em caso de parto antecipado, a mulher terá direito aos 120 (cento e vinte) dias previstos neste artigo. *(Redação dada pela Lei n. 10.421, 15.4.2002)*
§ 4º	É garantido à empregada, durante a gravidez, sem prejuízo do salário e demais direitos: *(Redação dada pela Lei n. 9.799, de 26.5.1999)*
I -	transferência de função, quando as condições de saúde o exigirem, assegurada a retomada da função anteriormente exercida, logo após o retorno ao trabalho; *(Incluído pela Lei n. 9.799, de 26.5.1999)*
II -	dispensa do horário de trabalho pelo tempo necessário para a realização de, no mínimo, seis consultas médicas e demais exames complementares. *(Incluído pela Lei n. 9.799, de 26.5.1999)*
§ 5º	(VETADO) *(incluído pela Lei n. 10.421, de 2002)*

CONSTITUIÇÃO FEDERAL DE 1988
DOU 5.10.1988

Vide art. 7º, *caput* e inciso XVIII

Art. 7º São direitos dos trabalhadores urbanos e rurais, além de outros que visem à melhoria de sua condição social:

(...)

XVIII — licença à gestante, sem prejuízo do emprego e do salário, com a duração de cento e vinte dias;

ATO DAS DISPOSIÇÕES CONSTITUCIONAIS TRANSITÓRIAS (ADCT)
DOU 5.10.1988

Vide art. 10, *caput* e inciso II, alínea b

TÍTULO III — DAS NORMAS ESPECIAIS DE TUTELA DO TRABALHO

Art. 10. Até que seja promulgada a lei complementar a que se refere o art. 7º, I, da Constituição:
(...)
II — fica vedada a dispensa arbitrária ou sem justa causa:
(...)
b) da empregada gestante, desde a confirmação da gravidez até cinco meses após o parto.

CONSOLIDAÇÃO DAS LEIS DO TRABALHO
Decreto-Lei n. 5.452, de 1º de maio de 1943
DOU 9.8.1943

Vide art. 395

Art. 395. Em caso de aborto não criminoso, comprovado por atestado médico oficial, a mulher terá um repouso remunerado de 2 (duas) semanas, ficando-lhe assegurado o direito de retornar à função que ocupava antes de seu afastamento.

LEI N. 11.770, DE 9 DE SETEMBRO DE 2008
Cria o Programa Empresa Cidadã, destinado à prorrogação da licença-maternidade mediante concessão de incentivo fiscal, e altera a Lei n. 8.212, de 24 de julho de 1991
DOU 10.9.2008

Vide art. 1º, caput e §§ 1º e 2º; e art. 2º

Art. 1º É instituído o Programa Empresa Cidadã, destinado a prorrogar por 60 (sessenta) dias a duração da licença-maternidade prevista no inciso XVIII do caput do art. 7º da Constituição Federal.

§ 1º A prorrogação será garantida à empregada da pessoa jurídica que aderir ao Programa, desde que a empregada a requeira até o final do primeiro mês após o parto, e concedida imediatamente após a fruição da licença-maternidade de que trata o inciso XVIII do *caput* do art. 7º da Constituição Federal.

§ 2º A prorrogação será garantida, na mesma proporção, também à empregada que adotar ou obtiver guarda judicial para fins de adoção de criança.

Art. 2º É a administração pública, direta, indireta e fundacional, autorizada a instituir programa que garanta prorrogação da licença-maternidade para suas servidoras, nos termos do que prevê o art. 1º desta Lei.

DECRETO N. 7.052 DE 23 DE DEZEMBRO DE 2009
Regulamenta a Lei n. 11.770, de 9 de setembro de 2008, que cria o Programa Empresa Cidadã, destinado à prorrogação da licença-maternidade, no tocante a empregadas de pessoas jurídicas
DOU 24.12.2009

LEI N. 8.213, DE 24 DE JULHO DE 1991
Dispõe sobre os Planos de Benefícios da Previdência Social e dá outras providências
DOU 25.7.1991, republicado em 11.4.1996 e republicado em 14.8.1998

Vide art. 71, caput; art. 71-A, caput e §§ 1º e 2º; art. 71-B, caput e §§ 1º a 3º; art. 71-C; art. 72, caput e §§ 1º a 3º; e art. 73, caput e incisos I, II e III

Art. 71. O salário-maternidade é devido à segurada da Previdência Social, durante 120 (cento e vinte) dias, com início no período entre 28 (vinte e oito) dias antes do parto e a data de ocorrência deste, observadas as situações e condições previstas na legislação no que concerne à proteção à maternidade. *(Redação dada pala Lei n. 10.710, de 5.8.2003)*

Art. 71-A. Ao segurado ou segurada da Previdência Social que adotar ou obtiver guarda judicial para fins de adoção de criança é devido salário-maternidade pelo período de 120 (cento e vinte) dias. *(Redação dada pela Lei n. 12.873, de 2013)*

§ 1º O salário-maternidade de que trata este artigo será pago diretamente pela Previdência Social. *(Redação dada pela Lei n. 12.873, de 2013)*

§ 2º Ressalvado o pagamento do salário-maternidade à mãe biológica e o disposto no art. 71-B, não poderá ser concedido o benefício a mais de um segurado, decorrente do mesmo processo de adoção ou guarda, ainda que os cônjuges ou companheiros estejam submetidos a Regime Próprio de Previdência Social. *(Incluído pela Lei n. 12.873, de 2013)*

Art. 71-B. No caso de falecimento da segurada ou segurado que fizer jus ao recebimento do salário-maternidade, o benefício será pago, por todo o período ou pelo tempo restante a que teria direito, ao cônjuge ou companheiro sobrevivente que tenha a qualidade de segurado, exceto no caso do falecimento do filho ou de seu abandono, observadas as normas aplicáveis ao salário-maternidade. *(Incluído pela Lei n. 12.873, de 2013)*

§ 1º O pagamento do benefício de que trata o caput deverá ser requerido até o último dia do prazo previsto para o término do salário-maternidade originário. *(Incluído pela Lei n. 12.873, de 2013)*

§ 2º O benefício de que trata o caput será pago diretamente pela Previdência Social durante o período entre a data do óbito e o último dia do término do salário-maternidade originário e será calculado sobre: *(Incluído pela Lei n. 12.873, de 2013)*

I — a remuneração integral, para o empregado e trabalhador avulso; *(Incluído pela Lei n. 12.873, de 2013)*

II — o último salário de contribuição, para o empregado doméstico; *(Incluído pela Lei n. 12.873, de 2013)*

III — 1/12 (um doze avos) da soma dos 12 (doze) últimos salários de contribuição, apurados em um período não superior a 15 (quinze) meses, para o contribuinte individual, facultativo e desempregado; e *(Incluído pela Lei n. 12.873, de 2013)*

IV — o valor do salário mínimo, para o segurado especial. *(Incluído pela Lei n. 12.873, de 2013)*

§ 3º Aplica-se o disposto neste artigo ao segurado que adotar ou obtiver guarda judicial para fins de adoção. *(Incluído pela Lei n. 12.873, de 2013)*

Art. 71-C. A percepção do salário-maternidade, inclusive o previsto no art. 71-B, está condicionada ao afastamento do segurado do trabalho ou da atividade desempenhada, sob pena de suspensão do benefício. *(Incluído pela Lei n. 12.873, de 2013)*

Art. 72. O salário-maternidade para a segurada empregada ou trabalhadora avulsa consistirá numa renda mensal igual a sua remuneração integral. *(Redação dada pela Lei n. 9.876, de 26.11.99)*

§ 1º Cabe à empresa pagar o salário-maternidade devido à respectiva empregada gestante, efetivando-se a compensação, observado o disposto no art. 248 da Constituição Federal, quando do recolhimento das contribuições inci-

Art. 392-A

TÍTULO III — DAS NORMAS ESPECIAIS DE TUTELA DO TRABALHO

dentes sobre a folha de salários e demais rendimentos pagos ou creditados, a qualquer título, à pessoa física que lhe preste serviço. *(Incluído pela Lei n. 10.710, de 5.8.2003)*

§ 2º A empresa deverá conservar durante 10 (dez) anos os comprovantes dos pagamentos e os atestados correspondentes para exame pela fiscalização da Previdência Social. *(Incluído pela Lei n. 10.710, de 5.8.2003)*

§ 3º O salário-maternidade devido à trabalhadora avulsa e à empregada do microempreendedor individual de que trata o art. 18-A da Lei Complementar n. 123, de 14 de dezembro de 2006, será pago diretamente pela Previdência Social. *(Redação dada pela Lei n. 12.470, de 2011)*

Art. 73. Assegurado o valor de um salário-mínimo, o salário-maternidade para as demais seguradas, pago diretamente pela Previdência Social, consistirá: *(Redação dada pela Lei n. 10.710, de 5.8.2003)*

I — em um valor correspondente ao do seu último salário de contribuição, para a segurada empregada doméstica; *(Incluído pela lei n. 9.876, de 26.11.99)*

II — em um doze avos do valor sobre o qual incidiu sua última contribuição anual, para a segurada especial; *(Incluído pela Lei n. 9.876, de 26.11.99)*

III — em um doze avos da soma dos doze últimos salários de contribuição, apurados em um período não superior a quinze meses, para as demais seguradas. *(Incluído pela Lei n. 9.876, de 26.11.99)*

DECRETO N. 3.048, DE 6 DE MAIO DE 1999
Aprova o Regulamento da Previdência Social, e dá outras providências
DOU 7.5.1999, republicado em 12.5.1999; retificado em 18.6.1999 e 21.6.1999

Vide art. 93, caput e § 3º; e art. 103

Art. 93. O salário-maternidade é devido à segurada da previdência social, durante cento e vinte dias, com início vinte e oito dias antes e término noventa e um dias depois do parto, podendo ser prorrogado na forma prevista no § 3º. *(Redação dada pelo Decreto n. 4.862, de 2003)*
(...)
§ 3º Em casos excepcionais, os períodos de repouso anterior e posterior ao parto podem ser aumentados de mais duas semanas, mediante atestado médico específico. *(Redação dada pelo Decreto n. 3.668, de 2000)*

Art. 103. A segurada aposentada que retornar à atividade fará jus ao pagamento do salário-maternidade, de acordo com o disposto no art. 93.

SÚMULA DO TST

Vide Súmula 244/TST

SÚMULA 244 TST — GESTANTE. ESTABILIDADE PROVISÓRIA (redação do item III alterada na sessão do Tribunal Pleno realizada em 14.09.2012) — Res. 185/2012, DEJT divulgado em 25, 26 e 27.09.2012

I — O desconhecimento do estado gravídico pelo empregador não afasta o direito ao pagamento da indenização decorrente da estabilidade (art. 10, II, "b" do ADCT).

II — A garantia de emprego à gestante só autoriza a reintegração se esta se der durante o período de estabilidade. Do contrário, a garantia restringe-se aos salários e demais direitos correspondentes ao período de estabilidade.

III — A empregada gestante tem direito à estabilidade provisória prevista no art. 10, inciso II, alínea "b", do Ato das Disposições Constitucionais Transitórias, mesmo na hipótese de admissão mediante contrato por tempo determinado.

ORIENTAÇÕES JURISPRUDENCIAIS DA SDI-1 DO TST

Vide OJs 44 e 399 SDI-1/TST

OJ 44 SDI-1 TST — GESTANTE. SALÁRIO-MATERNIDADE (inserida em 13.09.1994)
É devido o salário-maternidade, de 120 dias, desde a promulgação da CF/1988, ficando a cargo do empregador o pagamento do período acrescido pela Carta.

OJ 399 SDI-1 TST — ESTABILIDADE PROVISÓRIA. AÇÃO TRABALHISTA AJUIZADA APÓS O TÉRMINO DO PERÍODO DE GARANTIA NO EMPREGO. ABUSO DO EXERCÍCIO DO DIREITO DE AÇÃO. NÃO CONFIGURAÇÃO. INDENIZAÇÃO DEVIDA. (DEJT divulgado em 02, 03 e 04.08.2010)
O ajuizamento de ação trabalhista após decorrido o período de garantia de emprego não configura abuso do exercício do direito de ação, pois este está submetido apenas ao prazo prescricional inscrito no art. 7º, XXIX, da CF/1988, sendo devida a indenização desde a dispensa até a data do término do período estabilitário.

PRECEDENTE NORMATIVO DA SDC DO TST

Vide PN 6 SDC/TST

PN 6 SDC TST — GARANTIA DE SALÁRIO NO PERÍODO DE AMAMENTAÇÃO (positivo)
É garantido às mulheres, no período de amamentação, o recebimento do salário, sem prestação de serviços, quando o empregador não cumprir as determinações dos §§ 1º e 2º do art. 389 da CLT.

Art. 392-A	À empregada que adotar ou obtiver guarda judicial para fins de adoção de criança será concedida licença-maternidade nos termos do art. 392. *(Redação dada pela Lei n. 12.873, de 2013)*
§§ 1º a 3º	*(Revogados pela Lei n. 12.010, de 2009)*
§ 4º	A licença-maternidade só será concedida mediante apresentação do termo judicial de guarda à adotante ou guardiã. *(Incluído pela Lei n. 10.421, 15.4.2002)*

TÍTULO III — DAS NORMAS ESPECIAIS DE TUTELA DO TRABALHO

Arts. 392-B a 393

§ 5º A adoção ou guarda judicial conjunta ensejará a concessão de licença-maternidade a apenas um dos adotantes ou guardiães empregado ou empregada. *(Incluído pela Lei n. 12.873, de 2013)*

LEI N. 8.213, DE 24 DE JULHO DE 1991
Dispõe sobre os Planos de Benefícios da Previdência Social e dá outras providências
DOU 25.7.1991, republicado em 11.4.1996 e republicado em 14.8.1998

Vide art. 71-A

Art. 71-A. Ao segurado ou segurada da Previdência Social que adotar ou obtiver guarda judicial para fins de adoção de criança é devido salário-maternidade pelo período de 120 (cento e vinte) dias. *(Redação dada pela Lei n. 12.873, de 2013)*

LEI N. 11.770, DE 9 DE SETEMBRO DE 2008
Cria o Programa Empresa Cidadã, destinado à prorrogação da licença-maternidade mediante concessão de incentivo fiscal, e altera a Lei n. 8.212, de 24 de julho de 1991
DOU 10.9.2008

Vide art. 1º, *caput* e § 2º

Art. 1º É instituído o Programa Empresa Cidadã, destinado a prorrogar por 60 (sessenta) dias a duração da licença-maternidade prevista no inciso XVIII do *caput* do art. 7º da Constituição Federal.
(...)
§ 2º A prorrogação será garantida, na mesma proporção, também à empregada que adotar ou obtiver guarda judicial para fins de adoção de criança.

Art. 392-B Em caso de morte da genitora, é assegurado ao cônjuge ou companheiro empregado o gozo de licença por todo o período da licença-maternidade ou pelo tempo restante a que teria direito a mãe, exceto no caso de falecimento do filho ou de seu abandono. *(Redação dada pela Lei n. 12.873, de 2013)*

ATO DAS DISPOSIÇÕES CONSTITUCIONAIS TRANSITÓRIAS (ADCT)
DOU 5.10.1988

Vide art. 10, *caput* e inciso II, alínea b

Art. 10. Até que seja promulgada a lei complementar a que se refere o art. 7º, I, da Constituição:
(...)
II — fica vedada a dispensa arbitrária ou sem justa causa:
(...)
b) da empregada gestante, desde a confirmação da gravidez até cinco meses após o parto.

LEI COMPLEMENTAR N. 146, DE 25 DE JUNHO DE 2014
Estende a estabilidade provisória prevista na alínea b do inciso II do art. 10 do Ato das Disposições Constitucionais Transitórias à trabalhadora gestante, nos casos de morte desta, a quem detiver a guarda de seu filho
DOU 26.6.2014

Vide art. 1º

Art. 1º O direito prescrito na alínea *b* do inciso II do art. 10 do Ato das Disposições Constitucionais Transitórias, nos casos em que ocorrer o falecimento da genitora, será assegurado a quem detiver a guarda do seu filho.

LEI N. 8.213, DE 24 DE JULHO DE 1991
Dispõe sobre os Planos de Benefícios da Previdência Social e dá outras providências
DOU 25.7.1991, republicado em 11.4.1996 e republicado em 14.8.1998

Vide art. 71-B

Art. 71-B. No caso de falecimento da segurada ou segurado que fizer jus ao recebimento do salário-maternidade, o benefício será pago, por todo o período ou pelo tempo restante a que teria direito, ao cônjuge ou companheiro sobrevivente que tenha a qualidade de segurado, exceto no caso do falecimento do filho ou de seu abandono, observadas as normas aplicáveis ao salário-maternidade. *(Incluído pela Lei n. 12.873, de 2013)*

Art. 392-C Aplica-se, no que couber, o disposto no art. 392-A e 392-B ao empregado que adotar ou obtiver guarda judicial para fins de adoção. *(Incluído pela Lei n. 12.873, de 2013)*

Art. 393 Durante o período a que se refere o art. 392, a mulher terá direito ao salário integral e, quando variável, calculado de acordo com a média dos 6 (seis) últimos meses de trabalho, bem como os direitos e vantagens adquiridos, sendo-lhe ainda facultado reverter à função que anteriormente ocupava. *(Redação dada pelo Decreto-Lei n. 229, de 28.2.1967)*

Arts. 394 e 394-A

TÍTULO III — DAS NORMAS ESPECIAIS DE TUTELA DO TRABALHO

LEI N. 8.213, DE 24 DE JULHO DE 1991
Dispõe sobre os Planos de Benefícios da Previdência Social e dá outras providências
DOU 25.7.1991, republicado em 11.4.1996 e republicado em 14.8.1998

Vide art. 72, caput e §§ 1º a 3º; e art. 73, caput e incisos I, II e III

Art. 72. O salário-maternidade para a segurada empregada ou trabalhadora avulsa consistirá numa renda mensal igual a sua remuneração integral. *(Redação dada pela Lei n. 9.876, de 26.11.99)*

§ 1º Cabe à empresa pagar o salário-maternidade devido à respectiva empregada gestante, efetivando-se a compensação, observado o disposto no art. 248 da Constituição Federal, quando do recolhimento das contribuições incidentes sobre a folha de salários e demais rendimentos pagos ou creditados, a qualquer título, à pessoa física que lhe preste serviço. *(Incluído pela Lei n. 10.710, de 5.8.2003)*

§ 2º A empresa deverá conservar durante 10 (dez) anos os comprovantes dos pagamentos e os atestados correspondentes para exame pela fiscalização da Previdência Social. *(Incluído pela Lei n. 10.710, de 5.8.2003)*

§ 3º O salário-maternidade devido à trabalhadora avulsa e à empregada do microempreendedor individual de que trata o art. 18-A da Lei Complementar n. 123, de 14 de dezembro de 2006, será pago diretamente pela Previdência Social. *(Redação dada pela Lei n. 12.470, de 2011)*

Art. 73. Assegurado o valor de um salário-mínimo, o salário-maternidade para as demais seguradas, pago diretamente pela Previdência Social, consistirá: *(Redação dada pela Lei n. 10.710, de 5.8.2003)*

I — em um valor correspondente ao do seu último salário de contribuição, para a segurada empregada doméstica; *(Incluído pela lei n. 9.876, de 26.11.99)*

II — em um doze avos do valor sobre o qual incidiu sua última contribuição anual, para a segurada especial; *(Incluído pela Lei n. 9.876, de 26.11.99)*

III — em um doze avos da soma dos doze últimos salários de contribuição, apurados em um período não superior a quinze meses, para as demais seguradas. *(Incluído pela Lei n. 9.876, de 26.11.99)*

SÚMULA DO TST

Vide Súmula 244/TST

SÚMULA 244 TST — GESTANTE. ESTABILIDADE PROVISÓRIA (redação do item III alterada na sessão do Tribunal Pleno realizada em 14.09.2012) — Res. 185/2012, DEJT divulgado em 25, 26 e 27.9.2012

I — O desconhecimento do estado gravídico pelo empregador não afasta o direito ao pagamento da indenização decorrente da estabilidade (art. 10, II, "b" do ADCT).

II — A garantia de emprego à gestante só autoriza a reintegração se esta se der durante o período de estabilidade. Do contrário, a garantia restringe-se aos salários e demais direitos correspondentes ao período de estabilidade.

III — A empregada gestante tem direito à estabilidade provisória prevista no art. 10, inciso II, alínea "b", do Ato das Disposições Constitucionais Transitórias, mesmo na hipótese de admissão mediante contrato por tempo determinado.

ORIENTAÇÕES JURISPRUDENCIAIS DA SDI-1 DO TST

Vide OJs 44 e 399 SDI-1/TST

OJ 44 SDI-1 TST — GESTANTE. SALÁRIO-MATERNIDADE (inserida em 13.09.1994)

É devido o salário maternidade, de 120 dias, desde a promulgação da CF/1988, ficando a cargo do empregador o pagamento do período acrescido pela Carta.

OJ 399 SDI-1 TST — ESTABILIDADE PROVISÓRIA. AÇÃO TRABALHISTA AJUIZADA APÓS O TÉRMINO DO PERÍODO DE GARANTIA NO EMPREGO. ABUSO DO EXERCÍCIO DO DIREITO DE AÇÃO. NÃO CONFIGURAÇÃO. INDENIZAÇÃO DEVIDA. *(DEJT divulgado em 2, 3 e 4.8.2010)*

O ajuizamento de ação trabalhista após decorrido o período de garantia de emprego não configura abuso do exercício do direito de ação, pois este está submetido apenas ao prazo prescricional inscrito no art. 7º, XXIX, da CF/1988, sendo devida a indenização desde a dispensa até a data do término do período estabilitário.

PRECEDENTE NORMATIVO DA SDC DO TST

Vide PN 6 SDC/TST

PN 6 SDC TST — GARANTIA DE SALÁRIO NO PERÍODO DE AMAMENTAÇÃO (positivo)

É garantido às mulheres, no período de amamentação, o recebimento do salário, sem prestação de serviços, quando o empregador não cumprir as determinações dos §§ 1º e 2º do art. 389 da CLT.

Art. 394 Mediante atestado médico, à mulher grávida é facultado romper o compromisso resultante de qualquer contrato de trabalho, desde que este seja prejudicial à gestação.

Art. 394-A A empregada gestante ou lactante será afastada, enquanto durar a gestação e a lactação, de quaisquer atividades, operações ou locais insalubres, devendo exercer suas atividades em local salubre. *(Incluído pela Lei n. 13.287, de 11.5.2016)*

Parágrafo único (VETADO). *(Incluído pela Lei n. 13.287, de 11.5.2016)*

TÍTULO III — DAS NORMAS ESPECIAIS DE TUTELA DO TRABALHO

CONSTITUIÇÃO FEDERAL DE 1988
DOU 5.10.1988

Vide art. 7º, *caput* e incisos XXII e XXXII

Art. 7º São direitos dos trabalhadores urbanos e rurais, além de outros que visem à melhoria de sua condição social:
(...)
XXII — redução dos riscos inerentes ao trabalho, por meio de normas de saúde, higiene e segurança;
(...)
XXXIII — proibição de trabalho noturno, perigoso ou insalubre a menores de dezoito e de qualquer trabalho a menores de dezesseis anos, salvo na condição de aprendiz, a partir de quatorze anos; *(Redação dada pela Emenda Constitucional n. 20, de 1998)*

ATO DAS DISPOSIÇÕES CONSTITUCIONAIS TRANSITÓRIAS (ADCT)
DOU 5.10.1988

Vide art. 10, *caput*, inciso II, alínea b

Art. 10. Até que seja promulgada a lei complementar a que se refere o art. 7º, I, da Constituição:
(...)
II — fica vedada a dispensa arbitrária ou sem justa causa:
(...)
b) da empregada gestante, desde a confirmação da gravidez até cinco meses após o parto.

CONSOLIDAÇÃO DAS LEIS DO TRABALHO
Decreto-Lei n. 5.452, de 1º de maio de 1943
DOU 9.8.1943

Vide art. 192

Art. 192. O exercício de trabalho em condições insalubres, acima dos limites de tolerância estabelecidos pelo Ministério do Trabalho, assegura a percepção de adicional respectivamente de 40% (quarenta por cento), 20% (vinte por cento) e 10% (dez por cento) do salário-mínimo da região, segundo se classifiquem nos graus máximo, médio e mínimo. *(Redação dada pela Lei n. 6.514, de 22.12.1977)*

Art. 395 Em caso de aborto não criminoso, comprovado por atestado médico oficial, a mulher terá um repouso remunerado de 2 (duas) semanas, ficando-lhe assegurado o direito de retornar à função que ocupava antes de seu afastamento.

Art. 396 Para amamentar o próprio filho, até que este complete 6 (seis) meses de idade, a mulher terá direito, durante a jornada de trabalho, a 2 (dois) descansos especiais, de meia hora cada um.

Parágrafo único Quando o exigir a saúde do filho, o período de 6 (seis) meses poderá ser dilatado, a critério da autoridade competente.

CONSOLIDAÇÃO DAS LEIS DO TRABALHO
Decreto-Lei n. 5.452, de 1º de maio de 1943
DOU 9.8.1943

Vide art. 71, *caput*

Art. 71. Em qualquer trabalho contínuo, cuja duração exceda de 6 (seis) horas, é obrigatória a concessão de um intervalo para repouso ou alimentação, o qual será, no mínimo, de 1 (uma) hora e, salvo acordo escrito ou contrato coletivo em contrário, não poderá exceder de 2 (duas) horas.

PRECEDENTE NORMATIVO DA SDC DO TST

Vide PN 6 SDC/TST

PN 6 SDC TST — GARANTIA DE SALÁRIO NO PERÍODO DE AMAMENTAÇÃO (positivo)
É garantido às mulheres, no período de amamentação, o recebimento do salário, sem prestação de serviços, quando o empregador não cumprir as determinações dos §§ 1º e 2º do art. 389 da CLT.

Art. 397 O SESI, o SESC, a LBA e outras entidades públicas destinadas à assistência à infância manterão ou subvencionarão, de acordo com suas possibilidades financeiras, escolas maternais e jardins de infância, distribuídos nas zonas de maior densidade de trabalhadores, destinados especialmente aos filhos das mulheres empregadas. *(Redação dada pelo Decreto-Lei n. 229, de 28.2.1967)*

CONSTITUIÇÃO FEDERAL DE 1988
DOU 5.10.1988

Vide art. 7º, *caput* e inciso XXV

Art. 7º São direitos dos trabalhadores urbanos e rurais, além de outros que visem à melhoria de sua condição social:

(...)
XXV — assistência gratuita aos filhos e dependentes desde o nascimento até 5 (cinco) anos de idade em creches e pré-escolas; *(Redação dada pela Emenda Constitucional n. 53, de 2006)*

Arts. 398 a 401 — TÍTULO III — DAS NORMAS ESPECIAIS DE TUTELA DO TRABALHO

Art. 398 (Revogado pelo Decreto-Lei n. 229, de 28.2.1967)

Art. 399 O Ministro do Trabalho, Indústria e Comércio conferirá diploma de benemerência aos empregadores que se distinguirem pela organização e manutenção de creches e de instituições de proteção aos menores em idade pré-escolar, desde que tais serviços se recomendem por sua generosidade e pela eficiência das respectivas instalações.

Art. 400 Os locais destinados à guarda dos filhos das operárias durante o período da amamentação deverão possuir, no mínimo, um berçário, uma saleta de amamentação, uma cozinha dietética e uma instalação sanitária.

CONSTITUIÇÃO FEDERAL DE 1988
DOU 5.10.1988

Vide art. 7º, caput e inciso XXV

Art. 7º São direitos dos trabalhadores urbanos e rurais, além de outros que visem à melhoria de sua condição social:

(...)

XXV — assistência gratuita aos filhos e dependentes desde o nascimento até 5 (cinco) anos de idade em creches e pré-escolas; *(Redação dada pela Emenda Constitucional n. 53, de 2006)*

SEÇÃO VI
DAS PENALIDADES

Art. 401 Pela infração de qualquer dispositivo deste Capítulo, será imposta ao empregador a multa de cem a mil cruzeiros, aplicada, nesta Capital, pela autoridade competente de 1ª instância do Departamento Nacional do Trabalho, e, nos Estados e Território do Acre, pelas autoridades competentes do Ministério do Trabalho, Indústria e Comércio ou por aquelas que exerçam funções delegadas.

§ 1º A penalidade será sempre aplicada no grau máximo:

a) se ficar apurado o emprego de artifício ou simulação para fraudar a aplicação dos dispositivos deste Capítulo;

b) nos casos de reincidência.

§ 2º O processo na verificação das infrações, bem como na aplicação e cobrança das multas, será o previsto no título "Do Processo de Multas Administrativas", observadas as disposições deste artigo.

CONSTITUIÇÃO FEDERAL DE 1988
DOU 5.10.1988

Vide art. 21, caput e inciso XXIV

Art. 21. Compete à União:
(...)
XXIV — organizar, manter e executar a inspeção do trabalho;

CONSOLIDAÇÃO DAS LEIS DO TRABALHO
Decreto-Lei n. 5.452, de 1º de maio de 1943
DOU 9.8.1943

Vide art. 626, caput e parágrafo único

Art. 626. Incumbe às autoridades competentes do Ministério do Trabalho, Indústria e Comércio, ou àquelas que exerçam funções delegadas, a fiscalização do fiel cumprimento das normas de proteção ao trabalho.

Parágrafo único. Os fiscais dos Institutos de Seguro Social e das entidades paraestatais em geral dependentes do Ministério do Trabalho, Indústria e Comércio serão competentes para a fiscalização a que se refere o presente artigo, na forma das instruções que forem expedidas pelo Ministro do Trabalho, Industria e Comercio.

LEIS N. 6.205/75; N. 6.986/82; N. 6.708/79; N. 7.855/89
Novos valores de multas administrativas

LEI N. 8.383/1991
Unidade Fiscal de Referência (UFIR) — medida de valor e atualização de tributos, multas e penalidades administrativas e fiscais

LEI N. 10.522/02
Conversão da UFIR em real

TÍTULO III — DAS NORMAS ESPECIAIS DE TUTELA DO TRABALHO

Arts. 401-A e 401-B (VETADOS) *(Incluídos pela Lei n. 9.799, de 1999)*

CAPÍTULO IV
DA PROTEÇÃO DO TRABALHO DO MENOR

SEÇÃO I
DISPOSIÇÕES GERAIS

Art. 402 — Considera-se menor para os efeitos desta Consolidação o trabalhador de quatorze até dezoito anos. *(Redação dada pela Lei n. 10.097, de 19.12.2000)*

Parágrafo único — O trabalho do menor reger-se-á pelas disposições do presente Capítulo, exceto no serviço em oficinas em que trabalhem exclusivamente pessoas da família do menor e esteja este sob a direção do pai, mãe ou tutor, observado, entretanto, o disposto nos arts. 404, 405 e na Seção II. *(Redação dada pelo Decreto-Lei n. 229, de 28.2.1967)*

CONSTITUIÇÃO FEDERAL DE 1988
DOU 5.10.1988

Vide art. 7º, *caput* e inciso XXXIII; e art. 227, *caput*, § 3º e incisos I, II e III

Art. 7º São direitos dos trabalhadores urbanos e rurais, além de outros que visem à melhoria de sua condição social:

(...)

XXXIII — proibição de trabalho noturno, perigoso ou insalubre a menores de dezoito e de qualquer trabalho a menores de dezesseis anos, salvo na condição de aprendiz, a partir de quatorze anos; *(Redação dada pela Emenda Constitucional n. 20, de 1998)*

Art. 227. É dever da família, da sociedade e do Estado assegurar à criança, ao adolescente e ao jovem, com absoluta prioridade, o direito à vida, à saúde, à alimentação, à educação, ao lazer, à profissionalização, à cultura, à dignidade, ao respeito, à liberdade e à convivência familiar e comunitária, além de colocá-los a salvo de toda forma de negligência, discriminação, exploração, violência, crueldade e opressão. *(Redação dada pela Emenda Constitucional n. 65, de 2010)*

(...)

§ 3º O direito a proteção especial abrangerá os seguintes aspectos:

I — idade mínima de quatorze anos para admissão ao trabalho, observado o disposto no art. 7º, XXXIII;

II — garantia de direitos previdenciários e trabalhistas;

III — garantia de acesso do trabalhador adolescente e jovem à escola; *(Redação dada pela Emenda Constitucional n. 65, de 2010)*

CONVENÇÃO 138 DA OIT
Convenção sobre idade mínima para admissão
Adotada pela OIT em 26.6.1973
Ratificada pelo Brasil em 28.6.2001
Promulgada pelo Decreto n. 4.134, de 15 de fevereiro de 2002
DOU 18.2.2002

CONVENÇÃO 182 DA OIT
Convenção sobre proibição das piores formas de trabalho infantil e ação imediata para sua eliminação
Adotada pela OIT em 17.6.1999
Ratificada pelo Brasil em 2.2.2000
Promulgada pelo Decreto n. 3.587, de 12 de setembro de 2000
DOU 13.9.2000

DECRETO N. 6.481, DE 12 DE JUNHO DE 2008
Regulamenta os arts. 3º, alínea "d", e 4º da Convenção 182 da Organização Internacional do Trabalho (OIT) que trata da proibição das piores formas de trabalho infantil e ação imediata para sua eliminação, aprovada pelo Decreto Legislativo n. 178, de 14 de dezembro de 1999, e promulgada pelo Decreto n. 3.597, de 12 de setembro de 2000, e dá outras providências
DOU 13.6.2008 e retificado em 23.10.2008

Vide art. 1º

Art. 1º Fica aprovada a Lista das Piores Formas de Trabalho Infantil (Lista TIP), na forma do Anexo, de acordo com o disposto nos arts. 3º, "d", e 4º da Convenção 182 da Organização Internacional do Trabalho — OIT, aprovada pelo Decreto Legislativo n. 178, de 14 de dezembro de 1999 e promulgada pelo Decreto n. 3.597, de 12 de setembro de 2000.

ESTATUTO DA CRIANÇA E DO ADOLESCENTE (ECA)
Lei n. 8.069, de 13 de julho de 1990
DOU 16.7.1990 e retificado em 27.9.1990

DECRETO N. 5.598, DE 1º DE DEZEMBRO DE 2005
Regulamenta a contratação de aprendizes e dá outras providências
DOU 2.12.2005

LEI N. 11.692, DE 10 DE JUNHO DE 2008

Dispõe sobre o Programa Nacional de Inclusão de Jovens — Projovem, instituído pela Lei n. 11.129, de 30 de junho de 2005; altera a Lei n. 10.836, de 9 de janeiro de 2004; revoga dispositivos das Leis ns. 9.608, de 18 de fevereiro de 1998, 10.748, de 22 de outubro de 2003, 10.940, de 27 de agosto de 2004, 11.129, de 30 de junho de 2005, e 11.180, de 23 de setembro de 2005; e dá outras providências

DOU 2.12.2005

Art. 403	É proibido qualquer trabalho a menores de dezesseis anos de idade, salvo na condição de aprendiz, a partir dos quatorze anos. *(Redação dada pela Lei n. 10.097, de 2000)*
Parágrafo único	O trabalho do menor não poderá ser realizado em locais prejudiciais à sua formação, ao seu desenvolvimento físico, psíquico, moral e social e em horários e locais que não permitam a frequência à escola. *(Redação dada pela Lei n. 10.097, de 2000)*
a) e b)	Revogadas *(Redação dada pela Lei n. 10.097, de 2000)*

CONSTITUIÇÃO FEDERAL DE 1988
DOU 5.10.1988

Vide art. 7º, *caput* e inciso XXXIII; e art. 227, *caput*, § 3º e incisos I, II e III

Art. 7º São direitos dos trabalhadores urbanos e rurais, além de outros que visem à melhoria de sua condição social:

(...)

XXXIII — proibição de trabalho noturno, perigoso ou insalubre a menores de dezoito e de qualquer trabalho a menores de dezesseis anos, salvo na condição de aprendiz, a partir de quatorze anos; *(Redação dada pela Emenda Constitucional n. 20, de 1998)*

Art. 227. É dever da família, da sociedade e do Estado assegurar à criança, ao adolescente e ao jovem, com absoluta prioridade, o direito à vida, à saúde, à alimentação, à educação, ao lazer, à profissionalização, à cultura, à dignidade, ao respeito, à liberdade e à convivência familiar e comunitária, além de colocá-los a salvo de toda forma de negligência, discriminação, exploração, violência, crueldade e opressão. *(Redação dada pela Emenda Constitucional n. 65, de 2010)*

(...)

§ 3º O direito a proteção especial abrangerá os seguintes aspectos:

I — idade mínima de quatorze anos para admissão ao trabalho, observado o disposto no art. 7º, XXXIII;

II — garantia de direitos previdenciários e trabalhistas;

III — garantia de acesso do trabalhador adolescente e jovem à escola; *(Redação dada pela Emenda Constitucional n. 65, de 2010)*

ESTATUTO DA CRIANÇA E DO ADOLESCENTE (ECA)
Lei n. 8.069, de 13 de julho de 1990
DOU 16.7.1990 e retificado em 27.9.1990

Vide art. 60

Art. 60. É proibido qualquer trabalho a menores de quatorze anos de idade, salvo na condição de aprendiz.

CÓDIGO CIVIL
Lei n. 10.406, de 10 de janeiro de 2002
DOU 11.1.2002

Vide art. 5º, *caput*, parágrafo único, inciso V

Art. 5º A menoridade cessa aos dezoito anos completos, quando a pessoa fica habilitada à prática de todos os atos da vida civil.

Parágrafo único. Cessará, para os menores, a incapacidade:

(...)

V — pelo estabelecimento civil ou comercial, ou pela existência de relação de emprego, desde que, em função deles, o menor com dezesseis anos completos tenha economia própria.

Art. 404	Ao menor de 18 (dezoito) anos é vedado o trabalho noturno, considerado este o que for executado no período compreendido entre as 22 (vinte e duas) e as 5 (cinco) horas.

CONSTITUIÇÃO FEDERAL DE 1988
DOU 5.10.1988

Vide art. 7º, *caput* e inciso XXXIII; e art. 227, *caput*, § 3º e incisos I e II

Art. 7º São direitos dos trabalhadores urbanos e rurais, além de outros que visem à melhoria de sua condição social:

(...)

XXXIII — proibição de trabalho noturno, perigoso ou insalubre a menores de dezoito e de qualquer trabalho a menores de dezesseis anos, salvo na condição de aprendiz, a partir de quatorze anos; *(Redação dada pela Emenda Constitucional n. 20, de 1998)*

TÍTULO III — DAS NORMAS ESPECIAIS DE TUTELA DO TRABALHO

Art. 227. É dever da família, da sociedade e do Estado assegurar à criança, ao adolescente e ao jovem, com absoluta prioridade, o direito à vida, à saúde, à alimentação, à educação, ao lazer, à profissionalização, à cultura, à dignidade, ao respeito, à liberdade e à convivência familiar e comunitária, além de colocá-los a salvo de toda forma de negligência, discriminação, exploração, violência, crueldade e opressão. *(Redação dada pela Emenda Constitucional n. 65, de 2010)*

(...)

§ 3º O direito a proteção especial abrangerá os seguintes aspectos:

I — idade mínima de quatorze anos para admissão ao trabalho, observado o disposto no art. 7º, XXXIII;

II — garantia de direitos previdenciários e trabalhistas;

CONSOLIDAÇÃO DAS LEIS DO TRABALHO
Decreto-Lei n. 5.452, de 1º de maio de 1943
DOU 9.8.1943

Vide art. 73, *caput* e §§ 1º e 2º

Art. 73. Salvo nos casos de revezamento semanal ou quinzenal, o trabalho noturno terá remuneração superior a do diurno e, para esse efeito, sua remuneração terá um acréscimo de 20% (vinte por cento), pelo menos, sobre a hora diurna. *(Redação dada pelo Decreto-Lei n. 9.666, de 1946)*

§ 1º A hora do trabalho noturno será computada como de 52 minutos e 30 segundos. *(Redação dada pelo Decreto-Lei n. 9.666, de 1946)*

§ 2º Considera-se noturno, para os efeitos deste artigo, o trabalho executado entre as 22 horas de um dia e as 5 horas do dia seguinte. *(Redação dada pelo Decreto-Lei n. 9.666, de 1946)*

Art. 405	Ao menor não será permitido o trabalho: *(Redação dada pelo Decreto-Lei n. 229, de 28.2.1967)*
I -	nos locais e serviços perigosos ou insalubres, constantes de quadro para esse fim aprovado pelo Diretor Geral do Departamento de Segurança e Higiene do Trabalho; *(Incluído pelo Decreto-Lei n. 229, de 28.2.1967)*
II -	em locais ou serviços prejudiciais à sua moralidade. *(Incluído pelo Decreto-Lei n. 229, de 28.2.1967)*
§ 1º	*(Revogado pela Lei 10.097, de 2000)*
§ 2º	O trabalho exercido nas ruas, praças e outros logradouros dependerá de prévia autorização do Juiz de Menores, ao qual cabe verificar se a ocupação é indispensável à sua própria subsistência ou à de seus pais, avós ou irmãos e se dessa ocupação não poderá advir prejuízo à sua formação moral. *(Redação dada pelo Decreto-Lei n. 229, de 28.2.1967)*
§ 3º	Considera-se prejudicial à moralidade do menor o trabalho: *(Redação dada pelo Decreto-Lei n. 229, de 28.2.1967)*
a)	prestado de qualquer modo, em teatros de revista, cinemas, boates, cassinos, cabarés, dancings e estabelecimentos análogos; *(Incluída pelo Decreto-Lei n. 229, de 28.2.1967)*
b)	em empresas circenses, em funções de acróbata, saltimbanco, ginasta e outras semelhantes; *(Incluída pelo Decreto-Lei n. 229, de 28.2.1967)*
c)	de produção, composição, entrega ou venda de escritos, impressos, cartazes, desenhos, gravuras, pinturas, emblemas, imagens e quaisquer outros objetos que possam, a juízo da autoridade competente, prejudicar sua formação moral; *(Incluída pelo Decreto-Lei n. 229, de 28.2.1967)*
d)	consistente na venda, a varejo, de bebidas alcoólicas. *(Incluída pelo Decreto-Lei n. 229, de 28.2.1967)*
§ 4º	Nas localidades em que existirem, oficialmente reconhecidas, instituições destinadas ao amparo dos menores jornaleiros, só aos que se encontrem sob o patrocínio dessas entidades será outorgada a autorização do trabalho a que alude o § 2º. *(Incluído pelo Decreto-Lei n. 229, de 28.2.1967)*
§ 5º	Aplica-se ao menor o disposto no art. 390 e seu parágrafo único. *(Incluído pelo Decreto-Lei n. 229, de 28.2.1967)*

TÍTULO III — DAS NORMAS ESPECIAIS DE TUTELA DO TRABALHO

CONSTITUIÇÃO FEDERAL DE 1988
DOU 5.10.1988

Vide art. 7º, *caput* e inciso XXXIII; e art. 227, *caput*, § 3º e incisos I, II e III

Art. 7º São direitos dos trabalhadores urbanos e rurais, além de outros que visem à melhoria de sua condição social:
(...)
XXXIII — proibição de trabalho noturno, perigoso ou insalubre a menores de dezoito e de qualquer trabalho a menores de dezesseis anos, salvo na condição de aprendiz, a partir de quatorze anos; *(Redação dada pela Emenda Constitucional n. 20, de 1998)*

Art. 227. É dever da família, da sociedade e do Estado assegurar à criança, ao adolescente e ao jovem, com absoluta prioridade, o direito à vida, à saúde, à alimentação, à educação, ao lazer, à profissionalização, à cultura, à dignidade, ao respeito, à liberdade e à convivência familiar e comunitária, além de colocá-los a salvo de toda forma de negligência, discriminação, exploração, violência, crueldade e opressão. *(Redação dada pela Emenda Constitucional n. 65, de 2010)*
(...)
§ 3º O direito a proteção especial abrangerá os seguintes aspectos:
I — idade mínima de quatorze anos para admissão ao trabalho, observado o disposto no art. 7º, XXXIII;
II — garantia de direitos previdenciários e trabalhistas;
III — garantia de acesso do trabalhador adolescente e jovem à escola; *(Redação dada pela Emenda Constitucional n. 65, de 2010)*

CONVENÇÃO 182 DA OIT
Convenção sobre proibição das piores formas de trabalho infantil e ação imediata para sua eliminação
Adotada pela OIT em 17.6.1999
Ratificada pelo Brasil em 2.2.2000
Promulgada pelo Decreto n. 3.587, de 12 de setembro de 2000
DOU 13.9.2000

DECRETO N. 6.481, DE 12 DE JUNHO DE 2008
Regulamenta os arts. 3º, alínea "d", e 4º da Convenção 182 da Organização Internacional do Trabalho (OIT) que trata da proibição das piores formas de trabalho infantil e ação imediata para sua eliminação, aprovada pelo Decreto Legislativo n. 178, de 14 de dezembro de 1999, e promulgada pelo Decreto n. 3.597, de 12 de setembro de 2000, e dá outras providências
DOU 13.6.2008 e retificado em 23.10.2008

Vide art. 1º

Art. 1º Fica aprovada a Lista das Piores Formas de Trabalho Infantil (Lista TIP), na forma do Anexo, de acordo com o disposto nos arts. 3º, "d", e 4º da Convenção 182 da Organização Internacional do Trabalho — OIT, aprovada pelo Decreto Legislativo n. 178, de 14 de dezembro de 1999 e promulgada pelo Decreto n. 3.597, de 12 de setembro de 2000.

ESTATUTO DA CRIANÇA E DO ADOLESCENTE (ECA)
Lei n. 8.069, de 13 de julho de 1990
DOU 16.7.1990 e retificado em 27.9.1990

Vide art. 67, *caput* e incisos I a IV

Art. 67. Ao adolescente empregado, aprendiz, em regime familiar de trabalho, aluno de escola técnica, assistido em entidade governamental ou não-governamental, é vedado trabalho:
I — noturno, realizado entre as vinte e duas horas de um dia e as cinco horas do dia seguinte;
II — perigoso, insalubre ou penoso;
III — realizado em locais prejudiciais à sua formação e ao seu desenvolvimento físico, psíquico, moral e social;
IV — realizado em horários e locais que não permitam a frequência à escola.

Art. 406	O Juiz de Menores poderá autorizar ao menor o trabalho a que se referem as letras "a" e "b" do § 3º do art. 405: *(Redação dada pelo Decreto-Lei n. 229, de 28.2.1967)*
I -	desde que a representação tenha fim educativo ou a peça de que participe não possa ser prejudicial à sua formação moral; *(Redação dada pelo Decreto-Lei n. 229, de 28.2.1967)*
II -	desde que se certifique ser a ocupação do menor indispensável à própria subsistência ou à de seus pais, avós ou irmãos e não advir nenhum prejuízo à sua formação moral. *(Redação dada pelo Decreto-Lei n. 229, de 28.2.1967)*
Art. 407	Verificado pela autoridade competente que o trabalho executado pelo menor é prejudicial à sua saúde, ao seu desenvolvimento físico ou a sua moralidade, poderá ela obrigá-lo a abandonar o serviço, devendo a respectiva empresa, quando for o caso, proporcionar ao menor todas as facilidades para mudar de funções. *(Redação dada pelo Decreto-Lei n. 229, de 28.2.1967)*
Parágrafo único	Quando a empresa não tomar as medidas possíveis e recomendadas pela autoridade competente para que o menor mude de função, configurar-se-á a rescisão do contrato de trabalho, na forma do art. 483. *(Incluído pelo Decreto-Lei n. 229, de 28.2.1967)*

TÍTULO III — DAS NORMAS ESPECIAIS DE TUTELA DO TRABALHO

Art. 408 Ao responsável legal do menor é facultado pleitear a extinção do contrato de trabalho, desde que o serviço possa acarretar para ele prejuízos de ordem física ou moral. *(Redação dada pelo Decreto-Lei n. 229, de 28.2.1967)*

Art. 409 Para maior segurança do trabalho e garantia da saúde dos menores, a autoridade fiscalizadora poderá proibir-lhes o gozo dos períodos de repouso nos locais de trabalho.

Art. 410 O Ministro do Trabalho, Indústria e Comércio poderá derrogar qualquer proibição decorrente do quadro a que se refere a alínea "a" do art. 405 quando se certificar haver desaparecido, parcial ou totalmente, o caráter perigoso ou insalubre, que determinou a proibição.

SEÇÃO II
DA DURAÇÃO DO TRABALHO

Art. 411 A duração do trabalho do menor regular-se-á pelas disposições legais relativas à duração do trabalho em geral, com as restrições estabelecidas neste Capítulo.

CONSTITUIÇÃO FEDERAL DE 1988
DOU 5.10.1988

Vide art. 7º, caput e incisos XIII e XVI

Art. 7º São direitos dos trabalhadores urbanos e rurais, além de outros que visem à melhoria de sua condição social:
(...)
XIII — duração do trabalho normal não superior a oito horas diárias e quarenta e quatro semanais, facultada a compensação de horários e a redução da jornada, mediante acordo ou convenção coletiva de trabalho;
(...)
XVI — remuneração do serviço extraordinário superior, no mínimo, em cinquenta por cento à do normal;

CONSOLIDAÇÃO DAS LEIS DO TRABALHO
Decreto-Lei n. 5.452, de 1º de maio de 1943
DOU 9.8.1943

Vide art. 58, caput e §§ 1º, 2º e 3º; e art. 432, caput

Art. 58. A duração normal do trabalho, para os empregados em qualquer atividade privada, não excederá de 8 (oito) horas diárias, desde que não seja fixado expressamente outro limite.

§ 1º Não serão descontadas nem computadas como jornada extraordinária as variações de horário no registro de ponto não excedentes de cinco minutos, observado o limite máximo de dez minutos diários. *(Parágrafo incluído pela Lei n. 10.243, de 19.6.2001)*

§ 2º O tempo despendido pelo empregado até o local de trabalho e para o seu retorno, por qualquer meio de transporte, não será computado na jornada de trabalho, salvo quando, tratando-se de local de difícil acesso ou não servido por transporte público, o empregador fornecer a condução. *(Parágrafo incluído pela Lei n. 10.243, de 19.6.2001)*

§ 3º Poderão ser fixados, para as microempresas e empresas de pequeno porte, por meio de acordo ou convenção coletiva, em caso de transporte fornecido pelo empregador, em local de difícil acesso ou não servido por transporte público, o tempo médio despendido pelo empregado, bem como a forma e a natureza da remuneração. *(Incluído pela Lei Complementar n. 123, de 2006)*

Art. 432. A duração do trabalho do aprendiz não excederá de seis horas diárias, sendo vedadas a prorrogação e a compensação de jornada. *(Redação dada pela Lei n. 10.097, de 2000)*

Art. 412 Após cada período de trabalho efetivo, quer contínuo, quer dividido em 2 (dois) turnos, haverá um intervalo de repouso, não inferior a 11(onze) horas.

CONSOLIDAÇÃO DAS LEIS DO TRABALHO
Decreto-Lei n. 5.452, de 1º de maio de 1943
DOU 9.8.1943

Vide art. 66

Art. 66. Entre 2 (duas) jornadas de trabalho haverá um período mínimo de 11 (onze) horas consecutivas para descanso.

Art. 413	É vedado prorrogar a duração normal diária do trabalho do menor, salvo: *(Redação dada pelo Decreto-Lei n. 229, de 28.2.1967)*
I -	até mais 2 (duas) horas, independentemente de acréscimo salarial, mediante convenção ou acordo coletivo nos termos do Título VI desta Consolidação, desde que o excesso de horas em um dia seja compensado pela diminuição em outro, de modo a ser observado o limite máximo de 48 (quarenta e oito) horas semanais ou outro inferior legalmente fixada; *(Incluído pelo Decreto-Lei n. 229, de 28.2.1967)*
II -	excepcionalmente, por motivo de força maior, até o máximo de 12 (doze) horas, com acréscimo salarial de, pelo menos, 25% (vinte e cinco por cento) sobre a hora normal e desde que o trabalho do menor seja imprescindível ao funcionamento do estabelecimento. *(Incluído pelo Decreto-Lei n. 229, de 28.2.1967)*

CONSTITUIÇÃO FEDERAL DE 1988
DOU 5.10.1988

Vide art. 7º, caput e incisos XIII e XVI

Art. 7º São direitos dos trabalhadores urbanos e rurais, além de outros que visem à melhoria de sua condição social:

(...)

XIII — duração do trabalho normal não superior a oito horas diárias e quarenta e quatro semanais, facultada a compensação de horários e a redução da jornada, mediante acordo ou convenção coletiva de trabalho; *(vide Decreto-Lei n. 5.452, de 1943)*

(...)

XVI — remuneração do serviço extraordinário superior, no mínimo, em cinquenta por cento à do normal; *(Vide Decreto-Lei n. 5.452, art. 59 § 1º)*

CONSOLIDAÇÃO DAS LEIS DO TRABALHO
Decreto-Lei n. 5.452, de 1º de maio de 1943
DOU 9.8.1943

Vide art. 432, caput e § 1º; e art. 501, caput e §§ 1º e 2º

Art. 432. A duração do trabalho do aprendiz não excederá de seis horas diárias, sendo vedadas a prorrogação e a compensação de jornada. *(Redação dada pela Lei n. 10.097, de 2000)*

§ 1º O limite previsto neste artigo poderá ser de até oito horas diárias para os aprendizes que já tiverem completado o ensino fundamental, se nelas forem computadas as horas destinadas à aprendizagem teórica. *(Redação dada pela Lei n. 10.097, de 2000)*

Art. 501. Entende-se como força maior todo acontecimento inevitável, em relação à vontade do empregador, e para a realização do qual este não concorreu, direta ou indiretamente.

§ 1º A imprevidência do empregador exclui a razão de força maior.

§ 2º À ocorrência do motivo de força maior que não afetar substancialmente, nem for suscetível de afetar, em tais condições, a situação econômica e financeira da empresa não se aplicam as restrições desta Lei referentes ao disposto neste Capítulo.

Art. 414	Quando o menor de 18 (dezoito) anos for empregado em mais de um estabelecimento, as horas de trabalho em cada um serão totalizadas.

SEÇÃO III
DA ADMISSÃO EM EMPREGO E DA CARTEIRA DE TRABALHO E PREVIDÊNCIA SOCIAL

Arts. 415 a 417	*(Revogados pelo Decreto-Lei n. 926, de 10.10.1969)*

DECRETO-LEI N. 926, DE 10 DE OUTUBRO DE 1969
Institui a Carteira de Trabalho e Previdência Social, altera dispositivos da Consolidação das Leis do Trabalho e do Estatuto do Trabalhador Rural, e dá outras providências
DOU 13.10.1969

Vide art. 1º, caput e parágrafo único; e art. 6º

Art. 1º Fica instituída a Carteira de Trabalho e Previdência Social, que substituirá a Carteira Profissional, a Carteira de Trabalho do Menor e a Carteira Profissional do Trabalhador Rural.

Parágrafo único. Entendem-se como concernentes à Carteira de Trabalho e Previdência Social, as referências da Consolidação das Leis do Trabalho (Decreto-Lei n. 5.452, de 1 de maio de 1943) e do Estatuto do Trabalhador Rural (Lei n. 4.214, de 2 de março de 1963) à Carteira Profissional, à Carteira de Trabalho do Menor e à Carteira do Trabalhador Rural.

Art. 6º Fica mantida para os fins da Consolidação das Leis do Trabalho e do Estatuto do Trabalhador Rural, a validade das Carteiras Profissionais Carteiras de Trabalho do Menor e Carteiras Profissionais de Trabalhador Rural de modelo atual, emitidas até 31 de dezembro de 1969.

TÍTULO III — DAS NORMAS ESPECIAIS DE TUTELA DO TRABALHO

Art. 418 *(Revogado pela Lei n. 7.855, de 24.10.1989)*

Arts. 419 a 423 *(Revogados pela Lei n. 5.686, de 3.8.1971)*

SEÇÃO IV
DOS DEVERES DOS RESPONSÁVEIS LEGAIS DE MENORES E DOS EMPREGADORES DA APRENDIZAGEM

Art. 424 É dever dos responsáveis legais de menores, pais, mães, ou tutores, afastá-los de empregos que diminuam consideravelmente o seu tempo de estudo, reduzam o tempo de repouso necessário à sua saúde e constituição física, ou prejudiquem a sua educação moral.

CONSTITUIÇÃO FEDERAL DE 1988
DOU 5.10.1988

Vide art. 205, *caput*, incisos I e II e §§ 1º e 2º; art. 208, *caput*, incisos I e II e §§ 1º e 3º; e art. 227, *caput*, § 3º e incisos I a III

Art. 205. A educação, direito de todos e dever do Estado e da família, será promovida e incentivada com a colaboração da sociedade, visando ao pleno desenvolvimento da pessoa, seu preparo para o exercício da cidadania e sua qualificação para o trabalho.

I — educação básica obrigatória e gratuita dos 4 (quatro) aos 17 (dezessete) anos de idade, assegurada inclusive sua oferta gratuita para todos os que a ela não tiveram acesso na idade própria; *(Redação dada pela Emenda Constitucional n. 59, de 2009)*

II — progressiva universalização do ensino médio gratuito; *(Redação dada pela Emenda Constitucional n. 14, de 1996)*

(...)

§ 1º O acesso ao ensino obrigatório e gratuito é direito público subjetivo.

§ 2º O não oferecimento do ensino obrigatório pelo Poder Público, ou sua oferta irregular, importa responsabilidade da autoridade competente.

Art. 208. O dever do Estado com a educação será efetivado mediante a garantia de:

I — educação básica obrigatória e gratuita dos 4 (quatro) aos 17 (dezessete) anos de idade, assegurada inclusive sua oferta gratuita para todos os que a ela não tiveram acesso na idade própria; *(Redação dada pela Emenda Constitucional n. 59, de 2009)*

II — progressiva universalização do ensino médio gratuito; *(Redação dada pela Emenda Constitucional n. 14, de 1996)*

(...)

§ 1º O acesso ao ensino obrigatório e gratuito é direito público subjetivo.

(...)

§ 3º Compete ao Poder Público recensear os educandos no ensino fundamental, fazer-lhes a chamada e zelar, junto aos pais ou responsáveis, pela frequência à escola.

Art. 227. É dever da família, da sociedade e do Estado assegurar à criança, ao adolescente e ao jovem, com absoluta prioridade, o direito à vida, à saúde, à alimentação, à educação, ao lazer, à profissionalização, à cultura, à dignidade, ao respeito, à liberdade e à convivência familiar e comunitária, além de colocá-los a salvo de toda forma de negligência, discriminação, exploração, violência, crueldade e opressão. *(Redação dada pela Emenda Constitucional n. 65, de 2010)*

(...)

§ 3º O direito a proteção especial abrangerá os seguintes aspectos:

I — idade mínima de quatorze anos para admissão ao trabalho, observado o disposto no art. 7º, XXXIII;

II — garantia de direitos previdenciários e trabalhistas;

III — garantia de acesso do trabalhador adolescente e jovem à escola; *(Redação dada pela Emenda Constitucional n. 65, de 2010)*

Art. 425 Os empregadores de menores de 18 (dezoito) anos são obrigados a velar pela observância, nos seus estabelecimentos ou empresas, dos bons costumes e da decência pública, bem como das regras da segurança e da medicina do trabalho.

Art. 426 É dever do empregador, na hipótese do art. 407, proporcionar ao menor todas as facilidades para mudar de serviço.

Arts. 427 e 428

TÍTULO III — DAS NORMAS ESPECIAIS DE TUTELA DO TRABALHO

Art. 427	O empregador, cuja empresa ou estabelecimento ocupar menores, será obrigado a conceder-lhes o tempo que for necessário para a frequência às aulas.
Parágrafo único	Os estabelecimentos situados em lugar onde a escola estiver a maior distância que 2 (dois) quilômetros, e que ocuparem, permanentemente, mais de 30 (trinta) menores analfabetos, de 14 (quatorze) a 18 (dezoito) anos, serão obrigados a manter local apropriado em que lhes seja ministrada a instrução primária.

CONSTITUIÇÃO FEDERAL DE 1988
DOU 5.10.1988

Vide art. 227, *caput*, § 3º, incisos I a VII

Art. 227. É dever da família, da sociedade e do Estado assegurar à criança, ao adolescente e ao jovem, com absoluta prioridade, o direito à vida, à saúde, à alimentação, à educação, ao lazer, à profissionalização, à cultura, à dignidade, ao respeito, à liberdade e à convivência familiar e comunitária, além de colocá-los a salvo de toda forma de negligência, discriminação, exploração, violência, crueldade e opressão. *(Redação dada pela Emenda Constitucional n. 65, de 2010)*
(...)
§ 3º O direito a proteção especial abrangerá os seguintes aspectos:
I — idade mínima de quatorze anos para admissão ao trabalho, observado o disposto no art. 7º, XXXIII;
II — garantia de direitos previdenciários e trabalhistas;
III — garantia de acesso do trabalhador adolescente e jovem à escola; *(Redação dada pela Emenda Constitucional n. 65, de 2010)*
IV — garantia de pleno e formal conhecimento da atribuição de ato infracional, igualdade na relação processual e defesa técnica por profissional habilitado, segundo dispuser a legislação tutelar específica;
V — obediência aos princípios de brevidade, excepcionalidade e respeito à condição peculiar de pessoa em desenvolvimento, quando da aplicação de qualquer medida privativa da liberdade;
VI — estímulo do Poder Público, através de assistência jurídica, incentivos fiscais e subsídios, nos termos da lei, ao acolhimento, sob a forma de guarda, de criança ou adolescente órfão ou abandonado;
VII — programas de prevenção e atendimento especializado à criança, ao adolescente e ao jovem dependente de entorpecentes e drogas afins. *(Redação dada pela Emenda Constitucional n. 65, de 2010)*

Art. 428	Contrato de aprendizagem é o contrato de trabalho especial, ajustado por escrito e por prazo determinado, em que o empregador se compromete a assegurar ao maior de 14 (quatorze) e menor de 24 (vinte e quatro) anos inscrito em programa de aprendizagem formação técnico-profissional metódica, compatível com o seu desenvolvimento físico, moral e psicológico, e o aprendiz, a executar com zelo e diligência as tarefas necessárias a essa formação. *(Redação dada pela Lei n. 11.180, de 2005)*
§ 1º	A validade do contrato de aprendizagem pressupõe anotação na Carteira de Trabalho e Previdência Social, matrícula e frequência do aprendiz na escola, caso não haja concluído o ensino médio, e inscrição em programa de aprendizagem desenvolvido sob orientação de entidade qualificada em formação técnico-profissional metódica. *(Redação dada pela Lei n. 11.788, de 2008)*
§ 2º	Ao menor aprendiz, salvo condição mais favorável, será garantido o salário mínimo hora. *(Incluído pela Lei n. 10.097, de 2000)*
§ 3º	O contrato de aprendizagem não poderá ser estipulado por mais de 2 (dois) anos, exceto quando se tratar de aprendiz portador de deficiência. *(Redação dada pela Lei n. 11.788, de 2008)*
§ 4º	A formação técnico-profissional a que se refere o caput deste artigo caracteriza-se por atividades teóricas e práticas, metodicamente organizadas em tarefas de complexidade progressiva desenvolvidas no ambiente de trabalho. *(Incluído pela Lei n. 10.097, de 2000)*
§ 5º	A idade máxima prevista no caput deste artigo não se aplica a aprendizes portadores de deficiência. *(Incluído pela Lei n. 11.180, de 2005)*
§ 6º	Para os fins do contrato de aprendizagem, a comprovação da escolaridade de aprendiz com deficiência deve considerar, sobretudo, as habilidades e competências relacionadas com a profissionalização. *(Redação dada pela Lei n. 13.146, de 2015)*

TÍTULO III — DAS NORMAS ESPECIAIS DE TUTELA DO TRABALHO

Art. 429

§ 7º	Nas localidades onde não houver oferta de ensino médio para o cumprimento do disposto no § 1º deste artigo, a contratação do aprendiz poderá ocorrer sem a frequência à escola, desde que ele já tenha concluído o ensino fundamental. *(Incluído pela Lei n. 11.788, de 2008)*
§ 8º	Para o aprendiz com deficiência com 18 (dezoito) anos ou mais, a validade do contrato de aprendizagem pressupõe anotação na CTPS e matrícula e frequência em programa de aprendizagem desenvolvido sob orientação de entidade qualificada em formação técnico-profissional metódica. *(Incluído pela Lei n. 13.146, de 2015)*

CONSTITUIÇÃO FEDERAL DE 1988
DOU 5.10.1988

Vide art. 7º, *caput* e inciso XXXIII

Art. 7º São direitos dos trabalhadores urbanos e rurais, além de outros que visem à melhoria de sua condição social:
(...)
XXXIII — proibição de trabalho noturno, perigoso ou insalubre a menores de dezoito e de qualquer trabalho a menores de dezesseis anos, salvo na condição de aprendiz, a partir de quatorze anos; *(Redação dada pela Emenda Constitucional n. 20, de 1998)*

LEI N. 8.036, DE 11 DE MAIO DE 1990
Dispõe sobre o Fundo de Garantia do Tempo de Serviço, e dá outras providências
DOU 14.5.1990 e retificado em 15.5.1990

Vide art. 15, *caput* e § 7º

Art. 15. Para os fins previstos nesta lei, todos os empregadores ficam obrigados a depositar, até o dia 7 (sete) de cada mês, em conta bancária vinculada, a importância correspondente a 8 (oito) por cento da remuneração paga ou devida, no mês anterior, a cada trabalhador, incluídas na remuneração as parcelas de que tratam os arts. 457 e 458 da CLT e a gratificação de Natal a que se refere a Lei n. 4.090, de 13 de julho de 1962, com as modificações da Lei n. 4.749, de 12 de agosto de 1965.
(...)
§ 7º Os contratos de aprendizagem terão a alíquota a que se refere o *caput* deste artigo reduzida para dois por cento. *(Incluído pela Lei n. 10.097, de 2000)*

DECRETO N. 5.598, DE 1º DE DEZEMBRO DE 2005
Regulamenta a contratação de aprendizes e dá outras providências
DOU 2.12.2005

Vide art. 2º, *caput* e parágrafo único

Art. 2º Aprendiz é o maior de quatorze anos e menor de vinte e quatro anos que celebra contrato de aprendizagem, nos termos do art. 428 da Consolidação das Leis do Trabalho — CLT.

Parágrafo único. A idade máxima prevista no *caput* deste artigo não se aplica a aprendizes portadores de deficiência.

SÚMULA DO STF

Vide Súmula 205/STF

Súmula 205 STF — Tem direito a salário integral o menor não sujeito a aprendizagem metódica.

ORIENTAÇÃO JURISPRUDENCIAL DA SDC DO TST

Vide OJ 26 SDC/TST

OJ 26 SDC TST — SALÁRIO NORMATIVO. MENOR EMPREGADO. ART. 7º, XXX, DA CF/88. VIOLAÇÃO. (inserida em 25.05.1998)

Os empregados menores não podem ser discriminados em cláusula que fixa salário mínimo profissional para a categoria.

Art. 429	Os estabelecimentos de qualquer natureza são obrigados a empregar e matricular nos cursos dos Serviços Nacionais de Aprendizagem número de aprendizes equivalente a cinco por cento, no mínimo, e quinze por cento, no máximo, dos trabalhadores existentes em cada estabelecimento, cujas funções demandem formação profissional. *(Redação dada pela Lei n. 10.097, de 2000)*
a) e b)	Revogada; *(Redação dada pela Lei n. 10.097, de 2000)*
§ 1º-A	O limite fixado neste artigo não se aplica quando o empregador for entidade sem fins lucrativos, que tenha por objetivo a educação profissional. *(Incluído pela Lei n. 10.097, de 2000)*
§ 1º	As frações de unidade, no cálculo da percentagem de que trata o *caput*, darão lugar à admissão de um aprendiz. *(Incluído pela Lei n. 10.097, de 2000)*
§ 2º	Os estabelecimentos de que trata o caput ofertarão vagas de aprendizes a adolescentes usuários do Sistema Nacional de Atendimento Socioeducativo (Sinase) nas condições a serem dispostas em instrumentos de cooperação celebrados entre os estabelecimentos e os gestores dos Sistemas de Atendimento Socioeducativo locais. *(Incluído pela Lei n. 12.594, de 2012)*

Arts. 430 a 432

TÍTULO III — DAS NORMAS ESPECIAIS DE TUTELA DO TRABALHO

LEI COMPLEMENTAR N. 123, DE 14 DE DEZEMBRO DE 2006
Institui o Estatuto Nacional da Microempresa e da Empresa de Pequeno Porte; altera dispositivos das Leis ns. 8.212 e 8.213, ambas de 24 de julho de 1991, da Consolidação das Leis do Trabalho — CLT, aprovada pelo Decreto-Lei n. 5.452, de 1º de maio de 1943, da Lei n. 10.189, de 14 de fevereiro de 2001, da Lei Complementar n. 63, de 11 de janeiro de 1990; e revoga as Leis ns. 9.317, de 5 de dezembro de 1996, e 9.841, de 5 de outubro de 1999
DOU 15.12.2006, republicado em 31.1.2009, republicado em 31.1.2012 e republicado em 6.3.2012.

Vide art. 51, *caput* e inciso III

Art. 51. As microempresas e as empresas de pequeno porte são dispensadas:
(...)
III — de empregar e matricular seus aprendizes nos cursos dos Serviços Nacionais de Aprendizagem;

LEI N. 8.213, DE 24 DE JULHO DE 1991
Dispõe sobre os Planos de Benefícios da Previdência Social e dá outras providências
DOU 25.7.1991

Vide art. 93, *caput* § 3º

Art. 93. A empresa com 100 (cem) ou mais empregados está obrigada a preencher de 2% (dois por cento) a 5% (cinco por cento) dos seus cargos com beneficiários reabilitados ou pessoas portadoras de deficiência, habilitadas, na seguinte proporção:
(...)
§ 3º Para a reserva de cargos será considerada somente a contratação direta de pessoa com deficiência, excluído o aprendiz com deficiência de que trata a Consolidação das Leis do Trabalho (CLT), aprovada pelo Decreto-Lei n. 5.452, de 1º de maio de 1943. *(Incluído pela Lei n. 13.146, de 2015 — Estatuto da Pessoa com Deficiência)*

Art. 430	Na hipótese de os Serviços Nacionais de Aprendizagem não oferecerem cursos ou vagas suficientes para atender à demanda dos estabelecimentos, esta poderá ser suprida por outras entidades qualificadas em formação técnico-profissional metódica, a saber: *(Redação dada pela Lei n. 10.097, de 2000)*
I -	Escolas Técnicas de Educação; *(Incluído pela Lei n. 10.097, de 2000)*
II -	entidades sem fins lucrativos, que tenham por objetivo a assistência ao adolescente e à educação profissional, registradas no Conselho Municipal dos Direitos da Criança e do Adolescente. *(Incluído pela Lei n. 10.097, de 2000)*
§ 1º	As entidades mencionadas neste artigo deverão contar com estrutura adequada ao desenvolvimento dos programas de aprendizagem, de forma a manter a qualidade do processo de ensino, bem como acompanhar e avaliar os resultados. *(Incluído pela Lei n. 10.097, de 2000)*
§ 2º	Aos aprendizes que concluírem os cursos de aprendizagem, com aproveitamento, será concedido certificado de qualificação profissional. *(Incluído pela Lei n. 10.097, de 2000)*
§ 3º	O Ministério do Trabalho e Emprego fixará normas para avaliação da competência das entidades mencionadas no inciso II deste artigo. *(Incluído pela Lei n. 10.097, de 2000)*

Art. 431	A contratação do aprendiz poderá ser efetivada pela empresa onde se realizará a aprendizagem ou pelas entidades mencionadas no inciso II do art. 430, caso em que não gera vínculo de emprego com a empresa tomadora dos serviços. *(Redação dada pela Lei n. 10.097, de 2000)*
a), b) e c)	Revogadas; *(Redação dada pela Lei n. 10.097, de 2000)*

Art. 432	Aos candidatos rejeitados pela seleção profissional deverá ser dada, tanto quanto possível, orientação profissional para ingresso em atividade mais adequada às qualidades e aptidões que tiverem demonstrado.
§ 1º	O limite previsto neste artigo poderá ser de até oito horas diárias para os aprendizes que já tiverem completado o ensino fundamental, se nelas forem computadas as horas destinadas à aprendizagem teórica. *(Redação dada pela Lei n. 10.097, de 2000)*
§ 2º	Revogado. *(Redação dada pela Lei n. 10.097, de 2000)*

TÍTULO III — DAS NORMAS ESPECIAIS DE TUTELA DO TRABALHO

Art. 433

CONSTITUIÇÃO FEDERAL DE 1988
DOU 5.10.1988

Vide art. 7º, caput e inciso XXXIII

Art. 7º São direitos dos trabalhadores urbanos e rurais, além de outros que visem à melhoria de sua condição social:

(...)

XXXIII — proibição de trabalho noturno, perigoso ou insalubre a menores de dezoito e de qualquer trabalho a menores de dezesseis anos, salvo na condição de aprendiz, a partir de quatorze anos; *(Redação dada pela Emenda Constitucional n. 20, de 1998)*

CONSOLIDAÇÃO DAS LEIS DO TRABALHO
Decreto-Lei n. 5.452, de 1º de maio de 1943
DOU 9.8.1943

Vide art. 411; e art. 413, caput e incisos I e II

Art. 411. A duração do trabalho do menor regular-se-á pelas disposições legais relativas à duração do trabalho em geral, com as restrições estabelecidas neste Capítulo.

Art. 413. É vedado prorrogar a duração normal diária do trabalho do menor, salvo: *(Redação dada pelo Decreto-Lei n. 229, de 28.2.1967)*

I — até mais 2 (duas) horas, independentemente de acréscimo salarial, mediante convenção ou acordo coletivo nos termos do Título VI desta Consolidação, desde que o excesso de horas em um dia seja compensado pela diminuição em outro, de modo a ser observado o limite máximo de 48 (quarenta e oito) horas semanais ou outro inferior legalmente fixada; *(Incluído pelo Decreto-Lei n. 229, de 28.2.1967)*

II — excepcionalmente, por motivo de força maior, até o máximo de 12 (doze) horas, com acréscimo salarial de, pelo menos, 25% (vinte e cinco por cento) sobre a hora normal e desde que o trabalho do menor seja imprescindível ao funcionamento do estabelecimento. *(Incluído pelo Decreto-Lei n. 229, de 28.2.1967)*

Art. 433	O contrato de aprendizagem extinguir-se-á no seu termo ou quando o aprendiz completar 24 (vinte e quatro) anos, ressalvada a hipótese prevista no § 5º do art. 428 desta Consolidação, ou ainda antecipadamente nas seguintes hipóteses: *(Redação dada pela Lei n. 11.180, de 2005)*
a) e b)	revogadas; *(Redação dada pela Lei n. 10.097, de 2000)*
I -	desempenho insuficiente ou inadaptação do aprendiz, salvo para o aprendiz com deficiência quando desprovido de recursos de acessibilidade, de tecnologias assistivas e de apoio necessário ao desempenho de suas atividades; *(Redação dada pela Lei n. 13.146, de 2015 — Estatuto da Pessoa com Deficiência)*
II -	falta disciplinar grave; *(Incluído pela Lei n. 10.097, de 2000)*
III -	ausência injustificada à escola que implique perda do ano letivo; ou *(Incluído pela Lei n. 10.097, de 2000)*
IV -	a pedido do aprendiz. *(Incluído pela Lei n. 10.097, de 2000)*
Parágrafo único	Revogado. *(Redação dada pela Lei n. 10.097, de 2000)*
§ 2º	Não se aplica o disposto nos arts. 479 e 480 desta Consolidação às hipóteses de extinção do contrato mencionadas neste artigo. *(Incluído pela Lei n. 10.097, de 2000)*

CONSTITUIÇÃO FEDERAL DE 1988
DOU 5.10.1988

Vide art. 7º, caput e inciso XXXIII

Art. 7º São direitos dos trabalhadores urbanos e rurais, além de outros que visem à melhoria de sua condição social:

(...)

XXXIII — proibição de trabalho noturno, perigoso ou insalubre a menores de dezoito e de qualquer trabalho a menores de dezesseis anos, salvo na condição de aprendiz, a partir de quatorze anos; *(Redação dada pela Emenda Constitucional n. 20, de 1998)*

CONSOLIDAÇÃO DAS LEIS DO TRABALHO
Decreto-Lei n. 5.452, de 1º de maio de 1943
DOU 9.8.1943

Vide art. 482, caput, alíneas a a l e parágrafo único

Art. 482. Constituem justa causa para rescisão do contrato de trabalho pelo empregador:

a) ato de improbidade;

b) incontinência de conduta ou mau procedimento;

c) negociação habitual por conta própria ou alheia sem permissão do empregador, e quando constituir ato de concorrência à empresa para a qual trabalha o empregado, ou for prejudicial ao serviço;

d) condenação criminal do empregado, passada em julgado, caso não tenha havido suspensão da execução da pena;
e) desídia no desempenho das respectivas funções;
f) embriaguez habitual ou em serviço;
g) violação de segredo da empresa;
h) ato de indisciplina ou de insubordinação;
i) abandono de emprego;
j) ato lesivo da honra ou da boa fama praticado no serviço contra qualquer pessoa, ou ofensas físicas, nas mesmas condições, salvo em caso de legítima defesa, própria ou de outrem;
k) ato lesivo da honra ou da boa fama ou ofensas físicas praticadas contra o empregador e superiores hierárquicos, salvo em caso de legítima defesa, própria ou de outrem;
l) prática constante de jogos de azar.

Parágrafo único. *(Revogado pela Lei n. 8.630 de 25.2.1993, que, em seu art. 76, revogou expressamente todo o Decreto-Lei n. 3, de 27.1.1966, o qual inserira o parágrafo único no art. 482 da CLT).*

SEÇÃO V
DAS PENALIDADES

Art. 434 — Os infratores das disposições deste Capítulo ficam sujeitos à multa de valor igual a 1 (um) salário mínimo regional, aplicada tantas vezes quantos forem os menores empregados em desacordo com a lei, não podendo, todavia, a soma das multas exceder a 5 (cinco) vezes o salário-mínimo, salvo no caso de reincidência em que esse total poderá ser elevado ao dobro. *(Redação dada pelo Decreto-Lei n. 229, de 28.2.1967)*

Art. 435 — Fica sujeita à multa de valor igual a 1 (um) salário-mínimo regional e ao pagamento da emissão de nova via a empresa que fizer na Carteira de Trabalho e Previdência Social anotação não prevista em lei. *(Redação dada pelo Decreto-Lei n. 229, de 28.2.1967)*

Arts. 436 e 437 — *(Revogados pela Lei n. 10.097, de 2000)*

Art. 438 — São competentes para impor as penalidades previstas neste Capítulo:

a) no Distrito Federal, a autoridade de 1ª instância do Departamento Nacional do Trabalho;

b) nos Estados e Território do Acre, os delegados regionais do Ministério do Trabalho, Indústria e Comércio ou os funcionários por eles designados para tal fim.

Parágrafo único — O processo, na verificação das infrações, bem como na aplicação e cobrança das multas, será o previsto no título "Do Processo de Multas Administrativas", observadas as disposições deste artigo.

CONSTITUIÇÃO FEDERAL DE 1988
DOU 5.10.1988

Vide art. 21, *caput* e inciso XXIV

Art. 21. Compete à União:
(...)
XXIV — organizar, manter e executar a inspeção do trabalho;

CONSOLIDAÇÃO DAS LEIS DO TRABALHO
Decreto-Lei n. 5.452, de 1º de maio de 1943
DOU 9.8.1943

Vide art. 626, *caput* e parágrafo único

Art. 626. Incumbe às autoridades competentes do Ministério do Trabalho, Indústria e Comércio, ou àquelas que exerçam funções delegadas, a fiscalização do fiel cumprimento das normas de proteção ao trabalho.

TÍTULO III — DAS NORMAS ESPECIAIS DE TUTELA DO TRABALHO

Parágrafo único. Os fiscais dos Institutos de Seguro Social e das entidades paraestatais em geral dependentes do Ministério do Trabalho, Indústria e Comércio serão competentes para a fiscalização a que se refere o presente artigo, na forma das instruções que forem expedidas pelo Ministro do Trabalho, Indústria e Comércio.

LEI N. 4.070, DE 15 DE JUNHO DE 1962
Eleva o Território do Acre à categoria de Estado e dá outras providências
DOU 22.6.1962

LEIS N. 6.205/75; N. 6.986/82; N. 6.708/79; N. 7.855/89
Novos valores de multas administrativas

LEI N. 8.383/1991
Unidade Fiscal de Referência (UFIR) — Medida de valor e atualização de tributos, multas e penalidades administrativas e fiscais

LEI N. 10.522/02
conversão da UFIR em real

SEÇÃO VI
DISPOSIÇÕES FINAIS

Art. 439 É lícito ao menor firmar recibo pelo pagamento dos salários. Tratando-se, porém, de rescisão do contrato de trabalho, é vedado ao menor de 18 (dezoito) anos dar, sem assistência dos seus responsáveis legais, quitação ao empregador pelo recebimento da indenização que lhe for devida.

CONSTITUIÇÃO FEDERAL DE 1988
DOU 5.10.1988

Vide art. 7º, caput e inciso XXXIII

Art. 7º São direitos dos trabalhadores urbanos e rurais, além de outros que visem à melhoria de sua condição social:

(...)
XXXIII — proibição de trabalho noturno, perigoso ou insalubre a menores de dezoito e de qualquer trabalho a menores de dezesseis anos, salvo na condição de aprendiz, a partir de quatorze anos; *(Redação dada pela Emenda Constitucional n. 20, de 1998)*

Art. 440 Contra os menores de 18 (dezoito) anos não corre nenhum prazo de prescrição.

CONSTITUIÇÃO FEDERAL DE 1988
DOU 5.10.1988

Vide art. 7º, caput e inciso XXIX

Art. 7º São direitos dos trabalhadores urbanos e rurais, além de outros que visem à melhoria de sua condição social:
(...)
XXIX — ação, quanto aos créditos resultantes das relações de trabalho, com prazo prescricional de cinco anos para os trabalhadores urbanos e rurais, até o limite de dois anos após a extinção do contrato de trabalho; *(Redação dada pela Emenda Constitucional n. 28, de 25/05/2000)*

CONSOLIDAÇÃO DAS LEIS DO TRABALHO
Decreto-Lei n. 5.452, de 1º de maio de 1943
DOU 9.8.1943

Vide art. 11, caput, incisos I e II e § 1º

Art. 11. O direito de ação quanto a créditos resultantes das relações de trabalho prescreve: *(Redação dada pela Lei n. 9.658, de 5.6.1998)*

I — em cinco anos para o trabalhador urbano, até o limite de dois anos após a extinção do contrato; *(Incluído pela Lei n. 9.658, de 5.6.1998) (Vide Emenda Constitucional n. 28 de 25.5.2000)*

II — em dois anos, após a extinção do contrato de trabalho, para o trabalhador rural. *(Incluído pela Lei n. 9.658, de 5.6.1998) (Vide Emenda Constitucional n. 28 de 25.5.2000)*
§ 1º O disposto neste artigo não se aplica às ações que tenham por objeto anotações para fins de prova junto à Previdência Social. *(Incluído pela Lei n. 9.658, de 5.6.1998)*

CÓDIGO CIVIL
Lei n. 10.406, de 10 de janeiro de 2002
DOU 11.1.2002

Vide art. 198, caput e inciso I

Art. 198. Também não corre a prescrição:
I — contra os incapazes de que trata o art. 3º;

LEI N. 5.889, DE 8 DE JUNHO DE 1973
Estatui normas reguladoras do trabalho rural
DOU 11.6.1976

Vide art. 10, caput e parágrafo único

Art. 10. A prescrição dos direitos assegurados por esta Lei aos trabalhadores rurais só ocorrerá após dois anos de cessação do contrato de trabalho.
Parágrafo único. Contra o menor de dezoito anos não corre qualquer prescrição.

Art. 441

SÚMULA DO TST

Vide Súmula 308, I/TST

Súmula 308 TST — PRESCRIÇÃO QUINQUENAL (incorporada a Orientação Jurisprudencial n. 204 da SBDI-1) — Res. 129/2005, DJ 20, 22 e 25.4.2005

I. Respeitado o biênio subsequente à cessação contratual, a prescrição da ação trabalhista concerne às pretensões imediatamente anteriores a cinco anos, contados da data do ajuizamento da reclamação e, não, às anteriores ao quinquênio da data da extinção do contrato. *(ex-OJ n. 204 da SBDI-1 — inserida em 8.11.2000)*

Art. 441 — O quadro a que se refere o item I do art. 405 será revisto bienalmente. *(Redação dada pelo Decreto-Lei n. 229, de 28.2.1967)*

CONSOLIDAÇÃO DAS LEIS DO TRABALHO
Decreto-Lei n. 5.452, de 1º de maio de 1943
DOU 9.8.1943

Vide art. 405, *caput*, inciso I

Art. 405. Ao menor não será permitido o trabalho: *(Redação dada pelo Decreto-Lei n. 229, de 28.2.1967)*

I — nos locais e serviços perigosos ou insalubres, constantes de quadro para esse fim aprovado pelo Diretor Geral do Departamento de Segurança e Higiene do Trabalho; *(Incluído pelo Decreto-Lei n. 229, de 28.2.1967)*

TÍTULO IV
DO CONTRATO INDIVIDUAL DO TRABALHO

CAPÍTULO I
DISPOSIÇÕES GERAIS

Art. 442 Contrato individual de trabalho é o acordo tácito ou expresso, correspondente à relação de emprego.

CONSOLIDAÇÃO DAS LEIS DO TRABALHO
Decreto-Lei n. 5.452, de 1º de maio de 1943
DOU 9.8.1943

Vide art. 2º, caput e §§ 1º e 2º; e art. 3º

Art. 2º Considera-se empregador a empresa, individual ou coletiva, que, assumindo os riscos da atividade econômica, admite, assalaria e dirige a prestação pessoal de serviço.

§ 1º Equiparam-se ao empregador, para os efeitos exclusivos da relação de emprego, os profissionais liberais, as instituições de beneficência, as associações recreativas ou outras instituições sem fins lucrativos, que admitirem trabalhadores como empregados.

§ 2º Sempre que uma ou mais empresas, tendo, embora, cada uma delas, personalidade jurídica própria, estiverem sob a direção, controle ou administração de outra, constituindo grupo industrial, comercial ou de qualquer outra atividade econômica, serão, para os efeitos da relação de emprego, solidariamente responsáveis a empresa principal e cada uma das subordinadas.

Art. 3º Considera-se empregado toda pessoa física que prestar serviços de natureza não eventual a empregador, sob a dependência deste e mediante salário.

Parágrafo único. Não haverá distinções relativas à espécie de emprego e à condição de trabalhador, nem entre o trabalho intelectual, técnico e manual.

SÚMULAS DO TST

Vide Súmulas 129, 363, 386 e 430/TST

Súmula 129 TST — CONTRATO DE TRABALHO. GRUPO ECONÔMICO (mantida) — Res. 121/2003, DJ 19, 20 e 21.11.2003

A prestação de serviços a mais de uma empresa do mesmo grupo econômico, durante a mesma jornada de trabalho, não caracteriza a coexistência de mais de um contrato de trabalho, salvo ajuste em contrário.

Súmula 363 TST — CONTRATO NULO. EFEITOS (nova redação) — Res. 121/2003, DJ 19, 20 e 21.11.2003

A contratação de servidor público, após a CF/1988, sem prévia aprovação em concurso público, encontra óbice no respectivo art. 37, II e § 2º, somente lhe conferindo direito ao pagamento da contraprestação pactuada, em relação ao número de horas trabalhadas, respeitado o valor da hora do salário mínimo, e dos valores referentes aos depósitos do FGTS.

Súmula 386 TST — POLICIAL MILITAR. RECONHECIMENTO DE VÍNCULO EMPREGATÍCIO COM EMPRESA PRIVADA (conversão da Orientação Jurisprudencial n. 167 da SBDI-1) — Res. 129/2005, DJ 20, 22 e 25.04.2005

Preenchidos os requisitos do art. 3º da CLT, é legítimo o reconhecimento de relação de emprego entre policial militar e empresa privada, independentemente do eventual cabimento de penalidade disciplinar prevista no Estatuto do Policial Militar. (ex-OJ n. 167 da SBDI-1 — inserida em 26.03.1999)

Súmula 430 TST — ADMINISTRAÇÃO PÚBLICA INDIRETA. CONTRATAÇÃO. AUSÊNCIA DE CONCURSO PÚBLICO. NULIDADE. ULTERIOR PRIVATIZAÇÃO. CONVALIDAÇÃO. INSUBSISTÊNCIA DO VÍCIO — Res. 177/2012, DEJT divulgado em 13, 14 e 15.02.2012

Convalidam-se os efeitos do contrato de trabalho que, considerado nulo por ausência de concurso público, quando celebrado originariamente com ente da Administração Pública Indireta, continua a existir após a sua privatização.

ORIENTAÇÕES JURISPRUDENCIAIS DA SDI-1 DO TST

Vide OJs 185 e 199 SDI-1/TST

OJ 185 SDI-1 TST — CONTRATO DE TRABALHO COM A ASSOCIAÇÃO DE PAIS E MESTRES — APM. INEXISTÊNCIA DE RESPONSABILIDADE SOLIDÁRIA OU SUBSIDIÁRIA DO ESTADO (inserido dispositivo) — DJ 20.04.2005

O Estado-Membro não é responsável subsidiária ou solidariamente com a Associação de Pais e Mestres pelos encargos trabalhistas dos empregados contratados por esta última, que deverão ser suportados integral e exclusivamente pelo real empregador.

OJ 199 SDI-1 TST — JOGO DO BICHO. CONTRATO DE TRABALHO. NULIDADE. OBJETO ILÍCITO (título alterado e inserido dispositivo) — DEJT divulgado em 16, 17 e 18.11.2010

É nulo o contrato de trabalho celebrado para o desempenho de atividade inerente à prática do jogo do bicho, ante a ilicitude de seu objeto, o que subtrai o requisito de validade para a formação do ato jurídico.

Art. 442

TÍTULO IV — DO CONTRATO INDIVIDUAL DO TRABALHO

Parágrafo único Qualquer que seja o ramo de atividade da sociedade cooperativa, não existe vínculo empregatício entre ela e seus associados, nem entre estes e os tomadores de serviços daquela. *(Incluído pela Lei n. 8.949, de 9.12.1994)*

CONSTITUIÇÃO FEDERAL DE 1988
DOU 5.10.1988

Vide art.1º, *caput* e incisos II, III e IV; art. 3º, *caput*, e incisos I, II, III e IV; art. 7º, *caput*; art. 170, *caput* e incisos VII e VIII; e art. 193

Art. 1º A República Federativa do Brasil, formada pela união indissolúvel dos Estados e Municípios e do Distrito Federal, constitui-se em Estado Democrático de Direito e tem como fundamentos:
(...)
II — a cidadania
III — a dignidade da pessoa humana;
IV — os valores sociais do trabalho e da livre-iniciativa;

Art. 3º Constituem objetivos fundamentais da República Federativa do Brasil:
I — construir uma sociedade livre, justa e solidária;
II — garantir o desenvolvimento nacional;
III — erradicar a pobreza e a marginalização e reduzir as desigualdades sociais e regionais;
IV — promover o bem de todos, sem preconceitos de origem, raça, sexo, cor, idade e quaisquer outras formas de discriminação.

Art. 7º São direitos dos trabalhadores urbanos e rurais, além de outros que visem à melhoria de sua condição social:

Art. 170. A ordem econômica, fundada na valorização do trabalho humano e na livre-iniciativa, tem por fim assegurar a todos existência digna, conforme os ditames da justiça social, observados os seguintes princípios:
(...)
VII — redução das desigualdades regionais e sociais;
VIII — busca do pleno emprego;

Art. 193. A ordem social tem como base o primado do trabalho, e como objetivo o bem-estar e a justiça sociais.

CONSOLIDAÇÃO DAS LEIS DO TRABALHO
Decreto-Lei n. 5.452, de 1º de maio de 1943
DOU 9.8.1943

Vide art. 2º, *caput* e §§ 1º e 2º; e art. 3º e parágrafo único

Art. 2º Considera-se empregador a empresa, individual ou coletiva, que, assumindo os riscos da atividade econômica, admite, assalaria e dirige a prestação pessoal de serviço.
§ 1º Equiparam-se ao empregador, para os efeitos exclusivos da relação de emprego, os profissionais liberais, as instituições de beneficência, as associações recreativas ou outras instituições sem fins lucrativos, que admitirem trabalhadores como empregados.
§ 2º Sempre que uma ou mais empresas, tendo, embora, cada uma delas, personalidade jurídica própria, estiverem sob a direção, controle ou administração de outra, constituindo grupo industrial, comercial ou de qualquer outra atividade econômica, serão, para os efeitos da relação de emprego, solidariamente responsáveis a empresa principal e cada uma das subordinadas.

Art. 3º Considera-se empregado toda pessoa física que prestar serviços de natureza não eventual a empregador, sob a dependência deste e mediante salário.

Parágrafo único. Não haverá distinções relativas à espécie de emprego e à condição de trabalhador, nem entre o trabalho intelectual, técnico e manual.

LEI N. 5.764, DE 16 DE DEZEMBRO DE 1971
Define a Política Nacional de Cooperativismo, institui o regime jurídico das sociedades cooperativas, e dá outras providências
DOU 17.12.1971

Vide art. 3º; e art. 90

Art. 3º Celebram contrato de sociedade cooperativa as pessoas que reciprocamente se obrigam a contribuir com bens ou serviços para o exercício de uma atividade econômica, de proveito comum, sem objetivo de lucro.

Art. 90 Qualquer que seja o tipo de cooperativa, não existe vínculo empregatício entre ela e seus associados.

LEI N. 12.690, DE 19 DE JULHO DE 2012
Dispõe sobre a organização e o funcionamento das Cooperativas de Trabalho; institui o Programa Nacional de Fomento às Cooperativas de Trabalho — PRONACOOP; e revoga o parágrafo único do art. 442 da Consolidação das Leis do Trabalho — CLT, aprovada pelo Decreto-Lei n. 5.452, de 1º de maio de 1943
DOU 20.7.2012

Vide art. 1º; art. 2º, *caput*; art. 3º, *caput* e incisos VIII e IX; art. 5º

Art. 1º A Cooperativa de Trabalho é regulada por esta Lei e, no que com ela não colidir, pelas Leis ns. 5.764, de 16 de dezembro de 1971, e 10.406, de 10 de janeiro de 2002 — Código Civil.

Art. 2º Considera-se Cooperativa de Trabalho a sociedade constituída por trabalhadores para o exercício de suas atividades laborativas ou profissionais com proveito comum, autonomia e autogestão para obterem melhor qualificação, renda, situação socioeconômica e condições gerais de trabalho.

Art. 3º A Cooperativa de Trabalho rege-se pelos seguintes princípios e valores:
(...)
VIII — preservação dos direitos sociais, do valor social do trabalho e da livre-iniciativa;
IX — não precarização do trabalho;

Art. 5º A Cooperativa de Trabalho não pode ser utilizada para intermediação de mão de obra subordinada.

ORIENTAÇÃO JURISPRUDENCIAL DA SDI-1 DO TST

Vide OJ 253 SDI-1/TST

OJ 253 SDI-1 TST — ESTABILIDADE PROVISÓRIA. COOPERATIVA. LEI N. 5.764/71. CONSELHO FISCAL. SUPLENTE. NÃO ASSEGURADA *(inserida em 13.03.2002)*
O art. 55 da Lei n. 5.764/71 assegura a garantia de emprego apenas aos empregados eleitos diretores de Cooperativas, não abrangendo os membros suplentes.

TÍTULO IV — DO CONTRATO INDIVIDUAL DO TRABALHO

Arts. 442-A e 443

Art. 442-A Para fins de contratação, o empregador não exigirá do candidato a emprego comprovação de experiência prévia por tempo superior a 6 (seis) meses no mesmo tipo de atividade. *(Incluído pela Lei n. 11.644, de 2008)*

CONSTITUIÇÃO FEDERAL DE 1988
DOU 5.10.1988

Vide art. 5°, *caput* e incisos I e XIII; e art. 7°, *caput* e inciso XXX

Art. 5° Todos são iguais perante a lei, sem distinção de qualquer natureza, garantindo-se aos brasileiros e aos estrangeiros residentes no País a inviolabilidade do direito à vida, à liberdade, à igualdade, à segurança e à propriedade, nos termos seguintes:

I — homens e mulheres são iguais em direitos e obrigações, nos termos desta Constituição;

(...)

XIII — é livre o exercício de qualquer trabalho, ofício ou profissão, atendidas as qualificações profissionais que a lei estabelecer;

Art. 7° São direitos dos trabalhadores urbanos e rurais, além de outros que visem à melhoria de sua condição social:

(...)

XXX — proibição de diferença de salários, de exercício de funções e de critério de admissão por motivo de sexo, idade, cor ou estado civil;

CONVENÇÃO 111 DA OIT
Convenção sobre discriminação em matéria de emprego e ocupação
Adotada pela OIT em 25.6.1958
Ratificada pelo Brasil em 26.11.1965
Promulgada pelo Decreto n. 62.150, de 19 de janeiro de 1968
DOU 20.1.1968

LEI N. 9.029, DE 13 DE ABRIL DE 1995
Proíbe a exigência de atestados de gravidez e esterilização, e outras práticas discriminatórias, para efeitos admissionais ou de permanência da relação jurídica de trabalho, e dá outras providências
DOU 17.4.1995

Art. 443 O contrato individual de trabalho poderá ser acordado tácita ou expressamente, verbalmente ou por escrito e por prazo determinado ou indeterminado.

§ 1° Considera-se como de prazo determinado o contrato de trabalho cuja vigência dependa de termo prefixado ou da execução de serviços especificados ou ainda da realização de certo acontecimento suscetível de previsão aproximada. *(Parágrafo único renumerado pelo Decreto-Lei n. 229, de 28.2.1967)*

CONSOLIDAÇÃO DAS LEIS DO TRABALHO
Decreto-Lei n. 5.452, de 1° de maio de 1943
DOU 9.8.1943

Vide art. 428, *caput*

Art. 428. Contrato de aprendizagem é o contrato de trabalho especial, ajustado por escrito e por prazo determinado, em que o empregador se compromete a assegurar ao maior de 14 (quatorze) e menor de 24 (vinte e quatro) anos inscrito em programa de aprendizagem formação técnico-profissional metódica, compatível com o seu desenvolvimento físico, moral e psicológico, e o aprendiz, a executar com zelo e diligência as tarefas necessárias a essa formação. *(Redação dada pela Lei n. 11.180, de 2005)*

LEI COMPLEMENTAR N. 150, DE 1° DE JUNHO DE 2015
Dispõe sobre o contrato de trabalho doméstico; altera as Leis n. 8.212, de 24 de julho de 1991, n. 8.213, de 24 de julho de 1991, e n. 11.196, de 21 de novembro de 2005; revoga o inciso I do art. 3° da Lei n. 8.009, de 29 de março de 1990, o art. 36 da Lei n. 8.213, de 24 de julho de 1991, a Lei n. 5.859, de 11 de dezembro de 1972, e o inciso VII do art. 12 da Lei n. 9.250, de 26 de dezembro 1995; e dá outras providências
DOU 2.6.2015

Vide art. 4°, *caput*, incisos I e II, e parágrafo único

Art. 4° É facultada a contratação, por prazo determinado, do empregado doméstico:

I — mediante contrato de experiência;

II — para atender necessidades familiares de natureza transitória e para substituição temporária de empregado doméstico com contrato de trabalho interrompido ou suspenso.

Parágrafo único. No caso do inciso II deste artigo, a duração do contrato de trabalho é limitada ao término do evento que motivou a contratação, obedecido o limite máximo de 2 (dois) anos.

LEI N. 2.959, DE 17 DE NOVEMBRO DE 1956
Altera o Decreto-Lei n. 5.452, de 01.05.32 (CLT), e dispõe sobre os contratos por obra ou serviço certo
DOU 21.11.1956

Vide art. 1°

Art. 1° No contrato individual de trabalho por obra certa, as inscrições na carteira profissional do empregado serão feitas pelo construtor, desse modo constituído em empregador, desde que exerça a atividade em caráter permanente.

LEI N. 5.889, DE 8 DE JUNHO DE 1973
Estatui normas reguladoras do trabalho rural
DOU 21.11.1956

Vide art. 14, *caput* e parágrafo único; e art. 14-A, *caput* e § 1°

Art. 14. Expirado normalmente o contrato, a empresa pagará ao safrista, a título de indenização do tempo de serviço, importância correspondente a 1/12 (um doze avos) do salário mensal, por mês de serviço ou fração superior a 14 (quatorze) dias.

Art. 443

TÍTULO IV — DO CONTRATO INDIVIDUAL DO TRABALHO

Parágrafo único. Considera-se contrato de safra o que tenha sua duração dependente de variações estacionais da atividade agrária.

Art. 14-A. O produtor rural pessoa física poderá realizar contratação de trabalhador rural por pequeno prazo para o exercício de atividades de natureza temporária. *(Incluído pela Lei n. 11.718, de 2008)*

§ 1º A contratação de trabalhador rural por pequeno prazo que, dentro do período de 1 (um) ano, superar 2 (dois) meses fica convertida em contrato de trabalho por prazo indeterminado, observando-se os termos da legislação aplicável. *(Incluído pela Lei n. 11.718, de 2008)*

LEI N. 6.019, DE 3 DE JANEIRO DE 1974
Dispõe sobre o Trabalho Temporário nas Empresas Urbanas, e dá outras Providências
DOU 4.1.1974

Vide art. 10

Art. 10. O contrato entre a empresa de trabalho temporário e a empresa tomadora ou cliente, com relação a um mesmo empregado, não poderá exceder de três meses, salvo autorização conferida pelo órgão local do Ministério do Trabalho e Previdência Social, segundo instruções a serem baixadas pelo Departamento Nacional de Mão de Obra.

LEI N. 6.533, DE 24 DE MAIOI DE 1978
Dispõe sobre a regulamentação das profissões de Artistas e de técnico em Espetáculos de Diversões, e dá outras providências
DOU 26.5.1978

LEI N. 9.601, DE 21 DE JANEIRO DE 1998
Dispõe sobre o contrato de trabalho por prazo determinado e dá outras providências
DOU 21.1.1998

Vide art. 1º

Art. 1º As convenções e os acordos coletivos de trabalho poderão instituir contrato de trabalho por prazo determinado, de que trata o art. 443 da Consolidação das Leis do Trabalho — CLT, independentemente das condições estabelecidas em seu § 2º, em qualquer atividade desenvolvida pela empresa ou estabelecimento, para admissões que representem acréscimo no número de empregados.

DECRETO N. 2.490, DE 4 DE FEVEREIRO DE 1998
Regulamenta a Lei n. 9.601, de 21 de janeiro de 1998, que dispõe sobre o contrato de trabalho por prazo determinado e dá outras providências
DOU 5.2.1998

Vide art. 1º

Art. 1º As convenções e os acordos coletivos de trabalho poderão instituir contrato de trabalho por prazo determinado, de que trata o art. 443 da Consolidação das Leis do Trabalho (CLT), independentemente das condições estabelecidas em seu § 2º, em qualquer atividade desenvolvida pela empresa ou estabelecimento, para admissões que representem acréscimo no número de empregados.

LEI N. 9.615, DE 24 DE MARÇO DE 1998
Institui normas gerais sobre desporto e dá outras providências
DOU 25.3.1198

Vide art. 29

Art. 29. A entidade de prática desportiva formadora do atleta terá o direito de assinar com ele, a partir de 16 (dezesseis) anos de idade, o primeiro contrato especial de trabalho desportivo, cujo prazo não poderá ser superior a 5 (cinco) anos. *(Redação dada pela Lei n. 12.395, de 2011)*

SÚMULAS DO STF

Vide Súmulas 195 e 204/STF

SÚMULA 195 STF — Contrato de trabalho para obra certa, ou de prazo determinado, transforma-se em contrato de prazo indeterminado, quando prorrogado por mais de quatro anos.

SÚMULA 204 STF — Tem direito o trabalhador substituto, ou de reserva, ao salário mínimo no dia em que fica à disposição do empregador sem ser aproveitado na função específica; se aproveitado, recebe o salário contratual.

SÚMULAS DO TST

Vide Súmulas 212, 244, III, e 378, III/TST

Súmula 212 TST — DESPEDIMENTO. ÔNUS DA PROVA (mantida) — Res. 121/2003, DJ 19, 20 e 21.11.2003

O ônus de provar o término do contrato de trabalho, quando negados a prestação de serviço e o despedimento, é do empregador, pois o princípio da continuidade da relação de emprego constitui presunção favorável ao empregado.

Súmula 244 TST — GESTANTE. ESTABILIDADE PROVISÓRIA (redação do item III alterada na sessão do Tribunal Pleno realizada em 14.09.2012) — Res. 185/2012, DEJT divulgado em 25, 26 e 27.09.2012

(...)

III — A empregada gestante tem direito à estabilidade provisória prevista no art. 10, inciso II, alínea "b", do Ato das Disposições Constitucionais Transitórias, mesmo na hipótese de admissão mediante contrato por tempo determinado.

Súmula 378 TST — ESTABILIDADE PROVISÓRIA. ACIDENTE DO TRABALHO. ART. 118 DA LEI N. 8.213/1991. (inserido item III) — Res. 185/2012, DEJT divulgado em 25, 26 e 27.09.2012

(...)

III — O empregado submetido a contrato de trabalho por tempo determinado goza da garantia provisória de emprego decorrente de acidente de trabalho prevista no art. 118 da Lei n. 8.213/91.

PRECEDENTE NORMATIVO DA SDC DO TST

Vide PN 20 SDC/TST

PN 20 SDC TST — EMPREGADO RURAL. CONTRATO ESCRITO (positivo)

Sendo celebrado contrato por tarefa, parceria ou meação, por escrito, obriga-se o empregador a fornecer uma via deste ao empregado, devidamente datada e assinada pelas partes.

TÍTULO IV — DO CONTRATO INDIVIDUAL DO TRABALHO

Art. 444

§ 2º	O contrato por prazo determinado só será válido em se tratando: *(Incluído pelo Decreto-Lei n. 229, de 28.2.1967)*
a)	de serviço cuja natureza ou transitoriedade justifique a predeterminação do prazo; *(Incluída pelo Decreto-Lei n. 229, de 28.2.1967)*
b)	de atividades empresariais de caráter transitório; *(Incluída pelo Decreto-Lei n. 229, de 28.2.1967)*
c)	de contrato de experiência. *(Incluída pelo Decreto-Lei n. 229, de 28.2.1967)*

CONSOLIDAÇÃO DAS LEIS DO TRABALHO
Decreto-Lei n. 5.452, de 1º de maio de 1943
DOU 9.8.1943

Vide art. 445, *caput* e parágrafo único; e art. 451

Art. 445. O contrato de trabalho por prazo determinado não poderá ser estipulado por mais de 2 (dois) anos, observada a regra do art. 451. *(Redação dada pelo Decreto-Lei n. 229, de 28.2.1967)*

Parágrafo único. O contrato de experiência não poderá exceder de 90 (noventa) dias. *(Incluído pelo Decreto-Lei n. 229, de 28.2.1967)*

Art. 451. O contrato de trabalho por prazo determinado que, tácita ou expressamente, for prorrogado mais de uma vez passará a vigorar sem determinação de prazo. *(Vide Lei n. 9.601, de 1998)*

LEI COMPLEMENTAR N. 150, DE 1º DE JUNHO DE 2015
Dispõe sobre o contrato de trabalho doméstico; altera as Leis n. 8.212, de 24 de julho de 1991, n. 8.213, de 24 de julho de 1991, e n. 11.196, de 21 de novembro de 2005; revoga o inciso I do art. 3º da Lei n. 8.009, de 29 de março de 1990, o art. 36 da Lei n. 8.213, de 24 de julho de 1991, a Lei n. 5.859, de 11 de dezembro de 1972, e o inciso VII do art. 12 da Lei n. 9.250, de 26 de dezembro 1995; e dá outras providências
DOU 2.6.2015

Vide art. 4º, *caput*, incisos I e II, e parágrafo único; art. 5º, *caput* e §§ 1º e 2º

Art. 4º É facultada a contratação, por prazo determinado, do empregado doméstico:

I — mediante contrato de experiência;

II — para atender necessidades familiares de natureza transitória e para substituição temporária de empregado doméstico com contrato de trabalho interrompido ou suspenso.

Parágrafo único. No caso do inciso II deste artigo, a duração do contrato de trabalho é limitada ao término do evento que motivou a contratação, obedecido o limite máximo de 2 (dois) anos.

Art. 5º O contrato de experiência não poderá exceder 90 (noventa) dias.

§ 1º O contrato de experiência poderá ser prorrogado 1 (uma) vez, desde que a soma dos 2 (dois) períodos não ultrapasse 90 (noventa) dias.

§ 2º O contrato de experiência que, havendo continuidade do serviço, não for prorrogado após o decurso de seu prazo previamente estabelecido ou que ultrapassar o período de 90 (noventa) dias passará a vigorar como contrato de trabalho por prazo indeterminado.

SÚMULAS DO TST

Vide Súmulas 163, 188, 212, 244, III, e 378, III/TST

SÚMULA 163 TST — AVISO PRÉVIO. CONTRATO DE EXPERIÊNCIA (mantida) — Res. 121/2003, DJ 19, 20 e 21.11.2003

Cabe aviso prévio nas rescisões antecipadas dos contratos de experiência, na forma do art. 481 da CLT *(ex-Prejulgado n. 42)*.

Súmula 188 TST — CONTRATO DE TRABALHO. EXPERIÊNCIA. PRORROGAÇÃO (mantida) — Res. 121/2003, DJ 19, 20 e 21.11.2003

O contrato de experiência pode ser prorrogado, respeitado o limite máximo de 90 (noventa) dias.

Súmula 212 TST — DESPEDIMENTO. ÔNUS DA PROVA (mantida) — Res. 121/2003, DJ 19, 20 e 21.11.2003

O ônus de provar o término do contrato de trabalho, quando negados a prestação de serviço e o despedimento, é do empregador, pois o princípio da continuidade da relação de emprego constitui presunção favorável ao empregado.

Súmula 244 TST — GESTANTE. ESTABILIDADE PROVISÓRIA (redação do item III alterada na sessão do Tribunal Pleno realizada em 14.09.2012) — Res. 185/2012, DEJT divulgado em 25, 26 e 27.09.2012

(...)

III — A empregada gestante tem direito à estabilidade provisória prevista no art. 10, inciso II, alínea "b", do Ato das Disposições Constitucionais Transitórias, mesmo na hipótese de admissão mediante contrato por tempo determinado.

Súmula 378 TST — ESTABILIDADE PROVISÓRIA. ACIDENTE DO TRABALHO. ART. 118 DA LEI N. 8.213/1991. (inserido item III) — Res. 185/2012, DEJT divulgado em 25, 26 e 27.09.2012

(...)

III — O empregado submetido a contrato de trabalho por tempo determinado goza da garantia provisória de emprego decorrente de acidente de trabalho prevista no art. 118 da Lei n. 8.213/91.

Art. 444	As relações contratuais de trabalho podem ser objeto de livre estipulação das partes interessadas em tudo quanto não contravenha às disposições de proteção ao trabalho, aos contratos coletivos que lhes sejam aplicáveis e às decisões das autoridades competentes.

Art. 444

CONSTITUIÇÃO FEDERAL DE 1988
DOU 5.10.1988

Vide art. 7º, *caput*

Art. 7º São direitos dos trabalhadores urbanos e rurais, além de outros que visem à melhoria de sua condição social:

CONSOLIDAÇÃO DAS LEIS DO TRABALHO
Decreto-Lei n. 5.452, de 1º de maio de 1943
DOU 9.8.1943

Vide art. 9º

Art. 9º Serão nulos de pleno direito os atos praticados com o objetivo de desvirtuar, impedir ou fraudar a aplicação dos preceitos contidos na presente Consolidação.

SÚMULAS DO TST

Vide Súmulas 51, 85, 91, 92, 190, 202, 288, 374, 375, 423, 437, II, e 451/TST

SÚMULA 51 TST — NORMA REGULAMENTAR. VANTAGENS E OPÇÃO PELO NOVO REGULAMENTO. ART. 468 DA CLT (incorporada a Orientação Jurisprudencial n. 163 da SBDI-1) — Res. 129/2005, DJ 20, 22 e 25.04.2005

I — As cláusulas regulamentares, que revoguem ou alterem vantagens deferidas anteriormente, só atingirão os trabalhadores admitidos após a revogação ou alteração do regulamento. *(ex-Súmula n. 51 — RA 41/1973, DJ 14.06.1973)*

II — Havendo a coexistência de dois regulamentos da empresa, a opção do empregado por um deles tem efeito jurídico de renúncia às regras do sistema do outro. *(ex-OJ n. 163 da SBDI-1 — inserida em 26.03.1999)*

Súmula 85 TST — COMPENSAÇÃO DE JORNADA (inserido o item V) — Res. 174/2011, DEJT divulgado em 27, 30 e 31.05.2011

I — A compensação de jornada de trabalho deve ser ajustada por acordo individual escrito, acordo coletivo ou convenção coletiva. *(ex-Súmula n. 85 — primeira parte — alterada pela Res. 121/2003, DJ 21.11.2003)*

II — O acordo individual para compensação de horas é válido, salvo se houver norma coletiva em sentido contrário. *(ex-OJ n. 182 da SBDI-1 — inserida em 08.11.2000)*

III — O mero não atendimento das exigências legais para a compensação de jornada, inclusive quando encetada mediante acordo tácito, não implica a repetição do pagamento das horas excedentes à jornada normal diária, se não dilatada a jornada máxima semanal, sendo devido apenas o respectivo adicional. *(ex-Súmula n. 85 — segunda parte — alterada pela Res. 121/2003, DJ 21.11.2003)*

IV — A prestação de horas extras habituais descaracteriza o acordo de compensação de jornada. Nesta hipótese, as horas que ultrapassarem a jornada semanal normal deverão ser pagas como horas extraordinárias e, quanto àquelas destinadas à compensação, deverá ser pago a mais apenas o adicional por trabalho extraordinário. *(ex-OJ n. 220 da SBDI-1 — inserida em 20.06.2001)*

V — As disposições contidas nesta súmula não se aplicam ao regime compensatório na modalidade "banco de horas", que somente pode ser instituído por negociação coletiva.

Súmula 91 TST — SALÁRIO COMPLESSIVO (mantida) — Res. 121/2003, DJ 19, 20 e 21.11.2003

Nula é a cláusula contratual que fixa determinada importância ou percentagem para atender englobadamente vários direitos legais ou contratuais do trabalhador.

Súmula 92 TST — APOSENTADORIA (mantida) — Res. 121/2003, DJ 19, 20 e 21.11.2003

O direito à complementação de aposentadoria, criado pela empresa, com requisitos próprios, não se altera pela instituição de benefício previdenciário por órgão oficial.

Súmula 190 TST — PODER NORMATIVO DO TST. CONDIÇÕES DE TRABALHO. INCONSTITUCIONALIDADE. DECISÕES CONTRÁRIAS AO STF (mantida) — Res. 121/2003, DJ 19, 20 e 21.11.2003

Ao julgar ou homologar ação coletiva ou acordo nela havido, o Tribunal Superior do Trabalho exerce o poder normativo constitucional, não podendo criar ou homologar condições de trabalho que o Supremo Tribunal Federal julgue iterativamente inconstitucionais.

Súmula 202 TST — GRATIFICAÇÃO POR TEMPO DE SERVIÇO. COMPENSAÇÃO (mantida) — Res. 121/2003, DJ 19, 20 e 21.11.2003

Existindo, ao mesmo tempo, gratificação por tempo de serviço outorgada pelo empregador e outra da mesma natureza prevista em acordo coletivo, convenção coletiva ou sentença normativa, o empregado tem direito a receber, exclusivamente, a que lhe seja mais benéfica.

Súmula 288 TST — COMPLEMENTAÇÃO DOS PROVENTOS DA APOSENTADORIA (nova redação para o item I e acrescidos os itens III e IV em decorrência do julgamento do processo TST-E-ED-RR-235-20.2010.5.20.0006 pelo Tribunal Pleno em 12.04.2016) — Res. 207/2016, DEJT divulgado em 18, 19 e 20.04.2016

I — A complementação dos proventos de aposentadoria, instituída, regulamentada e paga diretamente pelo empregador, sem vínculo com as entidades de previdência privada fechada, é regida pelas normas em vigor na data de admissão do empregado, ressalvadas as alterações que forem mais benéficas (art. 468 da CLT).

II — Na hipótese de coexistência de dois regulamentos de planos de previdência complementar, instituídos pelo empregador ou por entidade de previdência privada, a opção do beneficiário por um deles tem efeito jurídico de renúncia às regras do outro.

III — Após a entrada em vigor das Leis Complementares ns. 108 e 109, de 29/05/2001, reger-se-á a complementação dos proventos de aposentadoria pelas normas vigentes na data da implementação dos requisitos para obtenção do benefício, ressalvados o direito adquirido do participante que anteriormente implementara os requisitos para o benefício e o direito acumulado do empregado que até então não preenchera tais requisitos.

IV — O entendimento da primeira parte do item III aplica-se aos processos em curso no Tribunal Superior do Trabalho em que, em 12/04/2016, ainda não haja sido proferida decisão de mérito por suas Turmas e Seções.

Súmula 374 TST — NORMA COLETIVA. CATEGORIA DIFERENCIADA. ABRANGÊNCIA (conversão da Orientação Jurisprudencial n. 55 da SBDI-1) — Res. 129/2005, DJ 20, 22 e 25.04.2005

Empregado integrante de categoria profissional diferenciada não tem o direito de haver de seu empregador vantagens previstas em instrumento coletivo no qual a empresa não foi representada por órgão de classe de sua categoria. *(ex-OJ n. 55 da SBDI-1 — inserida em 25.11.1996)*

Súmula 375 TST — REAJUSTES SALARIAIS PREVISTOS EM NORMA COLETIVA. PREVALÊNCIA DA

TÍTULO IV — DO CONTRATO INDIVIDUAL DO TRABALHO

Art. 445

LEGISLAÇÃO DE POLÍTICA SALARIAL (conversão da Orientação Jurisprudencial n. 69 da SBDI-1 e da Orientação Jurisprudencial n. 40 da SBDI-2) — Res. 129/2005, DJ 20, 22 e 25.04.2005

Os reajustes salariais previstos em norma coletiva de trabalho não prevalecem frente à legislação superveniente de política salarial. *(ex-OJs ns. 69 da SBDI-1 — inserida em 14.03.1994 — e 40 da SBDI-2 — inserida em 20.09.2000)*

Súmula 423 TST — TURNO ININTERRUPTO DE REVEZAMENTO. FIXAÇÃO DE JORNADA DE TRABALHO MEDIANTE NEGOCIAÇÃO COLETIVA. VALIDADE. (conversão da Orientação Jurisprudencial n. 169 da SBDI-1) Res. 139/2006 — DJ 10, 11 e 13.10.2006)

Estabelecida jornada superior a seis horas e limitada a oito horas por meio de regular negociação coletiva, os empregados submetidos a turnos ininterruptos de revezamento não têm direito ao pagamento da 7ª e 8ª horas como extras.

Súmula 437 TST — INTERVALO INTRAJORNADA PARA REPOUSO E ALIMENTAÇÃO. APLICAÇÃO DO ART. 71 DA CLT (conversão das Orientações Jurisprudenciais ns. 307, 342, 354, 380 e 381 da SBDI-1) — Res. 185/2012, DEJT divulgado em 25, 26 e 27.09.2012

(...)

II — É inválida cláusula de acordo ou convenção coletiva de trabalho contemplando a supressão ou redução do intervalo intrajornada porque este constitui medida de higiene, saúde e segurança do trabalho, garantido por norma de ordem pública (art. 71 da CLT e art. 7°, XXII, da CF/1988), infenso à negociação coletiva.

Súmula 451 TST — PARTICIPAÇÃO NOS LUCROS E RESULTADOS. RESCISÃO CONTRATUAL ANTERIOR À DATA DA DISTRIBUIÇÃO DOS LUCROS. PAGAMENTO PROPORCIONAL AOS MESES TRABALHADOS. PRINCÍPIO DA ISONOMIA. (conversão da Orientação Jurisprudencial n. 390 da SBDI-1) — Res. 194/2014, DEJT divulgado em 21, 22 e 23.05.2014

Fere o princípio da isonomia instituir vantagem mediante acordo coletivo ou norma regulamentar que condiciona a percepção da parcela participação nos lucros e resultados ao fato de estar o contrato de trabalho em vigor na data prevista para a distribuição dos lucros. Assim, inclusive na rescisão contratual antecipada, é devido o pagamento da parcela de forma proporcional aos meses trabalhados, pois o ex-empregado concorreu para os resultados positivos da empresa.

ORIENTAÇÃO JURISPRUDENCIAL TRANSITÓRIA DA SDI-1 DO TST

Vide OJT 73 SDI-1/TST

OJT 73 SDI-1 TST — VOLKSWAGEN DO BRASIL LTDA. PARTICIPAÇÃO NOS LUCROS E RESULTADOS. PAGAMENTO MENSAL EM DECORRÊNCIA DE NORMA COLETIVA. NATUREZA INDENIZATÓRIA. (DEJT divulgado em 09, 10 e 11.06.2010)

A despeito da vedação de pagamento em periodicidade inferior a um semestre civil ou mais de duas vezes no ano cível, disposta no art. 3°, § 2°, da Lei n. 10.101, de 19.12.2000, o parcelamento em prestações mensais da participação nos lucros e resultados de janeiro de 1999 a abril de 2000, fixado no acordo coletivo celebrado entre o Sindicato dos Metalúrgicos do ABC e a Volkswagen do Brasil Ltda., não retira a natureza indenizatória da referida verba (art. 7°, XI, da CF), devendo prevalecer a diretriz constitucional que prestigia a autonomia privada coletiva (art. 7°, XXVI, da CF).

Art. 445 O contrato de trabalho por prazo determinado não poderá ser estipulado por mais de 2 (dois) anos, observada a regra do art. 451. *(Redação dada pelo Decreto-Lei n. 229, de 28.2.1967)*

CONSOLIDAÇÃO DAS LEIS DO TRABALHO
Decreto-Lei n. 5.452, de 1° de maio de 1943
DOU 9.8.1943

Vide art. 451

Art. 451. O contrato de trabalho por prazo determinado que, tácita ou expressamente, for prorrogado mais de uma vez passará a vigorar sem determinação de prazo. *(Vide Lei n. 9.601, de 1998)*

LEI COMPLEMENTAR N. 150, DE 1° DE JUNHO DE 2015
Dispõe sobre o contrato de trabalho doméstico; altera as Leis n. 8.212, de 24 de julho de 1991, n. 8.213, de 24 de julho de 1991, e n. 11.196, de 21 de novembro de 2005; revoga o inciso I do art. 3° da Lei n. 8.009, de 29 de março de 1990, o art. 36 da Lei n. 8.213, de 24 de julho de 1991, a Lei n. 5.859, de 11 de dezembro de 1972, e o inciso VII do art. 12 da Lei n. 9.250, de 26 de dezembro 1995; e dá outras providências
DOU 2.6.2015

Vide art. 4°, *caput*, incisos I e II, e parágrafo único

Art. 4° É facultada a contratação, por prazo determinado, do empregado doméstico:

I — mediante contrato de experiência;

II — para atender necessidades familiares de natureza transitória e para substituição temporária de empregado doméstico com contrato de trabalho interrompido ou suspenso.

Parágrafo único. No caso do inciso II deste artigo, a duração do contrato de trabalho é limitada ao término do evento que motivou a contratação, obedecido o limite máximo de 2 (dois) anos.

LEI N. 9.601, DE 21 DE JANEIRO DE 1998
Dispõe sobre o contrato de trabalho por prazo determinado e dá outras providências
DOU 22.1.1998

DECRETO N. 2.490, DE 4 DE FEVEREIRO DE 1998
Regulamenta a Lei n. 9.601, de 21 de janeiro de 1998, que dispõe sobre o contrato de trabalho por prazo determinado e dá outras providências
DOU 5.2.1998

Arts. 446 e 447

LEI N. 9.615, DE 24 DE MARÇO DE 1998
Institui normas gerais sobre desporto e dá outras providências
DOU 25.3.1998

Vide art. 30, *caput* e parágrafo único

Art. 30. O contrato de trabalho do atleta profissional terá prazo determinado, com vigência nunca inferior a três meses nem superior a cinco anos. *(Redação dada pela Lei n. 9.981, de 2000)*

Parágrafo único. Não se aplica ao contrato especial de trabalho desportivo do atleta profissional o disposto nos arts. 445 e 451 da Consolidação das Leis do Trabalho — CLT, aprovada pelo Decreto-Lei n. 5.452, de 1º de maio de 1943. *(Redação dada pela Lei n. 12.395, de 2011)*

SÚMULA DO STF

Vide Súmula 195/STF

Súmula 195 STF — Contrato de trabalho para obra certa, ou de prazo determinado, transforma-se em contrato de prazo indeterminado, quando prorrogado por mais de quatro anos.

Parágrafo único — O contrato de experiência não poderá exceder de 90 (noventa) dias. *(Incluído pelo Decreto-Lei n. 229, de 28.2.1967)*

CONSOLIDAÇÃO DAS LEIS DO TRABALHO
Decreto-Lei n. 5.452, de 1º de maio de 1943
DOU 9.8.1943

Vide art. 443, *caput*, § 2º, alínea c

Art. 443. O contrato individual de trabalho poderá ser acordado tácita ou expressamente, verbalmente ou por escrito e por prazo determinado ou indeterminado.
(...)
§ 2º O contrato por prazo determinado só será válido em se tratando: *(Incluído pelo Decreto-Lei n. 229, de 28.2.1967)*
(...)
c) de contrato de experiência. (Incluída pelo Decreto-Lei n. 229, de 28.2.1967)

LEI COMPLEMENTAR N. 150, DE 1º DE JUNHO DE 2015
Dispõe sobre o contrato de trabalho doméstico; altera as Leis n. 8.212, de 24 de julho de 1991, n. 8.213, de 24 de julho de 1991, e n. 11.196, de 21 de novembro de 2005; revoga o inciso I do art. 3º da Lei n. 8.009, de 29 de março de 1990, o art. 36 da Lei n. 8.213, de 24 de julho de 1991, a Lei n. 5.859, de 11 de dezembro de 1972, e o inciso VII do art. 12 da Lei n. 9.250, de 26 de dezembro 1995; e dá outras providências
DOU 2.6.2015

Vide art. 5º, *caput* e §§ 1º e 2º

Art. 5º O contrato de experiência não poderá exceder 90 (noventa) dias.
§ 1º O contrato de experiência poderá ser prorrogado 1 (uma) vez, desde que a soma dos 2 (dois) períodos não ultrapasse 90 (noventa) dias.
§ 2º O contrato de experiência que, havendo continuidade do serviço, não for prorrogado após o decurso de seu prazo previamente estabelecido ou que ultrapassar o período de 90 (noventa) dias passará a vigorar como contrato de trabalho por prazo indeterminado.

LEI N. 9.615, DE 24 DE MARÇO DE 1998
Institui normas gerais sobre desporto e dá outras providências
DOU 25.3.1198

Vide art. 30, *caput* e parágrafo único

Art. 30. O contrato de trabalho do atleta profissional terá prazo determinado, com vigência nunca inferior a três meses nem superior a cinco anos.

Parágrafo único. Não se aplica ao contrato especial de trabalho desportivo do atleta profissional o disposto nos arts. 445 e 451 da Consolidação das Leis do Trabalho — CLT, aprovada pelo Decreto-Lei n. 5.452, de 1º de maio de 1943. *(Redação dada pela Lei n. 12.395, de 2011)*

SÚMULAS DO TST

Vide Súmulas 163 e 188/TST

Súmula 163 TST — AVISO PRÉVIO. CONTRATO DE EXPERIÊNCIA (mantida) — Res. 121/2003, DJ 19, 20 e 21.11.2003
Cabe aviso prévio nas rescisões antecipadas dos contratos de experiência, na forma do art. 481 da CLT (ex-Prejulgado n. 42).

Súmula 188 TST — CONTRATO DE TRABALHO. EXPERIÊNCIA. PRORROGAÇÃO (mantida) — Res. 121/2003, DJ 19, 20 e 21.11.2003
O contrato de experiência pode ser prorrogado, respeitado o limite máximo de 90 (noventa) dias.

Art. 446 *(Revogado pela Lei n. 7.855, de 24.10.1989)*

Art. 447 — Na falta de acordo ou prova sobre condição essencial ao contrato verbal, esta se presume existente, como se a tivessem estatuído os interessados na conformidade dos preceitos jurídicos adequados à sua legitimidade.

TÍTULO IV — DO CONTRATO INDIVIDUAL DO TRABALHO

CONSOLIDAÇÃO DAS LEIS DO TRABALHO
Decreto-Lei n. 5.452, de 1º de maio de 1943
DOU 9.8.1943

Vide art. 456, *caput* e parágrafo único; e art. 818

Art. 456. A prova do contrato individual do trabalho será feita pelas anotações constantes da carteira profissional ou por instrumento escrito e suprida por todos os meios permitidos em direito.

Parágrafo único. A falta de prova ou inexistindo cláusula expressa e tal respeito, entender-se-á que o empregado se obrigou a todo e qualquer serviço compatível com a sua condição pessoal.

Art. 818. A prova das alegações incumbe à parte que as fizer.

SÚMULA DO TST

Vide Súmula 12/TST

Súmula 12 TST — CARTEIRA PROFISSIONAL (mantida) — Res. 121/2003, DJ 19, 20 e 21.11.2003

As anotações apostas pelo empregador na carteira profissional do empregado não geram presunção "juris et de jure", mas apenas "juris tantum".

Art. 448

A mudança na propriedade ou na estrutura jurídica da empresa não afetará os contratos de trabalho dos respectivos empregados.

CONSOLIDAÇÃO DAS LEIS DO TRABALHO
Decreto-Lei n. 5.452, de 1º de maio de 1943
DOU 9.8.1943

Vide art. 10

Art. 10. Qualquer alteração na estrutura jurídica da empresa não afetará os direitos adquiridos por seus empregados.

LEI N. 11.101, DE 9 DE FEVEREIRO DE 2005
Regula a recuperação judicial, a extrajudicial e a falência do empresário e da sociedade empresária
DOU 9.2.2005 — edição extra

Vide art. 60, *caput* e parágrafo único; art. 141, *caput*, inciso II e § 2º

Art. 60. Se o plano de recuperação judicial aprovado envolver alienação judicial de filiais ou de unidades produtivas isoladas do devedor, o juiz ordenará a sua realização, observado o disposto no art. 142 desta Lei.

Parágrafo único. O objeto da alienação estará livre de qualquer ônus e não haverá sucessão do arrematante nas obrigações do devedor, inclusive as de natureza tributária, observado o disposto no § 1º do art. 141 desta Lei.

Art. 141. Na alienação conjunta ou separada de ativos, inclusive da empresa ou de suas filiais, promovida sob qualquer das modalidades de que trata este artigo:
(...)
II — o objeto da alienação estará livre de qualquer ônus e não haverá sucessão do arrematante nas obrigações do devedor, inclusive as de natureza tributária, as derivadas da legislação do trabalho e as decorrentes de acidentes de trabalho.
(...)
§ 2º Empregados do devedor contratados pelo arrematante serão admitidos mediante novos contratos de trabalho e o arrematante não responde por obrigações decorrentes do contrato anterior.

ORIENTAÇÕES JURISPRUDENCIAIS DA SDI-1 DO TST

Vide OJs 92, 225, 261, 343, 408 e 411 SDI-1/TST

OJ 92 SDI-1 TST — DESMEMBRAMENTO DE MUNICÍPIOS. RESPONSABILIDADE TRABALHISTA *(inserida em 30.05.1997)*

Em caso de criação de novo município, por desmembramento, cada uma das novas entidades responsabiliza-se pelos direitos trabalhistas do empregado no período em que figurarem como real empregador.

OJ 225 SDI-1 TST — CONTRATO DE CONCESSÃO DE SERVIÇO PÚBLICO. RESPONSABILIDADE TRABALHISTA (nova redação) — DJ 20.04.2005

Celebrado contrato de concessão de serviço público em que uma empresa (primeira concessionária) outorga a outra (segunda concessionária), no todo ou em parte, mediante arrendamento, ou qualquer outra forma contratual, a título transitório, bens de sua propriedade:

I — em caso de rescisão do contrato de trabalho após a entrada em vigor da concessão, a segunda concessionária, na condição de sucessora, responde pelos direitos decorrentes do contrato de trabalho, sem prejuízo da responsabilidade subsidiária da primeira concessionária pelos débitos trabalhistas contraídos até a concessão;

II — no tocante ao contrato de trabalho extinto antes da vigência da concessão, a responsabilidade pelos direitos dos trabalhadores será exclusivamente da antecessora.

OJ 261 SDI-1 TST — BANCOS. SUCESSÃO TRABALHISTA (inserida em 27.09.2002)

As obrigações trabalhistas, inclusive as contraídas à época em que os empregados trabalhavam para o banco sucedido, são de responsabilidade do sucessor, uma vez que a este foram transferidos os ativos, as agências, os direitos e deveres contratuais, caracterizando típica sucessão trabalhista.

OJ 343 SDI-1 TST — PENHORA. SUCESSÃO. ART. 100 DA CF/1988. EXECUÇÃO *(DJ 22.06.2004)*

É válida a penhora em bens de pessoa jurídica de direito privado, realizada anteriormente à sucessão pela União ou por Estado-membro, não podendo a execução prosseguir mediante precatório. A decisão que a mantém não viola o art. 100 da CF/1988.

OJ 408 SDI-1 TST — JUROS DE MORA. EMPRESA EM LIQUIDAÇÃO EXTRAJUDICIAL. SUCESSÃO TRABALHISTA. *(DEJT divulgado em 22, 25 e 26.10.2010)*

É devida a incidência de juros de mora em relação aos débitos trabalhistas de empresa em liquidação extrajudicial sucedida nos moldes dos arts. 10 e 448 da CLT. O sucessor responde pela obrigação do sucedido, não se beneficiando de qualquer privilégio a este destinado.

Art. 449

OJ 411 SDI-1 TST — SUCESSÃO TRABALHISTA. AQUISIÇÃO DE EMPRESA PERTENCENTE A GRUPO ECONÔMICO. RESPONSABILIDADE SOLIDÁRIA DO SUCESSOR POR DÉBITOS TRABALHISTAS DE EMPRESA NÃO ADQUIRIDA. INEXISTÊNCIA. *(DEJT divulgado em 22, 25 e 26.10.2010)*

O sucessor não responde solidariamente por débitos trabalhistas de empresa não adquirida, integrante do mesmo grupo econômico da empresa sucedida, quando, à época, a empresa devedora direta era solvente ou idônea economicamente, ressalvada a hipótese de má-fé ou fraude na sucessão.

ORIENTAÇÃO JURISPRUDENCIAL TRANSITÓRIA DA SDI-1 DO TST

Vide OJT 48 SDI-1/TST

OJT 48 SDI-1 TST — PETROMISA. SUCESSÃO. PETROBRAS. LEGITIMIDADE (conversão da Orientação Jurisprudencial n. 202 da SBDI-1) — DJ 20.04.2005

Em virtude da decisão tomada em assembleia, a Petrobras é a real sucessora da Petromisa, considerando que recebeu todos os bens móveis e imóveis da extinta Petromisa. *(ex-OJ n. 202 da SDI-1 — inserida em 08.11.00)*

Art. 449	Os direitos oriundos da existência do contrato de trabalho subsistirão em caso de falência, concordata ou dissolução da empresa.
§ 1º	Na falência constituirão créditos privilegiados a totalidade dos salários devidos ao empregado e a totalidade das indenizações a que tiver direito. *(Redação dada pela Lei n. 6.449, de 14.10.1977)*
§ 2º	Havendo concordata na falência, será facultado aos contratantes tornar sem efeito a rescisão do contrato de trabalho e consequente indenização, desde que o empregador pague, no mínimo, a metade dos salários que seriam devidos ao empregado durante o interregno.

CONSOLIDAÇÃO DAS LEIS DO TRABALHO
Decreto-Lei n. 5.452, de 1º de maio de 1943
DOU 9.8.1943

Vide art. 148, art. 652, parágrafo único; e art. 768

Art. 148. A remuneração das férias, ainda quando devida após a cessação do contrato de trabalho, terá natureza salarial, para os efeitos do art. 449. (Redação dada pelo Decreto-Lei n. 1.535, de 13.4.1977.

Art. 652. (...)
Parágrafo único. Terão preferência para julgamento os dissídios sobre pagamento de salário e aqueles que derivarem da falência do empregador, podendo o Presidente da Junta, a pedido do interessado, constituir processo em separado, sempre que a reclamação também versar sobre outros assuntos.

Art. 768. Terá preferência em todas as fases processuais o dissídio cuja decisão tiver de ser executada perante o Juízo da falência.

LEI N. 11.101, DE 9 DE FEVEREIRO DE 2005
Regula a recuperação judicial, a extrajudicial e a falência do empresário e da sociedade empresária
DOU 9.2.2005 — edição extra

Vide art. 83, *caput*, inciso I e § 4º; e art. 151

Art. 83. A classificação dos créditos na falência obedece à seguinte ordem:
I — os créditos derivados da legislação do trabalho, limitados a 150 (cento e cinquenta) salários-mínimos por credor, e os decorrentes de acidentes de trabalho;
(...)
§ 4º Os créditos trabalhistas cedidos a terceiros serão considerados quirografários.

Art. 151. Os créditos trabalhistas de natureza estritamente salarial vencidos nos 3 (três) meses anteriores à decretação da falência, até o limite de 5 (cinco) salários-mínimos por trabalhador, serão pagos tão logo haja disponibilidade em caixa.

SÚMULA DO STF

Vide Súmula 227/STF

Súmula 227 STF — A concordata do empregador não impede a execução de crédito nem a reclamação de empregado na Justiça do Trabalho.

SÚMULAS DO TST

Vide Súmulas 173 e 304/TST

Súmula 173 TST — SALÁRIO. EMPRESA. CESSAÇÃO DE ATIVIDADES (mantida) — Res. 121/2003, DJ 19, 20 e 21.11.2003

Extinto, automaticamente, o vínculo empregatício com a cessação das atividades da empresa, os salários só são devidos até a data da extinção *(ex-Prejulgado n. 53)*.

Súmula 304 TST — CORREÇÃO MONETÁRIA. EMPRESAS EM LIQUIDAÇÃO. ART. 46 DO ADCT/CF (mantida) — Res. 121/2003, DJ 19, 20 e 21.11.2003 e republicada DJ 25.11.2003

Os débitos trabalhistas das entidades submetidas aos regimes de intervenção ou liquidação extrajudicial estão sujeitos a correção monetária desde o respectivo vencimento até seu efetivo pagamento, sem interrupção ou suspensão, não incidindo, entretanto, sobre tais débitos, juros de mora.

ORIENTAÇÃO JURISPRUDENCIAL DA SDI-1 DO TST

Vide OJ 143 SDI-1/TST

OJ 143 SDI-1 TST — EMPRESA EM LIQUIDAÇÃO EXTRAJUDICIAL. EXECUÇÃO. CRÉDITOS TRABALHISTAS. LEI N. 6.024/74 *(inserida em 27.11.1998)*

A execução trabalhista deve prosseguir diretamente na Justiça do Trabalho mesmo após a decretação da liquida-

TÍTULO IV — DO CONTRATO INDIVIDUAL DO TRABALHO

Arts. 450 e 451

ção extrajudicial. Lei n. 6.830/80, arts. 5º e 29, aplicados supletivamente *(CLT art. 889 e CF/1988, art. 114).*

ORIENTAÇÃO JURISPRUDENCIAL DA SDI-2 DO TST

Vide OJ 53 SDI-2/TST

OJ 53 SDI-2 TST — MANDADO DE SEGURANÇA. COOPERATIVA EM LIQUIDAÇÃO EXTRAJUDICIAL. LEI N. 5.764/71, ART. 76. INAPLICÁVEL. NÃO SUSPENDE A EXECUÇÃO (inserida em 20.09.2000)

A liquidação extrajudicial de sociedade cooperativa não suspende a execução dos créditos trabalhistas existentes contra ela.

SÚMULA DO STJ

Vide Súmula 219/STJ

Súmula 219 STJ — Os créditos decorrentes de serviços prestados à massa falida, inclusive a remuneração do síndico, gozam dos privilégios próprios dos trabalhistas.

Art. 450

Ao empregado chamado a ocupar, em comissão, interinamente, ou em substituição eventual ou temporária, cargo diverso do que exercer na empresa, serão garantidas a contagem do tempo naquele serviço, bem como volta ao cargo anterior.

SÚMULAS DO STF

Vide Súmulas 24 e 204/STF

Súmula 24 STF — Funcionário interino substituto é livremente demissível, mesmo antes de cessar a causa da substituição.

Súmula 204 STF — Tem direito o trabalhador substituto, ou de reserva, ao salário mínimo no dia em que fica à disposição do empregador sem ser aproveitado na função específica; se aproveitado, recebe o salário contratual.

SÚMULA DO TST

Vide Súmula 159/TST

Súmula 159 TST — SUBSTITUIÇÃO DE CARÁTER NÃO EVENTUAL E VACÂNCIA DO CARGO (incorporada a Orientação Jurisprudencial n. 112 da SBDI-1) — Res. 129/2005, DJ 20, 22 e 25.04.2005

I — Enquanto perdurar a substituição que não tenha caráter meramente eventual, inclusive nas férias, o empregado substituto fará jus ao salário contratual do substituído. *(ex-Súmula n. 159 — alterada pela Res. 121/2003, DJ 21.11.2003)*

II — Vago o cargo em definitivo, o empregado que passa a ocupá-lo não tem direito a salário igual ao do antecessor. *(ex-OJ n. 112 da SBDI-1 — inserida em 01.10.1997)*

Art. 451

O contrato de trabalho por prazo determinado que, tácita ou expressamente, for prorrogado mais de uma vez passará a vigorar sem determinação de prazo. *(Vide Lei n. 9.601, de 1998)*

CONSOLIDAÇÃO DAS LEIS DO TRABALHO
Decreto-Lei n. 5.452, de 1º de maio de 1943
DOU 9.8.1943

Vide art. 445, *caput* e parágrafo único

Art. 455. O contrato de trabalho por prazo determinado não poderá ser estipulado por mais de 2 (dois) anos, observada a regra do art. 451. *(Redação dada pelo Decreto-Lei n. 229, de 28.2.1967)*

Parágrafo único. O contrato de experiência não poderá exceder de 90 (noventa) dias. *(Incluído pelo Decreto-Lei n. 229, de 28.2.1967)*

LEI COMPLEMENTAR N. 150, DE 1º DE JUNHO DE 2015
Dispõe sobre o contrato de trabalho doméstico; altera as Leis n. 8.212, de 24 de julho de 1991, n. 8.213, de 24 de julho de 1991, e n. 11.196, de 21 de novembro de 2005; revoga o inciso I do art. 3º da Lei n. 8.009, de 29 de março de 1990, o art. 36 da Lei n. 8.213, de 24 de julho de 1991, a Lei n. 5.859, de 11 de dezembro de 1972, e o inciso VII do art. 12 da Lei n. 9.250, de 26 de dezembro 1995; e dá outras providências
DOU 2.6.2015

Vide art. 5º, *caput* e § 2º

Art. 5º O contrato de experiência não poderá exceder 90 (noventa) dias.
(...)
§ 2º O contrato de experiência que, havendo continuidade do serviço, não for prorrogado após o decurso de seu prazo previamente estabelecido ou que ultrapassar o período de 90 (noventa) dias passará a vigorar como contrato de trabalho por prazo indeterminado.

DECRETO-LEI N. 691, DE 18 DE JULHO DE 1969
Dispõe sobre a não aplicação, aos contratos de técnicos estrangeiros, com estipulação de pagamento de salários em moeda estrangeira, de diversas disposições da legislação trabalhista, e dá outras providências
DOU 21.7.1969 e retificado em 23.7.1969

Vide art. 1º, *caput* e parágrafo único

Art. 1º Os contratos de técnicos estrangeiros domiciliados ou residentes no exterior, para execução, no Brasil, de serviços especializados, em caráter provisório, com estipulação de salários em moeda estrangeira, serão, obrigatoriamente, celebrados por prazo determinado e prorrogáveis sempre a termo certo, ficando excluídos da

Arts. 452 e 453

TÍTULO IV — DO CONTRATO INDIVIDUAL DO TRABALHO

aplicação do disposto nos artigos ns. 451, 452, 453, no Capítulo VII do Título IV da Consolidação das Leis do Trabalho e na Lei n. 5.107, de 13 de setembro de 1966, com as alterações do Decreto-Lei n. 20, de 14 de setembro de 1966, e legislação subsequente.

Parágrafo único. A rescisão dos contratos de que trata este artigo reger-se-á pelas normas estabelecidas nos artigos ns. 479, 480, e seu § 1º, e 481 da Consolidação das Leis do Trabalho.

LEI N. 9.615, DE 24 DE MARÇO DE 1998
Institui normas gerais sobre desporto e dá outras providências
DOU 25.3.1998

Vide art. 30, caput e parágrafo único

Art. 30. O contrato de trabalho do atleta profissional terá prazo determinado, com vigência nunca inferior a três meses nem superior a cinco anos. *(Redação dada pela Lei n. 9.981, de 2000)*

Parágrafo único. Não se aplica ao contrato especial de trabalho desportivo do atleta profissional o disposto nos arts. 445 e 451 da Consolidação das Leis do Trabalho — CLT, aprovada pelo Decreto-Lei n. 5.452, de 1º de maio de 1943. *(Redação dada pela Lei n. 12.395, de 2011)*

SÚMULA DO TST

Vide Súmula 188/TST

Súmula 188 TST — CONTRATO DE TRABALHO. EXPERIÊNCIA. PRORROGAÇÃO (mantida) — Res. 121/2003, DJ 19, 20 e 21.11.2003

O contrato de experiência pode ser prorrogado, respeitado o limite máximo de 90 (noventa) dias.

Art. 452 — Considera-se por prazo indeterminado todo contrato que suceder, dentro de 6 (seis) meses, a outro contrato por prazo determinado, salvo se a expiração deste dependeu da execução de serviços especializados ou da realização de certos acontecimentos.

CONSOLIDAÇÃO DAS LEIS DO TRABALHO
Decreto-Lei n. 5.452, de 1º de maio de 1943
DOU 9.8.1943

Vide art. 445, caput e parágrafo único

Art. 455. O contrato de trabalho por prazo determinado não poderá ser estipulado por mais de 2 (dois) anos, observada a regra do art. 451. *(Redação dada pelo Decreto-Lei n. 229, de 28.2.1967)*

Parágrafo único. O contrato de experiência não poderá exceder de 90 (noventa) dias. *(Incluído pelo Decreto-Lei n. 229, de 28.2.1967)*

DECRETO-LEI N. 691, DE 18 DE JULHO DE 1969
Dispõe sobre a não aplicação, aos contratos de técnicos estrangeiros, com estipulação de pagamento de salários em moeda estrangeira, de diversas disposições da legislação trabalhista, e dá outras providências
DOU 21.7.1969 e retificado em 23.7.1969

Vide art. 1º, caput e parágrafo único

Art. 1º Os contratos de técnicos estrangeiros domiciliados ou residentes no exterior, para execução, no Brasil, de serviços especializados, em caráter provisório, com estipulação de salários em moeda estrangeira, serão, obrigatoriamente, celebrados por prazo determinado e prorrogáveis sempre a termo certo, ficando excluídos da aplicação do disposto nos arts. 451, 452, 453, no Capítulo VII do Título IV da Consolidação das Leis do Trabalho e na Lei n. 5.107, de 13 de setembro de 1966, com as alterações do Decreto-Lei n. 20, de 14 de setembro de 1966, e legislação subsequente.

Parágrafo único. A rescisão dos contratos de que trata este artigo reger-se-á pelas normas estabelecidas nos arts. 479, 480, e seu § 1º, e 481 da Consolidação das Leis do Trabalho.

SÚMULA DO TST

Vide Súmula 188/TST

Súmula 188 TST — CONTRATO DE TRABALHO. EXPERIÊNCIA. PRORROGAÇÃO (mantida) — Res. 121/2003, DJ 19, 20 e 21.11.2003

O contrato de experiência pode ser prorrogado, respeitado o limite máximo de 90 (noventa) dias.

Art. 453 — No tempo de serviço do empregado, quando readmitido, serão computados os períodos, ainda que não contínuos, em que tiver trabalhado anteriormente na empresa, salvo se houver sido despedido por falta grave, recebido indenização legal ou se aposentado espontaneamente. *(Redação dada pela Lei n. 6.204, de 29.4.1975)*

§ 1º *Vide ADIN 1770-4*

§ 2º O ato de concessão de benefício de aposentadoria a empregado que não tiver completado 35 (trinta e cinco) anos de serviço, se homem, ou trinta, se mulher, importa em extinção do vínculo empregatício. *(Incluído pela Lei n. 9.528, de 10.12.1997) (Vide ADINs 1770-4 e 1721-3)*

TÍTULO IV — DO CONTRATO INDIVIDUAL DO TRABALHO

DECRETO-LEI N. 691, DE 18 DE JULHO DE 1969
Dispõe sobre a não aplicação, aos contratos de técnicos estrangeiros, com estipulação de pagamento de salários em moeda estrangeira, de diversas disposições da legislação trabalhista, e dá outras providências.
DOU 21.7.1969 e retificado em 23.7.1969

Vide art. 1º

Art. 1º Os contratos de técnicos estrangeiros domiciliados ou residentes no exterior, para execução, no Brasil, de serviços especializados, em caráter provisório, com estipulação de salários em moeda estrangeira, serão, obrigatoriamente, celebrados por prazo determinado e prorrogáveis sempre a termo certo, ficando excluídos da aplicação do disposto nos artigos ns. 451, 452, 453, no Capítulo VII do Título IV da Consolidação das Leis do Trabalho e na Lei n. 5.107, de 13 de setembro de 1966, com as alterações do Decreto-Lei n. 20, de 14 de setembro de 1966, e legislação subsequente.

SÚMULA DO STF

Vide Súmula 215/STF

Súmula 215 STF — Conta-se a favor de empregado readmitido o tempo de serviço anterior, salvo se houver sido despedido por falta grave ou tiver recebido a indenização legal.

SÚMULAS DO TST

Vide Súmulas 138 e 156/TST

Súmula 138 TST — READMISSÃO (mantida) — Res. 121/2003, DJ 19, 20 e 21.11.2003
Em caso de readmissão, conta-se a favor do empregado o período de serviço anterior, encerrado com a saída espontânea (ex-Prejulgado n. 9).

Súmula 156 TST — PRESCRIÇÃO. PRAZO (mantida) — Res. 121/2003, DJ 19, 20 e 21.11.2003
Da extinção do último contrato começa a fluir o prazo prescricional do direito de ação em que se objetiva a soma de períodos descontínuos de trabalho (ex-Prejulgado n. 31).

ORIENTAÇÃO JURISPRUDENCIAL DA SDI-1 DO TST

Vide OJ 361 SDI-1/TST

OJ 361 SDI-1 TST — APOSENTADORIA ESPONTÂNEA. UNICIDADE DO CONTRATO DE TRABALHO. MULTA DE 40% DO FGTS SOBRE TODO O PERÍODO (DJ 20, 21 e 23.05.2008)
A aposentadoria espontânea não é causa de extinção do contrato de trabalho se o empregado permanece prestando serviços ao empregador após a jubilação. Assim, por ocasião da sua dispensa imotivada, o empregado tem direito à multa de 40% do FGTS sobre a totalidade dos depósitos efetuados no curso do pacto laboral.

Art. 454	Na vigência do contrato de trabalho, as invenções do empregado, quando decorrentes de sua contribuição pessoal e da instalação ou equipamento fornecidos pelo empregador, serão de propriedade comum, em partes iguais, salvo se o contrato de trabalho tiver por objeto, implícita ou explicitamente, pesquisa científica. *(Vide Lei n. 9.279, de 14.5.1996)*
Parágrafo único	Ao empregador caberá a exploração do invento, ficando obrigado a promovê-la no prazo de um ano da data da concessão da patente, sob pena de reverter em favor do empregado da plena propriedade desse invento. *(Vide Lei n. 9.279, de 14.5.1996)*

CONSTITUIÇÃO FEDERAL DE 1988
DOU 5.10.1988

Vide art. 5º, caput, incisos XXVII e XXVIII, alíneas a e b, e XXIX

Art. 5º Todos são iguais perante a lei, sem distinção de qualquer natureza, garantindo-se aos brasileiros e aos estrangeiros residentes no País a inviolabilidade do direito à vida, à liberdade, à igualdade, à segurança e à propriedade, nos termos seguintes:
(...)
XXVII — aos autores pertence o direito exclusivo de utilização, publicação ou reprodução de suas obras, transmissível aos herdeiros pelo tempo que a lei fixar;
XXVIII — são assegurados, nos termos da lei:
a) a proteção às participações individuais em obras coletivas e à reprodução da imagem e voz humanas, inclusive nas atividades desportivas;
b) o direito de fiscalização do aproveitamento econômico das obras que criarem ou de que participarem aos criadores, aos intérpretes e às respectivas representações sindicais e associativas;

XXIX — a lei assegurará aos autores de inventos industriais privilégio temporário para sua utilização, bem como proteção às criações industriais, à propriedade das marcas, aos nomes de empresas e a outros signos distintivos, tendo em vista o interesse social e o desenvolvimento tecnológico e econômico do País;

LEI N. 9.279, DE 14 DE MAIO DE 1996
Regula direitos e obrigações relativos à propriedade industrial
DOU 15.5.1996

Vide art. 88, caput e §§ 1º e 2º; art. 89, caput e parágrafo único; art. 90; art. 91, caput e 1º a 4º; art. 92; e art. 93, caput e parágrafo único

Art. 88. A invenção e o modelo de utilidade pertencem exclusivamente ao empregador quando decorrerem de contrato de trabalho cuja execução ocorra no Brasil e que tenha por objeto a pesquisa ou a atividade inventiva, ou resulte esta da natureza dos serviços para os quais foi o empregado contratado.
§ 1º Salvo expressa disposição contratual em contrário, a retribuição pelo trabalho a que se refere este artigo limita-se ao salário ajustado.

§ 2º Salvo prova em contrário, consideram-se desenvolvidos na vigência do contrato a invenção ou o modelo de utilidade, cuja patente seja requerida pelo empregado até 1 (um) ano após a extinção do vínculo empregatício.

Art. 89. O empregador, titular da patente, poderá conceder ao empregado, autor de invento ou aperfeiçoamento, participação nos ganhos econômicos resultantes da exploração da patente, mediante negociação com o interessado ou conforme disposto em norma da empresa.
Parágrafo único. A participação referida neste artigo não se incorpora, a qualquer título, ao salário do empregado.

Art. 90. Pertencerá exclusivamente ao empregado a invenção ou o modelo de utilidade por ele desenvolvido, desde que desvinculado do contrato de trabalho e não decorrente da utilização de recursos, meios, dados, materiais, instalações ou equipamentos do empregador.

Art. 91. A propriedade de invenção ou de modelo de utilidade será comum, em partes iguais, quando resultar da contribuição pessoal do empregado e de recursos, dados, meios, materiais, instalações ou equipamentos do empregador, ressalvada expressa disposição contratual em contrário.

§ 1º Sendo mais de um empregado, a parte que lhes couber será dividida igualmente entre todos, salvo ajuste em contrário.

§ 2º É garantido ao empregador o direito exclusivo de licença de exploração e assegurada ao empregado a justa remuneração.

§ 3º A exploração do objeto da patente, na falta de acordo, deverá ser iniciada pelo empregador dentro do prazo de 1 (um) ano, contado da data de sua concessão, sob pena de passar à exclusiva propriedade do empregado a titularidade da patente, ressalvadas as hipóteses de falta de exploração por razões legítimas.

§ 4º No caso de cessão, qualquer dos cotitulares, em igualdade de condições, poderá exercer o direito de preferência.

Art. 92. O disposto nos artigos anteriores aplica-se, no que couber, às relações entre o trabalhador autônomo ou o estagiário e a empresa contratante e entre empresas contratantes e contratadas.

Art. 93. Aplica-se o disposto neste Capítulo, no que couber, às entidades da Administração Pública, direta, indireta e fundacional, federal, estadual ou municipal.

Parágrafo único. Na hipótese do art. 88, será assegurada ao inventor, na forma e condições previstas no estatuto ou regimento interno da entidade a que se refere este artigo, premiação de parcela no valor das vantagens auferidas com o pedido ou com a patente, a título de incentivo.

LEI N. 9.609, DE 19 DE FEVEREIRO DE 1998
Dispõe sobre a proteção da propriedade intelectual de programa de computador, sua comercialização no País, e dá outras providências
DOU 20.2.1998 e retificado no DOU 25.2.1998

Vide art. 2º, *caput* e incisos I a V

Art. 2º O regime de proteção à propriedade intelectual de programa de computador é o conferido às obras literárias pela legislação de direitos autorais e conexos vigentes no País, observado o disposto nesta Lei.

Art. 455

Nos contratos de subempreitada responderá o subempreiteiro pelas obrigações derivadas do contrato de trabalho que celebrar, cabendo, todavia, aos empregados, o direito de reclamação contra o empreiteiro principal pelo inadimplemento daquelas obrigações por parte do primeiro.

Parágrafo único — Ao empreiteiro principal fica ressalvada, nos termos da lei civil, ação regressiva contra o subempreiteiro e a retenção de importâncias a este devidas, para a garantia das obrigações previstas neste artigo.

SÚMULA DO TST

Vide Súmula 331, IV/TST

Súmula 331 TST — CONTRATO DE PRESTAÇÃO DE SERVIÇOS. LEGALIDADE (nova redação do item IV e inseridos os itens V e VI à redação) — Res. 174/2011, DEJT divulgado em 27, 30 e 31.05.2011
(...)
IV — O inadimplemento das obrigações trabalhistas, por parte do empregador, implica a responsabilidade subsidiária do tomador dos serviços quanto àquelas obrigações, desde que haja participado da relação processual e conste também do título executivo judicial.

ORIENTAÇÕES JURISPRUDENCIAIS DA SDI-1 DO TST

Vide OJs 191 e 383 SDI-1/TST

OJ 191 SDI-1 TST — CONTRATO DE EMPREITADA. DONO DA OBRA DE CONSTRUÇÃO CIVIL. RESPONSABILIDADE. (nova redação) — Res. 175/2011, DEJT divulgado em 27, 30 e 31.05.2011

Diante da inexistência de previsão legal específica, o contrato de empreitada de construção civil entre o dono da obra e o empreiteiro não enseja responsabilidade solidária ou subsidiária nas obrigações trabalhistas contraídas pelo empreiteiro, salvo sendo o dono da obra uma empresa construtora ou incorporadora.

OJ 383 SDI-1 TST — TERCEIRIZAÇÃO. EMPREGADOS DA EMPRESA PRESTADORA DE SERVIÇOS E DA TOMADORA. ISONOMIA. ART. 12, "A", DA LEI N. 6.019, DE 03.01.1974. (mantida) — Res. 175/2011, DEJT divulgado em 27, 30 e 31.05.2011

A contratação irregular de trabalhador, mediante empresa interposta, não gera vínculo de emprego com ente da Administração Pública, não afastando, contudo, pelo princípio da isonomia, o direito dos empregados terceirizados às mesmas verbas trabalhistas legais e normativas asseguradas àqueles contratados pelo tomador dos serviços, desde que presente a igualdade de funções. Aplicação analógica do art. 12, "a", da Lei n. 6.019, de 03.01.1974.

TÍTULO IV — DO CONTRATO INDIVIDUAL DO TRABALHO

Art. 456

A prova do contrato individual do trabalho será feita pelas anotações constantes da carteira profissional ou por instrumento escrito e suprida por todos os meios permitidos em direito.

Parágrafo único A falta de prova ou inexistindo cláusula expressa e tal respeito, entender-se-á que o empregado se obrigou a todo e qualquer serviço compatível com a sua condição pessoal.

CONSOLIDAÇÃO DAS LEIS DO TRABALHO
Decreto-Lei n. 5.452, de 1º de maio de 1943
DOU 9.8.1943

Vide art. 29, *caput*; art. 447; e art. 818

Art. 29. A Carteira de Trabalho e Previdência Social será obrigatoriamente apresentada, contra recibo, pelo trabalhador ao empregador que o admitir, o qual terá o prazo de quarenta e oito horas para nela anotar, especificamente, a data de admissão, a remuneração e as condições especiais, se houver, sendo facultada a adoção de sistema manual, mecânico ou eletrônico, conforme instruções a serem expedidas pelo Ministério do Trabalho. *(Redação dada pela Lei n. 7.855, de 24.10.1989)*

Art. 447. Na falta de acordo ou prova sobre condição essencial ao contrato verbal, esta se presume existente, como se a tivessem estatuído os interessados na conformidade dos preceitos jurídicos adequados à sua legitimidade.

Art. 818. A prova das alegações incumbe à parte que as fizer.

DECRETO-LEI N. 926, DE 10 DE OUTUBRO DE 1969
Institui a Carteira de Trabalho e Previdência Social, altera dispositivos da Consolidação das Leis do Trabalho e do Estatuto do Trabalhador Rural, e dá outras providências
DOU 13.10.1969

Vide art. 1º, *caput*

Art. 1º Fica instituída a Carteira de Trabalho e Previdência Social, que substituirá a Carteira Profissional, a Carteira de Trabalho do Menor e a Carteira Profissional do Trabalhador Rural.

CÓDIGO CIVIL
Lei n. 10.406, de 10 de janeiro de 2002
DOU 11.1.2002

Vide art. 212, *caput*

Art. 212. Salvo o negócio a que se impõe forma especial, o fato jurídico pode ser provado mediante:
I — confissão;
II — documento;
III — testemunha;
IV — presunção;
V — perícia.

CÓDIGO DE PROCESSO CIVIL DE 1973
Lei n. 5.869, de 11 de janeiro de 1973
DOU 17.1.1973 e republicado em 27.7.2006

Vide art. 332; e art. 333, *caput* e incisos I e II

Art. 332. Todos os meios legais, bem como os moralmente legítimos, ainda que não especificados neste Código, são hábeis para provar a verdade dos fatos, em que se funda a ação ou a defesa.

Art. 333. O ônus da prova incumbe:
I — ao autor, quanto ao fato constitutivo do seu direito;
II — ao réu, quanto à existência de fato impeditivo, modificativo ou extintivo do direito do autor.

CÓDIGO DE PROCESSO CIVIL DE 2015
Lei n. 13.105, de 16 de março de 2015
DOU 17.3.2015

Vide art. 369; art. 372; e art. 373, *caput* e incisos I e II

Art. 369. As partes têm o direito de empregar todos os meios legais, bem como os moralmente legítimos, ainda que não especificados neste Código, para provar a verdade dos fatos em que se funda o pedido ou a defesa e influir eficazmente na convicção do juiz.

Art. 372. O juiz poderá admitir a utilização de prova produzida em outro processo, atribuindo-lhe o valor que considerar adequado, observado o contraditório.

Art. 373. O ônus da prova incumbe:
I — ao autor, quanto ao fato constitutivo de seu direito;
II — ao réu, quanto à existência de fato impeditivo, modificativo ou extintivo do direito do autor.

SÚMULA DO STF

Vide Súmula 225/STF

Súmula 225 STF — Não é absoluto o valor probatório das anotações da carteira profissional.

SÚMULA DO TST

Vide Súmula 12/TST

Súmula 12 TST — CARTEIRA PROFISSIONAL (mantida) — Res. 121/2003, DJ 19, 20 e 21.11.2003
As anotações apostas pelo empregador na carteira profissional do empregado não geram presunção "juris et de jure", mas apenas "juris tantum".

ORIENTAÇÃO JURISPRUDENCIAL DA SDI-1 DO TST

Vide OJ 82/TST

OJ 82 SDI-1 TST — AVISO PRÉVIO. BAIXA NA CTPS (inserida em 28.04.1997)
A data de saída a ser anotada na CTPS deve corresponder à do término do prazo do aviso prévio, ainda que indenizado.

PRECEDENTES NORMATIVOS DA SDC DO TST

Vide PNs 5 e 105 SDC/TST

PN 5 SDC TST — ANOTAÇÕES DE COMISSÕES (positivo)
O empregador é obrigado a anotar, na CTPS, o percentual das comissões a que faz jus o empregado.

PN 105 SDC TST — ANOTAÇÃO NA CARTEIRA PROFISSIONAL (positivo)

As empresas ficam obrigadas a anotar na carteira de trabalho a função efetivamente exercida pelo empregado, observada a Classificação Brasileira de Ocupações (CBO).

SÚMULA DO STJ

Vide Súmula 62/STJ

Súmula 62 STJ — Compete a justiça estadual processar e julgar o crime de falsa anotação na Carteira de Trabalho e Previdência Social, atribuído a empresa privada.

CAPÍTULO II
DA REMUNERAÇÃO

Art. 457 Compreendem-se na remuneração do empregado, para todos os efeitos legais, além do salário devido e pago diretamente pelo empregador, como contraprestação do serviço, as gorjetas que receber. *(Redação dada pela Lei n. 1.999, de 1.10.1953)*

CONSTITUIÇÃO FEDERAL DE 1988
DOU 5.10.1988

Vide art. 7°, *caput* e incisos VI, VII, VIII e X

Art. 7° São direitos dos trabalhadores urbanos e rurais, além de outros que visem à melhoria de sua condição social:
(...)
VI — irredutibilidade do salário, salvo o disposto em convenção ou acordo coletivo;
VII — garantia de salário, nunca inferior ao mínimo, para os que percebem remuneração variável;
VIII — décimo terceiro salário com base na remuneração integral ou no valor da aposentadoria;
(...)
X — proteção do salário na forma da lei, constituindo crime sua retenção dolosa;

CONSOLIDAÇÃO DAS LEIS DO TRABALHO
Decreto-Lei n. 5.452, de 1° de maio de 1943
DOU 9.8.1943

Vide art. 29, § 1°

Art. 29. (...)
§ 1° As anotações concernentes à remuneração devem especificar o salário, qualquer que seja sua forma de pagamento, seja ele em dinheiro ou em utilidades, bem como a estimativa da gorjeta. *(Redação dada pelo Decreto-Lei n. 229, de 28.2.1967)*

LEI N. 4.090, DE 13 DE JULHO DE 1962
Institui a gratificação de natal para os trabalhadores
DOU 9.8.1943

Vide art. 1°, *caput* e § 1°

Art. 1° No mês de dezembro de cada ano, a todo empregado será paga, pelo empregador, uma gratificação salarial, independentemente da remuneração a que fizer jus.
§ 1° A gratificação corresponderá a 1/12 avos da remuneração devida em dezembro, por mês de serviço, do ano correspondente.

LEI N. 8.036, DE 11 DE MAIO DE 1990
Dispõe sobre o Fundo de Garantia do Tempo de Serviço, e dá outras providências
DOU 14.5.1990 e retificado em 15.5.1990

Vide art. 15, *caput* e §§ 1° a 7°

Art. 15. Para os fins previstos nesta lei, todos os empregadores ficam obrigados a depositar, até o dia 7 (sete) de cada mês, em conta bancária vinculada, a importância correspondente a 8 (oito) por cento da remuneração paga ou devida, no mês anterior, a cada trabalhador, incluídas na remuneração as parcelas de que tratam os arts. 457 e 458 da CLT e a gratificação de Natal a que se refere a Lei n. 4.090, de 13 de julho de 1962, com as modificações da Lei n. 4.749, de 12 de agosto de 1965.

§ 1° Entende-se por empregador a pessoa física ou a pessoa jurídica de direito privado ou de direito público, da administração pública direta, indireta ou fundacional de qualquer dos Poderes, da União, dos Estados, do Distrito Federal e dos Municípios, que admitir trabalhadores a seu serviço, bem assim aquele que, regido por legislação especial, encontrar-se nessa condição ou figurar como fornecedor ou tomador de mão de obra, independente da responsabilidade solidária e/ou subsidiária a que eventualmente venha obrigar-se.

§ 2° Considera-se trabalhador toda pessoa física que prestar serviços a empregador, a locador ou tomador de mão de obra, excluídos os eventuais, os autônomos e os servidores públicos civis e militares sujeitos a regime jurídico próprio.

§ 3° Os trabalhadores domésticos poderão ter acesso ao regime do FGTS, na forma que vier a ser prevista em lei.

§ 4° Considera-se remuneração as retiradas de diretores não empregados, quando haja deliberação da empresa, garantindo-lhes os direitos decorrentes do contrato de trabalho de que trata o art. 16. *(Incluído pela Lei n. 9.711, de 1998)*

§ 5° O depósito de que trata o *caput* deste artigo é obrigatório nos casos de afastamento para prestação do serviço militar obrigatório e licença por acidente do trabalho. *(Incluído pela Lei n. 9.711, de 1998)*

§ 6° Não se incluem na remuneração, para os fins desta Lei, as parcelas elencadas no § 9° do art. 28 da Lei n. 8.212, de 24 de julho de 1991. *(Incluído pela Lei n. 9.711, de 1998)*

§ 7° Os contratos de aprendizagem terão a alíquota a que se refere o *caput* deste artigo reduzida para dois por cento. *(Incluído pela Lei n. 10.097, de 2000)*

SÚMULAS DO TST

Vide Súmulas 45, 63, 84, 91, 101, 115, 148, 152, 202, 203, 225, 226, 264, 318 e 354/TST

Súmula 45 TST — SERVIÇO SUPLEMENTAR (mantida) — Res. 121/2003, DJ 19, 20 e 21.11.2003

TÍTULO IV — DO CONTRATO INDIVIDUAL DO TRABALHO Art. 457

A remuneração do serviço suplementar, habitualmente prestado, integra o cálculo da gratificação natalina prevista na Lei n. 4.090, de 13.07.1962.

Súmula 63 TST — FUNDO DE GARANTIA (mantida) — Res. 121/2003, DJ 19, 20 e 21.11.2003
A contribuição para o Fundo de Garantia do Tempo de Serviço incide sobre a remuneração mensal devida ao empregado, inclusive horas extras e adicionais eventuais.

Súmula 84 TST — ADICIONAL REGIONAL (nova redação) — Res. 121/2003, DJ 19, 20 e 21.11.2003
O adicional regional, instituído pela Petrobras, não contraria o art. 7º, XXXII, da CF/1988.

Súmula 91 TST — SALÁRIO COMPLESSIVO (mantida) — Res. 121/2003, DJ 19, 20 e 21.11.2003
Nula é a cláusula contratual que fixa determinada importância ou percentagem para atender englobadamente vários direitos legais ou contratuais do trabalhador.

Súmula 101 TST — DIÁRIAS DE VIAGEM. SALÁRIO (incorporada a Orientação Jurisprudencial n. 292 da SBDI-1) — Res. 129/2005, DJ 20, 22 e 25.04.2005
Integram o salário, pelo seu valor total e para efeitos indenizatórios, as diárias de viagem que excedam a 50% (cinquenta por cento) do salário do empregado, enquanto perdurarem as viagens. *(primeira parte — ex-Súmula n. 101 — RA 65/1980, DJ 18.06.1980; segunda parte — ex--OJ n. 292 da SBDI-1 — inserida em 11.08.2003)*

Súmula 115 TST — HORAS EXTRAS. GRATIFICAÇÕES SEMESTRAIS (nova redação) — Res. 121/2003, DJ 19, 20 e 21.11.2003
O valor das horas extras habituais integra a remuneração do trabalhador para o cálculo das gratificações semestrais.

Súmula 148 TST — GRATIFICAÇÃO NATALINA (mantida) — Res. 121/2003, DJ 19, 20 e 21.11.2003
É computável a gratificação de Natal para efeito de cálculo de indenização (ex-Prejulgado n. 20).

Súmula 152 TST — GRATIFICAÇÃO. AJUSTE TÁCITO (mantida) — Res. 121/2003, DJ 19, 20 e 21.11.2003
O fato de constar do recibo de pagamento de gratificação o caráter de liberalidade não basta, por si só, para excluir a existência de ajuste tácito (ex-Prejulgado n. 25).

Súmula 202 TST — GRATIFICAÇÃO POR TEMPO DE SERVIÇO. COMPENSAÇÃO (mantida) — Res. 121/2003, DJ 19, 20 e 21.11.2003
Existindo, ao mesmo tempo, gratificação por tempo de serviço outorgada pelo empregador e outra da mesma natureza prevista em acordo coletivo, convenção coletiva ou sentença normativa, o empregado tem direito a receber, exclusivamente, a que lhe seja mais benéfica.

Súmula 203 TST — GRATIFICAÇÃO POR TEMPO DE SERVIÇO. NATUREZA SALARIAL (mantida) — Res. 121/2003, DJ 19, 20 e 21.11.2003
A gratificação por tempo de serviço integra o salário para todos os efeitos legais.

Súmula 225 TST — REPOUSO SEMANAL. CÁLCULO. GRATIFICAÇÕES POR TEMPO DE SERVIÇO E PRODUTIVIDADE (mantida) — Res. 121/2003, DJ 19, 20 e 21.11.2003
As gratificações por tempo de serviço e produtividade, pagas mensalmente, não repercutem no cálculo do repouso semanal remunerado.

Súmula 226 TST — BANCÁRIO. GRATIFICAÇÃO POR TEMPO DE SERVIÇO. INTEGRAÇÃO NO CÁLCULO DAS HORAS EXTRAS (mantida) — Res. 121/2003, DJ 19, 20 e 21.11.2003
A gratificação por tempo de serviço integra o cálculo das horas extras.

Súmula 264 TST — HORA SUPLEMENTAR. CÁLCULO (mantida) — Res. 121/2003, DJ 19, 20 e 21.11.2003
A remuneração do serviço suplementar é composta do valor da hora normal, integrado por parcelas de natureza salarial e acrescido do adicional previsto em lei, contrato, acordo, convenção coletiva ou sentença normativa.

Súmula 318 TST — DIÁRIAS. BASE DE CÁLCULO PARA SUA INTEGRAÇÃO NO SALÁRIO (mantida) — Res. 121/2003, DJ 19, 20 e 21.11.2003
Tratando-se de empregado mensalista, a integração das diárias no salário deve ser feita tomando-se por base o salário mensal por ele percebido e não o valor do dia de salário, somente sendo devida a referida integração quando o valor das diárias, no mês, for superior à metade do salário mensal.

Súmula 354 TST — GORJETAS. NATUREZA JURÍDICA. REPERCUSSÕES (mantida) — Res. 121/2003, DJ 19, 20 e 21.11.2003
As gorjetas, cobradas pelo empregador na nota de serviço ou oferecidas espontaneamente pelos clientes, integram a remuneração do empregado, não servindo de base de cálculo para as parcelas de aviso prévio, adicional noturno, horas extras e repouso semanal remunerado.

§ 1º Integram o salário não só a importância fixa estipulada, como também as comissões, percentagens, gratificações ajustadas, diárias para viagens e abonos pagos pelo empregador. *(Redação dada pela Lei n. 1.999, de 1.10.1953)*

SÚMULAS DO STF

Vide Súmulas 207, 209, 241, 459 e 688/STF

Súmula 207 STF — As gratificações habituais, inclusive a de Natal, consideram-se tacitamente convencionadas, integrando o salário.

Súmula 209 STF — O salário-produção, como outras modalidades de salário-prêmio, é devido, desde que verificada a condição a que estiver subordinado, e não pode ser suprimido unilateralmente, pelo empregador, quando pago com habitualidade.

Súmula 241 STF — A contribuição previdenciária incide sobre o abono incorporado ao salário.

Súmula 459 STF — No cálculo da indenização por despedida injusta, incluem-se os adicionais, ou gratificações, que, pela habitualidade, se tenham incorporado ao salário.

Súmula 688 STF — É legítima a incidência da contribuição previdenciária sobre o 13º salário.

SÚMULAS DO TST

Vide Súmulas 101, 115, 139, 152, 202, 203, 225, 226, 240, 247, 253 e 318/TST

Súmula 101 TST — DIÁRIAS DE VIAGEM. SALÁRIO (incorporada a Orientação Jurisprudencial n. 292 da SBDI-1) — Res. 129/2005, DJ 20, 22 e 25.04.2005

Integram o salário, pelo seu valor total e para efeitos indenizatórios, as diárias de viagem que excedam a 50% (cinquenta por cento) do salário do empregado, enquanto perdurarem as viagens. *(primeira parte — ex-Súmula n. 101 — RA 65/1980, DJ 18.06.1980; segunda parte — ex-OJ n. 292 da SBDI-1 — inserida em 11.08.2003)*

Súmula 115 TST — HORAS EXTRAS. GRATIFICAÇÕES SEMESTRAIS (nova redação) — Res. 121/2003, DJ 19, 20 e 21.11.2003

O valor das horas extras habituais integra a remuneração do trabalhador para o cálculo das gratificações semestrais.

Súmula 139 TST — ADICIONAL DE INSALUBRIDADE (incorporada a Orientação Jurisprudencial n. 102 da SBDI-1) — Res. 129/2005, DJ 20, 22 e 25.04.2005

Enquanto percebido, o adicional de insalubridade integra a remuneração para todos os efeitos legais. *(ex-OJ n. 102 da SBDI-1 — inserida em 01.10.1997)*

Súmula 152 TST — GRATIFICAÇÃO. AJUSTE TÁCITO (mantida) — Res. 121/2003, DJ 19, 20 e 21.11.2003

O fato de constar do recibo de pagamento de gratificação o caráter de liberalidade não basta, por si só, para excluir a existência de ajuste tácito (ex-Prejulgado n. 25).

Súmula 202 TST — GRATIFICAÇÃO POR TEMPO DE SERVIÇO. COMPENSAÇÃO (mantida) — Res. 121/2003, DJ 19, 20 e 21.11.2003

Existindo, ao mesmo tempo, gratificação por tempo de serviço outorgada pelo empregador e outra da mesma natureza prevista em acordo coletivo, convenção coletiva ou sentença normativa, o empregado tem direito a receber, exclusivamente, a que lhe seja mais benéfica.

Súmula 203 TST — GRATIFICAÇÃO POR TEMPO DE SERVIÇO. NATUREZA SALARIAL (mantida) — Res. 121/2003, DJ 19, 20 e 21.11.2003

A gratificação por tempo de serviço integra o salário para todos os efeitos legais.

Súmula 225 TST — REPOUSO SEMANAL. CÁLCULO. GRATIFICAÇÕES POR TEMPO DE SERVIÇO E PRODUTIVIDADE (mantida) — Res. 121/2003, DJ 19, 20 e 21.11.2003

As gratificações por tempo de serviço e produtividade, pagas mensalmente, não repercutem no cálculo do repouso semanal remunerado.

Súmula 226 TST — BANCÁRIO. GRATIFICAÇÃO POR TEMPO DE SERVIÇO. INTEGRAÇÃO NO CÁLCULO DAS HORAS EXTRAS (mantida) — Res. 121/2003, DJ 19, 20 e 21.11.2003

A gratificação por tempo de serviço integra o cálculo das horas extras.

Súmula 240 TST — BANCÁRIO. GRATIFICAÇÃO DE FUNÇÃO E ADICIONAL POR TEMPO DE SERVIÇO (mantida) — Res. 121/2003, DJ 19, 20 e 21.11.2003

O adicional por tempo de serviço integra o cálculo da gratificação prevista no art. 224, § 2º, da CLT.

Súmula 247 TST — QUEBRA DE CAIXA. NATUREZA JURÍDICA (mantida) — Res. 121/2003, DJ 19, 20 e 21.11.2003

A parcela paga aos bancários sob a denominação "quebra de caixa" possui natureza salarial, integrando o salário do prestador de serviços, para todos os efeitos legais.

Súmula 253 TST — GRATIFICAÇÃO SEMESTRAL. REPERCUSSÕES (nova redação) — Res. 121/2003, DJ 19, 20 e 21.11.2003

A gratificação semestral não repercute no cálculo das horas extras, das férias e do aviso prévio, ainda que indenizados. Repercute, contudo, pelo seu duodécimo na indenização por antiguidade e na gratificação natalina.

Súmula 318 TST — DIÁRIAS. BASE DE CÁLCULO PARA SUA INTEGRAÇÃO NO SALÁRIO (mantida) — Res. 121/2003, DJ 19, 20 e 21.11.2003

Tratando-se de empregado mensalista, a integração das diárias no salário deve ser feita tomando-se por base o salário mensal por ele percebido e não o valor do dia de salário, somente sendo devida a referida integração quando o valor das diárias, no mês, for superior à metade do salário mensal.

ORIENTAÇÕES JURISPRUDENCIAIS DA SDI-1 DO TST

Vide OJs 181, 272, 346 e 397 SDI-1/TST

OJ 181 SDI-1 TST — COMISSÕES. CORREÇÃO MONETÁRIA. CÁLCULO (inserida em 08.11.2000)

O valor das comissões deve ser corrigido monetariamente para em seguida obter-se a média para efeito de cálculo de férias, 13º salário e verbas rescisórias.

OJ 272 SDI-1 TST — SALÁRIO MÍNIMO. SERVIDOR. SALÁRIO-BASE INFERIOR. DIFERENÇAS. INDEVIDAS (inserida em 27.09.2002)

A verificação do respeito ao direito ao salário mínimo não se apura pelo confronto isolado do salário-base com o mínimo legal, mas deste com a soma de todas as parcelas de natureza salarial recebidas pelo empregado diretamente do empregador.

OJ 346 SDI-1 TST — ABONO PREVISTO EM NORMA COLETIVA. NATUREZA INDENIZATÓRIA. CONCESSÃO APENAS AOS EMPREGADOS EM ATIVIDADE. EXTENSÃO AOS INATIVOS. IMPOSSIBILIDADE (DJ 25.04.2007)

A decisão que estende aos inativos a concessão de abono de natureza jurídica indenizatória, previsto em norma coletiva apenas para os empregados em atividade, a ser pago de uma única vez, e confere natureza salarial à parcela, afronta o art. 7º, XXVI, da CF/1988.

OJ 397 SDI-1 TST — COMISSIONISTA MISTO. HORAS EXTRAS. BASE DE CÁLCULO. APLICAÇÃO DA SÚMULA N. 340 DO TST. (DEJT divulgado em 02, 03 e 04.08.2010)

O empregado que recebe remuneração mista, ou seja, uma parte fixa e outra variável, tem direito a horas extras pelo trabalho em sobrejornada. Em relação à parte fixa, são devidas as horas simples acrescidas do adicional de horas extras. Em relação à parte variável, é devido somente o adicional de horas extras, aplicando-se à hipótese o disposto na Súmula n. 340 do TST.

TÍTULO IV — DO CONTRATO INDIVIDUAL DO TRABALHO

Art. 458

§ 2º Não se incluem nos salários as ajudas de custo, assim como as diárias para viagem que não excedam de 50% (cinquenta por cento) do salário percebido pelo empregado. *(Redação dada pela Lei n. 1.999, de 1.10.1953)*

SÚMULAS DO TST

Vide Súmulas 101, 115, 240, 247, 318 e 372/TST

Súmula 101 TST — DIÁRIAS DE VIAGEM. SALÁRIO (incorporada a Orientação Jurisprudencial n. 292 da SBDI-1) — Res. 129/2005, DJ 20, 22 e 25.04.2005
Integram o salário, pelo seu valor total e para efeitos indenizatórios, as diárias de viagem que excedam a 50% (cinquenta por cento) do salário do empregado, enquanto perdurarem as viagens. *(primeira parte — ex-Súmula n. 101 — RA 65/1980, DJ 18.06.1980; segunda parte — ex--OJ n. 292 da SBDI-1 — inserida em 11.08.2003)*

Súmula 115 TST — HORAS EXTRAS. GRATIFICAÇÕES SEMESTRAIS (nova redação) — Res. 121/2003, DJ 19, 20 e 21.11.2003
O valor das horas extras habituais integra a remuneração do trabalhador para o cálculo das gratificações semestrais.

Súmula 240 TST — BANCÁRIO. GRATIFICAÇÃO DE FUNÇÃO E ADICIONAL POR TEMPO DE SERVIÇO (mantida) — Res. 121/2003, DJ 19, 20 e 21.11.2003
O adicional por tempo de serviço integra o cálculo da gratificação prevista no art. 224, § 2º, da CLT.

Súmula 247 TST — QUEBRA DE CAIXA. NATUREZA JURÍDICA (mantida) — Res. 121/2003, DJ 19, 20 e 21.11.2003
A parcela paga aos bancários sob a denominação "quebra de caixa" possui natureza salarial, integrando o salário do prestador de serviços, para todos os efeitos legais.

Súmula 318 TST — DIÁRIAS. BASE DE CÁLCULO PARA SUA INTEGRAÇÃO NO SALÁRIO (mantida) — Res. 121/2003, DJ 19, 20 e 21.11.2003
Tratando-se de empregado mensalista, a integração das diárias no salário deve ser feita tomando-se por base o salário mensal por ele percebido e não o valor do dia de salário, somente sendo devida a referida integração quando o valor das diárias, no mês, for superior à metade do salário mensal.

Súmula 372 TST — GRATIFICAÇÃO DE FUNÇÃO. SUPRESSÃO OU REDUÇÃO. LIMITES (conversão das Orientações Jurisprudenciais ns. 45 e 303 da SBDI-1) — Res. 129/2005, DJ 20, 22 e 25.04.2005
I — Percebida a gratificação de função por dez ou mais anos pelo empregado, se o empregador, sem justo motivo, revertê-lo a seu cargo efetivo, não poderá retirar-lhe a gratificação tendo em vista o princípio da estabilidade financeira. *(ex-OJ n. 45 da SBDI-1 — inserida em 25.11.1996)*
II — Mantido o empregado no exercício da função comissionada, não pode o empregador reduzir o valor da gratificação. *(ex-OJ n. 303 da SBDI-1 — DJ 11.08.2003)*

§ 3º Considera-se gorjeta não só a importância espontaneamente dada pelo cliente ao empregado, como também aquela que for cobrada pela empresa ao cliente, como adicional nas contas, a qualquer título, e destinada a distribuição aos empregados. *(Redação dada pelo Decreto-Lei n. 229, de 28.2.1967)*

SÚMULA DO TST

Vide Súmula 354/TST

Súmula 354 TST — GORJETAS. NATUREZA JURÍDICA. REPERCUSSÕES (mantida) — Res. 121/2003, DJ 19, 20 e 21.11.2003
As gorjetas, cobradas pelo empregador na nota de serviço ou oferecidas espontaneamente pelos clientes, integram a remuneração do empregado, não servindo de base de cálculo para as parcelas de aviso prévio, adicional noturno, horas extras e repouso semanal remunerado.

Art. 458 Além do pagamento em dinheiro, compreende-se no salário, para todos os efeitos legais, a alimentação, habitação, vestuário ou outras prestações "in natura" que a empresa, por força do contrato ou do costume, fornecer habitualmente ao empregado. Em caso algum será permitido o pagamento com bebidas alcoólicas ou drogas nocivas. *(Redação dada pelo Decreto-Lei n. 229, de 28.2.1967)*

CONSTITUIÇÃO FEDERAL DE 1988
DOU 5.10.1988

Vide art. 7º, *caput* e inciso X

Art. 7º São direitos dos trabalhadores urbanos e rurais, além de outros que visem à melhoria de sua condição social:
(...)
X — proteção do salário na forma da lei, constituindo crime sua retenção dolosa;

CONSOLIDAÇÃO DAS LEIS DO TRABALHO
Decreto-Lei n. 5.452, de 1º de maio de 1943
DOU 9.8.1943

Vide art. 29, § 1º; e art. 81, *caput* e §§ 1º a 3º

Art. 29. (...)
§ 1º As anotações concernentes à remuneração devem especificar o salário, qualquer que seja sua forma de pa-

gamento, seja ele em dinheiro ou em utilidades, bem como a estimativa da gorjeta. *(Redação dada pelo Decreto-Lei n. 229, de 28.2.1967)*

Art. 81. O salário mínimo será determinado pela fórmula Sm = a + b + c + d + e, em que "a", "b", "c", "d" e "e" representam, respectivamente, o valor das despesas diárias com alimentação, habitação, vestuário, higiene e transporte necessários à vida de um trabalhador adulto.

§ 1º A parcela correspondente à alimentação terá um valor mínimo igual aos valores da lista de provisões, constantes dos quadros devidamente aprovados e necessários à alimentação diária do trabalhador adulto.

§ 2º Poderão ser substituídos pelos equivalentes de cada grupo, também mencionados nos quadros a que alude o parágrafo anterior, os alimentos, quando as condições da região, zona ou subzona o aconselharem, respeitados os valores nutritivos determinados nos mesmos quadros.

§ 3º O Ministério do Trabalho, Indústria e Comércio fará, periodicamente, a revisão dos quadros a que se refere o § 1º deste artigo.

LEI N. 6.321, DE 14 DE ABRIL DE 1976
Dispõe sobre a dedução, do lucro tributável para fins de imposto sobre a renda das pessoas jurídicas, do dobro das despesas realizadas em programas de alimentação do trabalhador
DOU 19.4.1976

Vide art. 1º

Art. 1º As pessoas jurídicas poderão deduzir, do lucro tributável para fins do imposto sobre a renda o dobro das despesas comprovadamente realizadas no período base, em programas de alimentação do trabalhador, previamente aprovados pelo Ministério do Trabalho na forma em que dispuser o Regulamento desta Lei.

DECRETO N. 5, DE 14 DE JANEIRO DE 1991
Regulamenta a Lei n. 6.321, de 14 de abril de 1976, que trata do Programa de Alimentação do Trabalhador, revoga o Decreto n. 78.676, de 8 de novembro de 1976 e dá outras providências
DOU 15.1.1991

Vide art. 1º

Art. 1º A pessoa jurídica poderá deduzir, do Imposto de Renda devido, valor equivalente à aplicação da alíquota cabível do Imposto de Renda sobre a soma das despesas de custeio realizadas, no período-base, em Programas de Alimentação do Trabalhador, previamente aprovados pelo Ministério do Trabalho e da Previdência Social — MTPS, nos termos deste regulamento.

LEI N. 8.036, DE 11 DE MAIO DE 1990
Dispõe sobre o Fundo de Garantia do Tempo de Serviço, e dá outras providências
DOU 14.5.1990 e retificado em 15.5.1990

Vide art. 15, caput

Art. 15. Para os fins previstos nesta lei, todos os empregadores ficam obrigados a depositar, até o dia 7 (sete) de cada mês, em conta bancária vinculada, a importância correspondente a 8 (oito) por cento da remuneração paga ou devida, no mês anterior, a cada trabalhador, incluídas na remuneração as parcelas de que tratam os arts. 457 e 458 da CLT e a gratificação de Natal a que se refere a Lei n. 4.090, de 13 de julho de 1962, com as modificações da Lei n. 4.749, de 12 de agosto de 1965. *(Vide Lei n. 13.189, de 2015)*

SÚMULAS DO TST

Vide Súmulas 241, 258 e 367/TST

Súmula 241 TST — SALÁRIO-UTILIDADE. ALIMENTAÇÃO (mantida) — Res. 121/2003, DJ 19, 20 e 21.11.2003
O vale para refeição, fornecido por força do contrato de trabalho, tem caráter salarial, integrando a remuneração do empregado, para todos os efeitos legais.

Súmula 258 TST — SALÁRIO-UTILIDADE. PERCENTUAIS (nova redação) — Res. 121/2003, DJ 19, 20 e 21.11.2003
Os percentuais fixados em lei relativos ao salário "in natura" apenas se referem às hipóteses em que o empregado percebe salário mínimo, apurando-se, nas demais, o real valor da utilidade.

Súmula 367 TST — UTILIDADES "IN NATURA". HABITAÇÃO. ENERGIA ELÉTRICA. VEÍCULO. CIGARRO. NÃO INTEGRAÇÃO AO SALÁRIO (conversão das Orientações Jurisprudenciais ns. 24, 131 e 246 da SBDI-1) — Res. 129/2005, DJ 20, 22 e 25.04.2005
I — A habitação, a energia elétrica e veículo fornecidos pelo empregador ao empregado, quando indispensáveis para a realização do trabalho, não têm natureza salarial, ainda que, no caso de veículo, seja ele utilizado pelo empregado também em atividades particulares. *(ex-OJs da SBDI-1 ns. 131 — inserida em 20.04.1998 e ratificada pelo Tribunal Pleno em 07.12.2000 — e 246 — inserida em 20.06.2001)*
II — O cigarro não se considera salário utilidade em face de sua nocividade à saúde. *(ex-OJ n. 24 da SBDI-1 — inserida em 29.03.1996)*

ORIENTAÇÕES JURISPRUDENCIAIS DA SDI-1 DO TST

Vide OJs 123, 133 e 413 SDI-1/TST

OJ 123 SDI-1 TST — BANCÁRIOS. AJUDA ALIMENTAÇÃO (inserida em 20.04.1998)
A ajuda alimentação prevista em norma coletiva em decorrência de prestação de horas extras tem natureza indenizatória e, por isso, não integra o salário do empregado bancário.

OJ 133 SDI-1 TST — AJUDA ALIMENTAÇÃO. PAT. LEI N. 6.321/76. NÃO INTEGRAÇÃO AO SALÁRIO (inserida em 27.11.1998)
A ajuda alimentação fornecida por empresa participante do programa de alimentação ao trabalhador, instituído pela Lei n. 6.321/76, não tem caráter salarial. Portanto, não integra o salário para nenhum efeito legal.

OJ 413 SDI-1 TST — AUXÍLIO-ALIMENTAÇÃO. ALTERAÇÃO DA NATUREZA JURÍDICA. NORMA COLETIVA OU ADESÃO AO PAT. (DEJT divulgado em 14, 15 e 16.02.2012)
A pactuação em norma coletiva conferindo caráter indenizatório à verba "auxílio-alimentação" ou a adesão posterior do empregador ao Programa de Alimentação do Trabalhador — PAT — não altera a natureza salarial da parcela, instituída anteriormente, para aqueles empregados que, habitualmente, já percebiam o benefício, a teor das Súmulas ns. 51, I, e 241 do TST.

TÍTULO IV — DO CONTRATO INDIVIDUAL DO TRABALHO

Art. 458

ORIENTAÇÃO JURISPRUDENCIAL DA SDC DO TST

Vide OJ 18 SDC/TST

OJ 18 SDC TST — DESCONTOS AUTORIZADOS NO SALÁRIO PELO TRABALHADOR. LIMITAÇÃO MÁXIMA DE 70% DO SALÁRIO-BASE. (inserida em 25.05.1998)
Os descontos efetuados com base em cláusula de acordo firmado entre as partes não podem ser superiores a 70% do salário-base percebido pelo empregado, pois deve-se assegurar um mínimo de salário em espécie ao trabalhador.

PRECEDENTE NORMATIVO DA SDC DO TST

Vide PN 109 SDC/TST

PN 109 SDC TST — DESCONTO-MORADIA (positivo)
Autoriza-se o desconto da moradia fornecida ao empregado somente quando o imóvel tiver o habite-se concedido pela autoridade competente.

§ 1º Os valores atribuídos às prestações "in natura" deverão ser justos e razoáveis, não podendo exceder, em cada caso, os dos percentuais das parcelas componentes do salário-mínimo (arts. 81 e 82). *(Incluído pelo Decreto-Lei n. 229, de 28.2.1967)*

LEI COMPLEMENTAR N. 150, DE 1º DE JUNHO DE 2015
Dispõe sobre o contrato de trabalho doméstico; altera as Leis n. 8.212, de 24 de julho de 1991, n. 8.213, de 24 de julho de 1991, e n. 11.196, de 21 de novembro de 2005; revoga o inciso I do art. 3º da Lei n. 8.009, de 29 de março de 1990, o art. 36 da Lei n. 8.213, de 24 de julho de 1991, a Lei n. 5.859, de 11 de dezembro de 1972, e o inciso VII do art. 12 da Lei n. 9.250, de 26 de dezembro 1995; e dá outras providências
DOU 2.6.2015

Vide art. 18, *caput* e §§ 2º, 3º e 4º

Art. 18. É vedado ao empregador doméstico efetuar descontos no salário do empregado por fornecimento de alimentação, vestuário, higiene ou moradia, bem como por despesas com transporte, hospedagem e alimentação em caso de acompanhamento em viagem.
(...)
§ 2º Poderão ser descontadas as despesas com moradia de que trata o *caput* deste artigo quando essa se referir a local diverso da residência em que ocorrer a prestação de serviço, desde que essa possibilidade tenha sido expressamente acordada entre as partes.
§ 3º As despesas referidas no *caput* deste artigo não têm natureza salarial nem se incorporam à remuneração para quaisquer efeitos.
§ 4º O fornecimento de moradia ao empregado doméstico na própria residência ou em morada anexa, de qualquer natureza, não gera ao empregado qualquer direito de posse ou de propriedade sobre a referida moradia.

SÚMULA DO TST

Vide Súmula 258/TST

Súmula 258 TST — SALÁRIO-UTILIDADE. PERCENTUAIS (nova redação) — Res. 121/2003, DJ 19, 20 e 21.11.2003
Os percentuais fixados em lei relativos ao salário "in natura" apenas se referem às hipóteses em que o empregado percebe salário mínimo, apurando-se, nas demais, o real valor da utilidade.

§ 2º Para os efeitos previstos neste artigo, não serão consideradas como salário as seguintes utilidades concedidas pelo empregador: *(Redação dada pela Lei n. 10.243, de 19.6.2001)*

I - vestuários, equipamentos e outros acessórios fornecidos aos empregados e utilizados no local de trabalho, para a prestação do serviço; *(Incluído pela Lei n. 10.243, de 19.6.2001)*

PRECEDENTES NORMATIVOS DA SDC DO TST

Vide PNs 110 e 115 SDC/TST

PN 110 SDC TST — EMPREGADO RURAL. FERRAMENTAS. FORNECIMENTO PELO EMPREGADOR (positivo)
Serão fornecidas gratuitamente, pelo empregador, as ferramentas necessárias à execução do trabalho.

PN 115 SDC TST — UNIFORMES (positivo)
Determina-se o fornecimento gratuito de uniformes, desde que exigido seu uso pelo empregador.

II - educação, em estabelecimento de ensino próprio ou de terceiros, compreendendo os valores relativos a matrícula, mensalidade, anuidade, livros e material didático; *(Incluído pela Lei n. 10.243, de 19.6.2001)*

Art. 458

TÍTULO IV — DO CONTRATO INDIVIDUAL DO TRABALHO

III - transporte destinado ao deslocamento para o trabalho e retorno, em percurso servido ou não por transporte público; *(Incluído pela Lei n. 10.243, de 19.6.2001)*

LEI COMPLEMENTAR N. 150, DE 1º DE JUNHO DE 2015
Dispõe sobre o contrato de trabalho doméstico; altera as Leis n. 8.212, de 24 de julho de 1991, n. 8.213, de 24 de julho de 1991, e n. 11.196, de 21 de novembro de 2005; revoga o inciso I do art. 3º da Lei n. 8.009, de 29 de março de 1990, o art. 36 da Lei n. 8.213, de 24 de julho de 1991, a Lei n. 5.859, de 11 de dezembro de 1972, e o inciso VII do art. 12 da Lei n. 9.250, de 26 de dezembro 1995; e dá outras providências
DOU 2.6.2015

Vide art. 19, caput e parágrafo único

Art. 19. Observadas as peculiaridades do trabalho doméstico, a ele também se aplicam as Leis n. 605, de 5 de janeiro de 1949, n. 4.090, de 13 de julho de 1962, n. 4.749, de 12 de agosto de 1965, e n. 7.418, de 16 de dezembro de 1985, e, subsidiariamente, a Consolidação das Leis do Trabalho (CLT), aprovada pelo Decreto-Lei n. 5.452, de 1º de maio de 1943.

Parágrafo único. A obrigação prevista no art. 4º da Lei n. 7.418, de 16 de dezembro de 1985, poderá ser substituída, a critério do empregador, pela concessão, mediante recibo, dos valores para a aquisição das passagens necessárias ao custeio das despesas decorrentes do deslocamento residência-trabalho e vice-versa.

LEI N. 7.418, DE 16 DE DEZEMBRO DE 1985
Institui o vale-transporte e dá outras providências
DOU 17.12.1985

Vide art. 1º

Art. 1º Fica instituído o vale-transporte, (Vetado) que o empregador, pessoa física ou jurídica, antecipará ao empregado para utilização efetiva em despesas de deslocamento residência-trabalho e vice-versa, através do sistema de transporte coletivo público, urbano ou intermunicipal e/ou interestadual com características semelhantes aos urbanos, geridos diretamente ou mediante concessão ou permissão de linhas regulares e com tarifas fixadas pela autoridade competente, excluídos os serviços seletivos e os especiais. *(Redação dada pela Lei n. 7.619, de 30.9.1987)*

SÚMULAS DO TST

Vide Súmulas 90, 320 e 367/TST

Súmula 90 TST — HORAS "IN ITINERE". TEMPO DE SERVIÇO (incorporadas as Súmulas ns. 324 e 325 e as Orientações Jurisprudenciais ns. 50 e 236 da SBDI-1) — Res. 129/2005, DJ 20, 22 e 25.04.2005

I — O tempo despendido pelo empregado, em condução fornecida pelo empregador, até o local de trabalho de difícil acesso, ou não servido por transporte público regular, e para o seu retorno é computável na jornada de trabalho. *(ex-Súmula n. 90 — RA 80/1978, DJ 10.11.1978)*

II — A incompatibilidade entre os horários de início e término da jornada do empregado e os do transporte público regular é circunstância que também gera o direito às horas "in itinere". *(ex-OJ n. 50 da SBDI-1 — inserida em 1º.02.1995)*

III — A mera insuficiência de transporte público não enseja o pagamento de horas "in itinere". *(ex-Súmula n. 324 — Res. 16/1993, DJ 21.12.1993)*

IV — Se houver transporte público regular em parte do trajeto percorrido em condução da empresa, as horas "in itinere" remuneradas limitam-se ao trecho não alcançado pelo transporte público. *(ex-Súmula n. 325 — Res. 17/1993, DJ 21.12.1993)*

V — Considerando que as horas "in itinere" são computáveis na jornada de trabalho, o tempo que extrapola a jornada legal é considerado como extraordinário e sobre ele deve incidir o adicional respectivo. *(ex-OJ n. 236 da SBDI-1 — inserida em 20.06.2001)*

Súmula 320 TST — HORAS "IN ITINERE". OBRIGATORIEDADE DE CÔMPUTO NA JORNADA DE TRABALHO (mantida) — Res. 121/2003, DJ 19, 20 e 21.11.2003

O fato de o empregador cobrar, parcialmente ou não, importância pelo transporte fornecido, para local de difícil acesso ou não servido por transporte regular, não afasta o direito à percepção das horas "in itinere".

Súmula 367 TST — UTILIDADES "IN NATURA". HABITAÇÃO. ENERGIA ELÉTRICA. VEÍCULO. CIGARRO. NÃO INTEGRAÇÃO AO SALÁRIO (conversão das Orientações Jurisprudenciais ns. 24, 131 e 246 da SBDI-1) — Res. 129/2005, DJ 20, 22 e 25.04.2005

I — A habitação, a energia elétrica e veículo fornecidos pelo empregador ao empregado, quando indispensáveis para a realização do trabalho, não têm natureza salarial, ainda que, no caso de veículo, seja ele utilizado pelo empregado também em atividades particulares. *(ex-OJs da SBDI-1 ns. 131 — inserida em 20.04.1998 e ratificada pelo Tribunal Pleno em 07.12.2000 — e 246 — inserida em 20.06.2001)*

II — O cigarro não se considera salário utilidade em face de sua nocividade à saúde. *(ex-OJ n. 24 da SBDI-1 — inserida em 29.03.1996)*

PRECEDENTE NORMATIVO DA SDC DO TST

Vide PNs 64 SDC/TST

PN 64 SDC TST — EMPREGADO RURAL. HORÁRIO E LOCAL DE CONDUÇÃO (positivo)

Fornecendo o empregador condução para o trabalho, informará ele aos empregados, previamente, os locais e horários do transporte.

IV - assistência médica, hospitalar e odontológica, prestada diretamente ou mediante seguro-saúde; *(Incluído pela Lei n. 10.243, de 19.6.2001)*

TÍTULO IV — DO CONTRATO INDIVIDUAL DO TRABALHO

LEI COMPLEMENTAR N. 150, DE 1º DE JUNHO DE 2015
Dispõe sobre o contrato de trabalho doméstico; altera as Leis n. 8.212, de 24 de julho de 1991, n. 8.213, de 24 de julho de 1991, e n. 11.196, de 21 de novembro de 2005; revoga o inciso I do art. 3º da Lei n. 8.009, de 29 de março de 1990, o art. 36 da Lei n. 8.213, de 24 de julho de 1991, a Lei n. 5.859, de 11 de dezembro de 1972, e o inciso VII do art. 12 da Lei n. 9.250, de 26 de dezembro 1995; e dá outras providências
DOU 2.6.2015

Vide art. 18, *caput* e § 1º

Art. 18. É vedado ao empregador doméstico efetuar descontos no salário do empregado por fornecimento de alimentação, vestuário, higiene ou moradia, bem como por despesas com transporte, hospedagem e alimentação em caso de acompanhamento em viagem.

§ 1º É facultado ao empregador efetuar descontos no salário do empregado em caso de adiantamento salarial e, mediante acordo escrito entre as partes, para a inclusão do empregado em planos de assistência médico-hospitalar e odontológica, de seguro e de previdência privada, não podendo a dedução ultrapassar 20% (vinte por cento) do salário.

SÚMULA DO TST

Vide Súmula 440/TST

Súmula 440 TST — AUXÍLIO-DOENÇA ACIDENTÁRIO. APOSENTADORIA POR INVALIDEZ. SUSPENSÃO DO CONTRATO DE TRABALHO. RECONHECIMENTO DO DIREITO À MANUTENÇÃO DE PLANO DE SAÚDE OU DE ASSISTÊNCIA MÉDICA — Res. 185/2012, DEJT divulgado em 25, 26 e 27.09.2012

Assegura-se o direito à manutenção de plano de saúde ou de assistência médica oferecido pela empresa ao empregado, não obstante suspenso o contrato de trabalho em virtude de auxílio-doença acidentário ou de aposentadoria por invalidez.

V - seguros de vida e de acidentes pessoais; *(Incluído pela Lei n. 10.243, de 19.6.2001)*

PRECEDENTES NORMATIVOS DA SDC DO TST

Vide PNs 42, 84 e 112 SDC/TST

PN 42 SDC TST — SEGURO OBRIGATÓRIO (positivo)
Institui-se a obrigação do seguro, por acidente ou morte, para empregados que transportem valores ou exerçam as atividades de vigia ou vigilante.

PN 84 SDC TST — SEGURO DE VIDA. ASSALTO (positivo)
Institui-se a obrigação do seguro de vida, em favor do empregado e seus dependentes previdenciários, para garantir a indenização nos casos de morte ou invalidez permanente, decorrentes de assalto, consumado ou não, desde que o empregado se encontre no exercício das suas funções.

PN 112 SDC TST — JORNALISTA. SEGURO DE VIDA (positivo)
Institui-se a obrigação do seguro de vida em favor de jornalista designado para prestar serviço em área de risco.

VI - previdência privada; *(Incluído pela Lei n. 10.243, de 19.6.2001)*

SÚMULA DO TST

Vide Súmula 288/TST

Súmula 288 TST — COMPLEMENTAÇÃO DOS PROVENTOS DA APOSENTADORIA (nova redação para o item I e acrescidos os itens III e IV em decorrência do julgamento do processo TST-E-ED-RR-235-20.2010.5.20.0006 pelo Tribunal Pleno em 12.04.2016) — Res. 207/2016, DEJT divulgado em 18, 19 e 20.04.2016

I — A complementação dos proventos de aposentadoria, instituída, regulamentada e paga diretamente pelo empregador, sem vínculo com as entidades de previdência privada fechada, é regida pelas normas em vigor na data de admissão do empregado, ressalvadas as alterações que forem mais benéficas (art. 468 da CLT).

II — Na hipótese de coexistência de dois regulamentos de planos de previdência complementar, instituídos pelo empregador ou por entidade de previdência privada, a opção do beneficiário por um deles tem efeito jurídico de renúncia às regras do outro.

III — Após a entrada em vigor das Leis Complementares ns. 108 e 109, de 29/05/2001, reger-se-á a complementação dos proventos de aposentadoria pelas normas vigentes na data da implementação dos requisitos para obtenção do benefício, ressalvados o direito adquirido do participante que anteriormente implementara os requisitos para o benefício e o direito acumulado do empregado que até então não preenchera tais requisitos.

IV — O entendimento da primeira parte do item III aplica-se aos processos em curso no Tribunal Superior do Trabalho em que, em 12/04/2016, ainda não haja sido proferida decisão de mérito por suas Turmas e Seções.

VII - (VETADO) *(Incluído pela Lei n. 10.243, de 19.6.2001)*

VIII - o valor correspondente ao vale-cultura. *(Incluído pela Lei n. 12.761, de 2012)*

Art. 458

TÍTULO IV — DO CONTRATO INDIVIDUAL DO TRABALHO

LEI N. 12.761, DE 27 DE DEZEMBRO DE 2012
Institui o Programa de Cultura do Trabalhador; cria o vale-cultura; altera as Leis ns. 8.212, de 24 de julho de 1991, e 7.713, de 22 de dezembro de 1988, e a Consolidação das Leis do Trabalho — CLT, aprovada pelo Decreto-Lei n. 5.452, de 1º de maio de 1943; e dá outras providências
DOU 27.12.2012 — edição extra

Vide art. 1º

Art. 1º Fica instituído, sob a gestão do Ministério da Cultura, o Programa de Cultura do Trabalhador, destinado a fornecer aos trabalhadores meios para o exercício dos direitos culturais e acesso às fontes da cultura.

§ 3º A habitação e a alimentação fornecidas como salário-utilidade deverão atender aos fins a que se destinam e não poderão exceder, respectivamente, a 25% (vinte e cinco por cento) e 20% (vinte por cento) do salário-contratual. *(Incluído pela Lei n. 8.860, de 24.3.1994)*

LEI COMPLEMENTAR N. 150, DE 1º DE JUNHO DE 2015
Dispõe sobre o contrato de trabalho doméstico; altera as Leis n. 8.212, de 24 de julho de 1991, n. 8.213, de 24 de julho de 1991, e n. 11.196, de 21 de novembro de 2005; revoga o inciso I do art. 3º da Lei n. 8.009, de 29 de março de 1990, o art. 36 da Lei n. 8.213, de 24 de julho de 1991, a Lei n. 5.859, de 11 de dezembro de 1972, e o inciso VII do art. 12 da Lei n. 9.250, de 26 de dezembro 1995; e dá outras providências
DOU 2.6.2015

Vide art. 18, caput e § 2º

Art. 18. É vedado ao empregador doméstico efetuar descontos no salário do empregado por fornecimento de alimentação, vestuário, higiene ou moradia, bem como por despesas com transporte, hospedagem e alimentação em caso de acompanhamento em viagem.
(...)
§ 2º Poderão ser descontadas as despesas com moradia de que trata o *caput* deste artigo quando essa se referir a local diverso da residência em que ocorrer a prestação de serviço, desde que essa possibilidade tenha sido expressamente acordada entre as partes.

LEI N. 5.889, DE 8 DE JUNHO DE 1973
Estatui normas reguladoras do trabalho rural
DOU 11.6.1973

Vide art. 9º, caput, alíneas a, b e c e §§ 1º a 5º

Art. 9º Salvo as hipóteses de autorização legal ou decisão judiciária, só poderão ser descontadas do empregado rural as seguintes parcelas, calculadas sobre o salário mínimo:
a) até o limite de 20% (vinte por cento) pela ocupação da morada;
b) até o limite de 25% (vinte por cento) pelo fornecimento de alimentação sadia e farta, atendidos os preços vigentes na região;
c) adiantamentos em dinheiro.
§ 1º As deduções acima especificadas deverão ser previamente autorizadas, sem o que serão nulas de pleno direito.
§ 2º Sempre que mais de um empregado residir na mesma morada, o desconto, previsto na letra "a" deste artigo, será dividido proporcionalmente ao número de empregados, vedada, em qualquer hipótese, a moradia coletiva de famílias.
§ 3º Rescindido ou findo o contrato de trabalho, o empregado será obrigado a desocupar a casa dentro de trinta dias.

§ 4º O Regulamento desta Lei especificará os tipos de morada para fins de dedução.
§ 5º A cessão pelo empregador, de moradia e de sua infraestrutura básica, assim, como, bens destinados à produção para sua subsistência e de sua família, não integram o salário do trabalhador rural, desde que caracterizados como tais, em contrato escrito celebrado entre as partes, com testemunhas e notificação obrigatória ao respectivo sindicato de trabalhadores rurais. *(Incluído pela Lei n. 9.300, de 29.08.96)*

SÚMULA DO TST

Vide Súmula 258/TST

Súmula 258 TST — SALÁRIO-UTILIDADE. PERCENTUAIS (nova redação) — Res. 121/2003, DJ 19, 20 e 21.11.2003
Os percentuais fixados em lei relativos ao salário "in natura" apenas se referem às hipóteses em que o empregado percebe salário mínimo, apurando-se, nas demais, o real valor da utilidade.

ORIENTAÇÃO JURISPRUDENCIAL DA SDI-1 DO TST

Vide OJ 413 SDI-1/TST

OJ 413 SDI-1 TST — AUXÍLIO-ALIMENTAÇÃO. ALTERAÇÃO DA NATUREZA JURÍDICA. NORMA COLETIVA OU ADESÃO AO PAT. (DEJT divulgado em 14, 15 e 16.02.2012)
A pactuação em norma coletiva conferindo caráter indenizatório à verba "auxílio-alimentação" ou a adesão posterior do empregador ao Programa de Alimentação do Trabalhador — PAT — não altera a natureza salarial da parcela, instituída anteriormente, para aqueles empregados que, habitualmente, já percebiam o benefício, a teor das Súmulas ns. 51, I, e 241 do TST.

ORIENTAÇÃO JURISPRUDENCIAL TRANSITÓRIA DA SDI-1 DO TST

Vide OJT 61 SDI-1/TST

OJT 61 SDI-1 TST — AUXÍLIO CESTA-ALIMENTAÇÃO PREVISTO EM NORMA COLETIVA. CEF. CLÁUSULA QUE ESTABELECE NATUREZA INDENIZATÓRIA À PARCELA. EXTENSÃO AOS APOSENTADOS E PENSIONISTAS. IMPOSSIBILIDADE. (DJ 14.03.2008)
Havendo previsão em cláusula de norma coletiva de trabalho de pagamento mensal de auxílio cesta-alimentação somente a empregados em atividade, dando-lhe caráter indenizatório, é indevida a extensão desse benefício aos

TÍTULO IV — DO CONTRATO INDIVIDUAL DO TRABALHO

aposentados e pensionistas. Exegese do art. 7º, XXVI, da Constituição Federal.

PRECEDENTES NORMATIVOS DA SDC DO TST

Vide PNs 34 e 109 SDC/TST

PN 34 SDC TST — EMPREGADO RURAL. MORADIA (positivo)

Ao empregado que residir no local de trabalho fica assegurada a moradia em condições de habitabilidade, conforme exigências da autoridade local.

PN 109 SDC TST — DESCONTO-MORADIA (positivo)

Autoriza-se o desconto da moradia fornecida ao empregado somente quando o imóvel tiver o habite-se concedido pela autoridade competente.

§ 4º Tratando-se de habitação coletiva, o valor do salário-utilidade a ela correspondente será obtido mediante a divisão do justo valor da habitação pelo número de co-habitantes, vedada, em qualquer hipótese, a utilização da mesma unidade residencial por mais de uma família. *(Incluído pela Lei n. 8.860, de 24.3.1994)*

LEI COMPLEMENTAR N. 150, DE 1º DE JUNHO DE 2015
Dispõe sobre o contrato de trabalho doméstico; altera as Leis n. 8.212, de 24 de julho de 1991, n. 8.213, de 24 de julho de 1991, e n. 11.196, de 21 de novembro de 2005; revoga o inciso I do art. 3º da Lei n. 8.009, de 29 de março de 1990, o art. 36 da Lei n. 8.213, de 24 de julho de 1991, a Lei n. 5.859, de 11 de dezembro de 1972, e o inciso VII do art. 12 da Lei n. 9.250, de 26 de dezembro 1995; e dá outras providências
DOU 2.6.2015

Vide art. 18, *caput* e §§ 1º, 2º, 3º e 4º

Art. 18. É vedado ao empregador doméstico efetuar descontos no salário do empregado por fornecimento de alimentação, vestuário, higiene ou moradia, bem como por despesas com transporte, hospedagem e alimentação em caso de acompanhamento em viagem.

§ 1º É facultado ao empregador efetuar descontos no salário do empregado em caso de adiantamento salarial e, mediante acordo escrito entre as partes, para a inclusão do empregado em planos de assistência médico-hospitalar e odontológica, de seguro e de previdência privada, não podendo a dedução ultrapassar 20% (vinte por cento) do salário.

§ 2º Poderão ser descontadas as despesas com moradia de que trata o *caput* deste artigo quando essa se referir a local diverso da residência em que ocorrer a prestação de serviço, desde que essa possibilidade tenha sido expressamente acordada entre as partes.

§ 3º As despesas referidas no *caput* deste artigo não têm natureza salarial nem se incorporam à remuneração para quaisquer efeitos.

§ 4º O fornecimento de moradia ao empregado doméstico na própria residência ou em morada anexa, de qualquer natureza, não gera ao empregado qualquer direito de posse ou de propriedade sobre a referida moradia.

Art. 459 O pagamento do salário, qualquer que seja a modalidade do trabalho, não deve ser estipulado por período superior a 1 (um) mês, salvo no que concerne a comissões, percentagens e gratificações.

§ 1º Quando o pagamento houver sido estipulado por mês, deverá ser efetuado, o mais tardar, até o quinto dia útil do mês subsequente ao vencido. *(Redação dada pela Lei n. 7.855, de 24.10.1989)*

CONSTITUIÇÃO FEDERAL DE 1988
DOU 5.10.1988

Vide art. 7º, *caput* e incisos VII e X

Art. 7º São direitos dos trabalhadores urbanos e rurais, além de outros que visem à melhoria de sua condição social:
(...)
VII — garantia de salário, nunca inferior ao mínimo, para os que percebem remuneração variável;
(...)
X — proteção do salário na forma da lei, constituindo crime sua retenção dolosa;

CONSOLIDAÇÃO DAS LEIS DO TRABALHO
Decreto-Lei n. 5.452, de 1º de maio de 1943
DOU 9.8.1943

Vide art. 464, *caput* e parágrafo único; e art. 465

Art. 464. O pagamento do salário deverá ser efetuado contra recibo, assinado pelo empregado; em se tratando de analfabeto, mediante sua impressão digital, ou, não sendo esta possível, a seu rogo.

Parágrafo único. Terá força de recibo o comprovante de depósito em conta bancária, aberta para esse fim em nome de cada empregado, com o consentimento deste, em estabelecimento de crédito próximo ao local de trabalho. *(Parágrafo incluído pela Lei n. 9.528, de 10.12.1997)*

Art. 465. O pagamento dos salários será efetuado em dia útil e no local do trabalho, dentro do horário do serviço ou imediatamente após o encerramento deste, salvo quando efetuado por depósito em conta bancária, observado o disposto no artigo anterior. *(Redação dada pela Lei n. 9.528, de 10.12.1997)*

SÚMULA DO TST

Vide Súmula 381/TST

Súmula 381 TST — CORREÇÃO MONETÁRIA. SALÁRIO. ART. 459 DA CLT (conversão da Orientação Jurisprudencial n. 124 da SBDI-1) — Res. 129/2005, DJ 20, 22 e 25.04.2005

O pagamento dos salários até o 5º dia útil do mês subsequente ao vencido não está sujeito à correção monetária. Se essa data limite for ultrapassada, incidirá o índice da correção monetária do mês subsequente ao da prestação dos serviços, a partir do dia 1º. *(ex-OJ n. 124 da SBDI-1 — inserida em 20.04.1998)*

ORIENTAÇÕES JURISPRUDENCIAIS DA SDI-1 DO TST

Vide OJs 159, 172 e 181 SDI-1/TST

OJ 159 SDI-1 TST — DATA DE PAGAMENTO. SALÁRIOS. ALTERAÇÃO (inserida em 26.03.1999)

Diante da inexistência de previsão expressa em contrato ou em instrumento normativo, a alteração de data de pagamento pelo empregador não viola o art. 468, desde que observado o parágrafo único, do art. 459, ambos da CLT.

OJ 172 SDI-1 TST — ADICIONAL DE INSALUBRIDADE OU PERICULOSIDADE. CONDENAÇÃO. INSERÇÃO EM FOLHA DE PAGAMENTO (inserida em 08.11.2000)

Condenada ao pagamento do adicional de insalubridade ou periculosidade, a empresa deverá inserir, mês a mês e enquanto o trabalho for executado sob essas condições, o valor correspondente em folha de pagamento.

OJ 181 SDI-1 TST — COMISSÕES. CORREÇÃO MONETÁRIA. CÁLCULO (inserida em 08.11.2000)

O valor das comissões deve ser corrigido monetariamente para em seguida obter-se a média para efeito de cálculo de férias, 13º salário e verbas rescisórias.

Art. 460 — Na falta de estipulação do salário ou não havendo prova sobre a importância ajustada, o empregado terá direito a perceber salário igual ao daquela que, na mesma empresa, fizer serviço equivalente ou do que for habitualmente pago para serviço semelhante.

CONSTITUIÇÃO FEDERAL DE 1988
DOU 5.10.1988

Vide art. 7º, *caput* e incisos XXX, XXXI e XXXII; art. 37, *caput* e inciso XIII; e art. 61, *caput* e § 1º, inciso II, alínea *a*

Art. 7º São direitos dos trabalhadores urbanos e rurais, além de outros que visem à melhoria de sua condição social:

(...)

XXX — proibição de diferença de salários, de exercício de funções e de critério de admissão por motivo de sexo, idade, cor ou estado civil;

XXXI — proibição de qualquer discriminação no tocante a salário e critérios de admissão do trabalhador portador de deficiência;

XXXII — proibição de distinção entre trabalho manual, técnico e intelectual ou entre os profissionais respectivos;

Art. 37. A administração pública direta e indireta de qualquer dos Poderes da União, dos Estados, do Distrito Federal e dos Municípios obedecerá aos princípios de legalidade, impessoalidade, moralidade, publicidade e eficiência e, também, ao seguinte: *(Redação dada pela Emenda Constitucional n. 19, de 1998)*

(...)

XIII — é vedada a vinculação ou equiparação de quaisquer espécies remuneratórias para o efeito de remuneração de pessoal do serviço público; *(Redação dada pela Emenda Constitucional n. 19, de 1998)*

Art. 61. A iniciativa das leis complementares e ordinárias cabe a qualquer membro ou Comissão da Câmara dos Deputados, do Senado Federal ou do Congresso Nacional, ao Presidente da República, ao Supremo Tribunal Federal, aos Tribunais Superiores, ao Procurador-Geral da República e aos cidadãos, na forma e nos casos previstos nesta Constituição.

§ 1º São de iniciativa privativa do Presidente da República as leis que:

(...)

II — disponham sobre:

a) criação de cargos, funções ou empregos públicos na administração direta e autárquica ou aumento de sua remuneração;

CONSOLIDAÇÃO DAS LEIS DO TRABALHO
Decreto-Lei n. 5.452, de 1º de maio de 1943
DOU 9.8.1943

Vide art. 5º; art. 461, *caput*; e art. 818

Art. 5º A todo trabalho de igual valor corresponderá salário igual, sem distinção de sexo.

Art. 461. Sendo idêntica a função, a todo trabalho de igual valor, prestado ao mesmo empregador, na mesma localidade, corresponderá igual salário, sem distinção de sexo, nacionalidade ou idade. *(Redação dada pela Lei n. 1.723, de 8.11.1952)*

Art. 818. A prova das alegações incumbe à parte que as fizer.

TÍTULO IV — DO CONTRATO INDIVIDUAL DO TRABALHO

Art. 461

CÓDIGO DE PROCESSO CIVIL DE 1973
Lei n. 5.869, de 11 de janeiro de 1973
DOU 17.1.1973 e republicado em 27.7.2006

Vide art. 333, caput e incisos I e II

Art. 333. O ônus da prova incumbe:
I — ao autor, quanto ao fato constitutivo do seu direito;
II — ao réu, quanto à existência de fato impeditivo, modificativo ou extintivo do direito do autor.

CÓDIGO DE PROCESSO CIVIL DE 2015
Lei n. 13.105, de 16 de março de 2015
DOU 17.3.2015

Vide art. 373, caput e incisos I e II

Art. 373. O ônus da prova incumbe:
I — ao autor, quanto ao fato constitutivo de seu direito;
II — ao réu, quanto à existência de fato impeditivo, modificativo ou extintivo do direito do autor.

Art. 461 — Sendo idêntica a função, a todo trabalho de igual valor, prestado ao mesmo empregador, na mesma localidade, corresponderá igual salário, sem distinção de sexo, nacionalidade ou idade. *(Redação dada pela Lei n. 1.723, de 8.11.1952)*

CONSTITUIÇÃO FEDERAL DE 1988
DOU 5.10.1988

Vide art. 7º, caput e incisos XXX, XXXI e XXXII; o art. 37, caput e inciso XIII

Art. 7º São direitos dos trabalhadores urbanos e rurais, além de outros que visem à melhoria de sua condição social:
(...)
XXX — proibição de diferença de salários, de exercício de funções e de critério de admissão por motivo de sexo, idade, cor ou estado civil;
XXXI — proibição de qualquer discriminação no tocante a salário e critérios de admissão do trabalhador portador de deficiência;
XXXII — proibição de distinção entre trabalho manual, técnico e intelectual ou entre os profissionais respectivos;

Art. 37. A administração pública direta e indireta de qualquer dos Poderes da União, dos Estados, do Distrito Federal e dos Municípios obedecerá aos princípios de legalidade, impessoalidade, moralidade, publicidade e eficiência e, também, ao seguinte: *(Redação dada pela Emenda Constitucional n. 19, de 1998)*
(...)
XIII — é vedada a vinculação ou equiparação de quaisquer espécies remuneratórias para o efeito de remuneração de pessoal do serviço público; *(Redação dada pela Emenda Constitucional n. 19, de 1998)*

CONVENÇÃO 100 DA OIT
Convenção sobre igualdade de remuneração de homens e mulheres trabalhadores por trabalho de igual valor
Adotada pela OIT em 29.6.1951
Ratificada pelo Brasil em 25.4.1957
Promulgada pelo Decreto n. 41.721, de 25 de junho de 1957
DOU 28.6.1957

CONSOLIDAÇÃO DAS LEIS DO TRABALHO
Decreto-Lei n. 5.452, de 1º de maio de 1943
DOU 9.8.1943

Vide art. 5º

Art. 5º A todo trabalho de igual valor corresponderá salário igual, sem distinção de sexo.

SÚMULA VINCULANTE DO STF

Vide Súmula Vinculante 37/STF

Súmula Vinculante 37 STF — Não cabe ao Poder Judiciário, que não tem função legislativa, aumentar vencimentos de servidores públicos sob o fundamento de isonomia.

SÚMULA DO STF

Vide Súmula 202/STF

Súmula 202 STF — Na equiparação de salário, em caso de trabalho igual, toma-se em conta o tempo de serviço na função, e não no emprego.

SÚMULAS DO TST

Vide Súmulas 6 e 455/TST

Súmula 6 TST — EQUIPARAÇÃO SALARIAL. ART. 461 DA CLT (redação do item VI alterada) — Res. 198/2015, republicada em razão de erro material — DEJT divulgado em 12, 15 e 16.06.2015

I — Para os fins previstos no § 2º do art. 461 da CLT, só é válido o quadro de pessoal organizado em carreira quando homologado pelo Ministério do Trabalho, excluindo-se, apenas, dessa exigência o quadro de carreira das entidades de direito público da administração direta, autárquica e fundacional aprovado por ato administrativo da autoridade competente. *(ex-Súmula n. 06 — alterada pela Res. 104/2000, DJ 20.12.2000)*

II — Para efeito de equiparação de salários em caso de trabalho igual, conta-se o tempo de serviço na função e não no emprego. *(ex-Súmula n. 135 — RA 102/1982, DJ 11.10.1982 e DJ 15.10.1982)*

III — A equiparação salarial só é possível se o empregado e o paradigma exercerem a mesma função, desempenhando as mesmas tarefas, não importando se os cargos têm, ou não, a mesma denominação. *(ex-OJ da SBDI-1 n. 328 — DJ 09.12.2003)*

IV — É desnecessário que, ao tempo da reclamação sobre equiparação salarial, reclamante e paradigma estejam a serviço do estabelecimento, desde que o pedido se relacione com situação pretérita. *(ex-Súmula n. 22 — RA 57/1970, DO-GB 27.11.1970)*

V — A cessão de empregados não exclui a equiparação salarial, embora exercida a função em órgão governamental

estranho à cedente, se esta responde pelos salários do paradigma e do reclamante. *(ex-Súmula n. 111 — RA 102/1980, DJ 25.09.1980)*

VI — Presentes os pressupostos do art. 461 da CLT, é irrelevante a circunstância de que o desnível salarial tenha origem em decisão judicial que beneficiou o paradigma, exceto: a) se decorrente de vantagem pessoal ou de tese jurídica superada pela jurisprudência de Corte Superior; b) na hipótese de equiparação salarial em cadeia, suscitada em defesa, se o empregador produzir prova do alegado fato modificativo, impeditivo ou extintivo do direito à equiparação salarial em relação ao paradigma remoto, considerada irrelevante, para esse efeito, a existência de diferença de tempo de serviço na função superior a dois anos entre o reclamante e os empregados paradigmas componentes da cadeia equiparatória, à exceção do paradigma imediato. *(Res. 198/2015, TST)*

VII — Desde que atendidos os requisitos do art. 461 da CLT, é possível a equiparação salarial de trabalho intelectual, que pode ser avaliado por sua perfeição técnica, cuja aferição terá critérios objetivos. *(ex-OJ da SBDI-1 n. 298 — DJ 11.08.2003)*

VIII — É do empregador o ônus da prova do fato impeditivo, modificativo ou extintivo da equiparação salarial. *(ex-Súmula n. 68 — RA 9/1977, DJ 11.02.1977)*

IX — Na ação de equiparação salarial, a prescrição é parcial e só alcança as diferenças salariais vencidas no período de 5 (cinco) anos que precedeu o ajuizamento. *(ex-Súmula n. 274 — alterada pela Res. 121/2003, DJ 21.11.2003)*

X — O conceito de "mesma localidade" de que trata o art. 461 da CLT refere-se, em princípio, ao mesmo município, ou a municípios distintos que, comprovadamente, pertençam à mesma região metropolitana. *(ex-OJ da SBDI-1 n. 252 — inserida em 13.03.2002)*

Súmula 455 TST — EQUIPARAÇÃO SALARIAL. SOCIEDADE DE ECONOMIA MISTA. ART. 37, XIII, DA CF/1988. POSSIBILIDADE. (conversão da Orientação Jurisprudencial n. 353 da SBDI-1 com nova redação) — Res. 194/2014, DEJT divulgado em 21, 22 e 23.05.2014

À sociedade de economia mista não se aplica a vedação à equiparação prevista no art. 37, XIII, da CF/1988, pois, ao admitir empregados sob o regime da CLT, equipara-se a empregador privado, conforme disposto no art. 173, § 1º, II, da CF/1988.

ORIENTAÇÕES JURISPRUDENCIAIS DA SDI-1 DO TST

Vide OJs 296, 297 e 383 SDI-1/TST

OJ 296 SDI-1 TST — EQUIPARAÇÃO SALARIAL. ATENDENTE E AUXILIAR DE ENFERMAGEM. IMPOSSIBILIDADE (DJ 11.08.2003)

Sendo regulamentada a profissão de auxiliar de enfermagem, cujo exercício pressupõe habilitação técnica, realizada pelo Conselho Regional de Enfermagem, impossível a equiparação salarial do simples atendente com o auxiliar de enfermagem.

OJ 297 SDI-1 TST — EQUIPARAÇÃO SALARIAL. SERVIDOR PÚBLICO DA ADMINISTRAÇÃO DIRETA, AUTÁRQUICA E FUNDACIONAL. ART. 37, XIII, DA CF/1988 (DJ 11.08.2003)

O art. 37, inciso XIII, da CF/1988, veda a equiparação de qualquer natureza para o efeito de remuneração do pessoal do serviço público, sendo juridicamente impossível a aplicação da norma infraconstitucional prevista no art. 461 da CLT quando se pleiteia equiparação salarial entre servidores públicos, independentemente de terem sido contratados pela CLT.

OJ 383 SDI-1 TST — TERCEIRIZAÇÃO. EMPREGADOS DA EMPRESA PRESTADORA DE SERVIÇOS E DA TOMADORA. ISONOMIA. ART. 12, "A", DA LEI N. 6.019, DE 03.01.1974. (mantida) — Res. 175/2011, DEJT divulgado em 27, 30 e 31.05.2011

A contratação irregular de trabalhador, mediante empresa interposta, não gera vínculo de emprego com ente da Administração Pública, não afastando, contudo, pelo princípio da isonomia, o direito dos empregados terceirizados às mesmas verbas trabalhistas legais e normativas asseguradas àqueles contratados pelo tomador dos serviços, desde que presente a igualdade de funções. Aplicação analógica do art. 12, "a", da Lei n. 6.019, de 03.01.1974.

§ 1º Trabalho de igual valor, para os fins deste Capítulo, será o que for feito com igual produtividade e com a mesma perfeição técnica, entre pessoas cuja diferença de tempo de serviço não for superior a 2 (dois) anos. *(Redação dada pela Lei n. 1.723, de 8.11.1952)*

SÚMULA DO STF

Vide Súmula 202/STF

Súmula 202 STF — Na equiparação de salário, em caso de trabalho igual, toma-se em conta o tempo de serviço na função, e não no emprego.

SÚMULA DO TST

Vide Súmula 6, II/TST

Súmula 6 TST — EQUIPARAÇÃO SALARIAL. ART. 461 DA CLT (redação do item VI alterada) — Res. 198/2015, republicada em razão de erro material — DEJT divulgado em 12, 15 e 16.06.2015

(...)

II — Para efeito de equiparação de salários em caso de trabalho igual, conta-se o tempo de serviço na função e não no emprego. *(ex-Súmula n. 135 — RA 102/1982, DJ 11.10.1982 e DJ 15.10.1982)*

§ 2º Os dispositivos deste artigo não prevalecerão quando o empregador tiver pessoal organizado em quadro de carreira, hipótese em que as promoções deverão obedecer aos critérios de antiguidade e merecimento. *(Redação dada pela Lei n. 1.723, de 8.11.1952)*

TÍTULO IV — DO CONTRATO INDIVIDUAL DO TRABALHO

Art. 461

§ 3º No caso do parágrafo anterior, as promoções deverão ser feitas alternadamente por merecimento e por antiguidade, dentro de cada categoria profissional. *(Incluído pela Lei n. 1.723, de 8.11.1952)*

SÚMULAS DO TST

Vide Súmulas 6, I, 19, 127, 275 e 452/TST

Súmula 6 TST — EQUIPARAÇÃO SALARIAL. ART. 461 DA CLT (redação do item VI alterada) — Res. 198/2015, republicada em razão de erro material — DEJT divulgado em 12, 15 e 16.06.2015

I — Para os fins previstos no § 2º do art. 461 da CLT, só é válido o quadro de pessoal organizado em carreira quando homologado pelo Ministério do Trabalho, excluindo-se, apenas, dessa exigência o quadro de carreira das entidades de direito público da administração direta, autárquica e fundacional aprovado por ato administrativo da autoridade competente. *(ex-Súmula n. 06 — alterada pela Res. 104/2000, DJ 20.12.2000)*

Súmula 19 TST — QUADRO DE CARREIRA (mantida) — Res. 121/2003, DJ 19, 20 e 21.11.2003

A Justiça do Trabalho é competente para apreciar reclamação de empregado que tenha por objeto direito fundado em quadro de carreira.

Súmula 127 TST — QUADRO DE CARREIRA (mantida) — Res. 121/2003, DJ 19, 20 e 21.11.2003

Quadro de pessoal organizado em carreira, aprovado pelo órgão competente, excluída a hipótese de equiparação salarial, não obsta reclamação fundada em preterição, enquadramento ou reclassificação.

Súmula 275 TST — PRESCRIÇÃO. DESVIO DE FUNÇÃO E REENQUADRAMENTO (incorporada a Orientação Jurisprudencial n. 144 da SBDI-1) — Res. 129/2005, DJ 20, 22 e 25.04.2005

I — Na ação que objetive corrigir desvio funcional, a prescrição só alcança as diferenças salariais vencidas no período de 5 (cinco) anos que precedeu o ajuizamento. *(ex-Súmula n. 275 — alterada pela Res. 121/2003, DJ 21.11.2003)*

II — Em se tratando de pedido de reenquadramento, a prescrição é total, contada da data do enquadramento do empregado. *(ex-OJ n. 144 da SBDI-1 — inserida em 27.11.1998)*

Súmula 452 TST — DIFERENÇAS SALARIAIS. PLANO DE CARGOS E SALÁRIOS. DESCUMPRIMENTO. CRITÉRIOS DE PROMOÇÃO NÃO OBSERVADOS. PRESCRIÇÃO PARCIAL. (conversão da Orientação Jurisprudencial n. 404 da SBDI-1) — Res. 194/2014, DEJT divulgado em 21, 22 e 23.05.2014

Tratando-se de pedido de pagamento de diferenças salariais decorrentes da inobservância dos critérios de promoção estabelecidos em Plano de Cargos e Salários criado pela empresa, a prescrição aplicável é a parcial, pois a lesão é sucessiva e se renova mês a mês.

ORIENTAÇÕES JURISPRUDENCIAIS DA SDI-1 DO TST

Vide OJs 125, 296, 297, 383 e 418 SDI-1/TST

OJ 125 SDI-1 TST — DESVIO DE FUNÇÃO. QUADRO DE CARREIRA (alterado em 13.03.2002)

O simples desvio funcional do empregado não gera direito a novo enquadramento, mas apenas às diferenças salariais respectivas, mesmo que o desvio de função haja iniciado antes da vigência da CF/1988.

OJ 296 SDI-1 TST — EQUIPARAÇÃO SALARIAL. ATENDENTE E AUXILIAR DE ENFERMAGEM. IMPOSSIBILIDADE (DJ 11.08.2003)

Sendo regulamentada a profissão de auxiliar de enfermagem, cujo exercício pressupõe habilitação técnica, realizada pelo Conselho Regional de Enfermagem, impossível a equiparação salarial do simples atendente com o auxiliar de enfermagem.

OJ 297 SDI-1 TST — EQUIPARAÇÃO SALARIAL. SERVIDOR PÚBLICO DA ADMINISTRAÇÃO DIRETA, AUTÁRQUICA E FUNDACIONAL. ART. 37, XIII, DA CF/1988 (DJ 11.08.2003)

O art. 37, inciso XIII, da CF/1988, veda a equiparação de qualquer natureza para o efeito de remuneração do pessoal do serviço público, sendo juridicamente impossível a aplicação da norma infraconstitucional prevista no art. 461 da CLT quando se pleiteia equiparação salarial entre servidores públicos, independentemente de terem sido contratados pela CLT.

OJ 383 SDI-1 TST — TERCEIRIZAÇÃO. EMPREGADOS DA EMPRESA PRESTADORA DE SERVIÇOS E DA TOMADORA. ISONOMIA. ART. 12, "A", DA LEI N. 6.019, DE 03.01.1974. (mantida) — Res. 175/2011, DEJT divulgado em 27, 30 e 31.05.2011

A contratação irregular de trabalhador, mediante empresa interposta, não gera vínculo de emprego com ente da Administração Pública, não afastando, contudo, pelo princípio da isonomia, o direito dos empregados terceirizados às mesmas verbas trabalhistas legais e normativas asseguradas àqueles contratados pelo tomador dos serviços, desde que presente a igualdade de funções. Aplicação analógica do art. 12, "a", da Lei n. 6.019, de 03.01.1974.

OJ 418 SDI-1 TST — EQUIPARAÇÃO SALARIAL. PLANO DE CARGOS E SALÁRIOS. APROVAÇÃO POR INSTRUMENTO COLETIVO. AUSÊNCIA DE ALTERNÂNCIA DE CRITÉRIOS DE PROMOÇÃO POR ANTIGUIDADE E MERECIMENTO. (DEJT divulgado em 12, 13 e 16.04.2012)

Não constitui óbice à equiparação salarial a existência de plano de cargos e salários que, referendado por norma coletiva, prevê critério de promoção apenas por merecimento ou antiguidade, não atendendo, portanto, o requisito de alternância dos critérios, previsto no art. 461, § 2º, da CLT.

ORIENTAÇÃO JURISPRUDENCIAL TRANSITÓRIA DA SDI-1 DO TST

Vide OJT 71 SDI-1/TST

OJT 71 SDI-1 TST — EMPRESA BRASILEIRA DE CORREIOS E TELÉGRAFOS — ECT. PLANO DE CARGOS E SALÁRIOS. PROGRESSÃO HORIZONTAL POR ANTIGUIDADE. NECESSIDADE DE DELIBERAÇÃO DA DIRETORIA PARA COMPROVAR O EFETIVO CUM-

Art. 461

TÍTULO IV — DO CONTRATO INDIVIDUAL DO TRABALHO

PRIMENTO DOS REQUISITOS DO PCCS. CONDIÇÃO PURAMENTE POTESTATIVA PARA A CONCESSÃO DA PROMOÇÃO. INVALIDADE. (DEJT divulgado em 09, 10 e 11.06.2010)

A deliberação da diretoria da Empresa Brasileira de Correios e Telégrafos — ECT, prevista no Plano de Carreira, Cargos e Salários como requisito necessário para a concessão de progressão por antiguidade, por se tratar de condição puramente potestativa, não constitui óbice ao deferimento da progressão horizontal por antiguidade aos empregados, quando preenchidas as demais condições dispostas no aludido plano.

§ 4º

O trabalhador readaptado em nova função por motivo de deficiência física ou mental atestada pelo órgão competente da Previdência Social não servirá de paradigma para fins de equiparação salarial. *(Incluído pela Lei n. 5.798, de 31.8.1972)*

CONSTITUIÇÃO FEDERAL DE 1988
DOU 5.10.1988

Vide art. 7º, caput e inciso XXXI

Art. 7º São direitos dos trabalhadores urbanos e rurais, além de outros que visem à melhoria de sua condição social:

(...)

XXXI — proibição de qualquer discriminação no tocante a salário e critérios de admissão do trabalhador portador de deficiência;

CONVENÇÃO SOBRE OS DIREITOS DAS PESSOAS COM DEFICIÊNCIA DA ONU

Convenção sobre os Direitos das Pessoas com Deficiência e de seu Protocolo Facultativo
Assinada em Nova Iorque, em 30 de março de 2007
Promulgada pelo Decreto Legislativo n. 186, de 2008
DOU 10.7.2008

CONVENÇÃO 159 DA OIT

Convenção sobre reabilitação profissional e emprego de pessoas deficientes
Adotada pela OIT em 20.6.1983
Ratificada pelo Brasil em 18.5.1990
Promulgada pelo Decreto n. 129, de 22 de maio de 1991
DOU 23.5.1991

LEI N. 13.146, DE 6 DE JULHO DE 2015
Institui a Lei Brasileira de Inclusão da Pessoa com Deficiência (Estatuto da Pessoa com Deficiência)
DOU 7.7.2015

Vide art. 1º, caput e parágrafo único

Art. 1º É instituída a Lei Brasileira de Inclusão da Pessoa com Deficiência (Estatuto da Pessoa com Deficiência), destinada a assegurar e a promover, em condições de igualdade, o exercício dos direitos e das liberdades fundamentais por pessoa com deficiência, visando à sua inclusão social e cidadania.

Parágrafo único. Esta Lei tem como base a Convenção sobre os Direitos das Pessoas com Deficiência e seu Protocolo Facultativo, ratificados pelo Congresso Nacional por meio do Decreto Legislativo n. 186, de 9 de julho de 2008, em conformidade com o procedimento previsto no § 3º do art. 5º da Constituição da República Federativa do Brasil, em vigor para o Brasil, no plano jurídico externo, desde 31 de agosto de 2008, e promulgados pelo Decreto n. 6.949, de 25 de agosto de 2009, data de início de sua vigência no plano interno.

LEI N. 8.213, DE 24 DE JULHO DE 1991
Dispõe sobre os Planos de Benefícios da Previdência Social e dá outras providências
DOU 25.7.1991, republicado 11.4.1996 e republicado em 14.8.1998

Vide art. 93, caput e § 1º

Art. 93. A empresa com 100 (cem) ou mais empregados está obrigada a preencher de 2% (dois por cento) a 5% (cinco por cento) dos seus cargos com beneficiários reabilitados ou pessoas portadoras de deficiência, habilitadas, na seguinte proporção:

(...)

§ 1º A dispensa de pessoa com deficiência ou de beneficiário reabilitado da Previdência Social ao final de contrato por prazo determinado de mais de 90 (noventa) dias e a dispensa imotivada em contrato por prazo indeterminado somente poderão ocorrer após a contratação de outro trabalhador com deficiência ou beneficiário reabilitado da Previdência Social. *(Redação dada pela Lei n. 13.146, de 2015)*

SÚMULA DO TST

Vide Súmula 275/TST

Súmula 275 TST — PRESCRIÇÃO. DESVIO DE FUNÇÃO E REENQUADRAMENTO (incorporada a Orientação Jurisprudencial n. 144 da SBDI-1) — Res. 129/2005, DJ 20, 22 e 25.04.2005

I — Na ação que objetive corrigir desvio funcional, a prescrição só alcança as diferenças salariais vencidas no período de 5 (cinco) anos que precedeu o ajuizamento. *(ex-Súmula n. 275 — alterada pela Res. 121/2003, DJ 21.11.2003)*

II — Em se tratando de pedido de reenquadramento, a prescrição é total, contada da data do enquadramento do empregado. *(ex-OJ n. 144 da SBDI-1 — inserida em 27.11.1998)*

TÍTULO IV — DO CONTRATO INDIVIDUAL DO TRABALHO

Art. 462 Ao empregador é vedado efetuar qualquer desconto nos salários do empregado, salvo quando este resultar de adiantamentos, de dispositivos de lei ou de contrato coletivo.

CONSTITUIÇÃO FEDERAL DE 1988
DOU 5.10.1988

Vide art. 7º, *caput* e incisos VI e X; art. 153, *caput* e inciso III; e art. 195, *caput* e inciso II

Art. 7º São direitos dos trabalhadores urbanos e rurais, além de outros que visem à melhoria de sua condição social:
(...)
VI — irredutibilidade do salário, salvo o disposto em convenção ou acordo coletivo;
(...)
X — proteção do salário na forma da lei, constituindo crime sua retenção dolosa;

Art. 153. Compete à União instituir impostos sobre:
(...)
III — renda e proventos de qualquer natureza;

Art. 195. A seguridade social será financiada por toda a sociedade, de forma direta e indireta, nos termos da lei, mediante recursos provenientes dos orçamentos da União, dos Estados, do Distrito Federal e dos Municípios, e das seguintes contribuições sociais:
(...)
II — do trabalhador e dos demais segurados da previdência social, não incidindo contribuição sobre aposentadoria e pensão concedidas pelo regime geral de previdência social de que trata o art. 201; *(Redação dada pela Emenda Constitucional n. 20, de 1998)*

CONVENÇÃO 95 DA OIT
Convenção sobre proteção ao salário
Adotada pela OIT em 1º.7.1949
Ratificada pelo Brasil em 25.4.1957
Promulgada pelo Decreto n. 41.721, de 25 de junho de 1957
DOU 28.6.1957

CONSOLIDAÇÃO DAS LEIS DO TRABALHO
Decreto-Lei n. 5.452, de 1º de maio de 1943
DOU 9.8.1943

Vide art. 468, *caput* e parágrafo único; art. 487, *caput* e § 2º; e art. 582, *caput* e §§ 1º e 2º

Art. 468. Nos contratos individuais de trabalho só é lícita a alteração das respectivas condições por mútuo consentimento, e ainda assim desde que não resultem, direta ou indiretamente, prejuízos ao empregado, sob pena de nulidade da cláusula infringente desta garantia.
Parágrafo único. Não se considera alteração unilateral a determinação do empregador para que o respectivo empregado reverta ao cargo efetivo, anteriormente ocupado, deixando o exercício de função de confiança.

Art. 487. Não havendo prazo estipulado, a parte que, sem justo motivo, quiser rescindir o contrato deverá avisar a outra da sua resolução com a antecedência mínima de:
(...)
§ 2º A falta de aviso prévio por parte do empregado dá ao empregador o direito de descontar os salários correspondentes ao prazo respectivo.

Art. 582. Os empregadores são obrigados a descontar, da folha de pagamento de seus empregados relativa ao mês de março de cada ano, a contribuição sindical por estes devida aos respectivos sindicatos. *(Redação dada pela Lei n. 6.386, de 9.12.1976)*

§ 1º Considera-se um dia de trabalho, para efeito de determinação da importância a que alude o item I do art. 580, o equivalente: *(Redação dada pela Lei n. 6.386, de 9.12.1976)*

a) a uma jornada normal de trabalho, se o pagamento ao empregado for feito por unidade de tempo; *(Redação dada pela Lei n. 6.386, de 9.12.1976)*

b) a 1/30 (um trinta avos) da quantia percebida no mês anterior, se a remuneração for paga por tarefa, empreitada ou comissão. *(Redação dada pela Lei n. 6.386, de 9.12.1976)*

§ 2º Quando o salário for pago em utilidades, ou nos casos em que o empregado receba, habitualmente, gorjetas, a contribuição sindical corresponderá a 1/30 (um trinta avos) da importância que tiver servido de base, no mês de janeiro, para a contribuição do empregado à Previdência Social. *(Redação dada pela Lei n. 6.386, de 9.12.1976)*

LEI COMPLEMENTAR N. 150, DE 1º DE JUNHO DE 2015
Dispõe sobre o contrato de trabalho doméstico; altera as Leis n. 8.212, de 24 de julho de 1991, n. 8.213, de 24 de julho de 1991, e n. 11.196, de 21 de novembro de 2005; revoga o inciso I do art. 3º da Lei n. 8.009, de 29 de março de 1990, o art. 36 da Lei n. 8.213, de 24 de julho de 1991, a Lei n. 5.859, de 11 de dezembro de 1972, e o inciso VII do art. 12 da Lei n. 9.250, de 26 de dezembro 1995; e dá outras providências
DOU 2.6.2015

Vide art. 18, *caput* e §§ 1º a 4º

Art. 18. É vedado ao empregador doméstico efetuar descontos no salário do empregado por fornecimento de alimentação, vestuário, higiene ou moradia, bem como por despesas com transporte, hospedagem e alimentação em caso de acompanhamento em viagem.

§ 1º É facultado ao empregador efetuar descontos no salário do empregado em caso de adiantamento salarial e, mediante acordo escrito entre as partes, para a inclusão do empregado em planos de assistência médico-hospitalar e odontológica, de seguro e de previdência privada, não podendo a dedução ultrapassar 20% (vinte por cento) do salário.

§ 2º Poderão ser descontadas as despesas com moradia de que trata o *caput* deste artigo quando essa se referir a local diverso da residência em que ocorrer a prestação de serviço, desde que essa possibilidade tenha sido expressamente acordada entre as partes.

§ 3º As despesas referidas no *caput* deste artigo não têm natureza salarial nem se incorporam à remuneração para quaisquer efeitos.

§ 4º O fornecimento de moradia ao empregado doméstico na própria residência ou em morada anexa, de qualquer natureza, não gera ao empregado qualquer direito de posse ou de propriedade sobre a referida moradia.

CÓDIGO PENAL
Decreto-Lei n. 2.848, de 7 de dezembro de 1940
DOU 31.12.1940 e retificado em 3.1.1941

Vide art. 168-A, caput e §§ 1º a 3º

Apropriação indébita previdenciária *(Incluído pela Lei n. 9.983, de 2000)*
Art. 168-A. Deixar de repassar à previdência social as contribuições recolhidas dos contribuintes, no prazo e forma legal ou convencional: *(Incluído pela Lei n. 9.983, de 2000)*
Pena — reclusão, de 2 (dois) a 5 (cinco) anos, e multa. *(Incluído pela Lei n. 9.983, de 2000)*
§ 1º Nas mesmas penas incorre quem deixar de: *(Incluído pela Lei n. 9.983, de 2000)*
I — recolher, no prazo legal, contribuição ou outra importância destinada à previdência social que tenha sido descontada de pagamento efetuado a segurados, a terceiros ou arrecadada do público; *(Incluído pela Lei n. 9.983, de 2000)*
II — recolher contribuições devidas à previdência social que tenham integrado despesas contábeis ou custos relativos à venda de produtos ou à prestação de serviços; *(Incluído pela Lei n. 9.983, de 2000)*
III — pagar benefício devido a segurado, quando as respectivas cotas ou valores já tiverem sido reembolsados à empresa pela previdência social. *(Incluído pela Lei n. 9.983, de 2000)*
§ 2º É extinta a punibilidade se o agente, espontaneamente, declara, confessa e efetua o pagamento das contribuições, importâncias ou valores e presta as informações devidas à previdência social, na forma definida em lei ou regulamento, antes do início da ação fiscal. *(Incluído pela Lei n. 9.983, de 2000)*
§ 3º É facultado ao juiz deixar de aplicar a pena ou aplicar somente a de multa se o agente for primário e de bons antecedentes, desde que: *(Incluído pela Lei n. 9.983, de 2000)*
I — tenha promovido, após o início da ação fiscal e antes de oferecida a denúncia, o pagamento da contribuição social previdenciária, inclusive acessórios; ou *(Incluído pela Lei n. 9.983, de 2000)*
II — o valor das contribuições devidas, inclusive acessórios, seja igual ou inferior àquele estabelecido pela previdência social, administrativamente, como sendo o mínimo para o ajuizamento de suas execuções fiscais. *(Incluído pela Lei n. 9.983, de 2000)*

LEI N. 5.889, DE 8 DE JUNHO DE 1973
Estatui normas reguladoras do trabalho rural
DOU 11.6.1973

Vide art. 9º, caput, alíneas a a c, e §§ 1º a 5º

Art. 9º Salvo as hipóteses de autorização legal ou decisão judiciária, só poderão ser descontadas do empregado rural as seguintes parcelas, calculadas sobre o salário mínimo:
a) até o limite de 20% (vinte por cento) pela ocupação da morada;
b) até o limite de 25% (vinte por cento) pelo fornecimento de alimentação sadia e farta, atendidos os preços vigentes na região;
c) adiantamentos em dinheiro.
§ 1º As deduções acima especificadas deverão ser previamente autorizadas, sem o que serão nulas de pleno direito.
§ 2º Sempre que mais de um empregado residir na mesma morada, o desconto, previsto na letra "a" deste artigo, será dividido proporcionalmente ao número de empregados, vedada, em qualquer hipótese, a moradia coletiva de famílias.

§ 3º Rescindido ou findo o contrato de trabalho, o empregado será obrigado a desocupar a casa dentro de trinta dias.
§ 4º O Regulamento desta Lei especificará os tipos de morada para fins de dedução.
§ 5º A cessão pelo empregador, de moradia e de sua infraestrutura básica, assim, como, bens destinados à produção para sua subsistência e de sua família, não integram o salário do trabalhador rural, desde que caracterizados como tais, em contrato escrito celebrado entre as partes, com testemunhas e notificação obrigatória ao respectivo sindicato de trabalhadores rurais. *(Incluído pela Lei n. 9.300, de 29.08.96)*

CÓDIGO DE PROCESSO CIVIL DE 1973
Lei n. 5.869, de 11 de janeiro de 1973
DOU 17.1.1973 e republicado em 27.7.2006

Vide art. 649, caput, inciso IV e §§ 1º e 2º

Art. 649. São absolutamente impenhoráveis:
(...)
IV — os vencimentos dos magistrados, dos professores e dos funcionários públicos, o soldo e os salários, salvo para pagamento de prestação alimentícia;
(...)
§ 1º A impenhorabilidade não é oponível à cobrança do crédito concedido para a aquisição do próprio bem. *(Incluído pela Lei n. 11.382, de 2006)*
§ 2º O disposto no inciso IV do *caput* deste artigo não se aplica no caso de penhora para pagamento de prestação alimentícia. *(Incluído pela Lei n. 11.382, de 2006)*

CÓDIGO DE PROCESSO CIVIL DE 2015
Lei n. 13.105, de 16 de março de 2015
DOU 17.3.2015

Vide art. 833, caput , inciso IV e §§ 1º e 2º

Art. 833. São impenhoráveis:
(...)
IV — os vencimentos, os subsídios, os soldos, os salários, as remunerações, os proventos de aposentadoria, as pensões, os pecúlios e os montepios, bem como as quantias recebidas por liberalidade de terceiro e destinadas ao sustento do devedor e de sua família, os ganhos de trabalhador autônomo e os honorários de profissional liberal, ressalvado o § 2º;
(...)
§ 1º A impenhorabilidade não é oponível à execução de dívida relativa ao próprio bem, inclusive àquela contraída para sua aquisição.
§ 2º O disposto nos incisos IV e X do *caput* não se aplica à hipótese de penhora para pagamento de prestação alimentícia, independentemente de sua origem, bem como às importâncias excedentes a 50 (cinquenta) salários-mínimos mensais, devendo a constrição observar o disposto no art. 528, § 8º, e no art. 529, § 3º.

LEI N. 7.418, DE 16 DE DEZEMBRO DE 1985
Institui o Vale-Transporte e dá outras providências
DOU 17.12.1985

Vide art. 4º, caput e parágrafo único

Art. 4º A concessão do benefício ora instituído implica a aquisição pelo empregador dos Vales-Transporte necessários aos deslocamentos do trabalhador no percurso residência-trabalho e vice-versa, no serviço de transporte que melhor se adeque. *(Renumerado do art. 5º, pela Lei n. 7.619, de 30.9.1987) (Vide Medida Provisória n. 2.189-49, de 2001) (Vide Lei Complementar n. 150, de 2015)*

TÍTULO IV — DO CONTRATO INDIVIDUAL DO TRABALHO

Art. 462

Parágrafo único. O empregador participará dos gastos de deslocamento do trabalhador com a ajuda de custo equivalente à parcela que exceder a 6% (seis por cento) de seu salário básico.

LEI N. 8.212, DE 24 DE JULHO DE 1991
Dispõe sobre a organização da Seguridade Social, institui Plano de Custeio, e dá outras providências
DOU 25.7.1991, republicado em 11.4.1996 e republicado em 14.8.1998

Vide art. 11, *caput*, inciso II, parágrafo único, alíneas b e c

Art. 11. No âmbito federal, o orçamento da Seguridade Social é composto das seguintes receitas:
(...)
II — receitas das contribuições sociais;
(...)
Parágrafo único. Constituem contribuições sociais:
(...)
b) as dos empregadores domésticos;
c) as dos trabalhadores, incidentes sobre o seu salário de contribuição; *(Vide art. 104 da Lei n. 11.196, de 2005)*

LEI N. 10.820, DE 17 DE DEZEMBRO DE 2003
Dispõe sobre a autorização para desconto de prestações em folha de pagamento, e dá outras providências
DOU 18.12.2003

Vide art. 1°, *caput* e §§ 1°, 2°, 5°, inciso I e II, § 6°

Art. 1° Os empregados regidos pela Consolidação das Leis do Trabalho — CLT, aprovada pelo Decreto-Lei n. 5.452, de 1° de maio de 1943, poderão autorizar, de forma irrevogável e irretratável, o desconto em folha de pagamento ou na sua remuneração disponível dos valores referentes ao pagamento de empréstimos, financiamentos, cartões de crédito e operações de arrendamento mercantil concedidos por instituições financeiras e sociedades de arrendamento mercantil, quando previsto nos respectivos contratos. *(Redação dada pela Lei n. 13.172, de 2015)*

§ 1° O desconto mencionado neste artigo também poderá incidir sobre verbas rescisórias devidas pelo empregador, se assim previsto no respectivo contrato de empréstimo, financiamento, cartão de crédito ou arrendamento mercantil, até o limite de 35% (trinta e cinco por cento), sendo 5% (cinco por cento) destinados exclusivamente para: *(Redação dada pela Lei n. 13.172, de 2015)*
I — a amortização de despesas contraídas por meio de cartão de crédito; ou *(Incluído pela Lei n. 13.172, de 2015)*
II — a utilização com a finalidade de saque por meio do cartão de crédito. *(Incluído pela Lei n. 13.172, de 2015)*
§ 2° O regulamento disporá sobre os limites de valor do empréstimo, da prestação consignável para os fins do *caput* e do comprometimento das verbas rescisórias para os fins do § 1° deste artigo.
(...)
§ 5° Nas operações de crédito consignado de que trata este artigo, o empregado poderá oferecer em garantia, de forma irrevogável e irretratável: *(Redação dada pela Lei n. 13.313, de 2016, resultante da conversão da MPv n. 719/2016)*
I — até 10% (dez por cento) do saldo de sua conta vinculada no Fundo de Garantia do Tempo de Serviço — FGTS; *(Redação dada pela Lei n. 13.313, de 2016, resultante da conversão da MPv n. 719/2016)*
II — até 100% (cem por cento) do valor da multa paga pelo empregador, em caso de despedida sem justa causa ou de despedida por culpa recíproca ou força maior, nos termos dos §§ 1° e 2° do art. 18 da Lei n. 8.036, de 11 de maio de 1990. *(Redação dada pela Lei n. 13.313, de 2016, resultante da conversão da MPv n. 719/2016)*
§ 6° A garantia de que trata o § 5° só poderá ser acionada na ocorrência de despedida sem justa causa, inclusive a indireta, ou de despedida por culpa recíproca ou força maior, não se aplicando, em relação à referida garantia, o disposto no § 2° do art. 2° da Lei n. 8.036, de 11 de maio de 1990. *(Redação dada pela Lei n. 13.313, de 2016, resultante da conversão da MPv n. 719/2016)*

SÚMULAS DO TST

Vide Súmulas 155, 342 e 368/TST

Súmula 155 TST — AUSÊNCIA AO SERVIÇO (mantida) — Res. 121/2003, DJ 19, 20 e 21.11.2003
As horas em que o empregado falta ao serviço para comparecimento necessário, como parte, à Justiça do Trabalho não serão descontadas de seus salários *(ex-Prejulgado n. 30)*.

Súmula 342 TST — DESCONTOS SALARIAIS. ART. 462 DA CLT (mantida) — Res. 121/2003, DJ 19, 20 e 21.11.2003
Descontos salariais efetuados pelo empregador, com a autorização prévia e por escrito do empregado, para ser integrado em planos de assistência odontológica, médico-hospitalar, de seguro, de previdência privada, ou de entidade cooperativa, cultural ou recreativo-associativa de seus trabalhadores, em seu benefício e de seus dependentes, não afrontam o disposto no art. 462 da CLT, salvo se ficar demonstrada a existência de coação ou de outro defeito que vicie o ato jurídico.

Súmula 368 TST — DESCONTOS PREVIDENCIÁRIOS E FISCAIS. COMPETÊNCIA. RESPONSABILIDADE PELO PAGAMENTO. FORMA DE CÁLCULO (redação do item II alterada na sessão do Tribunal Pleno realizada em 16.04.2012) — Res. 181/2012, DEJT divulgado em 19, 20 e 23.04.2012
I — A Justiça do Trabalho é competente para determinar o recolhimento das contribuições fiscais. A competência da Justiça do Trabalho, quanto à execução das contribuições previdenciárias, limita-se às sentenças condenatórias em pecúnia que proferir e aos valores, objeto de acordo homologado, que integrem o salário de contribuição. *(ex-OJ n. 141 da SBDI-1 — inserida em 27.11.1998)*
II — É do empregador a responsabilidade pelo recolhimento das contribuições previdenciárias e fiscais, resultante de crédito do empregado oriundo de condenação judicial, devendo ser calculadas, em relação à incidência dos descontos fiscais, mês a mês, nos termos do art. 12-A da Lei n. 7.713, de 22/12/1988, com a redação dada pela Lei n. 12.350/2010.
III — Em se tratando de descontos previdenciários, o critério de apuração encontra-se disciplinado no art. 276, § 4°, do Decreto n. 3.048/1999 que regulamentou a Lei n. 8.212/1991 e determina que a contribuição do empregado, no caso de ações trabalhistas, seja calculada mês a mês, aplicando-se as alíquotas previstas no art. 198, observado o limite máximo do salário de contribuição. *(ex-OJs ns. 32 e 228 da SBDI-1 — inseridas, respectivamente, em 14.03.1994 e 20.06.2001)*

ORIENTAÇÕES JURISPRUDENCIAIS DA SDI-1 DO TST

Vide OJs 160 e 251 SDI-1/TST

OJ 160 SDI-1 TST — DESCONTOS SALARIAIS. AUTORIZAÇÃO NO ATO DA ADMISSÃO. VALIDADE (inserida em 26.03.1999)
É inválida a presunção de vício de consentimento resultante do fato de ter o empregado anuído expressamente com descontos salariais na oportunidade da admissão. É de se exigir demonstração concreta do vício de vontade.

Art. 462

TÍTULO IV — DO CONTRATO INDIVIDUAL DO TRABALHO

OJ 251 SDI-1 TST — DESCONTOS. FRENTISTA. CHEQUES SEM FUNDOS (inserida em 13.03.2002)
É lícito o desconto salarial referente à devolução de cheques sem fundos, quando o frentista não observar as recomendações previstas em instrumento coletivo.

ORIENTAÇÃO JURISPRUDENCIAL DA SDC DO TST
Vide OJ 18 SDC/TST

OJ 18 SDC TST — DESCONTOS AUTORIZADOS NO SALÁRIO PELO TRABALHADOR. LIMITAÇÃO MÁXIMA DE 70% DO SALÁRIO-BASE. (inserida em 25.05.1998)
Os descontos efetuados com base em cláusula de acordo firmado entre as partes não podem ser superiores a 70% do salário-base percebido pelo empregado, pois deve-se assegurar um mínimo de salário em espécie ao trabalhador.

§ 1º Em caso de dano causado pelo empregado, o desconto será lícito, desde de que esta possibilidade tenha sido acordada ou na ocorrência de dolo do empregado. *(Parágrafo único renumerado pelo Decreto-Lei n. 229, de 28.2.1967)*

ORIENTAÇÃO JURISPRUDENCIAL DA SDI-1 DO TST
Vide OJ 251 SDI-1/TST

OJ 251 SDI-1 TST — DESCONTOS. FRENTISTA. CHEQUES SEM FUNDOS (inserida em 13.03.2002)
É lícito o desconto salarial referente à devolução de cheques sem fundos, quando o frentista não observar as recomendações previstas em instrumento coletivo.

PRECEDENTES NORMATIVOS DA SDC DO TST
Vide PNs 14 e 118 SDC/TST

PN 14 SDC TST — DESCONTO NO SALÁRIO (positivo)
Proíbe-se o desconto no salário do empregado dos valores de cheques não compensados ou sem fundos, salvo se não cumprir as resoluções da empresa.

PN 118 SDC TST — QUEBRA DE MATERIAL (positivo)
Não se permite o desconto salarial por quebra de material, salvo nas hipóteses de dolo ou recusa de apresentação dos objetos danificados, ou ainda, havendo previsão contratual, de culpa comprovada do empregado.

§ 2º É vedado à empresa que mantiver armazém para venda de mercadorias aos empregados ou serviços estimados a proporcionar-lhes prestações "in natura" exercer qualquer coação ou induzimento no sentido de que os empregados se utilizem do armazém ou dos serviços. *(Incluído pelo Decreto-Lei n. 229, de 28.2.1967)*

§ 3º Sempre que não for possível o acesso dos empregados a armazéns ou serviços não mantidos pela Empresa, é lícito à autoridade competente determinar a adoção de medidas adequadas, visando a que as mercadorias sejam vendidas e os serviços prestados a preços razoáveis, sem intuito de lucro e sempre em benefício dos empregados. *(Incluído pelo Decreto-Lei n. 229, de 28.2.1967)*

§ 4º Observado o disposto neste Capítulo, é vedado às empresas limitar, por qualquer forma, a liberdade dos empregados de dispor do seu salário. *(Incluído pelo Decreto-Lei n. 229, de 28.2.1967)*

LEI COMPLEMENTAR N. 150, DE 1º DE JUNHO DE 2015
Dispõe sobre o contrato de trabalho doméstico; altera as Leis n. 8.212, de 24 de julho de 1991, n. 8.213, de 24 de julho de 1991, e n. 11.196, de 21 de novembro de 2005; revoga o inciso I do art. 3º da Lei n. 8.009, de 29 de março de 1990, o art. 36 da Lei n. 8.213, de 24 de julho de 1991, a Lei n. 5.859, de 11 de dezembro de 1972, e o inciso VII do art. 12 da Lei n. 9.250, de 26 de dezembro 1995; e dá outras providências
DOU 2.6.2015

Vide art. 18, caput e § 1º

Art. 18. É vedado ao empregador doméstico efetuar descontos no salário do empregado por fornecimento de alimentação, vestuário, higiene ou moradia, bem como por despesas com transporte, hospedagem e alimentação em caso de acompanhamento em viagem.

§ 1º É facultado ao empregador efetuar descontos no salário do empregado em caso de adiantamento salarial e, mediante acordo escrito entre as partes, para a inclusão do empregado em planos de assistência médico-hospitalar e odontológica, de seguro e de previdência privada, não podendo a dedução ultrapassar 20% (vinte por cento) do salário.

LEI N. 5.859, DE 11 DE DEZEMBRO DE 1972
(Revogada pela Lei Complementar n. 150, de 1/6/2015)
Dispõe sobre a profissão de empregado doméstico e dá outras providências
DOU 12.12.1972

Vide art. 2º-A, caput e § 1º

Art. 2º-A. É vedado ao empregador doméstico efetuar descontos no salário do empregado por fornecimento de alimentação, vestuário, higiene ou moradia. *(Incluído pela Lei n. 11.324, de 2006)*

§ 1º Poderão ser descontadas as despesas com moradia de que trata o *caput* deste artigo quando essa se referir a local diverso da residência em que ocorrer a prestação

TÍTULO IV — DO CONTRATO INDIVIDUAL DO TRABALHO

Art. 463

de serviço, e desde que essa possibilidade tenha sido expressamente acordada entre as partes. *(Incluído pela Lei n. 11.324, de 2006)*

CÓDIGO PENAL
Decreto-Lei n. 2.848, de 7 de dezembro de 1940
DOU 31.12.1940 e retificado em 3.1.1941

Vide art. 149, caput e §§ 1º e 2º

Redução a condição análoga à de escravo
Art. 149. Reduzir alguém a condição análoga à de escravo, quer submetendo-o a trabalhos forçados ou a jornada exaustiva, quer sujeitando-o a condições degradantes de trabalho, quer restringindo, por qualquer meio, sua locomoção em razão de dívida contraída com o empregador ou preposto: *(Redação dada pela Lei n. 10.803, de 11.12.2003)*
Pena — reclusão, de dois a oito anos, e multa, além da pena correspondente à violência. *(Redação dada pela Lei n. 10.803, de 11.12.2003)*

§ 1º Nas mesmas penas incorre quem: *(Incluído pela Lei n. 10.803, de 11.12.2003)*

I — cerceia o uso de qualquer meio de transporte por parte do trabalhador, com o fim de retê-lo no local de trabalho; *(Incluído pela Lei n. 10.803, de 11.12.2003)*

II — mantém vigilância ostensiva no local de trabalho ou se apodera de documentos ou objetos pessoais do trabalhador, com o fim de retê-lo no local de trabalho. *(Incluído pela Lei n. 10.803, de 11.12.2003)*

§ 2º A pena é aumentada de metade, se o crime é cometido: *(Incluído pela Lei n. 10.803, de 11.12.2003)*

I — contra criança ou adolescente; *(Incluído pela Lei n. 10.803, de 11.12.2003)*

II — por motivo de preconceito de raça, cor, etnia, religião ou origem. *(Incluído pela Lei n. 10.803, de 11.12.2003)*

LEI N. 5.889, DE 8 DE JUNHO DE 1973
Estatui normas reguladoras do trabalho rural
DOU 11.6.1973

Vide art. 9º, caput, alíneas a a c, e §§ 1º a 5º

Art. 9º Salvo as hipóteses de autorização legal ou decisão judiciária, só poderão ser descontadas do empregado rural as seguintes parcelas, calculadas sobre o salário mínimo:

a) até o limite de 20% (vinte por cento) pela ocupação da morada;

b) até o limite de 25% (vinte por cento) pelo fornecimento de alimentação sadia e farta, atendidos os preços vigentes na região;

c) adiantamentos em dinheiro.

§ 1º As deduções acima especificadas deverão ser previamente autorizadas, sem o que serão nulas de pleno direito.

§ 2º Sempre que mais de um empregado residir na mesma morada, o desconto, previsto na letra "a" deste artigo, será dividido proporcionalmente ao número de empregados, vedada, em qualquer hipótese, a moradia coletiva de famílias.

§ 3º Rescindido ou findo o contrato de trabalho, o empregado será obrigado a desocupar a casa dentro de trinta dias.

§ 4º O Regulamento desta Lei especificará os tipos de morada para fins de dedução.

§ 5º A cessão pelo empregador, de moradia e de sua infraestrutura básica, assim, como, bens destinados à produção para sua subsistência e de sua família, não integram o salário do trabalhador rural, desde que caracterizados como tais, em contrato escrito celebrado entre as partes, com testemunhas e notificação obrigatória ao respectivo sindicato de trabalhadores rurais. *(Incluído pela Lei n. 9.300, de 29.08.96)*

PRECEDENTE NORMATIVO DA SDC DO TST

Vide PN 68 SDC/TST

PN 68 SDC TST — EMPREGADO RURAL. FALTAS AO SERVIÇO. COMPRAS (positivo)
Autoriza-se o chefe de família, se empregado rural, a faltar ao serviço um dia por mês ou meio dia por quinzena, para efetuar compras, sem remuneração ou mediante compensação de horário, mas sem prejuízo do repouso remunerado, desde que não tenha falta injustificada durante o mês.

Art. 463	A prestação, em espécie, do salário será paga em moeda corrente do País.
Parágrafo único	O pagamento do salário realizado com inobservância deste artigo considera-se como não feito.

LEI N. 7.064, DE 6 DE DEZEMBRO DE 1982
Dispõe sobre a situação de trabalhadores contratados ou transferidos para prestar serviços no exterior
DOU 7.12.1982

Vide art. 1º, caput, art. 5º, caput e §§ 1º e 2º

Art. 1º Esta Lei regula a situação de trabalhadores contratados no Brasil ou transferidos por seus empregadores para prestar serviço no exterior. *(Redação da pela Lei n. 11.962, de 2009)*

Art. 5º O salário-base do contrato será obrigatoriamente estipulado em moeda nacional, mas a remuneração devida durante a transferência do empregado, computado o adicional de que trata o artigo anterior, poderá, no todo ou em parte, ser paga no exterior, em moeda estrangeira.

§ 1º Por opção escrita do empregado, a parcela da remuneração a ser paga em moeda nacional poderá ser depositada em conta bancária.

§ 2º É assegurada ao empregado, enquanto estiver prestando serviços no exterior, a conversão e remessa dos correspondentes valores para o local de trabalho, observado o disposto em regulamento.

SÚMULA DO TST

Vide Súmula 91/TST

Súmula 91 TST — SALÁRIO COMPLESSIVO (mantida) — Res. 121/2003, DJ 19, 20 e 21.11.2003
Nula é a cláusula contratual que fixa determinada importância ou percentagem para atender englobadamente vários direitos legais ou contratuais do trabalhador.

Art. 464 e 465

TÍTULO IV — DO CONTRATO INDIVIDUAL DO TRABALHO

PRECEDENTES NORMATIVOS DA SDC DO TST

Vide PNs 65 e 117 da SDC/TST

PN 65 SDC TST — EMPREGADO RURAL. PAGAMENTO DE SALÁRIO (positivo)

O pagamento do salário será efetuado em moeda corrente e no horário de serviço, para isso permitido o seu prolongamento até duas horas após o término da jornada de trabalho.

PN 117 SDC TST — PAGAMENTO DO SALÁRIO COM CHEQUE (positivo)

Se o pagamento do salário for feito em cheque, a empresa dará ao trabalhador o tempo necessário para descontá-lo, no mesmo dia.

Art. 464

O pagamento do salário deverá ser efetuado contra recibo, assinado pelo empregado; em se tratando de analfabeto, mediante sua impressão digital, ou, não sendo esta possível, a seu rogo.

Parágrafo único

Terá força de recibo o comprovante de depósito em conta bancária, aberta para esse fim em nome de cada empregado, com o consentimento deste, em estabelecimento de crédito próximo ao local de trabalho. *(Parágrafo incluído pela Lei n. 9.528, de 10.12.1997)*

CONSOLIDAÇÃO DAS LEIS DO TRABALHO
Decreto-Lei n. 5.452, de 1º de maio de 1943
DOU 9.8.1943

Vide art. 439

Art. 439. É lícito ao menor firmar recibo pelo pagamento dos salários. Tratando-se, porém, de rescisão do contrato de trabalho, é vedado ao menor de 18 (dezoito) anos dar, sem assistência dos seus responsáveis legais, quitação ao empregador pelo recebimento da indenização que lhe for devida.

SÚMULAS DO TST

Vide Súmulas 91 e 330/TST

Súmula 91 TST — SALÁRIO COMPLESSIVO (mantida) — Res. 121/2003, DJ 19, 20 e 21.11.2003

Nula é a cláusula contratual que fixa determinada importância ou percentagem para atender englobadamente vários direitos legais ou contratuais do trabalhador.

Súmula 330 TST — QUITAÇÃO. VALIDADE (mantida) — Res. 121/2003, DJ 19, 20 e 21.11.2003

A quitação passada pelo empregado, com assistência de entidade sindical de sua categoria, ao empregador, com observância dos requisitos exigidos nos parágrafos do art. 477 da CLT, tem eficácia liberatória em relação às parcelas expressamente consignadas no recibo, salvo se oposta ressalva expressa e especificada ao valor dado à parcela ou parcelas impugnadas.

I — A quitação não abrange parcelas não consignadas no recibo de quitação e, consequentemente, seus reflexos em outras parcelas, ainda que estas constem desse recibo.

II — Quanto a direitos que deveriam ter sido satisfeitos durante a vigência do contrato de trabalho, a quitação é válida em relação ao período expressamente consignado no recibo de quitação.

PRECEDENTES NORMATIVOS DA SDC DO TST

Vide PNs 58 e 93 SDC/TST

PN 58 SDC TST — SALÁRIO. PAGAMENTO AO ANALFABETO (positivo)

O pagamento de salário ao empregado analfabeto deverá ser efetuado na presença de 2 (duas) testemunhas.

PN 93 SDC TST — COMPROVANTE DE PAGAMENTO (positivo)

O pagamento do salário será feito mediante recibo, fornecendo-se cópia ao empregado, com a identificação da empresa, e do qual constarão a remuneração, com a discriminação das parcelas, a quantia líquida paga, os dias trabalhados ou o total da produção, as horas extras e os descontos efetuados, inclusive para a Previdência Social, e o valor correspondente ao FGTS.

Art. 465

O pagamento dos salários será efetuado em dia útil e no local do trabalho, dentro do horário do serviço ou imediatamente após o encerramento deste, salvo quando efetuado por depósito em conta bancária, observado o disposto no artigo anterior. *(Redação dada pela Lei n. 9.528, de 10.12.1997)*

SÚMULAS DO TST

Vide Súmulas 91 e 381/TST

Súmula 91 TST — SALÁRIO COMPLESSIVO (mantida) — Res. 121/2003, DJ 19, 20 e 21.11.2003

Nula é a cláusula contratual que fixa determinada importância ou percentagem para atender englobadamente vários direitos legais ou contratuais do trabalhador.

Súmula 381 TST — CORREÇÃO MONETÁRIA. SALÁRIO. ART. 459 DA CLT (conversão da Orientação Jurisprudencial n. 124 da SBDI-1) — Res. 129/2005, DJ 20, 22 e 25.04.2005

O pagamento dos salários até o 5º dia útil do mês subsequente ao vencido não está sujeito à correção monetária. Se essa data limite for ultrapassada, incidirá o índice da correção monetária do mês subsequente ao da prestação dos serviços, a partir do dia 1º. *(ex-OJ n. 124 da SBDI-1 — inserida em 20.04.1998)*

TÍTULO IV — DO CONTRATO INDIVIDUAL DO TRABALHO

Art. 466 e 467

PRECEDENTES NORMATIVOS DA SDC DO TST

Vide PNs 65, 72 e 117 SDC/TST

PN 65 SDC TST — EMPREGADO RURAL. PAGAMENTO DE SALÁRIO (positivo)
O pagamento do salário será efetuado em moeda corrente e no horário de serviço, para isso permitido o seu prolongamento até duas horas após o término da jornada de trabalho.

PN 72 SDC TST — MULTA. ATRASO NO PAGAMENTO DE SALÁRIO (positivo)
Estabelece-se multa de 10% sobre o saldo salarial, na hipótese de atraso no pagamento de salário até 20 dias, e de 5% por dia no período subsequente.

PN 117 SDC TST — PAGAMENTO DO SALÁRIO COM CHEQUE (positivo)
Se o pagamento do salário for feito em cheque, a empresa dará ao trabalhador o tempo necessário para descontá-lo, no mesmo dia.

Art. 466 O pagamento de comissões e percentagens só é exigível depois de ultimada a transação a que se referem.

§ 1º Nas transações realizadas por prestações sucessivas, é exigível o pagamento das percentagens e comissões que lhes disserem respeito proporcionalmente à respectiva liquidação.

§ 2º A cessação das relações de trabalho não prejudica a percepção das comissões e percentagens devidas na forma estabelecida por este artigo.

CONSTITUIÇÃO FEDERAL DE 1988
DOU 5.10.1988

Vide art. 7º, caput e inciso VII

Art. 7º São direitos dos trabalhadores urbanos e rurais, além de outros que visem à melhoria de sua condição social:
(...)
VII — garantia de salário, nunca inferior ao mínimo, para os que percebem remuneração variável;

LEI N. 3.207, DE 18 DE JULHO DE 1957
Regulamenta as atividades dos empregados vendedores, viajantes ou pracistas
DOU 22.7.1957

Vide art. 5º; e art. 7º

Art. 5º Nas transações em que a empresa se obrigar por prestações sucessivas, o pagamento das comissões e percentagens será exigível de acordo com a ordem de recebimento das mesmas.

Art. 7º Verificada a insolvência do comprador, cabe ao empregador o direito de estornar a comissão que houver pago.

SÚMULAS DO TST

Vide Súmulas 27, 91 e 340/TST

Súmula 27 TST — COMISSIONISTA (mantida) — Res. 121/2003, DJ 19, 20 e 21.11.2003
É devida a remuneração do repouso semanal e dos dias feriados ao empregado comissionista, ainda que pracista.

Súmula 91 TST — SALÁRIO COMPLESSIVO (mantida) — Res. 121/2003, DJ 19, 20 e 21.11.2003

Nula é a cláusula contratual que fixa determinada importância ou percentagem para atender englobadamente vários direitos legais ou contratuais do trabalhador.

Súmula 340 TST — COMISSIONISTA. HORAS EXTRAS (nova redação) — Res. 121/2003, DJ 19, 20 e 21.11.2003
O empregado, sujeito a controle de horário, remunerado à base de comissões, tem direito ao adicional de, no mínimo, 50% (cinquenta por cento) pelo trabalho em horas extras, calculado sobre o valor-hora das comissões recebidas no mês, considerando-se como divisor o número de horas efetivamente trabalhadas.

ORIENTAÇÃO JURISPRUDENCIAL DA SDI-1 DO TST

Vide OJ 175 SDI-1/TST

OJ 175 SDI-1 TST — COMISSÕES. ALTERAÇÃO OU SUPRESSÃO. PRESCRIÇÃO TOTAL (nova redação em decorrência da incorporação da Orientação Jurisprudencial n. 248 da SBDI-1) — DJ 22.11.2005
A supressão das comissões, ou a alteração quanto à forma ou ao percentual, em prejuízo do empregado, é suscetível de operar a prescrição total da ação, nos termos da Súmula n. 294 do TST, em virtude de cuidar-se de parcela não assegurada por preceito de lei.

PRECEDENTE NORMATIVO DA SDC DO TST

Vide PN 97 SDC/TST

PN 97 SDC TST — PROIBIÇÃO DE ESTORNO DE COMISSÕES (positivo)
Ressalvada a hipótese prevista no art. 7º da Lei n. 3.207/1957, fica vedado às empresas o desconto ou estorno das comissões do empregado, incidentes sobre mercadorias devolvidas pelo cliente, após a efetivação de venda.

Art. 467 Em caso de rescisão de contrato de trabalho, havendo controvérsia sobre o montante das verbas rescisórias, o empregador é obrigado a pagar ao trabalhador, à data do comparecimento à Justiça do Trabalho, a parte incontroversa dessas verbas, sob pena de pagá-las acrescidas de cinquenta por cento. *(Redação dada pela Lei n. 10.272, de 5.9.2001)*

Art. 468

TÍTULO IV — DO CONTRATO INDIVIDUAL DO TRABALHO

SÚMULAS DO TST

Vide Súmulas 13, 69, 173 e 388/TST

Súmula 13 TST — MORA (mantida) — Res. 121/2003, DJ 19, 20 e 21.11.2003

O só pagamento dos salários atrasados em audiência não ilide a mora capaz de determinar a rescisão do contrato de trabalho.

Súmula 69 TST — RESCISÃO DO CONTRATO (nova redação) — Res. 121/2003, DJ 19, 20 e 21.11.2003

A partir da Lei n. 10.272, de 05.09.2001, havendo rescisão do contrato de trabalho e sendo revel e confesso quanto à matéria de fato, deve ser o empregador condenado ao pagamento das verbas rescisórias, não quitadas na primeira audiência, com acréscimo de 50% (cinquenta por cento).

Súmula 173 TST — SALÁRIO. EMPRESA. CESSAÇÃO DE ATIVIDADES (mantida) — Res. 121/2003, DJ 19, 20 e 21.11.2003

Extinto, automaticamente, o vínculo empregatício com a cessação das atividades da empresa, os salários só são devidos até a data da extinção (ex-Prejulgado n. 53).

Súmula 388 TST — MASSA FALIDA. ARTS. 467 E 477 DA CLT. INAPLICABILIDADE (conversão das Orientações Jurisprudenciais ns. 201 e 314 da SBDI-1) — Res. 129/2005, DJ 20, 22 e 25.04.2005

A Massa Falida não se sujeita à penalidade do art. 467 e nem à multa do § 8º do art. 477, ambos da CLT. (ex-OJs da SBDI-1 ns. 201 — DJ 11.08.2003 — e 314 — DJ 08.11.2000)

ORIENTAÇÃO JURISPRUDENCIAL DA SDI-1 DO TST

Vide OJ 238 SDI-1/TST

OJ 238 SDI-1 TST — MULTA. ART. 477 DA CLT. PESSOA JURÍDICA DE DIREITO PÚBLICO. APLICÁVEL (inserido dispositivo) — DJ 20.04.2005

Submete-se à multa do art. 477 da CLT a pessoa jurídica de direito público que não observa o prazo para pagamento das verbas rescisórias, pois nivela-se a qualquer particular, em direitos e obrigações, despojando-se do "jus imperii" ao celebrar um contrato de emprego.

CAPÍTULO III
DA ALTERAÇÃO

Art. 468 Nos contratos individuais de trabalho só é lícita a alteração das respectivas condições por mútuo consentimento, e ainda assim desde que não resultem, direta ou indiretamente, prejuízos ao empregado, sob pena de nulidade da cláusula infringente desta garantia.

CONSTITUIÇÃO FEDERAL DE 1988
DOU 5.10.1988

Vide art. 1º, *caput*, incisos II, III e IV; art. 3º, *caput* e incisos I, II, III e IV; art. 7º, *caput* e inciso VI; art. 37, *caput* e inciso XV

Art. 1º A República Federativa do Brasil, formada pela união indissolúvel dos Estados e Municípios e do Distrito Federal, constitui-se em Estado Democrático de Direito e tem (...)
II — a cidadania
III — a dignidade da pessoa humana;
IV — os valores sociais do trabalho e da livre-iniciativa;

Art. 3º Constituem objetivos fundamentais da República Federativa do Brasil:
I — construir uma sociedade livre, justa e solidária;
II — garantir o desenvolvimento nacional;
III — erradicar a pobreza e a marginalização e reduzir as desigualdades sociais e regionais;
IV — promover o bem de todos, sem preconceitos de origem, raça, sexo, cor, idade e quaisquer outras formas de discriminação.

Art. 7º São direitos dos trabalhadores urbanos e rurais, além de outros que visem à melhoria de sua condição social:
(...)
VI — irredutibilidade do salário, salvo o disposto em convenção ou acordo coletivo;

Art. 37. A administração pública direta e indireta de qualquer dos Poderes da União, dos Estados, do Distrito Federal e dos Municípios obedecerá aos princípios de legalidade, impessoalidade, moralidade, publicidade e eficiência e, também, ao seguinte: *(Redação dada pela Emenda Constitucional n. 19, de 1998)*
(...)
XV — o subsídio e os vencimentos dos ocupantes de cargos e empregos públicos são irredutíveis, ressalvado o disposto nos incisos XI e XIV deste artigo e nos arts. 39, § 4º, 150, II, 153, III, e 153, § 2º, I; *(Redação dada pela Emenda Constitucional n. 19, de 1998)*

CONSOLIDAÇÃO DAS LEIS DO TRABALHO
Decreto-Lei n. 5.452, de 1º de maio de 1943
DOU 9.8.1943

Vide art. 9º; e art. 444

Art. 9º Serão nulos de pleno direito os atos praticados com o objetivo de desvirtuar, impedir ou fraudar a aplicação dos preceitos contidos na presente Consolidação.

Art. 444. As relações contratuais de trabalho podem ser objeto de livre estipulação das partes interessadas em tudo quanto não contravenha às disposições de proteção ao trabalho, aos contratos coletivos que lhes sejam aplicáveis e às decisões das autoridades competentes.

SÚMULAS DO TST

Vide Súmulas 51, 152, 159, 265, 277, 288, 372 e 391/TST

Súmula 51 TST — NORMA REGULAMENTAR. VANTAGENS E OPÇÃO PELO NOVO REGULAMENTO. ART.

TÍTULO IV — DO CONTRATO INDIVIDUAL DO TRABALHO

468 DA CLT (incorporada a Orientação Jurisprudencial n. 163 da SBDI-1) — Res. 129/2005, DJ 20, 22 e 25.04.2005

I — As cláusulas regulamentares, que revoguem ou alterem vantagens deferidas anteriormente, só atingirão os trabalhadores admitidos após a revogação ou alteração do regulamento. *(ex-Súmula n. 51 — RA 41/1973, DJ 14.06.1973)*

II — Havendo a coexistência de dois regulamentos da empresa, a opção do empregado por um deles tem efeito jurídico de renúncia às regras do sistema do outro. *(ex-OJ n. 163 da SBDI-1 — inserida em 26.03.1999)*

SÚMULA 152 TST — GRATIFICAÇÃO. AJUSTE TÁCITO (MANTIDA) — RES. 121/2003, DJ 19, 20 E 21.11.2003

O fato de constar do recibo de pagamento de gratificação o caráter de liberalidade não basta, por si só, para excluir a existência de ajuste tácito (ex-Prejulgado n. 25).

Súmula 159 TST — SUBSTITUIÇÃO DE CARÁTER NÃO EVENTUAL E VACÂNCIA DO CARGO (incorporada a Orientação Jurisprudencial n. 112 da SBDI-1) — Res. 129/2005, DJ 20, 22 e 25.04.2005

I — Enquanto perdurar a substituição que não tenha caráter meramente eventual, inclusive nas férias, o empregado substituto fará jus ao salário contratual do substituído. *(ex-Súmula n. 159 — alterada pela Res. 121/2003, DJ 21.11.2003)*

II — Vago o cargo em definitivo, o empregado que passa a ocupá-lo não tem direito a salário igual ao do antecessor. *(ex-OJ n. 112 da SBDI-1 — inserida em 1º.10.1997)*

Súmula 265 TST — ADICIONAL NOTURNO. ALTERAÇÃO DE TURNO DE TRABALHO. POSSIBILIDADE DE SUPRESSÃO (mantida) — Res. 121/2003, DJ 19, 20 e 21.11.2003

A transferência para o período diurno de trabalho implica a perda do direito ao adicional noturno.

Súmula 277 TST — CONVENÇÃO COLETIVA DE TRABALHO OU ACORDO COLETIVO DE TRABALHO. EFICÁCIA. ULTRATIVIDADE (redação alterada na sessão do Tribunal Pleno realizada em 14.09.2012) — Res. 185/2012, DEJT divulgado em 25, 26 e 27.09.2012

As cláusulas normativas dos acordos coletivos ou convenções coletivas integram os contratos individuais de trabalho e somente poderão ser modificadas ou suprimidas mediante negociação coletiva de trabalho.

Súmula 288 TST — COMPLEMENTAÇÃO DOS PROVENTOS DA APOSENTADORIA (nova redação para o item I e acrescidos os itens III e IV em decorrência do julgamento do processo TST-E-ED-RR-235-20.2010.5.20.0006 pelo Tribunal Pleno em 12.04.2016) — Res. 207/2016, DEJT divulgado em 18, 19 o 20.04.2016

I — A complementação dos proventos de aposentadoria, instituída, regulamentada e paga diretamente pelo empregador, sem vínculo com as entidades de previdência privada fechada, é regida pelas normas em vigor na data de admissão do empregado, ressalvadas as alterações que forem mais benéficas (art. 468 da CLT).

II — Na hipótese de coexistência de dois regulamentos de planos de previdência complementar, instituídos pelo empregador ou por entidade de previdência privada, a opção do beneficiário por um deles tem efeito jurídico de renúncia às regras do outro.

III — Após a entrada em vigor das Leis Complementares ns. 108 e 109, de 29.05.2001, reger-se-á a complementação dos proventos de aposentadoria pelas normas vigentes na data da implementação dos requisitos para obtenção do benefício, ressalvados o direito adquirido do participante que anteriormente implementara os requisitos para o benefício e o direito acumulado do empregado que até então não preenchera tais requisitos.

IV — O entendimento da primeira parte do item III aplica-se aos processos em curso no Tribunal Superior do Trabalho em que, em 12.04.2016, ainda não haja sido proferida decisão de mérito por suas Turmas e Seções.

Súmula 372 TST — GRATIFICAÇÃO DE FUNÇÃO. SUPRESSÃO OU REDUÇÃO. LIMITES (conversão das Orientações Jurisprudenciais ns. 45 e 303 da SBDI-1) — Res. 129/2005, DJ 20, 22 e 25.04.2005

I — Percebida a gratificação de função por dez ou mais anos pelo empregado, se o empregador, sem justo motivo, revertê-lo a seu cargo efetivo, não poderá retirar-lhe a gratificação tendo em vista o princípio da estabilidade financeira. *(ex-OJ n. 45 da SBDI-1 — inserida em 25.11.1996)*

II — Mantido o empregado no exercício da função comissionada, não pode o empregador reduzir o valor da gratificação. *(ex-OJ n. 303 da SBDI-1 — DJ 11.08.2003)*

Súmula 391 TST — PETROLEIROS. LEI N. 5.811/72. TURNO ININTERRUPTO DE REVEZAMENTO. HORAS EXTRAS E ALTERAÇÃO DA JORNADA PARA HORÁRIO FIXO (conversão das Orientações Jurisprudenciais ns. 240 e 333 da SBDI-1) — Res. 129/2005, DJ 20, 22 e 25.04.2005

I — A Lei n. 5.811/1972 foi recepcionada pela CF/1988 no que se refere à duração da jornada de trabalho em regime de revezamento dos petroleiros. *(ex-OJ n. 240 da SBDI-1 — inserida em 20.06.2001)*

II — A previsão contida no art. 10 da Lei n. 5.811/1972, possibilitando a mudança do regime de revezamento para horário fixo, constitui alteração lícita, não violando os arts. 468 da CLT e 7º, VI, da CF/1988. *(ex-OJ n. 333 da SBDI-1 — DJ 09.12.2003)*

ORIENTAÇÕES JURISPRUDENCIAIS DA SDI-1 DO TST

Vide OJs 159, 244, 308, 325 e 413 SDI-1/TST

OJ 159 SDI-1 TST — DATA DE PAGAMENTO. SALÁRIOS. ALTERAÇÃO (inserida em 26.03.1999)

Diante da inexistência de previsão expressa em contrato ou em instrumento normativo, a alteração de data de pagamento pelo empregador não viola o art. 468, desde que observado o parágrafo único, do art. 459, ambos da CLT.

OJ 244 SDI-1 TST — PROFESSOR. REDUÇÃO DA CARGA HORÁRIA. POSSIBILIDADE (inserida em 20.06.2001)

A redução da carga horária do professor, em virtude da diminuição do número de alunos, não constitui alteração contratual, uma vez que não implica redução do valor da hora-aula.

OJ 308 SDI-1 TST — JORNADA DE TRABALHO. ALTERAÇÃO. RETORNO À JORNADA INICIALMENTE CONTRATADA. SERVIDOR PÚBLICO (DJ 11.08.2003)

O retorno do servidor público (administração direta, autárquica e fundacional) à jornada inicialmente contratada não se insere nas vedações do art. 468 da CLT, sendo a sua jornada definida em lei e no contrato de trabalho firmado entre as partes.

OJ 325 SDI-1 TST — AUMENTO SALARIAL CONCEDIDO PELA EMPRESA. COMPENSAÇÃO NO ANO SEGUINTE

Art. 469

TÍTULO IV — DO CONTRATO INDIVIDUAL DO TRABALHO

EM ANTECIPAÇÃO SEM A PARTICIPAÇÃO DO SINDICATO PROFISSIONAL. IMPOSSIBILIDADE (DJ 09.12.2003)
O aumento real, concedido pela empresa a todos os seus empregados, somente pode ser reduzido mediante a participação efetiva do sindicato profissional no ajuste, nos termos do art. 7º, VI, da CF/88.

OJ 413 SDI-1 TST — AUXÍLIO-ALIMENTAÇÃO. ALTERAÇÃO DA NATUREZA JURÍDICA. NORMA COLETIVA OU ADESÃO AO PAT. (DEJT divulgado em 14, 15 e 16.02.2012)
A pactuação em norma coletiva conferindo caráter indenizatório à verba "auxílio-alimentação" ou a adesão posterior do empregador ao Programa de Alimentação do Trabalhador — PAT — não altera a natureza salarial da parcela, instituída anteriormente, para aqueles empregados que, habitualmente, já percebiam o benefício, a teor das Súmulas ns. 51, I, e 241 do TST.

Parágrafo único	Não se considera alteração unilateral a determinação do empregador para que o respectivo empregado reverta ao cargo efetivo, anteriormente ocupado, deixando o exercício de função de confiança.

SÚMULA DO TST

Vide Súmula 372 /TST

Súmula 372 TST — GRATIFICAÇÃO DE FUNÇÃO. SUPRESSÃO OU REDUÇÃO. LIMITES (conversão das Orientações Jurisprudenciais ns. 45 e 303 da SBDI-1) — Res. 129/2005, DJ 20, 22 e 25.04.2005

I — Percebida a gratificação de função por dez ou mais anos pelo empregado, se o empregador, sem justo motivo, revertê-lo a seu cargo efetivo, não poderá retirar-lhe a gratificação tendo em vista o princípio da estabilidade financeira. *(ex-OJ n. 45 da SBDI-1 — inserida em 25.11.1996)*

II — Mantido o empregado no exercício da função comissionada, não pode o empregador reduzir o valor da gratificação. *(ex-OJ n. 303 da SBDI-1 — DJ 11.08.2003)*

Art. 469	Ao empregador é vedado transferir o empregado, sem a sua anuência, para localidade diversa da que resultar do contrato, não se considerando transferência a que não acarretar necessariamente a mudança do seu domicílio.
§ 1º	Não estão compreendidos na proibição deste artigo: os empregados que exerçam cargo de confiança e aqueles cujos contratos tenham como condição, implícita ou explícita, a transferência, quando esta decorra de real necessidade de serviço. *(Redação dada pela Lei n. 6.203, de 17.4.1975)*
§ 2º	É lícita a transferência quando ocorrer extinção do estabelecimento em que trabalhar o empregado.
§ 3º	Em caso de necessidade de serviço o empregador poderá transferir o empregado para localidade diversa da que resultar do contrato, não obstante as restrições do artigo anterior, mas, nesse caso, ficará obrigado a um pagamento suplementar, nunca inferior a 25% (vinte e cinco por cento) dos salários que o empregado percebia naquela localidade, enquanto durar essa situação. *(Parágrafo incluído pela Lei n. 6.203, de 17.4.1975)*

CONSOLIDAÇÃO DAS LEIS DO TRABALHO
Decreto-Lei n. 5.452, de 1º de maio de 1943

DOU 9.8.1943

Vide art. 543, *caput* e § 1º; e art. 659, *caput* e inciso IX

Art. 543. O empregado eleito para cargo de administração sindical ou representação profissional, inclusive junto a órgão de deliberação coletiva, não poderá ser impedido do exercício de suas funções, nem transferido para lugar ou mister que lhe dificulte ou torne impossível o desempenho das suas atribuições sindicais. *(Redação dada pelo Decreto-Lei n. 229, de 28.2.1967)*

§ 1º O empregado perderá o mandato se a transferência for por ele solicitada ou voluntariamente aceita. *(Redação dada pelo Decreto-Lei n. 229, de 28.2.1967)*

Art. 659. Competem privativamente aos Presidentes das Juntas, além das que lhes forem conferidas neste Título e das decorrentes de seu cargo, as seguintes atribuições: (Vide Constituição Federal de 1988)

(...)

IX — conceder medida liminar, até decisão final do processo, em reclamações trabalhistas que visem a tornar sem efeito transferência disciplinada pelos parágrafos do art. 469 desta Consolidação. *(Incluído pela Lei n. 6.203, de 17.4.1975)*

LEI N. 7.064, DE 6 DE DEZEMBRO DE 1982
Dispõe sobre a situação de trabalhadores contratados ou transferidos para prestar serviços no exterior
DOU 7.12.1982

Vide art. 2º, *caput* e incisos I a III

TÍTULO IV — DO CONTRATO INDIVIDUAL DO TRABALHO

Art. 2º Para os efeitos desta Lei, considera-se transferido:
I — o empregado removido para o exterior, cujo contrato estava sendo executado no território brasileiro;
II — o empregado cedido à empresa sediada no estrangeiro, para trabalhar no exterior, desde que mantido o vínculo trabalhista com o empregador brasileiro;
III — o empregado contratado por empresa sediada no Brasil para trabalhar a seu serviço no exterior.

SÚMULA DO STF

Vide Súmula 221/STF

Súmula 221 STF — A transferência de estabelecimento, ou a sua extinção parcial, por motivo que não seja de força maior, não justifica a transferência de empregado estável.

SÚMULAS DO TST

Vide Súmulas 29, 43 e 339, II/TST

Súmula 29 TST — TRANSFERÊNCIA (mantida) — Res. 121/2003, DJ 19, 20 e 21.11.2003
Empregado transferido, por ato unilateral do empregador, para local mais distante de sua residência, tem direito a suplemento salarial correspondente ao acréscimo da despesa de transporte.

Súmula 43 TST — TRANSFERÊNCIA (mantida) — Res. 121/2003, DJ 19, 20 e 21.11.2003
Presume-se abusiva a transferência de que trata o § 1º do art. 469 da CLT, sem comprovação da necessidade do serviço.

Súmula 339 TST — CIPA. SUPLENTE. GARANTIA DE EMPREGO. CF/1988 (incorporadas as Orientações Jurisprudenciais ns. 25 e 329 da SBDI-1) — Res. 129/2005, DJ 20, 22 e 25.04.2005
(...)
II — A estabilidade provisória do cipeiro não constitui vantagem pessoal, mas garantia para as atividades dos membros da CIPA, que somente tem razão de ser quando em atividade a empresa. Extinto o estabelecimento, não se verifica a despedida arbitrária, sendo impossível a reintegração e indevida a indenização do período estabilitário.
(ex-OJ n. 329 da SBDI-1 — DJ 09.12.2003)

ORIENTAÇÃO JURISPRUDENCIAL DA SDI-1 DO TST

Vide OJ 113 SDI-1/TST

OJ 113 SDI-1 TST — ADICIONAL DE TRANSFERÊNCIA. CARGO DE CONFIANÇA OU PREVISÃO CONTRATUAL DE TRANSFERÊNCIA. DEVIDO. DESDE QUE A TRANSFERÊNCIA SEJA PROVISÓRIA (inserida em 20.11.1997)
O fato de o empregado exercer cargo de confiança ou a existência de previsão de transferência no contrato de trabalho não exclui o direito ao adicional. O pressuposto legal apto a legitimar a percepção do mencionado adicional é a transferência provisória.

PRECEDENTE NORMATIVO DA SDC DO TST

Vide PN 77 SDC/TST

PN 77 SDC TST — EMPREGADO TRANSFERIDO. GARANTIA DE EMPREGO (positivo)
Assegura-se ao empregado transferido, na forma do art. 469 da CLT, a garantia de emprego por 1 (um) ano após a data da transferência.

Art. 470 As despesas resultantes da transferência correrão por conta do empregador. *(Redação dada pela Lei n. 6.203, de 17.4.1975)*

CONSOLIDAÇÃO DAS LEIS DO TRABALHO
Decreto-Lei n. 5.452, de 1º de maio de 1943
DOU 9.8.1943

Vide art. 457, § 2º

Art. 457. (...)
§ 2º Não se incluem nos salários as ajudas de custo, assim como as diárias para viagem que não excedam de 50% (cinquenta por cento) do salário percebido pelo empregado. *(Redação dada pela Lei n. 1.999, de 1.10.1953)*

SÚMULA DO TST

Vide Súmulas 29/TST

Súmula 29 TST — TRANSFERÊNCIA (mantida) — Res. 121/2003, DJ 19, 20 e 21.11.2003
Empregado transferido, por ato unilateral do empregador, para local mais distante de sua residência, tem direito a suplemento salarial correspondente ao acréscimo da despesa de transporte.

CAPÍTULO IV
DA SUSPENSÃO E DA INTERRUPÇÃO

Art. 471 Ao empregado afastado do emprego, são asseguradas, por ocasião de sua volta, todas as vantagens que, em sua ausência, tenham sido atribuídas à categoria a que pertencia na empresa.

Art. 472

TÍTULO IV — DO CONTRATO INDIVIDUAL DO TRABALHO

LEI N. 11.340, DE 7 DE AGOSTO DE 2006
Cria mecanismos para coibir a violência doméstica e familiar contra a mulher, nos termos do § 8º do art. 226 da Constituição Federal, da Convenção sobre a Eliminação de Todas as Formas de Discriminação contra as Mulheres e da Convenção Interamericana para Prevenir, Punir e Erradicar a Violência contra a Mulher; dispõe sobre a criação dos Juizados de Violência Doméstica e Familiar contra a Mulher; altera o Código de Processo Penal, o Código Penal e a Lei de Execução Penal; e dá outras providências
DOU 8.8.2006

Vide art. 9º, *caput*, § 2º e inciso II

Art. 9º A assistência à mulher em situação de violência doméstica e familiar será prestada de forma articulada e conforme os princípios e as diretrizes previstos na Lei Orgânica da Assistência Social, no Sistema Único de Saúde, no Sistema Único de Segurança Pública, entre outras normas e políticas públicas de proteção, e emergencialmente quando for o caso.
(...)
§ 2º O juiz assegurará à mulher em situação de violência doméstica e familiar, para preservar sua integridade física e psicológica:
(...)

II — manutenção do vínculo trabalhista, quando necessário o afastamento do local de trabalho, por até seis meses.

SÚMULAS DO TST

Súmulas 269 e 440/TST

Súmula 269 TST — DIRETOR ELEITO. CÔMPUTO DO PERÍODO COMO TEMPO DE SERVIÇO (mantida) — Res. 121/2003, DJ 19, 20 e 21.11.2003

O empregado eleito para ocupar cargo de diretor tem o respectivo contrato de trabalho suspenso, não se computando o tempo de serviço desse período, salvo se permanecer a subordinação jurídica inerente à relação de emprego.

Súmula 440 TST — AUXÍLIO-DOENÇA ACIDENTÁRIO. APOSENTADORIA POR INVALIDEZ. SUSPENSÃO DO CONTRATO DE TRABALHO. RECONHECIMENTO DO DIREITO À MANUTENÇÃO DE PLANO DE SAÚDE OU DE ASSISTÊNCIA MÉDICA — Res. 185/2012, DEJT divulgado em 25, 26 e 27.09.2012

Assegura-se o direito à manutenção de plano de saúde ou de assistência médica oferecido pela empresa ao empregado, não obstante suspenso o contrato de trabalho em virtude de auxílio-doença acidentário ou de aposentadoria por invalidez.

Art. 472	O afastamento do empregado em virtude das exigências do serviço militar, ou de outro encargo público, não constituirá motivo para alteração ou rescisão do contrato de trabalho por parte do empregador.
§ 1º	Para que o empregado tenha direito a voltar a exercer o cargo do qual se afastou em virtude de exigências do serviço militar ou de encargo público, é indispensável que notifique o empregador dessa intenção, por telegrama ou carta registrada, dentro do prazo máximo de 30 (trinta) dias, contados da data em que se verificar a respectiva baixa ou a terminação do encargo a que estava obrigado.
§ 2º	Nos contratos por prazo determinado, o tempo de afastamento, se assim acordarem as partes interessadas, não será computado na contagem do prazo para a respectiva terminação.
§§ 3º, 4º e 5º	Revogados pela Lei n. 8.630, de 1993 (art. 76), que expressamente revogou todo o Decreto-Lei n. 3, de 27.1.1966, que havia inserido os §§ 3º a 5º no art. 472 da CLT.

CONSTITUIÇÃO FEDERAL DE 1988
DOU 5.10.1988

Vide art. 38, *caput* e incisos I a V

Art. 38. Ao servidor público da administração direta, autárquica e fundacional, no exercício de mandato eletivo, aplicam-se as seguintes disposições: *(Redação dada pela Emenda Constitucional n. 19, de 1998)*
I — tratando-se de mandato eletivo federal, estadual ou distrital, ficará afastado de seu cargo, emprego ou função;
II — investido no mandato de Prefeito, será afastado do cargo, emprego ou função, sendo-lhe facultado optar pela sua remuneração;
III — investido no mandato de Vereador, havendo compatibilidade de horários, perceberá as vantagens de seu cargo, emprego ou função, sem prejuízo da remuneração do cargo eletivo, e, não havendo compatibilidade, será aplicada a norma do inciso anterior;

IV — em qualquer caso que exija o afastamento para o exercício de mandato eletivo, seu tempo de serviço será contado para todos os efeitos legais, exceto para promoção por merecimento;
V — para efeito de benefício previdenciário, no caso de afastamento, os valores serão determinados como se no exercício estivesse.

CONSOLIDAÇÃO DAS LEIS DO TRABALHO
Decreto-Lei n. 5.452, de 1º de maio de 1943
DOU 9.8.1943

Vide art. 4º, *caput* e parágrafo único

Art. 4º Considera-se como de serviço efetivo o período em que o empregado esteja à disposição do empregador, aguardando ou executando ordens, salvo disposição especial expressamente consignada.

TÍTULO IV — DO CONTRATO INDIVIDUAL DO TRABALHO

Parágrafo único. Computar-se-ão, na contagem de tempo de serviço, para efeito de indenização e estabilidade, os períodos em que o empregado estiver afastado do trabalho prestando serviço militar ... (VETADO) ... e por motivo de acidente do trabalho. *(Incluído pela Lei n. 4.072, de 16.6.1962)*

LEI N. 8.036, DE 11 DE MAIO DE 1990
Dispõe sobre o Fundo de Garantia do Tempo de Serviço, e dá outras providências
DOU 14.5.1990 e retificado em 15.5.1990

Vide art.15, *caput* e § 5º

Art. 15. Para os fins previstos nesta lei, todos os empregadores ficam obrigados a depositar, até o dia 7 (sete) de cada mês, em conta bancária vinculada, a importância correspondente a 8 (oito) por cento da remuneração paga ou devida, no mês anterior, a cada trabalhador, incluídas na remuneração as parcelas de que tratam os arts. 457 e 458 da CLT e a gratificação de Natal a que se refere a Lei n. 4.090, de 13 de julho de 1962, com as modificações da Lei n. 4.749, de 12 de agosto de 1965. (Vide Lei n. 13.189, do 2015)

(...)

§ 5º O depósito de que trata o *caput* deste artigo é obrigatório nos casos de afastamento para prestação do serviço militar obrigatório e licença por acidente do trabalho. *(Incluído pela Lei n. 9.711, de 1998)*

DECRETO N. 99.684, DE 8 DE NOVEMBRO DE 1990
Consolida as normas regulamentares do Fundo de Garantia do Tempo de Serviço (FGTS)
DOU 12.11.1990

Vide art. 28, *caput* e inciso I

Art. 28. O depósito na conta vinculada do FGTS é obrigatório também nos casos de interrupção do contrato de trabalho prevista em lei, tais como:

I — prestação de serviço militar;

LEI N. 4.375, DE 17 DE AGOSTO DE 1964
Lei do Serviço Militar
DOU 3.9.1964

Vide art. 60, *caput* e §§ 1º a 4º

Art. 60. Os funcionários públicos federais, estaduais ou municipais, bem como os empregados, operários ou trabalhadores, qualquer que seja a natureza da entidade em que exerçam as suas atividades, quando incorporados ou matriculados em Órgão de Formação de Reserva, por motivo de convocação para prestação do Serviço Militar inicial estabelecido pelo art. 16, desde que para isso forçados a abandonarem o cargo ou emprego, terão assegurado o retorno ao cargo ou emprego respectivo, dentro dos 30 (trinta) dias que se seguirem ao licenciamento, ou término de curso, salvo se declararem, por ocasião da incorporação ou matrícula, não pretender a ele voltar.

§ 1º Esses convocados, durante o tempo em que estiverem incorporados a organizações militares da Ativa ou matriculados em órgãos de formação de Reserva, nenhuma remuneração, vencimento ou salário perceberão das organizações a que pertenciam. *(Redação dada pela Lei n. 4.754, de 1965)*

§ 2º Perderá o direito de retorno ao emprego, cargo ou função que exercia ao ser incorporado, o convocado que engajar.

§ 3º Compete ao Comandante, Diretor ou Chefe de Organização Militar em que for incorporado ou matriculado o convocado, comunicar sua pretensão à entidade a que caiba reservar a função, cargo ou emprego e, bem assim, se for o caso, o engajamento concedido; essas comunicações deverão ser feitas dentro de 20 (vinte) dias que se seguirem à incorporação ou concessão do engajamento.

§ 4º Todo convocado matriculado em Órgão de Formação de Reserva que seja obrigado a faltar a suas atividades civis, por força de exercício ou manobras, ou reservista que seja chamado, para fins de exercício de apresentação das reservas ou cerimônia cívica, do Dia do Reservista, terá suas faltas abonadas para todos os efeitos. *(Redação dada pelo Decreto-Lei n. 715, de 1969)*

SÚMULA DO STF

Vide Súmulas 10 e 463 /STF

Súmula 10 STF — O tempo de serviço militar conta-se para efeito de disponibilidade e aposentadoria do servidor público estadual.

Súmula 463 STF — Para efeito de indenização e estabilidade, conta-se o tempo em que o empregado esteve afastado, em serviço militar obrigatório, mesmo anteriormente à Lei n. 4.072, de 1º.06.62.

SÚMULA DO TST

Súmula 269/TST

Súmula 269 TST — DIRETOR ELEITO. CÔMPUTO DO PERÍODO COMO TEMPO DE SERVIÇO (mantida) — Res. 121/2003, DJ 19, 20 e 21.11.2003

O empregado eleito para ocupar cargo de diretor tem o respectivo contrato de trabalho suspenso, não se computando o tempo de serviço desse período, salvo se permanecer a subordinação jurídica inerente à relação de emprego.

PRECEDENTE NORMATIVO DA SDC DO TST

Vide PN 80 SDC/TST

PN 80 SDC TST — SERVIÇO MILITAR. GARANTIA DE EMPREGO AO ALISTANDO (positivo)

Garante-se o emprego do alistando, desde a data da incorporação no serviço militar até 30 dias após a baixa.

Art. 473 O empregado poderá deixar de comparecer ao serviço sem prejuízo do salário: *(Redação dada pelo Decreto-Lei n. 229, de 28.2.1967)*

Art. 473

TÍTULO IV — DO CONTRATO INDIVIDUAL DO TRABALHO

CONSTITUIÇÃO FEDERAL DE 1988
DOU 5.10.1988

Vide art. 7º, caput e inciso XV

Art. 7º São direitos dos trabalhadores urbanos e rurais, além de outros que visem à melhoria de sua condição social:
(...)
XV — repouso semanal remunerado, preferencialmente aos domingos;

CONVENÇÃO 140 DA OIT
Convenção sobre licença remunerada para estudos
Adotada pela OIT em 24.6.1974
Ratificada pelo Brasil em 16.4.1993
Promulgada pelo Decreto n. 1.258, de 29 de setembro de 1994
DOU 30.9.1994

CONSOLIDAÇÃO DAS LEIS DO TRABALHO
Decreto-Lei n. 5.452, de 1º de maio de 1943
DOU 9.8.1943

Vide art. 129; art. 392, caput e § 4º, inciso II; art. 487, caput e § 1º; e art. 625-B, caput e § 2º

Art. 129. Todo empregado terá direito anualmente ao gozo de um período de férias, sem prejuízo da remuneração. *(Redação dada pelo Decreto-Lei n. 1.535, de 13.4.1977)*

Art. 392. A empregada gestante tem direito à licença-maternidade de 120 (cento e vinte) dias, sem prejuízo do emprego e do salário. *(Redação dada pela Lei n. 10.421, 15.4.2002)*
(...)
§ 4º É garantido à empregada, durante a gravidez, sem prejuízo do salário e demais direitos: *(Redação dada pela Lei n. 9.799, de 26.5.1999)*
(...)
II — dispensa do horário de trabalho pelo tempo necessário para a realização de, no mínimo, seis consultas médicas e demais exames complementares. *(Incluído pela Lei n. 9.799, de 26.5.1999)*

Art. 487. Não havendo prazo estipulado, a parte que, sem justo motivo, quiser rescindir o contrato deverá avisar a outra da sua resolução com a antecedência mínima de:
(...)
§ 1º A falta do aviso prévio por parte do empregador dá ao empregado o direito aos salários correspondentes ao prazo do aviso, garantida sempre a integração desse período no seu tempo de serviço.

Art. 625-B. A Comissão instituída no âmbito da empresa será composta de, no mínimo, dois e, no máximo, dez membros, e observará as seguintes normas: *(Incluído pela Lei n. 9.958, de 12.1.2000)*
(...)
§ 2º O representante dos empregados desenvolverá seu trabalho normal na empresa afastando-se de suas atividades apenas quando convocado para atuar como conciliador, sendo computado como tempo de trabalho efetivo o despendido nessa atividade. *(Incluído pela Lei n. 9.958, de 12.1.2000)*

LEI N. 605, DE 5 DE JANEIRO DE 1949
Repouso semanal remunerado e o pagamento de salário nos dias feriados civis e religiosos
DOU 14.1.1949

Vide art. 6º, caput e § 1º, alínea a

Art. 6º Não será devida a remuneração quando, sem motivo justificado, o empregado não tiver trabalhado durante toda a semana anterior, cumprindo integralmente o seu horário de trabalho.
§ 1º São motivos justificados:
a) os previstos no art. 473 e seu parágrafo único da Consolidação das Leis do Trabalho;

LEI N. 8.213, DE 24 DE JULHO DE 1991
Dispõe sobre os Planos de Benefícios da Previdência Social e dá outras providências
DOU 11.1.2002

Vide art. 60, caput e §§ 3º e 4º

Art. 60. O auxílio-doença será devido ao segurado empregado a contar do décimo sexto dia do afastamento da atividade, e, no caso dos demais segurados, a contar da data do início da incapacidade e enquanto ele permanecer incapaz. *(Redação dada pela Lei n. 9.876, de 26.11.99)*
(...)
§ 3º Durante os primeiros quinze dias consecutivos ao do afastamento da atividade por motivo de doença, incumbirá à empresa pagar ao segurado empregado o seu salário integral. *(Redação dada pela Lei n. 9.876, de 26.11.99)*
§ 4º A empresa que dispuser de serviço médico, próprio ou em convênio, terá a seu cargo o exame médico e o abono das faltas correspondentes ao período referido no § 3º, somente devendo encaminhar o segurado à perícia médica da Previdência Social quando a incapacidade ultrapassar 15 (quinze) dias.

SÚMULAS DO TST

Vide Súmulas 15, 89, 155 e 282/TST

Súmula 15 TST — ATESTADO MÉDICO (mantida) — Res. 121/2003, DJ 19, 20 e 21.11.2003
A justificação da ausência do empregado motivada por doença, para a percepção do salário-enfermidade e da remuneração do repouso semanal, deve observar a ordem preferencial dos atestados médicos estabelecida em lei.

Súmula 89 TST — FALTA AO SERVIÇO (mantida) — Res. 121/2003, DJ 19, 20 e 21.11.2003
Se as faltas já são justificadas pela lei, consideram-se como ausências legais e não serão descontadas para o cálculo do período de férias.

Súmula 155 TST — AUSÊNCIA AO SERVIÇO (mantida) — Res. 121/2003, DJ 19, 20 e 21.11.2003
As horas em que o empregado falta ao serviço para comparecimento necessário, como parte, à Justiça do Trabalho não serão descontadas de seus salários (ex-Prejulgado n. 30).

Súmula 282 TST — ABONO DE FALTAS. SERVIÇO MÉDICO DA EMPRESA (mantida) — Res. 121/2003, DJ 19, 20 e 21.11.2003
Ao serviço médico da empresa ou ao mantido por esta última mediante convênio compete abonar os primeiros 15 (quinze) dias de ausência ao trabalho.

PRECEDENTES NORMATIVOS DA SDC DO TST

Vide PNs 68 e 95 SDC/TST

PN 68 SDC TST — EMPREGADO RURAL. FALTAS AO SERVIÇO. COMPRAS (positivo)

TÍTULO IV — DO CONTRATO INDIVIDUAL DO TRABALHO

Art. 473

Autoriza-se o chefe de família, se empregado rural, a faltar ao serviço um dia por mês ou meio dia por quinzena, para efetuar compras, sem remuneração ou mediante compensação de horário, mas sem prejuízo do repouso remunerado, desde que não tenha falta injustificada durante o mês.

PN 95 SDC TST — ABONO DE FALTA PARA LEVAR FILHO AO MÉDICO (positivo)

Assegura-se o direito à ausência remunerada de 1 (um) dia por semestre ao empregado, para levar ao médico filho menor ou dependente previdenciário de até 6 (seis) anos de idade, mediante comprovação no prazo de 48 horas.

I - até 2 (dois) dias consecutivos, em caso de falecimento do cônjuge, ascendente, descendente, irmão ou pessoa que, declarada em sua carteira de trabalho e previdência social, viva sob sua dependência econômica; *(Incluído pelo Decreto-Lei n. 229, de 28.2.1967)*

CONSOLIDAÇÃO DAS LEIS DO TRABALHO
Decreto-Lei n. 5.452, de 1º de maio de 1943
DOU 9.8.1943

Vide art. 320, caput e § 3º

Art. 320. A remuneração dos professores será fixada pelo número de aulas semanais, na conformidade dos horários.

(...)

§ 3º Não serão descontadas, no decurso de 9 (nove) dias, as faltas verificadas por motivo de gala ou de luto em consequência de falecimento do cônjuge, do pai ou mãe, ou de filho.

II - até 3 (três) dias consecutivos, em virtude de casamento; *(Incluído pelo Decreto-Lei n. 229, de 28.2.1967)*

CONSOLIDAÇÃO DAS LEIS DO TRABALHO
Decreto-Lei n. 5.452, de 1º de maio de 1943
DOU 9.8.1943

Vide art. 320, caput e § 3º

Art. 320. A remuneração dos professores será fixada pelo número de aulas semanais, na conformidade dos horários.

(...)

§ 3º Não serão descontadas, no decurso de 9 (nove) dias, as faltas verificadas por motivo de gala ou de luto em consequência de falecimento do cônjuge, do pai ou mãe, ou de filho.

III - por um dia, em caso de nascimento de filho no decorrer da primeira semana; *(Incluído pelo Decreto-Lei n. 229, de 28.2.1967)*

CONSTITUIÇÃO FEDERAL DE 1988
DOU 5.10.1988

Vide art. 7º, caput e inciso XIX

Art. 7º São direitos dos trabalhadores urbanos e rurais, além de outros que visem à melhoria de sua condição social:
(...)
XIX — licença-paternidade, nos termos fixados em lei;

ATO DAS DISPOSIÇÕES CONSTITUCIONAIS TRANSITÓRIAS (ADCT)
DOU 5.10.1988

Vide art. 10, § 1º

Art. 10. (...)
§ 1º Até que a lei venha a disciplinar o disposto no art. 7º, XIX, da Constituição, o prazo da licença-paternidade a que se refere o inciso é de cinco dias.

LEI N. 13.257, DE 8 DE MARÇO DE 2016

Dispõe sobre as políticas públicas para a primeira infância e altera a Lei n. 8.069, de 13 de julho de 1990 (Estatuto da Criança e do Adolescente), o Decreto-Lei n. 3.689, de 3 de outubro de 1941 (Código de Processo Penal), a Consolidação das Leis do Trabalho (CLT), aprovada pelo Decreto-Lei n. 5.452, de 1º de maio de 1943, a Lei n. 11.770, de 9 de setembro de 2008, e a Lei n. 12.662, de 5 de junho de 2012
DOU 9.3.2016

Vide art. 37; e art. 38

Art. 37. O art. 473 da Consolidação das Leis do Trabalho (CLT), aprovada pelo Decreto-Lei n. 5.452, de 1º de maio de 1943, passa a vigorar acrescido dos seguintes incisos X e XI:

"Art. 473. (...)

X — até 2 (dois) dias para acompanhar consultas médicas e exames complementares durante o período de gravidez de sua esposa ou companheira;

Art. 473

TÍTULO IV — DO CONTRATO INDIVIDUAL DO TRABALHO

XI — por 1 (um) dia por ano para acompanhar filho de até 6 (seis) anos em consulta médica." (NR)

Art. 38. Os arts. 1º, 3º, 4º e 5º da Lei n. 11.770, de 9 de setembro de 2008, passam a vigorar com as seguintes alterações:

"Art. 1º É instituído o Programa Empresa Cidadã, destinado a prorrogar:

I — por 60 (sessenta) dias a duração da licença-maternidade prevista no inciso XVIII do *caput* do art. 7º da Constituição Federal;

II — por 15 (quinze) dias a duração da licença-paternidade, nos termos desta Lei, além dos 5 (cinco) dias estabelecidos no § 1º do art. 10 do Ato das Disposições Constitucionais Transitórias.

§ 1º A prorrogação de que trata este artigo:

I — será garantida à empregada da pessoa jurídica que aderir ao Programa, desde que a empregada a requeira até o final do primeiro mês após o parto, e será concedida imediatamente após a fruição da licença-maternidade de que trata o inciso XVIII do *caput* do art. 7º da Constituição Federal;

II — será garantida ao empregado da pessoa jurídica que aderir ao Programa, desde que o empregado a requeira no prazo de 2 (dois) dias úteis após o parto e comprove participação em programa ou atividade de orientação sobre paternidade responsável.

§ 2º A prorrogação será garantida, na mesma proporção, à empregada e ao empregado que adotar ou obtiver guarda judicial para fins de adoção de criança." (NR)

"Art. 3º Durante o período de prorrogação da licença-maternidade e da licença-paternidade:

I — a empregada terá direito à remuneração integral, nos mesmos moldes devidos no período de percepção do salário-maternidade pago pelo Regime Geral de Previdência Social (RGPS);

II — o empregado terá direito à remuneração integral." (NR)

(...)

IV -	por um dia, em cada 12 (doze) meses de trabalho, em caso de doação voluntária de sangue devidamente comprovada; *(Incluído pelo Decreto-Lei n. 229, de 28.2.1967)*
V -	até 2 (dois) dias consecutivos ou não, para o fim de se alistar eleitor, nos termos da lei respectiva. *(Incluído pelo Decreto-Lei n. 229, de 28.2.1967)*

CÓDIGO ELEITORAL
Lei n. 4.737, de 15 de julho de 1965
DOU 19.7.1965 e retificado em 30.7.1965

Vide art. 48

Art. 48. O empregado mediante comunicação com 48 (quarenta e oito) horas de antecedência, poderá deixar de comparecer ao serviço, sem prejuízo do salário e por tempo não excedente a 2 (dois) dias, para o fim de se alistar eleitor ou requerer transferência.

VI -	no período de tempo em que tiver de cumprir as exigências do Serviço Militar referidas na letra "c" do art. 65 da Lei n. 4.375, de 17 de agosto de 1964 (Lei do Serviço Militar). *(Incluído pelo Decreto-Lei n. 757, de 12.8.1969)*
VII -	nos dias em que estiver comprovadamente realizando provas de exame vestibular para ingresso em estabelecimento de ensino superior. *(Incluído pela Lei n. 9.471, de 14.7.1997)*
VIII -	pelo tempo que se fizer necessário, quando tiver que comparecer a juízo. *(Incluído pela Lei n. 9.853, de 27.10.1999)*

CONSOLIDAÇÃO DAS LEIS DO TRABALHO
Decreto-Lei n. 5.452, de 1º de maio de 1943
DOU 9.8.1943

Vide art. 729, §§ 1º e 2º; e art. 822

Art. 729. (...)

§ 1º O empregador que impedir ou tentar impedir que empregado seu sirva como vogal em Tribunal de Trabalho, ou que perante este preste depoimento, incorrerá na multa de Cr$ 500,00 (quinhentos cruzeiros) a Cr$ 5.000,00 (cinco mil cruzeiros). *(Vide Leis ns. 6.986, de 1982 e 6.205, de 1975)*

§ 2º Na mesma pena do parágrafo anterior incorrerá o empregador que dispensar seu empregado pelo fato de haver servido como vogal ou prestado depoimento como testemunha, sem prejuízo da indenização que a lei estabeleça.

Art. 822. As testemunhas não poderão sofrer qualquer desconto pelas faltas ao serviço, ocasionadas pelo seu comparecimento para depor, quando devidamente arroladas ou convocadas.

CÓDIGO DE PROCESSO PENAL
Decreto-Lei n. 3.689, de 3 de outubro de 1941
DOU 13.10.1941 e retificado em 24.10.1941

Vide art. 441

Art. 441. Nenhum desconto será feito nos vencimentos ou salário do jurado sorteado que comparecer à sessão do júri. *(Redação dada pela Lei n. 11.689, de 2008)*

TÍTULO IV — DO CONTRATO INDIVIDUAL DO TRABALHO

Arts. 474 e 475

CÓDIGO DE PROCESSO CIVIL DE 1973
Lei n. 5.869, de 11 de janeiro de 1973
DOU 17.1.1973 e republicado em 27.7.2006

Vide art. 419, parágrafo único

Art. 419. (...)
Parágrafo único. O depoimento prestado em juízo é considerado serviço público. A testemunha, quando sujeita ao regime da legislação trabalhista, não sofre, por comparecer à audiência, perda de salário nem desconto no tempo de serviço.

CÓDIGO DE PROCESSO CIVIL DE 2015
Lei n. 13.105, de 16 de março de 2015
DOU 17.3.2015

Vide art. 463

Art. 463. O depoimento prestado em juízo é considerado serviço público.

SÚMULA DO TST

Vide Súmula 155/TST

Súmula 155 TST — AUSÊNCIA AO SERVIÇO (mantida) — Res. 121/2003, DJ 19, 20 e 21.11.2003
As horas em que o empregado falta ao serviço para comparecimento necessário, como parte, à Justiça do Trabalho não serão descontadas de seus salários (ex-Prejulgado n. 30).

IX -	pelo tempo que se fizer necessário, quando, na qualidade de representante de entidade sindical, estiver participando de reunião oficial de organismo internacional do qual o Brasil seja membro. *(Incluído pela Lei n. 11.304, de 2006)*
X -	até 2 (dois) dias para acompanhar consultas médicas e exames complementares durante o período de gravidez de sua esposa ou companheira; *(Redação dada pela Lei n. 13.257, de 2016)*
XI -	por 1 (um) dia por ano para acompanhar filho de até 6 (seis) anos em consulta médica. *(Redação dada pela Lei n. 13.257, de 2016)*
Art. 474	A suspensão do empregado por mais de 30 (trinta) dias consecutivos importa na rescisão injusta do contrato de trabalho.

CONSOLIDAÇÃO DAS LEIS DO TRABALHO
Decreto-Lei n. 5.452, de 1º de maio de 1943
DOU 9.8.1943

Vide art. 483, caput, alíneas b e d; art. 487, caput e § 4º

Art. 483. O empregado poderá considerar rescindido o contrato e pleitear a devida indenização quando:
(...)

b) for tratado pelo empregador ou por seus superiores hierárquicos com rigor excessivo;
(...)
d) não cumprir o empregador as obrigações do contrato;

Art. 487. Não havendo prazo estipulado, a parte que, sem justo motivo, quiser rescindir o contrato deverá avisar a outra da sua resolução com a antecedência mínima de:
(...)
§ 4º É devido o aviso prévio na despedida indireta. *(Parágrafo incluído pela Lei n. 7.108, de 5.7.1983)*

Art. 475	O empregado que for aposentado por invalidez terá suspenso o seu contrato de trabalho durante o prazo fixado pelas leis de previdência social para a efetivação do benefício.
§ 1º	Recuperando o empregado a capacidade de trabalho e sendo a aposentadoria cancelada, ser-lhe-á assegurado o direito à função que ocupava ao tempo da aposentadoria, facultado, porém, ao empregador, o direito de indenizá-lo por rescisão do contrato de trabalho, nos termos dos arts. 477 e 478, salvo na hipótese de ser ele portador de estabilidade, quando a indenização deverá ser paga na forma do art. 497. *(Redação dada pela Lei n. 4.824, de 5.11.1965)*
§ 2º	Se o empregador houver admitido substituto para o aposentado, poderá rescindir, com este, o respectivo contrato de trabalho sem indenização, desde que tenha havido ciência inequívoca da interinidade ao ser celebrado o contrato.

LEI N. 8.213, DE 24 DE JULHO DE 1991
Dispõe sobre os Planos de Benefícios da Previdência Social e dá outras providências
DOU 11.1.2002

Vide arts. 42 a 47

Art. 42. A aposentadoria por invalidez, uma vez cumprida, quando for o caso, a carência exigida, será devida ao segurado que, estando ou não em gozo de auxílio-doença, for considerado incapaz e insusceptível de reabilitação para o exercício de atividade que lhe garanta a subsistência, e ser-lhe-á paga enquanto permanecer nesta condição.

§ 1º A concessão de aposentadoria por invalidez dependerá da verificação da condição de incapacidade mediante exame médico-pericial a cargo da Previdência Social, podendo o segurado, às suas expensas, fazer-se acompanhar de médico de sua confiança.

§ 2º A doença ou lesão de que o segurado já era portador ao filiar-se ao Regime Geral de Previdência Social não lhe conferirá direito à aposentadoria por invalidez, salvo quando a incapacidade sobrevier por motivo de progressão ou agravamento dessa doença ou lesão.

Art. 43. A aposentadoria por invalidez será devida a partir do dia imediato ao da cessação do auxílio-doença, ressalvado o disposto nos §§ 1º, 2º e 3º deste artigo.

§ 1º Concluindo a perícia médica inicial pela existência de incapacidade total e definitiva para o trabalho, a aposentadoria por invalidez será devida: *(Redação dada pela Lei n. 9.032, de 1995)*

a) ao segurado empregado, a contar do décimo sexto dia do afastamento da atividade ou a partir da entrada do requerimento, se entre o afastamento e a entrada do requerimento decorrerem mais de trinta dias; *(Redação dada pela Lei n. 9.876, de 26.11.99)*

b) ao segurado empregado doméstico, trabalhador avulso, contribuinte individual, especial e facultativo, a contar da data do início da incapacidade ou da data da entrada do requerimento, se entre essas datas decorrerem mais de trinta dias. *(Redação dada pela Lei n. 9.876, de 26.11.99)*

§ 2º Durante os primeiros quinze dias de afastamento da atividade por motivo de invalidez, caberá à empresa pagar ao segurado empregado o salário. *(Redação dada pela Lei n. 9.876, de 26.11.99)*

Art. 44. A aposentadoria por invalidez, inclusive a decorrente de acidente do trabalho, consistirá numa renda mensal correspondente a 100% (cem por cento) do salário de benefício, observado o disposto na Seção III, especialmente no art. 33 desta Lei. *(Redação dada pela Lei n. 9.032, de 1995)*

§ 1º *(Revogado pela Lei n. 9.528, de 1997)*

§ 2º Quando o acidentado do trabalho estiver em gozo de auxílio-doença, o valor da aposentadoria por invalidez será igual ao do auxílio-doença se este, por força de reajustamento, for superior ao previsto neste artigo.

Art. 45. O valor da aposentadoria por invalidez do segurado que necessitar da assistência permanente de outra pessoa será acrescido de 25% (vinte e cinco por cento).

Parágrafo único. O acréscimo de que trata este artigo:

a) será devido ainda que o valor da aposentadoria atinja o limite máximo legal;

b) será recalculado quando o benefício que lhe deu origem for reajustado;

c) cessará com a morte do aposentado, não sendo incorporável ao valor da pensão.

Art. 46. O aposentado por invalidez que retornar voluntariamente à atividade terá sua aposentadoria automaticamente cancelada, a partir da data do retorno.

Art. 47. Verificada a recuperação da capacidade de trabalho do aposentado por invalidez, será observado o seguinte procedimento:

I — quando a recuperação ocorrer dentro de 5 (cinco) anos, contados da data do início da aposentadoria por invalidez ou do auxílio-doença que a antecedeu sem interrupção, o benefício cessará:

a) de imediato, para o segurado empregado que tiver direito a retornar à função que desempenhava na empresa quando se aposentou, na forma da legislação trabalhista, valendo como documento, para tal fim, o certificado de capacidade fornecido pela Previdência Social; ou

b) após tantos meses quantos forem os anos de duração do auxílio-doença ou da aposentadoria por invalidez, para os demais segurados;

II — quando a recuperação for parcial, ou ocorrer após o período do inciso I, ou ainda quando o segurado for declarado apto para o exercício de trabalho diverso do qual habitualmente exercia, a aposentadoria será mantida, sem prejuízo da volta à atividade:

a) no seu valor integral, durante 6 (seis) meses contados da data em que for verificada a recuperação da capacidade;

b) com redução de 50% (cinquenta por cento), no período seguinte de 6 (seis) meses;

c) com redução de 75% (setenta e cinco por cento), também por igual período de 6 (seis) meses, ao término do qual cessará definitivamente.

SÚMULAS DO STF

Vide Súmulas 24, 217, 219 e 220/STF

Súmula 24 STF — Funcionário interino substituto é livremente demissível, mesmo antes de cessar a causa da substituição.

Súmula 217 STF — Tem direito de retornar ao emprego, ou ser indenizado em caso de recusa do empregador, o aposentado que recupera a capacidade de trabalho dentro de cinco anos, a contar da aposentadoria, que se torna definitiva após esse prazo.

Súmula 219 STF — Para a indenização devida a empregado que tinha direito a ser readmitido, e não foi, levam-se em conta as vantagens advindas à sua categoria no período do afastamento.

Súmula 220 STF — A indenização devida a empregado estável, que não é readmitido, ao cessar sua aposentadoria, deve ser paga em dobro.

SÚMULAS DO TST

Vide Súmulas 72, 97, 160 e 440/TST

Súmula 72 TST — APOSENTADORIA (nova redação) — Res. 121/2003, DJ 19, 20 e 21.11.2003
O prêmio-aposentadoria instituído por norma regulamentar da empresa não está condicionado ao disposto no § 2º do art. 14 da Lei n. 8.036, de 11.05.1990.

Súmula 97 TST — APOSENTADORIA. COMPLEMENTAÇÃO (mantida) — Res. 121/2003, DJ 19, 20 e 21.11.2003
Instituída complementação de aposentadoria por ato da empresa, expressamente dependente de regulamentação, as condições desta devem ser observadas como parte integrante da norma.

TÍTULO IV — DO CONTRATO INDIVIDUAL DO TRABALHO

Súmula 160 TST — APOSENTADORIA POR INVALIDEZ (mantida) — Res. 121/2003, DJ 19, 20 e 21.11.2003

Cancelada a aposentadoria por invalidez, mesmo após cinco anos, o trabalhador terá direito de retornar ao emprego, facultado, porém, ao empregador, indenizá-lo na forma da lei *(ex-Prejulgado n. 37).*

Súmula 440 TST — AUXÍLIO-DOENÇA ACIDENTÁRIO. APOSENTADORIA POR INVALIDEZ. SUSPENSÃO DO CONTRATO DE TRABALHO. RECONHECIMENTO DO DIREITO À MANUTENÇÃO DE PLANO DE SAÚDE OU DE ASSISTÊNCIA MÉDICA — Res. 185/2012, DEJT divulgado em 25, 26 e 27.09.2012

Assegura-se o direito à manutenção de plano de saúde ou de assistência médica oferecido pela empresa ao empregado, não obstante suspenso o contrato de trabalho em virtude de auxílio-doença acidentário ou de aposentadoria por invalidez.

ORIENTAÇÃO JURISPRUDENCIAL DA SDI-1 DO TST

Vide OJ 375 SDI-1/TST

OJ 375 SDI-1 TST — AUXÍLIO-DOENÇA. APOSENTADORIA POR INVALIDEZ. SUSPENSÃO DO CONTRATO DE TRABALHO. PRESCRIÇÃO. CONTAGEM. (DEJT divulgado em 19, 20 e 22.04.2010)

A suspensão do contrato de trabalho, em virtude da percepção do auxílio-doença ou da aposentadoria por invalidez, não impede a fluência da prescrição quinquenal, ressalvada a hipótese de absoluta impossibilidade de acesso ao Judiciário.

Art. 476

Em caso de seguro-doença ou auxílio-enfermidade, o empregado é considerado em licença não remunerada, durante o prazo desse benefício.

CONSTITUIÇÃO FEDERAL DE 1988
DOU 5.10.1988

Vide art. 6º; e art. 193

Art. 6º São direitos sociais a educação, a saúde, a alimentação, o trabalho, a moradia, o transporte, o lazer, a segurança, a previdência social, a proteção à maternidade e à infância, a assistência aos desamparados, na forma desta Constituição. *(Redação dada pela Emenda Constitucional n. 90, de 2015)*

Art. 193. A ordem social tem como base o primado do trabalho, e como objetivo o bem-estar e a justiça sociais.

LEI N. 8.036, DE 11 DE MAIO DE 1990
Dispõe sobre o Fundo de Garantia do Tempo de Serviço, e dá outras providências
DOU 14.5.1990 e retificado em 15.5.1990

Vide art.15, *caput* e § 5º

Art. 15. Para os fins previstos nesta lei, todos os empregadores ficam obrigados a depositar, até o dia 7 (sete) de cada mês, em conta bancária vinculada, a importância correspondente a 8 (oito) por cento da remuneração paga ou devida, no mês anterior, a cada trabalhador, incluídas na remuneração as parcelas de que tratam os arts. 457 e 458 da CLT e a gratificação de Natal a que se refere a Lei n. 4.090, de 13 de julho de 1962, com as modificações da Lei n. 4.749, de 12 de agosto de 1965. *(Vide Lei n. 13.189, de 2015)*

(...)

§ 5º O depósito de que trata o *caput* deste artigo é obrigatório nos casos de afastamento para prestação do serviço militar obrigatório e licença por acidente do trabalho. *(Incluído pela Lei n. 9.711, de 1998)*

DECRETO N. 99.684, DE 8 DE NOVEMBRO DE 1990
Consolida as normas regulamentares do Fundo de Garantia do Tempo de Serviço (FGTS)
DOU 12.11.1990

Vide art. 28, *caput* e inciso II

Art. 28. O depósito na conta vinculada do FGTS é obrigatório também nos casos de interrupção do contrato de trabalho prevista em lei, tais como:

(...)

II — licença para tratamento de saúde de até quinze dias;

LEI N. 8.213, DE 24 DE JULHO DE 1991
Dispõe sobre os Planos de Benefícios da Previdência Social e dá outras providências
DOU 11.1.2002

Vide art. 59; art. 60; art. 61; art. 62; e art. 63

Art. 59. O auxílio-doença será devido ao segurado que, havendo cumprido, quando for o caso, o período de carência exigido nesta Lei, ficar incapacitado para o seu trabalho ou para a sua atividade habitual por mais de 15 (quinze) dias consecutivos.

Parágrafo único. Não será devido auxílio-doença ao segurado que se filiar ao Regime Geral de Previdência Social já portador da doença ou da lesão invocada como causa para o benefício, salvo quando a incapacidade sobrevier por motivo de progressão ou agravamento dessa doença ou lesão.

Art. 60. O auxílio-doença será devido ao segurado empregado a contar do décimo sexto dia do afastamento da atividade, e, no caso dos demais segurados, a contar da data do início da incapacidade e enquanto ele permanecer incapaz. *(Redação dada pela Lei n. 9.876, de 26.11.99)*

§ 1º Quando requerido por segurado afastado da atividade por mais de 30 (trinta) dias, o auxílio-doença será devido a contar da data da entrada do requerimento.

§ 2º *(Revogado pela Lei n. 9.032, de 1995)*

§ 3º Durante os primeiros quinze dias consecutivos ao do afastamento da atividade por motivo de doença, incumbirá à empresa pagar ao segurado empregado o seu salário integral. *(Redação dada pela Lei n. 9.876, de 26.11.99)*

§ 4º A empresa que dispuser de serviço médico, próprio ou em convênio, terá a seu cargo o exame médico e o abono das faltas correspondentes ao período referido no § 3º, somente devendo encaminhar o segurado à perícia médica da Previdência Social quando a incapacidade ultrapassar 15 (quinze) dias.

Art. 476-A

§ 5º Nos casos de impossibilidade de realização de perícia médica pelo órgão ou setor próprio competente, assim como de efetiva incapacidade física ou técnica de implementação das atividades e de atendimento adequado à clientela da previdência social, o INSS poderá, sem ônus para os segurados, celebrar, nos termos do regulamento, convênios, termos de execução descentralizada, termos de fomento ou de colaboração, contratos não onerosos ou acordos de cooperação técnica para realização de perícia médica, por delegação ou simples cooperação técnica, sob sua coordenação e supervisão, com: *(Incluído pela Lei n. 13.135, de 2015)*

I — órgãos e entidades públicos ou que integrem o Sistema Único de Saúde (SUS); *(Incluído pela Lei n. 13.135, de 2015)*

II — (VETADO); *(Incluído pela Lei n. 13.135, de 2015)*

III — (VETADO). *(Incluído pela Lei n. 13.135, de 2015)*

§ 6º O segurado que durante o gozo do auxílio-doença vier a exercer atividade que lhe garanta subsistência poderá ter o benefício cancelado a partir do retorno à atividade. *(Incluído pela Lei n. 13.135, de 2015)*

§ 7º Na hipótese do § 6º, caso o segurado, durante o gozo do auxílio-doença, venha a exercer atividade diversa daquela que gerou o benefício, deverá ser verificada a incapacidade para cada uma das atividades exercidas. *(Incluído pela Lei n. 13.135, de 2015)*

Art. 61. O auxílio-doença, inclusive o decorrente de acidente do trabalho, consistirá numa renda mensal correspondente a 91% (noventa e um por cento) do salário de benefício, observado o disposto na Seção III, especialmente no art. 33 desta Lei. *(Redação dada pela Lei n. 9.032, de 1995)*

Art. 62. O segurado em gozo de auxílio-doença, insusceptível de recuperação para sua atividade habitual, deverá submeter-se a processo de reabilitação profissional para o exercício de outra atividade. Não cessará o benefício até que seja dado como habilitado para o desempenho de nova atividade que lhe garanta a subsistência ou, quando considerado não recuperável, for aposentado por invalidez.

Art. 63. O segurado empregado, inclusive o doméstico, em gozo de auxílio-doença será considerado pela empresa e pelo empregador doméstico como licenciado. *(Redação dada pela Lei Complementar n. 150, de 2015)*

Parágrafo único. A empresa que garantir ao segurado licença remunerada ficará obrigada a pagar-lhe durante o período de auxílio-doença a eventual diferença entre o valor deste e a importância garantida pela licença.

SÚMULAS DO TST

Vide Súmulas 15, 371 e 440/TST

Súmula 15 TST — ATESTADO MÉDICO (mantida) — Res. 121/2003, DJ 19, 20 e 21.11.2003

A justificação da ausência do empregado motivada por doença, para a percepção do salário-enfermidade e da remuneração do repouso semanal, deve observar a ordem preferencial dos atestados médicos estabelecida em lei.

Súmula 371 TST — AVISO PRÉVIO INDENIZADO. EFEITOS. SUPERVENIÊNCIA DE AUXÍLIO-DOENÇA NO CURSO DESTE (conversão das Orientações Jurisprudenciais ns. 40 e 135 da SBDI-1) — Res. 129/2005, DJ 20, 22 e 25.04.2005

A projeção do contrato de trabalho para o futuro, pela concessão do aviso prévio indenizado, tem efeitos limitados às vantagens econômicas obtidas no período de pré-aviso, ou seja, salários, reflexos e verbas rescisórias. No caso de concessão de auxílio-doença no curso do aviso prévio, todavia, só se concretizam os efeitos da dispensa depois de expirado o benefício previdenciário. *(ex-OJs ns. 40 e 135 da SBDI-1 — inseridas, respectivamente, em 28.11.1995 e 27.11.1998)*

Súmula 440 TST — AUXÍLIO-DOENÇA ACIDENTÁRIO. APOSENTADORIA POR INVALIDEZ. SUSPENSÃO DO CONTRATO DE TRABALHO. RECONHECIMENTO DO DIREITO À MANUTENÇÃO DE PLANO DE SAÚDE OU DE ASSISTÊNCIA MÉDICA — Res. 185/2012, DEJT divulgado em 25, 26 e 27.09.2012

Assegura-se o direito à manutenção de plano de saúde ou de assistência médica oferecido pela empresa ao empregado, não obstante suspenso o contrato de trabalho em virtude de auxílio-doença acidentário ou de aposentadoria por invalidez.

ORIENTAÇÃO JURISPRUDENCIAL DA SDI-1 DO TST

Vide OJ 375 SDI-1/TST

OJ 375 SDI-1 TST — AUXÍLIO-DOENÇA. APOSENTADORIA POR INVALIDEZ. SUSPENSÃO DO CONTRATO DE TRABALHO. PRESCRIÇÃO. CONTAGEM. (DEJT divulgado em 19, 20 e 22.04.2010)

A suspensão do contrato de trabalho, em virtude da percepção do auxílio-doença ou da aposentadoria por invalidez, não impede a fluência da prescrição quinquenal, ressalvada a hipótese de absoluta impossibilidade de acesso ao Judiciário.

Art. 476-A	O contrato de trabalho poderá ser suspenso, por um período de dois a cinco meses, para participação do empregado em curso ou programa de qualificação profissional oferecido pelo empregador, com duração equivalente à suspensão contratual, mediante previsão em convenção ou acordo coletivo de trabalho e aquiescência formal do empregado, observado o disposto no art. 471 desta Consolidação. *(Incluído pela Medida Provisória n. 2.164-41, 24 de agosto de 2001)*
§ 1º	Após a autorização concedida por intermédio de convenção ou acordo coletivo, o empregador deverá notificar o respectivo sindicato, com antecedência mínima de quinze dias da suspensão contratual. *(Incluída pela Medida Provisória n. 2.164-41, de 24 de agosto de 2001)*

TÍTULO IV — DO CONTRATO INDIVIDUAL DO TRABALHO

Art. 476-A

§ 2º	O contrato de trabalho não poderá ser suspenso em conformidade com o disposto no *caput* deste artigo mais de uma vez no período de dezesseis meses. *(Incluído pela Medida Provisória n. 2.164-41, de 24 de agosto de 2001)*
§ 3º	O empregador poderá conceder ao empregado ajuda compensatória mensal, sem natureza salarial, durante o período de suspensão contratual nos termos do *caput* deste artigo, com valor a ser definido em convenção ou acordo coletivo.
§ 4º	Durante o período de suspensão contratual para participação em curso ou programa de qualificação profissional, o empregado fará jus aos benefícios voluntariamente concedidos pelo empregador. *(Incluído pela Medida Provisória n. 2.164-41, de 24 de agosto de 2001)*
§ 5º	Se ocorrer a dispensa do empregado no transcurso do período de suspensão contratual ou nos três meses subsequentes ao seu retorno ao trabalho, o empregador pagará ao empregado, além das parcelas indenizatórias previstas na legislação em vigor, multa a ser estabelecida em convenção ou acordo coletivo, sendo de, no mínimo, cem por cento sobre o valor da última remuneração mensal anterior à suspensão do contrato. *(Incluído pela Medida Provisória n. 2.164-41, de 24 de agosto de 2001)*
§ 6º	Se durante a suspensão do contrato não for ministrado o curso ou programa de qualificação profissional, ou o empregado permanecer trabalhando para o empregador, ficará descaracterizada a suspensão, sujeitando o empregador ao pagamento imediato dos salários e dos encargos sociais referentes ao período, às penalidades cabíveis previstas na legislação em vigor, bem como às sanções previstas em convenção ou acordo coletivo. *(Incluído pela Medida Provisória n. 2.164-41, de 24 de agosto de 2001)*
§ 7º	O prazo limite fixado no *caput* poderá ser prorrogado mediante convenção ou acordo coletivo de trabalho e aquiescência formal do empregado, desde que o empregador arque com o ônus correspondente ao valor da bolsa de qualificação profissional, no respectivo período. *(Incluído pela Medida Provisória n. 2.164-41, de 24 de agosto de 2001)*

CONSTITUIÇÃO FEDERAL DE 1988
DOU 5.10.1988

Vide art. 7º, caput e inciso VI

Art. 7º São direitos dos trabalhadores urbanos e rurais, além de outros que visem à melhoria de sua condição social:

(...)

VI — irredutibilidade do salário, salvo o disposto em convenção ou acordo coletivo;

EMENDA CONSTITUCIONAL N. 32, DE 11 DE SETEMBRO DE 2001
Altera dispositivos dos arts. 48, 57, 61, 62, 64, 66, 84, 88 e 246 da Constituição Federal, e dá outras providências
DOU 12.9.2001

Vide art. 2º

Art. 2º As medidas provisórias editadas em data anterior à da publicação desta emenda continuam em vigor até que medida provisória ulterior as revogue explicitamente ou até deliberação definitiva do Congresso Nacional.

MEDIDA PROVISÓRIA N. 2.164-41, DE 2001
Altera a Consolidação das Leis do Trabalho — CLT, para dispor sobre o trabalho a tempo parcial, a suspensão do contrato de trabalho e o programa de qualificação profissional, modifica as Leis ns. 4.923, de 23 de dezembro de 1965, 5.889, de 8 de junho de 1973, 6.321, de 14 de abril de 1976, 6.494, de 7 de dezembro de 1977, 7.998, de 11 de janeiro de 1990, 8.036, de 11 de maio de 1990, e 9.601, de 21 de janeiro de 1998, e dá outras providências
DOU 27.8.2001

Vide art. 11

Art. 11. Ao empregado com contrato de trabalho suspenso nos termos do disposto no art. 476-A da Consolidação das Leis do Trabalho — CLT aplica-se o disposto no art. 15, inciso II, da Lei n. 8.213, de 24 de julho de 1991.

LEI N. 4.923, DE 23 DE DEZEMBRO DE 1965
Institui o Cadastro Permanente das Admissões e Dispensas de Empregados, Estabelece Medidas contra o Desemprego e de Assistência aos Desempregados, e dá outras providências
DOU 29.12.1965 e retificado em 26.1.1966

Vide art. 2º, caput, §§ 1º a 3º; art. 3º, caput e §§ 1º e 2º; art. 4º

Art. 2º A empresa que, em face de conjuntura econômica, devidamente comprovada, se encontrar em condições

que recomendem, transitoriamente, a redução da jornada normal ou do número de dias do trabalho, poderá fazê-lo, mediante prévio acordo com a entidade sindical representativa dos seus empregados, homologado pela Delegacia Regional do Trabalho, por prazo certo, não excedente de 3 (três) meses, prorrogável, nas mesmas condições, se ainda indispensável, e sempre de modo que a redução do salário mensal resultante não seja superior a 25% (vinte e cinco por cento) do salário contratual, respeitado o salário-mínimo regional e reduzidas proporcionalmente a remuneração e as gratificações de gerentes e diretores.

§ 1º Para o fim de deliberar sobre o acordo, a entidade sindical profissional convocará assembleia geral dos empregados diretamente interessados, sindicalizados ou não, que decidirão por maioria de votos, obedecidas as normas estatutárias.

§ 2º Não havendo acordo, poderá a empresa submeter o caso à Justiça do Trabalho, por intermédio da Junta de Conciliação e Julgamento ou, em sua falta, do Juiz de Direito, com jurisdição na localidade. Da decisão de primeira instância caberá recurso ordinário, no prazo de 10 (dez) dias, para o Tribunal Regional do Trabalho da correspondente Região, sem efeito suspensivo.

§ 3º A redução de que trata o artigo não é considerada alteração unilateral do contrato individual de trabalho para os efeitos do disposto no art. 468 da Consolidação das Leis do Trabalho.

Art. 3º As empresas que tiverem autorização para redução de tempo de trabalho, nos termos do art. 2º e seus parágrafos, não poderão, até 6 (seis) meses depois da cessação desse regime admitir novos empregados, antes de readmitirem os que tenham sido dispensados pelos motivos que hajam justificado a citada redução ou comprovarem que não atenderam, no prazo de 8 (oito) dias, ao chamado para a readmissão.

§ 1º O empregador notificará diretamente o empregado para reassumir o cargo, ou, por intermédio da sua entidade sindical, se desconhecida sua localização, correndo o prazo de 8 (oito) dias a partir da data do recebimento da notificação pelo empregado ou pelo órgão de classe, conforme o caso.

§ 2º O disposto neste artigo não se aplica aos cargos de natureza técnica.

Art. 4º É igualmente vedado às empresas mencionadas no art. 3º, nas condições e prazos nele contidos, trabalhar em regime de horas extraordinárias, ressalvadas estritamente as hipóteses previstas no art. 61, e seus §§ 1º e 2º, da Consolidação das Leis do Trabalho.

LEI N. 13.189, DE 19 DE NOVEMBRO DE 2015
Institui o Programa de Proteção ao Emprego — PPE
DOU 20.11.2015

Vide arts. 1º a 5º

Art. 1º Fica instituído o Programa de Proteção ao Emprego — PPE, com os seguintes objetivos:

I — possibilitar a preservação dos empregos em momentos de retração da atividade econômica;

II — favorecer a recuperação econômico-financeira das empresas;

III — sustentar a demanda agregada durante momentos de adversidade, para facilitar a recuperação da economia;

IV — estimular a produtividade do trabalho por meio do aumento da duração do vínculo empregatício; e

V — fomentar a negociação coletiva e aperfeiçoar as relações de emprego.

Parágrafo único. O PPE consiste em ação para auxiliar os trabalhadores na preservação do emprego, nos termos do inciso II do *caput* do art. 2º da Lei n. 7.998, de 11 de janeiro de 1990.

Art. 2º Podem aderir ao PPE as empresas de todos os setores em situação de dificuldade econômico-financeira que celebrarem acordo coletivo de trabalho específico de redução de jornada e de salário.

§ 1º A adesão ao PPE pode ser feita até 31 de dezembro de 2016, e o prazo máximo de permanência no programa é de vinte e quatro meses, respeitada a data de extinção do programa.

§ 2º Tem prioridade de adesão a empresa que demonstre observar a cota de pessoas com deficiência.

Art. 3º Poderão aderir ao PPE as empresas, independentemente do setor econômico, nas condições estabelecidas em ato do Poder Executivo e que cumprirem os seguintes requisitos:

I — celebrar e apresentar acordo coletivo de trabalho específico, nos termos do art. 5º;

II — apresentar solicitação de adesão ao PPE ao órgão definido pelo Poder Executivo;

III — apresentar a relação dos empregados abrangidos, especificando o salário individual;

IV — ter registro no Cadastro Nacional da Pessoa Jurídica — CNPJ há, no mínimo, dois anos;

V — comprovar a regularidade fiscal, previdenciária e relativa ao Fundo de Garantia do Tempo de Serviço — FGTS; e

VI — comprovar a situação de dificuldade econômico-financeira, fundamentada no Indicador Líquido de Empregos — ILE, considerando-se nesta situação a empresa cujo ILE for igual ou inferior a 1% (um por cento), apurado com base nas informações disponíveis no Cadastro Geral de Empregados e Desempregados — CAGED, sendo que o ILE consiste no percentual representado pela diferença entre admissões e demissões acumuladas nos doze meses anteriores ao da solicitação de adesão ao PPE dividida pelo número de empregados no mês anterior ao início desse período.

§ 1º Para fins do disposto no inciso IV do *caput*, em caso de solicitação de adesão por filial de empresa, pode ser considerado o tempo de registro no CNPJ da matriz.

§ 2º A regularidade de que trata o inciso V do *caput* deve ser observada durante todo o período de adesão ao PPE, como condição para permanência no programa.

Art. 4º Os empregados de empresas que aderirem ao PPE e que tiverem seu salário reduzido, nos termos do art. 5º, fazem jus a uma compensação pecuniária equivalente a 50% (cinquenta por cento) do valor da redução salarial e limitada a 65% (sessenta e cinco por cento) do valor máximo da parcela do seguro-desemprego, enquanto perdurar o período de redução temporária da jornada de trabalho.

§ 1º Ato do Poder Executivo federal deve dispor sobre a forma de pagamento da compensação pecuniária de que trata o *caput*, custeada pelo Fundo de Amparo ao Trabalhador — FAT.

§ 2º O valor do salário pago pelo empregador, após a redução de que trata o *caput* do art. 5º, não pode ser inferior ao valor do salário mínimo.

Art. 5º O acordo coletivo de trabalho específico para adesão ao PPE, celebrado entre a empresa e o sindicato de trabalhadores representativo da categoria da atividade econômica preponderante da empresa, pode reduzir em até 30% (trinta por cento) a jornada e o salário.

TÍTULO IV — DO CONTRATO INDIVIDUAL DO TRABALHO

Art. 477

§ 1º O acordo deve ser aprovado em assembleia dos trabalhadores abrangidos pelo programa e deve dispor sobre:

I — número total de empregados abrangidos pela redução e sua identificação;

II — estabelecimentos ou setores específicos da empresa abrangidos;

III — percentual de redução da jornada e redução proporcional ou menor do salário;

IV — período pretendido de adesão ao PPE e de redução temporária da jornada de trabalho, que deve ter duração de até seis meses, podendo ser prorrogado por períodos de seis meses, desde que o período total não ultrapasse vinte e quatro meses;

V — período de garantia no emprego, que deve ser equivalente, no mínimo, ao período de redução de jornada acrescido de um terço;

VI — constituição de comissão paritária, composta por representantes do empregador e dos empregados abrangidos pelo PPE, para acompanhar e fiscalizar o cumprimento do acordo e do programa, exceto nas microempresas e empresas de pequeno porte.

§ 2º O acordo coletivo de trabalho específico de que trata este artigo não disporá sobre outras condições de trabalho.

§ 3º A empresa deve demonstrar ao sindicato que foram esgotados os bancos de horas, além de fornecer as informações econômico-financeiras.

§ 4º É facultada a celebração de acordo coletivo múltiplo de trabalho específico a grupo de microempresas e empresas de pequeno porte, do mesmo setor econômico, com o sindicato de trabalhadores representativo da categoria da atividade econômica preponderante.

§ 5º Na hipótese do § 4º, a comissão paritária de que trata o inciso VI do § 1º será composta por representantes do empregador e do sindicato de trabalhadores que celebrar o acordo coletivo múltiplo de trabalho específico.

§ 6º Para fins dos incisos I e II do § 1º, o acordo deve abranger todos os empregados da empresa ou, no mínimo, os empregados de setor ou estabelecimento específico.

§ 7º Para fins do disposto no § 4º, cada microempresa ou empresa de pequeno porte deverá demonstrar individualmente o cumprimento dos requisitos exigidos para adesão ao PPE.

§ 8º A redução de que trata o caput está condicionada à celebração de acordo coletivo de trabalho específico com o sindicato de trabalhadores representativo da categoria, observado o disposto no art. 511 da Consolidação das Leis do Trabalho — CLT, aprovada pelo Decreto-Lei n. 5.152, de 1º de maio de 1943.

CAPÍTULO V
DA RESCISÃO

Art. 477 — É assegurado a todo empregado, não existindo prazo estipulado para a terminação do respectivo contrato, e quando não haja ele dado motivo para cessação das relações de trabalho, o direto de haver do empregador uma indenização, paga na base da maior remuneração que tenha percebido na mesma empresa. *(Redação dada pela Lei n. 5.584, de 26.6.1970)*

CONSTITUIÇÃO FEDERAL DE 1988
DOU 5.10.1988

Vide art. 7º, caput e inciso I

Art. 7º São direitos dos trabalhadores urbanos e rurais, além de outros que visem à melhoria de sua condição social:

I — relação de emprego protegida contra despedida arbitrária ou sem justa causa, nos termos de lei complementar, que preverá indenização compensatória, dentre outros direitos;

ATO DAS DISPOSIÇÕES CONSTITUCIONAIS TRANSITÓRIAS (ADCT)
DOU 5.10.1988

Vide art. 10, caput e inciso I

Art. 10. Até que seja promulgada a lei complementar a que se refere o art. 7º, I, da Constituição:

I — fica limitada a proteção nele referida ao aumento, para quatro vezes, da porcentagem prevista no art. 6º, caput e § 1º, da Lei n. 5.107, de 13 de setembro de 1966;

§ 1º — O pedido de demissão ou recibo de quitação de rescisão, do contrato de trabalho, firmado por empregado com mais de 1 (um) ano de serviço, só será válido quando feito com a assistência do respectivo Sindicato ou perante a autoridade do Ministério do Trabalho e Previdência Social. *(Redação dada pela Lei n. 5.584, de 26.6.1970)*

CONSOLIDAÇÃO DAS LEIS DO TRABALHO
Decreto-Lei n. 5.452, de 1º de maio de 1943
DOU 9.8.1943

Vide art. 500

Art. 500. O pedido de demissão do empregado estável só será válido quando feito com a assistência do respectivo Sindicato e, se não o houver, perante autoridade local competente do Ministério do Trabalho e Previdência Social ou da Justiça do Trabalho. *(Revogado com nova redação, pela Lei n. 5.584, de 26.6.1970)*

Art. 477

TÍTULO IV — DO CONTRATO INDIVIDUAL DO TRABALHO

DECRETO-LEI N. 779, DE 21 DE AGOSTO DE 1969
Dispõe sobre a aplicação de normas processuais trabalhistas à União Federal, aos Estados, Municípios, Distrito Federal e Autarquias ou Fundações de direito público que não explorem atividade econômica
DOU 25.8.1969

Vide art. 1º, *caput* e inciso I

Art. 1º Nos processos perante a Justiça do Trabalho, constituem privilégio da União, dos Estados, do Distrito Federal, dos Municípios e das autarquias ou fundações de direito público federais, estaduais ou municipais que não explorem atividade econômica:

I — a presunção relativa de validade dos recibos de quitação ou pedidos de demissão de seus empregados ainda que não homologados nem submetidos à assistência mencionada nos §§ 1º, 2º e 3º do art. 477 da Consolidação das Leis do Trabalho;

SÚMULA DO TST

Vide Súmula 330/TST

Súmula 330 TST — QUITAÇÃO. VALIDADE (mantida) — Res. 121/2003, DJ 19, 20 e 21.11.2003

A quitação passada pelo empregado, com assistência de entidade sindical de sua categoria, ao empregador, com observância dos requisitos exigidos nos parágrafos do art. 477 da CLT, tem eficácia liberatória em relação às parcelas expressamente consignadas no recibo, salvo se oposta ressalva expressa e especificada ao valor dado à parcela ou parcelas impugnadas.

I — A quitação não abrange parcelas não consignadas no recibo de quitação e, consequentemente, seus reflexos em outras parcelas, ainda que estas constem desse recibo.

II — Quanto a direitos que deveriam ter sido satisfeitos durante a vigência do contrato de trabalho, a quitação é válida em relação ao período expressamente consignado no recibo de quitação.

ORIENTAÇÃO JURISPRUDENCIAL DA SDI-1 DO TST

Vide OJ 270 SDI-1/TST

OJ 270 SDI-1 TST — PROGRAMA DE INCENTIVO À DEMISSÃO VOLUNTÁRIA. TRANSAÇÃO EXTRAJUDICIAL. PARCELAS ORIUNDAS DO EXTINTO CONTRATO DE TRABALHO. EFEITOS (inserida em 27.09.2002)

A transação extrajudicial que importa rescisão do contrato de trabalho ante a adesão do empregado a plano de demissão voluntária implica quitação exclusivamente das parcelas e valores constantes do recibo.

§ 2º O instrumento de rescisão ou recibo de quitação, qualquer que seja a causa ou forma de dissolução do contrato, deve ter especificada a natureza de cada parcela paga ao empregado e discriminado o seu valor, sendo válida a quitação, apenas, relativamente às mesmas parcelas. *(Redação dada pela Lei n. 5.584, de 26.6.1970)*

DECRETO-LEI N. 779, DE 21 DE AGOSTO DE 1969
Dispõe sobre a aplicação de normas processuais trabalhistas à União Federal, aos Estados, Municípios, Distrito Federal e Autarquias ou Fundações de direito público que não explorem atividade econômica
DOU 25.8.1969

Vide art. 1º, *caput* e inciso I

Art. 1º Nos processos perante a Justiça do Trabalho, constituem privilégio da União, dos Estados, do Distrito Federal, dos Municípios e das autarquias ou fundações de direito público federais, estaduais ou municipais que não explorem atividade econômica:

I — a presunção relativa de validade dos recibos de quitação ou pedidos de demissão de seus empregados ainda que não homologados nem submetidos à assistência mencionada nos §§ 1º, 2º e 3º do art. 477 da Consolidação das Leis do Trabalho;

SÚMULA DO TST

Vide Súmula 330/TST

Súmula 330 TST — QUITAÇÃO. VALIDADE (mantida) — Res. 121/2003, DJ 19, 20 e 21.11.2003

A quitação passada pelo empregado, com assistência de entidade sindical de sua categoria, ao empregador, com observância dos requisitos exigidos nos parágrafos do art. 477 da CLT, tem eficácia liberatória em relação às parcelas expressamente consignadas no recibo, salvo se oposta ressalva expressa e especificada ao valor dado à parcela ou parcelas impugnadas.

I — A quitação não abrange parcelas não consignadas no recibo de quitação e, consequentemente, seus reflexos em outras parcelas, ainda que estas constem desse recibo.

II — Quanto a direitos que deveriam ter sido satisfeitos durante a vigência do contrato de trabalho, a quitação é válida em relação ao período expressamente consignado no recibo de quitação.

ORIENTAÇÃO JURISPRUDENCIAL DA SDI-1 DO TST

Vide OJ 270 SDI-1/TST

OJ 270 SDI-1 TST — PROGRAMA DE INCENTIVO À DEMISSÃO VOLUNTÁRIA. TRANSAÇÃO EXTRAJUDICIAL. PARCELAS ORIUNDAS DO EXTINTO CONTRATO DE TRABALHO. EFEITOS (inserida em 27.09.2002)

A transação extrajudicial que importa rescisão do contrato de trabalho ante a adesão do empregado a plano de demissão voluntária implica quitação exclusivamente das parcelas e valores constantes do recibo.

ORIENTAÇÃO JURISPRUDENCIAL DA SDI-2 DO TST

Vide OJ 132 SDI-2/TST

OJ 132 SDI-2 TST — AÇÃO RESCISÓRIA. ACORDO HOMOLOGADO. ALCANCE. OFENSA À COISA JULGADA (DJ 04.05.2004)

TÍTULO IV — DO CONTRATO INDIVIDUAL DO TRABALHO Art. 477

Acordo celebrado — homologado judicialmente — em que o empregado dá plena e ampla quitação, sem qualquer ressalva, alcança não só o objeto da inicial, como também todas as demais parcelas referentes ao extinto contrato de trabalho, violando a coisa julgada, a propositura de nova reclamação trabalhista.

§ 3º Quando não existir na localidade nenhum dos órgãos previstos neste artigo, a assistência será prestada pelo Representante do Ministério Público ou, onde houver, pelo Defensor Público e, na falta ou impedimento deste, pelo Juiz de Paz. *(Redação dada pela Lei n. 5.584, de 26.6.1970)*

CONSOLIDAÇÃO DAS LEIS DO TRABALHO
Decreto-Lei n. 5.452, de 1º de maio de 1943
DOU 9.8.1943

Vide art. 793

Art. 793. A reclamação trabalhista do menor de 18 anos será feita por seus representantes legais e, na falta destes, pela Procuradoria da Justiça do Trabalho, pelo sindicato, pelo Ministério Público estadual ou curador nomeado em juízo. *(Redação dada pela Lei n. 10.288, de 2001)*

DECRETO-LEI N. 779, DE 21 DE AGOSTO DE 1969
Dispõe sobre a aplicação de normas processuais trabalhistas à União Federal, aos Estados, Municípios, Distrito Federal e Autarquias ou Fundações de direito público que não explorem atividade econômica
DOU 25.8.1969

Vide art. 1º, caput e inciso I

Art. 1º Nos processos perante a Justiça do Trabalho, constituem privilégio da União, dos Estados, do Distrito Federal, dos Municipios e das autarquias ou fundações de direito público federais, estaduais ou municipais que não explorem atividade econômica:

I — a presunção relativa de validade dos recibos de quitação ou pedidos de demissão de seus empregados ainda que não homologados nem submetidos à assistência mencionada nos §§ 1º, 2º e 3º do art. 477 da Consolidação das Leis do Trabalho;

§ 4º O pagamento a que fizer jus o empregado será efetuado no ato da homologação da rescisão do contrato de trabalho, em dinheiro ou em cheque visado, conforme acordem as partes, salvo se o empregado for analfabeto, quando o pagamento somente poderá ser feito em dinheiro. *(Redação dada pela Lei n. 5.584, de 26.6.1970)*

§ 5º Qualquer compensação no pagamento de que trata o parágrafo anterior não poderá exceder o equivalente a um mês de remuneração do empregado. *(Redação dada pela Lei n. 5.584, de 26.6.1970)*

CONSOLIDAÇÃO DAS LEIS DO TRABALHO
Decreto-Lei n. 5.452, de 1º de maio de 1943
DOU 9.8.1943

Vide art. 767

Art. 767. A compensação, ou retenção, só poderá ser arguida como matéria de defesa.

SÚMULAS DO TST

Vide Súmulas 18 e 48/TST

Súmula 18 TST — COMPENSAÇÃO (mantida) — Res. 121/2003, DJ 19, 20 e 21.11.2003
A compensação, na Justiça do Trabalho, está restrita a dívidas de natureza trabalhista.

Súmula 48 TST — COMPENSAÇÃO (mantida) — Res. 121/2003, DJ 19, 20 e 21.11.2003
A compensação só poderá ser arguida com a contestação.

ORIENTAÇÃO JURISPRUDENCIAL DA SDI-1 DO TST

Vide OJ 356 SDI-1/TST

OJ 356 SDI-1 TST — PROGRAMA DE INCENTIVO À DEMISSÃO VOLUNTÁRIA (PDV). CRÉDITOS TRABALHISTAS RECONHECIDOS EM JUÍZO. COMPENSAÇÃO. IMPOSSIBILIDADE (DJ 14.03.2008)
Os créditos tipicamente trabalhistas reconhecidos em juízo não são suscetíveis de compensação com a indenização paga em decorrência de adesão do trabalhador a Programa de Incentivo à Demissão Voluntária (PDV).

Art. 477

TÍTULO IV — DO CONTRATO INDIVIDUAL DO TRABALHO

§ 6º	O pagamento das parcelas constantes do instrumento de rescisão ou recibo de quitação deverá ser efetuado nos seguintes prazos: *(Incluído pela Lei n. 7.855, de 24.10.1989)*
a)	até o primeiro dia útil imediato ao término do contrato; ou *(Incluído pela Lei n. 7.855, de 24.10.1989)*
b)	até o décimo dia, contado da data da notificação da demissão, quando da ausência do aviso prévio, indenização do mesmo ou dispensa de seu cumprimento. *(Incluído pela Lei n. 7.855, de 24.10.1989)*

CONSOLIDAÇÃO DAS LEIS DO TRABALHO
Decreto-Lei n. 5.452, de 1º de maio de 1943
DOU 9.8.1943

Vide art. 477, § 8º

Art. 477. (...)
§ 8º A inobservância do disposto no § 6º deste artigo sujeitará o infrator à multa de 160 BTN, por trabalhador, bem assim ao pagamento da multa a favor do empregado, em valor equivalente ao seu salário, devidamente corrigido pelo índice de variação do BTN, salvo quando, comprovadamente, o trabalhador der causa à mora. *(Incluído pela Lei n. 7.855, de 24.10.1989)*

LEI N. 8.036, DE 11 DE MAIO DE 1990
Dispõe sobre o Fundo de Garantia do Tempo de Serviço, e dá outras providências
DOU 17.1.1973 e republicado em 27.7.2006

Vide art. 23, caput, § 1º, inciso I

Art. 23. Competirá ao Ministério do Trabalho e da Previdência Social a verificação, em nome da Caixa Econômica Federal, do cumprimento do disposto nesta lei, especialmente quanto à apuração dos débitos e das infrações praticadas pelos empregadores ou tomadores de serviço, notificando-os para efetuarem e comprovarem os depósitos correspondentes e cumprirem as demais determinações legais, podendo, para tanto, contar com o concurso de outros órgãos do Governo Federal, na forma que vier a ser regulamentada.

§ 1º Constituem infrações para efeito desta lei:
I — não depositar mensalmente o percentual referente ao FGTS, bem como os valores previstos no art. 18 desta Lei, nos prazos de que trata o § 6º do art. 477 da Consolidação das Leis do Trabalho — CLT; *(Redação dada pela Medida Provisória n. 2.197-43, de 2001)*

ORIENTAÇÕES JURISPRUDENCIAIS DA SDI-1 DO TST

Vide OJs 14 e 162 SDI-1/TST

OJ 14 SDI-1 TST — AVISO PRÉVIO CUMPRIDO EM CASA. VERBAS RESCISÓRIAS. PRAZO PARA PAGAMENTO. (título alterado e inserido dispositivo) — DJ 20.04.2005
Em caso de aviso prévio cumprido em casa, o prazo para pagamento das verbas rescisórias é até o décimo dia da notificação de despedida.

OJ 162 SDI-1 TST — MULTA. ART. 477 DA CLT. CONTAGEM DO PRAZO. APLICÁVEL O ART. 132 DO CÓDIGO CIVIL DE 2002 (atualizada a legislação e inserido dispositivo) — DJ 20.04.2005
A contagem do prazo para quitação das verbas decorrentes da rescisão contratual prevista no art. 477 da CLT exclui necessariamente o dia da notificação da demissão e inclui o dia do vencimento, em obediência ao disposto no art. 132 do Código Civil de 2002 (art. 125 do Código Civil de 1916).

§ 7º	O ato da assistência na rescisão contratual (§§ 1º e 2º) será sem ônus para o trabalhador e empregador. *(Incluído pela Lei n. 7.855, de 24.10.1989)*

ORIENTAÇÃO JURISPRUDENCIAL DA SDC DO TST

Vide OJ 16 SDC/TST

OJ 16 SDC TST — TAXA DE HOMOLOGAÇÃO DE RESCISÃO CONTRATUAL. ILEGALIDADE. *(inserida em 27.03.1998)*

É contrária ao espírito da lei (art. 477, § 7º, da CLT) e da função precípua do Sindicato a cláusula coletiva que estabelece taxa para homologação de rescisão contratual, a ser paga pela empresa a favor do sindicato profissional.

§ 8º	A inobservância do disposto no § 6º deste artigo sujeitará o infrator à multa de 160 BTN, por trabalhador, bem assim ao pagamento da multa a favor do empregado, em valor equivalente ao seu salário, devidamente corrigido pelo índice de variação do BTN, salvo quando, comprovadamente, o trabalhador der causa à mora. *(Incluído pela Lei n. 7.855, de 24.10.1989)*
§ 9º	(vetado). *(Incluído pela Lei n. 7.855, de 24.10.1989)*

TÍTULO IV — DO CONTRATO INDIVIDUAL DO TRABALHO

CONSOLIDAÇÃO DAS LEIS DO TRABALHO
Decreto-Lei n. 5.452, de 1º de maio de 1943
DOU 9.8.1943

Vide art. 477, § 6º

Art. 477. (...)

§ 6º O pagamento das parcelas constantes do instrumento de rescisão ou recibo de quitação deverá ser efetuado nos seguintes prazos: *(Incluído pela Lei n. 7.855, de 24.10.1989)*

a) até o primeiro dia útil imediato ao término do contrato; ou *(Incluído pela Lei n. 7.855, de 24.10.1989)*

b) até o décimo dia, contado da data da notificação da demissão, quando da ausência do aviso prévio, indenização do mesmo ou dispensa de seu cumprimento. *(Incluído pela Lei n. 7.855, de 24.10.1989)*

SÚMULAS DO TST

Vide Súmulas 388 e 445/TST

Súmula 388 TST — MASSA FALIDA. ARTS. 467 E 477 DA CLT. INAPLICABILIDADE (conversão das Orientações Jurisprudenciais ns. 201 e 314 da SBDI-1) — Res. 129/2005, DJ 20, 22 e 25.04.2005

A Massa Falida não se sujeita à penalidade do art. 467 e nem à multa do § 8º do art. 477, ambos da CLT. (ex--OJs da SBDI-1 ns. 201 — DJ 11.08.2003 — e 314 — DJ 08.11.2000)

Súmula 445 TST — INADIMPLEMENTO DE VERBAS TRABALHISTAS. FRUTOS. POSSE DE MÁ-FÉ. ART. 1.216 DO CÓDIGO CIVIL. INAPLICABILIDADE AO DIREITO DO TRABALHO — Res. 189/2013, DEJT divulgado em 13, 14 e 15.03.2013

A indenização por frutos percebidos pela posse de má-fé, prevista no art. 1.216 do Código Civil, por tratar-se de regra afeta a direitos reais, mostra-se incompatível com o Direito do Trabalho, não sendo devida no caso de inadimplemento de verbas trabalhistas.

SÚMULA 462 TST — MULTA DO ART. 477, § 8º, DA CLT. INCIDÊNCIA. RECONHECIMENTO JUDICIAL DA RELAÇÃO DE EMPREGO.

A circunstância de a relação de emprego ter sido reconhecida apenas em juízo não tem o condão de afastar a incidência da multa prevista no art. 477, § 8º, da CLT. A referida multa não será devida apenas quando, comprovadamente, o empregado der causa à mora no pagamento das verbas rescisórias.

ORIENTAÇÕES JURISPRUDENCIAIS DA SDI-1 DO TST

Vide OJs 14, 162 e 238 SDI-1/TST

OJ 14 SDI-1 TST — AVISO PRÉVIO CUMPRIDO EM CASA. VERBAS RESCISÓRIAS. PRAZO PARA PAGAMENTO. (título alterado e inserido dispositivo) — DJ 20.04.2005

Em caso de aviso prévio cumprido em casa, o prazo para pagamento das verbas rescisórias é até o décimo dia da notificação de despedida.

OJ 162 SDI-1 TST — MULTA. ART. 477 DA CLT. CONTAGEM DO PRAZO. APLICÁVEL O ART. 132 DO CÓDIGO CIVIL DE 2002 (atualizada a legislação e inserido dispositivo) — DJ 20.04.2005

A contagem do prazo para quitação das verbas decorrentes da rescisão contratual prevista no artigo 477 da CLT exclui necessariamente o dia da notificação da demissão e inclui o dia do vencimento, em obediência ao disposto no art. 132 do Código Civil de 2002 (art. 125 do Código Civil de 1916).

OJ 238 SDI-1 TST — MULTA. ART. 477 DA CLT. PESSOA JURÍDICA DE DIREITO PÚBLICO. APLICÁVEL (INSERIDO DISPOSITIVO) — DJ 20.04.2005

Submete-se à multa do art. 477 da CLT a pessoa jurídica de direito público que não observa o prazo para pagamento das verbas rescisórias, pois nivela-se a qualquer particular, em direitos e obrigações, despojando-se do "jus imperii" ao celebrar um contrato de emprego.

Art. 478 A indenização devida pela rescisão de contrato por prazo indeterminado será de 1 (um) mês de remuneração por ano de serviço efetivo, ou por ano e fração igual ou superior a 6 (seis) meses.

CONSTITUIÇÃO FEDERAL DE 1988
DOU 5.10.1988

Vide art. 7º, *caput* e incisos I e III

Art. 7º São direitos dos trabalhadores urbanos e rurais, além de outros que visem à melhoria de sua condição social:

I — relação de emprego protegida contra despedida arbitrária ou sem justa causa, nos termos de lei complementar, que preverá indenização compensatória, dentre outros direitos;

(...)

III — fundo de garantia do tempo de serviço;

ATO DAS DISPOSIÇÕES CONSTITUCIONAIS TRANSITÓRIAS (ADCT)
DOU 5.10.1988

Vide art. 10, *caput* e inciso I

Art. 10. Até que seja promulgada a lei complementar a que se refere o art. 7º, I, da Constituição:

I — fica limitada a proteção nele referida ao aumento, para quatro vezes, da porcentagem prevista no art. 6º, *caput* e § 1º, da Lei n. 5.107, de 13 de setembro de 1966;

LEI N. 8.036, DE 11 DE MAIO DE 1990
Dispõe sobre o Fundo de Garantia do Tempo de Serviço, e dá outras providências
DOU 17.1.1973 e republicado em 27.7.2006

Vide art. 14, *caput* e § 1º

Art. 14. Fica ressalvado o direito adquirido dos trabalhadores que, à data da promulgação da Constituição Federal de 1988, já tinham o direito à estabilidade no emprego nos termos do Capítulo V do Título IV da CLT.

§1º O tempo do trabalhador não optante do FGTS, anterior a 5 de outubro de 1988, em caso de rescisão sem justa causa pelo empregador, reger-se-á pelos dispositivos constantes dos arts. 477, 478 e 497 da CLT.

Art. 479

TÍTULO IV — DO CONTRATO INDIVIDUAL DO TRABALHO

§ 1º	O primeiro ano de duração do contrato por prazo indeterminado é considerado como período de experiência, e, antes que se complete, nenhuma indenização será devida.

CONSOLIDAÇÃO DAS LEIS DO TRABALHO
Decreto-Lei n. 5.452, de 1º de maio de 1943
DOU 9.8.1943

Vide art. 443, *caput*, § 2º, alínea c

Art. 443. O contrato individual de trabalho poderá ser acordado tácita ou expressamente, verbalmente ou por escrito e por prazo determinado ou indeterminado.
(...)
§ 2º O contrato por prazo determinado só será válido em se tratando: *(Incluído pelo Decreto-Lei n. 229, de 28.2.1967)*
(...)

c) de contrato de experiência. *(Incluída pelo Decreto-Lei n. 229, de 28.2.1967)*

SÚMULA DO TST

Vide Súmula 188/TST

Súmula 188 TST — CONTRATO DE TRABALHO. EXPERIÊNCIA. PRORROGAÇÃO (mantida) — Res. 121/2003, DJ 19, 20 e 21.11.2003
O contrato de experiência pode ser prorrogado, respeitado o limite máximo de 90 (noventa) dias.

§ 2º	Se o salário for pago por dia, o cálculo da indenização terá por base 25 (vinte e cinco) dias.
§ 3º	Se pago por hora, a indenização apurar-se-á na base de 200 (duzentas) horas por mês.
§ 4º	Para os empregados que trabalhem a comissão ou que tenham direito a percentagens, a indenização será calculada pela média das comissões ou percentagens percebidas nos últimos 12 (doze) meses de serviço. *(Redação dada pelo Decreto-Lei n. 229, de 28.2.1967)*
§ 5º	Para os empregados que trabalhem por tarefa ou serviço feito, a indenização será calculada na base média do tempo costumeiramente gasto pelo interessado para realização de seu serviço, calculando-se o valor do que seria feito durante 30 (trinta) dias.

SÚMULA DO TST

Vide Súmula 340 /TST

Súmula 340 TST — COMISSIONISTA. HORAS EXTRAS (nova redação) — Res. 121/2003, DJ 19, 20 e 21.11.2003
O empregado, sujeito a controle de horário, remunerado à base de comissões, tem direito ao adicional de, no mínimo, 50% (cinquenta por cento) pelo trabalho em horas extras, calculado sobre o valor-hora das comissões recebidas no mês, considerando-se como divisor o número de horas efetivamente trabalhadas.

ORIENTAÇÃO JURISPRUDENCIAL DA SDI-1 DO TST

Vide OJ 397 SDI-1/TST

OJ 397 SDI-1 TST — COMISSIONISTA MISTO. HORAS EXTRAS. BASE DE CÁLCULO. APLICAÇÃO DA SÚMULA N. 340 DO TST. (DEJT divulgado em 02, 03 e 04.08.2010)
O empregado que recebe remuneração mista, ou seja, uma parte fixa e outra variável, tem direito a horas extras pelo trabalho em sobrejornada. Em relação à parte fixa, são devidas as horas simples acrescidas do adicional de horas extras. Em relação à parte variável, é devido somente o adicional de horas extras, aplicando-se à hipótese o disposto na Súmula n. 340 do TST.

Art. 479	Nos contratos que tenham termo estipulado, o empregador que, sem justa causa, despedir o empregado será obrigado a pagar-lhe, a título de indenização, e por metade, a remuneração a que teria direito até o termo do contrato. *(Vide Lei n. 9.601, de 1998)*
Parágrafo único	Para a execução do que dispõe o presente artigo, o cálculo da parte variável ou incerta dos salários será feito de acordo com o prescrito para o cálculo da indenização referente à rescisão dos contratos por prazo indeterminado.

TÍTULO IV — DO CONTRATO INDIVIDUAL DO TRABALHO

CONSOLIDAÇÃO DAS LEIS DO TRABALHO
Decreto-Lei n. 5.452, de 1º de maio de 1943
DOU 9.8.1943

Vide art. 433, caput e § 2º; e art. 480, caput

Art. 433. O contrato de aprendizagem extinguir-se-á no seu termo ou quando o aprendiz completar 24 (vinte e quatro) anos, ressalvada a hipótese prevista no § 5º do art. 428 desta Consolidação, ou ainda antecipadamente nas seguintes hipóteses: *(Redação dada pela Lei n. 11.180, de 2005)*

(...)

§ 2º Não se aplica o disposto nos arts. 479 e 480 desta Consolidação às hipóteses de extinção do contrato mencionadas neste artigo. *(Incluído pela Lei n. 10.097, de 2000)*

Art. 480. Havendo termo estipulado, o empregado não se poderá desligar do contrato, sem justa causa, sob pena de ser obrigado a indenizar o empregador dos prejuízos que desse fato lhe resultarem. (Vide Lei n. 9.601, de 1998)

DECRETO-LEI N. 691, DE 18 DE JULHO DE 1969
Dispõe sobre a não aplicação, aos contratos de técnicos estrangeiros, com estipulação de pagamento de salários em moeda estrangeira, de diversas disposições da legislação trabalhista, e dá outras providências
DOU 21.7.1969 e retificado em 23.7.1969

Vide art. 1º, caput e parágrafo único

Art. 1º Os contratos de técnicos estrangeiros domiciliados ou residentes no exterior, para execução, no Brasil, de serviços especializados, em caráter provisório, com estipulação de salários em moeda estrangeira, serão, obrigatoriamente, celebrados por prazo determinado e prorrogáveis sempre a termo certo, ficando excluídos da aplicação do disposto nos arts. 451, 452, 453, no Capítulo VII do Título IV da Consolidação das Leis do Trabalho e na Lei n. 5.107, de 13 de setembro de 1966, com as alterações do Decreto-Lei n. 20, de 14 de setembro de 1966, e legislação subsequente.

Parágrafo único. A rescisão dos contratos de que trata este artigo reger-se-á pelas normas estabelecidas nos artigos ns. 479, 480, e seu § 1º, e 481 da Consolidação das Leis do Trabalho.

LEI N. 5.889, DE 8 DE JUNHO DE 1973
Estatui normas reguladoras do trabalho rural
DOU 11.6.1973

Vide art. 14, caput e parágrafo único

Art. 14. Expirado normalmente o contrato, a empresa pagará ao safrista, a título de indenização do tempo de serviço, importância correspondente a 1/12 (um doze avos) do salário mensal, por mês de serviço ou fração superior a 14 (quatorze) dias.

Parágrafo único. Considera-se contrato de safra o que tenha sua duração dependente de variações estacionais da atividade agrária.

DECRETO N. 99.684, DE 8 DE NOVEMBRO DE 1990
Consolida as normas regulamentares do Fundo de Garantia do Tempo de Serviço (FGTS)
DOU 12.11.1990

Vide art. 14

Art. 14. No caso de contrato a termo, a rescisão antecipada, sem justa causa ou com culpa recíproca, equipara-se às hipóteses previstas nos §§ 1º e 2º do art. 9º, respectivamente, sem prejuízo do disposto no art. 479 da CLT.

LEI N. 9.615, DE 24 DE MARÇO DE 1998
Institui normas gerais sobre desporto e dá outras providências
DOU 25.3.1998

Vide art. 28, § 10

Art. 28. (...)
(...)

§ 10. Não se aplicam ao contrato especial de trabalho desportivo os arts. 479 e 480 da Consolidação das Leis do Trabalho — CLT, aprovada pelo Decreto-Lei n. 5.452, de 1º de maio de 1943. *(Incluído pela Lei n. 12.395, de 2011)*

SÚMULA DO TST

Vide Súmula 125/TST

Súmula 125 TST — CONTRATO DE TRABALHO. ART. 479 DA CLT (mantida) — Res. 121/2003, DJ 19, 20 e 21.11.2003

O art. 479 da CLT aplica-se ao trabalhador optante pelo FGTS admitido mediante contrato por prazo determinado, nos termos do art. 30, § 3º, do Decreto n. 59.820, de 20.12.1966.

Art. 480	Havendo termo estipulado, o empregado não se poderá desligar do contrato, sem justa causa, sob pena de ser obrigado a indenizar o empregador dos prejuízos que desse fato lhe resultarem. (Vide Lei n. 9.601, de 1998)
§ 1º	A indenização, porém, não poderá exceder àquela a que teria direito o empregado em idênticas condições. *(Renumerado pelo Decreto-Lei n. 6.353, de 20.3.1944)*
§ 2º	*(Revogado pela Lei n. 6.533, de 24.5.1978)*

CONSOLIDAÇÃO DAS LEIS DO TRABALHO
Decreto-Lei n. 5.452, de 1º de maio de 1943
DOU 9.8.1943

Vide art. 433, caput e § 2º; e art. 479, caput

Art. 433. O contrato de aprendizagem extinguir-se-á no seu termo ou quando o aprendiz completar 24 (vinte e quatro) anos, ressalvada a hipótese prevista no § 5º do art. 428 desta Consolidação, ou ainda antecipadamente nas seguintes hipóteses: *(Redação dada pela Lei n. 11.180, de 2005)*

(...)

§ 2º Não se aplica o disposto nos arts. 479 e 480 desta Consolidação às hipóteses de extinção do contrato mencionadas neste artigo. *(Incluído pela Lei n. 10.097, de 2000)*

Art. 479. Nos contratos que tenham termo estipulado, o empregador que, sem justa causa, despedir o empregado será obrigado a pagar-lhe, a TÍTULO de indenização, e por metade, a remuneração a que teria direito até o termo do contrato.

DECRETO-LEI N. 691, DE 18 DE JULHO DE 1969
Dispõe sobre a não aplicação, aos contratos de técnicos estrangeiros, com estipulação de pagamento de salários em moeda estrangeira, de diversas disposições da legislação trabalhista, e dá outras providências
DOU 21.7.1969 e retificado em 23.7.1969

Vide art. 1º, *caput* e parágrafo único

Art. 1º Os contratos de técnicos estrangeiros domiciliados ou residentes no exterior, para execução, no Brasil, de serviços especializados, em caráter provisório, com estipulação de salários em moeda estrangeira, serão, obrigatoriamente, celebrados por prazo determinado e prorrogáveis sempre a termo certo, ficando excluídos da aplicação do disposto nos arts. 451, 452, 453, no Capítulo VII do Título IV da Consolidação das Leis do Trabalho e na Lei n. 5.107, de 13 de setembro de 1966, com as alterações do Decreto-Lei n. 20, de 14 de setembro de 1966, e legislação subsequente.

Parágrafo único. A rescisão dos contratos de que trata este artigo reger-se-á pelas normas estabelecidas nos arts. 479, 480, e seu § 1º, e 481 da Consolidação das Leis do Trabalho.

LEI N. 9.615, DE 24 DE MARÇO DE 1998
Institui normas gerais sobre desporto e dá outras providências
DOU 25.3.1998

Vide art. 28, § 10

Art. 28. (...)
(...)

§ 10. Não se aplicam ao contrato especial de trabalho desportivo os arts. 479 e 480 da Consolidação das Leis do Trabalho — CLT, aprovada pelo Decreto-Lei n. 5.452, de 1º de maio de 1943. *(Incluído pela Lei n. 12.395, de 2011)*

Art. 481

Aos contratos por prazo determinado, que contiverem cláusula asseguratória do direito recíproco de rescisão antes de expirado o termo ajustado, aplicam-se, caso seja exercido tal direito por qualquer das partes, os princípios que regem a rescisão dos contratos por prazo indeterminado.

DECRETO-LEI N. 691, DE 18 DE JULHO DE 1969
Dispõe sobre a não aplicação, aos contratos de técnicos estrangeiros, com estipulação de pagamento de salários em moeda estrangeira, de diversas disposições da legislação trabalhista, e dá outras providências
DOU 21.7.1969 e retificado em 23.7.1969

Vide art. 1º, *caput* e parágrafo único

Art. 1º Os contratos de técnicos estrangeiros domiciliados ou residentes no exterior, para execução, no Brasil, de serviços especializados, em caráter provisório, com estipulação de salários em moeda estrangeira, serão, obrigatoriamente, celebrados por prazo determinado e prorrogáveis sempre a termo certo, ficando excluídos da aplicação do disposto nos arts. 451, 452, 453, no Capítulo VII do Título IV da Consolidação das Leis do Trabalho e na Lei n. 5.107, de 13 de setembro de 1966, com as alterações do Decreto-Lei n. 20, de 14 de setembro de 1966, e legislação subsequente.

Parágrafo único. A rescisão dos contratos de que trata este artigo reger-se-á pelas normas estabelecidas nos arts. 479, 480, e seu § 1º, e 481 da Consolidação das Leis do Trabalho.

SÚMULA DO TST

Vide Súmula 163/TST

Súmula 163 TST — AVISO PRÉVIO. CONTRATO DE EXPERIÊNCIA (mantida) — Res. 121/2003, DJ 19, 20 e 21.11.2003

Cabe aviso prévio nas rescisões antecipadas dos contratos de experiência, na forma do art. 481 da CLT *(ex-Prejulgado n. 42).*

Art. 482

Constituem justa causa para rescisão do contrato de trabalho pelo empregador:

CONSOLIDAÇÃO DAS LEIS DO TRABALHO
Decreto-Lei n. 5.452, de 1º de maio de 1943
DOU 9.8.1943

Vide art. 235-B, *caput* e parágrafo único; e art. 240, *caput* e parágrafo único

Art. 235-B. São deveres do motorista profissional empregado: *(Redação dada pela Lei n. 13.103, de 2015)*

Parágrafo único. A recusa do empregado em submeter-se ao teste ou ao programa de controle de uso de droga e de bebida alcoólica previstos no inciso VII será considerada infração disciplinar, passível de penalização nos termos da lei. *(Redação dada pela Lei n. 13.103, de 2015)*

Art. 240. Nos casos de urgência ou de acidente, capazes de afetar a segurança ou regularidade do serviço, poderá a duração do trabalho ser excepcionalmente elevada a

TÍTULO IV — DO CONTRATO INDIVIDUAL DO TRABALHO

Art. 482

qualquer número de horas, incumbindo à Estrada zelar pela incolumidade dos seus empregados e pela possibilidade de revezamento de turmas, assegurando ao pessoal um repouso correspondente e comunicando a ocorrência ao Ministério do Trabalho, Indústria e Comércio, dentro de 10 (dez) dias da sua verificação.

Parágrafo único. Nos casos previstos neste artigo, a recusa, sem causa justificada, por parte de qualquer empregado, à execução de serviço extraordinário será considerada falta grave.

LEI COMPLEMENTAR N. 150, DE 1º DE JUNHO DE 2015
Dispõe sobre o contrato de trabalho doméstico; altera as Leis n. 8.212, de 24 de julho de 1991, n. 8.213, de 24 de julho de 1991, e n. 11.196, de 21 de novembro de 2005; revoga o inciso I do art. 3º da Lei n. 8.009, de 29 de março de 1990, o art. 36 da Lei n. 8.213, de 24 de julho de 1991, a Lei n. 5.859, de 11 de dezembro de 1972, e o inciso VII do art. 12 da Lei n. 9.250, de 26 de dezembro 1995; e dá outras providências
DOU 2.6.2015

Vide art. 27, *caput* e incisos I a XII

Art. 27. Considera-se justa causa para os efeitos desta Lei:
I — submissão a maus tratos de idoso, de enfermo, de pessoa com deficiência ou de criança sob cuidado direto ou indireto do empregado;
II — prática de ato de improbidade;
III — incontinência de conduta ou mau procedimento;
IV — condenação criminal do empregado transitada em julgado, caso não tenha havido suspensão da execução da pena;
V — desídia no desempenho das respectivas funções;
VI — embriaguez habitual ou em serviço;
VII — (VETADO);
VIII — ato de indisciplina ou de insubordinação;
IX — abandono de emprego, assim considerada a ausência injustificada ao serviço por, pelo menos, 30 (trinta) dias corridos;
X — ato lesivo à honra ou à boa fama ou ofensas físicas praticadas em serviço contra qualquer pessoa, salvo em caso de legítima defesa, própria ou de outrem;
XI — ato lesivo à honra ou à boa fama ou ofensas físicas praticadas contra o empregador doméstico ou sua família, salvo em caso de legítima defesa, própria ou de outrem;
XII — prática constante de jogos de azar.

LEI N. 5.859, DE 11 DE DEZEMBRO DE 1972
(Revogada pela Lei Complementar n. 150, de 2015)
Dispõe sobre a profissão de empregado doméstico e dá outras providências
DOU 9.8.1943

Vide art. 6º-A, § 2º

Art. 6º-A (...)
§ 2º Considera-se justa causa para os efeitos desta Lei as hipóteses previstas no art. 482, com exceção das alíneas "c" e "g" e do seu parágrafo único, da Consolidação das Leis do Trabalho. *(Incluído pela Lei n. 10.208, de 2001)*

SÚMULA DO STF

Vide Súmula 316/STF

Súmula 316 STF — A simples adesão a greve não constitui falta grave.

SÚMULAS DO TST

Vide Súmulas 73, 77 e 212/TST

Súmula 73 TST — DESPEDIDA. JUSTA CAUSA (nova redação) — Res. 121/2003, DJ 19, 20 e 21.11.2003
A ocorrência de justa causa, salvo a de abandono de emprego, no decurso do prazo do aviso prévio dado pelo empregador, retira do empregado qualquer direito às verbas rescisórias de natureza indenizatória.

Súmula 77 TST — PUNIÇÃO (mantida) — Res. 121/2003, DJ 19, 20 e 21.11.2003
Nula é a punição de empregado se não precedida de inquérito ou sindicância internos a que se obrigou a empresa por norma regulamentar.

Súmula 212 TST — DESPEDIMENTO. ÔNUS DA PROVA (mantida) — Res. 121/2003, DJ 19, 20 e 21.11.2003
O ônus de provar o término do contrato de trabalho, quando negados a prestação de serviço e o despedimento, é do empregador, pois o princípio da continuidade da relação de emprego constitui presunção favorável ao empregado.

a)	ato de improbidade;
b)	incontinência de conduta ou mau procedimento;
c)	negociação habitual por conta própria ou alheia sem permissão do empregador, e quando constituir ato de concorrência à empresa para a qual trabalha o empregado, ou for prejudicial ao serviço;
d)	condenação criminal do empregado, passada em julgado, caso não tenha havido suspensão da execução da pena;

CONSOLIDAÇÃO DAS LEIS DO TRABALHO
Decreto-Lei n. 5.452, de 1º de maio de 1943
DOU 9.8.1943

Vide art. 131, *caput* e inciso V

Art. 131. Não será considerada falta ao serviço, para os efeitos do artigo anterior, a ausência do empregado: *(Redação dada pelo Decreto-Lei n. 1.535, de 13.4.1977)*
(...)
V — durante a suspensão preventiva para responder a inquérito administrativo ou de prisão preventiva, quando for impronunciado ou absolvido; e *(Incluído pelo Decreto-Lei n. 1.535, de 13.4.1977)*

e) desídia no desempenho das respectivas funções;

f) embriaguez habitual ou em serviço;

g) violação de segredo da empresa;

CÓDIGO PENAL
Decreto-Lei n. 2.848, de 7 de dezembro de 1940
DOU 31.12.1940

Vide art. 154

Violação do segredo profissional

Art. 154. Revelar alguém, sem justa causa, segredo, de que tem ciência em razão de função, ministério, ofício ou profissão, e cuja revelação possa produzir dano a outrem:
Pena — detenção, de três meses a um ano, ou multa.
Parágrafo único. Somente se procede mediante representação.

h) ato de indisciplina ou de insubordinação;

CONSOLIDAÇÃO DAS LEIS DO TRABALHO
Decreto-Lei n. 5.452, de 1º de maio de 1943
DOU 9.8.1943

Vide art. 158, parágrafo único, alíneas a e b

Art. 158. (...)
Parágrafo único. Constitui ato faltoso do empregado a recusa injustificada: *(Incluído pela Lei n. 6.514, de 22.12.1977)*

a) à observância das instruções expedidas pelo empregador na forma do item II do artigo anterior; *(Incluída pela Lei n. 6.514, de 22.12.1977)*

b) ao uso dos equipamentos de proteção individual fornecidos pela empresa. *(Incluída pela Lei n. 6.514, de 22.12.1977)*

i) abandono de emprego;

SÚMULAS DO TST

Vide Súmulas 32, 62, 73 e 212/TST

Súmula 32 TST — ABANDONO DE EMPREGO (nova redação) — Res. 121/2003, DJ 19, 20 e 21.11.2003
Presume-se o abandono de emprego se o trabalhador não retornar ao serviço no prazo de 30 (trinta) dias após a cessação do benefício previdenciário nem justificar o motivo de não o fazer.

Súmula 62 TST — ABANDONO DE EMPREGO (mantida) — Res. 121/2003, DJ 19, 20 e 21.11.2003
O prazo de decadência do direito do empregador de ajuizar inquérito em face do empregado que incorre em abandono de emprego é contado a partir do momento em que o empregado pretendeu seu retorno ao serviço.

Súmula 73 TST — DESPEDIDA. JUSTA CAUSA (nova redação) — Res. 121/2003, DJ 19, 20 e 21.11.2003
A ocorrência de justa causa, salvo a de abandono de emprego, no decurso do prazo do aviso prévio dado pelo empregador, retira do empregado qualquer direito às verbas rescisórias de natureza indenizatória.

Súmula 212 TST — DESPEDIMENTO. ÔNUS DA PROVA (mantida) — Res. 121/2003, DJ 19, 20 e 21.11.2003
O ônus de provar o término do contrato de trabalho, quando negados a prestação de serviço e o despedimento, é do empregador, pois o princípio da continuidade da relação de emprego constitui presunção favorável ao empregado.

j) ato lesivo da honra ou da boa fama praticado no serviço contra qualquer pessoa, ou ofensas físicas, nas mesmas condições, salvo em caso de legítima defesa, própria ou de outrem;

k) ato lesivo da honra ou da boa fama ou ofensas físicas praticadas contra o empregador e superiores hierárquicos, salvo em caso de legítima defesa, própria ou de outrem;

l) prática constante de jogos de azar.

TÍTULO IV — DO CONTRATO INDIVIDUAL DO TRABALHO

Parágrafo único — Revogado pela Lei n. 8.630, de 1993 (art. 76), que expressamente revogou todo o Decreto-Lei n. 3, de 27.1.1966, que havia inserido o parágrafo único no art. 482 da CLT.

Art. 483 — O empregado poderá considerar rescindido o contrato e pleitear a devida indenização quando:

CONSOLIDAÇÃO DAS LEIS DO TRABALHO
Decreto-Lei n. 5.452, de 1º de maio de 1943
DOU 9.8.1943

Vide art. 407, caput e parágrafo único; e art. 487, § 4º

Art. 407. Verificado pela autoridade competente que o trabalho executado pelo menor é prejudicial à sua saúde, ao seu desenvolvimento físico ou a sua moralidade, poderá ela obrigá-lo a abandonar o serviço, devendo a respectiva empresa, quando for o caso, proporcionar ao menor todas as facilidades para mudar de funções. (Redação dada pelo Decreto-Lei n. 229, de 28.2.1967)

Parágrafo único. Quando a empresa não tomar as medidas possíveis e recomendadas pela autoridade competente para que o menor mude de função, configurar-se-á a rescisão do contrato de trabalho, na forma do art. 483. (Incluído pelo Decreto-Lei n. 229, de 28.2.1967)

Art. 487. (...)
§ 4º É devido o aviso prévio na despedida indireta. (Parágrafo incluído pela Lei n. 7.108, de 5.7.1983)

LEI COMPLEMENTAR N. 150, DE 1º DE JUNHO DE 2015
Dispõe sobre o contrato de trabalho doméstico; altera as Leis n. 8.212, de 24 de julho de 1991, n. 8.213, de 24 de julho de 1991, e n. 11.196, de 21 de novembro de 2005; revoga o inciso I do art. 3º da Lei n. 8.009, de 29 de março de 1990, o art. 36 da Lei n. 8.213, de 24 de julho de 1991, a Lei n. 5.859, de 11 de dezembro de 1972, e o inciso VII do art. 12 da Lei n. 9.250, de 26 de dezembro 1995; e dá outras providências
DOU 2.6.2015

Vide art. 27, parágrafo único e incisos I a VII

Art. 27. (...)

Parágrafo único. O contrato de trabalho poderá ser rescindido por culpa do empregador quando:

I — o empregador exigir serviços superiores às forças do empregado doméstico, defesos por lei, contrários aos bons costumes ou alheios ao contrato;

II — o empregado doméstico for tratado pelo empregador ou por sua família com rigor excessivo ou de forma degradante;

III — o empregado doméstico correr perigo manifesto de mal considerável;

IV — o empregador não cumprir as obrigações do contrato;

V — o empregador ou sua família praticar, contra o empregado doméstico ou pessoas de sua família, ato lesivo à honra e à boa fama;

VI — o empregador ou sua família ofender o empregado doméstico ou sua família fisicamente, salvo em caso de legítima defesa, própria ou de outrem;

VII — o empregador praticar qualquer das formas de violência doméstica ou familiar contra mulheres de que trata o art. 5º da Lei n. 11.340, de 7 de agosto de 2006.

a) forem exigidos serviços superiores às suas forças, defesos por lei, contrários aos bons costumes, ou alheios ao contrato;

CONVENÇÃO 127 DA OIT
Convenção Convenção relativa ao peso máximo das cargas
Adotada pela OIT em 28.6.1967
Ratificada pelo Brasil em 21.8.1970
Promulgada pelo Decreto n. 67.339, de 5 de outubro de 1970
DOU 6.10.1960

CONSOLIDAÇÃO DAS LEIS DO TRABALHO
Decreto-Lei n. 5.452, de 1º de maio de 1943
DOU 9.8.1943

Vide art. 198, caput e parágrafo único; art. 390, caput e parágrafo único; e art. 405, caput e § 5º

Art. 198. É de 60 kg (sessenta quilogramas) o peso máximo que um empregado pode remover individualmente, ressalvadas as disposições especiais relativas ao trabalho do menor e da mulher. (Redação dada pela Lei n. 6.514, de 22.12.1977)

Parágrafo único. Não está compreendida na proibição deste artigo a remoção de material feita por impulsão ou tração de vagonetes sobre trilhos, carros de mão ou quaisquer outros aparelhos mecânicos, podendo o Ministério do Trabalho, em tais casos, fixar limites diversos, que evitem sejam exigidos do empregado serviços superiores às suas forças. (Redação dada pela Lei n. 6.514, de 22.12.1977)

Art. 390. Ao empregador é vedado empregar a mulher em serviço que demande o emprego de força muscular

superior a 20 (vinte) quilos para o trabalho continuo, ou 25 (vinte e cinco) quilos para o trabalho ocasional.

Parágrafo único. Não está compreendida na determinação deste artigo a remoção de material feita por impulsão ou tração de vagonetes sobre trilhos, de carros de mão ou quaisquer aparelhos mecânicos.

Art. 405. Ao menor não será permitido o trabalho: *(Redação dada pelo Decreto-Lei n. 229, de 28.2.1967)*
(...)
§ 5º Aplica-se ao menor o disposto no art. 390 e seu parágrafo único. *(Incluído pelo Decreto-Lei n. 229, de 28.2.1967)*

b)	for tratado pelo empregador ou por seus superiores hierárquicos com rigor excessivo;
c)	correr perigo manifesto de mal considerável;
d)	não cumprir o empregador as obrigações do contrato;

CONSOLIDAÇÃO DAS LEIS DO TRABALHO
Decreto-Lei n. 5.452, de 1º de maio de 1943
DOU 9.8.1943

Vide art. 407, caput e parágrafo único

Art. 407. Verificado pela autoridade competente que o trabalho executado pelo menor é prejudicial à sua saúde, ao seu desenvolvimento físico ou a sua moralidade, poderá ela obrigá-lo a abandonar o serviço, devendo a respectiva empresa, quando for o caso, proporcionar ao menor todas as facilidades para mudar de funções. *(Redação dada pelo Decreto-Lei n. 229, de 28.2.1967)*

Parágrafo único. Quando a empresa não tomar as medidas possíveis e recomendadas pela autoridade competente para que o menor mude de função, configurar-se-á a rescisão do contrato de trabalho, na forma do art. 483. *(Incluído pelo Decreto-Lei n. 229, de 28.2.1967)*

DECRETO-LEI N. 368, DE 19 DE DEZEMBRO DE 1968
Dispõe sobre efeitos de débitos salariais e dá outras providências
DOU 20.12.1968

Vide art. 2º, caput e § 1º

Art. 2º A empresa em mora contumaz relativamente a salários não poderá, além do disposto no art. 1º, ser favorecida com qualquer benefício de natureza fiscal, tributária, ou financeira, por parte de órgãos da União, dos Estados ou dos Municípios, ou de que estes participem.

§ 1º Considera-se mora contumaz o atraso ou sonegação de salários devidos aos empregados, por período igual ou superior a 3 (três) meses, sem motivo grave e relevante, excluídas as causas pertinentes ao risco do empreendimento.

SÚMULA DO TST

Vide Súmula 13 /TST

Súmula 13 TST — MORA (mantida) — Res. 121/2003, DJ 19, 20 e 21.11.2003

O só pagamento dos salários atrasados em audiência não ilide a mora capaz de determinar a rescisão do contrato de trabalho.

e)	praticar o empregador ou seus prepostos, contra ele ou pessoas de sua família, ato lesivo da honra e boa fama;

CÓDIGO PENAL
Decreto-Lei n. 2.848, de 7 de dezembro de 1940
DOU 31.12.1940

Vide art. 216-A

Assédio sexual *(Incluído pela Lei n. 10.224, de 15 de 2001)*

Art. 216-A. Constranger alguém com o intuito de obter vantagem ou favorecimento sexual, prevalecendo-se o agente da sua condição de superior hierárquico ou ascendência inerentes ao exercício de emprego, cargo ou função." *(Incluído pela Lei n. 10.224, de 15 de 2001)*

Pena — detenção, de 1 (um) a 2 (dois) anos. *(Incluído pela Lei n. 10.224, de 15 de 2001)*

Parágrafo único. (VETADO) *(Incluído pela Lei n. 10.224, de 15 de 2001)*

§ 2º A pena é aumentada em até um terço se a vítima é menor de 18 (dezoito) anos. *(Incluído pela Lei n. 12.015, de 2009)*

f)	o empregador ou seus prepostos ofenderem-no fisicamente, salvo em caso de legítima defesa, própria ou de outrem;
g)	o empregador reduzir o seu trabalho, sendo este por peça ou tarefa, de forma a afetar sensivelmente a importância dos salários.

TÍTULO IV — DO CONTRATO INDIVIDUAL DO TRABALHO

CONSTITUIÇÃO FEDERAL DE 1988
DOU 5.10.1988

Vide art. 7º, *caput* e incisos VI e VII

Art. 7º São direitos dos trabalhadores urbanos e rurais, além de outros que visem à melhoria de sua condição social:

(...)

VI — irredutibilidade do salário, salvo o disposto em convenção ou acordo coletivo;

VII — garantia de salário, nunca inferior ao mínimo, para os que percebem remuneração variável;

CONSOLIDAÇÃO DAS LEIS DO TRABALHO
Decreto-Lei n. 5.452, de 1º de maio de 1943
DOU 9.8.1943

Vide art. 78, *caput* e parágrafo único

Art. 78. Quando o salário for ajustado por empreitada, ou convencionado por tarefa ou peça, será garantida ao trabalhador uma remuneração diária nunca inferior à do salário mínimo por dia normal da região, zona ou subzona.

Parágrafo único. Quando o salário-mínimo mensal do empregado a comissão ou que tenha direito a percentagem for integrado por parte fixa e parte variável, ser-lhe-á sempre garantido o salário-mínimo, vedado qualquer desconto em mês subsequente a título de compensação. *(Incluído pelo Decreto-Lei n. 229, de 28.2.1967)*

§ 1º O empregado poderá suspender a prestação dos serviços ou rescindir o contrato, quando tiver de desempenhar obrigações legais, incompatíveis com a continuação do serviço.

§ 2º No caso de morte do empregador constituído em empresa individual, é facultado ao empregado rescindir o contrato de trabalho.

§ 3º Nas hipóteses das letras "d" e "g", poderá o empregado pleitear a rescisão de seu contrato de trabalho e o pagamento das respectivas indenizações, permanecendo ou não no serviço até final decisão do processo. *(Incluído pela Lei n. 4.825, de 5.11.1965)*

SÚMULA DO TST

Vide Súmula 13 /TST

Súmula 13 TST — MORA (mantida) — Res. 121/2003, DJ 19, 20 e 21.11.2003

O só pagamento dos salários atrasados em audiência não ilide a mora capaz de determinar a rescisão do contrato de trabalho.

Art. 484 Havendo culpa recíproca no ato que determinou a rescisão do contrato de trabalho, o tribunal de trabalho reduzirá a indenização à que seria devida em caso de culpa exclusiva do empregador, por metade.

LEI N. 8.036, DE 11 DE MAIO DE 1990
Dispõe sobre o Fundo de Garantia do Tempo de Serviço, e dá outras providências
DOU 17.1.1973 e republicado em 27.7.2006

Vide art. 18, *caput* e § 2º ; e art. 20, *caput*, inciso I

Art. 18. Ocorrendo rescisão do contrato de trabalho, por parte do empregador, ficará este obrigado a depositar na conta vinculada do trabalhador no FGTS os valores relativos aos depósitos referentes ao mês da rescisão e ao imediatamente anterior, que ainda não houver sido recolhido, sem prejuízo das cominações legais. *(Redação dada pela Lei n. 9.491, de 1997)*

(...)

§ 2º Quando ocorrer despedida por culpa recíproca ou força maior, reconhecida pela Justiça do Trabalho, o percentual de que trata o § 1º será de 20 (vinte) por cento.

Art. 20. A conta vinculada do trabalhador no FGTS poderá ser movimentada nas seguintes situações:

I — despedida sem justa causa, inclusive a indireta, de culpa recíproca e de força maior; *(Redação dada pela Medida Provisória n. 2.197-43, do 2001)*

SÚMULA DO TST

Vide Súmula 14/TST

Súmula 14 TST — CULPA RECÍPROCA (nova redação) — Res. 121/2003, DJ 19, 20 e 21.11.2003

Reconhecida a culpa recíproca na rescisão do contrato de trabalho (art. 484 da CLT), o empregado tem direito a 50% (cinquenta por cento) do valor do aviso prévio, do décimo terceiro salário e das férias proporcionais.

Art. 485

Quando cessar a atividade da empresa, por morte do empregador, os empregados terão direito, conforme o caso, à indenização a que se referem os arts. 477 e 497.

CONSOLIDAÇÃO DAS LEIS DO TRABALHO
Decreto-Lei n. 5.452, de 1º de maio de 1943
DOU 9.8.1943

Vide art. 483, *caput* e § 2º

Art. 483. O empregado poderá considerar rescindido o contrato e pleitear a devida indenização quando:
(...)
§ 2º No caso de morte do empregador constituído em empresa individual, é facultado ao empregado rescindir o contrato de trabalho.

SÚMULA DO TST

Vide Súmula 44/TST

Súmula 44 TST — AVISO PRÉVIO (mantida) — Res. 121/2003, DJ 19, 20 e 21.11.2003
A cessação da atividade da empresa, com o pagamento da indenização, simples ou em dobro, não exclui, por si só, o direito do empregado ao aviso prévio.

Art. 486

No caso de paralisação temporária ou definitiva do trabalho, motivada por ato de autoridade municipal, estadual ou federal, ou pela promulgação de lei ou resolução que impossibilite a continuação da atividade, prevalecerá o pagamento da indenização, que ficará a cargo do governo responsável. *(Redação dada pela Lei n. 1.530, de 26.12.1951)*

§ 1º

Sempre que o empregador invocar em sua defesa o preceito do presente artigo, o tribunal do trabalho competente notificará a pessoa de direito público apontada como responsável pela paralisação do trabalho, para que, no prazo de 30 (trinta) dias, alegue o que entender devido, passando a figurar no processo como chamada à autoria. *(Incluído pelo Decreto-Lei n. 6.110, de 16.12.1943)*

§ 2º

Sempre que a parte interessada, firmada em documento hábil, invocar defesa baseada na disposição deste artigo e indicar qual o juiz competente, será ouvida a parte contrária, para, dentro de 3 (três) dias, falar sobre essa alegação. *(Redação dada pela Lei n. 1.530, de 26.12.1951)*

§ 3º

Verificada qual a autoridade responsável, a Junta de Conciliação ou Juiz dar-se-á por incompetente, remetendo os autos ao Juiz Privativo da Fazenda, perante o qual correrá o feito nos termos previstos no processo comum. *(Incluído pela Lei n. 1.530, de 26.12.1951)*

CONSTITUIÇÃO FEDERAL DE 1988
DOU 5.10.1988

Vide art. 114, *caput*, inciso I

Art. 114. Compete à Justiça do Trabalho processar e julgar: *(Redação dada pela Emenda Constitucional n. 45, de 2004)*

I — as ações oriundas da relação de trabalho, abrangidos os entes de direito público externo e da administração pública direta e indireta da União, dos Estados, do Distrito Federal e dos Municípios; *(Incluído pela Emenda Constitucional n. 45, de 2004)*

CAPÍTULO VI
DO AVISO PRÉVIO

Art. 487

Não havendo prazo estipulado, a parte que, sem justo motivo, quiser rescindir o contrato deverá avisar a outra da sua resolução com a antecedência mínima de:

TÍTULO IV — DO CONTRATO INDIVIDUAL DO TRABALHO

Art. 487

CONSTITUIÇÃO FEDERAL DE 1988
DOU 5.10.1988

Vide art. 7º, *caput*, inciso XXI e parágrafo único

Art. 7º São direitos dos trabalhadores urbanos e rurais, além de outros que visem à melhoria de sua condição social:
(...)
XXI — aviso prévio proporcional ao tempo de serviço, sendo no mínimo de trinta dias, nos termos da lei;
(...)
Parágrafo único. São assegurados à categoria dos trabalhadores domésticos os direitos previstos nos incisos IV, VI, VII, VIII, X, XIII, XV, XVI, XVII, XVIII, XIX, XXI, XXII, XXIV, XXVI, XXX, XXXI e XXXIII e, atendidas as condições estabelecidas em lei e observada a simplificação do cumprimento das obrigações tributárias, principais e acessórias, decorrentes da relação de trabalho e suas peculiaridades, os previstos nos incisos I, II, III, IX, XII, XXV e XXVIII, bem como a sua integração à previdência social. *(Redação dada pela Emenda Constitucional n. 72, de 2013)*

LEI N. 12.506, DE 11 DE OUTUBRO DE 2011
Dispõe sobre o aviso prévio e dá outras providências
DOU 13.10.2011

Vide art. 1º, *caput* e parágrafo único; e art. 2º

Art. 1º O aviso prévio, de que trata o Capítulo VI do Título IV da Consolidação das Leis do Trabalho — CLT, aprovada pelo Decreto-Lei n. 5.452, de 1º de maio de 1943, será concedido na proporção de 30 (trinta) dias aos empregados que contem até 1 (um) ano de serviço na mesma empresa.

Parágrafo único. Ao aviso prévio previsto neste artigo serão acrescidos 3 (três) dias por ano de serviço prestado na mesma empresa, até o máximo de 60 (sessenta) dias, perfazendo um total de até 90 (noventa) dias.

Art. 2º Esta Lei entra em vigor na data de sua publicação.

SÚMULAS DO TST

Vide Súmula 441/TST

Súmula 441 TST — AVISO PRÉVIO. PROPORCIONALIDADE — Res. 185/2012, DEJT divulgado em 25, 26 e 27.09.2012

O direito ao aviso prévio proporcional ao tempo de serviço somente é assegurado nas rescisões de contrato de trabalho ocorridas a partir da publicação da Lei n. 12.506, em 13 de outubro de 2011.

I - oito dias, se o pagamento for efetuado por semana ou tempo inferior; *(Redação dada pela Lei n. 1.530, de 26.12.1951)*

CONSTITUIÇÃO FEDERAL DE 1988
DOU 5.10.1988

Vide art. 7º, *caput*, inciso XXI

Art. 7º São direitos dos trabalhadores urbanos e rurais, além de outros que visem à melhoria de sua condição social:
(...)
XXI — aviso prévio proporcional ao tempo de serviço, sendo no mínimo de trinta dias, nos termos da lei;

LEI N. 12.506, DE 11 DE OUTUBRO DE 2011
Dispõe sobre o aviso prévio e dá outras providências
DOU 13.10.2011

Vide art. 1º, *caput* e parágrafo único; e art. 2º

Art. 1º O aviso prévio, de que trata o Capítulo VI do Título IV da Consolidação das Leis do Trabalho — CLT, aprovada pelo Decreto-Lei n. 5.452, de 1º de maio de 1943, será concedido na proporção de 30 (trinta) dias aos empregados que contem até 1 (um) ano de serviço na mesma empresa.

Parágrafo único. Ao aviso prévio previsto neste artigo serão acrescidos 3 (três) dias por ano de serviço prestado na mesma empresa, até o máximo de 60 (sessenta) dias, perfazendo um total de até 90 (noventa) dias.

Art. 2º Esta Lei entra em vigor na data de sua publicação.

II - trinta dias aos que perceberem por quinzena ou mês, ou que tenham mais de 12 (doze) meses de serviço na empresa. *(Redação dada pela Lei n. 1.530, de 26.12.1951)*

CONSTITUIÇÃO FEDERAL DE 1988
DOU 5.10.1988

Vide art. 7º, *caput*, inciso XXI

Art. 7º São direitos dos trabalhadores urbanos e rurais, além de outros que visem à melhoria de sua condição social:
(...)
XXI — aviso prévio proporcional ao tempo de serviço, sendo no mínimo de trinta dias, nos termos da lei;

LEI N. 12.506, DE 11 DE OUTUBRO DE 2011
Dispõe sobre o aviso prévio e dá outras providências
DOU 13.10.2011

Vide art. 1º; e art. 2º

Art. 1º O aviso prévio, de que trata o Capítulo VI do Título IV da Consolidação das Leis do Trabalho — CLT, aprovada pelo Decreto-Lei n. 5.452, de 1º de maio de 1943, será concedido na proporção de 30 (trinta) dias aos empregados que contem até 1 (um) ano de serviço na mesma empresa.

Parágrafo único. Ao aviso prévio previsto neste artigo serão acrescidos 3 (três) dias por ano de serviço prestado na mesma empresa, até o máximo de 60 (sessenta) dias, perfazendo um total de até 90 (noventa) dias.

Art. 2º Esta Lei entra em vigor na data de sua publicação.

SÚMULAS DO TST

Vide Súmulas 14, 44, 73, 163, 182, 230, 253, 276, 305, 348, 354, 369, V, 371, 380 e 441/TST

Súmula 14 TST — CULPA RECÍPROCA (nova redação) — Res. 121/2003, DJ 19, 20 e 21.11.2003

Reconhecida a culpa recíproca na rescisão do contrato de trabalho (art. 484 da CLT), o empregado tem direito a 50% (cinquenta por cento) do valor do aviso prévio, do décimo terceiro salário e das férias proporcionais.

Súmula 44 TST — AVISO PRÉVIO (mantida) — Res. 121/2003, DJ 19, 20 e 21.11.2003

A cessação da atividade da empresa, com o pagamento da indenização, simples ou em dobro, não exclui, por si só, o direito do empregado ao aviso prévio.

Súmula 73 TST — DESPEDIDA. JUSTA CAUSA (nova redação) — Res. 121/2003, DJ 19, 20 e 21.11.2003

A ocorrência de justa causa, salvo a de abandono de emprego, no decurso do prazo do aviso prévio dado pelo empregador, retira do empregado qualquer direito às verbas rescisórias de natureza indenizatória.

Súmula 163 TST — AVISO PRÉVIO. CONTRATO DE EXPERIÊNCIA (mantida) — Res. 121/2003, DJ 19, 20 e 21.11.2003

Cabe aviso prévio nas rescisões antecipadas dos contratos de experiência, na forma do art. 481 da CLT (ex-Prejulgado n. 42).

Súmula 182 TST — AVISO PRÉVIO. INDENIZAÇÃO COMPENSATÓRIA. LEI N. 6.708, DE 30.10.1979 (mantida) — Res. 121/2003, DJ 19, 20 e 21.11.2003

O tempo do aviso prévio, mesmo indenizado, conta-se para efeito da indenização adicional prevista no art. 9º da Lei n. 6.708, de 30.10.1979.

Súmula 230 TST — AVISO PRÉVIO. SUBSTITUIÇÃO PELO PAGAMENTO DAS HORAS REDUZIDAS DA JORNADA DE TRABALHO (mantida) — Res. 121/2003, DJ 19, 20 e 21.11.2003

É ilegal substituir o período que se reduz da jornada de trabalho, no aviso prévio, pelo pagamento das horas correspondentes.

Súmula 253 TST — GRATIFICAÇÃO SEMESTRAL. REPERCUSSÕES (nova redação) — Res. 121/2003, DJ 19, 20 e 21.11.2003

A gratificação semestral não repercute no cálculo das horas extras, das férias e do aviso prévio, ainda que indenizados. Repercute, contudo, pelo seu duodécimo na indenização por antiguidade e na gratificação natalina.

Súmula 276 TST — AVISO PRÉVIO. RENÚNCIA PELO EMPREGADO (mantida) — Res. 121/2003, DJ 19, 20 e 21.11.2003

O direito ao aviso prévio é irrenunciável pelo empregado. O pedido de dispensa de cumprimento não exime o empregador de pagar o respectivo valor, salvo comprovação de haver o prestador dos serviços obtido novo emprego.

Súmula 305 TST — FUNDO DE GARANTIA DO TEMPO DE SERVIÇO. INCIDÊNCIA SOBRE O AVISO PRÉVIO (mantida) — Res. 121/2003, DJ 19, 20 e 21.11.2003

O pagamento relativo ao período de aviso prévio, trabalhado ou não, está sujeito a contribuição para o FGTS.

Súmula 348 TST — AVISO PRÉVIO. CONCESSÃO NA FLUÊNCIA DA GARANTIA DE EMPREGO. INVALIDADE (mantida) — Res. 121/2003, DJ 19, 20 e 21.11.2003

É inválida a concessão do aviso prévio na fluência da garantia de emprego, ante a incompatibilidade dos dois institutos.

Súmula 354 TST — GORJETAS. NATUREZA JURÍDICA. REPERCUSSÕES (mantida) — Res. 121/2003, DJ 19, 20 e 21.11.2003

As gorjetas, cobradas pelo empregador na nota de serviço ou oferecidas espontaneamente pelos clientes, integram a remuneração do empregado, não servindo de base de cálculo para as parcelas de aviso prévio, adicional noturno, horas extras e repouso semanal remunerado.

Súmula 369 TST — DIRIGENTE SINDICAL. ESTABILIDADE PROVISÓRIA (redação do item I alterada na sessão do Tribunal Pleno realizada em 14.09.2012) — Res. 185/2012, DEJT divulgado em 25, 26 e 27.09.2012

(...)

V — O registro da candidatura do empregado a cargo de dirigente sindical durante o período de aviso prévio, ainda que indenizado, não lhe assegura a estabilidade, visto que inaplicável a regra do § 3º do art. 543 da Consolidação das Leis do Trabalho.

Súmula 371 TST — AVISO PRÉVIO INDENIZADO. EFEITOS. SUPERVENIÊNCIA DE AUXÍLIO-DOENÇA NO CURSO DESTE (conversão das Orientações Jurisprudenciais ns. 40 e 135 da SBDI-1) — Res. 129/2005, DJ 20, 22 e 25.04.2005

A projeção do contrato de trabalho para o futuro, pela concessão do aviso prévio indenizado, tem efeitos limitados às vantagens econômicas obtidas no período de pré-aviso, ou seja, salários, reflexos e verbas rescisórias. No caso de concessão de auxílio-doença no curso do aviso prévio, todavia, só se concretizam os efeitos da dispensa depois de expirado o benefício previdenciário. *(ex-OJs ns. 40 e 135 da SBDI-1 — inseridas, respectivamente, em 28.11.1995 e 27.11.1998)*

Súmula 380 TST — AVISO PRÉVIO. INÍCIO DA CONTAGEM. ART. 132 DO CÓDIGO CIVIL DE 2002 (conversão da Orientação Jurisprudencial n. 122 da SBDI-1) — Res. 129/2005, DJ 20, 22 e 25.04.2005

Aplica-se a regra prevista no *caput* do art. 132 do Código Civil de 2002 à contagem do prazo do aviso prévio, excluindo-se o dia do começo e incluindo o do vencimento. *(ex-OJ n. 122 da SBDI-1 — inserida em 20.04.1998)*

Súmula 441 TST — AVISO PRÉVIO. PROPORCIONALIDADE — Res. 185/2012, DEJT divulgado em 25, 26 e 27.09.2012

O direito ao aviso prévio proporcional ao tempo de serviço somente é assegurado nas rescisões de contrato de trabalho ocorridas a partir da publicação da Lei n. 12.506, em 13 de outubro de 2011.

ORIENTAÇÕES JURISPRUDENCIAIS DA SDI-1 DO TST

Vide OJs 14, 42, 82, 83, 268, 367 e 394 SDI-1/TST

OJ 14 SDI-1 TST — AVISO PRÉVIO CUMPRIDO EM CASA. VERBAS RESCISÓRIAS. PRAZO PARA PA-

TÍTULO IV — DO CONTRATO INDIVIDUAL DO TRABALHO

GAMENTO. (título alterado e inserido dispositivo) — DJ 20.04.2005
Em caso de aviso prévio cumprido em casa, o prazo para pagamento das verbas rescisórias é até o décimo dia da notificação de despedida.

OJ 42 SDI-1 TST — FGTS. MULTA DE 40% (nova redação em decorrência da incorporação das Orientações Jurisprudenciais ns. 107 e 254 da SBDI-1) — DJ 20.04.2005
I — É devida a multa do FGTS sobre os saques corrigidos monetariamente ocorridos na vigência do contrato de trabalho. Art. 18, § 1º, da Lei n. 8.036/90 e art. 9º, § 1º, do Decreto n. 99.684/90. *(ex-OJ n. 107 da SDI-1 — inserida em 1º.10.1997)*
II — O cálculo da multa de 40% do FGTS deverá ser feito com base no saldo da conta vinculada na data do efetivo pagamento das verbas rescisórias, desconsiderada a projeção do aviso prévio indenizado, por ausência de previsão legal. *(ex-OJ n. 254 da SDI-1 — inserida em 13.03.2002)*

OJ 82 SDI-1 TST — AVISO PRÉVIO. BAIXA NA CTPS (inserida em 28.04.1997)
A data de saída a ser anotada na CTPS deve corresponder à do término do prazo do aviso prévio, ainda que indenizado.

OJ 83 SDI-1 TST — AVISO PRÉVIO. INDENIZADO. PRESCRIÇÃO (inserida em 28.04.1997)
A prescrição começa a fluir no final da data do término do aviso prévio. Art. 487, § 1º, da CLT.

OJ 268 SDI-1 TST — INDENIZAÇÃO ADICIONAL. LEIS NS. 6.708/79 E 7.238/84. AVISO PRÉVIO. PROJEÇÃO. ESTABILIDADE PROVISÓRIA (inserida em 27.09.2002)
Somente após o término do período estabilitário é que se inicia a contagem do prazo do aviso prévio para efeito das indenizações previstas nos arts. 9º da Lei n. 6.708/79 e 9º da Lei n. 7.238/84.

OJ 367 SDI-1 TST — AVISO PRÉVIO DE 60 DIAS. ELASTECIMENTO POR NORMA COLETIVA. PROJEÇÃO. REFLEXOS NAS PARCELAS TRABALHISTAS. (DEJT divulgado em 03, 04 e 05.12.2008)
O prazo de aviso prévio de 60 dias, concedido por meio de norma coletiva que silencia sobre alcance de seus efeitos jurídicos, computa-se integralmente como tempo de serviço, nos termos do § 1º do art. 487 da CLT, repercutindo nas verbas rescisórias.

OJ 394 SDI-1 TST — REPOUSO SEMANAL REMUNERADO — RSR. INTEGRAÇÃO DAS HORAS EXTRAS. NÃO REPERCUSSÃO NO CÁLCULO DAS FÉRIAS, DO DÉCIMO TERCEIRO SALÁRIO, DO AVISO PRÉVIO E DOS DEPÓSITOS DO FGTS. (DEJT divulgado em 09, 10 e 11.06.2010)
A majoração do valor do repouso semanal remunerado, em razão da integração das horas extras habitualmente prestadas, não repercute no cálculo das férias, da gratificação natalina, do aviso prévio e do FGTS, sob pena de caracterização de "bis in idem".

§ 1º A falta de aviso prévio por parte do empregador dá ao empregado o direito aos salários correspondentes ao prazo do aviso, garantida sempre a integração desse período no seu tempo de serviço.

§ 2º A falta de aviso prévio por parte do empregado dá ao empregador o direito de descontar os salários correspondentes ao prazo respectivo.

SÚMULA DO TST

Vide Súmula 276/TST

Súmula 276 TST — AVISO PRÉVIO. RENÚNCIA PELO EMPREGADO (mantida) — Res. 121/2003, DJ 19, 20 e 21.11.2003
O direito ao aviso prévio é irrenunciável pelo empregado. O pedido de dispensa de cumprimento não exime o empregador de pagar o respectivo valor, salvo comprovação de haver o prestador dos serviços obtido novo emprego.

PRECEDENTE NORMATIVO DA SDC DO TST

Vide PN 24 SDC/TST

PN 24 SDC TST — DISPENSA DO AVISO PRÉVIO (positivo)
O empregado despedido fica dispensado do cumprimento do aviso prévio quando comprovar a obtenção de novo emprego, desonerando a empresa do pagamento dos dias não trabalhados.

§ 3º Em se tratando de salário pago na base de tarefa, o cálculo, para os efeitos dos parágrafos anteriores, será feito de acordo com a média dos últimos 12 (doze) meses de serviço.

CONSOLIDAÇÃO DAS LEIS DO TRABALHO
Decreto-Lei n. 5.452, de 1º de maio de 1943
DOU 9.8.1943

Vide art. 78, *caput*

Art. 78. Quando o salário for ajustado por empreitada, ou convencionado por tarefa ou peça, será garantida ao trabalhador uma remuneração diária nunca inferior à do salário mínimo por dia normal da região, zona ou subzona.

§ 4º É devido o aviso prévio na despedida indireta. *(Parágrafo incluído pela Lei n. 7.108, de 5.7.1983)*

CONSOLIDAÇÃO DAS LEIS DO TRABALHO
Decreto-Lei n. 5.452, de 1º de maio de 1943
DOU 9.8.1943

Vide art. 483, caput e alíneas a a g

Art. 483. O empregado poderá considerar rescindido o contrato e pleitear a devida indenização quando:
a) forem exigidos serviços superiores às suas forças, defesos por lei, contrários aos bons costumes, ou alheios ao contrato;
b) for tratado pelo empregador ou por seus superiores hierárquicos com rigor excessivo;
c) correr perigo manifesto de mal considerável;
d) não cumprir o empregador as obrigações do contrato;
e) praticar o empregador ou seus prepostos, contra ele ou pessoas de sua família, ato lesivo da honra e boa fama;
f) o empregador ou seus prepostos ofenderem-no fisicamente, salvo em caso de legítima defesa, própria ou de outrem;
g) o empregador reduzir o seu trabalho, sendo este por peça ou tarefa, de forma a afetar sensivelmente a importância dos salários.

§ 5º O valor das horas extraordinárias habituais integra o aviso prévio indenizado. *(Parágrafo incluído pela Lei n. 10.218, de 11.4.2001)*

§ 6º O reajustamento salarial coletivo, determinado no curso do aviso prévio, beneficia o empregado pré-avisado da despedida, mesmo que tenha recebido antecipadamente os salários correspondentes ao período do aviso, que integra seu tempo de serviço para todos os efeitos legais. *(Parágrafo incluído pela Lei n. 10.218, de 11.4.2001)*

Art. 488 O horário normal de trabalho do empregado, durante o prazo do aviso, e se a rescisão tiver sido promovida pelo empregador, será reduzido de 2 (duas) horas diárias, sem prejuízo do salário integral.

Parágrafo único É facultado ao empregado trabalhar sem a redução das 2 (duas) horas diárias previstas neste artigo, caso em que poderá faltar ao serviço, sem prejuízo do salário integral, por 1 (um) dia, na hipótese do inciso I, e por 7 (sete) dias corridos, na hipótese do inciso II do art. 487 desta Consolidação. *(Incluído pela Lei n. 7.093, de 25.4.1983)*

LEI N. 5.889, DE 8 DE JUNHO DE 1973
Estatui normas reguladoras do trabalho rural
DOU 11.6.1973

Vide art. 15

Art. 15. Durante o prazo do aviso prévio, se a rescisão tiver sido promovida pelo empregador, o empregado rural terá direito a um dia por semana, sem prejuízo do salário integral, para procurar outro trabalho.

SÚMULA DO TST

Vide Súmula 230/TST

Súmula 230 TST — AVISO PRÉVIO. SUBSTITUIÇÃO PELO PAGAMENTO DAS HORAS REDUZIDAS DA JORNADA DE TRABALHO (mantida) — Res. 121/2003, DJ 19, 20 e 21.11.2003
É ilegal substituir o período que se reduz da jornada de trabalho, no aviso prévio, pelo pagamento das horas correspondentes.

Art. 489 Dado o aviso prévio, a rescisão torna-se efetiva depois de expirado o respectivo prazo, mas, se a parte notificante reconsiderar o ato, antes de seu termo, à outra parte é facultado aceitar ou não a reconsideração.

Parágrafo único Caso seja aceita a reconsideração ou continuando a prestação depois de expirado o prazo, o contrato continuará a vigorar, como se o aviso prévio não tivesse sido dado.

TÍTULO IV — DO CONTRATO INDIVIDUAL DO TRABALHO

SÚMULA DO TST

Vide Súmula 348/TST

Súmula 348 TST — AVISO PRÉVIO. CONCESSÃO NA FLUÊNCIA DA GARANTIA DE EMPREGO. INVALIDADE (mantida) — Res. 121/2003, DJ 19, 20 e 21.11.2003

É inválida a concessão do aviso prévio na fluência da garantia de emprego, ante a incompatibilidade dos dois institutos.

Art. 490

O empregador que, durante o prazo do aviso prévio dado ao empregado, praticar ato que justifique a rescisão imediata do contrato, sujeita-se ao pagamento da remuneração correspondente ao prazo do referido aviso, sem prejuízo da indenização que for devida.

CONSOLIDAÇÃO DAS LEIS DO TRABALHO
Decreto-Lei n. 5.452, de 1º de maio de 1943
DOU 9.8.1943

Vide art. 483, *caput* e alíneas *a* a *g*

Art. 483. O empregado poderá considerar rescindido o contrato e pleitear a devida indenização quando:
a) forem exigidos serviços superiores às suas forças, defesos por lei, contrários aos bons costumes, ou alheios ao contrato;
b) for tratado pelo empregador ou por seus superiores hierárquicos com rigor excessivo;
c) correr perigo manifesto de mal considerável;
d) não cumprir o empregador as obrigações do contrato;
e) praticar o empregador ou seus prepostos, contra ele ou pessoas de sua família, ato lesivo da honra e boa fama;
f) o empregador ou seus prepostos ofenderem-no fisicamente, salvo em caso de legítima defesa, própria ou de outrem;
g) o empregador reduzir o seu trabalho, sendo este por peça ou tarefa, de forma a afetar sensivelmente a importância dos salários.

Art. 491

O empregado que, durante o prazo do aviso prévio, cometer qualquer das faltas consideradas pela lei como justas para a rescisão, perde o direito ao restante do respectivo prazo.

CONSOLIDAÇÃO DAS LEIS DO TRABALHO
Decreto-Lei n. 5.452, de 1º de maio de 1943
DOU 9.8.1943

Vide art. 482, *caput* e alíneas *a* a *l*

Art. 482. Constituem justa causa para rescisão do contrato de trabalho pelo empregador:
a) ato de improbidade;
b) incontinência de conduta ou mau procedimento;
c) negociação habitual por conta própria ou alheia sem permissão do empregador, e quando constituir ato de concorrência à empresa para a qual trabalha o empregado, ou for prejudicial ao serviço;
d) condenação criminal do empregado, passada em julgado, caso não tenha havido suspensão da execução da pena;
e) desídia no desempenho das respectivas funções;
f) embriaguez habitual ou em serviço;
g) violação de segredo da empresa;
h) ato de indisciplina ou de insubordinação;
i) abandono de emprego;
j) ato lesivo da honra ou da boa fama praticado no serviço contra qualquer pessoa, ou ofensas físicas, nas mesmas condições, salvo em caso de legítima defesa, própria ou de outrem;
k) ato lesivo da honra ou da boa fama ou ofensas físicas praticadas contra o empregador e superiores hierárquicos, salvo em caso de legítima defesa, própria ou de outrem;
l) prática constante de jogos de azar.
Parágrafo único. *(Revogado pelo art. 76 da Lei n. 8.630, de 1993, que revogou todo o Decreto-Lei n. 3, de 1966, que havia inserido o parágrafo único no art. 482 da CLT)*

SÚMULA DO TST

Vide Súmula 73/TST

Súmula 73 TST — DESPEDIDA. JUSTA CAUSA (nova redação) — Res. 121/2003, DJ 19, 20 e 21.11.2003

A ocorrência de justa causa, salvo a de abandono de emprego, no decurso do prazo do aviso prévio dado pelo empregador, retira do empregado qualquer direito às verbas rescisórias de natureza indenizatória.

Art. 492

TÍTULO IV — DO CONTRATO INDIVIDUAL DO TRABALHO

CAPÍTULO VII
DA ESTABILIDADE

Art. 492 O empregado que contar mais de 10 (dez) anos de serviço na mesma empresa não poderá ser despedido senão por motivo de falta grave ou circunstância de força maior, devidamente comprovadas.

CONSTITUIÇÃO FEDERAL DE 1988
DOU 5.10.1988

Vide art. 7º, caput e incisos I e III

Art. 7º São direitos dos trabalhadores urbanos e rurais, além de outros que visem à melhoria de sua condição social:

I — relação de emprego protegida contra despedida arbitrária ou sem justa causa, nos termos de lei complementar, que preverá indenização compensatória, dentre outros direitos;

(...)

III — fundo de garantia do tempo de serviço;

ATO DAS DISPOSIÇÕES CONSTITUCIONAIS TRANSITÓRIAS (ADCT)
DOU 5.10.1988

Vide art. 10, caput e incisos I e II

Art. 10. Até que seja promulgada a lei complementar a que se refere o art. 7º, I, da Constituição:

I — fica limitada a proteção nele referida ao aumento, para quatro vezes, da porcentagem prevista no art. 6º, caput e § 1º, da Lei n. 5.107, de 13 de setembro de 1966;

II — fica vedada a dispensa arbitrária ou sem justa causa:

a) do empregado eleito para cargo de direção de comissões internas de prevenção de acidentes, desde o registro de sua candidatura até um ano após o final de seu mandato;

b) da empregada gestante, desde a confirmação da gravidez até cinco meses após o parto. (Vide Lei Complementar n. 146, de 2014)

CONVENÇÃO 158 DA OIT

Convenção sobre o término da relação de trabalho por iniciativa do empregador
Adotada pela OIT em 22.6.1982
Ratificada pelo Brasil em 5.1.1995
Promulgada pelo Decreto n. 1.855, de 10.4.1996
DOU 11.4.1996
Denunciada pelo Brasil em 20.11.1996 (Decreto n. 2.100, de 20.12.1996)

LEI N. 8.036, DE 11 DE MAIO DE 1990

Dispõe sobre o Fundo de Garantia do Tempo de Serviço, e dá outras providências.
DOU 14.5.1990 e retificado em 15.5.1990

Vide art. 3º, caput e § 9º; e art.14

Art. 3º O FGTS será regido por normas e diretrizes estabelecidas por um Conselho Curador, composto por representação de trabalhadores, empregadores e órgãos e entidades governamentais, na forma estabelecida pelo Poder Executivo. (Redação dada pela Lei n. 9.649, de 1998) (Vide Medida Provisória n. 2.216-37, de 2001) (Vide Decreto n. 3.101, de 2001)

(...)

§ 9º Aos membros do Conselho Curador, enquanto representantes dos trabalhadores, efetivos e suplentes, é assegurada a estabilidade no emprego, da nomeação até um ano após o término do mandato de representação, somente podendo ser demitidos por motivo de falta grave, regularmente comprovada através de processo sindical.

Art. 14. Fica ressalvado o direito adquirido dos trabalhadores que, à data da promulgação da Constituição Federal de 1988, já tinham o direito à estabilidade no emprego nos termos do Capítulo V do Título IV da CLT.

§ 1º O tempo do trabalhador não optante do FGTS, anterior a 5 de outubro de 1988, em caso de rescisão sem justa causa pelo empregador, reger-se-á pelos dispositivos constantes dos arts. 477, 478 e 497 da CLT.

§ 2º O tempo de serviço anterior à atual Constituição poderá ser transacionado entre empregador e empregado, respeitado o limite mínimo de 60 (sessenta) por cento da indenização prevista.

§ 3º É facultado ao empregador desobrigar-se da responsabilidade da indenização relativa ao tempo de serviço anterior à opção, depositando na conta vinculada do trabalhador, até o último dia útil do mês previsto em lei para o pagamento de salário, o valor correspondente à indenização, aplicando-se ao depósito, no que couber, todas as disposições desta lei.

§ 4º Os trabalhadores poderão a qualquer momento optar pelo FGTS com efeito retroativo a 1º de janeiro de 1967 ou à data de sua admissão, quando posterior àquela.

SÚMULAS DO TST

Vide Súmulas 54, 98, 379, 390 e 443/TST

Súmula 54 TST — OPTANTE (mantida) — Res. 121/2003, DJ 19, 20 e 21.11.2001

Rescindindo por acordo seu contrato de trabalho, o empregado estável optante tem direito ao mínimo de 60% (sessenta por cento) do total da indenização em dobro, calculada sobre o maior salário percebido no emprego. Se houver recebido menos do que esse total, qualquer que tenha sido a forma de transação, assegura-se-lhe a complementação até aquele limite.

Súmula 98 TST — FGTS. INDENIZAÇÃO. EQUIVALÊNCIA. COMPATIBILIDADE (incorporada a Orientação Jurisprudencial n. 299 da SBDI-1) — Res. 129/2005, DJ 20, 22 e 25.04.2005

I — A equivalência entre os regimes do Fundo de Garantia do Tempo de Serviço e da estabilidade prevista na CLT é meramente jurídica e não econômica, sendo indevidos valores a título de reposição de diferenças. *(ex-Súmula n. 98 — RA 57/1980, DJ 06.06.1980)*

TÍTULO IV — DO CONTRATO INDIVIDUAL DO TRABALHO

II — A estabilidade contratual ou a derivada de regulamento de empresa são compatíveis com o regime do FGTS. Diversamente ocorre com a estabilidade legal (decenal, art. 492 da CLT), que é renunciada com a opção pelo FGTS. *(ex-OJ n. 299 da SBDI-1 — DJ 11.08.2003)*

Súmula 379 TST — DIRIGENTE SINDICAL. DESPEDIDA. FALTA GRAVE. INQUÉRITO JUDICIAL. NECESSIDADE (conversão da Orientação Jurisprudencial n. 114 da SBDI-1) — Res. 129/2005, DJ 20, 22 e 25.04.2005
O dirigente sindical somente poderá ser dispensado por falta grave mediante a apuração em inquérito judicial, inteligência dos arts. 494 e 543, §3º, da CLT. *(ex-OJ n. 114 da SBDI-1 — inserida em 20.11.1997)*

Súmula 390 TST — ESTABILIDADE. ART. 41 DA CF/1988. CELETISTA. ADMINISTRAÇÃO DIRETA, AUTÁRQUICA OU FUNDACIONAL. APLICABILIDADE. EMPREGADO DE EMPRESA PÚBLICA E SOCIEDADE DE ECONOMIA MISTA. INAPLICÁVEL (conversão das Orientações Jurisprudenciais ns. 229 e 265 da SBDI-1 e da Orientação Jurisprudencial n. 22 da SBDI-2) — Res. 129/2005, DJ 20, 22 e 25.04.2005
I — O servidor público celetista da administração direta, autárquica ou fundacional é beneficiário da estabilidade prevista no art. 41 da CF/1988. *(ex-OJs ns. 265 da SBDI-1 — inserida em 27.09.2002 — e 22 da SBDI-2 — inserida em 20.09.2000)*
II — Ao empregado de empresa pública ou de sociedade de economia mista, ainda que admitido mediante aprovação em concurso público, não é garantida a estabilidade prevista no art. 41 da CF/1988. *(ex-OJ n. 229 da SBDI-1 — inserida em 20.06.2001)*

Súmula 443 TST — DISPENSA DISCRIMINATÓRIA. PRESUNÇÃO. EMPREGADO PORTADOR DE DOENÇA GRAVE. ESTIGMA OU PRECONCEITO. DIREITO À REINTEGRAÇÃO — Res. 185/2012, DEJT divulgado em 25, 26 e 27.09.2012
Presume-se discriminatória a despedida de empregado portador do vírus HIV ou de outra doença grave que suscite estigma ou preconceito. Inválido o ato, o empregado tem direito à reintegração no emprego.

ORIENTAÇÃO JURISPRUDENCIAL DA SDI-1 DO TST

Vide OJ 247 SDI-1/TST

OJ 247 SDI-1 TST — SERVIDOR PÚBLICO. CELETISTA CONCURSADO. DESPEDIDA IMOTIVADA. EMPRESA PÚBLICA OU SOCIEDADE DE ECONOMIA MISTA. POSSIBILIDADE (alterada — Res. n. 143/2007) — DJ 13.11.2007
I — A despedida de empregados de empresa pública e de sociedade de economia mista, mesmo admitidos por concurso público, independe de ato motivado para sua validade,
II — A validade do ato de despedida do empregado da Empresa Brasileira de Correios e Telégrafos (ECT) está condicionada à motivação, por gozar a empresa do mesmo tratamento destinado à Fazenda Pública em relação à imunidade tributária e à execução por precatório, além das prerrogativas de foro, prazos e custas processuais.

Parágrafo único Considera-se como de serviço todo o tempo em que o empregado esteja à disposição do empregador.

CONSOLIDAÇÃO DAS LEIS DO TRABALHO
Decreto-Lei n. 5.452, de 1º de maio de 1943
DOU 9.8.1943

Vide art. 4º, *caput*

Art. 4º Considera-se como de serviço efetivo o período em que o empregado esteja à disposição do empregador, aguardando ou executando ordens, salvo disposição especial expressamente consignada.

Art. 493 Constitui falta grave a prática de qualquer dos fatos a que se refere o art. 482, quando por sua repetição ou natureza representem séria violação dos deveres e obrigações do empregado.

CONSOLIDAÇÃO DAS LEIS DO TRABALHO
Decreto-Lei n. 5.452, de 1º de maio de 1943
DOU 9.8.1943

Vide art. 482, *caput* e alíneas *a* e *l*

Art. 482 Constituem justa causa para rescisão do contrato de trabalho pelo empregador:
a) ato de improbidade;
b) incontinência de conduta ou mau procedimento;
c) negociação habitual por conta própria ou alheia sem permissão do empregador, e quando constituir ato de concorrência à empresa para a qual trabalha o empregado, ou for prejudicial ao serviço;
d) condenação criminal do empregado, passada em julgado, caso não tenha havido suspensão da execução da pena;
e) desídia no desempenho das respectivas funções;
f) embriaguez habitual ou em serviço;
g) violação de segredo da empresa;
h) ato de indisciplina ou de insubordinação;
i) abandono de emprego;
j) ato lesivo da honra ou da boa fama praticado no serviço contra qualquer pessoa, ou ofensas físicas, nas mesmas condições, salvo em caso de legítima defesa, própria ou de outrem;
k) ato lesivo da honra ou da boa fama ou ofensas físicas praticadas contra o empregador e superiores hierárquicos, salvo em caso de legítima defesa, própria ou de outrem;
l) prática constante de jogos de azar.
Parágrafo único. *(Revogado pelo art. 76 da Lei n. 8.630, de 1993, que revogou todo o Decreto-Lei n. 3, de 1966, que havia inserido o parágrafo único no art. 482 da CLT)*

Art. 494

O empregado acusado de falta grave poderá ser suspenso de suas funções, mas a sua despedida só se tornará efetiva após o inquérito e que se verifique a procedência da acusação.

Parágrafo único A suspensão, no caso deste artigo, perdurará até a decisão final do processo.

CONSOLIDAÇÃO DAS LEIS DO TRABALHO
Decreto-Lei n. 5.452, de 1º de maio de 1943
DOU 9.8.1943

Vide art. 543, § 3º; art. 853; art. 854; e art. 855

Art. 543. (...)

§ 3º Fica vedada a dispensa do empregado sindicalizado ou associado, a partir do momento do registro de sua candidatura a cargo de direção ou representação de entidade sindical ou de associação profissional, até 1 (um) ano após o final do seu mandato, caso seja eleito inclusive como suplente, salvo se cometer falta grave devidamente apurada nos termos desta Consolidação. *(Redação dada pela Lei n. 7.543, de 2.10.1986)*

Art. 853. Para a instauração do inquérito para apuração de falta grave contra empregado garantido com estabilidade, o empregador apresentará reclamação por escrito à Junta ou Juízo de Direito, dentro de 30 (trinta) dias, contados da data da suspensão do empregado.

Art. 854. O processo do inquérito perante a Junta ou Juízo obedecerá às normas estabelecidas no presente Capítulo, observadas as disposições desta Seção.

Art. 855. Se tiver havido prévio reconhecimento da estabilidade do empregado, o julgamento do inquérito pela Junta ou Juízo não prejudicará a execução para pagamento dos salários devidos ao empregado, até a data da instauração do mesmo inquérito.

SÚMULAS DO STF

Vide Súmulas 197 e 403/STF

Súmula 197 STF — O empregado com representação sindical só pode ser despedido mediante inquérito em que se apure falta grave.

Súmula 403 STF — É de decadência o prazo de trinta dias para instauração do inquérito judicial, a contar da suspensão, por falta grave, de empregado estável.

SÚMULAS DO TST

Vide Súmulas 62, 77 e 379/TST

Súmula 62 TST — ABANDONO DE EMPREGO (mantida) — Res. 121/2003, DJ 19, 20 e 21.11.2003
O prazo de decadência do direito do empregador de ajuizar inquérito em face do empregado que incorre em abandono de emprego é contado a partir do momento em que o empregado pretendeu seu retorno ao serviço.

Súmula 77 TST — PUNIÇÃO (mantida) — Res. 121/2003, DJ 19, 20 e 21.11.2003
Nula é a punição de empregado se não precedida de inquérito ou sindicância internos a que se obrigou a empresa por norma regulamentar.

Súmula 379 TST — DIRIGENTE SINDICAL. DESPEDIDA. FALTA GRAVE. INQUÉRITO JUDICIAL. NECESSIDADE (conversão da Orientação Jurisprudencial n. 114 da SBDI-1) — Res. 129/2005, DJ 20, 22 e 25.04.2005
O dirigente sindical somente poderá ser dispensado por falta grave mediante a apuração em inquérito judicial, inteligência dos arts. 494 e 543, §3º, da CLT. *(ex-OJ n. 114 da SBDI-1 — inserida em 20.11.1997)*

ORIENTAÇÕES JURISPRUDENCIAIS DA SDI-2 DO TST

Vide OJs 65 e 137 SDI-2/TST

OJ 65 SDI-2 TST — MANDADO DE SEGURANÇA. REINTEGRAÇÃO LIMINARMENTE CONCEDIDA. DIRIGENTE SINDICAL (inserida em 20.09.2000)
Ressalvada a hipótese do art. 494 da CLT, não fere direito líquido e certo a determinação liminar de reintegração no emprego de dirigente sindical, em face da previsão do inciso X do art. 659 da CLT.

OJ 137 SDI-2 TST — MANDADO DE SEGURANÇA. DIRIGENTE SINDICAL. ART. 494 DA CLT. APLICÁVEL (DJ 04.05.2004)
Constitui direito líquido e certo do empregador a suspensão do empregado, ainda que detentor de estabilidade sindical, até a decisão final do inquérito em que se apure a falta grave a ele imputada, na forma do art. 494, "caput" e parágrafo único, da CLT.

Art. 495

Reconhecida a inexistência de falta grave praticada pelo empregado, fica o empregador obrigado a readmiti-lo no serviço e a pagar-lhe os salários a que teria direito no período da suspensão.

SÚMULA DO STF

Vide Súmula 215/STF

Súmula 215 STF — Conta-se a favor de empregado readmitido o tempo de serviço anterior, salvo se houver sido despedido por falta grave ou tiver recebido a indenização legal.

SÚMULA DO TST

Vide Súmula 138/TST

Súmula 138 TST — READMISSÃO (mantida) — Res. 121/2003, DJ 19, 20 e 21.11.2003
Em caso de readmissão, conta-se a favor do empregado o período de serviço anterior, encerrado com a saída espontânea *(ex-Prejulgado n. 9)*.

TÍTULO IV — DO CONTRATO INDIVIDUAL DO TRABALHO

Art. 496

Quando a reintegração do empregado estável for desaconselhável, dado o grau de incompatibilidade resultante do dissídio, especialmente quando for o empregador pessoa física, o tribunal do trabalho poderá converter aquela obrigação em indenização devida nos termos do artigo seguinte.

SÚMULAS DO STF

Vide Súmula 219 e 220/STF

Súmula 219 STF — Para a indenização devida a empregado que tinha direito a ser readmitido, e não foi, levam-se em conta as vantagens advindas à sua categoria no período do afastamento.

Súmula 220 STF — A indenização devida a empregado estável, que não é readmitido, ao cessar sua aposentadoria, deve ser paga em dobro.

SÚMULAS DO TST

Vide Súmulas 28, 244, 339 e 396/TST

Súmula 28 TST — INDENIZAÇÃO (nova redação) — Res. 121/2003, DJ 19, 20 e 21.11.2003

No caso de se converter a reintegração em indenização dobrada, o direito aos salários é assegurado até a data da primeira decisão que determinou essa conversão.

Súmula 244 TST — GESTANTE. ESTABILIDADE PROVISÓRIA (redação do item III alterada na sessão do Tribunal Pleno realizada em 14.09.2012) — Res. 185/2012, DEJT divulgado em 25, 26 e 27.09.2012

I — O desconhecimento do estado gravídico pelo empregador não afasta o direito ao pagamento da indenização decorrente da estabilidade (art. 10, II, "b" do ADCT).

II — A garantia de emprego à gestante só autoriza a reintegração se esta se der durante o período de estabilidade. Do contrário, a garantia restringe-se aos salários e demais direitos correspondentes ao período de estabilidade.

III — A empregada gestante tem direito à estabilidade provisória prevista no art. 10, inciso II, alínea "b", do Ato das Disposições Constitucionais Transitórias, mesmo na hipótese de admissão mediante contrato por tempo determinado.

Súmula 339 TST — CIPA. SUPLENTE. GARANTIA DE EMPREGO. CF/1988 (incorporadas as Orientações Jurisprudenciais ns. 25 e 329 da SBDI-1) — Res. 129/2005, DJ 20, 22 e 25.04.2005

I — O suplente da CIPA goza da garantia de emprego prevista no art. 10, II, "a", do ADCT a partir da promulgação da Constituição Federal de 1988 *(ex-Súmula n. 339 Res. 39/1994, DJ 22.12.1994 — e ex-OJ n. 25 da SBDI-1 — inserida em 29.03.1996)*

II — A estabilidade provisória do cipeiro não constitui vantagem pessoal, mas garantia para as atividades dos membros da CIPA, que somente tem razão de ser quando em atividade a empresa. Extinto o estabelecimento, não se verifica a despedida arbitrária, sendo impossível a reintegração e indevida a indenização do período estabilitário. *(ex-OJ n. 329 da SBDI-1 — DJ 09.12.2003)*

Súmula 396 TST — ESTABILIDADE PROVISÓRIA. PEDIDO DE REINTEGRAÇÃO. CONCESSÃO DO SALÁRIO RELATIVO AO PERÍODO DE ESTABILIDADE JÁ EXAURIDO. INEXISTÊNCIA DE JULGAMENTO "EXTRA PETITA" (conversão das Orientações Jurisprudenciais ns. 106 e 116 da SBDI-1) — Res. 129/2005, DJ 20, 22 e 25.04.2005

I — Exaurido o período de estabilidade, são devidos ao empregado apenas os salários do período compreendido entre a data da despedida e o final do período de estabilidade, não lhe sendo assegurada a reintegração no emprego. *(ex-OJ n. 116 da SBDI-1 — inserida em 01.10.1997)*

II — Não há nulidade por julgamento "extra petita" da decisão que deferir salário quando o pedido for de reintegração, dados os termos do art. 496 da CLT. *(ex-OJ n. 106 da SBDI-1 — inserida em 20.11.1997)*

ORIENTAÇÃO JURISPRUDENCIAL DA SDI-1 DO TST

Vide OJ 399 SDI-1/TST

OJ 399 SDI-1 TST — ESTABILIDADE PROVISÓRIA. AÇÃO TRABALHISTA AJUIZADA APÓS O TÉRMINO DO PERÍODO DE GARANTIA NO EMPREGO. ABUSO DO EXERCÍCIO DO DIREITO DE AÇÃO. NÃO CONFIGURAÇÃO. INDENIZAÇÃO DEVIDA. (DEJT divulgado em 02, 03 e 04.08.2010)

O ajuizamento de ação trabalhista após decorrido o período de garantia de emprego não configura abuso do exercício do direito de ação, pois este está submetido apenas ao prazo prescricional inscrito no art. 7º, XXIX, da CF/1988, sendo devida a indenização desde a dispensa até a data do término do período estabilitário.

ORIENTAÇÃO JURISPRUDENCIAL DA SDI-2 DO TST

Vide OJ 64 SDI-2/TST

OJ 64 SDI-2 TST — MANDADO DE SEGURANÇA. REINTEGRAÇÃO LIMINARMENTE CONCEDIDA (inserida em 20.09.2000)

Não fere direito líquido e certo a concessão de tutela antecipada para reintegração de empregado protegido por estabilidade provisória decorrente de lei ou norma coletiva.

Art. 497

Extinguindo-se a empresa, sem a ocorrência de motivo de força maior, ao empregado estável despedido é garantida a indenização por rescisão do contrato por prazo indeterminado, paga em dobro.

Arts. 498 a 500

TÍTULO IV — DO CONTRATO INDIVIDUAL DO TRABALHO

SÚMULA DO STF

Vide Súmula 221/STF

Súmula 221 STF — A transferência de estabelecimento, ou a sua extinção parcial, por motivo que não seja de força maior, não justifica a transferência de empregado estável.

SÚMULA DO TST

Vide Súmula 369, IV/TST

Súmula 369 TST — DIRIGENTE SINDICAL. ESTABILIDADE PROVISÓRIA (redação do item I alterada na sessão do Tribunal Pleno realizada em 14.09.2012) — Res. 185/2012, DEJT divulgado em 25, 26 e 27.09.2012
(...)
IV — Havendo extinção da atividade empresarial no âmbito da base territorial do sindicato, não há razão para subsistir a estabilidade.

Art. 498 — Em caso de fechamento do estabelecimento, filial ou agência, ou supressão necessária de atividade, sem ocorrência de motivo de força maior, é assegurado aos empregados estáveis, que ali exerçam suas funções, direito à indenização, na forma do artigo anterior.

SÚMULA DO STF

Vide Súmula 221/STF

Súmula 221 STF — A transferência de estabelecimento, ou a sua extinção parcial, por motivo que não seja de força maior, não justifica a transferência de empregado estável.

SÚMULA DO TST

Vide Súmula 369, IV/TST

Súmula 369 TST — DIRIGENTE SINDICAL. ESTABILIDADE PROVISÓRIA (redação do item I alterada na sessão do Tribunal Pleno realizada em 14.09.2012) — Res. 185/2012, DEJT divulgado em 25, 26 e 27.09.2012
(...)
IV — Havendo extinção da atividade empresarial no âmbito da base territorial do sindicato, não há razão para subsistir a estabilidade.

Art. 499 — Não haverá estabilidade no exercício dos cargos de diretoria, gerência ou outros de confiança imediata do empregador, ressalvado o cômputo do tempo de serviço para todos os efeitos legais.

§ 1º — Ao empregado garantido pela estabilidade que deixar de exercer cargo de confiança, é assegurada, salvo no caso de falta grave, a reversão ao cargo efetivo que haja anteriormente ocupado.

§ 2º — Ao empregado despedido sem justa causa, que só tenha exercido cargo de confiança e que contar mais de 10 (dez) anos de serviço na mesma empresa, é garantida a indenização proporcional ao tempo de serviço nos termos dos arts. 477 e 478.

§ 3º — A despedida que se verificar com o fim de obstar ao empregado a aquisição de estabilidade sujeitará o empregador a pagamento em dobro da indenização prescrita nos arts. 477 e 478.

SÚMULA DO TST

Vide Súmula 269/TST

Súmula 269 TST — DIRETOR ELEITO. CÔMPUTO DO PERÍODO COMO TEMPO DE SERVIÇO (mantida) — Res. 121/2003, DJ 19, 20 e 21.11.2003

O empregado eleito para ocupar cargo de diretor tem o respectivo contrato de trabalho suspenso, não se computando o tempo de serviço desse período, salvo se permanecer a subordinação jurídica inerente à relação de emprego.

Art. 500 — O pedido de demissão do empregado estável só será válido quando feito com a assistência do respectivo Sindicato e, se não o houver, perante autoridade local competente do Ministério do Trabalho e Previdência Social ou da Justiça do Trabalho. *(Revigorado com nova redação, pela Lei n. 5.584, de 26.6.1970)*

TÍTULO IV — DO CONTRATO INDIVIDUAL DO TRABALHO

LEI N. 4.725, DE 13 DE JULHO DE 1965
Estabelece normas para o processo dos dissídios coletivos, e dá outras providências.
DOU 13.7.1965

Vide art. 11

Art. 11. A assistência aos trabalhadores prevista no art. 500 da Consolidação das Leis do Trabalho aprovada pelo Decreto-Lei n. 5.452, de 1º de maio de 1943, e na Lei n. 4.066, de 28 de maio de 1962, será gratuita, vedada aos órgãos e autoridades a quem for solicitada a cobrança de qualquer importância para o atendimento de custas, taxas, emolumentos, remuneração ou a qualquer título.

CAPÍTULO VIII
DA FORÇA MAIOR

Art. 501 — Entende-se como força maior todo acontecimento inevitável, em relação à vontade do empregador, e para a realização do qual este não concorreu, direta ou indiretamente.

§ 1º A imprevidência do empregador exclui a razão de força maior.

§ 2º À ocorrência do motivo de força maior que não afetar substancialmente, nem for suscetível de afetar, em tais condições, a situação econômica e financeira da empresa não se aplicam as restrições desta Lei referentes ao disposto neste Capítulo.

Art. 502 — Ocorrendo motivo de força maior que determine a extinção da empresa, ou de um dos estabelecimentos em que trabalhe o empregado, é assegurada a este, quando despedido, uma indenização na forma seguinte:

I - sendo estável, nos termos dos arts. 477 e 478;

II - não tendo direito à estabilidade, metade da que seria devida em caso de rescisão sem justa causa;

III - havendo contrato por prazo determinado, aquela a que se refere o art. 479 desta Lei, reduzida igualmente à metade.

SÚMULA DO STF

Vide Súmula 221/STF

Súmula 221 STF — A transferência de estabelecimento, ou a sua extinção parcial, por motivo que não seja de força maior, não justifica a transferência de empregado estável.

Art. 503 — É lícita, em caso de força maior ou prejuízos devidamente comprovados, a redução geral dos salários dos empregados da empresa, proporcionalmente aos salários de cada um, não podendo, entretanto, ser superior a 25% (vinte e cinco por cento), respeitado, em qualquer caso, o salário mínimo da região.

Parágrafo único Cessados os efeitos decorrentes do motivo de força maior, é garantido o restabelecimento dos salários reduzidos.

CONSTITUIÇÃO FEDERAL DE 1988
DOU 5.10.1988

Vide art. 7º, *caput* e incisos VI e X

Art. 7º São direitos dos trabalhadores urbanos e rurais, além de outros que visem à melhoria de sua condição social:

(...)

VI — irredutibilidade do salário, salvo o disposto em convenção ou acordo coletivo;

(...)

X — proteção do salário na forma da lei, constituindo crime sua retenção dolosa;

Art. 504

Comprovada a falsa alegação do motivo de força maior, é garantida a reintegração aos empregados estáveis, e aos não estáveis o complemento da indenização já percebida, assegurado a ambos o pagamento da remuneração atrasada.

CAPÍTULO IX
DISPOSIÇÕES ESPECIAIS

Art. 505

São aplicáveis aos trabalhadores rurais os dispositivos constantes dos Capítulos I, II e VI do presente Título.

CONSTITUIÇÃO FEDERAL DE 1988
DOU 5.10.1988

Vide art. 7º, caput

Art. 7º São direitos dos trabalhadores urbanos e rurais, além de outros que visem à melhoria de sua condição social:

LEI N. 5.889, DE 8 DE JUNHO DE 1973
Estatui normas reguladoras do trabalho rural.
DOU 11.6.1973

Vide art. 1º, caput e parágrafo único

Art. 1º As relações de trabalho rural serão reguladas por esta Lei e, no que com ela não colidirem, pelas normas da Consolidação das Leis do Trabalho, aprovada pelo Decreto-Lei n. 5.452, de 1º.05.1943.

Parágrafo único. Observadas as peculiaridades do trabalho rural, a ele também se aplicam as Leis ns. 605, de 05.01.1949, 4.090, de 13.07.1962; 4.725, de 13.07.1965, com as alterações da Lei n. 4.903, de 16.12.1965 e os Decretos-Leis ns. 15, de 29.07.1966; 17, de 22.08.1966 e 368, de 19.12.1968.

DECRETO N. 73.626, DE 12 DE FEVEREIRO DE 1974
Aprova Regulamento da Lei n. 5.889, de 8 de junho de 1973.
DOU 13.2.1974

Vide art. 4º, caput, parágrafo único e incisos I, II, III e IV

Art. 4º Nas relações de trabalho rural aplicam-se os arts. 4º a 6º; 8º a 10; 13 a 19; 21; 25 a 29; 31 a 34; 36 a 44; 48 a 50; 62 alínea *b*; 67 a 70; 74; 76; 78 e 79; 83; 84; 86; 116 a 118; 124; 126; 129 a 133; 134 alíneas *a, c, d, e,* e *f*, 135 a 142; parágrafo único do art. 143; 144; 147; 359; 366; 372; 377; 379; 387 a 396; 399; 402; 403; 405 *caput* e § 5º; 407 a 410; 414 a 427; 437; 439; 441 a 457; 458 *caput* e § 2º; 459 a 479; 480 *caput* e § 1º; 481 a 487; 489 a 504; 511 a 535; 537 a 552; 553 *caput* e alíneas *b, c, d, e* e, e §§ 1º e 2º; 554 a 562; 564 a 566; 570 *caput*; 601 a 603; 605 a 629; 630 *caput* e §§ 1º, 2º, 3º, 4º, 5º, 7º e 8º; 631 a 685; 687 a 690; 693; 694; 696; 697; 699 a 702; 707 a 721; 722 *caput*, alíneas *b* e *c* e §§ 1º, 2º e 3º; 723 a 725; 727 a 733; 735 a 754; 763 a 914; da Consolidação das Leis do Trabalho, aprovada pelo Decreto-Lei n. 5.452, de 1º de maio de 1943; com suas alterações.

Parágrafo único. Aplicam-se, igualmente, nas relações de trabalho rural:

I — os arts. 1º, 2º *caput* e alínea *a*; 4º; 5º (este com as limitações do Decreto-Lei n. 86, de 27 de dezembro de 1966); 6º; 7º; 8º; 9º; 10; 11; 12; 13; 14; 15; 16 do Regulamento da Lei n. 605, de 5 de janeiro de 1949, aprovado pelo Decreto n. 27.048, de 12 de agosto de 1949;

II — os arts. 1º; 2º; 3º; 4º; 5º; 6º; 7º; do Regulamento da Lei n. 4.090, de 13 de junho de 1962, com as alterações da Lei n. 4.749, de 12 de agosto de 1965, aprovado pelo Decreto n. 57.155, de 3 de novembro de 1965;

III — os arts. 1º; 2º; 3º; 6º; 11; 12; da Lei n. 4.725, de 13 de junho de 1965, com as alterações da Lei n. 4.903, de 16 de dezembro de 1965;

IV — os arts. 1º; 2º; 3º; 5º; 7º; 8º; 9º; 10, do Decreto-Lei n. 15, de 29 de julho de 1966, com a redação do Decreto-Lei n. 17, de 22 de agosto de 1966.

SÚMULA DO STF

Vide Súmula 196/STF

Súmula 196 STF — Ainda que exerça atividade rural, o empregado de empresa industrial ou comercial é classificado de acordo com a categoria do empregador.

SÚMULA DO TST

Vide Súmula 344/TST

Súmula 344 TST — SALÁRIO-FAMÍLIA. TRABALHADOR RURAL (mantida) — Res. 121/2003, DJ 19, 20 e 21.11.2003
O salário-família é devido aos trabalhadores rurais somente após a vigência da Lei n. 8.213, de 24.07.1991.

ORIENTAÇÕES JURISPRUDENCIAIS DA SDI-1 DO TST

Vide OJs 38 e 417 SDI-1/TST

OJ 38 SDI-1 TST — EMPREGADO QUE EXERCE ATIVIDADE RURAL. EMPRESA DE REFLORESTAMENTO. PRESCRIÇÃO PRÓPRIA DO RURÍCOLA. (LEI N. 5.889, DE 08.06.1973, ART. 10, E DECRETO N. 73.626, DE 12.02.19/74, ART. 2º, § 4º) (inserido dispositivo) — DEJT divulgado em 16, 17 e 18.11.2010
O empregado que trabalha em empresa de reflorestamento, cuja atividade está diretamente ligada ao manuseio da terra e de matéria-prima, é rurícola e não industriário, nos termos do Decreto n. 73.626, de 12.02.1974, art. 2º, § 4º, pouco importando que o fruto de seu trabalho seja destinado à indústria. Assim, aplica-se a prescrição própria dos rurícolas aos direitos desses empregados.

OJ 417 SDI-1 TST — PRESCRIÇÃO. RURÍCOLA. EMENDA CONSTITUCIONAL N. 28, DE 26.05.2000. CONTRATO DE TRABALHO EM CURSO. (DEJT divulgado em 14, 15 e 16.02.2012)

TÍTULO IV — DO CONTRATO INDIVIDUAL DO TRABALHO

Art. 506

Não há prescrição total ou parcial da pretensão do trabalhador rural que reclama direitos relativos a contrato de trabalho que se encontrava em curso à época da promulgação da Emenda Constitucional n. 28, de 26.05.2000, desde que ajuizada a demanda no prazo de cinco anos de sua publicação, observada a prescrição bienal.

PRECEDENTES NORMATIVOS DA SDC DO TST

Vide PNs 20, 34, 53, 62, 63, 64, 65, 68, 69, 71, 106, 107, 108 e 110 SDC/TST

PN 20 SDC TST — EMPREGADO RURAL. CONTRATO ESCRITO (positivo)

Sendo celebrado contrato por tarefa, parceria ou meação, por escrito, obriga-se o empregador a fornecer uma via deste ao empregado, devidamente datada e assinada pelas partes.

PN 34 SDC TST — EMPREGADO RURAL. MORADIA (positivo)

Ao empregado que residir no local de trabalho fica assegurada a moradia em condições de habitabilidade, conforme exigências da autoridade local.

PN 53 SDC TST — EMPREGADO RURAL. RESCISÃO DO CONTRATO DE TRABALHO DO CHEFE DE FAMÍLIA (positivo)

A rescisão do contrato de trabalho rural, sem justa causa, do chefe da unidade familiar é extensiva à esposa, às filhas solteiras e aos filhos até 20 anos de idade, que exerçam atividades na propriedade, mediante opção destes.

PN 62 SDC TST — EMPREGADO RURAL. CONSERVAÇÃO DAS CASAS (positivo)

Os empregadores são responsáveis pelos reparos nas residências que cedam aos empregados rurais, desde que os danos não decorram de culpa destes.

PN 63 SDC TST — EMPREGADO RURAL. FICHA DE CONTROLE DA PRODUÇÃO (positivo)

Quando da colheita, o café será entregue na lavoura ou no monte, fornecendo-se ao trabalhador uma ficha com o valor da respectiva produção.

PN 64 SDC TST — EMPREGADO RURAL. HORÁRIO E LOCAL DE CONDUÇÃO (positivo)

Fornecendo o empregador condução para o trabalho, informará ele aos empregados, previamente, os locais e horários do transporte.

PN 65 SDC TST — EMPREGADO RURAL. PAGAMENTO DE SALÁRIO (positivo)

O pagamento do salário será efetuado em moeda corrente e no horário de serviço, para isso permitido o seu prolongamento até duas horas após o término da jornada de trabalho.

PN 68 SDC TST — EMPREGADO RURAL. FALTAS AO SERVIÇO. COMPRAS (positivo)

Autoriza-se o chefe de família, se empregado rural, a faltar ao serviço um dia por mês ou meio dia por quinzena, para efetuar compras, sem remuneração ou mediante compensação de horário, mas sem prejuízo do repouso remunerado, desde que não tenha falta injustificada durante o mês.

PN 69 SDC TST — EMPREGADO RURAL. PAGAMENTO DE DIA NÃO TRABALHADO (positivo)

O empregado rural fará jus ao salário do dia, quando comparecer ao local de prestação de serviço ou ponto de embarque, se fornecida condução pelo empregador, e não puder trabalhar em consequência de chuva ou de outro motivo alheio à sua vontade.

PN 71 SDC TST — EMPREGADO RURAL. TRANSPORTE. CONDIÇÕES DE SEGURANÇA (positivo)

Quando fornecidos pelo empregador, os veículos destinados a transportar trabalhadores rurais deverão satisfazer as condições de segurança e comodidade, sendo proibido o carregamento de ferramentas soltas junto às pessoas conduzidas.

PN 106 SDC TST — EMPREGADO RURAL. ATIVIDADE INSALUBRE. FORNECIMENTO DE LEITE (positivo)

Os empregadores que se dedicarem à pecuária leiteira fornecerão, diariamente, 1 (um) litro de leite aos trabalhadores que exerçam atividades insalubres.

PN 107 SDC TST — EMPREGADO RURAL. CAIXA DE MEDICAMENTOS (positivo)

Nos locais de trabalho no campo serão mantidos pelo empregador medicamentos e materiais de primeiros socorros.

PN 108 SDC TST — EMPREGADO RURAL. ABRIGO NO LOCAL DE TRABALHO (positivo)

Os empregadores rurais ficam obrigados a construir abrigos rústicos, nos locais de trabalho, para proteção de seus empregados.

PN 110 SDC TST — EMPREGADO RURAL. FERRAMENTAS. FORNECIMENTO PELO EMPREGADOR (positivo)

Serão fornecidas gratuitamente, pelo empregador, as ferramentas necessárias à execução do trabalho.

Art. 506 No contrato de trabalho agrícola é lícito o acordo que estabelecer a remuneração *in natura*, contanto que seja de produtos obtidos pela exploração do negócio e não exceda de 1/3 (um terço) do salário total do empregado.

CONSOLIDAÇÃO DAS LEIS DO TRABALHO
Decreto-Lei n. 5.452, de 1º de maio de 1943
DOU 9.8.1943

Vide art. 458, caput

Art. 458. Além do pagamento em dinheiro, compreende-se no salário, para todos os efeitos legais, a alimentação, habitação, vestuário ou outras prestações "in natura" que a empresa, por força do contrato ou do costume, fornecer habitualmente ao empregado. Em caso algum será permitido o pagamento com bebidas alcoólicas ou drogas nocivas. *(Redação dada pelo Decreto-Lei n. 229, de 28.2.1967)*

LEI N. 5.889, DE 8 DE JUNHO DE 1973
Estatui normas reguladoras do trabalho rural.
DOU 11.6.1973

Vide art. 9º, caput e alíneas a, b e c

Art. 9º Salvo as hipóteses de autorização legal ou decisão judiciária, só poderão ser descontadas do empregado rural as seguintes parcelas, calculadas sobre o salário mínimo:

a) até o limite de 20% (vinte por cento) pela ocupação da morada;

b) até o limite de 25% (vinte por cento) pelo fornecimento de alimentação sadia e farta, atendidos os preços vigentes na região;

c) adiantamentos em dinheiro.

DECRETO N. 73.626, DE 12 DE FEVEREIRO DE 1974
Aprova Regulamento da Lei n. 5.889, de 8 de junho de 1973.
DOU 13.2.1974

Vide art. 16, caput, incisos I, II e III

Art. 16. Além das hipóteses de determinação legal ou decisão judicial, somente poderão ser efetuados no salário do empregado os seguintes descontos:

I — até o limite de 20% (vinte por cento) do salário-mínimo regional, pela ocupação da morada;

II — até o limite de 25% (vinte e cinco por cento) do salário-mínimo regional, pelo fornecimento de alimentação;

III — valor de adiantamentos em dinheiro.

Art. 507 — As disposições do Capítulo VII do presente Título não serão aplicáveis aos empregados em consultórios ou escritórios de profissionais liberais.

Parágrafo único *(Revogado pela Lei n. 6.533, de 24.5.1978)*

CONSOLIDAÇÃO DAS LEIS DO TRABALHO
Decreto-Lei n. 5.452, de 1º de maio de 1943
DOU 9.8.1943

Vide art. 2º, caput e § 1º

Art. 2º Considera-se empregador a empresa, individual ou coletiva, que, assumindo os riscos da atividade econômica, admite, assalaria e dirige a prestação pessoal de serviço.

§ 1º Equiparam-se ao empregador, para os efeitos exclusivos da relação de emprego, os profissionais liberais, as instituições de beneficência, as associações recreativas ou outras instituições sem fins lucrativos, que admitirem trabalhadores como empregados.

Art. 508 *(Revogado pela Lei n. 12.347, de 2010)*

Art. 509 *(Revogado pela Lei n. 6.533, de 24.5.1978)*

Art. 510 — Pela infração das proibições constantes deste Título, será imposta à empresa a multa de valor igual a 1 (um) salário mínimo regional, elevada ao dobro, no caso de reincidência, sem prejuízo das demais cominações legais. *(Redação dada pela Lei n. 5.562, de 12.12.1968)*

TÍTULO V — DA ORGANIZAÇÃO SINDICAL

TÍTULO V
DA ORGANIZAÇÃO SINDICAL

CAPÍTULO I
DA INSTITUIÇÃO SINDICAL

SEÇÃO I
DA ASSOCIAÇÃO EM SINDICATO

Art. 511 É lícita a associação para fins de estudo, defesa e coordenação dos seus interesses econômicos ou profissionais de todos os que, como empregadores, empregados, agentes ou trabalhadores autônomos ou profissionais liberais exerçam, respectivamente, a mesma atividade ou profissão ou atividades ou profissões similares ou conexas.

CONSTITUIÇÃO FEDERAL DE 1988
DOU 5.10.1988

Vide art. 8º, *caput,* incisos I a VIII e parágrafo único; art. 37, *caput* e inciso VI; art. 114, *caput* e incisos III e IV; art. 142, *caput* e inciso IV

Art. 8º É livre a associação profissional ou sindical, observado o seguinte:

I — a lei não poderá exigir autorização do Estado para a fundação de sindicato, ressalvado o registro no órgão competente, vedadas ao Poder Público a interferência e a intervenção na organização sindical;

II — é vedada a criação de mais de uma organização sindical, em qualquer grau, representativa de categoria profissional ou econômica, na mesma base territorial, que será definida pelos trabalhadores ou empregadores interessados, não podendo ser inferior à área de um Município;

III — ao sindicato cabe a defesa dos direitos e interesses coletivos ou individuais da categoria, inclusive em questões judiciais ou administrativas;

IV — a assembleia geral fixará a contribuição que, em se tratando de categoria profissional, será descontada em folha, para custeio do sistema confederativo da representação sindical respectiva, independentemente da contribuição prevista em lei;

V — ninguém será obrigado a filiar-se ou a manter-se filiado a sindicato;

VI — é obrigatória a participação dos sindicatos nas negociações coletivas de trabalho;

VII — o aposentado filiado tem direito a votar e ser votado nas organizações sindicais;

VIII — é vedada a dispensa do empregado sindicalizado a partir do registro da candidatura a cargo de direção ou representação sindical e, se eleito, ainda que suplente, até um ano após o final do mandato, salvo se cometer falta grave nos termos da lei.

Parágrafo único. As disposições deste artigo aplicam-se à organização de sindicatos rurais e de colônias de pescadores, atendidas as condições que a lei estabelecer.

Art. 37. A administração pública direta e indireta de qualquer dos Poderes da União, dos Estados, do Distrito Federal e dos Municípios obedecerá aos princípios de legalidade, impessoalidade, moralidade, publicidade e eficiência e, também, ao seguinte: *(Redação dada pela Emenda Constitucional n. 19, de 1998)*

(...)

VI — é garantido ao servidor público civil o direito à livre associação sindical;

Art. 114. Compete à Justiça do Trabalho processar e julgar: *(Redação dada pela Emenda Constitucional n. 45, de 2004)*
(...)

III — as ações sobre representação sindical, entre sindicatos, entre sindicatos e trabalhadores, e entre sindicatos e empregadores; *(Incluído pela Emenda Constitucional n. 45, de 2004)*

IV — os mandados de segurança, *habeas corpus* e *habeas data*, quando o ato questionado envolver matéria sujeita à sua jurisdição; *(Inciso acrescido pela Emenda Constitucional n. 45, de 2004)*

Art. 142. As Forças Armadas, constituídas pela Marinha, pelo Exército e pela Aeronáutica, são instituições nacionais permanentes e regulares, organizadas com base na hierarquia e na disciplina, sob a autoridade suprema do Presidente da República, e destinam-se à defesa da Pátria, à garantia dos poderes constitucionais e, por iniciativa de qualquer destes, da lei e da ordem.

(...)

IV — ao militar são proibidas a sindicalização e a greve; *(Incluído pela Emenda Constitucional n. 18, de 1998)*

LEI N. 8.073, DE 30 DE JULHO DE 1990
Estabelece a Política Nacional de Salários e dá outras providências
DOU 31.7.1990

Vide art. 3º

Art. 3º As entidades sindicais poderão atuar como substitutos processuais dos integrantes da categoria.

SÚMULA DO TST

Vide Súmula 374/TST

Súmula 374 TST — NORMA COLETIVA. CATEGORIA DIFERENCIADA. ABRANGÊNCIA (conversão da Orientação Jurisprudencial n. 55 da SBDI-1) — Res. 129/2005, DJ 20, 22 e 25.04.2005
Empregado integrante de categoria profissional diferenciada não tem o direito de haver de seu empregador vantagens previstas em instrumento coletivo no qual a empresa não foi representada por órgão de classe de sua categoria. *(ex-OJ n. 55 da SBDI-1 — inserida em 25.11.1996)*

Art. 512

TÍTULO V — DA ORGANIZAÇÃO SINDICAL

ORIENTAÇÃO JURISPRUDENCIAL DA SDC DO TST

Vide OJ 9 SDC/TST

OJ 9 SDC TST — ENQUADRAMENTO SINDICAL. INCOMPETÊNCIA MATERIAL DA JUSTIÇA DO TRABALHO. *(inserida em 27.03.1998)*

O dissídio coletivo não é meio próprio para o Sindicato vir a obter o reconhecimento de que a categoria que representa é diferenciada, pois esta matéria — enquadramento sindical — envolve a interpretação de norma genérica, notadamente do art. 577 da CLT.

§ 1º	A solidariedade de interesses econômicos dos que empreendem atividades idênticas, similares ou conexas, constitui o vínculo social básico que se denomina categoria econômica.
§ 2º	A similitude de condições de vida oriunda da profissão ou trabalho em comum, em situação de emprego na mesma atividade econômica ou em atividades econômicas similares ou conexas, compõe a expressão social elementar compreendida como categoria profissional.
§ 3º	Categoria profissional diferenciada é a que se forma dos empregados que exerçam profissões ou funções diferenciadas por força de estatuto profissional especial ou em consequência de condições de vida singulares.
§ 4º	Os limites de identidade, similaridade ou conexidade fixam as dimensões dentro das quais a categoria econômica ou profissional é homogênea e a associação é natural.

SÚMULAS DO TST

Vide Súmulas 117 e 374/TST

Súmula 117 TST — BANCÁRIO. CATEGORIA DIFERENCIADA (mantida) — Res. 121/2003, DJ 19, 20 e 21.11.2003

Não se beneficiam do regime legal relativo aos bancários os empregados de estabelecimento de crédito pertencentes a categorias profissionais diferenciadas.

Súmula 374 TST — NORMA COLETIVA. CATEGORIA DIFERENCIADA. ABRANGÊNCIA (conversão da Orientação Jurisprudencial n. 55 da SBDI-1) — Res. 129/2005, DJ 20, 22 e 25.04.2005

Empregado integrante de categoria profissional diferenciada não tem o direito de haver de seu empregador vantagens previstas em instrumento coletivo no qual a empresa não foi representada por órgão de classe de sua categoria. *(ex-OJ n. 55 da SBDI-1 — inserida em 25.11.1996)*

ORIENTAÇÕES JURISPRUDENCIAIS DA SDC DO TST

Vide OJs 9, 20 e 36 SDC/TST

OJ 9 SDC TST — ENQUADRAMENTO SINDICAL. INCOMPETÊNCIA MATERIAL DA JUSTIÇA DO TRABALHO. *(inserida em 27.03.1998)*

O dissídio coletivo não é meio próprio para o Sindicato vir a obter o reconhecimento de que a categoria que representa é diferenciada, pois esta matéria — enquadramento sindical — envolve a interpretação de norma genérica, notadamente do art. 577 da CLT.

OJ 20 SDC TST — EMPREGADOS SINDICALIZADOS. ADMISSÃO PREFERENCIAL. CONDIÇÃO VIOLADORA DO ART. 8º, V, DA CF/88. (inserido dispositivo) — DEJT divulgado em 16, 17 e 18.11.2010

Viola o art. 8º, V, da CF/1988 cláusula de instrumento normativo que estabelece a preferência, na contratação de mão de obra, do trabalhador sindicalizado sobre os demais.

OJ 36 SDC TST — EMPREGADOS DE EMPRESA DE PROCESSAMENTO DE DADOS. RECONHECIMENTO COMO CATEGORIA DIFERENCIADA. IMPOSSIBILIDADE. *(inserida em 07.12.1998)*

É por lei e não por decisão judicial, que as categorias diferenciadas são reconhecidas como tais. De outra parte, no que tange aos profissionais da informática, o trabalho que desempenham sofre alterações, de acordo com a atividade econômica exercida pelo empregador.

Art. 512	Somente as associações profissionais constituídas para os fins e na forma do artigo anterior e registradas de acordo com o art. 558 poderão ser reconhecidas como Sindicatos e investidas nas prerrogativas definidas nesta Lei.

CONSTITUIÇÃO FEDERAL DE 1988
DOU 5.10.1988

Vide art. 8º, *caput*, incisos I, II, III e IV; art. 114, *caput*,

Art. 8º É livre a associação profissional ou sindical, observado o seguinte:

I — a lei não poderá exigir autorização do Estado para a fundação de sindicato, ressalvado o registro no órgão competente, vedadas ao Poder Público a interferência e a intervenção na organização sindical;

II — é vedada a criação de mais de uma organização sindical, em qualquer grau, representativa de categoria

TÍTULO V — DA ORGANIZAÇÃO SINDICAL

profissional ou econômica, na mesma base territorial, que será definida pelos trabalhadores ou empregadores interessados, não podendo ser inferior à área de um Município;

III — ao sindicato cabe a defesa dos direitos e interesses coletivos ou individuais da categoria, inclusive em questões judiciais ou administrativas;

Art. 114. Compete à Justiça do Trabalho processar e julgar: *(Redação dada pela Emenda Constitucional n. 45, de 2004)*
(...)
III — as ações sobre representação sindical, entre sindicatos, entre sindicatos e trabalhadores, e entre sindicatos e empregadores; *(Incluído pela Emenda Constitucional n. 45, de 2004)*

IV — os mandados de segurança, *habeas corpus* e *habeas data*, quando o ato questionado envolver matéria sujeita à sua jurisdição; *(Inciso acrescido pela Emenda Constitucional n. 45, de 2004)*

SÚMULA DO STF

Vide Súmula 677/STF

Súmula 677 STF — Até que lei venha a dispor a respeito, incumbe ao Ministério do Trabalho proceder ao registro das entidades sindicais e zelar pela observância do princípio da unicidade.

ORIENTAÇÃO JURISPRUDENCIAL DA SDC DO TST

Vide OJ 15 SDC/TST

OJ 15 SDC TST — SINDICATO. LEGITIMIDADE "AD PROCESSUM". IMPRESCINDIBILIDADE DO REGISTRO NO MINISTÉRIO DO TRABALHO. *(inserida em 27.03.1998)*
A comprovação da legitimidade "ad processum" da entidade sindical se faz por seu registro no órgão competente do Ministério do Trabalho, mesmo após a promulgação da Constituição Federal de 1988.

Art. 513 São prerrogativas dos sindicatos:

a) representar, perante as autoridades administrativas e judiciárias os interesses gerais da respectiva categoria ou profissão liberal ou interesses individuais dos associados relativos à atividade ou profissão exercida;

CONSTITUIÇÃO FEDERAL DE 1988
DOU 5.10.1988

Vide art. 5º, *caput*, inciso LXX e alínea *b*; art. 8º, *caput* e inciso III; e art. 103, *caput* e inciso IX

Art. 5º Todos são iguais perante a lei, sem distinção de qualquer natureza, garantindo-se aos brasileiros e aos estrangeiros residentes no País a inviolabilidade do direito à vida, à liberdade, à igualdade, à segurança e à propriedade, nos termos seguintes:
(...)
LXX — o mandado de segurança coletivo pode ser impetrado por:
(...)
b) organização sindical, entidade de classe ou associação legalmente constituída e em funcionamento há pelo menos um ano, em defesa dos interesses de seus membros ou associados;

Art. 8º É livre a associação profissional ou sindical, observado o seguinte:
(...)
III — ao sindicato cabe a defesa dos direitos e interesses coletivos ou individuais da categoria, inclusive em questões judiciais ou administrativas;

Art. 103. Podem propor a ação direta de inconstitucionalidade e a ação declaratória de constitucionalidade: *(Redação dada pela Emenda Constitucional n. 45, de 2004)*
(...)
IX — confederação sindical ou entidade de classe de âmbito nacional.

LEI N. 8.073, DE 30 DE JULHO DE 1990
Estabelece a Política Nacional de Salários e dá outras providências
DOU 31.7.1990

Vide art. 3º

Art. 3º As entidades sindicais poderão atuar como substitutos processuais dos integrantes da categoria.

LEI N. 8.632, DE 4 DE MARÇO DE 1993
Concede anistia a dirigentes ou representantes sindicais punidos por motivação política
DOU 5.3.1993

Vide art. 1º

Art. 1º É concedida anistia aos dirigentes ou representantes sindicais que, no período compreendido entre 5 de outubro de 1988 e a publicação desta lei, sofreram punições em virtude de motivação política, de participação em movimento reivindicatório ou outra modalidade de exercício do mandato ou representação sindical, assegurado o pagamento dos salários do período da suspensão disciplinar e, aos demitidos, a reintegração ao emprego com todos os direitos.

SÚMULAS DO STF

Vide Súmulas 629 e 630 /STF

Súmula 629 STF — A impetração de mandado de segurança coletivo por entidade de classe em favor dos associados independe da autorização destes.

Súmula 630 STF — A entidade de classe tem legitimação para o mandado de segurança ainda quando a pretensão veiculada interesse apenas a uma parte da respectiva categoria.

SÚMULAS DO TST

Vide Súmulas 286, 330 e 406/TST

Súmula 286 TST — SINDICATO. SUBSTITUIÇÃO PROCESSUAL. CONVENÇÃO E ACORDO COLETIVOS (mantida) — Res. 121/2003, DJ 19, 20 e 21.11.2003
A legitimidade do sindicato para propor ação de cumprimento estende-se também à observância de acordo ou de convenção coletivos.

Súmula 330 TST — QUITAÇÃO. VALIDADE (mantida) — Res. 121/2003, DJ 19, 20 e 21.11.2003

A quitação passada pelo empregado, com assistência de entidade sindical de sua categoria, ao empregador, com observância dos requisitos exigidos nos parágrafos do art. 477 da CLT, tem eficácia liberatória em relação às parcelas expressamente consignadas no recibo, salvo se oposta ressalva expressa e especificada ao valor dado à parcela ou parcelas impugnadas.

I — A quitação não abrange parcelas não consignadas no recibo de quitação e, consequentemente, seus reflexos em outras parcelas, ainda que estas constem desse recibo.

II — Quanto a direitos que deveriam ter sido satisfeitos durante a vigência do contrato de trabalho, a quitação é válida em relação ao período expressamente consignado no recibo de quitação.

Súmula 406 TST — AÇÃO RESCISÓRIA. LITISCONSÓRCIO. NECESSÁRIO NO POLO PASSIVO E FACULTATIVO NO ATIVO. INEXISTENTE QUANTO AOS SUBSTITUÍDOS PELO SINDICATO (conversão das Orientações Jurisprudenciais ns. 82 e 110 da SBDI-2) — Res. 137/2005, DJ 22, 23 e 24.08.2005

I — O litisconsórcio, na ação rescisória, é necessário em relação ao polo passivo da demanda, porque supõe uma comunidade de direitos ou de obrigações que não admite solução díspar para os litisconsortes, em face da indivisibilidade do objeto. Já em relação ao polo ativo, o litisconsórcio é facultativo, uma vez que a aglutinação de autores se faz por conveniência e não pela necessidade decorrente da natureza do litígio, pois não se pode condicionar o exercício do direito individual de um dos litigantes no processo originário à anuência dos demais para retomar a lide. *(ex-OJ n. 82 da SBDI-2 — inserida em 13.03.2002)*

II — O Sindicato, substituto processual e autor da reclamação trabalhista, em cujos autos fora proferida a decisão rescindenda, possui legitimidade para figurar como réu na ação rescisória, sendo descabida a exigência de citação de todos os empregados substituídos, porquanto inexistente litisconsórcio passivo necessário. *(ex-OJ n. 110 da SBDI-2 — DJ 29.04.2003)*

ORIENTAÇÕES JURISPRUDENCIAIS DA SDI-1 DO TST

Vide OJs 121 e 325 SDI-1/TST

OJ 121 SDI-1 TST — SUBSTITUIÇÃO PROCESSUAL. DIFERENÇA DO ADICIONAL DE INSALUBRIDADE. LEGITIMIDADE. (nova redação) — DJ 20.04.2005

O sindicato tem legitimidade para atuar na qualidade de substituto processual para pleitear diferença de adicional de insalubridade.

OJ 325 SDI-1 TST — AUMENTO SALARIAL CONCEDIDO PELA EMPRESA. COMPENSAÇÃO NO ANO SEGUINTE EM ANTECIPAÇÃO SEM A PARTICIPAÇÃO DO SINDICATO PROFISSIONAL. IMPOSSIBILIDADE (DJ 09.12.2003)

O aumento real, concedido pela empresa a todos os seus empregados, somente pode ser reduzido mediante a participação efetiva do sindicato profissional no ajuste, nos termos do art. 7º, VI, da CF/88.

ORIENTAÇÃO JURISPRUDENCIAL DA SDC DO TST

Vide OJ 23 SDC/TST

OJ 23 SDC TST — LEGITIMIDADE "AD CAUSAM". SINDICATO REPRESENTATIVO DE SEGMENTO PROFISSIONAL OU PATRONAL. IMPOSSIBILIDADE. *(inserida em 25.05.1998)*

A representação sindical abrange toda a categoria, não comportando separação fundada na maior ou menor dimensão de cada ramo ou empresa.

b) celebrar contratos coletivos de trabalho;

CONSTITUIÇÃO FEDERAL DE 1988
DOU 5.10.1988

Vide art. 7º, *caput* e inciso XXVI; e art. 8º, *caput* e inciso VI

Art. 7º São direitos dos trabalhadores urbanos e rurais, além de outros que visem à melhoria de sua condição social:
(...)
XXVI — reconhecimento das convenções e acordos coletivos de trabalho;

Art. 8º É livre a associação profissional ou sindical, observado o seguinte:
(...)
VI — é obrigatória a participação dos sindicatos nas negociações coletivas de trabalho;

SÚMULA DO TST

Vide Súmula 286/TST

Súmula 286 TST — SINDICATO. SUBSTITUIÇÃO PROCESSUAL. CONVENÇÃO E ACORDO COLETIVOS (mantida) — Res. 121/2003, DJ 19, 20 e 21.11.2003

A legitimidade do sindicato para propor ação de cumprimento estende-se também à observância de acordo ou de convenção coletivos.

ORIENTAÇÃO JURISPRUDENCIAL DA SDC DO TST

Vide OJ 15 SDC/TST

OJ 15 SDC TST — SINDICATO. LEGITIMIDADE "AD PROCESSUM". IMPRESCINDIBILIDADE DO REGISTRO NO MINISTÉRIO DO TRABALHO. *(inserida em 27.03.1998)*

A comprovação da legitimidade "ad processum" da entidade sindical se faz por seu registro no órgão competente do Ministério do Trabalho, mesmo após a promulgação da Constituição Federal de 1988.

c) eleger ou designar os representantes da respectiva categoria ou profissão liberal;

TÍTULO V — DA ORGANIZAÇÃO SINDICAL

Art. 514

ORIENTAÇÃO JURISPRUDENCIAL DA SDI-1 DO TST

Vide OJ 369 SDI-1/TST

OJ 369 SDI-1 TST — ESTABILIDADE PROVISÓRIA. DELEGADO SINDICAL. INAPLICÁVEL. (DEJT divulgado em 03, 04 e 05.12.2008)

O delegado sindical não é beneficiário da estabilidade provisória prevista no art. 8º, VIII, da CF/1988, a qual é dirigida, exclusivamente, àqueles que exerçam ou ocupem cargos de direção nos sindicatos, submetidos a processo eletivo.

d)	colaborar com o Estado, como órgãos técnicos e consultivos, na estudo e solução dos problemas que se relacionam com a respectiva categoria ou profissão liberal;
e)	impor contribuições a todos aqueles que participam das categorias econômicas ou profissionais ou das profissões liberais representadas.

CONSTITUIÇÃO FEDERAL DE 1988
DOU 5.10.1988

Vide art. 8º, *caput* e inciso IV; e art. 149, *caput*

Art. 8º É livre a associação profissional ou sindical, observado o seguinte:
(...)
IV — a assembleia geral fixará a contribuição que, em se tratando de categoria profissional, será descontada em folha, para custeio do sistema confederativo da representação sindical respectiva, independentemente da contribuição prevista em lei;

Art. 149. Compete exclusivamente à União instituir contribuições sociais, de intervenção no domínio econômico e de interesse das categorias profissionais ou econômicas, como instrumento de sua atuação nas respectivas áreas, observado o disposto nos arts. 146, III, e 150, I e III, e sem prejuízo do previsto no art. 195, § 6º, relativamente às contribuições a que alude o dispositivo.

SÚMULA DO STF

Vide Súmula 666/STF

Súmula 666 STF — A contribuição confederativa de que trata o art. 8º, IV, da Constituição, só é exigível dos filiados ao sindicato respectivo.

ORIENTAÇÃO JURISPRUDENCIAL DA SDC DO TST

Vide OJ 17 SDC/TST

OJ 17 SDC TST — CONTRIBUIÇÕES PARA ENTIDADES SINDICAIS. INCONSTITUCIONALIDADE DE SUA EXTENSÃO A NÃO ASSOCIADOS. (mantida) — DEJT divulgado em 25.08.2014

As cláusulas coletivas que estabeleçam contribuição em favor de entidade sindical, a qualquer título, obrigando trabalhadores não sindicalizados, são ofensivas ao direito de livre associação e sindicalização, constitucionalmente assegurado, e, portanto, nulas, sendo passíveis de devolução, por via própria, os respectivos valores eventualmente descontados.

PRECEDENTE NORMATIVO DA SDC DO TST

Vide PN 119 SDC/TST

PN 119 SDC TST — CONTRIBUIÇÕES SINDICAIS — INOBSERVÂNCIA DE PRECEITOS CONSTITUCIONAIS — (mantido) — DEJT divulgado em 25.08.2014

A Constituição da República, em seus arts. 5º, XX e 8º, V, assegura o direito de livre associação e sindicalização. É ofensiva a essa modalidade de liberdade cláusula constante de acordo, convenção coletiva ou sentença normativa estabelecendo contribuição em favor de entidade sindical a título de taxa para custeio do sistema confederativo, assistencial, revigoramento ou fortalecimento sindical e outras da mesma espécie, obrigando trabalhadores não sindicalizados. Sendo nulas as estipulações que inobservem tal restrição, tornam-se passíveis de devolução os valores irregularmente descontados.

Parágrafo único	Os sindicatos de empregados terão, outrossim, a prerrogativa de fundar e manter agências de colocação.

Art. 514	São deveres dos sindicatos :
a)	colaborar com os poderes públicos no desenvolvimento da solidariedade social;
b)	manter serviços de assistência judiciária para os associados;
c)	promover a conciliação nos dissídios de trabalho.

Art. 515

TÍTULO V — DA ORGANIZAÇÃO SINDICAL

d)	sempre que possível, e de acordo com as suas possibilidades, manter no seu quadro de pessoal, em convênio com entidades assistenciais ou por conta própria, um assistente social com as atribuições específicas de promover a cooperação operacional na empresa e a integração profissional na Classe. *(Incluída pela Lei n. 6.200, de 16.4.1975)*
Parágrafo único	Os sindicatos de empregados terão, outrossim, o dever de:
a)	promover a fundação de cooperativas de consumo e de crédito;
b)	fundar e manter escolas de alfabetização e pré-vocacionais.

CONSOLIDAÇÃO DAS LEIS DO TRABALHO
Decreto-Lei n. 5.452, de 1º de maio de 1943
DOU 9.8.1943

Vide art. 477, §§ 1º e 7º

Art. 477. (...)
§ 1º O pedido de demissão ou recibo de quitação de rescisão, do contrato de trabalho, firmado por empregado com mais de 1 (um) ano de serviço, só será válido quando feito com a assistência do respectivo Sindicato ou perante a autoridade do Ministério do Trabalho e Previdência Social. *(Redação dada pela Lei n. 5.584, de 26.6.1970)*
(...)
§ 7º O ato da assistência na rescisão contratual (§§ 1º e 2º) será sem ônus para o trabalhador e empregador. *(Incluído pela Lei n. 7.855, de 24.10.1989)*

LEI N. 5.584, DE 26 DE JUNHO DE 1970
Dispõe sobre normas de Direito Processual do Trabalho, altera dispositivos da Consolidação das Leis do Trabalho, disciplina a concessão e prestação de assistência judiciária na Justiça do Trabalho, e dá outras providências
DOU 29.6.1970

Vide art. 14, *caput* e § 1º

Art. 14. Na Justiça do Trabalho, a assistência judiciária a que se refere a Lei n. 1.060, de 5 de fevereiro de 1950, será prestada pelo Sindicato da categoria profissional a que pertencer o trabalhador.
§ 1º A assistência é devida a todo aquele que perceber salário igual ou inferior ao dobro do mínimo legal, ficando assegurado igual benefício ao trabalhador de maior salário, uma vez provado que sua situação econômica não lhe permite demandar, sem prejuízo do sustento próprio ou da família.

ORIENTAÇÕES JURISPRUDENCIAIS DA SDC DO TST

Vide OJs 5 e 16 SDC/TST

OJ 5 SDC TST — DISSÍDIO COLETIVO. PESSOA JURÍDICA DE DIREITO PÚBLICO. POSSIBILIDADE JURÍDICA. CLÁUSULA DE NATUREZA SOCIAL (redação alterada na sessão do Tribunal Pleno realizada em 14.09.2012) — Res. 186/2012, DEJT divulgado em 25, 26 e 27.09.2012

Em face de pessoa jurídica de direito público que mantenha empregados, cabe dissídio coletivo exclusivamente para apreciação de cláusulas de natureza social. Inteligência da Convenção n. 151 da Organização Internacional do Trabalho, ratificada pelo Decreto Legislativo n. 206/2010.

OJ 16 SDC TST — TAXA DE HOMOLOGAÇÃO DE RESCISÃO CONTRATUAL. ILEGALIDADE. *(inserida em 27.03.1998)*

É contrária ao espírito da lei (art. 477, § 7º, da CLT) e da função precípua do Sindicato a cláusula coletiva que estabelece taxa para homologação de rescisão contratual, a ser paga pela empresa a favor do sindicato profissional.

PRECEDENTE NORMATIVO DA SDC DO TST

Vide PN 81 SDC/TST

PN 81 SDC TST — ATESTADOS MÉDICOS E ODONTOLÓGICOS (positivo)

Assegura-se eficácia aos atestados médicos e odontológicos fornecidos por profissionais do sindicato dos trabalhadores, para o fim de abono de faltas ao serviço, desde que existente convênio do sindicato com a Previdência Social, salvo se o empregador possuir serviço próprio ou conveniado.

SEÇÃO II
DO RECONHECIMENTO E INVESTIDURA SINDICAL

Art. 515	As associações profissionais deverão satisfazer os seguintes requisitos para serem reconhecidas como sindicatos:
a)	reunião de um terço, no mínimo, de empresas legalmente constituídas, sob a forma individual ou de sociedade, se se tratar de associação de empregadores; ou de um terço dos que integrem a mesma categoria ou exerçam a mesma profissão liberal se se tratar de associação de empregados ou de trabalhadores ou agentes autônomos ou de profissão liberal;
b)	duração de 3 (três) anos para o mandato da diretoria; *(Redação dada pelo Decreto-Lei n. 771, de 19.8.1969)*
c)	exercício do cargo de presidente por brasileiro nato, e dos demais cargos de administração e representação por brasileiros.

TÍTULO V — DA ORGANIZAÇÃO SINDICAL

Arts. 516 e 517

Parágrafo único O Ministro do Trabalho, Indústria, e Comércio poderá, excepcionalmente, reconhecer como sindicato a associação cujo número de associados seja inferior ao terço a que se refere a alínea a.

CONSTITUIÇÃO FEDERAL DE 1988
DOU 5.10.1988

Vide art. 5º, *caput* e inciso XXXV; art. 8º, *caput*, incisos I e II e parágrafo único; art. 37, *caput* e inciso VI; art. 114, *caput* e incisos III e IV

Art. 5º Todos são iguais perante a lei, sem distinção de qualquer natureza, garantindo-se aos brasileiros e aos estrangeiros residentes no País a inviolabilidade do direito à vida, à liberdade, à igualdade, à segurança e à propriedade, nos termos seguintes:
(...)
XXXV — a lei não excluirá da apreciação do Poder Judiciário lesão ou ameaça a direito;

Art. 8º É livre a associação profissional ou sindical, observado o seguinte:
I — a lei não poderá exigir autorização do Estado para a fundação de sindicato, ressalvado o registro no órgão competente, vedadas ao Poder Público a interferência e a intervenção na organização sindical;
II — é vedada a criação de mais de uma organização sindical, em qualquer grau, representativa de categoria profissional ou econômica, na mesma base territorial, que será definida pelos trabalhadores ou empregadores interessados, não podendo ser inferior à área de um Município;
(...)
Parágrafo único. As disposições deste artigo aplicam-se à organização de sindicatos rurais e de colônias de pescadores, atendidas as condições que a lei estabelecer.

Art. 37. A administração pública direta e indireta de qualquer dos Poderes da União, dos Estados, do Distrito Federal e dos Municípios obedecerá aos princípios de legalidade, impessoalidade, moralidade, publicidade e eficiência e, também, ao seguinte: *(Redação dada pela Emenda Constitucional n. 19, de 1998)*
(...)
VI — é garantido ao servidor público civil o direito à livre associação sindical;

Art. 114. Compete à Justiça do Trabalho processar e julgar: *(Redação dada pela Emenda Constitucional n. 45, de 2004)*
(...)
III — as ações sobre representação sindical, entre sindicatos, entre sindicatos e trabalhadores, e entre sindicatos e empregadores; *(Incluído pela Emenda Constitucional n. 45, de 2004)*
IV — os mandados de segurança, *habeas corpus* e *habeas data*, quando o ato questionado envolver matéria sujeita à sua jurisdição; *(Inciso acrescido pela Emenda Constitucional n. 45, de 2004)*

LEI N. 6.192, DE 19 DE DEZEMBRO DE 1974
Dispõe sobre restrições a brasileiros naturalizados, e dá outras providências
DOU 20.12.1974

Vide art. 1º

Art. 1º É vedada qualquer distinção entre brasileiros natos e naturalizados.

Art. 516 Não será reconhecido mais de um Sindicato representativo da mesma categoria econômica ou profissional, ou profissão liberal, em uma dada base territorial.

CONSTITUIÇÃO FEDERAL DE 1988
DOU 5.10.1988

Vide art. 8º, *caput*, incisos I e II e parágrafo único

Art. 8º É livre a associação profissional ou sindical, observado o seguinte:
I — a lei não poderá exigir autorização do Estado para a fundação de sindicato, ressalvado o registro no órgão competente, vedadas ao Poder Público a interferência e a intervenção na organização sindical;
II — é vedada a criação de mais de uma organização sindical, em qualquer grau, representativa de categoria profissional ou econômica, na mesma base territorial, que será definida pelos trabalhadores ou empregadores interessados, não podendo ser inferior à área de um Município;
(...)
Parágrafo único. As disposições deste artigo aplicam-se à organização de sindicatos rurais e de colônias de pescadores, atendidas as condições que a lei estabelecer.

SÚMULA DO STF

Vide Súmula 677/STF

Súmula 677 STF — Até que lei venha a dispor a respeito, incumbe ao Ministério do Trabalho proceder ao registro das entidades sindicais e zelar pela observância do princípio da unicidade.

Art. 517 Os sindicatos poderão ser distritais, municipais, intermunicipais, estaduais e interestaduais. Excepcionalmente, e atendendo às peculiaridades de determinadas categorias ou profissões, o ministro do Trabalho, Indústria e Comércio poderá autorizar o reconhecimento de sindicatos nacionais.

Art. 518

§ 1º	O Ministro do Trabalho, Indústria e Comércio, outorgará e delimitará a base territorial do sindicato.
§ 2º	Dentro da base territorial que lhe for determinada é facultado ao sindicato instituir delegacias ou secções para melhor proteção dos associados e da categoria econômica ou profissional ou profissão liberal representada.

CONSTITUIÇÃO FEDERAL DE 1988
DOU 5.10.1988

Vide art. 5º, *caput* e inciso XXXV; art. 8º, *caput,* incisos I e II e parágrafo único; art. 114, *caput* e incisos III e IV

Art. 5º Todos são iguais perante a lei, sem distinção de qualquer natureza, garantindo-se aos brasileiros e aos estrangeiros residentes no País a inviolabilidade do direito à vida, à liberdade, à igualdade, à segurança e à propriedade, nos termos seguintes:
(...)
XXXV — a lei não excluirá da apreciação do Poder Judiciário lesão ou ameaça a direito;

Art. 8º É livre a associação profissional ou sindical, observado o seguinte:
I — a lei não poderá exigir autorização do Estado para a fundação de sindicato, ressalvado o registro no órgão competente, vedadas ao Poder Público a interferência e a intervenção na organização sindical;
II — é vedada a criação de mais de uma organização sindical, em qualquer grau, representativa de categoria profissional ou econômica, na mesma base territorial, que será definida pelos trabalhadores ou empregadores interessados, não podendo ser inferior à área de um Município;
(...)
Parágrafo único. As disposições deste artigo aplicam-se à organização de sindicatos rurais e de colônias de pescadores, atendidas as condições que a lei estabelecer.

Art. 114. Compete à Justiça do Trabalho processar e julgar: *(Redação dada pela Emenda Constitucional n. 45, de 2004)*
(...)
III — as ações sobre representação sindical, entre sindicatos, entre sindicatos e trabalhadores, e entre sindicatos e empregadores; *(Incluído pela Emenda Constitucional n. 45, de 2004)*
IV — os mandados de segurança, *habeas corpus* e *habeas data*, quando o ato questionado envolver matéria sujeita à sua jurisdição; *(Inciso acrescido pela Emenda Constitucional n. 45, de 2004)*

Art. 518	O pedido de reconhecimento será dirigido ao Ministro do Trabalho, Indústria e Comércio, instruído com exemplar ou cópia autenticada dos estatutos da associação.
§ 1º	Os estatutos deverão conter:
a)	a denominação e a sede da associação;
b)	a categoria econômica ou profissional ou a profissão liberal cuja representação é requerida;
c)	a afirmação de que a associação agirá como órgão de colaboração com os poderes públicos e as demais associações no sentido da solidariedade social e da subordinação dos interesses econômicos ou profissionais ao interesse nacional;
d)	as atribuições, o processo eleitoral e das votações, os casos de perda de mandato e de substituição dos administradores;
e)	o modo de constituição e administração do patrimônio social e o destino que lhe será dado no caso de dissolução;
f)	as condições em que se dissolverá associação.
§ 2º	O processo de reconhecimento será regulado em instruções baixadas pelo Ministro do Trabalho, Indústria e Comércio.

CONSTITUIÇÃO FEDERAL DE 1988
DOU 5.10.1988

Vide art. 8º, *caput,* incisos I e II e parágrafo único

Art. 8º É livre a associação profissional ou sindical, observado o seguinte:
I — a lei não poderá exigir autorização do Estado para a fundação de sindicato, ressalvado o registro no órgão competente, vedadas ao Poder Público a interferência e a intervenção na organização sindical;
II — é vedada a criação de mais de uma organização sindical, em qualquer grau, representativa de categoria profissional ou econômica, na mesma base territorial, que será definida

TÍTULO V — DA ORGANIZAÇÃO SINDICAL

pelos trabalhadores ou empregadores interessados, não podendo ser inferior à área de um Município;

(...)

Parágrafo único. As disposições deste artigo aplicam-se à organização de sindicatos rurais e de colônias de pescadores, atendidas as condições que a lei estabelecer.

ORIENTAÇÃO JURISPRUDENCIAL DA SDC DO TST

Vide OJ 35 SDC/TST

OJ 35 SDC TST — EDITAL DE CONVOCAÇÃO DA AGT. DISPOSIÇÃO ESTATUTÁRIA ESPECÍFICA. PRAZO MÍNIMO ENTRE A PUBLICAÇÃO E A REALIZAÇÃO DA ASSEMBLEIA. OBSERVÂNCIA OBRIGATÓRIA. *(inserida em 07.12.1998)*

Se os estatutos da entidade sindical contam com norma específica que estabeleça prazo mínimo entre a data de publicação do edital convocatório e a realização da assembleia correspondente, então a validade desta última depende da observância desse interregno.

Art. 519 A investidura sindical será conferida sempre à associação profissional mais representativa, a juízo do Ministro do Trabalho, constituindo elementos para essa apreciação, entre outros:

a) o número de associados;

b) os serviços sociais fundados e mantidos;

c) o valor do patrimônio.

CONSTITUIÇÃO FEDERAL DE 1988
DOU 5.10.1988

Vide art. 8º, *caput*, incisos I e II e parágrafo único

Art. 8º É livre a associação profissional ou sindical, observado o seguinte:

I — a lei não poderá exigir autorização do Estado para a fundação de sindicato, ressalvado o registro no órgão competente, vedadas ao Poder Público a interferência e a intervenção na organização sindical;

II — é vedada a criação de mais de uma organização sindical, em qualquer grau, representativa de categoria profissional ou econômica, na mesma base territorial, que será definida pelos trabalhadores ou empregadores interessados, não podendo ser inferior à área de um Município;

(...)

Parágrafo único. As disposições deste artigo aplicam-se à organização de sindicatos rurais e de colônias de pescadores, atendidas as condições que a lei estabelecer.

Art. 520 Reconhecida como sindicato a associação profissional, ser-lhe-á expedida carta de reconhecimento, assinada pelo ministro do Trabalho, Indústria e Comércio, na qual será especificada a representação econômica ou profissional conferida e mencionada a base territorial outorgada.

Parágrafo único O reconhecimento investe a associação nas prerrogativas do art. 513 e a obriga aos deveres do art. 514, cujo inadimplemento a sujeitará às sanções desta lei.

CONSTITUIÇÃO FEDERAL DE 1988
DOU 5.10.1988

Vide art. 5º, *caput* e inciso XXXV; art. 8º, *caput*, incisos I e II e parágrafo único; art. 114, *caput* e incisos III e IV

Art. 5º Todos são iguais perante a lei, sem distinção de qualquer natureza, garantindo-se aos brasileiros e aos estrangeiros residentes no País a inviolabilidade do direito à vida, à liberdade, à igualdade, à segurança e à propriedade, nos termos seguintes:

(...)

XXXV — a lei não excluirá da apreciação do Poder Judiciário lesão ou ameaça a direito;

Art. 8º É livre a associação profissional ou sindical, observado o seguinte:

I — a lei não poderá exigir autorização do Estado para a fundação de sindicato, ressalvado o registro no órgão competente, vedadas ao Poder Público a interferência e a intervenção na organização sindical;

II — é vedada a criação de mais de uma organização sindical, em qualquer grau, representativa de categoria profissional ou econômica, na mesma base territorial, que será definida pelos trabalhadores ou empregadores interessados, não podendo ser inferior à área de um Município;

(...)

Parágrafo único. As disposições deste artigo aplicam-se à organização de sindicatos rurais e de colônias de pescadores, atendidas as condições que a lei estabelecer.

Art. 114. Compete à Justiça do Trabalho processar e julgar: *(Redação dada pela Emenda Constitucional n. 45, de 2004)*

(...)

III — as ações sobre representação sindical, entre sindicatos, entre sindicatos e trabalhadores, e entre sindicatos e empregadores; *(Incluído pela Emenda Constitucional n. 45, de 2004)*

IV — os mandados de segurança, *habeas corpus* e *habeas data*, quando o ato questionado envolver matéria sujeita à sua jurisdição; *(Inciso acrescido pela Emenda Constitucional n. 45, de 2004)*

SÚMULA DO STF

Vide Súmula 677/STF

Súmula 677 STF — Até que lei venha a dispor a respeito, incumbe ao Ministério do Trabalho proceder ao registro das entidades sindicais e zelar pela observância do princípio da unicidade.

ORIENTAÇÕES JURISPRUDENCIAIS DA SDC DO TST

Vide OJs 15 e 23 SDC/TST

OJ 15 SDC TST — SINDICATO. LEGITIMIDADE "AD PROCESSUM". IMPRESCINDIBILIDADE DO REGISTRO NO MINISTÉRIO DO TRABALHO. *(inserida em 27.03.1998)*

A comprovação da legitimidade "ad processum" da entidade sindical se faz por seu registro no órgão competente do Ministério do Trabalho, mesmo após a promulgação da Constituição Federal de 1988.

OJ 23 SDC TST — LEGITIMIDADE "AD CAUSAM". SINDICATO REPRESENTATIVO DE SEGMENTO PROFISSIONAL OU PATRONAL. IMPOSSIBILIDADE. *(inserida em 25.05.1998)*

A representação sindical abrange toda a categoria, não comportando separação fundada na maior ou menor dimensão de cada ramo ou empresa.

Art. 521	São condições para o funcionamento do Sindicato:
a)	proibição de qualquer propaganda de doutrinas incompatíveis com as instituições e os interesses da Nação, bem como de candidaturas a cargos eletivos estranhos ao sindicato. *(Redação dada pelo Decreto-Lei n. 9.502, de 23.7.1946)*
b)	proibição de exercício de cargo eletivo cumulativamente com o de emprego remunerado pelo sindicato ou por entidade sindical de grau superior;
c)	gratuidade do exercício dos cargos eletivos.
d)	proibição de quaisquer atividades não compreendidas nas finalidades mencionadas no art. 511, inclusive as de caráter político-partidário; *(Incluída pelo Decreto-Lei n. 9.502, de 23.7.1946)*
e)	proibição de cessão gratuita ou remunerada da respectiva sede a entidade de índole político-partidária. *(Incluída pelo Decreto-Lei n. 9.502, de 23.7.1946)*
Parágrafo único	Quando, para o exercício de mandato, tiver o associado de sindicato de empregados, de trabalhadores autônomos ou de profissionais liberais de se afastar do seu trabalho, poderá ser-lhe arbitrada pela assembleia geral uma gratificação nunca excedente da importância de sua remuneração na profissão respectiva.

CONSTITUIÇÃO FEDERAL DE 1988
DOU 5.10.1988

Vide art. 8º, *caput*, incisos I e II e parágrafo único

Art. 8º É livre a associação profissional ou sindical, observado o seguinte:

I — a lei não poderá exigir autorização do Estado para a fundação de sindicato, ressalvado o registro no órgão competente, vedadas ao Poder Público a interferência e a intervenção na organização sindical;

II — é vedada a criação de mais de uma organização sindical, em qualquer grau, representativa de categoria profissional ou econômica, na mesma base territorial, que será definida pelos trabalhadores ou empregadores interessados, não podendo ser inferior à área de um Município;

(...)

Parágrafo único. As disposições deste artigo aplicam-se à organização de sindicatos rurais e de colônias de pescadores, atendidas as condições que a lei estabelecer.

PRECEDENTE NORMATIVO DA SDC DO TST

Vide PN 104 SDC/TST

PN 104 SDC TST — QUADRO DE AVISOS (positivo)

Defere-se a afixação, na empresa, de quadro de avisos do sindicato, para comunicados de interesse dos empregados, vedados os de conteúdo político-partidário ou ofensivo.

SEÇÃO III
DA ADMINISTRAÇÃO DO SINDICATO

Art. 522	A administração do sindicato será exercida por uma diretoria constituída no máximo de sete e no mínimo de três membros e de um Conselho Fiscal composto de três membros, eleitos esses órgãos pela Assembleia Geral.
§ 1º	A diretoria elegerá, dentre os seus membros, o presidente do sindicato.

TÍTULO V — DA ORGANIZAÇÃO SINDICAL

§ 2º A competência do Conselho Fiscal é limitada à fiscalização da gestão financeira do sindicato.

§ 3º Constituirão atribuição exclusiva da Diretoria do Sindicato e dos Delegados Sindicais, a que se refere o art. 523, a representação e a defesa dos interesses da entidade perante os poderes públicos e as empresas, salvo mandatário com poderes outorgados por procuração da Diretoria, ou associado investido em representação prevista em lei. *(Incluído pelo Decreto-Lei n. 9.502, de 23.7.1946)*

CONSTITUIÇÃO FEDERAL DE 1988
DOU 5.10.1988

Vide art. 8º, *caput*, incisos I, II e VIII e parágrafo único

Art. 8º É livre a associação profissional ou sindical, observado o seguinte:

I — a lei não poderá exigir autorização do Estado para a fundação de sindicato, ressalvado o registro no órgão competente, vedadas ao Poder Público a interferência e a intervenção na organização sindical;

II — é vedada a criação de mais de uma organização sindical, em qualquer grau, representativa de categoria profissional ou econômica, na mesma base territorial, que será definida pelos trabalhadores ou empregadores interessados, não podendo ser inferior à área de um Município;

(...)

VIII — é vedada a dispensa do empregado sindicalizado a partir do registro da candidatura a cargo de direção ou representação sindical e, se eleito, ainda que suplente, até um ano após o final do mandato, salvo se cometer falta grave nos termos da lei.

Parágrafo único. As disposições deste artigo aplicam-se à organização de sindicatos rurais e de colônias de pescadores, atendidas as condições que a lei estabelecer.

CONSOLIDAÇÃO DAS LEIS DO TRABALHO
Decreto-Lei n. 5.452, de 1º de maio de 1943
DOU 9.8.1943

Vide art. 543, *caput* e § 3º

Art. 543. O empregado eleito para cargo de administração sindical ou representação profissional, inclusive junto a órgão de deliberação coletiva, não poderá ser impedido do exercício de suas funções, nem transferido para lugar ou mister que lhe dificulte ou torne impossível o desempenho das suas atribuições sindicais. *(Redação dada pelo Decreto-Lei n. 229, de 28.2.1967)*

(...)

§ 3º Fica vedada a dispensa do empregado sindicalizado ou associado, a partir do momento do registro de sua candidatura a cargo de direção ou representação de entidade sindical ou de associação profissional, até 1 (um) ano após o final do seu mandato, caso seja eleito inclusive como suplente, salvo se cometer falta grave devidamente apurada nos termos desta Consolidação. *(Redação dada pela Lei n. 7.543, de 2.10.1986)*

SÚMULA DO TST

Vide Súmula 369/TST

Súmula 369 TST — DIRIGENTE SINDICAL. ESTABILIDADE PROVISÓRIA (redação do item I alterada na sessão do Tribunal Pleno realizada em 14.09.2012) — Res. 185/2012, DEJT divulgado em 25, 26 e 27.09.2012

I — É assegurada a estabilidade provisória ao empregado dirigente sindical, ainda que a comunicação do registro da candidatura ou da eleição e da posse seja realizada fora do prazo previsto no art. 543, § 5º, da CLT, desde que a ciência ao empregador, por qualquer meio, ocorra na vigência do contrato de trabalho.

II — O art. 522 da CLT foi recepcionado pela Constituição Federal de 1988. Fica limitada, assim, a estabilidade a que alude o art. 543, § 3º, da CLT a sete dirigentes sindicais e igual número de suplentes.

III — O empregado de categoria diferenciada eleito dirigente sindical só goza de estabilidade se exercer na empresa atividade pertinente à categoria profissional do sindicato para o qual foi eleito dirigente.

IV — Havendo extinção da atividade empresarial no âmbito da base territorial do sindicato, não há razão para subsistir a estabilidade.

V — O registro da candidatura do empregado a cargo de dirigente sindical durante o período de aviso prévio, ainda que indenizado, não lhe assegura a estabilidade, visto que inaplicável a regra do § 3º do art. 543 da Consolidação das Leis do Trabalho.

ORIENTAÇÕES JURISPRUDENCIAIS DA SDI-1 DO TST

Vide OJs 365 e 369 SDI-1/TST

OJ 365 SDI-1 TST — ESTABILIDADE PROVISÓRIA. MEMBRO DE CONSELHO FISCAL DE SINDICATO. INEXISTÊNCIA (DJ 20, 21 e 23.05.2008)

Membro de conselho fiscal de sindicato não tem direito à estabilidade prevista nos arts. 543, § 3º, da CLT e 8º, VIII, da CF/1988, porquanto não representa ou atua na defesa de direitos da categoria respectiva, tendo sua competência limitada à fiscalização da gestão financeira do sindicato (art. 522, § 2º, da CLT).

OJ 369 SDI-1 TST — ESTABILIDADE PROVISÓRIA. DELEGADO SINDICAL. INAPLICÁVEL. (DEJT divulgado em 03, 04 e 05.12.2008)

O delegado sindical não é beneficiário da estabilidade provisória prevista no art. 8º, VIII, da CF/1988, a qual é dirigida, exclusivamente, àqueles que exercem ou ocupem cargos de direção nos sindicatos, submetidos a processo eletivo.

Art. 523 Os Delegados Sindicais destinados à direção das delegacias ou seções instituídas na forma estabelecida no § 2º do art. 517 serão designados pela diretoria dentre os associados radicados no território da correspondente delegacia.

Art. 524

CONSTITUIÇÃO FEDERAL DE 1988
DOU 5.10.1988

Vide art. 8º, *caput,* incisos I, II e VIII e parágrafo único

Art. 8º É livre a associação profissional ou sindical, observado o seguinte:

I — a lei não poderá exigir autorização do Estado para a fundação de sindicato, ressalvado o registro no órgão competente, vedadas ao Poder Público a interferência e a intervenção na organização sindical;

II — é vedada a criação de mais de uma organização sindical, em qualquer grau, representativa de categoria profissional ou econômica, na mesma base territorial, que será definida pelos trabalhadores ou empregadores interessados, não podendo ser inferior à área de um Município;

(...)

VIII — é vedada a dispensa do empregado sindicalizado a partir do registro da candidatura a cargo de direção ou representação sindical e, se eleito, ainda que suplente, até um ano após o final do mandato, salvo se cometer falta grave nos termos da lei.

Parágrafo único. As disposições deste artigo aplicam-se à organização de sindicatos rurais e de colônias de pescadores, atendidas as condições que a lei estabelecer.

ORIENTAÇÃO JURISPRUDENCIAL DA SDI-1 DO TST

Vide OJ 369 SDI-1/TST

OJ 369 SDI-1 TST — ESTABILIDADE PROVISÓRIA. DELEGADO SINDICAL. INAPLICÁVEL. (DEJT divulgado em 03, 04 e 05.12.2008)

O delegado sindical não é beneficiário da estabilidade provisória prevista no art. 8º, VIII, da CF/1988, a qual é dirigida, exclusivamente, àqueles que exerçam ou ocupem cargos de direção nos sindicatos, submetidos a processo eletivo.

Art. 524	Serão sempre tomadas por escrutínio secreto, na forma estatutária, as deliberações da Assembleia Geral concernentes aos seguintes assuntos: *(Redação dada pela Lei n. 2.693, de 23.12.1955)*
a)	eleição de associado para representação da respectiva categoria prevista em lei; *(Redação dada pelo Decreto-Lei n. 9.502, de 23.7.1946)*
b)	tomada e aprovação de contas da diretoria; *(Redação dada pelo Decreto-Lei n. 9.502, de 23.7.1946)*
c)	aplicação do patrimônio; *(Redação dada pelo Decreto-Lei n. 9.502, de 23.7.1946)*
d)	julgamento dos atos da Diretoria, relativos a penalidades impostas a associados; *(Redação dada pelo Decreto-Lei n. 9.502, de 23.7.1946)*
e)	pronunciamento sobre relações ou dissídio de trabalho. Neste caso, as deliberações da Assembleia Geral só serão consideradas válidas quando ela tiver sido especialmente convocada para esse fim, de acordo com as disposições dos estatutos da entidade sindical. O quórum para validade da Assembleia será de metade mais um dos associados quites; não obtido esse quórum em primeira convocação, reunir-se-á a Assembleia em segunda convocação com os presentes, considerando-se aprovadas as deliberações que obtiverem 2/3 (dois terços) dos votos. *(Incluída pela Lei n. 2.693, de 23.12.1955)*

CONSTITUIÇÃO FEDERAL DE 1988
DOU 5.10.1988

Vide art. 8º, *caput,* inciso I

Art. 8º É livre a associação profissional ou sindical, observado o seguinte:

I — a lei não poderá exigir autorização do Estado para a fundação de sindicato, ressalvado o registro no órgão competente, vedadas ao Poder Público a interferência e a intervenção na organização sindical;

ORIENTAÇÕES JURISPRUDENCIAIS DA SDC DO TST

Vide OJs 8, 19, 28, 29 e 35 SDC/TST

OJ 8 SDC TST — ENQUADRAMENTO SINDICAL. INCOMPETÊNCIA MATERIAL DA JUSTIÇA DO TRABALHO. *(inserida em 27.03.1998)*

O dissídio coletivo não é meio próprio para o Sindicato vir a obter o reconhecimento de que a categoria que representa é diferenciada, pois esta matéria — enquadramento sindical — envolve a interpretação de norma genérica, notadamente do art. 577 da CLT.

OJ 19 SDC TST — DISSÍDIO COLETIVO CONTRA EMPRESA. LEGITIMAÇÃO DA ENTIDADE SINDICAL. AUTORIZAÇÃO DOS TRABALHADORES DIRETAMENTE ENVOLVIDOS NO CONFLITO. (inserido dispositivo) — DEJT divulgado em 16, 17 e 18.11.2010

A legitimidade da entidade sindical para a instauração da instância contra determinada empresa está condicionada à prévia autorização dos trabalhadores da suscitada diretamente envolvidos no conflito.

OJ 28 SDC TST — EDITAL DE CONVOCAÇÃO DA AGT. PUBLICAÇÃO. BASE TERRITORIAL. VALIDADE. *(inserida em 19.08.1998)*

O edital de convocação para a AGT deve ser publicado em jornal que circule em cada um dos municípios componentes da base territorial.

TÍTULO V — DA ORGANIZAÇÃO SINDICAL

Art. 525

OJ 29 SDC TST — EDITAL DE CONVOCAÇÃO E ATA DA ASSEMBLEIA GERAL. REQUISITOS ESSENCIAIS PARA INSTAURAÇÃO DE DISSÍDIO COLETIVO. *(inserida em 19.08.1998)*
O edital de convocação da categoria e a respectiva ata da AGT constituem peças essenciais à instauração do processo de dissídio coletivo.

OJ 35 SDC TST — EDITAL DE CONVOCAÇÃO DA AGT. DISPOSIÇÃO ESTATUTÁRIA ESPECÍFICA. PRAZO MÍNIMO ENTRE A PUBLICAÇÃO E A REALIZAÇÃO DA ASSEMBLEIA. OBSERVÂNCIA OBRIGATÓRIA. *(inserida em 07.12.1998)*
Se os estatutos da entidade sindical contam com norma específica que estabeleça prazo mínimo entre a data de publicação do edital convocatório e a realização da assembleia correspondente, então a validade desta última depende da observância desse interregno.

§ 1º	A eleição para cargos de diretoria e conselho fiscal será realizada por escrutínio secreto, durante 6 (seis) horas contínuas, pelo menos, na sede do Sindicato, na de suas delegacias e seções e nos principais locais de trabalho, onde funcionarão as mesas coletoras designadas pelos Delegados Regionais do Trabalho. *(Incluído pelo Decreto-Lei n. 9.502, de 23.7.1946)*
§ 2º	Concomitantemente ao término do prazo estipulado para a votação, instalar-se-á, em Assembleia Eleitoral pública e permanente, na sede do Sindicato, a mesa apuradora, para a qual serão enviadas, imediatamente, pelos presidentes das mesas coletoras, as urnas receptoras e as atas respectivas. Será facultada a designação de mesa apuradora supletiva sempre que as peculiaridades ou conveniências do pleito a exigirem. *(Incluído pelo Decreto-Lei n. 9.502, de 23.7.1946)*
§ 3º	A mesa apuradora será presidida por membro do Ministério Público do Trabalho ou pessoa de notória idoneidade, designado pelo Procurador-Geral da Justiça do Trabalho ou Procuradores Regionais. *(Incluído pelo Decreto-Lei n. 9.502, de 23.7.1946)*
§ 4º	O pleito só será válido na hipótese de participarem da votação mais de 2/3 (dois terços) dos associados com capacidade para votar. Não obtido esse coeficiente, será realizada nova eleição dentro de 15 (quinze) dias, a qual terá validade se nela tomarem parte mais de 50% (cinquenta por cento) dos referidos associados. Na hipótese de não ter sido alcançado, na segunda votação, o coeficiente exigido, será realizado o terceiro e último pleito, cuja validade dependerá do voto de mais de 40% (quarenta por cento) dos aludidos associados, proclamando o Presidente da mesa apuradora em qualquer dessas hipóteses os eleitos, os quais serão empossados automaticamente na data do término do mandato expirante, não tendo efeito suspensivo os protestos ou recursos oferecidos na conformidade da lei. *(Redação dada pela Lei n. 2.693, de 23.12.1955)*
§ 5º	Não sendo atingido o coeficiente legal para eleição, o Ministério do Trabalho, Indústria e Comércio declarará a vacância da administração, a partir do término do mandato dos membros em exercício, e designará administrador para o Sindicato, realizando-se novas eleições dentro de 6 (seis) meses. *(Incluído pelo Decreto-Lei n. 9.502, de 23.7.1946)*
Art. 525	É vedada a pessoas físicas ou jurídicas, estranhas ao Sindicato, qualquer interferência na sua administração ou nos seus serviços. *(Redação dada pelo Decreto-Lei n. 9.502, de 23.7.1946),*
Parágrafo único	Estão excluídos dessa proibição:
a)	os delegados do Ministério do Trabalho, Indústria e Comércio, especialmente designados pelo ministro ou por quem o represente;
b)	os que, como empregados, exerçam cargos no Sindicato mediante autorização da Assembleia Geral.

CONSTITUIÇÃO FEDERAL DE 1988
DOU 5.10.1988

Vide art. 8º, *caput*, inciso I

Art. 8º É livre a associação profissional ou sindical, observado o seguinte:

I — a lei não poderá exigir autorização do Estado para a fundação de sindicato, ressalvado o registro no órgão competente, vedadas ao Poder Público a interferência e a intervenção na organização sindical;

Art. 526	Os empregados do Sindicato serão nomeados pela diretoria respectiva *ad referendum*, da Assembleia Geral, não podendo recair tal nomeação nos que estiverem nas condições previstas nos itens II, IV, V, VI, VII e VIII do art. 530 e, na hipótese de o nomeador haver sido dirigente sindical, também nas do item I do mesmo artigo. *(Redação dada pelo Decreto-Lei n. 925, de 10.10.1969)*
Parágrafo único	*(Revogado pela Lei n. 11.295, de 2006)*
§ 2º	Aplicam-se ao empregado de entidade sindical os preceitos das leis de proteção do trabalho e de previdência social, inclusive o direito de associação em sindicato. *(Incluído pela Lei n. 11.295, de 2006)*

CONSTITUIÇÃO FEDERAL DE 1988
DOU 5.10.1988

Vide art. 8º, *caput*, inciso I

Art. 8º É livre a associação profissional ou sindical, observado o seguinte:

I — a lei não poderá exigir autorização do Estado para a fundação de sindicato, ressalvado o registro no órgão competente, vedadas ao Poder Público a interferência e a intervenção na organização sindical;

Art. 527	Na sede de cada sindicato haverá um livro de registro, autenticado pelo funcionário competente do Ministério do Trabalho, Indústria e Comércio, e do qual deverão constar:
a)	tratando-se de sindicato de empregadores; a firma, individual ou coletiva, ou a denominação das empresas e sua sede, o nome, idade, estado civil, nacionalidade e residência dos respectivos sócios ou, em se tratando de sociedade por ações, dos diretores, bem como a indicação desses dados quanto ao sócio ou diretor que representar a empresa no sindicato;
b)	tratando-se de sindicato de empregados ou de agentes ou trabalhadores autônomos ou de profissionais liberais, além do nome, idade, estado civil, nacionalidade, profissão ou função e residência de cada associado, o estabelecimento ou lugar onde exerce a sua profissão ou função, o número e a série da respectiva carteira profissional e o número da inscrição na instituição de previdência a que pertencer.

CONSTITUIÇÃO FEDERAL DE 1988
DOU 5.10.1988

Vide art. 8º, *caput*, inciso I

Art. 8º É livre a associação profissional ou sindical, observado o seguinte:

I — a lei não poderá exigir autorização do Estado para a fundação de sindicato, ressalvado o registro no órgão competente, vedadas ao Poder Público a interferência e a intervenção na organização sindical;

PRECEDENTE NORMATIVO DA SDC DO TST

Vide PN 111 SDC/TST

PN 111 SDC TST — RELAÇÃO DE EMPREGADOS (positivo)

Obriga-se a empresa a remeter ao sindicato profissional, uma vez por ano, a relação dos empregados pertencentes à categoria.

TÍTULO V — DA ORGANIZAÇÃO SINDICAL

Art. 528	*(Revogado pelo art. 76 da Lei n. 8.630, de 25.2.1993, que revogou o Decreto-Lei n. 3, de 27.1.1966, que havia dado nova redação ao art. 528 da CLT).*

SEÇÃO IV
DAS ELEIÇÕES SINDICAIS

Art. 529	São condições para o exercício do direito do voto como para a investidura em cargo de administração ou representação econômica ou profissional:
a)	ter o associado mais de seis meses de inscrição no Quadro Social e mais de 2 (dois) anos de exercício da atividade ou da profissão; *(Redação dada pelo Decreto-Lei n. 8.080, 11.10.1945)*
b)	ser maior de 18 (dezoito) anos;
c)	estar no gozo dos direitos sindicais.
Parágrafo único	É obrigatório aos associados o voto nas eleições sindicais. *(Incluído pelo Decreto-Lei n. 229, de 28.2.1967)*

CONSTITUIÇÃO FEDERAL DE 1988
DOU 5.10.1988

Vide art. 5º, *caput* e inciso XX; e art. 8º, *caput*, incisos I e VII

Art. 5º Todos são iguais perante a lei, sem distinção de qualquer natureza, garantindo-se aos brasileiros e aos estrangeiros residentes no País a inviolabilidade do direito à vida, à liberdade, à igualdade, à segurança e à propriedade, nos termos seguintes:
(...)

XX — ninguém poderá ser compelido a associar-se ou a permanecer associado;

Art. 8º É livre a associação profissional ou sindical, observado o seguinte:
I — a lei não poderá exigir autorização do Estado para a fundação de sindicato, ressalvado o registro no órgão competente, vedadas ao Poder Público a interferência e a intervenção na organização sindical;
(...)
VII — o aposentado filiado tem direito a votar e ser votado nas organizações sindicais;

Art. 530	Não podem ser eleitos para cargos administrativos ou de representação econômica ou profissional, nem permanecer no exercício desses cargos: *(Redação dada pelo Decreto-Lei n. 229, de 28.2.1967)*
I -	os que não tiverem definitivamente aprovadas as suas contas de exercício em cargos de administração; *(Incluído pelo Decreto-Lei n. 229, de 28.2.1967)*
II -	os que houverem lesado o patrimônio de qualquer entidade sindical; *(Incluído pelo Decreto-Lei n. 229, de 28.2.1967)*
III -	os que não estiverem, desde dois (2) anos antes, pelo menos, no exercício efetivo da atividade ou da profissão dentro da base territorial do sindicato, ou no desempenho de representação econômica ou profissional; *(Incluído pelo Decreto-Lei n. 229, de 28.2.1967)*
IV -	os que tiverem sido condenados por crime doloso enquanto persistirem os efeitos da pena; *(Incluído pelo Decreto-Lei n. 229, de 28.2.1967)*
V -	os que não estiverem no gozo de seus direitos políticos; *(Incluído pelo Decreto-Lei n. 229, de 28.2.1967)*
VI -	*(Revogado pela Lei n. 8.865, de 29.3.1994)*
VII -	má conduta, devidamente comprovada; *(Incluído pelo Decreto-Lei n. 507, de 18.3.1969)*
VIII -	*(Revogado pela Lei n. 8.865, de 29.3.1994)*
Parágrafo único	*(Revogado pela Lei n. 2.693, de 23.12.1955)*

Arts. 531 e 532

TÍTULO V — DA ORGANIZAÇÃO SINDICAL

CONSTITUIÇÃO FEDERAL DE 1988
DOU 5.10.1988

Vide art. 8º, *caput*, inciso I

Art. 8º É livre a associação profissional ou sindical, observado o seguinte:

I — a lei não poderá exigir autorização do Estado para a fundação de sindicato, ressalvado o registro no órgão competente, vedadas ao Poder Público a interferência e a intervenção na organização sindical;

Art. 531	Nas eleições para cargos de diretoria e do conselho fiscal serão considerados eleitos os candidatos que obtiverem maioria absoluta de votos em relação ao total dos associados eleitores.
§ 1º	Não concorrendo à primeira convocação maioria absoluta de eleitores, ou não obtendo nenhum dos candidatos essa maioria, proceder-se-á à nova convocação para dia posterior, sendo então considerados eleitos os candidatos que obtiverem maioria dos eleitores presentes.
§ 2º	Havendo somente uma chapa registada para as eleições, poderá a assembleia em última convocação ser realizada duas horas após à primeira convocação desde que do edital respectivo conste essa advertência.
§ 3º	Concorrendo mais de uma chapa poderá o Ministério do Trabalho, Indústria e Comércio designar o presidente da sessão eleitoral, desde que o requeiram os associados que encabeçarem as respectivas chapas. *(Redação dada pelo Decreto-Lei n. 8.080, 11.10.1945)*
§ 4º	O Ministro do Trabalho, Indústria e Comércio expedirá instruções regulando o processo das eleições.

CONSTITUIÇÃO FEDERAL DE 1988
DOU 5.10.1988

Vide art. 8º, *caput*, inciso I

Art. 8º É livre a associação profissional ou sindical, observado o seguinte:

I — a lei não poderá exigir autorização do Estado para a fundação de sindicato, ressalvado o registro no órgão competente, vedadas ao Poder Público a interferência e a intervenção na organização sindical;

Art. 532	As eleições para a renovação da Diretoria e do Conselho Fiscal deverão ser procedidas dentro do prazo máximo de 60 (sessenta) dias e mínimo de 30 (trinta) dias, antes do término do mandato dos dirigentes em exercício. *(Redação dada pelo Decreto-Lei n. 8.080, 11.10.1945)*
§ 1º	Não havendo protesto na ata da assembleia eleitoral ou recurso interposto por algum dos candidatos, dentro de 15 dias a contar da data das eleições, a posse da diretoria eleita independerá, da aprovação das eleições pelo Ministério do Trabalho, Indústria e Comércio. *(Incluído pelo Decreto-Lei n. 8.080, 11.10.1945)*
§ 2º	Competirá, à diretoria em exercício, dentro de 30 dias da realização das eleições" e não tendo havido recurso, dar publicidade ao resultado do pleito, fazendo comunicação ao órgão local do Ministério do Trabalho, Indústria e Comércio, da relação dos eleitos, com os dados pessoais de cada um e a designação da função que vai exercer. *(Incluído pelo Decreto-Lei n. 8.080, 11.10.1945)*

TÍTULO V — DA ORGANIZAÇÃO SINDICAL

§ 3º Havendo protesto na ata da assembleia eleitoral ou recurso interposto dentro de 15 dias da realização das eleições, competirá a diretoria em exercício encaminhar, devidamente instruído, o processo eleitoral ao órgão local do Ministério do Trabalho, Indústria e Comércio, que o encaminhará para decisão do Ministro de Estado. Nesta hipótese, permanecerão na administração até despacho final do processo a diretoria e o conselho fiscal que se encontrarem em exercício. *(Incluído pelo Decreto-Lei n. 8.080, 11.10.1945)*

§ 4º Ao assumir o cargo, o eleito prestará, por escrito e solenemente, o compromisso de respeitar, no exercício do mandato, a Constituição, as leis vigentes e os estatutos da entidade. *(Incluído pelo Decreto-Lei n. 8.080, 11.10.1945)*

§ 5º Ao assumir o cargo, o eleito prestará, por escrito e solenemente, o compromisso de respeitar, no exercício do mandato, a Constituição, as leis vigentes e os estatutos da entidade. *(Incluído pelo Decreto-Lei n. 229, de 28.2.1967)*

CONSTITUIÇÃO FEDERAL DE 1988
DOU 5.10.1988

Vide art. 8º, *caput* e incisos I e VII; e art. 114, *caput* e inciso III

Art. 8º É livre a associação profissional ou sindical, observado o seguinte:

I — a lei não poderá exigir autorização do Estado para a fundação de sindicato, ressalvado o registro no órgão competente, vedadas ao Poder Público a interferência e a intervenção na organização sindical;

(...)

VII — o aposentado filiado tem direito a votar e ser votado nas organizações sindicais;

Art. 114. Compete à Justiça do Trabalho processar e julgar: *(Redação dada pela Emenda Constitucional n. 45, de 2004)*

(...)

III as ações sobre representação sindical, entre sindicatos, entre sindicatos e trabalhadores, e entre sindicatos e empregadores; *(Incluído pela Emenda Constitucional n. 45, de 2004)*

ORIENTAÇÕES JURISPRUDENCIAIS DA SDC DO TST

Vide OJs 28 e 29 SDC/TST

OJ 28 SDC TST — EDITAL DE CONVOCAÇÃO DA AGT. PUBLICAÇÃO. BASE TERRITORIAL. VALIDADE. *(inserida em 19.08.1998)*

O edital de convocação para a AGT deve ser publicado em jornal que circule em cada um dos municípios componentes da base territorial.

OJ 29 SDC TST — EDITAL DE CONVOCAÇÃO E ATA DA ASSEMBLEIA GERAL. REQUISITOS ESSENCIAIS PARA INSTAURAÇÃO DE DISSÍDIO COLETIVO. *(inserida em 19.08.1998)*

O edital de convocação da categoria e a respectiva ata da AGT constituem peças essenciais à instauração do processo de dissídio coletivo.

SÚMULA DO STJ

Vide Súmula 4/STJ

Súmula 4 STJ — Compete a Justiça Estadual julgar causa decorrente do processo eleitoral sindical.

SEÇÃO V
DAS ASSOCIAÇÕES SINDICAIS DE GRAU SUPERIOR

Art. 533 Constituem associações sindicais de grau superior as federações e confederações organizadas nos termos desta Lei.

CONSTITUIÇÃO FEDERAL DE 1988
DOU 5.10.1988

Vide art. 8º, *caput* e incisos I, II e VII

Art. 8º É livre a associação profissional ou sindical, observado o seguinte:

I — a lei não poderá exigir autorização do Estado para a fundação de sindicato, ressalvado o registro no órgão competente, vedadas ao Poder Público a interferência e a intervenção na organização sindical;

II — é vedada a criação de mais de uma organização sindical, em qualquer grau, representativa de categoria profissional ou econômica, na mesma base territorial, que será definida pelos trabalhadores ou empregadores interessados, não podendo ser inferior à área de um Município;

(...)

VII — o aposentado filiado tem direito a votar e ser votado nas organizações sindicais;

LEI N. 11.648, DE 31 MARÇO DE 2008
Dispõe sobre o reconhecimento formal das centrais sindicais para os fins que especifica, altera a Consolidação das Leis do Trabalho — CLT, aprovada pelo Decreto-Lei n. 5.452, de 1º de maio de 1943, e dá outras providências
DOU 31.3.2008 — edição extra

Vide art. 1º, *caput*, incisos I e II e parágrafo único

Art. 1º A central sindical, entidade de representação geral dos trabalhadores, constituída em âmbito nacional, terá as seguintes atribuições e prerrogativas:

I — coordenar a representação dos trabalhadores por meio das organizações sindicais a ela filiadas; e

II — participar de negociações em fóruns, colegiados de órgãos públicos e demais espaços de diálogo social que possuam composição tripartite, nos quais estejam em discussão assuntos de interesse geral dos trabalhadores.

Parágrafo único. Considera-se central sindical, para os efeitos do disposto nesta Lei, a entidade associativa de direito privado composta por organizações sindicais de trabalhadores.

Art. 534	É facultado aos Sindicatos, quando em número não inferior a 5 (cinco), desde que representem a maioria absoluta de um grupo de atividades ou profissões idênticas, similares ou conexas, organizarem-se em federação. *(Redação dada pela Lei n. 3.265, de 22.9.1957)*
§ 1º	Se já existir federação no grupo de atividades ou profissões em que deva ser constituída a nova entidade, a criação desta não poderá reduzir a menos de 5 (cinco) o número de Sindicatos que àquela devam continuar filiados. *(Incluído pela Lei n. 3.265, de 22.9.1957)*
§ 2º	As federações serão constituídas por Estados, podendo o Ministro do Trabalho, Indústria e Comércio autorizar a constituição de Federações interestaduais ou nacionais. *(§ 1º renumerado pela Lei n. 3.265, de 22.9.1957)*
§ 3º	É permitido a qualquer federação, para o fim de lhes coordenar os interesses, agrupar os Sindicatos de determinado município ou região a ela filiados; mas a união não terá direito de representação das atividades ou profissões agrupadas. *(§ 2º renumerado pela Lei n. 3.265, de 22.9.1957)*

CONSTITUIÇÃO FEDERAL DE 1988
DOU 5.10.1988

Vide art. 8º, caput e incisos I, II e VII

Art. 8º É livre a associação profissional ou sindical, observado o seguinte:

I — a lei não poderá exigir autorização do Estado para a fundação de sindicato, ressalvado o registro no órgão competente, vedadas ao Poder Público a interferência e a intervenção na organização sindical;

II — é vedada a criação de mais de uma organização sindical, em qualquer grau, representativa de categoria profissional ou econômica, na mesma base territorial, que será definida pelos trabalhadores ou empregadores interessados, não podendo ser inferior à área de um Município;

(...)

VII — o aposentado filiado tem direito a votar e ser votado nas organizações sindicais;

SÚMULA DO STF

Vide Súmula 677/STF

Súmula 677 STF — Até que lei venha a dispor a respeito, incumbe ao Ministério do Trabalho proceder ao registro das entidades sindicais e zelar pela observância do princípio da unicidade.

Art. 535	As Confederações organizar-se-ão com o mínimo de 3 (três) federações e terão sede na Capital da República.
§ 1º	As confederações formadas por federações de Sindicatos de empregadores denominar-se-ão: Confederação Nacional da Indústria, Confederação Nacional do Comércio, Confederação Nacional de Transportes Marítimos, Fluviais e Aéreos, Confederação Nacional de Transportes Terrestres, Confederação Nacional de Comunicações e Publicidade, Confederação Nacional das Empresas de Crédito e Confederação Nacional de Educação e Cultura.
§ 2º	As confederações formadas por federações de Sindicatos de empregados terão a denominação de: Confederação Nacional dos Trabalhadores na Indústria, Confederação Nacional dos Trabalhadores no Comércio, Confederação Nacional dos Trabalhadores em Transportes Marítimos, Fluviais e Aéreos, Confederação Nacional dos Trabalhadores em Transportes Terrestres, Confederação Nacional dos Trabalhadores em Comunicações e Publicidade, Confederação Nacional dos Trabalhadores nas Empresas de Crédito e Confederação Nacional dos Trabalhadores em Estabelecimentos de Educação e Cultura.
§ 3º	Denominar-se-á Confederação Nacional das Profissões Liberais a reunião das respectivas federações.

III — as ações sobre representação sindical, entre sindicatos, entre sindicatos e trabalhadores, e entre sindicatos e empregadores; *(Incluído pela Emenda Constitucional n. 45, de 2004)*

IV — os mandados de segurança, *habeas corpus* e *habeas data*, quando o ato questionado envolver matéria sujeita à sua jurisdição; *(Inciso acrescido pela Emenda Constitucional n. 45, de 2004)*

SÚMULA DO STF

Vide Súmula 677/STF

Súmula 677 STF — Até que lei venha a dispor a respeito, incumbe ao Ministério do Trabalho proceder ao registro das entidades sindicais e zelar pela observância do princípio da unicidade.

Art. 538	A administração das federações e confederações será exercida pelos seguintes órgãos: *(Redação dada pela Lei n. 2.693, de 23.12.1955)*
a)	Diretoria; *(Redação dada pela Lei n. 2.693, de 23.12.1955)*
b)	Conselho de Representantes; *(Redação dada pela Lei n. 2.693, de 23.12.1955)*
c)	Conselho Fiscal. *(Redação dada pela Lei n. 2.693, de 23.12.1955)*
§ 1º	A Diretoria será constituída no mínimo de 3 (três) membros e de 3 (três) membros se comporá o Conselho Fiscal, os quais serão eleitos pelo Conselho de Representantes com mandato por 3 (três) anos. *(Redação dada pelo Decreto-Lei n. 771, de 19.8.1969)*
§ 2º	Só poderão ser eleitos os integrantes dos grupos das federações ou dos planos das confederações, respectivamente. *(Parágrafo incluído pela Lei n. 2.693, de 23.12.1955)*
§ 3º	O Presidente da federação ou confederação será escolhido dentre os seus membros, pela Diretoria. *(§ 2º renumerado pela Lei n. 2.693, de 23.12.1955)*
§ 4º	O Conselho de Representantes será formado pelas delegações dos Sindicatos ou das Federações filiadas, constituída cada delegação de 2 (dois) membros, com mandato por 3 (três) anos, cabendo 1 (um) voto a cada delegação. *(§ 3º renumerado e alterado dada pelo Decreto-Lei n. 771, de 19.8.1969)*
§ 5º	A competência do Conselho Fiscal é limitada à fiscalização da gestão financeira. *(Incluído pela Lei n. 2.693, de 23.12.1955)*

CONSTITUIÇÃO FEDERAL DE 1988
DOU 5.10.1988

Vide art. 8º, caput e inciso I

Art. 8º É livre a associação profissional ou sindical, observado o seguinte:

I — a lei não poderá exigir autorização do Estado para a fundação de sindicato, ressalvado o registro no órgão competente, vedadas ao Poder Público a interferência e a intervenção na organização sindical;

Art. 539	Para a constituição e administração das Federações serão observadas, no que for aplicável, as disposições das Seções II e III do presente Capítulo.

CONSTITUIÇÃO FEDERAL DE 1988
DOU 5.10.1988

Vide art. 8º, caput e incisos I e VII

Art. 8º É livre a associação profissional ou sindical, observado o seguinte:

I — a lei não poderá exigir autorização do Estado para a fundação de sindicato, ressalvado o registro no órgão competente, vedadas ao Poder Público a interferência e a intervenção na organização sindical;
(...)
VII — o aposentado filiado tem direito a votar e ser votado nas organizações sindicais;

SEÇÃO VI
DOS DIREITOS DOS EXERCENTES DE ATIVIDADES OU PROFISSÕES E DOS SINDICALIZADOS

Art. 540	A toda empresa, ou indivíduo que exerçam respectivamente atividade ou profissão, desde que satisfaçam as exigências desta lei, assiste o direito de ser admitido no sindicato da respectiva categoria.

TÍTULO V — DA ORGANIZAÇÃO SINDICAL

§ 4º As associações sindicais de grau superior da Agricultura e Pecuária serão organizadas na conformidade do que dispuser a lei que regular a sindicalização dessas atividades ou profissões.

CONSTITUIÇÃO FEDERAL DE 1988
DOU 5.10.1988

Vide art. 8º, caput e inciso I

Art. 8º É livre a associação profissional ou sindical, observado o seguinte:

I — a lei não poderá exigir autorização do Estado para a fundação de sindicato, ressalvado o registro no órgão competente, vedadas ao Poder Público a interferência e a intervenção na organização sindical;

LEI N. 11.648, DE 31 MARÇO DE 2008
Dispõe sobre o reconhecimento formal das centrais sindicais para os fins que especifica, altera a Consolidação das Leis do Trabalho — CLT, aprovada pelo Decreto-Lei n. 5.452, de 1º de maio de 1943, e dá outras providências
DOU 31.3.2008 — edição extra

Vide art. 1º, caput, incisos I e II e parágrafo único

Art. 1º A central sindical, entidade de representação geral dos trabalhadores, constituída em âmbito nacional, terá as seguintes atribuições e prerrogativas:

I — coordenar a representação dos trabalhadores por meio das organizações sindicais a ela filiadas; e

II — participar de negociações em fóruns, colegiados de órgãos públicos e demais espaços de diálogo social que possuam composição tripartite, nos quais estejam em discussão assuntos de interesse geral dos trabalhadores.

Parágrafo único. Considera-se central sindical, para os efeitos do disposto nesta Lei, a entidade associativa de direito privado composta por organizações sindicais de trabalhadores.

Art. 536
Parágrafo único (Revogados pelo Decreto-Lei n. 229, de 28.2.1967)

Art. 537 O pedido de reconhecimento de uma federação será dirigido ao Ministro do Trabalho, Indústria e Comércio, acompanhado de um exemplar dos respectivos estatutos e das cópias autenticadas das atas da assembleia de cada sindicato ou federação que autorizar a filiação.

§ 1º A organização das federações e confederações obedecerá às exigências contidas nas alíneas *b* e *c* do art. 515.

§ 2º A carta de reconhecimento das federações será expedida pelo Ministro do Trabalho, Indústria e Comércio, na qual será especificada a coordenação econômica ou profissional conferida e mencionada a base territorial outorgada.

§ 3º A carta de reconhecimento das federações será expedida pelo Ministro do Trabalho, Indústria e Comércio, na qual será especificada a coordenação econômica ou profissional conferida e mencionada a base territorial outorgada.

CONSTITUIÇÃO FEDERAL DE 1988
DOU 5.10.1988

Vide art. 8º, caput e incisos I e II; art. 114, caput e incisos III e IV

Art. 8º É livre a associação profissional ou sindical, observado o seguinte:

I — a lei não poderá exigir autorização do Estado para a fundação de sindicato, ressalvado o registro no órgão competente, vedadas ao Poder Público a interferência e a intervenção na organização sindical;

II — é vedada a criação de mais de uma organização sindical, em qualquer grau, representativa de categoria profissional ou econômica, na mesma base territorial, que será definida pelos trabalhadores ou empregadores interessados, não podendo ser inferior à área de um Município;

Art. 114. Compete à Justiça do Trabalho processar e julgar: *(Redação dada pela Emenda Constitucional n. 45, de 2004)*

(...)

TÍTULO V — DA ORGANIZAÇÃO SINDICAL

§ 1º Perderá os direitos de associado o sindicalizado que, por qualquer motivo, deixar o exercício de atividade ou de profissão.

§ 2º Os associados de Sindicatos de empregados, de agentes ou trabalhadores autônomos e de profissões liberais que forem aposentados, estiverem em desemprego ou falta de trabalho ou tiverem sido convocados para prestação de serviço militar não perderão os respectivos direitos sindicais e ficarão isentos de qualquer contribuição, não podendo, entretanto, exercer cargo de administração sindical ou de representação econômica ou profissional.

CONSTITUIÇÃO FEDERAL DE 1988
DOU 5.10.1988

Vide art. 8º, caput e inciso I

Art. 8º É livre a associação profissional ou sindical, observado o seguinte:

I — a lei não poderá exigir autorização do Estado para a fundação de sindicato, ressalvado o registro no órgão competente, vedadas ao Poder Público a interferência e a intervenção na organização sindical;

PRECEDENTE NORMATIVO DA SDC DO TST

Vide PN 119 SDC/TST

PN 119 SDC TST — CONTRIBUIÇÕES SINDICAIS — INOBSERVÂNCIA DE PRECEITOS CONSTITUCIONAIS — (mantido) — DEJT divulgado em 25.08.2014

A Constituição da República, em seus arts. 5º, XX e 8º, V, assegura o direito de livre associação e sindicalização. É ofensiva a essa modalidade de liberdade cláusula constante de acordo, convenção coletiva ou sentença normativa estabelecendo contribuição em favor de entidade sindical a título de taxa para custeio do sistema confederativo, assistencial, revigoramento ou fortalecimento sindical e outras da mesma espécie, obrigando trabalhadores não sindicalizados. Sendo nulas as estipulações que inobservem tal restrição, tornam-se passíveis de devolução os valores irregularmente descontados.

Art. 541 Os que exercerem determinada atividade ou profissão onde não haja Sindicato da respectiva categoria, ou de atividade ou profissão similar ou conexa, poderão filiar-se a Sindicato de profissão idêntica, similar ou conexa, existente na localidade mais próxima.

Parágrafo único O disposto neste artigo se aplica aos Sindicatos em relação às respectivas federações, na conformidade do Quadro de Atividades e Profissões a que se refere o art. 577.

CONSTITUIÇÃO FEDERAL DE 1988
DOU 5.10.1988

Vide art. 8º, caput e inciso I

Art. 8º É livre a associação profissional ou sindical, observado o seguinte:

I — a lei não poderá exigir autorização do Estado para a fundação de sindicato, ressalvado o registro no órgão competente, vedadas ao Poder Público a interferência e a intervenção na organização sindical;

Art. 542 De todo o ato lesivo de direitos ou contrário a esta lei, emanado da Diretoria, do Conselho ou da Assembleia Geral da entidade sindical, poderá qualquer exercente de atividade ou profissão recorrer, dentro de 30 dias, para a autoridade competente do Ministério do Trabalho, Indústria e Comércio.

CONSTITUIÇÃO FEDERAL DE 1988
DOU 5.10.1988

Vide art. 8º, caput e inciso I

Art. 8º É livre a associação profissional ou sindical, observado o seguinte:

I — a lei não poderá exigir autorização do Estado para a fundação de sindicato, ressalvado o registro no órgão competente, vedadas ao Poder Público a interferência e a intervenção na organização sindical;

Art. 543

O empregado eleito para cargo de administração sindical ou representação profissional, inclusive junto a órgão de deliberação coletiva, não poderá ser impedido do exercício de suas funções, nem transferido para lugar ou mister que lhe dificulte ou torne impossível o desempenho das suas atribuições sindicais. *(Redação dada pelo Decreto-Lei n. 229, de 28.2.1967)*

CONSTITUIÇÃO FEDERAL DE 1988
DOU 5.10.1988

Vide art. 8°, *caput* e inciso VIII; e art. 11

Art. 8° É livre a associação profissional ou sindical, observado o seguinte:

(...)

VIII — é vedada a dispensa do empregado sindicalizado a partir do registro da candidatura a cargo de direção ou representação sindical e, se eleito, ainda que suplente, até um ano após o final do mandato, salvo se cometer falta grave nos termos da lei.

Art. 11. Nas empresas de mais de duzentos empregados, é assegurada a eleição de um representante destes com a finalidade exclusiva de promover-lhes o entendimento direto com os empregadores.

LEI N. 5.764, DE 16 DE DEZEMBRO DE 1971
Define a Política Nacional de Cooperativismo, institui o regime jurídico das sociedades cooperativas, e dá outras providências
DOU 16.12.1971

Vide art. 55

Art. 55. Os empregados de empresas que sejam eleitos diretores de sociedades cooperativas pelos mesmos criadas, gozarão das garantias asseguradas aos dirigentes sindicais pelo artigo 543 da Consolidação das Leis do Trabalho *(Decreto-Lei n. 5.452, de 1° de maio de 1943)*.

SÚMULAS DO STF

Vide Súmulas 197 e 221/STF

Súmula 197 STF — O empregado com representação sindical só pode ser despedido mediante inquérito em que se apure falta grave.

Súmula 221 STF — A transferência de estabelecimento, ou a sua extinção parcial, por motivo que não seja de força maior, não justifica a transferência de empregado estável.

SÚMULAS DO TST

Vide Súmulas 369, 374, 379 e 396/TST

Súmula 369 TST — DIRIGENTE SINDICAL. ESTABILIDADE PROVISÓRIA (redação do item I alterada na sessão do Tribunal Pleno realizada em 14.09.2012) — Res. 185/2012, DEJT divulgado em 25, 26 e 27.09.2012

I — É assegurada a estabilidade provisória ao empregado dirigente sindical, ainda que a comunicação do registro da candidatura ou da eleição e da posse seja realizada fora do prazo previsto no art. 543, § 5°, da CLT, desde que a ciência ao empregador, por qualquer meio, ocorra na vigência do contrato de trabalho.

II — O art. 522 da CLT foi recepcionado pela Constituição Federal de 1988. Fica limitada, assim, a estabilidade a que alude o art. 543, § 3°, da CLT a sete dirigentes sindicais e igual número de suplentes.

III — O empregado de categoria diferenciada eleito dirigente sindical só goza de estabilidade se exercer na empresa atividade pertinente à categoria profissional do sindicato para o qual foi eleito dirigente.

IV — Havendo extinção da atividade empresarial no âmbito da base territorial do sindicato, não há razão para subsistir a estabilidade.

V — O registro da candidatura do empregado a cargo de dirigente sindical durante o período de aviso prévio, ainda que indenizado, não lhe assegura a estabilidade, visto que inaplicável a regra do § 3° do art. 543 da Consolidação das Leis do Trabalho.

Súmula 374 TST — NORMA COLETIVA. CATEGORIA DIFERENCIADA. ABRANGÊNCIA (conversão da Orientação Jurisprudencial n. 55 da SBDI-1) — Res. 129/2005, DJ 20, 22 e 25.04.2005

Empregado integrante de categoria profissional diferenciada não tem o direito de haver de seu empregador vantagens previstas em instrumento coletivo no qual a empresa não foi representada por órgão de classe de sua categoria. *(ex-OJ n. 55 da SBDI-1 — inserida em 25.11.1996)*

Súmula 379 TST — DIRIGENTE SINDICAL. DESPEDIDA. FALTA GRAVE. INQUÉRITO JUDICIAL. NECESSIDADE (conversão da Orientação Jurisprudencial n. 114 da SBDI-1) — Res. 129/2005, DJ 20, 22 e 25.04.2005

O dirigente sindical somente poderá ser dispensado por falta grave mediante a apuração em inquérito judicial, inteligência dos arts. 494 e 543, § 3°, da CLT. *(ex-OJ n. 114 da SBDI-1 — inserida em 20.11.1997)*

Súmula 396 TST — ESTABILIDADE PROVISÓRIA. PEDIDO DE REINTEGRAÇÃO. CONCESSÃO DO SALÁRIO RELATIVO AO PERÍODO DE ESTABILIDADE JÁ EXAURIDO. INEXISTÊNCIA DE JULGAMENTO "EXTRA PETITA" (conversão das Orientações Jurisprudenciais ns. 106 e 116 da SBDI-1) — Res. 129/2005, DJ 20, 22 e 25.04.2005

I — Exaurido o período de estabilidade, são devidos ao empregado apenas os salários do período compreendido entre a data da despedida e o final do período de estabilidade, não lhe sendo assegurada a reintegração no emprego. *(ex-OJ n. 116 da SBDI-1 — inserida em 1°.10.1997)*

II — Não há nulidade por julgamento "extra petita" da decisão que deferir salário quando o pedido for de reintegração, dados os termos do art. 496 da CLT. *(ex-OJ n. 106 da SBDI-1 — inserida em 20.11.1997)*

ORIENTAÇÕES JURISPRUDENCIAIS DA SDI-1 DO TST

Vide OJs 365, 369 e 399 SDI-1/TST

OJ 365 SDI-1 TST — ESTABILIDADE PROVISÓRIA. MEMBRO DE CONSELHO FISCAL DE SINDICATO. INEXISTÊNCIA (DJ 20, 21 e 23.05.2008)

TÍTULO V — DA ORGANIZAÇÃO SINDICAL

Art. 543

Membro de conselho fiscal de sindicato não tem direito à estabilidade prevista nos arts. 543, § 3º, da CLT e 8º, VIII, da CF/1988, porquanto não representa ou atua na defesa de direitos da categoria respectiva, tendo sua competência limitada à fiscalização da gestão financeira do sindicato (art. 522, § 2º, da CLT).

OJ 369 SDI-1 TST — ESTABILIDADE PROVISÓRIA. DELEGADO SINDICAL. INAPLICÁVEL. (DEJT divulgado em 03, 04 e 05.12.2008)

O delegado sindical não é beneficiário da estabilidade provisória prevista no art. 8º, VIII, da CF/1988, a qual é dirigida, exclusivamente, àqueles que exerçam ou ocupem cargos de direção nos sindicatos, submetidos a processo eletivo.

OJ 399 SDI-1 TST — ESTABILIDADE PROVISÓRIA. AÇÃO TRABALHISTA AJUIZADA APÓS O TÉRMINO DO PERÍODO DE GARANTIA NO EMPREGO. ABUSO DO EXERCÍCIO DO DIREITO DE AÇÃO. NÃO CONFIGURAÇÃO. INDENIZAÇÃO DEVIDA. (DEJT divulgado em 02, 03 e 04.08.2010)

O ajuizamento de ação trabalhista após decorrido o período de garantia de emprego não configura abuso do exercício do direito de ação, pois este está submetido apenas ao prazo prescricional inscrito no art. 7º, XXIX, da CF/1988, sendo devida a indenização desde a dispensa até a data do término do período estabilitário.

ORIENTAÇÕES JURISPRUDENCIAIS DA SDI-2 DO TST

Vide OJs 23, 65, 137 e 142 SDI-2/TST

OJ 23 SDI-2 TST — AÇÃO RESCISÓRIA. ESTABILIDADE. PERÍODO PRÉ-ELEITORAL. VIOLAÇÃO DE LEI. SÚMULA N. 83 DO TST. APLICÁVEL *(inserida em 20.09.2000)*

Não procede pedido de rescisão de sentença de mérito que assegura ou nega estabilidade pré-eleitoral, quando a decisão rescindenda for anterior à Orientação Jurisprudencial n. 51, da Seção de Dissídios Individuais do TST (25.11.96). Incidência da Súmula n. 83 do TST.

OJ 65 SDI-2 TST — MANDADO DE SEGURANÇA. REINTEGRAÇÃO LIMINARMENTE CONCEDIDA. DIRIGENTE SINDICAL *(inserida em 20.09.2000)*

Ressalvada a hipótese do art. 494 da CLT, não fere direito líquido e certo a determinação liminar de reintegração no emprego de dirigente sindical, em face da previsão do inciso X do art. 659 da CLT.

OJ 137 SDI-2 TST — MANDADO DE SEGURANÇA. DIRIGENTE SINDICAL. ART. 494 DA CLT. APLICÁVEL (DJ 04.05.2004)

Constitui direito líquido e certo do empregador a suspensão do empregado, ainda que detentor de estabilidade sindical, até a decisão final do inquérito em que se apure a falta grave a ele imputada, na forma do art. 494, "caput" e parágrafo único, da CLT.

OJ 142 SDI-2 TST — MANDADO DE SEGURANÇA. REINTEGRAÇÃO LIMINARMENTE CONCEDIDA (DJ 04.05.2004)

Inexiste direito líquido e certo a ser oposto contra ato de Juiz que, antecipando a tutela jurisdicional, determina a reintegração do empregado até a decisão final do processo, quando demonstrada a razoabilidade do direito subjetivo material, como nos casos de anistiado pela Lei n. 8.878/94, aposentado, integrante de comissão de fábrica, dirigente sindical, portador de doença profissional, portador de vírus HIV ou detentor de estabilidade provisória prevista em norma coletiva.

ORIENTAÇÃO JURISPRUDENCIAL DA SDC DO TST

Vide OJ 15 SDC/TST

OJ 15 SDC TST — SINDICATO. LEGITIMIDADE "AD PROCESSUM". IMPRESCINDIBILIDADE DO REGISTRO NO MINISTÉRIO DO TRABALHO. *(inserida em 27.03.1998)*

A comprovação da legitimidade "ad processum" da entidade sindical se faz por seu registro no órgão competente do Ministério do Trabalho, mesmo após a promulgação da Constituição Federal de 1988.

PRECEDENTES NORMATIVOS DA SDC DO TST

Vide PNs 86 e 91 SDC/TST

PN 86 SDC TST — REPRESENTANTES DOS TRABALHADORES. ESTABILIDADE NO EMPREGO (positivo)

Nas empresas com mais de 200 empregados é assegurada a eleição direta de um representante, com as garantias do art. 543, e seus parágrafos, da CLT.

PN 91 SDC TST — ACESSO DE DIRIGENTE SINDICAL À EMPRESA (positivo)

Assegura-se o acesso dos dirigentes sindicais às empresas, nos intervalos destinados a alimentação e descanso, para desempenho de suas funções, vedada a divulgação de matéria político-partidária ou ofensiva.

§ 1º O empregado perderá o mandato se a transferência for por ele solicitada ou voluntariamente aceita. *(Redação dada pelo Decreto-Lei n. 229, de 28.2.1967)*

CONSOLIDAÇÃO DAS LEIS DO TRABALHO
Decreto-Lei n. 5.452, de 1º de maio de 1943
DOU 9.8.1943

Vide art. 469, *caput*

Art. 469. Ao empregador é vedado transferir o empregado, sem a sua anuência, para localidade diversa da que resultar do contrato, não se considerando transferência a que não acarretar necessariamente a mudança do seu domicílio.

Art. 543

TÍTULO V — DA ORGANIZAÇÃO SINDICAL

§ 2º Considera-se de licença não remunerada, salvo assentimento da empresa ou cláusula contratual, o tempo em que o empregado se ausentar do trabalho no desempenho das funções a que se refere este artigo. *(Redação dada pelo Decreto-Lei n. 229, de 28.2.1967)*

PRECEDENTE NORMATIVO DA SDC DO TST

Vide PN 83 SDC/TST

PN 83 SDC TST — DIRIGENTES SINDICAIS. FREQUÊNCIA LIVRE (positivo) — *(nova redação — Res. 123/2004, DJ 06.07.2004)*

Assegura-se a frequência livre dos dirigentes sindicais para participarem de assembleias e reuniões sindicais devidamente convocadas e comprovadas, sem ônus para o empregador.

§ 3º Fica vedada a dispensa do empregado sindicalizado ou associado, a partir do momento do registro de sua candidatura a cargo de direção ou representação de entidade sindical ou de associação profissional, até 1 (um) ano após o final do seu mandato, caso seja eleito inclusive como suplente, salvo se cometer falta grave devidamente apurada nos termos desta Consolidação. *(Redação dada pela Lei n. 7.543, de 2.10.1986)*

CONSTITUIÇÃO FEDERAL DE 1988
DOU 5.10.1988

Vide art. 8º, *caput* e inciso VIII

Art. 8º É livre a associação profissional ou sindical, observado o seguinte:
(...)
VIII — é vedada a dispensa do empregado sindicalizado a partir do registro da candidatura a cargo de direção ou representação sindical e, se eleito, ainda que suplente, até um ano após o final do mandato, salvo se cometer falta grave nos termos da lei.

CONSOLIDAÇÃO DAS LEIS DO TRABALHO
Decreto-Lei n. 5.452, de 1º de maio de 1943
DOU 9.8.1943

Vide art. 493; art. 494; e art. 853

Art. 493. Constitui falta grave a prática de qualquer dos fatos a que se refere o art. 482, quando por sua repetição ou natureza representem séria violação dos deveres e obrigações do empregado.

Art. 494. O empregado acusado de falta grave poderá ser suspenso de suas funções, mas a sua despedida só se tornará efetiva após o inquérito e que se verifique a procedência da acusação.

Art. 853. Para a instauração do inquérito para apuração de falta grave contra empregado garantido com estabilidade, o empregador apresentará reclamação por escrito à Junta ou Juízo de Direito, dentro de 30 (trinta) dias, contados da data da suspensão do empregado.

LEI N. 5.764, DE 16 DE DEZEMBRO DE 1971
Define a Política Nacional de Cooperativismo, institui o regime jurídico das sociedades cooperativas, e dá outras providências
DOU 16.12.1971

Vide art. 55

Art. 55. Os empregados de empresas que sejam eleitos diretores de sociedades cooperativas pelos mesmos criadas, gozarão das garantias asseguradas aos dirigentes sindicais pelo art. 543 da Consolidação das Leis do Trabalho *(Decreto-Lei n. 5.452, de 1º de maio de 1943)*.

SÚMULAS DO STF

Vide Súmulas 197 e 221/STF

Súmula 197 STF — O empregado com representação sindical só pode ser despedido mediante inquérito em que se apure falta grave.

Súmula 221 STF — A transferência de estabelecimento, ou a sua extinção parcial, por motivo que não seja de força maior, não justifica a transferência de empregado estável.

SÚMULAS DO TST

Vide Súmulas 369, 374, 379 e 396/TST

Súmula 369 TST — DIRIGENTE SINDICAL. ESTABILIDADE PROVISÓRIA (redação do item I alterada na sessão do Tribunal Pleno realizada em 14.09.2012) — Res. 185/2012, DEJT divulgado em 25, 26 e 27.09.2012
I — É assegurada a estabilidade provisória ao empregado dirigente sindical, ainda que a comunicação do registro da candidatura ou da eleição e da posse seja realizada fora do prazo previsto no art. 543, § 5º, da CLT, desde que a ciência ao empregador, por qualquer meio, ocorra na vigência do contrato de trabalho.
II — O art. 522 da CLT foi recepcionado pela Constituição Federal de 1988. Fica limitada, assim, a estabilidade a que alude o art. 543, § 3º, da CLT a sete dirigentes sindicais e igual número de suplentes.
III — O empregado de categoria diferenciada eleito dirigente sindical só goza de estabilidade se exercer na empresa atividade pertinente à categoria profissional do sindicato para o qual foi eleito dirigente.
IV — Havendo extinção da atividade empresarial no âmbito da base territorial do sindicato, não há razão para subsistir a estabilidade.

TÍTULO V — DA ORGANIZAÇÃO SINDICAL

V — O registro da candidatura do empregado a cargo de dirigente sindical durante o período de aviso prévio, ainda que indenizado, não lhe assegura a estabilidade, visto que inaplicável a regra do § 3º do art. 543 da Consolidação das Leis do Trabalho.

Súmula 374 TST — NORMA COLETIVA. CATEGORIA DIFERENCIADA. ABRANGÊNCIA (conversão da Orientação Jurisprudencial n. 55 da SBDI-1) — Res. 129/2005, DJ 20, 22 e 25.04.2005

Empregado integrante de categoria profissional diferenciada não tem o direito de haver de seu empregador vantagens previstas em instrumento coletivo no qual a empresa não foi representada por órgão de classe de sua categoria. *(ex-OJ n. 55 da SBDI-1 — inserida em 25.11.1996)*

Súmula 379 TST — DIRIGENTE SINDICAL. DESPEDIDA. FALTA GRAVE. INQUÉRITO JUDICIAL. NECESSIDADE (conversão da Orientação Jurisprudencial n. 114 da SBDI-1) — Res. 129/2005, DJ 20, 22 e 25.04.2005

O dirigente sindical somente poderá ser dispensado por falta grave mediante a apuração em inquérito judicial, inteligência dos arts. 494 e 543, § 3º, da CLT. *(ex-OJ n. 114 da SBDI-1 — inserida em 20.11.1997)*

Súmula 396 TST — ESTABILIDADE PROVISÓRIA. PEDIDO DE REINTEGRAÇÃO. CONCESSÃO DO SALÁRIO RELATIVO AO PERÍODO DE ESTABILIDADE JÁ EXAURIDO. INEXISTÊNCIA DE JULGAMENTO "EXTRA PETITA" (conversão das Orientações Jurisprudenciais ns. 106 e 116 da SBDI-1) — Res. 129/2005, DJ 20, 22 e 25.04.2005

I — Exaurido o período de estabilidade, são devidos ao empregado apenas os salários do período compreendido entre a data da despedida e o final do período de estabilidade, não lhe sendo assegurada a reintegração no emprego. *(ex-OJ n. 116 da SBDI-1 — inserida em 1º.10.1997)*

II — Não há nulidade por julgamento "extra petita" da decisão que deferir salário quando o pedido for de reintegração, dados os termos do art. 496 da CLT. *(ex-OJ n. 106 da SBDI-1 — inserida em 20.11.1997)*

ORIENTAÇÕES JURISPRUDENCIAIS DA SDI-1 DO TST

Vide OJs 365, 369 e 399 SDI-1/TST

OJ 365 SDI-1 TST — ESTABILIDADE PROVISÓRIA. MEMBRO DE CONSELHO FISCAL DE SINDICATO. INEXISTÊNCIA (DJ 20, 21 e 23.05.2008)

Membro de conselho fiscal de sindicato não tem direito à estabilidade prevista nos arts. 543, § 3º, da CLT e 8º, VIII, da CF/1988, porquanto não representa ou atua na defesa de direitos da categoria respectiva, tendo sua competência limitada à fiscalização da gestão financeira do sindicato (art. 522, § 2º, da CLT).

OJ 369 SDI-1 TST — ESTABILIDADE PROVISÓRIA. DELEGADO SINDICAL. INAPLICÁVEL. (DEJT divulgado em 03, 04 e 05.12.2008)

O delegado sindical não é beneficiário da estabilidade provisória prevista no art. 8º, VIII, da CF/1988, a qual é dirigida, exclusivamente, àqueles que exerçam ou ocupem cargos de direção nos sindicatos, submetidos a processo eletivo.

OJ 399 SDI-1 TST — ESTABILIDADE PROVISÓRIA. AÇÃO TRABALHISTA AJUIZADA APÓS O TÉRMINO DO PERÍODO DE GARANTIA NO EMPREGO. ABUSO DO EXERCÍCIO DO DIREITO DE AÇÃO. NÃO CONFIGURAÇÃO. INDENIZAÇÃO DEVIDA. (DEJT divulgado em 02, 03 e 04.08.2010)

O ajuizamento de ação trabalhista após decorrido o período de garantia de emprego não configura abuso do exercício do direito de ação, pois este está submetido apenas ao prazo prescricional inscrito no art. 7º, XXIX, da CF/1988, sendo devida a indenização desde a dispensa até a data do término do período estabilitário.

ORIENTAÇÕES JURISPRUDENCIAIS DA SDI-2 DO TST

Vide OJs 23, 65, 137 e 142 SDI-2/TST

OJ 23 SDI-2 TST — AÇÃO RESCISÓRIA. ESTABILIDADE. PERÍODO PRÉ-ELEITORAL. VIOLAÇÃO DE LEI. SÚMULA N. 83 DO TST. APLICÁVEL (inserida em 20.09.2000)

Não procede pedido de rescisão de sentença de mérito que assegura ou nega estabilidade pré-eleitoral, quando a decisão rescindenda for anterior à Orientação Jurisprudencial n. 51, da Seção de Dissídios Individuais do TST (25.11.96). Incidência da Súmula n. 83 do TST.

OJ 65 SDI-2 TST — MANDADO DE SEGURANÇA. REINTEGRAÇÃO LIMINARMENTE CONCEDIDA. DIRIGENTE SINDICAL *(inserida em 20.09.2000)*

Ressalvada a hipótese do art. 494 da CLT, não fere direito líquido e certo a determinação liminar de reintegração no emprego de dirigente sindical, em face da previsão do inciso X do art. 659 da CLT.

OJ 137 SDI-2 TST — MANDADO DE SEGURANÇA. DIRIGENTE SINDICAL. ART. 494 DA CLT. APLICÁVEL (DJ 04.05.2004)

Constitui direito líquido e certo do empregador a suspensão do empregado, ainda que detentor de estabilidade sindical, até a decisão final do inquérito em que se apure a falta grave a ele imputada, na forma do art. 494, *caput* e parágrafo único, da CLT.

OJ 142 SDI-2 TST — MANDADO DE SEGURANÇA. REINTEGRAÇÃO LIMINARMENTE CONCEDIDA (DJ 04.05.2004)

Inexiste direito líquido e certo a ser oposto contra ato de Juiz que, antecipando a tutela jurisdicional, determina a reintegração do empregado até a decisão final do processo, quando demonstrada a razoabilidade do direito subjetivo material, como nos casos de anistiado pela Lei n. 8.878/94, aposentado, integrante de comissão de fábrica, dirigente sindical, portador de doença profissional, portador de vírus HIV ou detentor de estabilidade provisória prevista em norma coletiva.

ORIENTAÇÃO JURISPRUDENCIAL DA SDC DO TST

Vide OJ 15 SDC/TST

OJ 15 SDC TST — SINDICATO. LEGITIMIDADE "AD PROCESSUM". IMPRESCINDIBILIDADE DO REGISTRO NO MINISTÉRIO DO TRABALHO. *(inserida em 27.03.1998)*

A comprovação da legitimidade *ad processum* da entidade sindical se faz por seu registro no órgão competente do Ministério do Trabalho, mesmo após a promulgação da Constituição Federal de 1988.

Art. 544

TÍTULO V — DA ORGANIZAÇÃO SINDICAL

PRECEDENTES NORMATIVOS DA SDC DO TST

Vide PNs 86 e 91 SDC/TST

PN 86 SDC TST — REPRESENTANTES DOS TRABALHADORES. ESTABILIDADE NO EMPREGO (positivo)
Nas empresas com mais de 200 empregados é assegurada a eleição direta de um representante, com as garantias do art. 543, e seus parágrafos, da CLT.

PN 91 SDC TST — ACESSO DE DIRIGENTE SINDICAL À EMPRESA (positivo)
Assegura-se o acesso dos dirigentes sindicais às empresas, nos intervalos destinados a alimentação e descanso, para desempenho de suas funções, vedada a divulgação de matéria político-partidária ou ofensiva.

§ 4º	Considera-se cargo de direção ou de representação sindical aquele cujo exercício ou indicação decorre de eleição prevista em lei. *(Redação dada pela Lei n. 7.223, de 2.10.1984)*
§ 5º	Para os fins deste artigo, a entidade sindical comunicará por escrito à empresa, dentro de 24 (vinte e quatro) horas, o dia e a hora do registro da candidatura do seu empregado e, em igual prazo, sua eleição e posse, fornecendo, outrossim, a este, comprovante no mesmo sentido. O Ministério do Trabalho e Previdência Social fará no mesmo prazo a comunicação no caso da designação referida no final do § 4º. *(Incluído pelo Decreto-Lei n. 229, de 28.2.1967)*

SÚMULA DO TST

Vide Súmula 369/TST

Súmula 369 TST — DIRIGENTE SINDICAL. ESTABILIDADE PROVISÓRIA (redação do item I alterada na sessão do Tribunal Pleno realizada em 14.09.2012) — Res. 185/2012, DEJT divulgado em 25, 26 e 27.09.2012

I — É assegurada a estabilidade provisória ao empregado dirigente sindical, ainda que a comunicação do registro da candidatura ou da eleição e da posse seja realizada fora do prazo previsto no art. 543, § 5º, da CLT, desde que a ciência ao empregador, por qualquer meio, ocorra na vigência do contrato de trabalho.

II — O art. 522 da CLT foi recepcionado pela Constituição Federal de 1988. Fica limitada, assim, a estabilidade a que alude o art. 543, § 3º, da CLT a sete dirigentes sindicais e igual número de suplentes.

III — O empregado de categoria diferenciada eleito dirigente sindical só goza de estabilidade se exercer na empresa atividade pertinente à categoria profissional do sindicato para o qual foi eleito dirigente.

IV — Havendo extinção da atividade empresarial no âmbito da base territorial do sindicato, não há razão para subsistir a estabilidade.

V — O registro da candidatura do empregado a cargo de dirigente sindical durante o período de aviso prévio, ainda que indenizado, não lhe assegura a estabilidade, visto que inaplicável a regra do § 3º do art. 543 da Consolidação das Leis do Trabalho.

§ 6º	A empresa que, por qualquer modo, procurar impedir que o empregado se associe a sindicato, organize associação profissional ou sindical ou exerça os direitos inerentes à condição de sindicalizado fica sujeita à penalidade prevista na letra a do art. 553, sem prejuízo da reparação a que tiver direito o empregado. *(Incluído pelo Decreto-Lei n. 229, de 28.2.1967)*
Art. 544	É livre a associação profissional ou sindical, mas ao empregado sindicalizado é assegurada, em igualdade de condições, preferência: *(Redação dada pelo Decreto-Lei n. 229, de 28.2.1967)*
I -	para a admissão nos trabalhos de empresa que explore serviços públicos ou mantenha contrato com os poderes públicos; *(Incluído pelo Decreto-Lei n. 229, de 28.2.1967)*
II -	para ingresso em funções públicas ou assemelhadas, em caso de cessação coletiva de trabalho, por motivo de fechamento de estabelecimento; *(Incluído pelo Decreto-Lei n. 229, de 28.2.1967)*
III -	nas concorrências para aquisição de casa própria, pelo Plano Nacional de Habitação ou por intermédio de quaisquer instituições públicas; *(Incluído pelo Decreto-Lei n. 229, de 28.2.1967)*

TÍTULO V — DA ORGANIZAÇÃO SINDICAL

Art. 545

IV -	nos loteamentos urbanos ou rurais, promovidos pela União, por seus órgãos de administração direta ou indireta ou sociedades de economia mista; *(Incluído pelo Decreto-Lei n. 229, de 28.2.1967)*
V -	na locação ou compra de imóveis, de propriedade de pessoa de direito público ou sociedade de economia mista, quando sob ação de despejo em tramitação judicial; *(Incluído pelo Decreto-Lei n. 229, de 28.2.1967)*
VI -	VI — na concessão de empréstimos simples concedidos pelas agências financeiras do Governo ou a ele vinculadas; *(Incluído pelo Decreto-Lei n. 229, de 28.2.1967)*
VII -	na aquisição de automóveis, outros veículos e instrumentos relativos ao exercício da profissão, quando financiados pelas autarquias sociedades de economia mista ou agências financeiras do Governo; *(Incluído pelo Decreto-Lei n. 229, de 28.2.1967)*
VIII -	*(Revogado pela Lei n. 8.630, de 25.2.1993)*
IX -	na concessão de bolsas de estudo para si ou para seus filhos, obedecida a legislação que regule a matéria. *(Incluído pelo Decreto-Lei n. 229, de 28.2.1967)*

CONSTITUIÇÃO FEDERAL DE 1988
DOU 5.10.1988

Vide art. 5º, caput e inciso XX e art. 8º, caput e incisos I e V

Art. 5º Todos são iguais perante a lei, sem distinção de qualquer natureza, garantindo-se aos brasileiros e aos estrangeiros residentes no País a inviolabilidade do direito à vida, à liberdade, à igualdade, à segurança e à propriedade, nos termos seguintes:
(...)
XX — ninguém poderá ser compelido a associar-se ou a permanecer associado;

Art. 8º É livre a associação profissional ou sindical, observado o seguinte:
I — a lei não poderá exigir autorização do Estado para a fundação de sindicato, ressalvado o registro no órgão competente, vedadas ao Poder Público a interferência e a intervenção na organização sindical;
(...)
V — ninguém será obrigado a filiar-se ou a manter-se filiado a sindicato;

ORIENTAÇÕES JURISPRUDENCIAIS DA SDC DO TST

Vide OJs 20 e 35 SDC/TST

OJ 20 SDC TST — EMPREGADOS SINDICALIZADOS. ADMISSÃO PREFERENCIAL. CONDIÇÃO VIOLADORA DO ART. 8º, V, DA CF/88. (inserido dispositivo) — DEJT divulgado em 16, 17 e 18.11.2010
Viola o art. 8º, V, da CF/1988 cláusula de instrumento normativo que estabelece a preferência, na contratação de mão de obra, do trabalhador sindicalizado sobre os demais.

OJ 35 SDC TST — EDITAL DE CONVOCAÇÃO DA AGT. DISPOSIÇÃO ESTATUTÁRIA ESPECÍFICA. PRAZO MÍNIMO ENTRE A PUBLICAÇÃO E A REALIZAÇÃO DA ASSEMBLEIA. OBSERVANCIA OBRIGATÓRIA. *(inserida em 07.12.1998)*
Se os estatutos da entidade sindical contam com norma específica que estabeleça prazo mínimo entre a data de publicação do edital convocatório e a realização da assembleia correspondente, então a validade desta última depende da observância desse interregno.

Art. 545	Os empregadores ficam obrigados a descontar na folha de pagamento dos seus empregados, desde que por eles devidamente autorizados, as contribuições devidas ao Sindicato, quando por este notificados, salvo quanto à contribuição sindical, cujo desconto independe dessas formalidades. *(Redação dada pelo Decreto-Lei n. 925, de 10.10.1969)*
Parágrafo único	O recolhimento à entidade sindical beneficiária do importe descontado deverá ser feito até o décimo dia subsequente ao do desconto, sob pena de juros de mora no valor de 10% (dez por cento) sobre o montante retido, sem prejuízo da multa prevista no art. 553 e das cominações penais relativas à apropriação indébita. *(Incluído pelo Decreto-Lei n. 925, de 10.10.1969)*

Arts. 546 e 547

TÍTULO V — DA ORGANIZAÇÃO SINDICAL

CONSTITUIÇÃO FEDERAL DE 1988
DOU 5.10.1988

Vide art. 8º, caput e inciso IV

Art. 8º É livre a associação profissional ou sindical, observado o seguinte:

(...)

IV — a assembleia geral fixará a contribuição que, em se tratando de categoria profissional, será descontada em folha, para custeio do sistema confederativo da representação sindical respectiva, independentemente da contribuição prevista em lei;

SÚMULA DO STF

Vide Súmula 666/STF

Súmula 666 STF — A contribuição confederativa de que trata o art. 8º, IV, da Constituição, só é exigível dos filiados ao sindicato respectivo.

ORIENTAÇÃO JURISPRUDENCIAL DA SDC DO TST

Vide OJ 17 SDC/TST

OJ 17 SDC TST — CONTRIBUIÇÕES PARA ENTIDADES SINDICAIS. INCONSTITUCIONALIDADE DE SUA EXTENSÃO A NÃO ASSOCIADOS. (mantida) — DEJT divulgado em 25.08.2014

As cláusulas coletivas que estabeleçam contribuição em favor de entidade sindical, a qualquer título, obrigando trabalhadores não sindicalizados, são ofensivas ao direito de livre associação e sindicalização, constitucionalmente assegurado, e, portanto, nulas, sendo passíveis de devolução, por via própria, os respectivos valores eventualmente descontados.

PRECEDENTES NORMATIVOS DA SDC DO TST

Vide PNs 41 e 119 SDC/TST

PN 41 SDC TST — RELAÇÃO NOMINAL DE EMPREGADOS (positivo)

As empresas encaminharão à entidade profissional cópia das guias de contribuição sindical e assistencial, com a relação nominal dos respectivos salários, no prazo máximo de 30 dias após o desconto.

PN 119 SDC TST — CONTRIBUIÇÕES SINDICAIS — INOBSERVÂNCIA DE PRECEITOS CONSTITUCIONAIS — (mantido) — DEJT divulgado em 25.08.2014

A Constituição da República, em seus arts. 5º, XX e 8º, V, assegura o direito de livre associação e sindicalização. É ofensiva a essa modalidade de liberdade cláusula constante de acordo, convenção coletiva ou sentença normativa estabelecendo contribuição em favor de entidade sindical a título de taxa para custeio do sistema confederativo, assistencial, revigoramento ou fortalecimento sindical e outras da mesma espécie, obrigando trabalhadores não sindicalizados. Sendo nulas as estipulações que inobservem tal restrição, tornam-se passíveis de devolução os valores irregularmente descontados.

Art. 546 Às empresas sindicalizadas é assegurada preferência, em igualdade de condições, nas concorrências para exploração de serviços públicos, bem como nas concorrências para fornecimento às repartições federais, estaduais e municipais e às entidades paraestatais.

Art. 547 Às empresas sindicalizadas é assegurada preferência, em igualdade de condições, nas concorrências para exploração de serviços públicos, bem como nas concorrências para fornecimento às repartições federais, estaduais e municipais e às entidades paraestatais.

Parágrafo único Antes da posse ou exercício das funções a que alude o artigo anterior ou de concessão dos favores será indispensável comprovar a sindicalização, ou oferecer prova, mediante certidão negativa no Departamento Nacional do Trabalho, no Distrito Federal, ou da autoridade regional do Ministério do Trabalho, Indústria e Comércio, nos Estados e no Território do Acre, de que não existe sindicato no local onde o interessado exerce a respectiva atividade ou profissão.

CONSTITUIÇÃO FEDERAL DE 1988
DOU 5.10.1988

Vide art. 5º, caput e inciso XX; e art. 8º, caput e inciso V

Art. 5º Todos são iguais perante a lei, sem distinção de qualquer natureza, garantindo-se aos brasileiros e aos estrangeiros residentes no País a inviolabilidade do direito à vida, à liberdade, à igualdade, à segurança e à propriedade, nos termos seguintes:

(...)

XX — ninguém poderá ser compelido a associar-se ou a permanecer associado;

Art. 8º É livre a associação profissional ou sindical, observado o seguinte:

(...)

V — ninguém será obrigado a filiar-se ou a manter-se filiado a sindicato;

TÍTULO V — DA ORGANIZAÇÃO SINDICAL

SEÇÃO VII
DA GESTÃO FINANCEIRA DO SINDICATO E SUA FISCALIZAÇÃO

Art. 548	Constituem o patrimônio das associações sindicais:
a)	as contribuições devidas aos Sindicatos pelos que participem das categorias econômicas ou profissionais ou das profissões liberais representadas pelas referidas entidades, sob a denominação de imposto sindical, pagas e arrecadadas na forma do Capítulo III deste Título;
b)	as contribuições dos associados, na forma estabelecida nos estatutos ou pelas Assembleias Gerais;
c)	os bens e valores adquiridos e as rendas produzidas pelos mesmos;
d)	as doações e legados;
e)	as multas e outras rendas eventuais.

DECRETO-LEI N. 229, DE 28 DE FEVEREIRO DE 1967
Altera dispositivos da Consolidação das Leis do Trabalho, aprovada pelo Decreto-Lei n. 5.452, de 1º de maio de 1943, e dá outras providencias
DOU 28.2.1967 e retificado em 9.3.1967

Vide art. 35, caput e inciso V

Art. 35. As referências feitas na CLT:
(...)
V — a "Imposto Sindical", inclusive na denominação do Capítulo III do Título V, entendem-se como "Contribuição Sindical".

Art. 549	A receita dos sindicatos, federações e confederações só poderá ter aplicação na forma prevista nos respectivos orçamentos anuais, obedecidas as disposições estabelecidas na lei e nos seus estatutos. *(Redação dada pela Lei n. 6.386, de 9.12.1976)*
§ 1º	Para alienação, locação ou aquisição de bens imóveis, ficam as entidades sindicais obrigadas a realizar avaliação prévia pela Caixa Econômica Federal ou pele Banco Nacional da Habitação ou, ainda, por qualquer outra organização legalmente habilitada a tal fim. *(Incluído pela Lei n. 6.386, de 9.12.1976)*
§ 2º	Os bens imóveis das entidades sindicais não serão alienados sem a prévia autorização das respectivas assembleias gerais, reunidas com a presença da maioria absoluta dos associados com direito a voto ou dos Conselhos de Representantes com a maioria absoluta dos seus membros. *(Incluído pela Lei n. 6.386, de 9.12.1976)*
§ 3º	Caso não seja obtido o quórum estabelecido no parágrafo anterior, a matéria poderá ser decidida em nova assembleia geral, reunida com qualquer número de associados com direito a voto, após o transcurso de 10 (dez) dias da primeira convocação. *(Incluído pela Lei n. 6.386, de 9.12.1976)*
§ 4º	Nas hipóteses previstas no §§ 2º e 3º a decisão somente terá validade se adotada pelo mínimo de 2/3 (dois terços) dos presentes, em escrutínio secreto. *(Incluído pela Lei n. 6.386, de 9.12.1976)*
§ 5º	Da deliberação da assembleia geral, concernente à alienação de bens imóveis, caberá recurso voluntário, dentro do prazo de 15 (quinze) dias, ao Ministro do Trabalho, com efeito suspensivo. *(Incluído pela Lei n. 6.386, de 9.12.1976)*

§ 6º	A venda do imóvel será efetuada pela diretoria da entidade, após a decisão da Assembleia Geral ou do Conselho de Representantes, mediante concorrência pública, com edital publicado no Diário Oficial da União e na imprensa diária, com antecedência mínima de 30 (trinta) dias da data de sua realização. *(Incluído pela Lei n. 6.386, de 9.12.1976)*
§ 7º	Os recursos destinados ao pagamento total ou parcelado dos bens imóveis adquiridos serão consignados, obrigatoriamente, nos orçamentos anuais das entidades sindicais. *(Incluído pela Lei n. 6.386, de 9.12.1976)*
Art. 550	Os orçamentos das entidades sindicais serão aprovados, em escrutínio secreto, pelas respectivas Assembleias Gerais ou Conselho de Representantes, até 30 (trinta) dias antes do início do exercício financeiro a que se referem, e conterão a discriminação da receita e da despesa, na forma das instruções e modelos expedidos pelo Ministério do Trabalho. *(Redação dada pela Lei n. 6.386, de 9.12.1976)*
§ 1º	Os orçamentos, após a aprovação prevista no presente artigo, serão publicados, em resumo, no prazo de 30 (trinta) dias, contados da data da realização da respectiva Assembleia Geral ou da reunião do Conselho de Representantes, que os aprovou, observada a seguinte sistemática: *(Redação dada pela Lei n. 6.386, de 9.12.1976)*
a)	no Diário Oficial da União — Seção I — Parte II, os orçamentos das confederações, federações e sindicatos de base interestadual ou nacional;
b)	no órgão de imprensa oficial do Estado ou Território ou jornal de grande circulação local, os orçamentos das federações estaduais e sindicatos distritais municipais, intermunicipais e estaduais.
§ 2º	As dotações orçamentárias que se apresentarem insuficientes para o atendimento das despesas, ou não incluídas nos orçamentos correntes, poderão ser ajustadas ao fluxo dos gastos, mediante a abertura de créditos adicionais solicitados pela Diretoria da entidade às respectivas Assembleias Gerais ou Conselhos de Representantes, cujos atos concessórios serão publicados até o último dia do exercício correspondente, obedecida a mesma sistemática prevista no parágrafo anterior. *(Redação dada pela Lei n. 6.386, de 9.12.1976)*
§ 3º	Os créditos adicionais classificam-se em: *(Redação dada pela Lei n. 6.386, de 9.12.1976)*
a)	suplementares, os destinados a reforçar dotações alocadas no orçamento; e *(Incluída pela Lei n. 6.386, de 9.12.1976)*
b)	especiais, os destinados a incluir dotações no orçamento, a fim de fazer face às despesas para as quais não se tenha consignado crédito específico. *(Incluída pela Lei n. 6.386, de 9.12.1976)*
§ 4º	A abertura dos créditos adicionais depende da existência de receita para sua compensação, considerando-se, para esse efeito, desde que não comprometidos: *(Parágrafo incluído pela Lei n. 6.386, de 9.12.1976)*
a)	o superávit financeiro apurado em balanço do exercício anterior; *(Incluída pela Lei n. 6.386, de 9.12.1976)*
b)	o excesso de arrecadação, assim entendido o saldo positivo da diferença entre a renda prevista e a realizada, tendo-se em conta, ainda, a tendência do exercício; e *(Incluída pela Lei n. 6.386, de 9.12.1976)*
c)	a resultante da anulação parcial ou total de dotações alocadas no orçamento ou de créditos adicionais abertos no exercício. *(Incluída pela Lei n. 6.386, de 9.12.1976)*

TÍTULO V — DA ORGANIZAÇÃO SINDICAL

§ 5º	Para efeito orçamentário e contábil sindical, o exercício financeiro coincidirá com o ano civil, a ele pertencendo todas as receitas arrecadadas e as despesas compromissadas. *(Incluído pela Lei n. 6.386, de 9.12.1976)*
Art. 551	Todas as operações de ordem financeira e patrimonial serão evidenciadas pelos registros contábeis das entidades sindicais, executados sob a responsabilidade de contabilista legalmente habilitado, em conformidade com o plano de contas e as instruções baixadas pelo Ministério do Trabalho. *(Redação dada pela Lei n. 6.386, de 9.12.1976)*
§ 1º	A escrituração contábil a que se refere este artigo será baseada em documentos de receita e despesa, que ficarão arquivados nos serviços de contabilidade, à disposição dos órgãos responsáveis pelo acompanhamento administrativo e da fiscalização financeira da própria entidade, ou do controle que poderá ser exercido pelos órgãos da União, em face da legislação específica. *(Redação dada pela Lei n. 6.386, de 9.12.1976)*
§ 2º	Os documentos comprobatórios dos atos de receita e despesa, a que se refere o parágrafo anterior, poderão ser incinerados, após decorridos 5 (cinco) anos da data de quitação das contas pelo órgão competente. *(Redação dada pela Lei n. 6.386, de 9.12.1976)*
§ 3º	É obrigatório o uso do livro Diário, encadernado, como folhas seguida e tipograficamente numeradas, para a escrituração, pelo método das partidas dobradas, diretamente ou por reprodução, dos atos ou operações que modifiquem ou venham a modificar a situação patrimonial da entidade, o qual conterá, respectivamente, na primeira e na última páginas, os termos de abertura e de encerramento. *(Redação dada pela Lei n. 6.386, de 9.12.1976)*
§ 4º	A entidade sindical que se utilizar de sistema mecânico ou eletrônico para sua escrituração contábil, poderá substituir o Diário e os livros facultativos ou auxiliares por fichas ou formulários contínuos, cujos lançamentos deverão satisfazer a todos os requisitos e normas de escrituração exigidos com relação aos livros mercantis, inclusive no que respeita a termos de abertura e de encerramento e numeração sequencial e tipográfica. *(Redação dada pela Lei n. 6.386, de 9.12.1976)*
§ 5º	Na escrituração por processos de fichas ou formulários contínuos, a entidade adotará livro próprio para inscrição do balanço patrimonial e da demonstração do resultado do exercício, o qual conterá os mesmos requisitos exigidos para os livros de escrituração. *(Redação dada pela Lei n. 6.386, de 9.12.1976)*
§ 6º	Os livros e fichas ou formulários contínuos serão obrigatoriamente submetidos a registro e autenticação das Delegacias Regionais do Trabalho localizadas na base territorial da entidade. *(Redação dada pela Lei n. 6.386, de 9.12.1976)*
§ 7º	As entidades sindicais manterão registro específico dos bens de qualquer natureza, de sua propriedade, em livros ou fichas próprias, que atenderão às mesmas formalidades exigidas para a livro Diário, inclusive no que se refere ao registro e autenticação da Delegacia Regional do Trabalho local. *(Parágrafo incluído pela Lei n. 6.386, de 9.12.1976)*
§ 8º	As contas dos administradores das entidades sindicais serão aprovadas, em escrutínio secreto, pelas respectivas Assembleias Gerais ou Conselhos de Representantes, com prévio parecer do Conselho Fiscal, cabendo ao Ministro do Trabalho estabelecer prazos e procedimentos para a sua elaboração e destinação. *(Parágrafo incluído pela Lei n. 6.386, de 9.12.1976)*

Arts. 552 e 553

TÍTULO V — DA ORGANIZAÇÃO SINDICAL

Art. 552 — Os atos que importem em malversação ou dilapidação do patrimônio das associações ou entidades sindicais ficam equiparados ao crime de peculato julgado e punido na conformidade da legislação penal. *(Redação dada pelo Decreto-Lei n. 925, de 10.10.1969)*

SEÇÃO VIII
DAS PENALIDADES

Art. 553 — As infrações ao disposto neste Capítulo serão punidas, segundo o seu caráter e a sua gravidade, com as seguintes penalidades:

a) multa de Cr$ 100 (cem cruzeiros) e 5.000 (cinco mil cruzeiros), dobrada na reincidência;

b) suspensão de diretores por prazo não superior a 30 (trinta) dias;

c) destituição de diretores ou de membros de conselho;

d) fechamento de Sindicato, Federação ou Confederação por prazo nunca superior a 6 (seis) meses;

e) cassação da carta de reconhecimento.

f) multa de 1/30 (um trinta avos) do salário mínimo regional, aplicável ao associado que deixar de cumprir sem causa justificada, o disposto no parágrafo único do art. 529. *(Incluída pelo Decreto-Lei n. 229, de 28.2.1967)*

§ 1º A imposição de penalidades aos administradores não exclui a aplicação das que este artigo prevê para a associação. *(Parágrafo único renumerado pelo Decreto-Lei n. 925, de 10.10.1969)*

§ 2º Poderá o Ministro do Trabalho e Previdência Social determinar o afastamento preventivo de cargo ou representação sindicais de seus exercentes, com fundamento em elementos constantes de denúncia formalizada que constituam indício veemente ou início de prova bastante do fato e da autoria denunciados. *(Incluído pelo Decreto-Lei n. 925, de 10.10.1969)*

CONSTITUIÇÃO FEDERAL DE 1988
DOU 5.10.1988

Vide art. 8º, caput e inciso I

Art. 8º É livre a associação profissional ou sindical, observado o seguinte:

I — a lei não poderá exigir autorização do Estado para a fundação de sindicato, ressalvado o registro no órgão competente, vedadas ao Poder Público a interferência e a intervenção na organização sindical;

LEI N. 5.584, DE 26 DE JUNHO DE 1970
Dispõe sobre normas de Direito Processual do Trabalho, altera dispositivos da Consolidação das Leis do Trabalho, disciplina a concessão e prestação de assistência judiciária na Justiça do Trabalho, e dá outras providências.
DOU 29.6.1970

Vide art. 19

Art. 19. Os diretores de Sindicatos que, sem comprovado motivo de ordem financeira, deixarem de dar cumprimento às disposições desta lei ficarão sujeitos à penalidade prevista no art. 553, alínea *a* da Consolidação das Leis do Trabalho.

LEIS N. 6.205/75; N. 6.986/82; N. 6.708/79; N. 7.855/89
Novos valores de multas administrativas

LEI N. 8.383/1991
Unidade Fiscal de Referência (UFIR) — Medida de valor e atualização de tributos, multas e penalidades administrativas e fiscais

LEI N. 10.522/02
Conversão da UFIR em real

TÍTULO V — DA ORGANIZAÇÃO SINDICAL

Arts. 554 a 556

Art. 554 Destituída a administração na hipótese da alínea c do artigo anterior, o Ministro do Trabalho, Indústria e Comércio nomeará um delegado para dirigir a associação e proceder, dentro do prazo de 90 dias, em assembleia geral por ele convocada e presidida; à eleição dos novos diretores e membros do Conselho Fiscal.

CONSTITUIÇÃO FEDERAL DE 1988
DOU 5.10.1988

Vide art. 5°, *caput* e inciso XIX; e art. 8°, *caput* e inciso I

Art. 5° Todos são iguais perante a lei, sem distinção de qualquer natureza, garantindo-se aos brasileiros e aos estrangeiros residentes no País a inviolabilidade do direito à vida, à liberdade, à igualdade, à segurança e à propriedade, nos termos seguintes:
(...)

XIX — as associações só poderão ser compulsoriamente dissolvidas ou ter suas atividades suspensas por decisão judicial, exigindo-se, no primeiro caso, o trânsito em julgado;

Art. 8° É livre a associação profissional ou sindical, observado o seguinte:

I — a lei não poderá exigir autorização do Estado para a fundação de sindicato, ressalvado o registro no órgão competente, vedadas ao Poder Público a interferência e a intervenção na organização sindical;

Art. 555 A pena de cassação da carta de reconhecimento será imposta à entidade sindical:

a) que deixar de satisfazer as condições de constituição e funcionamento estabelecidas nesta Lei;

b) que se recusar ao cumprimento de ato do Presidente da República, no uso da faculdade conferida pelo art. 536; *(O art. 536 da CLT foi revogado pelo Decreto-Lei n. 229, de 28.2.1967)*

c) que criar obstáculos à execução da política econômica adotada pelo Governo. *(Redação dada pelo Decreto-Lei n. 8.080, 11.10.1945)*

CONSTITUIÇÃO FEDERAL DE 1988
DOU 5.10.1988

Vide art. 5°, *caput* e inciso XIX; e art. 8°, *caput* e inciso I

Art. 5° Todos são iguais perante a lei, sem distinção de qualquer natureza, garantindo-se aos brasileiros e aos estrangeiros residentes no País a inviolabilidade do direito à vida, à liberdade, à igualdade, à segurança e à propriedade, nos termos seguintes:
(...)

XIX — as associações só poderão ser compulsoriamente dissolvidas ou ter suas atividades suspensas por decisão judicial, exigindo-se, no primeiro caso, o trânsito em julgado;

Art. 8° É livre a associação profissional ou sindical, observado o seguinte:

I — a lei não poderá exigir autorização do Estado para a fundação de sindicato, ressalvado o registro no órgão competente, vedadas ao Poder Público a interferência e a intervenção na organização sindical;

Art. 556 A cassação da carta de reconhecimento da entidade sindical não importará no cancelamento de seu registo, nem, consequentemente, a sua dissolução, que se processará de acordo com as disposições da lei que regulam a dissolução das associações civis.

Parágrafo único No caso de dissolução, por se achar a associação incursa nas leis que definem crimes contra a personalidade internacional, a estrutura e a segurança do Estado e a ordem política e social, os seus bens, pagas as dívidas decorrentes das suas responsabilidades, serão incorporados ao patrimônio da União e aplicados em obras de assistência social.

TÍTULO V — DA ORGANIZAÇÃO SINDICAL

CONSTITUIÇÃO FEDERAL DE 1988
DOU 5.10.1988

Vide art. 5º, *caput* e inciso XIX; e art. 8º, *caput* e inciso I

Art. 5º Todos são iguais perante a lei, sem distinção de qualquer natureza, garantindo-se aos brasileiros e aos estrangeiros residentes no País a inviolabilidade do direito à vida, à liberdade, à igualdade, à segurança e à propriedade, nos termos seguintes:
(...)

XIX — as associações só poderão ser compulsoriamente dissolvidas ou ter suas atividades suspensas por decisão judicial, exigindo-se, no primeiro caso, o trânsito em julgado;

Art. 8º É livre a associação profissional ou sindical, observado o seguinte:

I — a lei não poderá exigir autorização do Estado para a fundação de sindicato, ressalvado o registro no órgão competente, vedadas ao Poder Público a interferência e a intervenção na organização sindical;

Art. 557	As penalidades de que trata o art. 553 serão impostas:
a)	as das alíneas a e b, pelo diretor geral do Departamento Nacional do Trabalho, com recurso para o ministro de Estado;
b)	as demais, pelo ministro de Estado.
§ 1º	Quando se trata de associações de grau superior, as penalidades serão impostas pelo ministro de Estado, salvo se a pena for da cassação da carta de reconhecimento de confederação, caso em que a pena será imposta pelo Presidente da República.
§ 2º	Nenhuma pena será imposta sem que seja assegurada defesa ao acusado.

DECRETO-LEI N. 229, DE 28 DE FEVEREIRO DE 1967
Altera dispositivos da Consolidação das Leis do Trabalho, aprovada pelo Decreto-Lei n. 5.452, de 1º de maio de 1943, e dá outras providencias
DOU 28.2.1967 e retificado em 9.3.1967

Vide art. 35, *caput* e inciso IV

Art. 35. As referências feitas na CLT:
(...)

IV — ao Departamento Nacional do Trabalho, como autoridade julgadora de infração em primeira instância, entendem-se como concernentes às Delegacias Regionais do Trabalho.

DECRETO N. 6.341, DE 3 DE JANEIRO DE 2008
Altera a denominação da Delegacia Regional do Trabalho para Superintência Regional do Trabalho e Emprego
DOU 4.1.2008

SEÇÃO IX
DISPOSIÇÕES GERAIS

Art. 558	São obrigadas ao registro todas as associações profissionais constituídas por atividades ou profissões idênticas, similares ou conexas, de acordo com o art. 511 e na conformidade do Quadro de Atividades e Profissões a que alude o Capítulo II deste Título. As associações profissionais registradas nos termos deste artigo poderão representar, perante as autoridades administrativas e judiciárias, os interesses individuais dos associados relativos à sua atividade ou profissão, sendo-lhes também extensivas as prerrogativas contidas na alínea "d" e no parágrafo único do art. 513.
§ 1º	O registro a que se refere o presente artigo competirá às Delegacias Regionais do Ministério do Trabalho e Previdência Social ou às repartições autorizadas em virtude da lei. *(Redação dada pelo Decreto-Lei n. 925, de 10.10.1969)*
§ 2º	O registro das associações far-se-á mediante requerimento, acompanhado da cópia autêntica dos estatutos e da declaração do número de associados, do patrimônio e dos serviços sociais organizados.

TÍTULO V — DA ORGANIZAÇÃO SINDICAL

§ 3º As alterações dos estatutos das associações profissionais não entrarão em vigor sem aprovação da autoridade que houver concedido o respectivo registro.

CONSTITUIÇÃO FEDERAL DE 1988
DOU 5.10.1988

Vide art. 8º, caput e inciso I

Art. 8º É livre a associação profissional ou sindical, observado o seguinte:

I — a lei não poderá exigir autorização do Estado para a fundação de sindicato, ressalvado o registro no órgão competente, vedadas ao Poder Público a interferência e a intervenção na organização sindical;

Art. 559 O Presidente da República, excepcionalmente e mediante proposta do Ministro do Trabalho, fundada em razões de utilidade pública, poderá conceder, por decreto, às associações civis constituídas para a defesa e coordenação de interesses econômicos e profissionais e não obrigadas ao registro previsto no artigo anterior, a prerrogativa da alínea "d" do art. 513 deste Capítulo.

CONSTITUIÇÃO FEDERAL DE 1988
DOU 5.10.1988

Vide art. 8º, caput e inciso I

Art. 8º É livre a associação profissional ou sindical, observado o seguinte:

I — a lei não poderá exigir autorização do Estado para a fundação de sindicato, ressalvado o registro no órgão competente, vedadas ao Poder Público a interferência e a intervenção na organização sindical;

Art. 560 Não se reputará transmissão de bens, para efeitos fiscais, a incorporação do patrimônio de uma associação profissional ao da entidade sindical, ou das entidades aludidas entre si.

CONSTITUIÇÃO FEDERAL DE 1988
DOU 5.10.1988

Vide art. 150, caput, inciso VI, alínea c

Art. 150. Sem prejuízo de outras garantias asseguradas ao contribuinte, é vedado à União, aos Estados, ao Distrito Federal e aos Municípios:
(...)
VI — instituir impostos sobre:
(...)
c) patrimônio, renda ou serviços dos partidos políticos, inclusive suas fundações, das entidades sindicais dos trabalhadores, das instituições de educação e de assistência social, sem fins lucrativos, atendidos os requisitos da lei;

SÚMULA DO STF

Vide Súmula 724/STF

Súmula 724 STF — Ainda quando alugado a terceiros, permanece imune ao IPTU o imóvel pertencente a qualquer das entidades referidas pelo art. 150, VI, "c", da Constituição, desde que o valor dos aluguéis seja aplicado nas atividades essenciais de tais entidades.

Art. 561 A denominação "sindicato" é privativa das associações profissionais de primeiro grau, reconhecidas na forma desta Lei.

Art. 562 As expressões "federação" e "confederação", seguidas da designação de uma atividade econômica ou profissional, constituem denominações privativas das entidades sindicais de grau superior.

Art. 563 *(Revogado pelo Decreto-Lei n. 925, de 10.10.1969)*

Art. 564 Às entidades sindicais, sendo-lhes peculiar e essencial a atribuição representativa e coordenadora das correspondentes categorias ou profissões, é vedado, direta ou indiretamente, o exercício de atividade econômica.

CONSTITUIÇÃO FEDERAL DE 1988
DOU 5.10.1988

Vide art. 8º, caput e inciso I

Art. 8º É livre a associação profissional ou sindical, observado o seguinte:

I — a lei não poderá exigir autorização do Estado para a fundação de sindicato, ressalvado o registro no órgão competente, vedadas ao Poder Público a interferência e a intervenção na organização sindical;

Art. 565 As entidades sindicais reconhecidas nos termos desta Lei não poderão filiar-se a organizações internacionais, nem com elas manter relações, sem prévia licença concedida por decreto do Presidente da República. *(Redação dada pela Lei n. 2.802, de 18.6.1956)*

CONSTITUIÇÃO FEDERAL DE 1988
DOU 5.10.1988

Vide art. 8º, caput e inciso I

Art. 8º É livre a associação profissional ou sindical, observado o seguinte:

I — a lei não poderá exigir autorização do Estado para a fundação de sindicato, ressalvado o registro no órgão competente, vedadas ao Poder Público a interferência e a intervenção na organização sindical;

Art. 566 Não podem sindicalizar-se os servidores do Estado e os das instituições paraestatais.

Parágrafo único Excluem-se da proibição constante deste artigo os empregados das sociedades de economia mista, da Caixa Econômica Federal e das fundações criadas ou mantidas pelo Poder Público da União, dos Estados e Municípios. *(Redação dada pela Lei n. 7.449, de 20.12.1985)*

CONSTITUIÇÃO FEDERAL DE 1988
DOU 5.10.1988

Vide art. 8º, caput e inciso I; e art. 37, caput e inciso VI

Art. 8º É livre a associação profissional ou sindical, observado o seguinte:

I — a lei não poderá exigir autorização do Estado para a fundação de sindicato, ressalvado o registro no órgão competente, vedadas ao Poder Público a interferência e a intervenção na organização sindical;

Art. 37. A administração pública direta e indireta de qualquer dos Poderes da União, dos Estados, do Distrito Federal e dos Municípios obedecerá aos princípios de legalidade, impessoalidade, moralidade, publicidade e eficiência e, também, ao seguinte: *(Redação dada pela Emenda Constitucional n. 19, de 1998)*

(...)

VI — é garantido ao servidor público civil o direito à livre associação sindical;

Arts. 567 a 569 *(Revogados pelo Decreto-Lei n. 229, de 28.2.1967)*

CAPÍTULO II
DO ENQUADRAMENTO SINDICAL

Art. 570 Os sindicatos constituir-se-ão, normalmente, por categorias econômicas ou profissionais, específicas, na conformidade da discriminação do quadro das atividades e profissões a que se refere o art. 577 ou segundo as subdivisões que, sob proposta da Comissão do Enquadramento Sindical, de que trata o art. 576, forem criadas pelo ministro do Trabalho, Indústria e Comércio.

TÍTULO V — DA ORGANIZAÇÃO SINDICAL

Parágrafo único Quando os exercentes de quaisquer atividades ou profissões se constituírem, seja pelo número reduzido, seja pela natureza mesma dessas atividades ou profissões, seja pelas afinidades existentes entre elas, em condições tais que não se possam sindicalizar eficientemente pelo critério de especificidade de categoria, é-lhes permitido sindicalizar-se pelo critério de categorias similares ou conexas, entendendo-se como tais as que se acham compreendidas nos limites de cada grupo constante do Quadro de Atividades e Profissões.

CONSTITUIÇÃO FEDERAL DE 1988
DOU 5.10.1988

Vide art. 8º, caput e incisos I e II; art. 114, caput e incisos III e IV

Art. 8º É livre a associação profissional ou sindical, observado o seguinte:

I — a lei não poderá exigir autorização do Estado para a fundação de sindicato, ressalvado o registro no órgão competente, vedadas ao Poder Público a interferência e a intervenção na organização sindical;

II — é vedada a criação de mais de uma organização sindical, em qualquer grau, representativa de categoria profissional ou econômica, na mesma base territorial, que será definida pelos trabalhadores ou empregadores interessados, não podendo ser inferior à área de um Município;

Art. 114. Compete à Justiça do Trabalho processar e julgar: *(Redação dada pela Emenda Constitucional n. 45, de 2004)*

(...)

III — as ações sobre representação sindical, entre sindicatos, entre sindicatos e trabalhadores, e entre sindicatos e empregadores; *(Incluído pela Emenda Constitucional n. 45, de 2004)*

IV — os mandados de segurança, *habeas corpus* e *habeas data*, quando o ato questionado envolver matéria sujeita à sua jurisdição; *(Inciso acrescido pela Emenda Constitucional n. 45, de 2004)*

SÚMULA DO TST

Vide Súmula 374/TST

Súmula 374 TST — NORMA COLETIVA. CATEGORIA DIFERENCIADA. ABRANGÊNCIA (conversão da Orientação Jurisprudencial n. 55 da SBDI-1) — Res. 129/2005, DJ 20, 22 e 25.04.2005
Empregado integrante de categoria profissional diferenciada não tem o direito de haver de seu empregador vantagens previstas em instrumento coletivo no qual a empresa não foi representada por órgão de classe de sua categoria. *(ex-OJ n. 55 da SBDI-1 — inserida em 25.11.1996)*

ORIENTAÇÕES JURISPRUDENCIAIS DA SDC DO TST

Vide OJs 9 e 23 SDC/TST

OJ 9 SDC TST — ENQUADRAMENTO SINDICAL. INCOMPETÊNCIA MATERIAL DA JUSTIÇA DO TRABALHO. (inserida em 27.03.1998)
O dissídio coletivo não é meio próprio para o Sindicato vir a obter o reconhecimento de que a categoria que representa é diferenciada, pois esta matéria — enquadramento sindical — envolve a interpretação de norma genérica, notadamente do art. 577 da CLT.

OJ 23 SDC TST — LEGITIMIDADE *AD CAUSAM*. SINDICATO REPRESENTATIVO DE SEGMENTO PROFISSIONAL OU PATRONAL. IMPOSSIBILIDADE. *(inserida em 25.05.1998)*
A representação sindical abrange toda a categoria, não comportando separação fundada na maior ou menor dimensão de cada ramo ou empresa.

Art. 571 Qualquer das atividades ou profissões concentradas na forma do parágrafo único do artigo anterior poderá dissociar-se do sindicato principal, formando um sindicato específico, desde que o novo sindicato, a juízo da Comissão do Enquadramento Sindical, ofereça possibilidade de vida associativa regular e de ação sindical eficiente.

CONSTITUIÇÃO FEDERAL DE 1988
DOU 5.10.1988

Vide art. 8º, caput e incisos I e II; art. 114, caput e incisos III e IV

Art. 8º É livre a associação profissional ou sindical, observado o seguinte:

I — a lei não poderá exigir autorização do Estado para a fundação de sindicato, ressalvado o registro no órgão competente, vedadas ao Poder Público a interferência e a intervenção na organização sindical;

II — é vedada a criação de mais de uma organização sindical, em qualquer grau, representativa de categoria profissional ou econômica, na mesma base territorial, que será definida pelos trabalhadores ou empregadores interessados, não podendo ser inferior à área de um Município;

Art. 114. Compete à Justiça do Trabalho processar e julgar: *(Redação dada pela Emenda Constitucional n. 45, de 2004)*

(...)

III — as ações sobre representação sindical, entre sindicatos, entre sindicatos e trabalhadores, e entre sindicatos e empregadores; *(Incluído pela Emenda Constitucional n. 45, de 2004)*

IV — os mandados de segurança, *habeas corpus* e *habeas data*, quando o ato questionado envolver matéria sujeita à sua jurisdição; *(Inciso acrescido pela Emenda Constitucional n. 45, de 2004)*

TÍTULO V — DA ORGANIZAÇÃO SINDICAL

Art. 572	Os sindicatos que se constituírem por categorias similares ou conexas, nos termos do parágrafo único do art. 570, adotarão denominação em que fiquem, tanto como possível, explicitamente mencionadas as atividades ou profissões concentradas, de conformidade com o quadro das atividades e profissões, ou se se tratar de subdivisões, de acordo com o que determinar a Comissão do Enquadramento Sindical.
Parágrafo único	Ocorrendo a hipótese do artigo anterior, o Sindicato principal terá a denominação alterada, eliminando-se-lhe a designação relativa à atividade ou profissão dissociada.

CONSTITUIÇÃO FEDERAL DE 1988
DOU 5.10.1988

Vide art. 8º, *caput* e incisos I e II

Art. 8º É livre a associação profissional ou sindical, observado o seguinte:

I — a lei não poderá exigir autorização do Estado para a fundação de sindicato, ressalvado o registro no órgão competente, vedadas ao Poder Público a interferência e a intervenção na organização sindical;

II — é vedada a criação de mais de uma organização sindical, em qualquer grau, representativa de categoria profissional ou econômica, na mesma base territorial, que será definida pelos trabalhadores ou empregadores interessados, não podendo ser inferior à área de um Município;

Art. 573	O agrupamento dos Sindicatos em Federações obedecerá às mesmas regras que as estabelecidas neste Capítulo para o agrupamento das atividades e profissões em Sindicatos.
§§ 1º e 2º	*(Revogados pelo Decreto-Lei n. 229, de 28.2.1967)*
Parágrafo único	As Federações de Sindicatos de profissões liberais poderão ser organizadas independentemente do grupo básico da Confederação, sempre que as respectivas profissões se acharem submetidas, por disposições de lei, a um único regulamento. *(§ 1º renumerado pelo Decreto-Lei n. 229, de 28.2.1967)*

CONSTITUIÇÃO FEDERAL DE 1988
DOU 5.10.1988

Vide art. 8º, *caput* e incisos I e II

Art. 8º É livre a associação profissional ou sindical, observado o seguinte:

I — a lei não poderá exigir autorização do Estado para a fundação de sindicato, ressalvado o registro no órgão competente, vedadas ao Poder Público a interferência e a intervenção na organização sindical;

II — é vedada a criação de mais de uma organização sindical, em qualquer grau, representativa de categoria profissional ou econômica, na mesma base territorial, que será definida pelos trabalhadores ou empregadores interessados, não podendo ser inferior à área de um Município;

Art. 574	Dentro da mesma base territorial, as empresas industriais do tipo artesanal poderão constituir entidades sindicais, de primeiro e segundo graus, distintas das associações sindicais das empresas congêneres, de tipo diferente.
Parágrafo único	Compete à Comissão de Enquadramento Sindical definir, de modo genérico, com a aprovação do Ministro do Trabalho, Indústria e Comércio, a dimensão e os demais característicos das empresas industriais de tipo artesanal.

CONSTITUIÇÃO FEDERAL DE 1988
DOU 5.10.1988

Vide art. 8º, *caput* e incisos I e II

Art. 8º É livre a associação profissional ou sindical, observado o seguinte:

I — a lei não poderá exigir autorização do Estado para a fundação de sindicato, ressalvado o registro no órgão competente, vedadas ao Poder Público a interferência e a intervenção na organização sindical;

II — é vedada a criação de mais de uma organização sindical, em qualquer grau, representativa de categoria profissional ou econômica, na mesma base territorial, que será definida pelos trabalhadores ou empregadores interessados, não podendo ser inferior à área de um Município;

TÍTULO V — DA ORGANIZAÇÃO SINDICAL

Art. 575	O quadro de atividades e profissões será revisto de dois em dois anos, por proposta da Comissão do Enquadramento Sindical, para o fim de ajustá-lo às condições da estrutura econômica e profissional do país.
§ 1º	Antes de proceder à revisão do Quadro, a Comissão deverá solicitar sugestões às entidades sindicais e às associações profissionais.
§ 2º	A proposta de revisão será submetida à aprovação do Ministro do Trabalho, Indústria e Comércio.

CONSTITUIÇÃO FEDERAL DE 1988
DOU 5.10.1988

Vide art. 8º, caput e incisos I e II; art. 114, caput e incisos III e IV

Art. 8º É livre a associação profissional ou sindical, observado o seguinte:

I — a lei não poderá exigir autorização do Estado para a fundação de sindicato, ressalvado o registro no órgão competente, vedadas ao Poder Público a interferência e a intervenção na organização sindical;

II — é vedada a criação de mais de uma organização sindical, em qualquer grau, representativa de categoria profissional ou econômica, na mesma base territorial, que será definida pelos trabalhadores ou empregadores interessados, não podendo ser inferior à área de um Município;

Art. 114. Compete à Justiça do Trabalho processar e julgar: *(Redação dada pela Emenda Constitucional n. 45, de 2004)*

(...)

III — as ações sobre representação sindical, entre sindicatos, entre sindicatos e trabalhadores, e entre sindicatos e empregadores; *(Incluído pela Emenda Constitucional n. 45, de 2004)*

IV — os mandados de segurança, *habeas corpus* e *habeas data*, quando o ato questionado envolver matéria sujeita à sua jurisdição; *(Inciso acrescido pela Emenda Constitucional n. 45, de 2004)*

Art. 576	A Comissão do Enquadramento Sindical será constituída pelo Diretor Geral do Departamento Nacional do Trabalho, que a presidirá, e pelos seguintes membros: *(Redação dada pela Lei n. 5.819, de 6.11.1972)*
I -	2 (dois) representantes do Departamento Nacional do Trabalho; *(Redação dada pela Lei n. 5.819, de 6.11.1972)*
II -	1 (um) representante do Departamento Nacional de Mão de Obra; *(Redação dada pela Lei n. 5.819, de 6.11.1972)*
III -	1 (um) representante do Instituto Nacional de Tecnologia, do Ministério da Indústria e do Comércio; *(Redação dada pela Lei n. 5.819, de 6.11.1972)*
IV -	1 (um) representante do Instituto Nacional de Colonização e Reforma Agrária, do Ministério da Agricultura; *(Redação dada pela Lei n. 5.819, de 6.11.1972)*
V -	1 (um) representante do Ministério dos Transportes; *(Redação dada pela Lei n. 5.819, de 6.11.1972)*
VI -	2 (dois) representantes das categorias econômicas; e *(Redação dada pela Lei n. 5.819, de 6.11.1972)*
VII -	2 (dois) representantes das categorias profissionais. *(Redação dada pela Lei n. 5.819, de 6.11.1972)*
§ 1º	Os membros da CES serão designados pelo Ministro do Trabalho e Previdência Social, mediante. *(Incluído pelo Decreto-Lei n. 229, de 28.2.1967)*
a)	indicação dos titulares das Pastas, quanto aos representantes dos outros Ministérios; *(Incluído pelo Decreto-Lei n. 229, de 28.2.1967)*
b)	indicação do respectivo Diretor Geral, quanto ao do DNMO; *(Incluído pelo Decreto-Lei n. 229, de 28.2.1967)*
c)	eleição pelas respectivas Confederações, em conjunto, quanto aos representantes das categorias econômicas e profissionais, de acordo com as instruções que forem expedidas pelo Ministro do Trabalho e Previdência Social. *(Incluído pelo Decreto-Lei n. 229, de 28.2.1967)*
§ 2º	Cada Membro terá um suplente designado juntamente com o titular. *(Incluído pelo Decreto-Lei n. 229, de 28.2.1967)*

Art. 577

TÍTULO V — DA ORGANIZAÇÃO SINDICAL

§ 3º Será de 3 (três) anos o mandato dos representantes das categorias econômica e profissional. *(Redação dada pelo Decreto-Lei n. 925, de 10.10.1969)*

§ 4º Os integrantes da Comissão perceberão a gratificação de presença que for estabelecida por decreto executivo. *(Incluído pelo Decreto-Lei n. 229, de 28.2.1967)*

§ 5º Em suas faltas ou impedimentos o Diretor Geral do DNT será substituído na presidência pelo Diretor substituto do Departamento ou pelo representante deste na Comissão, nesta ordem. *(Redação dada Decreto-Lei n. 506, de 18.3.1969)*

§ 6º Além das atribuições fixadas no presente Capítulo e concernentes ao enquadramento sindical, individual ou coletivo, e à classificação das atividades e profissões, competirá também à CES resolver, com recurso para o Ministro do Trabalho e Previdência Social, todas as dúvidas e controvérsias concernentes à organização sindical. *(Incluído pelo Decreto-Lei n. 229, de 28.2.1967)*

CONSTITUIÇÃO FEDERAL DE 1988
DOU 5.10.1988

Vide art. 8º, caput e incisos I e II; art. 114, caput e incisos III e IV

Art. 8º É livre a associação profissional ou sindical, observado o seguinte:

I — a lei não poderá exigir autorização do Estado para a fundação de sindicato, ressalvado o registro no órgão competente, vedadas ao Poder Público a interferência e a intervenção na organização sindical;

II — é vedada a criação de mais de uma organização sindical, em qualquer grau, representativa de categoria profissional ou econômica, na mesma base territorial, que será definida pelos trabalhadores ou empregadores interessados, não podendo ser inferior à área de um Município;

Art. 114. Compete à Justiça do Trabalho processar e julgar: *(Redação dada pela Emenda Constitucional n. 45, de 2004)*

(...)

III — as ações sobre representação sindical, entre sindicatos, entre sindicatos e trabalhadores, e entre sindicatos e empregadores; *(Incluído pela Emenda Constitucional n. 45, de 2004)*

IV — os mandados de segurança, *habeas corpus* e *habeas data*, quando o ato questionado envolver matéria sujeita à sua jurisdição; *(Inciso acrescido pela Emenda Constitucional n. 45, de 2004)*

Art. 577 O Quadro de Atividades e Profissões em vigor fixará o plano básico do enquadramento sindical. (Quadro anexo a esta Consolidação das Leis do Trabalho)

CONSTITUIÇÃO FEDERAL DE 1988
DOU 5.10.1988

Vide art. 8º, caput e incisos I e II

Art. 8º É livre a associação profissional ou sindical, observado o seguinte:

I — a lei não poderá exigir autorização do Estado para a fundação de sindicato, ressalvado o registro no órgão competente, vedadas ao Poder Público a interferência e a intervenção na organização sindical;

II — é vedada a criação de mais de uma organização sindical, em qualquer grau, representativa de categoria profissional ou econômica, na mesma base territorial, que será definida pelos trabalhadores ou empregadores interessados, não podendo ser inferior à área de um Município;

LEI N. 11.648, DE 31 MARÇO DE 2008
Dispõe sobre o reconhecimento formal das centrais sindicais para os fins que especifica, altera a Consolidação das Leis do Trabalho — CLT, aprovada pelo Decreto-Lei n. 5.452, de 1º de maio de 1943, e dá outras providências
DOU 31.3.2008 — edição extra

Vide art. 1º, caput, incisos I e II e parágrafo único

Art. 1º A central sindical, entidade de representação geral dos trabalhadores, constituída em âmbito nacional, terá as seguintes atribuições e prerrogativas:

I — coordenar a representação dos trabalhadores por meio das organizações sindicais a ela filiadas; e

II — participar de negociações em fóruns, colegiados de órgãos públicos e demais espaços de diálogo social que possuam composição tripartite, nos quais estejam em discussão assuntos de interesse geral dos trabalhadores.

Parágrafo único. Considera-se central sindical, para os efeitos do disposto nesta Lei, a entidade associativa de direito privado composta por organizações sindicais de trabalhadores.

ORIENTAÇÃO JURISPRUDENCIAL DA SDC DO TST

Vide OJ 9 SDC/TST

OJ 9 SDC TST — ENQUADRAMENTO SINDICAL. INCOMPETÊNCIA MATERIAL DA JUSTIÇA DO TRABALHO. *(inserida em 27.03.1998)*

O dissídio coletivo não é meio próprio para o Sindicato vir a obter o reconhecimento de que a categoria que representa é diferenciada, pois esta matéria — enquadramento sindical — envolve a interpretação de norma genérica, notadamente do art. 577 da CLT.

TÍTULO V — DA ORGANIZAÇÃO SINDICAL

Art. 578

CAPÍTULO III
DA CONTRIBUIÇÃO SINDICAL

LEI N. 11.648, DE 31 MARÇO DE 2008
Dispõe sobre o reconhecimento formal das centrais sindicais para os fins que especifica, altera a Consolidação das Leis do Trabalho — CLT, aprovada pelo Decreto-Lei n. 5.452, de 1º de maio de 1943, e dá outras providências
DOU 31.3.2008 — edição extra

Vide art. 7º

Art. 7º Os arts. 578 a 610 da Consolidação das Leis do Trabalho — CLT, aprovada pelo Decreto-Lei n. 5.452, de 1º de maio de 1943, vigorarão até que a lei venha a disciplinar a contribuição negocial, vinculada ao exercício efetivo da negociação coletiva e à aprovação em assembleia geral da categoria.

SEÇÃO I
DA FIXAÇÃO E DO RECOLHIMENTO DO IMPOSTO SINDICAL

DECRETO-LEI N. 229, DE 28 DE FEVEREIRO DE 1967
Altera dispositivos da Consolidação das Leis do Trabalho, aprovada pelo Decreto-Lei n. 5.452, de 1º de maio de 1943, e dá outras providencias
DOU 28.2.1967 e retificado em 9.3.1967

Vide art. 35, *caput* e inciso V

Art. 35. As referências feitas na CLT:
(...)
V — a "Imposto Sindical", inclusive na denominação do Capítulo III do Título V, entendem-se como "Contribuição Sindical".

Art. 578 As contribuições devidas aos Sindicatos pelos que participem das categorias econômicas ou profissionais ou das profissões liberais representadas pelas referidas entidades serão, sob a denominação do "imposto sindical", pagas, recolhidas e aplicadas na forma estabelecida neste Capítulo. *(Vide Decreto-Lei n. 229, de 1967) (Vide Lei n. 11.648, de 2008)*

CONSTITUIÇÃO FEDERAL DE 1988
DOU 5.10.1988

Vide art. 8º, *caput* e inciso IV; art. 114, *caput* e incisos III e IV; e art. 149, *caput* e §§ 1º a 4º

Art. 8º É livre a associação profissional ou sindical, observado o seguinte:
(...)
IV — a assembleia geral fixará a contribuição que, em se tratando de categoria profissional, será descontada em folha, para custeio do sistema confederativo da representação sindical respectiva, independentemente da contribuição prevista em lei;

Art. 114. Compete à Justiça do Trabalho processar e julgar. *(Redação dada pela Emenda Constitucional n. 45, de 2004)*
(...)
III — as ações sobre representação sindical, entre sindicatos, entre sindicatos e trabalhadores, e entre sindicatos e empregadores; *(Incluído pela Emenda Constitucional n. 45, de 2004)*
IV — os mandados de segurança, *habeas corpus* e *habeas data*, quando o ato questionado envolver matéria sujeita à sua jurisdição; *(Inciso acrescido pela Emenda Constitucional n. 45, de 2004)*

Art. 149. Compete exclusivamente à União instituir contribuições sociais, de intervenção no domínio econômico e de interesse das categorias profissionais ou econômicas, como instrumento de sua atuação nas respectivas áreas, observado o disposto nos arts. 146, III, e 150, I e III, e sem prejuízo do previsto no art. 195, § 6º, relativamente às contribuições a que alude o dispositivo.

§ 1º Os Estados, o Distrito Federal e os Municípios instituirão contribuição, cobrada de seus servidores, para o custeio, em benefício destes, do regime previdenciário de que trata o art. 40, cuja alíquota não será inferior à da contribuição dos servidores titulares de cargos efetivos da União. *(Redação dada pela Emenda Constitucional n. 41, 19.12.2003)*

§ 2º As contribuições sociais e de intervenção no domínio econômico de que trata o caput deste artigo: *(Incluído pela Emenda Constitucional n. 33, de 2001)*

I — não incidirão sobre as receitas decorrentes de exportação; *(Incluído pela Emenda Constitucional n. 33, de 2001)*

II — incidirão também sobre a importação de produtos estrangeiros ou serviços; *(Redação dada pela Emenda Constitucional n. 42, de 19.12.2003)*

III — poderão ter alíquotas: *(Incluído pela Emenda Constitucional n. 33, de 2001)*

a) ad valorem, tendo por base o faturamento, a receita bruta ou o valor da operação e, no caso de importação, o valor aduaneiro; *(Incluído pela Emenda Constitucional n. 33, de 2001)*

b) específica, tendo por base a unidade de medida adotada. *(Incluído pela Emenda Constitucional n. 33, de 2001)*

§ 3º A pessoa natural destinatária das operações de importação poderá ser equiparada a pessoa jurídica, na forma da lei. *(Incluído pela Emenda Constitucional n. 33, de 2001)*

§ 4º A lei definirá as hipóteses em que as contribuições incidirão uma única vez. *(Incluído pela Emenda Constitucional n. 33, de 2001)*

SÚMULA DO STF

Vide Súmula 666/STF

Súmula 666 STF — A contribuição confederativa de que trata o art. 8º, IV, da Constituição, só é exigível dos filiados ao sindicato respectivo.

SÚMULA DO TST

Vide Súmula 342/TST

Súmula 342 TST — CONTRIBUIÇÃO SINDICAL RURAL. AÇÃO DE COBRANÇA. PENALIDADE POR ATRASO NO RECOLHIMENTO. INAPLICABILIDADE DO ART. 600 DA CLT. INCIDÊNCIA DO ART. 2º DA LEI N. 8.022/1990. — Res. 177/2012, DEJT divulgado em 13, 14 e 15.02.2012

O recolhimento a destempo da contribuição sindical rural não acarreta a aplicação da multa progressiva prevista no art. 600 da CLT, em decorrência da sua revogação tácita pela Lei n. 8.022, de 12 de abril de 1990.

ORIENTAÇÃO JURISPRUDENCIAL DA SDC DO TST

Vide OJ 17 SDC/TST

OJ 17 SDC TST — CONTRIBUIÇÕES PARA ENTIDADES SINDICAIS. INCONSTITUCIONALIDADE DE SUA EXTENSÃO A NÃO ASSOCIADOS. (mantida) — DEJT divulgado em 25.08.2014

As cláusulas coletivas que estabeleçam contribuição em favor de entidade sindical, a qualquer título, obrigando trabalhadores não sindicalizados, são ofensivas ao direito de livre associação e sindicalização, constitucionalmente assegurado, e, portanto, nulas, sendo passíveis de devolução, por via própria, os respectivos valores eventualmente descontados.

PRECEDENTE NORMATIVO DA SDC DO TST

Vide PN 119 SDC/TST

PN 119 SDC TST — CONTRIBUIÇÕES SINDICAIS — INOBSERVÂNCIA DE PRECEITOS CONSTITUCIONAIS — (mantido) — DEJT divulgado em 25.08.2014

"A Constituição da República, em seus arts. 5º, XX e 8º, V, assegura o direito de livre associação e sindicalização. É ofensiva a essa modalidade de liberdade cláusula constante de acordo, convenção coletiva ou sentença normativa estabelecendo contribuição em favor de entidade sindical a título de taxa para custeio do sistema confederativo, assistencial, revigoramento ou fortalecimento sindical e outras da mesma espécie, obrigando trabalhadores não sindicalizados. Sendo nulas as estipulações que inobservem tal restrição, tornam-se passíveis de devolução os valores irregularmente descontados."

Art. 579 A contribuição sindical é devida por todos aqueles que participarem de uma determinada categoria econômica ou profissional, ou de uma profissão liberal, em favor do sindicato representativo da mesma categoria ou profissão ou, inexistindo este, na conformidade do disposto no art. 591. *(Redação dada pelo Decreto-Lei n. 229, de 28.2.1967) (Vide Lei n. 11.648, de 2008)*

CONSTITUIÇÃO FEDERAL DE 1988
DOU 5.10.1988

Vide art. 8º, *caput* e inciso IV

Art. 8º É livre a associação profissional ou sindical, observado o seguinte:
(...)
IV — a assembleia geral fixará a contribuição que, em se tratando de categoria profissional, será descontada em folha, para custeio do sistema confederativo da representação sindical respectiva, independentemente da contribuição prevista em lei;

DECRETO-LEI N. 229, DE 28 DE FEVEREIRO DE 1967
Altera dispositivos da Consolidação das Leis do Trabalho, aprovada pelo Decreto-Lei n. 5.452, de 1º de maio de 1943, e dá outras providencias
DOU 28.2.1967 e retificado em 9.3.1967

Vide art. 35, *caput* e inciso V

Art. 35. As referências feitas na CLT:
(...)
V — a "Imposto Sindical", inclusive na denominação do Capítulo III do Título V, entendem-se como "Contribuição Sindical".

PRECEDENTE NORMATIVO DA SDC DO TST

Vide PN 41 SDC/TST

PN 41 SDC TST — RELAÇÃO NOMINAL DE EMPREGADOS (positivo)

As empresas encaminharão à entidade profissional cópia das guias de contribuição sindical e assistencial, com a relação nominal dos respectivos salários, no prazo máximo de 30 dias após o desconto.

Art. 580 A contribuição sindical será recolhida, de uma só vez, anualmente, e consistirá: *(Redação dada pela Lei n. 6.386, de 9.12.1976) (Vide Lei n. 11.648, de 2008)*

TÍTULO V — DA ORGANIZAÇÃO SINDICAL

Art. 580

I -	Na importância correspondente à remuneração de um dia de trabalho, para os empregados, qualquer que seja a forma da referida remuneração; *(Redação dada pela Lei n. 6.386, de 9.12.1976)*
II -	para os agentes ou trabalhadores autônomos e para os profissionais liberais, numa importância correspondente a 30% (trinta por cento) do maior valor de referência fixado pelo Poder Executivo, vigente à época em que é devida a contribuição sindical, arredondada para Cr$ 1,00 (um cruzeiro) a fração porventura existente; *(Redação dada pela Lei n. 7.047, de 1º.12.1982)*
III -	para os empregadores, numa importância proporcional ao capital social da firma ou empresa, registrado nas respectivas Juntas Comerciais ou órgãos equivalentes, mediante a aplicação de alíquotas, conforme a seguinte tabela progressiva: *(Redação dada pela Lei n. 7.047, de 1º.12.1982)*

	Classe de Capital	Alíquota
1.	até 150 vezes o maior valor de referência	0,8%
2.	acima de 150 até 1.500 vezes o maior valor de referência	0,2%
3.	acima de 1.500 até 150.000 vezes o maior valor de referência	0,1%
4.	acima de 150.000 até 800.000 vezes o maior valor de referência	0,02%

§ 1º	A contribuição sindical prevista na tabela constante do item III deste artigo corresponderá à soma da aplicação das alíquotas sobre a porção do capital distribuído em cada classe, observados os respectivos limites. *(Redação dada pela Lei n. 6.386, de 9.12.1976)*
§ 2º	Para efeito do cálculo de que trata a tabela progressiva inserta no item III deste artigo, considerar-se-á o valor de referência fixado pelo Poder Executivo, vigente à data de competência da contribuição, arredondando-se para Cr$1,00 (um cruzeiro) a fração porventura existente. *(Redação dada pela Lei n. 6.386, de 9.12.1976)*
§ 3º	É fixada em 60% (sessenta por cento) do maior valor de referência, a que alude o parágrafo anterior, a contribuição mínima devida pelos empregadores, independentemente do capital social da firma ou empresa, ficando, do mesmo modo, estabelecido o capital equivalente a 800.000 (oitocentas mil) vezes o maior valor de referência, para efeito do cálculo da contribuição máxima, respeitada a Tabela progressiva constante do item III. *(Redação dada pela Lei n. 7.047, de 1º.12.1982)*
§ 4º	Os agentes ou trabalhadores autônomos e os profissionais liberais, organizados em firma ou empresa, com capital social registrado, recolherão a contribuição sindical de acordo com a tabela progressiva a que se refere o item III. *(Incluído pela Lei n. 6.386, de 9.12.1976)*
§ 5º	As entidades ou instituições que não estejam obrigadas ao registro de capital social, consideração, como capital, para efeito do cálculo de que trata a tabela progressiva constante do item III deste artigo, o valor resultante da aplicação do percentual de 40% (quarenta por cento) sobre o movimento econômico registrado no exercício imediatamente anterior, do que darão conhecimento à respectiva entidade sindical ou à Delegacia Regional do Trabalho, observados os limites estabelecidos no § 3º deste artigo. *(Incluído pela Lei n. 6.386, de 9.12.1976)*

§ 6º Excluem-se da regra do § 5º as entidades ou instituições que comprovarem, através de requerimento dirigido ao Ministério do Trabalho, que não exercem atividade econômica com fins lucrativos. *(Incluído pela Lei n. 6.386, de 9.12.1976)*

CONSTITUIÇÃO FEDERAL DE 1988
DOU 5.10.1988

Vide art. 8º, caput e inciso IV

Art. 8º É livre a associação profissional ou sindical, observado o seguinte:

(...)

IV — a assembleia geral fixará a contribuição que, em se tratando de categoria profissional, será descontada em folha, para custeio do sistema confederativo da representação sindical respectiva, independentemente da contribuição prevista em lei;

Art. 581 Para os fins do item III do artigo anterior, as empresas atribuirão parte do respectivo capital às suas sucursais, filiais ou agências, desde que localizadas fora da base territorial da entidade sindical representativa da atividade econômica do estabelecimento principal, na proporção das correspondentes operações econômicas, fazendo a devida comunicação às Delegacias Regionais do Trabalho, conforme localidade da sede da empresa, sucursais, filiais ou agências. *(Redação dada pela Lei n. 6.386, de 9.12.1976)*

§ 1º Quando a empresa realizar diversas atividades econômicas, sem que nenhuma delas seja preponderante, cada uma dessas atividades será incorporada à respectiva categoria econômica, sendo a contribuição sindical devida à entidade sindical representativa da mesma categoria, procedendo-se, em relação às correspondentes sucursais, agências ou filiais, na forma do presente artigo. *(Redação dada pela Lei n. 6.386, de 9.12.1976)*

§ 2º Entende-se por atividade preponderante a que caracterizar a unidade de produto, operação ou objetivo final, para cuja obtenção todas as demais atividades convirjam, exclusivamente em regime de conexão funcional. *(Redação dada pela Lei n. 6.386, de 9.12.1976)*

Art. 582 Os empregadores são obrigados a descontar, da folha de pagamento de seus empregados relativa ao mês de março de cada ano, a contribuição sindical por estes devida aos respectivos sindicatos. *(Redação dada pela Lei n. 6.386, de 9.12.1976)*

§ 1º Considera-se um dia de trabalho, para efeito de determinação da importância a que alude o item I do art. 580, o equivalente: *(Redação dada pela Lei n. 6.386, de 9.12.1976)*

a) a uma jornada normal de trabalho, se o pagamento ao empregado for feito por unidade de tempo; *(Redação dada pela Lei n. 6.386, de 9.12.1976)*

b) a 1/30 (um trinta avos) da quantia percebida no mês anterior, se a remuneração for paga por tarefa, empreitada ou comissão. *(Redação dada pela Lei n. 6.386, de 9.12.1976)*

§ 2º Quando o salário for pago em utilidades, ou nos casos em que o empregado receba, habitualmente, gorjetas, a contribuição sindical corresponderá a 1/30 (um trinta avos) da importância que tiver servido de base, no mês de janeiro, para a contribuição do empregado à Previdência Social. *(Redação dada pela Lei n. 6.386, de 9.12.1976)*

TÍTULO V — DA ORGANIZAÇÃO SINDICAL

CONSTITUIÇÃO FEDERAL DE 1988
DOU 5.10.1988

Vide art. 8º, *caput* e inciso IV

Art. 8º É livre a associação profissional ou sindical, observado o seguinte:

(...)

IV — a assembleia geral fixará a contribuição que, em se tratando de categoria profissional, será descontada em folha, para custeio do sistema confederativo da representação sindical respectiva, independentemente da contribuição prevista em lei;

CONSOLIDAÇÃO DAS LEIS DO TRABALHO
Decreto-Lei n. 5.452, de 1º de maio de 1943
DOU 9.8.1943

Vide art. 462, *caput*

Art. 462. Ao empregador é vedado efetuar qualquer desconto nos salários do empregado, salvo quando este resultar de adiantamentos, de dispositivos de lei ou de contrato coletivo.

Art. 583	O recolhimento da contribuição sindical referente aos empregados e trabalhadores avulsos será efetuado no mês de abril de cada ano, e o relativo aos agentes ou trabalhadores autônomos e profissionais liberais realizar-se-á no mês de fevereiro. *(Redação dada pela Lei n. 6.386, de 9.12.1976)*
§ 1º	O recolhimento obedecerá ao sistema de guias, de acordo com as instruções expedidas pelo Ministro do Trabalho. *(Incluído pela Lei n. 6.386, de 9.12.1976)*
§ 2º	O comprovante de depósito da contribuição sindical será remetido ao respectivo Sindicato; na falta deste, à correspondente entidade sindical de grau superior, e, se for o caso, ao Ministério do Trabalho. *(Incluído pela Lei n. 6.386, de 9.12.1976)*

PRECEDENTE NORMATIVO DA SDC DO TST

Vide PN 41 SDC/TST

PN 41 SDC TST — RELAÇÃO NOMINAL DE EMPREGADOS (positivo)

As empresas encaminharão à entidade profissional cópia das guias de contribuição sindical e assistencial, com a relação nominal dos respectivos salários, no prazo máximo de 30 dias após o desconto.

Art. 584	Servirá de base para o pagamento da contribuição sindical, pelos agentes ou trabalhadores autônomos e profissionais liberais, a lista de contribuintes organizada pelos respectivos sindicatos e, na falta destes, pelas federações ou confederações coordenadoras da categoria. *(Redação dada pela Lei n. 6.386, de 9.12.1976)*

PRECEDENTE NORMATIVO DA SDC DO TST

Vide PN 111 SDC/TST

PN 111 SDC TST — RELAÇÃO DE EMPREGADOS (positivo)

Obriga-se a empresa a remeter ao sindicato profissional, uma vez por ano, a relação dos empregados pertencentes à categoria.

Art. 585	Os profissionais liberais poderão optar pelo pagamento da contribuição sindical unicamente à entidade sindical representativa da respectiva profissão, desde que a exerça, efetivamente, na firma ou empresa e como tal sejam nelas registrados. *(Redação dada pela Lei n. 6.386, de 9.12.1976)*
Parágrafo único	Na hipótese referida neste artigo, à vista da manifestação do contribuinte e da exibição da prova de quitação da contribuição, dada por sindicato de profissionais liberais, o empregador deixará de efetuar, no salário do contribuinte, o desconto a que se refere o art. 582. *(Redação dada pela Lei n. 6.386, de 9.12.1976)*

Arts. 586 a 589

TÍTULO V — DA ORGANIZAÇÃO SINDICAL

Art. 586	A contribuição sindical será recolhida, nos meses fixados no presente Capítulo, à Caixa Econômica Federal ao Banco do Brasil S. A. ou aos estabelecimentos bancários nacionais integrantes do sistema de arrecadação dos tributos federais, os quais, de acordo com instruções expedidas pelo Conselho Monetário Nacional, repassarão à Caixa Econômica Federal as importâncias arrecadadas. *(Redação dada pela Lei n. 6.386, de 9.12.1976)*
§ 1º	Integrarão a rede arrecadadora as Caixas Econômicas Estaduais, nas localidades onde inexistam os estabelecimentos previstos no caput deste artigo. *(Redação dada pela Lei n. 6.386, de 9.12.1976)*
§ 2º	Tratando-se de empregador, agentes ou trabalhadores autônomos ou profissionais liberais o recolhimento será efetuado pelos próprios, diretamente ao estabelecimento arrecadador. *(Redação dada pela Lei n. 6.386, de 9.12.1976)*
§ 3º	A contribuição sindical devida pelos empregados e trabalhadores avulsos será recolhida pelo empregador e pelo sindicato, respectivamente. *(Redação dada pela Lei n. 6.386, de 9.12.1976)*
Art. 587	O recolhimento da contribuição sindical dos empregadores efetuar-se-á no mês de janeiro de cada ano, ou, para os que venham a estabelecer-se após aquele mês, na ocasião em que requeiram às repartições o registro ou a licença para o exercício da respectiva atividade. *(Redação dada pela Lei n. 6.386, de 9.12.1976)*
Art. 588	A Caixa Econômica Federal manterá conta corrente intitulada "Depósitos da Arrecadação da Contribuição Sindical", em nome de cada uma das entidades sindicais beneficiadas, cabendo ao Ministério do Trabalho cientificá-la das ocorrências pertinentes à vida administrativa dessas entidades. *(Redação dada pela Lei n. 6.386, de 9.12.1976)*
§ 1º	Os saques na conta corrente referida no caput deste artigo far-se-ão mediante ordem bancária ou cheque com as assinaturas conjuntas do presidente e do tesoureiro da entidade sindical. *(Redação dada pela Lei n. 6.386, de 9.12.1976)*
§ 2º	A Caixa Econômica Federal remeterá, mensalmente, a cada entidade sindical, um extrato da respectiva conta corrente, e, quando solicitado, aos órgãos do Ministério do Trabalho. *(Redação dada pela Lei n. 6.386, de 9.12.1976)*
Art. 589	Da importância da arrecadação da contribuição sindical serão feitos os seguintes créditos pela Caixa Econômica Federal, na forma das instruções que forem expedidas pelo Ministro do Trabalho: *(Redação dada pela Lei n. 6.386, de 9.12.1976)*
I -	para os empregadores: *(Redação dada pela Lei n. 11.648, de 2008)*
a)	5% (cinco por cento) para a confederação correspondente; *(Incluída pela Lei n. 11.648, de 2008)*
b)	15% (quinze por cento) para a federação; *(Incluída pela Lei n. 11.648, de 2008)*
c)	60% (sessenta por cento) para o sindicato respectivo; e *(Incluída pela Lei n. 11.648, de 2008)*
d)	20% (vinte por cento) para a 'Conta Especial Emprego e Salário'; *(Incluída pela Lei n. 11.648, de 2008)*

TÍTULO V — DA ORGANIZAÇÃO SINDICAL

II -	para os trabalhadores: *(Redação dada pela Lei n. 11.648, de 2008)*
a)	5% (cinco por cento) para a confederação correspondente; *(Incluída pela Lei n. 11.648, de 2008)*
b)	10% (dez por cento) para a central sindical; *(Incluída pela Lei n. 11.648, de 2008)*
c)	15% (quinze por cento) para a federação; *(Incluída pela Lei n. 11.648, de 2008)*
d)	60% (sessenta por cento) para o sindicato respectivo; e *(Incluída pela Lei n. 11.648, de 2008)*
e)	10% (dez por cento) para a 'Conta Especial Emprego e Salário'; *(Incluída pela Lei n. 11.648, de 2008)*
III e IV -	(Revogados); *(Redação dada pela Lei n. 11.648, de 2008)*
§ 1º	O sindicato de trabalhadores indicará ao Ministério do Trabalho e Emprego a central sindical a que estiver filiado como beneficiária da respectiva contribuição sindical, para fins de destinação dos créditos previstos neste artigo. *(Incluído pela Lei n. 11.648, de 2008)*
§ 2º	A central sindical a que se refere a alínea b do inciso II do caput deste artigo deverá atender aos requisitos de representatividade previstos na legislação específica sobre a matéria. *(Incluído pela Lei n. 11.648, de 2008)*

Art. 590	Inexistindo confederação, o percentual previsto no art. 589 desta Consolidação caberá à federação representativa do grupo. *(Redação dada pela Lei n. 11.648, de 2008)*
§§ 1º e 2º	*(Revogados pela Lei n. 11.648, de 31.03.2008)*
§ 3º	Não havendo sindicato, nem entidade sindical de grau superior ou central sindical, a contribuição sindical será creditada, integralmente, à 'Conta Especial Emprego e Salário'. *(Redação dada pela Lei n. 11.648, de 2008)*
§ 4º	Não havendo indicação de central sindical, na forma do § 1º do art. 589 desta Consolidação, os percentuais que lhe caberiam serão destinados à 'Conta Especial Emprego e Salário'. *(Incluído pela Lei n. 11.648, de 2008)*

Art. 591	Inexistindo sindicato, os percentuais previstos na alínea c do inciso I e na alínea d do inciso II do caput do art. 589 desta Consolidação serão creditados à federação correspondente à mesma categoria econômica ou profissional. *(Redação dada pela Lei n. 11.648, de 2008)*
Parágrafo único	Na hipótese do caput deste artigo, os percentuais previstos nas alíneas a e b do inciso I e nas alíneas a e c do inciso II do caput do art. 589 desta Consolidação caberão à confederação. *(Redação dada pela Lei n. 11.648, de 2008)*

SEÇÃO II
DA APLICAÇÃO DO IMPOSTO SINDICAL

DECRETO-LEI N. 229, DE 28 DE FEVEREIRO DE 1967
Altera dispositivos da Consolidação das Leis do Trabalho, aprovada pelo Decreto-Lei n. 5.452, de 1º de maio de 1943, e dá outras providencias
DOU 28.2.1967 e retificado em 9.3.1967

Vide art. 35, *caput* e inciso V

Art. 35. As referências feitas na CLT:
(...)
V — a "Imposto Sindical", inclusive na denominação do Capítulo III do Título V, entendem-se como "Contribuição Sindical".

Art. 592

Art. 592 — A contribuição sindical, além das despesas vinculadas à sua arrecadação, recolhimento e controle, será aplicada pelos sindicatos, na conformidade dos respectivos estatutos, usando aos seguintes objetivos: *(Redação dada pela Lei n. 6.386, de 9.12.1976)*

I - Sindicatos de empregadores e de agentes autônomos: *(Redação dada pela Lei n. 6.386, de 9.12.1976)*

a) assistência técnica e jurídica; *(Redação dada pela Lei n. 6.386, de 9.12.1976)*

b) assistência médica, dentária, hospitalar e farmacêutica; *(Redação dada pela Lei n. 6.386, de 9.12.1976)*

c) realização de estudos econômicos e financeiros; *(Redação dada pela Lei n. 6.386, de 9.12.1976)*

d) agências de colocação; *(Redação dada pela Lei n. 6.386, de 9.12.1976)*

e) cooperativas; *(Redação dada pela Lei n. 6.386, de 9.12.1976)*

f) bibliotecas; *(Incluída pela Lei n. 6.386, de 9.12.1976)*

g) creches; *(Incluída pela Lei n. 6.386, de 9.12.1976)*

h) congressos e conferências; *(Incluída pela Lei n. 6.386, de 9.12.1976)*

i) medidas de divulgação comercial e industrial no País, e no estrangeiro, bem como em outras tendentes a incentivar e aperfeiçoar a produção nacional. *(Incluída pela Lei n. 6.386, de 9.12.1976)*

j) feiras e exposições; *(Incluída pela Lei n. 6.386, de 9.12.1976)*

l) prevenção de acidentes do trabalho; *(Incluída pela Lei n. 6.386, de 9.12.1976)*

m) finalidades desportivas. *(Incluída pela Lei n. 6.386, de 9.12.1976)*

II - Sindicatos de empregados: *(Redação dada pela Lei n. 6.386, de 9.12.1976)*

a) assistência jurídica; *(Redação dada pela Lei n. 6.386, de 9.12.1976)*

b) assistência médica, dentária, hospitalar e farmacêutica; *(Redação dada pela Lei n. 6.386, de 9.12.1976)*

c) assistência à maternidade; *(Redação dada pela Lei n. 6.386, de 9.12.1976)*

d) agências de colocação; *(Redação dada pela Lei n. 6.386, de 9.12.1976)*

e) cooperativas; *(Redação dada pela Lei n. 6.386, de 9.12.1976)*

f) bibliotecas; *(Redação dada pela Lei n. 6.386, de 9.12.1976)*

g) creches; *(Redação dada pela Lei n. 6.386, de 9.12.1976)*

h) congressos e conferências; *(Redação dada pela Lei n. 6.386, de 9.12.1976)*

i) auxílio-funeral; *(Redação dada pela Lei n. 6.386, de 9.12.1976)*

j) colônias de férias e centros de recreação; *(Redação dada pela Lei n. 6.386, de 9.12.1976)*

l) prevenção de acidentes do trabalho; *(Incluída pela Lei n. 6.386, de 9.12.1976)*

m) finalidades desportivas e sociais; *(Incluída pela Lei n. 6.386, de 9.12.1976)*

TÍTULO V — DA ORGANIZAÇÃO SINDICAL

Art. 592

n)	educação e formação profissional. *(Incluída pela Lei n. 6.386, de 9.12.1976)*
o)	bolsas de estudo. *(Incluída pela Lei n. 6.386, de 9.12.1976)*
III -	Sindicatos de profissionais liberais: *(Redação dada pela Lei n. 6.386, de 9.12.1976)*
a)	assistência jurídica; *(Redação dada pela Lei n. 6.386, de 9.12.1976)*
b)	assistência médica, dentária, hospitalar e farmacêutica; *(Redação dada pela Lei n. 6.386, de 9.12.1976)*
c)	assistência à maternidade; *(Redação dada pela Lei n. 6.386, de 9.12.1976)*
d)	bolsas de estudo; *(Redação dada pela Lei n. 6.386, de 9.12.1976)*
e)	cooperativas; *(Redação dada pela Lei n. 6.386, de 9.12.1976)*
f)	bibliotecas; *(Redação dada pela Lei n. 6.386, de 9.12.1976)*
g)	creches; *(Redação dada pela Lei n. 6.386, de 9.12.1976)*
h)	congressos e conferências; *(Redação dada pela Lei n. 6.386, de 9.12.1976)*
i)	auxílio-funeral; *(Redação dada pela Lei n. 6.386, de 9.12.1976)*
j)	colônias de férias e centros de recreação; *(Redação dada pela Lei n. 6.386, de 9.12.1976)*
l)	estudos técnicos e científicos; *(Incluída pela Lei n. 6.386, de 9.12.1976)*
m)	finalidades desportivas e sociais; *(Incluída pela Lei n. 6.386, de 9.12.1976)*
n)	educação e formação profissional; *(Incluída pela Lei n. 6.386, de 9.12.1976)*
o)	prêmios por trabalhos técnicos e científicos. *(Incluída pela Lei n. 6.386, de 9.12.1976)*
IV -	Sindicatos de trabalhadores autônomos: *(Redação dada pela Lei n. 6.386, de 9.12.1976)*
a)	assistência técnica e jurídica; *(Redação dada pela Lei n. 6.386, de 9.12.1976)*
b)	assistência médica, dentária, hospitalar e farmacêutica; *(Redação dada pela Lei n. 6.386, de 9.12.1976)*
c)	assistência à maternidade; *(Redação dada pela Lei n. 6.386, de 9.12.1976)*
d)	bolsas de estudo; *(Redação dada pela Lei n. 6.386, de 9.12.1976)*
e)	cooperativas; *(Redação dada pela Lei n. 6.386, de 9.12.1976)*
f)	bibliotecas; *(Redação dada pela Lei n. 6.386, de 9.12.1976)*
g)	creches; *(Redação dada pela Lei n. 6.386, de 9.12.1976)*
h)	congressos e conferências; *(Redação dada pela Lei n. 6.386, de 9.12.1976)*
i)	auxílio-funeral; *(Redação dada pela Lei n. 6.386, de 9.12.1976)*
j)	colônias de férias e centros de recreação; *(Incluída pela Lei n. 6.386, de 9.12.1976)*
l)	educação e formação profissional; *(Incluída pela Lei n. 6.386, de 9.12.1976)*

m)	finalidades desportivas e sociais; *(Incluída pela Lei n. 6.386, de 9.12.1976)*
§ 1º	A aplicação prevista neste artigo ficará a critério de cada entidade, que, para tal fim, obedecerá, sempre, às peculiaridades do respectivo grupo ou categoria, facultado ao Ministro do Trabalho permitir a inclusão de novos programas, desde que assegurados os serviços assistenciais fundamentais da entidade. *(Redação dada pela Lei n. 6.386, de 9.12.1976)*
§ 2º	Os sindicatos poderão destacar, em seus orçamentos anuais, até 20% (vinte por cento) dos recursos da contribuição sindical para o custeio das suas atividades administrativas, independentemente de autorização ministerial. *(Incluído pela Lei n. 6.386, de 9.12.1976)*
§ 3º	O uso da contribuição sindical prevista no § 2º não poderá exceder do valor total das mensalidades sociais consignadas nos orçamentos dos sindicatos, salvo autorização expressa do Ministro do Trabalho. *(Incluído pela Lei n. 6.386, de 9.12.1976)*

CONSTITUIÇÃO FEDERAL DE 1988
DOU 5.10.1988

Vide art. 8º, caput, inciso I

Art. 8º É livre a associação profissional ou sindical, observado o seguinte:

I — a lei não poderá exigir autorização do Estado para a fundação de sindicato, ressalvado o registro no órgão competente, vedadas ao Poder Público a interferência e a intervenção na organização sindical;

Art. 593	As percentagens atribuídas às entidades sindicais de grau superior e às centrais sindicais serão aplicadas de conformidade com o que dispuserem os respectivos conselhos de representantes ou estatutos. *(Redação dada pela Lei n. 11.648, de 2008)*
Parágrafo único	Os recursos destinados às centrais sindicais deverão ser utilizados no custeio das atividades de representação geral dos trabalhadores decorrentes de suas atribuições legais. *(Incluído pela Lei n. 11.648, de 2008)*

Art. 594	*(Revogado pela Lei n. 4.589, de 11.12.1964)*

SEÇÃO III
DA COMISSÃO DO IMPOSTO SINDICAL

DECRETO-LEI N. 229, DE 28 DE FEVEREIRO DE 1967
Altera dispositivos da Consolidação das Leis do Trabalho, aprovada pelo Decreto-Lei n. 5.452, de 1º de maio de 1943, e dá outras providências
DOU 28.2.1967 e retificado em 9.3.1967

Vide art. 35, caput e inciso V

Art. 35. As referências feitas na CLT:
(...)
V — a "Imposto Sindical", inclusive na denominação do Capítulo III do Título V, entendem-se como "Contribuição Sindical".

Arts. 595 a 597	*(Revogado pela Lei n. 4.589, de 11.12.1964)*

TÍTULO V — DA ORGANIZAÇÃO SINDICAL

Arts. 598 a 600

SEÇÃO IV
DAS PENALIDADES

DECRETO-LEI N. 229, DE 28 DE FEVEREIRO DE 1967
Altera dispositivos da Consolidação das Leis do Trabalho, aprovada pelo Decreto-Lei n. 5.452, de 1º de maio de 1943, e dá outras providencias
DOU 28.2.1967 e retificado em 9.3.1967

Vide art. 35, *caput* e inciso V

Art. 35. As referências feitas na CLT:
(...)
V — a "Imposto Sindical", inclusive na denominação do Capítulo III do Título V, entendem-se como "Contribuição Sindical".

Art. 598 Sem prejuízo da ação criminal e das penalidades previstas no art. 553, serão aplicadas multas de Cr$ 10,00 (dez cruzeiros) a Cr$ 10.000,00 (dez mil cruzeiros) pelas infrações deste Capítulo impostas no Distrito Federal pela autoridade competente de 1ª instância do Departamento Nacional do Trabalho e nos Estados e no Território do Acre pelas autoridades regionais do Ministério do Trabalho, Indústria e Comércio.

Parágrafo único A gradação da multa atenderá à natureza da infração e às condições sociais e econômicas do infrator.

LEI N. 4.070, DE 15 DE JUNHO DE 1962
Eleva o Território do Acre à categoria de Estado e dá outras providências
DOU 22.6.1962

DECRETO-LEI N. 229, DE 28 DE FEVEREIRO DE 1967
Altera dispositivos da Consolidação das Leis do Trabalho, aprovada pelo Decreto-Lei n. 5.452, de 1º de maio de 1943, e dá outras providencias
DOU 28.2.1967 e retificado em 9.3.1967

Vide art. 35, *caput* e inciso IV

Art. 35. As referências feitas na CLT:
(...)
IV — ao Departamento Nacional do Trabalho, como autoridade julgadora de infração em primeira instância, entendem-se como concernentes às Delegacias Regionais do Trabalho.

DECRETO N. 6.341, DE 3 DE JANEIRO DE 2008
Altera a denominação da Delegacia Regional do Trabalho para Superintência Regional do Trabalho e Emprego
DOU 4.1.2008

LEIS N. 6.205/75; N. 6.986/82; N. 6.708/79; N. 7.855/89
Novos valores de multas administrativas

LEI N. 8.383/1991
Unidade Fiscal de Referência (UFIR) — Medida de valor e atualização de tributos, multas e penalidades administrativas e fiscais

LEI N. 10.522/02
Conversão da UFIR em real

Art. 599 Para os profissionais liberais, a penalidade consistirá na suspensão do exercício profissional, até a necessária quitação, e será aplicada pelos órgãos públicos ou autárquicos disciplinadores das respectivas profissões mediante comunicação das autoridades fiscalizadoras.

Art. 600 O recolhimento da contribuição sindical efetuado fora do prazo referido neste Capítulo, quando espontâneo, será acrescido da multa de 10% (dez por cento), nos 30 (trinta) primeiros dias, com o adicional de 2% (dois por cento) por mês subsequente de atraso, além de juros de mora de 1% (um por cento) ao mês e correção monetária, ficando, nesse caso, o infrator, isento de outra penalidade. *(Redação dada pela Lei n. 6.181, de 11.12.1974)*

Arts. 600 a 602 — TÍTULO V — DA ORGANIZAÇÃO SINDICAL

SÚMULA DO TST

Vide Súmula 432/TST

Súmula 432 TST — CONTRIBUIÇÃO SINDICAL RURAL. AÇÃO DE COBRANÇA. PENALIDADE POR ATRASO NO RECOLHIMENTO. INAPLICABILIDADE DO ART. 600 DA CLT. INCIDÊNCIA DO ART. 2º DA LEI N. 8.022/1990 — Res. 177/2012, DEJT divulgado em 13, 14 e 15.02.2012

O recolhimento a destempo da contribuição sindical rural não acarreta a aplicação da multa progressiva prevista no art. 600 da CLT, em decorrência da sua revogação tácita pela Lei n. 8.022, de 12 de abril de 1990.

§ 1º	O montante das cominações previstas neste artigo reverterá sucessivamente: *(Redação dada pela Lei n. 6.181, de 11.12.1974)*
a)	ao Sindicato respectivo;
b)	à Federação respectiva, na ausência de Sindicato;
c)	à Confederação respectiva, inexistindo Federação.
§ 2º	Na falta de Sindicato ou entidade de grau superior, o montante a que alude o parágrafo precedente reverterá à conta "Emprego e Salário". *(Redação dada pela Lei n. 6.181, de 11.12.1974)*

LEI N. 6.181, DE 11 DE DEZEMBRO DE 1974

Altera o art. 600, da Consolidação das Leis do Trabalho, amplia a destinação do Fundo de Assistência ao Desempregado e dá outras providências
DOU 9.8.1943

Vide art. 2º; e art. 3º

Art. 2º Se o contribuinte for trabalhador rural, como tal definido no art. 1º, item I, alínea *b*, do Decreto-Lei n. 1.166, de 15 de abril de 1971, o recolhimento fora do prazo de contribuição sindical será acrescido de multa de 10% (dez por cento) ao ano.

Art. 3º O contribuinte que satisfizer a obrigação em atraso até 90 (noventa) dias após a vigência desta Lei, ficará isento das cominações previstas no *caput* do art. 600 da Consolidação das Leis do Trabalho, na redação dada pelo art. 1º desta Lei, salvo a multa de 10% (dez por cento).

DECRETO N. 78.339, DE 31 DE AGOSTO DE 1976

Regulamenta a Lei n. 6.181, de 11 de dezembro de 1974, que altera o artigo 600 da Consolidação das Leis do Trabalho, amplia a destinação do Fundo de Assistência ao Desempregado e dá outras providências
DOU 1º.9.1976 e retificado em 2.9.1976

LEI N. 5.670, DE 2 DE JULHO DE 1971

Dispõe sobre o cálculo da correção monetária
DOU 2.7.1971

Vide art. 1º

Art. 1º O cálculo da correção monetária não recairá, em qualquer caso, sobre período anterior à data em que tenha entrado em vigor a lei que a instituiu.

SEÇÃO V
DISPOSIÇÕES GERAIS

DECRETO-LEI N. 229, DE 28 DE FEVEREIRO DE 1967

Altera dispositivos da Consolidação das Leis do Trabalho, aprovada pelo Decreto-Lei n. 5.452, de 1º de maio de 1943, e dá outras providencias
DOU 28.2.1967 e retificado em 9.3.1967

Vide art. 35, *caput* e inciso V

Art. 35. As referências feitas na CLT:
(...)
V — a "Imposto Sindical", inclusive na denominação do Capítulo III do Título V, entendem-se como "Contribuição Sindical".

Art. 601	No ato da admissão de qualquer empregado, dele exigirá o empregador a apresentação da prova de quitação do imposto sindical.

Art. 602	Os empregados que não estiverem trabalhando no mês destinado ao desconto da imposto sindical serão descontados no primeiro mês subsequente ao do reinício do trabalho.

TÍTULO V — DA ORGANIZAÇÃO SINDICAL

Arts. 603 a 607

Parágrafo único — De igual forma se procederá com os empregados que forem admitidos depois daquela data e que não tenham trabalhado anteriormente nem apresentado a respectiva quitação.

Art. 603 — Os empregadores são obrigados a prestar aos encarregados da fiscalização os esclarecimentos necessários ao desempenho de sua missão e a exibir-lhes, quando exigidos, na parte relativa ao pagamento de empregados, os seus livros, folhas de pagamento e outros documentos comprobatórios desses pagamentos, sob pena da multa cabível.

PRECEDENTE NORMATIVO DA SDC DO TST

Vide PN 41 SDC/TST

PN 41 SDC TST — RELAÇÃO NOMINAL DE EMPREGADOS (positivo)

As empresas encaminharão à entidade profissional cópia das guias de contribuição sindical e assistencial, com a relação nominal dos respectivos salários, no prazo máximo de 30 dias após o desconto.

Art. 604 — Os agentes ou trabalhadores autônomos ou profissionais liberais são obrigados a prestar aos encarregados da fiscalização os esclarecimentos que lhes forem solicitados, inclusive exibição de quitação do imposto sindical.

Art. 605 — As entidades sindicais são obrigadas a promover a publicação de editais concernentes ao recolhimento do imposto sindical, durante 3 (três) dias, nos jornais de maior circulação local e até 10 (dez) dias da data fixada para depósito bancário.

Art. 606 — Às entidades sindicais cabe, em caso de falta de pagamento da contribuição sindical, promover a respectiva cobrança judicial, mediante ação executiva, valendo como título de dívida a certidão expedida pelas autoridades regionais do Ministério do Trabalho e Previdência Social. *(Redação dada pelo Decreto-Lei n. 925, de 10.10.1969)*

§ 1º — O Ministro do Trabalho, Indústria e Comércio baixará as instruções regulando a expedição das certidões a que se refere o presente artigo das quais deverá constar a individualização de contribuinte, a indicação do débito e a designação da entidade a favor da qual será recolhida a importância de imposto, de acordo com o respectivo enquadramento sindical.

§ 2º — Para os fins da cobrança judicial do imposto sindical, são extensivos às entidades sindicais, com exceção do foro especial, os privilégios da Fazenda Pública, para cobrança da dívida ativa.

Art. 607 — É considerado como documento essencial ao comparecimento às concorrências públicas ou administrativas e para o fornecimento às repartições paraestatais ou autárquicas a prova da quitação do respectivo imposto sindical e a de recolhimento do imposto sindical, descontado dos respectivos empregados. *(Vide Lei n. 11.648, de 2008)*

CONSTITUIÇÃO FEDERAL DE 1988
DOU 5.10.1988

Vide art. 37, caput e inciso XXI

Art. 37. A administração pública direta e indireta de qualquer dos Poderes da União, dos Estados, do Distrito Federal e dos Municípios obedecerá aos princípios de legalidade, impessoalidade, moralidade, publicidade e eficiência e, também, ao seguinte: *(Redação dada pela Emenda Constitucional n. 19, de 1998)*
(...)
XXI — ressalvados os casos especificados na legislação, as obras, serviços, compras e alienações serão contratados mediante processo de licitação pública que assegure igualdade de condições a todos os concorrentes, com cláusulas que estabeleçam obrigações de pagamento, mantidas as condições efetivas da proposta, nos termos da lei, o qual somente permitirá as exigências de qualificação técnica e econômica indispensáveis à garantia do cumprimento das obrigações.

LEI N. 8.666, DE 21 DE JUNHO DE 1993
Regulamenta o art. 37, inciso XXI, da Constituição Federal, institui normas para licitações e contratos da Administração Pública e dá outras providências
DOU 22.6.1993, republicado em 6.7.1994 e retificado em 6.7.1994

Art. 608 — As repartições federais, estaduais ou municipais não concederão registro ou licenças para funcionamento ou renovação de atividades aos estabelecimentos de empregadores e aos escritórios ou congêneres dos agentes ou trabalhadores autônomos e profissionais liberais, nem concederão alvarás de licença ou localização, sem que sejam exibidas as provas de quitação do imposto sindical, na forma do artigo anterior.

Parágrafo único — A não observância do disposto neste artigo acarretará, de pleno direito, a nulidade dos atos nele referidos, bem como dos mencionados no artigo 607. *(Parágrafo incluído pela Lei n. 6.386, de 9.12.1976)*

Art. 609 — O recolhimento da contribuição sindical e todos os lançamentos e movimentos nas contas respectivas são isentos de selos e taxas federais, estaduais ou municipais.

CONSTITUIÇÃO FEDERAL DE 1988
DOU 5.10.1988

Vide art. 150, caput, inciso VI, alínea c

Art. 150. Sem prejuízo de outras garantias asseguradas ao contribuinte, é vedado à União, aos Estados, ao Distrito Federal e aos Municípios:
(...)
VI — instituir impostos sobre:
(...)
c) patrimônio, renda ou serviços dos partidos políticos, inclusive suas fundações, das entidades sindicais dos trabalhadores, das instituições de educação e de assistência social, sem fins lucrativos, atendidos os requisitos da lei;

Art. 610 — As dúvidas no cumprimento deste Capítulo serão resolvidas pelo Diretor-Geral do Departamento Nacional do Trabalho, que expedirá as instruções que se tornarem necessárias à sua execução. *(Redação dada pela Lei n. 4.589, de 11.12.1964)*

DECRETO-LEI N. 229, DE 28 DE FEVEREIRO DE 1967
Altera dispositivos da Consolidação das Leis do Trabalho, aprovada pelo Decreto-Lei n. 5.452, de 1º de maio de 1943, e dá outras providencias
DOU 28.2.1967 e retificado em 9.3.1967

Vide art. 35, caput e inciso IV

Art. 35. As referências feitas na CLT:
(...)
IV — ao Departamento Nacional do Trabalho, como autoridade julgadora de infração em primeira instância, entendem-se como concernentes às Delegacias Regionais do Trabalho.

DECRETO N. 6.341, DE 3 DE JANEIRO DE 2008
Altera a denominação da Delegacia Regional do Trabalho para Superintência Regional do Trabalho e Emprego
DOU 4.1.2008

TÍTULO VI
CONVENÇÕES COLETIVAS DE TRABALHO
(Redação dada pelo Decreto-Lei n. 229, de 28.2.1967)

Art. 611 — Convenção Coletiva de Trabalho é o acordo de caráter normativo, pelo qual dois ou mais Sindicatos representativos de categorias econômicas e profissionais estipulam condições de trabalho aplicáveis, no âmbito das respectivas representações, às relações individuais de trabalho. *(Redação dada pelo Decreto-Lei n. 229, de 28.2.1967)*

§ 1º É facultado aos Sindicatos representativos de categorias profissionais celebrar Acordos Coletivos com uma ou mais empresas da correspondente categoria econômica, que estipulem condições de trabalho, aplicáveis no âmbito da empresa ou das acordantes respectivas relações de trabalho. *(Redação dada pelo Decreto-Lei n. 229, de 28.2.1967)*

§ 2º As Federações e, na falta desta, as Confederações representativas de categorias econômicas ou profissionais poderão celebrar convenções coletivas de trabalho para reger as relações das categorias a elas vinculadas, inorganizadas em Sindicatos, no âmbito de suas representações. *(Redação dada pelo Decreto-Lei n. 229, de 28.2.1967)*

CONSTITUIÇÃO FEDERAL DE 1988
DOU 5.10.1988

Vide art. 7º, *caput* e inciso XXVI; e art. 8º, *caput* e inciso VI

Art. 7º São direitos dos trabalhadores urbanos e rurais, além de outros que visem à melhoria de sua condição social:
(...)
XXVI — reconhecimento das convenções e acordos coletivos de trabalho;

Art. 8º É livre a associação profissional ou sindical, observado o seguinte:
(...)
VI — é obrigatória a participação dos sindicatos nas negociações coletivas de trabalho;

CONVENÇÃO 154 DA OIT
Convenção sobre o fomento à negociação coletiva
Adotada pela OIT em 19.6.1981
Ratificada pelo Brasil em 10.7.1992
Promulgada pelo Decreto n. 1.256, de 29 de setembro de 1994
DOU 30.9.1994

SÚMULA DO STF

Vide Súmula 349/STF

Súmula 349 STF — A prescrição atinge somente as prestações de mais de dois anos, reclamadas com fundamento em decisão normativa da Justiça do Trabalho, ou em convenção coletiva de trabalho, quando não estiver em causa a própria validade de tais atos.

SÚMULAS DO TST

Vide Súmulas 277 e 286/TST

Súmula 277 TST — CONVENÇÃO COLETIVA DE TRABALHO OU ACORDO COLETIVO DE TRABALHO. EFICÁCIA. ULTRATIVIDADE (redação alterada na sessão do Tribunal Pleno realizada em 14.09.2012) — Res. 185/2012, DEJT divulgado em 25, 26 e 27.09.2012

As cláusulas normativas dos acordos coletivos ou convenções coletivas integram os contratos individuais de trabalho e somente poderão ser modificadas ou suprimidas mediante negociação coletiva de trabalho.

Súmula 286 TST — SINDICATO. SUBSTITUIÇÃO PROCESSUAL. CONVENÇÃO E ACORDO COLETIVOS (mantida) — Res. 121/2003, DJ 19, 20 e 21.11.2003

A legitimidade do sindicato para propor ação de cumprimento estende-se também à observância de acordo ou de convenção coletivos.

ORIENTAÇÃO JURISPRUDENCIAL DA SDI-1 DO TST

Vide OJ 413 SDI-1/TST

OJ 413 SDI-1 TST — AUXÍLIO-ALIMENTAÇÃO. ALTERAÇÃO DA NATUREZA JURÍDICA. NORMA COLETIVA OU ADESÃO AO PAT. (DEJT divulgado em 14, 15 e 16.02.2012)

A pactuação em norma coletiva conferindo caráter indenizatório à verba "auxílio-alimentação" ou a adesão posterior do empregador ao Programa de Alimentação do Trabalhador — PAT — não altera a natureza salarial da parcela, instituída anteriormente, para aqueles empregados que, habitualmente, já percebiam o benefício, a teor das Súmulas ns. 51, I, e 241 do TST.

ORIENTAÇÕES JURISPRUDENCIAIS DA SDC DO TST

Vide OJs 22 e 23 SDC/TST

OJ 22 SDC TST — LEGITIMIDADE "AD CAUSAM" DO SINDICATO. CORRESPONDÊNCIA ENTRE AS ATIVIDADES

Arts. 612 e 613 — TÍTULO VI — CONVENÇÕES COLETIVAS DE TRABALHO

EXERCIDAS PELOS SETORES PROFISSIONAL E ECONÔMICO ENVOLVIDOS NO CONFLITO. NECESSIDADE. (inserido dispositivo) — DEJT divulgado em 16, 17 e 18.11.2010

É necessária a correspondência entre as atividades exercidas pelos setores profissional e econômico, a fim de legitimar os envolvidos no conflito a ser solucionado pela via do dissídio coletivo.

OJ 23 SDC TST — LEGITIMIDADE "AD CAUSAM". SINDICATO REPRESENTATIVO DE SEGMENTO PROFISSIONAL OU PATRONAL. IMPOSSIBILIDADE. (inserida em 25.05.1998)

A representação sindical abrange toda a categoria, não comportando separação fundada na maior ou menor dimensão de cada ramo ou empresa.

PRECEDENTE NORMATIVO DA SDC DO TST

Vide PN 119 SDC/TST

PN 119 SDC TST — CONTRIBUIÇÕES SINDICAIS — INOBSERVÂNCIA DE PRECEITOS CONSTITUCIONAIS — (mantido) — DEJT divulgado em 25.08.2014

"A Constituição da República, em seus arts. 5º, XX e 8º, V, assegura o direito de livre associação e sindicalização. É ofensiva a essa modalidade de liberdade cláusula constante de acordo, convenção coletiva ou sentença normativa estabelecendo contribuição em favor de entidade sindical a título de taxa para custeio do sistema confederativo, assistencial, revigoramento ou fortalecimento sindical e outras da mesma espécie, obrigando trabalhadores não sindicalizados. Sendo nulas as estipulações que inobservem tal restrição, tornam-se passíveis de devolução os valores irregularmente descontados."

Art. 612 — Os Sindicatos só poderão celebrar Convenções ou Acordos Coletivos de Trabalho, por deliberação de Assembleia Geral especialmente convocada para esse fim, consoante o disposto nos respectivos Estatutos, dependendo a validade da mesma do comparecimento e votação, em primeira convocação, de 2/3 (dois terços) dos associados da entidade, se se tratar de Convenção, e dos interessados, no caso de Acordo, e, em segunda, de 1/3 (um terço) dos mesmos. *(Redação dada pelo Decreto-Lei n. 229, de 28.2.1967)*

Parágrafo único — O "quórum" de comparecimento e votação será de 1/8 (um oitavo) dos associados em segunda convocação, nas entidades sindicais que tenham mais de 5.000 (cinco mil) associados. *(Incluído pelo Decreto-Lei n. 229, de 28.2.1967)*

ORIENTAÇÕES JURISPRUDENCIAIS DA SDC DO TST

Vide OJs 8, 29 e 35 SDC/TST

OJ 8 SDC TST — DISSÍDIO COLETIVO. PAUTA REIVINDICATÓRIA NÃO REGISTRADA EM ATA. CAUSA DE EXTINÇÃO. (inserida em 27.03.1998)

A ata da assembleia de trabalhadores que legitima a atuação da entidade sindical respectiva em favor de seus interesses deve registrar, obrigatoriamente, a pauta reivindicatória, produto da vontade expressa da categoria.

OJ 29 SDC TST — EDITAL DE CONVOCAÇÃO E ATA DA ASSEMBLEIA GERAL. REQUISITOS ESSENCIAIS PARA INSTAURAÇÃO DE DISSÍDIO COLETIVO. (inserida em 19.08.1998)

O edital de convocação da categoria e a respectiva ata da AGT constituem peças essenciais à instauração do processo de dissídio coletivo.

OJ 35 SDC TST — EDITAL DE CONVOCAÇÃO DA AGT. DISPOSIÇÃO ESTATUTÁRIA ESPECÍFICA. PRAZO MÍNIMO ENTRE A PUBLICAÇÃO E A REALIZAÇÃO DA ASSEMBLEIA. OBSERVÂNCIA OBRIGATÓRIA. (inserida em 07.12.1998)

Se os estatutos da entidade sindical contam com norma específica que estabeleça prazo mínimo entre a data de publicação do edital convocatório e a realização da assembleia correspondente, então a validade desta última depende da observância desse interregno.

Art. 613 — As Convenções e os Acordos deverão conter obrigatoriamente: *(Redação dada pelo Decreto-Lei n. 229, de 28.2.1967)*

I - Designação dos Sindicatos convenentes ou dos Sindicatos e empresas acordantes; *(Incluído pelo Decreto-Lei n. 229, de 28.2.1967)*

SÚMULA DO TST

Vide Súmula 286/TST

Súmula 286 TST — SINDICATO. SUBSTITUIÇÃO PROCESSUAL. CONVENÇÃO E ACORDO COLETIVOS (mantida) — Res. 121/2003, DJ 19, 20 e 21.11.2003

A legitimidade do sindicato para propor ação de cumprimento estende-se também à observância de acordo ou de convenção coletivos.

TÍTULO VI — CONVENÇÕES COLETIVAS DE TRABALHO

Art. 613

II - Prazo de vigência; *(Incluído pelo Decreto-Lei n. 229, de 28.2.1967)*

CONSOLIDAÇÃO DAS LEIS DO TRABALHO
Decreto-Lei n. 5.452, de 1º de maio de 1943
DOU 9.8.1943

Vide art. 614, caput e § 3º

Art. 614. Os Sindicatos convenentes ou as empresas acordantes promoverão, conjunta ou separadamente, dentro de 8 (oito) dias da assinatura da Convenção ou Acordo, o depósito de uma via do mesmo, para fins de registro e arquivo, no Departamento Nacional do Trabalho, em se tratando de instrumento de caráter nacional ou interestadual, ou nos órgãos regionais do Ministério do Trabalho e Previdência Social, nos demais casos. *(Redação dada pelo Decreto-Lei n. 229, de 28.2.1967)*

(...)

§ 3º Não será permitido estipular duração de Convenção ou Acordo superior a 2 (dois) anos. *(Redação dada pelo Decreto-Lei n. 229, de 28.2.1967)*

SÚMULA DO TST

Vide Súmula 277/TST

Súmula 277 TST — CONVENÇÃO COLETIVA DE TRABALHO OU ACORDO COLETIVO DE TRABALHO. EFICÁCIA. ULTRATIVIDADE (redação alterada na sessão do Tribunal Pleno realizada em 14.09.2012) — Res. 185/2012, DEJT divulgado em 25, 26 e 27.09.2012
As cláusulas normativas dos acordos coletivos ou convenções coletivas integram os contratos individuais de trabalho e somente poderão ser modificadas ou suprimidas mediante negociação coletiva de trabalho.

ORIENTAÇÃO JURISPRUDENCIAL DA SDI-1 DO TST

Vide OJ 322 SDI-1/TST

OJ 322 SDI-1 TST — ACORDO COLETIVO DE TRABALHO. CLÁUSULA DE TERMO ADITIVO PRORROGANDO O ACORDO PARA PRAZO INDETERMINADO. INVÁLIDA (DJ 09.12.2003)

Nos termos do art. 614, § 3º, da CLT, é de 2 anos o prazo máximo de vigência dos acordos e das convenções coletivas. Assim sendo, é inválida, naquilo que ultrapassa o prazo total de 2 anos, a cláusula de termo aditivo que prorroga a vigência do instrumento coletivo originário por prazo indeterminado.

ORIENTAÇÃO JURISPRUDENCIAL DA SDC DO TST

Vide OJ 2 SDC/TST

OJ 2 SDC TST — ACORDO HOMOLOGADO. EXTENSÃO A PARTES NÃO SUBSCREVENTES. INVIABILIDADE. (inserida em 27.03.1998)

É inviável aplicar condições constantes de acordo homologado nos autos de dissídio coletivo, extensivamente, às partes que não o subscreveram, exceto se observado o procedimento previsto no art. 868 e seguintes, da CLT.

ORIENTAÇÕES JURISPRUDENCIAIS TRANSITÓRIAS DA SDI-1 DO TST

Vide OJTs 6 e 49 SDI-1/TST

OJT 6 SDI-1 TST — ADICIONAL DE PRODUTIVIDADE. DECISÃO NORMATIVA. VIGÊNCIA. LIMITAÇÃO (inserida em 19.10.2000)

O adicional de produtividade previsto na decisão normativa, proferida nos autos do Dissídio Coletivo n. DC-TST 6/79, tem sua eficácia limitada à vigência do respectivo instrumento normativo.

OJT 49 SDI-1 TST — SERPRO. NORMA REGULAMENTAR. REAJUSTES SALARIAIS. SUPERVENIÊNCIA DE SENTENÇA NORMATIVA. PREVALÊNCIA (conversão da Orientação Jurisprudencial n. 212 da SBDI-1) — DJ 20.04.2005

Durante a vigência do instrumento normativo, é lícita ao empregador a obediência à norma coletiva (DC 8948/90) que alterou as diferenças interníveis previstas no Regulamento de Recursos Humanos. *(ex-OJ n. 212 da SDI-1 — inserida em 08.11.00)*

III - Categorias ou classes de trabalhadores abrangidas pelos respectivos dispositivos; *(Incluído pelo Decreto-Lei n. 229, de 28.2.1967)*

IV - Condições ajustadas para reger as relações individuais de trabalho durante sua vigência; *(Incluído pelo Decreto-Lei n. 229, de 28.2.1967)*

ORIENTAÇÕES JURISPRUDENCIAIS DA SDC DO TST

Vide OJs 8 e 32 SDC/TST

OJ 8 SDC TST — DISSÍDIO COLETIVO. PAUTA REIVINDICATÓRIA NÃO REGISTRADA EM ATA. CAUSA DE EXTINÇÃO. (inserida em 27.03.1998)

A ata da assembleia de trabalhadores que legitima a atuação da entidade sindical respectiva em favor de seus interesses deve registrar, obrigatoriamente, a pauta reivindicatória, produto da vontade expressa da categoria.

OJ 32 SDC TST — REIVINDICAÇÕES DA CATEGORIA. FUNDAMENTAÇÃO DAS CLÁUSULAS. NECESSIDADE. APLICAÇÃO DO PRECEDENTE NORMATIVO N. 37 DO TST. (inserida em 19.08.1998)

É pressuposto indispensável à constituição válida e regular da ação coletiva a apresentação em forma clausulada e fundamentada das reivindicações da categoria, conforme orientação do item VI, letra "e", da Instrução Normativa n. 4/93.

Art. 613

TÍTULO VI — CONVENÇÕES COLETIVAS DE TRABALHO

V -	Normas para a conciliação das divergências sugeridas entre os convenentes por motivos da aplicação de seus dispositivos; *(Incluído pelo Decreto-Lei n. 229, de 28.2.1967)*
VI -	Disposições sobre o processo de sua prorrogação e de revisão total ou parcial de seus dispositivos; *(Incluído pelo Decreto-Lei n. 229, de 28.2.1967)*
VII -	Direitos e deveres dos empregados e empresas; *(Incluído pelo Decreto-Lei n. 229, de 28.2.1967)*
VIII -	Penalidades para os Sindicatos convenentes, os empregados e as empresas em caso de violação de seus dispositivos. *(Incluído pelo Decreto-Lei n. 229, de 28.2.1967)*

SÚMULAS DO TST

Vide Súmulas 286 e 384/TST

Súmula 286 TST — SINDICATO. SUBSTITUIÇÃO PROCESSUAL. CONVENÇÃO E ACORDO COLETIVOS (mantida) — Res. 121/2003, DJ 19, 20 e 21.11.2003

A legitimidade do sindicato para propor ação de cumprimento estende-se também à observância de acordo ou de convenção coletivos.

Súmula 384 TST — MULTA CONVENCIONAL. COBRANÇA (conversão das Orientações Jurisprudenciais ns. 150 e 239 da SBDI-1) — Res. 129/2005, DJ 20, 22 e 25.04.2005

I — O descumprimento de qualquer cláusula constante de instrumentos normativos diversos não submete o empregado a ajuizar várias ações, pleiteando em cada uma o pagamento da multa referente ao descumprimento de obrigações previstas nas cláusulas respectivas. *(ex-OJ n. 150 da SBDI-1 — inserida em 27.11.1998)*

II — É aplicável multa prevista em instrumento normativo (sentença normativa, convenção ou acordo coletivo) em caso de descumprimento de obrigação prevista em lei, mesmo que a norma coletiva seja mera repetição de texto legal. *(ex-OJ n. 239 da SBDI-1 — inserida em 20.06.2001)*

Parágrafo único	As convenções e os Acordos serão celebrados por escrito, sem emendas nem rasuras, em tantas vias quantos forem os Sindicatos convenentes ou as empresas acordantes, além de uma destinada a registro. *(Incluído pelo Decreto-Lei n. 229, de 28.2.1967)*

SÚMULAS DO TST

Vide Súmulas 85/TST

Súmula 85 TST — COMPENSAÇÃO DE JORNADA (inserido o item VI) — Res. 209/2016, DEJT divulgado em 01, 02 e 03.06.2016

I — A compensação de jornada de trabalho deve ser ajustada por acordo individual escrito, acordo coletivo ou convenção coletiva. *(ex-Súmula n. 85 — primeira parte — alterada pela Res. 121/2003, DJ 21.11.2003)*

II — O acordo individual para compensação de horas é válido, salvo se houver norma coletiva em sentido contrário. *(ex-OJ n. 182 da SBDI-1 — inserida em 08.11.2000)*

III — O mero não atendimento das exigências legais para a compensação de jornada, inclusive quando encetada mediante acordo tácito, não implica a repetição do pagamento das horas excedentes à jornada normal diária, se não dilatada a jornada máxima semanal, sendo devido apenas o respectivo adicional. *(ex-Súmula n. 85 — segunda parte — alterada pela Res. 121/2003, DJ 21.11.2003)*

IV — A prestação de horas extras habituais descaracteriza o acordo de compensação de jornada. Nesta hipótese, as horas que ultrapassarem a jornada semanal normal deverão ser pagas como horas extraordinárias e, quanto àquelas destinadas à compensação, deverá ser pago a mais apenas o adicional por trabalho extraordinário. *(ex-OJ n. 220 da SBDI-1 — inserida em 20.06.2001)*

V — As disposições contidas nesta súmula não se aplicam ao regime compensatório na modalidade "banco de horas", que somente pode ser instituído por negociação coletiva.

VI — Não é válido acordo de compensação de jornada em atividade insalubre, ainda que estipulado em norma coletiva, sem a necessária inspeção prévia e permissão da autoridade competente, na forma do art. 60 da CLT.

ORIENTAÇÃO JURISPRUDENCIAL DA SDC DO TST

Vide OJ 32 SDC/TST

OJ 32 SDC TST — REIVINDICAÇÕES DA CATEGORIA. FUNDAMENTAÇÃO DAS CLÁUSULAS. NECESSIDADE. APLICAÇÃO DO PRECEDENTE NORMATIVO N. 37 DO TST. (inserida em 19.08.1998)

É pressuposto indispensável à constituição válida e regular da ação coletiva a apresentação em forma clausulada e fundamentada das reivindicações da categoria, conforme orientação do item VI, letra "e", da Instrução Normativa n. 4/93.

ORIENTAÇÃO JURISPRUDENCIAL DA SDI-1 DO TST

Vide OJ 36 SDI-1/TST

OJ 36 SDI-1 TST — INSTRUMENTO NORMATIVO. CÓPIA NÃO AUTENTICADA. DOCUMENTO COMUM ÀS PARTES. VALIDADE (título alterado e inserido dispositivo) — DJ 20.04.2005

O instrumento normativo em cópia não autenticada possui valor probante, desde que não haja impugnação ao seu conteúdo, eis que se trata de documento comum às partes.

TÍTULO VI — CONVENÇÕES COLETIVAS DE TRABALHO

Art. 614

Os Sindicatos convenentes ou as empresas acordantes promoverão, conjunta ou separadamente, dentro de 8 (oito) dias da assinatura da Convenção ou Acordo, o depósito de uma via do mesmo, para fins de registro e arquivo, no Departamento Nacional do Trabalho, em se tratando de instrumento de caráter nacional ou interestadual, ou nos órgãos regionais do Ministério do Trabalho e Previdência Social, nos demais casos. *(Redação dada pelo Decreto-Lei n. 229, de 28.2.1967)*

CONSTITUIÇÃO FEDERAL DE 1988
DOU 5.10.1988

Vide art. 8º, caput e inciso I

Art. 8º É livre a associação profissional ou sindical, observado o seguinte:

I — a lei não poderá exigir autorização do Estado para a fundação de sindicato, ressalvado o registro no órgão competente, vedadas ao Poder Público a interferência e a intervenção na organização sindical;

SÚMULA DO TST

Vide Súmula 277/TST

Súmula 277 TST — CONVENÇÃO COLETIVA DE TRABALHO OU ACORDO COLETIVO DE TRABALHO. EFICÁCIA. ULTRATIVIDADE (redação alterada na sessão do Tribunal Pleno realizada em 14.09.2012) — Res. 185/2012, DEJT divulgado em 25, 26 e 27.09.2012

As cláusulas normativas dos acordos coletivos ou convenções coletivas integram os contratos individuais de trabalho e somente poderão ser modificadas ou suprimidas mediante negociação coletiva de trabalho.

ORIENTAÇÃO JURISPRUDENCIAL DA SDI-1 DO TST

Vide OJ 322 SDI-1/TST

OJ 322 SDI-1 TST — ACORDO COLETIVO DE TRABALHO. CLÁUSULA DE TERMO ADITIVO PRORROGANDO O ACORDO PARA PRAZO INDETERMINADO. INVÁLIDA (DJ 09.12.2003)

Nos termos do art. 614, § 3º, da CLT, é de 2 anos o prazo máximo de vigência dos acordos e das convenções coletivas. Assim sendo, é inválida, naquilo que ultrapassa o prazo total de 2 anos, a cláusula de termo aditivo que prorroga a vigência do instrumento coletivo originário por prazo indeterminado.

ORIENTAÇÃO JURISPRUDENCIAL DA SDC DO TST

Vide OJ 34 SDC/TST

OJ 34 SDC TST — ACORDO EXTRAJUDICIAL. HOMOLOGAÇÃO. JUSTIÇA DO TRABALHO. PRESCINDIBILIDADE. (inserida em 07.12.1998)

É desnecessária a homologação, por Tribunal Trabalhista, do acordo extrajudicialmente celebrado, sendo suficiente, para que surta efeitos, sua formalização perante o Ministério do Trabalho (art. 614 da CLT e art. 7º, inciso XXVI (*), da Constituição Federal).

§ 1º As Convenções e os Acordos entrarão em vigor 3 (três) dias após a data da entrega dos mesmos no órgão referido neste artigo. *(Redação dada pelo Decreto-Lei n. 229, de 28.2.1967)*

§ 2º Cópias autênticas das Convenções e dos Acordos deverão ser afixados de modo visível, pelos Sindicatos convenentes, nas respectivas sedes e nos estabelecimentos das empresas compreendidas no seu campo de aplicação, dentro de 5 (cinco) dias da data do depósito previsto neste artigo. *(Redação dada pelo Decreto-Lei n. 229, de 28.2.1967)*

ORIENTAÇÃO JURISPRUDENCIAL DA SDI-1 DO TST

Vide OJ 36 SDI-1/TST

OJ 36 SDI-1 TST — INSTRUMENTO NORMATIVO. CÓPIA NÃO AUTENTICADA. DOCUMENTO COMUM ÀS PARTES. VALIDADE (título alterado e inserido dispositivo) — DJ 20.04.2005

O instrumento normativo em cópia não autenticada possui valor probante, desde que não haja impugnação ao seu conteúdo, eis que se trata de documento comum às partes.

§ 3º Não será permitido estipular duração de Convenção ou Acordo superior a 2 (dois) anos. *(Redação dada pelo Decreto-Lei n. 229, de 28.2.1967)*

Arts. 615 e 616 — TÍTULO VI — CONVENÇÕES COLETIVAS DE TRABALHO

SÚMULA DO TST

Vide Súmula 277/TST

Súmula 277 TST — CONVENÇÃO COLETIVA DE TRABALHO OU ACORDO COLETIVO DE TRABALHO. EFICÁCIA. ULTRATIVIDADE (redação alterada na sessão do Tribunal Pleno realizada em 14.09.2012) — Res. 185/2012, DEJT divulgado em 25, 26 e 27.09.2012

As cláusulas normativas dos acordos coletivos ou convenções coletivas integram os contratos individuais de trabalho e somente poderão ser modificadas ou suprimidas mediante negociação coletiva de trabalho.

ORIENTAÇÕES JURISPRUDENCIAIS DA SDI-1 DO TST

Vide OJs 41, 322 e 346 SDI-1/TST

OJ 41 SDI-1 TST — ESTABILIDADE. INSTRUMENTO NORMATIVO. VIGÊNCIA. EFICÁCIA (inserida em 25.11.1996)

Preenchidos todos os pressupostos para a aquisição de estabilidade decorrente de acidente ou doença profissional, ainda durante a vigência do instrumento normativo, goza o empregado de estabilidade mesmo após o término da vigência deste.

OJ 322 SDI-1 TST — ACORDO COLETIVO DE TRABALHO. CLÁUSULA DE TERMO ADITIVO PRORROGANDO O ACORDO PARA PRAZO INDETERMINADO. INVÁLIDA (DJ 09.12.2003)

Nos termos do art. 614, § 3º, da CLT, é de 2 anos o prazo máximo de vigência dos acordos e das convenções coletivas. Assim sendo, é inválida, naquilo que ultrapassa o prazo total de 2 anos, a cláusula de termo aditivo que prorroga a vigência do instrumento coletivo originário por prazo indeterminado.

OJ 346 SDI-1 TST — ABONO PREVISTO EM NORMA COLETIVA. NATUREZA INDENIZATÓRIA. CONCESSÃO APENAS AOS EMPREGADOS EM ATIVIDADE. EXTENSÃO AOS INATIVOS. IMPOSSIBILIDADE (DJ 25.04.2007)

A decisão que estende aos inativos a concessão de abono de natureza jurídica indenizatória, previsto em norma coletiva apenas para os empregados em atividade, a ser pago de uma única vez, e confere natureza salarial à parcela, afronta o art. 7º, XXVI, da CF/1988.

ORIENTAÇÕES JURISPRUDENCIAIS DA SDC DO TST

Vide OJs 8 e 34 SDC/TST

OJ 8 SDC TST — DISSÍDIO COLETIVO. PAUTA REIVINDICATÓRIA NÃO REGISTRADA EM ATA. CAUSA DE EXTINÇÃO. (inserida em 27.03.1998)

A ata da assembleia de trabalhadores que legitima a atuação da entidade sindical respectiva em favor de seus interesses deve registrar, obrigatoriamente, a pauta reivindicatória, produto da vontade expressa da categoria.

OJ 34 SDC TST — ACORDO EXTRAJUDICIAL. HOMOLOGAÇÃO. JUSTIÇA DO TRABALHO. PRESCINDIBILIDADE. (inserida em 07.12.1998)

É desnecessária a homologação, por Tribunal Trabalhista, do acordo extrajudicialmente celebrado, sendo suficiente, para que surta efeitos, sua formalização perante o Ministério do Trabalho (art. 614 da CLT e art. 7º, inciso XXVI (*), da Constituição Federal).

Art. 615	O processo de prorrogação, revisão, denúncia ou revogação total ou parcial de Convenção ou Acordo ficará subordinado, em qualquer caso, à aprovação de Assembleia Geral dos Sindicatos convenentes ou partes acordantes, com observância do disposto no art. 612. *(Redação dada pelo Decreto-Lei n. 229, de 28.2.1967)*
§ 1º	O instrumento de prorrogação, revisão, denúncia ou revogação de Convenção ou Acordo será depositado para fins de registro e arquivamento, na repartição em que o mesmo originariamente foi depositado observado o disposto no art. 614. *(Incluído pelo Decreto-Lei n. 229, de 28.2.1967)*
§ 2º	As modificações introduzidas em Convenção ou Acordo, por força de revisão ou de revogação parcial de suas cláusulas passarão a vigorar 3 (três) dias após a realização de depósito previsto no § 1º. *(Incluído pelo Decreto-Lei n. 229, de 28.2.1967)*
Art. 616	Os Sindicatos representativos de categorias econômicas ou profissionais e as empresas, inclusive as que não tenham representação sindical, quando provocados, não podem recusar-se à negociação coletiva. *(Redação dada pelo Decreto-Lei n. 229, de 28.2.1967)*
§ 1º	Verificando-se recusa à negociação coletiva, cabe aos Sindicatos ou empresas interessadas dar ciência do fato, conforme o caso, ao Departamento Nacional do Trabalho ou aos órgãos regionais do Ministério do Trabalho e Previdência Social, para convocação compulsória dos Sindicatos ou empresas recalcitrantes. *(Incluído pelo Decreto-Lei n. 229, de 28.2.1967)*

TÍTULO VI — CONVENÇÕES COLETIVAS DE TRABALHO

Art. 616

§ 2º	No caso de persistir a recusa à negociação coletiva, pelo desatendimento às convocações feitas pelo Departamento Nacional do Trabalho ou órgãos regionais do Ministério de Trabalho e Previdência Social, ou se malograr a negociação entabulada, é facultada aos Sindicatos ou empresas interessadas a instauração de dissídio coletivo. *(Incluído pelo Decreto-Lei n. 229, de 28.2.1967)*
§ 3º	Havendo convenção, acordo ou sentença normativa em vigor, o dissídio coletivo deverá ser instaurado dentro dos 60 (sessenta) dias anteriores ao respectivo termo final, para que o novo instrumento possa ter vigência no dia imediato a esse termo. *(Redação dada pelo Decreto-Lei n. 424, de 21.1.1969)*
§ 4º	Nenhum processo de dissídio coletivo de natureza econômica será admitido sem antes se esgotarem as medidas relativas à formalização da Convenção ou Acordo correspondente. *(Incluído pelo Decreto-Lei n. 229, de 28.2.1967)*

CONSTITUIÇÃO FEDERAL DE 1988
DOU 5.10.1988

Vide art. 8º, caput e incisos I, III e VI; e art. 114, caput e §§ 1º e 2º

Art. 8º É livre a associação profissional ou sindical, observado o seguinte:

I — a lei não poderá exigir autorização do Estado para a fundação de sindicato, ressalvado o registro no órgão competente, vedadas ao Poder Público a interferência e a intervenção na organização sindical;

(...)

III — ao sindicato cabe a defesa dos direitos e interesses coletivos ou individuais da categoria, inclusive em questões judiciais ou administrativas;

(...)

VI — é obrigatória a participação dos sindicatos nas negociações coletivas de trabalho;

Art. 114. Compete à Justiça do Trabalho processar e julgar: *(Redação dada pela Emenda Constitucional n. 45, de 2004)*

(...)

§ 1º Frustrada a negociação coletiva, as partes poderão eleger árbitros.

§ 2º Recusando-se qualquer das partes à negociação coletiva ou à arbitragem, é facultado às mesmas, de comum acordo, ajuizar dissídio coletivo de natureza econômica, podendo a Justiça do Trabalho decidir o conflito, respeitadas as disposições mínimas legais de proteção ao trabalho, bem como as convencionadas anteriormente. *(Redação dada pela Emenda Constitucional n. 45, de 2004)*

CONSOLIDAÇÃO DAS LEIS DO TRABALHO
Decreto-Lei n. 5.452, de 1º de maio de 1943
DOU 9.8.1943

Vide art. 867, caput, parágrafo único, alíneas a e b; e art. 868, caput e parágrafo único

Art. 867. Da decisão do Tribunal serão notificadas as partes, ou seus representantes, em registrado postal, com franquia, fazendo-se, outrossim, a sua publicação no jornal oficial, para ciência dos demais interessados.

Parágrafo único. A sentença normativa vigorará: *(Incluído pelo Decreto-Lei n. 424, de 21.1.1969)*

a) a partir da data de sua publicação, quando ajuizado o dissídio após o prazo do art. 616, § 3º, ou, quando não existir acordo, convenção ou sentença normativa em vigor, da data do ajuizamento; *(Incluída pelo Decreto-Lei n. 424, de 21.1.1969)*

b) a partir do dia imediato ao termo final de vigência do acordo, convenção ou sentença normativa, quando ajuizado o dissídio no prazo do art. 616, § 3º. *(Incluída pelo Decreto-Lei n. 424, de 21.1.1969)*

Art. 868. Em caso de dissídio coletivo que tenha por motivo novas condições de trabalho e no qual figure como parte apenas uma fração de empregados de uma empresa, poderá o Tribunal competente, na própria decisão, estender tais condições de trabalho, se julgar justo e conveniente, aos demais empregados da empresa que forem da mesma profissão dos dissidentes.

Parágrafo único. O Tribunal fixará a data em que a decisão deve entrar em execução, bem como o prazo de sua vigência, o qual não poderá ser superior a 4 (quatro) anos.

LEI N. 4.725, DE 13 DE JULHO DE 1965
Estabelece normas para o processo dos dissídios coletivos, e dá outras providências
DOU 13.7.1965

Vide art. 1º

Art. 1º A Justiça do Trabalho, no processo dos dissídios coletivos, entre categorias profissionais e econômicas, observará as normas previstas na Consolidação das Leis do Trabalho (arts. 856 a 874), com as alterações subsequentes e as constantes desta lei.

SÚMULA DO STF

Vide Súmula 349/STF

Súmula 349 STF — A prescrição atinge somente as prestações de mais de dois anos, reclamadas com fundamento em decisão normativa da Justiça do Trabalho, ou em convenção coletiva de trabalho, quando não estiver em causa a própria validade de tais atos.

Art. 617

SÚMULA DO TST

Vide Súmula 277/TST

Súmula 277 TST — CONVENÇÃO COLETIVA DE TRABALHO OU ACORDO COLETIVO DE TRABALHO. EFICÁCIA. ULTRATIVIDADE (redação alterada na sessão do Tribunal Pleno realizada em 14.09.2012) — Res. 185/2012, DEJT divulgado em 25, 26 e 27.09.2012

As cláusulas normativas dos acordos coletivos ou convenções coletivas integram os contratos individuais de trabalho e somente poderão ser modificadas ou suprimidas mediante negociação coletiva de trabalho.

ORIENTAÇÃO JURISPRUDENCIAL DA SDC DO TST

Vide OJ 5 SDC/TST

OJ 5 SDC TST — DISSÍDIO COLETIVO. PESSOA JURÍDICA DE DIREITO PÚBLICO. POSSIBILIDADE JURÍDICA. CLÁUSULA DE NATUREZA SOCIAL (redação alterada na sessão do Tribunal Pleno realizada em 14.09.2012) — Res. 186/2012, DEJT divulgado em 25, 26 e 27.09.2012

Em face de pessoa jurídica de direito público que mantenha empregados, cabe dissídio coletivo exclusivamente para apreciação de cláusulas de natureza social. Inteligência da Convenção n. 151 da Organização Internacional do Trabalho, ratificada pelo Decreto Legislativo n. 206/2010

PRECEDENTE NORMATIVO DA SDC DO TST

Vide PN 120 SDC/TST

PN 120 SDC TST — SENTENÇA NORMATIVA. DURAÇÃO. POSSIBILIDADE E LIMITES (positivo) — (Res. 176/2011, DEJT divulgado em 27, 30 e 31.05.2011)

A sentença normativa vigora, desde seu termo inicial até que sentença normativa, convenção coletiva de trabalho ou acordo coletivo de trabalho superveniente produza sua revogação, expressa ou tácita, respeitado, porém, o prazo máximo legal de quatro anos de vigência.

Art. 617 — Os empregados de uma ou mais empresas que decidirem celebrar Acordo Coletivo de Trabalho com as respectivas empresas darão ciência de sua resolução, por escrito, ao Sindicato representativo da categoria profissional, que terá o prazo de 8 (oito) dias para assumir a direção dos entendimentos entre os interessados, devendo igual procedimento ser observado pelas empresas interessadas com relação ao Sindicato da respectiva categoria econômica. *(Redação dada pelo Decreto-Lei n. 229, de 28.2.1967)*

§ 1º Expirado o prazo de 8 (oito) dias sem que o Sindicato tenha se desincumbido do encargo recebido, poderão os interessados dar conhecimento do fato à Federação a que estiver vinculado o Sindicato e, em falta dessa, à correspondente Confederação, para que, no mesmo prazo, assuma a direção dos entendimentos. Esgotado esse prazo, poderão os interessados prosseguir diretamente na negociação coletiva até final. *(Incluído pelo Decreto-Lei n. 229, de 28.2.1967)*

§ 2º Para o fim de deliberar sobre o Acordo, a entidade sindical convocará assembleia geral dos diretamente interessados, sindicalizados ou não, nos termos do art. 612. *(Incluído pelo Decreto-Lei n. 229, de 28.2.1967)*

CONSTITUIÇÃO FEDERAL DE 1988
DOU 5.10.1988

Vide art. 8º, *caput* e incisos I, IV e VI

Art. 8º É livre a associação profissional ou sindical, observado o seguinte:

I — a lei não poderá exigir autorização do Estado para a fundação de sindicato, ressalvado o registro no órgão competente, vedadas ao Poder Público a interferência e a intervenção na organização sindical;

(...)

IV — a assembleia geral fixará a contribuição que, em se tratando de categoria profissional, será descontada em folha, para custeio do sistema confederativo da representação sindical respectiva, independentemente da contribuição prevista em lei;

(...)

VI — é obrigatória a participação dos sindicatos nas negociações coletivas de trabalho;

ORIENTAÇÕES JURISPRUDENCIAIS DA SDC DO TST

Vide OJ 8, 15 e 29 SDC/TST

OJ 8 SDC TST — DISSÍDIO COLETIVO. PAUTA REIVINDICATÓRIA NÃO REGISTRADA EM ATA. CAUSA DE EXTINÇÃO. (inserida em 27.03.1998)

A ata da assembleia de trabalhadores que legitima a atuação da entidade sindical respectiva em favor de seus interesses deve registrar, obrigatoriamente, a pauta reivindicatória, produto da vontade expressa da categoria.

OJ 15 SDC TST — SINDICATO. LEGITIMIDADE "AD PROCESSUM". IMPRESCINDIBILIDADE DO REGISTRO NO MINISTÉRIO DO TRABALHO. (inserida em 27.03.1998)

A comprovação da legitimidade "ad processam" da entidade sindical se faz por seu registro no órgão competente do Ministério do Trabalho, mesmo após a promulgação da Constituição Federal de 1988.

TÍTULO VI — CONVENÇÕES COLETIVAS DE TRABALHO

OJ 29 SDC TST — EDITAL DE CONVOCAÇÃO E ATA DA ASSEMBLEIA GERAL. REQUISITOS ESSENCIAIS PARA INSTAURAÇÃO DE DISSÍDIO COLETIVO. (inserida em 19.08.1998)

O edital de convocação da categoria e a respectiva ata da AGT constituem peças essenciais à instauração do processo de dissídio coletivo.

Art. 618 As empresas e instituições que não estiverem incluídas no enquadramento sindical a que se refere o art. 577 desta Consolidação poderão celebrar Acordos Coletivos de Trabalho com os Sindicatos representativos dos respectivos empregados, nos termos deste Título. *(Redação dada pelo Decreto-Lei n. 229, de 28.2.1967)*

CONSTITUIÇÃO FEDERAL DE 1988
DOU 5.10.1988

Vide art. 114, caput e incisos III, IV e IX

Art. 114. Compete à Justiça do Trabalho processar e julgar: *(Redação dada pela Emenda Constitucional n. 45, de 2004)*
(...)
III as ações sobre representação sindical, entre sindicatos, entre sindicatos e trabalhadores, e entre sindicatos e empregadores; *(Incluído pela Emenda Constitucional n. 45, de 2004)*
(...)
IV — os mandados de segurança, *habeas corpus* e *habeas data*, quando o ato questionado envolver matéria sujeita à sua jurisdição;

(...)
IX — outras controvérsias decorrentes da relação de trabalho, na forma da lei. *(Incluído pela Emenda Constitucional n. 45, de 2004)*

ORIENTAÇÃO JURISPRUDENCIAL DA SDC DO TST

Vide OJ 9 SDC/TST

OJ 9 SDC TST — ENQUADRAMENTO SINDICAL. INCOMPETÊNCIA MATERIAL DA JUSTIÇA DO TRABALHO. (inserida em 27.03.1998)

O dissídio coletivo não é meio próprio para o Sindicato vir a obter o reconhecimento de que a categoria que representa é diferenciada, pois esta matéria — enquadramento sindical — envolve a interpretação de norma genérica, notadamente do art. 577 da CLT.

Art. 619 Nenhuma disposição de contrato individual de trabalho que contrarie normas de Convenção ou Acordo Coletivo de Trabalho poderá prevalecer na execução do mesmo, sendo considerada nula de pleno direito. *(Redação dada pelo Decreto-Lei n. 229, de 28.2.1967)*

SÚMULA DO TST

Vide Súmula 85, II/TST

Súmula 85 TST — COMPENSAÇÃO DE JORNADA (inserido o item VI) — Res. 209/2016, DEJT divulgado em 01, 02 e 03.06.2016

(...)
II — O acordo individual para compensação de horas é válido, salvo se houver norma coletiva em sentido contrário. *(ex-OJ n. 182 da SBDI-1 — inserida em 08.11.2000)*

Art. 620 As condições estabelecidas em Convenção quando mais favoráveis, prevalecerão sobre as estipuladas em Acordo. *(Redação dada pelo Decreto-Lei n. 229, de 28.2.1967)*

SÚMULA DO TST

Vide Súmula 202/TST

Súmula 202 TST — GRATIFICAÇÃO POR TEMPO DE SERVIÇO. COMPENSAÇÃO (mantida) — Res. 121/2003, DJ 19, 20 e 21.11.2003

Existindo, ao mesmo tempo, gratificação por tempo de serviço outorgada pelo empregador e outra da mesma natureza prevista em acordo coletivo, convenção coletiva ou sentença normativa, o empregado tem direito a receber, exclusivamente, a que lhe seja mais benéfica.

Art. 621

As Convenções e os Acordos poderão incluir entre suas cláusulas disposição sobre a constituição e funcionamento de comissões mistas de consulta e colaboração, no plano da empresa e sobre participação, nos lucros. Estas disposições mencionarão a forma de constituição, o modo de funcionamento e as atribuições das comissões, assim como o plano de participação, quando for o caso. *(Redação dada pelo Decreto-Lei n. 229, de 28.2.1967)*

CONSTITUIÇÃO FEDERAL DE 1988
DOU 5.10.1988

Vide art. 7°, *caput* e inciso XI; art. 11; e art. 218, § 4°

Art. 7° São direitos dos trabalhadores urbanos e rurais, além de outros que visem à melhoria de sua condição social:
(...)
XI — participação nos lucros, ou resultados, desvinculada da remuneração, e, excepcionalmente, participação na gestão da empresa, conforme definido em lei;

Art. 11. Nas empresas de mais de duzentos empregados, é assegurada a eleição de um representante destes com a finalidade exclusiva de promover-lhes o entendimento direto com os empregadores.

Art. 218. (...)
§ 4° A lei apoiará e estimulará as empresas que invistam em pesquisa, criação de tecnologia adequada ao País, formação e aperfeiçoamento de seus recursos humanos e que pratiquem sistemas de remuneração que assegurem ao empregado, desvinculada do salário, participação nos ganhos econômicos resultantes da produtividade de seu trabalho.

LEI N. 10.101, DE 19 DE DEZEMBRO DE 2000.
Dispõe sobre a participação dos trabalhadores nos lucros ou resultados da empresa e dá outras providências
DOU 20.12.2000

Vide art. 1°

Art. 1° Esta Lei regula a participação dos trabalhadores nos lucros ou resultados da empresa como instrumento de integração entre o capital e o trabalho e como incentivo à produtividade, nos termos do art. 7°, inciso XI, da Constituição.

SÚMULAS DO TST

Vide Súmulas 384 e 451/TST

Súmula 384 TST — MULTA CONVENCIONAL. COBRANÇA (conversão das Orientações Jurisprudenciais ns. 150 e 239 da SBDI-1) — Res. 129/2005, DJ 20, 22 e 25.04.2005

I — O descumprimento de qualquer cláusula constante de instrumentos normativos diversos não submete o empregado a ajuizar várias ações, pleiteando em cada uma o pagamento da multa referente ao descumprimento de obrigações previstas nas cláusulas respectivas. (ex-OJ n. 150 da SBDI-1 — inserida em 27.11.1998)
II — É aplicável multa prevista em instrumento normativo (sentença normativa, convenção ou acordo coletivo) em caso de descumprimento de obrigação prevista em lei, mesmo que a norma coletiva seja mera repetição de texto legal. *(ex-OJ n. 239 da SBDI-1 — inserida em 20.06.2001)*

Súmula 451 TST — PARTICIPAÇÃO NOS LUCROS E RESULTADOS. RESCISÃO CONTRATUAL ANTERIOR À DATA DA DISTRIBUIÇÃO DOS LUCROS. PAGAMENTO PROPORCIONAL AOS MESES TRABALHADOS. PRINCÍPIO DA ISONOMIA. (conversão da Orientação Jurisprudencial n. 390 da SBDI-1) — Res. 194/2014, DEJT divulgado em 21, 22 e 23.05.2014
Fere o princípio da isonomia instituir vantagem mediante acordo coletivo ou norma regulamentar que condiciona a percepção da parcela participação nos lucros e resultados ao fato de estar o contrato de trabalho em vigor na data prevista para a distribuição dos lucros. Assim, inclusive na rescisão contratual antecipada, é devido o pagamento da parcela de forma proporcional aos meses trabalhados, pois o ex-empregado concorreu para os resultados positivos da empresa.

ORIENTAÇÃO JURISPRUDENCIAL TRANSITÓRIA DA SDI-1 DO TST

Vide OJT 73 SDI-1/TST

OJT 73 SDI-1 TST — VOLKSWAGEN DO BRASIL LTDA. PARTICIPAÇÃO NOS LUCROS E RESULTADOS. PAGAMENTO MENSAL EM DECORRÊNCIA DE NORMA COLETIVA. NATUREZA INDENIZATÓRIA. (DEJT divulgado em 09, 10 e 11.06.2010)
A despeito da vedação de pagamento em periodicidade inferior a um semestre civil ou mais de duas vezes no ano cível, disposta no art. 3°, § 2°, da Lei n. 10.101, de 19.12.2000, o parcelamento em prestações mensais da participação nos lucros e resultados de janeiro de 1999 a abril de 2000, fixado no acordo coletivo celebrado entre o Sindicato dos Metalúrgicos do ABC e a Volkswagen do Brasil Ltda., não retira a natureza indenizatória da referida verba (art. 7°, XI, da CF), devendo prevalecer a diretriz constitucional que prestigia a autonomia privada coletiva (art. 7°, XXVI, da CF).

Art. 622

Os empregados e as empresas que celebrarem contratos individuais de trabalho, estabelecendo condições contrárias ao que tiver sido ajustado em Convenção ou Acordo que lhes for aplicável, serão passíveis da multa neles fixada. *(Redação dada pelo Decreto-Lei n. 229, de 28.2.1967)*

TÍTULO VI — CONVENÇÕES COLETIVAS DE TRABALHO

Art. 623

Parágrafo único — A multa a ser imposta ao empregado não poderá exceder da metade daquela que, nas mesmas condições seja estipulada para a empresa. *(Redação dada pelo Decreto-Lei n. 229, de 28.2.1967)*

SÚMULA DO TST

Vide Súmula 384/TST

Súmula 384 TST — MULTA CONVENCIONAL. COBRANÇA (conversão das Orientações Jurisprudenciais ns. 150 e 239 da SBDI-1) — Res. 129/2005, DJ 20, 22 e 25.04.2005

I — O descumprimento de qualquer cláusula constante de instrumentos normativos diversos não submete o empregado a ajuizar várias ações, pleiteando em cada uma o pagamento da multa referente ao descumprimento de obrigações previstas nas cláusulas respectivas. *(ex-OJ n. 150 da SBDI-1 — inserida em 27.11.1998)*

II — É aplicável multa prevista em instrumento normativo (sentença normativa, convenção ou acordo coletivo) em caso de descumprimento de obrigação prevista em lei, mesmo que a norma coletiva seja mera repetição de texto legal. *(ex-OJ n. 239 da SBDI-1 — inserida em 20.06.2001)*

ORIENTAÇÃO JURISPRUDENCIAL DA SDI-1 DO TST

Vide OJ 54 SDI-1/TST

OJ 54 SDI-1 TST — MULTA. CLÁUSULA PENAL. VALOR SUPERIOR AO PRINCIPAL (título alterado, inserido dispositivo e atualizada a legislação) — DJ 20.04.2005

O valor da multa estipulada em cláusula penal, ainda que diária, não poderá ser superior à obrigação principal corrigida, em virtude da aplicação do art. 412 do Código Civil de 2002 (art. 920 do Código Civil de 1916).

Art. 623 — Será nula de pleno direito disposição de Convenção ou Acordo que, direta ou indiretamente, contrarie proibição ou norma disciplinadora da política econômico-financeira do Governo ou concernente à política salarial vigente, não produzindo quaisquer efeitos perante autoridades e repartições públicas, inclusive para fins de revisão de preços e tarifas de mercadorias e serviços. *(Redação dada pelo Decreto-Lei n. 229, de 28.2.1967)*

Parágrafo único — Na hipótese deste artigo, a nulidade será declarada, de ofício ou mediante representação, pelo Ministro do Trabalho e Previdência Social, ou pela Justiça do Trabalho em processo submetido ao seu julgamento. *(Incluído pelo Decreto-Lei n. 229, de 28.2.1967)*

SÚMULA DO TST

Vide Súmula 437/TST

Súmula 437 TST — INTERVALO INTRAJORNADA PARA REPOUSO E ALIMENTAÇÃO. APLICAÇÃO DO ART. 71 DA CLT (conversão das Orientações Jurisprudenciais ns. 307, 342, 354, 380 e 381 da SBDI-1) — Res. 185/2012, DEJT divulgado em 25, 26 e 27.09.2012

I — Após a edição da Lei n. 8.923/94, a não concessão ou a concessão parcial do intervalo intrajornada mínimo, para repouso e alimentação, a empregados urbanos e rurais, implica o pagamento total do período correspondente, e não apenas daquele suprimido, com acréscimo de, no mínimo, 50% sobre o valor da remuneração da hora normal de trabalho (art. 71 da CLT), sem prejuízo do cômputo da efetiva jornada de labor para efeito de remuneração.

II — É inválida cláusula de acordo ou convenção coletiva de trabalho contemplando a supressão ou redução do intervalo intrajornada porque este constitui medida de higiene, saúde e segurança do trabalho, garantido por norma de ordem pública (art. 71 da CLT e art. 7º, XXII, da CF/1988), infenso à negociação coletiva.

III — Possui natureza salarial a parcela prevista no art. 71, § 4º, da CLT, com redação introduzida pela Lei n. 8.923, de 27 de julho de 1994, quando não concedido ou reduzido pelo empregador o intervalo mínimo intrajornada para repouso e alimentação, repercutindo, assim, no cálculo de outras parcelas salariais.

IV — Ultrapassada habitualmente a jornada de seis horas de trabalho, é devido o gozo do intervalo intrajornada mínimo de uma hora, obrigando o empregador a remunerar o período para descanso e alimentação não usufruído como extra, acrescido do respectivo adicional, na forma prevista no art. 71, *caput* e § 4º da CLT.

ORIENTAÇÕES JURISPRUDENCIAIS DA SDC DO TST

Vide OJs 16, 17, 26 e 30 SDC/TST

OJ 16 SDC TST — TAXA DE HOMOLOGAÇÃO DE RESCISÃO CONTRATUAL. ILEGALIDADE. (inserida em 27.03.1998)

É contrária ao espírito da lei (art. 477, § 7º, da CLT) e da função precípua do Sindicato a cláusula coletiva que estabelece taxa para homologação de rescisão contratual, a ser paga pela empresa a favor do sindicato profissional.

OJ 17 SDC TST — CONTRIBUIÇÕES PARA ENTIDADES SINDICAIS. INCONSTITUCIONALIDADE DE SUA EXTENSÃO A NÃO ASSOCIADOS. (mantida) — DEJT divulgado em 25.08.2014

As cláusulas coletivas que estabeleçam contribuição em favor de entidade sindical, a qualquer título, obrigando trabalhadores não sindicalizados, são ofensivas ao direito de livre associação e sindicalização, constitucionalmente assegurado, e, portanto, nulas, sendo passíveis de devolu-

ção, por via própria, os respectivos valores eventualmente descontados.

OJ 26 SDC TST — SALÁRIO NORMATIVO. MENOR EMPREGADO. ART. 7º, XXX, DA CF/88. VIOLAÇÃO. (inserida em 25.05.1998)

Os empregados menores não podem ser discriminados em cláusula que fixa salário mínimo profissional para a categoria.

OJ 30 SDC TST — ESTABILIDADE DA GESTANTE. RENÚNCIA OU TRANSAÇÃO DE DIREITOS CONSTITUCIONAIS. IMPOSSIBILIDADE. (republicada em decorrência de erro material) — DEJT divulgado em 19, 20 e 21.09.2011

Nos termos do art. 10, II, "b", do ADCT, a proteção à maternidade foi erigida à hierarquia constitucional, pois retirou do âmbito do direito potestativo do empregador a possibilidade de despedir arbitrariamente a empregada em estado gravídico. Portanto, a teor do art. 9º, da CLT, torna-se nula de pleno direito a cláusula que estabelece a possibilidade de renúncia ou transação, pela gestante, das garantias referentes à manutenção do emprego e salário.

PRECEDENTE NORMATIVO DA SDC DO TST

Vide PN 119 SDC/TST

PN 119 SDC TST — CONTRIBUIÇÕES SINDICAIS — INOBSERVÂNCIA DE PRECEITOS CONSTITUCIONAIS — (mantido) — DEJT divulgado em 25.08.2014

"A Constituição da República, em seus arts. 5º, XX e 8º, V, assegura o direito de livre associação e sindicalização. É ofensiva a essa modalidade de liberdade cláusula constante de acordo, convenção coletiva ou sentença normativa estabelecendo contribuição em favor de entidade sindical a título de taxa para custeio do sistema confederativo, assistencial, revigoramento ou fortalecimento sindical e outras da mesma espécie, obrigando trabalhadores não sindicalizados. Sendo nulas as estipulações que inobservem tal restrição, tornam-se passíveis de devolução os valores irregularmente descontados."

Art. 624 A vigência de cláusula de aumento ou reajuste salarial, que implique elevação de tarifas ou de preços sujeitos à fixação por autoridade pública ou repartição governamental, dependerá de prévia audiência dessa autoridade ou repartição e sua expressa declaração no tocante à possibilidade de elevação da tarifa ou do preço e quanto ao valor dessa elevação. *(Redação dada pelo Decreto-Lei n. 229, de 28.2.1967)*

Art. 625 As controvérsias resultantes da aplicação de Convenção ou de Acordo celebrado nos termos deste Título serão dirimidas pela Justiça do Trabalho. *(Redação dada pelo Decreto-Lei n. 229, de 28.2.1967)*

CONSTITUIÇÃO FEDERAL DE 1988
DOU 5.10.1988

Vide art. 114, *caput*, incisos III, IV e IX e § 2º

Art. 114. Compete à Justiça do Trabalho processar e julgar: *(Redação dada pela Emenda Constitucional n. 45, de 2004)*

(...)

III — as ações sobre representação sindical, entre sindicatos, entre sindicatos e trabalhadores, e entre sindicatos e empregadores; *(Incluído pela Emenda Constitucional n. 45, de 2004)*

(...)

IV — os mandados de segurança, *habeas corpus* e *habeas data*, quando o ato questionado envolver matéria sujeita à sua jurisdição; *(Inciso acrescido pela Emenda Constitucional n. 45, de 2004)*

(...)

IX — outras controvérsias decorrentes da relação de trabalho, na forma da lei. *(Incluído pela Emenda Constitucional n. 45, de 2004)*

(...)

§ 2º Recusando-se qualquer das partes à negociação coletiva ou à arbitragem, é facultado às mesmas, de comum acordo, ajuizar dissídio coletivo de natureza econômica, podendo a Justiça do Trabalho decidir o conflito, respeitadas as disposições mínimas legais de proteção ao trabalho, bem como as convencionadas anteriormente. *(Redação dada pela Emenda Constitucional n. 45, de 2004)*

TÍTULO VI-A
(Incluído pela Lei n. 9.958, de 12.1.2000)
DAS COMISSÕES DE CONCILIAÇÃO PRÉVIA

Art. 625-A	As empresas e os sindicatos podem instituir Comissões de Conciliação Prévia, de composição paritária, com representante dos empregados e dos empregadores, com a atribuição de tentar conciliar os conflitos individuais do trabalho. *(Incluído pela Lei n. 9.958, de 12.1.2000)*
Parágrafo único	As Comissões referidas no caput deste artigo poderão ser constituídas por grupos de empresas ou ter caráter intersindical. *(Incluído pela Lei n. 9.958, de 12.1.2000)*

CONSTITUIÇÃO FEDERAL DE 1988
DOU 5.10.1988

Vide art. 5º, *caput* e inciso XXXV

Art. 5º Todos são iguais perante a lei, sem distinção de qualquer natureza, garantindo-se aos brasileiros e aos estrangeiros residentes no País a inviolabilidade do direito à vida, à liberdade, à igualdade, à segurança e à propriedade, nos termos seguintes:
(...)
XXXV — a lei não excluirá da apreciação do Poder Judiciário lesão ou ameaça a direito;

Art. 625-B	A Comissão instituída no âmbito da empresa será composta de, no mínimo, dois e, no máximo, dez membros, e observará as seguintes normas: *(Incluído pela Lei n. 9.958, de 12.1.2000)*
I -	a metade de seus membros será indicada pelo empregador e outra metade eleita pelos empregados, em escrutínio, secreto, fiscalizado pelo sindicato de categoria profissional;
II -	haverá na Comissão tantos suplentes quantos forem os representantes titulares;
III -	o mandato dos seus membros, titulares e suplentes, é de um ano, permitida uma recondução.
§ 1º	É vedada a dispensa dos representantes dos empregados membros da Comissão de Conciliação Prévia, titulares e suplentes, até um ano após o final do mandato, salvo se cometerem falta grave, nos termos da lei. *(Incluído pela Lei n. 9.958, de 12.1.2000)*
§ 2º	O representante dos empregados desenvolverá seu trabalho normal na empresa afastando-se de suas atividades apenas quando convocado para atuar como conciliador, sendo computado como tempo de trabalho efetivo o despendido nessa atividade. *(Incluído pela Lei n. 9.958, de 12.1.2000)*

CONSTITUIÇÃO FEDERAL DE 1988
DOU 5.10.1988

Vide art. 8º, *caput* e inciso VII

Art. 8º É livre a associação profissional ou sindical, observado o seguinte:
(...)
VII — o aposentado filiado tem direito a votar e ser votado nas organizações sindicais;

CONSOLIDAÇÃO DAS LEIS DO TRABALHO
Decreto-Lei n. 5.452, de 1º de maio de 1943
DOU 9.8.1943

Vide art. 543, *caput* e § 3º

Art. 543. O empregado eleito para cargo de administração sindical ou representação profissional, inclusive junto a órgão de deliberação coletiva, não poderá ser impedido do exercício de suas funções, nem transferido para lugar ou mister que lhe dificulte ou torne impossível o desempenho das suas atribuições sindicais. *(Redação dada pelo Decreto-Lei n. 229, de 28.2.1967)*

Arts. 625-C e 625-D

TÍTULO VI-A — DAS COMISSÕES DE CONCILIAÇÃO PRÉVIA

(...)
§ 3º Fica vedada a dispensa do empregado sindicalizado ou associado, a partir do momento do registro de sua candidatura a cargo de direção ou representação de entidade sindical ou de associação profissional, até 1 (um) ano após o final do seu mandato, caso seja eleito inclusive como suplente, salvo se cometer falta grave devidamente apurada nos termos desta Consolidação. *(Redação dada pela Lei n. 7.543, de 2.10.1986)*

SÚMULAS DO STF

Vide Súmulas 197 e 403/STF

Súmula 197 STF — O empregado com representação sindical só pode ser despedido mediante inquérito em que se apure falta grave.

Súmula 403 STF — É de decadência o prazo de trinta dias para instauração do inquérito judicial, a contar da suspensão, por falta grave, de empregado estável.

SÚMULA DO TST

Vide Súmula 379/TST

Súmula 379 TST — DIRIGENTE SINDICAL. DESPEDIDA. FALTA GRAVE. INQUÉRITO JUDICIAL. NECESSIDADE (conversão da Orientação Jurisprudencial n. 114 da SBDI-1) — Res. 129/2005, DJ 20, 22 e 25.04.2005
O dirigente sindical somente poderá ser dispensado por falta grave mediante a apuração em inquérito judicial, inteligência dos arts. 494 e 543, §3º, da CLT. (ex-OJ n. 114 da SBDI-1 — inserida em 20.11.1997)

Art. 625-C | A Comissão instituída no âmbito do sindicato terá sua constituição e normas de funcionamento definidas em convenção ou acordo coletivo. *(Incluído pela Lei n. 9.958, de 12.1.2000)*

CONSTITUIÇÃO FEDERAL DE 1988
DOU 5.10.1988

Vide art. 8º, caput e incisos I e VI

Art. 8º É livre a associação profissional ou sindical, observado o seguinte:
I — a lei não poderá exigir autorização do Estado para a fundação de sindicato, ressalvado o registro no órgão competente, vedadas ao Poder Público a interferência e a intervenção na organização sindical;
(...)
VI — é obrigatória a participação dos sindicatos nas negociações coletivas de trabalho;

Art. 625-D	Qualquer demanda de natureza trabalhista será submetida à Comissão de Conciliação Prévia se, na localidade da prestação de serviços, houver sido instituída a Comissão no âmbito da empresa ou do sindicato da categoria. *(Incluído pela Lei n. 9.958, de 12.1.2000)*
§ 1º	A demanda será formulada por escrito ou reduzida a termo por qualquer dos membros da Comissão, sendo entregue cópia datada e assinada pelo membro aos interessados. *(Incluído pela Lei n. 9.958, de 12.1.2000)*
§ 2º	Não prosperando a conciliação, será fornecida ao empregado e ao empregador declaração da tentativa conciliatória frustrada com a descrição de seu objeto, firmada pelos membros da Comissão, que deverá ser juntada à eventual reclamação trabalhista. *(Incluído pela Lei n. 9.958, de 12.1.2000)*
§ 3º	Em caso de motivo relevante que impossibilite a observância do procedimento previsto no caput deste artigo, será a circunstância declarada na petição da ação intentada perante a Justiça do Trabalho. *(Incluído pela Lei n. 9.958, de 12.1.2000)*
§ 4º	Caso exista, na mesma localidade e para a mesma categoria, Comissão de empresa e Comissão sindical, o interessado optará por uma delas submeter a sua demanda, sendo competente aquela que primeiro conhecer do pedido. *(Incluído pela Lei n. 9.958, de 12.1.2000)*

TÍTULO VI-A — DAS COMISSÕES DE CONCILIAÇÃO PRÉVIA

Arts. 625-E e 625-F

MC/ADINs 2.139 e 2.160, DJE 23.10.2009: deferida parcialmente a cautelar para dar interpretação conforme a Constituição da República quanto ao art. 625-D, no sentido de ser meramente voluntária a passagem pela Comissão de Conciliação Prévia antes da propositura de ação na Justiça do Trabalho.

CONSTITUIÇÃO FEDERAL DE 1988
DOU 5.10.1988

Vide art. 5º, *caput* e inciso XXXV

Art. 5º Todos são iguais perante a lei, sem distinção de qualquer natureza, garantindo-se aos brasileiros e aos estrangeiros residentes no País a inviolabilidade do direito à vida, à liberdade, à igualdade, à segurança e à propriedade, nos termos seguintes:
(...)
XXXV — a lei não excluirá da apreciação do Poder Judiciário lesão ou ameaça a direito;

Art. 625-E — Aceita a conciliação, será lavrado termo assinado pelo empregado, pelo empregador ou seu proposto e pelos membros da Comissão, fornecendo-se cópia às partes. *(Incluído pela Lei n. 9.958, de 12.1.2000)*

Parágrafo único — O termo de conciliação é título executivo extrajudicial e terá eficácia liberatória geral, exceto quanto às parcelas expressamente ressalvadas. *(Incluído pela Lei n. 9.958, de 12.1.2000)*

CONSOLIDAÇÃO DAS LEIS DO TRABALHO
Decreto-Lei n. 5.452, de 1º de maio de 1943
DOU 9.8.1943

Vide art. 477, § 2º; art. 876; e art. 877-A

Art. 477. (...)
§ 7º O ato da assistência na rescisão contratual (§§ 1º e 2º) será sem ônus para o trabalhador e empregador. *(Incluído pela Lei n. 7.855, de 24.10.1989)*

Art. 876. As decisões passadas em julgado ou das quais não tenha havido recurso com efeito suspensivo; os acordos, quando não cumpridos; os termos de ajuste de conduta firmados perante o Ministério Público do Trabalho e os termos de conciliação firmados perante as Comissões de Conciliação Prévia serão executada pela forma estabelecida neste Capítulo. *(Redação dada pela Lei n. 9.958, de 12.1.2000)*

Art. 877-A. É competente para a execução de título executivo extrajudicial o juiz que teria competência para o processo de conhecimento relativo à matéria. *(Incluído pela Lei n. 9.958, de 25.10.2000)*

SÚMULA DO TST

Vide Súmula 330/TST

Súmula 330 TST — QUITAÇÃO. VALIDADE (mantida) — Res. 121/2003, DJ 19, 20 e 21.11.2003

A quitação passada pelo empregado, com assistência de entidade sindical de sua categoria, ao empregador, com observância dos requisitos exigidos nos parágrafos do art. 477 da CLT, tem eficácia liberatória em relação às parcelas expressamente consignadas no recibo, salvo se oposta ressalva expressa e especificada ao valor dado à parcela ou parcelas impugnadas.

I — A quitação não abrange parcelas não consignadas no recibo de quitação e, consequentemente, seus reflexos em outras parcelas, ainda que estas constem desse recibo.

II — Quanto a direitos que deveriam ter sido satisfeitos durante a vigência do contrato de trabalho, a quitação é válida em relação ao período expressamente consignado no recibo de quitação.

ORIENTAÇÃO JURISPRUDENCIAL DA SDI-1 DO TST

Vide OJ 270 SDI-1/TST

OJ 270 SDI-1 TST — PROGRAMA DE INCENTIVO À DEMISSÃO VOLUNTÁRIA. TRANSAÇÃO EXTRAJUDICIAL. PARCELAS ORIUNDAS DO EXTINTO CONTRATO DE TRABALHO. EFEITOS (inserida em 27.09.2002)

A transação extrajudicial que importa rescisão do contrato de trabalho ante a adesão do empregado a plano de demissão voluntária implica quitação exclusivamente das parcelas e valores constantes do recibo.

Art. 625-F — As Comissões de Conciliação Prévia têm prazo de dez dias para a realização da sessão de tentativa de conciliação a partir da provocação do interessado. *(Incluído pela Lei n. 9.958, de 12.1.2000)*

Parágrafo único — Esgotado o prazo sem a realização da sessão, será fornecida, no último dia do prazo, a declaração a que se refere o § 2º do art. 625-D. *(Incluído pela Lei n. 9.958, de 12.1.2000)*

Arts. 625-G e 625-H

TÍTULO VI-A — DAS COMISSÕES DE CONCILIAÇÃO PRÉVIA

Art. 625-G O prazo prescricional será suspenso a partir da provocação da Comissão de Conciliação Prévia, recomeçando a fluir, pelo que lhe resta, a partir da tentativa frustrada de conciliação ou do esgotamento do prazo previsto no art. 625-F. *(Incluído pela Lei n. 9.958, de 12.1.2000)*

CONSTITUIÇÃO FEDERAL DE 1988
DOU 5.10.1988

Vide art. 7º, *caput* e inciso XXIX

Art. 7º São direitos dos trabalhadores urbanos e rurais, além de outros que visem à melhoria de sua condição social:

(...)

XXIX — ação, quanto aos créditos resultantes das relações de trabalho, com prazo prescricional de cinco anos para os trabalhadores urbanos e rurais, até o limite de dois anos após a extinção do contrato de trabalho; *(Redação dada pela Emenda Constitucional n. 28, de 25/05/2000)*

Art. 625-H Aplicam-se aos Núcleos Intersindicais de Conciliação Trabalhista em funcionamento ou que vierem a ser criados, no que couber, as disposições previstas neste Título, desde que observados os princípios da paridade e da negociação coletiva na sua constituição. *(Incluído pela Lei n. 9.958, de 12.1.2000)*

CONSTITUIÇÃO FEDERAL DE 1988
DOU 5.10.1988

Vide art. 5º, *caput* e inciso XXXV

Art. 5º Todos são iguais perante a lei, sem distinção de qualquer natureza, garantindo-se aos brasileiros e aos estrangeiros residentes no País a inviolabilidade do direito à vida, à liberdade, à igualdade, à segurança e à propriedade, nos termos seguintes:

(...)

XXXV — a lei não excluirá da apreciação do Poder Judiciário lesão ou ameaça a direito;

TÍTULO VI-A — DAS COMISSÕES DE CONCILIAÇÃO PRÉVIA

TÍTULO VII
DO PROCESSO DE MULTAS ADMINISTRATIVAS

CAPÍTULO I
DA FISCALIZAÇÃO, DA AUTUAÇÃO E DA IMPOSIÇÃO DE MULTAS

Art. 626 Incumbe às autoridades competentes do Ministério do Trabalho, Indústria e Comércio, ou àquelas que exerçam funções delegadas, a fiscalização do fiel cumprimento das normas de proteção ao trabalho.

Parágrafo único Os fiscais dos Institutos de Seguro Social e das entidades paraestatais em geral dependentes do Ministério do Trabalho, Indústria e Comércio serão competentes para a fiscalização a que se refere o presente artigo, na forma das instruções que forem expedidas pelo Ministro do Trabalho, Indústria e Comércio.

CONSTITUIÇÃO FEDERAL DE 1988
DOU 5.10.1988

Vide art. 21, caput e inciso XXIV; art. 114, caput e inciso VII

Art. 21. Compete à União:
(...)
XXIV — organizar, manter e executar a inspeção do trabalho;

Art. 114. Compete à Justiça do Trabalho processar e julgar: *(Redação dada pela Emenda Constitucional n. 45, de 2004)*
(...)
VII as ações relativas às penalidades administrativas impostas aos empregadores pelos órgãos de fiscalização das relações de trabalho; *(Incluído pela Emenda Constitucional n. 45, de 2004)*

EMENDA CONSTITUCIONAL N. 45, DE 30 DE DEZEMBRO DE 2004
Altera dispositivos dos arts. 5º, 36, 52, 92, 93, 95, 98, 99, 102, 103, 104, 105, 107, 109, 111, 112, 114, 115, 125, 126, 127, 128, 129, 134 e 168 da Constituição Federal, e acrescenta os arts. 103-A, 103B, 111-A e 130-A, e dá outras providências
DOU 5.10.1988

Vide art. 3º

Art. 3º A lei criará o Fundo de Garantia das Execuções Trabalhistas, integrado pelas multas decorrentes de condenações trabalhistas e administrativas oriundas da fiscalização do trabalho, além de outras receitas.

LEI COMPLEMENTAR N. 150, DE 1º DE JUNHO DE 2015
Dispõe sobre o contrato de trabalho doméstico; altera as Leis n. 8.212, de 24 de julho de 1991, n. 8.213, de 24 de julho de 1991, e n. 11.196, de 21 de novembro de 2005; revoga o inciso I do art. 3º da Lei n. 8.009, de 29 de março de 1990, o art. 36 da Lei n. 8.213, de 24 de julho de 1991, a Lei n. 5.859, de 11 de dezembro de 1972, e o inciso VII do art. 12 da Lei n. 9.250, de 26 de dezembro 1995; e dá outras providências
DOU 2.6.2015

Vide art. 44

Art. 44. A Lei n. 10.593, de 6 de dezembro de 2002, passa a vigorar acrescida do seguinte art. 11-A.

"Art. 11-A. A verificação, pelo Auditor-Fiscal do Trabalho, do cumprimento das normas que regem o trabalho do empregado doméstico, no âmbito do domicílio do empregador, dependerá de agendamento e de entendimento prévios entre a fiscalização e o empregador.

§ 1º A fiscalização deverá ter natureza prioritariamente orientadora.

§ 2º Será observado o critério de dupla visita para lavratura de auto de infração, salvo quando for constatada infração por falta de anotação na Carteira de Trabalho e Previdência Social ou, ainda, na ocorrência de reincidência, fraude, resistência ou embaraço à fiscalização.

§ 3º Durante a inspeção do trabalho referida no *caput*, o Auditor-Fiscal do Trabalho far-se-á acompanhar pelo empregador ou por alguém de sua família por este designado."

DECRETO-LEI N. 229, DE 28 DE FEVEREIRO DE 1967
Altera dispositivos da Consolidação das Leis do Trabalho, aprovada pelo Decreto-Lei n. 5.452, de 1º de maio de 1943, e dá outras providencias
DOU 2.6.2015

Vide art. 35, caput e incisos I a IV

Art. 35. As referências feitas na CLT:

I — ao Ministério do Trabalho, Indústria e Comércio entendem-se como concernentes ao Ministério do Trabalho e Previdência Social (MTPS);

II — a institutos de seguro social ou de previdência social e a Institutos de Aposentadoria e Pensões entendem-se como concernentes ao Instituto Nacional da Previdência Social (INPS);

III — ao Serviço de Alimentação da Previdência Social (SAPS), entendem-se como concernentes ao Departamento Nacional de Higiene e Segurança do Trabalho (DNSHT);

IV — ao Departamento Nacional do Trabalho, como autoridade julgadora de infração em primeira instância, entendem-se como concernentes às Delegacias Regionais do Trabalho.

Art. 627

TÍTULO VI-A — DAS COMISSÕES DE CONCILIAÇÃO PRÉVIA

LEI N. 7.855, DE 24 DE OUTUBRO DE 1989
Altera a Consolidação das Leis do Trabalho, atualiza os valores das multas trabalhistas, amplia sua aplicação, institui o Programa de Desenvolvimento do Sistema Federal de Inspeção do Trabalho e dá outras providências
DOU 25.10.1989

LEI N. 8.422, DE 13 DE MAIO DE 1992
Dispõe sobre a organização de ministérios e dá outras providências
DOU 15.5.1992

LEI N. 9.784, DE 29 DE JANEIRO DE 1999
Regula o processo administrativo no âmbito da Administração Pública Federal
DOU 1.2.1999 e retificado em 11.3.1999

LEI N. 10.593, DE 6 DE DEZEMBRO DE 2002
Dispõe sobre a reestruturação da Carreira Auditoria do Tesouro Nacional, que passa a denominar-se Carreira Auditoria da Receita Federal — ARF, e sobre a organização da Carreira Auditoria-Fiscal da Previdência Social e da Carreira Auditoria-Fiscal do Trabalho, e dá outras providências
DOU 9.12.2002

Vide art. 10, caput e incisos I a IV; e art. 11, caput e incisos I a VI e parágrafo único

Art. 10. São transformados em cargo de Auditor-Fiscal do Trabalho, na Carreira Auditoria-Fiscal do Trabalho, os seguintes cargos efetivos do quadro permanente do Ministério do Trabalho e Emprego:
I — Fiscal do Trabalho;
II — Assistente Social, encarregado da fiscalização do trabalho da mulher e do menor;
III — Engenheiros e Arquitetos, com a especialização prevista na Lei n. 7.410, de 27 de novembro de 1985, encarregados da fiscalização da segurança no trabalho;
IV — Médico do Trabalho, encarregado da fiscalização das condições de salubridade do ambiente do trabalho.

Art. 11. Os ocupantes do cargo de Auditor-Fiscal do Trabalho têm por atribuições assegurar, em todo o território nacional:
I — o cumprimento de disposições legais e regulamentares, inclusive as relacionadas à segurança e à medicina do trabalho, no âmbito das relações de trabalho e de emprego;
II — a verificação dos registros em Carteira de Trabalho e Previdência Social — CTPS, visando a redução dos índices de informalidade;
III — a verificação do recolhimento do Fundo de Garantia do Tempo de Serviço — FGTS, objetivando maximizar os índices de arrecadação;
IV — o cumprimento de acordos, convenções e contratos coletivos de trabalho celebrados entre empregados e empregadores;
V — o respeito aos acordos, tratados e convenções internacionais dos quais o Brasil seja signatário;
VI — a lavratura de auto de apreensão e guarda de documentos, materiais, livros e assemelhados, para verificação da existência de fraude e irregularidades, bem como o exame da contabilidade das empresas, não se lhes aplicando o disposto nos arts. 17 e 18 do Código Comercial.
Parágrafo único. O Poder Executivo regulamentará as atribuições privativas previstas neste artigo, podendo cometer aos ocupantes do cargo de Auditor-Fiscal do Trabalho outras atribuições, desde que compatíveis com atividades de auditoria e fiscalização.

DECRETO N. 4.552, DE 27 DE DEZEMBRO DE 2002
Aprova o Regulamento da Inspeção do Trabalho.
DOU 30.12.2002

LEI N. 10.683, DE 28 DE MAIO DE 2003
Dispõe sobre a organização da Presidência da República e dos Ministérios, e dá outras providências
DOU 29.5.2003

Vide art. 27, caput, inciso XXI, alíneas a a j

Art. 27. Os assuntos que constituem áreas de competência de cada Ministério são os seguintes:
(...)
XXI — Ministério do Trabalho e Previdência Social: *(Redação dada pela Lei n. 13.266, de 2016)*
a) política e diretrizes para a geração de emprego e renda e de apoio ao trabalhador;
b) política e diretrizes para a modernização das relações de trabalho;
c) fiscalização do trabalho, inclusive do trabalho portuário, bem como aplicação das sanções previstas em normas legais ou coletivas;
d) política salarial;
e) formação e desenvolvimento profissional;
f) segurança e saúde no trabalho;
g) política de imigração;
h) cooperativismo e associativismo urbanos;
i) previdência social; e *(Incluído pela Lei n. 13.266, de 2016)*
j) previdência complementar; *(Incluído pela Lei n. 13.266, de 2016)*

DECRETO N. 6.341, DE 3 DE JANEIRO DE 2008
Altera a denominação da Delegacia Regional do Trabalho para Superintendência Regional do Trabalho e Emprego
DOU 4.1.2008

MEDIDA PROVISÓRIA N. 726, DE 12 DE MAIO DE 2016
Altera e revoga dispositivos da Lei n. 10.683 de 28 de maio de 2003
DOU — edição extra e retificada em 19.5.2016

Vide art. 2º, inciso IV.

Art. 2º. Ficam transformados:
(...)
IV — Ministério do Trabalho e Previdência Social em Ministério do Trabalho.

Art. 627 — A fim de promover a instrução dos responsáveis no cumprimento das leis de proteção do trabalho, a fiscalização deverá observar o critério de dupla visita nos seguintes casos:

a) quando ocorrer promulgação ou expedição de novas leis, regulamentos ou instruções ministeriais, sendo que, com relação exclusivamente a esses atos, será feita apenas a instrução dos responsáveis;

TÍTULO VI-A — DAS COMISSÕES DE CONCILIAÇÃO PRÉVIA

Arts. 627-A e 628

b)	em se realizando a primeira inspeção dos estabelecimentos ou dos locais de trabalho, recentemente inaugurados ou empreendidos.

LEI COMPLEMENTAR N. 123, DE 14 DE DEZEMBRO DE 2006
(Republicação em atendimento ao disposto no art. 5º da Lei Complementar n. 139, de 10 de novembro de 2011)
Institui o Estatuto Nacional da Microempresa e da Empresa de Pequeno Porte; altera dispositivos das Leis ns. 8.212 e 8.213, ambas de 24 de julho de 1991, da Consolidação das Leis do Trabalho — CLT, aprovada pelo Decreto-Lei n. 5.452, de 1º de maio de 1943, da Lei n. 10.189, de 14 de fevereiro de 2001, da Lei Complementar n. 63, de 11 de janeiro de 1990; e revoga as Leis ns. 9.317, de 5 de dezembro de 1996, e 9.841, de 5 de outubro de 1999
DOU 15.12.2006, republicado em 31.1.2009, republicado em 31.1.2012 e republicado em 6.3.2012

Vide art. 55, caput e § 1º

Art. 55. A fiscalização, no que se refere aos aspectos trabalhista, metrológico, sanitário, ambiental, de segurança e de uso e ocupação do solo das microempresas e empresas de pequeno porte deverá ter natureza prioritariamente orientadora, quando a atividade ou situação, por sua natureza, comportar grau de risco compatível com esse procedimento. *(Redação dada pela Lei Complementar n. 147, de 2014)*

§ 1º Será observado o critério de dupla visita para lavratura de autos de infração, salvo quando for constatada infração por falta de registro de empregado ou anotação da Carteira de Trabalho e Previdência Social — CTPS, ou, ainda, na ocorrência de reincidência, fraude, resistência ou embaraço à fiscalização.

LEI N. 7.855, DE 24 DE OUTUBRO DE 1989
Altera a Consolidação das Leis do Trabalho, atualiza os valores das multas trabalhistas, amplia sua aplicação, institui o Programa de Desenvolvimento do Sistema Federal de Inspeção do Trabalho e dá outras providências
DOU 25.10.1989

Vide art. 6º, caput e § 3º

Art. 6º O valor das multas não recolhidas no prazo previsto no § 3º do art. 636 da CLT será atualizado monetariamente pelo BTN Fiscal, acrescido de juros de mora de um por cento ao mês calendário, na forma da legislação aplicada aos tributos federais, até a data do seu efetivo pagamento.
(...)
§ 3º Será observado o critério de dupla visita nas empresas com até dez empregados, salvo quando for constatada infração por falta de registro de empregado, anotação de sua Carteira de Trabalho e Previdência Social e na ocorrência de fraude, resistência ou embaraço à fiscalização.

Art. 627-A	Poderá ser instaurado procedimento especial para a ação fiscal, objetivando a orientação sobre o cumprimento das leis de proteção ao trabalho, bem como a prevenção e o saneamento de infrações à legislação mediante Termo de Compromisso, na forma a ser disciplinada no Regulamento da Inspeção do Trabalho. *(Incluído pela Medida Provisória n. 2.164-41, de 2001)*
Art. 628	Salvo o disposto nos arts. 627 e 627-A, a toda verificação em que o Auditor-Fiscal do Trabalho concluir pela existência de violação de preceito legal deve corresponder, sob pena de responsabilidade administrativa, a lavratura de auto de infração. *(Redação dada pela Medida Provisória n. 2.164-41, de 2001)*
§ 1º	Ficam as empresas obrigadas a possuir o livro intitulado "Inspeção do Trabalho", cujo modelo será aprovado por portaria Ministerial. *(Incluído pelo Decreto-Lei n. 229, de 28.2.1967)*
§ 2º	Nesse livro, registrará o agente da inspeção sua visita ao estabelecimento, declarando a data e a hora do início e término da mesma, bem como o resultado da inspeção, nele consignando, se for o caso, todas as irregularidades verificadas e as exigências feitas, com os respectivos prazos para seu atendimento, e, ainda, de modo legível, os elementos de sua identificação funcional. *(Incluído pelo Decreto-Lei n. 229, de 28.2.1967)*
§ 3º	Comprovada má-fé do agente da inspeção, quanto à omissão ou lançamento de qualquer elemento no livro, responderá ele por falta grave no cumprimento do dever, ficando passível, desde logo, da pena de suspensão até 30 (trinta) dias, instaurando-se, obrigatoriamente, em caso de reincidência, inquérito administrativo. *(Incluído pelo Decreto-Lei n. 229, de 28.2.1967)*

TÍTULO VI-A — DAS COMISSÕES DE CONCILIAÇÃO PRÉVIA

§ 4º A lavratura de autos contra empresas fictícias e de endereços inexistentes, assim como a apresentação de falsos relatórios, constituem falta grave, punível na forma do § 3º. *(Incluído pelo Decreto-Lei n. 229, de 28.2.1967)*

LEI COMPLEMENTAR N. 123, DE 14 DE DEZEMBRO DE 2006
(Republicação em atendimento ao disposto no art. 5º da Lei Complementar n. 139, de 10 de novembro de 2011)
Institui o Estatuto Nacional da Microempresa e da Empresa de Pequeno Porte; altera dispositivos das Leis ns. 8.212 e 8.213, ambas de 24 de julho de 1991, da Consolidação das Leis do Trabalho — CLT, aprovada pelo Decreto-Lei n. 5.452, de 1º de maio de 1943, da Lei n. 10.189, de 14 de fevereiro de 2001, da Lei Complementar n. 63, de 11 de janeiro de 1990; e revoga as Leis ns. 9.317, de 5 de dezembro de 1996, e 9.841, de 5 de outubro de 1999.
DOU 15.12.2006, republicado em 31.1.2009, republicado em 31.1.2012 e republicado em 6.3.2012

Vide art. 51, caput e inciso IV

Art. 51. As microempresas e as empresas de pequeno porte são dispensadas:
I — da afixação de Quadro de Trabalho em suas dependências
II — da anotação das férias dos empregados nos respectivos livros ou fichas de registro;
(...)
IV — da posse do livro intitulado "Inspeção do Trabalho"; e
V — de comunicar ao Ministério do Trabalho e Emprego a concessão de férias coletivas.

Art. 629 O auto de infração será lavrado em duplicata, nos termos dos modelos e instruções expedidos, sendo uma via entregue ao infrator, contra recibo, ou ao mesmo enviada, dentro de 10 (dez) dias da lavratura, sob pena de responsabilidade, em registro postal, com franquia e recibo de volta. *(Redação dada pelo Decreto-Lei n. 229, de 28.2.1967)*

§ 1º O auto não terá o seu valor probante condicionado à assinatura do infrator ou de testemunhas, e será lavrado no local da inspeção, salvo havendo motivo justificado que será declarado no próprio auto, quando então deverá ser lavrado no prazo de 24 (vinte e quatro) horas, sob pena de responsabilidade. *(Redação dada pelo Decreto-Lei n. 229, de 28.2.1967)*

§ 2º Lavrado o auto de infração, não poderá ele ser inutilizado, nem sustado o curso do respectivo processo, devendo o agente da inspeção apresentá-lo à autoridade competente, mesmo se incidir em erro. *(Redação dada pelo Decreto-Lei n. 229, de 28.2.1967)*

§ 3º O infrator terá, para apresentar defesa, o prazo de 10 (dez) dias contados do recebimento do auto. *(Redação dada pelo Decreto-Lei n. 229, de 28.2.1967)*

§ 4º O auto de infração será registrado com a indicação sumária de seus elementos característicos, em livro próprio que deverá existir em cada órgão fiscalizador, de modo a assegurar o controle do seu processamento. *(Incluído pelo Decreto-Lei n. 229, de 28.2.1967)*

Art. 630 Nenhum agente da inspeção poderá exercer as atribuições do seu cargo sem exibir a carteira de identidade fiscal, devidamente autenticada, fornecida pela autoridade competente. *(Redação dada pelo Decreto-Lei n. 229, de 28.2.1967)*

§ 1º É proibida a outorga de identidade fiscal a quem não esteja autorizado, em razão do cargo ou função, a exercer ou praticar, no âmbito da legislação trabalhista, atos de fiscalização. *(Incluído pelo Decreto-Lei n. 229, de 28.2.1967)*

§ 2º A credencial a que se refere este artigo deverá ser devolvida para inutilização, sob as penas da lei em casos de provimentos em outro cargo público, exoneração ou demissão bem como nos de licenciamento por prazo superior a 60 (sessenta) dias e de suspensão do exercício do cargo. *(Incluído pelo Decreto-Lei n. 229, de 28.2.1967)*

§ 3º O agente da inspeção terá livre acesso a todas dependências dos estabelecimentos sujeitos ao regime da legislação, sendo as empresas, por seus dirigentes ou prepostos, obrigados a prestar-lhes os esclarecimentos necessários ao desempenho de suas atribuições legais e a exibir-lhes, quando exigidos, quaisquer documentos que digam respeito ao fiel cumprimento das normas de proteção ao trabalho. *(Incluído pelo Decreto-Lei n. 229, de 28.2.1967)*

TÍTULO VI-A — DAS COMISSÕES DE CONCILIAÇÃO PRÉVIA

Arts. 631 e 632

§ 4º	Os documentos sujeitos à inspeção deverão permanecer, sob as penas da lei nos locais de trabalho, somente se admitindo, por exceção, a critério da autoridade competente, sejam os mesmos apresentados em dia hora previamente fixados pelo agente da inspeção. *(Incluído pelo Decreto-Lei n. 229, de 28.2.1967)*
§ 5º	No território do exercício de sua função, o agente da inspeção gozará de passe livre nas empresas de transportes, públicas ou privadas, mediante a apresentação da carteira de identidade fiscal. *(Incluído pelo Decreto-Lei n. 229, de 28.2.1967)*
§ 6º	A inobservância do disposto nos §§ 3º, 4º e 5º configurará resistência ou embaraço à fiscalização e justificará a lavratura do respectivo auto de infração, cominada a multa de valor igual a meio (1/2) salário mínimo regional até 5 (cinco) vezes esse salário, levando-se em conta, além das circunstâncias atenuantes ou agravantes, a situação econômico-financeira do infrator e os meios a seu alcance para cumprir a lei. *(Incluído pelo Decreto-Lei n. 229, de 28.2.1967)*
§ 7º	Para o efeito do disposto no § 5º, a autoridade competente divulgará em janeiro e julho, de cada ano, a relação dos agentes da inspeção titulares da carteira de identidade fiscal. *(Incluído pelo Decreto-Lei n. 229, de 28.2.1967)*
§ 8º	As autoridades policiais, quando solicitadas, deverão prestar aos agentes da inspeção a assistência de que necessitarem para o fiel cumprimento de suas atribuições legais. *(Incluído pelo Decreto-Lei n. 229, de 28.2.1967)*
Art. 631	Qualquer funcionário público federal, estadual ou municipal, ou representante legal de associação sindical, poderá comunicar à autoridade competente do Ministério do Trabalho, Indústria e Comércio as infrações que verificar.
Parágrafo único	De posse dessa comunicação, a autoridade competente procederá desde logo às necessárias diligências, lavrando os autos de que haja mister.

DECRETO-LEI N. 229, DE 28 DE FEVEREIRO DE 1967
Altera dispositivos da Consolidação das Leis do Trabalho, aprovada pelo Decreto-Lei n. 5.452, de 1º de maio de 1943, e dá outras providencias
DOU 28.2.1967 e retificado em 9.3.1967

Vide art. 35, *caput* e incisos I a IV

Art. 35. As referências feitas na CLT:
I — ao Ministério do Trabalho, Indústria e Comércio entendem-se como concernentes ao Ministério do Trabalho e Previdência Social (MTPS);
II — a Institutos de seguro social ou de previdência social e a Institutos de Aposentadoria e Pensões entendem-se como concernentes ao Instituto Nacional da Previdência Social (INPS);
III — ao Serviço de Alimentação da Previdência Social (SAPS), entendem-se como concernentes ao Departamento Nacional de Higiene e Segurança do Trabalho (DNSHT);
IV — ao Departamento Nacional do Trabalho, como autoridade julgadora de infração em primeira instância, entendem-se como concernentes às Delegacias Regionais do Trabalho.

MEDIDA PROVISÓRIA N. 726, DE 12 DE MAIO DE 2016
Altera e revoga dispositivos da Lei n. 10.683 de 28 de maio de 2003
DOU — edição extra e retificada em 19.5.2016

Vide art. 2º, inciso IV.

Art. 2º. Ficam transformados:
(...)
IV — Ministério do Trabalho e Previdência Social em Ministério do Trabalho.

Art. 632	Poderá o autuado requerer a audiência de testemunhas e as diligências que lhe parecerem necessárias à elucidação do processo, cabendo, porém, à autoridade, julgar da necessidade de tais provas.

TÍTULO VI-A — DAS COMISSÕES DE CONCILIAÇÃO PRÉVIA

Art. 633 Os prazos para defesa ou recurso poderão ser prorrogados de acordo com despacho expresso da autoridade competente, quando o autuado residir em localidade diversa daquela onde se achar essa autoridade.

Art. 634 Na falta de disposição especial, a imposição das multas incumbe às autoridades regionais competentes em matéria de trabalho, na forma estabelecida por este Título.

Parágrafo único A aplicação da multa não eximirá o infrator da responsabilidade em que incorrer por infração das leis penais.

CÓDIGO PENAL
Decreto-Lei n. 2.848, de 7 de dezembro de 1940
DOU 31.12.1940

Vide art. 203

FRUSTRAÇÃO DE DIREITO ASSEGURADO POR LEI TRABALHISTA

Art. 203. Frustrar, mediante fraude ou violência, direito assegurado pela legislação do trabalho:
Pena — detenção de um ano a dois anos, e multa, além da pena correspondente à violência. *(Redação dada pela Lei n. 9.777, de 29.12.1998)*

§ 1º Na mesma pena incorre quem: *(Incluído pela Lei n. 9.777, de 1998)*

I — obriga ou coage alguém a usar mercadorias de determinado estabelecimento, para impossibilitar o desligamento do serviço em virtude de dívida; *(Incluído pela Lei n. 9.777, de 1998)*

II — impede alguém de se desligar de serviços de qualquer natureza, mediante coação ou por meio da retenção de seus documentos pessoais ou contratuais. *(Incluído pela Lei n. 9.777, de 1998)*

§ 2º A pena é aumentada de um sexto a um terço se a vítima é menor de dezoito anos, idosa, gestante, indígena ou portadora de deficiência física ou mental. *(Incluído pela Lei n. 9.777, de 1998)*

CAPÍTULO II
DOS RECURSOS

Art. 635 De toda decisão que impuser multa por infração das leis e disposições reguladoras do trabalho, e não havendo forma especial de processo caberá recurso para o Diretor-Geral Departamento ou Serviço do Ministério do Trabalho e Previdência Social, que for competente na matéria. *(Redação dada pelo Decreto-Lei n. 229, de 28.2.1967)*

Parágrafo único As decisões serão sempre fundamentadas. *(Incluído pelo Decreto-Lei n. 229, de 28.2.1967)*

Art. 636 Os recursos devem ser interpostos no prazo de 10 (dez) dias, contados do recebimento da notificação, perante autoridade que houver imposto a multa, a qual, depois de os informar encaminhá-los-á à autoridade de instância superior. *(Redação dada pelo Decreto-Lei n. 229, de 28.2.1967)*

§ 1º O recurso só terá seguimento se o interessado o instruir com a prova do depósito da multa. *(Incluído pelo Decreto-Lei n. 229, de 28.2.1967)*
Dispositivo declarado não recepcionado pelo art. 5º, LV, da Constituição da República, pelo STF no julgamento da ADPF 156.

CONSTITUIÇÃO FEDERAL DE 1988
DOU 5.10.1988

Vide art. 5º, *caput* e incisos XXXIV, alínea *a*, e LV; e art. 114, *caput* e incisos I, IV, VII e VIII

Art. 5º Todos são iguais perante a lei, sem distinção de qualquer natureza, garantindo-se aos brasileiros e aos estrangeiros residentes no País a inviolabilidade do direito à vida, à liberdade, à igualdade, à segurança e à propriedade, nos termos seguintes:
(...)
XXXIV — são a todos assegurados, independentemente do pagamento de taxas:
a) o direito de petição aos Poderes Públicos em defesa de direitos ou contra ilegalidade ou abuso de poder;

TÍTULO VI-A — DAS COMISSÕES DE CONCILIAÇÃO PRÉVIA

Art. 636

(...)

LV — aos litigantes, em processo judicial ou administrativo, e aos acusados em geral são assegurados o contraditório e ampla defesa, com os meios e recursos a ela inerentes;

Art. 114. Compete à Justiça do Trabalho processar e julgar: *(Redação dada pela Emenda Constitucional n. 45, de 2004)*

I — as ações oriundas da relação de trabalho, abrangidos os entes de direito público externo e da administração pública direta e indireta da União, dos Estados, do Distrito Federal e dos Municípios; (Incluído pela Emenda Constitucional n. 45, de 2004)

(...)

IV — os mandados de segurança, *habeas corpus* e *habeas data*, quando o ato questionado envolver matéria sujeita à sua jurisdição; *(Incluído pela Emenda Constitucional n. 45, de 2004)*

(...)

VII — as ações relativas às penalidades administrativas impostas aos empregadores pelos órgãos de fiscalização das relações de trabalho; *(Incluído pela Emenda Constitucional n. 45, de 2004)*

(...)

VIII — a execução, de ofício, das contribuições sociais previstas no art. 195, I, a , e II, e seus acréscimos legais, decorrentes das sentenças que proferir; *(Incluído pela Emenda Constitucional n. 45, de 2004)*

SÚMULA VINCULANTE DO STF

Vide Súmula Vinculante 21/STF

Súmula Vinculante 21 STF — É inconstitucional a exigência de depósito ou arrolamento prévios de dinheiro ou bens para admissibilidade de recurso administrativo.

SÚMULA DO TST

Vide Súmula 424/TST

Súmula 424 TST — RECURSO ADMINISTRATIVO. PRESSUPOSTO DE ADMISSIBILIDADE. DEPÓSITO PRÉVIO DA MULTA ADMINISTRATIVA. NÃO RECEPÇÃO PELA CONSTITUIÇÃO FEDERAL DO § 1º DO ART. 636 DA CLT. Res. 160/2009, DEJT divulgado em 23, 24 e 25.11.2009

O § 1º do art. 636 da CLT, que estabelece a exigência de prova do depósito prévio do valor da multa cominada em razão de autuação administrativa como pressuposto de admissibilidade de recurso administrativo, não foi recepcionado pela Constituição Federal de 1988, ante a sua incompatibilidade com o inciso LV do art. 5º.

SÚMULA DO STJ

Vide Súmula 373/STJ

Súmula 373 STJ — É ilegítima a exigência de depósito prévio para admissibilidade de recurso administrativo.

§ 2º	A notificação somente será realizada por meio de edital, publicada no órgão oficial, quando o infrator estiver em lugar incerto e não sabido. *(Incluído pelo Decreto-Lei n. 229, de 28.2.1967)*
§ 3º	A notificação de que trata este artigo fixará igualmente o prazo de 10 (dez) dias para que o infrator recolha o valor da multa, sob pena de cobrança executiva. *(Incluído pelo Decreto-Lei n. 229, de 28.2.1967)*
§ 4º	As guias de depósito ou recolhimento serão emitidas em 3 (três) vias e o recolhimento da multa deverá preceder-se dentro de 5 (cinco) dias às repartições federais competentes, que escriturarão a receita a crédito do Ministério da Trabalho e Previdência Social. *(Incluído pelo Decreto-Lei n. 229, de 28.2.1967)*
§ 5º	A segunda via da guia do recolhimento será devolvida pelo infrator à repartição que a emitiu, até o sexto dia depois de sua expedição, para a averbação no processo. *(Incluído pelo Decreto-Lei n. 229, de 28.2.1967)*
§ 6º	A multa será reduzida de 50% (cinquenta por cento) se o infrator, renunciando ao recurso, a recolher ao Tesouro Nacional dentro do prazo de 10 (dez) dias contados do recebimento da notificação ou da publicação do edital. *(Incluído pelo Decreto-Lei n. 229, de 28.2.1967)*
§ 7º	Para a expedição da guia, no caso do § 6º, deverá o infrator juntar a notificação com a prova da data do seu recebimento, ou a folha do órgão oficial que publicou o edital. *(Incluído pelo Decreto-Lei n. 229, de 28.2.1967)*

LEIS N. 6.205/75; N. 6.986/82; N. 6.708/79; N. 7.855/89
Novos valores de multas administrativas

LEI N. 10.522/02
Conversão da UFIR em real

LEI N. 8.383/1991
Unidade Fiscal de Referência (UFIR) — Medida de valor e atualização de tributos, multas e penalidades administrativas e fiscais

Art. 637 De todas as decisões que proferirem em processos de infração das leis de proteção ao trabalho e que impliquem arquivamento destes, observado o disposto no parágrafo único do art. 635, deverão as autoridades prolatoras recorrer de ofício para a autoridade competente de instância superior. *(Redação dada pelo Decreto-Lei n. 229, de 28.2.1967)*

Art. 638 Ao Ministro do Trabalho, Industria e Comercio é facultado avocar ao seu exame e decisão, dentro de 90 (noventa) dias do despacho final do assunto, ou no curso do processo, as questões referentes à fiscalização dos preceitos estabelecidos nesta Consolidação.

DECRETO-LEI N. 229, DE 28 DE FEVEREIRO DE 1967

Altera dispositivos da Consolidação das Leis do Trabalho, aprovada pelo Decreto-Lei n. 5.452, de 1º de maio de 1943, e dá outras providencias
DOU 28.2.1967 e retificado em 9.3.1967

Vide art. 35, *caput* e incisos I a IV

Art. 35. As referências feitas na CLT:
I — ao Ministério do Trabalho, Indústria e Comércio entendem-se como concernentes ao Ministério do Trabalho e Previdência Social (MTPS);
II — a institutos de seguro social ou de previdência social e a Institutos de Aposentadoria e Pensões entendem-se como concernentes ao Instituto Nacional da Previdência Social (INPS);
III — ao Serviço de Alimentação da Previdência Social (SAPS), entendem-se como concernentes ao Departamento Nacional de Higiene e Segurança do Trabalho (DNSHT);
IV — ao Departamento Nacional do Trabalho, como autoridade julgadora de infração em primeira instância, entendem-se como concernentes às Delegacias Regionais do Trabalho.

MEDIDA PROVISÓRIA N. 726, DE 12 DE MAIO DE 2016

Altera e revoga dispositivos da Lei n. 10.683 de 28 de maio de 2003
DOU — edição extra e retificada em 19.5.2016

Vide art. 2º, inciso IV.

Art. 2º. Ficam transformados:
(...)
IV — Ministério do Trabalho e Previdência Social em Ministério do Trabalho.

CAPÍTULO III
DO DEPÓSITO, DA INSCRIÇÃO E DA COBRANÇA

Art. 639 Não sendo provido o recurso, o depósito se converterá em pagamento.

Art. 640 É facultado às Delegacias Regionais do Trabalho, na conformidade de instruções expedidas pelo Ministro de Estado, promover a cobrança amigável das multas antes encaminhamento dos processos à cobrança executiva. *(Redação dada pelo Decreto-Lei n. 229, de 28.2.1967)*

Art. 641 Não comparecendo o infrator, ou não depositando a importância da multa ou penalidade, far-se-á a competente inscrição em livro especial, existente nas repartições das quais se tiver originado a multa ou penalidade, ou de onde tenha provindo a reclamação que a determinou, sendo extraída cópia autentica dessa inscrição e enviada às autoridades competentes para a respectiva cobrança judicial, valendo tal instrumento como título de dívida líquida e certa.

TÍTULO VI-A — DAS COMISSÕES DE CONCILIAÇÃO PRÉVIA

Art. 642 A cobrança judicial das multas impostas pelas autoridades administrativas do trabalho obedecerá ao disposto na legislação aplicável à cobrança da dívida ativa da União, sendo promovida, no Distrito Federal e nas capitais dos Estados em que funcionarem Tribunais Regionais do Trabalho, pela Procuradoria da Justiça do Trabalho, e nas demais localidades, pelo Ministério Público Estadual e do Território do Acre, nos termos do Decreto-Lei n. 960, de 17 de dezembro de 1938.

CONSTITUIÇÃO FEDERAL DE 1988
DOU 5.10.1988

Vide art. 114, *caput* e incisos I, IV e VII

Art. 114. Compete à Justiça do Trabalho processar e julgar: *(Redação dada pela Emenda Constitucional n. 45, de 2004)*
I — as ações oriundas da relação de trabalho, abrangidos os entes de direito público externo e da administração pública direta e indireta da União, dos Estados, do Distrito Federal e dos Municípios; *(Inciso acrescido pela Emenda Constitucional n. 45, de 2004)*
(...)
IV — os mandados de segurança, *habeas corpus* e *habeas data*, quando o ato questionado envolver matéria sujeita à sua jurisdição; *(Inciso acrescido pela Emenda Constitucional n. 45, de 2004)*

(...)
VII — as ações relativas às penalidades administrativas impostas aos empregadores pelos órgãos de fiscalização das relações de trabalho; *(Incluído pela Emenda Constitucional n. 45, de 2004)*

LEI N. 4.070, DE 15 DE JUNHO DE 1962
Eleva o Território do Acre à categoria de Estado e dá outras providências
DOU 22.6.1962

LEI N. 6.830, DE 22 DE SETEMBRO DE 1980
Dispõe sobre a cobrança judicial da Dívida Ativa da Fazenda Pública, e dá outras providências.
DOU 24.9.1980

Parágrafo único *Revogado pela Lei n. 1.599, de 9.5.1952, DOU 9.5.1952.*

TÍTULO VII-A
Incluído pela Lei n. 12.440, 7.7.2011, DOU 8.7.2011, em vigor 180 (cento e oitenta) dias após a data de sua publicação
DA PROVA DE INEXISTÊNCIA DE DÉBITOS TRABALHISTAS

Art. 642-A	É instituída a Certidão Negativa de Débitos Trabalhistas (CNDT), expedida gratuita e eletronicamente, para comprovar a inexistência de débitos inadimplidos perante a Justiça do Trabalho. *(Incluído pela Lei n. 12.440, de 2011)*
§ 1º	O interessado não obterá a certidão quando em seu nome constar: *(Incluído pela Lei n. 12.440, de 2011)*
I -	o inadimplemento de obrigações estabelecidas em sentença condenatória transitada em julgado proferida pela Justiça do Trabalho ou em acordos judiciais trabalhistas, inclusive no concernente aos recolhimentos previdenciários, a honorários, a custas, a emolumentos ou a recolhimentos determinados em lei; ou *(Incluído pela Lei n. 12.440, de 2011)*
II -	o inadimplemento de obrigações decorrentes de execução de acordos firmados perante o Ministério Público do Trabalho ou Comissão de Conciliação Prévia. *(Incluído pela Lei n. 12.440, de 2011)*
§ 2º	Verificada a existência de débitos garantidos por penhora suficiente ou com exigibilidade suspensa, será expedida Certidão Positiva de Débitos Trabalhistas em nome do interessado com os mesmos efeitos da CNDT. *(Incluído pela Lei n. 12.440, de 2011)*
§ 3º	A CNDT certificará a empresa em relação a todos os seus estabelecimentos, agências e filiais. *(Incluído pela Lei n. 12.440, de 2011)*
§ 4º	O prazo de validade da CNDT é de 180 (cento e oitenta) dias, contado da data de sua emissão. *(Incluído pela Lei n. 12.440, de 2011)*

RESOLUÇÃO ADMINISTRATIVA N. 1470/2011 (ALTERADA PELO ATO TST.GP N. 772/2011 E ATO TST.GP N. 1/2012)

Regulamenta a expedição da Certidão Negativa de Débitos Trabalhistas — CNDT e dá outras providências
DOU 24.8.2011

TÍTULO VIII
DA JUSTIÇA DO TRABALHO

CAPÍTULO I
INTRODUÇÃO

Art. 643 Os dissídios, oriundos das relações entre empregados e empregadores bem como de trabalhadores avulsos e seus tomadores de serviços, em atividades reguladas na legislação social, serão dirimidos pela Justiça do Trabalho, de acordo com o presente Título e na forma estabelecida pelo processo judiciário do trabalho. *(Redação dada pela Lei n. 7.494, de 17.6.1986)*

CONSTITUIÇÃO FEDERAL DE 1988
DOU 5.10.1988

Vide art. 111-A, § 3º; art. 114, *caput*, incisos I a IX e §§ 1º, 2º e 3º

Art. 111-A. (...)
(...)
§ 3º Compete ao Tribunal Superior do Trabalho processar e julgar, originariamente, a reclamação para a preservação de sua competência e garantia da autoridade de suas decisões. *(Parágrafo incluído pela Emenda Constitucional n. 92, de 2016)*

Art. 114. Compete à Justiça do Trabalho processar e julgar: *(Redação dada pela Emenda Constitucional n. 45, de 2004)*

I — as ações oriundas da relação de trabalho, abrangidos os entes de direito público externo e da administração pública direta e indireta da União, dos Estados, do Distrito Federal e dos Municípios; *(Incluído pela Emenda Constitucional n. 45, de 2004)*

II — as ações que envolvam exercício do direito de greve; *(Incluído pela Emenda Constitucional n. 45, de 2004)*

III — as ações sobre representação sindical, entre sindicatos, entre sindicatos e trabalhadores, e entre sindicatos e empregadores; *(Incluído pela Emenda Constitucional n. 45, de 2004)*

IV — os mandados de segurança, *habeas corpus* e *habeas data*, quando o ato questionado envolver matéria sujeita à sua jurisdição; *(Incluído pela Emenda Constitucional n. 45, de 2004)*

V — os conflitos de competência entre órgãos com jurisdição trabalhista, ressalvado o disposto no art. 102, I, *o*; *(Incluído pela Emenda Constitucional n. 45, de 2004)*

VI — as ações de indenização por dano moral ou patrimonial, decorrentes da relação de trabalho; *(Incluído pela Emenda Constitucional n. 45, de 2004)*

VII — as ações relativas às penalidades administrativas impostas aos empregadores pelos órgãos de fiscalização das relações de trabalho; *(Incluído pela Emenda Constitucional n. 45, de 2004)*

VIII — a execução, de ofício, das contribuições sociais previstas no art. 195, I, *a*, e II, e seus acréscimos legais, decorrentes das sentenças que proferir; *(Incluído pela Emenda Constitucional n. 45, de 2004)*

IX — outras controvérsias decorrentes da relação de trabalho, na forma da lei. *(Incluído pela Emenda Constitucional n. 45, de 2004)*

§ 1º Frustrada a negociação coletiva, as partes poderão eleger árbitros.

§ 2º Recusando-se qualquer das partes à negociação coletiva ou à arbitragem, é facultado às mesmas, de comum acordo, ajuizar dissídio coletivo de natureza econômica, podendo a Justiça do Trabalho decidir o conflito, respeitadas as disposições mínimas legais de proteção ao trabalho, bem como as convencionadas anteriormente. *(Redação dada pela Emenda Constitucional n. 45, de 2004)*

§ 3º Em caso de greve em atividade essencial, com possibilidade de lesão do interesse público, o Ministério Público do Trabalho poderá ajuizar dissídio coletivo, competindo à Justiça do Trabalho decidir o conflito. *(Redação dada pela Emenda Constitucional n. 45, de 2004)*

SÚMULAS VINCULANTES DO STF

Vide Súmulas Vinculantes 22 e 23/STF

Súmula Vinculante 22 STF — A Justiça do Trabalho é competente para processar e julgar as ações de indenização por danos morais e patrimoniais decorrentes de acidente de trabalho propostas por empregado contra empregador, inclusive aquelas que ainda não possuíam sentença de mérito em primeiro grau quando da promulgação da Emenda Constitucional n. 45/04.

Súmula Vinculante 23 STF — A Justiça do Trabalho é competente para processar e julgar ação possessória ajuizada em decorrência do exercício do direito de greve pelos trabalhadores da iniciativa privada.

SÚMULAS DO STF

Vide Súmulas 433 e 736/STF

Súmula 433 STF — E competente o Tribunal Regional do Trabalho para julgar mandado de segurança contra ato de seu presidente em execução de sentença trabalhista.

Súmula 736 STF — Compete à Justiça do Trabalho julgar as ações que tenham como causa de pedir o descumprimento de normas trabalhistas relativas à segurança, higiene e saúde dos trabalhadores.

SÚMULAS DO TST

Vide Súmulas 19, 189, 300, 368, 389 e 392/TST

Súmula 19 TST — QUADRO DE CARREIRA (mantida) — Res. 121/2003, DJ 19, 20 e 21.11.2003

Art. 643

A Justiça do Trabalho é competente para apreciar reclamação de empregado que tenha por objeto direito fundado em quadro de carreira.

Súmula 189 TST — GREVE. COMPETÊNCIA DA JUSTIÇA DO TRABALHO. ABUSIVIDADE (nova redação) — Res. 121/2003, DJ 19, 20 e 21.11.2003

A Justiça do Trabalho é competente para declarar a abusividade, ou não, da greve.

Súmula 300 TST — COMPETÊNCIA DA JUSTIÇA DO TRABALHO. CADASTRAMENTO NO PIS (mantida) — Res. 121/2003, DJ 19, 20 e 21.11.2003

Compete à Justiça do Trabalho processar e julgar ações ajuizadas por empregados em face de empregadores relativas ao cadastramento no Programa de Integração Social (PIS).

Súmula 368 TST — DESCONTOS PREVIDENCIÁRIOS E FISCAIS. COMPETÊNCIA. RESPONSABILIDADE PELO PAGAMENTO. FORMA DE CÁLCULO (redação do item II alterada na sessão do Tribunal Pleno realizada em 16.04.2012) — Res. 181/2012, DEJT divulgado em 19, 20 e 23.04.2012

I — A Justiça do Trabalho é competente para determinar o recolhimento das contribuições fiscais. A competência da Justiça do Trabalho, quanto à execução das contribuições previdenciárias, limita-se às sentenças condenatórias em pecúnia que proferir e aos valores, objeto de acordo homologado, que integrem o salário de contribuição. (ex-OJ n. 141 da SBDI-1 — inserida em 27.11.1998)

II — É do empregador a responsabilidade pelo recolhimento das contribuições previdenciárias e fiscais, resultante de crédito do empregado oriundo de condenação judicial, devendo ser calculadas, em relação à incidência dos descontos fiscais, mês a mês, nos termos do art. 12-A da Lei n. 7.713, de 22.12.1988, com a redação dada pela Lei n. 12.350/2010.

III — Em se tratando de descontos previdenciários, o critério de apuração encontra-se disciplinado no art. 276, § 4º, do Decreto n. 3.048/1999 que regulamentou a Lei n. 8.212/1991 e determina que a contribuição do empregado, no caso de ações trabalhistas, seja calculada mês a mês, aplicando-se as alíquotas previstas no art. 198, observado o limite máximo do salário de contribuição. (ex-OJs n.s 32 e 228 da SBDI-1 — inseridas, respectivamente, em 14.03.1994 e 20.06.2001)

Súmula 389 TST — SEGURO-DESEMPREGO. COMPETÊNCIA DA JUSTIÇA DO TRABALHO. DIREITO À INDENIZAÇÃO POR NÃO LIBERAÇÃO DE GUIAS (conversão das Orientações Jurisprudenciais n.s 210 e 211 da SBDI-1) — Res. 129/2005, DJ 20, 22 e 25.04.2005

I — Inscreve-se na competência material da Justiça do Trabalho a lide entre empregado e empregador tendo por objeto indenização pelo não-fornecimento das guias do seguro-desemprego. (ex-OJ n. 210 da SBDI-1 — inserida em 08.11.2000)

II — O não-fornecimento pelo empregador da guia necessária para o recebimento do seguro-desemprego dá origem ao direito à indenização. (ex-OJ n. 211 da SBDI-1 — inserida em 08.11.2000)

Súmula 392 TST — DANO MORAL E MATERIAL. RELAÇÃO DE TRABALHO. COMPETÊNCIA DA JUSTIÇA DO TRABALHO (redação alterada em sessão do Tribunal Pleno realizada em 27.10.2015) — Res. 200/2015, DEJT divulgado em 29.10.2015 e 03 e 04.11.2015

Nos termos do art. 114, inc. VI, da Constituição da República, a Justiça do Trabalho é competente para processar e julgar ações de indenização por dano moral e material, decorrentes da relação de trabalho, inclusive as oriundas de acidente de trabalho e doenças a ele equiparadas, ainda que propostas pelos dependentes ou sucessores do trabalhador falecido.

ORIENTAÇÕES JURISPRUDENCIAIS DA SDI-1 DO TST

Vide OJs 26 e 138 SDI-1/TST

OJ 26 SDI-1 TST — COMPETÊNCIA DA JUSTIÇA DO TRABALHO. COMPLEMENTAÇÃO DE PENSÃO REQUERIDA POR VIÚVA DE EX-EMPREGADO (inserido dispositivo) — DJ 20.04.2005

A Justiça do Trabalho é competente para apreciar pedido de complementação de pensão postulada por viúva de ex-empregado, por se tratar de pedido que deriva do contrato de trabalho.

OJ 138 SDI-1 TST — COMPETÊNCIA RESIDUAL. REGIME JURÍDICO ÚNICO. LIMITAÇÃO DA EXECUÇÃO (nova redação em decorrência da incorporação da Orientação Jurisprudencial n. 249 da SBDI-1) — DJ 20.04.2005

Compete à Justiça do Trabalho julgar pedidos de direitos e vantagens previstos na legislação trabalhista referente a período anterior à Lei n. 8.112/90, mesmo que a ação tenha sido ajuizada após a edição da referida lei. A superveniência de regime estatutário em substituição ao celetista, mesmo após a sentença, limita a execução ao período celetista. (1ª parte — ex-OJ n. 138 da SDI-1 — inserida em 27.11.98; 2ª parte — ex-OJ n. 249 — inserida em 13.03.02)

SÚMULAS DO STJ

Vide Súmulas 10, 97, 137, 170, 173, 218 e 367/STJ

Súmula 10 STJ — Instalada a Junta de Conciliação e Julgamento, cessa a competência do juiz de direito em matéria trabalhista, inclusive para a execução das sentenças por ele proferidas.

Súmula 97 STJ — Compete a Justiça do Trabalho processar e julgar reclamação de servidor público relativamente a vantagens trabalhistas anteriores a instituição do regime jurídico único.

Súmula 137 STJ — Compete a Justiça comum estadual processar e julgar ação de servidor público municipal, pleiteando direitos relativos ao vínculo estatutário.

Súmula 170 STJ — Compete ao juízo onde primeiro for intentada a ação envolvendo acumulação de pedidos, trabalhista e estatutário, decidi-la nos limites da sua jurisdição, sem prejuízo do ajuizamento de nova causa, com o pedido remanescente, no juízo próprio.

Súmula 173 STJ — Compete a Justiça Federal processar e julgar o pedido de reintegração em cargo público federal, ainda que o servidor tenha sido dispensado antes da instituição do regime jurídico único.

Súmula 218 STJ — Compete à Justiça dos Estados processar e julgar ação de servidor estadual decorrente de direitos e vantagens estatutárias no exercício de cargo em comissão.

Súmula 367 STJ — A competência estabelecida pela EC n. 45/2004 não alcança os processos já sentenciados.

TÍTULO VIII — DA JUSTIÇA DO TRABALHO

Art. 643

§ 1º As questões concernentes à Previdência Social serão decididas pelos órgãos e autoridades previstos no Capítulo V deste Título e na legislação sobre seguro social. *(Revogado, em parte, pelo Decreto-Lei n. 8.737, de 19.1.1946, e pela Lei Orgânica da Previdência Social (LOPS), n. 3.807, de 26.8.1960)*

CONSTITUIÇÃO FEDERAL DE 1988
DOU 5.10.1988

Vide art. 109, *caput*, inciso I e § 3º; e art. 114, *caput* e inciso VIII

Art. 109. Aos juízes federais compete processar e julgar:

I — as causas em que a União, entidade autárquica ou empresa pública federal forem interessadas na condição de autoras, rés, assistentes ou oponentes, exceto as de falência, as de acidentes de trabalho e as sujeitas à Justiça Eleitoral e à Justiça do Trabalho;

(...)

§ 3º Serão processadas e julgadas na justiça estadual, no foro do domicílio dos segurados ou beneficiários, as causas em que forem parte instituição de previdência social e segurado, sempre que a comarca não seja sede de vara do juízo federal, e, se verificada essa condição, a lei poderá permitir que outras causas sejam também processadas e julgadas pela justiça estadual.

Art. 114. Compete à Justiça do Trabalho processar e julgar: *(Redação dada pela Emenda Constitucional n. 45, de 2004)*

(...)

VIII — a execução, de ofício, das contribuições sociais previstas no art. 195, I, a , e II, e seus acréscimos legais, decorrentes das sentenças que proferir; *(Incluído pela Emenda Constitucional n. 45, de 2004)*

LEI N. 8.212, DE 24 DE JULHO DE 1991
Dispõe sobre a organização da Seguridade Social, institui Plano de Custeio, e dá outras providências
DOU 25.7.1991, republicado em 11.4.1996 e republicado em 14.8.1998

LEI N. 8.213, DE 24 DE JULHO DE 1991
Dispõe sobre os Planos de Benefícios da Previdência Social e dá outras providências
DOU 25.7.1991, republicado 11.4.1996 e republicado em 14.8.1998

§ 2º As questões referentes a acidentes do trabalho continuam sujeitas a justiça ordinária, na forma do Decreto n. 24.637, de 10 de julho de 1934, e legislação subsequente.

CONSTITUIÇÃO FEDERAL DE 1988
DOU 5.10.1988

Vide art. 109, *caput*, inciso I e § 3º

Art. 109. Aos juízes federais compete processar e julgar:

I — as causas em que a União, entidade autárquica ou empresa pública federal forem interessadas na condição de autoras, rés, assistentes ou oponentes, exceto as de falência, as de acidentes de trabalho e as sujeitas à Justiça Eleitoral e à Justiça do Trabalho;

(...)

§ 3º Serão processadas e julgadas na justiça estadual, no foro do domicílio dos segurados ou beneficiários, as causas em que forem parte instituição de previdência social e segurado, sempre que a comarca não seja sede de vara do juízo federal, e, se verificada essa condição, a lei poderá permitir que outras causas sejam também processadas e julgadas pela justiça estadual.

LEI N. 8.213, DE 24 DE JULHO DE 1991
Dispõe sobre os Planos de Benefícios da Previdência Social e dá outras providências
DOU 25.7.1991, republicado 11.4.1996 e republicado em 14.8.1998

SÚMULA VINCULANTE DO STF

Vide Súmula Vinculante 22/STF

Súmula Vinculante 22 STF — A Justiça do Trabalho é competente para processar e julgar as ações de indenização por danos morais e patrimoniais decorrentes de acidente de trabalho propostas por empregado contra empregador, inclusive aquelas que ainda não possuíam sentença de mérito em primeiro grau quando da promulgação da Emenda Constitucional n. 45/04.

SÚMULAS DO STF

Vide Súmulas 235 e 501/STF

Súmula 235 STF — É competente para a ação de acidente do trabalho a Justiça cível comum, inclusive em segunda instância, ainda que seja parte autarquia seguradora.

Súmula 501 STF — Compete à Justiça ordinária estadual o processo e o julgamento, em ambas as instâncias, das causas de acidente do trabalho, ainda que promovidas contra a União, suas autarquias, empresas públicas ou sociedades de economia mista.

SÚMULA DO TST

Vide Súmula 454/TST

Súmula 454 TST — COMPETÊNCIA DA JUSTIÇA DO TRABALHO. EXECUÇÃO DE OFÍCIO. CONTRIBUIÇÃO SOCIAL REFERENTE AO SEGURO DE ACIDENTE DE TRABALHO (SAT). ARTS. 114, VIII, E 195, I, "A", DA CONSTITUIÇÃO DA REPÚBLICA. (conversão da Orientação Jurisprudencial n. 414 da SBDI-1) — Res. 194/2014, DEJT divulgado em 21, 22 e 23.05.2014

Compete à Justiça do Trabalho a execução, de ofício, da contribuição referente ao Seguro de Acidente de Trabalho (SAT), que tem natureza de contribuição para a seguridade

Art. 644

social (arts. 114, VIII, e 195, I, "a", da CF), pois se destina ao financiamento de benefícios relativos à incapacidade do empregado decorrente de infortúnio no trabalho (arts. 11 e 22 da Lei n. 8.212/1991).

ORIENTAÇÃO JURISPRUDENCIAL DA SDI-1 DO TST

Vide OJ 421 SDI-1/TST

OJ 421 SDI-1 TST — HONORÁRIOS ADVOCATÍCIOS. AÇÃO DE INDENIZAÇÃO POR DANOS MORAIS E MATERIAIS DECORRENTES DE ACIDENTE DE TRABALHO OU DE DOENÇA PROFISSIONAL. AJUIZAMENTO PERANTE A JUSTIÇA COMUM ANTES DA PROMULGAÇÃO DA EMENDA CONSTITUCIONAL N. 45/2004. POSTERIOR REMESSA DOS AUTOS À JUSTIÇA DO TRABALHO. ART. 85 DO CPC DE 2015. ART. 20 DO CPC DE 1973. INCIDÊNCIA. (atualizada em decorrência do CPC de 2015) — Res. 208/2016, DEJT divulgado em 22, 25 e 26.04.2016

A condenação em honorários advocatícios nos autos de ação de indenização por danos morais e materiais decorrentes de acidente de trabalho ou de doença profissional, remetida à Justiça do Trabalho após ajuizamento na Justiça comum, antes da vigência da Emenda Constitucional n. 45/2004, decorre da mera sucumbência, nos termos do art. 85 do CPC de 2015 (art. 20 do CPC de 1973), não se sujeitando aos requisitos da Lei n. 5.584/1970.

SÚMULA DO STJ

Vide Súmula 15/STJ

Súmula 15 STJ — Compete a Justiça Estadual processar e julgar os litígios decorrentes de acidente do trabalho.

§ 3º A Justiça do Trabalho é competente, ainda, para processar e julgar as ações entre trabalhadores portuários e os operadores portuários ou o Órgão Gestor de Mão de Obra — OGMO decorrentes da relação de trabalho. *(Incluído pela Medida Provisória n. 2.164-41, de 2001)*

CONSTITUIÇÃO FEDERAL DE 1988
DOU 5.10.1988

Vide art. 7º, caput e inciso XXXIV

Art. 7º São direitos dos trabalhadores urbanos e rurais, além de outros que visem à melhoria de sua condição social:
(...)
XXXIV — igualdade de direitos entre o trabalhador com vínculo empregatício permanente e o trabalhador avulso.

LEI N. 12.815, DE 5 DE JUNHO DE 2013

Dispõe sobre a exploração direta e indireta pela União de portos e instalações portuárias e sobre as atividades desempenhadas pelos operadores portuários; altera as Leis ns. 5.025, de 10 de junho de 1966, 10.233, de 5 de junho de 2001, 10.683, de 28 de maio de 2003, 9.719, de 27 de novembro de 1998, e 8.213, de 24 de julho de 1991; revoga as Leis ns. 8.630, de 25 de fevereiro de 1993, e 11.610, de 12 de dezembro de 2007, e dispositivos das Leis ns. 11.314, de 3 de julho de 2006, e 11.518, de 5 de setembro de 2007; e dá outras providências
DOU 5.6.2013 — edição extra

Vide art. 1º, caput e §§ 1º, 2º e 3º

Art. 1º Esta Lei regula a exploração pela União, direta ou indiretamente, dos portos e instalações portuárias e as atividades desempenhadas pelos operadores portuários.

§ 1º A exploração indireta do porto organizado e das instalações portuárias nele localizadas ocorrerá mediante concessão e arrendamento de bem público.

§ 2º A exploração indireta das instalações portuárias localizadas fora da área do porto organizado ocorrerá mediante autorização, nos termos desta Lei.

§ 3º As concessões, os arrendamentos e as autorizações de que trata esta Lei serão outorgados a pessoa jurídica que demonstre capacidade para seu desempenho, por sua conta e risco.

ORIENTAÇÃO JURISPRUDENCIAL DA SDI-1 DO TST

Vide OJ 391 SDI-1/TST

OJ 391 SDI-1 TST — PORTUÁRIOS. SUBMISSÃO PRÉVIA DE DEMANDA A COMISSÃO PARITÁRIA. LEI N. 8.630, DE 25.02.1993. INEXIGIBILIDADE. (DEJT divulgado em 09, 10 e 11.06.2010)

A submissão prévia de demanda a comissão paritária, constituída nos termos do art. 23 da Lei n. 8.630, de 25.02.1993 (Lei dos Portos), não é pressuposto de constituição e desenvolvimento válido e regular do processo, ante a ausência de previsão em lei.

Art. 644	São órgãos da Justiça do Trabalho: *(Redação dada pelo Decreto-Lei n. 9.797, de 9.9.1946)*
a)	o Tribunal Superior do Trabalho; *(Redação dada pelo Decreto-Lei n. 9.797, de 9.9.1946)*
b)	os Tribunais Regionais do Trabalho; *(Redação dada pelo Decreto-Lei n. 9.797, de 9.9.1946)*
c)	as Juntas de Conciliação e Julgamento ou os Juízos de Direito. *(Redação dada pelo Decreto-Lei n. 9.797, de 9.9.1946)*

TÍTULO VIII — DA JUSTIÇA DO TRABALHO

CONSTITUIÇÃO FEDERAL DE 1988
DOU 5.10.1988

Vide art. 111, caput e incisos I a III; art. 112

Art. 111. São órgãos da Justiça do Trabalho:
I — o Tribunal Superior do Trabalho;
II — os Tribunais Regionais do Trabalho;
III — Juízes do Trabalho. *(Redação dada pela Emenda Constitucional n. 24, de 1999)*

Art. 112. A lei criará varas da Justiça do Trabalho, podendo, nas comarcas não abrangidas por sua jurisdição, atribuí-la aos juízes de direito, com recurso para o respectivo Tribunal Regional do Trabalho. *(Redação dada pela Emenda Constitucional n. 45, de 2004)*

EMENDA CONSTITUCIONAL N. 24, DE 9 DE DEZEMBRO DE 1999
Altera dispositivos da Constituição Federal pertinentes à representação classista na Justiça do Trabalho. Extingue a representação classista na Justiça do Trabalho.
DOU 10.12.1999

Art. 645	O serviço da Justiça do Trabalho é relevante e obrigatório, ninguém dele podendo eximir-se, salvo motivo justificado.
Art. 646	Os órgãos da Justiça do Trabalho funcionarão perfeitamente coordenados, em regime de mútua colaboração, sob a orientação do presidente do Tribunal Superior do Trabalho.

CAPÍTULO II
DAS JUNTAS DE CONCILIAÇÃO E JULGAMENTO

SEÇÃO I
DA COMPOSIÇÃO E FUNCIONAMENTO

EMENDA CONSTITUCIONAL N. 24, DE 9 DE DEZEMBRO DE 1999
Altera dispositivos da Constituição Federal pertinentes à representação classista na Justiça do Trabalho. Extingue a representação classista na Justiça do Trabalho.
DOU 10.12.1999

Art. 647	Cada Junta de Conciliação e Julgamento terá a seguinte composição: *(Redação dada pelo Decreto-Lei n. 9.797, de 9.9.1946)*
a)	um juiz do trabalho, que será seu Presidente; *(Redação dada pelo Decreto-Lei n. 9.797, de 9.9.1946)*
b)	dois vogais, sendo um representante dos empregadores e outro dos empregados. *(Redação dada pelo Decreto-Lei n. 9.797, de 9.9.1946)*
Parágrafo único	Haverá um suplente para cada vogal.*(Redação dada pelo Decreto-Lei n. 9.797, de 9.9.1946)*

TÍTULO VIII — DA JUSTIÇA DO TRABALHO

CONSTITUIÇÃO FEDERAL DE 1988
DOU 5.10.1988

Vide art. 111, *caput* e incisos I a III; art. 112; e art. 116

Art. 111. São órgãos da Justiça do Trabalho:
I — o Tribunal Superior do Trabalho;
II — os Tribunais Regionais do Trabalho;
III — Juízes do Trabalho. *(Redação dada pela Emenda Constitucional n. 24, de 1999)*

Art. 112. A lei criará varas da Justiça do Trabalho, podendo, nas comarcas não abrangidas por sua jurisdição, atribuí-la aos juízes de direito, com recurso para o respectivo Tribunal Regional do Trabalho. *(Redação dada pela Emenda Constitucional n. 45, de 2004)*

Art. 116. Nas Varas do Trabalho, a jurisdição será exercida por um juiz singular. *(Redação dada pela Emenda Constitucional n. 24, de 1999)*

Parágrafo único. *(Revogado pela Emenda Constitucional n. 24, de 1999)*

EMENDA CONSTITUCIONAL N. 24, DE 9 DE DEZEMBRO DE 1999
Altera dispositivos da Constituição Federal pertinentes à representação classista na Justiça do Trabalho. Extingue a representação classista na Justiça do Trabalho.
DOU 10.12.1999

Art. 648	São incompatíveis entre si, para os trabalhos da mesma Junta, os parentes consanguíneos e afins até o terceiro grau civil.
Parágrafo único	A incompatibilidade resolve-se a favor do primeiro vogal designado ou empossado, ou por sorteio, se a designação ou posse for da mesma data.

EMENDA CONSTITUCIONAL N. 24, DE 9 DE DEZEMBRO DE 1999
Altera dispositivos da Constituição Federal pertinentes à representação classista na Justiça do Trabalho. Extingue a representação classista na Justiça do Trabalho.
DOU 10.12.1999

Art. 649	As Juntas poderão conciliar, instruir ou julgar com qualquer número, sendo, porém, indispensável a presença do Presidente, cujo voto prevalecerá em caso de empate. *(Redação dada pelo Decreto-Lei n. 8.737, de 1946)*
§ 1º	No julgamento de embargos deverão estar presentes todos os membros da Junta. *(Redação dada pelo Decreto-Lei n. 8.737, de 1946)*
§ 2º	Na execução e na liquidação das decisões funciona apenas o Presidente. *(Redação dada pelo Decreto-Lei n. 8.737, de 1946)*

EMENDA CONSTITUCIONAL N. 24, DE 9 DE DEZEMBRO DE 1999
Altera dispositivos da Constituição Federal pertinentes à representação classista na Justiça do Trabalho. Extingue a representação classista na Justiça do Trabalho.
DOU 10.12.1999

SEÇÃO II
DA JURISDIÇÃO E COMPETÊNCIA DAS JUNTAS

EMENDA CONSTITUCIONAL N. 24, DE 9 DE DEZEMBRO DE 1999
Altera dispositivos da Constituição Federal pertinentes à representação classista na Justiça do Trabalho. Extingue a representação classista na Justiça do Trabalho.
DOU 10.12.1999

TÍTULO VIII — DA JUSTIÇA DO TRABALHO

Arts. 650 e 651

Art. 650	A jurisdição de cada Junta de Conciliação e Julgamento abrange todo o território da Comarca em que tem sede, só podendo ser estendida ou restringida por lei federal. *(Redação dada pela Lei n. 5.442, 24.5.1968)*
Parágrafo único	As leis locais de Organização Judiciária não influirão sobre a competência de Juntas de Conciliação e Julgamento já criadas até que lei federal assim determine. *(Parágrafo incluído pela Lei n. 5.442, 24.5.1968)*

CONSTITUIÇÃO FEDERAL DE 1988
DOU 5.10.1988

Vide art. 112

Art. 112. A lei criará varas da Justiça do Trabalho, podendo, nas comarcas não abrangidas por sua jurisdição, atribuí-la aos juízes de direito, com recurso para o respectivo Tribunal Regional do Trabalho. *(Redação dada pela Emenda Constitucional n. 45, de 2004)*

ORIENTAÇÃO JURISPRUDENCIAL DA SDI-1 DO TST

Vide OJ 416 SDI-1/TST

OJ 416 SDI-1 TST — IMUNIDADE DE JURISDIÇÃO. ORGANIZAÇÃO OU ORGANISMO INTERNACIONAL. (DEJT divulgado em 14, 15 e 16.02.2012)

As organizações ou organismos internacionais gozam de imunidade absoluta de jurisdição quando amparados por norma internacional incorporada ao ordenamento jurídico brasileiro, não se lhes aplicando a regra do Direito Consuetudinário relativa à natureza dos atos praticados. Excepcionalmente, prevalecerá a jurisdição brasileira na hipótese de renúncia expressa à cláusula de imunidade jurisdicional.

Art. 651	A competência das Juntas de Conciliação e Julgamento é determinada pela localidade onde o empregado, reclamante ou reclamado, prestar serviços ao empregador, ainda que tenha sido contratado noutro local ou no estrangeiro.

CONSTITUIÇÃO FEDERAL DE 1988
DOU 5.10.1988

Vide art. 5º, *caput* e incisos XXXV,LIV e LIV

Art. 5º Todos são iguais perante a lei, sem distinção de qualquer natureza, garantindo-se aos brasileiros e aos estrangeiros residentes no País a inviolabilidade do direito à vida, à liberdade, à igualdade, à segurança e à propriedade, nos termos seguintes:
(...)
XXXV — a lei não excluirá da apreciação do Poder Judiciário lesão ou ameaça a direito;
LIV — ninguém será privado da liberdade ou de seus bens sem o devido processo legal;
LV — aos litigantes, em processo judicial ou administrativo, e aos acusados em geral são assegurados o contraditório e a ampla defesa, com os meios e recursos a ela inerentes;

CÓDIGO DE PROCESSO CIVIL DE 1973
Lei n. 5.869, de 11 de janeiro de 1973
DOU 17.1.1973 e republicado em 27.7.2006

Vide art. 111, *caput* e §§ 1º e 2º; art. 112, *caput* e parágrafo único; e art. 114

Art. 111. A competência em razão da matéria e da hierarquia é inderrogável por convenção das partes; mas estas podem modificar a competência em razão do valor e do território, elegendo foro onde serão propostas as ações oriundas de direitos e obrigações.

§ 1º O acordo, porém, só produz efeito, quando constar de contrato escrito e aludir expressamente a determinado negócio jurídico.

§ 2º O foro contratual obriga os herdeiros e sucessores das partes.

Art. 112. Argúi-se, por meio de exceção, a incompetência relativa.

Parágrafo único. A nulidade da cláusula de eleição de foro, em contrato de adesão, pode ser declarada de ofício pelo juiz, que declinará de competência para o juízo de domicílio do réu. *(Incluído pela Lei n. 11.280, de 2006)*

Art. 114. Prorrogar-se-á a competência se dela o juiz não declinar na forma do parágrafo único do art. 112 desta Lei ou o réu não opuser exceção declinatória nos casos e prazos legais. *(Redação dada pela Lei n. 11.280, de 2006)*

CÓDIGO DE PROCESSO CIVIL DE 2015
Lei n. 13.105, de 16 de março de 2015
DOU 17.3.2015

Vide art. 62; art. 63, *caput* e §§ 1º a 4º; art. 64; e art. 65, *caput* e parágrafo único

Art. 62. A competência determinada em razão da matéria, da pessoa ou da função é inderrogável por convenção das partes.

Art. 63. As partes podem modificar a competência em razão do valor e do território, elegendo foro onde será proposta ação oriunda de direitos e obrigações.

§ 1º A eleição de foro só produz efeito quando constar de instrumento escrito e aludir expressamente a determinado negócio jurídico.

§ 2º O foro contratual obriga os herdeiros e sucessores das partes.

§ 3º Antes da citação, a cláusula de eleição de foro, se abusiva, pode ser reputada ineficaz de ofício pelo juiz, que determinará a remessa dos autos ao juízo do foro de domicílio do réu.

§ 4º Citado, incumbe ao réu alegar a abusividade da cláusula de eleição de foro na contestação, sob pena de preclusão.

Art. 64. A incompetência, absoluta ou relativa, será alegada como questão preliminar de contestação.

Art. 65. Prorrogar-se-á a competência relativa se o réu não alegar a incompetência em preliminar de contestação.

Parágrafo único. A incompetência relativa pode ser alegada pelo Ministério Público nas causas em que atuar.

ORIENTAÇÕES JURISPRUDENCIAIS DA SDI-2 DO TST

Vide OJs 130 e 149 SDI-2/TST

OJ 130 SDI-2 TST — AÇÃO CIVIL PÚBLICA. COMPETÊNCIA. LOCAL DO DANO. LEI N. 7.347/1985, ART. 2º. CÓDIGO DE DEFESA DO CONSUMIDOR, ART. 93 (redação alterada na sessão do Tribunal Pleno realizada em 14.09.2012) — Res. 186/2012, DEJT divulgado em 25, 26 e 27.09.2012

I — A competência para a Ação Civil Pública fixa-se pela extensão do dano.

II — Em caso de dano de abrangência regional, que atinja cidades sujeitas à jurisdição de mais de uma Vara do Trabalho, a competência será de qualquer das varas das localidades atingidas, ainda que vinculadas a Tribunais Regionais do Trabalho distintos.

III — Em caso de dano de abrangência suprarregional ou nacional, há competência concorrente para a Ação Civil Pública das varas do trabalho das sedes dos Tribunais Regionais do Trabalho.

IV — Estará prevento o juízo a que a primeira ação houver sido distribuída.

OJ 149 SDI-2 TST. CONFLITO DE COMPETÊNCIA. INCOMPETÊNCIA TERRITORIAL. HIPÓTESE DO ART. 651, § 3º, DA CLT. IMPOSSIBILIDADE DE DECLARAÇÃO DE OFÍCIO DE INCOMPETÊNCIA RELATIVA. (DJe divulgado em 3, 4 e 5.12.2008).

Não cabe declaração de ofício de incompetência territorial no caso do uso, pelo trabalhador, da faculdade prevista no art. 651, § 3º, da CLT. Nessa hipótese, resolve-se o conflito pelo reconhecimento da competência do juízo do local onde a ação foi proposta.

§ 1º Quando for parte de dissídio agente ou viajante comercial, a competência será da Junta da localidade em que a empresa tenha agência ou filial e a esta o empregado esteja subordinado e, na falta, será competente a Junta da localização em que o empregado tenha domicílio ou a localidade mais próxima. *(Redação dada pela Lei n. 9.851, de 27.10.1999)*

§ 2º A competência das Juntas de Conciliação e Julgamento, estabelecida neste artigo, estende-se aos dissídios ocorridos em agência ou filial no estrangeiro, desde que o empregado seja brasileiro e não haja convenção internacional dispondo em contrário.

LEI N. 7.064, DE 6 DE DEZEMBRO DE 1982
Dispõe sobre a situação de trabalhadores contratados ou transferidos para prestar serviços no exterior.
DOU 7.12.1982

Vide art. 2º, *caput* e incisos I a III; art. 3º, *caput*, incisos I e II e parágrafo único

Art. 2º Para os efeitos desta Lei, considera-se transferido:

I — o empregado removido para o exterior, cujo contrato estava sendo executado no território brasileiro;

II — o empregado cedido à empresa sediada no estrangeiro, para trabalhar no exterior, desde que mantido o vínculo trabalhista com o empregador brasileiro;

III — o empregado contratado por empresa sediada no Brasil para trabalhar a seu serviço no exterior.

Art. 3º A empresa responsável pelo contrato de trabalho do empregado transferido assegurar-lhe-á, independentemente da observância da legislação do local da execução dos serviços:

I — os direitos previstos nesta Lei;

II — a aplicação da legislação brasileira de proteção ao trabalho, naquilo que não for incompatível com o disposto nesta Lei, quando mais favorável do que a legislação territorial, no conjunto de normas e em relação a cada matéria.

Parágrafo único. Respeitadas as disposições especiais desta Lei, aplicar-se-á a legislação brasileira sobre Previdência Social, Fundo de Garantia por Tempo de Serviço — FGTS e Programa de Integração Social — PIS/PASEP.

ORIENTAÇÕES JURISPRUDENCIAIS DA SDI-1 DO TST

Vide OJs 232 e 416 SDI-1/TST

OJ 232 SDI-1 TST — FGTS. INCIDÊNCIA. EMPREGADO TRANSFERIDO PARA O EXTERIOR. REMUNERAÇÃO (inserida em 20.06.2001)

O FGTS incide sobre todas as parcelas de natureza salarial pagas ao empregado em virtude de prestação de serviços no exterior.

OJ 416 SDI-1 TST — IMUNIDADE DE JURISDIÇÃO. ORGANIZAÇÃO OU ORGANISMO INTERNACIONAL. (DEJT divulgado em 14, 15 e 16.02.2012)

As organizações ou organismos internacionais gozam de imunidade absoluta de jurisdição quando amparados por norma internacional incorporada ao ordenamento jurídico brasileiro, não se lhes aplicando a regra do Direito Consuetudinário relativa à natureza dos atos praticados. Excepcionalmente, prevalecerá a jurisdição brasileira na hipótese de renúncia expressa à cláusula de imunidade jurisdicional.

TÍTULO VIII — DA JUSTIÇA DO TRABALHO

Art. 652

§ 3º Em se tratando de empregador que promova realização de atividades fora do lugar do contrato de trabalho, é assegurado ao empregado apresentar reclamação no foro da celebração do contrato ou no da prestação dos respectivos serviços.

ORIENTAÇÃO JURISPRUDENCIAL DA SDI-2 DO TST

Vide OJ 149 SDI-2/TST

OJ 149 SDI-2 TST — CONFLITO DE COMPETÊNCIA. INCOMPETÊNCIA TERRITORIAL. HIPÓTESE DO ART. 651, § 3º, DA CLT. IMPOSSIBILIDADE DE DECLARAÇÃO DE OFÍCIO DE INCOMPETÊNCIA RELATIVA. (DEJT divulgado em 03, 04 e 05.12.2008)
Não cabe declaração de ofício de incompetência territorial no caso do uso, pelo trabalhador, da faculdade prevista no art. 651, § 3º, da CLT. Nessa hipótese, resolve-se o conflito pelo reconhecimento da competência do juízo do local onde a ação foi proposta.

Art. 652	Compete às Juntas de Conciliação e Julgamento:
a)	conciliar e julgar:
I -	os dissídios em que se pretenda o reconhecimento da estabilidade de empregado;
II -	os dissídios concernentes a remuneração, férias e indenizações por motivo de rescisão do contrato individual de trabalho;
III -	os dissídios resultantes de contratos de empreitadas em que o empreiteiro seja operário ou artífice;
IV -	os demais dissídios concernentes ao contrato individual de trabalho;
b)	processar e julgar os inquéritos para apuração de falta grave;
c)	julgar os embargos opostos às suas próprias decisões;
d)	impor multas e demais penalidades relativas aos atos de sua competência; *(Redação dada pelo Decreto-Lei n. 6.353, de 20.3.1944)*
e)	*(Suprimida pelo Decreto-Lei n. 6.353, de 20.3.1944)*
V -	as ações entre trabalhadores portuários e os operadores portuários ou o Órgão Gestor de Mão de Obra — OGMO decorrentes da relação de trabalho; *(Incluído pela Medida Provisória n. 2.164-41, de 2001)*
Parágrafo único	Terão preferência para julgamento os dissídios sobre pagamento de salário e aqueles que derivarem da falência do empregador, podendo o Presidente da Junta, a pedido do interessado, constituir processo em separado, sempre que a reclamação também versar sobre outros assuntos.

CONSTITUIÇÃO FEDERAL DE 1988
DOU 5.10.1988

Vide art. 114, *caput*, incisos I a IX e §§ 1º, 2º e 3º

Art. 114. Compete à Justiça do Trabalho processar e julgar: *(Redação dada pela Emenda Constitucional n. 45, de 2004)*

I — as ações oriundas da relação de trabalho, abrangidos os entes de direito público externo e da administração pública direta e indireta da União, dos Estados, do Distrito Federal e dos Municípios; *(Incluído pela Emenda Constitucional n. 45, de 2004)*

II — as ações que envolvam exercício do direito de greve; *(Incluído pela Emenda Constitucional n. 45, de 2004)*

III — as ações sobre representação sindical, entre sindicatos, entre sindicatos e trabalhadores, e entre sindicatos e empregadores; *(Incluído pela Emenda Constitucional n. 45, de 2004)*

IV — os mandados de segurança, habeas corpus e habeas data, quando o ato questionado envolver matéria sujeita à sua jurisdição; *(Incluído pela Emenda Constitucional n. 45, de 2004)*

V — os conflitos de competência entre órgãos com jurisdição trabalhista, ressalvado o disposto no art. 102, I, o; *(Incluído pela Emenda Constitucional n. 45, de 2004)*

VI — as ações de indenização por dano moral ou patrimonial, decorrentes da relação de trabalho; *(Incluído pela Emenda Constitucional n. 45, de 2004)*

VII — as ações relativas às penalidades administrativas impostas aos empregadores pelos órgãos de fiscalização das relações de trabalho; *(Incluído pela Emenda Constitucional n. 45, de 2004)*

Art. 652

VIII — a execução, de ofício, das contribuições sociais previstas no art. 195, I, a , e II, e seus acréscimos legais, decorrentes das sentenças que proferir; *(Incluído pela Emenda Constitucional n. 45, de 2004)*

IX — outras controvérsias decorrentes da relação de trabalho, na forma da lei. *(Incluído pela Emenda Constitucional n. 45, de 2004)*

§ 1º Frustrada a negociação coletiva, as partes poderão eleger árbitros.

§ 2º Recusando-se qualquer das partes à negociação coletiva ou à arbitragem, é facultado às mesmas, de comum acordo, ajuizar dissídio coletivo de natureza econômica, podendo a Justiça do Trabalho decidir o conflito, respeitadas as disposições mínimas legais de proteção ao trabalho, bem como as convencionadas anteriormente. *(Redação dada pela Emenda Constitucional n. 45, de 2004)*

§ 3º Em caso de greve em atividade essencial, com possibilidade de lesão do interesse público, o Ministério Público do Trabalho poderá ajuizar dissídio coletivo, competindo à Justiça do Trabalho decidir o conflito. *(Redação dada pela Emenda Constitucional n. 45, de 2004)*

EMENDA CONSTITUCIONAL N. 24, DE 9 DE DEZEMBRO DE 1999
Altera dispositivos da Constituição Federal pertinentes à representação classista na Justiça do Trabalho. Extingue a representação classista na Justiça do Trabalho.
DOU 10.12.1999

SÚMULA VINCULANTE DO STF
Vide Súmula Vinculante 23/STF

Súmula Vinculante 23 STF — A Justiça do Trabalho é competente para processar e julgar ação possessória ajuizada em decorrência do exercício do direito de greve pelos trabalhadores da iniciativa privada.

SÚMULA DO STF
Vide Súmula 736/STF

Súmula 736 STF — Compete à Justiça do Trabalho julgar as ações que tenham como causa de pedir o descumprimento de normas trabalhistas relativas à segurança, higiene e saúde dos trabalhadores.

SÚMULAS DO TST
Vide Súmulas 19, 189, 300, 368, 389, 392 e 419/TST

Súmula 19 TST — QUADRO DE CARREIRA (mantida) — Res. 121/2003, DJ 19, 20 e 21.11.2003
A Justiça do Trabalho é competente para apreciar reclamação de empregado que tenha por objeto direito fundado em quadro de carreira.

Súmula 189 TST — GREVE. COMPETÊNCIA DA JUSTIÇA DO TRABALHO. ABUSIVIDADE (nova redação) — Res. 121/2003, DJ 19, 20 e 21.11.2003
A Justiça do Trabalho é competente para declarar a abusividade, ou não, da greve.

Súmula 300 TST — COMPETÊNCIA DA JUSTIÇA DO TRABALHO. CADASTRAMENTO NO PIS (mantida) — Res. 121/2003, DJ 19, 20 e 21.11.2003

Compete à Justiça do Trabalho processar e julgar ações ajuizadas por empregados em face de empregadores relativas ao cadastramento no Programa de Integração Social (PIS).

Súmula 368 TST — DESCONTOS PREVIDENCIÁRIOS E FISCAIS. COMPETÊNCIA. RESPONSABILIDADE PELO PAGAMENTO. FORMA DE CÁLCULO (redação do item II alterada na sessão do Tribunal Pleno realizada em 16.04.2012) — Res. 181/2012, DEJT divulgado em 19, 20 e 23.04.2012

I — A Justiça do Trabalho é competente para determinar o recolhimento das contribuições fiscais. A competência da Justiça do Trabalho, quanto à execução das contribuições previdenciárias, limita-se às sentenças condenatórias em pecúnia que proferir e aos valores, objeto de acordo homologado, que integrem o salário de contribuição. *(ex-OJ n. 141 da SBDI-1 — inserida em 27.11.1998)*

II — É do empregador a responsabilidade pelo recolhimento das contribuições previdenciárias e fiscais, resultante de crédito do empregado oriundo de condenação judicial, devendo ser calculadas, em relação à incidência dos descontos fiscais, mês a mês, nos termos do art. 12-A da Lei n. 7.713, de 22.12.1988, com a redação dada pela Lei n. 12.350/2010.

III — Em se tratando de descontos previdenciários, o critério de apuração encontra-se disciplinado no art. 276, § 4º, do Decreto n. 3.048/1999 que regulamentou a Lei n. 8.212/1991 e determina que a contribuição do empregado, no caso de ações trabalhistas, seja calculada mês a mês, aplicando-se as alíquotas previstas no art. 198, observado o limite máximo do salário de contribuição. *(ex-OJs ns. 32 e 228 da SBDI-1 — inseridas, respectivamente, em 14.03.1994 e 20.06.2001)*

Súmula 389 TST — SEGURO-DESEMPREGO. COMPETÊNCIA DA JUSTIÇA DO TRABALHO. DIREITO À INDENIZAÇÃO POR NÃO LIBERAÇÃO DE GUIAS (conversão das Orientações Jurisprudenciais ns. 210 e 211 da SBDI-1) — Res. 129/2005, DJ 20, 22 e 25.04.2005

I — Inscreve-se na competência material da Justiça do Trabalho a lide entre empregado e empregador tendo por objeto indenização pelo não-fornecimento das guias do seguro-desemprego. *(ex-OJ n. 210 da SBDI-1 — inserida em 08.11.2000)*

II — O não-fornecimento pelo empregador da guia necessária para o recebimento do seguro-desemprego dá origem ao direito à indenização. *(ex-OJ n. 211 da SBDI-1 — inserida em 08.11.2000)*

Súmula 392 TST — DANO MORAL E MATERIAL. RELAÇÃO DE TRABALHO. COMPETÊNCIA DA JUSTIÇA DO TRABALHO (redação alterada em sessão do Tribunal Pleno realizada em 27.10.2015) — Res. 200/2015, DEJT divulgado em 29.10.2015 e 03 e 04.11.2015

Nos termos do art. 114, inc. VI, da Constituição da República, a Justiça do Trabalho é competente para processar e julgar ações de indenização por dano moral e material, decorrentes da relação de trabalho, inclusive as oriundas de acidente de trabalho e doenças a ele equiparadas, ainda que propostas pelos dependentes ou sucessores do trabalhador falecido.

Súmula 419 TST — COMPETÊNCIA. EXECUÇÃO POR CARTA. EMBARGOS DE TERCEIRO. JUÍZO DEPRECANTE (conversão da Orientação Jurisprudencial n. 114 da SBDI-2) — Res. 137/2005, DJ 22, 23 e 24.08.2005

Na execução por carta precatória, os embargos de terceiro serão oferecidos no juízo deprecante ou no juízo

TÍTULO VIII — DA JUSTIÇA DO TRABALHO

deprecado, mas a competência para julgá-los é do juízo deprecante, salvo se versarem, unicamente, sobre vícios ou irregularidades da penhora, avaliação ou alienação dos bens, praticados pelo juízo deprecado, em que a competência será deste último. (ex-OJ n. 114 da SBDI-2 — DJ 11.08.2003)

ORIENTAÇÕES JURISPRUDENCIAIS DA SDI-1 DO TST

Vide OJs 26 e 138 SDI-1/TST

OJ 26 SDI-1 TST — COMPETÊNCIA DA JUSTIÇA DO TRABALHO. COMPLEMENTAÇÃO DE PENSÃO REQUERIDA POR VIÚVA DE EX-EMPREGADO (inserido dispositivo) — DJ 20.04.2005
A Justiça do Trabalho é competente para apreciar pedido de complementação de pensão postulada por viúva de ex--empregado, por se tratar de pedido que deriva do contrato de trabalho.

OJ 138 SDI-1 TST — COMPETÊNCIA RESIDUAL. REGIME JURÍDICO ÚNICO. LIMITAÇÃO DA EXECUÇÃO (nova redação em decorrência da incorporação da Orientação Jurisprudencial n. 249 da SBDI-1) — DJ 20.04.2005
Compete à Justiça do Trabalho julgar pedidos de direitos e vantagens previstos na legislação trabalhista referente a período anterior à Lei n. 8.112/90, mesmo que a ação tenha sido ajuizada após a edição da referida lei. A superveniência de regime estatutário em substituição ao celetista, mesmo após a sentença, limita a execução ao período celetista. *(1ª parte — ex-OJ n. 138 da SDI-1 — inserida em 27.11.98; 2ª parte — ex-OJ n. 249 — inserida em 13.03.02)*

ORIENTAÇÃO JURISPRUDENCIAL DA SDI-2 DO TST

Vide OJ 130 SDI-2/TST

OJ 130 SDI-1 TST — AÇÃO CIVIL PÚBLICA. COMPETÊNCIA. LOCAL DO DANO. LEI N. 7.347/1985, ART. 2º. CÓDIGO DE DEFESA DO CONSUMIDOR, ART. 93 (redação alterada na sessão do Tribunal Pleno realizada em 14.09.2012) — Res. 186/2012, DEJT divulgado em 25, 26 e 27.09.2012
I — A competência para a Ação Civil Pública fixa-se pela extensão do dano.
II — Em caso de dano de abrangência regional, que atinja cidades sujeitas à jurisdição de mais de uma Vara do Trabalho, a competência será de qualquer das varas das localidades atingidas, ainda que vinculadas a Tribunais Regionais do Trabalho distintos.
III — Em caso de dano de abrangência suprarregional ou nacional, há competência concorrente para a Ação Civil Pública das varas do trabalho das sedes dos Tribunais Regionais do Trabalho.
IV — Estará prevento o juízo a que a primeira ação houver sido distribuída.

Art. 653 Compete, ainda, às Juntas de Conciliação e Julgamento:

a)	requisitar às autoridades competentes a realização das diligências necessárias ao esclarecimento dos feitos sob sua apreciação, representando contra aquelas que não atenderem a tais requisições;
b)	realizar as diligências e praticar os atos processuais ordenados pelos Tribunais Regionais do Trabalho ou pelo Tribunal Superior do Trabalho;
c)	julgar as suspeições arguidas contra os seus membros;
d)	julgar as exceções de incompetência que lhes forem opostas;
e)	expedir precatórias e cumprir as que lhes forem deprecadas;
f)	exercer, em geral, no interesse da Justiça do Trabalho, quaisquer outras atribuições que decorram da sua jurisdição.

SÚMULA DO TST

Vide Súmula 419/TST

Súmula 419 TST — COMPETÊNCIA. EXECUÇÃO POR CARTA. EMBARGOS DE TERCEIRO JUÍZO DEPRECANTE (conversão da Orientação Jurisprudencial n. 114 da SBDI-2) — Res. 137/2005, DJ 22, 23 e 24.08.2005
Na execução por carta precatória, os embargos de terceiro serão oferecidos no juízo deprecante ou no juízo deprecado, mas a competência para julgá-los é do juízo deprecante, salvo se versarem, unicamente, sobre vícios ou irregularidades da penhora, avaliação ou alienação dos bens, praticados pelo juízo deprecado, em que a competência será deste último. *(ex-OJ n. 114 da SBDI-2 — DJ 11.08.2003)*

SÚMULA DO STJ

Vide Súmula 46/STJ

Súmula 46 STJ — Na execução por carta, os embargos do devedor serão decididos no juízo deprecante, salvo se versarem unicamente vícios ou defeitos da penhora, avaliação ou alienação dos bens.

Art. 654

TÍTULO VIII — DA JUSTIÇA DO TRABALHO

SEÇÃO III
DOS PRESIDENTES DAS JUNTAS

CONSTITUIÇÃO FEDERAL DE 1988
DOU 5.10.1988

Vide art. 116

Art. 116. Nas Varas do Trabalho, a jurisdição será exercida por um juiz singular. *(Redação dada pela Emenda Constitucional n. 24, de 1999)*

Parágrafo único. *(Revogado pela Emenda Constitucional n. 24, de 1999)*

EMENDA CONSTITUCIONAL N. 24, DE 9 DE DEZEMBRO DE 1999
Altera dispositivos da Constituição Federal pertinentes à representação classista na Justiça do Trabalho. Extingue a representação classista na Justiça do Trabalho.
DOU 10.12.1999

Art. 654	O ingresso na magistratura do trabalho far-se-á para o cargo de juiz do trabalho substituto. As nomeações subsequentes por promoção alternadamente, por antiguidade e merecimento. *(Redação dada pelo Decreto-Lei n. 229, de 28.2.1967)*
§ 1º	Nas 7ª e 8ª Regiões da Justiça do Trabalho, nas localidades fora das respectivas sedes, haverá suplentes de juiz do trabalho presidente de Junta, sem direito a acesso nomeados pelo Presidente da República, dentre brasileiros, bacharéis em direito, de reconhecida idoneidade moral, especializados em direito do trabalho, pelo período de 2 (dois) anos, podendo ser reconduzidos. *(Redação dada pelo Decreto-Lei n. 229, de 28.2.1967)*
§ 2º	Os suplentes de juiz do trabalho receberão, quando em exercício, vencimentos iguais aos dos juízes que substituírem. *(Redação dada pelo Decreto-Lei n. 229, de 28.2.1967)*
§ 3º	Os juízes substitutos serão nomeados após aprovação em concurso público de provas e títulos realizado perante o Tribunal Regional do Trabalho da Região, válido por 2 (dois) anos e prorrogável, a critério do mesmo órgão, por igual período, uma só vez, e organizado de acordo com as instruções expedidas pelo Tribunal Superior do Trabalho. *(Redação dada pela Lei n. 6.087, de 16.7.1974)*
§ 4º	Os candidatos inscritos só serão admitidos ao concurso após apreciação prévia, pelo Tribunal Regional do Trabalho da respectiva Região, dos seguintes requisitos: *(Redação dada pelo Decreto-Lei n. 229, de 28.2.1967)*
a)	idade maior de 25 (vinte e cinco) anos e menor de 45 (quarenta e cinco) anos; *(Redação dada pelo Decreto-Lei n. 229, de 28.2.1967)*
b)	idoneidade para o exercício das funções. *(Redação dada pelo Decreto-Lei n. 229, de 28.2.1967)*
§ 5º	O preenchimento dos cargos do presidente de Junta, vagos ou criadas por lei, será feito dentro de cada Região: *(Redação dada pelo Decreto-Lei n. 229, de 28.2.1967)*
a)	pela remoção de outro presidente, prevalecendo a antiguidade no cargo, caso haja mais de um pedido, desde que a remoção tenha sido requerida, dentro de quinze dias, contados da abertura da vaga, ao Presidente do Tribunal Regional, a quem caberá expedir o respectivo ato. *(Redação dada pela Lei n. 6.090, de 16.7.1974)*
b)	pela promoção de substituto, cuja aceitação será facultativa, obedecido o critério alternado de antiguidade e merecimento. *(Redação dada pelo Decreto-Lei n. 229, de 28.2.1967)*

TÍTULO VIII — DA JUSTIÇA DO TRABALHO

Art. 654

§ 6º Os juízes do trabalho, presidentes de Junta, juízes substitutos e suplentes de juiz tomarão posse perante o presidente do Tribunal da respectiva Região. Nos Estados que, não forem sede de Tribunal Regional do Trabalho, a posse dar-se-á perante o presidente do Tribunal de Justiça, que remeterá o termo ao presidente do Tribunal Regional da jurisdição do empossado. Nos Territórios a posse dar-se-á perante o presidente do Tribunal Regional do Trabalho da respectiva Região. *(Redação dada pelo Decreto-Lei n. 229, de 28.2.1967)*

CONSTITUIÇÃO FEDERAL DE 1988
DOU 5.10.1988

Vide art. 37, *caput* e incisos I a IV; art. 93, *caput* e incisos I a VIII-A; art. 95, *caput* e incisos I a V

Art. 37. A administração pública direta e indireta de qualquer dos Poderes da União, dos Estados, do Distrito Federal e dos Municípios obedecerá aos princípios de legalidade, impessoalidade, moralidade, publicidade e eficiência e, também, ao seguinte: *(Redação dada pela Emenda Constitucional n. 19, de 1998)*

I — os cargos, empregos e funções públicas são acessíveis aos brasileiros que preencham os requisitos estabelecidos em lei, assim como aos estrangeiros, na forma da lei; *(Redação dada pela Emenda Constitucional n. 19, de 1998)*

II — a investidura em cargo ou emprego público depende de aprovação prévia em concurso público de provas ou de provas e títulos, de acordo com a natureza e a complexidade do cargo ou emprego, na forma prevista em lei, ressalvadas as nomeações para cargo em comissão declarado em lei de livre nomeação e exoneração; *(Redação dada pela Emenda Constitucional n. 19, de 1998)*

III — o prazo de validade do concurso público será de até dois anos, prorrogável uma vez, por igual período;

IV — durante o prazo improrrogável previsto no edital de convocação, aquele aprovado em concurso público de provas ou de provas e títulos será convocado com prioridade sobre novos concursados para assumir cargo ou emprego, na carreira;

Art. 93. Lei complementar, de iniciativa do Supremo Tribunal Federal, disporá sobre o Estatuto da Magistratura, observados os seguintes princípios:

I — ingresso na carreira, cujo cargo inicial será o de juiz substituto, mediante concurso público de provas e títulos, com a participação da Ordem dos Advogados do Brasil em todas as fases, exigindo-se do bacharel em direito, no mínimo, três anos de atividade jurídica e obedecendo-se, nas nomeações, à ordem de classificação; *(Redação dada pela Emenda Constitucional n. 45, de 2004)*

II — promoção de entrância para entrância, alternadamente, por antiguidade e merecimento, atendidas as seguintes normas:

a) é obrigatória a promoção do juiz que figure por três vezes consecutivas ou cinco alternadas em lista de merecimento;

b) a promoção por merecimento pressupõe dois anos de exercício na respectiva entrância e integrar o juiz a primeira quinta parte da lista de antiguidade desta, salvo se não houver com tais requisitos quem aceite o lugar vago;

c) aferição do merecimento conforme o desempenho e pelos critérios objetivos de produtividade e presteza no exercício da jurisdição e pela frequência e aproveitamento em cursos oficiais ou reconhecidos de aperfeiçoamento; *(Redação dada pela Emenda Constitucional n. 45, de 2004)*

d) na apuração de antiguidade, o tribunal somente poderá recusar o juiz mais antigo pelo voto fundamentado de dois terços de seus membros, conforme procedimento próprio, e assegurada ampla defesa, repetindo-se a votação até fixar-se a indicação; *(Redação dada pela Emenda Constitucional n. 45, de 2004)*

e) não será promovido o juiz que, injustificadamente, retiver autos em seu poder além do prazo legal, não podendo devolvê-los ao cartório sem o devido despacho ou decisão; *(Incluída pela Emenda Constitucional n. 45, de 2004)*

III — o acesso aos tribunais de segundo grau far-se-á por antiguidade e merecimento, alternadamente, apurados na última ou única entrância; *(Redação dada pela Emenda Constitucional n. 45, de 2004)*

IV — previsão de cursos oficiais de preparação, aperfeiçoamento e promoção de magistrados, constituindo etapa obrigatória do processo de vitaliciamento a participação em curso oficial ou reconhecido por escola nacional de formação e aperfeiçoamento de magistrados; *(Redação dada pela Emenda Constitucional n. 45, de 2004)*

V — o subsídio dos Ministros dos Tribunais Superiores corresponderá a noventa e cinco por cento do subsídio mensal fixado para os Ministros do Supremo Tribunal Federal e os subsídios dos demais magistrados serão fixados em lei e escalonados, em nível federal e estadual, conforme as respectivas categorias da estrutura judiciária nacional, não podendo a diferença entre uma e outra ser superior a dez por cento ou inferior a cinco por cento, nem exceder a noventa e cinco por cento do subsídio mensal dos Ministros dos Tribunais Superiores, obedecido, em qualquer caso, o disposto nos arts. 37, XI, e 39, § 4º; *(Redação dada pela Emenda Constitucional n. 19, de 1998)*

VI — a aposentadoria dos magistrados e a pensão de seus dependentes observarão o disposto no art. 40; *(Redação dada pela Emenda Constitucional n. 20, de 1998)*

VII — o juiz titular residirá na respectiva comarca, salvo autorização do tribunal; *(Redação dada pela Emenda Constitucional n. 45, de 2004)*

VIII — o ato de remoção, disponibilidade e aposentadoria do magistrado, por interesse público, fundar-se-á em decisão por voto da maioria absoluta do respectivo tribunal ou do Conselho Nacional de Justiça, assegurada ampla defesa; *(Redação dada pela Emenda Constitucional n. 45, de 2004)*

VIII-A — a remoção a pedido ou a permuta de magistrados de comarca de igual entrância atenderá, no que couber, ao disposto nas alíneas *a*, *b*, *c* e *e* do inciso II; *(Incluído pela Emenda Constitucional n. 45, de 2004)*

LEI COMPLEMENTAR N. 35, DE 14 DE MARÇO DE 1979
Dispõe sobre a Lei Orgânica da Magistratura Nacional
DOU 14.3.1979

Vide art. 92

Art. 92. O ingresso na Magistratura do Trabalho dar-se-á no cargo de Juiz do Trabalho substituto.

Arts. 655 a 657

TÍTULO VIII — DA JUSTIÇA DO TRABALHO

SÚMULA DO STF

Vide Súmula 478/STF

Súmula 478 STF — O provimento em cargos de Juízes substitutos do Trabalho, deve ser feito independentemente de lista tríplice, na ordem de classificação dos candidatos.

Art. 655	Os Presidentes e os Presidentes substitutos tomarão posse do cargo perante o presidente do Tribunal Regional da respectiva jurisdição. *(Redação dada pelo Decreto-Lei n. 8.737, de 1946)*
§ 1º	Nos Estados em que não houver sede de Tribunais a posse dar-se-á perante o presidente do Tribunal de Apelação, que remeterá o respectivo termo ao presidente do Tribunal Regional da Jurisdição do empossado. *(Redação dada pelo Decreto-Lei n. 8.737, de 1946)*
§ 2º	Nos Territórios a posse dar-se-á perante a Juiz de Direito da capital, que procederá na forma prevista no § 1º. *(Redação dada pelo Decreto-Lei n. 8.737, de 1946) (ver art. 654, § 6º, CLT, conforme redação dada pelo Decreto-Lei n. 229, de 28.2.1967)*

Art. 656	O Juiz do Trabalho Substituto, sempre que não estiver substituindo o Juiz-Presidente de Junta, poderá ser designado para atuar nas Juntas de Conciliação e Julgamento. *(Redação dada pela Lei n. 8.432, 11.6.1992)*
§ 1º	Para o fim mencionado no *caput* deste artigo, o território da Região poderá ser dividido em zonas, compreendendo a jurisdição de uma ou mais Juntas, a juízo do Tribunal Regional do Trabalho respectivo. *(Incluído pela Lei n. 8.432, 11.6.1992)*
§ 2º	A designação referida no *caput* deste artigo será de atribuição do Juiz-Presidente do Tribunal Regional do Trabalho ou, não havendo disposição regimental específica, de quem este indicar. *(Incluído pela Lei n. 8.432, 11.6.1992)*
§ 3º	Os Juízes do Trabalho Substitutos, quando designados ou estiverem substituindo os Juízes Presidentes de Juntas, perceberão os vencimentos destes. *(Incluído pela Lei n. 8.432, 11.6.1992)*
§ 4º	O Juiz-Presidente do Tribunal Regional do Trabalho ou, não havendo disposição regimental específica, que este indicar, fará a lotação e a movimentação dos Juízes Substitutos entre as diferentes zonas da Região na hipótese de terem sido criadas na forma do § 1º deste artigo. *(Incluído pela Lei n. 8.432, 11.6.1992)*

EMENDA CONSTITUCIONAL N. 24, DE 9 DE DEZEMBRO DE 1999

Altera dispositivos da Constituição Federal pertinentes à representação classista na Justiça do Trabalho. Extingue a representação classista na Justiça do Trabalho.

DOU 10.12.1999

Art. 657	Os Presidentes de Junta e os Presidentes Substitutos perceberão os vencimentos fixados em lei. *(Redação dada pelo Decreto-Lei n. 8.737, de 1946)*

TÍTULO VIII — DA JUSTIÇA DO TRABALHO

Arts. 658 e 659

EMENDA CONSTITUCIONAL N. 24, DE 9 DE DEZEMBRO DE 1999
Altera dispositivos da Constituição Federal pertinentes à representação classista na Justiça do Trabalho. Extingue a representação classista na Justiça do Trabalho.
DOU 10.12.1999

Art. 658	São deveres precípuos dos Presidentes das Juntas, além dos que decorram do exercício de sua função: *(Redação dada pelo Decreto-Lei n. 8.737, 19.1.1946)*
a)	manter perfeita conduta pública e privada; *(Redação dada pelo Decreto-Lei n. 8.737, 19.1.1946)*
b)	abster-se de atender a solicitações ou recomendações relativamente aos feitos que hajam sido ou tenham de ser submetidos à sua apreciação; *(Redação dada pelo Decreto-Lei n. 8.737, 19.1.1946)*
c)	residir dentro dos limites de sua jurisdição, não podendo ausentar-se sem licença do Presidente do Tribunal Regional; *(Redação dada pelo Decreto-Lei n. 8.737, 19.1.1946)*
d)	despachar e praticar todos os atos decorrentes de suas funções, dentro dos prazos estabelecidos, sujeitando-se ao desconto correspondente a 1 (um) dia de vencimento para cada dia de retardamento. *(Incluído pelo Decreto-Lei n. 8.737, de 19.1.1946)*

EMENDA CONSTITUCIONAL N. 24, DE 9 DE DEZEMBRO DE 1999
Altera dispositivos da Constituição Federal pertinentes à representação classista na Justiça do Trabalho. Extingue a representação classista na Justiça do Trabalho.
DOU 10.12.1999

Art. 659	Competem privativamente aos Presidentes das Juntas, além das que lhes forem conferidas neste Título e das decorrentes de seu cargo, as seguintes atribuições:

EMENDA CONSTITUCIONAL N. 24, DE 9 DE DEZEMBRO DE 1999
Altera dispositivos da Constituição Federal pertinentes à representação classista na Justiça do Trabalho. Extingue a representação classista na Justiça do Trabalho.
DOU 10.12.1999

SÚMULA DO TST

Vide Súmula 418/TST

Súmula 418 TST — MANDADO DE SEGURANÇA VISANDO À CONCESSÃO DE LIMINAR OU HOMOLOGAÇÃO DE ACORDO (conversão das Orientações Jurisprudenciais ns. 120 e 141 da SBDI-2) — Res. 137/2005, DJ 22, 23 e 24.08.2005

A concessão de liminar ou a homologação de acordo constituem faculdade do juiz, inexistindo direito líquido e certo tutelável pela via do mandado de segurança. (ex-Ojs da SBDI-2 ns. 120 — DJ 11.08.2003 — e 141 — DJ 04.05.2004)

Art. 659

TÍTULO VIII — DA JUSTIÇA DO TRABALHO

I -	presidir às audiências das Juntas;
II -	executar as suas próprias decisões, as proferidas pela Junta e aquelas cuja execução lhes for deprecada;
III -	dar posse aos vogais nomeados para a Junta, ao Secretário e aos demais funcionários da Secretaria;
IV -	convocar os suplentes dos vogais, no impedimento destes;
V -	representar ao Presidente do Tribunal Regional da respectiva jurisdição, no caso de falta de qualquer vogal a 3 (três) reuniões consecutivas, sem motivo justificado, para os fins do art. 727;

EMENDA CONSTITUCIONAL N. 24, DE 9 DE DEZEMBRO DE 1999
Altera dispositivos da Constituição Federal pertinentes à representação classista na Justiça do Trabalho. Extingue a representação classista na Justiça do Trabalho.
DOU 10.12.1999

VI -	despachar os recursos interpostos pelas partes, fundamentando a decisão recorrida antes da remessa ao Tribunal Regional, ou submetendo-os à decisão da Junta, no caso do art. 894;
VII -	assinar as folhas de pagamento dos membros e funcionários da Junta;
VIII -	apresentar ao Presidente do Tribunal Regional, até 15 de fevereiro de cada ano, o relatório dos trabalhos do ano anterior;
IX -	conceder medida liminar, até decisão final do processo, em reclamações trabalhistas que visem a tornar sem efeito transferência disciplinada pelos parágrafos do art. 469 desta Consolidação. *(Incluído pela Lei n. 6.203, de 17.4.1975)*

CÓDIGO DE PROCESSO CIVIL DE 1973
Lei n. 5.869, de 11 de janeiro de 1973
DOU 17.1.1973 e republicado em 27.7.2006

Vide art. 655, *caput* e inciso I

Art. 655. A penhora observará, preferencialmente, a seguinte ordem:
I — dinheiro, em espécie ou em depósito ou aplicação em instituição financeira;

CÓDIGO DE PROCESSO CIVIL DE 2015
Lei n. 13.105, de 16 de março de 2015
DOU 17.3.2015

Vide art. 835, *caput*, inciso I e § 1º

Art. 835. A penhora observará, preferencialmente, a seguinte ordem:
I — dinheiro, em espécie ou em depósito ou aplicação em instituição financeira;
(...)
§ 1º É prioritária a penhora em dinheiro, podendo o juiz, nas demais hipóteses, alterar a ordem prevista no *caput* de acordo com as circunstâncias do caso concreto.

SÚMULA DO TST

Vide Súmula 417/TST

Súmula 417 TST — MANDADO DE SEGURANÇA. PENHORA EM DINHEIRO (conversão das Orientações Jurisprudenciais ns. 60, 61 e 62 da SBDI-2) — Res. 137/2005, DJ 22, 23 e 24.08.2005
I — Não fere direito líquido e certo do impetrante o ato judicial que determina penhora em dinheiro do executado, em execução definitiva, para garantir crédito exequendo, uma vez que obedece à gradação prevista no art. 655 do CPC. *(ex-OJ n. 60 da SBDI-2 — inserida em 20.09.2000)*
II — Havendo discordância do credor, em execução definitiva, não tem o executado direito líquido e certo a que os valores penhorados em dinheiro fiquem depositados no próprio banco, ainda que atenda aos requisitos do art. 666, I, do CPC. *(ex-OJ n. 61 da SBDI-2 — inserida em 20.09.2000)*
III — Em se tratando de execução provisória, fere direito líquido e certo do impetrante a determinação de penhora em dinheiro, quando nomeados outros bens à penhora, pois o executado tem direito a que a execução se processe da forma que lhe seja menos gravosa, nos termos do art. 620 do CPC. *(ex-OJ n. 62 da SBDI-2 — inserida em 20.09.2000)*

TÍTULO VIII — DA JUSTIÇA DO TRABALHO

Art. 659

ORIENTAÇÕES JURISPRUDENCIAIS DA SDI-2 DO TST

Vide OJs 67 e 142 SDI-2/TST

OJ 67 SDI-1 TST — MANDADO DE SEGURANÇA. TRANSFERÊNCIA. ART. 659, IX, DA CLT (inserida em 20.09.2000)
Não fere direito líquido e certo a concessão de liminar obstativa de transferência de empregado, em face da previsão do inciso IX do art. 659 da CLT.

OJ 142 SDI-1 TST — MANDADO DE SEGURANÇA. REINTEGRAÇÃO LIMINARMENTE CONCEDIDA (DJ 04.05.2004)
Inexiste direito líquido e certo a ser oposto contra ato de Juiz que, antecipando a tutela jurisdicional, determina a reintegração do empregado até a decisão final do processo, quando demonstrada a razoabilidade do direito subjetivo material, como nos casos de anistiado pela Lei n. 8.878/94, aposentado, integrante de comissão de fábrica, dirigente sindical, portador de doença profissional, portador de vírus HIV ou detentor de estabilidade provisória prevista em norma coletiva.

X - conceder medida liminar, até decisão final do processo, em reclamações trabalhistas que visem reintegrar no emprego dirigente sindical afastado, suspenso ou dispensado pelo empregador. *(Incluído pela Lei n. 9.270, de 1996)*

CONSTITUIÇÃO FEDERAL DE 1988
DOU 5.10.1988

Vide art. 8º, caput e inciso VIII

Art. 8º É livre a associação profissional ou sindical, observado o seguinte:
(...)
VIII — é vedada a dispensa do empregado sindicalizado a partir do registro da candidatura a cargo de direção ou representação sindical e, se eleito, ainda que suplente, até um ano após o final do mandato, salvo se cometer falta grave nos termos da lei.

CONSOLIDAÇÃO DAS LEIS DO TRABALHO
Decreto-Lei n. 5.452, de 1º de maio de 1943
DOU 9.8.1943

Vide art. 543, caput e § 3º

Art. 543. O empregado eleito para cargo de administração sindical ou representação profissional, inclusive junto a órgão de deliberação coletiva, não poderá ser impedido do exercício de suas funções, nem transferido para lugar ou mister que lhe dificulte ou torne impossível o desempenho das suas atribuições sindicais. *(Redação dada pelo Decreto-Lei n. 229, de 28.2.1967)*
(...)
§ 3º Fica vedada a dispensa do empregado sindicalizado ou associado, a partir do momento do registro de sua candidatura a cargo de direção ou representação de entidade sindical ou de associação profissional, até 1 (um) ano após o final do seu mandato, caso seja eleito inclusive como suplente, salvo se cometer falta grave devidamente apurada nos termos desta Consolidação. *(Redação dada pela Lei n. 7.543, de 2.10.1986)*

SÚMULAS DO TST

Vide Súmulas 369 e 379/TST

Súmula 369 TST — DIRIGENTE SINDICAL. ESTABILIDADE PROVISÓRIA (redação do item I alterada na sessão do Tribunal Pleno realizada em 14.09.2012) — Res. 185/2012, DEJT divulgado em 25, 26 e 27.09.2012
I — É assegurada a estabilidade provisória ao empregado dirigente sindical, ainda que a comunicação do registro da candidatura ou da eleição e da posse seja realizada fora do prazo previsto no art. 543, § 5º, da CLT, desde que a ciência ao empregador, por qualquer meio, ocorra na vigência do contrato de trabalho.
II — O art. 522 da CLT foi recepcionado pela Constituição Federal de 1988. Fica limitada, assim, a estabilidade a que alude o art. 543, § 3º, da CLT a sete dirigentes sindicais e igual número de suplentes.
III — O empregado de categoria diferenciada eleito dirigente sindical só goza de estabilidade se exercer na empresa atividade pertinente à categoria profissional do sindicato para o qual foi eleito dirigente.
IV — Havendo extinção da atividade empresarial no âmbito da base territorial do sindicato, não há razão para subsistir a estabilidade.
V — O registro da candidatura do empregado a cargo de dirigente sindical durante o período de aviso prévio, ainda que indenizado, não lhe assegura a estabilidade, visto que inaplicável a regra do § 3º do art. 543 da Consolidação das Leis do Trabalho.

Súmula 379 TST — DIRIGENTE SINDICAL. DESPEDIDA. FALTA GRAVE. INQUÉRITO JUDICIAL. NECESSIDADE (conversão da Orientação Jurisprudencial n. 114 da SBDI-1) — Res. 129/2005, DJ 20, 22 e 25.04.2005
O dirigente sindical somente poderá ser dispensado por falta grave mediante a apuração em inquérito judicial, inteligência dos arts. 494 e 543, §3º, da CLT. *(ex-OJ n. 114 da SBDI-1 — inserida em 20.11.1997)*

ORIENTAÇÃO JURISPRUDENCIAL DA SDI-2 DO TST

Vide OJ 142 SDI-2/TST

OJ 142 SDI-1 TST — MANDADO DE SEGURANÇA. REINTEGRAÇÃO LIMINARMENTE CONCEDIDA (DJ 04.05.2004)
Inexiste direito líquido e certo a ser oposto contra ato de Juiz que, antecipando a tutela jurisdicional, determina a reintegração do empregado até a decisão final do processo, quando demonstrada a razoabilidade do direito subjetivo material, como nos casos de anistiado pela Lei n. 8.878/94, aposentado, integrante de comissão de fábrica, dirigente sindical, portador de doença profissional, portador de vírus HIV ou detentor de estabilidade provisória prevista em norma coletiva.

SEÇÃO IV
DOS VOGAIS DAS JUNTAS

EMENDA CONSTITUCIONAL N. 24, DE 9 DE DEZEMBRO DE 1999
Altera dispositivos da Constituição Federal pertinentes à representação classista na Justiça do Trabalho. Extingue a representação classista na Justiça do Trabalho.
DOU 10.12.1999

Art. 660	Os vogais das Juntas são designados pelo Presidente do Tribunal Regional da respectiva jurisdição.

Art. 661	Para o exercício da função de vogal da Junta ou suplente deste são exigidos os seguintes requisitos:
a)	ser brasileiro; *(Redação dada pelo Decreto-Lei n. 229, de 28.2.1967)*
b)	ter reconhecida idoneidade moral;
c)	ser maior de 25 (vinte e cinco) anos e ter menos de 70 (setenta) anos; *(Redação dada pelo Decreto-Lei n. 229, de 28.2.1967)*
d)	estar no gozo dos direitos civis e políticos;
e)	estar quite com o serviço militar;
f)	contar mais de 2 (dois) anos de efetivo exercício na profissão e ser sindicalizado.
Parágrafo único	A prova da qualidade profissional a que se refere a alínea "f" deste artigo é feita mediante declaração do respectivo Sindicato.

Art. 662	A escolha dos vogais das Juntas e seus suplentes far-se-á dentre os nomes constantes das listas que, para esse efeito, forem encaminhadas pelas associações sindicais de primeiro grau ao presidente do Tribunal Regional.
§ 1º	Para esse fim, cada Sindicato de empregadores e de empregados, com base territorial extensiva à área de jurisdição da Junta, no todo ou em parte, procederá, na ocasião determinada pelo Presidente do Tribunal Regional, à escolha de 3 (três) nomes que comporão a lista, aplicando-se à eleição o disposto no art. 524 e seus §§ 1º a 3º. *(Redação dada pela Lei n. 5.657, de 4.6.1971)*
§ 2º	Recebidas as listas pelo presidente do Tribunal Regional, designará este, dentro de cinco dias, os nomes dos vogais e dos respectivos suplentes, expedindo para cada um deles um título, mediante a apresentação do qual será empossado.
§ 3º	Dentro de quinze dias, contados da data da posse, pode ser contestada a investidura do vogal ou do suplente, por qualquer interessado, sem efeito suspensivo, por meio de representação escrita, dirigida ao presidente do Tribunal Regional.
§ 4º	Recebida a contestação, o Presidente do Tribunal designará imediatamente relator, o qual, se houver necessidade de ouvir testemunhas ou de proceder a quaisquer diligências, providenciará para que tudo se realize com a maior brevidade, submetendo, por fim, a contestação ao parecer do Tribunal, na primeira sessão. *(Redação dada pela Lei n. 2.244, de 23.6.1954)*

TÍTULO VIII — DA JUSTIÇA DO TRABALHO

§ 5º	Se o Tribunal julgar procedente a contestação, o Presidente providenciará a designação de novo vogal ou suplente. (Redação dada pelo Decreto-Lei n. 229, de 28.2.1967)
§ 6º	Em falta de indicação pelos Sindicatos, de nomes para representantes das respectivas categorias profissionais e econômicas nas Juntas de Conciliação e Julgamento, ou nas localidades onde não existirem Sindicatos, serão esses representantes livremente designados pelo Presidente do Tribunal Regional do Trabalho, observados os requisitos exigidos para o exercício da função. (Parágrafo incluído pelo Decreto-Lei n. 229, de 28.2.1967)
Art. 663	A investidura dos vogais das Juntas e seus suplentes é de 3 (três) anos, podendo, entretanto, ser dispensado, a pedido, aquele que tiver servido, sem interrupção, durante metade desse período. (Redação dada pela Lei n. 2.244, de 23.6.1954)
§ 1º	Na hipótese da dispensa do vogal a que alude este artigo, assim como nos casos de impedimento, morte ou renúncia, sua substituição far-se-á pelo suplente, mediante convocação do Presidente da Junta. (Redação dada pela Lei n. 2.244, de 23.6.1954)
§ 2º	Na falta do suplente, por impedimento, morte ou renúncia serão designados novo vogal e o respectivo suplente, dentre os nomes constantes das listas a que se refere o art. 662, servindo os designados até o fim do período.
Art. 664	Os vogais das Juntas e seus suplentes tomam posse perante o Presidente da Junta em que têm de funcionar.
Art. 665	Enquanto durar sua investidura, gozam os vogais das Juntas e seus suplentes das prerrogativas asseguradas aos jurados
Art. 666	Por audiência a que comparecerem, até o máximo de 20 (vinte) por mês, os vogais das Juntas e seus suplentes perceberão a gratificação fixada em lei.
Art. 667	São prerrogativas dos vogais das Juntas, além das referidas no art. 665:
a)	tomar parte nas reuniões do Tribunal a que pertençam;
b)	aconselhar às partes a conciliação
c)	votar no julgamento dos feitos e nas matérias de ordem interna do Tribunal, submetidas às suas deliberações;
d)	pedir vista dos processos pelo prazo de 24 (vinte e quatro) horas;
e)	formular, por intermédio do Presidente, aos litigantes, testemunhas e peritos, as perguntas que quiserem fazer, para esclarecimento do caso.

EMENDA CONSTITUCIONAL N. 24, DE 9 DE DEZEMBRO DE 1999

Altera dispositivos da Constituição Federal pertinentes à representação classista na Justiça do Trabalho. Extingue a representação classista na Justiça do Trabalho.
DOU 10.12.1999

CAPÍTULO III
DOS JUÍZOS DE DIREITO

Art. 668 — Nas localidades não compreendidas na jurisdição das Juntas de Conciliação e Julgamento, os Juízos de Direito são os órgãos de administração da Justiça do Trabalho, com a jurisdição que lhes for determinada pela lei de organização judiciária local.

CONSTITUIÇÃO FEDERAL DE 1988
DOU 5.10.1988

Vide art. 111, *caput* e incisos I, II e III; art. 112

Art. 111. São órgãos da Justiça do Trabalho:
I — o Tribunal Superior do Trabalho;
II — os Tribunais Regionais do Trabalho;
III — Juizes do Trabalho. *(Inciso com redação dada pela Emenda Constitucional n. 24, de 1999)*

Art. 112. A lei criará varas da Justiça do Trabalho, podendo, nas comarcas não abrangidas por sua jurisdição, atribuí-la aos juízes de direito, com recurso para o respectivo Tribunal Regional do Trabalho. *(Redação dada pela Emenda Constitucional n. 45, de 2004)*

EMENDA CONSTITUCIONAL N. 24, DE 9 DE DEZEMBRO DE 1999
Altera dispositivos da Constituição Federal pertinentes à representação classista na Justiça do Trabalho. Extingue a representação classista na Justiça do Trabalho.
DOU 10.12.1999

SÚMULAS DO STJ

Vide Súmulas 10 e 180/STJ

Súmula 10 STJ — Instalada a Junta de Conciliação e Julgamento, cessa a competência do juiz de direito em matéria trabalhista, inclusive para a execução das sentenças por ele proferidas.

Súmula 180 STJ — Na lide trabalhista, compete ao Tribunal Regional do Trabalho dirimir conflito de competência verificado, na respectiva região, entre juiz estadual e Junta de Conciliação e Julgamento.

Art. 669 — A competência dos Juízos de Direito, quando investidos na administração da Justiça do Trabalho, é a mesma das Juntas de Conciliação e Julgamento, na forma da Seção II do Capítulo II.

§ 1º — Nas localidades onde houver mais de um Juízo de Direito a competência é determinada, entre os Juízes do Cível, por distribuição ou pela divisão judiciária local, na conformidade da lei de organização respectiva.

§ 2º — Quando o critério de competência da lei de organização judiciária for diverso do previsto no parágrafo anterior, será competente o Juiz do Cível mais antigo.

CONSTITUIÇÃO FEDERAL DE 1988
DOU 5.10.1988

Vide art. 112

Art. 112. A lei criará varas da Justiça do Trabalho, podendo, nas comarcas não abrangidas por sua jurisdição, atribuí-la aos juízes de direito, com recurso para o respectivo Tribunal Regional do Trabalho. *(Redação dada pela Emenda Constitucional n. 45, de 2004)*

EMENDA CONSTITUCIONAL N. 24, DE 9 DE DEZEMBRO DE 1999
Altera dispositivos da Constituição Federal pertinentes à representação classista na Justiça do Trabalho. Extingue a representação classista na Justiça do Trabalho.
DOU 10.12.1999

SÚMULAS DO STJ

Vide Súmulas 3, 10, 59 e 180/STJ

Súmula 3 do STJ — Compete ao tribunal regional federal dirimir conflito de competência verificado, na respectiva região, entre juiz federal e juiz estadual investido de jurisdição federal.

Súmula 10 STJ — Instalada a Junta de Conciliação e Julgamento, cessa a competência do juiz de direito em matéria trabalhista, inclusive para a execução das sentenças por ele proferidas.

Súmula 59 STJ — Não há conflito de competência se já existe sentença com trânsito em julgado, proferida por um dos juízos conflitantes.

Súmula 180 STJ — Na lide trabalhista, compete ao Tribunal Regional do Trabalho dirimir conflito de competência verificado, na respectiva região, entre juiz estadual e Junta de Conciliação e Julgamento.

TÍTULO VIII — DA JUSTIÇA DO TRABALHO

Art. 670

CAPÍTULO IV
DOS TRIBUNAIS REGIONAIS DO TRABALHO

SEÇÃO I
DA COMPOSIÇÃO E DO FUNCIONAMENTO

Art. 670	Os Tribunais Regionais das 1ª e 2ª Regiões compor-se-ão de onze juízes togados, vitalícios, e de seis juízes classistas, temporários; os da 3ª e 4ª Regiões, de oito juízes togados, vitalícios, e de quatro classistas, temporários; os da 5ª e 6ª Regiões, de sete juízes togados, vitalícios e de dois classistas, temporários; os da 7ª e 8ª Regiões, de seis juízes togados, vitalícios, e de dois classistas, temporários, todos nomeados pelo Presidente da República. *(Redação dada pela Lei n. 5.442, 24.5.1968)*
§ 1º	Há um primeiro suplente e um segundo suplente para o presidente e um suplente para cada vogal. *(Incluído pelo Decreto-Lei n. 9.398, de 21.6.1946)*
§ 2º	Nos Tribunais Regionais constituídos de seis ou mais juízes togados, e menos de onze, um deles será escolhido dentre advogados, um dentre membros do Ministério Público da União junto à Justiça do Trabalho e os demais dentre juízes do Trabalho Presidente de Junta da respectiva Região, na forma prevista no parágrafo anterior. *(Redação dada pela Lei n. 5.442, de 24.5.1968)*
§ 3º	(VETADO) *(Incluído pela Lei n. 5.442, de 24.5.1968)*
§ 4º	Os juízes classistas referidos neste artigo representarão, paritariamente, empregadores e empregados. *(Parágrafo incluído pela Lei n. 5.442, de 24.5.1968)*
§ 5º	Haverá um suplente para cada Juiz classista. *(Parágrafo incluído pela Lei n. 5.442, de 24.5.1968)*
§ 6º	Os Tribunais Regionais, no respectivo regimento interno, disporão sobre a substituição de seus juízes, observados, na convocação de juízes inferiores, os critérios de livre escolha e antiguidade, alternadamente. *(Parágrafo incluído pela Lei n. 5.442, de 24.5.1968)*
§ 7º	Dentre os seus juízes togados, os Tribunais Regionais elegerão os respectivos Presidente e Vice-Presidente, assim como os Presidentes de Turmas, onde as houver. *(Parágrafo incluído pela Lei n. 5.442, de 24.5.1968)*
§ 8º	Os Tribunais Regionais da 1ª e 2ª Regiões dividir-se-ão em Turmas, facultada essa divisão aos constituídos de pelo menos, doze juízes. Cada turma se comporá de três juízes togados e dois classistas, um representante dos empregados e outro dos empregadores. *(Parágrafo incluído pela Lei n. 5.442, de 24.5.1968)*

CONSTITUIÇÃO FEDERAL DE 1988
DOU 5.10.1988

Vide art. 111, *caput* e incisos I a III; e art. 115, *caput*, incisos I e II e §§ 1º e 2º

Art. 111. São órgãos da Justiça do Trabalho:
I — o Tribunal Superior do Trabalho;
II — os Tribunais Regionais do Trabalho;
III — Juízes do Trabalho. *(Redação dada pela Emenda Constitucional n. 24, de 1999)*

Art. 115. Os Tribunais Regionais do Trabalho compõem-se de, no mínimo, sete juízes, recrutados, quando possível, na respectiva região, e nomeados pelo Presidente da República dentre brasileiros com mais de trinta e menos de sessenta e cinco anos, sendo: *(Redação dada pela Emenda Constitucional n. 45, de 2004)*
I — um quinto dentre advogados com mais de dez anos de efetiva atividade profissional e membros do Ministério Público do Trabalho com mais de dez anos de efetivo exercício, observado o disposto no art. 94; *(Redação dada pela Emenda Constitucional n. 45, de 2004)*
II — os demais, mediante promoção de juízes do trabalho por antiguidade e merecimento, alternadamente. *(Redação dada pela Emenda Constitucional n. 45, de 2004)*
§ 1º Os Tribunais Regionais do Trabalho instalarão a justiça itinerante, com a realização de audiências e demais

Art. 670

funções de atividade jurisdicional, nos limites territoriais da respectiva jurisdição, servindo-se de equipamentos públicos e comunitários. *(Incluído pela Emenda Constitucional n. 45, de 2004)*

§ 2º Os Tribunais Regionais do Trabalho poderão funcionar descentralizadamente, constituindo Câmaras regionais, a fim de assegurar o pleno acesso do jurisdicionado à justiça em todas as fases do processo. *(Incluído pela Emenda Constitucional n. 45, de 2004)*

EMENDA CONSTITUCIONAL N. 24, DE 9 DE DEZEMBRO DE 1999
Altera dispositivos da Constituição Federal pertinentes à representação classista na Justiça do Trabalho. Extingue a representação classista na Justiça do Trabalho.
DOU 10.12.1999

LEI N. 6.241, DE 22 DE SETEMBRO DE 1979
Criou o Tribunal Regional do Trabalho da 9ª Região
DOU 24.9.1975

LEI N. 6.635, DE 2 DE MAIO 1979
Alterou a composição do Tribunal Regional do Trabalho da 2ª Região novamente alterada pela Lei n. 6.904, de 30.4.1981
DOU 6.5.197

LEI N. 6.904, DE 30 DE ABRIL DE 1981
Alterou a composição dos Tribunais Regionais do Trabalho das 1ª, 2ª, 4ª e 5ª Regiões
DOU 30.4.1981

LEI N. 6.915, DE 1º DE JUNHO DE 1981
Criou o Tribunal Regional do Trabalho da 11ª Região
DOU 2.6.1981

LEI N. 6.927, DE 7 DE JULHO DE 1981
Criou o Tribunal Regional do Trabalho da 10ª Região
DOU 8.7.1981

LEI N. 6.928, DE 7 DE JULHO DE 1981
Criou o Tribunal Regional do Trabalho da 12ª Região
DOU 8.7.1981

LEI N. 7.119, DE 30 DE AGOSTO DE 1983
Alterou a composição dos Tribunais Regionais do Trabalho das 1ª, 2ª, 3ª, 4ª e 5ª Regiões
DOU 31.8.1983

LEI N. 7.324, DE 18 DE JUNHO DE 1985
Criou o Tribunal Regional do Trabalho da 13ª Região
DOU 19.6.1985

LEI N. 7.325, DE 18 DE JUNHO DE 1985
Alterou a composição dos Tribunais Regionais do Trabalho das 5ª, 6ª, 8ª, 9ª e 10ª Regiões
DOU 19.6.1985

LEI N. 7.520, DE 15 DE JULHO DE 1986
Criou o Tribunal Regional do Trabalho da 15ª Região
DOU 17.7.1986

LEI N. 7.523, DE 17 DE JULHO DE 1986
Criou o Tribunal Regional do Trabalho da 14ª Região
DOU 18.7.1986

LEI N. 7.671, DE 21 DE SETEMBRO DE 1988
Alterou a composição dos Tribunais Regionais do Trabalho das 5ª, 6ª, 8ª, 9ª e 10ª Regiões
DOU 22.9.1988

LEI N. 7.842, DE 18 DE OUTUBRO DE 1989
Alterou a composição dos Tribunais Regionais do Trabalho das 5ª, 6ª, 8ª, 9ª e 10ª Regiões
DOU 19.10.1989

LEI N. 7.872, DE 8 DE NOVEMBRO DE 1989
Criou o Tribunal Regional do Trabalho da 17ª Região
DOU 10.11.1989

LEI N. 7.873, DE 9 DE NOVEMBRO DE 1989
Criou o Tribunal Regional do Trabalho da 18ª Região
DOU 10.11.1989

LEI N. 7.911, DE 7 DE DEZEMBRO DE 1989
Alterou a composição do Tribunal Regional do Trabalho da 4ª Região
DOU 11.12.1989

LEI N. 7.962, DE 21 DE DEZEMBRO DE 1989
Alterou a redação do inciso VII do art. 33 da Lei n. 7.729, de 16.1.1989
DOU 22.12.1989

LEI N. 8.215, DE 25 DE JULHO DE 1991
Criou o Tribunal Regional do Trabalho da 21ª Região
DOU 26.7.1991

LEI N. 8.217, DE 27 DE AGOSTO DE 1991
Alterou a composição do Tribunal Regional do Trabalho da 8ª Região
DOU 28.81991

LEI N. 8.219, DE 29 DE AGOSTO DE 1991
Criou o Tribunal Regional do Trabalho da 19ª Região
DOU 30.8.1991

LEI N. 8.221, DE 5 DE SETEMBRO DE 1991
Criou o Tribunal Regional do Trabalho da 22ª Região
DOU 6.9.1991

TÍTULO VIII — DA JUSTIÇA DO TRABALHO

LEI N. 8.233, DE 10 DE SETEMBRO DE 1991
Criou o Tribunal Regional do Trabalho da 20ª Região
DOU 11.9.1991

LEI N. 8.430, DE 8 DE JUNHO DE 1992
Criou o Tribunal Regional do Trabalho da 23ª Região
DOU 9.6.1992

LEI N. 8.431, DE 9 DE JUNHO DE 1992
Criou o Tribunal Regional do Trabalho da 24ª Região
DOU 10.6.1992

LEI N. 8.471, DE 7 DE OUTUBRO DE 1992
Alterou a composição do Tribunal Regional do Trabalho da 6ª Região
DOU 8.10.1992

LEI N. 8.473, DE 19 DE OUTUBRO DE 1992
Alterou a composição do Tribunal Regional do Trabalho da 15ª Região
DOU 20.10.1992

LEI N. 8.474, DE 20 DE OUTUBRO DE 1992
Alterou a composição do Tribunal Regional do Trabalho da 10ª Região
DOU 21.10.1992

LEI N. 8.480, DE 7 DE NOVEMBRO DE 1992
Alterou a composição do Tribunal Regional do Trabalho da 2ª Região
DOU 11.11.1992

LEI N. 8.491, DE 20 DE NOVEMBRO DE 1992
Alterou a composição do Tribunal Regional do Trabalho da 4ª Região
DOU 21.11.1992

LEI N. 8.492, DE 20 DE NOVEMBRO DE 1992
Alterou a composição do Tribunal Regional do Trabalho da 9ª Região
DOU 21.11.1992

LEI N. 8.493, DE 20 DE NOVEMBRO DE 1992
Alterou a composição do Tribunal Regional do Trabalho da 5ª Região
DOU 21.11.1992

LEI N. 8.497, DE 26 DE NOVEMBRO DE 1992
Alterou a composição do Tribunal Regional do Trabalho da 3ª Região
DOU 27.11.1992

LEI N. 8.531, DE 15 DE DEZEMBRO DE 1992
Alterou a composição do Tribunal Regional do Trabalho da 1ª Região
DOU 16.12.1992

LEI N. 8.621, DE 8 DE JANEIRO DE 1993
Alterou a composição do Tribunal Regional do Trabalho da 12ª Região
DOU 11.1.1993

LEI N. 8.947, DE 8 DE DEZEMBRO DE 1994
Alterou a composição do Tribunal Regional do Trabalho da 8ª Região
DOU 9.12.1994

Art. 671	Para os trabalhos dos Tribunais Regionais existe a mesma incompatibilidade prevista no art. 648, sendo idêntica a forma de sua resolução.
Art. 672	Os Tribunais Regionais, em sua composição plena, deliberarão com a presença, além do Presidente, da metade e mais um, do número de seus juízes, dos quais, no mínimo, um representante dos empregados e outro dos empregadores. *(Redação dada pela Lei n. 5.442, de 24.5.1968)*
§ 1º	As Turmas somente poderão deliberar presentes, pelo menos, três dos seus juízes, entre eles os dois classistas. Para a integração desse quórum, poderá o Presidente de uma Turma convocar juízes de outra, da classe a que pertencer o ausente ou impedido. *(Redação dada pela Lei n. 5.442, de 24.5.1968)*
§ 2º	Nos Tribunais Regionais, as decisões tomar-se-ão pelo voto da maioria dos juízes presentes, ressalvada, no Tribunal Pleno, a hipótese de declaração de inconstitucionalidade de lei ou ato do poder público (art. 111 da Constituição). *(Redação dada pela Lei n. 5.442, de 24.5.1968)*
§ 3º	O Presidente do Tribunal Regional, excetuada a hipótese de declaração de inconstitucionalidade de lei ou ato do poder público, somente terá voto de desempate. Nas sessões administrativas, o Presidente votará como os demais juízes, cabendo-lhe, ainda, o voto de qualidade. *(Parágrafo incluído pela Lei n. 5.442, de 24.5.1968)*

§ 4º No julgamento de recursos contra decisão ou despacho do Presidente, do Vice-Presidente ou de Relator, ocorrendo empate, prevalecerá a decisão ou despacho recorrido. *(Parágrafo incluído pela Lei n. 5.442, de 24.5.1968)*

CONSTITUIÇÃO FEDERAL DE 1988
DOU 5.10.1988

Vide art. 97

Art. 97. Somente pelo voto da maioria absoluta de seus membros ou dos membros do respectivo órgão especial poderão os tribunais declarar a inconstitucionalidade de lei ou ato normativo do Poder Público.

EMENDA CONSTITUCIONAL N. 24, DE 9 DE DEZEMBRO DE 1999
Altera dispositivos da Constituição Federal pertinentes à representação classista na Justiça do Trabalho. Extingue a representação classista na Justiça do Trabalho
DOU 10.12.1999

Art. 673 A ordem das sessões dos Tribunais Regionais será estabelecida no respectivo Regimento Interno.

SEÇÃO II
DA JURISDIÇÃO E COMPETÊNCIA

Art. 674	Para efeito da jurisdição dos Tribunais Regionais, o território nacional é dividido nas oito regiões seguintes: *(Redação dada pela Lei n. 5.839, de 5.12.1972)*
1ª Região	Estados da Guanabara, Rio de Janeiro e Espírito Santo;
2ª Região	Estados de São Paulo, Paraná e Mato Grosso;
3ª Região	Estados de Minas Gerais e Goiás e Distrito Federal;
4ª Região	Estados do Rio Grande do Sul e Santa Catarina;
5ª Região	Estados da Bahia e Sergipe;
6ª Região	Estados de Alagoas, Pernambuco, Paraíba e Rio Grande do Norte;
7ª Região	Estados do Ceará, Piauí e Maranhão;
8ª Região	Estados do Amazonas, Pará, Acre e Territórios Federais do Amapá, Rondônia e Roraima.
Parágrafo único	Os tribunais têm sede nas cidades: Rio de Janeiro (1ª Região), São Paulo (2ª Região), Belo Horizonte (3ª Região), Porto Alegre (4ª Região), Salvador (5ª Região), Recife (6ª Região), Fortaleza (7ª Região) e Belém (8ª Região). *(Redação dada pela Lei n. 5.839, de 5.12.1972)*

LEI COMPLEMENTAR N. 20, DE 1º DE JULHO DE 1974
Unificou os Estados de Guanabara e Rio de Janeiro, a partir de 15.3.1975
DOU 1.7.1974

LEI COMPLEMENTAR N. 31, DE 11 DE OUTUBRO DE 1977
Criou o Estado de Mato Grosso do Sul, pelo desmembramento do Estado do Mato Grosso
DOU 12.10.1977

LEI COMPLEMENTAR N. 41, DE 22 DE DEZEMBRO DE 1981
Criou o Estado de Rondônia
DOU 23.12.1981

LEI N. 5.839, DE 5 DE DEZEMBRO DE 1972
Deu nova redação ao art. 674 da CLT
DOU 6.12.1972

LEI N. 6.241, 22 DE SETEMBRO DE 1975
Criou a 9ª Região
DOU 24.9.1975

LEI N. 6.915, DE 1º DE JUNHO DE 1981
Criou a 6ª Região
DOU 2.6.1981

TÍTULO VIII — DA JUSTIÇA DO TRABALHO

Arts. 675 e 676

LEI N. 6.927, DE 8 DE JULHO DE 1981
Criou a 10ª Região
DOU 8.7.1981

LEI N. 7.324, DE 18 DE JUNHO DE 1985
Criou a 13ª Região
DOU 19.6.1985

LEI N. 7.523, DE 17 DE JULHO DE 1986
Criou a 14ª Região
DOU 18.7.1986

LEI N.7.520, DE 15 DE JULHO DE 1986
Criou a 15ª Região
DOU 16.7.1986

LEI N. 7.671, DE 21 DE SETEMBRO DE 1988
Criou a 16ª Região
DOU 22.9.1988

LEI N. 7872, DE 8 DE NOVEMBRO DE 1989
Criou a 17ª Região
DOU 10.11.1989

LEI N. 7.873, DE 9 DE NOVEMBRO DE 1989
Criou a 18ª Região
DOU 10.11.1989

LEI N. 8.219, DE 29 DE AGOSTO DE 1991
Criou a 19ª Região
DOU 30.8.1991

LEI N. 8.233, DE 10 DE SETEMBRO DE 1991
Criou a 20ª Região
DOU 11.9.1991

LEI N. 8.215, DE 25 DE JULHO DE 1991
Criou a 21ª Região
DOU 26.7.1991

LEI N. 8.221, DE 5 DE SETEMBRO DE 1991
Criou a 22ª Região
DOU 8.9.1991

LEI N. 8.430, DE 8 DE JUNHO DE 1992
Criou a 23ª Região
DOU 9.6.1992

LEI N. 8.431, DE 9 DE JUNHO DE 1992
Criou a 24ª Região
DOU 10.6.1992
Atualmente, as 24 Regiões são:
1ª Região — Estado do Rio de Janeiro; (Lei n. 5.839, de 5.12.1972)
2ª Região — Estado de São Paulo; (Lei n. 5.839, de 5.12.1972)
3ª Região — Estado de Minas Gerais; (Lei n. 5.839, de 5.12.1972)
4ª Região — Estado do Rio Grande do Sul; (Lei n. 5.839, de 5.12.1972)
5ª Região — Estado da Bahia; (Lei n. 5.839, de 5.12.1972)
6ª Região — Estado Pernambuco; (Lei n. 5.839, de 5.12.1972)
7ª Região — Estado do Ceará; (Lei n. 5.839, de 5.12.1972)
8ª Região — Estados do Pará e Amapá; (Lei n. 5.839, de 5.12.1972)
9ª Região — Estado do Paraná; (Lei n. 6.241, de 22.9.1975)
10ª Região — Estado do Distrito Federal; (Lei n. 6.927, de 7.7.1981)
11ª Região — Estados do Amazonas e de Roraima; (Lei n. 6.915, de 1º.6.1981)
12ª Região — Estado de Santa Catarina; (Lei n. 6.928, de 7.7.1981)
13ª Região — Estado da Paraíba; (Lei n. 7.324, de 18.6.1985)
14ª Região — Estados de Rondônia e Acre; (Lei n. 7.523, de 17.7.1986)
15ª Região — Estado de São Paulo; (Lei n. 7.520, de 15.7.1986)
16ª Região — Estado do Maranhão; (Lei n. 7.671, de 21.9.1988)
17ª Região — Estado do Espírito Santo; (Lei n. 7.872, de 8.11.1989)
18ª Região — Estado de Goiás; (Lei n. 7.873, de 9.11.1989)
19ª Região — Estado de Alagoas; (Lei n. 8.219, de 29.8.1991)
20ª Região — Estado de Sergipe; (Lei n. 8.233, de 10.9.1991)
21ª Região — Estado do Rio Grande do Norte; (Lei n. 8.215, de 25.7.1991)
22ª Região — Estado do Piauí; (Lei n. 8.221, de 5.9.1991)
23ª Região — Estado do Mato Grosso; (Lei n. 8.430, de 8.6.1992)
24ª Região — Estado do Mato Grosso do Sul; (Lei n. 8.431, de 9.6.1992)
Os Tribunais Regionais do Trabalho têm sede nas seguintes cidades: Rio de Janeiro (1ª Região), São Paulo (2ª Região), Belo Horizonte (3ª Região), Porto Alegre (4ª Região), Salvador (5ª Região), Recife (6ª Região), Fortaleza (7ª Região), Belém (8ª Região), Curitiba (9ª Região), Brasília (10ª Região), Manaus (11ª Região), Florianópolis (12ª Região), João Pessoa (13ª Região), Porto Velho (14ª Região), Campinas (15ª Região), São Luís (16ª Região), Vitória (17ª Região), Goiânia (18ª Região), Maceió (19ª Região), Aracaju (20ª Região), Natal (21ª Região), Teresina (22ª Região), Cuiabá (23ª Região) e Campo Grande (24ª Região).

Art. 675 (Revogado pela Lei n. 5.442, de 24.5.1968)

Art. 676 O número de regiões, a jurisdição e a categoria dos Tribunais Regionais, estabelecidos nos artigos anteriores, somente podem ser alterados pelo Presidente da República.

CONSTITUIÇÃO FEDERAL DE 1988
DOU 5.10.1988

Vide art. 112; e art. 113

Art. 112. A lei criará varas da Justiça do Trabalho, podendo, nas comarcas não abrangidas por sua jurisdição, atribuí-la aos juízes de direito, com recurso para o respectivo Tribunal Regional do Trabalho. *(Redação dada pela Emenda Constitucional n. 45, de 2004)*

Art. 113. A lei disporá sobre a constituição, investidura, jurisdição, competência, garantias e condições de exercício dos órgãos da Justiça do Trabalho. *(Redação dada pela Emenda Constitucional n. 24, de 1999)*

TÍTULO VIII — DA JUSTIÇA DO TRABALHO

Art. 677 A competência dos Tribunais Regionais determina-se pela forma indicada no art. 651 e seus parágrafos e, nos casos de dissídio coletivo, pelo local onde este ocorrer.

SÚMULA DO STF

Vide Súmula 433/STF

Súmula 433 STF — É competente o Tribunal Regional do Trabalho para julgar mandado de segurança contra ato de seu presidente em execução de sentença trabalhista.

SÚMULA DO TST

Vide Súmula 420/TST

Súmula 420 TST — COMPETÊNCIA FUNCIONAL. CONFLITO NEGATIVO. TRT E VARA DO TRABALHO DE IDÊNTICA REGIÃO. NÃO CONFIGURAÇÃO (conversão da Orientação Jurisprudencial n. 115 da SBDI-2) — Res. 137/2005, DJ 22, 23 e 24.08.2005

Não se configura conflito de competência entre Tribunal Regional do Trabalho e Vara do Trabalho a ele vinculada. *(ex-OJ n. 115 da SBDI-2 — DJ 11.08.2003)*

Art. 678 Aos Tribunais Regionais, quando divididos em Turmas, compete: *(Redação dada pela Lei n. 5.442, de 24.5.1968)*

I - ao Tribunal Pleno, especialmente: *(Incluído pela Lei n. 5.442, de 24.5.1968)*

a) processar, conciliar e julgar originariamente os dissídios coletivos;

CONSTITUIÇÃO FEDERAL DE 1988
DOU 5.10.1988

Vide art. 114, *caput* e § 2º

Art. 114. Compete à Justiça do Trabalho processar e julgar: *(Redação dada pela Emenda Constitucional n. 45, de 2004)*

(...)

§ 2º Recusando-se qualquer das partes à negociação coletiva ou à arbitragem, é facultado às mesmas, de comum acordo, ajuizar dissídio coletivo de natureza econômica, podendo a Justiça do Trabalho decidir o conflito, respeitadas as disposições mínimas legais de proteção ao trabalho, bem como as convencionadas anteriormente. *(Redação dada pela Emenda Constitucional n. 45, de 2004)*

CONSOLIDAÇÃO DAS LEIS DO TRABALHO
Decreto-Lei n. 5.452, de 1º de maio de 1943
DOU 9.8.1943

Vide art. 616, *caput* e §§ 1º a 4º

Art. 616. Os Sindicatos representativos de categorias econômicas ou profissionais e as empresas, inclusive as que não tenham representação sindical, quando provocados, não podem recusar-se à negociação coletiva. *(Redação dada pelo Decreto-Lei n. 229, de 28.2.1967)*

§ 1º Verificando-se recusa à negociação coletiva, cabe aos Sindicatos ou empresas interessadas dar ciência do fato, conforme o caso, ao Departamento Nacional do Trabalho ou aos órgãos regionais do Ministério do Trabalho e Previdência Social, para convocação compulsória dos Sindicatos ou empresas recalcitrantes. *(Incluído pelo Decreto-Lei n. 229, de 28.2.1967)*

§ 2º No caso de persistir a recusa à negociação coletiva, pelo desatendimento às convocações feitas pelo Departamento Nacional do Trabalho ou órgãos regionais do Ministério de Trabalho e Previdência Social, ou se malograr a negociação entabulada, é facultada aos Sindicatos ou empresas interessadas a instauração de dissídio coletivo. *(Incluído pelo Decreto-Lei n. 229, de 28.2.1967)*

§ 3º Havendo convenção, acordo ou sentença normativa em vigor, o dissídio coletivo deverá ser instaurado dentro dos 60 (sessenta) dias anteriores ao respectivo termo final, para que o novo instrumento possa ter vigência no dia imediato a esse termo. *(Redação dada pelo Decreto-Lei n. 424, de 21.1.1969)*

§ 4º Nenhum processo de dissídio coletivo de natureza econômica será admitido sem antes se esgotarem as medidas relativas à formalização da Convenção ou Acordo correspondente. *(Incluído pelo Decreto-Lei n. 229, de 28.2.1967)*

LEI N. 7.701, DE 21 DE DEZEMBRO DE 1988
Dispõe sobre a especialização de Turmas dos Tribunais do Trabalho em processos coletivos e dá outras providências.
DOU 22.12.1988

Vide art. 6º, *caput* e parágrafo único; art. 7º

Art. 6º. Os Tribunais Regionais do Trabalho que funcionarem divididos em Grupos de Turmas promoverão a especialização de um deles com a competência exclusiva para a conciliação e julgamento de dissídios coletivos, na forma prevista no *caput* do art. 1º desta Lei.

Parágrafo único. O Regimento Interno disporá sobre a constituição e funcionamento do Grupo Normativo, bem como dos demais Grupos de Turmas de Tribunal Regional do Trabalho.

Art. 7º. Das decisões proferidas pelo Grupo Normativo dos Tribunais Regionais do Trabalho, caberá recurso ordinário para o Tribunal Superior do Trabalho.

TÍTULO VIII — DA JUSTIÇA DO TRABALHO

b)	processar e julgar originariamente:
1)	as revisões de sentenças normativas;
2)	a extensão das decisões proferidas em dissídios coletivos;
3)	os mandados de segurança;
4)	as impugnações à investidura de vogais e seus suplentes nas Juntas de Conciliação e Julgamento;

CONSTITUIÇÃO FEDERAL DE 1988
DOU 5.10.1988

Vide art. 114, *caput*, inciso IV e § 2º

Art. 114. Compete à Justiça do Trabalho processar e julgar: *(Redação dada pela Emenda Constitucional n. 45, de 2004)*
(...)
IV — os mandados de segurança, habeas corpus e habeas data, quando o ato questionado envolver matéria sujeita à sua jurisdição; *(Incluído pela Emenda Constitucional n. 45, de 2004)*
(...)
§ 2º Recusando-se qualquer das partes à negociação coletiva ou à arbitragem, é facultado às mesmas, de comum acordo, ajuizar dissídio coletivo de natureza econômica, podendo a Justiça do Trabalho decidir o conflito, respeitadas as disposições mínimas legais de proteção ao trabalho, bem como as convencionadas anteriormente. *(Redação dada pela Emenda Constitucional n. 45, de 2004)*

CONSOLIDAÇÃO DAS LEIS DO TRABALHO
Decreto-Lei n. 5.452, de 1º de maio de 1943
DOU 9.8.1943

Vide art. 616, *caput* e §§ 1º a 4º

Art. 616. Os Sindicatos representativos de categorias econômicas ou profissionais e as empresas, inclusive as que não tenham representação sindical, quando provocados, não podem recusar-se à negociação coletiva. *(Redação dada pelo Decreto-Lei n. 229, de 28.2.1967)*
§ 1º Verificando-se recusa à negociação coletiva, cabe aos Sindicatos ou empresas interessadas dar ciência do fato, conforme o caso, ao Departamento Nacional do Trabalho ou aos órgãos regionais do Ministério do Trabalho e Previdência Social, para convocação compulsória dos Sindicatos ou empresas recalcitrantes. *(Incluído pelo Decreto-Lei n. 229, de 28.2.1967)*
§ 2º No caso de persistir a recusa à negociação coletiva, pelo desatendimento às convocações feitas pelo Departamento Nacional do Trabalho ou órgãos regionais do Ministério de Trabalho e Previdência Social, ou se malograr a negociação entabulada, é facultada aos Sindicatos ou empresas interessadas a instauração de dissídio coletivo. *(Incluído pelo Decreto-Lei n. 229, de 28.2.1967)*
§ 3º Havendo convenção, acordo ou sentença normativa em vigor, o dissídio coletivo deverá ser instaurado dentro dos 60 (sessenta) dias anteriores ao respectivo termo final, para que o novo instrumento possa ter vigência no dia imediato a esse termo. *(Redação dada pelo Decreto-Lei n. 424, de 21.1.1969)*
§ 4º Nenhum processo de dissídio coletivo de natureza econômica será admitido sem antes se esgotarem as medidas relativas à formalização da Convenção ou Acordo correspondente. *(Incluído pelo Decreto-Lei n. 229, de 28.2.1967)*

LEI N. 7.701, DE 21 DE DEZEMBRO DE 1988
Dispõe sobre a especialização de Turmas dos Tribunais do Trabalho em processos coletivos e dá outras providências.
DOU 22.12.1988

Vide art. 6º, *caput* e parágrafo único; art. 7º

Art. 6º. Os Tribunais Regionais do Trabalho que funcionarem divididos em Grupos de Turmas promoverão a especialização de um deles com a competência exclusiva para a conciliação e julgamento de dissídios coletivos, na forma prevista no *caput* do Art. 1º desta Lei.
Parágrafo único. O Regimento Interno disporá sobre a constituição e funcionamento do Grupo Normativo, bem como dos demais Grupos de Turmas de Tribunal Regional do Trabalho.

Art. 7º. Das decisões proferidas pelo Grupo Normativo dos Tribunais Regionais do Trabalho, caberá recurso ordinário para o Tribunal Superior do Trabalho.

SÚMULA DO STF

Vide Súmula 433/STF

Súmula 433 STF — É competente o Tribunal Regional do Trabalho para julgar mandado de segurança contra ato de seu presidente em execução de sentença trabalhista.

SÚMULAS DO TST

Vide Súmulas 190 e 425/TST

Súmula 190 TST — PODER NORMATIVO DO TST. CONDIÇÕES DE TRABALHO. INCONSTITUCIONALIDADE. DECISÕES CONTRÁRIAS AO STF (mantida) — Res. 121/2003, DJ 19, 20 e 21.11.2003
Ao julgar ou homologar ação coletiva ou acordo nela havido, o Tribunal Superior do Trabalho exerce o poder normativo constitucional, não podendo criar ou homologar condições de trabalho que o Supremo Tribunal Federal julgue iterativamente inconstitucionais.

Súmula 425 TST — *JUS POSTULANDI* NA JUSTIÇA DO TRABALHO. ALCANCE. Res. 165/2010, DEJT divulgado em 30.04.2010 e 03 e 04.05.2010
O *jus postulandi* das partes, estabelecido no art. 791 da CLT, limita-se às Varas do Trabalho e aos Tribunais Regionais do Trabalho, não alcançando a ação rescisória, a ação cautelar, o mandado de segurança e os recursos de competência do Tribunal Superior do Trabalho.

Art. 678

c)	processar e julgar em última instância:
1)	os recursos das multas impostas pelas Turmas;
2)	as ações rescisórias das decisões das Juntas de Conciliação e Julgamento, dos juízes de direito investidos na jurisdição trabalhista, das Turmas e de seus próprios acórdãos;
3)	os conflitos de jurisdição entre as suas Turmas, os juízes de direito investidos na jurisdição trabalhista, as Juntas de Conciliação e Julgamento, ou entre aqueles e estas;

CONSTITUIÇÃO FEDERAL DE 1988
DOU 5.10.1988

Vide art. 114, *caput* e incisos IV e V

Art. 114. Compete à Justiça do Trabalho processar e julgar: *(Redação dada pela Emenda Constitucional n. 45, de 2004)*

(...)

IV — os mandados de segurança, *habeas corpus* e *habeas data*, quando o ato questionado envolver matéria sujeita à sua jurisdição; *(Incluído pela Emenda Constitucional n. 45, de 2004)*

V — os conflitos de competência entre órgãos com jurisdição trabalhista, ressalvado o disposto no art. 102, I, o; *(Incluído pela Emenda Constitucional n. 45, de 2004)*

SÚMULAS DO STF

Vide Súmulas 252, 343 e 514/STF

Súmula 252 STF — Na ação rescisória, não estão impedidos juízes que participaram do julgamento rescindendo.

Súmula 343 STF — Não cabe ação rescisória por ofensa a literal disposição de lei, quando a decisão rescindenda se tiver baseado em texto legal de interpretação controvertida nos tribunais.

Súmula 514 STF — Admite-se ação rescisória contra sentença transitada em julgado, ainda que contra ela não se tenha esgotado todos os recursos.

SÚMULA DO TST

Vide Súmula 192/TST

Súmula 192 TST—AÇÃO RESCISÓRIA. COMPETÊNCIA E POSSIBILIDADE JURÍDICA DO PEDIDO (inciso III alterado) — Res. 153/2008, DEJT divulgado em 20, 21 e 24.11.2008

I — Se não houver o conhecimento de recurso de revista ou de embargos, a competência para julgar ação que vise a rescindir a decisão de mérito é do Tribunal Regional do Trabalho, ressalvado o disposto no item II. *(ex-Súmula n. 192 — alterada pela Res. 121/2003, DJ 21.11.2003)*

II — Acórdão rescindindo do Tribunal Superior do Trabalho que não conhece de recurso de embargos ou de revista, analisando arguição de violação de dispositivo de lei material ou decidindo em consonância com súmula de direito material ou com iterativa, notória e atual jurisprudência de direito material da Seção de Dissídios Individuais (Súmula n. 333), examina o mérito da causa, cabendo ação rescisória da competência do Tribunal Superior do Trabalho. *(ex-Súmula n. 192 — alterada pela Res. 121/2003, DJ 21.11.2003)*

III — Em face do disposto no art. 512 do CPC, é juridicamente impossível o pedido explícito de desconstituição de sentença quando substituída por acórdão do Tribunal Regional ou superveniente sentença homologatória de acordo que puser fim ao litígio.

IV — É manifesta a impossibilidade jurídica do pedido de rescisão de julgado proferido em agravo de instrumento que, limitando-se a aferir o eventual desacerto do juízo negativo de admissibilidade do recurso de revista, não substitui o acórdão regional, na forma do art. 512 do CPC. *(ex-OJ n. 105 da SBDI-2 — DJ 29.04.2003)*

V — A decisão proferida pela SBDI, em sede de agravo regimental, calcada na Súmula n. 333, substitui acórdão de Turma do TST, porque emite juízo de mérito, comportando, em tese, o corte rescisório. *(ex-OJ n. 133 da SBDI-2 — DJ 04.05.2004)*

ORIENTAÇÃO JURISPRUDENCIAL DA SDI-2 DO TST

Vide OJ 7 SDI-2/TST

OJ 7 SDI-1 TST — A Lei n. 7.872/89 que criou o Tribunal Regional do Trabalho da 17ª Região não fixou a sua competência para apreciar as ações rescisórias de decisões oriundas da 1ª Região, o que decorreu do art. 678, I, "c", item 2, da CLT.

d)	julgar em única ou última instâncias:
1)	os processos e os recursos de natureza administrativa atinentes aos seus serviços auxiliares e respectivos servidores;
2)	as reclamações contra atos administrativos de seu presidente ou de qualquer de seus membros, assim como dos juízes de primeira instância e de seus funcionários.

TÍTULO VIII — DA JUSTIÇA DO TRABALHO

SÚMULAS DO STF

Vide Súmulas 20, 433 e 505/STF

Súmula 20 STF — É necessário processo administrativo com ampla defesa, para demissão de funcionário admitido por concurso.

Súmula 433 STF — É competente o Tribunal Regional do Trabalho para julgar mandado de segurança contra ato de seu presidente em execução de sentença trabalhista.

Súmula 505 STF — O agravo a que se refere o art. 4º da Lei n. 4.348, de 26.6.64, cabe, somente, do despacho do Presidente do Supremo Tribunal Federal que defere a suspensão da liminar, em mandado de segurança; não do que a denega.

II -	às Turmas: *(Incluído pela Lei n. 5.442, de 24.5.1968)*
a)	julgar os recursos ordinários previstos no art. 895, alínea a ;
b)	julgar os agravos de petição e de instrumento, estes de decisões denegatórias de recursos de sua alçada;
c)	impor multas e demais penalidades relativas e atos de sua competência jurisdicional, e julgar os recursos interpostos das decisões das Juntas dos juízes de direito que as impuserem.
Parágrafo único	Das decisões das Turmas não caberá recurso para o Tribunal Pleno, exceto no caso do item I, alínea "c", inciso 1, deste artigo. *(Incluído pela Lei n. 5.442, de 24.5.1968)*

SÚMULA DO STJ

Vide Súmula 225/STJ

Súmula 225 STJ — Compete ao Tribunal Regional do Trabalho apreciar recurso contra sentença proferida por órgão de primeiro grau da Justiça Trabalhista, ainda que para declarar-lhe a nulidade em virtude de incompetência.

Art. 679	Aos Tribunais Regionais não divididos em Turmas, compete o julgamento das matérias a que se refere o artigo anterior, exceto a de que trata o inciso I da alínea c do Item I, como os conflitos de jurisdição entre Turmas. *(Redação dada pela Lei n. 5.442, de 24.5.1968)*

Art. 680	Compete, ainda, aos Tribunais Regionais, ou suas Turmas: *(Restabelecido com nova redação pela Lei n. 5.442, de 24.5.1968)*
a)	determinar às Juntas e aos juízes de direito a realização dos atos processuais e diligências necessárias ao julgamento dos feitos sob sua apreciação;
b)	fiscalizar o comprimento de suas próprias decisões;
c)	declarar a nulidade dos atos praticados com infração de suas decisões;
d)	julgar as suspeições arguidas contra seus membros;
e)	julgar as exceções de incompetência que lhes forem opostas;
f)	requisitar às autoridades competentes as diligências necessárias ao esclarecimento dos feitos sob apreciação, representando contra aquelas que não atenderem a tais requisições;
g)	exercer, em geral, no interesse da Justiça do Trabalho, as demais atribuições que decorram de sua Jurisdição.

EMENDA CONSTITUCIONAL N. 24, DE 9 DE DEZEMBRO DE 1999

Altera dispositivos da Constituição Federal pertinentes à representação classista na Justiça do Trabalho. Extingue a representação classista na Justiça do Trabalho.
DOU 10.12.1999

SEÇÃO III
DOS PRESIDENTES DOS TRIBUNAIS REGIONAIS

Art. 681 — Os presidentes e vice-presidentes dos Tribunais Regionais do Trabalho tomarão posse perante os respectivos Tribunais. *(Redação dada pela Lei n. 6.320, de 5.4.1976)*

Art. 682 — Competem privativamente aos Presidentes dos Tribunais Regionais, além das que forem conferidas neste e no título e das decorrentes do seu cargo, as seguintes atribuições: *(Redação dada pelo Decreto-Lei n. 8.737, de 19.1.1946)*

I - *(Revogado pela Lei n. 5.442, de 24.5.1968)*

II - designar os vogais das Juntas e seus suplentes; *(Redação dada pelo Decreto-Lei n. 8.737, de 19.1.1946)*

III - dar posse aos Presidentes de Juntas e Presidentes Substitutos, aos vogais e suplentes e funcionários do próprio Tribunal e conceder férias e licenças aos mesmos e aos vogais e suplentes das Juntas; *(Redação dada pelo Decreto-Lei n. 8.737, de 19.1.1946)*

IV - presidir às sessões do Tribunal; *(Redação dada pelo Decreto-Lei n. 8.737, de 19.1.1946)*

V - presidir às audiências de conciliação nos dissídios coletivos; *(Redação dada pelo Decreto-Lei n. 8.737, de 19.1.1946)*

VI - executar suas próprias decisões e as proferidas pelo Tribunal; *(Redação dada pelo Decreto-Lei n. 8.737, de 19.1.1946)*

VII - convocar suplentes dos vogais do Tribunal, nos impedimentos destes; *(Redação dada pelo Decreto-Lei n. 8.737, de 19.1.1946)*

VIII - representar ao Presidente do Tribunal Superior do Trabalho contra os Presidentes e os vogais, nos casos previstos no art. 727 e seu parágrafo único; *(Redação dada pelo Decreto-Lei n. 8.737, de 19.1.1946)*

IX - despachar os recursos interpostos pelas partes; *(Redação dada pelo Decreto-Lei n. 8.737, de 19.1.1946)*

X - requisitar às autoridades competentes, nos casos de dissídio coletivo, a força necessária, sempre que houver ameaça e perturbação da ordem; *(Redação dada pelo Decreto-Lei n. 8.737, de 19.1.1946)*

XI - exercer correição, pelo menos uma vez por ano, sobre as Juntas, ou parcialmente sempre que se fizer necessário, e solicitá-la, quando julgar conveniente, ao Presidente do Tribunal de Apelação relativamente aos Juízes de Direito investidos na administração da Justiça do Trabalho; *(Redação dada pelo Decreto-Lei n. 8.737, de 19.1.1946)*

XII - distribuir os feitos, designando os vogais que os devem relatar; *(Redação dada pelo Decreto-Lei n. 8.737, de 19.1.1946)*

XIII - designar, dentre os funcionários do Tribunal e das Juntas existentes em uma mesma localidade, o que deve exercer a função de distribuidor; *(Redação dada pelo Decreto-Lei n. 8.737, de 19.1.1946)*

XIV - assinar as folhas de pagamento dos vogais e servidores do Tribunal. *(Redação dada pelo Decreto-Lei n. 8.737, de 19.1.1946)*

§ 1º — Na falta ou impedimento do Presidente da Junta e do substituto da mesma localidade, é facultado ao Presidente do Tribunal Regional designar substituto de outra localidade, observada a ordem de antiguidade entre os substitutos desimpedidos. *(Redação dada pelo Decreto-Lei n. 8.737, de 19.1.1946)*

TÍTULO VIII — DA JUSTIÇA DO TRABALHO

§ 2º	Na falta ou impedimento do Juiz classista da Junta e do respectivo suplente, é facultado ao Presidente do Tribunal Regional designar suplente de outra Junta, respeitada a categoria profissional ou econômica do representante e a ordem de antiguidade dos suplentes desimpedidos. *(Redação dada pelo Decreto-Lei n. 8.737, de 19.1.1946)*
§ 3º	Na falta ou impedimento de qualquer Juiz representante classista e seu respectivo suplente, é facultado ao Presidente do Tribunal Regional designar um dos Juízes classistas de Junta de Conciliação e Julgamento para funcionar nas sessões do Tribunal, respeitada a categoria profissional ou econômica do representante. *(Incluído pela Lei n. 3.440, de 27.8.1958)*

EMENDA CONSTITUCIONAL N. 24, DE 9 DE DEZEMBRO DE 1999
Altera dispositivos da Constituição Federal pertinentes à representação classista na Justiça do Trabalho. Extingue a representação classista na Justiça do Trabalho.
DOU 10.12.1999

Art. 683	Na falta ou impedimento dos Presidentes dos Tribunais Regionais, e como auxiliares destes, sempre que necessário, funcionarão seus substitutos. *(Redação dada pelo Decreto-Lei n. 8.737, de 19.1.1946)*
§ 1º	Nos casos de férias, por 30 (trinta) dias, licença, morte ou renúncia, a convocação competirá diretamente ao Presidente do Tribunal Superior do Trabalho. *(Redação dada pelo Decreto-Lei n. 8.737, de 19.1.1946)*
§ 2º	Nos demais casos, mediante convocação do próprio Presidente do Tribunal ou comunicação do secretário deste, o Presidente Substituto assumirá imediatamente o exercício, ciente o Presidente do Tribunal Superior do Trabalho. *(Redação dada pelo Decreto-Lei n. 8.737, de 19.1.1946)*

SEÇÃO IV
DOS JUÍZES REPRESENTANTES CLASSISTAS DOS TRIBUNAIS REGIONAIS

EMENDA CONSTITUCIONAL N. 24, DE 9 DE DEZEMBRO DE 1999
Altera dispositivos da Constituição Federal pertinentes à representação classista na Justiça do Trabalho. Extingue a representação classista na Justiça do Trabalho.
DOU 10.12.1999

Art. 684	Os Juízes representantes classistas dos Tribunais Regionais são designados pelo Presidente da República.
§ 1º	*(Revogado pela Lei n. 5.442, de 24.5.1968)*
§ 2º	*(Revogado pela Lei n. 5.442, de 24.5.1968)*
Parágrafo único	Aos Juízes representantes classistas dos empregados e dos empregadores, nos Tribunais Regionais, aplicam-se as disposições do art. 661. *(§ 1º renumerado para parágrafo único pela Lei n. 5.442, de 24.5.1968)*

EMENDA CONSTITUCIONAL N. 24, DE 9 DE DEZEMBRO DE 1999
Altera dispositivos da Constituição Federal pertinentes à representação classista na Justiça do Trabalho. Extingue a representação classista na Justiça do Trabalho.
DOU 10.12.1999

Art. 685 A escolha dos vogais e suplentes dos Tribunais Regionais, representantes dos empregadores e empregados, é feita dentre os nomes constantes das listas para esse fim encaminhadas ao Presidente do Tribunal Superior do Trabalho pelas associações sindicais de grau superior com sede nas respectivas Regiões.

§ 1º Para o efeito deste artigo, o Conselho de Representantes de cada associação sindical de grau superior, na ocasião determinada pelo Presidente do Tribunal Superior do Trabalho, organizará, por maioria de votos, uma lista de 3 (três) nomes.

§ 2º O Presidente do Tribunal Superior do Trabalho submeterá os nomes constantes das listas ao Presidente da República, por intermédio do Ministro da Justiça e Negócios Interiores. *(Redação dada pela Lei n. 2.244, de 23.6.1954)*

EMENDA CONSTITUCIONAL N. 24, DE 9 DE DEZEMBRO DE 1999
Altera dispositivos da Constituição Federal pertinentes à representação classista na Justiça do Trabalho. Extingue a representação classista na Justiça do Trabalho.
DOU 10.12.1999

Art. 686 *(Suprimido pelo Decreto-Lei n. 9.797, de 9.9.1946)*

Art. 687 Os vogais dos Tribunais Regionais tomam posse perante o respectivo Presidente.

EMENDA CONSTITUCIONAL N. 24, DE 9 DE DEZEMBRO DE 1999
Altera dispositivos da Constituição Federal pertinentes à representação classista na Justiça do Trabalho. Extingue a representação classista na Justiça do Trabalho.
DOU 10.12.1999

Art. 688 Aos juízes representantes classistas dos Tribunais Regionais aplicam-se as disposições do art. 663, sendo a nova escolha feita dentre os nomes constantes das listas a que se refere o art. 685, ou na forma indicada no art. 686 e, bem assim, as dos arts. 665 e 667.

EMENDA CONSTITUCIONAL N. 24, DE 9 DE DEZEMBRO DE 1999
Altera dispositivos da Constituição Federal pertinentes à representação classista na Justiça do Trabalho. Extingue a representação classista na Justiça do Trabalho.
DOU 10.12.1999

TÍTULO VIII — DA JUSTIÇA DO TRABALHO

Art. 689	Por sessão a que comparecerem, até o máximo de quinze por mês, perceberão os Juízes representantes classistas e suplentes dos Tribunais Regionais a gratificação fixada em lei. *(Redação dada pelo Decreto-Lei n. 8.737, de 19.1.1946)*
Parágrafo único	Os Juízes representantes classistas que retiverem processos além dos prazos estabelecidos no Regimento Interno dos Tribunais Regionais sofrerão automaticamente, na gratificação mensal a que teriam direito, desconto equivalente a 1/30 (um trinta avos) por processo retido. *(Incluído pelo Decreto-Lei n. 8.737, de 19.1.1946)*

EMENDA CONSTITUCIONAL N. 24, DE 9 DE DEZEMBRO DE 1999

Altera dispositivos da Constituição Federal pertinentes à representação classista na Justiça do Trabalho. Extingue a representação classista na Justiça do Trabalho.
DOU 10.12.1999

CAPÍTULO V
DO TRIBUNAL SUPERIOR DO TRABALHO

SEÇÃO I
DISPOSIÇÕES PRELIMINARES

Art. 690	O Tribunal Superior do Trabalho, com sede na Capital da República e jurisdição em todo o território nacional, é a instância suprema da Justiça do Trabalho. *(Redação dada pela Lei n. 2.244, de 23.6.1954)*
Parágrafo único	O Tribunal funciona na plenitude de sua composição ou dividido em Turmas, com observância da paridade de representação de empregados e empregadores. *(Redação dada pela Lei n. 2.244, de 23.6.1954)*

CONSTITUIÇÃO FEDERAL DE 1988
DOU 5.10.1988

Vide art. 92, *caput* e incisos I, I-A, II, II-A, III, IV, V, VI e VII; art. 111, *caput* e incisos I a III e § 3º; e art. 111-A, *caput*

Art. 92. São órgãos do Poder Judiciário:

I — o Supremo Tribunal Federal;

I-A — o Conselho Nacional de Justiça; *(Inciso acrescido pela Emenda Constitucional n. 45, de 2004)*

II — o Superior Tribunal de Justiça;

II-A — o Tribunal Superior do Trabalho *(inciso com redação dada pela Emenda Constitucional n. 92, de 2016)*

III — os Tribunais Regionais Federais e Juízes Federais;

IV — os Tribunais e Juízes do Trabalho;

V — os Tribunais e Juízes Eleitorais;

VI — os Tribunais e Juízes Militares;

VII — os Tribunais e Juízes dos Estados e do Distrito Federal e Territórios.

Art. 111. São órgãos da Justiça do Trabalho:

I — o Tribunal Superior do Trabalho;

II — os Tribunais Regionais do Trabalho;

III — Juízes do Trabalho. *(Redação dada pela Emenda Constitucional n. 24, de 1999)*

Art. 111-A. O Tribunal Superior do Trabalho compor-se-á de vinte e sete Ministros, escolhidos dentre brasileiros com mais de trinta e cinco anos e menos de sessenta e cinco anos, de notável saber jurídico e reputação ilibada, nomeados pelo Presidente da República após aprovação pela maioria absoluta do Senado Federal, sendo: *(Redação dada pela Emenda Constitucional n. 92, de 2016)*

I — um quinto dentre advogados com mais de dez anos de efetiva atividade profissional e membros do Ministério Público do Trabalho com mais de dez anos de efetivo exercício, observado o disposto no art. 94; *(Incluído pela Emenda Constitucional n. 45, de 2004)*

II — os demais dentre juízes dos Tribunais Regionais do Trabalho, oriundos da magistratura da carreira, indicados pelo próprio Tribunal Superior. *(Incluído pela Emenda Constitucional n. 45, de 2004)*

§ 1º A lei disporá sobre a competência do Tribunal Superior do Trabalho. *(Incluído pela Emenda Constitucional n. 45, de 2004)*

§ 2º Funcionarão junto ao Tribunal Superior do Trabalho: *(Incluído pela Emenda Constitucional n. 45, de 2004)*

I — a Escola Nacional de Formação e Aperfeiçoamento de Magistrados do Trabalho, cabendo-lhe, dentre

outras funções, regulamentar os cursos oficiais para o ingresso e promoção na carreira; *(Incluído pela Emenda Constitucional n. 45, de 2004)*

II — o Conselho Superior da Justiça do Trabalho, cabendo-lhe exercer, na forma da lei, a supervisão administrativa, orçamentária, financeira e patrimonial da Justiça do Trabalho de primeiro e segundo graus, como órgão central do sistema, cujas decisões terão efeito vinculante. *(Incluído pela Emenda Constitucional n. 45, de 2004)*

§ 3º Compete ao Tribunal Superior do Trabalho processar e julgar, originariamente, a reclamação para a preservação de sua competência e garantia da autoridade de suas decisões. *(Parágrafo incluído pela Emenda Constitucional n. 92, de 2016)*

LEI N. 7.701, DE 21 DE DEZEMBRO DE 1988
Dispõe sobre a especialização de Turmas dos Tribunais do Trabalho em processos coletivos e dá outras providências.
DOU 22.12.1988

Vide art. 6º, *caput* e parágrafo único; art. 7º

Art. 1º. O Tribunal Superior do Trabalho, nos processos de sua competência, será dividido em turmas e seções especializadas para a conciliação e julgamento de dissídios coletivos de natureza econômica ou jurídica e de dissídios individuais, respeitada a paridade da representação classista.

Parágrafo único. O Regimento Interno do Tribunal disporá sobre a constituição e o funcionamento de cada uma das seções especializadas do Tribunal Superior do Trabalho, bem como sobre o número, composição e funcionamento das respectivas Turmas do Tribunal. Caberá ao Presidente do Tribunal Superior do Trabalho presidir os atos de julgamento das seções especializadas, delas participando o Vice-Presidente e o Corregedor-Geral, este quando não estiver ausente em função corregedora.

SÚMULA DO TST

Vide Súmula 190/TST

Súmula 190 TST — PODER NORMATIVO DO TST. CONDIÇÕES DE TRABALHO. INCONSTITUCIONALIDADE. DECISÕES CONTRÁRIAS AO STF (mantida) — Res. 121/2003, DJ 19, 20 e 21.11.2003

Ao julgar ou homologar ação coletiva ou acordo nela havido, o Tribunal Superior do Trabalho exerce o poder normativo constitucional, não podendo criar ou homologar condições de trabalho que o Supremo Tribunal Federal julgue iterativamente inconstitucionais.

Arts. 691 e 692	*(Suprimidos pelo Decreto-Lei n. 8.737, de 19.1.1946)*

SEÇÃO II
DA COMPOSIÇÃO E FUNCIONAMENTO DO TRIBUNAL SUPERIOR DO TRABALHO

Art. 693	O Tribunal Superior do Trabalho compõe-se de dezessete juízes com a denominação de Ministros, sendo: *(Redação dada pela Lei n. 5.442, de 24.5.1968)*
a)	onze togados e vitalícios, nomeados pelo Presidente da República, depois de aprovada a escolha pelo Senado Federal, dentre brasileiros natos, maiores de trinta e cinco anos, de notável saber jurídico e reputação ilibada; *(Redação dada pela Lei n. 5.442, de 24.5.1968)*
b)	seis classistas, com mandato de três anos, em representação paritária dos empregadores e dos empregados, nomeados pelo Presidente da República de conformidade com o disposto nos §§ 2º e 3º deste artigo. *(Redação dada pela Lei n. 5.442, de 24.5.1968)*
§ 1º	Dentre os Juízes Togados do Tribunal Superior do Trabalho, alheios aos interesses profissionais, serão eleitos o Presidente, o Vice-Presidente e o corregedor, além dos presidentes das turmas na forma estabelecida em seu regimento interno. *(Redação dada pela Lei n. 2.244, de 23.6.1954)*
§ 2º	Para nomeação trienal dos juízes classistas, o Presidente do Tribunal Superior do Trabalho publicará edital, com antecedência mínima de 15 (quinze) dias, convocando as associações sindicais de grau superior, para que cada uma, mediante maioria de votos do respectivo Conselho de Representantes, organize uma lista de três nomes, que será encaminhada, por intermédio daquele Tribunal, ao Ministro da Justiça e Negócios Interiores dentro do prazo que for fixado no edital. *(Redação dada pela Lei n. 2.244, de 23.6.1954)*

TÍTULO VIII — DA JUSTIÇA DO TRABALHO

Art. 694

CONSTITUIÇÃO FEDERAL DE 1988
DOU 5.10.1988

Vide art. art. 111, *caput* e incisos I a III; art. 111-A, *caput* e incisos I e II; e art. 113

Art. 111. São órgãos da Justiça do Trabalho:

I — o Tribunal Superior do Trabalho;

II — os Tribunais Regionais do Trabalho;

III — Juízes do Trabalho. *(Redação dada pela Emenda Constitucional n. 24, de 1999)*

Art. 111-A. O Tribunal Superior do Trabalho compor-se-á de vinte e sete Ministros, escolhidos dentre brasileiros com mais de trinta e cinco e menos de sessenta e cinco anos, de notável saber jurídico e reputação ilibada, nomeados pelo Presidente da República após aprovação pela maioria absoluta do Senado Federal, sendo: *(Redação alterada pela Emenda Constitucional n. 92, 2016)*

I — um quinto dentre advogados com mais de dez anos de efetiva atividade profissional e membros do Ministério Público do Trabalho com mais de dez anos de efetivo exercício, observado o disposto no art. 94;

II — os demais dentre juízes dos Tribunais Regionais do Trabalho, oriundos da magistratura da carreira, indicados pelo próprio Tribunal Superior.

§ 1º A lei disporá sobre a competência do Tribunal Superior do Trabalho.

§ 2º Funcionarão junto ao Tribunal Superior do Trabalho:

I — a Escola Nacional de Formação e Aperfeiçoamento de Magistrados do Trabalho, cabendo-lhe, dentre outras funções, regulamentar os cursos oficiais para o ingresso e promoção na carreira;

II — o Conselho Superior da Justiça do Trabalho, cabendo-lhe exercer, na forma da lei, a supervisão administrativa, orçamentária, financeira e patrimonial da Justiça do Trabalho de primeiro e segundo graus, como órgão central do sistema, cujas decisões terão efeito vinculante. *(Artigo acrescido pela Emenda Constitucional n. 45, de 2004)*

§ 3º Compete ao Tribunal Superior do Trabalho processar e julgar, originariamente, a reclamação para a preservação de sua competência e garantia da autoridade de suas decisões. *(Parágrafo incluído pela Emenda Constitucional n. 92, de 2016)*

Art. 113. A lei disporá sobre a constituição, investidura, jurisdição, competência, garantias e condições de exercício dos órgãos da Justiça do Trabalho. *(Redação dada pela Emenda Constitucional n. 24, de 1999)*

EMENDA CONSTITUCIONAL N. 24, DE 9 DE DEZEMBRO DE 1999

Altera dispositivos da Constituição Federal pertinentes à representação classista na Justiça do Trabalho. Extingue a representação classista na Justiça do Trabalho.
DOU 10.12.1999

EMENDA CONSTITUCIONAL N. 45, DE 30 DE DEZEMBRO DE 2004

Altera dispositivos dos arts. 5º, 36, 52, 92, 93, 95, 98, 99, 102, 103, 104, 105, 107, 109, 111, 112, 114, 115, 125, 126, 127, 128, 129, 134 e 168 da Constituição Federal, e acrescenta os arts. 103-A, 103B, 111-A e 130-A, e dá outras providências
DOU 31.12.2004

Art. 694 Os juízes togados escolher-se-ão: sete, dentre magistrados da Justiça do Trabalho, dois, dentre advogados no efetivo exercício da profissão, e dois, dentre membros do Ministério Público da União junto à Justiça do Trabalho. *(Restabelecido com nova redação dada pela Lei n. 5.442, de 24.5.1968)*

CONSTITUIÇÃO FEDERAL DE 1988
DOU 5.10.1088

Vide art. art. 111, *caput* e incisos I a III; art. 111-A, *caput* e incisos I e II e § 3º; e art. 113

Art. 111. São órgãos da Justiça do Trabalho:

I — o Tribunal Superior do Trabalho;

II — os Tribunais Regionais do Trabalho;

III — Juízes do Trabalho. *(Redação dada pela Emenda Constitucional n. 24, de 1999)*

Art. 111-A. O Tribunal Superior do Trabalho compor-se-á de vinte e sete Ministros, escolhidos dentre brasileiros com mais de trinta e cinco e menos de sessenta e cinco anos, de notável saber jurídico e reputação ilibada, nomeados pelo Presidente da República após aprovação pela maioria absoluta do Senado Federal, sendo: *(Redação alterada pela Emenda Constitucional n. 92, 2016)*

I — um quinto dentre advogados com mais de dez anos de efetiva atividade profissional e membros do Ministério Público do Trabalho com mais de dez anos de efetivo exercício, observado o disposto no art. 94;

II — os demais dentre juízes dos Tribunais Regionais do Trabalho, oriundos da magistratura da carreira, indicados pelo próprio Tribunal Superior.

§ 1º A lei disporá sobre a competência do Tribunal Superior do Trabalho.

§ 2º Funcionarão junto ao Tribunal Superior do Trabalho:

I — a Escola Nacional de Formação e Aperfeiçoamento de Magistrados do Trabalho, cabendo-lhe, dentre outras funções, regulamentar os cursos oficiais para o ingresso e promoção na carreira;

II — o Conselho Superior da Justiça do Trabalho, cabendo-lhe exercer, na forma da lei, a supervisão administrativa, orçamentária, financeira e patrimonial da Justiça do Trabalho de primeiro e segundo graus, como órgão central do sistema, cujas decisões terão efeito vinculante. *(Artigo acrescido pela Emenda Constitucional n. 45, de 2004)*

§ 3º Compete ao Tribunal Superior do Trabalho processar e julgar, originariamente, a reclamação para a preservação de sua competência e garantia da autoridade de suas decisões. *(Parágrafo incluído pela Emenda Constitucional n. 92, de 2016)*

Art. 113. A lei disporá sobre a constituição, investidura, jurisdição, competência, garantias e condições de exercício dos órgãos da Justiça do Trabalho. *(Redação dada pela Emenda Constitucional n. 24, de 1999)*

TÍTULO VIII — DA JUSTIÇA DO TRABALHO

Art. 695 *(Suprimido pelo Decreto-Lei n. 9.797, de 9.9.1946)*

Art. 696 Importará em renúncia o não comparecimento do membro do Conselho, sem motivo justificado, a mais de três sessões ordinárias consecutivas. *(Redação dada pelo Decreto-Lei n. 8.737, de 19.1.1946)*

§ 1º Ocorrendo a hipótese prevista neste artigo o Presidente do Tribunal comunicará imediatamente o fato ao Ministro da Justiça e Negócios Interiores, a fim de que seja feita a substituição do juiz renunciante, sem prejuízo das sanções cabíveis. *(Incluído pela Lei n. 2.244, de 23.6.1954)*

§ 2º Para os efeitos do parágrafo anterior, a designação do substituto será feita dentre os nomes constantes das listas de que trata o 2º do art. 693. *(Incluído pela Lei n. 2.244, de 23.6.1954)*

Art. 697 Em caso de licença, superior a trinta dias, ou de vacância, enquanto não for preenchido o cargo, os Ministros do Tribunal poderão ser substituídos mediante convocação de Juízes, de igual categoria, de qualquer dos Tribunais Regionais do Trabalho, na forma que dispuser o Regimento do Tribunal Superior do Trabalho. *(Redação dada pela Lei n. 6.289, de 11.12.1975)*

Art. 698 *(Suprimido pelo Decreto-Lei n. 8.737, de 19.1.1946)*

Art. 699 O Tribunal Superior do Trabalho não poderá deliberar, na plenitude de sua composição senão com a presença de pelo menos nove de seus juízes, além do Presidente. *(Redação dada pela Lei n. 2.244, de 23.6.1954)*

Parágrafo único As turmas do Tribunal, compostas de 5 (cinco) juízes, só poderão deliberar com a presença de pelo menos, três de seus membros, além do respectivo presidente, cabendo também a este funcionar como relator ou revisor nos feitos que lhe forem distribuídos conforme estabelecer o regimento interno. *(Incluído pela Lei n. 2.244, de 23.6.1954)*

Art. 700 O Tribunal reunir-se-á em dias previamente fixados pelo Presidente, o qual poderá, sempre que for necessário, convocar sessões extraordinárias. *(Redação dada pelo Decreto-Lei n. 8.737, de 19.1.1946)*

CONSTITUIÇÃO FEDERAL DE 1988
DOU 5.10.1988

Vide art. 96, *caput*, inciso I, alínea *a;* e art. 111-A, *caput* e incisos I e II

Art. 96. Compete privativamente:

I — aos tribunais:

a) eleger seus órgãos diretivos e elaborar seus regimentos internos, com observância das normas de processo e das garantias processuais das partes, dispondo sobre a competência e o funcionamento dos respectivos órgãos jurisdicionais e administrativos;

Art. 111-A. O Tribunal Superior do Trabalho compor-se-á de vinte e sete Ministros, escolhidos dentre brasileiros com mais de trinta e cinco e menos de sessenta e cinco anos, de notável saber jurídico e reputação ilibada, nomeados pelo Presidente da República após aprovação pela maioria absoluta do Senado Federal, sendo: *(Redação alterada pela Emenda Constitucional n. 92, 2016)*

I — um quinto dentre advogados com mais de dez anos de efetiva atividade profissional e membros do Ministério Público do Trabalho com mais de dez anos de efetivo exercício, observado o disposto no art. 94; *(Incluído pela Emenda Constitucional n. 45, de 2004)*

II — os demais dentre juízes dos Tribunais Regionais do Trabalho, oriundos da magistratura da carreira, indicados pelo próprio Tribunal Superior. *(Incluído pela Emenda Constitucional n. 45, de 2004)*

TÍTULO VIII — DA JUSTIÇA DO TRABALHO

Art. 701 As sessões do Tribunal serão públicas e começarão às 14 (quatorze) horas, terminando às 17 (dezessete) horas, mas poderão ser prorrogadas pelo Presidente em caso de manifesta necessidade. *(Redação dada pelo Decreto-Lei n. 8.737, de 19.1.1946)*

§ 1º As sessões extraordinárias do Tribunal só se realizarão quando forem comunicadas aos seus membros com 24 (vinte e quatro) horas, no mínimo, de antecedência. *(Redação dada pelo Decreto-Lei n. 8.737, de 19.1.1946)*

§ 2º Nas sessões do Tribunal, os debates poderão tornar-se secretos, desde que, por motivo de interesse público, assim resolva a maioria de seus membros. *(Redação dada pelo Decreto-Lei n. 8.737, de 19.1.1946)*

CONSTITUIÇÃO FEDERAL DE 1988
DOU 5.10.1988

Vide art. 93, *caput* e inciso IX; e art. 96, *caput*, inciso I, alínea *a*

Art. 93. Lei complementar, de iniciativa do Supremo Tribunal Federal, disporá sobre o Estatuto da Magistratura, observados os seguintes princípios:

(...)

IX — todos os julgamentos dos órgãos do Poder Judiciário serão públicos, e fundamentadas todas as decisões, sob pena de nulidade, podendo a lei limitar a presença, em determinados atos, às próprias partes e a seus advogados, ou somente a estes, em casos nos quais a preservação do direito à intimidade do interessado no sigilo não prejudique o interesse público à informação; *(Redação dada pela Emenda Constitucional n. 45, de 2004)*

Art. 96. Compete privativamente:

I — aos tribunais:

a) eleger seus órgãos diretivos e elaborar seus regimentos internos, com observância das normas de processo e das garantias processuais das partes, dispondo sobre a competência e o funcionamento dos respectivos órgãos jurisdicionais e administrativos;

SEÇÃO III
DA COMPETÊNCIA DO CONSELHO PLENO

Art. 702 *(Revogado pela Lei n. 7.701, de 21.12.1988)*

LEI N. 7.701, DE 21 DE DEZEMBRO DE 1988
Dispõe sobre a especialização de Turmas dos Tribunais do Trabalho em processos coletivos e dá outras providências
DOU 22.12.1988

Vide art.1º, *caput* e parágrafo único; art. 2º, *caput* e incisos I e II; art. 3º, *caput* e incisos I a III; art. 4º, *caput* e alíneas *a* a *d*; e art. 5º, *caput* e alíneas *a* a *d*

Art. 1º O Tribunal Superior do Trabalho, nos processos de sua competência, será dividido em turmas e seções especializadas para a conciliação e julgamento de dissídios coletivos de natureza econômica ou jurídica e de dissídios individuais, respeitada a paridade da representação classista.

Parágrafo único. O Regimento Interno do Tribunal disporá sobre a constituição e o funcionamento de cada uma das seções especializadas do Tribunal Superior do Trabalho, bem como sobre o número, composição e funcionamento das respectivas Turmas do Tribunal. Caberá ao Presidente do Tribunal Superior do Trabalho presidir os atos de julgamento das seções especializadas, delas participando o Vice-Presidente e o Corregedor-Geral, este quando não estiver ausente em função corregedora.

Art. 2º Compete à seção especializada em dissídios coletivos, ou seção normativa:

I — originariamente:

a) conciliar e julgar os dissídios coletivos que excedam a jurisdição dos Tribunais Regionais do Trabalho e estender ou rever suas próprias sentenças normativas, nos casos previstos em lei;

b) homologar as conciliações celebradas nos dissídios coletivos de que trata a alínea anterior;

c) julgar as ações rescisórias propostas contra suas sentenças normativas;

d) julgar os mandados de segurança contra os atos praticados pelo Presidente do Tribunal ou por qualquer dos Ministros integrantes da seção especializada em processo de dissídio coletivo; e

e) julgar os conflitos de competência entre Tribunais Regionais do Trabalho em processos de dissídio coletivo.

II — em última instância julgar:

a) os recursos ordinários interpostos contra as decisões proferidas pelos Tribunais Regionais do Trabalho em dissídios coletivos de natureza econômica ou jurídica;

b) os recursos ordinários interpostos contra as decisões proferidas pelos Tribunais Regionais do Trabalho em ações rescisórias e mandados de segurança pertinentes a dissídios coletivos;

c) os embargos infringentes interpostos contra decisão não unânime proferida em processo de dissídio coletivo de sua competência originária, salvo se a decisão atacada estiver em consonância com procedente jurisprudencial do Tribunal Superior do Trabalho ou da Súmula de sua jurisprudência predominante;

d) os embargos de declaração opostos aos seus acórdãos e os agravos regimentais pertinentes aos dissídios coletivos;

e) as suspeições arguidas contra o Presidente e demais Ministros que integram a seção, nos feitos pendentes de sua decisão; e

f) os agravos de instrumento interpostos contra despacho denegatório de recurso ordinário nos processos de sua competência.

Art. 3º Compete à Seção de Dissídios Individuais julgar:

I — originariamente:

a) as ações rescisórias propostas contra decisões das Turmas do Tribunal Superior do Trabalho e suas próprias, inclusive as anteriores à especialização em seções; e

b) os mandados de segurança de sua competência originária, na forma da lei.

II — em única instância:

a) os agravos regimentais interpostos em dissídios individuais; e

b) os conflitos de competência entre Tribunais Regionais e aqueles que envolvem Juízes de Direito investidos da jurisdição trabalhista e Juntas de Conciliação e Julgamento em processos de dissídio individual.

III — em última instância:

a) os recursos ordinários interpostos contra decisões dos Tribunais Regionais em processos de dissídio individual de sua competência originária;

b) os embargos das decisões das Turmas que divergirem entre si, ou das decisões proferidas pela Seção de Dissídios Individuais; (Redação dada pela Lei n. 11.496, de 2007)

c) os agravos regimentais de despachos denegatórios dos Presidentes das Turmas, em matéria de embargos, na forma estabelecida no Regimento Interno;

d) os embargos de declaração opostos aos seus acórdãos;

e) as suspeições arguidas contra o Presidente e demais Ministros que integram a seção, nos feitos pendentes de julgamento; e

f) os agravos de instrumento interpostos contra despacho denegatório de recurso ordinário em processo de sua competência.

Art. 4º É da competência do Tribunal Pleno do Tribunal Superior do Trabalho:

a) a declaração de inconstitucionalidade ou não de lei ou de ato normativo do Poder Público;

b) aprovar os enunciados da Súmula da jurisprudência predominante em dissídios individuais;

c) julgar os incidentes de uniformização da jurisprudência em dissídios individuais;

d) aprovar os precedentes da jurisprudência predominante em dissídios coletivos;

e) aprovar as tabelas de custas e emolumentos, nos termos da lei; e

f) elaborar o Regimento Interno do Tribunal e exercer as atribuições administrativas previstas em lei ou na Constituição Federal.

Art. 5º As Turmas do Tribunal Superior do Trabalho terão, cada uma, a seguinte competência:

a) julgar os recursos de revista interpostos de decisões dos Tribunais Regionais do Trabalho, nos casos previstos em lei;

b) julgar, em última instância, os agravos de instrumento dos despachos de Presidente de Tribunal Regional que denegarem seguimento a recurso de revista, explicitando em que efeito a revista deve ser processada, caso providos;

c) julgar, em última instância, os agravos regimentais; e

d) julgar os embargos de declaração opostos aos seus acórdãos.

SEÇÃO IV
DA COMPETÊNCIA DA CÂMARA DE JUSTIÇA DO TRABALHO

Arts. 703 a 705 *(Suprimidos pelo Decreto-Lei n. 8.737, de 19.1.1946)*

SEÇÃO V
DA COMPETÊNCIA DA CÂMARA DE PREVIDÊNCIA SOCIAL

Art. 706 *(Suprimido pelo Decreto-Lei n. 8.737, de 19.1.1946)*

SEÇÃO VI
DAS ATRIBUIÇÕES DO PRESIDENTE DO TRIBUNAL SUPERIOR DO TRABALHO

Art. 707 Compete ao Presidente do Tribunal: *(Redação dada pelo Decreto-Lei n. 8.737, de 19.1.1946)*

TÍTULO VIII — DA JUSTIÇA DO TRABALHO

Art. 708

a)	presidir às sessões do Tribunal, fixando os dias para a realização das sessões ordinárias e convocando as extraordinárias; *(Redação dada pelo Decreto-Lei n. 8.737, de 19.1.1946)*
b)	superintender todos os serviços do Tribunal; *(Redação dada pelo Decreto-Lei n. 8.737, de 19.1.1946)*
c)	expedir instruções e adotar as providências necessárias para o bom funcionamento do Tribunal e dos demais órgãos da Justiça do Trabalho; *(Redação dada pelo Decreto-Lei n. 8.737, de 19.1.1946)*
d)	fazer cumprir as decisões originárias do Tribunal, determinando aos Tribunais Regionais e aos demais órgãos da Justiça do Trabalho a realização dos atos processuais e das diligências necessárias; *(Redação dada pelo Decreto-Lei n. 8.737, de 19.1.1946)*
e)	submeter ao Tribunal os processos em que tenha de deliberar e designar, na forma do Regimento Interno, os respectivos relatores; *(Redação dada pelo Decreto-Lei n. 8.737, de 19.1.1946)*
f)	despachar os recursos interpostos pelas partes e os demais papéis em que deva deliberar; *(Redação dada pelo Decreto-Lei n. 8.737, de 19.1.1946)*
g)	determinar as alterações que se fizerem necessárias na lotação do pessoal da Justiça do Trabalho, fazendo remoções ex officio de servidores entre os Tribunais Regionais, Juntas de Conciliação e Julgamento e outros órgãos; bem como conceder as requeridas que julgar convenientes ao serviço, respeitada a lotação de cada órgão; *(Redação dada pelo Decreto-Lei n. 8.737, de 19.1.1946)*
h)	conceder licenças e férias aos servidores do Tribunal, bem como impor-lhes as penas disciplinares que excederem da alçada das demais autoridades; *(Redação dada pelo Decreto-Lei n. 8.737, de 19.1.1946)*
i)	dar posse e conceder licença aos membros do Tribunal, bem como conceder licenças e férias aos Presidentes dos Tribunais Regionais; *(Redação dada pelo Decreto-Lei n. 8.737, de 19.1.1946)*
j)	apresentar ao Ministro do Trabalho, Indústria e Comércio, até 31 de março de cada ano, o relatório das atividades do Tribunal e dos demais órgãos da Justiça do Trabalho. *(Redação dada pelo Decreto-Lei n. 8.737, de 19.1.1946)*
Parágrafo único	O Presidente terá 1 (um) secretário por ele designado dentre os funcionários lotados no Tribunal, e será auxiliado por servidores designados nas mesmas condições. *(Redação dada pelo Decreto-Lei n. 8.737, de 19.1.1946)*

CONSTITUIÇÃO FEDERAL DE 1988
DOU 5.10.1988

Vide art. 96, caput, inciso I, alínea a

Art. 96. Compete privativamente:
I — aos tribunais:
a) eleger seus órgãos diretivos e elaborar seus regimentos internos, com observância das normas de processo e das garantias processuais das partes, dispondo sobre a competência e o funcionamento dos respectivos órgãos jurisdicionais e administrativos;

SEÇÃO VII
DAS ATRIBUIÇÕES DO VICE-PRESIDENTE

Art. 708	Compete ao Vice-Presidente do Tribunal: *(Redação dada pela Lei n. 2.244, de 23.6.1954)*

Art. 709

a)	substituir o Presidente e o Corregedor em suas faltas e impedimentos; *(Redação dada pela Lei n. 2.244, de 23.6.1954)*
b)	*(Suprimida pela Lei n. 2.244, de 23.6.1954)*
Parágrafo único	Na ausência do Presidente e do Vice-Presidente, será o Tribunal presidido pelo Juiz togado mais antigo, ou pelo mais idoso quando igual a antiguidade. *(Redação dada pela Lei n. 2.244, de 23.6.1954)*

CONSTITUIÇÃO FEDERAL DE 1988
DOU 5.10.1988

Vide art. 96, caput, inciso I, alínea a

Art. 96. Compete privativamente:
I — aos tribunais:

a) eleger seus órgãos diretivos e elaborar seus regimentos internos, com observância das normas de processo e das garantias processuais das partes, dispondo sobre a competência e o funcionamento dos respectivos órgãos jurisdicionais e administrativos;

SEÇÃO VIII
DAS ATRIBUIÇÕES DO CORREGEDOR

Art. 709	Compete ao Corregedor, eleito dentre os Ministros togados do Tribunal Superior do Trabalho: *(Redação dada pelo Decreto-Lei n. 229, de 28.2.1967)*
I -	Exercer funções de inspeção e correição permanente com relação aos Tribunais Regionais e seus presidentes; *(Redação dada pelo Decreto-Lei n. 229, de 28.2.1967)*
II -	Decidir reclamações contra os atos atentatórios da boa ordem processual praticados pelos Tribunais Regionais e seus presidentes, quando inexistir recurso específico; *(Redação dada pelo Decreto-Lei n. 229, de 28.2.1967)*
III -	*(Revogado pela Lei n. 5.442, de 24.5.1968)*
§ 1º	Das decisões proferidas pelo Corregedor, nos casos do artigo, caberá o agravo regimental, para o Tribunal Pleno. *(Incluído pelo Decreto-Lei n. 229, de 28.2.1967)*
§ 2º	O Corregedor não integrará as Turmas do Tribunal, mas participará, com voto, das sessões do Tribunal Pleno, quando não se encontrar em correição ou em férias, embora não relate nem revise processos, cabendo-lhe, outrossim, votar em incidente de inconstitucionalidade, nos processos administrativos e nos feitos em que estiver vinculado por visto anterior à sua posse na Corregedoria. *(Redação dada pela Lei n. 7.121, de 8.9.1983)*

CONSTITUIÇÃO FEDERAL DE 1988
DOU 5.10.1988

Vide art. 96, caput, inciso I, alínea a

Art. 96. Compete privativamente:
I — aos tribunais:
a) eleger seus órgãos diretivos e elaborar seus regimentos internos, com observância das normas de processo e das garantias processuais das partes, dispondo sobre a competência e o funcionamento dos respectivos órgãos jurisdicionais e administrativos;

ORIENTAÇÃO JURISPRUDENCIAL DA SDI-1 DO TST

Vide OJ 412 SDI-1/TST

OJ 412 SDI-1 TST — AGRAVO INOMINADO OU AGRAVO REGIMENTAL. INTERPOSIÇÃO EM FACE DE DECISÃO COLEGIADA. NÃO CABIMENTO. ERRO GROSSEIRO. INAPLICABILIDADE DO PRINCÍPIO DA FUNGIBILIDADE RECURSAL. (DEJT divulgado em 14, 15 e 16.02.2012)

É incabível agravo inominado (art. 557, §1º, do CPC) ou agravo regimental (art. 235 do RITST) contra decisão proferida por Órgão colegiado. Tais recursos destinam-se, exclusivamente, a impugnar decisão monocrática nas hipóteses expressamente previstas. Inaplicável, no caso, o princípio da fungibilidade ante a configuração de erro grosseiro.

TÍTULO VIII — DA JUSTIÇA DO TRABALHO

Arts. 710 e 711

CAPÍTULO VI
DOS SERVIÇOS AUXILIARES DA JUSTIÇA DO TRABALHO

SEÇÃO I
DA SECRETARIA DAS JUNTAS DE CONCILIAÇÃO E JULGAMENTO

Art. 710 Cada Junta terá 1 (uma) secretaria, sob a direção de funcionário que o Presidente designar, para exercer a função de secretário, e que receberá, além dos vencimentos correspondentes ao seu padrão, a gratificação de função fixada em lei. *(Redação dada pelo Decreto-Lei n. 8.737, de 19.1.1946)*

CONSTITUIÇÃO FEDERAL DE 1988
DOU 5.10.1988

Vide art. 96, *caput*, inciso I, alínea *b*; e art. 112

Art. 96. Compete privativamente:
I — aos tribunais:
(...)
b) organizar suas secretarias e serviços auxiliares e os dos juízos que lhes forem vinculados, velando pelo exercício da atividade correicional respectiva;

Art. 112. A lei criará varas da Justiça do Trabalho, podendo, nas comarcas não abrangidas por sua jurisdição, atribuí-la aos juízes de direito, com recurso para o respectivo Tribunal Regional do Trabalho. *(Redação dada pela Emenda Constitucional n. 45, de 2004)*

EMENDA CONSTITUCIONAL N. 24, DE 9 DE DEZEMBRO DE 1999
Altera dispositivos da Constituição Federal pertinentes à representação classista na Justiça do Trabalho. Extingue a representação classista na Justiça do Trabalho.
DOU 10.12.1999

Art. 711	Compete à secretaria das Juntas:
a)	o recebimento, a autuação, o andamento, a guarda e a conservação dos processos e outros papéis que lhe forem encaminhados;
b)	a manutenção do protocolo de entrada e saída dos processos e demais papéis;
c)	o registro das decisões;
d)	a informação, às partes interessadas e seus procuradores, do andamento dos respectivos processos, cuja consulta lhes facilitará;
e)	a abertura de vista dos processos às partes, na própria secretaria;
f)	a contagem das custas devidas pelas partes, nos respectivos processos;
g)	o fornecimento de certidões sobre o que constar dos livros ou do arquivamento da secretaria;
h)	a realização das penhoras e demais diligências processuais;
i)	o desempenho dos demais trabalhos que lhe forem cometidos pelo Presidente da Junta, para melhor execução dos serviços que lhe estão afetos.

EMENDA CONSTITUCIONAL N. 24, DE 9 DE DEZEMBRO DE 1999
Altera dispositivos da Constituição Federal pertinentes à representação classista na Justiça do Trabalho. Extingue a representação classista na Justiça do Trabalho.
DOU 10.12.1999

Art. 712

Art. 712	Compete especialmente aos secretários das Juntas de Conciliação e Julgamento: *(Redação dada pelo Decreto-Lei n. 8.737, de 19.1.1946)*
a)	superintender os trabalhos da secretaria, velando pela boa ordem do serviço; *(Redação dada pelo Decreto-Lei n. 8.737, de 19.1.1946)*
b)	cumprir e fazer cumprir as ordens emanadas do Presidente e das autoridades superiores; *(Redação dada pelo Decreto-Lei n. 8.737, de 19.1.1946)*
c)	submeter a despacho e assinatura do Presidente o expediente e os papéis que devam ser por ele despachados e assinados; *(Redação dada pelo Decreto-Lei n. 8.737, de 19.1.1946)*
d)	abrir a correspondência oficial dirigida à Junta e ao seu Presidente, a cuja deliberação será submetida; *(Redação dada pelo Decreto-Lei n. 8.737, de 19.1.1946)*
e)	tomar por termo as reclamações verbais nos casos de dissídios individuais; *(Redação dada pelo Decreto-Lei n. 8.737, de 19.1.1946)*
f)	promover o rápido andamento dos processos, especialmente na fase de execução, e a pronta realização dos atos e diligências deprecadas pelas autoridades superiores; *(Redação dada pelo Decreto-Lei n. 8.737, de 19.1.1946)*
g)	secretariar as audiências da Junta, lavrando as respectivas atas; *(Redação dada pelo Decreto-Lei n. 8.737, de 19.1.1946)*
h)	subscrever as certidões e os termos processuais; *(Redação dada pelo Decreto-Lei n. 8.737, de 19.1.1946)*
i)	dar aos litigantes ciência das reclamações e demais atos processuais de que devam ter conhecimento, assinando as respectivas notificações; *(Redação dada pelo Decreto-Lei n. 8.737, de 19.1.1946)*
j)	executar os demais trabalhos que lhe forem atribuídos pelo Presidente da Junta. *(Redação dada pelo Decreto-Lei n. 8.737, de 19.1.1946)*
Parágrafo único	Os serventuários que, sem motivo justificado, não realizarem os atos, dentro dos prazos fixados, serão descontados em seus vencimentos, em tantos dias quantos os do excesso. *(Parágrafo incluído pelo Decreto-Lei n. 8.737, de 19.1.1946)*

CONSTITUIÇÃO FEDERAL DE 1988
DOU 5.10.1988

Vide art. 96, *caput*, inciso I, alínea b

Art. 96. Compete privativamente:
I — aos tribunais:
(...)
b) organizar suas secretarias e serviços auxiliares e os dos juízos que lhes forem vinculados, velando pelo exercício da atividade correicional respectiva;

EMENDA CONSTITUCIONAL N. 24, DE 9 DE DEZEMBRO DE 1999

Altera dispositivos da Constituição Federal pertinentes à representação classista na Justiça do Trabalho. Extingue a representação classista na Justiça do Trabalho.
DOU 10.12.1999

SÚMULA DO TST

Vide Súmula 30/TST

Súmula 30 TST — INTIMAÇÃO DA SENTENÇA (mantida) — Res. 121/2003, DJ 19, 20 e 21.11.2003

Quando não juntada a ata ao processo em 48 horas, contadas da audiência de julgamento (art. 851, § 2º, da CLT), o prazo para recurso será contado da data em que a parte receber a intimação da sentença.

TÍTULO VIII — DA JUSTIÇA DO TRABALHO

Arts. 713 a 715

SEÇÃO II
DOS DISTRIBUIDORES

Art. 713 Nas localidades em que existir mais de uma Junta de Conciliação e Julgamento haverá um distribuidor.

CONSTITUIÇÃO FEDERAL DE 1988
DOU 5.10.1988

Vide art. 93, *caput* e inciso XV

Art. 93. Lei complementar, de iniciativa do Supremo Tribunal Federal, disporá sobre o Estatuto da Magistratura, observados os seguintes princípios:
(...)
XV — a distribuição de processos será imediata, em todos os graus de jurisdição. *(Incluído pela Emenda Constitucional n. 45, de 2004)*

EMENDA CONSTITUCIONAL N. 24, DE 9 DE DEZEMBRO DE 1999
Altera dispositivos da Constituição Federal pertinentes à representação classista na Justiça do Trabalho. Extingue a representação classista na Justiça do Trabalho.
DOU 10.12.1999

Art. 714	Compete ao distribuidor:
a)	a distribuição, pela ordem rigorosa de entrada, e sucessivamente a cada Junta, dos feitos que, para esse fim, lhe forem apresentados pelos interessados;
b)	o fornecimento, aos interessados, do recibo correspondente a cada feito distribuído;
c)	a manutenção de 2 (dois) fichários dos feitos distribuídos, sendo um organizado pelos nomes dos reclamantes e o outro dos reclamados, ambos por ordem alfabética;
d)	o fornecimento a qualquer pessoa que o solicite, verbalmente ou por certidão, de informações sobre os feitos distribuídos;
e)	a baixa na distribuição dos feitos, quando isto lhe for determinado pelos Presidentes das Juntas, formando, com as fichas correspondentes, fichários à parte, cujos dados poderão ser consultados pelos interessados, mas não serão mencionados em certidões.

EMENDA CONSTITUCIONAL N. 24, DE 9 DE DEZEMBRO DE 1999
Altera dispositivos da Constituição Federal pertinentes à representação classista na Justiça do Trabalho. Extingue a representação classista na Justiça do Trabalho.
DOU 10.12.1999

Art. 715 Os distribuidores são designados pelo Presidente do Tribunal Regional dentre os funcionários das Juntas e do Tribunal Regional, existentes na mesma localidade, e ao mesmo Presidente diretamente subordinados.

EMENDA CONSTITUCIONAL N. 24, DE 9 DE DEZEMBRO DE 1999
Altera dispositivos da Constituição Federal pertinentes à representação classista na Justiça do Trabalho. Extingue a representação classista na Justiça do Trabalho.
DOU 10.12.1999

SEÇÃO III
DO CARTÓRIO DOS JUÍZOS DE DIREITO

Art. 716	Os cartórios dos Juízos de Direito, investidos na administração da Justiça do Trabalho, têm, para esse fim, as mesmas atribuições e obrigações conferidas na Seção I às secretarias das Juntas de Conciliação e Julgamento.
Parágrafo único	Nos Juízos em que houver mais de um cartório, far-se-á entre eles a distribuição alternada e sucessiva das reclamações.

CONSTITUIÇÃO FEDERAL DE 1988
DOU 5.10.1988

Vide art. 112

Art. 112. A lei criará varas da Justiça do Trabalho, podendo, nas comarcas não abrangidas por sua jurisdição, atribuí-la aos juízes de direito, com recurso para o respectivo Tribunal Regional do Trabalho. *(Redação dada pela Emenda Constitucional n. 45, de 2004)*

EMENDA CONSTITUCIONAL N. 24, DE 9 DE DEZEMBRO DE 1999
Altera dispositivos da Constituição Federal pertinentes à representação classista na Justiça do Trabalho. Extingue a representação classista na Justiça do Trabalho.
DOU 10.12.1999

Art. 717	Aos escrivães dos Juízos de Direito, investidos na administração da Justiça do Trabalho, competem especialmente as atribuições e obrigações dos secretários das Juntas; e aos demais funcionários dos cartórios, as que couberem nas respectivas funções, dentre as que competem às secretarias das Juntas, enumeradas no art. 711.

CONSTITUIÇÃO FEDERAL DE 1988
DOU 5.10.1988

Vide art. 112

Art. 112. A lei criará varas da Justiça do Trabalho, podendo, nas comarcas não abrangidas por sua jurisdição, atribuí-la aos juízes de direito, com recurso para o respectivo Tribunal Regional do Trabalho. *(Redação dada pela Emenda Constitucional n. 45, de 2004)*

EMENDA CONSTITUCIONAL N. 24, DE 9 DE DEZEMBRO DE 1999
Altera dispositivos da Constituição Federal pertinentes à representação classista na Justiça do Trabalho. Extingue a representação classista na Justiça do Trabalho.
DOU 10.12.1999

SEÇÃO IV
DAS SECRETARIAS DOS TRIBUNAIS REGIONAIS

Art. 718	Cada Tribunal Regional tem 1 (uma) secretaria, sob a direção do funcionário designado para exercer a função de secretário, com a gratificação de função fixada em lei. *(Redação dada pelo Decreto-Lei n. 8.737, de 19.1.1946)*

Art. 719	Competem à Secretaria dos Conselhos, além das atribuições estabelecidas no art. 711, para a secretaria das Juntas, mais as seguintes:
a)	a conclusão dos processos ao Presidente e sua remessa, depois de despachados, aos respectivos relatores;
b)	a organização e a manutenção de um fichário de jurisprudência do Conselho, para consulta dos interessados.
Parágrafo único	No regimento interno dos Tribunais Regionais serão estabelecidas as demais atribuições, o funcionamento e a ordem dos trabalhos de suas secretarias.

TÍTULO VIII — DA JUSTIÇA DO TRABALHO

EMENDA CONSTITUCIONAL N. 24, DE 9 DE DEZEMBRO DE 1999
Altera dispositivos da Constituição Federal pertinentes à representação classista na Justiça do Trabalho. Extingue a representação classista na Justiça do Trabalho.
DOU 10.12.1999

Art. 720	Competem aos secretários dos Tribunais Regionais as mesmas atribuições conferidas no art. 712 aos secretários das Juntas, além das que lhes forem fixadas no regimento interno dos Conselhos.

EMENDA CONSTITUCIONAL N. 24, DE 9 DE DEZEMBRO DE 1999
Altera dispositivos da Constituição Federal pertinentes à representação classista na Justiça do Trabalho. Extingue a representação classista na Justiça do Trabalho.
DOU 10.12.1999

SEÇÃO V
DOS OFICIAIS DE DILIGÊNCIA

Art. 721	Incumbe aos Oficiais de Justiça e Oficiais de Justiça Avaliadores da Justiça do Trabalho a realização dos atos decorrentes da execução dos julgados das Juntas de Conciliação e Julgamento e dos Tribunais Regionais do Trabalho, que lhes forem cometidos pelos respectivos Presidentes. *(Redação dada pela Lei n. 5.442, de 24.5.1968)*
§ 1º	Para efeito de distribuição dos referidos atos, cada Oficial de Justiça ou Oficial de Justiça Avaliador funcionará perante uma Junta de Conciliação e Julgamento, salvo quando da existência, nos Tribunais Regionais do Trabalho, de órgão específico, destinado à distribuição de mandados judiciais. *(Redação dada pela Lei n. 5.442, de 24.5.1968)*
§ 2º	Nas localidades onde houver mais de uma Junta, respeitado o disposto no parágrafo anterior, a atribuição para o cumprimento do ato deprecado ao Oficial de Justiça ou Oficial de Justiça Avaliador será transferida a outro Oficial, sempre que, após o decurso de 9 (nove) dias, sem razões que o justifiquem, não tiver sido cumprido o ato, sujeitando-se o serventuário às penalidades da lei. *(Redação dada pela Lei n. 5.442, de 24.5.1968)*
§ 3º	No caso de avaliação, terá o Oficial de Justiça Avaliador, para cumprimento do ato, o prazo previsto no art. 888. *(Redação dada pela Lei n. 5.442, de 24.5.1968)*
§ 4º	É facultado aos Presidentes dos Tribunais Regionais do Trabalho cometer a qualquer Oficial de Justiça ou Oficial de Justiça Avaliador a realização dos atos de execução das decisões desses Tribunais. *(Redação dada pela Lei n. 5.442, de 24.5.1968)*
§ 5º	Na falta ou impedimento do Oficial de Justiça ou Oficial de Justiça Avaliador, o Presidente da Junta poderá atribuir a realização do ato a qualquer serventuário. *(Redação dada pela Lei n. 5.442, de 24.5.1968)*

Art. 722

EMENDA CONSTITUCIONAL N. 24, DE 9 DE DEZEMBRO DE 1999
Altera dispositivos da Constituição Federal pertinentes à representação classista na Justiça do Trabalho. Extingue a representação classista na Justiça do Trabalho.
DOU 10.12.1999

ORIENTAÇÃO JURISPRUDENCIAL DA SDI-1 DO TST
Vide OJ 164 SDI-1/TST

OJ 164 SDI-1 TST — OFICIAL DE JUSTIÇA "AD HOC". INEXISTÊNCIA DE VÍNCULO EMPREGATÍCIO (inserido dispositivo) — DJ 20.04.2005
Não se caracteriza o vínculo empregatício na nomeação para o exercício das funções de oficial de justiça "ad hoc", ainda que feita de forma reiterada, pois exaure-se a cada cumprimento de mandado.

CAPITULO VII
DAS PENALIDADES

SEÇÃO I
DO "LOCK-OUT" E DA GREVE

Art. 722	Os empregadores que, individual ou coletivamente, suspenderem os trabalhos dos seus estabelecimentos, sem prévia autorização do Tribunal competente, ou que violarem, ou se recusarem a cumprir decisão proferida em dissídio coletivo, incorrerão nas seguintes penalidades:
a)	multa de cinco mil cruzeiros a cinquenta mil cruzeiros; *(Vide Leis ns. 6.986, de 1982 e 6.205, de 1975)*
b)	perda do cargo de representação profissional em cujo desempenho estiverem;
c)	suspensão, pelo prazo de 2 (dois) a 5 (cinco) anos, do direito de serem eleitos para cargos de representação profissional.
§ 1º	Se o empregador for pessoa jurídica, as penas previstas nas alíneas "b" e "c" incidirão sobre os administradores responsáveis.
§ 2º	Se o empregador for concessionário de serviço público, as penas serão aplicadas em dobro. Nesse caso, se o concessionário for pessoa jurídica o Presidente do Tribunal que houver proferido a decisão poderá, sem prejuízo do cumprimento desta e da aplicação das penalidades cabíveis, ordenar o afastamento dos administradores responsáveis, sob pena de ser cassada a concessão.
§ 3º	Sem prejuízo das sanções cominadas neste artigo, os empregadores ficarão obrigados a pagar os salários devidos aos seus empregados, durante o tempo de suspensão do trabalho.

CONSTITUIÇÃO FEDERAL DE 1988
DOU 5.10.1988

Vide art. 9º, *caput* e §§ 1º e 2º; art. 37, *caput* e inciso VII; art. 114, *caput*, incisos II, IV e § 3º; e art. 142, *caput*, § 3º e inciso IV

Art. 9º É assegurado o direito de greve, competindo aos trabalhadores decidir sobre a oportunidade de exercê-lo e sobre os interesses que devam por meio dele defender.

§ 1º A lei definirá os serviços ou atividades essenciais e disporá sobre o atendimento das necessidades inadiáveis da comunidade.

§ 2º Os abusos cometidos sujeitam os responsáveis às penas da lei.

Art. 37. A administração pública direta e indireta de qualquer dos Poderes da União, dos Estados, do Distrito Federal e dos Municípios obedecerá aos princípios de legalidade, impessoalidade, moralidade, publicidade e eficiência e, também, ao seguinte: *(Redação dada pela Emenda Constitucional n. 19, de 1998)*

(...)

VII — o direito de greve será exercido nos termos e nos limites definidos em lei específica; *(Redação dada pela Emenda Constitucional n. 19, de 1998)*

Art. 114. Compete à Justiça do Trabalho processar e julgar: *(Redação dada pela Emenda Constitucional n. 45, de 2004)*

(...)

III — as ações sobre representação sindical, entre sindicatos, entre sindicatos e trabalhadores, e entre sindicatos e empregadores; *(Incluído pela Emenda Constitucional n. 45, de 2004)*

TÍTULO VIII — DA JUSTIÇA DO TRABALHO

IV — os mandados de segurança, *habeas corpus* e *habeas data*, quando o ato questionado envolver matéria sujeita à sua jurisdição; *(Inciso acrescido pela Emenda Constitucional n. 45, de 2004)*

(...)

§ 3º Em caso de greve em atividade essencial, com possibilidade de lesão do interesse público, o Ministério Público do Trabalho poderá ajuizar dissídio coletivo, competindo à Justiça do Trabalho decidir o conflito. *(Redação dada pela Emenda Constitucional n. 45, de 2004)*

Art. 142. As Forças Armadas, constituídas pela Marinha, pelo Exército e pela Aeronáutica, são instituições nacionais permanentes e regulares, organizadas com base na hierarquia e na disciplina, sob a autoridade suprema do Presidente da República, e destinam-se à defesa da Pátria, à garantia dos poderes constitucionais e, por iniciativa de qualquer destes, da lei e da ordem.

(...)

§ 3º Os membros das Forças Armadas são denominados militares, aplicando-se-lhes, além das que vierem a ser fixadas em lei, as seguintes disposições: *(Incluído pela Emenda Constitucional n. 18, de 1998)*

(...)

IV — ao militar são proibidas a sindicalização e a greve; *(Incluído pela Emenda Constitucional n. 18, de 1998)*

LEI N. 7.783, DE 28 DE JUNHO DE 1989
Dispõe sobre o exercício do direito de greve, define as atividades essenciais, regula o atendimento das necessidades inadiáveis da comunidade, e dá outras providências
DOU 29.6.1989

Vide art. 17

Art. 17. Fica vedada a paralisação das atividades, por iniciativa do empregador, com o objetivo de frustrar negociação ou dificultar o atendimento de reivindicações dos respectivos empregados (*lockout*).

LEIS N. 6.205/75; N. 6.986/82; N. 6.708/79; N. 7.855/89
Novos valores de multas administrativas

LEI N. 8.383/1991
Unidade Fiscal de Referência (UFIR) — Medida de valor e atualização de tributos, multas e penalidades administrativas e fiscais

LEI N. 10.522/02
Conversão da UFIR em real

SÚMULA DO STF

Vide Súmula 316/STF

Súmula 316 STF — A simples adesão a greve não constitui falta grave.

SÚMULA DO TST

Vide Súmula 189/TST

Súmula 189 TST — GREVE. COMPETÊNCIA DA JUSTIÇA DO TRABALHO. ABUSIVIDADE (nova redação) — Res. 121/2003, DJ 19, 20 e 21.11.2003
A Justiça do Trabalho é competente para declarar a abusividade, ou não, da greve.

ORIENTAÇÕES JURISPRUDENCIAIS DA SDC DO TST

Vide OJs 5, 10, 11 e 38 SDC/TST

OJ 5 SDC TST — DISSÍDIO COLETIVO. PESSOA JURÍDICA DE DIREITO PÚBLICO. POSSIBILIDADE JURÍDICA. CLÁUSULA DE NATUREZA SOCIAL (redação alterada na sessão do Tribunal Pleno realizada em 14.09.2012) — Res. 186/2012, DEJT divulgado em 25, 26 e 27.09.2012
Em face de pessoa jurídica de direito público que mantenha empregados, cabe dissídio coletivo exclusivamente para apreciação de cláusulas de natureza social. Inteligência da Convenção n. 151 da Organização Internacional do Trabalho, ratificada pelo Decreto Legislativo n. 206/2010

OJ 10 SDC TST — GREVE ABUSIVA NÃO GERA EFEITOS. (inserida em 27.03.1998)
É incompatível com a declaração de abusividade de movimento grevista o estabelecimento de quaisquer vantagens ou garantias a seus partícipes, que assumiram os riscos inerentes à utilização do instrumento de pressão máximo.

OJ 11 SDC TST — GREVE. IMPRESCINDIBILIDADE DE TENTATIVA DIRETA E PACÍFICA DA SOLUÇÃO DO CONFLITO. ETAPA NEGOCIAL PRÉVIA. (inserida em 27.03.1998)
É abusiva a greve levada a efeito sem que as partes hajam tentado, direta e pacificamente, solucionar o conflito que lhe constitui o objeto.

OJ 38 SDC TST — GREVE. SERVIÇOS ESSENCIAIS. GARANTIA DAS NECESSIDADES INADIÁVEIS DA POPULAÇÃO USUÁRIA. FATOR DETERMINANTE DA QUALIFICAÇÃO JURÍDICA DO MOVIMENTO. (inserida em 07.12.1998)
É abusiva a greve que se realiza em setores que a lei define como sendo essenciais à comunidade, se não é assegurado o atendimento básico das necessidades inadiáveis dos usuários do serviço, na forma prevista na Lei n. 7.783/89.

PRECEDENTE NORMATIVO DA SDC DO TST

Vide PN 29 SDC/TST

PN 29 SDC TST — GREVE. COMPETÊNCIA DOS TRIBUNAIS PARA DECLARÁ-LA ABUSIVA (positivo)
Compete aos Tribunais do Trabalho decidir sobre o abuso do direito de greve.

Arts. 723 a 725 *(Revogados pela Lei n. 9.842, de 7.10.1999)*

SEÇÃO II
DAS PENALIDADES CONTRA OS MEMBROS DA JUSTIÇA DO TRABALHO

Art. 726	Aquele que recusar o exercício da função de vogal de Junta de Conciliação e Julgamento ou de Tribunal Regional, sem motivo justificado, incorrerá nas seguintes penas:
a)	sendo representante de empregadores, multa de Cr$ 100,00 (cem cruzeiros) a Cr$ 1.000,00 (mil cruzeiros) e suspensão do direito de representação profissional por 2 (dois) a 5 (cinco) anos; *(Vide Leis ns. 6.986, de 1982 e 6.205, de 1975)*
b)	sendo representante de empregados, multa de Cr$ 100,00 (cem cruzeiros) e suspensão do direito de representação profissional por 2 (dois) a 5 (cinco) anos. *(Vide Leis ns. 6.986, de 1982 e 6.205, de 1975)*

EMENDA CONSTITUCIONAL N. 24, DE 9 DE DEZEMBRO DE 1999
Altera dispositivos da Constituição Federal pertinentes à representação classista na Justiça do Trabalho. Extingue a representação classista na Justiça do Trabalho.
DOU 10.12.1999

Art. 727	Os vogais das Juntas de Conciliação e Julgamento, ou dos Tribunais Regionais, que faltarem a 3 (três) reuniões ou sessões consecutivas, sem motivo justificado, perderão o cargo, além de incorrerem nas penas do artigo anterior.
Parágrafo único	Se a falta for de presidente, incorrerá ele na pena de perda do cargo, além da perda dos vencimentos correspondentes aos dias em que tiver faltado às audiências ou sessões consecutivas.

EMENDA CONSTITUCIONAL N. 24, DE 9 DE DEZEMBRO DE 1999
Altera dispositivos da Constituição Federal pertinentes à representação classista na Justiça do Trabalho. Extingue a representação classista na Justiça do Trabalho.
DOU 10.12.1999

Art. 728	Aos presidentes, membros, juízes, vogais, e funcionários auxiliares da Justiça do Trabalho, aplica-se o disposto no Título XI do Código Penal.

EMENDA CONSTITUCIONAL N. 24, DE 9 DE DEZEMBRO DE 1999
Altera dispositivos da Constituição Federal pertinentes à representação classista na Justiça do Trabalho. Extingue a representação classista na Justiça do Trabalho.
DOU 10.12.1999

TÍTULO VIII — DA JUSTIÇA DO TRABALHO

Arts. 729 a 731

SEÇÃO III
DE OUTRAS PENALIDADES

Art. 729 — O empregador que deixar de cumprir decisão passada em julgado sobre a readmissão ou reintegração de empregado, além do pagamento dos salários deste, incorrerá na multa de Cr$ 10,00 (dez cruzeiros) a Cr$ 50,00 (cinquenta cruzeiros) por dia, até que seja cumprida a decisão. *(Redação dada pela Lei n. 6.205, de 1975, cumulada com art. 7º da Lei n. 6.986, de 1982)*

§ 1º — O empregador que impedir ou tentar impedir que empregado seu sirva como vogal em Tribunal de Trabalho, ou que perante este preste depoimento, incorrerá na multa de Cr$ 500,00 (quinhentos cruzeiros) a Cr$ 5.000,00 (cinco mil cruzeiros). *(Redação dada pela Lei n. 6.205, de 1975, cumulada com art. 7º da Lei n. 6.986, de 1982)*

§ 2º — Na mesma pena do parágrafo anterior incorrerá o empregador que dispensar seu empregado pelo fato de haver servido como vogal ou prestado depoimento como testemunha, sem prejuízo da indenização que a lei estabeleça.

EMENDA CONSTITUCIONAL N. 24, DE 9 DE DEZEMBRO DE 1999
Altera dispositivos da Constituição Federal pertinentes à representação classista na Justiça do Trabalho. Extingue a representação classista na Justiça do Trabalho.
DOU 10.12.1999

LEIS N. 6.205/75; N. 6.986/82; N. 6.708/79; N. 7.855/89
Novos valores de multas administrativas

LEI N. 8.383/1991
Unidade Fiscal de Referência (UFIR) — Medida de valor e atualização de tributos, multas e penalidades administrativas e fiscais

LEI N. 10.522/02
conversão da UFIR em real

Art. 730 — Aqueles que se recusarem a depor como testemunhas, sem motivo justificado, incorrerão na multa de Cr$ 50,00 (cinquenta cruzeiros) a Cr$ 500,00 (quinhentos cruzeiros). *(Redação dada pela Lei n. 6.205, de 1975, cumulada com art. 7º da Lei n. 6.986, de 1982)*

LEIS N. 6.205/75; N. 6.986/82; N. 6.708/79; N. 7.855/89
Novos valores de multas administrativas

LEI N. 10.522/02
Conversão da UFIR em real

LEI N. 8.383/1991
Unidade Fiscal de Referência (UFIR) — Medida de valor e atualização de tributos, multas e penalidades administrativas e fiscais

Art. 731 — Aquele que, tendo apresentado ao distribuidor reclamação verbal, não se apresentar, no prazo estabelecido no parágrafo único do art. 786, à Junta ou Juízo para fazê-lo tomar por termo, incorrerá na pena de perda, pelo prazo de 6 (seis) meses, do direito de reclamar perante a Justiça do Trabalho.

EMENDA CONSTITUCIONAL N. 24, DE 9 DE DEZEMBRO DE 1999
Altera dispositivos da Constituição Federal pertinentes à representação classista na Justiça do Trabalho. Extingue a representação classista na Justiça do Trabalho.
DOU 10.12.1999

SÚMULA DO TST

Vide Súmula 268/TST

Súmula 268 TST — PRESCRIÇÃO. INTERRUPÇÃO. AÇÃO TRABALHISTA ARQUIVADA (nova redação) — Res. 121/2003, DJ 19, 20 e 21.11.2003

A ação trabalhista, ainda que arquivada, interrompe a prescrição somente em relação aos pedidos idênticos.

TÍTULO VIII — DA JUSTIÇA DO TRABALHO

Art. 732 — Na mesma pena do artigo anterior incorrerá o reclamante que, por 2 (duas) vezes seguidas, der causa ao arquivamento de que trata o art. 844.

SÚMULA DO TST

Vide Súmula 268/TST

Súmula 268 TST — PRESCRIÇÃO. INTERRUPÇÃO. AÇÃO TRABALHISTA ARQUIVADA (nova redação) — Res. 121/2003, DJ 19, 20 e 21.11.2003

A ação trabalhista, ainda que arquivada, interrompe a prescrição somente em relação aos pedidos idênticos.

Art. 733 — As infrações de disposições deste Título, para as quais não haja penalidades cominadas, serão punidas com a multa de Cr$ 50,00 (cinquenta cruzeiros) a Cr$ 5.000,00 (cinco mil cruzeiros), elevada ao dobro na reincidência. *(Redação dada pela Lei n. 6.205, de 1975, cumulada com o art. 7º da Lei n. 6.986, de 1982)*

CAPÍTULO VIII
DISPOSIÇÕES GERAIS

Art. 734 — *Artigo revogado pela Lei Orgânica da Previdência Social (LOPS): Lei n. 3.807, 26.8.60, alterada pela Lei n. 5.890, 8.6.73*

Art. 735 — As repartições públicas e as associações sindicais são obrigadas a fornecer aos Juízes e Tribunais do Trabalho e à Procuradoria da Justiça do Trabalho as informações e os dados necessários à instrução e ao julgamento dos feitos submetidos à sua apreciação.

Parágrafo único — A recusa de informações ou dados a que se refere este artigo, por parte de funcionários públicos, importa na aplicação das penalidades previstas pelo Estatuto dos Funcionários Públicos por desobediência.

CONSOLIDAÇÃO DAS LEIS DO TRABALHO
Decreto-Lei n. 5.452, de 1º de maio de 1943
DOU 9.8.1943

Vide art. 765

Art. 765. Os Juízos e Tribunais do Trabalho terão ampla liberdade na direção do processo e velarão pelo andamento rápido das causas, podendo determinar qualquer diligência necessária ao esclarecimento delas.

CÓDIGO DE PROCESSO CIVIL DE 1973
Lei n. 5.869, de 11 de janeiro de 1973
DOU 17.1.1973 e republicado em 27.7.2006

Vide art. 130

Art. 130. Caberá ao juiz, de ofício ou a requerimento da parte, determinar as provas necessárias à instrução do processo, indeferindo as diligências inúteis ou meramente protelatórias.

CÓDIGO DE PROCESSO CIVIL DE 2015
Lei n. 13.105, de 16 de março de 2015
DOU 17.3.2015

Vide art. 370, *caput* e parágrafo único

Art. 370. Caberá ao juiz, de ofício ou a requerimento da parte, determinar as provas necessárias ao julgamento do mérito.

Parágrafo único. O juiz indeferirá, em decisão fundamentada, as diligências inúteis ou meramente protelatórias.

TÍTULO IX
DO MINISTÉRIO PÚBLICO DO TRABALHO

CAPÍTULO I
DISPOSIÇÕES GERAIS

Art. 736 O Ministério Público do Trabalho é constituído por agentes diretos do Poder Executivo, tendo por função zelar pela exata observância da Constituição Federal, das leis e demais atos emanados dos poderes públicos, na esfera de suas atribuições.

Parágrafo único Para o exercício de suas funções, o Ministério Público do Trabalho reger-se-á pelo que estatui esta Consolidação e, na falta de disposição expressa, pelas normas que regem o Ministério Público Federal.

CONSTITUIÇÃO FEDERAL DE 1988
DOU 5.10.1988

Vide art.127, *caput* e §§ 1º e 2º; art. 128, *caput* e inciso I, alíneas *a* a *d*; art. 129, *caput*, incisos I a IX e §§ 1º a 5º; art. 130; art. 130-A

Art. 127. O Ministério Público é instituição permanente, essencial à função jurisdicional do Estado, incumbindo-lhe a defesa da ordem jurídica, do regime democrático e dos interesses sociais e individuais indisponíveis.

§ 1º São princípios institucionais do Ministério Público a unidade, a indivisibilidade e a independência funcional.

§ 2º Ao Ministério Público é assegurada autonomia funcional e administrativa, podendo, observado o disposto no art. 169, propor ao Poder Legislativo a criação e extinção de seus cargos e serviços auxiliares, provendo-os por concurso público de provas ou de provas e títulos, a política remuneratória e os planos de carreira; a lei disporá sobre sua organização e funcionamento. *(Redação dada pela Emenda Constitucional n. 19, de 1998)*

Art. 128. O Ministério Público abrange:

I — o Ministério Público da União, que compreende:

a) o Ministério Público Federal;

b) o Ministério Público do Trabalho;

c) o Ministério Público Militar;

d) o Ministério Público do Distrito Federal e Territórios;

II — os Ministérios Públicos dos Estados.

§ 1º O Ministério Público da União tem por chefe o Procurador-Geral da República, nomeado pelo Presidente da República dentre integrantes da carreira, maiores de trinta e cinco anos, após a aprovação de seu nome pela maioria absoluta dos membros do Senado Federal, para mandato de dois anos, permitida a recondução.

§ 2º A destituição do Procurador-Geral da República, por iniciativa do Presidente da República, deverá ser precedida de autorização da maioria absoluta do Senado Federal.

§ 3º Os Ministérios Públicos dos Estados e o do Distrito Federal e Territórios formarão lista tríplice dentre integrantes da carreira, na forma da lei respectiva, para escolha de seu Procurador-Geral, que será nomeado pelo Chefe do Poder Executivo, para mandato de dois anos, permitida uma recondução.

§ 4º Os Procuradores-Gerais nos Estados e no Distrito Federal e Territórios poderão ser destituídos por deliberação da maioria absoluta do Poder Legislativo, na forma da lei complementar respectiva.

§ 5º Leis complementares da União e dos Estados, cuja iniciativa é facultada aos respectivos Procuradores-Gerais, estabelecerão a organização, as atribuições e o estatuto de cada Ministério Público, observadas, relativamente a seus membros:

I — as seguintes garantias:

a) vitaliciedade, após dois anos de exercício, não podendo perder o cargo senão por sentença judicial transitada em julgado;

b) inamovibilidade, salvo por motivo de interesse público, mediante decisão do órgão colegiado competente do Ministério Público, pelo voto da maioria absoluta de seus membros, assegurada ampla defesa; *(Redação dada pela Emenda Constitucional n. 45, de 2004)*

c) irredutibilidade de subsídio, fixado na forma do art. 39, § 4º, e ressalvado o disposto nos arts. 37, X e XI, 150, II, 153, III, 153, § 2º, I; *(Redação dada pela Emenda Constitucional n. 19, de 1998)*

II — as seguintes vedações:

a) receber, a qualquer título e sob qualquer pretexto, honorários, percentagens ou custas processuais;

b) exercer a advocacia;

c) participar de sociedade comercial, na forma da lei;

d) exercer, ainda que em disponibilidade, qualquer outra função pública, salvo uma de magistério;

e) exercer atividade político-partidária; *(Redação dada pela Emenda Constitucional n. 45, de 2004)*

f) receber, a qualquer título ou pretexto, auxílios ou contribuições de pessoas físicas, entidades públicas ou privadas, ressalvadas as exceções previstas em lei. *(Incluída pela Emenda Constitucional n. 45, de 2004)*

§ 6º Aplica-se aos membros do Ministério Público o disposto no art. 95, parágrafo único, V. *(Incluído pela Emenda Constitucional n. 45, de 2004)*

Art. 129. São funções institucionais do Ministério Público:

I — promover, privativamente, a ação penal pública, na forma da lei;

II — zelar pelo efetivo respeito dos Poderes Públicos e dos serviços de relevância pública aos direitos assegurados nesta Constituição, promovendo as medidas necessárias a sua garantia;

III — promover o inquérito civil e a ação civil pública, para a proteção do patrimônio público e social, do meio ambiente e de outros interesses difusos e coletivos;

IV — promover a ação de inconstitucionalidade ou representação para fins de intervenção da União e dos Estados, nos casos previstos nesta Constituição;

V — defender judicialmente os direitos e interesses das populações indígenas;

VI — expedir notificações nos procedimentos administrativos de sua competência, requisitando informações e documentos para instruí-los, na forma da lei complementar respectiva;

VII — exercer o controle externo da atividade policial, na forma da lei complementar mencionada no artigo anterior;

VIII — requisitar diligências investigatórias e a instauração de inquérito policial, indicados os fundamentos jurídicos de suas manifestações processuais;

IX — exercer outras funções que lhe forem conferidas, desde que compatíveis com sua finalidade, sendo-lhe vedada a representação judicial e a consultoria jurídica de entidades públicas.

§ 1º A legitimação do Ministério Público para as ações civis previstas neste artigo não impede a de terceiros, nas mesmas hipóteses, segundo o disposto nesta Constituição e na lei.

§ 2º As funções do Ministério Público só podem ser exercidas por integrantes da carreira, que deverão residir na comarca da respectiva lotação, salvo autorização do chefe da instituição. *(Redação dada pela Emenda Constitucional n. 45, de 2004)*

§ 3º O ingresso na carreira do Ministério Público far-se-á mediante concurso público de provas e títulos, assegurada a participação da Ordem dos Advogados do Brasil em sua realização, exigindo-se do bacharel em direito, no mínimo, três anos de atividade jurídica e observando-se, nas nomeações, a ordem de classificação. *(Redação dada pela Emenda Constitucional n. 45, de 2004)*

§ 4º Aplica-se ao Ministério Público, no que couber, o disposto no art. 93. *(Redação dada pela Emenda Constitucional n. 45, de 2004)*

§ 5º A distribuição de processos no Ministério Público será imediata. *(Incluído pela Emenda Constitucional n. 45, de 2004)*

Art. 130. Aos membros do Ministério Público junto aos Tribunais de Contas aplicam-se as disposições desta seção pertinentes a direitos, vedações e forma de investidura.

Art. 130-A. O Conselho Nacional do Ministério Público compõe-se de quatorze membros nomeados pelo Presidente da República, depois de aprovada a escolha pela maioria absoluta do Senado Federal, para um mandato de dois anos, admitida uma recondução, sendo: *(Incluído pela Emenda Constitucional n. 45, de 2004)*

I — o Procurador-Geral da República, que o preside;

II — quatro membros do Ministério Público da União, assegurada a representação de cada uma de suas carreiras;

III — três membros do Ministério Público dos Estados;

IV — dois juízes, indicados um pelo Supremo Tribunal Federal e outro pelo Superior Tribunal de Justiça;

V — dois advogados, indicados pelo Conselho Federal da Ordem dos Advogados do Brasil;

VI — dois cidadãos de notável saber jurídico e reputação ilibada, indicados um pela Câmara dos Deputados e outro pelo Senado Federal.

§ 1º Os membros do Conselho oriundos do Ministério Público serão indicados pelos respectivos Ministérios Públicos, na forma da lei.

§ 2º Compete ao Conselho Nacional do Ministério Público o controle da atuação administrativa e financeira do Ministério Público e do cumprimento dos deveres funcionais de seus membros, cabendo lhe:

I — zelar pela autonomia funcional e administrativa do Ministério Público, podendo expedir atos regulamentares, no âmbito de sua competência, ou recomendar providências;

II — zelar pela observância do art. 37 e apreciar, de ofício ou mediante provocação, a legalidade dos atos administrativos praticados por membros ou órgãos do Ministério Público da União e dos Estados, podendo desconstituí-los, revê-los ou fixar prazo para que se adotem as providências necessárias ao exato cumprimento da lei, sem prejuízo da competência dos Tribunais de Contas;

III — receber e conhecer das reclamações contra membros ou órgãos do Ministério Público da União ou dos Estados, inclusive contra seus serviços auxiliares, sem prejuízo da competência disciplinar e correicional da instituição, podendo avocar processos disciplinares em curso, determinar a remoção, a disponibilidade ou a aposentadoria com subsídios ou proventos proporcionais ao tempo de serviço e aplicar outras sanções administrativas, assegurada ampla defesa;

IV — rever, de ofício ou mediante provocação, os processos disciplinares de membros do Ministério Público da União ou dos Estados julgados há menos de um ano;

V elaborar relatório anual, propondo as providências que julgar necessárias sobre a situação do Ministério Público no País e as atividades do Conselho, o qual deve integrar a mensagem prevista no art. 84, XI.

§ 3º O Conselho escolherá, em votação secreta, um Corregedor nacional, dentre os membros do Ministério Público que o integram, vedada a recondução, competindo-lhe, além das atribuições que lhe forem conferidas pela lei, as seguintes:

I — receber reclamações e denúncias, de qualquer interessado, relativas aos membros do Ministério Público e dos seus serviços auxiliares;

II — exercer funções executivas do Conselho, de inspeção e correição geral;

III — requisitar e designar membros do Ministério Público, delegando-lhes atribuições, e requisitar servidores de órgãos do Ministério Público.

§ 4º O Presidente do Conselho Federal da Ordem dos Advogados do Brasil oficiará junto ao Conselho.

§ 5º Leis da União e dos Estados criarão ouvidorias do Ministério Público, competentes para receber reclamações e denúncias de qualquer interessado contra membros ou órgãos do Ministério Público, inclusive contra seus serviços auxiliares, representando diretamente ao Conselho Nacional do Ministério Público.

ATO DAS DISPOSIÇÕES CONSTITUCIONAIS TRANSITÓRIAS (ADCT)
DOU 5.10.1988

Vide art. 29, caput e § 4º

Art. 29. Enquanto não aprovadas as leis complementares relativas ao Ministério Público e à Advocacia-Geral da União, o Ministério Público Federal, a Procuradoria-Geral da Fazenda Nacional, as Consultorias Jurídicas dos Ministérios, as Procuradorias e Departamentos Jurídicos de autarquias federais com representação própria e os membros das Procuradorias das Universidades fundacionais públicas continuarão a exercer suas atividades na área das respectivas atribuições.

(...)

§ 4º Os atuais integrantes do quadro suplementar dos Ministérios Públicos do Trabalho e Militar que tenham ad-

TÍTULO IX — DO MINISTÉRIO PÚBLICO DO TRABALHO

quirido estabilidade nessas funções passam a integrar o quadro da respectiva carreira.

LEI COMPLEMENTAR N. 75, DE 20 DE MAIO DE 1993
Dispõe sobre a organização, as atribuições e o estatuto do Ministério Público da União
DOU 21.5.1993

Vide art. 83, *caput* e incisos I a XIII

Art. 83. Compete ao Ministério Público do Trabalho o exercício das seguintes atribuições junto aos órgãos da Justiça do Trabalho:

I — promover as ações que lhe sejam atribuídas pela Constituição Federal e pelas leis trabalhistas;

II — manifestar-se em qualquer fase do processo trabalhista, acolhendo solicitação do juiz ou por sua iniciativa, quando entender existente interesse público que justifique a intervenção;

III — promover a ação civil pública no âmbito da Justiça do Trabalho, para defesa de interesses coletivos, quando desrespeitados os direitos sociais constitucionalmente garantidos;

IV — propor as ações cabíveis para declaração de nulidade de cláusula de contrato, acordo coletivo ou convenção coletiva que viole as liberdades individuais ou coletivas ou os direitos individuais indisponíveis dos trabalhadores;

V — propor as ações necessárias à defesa dos direitos e interesses dos menores, incapazes e índios, decorrentes das relações de trabalho;

VI — recorrer das decisões da Justiça do Trabalho, quando entender necessário, tanto nos processos em que for parte, como naqueles em que oficiar como fiscal da lei, bem como pedir revisão dos Enunciados da Súmula de Jurisprudência do Tribunal Superior do Trabalho;

VII — funcionar nas sessões dos Tribunais Trabalhistas, manifestando-se verbalmente sobre a matéria em debate, sempre que entender necessário, sendo-lhe assegurado o direito de vista dos processos em julgamento, podendo solicitar as requisições e diligências que julgar convenientes;

VIII — instaurar instância em caso de greve, quando a defesa da ordem jurídica ou o interesse público assim o exigir;

IX — promover ou participar da instrução e conciliação em dissídios decorrentes da paralisação de serviços de qualquer natureza, oficiando obrigatoriamente nos processos, manifestando sua concordância ou discordância, em eventuais acordos firmados antes da homologação, resguardado o direito de recorrer em caso de violação à lei e à Constituição Federal;

X — promover mandado de injunção, quando a competência for da Justiça do Trabalho;

XI — atuar como árbitro, se assim for solicitado pelas partes, nos dissídios de competência da Justiça do Trabalho;

XII — requerer as diligências que julgar convenientes para o correto andamento dos processos e para a melhor solução das lides trabalhistas;

XIII — intervir obrigatoriamente em todos os feitos nos segundo e terceiro graus de jurisdição da Justiça do Trabalho, quando a parte for pessoa jurídica de Direito Público, Estado estrangeiro ou organismo internacional.

SÚMULAS DO TST

Vide Súmulas 100, VI, e 407 /TST

Súmula 100 TST — AÇÃO RESCISÓRIA. DECADÊNCIA (incorporadas as Orientações Jurisprudenciais n.s 13, 16, 79, 102, 104, 122 e 145 da SBDI-2) — Res. 137/2005, DJ 22, 23 e 24.08.2005

(...)

VI — Na hipótese de colusão das partes, o prazo decadencial da ação rescisória somente começa a fluir para o Ministério Público, que não interveio no processo principal, a partir do momento em que tem ciência da fraude. *(ex-OJ n. 122 da SBDI-2 — DJ 11.08.2003)*

Súmula 407 TST — AÇÃO RESCISÓRIA. MINISTÉRIO PÚBLICO. LEGITIMIDADE "AD CAUSAM" PREVISTA NO ART. 967, III, "A", "B" E "C" DO CPC DE 2015. ART. 487, III, "A" E "B", DO CPC DE 1973. HIPÓTESES MERAMENTE EXEMPLIFICATIVAS (nova redação em decorrência do CPC de 2015) — Res. 208/2016, DEJT divulgado em 22, 25 e 26.04.2016

A legitimidade "ad causam" do Ministério Público para propor ação rescisória, ainda que não tenha sido parte no processo que deu origem à decisão rescindenda, não está limitada às alíneas "a", "b" e "c" do inciso III do art. 967 do CPC de 2015 (art. 487, III, "a" e "b", do CPC de 1973), uma vez que traduzem hipóteses meramente exemplificativas. *(ex-OJ n. 83 da SBDI-2 — inserida em 13.03.2002)*

ORIENTAÇÕES JURISPRUDENCIAIS DA SDI-1 DO TST

Vide OJ 130, 237, 338 e 350 SDI-1/TST

OJ 130 SDI-1 TST — PRESCRIÇÃO. MINISTÉRIO PÚBLICO. ARGUIÇÃO. "CUSTOS LEGIS". ILEGITIMIDADE (atualizada em decorrência do CPC de 2015) — Res. 209/2016, DEJT divulgado em 01, 02 e 03.06.2016

Ao exarar o parecer na remessa de ofício, na qualidade de "custos legis", o Ministério Público não tem legitimidade para arguir a prescrição em favor de entidade de direito público, em matéria de direito patrimonial.

OJ 237 SDI-1 TST — MINISTÉRIO PÚBLICO DO TRABALHO. ILEGITIMIDADE PARA RECORRER (inserida em 20.06.2001)

O Ministério Público não tem legitimidade para recorrer na defesa de interesse patrimonial privado, inclusive de empresas públicas e sociedades de economia mista.

OJ 338 SDI-1 TST — MINISTÉRIO PÚBLICO DO TRABALHO. LEGITIMIDADE PARA RECORRER. SOCIEDADE DE ECONOMIA MISTA E EMPRESA PÚBLICA. CONTRATO NULO (DJ 04.05.2004)

Há interesse do Ministério Público do Trabalho para recorrer contra decisão que declara a existência de vínculo empregatício com sociedade de economia mista ou empresa pública, após a CF/88, sem a prévia aprovação em concurso público.

OJ 350 SDI-1 TST — MINISTÉRIO PÚBLICO DO TRABALHO. NULIDADE DO CONTRATO DE TRABALHO NÃO SUSCITADA PELO ENTE PÚBLICO NO MOMENTO DA DEFESA. ARGUIÇÃO EM PARECER. POSSIBILIDADE (alterada em decorrência do julgamento do processo TST IUJERR 526538/1999.2) — Res. 162/2009, DEJT divulgado em 23, 24 e 25.11.2009

O Ministério Público do Trabalho pode arguir, em parecer, na primeira vez que tenha de se manifestar no processo, a nulidade do contrato de trabalho em favor de ente público, ainda que a parte não a tenha suscitado, a qual será apreciada, sendo vedada, no entanto, qualquer dilação probatória.

Art. 737

O Ministério Público do Trabalho compõe-se da Procuradoria da Justiça do Trabalho e da Procuradoria da Previdência Social aquela funcionando como órgão de coordenação entre a Justiça do Trabalho e o Ministério do Trabalho, Industria e Comercio, ambas diretamente subordinadas ao Ministro de Estado. *(Redação dada pelo Decreto-Lei n. 8.737, de 19.1.1946)*

LEI COMPLEMENTAR N. 75, DE 20 DE MAIO DE 1993
Dispõe sobre a organização, as atribuições e o estatuto do Ministério Público da União
DOU 21.5.1993

Vide art. 4º; e art. 85, caput e incisos I a VIII

Art. 4º São princípios institucionais do Ministério Público da União a unidade, a indivisibilidade e a independência funcional.

Art. 85. São órgãos do Ministério Público do Trabalho:
I — o Procurador-Geral do Trabalho;
II — o Colégio de Procuradores do Trabalho;
III — o Conselho Superior do Ministério Público do Trabalho;
IV — a Câmara de Coordenação e Revisão do Ministério Público do Trabalho;
V — a Corregedoria do Ministério Público do Trabalho;
VI — os Subprocuradores-Gerais do Trabalho;
VII — os Procuradores Regionais do Trabalho;
VIII — os Procuradores do Trabalho.

Art. 738

(Revogado pelo art. 196 da EC n. 1/1969)

Art. 739

Não estão sujeitos a ponto os procuradores-gerais e os procuradores.

CAPÍTULO II
DA PROCURADORIA DA JUSTIÇA DO TRABALHO

SEÇÃO I
DA ORGANIZAÇÃO

Art. 740

A Procuradoria da Justiça do Trabalho compreende:

a) 1 (uma) Procuradoria-Geral, que funcionará junto ao Tribunal Superior do Trabalho;

b) 8 (oito) Procuradorias Regionais, que funcionarão junto aos Tribunais Regionais do Trabalho.

PROCURADORIAS REGIONAIS DO TRABALHO ACRESCIDAS:
– Procuradoria da 9ª Região — Lei n. 6.241, de 1975;
– Procuradoria da 11ª Região — Lei n. 6.915, de 1981;
– Procuradoria da 10ª Região — Lei n. 6.927, de 1981;
– Procuradoria da 12ª Região — Lei n. 6.928, de 1981;
– Procuradoria da 13ª Região — Lei n. 7.324, de 1985;
– Procuradoria da 15ª Região — Lei n. 7.520, de 1986;
– Procuradoria da 14ª Região da Justiça do Trabalho e o Respectivo Tribunal Regional do Trabalho — Lei n. 7.523, de 1986;
– Procuradoria da 16ª Região — Lei n. 7.671, de 1988;
– Procuradoria da 17ª Região — Lei n. 7.872, de 1989;
– Procuradoria da 18ª Região — Lei n. 7.873, de 1989;
– Procuradoria da 19ª Região — Lei n. 8.219, de 1991;
– Procuradoria da 20ª Região — Lei n. 8.233, de 1991;
– Procuradoria da 21ª Região — Lei n. 8.215, de 1991;
– Tribunal Regional do Trabalho da 22ª Região — Lei n. 8.221, de 1991;
– Procuradoria Regional do Trabalho da 22ª Região da Justiça do Trabalho — Lei n. 8.466, de 1992;
– Procuradoria Regional do Trabalho da 23ª Região da Justiça do Trabalho — Lei n. 8.469, de 1992;
– Procuradoria Regional do Trabalho da 24ª Região da Justiça do Trabalho — Lei n. 8.470, de 1992.

TÍTULO IX — DO MINISTÉRIO PÚBLICO DO TRABALHO

Art. 741 As Procuradorias Regionais são subordinadas diretamente ao procurador-geral.

Art. 742 A Procuradoria-Geral é constituída de 1 (um) procurador-geral e de procuradores.

Parágrafo único As Procuradorias Regionais compõem-se de 1 (um) procurador regional, auxiliado, quando necessário, por procuradores adjuntos.

Art. 743 Haverá, nas Procuradorias Regionais, substitutos de procurador adjunto ou, quando não houver este cargo, de procurador regional, designados previamente por decreto do Presidente da República, sem ônus para os cofres públicos.

§ 1º O substituto tomará posse perante o respectivo procurador regional, que será a autoridade competente para convocá-lo.

§ 2º O procurador regional será substituído em suas faltas e impedimentos pelo procurador adjunto, quando houver, e, havendo mais de um, pelo que for por ele designado.

§ 3º O procurador adjunto será substituído, em suas faltas e impedimentos, pelo respectivo procurador substituto.

§ 4º Será dispensado, automaticamente, o substituto que não atender à convocação, salvo motivo de doença, devidamente comprovada.

§ 5º Nenhum direito ou vantagem terá o substituto além do vencimento do cargo do substituído e somente durante o seu impedimento legal.

Art. 744 A nomeação do procurador-geral deverá recair em bacharel em ciências jurídicas e sociais, que tenha exercido, por 5 (cinco) ou mais anos, cargo de magistratura ou de Ministério Público, ou a advocacia.

LEI COMPLEMENTAR N. 75, DE 20 DE MAIO DE 1993
Dispõe sobre a organização, as atribuições e o estatuto do Ministério Público da União
DOU 21.5.1993

Vide art. 88, *caput*

Art. 88. O Procurador-Geral do Trabalho será nomeado pelo Procurador-Geral da República, dentre integrantes da instituição, com mais de trinta e cinco anos de idade e de cinco anos na carreira, integrante de lista tríplice escolhida mediante voto plurinominal, facultativo e secreto, pelo Colégio de Procuradores para um mandato de dois anos, permitida uma recondução, observado o mesmo processo. Caso não haja número suficiente de candidatos com mais de cinco anos na carreira, poderá concorrer à lista tríplice quem contar mais de dois anos na carreira.

Art. 745 Para a nomeação dos demais procuradores, atender-se-á aos mesmos requisitos estabelecidos no artigo anterior, reduzido a 2 (dois) anos, no mínimo, o tempo de exercício.

LEI COMPLEMENTAR N. 75, DE 20 DE MAIO DE 1993
Dispõe sobre a organização, as atribuições e o estatuto do Ministério Público da União
DOU 21.5.1993

Vide art. 91, *caput* e inciso VI

Art. 91. São atribuições do Procurador-Geral do Trabalho:
(...)
VI — designar o Chefe da Procuradoria Regional do Trabalho dentre os Procuradores Regionais do Trabalho lotados na respectiva Procuradoria Regional;

SEÇÃO II
DA COMPETÊNCIA DA PROCURADORIA-GERAL

Art. 746	Compete à Procuradoria-Geral da Justiça do Trabalho: *(Redação dada pelo Decreto-Lei n. 8.737, de 19.1.1946)*
a)	oficiar, por escrito, em todos os processos e questões de trabalho de competência do Tribunal Superior do Trabalho; *(Redação dada pelo Decreto-Lei n. 8.737, de 19.1.1946)*
b)	funcionar nas sessões do mesmo Tribunal, opinando verbalmente sobre a matéria em debate e solicitando as requisições e diligências que julgar convenientes, sendo-lhe assegurado o direito de vista do processo em julgamento sempre que for suscitada questão nova, não examinada no parecer exarado; *(Redação dada pelo Decreto-Lei n. 8.737, de 19.1.1946)*
c)	requerer prorrogação das sessões do Tribunal, quando essa medida for necessária para que se ultime o julgamento; *(Redação dada pelo Decreto-Lei n. 8.737, de 19.1.1946)*
d)	exarar, por intermédio do procurador-geral, o seu "ciente" nos acórdãos do Tribunal; *(Redação dada pelo Decreto-Lei n. 8.737, de 19.1.1946)*
e)	proceder às diligências e inquéritos solicitados pelo Tribunal; *(Redação dada pelo Decreto-Lei n. 8.737, de 19.1.1946)*
f)	recorrer das decisões do Tribunal, nos casos previstos em lei; *(Redação dada pelo Decreto-Lei n. 8.737, de 19.1.1946)*
g)	promover, perante o Juízo competente, a cobrança executiva das multas impostas pelas autoridades administrativas e judiciárias do trabalho; *(Redação dada pelo Decreto-Lei n. 8.737, de 19.1.1946)*
h)	representar às autoridades competentes contra os que não cumprirem as decisões do Tribunal; *(Redação dada pelo Decreto-Lei n. 8.737, de 19.1.1946)*
i)	prestar às autoridades do Ministério do Trabalho, Indústria e Comércio as informações que lhe forem solicitadas sobre os dissídios submetidos à apreciação do Tribunal e encaminhar aos órgãos competentes cópia autenticada das decisões que por eles devam ser atendidas ou cumpridas; *(Redação dada pelo Decreto-Lei n. 8.737, de 19.1.1946)*
j)	requisitar, de quaisquer autoridades, inquéritos, exames periciais, diligências, certidões e esclarecimentos que se tornem necessários no desempenho de suas atribuições; *(Redação dada pelo Decreto-Lei n. 8.737, de 19.1.1946)*
l)	defender a jurisdição dos órgãos da Justiça do Trabalho; *(Incluído pelo Decreto-Lei n. 8.737, de 19.1.1946)*
m)	suscitar conflitos de jurisdição. *(Incluído pelo Decreto-Lei n. 8.737, de 19.1.1946)*

CONSTITUIÇÃO FEDERAL DE 1988
DOU 5.10.1988

Vide art.127, *caput* e §§ 1º e 2º; art. 128, *caput*, inciso I e alíneas *a* a *d*; art. 129, *caput* e incisos I a III

Art. 127. O Ministério Público é instituição permanente, essencial à função jurisdicional do Estado, incumbindo-lhe a defesa da ordem jurídica, do regime democrático e dos interesses sociais e individuais indisponíveis.

§ 1º São princípios institucionais do Ministério Público a unidade, a indivisibilidade e a independência funcional.

§ 2º Ao Ministério Público é assegurada autonomia funcional e administrativa, podendo, observado o disposto no art. 169, propor ao Poder Legislativo a criação e extinção de seus cargos e serviços auxiliares, provendo-os por concurso público de provas ou de provas e títulos, a política remuneratória e os planos de carreira; a lei disporá sobre sua organização e funcionamento. *(Redação dada pela Emenda Constitucional n. 19, de 1998)*

TÍTULO IX — DO MINISTÉRIO PÚBLICO DO TRABALHO

Art. 128. O Ministério Público abrange:
I — o Ministério Público da União, que compreende:
a) o Ministério Público Federal;
b) o Ministério Público do Trabalho;
c) o Ministério Público Militar;
d) o Ministério Público do Distrito Federal e Territórios;

Art. 129. São funções institucionais do Ministério Público:
I — promover, privativamente, a ação penal pública, na forma da lei;
II — zelar pelo efetivo respeito dos Poderes Públicos e dos serviços de relevância pública aos direitos assegurados nesta Constituição, promovendo as medidas necessárias a sua garantia;
III — promover o inquérito civil e a ação civil pública, para a proteção do patrimônio público e social, do meio ambiente e de outros interesses difusos e coletivos

ATO DAS DISPOSIÇÕES CONSTITUCIONAIS TRANSITÓRIAS (ADCT)
DOU 5.10.1988

Vide art. 29, *caput* e § 4º

Art. 29. Enquanto não aprovadas as leis complementares relativas ao Ministério Público e à Advocacia-Geral da União, o Ministério Público Federal, a Procuradoria-Geral da Fazenda Nacional, as Consultorias Jurídicas dos Ministérios, as Procuradorias e Departamentos Jurídicos de autarquias federais com representação própria e os membros das Procuradorias das Universidades fundacionais públicas continuarão a exercer suas atividades na área das respectivas atribuições.
(...)
§ 4º Os atuais integrantes do quadro suplementar dos Ministérios Públicos do Trabalho e Militar que tenham adquirido estabilidade nessas funções passam a integrar o quadro da respectiva carreira.

LEI COMPLEMENTAR N. 75, DE 20 DE MAIO DE 1993
Dispõe sobre a organização, as atribuições e o estatuto do Ministério Público da União
DOU 21.5.1993

Vide art. 91, *caput* e inciso I a XXIV

Art. 91. São atribuições do Procurador-Geral do Trabalho:
I — representar o Ministério Público do Trabalho;
II — integrar, como membro nato, e presidir o Colégio de Procuradores do Trabalho, o Conselho Superior do Ministério Público do Trabalho e a Comissão de Concurso;
III — nomear o Corregedor-Geral do Ministério Público do Trabalho, segundo lista tríplice formada pelo Conselho Superior;
IV — designar um dos membros e o Coordenador da Câmara de Coordenação e Revisão do Ministério Público do Trabalho;
V — designar, observados os critérios da lei e os estabelecidos pelo Conselho Superior, os ofícios em que exercerão suas funções os membros do Ministério Público do Trabalho;
VI — designar o Chefe da Procuradoria Regional do Trabalho dentre os Procuradores Regionais do Trabalho lotados na respectiva Procuradoria Regional;
VII — decidir, em grau de recurso, os conflitos de atribuição entre os órgãos do Ministério Público do Trabalho;
VIII — determinar a abertura de correição, sindicância ou inquérito administrativo;
IX — determinar a instauração de inquérito ou processo administrativo contra servidores dos serviços auxiliares;
X — decidir processo disciplinar contra membro da carreira ou servidor dos serviços auxiliares, aplicando as sanções que sejam de sua competência;
XI — decidir, atendendo a necessidade do serviço, sobre:
a) remoção a pedido ou por permuta;
b) alteração parcial da lista bienal de designações;
XII — autorizar o afastamento de membros do Ministério Público do Trabalho, ouvido o Conselho Superior, nos casos previstos em lei;
XIII — dar posse aos membros do Ministério Público do Trabalho;
XIV — designar membro do Ministério Público do Trabalho para:
a) funcionar nos órgãos em que a participação da Instituição seja legalmente prevista, ouvido o Conselho Superior;
b) integrar comissões técnicas ou científicas, relacionadas às funções da Instituição, ouvido o Conselho Superior;
c) assegurar a continuidade dos serviços, em caso de vacância, afastamento temporário, ausência, impedimento ou suspeição do titular, na inexistência ou falta do substituto designado;
XV — homologar, ouvido o Conselho Superior, o resultado do concurso para ingresso na carreira;
XVI — fazer publicar aviso de existência de vaga, na lotação e na relação bienal de designações;
XVII — propor ao Procurador-Geral da República, ouvido o Conselho Superior, a criação e extinção de cargos da carreira e dos ofícios em que devam ser exercidas suas funções;
XVIII — elaborar a proposta orçamentária do Ministério Público do Trabalho, submetendo-a, para aprovação, ao Conselho Superior;
XIX — encaminhar ao Procurador-Geral da República a proposta orçamentária do Ministério Público do Trabalho, após sua aprovação pelo Conselho Superior;
XX — organizar a prestação de contas do exercício anterior, encaminhando-a ao Procurador-Geral da República;
XXI — praticar atos de gestão administrativa, financeira e de pessoal;
XXII — elaborar o relatório de atividades do Ministério Público do Trabalho;
XXIII — coordenar as atividades do Ministério Público do Trabalho;
XXIV — exercer outras atribuições previstas em lei.

SÚMULA DO TST

Vide Súmula 407/TST

Súmula 407 TST — AÇÃO RESCISÓRIA. MINISTÉRIO PÚBLICO. LEGITIMIDADE "AD CAUSAM" PREVISTA NO ART. 967, III, "A", "B" E "C" DO CPC DE 2015. ART. 487, III, "A" E "B", DO CPC DE 1973. HIPÓTESES MERAMENTE EXEMPLIFICATIVAS (nova redação em decorrência do CPC de 2015) — Res. 208/2016, DEJT divulgado em 22, 25 e 26.04.2016

A legitimidade "ad causam" do Ministério Público para propor ação rescisória, ainda que não tenha sido parte no processo que deu origem à decisão rescindenda, não está limitada às alíneas "a", "b" e "c" do inciso III do art. 967 do CPC de 2015 (art. 487, III, "a" e "b", do CPC de 1973), uma vez que traduzem hipóteses meramente exemplificativas. *(ex-OJ n. 83 da SBDI-2 — inserida em 13.03.2002)*

Art. 747

TÍTULO IX — DO MINISTÉRIO PÚBLICO DO TRABALHO

ORIENTAÇÕES JURISPRUDENCIAIS DA SDI-1 DO TST

Vide OJs 130, 237, 338 e 350 SDI-1/TST

OJ 130 SDI-1 TST — PRESCRIÇÃO. MINISTÉRIO PÚBLICO. ARGUIÇÃO. "CUSTOS LEGIS". ILEGITIMIDADE (atualizada em decorrência do CPC de 2015) — Res. 209/2016, DEJT divulgado em 01, 02 e 03.06.2016

Ao exarar o parecer na remessa de ofício, na qualidade de "custos legis", o Ministério Público não tem legitimidade para arguir a prescrição em favor de entidade de direito público, em matéria de direito patrimonial.

OJ 237 SDI-1 TST — MINISTÉRIO PÚBLICO DO TRABALHO. ILEGITIMIDADE PARA RECORRER (inserida em 20.06.2001)

O Ministério Público não tem legitimidade para recorrer na defesa de interesse patrimonial privado, inclusive de empresas públicas e sociedades de economia mista.

OJ 338 SDI-1 TST — MINISTÉRIO PÚBLICO DO TRABALHO. LEGITIMIDADE PARA RECORRER. SOCIEDADE DE ECONOMIA MISTA E EMPRESA PÚBLICA. CONTRATO NULO (DJ 04.05.2004)

Há interesse do Ministério Público do Trabalho para recorrer contra decisão que declara a existência de vínculo empregatício com sociedade de economia mista ou empresa pública, após a CF/88, sem a prévia aprovação em concurso público.

OJ 350 SDI-1 TST — MINISTÉRIO PÚBLICO DO TRABALHO. NULIDADE DO CONTRATO DE TRABALHO NÃO SUSCITADA PELO ENTE PÚBLICO NO MOMENTO DA DEFESA. ARGUIÇÃO EM PARECER. POSSIBILIDADE (alterada em decorrência do julgamento do processo TST IUJERR 526538/1999.2) — Res. 162/2009, DEJT divulgado em 23, 24 e 25.11.2009

O Ministério Público do Trabalho pode arguir, em parecer, na primeira vez que tenha de se manifestar no processo, a nulidade do contrato de trabalho em favor de ente público, ainda que a parte não a tenha suscitado, a qual será apreciada, sendo vedada, no entanto, qualquer dilação probatória.

ORIENTAÇÃO JURISPRUDENCIAL TRANSITÓRIA DA SDI-1 DO TST

Vide OJT 20 SDI-1/TST

OJT 20 SDI-1 TST — AGRAVO DE INSTRUMENTO. MINISTÉRIO PÚBLICO. PRESSUPOSTOS EXTRÍNSECOS (inserida em 13.02.2001)

Para aferição da tempestividade do AI interposto pelo Ministério Público, desnecessário o traslado da certidão de publicação do despacho agravado, bastando a juntada da cópia da intimação pessoal na qual conste a respectiva data de recebimento (Lei Complementar n. 75/93, art. 84, IV).

SÚMULAS DO STJ

Vide Súmulas 99, 189 e 226/TST

Súmula 99 STJ — O Ministério Público tem legitimidade para recorrer no processo em que oficiou como fiscal da lei, ainda que não haja recurso da parte.

Súmula 189 STJ — É desnecessária a intervenção do Ministério Publico nas execuções fiscais.

Súmula 226 STJ — O Ministério Público tem legitimidade para recorrer na ação de acidente do trabalho, ainda que o segurado esteja assistido por advogado.

SEÇÃO III
DA COMPETÊNCIA DAS PROCURADORIAS REGIONAIS

Art. 747

Compete às Procuradorias Regionais exercer, dentro da jurisdição do Tribunal Regional respectivo, as atribuições indicadas na Seção anterior.

LEI COMPLEMENTAR N. 75, DE 20 DE MAIO DE 1993
Dispõe sobre a organização, as atribuições e o estatuto do Ministério Público da União
DOU 21.5.1993

Vide art. 112, *caput* e parágrafo único; e art. 113

Art. 112. Os Procuradores do Trabalho serão designados para funcionar junto aos Tribunais Regionais do Trabalho e, na forma das leis processuais, nos litígios trabalhistas que envolvam, especialmente, interesses de menores e incapazes.

Parágrafo único. A designação de Procurador do Trabalho para oficiar em órgãos jurisdicionais diferentes dos previstos para a categoria dependerá de autorização do Conselho Superior.

Art. 113. Os Procuradores do Trabalho serão lotados nos ofícios nas Procuradorias Regionais do Trabalho nos Estados e no Distrito Federal.

SÚMULA DO TST

Vide Súmula 407/TST

Súmula 407 TST — AÇÃO RESCISÓRIA. MINISTÉRIO PÚBLICO. LEGITIMIDADE "AD CAUSAM" PREVISTA NO ART. 967, III, "A", "B" E "C" DO CPC DE 2015. ART. 487, III, "A" E "B", DO CPC DE 1973. HIPÓTESES MERAMENTE EXEMPLIFICATIVAS (nova redação em decorrência do CPC de 2015) — Res. 208/2016, DEJT divulgado em 22, 25 e 26.04.2016

A legitimidade "ad causam" do Ministério Público para propor ação rescisória, ainda que não tenha sido parte no processo que deu origem à decisão rescindenda, não está limitada às alíneas "a", "b" e "c" do inciso III do art. 967 do CPC de 2015 (art. 487, III, "a" e "b", do CPC de 1973), uma vez que traduzem hipóteses meramente exemplificativas (ex-OJ n. 83 da SBDI-2 — inserida em 13.03.2002)

TÍTULO IX — DO MINISTÉRIO PÚBLICO DO TRABALHO

Art. 748

ORIENTAÇÕES JURISPRUDENCIAIS DA SDI-1 DO TST

Vide OJs 130, 237, 338 e 350 SDI-1/TST

OJ 130 SDI-1 TST — PRESCRIÇÃO. MINISTÉRIO PÚBLICO. ARGUIÇÃO. "CUSTOS LEGIS". ILEGITIMIDADE (atualizada em decorrência do CPC de 2015) — Res. 209/2016, DEJT divulgado em 01, 02 e 03.06.2016

Ao exarar o parecer na remessa de ofício, na qualidade de "custos legis", o Ministério Público não tem legitimidade para arguir a prescrição em favor de entidade de direito público, em matéria de direito patrimonial.

OJ 237 SDI-1 TST — MINISTÉRIO PÚBLICO DO TRABALHO. ILEGITIMIDADE PARA RECORRER (inserida em 20.06.2001)

O Ministério Público não tem legitimidade para recorrer na defesa de interesse patrimonial privado, inclusive de empresas públicas e sociedades de economia mista.

OJ 338 SDI-1 TST — MINISTÉRIO PÚBLICO DO TRABALHO. LEGITIMIDADE PARA RECORRER. SOCIEDADE DE ECONOMIA MISTA E EMPRESA PÚBLICA. CONTRATO NULO (DJ 04.05.2004)

Há interesse do Ministério Público do Trabalho para recorrer contra decisão que declara a existência de vínculo empregatício com sociedade de economia mista ou empresa pública, após a CF/88, sem a prévia aprovação em concurso público.

OJ 350 SDI-1 TST — MINISTÉRIO PÚBLICO DO TRABALHO. NULIDADE DO CONTRATO DE TRABALHO NÃO SUSCITADA PELO ENTE PÚBLICO NO MOMENTO DA DEFESA. ARGUIÇÃO EM PARECER. POSSIBILIDADE (alterada em decorrência do julgamento do processo TST IUJERR 526538/1999.2) — Res. 162/2009, DEJT divulgado em 23, 24 e 25.11.2009

O Ministério Público do Trabalho pode arguir, em parecer, na primeira vez que tenha de se manifestar no processo, a nulidade do contrato de trabalho em favor de ente público, ainda que a parte não a tenha suscitado, a qual será apreciada, sendo vedada, no entanto, qualquer dilação probatória.

ORIENTAÇÃO JURISPRUDENCIAL TRANSITÓRIA DA SDI-1 DO TST

Vide OJT 20 SDI-1/TST

OJT 20 SDI-1 TST — AGRAVO DE INSTRUMENTO. MINISTÉRIO PÚBLICO. PRESSUPOSTOS EXTRÍNSECOS (inserida em 13.02.2001)

Para aferição da tempestividade do AI interposto pelo Ministério Público, desnecessário o traslado da certidão de publicação do despacho agravado, bastando a juntada da cópia da intimação pessoal na qual conste a respectiva data de recebimento (Lei Complementar n. 75/93, art. 84, IV).

SÚMULAS DO STJ

Vide Súmulas 99, 189 e 226/TST

Súmula 99 STJ — O Ministério Público tem legitimidade para recorrer no processo em que oficiou como fiscal da lei, ainda que não haja recurso da parte.

Súmula 189 STJ — É desnecessária a intervenção do Ministério Publico nas execuções fiscais.

Súmula 226 STJ — O Ministério Público tem legitimidade para recorrer na ação de acidente do trabalho, ainda que o segurado esteja assistido por advogado.

SEÇÃO IV
DAS ATRIBUIÇÕES DO PROCURADOR-GERAL

Art. 748	Como chefe da Procuradoria-Geral da Justiça do Trabalho, incumbe ao procurador-geral: *(Redação dada pelo Decreto-Lei n. 8.737, de 19.1.1946)*
a)	dirigir os serviços da Procuradoria-Geral, orientar e fiscalizar as Procuradorias Regionais, expedindo as necessárias instruções; *(Redação dada pelo Decreto-Lei n. 8.737, de 19.1.1946)*
b)	funcionar nas sessões do Tribunal Superior do Trabalho, pessoalmente ou por intermédio do procurador que designar; *(Redação dada pelo Decreto-Lei n. 8.737, de 19.1.1946)*
c)	exarar o seu "ciente" nos acórdãos do Tribunal; *(Redação dada pelo Decreto Lei n. 8.737, de 19.1.1946)*
d)	designar o procurador que o substitua nas faltas e impedimentos e o chefe da secretaria da Procuradoria; *(Redação dada pelo Decreto-Lei n. 8.737, de 19.1.1946)*
e)	apresentar, até o dia 31 de março, ao Ministro do Trabalho, Indústria e Comércio, relatório dos trabalhos da Procuradoria-Geral no ano anterior, com as observações e sugestões que julgar convenientes; *(Redação dada pelo Decreto-Lei n. 8.737, de 19.1.1946)*
f)	conceder férias aos procuradores e demais funcionários que sirvam na Procuradoria e impor-lhes penas disciplinares, observada, quanto aos procuradores, a legislação em vigor para o Ministério Público Federal; *(Redação dada pelo Decreto-Lei n. 8.737, de 19.1.1946)*

g)	funcionar em Juízo, em primeira instância, ou designar os procuradores que o devam fazer; *(Redação dada pelo Decreto-Lei n. 8.737, de 19.1.1946)*
h)	admitir e dispensar o pessoal extranumerário da secretaria e prorrogar o expediente remunerado dos funcionários e extranumerários. *(Redação dada pelo Decreto-Lei n. 8.737, de 19.1.1946)*

LEI COMPLEMENTAR N. 75, DE 20 DE MAIO DE 1993
Dispõe sobre a organização, as atribuições e o estatuto do Ministério Público da União
DOU 21.5.1993

Vide art. 91, caput e inciso I a XXIV

Art. 91. São atribuições do Procurador-Geral do Trabalho:

I — representar o Ministério Público do Trabalho;

II — integrar, como membro nato, e presidir o Colégio de Procuradores do Trabalho, o Conselho Superior do Ministério Público do Trabalho e a Comissão de Concurso;

III — nomear o Corregedor-Geral do Ministério Público do Trabalho, segundo lista tríplice formada pelo Conselho Superior;

IV — designar um dos membros e o Coordenador da Câmara de Coordenação e Revisão do Ministério Público do Trabalho;

V — designar, observados os critérios da lei e os estabelecidos pelo Conselho Superior, os ofícios em que exercerão suas funções os membros do Ministério Público do Trabalho;

VI — designar o Chefe da Procuradoria Regional do Trabalho dentre os Procuradores Regionais do Trabalho lotados na respectiva Procuradoria Regional;

VII — decidir, em grau de recurso, os conflitos de atribuição entre os órgãos do Ministério Público do Trabalho;

VIII — determinar a abertura de correição, sindicância ou inquérito administrativo;

IX — determinar a instauração de inquérito ou processo administrativo contra servidores dos serviços auxiliares;

X — decidir processo disciplinar contra membro da carreira ou servidor dos serviços auxiliares, aplicando as sanções que sejam de sua competência;

XI — decidir, atendendo a necessidade do serviço, sobre:

a) remoção a pedido ou por permuta;

b) alteração parcial da lista bienal de designações;

XII — autorizar o afastamento de membros do Ministério Público do Trabalho, ouvido o Conselho Superior, nos casos previstos em lei;

XIII — dar posse aos membros do Ministério Público do Trabalho;

XIV — designar membro do Ministério Público do Trabalho para:

a) funcionar nos órgãos em que a participação da Instituição seja legalmente prevista, ouvido o Conselho Superior;

b) integrar comissões técnicas ou científicas, relacionadas às funções da Instituição, ouvido o Conselho Superior;

c) assegurar a continuidade dos serviços, em caso de vacância, afastamento temporário, ausência, impedimento ou suspeição do titular, na inexistência ou falta do substituto designado;

XV — homologar, ouvido o Conselho Superior, o resultado do concurso para ingresso na carreira;

XVI — fazer publicar aviso de existência de vaga, na lotação e na relação bienal de designações;

XVII — propor ao Procurador-Geral da República, ouvido o Conselho Superior, a criação e extinção de cargos da carreira e dos ofícios em que devam ser exercidas suas funções;

XVIII — elaborar a proposta orçamentária do Ministério Público do Trabalho, submetendo-a, para aprovação, ao Conselho Superior;

XIX — encaminhar ao Procurador-Geral da República a proposta orçamentária do Ministério Público do Trabalho, após sua aprovação pelo Conselho Superior;

XX — organizar a prestação de contas do exercício anterior, encaminhando-a ao Procurador-Geral da República;

XXI — praticar atos de gestão administrativa, financeira e de pessoal;

XXII — elaborar o relatório de atividades do Ministério Público do Trabalho;

XXIII — coordenar as atividades do Ministério Público do Trabalho;

XXIV — exercer outras atribuições previstas em lei.

SEÇÃO V
DAS ATRIBUIÇÕES DOS PROCURADORES

Art. 749	Incumbe aos procuradores com exercício na Procuradoria-Geral: *(Redação dada pelo Decreto-Lei n. 8.737, de 19.1.1946)*
a)	funcionar, por designação do procurador-geral, nas sessões do Tribunal Superior do Trabalho; *(Redação dada pelo Decreto-Lei n. 8.737, de 19.1.1946)*
b)	desempenhar os demais encargos que lhes forem atribuídos pelo procurador-geral. *(Redação dada pelo Decreto-Lei n. 8.737, de 19.1.1946)*
Parágrafo único	Aos procuradores é facultado, nos processos em que oficiarem, requerer ao procurador-geral as diligências e investigações necessárias. *(Redação dada pelo Decreto-Lei n. 8.737, de 19.1.1946)*

TÍTULO IX — DO MINISTÉRIO PÚBLICO DO TRABALHO

SEÇÃO VI
DAS ATRIBUIÇÕES DOS PROCURADORES REGIONAIS

Art. 750 — Incumbe aos procuradores regionais: *(Redação dada pelo Decreto-Lei n. 8.737, de 19.1.1946)*

a) dirigir os serviços da respectiva Procuradoria; *(Redação dada pelo Decreto-Lei n. 8.737, de 19.1.1946)*

b) funcionar nas sessões do Tribunal Regional, pessoalmente ou por intermédio do procurador adjunto que designar; *(Redação dada pelo Decreto-Lei n. 8.737, de 19.1.1946)*

c) apresentar, semestralmente, ao procurador-geral, um relatório das atividades da respectiva Procuradoria, bem como dados e informações sobre a administração da Justiça do Trabalho na respectiva região; *(Redação dada pelo Decreto-Lei n. 8.737, de 19.1.1946)*

d) requerer e acompanhar perante as autoridades administrativas ou judiciárias as diligências necessárias à execução das medidas e providências ordenadas pelo procurador-geral; *(Redação dada pelo Decreto-Lei n. 8.737, de 19.1.1946)*

e) prestar ao procurador-geral as informações necessárias sobre os feitos em andamento e consultá-lo nos casos de dúvidas; *(Redação dada pelo Decreto-Lei n. 8.737, de 19.1.1946)*

f) funcionar em juízo, na sede do respectivo Tribunal Regional; *(Redação dada pelo Decreto-Lei n. 8.737, de 19.1.1946)*

g) exarar o seu "ciente" nos acórdãos do Tribunal; *(Redação dada pelo Decreto-Lei n. 8.737, de 19.1.1946)*

h) designar o procurador que o substitua nas faltas e impedimentos e o secretário da Procuradoria. *(Redação dada pelo Decreto-Lei n. 8.737, de 19.1.1946)*

Art. 751 — Incumbe aos procuradores adjuntos das Procuradorias Regionais: *(Redação dada pelo Decreto-Lei n. 8.737, de 19.1.1946)*

a) funcionar por designação do procurador regional, nas sessões do Tribunal Regional; *(Redação dada pelo Decreto-Lei n. 8.737, de 19.1.1946)*

b) desempenhar os demais encargos que lhes forem atribuídos pelo procurador regional. *(Redação dada pelo Decreto-Lei n. 8.737, de 19.1.1946)*

SEÇÃO VII
DA SECRETARIA

Art. 752 — A secretaria da Procuradoria-Geral funcionará sob a direção de um chefe designado pelo procurador-geral e terá o pessoal designado pelo Ministro do Trabalho, Indústria e Comércio. *(Redação dada pelo Decreto-Lei n. 8.737, de 19.1.1946)*

Arts. 753 a 762

TÍTULO IX — DO MINISTÉRIO PÚBLICO DO TRABALHO

DECRETO-LEI N. 229, DE 28 DE FEVEREIRO DE 1967
Altera dispositivos da Consolidação das Leis do Trabalho, aprovada pelo Decreto-Lei n. 5.452, de 1º de maio de 1943, e dá outras providencias
DOU 28.2.1967 e retificado em 9.3.1967

Art. 35. As referências feitas na CLT:
I — ao Ministério do Trabalho, Indústria e Comércio entendem-se como concernentes ao Ministério do Trabalho e Previdência Social (MTPS);

Vide art. 35, *caput* e inciso I

Art. 753	Compete à secretaria:
a)	receber, registrar e encaminhar os processos ou papéis entrados;
b)	classificar e arquivar os pareceres e outros papéis;
c)	prestar informações sobre os processos ou papéis sujeitos à apreciação da Procuradoria;
d)	executar o expediente da Procuradoria;
e)	providenciar sobre o suprimento do material necessário;
f)	desempenhar os demais trabalhos que lhes forem cometidos pelo procurador-geral, para melhor execução dos serviços a seu cargo.
Art. 754	Nas Procuradorias Regionais, os trabalhos a que se refere o artigo anterior serão executados pelos funcionários para esse fim designados.

CAPÍTULO III
DA PROCURADORIA DE PREVIDÊNCIA SOCIAL

Arts. 755 a 762	Todos os artigos deste Capítulo III (Da Procuradoria de Previdência Social) foram revogados pelo Decreto-Lei n. 72, de 21.11.66, que criou o INPS, transformando o Conselho Superior da Previdência Social em Conselho de Recursos da Previdência Social.

TÍTULO X
DO PROCESSO JUDICIÁRIO DO TRABALHO

CAPÍTULO I
DISPOSIÇÕES PRELIMINARES

Art. 763 — O processo da Justiça do Trabalho, no que concerne aos dissídios individuais e coletivos e à aplicação de penalidades, reger-se-á, em todo o território nacional, pelas normas estabelecidas neste Título.

CONSTITUIÇÃO FEDERAL DE 1988
DOU 5.10.1988

Vide art. 5º, *caput*, incisos XXXV, XXXVII, LIV e LV; art. 22,*caput*, inciso I e parágrafo único

Art. 5º Todos são iguais perante a lei, sem distinção de qualquer natureza, garantindo-se aos brasileiros e aos estrangeiros residentes no País a inviolabilidade do direito à vida, à liberdade, à igualdade, à segurança e à propriedade, nos termos seguintes:
(...)
XXXV — a lei não excluirá da apreciação do Poder Judiciário lesão ou ameaça a direito;
(...)
XXXVII — não haverá juízo ou tribunal de exceção;

(...)
LIV — ninguém será privado da liberdade ou de seus bens sem o devido processo legal;
LV — aos litigantes, em processo judicial ou administrativo, e aos acusados em geral são assegurados o contraditório e a ampla defesa, com os meios e recursos a ela inerentes;

Art. 22. Compete privativamente à União legislar sobre:
I — direito civil, comercial, penal, processual, eleitoral, agrário, marítimo, aeronáutico, espacial e do trabalho;
(...)
Parágrafo único. Lei complementar poderá autorizar os Estados a legislar sobre questões específicas das matérias relacionadas neste artigo.

Art. 764 — Os dissídios individuais ou coletivos submetidos à apreciação da Justiça do Trabalho serão sempre sujeitos à conciliação.

§ 1º Para os efeitos deste artigo, os juízes e Tribunais do Trabalho empregarão sempre os seus bons ofícios e persuasão no sentido de uma solução conciliatória dos conflitos.

§ 2º Não havendo acordo, o juízo conciliatório converter-se-á obrigatoriamente em arbitral, proferindo decisão na forma prescrita neste Título.

§ 3º É lícito às partes celebrar acordo que ponha termo ao processo, ainda mesmo depois de encerrado o juízo conciliatório.

CONSTITUIÇÃO FEDERAL DE 1988
DOU 5.10.1988

Vide art. 114, *caput* e §§ 1º, 2º e 3º

Art. 114. Compete à Justiça do Trabalho processar e julgar: *(Redação dada pela Emenda Constitucional n. 45, de 2004)*
(...)
§ 1º Frustrada a negociação coletiva, as partes poderão eleger árbitros.

§ 2º Recusando-se qualquer das partes à negociação coletiva ou à arbitragem, é facultado às mesmas, de comum acordo, ajuizar dissídio coletivo de natureza econômica, podendo a Justiça do Trabalho decidir o conflito, respeitadas as disposições mínimas legais de proteção ao trabalho, bem como as convencionadas anteriormente. *(Redação dada pela Emenda Constitucional n. 45, de 2004)*

§ 3º Em caso de greve em atividade essencial, com possibilidade de lesão do interesse público, o Ministério Público do Trabalho poderá ajuizar dissídio coletivo, competindo à Justiça do Trabalho decidir o conflito. *(Redação dada pela Emenda Constitucional n. 45, de 2004)*

CONSOLIDAÇÃO DAS LEIS DO TRABALHO
Decreto-Lei n. 5.452, de 1º de maio de 1943
DOU 9.8.1943

Vide art. 831, *caput* e parágrafo único; art. 832, § 6º; art. 846, *caput* e §§ 1º e 2º; art. 850, *caput*; art. 852-E; art. 860, *caput* e parágrafo único; art. 862; e art. 863

Art. 831. A decisão será proferida depois de rejeitada pelas partes a proposta de conciliação.

Parágrafo único. No caso de conciliação, o termo que for lavrado valerá como decisão irrecorrível, salvo para a Previdência Social quanto às contribuições que lhe forem devidas. *(Redação dada pela Lei n. 10.035, de 2000)*

Art. 832. (...)

§ 6º O acordo celebrado após o trânsito em julgado da sentença ou após a elaboração dos cálculos de liquidação de sentença não prejudicará os créditos da União. *(Incluído pela Lei n. 11.457, de 2007)*

Art. 846. Aberta a audiência, o juiz ou presidente proporá a conciliação. *(Redação dada pela Lei n. 9.022, de 5.4.1995)*

§ 1º Se houver acordo lavrar-se-á termo, assinado pelo presidente e pelos litigantes, consignando-se o prazo e demais condições para seu cumprimento. *(Incluído pela Lei n. 9.022, de 5.4.1995)*

§ 2º Entre as condições a que se refere o parágrafo anterior, poderá ser estabelecida a de ficar a parte que não cumprir o acordo obrigada a satisfazer integralmente o pedido ou pagar uma indenização convencionada, sem prejuízo do cumprimento do acordo. *(Incluído pela Lei n. 9.022, de 5.4.1995)*

Art. 850. Terminada a instrução, poderão as partes aduzir razões finais, em prazo não excedente de 10 (dez) minutos para cada uma. Em seguida, o juiz ou presidente renovará a proposta de conciliação, e não se realizando esta, será proferida a decisão.

Art. 852-E. Aberta a sessão, o juiz esclarecerá as partes presentes sobre as vantagens da conciliação e usará os meios adequados de persuasão para a solução conciliatória do litígio, em qualquer fase da audiência. *(Incluído pela Lei n. 9.957, de 2000)*

Art. 860. Recebida e protocolada a representação, e estando na devida forma, o Presidente do Tribunal designará a audiência de conciliação, dentro do prazo de 10 (dez) dias, determinando a notificação dos dissidentes, com observância do disposto no art. 841.

Parágrafo único — Quando a instância for instaurada *ex officio*, a audiência deverá ser realizada dentro do prazo mais breve possível, após o reconhecimento do dissídio.

Art. 862. Na audiência designada, comparecendo ambas as partes ou seus representantes, o Presidente do Tribunal as convidará para se pronunciarem sobre as bases da conciliação. Caso não sejam aceitas as bases propostas, o Presidente submeterá aos interessados a solução que lhe pareça capaz de resolver o dissídio.

Art. 863. Havendo acordo, o Presidente o submeterá à homologação do Tribunal na primeira sessão.

SÚMULAS DO TST

Vide Súmulas 100, V, 190, 259 e 418/TST

Súmula 100 TST — AÇÃO RESCISÓRIA. DECADÊNCIA (incorporadas as Orientações Jurisprudenciais ns. 13, 16, 79, 102, 104, 122 e 145 da SBDI-2) — Res. 137/2005, DJ 22, 23 e 24.08.2005

(...)

V — O acordo homologado judicialmente tem força de decisão irrecorrível, na forma do art. 831 da CLT. Assim sendo, o termo conciliatório transita em julgado na data da sua homologação judicial. *(ex-OJ n. 104 da SBDI-2 — DJ 29.04.2003)*

Súmula 190 TST — PODER NORMATIVO DO TST. CONDIÇÕES DE TRABALHO. INCONSTITUCIONALIDADE. DECISÕES CONTRÁRIAS AO STF (mantida) — Res. 121/2003, DJ 19, 20 e 21.11.2003

Ao julgar ou homologar ação coletiva ou acordo nela havido, o Tribunal Superior do Trabalho exerce o poder normativo constitucional, não podendo criar ou homologar condições de trabalho que o Supremo Tribunal Federal julgue iterativamente inconstitucionais.

Súmula 259 TST — TERMO DE CONCILIAÇÃO. AÇÃO RESCISÓRIA (mantida) — Res. 121/2003, DJ 19, 20 e 21.11.2003

Só por ação rescisória é impugnável o termo de conciliação previsto no parágrafo único do art. 831 da CLT.

Súmula 418 TST — MANDADO DE SEGURANÇA VISANDO À CONCESSÃO DE LIMINAR OU HOMOLOGAÇÃO DE ACORDO (conversão das Orientações Jurisprudenciais ns. 120 e 141 da SBDI-2) — Res. 137/2005, DJ 22, 23 e 24.08.2005

A concessão de liminar ou a homologação de acordo constituem faculdade do juiz, inexistindo direito líquido e certo tutelável pela via do mandado de segurança. *(ex-OJs da SBDI-2 ns. 120 — DJ 11.08.2003 — e 141 — DJ 04.05.2004)*

ORIENTAÇÃO JURISPRUDENCIAL DA SDI-1 DO TST

Vide OJ 376 SDI-1/TST

OJ 376 SDI-1 TST — CONTRIBUIÇÃO PREVIDENCIÁRIA. ACORDO HOMOLOGADO EM JUÍZO APÓS O TRÂNSITO EM JULGADO DA SENTENÇA CONDENATÓRIA. INCIDÊNCIA SOBRE O VALOR HOMOLOGADO. (DEJT divulgado em 19, 20 e 22.04.2010)

É devida a contribuição previdenciária sobre o valor do acordo celebrado e homologado após o trânsito em julgado de decisão judicial, respeitada a proporcionalidade de valores entre as parcelas de natureza salarial e indenizatória deferidas na decisão condenatória e as parcelas objeto do acordo.

ORIENTAÇÕES JURISPRUDENCIAIS DA SDI-2 DO TST

Vide OJs 94 e 132 SDI-2/TST

OJ 94 SDI-2 TST — AÇÃO RESCISÓRIA. COLUSÃO. FRAUDE À LEI. RECLAMATÓRIA SIMULADA EXTINTA (inserida em 27.09.2002)

A decisão ou acordo judicial subjacente à reclamação trabalhista, cuja tramitação deixa nítida a simulação do litígio para fraudar a lei e prejudicar terceiros, enseja ação rescisória, com lastro em colusão. No juízo rescisório, o processo simulado deve ser extinto.

OJ 132 SDI-2 TST — AÇÃO RESCISÓRIA. ACORDO HOMOLOGADO. ALCANCE. OFENSA À COISA JULGADA (DJ 04.05.2004)

Acordo celebrado — homologado judicialmente — em que o empregado dá plena e ampla quitação, sem qualquer ressalva, alcança não só o objeto da inicial, como também todas as demais parcelas referentes ao extinto contrato de trabalho, violando a coisa julgada, a propositura de nova reclamação trabalhista.

ORIENTAÇÕES JURISPRUDENCIAIS DA SDC DO TST

Vide OJs 2, 31 e 34 SDC/TST

OJ 2 SDC TST — ACORDO HOMOLOGADO. EXTENSÃO A PARTES NÃO SUBSCREVENTES. INVIABILIDADE. (inserida em 27.03.1998)

É inviável aplicar condições constantes de acordo homologado nos autos de dissídio coletivo, extensivamente, às partes que não o subscreveram, exceto se observado o procedimento previsto no art. 868 e seguintes, da CLT.

TÍTULO X — DO PROCESSO JUDICIÁRIO DO TRABALHO

OJ 31 SDC TST — ESTABILIDADE DO ACIDENTADO. ACORDO HOMOLOGADO. PREVALÊNCIA. IMPOSSIBILIDADE. VIOLAÇÃO DO ART. 118 DA LEI N. 8.213/91. (inserida em 19.08.1998)
Não é possível a prevalência de acordo sobre legislação vigente, quando ele é menos benéfico do que a própria lei, porquanto o caráter imperativo dessa última restringe o campo de atuação da vontade das partes.

OJ 34 SDC TST — ACORDO EXTRAJUDICIAL. HOMOLOGAÇÃO. JUSTIÇA DO TRABALHO. PRESCINDIBILIDADE. (inserida em 07.12.1998)
É desnecessária a homologação, por Tribunal Trabalhista, do acordo extrajudicialmente celebrado, sendo suficiente, para que surta efeitos, sua formalização perante o Ministério do Trabalho (art. 614 da CLT e art. 7º, inciso XXXV, da Constituição Federal).

Art. 765

Os Juízos e Tribunais do Trabalho terão ampla liberdade na direção do processo e velarão pelo andamento rápido das causas, podendo determinar qualquer diligência necessária ao esclarecimento delas.

CÓDIGO DE PROCESSO CIVIL DE 1973
Lei n. 5.869, de 11 de janeiro de 1973
DOU 17.1.1973 e republicado em 27.7.2006

Vide art. 130; e art. 131

Art. 130. Caberá ao juiz, de ofício ou a requerimento da parte, determinar as provas necessárias à instrução do processo, indeferindo as diligências inúteis ou meramente protelatórias.

Art. 131. O juiz apreciará livremente a prova, atendendo aos fatos e circunstâncias constantes dos autos, ainda que não alegados pelas partes; mas deverá indicar, na decisão, os motivos que lhe formaram o convencimento.

CÓDIGO DE PROCESSO CIVIL DE 2015
Lei n. 13.105, de 16 de março de 2015
DOU 17.3.2015

Vide art. 370, *caput* e parágrafo único; e art. 371

Art. 370. Caberá ao juiz, de ofício ou a requerimento da parte, determinar as provas necessárias ao julgamento do mérito.
Parágrafo único. O juiz indeferirá, em decisão fundamentada, as diligencias inúteis ou meramente protelatórias.

Art. 371. O juiz apreciará a prova constante dos autos, independentemente do sujeito que a tiver promovido, e indicará na decisão as razões da formação de seu convencimento.

Art. 766

Nos dissídios sobre estipulação de salários, serão estabelecidas condições que, assegurando justos salários aos trabalhadores, permitam também justa retribuição às empresas interessadas.

CONSTITUIÇÃO FEDERAL DE 1988
DOU 5.10.1988

Vide art. 7º, *caput* e inciso X

Art. 7º São direitos dos trabalhadores urbanos e rurais, além de outros que visem à melhoria de sua condição social:
(...)
X — proteção do salário na forma da lei, constituindo crime sua retenção dolosa;

CONSOLIDAÇÃO DAS LEIS DO TRABALHO
Decreto-Lei n. 5.452, de 1º de maio de 1943
DOU 9.8.1943

Vide art. 8º, *caput,* art. 623, *caput* e parágrafo único; e art. 852-E

Art. 8º As autoridades administrativas e a Justiça do Trabalho, na falta de disposições legais ou contratuais, decidirão, conforme o caso, pela jurisprudência, por analogia, por equidade e outros princípios e normas gerais de direito, principalmente do direito do trabalho, e, ainda, de acordo com os usos e costumes, o direito comparado, mas sempre de maneira que nenhum interesse de classe ou particular prevaleça sobre o interesse público.

Art. 623. Será nula de pleno direito disposição de Convenção ou Acordo que, direta ou indiretamente, contrarie proibição ou norma disciplinadora da política econômico-financeira do Governo ou concernente à política salarial vigente, não produzindo quaisquer efeitos perante autoridades e repartições públicas, inclusive para fins de revisão de preços e tarifas de mercadorias e serviços. *(Redação dada pelo Decreto-Lei n. 229, de 28.2.1967)*
Parágrafo único. Na hipótese deste artigo, a nulidade será declarada, de ofício ou mediante representação, pelo Ministro do Trabalho e Previdência Social, ou pela Justiça do Trabalho em processo submetido ao seu julgamento. *(Incluído pelo Decreto-Lei n. 229, de 28.2.1967)*

Art. 852-E. Aberta a sessão, o juiz esclarecerá as partes presentes sobre as vantagens da conciliação e usará os meios adequados de persuasão para a solução conciliatória do litígio, em qualquer fase da audiência. *(Incluído pela Lei n. 9.957, de 2000)*

CÓDIGO DE PROCESSO CIVIL DE 1973
Lei n. 5.869, de 11 de janeiro de 1973
DOU 17.1.1973 e republicado em 27.7.2006

Vide art. 8º; e art. 140

Art. 8º Os incapazes serão representados ou assistidos por seus pais, tutores ou curadores, na forma da lei civil.

Art. 140. Em cada juízo haverá um ou mais ofícios de justiça, cujas atribuições são determinadas pelas normas de organização judiciária.

Art. 767

CÓDIGO DE PROCESSO CIVIL DE 2015
Lei n. 13.105, de 16 de março de 2015
DOU 17.3.2015

Vide art. 71; e art. 150

Art. 71. O incapaz será representado ou assistido por seus pais, por tutor ou por curador, na forma da lei.

Art. 150. Em cada juízo haverá um ou mais ofícios de justiça, cujas atribuições serão determinadas pelas normas de organização judiciária.

LEI DE INTRODUÇÃO ÀS NORMAS DO DIREITO BRASILEIRO
Decreto-Lei n. 4.657, de 4 de setembro de 1942
DOU 9.9.1942, retificado em 8.10.1942 e retificado em 17.6.1943

Vide art. 5º

Art. 5º Na aplicação da lei, o juiz atenderá aos fins sociais a que ela se dirige e às exigências do bem comum.

SÚMULA DO TST

Vide Súmula 375/TST

Súmula 375 TST — REAJUSTES SALARIAIS PREVISTOS EM NORMA COLETIVA. PREVALÊNCIA DA LEGISLAÇÃO DE POLÍTICA SALARIAL (conversão da Orientação Jurisprudencial n. 69 da SBDI-1 e da Orientação Jurisprudencial n. 40 da SBDI-2) — Res. 129/2005, DJ 20, 22 e 25.04.2005

Os reajustes salariais previstos em norma coletiva de trabalho não prevalecem frente à legislação superveniente de política salarial. *(ex-OJs n.s 69 da SBDI-1 — inserida em 14.03.1994 — e 40 da SBDI-2 — inserida em 20.09.2000)*

ORIENTAÇÃO JURISPRUDENCIAL DA SDI-2 DO TST

Vide OJ 39 SDI-2/TST

OJ 39 SDI-2 TST — AÇÃO RESCISÓRIA. REAJUSTES BIMESTRAIS E QUADRIMESTRAIS. LEI N. 8.222/91. SÚMULA N. 83 DO TST. APLICÁVEL (inserida em 20.09.2000)

Havendo controvérsia jurisprudencial à época, não se rescinde decisão que aprecia a possibilidade de cumulação das antecipações bimestrais e reajustes quadrimestrais de salário previstos na Lei n. 8.222/91. Incidência da Súmula n. 83 do TST.

Art. 767 — A compensação, ou retenção, só poderá ser arguida como matéria de defesa.

CONSOLIDAÇÃO DAS LEIS DO TRABALHO
Decreto-Lei n. 5.452, de 1º de maio de 1943
DOU 9.8.1943

Vide art. 477, § 5º

Art. 477. (...)

§ 5º Qualquer compensação no pagamento de que trata o parágrafo anterior não poderá exceder o equivalente a um mês de remuneração do empregado. *(Redação dada pela Lei n. 5.584, de 26.6.1970)*

CÓDIGO CIVIL
Lei n. 10.406, de 10 de janeiro de 2002
DOU 11.1.2002

Vide art. 368; art. 369; art. 370; art. 371; art. 372; art. 373, *caput* e incisos I a III; art. 375; art. 376; art. 377; art. 378; art. 379; e art. 380

Art. 368. Se duas pessoas forem ao mesmo tempo credor e devedor uma da outra, as duas obrigações extinguem-se, até onde se compensarem.

Art. 369. A compensação efetua-se entre dívidas líquidas, vencidas e de coisas fungíveis.

Art. 370. Embora sejam do mesmo gênero as coisas fungíveis, objeto das duas prestações, não se compensarão, verificando-se que diferem na qualidade, quando especificada no contrato.

Art. 371. O devedor somente pode compensar com o credor o que este lhe dever; mas o fiador pode compensar sua dívida com a de seu credor ao afiançado.

Art. 372. Os prazos de favor, embora consagrados pelo uso geral, não obstam a compensação.

Art. 373. A diferença de causa nas dívidas não impede a compensação, exceto:

I — se provier de esbulho, furto ou roubo;
II — se uma se originar de comodato, depósito ou alimentos;
III — se uma for de coisa não suscetível de penhora.

Art. 375. Não haverá compensação quando as partes, por mútuo acordo, a excluírem, ou no caso de renúncia prévia de uma delas.

Art. 376. Obrigando-se por terceiro uma pessoa, não pode compensar essa dívida com a que o credor dele lhe dever.

Art. 377. O devedor que, notificado, nada opõe à cessão que o credor faz a terceiros dos seus direitos, não pode opor ao cessionário a compensação, que antes da cessão teria podido opor ao cedente. Se, porém, a cessão lhe não tiver sido notificada, poderá opor ao cessionário compensação do crédito que antes tinha contra o cedente.

Art. 378. Quando as duas dívidas não são pagáveis no mesmo lugar, não se podem compensar sem dedução das despesas necessárias à operação.

Art. 379. Sendo a mesma pessoa obrigada por várias dívidas compensáveis, serão observadas, no compensá-las, as regras estabelecidas quanto à imputação do pagamento.

Art. 380. Não se admite a compensação em prejuízo de direito de terceiro. O devedor que se torne credor do seu credor, depois de penhorado o crédito deste, não pode opor ao exequente a compensação, de que contra o próprio credor disporia.

SÚMULAS DO TST

Vide Súmulas 18, 48, 109 e 202/TST

Súmula 18 TST — COMPENSAÇÃO (mantida) — Res. 121/2003, DJ 19, 20 e 21.11.2003

A compensação, na Justiça do Trabalho, está restrita a dívidas de natureza trabalhista.

TÍTULO X — DO PROCESSO JUDICIÁRIO DO TRABALHO

Súmula 48 TST — COMPENSAÇÃO (mantida) — Res. 121/2003, DJ 19, 20 e 21.11.2003
A compensação só poderá ser arguida com a contestação.

Súmula 109 TST — GRATIFICAÇÃO DE FUNÇÃO (mantida) — Res. 121/2003, DJ 19, 20 e 21.11.2003
O bancário não enquadrado no § 2º do art. 224 da CLT, que receba gratificação de função, não pode ter o salário relativo a horas extraordinárias compensado com o valor daquela vantagem.

Súmula 202 TST — GRATIFICAÇÃO POR TEMPO DE SERVIÇO. COMPENSAÇÃO (mantida) — Res. 121/2003, DJ 19, 20 e 21.11.2003
Existindo, ao mesmo tempo, gratificação por tempo de serviço outorgada pelo empregador e outra da mesma natureza prevista em acordo coletivo, convenção coletiva ou sentença normativa, o empregado tem direito a receber, exclusivamente, a que lhe seja mais benéfica.

ORIENTAÇÕES JURISPRUDENCIAIS DA SDI-1 DO TST

Vide OJs 325 e 356 SDI-1/TST

OJ 325 SDI-1 TST — AUMENTO SALARIAL CONCEDIDO PELA EMPRESA. COMPENSAÇÃO NO ANO SEGUINTE EM ANTECIPAÇÃO SEM A PARTICIPAÇÃO DO SINDICATO PROFISSIONAL. IMPOSSIBILIDADE (DJ 09.12.2003)
O aumento real, concedido pela empresa a todos os seus empregados, somente pode ser reduzido mediante a participação efetiva do sindicato profissional no ajuste, nos termos do art. 7º, VI, da CF/88.

OJ 356 SDI-1 TST — PROGRAMA DE INCENTIVO À DEMISSÃO VOLUNTÁRIA (PDV). CRÉDITOS TRABALHISTAS RECONHECIDOS EM JUÍZO. COMPENSAÇÃO. IMPOSSIBILIDADE (DJ 14.03.2008)
Os créditos tipicamente trabalhistas reconhecidos em juízo não são suscetíveis de compensação com a indenização paga em decorrência de adesão do trabalhador a Programa de Incentivo à Demissão Voluntária (PDV).

ORIENTAÇÃO JURISPRUDENCIAL TRANSITÓRIA DA SDI-1 DO TST

Vide OJT 50 SDI-1/TST

OJT 50 SDI-1 TST — FÉRIAS. ABONO INSTITUÍDO POR INSTRUMENTO NORMATIVO E TERÇO CONSTITUCIONAL. SIMULTANEIDADE INVIÁVEL (conversão da Orientação Jurisprudencial n. 231 da SBDI-1) — DJ 20.04.2005
O abono de férias decorrente de instrumento normativo e o abono de 1/3 (um terço) previsto no art. 7º, XVII, da CF/88 têm idêntica natureza jurídica, destinação e finalidade, constituindo-se "bis in idem" seu pagamento simultâneo, sendo legítimo o direito do empregador de obter compensação de valores porventura pagos. *(ex-OJ n. 231 da SDI-1 — inserida em 20.06.01)*

Art. 768 Terá preferência em todas as fases processuais o dissídio cuja decisão tiver de ser executada perante o Juízo da falência.

CONSOLIDAÇÃO DAS LEIS DO TRABALHO
Decreto-Lei n. 5.452, de 1º de maio de 1943
DOU 9.8.1943

Vide art. 449, caput e § 1º

Art. 449. Os direitos oriundos da existência do contrato de trabalho subsistirão em caso de falência, concordata ou dissolução da empresa.

§ 1º — Na falência constituirão créditos privilegiados a totalidade dos salários devidos ao empregado e a totalidade das indenizações a que tiver direito. *(Redação dada pela Lei n. 6.449, de 14.10.1977)*

LEI N. 11.101, DE 9 DE FEVEREIRO DE 2005
Regula a recuperação judicial, a extrajudicial e a falência do empresário e da sociedade empresária
DOU 9.2.2005 Edição extra

Vide art. 6º, caput e §§ 1º a 8º

Art. 6º A decretação da falência ou o deferimento do processamento da recuperação judicial suspende o curso da prescrição e de todas as ações e execuções em face do devedor, inclusive aquelas dos credores particulares do sócio solidário.

§ 1º Terá prosseguimento no juízo no qual estiver se processando a ação que demandar quantia ilíquida.

§ 2º É permitido pleitear, perante o administrador judicial, habilitação, exclusão ou modificação de créditos derivados da relação de trabalho, mas as ações de natureza trabalhista, inclusive as impugnações a que se refere o art. 8º desta Lei, serão processadas perante a justiça especializada até a apuração do respectivo crédito, que será inscrito no quadro-geral de credores pelo valor determinado em sentença.

§ 3º O juiz competente para as ações referidas nos §§ 1º e 2º deste artigo poderá determinar a reserva da importância que estimar devida na recuperação judicial ou na falência, e, uma vez reconhecido líquido o direito, será o crédito incluído na classe própria.

§ 4º Na recuperação judicial, a suspensão de que trata o caput deste artigo em hipótese nenhuma excederá o prazo improrrogável de 180 (cento e oitenta) dias contado do deferimento do processamento da recuperação, restabelecendo-se, após o decurso do prazo, o direito dos credores de iniciar ou continuar suas ações e execuções, independentemente de pronunciamento judicial.

§ 5º Aplica-se o disposto no § 2º deste artigo à recuperação judicial durante o período de suspensão de que trata o § 4º deste artigo, mas, após o fim da suspensão, as execuções trabalhistas poderão ser normalmente concluídas, ainda que o crédito já esteja inscrito no quadro-geral de credores.

§ 6º Independentemente da verificação periódica perante os cartórios de distribuição, as ações que venham a ser propostas contra o devedor deverão ser comunicadas ao juízo da falência ou da recuperação judicial:

I — pelo juiz competente, quando do recebimento da petição inicial;

II — pelo devedor, imediatamente após a citação.

§ 7º As execuções de natureza fiscal não são suspensas pelo deferimento da recuperação judicial, ressalvada a concessão de parcelamento nos termos do Código Tributário Nacional e da legislação ordinária específica.

Art. 769

§ 8º A distribuição do pedido de falência ou de recuperação judicial previne a jurisdição para qualquer outro pedido de recuperação judicial ou de falência, relativo ao mesmo devedor.

SÚMULAS DO STF

Vide Súmulas 191, 192, 227 e 417/STF

Súmula 191 STF — Inclui-se no crédito habilitado em falência a multa fiscal simplesmente moratória.

Súmula 192 STF — Não se inclui no crédito habilitado em falência a multa fiscal com efeito de pena administrativa.

Súmula 227 STF — A concordata do empregador não impede a execução de crédito nem a reclamação de empregado na Justiça do Trabalho.

Súmula 417 STF — Pode ser objeto de restituição, na falência, dinheiro em poder do falido, recebido em nome de outrem, ou do qual, por lei ou contrato, não tivesse ele a disponibilidade.

SÚMULAS DO TST

Vide Súmulas 86 e 388/TST

Súmula 86 TST — DESERÇÃO. MASSA FALIDA. EMPRESA EM LIQUIDAÇÃO EXTRAJUDICIAL (incorporada a Orientação Jurisprudencial n. 31 da SBDI-1) — Res. 129/2005, DJ 20, 22 e 25.04.2005

Não ocorre deserção de recurso da massa falida por falta de pagamento de custas ou de depósito do valor da condenação. Esse privilégio, todavia, não se aplica à empresa em liquidação extrajudicial. (primeira parte — ex-Súmula n. 86 — RA 69/78, DJ 26.09.1978; segunda parte — ex-OJ n. 31 da SBDI-1 — inserida em 14.03.1994)

Súmula 388 TST — MASSA FALIDA. ARTS. 467 E 477 DA CLT. INAPLICABILIDADE (conversão das Orientações Jurisprudenciais ns. 201 e 314 da SBDI-1) — Res. 129/2005, DJ 20, 22 e 25.04.2005

A Massa Falida não se sujeita à penalidade do art. 467 e nem à multa do § 8º do art. 477, ambos da CLT. *(ex-Ojs da SBDI-1 ns. 201 — DJ 11.08.2003 — e 314 — DJ 08.11.2000)*

SÚMULAS DO STJ

Vide Súmulas 219 e 305/STJ

Súmula 219 STJ — Os créditos decorrentes de serviços prestados à massa falida, inclusive a remuneração do síndico, gozam dos privilégios próprios dos trabalhistas.

Súmula 305 STJ — É descabida a prisão civil do depositário quando, decretada a falência da empresa, sobrevém a arrecadação do bem pelo síndico.

Art. 769

Nos casos omissos, o direito processual comum será fonte subsidiária do direito processual do trabalho, exceto naquilo em que for incompatível com as normas deste Título.

CONSOLIDAÇÃO DAS LEIS DO TRABALHO
Decreto-Lei n. 5.452, de 1º de maio de 1943
DOU 9.8.1943

Vide art. 8º, parágrafo único; e art. 889

Art. 8º (...)
Parágrafo único — O direito comum será fonte subsidiária do direito do trabalho, naquilo em que não for incompatível com os princípios fundamentais deste.

Art. 889. Aos trâmites e incidentes do processo da execução são aplicáveis, naquilo em que não contravierem ao presente Título, os preceitos que regem o processo dos executivos fiscais para a cobrança judicial da dívida ativa da Fazenda Pública Federal.

CÓDIGO DE PROCESSO CIVIL DE 1973
Lei n. 5.869, de 11 de janeiro de 1973
DOU 17.1.1973 e republicado em 27.7.2006

Vide art. 1º; e art. 126

Art. 1º A jurisdição civil, contenciosa e voluntária, é exercida pelos juízes, em todo o território nacional, conforme as disposições que este Código estabelece.

Art. 126. O juiz não se exime de sentenciar ou despachar alegando lacuna ou obscuridade da lei. No julgamento da lide caber-lhe-á aplicar as normas legais; não as havendo, recorrerá à analogia, aos costumes e aos princípios gerais de direito. *(Redação dada pela Lei n. 5.925, de 1º.10.1973)*

CÓDIGO DE PROCESSO CIVIL DE 2015
Lei n. 13.105, de 16 de março de 2015
DOU 17.3.2015

Vide art. 15; art.16; art. 140; e art. 1.046, *caput* e § 2º

Art. 15. Na ausência de normas que regulem processos eleitorais, trabalhistas ou administrativos, as disposições deste Código lhes serão aplicadas supletiva e subsidiariamente.

Art. 16. A jurisdição civil é exercida pelos juízes e pelos tribunais em todo o território nacional, conforme as disposições deste Código

Art. 140. O juiz não se exime de decidir sob a alegação de lacuna ou obscuridade do ordenamento jurídico.

Art. 1.046. Ao entrar em vigor este Código, suas disposições se aplicarão desde logo aos processos pendentes, ficando revogada a Lei n. 5.869, de 11 de janeiro de 1973.
(...)
§ 2º Permanecem em vigor as disposições especiais dos procedimentos regulados em outras leis, aos quais se aplicará supletivamente este Código.

TÍTULO X — DO PROCESSO JUDICIÁRIO DO TRABALHO

LEI DE INTRODUÇÃO ÀS NORMAS DO DIREITO BRASILEIRO
Decreto-Lei n. 4.657, de 4 de setembro de 1942
DOU 9.9.1942, retificado em 8.10.1942 e retificado em 17.6.1943

Vide art. 4º

Art. 4º Quando a lei for omissa, o juiz decidirá o caso de acordo com a analogia, os costumes e os princípios gerais de direito.

ORIENTAÇÕES JURISPRUDENCIAIS DA SDI-1 DO TST

Vide OJs 255 e 310 SDI-1/TST

OJ 255 SDI-1 TST — MANDATO. CONTRATO SOCIAL. DESNECESSÁRIA A JUNTADA. (atualizada em decorrência do CPC de 2015) — Res. 208/2016, DEJT divulgado em 22, 25 e 26.04.2016

O art. 75, inciso VIII, do CPC de 2015 (art. 12, VI, do CPC de 1973) não determina a exibição dos estatutos da empresa em juízo como condição de validade do instrumento de mandato outorgado ao seu procurador, salvo se houver impugnação da parte contrária.

OJ 310 SDI-1 TST — LITISCONSORTES. PROCURADORES DISTINTOS. PRAZO EM DOBRO. ART. 229, CAPUT E §§ 1º E 2º, DO CPC DE 2015. ART. 191 DO CPC DE 1973. INAPLICÁVEL AO PROCESSO DO TRABALHO (atualizada em decorrência do CPC de 2015) — Res. 208/2016, DEJT divulgado em 22, 25 e 26.04.2016

Inaplicável ao processo do trabalho a norma contida no art. 229, caput e §§ 1º e 2º, do CPC de 2015 (art. 191 do CPC de 1973), em razão de incompatibilidade com a celeridade que lhe é inerente.

ORIENTAÇÕES JURISPRUDENCIAIS DA SDI-2 DO TST

Vide OJs 54, 59 e 66 SDI-2/TST

OJ 54 SDI-2 TST — MANDADO DE SEGURANÇA. EMBARGOS DE TERCEIRO. CUMULAÇÃO. PENHORA. INCABÍVEL (atualizada em decorrência do CPC de 2015) — Res. 208/2016, DEJT divulgado em 22, 25 e 26.04.2016

Ajuizados embargos de terceiro (art. 674 do CPC de 2015 — art. 1.046 do CPC de 1973) para pleitear a desconstituição da penhora, é incabível mandado de segurança com a mesma finalidade.

OJ 59 SDI-2 TST — MANDADO DE SEGURANÇA. PENHORA. CARTA DE FIANÇA BANCÁRIA. SEGURO GARANTIA JUDICIAL (nova redação em decorrência do CPC de 2015) — Res. 209/2016, DEJT divulgado em 01, 02 e 03.06.2016

A carta de fiança bancária e o seguro garantia judicial, desde que em valor não inferior ao do débito em execução, acrescido de trinta por cento, equivalem a dinheiro para efeito da gradação dos bens penhoráveis, estabelecida no art. 835 do CPC de 2015 (art. 655 do CPC de 1973).

OJ 66 SDI-2 TST — MANDADO DE SEGURANÇA. SENTENÇA HOMOLOGATÓRIA DE ADJUDICAÇÃO. INCABÍVEL (inserida em 20.09.2000)

É incabível o mandado de segurança contra sentença homologatória de adjudicação, uma vez que existe meio próprio para impugnar o ato judicial, consistente nos embargos à adjudicação (CPC, art. 746).

CAPÍTULO II
DO PROCESSO EM GERAL

SEÇÃO I
DOS ATOS, TERMOS E PRAZOS PROCESSUAIS

Art. 770 Os atos processuais serão públicos salvo quando o contrário determinar o interesse social, e realizar-se-ão nos dias úteis das 6 (seis) às 20 (vinte) horas.

CONSTITUIÇÃO FEDERAL DE 1988
DOU 5.10.1988

Vide art. 5º, caput e inciso LX; e 93, caput e inciso IX

Art. 5º Todos são iguais perante a lei, sem distinção de qualquer natureza, garantindo-se aos brasileiros e aos estrangeiros residentes no País a inviolabilidade do direito à vida, à liberdade, à igualdade, à segurança e à propriedade, nos termos seguintes:
(...)
LX — a lei só poderá restringir a publicidade dos atos processuais quando a defesa da intimidade ou o interesse social o exigirem;

Art. 93. Lei complementar, de iniciativa do Supremo Tribunal Federal, disporá sobre o Estatuto da Magistratura, observados os seguintes princípios:
(...)
IX todos os julgamentos dos órgãos do Poder Judiciário serão públicos, e fundamentadas todas as decisões, sob pena de nulidade, podendo a lei limitar a presença, em determinados atos, às próprias partes e a seus advogados, ou somente a estes, em casos nos quais a preservação do direito à intimidade do interessado no sigilo não prejudique o interesse público à informação; *(Redação dada pela Emenda Constitucional n. 45, de 2004)*

CONSOLIDAÇÃO DAS LEIS DO TRABALHO
Decreto-Lei n. 5.452, de 1º de maio de 1943
DOU 9.8.1943

Vide art. 813, *caput* e §§ 1º e 2º

Art. 813. As audiências dos órgãos da Justiça do Trabalho serão públicas e realizar-se-ão na sede do Juízo ou Tribunal em dias úteis previamente fixados, entre 8 (oito) e 18 (dezoito) horas, não podendo ultrapassar 5 (cinco) horas seguidas, salvo quando houver matéria urgente.

§ 1º Em casos especiais, poderá ser designado outro local para a realização das audiências, mediante edital afixado na sede do Juízo ou Tribunal, com a antecedência mínima de 24 (vinte e quatro) horas.

§ 2º Sempre que for necessário, poderão ser convocadas audiências extraordinárias, observado o prazo do parágrafo anterior.

CÓDIGO DE PROCESSO CIVIL DE 1973
Lei n. 5.869, de 11 de janeiro de 1973
DOU 17.1.1973 e republicado em 27.7.2006

Vide art. 155, *caput*, incisos I a III e parágrafo único; art. 172, *caput* e §§ 1º e 2º; e art. 444

Art. 155. Os atos processuais são públicos. Correm, todavia, em segredo de justiça os processos:

I — em que o exigir o interesse público;

II — que dizem respeito a casamento, filiação, desquite, separação de corpos, alimentos e guarda de menores.

II — que dizem respeito a casamento, filiação, separação dos cônjuges, conversão desta em divórcio, alimentos e guarda de menores. *(Redação dada pela Lei n. 6.515, de 26.12.1977)*

Parágrafo único. O direito de consultar os autos e de pedir certidões de seus atos é restrito às partes e a seus procuradores. O terceiro, que demonstrar interesse jurídico, pode requerer ao juiz certidão do dispositivo da sentença, bem como de inventário e partilha resultante do desquite.

Art. 172. Os atos processuais realizar-se-ão em dias úteis, de seis (6) às dezoito (18) horas.

§ 1º Serão, todavia, concluídos, depois das dezoito (18) horas, os atos iniciados antes, quando o adiamento prejudicar a diligência ou causar grave dano.

§ 2º A citação e a penhora poderão, em casos excepcionais, e mediante autorização expressa do juiz, realizar-se em domingos e feriados, ou nos dias úteis, fora do horário estabelecido neste artigo, observando o disposto no art. 153, parágrafo 10, da Constituição da República Federativa do Brasil.

Art. 444. A audiência será pública; nos casos de que trata o art. 155, realizar-se-á a portas fechadas.

CÓDIGO DE PROCESSO CIVIL DE 2015
Lei n. 13.105, de 16 de março de 2015
DOU 17.3.2015

Vide art.189, *caput*, incisos I a IV e §§ 1º e 2º; art. 212, *caput* e §§ 1º a 3º; e art.368

Art. 189. Os atos processuais são públicos, todavia tramitam em segredo de justiça os processos:

I — em que o exija o interesse público ou social;

II — que versem sobre casamento, separação de corpos, divórcio, separação, união estável, filiação, alimentos e guarda de crianças e adolescentes;

III — em que constem dados protegidos pelo direito constitucional à intimidade;

IV — que versem sobre arbitragem, inclusive sobre cumprimento de carta arbitral, desde que a confidencialidade estipulada na arbitragem seja comprovada perante o juízo.

§ 1º O direito de consultar os autos de processo que tramite em segredo de justiça e de pedir certidões de seus atos é restrito às partes e aos seus procuradores.

§ 2º O terceiro que demonstrar interesse jurídico pode requerer ao juiz certidão do dispositivo da sentença, bem como de inventário e de partilha resultantes de divórcio ou separação.

Art. 212. Os atos processuais serão realizados em dias úteis, das 6 (seis) às 20 (vinte) horas.

§ 1º Serão concluídos após as 20 (vinte) horas os atos iniciados antes, quando o adiamento prejudicar a diligência ou causar grave dano.

§ 2º Independentemente de autorização judicial, as citações, intimações e penhoras poderão realizar-se no período de férias forenses, onde as houver, e nos feriados ou dias úteis fora do horário estabelecido neste artigo, observado o disposto no art. 5º, inciso XI, da Constituição Federal.

§ 3º Quando o ato tiver de ser praticado por meio de petição em autos não eletrônicos, essa deverá ser protocolada no horário de funcionamento do fórum ou tribunal, conforme o disposto na lei de organização judiciária local.

Art. 368. A audiência será pública, ressalvadas as exceções legais.

LEI N. 11.419, DE 19 DE DEZEMBRO DE 2006
Dispõe sobre a informatização do processo judicial; altera a Lei n. 5.869, de 11 de janeiro de 1973 — Código de Processo Civil; e dá outras providências
DOU 9.8.1943

Vide art. 3º, *caput* e parágrafo único; e art. 10, *caput* e §§ 1º, 2º e 3º

Art. 3º Consideram-se realizados os atos processuais por meio eletrônico no dia e hora do seu envio ao sistema do Poder Judiciário, do que deverá ser fornecido protocolo eletrônico.

Parágrafo único. Quando a petição eletrônica for enviada para atender prazo processual, serão consideradas tempestivas as transmitidas até as 24 (vinte e quatro) horas do seu último dia.

Art. 10. A distribuição da petição inicial e a juntada da contestação, dos recursos e das petições em geral, todos em formato digital, nos autos de processo eletrônico, podem ser feitas diretamente pelos advogados públicos e privados, sem necessidade da intervenção do cartório ou secretaria judicial, situação em que a autuação deverá se dar de forma automática, fornecendo-se recibo eletrônico de protocolo.

§ 1º Quando o ato processual tiver que ser praticado em determinado prazo, por meio de petição eletrônica, serão considerados tempestivos os efetivados até as 24 (vinte e quatro) horas do último dia.

§ 2º No caso do § 1º deste artigo, se o Sistema do Poder Judiciário se tornar indisponível por motivo técnico, o prazo fica automaticamente prorrogado para o primeiro dia útil seguinte à resolução do problema.

§ 3º Os órgãos do Poder Judiciário deverão manter equipamentos de digitalização e de acesso à rede mundial de computadores à disposição dos interessados para distribuição de peças processuais.

TÍTULO X — DO PROCESSO JUDICIÁRIO DO TRABALHO

Art. 771

Parágrafo único A penhora poderá realizar-se em domingo ou dia feriado, mediante autorização expressa do juiz ou presidente.

CONSOLIDAÇÃO DAS LEIS DO TRABALHO
Decreto-Lei n. 5.452, de 1º de maio de 1943
DOU 9.8.1943

Vide art. 877; e art. 877-A

Art. 877. É competente para a execução das decisões o Juiz ou Presidente do Tribunal que tiver conciliado ou julgado originariamente o dissídio.

Art. 877-A. É competente para a execução de título executivo extrajudicial o juiz que teria competência para o processo de conhecimento relativo à matéria. *(Incluído pela Lei n. 9.958, de 25.10.2000)*

CÓDIGO DE PROCESSO CIVIL DE 1973
Lei n. 5.869, de 11 de janeiro de 1973
DOU 17.1.1973 e republicado em 27.7.2006

Vide art. 172, *caput* e § 2º

Art. 172. Os atos processuais realizar-se-ão em dias úteis, de seis (6) às dezoito (18) horas.
(...)
§ 2º A citação e a penhora poderão, em casos excepcionais, e mediante autorização expressa do juiz, realizar-se em domingos e feriados, ou nos dias úteis, fora do horário estabelecido neste artigo, observando o disposto no art. 153, parágrafo 10, da Constituição da República Federativa do Brasil.

CÓDIGO DE PROCESSO CIVIL DE 2015
Lei n. 13.105, de 16 de março de 2015
DOU 17.3.2015

Vide art. 212, *caput* e § 2º

Art. 212. Os atos processuais serão realizados em dias úteis, das 6 (seis) às 20 (vinte) horas.
(...)
§ 2º Independentemente de autorização judicial, as citações, intimações e penhoras poderão realizar-se no período de férias forenses, onde as houver, e nos feriados ou dias úteis fora do horário estabelecido neste artigo, observado o disposto no art. 5º, inciso XI, da Constituição Federal.

LEI N. 8.009, DE 29 DE MARÇO DE 1990
Dispõe sobre a impenhorabilidade do bem de família
DOU 30.3.1990

Vide art. 1º, *caput* e parágrafo único; art. 2º, *caput*; e art. 3º incisos II, III, IV, V, VI e VII

Art. 1º O imóvel residencial próprio do casal, ou da entidade familiar, é impenhorável e não responderá por qualquer tipo de dívida civil, comercial, fiscal, previdenciária ou de outra natureza, contraída pelos cônjuges ou pelos pais ou filhos que sejam seus proprietários e nele residam, salvo nas hipóteses previstas nesta lei.

Parágrafo único. A impenhorabilidade compreende o imóvel sobre o qual se assentam a construção, as plantações, as benfeitorias de qualquer natureza e todos os equipamentos, inclusive os de uso profissional, ou móveis que guarnecem a casa, desde que quitados.

Art. 2º Excluem-se da impenhorabilidade os veículos de transporte, obras de arte e adornos suntuosos.

Art. 3º A impenhorabilidade é oponível em qualquer processo de execução civil, fiscal, previdenciária, trabalhista ou de outra natureza, salvo se movido:
(...)
II — pelo titular do crédito decorrente do financiamento destinado à construção ou à aquisição do imóvel, no limite dos créditos e acréscimos constituídos em função do respectivo contrato;

III — pelo credor da pensão alimentícia, resguardados os direitos, sobre o bem, do seu coproprietário que, com o devedor, integre união estável ou conjugal, observadas as hipóteses em que ambos responderão pela dívida; *(Redação dada pela Lei n. 13.144 de 2015)*

IV — para cobrança de impostos, predial ou territorial, taxas e contribuições devidas em função do imóvel familiar;

V — para execução de hipoteca sobre o imóvel oferecido como garantia real pelo casal ou pela entidade familiar;

VI — por ter sido adquirido com produto de crime ou para execução de sentença penal condenatória a ressarcimento, indenização ou perdimento de bens.

VII — por obrigação decorrente de fiança concedida em contrato de locação. *(Incluído pela Lei n. 8.245, de 1991)*

Art. 771

Os atos e termos processuais poderão ser escritos a tinta, datilografados ou a carimbo.

CÓDIGO DE PROCESSO CIVIL DE 1973
Lei n. 5.869, de 11 de janeiro de 1973
DOU 17.1.1973 e republicado em 27.7.2006

Vide art. 154, *caput*, parágrafo único e § 2º; art. 155, *caput*, incisos I e II e parágrafo único; art. 156; art. 157; art. 158, *caput* e parágrafo único; art. 159, *caput* e §§ 1º e 2º; art. 160; art. 161; art. 162, *caput* e §§ 1º a 4º; art. 163; art. 164, *caput* e parágrafo único; art. 165; art. 166; art. 167, *caput* e parágrafo único; art. 168; art. 169, *caput*, parágrafo único e §§ 1º a 3º; e art. 170

Art. 154. Os atos e termos processuais não dependem de forma determinada senão quando a lei expressamente a exigir, reputando-se válidos os que, realizados de outro modo, lhe preencham a finalidade essencial.

Parágrafo único. Os tribunais, no âmbito da respectiva jurisdição, poderão disciplinar a prática e a comunicação oficial dos atos processuais por meios eletrônicos, atendidos os requisitos de autenticidade, integridade, validade jurídica e interoperabilidade da Infraestrutura de

Chaves Públicas Brasileira — ICP — Brasil. *(Incluído pela Lei n. 11.280, de 2006)*

§ 2º Todos os atos e termos do processo podem ser produzidos, transmitidos, armazenados e assinados por meio eletrônico, na forma da lei. *(Incluído pela Lei n. 11.419, de 2006).*

Art. 155. Os atos processuais são públicos. Correm, todavia, em segredo de justiça os processos.

I — em que o exigir o interesse público;

II — que dizem respeito a casamento, filiação, separação dos cônjuges, conversão desta em divórcio, alimentos e guarda de menores. *(Redação dada pela Lei n. 6.515, de 26.12.1977)*

Parágrafo único. O direito de consultar os autos e de pedir certidões de seus atos é restrito às partes e a seus procuradores. O terceiro, que demonstrar interesse jurídico, pode requerer ao juiz certidão do dispositivo da sentença, bem como de inventário e partilha resultante do desquite.

Art. 156. Em todos os atos e termos do processo é obrigatório o uso do vernáculo.

Art. 157. Só poderá ser junto aos autos documento redigido em língua estrangeira, quando acompanhado de versão em vernáculo, firmada por tradutor juramentado.

Art. 158. Os atos das partes, consistentes em declarações unilaterais ou bilaterais de vontade, produzem imediatamente a constituição, a modificação ou a extinção de direitos processuais.

Parágrafo único. A desistência da ação só produzirá efeito depois de homologada por sentença.

Art. 159. Salvo no Distrito Federal e nas Capitais dos Estados, todas as petições e documentos que instruírem o processo, não constantes de registro público, serão sempre acompanhados de cópia, datada e assinada por quem os oferecer.

§ 1º Depois de conferir a cópia, o escrivão ou chefe da secretaria irá formando autos suplementares, dos quais constará a reprodução de todos os atos e termos do processo original.

§ 2º Os autos suplementares só sairão de cartório para conclusão ao juiz, na falta dos autos originais.

Art. 160. Poderão as partes exigir recibo de petições, arrazoados, papéis e documentos que entregarem em cartório.

Art. 161. É defeso lançar, nos autos, cotas marginais ou interlineares; o juiz mandará riscá-las, impondo a quem as escrever multa correspondente à metade do salário mínimo vigente na sede do juízo.

Art. 162. Os atos do juiz consistirão em sentenças, decisões interlocutórias e despachos.

§ 1º Sentença é o ato do juiz que implica alguma das situações previstas nos arts. 267 e 269 desta Lei. *(Redação dada pelo Lei n. 11.232, de 2005)*

§ 2º Decisão interlocutória é o ato pelo qual o juiz, no curso do processo, resolve questão incidente.

§ 3º São despachos todos os demais atos do juiz praticados no processo, de ofício ou a requerimento da parte, a cujo respeito a lei não estabelece outra forma.

§ 4º Os atos meramente ordinatórios, como a juntada e a vista obrigatória, independem de despacho, devendo ser praticados de ofício pelo servidor e revistos pelo juiz quando necessários. *(Incluído pela Lei n. 8.952, de 13.12.1994)*

Art. 163. Recebe a denominação de acórdão o julgamento proferido pelos tribunais.

Art. 164. Os despachos, decisões, sentenças e acórdãos serão redigidos, datados e assinados pelos juízes. Quando forem proferidos, verbalmente, o taquígrafo ou o datilógrafo os registrará, submetendo-os aos juízes para revisão e assinatura.

Parágrafo único. A assinatura dos juízes, em todos os graus de jurisdição, pode ser feita eletronicamente, na forma da lei. *(Incluído pela Lei n. 11.419, de 2006).*

Art. 165. As sentenças e acórdãos serão proferidos com observância do disposto no art. 458; as demais decisões serão fundamentadas, ainda que de modo conciso.

Art. 166. Ao receber a petição inicial de qualquer processo, o escrivão a autuará, mencionando o juízo, a natureza do feito, o número de seu registro, os nomes das partes e a data do seu início; e procederá do mesmo modo quanto aos volumes que se forem formando.

Art. 167. O escrivão numerará e rubricará todas as folhas dos autos, procedendo da mesma forma quanto aos suplementares.

Parágrafo único. Às partes, aos advogados, aos órgãos do Ministério Público, aos peritos e às testemunhas é facultado rubricar as folhas correspondentes aos atos em que intervieram.

Art. 168. Os termos de juntada, vista, conclusão e outros semelhantes constarão de notas datadas e rubricadas pelo escrivão.

Art. 169. Os atos e termos do processo serão datilografados ou escritos com tinta escura e indelével, assinando-os as pessoas que neles intervieram. Quando estas não puderem ou não quiserem firmá-los, o escrivão certificará, nos autos, a ocorrência.

Parágrafo único. É vedado usar abreviaturas.

§ 1º É vedado usar abreviaturas. *(Redação dada pela Lei n. 11.419, de 2006).*

§ 2º Quando se tratar de processo total ou parcialmente eletrônico, os atos processuais praticados na presença do juiz poderão ser produzidos e armazenados de modo integralmente digital em arquivo eletrônico inviolável, na forma da lei, mediante registro em termo que será assinado digitalmente pelo juiz e pelo escrivão ou chefe de secretaria, bem como pelos advogados das partes. *(Incluído pela Lei n. 11.419, de 2006).*

§ 3º No caso do § 2º deste artigo, eventuais contradições na transcrição deverão ser suscitadas oralmente no momento da realização do ato, sob pena de preclusão, devendo o juiz decidir de plano, registrando-se a alegação e a decisão no termo. *(Incluído pela Lei n. 11.419, de 2006).*

Art. 170. É lícito o uso da taquigrafia em qualquer juízo ou tribunal.

CÓDIGO DE PROCESSO CIVIL DE 2015
Lei n. 13.105, de 16 de março de 2015
DOU 17.3.2015

Vide art. 188; art. 189, *caput*, incisos I a IV e §§ 1º e 2º; art. 192, *caput* e parágrafo único; art. 193; art. 196; e art. 200, *caput* e parágrafo único; art. 201; art. 202 , art. 203, *caput caput* e §§ 1º e 4º; art. 204; art. 205, *caput* e §§ 1º e 3º; art. 206; art. 207, *caput* e parágrafo único; art. 208; art. 209, *caput* e §§ 1º e 2º; art. 210

Art. 188. Os atos e os termos processuais independem de forma determinada, salvo quando a lei expressamente a

TÍTULO X — DO PROCESSO JUDICIÁRIO DO TRABALHO

exigir, considerando-se válidos os que, realizados de outro modo, lhe preencham a finalidade essencial.

Art. 189. Os atos processuais são públicos, todavia tramitam em segredo de justiça os processos:

I — em que o exija o interesse público ou social;

II — que versem sobre casamento, separação de corpos, divórcio, separação, união estável, filiação, alimentos e guarda de crianças e adolescentes;

III — em que constem dados protegidos pelo direito constitucional à intimidade;

IV — que versem sobre arbitragem, inclusive sobre cumprimento de carta arbitral, desde que a confidencialidade estipulada na arbitragem seja comprovada perante o juízo.

§ 1º O direito de consultar os autos de processo que tramite em segredo de justiça e de pedir certidões de seus atos é restrito às partes e aos seus procuradores.

§ 2º O terceiro que demonstrar interesse jurídico pode requerer ao juiz certidão do dispositivo da sentença, bem como de inventário e de partilha resultantes de divórcio ou separação.

Art. 192. Em todos os atos e termos do processo é obrigatório o uso da língua portuguesa.

Parágrafo único. O documento redigido em língua estrangeira somente poderá ser juntado aos autos quando acompanhado de versão para a língua portuguesa tramitada por via diplomática ou pela autoridade central, ou firmada por tradutor juramentado.

Art. 193. Os atos processuais podem ser total ou parcialmente digitais, de forma a permitir que sejam produzidos, comunicados, armazenados e validados por meio eletrônico, na forma da lei

Art. 196. Compete ao Conselho Nacional de Justiça e, supletivamente, aos tribunais, regulamentar a prática e a comunicação oficial de atos processuais por meio eletrônico e velar pela compatibilidade dos sistemas, disciplinando a incorporação progressiva de novos avanços tecnológicos e editando, para esse fim, os atos que forem necessários, respeitadas as normas fundamentais deste Código.

Art. 200. Os atos das partes consistentes em declarações unilaterais ou bilaterais de vontade produzem imediatamente a constituição, modificação ou extinção de direitos processuais.

Parágrafo único. A desistência da ação só produzirá efeitos após homologação judicial.

Art. 201. As partes poderão exigir recibo de petições, arrazoados, papéis e documentos que entregarem em cartório.

Art. 202. É vedado lançar nos autos cotas marginais ou interlineares, as quais o juiz mandará riscar, impondo a quem as escrever multa correspondente à metade do salário mínimo.

Art. 203. Os pronunciamentos do juiz consistirão em sentenças, decisões interlocutórias e despachos.

§ 1º Ressalvadas as disposições expressas dos procedimentos especiais, sentença é o pronunciamento por meio do qual o juiz, com fundamento nos arts. 485 e 487, põe fim à fase cognitiva do procedimento comum, bem como extingue a execução.

§ 2º Decisão interlocutória é todo pronunciamento judicial de natureza decisória que não se enquadre no § 1º.

§ 3º São despachos todos os demais pronunciamentos do juiz praticados no processo, de ofício ou a requerimento da parte.

§ 4º Os atos meramente ordinatórios, como a juntada e a vista obrigatória, independem de despacho, devendo ser praticados de ofício pelo servidor e revistos pelo juiz quando necessário.

Art. 204. Acórdão é o julgamento colegiado proferido pelos tribunais.

Art. 205. Os despachos, as decisões, as sentenças e os acórdãos serão redigidos, datados e assinados pelos juízes.

§ 1º Quando os pronunciamentos previstos no caput forem proferidos oralmente, o servidor os documentará, submetendo-os aos juízes para revisão e assinatura.

§ 2º A assinatura dos juízes, em todos os graus de jurisdição, pode ser feita eletronicamente, na forma da lei.

§ 3º Os despachos, as decisões interlocutórias, o dispositivo das sentenças e a ementa dos acórdãos serão publicados no Diário de Justiça Eletrônico.

Art. 206. Ao receber a petição inicial de processo, o escrivão ou o chefe de secretaria a autuará, mencionando o juízo, a natureza do processo, o número de seu registro, os nomes das partes e a data de seu início, e procederá do mesmo modo em relação aos volumes em formação.

Art. 207. O escrivão ou o chefe de secretaria numerará e rubricará todas as folhas dos autos.

Parágrafo único. À parte, ao procurador, ao membro do Ministério Público, ao defensor público e aos auxiliares da justiça é facultado rubricar as folhas correspondentes aos atos em que intervierem.

Art. 208. Os termos de juntada, vista, conclusão e outros semelhantes constarão de notas datadas e rubricadas pelo escrivão ou pelo chefe de secretaria.

Art. 209. Os atos e os termos do processo serão assinados pelas pessoas que neles intervierem, todavia, quando essas não puderem ou não quiserem firmá-los, o escrivão ou o chefe de secretaria certificará a ocorrência.

§ 1º Quando se tratar de processo total ou parcialmente documentado em autos eletrônicos, os atos processuais praticados na presença do juiz poderão ser produzidos e armazenados de modo integralmente digital em arquivo eletrônico inviolável, na forma da lei, mediante registro em termo, que será assinado digitalmente pelo juiz e pelo escrivão ou chefe de secretaria, bem como pelos advogados das partes.

§ 2º Na hipótese do § 1º, eventuais contradições na transcrição deverão ser suscitadas oralmente no momento de realização do ato, sob pena de preclusão, devendo o juiz decidir de plano e ordenar o registro, no termo, da alegação e da decisão.

Art. 210. É lícito o uso da taquigrafia, da estenotipia ou de outro método idôneo em qualquer juízo ou tribunal.

LEI N. 11.419, DE 19 DE DEZEMBRO DE 2006

Dispõe sobre a informatização do processo judicial; altera a Lei n. 5.869, de 11 de janeiro de 1973 — Código de Processo Civil; e dá outras providências.

DOU 20.12.2006

Vide art. 1º, *caput* e §§ 1º e 2º; art. 8º, *caput* e parágrafo único; art. 9º, *caput* e §§ 1º e 2º; art. 10, *caput*; e art. 11, *caput* e §§ 1º, 2º, 3º, 5º e 6º

Art. 1º O uso de meio eletrônico na tramitação de processos judiciais, comunicação de atos e transmissão de peças processuais será admitido nos termos desta Lei.

Art. 772

TÍTULO X — DO PROCESSO JUDICIÁRIO DO TRABALHO

§ 1º Aplica-se o disposto nesta Lei, indistintamente, aos processos civil, penal e trabalhista, bem como aos juizados especiais, em qualquer grau de jurisdição.

§ 2º Para o disposto nesta Lei, considera-se:

I — meio eletrônico qualquer forma de armazenamento ou tráfego de documentos e arquivos digitais;

II — transmissão eletrônica toda forma de comunicação a distância com a utilização de redes de comunicação, preferencialmente a rede mundial de computadores;

III — assinatura eletrônica as seguintes formas de identificação inequívoca do signatário:

a) assinatura digital baseada em certificado digital emitido por Autoridade Certificadora credenciada, na forma de lei específica;

b) mediante cadastro de usuário no Poder Judiciário, conforme disciplinado pelos órgãos respectivos.

Art. 8º Os órgãos do Poder Judiciário poderão desenvolver sistemas eletrônicos de processamento de ações judiciais por meio de autos total ou parcialmente digitais, utilizando, preferencialmente, a rede mundial de computadores e acesso por meio de redes internas e externas.

Parágrafo único. Todos os atos processuais do processo eletrônico serão assinados eletronicamente na forma estabelecida nesta Lei.

Art. 9º No processo eletrônico, todas as citações, intimações e notificações, inclusive da Fazenda Pública, serão feitas por meio eletrônico, na forma desta Lei.

§ 1º As citações, intimações, notificações e remessas que viabilizem o acesso à íntegra do processo correspondente serão consideradas vista pessoal do interessado para todos os efeitos legais.

§ 2º Quando, por motivo técnico, for inviável o uso do meio eletrônico para a realização de citação, intimação ou notificação, esses atos processuais poderão ser praticados segundo as regras ordinárias, digitalizando-se o documento físico, que deverá ser posteriormente destruído.

Art. 10. A distribuição da petição inicial e a juntada da contestação, dos recursos e das petições em geral, todos em formato digital, nos autos de processo eletrônico, podem ser feitas diretamente pelos advogados públicos e privados, sem necessidade da intervenção do cartório ou secretaria judicial, situação em que a autuação deverá se dar de forma automática, fornecendo-se recibo eletrônico de protocolo.

Art. 11. Os documentos produzidos eletronicamente e juntados aos processos eletrônicos com garantia da origem e de seu signatário, na forma estabelecida nesta Lei, serão considerados originais para todos os efeitos legais.

§ 1º Os extratos digitais e os documentos digitalizados e juntados aos autos pelos órgãos da Justiça e seus auxiliares, pelo Ministério Público e seus auxiliares, pelas procuradorias, pelas autoridades policiais, pelas repartições públicas em geral e por advogados públicos e privados têm a mesma força probante dos originais, ressalvada a alegação motivada e fundamentada de adulteração antes ou durante o processo de digitalização.

§ 2º A arguição de falsidade do documento original será processada eletronicamente na forma da lei processual em vigor.

§ 3º Os originais dos documentos digitalizados, mencionados no § 2º deste artigo, deverão ser preservados pelo seu detentor até o trânsito em julgado da sentença ou, quando admitida, até o final do prazo para interposição de ação rescisória.

§ 5º Os documentos cuja digitalização seja tecnicamente inviável devido ao grande volume ou por motivo de ilegibilidade deverão ser apresentados ao cartório ou secretaria no prazo de 10 (dez) dias contados do envio de petição eletrônica comunicando o fato, os quais serão devolvidos à parte após o trânsito em julgado.

§ 6º Os documentos digitalizados juntados em processo eletrônico somente estarão disponíveis para acesso por meio da rede externa para suas respectivas partes processuais e para o Ministério Público, respeitado o disposto em lei para as situações de sigilo e de segredo de justiça.

Art. 772 — Os atos e termos processuais, que devam ser assinados pelas partes interessadas, quando estas, por motivo justificado, não possam fazê-lo, serão firmados a rogo, na presença de 2 (duas) testemunhas, sempre que não houver procurador legalmente constituído.

CÓDIGO DE PROCESSO CIVIL DE 1973
Lei n. 5.869, de 11 de janeiro de 1973
DOU 17.1.1973 e republicado em 27.7.2006

Vide art. 417, caput e §§ 1º e 2º

Art. 417. O depoimento, datilografado ou registrado por taquigrafia, estenotipia ou outro método idôneo de documentação, será assinado pelo juiz, pelo depoente e pelos procuradores, facultando-se às partes a sua gravação. *(Redação dada pela Lei n. 8.952, de 13.12.1994)*

§ 1º O depoimento será passado para a versão datilográfica quando houver recurso da sentença ou noutros casos, quando o juiz o determinar, de ofício ou a requerimento da parte. *(Renumerado pela Lei n. 11.419, de 2006).*

§ 2º Tratando-se de processo eletrônico, observar-se-á o disposto nos §§ 2º e 3º do art. 169 desta Lei. *(Incluído pela Lei n. 11.419, de 2006).*

CÓDIGO DE PROCESSO CIVIL DE 2015
Lei n. 13.105, de 16 de março de 2015
DOU 17.3.2015

Vide art. 460, caput e §§ 1º a 3º

Art. 460. O depoimento poderá ser documentado por meio de gravação.

§ 1º Quando digitado ou registrado por taquigrafia, estenotipia ou outro método idôneo de documentação, depoimento será assinado pelo juiz, pelo depoente e pelos procuradores.

§ 2º Se houver recurso em processo em autos não eletrônicos, o depoimento somente será digitado quando for impossível o envio de sua documentação eletrônica.

§ 3º Tratando-se de autos eletrônicos, observar-se-á o disposto neste Código e na legislação específica sobre a pratica eletrônica de atos processuais.

TÍTULO X — DO PROCESSO JUDICIÁRIO DO TRABALHO

LEI N. 11.419, DE 19 DE DEZEMBRO DE 2006
Dispõe sobre a informatização do processo judicial; altera a Lei n. 5.869, de 11 de janeiro de 1973 — Código de Processo Civil; e dá outras providências.
DOU 20.12.2006

Vide art. 1º, *caput* e §§ 1º e 2º

Art. 1º O uso de meio eletrônico na tramitação de processos judiciais, comunicação de atos e transmissão de peças processuais será admitido nos termos desta Lei.

§ 1º Aplica-se o disposto nesta Lei, indistintamente, aos processos civil, penal e trabalhista, bem como aos juizados especiais, em qualquer grau de jurisdição.

§ 2º Para o disposto nesta Lei, considera-se:

I — meio eletrônico qualquer forma de armazenamento ou tráfego de documentos e arquivos digitais;

II — transmissão eletrônica toda forma de comunicação a distância com a utilização de redes de comunicação, preferencialmente a rede mundial de computadores;

III — assinatura eletrônica as seguintes formas de identificação inequívoca do signatário:

a) assinatura digital baseada em certificado digital emitido por Autoridade Certificadora credenciada, na forma de lei específica;

b) mediante cadastro de usuário no Poder Judiciário, conforme disciplinado pelos órgãos respectivos.

Art. 773 Os termos relativos ao movimento dos processos constarão de simples notas, datadas e rubricadas pelos secretários ou escrivães. *(Vide Leis ns. 409, de 1943 e 6.563, de 1978)*

LEI N. 11.419, DE 19 DE DEZEMBRO DE 2006
Dispõe sobre a informatização do processo judicial; altera a Lei n. 5.869, de 11 de janeiro de 1973 — Código de Processo Civil; e dá outras providências
DOU 20.12.2006

Vide art. 1º, *caput* e §§ 1º e 2º

Art. 1º O uso de meio eletrônico na tramitação de processos judiciais, comunicação de atos e transmissão de peças processuais será admitido nos termos desta Lei.

§ 1º Aplica-se o disposto nesta Lei, indistintamente, aos processos civil, penal e trabalhista, bem como aos juizados especiais, em qualquer grau de jurisdição.

§ 2º Para o disposto nesta Lei, considera-se:

I — meio eletrônico qualquer forma de armazenamento ou tráfego de documentos e arquivos digitais;

II — transmissão eletrônica toda forma de comunicação a distância com a utilização de redes de comunicação, preferencialmente a rede mundial de computadores;

III — assinatura eletrônica as seguintes formas de identificação inequívoca do signatário:

a) assinatura digital baseada em certificado digital emitido por Autoridade Certificadora credenciada, na forma de lei específica;

b) mediante cadastro de usuário no Poder Judiciário, conforme disciplinado pelos órgãos respectivos.

Art. 774 Salvo disposição em contrário, os prazos previstos neste Título contam-se, conforme o caso, a partir da data em que for feita pessoalmente, ou recebida a notificação, daquela em que for publicado o edital no jornal oficial ou no que publicar o expediente da Justiça do Trabalho, ou, ainda, daquela em que for afixado o edital na sede da Junta, Juízo ou Tribunal. *(Redação dada pela Lei n. 2.244, de 23.6.1954)*

Parágrafo único Tratando-se de notificação postal, no caso de não ser encontrado o destinatário ou no de recusa de recebimento, o Correio ficará obrigado, sob pena de responsabilidade do servidor, a devolvê-la, no prazo de 48 (quarenta e oito) horas, ao Tribunal de origem. *(Incluído pelo Decreto-Lei n. 8.737, de 19.1.1946)*

EMENDA CONSTITUCIONAL N. 24, DE 9 DE DEZEMBRO DE 1999
Altera dispositivos da Constituição Federal pertinentes à representação classista na Justiça do Trabalho. Extingue a representação classista na Justiça do Trabalho.
DOU 10.12.1999

CÓDIGO DE PROCESSO CIVIL DE 1973
Lei n. 5.869, de 11 de janeiro de 1973
DOU 17.1.1973 e republicado em 27.7.2006

Vide art. 219, *caput*; e art. 224

Art. 219. A citação válida torna prevento o juízo, induz litispendência e faz litigiosa a coisa; e, ainda quando ordenada por juiz incompetente, constitui em mora o devedor e interrompe a prescrição. *(Redação dada pela Lei n. 5.925, de 1º.10.1973)*

Art. 224. Far-se-á a citação por meio de oficial de justiça nos casos ressalvados no art. 222, ou quando frustrada a citação pelo correio. *(Redação dada pela Lei n. 8.710, de 24.9.1993)*

CÓDIGO DE PROCESSO CIVIL DE 2015
Lei n. 13.105, de 16 de março de 2015
DOU 17.3.2015

Vide art. 224, *caput*; e art. 249

Art. 240. A citação válida, ainda quando ordenada por juízo incompetente, induz litispendência, torna litigiosa a coisa e constitui em mora o devedor, ressalvado o disposto nos arts. 397 e 398 da Lei n. 10.406, de 10 de janeiro de 2002 (Código Civil).

Art. 249. A citação será feita por meio de oficial de justiça nas hipóteses previstas neste Código ou em lei, ou quando frustrada a citação pelo correio.

LEI N. 11.419, DE 19 DE DEZEMBRO DE 2006
Dispõe sobre a informatização do processo judicial; altera a Lei n. 5.869, de 11 de janeiro de 1973 — Código de Processo Civil; e dá outras providências.
DOU 20.12.2006

Vide art. 1º, *caput* e §§ 1º e 2º; art. 3º; e art. 11

Art. 1º O uso de meio eletrônico na tramitação de processos judiciais, comunicação de atos e transmissão de peças processuais será admitido nos termos desta Lei.

§ 1º Aplica-se o disposto nesta Lei, indistintamente, aos processos civil, penal e trabalhista, bem como aos juizados especiais, em qualquer grau de jurisdição.

§ 2º Para o disposto nesta Lei, considera-se:

I — meio eletrônico qualquer forma de armazenamento ou tráfego de documentos e arquivos digitais;

II — transmissão eletrônica toda forma de comunicação a distância com a utilização de redes de comunicação, preferencialmente a rede mundial de computadores;

III — assinatura eletrônica as seguintes formas de identificação inequívoca do signatário:

a) assinatura digital baseada em certificado digital emitido por Autoridade Certificadora credenciada, na forma de lei específica;

b) mediante cadastro de usuário no Poder Judiciário, conforme disciplinado pelos órgãos respectivos.

Art. 3º Consideram-se realizados os atos processuais por meio eletrônico no dia e hora do seu envio ao sistema do Poder Judiciário, do que deverá ser fornecido protocolo eletrônico.

Parágrafo único. Quando a petição eletrônica for enviada para atender prazo processual, serão consideradas tempestivas as transmitidas até as 24 (vinte e quatro) horas do seu último dia.

Art. 11. Os documentos produzidos eletronicamente e juntados aos processos eletrônicos com garantia da origem e de seu signatário, na forma estabelecida nesta Lei, serão considerados originais para todos os efeitos legais.

§ 1º Os extratos digitais e os documentos digitalizados e juntados aos autos pelos órgãos da Justiça e seus auxiliares, pelo Ministério Público e seus auxiliares, pelas procuradorias, pelas autoridades policiais, pelas repartições públicas em geral e por advogados públicos e privados têm a mesma força probante dos originais, ressalvada a alegação motivada e fundamentada de adulteração antes ou durante o processo de digitalização.

§ 2º A arguição de falsidade do documento original será processada eletronicamente na forma da lei processual em vigor.

§ 3º Os originais dos documentos digitalizados, mencionados no § 2º deste artigo, deverão ser preservados pelo seu detentor até o trânsito em julgado da sentença ou, quando admitida, até o final do prazo para interposição de ação rescisória.

§ 4º (VETADO)

§ 5º Os documentos cuja digitalização seja tecnicamente inviável devido ao grande volume ou por motivo de ilegibilidade deverão ser apresentados ao cartório ou secretaria no prazo de 10 (dez) dias contados do envio de petição eletrônica comunicando o fato, os quais serão devolvidos à parte após o trânsito em julgado.

§ 6º Os documentos digitalizados juntados em processo eletrônico somente estarão disponíveis para acesso por meio da rede externa para suas respectivas partes processuais e para o Ministério Público, respeitado o disposto em lei para as situações de sigilo e de segredo de justiça.

SÚMULAS DO STF

Vide Súmulas 310 e 392 /STF

Súmula 310 STF — Quando a intimação tiver lugar na sexta-feira, ou a publicação com efeito de intimação for feita nesse dia, o prazo judicial terá início na segunda-feira imediata, salvo se não houver expediente, caso em que começará no primeiro dia útil que se seguir.

Súmula 392 STF — O prazo para recorrer de acórdão concessivo de segurança conta-se da publicação oficial de suas conclusões, e não da anterior ciência à autoridade para cumprimento da decisão.

SÚMULAS DO TST

Vide Súmulas 1,16, 30, 53, 62, 100, 197, 262, 385, 387 e 427/TST

Súmula 1 TST — PRAZO JUDICIAL (mantida) — Res. 121/2003, DJ 19, 20 e 21.11.2003

Quando a intimação tiver lugar na sexta-feira, ou a publicação com efeito de intimação for feita nesse dia, o prazo judicial será contado da segunda-feira imediata, inclusive, salvo se não houver expediente, caso em que fluirá no dia útil que se seguir.

Súmula 16 TST — NOTIFICAÇÃO (nova redação) — Res. 121/2003, DJ 19, 20 e 21.11.2003

Presume-se recebida a notificação 48 (quarenta e oito) horas depois de sua postagem. O seu não-recebimento ou a entrega após o decurso desse prazo constitui ônus de prova do destinatário.

Súmula 30 TST — INTIMAÇÃO DA SENTENÇA (mantida) — Res. 121/2003, DJ 19, 20 e 21.11.2003

Quando não juntada a ata ao processo em 48 horas, contadas da audiência de julgamento (art. 851, § 2º, da CLT), o prazo para recurso será contado da data em que a parte receber a intimação da sentença.

Súmula 53 TST — CUSTAS (mantida) — Res. 121/2003, DJ 19, 20 e 21.11.2003

TÍTULO X — DO PROCESSO JUDICIÁRIO DO TRABALHO

O prazo para pagamento das custas, no caso de recurso, é contado da intimação do cálculo.

Súmula 62 TST — ABANDONO DE EMPREGO (mantida) — Res. 121/2003, DJ 19, 20 e 21.11.2003

O prazo de decadência do direito do empregador de ajuizar inquérito em face do empregado que incorre em abandono de emprego é contado a partir do momento em que o empregado pretendeu seu retorno ao serviço.

Súmula 100 TST — AÇÃO RESCISÓRIA. DECADÊNCIA (incorporadas as Orientações Jurisprudenciais ns. 13, 16, 79, 102, 104, 122 e 145 da SBDI-2) — Res. 137/2005, DJ 22, 23 e 24.08.2005

I — O prazo de decadência, na ação rescisória, conta-se do dia imediatamente subsequente ao trânsito em julgado da última decisão proferida na causa, seja de mérito ou não. *(ex-Súmula n. 100 — alterada pela Res. 109/2001, DJ 20.04.2001)*

II — Havendo recurso parcial no processo principal, o trânsito em julgado dá-se em momentos e em tribunais diferentes, contando-se o prazo decadencial para a ação rescisória do trânsito em julgado de cada decisão, salvo se o recurso tratar de preliminar ou prejudicial que possa tornar insubsistente a decisão recorrida, hipótese em que flui a decadência a partir do trânsito em julgado da decisão que julgar o recurso parcial. *(ex-Súmula n. 100 — alterada pela Res. 109/2001, DJ 20.04.2001)*

III — Salvo se houver dúvida razoável, a interposição de recurso intempestivo ou a interposição de recurso incabível não protrai o termo inicial do prazo decadencial. *(ex-Súmula n. 100 — alterada pela Res. 109/2001, DJ 20.04.2001)*

IV — O juízo rescindente não está adstrito à certidão de trânsito em julgado juntada com a ação rescisória, podendo formar sua convicção através de outros elementos dos autos quanto à antecipação ou postergação do "dies a quo" do prazo decadencial. *(ex-OJ n. 102 da SBDI-2 — DJ 29.04.2003)*

V — O acordo homologado judicialmente tem força de decisão irrecorrível, na forma do art. 831 da CLT. Assim sendo, o termo conciliatório transita em julgado na data da sua homologação judicial. *(ex-OJ n. 104 da SBDI-2 — DJ 29.04.2003)*

VI — Na hipótese de colusão das partes, o prazo decadencial da ação rescisória somente começa a fluir para o Ministério Público, que não interveio no processo principal, a partir do momento em que tem ciência da fraude. *(ex-OJ n. 122 da SBDI-2 — DJ 11.08.2003)*

VII — Não ofende o princípio do duplo grau de jurisdição a decisão do TST que, após afastar a decadência em sede de recurso ordinário, aprecia desde logo a lide, se a causa versar questão exclusivamente de direito e estiver em condições de imediato julgamento. *(ex-OJ n. 79 da SBDI-2 — inserida em 13.03.2002)*

VIII — A exceção de incompetência, ainda que oposta no prazo recursal, sem ter sido aviado o recurso próprio, não tem o condão de afastar a consumação da coisa julgada e, assim, postergar o termo inicial do prazo decadencial para a ação rescisória. *(ex-OJ n. 16 da SBDI-2 — inserida em 20.09.2000)*

IX — Prorroga-se até o primeiro dia útil, imediatamente subsequente, o prazo decadencial para ajuizamento de ação rescisória quando expira em férias forenses, feriados, finais de semana ou em dia em que não houver expediente forense. Aplicação do art. 775 da CLT. *(ex-OJ n. 13 da SBDI-2 — inserida em 20.09.2000)*

X — Conta-se o prazo decadencial da ação rescisória, após o decurso do prazo legal previsto para a interposição do recurso extraordinário, apenas quando esgotadas todas as vias recursais ordinárias. *(ex-OJ n. 145 da SBDI-2 — DJ 10.11.2004)*

Súmula 197 TST — PRAZO (mantida) — Res. 121/2003, DJ 19, 20 e 21.11.2003

O prazo para recurso da parte que, intimada, não comparecer à audiência em prosseguimento para a prolação da sentença conta-se de sua publicação.

Súmula 262 TST — PRAZO JUDICIAL. NOTIFICAÇÃO OU INTIMAÇÃO EM SÁBADO. RECESSO FORENSE. (redação do item II alterada na sessão do Tribunal Pleno realizada em 19.05.2014) — Res. 194/2014, DEJT divulgado em 21, 22 e 23.05.2014

I — Intimada ou notificada a parte no sábado, o início do prazo se dará no primeiro dia útil imediato e a contagem, no subsequente. *(ex-Súmula n. 262 — Res. 10/1986, DJ 31.10.1986)*

II — O recesso forense e as férias coletivas dos Ministros do Tribunal Superior do Trabalho suspendem os prazos recursais. *(ex-OJ n. 209 da SBDI-1 — inserida em 08.11.2000)*

Súmula 385 TST — FERIADO LOCAL. AUSÊNCIA DE EXPEDIENTE FORENSE. PRAZO RECURSAL. PRORROGAÇÃO. COMPROVAÇÃO. NECESSIDADE ATO ADMINISTRATIVO DO JUÍZO "A QUO" (redação alterada na sessão do Tribunal Pleno realizada em 14.09.2012) — Res. 185/2012, DEJT divulgado em 25, 26 e 27.09.2012

I — Incumbe à parte o ônus de provar, quando da interposição do recurso, a existência de feriado local que autorize a prorrogação do prazo recursal.

II — Na hipótese de feriado forense, incumbirá à autoridade que proferir a decisão de admissibilidade certificar o expediente nos autos.

III — Na hipótese do inciso II, admite-se a reconsideração da análise da tempestividade do recurso, mediante prova documental superveniente, em Agravo Regimental, Agravo de Instrumento ou Embargos de Declaração.

Súmula 387 TST — RECURSO. FAC-SÍMILE. LEI N. 9.800/1999 (atualizada em decorrência do CPC de 2015) — Res. 208/2016, DEJT divulgado em 22, 25 e 26.04.2016

I — A Lei n. 9.800, de 26.05.1999, é aplicável somente a recursos interpostos após o início de sua vigência. *(ex-OJ n. 194 da SBDI-1 — inserida em 08.11.2000)*

II — A contagem do quinquídio para apresentação dos originais de recurso interposto por intermédio de fac-símile começa a fluir do dia subsequente ao término do prazo recursal, nos termos do art. 2º da Lei n. 9.800, de 26.05.1999, e não do dia seguinte à interposição do recurso, se esta se deu antes do termo final do prazo. *(ex-OJ n. 337 da SBDI-1 — primeira parte — DJ 04.05.2004)*

III — Não se tratando a juntada dos originais de ato que dependa de notificação, pois a parte, ao interpor o recurso, já tem ciência de seu ônus processual, não se aplica a regra do art. 224 do CPC de 2015 (art. 184 do CPC de 1973) quanto ao "dies a quo", podendo coincidir com sábado, domingo ou feriado. *(ex-OJ n. 337 da SBDI-1 — "in fine" — DJ 04.05.2004)*

IV — A autorização para utilização do fac-símile, constante do art. 1º da Lei n. 9.800, de 26.05.1999, somente alcança as hipóteses em que o documento é dirigido diretamente ao órgão jurisdicional, não se aplicando à transmissão ocorrida entre particulares.

Art. 775

TÍTULO X — DO PROCESSO JUDICIÁRIO DO TRABALHO

Súmula 427 TST — INTIMAÇÃO. PLURALIDADE DE ADVOGADOS. PUBLICAÇÃO EM NOME DE ADVOGADO DIVERSO DAQUELE EXPRESSAMENTE INDICADO. NULIDADE (editada em decorrência do julgamento do processo TST-IUJERR 5400-31.2004.5.09.0017) — Res. 174/2011, DEJT divulgado em 27, 30 e 31.05.2011
Havendo pedido expresso de que as intimações e publicações sejam realizadas exclusivamente em nome de determinado advogado, a comunicação em nome de outro profissional constituído nos autos é nula, salvo se constatada a inexistência de prejuízo.

ORIENTAÇÃO JURISPRUDENCIAL DA SDI-2 DO TST

Vide OJ 146 SDI-2/TS

OJ 146 SDI-2 TST — AÇÃO RESCISÓRIA. INÍCIO DO PRAZO PARA APRESENTAÇÃO DA CONTESTAÇÃO. ART. 774 DA CLT (atualizada em decorrência do CPC de 2015) — Res. 208/2016, DEJT divulgado em 22, 25 e 26.04.2016
A contestação apresentada em ação rescisória obedece à regra relativa à contagem de prazo constante do art. 774 da CLT, sendo inaplicável o art. 231 do CPC de 2015 (art. 241 do CPC de 1973).

Art. 775 Os prazos estabelecidos neste Título contam-se com exclusão do dia do começo e inclusão do dia do vencimento, e são contínuos e irreleváveis, podendo, entretanto, ser prorrogados pelo tempo estritamente necessário pelo juiz ou tribunal, ou em virtude de força maior, devidamente comprovada. *(Redação dada pelo Decreto-Lei n. 8.737, de 19.1.1946)*

Parágrafo único Os prazos que se vencerem em sábado, domingo ou dia feriado, terminarão no primeiro dia útil seguinte. *(Redação dada pelo Decreto-Lei n. 8.737, de 19.1.1946)*

LEI N. 11.419, DE 19 DE DEZEMBRO DE 2006
Dispõe sobre a informatização do processo judicial; altera a Lei n. 5.869, de 11 de janeiro de 1973 — Código de Processo Civil; e dá outras providências.
DOU 20.12.2006

Vide art. 1º, caput e §§ 1º e 2º; art. 3º, caput e parágrafo único; e art. 4º, caput e §§ 1º e 2º

Art. 1º O uso de meio eletrônico na tramitação de processos judiciais, comunicação de atos e transmissão de peças processuais será admitido nos termos desta Lei.

§ 1º Aplica-se o disposto nesta Lei, indistintamente, aos processos civil, penal e trabalhista, bem como aos juizados especiais, em qualquer grau de jurisdição.

§ 2º Para o disposto nesta Lei, considera-se:

I — meio eletrônico qualquer forma de armazenamento ou tráfego de documentos e arquivos digitais;

II — transmissão eletrônica toda forma de comunicação a distância com a utilização de redes de comunicação, preferencialmente a rede mundial de computadores;

III — assinatura eletrônica as seguintes formas de identificação inequívoca do signatário:

a) assinatura digital baseada em certificado digital emitido por Autoridade Certificadora credenciada, na forma de lei específica;

b) mediante cadastro de usuário no Poder Judiciário, conforme disciplinado pelos órgãos respectivos.

Art. 3º Consideram-se realizados os atos processuais por meio eletrônico no dia e hora do seu envio ao sistema do Poder Judiciário, do que deverá ser fornecido protocolo eletrônico.

Parágrafo único. Quando a petição eletrônica for enviada para atender prazo processual, serão consideradas tempestivas as transmitidas até as 24 (vinte e quatro) horas do seu último dia.

Art. 4º Os tribunais poderão criar Diário da Justiça eletrônico, disponibilizado em sítio da rede mundial de computadores, para publicação de atos judiciais e administrativos próprios e dos órgãos a eles subordinados, bem como comunicações em geral.

§ 1º O sítio e o conteúdo das publicações de que trata este artigo deverão ser assinados digitalmente com base em certificado emitido por Autoridade Certificadora credenciada na forma da lei específica.

§ 2º A publicação eletrônica na forma deste artigo substitui qualquer outro meio e publicação oficial, para quaisquer efeitos legais, à exceção dos casos que, por lei, exigem intimação ou vista pessoal.

CÓDIGO DE PROCESSO CIVIL DE 1973
Lei n. 5.869, de 11 de janeiro de 1973
DOU 17.1.1973 e republicado em 27.7.2006

Vide art. 175; art. 184, caput e §§ 1º e 2º; art. 185; art. 186; art. 187; art. 188; art. 189, caput e incisos I e II; art. 190, caput e incisos I e II; art. 191; art. 192; e art. 240, caput e parágrafo único

Art. 175. São feriados, para efeito forense, os domingos e os dias declarados por lei.

Art. 184. Salvo disposição em contrário, computar-se-ão os prazos, excluindo o dia do começo e incluindo o do vencimento. *(Redação dada pela Lei n. 5.925, de 1º.10.1973)*

§ 1º Considera-se prorrogado o prazo até o primeiro dia útil se o vencimento cair em feriado ou em dia em que: *(Redação dada pela Lei n. 5.925, de 1º.10.1973)*

I — for determinado o fechamento do fórum;

II — o expediente forense for encerrado antes da hora normal.

§ 2º Os prazos somente começam a correr a partir do primeiro dia útil após a intimação (art. 240). *(Redação dada pela Lei n. 5.925, de 1º.10.1973)*

Art. 185. Não havendo preceito legal nem assinação pelo juiz, será de 5 (cinco) dias o prazo para a prática de ato processual a cargo da parte.

TÍTULO X — DO PROCESSO JUDICIÁRIO DO TRABALHO

Art. 186. A parte poderá renunciar ao prazo estabelecido exclusivamente em seu favor.

Art. 187. Em qualquer grau de jurisdição, havendo motivo justificado, pode o juiz exceder, por igual tempo, os prazos que este Código lhe assina.

Art. 188. Computar-se-á em quádruplo o prazo para contestar e em dobro para recorrer quando a parte for a Fazenda Pública ou o Ministério Público.

Art. 189. O juiz proferirá:
I — os despachos de expediente, no prazo de 2 (dois) dias;
II — as decisões, no prazo de 10 (dez) dias.

Art. 190. Incumbirá ao serventuário remeter os autos conclusos no prazo de 24 (vinte e quatro) horas e executar os atos processuais no prazo de 48 (quarenta e oito) horas, contados:
I — da data em que houver concluído o ato processual anterior, se lhe foi imposto pela lei;
II — da data em que tiver ciência da ordem, quando determinada pelo juiz.
Parágrafo único. Ao receber os autos, certificará o serventuário o dia e a hora em que ficou ciente da ordem, referida no II.

Art. 191. Quando os litisconsortes tiverem diferentes procuradores, ser-lhes-ão contados em dobro os prazos para contestar, para recorrer e, de modo geral, para falar nos autos.

Art. 192. Quando a lei não marcar outro prazo, as intimações somente obrigarão a comparecimento depois de decorridas 24 (vinte e quatro) horas.

Art. 240. Salvo disposição em contrário, os prazos para as partes, para a Fazenda Pública e para o Ministério Público contar-se-ão da intimação.
Parágrafo único. As intimações consideram-se realizadas no primeiro dia útil seguinte, se tiverem ocorrido em dia em que não tenha havido expediente forense. *(Incluído pela Lei n. 8.079, de 13.9.1990)*

CÓDIGO DE PROCESSO CIVIL DE 2015
Lei n. 13.105, de 16 de março de 2015
DOU 17.3.2015

Vide art. 180, caput e §§ 1º e 2º; art. 183, caput e §§ 1º e 2º; art. 216; art. 218, §§ 2º e 3º; art. 224, caput e §§ 1º a 3º; e art. 226, caput e incisos I a III; art. 227; art. 228, , caput, incisos I e II e §§ 1º e 2º; art. 229, caput e §§ 1º e 2º; e art. 230

Art. 180. O Ministério Público gozará de prazo em dobro para manifestar-se nos autos, que terá início a partir de sua intimação pessoal, nos termos do art. 183, § 1º.
§ 1º Findo o prazo para manifestação do Ministério Público sem o oferecimento de parecer, o juiz requisitará os autos e dará andamento ao processo.
§ 2º Não se aplica o benefício da contagem em dobro quando a lei estabelecer, de forma expressa, prazo próprio para o Ministério Público.

Art. 183. A União, os Estados, o Distrito Federal, os Municípios e suas respectivas autarquias e fundações de direito público gozarão de prazo em dobro para todas as suas manifestações processuais, cuja contagem terá início a partir da intimação pessoal.
§ 1º A intimação pessoal far-se-á por carga, remessa ou meio eletrônico.

§ 2º Não se aplica o benefício da contagem em dobro quando a lei estabelecer, de forma expressa, prazo próprio para o ente público.

Art. 216. Além dos declarados em lei, são feriados, para efeito forense, os sábados, os domingos e os dias em que não haja expediente forense.

Art. 218. (...)
§ 2º Quando a lei ou o juiz não determinar prazo, as intimações somente obrigarão a comparecimento após decorridas 48 (quarenta e oito) horas.
§ 3º Inexistindo preceito legal ou prazo determinado pelo juiz, será de 5 (cinco) dias o prazo para a prática de ato processual a cargo da parte.

Art. 224. Salvo disposição em contrário, os prazos serão contados excluindo o dia do começo e incluindo o dia do vencimento.
§ 1º Os dias do começo e do vencimento do prazo serão protraídos para o primeiro dia útil seguinte, se coincidirem com dia em que o expediente forense for encerrado antes ou iniciado depois da hora normal ou houver indisponibilidade da comunicação eletrônica.
§ 2º Considera-se como data de publicação o primeiro dia útil seguinte ao da disponibilização da informação no Diário da Justiça eletrônico.
§ 3º A contagem do prazo terá início no primeiro dia útil que seguir ao da publicação.

Art. 225. A parte poderá renunciar ao prazo estabelecido exclusivamente em seu favor, desde que o faça de maneira expressa.

Art. 226. O juiz proferirá:
I — os despachos no prazo de 5 (cinco) dias;
II — as decisões interlocutórias no prazo de 10 (dez) dias;
III — as sentenças no prazo de 30 (trinta) dias.

Art. 227. Em qualquer grau de jurisdição, havendo motivo justificado, pode o juiz exceder, por igual tempo, os prazos a que está submetido.

Art. 228. Incumbirá ao serventuário remeter os autos conclusos no prazo de 1 (um) dia e executar os atos processuais no prazo de 5 (cinco) dias, contado da data em que:
I — houver concluído o ato processual anterior, se lhe foi imposto pela lei;
II — tiver ciência da ordem, quando determinada pelo juiz.
§ 1º Ao receber os autos, o serventuário certificará o dia e a hora em que teve ciência da ordem referida no inciso II.
§ 2º Nos processos em autos eletrônicos, a juntada de petições ou de manifestações em geral ocorrerá de forma automática, independentemente de ato de serventuário da justiça.

Art. 229. Os litisconsortes que tiverem diferentes procuradores, de escritórios de advocacia distintos, terão prazos contados em dobro para todas as suas manifestações, em qualquer juízo ou tribunal, independentemente de requerimento.
§ 1º Cessa a contagem do prazo em dobro se, havendo apenas 2 (dois) réus, é oferecida defesa por apenas um deles.
§ 2º Não se aplica o disposto no *caput* aos processos em autos eletrônicos.

Art. 230. O prazo para a parte, o procurador, a Advocacia Pública, a Defensoria Pública e o Ministério Público será contado da citação, da intimação ou da notificação.

SÚMULA DO STF

Vide Súmula 310/STF

Súmula 310 STF — Quando a intimação tiver lugar na sexta-feira, ou a publicação com efeito de intimação for feita nesse dia, o prazo judicial terá início na segunda-feira imediata, salvo se não houver expediente, caso em que começará no primeiro dia útil que se seguir.

SÚMULAS DO TST

Vide Súmulas 1, 16, 30, 62, 100, 197, 262, 385 e 387/TST

Súmula 1 TST — PRAZO JUDICIAL (mantida) — Res. 121/2003, DJ 19, 20 e 21.11.2003

Quando a intimação tiver lugar na sexta-feira, ou a publicação com efeito de intimação for feita nesse dia, o prazo judicial será contado da segunda-feira imediata, inclusive, salvo se não houver expediente, caso em que fluirá no dia útil que se seguir.

Súmula 16 TST — NOTIFICAÇÃO (nova redação) — Res. 121/2003, DJ 19, 20 e 21.11.2003

Presume-se recebida a notificação 48 (quarenta e oito) horas depois de sua postagem. O seu não-recebimento ou a entrega após o decurso desse prazo constitui ônus de prova do destinatário.

Súmula 30 TST — INTIMAÇÃO DA SENTENÇA (mantida) — Res. 121/2003, DJ 19, 20 e 21.11.2003

Quando não juntada a ata ao processo em 48 horas, contadas da audiência de julgamento (art. 851, § 2º, da CLT), o prazo para recurso será contado da data em que a parte receber a intimação da sentença.

Súmula 62 TST — ABANDONO DE EMPREGO (mantida) — Res. 121/2003, DJ 19, 20 e 21.11.2003

O prazo de decadência do direito do empregador de ajuizar inquérito em face do empregado que incorre em abandono de emprego é contado a partir do momento em que o empregado pretendeu seu retorno ao serviço.

Súmula 100 TST — AÇÃO RESCISÓRIA. DECADÊNCIA (incorporadas as Orientações Jurisprudenciais ns. 13, 16, 79, 102, 104, 122 e 145 da SBDI-2) — Res. 137/2005, DJ 22, 23 e 24.08.2005

I — O prazo de decadência, na ação rescisória, conta-se do dia imediatamente subsequente ao trânsito em julgado da última decisão proferida na causa, seja de mérito ou não. *(ex-Súmula n. 100 — alterada pela Res. 109/2001, DJ 20.04.2001)*

II — Havendo recurso parcial no processo principal, o trânsito em julgado dá-se em momentos e em tribunais diferentes, contando-se o prazo decadencial para a ação rescisória do trânsito em julgado de cada decisão, salvo se o recurso tratar de preliminar ou prejudicial que possa tornar insubsistente a decisão recorrida, hipótese em que flui a decadência a partir do trânsito em julgado da decisão que julgar o recurso parcial. *(ex-Súmula n. 100 — alterada pela Res. 109/2001, DJ 20.04.2001)*

III — Salvo se houver dúvida razoável, a interposição de recurso intempestivo ou a interposição de recurso incabível não protrai o termo inicial do prazo decadencial. *(ex-Súmula n. 100 — alterada pela Res. 109/2001, DJ 20.04.2001)*

IV — O juízo rescindente não está adstrito à certidão de trânsito em julgado juntada com a ação rescisória, podendo formar sua convicção através de outros elementos dos autos quanto à antecipação ou postergação do "dies a quo" do prazo decadencial. *(ex-OJ n. 102 da SBDI-2 — DJ 29.04.2003)*

V — O acordo homologado judicialmente tem força de decisão irrecorrível, na forma do art. 831 da CLT. Assim sendo, o termo conciliatório transita em julgado na data da sua homologação judicial. *(ex-OJ n. 104 da SBDI-2 — DJ 29.04.2003)*

VI — Na hipótese de colusão das partes, o prazo decadencial da ação rescisória somente começa a fluir para o Ministério Público, que não interveio no processo principal, a partir do momento em que tem ciência da fraude. *(ex-OJ n. 122 da SBDI-2 — DJ 11.08.2003)*

VII — Não ofende o princípio do duplo grau de jurisdição a decisão do TST que, após afastar a decadência em sede de recurso ordinário, aprecia desde logo a lide, se a causa versar questão exclusivamente de direito e estiver em condições de imediato julgamento. *(ex-OJ n. 79 da SBDI-2 — inserida em 13.03.2002)*

VIII — A exceção de incompetência, ainda que oposta no prazo recursal, sem ter sido aviado o recurso próprio, não tem o condão de afastar a consumação da coisa julgada e, assim, postergar o termo inicial do prazo decadencial para a ação rescisória. *(ex-OJ n. 16 da SBDI-2 — inserida em 20.09.2000)*

IX — Prorroga-se até o primeiro dia útil, imediatamente subsequente, o prazo decadencial para ajuizamento de ação rescisória quando expira em férias forenses, feriados, finais de semana ou em dia em que não houver expediente forense. Aplicação do art. 775 da CLT. *(ex-OJ n. 13 da SBDI-2 — inserida em 20.09.2000)*

X — Conta-se o prazo decadencial da ação rescisória, após o decurso do prazo legal previsto para a interposição do recurso extraordinário, apenas quando esgotadas todas as vias recursais ordinárias. *(ex-OJ n. 145 da SBDI-2 — DJ 10.11.2004)*

Súmula 197 TST — PRAZO (mantida) — Res. 121/2003, DJ 19, 20 e 21.11.2003

O prazo para recurso da parte que, intimada, não comparecer à audiência em prosseguimento para a prolação da sentença conta-se de sua publicação.

Súmula 262 TST — PRAZO JUDICIAL. NOTIFICAÇÃO OU INTIMAÇÃO EM SÁBADO. RECESSO FORENSE. (redação do item II alterada na sessão do Tribunal Pleno realizada em 19.05.2014) — Res. 194/2014, DEJT divulgado em 21, 22 e 23.05.2014

I — Intimada ou notificada a parte no sábado, o início do prazo se dará no primeiro dia útil imediato e a contagem, no subsequente. *(ex-Súmula n. 262 — Res. 10/1986, DJ 31.10.1986)*

II — O recesso forense e as férias coletivas dos Ministros do Tribunal Superior do Trabalho suspendem os prazos recursais. *(ex-OJ n. 209 da SBDI-1 — inserida em 08.11.2000)*

Súmula 385 TST — FERIADO LOCAL. AUSÊNCIA DE EXPEDIENTE FORENSE. PRAZO RECURSAL. PRORROGAÇÃO. COMPROVAÇÃO. NECESSIDADE ATO ADMINISTRATIVO DO JUÍZO "A QUO" (redação alterada na sessão do Tribunal Pleno realizada em 14.09.2012) — Res. 185/2012, DEJT divulgado em 25, 26 e 27.09.2012

I — Incumbe à parte o ônus de provar, quando da interposição do recurso, a existência de feriado local que autorize a prorrogação do prazo recursal.

TÍTULO X — DO PROCESSO JUDICIÁRIO DO TRABALHO

II — Na hipótese de feriado forense, incumbirá à autoridade que proferir a decisão de admissibilidade certificar o expediente nos autos.

III — Na hipótese do inciso II, admite-se a reconsideração da análise da tempestividade do recurso, mediante prova documental superveniente, em Agravo Regimental, Agravo de Instrumento ou Embargos de Declaração.

Súmula 387 TST — RECURSO. FAC-SÍMILE. LEI N. 9.800/1999 (atualizada em decorrência do CPC de 2015) — Res. 208/2016, DEJT divulgado em 22, 25 e 26.04.2016

I — A Lei n. 9.800, de 26.05.1999, é aplicável somente a recursos interpostos após o início de sua vigência. *(ex-OJ n. 194 da SBDI-1 — inserida em 08.11.2000)*

II — A contagem do quinquídio para apresentação dos originais de recurso interposto por intermédio de fac-símile começa a fluir do dia subsequente ao término do prazo recursal, nos termos do art. 2º da Lei n. 9.800, de 26.05.1999, e não do dia seguinte à interposição do recurso, se esta se deu antes do termo final do prazo. *(ex-OJ n. 337 da SBDI-1 — primeira parte — DJ 04.05.2004)*

III — Não se tratando a juntada dos originais de ato que dependa de notificação, pois a parte, ao interpor o recurso, já tem ciência de seu ônus processual, não se aplica a regra do art. 224 do CPC de 2015 (art. 184 do CPC de 1973) quanto ao "dies a quo", podendo coincidir com sábado, domingo ou feriado. *(ex-OJ n. 337 da SBDI-1 — "in fine" — DJ 04.05.2004)*

IV — A autorização para utilização do fac-símile, constante do art. 1º da Lei n. 9.800, de 26.05.1999, somente alcança as hipóteses em que o documento é dirigido diretamente ao órgão jurisdicional, não se aplicando à transmissão ocorrida entre particulares.

Art. 776 — O vencimento dos prazos será certificado nos processos pelos escrivães ou secretários.

ORIENTAÇÃO JURISPRUDENCIAL DA SDI-1 DO TST

Vide OJ 284 SDI-1/TST

OJ 284 SDI-1 TST — AGRAVO DE INSTRUMENTO. TRASLADO. AUSÊNCIA DE CERTIDÃO DE PUBLICAÇÃO. ETIQUETA ADESIVA IMPRESTÁVEL PARA AFERIÇÃO DA TEMPESTIVIDADE (DJ 11.08.2003)

A etiqueta adesiva na qual consta a expressão "no prazo" não se presta à aferição de tempestividade do recurso, pois sua finalidade é tão-somente servir de controle processual interno do TRT e sequer contém a assinatura do funcionário responsável por sua elaboração.

Art. 777 — Os requerimentos e documentos apresentados, os atos e termos processuais, as petições ou razões de recursos e quaisquer outros papéis referentes aos feitos formarão os autos dos processos, os quais ficarão sob a responsabilidade dos escrivães ou secretários.

Art. 778 — Os autos dos processos da Justiça do Trabalho, não poderão sair dos cartórios ou secretarias, salvo se solicitados por advogados regularmente constituído por qualquer das partes, ou quando tiverem de ser remetidos aos órgãos competentes, em caso de recurso ou requisição. *(Redação dada pela Lei n. 6.598, de 1º.12.1978)*

Art. 779 — As partes, ou seus procuradores, poderão consultar, com ampla liberdade, os processos nos cartórios ou secretarias.

Art. 780 — Os documentos juntos aos autos poderão ser desentranhados somente depois de findo o processo, ficando traslado.

SÚMULA DO TST

Vide Súmula 8/TST

Súmula 8 TST — JUNTADA DE DOCUMENTO (mantida) — Res. 121/2003, DJ 19, 20 e 21.11.2003

A juntada de documentos na fase recursal só se justifica quando provado o justo impedimento para sua oportuna apresentação ou se referir a fato posterior à sentença.

Art. 781 — As partes poderão requerer certidões dos processos em curso ou arquivados, as quais serão lavradas pelos escrivães ou secretários.

Parágrafo único As certidões dos processos que correrem em segredo de justiça dependerão de despacho do juiz ou presidente.

CONSTITUIÇÃO FEDERAL DE 1988
DOU 5.10.1988

Vide art. 5º, *caput* e inciso LX

Art. 5º Todos são iguais perante a lei, sem distinção de qualquer natureza, garantindo-se aos brasileiros e aos estrangeiros residentes no País a inviolabilidade do direito à vida, à liberdade, à igualdade, à segurança e à propriedade, nos termos seguintes:
(...)
LX — a lei só poderá restringir a publicidade dos atos processuais quando a defesa da intimidade ou o interesse social o exigirem;

Art. 782 São isentos de selo as reclamações, representações, requerimentos, atos e processos relativos à Justiça do Trabalho.

SEÇÃO II
DA DISTRIBUIÇÃO

Art. 783 A distribuição das reclamações será feita entre as Juntas de Conciliação e Julgamento, ou os Juízes de Direito do Cível, nos casos previstos no art. 669, § 1º, pela ordem rigorosa de sua apresentação ao distribuidor, quando o houver.

CONSTITUIÇÃO FEDERAL DE 1988
DOU 5.10.1988

Vide art. 93, *caput* e inciso XV

Art. 93. Lei complementar, de iniciativa do Supremo Tribunal Federal, disporá sobre o Estatuto da Magistratura, observados os seguintes princípios:
(...)
XV a distribuição de processos será imediata, em todos os graus de jurisdição. *(Incluído pela Emenda Constitucional n. 45, de 2004)*

EMENDA CONSTITUCIONAL N. 24, DE 9 DE DEZEMBRO DE 1999

Altera dispositivos da Constituição Federal pertinentes à representação classista na Justiça do Trabalho. Extingue a representação classista na Justiça do Trabalho.
DOU 10.12.1999

CONSOLIDAÇÃO DAS LEIS DO TRABALHO
Decreto-Lei n. 5.452, de 1º de maio de 1943
DOU 9.8.1943

Vide art. 713; art. 714, *caput* e alíneas *a* a *e*; art. 715; e art. 838

Art. 713. Nas localidades em que existir mais de uma Junta de Conciliação e Julgamento haverá um distribuidor.

Art. 714. Compete ao distribuidor:
a) a distribuição, pela ordem rigorosa de entrada, e sucessivamente a cada Junta, dos feitos que, para esse fim, lhe forem apresentados pelos interessados;
b) o fornecimento, aos interessados, do recibo correspondente a cada feito distribuído;
c) a manutenção de 2 (dois) fichários dos feitos distribuídos, sendo um organizado pelos nomes dos reclamantes e o outro dos reclamados, ambos por ordem alfabética;
d) o fornecimento a qualquer pessoa que o solicite, verbalmente ou por certidão, de informações sobre os feitos distribuídos;
e) a baixa na distribuição dos feitos, quando isto lhe for determinado pelos Presidentes das Juntas, formando, com as fichas correspondentes, fichários à parte, cujos dados poderão ser consultados pelos interessados, mas não serão mencionados em certidões.

Art. 715. Os distribuidores são designados pelo Presidente do Tribunal Regional dentre os funcionários das Juntas e do Tribunal Regional, existentes na mesma localidade, e ao mesmo Presidente diretamente subordinados.

Art. 838. Nas localidades em que houver mais de 1 (uma) Junta ou mais de 1 (um) Juízo, ou escrivão do cível, a reclamação será, preliminarmente, sujeita a distribuição, na forma do disposto no Capítulo II, Seção II, deste Título.

CÓDIGO DE PROCESSO CIVIL DE 1973
Lei n. 5.869, de 11 de janeiro de 1973
DOU 17.1.1973 e republicado em 27.7.2006

Vide art. 253, *caput* e incisos I a III

Art. 253. Distribuir-se-ão por dependência as causas de qualquer natureza: *(Redação dada pela Lei n. 10.358, de 27.12.2001)*
I — quando se relacionarem, por conexão ou continência, com outra já ajuizada; *(Redação dada pela Lei n. 10.358, de 27.12.2001)*
II — quando, tendo havido desistência, o pedido for reiterado, mesmo que em litisconsórcio com outros autores. *(Redação dada pela Lei n. 10.358, de 27.12.2001)*

TÍTULO X — DO PROCESSO JUDICIÁRIO DO TRABALHO

II — quando, tendo sido extinto o processo, sem julgamento de mérito, for reiterado o pedido, ainda que em litisconsórcio com outros autores ou que sejam parcialmente alterados os réus da demanda; *(Redação dada pela Lei n. 11.280, de 2006)*

III — quando houver ajuizamento de ações idênticas, ao juízo prevento. *(Incluído pela Lei n. 11.280, de 2006)*

Parágrafo único. Havendo reconvenção ou intervenção de terceiro, o juiz, de ofício, mandará proceder à respectiva anotação pelo distribuidor.

CÓDIGO DE PROCESSO CIVIL DE 2015
Lei n. 13.105, de 16 de março de 2015
DOU 17.3.2015

Vide art. 286, *caput* e incisos I a III

Art. 286. Serão distribuídas por dependência as causas de qualquer natureza:

I — quando se relacionarem, por conexão ou continência, com outra já ajuizada;

II — quando, tendo sido extinto o processo sem resolução de mérito, for reiterado o pedido, ainda que em litisconsórcio com outros autores ou que sejam parcialmente alterados os réus da demanda;

III — quando houver ajuizamento de ações nos termos do art. 55, § 3º, ao juízo prevento.

Parágrafo único. Havendo intervenção de terceiro, reconvenção ou outra hipótese de ampliação objetiva do processo, o juiz, de ofício, mandará proceder à respectiva anotação pelo distribuidor.

Art. 784

As reclamações serão registradas em livro próprio, rubricado em todas as folhas pela autoridade a que estiver subordinado o distribuidor.

EMENDA CONSTITUCIONAL N. 24, DE 9 DE DEZEMBRO DE 1999
Altera dispositivos da Constituição Federal pertinentes à representação classista na Justiça do Trabalho. Extingue a representação classista na Justiça do Trabalho.
DOU 10.12.1999

LEI N. 11.419, DE 19 DE DEZEMBRO DE 2006
Dispõe sobre a informatização do processo judicial; altera a Lei n. 5.869, de 11 de janeiro de 1973 — Código de Processo Civil; e dá outras providências
DOU 20.12.2006

Vide art. 1º, *caput* e §§ 1º e 2º; art. 2º, *caput* e §§ 1º, 2º e 3º; art. 3º, *caput* e parágrafo único; e art. 10, *caput*

Art. 1º O uso de meio eletrônico na tramitação de processos judiciais, comunicação de atos e transmissão de peças processuais será admitido nos termos desta Lei.

§ 1º Aplica-se o disposto nesta Lei, indistintamente, aos processos civil, penal e trabalhista, bem como aos juizados especiais, em qualquer grau de jurisdição.

§ 2º Para o disposto nesta Lei, considera-se:

I — meio eletrônico qualquer forma de armazenamento ou tráfego de documentos e arquivos digitais;

II — transmissão eletrônica toda forma de comunicação a distância com a utilização de redes de comunicação, preferencialmente a rede mundial de computadores;

III — assinatura eletrônica as seguintes formas de identificação inequívoca do signatário:

a) assinatura digital baseada em certificado digital emitido por Autoridade Certificadora credenciada, na forma de lei específica;

b) mediante cadastro de usuário no Poder Judiciário, conforme disciplinado pelos órgãos respectivos.

Art. 2º O envio de petições, de recursos e a prática de atos processuais em geral por meio eletrônico serão admitidos mediante uso de assinatura eletrônica, na forma do art. 1º desta Lei, sendo obrigatório o credenciamento prévio no Poder Judiciário, conforme disciplinado pelos órgãos respectivos.

§ 1º O credenciamento no Poder Judiciário será realizado mediante procedimento no qual esteja assegurada a adequada identificação presencial do interessado.

§ 2º Ao credenciado será atribuído registro e meio de acesso ao sistema, de modo a preservar o sigilo, a identificação e a autenticidade de suas comunicações.

§ 3º Os órgãos do Poder Judiciário poderão criar um cadastro único para o credenciamento previsto neste artigo.

Art. 3º Consideram-se realizados os atos processuais por meio eletrônico no dia e hora do seu envio ao sistema do Poder Judiciário, do que deverá ser fornecido protocolo eletrônico.

Parágrafo único. Quando a petição eletrônica for enviada para atender prazo processual, serão consideradas tempestivas as transmitidas até as 24 (vinte e quatro) horas do seu último dia.

Art. 10. A distribuição da petição inicial e a juntada da contestação, dos recursos e das petições em geral, todos em formato digital, nos autos de processo eletrônico, podem ser feitas diretamente pelos advogados públicos e privados, sem necessidade da intervenção do cartório ou secretaria judicial, situação em que a autuação deverá se dar de forma automática, fornecendo-se recibo eletrônico de protocolo.

§ 1º Quando o ato processual tiver que ser praticado em determinado prazo, por meio de petição eletrônica, serão considerados tempestivos os efetivados até as 24 (vinte e quatro) horas do último dia.

§ 2º No caso do § 1º deste artigo, se o Sistema do Poder Judiciário se tornar indisponível por motivo técnico, o prazo fica automaticamente prorrogado para o primeiro dia útil seguinte à resolução do problema.

§ 3º Os órgãos do Poder Judiciário deverão manter equipamentos de digitalização e de acesso à rede mundial de computadores à disposição dos interessados para distribuição de peças processuais.

Art. 11. Os documentos produzidos eletronicamente e juntados aos processos eletrônicos com garantia da origem e de seu signatário, na forma estabelecida nesta Lei, serão considerados originais para todos os efeitos legais.

Art. 786
A reclamação verbal será distribuída antes de sua redução a termo.

Parágrafo único — Distribuída a reclamação verbal, o reclamante deverá, salvo motivo de força maior, apresentar-se no prazo de 5 (cinco) dias, ao cartório ou à secretaria, para reduzi-la a termo, sob a pena estabelecida no art. 731.

CONSOLIDAÇÃO DAS LEIS DO TRABALHO
Decreto-Lei n. 5.452, de 1º de maio de 1943
DOU 9.8.1943

Vide art. 731; art. 732; art. 840, *caput* e §§ 1º e 2º; e art. 844

Art. 731. Aquele que, tendo apresentado ao distribuidor reclamação verbal, não se apresentar, no prazo estabelecido no parágrafo único do art. 786, à Junta ou Juízo para fazê-lo tomar por termo, incorrerá na pena de perda, pelo prazo de 6 (seis) meses, do direito de reclamar perante a Justiça do Trabalho.

Art. 732. Na mesma pena do artigo anterior incorrerá o reclamante que, por 2 (duas) vezes seguidas, der causa ao arquivamento de que trata o art. 844.

Art. 840. A reclamação poderá ser escrita ou verbal.

§ 1º Sendo escrita, a reclamação deverá conter a designação do Presidente da Junta, ou do juiz de direito a quem for dirigida, a qualificação do reclamante e do reclamado, uma breve exposição dos fatos de que resulte o dissídio, o pedido, a data e a assinatura do reclamante ou de seu representante.

§ 2º Se verbal, a reclamação será reduzida a termo, em 2 (duas) vias datadas e assinadas pelo escrivão ou secretário, observado, no que couber, o disposto no parágrafo anterior.

Art. 844. O não-comparecimento do reclamante à audiência importa o arquivamento da reclamação, e o não-comparecimento do reclamado importa revelia, além de confissão quanto à matéria de fato.

Parágrafo único. Ocorrendo, entretanto, motivo relevante, poderá o presidente suspender o julgamento, designando nova audiência.

Art. 787
A reclamação escrita deverá ser formulada em 2 (duas) vias e desde logo acompanhada dos documentos em que se fundar.

CONSOLIDAÇÃO DAS LEIS DO TRABALHO
Decreto-Lei n. 5.452, de 1º de maio de 1943
DOU 9.8.1943

Vide art. 830, *caput* e parágrafo único; art. 840, *caput* e § 1º; e art. 845

Art. 830. O documento em cópia oferecido para prova poderá ser declarado autêntico pelo próprio advogado, sob sua responsabilidade pessoal. *(Redação dada pela Lei n. 11.925, de 2009)*

Parágrafo único. Impugnada a autenticidade da cópia, a parte que a produziu será intimada para apresentar cópias devidamente autenticadas ou o original, cabendo ao serventuário competente proceder à conferência e certificar a conformidade entre esses documentos. *(Incluído pela Lei n. 11.925, de 2009)*

Art. 840. A reclamação poderá ser escrita ou verbal.

§ 1º Sendo escrita, a reclamação deverá conter a designação do Presidente da Junta, ou do juiz de direito a quem for dirigida, a qualificação do reclamante e do reclamado, uma breve exposição dos fatos de que resulte o dissídio, o pedido, a data e a assinatura do reclamante ou de seu representante.

Art. 845. O reclamante e o reclamado comparecerão à audiência acompanhados das suas testemunhas, apresentando, nessa ocasião, as demais provas.

CÓDIGO DE PROCESSO CIVIL DE 1973
Lei n. 5.869, de 11 de janeiro de 1973
DOU 17.1.1973 e republicado em 27.7.2006

Vide art. 154, , *caput*, parágrafo único e § 2º; art. 396; e art. 397

Art. 154. Os atos e termos processuais não dependem de forma determinada senão quando a lei expressamente a exigir, reputando-se válidos os que, realizados de outro modo, lhe preencham a finalidade essencial.

Parágrafo único. Os tribunais, no âmbito da respectiva jurisdição, poderão disciplinar a prática e a comunicação oficial dos atos processuais por meios eletrônicos, atendidos os requisitos de autenticidade, integridade, validade jurídica e interoperabilidade da Infraestrutura de Chaves Públicas Brasileira — ICP — Brasil.

§ 2º Todos os atos e termos do processo podem ser produzidos, transmitidos, armazenados e assinados por meio eletrônico, na forma da lei.

Art. 396. Compete à parte instruir a petição inicial (art. 283), ou a resposta (art. 297), com os documentos destinados a provar-lhe as alegações.

Art. 397. É lícito às partes, em qualquer tempo, juntar aos autos documentos novos, quando destinados a fazer prova de fatos ocorridos depois dos articulados, ou para contrapô-los aos que foram produzidos nos autos.

CÓDIGO DE PROCESSO CIVIL DE 2015
Lei n. 13.105, de 16 de março de 2015
DOU 17.3.2015

Vide art.188; art. 193; art. 196 ; art. 434, *caput*; e art. 435, *caput*

Art. 188. Os atos e os termos processuais independem de forma determinada, salvo quando a lei expressamente a exigir, considerando-se válidos os que, realizados de outro modo, lhe preencham a finalidade essencial.

TÍTULO X — DO PROCESSO JUDICIÁRIO DO TRABALHO

Art. 193. Os atos processuais podem ser total ou parcialmente digitais, de forma a permitir que sejam produzidos, comunicados, armazenados e validados por meio eletrônico, na forma da lei.

Art. 196. Compete ao Conselho Nacional de Justiça e, supletivamente, aos tribunais, regulamentar a prática e a comunicação oficial de atos processuais por meio eletrônico e velar pela compatibilidade dos sistemas, disciplinando a incorporação progressiva de novos avanços tecnológicos e editando, para esse fim, os atos que forem necessários, respeitadas as normas fundamentais deste Código.

Art. 434. Incumbe à parte instruir a petição inicial ou a contestação com os documentos destinados a provar suas alegações.

Art. 435. É lícito às partes, em qualquer tempo, juntar aos autos documentos novos, quando destinados a fazer prova de fatos ocorridos depois dos articulados ou para contrapô-los aos que foram produzidos nos autos.

SÚMULAS DO TST

Vide Súmulas 8 e 263/TST

Súmula 8 TST — JUNTADA DE DOCUMENTO (mantida) — Res. 121/2003, DJ 19, 20 e 21.11.2003

A juntada de documentos na fase recursal só se justifica quando provado o justo impedimento para sua oportuna apresentação ou se referir a fato posterior à sentença.

Súmula 263 TST — PETIÇÃO INICIAL. INDEFERIMENTO. INSTRUÇÃO OBRIGATÓRIA DEFICIENTE (nova redação em decorrência do CPC de 2015) — Res. 208/2016, DEJT divulgado em 22, 25 e 26.04.2016

Salvo nas hipóteses do art. 330 do CPC de 2015 (art. 295 do CPC de 1973), o indeferimento da petição inicial, por encontrar-se desacompanhada de documento indispensável à propositura da ação ou não preencher outro requisito legal, somente é cabível se, após intimada para suprir a irregularidade em 15 (quinze) dias, mediante indicação precisa do que deve ser corrigido ou completado, a parte não o fizer (art. 321 do CPC de 2015).

Art. 788 — Feita a distribuição, a reclamação será remetida pelo distribuidor à Junta ou Juízo competente, acompanhada do bilhete de distribuição.

EMENDA CONSTITUCIONAL N. 24, DE 9 DE DEZEMBRO DE 1999

Altera dispositivos da Constituição Federal pertinentes à representação classista na Justiça do Trabalho. Extingue a representação classista na Justiça do Trabalho.
DOU 10.12.1999

SEÇÃO III
DAS CUSTAS E EMOLUMENTOS

Art. 789 — Nos dissídios individuais e nos dissídios coletivos do trabalho, nas ações e procedimentos de competência da Justiça do Trabalho, bem como nas demandas propostas perante a Justiça Estadual, no exercício da jurisdição trabalhista, as custas relativas ao processo de conhecimento incidirão à base de 2% (dois por cento), observado o mínimo de R$ 10,64 (dez reais e sessenta e quatro centavos) e serão calculadas: *(Redação dada pela Lei n. 10.537, de 27.8.2002)*

I - quando houver acordo ou condenação, sobre o respectivo valor; *(Redação dada pela Lei n. 10.537, de 27.8.2002)*

II - quando houver extinção do processo, sem julgamento do mérito, ou julgado totalmente improcedente o pedido, sobre o valor da causa; *(Redação dada pela Lei n. 10.537, de 27.8.2002)*

III - no caso de procedência do pedido formulado em ação declaratória e em ação constitutiva, sobre o valor da causa; *(Redação dada pela Lei n. 10.537, de 27.8.2002)*

IV - quando o valor for indeterminado, sobre o que o juiz fixar. *(Redação dada pela Lei n. 10.537, de 27.8.2002)*

Art. 789

TÍTULO X — DO PROCESSO JUDICIÁRIO DO TRABALHO

CONSOLIDAÇÃO DAS LEIS DO TRABALHO
Decreto-Lei n. 5.452, de 1º de maio de 1943
DOU 9.8.1943

Vide art. 832, § 2º

Art. 832. (...)
§ 2º A decisão mencionará sempre as custas que devam ser pagas pela parte vencida.

SÚMULAS DO TST

Vide Súmulas 25, 36, 53, 71, 86 e 170/TST

Súmula 25 TST — CUSTAS PROCESSUAIS. INVERSÃO DO ÔNUS DA SUCUMBÊNCIA. (alterada a Súmula e incorporadas as Orientações Jurisprudenciais ns. 104 e 186 da SBDI-1) — Res. 197/2015 — DEJT divulgado em 14, 15 e 18.05.2015
I — A parte vencedora na primeira instância, se vencida na segunda, está obrigada, independentemente de intimação, a pagar as custas fixadas na sentença originária, das quais ficara isenta a parte então vencida;
II — No caso de inversão do ônus da sucumbência em segundo grau, sem acréscimo ou atualização do valor das custas e se estas já foram devidamente recolhidas, descabe um novo pagamento pela parte vencida, ao recorrer. Deverá ao final, se sucumbente, reembolsar a quantia; (ex-OJ n. 186 da SBDI-I)
III — Não caracteriza deserção a hipótese em que, acrescido o valor da condenação, não houve fixação ou cálculo do valor devido a título de custas e tampouco intimação da parte para o preparo do recurso, devendo ser as custas pagas ao final; (ex-OJ n. 104 da SBDI-I)
IV — O reembolso das custas à parte vencedora faz-se necessário mesmo na hipótese em que a parte vencida for pessoa isenta do seu pagamento, nos termos do art. 790-A, parágrafo único, da CLT.

Súmula 36 TST — CUSTAS (mantida) — Res. 121/2003, DJ 19, 20 e 21.11.2003
Nas ações plúrimas, as custas incidem sobre o respectivo valor global.

Súmula 53 TST — CUSTAS (mantida) — Res. 121/2003, DJ 19, 20 e 21.11.2003
O prazo para pagamento das custas, no caso de recurso, é contado da intimação do cálculo.

Súmula 71 TST — ALÇADA (mantida) — Res. 121/2003, DJ 19, 20 e 21.11.2003
A alçada é fixada pelo valor dado à causa na data de seu ajuizamento, desde que não impugnado, sendo inalterável no curso do processo.

Súmula 86 TST — DESERÇÃO. MASSA FALIDA. EMPRESA EM LIQUIDAÇÃO EXTRAJUDICIAL (incorporada a Orientação Jurisprudencial n. 31 da SBDI-1) — Res. 129/2005, DJ 20, 22 e 25.04.2005
Não ocorre deserção de recurso da massa falida por falta de pagamento de custas ou de depósito do valor da condenação. Esse privilégio, todavia, não se aplica à empresa em liquidação extrajudicial. (primeira parte — ex-Súmula n. 86 — RA 69/78, DJ 26.09.1978; segunda parte — ex-OJ n. 31 da SBDI-1 — inserida em 14.03.1994)

Súmula 170 TST — SOCIEDADE DE ECONOMIA MISTA. CUSTAS (mantida) — Res. 121/2003, DJ 19, 20 e 21.11.2003
Os privilégios e isenções no foro da Justiça do Trabalho não abrangem as sociedades de economia mista, ainda que gozassem desses benefícios anteriormente ao Decreto-Lei n. 779, de 21.08.1969 (ex-Prejulgado n. 50).

ORIENTAÇÕES JURISPRUDENCIAIS DA SDI-1 DO TST

Vide OJs 33, 140, 158 e 186 SDI-1/TST

OJ 33 SDI-1 TST — DESERÇÃO. CUSTAS. CARIMBO DO BANCO. VALIDADE (inserida em 25.11.1996)
O carimbo do banco recebedor na guia de comprovação do recolhimento das custas supre a ausência de autenticação mecânica.

OJ 140 SDI-1 TST — DEPÓSITO RECURSAL E CUSTAS. DIFERENÇA ÍNFIMA. DESERÇÃO. OCORRÊNCIA (nova redação) — DJ 20.04.2005
Ocorre deserção do recurso pelo recolhimento insuficiente das custas e do depósito recursal, ainda que a diferença em relação ao "quantum" devido seja ínfima, referente a centavos.

OJ 158 SDI-1 TST — CUSTAS. COMPROVAÇÃO DE RECOLHIMENTO. DARF ELETRÔNICO. VALIDADE (inserida em 26.03.1999)
O denominado "DARF ELETRÔNICO" é válido para comprovar o recolhimento de custas por entidades da administração pública federal, emitido conforme a IN-SRF 162, de 04.11.1988.

OJ 186 SDI-1 TST — CUSTAS. INVERSÃO DO ÔNUS DA SUCUMBÊNCIA. DESERÇÃO. NÃO OCORRÊNCIA (cancelada em decorrência da sua incorporação da nova redação da Súmula n. 25) — Res. 197/2015, DEJT divulgado em 14, 15 e 18.05.2015
No caso de inversão do ônus da sucumbência em segundo grau, sem acréscimo ou atualização do valor das custas e se estas já foram devidamente recolhidas, descabe um novo pagamento pela parte vencida, ao recorrer. Deverá ao final, se sucumbente, ressarcir a quantia.

ORIENTAÇÕES JURISPRUDENCIAIS DA SDI-2 DO TST

Vide OJs 88 e 148 SDI-2/TST

OJ 88 SDI-2 TST — MANDADO DE SEGURANÇA. VALOR DA CAUSA. CUSTAS PROCESSUAIS. CABIMENTO (inserida em 13.03.2002)
Incabível a impetração de mandado de segurança contra ato judicial que, de ofício, arbitrou novo valor à causa, acarretando a majoração das custas processuais, uma vez que cabia à parte, após recolher as custas, calculadas com base no valor dado à causa na inicial, interpor recurso ordinário e, posteriormente, agravo de instrumento no caso de o recurso ser considerado deserto.

OJ 148 SDI-2 TST — CUSTAS. MANDADO DE SEGURANÇA. RECURSO ORDINÁRIO. EXIGÊNCIA DO PAGAMENTO (conversão da Orientação Jurisprudencial n. 29 da SBDI-1) — Res. 129/2005, DJ 20.04.2005
É responsabilidade da parte, para interpor recurso ordinário em mandado de segurança, a comprovação do recolhimento das custas processuais no prazo recursal, sob pena de deserção. *(ex-OJ n. 29 — inserida em 20.09.00)*

ORIENTAÇÃO JURISPRUDENCIAL DA SDC DO TST

Vide OJ 27 SDC/TST

OJ 27 SDC TST — CUSTAS. AUSÊNCIA DE INTIMAÇÃO. DESERÇÃO. CARACTERIZAÇÃO. (inserida em 19.08.1998)
A deserção se impõe mesmo não tendo havido intimação, pois incumbe à parte, na defesa do próprio interesse, obter os cálculos necessários para efetivar o preparo.

TÍTULO X — DO PROCESSO JUDICIÁRIO DO TRABALHO

Art. 789

§ 1º	As custas serão pagas pelo vencido, após o trânsito em julgado da decisão. No caso de recurso, as custas serão pagas e comprovado o recolhimento dentro do prazo recursal. *(Redação dada pela Lei n. 10.537, de 27.8.2002)*
§ 2º	Não sendo líquida a condenação, o juízo arbitrar-lhe-á o valor e fixará o montante das custas processuais. *(Redação dada pela Lei n. 10.537, de 27.8.2002)*
§ 3º	Sempre que houver acordo, se de outra forma não for convencionado, o pagamento das custas caberá em partes iguais aos litigantes. *(Redação dada pela Lei n. 10.537, de 27.8.2002)*
§ 4º	Nos dissídios coletivos, as partes vencidas responderão solidariamente pelo pagamento das custas, calculadas sobre o valor arbitrado na decisão, ou pelo Presidente do Tribunal. *(Redação dada pela Lei n. 10.537, de 27.8.2002)*

SÚMULA DO STF

Vide Súmula 669/STF

Súmula 669 STF — Norma legal que altera o prazo de recolhimento da obrigação tributária não se sujeita ao princípio da anterioridade.

SÚMULAS DO TST

Vide Súmulas 25, 36, 53, 71, 86 e 170/TST

Súmula 25 TST — CUSTAS PROCESSUAIS. INVERSÃO DO ÔNUS DA SUCUMBÊNCIA. (alterada a Súmula e incorporadas as Orientações Jurisprudenciais ns. 104 e 186 da SBDI-1) — Res. 197/2015 — DEJT divulgado em 14, 15 e 18.05.2015

I — A parte vencedora na primeira instância, se vencida na segunda, está obrigada, independentemente de intimação, a pagar as custas fixadas na sentença originária, das quais ficara isenta a parte então vencida;

II — No caso de inversão do ônus da sucumbência em segundo grau, sem acréscimo ou atualização do valor das custas e se estas já foram devidamente recolhidas, descabe um novo pagamento pela parte vencida, ao recorrer. Deverá ao final, se sucumbente, reembolsar a quantia; (ex-OJ n. 186 da SBDI-I)

III — Não caracteriza deserção a hipótese em que, acrescido o valor da condenação, não houve fixação ou cálculo do valor devido a título de custas e tampouco intimação da parte para o preparo do recurso, devendo ser as custas pagas ao final; (ex-OJ n. 104 da SBDI-I)

IV — O reembolso das custas à parte vencedora faz-se necessário mesmo na hipótese em que a parte vencida for pessoa isenta do seu pagamento, nos termos do art. 790-A, parágrafo único, da CLT.

Súmula 36 TST — CUSTAS (mantida) — Res. 121/2003, DJ 19, 20 e 21.11.2003

Nas ações plúrimas, as custas incidem sobre o respectivo valor global.

Súmula 53 TST — CUSTAS (mantida) — Res. 121/2003, DJ 19, 20 e 21.11.2003

O prazo para pagamento das custas, no caso de recurso, é contado da intimação do cálculo.

Súmula 71 TST — ALÇADA (mantida) — Res. 121/2003, DJ 19, 20 e 21.11.2003

A alçada é fixada pelo valor dado à causa na data de seu ajuizamento, desde que não impugnado, sendo inalterável no curso do processo.

Súmula 86 TST — DESERÇÃO. MASSA FALIDA. EMPRESA EM LIQUIDAÇÃO EXTRAJUDICIAL (incorporada a Orientação Jurisprudencial n. 31 da SBDI-1) — Res. 129/2005, DJ 20, 22 e 25.04.2005

Não ocorre deserção de recurso da massa falida por falta de pagamento de custas ou de depósito do valor da condenação. Esse privilégio, todavia, não se aplica à empresa em liquidação extrajudicial. (primeira parte — ex-Súmula n. 86 — RA 69/78, DJ 26.09.1978; segunda parte — ex-OJ n. 31 da SBDI-1 — inserida em 14.03.1994)

Súmula 170 TST — SOCIEDADE DE ECONOMIA MISTA. CUSTAS (mantida) — Res. 121/2003, DJ 19, 20 e 21.11.2003

Os privilégios e isenções no foro da Justiça do Trabalho não abrangem as sociedades de economia mista, ainda que gozassem desses benefícios anteriormente ao Decreto-Lei n. 779, de 21.08.1969 (ex-Prejulgado n. 50).

ORIENTAÇÕES JURISPRUDENCIAIS DA SDI-1 DO TST

Vide OJs 33, 140, 158, 186, 217 e 409 SDI-1/TST

OJ 33 SDI-1 TST — DESERÇÃO. CUSTAS. CARIMBO DO BANCO. VALIDADE (inserida em 25.11.1996)

O carimbo do banco recebedor na guia de comprovação do recolhimento das custas supre a ausência de autenticação mecânica.

OJ 140 SDI-1 TST — DEPÓSITO RECURSAL E CUSTAS. DIFERENÇA ÍNFIMA. DESERÇÃO. OCORRÊNCIA (nova redação) — DJ 20.04.2005

Ocorre deserção do recurso pelo recolhimento insuficiente das custas e do depósito recursal, ainda que a diferença em relação ao "quantum" devido seja ínfima, referente a centavos.

OJ 158 SDI-1 TST — CUSTAS. COMPROVAÇÃO DE RECOLHIMENTO. DARF ELETRÔNICO. VALIDADE (inserida em 26.03.1999)

O denominado "DARF ELETRÔNICO" é válido para comprovar o recolhimento de custas por entidades da administração pública federal, emitido conforme a IN-SRF 162, de 04.11.1988.

Art. 789-A

OJ 186 SDI-1 TST — CUSTAS. INVERSÃO DO ÔNUS DA SUCUMBÊNCIA. DESERÇÃO. NÃO OCORRÊNCIA (cancelada em decorrência da sua incorporação da nova redação da Súmula n. 25) — Res. 197/2015, DEJT divulgado em 14, 15 e 18.05.2015

No caso de inversão do ônus da sucumbência em segundo grau, sem acréscimo ou atualização do valor das custas e se estas já foram devidamente recolhidas, descabe um novo pagamento pela parte vencida, ao recorrer. Deverá ao final, se sucumbente, ressarcir a quantia.

OJ 217 SDI-1 TST — AGRAVO DE INSTRUMENTO. TRASLADO. LEI N. 9.756/98. GUIAS DE CUSTAS E DE DEPÓSITO RECURSAL (inserida em 02.04.2001)

Para a formação do agravo de instrumento, não é necessária a juntada de comprovantes de recolhimento de custas e de depósito recursal relativamente ao recurso ordinário, desde que não seja objeto de controvérsia no recurso de revista a validade daqueles recolhimentos.

OJ 409 SDI-1 TST — MULTA POR LITIGÂNCIA DE MÁ-FÉ. RECOLHIMENTO. PRESSUPOSTO RECURSAL. INEXIGIBILIDADE. (nova redação em decorrência do CPC de 2015) — Res. 209/2016, DEJT divulgado em 01, 02 e 03.06.2016

O recolhimento do valor da multa imposta como sanção por litigância de má-fé (art. 81 do CPC de 2015 — art. 18 do CPC de 1973) não é pressuposto objetivo para interposição dos recursos de natureza trabalhista.

ORIENTAÇÕES JURISPRUDENCIAIS DA SDI-2 DO TST

Vide OJs 88 e 148 SDI-2/TST

OJ 88 SDI-2 TST — MANDADO DE SEGURANÇA. VALOR DA CAUSA. CUSTAS PROCESSUAIS. CABIMENTO (inserida em 13.03.2002)

Incabível a impetração de mandado de segurança contra ato judicial que, de ofício, arbitrou novo valor à causa, acarretando a majoração das custas processuais, uma vez que cabia à parte, após recolher as custas, calculadas com base no valor dado à causa na inicial, interpor recurso ordinário e, posteriormente, agravo de instrumento no caso de o recurso ser considerado deserto.

OJ 148 SDI-2 TST — CUSTAS. MANDADO DE SEGURANÇA. RECURSO ORDINÁRIO. EXIGÊNCIA DO PAGAMENTO (conversão da Orientação Jurisprudencial n. 29 da SBDI-1) — Res. 129/2005, DJ 20.04.2005

É responsabilidade da parte, para interpor recurso ordinário em mandado de segurança, a comprovação do recolhimento das custas processuais no prazo recursal, sob pena de deserção. *(ex-OJ n. 29 — inserida em 20.09.00)*

ORIENTAÇÃO JURISPRUDENCIAL DA SDC DO TST

Vide OJ 27 SDC/TST

OJ 27 SDC TST — CUSTAS. AUSÊNCIA DE INTIMAÇÃO. DESERÇÃO. CARACTERIZAÇÃO. (inserida em 19.08.1998)

A deserção se impõe mesmo não tendo havido intimação, pois incumbe à parte, na defesa do próprio interesse, obter os cálculos necessários para efetivar o preparo.

Art. 789-A	No processo de execução são devidas custas, sempre de responsabilidade do executado e pagas ao final, de conformidade com a seguinte tabela: *(Incluído pela Lei n. 10.537, de 27.8.2002)*
I -	autos de arrematação, de adjudicação e de remição: 5% (cinco por cento) sobre o respectivo valor, até o máximo de R$ 1.915,38 (um mil, novecentos e quinze reais e trinta e oito centavos); *(Incluído pela Lei n. 10.537, de 27.8.2002)*
II -	atos dos oficiais de justiça, por diligência certificada: *(Incluído pela Lei n. 10.537, de 27.8.2002)*
a)	em zona urbana: R$ 11,06 (onze reais e seis centavos); *(Incluído pela Lei n. 10.537, de 27.8.2002)*
b)	em zona rural: R$ 22,13 (vinte e dois reais e treze centavos); *(Incluído pela Lei n. 10.537, de 27.8.2002)*
III -	agravo de instrumento: R$ 44,26 (quarenta e quatro reais e vinte e seis centavos); *(Incluído pela Lei n. 10.537, de 27.8.2002)*
IV -	agravo de petição: R$ 44,26 (quarenta e quatro reais e vinte e seis centavos); *(Incluído pela Lei n. 10.537, de 27.8.2002)*
V -	embargos à execução, embargos de terceiro e embargos à arrematação: R$ 44,26 (quarenta e quatro reais e vinte e seis centavos); *(Incluído pela Lei n. 10.537, de 27.8.2002)*
VI -	recurso de revista: R$ 55,35 (cinquenta e cinco reais e trinta e cinco centavos); *(Incluído pela Lei n. 10.537, de 27.8.2002)*
VII -	impugnação à sentença de liquidação: R$ 55,35 (cinquenta e cinco reais e trinta e cinco centavos); *(Incluído pela Lei n. 10.537, de 27.8.2002)*
VIII -	despesa de armazenagem em depósito judicial — por dia: 0,1% (um décimo por cento) do valor da avaliação; *(Incluído pela Lei n. 10.537, de 27.8.2002)*

TÍTULO X — DO PROCESSO JUDICIÁRIO DO TRABALHO

IX -	cálculos de liquidação realizados pelo contador do juízo — sobre o valor liquidado: 0,5% (cinco décimos por cento) até o limite de R$ 638,46 (seiscentos e trinta e oito reais e quarenta e seis centavos). *(Incluído pela Lei n. 10.537, de 27.8.2002)*

Art. 789-B	Os emolumentos serão suportados pelo Requerente, nos valores fixados na seguinte tabela: *(Incluído pela Lei n. 10.537, de 27.8.2002)*
I -	autenticação de traslado de peças mediante cópia reprográfica apresentada pelas partes — por folha: R$ 0,55 (cinquenta e cinco centavos de real); *(Incluído pela Lei n. 10.537, de 27.8.2002)*
II -	fotocópia de peças — por folha: R$ 0,28 (vinte e oito centavos de real); *(Incluído pela Lei n. 10.537, de 27.8.2002)*
III -	autenticação de peças — por folha: R$ 0,55 (cinquenta e cinco centavos de real); *(Incluído pela Lei n. 10.537, de 27.8.2002)*
IV -	cartas de sentença, de adjudicação, de remição e de arrematação — por folha: R$ 0,55 (cinquenta e cinco centavos de real); *(Incluído pela Lei n. 10.537, de 27.8.2002)*
V -	certidões — por folha: R$ 5,53 (cinco reais e cinquenta e três centavos). *(Incluído pela Lei n. 10.537, de 27.8.2002)*

ORIENTAÇÃO JURISPRUDENCIAL DA SDI-2 DO TST

Vide OJ 91 SDI-2/TST

OJ 91 SDI-2 TST — MANDADO DE SEGURANÇA. AUTENTICAÇÃO DE CÓPIAS PELAS SECRETARIAS DOS TRIBUNAIS REGIONAIS DO TRABALHO. REQUERIMENTO INDEFERIDO. ART. 789, § 9º, DA CLT (inserida em 27.05.2002)

Não sendo a parte beneficiária da assistência judiciária gratuita, inexiste direito líquido e certo à autenticação, pelas Secretarias dos Tribunais, de peças extraídas do processo principal, para formação do agravo de instrumento.

Art. 790	Nas Varas do Trabalho, nos Juízos de Direito, nos Tribunais e no Tribunal Superior do Trabalho, a forma de pagamento das custas e emolumentos obedecerá às instruções que serão expedidas pelo Tribunal Superior do Trabalho. *(Redação dada pela Lei n. 10.537, de 27.8.2002)*
§ 1º	Tratando-se de empregado que não tenha obtido o benefício da justiça gratuita, ou isenção de custas, o sindicato que houver intervindo no processo responderá solidariamente pelo pagamento das custas devidas. *(Redação dada pela Lei n. 10.537, de 27.8.2002)*
§ 2º	No caso de não-pagamento das custas, far-se-á execução da respectiva importância, segundo o procedimento estabelecido no Capítulo V deste Título. *(Redação dada pela Lei n. 10.537, de 27.8.2002)*
§ 3º	É facultado aos juízes, órgãos julgadores e presidentes dos tribunais do trabalho de qualquer instância conceder, a requerimento ou de ofício, o benefício da justiça gratuita, inclusive quanto a traslados e instrumentos, àqueles que perceberem salário igual ou inferior ao dobro do mínimo legal, ou declararem, sob as penas da lei, que não estão em condições de pagar as custas do processo sem prejuízo do sustento próprio ou de sua família. *(Redação dada pela Lei n. 10.537, de 27.8.2002)*

Art. 790-A

TÍTULO X — DO PROCESSO JUDICIÁRIO DO TRABALHO

CONSTITUIÇÃO FEDERAL DE 1988
DOU 5.10.1988

Vide art. 5º, *caput* e inciso LXXIV; art. 24, *caput* e inciso IV; art. 95 parágrafo único e inciso II e art. 134

Art. 5º Todos são iguais perante a lei, sem distinção de qualquer natureza, garantindo-se aos brasileiros e aos estrangeiros residentes no País a inviolabilidade do direito à vida, à liberdade, à igualdade, à segurança e à propriedade, nos termos seguintes:

(...)

LXXIV — o Estado prestará assistência jurídica integral e gratuita aos que comprovarem insuficiência de recursos;

Art. 24. Compete à União, aos Estados e ao Distrito Federal legislar concorrentemente sobre:

(...)

IV — custas dos serviços forenses;

Art. 95. Os juízes gozam das seguintes garantias:

I — vitaliciedade, que, no primeiro grau, só será adquirida após dois anos de exercício, dependendo a perda do cargo, nesse período, de deliberação do tribunal a que o juiz estiver vinculado e, nos demais casos, de sentença judicial transitada em julgado;

II — inamovibilidade, salvo por motivo de interesse público, na forma do art. 93, VIII;

III — irredutibilidade de subsídio, ressalvado o disposto nos arts. 37, X e XI, 39, § 4º, 150, II, 153, III, e 153, § 2º, I. *(Inciso com redação dada pela Emenda Constitucional n. 19, de 1998)*

Parágrafo único. Aos juízes é vedado:

(...)

II — receber, a qualquer título ou pretexto, custas ou participação em processo;

Art. 134. A Defensoria Pública é instituição permanente, essencial à função jurisdicional do Estado, incumbindo-lhe, como expressão e instrumento do regime democrático, fundamentalmente, a orientação jurídica, a promoção dos direitos humanos e a defesa, em todos os graus, judicial e extrajudicial, dos direitos individuais e coletivos, de forma integral e gratuita, aos necessitados, na forma do inciso LXXIV do art. 5º desta Constituição Federal. *(Redação dada pela Emenda Constitucional n. 80, de 2014)*

LEI N. 5.584, DE 26 DE JUNHO DE 1970
Dispõe sobre normas de Direito Processual do Trabalho, altera dispositivos da Consolidação das Leis do Trabalho, disciplina a concessão e prestação de assistência judiciária na Justiça do Trabalho, e dá outras providências
DOU 29.6.1970

Vide art. 14, *caput* e §§ 1º a 3º

Art. 14. Na Justiça do Trabalho, a assistência judiciária a que se refere a Lei n. 1.060, de 5 de fevereiro de 1950, será prestada pelo Sindicato da categoria profissional a que pertencer o trabalhador.

§ 1º A assistência é devida a todo aquele que perceber salário igual ou inferior ao dobro do mínimo legal, ficando assegurado igual benefício ao trabalhador de maior salário, uma vez provado que sua situação econômica não lhe permite demandar, sem prejuízo do sustento próprio ou da família.

§ 2º A situação econômica do trabalhador será comprovada em atestado fornecido pela autoridade local do Ministério do Trabalho e Previdência Social, mediante diligência sumária, que não poderá exceder de 48 (quarenta e oito) horas.

§ 3º Não havendo no local a autoridade referida no parágrafo anterior, o atestado deverá ser expedido pelo Delegado de Polícia da circunscrição onde resida o empregado.

SÚMULA DO STF

Vide Súmula 223/STF

Súmula 223 STF — Concedida isenção de custas ao empregado, por elas não responde o sindicato que o representa em juízo.

ORIENTAÇÃO JURISPRUDENCIAL DA SDI-1 DO TST

Vide OJ 269 SDI-1/TST

OJ 269 SDI-1 TST — JUSTIÇA GRATUITA. REQUERIMENTO DE ISENÇÃO DE DESPESAS PROCESSUAIS. MOMENTO OPORTUNO (inserida em 27.09.2002)

O benefício da justiça gratuita pode ser requerido em qualquer tempo ou grau de jurisdição, desde que, na fase recursal, seja o requerimento formulado no prazo alusivo ao recurso.

SÚMULA DO STJ

Vide Súmula 481/STJ

Súmula 481 STJ — Faz jus ao benefício da justiça gratuita a pessoa jurídica com ou sem fins lucrativos que demonstrar sua impossibilidade de arcar com os encargos processuais.

Art. 790-A	São isentos do pagamento de custas, além dos beneficiários de justiça gratuita: *(Incluído pela Lei n. 10.537, de 27.8.2002)*
I -	a União, os Estados, o Distrito Federal, os Municípios e respectivas autarquias e fundações públicas federais, estaduais ou municipais que não explorem atividade econômica; *(Incluído pela Lei n. 10.537, de 27.8.2002)*
II -	o Ministério Público do Trabalho. *(Incluído pela Lei n. 10.537, de 27.8.2002)*
Parágrafo único	A isenção prevista neste artigo não alcança as entidades fiscalizadoras do exercício profissional, nem exime as pessoas jurídicas referidas no inciso I da obrigação de reembolsar as despesas judiciais realizadas pela parte vencedora. *(Incluído pela Lei n. 10.537, de 27.8.2002)*

TÍTULO X — DO PROCESSO JUDICIÁRIO DO TRABALHO

Art. 790-B

SÚMULA DO STF

Vide Súmula 236/STF

Súmula 236 STF — Em ação de acidente do trabalho, a autarquia seguradora não tem isenção de custas.

SÚMULAS DO TST

Vide Súmulas 86 e 170/TST

Súmula 86 TST — DESERÇÃO. MASSA FALIDA. EMPRESA EM LIQUIDAÇÃO EXTRAJUDICIAL (incorporada a Orientação Jurisprudencial n. 31 da SBDI-1) — Res. 129/2005, DJ 20, 22 e 25.04.2005

Não ocorre deserção de recurso da massa falida por falta de pagamento de custas ou de depósito do valor da condenação. Esse privilégio, todavia, não se aplica à empresa em liquidação extrajudicial. (primeira parte — ex-Súmula n. 86 — RA 69/78, DJ 26.09.1978; segunda parte — ex-OJ n. 31 da SBDI-1 — inserida em 14.03.1994)

Súmula 170 TST — SOCIEDADE DE ECONOMIA MISTA. CUSTAS (mantida) — Res. 121/2003, DJ 19, 20 e 21.11.2003

Os privilégios e isenções no foro da Justiça do Trabalho não abrangem as sociedades de economia mista, ainda que gozassem desses benefícios anteriormente ao Decreto-Lei n. 779, de 21.08.1969 (ex-Prejulgado n. 50).

ORIENTAÇÕES JURISPRUDENCIAIS DA SDI-1 DO TST

Vide OJs 158 e 389 SDI-1/TST

OJ 158 SDI-1 TST — CUSTAS. COMPROVAÇÃO DE RECOLHIMENTO. DARF ELETRÔNICO. VALIDADE (inserida em 26.03.1999)

O denominado "DARF ELETRÔNICO" é válido para comprovar o recolhimento de custas por entidades da administração pública federal, emitido conforme a IN-SRF 162, de 04.11.1988.

OJ 389 SDI-1 TST — MULTA PREVISTA NO ART. 1.021, §§ 4º E 5º, DO CPC DE 2015. ART. 557, § 2º, DO CPC DE 1973. RECOLHIMENTO. PRESSUPOSTO RECURSAL. BENEFICIÁRIO DA JUSTIÇA GRATUITA E FAZENDA PÚBLICA. PAGAMENTO AO FINAL. (nova redação em decorrência do CPC de 2015) — Res. 209/2016, DEJT divulgado em 01, 02 e 03.06.2016

Constitui ônus da parte recorrente, sob pena de deserção, depositar previamente a multa aplicada com fundamento nos §§ 4º e 5º, do art. 1.021, do CPC de 2015 (§ 2º do art. 557 do CPC de 1973), à exceção da Fazenda Pública e do beneficiário de justiça gratuita, que farão o pagamento ao final.

Art. 790-B A responsabilidade pelo pagamento dos honorários periciais é da parte sucumbente na pretensão objeto da perícia, salvo se beneficiária de justiça gratuita. *(Incluído pela Lei n. 10.537, de 27.8.2002)*

LEI N. 5.584, DE 26 DE JUNHO DE 1970
Dispõe sobre normas de Direito Processual do Trabalho, altera dispositivos da Consolidação das Leis do Trabalho, disciplina a concessão e prestação de assistência judiciária na Justiça do Trabalho, e dá outras providências
DOU 29.6.1970

Vide art. 3º, *caput* e parágrafo único

Art. 3º Os exames periciais serão realizados por perito único designado pelo Juiz, que fixará o prazo para entrega do laudo.

Parágrafo único. Permitir-se-á a cada parte a indicação de um assistente, cujo laudo terá que ser apresentado no mesmo prazo assinado para o perito, sob pena de ser desentranhado dos autos.

SÚMULAS DO TST

Vide Súmulas 341 e 457/TST

Súmula 341 TST — HONORÁRIOS DO ASSISTENTE TÉCNICO (mantida) — Res. 121/2003, DJ 19, 20 e 21.11.2003

A indicação do perito assistente é faculdade da parte, a qual deve responder pelos respectivos honorários, ainda que vencedora no objeto da perícia.

Súmula 457 TST — HONORÁRIOS PERICIAIS. BENEFICIÁRIO DA JUSTIÇA GRATUITA. RESPONSABILIDADE DA UNIÃO PELO PAGAMENTO. RESOLUÇÃO N. 66/2010 DO CSJT. OBSERVÂNCIA. (conversão da Orientação Jurisprudencial n. 387 da SBDI-1 com nova redação) — Res. 194/2014, DEJT divulgado em 21, 22 e 23.05.2014

A União é responsável pelo pagamento dos honorários de perito quando a parte sucumbente no objeto da perícia for beneficiária da assistência judiciária gratuita, observado o procedimento disposto nos arts. 1º, 2º e 5º da Resolução n. 66/2010 do Conselho Superior da Justiça do Trabalho — CSJT.

ORIENTAÇÃO JURISPRUDENCIAL DA SDI-1 DO TST

Vide OJ 198 SDI-1/TST

OJ 198 SDI-1 TST — HONORÁRIOS PERICIAIS. ATUALIZAÇÃO MONETÁRIA (inserida em 08.11.2000)

Diferentemente da correção aplicada aos débitos trabalhistas, que têm caráter alimentar, a atualização monetária dos honorários periciais é fixada pelo art. 1º da Lei n. 6.899/81, aplicável a débitos resultantes de decisões judiciais.

ORIENTAÇÃO JURISPRUDENCIAL DA SDI-2 DO TST

Vide OJ 98 SDI-2/TST

OJ 98 SDI-2 TST — MANDADO DE SEGURANÇA. CABÍVEL PARA ATACAR EXIGÊNCIA DE DEPÓSITO PRÉVIO DE HONORÁRIOS PERICIAIS (nova redação) — DJ 22.08.2005

É ilegal a exigência de depósito prévio para custeio dos honorários periciais, dada a incompatibilidade com o processo do trabalho, sendo cabível o mandado de segurança visando à realização da perícia, independentemente do depósito.

SEÇÃO IV
DAS PARTES E DOS PROCURADORES

Art. 791 Os empregados e os empregadores poderão reclamar pessoalmente perante a Justiça do Trabalho e acompanhar as suas reclamações até o final.

CONSOLIDAÇÃO DAS LEIS DO TRABALHO
Decreto-Lei n. 5.452, de 1º de maio de 1943
DOU 9.8.1943

Vide art. 839, *caput* e alínea *a;* e art. 843, *caput* e §§ 1º e 2º

Art. 839. A reclamação poderá ser apresentada:
a) pelos empregados e empregadores, pessoalmente, ou por seus representantes, e pelos sindicatos de classe;

Art. 843. Na audiência de julgamento deverão estar presentes o reclamante e o reclamado, independentemente do comparecimento de seus representantes salvo, nos casos de Reclamatórias Plúrimas ou Ações de Cumprimento, quando os empregados poderão fazer-se representar pelo Sindicato de sua categoria. *(Redação dada pela Lei n. 6.667, de 3.7.1979)*

§ 1º — É facultado ao empregador fazer-se substituir pelo gerente, ou qualquer outro preposto que tenha conhecimento do fato, e cujas declarações obrigarão o proponente.

§ 2º — Se por doença ou qualquer outro motivo poderoso, devidamente comprovado, não for possível ao empregado comparecer pessoalmente, poderá fazer-se representar por outro empregado que pertença à mesma profissão, ou pelo seu sindicato.

SÚMULA DO TST

Vide Súmula 425/TST

Súmula 425 TST — JUS POSTULANDI NA JUSTIÇA DO TRABALHO. ALCANCE. Res. 165/2010, DEJT divulgado em 30.04.2010 e 03 e 04.05.2010

O jus postulandi das partes, estabelecido no art. 791 da CLT, limita-se às Varas do Trabalho e aos Tribunais Regionais do Trabalho, não alcançando a ação rescisória, a ação cautelar, o mandado de segurança e os recursos de competência do Tribunal Superior do Trabalho.

§ 1º Nos dissídios individuais os empregados e empregadores poderão fazer-se representar por intermédio do sindicato, advogado, solicitador, ou provisionado, inscrito na Ordem dos Advogados do Brasil.

CONSTITUIÇÃO FEDERAL DE 1988
DOU 5.10.1988

Vide art. 133; art. 134, *caput* e §§ 1º e 2º

Art. 133. O advogado é indispensável à administração da justiça, sendo inviolável por seus atos e manifestações no exercício da profissão, nos limites da lei.

Art. 134. A Defensoria Pública é instituição permanente, essencial à função jurisdicional do Estado, incumbindo-lhe, como expressão e instrumento do regime democrático, fundamentalmente, a orientação jurídica, a promoção dos direitos humanos e a defesa, em todos os graus, judicial e extrajudicial, dos direitos individuais e coletivos, de forma integral e gratuita, aos necessitados, na forma do inciso LXXIV do art. 5º desta Constituição Federal. *(Redação dada pela Emenda Constitucional n. 80, de 2014)*

§ 1º Lei complementar organizará a Defensoria Pública da União e do Distrito Federal e dos Territórios e prescreverá normas gerais para sua organização nos Estados, em cargos de carreira, providos, na classe inicial, mediante concurso público de provas e títulos, assegurada a seus integrantes a garantia da inamovibilidade e vedado o exercício da advocacia fora das atribuições institucionais. *(Renumerado do parágrafo único pela Emenda Constitucional n. 45, de 2004)*

§ 2º Às Defensorias Públicas Estaduais são asseguradas autonomia funcional e administrativa e a iniciativa de sua proposta orçamentária dentro dos limites estabelecidos na lei de diretrizes orçamentárias e subordinação ao disposto no art. 99, § 2º. *(Incluído pela Emenda Constitucional n. 45, de 2004)*

CÓDIGO DE PROCESSO CIVIL DE 1973
Lei n. 5.869, de 11 de janeiro de 1973
DOU 17.1.1973 e republicado em 27.7.2006

Vide art. 12, *caput*, incisos I a IX e §§ 1º a 3º; art. 13, *caput*, incisos I a II; art. 38, *caput* e parágrafo único; e art. 45

Art. 12. Serão representados em juízo, ativa e passivamente:

I — a União, os Estados, o Distrito Federal e os Territórios, por seus procuradores;

II — o Município, por seu Prefeito ou procurador;

III — a massa falida, pelo síndico;

IV — a herança jacente ou vacante, por seu curador;

V — o espólio, pelo inventariante;

VI — as pessoas jurídicas, por quem os respectivos estatutos designarem, ou, não os designando, por seus diretores;

VII — as sociedades sem personalidade jurídica, pela pessoa a quem couber a administração dos seus bens;

VIII — a pessoa jurídica estrangeira, pelo gerente, representante ou administrador de sua filial, agência ou sucursal aberta ou instalada no Brasil (art. 88, parágrafo único);

IX — o condomínio, pelo administrador ou pelo síndico.

§ 1º Quando o inventariante for dativo, todos os herdeiros e sucessores do falecido serão autores ou réus nas ações em que o espólio for parte.

§ 2º As sociedades sem personalidade jurídica, quando demandadas, não poderão opor a irregularidade de sua constituição.

TÍTULO X — DO PROCESSO JUDICIÁRIO DO TRABALHO

§ 3º O gerente da filial ou agência presume-se autorizado, pela pessoa jurídica estrangeira, a receber citação inicial para o processo de conhecimento, de execução, cautelar e especial.

Art. 13. Verificando a incapacidade processual ou a irregularidade da representação das partes, o juiz, suspendendo o processo, marcará prazo razoável para ser sanado o defeito.

Não sendo cumprido o despacho dentro do prazo, se a providência couber:

I — ao autor, o juiz decretará a nulidade do processo;

II — ao réu, reputar-se-á revel;

III — ao terceiro, será excluído do processo.

Art. 38. A procuração geral para o foro, conferida por instrumento público, ou particular assinado pela parte, habilita o advogado a praticar todos os atos do processo, salvo para receber citação inicial, confessar, reconhecer a procedência do pedido, transigir, desistir, renunciar ao direito sobre que se funda a ação, receber, dar quitação e firmar compromisso.

Parágrafo único. A procuração pode ser assinada digitalmente com base em certificado emitido por Autoridade Certificadora credenciada, na forma da lei específica.

Art. 45. O advogado poderá, a qualquer tempo, renunciar ao mandato, provando que cientificou o mandante a fim de que este nomeie substituto. Durante os 10 (dez) dias seguintes, o advogado continuará a representar o mandante, desde que necessário para lhe evitar prejuízo.

CÓDIGO DE PROCESSO CIVIL DE 2015
Lei n. 13.105, de 16 de março de 2015
DOU 17.3.2015

Vide art.75, *caput*, incisos I a XI e §§ 1º a 4º; art. 76, *caput* e §§ 1º e 2º; art. 105, *caput* e §§ 1º a 4º; e art. 112, *caput* e § 1º

Art. 75. Serão representados em juízo, ativa e passivamente:

I — a União, pela Advocacia-Geral da União, diretamente ou mediante órgão vinculado; os Estados e o Distrito Federal, por seus procuradores;

II — o Estado e o Distrito Federal, por seus procuradores;

III — o Município, por seu prefeito ou procurador;

IV — a autarquia e a fundação de direito público, por quem a lei do ente federado designar

V — a massa falida, pelo administrador judicial;

VI — a herança jacente ou vacante, por seu curador;

VII — o espólio, pelo inventariante;

VIII — a pessoa jurídica, por quem os respectivos atos constitutivos designarem ou, não havendo essa designação, por seus diretores;

IX — a sociedade e a associação irregulares e outros entes organizados sem personalidade jurídica, pela pessoa a quem couber a administração de seus bens;

X — a pessoa jurídica estrangeira, pelo gerente, representante ou administrador de sua filial, agência ou sucursal aberta ou instalada no Brasil;

XI — o condomínio, pelo administrador ou síndico.

§ 1º Quando o inventariante for dativo, os sucessores do falecido serão intimados no processo no qual o espólio seja parte.

§ 2º A sociedade ou associação sem personalidade jurídica não poderá opor a irregularidade de sua constituição quando demandada.

§ 3º O gerente de filial ou agência presume-se autorizado pela pessoa jurídica estrangeira a receber citação para qualquer processo.

§ 4º Os Estados e o Distrito Federal poderão ajustar compromisso recíproco para prática de ato processual por seus procuradores em favor de outro ente federado, mediante convênio firmado pelas respectivas procuradorias.

Art. 76. Verificada a incapacidade processual ou a irregularidade da representação da parte, o juiz suspenderá o processo e designará prazo razoável para que seja sanado o vício.

§ 1º Descumprida a determinação, caso o processo esteja na instância originária:

I — o processo será extinto, se a providência couber ao autor;

II — o réu será considerado revel, se a providência lhe couber;

III — o terceiro será considerado revel ou excluído do processo, dependendo do polo em que se encontre.

§ 2º Descumprida a determinação em fase recursal perante tribunal de justiça, tribunal regional federal ou tribunal superior, o relator:

I — não conhecerá do recurso, se a providência couber ao recorrente;

II — determinará o desentranhamento das contrarrazões, se a providência couber ao recorrido.

Art. 105. A procuração geral para o foro, outorgada por instrumento público ou particular assinado pela parte, habilita o advogado a praticar todos os atos do processo, exceto receber citação, confessar, reconhecer a procedência do pedido, transigir, desistir, renunciar ao direito sobre o qual se funda a ação, receber, dar quitação, firmar compromisso e assinar declaração de hipossuficiência econômica, que devem constar de cláusula específica.

§ 1º A procuração pode ser assinada digitalmente, na forma da lei.

§ 2º A procuração deverá conter o nome do advogado, seu número de inscrição na Ordem dos Advogados do Brasil e endereço completo.

§ 3º Se o outorgado integrar sociedade de advogados, a procuração também deverá conter o nome dessa, seu número de registro na Ordem dos Advogados do Brasil e endereço completo.

§ 4º Salvo disposição expressa em sentido contrário constante do próprio instrumento, a procuração outorgada na fase de conhecimento é eficaz para todas as fases do processo, inclusive para o cumprimento de sentença.

Art. 112. O advogado poderá renunciar ao mandato a qualquer tempo, provando, na forma prevista neste Código, que comunicou a renúncia ao mandante, a fim de que este nomeie sucessor.

§ 1º Durante os 10 (dez) dias seguintes, o advogado continuará a representar o mandante, desde que necessário para lhe evitar prejuízo.

§ 2º Dispensa-se a comunicação referida no caput quando a procuração tiver sido outorgada a vários advogados e a parte continuar representada por outro, apesar da renúncia.

SÚMULAS DO TST

Vide Súmulas 219, 286, 383, 395, 425, 427, 436 e 456/TST

Súmula 219 TST — HONORÁRIOS ADVOCATÍCIOS. CABIMENTO (alterada a redação do item I e acrescidos

os itens IV a VI em decorrência do CPC de 2015) — Res. 204/2016, DEJT divulgado em 17, 18 e 21.03.2016

I — Na Justiça do Trabalho, a condenação ao pagamento de honorários advocatícios não decorre pura e simplesmente da sucumbência, devendo a parte, concomitantemente: a) estar assistida por sindicato da categoria profissional; b) comprovar a percepção de salário inferior ao dobro do salário mínimo ou encontrar-se em situação econômica que não lhe permita demandar sem prejuízo do próprio sustento ou da respectiva família. (art.14, §1º, da Lei n. 5.584/1970). (ex-OJ n. 305 da SBDI-I).

II — É cabível a condenação ao pagamento de honorários advocatícios em ação rescisória no processo trabalhista.

III — São devidos os honorários advocatícios nas causas em que o ente sindical figure como substituto processual e nas lides que não derivem da relação de emprego.

IV — Na ação rescisória e nas lides que não derivem de relação de emprego, a responsabilidade pelo pagamento dos honorários advocatícios da sucumbência submete-se à disciplina do Código de Processo Civil (arts. 85, 86, 87 e 90).

V — Em caso de assistência judiciária sindical ou de substituição processual sindical, excetuados os processos em que a Fazenda Pública for parte, os honorários advocatícios são devidos entre o mínimo de dez e o máximo de vinte por cento sobre o valor da condenação, do proveito econômico obtido ou, não sendo possível mensurá-lo, sobre o valor atualizado da causa (CPC de 2015, art. 85, § 2º).

VI — Nas causas em que a Fazenda Pública for parte, aplicar-se-ão os percentuais específicos de honorários advocatícios contemplados no Código de Processo Civil.

Súmula 286 TST — SINDICATO. SUBSTITUIÇÃO PROCESSUAL. CONVENÇÃO E ACORDO COLETIVOS (mantida) — Res. 121/2003, DJ 19, 20 e 21.11.2003

A legitimidade do sindicato para propor ação de cumprimento estende-se também à observância de acordo ou de convenção coletivos.

Súmula 383 TST — RECURSO. MANDATO. IRREGULARIDADE DE REPRESENTAÇÃO. CPC DE 2015, ARTS. 104 E 76, § 2º (nova redação em decorrência do CPC de 2015) — Res. 210/2016, DEJT divulgado em 30.06.2016 e 01 e 04.07.2016

I — É inadmissível recurso firmado por advogado sem procuração juntada aos autos até o momento da sua interposição, salvo mandato tácito. Em caráter excepcional (art. 104 do CPC de 2015), admite-se que o advogado, independentemente de intimação, exiba a procuração no prazo de 5 (cinco) dias após a interposição do recurso, prorrogável por igual período mediante despacho do juiz. Caso não a exiba, considera-se ineficaz o ato praticado e não se conhece do recurso.

II — Verificada a irregularidade de representação da parte em fase recursal, em procuração ou substabelecimento já constante dos autos, o relator ou o órgão competente para julgamento do recurso designará prazo de 5 (cinco) dias para que seja sanado o vício. Descumprida a determinação, o relator não conhecerá do recurso, se a providência couber ao recorrente, ou determinará o desentranhamento das contrarrazões, se a providência couber ao recorrido (art. 76, § 2º, do CPC de 2015).

Súmula 395 TST — MANDATO E SUBSTABELECIMENTO. CONDIÇÕES DE VALIDADE (nova redação dos itens I e II e acrescido o item V em decorrência do CPC de 2015) — Res. 211/2016, DEJT divulgado em 24, 25 e 26.08.2016

I — Válido é o instrumento de mandato com prazo determinado que contém cláusula estabelecendo a prevalência dos poderes para atuar até o final da demanda. (§ 4º do art. 105 do CPC de 2015). (ex-OJ n. 312 da SBDI-1 — DJ 11.08.2003)

II — Se há previsão, no instrumentos de mandato, de prazo para sua juntada, o mandato só tem validade se anexado ao processo o respectivo instrumento no aludido prazo. (ex-OJ n. 313 da SBDI-1 — DJ 11.08.2003)

III — São válidos os atos praticados pelo substabelecido, ainda que não haja, no mandato, poderes expressos para substabelecer (art. 667, e parágrafos, do Código Civil de 2002). (ex-OJ n. 108 da SBDI-1 — inserida em 01.10.1997)

IV — Configura-se a irregularidade de representação se o substabelecimento é anterior à outorga passada ao substabelecente. (ex-OJ n. 330 da SBDI-1 — DJ 09.12.2003)

V — Verifica a irregularidade de representação nas hipóteses dos itens II e IV, deve o juiz suspender o processo e designar prazo razoável para que seja sanado o vício, ainda em instância recursal (art. 76 do CPC de 2015)

Súmula 425 TST — JUS POSTULANDI NA JUSTIÇA DO TRABALHO. ALCANCE. Res. 165/2010, DEJT divulgado em 30.04.2010 e 03 e 04.05.2010

O jus postulandi das partes, estabelecido no art. 791 da CLT, limita-se às Varas do Trabalho e aos Tribunais Regionais do Trabalho, não alcançando a ação rescisória, a ação cautelar, o mandado de segurança e os recursos de competência do Tribunal Superior do Trabalho.

Súmula 427 TST — INTIMAÇÃO. PLURALIDADE DE ADVOGADOS. PUBLICAÇÃO EM NOME DE ADVOGADO DIVERSO DAQUELE EXPRESSAMENTE INDICADO. NULIDADE (editada em decorrência do julgamento do processo TST-IUJERR 5400-31.2004.5.09.0017) — Res. 174/2011, DEJT divulgado em 27, 30 e 31.05.2011

Havendo pedido expresso de que as intimações e publicações sejam realizadas exclusivamente em nome de determinado advogado, a comunicação em nome de outro profissional constituído nos autos é nula, salvo se constatada a inexistência de prejuízo.

Súmula 436 TST — REPRESENTAÇÃO PROCESSUAL. PROCURADOR DA UNIÃO, ESTADOS, MUNICÍPIOS E DISTRITO FEDERAL, SUAS AUTARQUIAS E FUNDAÇÕES PÚBLICAS. JUNTADA DE INSTRUMENTO DE MANDATO (conversão da Orientação Jurisprudencial n. 52 da SBDI-I e inserção do item II à redação) — Res. 185/2012, DEJT divulgado em 25, 26 e 27.09.2012

I — A União, Estados, Municípios e Distrito Federal, suas autarquias e fundações públicas, quando representadas em juízo, ativa e passivamente, por seus procuradores, estão dispensadas da juntada de instrumento de mandato e de comprovação do ato de nomeação.

II — Para os efeitos do item anterior, é essencial que o signatário ao menos declare-se exercente do cargo de procurador, não bastando a indicação do número de inscrição na Ordem dos Advogados do Brasil.

Súmula 456 TST — REPRESENTAÇÃO. PESSOA JURÍDICA. PROCURAÇÃO. INVALIDADE. IDENTIFICAÇÃO DO OUTORGANTE E DE SEU REPRESENTANTE. (inseridos os itens II e III em decorrência do CPC de 2015) — Res. 211/2016, DEJT divulgado em 24, 25 e 26.08.2016

I — É inválido o instrumento de mandato firmado em nome de pessoa jurídica que não contenha, pelo menos, o nome do outorgante e do signatário da procuração, pois estes dados constituem elementos que os individualizam.

II – Verificada a irregularidade de representação da parte na instância originária, o juiz designará prazo de 5 (cinco) dias para que seja sanado o vício. Descumprida a determinação, extinguirá o processo, sem resolução de mérito, se a providência couber ao reclamante, ou considerará revel o reclamado, se a providência lhe couber (art. 76, § 1º, do CPC de 2015).

III — Caso a irregularidade de representação da parte seja constatada em fase recursal, o relator designará prazo de 5 (cinco) dias para que seja sanado o vício. Descumprida a determinação, o relator não conhecerá do recurso, se a providência couber ao recorrente, ou determinará o

TÍTULO X — DO PROCESSO JUDICIÁRIO DO TRABALHO

Art. 791

desentranhamento das contrarrazões, se a providência couber ao recorrido (art. 76, § 2º, do CPC de 2015).

ORIENTAÇÕES JURISPRUDENCIAIS DA SDI-1 DO TST

Vide OJs 7, 75, 110, 200, 255, 286, 304, 318, 319, 348, 349, 371 e 374 SDI-1/TST

OJ 7 SDI-1 TST — ADVOGADO. ATUAÇÃO FORA DA SEÇÃO DA OAB ONDE O ADVOGADO ESTÁ INSCRITO. AUSÊNCIA DE COMUNICAÇÃO. (LEI N. 4.215/63, § 2º, ART. 56). INFRAÇÃO DISCIPLINAR. NÃO IMPORTA NULIDADE. (inserido dispositivo) — DJ 20.04.2005

A despeito da norma então prevista no artigo 56, § 2º, da Lei n. 4.215/63, a falta de comunicação do advogado à OAB para o exercício profissional em seção diversa daquela na qual tem inscrição não importa nulidade dos atos praticados, constituindo apenas infração disciplinar, que cabe àquela instituição analisar.

OJ 75 SDI-1 TST — SUBSTABELECIMENTO SEM O RECONHECIMENTO DE FIRMA DO SUBSTABELECENTE. INVÁLIDO (ANTERIOR À LEI N. 8.952/94) (inserido dispositivo) — DJ 20.04.2005

Não produz efeitos jurídicos recurso subscrito por advogado com poderes conferidos em substabelecimento em que não consta o reconhecimento de firma do outorgante. Entendimento aplicável antes do advento da Lei n. 8.952/94.

OJ 110 SDI-1 TST — REPRESENTAÇÃO IRREGULAR. PROCURAÇÃO APENAS NOS AUTOS DE AGRAVO DE INSTRUMENTO (inserido dispositivo) — DEJT divulgado em 16, 17 e 18.11.2010

A existência de instrumento de mandato apenas nos autos de agravo de instrumento, ainda que em apenso, não legitima a atuação de advogado nos processos de que se originou o agravo.

OJ 200 SDI-1 TST — MANDATO TÁCITO. SUBSTABELECIMENTO INVÁLIDO (inserido dispositivo) — DJ 20.04.2005

É inválido o substabelecimento de advogado investido de mandato tácito.

OJ 255 SDI-1 TST — MANDATO. CONTRATO SOCIAL. DESNECESSÁRIA A JUNTADA. (atualizada em decorrência do CPC de 2015) — Res. 208/2016, DEJT divulgado em 22, 25 e 26.04.2016

O art. 75, inciso VIII, do CPC de 2015 (art. 12, VI, do CPC de 1973) não determina a exibição dos estatutos da empresa em juízo como condição de validade do instrumento de mandato outorgado ao seu procurador, salvo se houver impugnação da parte contrária.

OJ 286 SDI-1 TST — AGRAVO DE INSTRUMENTO. TRASLADO. MANDATO TÁCITO. ATA DE AUDIÊNCIA. CONFIGURAÇÃO (alterada — Res. 167/2010, DEJT divulgado em 30.04.2010 e 03 e 04.05.2010)

I — A juntada da ata de audiência, em que consignada a presença do advogado, desde que não estivesse atuando com mandato expresso, torna dispensável a procuração deste, porque demonstrada a existência de mandato tácito.

II — Configurada a existência de mandato tácito fica suprida a irregularidade detectada no mandato expresso.

OJ 304 SDI-1 TST — HONORÁRIOS ADVOCATÍCIOS. ASSISTÊNCIA JUDICIÁRIA. DECLARAÇÃO DE POBREZA. COMPROVAÇÃO (DJ 11.08.2003)

Atendidos os requisitos da Lei n. 5.584/70 (art. 14, § 2º), para a concessão da assistência judiciária, basta a simples afirmação do declarante ou de seu advogado, na petição inicial, para se considerar configurada a sua situação econômica (art. 4º, § 1º, da Lei n. 7.510/86, que deu nova redação à Lei n. 1.060/50).

OJ 318 SDI-1 TST — REPRESENTAÇÃO IRREGULAR. AUTARQUIA (DJ 11.08.2003)

Os Estados e os Municípios não têm legitimidade para recorrer em nome das autarquias detentoras de personalidade jurídica própria, devendo ser representadas pelos procuradores que fazem parte de seus quadros ou por advogados constituídos.

OJ 319 SDI-1 TST — REPRESENTAÇÃO REGULAR. ESTAGIÁRIO. HABILITAÇÃO POSTERIOR (DJ 11.08.2003)

Válidos são os atos praticados por estagiário se, entre o substabelecimento e a interposição do recurso, sobreveio a habilitação, do então estagiário, para atuar como advogado.

OJ 348 SDI-1 TST — HONORÁRIOS ADVOCATÍCIOS. BASE DE CÁLCULO. VALOR LÍQUIDO. LEI N. 1.060, DE 05.02.1950 (DJ 25.04.2007)

Os honorários advocatícios, arbitrados nos termos do art. 11, § 1º, da Lei n. 1.060, de 05.02.1950, devem incidir sobre o valor líquido da condenação, apurado na fase de liquidação de sentença, sem a dedução dos descontos fiscais e previdenciários.

OJ 349 SDI-1 TST — MANDATO. JUNTADA DE NOVA PROCURAÇÃO. AUSÊNCIA DE RESSALVA. EFEITOS (DJ 25.04.2007)

A juntada de nova procuração aos autos, sem ressalva de poderes conferidos ao antigo patrono, implica revogação tácita do mandato anterior.

OJ 371 SDI-1 TST — IRREGULARIDADE DE REPRESENTAÇÃO. SUBSTABELECIMENTO NÃO DATADO. INAPLICABILIDADE DO ART. 654, § 1º, DO CÓDIGO CIVIL. (atualizada em decorrência do CPC de 2015) — Res. 208/2016, DEJT divulgado em 22, 25 e 26.04.2016

Não caracteriza a irregularidade de representação a ausência da data da outorga de poderes, pois, no mandato judicial, ao contrário do mandato civil, não é condição de validade do negócio jurídico. Assim, a data a ser considerada é aquela em que o instrumento for juntado aos autos, conforme preceitua o art. 409, IV, do CPC de 2015 (art. 370, IV, do CPC de 1973). Inaplicável o art. 654, § 1º, do Código Civil.

OJ 374 SDI-1 TST — AGRAVO DE INSTRUMENTO. REPRESENTAÇÃO PROCESSUAL. REGULARIDADE. PROCURAÇÃO OU SUBSTABELECIMENTO COM CLÁUSULA LIMITATIVA DE PODERES AO ÂMBITO DO TRIBUNAL REGIONAL DO TRABALHO. (DEJT divulgado em 19, 20 e 22.04.2010)

É regular a representação processual do subscritor do agravo de instrumento ou do recurso de revista que detém mandato com poderes de representação limitados ao âmbito do Tribunal Regional do Trabalho, pois, embora a apreciação desse recurso seja realizada pelo Tribunal Superior do Trabalho, a sua interposição é ato praticado perante o Tribunal Regional do Trabalho, circunstância que legitima a atuação do advogado no feito.

SÚMULAS DO STJ

Vide Súmulas 421 e 453/STJ

Súmula 421 STJ — Os honorários advocatícios não são devidos à Defensoria Pública quando ela atua contra a pessoa jurídica de direito público à qual pertença.

Súmula 453 STJ — Os honorários sucumbenciais, quando omitidos em decisão transitada em julgado, não podem ser cobrados em execução ou em ação própria.

Arts. 792 a 794 — TÍTULO X — DO PROCESSO JUDICIÁRIO DO TRABALHO

§ 2º Nos dissídios coletivos é facultada aos interessados a assistência por advogado.

§ 3º A constituição de procurador com poderes para o foro em geral poderá ser efetivada, mediante simples registro em ata de audiência, a requerimento verbal do advogado interessado, com anuência da parte representada. *(Incluído pela Lei n. 12.437, de 2011)*

Art. 792 Os maiores de 18 (dezoito) e menores de 21 (vinte e um) anos e as mulheres casadas poderão pleitear perante a Justiça do Trabalho sem a assistência de seus pais, tutores ou maridos.

CONSTITUIÇÃO FEDERAL DE 1988
DOU 5.10.1988

Vide art. 5º, caput e inciso I

Art. 5º Todos são iguais perante a lei, sem distinção de qualquer natureza, garantindo-se aos brasileiros e aos estrangeiros residentes no País a inviolabilidade do direito à vida, à liberdade, à igualdade, à segurança e à propriedade, nos termos seguintes:

I — homens e mulheres são iguais em direitos e obrigações, nos termos desta Constituição;

Art. 793 A reclamação trabalhista do menor de 18 anos será feita por seus representantes legais e, na falta destes, pela Procuradoria da Justiça do Trabalho, pelo sindicato, pelo Ministério Público estadual ou curador nomeado em juízo. *(Redação dada pela Lei n. 10.288, de 2001)*

SEÇÃO V
DAS NULIDADES

Art. 794 Nos processos sujeitos à apreciação da Justiça do Trabalho só haverá nulidade quando resultar dos atos inquinados manifesto prejuízo às partes litigantes.

CÓDIGO DE PROCESSO CIVIL DE 1973
Lei n. 5.869, de 11 de janeiro de 1973
DOU 17.1.1973 e republicado em 27.7.2006

Vide art. 154, caput, parágrafo único e § 2º; art. 243; art. 244; e art. 515, caput e § 4º

Art. 154. Os atos e termos processuais não dependem de forma determinada senão quando a lei expressamente a exigir, reputando-se válidos os que, realizados de outro modo, lhe preencham a finalidade essencial.

Parágrafo único. Os tribunais, no âmbito da respectiva jurisdição, poderão disciplinar a prática e a comunicação oficial dos atos processuais por meios eletrônicos, atendidos os requisitos de autenticidade, integridade, validade jurídica e interoperabilidade da Infraestrutura de Chaves Públicas Brasileira — ICP — Brasil.

§ 2º Todos os atos e termos do processo podem ser produzidos, transmitidos, armazenados e assinados por meio eletrônico, na forma da lei.

Art. 243. Quando a lei prescrever determinada forma, sob pena de nulidade, a decretação desta não pode ser requerida pela parte que lhe deu causa.

Art. 244. Quando a lei prescrever determinada forma, sem cominação de nulidade, o juiz considerará válido o ato se, realizado de outro modo, lhe alcançar a finalidade.

Art. 515. A apelação devolverá ao tribunal o conhecimento da matéria impugnada.

(...)

§ 4º Constatando a ocorrência de nulidade sanável, o tribunal poderá determinar a realização ou renovação do ato processual, intimadas as partes; cumprida a diligência, sempre que possível prosseguirá o julgamento da apelação.

CÓDIGO DE PROCESSO CIVIL DE 2015
Lei n. 13.105, de 16 de março de 2015
DOU 17.3.2015

Vide art. 188; art. 193; art. 196; art. 276; e art. 277

Art. 188. Os atos e os termos processuais independem de forma determinada, salvo quando a lei expressamente a exigir, considerando-se válidos os que, realizados de outro modo, lhe preencham a finalidade essencial.

TÍTULO X — DO PROCESSO JUDICIÁRIO DO TRABALHO

Art. 795

Art. 193. Os atos processuais podem ser total ou parcialmente digitais, de forma a permitir que sejam produzidos, comunicados, armazenados e validados por meio eletrônico, na forma da lei.

Art. 196. Compete ao Conselho Nacional de Justiça e, supletivamente, aos tribunais, regulamentar a prática e a comunicação oficial de atos processuais por meio eletrônico e velar pela compatibilidade dos sistemas, disciplinando a incorporação progressiva de novos avanços tecnológicos e editando, para esse fim, os atos que forem necessários, respeitadas as normas fundamentais deste Código.

Art. 276. Quando a lei prescrever determinada forma sob pena de nulidade, a decretação desta não pode ser requerida pela parte que lhe deu causa.

Art. 277. Quando a lei prescrever determinada forma, o juiz considerará válido o ato se, realizado de outro modo, lhe alcançar a finalidade.

SÚMULAS DO TST

Vide Súmulas 396 e 427/TST

Súmula 396 TST — ESTABILIDADE PROVISÓRIA. PEDIDO DE REINTEGRAÇÃO. CONCESSÃO DO SALÁRIO RELATIVO AO PERÍODO DE ESTABILIDADE JÁ EXAURIDO. INEXISTÊNCIA DE JULGAMENTO "EXTRA PETITA" (conversão das Orientações Jurisprudenciais ns. 106 e 116 da SBDI-1) — Res. 129/2005, DJ 20, 22 e 25.04.2005
I — Exaurido o período de estabilidade, são devidos ao empregado apenas os salários do período compreendido entre a data da despedida e o final do período de estabilidade, não lhe sendo assegurada a reintegração no emprego. *(ex-OJ n. 116 da SBDI-1 — inserida em 01.10.1997)*
II — Não há nulidade por julgamento "extra petita" da decisão que deferir salário quando o pedido for de reintegração, dados os termos do art. 496 da CLT. *(ex-OJ n. 106 da SBDI-1 — inserida em 20.11.1997)*

Súmula 427 TST — INTIMAÇÃO. PLURALIDADE DE ADVOGADOS. PUBLICAÇÃO EM NOME DE ADVOGADO DIVERSO DAQUELE EXPRESSAMENTE INDICADO. NULIDADE (editada em decorrência do julgamento do processo TST-IUJERR 5400-31.2004.5.09.0017) — Res. 174/2011, DEJT divulgado em 27, 30 e 31.05.2011
Havendo pedido expresso de que as intimações e publicações sejam realizadas exclusivamente em nome de determinado advogado, a comunicação em nome de outro profissional constituído nos autos é nula, salvo se constatada a inexistência de prejuízo.

ORIENTAÇÕES JURISPRUDENCIAIS DA SDI-1 DO TST

Vide OJs 7 e 142 SDI-1/TST

OJ 7 SDI-1 TST — ADVOGADO. ATUAÇÃO FORA DA SEÇÃO DA OAB ONDE O ADVOGADO ESTÁ INSCRITO. AUSÊNCIA DE COMUNICAÇÃO. (LEI N. 4.215/63, § 2º, ART. 56). INFRAÇÃO DISCIPLINAR. NÃO IMPORTA NULIDADE. (inserido dispositivo) — DJ 20.04.2005
A despeito da norma então prevista no artigo 56, § 2º, da Lei n. 4.215/63, a falta de comunicação do advogado à OAB para o exercício profissional em seção diversa daquela na qual tem inscrição não importa nulidade dos atos praticados, constituindo apenas infração disciplinar, que cabe àquela instituição analisar.

OJ 142 SDI-1 TST — EMBARGOS DE DECLARAÇÃO. EFEITO MODIFICATIVO. VISTA À PARTE CONTRÁRIA. (inserido o item II à redação) — Res. 178/2012, DEJT divulgado em 13, 14 e 15.02.2012
I — É passível de nulidade decisão que acolhe embargos de declaração com efeito modificativo sem que seja concedida oportunidade de manifestação prévia à parte contrária.
II — Em decorrência do efeito devolutivo amplo conferido ao recurso ordinário, o item I não se aplica às hipóteses em que não se concede vista à parte contrária para se manifestar sobre os embargos de declaração opostos contra sentença.

Art. 795	As nulidades não serão declaradas senão mediante provocação das partes, as quais deverão argüi-las à primeira vez em que tiverem de falar em audiência ou nos autos.
§ 1º	Deverá, entretanto, ser declarada ex officio a nulidade fundada em incompetência de foro. Nesse caso, serão considerados nulos os atos decisórios.
§ 2º	O juiz ou Tribunal que se julgar incompetente determinará, na mesma ocasião, que se faça remessa do processo, com urgência, à autoridade competente, fundamentando sua decisão.

CÓDIGO DE PROCESSO CIVIL DE 1973
Lei n. 5.869, de 11 de janeiro de 1973
DOU 17.1.1973 e republicado em 27.7.2006

Vide art. 64, §§ 2º a 4º; art. 113, § 2º; art. 245, *caput* e parágrafo único

Art. 64. (...)
§ 2º Após manifestação da parte contrária, o juiz decidirá imediatamente a alegação de incompetência.
§ 3º Caso a alegação de incompetência seja acolhida, os autos serão remetidos ao juízo competente.
§ 4º Salvo decisão judicial em sentido contrário, conservar-se-ão os efeitos de decisão proferida pelo juízo incompetente até que outra seja proferida, se for o caso, pelo juízo competente.

Art. 113. (...)
§ 2º Declarada a incompetência absoluta, somente os atos decisórios serão nulos, remetendo-se os autos ao juiz competente.

Art. 245. A nulidade dos atos deve ser alegada na primeira oportunidade em que couber à parte falar nos autos, sob pena de preclusão.
Parágrafo único. Não se aplica esta disposição às nulidades que o juiz deva decretar de ofício, nem prevalece a preclusão, provando a parte legítimo impedimento.

Art. 796

CÓDIGO DE PROCESSO CIVIL DE 2015
Lei n. 13.105, de 16 de março de 2015
DOU 17.3.2015

Vide art. 278, *caput* e parágrafo único

Art. 278. A nulidade dos atos deve ser alegada na primeira oportunidade em que couber à parte falar nos autos, sob pena de preclusão.
Parágrafo único. Não se aplica o disposto no caput às nulidades que o juiz deva decretar de ofício, nem prevalece a preclusão provando a parte legítimo impedimento.

SÚMULA DO STF

Vide Súmula 160/STF

Súmula 160 STF — É nula a decisão do Tribunal que acolhe, contra o réu, nulidade não arguida no recurso da acusação, ressalvados os casos de recurso de ofício.

ORIENTAÇÕES JURISPRUDENCIAIS DA SDI-1 DO TST

Vide OJs 335, 338 e 350 SDI-1/TST

OJ 335 SDI-1 TST — CONTRATO NULO. ADMINISTRAÇÃO PÚBLICA. EFEITOS. CONHECIMENTO DO RECURSO POR VIOLAÇÃO DO ART. 37, II E § 2º, DA CF/88 (DJ 04.05.2004)
A nulidade da contratação sem concurso público, após a CF/88, bem como a limitação de seus efeitos, somente poderá ser declarada por ofensa ao art. 37, II, se invocado concomitantemente o seu § 2º, todos da CF/88.

OJ 338 SDI-1 TST — MINISTÉRIO PÚBLICO DO TRABALHO. LEGITIMIDADE PARA RECORRER. SOCIEDADE DE ECONOMIA MISTA E EMPRESA PÚBLICA. CONTRATO NULO (DJ 04.05.2004)
Há interesse do Ministério Público do Trabalho para recorrer contra decisão que declara a existência de vínculo empregatício com sociedade de economia mista ou empresa pública, após a CF/88, sem a prévia aprovação em concurso público.

OJ 350 SDI-1 TST — MINISTÉRIO PÚBLICO DO TRABALHO. NULIDADE DO CONTRATO DE TRABALHO NÃO SUSCITADA PELO ENTE PÚBLICO NO MOMENTO DA DEFESA. ARGUIÇÃO EM PARECER. POSSIBILIDADE (alterada em decorrência do julgamento do processo TST IUJERR 526538/1999.2) — Res. 162/2009, DEJT divulgado em 23, 24 e 25.11.2009
O Ministério Público do Trabalho pode arguir, em parecer, na primeira vez que tenha de se manifestar no processo, a nulidade do contrato de trabalho em favor de ente público, ainda que a parte não a tenha suscitado, a qual será apreciada, sendo vedada, no entanto, qualquer dilação probatória.

ORIENTAÇÃO JURISPRUDENCIAL DA SDI-2 DO TST

Vide OJ 10 SDI-2/TST

OJ 10 SDI-2 TST — AÇÃO RESCISÓRIA. CONTRATO NULO. ADMINISTRAÇÃO PÚBLICA. EFEITOS. ART. 37, II E § 2º, DA CF/88 (inserida em 20.09.2000)
Somente por ofensa ao art. 37, II e § 2º, da CF/88, procede o pedido de rescisão de julgado para considerar nula a contratação, sem concurso público, de servidor, após a CF/88.

SÚMULAS DO STJ

Vide Súmula 33 e 225/STJ

Súmula 33 STJ — A incompetência relativa não pode ser declarada de ofício.

Súmula 225 STJ — Compete ao Tribunal Regional do Trabalho apreciar recurso contra sentença proferida por órgão de primeiro grau da Justiça Trabalhista, ainda que para declarar-lhe a nulidade em virtude de incompetência.

Art. 796 A nulidade não será pronunciada:
a) quando for possível suprir-se a falta ou repetir-se o ato;
b) quando arguida por quem lhe tiver dado causa.

CÓDIGO DE PROCESSO CIVIL DE 1973
Lei n. 5.869, de 11 de janeiro de 1973
DOU 17.1.1973 e republicado em 27.7.2006

Vide art. 243; e art. 249, *caput* e §§ 1º e 2º

Art. 243. Quando a lei prescrever determinada forma, sob pena de nulidade, a decretação desta não pode ser requerida pela parte que lhe deu causa.

Art. 249. O juiz, ao pronunciar a nulidade, declarará que atos são atingidos, ordenando as providências necessárias, a fim de que sejam repetidos, ou retificados.
§ 1º O ato não se repetirá nem se lhe suprirá a falta quando não prejudicar a parte.
§ 2º Quando puder decidir do mérito a favor da parte a quem aproveite a declaração da nulidade, o juiz não pronunciará nem mandará repetir o ato, ou suprir-lhe a falta.

CÓDIGO DE PROCESSO CIVIL DE 2015
Lei n. 13.105, de 16 de março de 2015
DOU 17.3.2015

Vide art. 276; e art. 282, *caput* e §§ 1º e 2º

Art. 276. Quando a lei prescrever determinada forma sob pena de nulidade, a decretação desta não pode ser requerida pela parte que lhe deu causa.

Art. 282. Ao pronunciar a nulidade, o juiz declarará que atos são atingidos e ordenará as providências necessárias a fim de que sejam repetidos ou retificados.
§ 1º O ato não será repetido nem sua falta será suprida quando não prejudicar a parte.
§ 2º Quando puder decidir o mérito a favor da parte a quem aproveite a decretação da nulidade, o juiz não a pronunciará nem mandará repetir o ato ou suprir-lhe a falta.

TÍTULO X — DO PROCESSO JUDICIÁRIO DO TRABALHO

Art. 797 — O juiz ou Tribunal que pronunciar a nulidade declarará os atos a que ela se estende.

CÓDIGO DE PROCESSO CIVIL DE 1973
Lei n. 5.869, de 11 de janeiro de 1973
DOU 17.1.1973 e republicado em 27.7.2006

Vide art. 249, caput e §§ 1º e 2º

Art. 249. O juiz, ao pronunciar a nulidade, declarará que atos são atingidos, ordenando as providências necessárias, a fim de que sejam repetidos, ou retificados.

§ 1º O ato não se repetirá nem se lhe suprirá a falta quando não prejudicar a parte.

§ 2º Quando puder decidir do mérito a favor da parte a quem aproveite a declaração da nulidade, o juiz não a pronunciará nem mandará repetir o ato, ou suprir-lhe a falta.

CÓDIGO DE PROCESSO CIVIL DE 2015
Lei n. 13.105, de 16 de março de 2015
DOU 17.3.2015

Vide art. 282, caput e §§ 1º e 2º

Art. 282. Ao pronunciar a nulidade, o juiz declarará que atos são atingidos e ordenará as providências necessárias a fim de que sejam repetidos ou retificados.

§ 1º O ato não será repetido nem sua falta será suprida quando não prejudicar a parte.

§ 2º Quando puder decidir o mérito a favor da parte a quem aproveite a decretação da nulidade, o juiz não a pronunciará nem mandará repetir o ato ou suprir-lhe a falta.

Art. 798 — A nulidade do ato não prejudicará senão os posteriores que dele dependam ou sejam consequência.

CÓDIGO DE PROCESSO CIVIL DE 1973
Lei n. 5.869, de 11 de janeiro de 1973
DOU 17.1.1973 e republicado em 27.7.2006

Vide art. 248

Art. 248. Anulado o ato, reputam-se de nenhum efeito todos os subsequentes, que dele dependam; todavia, a nulidade de uma parte do ato não prejudicará as outras, que dela sejam independentes.

CÓDIGO DE PROCESSO CIVIL DE 2015
Lei n. 13.105, de 16 de março de 2015
DOU 17.3.2015

Vide art. 281

Art. 281. Anulado o ato, consideram-se de nenhum efeito todos os subsequentes que dele dependam, todavia, a nulidade de uma parte do ato não prejudicará as outras que dela sejam independentes.

SEÇÃO VI
DAS EXCEÇÕES

Art. 799 — Nas causas da jurisdição da Justiça do Trabalho, somente podem ser opostas, com suspensão do feito, as exceções de suspeição ou incompetência. *(Redação dada pelo Decreto-Lei n. 8.737, de 19.1.1946)*

§ 1º — As demais exceções serão alegadas como matéria de defesa. *(Redação dada pelo Decreto-Lei n. 8.737, de 19.1.1946)*

§ 2º — Das decisões sobre exceções de suspeição e incompetência, salvo, quanto a estas, se terminativas do feito, não caberá recurso, podendo, no entanto, as partes alegá-las novamente no recurso que couber da decisão final. *(Redação dada pelo Decreto-Lei n. 8.737, de 19.1.1946)*

CONSOLIDAÇÃO DAS LEIS DO TRABALHO
Decreto-Lei n. 5.452, de 1º de maio de 1943
DOU 9.8.1943

Vide art. 852-G; e art. 893, § 1º

Art. 852-G. Serão decididos, de plano, todos os incidentes e exceções que possam interferir no prosseguimento da audiência e do processo. As demais questões serão decididas na sentença. *(Incluído pela Lei n. 9.957, de 2000)*

Art. 893. (...)

§1º Os incidentes do processo são resolvidos pelo próprio Juízo ou Tribunal, admitindo-se a apreciação do merecimento das decisões interlocutórias somente em recursos da decisão definitiva. *(Parágrafo único renumerado pelo Decreto-Lei n. 8.737, de 19.1.1946)*

CÓDIGO DE PROCESSO CIVIL DE 1973
Lei n. 5.869, de 11 de janeiro de 1973
DOU 17.1.1973 e republicado em 27.7.2006

Vide art. 162, *caput* e §§ 1º a 3º

Art. 162. Os atos do juiz consistirão em sentenças, decisões interlocutórias e despachos.

§ 1º Sentença é o ato do juiz que implica alguma das situações previstas nos arts. 267 e 269 desta Lei. *(Redação dada pelo Lei n. 11.232, de 2005)*

§ 2º Decisão interlocutória é o ato pelo qual o juiz, no curso do processo, resolve questão incidente.

§ 3º São despachos todos os demais atos do juiz praticados no processo, de ofício ou a requerimento da parte, a cujo respeito a lei não estabelece outra forma.

§ 4º Os atos meramente ordinatórios, como a juntada e a vista obrigatória, independem de despacho, devendo ser praticados de ofício pelo servidor e revistos pelo juiz quando necessários. *(Incluído pela Lei n. 8.952, de 13.12.1994)*

CÓDIGO DE PROCESSO CIVIL DE 2015
Lei n. 13.105, de 16 de março de 2015
DOU 17.3.2015

Vide art. 203, *caput* e §§ 1º a 4º

Art. 203. Os pronunciamentos do juiz consistirão em sentenças, decisões interlocutórias e despachos.

§ 1º Ressalvadas as disposições expressas dos procedimentos especiais, sentença é o pronunciamento por meio do qual o juiz, com fundamento nos arts. 485 e 487, põe fim à fase cognitiva do procedimento comum, bem como extingue a execução.

§ 2º Decisão interlocutória é todo pronunciamento judicial de natureza decisória que não se enquadre no § 1º.

§ 3º São despachos todos os demais pronunciamentos do juiz praticados no processo, de ofício ou a requerimento da parte.

§ 4º Os atos meramente ordinatórios, como a juntada e a vista obrigatória, independem de despacho, devendo ser praticados de ofício pelo servidor e revistos pelo juiz quando necessário.

SÚMULAS DO TST

Vide Súmulas 214 e 414/TST

Súmula 214 TST — DECISÃO INTERLOCUTÓRIA. IRRECORRIBILIDADE (nova redação) — Res. 127/2005, DJ 14, 15 e 16.03.2005

Na Justiça do Trabalho, nos termos do art. 893, § 1º, da CLT, as decisões interlocutórias não ensejam recurso imediato, salvo nas hipóteses de decisão: a) de Tribunal Regional do Trabalho contrária à Súmula ou Orientação Jurisprudencial do Tribunal Superior do Trabalho; b) suscetível de impugnação mediante recurso para o mesmo Tribunal; c) que acolhe exceção de incompetência territorial, com a remessa dos autos para Tribunal Regional distinto daquele a que se vincula o juízo excepcionado, consoante o disposto no art. 799, § 2º, da CLT.

Súmula 414 TST — MANDADO DE SEGURANÇA. ANTECIPAÇÃO DE TUTELA (OU LIMINAR) CONCEDIDA ANTES OU NA SENTENÇA (conversão das Orientações Jurisprudenciais ns. 50, 51, 58, 86 e 139 da SBDI-2) — Res. 137/2005, DJ 22, 23 e 24.08.2005

I — A antecipação da tutela concedida na sentença não comporta impugnação pela via do mandado de segurança, por ser impugnável mediante recurso ordinário. A ação cautelar é o meio próprio para se obter efeito suspensivo a recurso. (ex-OJ n. 51 da SBDI-2 — inserida em 20.09.2000)

II — No caso da tutela antecipada (ou liminar) ser concedida antes da sentença, cabe a impetração do mandado de segurança, em face da inexistência de recurso próprio. *(ex-OJs ns. 50 e 58 da SBDI-2 — inseridas em 20.09.2000)*

III — A superveniência da sentença, nos autos originários, faz perder o objeto do mandado de segurança que impugnava a concessão da tutela antecipada (ou liminar). *(ex-OJs da SBDI-2 n.s 86 — inserida em 13.03.2002 — e 139 — DJ 04.05.2004)*

Art. 800 — Apresentada a exceção de incompetência, abrir-se-á vista dos autos ao exceto, por 24 (vinte e quatro) horas improrrogáveis, devendo a decisão ser proferida na primeira audiência ou sessão que se seguir.

ORIENTAÇÃO JURISPRUDENCIAL DA SDI-2 DO TST

Vide OJ 149 SDI-2/TST

OJ 149 SDI-2 TST — CONFLITO DE COMPETÊNCIA. INCOMPETÊNCIA TERRITORIAL. HIPÓTESE DO ART. 651, § 3º, DA CLT. IMPOSSIBILIDADE DE DECLARAÇÃO DE OFÍCIO DE INCOMPETÊNCIA RELATIVA. (DEJT divulgado em 03, 04 e 05.12.2008)

Não cabe declaração de ofício de incompetência territorial no caso do uso, pelo trabalhador, da faculdade prevista no art. 651, § 3º, da CLT. Nessa hipótese, resolve-se o conflito pelo reconhecimento da competência do juízo do local onde a ação foi proposta.

Art. 801 — O juiz, presidente ou vogal, é obrigado a dar-se por suspeito, e pode ser recusado, por algum dos seguintes motivos, em relação à pessoa dos litigantes:

a) inimizade pessoal;

b) amizade íntima;

c) parentesco por consanguinidade ou afinidade até o terceiro grau civil;

TÍTULO X — DO PROCESSO JUDICIÁRIO DO TRABALHO

Art. 801

d)	interesse particular na causa.
Parágrafo único	Se o recusante houver praticado algum ato pelo qual haja consentido na pessoa do juiz, não mais poderá alegar exceção de suspeição, salvo sobrevindo novo motivo. A suspeição não será também admitida, se do processo constar que o recusante deixou de alegá-la anteriormente, quando já a conhecia, ou que, depois de conhecida, aceitou o juiz recusado ou, finalmente, se procurou de propósito o motivo de que ela se originou.

EMENDA CONSTITUCIONAL N. 24, DE 9 DE DEZEMBRO DE 1999
Altera dispositivos da Constituição Federal pertinentes à representação classista na Justiça do Trabalho. Extingue a representação classista na Justiça do Trabalho.
DOU 10.12.1999

CÓDIGO DE PROCESSO CIVIL DE 1973
Lei n. 5.869, de 11 de janeiro de 1973
DOU 17.1.1973 e republicado em 27.7.2006

Vide art. 134, *caput*, incisos I a VI e parágrafo único; art. 135, *caput* e incisos I a V; art. 136; art. 137;e art. 138, *caput*, incisos I a IV e §§ 1º e 2º

Art. 134. É defeso ao juiz exercer as suas funções no processo contencioso ou voluntário:

I — de que for parte;

II — em que interveio como mandatário da parte, oficiou como perito, funcionou como órgão do Ministério Público, ou prestou depoimento como testemunha;

III — que conheceu em primeiro grau de jurisdição, tendo-lhe proferido sentença ou decisão;

IV — quando nele estiver postulando, como advogado da parte, o seu cônjuge ou qualquer parente seu, consanguíneo ou afim, em linha reta; ou na linha colateral até o segundo grau;

V — quando cônjuge, parente, consanguíneo ou afim, de alguma das partes, em linha reta ou, na colateral, até o terceiro grau;

VI — quando for órgão de direção ou de administração de pessoa jurídica, parte na causa.

Parágrafo único. No caso do n. IV, o impedimento só se verifica quando o advogado já estava exercendo o patrocínio da causa; é, porém, vedado ao advogado pleitear no processo, a fim de criar o impedimento do juiz.

Art. 135. Reputa-se fundada a suspeição de parcialidade do juiz, quando:

I — amigo íntimo ou inimigo capital de qualquer das partes;

II — alguma das partes for credora ou devedora do juiz, de seu cônjuge ou de parentes destes, em linha reta ou na colateral até o terceiro grau;

III — herdeiro presuntivo, donatário ou empregador de alguma das partes;

IV — receber dádivas antes ou depois de iniciado o processo; aconselhar alguma das partes acerca do objeto da causa, ou subministrar meios para atender às despesas do litígio;

V — interessado no julgamento da causa em favor de uma das partes.

Parágrafo único. Poderá ainda o juiz declarar-se suspeito por motivo íntimo.

Art. 136. Quando dois ou mais juízes forem parentes, consanguíneos ou afins, em linha reta e no segundo grau na linha colateral, o primeiro, que conhecer da causa no tribunal, impede que o outro participe do julgamento; caso em que o segundo se escusará, remetendo o processo ao seu substituto legal.

Art. 137. Aplicam-se os motivos de impedimento e suspeição aos juízes de todos os tribunais. O juiz que violar o dever de abstenção, ou não se declarar suspeito, poderá ser recusado por qualquer das partes (art. 304).

Art. 138. Aplicam-se também os motivos de impedimento e de suspeição:

I — ao órgão do Ministério Público, quando não for parte, e, sendo parte, nos casos previstos nos ns. I a IV do art. 135;

II — ao serventuário de justiça;

III — ao perito;

IV — ao intérprete.

§ 1º A parte interessada deverá arguir o impedimento ou a suspeição, em petição fundamentada e devidamente instruída, na primeira oportunidade em que lhe couber falar nos autos; o juiz mandará processar o incidente em separado e sem suspensão da causa, ouvindo no prazo de 5 (cinco) dias, facultando a prova quando necessária e julgando o pedido.

§ 2º Nos tribunais caberá ao relator processar e julgar o incidente.

CÓDIGO DE PROCESSO CIVIL DE 2015
Lei n. 13.105, de 16 de março de 2015
DOU 17.3.2015

Vide art. 144, *caput*, incisos I a V e § 1º; art. 145, *caput*, incisos I a IV e §§ 1º e 2º; art. 146, *caput* e §§ 1º a 7º; art. 147; e art. 148, *caput*, incisos I a III e §§ 1º e 3º

Art. 144. Há impedimento do juiz, sendo-lhe vedado exercer suas funções no processo:

I — em que interveio como mandatário da parte, oficiou como perito, funcionou como membro do Ministério Público ou prestou depoimento como testemunha;

II — de que conheceu em outro grau de jurisdição, tendo proferido decisão;

III — quando nele estiver postulando, como defensor público, advogado ou membro do Ministério Público, seu cônjuge ou companheiro, ou qualquer parente, consanguíneo ou afim, em linha reta ou colateral, até o terceiro grau, inclusive;

IV — quando for parte no processo ele próprio, seu cônjuge ou companheiro, ou parente, consanguíneo ou afim, em linha reta ou colateral, até o terceiro grau, inclusive;

V — quando for sócio ou membro de direção ou de administração de pessoa jurídica parte no processo;

§ 1º Na hipótese do inciso III, o impedimento só se verifica quando o defensor público, o advogado ou o membro do Ministério Público já integrava o processo antes do início da atividade judicante do juiz.

Art. 145. Há suspeição do juiz:

I — amigo íntimo ou inimigo de qualquer das partes ou de seus advogados;

II — que receber presentes de pessoas que tiverem interesse na causa antes ou depois de iniciado o processo, que aconselhar alguma das partes acerca do objeto da causa ou que subministrar meios para atender às despesas do litígio;

III — quando qualquer das partes for sua credora ou devedora, de seu cônjuge ou companheiro ou de parentes destes, em linha reta até o terceiro grau, inclusive;

IV — interessado no julgamento do processo em favor de qualquer das partes.

§ 1º Poderá o juiz declarar-se suspeito por motivo de foro íntimo, sem necessidade de declarar suas razões.

§ 2º Será ilegítima a alegação de suspeição quando:

I — houver sido provocada por quem a alega;

II — a parte que a alega houver praticado ato que signifique manifesta aceitação do arguido.

Art. 146. No prazo de 15 (quinze) dias, a contar do conhecimento do fato, a parte alegará o impedimento ou a suspeição, em petição específica dirigida ao juiz do processo, na qual indicará o fundamento da recusa, podendo instruí-la com documentos em que se fundar a alegação e com rol de testemunhas.

§ 1º Se reconhecer o impedimento ou a suspeição ao receber a petição, o juiz ordenará imediatamente a remessa dos autos a seu substituto legal, caso contrário, determinará a autuação em apartado da petição e, no prazo de 15 (quinze) dias, apresentará suas razões, acompanhadas de documentos e de rol de testemunhas, se houver, ordenando a remessa do incidente ao tribunal.

§ 2º Distribuído o incidente, o relator deverá declarar os seus efeitos, sendo que, se o incidente for recebido:

I — sem efeito suspensivo, o processo voltará a correr;

II — com efeito suspensivo, o processo permanecerá suspenso até o julgamento do incidente.

§ 3º Enquanto não for declarado o efeito em que é recebido o incidente ou quando este for recebido com efeito suspensivo, a tutela de urgência será requerida ao substituto legal.

§ 4º Verificando que a alegação de impedimento ou de suspeição é improcedente, o tribunal rejeitá-la-á.

§ 5º Acolhida a alegação, tratando-se de impedimento ou de manifesta suspeição, o tribunal condenará o juiz nas custas e remeterá os autos ao seu substituto legal, podendo o juiz recorrer da decisão.

§ 6º Reconhecido o impedimento ou a suspeição, o tribunal fixará o momento a partir do qual o juiz não poderia ter atuado.

§ 7º O tribunal decretará a nulidade dos atos do juiz, se praticados quando já presente o motivo de impedimento ou de suspeição.

Art. 147. Quando 2 (dois) ou mais juízes forem parentes, consanguíneos ou afins, em linha reta ou colateral, até o terceiro grau, inclusive, o primeiro que conhecer do processo impede que o outro nele atue, caso em que o segundo se escusará, remetendo os autos ao seu substituto legal.

Art. 148. Aplicam-se os motivos de impedimento e de suspeição:

I — ao membro do Ministério Público;

II — aos auxiliares da justiça;

III — aos demais sujeitos imparciais do processo.

§ 1º A parte interessada deverá arguir o impedimento ou a suspeição, em petição fundamentada e devidamente instruída, na primeira oportunidade em que lhe couber falar nos autos.

(...)

§ 3º Nos tribunais, a arguição a que se refere o § 1º será disciplinada pelo regimento interno.

SÚMULA DO STF

Vide Súmula 252/STF

Súmula 252 STF — Na ação rescisória, não estão impedidos juízes que participaram do julgamento rescindendo.

Art. 802	Apresentada a exceção de suspeição, o juiz ou Tribunal designará audiência dentro de 48 (quarenta e oito) horas, para instrução e julgamento da exceção.
§ 1º	Nas Juntas de Conciliação e Julgamento e nos Tribunais Regionais, julgada procedente a exceção de suspeição, será logo convocado para a mesma audiência ou sessão, ou para a seguinte, o suplente do membro suspeito, o qual continuará a funcionar no feito até decisão final. Proceder-se-á da mesma maneira quando algum dos membros se declarar suspeito.
§ 2º	Se se tratar de suspeição de Juiz de Direito, será este substituído na forma da organização judiciária local.

EMENDA CONSTITUCIONAL N. 24, DE 9 DE DEZEMBRO DE 1999

Altera dispositivos da Constituição Federal pertinentes à representação classista na Justiça do Trabalho. Extingue a representação classista na Justiça do Trabalho.
DOU 10.12.1999

CÓDIGO DE PROCESSO CIVIL DE 1973
Lei n. 5.869, de 11 de janeiro de 1973
DOU 17.1.1973 e republicado em 27.7.2006

Vide art. 312; art. 313; art. 314; e art. 485, *caput* e inciso II

Art. 312. A parte oferecerá a exceção de impedimento ou de suspeição, especificando o motivo da recusa (arts. 134 e 135). A petição, dirigida ao juiz da causa, poderá ser instruída com documentos em que o excipiente fundar a alegação e conterá o rol de testemunhas.

Art. 313. Despachando a petição, o juiz, se reconhecer o impedimento ou a suspeição, ordenará a remessa dos autos ao seu substituto legal; em caso contrário, dentro de 10 (dez) dias, dará as suas razões, acompanhadas de documentos e de rol de testemunhas, se houver, ordenando a remessa dos autos ao tribunal.

TÍTULO X — DO PROCESSO JUDICIÁRIO DO TRABALHO

Art. 314. Verificando que a exceção não tem fundamento legal, o tribunal determinará o seu arquivamento; no caso contrário condenará o juiz nas custas, mandando remeter os autos ao seu substituto legal.

Art. 485. A sentença de mérito, transitada em julgado, pode ser rescindida quando:
(...)
II — proferida por juiz impedido ou absolutamente incompetente;

CÓDIGO DE PROCESSO CIVIL DE 2015
Lei n. 13.105, de 16 de março de 2015
DOU 17.3.2015

Vide art. 146, *caput* e §§ 1º a 7º; e art. 966, *caput* e inciso II

Art. 146. No prazo de 15 (quinze) dias, a contar do conhecimento do fato, a parte alegará o impedimento ou a suspeição, em petição específica dirigida ao juiz do processo, na qual indicará o fundamento da recusa, podendo instruí-la com documentos em que se fundar a alegação e com rol de testemunhas.

§ 1º Se reconhecer o impedimento ou a suspeição ao receber a petição, o juiz ordenará imediatamente a remessa dos autos a seu substituto legal, caso contrário determinará a autuação em apartado da petição e, no prazo de 15 (quinze) dias, apresentará suas razões, acompanhadas de documentos e de rol de testemunhas, se houver, ordenando a remessa do incidente ao tribunal.

§ 2º Distribuído o incidente, o relator deverá declarar os seus efeitos, sendo que, se o incidente for recebido:

I — sem efeito suspensivo, o processo voltará a correr;

II — com efeito suspensivo, o processo permanecerá suspenso até o julgamento do incidente.

§ 3º Enquanto não for declarado o efeito em que é recebido o incidente ou quando este for recebido com efeito suspensivo, a tutela de urgência será requerida ao substituto legal.

§ 4º Verificando que a alegação de impedimento ou de suspeição é improcedente, o tribunal rejeitá-la-á.

§ 5º Acolhida a alegação, tratando-se de impedimento ou de manifesta suspeição, o tribunal condenará o juiz nas custas e remeterá os autos ao seu substituto legal, podendo o juiz recorrer da decisão.

§ 6º Reconhecido o impedimento ou a suspeição, o tribunal fixará o momento a partir do qual o juiz não poderia ter atuado.

§ 7º O tribunal decretará a nulidade dos atos do juiz, se praticados quando já presente o motivo de impedimento ou de suspeição.

Art. 966. A decisão de mérito, transitada em julgado, pode ser rescindida quando:
(...)
II — for proferida por juiz impedido ou por juízo absolutamente incompetente;

SEÇÃO VII
DOS CONFLITOS DE JURISDIÇÃO

Art. 803	Os conflitos de jurisdição podem ocorrer entre:
a)	Juntas de Conciliação e Julgamento e Juízes de Direito investidos na administração da Justiça do Trabalho;
b)	Tribunais Regionais do Trabalho;
c)	Juízos e Tribunais do Trabalho e órgãos da Justiça Ordinária;
d)	Câmaras do Tribunal Superior do Trabalho.

CONSTITUIÇÃO FEDERAL DE 1988
DOU 5.10.1988

Vide art. 102, *caput*, inciso I e alínea *o*; art. 105, *caput*, inciso I o alínea *d*; art. 100, *caput*, inciso I e alínea *e*; e art. 114, *caput* e inciso V

Art. 102. Compete ao Supremo Tribunal Federal, precipuamente, a guarda da Constituição, cabendo-lhe:
I — processar e julgar, originariamente:
(...)
o) os conflitos de competência entre o Superior Tribunal de Justiça e quaisquer tribunais, entre Tribunais Superiores, ou entre estes e qualquer outro tribunal;

Art. 105. Compete ao Superior Tribunal de Justiça:
I — processar e julgar, originariamente:
(...)

d) os conflitos de competência entre quaisquer tribunais, ressalvado o disposto no art. 102, I, "o", bem como entre tribunal e juízes a ele não vinculados e entre juízes vinculados a tribunais diversos;

Art. 108. Compete aos Tribunais Regionais Federais:
I — processar e julgar, originariamente:
(...)
e) os conflitos de competência entre juízes federais vinculados ao Tribunal;

Art. 114. Compete à Justiça do Trabalho processar e julgar: *(Redação dada pela Emenda Constitucional n. 45, de 2004)*
(...)
V — os conflitos de competência entre órgãos com jurisdição trabalhista, ressalvado o disposto no art. 102, I, o; *(Incluído pela Emenda Constitucional n. 45, de 2004)*

Art. 804

EMENDA CONSTITUCIONAL N. 24, DE 9 DE DEZEMBRO DE 1999
Altera dispositivos da Constituição Federal pertinentes à representação classista na Justiça do Trabalho. Extingue a representação classista na Justiça do Trabalho.
DOU 10.12.1999

SÚMULAS DO TST

Vide Súmula 214 e 420/TST

Súmula 214 TST — DECISÃO INTERLOCUTÓRIA. IRRECORRIBILIDADE (nova redação) — Res. 127/2005, DJ 14, 15 e 16.03.2005

Na Justiça do Trabalho, nos termos do art. 893, § 1º, da CLT, as decisões interlocutórias não ensejam recurso imediato, salvo nas hipóteses de decisão: a) de Tribunal Regional do Trabalho contrária à Súmula ou Orientação Jurisprudencial do Tribunal Superior do Trabalho; b) suscetível de impugnação mediante recurso para o mesmo Tribunal; c) que acolhe exceção de incompetência territorial, com a remessa dos autos para Tribunal Regional distinto daquele a que se vincula o juízo excepcionado, consoante o disposto no art. 799, § 2º, da CLT.

Súmula 420 TST — COMPETÊNCIA FUNCIONAL. CONFLITO NEGATIVO. TRT E VARA DO TRABALHO DE IDÊNTICA REGIÃO. NÃO CONFIGURAÇÃO (conversão da Orientação Jurisprudencial n. 115 da SBDI-2) — Res. 137/2005, DJ 22, 23 e 24.08.2005

Não se configura conflito de competência entre Tribunal Regional do Trabalho e Vara do Trabalho a ele vinculada. *(ex-OJ n. 115 da SBDI-2 — DJ 11.08.2003)*

ORIENTAÇÃO JURISPRUDENCIAL DA SDI-2 DO TST

Vide OJ 149 SDI-2/TST

OJ 149 SDI-2 TST — CONFLITO DE COMPETÊNCIA. INCOMPETÊNCIA TERRITORIAL. HIPÓTESE DO ART. 651, § 3º, DA CLT. IMPOSSIBILIDADE DE DECLARAÇÃO DE OFÍCIO DE INCOMPETÊNCIA RELATIVA. (DEJT divulgado em 03, 04 e 05.12.2008)

Não cabe declaração de ofício de incompetência territorial no caso do uso, pelo trabalhador, da faculdade prevista no art. 651, § 3º, da CLT. Nessa hipótese, resolve-se o conflito pelo reconhecimento da competência do juízo do local onde a ação foi proposta.

SÚMULAS DO STJ

Vide Súmulas 59 e 170/STJ

Súmula 59 STJ — Não há conflito de competência se já existe sentença com trânsito em julgado, proferida por um dos juízos conflitantes.

Súmula 170 STJ — Compete ao juízo onde primeiro for intentada a ação envolvendo acumulação de pedidos, trabalhista e estatutário, decidi-la nos limites da sua jurisdição, sem prejuízo do ajuizamento de nova causa, com o pedido remanescente, no juízo próprio.

Art. 804	Dar-se-á conflito de jurisdição:
a)	quando ambas as autoridades se considerarem competentes;
b)	quando ambas as autoridades se considerarem incompetentes.

CÓDIGO DE PROCESSO CIVIL DE 1973
Lei n. 5.869, de 11 de janeiro de 1973
DOU 17.1.1973 e republicado em 27.7.2006

Vide art.115, *caput* e inciso I a III

Art. 115. Há conflito de competência:

I — quando dois ou mais juízes se declaram competentes;

II — quando dois ou mais juízes se consideram incompetentes;

III — quando entre dois ou mais juízes surge controvérsia acerca da reunião ou separação de processos.

CÓDIGO DE PROCESSO CIVIL DE 2015
Lei n. 13.105, de 16 de março de 2015
DOU 17.3.2015

Vide art. 66, *caput* e inciso I a III

Art. 66. Há conflito de competência quando:

I — 2 (dois) ou mais juízes se declaram competentes;

II — 2 (dois) ou mais juízes se consideram incompetentes, atribuindo um ao outro a competência;

III — entre 2 (dois) ou mais juízes surge controvérsia acerca da reunião ou separação de processos.

Parágrafo único. O juiz que não acolher a competência declinada deverá suscitar o conflito, salvo se a atribuir a outro juízo.

SÚMULA DO TST

Vide Súmula 420/TST

Súmula 420 TST — COMPETÊNCIA FUNCIONAL. CONFLITO NEGATIVO. TRT E VARA DO TRABALHO DE IDÊNTICA REGIÃO. NÃO CONFIGURAÇÃO (conversão da Orientação Jurisprudencial n. 115 da SBDI-2) — Res. 137/2005, DJ 22, 23 e 24.08.2005

Não se configura conflito de competência entre Tribunal Regional do Trabalho e Vara do Trabalho a ele vinculada. *(ex-OJ n. 115 da SBDI-2 — DJ 11.08.2003)*

SÚMULA DO STJ

Vide Súmula 59/STJ

Súmula 59 STJ — Não há conflito de competência se já existe sentença com trânsito em julgado, proferida por um dos juízos conflitantes.

TÍTULO X — DO PROCESSO JUDICIÁRIO DO TRABALHO

Art. 805 Os conflitos de jurisdição podem ser suscitados:
a) pelos Juízes e Tribunais do Trabalho;
b) pelo procurador-geral e pelos procuradores regionais da Justiça do Trabalho;
c) pela parte interessada, ou o seu representante.

CÓDIGO DE PROCESSO CIVIL DE 1973
Lei n. 5.869, de 11 de janeiro de 1973
DOU 17.1.1973 e republicado em 27.7.2006

Vide art. 116, *caput* e parágrafo único; e art. 118, *caput*, incisos I e II e parágrafo único

Art. 116. O conflito pode ser suscitado por qualquer das partes, pelo Ministério Público ou pelo juiz.

Parágrafo único. O Ministério Público será ouvido em todos os conflitos de competência; mas terá qualidade de parte naqueles que suscitar.

Art. 118. O conflito será suscitado ao presidente do tribunal:
I — pelo juiz, por ofício;
II — pela parte e pelo Ministério Público, por petição.
Parágrafo único. O ofício e a petição serão instruídos com os documentos necessários à prova do conflito.

CÓDIGO DE PROCESSO CIVIL DE 2015
Lei n. 13.105, de 16 de março de 2015
DOU 17.3.2015

Vide art. 951, *caput* e parágrafo único; e art. 953, *caput*, incisos I e II e parágrafo único

Art. 951. O conflito de competência pode ser suscitado por qualquer das partes, pelo Ministério Público ou pelo juiz.

Parágrafo único. O Ministério Público somente será ouvido nos conflitos de competência relativos aos processos previstos no art. 178, mas terá qualidade de parte nos conflitos que suscitar.

Art. 953. O conflito será suscitado ao tribunal:
I — pelo juiz, por ofício;
II — pela parte e pelo Ministério Público, por petição.
Parágrafo único. O ofício e a petição serão instruídos com os documentos necessários à prova do conflito.

ORIENTAÇÃO JURISPRUDENCIAL DA SDI-2 DO TST

Vide OJ 149 SDI-2/TST

OJ 149 SDI-2 TST — CONFLITO DE COMPETÊNCIA. INCOMPETÊNCIA TERRITORIAL. HIPÓTESE DO ART. 651, § 3º, DA CLT. IMPOSSIBILIDADE DE DECLARAÇÃO DE OFÍCIO DE INCOMPETÊNCIA RELATIVA. (DEJT divulgado em 03, 04 e 05.12.2008)

Não cabe declaração de ofício de incompetência territorial no caso do uso, pelo trabalhador, da faculdade prevista no art. 651, § 3º, da CLT. Nessa hipótese, resolve-se o conflito pelo reconhecimento da competência do juízo do local onde a ação foi proposta.

Art. 806 É vedado à parte interessada suscitar conflitos de jurisdição quando já houver oposto na causa exceção de incompetência.

CÓDIGO DE PROCESSO CIVIL DE 1973
Lei n. 5.869, de 11 de janeiro de 1973
DOU 17.1.1973 e republicado em 27.7.2006

Vide art. 117, *caput* e parágrafo único

Art. 117. Não pode suscitar conflito a parte que, no processo, ofereceu exceção de incompetência.

Parágrafo único. O conflito de competência não obsta, porém, a que a parte, que o não suscitou, ofereça exceção declinatória do foro.

CÓDIGO DE PROCESSO CIVIL DE 2015
Lei n. 13.105, de 16 de março de 2015
DOU 17.3.2015

Vide art. 952, *caput* e parágrafo único

Art. 952. Não pode suscitar conflito a parte que, no processo, arguiu incompetência relativa.

Parágrafo único. O conflito de competência não obsta, porém, a que a parte que não o arguiu suscite a incompetência.

Art. 807 No ato de suscitar o conflito deverá a parte interessada produzir a prova de existência dele.

CÓDIGO DE PROCESSO CIVIL DE 1973
Lei n. 5.869, de 11 de janeiro de 1973
DOU 17.1.1973 e republicado em 27.7.2006

Vide art. 118, *caput* e parágrafo único

Art. 118. O conflito será suscitado ao presidente do tribunal:
(...)
Parágrafo único. O ofício e a petição serão instruídos com os documentos necessários à prova do conflito.

Art. 808

TÍTULO X — DO PROCESSO JUDICIÁRIO DO TRABALHO

CÓDIGO DE PROCESSO CIVIL DE 2015
Lei n. 13.105, de 16 de março de 2015
DOU 17.3.2015

Vide art. 953, *caput* e parágrafo único

Art. 953. O conflito será suscitado ao tribunal:
(...)
Parágrafo único. O ofício e a petição serão instruídos com os documentos necessários à prova do conflito.

SÚMULA DO STJ

Vide Súmula 59/STJ

Súmula 59 STJ — Não há conflito de competência se já existe sentença com trânsito em julgado, proferida por um dos juízos conflitantes.

Art. 808	Os conflitos de jurisdição de que trata o art. 803 serão resolvidos: *(Vide Decreto-Lei n. 6.353, de 20.3.1944)*
a)	pelos Tribunais Regionais, os suscitados entre Juntas e entre Juízos de Direito, ou entre uma e outras, nas respectivas regiões;
b)	pela Câmara de Justiça do Trabalho, os suscitados entre Tribunais Regionais, ou entre Juntas e Juízos de Direito sujeitos à jurisdição de Tribunais Regionais diferentes;
c)	pelo Conselho Pleno, os suscitados entre as Câmaras de Justiça do Trabalho e de Previdência Social; *(Vide Decreto Lei n. 9.797, de 1946)*
d)	pelo Supremo Tribunal Federal, os suscitados entre as autoridades da Justiça do Trabalho e as da Justiça Ordinária.

CONSTITUIÇÃO FEDERAL DE 1988
DOU 5.10.1988

Vide art. 102, *caput*, inciso I e alínea *o*; art. 105, *caput*, inciso I e alínea *d*; art. 108, *caput*, inciso I e alínea *e*; e art. 114, *caput* e inciso V

Art. 102. Compete ao Supremo Tribunal Federal, precipuamente, a guarda da Constituição, cabendo-lhe:
I — processar e julgar, originariamente:
(...)
o) os conflitos de competência entre o Superior Tribunal de Justiça e quaisquer tribunais, entre Tribunais Superiores, ou entre estes e qualquer outro tribunal;

Art. 105. Compete ao Superior Tribunal de Justiça:
I — processar e julgar, originariamente:
(...)
d) os conflitos de competência entre quaisquer tribunais, ressalvado o disposto no art. 102, I, "o", bem como entre tribunal e juízes a ele não vinculados e entre juízes vinculados a tribunais diversos;

Art. 108. Compete aos Tribunais Regionais Federais:
I — processar e julgar, originariamente:
(...)
e) os conflitos de competência entre juízes federais vinculados ao Tribunal;

Art. 114. Compete à Justiça do Trabalho processar e julgar: (Redação dada pela Emenda Constitucional n. 45, de 2004)
(...)
V — os conflitos de competência entre órgãos com jurisdição trabalhista, ressalvado o disposto no art. 102, I, o; *(Incluído pela Emenda Constitucional n. 45, de 2004)*

EMENDA CONSTITUCIONAL N. 24, DE 9 DE DEZEMBRO DE 1999

Altera dispositivos da Constituição Federal pertinentes à representação classista na Justiça do Trabalho. Extingue a representação classista na Justiça do Trabalho.
DOU 10.12.1999

SÚMULA DO TST

Vide Súmula 420/TST

Súmula 420 TST — COMPETÊNCIA FUNCIONAL. CONFLITO NEGATIVO. TRT E VARA DO TRABALHO DE IDÊNTICA REGIÃO. NÃO CONFIGURAÇÃO (conversão da Orientação Jurisprudencial n. 115 da SBDI-2) — Res. 137/2005, DJ 22, 23 e 24.08.2005
Não se configura conflito de competência entre Tribunal Regional do Trabalho e Vara do Trabalho a ele vinculada. *(ex-OJ n. 115 da SBDI-2 — DJ 11.08.2003)*

SÚMULAS DO STJ

Vide Súmulas 180 e 236/STJ

Súmula 180 STJ — Na lide trabalhista, compete ao Tribunal Regional do Trabalho dirimir conflito de competência verificado, na respectiva região, entre juiz estadual e junta de conciliação e julgamento.

Súmula 236 STJ — Não compete ao Superior Tribunal de Justiça dirimir conflitos de competência entre juízes trabalhistas vinculados a Tribunais Regionais do Trabalho diversos.

TÍTULO X — DO PROCESSO JUDICIÁRIO DO TRABALHO

Art. 809 — Nos conflitos de jurisdição entre as Juntas e os Juízos de Direito observar-se-á o seguinte:

I - o juiz ou presidente mandará extrair dos autos as provas do conflito e, com a sua informação, remeterá o processo assim formado, no mais breve prazo possível, ao Presidente do Tribunal Regional competente;

II - no Tribunal Regional, logo que der entrada o processo, o presidente determinará a distribuição do feito, podendo o relator ordenar imediatamente às Juntas e aos Juízos, nos casos de conflito positivo, que sobrestejam o andamento dos respectivos processos, e solicitar, ao mesmo tempo, quaisquer informações que julgue convenientes. Seguidamente, será ouvida a Procuradoria, após o que o relator submeterá o feito a julgamento na primeira sessão;

III - proferida a decisão, será a mesma comunicada, imediatamente, às autoridades em conflito, prosseguindo no foro julgado competente.

EMENDA CONSTITUCIONAL N. 24, DE 9 DE DEZEMBRO DE 1999
Altera dispositivos da Constituição Federal pertinentes à representação classista na Justiça do Trabalho. Extingue a representação classista na Justiça do Trabalho.
DOU 10.12.1999

CÓDIGO DE PROCESSO CIVIL DE 1973
Lei n. 5.869, de 11 de janeiro de 1973
DOU 17.1.1973 e republicado em 27.7.2006

Vide art. 120, *caput* e parágrafo único

Art. 120. Poderá o relator, de ofício, ou a requerimento de qualquer das partes, determinar, quando o conflito for positivo, seja sobrestado o processo, mas, neste caso, bem como no de conflito negativo, designará um dos juízes para resolver, em caráter provisório, as medidas urgentes.

Parágrafo único. Havendo jurisprudência dominante do tribunal sobre a questão suscitada, o relator poderá decidir de plano o conflito de competência, cabendo agravo, no prazo de cinco dias, contado da intimação da decisão às partes, para o órgão recursal competente.

CÓDIGO DE PROCESSO CIVIL DE 2015
Lei n. 13.105, de 16 de março de 2015
DOU 17.3.2015

Vide art. 955, *caput*, parágrafo único e inciso I e II

Art. 955. O relator poderá, de ofício ou a requerimento de qualquer das partes, determinar, quando o conflito for positivo, o sobrestamento do processo e, nesse caso, bem como no de conflito negativo, designará um dos juízes para resolver, em caráter provisório, as medidas urgentes.

Parágrafo único. O relator poderá julgar de plano o conflito de competência quando sua decisão se fundar em:

I — súmula do Supremo Tribunal Federal, do Superior Tribunal de Justiça ou do próprio tribunal;

II — tese firmada em julgamento de casos repetitivos ou em incidente de assunção de competência.

Art. 810 — Aos conflitos de jurisdição entre os Tribunais Regionais aplicar-se-ão as normas estabelecidas no artigo anterior.

Art. 811 — Nos conflitos suscitados na Justiça do Trabalho entre as autoridades desta e os órgãos da Justiça Ordinária, o processo do conflito, formado de acordo com o inciso I do art. 809, será remetido diretamente ao presidente do Supremo Tribunal Federal.

CONSTITUIÇÃO FEDERAL DE 1988
DOU 5.10.1988

Vide art. 102, *caput*, inciso I e alínea *o*; art. 105, *caput*, inciso I e alínea *d*; art. 108, *caput*, inciso I e alínea *e*; e art. 114, *caput* e inciso V

Art. 102. Compete ao Supremo Tribunal Federal, precipuamente, a guarda da Constituição, cabendo-lhe:

I — processar e julgar, originariamente:

(...)

o) os conflitos de competência entre o Superior Tribunal de Justiça e quaisquer tribunais, entre Tribunais Superiores, ou entre estes e qualquer outro tribunal;

Art. 105. Compete ao Superior Tribunal de Justiça:

I — processar e julgar, originariamente:

(...)

d) os conflitos de competência entre quaisquer tribunais, ressalvado o disposto no art. 102, I, "o", bem como entre tribunal e juízes a ele não vinculados e entre juízes vinculados a tribunais diversos;

Art. 108. Compete aos Tribunais Regionais Federais:
I — processar e julgar, originariamente:
(...)
e) os conflitos de competência entre juízes federais vinculados ao Tribunal;

Art. 114. Compete à Justiça do Trabalho processar e julgar: *(Redação dada pela Emenda Constitucional n. 45, de 2004)*
(...)
V — os conflitos de competência entre órgãos com jurisdição trabalhista, ressalvado o disposto no art. 102, I, o; *(Incluído pela Emenda Constitucional n. 45, de 2004)*

Art. 812	Revogado pelo Decreto-Lei n. 9.797, de 9.9.1946.

SEÇÃO VIII
DAS AUDIÊNCIAS

Art. 813	As audiências dos órgãos da Justiça do Trabalho serão públicas e realizar-se-ão na sede do Juízo ou Tribunal em dias úteis previamente fixados, entre 8 (oito) e 18 (dezoito) horas, não podendo ultrapassar 5 (cinco) horas seguidas, salvo quando houver matéria urgente.
§ 1º	Em casos especiais, poderá ser designado outro local para a realização das audiências, mediante edital afixado na sede do Juízo ou Tribunal, com a antecedência mínima de 24 (vinte e quatro) horas.
§ 2º	Sempre que for necessário, poderão ser convocadas audiências extraordinárias, observado o prazo do parágrafo anterior.

CONSTITUIÇÃO FEDERAL DE 1988
DOU 5.10.1988

Vide art. 5º, *caput* e inciso LX; e art. 93, *caput* e inciso IX

Art. 5º Todos são iguais perante a lei, sem distinção de qualquer natureza, garantindo-se aos brasileiros e aos estrangeiros residentes no País a inviolabilidade do direito à vida, à liberdade, à igualdade, à segurança e à propriedade, nos termos seguintes:
(...)
LX — a lei só poderá restringir a publicidade dos atos processuais quando a defesa da intimidade ou o interesse social o exigirem;

Art. 93. Lei complementar, de iniciativa do Supremo Tribunal Federal, disporá sobre o Estatuto da Magistratura, observados os seguintes princípios:
(...)
IX — todos os julgamentos dos órgãos do Poder Judiciário serão públicos, e fundamentadas todas as decisões, sob pena de nulidade, podendo a lei limitar a presença, em determinados atos, às próprias partes e a seus advogados, ou somente a estes, em casos nos quais a preservação do direito à intimidade do interessado no sigilo não prejudique o interesse público à informação; *(Redação dada pela Emenda Constitucional n. 45, de 2004)*

CONSOLIDAÇÃO DAS LEIS DO TRABALHO
Decreto-Lei n. 5.452, de 1º de maio de 1943
DOU 9.8.1943

Vide art. 770, *caput* e parágrafo único

Art. 770. Os atos processuais serão públicos salvo quando o contrário determinar o interesse social, e realizar-se-ão nos dias úteis das 6 (seis) às 20 (vinte) horas.

Parágrafo único. A penhora poderá realizar-se em domingo ou dia feriado, mediante autorização expressa do juiz ou presidente.

CÓDIGO DE PROCESSO CIVIL DE 1973
Lei n. 5.869, de 11 de janeiro de 1973
DOU 17.1.1973 e republicado em 27.7.2006

Vide art. 155, *caput*, incisos I a III e parágrafo único; e art. 444

Art. 155. Os atos processuais são públicos. Correm, todavia, em segredo de justiça os processos:
I — em que o exigir o interesse público;
II — que dizem respeito a casamento, filiação, desquite, separação de corpos, alimentos e guarda de menores.
III — que dizem respeito a casamento, filiação, separação dos cônjuges, conversão desta em divórcio, alimentos e guarda de menores. *(Redação dada pela Lei n. 6.515, de 26.12.1977)*
Parágrafo único. O direito de consultar os autos e de pedir certidões de seus atos é restrito às partes e a seus procuradores. O terceiro, que demonstrar interesse jurídico, pode requerer ao juiz certidão do dispositivo da sentença, bem como de inventário e partilha resultante do desquite.

Art. 444. A audiência será pública; nos casos de que trata o art. 155, realizar-se-á a portas fechadas.

CÓDIGO DE PROCESSO CIVIL DE 2015
Lei n. 13.105, de 16 de março de 2015
DOU 17.3.2015

Vide art.189, *caput*, incisos I a IV e §§ 1º e 2º; e art.368

Art. 189. Os atos processuais são públicos, todavia tramitam em segredo de justiça os processos:

TÍTULO X — DO PROCESSO JUDICIÁRIO DO TRABALHO

I — em que o exija o interesse público ou social;

II — que versem sobre casamento, separação de corpos, divórcio, separação, união estável, filiação, alimentos e guarda de crianças e adolescentes;

III — em que constem dados protegidos pelo direito constitucional à intimidade;

IV — que versem sobre arbitragem, inclusive sobre cumprimento de carta arbitral, desde que a confidencialidade estipulada na arbitragem seja comprovada perante o juízo.

§ 1º O direito de consultar os autos de processo que tramite em segredo de justiça e de pedir certidões de seus atos é restrito às partes e aos seus procuradores.

§ 2º O terceiro que demonstrar interesse jurídico pode requerer ao juiz certidão do dispositivo da sentença, bem como de inventário e de partilha resultantes de divórcio ou separação.

Art. 368. A audiência será pública, ressalvadas as exceções legais.

Art. 814 — Às audiências deverão estar presentes, comparecendo com a necessária antecedência, os escrivães ou secretários.

Art. 815 — À hora marcada, o juiz ou presidente declarará aberta a audiência, sendo feita pelo secretário ou escrivão a chamada das partes, testemunhas e demais pessoas que devam comparecer.

Parágrafo único — Se, até 15 (quinze) minutos após a hora marcada, o juiz ou presidente não houver comparecido, os presentes poderão retirar-se, devendo o ocorrido constar do livro de registro das audiências.

ORIENTAÇÃO JURISPRUDENCIAL DA SDI-1 DO TST

Vide OJ 245 SDI-1/TST

OJ 245 SDI-1 TST — REVELIA. ATRASO. AUDIÊNCIA (inserida em 20.06.2001)

Inexiste previsão legal tolerando atraso no horário de comparecimento da parte na audiência.

Art. 816 — O juiz ou presidente manterá a ordem nas audiências, podendo mandar retirar do recinto os assistentes que a perturbarem.

CÓDIGO DE PROCESSO CIVIL DE 1973
Lei n. 5.869, de 11 de janeiro de 1973
DOU 17.1.1973 e republicado em 27.7.2006

Vide art. 445, *caput* e incisos I a III

Art. 445. O juiz exerce o poder de polícia, competindo-lhe:

I — manter a ordem e o decoro na audiência;

II — ordenar que se retirem da sala da audiência os que se comportarem inconvenientemente;

III — requisitar, quando necessário, a força policial.

CÓDIGO DE PROCESSO CIVIL DE 2015
Lei n. 13.105, de 16 de março de 2015
DOU 17.3.2015

Vide art. 360, *caput* e incisos I a V

Art. 360. O juiz exerce o poder de polícia, incumbindo-lhe:

I — manter a ordem e o decoro na audiência;

II — ordenar que se retirem da sala de audiência os que se comportarem inconvenientemente;

III — requisitar, quando necessário, força policial;

IV — tratar com urbanidade as partes, os advogados, os membros do Ministério Público e da Defensoria Pública e qualquer pessoa que participe do processo;

V — registrar em ata, com exatidão, todos os requerimentos apresentados em audiência.

Art. 817 — O registro das audiências será feito em livro próprio, constando de cada registro os processos apreciados e a respectiva solução, bem como as ocorrências eventuais.

Parágrafo único — Do registro das audiências poderão ser fornecidas certidões às pessoas que o requererem.

Art. 818

SÚMULA DO TST

Vide Súmula 30/TST

Súmula 30 TST — INTIMAÇÃO DA SENTENÇA (mantida) — Res. 121/2003, DJ 19, 20 e 21.11.2003

Quando não juntada a ata ao processo em 48 horas, contadas da audiência de julgamento (art. 851, § 2º, da CLT), o prazo para recurso será contado da data em que a parte receber a intimação da sentença.

SEÇÃO IX
DAS PROVAS

Art. 818 A prova das alegações incumbe à parte que as fizer.

CONSTITUIÇÃO FEDERAL DE 1988
DOU 5.10.1988

Vide art. 5º, *caput* e inciso LVI

Art. 5º Todos são iguais perante a lei, sem distinção de qualquer natureza, garantindo-se aos brasileiros e aos estrangeiros residentes no País a inviolabilidade do direito à vida, à liberdade, à igualdade, à segurança e à propriedade, nos termos seguintes:
(...)
LVI — são inadmissíveis, no processo, as provas obtidas por meios ilícitos.

CONSOLIDAÇÃO DAS LEIS DO TRABALHO
Decreto-Lei n. 5.452, de 1º de maio de 1943
DOU 9.8.1943

Vide art. 765

Art. 765. Os Juízos e Tribunais do Trabalho terão ampla liberdade na direção do processo e velarão pelo andamento rápido das causas, podendo determinar qualquer diligência necessária ao esclarecimento delas.

CÓDIGO DE DEFESA DO CONSUMIDOR
Lei n. 8.078, de 11 de setembro de 1990
DOU 12.9.1990 — Edição extra e retificado em 10.1.2007

Vide art. 6º, *caput* e inciso VIII

Art. 6º São direitos básicos do consumidor:
(...)
VIII — a facilitação da defesa de seus direitos, inclusive com a inversão do ônus da prova, a seu favor, no processo civil, quando, a critério do juiz, for verossímil a alegação ou quando for ele hipossuficiente, segundo as regras ordinárias de experiências;

CÓDIGO DE PROCESSO CIVIL DE 1973
Lei n. 5.869, de 11 de janeiro de 1973
DOU 17.1.1973 e republicado em 27.7.2006

Vide art. 332; art. 333, *caput* e incisos I a III; art. 334, *caput* e incisos I a IV; art. 335; art. 336, *caput* e parágrafo único; art. 337; art. 338, *caput* e parágrafo único; art. 339; art. 340, *caput* e incisos I a III; e art. 341, *caput* e incisos I e II

Art. 332. Todos os meios legais, bem como os moralmente legítimos, ainda que não especificados neste Código, são hábeis para provar a verdade dos fatos, em que se funda a ação ou a defesa.

Art. 333. O ônus da prova incumbe:
I — ao autor, quanto ao fato constitutivo do seu direito;
II — ao réu, quanto à existência de fato impeditivo, modificativo ou extintivo do direito do autor.
Parágrafo único. É nula a convenção que distribui de maneira diversa o ônus da prova quando:
I — recair sobre direito indisponível da parte;
II — tornar excessivamente difícil a uma parte o exercício do direito.

Art. 334. Não dependem de prova os fatos:
I — notórios;
II — afirmados por uma parte e confessados pela parte contrária;
III — admitidos, no processo, como incontroversos;
IV — em cujo favor milita presunção legal de existência ou de veracidade.

Art. 335. Em falta de normas jurídicas particulares, o juiz aplicará as regras de experiência comum subministradas pela observação do que ordinariamente acontece e ainda as regras da experiência técnica, ressalvado, quanto a esta, o exame pericial.

Art. 336. Salvo disposição especial em contrário, as provas devem ser produzidas em audiência.
Parágrafo único. Quando a parte, ou a testemunha, por enfermidade, ou por outro motivo relevante, estiver impossibilitada de comparecer à audiência, mas não de prestar depoimento, o juiz designará, conforme as circunstâncias, dia, hora e lugar para inquiri-la.

Art. 337. A parte, que alegar direito municipal, estadual, estrangeiro ou consuetudinário, provar-lhe-á o teor e a vigência, se assim o determinar o juiz.

Art. 338. A carta precatória e a carta rogatória suspenderão o processo, no caso previsto na alínea b do inciso IV do art. 265 desta Lei, quando, tendo sido requeridas antes da decisão de saneamento, a prova nelas solicitada apresentar-se imprescindível.
Parágrafo único. A carta precatória e a carta rogatória, não devolvidas dentro do prazo ou concedidas sem efeito suspensivo, poderão ser juntas aos autos até o julgamento final.

Art. 339. Ninguém se exime do dever de colaborar com o Poder Judiciário para o descobrimento da verdade.

Art. 340. Além dos deveres enumerados no art. 14, compete à parte:
I — comparecer em juízo, respondendo ao que lhe for interrogado;
II — submeter-se à inspeção judicial, que for julgada necessária;
III — praticar o ato que lhe for determinado.

TÍTULO X — DO PROCESSO JUDICIÁRIO DO TRABALHO

Art. 341. Compete ao terceiro, em relação a qualquer pleito:

I — informar ao juiz os fatos e as circunstâncias, de que tenha conhecimento;

II — exibir coisa ou documento, que esteja em seu poder.

CÓDIGO DE PROCESSO CIVIL DE 2015
Lei n. 13.105, de 16 de março de 2015
DOU 17.3.2015

Vide art. 369; art. 373; art. 374, *caput* e incisos I a IV; art. 375; art. 376; art. 377, *caput* e parágrafo único; art. 378; art. 379, *caput* e incisos I a III; art. 380, *caput*, incisos I e II e parágrafo único; e art. 449, *caput* e parágrafo único

Art. 369. As partes têm o direito de empregar todos os meios legais, bem como os moralmente legítimos, ainda que não especificados neste Código, para provar a verdade dos fatos em que se funda o pedido ou a defesa e influir eficazmente na convicção do juiz.

Art. 373. O ônus da prova incumbe:

I — ao autor, quanto ao fato constitutivo de seu direito;

II — ao réu, quanto à existência de fato impeditivo, modificativo ou extintivo do direito do autor.

§ 1º Nos casos previstos em lei ou diante de peculiaridades da causa relacionadas à impossibilidade ou à excessiva dificuldade de cumprir o encargo nos termos do caput ou à maior facilidade de obtenção da prova do fato contrário, poderá o juiz atribuir o ônus da prova de modo diverso, desde que o faça por decisão fundamentada, caso em que deverá dar à parte a oportunidade de se desincumbir do ônus que lhe foi atribuído.

§ 2º A decisão prevista no § 1º deste artigo não pode gerar situação em que a desincumbência do encargo pela parte seja impossível ou excessivamente difícil.

§ 3º A distribuição diversa do ônus da prova também pode ocorrer por convenção das partes, salvo quando:

I — recair sobre direito indisponível da parte;

II — tornar excessivamente difícil a uma parte o exercício do direito.

§ 4º A convenção de que trata o § 3º pode ser celebrada antes ou durante o processo.

Art. 374. Não dependem de prova os fatos:

I — notórios;

II — afirmados por uma parte e confessados pela parte contrária;

III — admitidos no processo como incontroversos;

IV — em cujo favor milita presunção legal de existência ou de veracidade.

Art. 375. O juiz aplicará as regras de experiência comum subministradas pela observação do que ordinariamente acontece e, ainda, as regras de experiência técnica, ressalvado, quanto a estas, o exame pericial.

Art. 376. A parte que alegar direito municipal, estadual, estrangeiro ou consuetudinário provar-lhe-á o teor e a vigência, se assim o juiz determinar.

Art. 377. A carta precatória, a carta rogatória e o auxílio direto suspenderão o julgamento da causa no caso previsto no art. 313, inciso V, alínea "b", quando, tendo sido requeridos antes da decisão de saneamento, a prova neles solicitada for imprescindível.

Parágrafo único. A carta precatória e a carta rogatória não devolvidas no prazo ou concedidas sem efeito suspensivo poderão ser juntadas aos autos a qualquer momento.

Art. 378. Ninguém se exime do dever de colaborar com o Poder Judiciário para o descobrimento da verdade.

Art. 379. Preservado o direito de não produzir prova contra si própria, incumbe à parte:

I — comparecer em juízo, respondendo ao que lhe for interrogado;

II — colaborar com o juízo na realização de inspeção judicial que for considerada necessária;

III — praticar o ato que lhe for determinado.

Art. 380. Incumbe ao terceiro, em relação a qualquer causa:

I — informar ao juiz os fatos e as circunstâncias de que tenha conhecimento;

II — exibir coisa ou documento que esteja em seu poder.

Parágrafo único. Poderá o juiz, em caso de descumprimento, determinar, além da imposição de multa, outras medidas indutivas, coercitivas, mandamentais ou sub-rogatórias.

Art. 449. Salvo disposição especial em contrário, as testemunhas devem ser ouvidas na sede do juízo.

Parágrafo único. Quando a parte ou a testemunha, por enfermidade ou por outro motivo relevante, estiver impossibilitada de comparecer, mas não de prestar depoimento, o juiz designará, conforme as circunstâncias, dia, hora e lugar para inquiri-la.

SÚMULA DO STF

Vide Súmula 225/STF

Súmula 225 STF — Não é absoluto o valor probatório das anotações da carteira profissional.

SÚMULAS DO TST

Vide Súmulas 6, VIII, 16, 74, 212, 217, 254, 338, 385, 460 e 461/TST

Súmula 6 TST — EQUIPARAÇÃO SALARIAL. ART. 461 DA CLT (redação do item VI alterada) — Res. 198/2015, republicada em razão de erro material — DEJT divulgado em 12, 15 e 16.06.2015

(...)

VIII — É do empregador o ônus da prova do fato impeditivo, modificativo ou extintivo da equiparação salarial. *(ex-Súmula n. 68 — RA 9/1977, DJ 11.02.1977)*

Súmula 16 TST — NOTIFICAÇÃO (nova redação) — Res. 121/2003, DJ 19, 20 e 21.11.2003

Presume-se recebida a notificação 48 (quarenta e oito) horas depois de sua postagem. O seu não-recebimento ou a entrega após o decurso desse prazo constitui ônus de prova do destinatário.

Súmula 74 TST — CONFISSÃO. (atualizada em decorrência do CPC de 2015) — Res. 208/2016, DEJT divulgado em 22, 25 e 26.04.2016

I — Aplica-se a confissão à parte que, expressamente intimada com aquela cominação, não comparecer à audiência em prosseguimento, na qual deveria depor. *(ex-Súmula n. 74 — RA 69/1978, DJ 26.09.1978)*

II — A prova pré-constituída nos autos pode ser levada em conta para confronto com a confissão ficta (arts. 442

Art. 819

e 443, do CPC de 2015 — art. 400, I, do CPC de 1973), não implicando cerceamento de defesa o indeferimento de provas posteriores. *(ex-OJ n. 184 da SBDI-1 — inserida em 08.11.2000)*

III — A vedação à produção de prova posterior pela parte confessa somente a ela se aplica, não afetando o exercício, pelo magistrado, do poder/dever de conduzir o processo.

Súmula 212 TST — DESPEDIMENTO. ÔNUS DA PROVA (mantida) — Res. 121/2003, DJ 19, 20 e 21.11.2003

O ônus de provar o término do contrato de trabalho, quando negados a prestação de serviço e o despedimento, é do empregador, pois o princípio da continuidade da relação de emprego constitui presunção favorável ao empregado.

Súmula 217 TST — DEPÓSITO RECURSAL. CREDENCIAMENTO BANCÁRIO. PROVA DISPENSÁVEL (mantida) — Res. 121/2003, DJ 19, 20 e 21.11.2003

O credenciamento dos bancos para o fim de recebimento do depósito recursal é fato notório, independendo da prova.

Súmula 254 TST — SALÁRIO-FAMÍLIA. TERMO INICIAL DA OBRIGAÇÃO (mantida) — Res. 121/2003, DJ 19, 20 e 21.11.2003

O termo inicial do direito ao salário-família coincide com a prova da filiação. Se feita em juízo, corresponde à data de ajuizamento do pedido, salvo se comprovado que anteriormente o empregador se recusara a receber a respectiva certidão.

Súmula 338 TST — JORNADA DE TRABALHO. REGISTRO. ÔNUS DA PROVA (incorporadas as Orientações Jurisprudenciais ns. 234 e 306 da SBDI-1) — Res. 129/2005, DJ 20, 22 e 25.04.2005

I — É ônus do empregador que conta com mais de 10 (dez) empregados o registro da jornada de trabalho na forma do art. 74, § 2º, da CLT. A não-apresentação injustificada dos controles de frequência gera presunção relativa de veracidade da jornada de trabalho, a qual pode ser elidida por prova em contrário. *(ex-Súmula n. 338 — alterada pela Res. 121/2003, DJ 21.11.2003)*

II — A presunção de veracidade da jornada de trabalho, ainda que prevista em instrumento normativo, pode ser elidida por prova em contrário. *(ex-OJ n. 234 da SBDI-1 — inserida em 20.06.2001)*

III — Os cartões de ponto que demonstram horários de entrada e saída uniformes são inválidos como meio de prova, invertendo-se o ônus da prova, relativo às horas extras, que passa a ser do empregador, prevalecendo a jornada da inicial se dele não se desincumbir. *(ex-OJ n. 306 da SBDI-1- DJ 11.08.2003)*

Súmula 385 TST — FERIADO LOCAL. AUSÊNCIA DE EXPEDIENTE FORENSE. PRAZO RECURSAL. PRORROGAÇÃO. COMPROVAÇÃO. NECESSIDADE ATO ADMINISTRATIVO DO JUÍZO "A QUO" (redação alterada na sessão do Tribunal Pleno realizada em 14.09.2012) — Res. 185/2012, DEJT divulgado em 25, 26 e 27.09.2012

I — Incumbe à parte o ônus de provar, quando da interposição do recurso, a existência de feriado local que autorize a prorrogação do prazo recursal.

II — Na hipótese de feriado forense, incumbirá à autoridade que proferir a decisão de admissibilidade certificar o expediente nos autos.

III — Na hipótese do inciso II, admite-se a reconsideração da análise da tempestividade do recurso, mediante prova documental superveniente, em Agravo Regimental, Agravo de Instrumento ou Embargos de Declaração.

Súmula 460 TST — VALE-TRANSPORTE. ÔNUS DA PROVA — Res. 209/2016, DEJT divulgado em 01, 02 e 03.06.2016

É do empregador o ônus de comprovar que o empregado não satisfaz os requisitos indispensáveis para a concessão do vale-transporte ou não pretenda fazer uso do benefício.

Súmula 461 TST — FGTS. DIFERENÇAS. RECOLHIMENTO. ÔNUS DA PROVA — Res. 209/2016, DEJT divulgado em 01, 02 e 03.06.2016

É do empregador o ônus da prova em relação à regularidade dos depósitos do FGTS, pois o pagamento é fato extintivo do direito do autor (art. 373, II, do CPC de 2015).

ORIENTAÇÃO JURISPRUDENCIAL DA SDI-1 DO TST

Vide OJ 233 SDI-1/TST

OJ 233 SDI-1 TST — HORAS EXTRAS. COMPROVAÇÃO DE PARTE DO PERÍODO ALEGADO (nova redação) — DJ 20.04.2005

A decisão que defere horas extras com base em prova oral ou documental não ficará limitada ao tempo por ela abrangido, desde que o julgador fique convencido de que o procedimento questionado superou aquele período.

Art. 819	O depoimento das partes e testemunhas que não souberem falar a língua nacional será feito por meio de intérprete nomeado pelo juiz ou presidente.
§ 1º	Proceder-se-á da forma indicada neste artigo, quando se tratar de surdo-mudo, ou de mudo que não saiba escrever.
§ 2º	Em ambos os casos de que este artigo trata, as despesas correrão por conta da parte a que interessar o depoimento.

CÓDIGO DE PROCESSO CIVIL DE 1973
Lei n. 5.869, de 11 de janeiro de 1973
DOU 17.1.1973 e republicado em 27.7.2006

Vide art. 151, *caput* e incisos I a III; art. 152, *caput* e incisos I a III; e art. 153

Art. 151. O juiz nomeará intérprete toda vez que o repute necessário para:

I — analisar documento de entendimento duvidoso, redigido em língua estrangeira;

II — verter em português as declarações das partes e das testemunhas que não conhecerem o idioma nacional;

III — traduzir a linguagem mímica dos surdos-mudos, que não puderem transmitir a sua vontade por escrito.

TÍTULO X — DO PROCESSO JUDICIÁRIO DO TRABALHO

Art. 152. Não pode ser intérprete quem:
I — não tiver a livre administração dos seus bens;
II — for arrolado como testemunha ou serve como perito no processo;
III — estiver inabilitado ao exercício da profissão por sentença penal condenatória, enquanto durar o seu efeito.

Art. 153. O intérprete, oficial ou não, é obrigado a prestar o seu ofício, aplicando-se-lhe o disposto nos arts. 146 e 147.

CÓDIGO DE PROCESSO CIVIL DE 2015
Lei n. 13.105, de 16 de março de 2015
DOU 17.3.2015

Vide art. 162, *caput* e incisos I a III; art. 163, *caput* e incisos I a III; e art. 164

Art. 162. O juiz nomeará intérprete ou tradutor quando necessário para:
I — traduzir documento redigido em língua estrangeira;
II — verter para o português as declarações das partes e das testemunhas que não conhecerem o idioma nacional;
III — realizar a interpretação simultânea dos depoimentos das partes e testemunhas com deficiência auditiva que se comuniquem por meio da Língua Brasileira de Sinais, ou equivalente, quando assim for solicitado.

Art. 163. Não pode ser intérprete ou tradutor quem:
I — não tiver a livre administração de seus bens;
II — for arrolado como testemunha ou atuar como perito no processo;
III — estiver inabilitado para o exercício da profissão por sentença penal condenatória, enquanto durarem seus efeitos.

Art. 164. O intérprete ou tradutor, oficial ou não, é obrigado a desempenhar seu ofício, aplicando-se-lhe o disposto nos arts. 157 e 158.

Art. 820 — As partes e testemunhas serão inquiridas pelo juiz ou presidente, podendo ser reinquiridas, por seu intermédio, a requerimento dos vogais, das partes, seus representantes ou advogados.

EMENDA CONSTITUCIONAL N. 24, DE 9 DE DEZEMBRO DE 1999
Altera dispositivos da Constituição Federal pertinentes à representação classista na Justiça do Trabalho. Extingue a representação classista na Justiça do Trabalho.
DOU 10.12.1999

CONSOLIDAÇÃO DAS LEIS DO TRABALHO
Decreto-Lei n. 5.452, de 1º de maio de 1943
DOU 9.8.1943

Vide art. 848, *caput* e §§ 1º e 2º

Art. 848. Terminada a defesa, seguir-se-á a instrução do processo, podendo o presidente, ex officio ou a requerimento de qualquer juiz temporário, interrogar os litigantes. *(Redação dada pela Lei n. 9.022, de 5.4.1995)*
§ 1º Findo o interrogatório, poderá qualquer dos litigantes retirar-se, prosseguindo a instrução com o seu representante.
§ 2º Serão, a seguir, ouvidas as testemunhas, os peritos e os técnicos, se houver.

CÓDIGO DE PROCESSO CIVIL DE 1973
Lei n. 5.869, de 11 de janeiro de 1973
DOU 17.1.1973 e republicado em 27.7.2006

Vide art. 343, *caput* e §§ 1º e 2º; art. 344; art. 345; e art. 346

Art. 343. Quando o juiz não o determinar de ofício, compete a cada parte requerer o depoimento pessoal da outra, a fim de interrogá-la na audiência de instrução e julgamento.
§ 1º A parte será intimada pessoalmente, constando do mandado que se presumirão confessados os fatos contra ela alegados, caso não compareça ou, comparecendo, se recuse a depor.
§ 2º Se a parte intimada não comparecer, ou comparecendo, se recusar a depor, o juiz lhe aplicará a pena de confissão.

Art. 344. A parte será interrogada na forma prescrita para a inquirição de testemunhas.
Parágrafo único. É defeso, a quem ainda não depôs, assistir ao interrogatório da outra parte.

Art. 345. Quando a parte, sem motivo justificado, deixar de responder ao que lhe for perguntado, ou empregar evasivas, o juiz, apreciando as demais circunstâncias e elementos de prova, declarará, na sentença, se houve recusa de depor.

Art. 346. A parte responderá pessoalmente sobre os fatos articulados, não podendo servir-se de escritos adrede preparados; o juiz lhe permitirá, todavia, a consulta a notas breves, desde que objetivem completar esclarecimentos.

CÓDIGO DE PROCESSO CIVIL DE 2015
Lei n. 13.105, de 16 de março de 2015
DOU 17.3.2015

Vide art. 385, *caput* e §§ 1º a 3º; art. 386; e art. 387

Art. 385. Cabe à parte requerer o depoimento pessoal da outra parte, a fim de que esta seja interrogada na audiência de instrução e julgamento, sem prejuízo do poder do juiz de ordená-lo de ofício.
§ 1º Se a parte, pessoalmente intimada para prestar depoimento pessoal e advertida da pena de confesso, não comparecer ou, comparecendo, se recusar a depor, o juiz aplicar-lhe-á a pena.
§ 2º É vedado a quem ainda não depôs assistir ao interrogatório da outra parte.
§ 3º O depoimento pessoal da parte que residir em comarca, seção ou subseção judiciária diversa daquela onde tramita o processo poderá ser colhido por meio de videoconferência ou outro recurso tecnológico de transmissão de sons e imagens em tempo real, o que poderá ocorrer, inclusive, durante a realização da audiência de instrução e julgamento.

Art. 386. Quando a parte, sem motivo justificado, deixar de responder ao que lhe for perguntado ou empregar evasivas, o juiz, apreciando as demais circunstâncias e os elementos de prova, declarará, na sentença, se houve recusa de depor.

Art. 387. A parte responderá pessoalmente sobre os fatos articulados, não podendo servir-se de escritos anteriormente preparados, permitindo-lhe o juiz, todavia, a consulta a notas breves, desde que objetivem completar esclarecimentos.

Art. 821
Cada uma das partes não poderá indicar mais de 3 (três) testemunhas, salvo quando se tratar de inquérito, caso em que esse número poderá ser elevado a 6 (seis). *(Redação dada pelo Decreto-Lei n. 8.737, de 19.1.1946)*

CONSOLIDAÇÃO DAS LEIS DO TRABALHO
Decreto-Lei n. 5.452, de 1º de maio de 1943
DOU 9.8.1943

Vide art. 852-H, § 2º

Art. 852-H. (...)
§ 2º As testemunhas, até o máximo de duas para cada parte, comparecerão à audiência de instrução e julgamento independentemente de intimação. *(Incluído pela Lei n. 9.957, de 2000)*

CÓDIGO DE PROCESSO CIVIL DE 1973
Lei n. 5.869, de 11 de janeiro de 1973
DOU 17.1.1973 e republicado em 27.7.2006

Vide art. 400, *caput* e incisos I e II

Art. 400. A prova testemunhal é sempre admissível, não dispondo a lei de modo diverso. O juiz indeferirá a inquirição de testemunhas sobre fatos:
I — já provados por documento ou confissão da parte;
II — que só por documento ou por exame pericial puderem ser provados.

CÓDIGO DE PROCESSO CIVIL DE 2015
Lei n. 13.105, de 16 de março de 2015
DOU 17.3.2015

Vide art. 442; e art. 443, *caput* e incisos I e II

Art. 442. A prova testemunhal é sempre admissível, não dispondo a lei de modo diverso.

Art. 443. O juiz indeferirá a inquirição de testemunhas sobre fatos:
I — já provados por documento ou confissão da parte;
II — que só por documento ou por exame pericial puderem ser provados.

SÚMULA DO TST

Vide Súmula 357/TST

Súmula 357 TST — TESTEMUNHA. AÇÃO CONTRA A MESMA RECLAMADA. SUSPEIÇÃO (mantida) — Res. 121/2003, DJ 19, 20 e 21.11.2003
Não torna suspeita a testemunha o simples fato de estar litigando ou de ter litigado contra o mesmo empregador.

Art. 822
As testemunhas não poderão sofrer qualquer desconto pelas faltas ao serviço, ocasionadas pelo seu comparecimento para depor, quando devidamente arroladas ou convocadas.

CONSOLIDAÇÃO DAS LEIS DO TRABALHO
Decreto-Lei n. 5.452, de 1º de maio de 1943
DOU 9.8.1943

Vide art. 473, *caput* e inciso VIII

Art. 473. O empregado poderá deixar de comparecer ao serviço sem prejuízo do salário: *(Redação dada pelo Decreto-Lei n. 229, de 28.2.1967)*
(...)
VIII — pelo tempo que se fizer necessário, quando tiver que comparecer a juízo. *(Incluído pela Lei n. 9.853, de 27.10.1999)*

CÓDIGO DE PROCESSO CIVIL DE 1973
Lei n. 5.869, de 11 de janeiro de 1973
DOU 17.1.1973 e republicado em 27.7.2006

Vide art. 419, *caput* e parágrafo único

Art. 419. A testemunha pode requerer ao juiz o pagamento da despesa que efetuou para comparecimento à audiência, devendo a parte pagá-la logo que arbitrada, ou depositá-la em cartório dentro de 3 (três) dias.
Parágrafo único. O depoimento prestado em juízo é considerado serviço público. A testemunha, quando sujeita ao regime da legislação trabalhista, não sofre, por comparecer à audiência, perda de salário nem desconto no tempo de serviço.

CÓDIGO DE PROCESSO CIVIL DE 2015
Lei n. 13.105, de 16 de março de 2015
DOU 17.3.2015

Vide art. 462; e art. 463, *caput* e parágrafo único

Art. 462. A testemunha pode requerer ao juiz o pagamento da despesa que efetuou para comparecimento à audiência, devendo a parte pagá-la logo que arbitrada ou depositá-la em cartório dentro de 3 (três) dias.

Art. 463. O depoimento prestado em juízo é considerado serviço público.
Parágrafo único. A testemunha, quando sujeita ao regime da legislação trabalhista, não sofre, por comparecer à audiência, perda de salário nem desconto no tempo de serviço.

TÍTULO X — DO PROCESSO JUDICIÁRIO DO TRABALHO

Arts. 823 e 824

SÚMULA DO TST

Vide Súmula 155/TST

Súmula 155 TST — AUSÊNCIA AO SERVIÇO (mantida) — Res. 121/2003, DJ 19, 20 e 21.11.2003

As horas em que o empregado falta ao serviço para comparecimento necessário, como parte, à Justiça do Trabalho não serão descontadas de seus salários (ex-Prejulgado n. 30).

Art. 823 — Se a testemunha for funcionário civil ou militar, e tiver de depor em hora de serviço, será requisitada ao chefe da repartição para comparecer à audiência marcada.

CÓDIGO DE PROCESSO CIVIL DE 1973
Lei n. 5.869, de 11 de janeiro de 1973
DOU 17.1.1973 e republicado em 27.7.2006

Vide art. 411, *caput* e incisos I a X

Art. 411. São inquiridos em sua residência, ou onde exercem a sua função:
I — o Presidente e o Vice-Presidente da República;
II — o presidente do Senado e o da Câmara dos Deputados;
III — os ministros de Estado;
IV — os ministros do Supremo Tribunal Federal, do Superior Tribunal de Justiça, do Superior Tribunal Militar, do Tribunal Superior Eleitoral, do Tribunal Superior do Trabalho e do Tribunal de Contas da União;
V — o procurador-geral da República;
VI — os senadores e deputados federais;
VII — os governadores dos Estados, dos Territórios e do Distrito Federal;
VIII — os deputados estaduais;
IX — os desembargadores dos Tribunais de Justiça, os juízes dos Tribunais de Alçada, os juízes dos Tribunais Regionais do Trabalho e dos Tribunais Regionais Eleitorais e os conselheiros dos Tribunais de Contas dos Estados e do Distrito Federal;
X — o embaixador de país que, por lei ou tratado, concede idêntica prerrogativa ao agente diplomático do Brasil.
Parágrafo único. O juiz solicitará à autoridade que designe dia, hora e local a fim de ser inquirida, remetendo-lhe cópia da petição inicial ou da defesa oferecida pela parte, que arrolou como testemunha.

CÓDIGO DE PROCESSO CIVIL DE 2015
Lei n. 13.105, de 16 de março de 2015
DOU 17.3.2015

Vide art. 454, *caput* e incisos I a X; e art. 455, *caput*

Art. 454. São inquiridos em sua residência ou onde exercem sua função:
I — o presidente e o vice-presidente da República;
II — os ministros de Estado;
III — os ministros do Supremo Tribunal Federal, os conselheiros do Conselho Nacional de Justiça e os ministros do Superior Tribunal de Justiça, do Superior Tribunal Militar, do Tribunal Superior Eleitoral, do Tribunal Superior do Trabalho e do Tribunal de Contas da União;
IV — o procurador-geral da República e os conselheiros do Conselho Nacional do Ministério Público;
V — o advogado-geral da União, o procurador-geral do Estado, o procurador-geral do Município, o defensor público-geral federal e o defensor público-geral do Estado;
VI — os senadores e os deputados federais;
VII — os governadores dos Estados e do Distrito Federal;
VIII — o prefeito;
IX — os deputados estaduais e distritais;
X — os desembargadores dos Tribunais de Justiça, dos Tribunais Regionais Federais, dos Tribunais Regionais do Trabalho e dos Tribunais Regionais Eleitorais e os conselheiros dos Tribunais de Contas dos Estados e do Distrito Federal;
XI — o procurador-geral de justiça;
XII — o embaixador de país que, por lei ou tratado, concede idêntica prerrogativa a agente diplomático do Brasil.
§ 1º O juiz solicitará à autoridade que indique dia, hora e local a fim de ser inquirida, remetendo-lhe cópia da petição inicial ou da defesa oferecida pela parte que a arrolou como testemunha.
§ 2º Passado 1 (um) mês sem manifestação da autoridade, o juiz designará dia, hora e local para o depoimento, preferencialmente na sede do juízo.
§ 3º O juiz também designará dia, hora e local para o depoimento, quando a autoridade não comparecer, injustificadamente, à sessão agendada para a colheita de seu testemunho no dia, hora e local por ela mesma indicados.

Art. 455. Cabe ao advogado da parte informar ou intimar a testemunha por ele arrolada do dia, da hora e do local da audiência designada, dispensando-se a intimação do juízo.

Art. 824 — O juiz ou presidente providenciará para que o depoimento de uma testemunha não seja ouvido pelas demais que tenham de depor no processo.

CÓDIGO DE PROCESSO CIVIL DE 1973
Lei n. 5.869, de 11 de janeiro de 1973
DOU 17.1.1973 e republicado em 27.7.2006

Vide art. 408, *caput* e incisos I a III; e art. 413

Art. 408. Depois de apresentado o rol, de que trata o artigo antecedente, a parte só pode substituir a testemunha:
I — que falecer;
II — que, por enfermidade, não estiver em condições de depor;
III — que, tendo mudado de residência, não for encontrada pelo oficial de justiça.

Art. 413. O juiz inquirirá as testemunhas separada e sucessivamente; primeiro as do autor e depois as do réu,

providenciando de modo que uma não ouça o depoimento das outras.

CÓDIGO DE PROCESSO CIVIL DE 2015
Lei n. 13.105, de 16 de março de 2015
DOU 17.3.2015

Vide art. 451, *caput* e incisos I a III; e art. 456, *caput* e parágrafo único

Art. 451. Depois de apresentado o rol de que tratam os §§ 4º e 5º do art. 357, a parte só pode substituir a testemunha:

I — que falecer;
II — que, por enfermidade, não estiver em condições de depor;
III — que, tendo mudado de residência ou de local de trabalho, não for encontrada.

Art. 456. O juiz inquirirá as testemunhas separada e sucessivamente, primeiro as do autor e depois as do réu, e providenciará para que uma não ouça o depoimento das outras.
Parágrafo único. O juiz poderá alterar a ordem estabelecida no caput se as partes concordarem.

Art. 825

As testemunhas comparecerão a audiência independentemente de notificação ou intimação.

Parágrafo único — As que não comparecerem serão intimadas, ex officio ou a requerimento da parte, ficando sujeitas a condução coercitiva, além das penalidades do art. 730, caso, sem motivo justificado, não atendam à intimação.

CONSOLIDAÇÃO DAS LEIS DO TRABALHO
Decreto-Lei n. 5.452, de 1º de maio de 1943
DOU 9.8.1943

Vide art. 845; e art. 852-H, §§ 2º e 3º

Art. 845. O reclamante e o reclamado comparecerão à audiência acompanhados das suas testemunhas, apresentando, nessa ocasião, as demais provas.

Art. 852-H. (...)
§ 2º As testemunhas, até o máximo de duas para cada parte, comparecerão à audiência de instrução e julgamento independentemente de intimação. *(Incluído pela Lei n. 9.957, de 2000)*
§ 3º Só será deferida intimação de testemunha que, comprovadamente convidada, deixar de comparecer. Não comparecendo a testemunha intimada, o juiz poderá determinar sua imediata condução coercitiva. *(Incluído pela Lei n. 9.957, de 2000)*

Art. 826

Revogado pela Lei n. 5.584/1970

LEI N. 5.584, DE 26 DE JUNHO DE 1970
Dispõe sobre normas de Direito Processual do Trabalho, altera dispositivos da Consolidação das Leis do Trabalho, disciplina a concessão e prestação de assistência judiciária na Justiça do Trabalho, e dá outras providências
DOU 29.6.1970

Vide art. 3º, *caput* e parágrafo único

Art. 3º Os exames periciais serão realizados por perito único designado pelo Juiz, que fixará o prazo para entrega do laudo.
Parágrafo único. Permitir-se-á a cada parte a indicação de um assistente, cuja laudo terá que ser apresentado no mesmo prazo assinado para o perito, sob pena de ser desentranhado dos autos.

CÓDIGO DE PROCESSO CIVIL DE 1973
Lei n. 5.869, de 11 de janeiro de 1973
DOU 17.1.1973 e republicado em 27.7.2006

Vide art. 421, *caput* e incisos I e II

Art. 421. O juiz nomeará o perito, fixando de imediato o prazo para a entrega do laudo.
§ 1º Incumbe às partes, dentro em 5 (cinco) dias, contados da intimação do despacho de nomeação do perito:
I — indicar o assistente técnico;
II — apresentar quesitos.

CÓDIGO DE PROCESSO CIVIL DE 2015
Lei n. 13.105, de 16 de março de 2015
DOU 17.3.2015

Vide art. 465, *caput* e §§ 1º a 5º

Art. 465. O juiz nomeará perito especializado no objeto da perícia e fixará de imediato o prazo para a entrega do laudo.
§ 1º Incumbe às partes, dentro de 15 (quinze) dias contados da intimação do despacho de nomeação do perito:
I — arguir o impedimento ou a suspeição do perito, se for o caso;
II — indicar assistente técnico;
III — apresentar quesitos.
§ 2º Ciente da nomeação, o perito apresentará em 5 (cinco) dias:
I — proposta de honorários;
II — currículo, com comprovação de especialização;
III — contatos profissionais, em especial o endereço eletrônico, para onde serão dirigidas as intimações pessoais.
§ 3º As partes serão intimadas da proposta de honorários para, querendo, manifestar-se no prazo comum de 5 (cinco) dias, após o que o juiz arbitrará o valor, intimando-se as partes para os fins do art. 95.
§ 4º O juiz poderá autorizar o pagamento de até cinquenta por cento dos honorários arbitrados a favor do perito no início dos trabalhos, devendo o remanescente ser pago apenas ao final, depois de entregue o laudo e prestados todos os esclarecimentos necessários.

TÍTULO X — DO PROCESSO JUDICIÁRIO DO TRABALHO

§ 5º Quando a perícia for inconclusiva ou deficiente, o juiz poderá reduzir a remuneração inicialmente arbitrada para o trabalho.

SÚMULAS DO TST

Vide Súmulas 341 e 457/TST

Súmula 341 TST — HONORÁRIOS DO ASSISTENTE TÉCNICO (mantida) — Res. 121/2003, DJ 19, 20 e 21.11.2003
A indicação do perito assistente é faculdade da parte, a qual deve responder pelos respectivos honorários, ainda que vencedora no objeto da perícia.

Súmula 457 TST — HONORÁRIOS PERICIAIS. BENEFICIÁRIO DA JUSTIÇA GRATUITA. RESPONSABILIDADE DA UNIÃO PELO PAGAMENTO. RESOLUÇÃO N. 66/2010 DO CSJT. OBSERVÂNCIA. (conversão da Orientação Jurisprudencial n. 387 da SBDI-1 com nova redação) — Res. 194/2014, DEJT divulgado em 21, 22 e 23.05.2014
A União é responsável pelo pagamento dos honorários de perito quando a parte sucumbente no objeto da perícia for beneficiária da assistência judiciária gratuita, observado o procedimento disposto nos arts. 1º, 2º e 5º da Resolução n. 66/2010 do Conselho Superior da Justiça do Trabalho — CSJT.

Art. 827

O juiz ou presidente poderá arguir os peritos compromissados ou os técnicos, e rubricará, para ser junto ao processo, o laudo que os primeiros tiverem apresentado.

LEI N. 5.584, DE 26 DE JUNHO DE 1970
Dispõe sobre normas de Direito Processual do Trabalho, altera dispositivos da Consolidação das Leis do Trabalho, disciplina a concessão e prestação de assistência judiciária na Justiça do Trabalho, e dá outras providências
DOU 29.6.1970

Vide art. 3º, *caput* e parágrafo único

Art. 3º Os exames periciais serão realizados por perito único designado pelo Juiz, que fixará o prazo para entrega do laudo.
Parágrafo único. Permitir-se-á a cada parte a indicação de um assistente, cujo laudo terá que ser apresentado no mesmo prazo assinado para o perito, sob pena de ser desentranhado dos autos.

CÓDIGO DE PROCESSO CIVIL DE 1973
Lei n. 5.869, de 11 de janeiro de 1973
DOU 17.1.1973 e republicado em 27.7.2006

Vide art. 435, *caput* e parágrafo único

Art. 435. A parte, que desejar esclarecimento do perito e do assistente técnico, requererá ao juiz que mande intimá-lo a comparecer à audiência, formulando desde logo as perguntas, sob forma de quesitos.
Parágrafo único. O perito e o assistente técnico só estarão obrigados a prestar os esclarecimentos a que se refere este artigo, quando intimados 5 (cinco) dias antes da audiência.

CÓDIGO DE PROCESSO CIVIL DE 2015
Lei n. 13.105, de 16 de março de 2015
DOU 17.3.2015

Vide art. 477, §§ 3º e 4º; e art. 479

Art. 477. (...)
§ 3º Se ainda houver necessidade de esclarecimentos, a parte requererá ao juiz que mande intimar o perito ou o assistente técnico a comparecer à audiência de instrução e julgamento, formulando, desde logo, as perguntas, sob forma de quesitos.
§ 4º O perito ou o assistente técnico será intimado por meio eletrônico, com pelo menos 10 (dez) dias de antecedência da audiência.

Art. 479. O juiz apreciará a prova pericial de acordo com o disposto no art. 371, indicando na sentença os motivos que o levaram a considerar ou a deixar de considerar as conclusões do laudo, levando em conta o método utilizado pelo perito.

SÚMULAS DO TST

Vide Súmula 341 e 457/TST

Súmula 341 TST — HONORÁRIOS DO ASSISTENTE TÉCNICO (mantida) — Res. 121/2003, DJ 19, 20 e 21.11.2003
A indicação do perito assistente é faculdade da parte, a qual deve responder pelos respectivos honorários, ainda que vencedora no objeto da perícia.

Súmula 457 TST — HONORÁRIOS PERICIAIS. BENEFICIÁRIO DA JUSTIÇA GRATUITA. RESPONSABILIDADE DA UNIÃO PELO PAGAMENTO. RESOLUÇÃO N. 66/2010 DO CSJT. OBSERVÂNCIA. (conversão da Orientação Jurisprudencial n. 387 da SBDI-1 com nova redação) — Res. 194/2014, DEJT divulgado em 21, 22 e 23.05.2014
A União é responsável pelo pagamento dos honorários de perito quando a parte sucumbente no objeto da perícia for beneficiária da assistência judiciária gratuita, observado o procedimento disposto nos arts. 1º, 2º e 5º da Resolução n. 66/2010 do Conselho Superior da Justiça do Trabalho — CSJT.

ORIENTAÇÕES JURISPRUDENCIAIS DA SDI-1 DO TST

Vide OJs 165 e 278 SDI-1/TST

OJ 165 SDI-1 TST — PERÍCIA. ENGENHEIRO OU MÉDICO. ADICIONAL DE INSALUBRIDADE E PERICULOSIDADE. VÁLIDO. ART. 195 DA CLT *(inserida em 26.03.1999)*
O art. 195 da CLT não faz qualquer distinção entre o médico e o engenheiro para efeito de caracterização e classificação da insalubridade e periculosidade, bastando para a elaboração do laudo seja o profissional devidamente qualificado.

OJ 278 SDI-1 TST — ADICIONAL DE INSALUBRIDADE. PERÍCIA. LOCAL DE TRABALHO DESATIVADO (DJ 11.08.2003)

A realização de perícia é obrigatória para a verificação de insalubridade. Quando não for possível sua realização, como em caso de fechamento da empresa, poderá o julgador utilizar-se de outros meios de prova.

Art. 828

Toda testemunha, antes de prestar o compromisso legal, será qualificada, indicando o nome, nacionalidade, profissão, idade, residência, e, quando empregada, o tempo de serviço prestado ao empregador, ficando sujeita, em caso de falsidade, às leis penais.

Parágrafo único Os depoimentos das testemunhas serão resumidos, por ocasião da audiência, pelo secretário da Junta ou funcionário para esse fim designado, devendo a súmula ser assinada pelo Presidente do Tribunal e pelos depoentes.

CÓDIGO DE PROCESSO CIVIL DE 1973
Lei n. 5.869, de 11 de janeiro de 1973
DOU 17.1.1973 e republicado em 27.7.2006

Vide art. 414, caput e §§ 1º e 2º

Art. 414. Antes de depor, a testemunha será qualificada, declarando o nome por inteiro, a profissão, a residência e o estado civil, bem como se tem relações de parentesco com a parte, ou interesse no objeto do processo.

§ 1º É lícito à parte contraditar a testemunha, arguindo-lhe a incapacidade, o impedimento ou a suspeição. Se a testemunha negar os fatos que lhe são imputados, a parte poderá provar a contradita com documentos ou com testemunhas, até três, apresentada no ato e inquiridas em separado. Sendo provados ou confessados os fatos, o juiz dispensará a testemunha, ou lhe tomará o depoimento, observando o disposto no art. 405, § 4º.

§ 2º A testemunha pode requerer ao juiz que a escuse de depor, alegando os motivos de que trata o art. 406; ouvidas as partes, o juiz decidirá de plano.

CÓDIGO DE PROCESSO CIVIL DE 2015
Lei n. 13.105, de 16 de março de 2015
DOU 17.3.2015

Vide art. 457, caput e §§ 1º a 3º

Art. 457. Antes de depor, a testemunha será qualificada, declarará ou confirmará seus dados e informará se tem relações de parentesco com a parte ou interesse no objeto do processo.

§ 1º É lícito à parte contraditar a testemunha, arguindo-lhe a incapacidade, o impedimento ou a suspeição, bem como, caso a testemunha negue os fatos que lhe são imputados, provar a contradita com documentos ou com testemunhas, até 3 (três), apresentadas no ato e inquiridas em separado.

§ 2º Sendo provados ou confessados os fatos a que se refere o § 1º, o juiz dispensará a testemunha ou lhe tomará o depoimento como informante.

§ 3º A testemunha pode requerer ao juiz que a escuse de depor, alegando os motivos previstos neste Código, decidindo o juiz de plano após ouvidas as partes.

LEI N. 5.584, DE 26 DE JUNHO DE 1970
Dispõe sobre normas de Direito Processual do Trabalho, altera dispositivos da Consolidação das Leis do Trabalho, disciplina a concessão e prestação de assistência judiciária na Justiça do Trabalho, e dá outras providências
DOU 29.6.1970

Vide art. 2º, caput e § 3º

Art. 2º Nos dissídios individuais, proposta a conciliação, e não havendo acordo, o Presidente, da Junta ou o Juiz, antes de passar à instrução da causa, fixar-lhe-á o valor para a determinação da alçada, se este for indeterminado no pedido.

(...)

§ 3º Quando o valor fixado para a causa, na forma deste artigo, não exceder de 2 (duas) vezes o salário-mínimo vigente na sede do Juízo, será dispensável o resumo dos depoimentos, devendo constar da Ata a conclusão da Junta quanto à matéria de fato.

CÓDIGO PENAL
Decreto-Lei n. 2.848, de 7 de dezembro de 1940
DOU 9.8.1943

Vide art. 342

Falso testemunho ou falsa perícia

Art. 342. Fazer afirmação falsa, ou negar ou calar a verdade como testemunha, perito, contador, tradutor ou intérprete em processo judicial, ou administrativo, inquérito policial, ou em juízo arbitral: *(Redação dada pela Lei n. 10.268, de 28.8.2001)*

Pena — reclusão, de 2 (dois) a 4 (quatro) anos, e multa. *(Redação dada pela Lei n. 12.850, de 2013)*

§ 1º As penas aumentam-se de um sexto a um terço, se o crime é praticado mediante suborno ou se cometido com o fim de obter prova destinada a produzir efeito em processo penal, ou em processo civil em que for parte entidade da administração pública direta ou indireta. *(Redação dada pela Lei n. 10.268, de 28.8.2001)*

§ 2º O fato deixa de ser punível se, antes da sentença no processo em que ocorreu o ilícito, o agente se retrata ou declara a verdade. *(Redação dada pela Lei n. 10.268, de 28.8.2001)*

SÚMULA DO STJ

Vide Súmula 165/STJ

Súmula 165 STJ — Compete à Justiça Federal processar e julgar crime de falso testemunho cometido no processo trabalhista.

TÍTULO X — DO PROCESSO JUDICIÁRIO DO TRABALHO

Art. 829 A testemunha que for parente até o terceiro grau civil, amigo íntimo ou inimigo de qualquer das partes, não prestará compromisso, e seu depoimento valerá como simples informação.

CÓDIGO DE PROCESSO CIVIL DE 1973
Lei n. 5.869, de 11 de janeiro de 1973
DOU 17.1.1973 e republicado em 27.7.2006

Vide art. 405, *caput* e §§ 1º a 4º

Art. 405. Podem depor como testemunhas todas as pessoas, exceto as incapazes, impedidas ou suspeitas.

§ 1º São incapazes:

I — o interdito por demência;

II — o que, acometido por enfermidade, ou debilidade mental, ao tempo em que ocorreram os fatos, não podia discerni-los; ou, ao tempo em que deve depor, não está habilitado a transmitir as percepções;

III — o menor de 16 (dezesseis) anos;

IV — o cego e o surdo, quando a ciência do fato depender dos sentidos que lhes faltam.

§ 2º São impedidos:

I — o cônjuge, bem como o ascendente e o descendente em qualquer grau, ou colateral, até o terceiro grau, de alguma das partes, por consanguinidade e ou afinidade, salvo se o exigir o interesse público, ou, tratando-se de causa relativa ao estado da pessoa, não se puder obter de outro modo a prova, que o juiz repute necessária ao julgamento do mérito;

II — o que é parte na causa;

III — o que intervém em nome de uma parte, como o tutor na causa do menor, o representante legal da pessoa jurídica, o juiz, o advogado e outros, que assistam ou tenham assistido as partes.

§ 3º São suspeitos:

I — o condenado por crime de falso testemunho, havendo transitado em julgado a sentença;

II — o que, por seus costumes, não for digno de fé;

III — o inimigo capital da parte, ou o seu amigo íntimo;

IV — o que tiver interesse no litígio.

§ 4º Sendo estritamente necessário, o juiz ouvirá testemunhas impedidas ou suspeitas; mas os seus depoimentos serão prestados independentemente de compromisso (art. 415) e o juiz lhes atribuirá o valor que possam merecer.

CÓDIGO DE PROCESSO CIVIL DE 2015
Lei n. 13.105, de 16 de março de 2015
DOU 17.3.2015

Vide art. 446, *caput* e incisos I e II; e art. 447, *caput* e §§ 1º a 5º

Art. 446. É lícito à parte provar com testemunhas:

I — nos contratos simulados, a divergência entre a vontade real e a vontade declarada;

II — nos contratos em geral, os vícios de consentimento.

Art. 447. Podem depor como testemunhas todas as pessoas, exceto as incapazes, impedidas ou suspeitas.

§ 1º São incapazes:

I — o interdito por enfermidade ou deficiência mental;

II — o que, acometido por enfermidade ou retardamento mental, ao tempo em que ocorreram os fatos, não podia discerni-los, ou, ao tempo em que deve depor, não está habilitado a transmitir as percepções;

III — o que tiver menos de 16 (dezesseis) anos;

IV — o cego e o surdo, quando a ciência do fato depender dos sentidos que lhes faltam.

§ 2º São impedidos:

I — o cônjuge, o companheiro, o ascendente e o descendente em qualquer grau e o colateral, até o terceiro grau, de alguma das partes, por consanguinidade ou afinidade, salvo se o exigir o interesse público ou, tratando-se de causa relativa ao estado da pessoa, não se puder obter de outro modo a prova que o juiz repute necessária ao julgamento do mérito;

II — o que é parte na causa;

III — o que intervém em nome de uma parte, como o tutor, o representante legal da pessoa jurídica, o juiz, o advogado e outros que assistam ou tenham assistido as partes.

§ 3º São suspeitos:

I — o inimigo da parte ou o seu amigo íntimo;

II — o que tiver interesse no litígio.

§ 4º Sendo necessário, pode o juiz admitir o depoimento das testemunhas menores, impedidas ou suspeitas.

§ 5º Os depoimentos referidos no § 4º serão prestados independentemente de compromisso, e o juiz lhes atribuirá o valor que possam merecer.

SÚMULA DO TST

Vide Súmula 357/TST

Súmula 357 TST — TESTEMUNHA. AÇÃO CONTRA A MESMA RECLAMADA. SUSPEIÇÃO (mantida) — Res. 121/2003, DJ 19, 20 e 21.11.2003

Não torna suspeita a testemunha o simples fato de estar litigando ou de ter litigado contra o mesmo empregador.

SÚMULA DO STJ

Vide Súmula 165/STJ

Súmula 165 STJ — Compete à Justiça Federal processar e julgar crime de falso testemunho cometido no processo trabalhista.

Art. 830 O documento em cópia oferecido para prova poderá ser declarado autêntico pelo próprio advogado, sob sua responsabilidade pessoal. *(Redação dada pela Lei n. 11.925, de 2009)*

Art. 830

TÍTULO X — DO PROCESSO JUDICIÁRIO DO TRABALHO

Parágrafo único — Impugnada a autenticidade da cópia, a parte que a produziu será intimada para apresentar cópias devidamente autenticadas ou o original, cabendo ao serventuário competente proceder à conferência e certificar a conformidade entre esses documentos. *(Incluído pela Lei n. 11.925, de 2009)*

CONSOLIDAÇÃO DAS LEIS DO TRABALHO
Decreto-Lei n. 5.452, de 1º de maio de 1943
DOU 9.8.1943

Vide art. 780; e art. 787

Art. 780. Os documentos juntos aos autos poderão ser desentranhados somente depois de findo o processo, ficando traslado.

Art. 787. A reclamação escrita deverá ser formulada em 2 (duas) vias e desde logo acompanhada dos documentos em que se fundar.

CÓDIGO DE PROCESSO CIVIL DE 1973
Lei n. 5.869, de 11 de janeiro de 1973
DOU 17.1.1973 e republicado em 27.7.2006

Vide art. 365, *caput* e inciso IV

Art. 365. Fazem a mesma prova que os originais:
(...)
IV — as cópias reprográficas de peças do próprio processo judicial declaradas autênticas pelo próprio advogado sob sua responsabilidade pessoal, se não lhes for impugnada a autenticidade.

CÓDIGO DE PROCESSO CIVIL DE 2015
Lei n. 13.105, de 16 de março de 2015
DOU 17.3.2015

Vide art. 425, *caput* e inciso IV

Art. 425. Fazem a mesma prova que os originais:
(...)
IV — as cópias reprográficas de peças do próprio processo judicial declaradas autênticas pelo advogado, sob sua responsabilidade pessoal, se não lhes for impugnada a autenticidade;

SÚMULA DO STF

Vide Súmulas 259, 290 e 291/STF

Súmula 259 STF — Para produzir efeito em juízo não é necessária a inscrição, no registro público, de documentos de procedência estrangeira, autenticados por via consular.

Súmula 290 STF — Nos embargos da L. 623, de 19.2.49, a prova de divergência far-se-á por certidão, ou mediante indicação do Diário da Justiça ou de repertório de jurisprudência autorizado, que a tenha publicado, com a transcrição do trecho que configure a divergência, mencionadas as circunstâncias que identifiquem ou assemelhem os casos confrontados.

Súmula 291 STF — No recurso extraordinário pela letra d do art. 101, n. III, da Constituição, a prova do dissídio jurisprudencial far-se-á por certidão, ou mediante indicação do Diário da Justiça ou de repertório de jurisprudência autorizado, com a transcrição do trecho que configure a divergência, mencionadas as circunstâncias que identifiquem ou assemelhem os casos confrontados.

SÚMULAS DO TST

Vide Súmulas 8, 337 e 415/TST

Súmula 8 TST — JUNTADA DE DOCUMENTO (mantida) — Res. 121/2003, DJ 19, 20 e 21.11.2003
A juntada de documentos na fase recursal só se justifica quando provado o justo impedimento para sua oportuna apresentação ou se referir a fato posterior à sentença.

Súmula 337 TST — COMPROVAÇÃO DE DIVERGÊNCIA JURISPRUDENCIAL. RECURSOS DE REVISTA E DE EMBARGOS (redação do item IV alterada na sessão do Tribunal Pleno realizada em 14.09.2012) — Res. 185/2012, DEJT divulgado em 25, 26 e 27.09.2012
I — Para comprovação da divergência justificadora do recurso, é necessário que o recorrente:
a) Junte certidão ou cópia autenticada do acórdão paradigma ou cite a fonte oficial ou o repositório autorizado em que foi publicado; e
b) Transcreva, nas razões recursais, as ementas e/ou trechos dos acórdãos trazidos à configuração do dissídio, demonstrando o conflito de teses que justifique o conhecimento do recurso, ainda que os acórdãos já se encontrem nos autos ou venham a ser juntados com o recurso.
II — A concessão de registro de publicação como repositório autorizado de jurisprudência do TST torna válidas todas as suas edições anteriores.
III — A mera indicação da data de publicação, em fonte oficial, de aresto paradigma é inválida para comprovação de divergência jurisprudencial, nos termos do item I, "a", desta súmula, quando a parte pretende demonstrar o conflito de teses mediante a transcrição de trechos que integram a fundamentação do acórdão divergente, uma vez que só se publicam o dispositivo e a ementa dos acórdãos;
IV — É válida para a comprovação da divergência jurisprudencial justificadora do recurso a indicação de aresto extraído de repositório oficial na internet, desde que o recorrente:
a) transcreva o trecho divergente;
b) aponte o sítio de onde foi extraído; e
c) decline o número do processo, o órgão prolator do acórdão e a data da respectiva publicação no Diário Eletrônico da Justiça do Trabalho.

Súmula 415 TST — MANDADO DE SEGURANÇA. PETIÇÃO INICIAL. ART. 321 DO CPC DE 2015. ART. 284 DO CPC DE 1973. INAPLICABILIDADE. (atualizada em decorrência do CPC de 2015) — Res. 208/2016, DEJT divulgado em 22, 25 e 26.04.2016
Exigindo o mandado de segurança prova documental pré-constituída, inaplicável o art. 321 do CPC de 2015 (art. 284 do CPC de 1973) quando verificada, na petição inicial do "mandamus", a ausência de documento indispensável ou de sua autenticação. *(ex-OJ n. 52 da SBDI-2 — inserida em 20.09.2000).*

TÍTULO X — DO PROCESSO JUDICIÁRIO DO TRABALHO

Art. 831

ORIENTAÇÕES JURISPRUDENCIAIS DA SDI-1 DO TST

Vide OJs 33, 36, 134, 158 e 287 SDI-1/TST

OJ 33 SDI-1 TST — DESERÇÃO. CUSTAS. CARIMBO DO BANCO. VALIDADE (inserida em 25.11.1996)
O carimbo do banco recebedor na guia de comprovação do recolhimento das custas supre a ausência de autenticação mecânica.

OJ 36 SDI-1 TST — INSTRUMENTO NORMATIVO. CÓPIA NÃO AUTENTICADA. DOCUMENTO COMUM ÀS PARTES. VALIDADE (título alterado e inserido dispositivo) — DJ 20.04.2005
O instrumento normativo em cópia não autenticada possui valor probante, desde que não haja impugnação ao seu conteúdo, eis que se trata de documento comum às partes.

OJ 134 SDI-1 TST — AUTENTICAÇÃO. PESSOA JURÍDICA DE DIREITO PÚBLICO. DISPENSADA. MEDIDA PROVISÓRIA N. 1.360, DE 12.03.1996 (inserida em 27.11.1998)
São válidos os documentos apresentados, por pessoa jurídica de direito público, em fotocópia não autenticada, posteriormente à edição da Medida Provisória n. 1.360/96 e suas reedições.

OJ 158 SDI-1 TST — CUSTAS. COMPROVAÇÃO DE RECOLHIMENTO. DARF ELETRÔNICO. VALIDADE (inserida em 26.03.1999)
O denominado "DARF ELETRÔNICO" é válido para comprovar o recolhimento de custas por entidades da administração pública federal, emitido conforme a IN-SRF 162, de 04.11.1988.

OJ 287 SDI-1 TST — AUTENTICAÇÃO. DOCUMENTOS DISTINTOS. DESPACHO DENEGATÓRIO DO RECURSO DE REVISTA E CERTIDÃO DE PUBLICAÇÃO (DJ 11.08.2003)
Distintos os documentos contidos no verso e anverso, é necessária a autenticação de ambos os lados da cópia.

ORIENTAÇÕES JURISPRUDENCIAIS TRANSITÓRIAS DA SDI-1 DO TST

Vide OJTs 21 e 23 SDI-1/TST

OJT 21 SDI-1 TST — AGRAVO DE INSTRUMENTO. TRASLADO. CERTIDÃO. INSTRUÇÃO NORMATIVA N. 6/96 DO TST (inserida em 13.02.2001)
Certidão do Regional afirmando que o AI está formado de acordo com IN n. 6/96 do TST não confere autenticidade às peças.

OJT 23 SDI-1 TST — AUTENTICAÇÃO. DOCUMENTO ÚNICO. CÓPIA. VERSO E ANVERSO (inserida em 13.02.2001)
Inexistindo impugnação da parte contrária, bem como o disposto no art. 795 da CLT, é válida a autenticação aposta em uma face da folha que contenha documento que continua no verso, por constituir documento único.

ORIENTAÇÕES JURISPRUDENCIAIS DA SDI-2 DO TST

Vide OJs 76, 84 e 91 SDI-2/TST

OJ 76 SDI-2 TST — AÇÃO RESCISÓRIA. AÇÃO CAUTELAR PARA SUSPENDER EXECUÇÃO. JUNTADA DE DOCUMENTO INDISPENSÁVEL. POSSIBILIDADE DE ÊXITO NA RESCISÃO DO JULGADO (inserida em 13.03.2002)
É indispensável a instrução da ação cautelar com as provas documentais necessárias à aferição da plausibilidade de êxito na rescisão do julgado. Assim sendo, devem vir junto com a inicial da cautelar as cópias da petição inicial da ação rescisória principal, da decisão rescindenda, da certidão do trânsito em julgado da decisão rescindenda e informação do andamento atualizado da execução.

OJ 84 SDI-2 TST — AÇAO RESCISÓRIA. PETIÇÃO INICIAL. AUSÊNCIA DA DECISÃO RESCINDENDA E/OU DA CERTIDÃO DE SEU TRÂNSITO EM JULGADO DEVIDAMENTE AUTENTICADAS. PEÇAS ESSENCIAIS PARA A CONSTITUIÇÃO VÁLIDA E REGULAR DO FEITO. ARGUIÇÃO DE OFÍCIO. EXTINÇÃO DO PROCESSO SEM JULGAMENTO DO MÉRITO. (alterado em 26.11.02)
A decisão rescindenda e/ou a certidão do seu trânsito em julgado, devidamente autenticadas, à exceção de cópias reprográficas apresentadas por pessoa jurídica de direito público, a teor do art. 24 da Lei n. 10.522/02, são peças essenciais para o julgamento da ação rescisória. Em fase recursal, verificada a ausência de qualquer delas, cumpre ao Relator do recurso ordinário arguir, de ofício, a extinção do processo, sem julgamento do mérito, por falta de pressuposto de constituição e desenvolvimento válido do feito.

OJ 91 SDI-2 TST — MANDADO DE SEGURANÇA. AUTENTICAÇÃO DE CÓPIAS PELAS SECRETARIAS DOS TRIBUNAIS REGIONAIS DO TRABALHO. REQUERIMENTO INDEFERIDO. ART. 789, § 9º, DA CLT (inserida em 27.05.2002)
Não sendo a parte beneficiária da assistência judiciária gratuita, inexiste direito líquido e certo à autenticação, pelas Secretarias dos Tribunais, de peças extraídas do processo principal, para formação do agravo de instrumento.

SEÇÃO X
DA DECISÃO E SUA EFICÁCIA

Art. 831 A decisão será proferida depois de rejeitada pelas partes a proposta de conciliação.

Parágrafo único No caso de conciliação, o termo que for lavrado valerá como decisão irrecorrível, salvo para a Previdência Social quanto às contribuições que lhe forem devidas. *(Redação dada pela Lei n. 10.035, de 2000)*

Art. 831

TÍTULO X — DO PROCESSO JUDICIÁRIO DO TRABALHO

CONSOLIDAÇÃO DAS LEIS DO TRABALHO
Decreto-Lei n. 5.452, de 1º de maio de 1943
DOU 9.8.1943

Vide art. 764, *caput* e §§ 1º a 3º; art. 846, *caput* e §§ 1º e 2º; art. 850, *caput* e parágrafo único; art. 852-E; e art. 862

Art. 764. Os dissídios individuais ou coletivos submetidos à apreciação da Justiça do Trabalho serão sempre sujeitos à conciliação.

§ 1º Para os efeitos deste artigo, os juízes e Tribunais do Trabalho empregarão sempre os seus bons ofícios e persuasão no sentido de uma solução conciliatória dos conflitos.

§ 2º Não havendo acordo, o juízo conciliatório converter-se-á obrigatoriamente em arbitral, proferindo decisão na forma prescrita neste Título.

§ 3º É lícito às partes celebrar acordo que ponha termo ao processo, ainda mesmo depois de encerrado o juízo conciliatório.

Art. 846. Aberta a audiência, o juiz ou presidente proporá a conciliação. *(Redação dada pela Lei n. 9.022, de 5.4.1995)*

§ 1º Se houver acordo lavrar-se-á termo, assinado pelo presidente e pelos litigantes, consignando-se o prazo e demais condições para seu cumprimento. *(Incluído pela Lei n. 9.022, de 5.4.1995)*

§ 2º Entre as condições a que se refere o parágrafo anterior, poderá ser estabelecida a de ficar a parte que não cumprir o acordo obrigada a satisfazer integralmente o pedido ou pagar uma indenização convencionada, sem prejuízo do cumprimento do acordo. *(Incluído pela Lei n. 9.022, de 5.4.1995)*

Art. 850. Terminada a instrução, poderão as partes aduzir razões finais, em prazo não excedente de 10 (dez) minutos para cada uma. Em seguida, o juiz ou presidente renovará a proposta de conciliação, e não se realizando esta, será proferida a decisão.

Parágrafo único. O Presidente da Junta, após propor a solução do dissídio, tomará os votos dos vogais e, havendo divergência entre estes, poderá desempatar ou proferir decisão que melhor atenda ao cumprimento da lei e ao justo equilíbrio entre os votos divergentes e ao interesse social.

Art. 852-E. Aberta a sessão, o juiz esclarecerá as partes presentes sobre as vantagens da conciliação e usará os meios adequados de persuasão para a solução conciliatória do litígio, em qualquer fase da audiência. *(Incluído pela Lei n. 9.957, de 2000)*

Art. 862. Na audiência designada, comparecendo ambas as partes ou seus representantes, o Presidente do Tribunal as convidará para se pronunciarem sobre as bases da conciliação. Caso não sejam aceitas as bases propostas, o Presidente submeterá aos interessados a solução que lhe pareça capaz de resolver o dissídio.

CÓDIGO DE PROCESSO CIVIL DE 1973
Lei n. 5.869, de 11 de janeiro de 1973
DOU 17.1.1973 e republicado em 27.7.2006

Vide art. 162, *caput* e §§ 1º a 4º; art. 460, *caput* e parágrafo único; art. 467; e art. 469, *caput* e incisos I a III

Art. 162. Os atos do juiz consistirão em sentenças, decisões interlocutórias e despachos.

§ 1º Sentença é o ato do juiz que implica alguma das situações previstas nos arts. 267 e 269 desta Lei.

§ 2º Decisão interlocutória é o ato pelo qual o juiz, no curso do processo, resolve questão incidente.

§ 3º São despachos todos os demais atos do juiz praticados no processo, de ofício ou a requerimento da parte, a cujo respeito a lei não estabelece outra forma.

§ 4º Os atos meramente ordinatórios, como a juntada e a vista obrigatória, independem de despacho, devendo ser praticados de ofício pelo servidor e revistos pelo juiz quando necessários.

Art. 460. É defeso ao juiz proferir sentença, a favor do autor, de natureza diversa da pedida, bem como condenar o réu em quantidade superior ou em objeto diverso do que lhe foi demandado.

Parágrafo único. A sentença deve ser certa, ainda quando decida relação jurídica condicional.

Art. 467. Denomina-se coisa julgada material a eficácia, que torna imutável e indiscutível a sentença, não mais sujeita a recurso ordinário ou extraordinário.

Art. 469. Não fazem coisa julgada:

I — os motivos, ainda que importantes para determinar o alcance da parte dispositiva da sentença;

II — a verdade dos fatos, estabelecida como fundamento da sentença;

III — a apreciação da questão prejudicial, decidida incidentemente no processo.

CÓDIGO DE PROCESSO CIVIL DE 2015
Lei n. 13.105, de 16 de março de 2015
DOU 17.3.2015

Vide art. 203, *caput* e §§ 1º a 4º; art. 492, *caput* e parágrafo único; art. 502; e art. 504, *caput* e incisos I e II

Art. 203. Os pronunciamentos do juiz consistirão em sentenças, decisões interlocutórias e despachos.

§ 1º Ressalvadas as disposições expressas dos procedimentos especiais, sentença é o pronunciamento por meio do qual o juiz, com fundamento nos arts. 485 e 487, põe fim à fase cognitiva do procedimento comum, bem como extingue a execução.

§ 2º Decisão interlocutória é todo pronunciamento judicial de natureza decisória que não se enquadre no § 1º.

§ 3º São despachos todos os demais pronunciamentos do juiz praticados no processo, de ofício ou a requerimento da parte.

§ 4º Os atos meramente ordinatórios, como a juntada e a vista obrigatória, independem de despacho, devendo ser praticados de ofício pelo servidor e revistos pelo juiz quando necessário.

Art. 492. É vedado ao juiz proferir decisão de natureza diversa da pedida, bem como condenar a parte em quantidade superior ou em objeto diverso do que lhe foi demandado.

Parágrafo único. A decisão deve ser certa, ainda que resolva relação jurídica condicional.

Art. 502. Denomina-se coisa julgada material a autoridade que torna imutável e indiscutível a decisão de mérito não mais sujeita a recurso.

Art. 504. Não fazem coisa julgada:

I — os motivos, ainda que importantes para determinar o alcance da parte dispositiva da sentença;

TÍTULO X — DO PROCESSO JUDICIÁRIO DO TRABALHO

Art. 832

II — a verdade dos fatos, estabelecida como fundamento da sentença.

SÚMULAS DO TST

Vide Súmulas 100, IV, e 259/TST

Súmula 100 TST — AÇÃO RESCISÓRIA. DECADÊNCIA (incorporadas as Orientações Jurisprudenciais n.s 13, 16, 79, 102, 104, 122 e 145 da SBDI-2) — Res. 137/2005, DJ 22, 23 e 24.08.2005
(...)
IV — O juízo rescindente não está adstrito à certidão de trânsito em julgado juntada com a ação rescisória, podendo formar sua convicção através de outros elementos dos autos quanto à antecipação ou postergação do "dies a quo" do prazo decadencial. *(ex-OJ n. 102 da SBDI-2 — DJ 29.04.2003)*

Súmula 259 TST — TERMO DE CONCILIAÇÃO. AÇÃO RESCISÓRIA (mantida) — Res. 121/2003, DJ 19, 20 e 21.11.2003
Só por ação rescisória é impugnável o termo de conciliação previsto no parágrafo único do art. 831 da CLT.

ORIENTAÇÃO JURISPRUDENCIAL DA SDI-2 DO TST

Vide OJ 94 SDI-2/TST

OJ 94 SDI-2 TST — AÇÃO RESCISÓRIA. COLUSÃO. FRAUDE À LEI. RECLAMATÓRIA SIMULADA EXTINTA (inserida em 27.09.2002)
A decisão ou acordo judicial subjacente à reclamação trabalhista, cuja tramitação deixa nítida a simulação do litígio para fraudar a lei e prejudicar terceiros, enseja ação rescisória, com lastro em colusão. No juízo rescisório, o processo simulado deve ser extinto.

Art. 832 Da decisão deverão constar o nome das partes, o resumo do pedido e da defesa, a apreciação das provas, os fundamentos da decisão e a respectiva conclusão.

CONSOLIDAÇÃO DAS LEIS DO TRABALHO
Decreto-Lei n. 5.452, de 1º de maio de 1943
DOU 9.8.1943

Vide art. 769; art. 852; e art. 852-I, *caput* e §§ 1º e 3º

Art. 769. Nos casos omissos, o direito processual comum será fonte subsidiária do direito processual do trabalho, exceto naquilo em que for incompatível com as normas deste Título.

Art. 852. Da decisão serão os litigantes notificados, pessoalmente, ou por seu representante, na própria audiência. No caso de revelia, a notificação far-se-á pela forma estabelecida no § 1º do art. 841.

Art. 852-I. A sentença mencionará os elementos de convicção do juízo, com resumo dos fatos relevantes ocorridos em audiência, dispensado o relatório. *(Incluído pela Lei n. 9.957, de 2000)*

§ 1º O juízo adotará em cada caso a decisão que reputar mais justa e equânime, atendendo aos fins sociais da lei e as exigências do bem comum. *(Incluído pela Lei n. 9.957, de 2000)*

§ 2º (VETADO) *(Incluído pela Lei n. 9.957, de 2000)*

§ 3º As partes serão intimadas da sentença na própria audiência em que prolatada. *(Incluído pela Lei n. 9.957, de 2000)*

CÓDIGO DE PROCESSO CIVIL DE 2015
Lei n. 13.105, de 16 de março de 2015
DOU 17.3.2015

Vide art. 15; art. 489, § 1º, *caput* e incisos I a VI e §§ 2º e 3º; art. 1.038, § 3º

Art. 15. Na ausência de normas que regulem processos eleitorais, trabalhistas ou administrativos, as disposições deste Código lhes serão aplicadas supletiva e subsidiariamente.

Art. 489. São elementos essenciais da sentença:
I — o relatório, que conterá os nomes das partes, a identificação do caso, com a suma do pedido e da contestação, e o registro das principais ocorrências havidas no andamento do processo;

II — os fundamentos, em que o juiz analisará as questões de fato e de direito;

III — o dispositivo, em que o juiz resolverá as questões principais que as partes lhe submeterem.

§ 1º Não se considera fundamentada qualquer decisão judicial, seja ela interlocutória, sentença ou acórdão, que:

I — se limitar à indicação, à reprodução ou à paráfrase de ato normativo, sem explicar sua relação com a causa ou a questão decidida;

II — empregar conceitos jurídicos indeterminados, sem explicar o motivo concreto de sua incidência no caso;

III — invocar motivos que se prestariam a justificar qualquer outra decisão;

IV — não enfrentar todos os argumentos deduzidos no processo capazes de, em tese, infirmar a conclusão adotada pelo julgador;

V — se limitar a invocar precedente ou enunciado de súmula, sem identificar seus fundamentos determinantes nem demonstrar que o caso sob julgamento se ajusta àqueles fundamentos;

VI — deixar de seguir enunciado de súmula, jurisprudência ou precedente invocado pela parte, sem demonstrar a existência de distinção no caso em julgamento ou a superação do entendimento.

§ 2º No caso de colisão entre normas, o juiz deve justificar o objeto e os critérios gerais da ponderação efetuada, enunciando as razões que autorizam a interferência na norma afastada e as premissas fáticas que fundamentam a conclusão.

§ 3º A decisão judicial deve ser interpretada a partir da conjugação de todos os seus elementos e em conformidade com o princípio da boa-fé.

Art. 1.038. O relator poderá:

I — solicitar ou admitir manifestação de pessoas, órgãos ou entidades com interesse na controvérsia, considerando a relevância da matéria e consoante dispuser o regimento interno;

II — fixar data para, em audiência pública, ouvir depoimentos de pessoas com experiência e conhecimento na matéria, com a finalidade de instruir o procedimento;

III — requisitar informações aos tribunais inferiores a respeito da controvérsia e, cumprida a diligência, intimará o Ministério Público para manifestar-se.
(...)

§ 3º O conteúdo do acórdão abrangerá a análise dos fundamentos relevantes da tese jurídica discutida. *(Redação dada pela Lei n. 13.256, de 2016)*

§ 1º Quando a decisão concluir pela procedência do pedido, determinará o prazo e as condições para o seu cumprimento.

§ 2º A decisão mencionará sempre as custas que devam ser pagas pela parte vencida.

SÚMULAS DO TST

Vide Súmulas 25, 36 e 53/TST

Súmula 25 TST — CUSTAS PROCESSUAIS. INVERSÃO DO ÔNUS DA SUCUMBÊNCIA. (alterada a Súmula e incorporadas as Orientações Jurisprudenciais ns. 104 e 186 da SBDI-1) — Res. 197/2015 — DEJT divulgado em 14, 15 e 18.05.2015

I — A parte vencedora na primeira instância, se vencida na segunda, está obrigada, independentemente de intimação, a pagar as custas fixadas na sentença originária, das quais ficara isenta a parte então vencida;

II — No caso de inversão do ônus da sucumbência em segundo grau, sem acréscimo ou atualização do valor das custas e se estas já foram devidamente recolhidas, descabe um novo pagamento pela parte vencida, ao recorrer. Deverá ao final, se sucumbente, reembolsar a quantia; *(ex-OJ n. 186 da SBDI-I)*

III — Não caracteriza deserção a hipótese em que, acrescido o valor da condenação, não houve fixação ou cálculo do valor devido a título de custas e tampouco intimação da parte para o preparo do recurso, devendo ser as custas pagas ao final; *(ex-OJ n. 104 da SBDI-I)*

IV — O reembolso das custas à parte vencedora faz-se necessário mesmo na hipótese em que a parte vencida for pessoa isenta do seu pagamento, nos termos do art. 790-A, parágrafo único, da CLT.

Súmula 36 TST — CUSTAS (mantida) — Res. 121/2003, DJ 19, 20 e 21.11.2003
Nas ações plúrimas, as custas incidem sobre o respectivo valor global.

Súmula 53 TST — CUSTAS (mantida) — Res. 121/2003, DJ 19, 20 e 21.11.2003
O prazo para pagamento das custas, no caso de recurso, é contado da intimação do cálculo.

§ 3º As decisões cognitivas ou homologatórias deverão sempre indicar a natureza jurídica das parcelas constantes da condenação ou do acordo homologado, inclusive o limite de responsabilidade de cada parte pelo recolhimento da contribuição previdenciária, se for o caso. *(Incluído pela Lei n. 10.035, de 2000)*

SÚMULA DO STF

Vide Súmula 688/STF

Súmula 688 STF — É legítima a incidência da contribuição previdenciária sobre o 13º salário.

SÚMULAS DO TST

Vide Súmulas 368 e 401/TST

Súmula 368 TST — DESCONTOS PREVIDENCIÁRIOS E FISCAIS. COMPETÊNCIA. RESPONSABILIDADE PELO PAGAMENTO. FORMA DE CÁLCULO (redação do item II alterada na sessão do Tribunal Pleno realizada em 16.04.2012) — Res. 181/2012, DEJT divulgado em 19, 20 e 23.04.2012

I — A Justiça do Trabalho é competente para determinar o recolhimento das contribuições fiscais. A competência da Justiça do Trabalho, quanto à execução das contribuições previdenciárias, limita-se às sentenças condenatórias em pecúnia que proferir e aos valores, objeto de acordo homologado, que integrem o salário de contribuição. *(ex-OJ n. 141 da SBDI-1 — inserida em 27.11.1998)*

II — É do empregador a responsabilidade pelo recolhimento das contribuições previdenciárias e fiscais, resultante de crédito do empregado oriundo de condenação judicial, devendo ser calculadas, em relação à incidência dos descontos fiscais, mês a mês, nos termos do art. 12-A da Lei n. 7.713, de 22.12.1988, com a redação dada pela Lei n. 12.350/2010.

III — Em se tratando de descontos previdenciários, o critério de apuração encontra-se disciplinado no art. 276, § 4º, do Decreto n. 3.048/1999 que regulamentou a Lei n. 8.212/1991 e determina que a contribuição do empregado, no caso de ações trabalhistas, seja calculada mês a mês, aplicando-se as alíquotas previstas no art. 198, observado o limite máximo do salário de contribuição. *(ex-OJs ns. 32 e 228 da SBDI-1 — inseridas, respectivamente, em 14.03.1994 e 20.06.2001)*

Súmula 401 TST — AÇÃO RESCISÓRIA. DESCONTOS LEGAIS. FASE DE EXECUÇÃO. SENTENÇA EXEQUENDA OMISSA. INEXISTÊNCIA DE OFENSA À COISA JULGADA (conversão da Orientação Jurisprudencial n. 81 da SBDI-2) — Res. 137/2005 — DJ 22, 23 e 24.08.2005

Os descontos previdenciários e fiscais devem ser efetuados pelo juízo executório, ainda que a sentença exequenda tenha sido omissa sobre a questão, dado o caráter de ordem pública ostentado pela norma que os disciplina. A ofensa à coisa julgada somente poderá ser caracterizada

TÍTULO X — DO PROCESSO JUDICIÁRIO DO TRABALHO

na hipótese de o título exequendo, expressamente, afastar a dedução dos valores a título de imposto de renda e de contribuição previdenciária. *(ex-OJ n. 81 da SBDI-2 — inserida em 13.03.2002)*

ORIENTAÇÕES JURISPRUDENCIAIS DA SDI-1 DO TST

Vide OJs 363 e 368 SDI-1/TST

OJ 363 SDI-1 TST — DESCONTOS PREVIDENCIÁRIOS E FISCAIS. CONDENAÇÃO DO EMPREGADOR EM RAZÃO DO INADIMPLEMENTO DE VERBAS REMUNERATÓRIAS. RESPONSABILIDADE DO EMPREGADO PELO PAGAMENTO. ABRANGÊNCIA (DJ 20, 21 e 23.05.2008)
A responsabilidade pelo recolhimento das contribuições social e fiscal, resultante de condenação judicial referente a verbas remuneratórias, é do empregador e incide sobre o total da condenação. Contudo, a culpa do empregador pelo inadimplemento das verbas remuneratórias não exime a responsabilidade do empregado pelos pagamentos do imposto de renda devido e da contribuição previdenciária que recaia sobre sua quota-parte.

OJ 368 SDI-1 TST — DESCONTOS PREVIDENCIÁRIOS. ACORDO HOMOLOGADO EM JUÍZO. INEXISTÊNCIA DE VÍNCULO EMPREGATÍCIO. PARCELAS INDENIZATÓRIAS. AUSÊNCIA DE DISCRIMINAÇÃO. INCIDÊNCIA SOBRE O VALOR TOTAL. *(DEJT divulgado em 03, 04 e 05.12.2008)*
É devida a incidência das contribuições para a Previdência Social sobre o valor total do acordo homologado em juízo, independentemente do reconhecimento de vínculo de emprego, desde que não haja discriminação das parcelas sujeitas à incidência da contribuição previdenciária, conforme parágrafo único do art. 43 da Lei n. 8.212, de 24.07.1991, e do art. 195, I, "a", da CF/1988.

§ 4º A União será intimada das decisões homologatórias de acordos que contenham parcela indenizatória, na forma do art. 20 da Lei n. 11.033, de 21 de dezembro de 2004, facultada a interposição de recurso relativo aos tributos que lhe forem devidos. *(Redação dada pela Lei n. 11.457, de 2007)*

CONSOLIDAÇÃO DAS LEIS DO TRABALHO
Decreto-Lei n. 5.452, de 1º de maio de 1943
DOU 9.8.1943

Vide art. 831, *caput* e parágrafo único

Art. 831. A decisão será proferida depois de rejeitada pelas partes a proposta de conciliação.
Parágrafo único. No caso de conciliação, o termo que for lavrado valerá como decisão irrecorrível, salvo para a Previdência Social quanto às contribuições que lhe forem devidas. *(Redação dada pela Lei n. 10.035, de 2000)*

SÚMULA DO TST

Vide Súmula 368/TST

Súmula 368 TST — DESCONTOS PREVIDENCIÁRIOS E FISCAIS. COMPETÊNCIA. RESPONSABILIDADE PELO PAGAMENTO. FORMA DE CÁLCULO (redação do item II alterada na sessão do Tribunal Pleno realizada em 16.04.2012) — Res. 181/2012, DEJT divulgado em 19, 20 e 23.04.2012

I — A Justiça do Trabalho é competente para determinar o recolhimento das contribuições fiscais. A competência da Justiça do Trabalho, quanto à execução das contribuições previdenciárias, limita-se às sentenças condenatórias em pecúnia que proferir e aos valores, objeto de acordo homologado, que integrem o salário de contribuição. *(ex-OJ n. 141 da SBDI-1 — inserida em 27.11.1998)*

II — É do empregador a responsabilidade pelo recolhimento das contribuições previdenciárias e fiscais, resultante de crédito do empregado oriundo de condenação judicial, devendo ser calculadas, em relação à incidência dos descontos fiscais, mês a mês, nos termos do art. 12-A da Lei n. 7.713, de 22/12/1988, com a redação dada pela Lei n. 12.350/2010.

III — Em se tratando de descontos previdenciários, o critério de apuração encontra-se disciplinado no art. 276, §4º, do Decreto n. 3.048/1999 que regulamentou a Lei n. 8.212/1991 e determina que a contribuição do empregado, no caso de ações trabalhistas, seja calculada mês a mês, aplicando-se as alíquotas previstas no art. 198, observado o limite máximo do salário de contribuição. *(ex-OJs ns. 32 e 228 da SBDI-1 — inseridas, respectivamente, em 14.03.1994 e 20.06.2001)*

§ 5º Intimada da sentença, a União poderá interpor recurso relativo à discriminação de que trata o § 3º deste artigo. *(Incluído pela Lei n. 11.457, de 2007)*

§ 6º O acordo celebrado após o trânsito em julgado da sentença ou após a elaboração dos cálculos de liquidação de sentença não prejudicará os créditos da União. *(Incluído pela Lei n. 11.457, de 2007)*

§ 7º O Ministro de Estado da Fazenda poderá, mediante ato fundamentado, dispensar a manifestação da União nas decisões homologatórias de acordos em que o montante da parcela indenizatória envolvida ocasionar perda de escala decorrente da atuação do órgão jurídico. *(Incluído pela Lei n. 11.457, de 2007)*

Arts. 833 e 834

ORIENTAÇÕES JURISPRUDENCIAIS DA SDI-1 DO TST

Vide OJs 368, 376 e 398 SDI-1/TST

OJ 368 SDI-1 TST — DESCONTOS PREVIDENCIÁRIOS. ACORDO HOMOLOGADO EM JUÍZO. INEXISTÊNCIA DE VÍNCULO EMPREGATÍCIO. PARCELAS INDENIZATÓRIAS. AUSÊNCIA DE DISCRIMINAÇÃO. INCIDÊNCIA SOBRE O VALOR TOTAL. (DEJT divulgado em 03, 04 e 05.12.2008)

É devida a incidência das contribuições para a Previdência Social sobre o valor total do acordo homologado em juízo, independentemente do reconhecimento de vínculo de emprego, desde que não haja discriminação das parcelas sujeitas à incidência da contribuição previdenciária, conforme parágrafo único do art. 43 da Lei n. 8.212, de 24.07.1991, e do art. 195, I, "a", da CF/1988.

OJ 376 SDI-1 TST — CONTRIBUIÇÃO PREVIDENCIÁRIA. ACORDO HOMOLOGADO EM JUÍZO APÓS O TRÂNSITO EM JULGADO DA SENTENÇA CONDENATÓRIA. INCIDÊNCIA SOBRE O VALOR HOMOLOGADO. (DEJT divulgado em 19, 20 e 22.04.2010)

É devida a contribuição previdenciária sobre o valor do acordo celebrado e homologado após o trânsito em julgado de decisão judicial, respeitada a proporcionalidade de valores entre as parcelas de natureza salarial e indenizatória deferidas na decisão condenatória e as parcelas objeto do acordo.

OJ 398 SDI-1 TST — CONTRIBUIÇÃO PREVIDENCIÁRIA. ACORDO HOMOLOGADO EM JUÍZO SEM RECONHECIMENTO DE VÍNCULO DE EMPREGO. CONTRIBUINTE INDIVIDUAL. RECOLHIMENTO DA ALÍQUOTA DE 20% A CARGO DO TOMADOR E 11% A CARGO DO PRESTADOR DE SERVIÇOS. (DEJT divulgado em 02, 03 e 04.08.2010)

Nos acordos homologados em juízo em que não haja o reconhecimento de vínculo empregatício, é devido o recolhimento da contribuição previdenciária, mediante a alíquota de 20% a cargo do tomador de serviços e de 11% por parte do prestador de serviços, na qualidade de contribuinte individual, sobre o valor total do acordo, respeitado o teto de contribuição. Inteligência do § 4º do art. 30 e do inciso III do art. 22, todos da Lei n. 8.212, de 24.07.1991.

Art. 833 Existindo na decisão evidentes erros ou enganos de escrita, de datilografia ou de cálculo, poderão os mesmos, antes da execução, ser corrigidos, *ex officio*, ou a requerimento dos interessados ou da Procuradoria da Justiça do Trabalho.

CONSOLIDAÇÃO DAS LEIS DO TRABALHO
Decreto-Lei n. 5.452, de 1º de maio de 1943
DOU 9.8.1943

Vide art. 897-A, § 1º

Art. 897-A. (...)

§ 1º Os erros materiais poderão ser corrigidos de ofício ou a requerimento de qualquer das partes. *(Redação dada pela Lei n. 13.015, de 2014)*

CÓDIGO DE PROCESSO CIVIL DE 1973
Lei n. 5.869, de 11 de janeiro de 1973
DOU 17.1.1973 e republicado em 27.7.2006

Vide art. 463, *caput* e incisos I e II

Art. 463. Publicada a sentença, o juiz só poderá alterá-la:
I — para lhe corrigir, de ofício ou a requerimento da parte, inexatidões materiais, ou lhe retificar erros de cálculo;
II — por meio de embargos de declaração.

CÓDIGO DE PROCESSO CIVIL DE 2015
Lei n. 13.105, de 16 de março de 2015
DOU 17.3.2015

Vide art. 494, *caput* e incisos I e II

Art. 494. Publicada a sentença, o juiz só poderá alterá-la:
I — para corrigir-lhe, de ofício ou a requerimento da parte, inexatidões materiais ou erros de cálculo;
II — por meio de embargos de declaração.

ORIENTAÇÃO JURISPRUDENCIAL DA SDI-2 DO TST

Vide OJ 103 SDI-2/TST

OJ 103 SDI-2 TST — AÇÃO RESCISÓRIA. CONTRADIÇÃO ENTRE FUNDAMENTAÇÃO E PARTE DISPOSITIVA DO JULGADO. CABIMENTO. ERRO DE FATO (DJ 29.04.2003)

É cabível a rescisória para corrigir contradição entre a parte dispositiva do acórdão rescindendo e a sua fundamentação, por erro de fato na retratação do que foi decidido.

Art. 834 Salvo nos casos previstos nesta Consolidação, a publicação das decisões e sua notificação aos litigantes, ou a seus patronos, consideram-se realizadas nas próprias audiências em que forem as mesmas proferidas.

CONSOLIDAÇÃO DAS LEIS DO TRABALHO
Decreto-Lei n. 5.452, de 1º de maio de 1943
DOU 9.8.1943

Vide art. 852; art. 852-I, § 3º

Art. 852. Da decisão serão os litigantes notificados, pessoalmente, ou por seu representante, na própria audiência. No caso de revelia, a notificação far-se-á pela forma estabelecida no § 1º do art. 841.

Art. 852-I. (...)

§ 3º As partes serão intimadas da sentença na própria audiência em que prolatada. *(Incluído pela Lei n. 9.957, de 2000)*

TÍTULO X — DO PROCESSO JUDICIÁRIO DO TRABALHO

SÚMULAS DO TST

Vide Súmulas 30 e 197/TST

Súmula 30 TST — INTIMAÇÃO DA SENTENÇA (mantida) — Res. 121/2003, DJ 19, 20 e 21.11.2003
Quando não juntada a ata ao processo em 48 horas, contadas da audiência de julgamento (art. 851, § 2º, da CLT), o prazo para recurso será contado da data em que a parte receber a intimação da sentença.

Súmula 197 TST — PRAZO (mantida) — Res. 121/2003, DJ 19, 20 e 21.11.2003
O prazo para recurso da parte que, intimada, não comparecer à audiência em prosseguimento para a prolação da sentença conta-se de sua publicação.

Art. 835 — O cumprimento do acordo ou da decisão far-se-á no prazo e condições estabelecidas.

CONSOLIDAÇÃO DAS LEIS DO TRABALHO
Decreto-Lei n. 5.452, de 1º de maio de 1943
DOU 9.8.1943

Vide art. 832, § 1º

Art. 832. (...)
§ 1º — Quando a decisão concluir pela procedência do pedido, determinará o prazo e as condições para o seu cumprimento.

Art. 836 — É vedado aos órgãos da Justiça do Trabalho conhecer de questões já decididas, excetuados os casos expressamente previstos neste Título e a ação rescisória, que será admitida na forma do disposto no Capítulo IV do Título IX da Lei n. 5.869, de 11 de janeiro de 1973 — Código de Processo Civil, sujeita ao depósito prévio de 20% (vinte por cento) do valor da causa, salvo prova de miserabilidade jurídica do autor. *(Redação dada pela Lei n. 11.495, de 2007)*

Parágrafo único — A execução da decisão proferida em ação rescisória far-se-á nos próprios autos da ação que lhe deu origem, e será instruída com o acórdão da rescisória e a respectiva certidão de trânsito em julgado. *(Incluído pela Medida Provisória n. 2.180-35, de 2001)*

CÓDIGO DE PROCESSO CIVIL DE 1973
Lei n. 5.869, de 11 de janeiro de 1973
DOU 17.1.1973 e republicado em 27.7.2006

Vide art. 485, *caput*, incisos I a IX e §§ 1º e 2º; e art. 495

Art. 485. A sentença de mérito, transitada em julgado, pode ser rescindida quando:
I — se verificar que foi dada por prevaricação, concussão ou corrupção do juiz;
II — proferida por juiz impedido ou absolutamente incompetente;
III — resultar de dolo da parte vencedora em detrimento da parte vencida, ou de colusão entre as partes, a fim de fraudar a lei;
IV — ofender a coisa julgada;
V — violar literal disposição de lei;
VI — se fundar em prova, cuja falsidade tenha sido apurada em processo criminal ou seja provada na própria ação rescisória;
VII — depois da sentença, o autor obtiver documento novo, cuja existência ignorava, ou de que não pode fazer uso, capaz, por si só, de lhe assegurar pronunciamento favorável;
VIII — houver fundamento para invalidar confissão, desistência ou transação, em que se baseou a sentença;
IX — fundada em erro de fato, resultante de atos ou de documentos da causa.
§ 1º Há erro, quando a sentença admitir um fato inexistente, ou quando considerar inexistente um fato efetivamente ocorrido.
§ 2º É indispensável, num como noutro caso, que não tenha havido controvérsia, nem pronunciamento judicial sobre o fato.

Art. 495. O direito de propor ação rescisória se extingue em 2 (dois) anos, contados do trânsito em julgado da decisão.

CÓDIGO DE PROCESSO CIVIL DE 2015
Lei n. 13.105, de 16 de março de 2015
DOU 17.3.2015

Vide art. 966, *caput*, incisos I a VIII e §§ 1º a 3º; e art. 975, *caput* e §§ 1º a 3º

Art. 966. A decisão de mérito, transitada em julgado, pode ser rescindida quando:
I — se verificar que foi proferida por força de prevaricação, concussão ou corrupção do juiz;
II — for proferida por juiz impedido ou por juízo absolutamente incompetente;
III — resultar de dolo ou coação da parte vencedora em detrimento da parte vencida ou, ainda, de simulação ou colusão entre as partes, a fim de fraudar a lei;
IV — ofender a coisa julgada;
V — violar manifestamente norma jurídica;
VI — for fundada em prova cuja falsidade tenha sido apurada em processo criminal ou venha a ser demonstrada na própria ação rescisória;
VII — obtiver o autor, posteriormente ao trânsito em julgado, prova nova cuja existência ignorava ou de que não pode fazer uso, capaz, por si só, de lhe assegurar pronunciamento favorável;
VIII — for fundada em erro de fato verificável do exame dos autos.

§ 1º Há erro de fato quando a decisão rescindenda admitir fato inexistente ou quando considerar inexistente fato efetivamente ocorrido, sendo indispensável, em ambos os casos, que o fato não represente ponto controvertido sobre o qual o juiz deveria ter se pronunciado.

§ 2º Nas hipóteses previstas nos incisos do caput, será rescindível a decisão transitada em julgado que, embora não seja de mérito, impeça:

I — Nova propositura da demanda; ou

II — admissibilidade do recurso correspondente.

§ 3º A ação rescisória pode ter por objeto apenas 1(um) capítulo da decisão.

Art. 975. O direito à rescisão se extingue em 2 (dois) anos contados do trânsito em julgado da última decisão proferida no processo.

§ 1º Prorroga-se até o primeiro dia útil imediatamente subsequente o prazo a que se refere o caput, quando expirar durante férias forenses, recesso, feriados ou em dia em que não houver expediente forense.

§ 2º Se fundada a ação no inciso VII do art. 966, o termo inicial do prazo será a data de descoberta da prova nova, observado o prazo máximo de 5 (cinco) anos, contado do trânsito em julgado da última decisão proferida no processo.

§ 3º Nas hipóteses de simulação ou de colusão das partes, o prazo começa a contar, para o terceiro prejudicado e para o Ministério Público, que não interveio no processo, a partir do momento em que têm ciência da simulação ou da colusão.

SÚMULA DO STF

Vide Súmula 514/STF

Súmula 514 STF — Admite-se ação rescisória contra sentença transitada em julgado, ainda que contra ela não se tenha esgotado todos os recursos.

SÚMULAS DO TST

Vide Súmulas 83, 99, 100, 192, 259, 298, 299, 303, 365, 397, 398, 399, 400, 401, 402, 403, 404, 405, 406, 407, 408, 409, 410, 411, 412 e 413/TST

Súmula 83 TST — AÇÃO RESCISÓRIA. MATÉRIA CONTROVERTIDA (incorporada a Orientação Jurisprudencial n. 77 da SBDI-2) — Res. 137/2005, DJ 22, 23 e 24.08.2005

I — Não procede pedido formulado na ação rescisória por violação literal de lei se a decisão rescindenda estiver baseada em texto legal infraconstitucional de interpretação controvertida nos Tribunais. *(ex-Súmula n. 83 — alterada pela Res. 121/2003, DJ 21.11.2003)*

II — O marco divisor quanto a ser, ou não, controvertida, nos Tribunais, a interpretação dos dispositivos legais citados na ação rescisória é a data da inclusão, na Orientação Jurisprudencial do TST, da matéria discutida. *(ex-OJ n. 77 da SBDI-2 — inserida em 13.03.2002)*

Súmula 99 TST — AÇÃO RESCISÓRIA. DESERÇÃO. PRAZO (incorporada a Orientação Jurisprudencial n. 117 da SBDI-2) — Res. 137/2005, DJ 22, 23 e 24.08.2005

Havendo recurso ordinário em sede de rescisória, o depósito recursal só é exigível quando for julgado procedente o pedido e imposta condenação em pecúnia, devendo este ser efetuado no prazo recursal, no limite e nos termos da legislação vigente, sob pena de deserção. *(ex-Súmula n. 99 — alterada pela Res. 110/2002, DJ 15.04.2002 — e ex-OJ n. 117 da SBDI-2 — DJ 11.08.2003)*

Súmula 100 TST — AÇÃO RESCISÓRIA. DECADÊNCIA (incorporadas as Orientações Jurisprudenciais ns. 13, 16, 79, 102, 104, 122 e 145 da SBDI-2) — Res. 137/2005, DJ 22, 23 e 24.08.2005

I — O prazo de decadência, na ação rescisória, conta-se do dia imediatamente subsequente ao trânsito em julgado da última decisão proferida na causa, seja de mérito ou não. *(ex-Súmula n. 100 — alterada pela Res. 109/2001, DJ 20.04.2001)*

II — Havendo recurso parcial no processo principal, o trânsito em julgado dá-se em momentos e em tribunais diferentes, contando-se o prazo decadencial para a ação rescisória do trânsito em julgado de cada decisão, salvo se o recurso tratar de preliminar ou prejudicial que possa tornar insubsistente a decisão recorrida, hipótese em que flui a decadência a partir do trânsito em julgado da decisão que julgar o recurso parcial. *(ex-Súmula n. 100 — alterada pela Res. 109/2001, DJ 20.04.2001)*

III — Salvo se houver dúvida razoável, a interposição de recurso intempestivo ou a interposição de recurso incabível não protrai o termo inicial do prazo decadencial. *(ex-Súmula n. 100 — alterada pela Res. 109/2001, DJ 20.04.2001)*

IV — O juízo rescindente não está adstrito à certidão de trânsito em julgado juntada com a ação rescisória, podendo formar sua convicção através de outros elementos dos autos quanto à antecipação ou postergação do "dies a quo" do prazo decadencial. *(ex-OJ n. 102 da SBDI-2 — DJ 29.04.2003)*

V — O acordo homologado judicialmente tem força de decisão irrecorrível, na forma do art. 831 da CLT. Assim sendo, o termo conciliatório transita em julgado na data da sua homologação judicial. *(ex-OJ n. 104 da SBDI-2 — DJ 29.04.2003)*

VI — Na hipótese de colusão das partes, o prazo decadencial da ação rescisória somente começa a fluir para o Ministério Público, que não interveio no processo principal, a partir do momento em que tem ciência da fraude. *(ex-OJ n. 122 da SBDI-2 — DJ 11.08.2003)*

VII — Não ofende o princípio do duplo grau de jurisdição a decisão do TST que, após afastar a decadência em sede de recurso ordinário, aprecia desde logo a lide, se a causa versar questão exclusivamente de direito e estiver em condições de imediato julgamento. *(ex-OJ n. 79 da SBDI-2 — inserida em 13.03.2002)*

VIII — A exceção de incompetência, ainda que oposta no prazo recursal, sem ter sido aviado o recurso próprio, não tem o condão de afastar a consumação da coisa julgada e, assim, postergar o termo inicial do prazo decadencial para a ação rescisória. *(ex-OJ n. 16 da SBDI-2 — inserida em 20.09.2000)*

IX — Prorroga-se até o primeiro dia útil, imediatamente subsequente, o prazo decadencial para ajuizamento de ação rescisória quando expira em férias forenses, feriados, finais de semana ou em dia em que não houver expediente forense. Aplicação do art. 775 da CLT. *(ex-OJ n. 13 da SBDI-2 — inserida em 20.09.2000)*

X — Conta-se o prazo decadencial da ação rescisória, após o decurso do prazo legal previsto para a interposição do recurso extraordinário, apenas quando esgotadas todas as vias recursais ordinárias. *(ex-OJ n. 145 da SBDI-2 — DJ 10.11.2004)*

Súmula 192 TST —AÇÃO RESCISÓRIA. COMPETÊNCIA E POSSIBILIDADE JURÍDICA DO PEDIDO (inciso III alterado) — Res. 153/2008, DEJT divulgado em 20, 21 e 24.11.2008

I — Se não houver o conhecimento de recurso de revista ou de embargos, a competência para julgar ação que vise a rescindir a decisão de mérito é do Tribunal Regional do Trabalho, ressalvado o disposto no item II. *(ex-Súmula n. 192 — alterada pela Res. 121/2003, DJ 21.11.2003)*

II — Acórdão rescindendo do Tribunal Superior do Trabalho que não conhece de recurso de embargos ou de revista, analisando arguição de violação de dispositivo de lei material ou decidindo em consonância com súmula de direito material ou com iterativa, notória e atual jurisprudência de

direito material da Seção de Dissídios Individuais (Súmula n. 333), examina o mérito da causa, cabendo ação rescisória da competência do Tribunal Superior do Trabalho. *(ex-Súmula n. 192 — alterada pela Res. 121/2003, DJ 21.11.2003)*

III — Em face do disposto no art. 512 do CPC, é juridicamente impossível o pedido explícito de desconstituição de sentença quando substituída por acórdão do Tribunal Regional ou superveniente sentença homologatória de acordo que puser fim ao litígio.

IV — É manifesta a impossibilidade jurídica do pedido de rescisão de julgado proferido em agravo de instrumento que, limitando-se a aferir o eventual desacerto do juízo negativo de admissibilidade do recurso de revista, não substitui o acórdão regional, na forma do art. 512 do CPC. *(ex-OJ n. 105 da SBDI-2 — DJ 29.04.2003)*

V — A decisão proferida pela SBDI, em sede de agravo regimental, calcada na Súmula n. 333, substitui acórdão de Turma do TST, porque emite juízo de mérito, comportando, em tese, o corte rescisório. *(ex-OJ n. 133 da SBDI-2 — DJ 04.05.2004)*

Súmula 259 TST — TERMO DE CONCILIAÇÃO. AÇÃO RESCISÓRIA (mantida) — Res. 121/2003, DJ 19, 20 e 21.11.2003

Só por ação rescisória é impugnável o termo de conciliação previsto no parágrafo único do art. 831 da CLT.

Súmula 298 TST — AÇÃO RESCISÓRIA. VIOLAÇÃO A DISPOSIÇÃO DE LEI. PRONUNCIAMENTO EXPLÍCITO (Redação alterada pelo Tribunal Pleno na sessão realizada em 6.2.2012) — Res. 177/2012, DEJT divulgado em 13, 14 e 15.02.2012

I — A conclusão acerca da ocorrência de violação literal a disposição de lei pressupõe pronunciamento explícito, na sentença rescindenda, sobre a matéria veiculada.

II — O pronunciamento explícito exigido em ação rescisória diz respeito à matéria e ao enfoque específico da tese debatida na ação, e não, necessariamente, ao dispositivo legal tido por violado. Basta que o conteúdo da norma reputada violada haja sido abordado na decisão rescindenda para que se considere preenchido o pressuposto.

III — Para efeito de ação rescisória, considera-se pronunciada explicitamente a matéria tratada na sentença quando, examinando remessa de ofício, o Tribunal simplesmente a confirma.

IV — A sentença meramente homologatória, que silencia sobre os motivos de convencimento do juiz, não se mostra rescindível, por ausência de pronunciamento explícito.

V — Não é absoluta a exigência de pronunciamento explícito na ação rescisória, ainda que esta tenha por fundamento violação de dispositivo de lei. Assim, prescindível o pronunciamento explícito quando o vício nasce no próprio julgamento, como se dá com a sentença "extra, citra e ultra petita".

Súmula 299 TST — AÇÃO RESCISÓRIA. DECISÃO RESCINDENDA. TRÂNSITO EM JULGADO. COMPROVAÇÃO. EFEITOS (nova redação do item II em decorrência do CPC de 2015) - Res. 211/2016, DEJT divulgado em 24, 25 e 26.08.2016

I — É indispensável ao processamento da ação rescisória a prova do trânsito em julgado da decisão rescindenda. *(ex-Súmula n. 299 — Res. 8/1989, DJ 14, 18 e 19.04.1989)*

II — Verificando o relator que a parte interessada não juntou à inicial o documento comprobatório, abrirá prazo de 15 (quinze) dias para que o faça (art. 321 do CPC de 2015), sob pena de indeferimento. *(ex-Súmula n. 299 — Res 8/1989, DJ 14, 18 e 19.04.1989)*

III — A comprovação do trânsito em julgado da decisão rescindenda é pressuposto processual indispensável ao tempo do ajuizamento da ação rescisória. Eventual trânsito em julgado posterior ao ajuizamento da ação rescisória não reabilita a ação proposta, na medida em que o ordenamento jurídico não contempla a ação rescisória preventiva. *(ex-OJ n. 106 da SBDI-2 — DJ 29.04.2003)*

IV — O pretenso vício de intimação, posterior à decisão que se pretende rescindir, se efetivamente ocorrido, não permite a formação da coisa julgada material. Assim, a ação rescisória deve ser julgada extinta, sem julgamento do mérito, por carência de ação, por inexistir decisão transitada em julgado a ser rescindida. *(ex-OJ n. 96 da SBDI-2 — inserida em 27.09.2002)*

Súmula 303 TST — FAZENDA PÚBLICA. REEXAME NECESSÁRIO (nova redação em decorrência do CPC de 2015) — Res. 211/2016, DEJT divulgado em 24, 25 e 26.08.2016

I — Em dissídio individual, está sujeita ao reexame necessário, mesmo na vigência da Constituição Federal de 1988, decisão contrária à Fazenda Pública, salvo quando a condenação não ultrapassar o valor correspondente a: a) 1.000 (mil) salários mínimos para a União e as respectivas autarquias e fundações de direito público; b) 500 (quinhentos) salários mínimos para os Estados, o Distrito Federal, as respectivas autarquias e fundações de direito público e os Municípios que constituam capitais dos Estados; c) 100 (cem) salários mínimos para todos os demais Municípios e respectivas autarquias e fundações de direito público.

II — Também não se sujeita ao duplo grau de jurisdição a decisão fundada em:

a) súmula ou orientação jurisprudencial do Tribunal Superior do Trabalho;

b) acórdão proferido pelo Supremo Tribunal Federal ou pelo Tribunal Superior do Trabalho em julgamento de recursos repetitivos;

c) entendimento firmado em incidente de resolução de demandas repetitivas ou de assunção de competência;

d) entendimento coincidente com orientação vinculante firmada no âmbito administrativo do próprio ente público, consolidada em manifestação, parecer ou súmula administrativa.

III — Em ação rescisória, a decisão proferida pelo Tribunal Regional do Trabalho está sujeita ao duplo grau de jurisdição obrigatório quando desfavorável ao ente público, exceto nas hipóteses dos incisos anteriores. *(ex-OJ n. 71 da SBDI-1 — inserida em 03.06.1996)*

IV — Em mandado de segurança, somente cabe reexame necessário se, na relação processual, figurar pessoa jurídica de direito público como parte prejudicada pela concessão da ordem. Tal situação não ocorre na hipótese de figurar no feito como impetrante e terceiro interessado pessoa de direito privado, ressalvada a hipótese de matéria administrativa. *(ex-OJs ns. 72 e 73 da SBDI-1 — inseridas, respectivamente, em 25.11.1996 e 03.06.1996)*

Súmula 365 TST — ALÇADA. AÇÃO RESCISÓRIA E MANDADO DE SEGURANÇA (conversão das Orientações Jurisprudenciais ns. 8 e 10 da SBDI-1) — Res. 129/2005, DJ 20, 22 e 25.04.2005

Não se aplica a alçada em ação rescisória e em mandado de segurança. *(ex-OJs ns. 8 e 10 da SBDI-1 — inseridas em 01.02.1995)*

Súmula 397 TST — AÇÃO RESCISÓRIA. ART. 966, IV, DO CPC DE 2015 . ART. 485, IV, DO CPC DE 1973. AÇÃO DE CUMPRIMENTO. OFENSA À COISA JULGADA EMANADA DE SENTENÇA NORMATIVA MODIFICADA EM GRAU DE RECURSO. INVIABILIDADE. CABIMENTO DE MANDADO DE SEGURANÇA. (atualizada em decorrência do CPC de 2015) — Res. 208/2016, DEJT divulgado em 22, 25 e 26.04.2016

Não procede ação rescisória calcada em ofensa à coisa julgada perpetrada por decisão proferida em ação de cumprimento, em face de a sentença normativa, na qual se louvava, ter sido modificada em grau de recurso,

porque em dissídio coletivo somente se consubstancia coisa julgada formal. Assim, os meios processuais aptos a atacarem a execução da cláusula reformada são a exceção de pré-executividade e o mandado de segurança, no caso de descumprimento do art. 514 do CPC de 2015 (art. 572 do CPC de 1973). *(ex-OJ n. 116 da SBDI-2 — DJ 11.08.2003)*

Súmula 398 TST — AÇÃO RESCISÓRIA. AUSÊNCIA DE DEFESA. INAPLICÁVEIS OS EFEITOS DA REVELIA (conversão da Orientação Jurisprudencial n. 126 da SBDI-2) — Res. 137/2005, DJ 22, 23 e 24.08.2005

Na ação rescisória, o que se ataca na ação é a sentença, ato oficial do Estado, acobertado pelo manto da coisa julgada. Assim sendo, e considerando que a coisa julgada envolve questão de ordem pública, a revelia não produz confissão na ação rescisória. *(ex-OJ n. 126 da SBDI-2 — DJ 09.12.2003)*

Súmula 399 TST — AÇÃO RESCISÓRIA. CABIMENTO. SENTENÇA DE MÉRITO. DECISÃO HOMOLOGATÓRIA DE ADJUDICAÇÃO, DE ARREMATAÇÃO E DE CÁLCULOS (conversão das Orientações Jurisprudenciais ns. 44, 45 e 85, primeira parte, da SBDI-2) — Res. 137/2005, DJ 22, 23 e 24.08.2005

I — É incabível ação rescisória para impugnar decisão homologatória de adjudicação ou arrematação. *(ex-OJs ns. 44 e 45 da SBDI-2 — inseridas em 20.09.2000)*

II — A decisão homologatória de cálculos apenas comporta rescisão quando enfrentar as questões envolvidas na elaboração da conta de liquidação, quer solvendo a controvérsia das partes quer explicitando, de ofício, os motivos pelos quais acolheu os cálculos oferecidos por uma das partes ou pelo setor de cálculos, e não contestados pela outra. *(ex-OJ n. 85 da SBDI-2 — primeira parte — inserida em 13.03.2002 e alterada em 26.11.2002).*

Súmula 400 TST — AÇÃO RESCISÓRIA DE AÇÃO RESCISÓRIA. VIOLAÇÃO MANIFESTA DE NORMA JURÍDICA. INDICAÇÃO DA MESMA NORMA JURÍDICA APONTADA NA RESCISÓRIA PRIMITIVA (MESMO DISPOSITIVO DE LEI SOB O CPC DE 1973). (nova redação em decorrência do CPC de 2015) — Res. 208/2016, DEJT divulgado em 22, 25 e 26.04.2016

Em se tratando de rescisória de rescisória, o vício apontado deve nascer na decisão rescindenda, não se admitindo a rediscussão do acerto do julgamento da rescisória anterior. Assim, não procede rescisória calcada no inciso V do art. 966 do CPC de 2015 (art. 485, V, do CPC de 1973) para discussão, por má aplicação da mesma norma jurídica, tida por violada na rescisória anterior, bem como para arguição de questões inerentes à ação rescisória primitiva. *(ex-OJ n. 95 da SBDI-2 — inserida em 27.09.2002 e alterada DJ 16.04.2004)*

Súmula 401 TST — AÇÃO RESCISÓRIA. DESCONTOS LEGAIS. FASE DE EXECUÇÃO. SENTENÇA EXEQUENDA OMISSA. INEXISTÊNCIA DE OFENSA À COISA JULGADA (conversão da Orientação Jurisprudencial n. 81 da SBDI-2) — Res. 137/2005 — DJ 22, 23 e 24.08.2005

Os descontos previdenciários e fiscais devem ser efetuados pelo juízo executório, ainda que a sentença exequenda tenha sido omissa sobre a questão, dado o caráter de ordem pública ostentado pela norma que os disciplina. A ofensa à coisa julgada somente poderá ser caracterizada na hipótese de o título exequendo, expressamente, afastar a dedução dos valores a título de imposto de renda e de contribuição previdenciária. *(ex-OJ n. 81 da SBDI-2 — inserida em 13.03.2002)*

Súmula 402 TST — AÇÃO RESCISÓRIA. DOCUMENTO NOVO. DISSÍDIO COLETIVO. SENTENÇA NORMATIVA (conversão da Orientação Jurisprudencial n. 20 da SBDI-2) — Res. 137/2005, DJ 22, 23 e 24.08.2005

Documento novo é o cronologicamente velho, já existente ao tempo da decisão rescindenda, mas ignorado pelo interessado ou de impossível utilização, à época, no processo. Não é documento novo apto a viabilizar a desconstituição de julgado:

a) sentença normativa proferida ou transitada em julgado posteriormente à sentença rescindenda;

b) sentença normativa preexistente à sentença rescindenda, mas não exibida no processo principal, em virtude de negligência da parte, quando podia e deveria louvar-se de documento já existente e não ignorado quando emitida a decisão rescindenda. *(ex-OJ n. 20 da SBDI-2 — inserida em 20.09.2000)*

Súmula 403 TST — AÇÃO RESCISÓRIA. DOLO DA PARTE VENCEDORA EM DETRIMENTO DA VENCIDA. ART. 485, III, DO CPC (conversão das Orientações Jurisprudenciais ns. 111 e 125 da SBDI-2) — Res. 137/2005, DJ 22, 23 e 24.08.2005

I — Não caracteriza dolo processual, previsto no art. 485, III, do CPC, o simples fato de a parte vencedora haver silenciado a respeito de fatos contrários a ela, porque o procedimento, por si só, não constitui ardil do qual resulte cerceamento de defesa e, em consequência, desvie o juiz de uma sentença não-condizente com a verdade. *(ex-OJ n. 125 da SBDI-2 — DJ 09.12.2003)*

II — Se a decisão rescindenda é homologatória de acordo, não há parte vencedora ou vencida, razão pela qual não é possível a sua desconstituição calcada no inciso III do art. 485 do CPC (dolo da parte vencedora em detrimento da vencida), pois constitui fundamento de rescindibilidade que supõe solução jurisdicional para a lide. *(ex-OJ n. 111 da SBDI-2 — DJ 29.04.2003)*

Súmula 404 TST — AÇÃO RESCISÓRIA. FUNDAMENTO PARA INVALIDAR CONFISSÃO. CONFISSÃO FICTA. INADEQUAÇÃO DO ENQUADRAMENTO NO ART. 485, VIII, DO CPC DE 1973 — Res. 209/2016, DEJT divulgado em 01, 02 e 03.06.2016

O art. 485, VIII, do CPC de 1973, ao tratar do fundamento para invalidar a confissão como hipótese de rescindibilidade da decisão judicial, referia-se à confissão real, fruto de erro, dolo ou coação, e não à confissão ficta resultante de revelia.

Súmula 405 TST — AÇÃO RESCISÓRIA. TUTELA PROVISÓRIA (nova redação em decorrência do CPC de 2015) — Res. 208/2016, DEJT divulgado em 22, 25 e 26.04.2016

Em face do que dispõem a MP 1.984-22/2000 e o art. 969 do CPC de 2015, é cabível o pedido de tutela provisória formulado na petição inicial de ação rescisória ou na fase recursal, visando a suspender a execução da decisão rescindenda.

Súmula 406 TST — AÇÃO RESCISÓRIA. LITISCONSÓRCIO. NECESSÁRIO NO POLO PASSIVO E FACULTATIVO NO ATIVO. INEXISTENTE QUANTO AOS SUBSTITUÍDOS PELO SINDICATO (conversão das Orientações Jurisprudenciais ns. 82 e 110 da SBDI-2) — Res. 137/2005, DJ 22, 23 e 24.08.2005

I — O litisconsórcio, na ação rescisória, é necessário em relação ao polo passivo da demanda, porque supõe uma comunidade de direitos ou de obrigações que não admite solução díspar para os litisconsortes, em face da indivisibilidade do objeto. Já em relação ao polo ativo, o litisconsórcio é facultativo, uma vez que a aglutinação de autores se faz por conveniência e não pela necessidade

decorrente da natureza do litígio, pois não se pode condicionar o exercício do direito individual de um dos litigantes no processo originário à anuência dos demais para retomar a lide. *(ex-OJ n. 82 da SBDI-2 — inserida em 13.03.2002)*

II — O Sindicato, substituto processual e autor da reclamação trabalhista, em cujos autos fora proferida a decisão rescindenda, possui legitimidade para figurar como réu na ação rescisória, sendo descabida a exigência de citação de todos os empregados substituídos, porquanto inexistente litisconsórcio passivo necessário. *(ex-OJ n. 110 da SBDI-2 — DJ 29.04.2003)*

Súmula 407 TST — AÇÃO RESCISÓRIA. MINISTÉRIO PÚBLICO. LEGITIMIDADE "AD CAUSAM" PREVISTA NO ART. 967, III, "A", "B" E "C" DO CPC DE 2015. ART. 487, III, "A" E "B", DO CPC DE 1973. HIPÓTESES MERAMENTE EXEMPLIFICATIVAS (nova redação em decorrência do CPC de 2015) — Res. 208/2016, DEJT divulgado em 22, 25 e 26.04.2016

A legitimidade "ad causam" do Ministério Público para propor ação rescisória, ainda que não tenha sido parte no processo que deu origem à decisão rescindenda, não está limitada às alíneas "a", "b" e "c" do inciso III do art. 967 do CPC de 2015 (art. 487, III, "a" e "b", do CPC de 1973), uma vez que traduzem hipóteses meramente exemplificativas *(ex-OJ n. 83 da SBDI-2 — inserida em 13.03.2002)*

Súmula 408 TST — AÇÃO RESCISÓRIA. PETIÇÃO INICIAL. CAUSA DE PEDIR. AUSÊNCIA DE CAPITULAÇÃO OU CAPITULAÇÃO ERRÔNEA NO ART. 966 DO CPC DE 2015. ART. 485 DO CPC DE 1973. PRINCÍPIO "IURA NOVIT CURIA" (nova redação em decorrência do CPC de 2015) — Res. 208/2016, DEJT divulgado em 22, 25 e 26.04.2016

Não padece de inépcia a petição inicial de ação rescisória apenas porque omite a subsunção do fundamento de rescindibilidade no art. 966 do CPC de 2015 (art. 485 do CPC de 1973) ou o capitula erroneamente em um de seus incisos. Contanto que não se afaste dos fatos e fundamentos invocados como causa de pedir, ao Tribunal é lícito emprestar-lhes a adequada qualificação jurídica ("iura novit curia"). No entanto, fundando-se a ação rescisória no art. 966, inciso V, do CPC de 2015 (art. 485, inciso V, do CPC de 1973), é indispensável expressa indicação, na petição inicial da ação rescisória, da norma jurídica manifestamente violada (dispositivo legal violado sob o CPC de 1973), por se tratar de causa de pedir da rescisória, não se aplicando, no caso, o princípio "iura novit curia". *(ex-OJs ns. 32 e 33 da SBDI-2 — inseridas em 20.09.2000)*

Súmula 409 TST — AÇÃO RESCISÓRIA. PRAZO PRESCRICIONAL. TOTAL OU PARCIAL. VIOLAÇÃO DO ART. 7º, XXIX, DA CF/1988. MATÉRIA INFRACONSTITUCIONAL (conversão da Orientação Jurisprudencial n. 119 da SBDI-2) — Res. 137/2005, DJ 22, 23 e 24.08.2005

Não procede ação rescisória calcada em violação do art. 7º, XXIX, da CF/1988 quando a questão envolve discussão sobre a espécie de prazo prescricional aplicável aos créditos trabalhistas, se total ou parcial, porque a matéria tem índole intraconstitucional, construída, na Justiça do Trabalho, no plano jurisprudencial. *(ex-OJ n. 119 da SBDI-2 — DJ 11.08.2003)*

Súmula 410 TST — AÇÃO RESCISÓRIA. REEXAME DE FATOS E PROVAS. INVIABILIDADE (conversão da Orientação Jurisprudencial n. 109 da SBDI-2) — Res. 137/2005 DJ 22, 23 e 24.08.2005

A ação rescisória calcada em violação de lei não admite reexame de fatos e provas do processo que originou a decisão rescindenda. *(ex-OJ n. 109 da SBDI-2 — DJ 29.04.2003)*

Súmula 411 TST — AÇÃO RESCISÓRIA. SENTENÇA DE MÉRITO. DECISÃO DE TRIBUNAL REGIONAL DO TRABALHO EM AGRAVO REGIMENTAL CONFIRMANDO DECISÃO MONOCRÁTICA DO RELATOR QUE, APLICANDO A SÚMULA N. 83 DO TST, INDEFERIU A PETIÇÃO INICIAL DA AÇÃO RESCISÓRIA. CABIMENTO (conversão da Orientação Jurisprudencial n. 43 da SBDI-2) — Res. 137/2005, DJ 22, 23 e 24.08.2005

Se a decisão recorrida, em agravo regimental, aprecia a matéria na fundamentação, sob o enfoque das Súmulas ns. 83 do TST e 343 do STF, constitui sentença de mérito, ainda que haja resultado no indeferimento da petição inicial e na extinção do processo sem julgamento do mérito. Sujeita-se, assim, à reforma pelo TST, a decisão do Tribunal que, invocando controvérsia na interpretação da lei, indefere a petição inicial de ação rescisória. *(ex-OJ n. 43 da SBDI-2 — inserida em 20.09.2000)*

Súmula 412 TST — AÇÃO RESCISÓRIA. SENTENÇA DE MÉRITO. QUESTÃO PROCESSUAL (conversão da Orientação Jurisprudencial n. 46 da SBDI-2) — Res. 137/2005, DJ 22, 23 e 24.08.2005

Pode uma questão processual ser objeto de rescisão desde que consista em pressuposto de validade de uma sentença de mérito. *(ex-OJ n. 46 da SBDI-2 — inserida em 20.09.2000)*

Súmula 413 TST — AÇÃO RESCISÓRIA. SENTENÇA DE MÉRITO. VIOLAÇÃO DO ART. 896, "A", DA CLT (nova redação em decorrência do CPC de 2015) — Res. 209/2016, DEJT divulgado em 01, 02 e 03.06.2016

É incabível ação rescisória, por violação do art. 896, "a", da CLT, contra decisão transitada em julgado sob a égide do CPC de 1973 que não conhece de recurso de revista, com base em divergência jurisprudencial, pois não se cuidava de sentença de mérito (art. 485 do CPC de 1973). *(ex-OJ n. 47 da SBDI-2 — inserida em 20.09.2000)*

ORIENTAÇÕES JURISPRUDENCIAIS DA SDI-2 DO TST

Vide OJs 2, 21, 24, 25, 41, 70, 78, 80, 94, 97, 101, 103, 107, 112, 123, 124, 132, 134, 135, 136, 146, 150, 151, 154, 155, 157 e 158 SDI-2/TST

OJ 2 SDI-2 TST — AÇÃO RESCISÓRIA. ADICIONAL DE INSALUBRIDADE. BASE DE CÁLCULO. SALÁRIO MÍNIMO. CABÍVEL (mantida a redação na sessão do Tribunal Pleno realizada em 26.06.2008) — Res. 148/2008, DJ 04 e 07.07.2008 — Republicada DJ 08, 09 e 10.07.2008

Viola o art. 192 da CLT decisão que acolhe pedido de adicional de insalubridade com base na remuneração do empregado.

OJ 21 SDI-2 TST — AÇÃO RESCISÓRIA. DUPLO GRAU DE JURISDIÇÃO. TRÂNSITO EM JULGADO. INOBSERVÂNCIA. DECRETO-LEI N. 779/69, ART. 1º, V. INCABÍVEL (nova redação) — DJ 22.08.2005

É incabível ação rescisória para a desconstituição de sentença não transitada em julgado porque ainda não submetida ao necessário duplo grau de jurisdição, na forma do Decreto-Lei n. 779/69. Determina-se que se oficie ao Presidente do TRT para que proceda à avocatória do processo principal para o reexame da sentença rescindenda.

OJ 24 SDI-2 TST — AÇÃO RESCISÓRIA. ESTABILIDADE PROVISÓRIA. REINTEGRAÇÃO EM PERÍODO POSTERIOR. DIREITO LIMITADO AOS SALÁRIOS E

CONSECTÁRIOS DO PERÍODO DA ESTABILIDADE (inserida em 20.09.2000)

Rescinde-se o julgado que reconhece estabilidade provisória e determina a reintegração de empregado, quando já exaurido o respectivo período de estabilidade. Em juízo rescisório, restringe-se a condenação quanto aos salários e consectários até o termo final da estabilidade.

OJ 25 SDI-2 TST — AÇÃO RESCISÓRIA. EXPRESSÃO "LEI" DO ART. 485, V, DO CPC. NÃO INCLUSÃO DO ACT, CCT, PORTARIA, REGULAMENTO, SÚMULA E ORIENTAÇÃO JURISPRUDENCIAL DE TRIBUNAL (nova redação em decorrência da incorporação da Orientação Jurisprudencial n. 118 da SBDI-II) — DJ 22.08.2005

Não procede pedido de rescisão fundado no art. 485, V, do CPC quando se aponta contrariedade à norma de convenção coletiva de trabalho, acordo coletivo de trabalho, portaria do Poder Executivo, regulamento de empresa e súmula ou orientação jurisprudencial de tribunal. *(ex-OJ 25 da SDI-2, inserida em 20.09.00 e ex-OJ 118 da SDI-2, DJ 11.08.03)*

OJ 41 SDI-2 TST — AÇÃO RESCISÓRIA. SENTENÇA "CITRA PETITA". CABIMENTO (atualizada em decorrência do CPC de 2015) — Res. 208/2016, DEJT divulgado em 22, 25 e 26.04.2016

Revelando-se a sentença "citra petita", o vício processual vulnera os arts. 141 e 492 do CPC de 2015 (arts. 128 e 460 do CPC de 1973), tornando-a passível de desconstituição, ainda que não interpostos embargos de declaração.

OJ 70 SDI-2 TST — AÇÃO RESCISÓRIA. MANIFESTO E INESCUSÁVEL EQUÍVOCO NO DIRECIONAMENTO. INÉPCIA DA INICIAL. EXTINÇÃO DO PROCESSO (alterada em 26.11.2002)

O manifesto equívoco da parte em ajuizar ação rescisória no TST para desconstituir julgado proferido pelo TRT, ou vice-versa, implica a extinção do processo sem julgamento do mérito por inépcia da inicial.

OJ 78 SDI-2 TST — AÇÃO RESCISÓRIA. CUMULAÇÃO SUCESSIVA DE PEDIDOS. RESCISÃO DA SENTENÇA E DO ACÓRDÃO. AÇÃO ÚNICA. ART. 326 DO CPC DE 2015. ART. 289 DO CPC DE 1973 (atualizada em decorrência do CPC de 2015) — Res. 208/2016, DEJT divulgado em 22, 25 e 26.04.2016

É admissível o ajuizamento de uma única ação rescisória contendo mais de um pedido, em ordem sucessiva, de rescisão da sentença e do acórdão. Sendo inviável a tutela jurisdicional de um deles, o julgador está obrigado a apreciar os demais, sob pena de negativa de prestação jurisdicional.

OJ 80 SDI-2 TST — AÇÃO RESCISÓRIA. DECADÊNCIA. "DIES A QUO". RECURSO DESERTO. SÚMULA N. 100 DO TST (inserida em 13.03.2002)

O não-conhecimento do recurso por deserção não antecipa o "dies a quo" do prazo decadencial para o ajuizamento da ação rescisória, atraindo, na contagem do prazo, a aplicação da Súmula n. 100 do TST.

OJ 94 SDI-2 TST — AÇÃO RESCISÓRIA. COLUSÃO. FRAUDE À LEI. RECLAMATÓRIA SIMULADA EXTINTA (inserida em 27.09.2002)

A decisão ou acordo judicial subjacente à reclamação trabalhista, cuja tramitação deixa nítida a simulação do litígio para fraudar a lei e prejudicar terceiros, enseja ação rescisória, com lastro em colusão. No juízo rescisório, o processo simulado deve ser extinto.

OJ 97 SDI-2 TST — AÇÃO RESCISÓRIA. VIOLAÇÃO DO ART. 5º, II, LIV E LV, DA CONSTITUIÇÃO FEDERAL. PRINCÍPIOS DA LEGALIDADE, DO DEVIDO PROCESSO LEGAL, DO CONTRADITÓRIO E DA AMPLA DEFESA (nova redação) — DJ 22.08.2005

Os princípios da legalidade, do devido processo legal, do contraditório e da ampla defesa não servem de fundamento para a desconstituição de decisão judicial transitada em julgado, quando se apresentam sob a forma de pedido genérico e desfundamentado, acompanhando dispositivos legais que tratam especificamente da matéria debatida, estes sim, passíveis de fundamentarem a análise do pleito rescisório.

OJ 101 SDI-2 TST — AÇÃO RESCISÓRIA. INCISO IV DO ART. 966 DO CPC DE 2015. ART. 485, IV, DO CPC DE 1973. OFENSA A COISA JULGADA. NECESSIDADE DE FIXAÇÃO DE TESE NA DECISÃO RESCINDENDA (atualizada em decorrência do CPC de 2015) — Res. 208/2016, DEJT divulgado em 22, 25 e 26.04.2016

Para viabilizar a desconstituição do julgado pela causa de rescindibilidade do inciso IV, do art. 966 do CPC de 2015 (inciso IV do art. 485 do CPC de 1973), é necessário que a decisão rescindenda tenha enfrentado as questões ventiladas na ação rescisória, sob pena de inviabilizar o cotejo com o título executivo judicial tido por desrespeitado, de modo a se poder concluir pela ofensa à coisa julgada.

OJ 103 SDI-2 TST — AÇÃO RESCISÓRIA. CONTRADIÇÃO ENTRE FUNDAMENTAÇÃO E PARTE DISPOSITIVA DO JULGADO. CABIMENTO. ERRO DE FATO (DJ 29.04.2003)

É cabível a rescisória para corrigir contradição entre a parte dispositiva do acórdão rescindendo e a sua fundamentação, por erro de fato na retratação do que foi decidido.

OJ 107 SDI-2 TST — AÇÃO RESCISÓRIA. DECISÃO RESCINDENDA DE MÉRITO. SENTENÇA DECLARATÓRIA DE EXTINÇÃO DE EXECUÇÃO. SATISFAÇÃO DA OBRIGAÇÃO (atualizada em decorrência do CPC de 2015) — Res. 208/2016, DEJT divulgado em 22, 25 e 26.04.2016

Embora não haja atividade cognitiva, a decisão que declara extinta a execução, nos termos do art. 924, incisos I a IV c/c art. 925 do CPC de 2015 (art. 794 c/c 795 do CPC de 1973), extingue a relação processual e a obrigacional, sendo passível de corte rescisório.

OJ 112 SDI-2 TST — AÇÃO RESCISÓRIA. VIOLAÇÃO DE LEI. DECISÃO RESCINDENDA POR DUPLO FUNDAMENTO. IMPUGNAÇÃO PARCIAL (DJ 29.04.2003)

Para que a violação da lei dê causa à rescisão de decisão de mérito alicerçada em duplo fundamento, é necessário que o Autor da ação rescisória invoque causas de rescindibilidade que, em tese, possam infirmar a motivação dúplice da decisão rescindenda.

OJ 123 SDI-2 TST — AÇÃO RESCISÓRIA. INTERPRETAÇÃO DO SENTIDO E ALCANCE DO TÍTULO EXECUTIVO. INEXISTÊNCIA DE OFENSA À COISA JULGADA (título alterado) — DJ 22.08.2005

O acolhimento da ação rescisória calcada em ofensa à coisa julgada supõe dissonância patente entre as decisões exequenda e rescindenda, o que não se verifica quando se faz necessária a interpretação do título executivo judicial para se concluir pela lesão à coisa julgada.

OJ 124 SDI-2 TST — AÇÃO RESCISÓRIA. ART. 966, INCISO II, DO CPC DE 2015. ART. 485, II, DO CPC DE 1973. ARGUIÇÃO DE INCOMPETÊNCIA ABSOLUTA.

TÍTULO X — DO PROCESSO JUDICIÁRIO DO TRABALHO **Art. 836**

PREQUESTIONAMENTO INEXIGÍVEL (atualizada em decorrência do CPC de 2015) — Res. 208/2016, DEJT divulgado em 22, 25 e 26.04.2016

Na hipótese em que a ação rescisória tem como causa de rescindibilidade o inciso II do art. 966 do CPC de 2015 (inciso II do art. 485 do CPC de 1973), a arguição de incompetência absoluta prescinde de prequestionamento.

OJ 132 SDI-2 TST — AÇÃO RESCISÓRIA. ACORDO HOMOLOGADO. ALCANCE. OFENSA À COISA JULGADA (DJ 04.05.2004)

Acordo celebrado — homologado judicialmente — em que o empregado dá plena e ampla quitação, sem qualquer ressalva, alcança não só o objeto da inicial, como também todas as demais parcelas referentes ao extinto contrato de trabalho, violando a coisa julgada, a propositura de nova reclamação trabalhista.

OJ 134 SDI-2 TST — AÇÃO RESCISÓRIA. DECISÃO RESCINDENDA. PRECLUSÃO DECLARADA. FORMAÇÃO DA COISA JULGADA FORMAL. IMPOSSIBILIDADE JURÍDICA DO PEDIDO (DJ 04.05.2004)

A decisão que conclui estar preclusa a oportunidade de impugnação da sentença de liquidação, por ensejar tão somente a formação da coisa julgada formal, não é suscetível de rescindibilidade.

OJ 135 SDI-2 TST — AÇÃO RESCISÓRIA. VIOLAÇÃO DO ART. 37, "CAPUT", DA CF/1988. NECESSIDADE DE PREQUESTIONAMENTO (DJ 04.05.2004)

A ação rescisória calcada em violação do artigo 37, "caput", da Constituição Federal, por desrespeito ao princípio da legalidade administrativa exige que ao menos o princípio constitucional tenha sido prequestionado na decisão.

OJ 136 SDI-2 TST — AÇÃO RESCISÓRIA. ERRO DE FATO. CARACTERIZAÇÃO (atualizada em decorrência do CPC de 2015) — Res. 208/2016, DEJT divulgado em 22, 25 e 26.04.2016

A caracterização do erro de fato como causa de rescindibilidade de decisão judicial transitada em julgado supõe a afirmação categórica e indiscutida de um fato, na decisão rescindenda, que não corresponde à realidade dos autos. O fato afirmado pelo julgador, que pode ensejar ação rescisória calcada no inciso VIII do art. 966 do CPC de 2015 (inciso IX do art. 485 do CPC de 1973), é apenas aquele que se coloca como premissa fática indiscutida de um silogismo argumentativo, não aquele que se apresenta ao final desse mesmo silogismo, como conclusão decorrente das premissas que especificaram as provas oferecidas, para se concluir pela existência do fato. Esta última hipótese é afastada pelo § 1º do art. 966 do CPC de 2015 (§ 2º do art. 485 do CPC de 1973), ao exigir que não tenha havido controvérsia sobre o fato e pronunciamento judicial esmiuçando as provas.

OJ 146 SDI-2 TST — AÇÃO RESCISÓRIA. INÍCIO DO PRAZO PARA APRESENTAÇÃO DA CONTESTAÇÃO. ART. 774 DA CLT (atualizada em decorrência do CPC de 2015) — Res. 208/2016, DEJT divulgado em 22, 25 e 26.04.2016

A contestação apresentada em ação rescisória obedece à regra relativa à contagem de prazo constante do art. 774 da CLT, sendo inaplicável o art. 231 do CPC de 2015 (art. 241 do CPC de 1973).

OJ 150 SDI-2 TST — AÇÃO RESCISÓRIA. DECISÃO RESCINDENDA QUE EXTINGUE O PROCESSO SEM RESOLUÇÃO DE MÉRITO POR ACOLHIMENTO DA EXCEÇÃO DE COISA JULGADA. CONTEÚDO MERAMENTE PROCESSUAL. IMPOSSIBILIDADE JURÍDICA DO PEDIDO. (DEJT divulgado em 03, 04 e 05.12.2008)

Reputa-se juridicamente impossível o pedido de corte rescisório de decisão que, reconhecendo a configuração de coisa julgada, nos termos do art. 267, V, do CPC, extingue o processo sem resolução de mérito, o que, ante o seu conteúdo meramente processual, a torna insuscetível de produzir a coisa julgada material.

OJ 151 SDI-2 TST — AÇÃO RESCISÓRIA E MANDADO DE SEGURANÇA. PROCURAÇÃO. PODERES ESPECÍFICOS PARA AJUIZAMENTO DE RECLAMAÇÃO TRABALHISTA. IRREGULARIDADE DE REPRESENTAÇÃO PROCESSUAL. FASE RECURSAL. VÍCIO PROCESSUAL SANÁVEL. (nova redação em decorrência do CPC de 2015) — Res. 211/2016, DEJT divulgado em 24, 25 e 26.08.2016

A procuração outorgada com poderes específicos para ajuizamento de reclamação trabalhista não autoriza a propositura de ação rescisória e mandado de segurança. Constatado, todavia, o defeito de representação processual na fase recursal, cumpre ao relator ou ao tribunal conceder prazo de 5 (cinco) dias para a regularização, nos termos da Súmula n. 383, item II, do TST.

OJ 154 SDI-2 TST — AÇÃO RESCISÓRIA. ACORDO PRÉVIO AO AJUIZAMENTO DA RECLAMAÇÃO. QUITAÇÃO GERAL. LIDE SIMULADA. POSSIBILIDADE DE RESCISÃO DA SENTENÇA HOMOLOGATÓRIA DE ACORDO APENAS SE VERIFICADA A EXISTÊNCIA DE VÍCIO DE CONSENTIMENTO. (DEJT divulgado em 09, 10 e 11.06.2010)

A sentença homologatória de acordo prévio ao ajuizamento de reclamação trabalhista, no qual foi conferida quitação geral do extinto contrato, sujeita-se ao corte rescisório tão somente se verificada a existência de fraude ou vício de consentimento.

OJ 155 SDI-2 TST — AÇÃO RESCISÓRIA E MANDADO DE SEGURANÇA. VALOR ATRIBUÍDO À CAUSA NA INICIAL. MAJORAÇÃO DE OFÍCIO. INVIABILIDADE. (cancelada) — Res; 206/2016, DEJT divulgado em 18, 19 e 20.04.2016

Atribuído o valor da causa na inicial da ação rescisória ou do mandado de segurança e não havendo impugnação, nos termos do art. 261 do CPC, é defeso ao Juízo majorá-lo de ofício, ante a ausência de amparo legal. Inaplicável, na hipótese, a Orientação Jurisprudencial da SBDI-2 n. 147 e o art. 2º, II, da Instrução Normativa n. 31 do TST.

OJ 157 SDI-2 TST — AÇÃO RESCISÓRIA. DECISÕES PROFERIDAS EM FASES DISTINTAS DE UMA MESMA AÇÃO. COISA JULGADA. NÃO CONFIGURAÇÃO. (atualizada em decorrência do CPC de 2015) — Res. 208/2016, DEJT divulgado em 22, 25 e 26.04.2016

A ofensa à coisa julgada de que trata o inciso IV do art. 966 do CPC de 2015 (inciso IV do art. 485 do CPC de 1973) refere-se apenas a relações processuais distintas. A invocação de desrespeito à coisa julgada formada no processo de conhecimento, na correspondente fase de execução, somente é possível com base na violação do art. 5º, XXXVI, da Constituição da República.

OJ 158 SDI-2 TST — AÇÃO RESCISÓRIA. DECLARAÇÃO DE NULIDADE DE DECISÃO HOMOLOGATÓRIA DE ACORDO EM RAZÃO DE COLUSÃO (ART. 485, III, DO CPC). MULTA POR LITIGÂNCIA DE MÁ-FÉ. IMPOSSIBILIDADE. (DEJT divulgado em 12, 13 e 16.04.2012)

A declaração de nulidade de decisão homologatória de acordo, em razão da colusão entre as partes (art. 485, III, do CPC), é sanção suficiente em relação ao procedimento adotado, não havendo que ser aplicada a multa por litigância de má-fé.

CAPÍTULO III
DOS DISSÍDIOS INDIVIDUAIS

SEÇÃO I
DA FORMA DE RECLAMAÇÃO E DA NOTIFICAÇÃO

Art. 837 Nas localidades em que houver apenas 1 (uma) Junta de Conciliação e Julgamento, ou 1 (um) escrivão do cível, a reclamação será apresentada diretamente à secretaria da Junta, ou ao cartório do Juízo.

Art. 838 Nas localidades em que houver mais de 1 (uma) Junta ou mais de 1 (um) Juízo, ou escrivão do cível, a reclamação será, preliminarmente, sujeita a distribuição, na forma do disposto no Capítulo II, Seção II, deste Título.

CONSTITUIÇÃO FEDERAL DE 1988
DOU 5.10.1988

Vide art. 93, caput e inciso XV

Art. 93. Lei complementar, de iniciativa do Supremo Tribunal Federal, disporá sobre o Estatuto da Magistratura, observados os seguintes princípios:

(...)

XV — a distribuição de processos será imediata, em todos os graus de jurisdição. *(Incluído pela Emenda Constitucional n. 45, de 2004)*

CONSOLIDAÇÃO DAS LEIS DO TRABALHO
Decreto-Lei n. 5.452, de 1º de maio de 1943
DOU 9.8.1943

Vide art. 713; art. 714, caput e alíneas a a e; art. 715; art. 783; art. 784; art. 785; art. 786; art. 787; e art. 788

Art. 713. Nas localidades em que existir mais de uma Junta de Conciliação e Julgamento haverá um distribuidor.

Art. 714. Compete ao distribuidor:

a) a distribuição, pela ordem rigorosa de entrada, e sucessivamente a cada Junta, dos feitos que, para esse fim, lhe forem apresentados pelos interessados;

b) o fornecimento, aos interessados, do recibo correspondente a cada feito distribuído;

c) a manutenção de 2 (dois) fichários dos feitos distribuídos, sendo um organizado pelos nomes dos reclamantes e o outro dos reclamados, ambos por ordem alfabética;

d) o fornecimento a qualquer pessoa que o solicite, verbalmente ou por certidão, de informações sobre os feitos distribuídos;

e) a baixa na distribuição dos feitos, quando isto lhe for determinado pelos Presidentes das Juntas, formando, com as fichas correspondentes, fichários à parte, cujos dados poderão ser consultados pelos interessados, mas não serão mencionados em certidões.

Art. 715. Os distribuidores são designados pelo Presidente do Tribunal Regional dentre os funcionários das Juntas e do Tribunal Regional, existentes na mesma localidade, e ao mesmo Presidente diretamente subordinados.

Art. 783. A distribuição das reclamações será feita entre as Juntas de Conciliação e Julgamento, ou os Juízes de Direito do Cível, nos casos previstos no art. 669, § 1º, pela ordem rigorosa de sua apresentação ao distribuidor, quando o houver.

Art. 784. As reclamações serão registradas em livro próprio, rubricado em todas as folhas pela autoridade a que estiver subordinado o distribuidor.

Art. 785. O distribuidor fornecerá ao interessado um recibo do qual constarão, essencialmente, o nome do reclamante e do reclamado, a data da distribuição, o objeto da reclamação e a Junta ou o Juízo a que coube a distribuição.

Art. 786. A reclamação verbal será distribuída antes de sua redução a termo.

Parágrafo único — Distribuída a reclamação verbal, o reclamante deverá, salvo motivo de força maior, apresentar-se no prazo de 5 (cinco) dias, ao cartório ou à secretaria, para reduzi-la a termo, sob a pena estabelecida no art. 731.

Art. 787. A reclamação escrita deverá ser formulada em 2 (duas) vias e desde logo acompanhada dos documentos em que se fundar.

Art. 788. Feita a distribuição, a reclamação será remetida pelo distribuidor à Junta ou Juízo competente, acompanhada do bilhete de distribuição.

CÓDIGO DE PROCESSO CIVIL DE 1973
Lei n. 5.869, de 11 de janeiro de 1973
DOU 17.1.1973 e republicado em 27.7.2006

Vide art. 253, caput, incisos I a III e parágrafo único

Art. 253. Distribuir-se-ão por dependência as causas de qualquer natureza:

I — quando se relacionarem, por conexão ou continência, com outra já ajuizada;

II — quando, tendo sido extinto o processo, sem julgamento de mérito, for reiterado o pedido, ainda que em litisconsórcio com outros autores ou que sejam parcialmente alterados os réus da demanda;

III — quando houver ajuizamento de ações idênticas, ao juízo prevento.

Parágrafo único. Havendo reconvenção ou intervenção de terceiro, o juiz, de ofício, mandará proceder à respectiva anotação pelo distribuidor.

TÍTULO X — DO PROCESSO JUDICIÁRIO DO TRABALHO

Art. 839

CÓDIGO DE PROCESSO CIVIL DE 2015
Lei n. 13.105, de 16 de março de 2015
DOU 17.3.2015

Vide art. 286, caput, incisos I a III e parágrafo único

Art. 286. Serão distribuídas por dependência as causas de qualquer natureza:

I — quando se relacionarem, por conexão ou continência, com outra já ajuizada;

II — quando, tendo sido extinto o processo sem resolução de mérito, for reiterado o pedido, ainda que em litisconsórcio com outros autores ou que sejam parcialmente alterados os réus da demanda;

III — quando houver ajuizamento de ações nos termos do art. 55, § 3º, ao juízo prevento.

Parágrafo único. Havendo intervenção de terceiro, reconvenção ou outra hipótese de ampliação objetiva do processo, o juiz, de ofício, mandará proceder à respectiva anotação pelo distribuidor.

Art. 839 — A reclamação poderá ser apresentada:

a) pelos empregados e empregadores, pessoalmente, ou por seus representantes, e pelos sindicatos de classe;

b) por intermédio das Procuradorias Regionais da Justiça do Trabalho.

CONSTITUIÇÃO FEDERAL DE 1988
DOU 5.10.1988

Vide art. 5º, caput e incisos I e XXXV; art. 8º, caput e inciso III

Art. 5º Todos são iguais perante a lei, sem distinção de qualquer natureza, garantindo-se aos brasileiros e aos estrangeiros residentes no País a inviolabilidade do direito à vida, à liberdade, à igualdade, à segurança e à propriedade, nos termos seguintes:

I — homens e mulheres são iguais em direitos e obrigações, nos termos desta Constituição;

(...)

XXXV — a lei não excluirá da apreciação do Poder Judiciário lesão ou ameaça a direito;

Art. 8º É livre a associação profissional ou sindical, observado o seguinte:

(...)

III — ao sindicato cabe a defesa dos direitos e interesses coletivos ou individuais da categoria, inclusive em questões judiciais ou administrativas;

CONSOLIDAÇÃO DAS LEIS DO TRABALHO
Decreto-Lei n. 5.452, de 1º de maio de 1943
DOU 9.8.1943

Vide art. 792, caput e §§ 1º e 3º; e art. 872, caput parágrafo único

Art. 792. Os maiores de 18 (dezoito) e menores de 21 (vinte e um) anos e as mulheres casadas poderão pleitear perante a Justiça do Trabalho sem a assistência de seus pais, tutores ou maridos.

Art. 872. Celebrado o acordo, ou transitada em julgado a decisão, seguir-se-á o seu cumprimento, sob as penas estabelecidas neste Título.

Parágrafo único. Quando os empregadores deixarem de satisfazer o pagamento de salários, na conformidade da decisão proferida, poderão os empregados ou seus sindicatos, independentes de outorga de poderes de seus associados, juntando certidão de tal decisão, apresentar reclamação à Junta ou Juízo competente, observado o processo previsto no Capítulo II deste Título, sendo vedado, porém, questionar sobre a matéria de fato e de direito já apreciada na decisão. *(Redação dada pela Lei n. 2.275, de 30.7.1954)*

SÚMULAS DO TST

Vide Súmula 286, 395 e 425/TST

Súmula 286 TST — SINDICATO. SUBSTITUIÇÃO PROCESSUAL. CONVENÇÃO E ACORDO COLETIVOS (mantida) Res. 121/2003, DJ 19, 20 e 21.11.2003

A legitimidade do sindicato para propor ação de cumprimento estende-se também à observância de acordo ou de convenção coletivos.

Súmula 395 TST — MANDATO E SUBSTABELECIMENTO. CONDIÇÕES DE VALIDADE (nova redação dos itens I e II e acrescido o item V em decorrência do CPC de 2015) — Res. 211/2016, DEJT divulgado em 24, 25 e 26.08.2016

I — Válido é o instrumento de mandato com prazo determinado que contém cláusula estabelecendo a prevalência dos poderes para atuar até o final da demanda. (§ 4º do art. 105 do CPC de 2015). *(ex-OJ n. 312 da SBDI-1 — DJ 11.08.2003)*

II — Se há previsão, no instrumentos de mandato, de prazo para sua juntada, o mandato só tem validade se anexado ao processo o respectivo instrumento no aludido prazo. *(ex-OJ n. 313 da SBDI-1 — DJ 11.08.2003)*

III — São válidos os atos praticados pelo substabelecido, ainda que não haja, no mandato, poderes expressos para substabelecer (art. 667, e parágrafos, do Código Civil de 2002). *(ex-OJ n. 108 da SBDI-1 — inserida em 01.10.1997)*

IV — Configura-se a irregularidade de representação se o substabelecimento é anterior à outorga passada ao substabelecente. *(ex-OJ n. 330 da SBDI-1 — DJ 09.12.2003)*

V — Verifica a irregularidade de representação ns hipóteses dos itens II e IV, deve o juiz suspender o processo e designar prazo razoável para que seja sanado o vício, ainda em instância recursal (art. 76 do CPC de 2015)

Súmula 425 TST — JUS POSTULANDI NA JUSTIÇA DO TRABALHO. ALCANCE. Res. 165/2010, DEJT divulgado em 30.04.2010 e 03 e 04.05.2010

O jus postulandi das partes, estabelecido no art. 791 da CLT, limita-se às Varas do Trabalho e aos Tribunais Regionais do Trabalho, não alcançando a ação rescisória, a ação cautelar, o mandado de segurança e os recursos de competência do Tribunal Superior do Trabalho.

ORIENTAÇÕES JURISPRUDENCIAIS DA SDI-1 DO TST

Vide OJs 7, 75, 110, 121, 200, 255, 286, 318, 319, 348 e 349 SDI-1/TST

OJ 7 SDI-1 TST — ADVOGADO. ATUAÇÃO FORA DA SEÇÃO DA OAB ONDE O ADVOGADO ESTÁ INSCRITO.

Art. 840

TÍTULO X — DO PROCESSO JUDICIÁRIO DO TRABALHO

AUSÊNCIA DE COMUNICAÇÃO. (LEI N. 4.215/63, § 2º, ART. 56). INFRAÇÃO DISCIPLINAR. NÃO IMPORTA NULIDADE. (inserido dispositivo) — DJ 20.04.2005

A despeito da norma então prevista no artigo 56, § 2º, da Lei n. 4.215/63, a falta de comunicação do advogado à OAB para o exercício profissional em seção diversa daquela na qual tem inscrição não importa nulidade dos atos praticados, constituindo apenas infração disciplinar, que cabe àquela instituição analisar.

OJ 75 SDI-1 TST — SUBSTABELECIMENTO SEM O RECONHECIMENTO DE FIRMA DO SUBSTABELECENTE. INVÁLIDO (ANTERIOR À LEI N. 8.952/94) (inserido dispositivo) — DJ 20.04.2005

Não produz efeitos jurídicos recurso subscrito por advogado com poderes conferidos em substabelecimento em que não consta o reconhecimento de firma do outorgante. Entendimento aplicável antes do advento da Lei n. 8.952/94.

OJ 110 SDI-1 TST — REPRESENTAÇÃO IRREGULAR. PROCURAÇÃO APENAS NOS AUTOS DE AGRAVO DE INSTRUMENTO (inserido dispositivo) — DEJT divulgado em 16, 17 e 18.11.2010

A existência de instrumento de mandato apenas nos autos de agravo de instrumento, ainda que em apenso, não legitima a atuação de advogado nos processos de que se originou o agravo.

OJ 121 SDI-1 TST — SUBSTITUIÇÃO PROCESSUAL. DIFERENÇA DO ADICIONAL DE INSALUBRIDADE. LEGITIMIDADE. (nova redação) — DJ 20.04.2005

O sindicato tem legitimidade para atuar na qualidade de substituto processual para pleitear diferença de adicional de insalubridade.

OJ 200 SDI-1 TST — MANDATO TÁCITO. SUBSTABELECIMENTO INVÁLIDO (inserido dispositivo) — DJ 20.04.2005

É inválido o substabelecimento de advogado investido de mandato tácito.

OJ 255 SDI-1 TST — MANDATO. CONTRATO SOCIAL. DESNECESSÁRIA A JUNTADA. (atualizada em decorrência do CPC de 2015) — Res. 208/2016, DEJT divulgado em 22, 25 e 26.04.2016

O art. 75, inciso VIII, do CPC de 2015 (art. 12, VI, do CPC de 1973) não determina a exibição dos estatutos da empresa em juízo como condição de validade do instrumento de mandato outorgado ao seu procurador, salvo se houver impugnação da parte contrária.

OJ 286 SDI-1 TST — AGRAVO DE INSTRUMENTO. TRASLADO. MANDATO TÁCITO. ATA DE AUDIÊNCIA. CONFIGURAÇÃO (alterada — Res. 167/2010, DEJT divulgado em 30.04.2010 e 03 e 04.05.2010)

I — A juntada da ata de audiência, em que consignada a presença do advogado, desde que não estivesse atuando com mandato expresso, torna dispensável a procuração deste, porque demonstrada a existência de mandato tácito.

II — Configurada a existência de mandato tácito fica suprida a irregularidade detectada no mandato expresso.

OJ 318 SDI-1 TST — REPRESENTAÇÃO IRREGULAR. AUTARQUIA (DJ 11.08.2003)

Os Estados e os Municípios não têm legitimidade para recorrer em nome das autarquias detentoras de personalidade jurídica própria, devendo ser representadas pelos procuradores que fazem parte de seus quadros ou por advogados constituídos.

OJ 319 SDI-1 TST — REPRESENTAÇÃO REGULAR. ESTAGIÁRIO. HABILITAÇÃO POSTERIOR (DJ 11.08.2003)

Válidos são os atos praticados por estagiário se, entre o substabelecimento e a interposição do recurso, sobreveio a habilitação, do então estagiário, para atuar como advogado.

OJ 348 SDI-1 TST — HONORÁRIOS ADVOCATÍCIOS. BASE DE CÁLCULO. VALOR LÍQUIDO. LEI N. 1.060, DE 05.02.1950 (DJ 25.04.2007)

Os honorários advocatícios, arbitrados nos termos do art. 11, § 1º, da Lei n. 1.060, de 05.02.1950, devem incidir sobre o valor líquido da condenação, apurado na fase de liquidação de sentença, sem a dedução dos descontos fiscais e previdenciários.

OJ 349 SDI-1 TST — MANDATO. JUNTADA DE NOVA PROCURAÇÃO. AUSÊNCIA DE RESSALVA. EFEITOS (DJ 25.04.2007)

A juntada de nova procuração aos autos, sem ressalva de poderes conferidos ao antigo patrono, implica revogação tácita do mandato anterior.

Art. 840 — A reclamação poderá ser escrita ou verbal.

§ 1º Sendo escrita, a reclamação deverá conter a designação do Presidente da Junta, ou do juiz de direito a quem for dirigida, a qualificação do reclamante e do reclamado, uma breve exposição dos fatos de que resulte o dissídio, o pedido, a data e a assinatura do reclamante ou de seu representante.

CONSOLIDAÇÃO DAS LEIS DO TRABALHO
Decreto-Lei n. 5.452, de 1º de maio de 1943
DOU 9.8.1943

Vide art. 769

Art. 769. Nos casos omissos, o direito processual comum será fonte subsidiária do direito processual do trabalho, exceto naquilo em que for incompatível com as normas deste Título.

CÓDIGO DE PROCESSO CIVIL DE 1973
Lei n. 5.869, de 11 de janeiro de 1973
DOU 17.1.1973 e republicado em 27.7.2006

Vide art. 282, *caput* e incisos I a VII

Art. 282. A petição inicial indicará:

I — o juiz ou tribunal, a que é dirigida;

II — os nomes, prenomes, estado civil, profissão, domicílio e residência do autor e do réu;

TÍTULO X — DO PROCESSO JUDICIÁRIO DO TRABALHO

Art. 841

III — o fato e os fundamentos jurídicos do pedido;
IV — o pedido, com as suas especificações;
V — o valor da causa;
VI — as provas com que o autor pretende demonstrar a verdade dos fatos alegados;
VII — o requerimento para a citação do réu.

CÓDIGO DE PROCESSO CIVIL DE 2015
Lei n. 13.105, de 16 de março de 2015
DOU 17.3.2015

Vide art. 15; art. 319, *caput*, incisos I a VII e §§ 1º a 3º

Art. 15. Na ausência de normas que regulem processos eleitorais, trabalhistas ou administrativos, as disposições deste Código lhes serão aplicadas supletiva e subsidiariamente.

Art. 319. A petição inicial indicará:
I — o juízo a que é dirigida;
II — os nomes, os prenomes, o estado civil, a existência de união estável, a profissão, o número de inscrição no Cadastro de Pessoas Físicas ou no Cadastro Nacional da Pessoa Jurídica, o endereço eletrônico, o domicílio e a residência do autor e do réu;
III — o fato e os fundamentos jurídicos do pedido;
IV — o pedido com as suas especificações;
V — o valor da causa;
VI — as provas com que o autor pretende demonstrar a verdade dos fatos alegados;
VII — a opção do autor pela realização ou não de audiência de conciliação ou de mediação.

§ 1º Caso não disponha das informações previstas no inciso II, poderá o autor, na petição inicial, requerer ao juiz diligências necessárias a sua obtenção.

§ 2º A petição inicial não será indeferida se, a despeito da falta de informações a que se refere o inciso II, for possível a citação do réu.

§ 3º A petição inicial não será indeferida pelo não atendimento ao disposto no inciso II deste artigo se a obtenção de tais informações tornar impossível ou excessivamente oneroso o acesso à justiça.

SÚMULAS DO TST

Vide Súmulas 71, 263 e 268/TST

Súmula 71 TST — ALÇADA (mantida) — Res. 121/2003, DJ 19, 20 e 21.11.2003

A alçada é fixada pelo valor dado à causa na data de seu ajuizamento, desde que não impugnado, sendo inalterável no curso do processo.

Súmula 263 TST — PETIÇÃO INICIAL. INDEFERIMENTO. INSTRUÇÃO OBRIGATÓRIA DEFICIENTE (nova redação em decorrência do CPC de 2015) — Res. 208/2016, DEJT divulgado em 22, 25 e 26.04.2016

Salvo nas hipóteses do art. 330 do CPC de 2015 (art. 295 do CPC de 1973), o indeferimento da petição inicial, por encontrar-se desacompanhada de documento indispensável à propositura da ação ou não preencher outro requisito legal, somente é cabível se, após intimada para suprir a irregularidade em 15 (quinze) dias, mediante indicação precisa do que deve ser corrigido ou completado, a parte não o fizer (art. 321 do CPC de 2015).

Súmula 268 TST — PRESCRIÇÃO. INTERRUPÇÃO. AÇÃO TRABALHISTA ARQUIVADA (nova redação) — Res. 121/2003, DJ 19, 20 e 21.11.2003

A ação trabalhista, ainda que arquivada, interrompe a prescrição somente em relação aos pedidos idênticos.

§ 2º Se verbal, a reclamação será reduzida a termo, em 2 (duas) vias datadas e assinadas pelo escrivão ou secretário, observado, no que couber, o disposto no parágrafo anterior.

CONSOLIDAÇÃO DAS LEIS DO TRABALHO
Decreto-Lei n. 5.452, de 1º de maio de 1943

DOU 9.8.1943

Vide art. 731; e art. 786, *caput* e parágrafo único

Art. 731. Aquele que, tendo apresentado ao distribuidor reclamação verbal, não se apresentar, no prazo estabelecido no paragrafo único do art. 786, à Junta ou Juízo para fazê-lo tomar por termo, incorrerá na pena de perda, pelo prazo de 6 (seis) meses, do direito de reclamar perante a Justiça do Trabalho.

Art. 786. A reclamação verbal será distribuída antes de sua redução a termo.

Parágrafo único. Distribuída a reclamação verbal, o reclamante deverá, salvo motivo de força maior, apresentar-se no prazo de 5 (cinco) dias, ao cartório ou à secretaria, para reduzi-la a termo, sob a pena estabelecida no art. 731.

Art. 841 Recebida e protocolada a reclamação, o escrivão ou secretário, dentro de 48 (quarenta e oito) horas, remeterá a segunda via da petição, ou do termo, ao reclamado, notificando-o ao mesmo tempo, para comparecer à audiência do julgamento, que será a primeira desimpedida, depois de 5 (cinco) dias.

Art. 841

TÍTULO X — DO PROCESSO JUDICIÁRIO DO TRABALHO

CONSTITUIÇÃO FEDERAL DE 1988
DOU 5.10.1988

Vide art. 5º, *caput* e inciso LV

Art. 5º Todos são iguais perante a lei, sem distinção de qualquer natureza, garantindo-se aos brasileiros e aos estrangeiros residentes no País a inviolabilidade do direito à vida, à liberdade, à igualdade, à segurança e à propriedade, nos termos seguintes:
(...)
LV — aos litigantes, em processo judicial ou administrativo, e aos acusados em geral são assegurados o contraditório e ampla defesa, com os meios e recursos a ela inerentes;

DECRETO-LEI N. 779, DE 21 DE AGOSTO DE 1969
Dispõe sobre a aplicação de normas processuais trabalhistas à União Federal, aos Estados, Municípios, Distrito Federal e Autarquias ou Fundações de direito público que não explorem atividade econômica
DOU 25.8.1969

Vide art. 1º, *caput* e inciso II

Art. 1º Nos processos perante a Justiça do Trabalho, constituem privilégio da União, dos Estados, do Distrito Federal, dos Municípios e das autarquias ou fundações de direito público federais, estaduais ou municipais que não explorem atividade econômica:

(...)
II — o quádruplo do prazo fixado no artigo 841, "in fine", da Consolidação das Leis do Trabalho;

SÚMULA DO TST

Vide Súmula 122/TST

Súmula 122 TST — REVELIA. ATESTADO MÉDICO (incorporada a Orientação Jurisprudencial n. 74 da SBDI-1) — Res. 129/2005, DJ 20, 22 e 25.04.2005
A reclamada, ausente à audiência em que deveria apresentar defesa, é revel, ainda que presente seu advogado munido de procuração, podendo ser ilidida a revelia mediante a apresentação de atestado médico, que deverá declarar, expressamente, a impossibilidade de locomoção do empregador ou do seu preposto no dia da audiência. *(primeira parte — ex-OJ n. 74 da SBDI-1 — inserida em 25.11.1996; segunda parte — ex-Súmula n. 122 — alterada pela Res. 121/2003, DJ 21.11.2003)*

ORIENTAÇÃO JURISPRUDENCIAL DA SDI-1 DO TST

Vide OJ 245 SDI-1/TST

OJ 245 SDI-1 TST — REVELIA. ATRASO. AUDIÊNCIA (inserida em 20.06.2001)
Inexiste previsão legal tolerando atraso no horário de comparecimento da parte na audiência.

§ 1º	A notificação será feita em registro postal com franquia. Se o reclamado criar embaraços ao seu recebimento ou não for encontrado, far-se-á a notificação por edital, inserto no jornal oficial ou no que publicar o expediente forense, ou, na falta, afixado na sede da Junta ou Juízo.
§ 2º	O reclamante será notificado no ato da apresentação da reclamação ou na forma do parágrafo anterior.

CONSOLIDAÇÃO DAS LEIS DO TRABALHO
Decreto-Lei n. 5.452, de 1º de maio de 1943
DOU 9.8.1943

Vide art. 852; e art. 852-B, *caput* e inciso II

Art. 852. Da decisão serão os litigantes notificados, pessoalmente, ou por seu representante, na própria audiência. No caso de revelia, a notificação far-se-á pela forma estabelecida no § 1º do art. 841.

Art. 852-B. Nas reclamações enquadradas no procedimento sumaríssimo: *(Incluído pela Lei n. 9.957, de 2000)*
(...)
II — não se fará citação por edital, incumbindo ao autor a correta indicação do nome e endereço do reclamado; *(Incluído pela Lei n. 9.957, de 2000)*

CÓDIGO DE PROCESSO CIVIL DE 1973
Lei n. 5.869, de 11 de janeiro de 1973
DOU 17.1.1973 e republicado em 27.7.2006

Vide art. 221, *caput* e incisos I a IV; art. 222, *caput* e alíneas *a* a *f*; art. 224; art. 227; art. 228, §§ 1º e 2º; e art. 230

Art. 221. A citação far-se-á:
I — pelo correio;
II — por oficial de justiça;
III — por edital.
IV — por meio eletrônico, conforme regulado em lei própria.

Art. 222. A citação será feita pelo correio, para qualquer comarca do País, exceto:
a) nas ações de estado;
b) quando for ré pessoa incapaz;
c) quando for ré pessoa de direito público;
d) nos processos de execução;
e) quando o réu residir em local não atendido pela entrega domiciliar de correspondência;
f) quando o autor a requerer de outra forma.

Art. 224. Far-se-á a citação por meio de oficial de justiça nos casos ressalvados no art. 222, ou quando frustrada a citação pelo correio.

Art. 227. Quando, por três vezes, o oficial de justiça houver procurado o réu em seu domicílio ou residência, sem o encontrar, deverá, havendo suspeita de ocultação, intimar a qualquer pessoa da família, ou, em sua falta a qualquer vizinho, que, no dia imediato, voltará, a fim de efetuar a citação, na hora que designar.

Art. 228. No dia e hora designados, o oficial de justiça, independentemente de novo despacho, comparecerá

TÍTULO X — DO PROCESSO JUDICIÁRIO DO TRABALHO

ao domicílio ou residência do citando, a fim de realizar a diligência.

§ 1º Se o citando não estiver presente, o oficial de justiça procurará informar-se das razões da ausência, dando por feita a citação, ainda que o citando se tenha ocultado em outra comarca.

§ 2º Da certidão da ocorrência, o oficial de justiça deixará contrafé com pessoa da família ou com qualquer vizinho, conforme o caso, declarando-lhe o nome.

Art. 230. Nas comarcas contíguas, de fácil comunicação, e nas que se situem na mesma região metropolitana, o oficial de justiça poderá efetuar citações ou intimações em qualquer delas.

CÓDIGO DE PROCESSO CIVIL DE 2015
Lei n. 13.105, de 16 de março de 2015
DOU 17.3.2015

Vide art. 246, *caput*, incisos I a IV e §§ 1º a 3º; art. 247, *caput* e incisos I a V; art. 249,; art. 252, *caput* e parágrafo único; art. 253, *caput* e §§ 1º a 4º; e art. 255

Art. 246. A citação será feita:
I — pelo correio;
II — por oficial de justiça;
III — pelo escrivão ou chefe de secretaria, se o citando comparecer em cartório;
IV — por edital;
V — por meio eletrônico, conforme regulado em lei.

§ 1º Com exceção das microempresas e das empresas de pequeno porte, as empresas públicas e privadas são obrigadas a manter cadastro nos sistemas de processo em autos eletrônicos, para efeito de recebimento de citações e intimações, as quais serão efetuadas preferencialmente por esse meio.

§ 2º O disposto no § 1º aplica-se à União, aos Estados, ao Distrito Federal, aos Municípios e às entidades da administração indireta.

§ 3º Na ação de usucapião de imóvel, os confinantes serão citados pessoalmente, exceto quando tiver por objeto unidade autônoma de prédio em condomínio, caso em que tal citação é dispensada.

Art. 247. A citação será feita pelo correio para qualquer comarca do país, exceto:
I — nas ações de estado, observado o disposto no art. 695, § 3º;
II — quando o citando for incapaz;
III — quando o citando for pessoa de direito público;
IV — quando o citando residir em local não atendido pela entrega domiciliar de correspondência;
V — quando o autor, justificadamente, a requerer de outra forma.

Art. 249. A citação será feita por meio de oficial de justiça nas hipóteses previstas neste Código ou em lei, ou quando frustrada a citação pelo correio.

Art. 252. Quando, por 2 (duas) vezes, o oficial de justiça houver procurado o citando em seu domicílio ou residência sem o encontrar, deverá, havendo suspeita de ocultação, intimar qualquer pessoa da família ou, em sua falta, qualquer vizinho de que, no dia útil imediato, voltará a fim de efetuar a citação, na hora que designar.

Parágrafo único. Nos condomínios edilícios ou nos loteamentos com controle de acesso, será válida a intimação a que se refere o *caput* feita a funcionário da portaria responsável pelo recebimento de correspondência.

Art. 253. No dia e na hora designados, o oficial de justiça, independentemente de novo despacho, comparecerá ao domicílio ou à residência do citando a fim de realizar a diligência.

§ 1º Se o citando não estiver presente, o oficial de justiça procurará informar-se das razões da ausência, dando por feita a citação, ainda que o citando se tenha ocultado em outra comarca, seção ou subseção judiciárias.

§ 2º A citação com hora certa será efetivada mesmo que a pessoa da família ou o vizinho que houver sido intimado esteja ausente, ou se, embora presente, a pessoa da família ou o vizinho se recusar a receber o mandado.

§ 3º Da certidão da ocorrência, o oficial de justiça deixará contrafé com qualquer pessoa da família ou vizinho, conforme o caso, declarando-lhe o nome.

§ 4º O oficial de justiça fará constar do mandado a advertência de que será nomeado curador especial se houver revelia.

Art. 255. Nas comarcas contíguas de fácil comunicação e nas que se situem na mesma região metropolitana, o oficial de justiça poderá efetuar, em qualquer delas, citações, intimações, notificações, penhoras e quaisquer outros atos executivos.

SÚMULA DO TST

Vide Súmula 16/TST

Súmula 16 TST — NOTIFICAÇÃO (nova redação) — Res. 121/2003, DJ 19, 20 e 21.11.2003

Presume-se recebida a notificação 48 (quarenta e oito) horas depois de sua postagem. O seu não-recebimento ou a entrega após o decurso desse prazo constitui ônus de prova do destinatário.

SÚMULA DO STJ

Vide Súmula 429/STJ

Súmula 429 STJ — A citação postal, quando autorizada por lei, exige o aviso de recebimento.

Art. 842 Sendo várias as reclamações e havendo identidade de matéria, poderão ser acumuladas num só processo, se se tratar de empregados da mesma empresa ou estabelecimento.

CÓDIGO DE PROCESSO CIVIL DE 1973
Lei n. 5.869, de 11 de janeiro de 1973
DOU 17.1.1973 e republicado em 27.7.2006

Vide art. 46, *caput*, incisos I a IV e parágrafo único; art. 47, *caput* e parágrafo único; art. 48; e art. 49

Art. 46. Duas ou mais pessoas podem litigar, no mesmo processo, em conjunto, ativa ou passivamente, quando:
I — entre elas houver comunhão de direitos ou de obrigações relativamente à lide;
II — os direitos ou as obrigações derivarem do mesmo fundamento de fato ou de direito;

III — entre as causas houver conexão pelo objeto ou pela causa de pedir;

IV — ocorrer afinidade de questões por um ponto comum de fato ou de direito.

Parágrafo único. O juiz poderá limitar o litisconsórcio facultativo quanto ao número de litigantes, quando este comprometer a rápida solução do litígio ou dificultar a defesa. O pedido de limitação interrompe o prazo para resposta, que recomeça da intimação da decisão.

Art. 47. Há litisconsórcio necessário, quando, por disposição de lei ou pela natureza da relação jurídica, o juiz tiver de decidir a lide de modo uniforme para todas as partes; caso em que a eficácia da sentença dependerá da citação de todos os litisconsortes no processo.

Parágrafo único. O juiz ordenará ao autor que promova a citação de todos os litisconsortes necessários, dentro do prazo que assinar, sob pena de declarar extinto o processo.

Art. 48. Salvo disposição em contrário, os litisconsortes serão considerados, em suas relações com a parte adversa, como litigantes distintos; os atos e as omissões de um não prejudicarão nem beneficiarão os outros.

Art. 49. Cada litisconsorte tem o direito de promover o andamento do processo e todos devem ser intimados dos respectivos atos.

CÓDIGO DE PROCESSO CIVIL DE 2015
Lei n. 13.105, de 16 de março de 2015
DOU 17.3.2015

Vide art.113, *caput*, incisos I a III e §§ 1º e 2º; art. 114; art. 117; e art 118

Art. 113. Duas ou mais pessoas podem litigar, no mesmo processo, em conjunto, ativa ou passivamente, quando:

I — entre elas houver comunhão de direitos ou de obrigações relativamente à lide;

II — entre as causas houver conexão pelo pedido ou pela causa de pedir;

III — ocorrer afinidade de questões por ponto comum de fato ou de direito.

§ 1º O juiz poderá limitar o litisconsórcio facultativo quanto ao número de litigantes na fase de conhecimento, na liquidação de sentença ou na execução, quando este comprometer a rápida solução do litígio ou dificultar a defesa ou o cumprimento da sentença.

§ 2º O requerimento de limitação interrompe o prazo para manifestação ou resposta, que recomeçará da intimação da decisão que o solucionar. Art. 116. O litisconsórcio será unitário quando, pela natureza da relação jurídica, o juiz tiver de decidir o mérito de modo uniforme para todos os litisconsortes.

Art. 114. O litisconsórcio será necessário por disposição de lei ou quando, pela natureza da relação jurídica controvertida, a eficácia da sentença depender da citação de todos que devam ser litisconsortes. Art. 115. A sentença de mérito, quando proferida sem a integração do contraditório, será:

I — nula, se a decisão deveria ser uniforme em relação a todos que deveriam ter integrado o processo;

II — ineficaz, nos outros casos, apenas para os que não foram citados. Parágrafo único. Nos casos de litisconsórcio passivo necessário, o juiz determinará ao autor que requeira a citação de todos que devam ser litisconsortes, dentro do prazo que assinar, sob pena de extinção do processo.

Art. 117. Os litisconsortes serão considerados, em suas relações com a parte adversa, como litigantes distintos, exceto no litisconsórcio unitário, caso em que os atos e as omissões de um não prejudicarão os outros, mas os poderão beneficiar.

Art. 118. Cada litisconsorte tem o direito de promover o andamento do processo, e todos devem ser intimados dos respectivos atos.

SÚMULA DO TST

Vide Súmulas 36/TST

Súmula 36 TST — CUSTAS (mantida) — Res. 121/2003, DJ 19, 20 e 21.11.2003

Nas ações plúrimas, as custas incidem sobre o respectivo valor global.

ORIENTAÇÃO JURISPRUDENCIAL DO TRIBUNAL PLENO DO TST

Vide OJ 9 TP/TST

OJ 9 TP TST — PRECATÓRIO. PEQUENO VALOR. INDIVIDUALIZAÇÃO DO CRÉDITO APURADO. RECLAMAÇÃO TRABALHISTA PLÚRIMA. EXECUÇÃO DIRETA CONTRA A FAZENDA PÚBLICA. POSSIBILIDADE (DJ 25.04.2007)

Tratando-se de reclamações trabalhistas plúrimas, a aferição do que vem a ser obrigação de pequeno valor, para efeito de dispensa de formação de precatório e aplicação do disposto no § 3º do art. 100 da CF/88, deve ser realizada considerando-se os créditos de cada reclamante.

SEÇÃO II
DA AUDIÊNCIA DE JULGAMENTO

Art. 843 — Na audiência de julgamento deverão estar presentes o reclamante e o reclamado, independentemente do comparecimento de seus representantes salvo, nos casos de Reclamatórias Plúrimas ou Ações de Cumprimento, quando os empregados poderão fazer-se representar pelo Sindicato de sua categoria. *(Redação dada pela Lei n. 6.667, de 3.7.1979)*

§ 1º É facultado ao empregador fazer-se substituir pelo gerente, ou qualquer outro preposto que tenha conhecimento do fato, e cujas declarações obrigarão o proponente.

TÍTULO X — DO PROCESSO JUDICIÁRIO DO TRABALHO

Art. 844

§ 2º Se por doença ou qualquer outro motivo poderoso, devidamente comprovado, não for possível ao empregado comparecer pessoalmente, poderá fazer-se representar por outro empregado que pertença à mesma profissão, ou pelo seu sindicato.

CONSOLIDAÇÃO DAS LEIS DO TRABALHO
Decreto-Lei n. 5.452, de 1º de maio de 1943
DOU 9.8.1943

Vide art. 861

Art. 861. É facultado ao empregador fazer-se representar na audiência pelo gerente, ou por qualquer outro preposto que tenha conhecimento do dissídio, e por cujas declarações será sempre responsável.

LEI COMPLEMENTAR N. 123, DE 14 DE DEZEMBRO DE 2006

Institui o Estatuto Nacional da Microempresa e da Empresa de Pequeno Porte; altera dispositivos das Leis ns. 8.212 e 8.213, ambas de 24 de julho de 1991, da Consolidação das Leis do Trabalho — CLT, aprovada pelo Decreto-Lei n. 5.452, de 1º de maio de 1943, da Lei n. 10.189, de 14 de fevereiro de 2001, da Lei Complementar n. 63, de 11 de janeiro de 1990; e revoga as Leis ns. 9.317, de 5 de dezembro de 1996, e 9.841, de 5 de outubro de 1999

DOU 15.12.2006, republicado em 31.1.2009, republicado em 31.1.2012 e republicado em 6.3.2012

Vide art. 54

Art. 54. É facultado ao empregador de microempresa ou de empresa de pequeno porte fazer-se substituir ou representar perante a Justiça do Trabalho por terceiros que conheçam dos fatos, ainda que não possuam vínculo trabalhista ou societário.

SÚMULAS DO TST

Vide Súmulas 9, 122, 377 e 406/TST

Súmula 9 TST — AUSÊNCIA DO RECLAMANTE (mantida) — Res. 121/2003, DJ 19, 20 e 21.11.2003
A ausência do reclamante, quando adiada a instrução após contestada a ação em audiência, não importa arquivamento do processo.

Súmula 122 TST — REVELIA. ATESTADO MÉDICO (incorporada a Orientação Jurisprudencial n. 74 da SBDI-1) — Res. 129/2005, DJ 20, 22 e 25.04.2005
A reclamada, ausente à audiência em que deveria apresentar defesa, é revel, ainda que presente seu advogado munido de procuração, podendo ser ilidida a revelia mediante a apresentação de atestado médico, que deverá declarar, expressamente, a impossibilidade de locomoção do empregador ou do seu preposto no dia da audiência. *(primeira parte — ex-OJ n. 74 da SBDI-1 — inserida em 25.11.1996; segunda parte — ex-Súmula n. 122 — alterada pela Res. 121/2003, DJ 21.11.2003)*

Súmula 377 TST — PREPOSTO. EXIGÊNCIA DA CONDIÇÃO DE EMPREGADO (nova redação) — Res. 146/2008, DJ 28.04.2008, 02 e 05.05.2008
Exceto quanto à reclamação de empregado doméstico, ou contra micro ou pequeno empresário, o preposto deve ser necessariamente empregado do reclamado. Inteligência do art. 843, § 1º, da CLT e do art. 54 da Lei Complementar n. 123, de 14 de dezembro de 2006.

Súmula 406 TST — AÇÃO RESCISÓRIA. LITISCONSÓRCIO. NECESSÁRIO NO POLO PASSIVO E FACULTATIVO NO ATIVO. INEXISTENTE QUANTO AOS SUBSTITUÍDOS PELO SINDICATO (conversão das Orientações Jurisprudenciais ns. 82 e 110 da SBDI-2) — Res. 137/2005, DJ 22, 23 e 24.08.2005

I — O litisconsórcio, na ação rescisória, é necessário em relação ao polo passivo da demanda, porque supõe uma comunidade de direitos ou de obrigações que não admite solução díspar para os litisconsortes, em face da indivisibilidade do objeto. Já em relação ao polo ativo, o litisconsórcio é facultativo, uma vez que a aglutinação de autores se faz por conveniência e não pela necessidade decorrente da natureza do litígio, pois não se pode condicionar o exercício do direito individual de um dos litigantes no processo originário à anuência dos demais para retomar a lide. *(ex-OJ n. 82 da SBDI-2 — inserida em 13.03.2002)*

II — O Sindicato, substituto processual e autor da reclamação trabalhista, em cujos autos fora proferida a decisão rescindenda, possui legitimidade para figurar como réu na ação rescisória, sendo descabida a exigência de citação de todos os empregados substituídos, porquanto inexistente litisconsórcio passivo necessário. *(ex-OJ n. 110 da SBDI-2 — DJ 29.04.2003)*

ORIENTAÇÕES JURISPRUDENCIAIS DA SDI-1 DO TST

Vide OJs 121 e 245 SDI-1/TST

OJ 121 SDI-1 TST — SUBSTITUIÇÃO PROCESSUAL. DIFERENÇA DO ADICIONAL DE INSALUBRIDADE. LEGITIMIDADE. (nova redação) — DJ 20.04.2005
O sindicato tem legitimidade para atuar na qualidade de substituto processual para pleitear diferença de adicional de insalubridade.

OJ 245 SDI-1 TST — REVELIA. ATRASO. AUDIÊNCIA (inserida em 20.06.2001)
Inexiste previsão legal tolerando atraso no horário de comparecimento da parte na audiência.

Art. 844 O não-comparecimento do reclamante à audiência importa o arquivamento da reclamação, e o não-comparecimento do reclamado importa revelia, além de confissão quanto à matéria de fato.

Parágrafo único Ocorrendo, entretanto, motivo relevante, poderá o presidente suspender o julgamento, designando nova audiência.

Art. 844

TÍTULO X — DO PROCESSO JUDICIÁRIO DO TRABALHO

CONSOLIDAÇÃO DAS LEIS DO TRABALHO
Decreto-Lei n. 5.452, de 1º de maio de 1943
DOU 9.8.1943

Vide art. 731; art. 732; e art. 849

Art. 731. Aquele que, tendo apresentado ao distribuidor reclamação verbal, não se apresentar, no prazo estabelecido no parágrafo único do art. 786, à Junta ou Juízo para fazê-lo tomar por termo, incorrerá na pena de perda, pelo prazo de 6 (seis) meses, do direito de reclamar perante a Justiça do Trabalho.

Art. 732. Na mesma pena do artigo anterior incorrerá o reclamante que, por 2 (duas) vezes seguidas, der causa ao arquivamento de que trata o art. 844.

Art. 849. A audiência de julgamento será contínua; mas, se não for possível, por motivo de força maior, concluí-la no mesmo dia, o juiz ou presidente marcará a sua continuação para a primeira desimpedida, independentemente de nova notificação.

CÓDIGO DE PROCESSO CIVIL DE 1973
Lei n. 5.869, de 11 de janeiro de 1973
DOU 17.1.1973 e republicado em 27.7.2006

Vide art. 319; art. 320,*caput* e incisos I a III; art. 321; art. 322, *caput* e parágrafo único; e art. 351

Art. 319. Se o réu não contestar a ação, reputar-se-ão verdadeiros os fatos afirmados pelo autor.

Art. 320. A revelia não induz, contudo, o efeito mencionado no artigo antecedente:

I — se, havendo pluralidade de réus, algum deles contestar a ação;

II — se o litígio versar sobre direitos indisponíveis;

III — se a petição inicial não estiver acompanhada do instrumento público, que a lei considere indispensável à prova do ato.

Art. 321. Ainda que ocorra revelia, o autor não poderá alterar o pedido, ou a causa de pedir, nem demandar declaração incidente, salvo promovendo nova citação do réu, a quem será assegurado o direito de responder no prazo de 15 (quinze) dias.

Art. 322. Contra o revel que não tenha patrono nos autos, correrão os prazos independentemente de intimação, a partir da publicação de cada ato decisório.

Parágrafo único O revel poderá intervir no processo em qualquer fase, recebendo-o no estado em que se encontrar.

Art. 351. Não vale como confissão a admissão, em juízo, de fatos relativos a direitos indisponíveis.

CÓDIGO DE PROCESSO CIVIL DE 2015
Lei n. 13.105, de 16 de março de 2015
DOU 17.3.2015

Vide art.344; art. 345, *caput* e incisos I a IV; art. 346 *caput* e parágrafo único; e art. 392, *caput* e §§ 1º e 2º

Art. 344. Se o réu não contestar a ação, será considerado revel e presumir-se-ão verdadeiras as alegações de fato formuladas pelo autor.

Art. 345. A revelia não produz o efeito mencionado no art. 344 se:

I — havendo pluralidade de réus, algum deles contestar a ação;

II — o litígio versar sobre direitos indisponíveis;

III — a petição inicial não estiver acompanhada de instrumento que a lei considere indispensável à prova do ato;

IV — as alegações de fato formuladas pelo autor forem inverossímeis ou estiverem em contradição com prova constante dos autos.

Art. 346. Os prazos contra o revel que não tenha patrono nos autos fluirão da data de publicação do ato decisório no órgão oficial.

Parágrafo único. O revel poderá intervir no processo em qualquer fase, recebendo-o no estado em que se encontrar.

Art. 392. Não vale como confissão a admissão, em juízo, de fatos relativos a direitos indisponíveis.

§ 1º A confissão será ineficaz se feita por quem não for capaz de dispor do direito a que se referem os fatos confessados.

§ 2º A confissão feita por um representante somente é eficaz nos limites em que este pode vincular o representado.

SÚMULAS DO TST

Vide Súmulas 9, 74, 122 e 268/TST

Súmula 9 TST — AUSÊNCIA DO RECLAMANTE (mantida) — Res. 121/2003, DJ 19, 20 e 21.11.2003

A ausência do reclamante, quando adiada a instrução após contestada a ação em audiência, não importa arquivamento do processo.

Súmula 74 TST — CONFISSÃO. (atualizada em decorrência do CPC de 2015) — Res. 208/2016, DEJT divulgado em 22, 25 e 26.04.2016

I — Aplica-se a confissão à parte que, expressamente intimada com aquela cominação, não comparecer à audiência em prosseguimento, na qual deveria depor. *(ex-Súmula n. 74 — RA 69/1978, DJ 26.09.1978)*

II — A prova pré-constituída nos autos pode ser levada em conta para confronto com a confissão ficta (arts. 442 e 443, do CPC de 2015 — art. 400, I, do CPC de 1973), não implicando cerceamento de defesa o indeferimento de provas posteriores. *(ex-OJ n. 184 da SBDI-1 — inserida em 08.11.2000)*

III — A vedação à produção de prova posterior pela parte confessa somente a ela se aplica, não afetando o exercício, pelo magistrado, do poder/dever de conduzir o processo.

Súmula 122 TST — REVELIA. ATESTADO MÉDICO (incorporada a Orientação Jurisprudencial n. 74 da SBDI-1) — Res. 129/2005, DJ 20, 22 e 25.04.2005

A reclamada, ausente à audiência em que deveria apresentar defesa, é revel, ainda que presente seu advogado munido de procuração, podendo ser ilidida a revelia mediante a apresentação de atestado médico, que deverá declarar, expressamente, a impossibilidade de locomoção do empregador ou do seu preposto no dia da audiência. *(primeira parte — ex-OJ n. 74 da SBDI-1 — inserida em 25.11.1996; segunda parte — ex-Súmula n. 122 — alterada pela Res. 121/2003, DJ 21.11.2003)*

Súmula 268 TST — PRESCRIÇÃO. INTERRUPÇÃO. AÇÃO TRABALHISTA ARQUIVADA (nova redação) — Res. 121/2003, DJ 19, 20 e 21.11.2003

A ação trabalhista, ainda que arquivada, interrompe a prescrição somente em relação aos pedidos idênticos.

TÍTULO X — DO PROCESSO JUDICIÁRIO DO TRABALHO

Arts. 845 e 846

ORIENTAÇÕES JURISPRUDENCIAIS DA SDI-1 DO TST

Vide OJs 152 e 245 SDI-1/TST

OJ 152 SDI-1 TST — REVELIA. ATESTADO MÉDICO (incorporada a Orientação Jurisprudencial n. 74 da SBDI-1) — Res. 129/2005, DJ 20, 22 e 25.04.2005

A reclamada, ausente à audiência em que deveria apresentar defesa, é revel, ainda que presente seu advogado munido de procuração, podendo ser ilidida a revelia mediante a apresentação de atestado médico, que deverá declarar, expressamente, a impossibilidade de locomoção do empregador ou do seu preposto no dia da audiência. *(primeira parte — ex-OJ n. 74 da SBDI-1 — inserida em 25.11.1996; segunda parte — ex-Súmula n. 122 — alterada pela Res. 121/2003, DJ 21.11.2003)*

OJ 245 SDI-1 TST — REVELIA. ATRASO. AUDIÊNCIA (inserida em 20.06.2001)

Inexiste previsão legal tolerando atraso no horário de comparecimento da parte na audiência.

Art. 845 — O reclamante e o reclamado comparecerão à audiência acompanhados das suas testemunhas, apresentando, nessa ocasião, as demais provas.

CONSOLIDAÇÃO DAS LEIS DO TRABALHO
Decreto-Lei n. 5.452, de 1º de maio de 1943
DOU 9.8.1943

Vide art. 821, art. 825; caput e parágrafo único; e art. 852-H, § 2º

Art. 821. Cada uma das partes não poderá indicar mais de 3 (três) testemunhas, salvo quando se tratar de inquérito, caso em que esse número poderá ser elevado a 6 (seis). *(Redação dada pelo Decreto-Lei n. 8.737, de 19.1.1946)*

Art. 825. As testemunhas comparecerão a audiência independentemente de notificação ou intimação.

Parágrafo único. As que não comparecerem serão intimadas, ex officio ou a requerimento da parte, ficando sujeitas a condução coercitiva, além das penalidades do art. 730, caso, sem motivo justificado, não atendam à intimação.

Art. 852-H. (...)

§ 2º As testemunhas, até o máximo de duas para cada parte, comparecerão à audiência de instrução e julgamento independentemente de intimação. *(Incluído pela Lei n. 9.957, de 2000)*

Art. 846 — Aberta a audiência, o juiz ou presidente proporá a conciliação. *(Redação dada pela Lei n. 9.022, de 5.4.1995)*

CONSOLIDAÇÃO DAS LEIS DO TRABALHO
Decreto-Lei n. 5.452, de 1º de maio de 1943
DOU 9.8.1943

Vide art. 764, caput e §§ 1º a 3º; art. 831, caput e parágrafo único; art. 850, caput e parágrafo único; e art. 852-E

Art. 764. Os dissídios individuais ou coletivos submetidos à apreciação da Justiça do Trabalho serão sempre sujeitos à conciliação.

§ 1º Para os efeitos deste artigo, os juízes e Tribunais do Trabalho empregarão sempre os seus bons ofícios e persuasão no sentido de uma solução conciliatória dos conflitos.

§ 2º Não havendo acordo, o juízo conciliatório converter-se-á obrigatoriamente em arbitral, proferindo decisão na forma prescrita neste Título.

§ 3º É lícito às partes celebrar acordo que ponha termo ao processo, ainda mesmo depois de encerrado o juízo conciliatório.

Art. 831. A decisão será proferida depois de rejeitada pelas partes a proposta de conciliação.

Parágrafo único. No caso de conciliação, o termo que for lavrado valerá como decisão irrecorrível, salvo para a Previdência Social quanto às contribuições que lhe forem devidas. *(Redação dada pela Lei n. 10.035, de 2000)*

Art. 850. Terminada a instrução, poderão as partes aduzir razões finais, em prazo não excedente de 10 (dez) minutos para cada uma. Em seguida, o juiz ou presidente renovará a proposta de conciliação, e não se realizando esta, será proferida a decisão.

Parágrafo único. O Presidente da Junta, após propor a solução do dissídio, tomará os votos dos vogais e, havendo divergência entre estes, poderá desempatar ou proferir decisão que melhor atenda ao cumprimento da lei e ao justo equilíbrio entre os votos divergentes e ao interesse social.

Art. 852-E. Aberta a sessão, o juiz esclarecerá as partes presentes sobre as vantagens da conciliação e usará os meios adequados de persuasão para a solução conciliatória do litígio, em qualquer fase da audiência. *(Incluído pela Lei n. 9.957, de 2000)*

§ 1º Se houver acordo lavrar-se-á termo, assinado pelo presidente e pelos litigantes, consignando-se o prazo e demais condições para seu cumprimento. *(Incluído pela Lei n. 9.022, de 5.4.1995)*

§ 2º Entre as condições a que se refere o parágrafo anterior, poderá ser estabelecida a de ficar a parte que não cumprir o acordo obrigada a satisfazer integralmente o pedido ou pagar uma indenização convencionada, sem prejuízo do cumprimento do acordo. *(Incluído pela Lei n. 9.022, de 5.4.1995)*

CONSOLIDAÇÃO DAS LEIS DO TRABALHO
Decreto-Lei n. 5.452, de 1º de maio de 1943
DOU 9.8.1943

Vide art. 764, *caput* e §§ 1º a 3º; art. 831, *caput* e parágrafo único; art. 832, § 4º; e art. 850, *caput* e parágrafo único; art. 852-E

Art. 764. Os dissídios individuais ou coletivos submetidos à apreciação da Justiça do Trabalho serão sempre sujeitos à conciliação.

§ 1º — Para os efeitos deste artigo, os juízes e Tribunais do Trabalho empregarão sempre os seus bons ofícios e persuasão no sentido de uma solução conciliatória dos conflitos.

§ 2º — Não havendo acordo, o juízo conciliatório converter-se-á obrigatoriamente em arbitral, proferindo decisão na forma prescrita neste Título.

§ 3º — É lícito às partes celebrar acordo que ponha termo ao processo, ainda mesmo depois de encerrado o juízo conciliatório.

Art. 831. A decisão será proferida depois de rejeitada pelas partes a proposta de conciliação.

Parágrafo único. No caso de conciliação, o termo que for lavrado valerá como decisão irrecorrível, salvo para a Previdência Social quanto às contribuições que lhe forem devidas. *(Redação dada pela Lei n. 10.035, de 2000)*

Art. 832. (...)

§ 4º A União será intimada das decisões homologatórias de acordos que contenham parcela indenizatória, na forma do art. 20 da Lei n. 11.033, de 21 de dezembro de 2004, facultada a interposição de recurso relativo aos tributos que lhe forem devidos. *(Redação dada pela Lei n. 11.457, de 2007)*

Art. 850. Terminada a instrução, poderão as partes aduzir razões finais, em prazo não excedente de 10 (dez) minutos para cada uma. Em seguida, o juiz ou presidente renovará a proposta de conciliação, e não se realizando esta, será proferida a decisão.

Parágrafo único. O Presidente da Junta, após propor a solução do dissídio, tomará os votos dos vogais e, havendo divergência entre estes, poderá desempatar ou proferir decisão que melhor atenda ao cumprimento da lei e ao justo equilíbrio entre os votos divergentes e ao interesse social.

Art. 852-E. Aberta a sessão, o juiz esclarecerá as partes presentes sobre as vantagens da conciliação e usará os meios adequados de persuasão para a solução conciliatória do litígio, em qualquer fase da audiência. *(Incluído pela Lei n. 9.957, de 2000)*

SÚMULAS DO TST

Vide Súmulas 100, V, 259, 368, I, e 418/TST

Súmula 100 TST — AÇÃO RESCISÓRIA. DECADÊNCIA (incorporadas as Orientações Jurisprudenciais n.s 13, 16, 79, 102, 104, 122 e 145 da SBDI-2) — Res. 137/2005, DJ 22, 23 e 24.08.2005

(...)

V — O acordo homologado judicialmente tem força de decisão irrecorrível, na forma do art. 831 da CLT. Assim sendo, o termo conciliatório transita em julgado na data da sua homologação judicial. (ex-OJ n. 104 da SBDI-2 — DJ 29.04.2003)

Súmula 259 TST — TERMO DE CONCILIAÇÃO. AÇÃO RESCISÓRIA (mantida) — Res. 121/2003, DJ 19, 20 e 21.11.2003

Só por ação rescisória é impugnável o termo de conciliação previsto no parágrafo único do art. 831 da CLT.

Súmula 368 TST — DESCONTOS PREVIDENCIÁRIOS E FISCAIS. COMPETÊNCIA. RESPONSABILIDADE PELO PAGAMENTO. FORMA DE CÁLCULO (redação do item II alterada na sessão do Tribunal Pleno realizada em 16.04.2012) — Res. 181/2012, DEJT divulgado em 19, 20 e 23.04.2012

I — A Justiça do Trabalho é competente para determinar o recolhimento das contribuições fiscais. A competência da Justiça do Trabalho, quanto à execução das contribuições previdenciárias, limita-se às sentenças condenatórias em pecúnia que proferir e aos valores, objeto de acordo homologado, que integrem o salário de contribuição. *(ex-OJ n. 141 da SBDI-1 — inserida em 27.11.1998)*

Súmula 418 TST — MANDADO DE SEGURANÇA VISANDO À CONCESSÃO DE LIMINAR OU HOMOLOGAÇÃO DE ACORDO (conversão das Orientações Jurisprudenciais n.s 120 e 141 da SBDI-2) — Res. 137/2005, DJ 22, 23 e 24.08.2005

A concessão de liminar ou a homologação de acordo constituem faculdade do juiz, inexistindo direito líquido e certo tutelável pela via do mandado de segurança. (ex-OJs da SBDI-2 ns. 120 — DJ 11.08.2003 — e 141 — DJ 04.05.2004)

ORIENTAÇÕES JURISPRUDENCIAIS DA SDI-1 DO TST

Vide OJs 368, 376 e 398 SDI-1/TST

OJ 368 SDI-1 TST — DESCONTOS PREVIDENCIÁRIOS. ACORDO HOMOLOGADO EM JUÍZO. INEXISTÊNCIA DE VÍNCULO EMPREGATÍCIO. PARCELAS INDENIZATÓRIAS. AUSÊNCIA DE DISCRIMINAÇÃO. INCIDÊNCIA SOBRE O VALOR TOTAL. *(DEJT divulgado em 03, 04 e 05.12.2008)*

É devida a incidência das contribuições para a Previdência Social sobre o valor total do acordo homologado em juízo, independentemente do reconhecimento de vínculo de emprego, desde que não haja discriminação das parcelas sujeitas à incidência da contribuição previdenciária, conforme parágrafo único do art. 43 da Lei n. 8.212, de 24.07.1991, e do art. 195, I, "a", da CF/1988.

OJ 376 SDI-1 TST — CONTRIBUIÇÃO PREVIDENCIÁRIA. ACORDO HOMOLOGADO EM JUÍZO APÓS O TRÂNSITO EM JULGADO DA SENTENÇA CONDENATÓRIA. INCIDÊNCIA SOBRE O VALOR HOMOLOGADO. (DEJT divulgado em 19, 20 e 22.04.2010)

É devida a contribuição previdenciária sobre o valor do acordo celebrado e homologado após o trânsito em julgado de decisão judicial, respeitada a proporcionalidade de valores entre as parcelas de natureza salarial e indenizatória deferidas na decisão condenatória e as parcelas objeto do acordo.

OJ 398 SDI-1 TST — CONTRIBUIÇÃO PREVIDENCIÁRIA. ACORDO HOMOLOGADO EM JUÍZO SEM RECONHECIMENTO DE VÍNCULO DE EMPREGO. CONTRIBUINTE INDIVIDUAL. RECOLHIMENTO DA ALÍQUOTA DE 20% A CARGO DO TOMADOR E 11% A CARGO DO PRESTADOR DE SERVIÇOS. *(DEJT divulgado em 02, 03 e 04.08.2010)*

Nos acordos homologados em juízo em que não haja o reconhecimento de vínculo empregatício, é devido o recolhimento da contribuição previdenciária, mediante a alíquota de 20% a cargo do tomador de serviços e de 11% por parte do prestador de serviços, na qualidade de contribuinte individual, sobre o valor total do acordo, respeitado o teto de contribuição. Inteligência do § 4º do art. 30 e do inciso III do art. 22, todos da Lei n. 8.212, de 24.07.1991.

TÍTULO X — DO PROCESSO JUDICIÁRIO DO TRABALHO

Arts. 847 a 851

ORIENTAÇÃO JURISPRUDENCIAL DA SDI-2 DO TST

Vide OJ 132 SDI-2/TST

OJ 132 SDI-2 TST — AÇÃO RESCISÓRIA. ACORDO HOMOLOGADO. ALCANCE. OFENSA À COISA JULGADA (DJ 04.05.2004)

Acordo celebrado — homologado judicialmente — em que o empregado dá plena e ampla quitação, sem qualquer ressalva, alcança não só o objeto da inicial, como também todas as demais parcelas referentes ao extinto contrato de trabalho, violando a coisa julgada, a propositura de nova reclamação trabalhista.

Art. 847 — Não havendo acordo, o reclamado terá vinte minutos para aduzir sua defesa, após a leitura da reclamação, quando esta não for dispensada por ambas as partes. *(Redação dada pela Lei n. 9.022, de 5.4.1995)*

SÚMULA DO TST

Vide Súmula 418/TST

Súmula 418 TST — MANDADO DE SEGURANÇA VISANDO À CONCESSÃO DE LIMINAR OU HOMOLOGAÇÃO DE ACORDO (conversão das Orientações Jurisprudenciais ns. 120 e 141 da SBDI-2) — Res. 137/2005, DJ 22, 23 e 24.08.2005

A concessão de liminar ou a homologação de acordo constituem faculdade do juiz, inexistindo direito líquido e certo tutelável pela via do mandado de segurança. *(ex-OJs da SBDI-2 ns. 120 — DJ 11.08.2003 — e 141 — DJ 04.05.2004)*

ORIENTAÇÃO JURISPRUDENCIAL DA SDI-1 DO TST

Vide OJ 350 SDI-1/TST

OJ 350 SDI-1 TST — MINISTÉRIO PÚBLICO DO TRABALHO. NULIDADE DO CONTRATO DE TRABALHO NÃO SUSCITADA PELO ENTE PÚBLICO NO MOMENTO DA DEFESA. ARGUIÇÃO EM PARECER. POSSIBILIDADE (alterada em decorrência do julgamento do processo TST IUJERR 526538/1999.2) — Res. 162/2009, DEJT divulgado em 23, 24 e 25.11.2009

O Ministério Público do Trabalho pode arguir, em parecer, na primeira vez que tenha de se manifestar no processo, a nulidade do contrato de trabalho em favor de ente público, ainda que a parte não a tenha suscitado, a qual será apreciada, sendo vedada, no entanto, qualquer dilação probatória.

Art. 848 — Terminada a defesa, seguir-se-á a instrução do processo, podendo o presidente, ex officio ou a requerimento de qualquer juiz temporário, interrogar os litigantes. *(Redação dada pela Lei n. 9.022, de 5.4.1995)*

§ 1º — Findo o interrogatório, poderá qualquer dos litigantes retirar-se, prosseguindo a instrução com o seu representante.

§ 2º — Serão, a seguir, ouvidas as testemunhas, os peritos e os técnicos, se houver.

Art. 849 — A audiência de julgamento será contínua; mas, se não for possível, por motivo de força maior, concluí-la no mesmo dia, o juiz ou presidente marcará a sua continuação para a primeira desimpedida, independentemente de nova notificação.

Art. 850 — Terminada a instrução, poderão as partes aduzir razões finais, em prazo não excedente de 10 (dez) minutos para cada uma. Em seguida, o juiz ou presidente renovará a proposta de conciliação, e não se realizando esta, será proferida a decisão.

Parágrafo único — O Presidente da Junta, após propor a solução do dissídio, tomará os votos dos vogais e, havendo divergência entre estes, poderá desempatar ou proferir decisão que melhor atenda ao cumprimento da lei e ao justo equilíbrio entre os votos divergentes e ao interesse social.

Art. 851 — Os tramites de instrução e julgamento da reclamação serão resumidos em ata, de que constará, na íntegra, a decisão. *(Redação dada pelo Decreto-Lei n. 8.737, de 19.1.1946)*

Arts. 852 e 852-A

TÍTULO X — DO PROCESSO JUDICIÁRIO DO TRABALHO

CONSOLIDAÇÃO DAS LEIS DO TRABALHO
Decreto-Lei n. 5.452, de 1º de maio de 1943
DOU 9.8.1943

Vide art. 852-F

Art. 852-F. Na ata de audiência serão registrados resumidamente os atos essenciais, as afirmações fundamentais das partes e as informações úteis à solução da causa trazidas pela prova testemunhal. *(Incluído pela Lei n. 9.957, de 2000)*

§ 1º Nos processos de exclusiva alçada das Juntas, será dispensável, a juízo do presidente, o resumo dos depoimentos, devendo constar da ata a conclusão do Tribunal quanto à matéria de fato. *(Incluído pelo Decreto-Lei n. 8.737, de 19.1.1946)*

LEI N. 5.584, DE 26 DE JUNHO DE 1970
Dispõe sobre normas de Direito Processual do Trabalho, altera dispositivos da Consolidação das Leis do Trabalho, disciplina a concessão e prestação de assistência judiciária na Justiça do Trabalho, e dá outras providências
DOU 17.3.2015

Vide art. 2º, *caput* e § 3º

Art. 2º Nos dissídios individuais, proposta a conciliação, e não havendo acordo, o Presidente, da Junta ou o Juiz, antes de passar à instrução da causa, fixar-lhe-á o valor para a determinação da alçada, se este for indeterminado no pedido.

(...)

§ 3º Quando o valor fixado para a causa, na forma deste artigo, não exceder de 2 (duas) vezes o salário-mínimo vigente na sede do Juízo, será dispensável o resumo dos depoimentos, devendo constar da Ata a conclusão da Junta quanto à matéria de fato.

§ 2º A ata será, pelo presidente ou juiz, junta ao processo, devidamente assinada, no prazo improrrogável de 48 (quarenta e oito) horas, contado da audiência de julgamento, e assinada pelos juízes classistas presentes à mesma audiência. *(Parágrafo único renumerado e alterado pelo Decreto-Lei n. 8.737, de 19.1.1946)*

SÚMULAS DO TST

Vide Súmulas 30 e 197/TST

Súmula 30 TST — INTIMAÇÃO DA SENTENÇA (mantida) — Res. 121/2003, DJ 19, 20 e 21.11.2003
Quando não juntada a ata ao processo em 48 horas, contadas da audiência de julgamento (art. 851, § 2º, da CLT), o prazo para recurso será contado da data em que a parte receber a intimação da sentença.

Súmula 197 TST — PRAZO (mantida) — Res. 121/2003, DJ 19, 20 e 21.11.2003
O prazo para recurso da parte que, intimada, não comparecer à audiência em prosseguimento para a prolação da sentença conta-se de sua publicação.

Art. 852 Da decisão serão os litigantes notificados, pessoalmente, ou por seu representante, na própria audiência. No caso de revelia, a notificação far-se-á pela forma estabelecida no § 1º do art. 841.

SEÇÃO II-A
(Incluído pela Lei n. 9.957, de 2000)
DO PROCEDIMENTO SUMARÍSSIMO

Art. 852-A Os dissídios individuais cujo valor não exceda a quarenta vezes o salário mínimo vigente na data do ajuizamento da reclamação ficam submetidos ao procedimento sumaríssimo. *(Incluído pela Lei n. 9.957, de 2000)*

TÍTULO X — DO PROCESSO JUDICIÁRIO DO TRABALHO

Arts. 852-B a 852-D

Parágrafo único	Estão excluídas do procedimento sumaríssimo as demandas em que é parte a Administração Pública direta, autárquica e fundacional. *(Incluído pela Lei n. 9.957, de 2000)*

SÚMULAS DO TST

Vide Súmulas 71 e 356/TST

Súmula 71 TST — ALÇADA (mantida) — Res. 121/2003, DJ 19, 20 e 21.11.2003
A alçada é fixada pelo valor dado à causa na data de seu ajuizamento, desde que não impugnado, sendo inalterável no curso do processo.

Súmula 356 TST — ALÇADA RECURSAL. VINCULAÇÃO AO SALÁRIO MÍNIMO (mantida) — Res. 121/2003, DJ 19, 20 e 21.11.2003
O art. 2º, § 4º, da Lei n. 5.584, de 26.06.1970, foi recepcionado pela CF/1988, sendo lícita a fixação do valor da alçada com base no salário mínimo.

ORIENTAÇÃO JURISPRUDENCIAL DA SDI-1 DO TST

Vide OJ 260 SDI-1/TST

OJ 260 SDI-1 TST — AGRAVO DE INSTRUMENTO. RECURSO DE REVISTA. PROCEDIMENTO SUMARÍSSIMO. LEI N. 9.957/00. PROCESSOS EM CURSO (inserida em 27.09.2002)
I — É inaplicável o rito sumaríssimo aos processos iniciados antes da vigência da Lei n. 9.957/00.
II — No caso de o despacho denegatório de recurso de revista invocar, em processo iniciado antes da Lei n. 9.957/00, o § 6º do art. 896 da CLT (rito sumaríssimo), como óbice ao trânsito do apelo calcado em divergência jurisprudencial ou violação de dispositivo infraconstitucional, o Tribunal superará o obstáculo, apreciando o recurso sob esses fundamentos.

Art. 852-B	Nas reclamações enquadradas no procedimento sumaríssimo: *(Incluído pela Lei n. 9.957, de 2000)*
I -	o pedido deverá ser certo ou determinado e indicará o valor correspondente; *(Incluído pela Lei n. 9.957, de 2000)*
II -	não se fará citação por edital, incumbindo ao autor a correta indicação do nome e endereço do reclamado; *(Incluído pela Lei n. 9.957, de 2000)*
III -	a apreciação da reclamação deverá ocorrer no prazo máximo de quinze dias do seu ajuizamento, podendo constar de pauta especial, se necessário, de acordo com o movimento judiciário da Junta de Conciliação e Julgamento. *(Incluído pela Lei n. 9.957, de 2000)*
§ 1º	O não atendimento, pelo reclamante, do disposto nos incisos I e II deste artigo importará no arquivamento da reclamação e condenação ao pagamento de custas sobre o valor da causa. *(Incluído pela Lei n. 9.957, de 2000)*
§ 2º	As partes e advogados comunicarão ao juízo as mudanças de endereço ocorridas no curso do processo, reputando-se eficazes as intimações enviadas ao local anteriormente indicado, na ausência de comunicação. *(Incluído pela Lei n. 9.957, de 2000)*
Art. 852-C	As demandas sujeitas a rito sumaríssimo serão instruídas e julgadas em audiência única, sob a direção do juiz presidente ou substituto, que poderá ser convocado para atuar simultaneamente com o titular. *(Incluído pela Lei n. 9.957, de 2000)*
Art. 852-D	O juiz dirigirá o processo com liberdade para determinar as provas a serem produzidas, considerado o ônus probatório de cada litigante, podendo limitar ou excluir as que considerar excessivas, impertinentes ou protelatórias, bem como para apreciá-las e dar especial valor às regras de experiência comum ou técnica. *(Incluído pela Lei n. 9.957, de 2000)*

Arts. 852-E a 852-G

TÍTULO X — DO PROCESSO JUDICIÁRIO DO TRABALHO

CONSOLIDAÇÃO DAS LEIS DO TRABALHO
Decreto-Lei n. 5.452, de 1º de maio de 1943
DOU 9.8.1943

Vide art. 765

Art. 765. Os Juízos e Tribunais do Trabalho terão ampla liberdade na direção do processo e velarão pelo andamento rápido das causas, podendo determinar qualquer diligência necessária ao esclarecimento delas.

CÓDIGO DE PROCESSO CIVIL DE 1973
Lei n. 5.869, de 11 de janeiro de 1973
DOU 17.1.1973 e republicado em 27.7.2006

Vide art. 130; e art. 131

Art. 130. Caberá ao juiz, de ofício ou a requerimento da parte, determinar as provas necessárias à instrução do processo, indeferindo as diligências inúteis ou meramente protelatórias.

Art. 131. O juiz apreciará livremente a prova, atendendo aos fatos e circunstâncias constantes dos autos, ainda que não alegados pelas partes; mas deverá indicar, na sentença, os motivos que lhe formaram o convencimento.

CÓDIGO DE PROCESSO CIVIL DE 2015
Lei n. 13.105, de 16 de março de 2015
DOU 17.3.2015

Vide art. 370, caput e parágrafo único; e art. 371

Art. 370. Caberá ao juiz, de ofício ou a requerimento da parte, determinar as provas necessárias ao julgamento do mérito.

Parágrafo único. O juiz indeferirá, em decisão fundamentada, as diligências inúteis ou meramente protelatórias.

Art. 371. O juiz apreciará a prova constante dos autos, independentemente do sujeito que a tiver promovido, e indicará na decisão as razões da formação de seu convencimento.

Art. 852-E — Aberta a sessão, o juiz esclarecerá as partes presentes sobre as vantagens da conciliação e usará os meios adequados de persuasão para a solução conciliatória do litígio, em qualquer fase da audiência. *(Incluído pela Lei n. 9.957, de 2000)*

CONSOLIDAÇÃO DAS LEIS DO TRABALHO
Decreto-Lei n. 5.452, de 1º de maio de 1943
DOU 9.8.1943

Vide art. 764, caput e §§ 1º a 3º; art. 846, caput e §§ 1º e 2º; e art. 850, caput e parágrafo único

Art. 764. Os dissídios individuais ou coletivos submetidos à apreciação da Justiça do Trabalho serão sempre sujeitos à conciliação.

§ 1º Para os efeitos deste artigo, os juízes e Tribunais do Trabalho empregarão sempre os seus bons ofícios e persuasão no sentido de uma solução conciliatória dos conflitos.

§ 2º Não havendo acordo, o juízo conciliatório converter-se-á obrigatoriamente em arbitral, proferindo decisão na forma prescrita neste Título.

§ 3º É lícito às partes celebrar acordo que ponha termo ao processo, ainda mesmo depois de encerrado o juízo conciliatório.

Art. 846. Aberta a audiência, o juiz ou presidente proporá a conciliação. *(Redação dada pela Lei n. 9.022, de 5.4.1995)*

§ 1º Se houver acordo lavrar-se-á termo, assinado pelo presidente e pelos litigantes, consignando-se o prazo e demais condições para seu cumprimento. *(Incluído pela Lei n. 9.022, de 5.4.1995)*

§ 2º Entre as condições a que se refere o parágrafo anterior, poderá ser estabelecida a de ficar a parte que não cumprir o acordo obrigada a satisfazer integralmente o pedido ou pagar uma indenização convencionada, sem prejuízo do cumprimento do acordo. *(Incluído pela Lei n. 9.022, de 5.4.1995)*

Art. 850. Terminada a instrução, poderão as partes aduzir razões finais, em prazo não excedente de 10 (dez) minutos para cada uma. Em seguida, o juiz ou presidente renovará a proposta de conciliação, e não se realizando esta, será proferida a decisão.

Parágrafo único. O Presidente da Junta, após propor a solução do dissídio, tomará os votos dos vogais e, havendo divergência entre estes, poderá desempatar ou proferir decisão que melhor atenda ao cumprimento da lei e ao justo equilíbrio entre os votos divergentes e ao interesse social.

Art. 852-F — Na ata de audiência serão registrados resumidamente os atos essenciais, as afirmações fundamentais das partes e as informações úteis à solução da causa trazidas pela prova testemunhal. *(Incluído pela Lei n. 9.957, de 2000)*

Art. 852-G — Serão decididos, de plano, todos os incidentes e exceções que possam interferir no prosseguimento da audiência e do processo. As demais questões serão decididas na sentença. *(Incluído pela Lei n. 9.957, de 2000)*

TÍTULO X — DO PROCESSO JUDICIÁRIO DO TRABALHO

Art. 852-H

Art. 852-H	Todas as provas serão produzidas na audiência de instrução e julgamento, ainda que não requeridas previamente. *(Incluído pela Lei n. 9.957, de 2000)*
§ 1º	Sobre os documentos apresentados por uma das partes manifestar-se-á imediatamente a parte contrária, sem interrupção da audiência, salvo absoluta impossibilidade, a critério do juiz. *(Incluído pela Lei n. 9.957, de 2000)*
§ 2º	As testemunhas, até o máximo de duas para cada parte, comparecerão à audiência de instrução e julgamento independentemente de intimação. *(Incluído pela Lei n. 9.957, de 2000)*
§ 3º	Só será deferida intimação de testemunha que, comprovadamente convidada, deixar de comparecer. Não comparecendo a testemunha intimada, o juiz poderá determinar sua imediata condução coercitiva. *(Incluído pela Lei n. 9.957, de 2000)*
§ 4º	Somente quando a prova do fato o exigir, ou for legalmente imposta, será deferida prova técnica, incumbindo ao juiz, desde logo, fixar o prazo, o objeto da perícia e nomear perito. *(Incluído pela Lei n. 9.957, de 2000)*
§ 5º	(VETADO) *(Incluído pela Lei n. 9.957, de 2000)*
§ 6º	As partes serão intimadas a manifestar-se sobre o laudo, no prazo comum de cinco dias. *(Incluído pela Lei n. 9.957, de 2000)*
§ 7º	Interrompida a audiência, o seu prosseguimento e a solução do processo dar-se-ão no prazo máximo de trinta dias, salvo motivo relevante justificado nos autos pelo juiz da causa. *(Incluído pela Lei n. 9.957, de 2000)*

CONSOLIDAÇÃO DAS LEIS DO TRABALHO
Decreto-Lei n. 5.452, de 1º de maio de 1943
DOU 9.8.1943

Vide art. 821; art. 825, *caput* e parágrafo único; e art. 845

Art. 821. Cada uma das partes não poderá indicar mais de 3 (três) testemunhas, salvo quando se tratar de Inquérito, caso em que esse número poderá ser elevado a 6 (seis). *(Redação dada pelo Decreto-Lei n. 8.737, de 19.1.1946)*

Art. 825. As testemunhas comparecerão a audiência independentemente de notificação ou intimação.

Parágrafo único. As que não comparecerem serão intimadas, ex officio ou a requerimento da parte, ficando sujeitas a condução coercitiva, além das penalidades do art. 730, caso, sem motivo justificado, não atendam à intimação.

Art. 845. O reclamante e o reclamado comparecerão à audiência acompanhados das suas testemunhas, apresentando, nessa ocasião, as demais provas.

LEI N. 5.584, DE 26 DE JUNHO DE 1970
Dispõe sobre normas de Direito Processual do Trabalho, altera dispositivos da Consolidação das Leis do Trabalho, disciplina a concessão e prestação de assistência judiciária na Justiça do Trabalho, e dá outras providências
DOU 29.6.1970

Vide art. 3º, *caput* e parágrafo único

Art. 3º Os exames periciais serão realizados por perito único designado pelo Juiz, que fixará o prazo para entrega do laudo.

Parágrafo único. Permitir-se-á a cada parte a indicação de um assistente, cujo laudo terá que ser apresentado no mesmo prazo assinado para o perito, sob pena de ser desentranhado dos autos.

SÚMULAS DO TST

Vide Súmulas 341 e 457/TST

Súmula 341 TST — HONORÁRIOS DO ASSISTENTE TÉCNICO (mantida) — Res. 121/2003, DJ 19, 20 e 21.11.2003

A indicação do perito assistente é faculdade da parte, a qual deve responder pelos respectivos honorários, ainda que vencedora no objeto da perícia.

Súmula 457 TST — HONORÁRIOS PERICIAIS. BENEFICIÁRIO DA JUSTIÇA GRATUITA. RESPONSABILIDADE DA UNIÃO PELO PAGAMENTO. RESOLUÇÃO N. 66/2010 DO CSJT. OBSERVÂNCIA. (conversão da Orientação Jurisprudencial n. 387 da SBDI-1 com nova redação) — Res. 194/2014, DEJT divulgado em 21, 22 e 23.05.2014

A União é responsável pelo pagamento dos honorários de perito quando a parte sucumbente no objeto da perícia for beneficiária da assistência judiciária gratuita, observado o procedimento disposto nos arts. 1º, 2º e 5º da Resolução n. 66/2010 do Conselho Superior da Justiça do Trabalho — CSJT.

ORIENTAÇÕES JURISPRUDENCIAIS DA SDI-1 DO TST

Vide OJs 165, 198 e 278 SDI-1/TST

OJ 165 SDI-1 TST — PERÍCIA. ENGENHEIRO OU MÉDICO. ADICIONAL DE INSALUBRIDADE E PERICULOSIDADE. VÁLIDO. ART. 195 DA CLT (inserida em 26.03.1999)

O art. 195 da CLT não faz qualquer distinção entre o médico e o engenheiro para efeito de caracterização e

classificação da insalubridade e periculosidade, bastando para a elaboração do laudo seja o profissional devidamente qualificado.

OJ 198 SDI-1 TST — HONORÁRIOS PERICIAIS. ATUALIZAÇÃO MONETÁRIA (inserida em 08.11.2000)

Diferentemente da correção aplicada aos débitos trabalhistas, que têm caráter alimentar, a atualização monetária dos honorários periciais é fixada pelo art. 1º da Lei n. 6.899/81, aplicável a débitos resultantes de decisões judiciais.

OJ 278 SDI-1 TST — ADICIONAL DE INSALUBRIDADE. PERÍCIA. LOCAL DE TRABALHO DESATIVADO (DJ 11.08.2003)

A realização de perícia é obrigatória para a verificação de insalubridade. Quando não for possível sua realização, como em caso de fechamento da empresa, poderá o julgador utilizar-se de outros meios de prova.

ORIENTAÇÃO JURISPRUDENCIAL DA SDI-2 DO TST

Vide OJ 98 SDI-2/TST

OJ 98 SDI-2 TST — MANDADO DE SEGURANÇA. CABÍVEL PARA ATACAR EXIGÊNCIA DE DEPÓSITO PRÉVIO DE HONORÁRIOS PERICIAIS (nova redação) — DJ 22.08.2005

É ilegal a exigência de depósito prévio para custeio dos honorários periciais, dada a incompatibilidade com o processo do trabalho, sendo cabível o mandado de segurança visando à realização da perícia, independentemente do depósito.

Art. 852-I	A sentença mencionará os elementos de convicção do juízo, com resumo dos fatos relevantes ocorridos em audiência, dispensado o relatório. *(Incluído pela Lei n. 9.957, de 2000)*
§ 1º	O juízo adotará em cada caso a decisão que reputar mais justa e equânime, atendendo aos fins sociais da lei e as exigências do bem comum. *(Incluído pela Lei n. 9.957, de 2000)*
§ 2º	(VETADO) *(Incluído pela Lei n. 9.957, de 2000)*
§ 3º	As partes serão intimadas da sentença na própria audiência em que prolatada. *(Incluído pela Lei n. 9.957, de 2000)*

SÚMULAS DO TST

Vide Súmulas 442 e 458/TST

Súmula 442 TST — PROCEDIMENTO SUMARÍSSIMO. RECURSO DE REVISTA FUNDAMENTADO EM CONTRARIEDADE A ORIENTAÇÃO JURISPRUDENCIAL. INADMISSIBILIDADE. ART. 896, § 6º, DA CLT, ACRESCENTADO PELA LEI N. 9.957, DE 12.01.2000 (conversão da Orientação Jurisprudencial n. 352 da SBDI-1) — Res. 185/2012, DEJT divulgado em 25, 26 e 27.09.2012

Nas causas sujeitas ao procedimento sumaríssimo, a admissibilidade de recurso de revista está limitada à demonstração de violação direta a dispositivo da Constituição Federal ou contrariedade a Súmula do Tribunal Superior do Trabalho, não se admitindo o recurso por contrariedade a Orientação Jurisprudencial deste Tribunal (Livro II, Título II, Capítulo III, do RITST), ante a ausência de previsão no art. 896, § 6º, da CLT.

Súmula 458 TST — EMBARGOS. PROCEDIMENTO SUMARÍSSIMO. CONHECIMENTO. RECURSO INTERPOSTO APÓS VIGÊNCIA DA LEI N. 11.496, DE 22.06.2007, QUE CONFERIU NOVA REDAÇÃO AO ART. 894, DA CLT. (conversão da Orientação Jurisprudencial n. 405 da SBDI-1 com nova redação) — Res. 194/2014, DEJT divulgado em 21, 22 e 23.05.2014

Em causas sujeitas ao procedimento sumaríssimo, em que pese a limitação imposta no art. 896, § 6º, da CLT à interposição de recurso de revista, admitem-se os embargos interpostos na vigência da Lei n. 11.496, de 22.06.2007, que conferiu nova redação ao art. 894 da CLT, quando demonstrada a divergência jurisprudencial entre Turmas do TST, fundada em interpretações diversas acerca da aplicação de mesmo dispositivo constitucional ou de matéria sumulada.

SEÇÃO III
DO INQUÉRITO PARA APURAÇÃO DE FALTA GRAVE

Art. 853	Para a instauração do inquérito para apuração de falta grave contra empregado garantido com estabilidade, o empregador apresentará reclamação por escrito à Junta ou Juízo de Direito, dentro de 30 (trinta) dias, contados da data da suspensão do empregado.

TÍTULO X — DO PROCESSO JUDICIÁRIO DO TRABALHO

Art. 853

CONSTITUIÇÃO FEDERAL DE 1988
DOU 5.10.1988

Vide art. 8º, *caput* e incisos III e VIII

Art. 8º É livre a associação profissional ou sindical, observado o seguinte:

(...)

III — ao sindicato cabe a defesa dos direitos e interesses coletivos ou individuais da categoria, inclusive em questões judiciais ou administrativas;

(...)

VIII — é vedada a dispensa do empregado sindicalizado a partir do registro da candidatura a cargo de direção ou representação sindical e, se eleito, ainda que suplente, até um ano após o final do mandato, salvo se cometer falta grave nos termos da lei.

CONSOLIDAÇÃO DAS LEIS DO TRABALHO
Decreto-Lei n. 5.452, de 1º de maio de 1943
DOU 9.8.1943

Vide art. 492, *caput* e parágrafo único; art. 494, *caput* e parágrafo único; art. 495; art. 543, § 3º; e art. 659, *caput* e inciso X

Art. 492. O empregado que contar mais de 10 (dez) anos de serviço na mesma empresa não poderá ser despedido senão por motivo de falta grave ou circunstância de força maior, devidamente comprovadas.

Parágrafo único. Considera-se como de serviço todo o tempo em que o empregado esteja à disposição do empregador.

Art. 494. O empregado acusado de falta grave poderá ser suspenso de suas funções, mas a sua despedida só se tornará efetiva após o inquérito e que se verifique a procedência da acusação.

Parágrafo único. A suspensão, no caso deste artigo, perdurará até a decisão final do processo.

• **Art. 495.** Reconhecida a inexistência de falta grave praticada pelo empregado, fica o empregador obrigado a readmiti-lo no serviço e a pagar-lhe os salários a que teria direito no período da suspensão.

Art. 543. (...)

§ 3º. Fica vedada a dispensa do empregado sindicalizado ou associado, a partir do momento do registro de sua candidatura a cargo de direção ou representação de entidade sindical ou de associação profissional, até 1 (um) ano após o final do seu mandato, caso seja eleito inclusive como suplente, salvo se cometer falta grave devidamente apurada nos termos desta Consolidação. *(Redação dada pela Lei n. 7.543, de 2.10.1986)*

Art. 659. Competem privativamente aos Presidentes das Juntas, além das que lhes forem conferidas neste Título e das decorrentes de seu cargo, as seguintes atribuições:

(...)

X — conceder medida liminar, até decisão final do processo, em reclamações trabalhistas que visem reintegrar no emprego dirigente sindical afastado, suspenso ou dispensado pelo empregador. *(Incluído pela Lei n. 9.270, de 1996)*

LEI N. 8.213, DE 24 DE JULHO DE 1991
Dispõe sobre os Planos de Benefícios da Previdência Social e dá outras providências
DOU 25.7.1991, republicado 11.4.1996 e republicado em 14.8.1998

Vide art. 3º, § 7º

Art. 3º (...)

§ 7º Aos membros do CNPS, enquanto representantes dos trabalhadores em atividade, titulares e suplentes, é assegurada a estabilidade no emprego, da nomeação até um ano após o término do mandato de representação, somente podendo ser demitidos por motivo de falta grave, regularmente comprovada através de processo judicial.

LEI N. 5.764, DE 16 DE DEZEMBRO DE 1971
Define a Política Nacional de Cooperativismo, institui o regime jurídico das sociedades cooperativas, e dá outras providências
DOU 16.12.1971

Vide art. 55

Art. 55. Os empregados de empresas que sejam eleitos diretores de sociedades cooperativas pelos mesmos criadas, gozarão das garantias asseguradas aos dirigentes sindicais pelo artigo 543 da Consolidação das Leis do Trabalho *(Decreto-Lei n. 5.452, de 1º de maio de 1943)*.

SÚMULAS DO STF

Vide Súmula 197 e 403/STF

Súmula 197 STF — O empregado com representação sindical só pode ser despedido mediante inquérito em que se apure falta grave.

Súmula 403 STF — É de decadência o prazo de trinta dias para instauração do inquérito judicial, a contar da suspensão, por falta grave, de empregado estável.

SÚMULAS DO TST

Vide Súmulas 62 e 379/TST

Súmula 62 TST — ABANDONO DE EMPREGO (mantida) — Res. 121/2003, DJ 19, 20 e 21.11.2003
O prazo de decadência do direito do empregador de ajuizar inquérito em face do empregado que incorre em abandono de emprego é contado a partir do momento em que o empregado pretendeu seu retorno ao serviço.

Súmula 379 TST — DIRIGENTE SINDICAL. DESPEDIDA. FALTA GRAVE. INQUÉRITO JUDICIAL. NECESSIDADE (conversão da Orientação Jurisprudencial n. 114 da SDDI-1) — Res. 129/2005, DJ 20, 22 e 25.04.2005
O dirigente sindical somente poderá ser dispensado por falta grave mediante a apuração em inquérito judicial, inteligência dos arts. 494 e 543, § 3º, da CLT. *(ex-OJ n. 114 da SBDI-1 — inserida em 20.11.1997)*

ORIENTAÇÃO JURISPRUDENCIAL DA SDI-1 DO TST

Vide OJ 253 SDI-1/TST

OJ 253 SDI-1 TST — ESTABILIDADE PROVISÓRIA. COOPERATIVA. LEI N. 5.764/71. CONSELHO FISCAL. SUPLENTE. NÃO ASSEGURADA (inserida em 13.03.2002)

O art. 55 da Lei n. 5.764/71 assegura a garantia de emprego apenas aos empregados eleitos diretores de Cooperativas, não abrangendo os membros suplentes.

ORIENTAÇÕES JURISPRUDENCIAIS DA SDI-2 DO TST

Vide OJs 137 e 142 SDI-2/TST

OJ 137 SDI-2 TST — MANDADO DE SEGURANÇA. DIRIGENTE SINDICAL. ART. 494 DA CLT. APLICÁVEL (DJ 04.05.2004)

Constitui direito líquido e certo do empregador a suspensão do empregado, ainda que detentor de estabilidade sindical, até a decisão final do inquérito em que se apure a falta grave a ele imputada, na forma do art. 494, "caput" e parágrafo único, da CLT.

OJ 142 SDI-2 TST — MANDADO DE SEGURANÇA. REINTEGRAÇÃO LIMINARMENTE CONCEDIDA (DJ 04.05.2004)

Inexiste direito líquido e certo a ser oposto contra ato de Juiz que, antecipando a tutela jurisdicional, determina a reintegração do empregado até a decisão final do processo, quando demonstrada a razoabilidade do direito subjetivo material, como nos casos de anistiado pela Lei n. 8.878/94, aposentado, integrante de comissão de fábrica, dirigente sindical, portador de doença profissional, portador de vírus HIV ou detentor de estabilidade provisória prevista em norma coletiva.

Art. 854 O processo do inquérito perante a Junta ou Juízo obedecerá às normas estabelecidas no presente Capítulo, observadas as disposições desta Seção.

Art. 855 Se tiver havido prévio reconhecimento da estabilidade do empregado, o julgamento do inquérito pela Junta ou Juízo não prejudicará a execução para pagamento dos salários devidos ao empregado, até a data da instauração do mesmo inquérito.

CONSOLIDAÇÃO DAS LEIS DO TRABALHO
Decreto-Lei n. 5.452, de 1º de maio de 1943
DOU 9.8.1943

Vide art. 495

Art. 495. Reconhecida a inexistência de falta grave praticada pelo empregado, fica o empregador obrigado a readmiti-lo no serviço e a pagar-lhe os salários a que teria direito no período da suspensão.

CAPÍTULO IV
DOS DISSÍDIOS COLETIVOS

SEÇÃO I
DA INSTAURAÇÃO DA INSTÂNCIA

Art. 856 A instância será instaurada mediante representação escrita ao Presidente do Tribunal. Poderá ser também instaurada por iniciativa do presidente, ou, ainda, a requerimento da Procuradoria da Justiça do Trabalho, sempre que ocorrer suspensão do trabalho.

CONSTITUIÇÃO FEDERAL DE 1988
DOU 5.10.1988

Vide art. 5º, *caput* e inciso LIV; art. 8º, *caput* e incisos III e VI; e art. 114, *caput*, incisos II e III e §§ 2º e 3º

Art. 5º Todos são iguais perante a lei, sem distinção de qualquer natureza, garantindo-se aos brasileiros e aos estrangeiros residentes no País a inviolabilidade do direito à vida, à liberdade, à igualdade, à segurança e à propriedade, nos termos seguintes:
LIV — ninguém será privado da liberdade ou de seus bens sem o devido processo legal;

Art. 8º É livre a associação profissional ou sindical, observado o seguinte:
(...)
III — ao sindicato cabe a defesa dos direitos e interesses coletivos ou individuais da categoria, inclusive em questões judiciais ou administrativas;
(...)
VI — é obrigatória a participação dos sindicatos nas negociações coletivas de trabalho;

Art. 114. Compete à Justiça do Trabalho processar e julgar: *(Redação dada pela Emenda Constitucional n. 45, de 2004)*

TÍTULO X — DO PROCESSO JUDICIÁRIO DO TRABALHO

Art. 856

(...)

II — as ações que envolvam exercício do direito de greve; *(Incluído pela Emenda Constitucional n. 45, de 2004)*

III — as ações sobre representação sindical, entre sindicatos, entre sindicatos e trabalhadores, e entre sindicatos e empregadores; *(Incluído pela Emenda Constitucional n. 45, de 2004)*

§ 2º Recusando-se qualquer das partes à negociação coletiva ou à arbitragem, é facultado às mesmas, de comum acordo, ajuizar dissídio coletivo de natureza econômica, podendo a Justiça do Trabalho decidir o conflito, respeitadas as disposições mínimas legais de proteção ao trabalho, bem como as convencionadas anteriormente. *(Redação dada pela Emenda Constitucional n. 45, de 2004)*

§ 3º Em caso de greve em atividade essencial, com possibilidade de lesão do interesse público, o Ministério Público do Trabalho poderá ajuizar dissídio coletivo, competindo à Justiça do Trabalho decidir o conflito. *(Redação dada pela Emenda Constitucional n. 45, de 2004)*

LEI N. 7.783, DE 28 DE JUNHO DE 1989
Dispõe sobre o exercício do direito de greve, define as atividades essenciais, regula o atendimento das necessidades inadiáveis da comunidade, e dá outras providências
DOU 29.6.1989

Vide art. 1º, *caput* e parágrafo único; art. 8º

Art. 1º É assegurado o direito de greve, competindo aos trabalhadores decidir sobre a oportunidade de exercê-lo e sobre os interesses que devam por meio dele defender.

Parágrafo único. O direito de greve será exercido na forma estabelecida nesta Lei.

(...)

Art. 8º A Justiça do Trabalho, por iniciativa de qualquer das partes ou do Ministério Público do Trabalho, decidirá sobre a procedência, total ou parcial, ou improcedência das reivindicações, cumprindo ao Tribunal publicar, de imediato, o competente acórdão.

SÚMULAS DO TST

Vide Súmulas 189 e 190/TST

Súmula 189 TST — GREVE. COMPETÊNCIA DA JUSTIÇA DO TRABALHO. ABUSIVIDADE (nova redação) — Res. 121/2003, DJ 19, 20 e 21.11.2003
A Justiça do Trabalho é competente para declarar a abusividade, ou não, da greve.

Súmula 190 TST — PODER NORMATIVO DO TST. CONDIÇÕES DE TRABALHO. INCONSTITUCIONALIDADE. DECISÕES CONTRÁRIAS AO STF (mantida) — Res. 121/2003, DJ 19, 20 e 21.11.2003
Ao julgar ou homologar ação coletiva ou acordo nela havido, o Tribunal Superior do Trabalho exerce o poder normativo constitucional, não podendo criar ou homologar condições de trabalho que o Supremo Tribunal Federal julgue iterativamente inconstitucionais.

ORIENTAÇÕES JURISPRUDENCIAIS DA SDC DO TST

Vide OJs 5, 7, 9, 11, 19, 22, 23, 28, 29 e 35 SDC/TST

OJ 5 SDC TST — DISSÍDIO COLETIVO. PESSOA JURÍDICA DE DIREITO PÚBLICO. POSSIBILIDADE JURÍDICA. CLÁUSULA DE NATUREZA SOCIAL (redação alterada na sessão do Tribunal Pleno realizada em 14.09.2012) — Res. 186/2012, DEJT divulgado em 25, 26 e 27.09.2012
Em face de pessoa jurídica de direito público que mantenha empregados, cabe dissídio coletivo exclusivamente para apreciação de cláusulas de natureza social. Inteligência da Convenção n. 151 da Organização Internacional do Trabalho, ratificada pelo Decreto Legislativo n. 206/2010.

OJ 7 SDC TST — DISSÍDIO COLETIVO. NATUREZA JURÍDICA. INTERPRETAÇÃO DE NORMA DE CARÁTER GENÉRICO. INVIABILIDADE. (inserida em 27.03.1998)
Não se presta o dissídio coletivo de natureza jurídica à interpretação de normas de caráter genérico, a teor do disposto no art. 313, II, do RITST.

OJ 9 SDC TST — ENQUADRAMENTO SINDICAL. INCOMPETÊNCIA MATERIAL DA JUSTIÇA DO TRABALHO. (inserida em 27.03.1998)
O dissídio coletivo não é meio próprio para o Sindicato vir a obter o reconhecimento de que a categoria que representa é diferenciada, pois esta matéria — enquadramento sindical — envolve a interpretação de norma genérica, notadamente do art. 577 da CLT.

OJ 11 SDC TST — GREVE. IMPRESCINDIBILIDADE DE TENTATIVA DIRETA E PACÍFICA DA SOLUÇÃO DO CONFLITO. ETAPA NEGOCIAL PRÉVIA. (inserida em 27.03.1998)
É abusiva a greve levada a efeito sem que as partes hajam tentado, direta e pacificamente, solucionar o conflito que lhe constitui o objeto.

OJ 19 SDC TST — DISSÍDIO COLETIVO CONTRA EMPRESA. LEGITIMAÇÃO DA ENTIDADE SINDICAL. AUTORIZAÇÃO DOS TRABALHADORES DIRETAMENTE ENVOLVIDOS NO CONFLITO. (inserido dispositivo) — DEJT divulgado em 16, 17 e 18.11.2010
A legitimidade da entidade sindical para a instauração da instância contra determinada empresa está condicionada à prévia autorização dos trabalhadores da suscitada diretamente envolvidos no conflito.

OJ 22 SDC TST — LEGITIMIDADE "AD CAUSAM" DO SINDICATO. CORRESPONDÊNCIA ENTRE AS ATIVIDADES EXERCIDAS PELOS SETORES PROFISSIONAL E ECONÔMICO ENVOLVIDOS NO CONFLITO. NECESSIDADE. (inserido dispositivo) — DEJT divulgado em 16, 17 e 18.11.2010
É necessária a correspondência entre as atividades exercidas pelos setores profissional e econômico, a fim de legitimar os envolvidos no conflito a ser solucionado pela via do dissídio coletivo.

OJ 23 SDC TST — LEGITIMIDADE "AD CAUSAM". SINDICATO REPRESENTATIVO DE SEGMENTO PROFISSIONAL OU PATRONAL. IMPOSSIBILIDADE. (inserida em 25.05.1998)
A representação sindical abrange toda a categoria, não comportando separação fundada na maior ou menor dimensão de cada ramo ou empresa.

OJ 28 SDC TST — EDITAL DE CONVOCAÇÃO DA AGT. PUBLICAÇÃO. BASE TERRITORIAL. VALIDADE. (inserida em 19.08.1998)
O edital de convocação para a AGT deve ser publicado em jornal que circule em cada um dos municípios componentes da base territorial.

OJ 29 SDC TST — EDITAL DE CONVOCAÇÃO E ATA DA ASSEMBLEIA GERAL. REQUISITOS ESSENCIAIS PARA INSTAURAÇÃO DE DISSÍDIO COLETIVO. (inserida em 19.08.1998)
O edital de convocação da categoria e a respectiva ata da AGT constituem peças essenciais à instauração do processo de dissídio coletivo.

OJ 35 SDC TST — EDITAL DE CONVOCAÇÃO DA AGT. DISPOSIÇÃO ESTATUTÁRIA ESPECÍFICA. PRAZO MÍNIMO ENTRE A PUBLICAÇÃO E A REALIZAÇÃO DA ASSEMBLEIA. OBSERVÂNCIA OBRIGATÓRIA. (inserida em 07.12.1998)

Se os estatutos da entidade sindical contam com norma específica que estabeleça prazo mínimo entre a data de publicação do edital convocatório e a realização da assembleia correspondente, então a validade desta última depende da observância desse interregno.

PRECEDENTES NORMATIVOS DA SDC DO TST

Vide PNs 10 e 29 SDC/TST

PN 10 SDC TST — BANCO DO BRASIL COMO PARTE EM DISSÍDIO COLETIVO NO TRT (positivo) (nova redação dada pela SDC em sessão de 14.09.1998 — homologação Res. 86/1998, DJ 15.10.1998)

Os Tribunais Regionais do Trabalho são incompetentes para processar e julgar Dissídios Coletivos em que sejam partes o Banco do Brasil S.A. e entidades sindicais dos bancários.

PN 29 SDC TST — GREVE. COMPETÊNCIA DOS TRIBUNAIS PARA DECLARÁ-LA ABUSIVA (positivo)

Compete aos Tribunais do Trabalho decidir sobre o abuso do direito de greve.

Art. 857

A representação para instaurar a instância em dissídio coletivo constitui prerrogativa das associações sindicais, excluídas as hipóteses aludidas no art. 856, quando ocorrer suspensão do trabalho. *(Redação dada pelo Decreto-Lei n. 7.321, de 14.2.1945)*

Parágrafo único — Quando não houver sindicato representativo da categoria econômica ou profissional, poderá a representação ser instaurada pelas federações correspondentes e, na falta destas, pelas confederações respectivas, no âmbito de sua representação. *(Redação dada pela Lei n. 2.693, de 23.12.1955)*

LEI N. 7.783, DE 28 DE JUNHO DE 1989
Dispõe sobre o exercício do direito de greve, define as atividades essenciais, regula o atendimento das necessidades inadiáveis da comunidade, e dá outras providências
DOU 29.6.1989

Vide art. 1º, caput e parágrafo único; art. 8º

Art. 1º É assegurado o direito de greve, competindo aos trabalhadores decidir sobre a oportunidade de exercê-lo e sobre os interesses que devam por meio dele defender.

Parágrafo único. O direito de greve será exercido na forma estabelecida nesta Lei.

(...)

Art. 8º A Justiça do Trabalho, por iniciativa de qualquer das partes ou do Ministério Público do Trabalho, decidirá sobre a procedência, total ou parcial, ou improcedência das reivindicações, cumprindo ao Tribunal publicar, de imediato, o competente acórdão.

SÚMULA DO TST

Vide Súmulas 286/TST

Súmula 286 TST — SINDICATO. SUBSTITUIÇÃO PROCESSUAL. CONVENÇÃO E ACORDO COLETIVOS (mantida) — Res. 121/2003, DJ 19, 20 e 21.11.2003

A legitimidade do sindicato para propor ação de cumprimento estende-se também à observância de acordo ou de convenção coletivos.

ORIENTAÇÕES JURISPRUDENCIAIS DA SDC DO TST

Vide OJs 9, 15, 19, 22 e 23 SDC/TST

OJ 9 SDC TST — ENQUADRAMENTO SINDICAL. INCOMPETÊNCIA MATERIAL DA JUSTIÇA DO TRABALHO. (inserida em 27.03.1998)

O dissídio coletivo não é meio próprio para o Sindicato vir a obter o reconhecimento de que a categoria que representa é diferenciada, pois esta matéria — enquadramento sindical — envolve a interpretação de norma genérica, notadamente do art. 577 da CLT.

OJ 15 SDC TST — SINDICATO. LEGITIMIDADE "AD PROCESSUM". IMPRESCINDIBILIDADE DO REGISTRO NO MINISTÉRIO DO TRABALHO. (inserida em 27.03.1998)

A comprovação da legitimidade "ad processum" da entidade sindical se faz por seu registro no órgão competente do Ministério do Trabalho, mesmo após a promulgação da Constituição Federal de 1988.

OJ 19 SDC TST — DISSÍDIO COLETIVO CONTRA EMPRESA. LEGITIMAÇÃO DA ENTIDADE SINDICAL. AUTORIZAÇÃO DOS TRABALHADORES DIRETAMENTE ENVOLVIDOS NO CONFLITO. (inserido dispositivo) — DEJT divulgado em 16, 17 e 18.11.2010

A legitimidade da entidade sindical para a instauração da instância contra determinada empresa está condicionada à prévia autorização dos trabalhadores da suscitada diretamente envolvidos no conflito.

OJ 22 SDC TST — LEGITIMIDADE "AD CAUSAM" DO SINDICATO. CORRESPONDÊNCIA ENTRE AS ATIVIDADES EXERCIDAS PELOS SETORES PROFISSIONAL E ECONÔMICO ENVOLVIDOS NO CONFLITO. NECESSIDADE. (inserido dispositivo) — DEJT divulgado em 16, 17 e 18.11.2010

É necessária a correspondência entre as atividades exercidas pelos setores profissional e econômico, a fim de legitimar os envolvidos no conflito a ser solucionado pela via do dissídio coletivo.

OJ 23 SDC TST — LEGITIMIDADE "AD CAUSAM". SINDICATO REPRESENTATIVO DE SEGMENTO PROFISSIONAL OU PATRONAL. IMPOSSIBILIDADE. (inserida em 25.05.1998)

A representação sindical abrange toda a categoria, não comportando separação fundada na maior ou menor dimensão de cada ramo ou empresa.

TÍTULO X — DO PROCESSO JUDICIÁRIO DO TRABALHO

Art. 858 — A representação será apresentada em tantas vias quantos forem os reclamados e deverá conter:

a) designação e qualificação dos reclamantes e dos reclamados e a natureza do estabelecimento ou do serviço;

b) os motivos do dissídio e as bases da conciliação.

SÚMULA DO STF

Vide Súmula 679/STF

Súmula 679 STF — A fixação de vencimentos dos servidores públicos não pode ser objeto de convenção coletiva.

SÚMULAS DO TST

Vide Súmulas 190 e 277/TST

Súmula 190 TST — PODER NORMATIVO DO TST. CONDIÇÕES DE TRABALHO. INCONSTITUCIONALIDADE. DECISÕES CONTRÁRIAS AO STF (mantida) — Res. 121/2003, DJ 19, 20 e 21.11.2003

Ao julgar ou homologar ação coletiva ou acordo nela havido, o Tribunal Superior do Trabalho exerce o poder normativo constitucional, não podendo criar ou homologar condições de trabalho que o Supremo Tribunal Federal julgue iterativamente inconstitucionais.

Súmula 277 TST — CONVENÇÃO COLETIVA DE TRABALHO OU ACORDO COLETIVO DE TRABALHO. EFICÁCIA. ULTRATIVIDADE (redação alterada na sessão do Tribunal Pleno realizada em 14.09.2012) — Res. 185/2012, DEJT divulgado em 25, 26 e 27.09.2012

As cláusulas normativas dos acordos coletivos ou convenções coletivas integram os contratos individuais de trabalho e somente poderão ser modificadas ou suprimidas mediante negociação coletiva de trabalho.

ORIENTAÇÕES JURISPRUDENCIAIS DA SDC DO TST

Vide Ojs 5, 7, 8, 9, 11, 15, 19, 22, 28 e 29 SDC/TST

OJ 5 SDC TST — DISSÍDIO COLETIVO. PESSOA JURÍDICA DE DIREITO PÚBLICO. POSSIBILIDADE JURÍDICA. CLÁUSULA DE NATUREZA SOCIAL (redação alterada na sessão do Tribunal Pleno realizada em 14.09.2012) — Res. 186/2012, DEJT divulgado em 25, 26 e 27.09.2012

Em face de pessoa jurídica de direito público que mantenha empregados, cabe dissídio coletivo exclusivamente para apreciação de cláusulas de natureza social. Inteligência da Convenção n. 151 da Organização Internacional do Trabalho, ratificada pelo Decreto Legislativo n. 206/2010

OJ 7 SDC TST — DISSÍDIO COLETIVO. NATUREZA JURÍDICA. INTERPRETAÇÃO DE NORMA DE CARÁTER GENÉRICO. INVIABILIDADE. (inscrida em 27.03.1998)

Não se presta o dissídio coletivo de natureza jurídica à interpretação de normas de caráter genérico, a teor do disposto no art. 313, II, do RITST.

OJ 8 SDC TST — DISSÍDIO COLETIVO. PAUTA REIVINDICATÓRIA NÃO REGISTRADA EM ATA. CAUSA DE EXTINÇÃO. (inserida em 27.03.1998)

A ata da assembleia de trabalhadores que legitima a atuação da entidade sindical respectiva em favor de seus interesses deve registrar, obrigatoriamente, a pauta reivindicatória, produto da vontade expressa da categoria.

OJ 9 SDC TST — ENQUADRAMENTO SINDICAL. INCOMPETÊNCIA MATERIAL DA JUSTIÇA DO TRABALHO. (inserida em 27.03.1998)

O dissídio coletivo não é meio próprio para o Sindicato vir a obter o reconhecimento de que a categoria que representa é diferenciada, pois esta matéria — enquadramento sindical — envolve a interpretação de norma genérica, notadamente do art. 577 da CLT.

OJ 11 SDC TST — GREVE. IMPRESCINDIBILIDADE DE TENTATIVA DIRETA E PACÍFICA DA SOLUÇÃO DO CONFLITO. ETAPA NEGOCIAL PRÉVIA. (inserida em 27.03.1998)

É abusiva a greve levada a efeito sem que as partes hajam tentado, direta e pacificamente, solucionar o conflito que lhe constitui o objeto.

OJ 15 SDC TST — SINDICATO. LEGITIMIDADE "AD PROCESSUM". IMPRESCINDIBILIDADE DO REGISTRO NO MINISTÉRIO DO TRABALHO. (inserida em 27.03.1998)

A comprovação da legitimidade "ad processum" da entidade sindical se faz por seu registro no órgão competente do Ministério do Trabalho, mesmo após a promulgação da Constituição Federal de 1988.

OJ 19 SDC TST — DISSÍDIO COLETIVO CONTRA EMPRESA. LEGITIMAÇÃO DA ENTIDADE SINDICAL. AUTORIZAÇÃO DOS TRABALHADORES DIRETAMENTE ENVOLVIDOS NO CONFLITO. (inserido dispositivo) — DEJT divulgado em 16, 17 e 18.11.2010

A legitimidade da entidade sindical para a instauração da instância contra determinada empresa está condicionada à prévia autorização dos trabalhadores da suscitada diretamente envolvidos no conflito.

OJ 22 SDC TST — LEGITIMIDADE "AD CAUSAM" DO SINDICATO. CORRESPONDÊNCIA ENTRE AS ATIVIDADES EXERCIDAS PELOS SETORES PROFISSIONAL E ECONÔMICO ENVOLVIDOS NO CONFLITO. NECESSIDADE. (inserido dispositivo) — DEJT divulgado em 16, 17 e 18.11.2010

É necessária a correspondência entre as atividades exercidas pelos setores profissional e econômico, a fim de legitimar os envolvidos no conflito a ser solucionado pela via do dissídio coletivo.

OJ 28 SDC TST — EDITAL DE CONVOCAÇÃO DA AGT. PUBLICAÇÃO. BASE TERRITORIAL. VALIDADE. (inserida em 19.08.1998)

O edital de convocação para a AGT deve ser publicado em jornal que circule em cada um dos municípios componentes da base territorial.

OJ 29 SDC TST — EDITAL DE CONVOCAÇÃO E ATA DA ASSEMBLÉIA GERAL. REQUISITOS ESSENCIAIS PARA INSTAURAÇÃO DE DISSÍDIO COLETIVO. (inserida em 19.08.1998)

O edital de convocação da categoria e a respectiva ata da AGT constituem peças essenciais à instauração do processo de dissídio coletivo.

Art. 859

PRECEDENTE NORMATIVO DA SDC DO TST

Vide PN 37 SDC/TST

PN 37 SDC TST — DISSÍDIO COLETIVO. FUNDAMENTAÇÃO DE CLÁUSULAS. NECESSIDADE (positivo)
Nos processos de dissídio coletivo só serão julgadas as cláusulas fundamentadas na representação, em caso de ação originária, ou no recurso.

PN 120 SDC TST — SENTENÇA NORMATIVA. DURAÇÃO. POSSIBILIDADE E LIMITES (positivo) — (Res. 176/2011, DEJT divulgado em 27, 30 e 31.05.2011)
A sentença normativa vigora, desde seu termo inicial até que sentença normativa, convenção coletiva de trabalho ou acordo coletivo de trabalho superveniente produza sua revogação, expressa ou tácita, respeitado, porém, o prazo máximo legal de quatro anos de vigência.

Art. 859

A representação dos sindicatos para instauração da instância fica subordinada à aprovação de assembleia, da qual participem os associados interessados na solução do dissídio coletivo, em primeira convocação, por maioria de 2/3 (dois terços) dos mesmos, ou, em segunda convocação, por 2/3 (dois terços) dos presentes. *(Redação dada pelo Decreto-Lei n. 7.321, de 14.2.1945)*

Parágrafo único *(Revogado pelo Decreto-Lei n. 7.321 de 14.2.1945)*

SÚMULA DO STF

Vide Súmula 629/STF

Súmula 629 STF — A impetração de mandado de segurança coletivo por entidade de classe em favor dos associados independe da autorização destes.

ORIENTAÇÕES JURISPRUDENCIAIS DA SDC DO TST

Vide OJs 8, 19, 22, 23, 28, 29 e 35 SDC/TST

OJ 8 SDC TST — DISSÍDIO COLETIVO. PAUTA REIVINDICATÓRIA NÃO REGISTRADA EM ATA. CAUSA DE EXTINÇÃO. (inserida em 27.03.1998)
A ata da assembleia de trabalhadores que legitima a atuação da entidade sindical respectiva em favor de seus interesses deve registrar, obrigatoriamente, a pauta reivindicatória, produto da vontade expressa da categoria.

OJ 19 SDC TST — DISSÍDIO COLETIVO CONTRA EMPRESA. LEGITIMAÇÃO DA ENTIDADE SINDICAL. AUTORIZAÇÃO DOS TRABALHADORES DIRETAMENTE ENVOLVIDOS NO CONFLITO. (inserido dispositivo) — DEJT divulgado em 16, 17 e 18.11.2010
A legitimidade da entidade sindical para a instauração da instância contra determinada empresa está condicionada à prévia autorização dos trabalhadores da suscitada diretamente envolvidos no conflito.

OJ 22 SDC TST — LEGITIMIDADE "AD CAUSAM" DO SINDICATO. CORRESPONDÊNCIA ENTRE AS ATIVIDADES EXERCIDAS PELOS SETORES PROFISSIONAL E ECONÔMICO ENVOLVIDOS NO CONFLITO. NECESSIDADE. (inserido dispositivo) — DEJT divulgado em 16, 17 e 18.11.2010
É necessária a correspondência entre as atividades exercidas pelos setores profissional e econômico, a fim de legitimar os envolvidos no conflito a ser solucionado pela via do dissídio coletivo.

OJ 23 SDC TST — LEGITIMIDADE "AD CAUSAM". SINDICATO REPRESENTATIVO DE SEGMENTO PROFISSIONAL OU PATRONAL. IMPOSSIBILIDADE. (inserida em 25.05.1998)
A representação sindical abrange toda a categoria, não comportando separação fundada na maior ou menor dimensão de cada ramo ou empresa.

OJ 28 SDC TST — EDITAL DE CONVOCAÇÃO DA AGT. PUBLICAÇÃO. BASE TERRITORIAL. VALIDADE. (inserida em 19.08.1998)
O edital de convocação para a AGT deve ser publicado em jornal que circule em cada um dos municípios componentes da base territorial.

OJ 29 SDC TST — EDITAL DE CONVOCAÇÃO E ATA DA ASSEMBLEIA GERAL. REQUISITOS ESSENCIAIS PARA INSTAURAÇÃO DE DISSÍDIO COLETIVO. (inserida em 19.08.1998)
O edital de convocação da categoria e a respectiva ata da AGT constituem peças essenciais à instauração do processo de dissídio coletivo.

OJ 35 SDC TST — EDITAL DE CONVOCAÇÃO DA AGT. DISPOSIÇÃO ESTATUTÁRIA ESPECÍFICA. PRAZO MÍNIMO ENTRE A PUBLICAÇÃO E A REALIZAÇÃO DA ASSEMBLEIA. OBSERVÂNCIA OBRIGATÓRIA. (inserida em 07.12.1998)
Se os estatutos da entidade sindical contam com norma específica que estabeleça prazo mínimo entre a data de publicação do edital convocatório e a realização da assembleia correspondente, então a validade desta última depende da observância desse interregno.

TÍTULO X — DO PROCESSO JUDICIÁRIO DO TRABALHO

SEÇÃO II
DA CONCILIAÇÃO E DO JULGAMENTO

Art. 860 Recebida e protocolada a representação, e estando na devida forma, o Presidente do Tribunal designará a audiência de conciliação, dentro do prazo de 10 (dez) dias, determinando a notificação dos dissidentes, com observância do disposto no art. 841.

Parágrafo único Quando a instância for instaurada ex officio, a audiência deverá ser realizada dentro do prazo mais breve possível, após o reconhecimento do dissídio.

CONSTITUIÇÃO FEDERAL DE 1988
DOU 5.10.1988

Vide art. 8º, caput e incisos III e IV; e art. 114, caput e §§ 1º a 3º

Art. 8º É livre a associação profissional ou sindical, observado o seguinte:
(...)
III — ao sindicato cabe a defesa dos direitos e interesses coletivos ou individuais da categoria, inclusive em questões judiciais ou administrativas;
IV — a assembleia geral fixará a contribuição que, em se tratando de categoria profissional, será descontada em folha, para custeio do sistema confederativo da representação sindical respectiva, independentemente da contribuição prevista em lei.

Art. 114. Compete à Justiça do Trabalho processar e julgar: *(Redação dada pela Emenda Constitucional n. 45, de 2004)*
(...)
§ 1º Frustrada a negociação coletiva, as partes poderão eleger árbitros.
§ 2º Recusando-se qualquer das partes à negociação coletiva ou à arbitragem, é facultado às mesmas, de comum acordo, ajuizar dissídio coletivo de natureza econômica, podendo a Justiça do Trabalho decidir o conflito, respeitadas as disposições mínimas legais de proteção ao trabalho, bem como as convencionadas anteriormente. *(Redação dada pela Emenda Constitucional n. 45, de 2004)*
§ 3º Em caso de greve em atividade essencial, com possibilidade de lesão do interesse público, o Ministério Público do Trabalho poderá ajuizar dissídio coletivo, competindo à Justiça do Trabalho decidir o conflito. *(Redação dada pela Emenda Constitucional n. 45, de 2004)*

LEI N. 7.783, DE 28 DE JUNHO DE 1989
Dispõe sobre o exercício do direito de greve, define as atividades essenciais, regula o atendimento das necessidades inadiáveis da comunidade, e dá outras providências
DOU 29.6.1989

Vide art. 4º, caput e § 2º; art. 5º; e art. 8º

Art. 4º Caberá à entidade sindical correspondente convocar, na forma do seu estatuto, assembleia geral que definirá as reivindicações da categoria e deliberará sobre a paralisação coletiva da prestação de serviços.
(...)
§ 2º Na falta de entidade sindical, a assembleia geral dos trabalhadores interessados deliberará para os fins previstos no *caput*, constituindo comissão de negociação.

Art. 5º A entidade sindical ou comissão especialmente eleita representará os interesses dos trabalhadores nas negociações ou na Justiça do Trabalho.

Art. 8º A Justiça do Trabalho, por iniciativa de qualquer das partes ou do Ministério Público do Trabalho, decidirá sobre a procedência, total ou parcial, ou improcedência das reivindicações, cumprindo ao Tribunal publicar, de imediato, o competente acórdão.

Art. 861 É facultado ao empregador fazer-se representar na audiência pelo gerente, ou por qualquer outro preposto que tenha conhecimento do dissídio, e por cujas declarações será sempre responsável.

CONSTITUIÇÃO FEDERAL DE 1988
DOU 5.10.1988

Vide art. 843, § 1º

Art. 843. (...)
§ 1º É facultado ao empregador fazer-se substituir pelo gerente, ou qualquer outro preposto que tenha conhecimento do fato, e cujas declarações obrigarão o proponente.

LEI COMPLEMENTAR N. 123, DE 14 DE DEZEMBRO DE 2006
Institui o Estatuto Nacional da Microempresa e da Empresa de Pequeno Porte; altera dispositivos das Leis ns. 8.212 e 8.213, ambas de 24 de julho de 1991, da Consolidação das Leis do Trabalho — CLT, aprovada pelo Decreto-Lei n. 5.452, de 1º de maio de 1943, da Lei n. 10.189, de 14 de fevereiro de 2001, da Lei Complementar n. 63, de 11 de janeiro de 1990; e revoga as Leis ns. 9.317, de 5 de dezembro de 1996, e 9.841, de 5 de outubro de 1999
DOU 15.12.2006, republicado em 31.1.2009, republicado em 31.1.2012 e republicado em 6.3.2012

Vide art. 54

Art. 54. É facultado ao empregador de microempresa ou de empresa de pequeno porte fazer-se substituir ou representar perante a Justiça do Trabalho por terceiros que conheçam dos fatos, ainda que não possuam vínculo trabalhista ou societário.

Arts. 862 a 866 — TÍTULO X — DO PROCESSO JUDICIÁRIO DO TRABALHO

SÚMULA DO TST

Vide Súmula 377/TST

Súmula 377 TST — PREPOSTO. EXIGÊNCIA DA CONDIÇÃO DE EMPREGADO (nova redação) — Res. 146/2008, DJ 28.04.2008, 02 e 05.05.2008

Exceto quanto à reclamação de empregado doméstico, ou contra micro ou pequeno empresário, o preposto deve ser necessariamente empregado do reclamado. Inteligência do art. 843, § 1º, da CLT e do art. 54 da Lei Complementar n. 123, de 14 de dezembro de 2006.

Art. 862

Na audiência designada, comparecendo ambas as partes ou seus representantes, o Presidente do Tribunal as convidará para se pronunciarem sobre as bases da conciliação. Caso não sejam aceitas as bases propostas, o Presidente submeterá aos interessados a solução que lhe pareça capaz de resolver o dissídio.

SÚMULA DO TST

Vide Súmula 190/TST

Súmula 190 TST — PODER NORMATIVO DO TST. CONDIÇÕES DE TRABALHO. INCONSTITUCIONALIDADE. DECISÕES CONTRÁRIAS AO STF (mantida) — Res. 121/2003, DJ 19, 20 e 21.11.2003

Ao julgar ou homologar ação coletiva ou acordo nela havido, o Tribunal Superior do Trabalho exerce o poder normativo constitucional, não podendo criar ou homologar condições de trabalho que o Supremo Tribunal Federal julgue iterativamente inconstitucionais.

ORIENTAÇÃO JURISPRUDENCIAL DA SDC DO TST

Vide OJ 11 SDC/TST

OJ 11 SDC TST — GREVE. IMPRESCINDIBILIDADE DE TENTATIVA DIRETA E PACÍFICA DA SOLUÇÃO DO CONFLITO. ETAPA NEGOCIAL PRÉVIA. (inserida em 27.03.1998)

É abusiva a greve levada a efeito sem que as partes hajam tentado, direta e pacificamente, solucionar o conflito que lhe constitui o objeto.

Art. 863

Havendo acordo, o Presidente o submeterá à homologação do Tribunal na primeira sessão.

ORIENTAÇÕES JURISPRUDENCIAIS DA SDC DO TST

Vide OJs 2 e 34 SDC/TST

OJ 2 SDC TST — ACORDO HOMOLOGADO. EXTENSÃO A PARTES NÃO SUBSCREVENTES. INVIABILIDADE. (inserida em 27.03.1998)

É inviável aplicar condições constantes de acordo homologado nos autos de dissídio coletivo, extensivamente, às partes que não o subscreveram, exceto se observado o procedimento previsto no art. 868 e seguintes, da CLT.

OJ 34 SDC TST — ACORDO EXTRAJUDICIAL. HOMOLOGAÇÃO. JUSTIÇA DO TRABALHO. PRESCINDIBILIDADE. (inserida em 07.12.1998)

É desnecessária a homologação, por Tribunal Trabalhista, do acordo extrajudicialmente celebrado, sendo suficiente, para que surta efeitos, sua formalização perante o Ministério do Trabalho (art. 614 da CLT e art. 7º, inciso XXVI, da Constituição Federal).

Art. 864

Não havendo acordo, ou não comparecendo ambas as partes ou uma delas, o presidente submeterá o processo a julgamento, depois de realizadas as diligências que entender necessárias e ouvida a Procuradoria. *(Redação dada pelo Decreto-Lei n. 8.737, de 19.1.1946)*

Art. 865

Sempre que, no decorrer do dissídio, houver ameaça de perturbação da ordem, o presidente requisitará à autoridade competente as providências que se tornarem necessárias.

Art. 866

Quando o dissídio ocorrer fora da sede do Tribunal, poderá o presidente, se julgar conveniente, delegar à autoridade local as atribuições de que tratam os arts. 860 e 862. Nesse caso, não havendo conciliação, a autoridade delegada encaminhará o processo ao Tribunal, fazendo exposição circunstanciada dos fatos e indicando a solução que lhe parecer conveniente.

TÍTULO X — DO PROCESSO JUDICIÁRIO DO TRABALHO

Art. 867	Da decisão do Tribunal serão notificadas as partes, ou seus representantes, em registrado postal, com franquia, fazendo-se, outrossim, a sua publicação no jornal oficial, para ciência dos demais interessados.
Parágrafo único	A sentença normativa vigorará: *(Incluído pelo Decreto-Lei n. 424, de 21.1.1969)*
a)	a partir da data de sua publicação, quando ajuizado o dissídio após o prazo do art. 616, § 3º, ou, quando não existir acordo, convenção ou sentença normativa em vigor, da data do ajuizamento; *(Incluída pelo Decreto-Lei n. 424, de 21.1.1969)*
b)	a partir do dia imediato ao termo final de vigência do acordo, convenção ou sentença normativa, quando ajuizado o dissídio no prazo do art. 616, § 3º. *(Incluída pelo Decreto-Lei n. 424, de 21.1.1969)*

CONSOLIDAÇÃO DAS LEIS DO TRABALHO
Decreto-Lei n. 5.452, de 1º de maio de 1943
DOU 9.8.1943

Vide art. 614, § 3º e art. 868, parágrafo único

Art. 614. (...)
§ 3º Não será permitido estipular duração de Convenção ou Acordo superior a 2 (dois) anos. *(Redação dada pelo Decreto-Lei n. 229, de 28.2.1967)*

Art. 868. (...)
Parágrafo único. O Tribunal fixará a data em que a decisão deve entrar em execução, bem como o prazo de sua vigência, o qual não poderá ser superior a 4 (quatro) anos.

SÚMULAS DO TST

Vide Súmulas 277 e 279/TST

Súmula 277 TST — CONVENÇÃO COLETIVA DE TRABALHO OU ACORDO COLETIVO DE TRABALHO. EFICÁCIA. ULTRATIVIDADE (redação alterada na sessão do Tribunal Pleno realizada em 14.09.2012) — Res. 185/2012, DEJT divulgado em 25, 26 e 27.09.2012

As cláusulas normativas dos acordos coletivos ou convenções coletivas integram os contratos individuais de trabalho e somente poderão ser modificadas ou suprimidas mediante negociação coletiva de trabalho.

Súmula 279 TST — RECURSO CONTRA SENTENÇA NORMATIVA. EFEITO SUSPENSIVO. CASSAÇÃO (mantida) — Res. 121/2003, DJ 19, 20 e 21.11.2003

A cassação de efeito suspensivo concedido a recurso interposto de sentença normativa retroage à data do despacho que o deferiu.

PRECEDENTE NORMATIVO DA SDC DO TST

Vide PN 120 SDC/TST

PN 120 SDC TST — SENTENÇA NORMATIVA. DURAÇÃO. POSSIBILIDADE E LIMITES (positivo) — (Res. 176/2011, DEJT divulgado em 27, 30 e 31.05.2011)

A sentença normativa vigora, desde seu termo inicial até que sentença normativa, convenção coletiva de trabalho ou acordo coletivo de trabalho superveniente produza sua revogação, expressa ou tácita, respeitado, porém, o prazo máximo legal de quatro anos de vigência.

SEÇÃO III
DA EXTENSÃO DAS DECISÕES

Art. 868	Em caso de dissídio coletivo que tenha por motivo novas condições de trabalho e no qual figure como parte apenas uma fração de empregados de uma empresa, poderá o Tribunal competente, na própria decisão, estender tais condições de trabalho, se julgar justo e conveniente, aos demais empregados da empresa que forem da mesma profissão dos dissidentes.
Parágrafo único	O Tribunal fixará a data em que a decisão deve entrar em execução, bem como o prazo de sua vigência, o qual não poderá ser superior a 4 (quatro) anos.

CONSOLIDAÇÃO DAS LEIS DO TRABALHO
Decreto-Lei n. 5.452, de 1º de maio de 1943
DOU 9.8.1943

Vide art. 614, § 3º

Art. 614. (...)
§ 3º Não será permitido estipular duração de Convenção ou Acordo superior a 2 (dois) anos. *(Redação dada pelo Decreto-Lei n. 229, de 28.2.1967)*

Art. 869

SÚMULA DO STF

Vide Súmula 349/STF

Súmula 349 STF — A prescrição atinge somente as prestações de mais de dois anos, reclamadas com fundamento em decisão normativa da Justiça do Trabalho, ou em convenção coletiva de trabalho, quando não estiver em causa a própria validade de tais atos.

SÚMULA DO TST

Vide Súmula 277/TST

Súmula 277 TST — CONVENÇÃO COLETIVA DE TRABALHO OU ACORDO COLETIVO DE TRABALHO. EFICÁCIA. ULTRATIVIDADE (redação alterada na sessão do Tribunal Pleno realizada em 14.09.2012) — Res. 185/2012, DEJT divulgado em 25, 26 e 27.09.2012

As cláusulas normativas dos acordos coletivos ou convenções coletivas integram os contratos individuais de trabalho e somente poderão ser modificadas ou suprimidas mediante negociação coletiva de trabalho.

ORIENTAÇÃO JURISPRUDENCIAL DA SDI-1 DO TST

Vide OJ 322 SDI-1/TST

OJ 322 SDI-1 TST — ACORDO COLETIVO DE TRABALHO. CLÁUSULA DE TERMO ADITIVO PRORROGANDO O ACORDO PARA PRAZO INDETERMINADO. INVÁLIDA (DJ 09.12.2003)

Nos termos do art. 614, § 3º, da CLT, é de 2 anos o prazo máximo de vigência dos acordos e das convenções coletivas. Assim sendo, é inválida, naquilo que ultrapassa o prazo total de 2 anos, a cláusula de termo aditivo que prorroga a vigência do instrumento coletivo originário por prazo indeterminado.

ORIENTAÇÃO JURISPRUDENCIAL DA SDC DO TST

Vide OJ 2 SDC/TST

OJ 2 SDC TST — ACORDO HOMOLOGADO. EXTENSÃO A PARTES NÃO SUBSCREVENTES. INVIABILIDADE. (inserida em 27.03.1998)

É inviável aplicar condições constantes de acordo homologado nos autos de dissídio coletivo, extensivamente, às partes que não o subscreveram, exceto se observado o procedimento previsto no art. 868 e seguintes, da CLT.

PRECEDENTE NORMATIVO DA SDC DO TST

Vide PN 120 SDC/TST

PN 120 SDC TST — SENTENÇA NORMATIVA. DURAÇÃO. POSSIBILIDADE E LIMITES (positivo) — (Res. 176/2011, DEJT divulgado em 27, 30 e 31.05.2011)

A sentença normativa vigora, desde seu termo inicial até que sentença normativa, convenção coletiva de trabalho ou acordo coletivo de trabalho superveniente produza sua revogação, expressa ou tácita, respeitado, porém, o prazo máximo legal de quatro anos de vigência.

Art. 869	A decisão sobre novas condições de trabalho poderá também ser estendida a todos os empregados da mesma categoria profissional compreendida na jurisdição do Tribunal:
a)	por solicitação de 1 (um) ou mais empregadores, ou de qualquer sindicato destes;
b)	por solicitação de 1 (um) ou mais sindicatos de empregados;
c)	ex officio, pelo Tribunal que houver proferido a decisão;
d)	por solicitação da Procuradoria da Justiça do Trabalho.

CONSTITUIÇÃO FEDERAL DE 1988
DOU 5.10.1988

Vide art. 114, caput e §§ 1º a 3º

Art. 114. Compete à Justiça do Trabalho processar e julgar: *(Redação dada pela Emenda Constitucional n. 45, de 2004)*

(...)

§ 1º Frustrada a negociação coletiva, as partes poderão eleger árbitros.

§ 2º Recusando-se qualquer das partes à negociação coletiva ou à arbitragem, é facultado às mesmas, de comum acordo, ajuizar dissídio coletivo de natureza econômica, podendo a Justiça do Trabalho decidir o conflito, respeitadas as disposições mínimas legais de proteção ao trabalho, bem como as convencionadas anteriormente. *(Redação dada pela Emenda Constitucional n. 45, de 2004)*

§ 3º Em caso de greve em atividade essencial, com possibilidade de lesão do interesse público, o Ministério Público do Trabalho poderá ajuizar dissídio coletivo, competindo à Justiça do Trabalho decidir o conflito. *(Redação dada pela Emenda Constitucional n. 45, de 2004)*

SÚMULA DO STF

Vide Súmula 349/STF

Súmula 349 STF — A prescrição atinge somente as prestações de mais de dois anos, reclamadas com fundamento em decisão normativa da Justiça do Trabalho, ou em convenção coletiva de trabalho, quando não estiver em causa a própria validade de tais atos.

TÍTULO X — DO PROCESSO JUDICIÁRIO DO TRABALHO

Art. 870 Para que a decisão possa ser estendida, na forma do artigo anterior, torna-se preciso que 3/4 (três quartos) dos empregadores e 3/4 (três quartos) dos empregados, ou os respectivos sindicatos, concordem com a extensão da decisão.

§ 1º O Tribunal competente marcará prazo, não inferior a 30 (trinta) nem superior a 60 (sessenta) dias, a fim de que se manifestem os interessados.

§ 2º Ouvidos os interessados e a Procuradoria da Justiça do Trabalho, será o processo submetido ao julgamento do Tribunal.

Art. 871 Sempre que o Tribunal estender a decisão, marcará a data em que a extensão deva entrar em vigor.

SEÇÃO IV
DO CUMPRIMENTO DAS DECISÕES

Art. 872 Celebrado o acordo, ou transitada em julgado a decisão, seguir-se-á o seu cumprimento, sob as penas estabelecidas neste Título.

Parágrafo único Quando os empregadores deixarem de satisfazer o pagamento de salários, na conformidade da decisão proferida, poderão os empregados ou seus sindicatos, independentes de outorga de poderes de seus associados, juntando certidão de tal decisão, apresentar reclamação à Junta ou Juízo competente, observado o processo previsto no Capítulo II deste Título, sendo vedado, porém, questionar sobre a matéria de fato e de direito já apreciada na decisão. *(Redação dada pela Lei n. 2.275, de 30.7.1954)*

CONSTITUIÇÃO FEDERAL DE 1988
DOU 5.10.1988

Vide art. 8º, caput e inciso III

Art. 8º É livre a associação profissional ou sindical, observado o seguinte:

(...)

III — ao sindicato cabe a defesa dos direitos e interesses coletivos ou individuais da categoria, inclusive em questões judiciais ou administrativas;

EMENDA CONSTITUCIONAL N. 24, DE 9 DE DEZEMBRO DE 1999
Altera dispositivos da Constituição Federal pertinentes à representação classista na Justiça do Trabalho. Extingue a representação classista na Justiça do Trabalho.
DOU 10.12.1999

SÚMULAS DO TST

Vide Súmulas 180, 246, 286, 350, 384 e 397/TST

Súmula 180 TST — AÇÃO DE CUMPRIMENTO. SUBSTITUIÇÃO PROCESSUAL. DESISTÊNCIA (cancelada) — Res. 121/2003, DJ 19, 20 e 21.11.2003

Nas ações de cumprimento, o substituído processualmente pode, a qualquer tempo, desistir da ação, desde que, comprovadamente, tenha havido transação.

Súmula 246 TST — AÇÃO DE CUMPRIMENTO. TRÂNSITO EM JULGADO DA SENTENÇA NORMATIVA (mantida) — Res. 121/2003, DJ 19, 20 e 21.11.2003

É dispensável o trânsito em julgado da sentença normativa para a propositura da ação de cumprimento.

Súmula 286 TST — SINDICATO. SUBSTITUIÇÃO PROCESSUAL. CONVENÇÃO E ACORDO COLETIVOS (mantida) — Res. 121/2003, DJ 19, 20 e 21.11.2003

A legitimidade do sindicato para propor ação de cumprimento estende-se também à observância de acordo ou de convenção coletivos.

Súmula 350 TST — PRESCRIÇÃO. TERMO INICIAL. AÇÃO DE CUMPRIMENTO. SENTENÇA NORMATIVA (mantida) — Res. 121/2003, DJ 19, 20 e 21.11.2003

O prazo de prescrição com relação à ação de cumprimento de decisão normativa flui apenas da data de seu trânsito em julgado.

Súmula 384 TST — MULTA CONVENCIONAL. COBRANÇA (conversão das Orientações Jurisprudenciais ns. 150 e 239 da SBDI-1) — Res. 129/2005, DJ 20, 22 e 25.04.2005

I — O descumprimento de qualquer cláusula constante de instrumentos normativos diversos não submete o empregado a ajuizar várias ações, pleiteando em cada uma o pagamento da multa referente ao descumprimento de obrigações previstas nas cláusulas respectivas. *(ex-OJ n. 150 da SBDI-1 — inserida em 27.11.1998)*

II — É aplicável multa prevista em instrumento normativo (sentença normativa, convenção ou acordo coletivo) em caso de descumprimento de obrigação prevista em lei, mesmo que a norma coletiva seja mera repetição de texto legal. *(ex-OJ n. 239 da SBDI-1 — inserida em 20.06.2001)*

Súmula 397 TST — AÇÃO RESCISÓRIA. ART. 966, IV, DO CPC DE 2015. ART. 485, IV, DO CPC DE 1973. AÇÃO DE CUMPRIMENTO. OFENSA À COISA JULGADA EMANADA DE SENTENÇA NORMATIVA MODIFICADA EM GRAU DE RECURSO. INVIABILIDADE. CABIMENTO DE MANDADO DE SEGURANÇA. (atualizada em decorrência do CPC de 2015) — Res. 208/2016, DEJT divulgado em 22, 25 e 26.04.2016

Não procede ação rescisória calcada em ofensa à coisa julgada perpetrada por decisão proferida em ação de cumprimento, em face de a sentença normativa, na qual se louvava, ter sido modificada em grau de recurso, porque em dissídio coletivo somente se consubstancia coisa julgada formal. Assim, os meios processuais aptos a atacarem a execução da cláusula reformada são a exceção de pré--executividade e o mandado de segurança, no caso de descumprimento do art. 514 do CPC de 2015 (art. 572 do CPC de 1973). *(ex-OJ n. 116 da SBDI-2 — DJ 11.08.2003)*

ORIENTAÇÃO JURISPRUDENCIAL DA SDI-1 DO TST

Vide OJ 277 SDI-1/TST

OJ 277 SDI-1 TST — AÇÃO DE CUMPRIMENTO FUNDADA EM DECISÃO NORMATIVA QUE SOFREU POSTERIOR REFORMA, QUANDO JÁ TRANSITADA EM JULGADO A SENTENÇA CONDENATÓRIA. COISA JULGADA. NÃO CONFIGURAÇÃO (DJ 11.08.2003)

A coisa julgada produzida na ação de cumprimento é atípica, pois dependente de condição resolutiva, ou seja, da não-modificação da decisão normativa por eventual recurso. Assim, modificada a sentença normativa pelo TST, com a consequente extinção do processo, sem julgamento do mérito, deve-se extinguir a execução em andamento, uma vez que a norma sobre a qual se apoiava o título exequendo deixou de existir no mundo jurídico.

SEÇÃO V
DA REVISÃO

Art. 873	Decorrido mais de 1 (um) ano de sua vigência, caberá revisão das decisões que fixarem condições de trabalho, quando se tiverem modificado as circunstâncias que as ditaram, de modo que tais condições se hajam tornado injustas ou inaplicáveis.
Art. 874	A revisão poderá ser promovida por iniciativa do Tribunal prolator, da Procuradoria da Justiça do Trabalho, das associações sindicais ou de empregador ou empregadores interessados no cumprimento da decisão.
Parágrafo único	Quando a revisão for promovida por iniciativa do Tribunal prolator ou da Procuradoria, as associações sindicais e o empregador ou empregadores interessados serão ouvidos no prazo de 30 (trinta) dias. Quando promovida por uma das partes interessadas, serão as outras ouvidas também por igual prazo.
Art. 875	A revisão será julgada pelo Tribunal que tiver proferido a decisão, depois de ouvida a Procuradoria da Justiça do Trabalho.

SÚMULA DO TST

Vide Súmula 397/TST

Súmula 397 TST — AÇÃO RESCISÓRIA. ART. 966, IV, DO CPC DE 2015 . ART. 485, IV, DO CPC DE 1973. AÇÃO DE CUMPRIMENTO. OFENSA À COISA JULGADA EMANADA DE SENTENÇA NORMATIVA MODIFICADA EM GRAU DE RECURSO. INVIABILIDADE. CABIMENTO DE MANDADO DE SEGURANÇA. (atualizada em decorrência do CPC de 2015) — Res. 208/2016, DEJT divulgado em 22, 25 e 26.04.2016

Não procede ação rescisória calcada em ofensa à coisa julgada perpetrada por decisão proferida em ação de cumprimento, em face de a sentença normativa, na qual se louvava, ter sido modificada em grau de recurso, porque em dissídio coletivo somente se consubstancia coisa julgada formal. Assim, os meios processuais aptos a atacarem a execução da cláusula reformada são a exceção de pré-executividade e o mandado de segurança, no caso de descumprimento do art. 514 do CPC de 2015 (art. 572 do CPC de 1973). *(ex-OJ n. 116 da SBDI-2 — DJ 11.08.2003)*

ORIENTAÇÃO JURISPRUDENCIAL DA SDI-1 DO TST

Vide OJ 277 SDI-1/TST

OJ 277 SDI-1 TST — AÇÃO DE CUMPRIMENTO FUNDADA EM DECISÃO NORMATIVA QUE SOFREU POSTERIOR REFORMA, QUANDO JÁ TRANSITADA EM

TÍTULO X — DO PROCESSO JUDICIÁRIO DO TRABALHO

Art. 876

JULGADO A SENTENÇA CONDENATÓRIA. COISA JULGADA. NÃO CONFIGURAÇÃO (DJ 11.08.2003)
A coisa julgada produzida na ação de cumprimento é atípica, pois dependente de condição resolutiva, ou seja, da não-modificação da decisão normativa por eventual recurso. Assim, modificada a sentença normativa pelo TST, com a consequente extinção do processo, sem julgamento do mérito, deve-se extinguir a execução em andamento, uma vez que a norma sobre a qual se apoiava o título exequendo deixou de existir no mundo jurídico.

CAPÍTULO V
DA EXECUÇÃO

SEÇÃO I
DAS DISPOSIÇÕES PRELIMINARES

Art. 876 As decisões passadas em julgado ou das quais não tenha havido recurso com efeito suspensivo; os acordos, quando não cumpridos; os termos de ajuste de conduta firmados perante o Ministério Público do Trabalho e os termos de conciliação firmados perante as Comissões de Conciliação Prévia serão executada pela forma estabelecida neste Capítulo. *(Redação dada pela Lei n. 9.958, de 12.1.2000)*

CONSTITUIÇÃO FEDERAL DE 1988
DOU 5.10.1988

Vide art. 114, *caput* e inciso VII

Art. 114. Compete à Justiça do Trabalho processar e julgar: *(Redação dada pela Emenda Constitucional n. 45, de 2004)*
(...)
VII — as ações relativas às penalidades administrativas impostas aos empregadores pelos órgãos de fiscalização das relações de trabalho; *(Incluído pela Emenda Constitucional n. 45, de 2004)*

CONSOLIDAÇÃO DAS LEIS DO TRABALHO
Decreto-Lei n. 5.452, de 1º de maio de 1943
DOU 9.8.1943

Vide art. 831, parágrafo único; e art. 899, *caput* e §§ 1º a 8º

Art. 831. (...)
Parágrafo único. No caso de conciliação, o termo que for lavrado valerá como decisão irrecorrível, salvo para a Previdência Social quanto às contribuições que lhe forem devidas. *(Redação dada pela Lei n. 10.035, de 2000)*

Art. 899. Os recursos serão interpostos por simples petição e terão efeito meramente devolutivo, salvo as exceções previstas neste Título, permitida a execução provisória até a penhora. *(Redação dada pela Lei n. 5.442, de 24.5.1968)*

§ 1º Sendo a condenação de valor até 10 (dez) vezes o salário-mínimo regional, nos dissídios individuais, só será admitido o recurso inclusive o extraordinário, mediante prévio depósito da respectiva importância. Transitada em julgado a decisão recorrida, ordenar-se-á o levantamento imediato da importância de depósito, em favor da parte vencedora, por simples despacho do juiz. *(Redação dada pela Lei n. 5.442, 24.5.1968)*

§ 2º Tratando-se de condenação de valor indeterminado, o depósito corresponderá ao que for arbitrado, para efeito de custas, pela Junta ou Juízo de Direito, até o limite de 10 (dez) vezes o salário-mínimo da região. *(Redação dada pela Lei n. 5.442, 24.5.1968)*

§ 3º *(Revogado pela Lei n. 7.033, de 5.10.1982)*

§ 4º O depósito de que trata o § 1º far-se-á na conta vinculada do empregado a que se refere o art. 2º da Lei n. 5.107, de 13 de setembro de 1966, aplicando-se-lhe os preceitos dessa Lei observado, quanto ao respectivo levantamento, o disposto no § 1º. *(Redação dada pela Lei n. 5.442, 24.5.1968)*

§ 5º Se o empregado ainda não tiver conta vinculada aberta em seu nome, nos termos do art. 2º da Lei n. 5.107, de 13 de setembro de 1966, a empresa procederá a respectiva abertura, para efeito do disposto no § 2º. *(Redação dada pela Lei n. 5.442, 24.5.1968)*

§ 6º Quando o valor da condenação, ou o arbitrado para fins de custas, exceder o limite de 10 (dez) vezes o salário-mínimo da região, o depósito para fins de recursos será limitado a este valor. *(Incluído pela Lei n. 5.442, 24.5.1968)*

§ 7º No ato de interposição do agravo de instrumento, o depósito recursal corresponderá a 50% (cinquenta por cento) do valor do depósito do recurso ao qual se pretende destrancar. *(Incluído pela Lei n. 12.275, de 2010)*

§ 8º Quando o agravo de instrumento tem a finalidade de destrancar recurso de revista que se insurge contra decisão que contraria a jurisprudência uniforme do Tribunal Superior do Trabalho, consubstanciada nas suas súmulas ou em orientação jurisprudencial, não haverá obrigatoriedade de se efetuar o depósito referido no § 7º deste artigo. *(Incluído pela Lei n. 13.015, de 2014)*

ORIENTAÇÃO JURISPRUDENCIAL DO TRIBUNAL PLENO DO TST

Vide OJs-TP n. 1, n. 6 e n. 9

OJ-TP 1. PRECATÓRIO. CRÉDITO TRABALHISTA. PEQUENO VALOR. EMENDA CONSTITUCIONAL N. 37/2002.
Há dispensa da expedição de precatório, na forma do art. 100, § 3º, da CF/1988, quando a execução contra a

Art. 876

TÍTULO X — DO PROCESSO JUDICIÁRIO DO TRABALHO

Fazenda Pública não exceder os valores definidos, provisoriamente, pela Emenda Constitucional n. 37/2002, como obrigações de pequeno valor, inexistindo ilegalidade, sob esse prisma, na determinação de sequestro da quantia devida pelo ente público. (DJ 9.12.2003. Parágrafo único do artigo 168 do Regimento Interno do TST)

OJ-TP 6. PRECATÓRIO. EXECUÇÃO. LIMITAÇÃO DA CONDENAÇÃO IMPOSTA PELO TÍTULO JUDICIAL EXEQUENDO À DATA DO ADVENTO DA LEI N. 8.112, DE 11.12.1990.

Em sede de precatório, não configura ofensa à coisa julgada a limitação dos efeitos pecuniários da sentença condenatória ao período anterior ao advento da Lei n. 8.112, de 11.12.1990, em que o exequente submetia-se à legislação trabalhista, salvo disposição expressa em contrário na decisão exequenda. (DJ 25.4.2007)

OJ-TP 9. PRECATÓRIO. PEQUENO VALOR. INDIVIDUALIZAÇÃO DO CRÉDITO APURADO. RECLAMAÇÃO TRABALHISTA PLÚRIMA. EXECUÇÃO DIRETA CONTRA A FAZENDA PÚBLICA. POSSIBILIDADE.

Tratando-se de reclamações trabalhistas plúrimas, a aferição do que vem a ser obrigação de pequeno valor, para efeito de dispensa de formação de precatório e aplicação do disposto no § 3º do art. 100 da CF/88, deve ser realizada considerando-se os créditos de cada reclamante.

Parágrafo único	Serão executadas ex-officio as contribuições sociais devidas em decorrência de decisão proferida pelos Juízes e Tribunais do Trabalho, resultantes de condenação ou homologação de acordo, inclusive sobre os salários pagos durante o período contratual reconhecido. (*Redação dada pela Lei n. 11.457, de 2007*)

CONSTITUIÇÃO FEDERAL DE 1988
DOU 5.10.1988

Vide art. 114, *caput* e inciso VIII

Art. 114. Compete à Justiça do Trabalho processar e julgar: *(Redação dada pela Emenda Constitucional n. 45, de 2004)*

(...)

VIII — a execução, de ofício, das contribuições sociais previstas no art. 195, I, a , e II, e seus acréscimos legais, decorrentes das sentenças que proferir; *(Incluído pela Emenda Constitucional n. 45, de 2004)*

LEI N. 8.212, DE 24 DE JULHO DE 1991
Dispõe sobre a organização da Seguridade Social, institui Plano de Custeio, e dá outras providências
DOU 25.7.1991, republicado em 11.4.1996 e republicado em 14.8.1998

Vide art. 43, § 5º

Art. 43. (...)

§ 5º Na hipótese de acordo celebrado após ter sido proferida decisão de mérito, a contribuição será calculada com base no valor do acordo. *(Incluído pela Lei n. 11.941, de 2009)*

SÚMULAS DO TST

Vide Súmulas 368, I, e 454/TST

Súmula 368 TST — DESCONTOS PREVIDENCIÁRIOS E FISCAIS. COMPETÊNCIA. RESPONSABILIDADE PELO PAGAMENTO. FORMA DE CÁLCULO (redação do item II alterada na sessão do Tribunal Pleno realizada em 16.04.2012) — Res. 181/2012, DEJT divulgado em 19, 20 e 23.04.2012

I — A Justiça do Trabalho é competente para determinar o recolhimento das contribuições fiscais. A competência da Justiça do Trabalho, quanto à execução das contribuições previdenciárias, limita-se às sentenças condenatórias em pecúnia que proferir e aos valores, objeto de acordo homologado, que integrem o salário de contribuição. *(ex-OJ n. 141 da SBDI-1 — inserida em 27.11.1998)*

Súmula 454 TST — COMPETÊNCIA DA JUSTIÇA DO TRABALHO. EXECUÇÃO DE OFÍCIO. CONTRIBUIÇÃO SOCIAL REFERENTE AO SEGURO DE ACIDENTE DE TRABALHO (SAT). ARTS. 114, VIII, E 195, I, "A", DA CONSTITUIÇÃO DA REPÚBLICA. (conversão da Orientação Jurisprudencial n. 414 da SBDI-1) — Res. 194/2014, DEJT divulgado em 21, 22 e 23.05.2014

Compete à Justiça do Trabalho a execução, de ofício, da contribuição referente ao Seguro de Acidente de Trabalho (SAT), que tem natureza de contribuição para a seguridade social (arts. 114, VIII, e 195, I, "a", da CF), pois se destina ao financiamento de benefícios relativos à incapacidade do empregado decorrente de infortúnio no trabalho (arts. 11 e 22 da Lei n. 8.212/1991).

ORIENTAÇÕES JURISPRUDENCIAIS DA SDI-1 DO TST

Vide OJs 368, 376 e 398 SDI-1/TST

OJ 368 SDI-1 TST — DESCONTOS PREVIDENCIÁRIOS. ACORDO HOMOLOGADO EM JUÍZO. INEXISTÊNCIA DE VÍNCULO EMPREGATÍCIO. PARCELAS INDENIZATÓRIAS. AUSÊNCIA DE DISCRIMINAÇÃO. INCIDÊNCIA SOBRE O VALOR TOTAL. (DEJT divulgado em 03, 04 e 05.12.2008)

É devida a incidência das contribuições para a Previdência Social sobre o valor total do acordo homologado em juízo, independentemente do reconhecimento de vínculo de emprego, desde que não haja discriminação das parcelas sujeitas à incidência da contribuição previdenciária, conforme parágrafo único do art. 43 da Lei n. 8.212, de 24.07.1991, e do art. 195, I, "a", da CF/1988.

OJ 376 SDI-1 TST — CONTRIBUIÇÃO PREVIDENCIÁRIA. ACORDO HOMOLOGADO EM JUÍZO APÓS O TRÂNSITO EM JULGADO DA SENTENÇA CONDENATÓRIA. INCIDÊNCIA SOBRE O VALOR HOMOLOGADO. (DEJT divulgado em 19, 20 e 22.04.2010)

É devida a contribuição previdenciária sobre o valor do acordo celebrado e homologado após o trânsito em julgado de decisão judicial, respeitada a proporcionalidade de valores entre as parcelas de natureza salarial e indenizatória deferidas na decisão condenatória e as parcelas objeto do acordo.

TÍTULO X — DO PROCESSO JUDICIÁRIO DO TRABALHO

Arts. 877 e 877-A

OJ 398 SDI-1 TST — CONTRIBUIÇÃO PREVIDENCIÁRIA. ACORDO HOMOLOGADO EM JUÍZO SEM RECONHECIMENTO DE VÍNCULO DE EMPREGO. CONTRIBUINTE INDIVIDUAL. RECOLHIMENTO DA ALÍQUOTA DE 20% A CARGO DO TOMADOR E 11% A CARGO DO PRESTADOR DE SERVIÇOS. (DEJT divulgado em 02, 03 e 04.08.2010)

Nos acordos homologados em juízo em que não haja o reconhecimento de vínculo empregatício, é devido o recolhimento da contribuição previdenciária, mediante a alíquota de 20% a cargo do tomador de serviços e de 11% por parte do prestador de serviços, na qualidade de contribuinte individual, sobre o valor total do acordo, respeitado o teto de contribuição. Inteligência do § 4º do art. 30 e do inciso III do art. 22, todos da Lei n. 8.212, de 24.07.1991.

Art. 877 É competente para a execução das decisões o Juiz ou Presidente do Tribunal que tiver conciliado ou julgado originariamente o dissídio.

CONSOLIDAÇÃO DAS LEIS DO TRABALHO
Decreto-Lei n. 5.452, de 1º de maio de 1943
DOU 9.8.1943

Vide art. 659, caput e incisos I a X

Art. 659. Competem privativamente aos Presidentes das Juntas, além das que lhes forem conferidas neste Título e das decorrentes de seu cargo, as seguintes atribuições:
I — presidir às audiências das Juntas;
II — executar as suas próprias decisões, as proferidas pela Junta e aquelas cuja execução lhes for deprecada;
III — dar posse aos vogais nomeados para a Junta, ao Secretário e aos demais funcionários da Secretaria;
IV — convocar os suplentes dos vogais, no impedimento destes;
V — representar ao Presidente do Tribunal Regional da respectiva jurisdição, no caso de falta de qualquer vogal a 3 (três) reuniões consecutivas, sem motivo justificado, para os fins do art. 727;
VI — despachar os recursos interpostos pelas partes, fundamentando a decisão recorrida antes da remessa ao Tribunal Regional, ou submetendo-os à decisão da Junta, no caso do art. 894;
VII — assinar as folhas de pagamento dos membros e funcionários da Junta;
VIII — apresentar ao Presidente do Tribunal Regional, até 15 de fevereiro de cada ano, o relatório dos trabalhos do ano anterior;
IX — conceder medida liminar, até decisão final do processo, em reclamações trabalhistas que visem a tornar sem efeito transferência disciplinada pelos parágrafos do artigo 469 desta Consolidação. *(Incluído pela Lei n. 6.203, de 17.4.1975)*
X — conceder medida liminar, até decisão final do processo, em reclamações trabalhistas que visem reintegrar no emprego dirigente sindical afastado, suspenso ou dispensado pelo empregador. *(Incluído pela Lei n. 9.270, de 1996)*

CÓDIGO DE PROCESSO CIVIL DE 1973
Lei n. 5.869, de 11 de janeiro de 1973
DOU 17.1.1973 e republicado em 27.7.2006

Vide art. 87

Art. 87. Determina-se a competência no momento em que a ação é proposta. São irrelevantes as modificações do estado de fato ou de direito ocorridas posteriormente, salvo quando suprimirem o órgão judiciário ou alterarem a competência em razão da matéria ou da hierarquia.

CÓDIGO DE PROCESSO CIVIL DE 2015
Lei n. 13.105, de 16 de março de 2015
DOU 17.3.2015

Vide art. 43

Art. 43. Determina-se a competência no momento do registro ou da distribuição da petição inicial, sendo irrelevantes as modificações do estado de fato ou de direito ocorridas posteriormente, salvo quando suprimirem órgão judiciário ou alterarem a competência absoluta.

SÚMULA DO TST

Vide Súmula 419/TST

Súmula 419 TST — COMPETÊNCIA. EXECUÇÃO POR CARTA. EMBARGOS DE TERCEIRO. JUÍZO DEPRECANTE (conversão da Orientação Jurisprudencial n. 114 da SBDI 2) Res. 137/2005, DJ 22, 23 e 24.08.2005

Na execução por carta precatória, os embargos de terceiro serão oferecidos no juízo deprecante ou no juízo deprecado, mas a competência para julgá-los é do juízo deprecante, salvo se versarem, unicamente, sobre vícios ou irregularidades da penhora, avaliação ou alienação dos bens, praticados pelo juízo deprecado, em que a competência será deste último. *(ex-OJ n. 114 da SBDI-2 — DJ 11.08.2003)*

ORIENTAÇÃO JURISPRUDENCIAL DA SDI-1 DO TST

Vide OJ 143 SDI-1/TST

OJ 143 SDI-1 TST — EMPRESA EM LIQUIDAÇÃO EXTRAJUDICIAL. EXECUÇÃO. CRÉDITOS TRABALHISTAS. LEI N. 6.024/74 (inserida em 27.11.1998)

A execução trabalhista deve prosseguir diretamente na Justiça do Trabalho mesmo após a decretação da liquidação extrajudicial. Lei n. 6.830/80, arts. 5º e 29, aplicados supletivamente (CLT art. 889 e CF/1988, art. 114).

Art. 877-A É competente para a execução de título executivo extrajudicial o juiz que teria competência para o processo de conhecimento relativo à matéria. *(Incluído pela Lei n. 9.958, de 25.10.2000)*

CONSOLIDAÇÃO DAS LEIS DO TRABALHO
Decreto-Lei n. 5.452, de 1º de maio de 1943
DOU 9.8.1943

Vide art. 876, *caput* e parágrafo único

Art. 876. As decisões passadas em julgado ou das quais não tenha havido recurso com efeito suspensivo; os acordos, quando não cumpridos; os termos de ajuste de conduta firmados perante o Ministério Público do Trabalho e os termos de conciliação firmados perante as Comissões de Conciliação Prévia serão executada pela forma estabelecida neste Capítulo. *(Redação dada pela Lei n. 9.958, de 12.1.2000)*

Parágrafo único. Serão executadas ex-officio as contribuições sociais devidas em decorrência de decisão proferida pelos Juízes e Tribunais do Trabalho, resultantes de condenação ou homologação de acordo, inclusive sobre os salários pagos durante o período contratual reconhecido. *(Redação dada pela Lei n. 11.457, de 2007)*

CÓDIGO DE PROCESSO CIVIL DE 1973
Lei n. 5.869, de 11 de janeiro de 1973
DOU 17.1.1973 e republicado em 27.7.2006

Vide art. 475-P, *caput*, incisos I a III e parágrafo único

Art. 475-P. O cumprimento da sentença efetuar-se-á perante:
I — os tribunais, nas causas de sua competência originária;
II — o juízo que processou a causa no primeiro grau de jurisdição;
III — o juízo cível competente, quando se tratar de sentença penal condenatória, de sentença arbitral ou de sentença estrangeira.

Parágrafo único. No caso do inciso II do caput deste artigo, o exequente poderá optar pelo juízo do local onde se encontram bens sujeitos à expropriação ou pelo do atual domicílio do executado, casos em que a remessa dos autos do processo será solicitada ao juízo de origem.

CÓDIGO DE PROCESSO CIVIL DE 2015
Lei n. 13.105, de 16 de março de 2015
DOU 17.3.2015

Vide art. 516, *caput*, incisos I a III e parágrafo único

Art. 516. O cumprimento da sentença efetuar-se-á perante:
I — os tribunais, nas causas de sua competência originária;
II — o juízo que decidiu a causa no primeiro grau de jurisdição;
III — o juízo cível competente, quando se tratar de sentença penal condenatória, de sentença arbitral, de sentença estrangeira ou de acórdão proferido pelo Tribunal Marítimo.

Parágrafo único. Nas hipóteses dos incisos II e III, o exequente poderá optar pelo juízo do atual domicílio do executado, pelo juízo do local onde se encontrem os bens sujeitos à execução ou pelo juízo do local onde deva ser executada a obrigação de fazer ou de não fazer, casos em que a remessa dos autos do processo será solicitada ao juízo de origem.

Art. 878	A execução poderá ser promovida por qualquer interessado, ou ex officio pelo próprio Juiz ou Presidente ou Tribunal competente, nos termos do artigo anterior.
Parágrafo único	Quando se tratar de decisão dos Tribunais Regionais, a execução poderá ser promovida pela Procuradoria da Justiça do Trabalho.

Art. 878-A	Faculta-se ao devedor o pagamento imediato da parte que entender devida à Previdência Social, sem prejuízo da cobrança de eventuais diferenças encontradas na execução ex officio. *(Incluído pela Lei n. 10.035, de 2000)*

Art. 879	Sendo ilíquida a sentença exequenda, ordenar-se-á, previamente, a sua liquidação, que poderá ser feita por cálculo, por arbitramento ou por artigos. *(Redação dada pela Lei n. 2.244, de 23.6.1954)*

CÓDIGO DE PROCESSO CIVIL DE 1973
Lei n. 5.869, de 11 de janeiro de 1973
DOU 17.1.1973 e republicado em 27.7.2006

Vide art. 293; art. 475-C, *caput* e incisos I e II; art. 475-D, *caput* e parágrafo único; e art. 475-E

Art. 293. Os pedidos são interpretados restritivamente, compreendendo-se, entretanto, no principal os juros legais.

Art. 475-C. Far-se-á a liquidação por arbitramento quando:
I — determinado pela sentença ou convencionado pelas partes;
II — o exigir a natureza do objeto da liquidação.

Art. 475-D. Requerida a liquidação por arbitramento, o juiz nomeará o perito e fixará o prazo para a entrega do laudo.

Parágrafo único. Apresentado o laudo, sobre o qual poderão as partes manifestar-se no prazo de dez dias, o juiz proferirá decisão ou designará, se necessário, audiência.

Art. 475-E. Far-se-á a liquidação por artigos, quando, para determinar o valor da condenação, houver necessidade de alegar e provar fato novo.

TÍTULO X — DO PROCESSO JUDICIÁRIO DO TRABALHO

Art. 879

CÓDIGO DE PROCESSO CIVIL DE 2015
Lei n. 13.105, de 16 de março de 2015
DOU 17.3.2015

Vide art. 322, *caput* e §§ 1º e 2º; art. 509, incisos I e II; e art. 510

Art. 322. O pedido deve ser certo.

§ 1º Compreendem-se no principal os juros legais, a correção monetária e as verbas de sucumbência, inclusive os honorários advocatícios.

§ 2º A interpretação do pedido considerará o conjunto da postulação e observará o princípio da boa-fé.

Art. 509. (...)
I — por arbitramento, quando determinado pela sentença, convencionado pelas partes ou exigido pela natureza do objeto da liquidação;
II — pelo procedimento comum, quando houver necessidade de alegar e provar fato novo.

Art. 510. Na liquidação por arbitramento, o juiz intimará as partes para a apresentação de pareceres ou documentos elucidativos, no prazo que fixar, e, caso não possa decidir de plano, nomeará perito, observando-se, no que couber, o procedimento da prova pericial.

SÚMULAS DO STF

Vide Súmulas 163, 254 e 255/STF

Súmula 163 STF — Salvo contra a Fazenda Pública, sendo a obrigação ilíquida, contam-se os juros moratórios desde a citação inicial para a ação.

Súmula 254 STF — Incluem-se os juros moratórios na liquidação, embora omisso o pedido inicial ou a condenação.

Súmula 255 STF — Sendo ilíquida a obrigação, os juros moratórios, contra a Fazenda Pública, incluídas as autarquias, são contados do trânsito em julgado da sentença de liquidação.

SÚMULA DO TST

Vide Súmula 211/TST

Súmula 211 TST — JUROS DE MORA E CORREÇÃO MONETÁRIA. INDEPENDÊNCIA DO PEDIDO INICIAL E DO TÍTULO EXECUTIVO JUDICIAL (mantida) — Res. 121/2003, DJ 19, 20 e 21.11.2003

Os juros de mora e a correção monetária incluem-se na liquidação, ainda que omisso o pedido inicial ou a condenação.

SÚMULAS DO STJ

Vide Súmulas 211 e 344/STJ

Súmula 211 STJ — Inadmissível recurso especial quanto à questão que, a despeito da oposição de embargos declaratórios, não foi apreciada pelo Tribunal *a quo*.

Súmula 344 STJ — A liquidação por forma diversa da estabelecida na sentença não ofende a coisa julgada.

§ 1º Na liquidação, não se poderá modificar, ou inovar, a sentença liquidanda nem discutir matéria pertinente à causa principal. *(Incluído pela Lei n. 8.432, 11.6.1992)*

CÓDIGO DE PROCESSO CIVIL DE 1973
Lei n. 5.869, de 11 de janeiro de 1973
DOU 17.1.1973 e republicado em 27.7.2006

Vide art. 475-G

Art. 475-G. É defeso, na liquidação, discutir de novo a lide ou modificar a sentença que a julgou.

CÓDIGO DE PROCESSO CIVIL DE 2015
Lei n. 13.105, de 16 de março de 2015
DOU 17.3.2015

Vide art. 509, § 4º

Art. 509. (...)
§ 4º Na liquidação é vedado discutir de novo a lide ou modificar a sentença que a julgou.

SÚMULA DO TST

Vide Súmula 211/TST

Súmula 211 TST — JUROS DE MORA E CORREÇÃO MONETÁRIA. INDEPENDÊNCIA DO PEDIDO INICIAL E DO TÍTULO EXECUTIVO JUDICIAL (mantida) — Res. 121/2003, DJ 19, 20 e 21.11.2003

Os juros de mora e a correção monetária incluem-se na liquidação, ainda que omisso o pedido inicial ou a condenação.

ORIENTAÇÕES JURISPRUDENCIAIS DA SDI-1 DO TST

Vide OJs 262 e 300 SDI-1/TST

OJ 262 SDI-1 TST — COISA JULGADA. PLANOS ECONÔMICOS. LIMITAÇÃO À DATA-BASE NA FASE DE EXECUÇÃO (inserida em 27.09.2002)

Não ofende a coisa julgada a limitação à data-base da categoria, na fase executória, da condenação ao pagamento de diferenças salariais decorrentes de planos econômicos, quando a decisão exequenda silenciar sobre a limitação, uma vez que a limitação decorre de norma cogente. Apenas quando a sentença exequenda houver expressamente afastado a limitação à data-base é que poderá ocorrer ofensa à coisa julgada.

OJ 300 SDI-1 TST — EXECUÇÃO TRABALHISTA. CORREÇÃO MONETÁRIA. JUROS. LEI N. 8.177/91, ART. 39, E LEI N. 10.192/01, ART. 15 (nova redação) — DJ 20.04.2005

Não viola norma constitucional (art. 5º, II e XXXVI) a determinação de aplicação da TRD, como fator de correção monetária dos débitos trabalhistas, cumulada com juros de mora, previstos no art. 39 da Lei n. 8.177/91 e convalidado pelo art. 15 da Lei n. 10.192/01.

Art. 880

§ 1º-A	A liquidação abrangerá, também, o cálculo das contribuições previdenciárias devidas. *(Incluído pela Lei n. 10.035, de 2000)*
§ 1º-B	As partes deverão ser previamente intimadas para a apresentação do cálculo de liquidação, inclusive da contribuição previdenciária incidente. *(Incluído pela Lei n. 10.035, de 2000)*
§ 2º	Elaborada a conta e tornada líquida, o Juiz poderá abrir às partes prazo sucessivo de 10 (dez) dias para impugnação fundamentada com a indicação dos itens e valores objeto da discordância, sob pena de preclusão. *(Incluído pela Lei n. 8.432, 11.6.1992)*
§ 3º	Elaborada a conta pela parte ou pelos órgãos auxiliares da Justiça do Trabalho, o juiz procederá à intimação da União para manifestação, no prazo de 10 (dez) dias, sob pena de preclusão. *(Redação dada pela Lei n. 11.457, de 2007)*
§ 4º	A atualização do crédito devido à Previdência Social observará os critérios estabelecidos na legislação previdenciária. *(Parágrafo incluído pela Lei n. 10.035, de 2000)*
§ 5º	O Ministro de Estado da Fazenda poderá, mediante ato fundamentado, dispensar a manifestação da União quando o valor total das verbas que integram o salário de contribuição, na forma do art. 28 da Lei n. 8.212, de 24 de julho de 1991, ocasionar perda de escala decorrente da atuação do órgão jurídico. *(Incluído pela Lei n. 11.457, de 2007)*
§ 6º	Tratando-se de cálculos de liquidação complexos, o juiz poderá nomear perito para a elaboração e fixará, depois da conclusão do trabalho, o valor dos respectivos honorários com observância, entre outros, dos critérios de razoabilidade e proporcionalidade. *(Incluído pela Lei n. 12.405, de 2011)*

SEÇÃO II
DO MANDADO E DA PENHORA

Art. 880	Requerida a execução, o juiz ou presidente do tribunal mandará expedir mandado de citação do executado, a fim de que cumpra a decisão ou o acordo no prazo, pelo modo e sob as cominações estabelecidas ou, quando se tratar de pagamento em dinheiro, inclusive de contribuições sociais devidas à União, para que o faça em 48 (quarenta e oito) horas ou garanta a execução, sob pena de penhora. *(Redação dada pela Lei n. 11.457, de 2007)*
§ 1º	O mandado de citação deverá conter a decisão exequenda ou o termo de acordo não cumprido.
§ 2º	A citação será feita pelos oficiais de diligência.
§ 3º	Se o executado, procurado por 2 (duas) vezes no espaço de 48 (quarenta e oito) horas, não for encontrado, far-se-á citação por edital, publicado no jornal oficial ou, na falta deste, afixado na sede da Junta ou Juízo, durante 5 (cinco) dias.

SÚMULA VINCULANTE DO STF

Vide Súmula Vinculante 25/STF

Súmula Vinculante 25 STF — É ilícita a prisão civil de depositário infiel, qualquer que seja a modalidade de depósito.

ORIENTAÇÕES JURISPRUDENCIAIS DO TRIBUNAL PLENO DO TST

Vide OJs-TP 1, 3, 6 e 9

OJ-TP 1. PRECATÓRIO. CRÉDITO TRABALHISTA. PEQUENO VALOR. EMENDA CONSTITUCIONAL N. 37/2002.

TÍTULO X — DO PROCESSO JUDICIÁRIO DO TRABALHO

Há dispensa da expedição de precatório, na forma do art. 100, § 3°, da CF/1988, quando a execução contra a Fazenda Pública não exceder os valores definidos, provisoriamente, pela Emenda Constitucional n. 37/2002, como obrigações de pequeno valor, inexistindo ilegalidade, sob esse prisma, na determinação de sequestro da quantia devida pelo ente público. (DJ 9.12.2003. Parágrafo único do artigo 168 do Regimento Interno do TST)

OJ-TP 3. PRECATÓRIO. SEQUESTRO. EMENDA CONSTITUCIONAL N. 30/2000. PRETERIÇÃO. ADIN 1.662-8. ART. 100, § 2°, DA CF/1988.

O sequestro de verbas públicas para satisfação de precatórios trabalhistas só é admitido na hipótese de preterição do direito de precedência do credor, a ela não se equiparando as situações de não inclusão da despesa no orçamento ou de não-pagamento do precatório até o final do exercício, quando incluído no orçamento. (DJ 9.12.2003. Parágrafo único do art. 168 do Regimento Interno do TST)

OJ-TP 6. PRECATÓRIO. EXECUÇÃO. LIMITAÇÃO DA CONDENAÇÃO IMPOSTA PELO TÍTULO JUDICIAL EXEQUENDO À DATA DO ADVENTO DA LEI N. 8.112, DE 11.12.1990.

Em sede de precatório, não configura ofensa à coisa julgada a limitação dos efeitos pecuniários da sentença condenatória ao período anterior ao advento da Lei n. 8.112, de 11.12.1990, em que o exequente submetia-se à legislação trabalhista, salvo disposição expressa em contrário na decisão exequenda. (DJ 25.4.2007)

OJ-TP 9. PRECATÓRIO. PEQUENO VALOR. INDIVIDUALIZAÇÃO DO CRÉDITO APURADO. RECLAMAÇÃO TRABALHISTA PLÚRIMA. EXECUÇÃO DIRETA CONTRA A FAZENDA PÚBLICA. POSSIBILIDADE.

Tratando-se de reclamações trabalhistas plúrimas, a aferição do que vem a ser obrigação de pequeno valor, para efeito de dispensa de formação de precatório e aplicação do disposto no § 3° do art. 100 da CF/88, deve ser realizada considerando-se os créditos de cada reclamante.

ORIENTAÇÕES JURISPRUDENCIAIS DA SDI-1 DO TST

Vide OJs 300 e 398 SDI-1/TST

OJ 300 SDI-1 TST — EXECUÇÃO TRABALHISTA. CORREÇÃO MONETÁRIA. JUROS. LEI N. 8.177/91, ART. 39, E LEI N. 10.192/01, ART. 15 (nova redação) — DJ 20.04.2005

Não viola norma constitucional (art. 5°, II e XXXVI) a determinação de aplicação da TRD, como fator de correção monetária dos débitos trabalhistas, cumulada com juros de mora, previstos no art. 39 da Lei n. 8.177/91 e convalidado pelo art. 15 da Lei n. 10.192/01.

OJ 398 SDI-1 TST — CONTRIBUIÇÃO PREVIDENCIÁRIA. ACORDO HOMOLOGADO EM JUÍZO SEM RECONHECIMENTO DE VÍNCULO DE EMPREGO. CONTRIBUINTE INDIVIDUAL. RECOLHIMENTO DA ALÍQUOTA DE 20% A CARGO DO TOMADOR E 11% A CARGO DO PRESTADOR DE SERVIÇOS. (DEJT divulgado em 02, 03 e 04.08.2010)

Nos acordos homologados em juízo em que não haja o reconhecimento de vínculo empregatício, é devido o recolhimento da contribuição previdenciária, mediante a alíquota de 20% a cargo do tomador de serviços e de 11% por parte do prestador de serviços, na qualidade de contribuinte individual, sobre o valor total do acordo, respeitado o teto de contribuição. Inteligência do § 4° do art. 30 e do inciso III do art. 22, todos da Lei n. 8.212, de 24.07.1991.

Art. 881 No caso de pagamento da importância reclamada, será este feito perante o escrivão ou secretário, lavrando-se termo de quitação, em 2 (duas) vias, assinadas pelo exequente, pelo executado e pelo mesmo escrivão ou secretário, entregando-se a segunda via ao executado e juntando-se a outra ao processo.

Parágrafo único Não estando presente o exequente, será depositada a importância, mediante guia, em estabelecimento oficial de crédito ou, em falta deste, em estabelecimento bancário idôneo. *(Redação dada pela Lei n. 7.305, 2.4.1985)*

Art. 882 O executado que não pagar a importância reclamada poderá garantir a execução mediante depósito da mesma, atualizada e acrescida das despesas processuais, ou nomeando bens à penhora, observada a ordem preferencial estabelecida no art. 655 do Código Processual Civil. *(Redação dada pela Lei n. 8.432, de 1992)*

LEI N. 6.830, DE 22 DE SETEMBRO DE 1980
Dispõe sobre a cobrança judicial da Dívida Ativa da Fazenda Pública, e dá outras providências
DOU 17.1.1973 e republicado em 27.7.2006

Vide art. 11, *caput*, incisos I a VIII e §§ 1° a 3°

Art. 11. A penhora ou arresto de bens obedecerá à seguinte ordem:

I — dinheiro;
II — título da dívida pública, bem como título de crédito, que tenham cotação em bolsa;
III — pedras e metais preciosos;
IV — imóveis;
V — navios e aeronaves;
VI — veículos;
VII — móveis ou semoventes; e

Art. 883

VIII — direitos e ações.

§ 1º Excepcionalmente, a penhora poderá recair sobre estabelecimento comercial, industrial ou agrícola, bem como em plantações ou edifícios em construção.

§ 2º A penhora efetuada em dinheiro será convertida no depósito de que trata o inciso I do art 9º.

§ 3º O Juiz ordenará a remoção do bem penhorado para depósito judicial, particular ou da Fazenda Pública exequente, sempre que esta o requerer, em qualquer fase do processo.

CÓDIGO DE PROCESSO CIVIL DE 1973
Lei n. 5.869, de 11 de janeiro de 1973
DOU 17.1.1973 e republicado em 27.7.2006

Vide art. 655, *caput*, incisos I a XI e §§ 1º e 2º

Art. 655. A penhora observará, preferencialmente, a seguinte ordem:

I — dinheiro, em espécie ou em depósito ou aplicação em instituição financeira;

II — veículos de via terrestre;

III — bens móveis em geral;

IV — bens imóveis;

V — navios e aeronaves;

VI — ações e quotas de sociedades empresárias;

VII — percentual do faturamento de empresa devedora;

VIII — pedras e metais preciosos;

IX — títulos da dívida pública da União, Estados e Distrito Federal com cotação em mercado;

X — títulos e valores mobiliários com cotação em mercado;

XI — outros direitos.

§ 1º Na execução de crédito com garantia hipotecária, pignoratícia ou anticrética, a penhora recairá, preferencialmente, sobre a coisa dada em garantia; se a coisa pertencer a terceiro garantidor, será também esse intimado da penhora.

§ 2º Recaindo a penhora em bens imóveis, será intimado também o cônjuge do executado.

CÓDIGO DE PROCESSO CIVIL DE 2015
Lei n. 13.105, de 16 de março de 2015
DOU 17.3.2015

Vide art. 835, *caput*, incisos I a XIII e 1º e 2º; e art. 842

Art. 835. A penhora observará, preferencialmente, a seguinte ordem:

I — dinheiro, em espécie ou em depósito ou aplicação em instituição financeira;

IV — veículos de via terrestre;

VI — bens móveis em geral;

V — bens imóveis;

VII — semoventes;

VIII — navios e aeronaves;

IX — ações e quotas de sociedades simples e empresárias;

X — percentual do faturamento de empresa devedora;

XI — pedras e metais preciosos;

II — títulos da dívida pública da União, dos Estados e do Distrito Federal com cotação em mercado;

III — títulos e valores mobiliários com cotação em mercado;

XII — direitos aquisitivos derivados de promessa de compra e venda e de alienação fiduciária em garantia;

XIII — outros direitos.

§ 1º É prioritária a penhora em dinheiro, podendo o juiz, nas demais hipóteses, alterar a ordem prevista no caput de acordo com as circunstâncias do caso concreto.

§ 2º Para fins de substituição da penhora, equiparam-se a dinheiro a fiança bancária e o seguro garantia judicial, desde que em valor não inferior ao do débito constante da inicial, acrescido de trinta por cento.

§ 3º Na execução de crédito com garantia real, a penhora recairá sobre a coisa dada em garantia, e, se a coisa pertencer a terceiro garantidor, este também será intimado da penhora.

Art. 842. Recaindo a penhora sobre bem imóvel ou direito real sobre imóvel, será intimado também o cônjuge do executado, salvo se forem casados em regime de separação absoluta de bens.

Art. 883 — Não pagando o executado, nem garantindo a execução, seguir-se-á penhora dos bens, tantos quantos bastem ao pagamento da importância da condenação, acrescida de custas e juros de mora, sendo estes, em qualquer caso, devidos a partir da data em que for ajuizada a reclamação inicial. *(Redação dada pela Lei n. 2.244, de 23.6.1954)*

CONSTITUIÇÃO FEDERAL DE 1988
DOU 5.10.1988

Vide art. 5º, *caput* e incisos XI, XXVI e LXVII

Art. 5º Todos são iguais perante a lei, sem distinção de qualquer natureza, garantindo-se aos brasileiros e aos estrangeiros residentes no País a inviolabilidade do direito à vida, à liberdade, à igualdade, à segurança e à propriedade, nos termos seguintes:

(...)

XI — a casa é asilo inviolável do indivíduo, ninguém nela podendo penetrar sem consentimento do morador, salvo em caso de flagrante delito ou desastre, ou para prestar socorro, ou, durante o dia, por determinação judicial;

(...)

XXVI — a pequena propriedade rural, assim definida em lei, desde que trabalhada pela família, não será objeto de penhora para pagamento de débitos decorrentes de sua atividade produtiva, dispondo a lei sobre os meios de financiar o seu desenvolvimento;

(...)

LXVII — não haverá prisão civil por dívida, salvo a do responsável pelo inadimplemento voluntário e inescusável de obrigação alimentícia e a do depositário infiel;

LEI N. 6.830, DE 22 DE SETEMBRO DE 1980
Dispõe sobre a cobrança judicial da Dívida Ativa da Fazenda Pública, e dá outras providências
DOU 17.1.1973 e republicado em 27.7.2006

Vide art. 11, *caput*, incisos I a VIII e §§ 1º a 3º; art. 13, *caput* e §§ 1º a 3º; e art. 15 *caput* e incisos I a III

Art. 11. A penhora ou arresto de bens obedecerá à seguinte ordem:

I — dinheiro;

II — título da dívida pública, bem como título de crédito, que tenham cotação em bolsa;

III — pedras e metais preciosos;

IV — imóveis;

V — navios e aeronaves;

VI — veículos;

VII — móveis ou semoventes; e

VIII — direitos e ações.

§ 1º Excepcionalmente, a penhora poderá recair sobre estabelecimento comercial, industrial ou agrícola, bem como em plantações ou edifícios em construção.

§ 2º A penhora efetuada em dinheiro será convertida no depósito de que trata o inciso I do art. 9º.

§ 3º O Juiz ordenará a remoção do bem penhorado para depósito judicial, particular ou da Fazenda Pública exequente, sempre que esta o requerer, em qualquer fase do processo.

Art. 13. O termo ou auto de penhora conterá, também, a avaliação dos bens penhorados, efetuada por quem o lavrar.

§ 1º Impugnada a avaliação, pelo executado, ou pela Fazenda Pública, antes de publicado o edital de leilão, o Juiz, ouvida a outra parte, nomeará avaliador oficial para proceder a nova avaliação dos bens penhorados.

§ 2º Se não houver, na Comarca, avaliador oficial ou este não puder apresentar o laudo de avaliação no prazo de 15 (quinze) dias, será nomeada pessoa ou entidade habilitada a critério do Juiz.

§ 3º Apresentado o laudo, o Juiz decidirá de plano sobre a avaliação.

Art. 15. Em qualquer fase do processo, será deferida pelo Juiz:

I — ao executado, a substituição da penhora por depósito em dinheiro ou fiança bancária; e

I — ao executado, a substituição da penhora por depósito em dinheiro, fiança bancária ou seguro garantia; e *(Redação dada pela Lei n. 13.043, de 2014)*

II — à Fazenda Pública, a substituição dos bens penhorados por outros, independentemente da ordem enumerada no art. 11, bem como o reforço da penhora insuficiente.

LEI N. 8.009, DE 29 DE MARÇO DE 1990
Dispõe sobre a impenhorabilidade do bem de família
DOU 30.3.1990

Vide art. 1º, *caput* e parágrafo único

Art. 1º O imóvel residencial próprio do casal, ou da entidade familiar, é impenhorável e não responderá por qualquer tipo de dívida civil, comercial, fiscal, previdenciária ou de outra natureza, contraída pelos cônjuges ou pelos pais ou filhos que sejam seus proprietários e nele residam, salvo nas hipóteses previstas nesta lei.

Parágrafo único. A impenhorabilidade compreende o imóvel sobre o qual se assentam a construção, as plantações, as benfeitorias de qualquer natureza e todos os equipamentos, inclusive os de uso profissional, ou móveis que guarneçam a casa, desde que quitados.

CÓDIGO DE PROCESSO CIVIL DE 1973
Lei n. 5.869, de 11 de janeiro de 1973
DOU 17.1.1973 e republicado em 27.7.2006

Vide art. 649, *caput*, incisos I a X e §§ 1º a 3º

Art. 649. São absolutamente impenhoráveis:

I — os bens inalienáveis e os declarados, por ato voluntário, não sujeitos à execução;

II — os móveis, pertences e utilidades domésticas que guarneçam a residência do executado, salvo os de elevado valor ou que ultrapassem as necessidades comuns correspondentes a um médio padrão de vida;

III — os vestuários, bem como os pertences de uso pessoal do executado, salvo se de elevado valor;

IV — os vencimentos, subsídios, soldos, salários, remunerações, proventos de aposentadoria, pensões, pecúlios e montepios; as quantias recebidas por liberalidade de terceiro e destinadas ao sustento do devedor e sua família, os ganhos de trabalhador autônomo e os honorários de profissional liberal, observado o disposto no § 3º deste artigo;

V — os livros, as máquinas, as ferramentas, os utensílios, os instrumentos ou outros bens móveis necessários ou úteis ao exercício de qualquer profissão;

VI — o seguro de vida;

VII — os materiais necessários para obras em andamento, salvo se essas forem penhoradas;

VIII — a pequena propriedade rural, assim definida em lei, desde que trabalhada pela família;

IX — os recursos públicos recebidos por instituições privadas para aplicação compulsória em educação, saúde ou assistência social;

X — até o limite de 40 (quarenta) salários mínimos, a quantia depositada em caderneta de poupança.

XI — os recursos públicos do fundo partidário recebidos, nos termos da lei, por partido político.

§ 1º A impenhorabilidade não é oponível à cobrança do crédito concedido para a aquisição do próprio bem.

§ 2º O disposto no inciso IV do caput deste artigo não se aplica no caso de penhora para pagamento de prestação alimentícia.

§ 3º (Vetado).

CÓDIGO DE PROCESSO CIVIL DE 2015
Lei n. 13.105, de 16 de março de 2015
DOU 17.3.2015

Vide art. 833, *caput*, incisos I a XII e §§ 1º a 3º

Art. 833. São impenhoráveis:

I — os bens inalienáveis e os declarados, por ato voluntário, não sujeitos à execução;

II — os móveis, os pertences e as utilidades domésticas que guarneçam a residência do executado, salvo os de elevado valor ou os que ultrapassem as necessidades comuns correspondentes a um médio padrão de vida;

III — os vestuários, bem como os pertences de uso pessoal do executado, salvo se de elevado valor;

IV — os vencimentos, os subsídios, os soldos, os salários, as remunerações, os proventos de aposentadoria, as pensões, os pecúlios e os montepios, bem como as quantias

recebidas por liberalidade de terceiro e destinadas ao sustento do devedor e de sua família, os ganhos do trabalhador autônomo e os honorários de profissional liberal, ressalvado o § 2º;

V — os livros, as máquinas, as ferramentas, os utensílios, os instrumentos ou outros bens móveis necessários ou úteis ao exercício da profissão do executado;

VI — o seguro de vida;

VII — os materiais necessários para obras em andamento, salvo se essas forem penhoradas;

VIII — a pequena propriedade rural, assim definida em lei, desde que trabalhada pela família;

IX — os recursos públicos recebidos por instituições privadas para aplicação compulsória em educação, saúde ou assistência social;

X — a quantia depositada em caderneta de poupança, até o limite de 40 (quarenta) salários-mínimos;

XI — os recursos públicos do fundo partidário recebidos por partido político, nos termos da lei;

XII — os créditos oriundos de alienação de unidades imobiliárias, sob regime de incorporação imobiliária, vinculados à execução da obra.

§ 1º A impenhorabilidade não é oponível à execução de dívida relativa ao próprio bem, inclusive àquela contraída para sua aquisição.

§ 2º O disposto nos incisos IV e X do caput não se aplica à hipótese de penhora para pagamento de prestação alimentícia, independentemente de sua origem, bem como às importâncias excedentes a 50 (cinquenta) salários-mínimos mensais, devendo a constrição observar o disposto no art. 528, § 8º, e no art. 529, § 3º.

§ 3º Incluem-se na impenhorabilidade prevista no inciso V do caput os equipamentos, os implementos e as máquinas agrícolas pertencentes a pessoa física ou a empresa individual produtora rural, exceto quando tais bens tenham sido objeto de financiamento e estejam vinculados em garantia a negócio jurídico ou quando respondam por dívida de natureza alimentar, trabalhista ou previdenciária.

SÚMULAS DO STF

Vide Súmula Vinculante 25/STF e Súmula 224/STF

Súmula Vinculante 25 STF — É ilícita a prisão civil de depositário infiel, qualquer que seja a modalidade do depósito. (DJe 23.12.09)

Súmula 224 STF — Os juros da mora, nas reclamações trabalhistas, são contados desde a notificação inicial.

SÚMULAS DO TST

Vide Súmulas 187, 200, 211, 304, 307, 311, 417 e 439/TST

Súmula 187 TST — CORREÇÃO MONETÁRIA. INCIDÊNCIA (mantida) — Res. 121/2003, DJ 19, 20 e 21.11.2003

A correção monetária não incide sobre o débito do trabalhador reclamante.

Súmula 200 TST — JUROS DE MORA. INCIDÊNCIA (mantida) — Res. 121/2003, DJ 19, 20 e 21.11.2003

Os juros de mora incidem sobre a importância da condenação já corrigida monetariamente.

Súmula 211 TST — JUROS DE MORA E CORREÇÃO MONETÁRIA. INDEPENDÊNCIA DO PEDIDO INICIAL E DO TÍTULO EXECUTIVO JUDICIAL (mantida) — Res. 121/2003, DJ 19, 20 e 21.11.2003

Os juros de mora e a correção monetária incluem-se na liquidação, ainda que omisso o pedido inicial ou a condenação.

Súmula 304 TST — CORREÇÃO MONETÁRIA. EMPRESAS EM LIQUIDAÇÃO. ART. 46 DO ADCT/CF (mantida) — Res. 121/2003, DJ 19, 20 e 21.11.2003 e republicada DJ 25.11.2003

Os débitos trabalhistas das entidades submetidas aos regimes de intervenção ou liquidação extrajudicial estão sujeitos a correção monetária desde o respectivo vencimento até seu efetivo pagamento, sem interrupção ou suspensão, não incidindo, entretanto, sobre tais débitos, juros de mora.

Súmula 307 TST — JUROS. IRRETROATIVIDADE DO Decreto-Lei N. 2.322, DE 26.02.1987 (mantida) — Res. 121/2003, DJ 19, 20 e 21.11.2003

A fórmula de cálculo de juros prevista no Decreto-Lei n. 2.322, de 26.02.1987 somente é aplicável a partir de 27.02.1987. Quanto ao período anterior, deve-se observar a legislação então vigente.

Súmula 311 TST — BENEFÍCIO PREVIDENCIÁRIO A DEPENDENTE DE EX-EMPREGADO. CORREÇÃO MONETÁRIA. LEGISLAÇÃO APLICÁVEL (mantida) — Res. 121/2003, DJ 19, 20 e 21.11.2003

O cálculo da correção monetária incidente sobre débitos relativos a benefícios previdenciários devidos a dependentes de ex-empregado pelo empregador, ou por entidade de previdência privada a ele vinculada, será o previsto na Lei n. 6.899, de 08.04.1981.

Súmula 417 TST — MANDADO DE SEGURANÇA. PENHORA EM DINHEIRO (conversão das Orientações Jurisprudenciais ns. 60, 61 e 62 da SBDI-2) — Res. 137/2005, DJ 22, 23 e 24.08.2005

I — Não fere direito líquido e certo do impetrante o ato judicial que determina penhora em dinheiro do executado, em execução definitiva, para garantir crédito exequendo, uma vez que obedece à gradação prevista no art. 655 do CPC. *(ex-OJ n. 60 da SBDI-2 — inserida em 20.09.2000)*

II — Havendo discordância do credor, em execução definitiva, não tem o executado direito líquido e certo a que os valores penhorados em dinheiro fiquem depositados no próprio banco, ainda que atenda aos requisitos do art. 666, I, do CPC. *(ex-OJ n. 61 da SBDI-2 — inserida em 20.09.2000)*

III — Em se tratando de execução provisória, fere direito líquido e certo do impetrante a determinação de penhora em dinheiro, quando nomeados outros bens à penhora, pois o executado tem direito a que a execução se processe da forma que lhe seja menos gravosa, nos termos do art. 620 do CPC. *(ex-OJ n. 62 da SBDI-2 — inserida em 20.09.2000)*

Súmula 439 TST — DANOS MORAIS. JUROS DE MORA E ATUALIZAÇÃO MONETÁRIA. TERMO INICIAL — Res. 185/2012, DEJT divulgado em 25, 26 e 27.09.2012

Nas condenações por dano moral, a atualização monetária é devida a partir da data da decisão de arbitramento ou de alteração do valor. Os juros incidem desde o ajuizamento da ação, nos termos do art. 883 da CLT.

ORIENTAÇÕES JURISPRUDENCIAIS DO TRIBUNAL PLENO DO TST

Vide OJs-TP 1, 3, 6 e 9

OJ-TP 1. PRECATÓRIO. CRÉDITO TRABALHISTA. PEQUENO VALOR. EMENDA CONSTITUCIONAL N. 37/2002.

TÍTULO X — DO PROCESSO JUDICIÁRIO DO TRABALHO

Art. 883

Há dispensa da expedição de precatório, na forma do art. 100, § 3º, da CF/1988, quando a execução contra a Fazenda Pública não exceder os valores definidos, provisoriamente, pela Emenda Constitucional n. 37/2002, como obrigações de pequeno valor, inexistindo ilegalidade, sob esse prisma, na determinação de sequestro da quantia devida pelo ente público. (DJ 9.12.2003. Parágrafo único do artigo 168 do Regimento Interno do TST)

OJ-TP 3. PRECATÓRIO. SEQUESTRO. EMENDA CONSTITUCIONAL N. 30/2000. PRETERIÇÃO. ADIN 1.662-8. ART. 100, § 2º, DA CF/1988.

O sequestro de verbas públicas para satisfação de precatórios trabalhistas só é admitido na hipótese de preterição do direito de precedência do credor, a ela não se equiparando as situações de não inclusão da despesa no orçamento ou de não-pagamento do precatório até o final do exercício, quando incluído no orçamento. (DJ 9.12.2003. Parágrafo único do art. 168 do Regimento Interno do TST)

OJ-TP 6. PRECATÓRIO. EXECUÇÃO. LIMITAÇÃO DA CONDENAÇÃO IMPOSTA PELO TÍTULO JUDICIAL EXEQUENDO À DATA DO ADVENTO DA LEI N. 8.112, DE 11.12.1990.

Em sede de precatório, não configura ofensa à coisa julgada a limitação dos efeitos pecuniários da sentença condenatória ao período anterior ao advento da Lei n. 8.112, de 11.12.1990, em que o exequente submetia-se à legislação trabalhista, salvo disposição expressa em contrário na decisão exequenda. (DJ 25.4.2007)

OJ-TP 9. PRECATÓRIO. PEQUENO VALOR. INDIVIDUALIZAÇÃO DO CRÉDITO APURADO. RECLAMAÇÃO TRABALHISTA PLÚRIMA. EXECUÇÃO DIRETA CONTRA A FAZENDA PÚBLICA. POSSIBILIDADE.

Tratando-se de reclamações trabalhistas plúrimas, a aferição do que vem a ser obrigação de pequeno valor, para efeito de dispensa de formação de precatório e aplicação do disposto no § 3º do art. 100 da CF/88, deve ser realizada considerando-se os créditos de cada reclamante.

ORIENTAÇÕES JURISPRUDENCIAIS DA SDI-1 DO TST

Vide OJs 87, 143, 226, 300 e 343 SDI-1/TST

OJ 87 SDI-1 TST — ENTIDADE PÚBLICA. EXPLORAÇÃO DE ATIVIDADE EMINENTEMENTE ECONÔMICA. EXECUÇÃO. ART. 883 DA CLT (nova redação) — DJ 16.04.2004

É direta a execução contra a APPA e MINASCAIXA (§ 1º do art. 173, da CF/1988).

OJ 143 SDI-1 TST — EMPRESA EM LIQUIDAÇÃO EXTRAJUDICIAL. EXECUÇÃO. CRÉDITOS TRABALHISTAS. LEI N. 6.024/74 (inserida em 27.11.1998)

A execução trabalhista deve prosseguir diretamente na Justiça do Trabalho mesmo após a decretação da liquidação extrajudicial. Lei n. 6.830/80, arts. 5º e 29, aplicados supletivamente (CLT art. 889 e CF/1988, art. 114).

OJ 226 SDI-1 TST — CRÉDITO TRABALHISTA. CÉDULA DE CRÉDITO RURAL. CÉDULA DE CRÉDITO INDUSTRIAL. PENHORABILIDADE (título alterado) — DJ 20.04.2005

Diferentemente da cédula de crédito industrial garantida por alienação fiduciária, na cédula rural pignoratícia ou hipotecária o bem permanece sob o domínio do devedor (executado), não constituindo óbice à penhora na esfera trabalhista. (Decreto-Lei n. 167/67, art. 69; CLT, arts. 10 e 30 e Lei n. 6.830/80).

OJ 300 SDI-1 TST — EXECUÇÃO TRABALHISTA. CORREÇÃO MONETÁRIA. JUROS. LEI N. 8.177/91, ART. 39, E LEI N. 10.192/01, ART. 15 (nova redação) — DJ 20.04.2005

Não viola norma constitucional (art. 5º, II e XXXVI) a determinação de aplicação da TRD, como fator de correção monetária dos débitos trabalhistas, cumulada com juros de mora, previstos no art. 39 da Lei n. 8.177/91 e convalidado pelo art. 15 da Lei n. 10.192/01.

OJ 343 SDI-1 TST — PENHORA. SUCESSÃO. ART. 100 DA CF/1988. EXECUÇÃO (DJ 22.06.2004)

É válida a penhora em bens de pessoa jurídica de direito privado, realizada anteriormente à sucessão pela União ou por Estado-membro, não podendo a execução prosseguir mediante precatório. A decisão que a mantém não viola o art. 100 da CF/1988.

ORIENTAÇÕES JURISPRUDENCIAIS DA SDI-2 DO TST

Vide OJs 59, 93 e 153 SDI-2/TST

OJ 59 SDI-2 TST — MANDADO DE SEGURANÇA. PENHORA. CARTA DE FIANÇA BANCÁRIA. SEGURO GARANTIA JUDICIAL (nova redação em decorrência do CPC de 2015) — Res. 209/2016, DEJT divulgado em 01, 02 e 03.06.2016

A carta de fiança bancária e o seguro garantia judicial, desde que em valor não inferior ao do débito em execução, acrescido de trinta por cento, equivalem a dinheiro para efeito da gradação dos bens penhoráveis, estabelecida no art. 835 do CPC de 2015 (art. 655 do CPC de 1973).

OJ 93 SDI-2 TST — MANDADO DE SEGURANÇA. POSSIBILIDADE DA PENHORA SOBRE PARTE DA RENDA DE ESTABELECIMENTO COMERCIAL (inserida em 27.05.2002)

É admissível a penhora sobre a renda mensal ou faturamento de empresa, limitada a determinado percentual, desde que não comprometa o desenvolvimento regular de suas atividades.

OJ 153 SDI-2 TST — MANDADO DE SEGURANÇA. EXECUÇÃO. ORDEM DE PENHORA SOBRE VALORES EXISTENTES EM CONTA SALÁRIO. art. 649, IV, do CPC. ILEGALIDADE. (DEJT divulgado em 03, 04 e 05.12.2008)

Ofende direito líquido e certo decisão que determina o bloqueio de numerário existente em conta salário, para satisfação de crédito trabalhista, ainda que seja limitado a determinado percentual dos valores recebidos ou a valor revertido para fundo de aplicação ou poupança, visto que o art. 649, IV, do CPC contém norma imperativa que não admite interpretação ampliativa, sendo a exceção prevista no art. 649, § 2º, do CPC espécie e não gênero de crédito de natureza alimentícia, não englobando o crédito trabalhista.

SÚMULAS DO STJ

Vide Súmulas 449 e 486/STJ

Súmula 449 STJ — A vaga de garagem que possui matrícula própria no registro de imóveis não constitui bem de família para efeito de penhora.

Súmula 486 STJ — É impenhorável o único imóvel residencial do devedor que esteja locado a terceiros, desde que a renda obtida com a locação seja revertida para a subsistência ou a moradia da sua família.

SEÇÃO III
DOS EMBARGOS À EXECUÇÃO E DA SUA IMPUGNAÇÃO

Art. 884	Garantida a execução ou penhorados os bens, terá o executado 5 (cinco) dias para apresentar embargos, cabendo igual prazo ao exequente para impugnação.
§ 1º	A matéria de defesa será restrita às alegações de cumprimento da decisão ou do acordo, quitação ou prescrição da dívida.
§ 2º	Se na defesa tiverem sido arroladas testemunhas, poderá o Juiz ou o Presidente do Tribunal, caso julgue necessários seus depoimentos, marcar audiência para a produção das provas, a qual deverá realizar-se dentro de 5 (cinco) dias.
§ 3º	Somente nos embargos à penhora poderá o executado impugnar a sentença de liquidação, cabendo ao exequente igual direito e no mesmo prazo. *(Incluído pela Lei n. 2.244, de 23.6.1954)*
§ 4º	Julgar-se-ão na mesma sentença os embargos e as impugnações à liquidação apresentadas pelos credores trabalhista e previdenciário. *(Redação dada pela Lei n. 10.035, de 25.10.2000)*
§ 5º	Considera-se inexigível o título judicial fundado em lei ou ato normativo declarados inconstitucionais pelo Supremo Tribunal Federal ou em aplicação ou interpretação tidas por incompatíveis com a Constituição Federal. *(Incluído pela Medida provisória n. 2.180-35, de 2001)*

SÚMULA DO STF

Vide Súmula 327/STF

Súmula 327 STF — O direito trabalhista admite a prescrição intercorrente.

SÚMULAS DO TST

Vide Súmulas 114 e 419/TST

Súmula 114 TST — PRESCRIÇÃO INTERCORRENTE (mantida) — Res. 121/2003, DJ 19, 20 e 21.11.2003
É inaplicável na Justiça do Trabalho a prescrição intercorrente.

Súmula 419 TST — COMPETÊNCIA. EXECUÇÃO POR CARTA. EMBARGOS DE TERCEIRO. JUÍZO DEPRECANTE (conversão da Orientação Jurisprudencial n. 114 da SBDI-2) — Res. 137/2005, DJ 22, 23 e 24.08.2005

Na execução por carta precatória, os embargos de terceiro serão oferecidos no juízo deprecante ou no juízo deprecado, mas a competência para julgá-los é do juízo deprecante, salvo se versarem, unicamente, sobre vícios ou irregularidades da penhora, avaliação ou alienação dos bens, praticados pelo juízo deprecado, em que a competência será deste último. *(ex-OJ n. 114 da SBDI-2 — DJ 11.08.2003)*

SEÇÃO IV
DO JULGAMENTO E DOS TRÂMITES FINAIS DA EXECUÇÃO

Art. 885	Não tendo sido arroladas testemunhas na defesa, o juiz ou presidente, conclusos os autos, proferirá sua decisão, dentro de 5 (cinco) dias, julgando subsistente ou insubsistente a penhora.
Art. 886	Se tiverem sido arroladas testemunhas, finda a sua inquirição em audiência, o escrivão ou secretário fará, dentro de 48 (quarenta e oito) horas, conclusos os autos ao juiz ou presidente, que proferirá sua decisão, na forma prevista no artigo anterior.
§ 1º	Proferida a decisão, serão da mesma notificadas as partes interessadas, em registrado postal, com franquia.

TÍTULO X — DO PROCESSO JUDICIÁRIO DO TRABALHO

§ 2º Julgada subsistente a penhora, o juiz, ou presidente, mandará proceder logo à avaliação dos bens penhorados.

Art. 887 A avaliação dos bens penhorados em virtude da execução de decisão condenatória, será feita por avaliador escolhido de comum acordo pelas partes, que perceberá as custas arbitradas pelo juiz, ou presidente do tribunal trabalhista, de conformidade com a tabela a ser expedida pelo Tribunal Superior do Trabalho.

§ 1º Não acordando as partes quanto à designação de avaliador, dentro de cinco dias após o despacho que o determinou a avaliação, será o avaliador designado livremente pelo juiz ou presidente do tribunal.

§ 2º Os servidores da Justiça do Trabalho não poderão ser escolhidos ou designados para servir de avaliador.

CONSOLIDAÇÃO DAS LEIS DO TRABALHO
Decreto-Lei n. 5.452, de 1º de maio de 1943
DOU 9.8.1943

Vide art. 721, *caput* e §§ 1º a 5º

Art. 721. Incumbe aos Oficiais de Justiça e Oficiais de Justiça Avaliadores da Justiça do Trabalho a realização dos atos decorrentes da execução dos julgados das Juntas de Conciliação e Julgamento e dos Tribunais Regionais do Trabalho, que lhes forem cometidos pelos respectivos Presidentes. *(Redação dada pela Lei n. 5.442, de 24.5.1968)*

§ 1º Para efeito de distribuição dos referidos atos, cada Oficial de Justiça ou Oficial de Justiça Avaliador funcionará perante uma Junta de Conciliação e Julgamento, salvo quando da existência, nos Tribunais Regionais do Trabalho, de órgão específico, destinado à distribuição de mandados judiciais. *(Redação dada pela Lei n. 5.442, de 24.5.1960)*

§ 2º Nas localidades onde houver mais de uma Junta, respeitado o disposto no parágrafo anterior, a atribuição para o cumprimento do ato deprecado ao Oficial de Justiça ou Oficial de Justiça Avaliador será transferida a outro Oficial, sempre que, após o decurso de 9 (nove) dias, sem razões que o justifiquem, não tiver sido cumprido o ato, sujeitando-se o serventuário às penalidades da lei. *(Redação dada pela Lei n. 5.442, de 24.5.1968)*

§ 3º No caso de avaliação, terá o Oficial de Justiça Avaliador, para cumprimento da ato, o prazo previsto no art. 888. *(Redação dada pela Lei n. 5.442, de 24.5.1968)*

§ 4º É facultado aos Presidentes dos Tribunais Regionais do Trabalho cometer a qualquer Oficial de Justiça ou Oficial de Justiça Avaliador a realização dos atos de execução das decisões desses Tribunais. *(Redação dada pela Lei n. 5.442, de 24.5.1968)*

§ 5º Na falta ou impedimento do Oficial de Justiça ou Oficial de Justiça Avaliador, o Presidente da Junta poderá atribuir a realização do ato a qualquer serventuário. *(Redação dada pela Lei n. 5.442, de 24.5.1968)*

SÚMULA DO STJ

Vide Súmula 486/STJ

Súmula 486 STJ — É impenhorável o único imóvel residencial do devedor que esteja locado a terceiros, desde que a renda obtida com a locação seja revertida para a subsistência ou a moradia da sua família.

Art. 888 Concluída a avaliação, dentro de dez dias, contados da data da nomeação do avaliador, seguir-se-á a arrematação, que será anunciada por edital afixado na sede do juízo ou tribunal e publicado no jornal local, se houver, com a antecedência de vinte (20) dias. *(Redação dada pela Lei n. 5.584, de 26.6.1970)*

§ 1º A arrematação far-se-á em dia, hora e lugar anunciados e os bens serão vendidos pelo maior lance, tendo o exequente preferência para a adjudicação. *(Redação dada pela Lei n. 5.584, de 26.6.1970)*

§ 2º O arrematante deverá garantir o lance com o sinal correspondente a 20% (vinte por cento) do seu valor. *(Redação dada pela Lei n. 5.584, de 26.6.1970)*

§ 3º Não havendo licitante, e não requerendo o exequente a adjudicação dos bens penhorados, poderão os mesmos ser vendidos por leiloeiro nomeado pelo Juiz ou Presidente. *(Redação dada pela Lei n. 5.584, de 26.6.1970)*

Art. 889

§ 4º
Se o arrematante, ou seu fiador, não pagar dentro de 24 (vinte e quatro) horas o preço da arrematação, perderá, em benefício da execução, o sinal de que trata o § 2º deste artigo, voltando à praça os bens executados. *(Redação dada pela Lei n. 5.584, de 26.6.1970)*

CONSOLIDAÇÃO DAS LEIS DO TRABALHO
Decreto-Lei n. 5.452, de 1º de maio de 1943
DOU 9.8.1943

Vide art. 721, caput e § 3º

Art. 721. Incumbe aos Oficiais de Justiça e Oficiais de Justiça Avaliadores da Justiça do Trabalho a realização dos atos decorrentes da execução dos julgados das Juntas de Conciliação e Julgamento e dos Tribunais Regionais do Trabalho, que lhes forem cometidos pelos respectivos Presidentes. *(Redação dada pela Lei n. 5.442, de 24.5.1968)*

(...)

§ 3º No caso de avaliação, terá o Oficial de Justiça Avaliador, para cumprimento da ato, o prazo previsto no art. 888. *(Redação dada pela Lei n. 5.442, de 24.5.1968)*

SÚMULA DO STF

Vide Súmula 458/STF

Súmula 458 STF — O processo da execução trabalhista não exclui a remição pelo executado.

Art. 889
Aos trâmites e incidentes do processo da execução são aplicáveis, naquilo em que não contravierem ao presente Título, os preceitos que regem o processo dos executivos fiscais para a cobrança judicial da dívida ativa da Fazenda Pública Federal.

CONSOLIDAÇÃO DAS LEIS DO TRABALHO
Decreto-Lei n. 5.452, de 1º de maio de 1943
DOU 9.8.1943

Vide art. 769

Art. 769. Nos casos omissos, o direito processual comum será fonte subsidiária do direito processual do trabalho, exceto naquilo em que for incompatível com as normas deste Título.

LEI N. 6.830, DE 22 DE SETEMBRO DE 1980
Dispõe sobre a cobrança judicial da Dívida Ativa da Fazenda Pública, e dá outras providências
DOU 17.1.1973 e republicado em 27.7.2006

Vide art. 1º

Art. 1º A execução judicial para cobrança da Dívida Ativa da União, dos Estados, do Distrito Federal, dos Municípios e respectivas autarquias será regida por esta Lei e, subsidiariamente, pelo Código de Processo Civil.

CÓDIGO DE PROCESSO CIVIL DE 2015
Lei n. 13.105, de 16 de março de 2015
DOU 17.3.2015

Vide art. 15

Art. 15. Na ausência de normas que regulem processos eleitorais, trabalhistas ou administrativos, as disposições deste Código lhes serão aplicadas supletiva e subsidiariamente.

SÚMULA DO STF

Vide Súmula 458/STF

Súmula 458 STF — O processo da execução trabalhista não exclui a remição pelo executado.

ORIENTAÇÕES JURISPRUDENCIAIS DA SDI-1 DO TST

Vide OJs 138 e 143 SDI-1/TST

OJ 138 SDI-1 TST — COMPETÊNCIA RESIDUAL. REGIME JURÍDICO ÚNICO. LIMITAÇÃO DA EXECUÇÃO (nova redação em decorrência da incorporação da Orientação Jurisprudencial n. 249 da SBDI-1) — DJ 20.04.2005
Compete à Justiça do Trabalho julgar pedidos de direitos e vantagens previstos na legislação trabalhista referente a período anterior à Lei n. 8.112/90, mesmo que a ação tenha sido ajuizada após a edição da referida lei. A superveniência de regime estatutário em substituição ao celetista, mesmo após a sentença, limita a execução ao período celetista. (1ª parte — ex-OJ n. 138 da SDI-1 — inserida em 27.11.98; 2ª parte — ex-OJ n. 249 — inserida em 13.03.02)

OJ 143 SDI-1 TST — EMPRESA EM LIQUIDAÇÃO EXTRAJUDICIAL. EXECUÇÃO. CRÉDITOS TRABALHISTAS. LEI N. 6.024/74 (inserida em 27.11.1998)
A execução trabalhista deve prosseguir diretamente na Justiça do Trabalho mesmo após a decretação da liquidação extrajudicial. Lei n. 6.830/80, arts. 5º e 29, aplicados supletivamente (CLT art. 889 e CF/1988, art. 114).

TÍTULO X — DO PROCESSO JUDICIÁRIO DO TRABALHO

Art. 889-A	Os recolhimentos das importâncias devidas, referentes às contribuições sociais, serão efetuados nas agências locais da Caixa Econômica Federal ou do Banco do Brasil S.A., por intermédio de documento de arrecadação da Previdência Social, dele se fazendo constar o número do processo. *(Incluído pela Lei n. 10.035, de 25.10.2000)*
§ 1º	Concedido parcelamento pela Secretaria da Receita Federal do Brasil, o devedor juntará aos autos a comprovação do ajuste, ficando a execução da contribuição social correspondente suspensa até a quitação de todas as parcelas. *(Redação dada pela Lei n. 11.457, de 2007)*
§ 2º	As Varas do Trabalho encaminharão mensalmente à Secretaria da Receita Federal do Brasil informações sobre os recolhimentos efetivados nos autos, salvo se outro prazo for estabelecido em regulamento. *(Redação dada pela Lei n. 11.457, de 2007)*

SEÇÃO V
DA EXECUÇÃO POR PRESTAÇÕES SUCESSIVAS

Art. 890	A execução para pagamento de prestações sucessivas far-se-á com observância das normas constantes desta Seção, sem prejuízo das demais estabelecidas neste Capítulo.
Art. 891	Nas prestações sucessivas por tempo determinado, a execução pelo não-pagamento de uma prestação compreenderá as que lhe sucederem.
Art. 892	Tratando-se de prestações sucessivas por tempo indeterminado, a execução compreenderá inicialmente as prestações devidas até a data do ingresso na execução.

CÓDIGO DE PROCESSO CIVIL DE 1973
Lei n. 5.869, de 11 de janeiro de 1973
DOU 17.1.1973 e republicado em 27.7.2006

Vide art. 290

Art. 290. Quando a obrigação consistir em prestações periódicas, considerar-se-ão elas incluídas no pedido, independentemente de declaração expressa do autor; se o devedor, no curso do processo, deixar de pagá-las ou de consigná-las, a sentença as incluirá na condenação, enquanto durar a obrigação.

CÓDIGO DE PROCESSO CIVIL DE 2015
Lei n. 13.105, de 16 de março de 2015
DOU 17.3.2015

Vide art. 323

Art. 323. Na ação que tiver por objeto cumprimento de obrigação em prestações sucessivas, essas serão consideradas incluídas no pedido, independentemente de declaração expressa do autor, e serão incluídas na condenação, enquanto durar a obrigação, se o devedor, no curso do processo, deixar de pagá-las ou de consigná-las.

CAPÍTULO VI
DOS RECURSOS

Art. 893	Das decisões são admissíveis os seguintes recursos *(Redação dada pela Lei n. 861, de 13.10.1949)*
I -	embargos; *(Redação dada pela Lei n. 861, de 13.10.1949)*
II -	recurso ordinário; *(Redação dada pela Lei n. 861, de 13.10.1949)*
III -	recurso de revista; *(Redação dada pela Lei n. 861, de 13.10.1949)*
IV -	agravo. *(Redação dada pela Lei n. 861, de 13.10.1949)*

Art. 893

TÍTULO X — DO PROCESSO JUDICIÁRIO DO TRABALHO

CONSTITUIÇÃO FEDERAL DE 1988
DOU 5.10.1988

Vide art. 102, caput e inciso III

Art. 102. Compete ao Supremo Tribunal Federal, precipuamente, a guarda da Constituição, cabendo-lhe:
(...)
III — julgar, mediante recurso extraordinário, as causas decididas em única ou última instância, quando a decisão recorrida:
a) contrariar dispositivo desta Constituição;
b) declarar a inconstitucionalidade de tratado ou lei federal;
c) julgar válida lei ou ato de governo local contestado em face desta Constituição.
d) julgar válida lei local contestada em face de lei federal. *(Incluída pela Emenda Constitucional n. 45, de 2004)*

CONSOLIDAÇÃO DAS LEIS DO TRABALHO
Decreto-Lei n. 5.452, de 1º de maio de 1943
DOU 9.8.1943

Vide art. 899, caput

Art. 899. Os recursos serão interpostos por simples petição e terão efeito meramente devolutivo, salvo as exceções previstas neste Título, permitida a execução provisória até a penhora. *(Redação dada pela Lei n. 5.442, de 24.5.1968)*

DECRETO-LEI N. 779, DE 21 DE AGOSTO DE 1969
Dispõe sobre a aplicação de normas processuais trabalhistas à União Federal, aos Estados, Municípios, Distrito Federal e Autarquias ou Fundações de direito público que não explorem atividade econômica
DOU 25.8.1969

Vide art. 1º, caput e inciso III

Art. 1º Nos processos perante a Justiça do Trabalho, constituem privilégio da União, dos Estados, do Distrito Federal, dos Municípios e das autarquias ou fundações de direito público federais, estaduais ou municipais que não explorem atividade econômica:
(...)
III — o prazo em dobro para recurso;

LEI N. 5.584, DE 26 DE JUNHO DE 1970
Dispõe sobre normas de Direito Processual do Trabalho, altera dispositivos da Consolidação das Leis do Trabalho, disciplina a concessão e prestação de assistência judiciária na Justiça do Trabalho, e dá outras providências
DOU 29.6.1970

Vide art. 2º, §§ 2º e 4º

Art. 2º (...)
§ 2º O pedido de revisão, que não terá efeito suspensivo deverá ser instruído com a petição inicial e a Ata da Audiência, em cópia autenticada pela Secretaria da Junta, e será julgado em 48 (quarenta e oito) horas, a partir do seu recebimento pelo Presidente do Tribunal Regional.
(...)
§ 4º Salvo se versarem sobre matéria constitucional, nenhum recurso caberá das sentenças proferidas nos dissídios da alçada a que se refere o parágrafo anterior, considerado, para esse fim, o valor do salário mínimo à data do ajuizamento da ação. *(Redação dada pela Lei n. 7.402, de 1985)*

SÚMULAS DO STF

Vide Súmulas 228 e 640/STF

Súmula 228 STF — Não é provisória a execução na pendência de recurso extraordinário, ou de agravo destinado a fazê-lo admitir.

Súmula 640 STF — É cabível recurso extraordinário contra decisão proferida por juiz de primeiro grau nas causas de alçada, ou por turma recursal de juizado especial cível e criminal.

SÚMULAS DO TST

Vide Súmulas 184, 197, 214, 283, 297, 383, 385, 435, 436 e 458/TST

Súmula 184 TST — EMBARGOS DECLARATÓRIOS. OMISSÃO EM RECURSO DE REVISTA. PRECLUSÃO (mantida) — Res. 121/2003, DJ 19, 20 e 21.11.2003
Ocorre preclusão se não forem opostos embargos declaratórios para suprir omissão apontada em recurso de revista ou de embargos.

Súmula 197 TST — PRAZO (mantida) — Res. 121/2003, DJ 19, 20 e 21.11.2003
O prazo para recurso da parte que, intimada, não comparecer à audiência em prosseguimento para a prolação da sentença conta-se de sua publicação.

Súmula 214 TST — DECISÃO INTERLOCUTÓRIA. IRRECORRIBILIDADE (nova redação) — Res. 127/2005, DJ 14, 15 e 16.03.2005
Na Justiça do Trabalho, nos termos do art. 893, § 1º, da CLT, as decisões interlocutórias não ensejam recurso imediato, salvo nas hipóteses de decisão: a) de Tribunal Regional do Trabalho contrária à Súmula ou Orientação Jurisprudencial do Tribunal Superior do Trabalho; b) suscetível de impugnação mediante recurso para o mesmo Tribunal; c) que acolhe exceção de incompetência territorial, com a remessa dos autos para Tribunal Regional distinto daquele a que se vincula o juízo excepcionado, consoante o disposto no art. 799, § 2º, da CLT.

Súmula 283 TST — RECURSO ADESIVO. PERTINÊNCIA NO PROCESSO DO TRABALHO. CORRELAÇÃO DE MATÉRIAS (mantida) — Res. 121/2003, DJ 19, 20 e 21.11.2003
O recurso adesivo é compatível com o processo do trabalho e cabe, no prazo de 8 (oito) dias, nas hipóteses de interposição de recurso ordinário, de agravo de petição, de revista e de embargos, sendo desnecessário que a matéria nele veiculada esteja relacionada com a do recurso interposto pela parte contrária.

Súmula 297 TST — PREQUESTIONAMENTO. OPORTUNIDADE. CONFIGURAÇÃO (nova redação) — Res. 121/2003, DJ 19, 20 e 21.11.2003
I — Diz-se prequestionada a matéria ou questão quando na decisão impugnada haja sido adotada, explicitamente, tese a respeito.
II — Incumbe à parte interessada, desde que a matéria haja sido invocada no recurso principal, opor embargos declaratórios objetivando o pronunciamento sobre o tema, sob pena de preclusão.
III — Considera-se prequestionada a questão jurídica invocada no recurso principal sobre a qual se omite o Tribunal de pronunciar tese, não obstante opostos embargos de declaração.

Súmula 383 TST — RECURSO. MANDATO. IRREGULARIDADE DE REPRESENTAÇÃO. CPC DE 2015, ARTS. 104 E 76, § 2º (nova redação em decorrência do CPC de 2015) — Res. 210/2016, DEJT divulgado em 30.06.2016 e 01 e 04.07.2016

TÍTULO X — DO PROCESSO JUDICIÁRIO DO TRABALHO

Art. 893

I — É inadmissível recurso firmado por advogado sem procuração juntada aos autos até o momento da sua interposição, salvo mandato tácito. Em caráter excepcional (art. 104 do CPC de 2015), admite-se que o advogado, independentemente de intimação, exiba a procuração no prazo de 5 (cinco) dias após a interposição do recurso, prorrogável por igual período mediante despacho do juiz. Caso não a exiba, considera-se ineficaz o ato praticado e não se conhece do recurso.

II — Verificada a irregularidade de representação da parte em fase recursal, em procuração ou substabelecimento já constante dos autos, o relator ou o órgão competente para julgamento do recurso designará prazo de 5 (cinco) dias para que seja sanado o vício. Descumprida a determinação, o relator não conhecerá do recurso, se a providência couber ao recorrente, ou determinará o desentranhamento das contrarrazões, se a providência couber ao recorrido (art. 76, § 2º, do CPC de 2015).

Súmula 385 TST — FERIADO LOCAL. AUSÊNCIA DE EXPEDIENTE FORENSE. PRAZO RECURSAL. PRORROGAÇÃO. COMPROVAÇÃO. NECESSIDADE ATO ADMINISTRATIVO DO JUÍZO "A QUO" (redação alterada na sessão do Tribunal Pleno realizada em 14.09.2012) — Res. 185/2012, DEJT divulgado em 25, 26 e 27.09.2012

I — Incumbe à parte o ônus de provar, quando da interposição do recurso, a existência de feriado local que autorize a prorrogação do prazo recursal.

II — Na hipótese de feriado forense, incumbirá à autoridade que proferir a decisão de admissibilidade certificar o expediente nos autos.

III — Na hipótese do inciso II, admite-se a reconsideração da análise da tempestividade do recurso, mediante prova documental superveniente, em Agravo Regimental, Agravo de Instrumento ou Embargos de Declaração.

Súmula 435 TST — DECISÃO MONOCRÁTICA. RELATOR. ART. 932 DO CPC DE 2015. ART. 557 DO CPC DE 1973. APLICAÇÃO SUBSIDIÁRIA AO PROCESSO DO TRABALHO (atualizada em decorrência do CPC de 2015) — Res. 208/2016, DEJT divulgado em 22, 25 e 26.04.2016

Aplica-se subsidiariamente ao processo do trabalho o art. 932 do CPC de 2015 (art. 557 do CPC de 1973).

Súmula 436 TST — REPRESENTAÇÃO PROCESSUAL. PROCURADOR DA UNIÃO, ESTADOS, MUNICÍPIOS E DISTRITO FEDERAL, SUAS AUTARQUIAS E FUNDAÇÕES PÚBLICAS. JUNTADA DE INSTRUMENTO DE MANDATO (conversão da Orientação Jurisprudencial n. 52 da SBDI-I e inserção do item II à redação) — Res. 185/2012, DEJT divulgado em 25, 26 e 27.09.2012

I — A União, Estados, Municípios e Distrito Federal, suas autarquias e fundações públicas, quando representadas em juízo, ativa e passivamente, por seus procuradores, estão dispensadas da juntada de instrumento de mandato e de comprovação do ato de nomeação.

II — Para os efeitos do item anterior, é essencial que o signatário ao menos declare-se exercente do cargo de procurador, não bastando a indicação do número de inscrição na Ordem dos Advogados do Brasil.

Súmula 458 TST — EMBARGOS. PROCEDIMENTO SUMARÍSSIMO. CONHECIMENTO. RECURSO INTERPOSTO APÓS VIGÊNCIA DA LEI N. 11.496, DE 22.06.2007, QUE CONFERIU NOVA REDAÇÃO AO ART. 894, DA CLT. (conversão da Orientação Jurisprudencial n. 405 da SBDI-1 com nova redação) — Res. 194/2014, DEJT divulgado em 21, 22 e 23.05.2014

Em causas sujeitas ao procedimento sumaríssimo, em que pese a limitação imposta no art. 896, § 6º, da CLT à interposição de recurso de revista, admitem-se os embargos interpostos na vigência da Lei n. 11.496, de 22.06.2007, que conferiu nova redação ao art. 894 da CLT, quando demonstrada a divergência jurisprudencial entre Turmas do TST, fundada em interpretações diversas acerca da aplicação de mesmo dispositivo constitucional ou de matéria sumulada.

ORIENTAÇÕES JURISPRUDENCIAIS DA SDI-1 DO TST

Vide OJs 310, 378, 389 e 412 SDI-1/TST

OJ 310 SDI-1 TST — LITISCONSORTES. PROCURADORES DISTINTOS. PRAZO EM DOBRO. ART. 229, *CAPUT* E §§ 1º E 2º, DO CPC DE 2015. ART. 191 DO CPC DE 1973. INAPLICÁVEL AO PROCESSO DO TRABALHO (atualizada em decorrência do CPC de 2015) — Res. 208/2016, DEJT divulgado em 22, 25 e 26.04.2016

Inaplicável ao processo do trabalho a norma contida no art. 229, *caput* e §§ 1º e 2º, do CPC de 2015 (art. 191 do CPC de 1973), em razão de incompatibilidade com a celeridade que lhe é inerente.

OJ 378 SDI-1 TST — EMBARGOS. INTERPOSIÇÃO CONTRA DECISÃO MONOCRÁTICA. NÃO CABIMENTO. (atualizada em decorrência do CPC de 2015) — Res. 208/2016, DEJT divulgado em 22, 25 e 26.04.2016

Não encontra amparo no art. 894 da CLT, quer na redação anterior quer na redação posterior à Lei n. 11.496, de 22.06.2007, recurso de embargos interposto à decisão monocrática exarada nos moldes do art. 932 do CPC de 2015 (art. 557 do CPC de 1973), pois o comando legal restringe seu cabimento à pretensão de reforma de decisão colegiada proferida por Turma do Tribunal Superior do Trabalho.

OJ 389 SDI-1 TST — MULTA PREVISTA NO ART. 1.021, §§ 4º E 5º, DO CPC DE 2015. ART. 557, § 2º, DO CPC DE 1973. RECOLHIMENTO. PRESSUPOSTO RECURSAL. BENEFICIÁRIO DA JUSTIÇA GRATUITA E FAZENDA PÚBLICA. PAGAMENTO AO FINAL. (nova redação em decorrência do CPC de 2015) — Res. 209/2016, DEJT divulgado em 01, 02 e 03.06.2016

Constitui ônus da parte recorrente, sob pena de deserção, depositar previamente a multa aplicada com fundamento nos §§ 4º e 5º, do art. 1.021, do CPC de 2015 (§ 2º do art. 557 do CPC de 1973), à exceção da Fazenda Pública e do beneficiário de justiça gratuita, que farão o pagamento ao final.

OJ 412 SDI-1 TST — AGRAVO INTERNO OU AGRAVO REGIMENTAL. INTERPOSIÇÃO EM FACE DE DECISÃO COLEGIADA. NÃO CABIMENTO. ERRO GROSSEIRO. INAPLICABILIDADE DO PRINCÍPIO DA FUNGIBILIDADE RECURSAL (nova redação em decorrência do CPC de 2015) — Res. 209/2016, DEJT divulgado em 01, 02 e 03.06.2016

É incabível agravo interno (art. 1.021 do CPC de 2015, art. 557, §1º, do CPC de 1973) ou agravo regimental (art. 235 do RITST) contra decisão proferida por Órgão colegiado. Tais recursos destinam-se, exclusivamente, a impugnar decisão monocrática nas hipóteses previstas. Inaplicável, no caso, o princípio da fungibilidade ante a configuração de erro grosseiro.

Art. 893

TÍTULO X — DO PROCESSO JUDICIÁRIO DO TRABALHO

§ 1º Os incidentes do processo são resolvidos pelo próprio Juízo ou Tribunal, admitindo-se a apreciação do merecimento das decisões interlocutórias somente em recursos da decisão definitiva. *(Parágrafo único renumerado pelo Decreto-lei n. 8.737, de 19.1.1946)*

CONSOLIDAÇÃO DAS LEIS DO TRABALHO
Decreto-Lei n. 5.452, de 1º de maio de 1943
DOU 9.8.1943

Vide art. 799, § 2º

Art. 799. (...)
§ 2º Das decisões sobre exceções de suspeição e incompetência, salvo, quanto a estas, se terminativas do feito, não caberá recurso, podendo, no entanto, as partes alegá-las novamente no recurso que couber da decisão final. *(Redação dada pelo Decreto-lei n. 8.737, de 19.1.1946)*

LEI N. 5.584, DE 26 DE JUNHO DE 1970
Dispõe sobre normas de Direito Processual do Trabalho, altera dispositivos da Consolidação das Leis do Trabalho, disciplina a concessão e prestação de assistência judiciária na Justiça do Trabalho, e dá outras providências
DOU 29.6.1970

Vide art. 2º, §1º

Art. 2º (...)
§ 1º Em audiência, ao aduzir razões finais, poderá qualquer das partes, impugnar o valor fixado e, se o Juiz o mantiver, pedir revisão da decisão, no prazo de 48 (quarenta e oito) horas, ao Presidente do Tribunal Regional.

CÓDIGO DE PROCESSO CIVIL DE 1973
Lei n. 5.869, de 11 de janeiro de 1973
DOU 17.1.1973 e republicado em 27.7.2006

Vide art. 162, §§ 1º e 2º

Art. 162. (...)
§ 1º Sentença é o ato do juiz que implica alguma das situações previstas nos arts. 267 e 269 desta Lei. *(Redação dada pelo Lei n. 11.232, de 2005)*

§ 2º Decisão interlocutória é o ato pelo qual o juiz, no curso do processo, resolve questão incidente.

CÓDIGO DE PROCESSO CIVIL DE 2015
Lei n. 13.105, de 16 de março de 2015
DOU 17.3.2015

Vide art. 203, §§ 1º e 2º

Art. 203. (...)
§ 1º Ressalvadas as disposições expressas dos procedimentos especiais, sentença é o pronunciamento por meio do qual o juiz, com fundamento nos arts. 485 e 487, põe fim à fase cognitiva do procedimento comum, bem como extingue a execução.

§ 2º Decisão interlocutória é todo pronunciamento judicial de natureza decisória que não se enquadre no § 1º.

SÚMULAS DO TST

Vide Súmulas 214 e 414/TST

Súmula 214 TST — DECISÃO INTERLOCUTÓRIA. IRRECORRIBILIDADE (nova redação) — Res. 127/2005, DJ 14, 15 e 16.03.2005
Na Justiça do Trabalho, nos termos do art. 893, § 1º, da CLT, as decisões interlocutórias não ensejam recurso imediato, salvo nas hipóteses de decisão: a) de Tribunal Regional do Trabalho contrária à Súmula ou Orientação Jurisprudencial do Tribunal Superior do Trabalho; b) suscetível de impugnação mediante recurso para o mesmo Tribunal; c) que acolhe exceção de incompetência territorial, com a remessa dos autos para Tribunal Regional distinto daquele a que se vincula o juízo excepcionado, consoante o disposto no art. 799, § 2º, da CLT.

Súmula 414 TST — MANDADO DE SEGURANÇA. ANTECIPAÇÃO DE TUTELA (OU LIMINAR) CONCEDIDA ANTES OU NA SENTENÇA (conversão das Orientações Jurisprudenciais ns. 50, 51, 58, 86 e 139 da SBDI-2) — Res. 137/2005, DJ 22, 23 e 24.08.2005
I — A antecipação da tutela concedida na sentença não comporta impugnação pela via do mandado de segurança, por ser impugnável mediante recurso ordinário. A ação cautelar é o meio próprio para se obter efeito suspensivo a recurso. *(ex-OJ n. 51 da SBDI-2 — inserida em 20.09.2000)*

II — No caso da tutela antecipada (ou liminar) ser concedida antes da sentença, cabe a impetração do mandado de segurança, em face da inexistência de recurso próprio. *(ex-OJs ns. 50 e 58 da SBDI-2 — inseridas em 20.09.2000)*

III — A superveniência da sentença, nos autos originários, faz perder o objeto do mandado de segurança que impugnava a concessão da tutela antecipada (ou liminar). *(ex-OJs da SBDI-2 ns. 86 — inserida em 13.03.2002 — e 139 — DJ 04.05.2004)*

§ 2º A interposição de recurso para o Supremo Tribunal Federal não prejudicará a execução do julgado. *(Incluído pelo Decreto-lei n. 8.737, de 19.1.1946)*

CONSTITUIÇÃO FEDERAL DE 1988
DOU 5.10.1988

Vide art. 102, caput e inciso III

Art. 102. Compete ao Supremo Tribunal Federal, precipuamente, a guarda da Constituição, cabendo-lhe:

(...)

III — julgar, mediante recurso extraordinário, as causas decididas em única ou última instância, quando a decisão recorrida:

a) contrariar dispositivo desta Constituição;

b) declarar a inconstitucionalidade de tratado ou lei federal;

TÍTULO X — DO PROCESSO JUDICIÁRIO DO TRABALHO

c) julgar válida lei ou ato de governo local contestado em face desta Constituição.
d) julgar válida lei local contestada em face de lei federal. *(Incluída pela Emenda Constitucional n. 45, de 2004)*

CONSOLIDAÇÃO DAS LEIS DO TRABALHO
Decreto-Lei n. 5.452, de 1º de maio de 1943
DOU 9.8.1943

Vide art. 899, caput

Art. 899. Os recursos serão interpostos por simples petição e terão efeito meramente devolutivo, salvo as exceções previstas neste Título, permitida a execução provisória até a penhora. *(Redação dada pela Lei n. 5.442, de 24.5.1968)*

CÓDIGO DE PROCESSO CIVIL DE 1973
Lei n. 5.869, de 11 de janeiro de 1973
DOU 17.1.1973 e republicado em 27.7.2006

Vide art. 497

Art. 497. O recurso extraordinário e o recurso especial não impedem a execução da sentença; a interposição do agravo de instrumento não obsta o andamento do processo, ressalvado o disposto no art. 558 desta Lei.

CÓDIGO DE PROCESSO CIVIL DE 2015
Lei n. 13.105, de 16 de março de 2015
DOU 17.3.2015

Vide art. 995, caput e parágrafo único

Art. 995. Os recursos não impedem a eficácia da decisão, salvo disposição legal ou decisão judicial em sentido diverso.

Parágrafo único. A eficácia da decisão recorrida poderá ser suspensa por decisão do relator, se da imediata produção de seus efeitos houver risco de dano grave, de difícil ou impossível reparação, e ficar demonstrada a probabilidade de provimento do recurso.

SÚMULAS DO STF

Vide Súmulas 228, 505 e 640 /STF

Súmula 228 STF — Não é provisória a execução na pendência de recurso extraordinário, ou de agravo destinado a fazê-lo admitir.

Súmula 505 STF — Salvo quando contrariarem a Constituição, não cabe recurso para o Supremo Tribunal Federal, de quaisquer decisões da Justiça do Trabalho, inclusive dos presidentes de seus Tribunais.

Súmula 640 STF — É cabível recurso extraordinário contra decisão proferida por juiz de primeiro grau nas causas de alçada, ou por turma recursal de juizado especial cível e criminal.

ORIENTAÇÃO JURISPRUDENCIAL DA SDI-2 DO TST

Vide OJ 56 SDI-2/TST

OJ 56 SDI-2 TST — MANDADO DE SEGURANÇA. EXECUÇÃO. PENDÊNCIA DE RECURSO EXTRAORDINÁRIO (inserida em 20.09.2000)

Não há direito líquido e certo à execução definitiva na pendência de recurso extraordinário, ou de agravo de instrumento visando a destrancá-lo.

Art. 894	No Tribunal Superior do Trabalho cabem embargos, no prazo de 8 (oito) dias: *(Redação dada pela Lei n. 11.496, de 2007)*
I -	de decisão não unânime de julgamento que: *(Incluído pela pela Lei n. 11.496, de 2007)*
a)	conciliar, julgar ou homologar conciliação em dissídios coletivos que excedam a competência territorial dos Tribunais Regionais do Trabalho e estender ou rever as sentenças normativas do Tribunal Superior do Trabalho, nos casos previstos em lei; e *(Incluído pela pela Lei n. 11.496, de 2007)*
b)	(VETADO)
II -	das decisões das Turmas que divergirem entre si ou das decisões proferidas pela Seção de Dissídios Individuais, ou contrárias a súmula ou orientação jurisprudencial do Tribunal Superior do Trabalho ou súmula vinculante do Supremo Tribunal Federal. *(Redação dada pela Lei n. 13.015, de 2014)*
Parágrafo único	(Revogado) *(Incluído pela Lei n. 13.015, de 2014)*
§ 2º	A divergência apta a ensejar os embargos deve ser atual, não se considerando tal a ultrapassada por súmula do Tribunal Superior do Trabalho ou do Supremo Tribunal Federal, ou superada por iterativa e notória jurisprudência do Tribunal Superior do Trabalho. *(Incluído pela Lei n. 13.015, de 2014)*
§ 3º	O Ministro Relator denegará seguimento aos embargos: *(Incluído pela Lei n. 13.015, de 2014)*

Art. 894

TÍTULO X — DO PROCESSO JUDICIÁRIO DO TRABALHO

I -	se a decisão recorrida estiver em consonância com súmula da jurisprudência do Tribunal Superior do Trabalho ou do Supremo Tribunal Federal, ou com iterativa, notória e atual jurisprudência do Tribunal Superior do Trabalho, cumprindo-lhe indicá-la; *(Incluído pela Lei n. 13.015, de 2014)*
II -	nas hipóteses de intempestividade, deserção, irregularidade de representação ou de ausência de qualquer outro pressuposto extrínseco de admissibilidade. *(Incluído pela Lei n. 13.015, de 2014)*
§ 4º	Da decisão denegatória dos embargos caberá agravo, no prazo de 8 (oito) dias. *(Incluído pela Lei n. 13.015, de 2014)*

SÚMULAS DO TST

Vide Súmulas 23, 126, 184, 221, 283, 333, 337, 353, 425, 433 e 458/TST

Súmula 23 TST — RECURSO (mantida) — Res. 121/2003, DJ 19, 20 e 21.11.2003
Não se conhece de recurso de revista ou de embargos, se a decisão recorrida resolver determinado item do pedido por diversos fundamentos e a jurisprudência transcrita não abranger a todos.

Súmula 126 TST — RECURSO. CABIMENTO (mantida) — Res. 121/2003, DJ 19, 20 e 21.11.2003
Incabível o recurso de revista ou de embargos (arts. 896 e 894, "b", da CLT) para reexame de fatos e provas.

Súmula 184 TST — EMBARGOS DECLARATÓRIOS. OMISSÃO EM RECURSO DE REVISTA. PRECLUSÃO (mantida) — Res. 121/2003, DJ 19, 20 e 21.11.2003
Ocorre preclusão se não forem opostos embargos declaratórios para suprir omissão apontada em recurso de revista ou de embargos.

Súmula 221 TST — RECURSO DE REVISTA. VIOLAÇÃO DE LEI. INDICAÇÃO DE PRECEITO. (cancelado o item II e conferida nova redação na sessão do Tribunal Pleno realizada em 14.09.2012) — Res. 185/2012, DEJT divulgado em 25, 26 e 27.09.2012
A admissibilidade do recurso de revista por violação tem como pressuposto a indicação expressa do dispositivo de lei ou da Constituição tido como violado.

Súmula 283 TST — RECURSO ADESIVO. PERTINÊNCIA NO PROCESSO DO TRABALHO. CORRELAÇÃO DE MATÉRIAS (mantida) — Res. 121/2003, DJ 19, 20 e 21.11.2003
O recurso adesivo é compatível com o processo do trabalho e cabe, no prazo de 8 (oito) dias, nas hipóteses de interposição de recurso ordinário, de agravo de petição, de revista e de embargos, sendo desnecessário que a matéria nele veiculada esteja relacionada com a do recurso interposto pela parte contrária.

Súmula 333 TST — RECURSOS DE REVISTA. CONHECIMENTO (alterada) — Res. 155/2009, DEJT 26 e 27.02.2009 e 02.03.2009
Não ensejam recurso de revista decisões superadas por iterativa, notória e atual jurisprudência do Tribunal Superior do Trabalho.

Súmula 337 TST — COMPROVAÇÃO DE DIVERGÊNCIA JURISPRUDENCIAL. RECURSOS DE REVISTA E DE EMBARGOS (redação do item IV alterada na sessão do Tribunal Pleno realizada em 14.09.2012) — Res. 185/2012, DEJT divulgado em 25, 26 e 27.09.2012

I — Para comprovação da divergência justificadora do recurso, é necessário que o recorrente:
a) Junte certidão ou cópia autenticada do acórdão paradigma ou cite a fonte oficial ou o repositório autorizado em que foi publicado; e
b) Transcreva, nas razões recursais, as ementas e/ou trechos dos acórdãos trazidos à configuração do dissídio, demonstrando o conflito de teses que justifique o conhecimento do recurso, ainda que os acórdãos já se encontrem nos autos ou venham a ser juntados com o recurso.

II — A concessão de registro de publicação como repositório autorizado de jurisprudência do TST torna válidas todas as suas edições anteriores.

III — A mera indicação da data de publicação, em fonte oficial, de aresto paradigma é inválida para comprovação de divergência jurisprudencial, nos termos do item I, "a", desta súmula, quando a parte pretende demonstrar o conflito de teses mediante a transcrição de trechos que integram a fundamentação do acórdão divergente, uma vez que só se publicam o dispositivo e a ementa dos acórdãos;

IV — É válida para a comprovação da divergência jurisprudencial justificadora do recurso a indicação de aresto extraído de repositório oficial na internet, desde que o recorrente:
a) transcreva o trecho divergente;
b) aponte o sítio de onde foi extraído; e
c) decline o número do processo, o órgão prolator do acórdão e a data da respectiva publicação no Diário Eletrônico da Justiça do Trabalho.

Súmula 353 TST — EMBARGOS. AGRAVO. CABIMENTO (atualizada em decorrência do CPC de 2015) — Res. 208/2016, DEJT divulgado em 22, 25 e 26.04.2016
Não cabem embargos para a Seção de Dissídios Individuais de decisão de Turma proferida em agravo, salvo:
a) da decisão que não conhece de agravo de instrumento ou de agravo pela ausência de pressupostos extrínsecos;
b) da decisão que nega provimento a agravo contra decisão monocrática do Relator, em que se proclamou a ausência de pressupostos extrínsecos de agravo de instrumento;
c) para revisão dos pressupostos extrínsecos de admissibilidade do recurso de revista, cuja ausência haja sido declarada originariamente pela Turma no julgamento do agravo;
d) para impugnar o conhecimento de agravo de instrumento;
e) para impugnar a imposição de multas previstas nos arts. 1.021, § 4º, do CPC de 2015 ou 1.026, § 2º, do CPC de 2015 (art. 538, parágrafo único, do CPC de 1973, ou art. 557, § 2º, do CPC de 1973).
f) contra decisão de Turma proferida em agravo em recurso de revista, nos termos do art. 894, II, da CLT.

TÍTULO X — DO PROCESSO JUDICIÁRIO DO TRABALHO

Art. 895

Súmula 425 TST — JUS POSTULANDI NA JUSTIÇA DO TRABALHO. ALCANCE. Res. 165/2010, DEJT divulgado em 30.04.2010 e 03 e 04.05.2010

O *jus postulandi* das partes, estabelecido no art. 791 da CLT, limita-se às Varas do Trabalho e aos Tribunais Regionais do Trabalho, não alcançando a ação rescisória, a ação cautelar, o mandado de segurança e os recursos de competência do Tribunal Superior do Trabalho.

Súmula 433 TST — EMBARGOS. ADMISSIBILIDADE. PROCESSO EM FASE DE EXECUÇÃO. ACÓRDÃO DE TURMA PUBLICADO NA VIGÊNCIA DA LEI N. 11.496, DE 26.06.2007. DIVERGÊNCIA DE INTERPRETAÇÃO DE DISPOSITIVO CONSTITUCIONAL. — Res. 177/2012, DEJT divulgado em 13, 14 e 15.02.2012

A admissibilidade do recurso de embargos contra acórdão de Turma em Recurso de Revista em fase de execução, publicado na vigência da Lei n. 11.496, de 26.06.2007, condiciona-se à demonstração de divergência jurisprudencial entre Turmas ou destas e a Seção Especializada em Dissídios Individuais do Tribunal Superior do Trabalho em relação à interpretação de dispositivo constitucional.

Súmula 458 TST — EMBARGOS. PROCEDIMENTO SUMARÍSSIMO. CONHECIMENTO. RECURSO INTERPOSTO APÓS VIGÊNCIA DA LEI N. 11.496, DE 22.06.2007, QUE CONFERIU NOVA REDAÇÃO AO ART. 894, DA CLT. (conversão da Orientação Jurisprudencial n. 405 da SBDI-1 com nova redação) — Res. 194/2014, DEJT divulgado em 21, 22 e 23.05.2014

Em causas sujeitas ao procedimento sumaríssimo, em que pese a limitação imposta no art. 896, § 6º, da CLT à interposição de recurso de revista, admitem-se os embargos interpostos na vigência da Lei n. 11.496, de 22.06.2007, que conferiu nova redação ao art. 894 da CLT, quando demonstrada a divergência jurisprudencial entre Turmas do TST, fundada em interpretações diversas acerca da aplicação de mesmo dispositivo constitucional ou de matéria sumulada.

ORIENTAÇÕES JURISPRUDENCIAIS DA SDI-1 DO TST

Vide OJs 95, 219, 336, 378 e 405 SDI-1/TST

OJ 95 SDI-1 TST — EMBARGOS PARA SDI. DIVERGÊNCIA ORIUNDA DA MESMA TURMA DO TST. INSERVÍVEL (inserida em 30.05.1997) ERR 125320/94, SDI-Plena

Em 19.05.97, a SDI-Plena, por maioria, decidiu que acórdãos oriundos da mesma Turma, embora divergentes, não fundamentam divergência jurisprudencial de que trata a alínea "b", do art. 894 da Consolidação das Leis do Trabalho para embargos à Seção Especializada em Dissídios Individuais, Subseção I.

OJ 219 SDI-1 TST — RECURSO DE REVISTA OU DE EMBARGOS FUNDAMENTADO EM ORIENTAÇÃO JURISPRUDENCIAL DO TST (inserida em 02.04.2001)

É válida, para efeito de conhecimento do recurso de revista ou de embargos, a invocação de Orientação Jurisprudencial do Tribunal Superior do Trabalho, desde que, das razões recursais, conste o seu número ou conteúdo.

OJ 336 SDI-1 TST — EMBARGOS INTERPOSTOS ANTERIORMENTE À VIGÊNCIA DA LEI N.11.496/2007. RECURSO NÃO CONHECIDO COM BASE EM ORIENTAÇÃO JURISPRUDENCIAL. DESNECESSÁRIO O EXAME DAS VIOLAÇÕES DE LEI E DA CONSTITUIÇÃO ALEGADAS NA REVISTA. (redação alterada pelo Tribunal Pleno na sessão realizada em 6.2.2012) — Res. 178/2012, DEJT divulgado em 13, 14 e 15.02.2012

Estando a decisão recorrida em conformidade com orientação jurisprudencial, desnecessário o exame das divergências e das violações de lei e da Constituição alegadas em embargos interpostos antes da vigência da Lei n. 11.496/2007, salvo nas hipóteses em que a orientação jurisprudencial não fizer qualquer citação do dispositivo constitucional.

OJ 378 SDI-1 TST — EMBARGOS. INTERPOSIÇÃO CONTRA DECISÃO MONOCRÁTICA. NÃO CABIMENTO. (atualizada em decorrência do CPC de 2015) — Res. 208/2016, DEJT divulgado em 22, 25 e 26.04.2016

Não encontra amparo no art. 894 da CLT, quer na redação anterior quer na redação posterior à Lei n. 11.496, de 22.06.2007, recurso de embargos interposto à decisão monocrática exarada nos moldes do art. 932 do CPC de 2015 (art. 557 do CPC de 1973), pois o comando legal restringe seu cabimento à pretensão de reforma de decisão colegiada proferida por Turma do Tribunal Superior do Trabalho.

OJ 405 SDI-1 TST — EMBARGOS. PROCEDIMENTO SUMARÍSSIMO. CONHECIMENTO. RECURSO INTERPOSTO APÓS VIGÊNCIA DA LEI N. 11.496, DE 22.06.2007, QUE CONFERIU NOVA REDAÇÃO AO ART. 894, II, DA CLT (cancelada em decorrência da sua conversão na Súmula n. 458) — Res. 194/2014, DEJT divulgado em 21, 22 e 23.05.2014

Em causas sujeitas ao procedimento demanda submetida ao rito sumaríssimo, em que pese a limitação imposta no art. 896, § 6º, da CLT à interposição de recurso de revista, admite-se os embargos interpostos na vigência da Lei n. 11.496, de 22.06.2007, que conferiu nova redação ao art. 894 da CLT, quando demonstrada a divergência jurisprudencial entre Turmas do TST, fundada em interpretações diversas acerca da aplicação de mesmo dispositivo constitucional ou de matéria sumulada.

Art. 895	Cabe recurso ordinário para a instância superior: *(Vide Lei n. 5.584, de 1970)*
I -	das decisões definitivas ou terminativas das Varas e Juízos, no prazo de 8 (oito) dias; e *(Incluído pela Lei n. 11.925, de 2009)*
II -	das decisões definitivas ou terminativas dos Tribunais Regionais, em processos de sua competência originária, no prazo de 8 (oito) dias, quer nos dissídios individuais, quer nos dissídios coletivos. *(Incluído pela Lei n. 11.925, de 2009)*

Art. 895

CONSOLIDAÇÃO DAS LEIS DO TRABALHO
Decreto-Lei n. 5.452, de 1º de maio de 1943
DOU 9.8.1943

Vide art. 799, § 2º; e art. 899, caput

Art. 799. (...)
§ 2º Das decisões sobre exceções de suspeição e incompetência, salvo, quanto a estas, se terminativas do feito, não caberá recurso, podendo, no entanto, as partes alegá-las novamente no recurso que couber da decisão final. *(Redação dada pelo Decreto-lei n. 8.737, de 19.1.1946)*

Art. 899. Os recursos serão interpostos por simples petição e terão efeito meramente devolutivo, salvo as exceções previstas neste Título, permitida a execução provisória até a penhora. *(Redação dada pela Lei n. 5.442, de 24.5.1968)*

SÚMULAS DO TST

Vide Súmulas 153, 158, 201, 214, 283, 393, 414 e 422/TST

Súmula 153 TST — PRESCRIÇÃO (mantida) — Res. 121/2003, DJ 19, 20 e 21.11.2003
Não se conhece de prescrição não arguida na instância ordinária (ex-Prejulgado n. 27).

Súmula 158 TST — AÇÃO RESCISÓRIA (mantida) — Res. 121/2003, DJ 19, 20 e 21.11.2003
Da decisão de Tribunal Regional do Trabalho, em ação rescisória, é cabível recurso ordinário para o Tribunal Superior do Trabalho, em face da organização judiciária trabalhista (ex-Prejulgado n. 35).

Súmula 201 TST — RECURSO ORDINÁRIO EM MANDADO DE SEGURANÇA (mantida) — Res. 121/2003, DJ 19, 20 e 21.11.2003
Da decisão de Tribunal Regional do Trabalho em mandado de segurança cabe recurso ordinário, no prazo de 8 (oito) dias, para o Tribunal Superior do Trabalho, e igual dilação para o recorrido e interessados apresentarem razões de contrariedade.

Súmula 214 TST — DECISÃO INTERLOCUTÓRIA. IRRECORRIBILIDADE (nova redação) — Res. 127/2005, DJ 14, 15 e 16.03.2005
Na Justiça do Trabalho, nos termos do art. 893, § 1º, da CLT, as decisões interlocutórias não ensejam recurso imediato, salvo nas hipóteses de decisão: a) de Tribunal Regional do Trabalho contrária à Súmula ou Orientação Jurisprudencial do Tribunal Superior do Trabalho; b) suscetível de impugnação mediante recurso para o mesmo Tribunal; c) que acolhe exceção de incompetência territorial, com a remessa dos autos para Tribunal Regional distinto daquele a que se vincula o juízo excepcionado, consoante o disposto no art. 799, § 2º, da CLT.

Súmula 283 TST — RECURSO ADESIVO. PERTINÊNCIA NO PROCESSO DO TRABALHO. CORRELAÇÃO DE MATÉRIAS (mantida) — Res. 121/2003, DJ 19, 20 e 21.11.2003
O recurso adesivo é compatível com o processo do trabalho e cabe, no prazo de 8 (oito) dias, nas hipóteses de interposição de recurso ordinário, de agravo de petição, de revista e de embargos, sendo desnecessário que a matéria nele veiculada esteja relacionada com a do recurso interposto pela parte contrária.

Súmula 393 TST — RECURSO ORDINÁRIO. EFEITO DEVOLUTIVO EM PROFUNDIDADE. ART. 1.013, § 1º, DO CPC DE 2015. ART. 515, § 1º, DO CPC DE 1973. (nova redação em decorrência do CPC de 2015) — Res. 208/2016, DEJT divulgado em 22, 25 e 26.04.2016
I — O efeito devolutivo em profundidade do recurso ordinário, que se extrai do § 1º do art. 1.013 do CPC de 2015 (art. 515, § 1º, do CPC de 1973), transfere ao Tribunal a apreciação dos fundamentos da inicial ou da defesa, não examinados pela sentença, ainda que não renovados em contrarrazões, desde que relativos ao capítulo impugnado.
II — Se o processo estiver em condições, o tribunal, ao julgar o recurso ordinário, deverá decidir desde logo o mérito da causa, nos termos do § 3º do art. 1.013 do CPC de 2015, inclusive quando constatar a omissão da sentença no exame de um dos pedidos.

Súmula 414 TST — MANDADO DE SEGURANÇA. ANTECIPAÇÃO DE TUTELA (OU LIMINAR) CONCEDIDA ANTES OU NA SENTENÇA (conversão das Orientações Jurisprudenciais ns. 50, 51, 58, 86 e 139 da SBDI-2) — Res. 137/2005, DJ 22, 23 e 24.08.2005
I — A antecipação da tutela concedida na sentença não comporta impugnação pela via do mandado de segurança, por ser impugnável mediante recurso ordinário. A ação cautelar é o meio próprio para se obter efeito suspensivo a recurso. *(ex-OJ n. 51 da SBDI-2 — inserida em 20.09.2000)*
II — No caso da tutela antecipada (ou liminar) ser concedida antes da sentença, cabe a impetração do mandado de segurança, em face da inexistência de recurso próprio. *(ex-OJs ns. 50 e 58 da SBDI-2 — inseridas em 20.09.2000)*
III — A superveniência da sentença, nos autos originários, faz perder o objeto do mandado de segurança que impugnava a concessão da tutela antecipada (ou liminar). *(ex-OJs da SBDI-2 ns. 86 — inserida em 13.03.2002 — e 139 — DJ 04.05.2004)*

Súmula 422 TST — RECURSO. FUNDAMENTO AUSENTE OU DEFICIENTE. NÃO CONHECIMENTO (redação alterada, com inserção dos itens I, II e III) — Res. 199/2015, DEJT divulgado em 24, 25 e 26.06.2015. Com errata publicado no DEJT divulgado em 1º.07.2015
I — Não se conhece de recurso para o Tribunal Superior do Trabalho se as razões do recorrente não impugnam os fundamentos da decisão recorrida, nos termos em que proferida.
II — O entendimento referido no item anterior não se aplica em relação à motivação secundária e impertinente, consubstanciada em despacho de admissibilidade de recurso ou em decisão monocrática.
III — Inaplicável a exigência do item I relativamente ao recurso ordinário da competência de Tribunal Regional do Trabalho, exceto em caso de recurso cuja motivação é inteiramente dissociada dos fundamentos da sentença.

ORIENTAÇÃO JURISPRUDENCIAL DA SDI-1 DO TST

Vide OJ 389 SDI-1/TST

OJ 389 SDI-1 TST — MULTA PREVISTA NO ART. 1.021, §§ 4º E 5º, DO CPC DE 2015. ART. 557, § 2º, DO CPC DE 1973. RECOLHIMENTO. PRESSUPOSTO RECURSAL. BENEFICIÁRIO DA JUSTIÇA GRATUITA E FAZENDA PÚBLICA. PAGAMENTO AO FINAL. (nova redação em decorrência do CPC de 2015) — Res. 209/2016, DEJT divulgado em 01, 02 e 03.06.2016
Constitui ônus da parte recorrente, sob pena de deserção, depositar previamente a multa aplicada com fundamento nos §§ 4º e 5º, do art. 1.021, do CPC de 2015 (§ 2º do art. 557 do CPC de 1973), à exceção da Fazenda Pública e do beneficiário de justiça gratuita, que farão o pagamento ao final.

TÍTULO X — DO PROCESSO JUDICIÁRIO DO TRABALHO

Art. 896

ORIENTAÇÕES JURISPRUDENCIAIS DA SDI-2 DO TST

Vide OJs 69, 100 e 148 SDI-2/TST

OJ 69 SDI-2 TST — FUNGIBILIDADE RECURSAL. INDEFERIMENTO LIMINAR DE AÇÃO RESCISÓRIA OU MANDADO DE SEGURANÇA. RECURSO PARA O TST. RECEBIMENTO COMO AGRAVO REGIMENTAL E DEVOLUÇÃO DOS AUTOS AO TRT (inserida em 20.09.2000)

Recurso ordinário interposto contra despacho monocrático indeferitório da petição inicial de ação rescisória ou de mandado de segurança pode, pelo princípio de fungibilidade recursal, ser recebido como agravo regimental. Hipótese de não conhecimento do recurso pelo TST e devolução dos autos ao TRT, para que aprecie o apelo como agravo regimental.

OJ 100 SDI-2 TST — RECURSO ORDINÁRIO PARA O TST. DECISÃO DE TRT PROFERIDA EM AGRAVO REGIMENTAL CONTRA LIMINAR EM AÇÃO CAUTELAR OU EM MANDADO DE SEGURANÇA. INCABÍVEL (inserida em 27.09.2002)

Não cabe recurso ordinário para o TST de decisão proferida pelo Tribunal Regional do Trabalho em agravo regimental interposto contra despacho que concede ou não liminar em ação cautelar ou em mandado de segurança, uma vez que o processo ainda pende de decisão definitiva do Tribunal "a quo".

OJ 148 SDI-2 TST — CUSTAS. MANDADO DE SEGURANÇA. RECURSO ORDINÁRIO. EXIGÊNCIA DO PAGAMENTO (conversão da Orientação Jurisprudencial n. 29 da SBDI-1) — Res. 129/2005, DJ 20.04.2005

É responsabilidade da parte, para interpor recurso ordinário em mandado de segurança, a comprovação do recolhimento das custas processuais no prazo recursal, sob pena de deserção. *(ex-OJ n. 29 — inserida em 20.09.00)*

§ 1º	Nas reclamações sujeitas ao procedimento sumaríssimo, o recurso ordinário: *(Incluído pela Lei n. 9.957, de 2000)*
I -	(VETADO). *(Incluído pela Lei n. 9.957, de 2000)*
II -	será imediatamente distribuído, uma vez recebido no Tribunal, devendo o relator liberá-lo no prazo máximo de dez dias, e a Secretaria do Tribunal ou Turma colocá-lo imediatamente em pauta para julgamento, sem revisor; *(Incluído pela Lei n. 9.957, de 2000)*
III -	terá parecer oral do representante do Ministério Público presente à sessão de julgamento, se este entender necessário o parecer, com registro na certidão; *(Incluído pela Lei n. 9.957, de 2000)*
IV -	terá acórdão consistente unicamente na certidão de julgamento, com a indicação suficiente do processo e parte dispositiva, e das razões de decidir do voto prevalente. Se a sentença for confirmada pelos próprios fundamentos, a certidão de julgamento, registrando tal circunstância, servirá de acórdão. *(Incluído pela Lei n. 9.957, de 2000)*
§ 2º	Os Tribunais Regionais, divididos em Turmas, poderão designar Turma para o julgamento dos recursos ordinários interpostos das sentenças prolatadas nas demandas sujeitas ao procedimento sumaríssimo. *(Incluído pela Lei n. 9.957, de 2000)*

CONSOLIDAÇÃO DAS LEIS DO TRABALHO
Decreto-Lei n. 5.452, de 1º de maio de 1943
DOU 9.8.1943

Vide art. 852-A e parágrafo único

Art. 852-A. Os dissídios individuais cujo valor não exceda a quarenta vezes o salário mínimo vigente na data do ajuizamento da reclamação ficam submetidos ao procedimento sumaríssimo. *(Incluído pela Lei n. 9.957, de 2000)*

Parágrafo único. Estão excluídas do procedimento sumaríssimo as demandas em que é parte a Administração Pública direta, autárquica e fundacional. *(Incluído pela Lei n. 9.957, de 2000)*

Art. 896	Cabe Recurso de Revista para Turma do Tribunal Superior do Trabalho das decisões proferidas em grau de recurso ordinário, em dissídio individual, pelos Tribunais Regionais do Trabalho, quando: *(Redação dada pela Lei n. 9.756, de 17.12.1998)*

Art. 896

CONSOLIDAÇÃO DAS LEIS DO TRABALHO
Decreto-Lei n. 5.452, de 1º de maio de 1943
DOU 9.8.1943

Vide art. 899, *caput*

Art. 899. Os recursos serão interpostos por simples petição e terão efeito meramente devolutivo, salvo as exceções previstas neste Título, permitida a execução provisória até a penhora. *(Redação dada pela Lei n. 5.442, de 24.5.1968)*

SÚMULAS DO TST

Vide Súmulas 23, 102, I, 126, 218, 266, 283, 296, 297, 312, 333, 337, 422, 425, 442 e 456/TST

Súmula 23 TST — RECURSO (mantida) — Res. 121/2003, DJ 19, 20 e 21.11.2003
Não se conhece de recurso de revista ou de embargos, se a decisão recorrida resolver determinado item do pedido por diversos fundamentos e a jurisprudência transcrita não abranger a todos.

Súmula 102 TST — BANCÁRIO. CARGO DE CONFIANÇA (mantida) — Res. 174/2011, DEJT divulgado em 27, 30 e 31.05.2011
I — A configuração, ou não, do exercício da função de confiança a que se refere o art. 224, § 2º, da CLT, dependente da prova das reais atribuições do empregado, é insuscetível de exame mediante recurso de revista ou de embargos. *(ex-Súmula n. 204 — alterada pela Res. 121/2003, DJ 21.11.2003)*

Súmula 126 TST — RECURSO. CABIMENTO (mantida) — Res. 121/2003, DJ 19, 20 e 21.11.2003
Incabível o recurso de revista ou de embargos (arts. 896 e 894, "b", da CLT) para reexame de fatos e provas.

Súmula 218 TST — RECURSO DE REVISTA. ACÓRDÃO PROFERIDO EM AGRAVO DE INSTRUMENTO (mantida) — Res. 121/2003, DJ 19, 20 e 21.11.2003
É incabível recurso de revista interposto de acórdão regional prolatado em agravo de instrumento.

Súmula 266 TST — RECURSO DE REVISTA. ADMISSIBILIDADE. EXECUÇÃO DE SENTENÇA (mantida) — Res. 121/2003, DJ 19, 20 e 21.11.2003
A admissibilidade do recurso de revista interposto de acórdão proferido em agravo de petição, na liquidação de sentença ou em processo incidente na execução, inclusive os embargos de terceiro, depende de demonstração inequívoca de violência direta à Constituição Federal.

Súmula 283 TST — RECURSO ADESIVO. PERTINÊNCIA NO PROCESSO DO TRABALHO. CORRELAÇÃO DE MATÉRIAS (mantida) — Res. 121/2003, DJ 19, 20 e 21.11.2003
O recurso adesivo é compatível com o processo do trabalho e cabe, no prazo de 8 (oito) dias, nas hipóteses de interposição de recurso ordinário, de agravo de petição, de revista e de embargos, sendo desnecessário que a matéria nele veiculada esteja relacionada com a do recurso interposto pela parte contrária.

Súmula 296 TST — RECURSO. DIVERGÊNCIA JURISPRUDENCIAL. ESPECIFICIDADE (incorporada a Orientação Jurisprudencial n. 37 da SBDI-1) — Res. 129/2005, DJ 20, 22 e 25.04.2005

I — A divergência jurisprudencial ensejadora da admissibilidade, do prosseguimento e do conhecimento do recurso há de ser específica, revelando a existência de teses diversas na interpretação de um mesmo dispositivo legal, embora idênticos os fatos que as ensejaram. *(ex-Súmula n. 296 — Res. 6/1989, DJ 19.04.1989)*
II — Não ofende o art. 896 da CLT decisão de Turma que, examinando premissas concretas de especificidade da divergência colacionada no apelo revisional, conclui pelo conhecimento ou desconhecimento do recurso. *(ex-OJ n. 37 da SBDI-1 — inserida em 01.02.1995)*

Súmula 297 TST — PREQUESTIONAMENTO. OPORTUNIDADE. CONFIGURAÇÃO (nova redação) — Res. 121/2003, DJ 19, 20 e 21.11.2003
I — Diz-se prequestionada a matéria ou questão quando na decisão impugnada haja sido adotada, explicitamente, tese a respeito.
II — Incumbe à parte interessada, desde que a matéria haja sido invocada no recurso principal, opor embargos declaratórios objetivando o pronunciamento sobre o tema, sob pena de preclusão.
III — Considera-se prequestionada a questão jurídica invocada no recurso principal sobre a qual se omite o Tribunal de pronunciar tese, não obstante opostos embargos de declaração.

Súmula 312 TST — CONSTITUCIONALIDADE. ALÍNEA "B" DO ART. 896 DA CLT (mantida) — Res. 121/2003, DJ 19, 20 e 21.11.2003
É constitucional a alínea "b" do art. 896 da CLT, com a redação dada pela Lei n. 7.701, de 21.12.1988.

Súmula 333 TST — RECURSOS DE REVISTA. CONHECIMENTO (alterada) — Res. 155/2009, DEJT 26 e 27.02.2009 e 02.03.2009
Não ensejam recurso de revista decisões superadas por iterativa, notória e atual jurisprudência do Tribunal Superior do Trabalho.

Súmula 337 TST — COMPROVAÇÃO DE DIVERGÊNCIA JURISPRUDENCIAL. RECURSOS DE REVISTA E DE EMBARGOS (redação do item IV alterada na sessão do Tribunal Pleno realizada em 14.09.2012) — Res. 185/2012, DEJT divulgado em 25, 26 e 27.09.2012
I — Para comprovação da divergência justificadora do recurso, é necessário que o recorrente:
a) Junte certidão ou cópia autenticada do acórdão paradigma ou cite a fonte oficial ou o repositório autorizado em que foi publicado; e
b) Transcreva, nas razões recursais, as ementas e/ou trechos dos acórdãos trazidos à configuração do dissídio, demonstrando o conflito de teses que justifique o conhecimento do recurso, ainda que os acórdãos já se encontrem nos autos ou venham a ser juntados com o recurso.
II — A concessão de registro de publicação como repositório autorizado de jurisprudência do TST torna válidas todas as suas edições anteriores.
III — A mera indicação da data de publicação, em fonte oficial, de aresto paradigma é inválida para comprovação de divergência jurisprudencial, nos termos do item I, "a", desta súmula, quando a parte pretende demonstrar o conflito de teses mediante a transcrição de trechos que integram a fundamentação do acórdão divergente, uma vez que só se publicam o dispositivo e a ementa dos acórdãos;
IV — É válida para a comprovação da divergência jurisprudencial justificadora do recurso a indicação de aresto extraído de repositório oficial na internet, desde que o recorrente:
a) transcreva o trecho divergente;
b) aponte o sítio de onde foi extraído; e
c) decline o número do processo, o órgão prolator do acórdão e a data da respectiva publicação no Diário Eletrônico da Justiça do Trabalho.

TÍTULO X — DO PROCESSO JUDICIÁRIO DO TRABALHO

Art. 896

Súmula 422 TST — RECURSO. FUNDAMENTO AUSENTE OU DEFICIENTE. NÃO CONHECIMENTO (redação alterada, com inserção dos itens I, II e III) — Res. 199/2015, DEJT divulgado em 24, 25 e 26.06.2015. Com errata publicado no DEJT divulgado em 1º.07.2015

I — Não se conhece de recurso para o Tribunal Superior do Trabalho se as razões do recorrente não impugnam os fundamentos da decisão recorrida, nos termos em que proferida.

II — O entendimento referido no item anterior não se aplica em relação à motivação secundária e impertinente, consubstanciada em despacho de admissibilidade de recurso ou em decisão monocrática.

III — Inaplicável a exigência do item I relativamente ao recurso ordinário da competência de Tribunal Regional do Trabalho, exceto em caso de recurso cuja motivação é inteiramente dissociada dos fundamentos da sentença.

Súmula 425 TST — JUS POSTULANDI NA JUSTIÇA DO TRABALHO. ALCANCE. Res. 165/2010, DEJT divulgado em 30.04.2010 e 03 e 04.05.2010

O *jus postulandi* das partes, estabelecido no art. 791 da CLT, limita-se às Varas do Trabalho e aos Tribunais Regionais do Trabalho, não alcançando a ação rescisória, a ação cautelar, o mandado de segurança e os recursos de competência do Tribunal Superior do Trabalho.

Súmula 442 TST — PROCEDIMENTO SUMARÍSSIMO. RECURSO DE REVISTA FUNDAMENTADO EM CONTRARIEDADE A ORIENTAÇÃO JURISPRUDENCIAL. INADMISSIBILIDADE. ART. 896, § 6º, DA CLT, ACRESCENTADO PELA LEI N. 9.957, DE 12.01.2000 (conversão da Orientação Jurisprudencial n. 352 da SBDI-1) — Res. 185/2012, DEJT divulgado em 25, 26 e 27.09.2012

Nas causas sujeitas ao procedimento sumaríssimo, a admissibilidade de recurso de revista está limitada à demonstração de violação direta a dispositivo da Constituição Federal ou contrariedade a Súmula do Tribunal Superior do Trabalho, não se admitindo o recurso por contrariedade a Orientação Jurisprudencial deste Tribunal (Livro II, Título II, Capítulo III, do RITST), ante a ausência de previsão no art. 896, § 6º, da CLT.

Súmula 456 TST — REPRESENTAÇÃO. PESSOA JURÍDICA. PROCURAÇÃO. INVALIDADE. IDENTIFICAÇÃO DO OUTORGANTE E DE SEU REPRESENTANTE. (inseridos os itens II e III em decorrência do CPC de 2015) — Res. 211/2016, DEJT divulgado em 24, 25 e 26.08.2016

I — É inválido o instrumento de mandato firmado em nome de pessoa jurídica que não contenha, pelo menos, o nome do outorgante e do signatário da procuração, pois estes dados constituem elementos que os individualizam.

II – Verificada a irregularidade de representação da parte na instância originária, o juiz designará prazo de 5 (cinco) dias para que seja sanado o vício. Descumprida a determinação, extinguirá o processo, sem resolução de mérito, se a providência couber ao reclamante, ou considerará revel o reclamado, se a providência lhe couber (art. 76, § 1º, do CPC de 2015).

III — Caso a irregularidade de representação da parte seja constatada em fase recursal, o relator designará prazo de 5 (cinco) dias para que seja sanado o vício. Descumprida a determinação, o relator não conhecerá do recurso, se a providência couber ao recorrente, ou determinará o desentranhamento das contrarrazões, se a providência couber ao recorrido (art. 76, § 2º, do CPC de 2015).

ORIENTAÇÕES JURISPRUDENCIAIS DA SDI-1 DO TST

Vide OJs 62, 111, 115, 147, 219, 260, 334 e 374 SDI-1/TST

OJ 62 SDI-1 TST — PREQUESTIONAMENTO. PRESSUPOSTO DE ADMISSIBILIDADE EM APELO DE NATUREZA EXTRAORDINÁRIA. NECESSIDADE, AINDA QUE SE TRATE DE INCOMPETÊNCIA ABSOLUTA (republicada em decorrência de erro material) — DEJT divulgado em 23, 24 e 25.11.2010

É necessário o prequestionamento como pressuposto de admissibilidade em recurso de natureza extraordinária, ainda que se trate de incompetência absoluta.

OJ 111 SDI-1 TST — RECURSO DE REVISTA. DIVERGÊNCIA JURISPRUDENCIAL. ARESTO ORIUNDO DO MESMO TRIBUNAL REGIONAL. LEI N. 9.756/98. INSERVÍVEL AO CONHECIMENTO (nova redação) — DJ 20.04.2005

Não é servível ao conhecimento de recurso de revista aresto oriundo de mesmo Tribunal Regional do Trabalho, salvo se o recurso houver sido interposto anteriormente à vigência da Lei n. 9.756/98.

OJ 115 SDI-1 TST — RECURSO DE REVISTA. NULIDADE POR NEGATIVA DE PRESTAÇÃO JURISDICIONAL (cancelada em decorrência da sua conversão na Súmula n. 459) — Res. 197/2015 — DEJT divulgado em 14, 15 e 18.05.2015

O conhecimento do recurso de revista, quanto à preliminar de nulidade por negativa de prestação jurisdicional, supõe indicação de violação do art. 832 da CLT, do art. 458 do CPC ou do art. 93, IX, da CF/1988.

OJ 147 SDI-1 TST — LEI ESTADUAL, NORMA COLETIVA OU NORMA REGULAMENTAR. CONHECIMENTO INDEVIDO DO RECURSO DE REVISTA POR DIVERGÊNCIA JURISPRUDENCIAL (nova redação em decorrência da incorporação da Orientação Jurisprudencial n. 309 da SBDI-1) — DJ 20.04.2005

I — É inadmissível o recurso de revista fundado tão-somente em divergência jurisprudencial, se a parte não comprovar que a lei estadual, a norma coletiva ou o regulamento da empresa extrapolam o âmbito do TRT prolator da decisão recorrida. *(ex-OJ n. 309 da SDI-1 — inserida em 11.08.03)*

II — É imprescindível a arguição de afronta ao art. 896 da CLT para o conhecimento de embargos interpostos em face de acórdão de Turma que conhece indevidamente de recurso de revista, por divergência jurisprudencial, quanto a tema regulado por lei estadual, norma coletiva ou norma regulamentar de âmbito restrito ao Regional prolator da decisão.

OJ 219 SDI-1 TST — RECURSO DE REVISTA OU DE EMBARGOS FUNDAMENTADO EM ORIENTAÇÃO JURISPRUDENCIAL DO TST (inserida em 02.04.2001)

É válida, para efeito de conhecimento do recurso de revista ou de embargos, a invocação de Orientação Jurisprudencial do Tribunal Superior do Trabalho, desde que, das razões recursais, conste o seu número ou conteúdo.

OJ 260 SDI-1 TST — AGRAVO DE INSTRUMENTO. RECURSO DE REVISTA. PROCEDIMENTO SUMARÍSSIMO. LEI N. 9.957/00. PROCESSOS EM CURSO (inserida em 27.09.2002)

I — É inaplicável o rito sumaríssimo aos processos iniciados antes da vigência da Lei n. 9.957/00.

II — No caso de o despacho denegatório de recurso de revista invocar, em processo iniciado antes da Lei n. 9.957/00, o § 6º do art. 896 da CLT (rito sumaríssimo), como óbice ao trânsito do apelo calcado em divergência jurisprudencial ou violação de dispositivo infraconstitucional,

o Tribunal superará o obstáculo, apreciando o recurso sob esses fundamentos.

OJ 334 SDI-1 TST — REMESSA "EX OFFICIO". RECURSO DE REVISTA. INEXISTÊNCIA DE RECURSO ORDINÁRIO VOLUNTÁRIO DE ENTE PÚBLICO. INCABÍVEL (DJ 09.12.2003)

Incabível recurso de revista de ente público que não interpôs recurso ordinário voluntário da decisão de primeira instância, ressalvada a hipótese de ter sido agravada, na segunda instância, a condenação imposta.

OJ 374 SDI-1 TST — AGRAVO DE INSTRUMENTO. REPRESENTAÇÃO PROCESSUAL. REGULARIDADE. PROCURAÇÃO OU SUBSTABELECIMENTO COM CLÁUSULA LIMITATIVA DE PODERES AO ÂMBITO DO TRIBUNAL REGIONAL DO TRABALHO. (DEJT divulgado em 19, 20 e 22.04.2010)

É regular a representação processual do subscritor do agravo de instrumento ou do recurso de revista que detém mandato com poderes de representação limitados ao âmbito do Tribunal Regional do Trabalho, pois, embora a apreciação desse recurso seja realizada pelo Tribunal Superior do Trabalho, a sua interposição é ato praticado perante o Tribunal Regional do Trabalho, circunstância que legitima a atuação do advogado no feito.

ORIENTAÇÃO JURISPRUDENCIAL TRANSITÓRIA DA SDI-1 DO TST

Vide OJT 78 SDI-1/TST

OJT 78 SDI-1 TST — EMBARGOS À SDI CONTRA DECISÃO EM RECURSO DE REVISTA NÃO CONHECIDO QUANTO AOS PRESSUPOSTOS INTRÍNSECOS. RECURSO INTERPOSTO ANTES DA VIGÊNCIA DA LEI N. 11.496, DE 22.06.2007, QUE CONFERIU NOVA REDAÇÃO AO ART. 894 DA CLT. NECESSÁRIA A INDICAÇÃO EXPRESSA DE OFENSA AO ART. 896 DA CLT. (conversão da Orientação Jurisprudencial n. 294 da SBDI-1 com nova redação) — Res. 194/2014, DEJT divulgado em 21, 22 e 23.05.2014

Para a admissibilidade e conhecimento de embargos, interpostos antes da vigência da Lei n. 11.496/2007, contra decisão mediante a qual não foi conhecido o recurso de revista pela análise dos pressupostos intrínsecos, necessário que a parte embargante aponte expressamente a violação ao art. 896 da CLT.

ORIENTAÇÃO JURISPRUDENCIAL DA SDI-2 DO TST

Vide OJ 152 SDI-2/TST

OJ 152 SDI-2 TST — AÇÃO RESCISÓRIA E MANDADO DE SEGURANÇA. RECURSO DE REVISTA DE ACÓRDÃO REGIONAL QUE JULGA AÇÃO RESCISÓRIA OU MANDADO DE SEGURANÇA. PRINCÍPIO DA FUNGIBILIDADE. INAPLICABILIDADE. ERRO GROSSEIRO NA INTERPOSIÇÃO DO RECURSO. (DEJT divulgado em 03, 04 e 05.12.2008)

A interposição de recurso de revista de decisão definitiva de Tribunal Regional do Trabalho em ação rescisória ou em mandado de segurança, com fundamento em violação legal e divergência jurisprudencial e remissão expressa ao art. 896 da CLT, configura erro grosseiro, insuscetível de autorizar o seu recebimento como recurso ordinário, em face do disposto no art. 895, "b", da CLT.

a) derem ao mesmo dispositivo de lei federal interpretação diversa da que lhe houver dado outro Tribunal Regional do Trabalho, no seu Pleno ou Turma, ou a Seção de Dissídios Individuais do Tribunal Superior do Trabalho, ou contrariarem súmula de jurisprudência uniforme dessa Corte ou súmula vinculante do Supremo Tribunal Federal; *(Redação dada pela Lei n. 13.015, de 2014)*

SÚMULA DO STF

Vide Súmula 401/STF

Súmula 401 STF — Não se conhece do recurso de revista, nem dos embargos de divergência, do processo trabalhista, quando houver jurisprudência firme do Tribunal Superior do Trabalho no mesmo sentido da decisão impugnada, salvo se houver colisão com a jurisprudência do Supremo Tribunal Federal.

SÚMULAS DO TST

Vide Súmulas 296, 337, 387 e 413/TST

Súmula 296 TST — RECURSO. DIVERGÊNCIA JURISPRUDENCIAL. ESPECIFICIDADE (incorporada a Orientação Jurisprudencial n. 37 da SBDI-1) — Res. 129/2005, DJ 20, 22 e 25.04.2005

I — A divergência jurisprudencial ensejadora da admissibilidade, do prosseguimento e do conhecimento do recurso há de ser específica, revelando a existência de teses diversas na interpretação de um mesmo dispositivo legal, embora idênticos os fatos que as ensejaram. *(ex-Súmula n. 296 — Res. 6/1989, DJ 19.04.1989)*

II — Não ofende o art. 896 da CLT decisão de Turma que, examinando premissas concretas de especificidade da divergência colacionada no apelo revisional, conclui pelo conhecimento ou desconhecimento do recurso. *(ex-OJ n. 37 da SBDI-1 — inserida em 01.02.1995)*

Súmula 337 TST — COMPROVAÇÃO DE DIVERGÊNCIA JURISPRUDENCIAL. RECURSOS DE REVISTA E DE EMBARGOS (redação do item IV alterada na sessão do Tribunal Pleno realizada em 14.09.2012) — Res. 185/2012, DEJT divulgado em 25, 26 e 27.09.2012

I — Para comprovação da divergência justificadora do recurso, é necessário que o recorrente:

a) Junte certidão ou cópia autenticada do acórdão paradigma ou cite a fonte oficial ou o repositório autorizado em que foi publicado; e

b) Transcreva, nas razões recursais, as ementas e/ou trechos dos acórdãos trazidos à configuração do dissídio, demonstrando o conflito de teses que justifique o conhecimento do recurso, ainda que os acórdãos já se encontrem nos autos ou venham a ser juntados com o recurso.

TÍTULO X — DO PROCESSO JUDICIÁRIO DO TRABALHO

II — A concessão de registro de publicação como repositório autorizado de jurisprudência do TST torna válidas todas as suas edições anteriores.

III — A mera indicação da data de publicação, em fonte oficial, de aresto paradigma é inválida para comprovação de divergência jurisprudencial, nos termos do item I, "a", desta súmula, quando a parte pretende demonstrar o conflito de teses mediante a transcrição de trechos que integram a fundamentação do acórdão divergente, uma vez que só se publicam o dispositivo e a ementa dos acórdãos;

IV — É válida para a comprovação da divergência jurisprudencial justificadora do recurso a indicação de aresto extraído de repositório oficial na internet, desde que o recorrente:

a) transcreva o trecho divergente;

b) aponte o sítio de onde foi extraído; e

c) decline o número do processo, o órgão prolator do acórdão e a data da respectiva publicação no Diário Eletrônico da Justiça do Trabalho.

Súmula 387 TST — RECURSO. FAC-SÍMILE. LEI N. 9.800/1999 (atualizada em decorrência do CPC de 2015) — Res. 208/2016, DEJT divulgado em 22, 25 e 26.04.2016

I — A Lei n. 9.800, de 26.05.1999, é aplicável somente a recursos interpostos após o início de sua vigência. *(ex-OJ n. 194 da SBDI-1 — inserida em 08.11.2000)*

II — A contagem do quinquídio para apresentação dos originais de recurso interposto por intermédio de fac-símile começa a fluir do dia subsequente ao término do prazo recursal, nos termos do art. 2º da Lei n. 9.800, de 26.05.1999, e não do dia seguinte à interposição do recurso, se esta se deu antes do termo final do prazo. *(ex-OJ n. 337 da SBDI-1 — primeira parte — DJ 04.05.2004)*

III — Não se tratando a juntada dos originais de ato que dependa de notificação, pois a parte, ao interpor o recurso, já tem ciência de seu ônus processual, não se aplica a regra do art. 224 do CPC de 2015 (art. 184 do CPC de 1973) quanto ao "dies a quo", podendo coincidir com sábado, domingo ou feriado. *(ex-OJ n. 337 da SBDI-1 — "in fine" — DJ 04.05.2004)*

IV — A autorização para utilização do fac-símile, constante do art. 1º da Lei n. 9.800, de 26.05.1999, somente alcança as hipóteses em que o documento é dirigido diretamente ao órgão jurisdicional, não se aplicando à transmissão ocorrida entre particulares.

Súmula 413 TST — AÇÃO RESCISÓRIA. SENTENÇA DE MÉRITO. VIOLAÇÃO DO ART. 896, "A", DA CLT (nova redação em decorrência do CPC de 2015) — Res. 209/2016, DEJT divulgado em 01, 02 e 03.06.2016

É incabível ação rescisória, por violação do art. 896, "a", da CLT, contra decisão transitada em julgado sob a égide do CPC de 1973 que não conhece de recurso de revista, com base em divergência jurisprudencial, pois não se cuidava de sentença de mérito (art. 485 do CPC de 1973). *(ex-OJ n. 47 da SBDI-2 — inserida em 20.09.2000)*

ORIENTAÇÕES JURISPRUDENCIAIS DA SDI-1 DO TST

Vide OJs 111, 219, 257, 260, 295 e 334 SDI-1/TST

OJ 111 SDI-1 TST — RECURSO DE REVISTA. DIVERGÊNCIA JURISPRUDENCIAL. ARESTO ORIUNDO DO MESMO TRIBUNAL REGIONAL. LEI N. 9.756/98. INSERVÍVEL AO CONHECIMENTO (nova redação) — DJ 20.04.2005

Não é servível ao conhecimento de recurso de revista aresto oriundo de mesmo Tribunal Regional do Trabalho, salvo se o recurso houver sido interposto anteriormente à vigência da Lei n. 9.756/98.

OJ 219 SDI-1 TST — RECURSO DE REVISTA OU DE EMBARGOS FUNDAMENTADO EM ORIENTAÇÃO JURISPRUDENCIAL DO TST (inserida em 02.04.2001)

É válida, para efeito de conhecimento do recurso de revista ou de embargos, a invocação de Orientação Jurisprudencial do Tribunal Superior do Trabalho, desde que, das razões recursais, conste o seu número ou conteúdo.

OJ 257 SDI-1 TST — RECURSO DE REVISTA. FUNDAMENTAÇÃO. VIOLAÇÃO DE LEI. VOCÁBULO VIOLAÇÃO. DESNECESSIDADE (alterada em decorrência da redação do inciso II do art. 894 da CLT, incluído pela Lei n. 11.496/2007) — Res. 182/2012, DEJT divulgado em 19, 20 e 23.04.2012

A invocação expressa no recurso de revista dos preceitos legais ou constitucionais tidos como violados não significa exigir da parte a utilização das expressões "contrariar", "ferir", "violar", etc.

OJ 260 SDI-1 TST — AGRAVO DE INSTRUMENTO. RECURSO DE REVISTA. PROCEDIMENTO SUMARÍSSIMO. LEI N. 9.957/00. PROCESSOS EM CURSO (inserida em 27.09.2002)

I — É inaplicável o rito sumaríssimo aos processos iniciados antes da vigência da Lei n. 9.957/00.

II — No caso de o despacho denegatório de recurso de revista invocar, em processo iniciado antes da Lei n. 9.957/00, o § 6º do art. 896 da CLT (rito sumaríssimo), como óbice ao trânsito do apelo calcado em divergência jurisprudencial ou violação de dispositivo infraconstitucional, o Tribunal superará o obstáculo, apreciando o recurso sob esses fundamentos.

OJ 295 SDI-1 TST — EMBARGOS. REVISTA NÃO CONHECIDA POR MÁ APLICAÇÃO DE SÚMULA OU DE ORIENTAÇÃO JURISPRUDENCIAL. EXAME DO MÉRITO PELA SDI (cancelada em decorrência da sua conversão na Orientação Jurisprudencial Transitória n. 79 da SBDI-1) — Res. 194/2014, DEJT divulgado em 21, 22 e 23.05.2014

A SDI, ao conhecer dos Embargos por violação do art. 896 — por má aplicação de súmula ou de orientação jurisprudencial pela Turma —, julgará desde logo o mérito, caso conclua que a revista mereça conhecimento e que a matéria de fundo se encontra pacificada neste Tribunal.

OJ 334 SDI-1 TST — REMESSA "EX OFFICIO". RECURSO DE REVISTA. INEXISTÊNCIA DE RECURSO ORDINÁRIO VOLUNTÁRIO DE ENTE PÚBLICO. INCABÍVEL (DJ 09.12.2003)

Incabível recurso de revista de ente público que não interpôs recurso ordinário voluntário da decisão de primeira instância, ressalvada a hipótese de ter sido agravada, na segunda instância, a condenação imposta.

b) proferidas com violação literal de disposição de lei federal ou afronta direta e literal à Constituição Federal. *(Redação dada pela Lei n. 9.756, de 17.12.1998)*

Art. 896

TÍTULO X — DO PROCESSO JUDICIÁRIO DO TRABALHO

SÚMULAS DO TST

Vide Súmulas 312 e 337/TST

Súmula 312 TST — CONSTITUCIONALIDADE. ALÍNEA "B" DO ART. 896 DA CLT (mantida) — Res. 121/2003, DJ 19, 20 e 21.11.2003

É constitucional a alínea "b" do art. 896 da CLT, com a redação dada pela Lei n. 7.701, de 21.12.1988.

Súmula 337 TST — COMPROVAÇÃO DE DIVERGÊNCIA JURISPRUDENCIAL. RECURSOS DE REVISTA E DE EMBARGOS (redação do item IV alterada na sessão do Tribunal Pleno realizada em 14.09.2012) — Res. 185/2012, DEJT divulgado em 25, 26 e 27.09.2012

I — Para comprovação da divergência justificadora do recurso, é necessário que o recorrente:

a) Junte certidão ou cópia autenticada do acórdão paradigma ou cite a fonte oficial ou o repositório autorizado em que foi publicado; e

b) Transcreva, nas razões recursais, as ementas e/ou trechos dos acórdãos trazidos à configuração do dissídio, demonstrando o conflito de teses que justifique o conhecimento do recurso, ainda que os acórdãos já se encontrem nos autos ou venham a ser juntados com o recurso.

II — A concessão de registro de publicação como repositório autorizado de jurisprudência do TST torna válidas todas as suas edições anteriores.

III — A mera indicação da data de publicação, em fonte oficial, de aresto paradigma é inválida para comprovação de divergência jurisprudencial, nos termos do item I, "a", desta súmula, quando a parte pretende demonstrar o conflito de teses mediante a transcrição de trechos que integram a fundamentação do acórdão divergente, uma vez que só se publicam o dispositivo e a ementa dos acórdãos;

IV — É válida para a comprovação da divergência jurisprudencial justificadora do recurso a indicação de aresto extraído de repositório oficial na internet, desde que o recorrente:

a) transcreva o trecho divergente;

b) aponte o sítio de onde foi extraído; e

c) decline o número do processo, o órgão prolator do acórdão e a data da respectiva publicação no Diário Eletrônico da Justiça do Trabalho.

ORIENTAÇÕES JURISPRUDENCIAIS DA SDI-1 DO TST

Vide OJs 147 e 219 SDI-1/TST

OJ 147 SDI-1 TST — LEI ESTADUAL, NORMA COLETIVA OU NORMA REGULAMENTAR. CONHECIMENTO INDEVIDO DO RECURSO DE REVISTA POR DIVERGÊNCIA JURISPRUDENCIAL (nova redação em decorrência da incorporação da Orientação Jurisprudencial n. 309 da SBDI-1) — DJ 20.04.2005

I — É inadmissível o recurso de revista fundado tão somente em divergência jurisprudencial, se a parte não comprovar que a lei estadual, a norma coletiva ou o regulamento da empresa extrapolam o âmbito do TRT prolator da decisão recorrida. *(ex-OJ n. 309 da SDI-1 — inserida em 11.08.03)*

II — É imprescindível a arguição de afronta ao art. 896 da CLT para o conhecimento de embargos interpostos em face de acórdão de Turma que conhece indevidamente de recurso de revista, por divergência jurisprudencial, quanto a tema regulado por lei estadual, norma coletiva ou norma regulamentar de âmbito restrito ao Regional prolator da decisão.

OJ 219 SDI-1 TST — RECURSO DE REVISTA OU DE EMBARGOS FUNDAMENTADO EM ORIENTAÇÃO JURISPRUDENCIAL DO TST (inserida em 02.04.2001)

É válida, para efeito de conhecimento do recurso de revista ou de embargos, a invocação de Orientação Jurisprudencial do Tribunal Superior do Trabalho, desde que, das razões recursais, conste o seu número ou conteúdo.

ORIENTAÇÃO JURISPRUDENCIAL DA SDI-2 DO TST

Vide OJ 152 SDI-2/TST

OJ 152 SDI-2 TST — REVELIA. PESSOA JURÍDICA DE DIREITO PÚBLICO. APLICÁVEL. (ART. 844 DA CLT) (inserido dispositivo) — DJ 20.04.2005

Pessoa jurídica de direito público sujeita-se à revelia prevista no art. 844 da CLT.

c) proferidas com violação literal de disposição de lei federal ou afronta direta e literal à Constituição Federal. *(Redação dada pela Lei n. 9.756, de 17.12.1998)*

SÚMULAS DO TST

Vide Súmulas 23, 218, 221, 266, 297 e 459/TST

Súmula 23 TST — RECURSO (mantida) — Res. 121/2003, DJ 19, 20 e 21.11.2003

Não se conhece de recurso de revista ou de embargos, se a decisão recorrida resolver determinado item do pedido por diversos fundamentos e a jurisprudência transcrita não abranger a todos.

Súmula 218 TST — RECURSO DE REVISTA. ACÓRDÃO PROFERIDO EM AGRAVO DE INSTRUMENTO (mantida) — Res. 121/2003, DJ 19, 20 e 21.11.2003

É incabível recurso de revista interposto de acórdão regional prolatado em agravo de instrumento.

Súmula 221 TST — RECURSO DE REVISTA. VIOLAÇÃO DE LEI. INDICAÇÃO DE PRECEITO. (cancelado o item II e conferida nova redação na sessão do Tribunal Pleno realizada em 14.09.2012) — Res. 185/2012, DEJT divulgado em 25, 26 e 27.09.2012

A admissibilidade do recurso de revista por violação tem como pressuposto a indicação expressa do dispositivo de lei ou da Constituição tido como violado.

Súmula 266 TST — RECURSO DE REVISTA. ADMISSIBILIDADE. EXECUÇÃO DE SENTENÇA (mantida) — Res. 121/2003, DJ 19, 20 e 21.11.2003

A admissibilidade do recurso de revista interposto de acórdão proferido em agravo de petição, na liquidação de sentença ou em processo incidente na execução, inclusive os embargos de terceiro, depende de demonstração inequívoca de violência direta à Constituição Federal.

Súmula 297 TST — PREQUESTIONAMENTO. OPORTUNIDADE. CONFIGURAÇÃO (nova redação) — Res. 121/2003, DJ 19, 20 e 21.11.2003

TÍTULO X — DO PROCESSO JUDICIÁRIO DO TRABALHO

Art. 896

I — Diz-se prequestionada a matéria ou questão quando na decisão impugnada haja sido adotada, explicitamente, tese a respeito.

II — Incumbe à parte interessada, desde que a matéria haja sido invocada no recurso principal, opor embargos declaratórios objetivando o pronunciamento sobre o tema, sob pena de preclusão.

III — Considera-se prequestionada a questão jurídica invocada no recurso principal sobre a qual se omite o Tribunal de pronunciar tese, não obstante opostos embargos de declaração.

Súmula 459 TST — RECURSO DE REVISTA. NULIDADE POR NEGATIVA DE PRESTAÇÃO JURISDICIONAL (conversão da Orientação Jurisprudencial n. 115 da SBDI-1) — Res. 197/2015, DEJT divulgado em 14, 15 e 18.05.2015

O conhecimento do recurso de revista, quanto à preliminar de nulidade por negativa de prestação jurisdicional, supõe indicação de violação do art. 832 da CLT, do art. 458 do CPC ou do art. 93, IX, da CF/1988.

ORIENTAÇÕES JURISPRUDENCIAIS DA SDI-1 DO TST

Vide OJs 257 e 336 SDI-1/TST

OJ 257 SDI-1 TST — RECURSO DE REVISTA. FUNDAMENTAÇÃO. VIOLAÇÃO DE LEI. VOCÁBULO VIOLAÇÃO. DESNECESSIDADE (alterada em decorrência da redação do inciso II do art. 894 da CLT, incluído pela Lei n. 11.496/2007) — Res. 182/2012, DEJT divulgado em 19, 20 e 23.04.2012

A invocação expressa no recurso de revista dos preceitos legais ou constitucionais tidos como violados não significa exigir da parte a utilização das expressões "contrariar", "ferir", "violar", etc.

OJ 336 SDI-1 TST — EMBARGOS INTERPOSTOS ANTERIORMENTE À VIGÊNCIA DA LEI N. 11.496/2007. RECURSO NÃO CONHECIDO COM BASE EM ORIENTAÇÃO JURISPRUDENCIAL. DESNECESSÁRIO O EXAME DAS VIOLAÇÕES DE LEI E DA CONSTITUIÇÃO ALEGADAS NA REVISTA. (redação alterada pelo Tribunal Pleno na sessão realizada em 6.2.2012) — Res. 178/2012, DEJT divulgado em 13, 14 e 15.02.2012

Estando a decisão recorrida em conformidade com orientação jurisprudencial, desnecessário o exame das divergências e das violações de lei e da Constituição alegadas em embargos interpostos antes da vigência da Lei n. 11.496/2007, salvo nas hipóteses em que a orientação jurisprudencial não fizer qualquer citação do dispositivo constitucional.

§ 1º	O recurso de revista, dotado de efeito apenas devolutivo, será interposto perante o Presidente do Tribunal Regional do Trabalho, que, por decisão fundamentada, poderá recebê-lo ou denegá-lo. *(Redação dada pela Lei n. 13.015, de 2014)*

CONSOLIDAÇÃO DAS LEIS DO TRABALHO
Decreto-Lei n. 5.452, de 1º de maio de 1943
DOU 9.8.1943

Vide art. 899, caput

Art. 899. Os recursos serão interpostos por simples petição e terão efeito meramente devolutivo, salvo as exceções previstas neste Título, permitida a execução provisória até a penhora. *(Redação dada pela Lei n. 5.442, de 24.5.1968)*

§ 1º-A	Sob pena de não conhecimento, é ônus da parte: *(Incluído pela Lei n. 13.015, de 2014)*
I -	indicar o trecho da decisão recorrida que consubstancia o prequestionamento da controvérsia objeto do recurso de revista; *(Incluído pela Lei n. 13.015, de 2014)*
II -	indicar, de forma explícita e fundamentada, contrariedade a dispositivo de lei, súmula ou orientação jurisprudencial do Tribunal Superior do Trabalho que conflite com a decisão regional; *(Incluído pela Lei n. 13.015, de 2014)*
III -	expor as razões do pedido de reforma, impugnando todos os fundamentos jurídicos da decisão recorrida, inclusive mediante demonstração analítica de cada dispositivo de lei, da Constituição Federal, de súmula ou orientação jurisprudencial cuja contrariedade aponte. *(Incluído pela Lei n. 13.015, de 2014)*

SÚMULAS DO TST

Vide Súmulas 23, 192, 266, 297, 422 e 459/TST

Súmula 23 TST — RECURSO (mantida) — Res. 121/2003, DJ 19, 20 e 21.11.2003

Não se conhece de recurso de revista ou de embargos, se a decisão recorrida resolver determinado item do pedido por diversos fundamentos e a jurisprudência transcrita não abranger a todos.

Súmula 192 TST — AÇÃO RESCISÓRIA. COMPETÊNCIA E POSSIBILIDADE JURÍDICA DO PEDIDO (inciso III alterado) — Res. 153/2008, DEJT divulgado em 20, 21 e 24.11.2008

I — Se não houver o conhecimento de recurso de revista ou de embargos, a competência para julgar ação que vise a rescindir a decisão de mérito é do Tribunal Regional do Trabalho, ressalvado o disposto no item II. *(ex-Súmula n. 192 — alterada pela Res. 121/2003, DJ 21.11.2003)*

Art. 896

II — Acórdão rescindendo do Tribunal Superior do Trabalho que não conhece de recurso de embargos ou de revista, analisando arguição de violação de dispositivo de lei material ou decidindo em consonância com súmula de direito material ou com iterativa, notória e atual jurisprudência de direito material da Seção de Dissídios Individuais (Súmula n. 333), examina o mérito da causa, cabendo ação rescisória da competência do Tribunal Superior do Trabalho. *(ex-Súmula n. 192 — alterada pela Res. 121/2003, DJ 21.11.2003)*

III — Em face do disposto no art. 512 do CPC, é juridicamente impossível o pedido explícito de desconstituição de sentença quando substituída por acórdão do Tribunal Regional ou superveniente sentença homologatória de acordo que puser fim ao litígio.

IV — É manifesta a impossibilidade jurídica do pedido de rescisão de julgado proferido em agravo de instrumento que, limitando-se a aferir o eventual desacerto do juízo negativo de admissibilidade do recurso de revista, não substitui o acórdão regional, na forma do art. 512 do CPC. *(ex-OJ n. 105 da SBDI-2 — DJ 29.04.2003)*

V — A decisão proferida pela SBDI, em sede de agravo regimental, calcada na Súmula n. 333, substitui acórdão de Turma do TST, porque emite juízo de mérito, comportando, em tese, o corte rescisório. *(ex-OJ n. 133 da SBDI-2 — DJ 04.05.2004)*

Súmula 266 TST — RECURSO DE REVISTA. ADMISSIBILIDADE. EXECUÇÃO DE SENTENÇA (mantida) — Res. 121/2003, DJ 19, 20 e 21.11.2003

A admissibilidade do recurso de revista interposto de acórdão proferido em agravo de petição, na liquidação de sentença ou em processo incidente na execução, inclusive os embargos de terceiro, depende de demonstração inequívoca de violência direta à Constituição Federal.

Súmula 297 TST — PREQUESTIONAMENTO. OPORTUNIDADE. CONFIGURAÇÃO (nova redação) — Res. 121/2003, DJ 19, 20 e 21.11.2003

I — Diz-se prequestionada a matéria ou questão quando na decisão impugnada haja sido adotada, explicitamente, tese a respeito.

II — Incumbe à parte interessada, desde que a matéria haja sido invocada no recurso principal, opor embargos declaratórios objetivando o pronunciamento sobre o tema, sob pena de preclusão.

III — Considera-se prequestionada a questão jurídica invocada no recurso principal sobre a qual se omite o Tribunal de pronunciar tese, não obstante opostos embargos de declaração.

Súmula 422 TST — RECURSO. FUNDAMENTO AUSENTE OU DEFICIENTE. NÃO CONHECIMENTO (redação alterada, com inserção dos itens I, II e III) — Res. 199/2015, DEJT divulgado em 24, 25 e 26.06.2015. Com errata publicado no DEJT divulgado em 1º.07.2015

I — Não se conhece de recurso para o Tribunal Superior do Trabalho se as razões do recorrente não impugnam os fundamentos da decisão recorrida, nos termos em que proferida.

II — O entendimento referido no item anterior não se aplica em relação à motivação secundária e impertinente, consubstanciada em despacho de admissibilidade de recurso ou em decisão monocrática.

III — Inaplicável a exigência do item I relativamente ao recurso ordinário da competência de Tribunal Regional do Trabalho, exceto em caso de recurso cuja motivação é inteiramente dissociada dos fundamentos da sentença.

Súmula 459 TST — RECURSO DE REVISTA. NULIDADE POR NEGATIVA DE PRESTAÇÃO JURISDICIONAL (conversão da Orientação Jurisprudencial n. 115 da SBDI-1) — Res. 197/2015, DEJT divulgado em 14, 15 e 18.05.2015

O conhecimento do recurso de revista, quanto à preliminar de nulidade por negativa de prestação jurisdicional, supõe indicação de violação do art. 832 da CLT, do art. 458 do CPC ou do art. 93, IX, da CF/1988.

§ 2º

Das decisões proferidas pelos Tribunais Regionais do Trabalho ou por suas Turmas, em execução de sentença, inclusive em processo incidente de embargos de terceiro, não caberá Recurso de Revista, salvo na hipótese de ofensa direta e literal de norma da Constituição Federal. *(Redação dada pela Lei n. 9.756, de 17.12.1998)*

SÚMULAS DO TST

Vide Súmulas 266 e 433/TST

Súmula 266 TST — RECURSO DE REVISTA. ADMISSIBILIDADE. EXECUÇÃO DE SENTENÇA (mantida) — Res. 121/2003, DJ 19, 20 e 21.11.2003

A admissibilidade do recurso de revista interposto de acórdão proferido em agravo de petição, na liquidação de sentença ou em processo incidente na execução, inclusive os embargos de terceiro, depende de demonstração inequívoca de violência direta à Constituição Federal.

Súmula 433 TST — EMBARGOS. ADMISSIBILIDADE. PROCESSO EM FASE DE EXECUÇÃO. ACÓRDÃO DE TURMA PUBLICADO NA VIGÊNCIA DA LEI N. 11.496, DE 26.06.2007. DIVERGÊNCIA DE INTERPRETAÇÃO DE DISPOSITIVO CONSTITUCIONAL. — Res. 177/2012, DEJT divulgado em 13, 14 e 15.02.2012

A admissibilidade do recurso de embargos contra acórdão de Turma em Recurso de Revista em fase de execução, publicado na vigência da Lei n. 11.496, de 26.06.2007, condiciona-se à demonstração de divergência jurisprudencial entre Turmas ou destas e a Seção Especializada em Dissídios Individuais do Tribunal Superior do Trabalho em relação à interpretação de dispositivo constitucional.

TÍTULO X — DO PROCESSO JUDICIÁRIO DO TRABALHO

Art. 896

§ 3º Os Tribunais Regionais do Trabalho procederão, obrigatoriamente, à uniformização de sua jurisprudência e aplicarão, nas causas da competência da Justiça do Trabalho, no que couber, o incidente de uniformização de jurisprudência previsto nos termos do Capítulo I do Título IX do Livro I da Lei n. 5.869, de 11 de janeiro de 1973 (Código de Processo Civil). *(Redação dada pela Lei n. 13.015, de 2014)*

§ 4º Ao constatar, de ofício ou mediante provocação de qualquer das partes ou do Ministério Público do Trabalho, a existência de decisões atuais e conflitantes no âmbito do mesmo Tribunal Regional do Trabalho sobre o tema objeto de recurso de revista, o Tribunal Superior do Trabalho determinará o retorno dos autos à Corte de origem, a fim de que proceda à uniformização da jurisprudência. *(Redação dada pela Lei n. 13.015, de 2014)*

§ 5º A providência a que se refere o § 4º deverá ser determinada pelo Presidente do Tribunal Regional do Trabalho, ao emitir juízo de admissibilidade sobre o recurso de revista, ou pelo Ministro Relator, mediante decisões irrecorríveis. *(Redação dada pela Lei n. 13.015, de 2014)*

§ 6º Após o julgamento do incidente a que se refere o § 3º, unicamente a súmula regional ou a tese jurídica prevalecente no Tribunal Regional do Trabalho e não conflitante com súmula ou orientação jurisprudencial do Tribunal Superior do Trabalho servirá como paradigma para viabilizar o conhecimento do recurso de revista, por divergência. *(Redação dada pela Lei n. 13.015, de 2014)*

TRIBUNAL SUPERIOR DO TRABALHO — INSTRUÇÃO NORMATIVA N. 37/2015
Regulamenta os procedimentos em caso de Incidente de Uniformização de Jurisprudência no âmbito dos TRTs, suscitado na forma do art. 896, § 4º, da CLT
DEJT 4.3.2015

§ 7º A divergência apta a ensejar o recurso de revista deve ser atual, não se considerando como tal a ultrapassada por súmula do Tribunal Superior do Trabalho ou do Supremo Tribunal Federal, ou superada por iterativa e notória jurisprudência do Tribunal Superior do Trabalho. *(Incluído pela Lei n. 13.015, de 2014)*

SÚMULA DO TST

Vide Súmula 333/TST

Súmula 333 TST — RECURSOS DE REVISTA. CONHECIMENTO (alterada) — Res. 155/2009, DEJT 26 e 27.02.2009 e 02.03.2009

Não ensejam recurso de revista decisões superadas por iterativa, notória e atual jurisprudência do Tribunal Superior do Trabalho.

§ 8º Quando o recurso fundar-se em dissenso de julgados, incumbe ao recorrente o ônus de produzir prova da divergência jurisprudencial, mediante certidão, cópia ou citação do repositório de jurisprudência, oficial ou credenciado, inclusive em mídia eletrônica, em que houver sido publicada a decisão divergente, ou ainda pela reprodução de julgado disponível na internet, com indicação da respectiva fonte, mencionando, em qualquer caso, as circunstâncias que identifiquem ou assemelhem os casos confrontados. *(Incluído pela Lei n. 13.015, de 2014)*

Art. 896

SÚMULA DO TST

Vide Súmula 337/TST

Súmula 337 TST — COMPROVAÇÃO DE DIVERGÊNCIA JURISPRUDENCIAL. RECURSOS DE REVISTA E DE EMBARGOS (redação do item IV alterada na sessão do Tribunal Pleno realizada em 14.09.2012) — Res. 185/2012, DEJT divulgado em 25, 26 e 27.09.2012

I — Para comprovação da divergência justificadora do recurso, é necessário que o recorrente:

a) Junte certidão ou cópia autenticada do acórdão paradigma ou cite a fonte oficial ou o repositório autorizado em que foi publicado; e

b) Transcreva, nas razões recursais, as ementas e/ou trechos dos acórdãos trazidos à configuração do dissídio, demonstrando o conflito de teses que justifique o conhecimento do recurso, ainda que os acórdãos já se encontrem nos autos ou venham a ser juntados com o recurso.

II — A concessão de registro de publicação como repositório autorizado de jurisprudência do TST torna válidas todas as suas edições anteriores.

III — A mera indicação da data de publicação, em fonte oficial, de aresto paradigma é inválida para comprovação de divergência jurisprudencial, nos termos do item I, "a", desta súmula, quando a parte pretende demonstrar o conflito de teses mediante a transcrição de trechos que integram a fundamentação do acórdão divergente, uma vez que só se publicam o dispositivo e a ementa dos acórdãos;

IV — É válida para a comprovação da divergência jurisprudencial justificadora do recurso a indicação de aresto extraído de repositório oficial na internet, desde que o recorrente:

a) transcreva o trecho divergente;

b) aponte o sítio de onde foi extraído; e

c) decline o número do processo, o órgão prolator do acórdão e a data da respectiva publicação no Diário Eletrônico da Justiça do Trabalho.

§ 9º Nas causas sujeitas ao procedimento sumaríssimo, somente será admitido recurso de revista por contrariedade a súmula de jurisprudência uniforme do Tribunal Superior do Trabalho ou a súmula vinculante do Supremo Tribunal Federal e por violação direta da Constituição Federal. *(Incluído pela Lei n. 13.015, de 2014)*

SÚMULA DO TST

Vide Súmula 442/TST

Súmula 442 TST — PROCEDIMENTO SUMARÍSSIMO. RECURSO DE REVISTA FUNDAMENTADO EM CONTRARIEDADE A ORIENTAÇÃO JURISPRUDENCIAL. INADMISSIBILIDADE. ART. 896, § 6º, DA CLT, ACRESCENTADO PELA LEI N. 9.957, DE 12.01.2000 (conversão da Orientação Jurisprudencial n. 352 da SBDI-1) — Res. 185/2012, DEJT divulgado em 25, 26 e 27.09.2012

Nas causas sujeitas ao procedimento sumaríssimo, a admissibilidade de recurso de revista está limitada à demonstração de violação direta a dispositivo da Constituição Federal ou contrariedade a Súmula do Tribunal Superior do Trabalho, não se admitindo o recurso por contrariedade a Orientação Jurisprudencial deste Tribunal (Livro II, Título II, Capítulo III, do RITST), ante a ausência de previsão no art. 896, § 6º, da CLT.

§ 10 Cabe recurso de revista por violação a lei federal, por divergência jurisprudencial e por ofensa à Constituição Federal nas execuções fiscais e nas controvérsias da fase de execução que envolvam a Certidão Negativa de Débitos Trabalhistas (CNDT), criada pela Lei n. 12.440, de 7 de julho de 2011. *(Incluído pela Lei n. 13.015, de 2014)*

§ 11 Quando o recurso tempestivo contiver defeito formal que não se repute grave, o Tribunal Superior do Trabalho poderá desconsiderar o vício ou mandar saná-lo, julgando o mérito.

SÚMULA DO TST

Vide Súmula 383/TST

Súmula 383 TST — RECURSO. MANDATO. IRREGULARIDADE DE REPRESENTAÇÃO. CPC DE 2015, ARTS. 104 E 76, § 2º (nova redação em decorrência do CPC de 2015) — Res. 210/2016, DEJT divulgado em 30.06.2016 e 01 e 04.07.2016

I — É inadmissível recurso firmado por advogado sem procuração juntada aos autos até o momento da sua interposição, salvo mandato tácito. Em caráter excepcional (art. 104 do CPC de 2015), admite-se que o advogado, independentemente de intimação, exiba a procuração no prazo de 5 (cinco) dias após a interposição do recurso, prorrogável por igual período mediante despacho do juiz. Caso não a exiba, considera-se ineficaz o ato praticado e não se conhece do recurso.

II — Verificada a irregularidade de representação da parte em fase recursal, em procuração ou substabelecimento já constante dos autos, o relator ou o órgão competente para julgamento do recurso designará prazo de 5 (cinco) dias para que seja sanado o vício. Descumprida a determinação, o relator não conhecerá do recurso, se a providência couber ao recorrente, ou determinará o desentranhamento das contrarrazões, se a providência couber ao recorrido (art. 76, § 2º, do CPC de 2015).

TÍTULO X — DO PROCESSO JUDICIÁRIO DO TRABALHO

§ 12	Da decisão denegatória caberá agravo, no prazo de 8 (oito) dias. *(Incluído pela Lei n. 13.015, de 2014)*
§ 13	Dada a relevância da matéria, por iniciativa de um dos membros da Seção Especializada em Dissídios Individuais do Tribunal Superior do Trabalho, aprovada pela maioria dos integrantes da Seção, o julgamento a que se refere o § 3º poderá ser afeto ao Tribunal Pleno. *(Incluído pela Lei n. 13.015, de 2014)*
Art. 896-A	O Tribunal Superior do Trabalho, no recurso de revista, examinará previamente se a causa oferece transcendência com relação aos reflexos gerais de natureza econômica, política, social ou jurídica. *(Incluído pela Medida Provisória n. 2.226, de 4.9.2001)*
Art. 896-B	Aplicam-se ao recurso de revista, no que couber, as normas da Lei n. 5.869, de 11 de janeiro de 1973 (Código de Processo Civil), relativas ao julgamento dos recursos extraordinário e especial repetitivos. *(Incluído pela Lei n. 13.015, de 2014)*

CÓDIGO DE PROCESSO CIVIL DE 1973
Lei n. 5.869, de 11 de janeiro de 1973
DOU 17.1.1973 e republicado em 27.7.2006

Vide art. 543-B, *caput* e § 1º a 5º; e art. 543-C, *caput* e § 1º a 9º

Art. 543-B. Quando houver multiplicidade de recursos com fundamento em idêntica controvérsia, a análise da repercussão geral será processada nos termos do Regimento Interno do Supremo Tribunal Federal, observado o disposto neste artigo.

§ 1º Caberá ao Tribunal de origem selecionar um ou mais recursos representativos da controvérsia e encaminhá-los ao Supremo Tribunal Federal, sobrestando os demais até o pronunciamento definitivo da Corte.

§ 2º Negada a existência de repercussão geral, os recursos sobrestados considerar-se-ão automaticamente não admitidos.

§ 3º Julgado o mérito do recurso extraordinário, os recursos sobrestados serão apreciados pelos Tribunais, Turmas de Uniformização ou Turmas Recursais, que poderão declará-los prejudicados ou retratar-se.

§ 4º Mantida a decisão e admitido o recurso, poderá o Supremo Tribunal Federal, nos termos do Regimento Interno, cassar ou reformar, liminarmente, o acórdão contrário à orientação firmada.

§ 5º O Regimento Interno do Supremo Tribunal Federal disporá sobre as atribuições dos Ministros, das Turmas e de outros órgãos, na análise da repercussão geral.

Art. 543-C. Quando houver multiplicidade de recursos com fundamento em idêntica questão de direito, o recurso especial será processado nos termos deste artigo.

§ 1º Caberá ao presidente do tribunal de origem admitir um ou mais recursos representativos da controvérsia, os quais serão encaminhados ao Superior Tribunal de Justiça, ficando suspensos os demais recursos especiais até o pronunciamento definitivo do Superior Tribunal de Justiça.

§ 2º Não adotada a providência descrita no § 1º deste artigo, o relator no Superior Tribunal de Justiça, ao identificar que sobre a controvérsia já existe jurisprudência dominante ou que a matéria já está afeta ao colegiado, poderá determinar a suspensão, nos tribunais de segunda instância, dos recursos nos quais a controvérsia esteja estabelecida.

§ 3º O relator poderá solicitar informações, a serem prestadas no prazo de quinze dias, aos tribunais federais ou estaduais a respeito da controvérsia.

§ 4º O relator, conforme dispuser o regimento interno do Superior Tribunal de Justiça e considerando a relevância da matéria, poderá admitir manifestação de pessoas, órgãos ou entidades com interesse na controvérsia.

§ 5º Recebidas as informações e, se for o caso, após cumprido o disposto no § 4º deste artigo, terá vista o Ministério Público pelo prazo de quinze dias.

§ 6º Transcorrido o prazo para o Ministério Público e remetida cópia do relatório aos demais Ministros, o processo será incluído em pauta na seção ou na Corte Especial, devendo ser julgado com preferência sobre os demais feitos, ressalvados os que envolvam réu preso o os pedidos de *habeas corpus*.

§ 7º Publicado o acórdão do Superior Tribunal de Justiça, os recursos especiais sobrestados na origem:

I — terão seguimento denegado na hipótese de o acórdão recorrido coincidir com a orientação do Superior Tribunal de Justiça; ou

II — serão novamente examinados pelo tribunal de origem na hipótese de o acórdão recorrido divergir da orientação do Superior Tribunal de Justiça.

§ 8º Na hipótese prevista no inciso II do § 7º deste artigo, mantida a decisão divergente pelo tribunal de origem, far-se-á o exame de admissibilidade do recurso especial.

§ 9º O Superior Tribunal de Justiça e os tribunais de segunda instância regulamentarão, no âmbito de suas competências, os procedimentos relativos ao processamento e julgamento do recurso especial nos casos previstos neste artigo.

CÓDIGO DE PROCESSO CIVIL DE 2015
Lei n. 13.105, de 16 de março de 2015
DOU 17.3.2015

Vide art. 1036, *caput* e § 1º a 6º; art. 1038, *caput*, incisos I a III e § 1º a 3º; art. 1039, *caput* e parágrafo único; art. 1040, *caput*, incisos I a III e § 1º a 3º; art. 1041, *caput* e § 1º e 2º;e art. 1042, §§ 1º a 8º

Art. 1.036. Sempre que houver multiplicidade de recursos extraordinários ou especiais com fundamento em idêntica

questão de direito, haverá afetação para julgamento de acordo com as disposições desta Subseção, observado o disposto no Regimento Interno do Supremo Tribunal Federal e no do Superior Tribunal de Justiça.

§ 1º O presidente ou o vice-presidente de tribunal de justiça ou de tribunal regional federal selecionará 2 (dois) ou mais recursos representativos da controvérsia, que serão encaminhados ao Supremo Tribunal Federal ou ao Superior Tribunal de Justiça para fins de afetação, determinando a suspensão do trâmite de todos os processos pendentes, individuais ou coletivos, que tramitem no Estado ou na região, conforme o caso.

§ 2º O interessado pode requerer, ao presidente ou ao vice-presidente, que exclua da decisão de sobrestamento e inadmita o recurso especial ou o recurso extraordinário que tenha sido interposto intempestivamente, tendo o recorrente o prazo de 5 (cinco) dias para manifestar-se sobre esse requerimento.

§ 3º Da decisão que indeferir este requerimento caberá agravo, nos termos do art. 1.042.

§ 4º A escolha feita pelo presidente ou vice-presidente do tribunal de justiça ou do tribunal regional federal não vinculará o relator no tribunal superior, que poderá selecionar outros recursos representativos da controvérsia.

§ 5º O relator em tribunal superior também poderá selecionar 2 (dois) ou mais recursos representativos da controvérsia para julgamento da questão de direito independentemente da iniciativa do presidente ou do vice-presidente do tribunal de origem.

§ 6º Somente podem ser selecionados recursos admissíveis que contenham abrangente argumentação e discussão a respeito da questão a ser decidida.

Art. 1.038. O relator poderá:

I — solicitar ou admitir manifestação de pessoas, órgãos ou entidades com interesse na controvérsia, considerando a relevância da matéria e consoante dispuser o regimento interno;

II — fixar data para, em audiência pública, ouvir depoimentos de pessoas com experiência e conhecimento na matéria, com a finalidade de instruir o procedimento;

III — requisitar informações aos tribunais inferiores a respeito da controvérsia e, cumprida a diligência, intimará o Ministério Público para manifestar-se.

§ 1º No caso do inciso III, os prazos respectivos são de 15 (quinze) dias, e os atos serão praticados, sempre que possível, por meio eletrônico.

§ 2º Transcorrido o prazo para o Ministério Público e remetida cópia do relatório aos demais ministros, haverá inclusão em pauta, devendo ocorrer o julgamento com preferência sobre os demais feitos, ressalvados os que envolvam réu preso e os pedidos de habeas corpus.

§ 3º O conteúdo do acórdão abrangerá a análise de todos os fundamentos da tese jurídica discutida, favoráveis ou contrários.

Art. 1.039. Decididos os recursos afetados, os órgãos colegiados declararão prejudicados os demais recursos versando sobre idêntica controvérsia ou os decidirão aplicando a tese firmada.

Parágrafo único. Negada a existência de repercussão geral no recurso extraordinário afetado, serão considerados automaticamente inadmitidos os recursos extraordinários cujo processamento tenha sido sobrestado.

Art. 1.040. Publicado o acórdão paradigma:

I — o presidente ou o vice-presidente do tribunal de origem negará seguimento aos recursos especiais ou extraordinários sobrestados na origem, se o acórdão recorrido coincidir com a orientação do tribunal superior;

II — o órgão que proferiu o acórdão recorrido, na origem, reexaminará o processo de competência originária, a remessa necessária ou o recurso anteriormente julgado, se o acórdão recorrido contrariar a orientação do tribunal superior;

III — os processos suspensos em primeiro e segundo graus de jurisdição retomarão o curso para julgamento e aplicação da tese firmada pelo tribunal superior;

IV — se os recursos versarem sobre questão relativa a prestação de serviço público objeto de concessão, permissão ou autorização, o resultado do julgamento será comunicado ao órgão, ao ente ou à agência reguladora competente para fiscalização da efetiva aplicação, por parte dos entes sujeitos a regulação, da tese adotada.

§ 1º A parte poderá desistir da ação em curso no primeiro grau de jurisdição, antes de proferida a sentença, se a questão nela discutida for idêntica à resolvida pelo recurso representativo da controvérsia.

§ 2º Se a desistência ocorrer antes de oferecida contestação, a parte ficará isenta do pagamento de custas e de honorários de sucumbência.

§ 3º A desistência apresentada nos termos do § 1º independe de consentimento do réu, ainda que apresentada contestação.

Art. 1.041. Mantido o acórdão divergente pelo tribunal de origem, o recurso especial ou extraordinário será remetido ao respectivo tribunal superior, na forma do art. 1.036, § 1º.

§ 1º Realizado o juízo de retratação, com alteração do acórdão divergente, o tribunal de origem, se for o caso, decidirá as demais questões ainda não decididas cujo enfrentamento se tornou necessário em decorrência da alteração.

§ 2º Quando ocorrer a hipótese do inciso II do caput do art. 1.040 e o recurso versar sobre outras questões, caberá ao presidente do tribunal, depois do reexame pelo órgão de origem e independentemente de ratificação do recurso ou de juízo de admissibilidade, determinar a remessa do recurso ao tribunal superior para julgamento das demais questões.

Art. 1.042. (...)

§ 1º Sob pena de não conhecimento do agravo, incumbirá ao agravante demonstrar, de forma expressa:

I — a intempestividade do recurso especial ou extraordinário sobrestado, quando o recurso fundar-se na hipótese do inciso I do *caput* deste artigo; II — a existência de distinção entre o caso em análise e o precedente invocado, quando a inadmissão do recurso:

a) especial ou extraordinário fundar-se em entendimento firmado em julgamento de recurso repetitivo por tribunal superior;

b) extraordinário fundar-se em decisão anterior do Supremo Tribunal Federal de inexistência de repercussão geral da questão constitucional discutida.

§ 2º A petição de agravo será dirigida ao presidente ou vice-presidente do tribunal de origem e independe do pagamento de custas e despesas postais.

§ 3º O agravado será intimado, de imediato, para oferecer resposta no prazo de 15 (quinze) dias.

§ 4º Após o prazo de resposta, não havendo retratação, o agravo será remetido ao tribunal superior competente.

§ 5º O agravo poderá ser julgado, conforme o caso, conjuntamente com o recurso especial ou extraordinário, assegurada, neste caso, sustentação oral, observando-se, ainda, o disposto no regimento interno do tribunal respectivo.

TÍTULO X — DO PROCESSO JUDICIÁRIO DO TRABALHO

Art. 896-C

§ 6º Na hipótese de interposição conjunta de recursos extraordinário e especial, o agravante deverá interpor um agravo para cada recurso não admitido.

§ 7º Havendo apenas um agravo, o recurso será remetido ao tribunal competente, e, havendo interposição conjunta, os autos serão remetidos ao Superior Tribunal de Justiça.

§ 8º Concluído o julgamento do agravo pelo Superior Tribunal de Justiça e, se for o caso, do recurso especial, independentemente de pedido, os autos serão remetidos ao Supremo Tribunal Federal para apreciação do agravo a ele dirigido, salvo se estiver prejudicado.

Art. 896-C	Quando houver multiplicidade de recursos de revista fundados em idêntica questão de direito, a questão poderá ser afetada à Seção Especializada em Dissídios Individuais ou ao Tribunal Pleno, por decisão da maioria simples de seus membros, mediante requerimento de um dos Ministros que compõem a Seção Especializada, considerando a relevância da matéria ou a existência de entendimentos divergentes entre os Ministros dessa Seção ou das Turmas do Tribunal. *(Incluído pela Lei n. 13.015, de 2014)*
§ 1º	O Presidente da Turma ou da Seção Especializada, por indicação dos relatores, afetará um ou mais recursos representativos da controvérsia para julgamento pela Seção Especializada em Dissídios Individuais ou pelo Tribunal Pleno, sob o rito dos recursos repetitivos. *(Incluído pela Lei n. 13.015, de 2014)*
§ 2º	O Presidente da Turma ou da Seção Especializada que afetar processo para julgamento sob o rito dos recursos repetitivos deverá expedir comunicação aos demais Presidentes de Turma ou de Seção Especializada, que poderão afetar outros processos sobre a questão para julgamento conjunto, a fim de conferir ao órgão julgador visão global da questão. *(Incluído pela Lei n. 13.015, de 2014)*
§ 3º	O Presidente do Tribunal Superior do Trabalho oficiará os Presidentes dos Tribunais Regionais do Trabalho para que suspendam os recursos interpostos em casos idênticos aos afetados como recursos repetitivos, até o pronunciamento definitivo do Tribunal Superior do Trabalho. *(Incluído pela Lei n. 13.015, de 2014)*
§ 4º	Caberá ao Presidente do Tribunal de origem admitir um ou mais recursos representativos da controvérsia, os quais serão encaminhados ao Tribunal Superior do Trabalho, ficando suspensos os demais recursos de revista até o pronunciamento definitivo do Tribunal Superior do Trabalho. *(Incluído pela Lei n. 13.015, de 2014)*
§ 5º	O relator no Tribunal Superior do Trabalho poderá determinar a suspensão dos recursos de revista ou de embargos que tenham como objeto controvérsia idêntica à do recurso afetado como repetitivo. *(Incluído pela Lei n. 13.015, de 2014)*
§ 6º	O recurso repetitivo será distribuído a um dos Ministros membros da Seção Especializada ou do Tribunal Pleno e a um Ministro revisor. *(Incluído pela Lei n. 13.015, de 2014)*
§ 7º	O relator poderá solicitar, aos Tribunais Regionais do Trabalho, informações a respeito da controvérsia, a serem prestadas no prazo de 15 (quinze) dias. *(Incluído pela Lei n. 13.015, de 2014)*
§ 8º	O relator poderá admitir manifestação de pessoa, órgão ou entidade com interesse na controvérsia, inclusive como assistente simples, na forma da Lei n. 5.869, de 11 de janeiro de 1973 (Código de Processo Civil). *(Incluído pela Lei n. 13.015, de 2014)*
§ 9º	Recebidas as informações e, se for o caso, após cumprido o disposto no § 7º deste artigo, terá vista o Ministério Público pelo prazo de 15 (quinze) dias. *(Incluído pela Lei n. 13.015, de 2014)*

Art. 896-C

TÍTULO X — DO PROCESSO JUDICIÁRIO DO TRABALHO

§ 10	Transcorrido o prazo para o Ministério Público e remetida cópia do relatório aos demais Ministros, o processo será incluído em pauta na Seção Especializada ou no Tribunal Pleno, devendo ser julgado com preferência sobre os demais feitos. *(Incluído pela Lei n. 13.015, de 2014)*
§ 11	Publicado o acórdão do Tribunal Superior do Trabalho, os recursos de revista sobrestados na origem: *(Incluído pela Lei n. 13.015, de 2014)*
I -	terão seguimento denegado na hipótese de o acórdão recorrido coincidir com a orientação a respeito da matéria no Tribunal Superior do Trabalho; ou *(Incluído pela Lei n. 13.015, de 2014)*
II -	serão novamente examinados pelo Tribunal de origem na hipótese de o acórdão recorrido divergir da orientação do Tribunal Superior do Trabalho a respeito da matéria. *(Incluído pela Lei n. 13.015, de 2014)*
§ 12	Na hipótese prevista no inciso II do § 11 deste artigo, mantida a decisão divergente pelo Tribunal de origem, far-se-á o exame de admissibilidade do recurso de revista. *(Incluído pela Lei n. 13.015, de 2014)*
§ 13	Caso a questão afetada e julgada sob o rito dos recursos repetitivos também contenha questão constitucional, a decisão proferida pelo Tribunal Pleno não obstará o conhecimento de eventuais recursos extraordinários sobre a questão constitucional. *(Incluído pela Lei n. 13.015, de 2014)*
§ 14	Aos recursos extraordinários interpostos perante o Tribunal Superior do Trabalho será aplicado o procedimento previsto no art. 543-B da Lei n. 5.869, de 11 de janeiro de 1973 (Código de Processo Civil), cabendo ao Presidente do Tribunal Superior do Trabalho selecionar um ou mais recursos representativos da controvérsia e encaminhá-los ao Supremo Tribunal Federal, sobrestando os demais até o pronunciamento definitivo da Corte, na forma do § 1º do art. 543-B da Lei n. 5.869, de 11 de janeiro de 1973 (Código de Processo Civil). *(Incluído pela Lei n. 13.015, de 2014)*
§ 15	O Presidente do Tribunal Superior do Trabalho poderá oficiar os Tribunais Regionais do Trabalho e os Presidentes das Turmas e da Seção Especializada do Tribunal para que suspendam os processos idênticos aos selecionados como recursos representativos da controvérsia e encaminhados ao Supremo Tribunal Federal, até o seu pronunciamento definitivo. *(Incluído pela Lei n. 13.015, de 2014)*
§ 16	A decisão firmada em recurso repetitivo não será aplicada aos casos em que se demonstrar que a situação de fato ou de direito é distinta das presentes no processo julgado sob o rito dos recursos repetitivos. *(Incluído pela Lei n. 13.015, de 2014)*
§ 17	Caberá revisão da decisão firmada em julgamento de recursos repetitivos quando se alterar a situação econômica, social ou jurídica, caso em que será respeitada a segurança jurídica das relações firmadas sob a égide da decisão anterior, podendo o Tribunal Superior do Trabalho modular os efeitos da decisão que a tenha alterado. *(Incluído pela Lei n. 13.015, de 2014)*

CÓDIGO DE PROCESSO CIVIL DE 1973
Lei n. 5.869, de 11 de janeiro de 1973
DOU 17.1.1973 e republicado em 27.7.2006

Vide art. 543-B, caput e § 1º a 5º; e art. 543-C, caput e § 1º a 9º

Art. 543-B. Quando houver multiplicidade de recursos com fundamento em idêntica controvérsia, a análise da repercussão geral será processada nos termos do Regimento Interno do Supremo Tribunal Federal, observado o disposto neste artigo.

§ 1º Caberá ao Tribunal de origem selecionar um ou mais recursos representativos da controvérsia e encaminhá-los ao Supremo Tribunal Federal, sobrestando os demais até o pronunciamento definitivo da Corte.

§ 2º Negada a existência de repercussão geral, os recursos sobrestados considerar-se-ão automaticamente não admitidos.

§ 3º Julgado o mérito do recurso extraordinário, os recursos sobrestados serão apreciados pelos Tribunais, Turmas de Uniformização ou Turmas Recursais, que poderão declará-los prejudicados ou retratar-se.

TÍTULO X — DO PROCESSO JUDICIÁRIO DO TRABALHO

Art. 896-C

§ 4º Mantida a decisão e admitido o recurso, poderá o Supremo Tribunal Federal, nos termos do Regimento Interno, cassar ou reformar, liminarmente, o acórdão contrário à orientação firmada.

§ 5º O Regimento Interno do Supremo Tribunal Federal disporá sobre as atribuições dos Ministros, das Turmas e de outros órgãos, na análise da repercussão geral.

Art. 543-C. Quando houver multiplicidade de recursos com fundamento em idêntica questão de direito, o recurso especial será processado nos termos deste artigo.

§ 1º Caberá ao presidente do tribunal de origem admitir um ou mais recursos representativos da controvérsia, os quais serão encaminhados ao Superior Tribunal de Justiça, ficando suspensos os demais recursos especiais até o pronunciamento definitivo do Superior Tribunal de Justiça.

§ 2º Não adotada a providência descrita no § 1º deste artigo, o relator no Superior Tribunal de Justiça, ao identificar que sobre a controvérsia já existe jurisprudência dominante ou que a matéria já está afeta ao colegiado, poderá determinar a suspensão, nos tribunais de segunda instância, dos recursos nos quais a controvérsia esteja estabelecida.

§ 3º O relator poderá solicitar informações, a serem prestadas no prazo de quinze dias, aos tribunais federais ou estaduais a respeito da controvérsia.

§ 4º O relator, conforme dispuser o regimento interno do Superior Tribunal de Justiça e considerando a relevância da matéria, poderá admitir manifestação de pessoas, órgãos ou entidades com interesse na controvérsia.

§ 5º Recebidas as informações e, se for o caso, após cumprido o disposto no § 4º deste artigo, terá vista o Ministério Público pelo prazo de quinze dias.

§ 6º Transcorrido o prazo para o Ministério Público e remetida cópia do relatório aos demais Ministros, o processo será incluído em pauta na seção ou na Corte Especial, devendo ser julgado com preferência sobre os demais feitos, ressalvados os que envolvam réu preso e os pedidos de habeas corpus.

§ 7º Publicado o acórdão do Superior Tribunal de Justiça, os recursos especiais sobrestados na origem:

I — terão seguimento denegado na hipótese de o acórdão recorrido coincidir com a orientação do Superior Tribunal de Justiça; ou

II — serão novamente examinados pelo tribunal de origem na hipótese de o acórdão recorrido divergir da orientação do Superior Tribunal de Justiça.

§ 8º Na hipótese prevista no inciso II do § 7º deste artigo, mantida a decisão divergente pelo tribunal de origem, far-se-á o exame de admissibilidade do recurso especial.

§ 9º O Superior Tribunal de Justiça e os tribunais de segunda instância regulamentarão, no âmbito de suas competências, os procedimentos relativos ao processamento e julgamento do recurso especial nos casos previstos neste artigo.

CÓDIGO DE PROCESSO CIVIL DE 2015
Lei n. 13.105, de 16 de março de 2015
DOU 17.3.2015

Vide art. 1036, *caput* e § 1º a 6º; art. 1038, *caput*, incisos I a III e § 1º a 3º; art. 1039, *caput* e parágrafo único; art. 1040, *caput*, incisos I a III e § 1º a 3º; art. 1041, *caput* e § 1º e 2º;e art. 1042, §§ 1º a 8º

Art. 1.036. Sempre que houver multiplicidade de recursos extraordinários ou especiais com fundamento em idêntica questão de direito, haverá afetação para julgamento de acordo com as disposições desta Subseção, observado o disposto no Regimento Interno do Supremo Tribunal Federal e no do Superior Tribunal de Justiça.

§ 1º O presidente ou o vice-presidente de tribunal de justiça ou de tribunal regional federal selecionará 2 (dois) ou mais recursos representativos da controvérsia, que serão encaminhados ao Supremo Tribunal Federal ou ao Superior Tribunal de Justiça para fins de afetação, determinando a suspensão do trâmite de todos os processos pendentes, individuais ou coletivos, que tramitem no Estado ou na região, conforme o caso.

§ 2º O interessado pode requerer, ao presidente ou ao vice-presidente, que exclua da decisão de sobrestamento e inadmita o recurso especial ou o recurso extraordinário que tenha sido interposto intempestivamente, tendo o recorrente o prazo de 5 (cinco) dias para manifestar-se sobre esse requerimento.

§ 3º Da decisão que indeferir este requerimento caberá agravo, nos termos do art. 1.042.

§ 4º A escolha feita pelo presidente ou vice-presidente do tribunal de justiça ou do tribunal regional federal não vinculará o relator no tribunal superior, que poderá selecionar outros recursos representativos da controvérsia.

§ 5º O relator em tribunal superior também poderá selecionar 2 (dois) ou mais recursos representativos da controvérsia para julgamento da questão de direito independentemente da iniciativa do presidente ou do vice-presidente do tribunal de origem.

§ 6º Somente podem ser selecionados recursos admissíveis que contenham abrangente argumentação e discussão a respeito da questão a ser decidida.

Art. 1.038. O relator poderá:

I — solicitar ou admitir manifestação de pessoas, órgãos ou entidades com interesse na controvérsia, considerando a relevância da matéria e consoante dispuser o regimento interno;

II — fixar data para, em audiência pública, ouvir depoimentos de pessoas com experiência e conhecimento na matéria, com a finalidade de instruir o procedimento;

III — requisitar informações aos tribunais inferiores a respeito da controvérsia e, cumprida a diligência, intimará o Ministério Público para manifestar-se.

§ 1º No caso do inciso III, os prazos respectivos são de 15 (quinze) dias, e os atos serão praticados, sempre que possível, por meio eletrônico.

§ 2º Transcorrido o prazo para o Ministério Público e remetida cópia do relatório aos demais ministros, haverá inclusão em pauta, devendo ocorrer o julgamento com preferência sobre os demais feitos, ressalvados os que envolvam réu preso e os pedidos de *habeas corpus*.

§ 3º O conteúdo do acórdão abrangerá a análise de todos os fundamentos da tese jurídica discutida, favoráveis ou contrários.

Art. 1.039. Decididos os recursos afetados, os órgãos colegiados declararão prejudicados os demais recursos versando sobre idêntica controvérsia ou os decidirão aplicando a tese firmada.

Parágrafo único. Negada a existência de repercussão geral no recurso extraordinário afetado, serão considerados automaticamente inadmitidos os recursos extraordinários cujo processamento tenha sido sobrestado.

Art. 1.040. Publicado o acórdão paradigma:

I — o presidente ou o vice-presidente do tribunal de origem negará seguimento aos recursos especiais ou extraordinários sobrestados na origem, se o acórdão recorrido coincidir com a orientação do tribunal superior;

Art. 897

II — o órgão que proferiu o acórdão recorrido, na origem, reexaminará o processo de competência originária, a remessa necessária ou o recurso anteriormente julgado, se o acórdão recorrido contrariar a orientação do tribunal superior;

III — os processos suspensos em primeiro e segundo graus de jurisdição retomarão o curso para julgamento e aplicação da tese firmada pelo tribunal superior;

IV — se os recursos versarem sobre questão relativa a prestação de serviço público objeto de concessão, permissão ou autorização, o resultado do julgamento será comunicado ao órgão, ao ente ou à agência reguladora competente para fiscalização da efetiva aplicação, por parte dos entes sujeitos a regulação, da tese adotada.

§ 1º A parte poderá desistir da ação em curso no primeiro grau de jurisdição, antes de proferida a sentença, se a questão nela discutida for idêntica à resolvida pelo recurso representativo da controvérsia.

§ 2º Se a desistência ocorrer antes de oferecida contestação, a parte ficará isenta do pagamento de custas e de honorários de sucumbência.

§ 3º A desistência apresentada nos termos do § 1º independe de consentimento do réu, ainda que apresentada contestação.

Art. 1.041. Mantido o acórdão divergente pelo tribunal de origem, o recurso especial ou extraordinário será remetido ao respectivo tribunal superior, na forma do art. 1.036, § 1º.

§ 1º Realizado o juízo de retratação, com alteração do acórdão divergente, o tribunal de origem, se for o caso, decidirá as demais questões ainda não decididas cujo enfrentamento se tornou necessário em decorrência da alteração.

§ 2º Quando ocorrer a hipótese do inciso II do *caput* do art. 1.040 e o recurso versar sobre outras questões, caberá ao presidente do tribunal, depois do reexame pelo órgão de origem e independentemente de ratificação do recurso ou de juízo de admissibilidade, determinar a remessa do recurso ao tribunal superior para julgamento das demais questões.

Art. 1.042. (...)

§ 1º Sob pena de não conhecimento do agravo, incumbirá ao agravante demonstrar, de forma expressa:

I — a intempestividade do recurso especial ou extraordinário sobrestado, quando o recurso fundar-se na hipótese do inciso I do *caput* deste artigo;

II — a existência de distinção entre o caso em análise e o precedente invocado, quando a inadmissão do recurso:

a) especial ou extraordinário fundar-se em entendimento firmado em julgamento de recurso repetitivo por tribunal superior;

b) extraordinário fundar-se em decisão anterior do Supremo Tribunal Federal de inexistência de repercussão geral da questão constitucional discutida.

§ 2º A petição de agravo será dirigida ao presidente ou vice-presidente do tribunal de origem e independe do pagamento de custas e despesas postais.

§ 3º O agravado será intimado, de imediato, para oferecer resposta no prazo de 15 (quinze) dias.

§ 4º Após o prazo de resposta, não havendo retratação, o agravo será remetido ao tribunal superior competente.

§ 5º O agravo poderá ser julgado, conforme o caso, conjuntamente com o recurso especial ou extraordinário, assegurada, neste caso, sustentação oral, observando-se, ainda, o disposto no regimento interno do tribunal respectivo.

§ 6º Na hipótese de interposição conjunta de recursos extraordinário e especial, o agravante deverá interpor um agravo para cada recurso não admitido.

§ 7º Havendo apenas um agravo, o recurso será remetido ao tribunal competente, e, havendo interposição conjunta, os autos serão remetidos ao Superior Tribunal de Justiça.

§ 8º Concluído o julgamento do agravo pelo Superior Tribunal de Justiça e, se for o caso, do recurso especial, independentemente de pedido, os autos serão remetidos ao Supremo Tribunal Federal para apreciação do agravo a ele dirigido, salvo se estiver prejudicado.

Art. 897 Cabe agravo, no prazo de 8 (oito) dias: *(Redação dada pela Lei n. 8.432, de 1992)*

a) de petição, das decisões do Juiz ou Presidente, nas execuções; *(Redação dada pela Lei n. 8.432, de 1992)*

CONSOLIDAÇÃO DAS LEIS DO TRABALHO
Decreto-Lei n. 5.452, de 1º de maio de 1943
DOU 9.8.1943

Vide art. 893, § 1º; e art. 899, *caput*

Art. 893. (...)

§ 1º Os incidentes do processo são resolvidos pelo próprio Juízo ou Tribunal, admitindo-se a apreciação do merecimento das decisões interlocutórias somente em recursos da decisão definitiva. *(Parágrafo único renumerado pelo Decreto-lei n. 8.737, de 19.1.1946)*

Art. 899. Os recursos serão interpostos por simples petição e terão efeito meramente devolutivo, salvo as exceções previstas neste Título, permitida a execução provisória até a penhora. *(Redação dada pela Lei n. 5.442, de 24.5.1968)*

SÚMULAS DO TST

Vide Súmulas 266, 283 e 416/TST

Súmula 266 TST — RECURSO DE REVISTA. ADMISSIBILIDADE. EXECUÇÃO DE SENTENÇA (mantida) — Res. 121/2003, DJ 19, 20 e 21.11.2003

A admissibilidade do recurso de revista interposto de acórdão proferido em agravo de petição, na liquidação de sentença ou em processo incidente na execução, inclusive os embargos de terceiro, depende de demonstração inequívoca de violência direta à Constituição Federal.

Súmula 283 TST — RECURSO ADESIVO. PERTINÊNCIA NO PROCESSO DO TRABALHO. CORRELAÇÃO DE MATÉRIAS (mantida) — Res. 121/2003, DJ 19, 20 e 21.11.2003

O recurso adesivo é compatível com o processo do trabalho e cabe, no prazo de 8 (oito) dias, nas hipóteses de interposição de recurso ordinário, de agravo de petição, de revista e de embargos, sendo desnecessário que a matéria nele veiculada esteja relacionada com a do recurso interposto pela parte contrária.

Súmula 416 TST — MANDADO DE SEGURANÇA. EXECUÇÃO. LEI N. 8.432/1992. ART. 897, § 1º, DA CLT.

TÍTULO X — DO PROCESSO JUDICIÁRIO DO TRABALHO

Art. 897

CABIMENTO (conversão da Orientação Jurisprudencial n. 55 da SBDI-2) — Res. 137/2005, DJ 22, 23 e 24.08.2005
Devendo o agravo de petição delimitar justificadamente a matéria e os valores objeto de discordância, não fere direito líquido e certo o prosseguimento da execução quanto aos tópicos e valores não especificados no agravo. *(ex-OJ n. 55 da SBDI-2 — inserida em 20.09.2000)*

b) de instrumento, dos despachos que denegarem a interposição de recursos. *(Redação dada pela Lei n. 8.432, de 1992)*

CONSOLIDAÇÃO DAS LEIS DO TRABALHO
Decreto-Lei n. 5.452, de 1º de maio de 1943
DOU 9.8.1943

Vide art. 893, § 1º; e art. 899, *caput*

Art. 893. (...)
§ 1º Os incidentes do processo são resolvidos pelo próprio Juízo ou Tribunal, admitindo-se a apreciação do merecimento das decisões interlocutórias somente em recursos da decisão definitiva. *(Parágrafo único renumerado pelo Decreto-lei n. 8.737, de 19.1.1946)*

Art. 899. Os recursos serão interpostos por simples petição e terão efeito meramente devolutivo, salvo as exceções previstas neste Título, permitida a execução provisória até a penhora. *(Redação dada pela Lei n. 5.442, de 24.5.1968)*

SÚMULA DO STF

Vide Súmula 727/STF

Súmula 727 STF — Não pode o magistrado deixar de encaminhar ao Supremo Tribunal Federal o agravo de instrumento interposto da decisão que não admite recurso extraordinário, ainda que referente a causa instaurada no âmbito dos juizados especiais.

SÚMULAS DO TST

Vide Súmulas 218 e 266/TST

Súmula 218 TST — RECURSO DE REVISTA. ACÓRDÃO PROFERIDO EM AGRAVO DE INSTRUMENTO (mantida) — Res. 121/2003, DJ 19, 20 e 21.11.2003
É incabível recurso de revista interposto de acórdão regional prolatado em agravo de instrumento.

Súmula 266 TST — RECURSO DE REVISTA. ADMISSIBILIDADE. EXECUÇÃO DE SENTENÇA (mantida) — Res. 121/2003, DJ 19, 20 e 21.11.2003
A admissibilidade do recurso de revista interposto de acórdão proferido em agravo de petição, na liquidação de sentença ou em processo incidente na execução, inclusive os embargos de terceiro, depende de demonstração inequívoca de violência direta à Constituição Federal.

ORIENTAÇÕES JURISPRUDENCIAIS DA SDI-1 DO TST

Vide OJs 110, 132, 217, 282, 283, 284, 285, 286, 374, 389 e 412 SDI-1/TST

OJ 110 SDI-1 TST — REPRESENTAÇÃO IRREGULAR. PROCURAÇÃO APENAS NOS AUTOS DE AGRAVO DE INSTRUMENTO (inserido dispositivo) — DEJT divulgado em 16, 17 e 18.11.2010

A existência de instrumento de mandato apenas nos autos de agravo de instrumento, ainda que em apenso, não legitima a atuação de advogado nos processos de que se originou o agravo.

OJ 132 SDI-1 TST — AGRAVO REGIMENTAL. PEÇAS ESSENCIAIS NOS AUTOS PRINCIPAIS (inserida em 27.11.1998)
Inexistindo lei que exija a tramitação do agravo regimental em autos apartados, tampouco previsão no Regimento Interno do Regional, não pode o agravante ver-se apenado por não haver colacionado cópia de peças dos autos principais, quando o agravo regimental deveria fazer parte dele.

OJ 217 SDI-1 TST — AGRAVO DE INSTRUMENTO. TRASLADO. LEI N. 9.756/98. GUIAS DE CUSTAS E DE DEPÓSITO RECURSAL (inserida em 02.04.2001)
Para a formação do agravo de instrumento, não é necessária a juntada de comprovantes de recolhimento de custas e de depósito recursal relativamente ao recurso ordinário, desde que não seja objeto de controvérsia no recurso de revista a validade daqueles recolhimentos.

OJ 282 SDI-1 TST — AGRAVO DE INSTRUMENTO. JUÍZO DE ADMISSIBILIDADE "AD QUEM" (DJ 11.08.2003)
No julgamento de Agravo de Instrumento, ao afastar o óbice apontado pelo TRT para o processamento do recurso de revista, pode o juízo "ad quem" prosseguir no exame dos demais pressupostos extrínsecos e intrínsecos do recurso de revista, mesmo que não apreciados pelo TRT.

OJ 283 SDI-1 TST — AGRAVO DE INSTRUMENTO. PEÇAS ESSENCIAIS. TRASLADO REALIZADO PELO AGRAVADO. VALIDADE (DJ 11.08.2003)
É válido o traslado de peças essenciais efetuado pelo agravado, pois a regular formação do agravo incumbe às partes e não somente ao agravante.

OJ 284 SDI-1 TST — AGRAVO DE INSTRUMENTO. TRASLADO. AUSÊNCIA DE CERTIDÃO DE PUBLICAÇÃO. ETIQUETA ADESIVA IMPRESTÁVEL PARA AFERIÇÃO DA TEMPESTIVIDADE (DJ 11.08.2003)
A etiqueta adesiva na qual consta a expressão "no prazo" não se presta à aferição de tempestividade do recurso, pois sua finalidade é tão somente servir de controle processual interno do TRT e sequer contém a assinatura do funcionário responsável por sua elaboração.

OJ 285 SDI-1 TST — AGRAVO DE INSTRUMENTO. TRASLADO. CARIMBO DO PROTOCOLO DO RECURSO ILEGÍVEL. INSERVÍVEL (DJ 11.08.2003)
O carimbo do protocolo da petição recursal constitui elemento indispensável para aferição da tempestividade do apelo, razão pela qual deverá estar legível, pois um dado ilegível é o mesmo que a inexistência do dado.

OJ 286 SDI-1 TST — AGRAVO DE INSTRUMENTO. TRASLADO. MANDATO TÁCITO. ATA DE AUDIÊNCIA.

Art. 897

CONFIGURAÇÃO *(alterada — Res. 167/2010, DEJT divulgado em 30.04.2010 e 03 e 04.05.2010)*

I — A juntada da ata de audiência, em que consignada a presença do advogado, desde que não estivesse atuando com mandato expresso, torna dispensável a procuração deste, porque demonstrada a existência de mandato tácito.

II — Configurada a existência de mandato tácito fica suprida a irregularidade detectada no mandato expresso.

OJ 374 SDI-1 TST — AGRAVO DE INSTRUMENTO. REPRESENTAÇÃO PROCESSUAL. REGULARIDADE. PROCURAÇÃO OU SUBSTABELECIMENTO COM CLÁUSULA LIMITATIVA DE PODERES AO ÂMBITO DO TRIBUNAL REGIONAL DO TRABALHO. (DEJT divulgado em 19, 20 e 22.04.2010)

É regular a representação processual do subscritor do agravo de instrumento ou do recurso de revista que detém mandato com poderes de representação limitados ao âmbito do Tribunal Regional do Trabalho, pois, embora a apreciação desse recurso seja realizada pelo Tribunal Superior do Trabalho, a sua interposição é ato praticado perante o Tribunal Regional do Trabalho, circunstância que legitima a atuação do advogado no feito.

OJ 389 SDI-1 TST — MULTA PREVISTA NO ART. 1.021, §§ 4º E 5º, DO CPC DE 2015. ART. 557, § 2º, DO CPC DE 1973. RECOLHIMENTO. PRESSUPOSTO RECURSAL. BENEFICIÁRIO DA JUSTIÇA GRATUITA E FAZENDA PÚBLICA. PAGAMENTO AO FINAL. (nova redação em decorrência do CPC de 2015) — Res. 209/2016, DEJT divulgado em 01, 02 e 03.06.2016

Constitui ônus da parte recorrente, sob pena de deserção, depositar previamente a multa aplicada com fundamento nos §§ 4º e 5º, do art. 1.021, do CPC de 2015 (§ 2º do art. 557 do CPC de 1973), à exceção da Fazenda Pública e do beneficiário de justiça gratuita, que farão o pagamento ao final.

OJ 412 SDI-1 TST — AGRAVO INTERNO OU AGRAVO REGIMENTAL. INTERPOSIÇÃO EM FACE DE DECISÃO COLEGIADA. NÃO CABIMENTO. ERRO GROSSEIRO. INAPLICABILIDADE DO PRINCÍPIO DA FUNGIBILIDADE RECURSAL (nova redação em decorrência do CPC de 2015) — Res. 209/2016, DEJT divulgado em 01, 02 e 03.06.2016

É incabível agravo interno (art. 1.021 do CPC de 2015, art. 557, § 1º, do CPC de 1973) ou agravo regimental (art. 235 do RITST) contra decisão proferida por Órgão colegiado. Tais recursos destinam-se, exclusivamente, a impugnar decisão monocrática nas hipóteses previstas. Inaplicável, no caso, o princípio da fungibilidade ante a configuração de erro grosseiro.

§ 1º	O agravo de petição só será recebido quando o agravante delimitar, justificadamente, as matérias e os valores impugnados, permitida a execução imediata da parte remanescente até o final, nos próprios autos ou por carta de sentença. *(Redação dada pela Lei n. 8.432, de 1992)*
§ 2º	O agravo de instrumento interposto contra o despacho que não receber agravo de petição não suspende a execução da sentença. *(Redação dada pela Lei n. 8.432, de 1992)*
§ 3º	Na hipótese da alínea a deste artigo, o agravo será julgado pelo próprio tribunal, presidido pela autoridade recorrida, salvo se se tratar de decisão de Juiz do Trabalho de 1ª Instância ou de Juiz de Direito, quando o julgamento competirá a uma das Turmas do Tribunal Regional a que estiver subordinado o prolator da sentença, observado o disposto no art. 679, a quem este remeterá as peças necessárias para o exame da matéria controvertida, em autos apartados, ou nos próprios autos, se tiver sido determinada a extração de carta de sentença. *(Redação dada pela Lei n. 10.035, de 2000)*
§ 4º	Na hipótese da alínea b deste artigo, o agravo será julgado pelo Tribunal que seria competente para conhecer o recurso cuja interposição foi denegada. *(Incluído pela Lei n. 8.432, 11.6.1992)*
§ 5º	Sob pena de não conhecimento, as partes promoverão a formação do instrumento do agravo de modo a possibilitar, caso provido, o imediato julgamento do recurso denegado, instruindo a petição de interposição: *(Incluído pela Lei n. 9.756, de 17.12.1998)*
I -	obrigatoriamente, com cópias da decisão agravada, da certidão da respectiva intimação, das procurações outorgadas aos advogados do agravante e do agravado, da petição inicial, da contestação, da decisão originária, do depósito recursal referente ao recurso que se pretende destrancar, da comprovação do recolhimento das custas e do depósito recursal a que se refere o § 7º do art. 899 desta Consolidação; *(Redação dada pela Lei n. 12.275, de 2010)*
II -	facultativamente, com outras peças que o agravante reputar úteis ao deslinde da matéria de mérito controvertida. *(Incluído pela Lei n. 9.756, de 17.12.1998)*

TÍTULO X — DO PROCESSO JUDICIÁRIO DO TRABALHO

Art. 897-A

§ 6º	O agravado será intimado para oferecer resposta ao agravo e ao recurso principal, instruindo-a com as peças que considerar necessárias ao julgamento de ambos os recursos. *(Incluído pela Lei n. 9.756, de 17.12.1998)*
§ 7º	Provido o agravo, a Turma deliberará sobre o julgamento do recurso principal, observando-se, se for o caso, daí em diante, o procedimento relativo a esse recurso. *(Incluído pela Lei n. 9.756, de 17.12.1998)*
§ 8º	Quando o agravo de petição versar apenas sobre as contribuições sociais, o juiz da execução determinará a extração de cópias das peças necessárias, que serão autuadas em apartado, conforme dispõe o § 3º, parte final, e remetidas à instância superior para apreciação, após contraminuta. *(Incluído pela Lei n. 10.035, de 2000)*

ORIENTAÇÃO JURISPRUDENCIAL DA SDI-1 DO TST

Vide OJ 286 SDI-1/TST

OJ 286 SDI-1 TST — AGRAVO DE INSTRUMENTO. TRASLADO. MANDATO TÁCITO. ATA DE AUDIÊNCIA. CONFIGURAÇÃO (alterada Res. 167/2010, DEJT divulgado em 30.04.2010 e 03 e 04.05.2010)

I — A juntada da ata de audiência, em que consignada a presença do advogado, desde que não estivesse atuando com mandato expresso, torna dispensável a procuração deste, porque demonstrada a existência de mandato tácito.
II — Configurada a existência de mandato tácito fica suprida a irregularidade detectada no mandato expresso.

Art. 897-A	Caberão embargos de declaração da sentença ou acórdão, no prazo de cinco dias, devendo seu julgamento ocorrer na primeira audiência ou sessão subsequente a sua apresentação, registrado na certidão, admitido efeito modificativo da decisão nos casos de omissão e contradição no julgado e manifesto equívoco no exame dos pressupostos extrínsecos do recurso. *(Incluído pela Lei n. 9.957, de 2000)*
§ 1º	Os erros materiais poderão ser corrigidos de ofício ou a requerimento de qualquer das partes. *(Redação dada pela Lei n. 13.015, de 2014)*
§ 2º	Eventual efeito modificativo dos embargos de declaração somente poderá ocorrer em virtude da correção de vício na decisão embargada e desde que ouvida a parte contrária, no prazo de 5 (cinco) dias. *(Incluído pela Lei n. 13.015, de 2014)*
§ 3º	Os embargos de declaração interrompem o prazo para interposição de outros recursos, por qualquer das partes, salvo quando intempestivos, irregular a representação da parte ou ausente a sua assinatura.

CÓDIGO DE PROCESSO CIVIL DE 1973
Lei n. 5.869, de 11 de janeiro de 1973
DOU 17.1.1973 e republicado em 27.7.2006

Vide art. 535, caput e incisos I e II

Art. 535. Cabem embargos de declaração quando:
I — houver, na sentença ou no acórdão, obscuridade ou contradição;
II — for omitido ponto sobre o qual devia pronunciar-se o juiz ou tribunal.

CÓDIGO DE PROCESSO CIVIL DE 2015
Lei n. 13.105, de 16 de março de 2015
DOU 17.3.2015

Vide art. 1022, caput, incisos I a III e parágrafo único

Art. 1.022. Cabem embargos de declaração contra qualquer decisão judicial para:
I — esclarecer obscuridade ou eliminar contradição;
II — suprir omissão de ponto ou questão sobre o qual devia se pronunciar o juiz de ofício ou a requerimento;
III — corrigir erro material.
Parágrafo único. Considera-se omissa a decisão que:
I — deixe de se manifestar sobre tese firmada em julgamento de casos repetitivos ou em incidente de assunção de competência aplicável ao caso sob julgamento;
II — incorra em qualquer das condutas descritas no art. 489, § 1º.

SÚMULAS DO TST

Vide Súmulas 184, 278, 297 e 421/TST

Art. 898

Súmula 184 TST — EMBARGOS DECLARATÓRIOS. OMISSÃO EM RECURSO DE REVISTA. PRECLUSÃO (mantida) — Res. 121/2003, DJ 19, 20 e 21.11.2003

Ocorre preclusão se não forem opostos embargos declaratórios para suprir omissão apontada em recurso de revista ou de embargos.

Súmula 278 TST — EMBARGOS DE DECLARAÇÃO. OMISSÃO NO JULGADO (mantida) — Res. 121/2003, DJ 19, 20 e 21.11.2003

A natureza da omissão suprida pelo julgamento de embargos declaratórios pode ocasionar efeito modificativo no julgado.

Súmula 297 TST — PREQUESTIONAMENTO. OPORTUNIDADE. CONFIGURAÇÃO (nova redação) — Res. 121/2003, DJ 19, 20 e 21.11.2003

I — Diz-se prequestionada a matéria ou questão quando na decisão impugnada haja sido adotada, explicitamente, tese a respeito.

II — Incumbe à parte interessada, desde que a matéria haja sido invocada no recurso principal, opor embargos declaratórios objetivando o pronunciamento sobre o tema, sob pena de preclusão.

III — Considera-se prequestionada a questão jurídica invocada no recurso principal sobre a qual se omite o Tribunal de pronunciar tese, não obstante opostos embargos de declaração.

Súmula 421 TST — EMBARGOS DE DECLARAÇÃO. CABIMENTO. DECISÃO MONOCRÁTICA DO RELATOR CALCADA NO ART. 932 DO CPC DE 2015. ART. 557 DO CPC DE 1973. (atualizada em decorrência do CPC de 2015) — Res. 208/2016, DEJT divulgado em 22, 25 e 26.04.2016

I — Cabem embargos de declaração da decisão monocrática do relator prevista no art. 932 do CPC de 2015 (art. 557 do CPC de 1973), se a parte pretende tão somente juízo integrativo retificador da decisão e, não, modificação do julgado.

II — Se a parte postular a revisão no mérito da decisão monocrática, cumpre ao relator converter os embargos de declaração em agravo, em face dos princípios da fungibilidade e celeridade processual, submetendo-o ao pronunciamento do Colegiado, após a intimação do recorrente para, no prazo de 5 (cinco) dias, complementar as razões recursais, de modo a ajustá-las às exigências do art. 1.021, § 1º, do CPC de 2015.

ORIENTAÇÕES JURISPRUDENCIAIS DA SDI-1 DO TST

Vide OJs 142, 192 e 377 SDI-1/TST

OJ 142 SDI-1 TST — EMBARGOS DE DECLARAÇÃO. EFEITO MODIFICATIVO. VISTA À PARTE CONTRÁRIA. (inserido o item II à redação) — Res. 178/2012, DEJT divulgado em 13, 14 e 15.02.2012

I — É passível de nulidade decisão que acolhe embargos de declaração com efeito modificativo sem que seja concedida oportunidade de manifestação prévia à parte contrária.

II — Em decorrência do efeito devolutivo amplo conferido ao recurso ordinário, o item I não se aplica às hipóteses em que não se concede vista à parte contrária para se manifestar sobre os embargos de declaração opostos contra sentença.

OJ 192 SDI-1 TST — EMBARGOS DECLARATÓRIOS. PRAZO EM DOBRO. PESSOA JURÍDICA DE DIREITO PÚBLICO. DECRETO-LEI N. 779/69 (inserida em 08.11.2000)

É em dobro o prazo para a interposição de embargos declaratórios por Pessoa jurídica de direito público.

OJ 377 SDI-1 TST — EMBARGOS DE DECLARAÇÃO. DECISÃO DENEGATÓRIA DE RECURSO DE REVISTA EXARADO POR PRESIDENTE DO TRT. DESCABIMENTO. NÃO INTERRUPÇÃO DO PRAZO RECURSAL. (cancelada) — Res. 204/2016, DEJT divulgado em 17, 18 e 21.03.2016

Não cabem embargos de declaração interpostos contra decisão de admissibilidade do recurso de revista, não tendo o efeito de interromper qualquer prazo recursal.

Art. 898

Das decisões proferidas em dissídio coletivo que afete empresa de serviço público, ou, em qualquer caso, das proferidas em revisão, poderão recorrer, além dos interessados, o Presidente do Tribunal e a Procuradoria da Justiça do Trabalho.

SÚMULA DO TST

Vide Súmula 303/TST

Súmula 303 TST — FAZENDA PÚBLICA. REEXAME NECESSÁRIO (nova redação em decorrência do CPC de 2015) — Res. 211/2016, DEJT divulgado em 24, 25 e 26.08.2016

I — Em dissídio individual, está sujeita ao reexame necessário, mesmo na vigência da Constituição Federal de 1988, decisão contrária à Fazenda Pública, salvo quando a condenação não ultrapassar o valor correspondente a: a) 1.000 (mil) salários mínimos para a União e as respectivas autarquias e fundações de direito público; b) 500 (quinhentos) salários mínimos para os Estados, o Distrito Federal, as respectivas autarquias e fundações de direito público e os Municípios que constituam capitais dos Estados; c) 100 (cem) salários mínimos para todos os demais Municípios e respectivas autarquias e fundações de direito público.

II — Também não se sujeita ao duplo grau de jurisdição a decisão fundada em:

a) súmula ou orientação jurisprudencial do Tribunal Superior do Trabalho;

b) acórdão proferido pelo Supremo Tribunal Federal ou pelo Tribunal Superior do Trabalho em julgamento de recursos repetitivos;

c) entendimento firmado em incidente de resolução de demandas repetitivas ou de assunção de competência;

d) entendimento coincidente com orientação vinculante firmada no âmbito administrativo do próprio ente público, consolidada em manifestação, parecer ou súmula administrativa.

III — Em ação rescisória, a decisão proferida pelo Tribunal Regional do Trabalho está sujeita ao duplo grau de jurisdição obrigatório quando desfavorável ao ente público, exceto nas hipóteses dos incisos anteriores. *(ex-OJ n. 71 da SBDI-1 — inserida em 03.06.1996)*

TÍTULO X — DO PROCESSO JUDICIÁRIO DO TRABALHO

Art. 899

IV — Em mandado de segurança, somente cabe reexame necessário se, na relação processual, figurar pessoa jurídica de direito público como parte prejudicada pela concessão da ordem. Tal situação não ocorre na hipótese de figurar no feito como impetrante e terceiro interessado pessoa de direito privado, ressalvada a hipótese de matéria administrativa. *(ex-OJs ns. 72 e 73 da SBDI-1 — inseridas, respectivamente, em 25.11.1996 e 03.06.1996)*

ORIENTAÇÕES JURISPRUDENCIAIS DA SDI-1 DO TST

Vide OJs 321 e 334 SDI-1/TST

OJ 321 SDI-1 TST — VÍNCULO EMPREGATÍCIO COM A ADMINISTRAÇÃO PÚBLICA. PERÍODO ANTERIOR À CF/1988 (nova redação) — DJ 20.04.2005

Salvo os casos de trabalho temporário e de serviço de vigilância, previstos nas Leis ns. 6.019, de 03.01.1974, e 7.102, de 20.06.1983, é ilegal a contratação de trabalhadores por empresa interposta, formando-se o vínculo empregatício diretamente com o tomador dos serviços, inclusive ente público, em relação ao período anterior à vigência da CF/1988.

OJ 334 SDI-1 TST — REMESSA "EX OFFICIO". RECURSO DE REVISTA. INEXISTÊNCIA DE RECURSO ORDINÁRIO VOLUNTÁRIO DE ENTE PÚBLICO. INCABÍVEL (DJ 09.12.2003)

Incabível recurso de revista de ente público que não interpôs recurso ordinário voluntário da decisão de primeira instância, ressalvada a hipótese de ter sido agravada, na segunda instância, a condenação imposta.

Art. 899 Os recursos serão interpostos por simples petição e terão efeito meramente devolutivo, salvo as exceções previstas neste Título, permitida a execução provisória até a penhora. *(Redação dada pela Lei n. 5.442, de 24.5.1968)*

CÓDIGO DE PROCESSO CIVIL DE 2015
Lei n. 13.105, de 16 de março de 2015
DOU 17.3.2015

Vide art. 835, *caput*, inciso I e § 1º

Art. 835. A penhora observará, preferencialmente, a seguinte ordem:

I — dinheiro, em espécie ou em depósito ou aplicação em instituição financeira;

(...)

§ 1º É prioritária a penhora em dinheiro, podendo o juiz, nas demais hipóteses, alterar a ordem prevista no caput de acordo com as circunstâncias do caso concreto.

SÚMULAS DO TST

Vide Súmulas 217, 393, 414, 417 e 422/TST

Súmula 217 TST — DEPÓSITO RECURSAL. CREDENCIAMENTO BANCÁRIO. PROVA DISPENSÁVEL (mantida) — Res. 121/2003, DJ 19, 20 e 21.11.2003

O credenciamento dos bancos para o fim de recebimento do depósito recursal é fato notório, independendo da prova.

Súmula 393 TST — RECURSO ORDINÁRIO. EFEITO DEVOLUTIVO EM PROFUNDIDADE. ART. 1.013, § 1º, DO CPC DE 2015. ART. 515, § 1º, DO CPC DE 1973. (nova redação em decorrência do CPC de 2015) — Res. 208/2016, DEJT divulgado em 22, 25 e 26.04.2016

I — O efeito devolutivo em profundidade do recurso ordinário, que se extrai do § 1º do art. 1.013 do CPC de 2015 (art. 515, §1º, do CPC de 1973), transfere ao Tribunal a apreciação dos fundamentos da inicial ou da defesa, não examinados pela sentença, ainda que não renovados em contrarrazões, desde que relativos ao capítulo impugnado.

II — Se o processo estiver em condições, o tribunal, ao julgar o recurso ordinário, deverá decidir desde logo o mérito da causa, nos termos do § 3º do art. 1.013 do CPC de 2015, inclusive quando constatar a omissão da sentença no exame de um dos pedidos.

Súmula 414 TST — MANDADO DE SEGURANÇA. ANTECIPAÇÃO DE TUTELA (OU LIMINAR) CONCEDIDA ANTES OU NA SENTENÇA (conversão das Orientações Jurisprudenciais ns. 50, 51, 58, 86 e 139 da SBDI-2) — Res. 137/2005, DJ 22, 23 e 24.08.2005

I — A antecipação da tutela concedida na sentença não comporta impugnação pela via do mandado de segurança, por ser impugnável mediante recurso ordinário. A ação cautelar é o meio próprio para se obter efeito suspensivo a recurso. *(ex-OJ n. 51 da SBDI-2 — inserida em 20.09.2000)*

II — No caso da tutela antecipada (ou liminar) ser concedida antes da sentença, cabe a impetração do mandado de segurança, em face da inexistência de recurso próprio. *(ex-OJs ns. 50 e 58 da SBDI-2 — inseridas em 20.09.2000)*

III — A superveniência da sentença, nos autos originários, faz perder o objeto do mandado de segurança que impugnava a concessão da tutela antecipada (ou liminar). *(ex-OJs da SBDI-2 n.s 86 — inserida em 13.03.2002 — e 139 — DJ 04.05.2004)*

Súmula 417 TST — MANDADO DE SEGURANÇA. PENHORA EM DINHEIRO (conversão das Orientações Jurisprudenciais ns. 60, 61 e 62 da SBDI-2) — Res. 137/2005, DJ 22, 23 e 24.08.2005

I — Não fere direito líquido e certo do impetrante o ato judicial que determina penhora em dinheiro do executado, em execução definitiva, para garantir crédito exequendo, uma vez que obedece à gradação prevista no art. 655 do CPC. *(ex-OJ n. 60 da SBDI-2 — inserida em 20.09.2000)*

II — Havendo discordância do credor, em execução definitiva, não tem o executado direito líquido e certo a que os valores penhorados em dinheiro fiquem depositados no próprio banco, ainda que atenda aos requisitos do art. 666, I, do CPC. *(ex-OJ n. 61 da SBDI-2 — inserida em 20.09.2000)*

III — Em se tratando de execução provisória, tere direito líquido e certo do impetrante a determinação de penhora em dinheiro, quando nomeados outros bens à penhora, pois o executado tem direito a que a execução se processe da forma que lhe seja menos gravosa, nos termos do art. 620 do CPC. *(ex-OJ n. 62 da SBDI-2 — inserida em 20.09.2000)*

Súmula 422 TST — RECURSO. FUNDAMENTO AUSENTE OU DEFICIENTE. NÃO CONHECIMENTO (redação alterada, com inserção dos itens I, II e III) — Res. 199/2015, DEJT divulgado em 24, 25 e 26.06.2015. Com errata publicado no DEJT divulgado em 1º.07.2015

I — Não se conhece de recurso para o Tribunal Superior do Trabalho se as razões do recorrente não impugnam os fundamentos da decisão recorrida, nos termos em que proferida.

Art. 899

TÍTULO X — DO PROCESSO JUDICIÁRIO DO TRABALHO

II — O entendimento referido no item anterior não se aplica em relação à motivação secundária e impertinente, consubstanciada em despacho de admissibilidade de recurso ou em decisão monocrática.

III — Inaplicável a exigência do item I relativamente ao recurso ordinário da competência de Tribunal Regional do Trabalho, exceto em caso de recurso cuja motivação é inteiramente dissociada dos fundamentos da sentença.

§ 1º Sendo a condenação de valor até 10 (dez) vezes o salário-mínimo regional, nos dissídios individuais, só será admitido o recurso inclusive o extraordinário, mediante prévio depósito da respectiva importância. Transitada em julgado a decisão recorrida, ordenar-se-á o levantamento imediato da importância de depósito, em favor da parte vencedora, por simples despacho do juiz. *(Redação dada pela Lei n. 5.442, 24.5.1968)*

DECRETO-LEI N. 779, DE 21 DE AGOSTO DE 1969
Dispõe sobre a aplicação de normas processuais trabalhistas à União Federal, aos Estados, Municípios, Distrito Federal e Autarquias ou Fundações de direito público que não explorem atividade econômica
DOU 25.8.1969

Vide art. 1º, caput e inciso IV

Art. 1º Nos processos perante a Justiça do Trabalho, constituem privilégio da União, dos Estados, do Distrito Federal, dos Municípios e das autarquias ou fundações de direito público federais, estaduais ou municipais que não explorem atividade econômica:
(...)
IV — a dispensa de depósito para interposição de recurso;

SÚMULAS DO TST

Vide Súmulas 86, 99, 128, 161, 217, 245 e 426/TST

Súmula 86 TST — DESERÇÃO. MASSA FALIDA. EMPRESA EM LIQUIDAÇÃO EXTRAJUDICIAL (incorporada a Orientação Jurisprudencial n. 31 da SBDI-1) — Res. 129/2005, DJ 20, 22 e 25.04.2005
Não ocorre deserção de recurso da massa falida por falta de pagamento de custas ou de depósito do valor da condenação. Esse privilégio, todavia, não se aplica à empresa em liquidação extrajudicial. *(primeira parte — ex-Súmula n. 86 — RA 69/78, DJ 26.09.1978; segunda parte — ex-OJ n. 31 da SBDI-1 — inserida em 14.03.1994)*

Súmula 99 TST — AÇÃO RESCISÓRIA. DESERÇÃO. PRAZO (incorporada a Orientação Jurisprudencial n. 117 da SBDI-2) — Res. 137/2005, DJ 22, 23 e 24.08.2005
Havendo recurso ordinário em sede de rescisória, o depósito recursal só é exigível quando for julgado procedente o pedido e imposta condenação em pecúnia, devendo este ser efetuado no prazo recursal, no limite e nos termos da legislação vigente, sob pena de deserção. *(ex-Súmula n. 99 — alterada pela Res. 110/2002, DJ 15.04.2002 — e ex-OJ n. 117 da SBDI-2 — DJ 11.08.2003)*

Súmula 128 TST—DEPÓSITO RECURSAL (incorporadas as Orientações Jurisprudenciais ns. 139, 189 e 190 da SBDI-1) — Res. 129/2005, DJ 20, 22 e 25.04.2005
I — É ônus da parte recorrente efetuar o depósito legal, integralmente, em relação a cada novo recurso interposto, sob pena de deserção. Atingido o valor da condenação, nenhum depósito mais é exigido para qualquer recurso. *(ex-Súmula n. 128 — alterada pela Res. 121/2003, DJ 21.11.03, que incorporou a OJ n. 139 da SBDI-1 — inserida em 27.11.1998)*
II — Garantido o juízo, na fase executória, a exigência de depósito para recorrer de qualquer decisão viola os incisos II e LV do art. 5º da CF/1988. Havendo, porém, elevação do valor do débito, exige-se a complementação da garantia do juízo. *(ex-OJ n. 189 da SBDI-1 — inserida em 08.11.2000)*
III — Havendo condenação solidária de duas ou mais empresas, o depósito recursal efetuado por uma delas aproveita as demais, quando a empresa que efetuou o depósito não pleiteia sua exclusão da lide. *(ex-OJ n. 190 da SBDI-1 — inserida em 08.11.2000)*

Súmula 161 TST — DEPÓSITO. CONDENAÇÃO A PAGAMENTO EM PECÚNIA (mantida) — Res. 121/2003, DJ 19, 20 e 21.11.2003
Se não há condenação a pagamento em pecúnia, descabe o depósito de que tratam os §§ 1º e 2º do art. 899 da CLT (ex-Prejulgado n. 39).

Súmula 217 TST — DEPÓSITO RECURSAL. CREDENCIAMENTO BANCÁRIO. PROVA DISPENSÁVEL (mantida) — Res. 121/2003, DJ 19, 20 e 21.11.2003
O credenciamento dos bancos para o fim de recebimento do depósito recursal é fato notório, independendo da prova.

Súmula 245 TST — DEPÓSITO RECURSAL. PRAZO (mantida) — Res. 121/2003, DJ 19, 20 e 21.11.2003
O depósito recursal deve ser feito e comprovado no prazo alusivo ao recurso. A interposição antecipada deste não prejudica a dilação legal.

Súmula 426 TST — DEPÓSITO RECURSAL. UTILIZAÇÃO DA GUIA GFIP. OBRIGATORIEDADE (editada em decorrência do julgamento do processo TST-IUJEEDRR 91700-09.2006.5.18.0006) — Res. 174/2011, DEJT divulgado em 27, 30 e 31.05.2011
Nos dissídios individuais o depósito recursal será efetivado mediante a utilização da Guia de Recolhimento do FGTS e Informações à Previdência Social — GFIP, nos termos dos §§ 4º e 5º do art. 899 da CLT, admitido o depósito judicial, realizado na sede do juízo e à disposição deste, na hipótese de relação de trabalho não submetida ao regime do FGTS.

ORIENTAÇÃO JURISPRUDENCIAL DA SDI-1 DO TST

Vide OJ 140 SDI-1/TST

OJ 140 SDI-1 TST — DEPÓSITO RECURSAL E CUSTAS. DIFERENÇA ÍNFIMA. DESERÇÃO. OCORRÊNCIA (nova redação) — DJ 20.04.2005
Ocorre deserção do recurso pelo recolhimento insuficiente das custas e do depósito recursal, ainda que a diferença em relação ao "quantum" devido seja ínfima, referente a centavos.

TÍTULO X — DO PROCESSO JUDICIÁRIO DO TRABALHO

Art. 899

§ 2º — Tratando-se de condenação de valor indeterminado, o depósito corresponderá ao que for arbitrado, para efeito de custas, pela Junta ou Juízo de Direito, até o limite de 10 (dez) vezes o salário-mínimo da região. *(Redação dada pela Lei n. 5.442, 24.5.1968)*

SÚMULAS DO TST

Vide Súmulas 161 e 200/TST

Súmula 161 TST — DEPÓSITO. CONDENAÇÃO A PAGAMENTO EM PECÚNIA (mantida) — Res. 121/2003, DJ 19, 20 e 21.11.2003

Se não há condenação a pagamento em pecúnia, descabe o depósito de que tratam os §§ 1º e 2º do art. 899 da CLT. *(ex-Prejulgado n. 39)*

Súmula 200 TST — JUROS DE MORA. INCIDÊNCIA (mantida) — Res. 121/2003, DJ 19, 20 e 21.11.2003

Os juros de mora incidem sobre a importância da condenação já corrigida monetariamente.

§ 3º — *(Revogado pela Lei n. 7.033, de 5.10.1982)*

§ 4º — O depósito de que trata o § 1º far-se-á na conta vinculada do empregado a que se refere o art. 2º da Lei n. 5.107, de 13 de setembro de 1966, aplicando-se-lhe os preceitos dessa Lei observado, quanto ao respectivo levantamento, o disposto no § 1º. *(Redação dada pela Lei n. 5.442, 24.5.1968)*

§ 5º — Se o empregado ainda não tiver conta vinculada aberta em seu nome, nos termos do art. 2º da Lei n. 5.107, de 13 de setembro de 1966, a empresa procederá à respectiva abertura, para efeito do disposto no § 2º. *(Redação dada pela Lei n. 5.442, 24.5.1968)*

SÚMULA DO TST

Vide Súmula 426/TST

Súmula 426 TST — DEPÓSITO RECURSAL. UTILIZAÇÃO DA GUIA GFIP. OBRIGATORIEDADE (editada em decorrência do julgamento do processo TST-IUJEEDRR 91700-09.2006.5.18.0006) — Res. 174/2011, DEJT divulgado em 27, 30 e 31.05.2011

Nos dissídios individuais o depósito recursal será efetivado mediante a utilização da Guia de Recolhimento do FGTS e Informações à Previdência Social — GFIP, nos termos dos §§ 4º e 5º do art. 899 da CLT, admitido o depósito judicial, realizado na sede do juízo e à disposição deste, na hipótese de relação de trabalho não submetida ao regime do FGTS.

§ 6º — Quando o valor da condenação, ou o arbitrado para fins de custas, exceder o limite de 10 (dez) vezes o salário-mínimo da região, o depósito para fins de recursos será limitado a este valor. *(Incluído pela Lei n. 5.442, 24.5.1968)*

§ 7º — No ato de interposição do agravo de instrumento, o depósito recursal corresponderá a 50% (cinquenta por cento) do valor do depósito do recurso ao qual se pretende destrancar. *(Incluído pela Lei n. 12.275, de 2010)*

§ 8º — Quando o agravo de instrumento tem a finalidade de destrancar recurso de revista que se insurge contra decisão que contraria a jurisprudência uniforme do Tribunal Superior do Trabalho, consubstanciada nas suas súmulas ou em orientação jurisprudencial, não haverá obrigatoriedade de se efetuar o depósito referido no § 7º deste artigo. *(Incluído pela Lei n. 13.015, de 2014)*

SÚMULA DO TST

Vide Súmula 245/TST

Súmula 245 TST — DEPÓSITO RECURSAL. PRAZO (mantida) — Res. 121/2003, DJ 19, 20 e 21.11.2003

O depósito recursal deve ser feito e comprovado no prazo alusivo ao recurso. A interposição antecipada deste não prejudica a dilação legal.

Art. 900	Interposto o recurso, será notificado o recorrido para oferecer as suas razões, em prazo igual ao que tiver tido o recorrente.
Art. 901	Sem prejuízo dos prazos previstos neste Capítulo, terão as partes vistas dos autos em cartório ou na secretaria.
Parágrafo único	Salvo quando estiver correndo prazo comum, aos procuradores das partes será permitido ter vista dos autos fora do cartório ou secretaria. *(Incluído pela Lei n. 8.638, de 31.3.1993)*

LEI N. 11.419, DE 19 DE DEZEMBRO DE 2006
Dispõe sobre a informatização do processo judicial; altera a Lei n. 5.869, de 11 de janeiro de 1973 — Código de Processo Civil; e dá outras providências.
DOU 20.12.2006

Vide art. 1º, caput e § 1º

Art. 1º O uso de meio eletrônico na tramitação de processos judiciais, comunicação de atos e transmissão de peças processuais será admitido nos termos desta Lei.

§ 1º Aplica-se o disposto nesta Lei, indistintamente, aos processos civil, penal e trabalhista, bem como aos juizados especiais, em qualquer grau de jurisdição.

Art. 902	*(Revogado pela Lei n. 7.033, de 5.10.1982)*

CAPÍTULO VII
DA APLICAÇÃO DAS PENALIDADES

Art. 903	As penalidades estabelecidas no título anterior serão aplicadas pelo juiz, ou tribunal que tiver de conhecer da desobediência, violação recusa, falta, ou coação, ex-officio, ou mediante, representação de qualquer interessado ou da Procuradoria da Justiça do Trabalho. *(Redação dada pela Decreto Lei n. 8.737, de 1946)*
Art. 904	As sanções em que incorrerem as autoridades da Justiça do Trabalho serão aplicadas pela autoridade ou Tribunal imediatamente superior, conforme o caso, ex officio, ou mediante representação de qualquer interessado ou da Procuradoria. *(Redação dada pelo Decreto-lei n. 8.737, de 19.1.1946)*
Parágrafo único	Tratando de membro do Tribunal Superior do Trabalho será competente para a imposição de execuções o Conselho Federal. *(§ 1º renumerado pelo Decreto-lei n. 229, de 28.2.1967)*
§ 2º	*(Revogado pelo Decreto-Lei n. 229, de 28.2.1967)*

CONSTITUIÇÃO FEDERAL DE 1988
DOU 5.10.1988

Vide art. 102, caput, inciso I, alínea c; art. 103-B; art. 105, caput, inciso I, alínea a; e art. 108, caput, inciso I, alínea a

Art. 102. Compete ao Supremo Tribunal Federal, precipuamente, a guarda da Constituição, cabendo-lhe:

I — processar e julgar, originariamente:

(...)

c) nas infrações penais comuns e nos crimes de responsabilidade, os Ministros de Estado e os Comandantes da Marinha, do Exército e da Aeronáutica, ressalvado o disposto no art. 52, I, os membros dos Tribunais Superiores, os do Tribunal de Contas da União e os chefes de missão diplomática de caráter permanente; *(Redação dada pela Emenda Constitucional n. 23, de 1999)*

Art. 103-B. O Conselho Nacional de Justiça compõe-se de 15 (quinze) membros com mandato de 2 (dois) anos, admitida 1 (uma) recondução, sendo: *(Redação dada pela Emenda Constitucional n. 61, de 2009)*

I — o Presidente do Supremo Tribunal Federal; *(Redação dada pela Emenda Constitucional n. 61, de 2009)*

II — um Ministro do Superior Tribunal de Justiça, indicado pelo respectivo tribunal; *(Incluído pela Emenda Constitucional n. 45, de 2004)*

III — um Ministro do Tribunal Superior do Trabalho, indicado pelo respectivo tribunal; *(Incluído pela Emenda Constitucional n. 45, de 2004)*

IV — um desembargador de Tribunal de Justiça, indicado pelo Supremo Tribunal Federal; *(Incluído pela Emenda Constitucional n. 45, de 2004)*

V — um juiz estadual, indicado pelo Supremo Tribunal Federal; *(Incluído pela Emenda Constitucional n. 45, de 2004)*

VI — um juiz de Tribunal Regional Federal, indicado pelo Superior Tribunal de Justiça; *(Incluído pela Emenda Constitucional n. 45, de 2004)*

VII — um juiz federal, indicado pelo Superior Tribunal de Justiça; *(Incluído pela Emenda Constitucional n. 45, de 2004)*

VIII — um juiz de Tribunal Regional do Trabalho, indicado pelo Tribunal Superior do Trabalho; *(Incluído pela Emenda Constitucional n. 45, de 2004)*

IX — um juiz do trabalho, indicado pelo Tribunal Superior do Trabalho; *(Incluído pela Emenda Constitucional n. 45, de 2004)*

X — um membro do Ministério Público da União, indicado pelo Procurador-Geral da República; *(Incluído pela Emenda Constitucional n. 45, de 2004)*

XI — um membro do Ministério Público estadual, escolhido pelo Procurador-Geral da República dentre os nomes indicados pelo órgão competente de cada instituição estadual; *(Incluído pela Emenda Constitucional n. 45, de 2004)*

XII — dois advogados, indicados pelo Conselho Federal da Ordem dos Advogados do Brasil; *(Incluído pela Emenda Constitucional n. 45, de 2004)*

XIII — dois cidadãos, de notável saber jurídico e reputação ilibada, indicados um pela Câmara dos Deputados e outro pelo Senado Federal. *(Incluído pela Emenda Constitucional n. 45, de 2004)*

§ 1º O Conselho será presidido pelo Presidente do Supremo Tribunal Federal e, nas suas ausências e impedimentos, pelo Vice-Presidente do Supremo Tribunal Federal. *(Redação dada pela Emenda Constitucional n. 61, de 2009)*

§ 2º Os demais membros do Conselho serão nomeados pelo Presidente da República, depois de aprovada a escolha pela maioria absoluta do Senado Federal. *(Redação dada pela Emenda Constitucional n. 61, de 2009)*

§ 3º Não efetuadas, no prazo legal, as indicações previstas neste artigo, caberá a escolha ao Supremo Tribunal Federal. *(Incluído pela Emenda Constitucional n. 45, de 2004)*

§ 4º Compete ao Conselho o controle da atuação administrativa e financeira do Poder Judiciário e do cumprimento dos deveres funcionais dos juízes, cabendo-lhe, além de outras atribuições que lhe forem conferidas pelo Estatuto da Magistratura: *(Incluído pela Emenda Constitucional n. 45, de 2004)*

I — zelar pela autonomia do Poder Judiciário e pelo cumprimento do Estatuto da Magistratura, podendo expedir atos regulamentares, no âmbito de sua competência, ou recomendar providências; *(Incluído pela Emenda Constitucional n. 45, de 2004)*

II — zelar pela observância do art. 37 e apreciar, de ofício ou mediante provocação, a legalidade dos atos administrativos praticados por membros ou órgãos do Poder Judiciário, podendo desconstituí-los, revê-los ou fixar prazo para que se adotem as providências necessárias ao exato cumprimento da lei, sem prejuízo da competência do Tribunal de Contas da União; *(Incluído pela Emenda Constitucional n. 45, de 2004)*

III — receber e conhecer das reclamações contra membros ou órgãos do Poder Judiciário, inclusive contra seus serviços auxiliares, serventias e órgãos prestadores de serviços notariais e de registro que atuem por delegação do poder público ou oficializados, sem prejuízo da competência disciplinar e correicional dos tribunais, podendo avocar processos disciplinares em curso e determinar a remoção, a disponibilidade ou a aposentadoria com subsídios ou proventos proporcionais ao tempo de serviço e aplicar outras sanções administrativas, assegurada ampla defesa; *(Incluído pela Emenda Constitucional n. 45, de 2004)*

IV — representar ao Ministério Público, no caso de crime contra a administração pública ou de abuso de autoridade; *(Incluído pela Emenda Constitucional n. 45, de 2004)*

V — rever, de ofício ou mediante provocação, os processos disciplinares de juízes e membros de tribunais julgados há menos de um ano; *(Incluído pela Emenda Constitucional n. 45, de 2004)*

VI — elaborar semestralmente relatório estatístico sobre processos e sentenças prolatadas, por unidade da Federação, nos diferentes órgãos do Poder Judiciário; *(Incluído pela Emenda Constitucional n. 45, de 2004)*

VII — elaborar relatório anual, propondo as providências que julgar necessárias, sobre a situação do Poder Judiciário no País e as atividades do Conselho, o qual deve integrar mensagem do Presidente do Supremo Tribunal Federal a ser remetida ao Congresso Nacional, por ocasião da abertura da sessão legislativa. *(Incluído pela Emenda Constitucional n. 45, de 2004)*

§ 5º O Ministro do Superior Tribunal de Justiça exercerá a função de Ministro Corregedor e ficará excluído da distribuição de processos no Tribunal, competindo-lhe, além das atribuições que lhe forem conferidas pelo Estatuto da Magistratura, as seguintes: *(Incluído pela Emenda Constitucional n. 45, de 2004)*

I — receber as reclamações e denúncias, de qualquer interessado, relativas aos magistrados e aos serviços judiciários; *(Incluído pela Emenda Constitucional n. 45, de 2004)*

II — exercer funções executivas do Conselho, de inspeção e de correição geral; *(Incluído pela Emenda Constitucional n. 45, de 2004)*

III — requisitar e designar magistrados, delegando-lhes atribuições, e requisitar servidores de juízos ou tribunais, inclusive nos Estados, Distrito Federal e Territórios. *(Incluído pela Emenda Constitucional n. 45, de 2004)*

§ 6º Junto ao Conselho oficiarão o Procurador-Geral da República e o Presidente do Conselho Federal da Ordem dos Advogados do Brasil. *(Incluído pela Emenda Constitucional n. 45, de 2004)*

§ 7º A União, inclusive no Distrito Federal e nos Territórios, criará ouvidorias de justiça, competentes para receber reclamações e denúncias de qualquer interessado contra membros ou órgãos do Poder Judiciário, ou contra seus serviços auxiliares, representando diretamente ao Conselho Nacional de Justiça. *(Incluído pela Emenda Constitucional n. 45, de 2004)*

Art. 105. Compete ao Superior Tribunal de Justiça:

I — processar e julgar, originariamente:

a) nos crimes comuns, os Governadores dos Estados e do Distrito Federal, e, nestes e nos de responsabilidade, os desembargadores dos Tribunais de Justiça dos Estados e do Distrito Federal, os membros dos Tribunais de Contas dos Estados e do Distrito Federal, os dos Tribunais Regionais Federais, dos Tribunais Regionais Eleitorais e do Trabalho, os membros dos Conselhos ou Tribunais de Contas dos Municípios e os do Ministério Público da União que oficiem perante tribunais;

Art. 108. Compete aos Tribunais Regionais Federais:

I — processar e julgar, originariamente:

a) os juízes federais da área de sua jurisdição, incluídos os da Justiça Militar e da Justiça do Trabalho, nos crimes comuns e de responsabilidade, e os membros do Ministério Público da União, ressalvada a competência da Justiça Eleitoral;

Art. 905	Tomando conhecimento do fato imputado, o Juiz, ou Tribunal competente, mandará notificar o acusado, para apresentar, no prazo de 15 (quinze) dias, defesa por escrito.
§ 1º	É facultado ao acusado, dentro do prazo estabelecido neste artigo, requerer a produção de testemunhas, até ao máximo de 5 (cinco). Nesse caso, será marcada audiência para a inquirição.
§ 2º	Findo o prazo de defesa, o processo será imediatamente concluso para julgamento, que deverá ser proferido no prazo de 10 (dez) dias
Art. 906	Da imposição das penalidades a que se refere este Capítulo, caberá recurso ordinário para o Tribunal Superior, no prazo de 10 (dez) dias, salvo se a imposição resultar de dissídio coletivo, caso em que o prazo será de 20 (vinte) dias.
Art. 907	Sempre que o infrator incorrer em pena criminal far-se-á remessa das peças necessárias à autoridade competente.
Art. 908	A cobrança das multas estabelecidas neste Título será feita mediante executivo fiscal, perante o Juiz competente para a cobrança de dívida ativa da Fazenda Pública Federal.
Parágrafo único	A cobrança das multas será promovida, no Distrito Federal e nos Estados em que funcionarem os Tribunais Regionais pela Procuradoria da Justiça do Trabalho, e, nos demais Estados, de acordo com o disposto no Decreto-Lei n. 960, de 17 de dezembro de 1938.

CAPÍTULO VIII
DISPOSIÇÕES FINAIS

Art. 909	A ordem dos processos no Tribunal Superior do Trabalho será regulada em seu regimento interno.
Art. 910	Para os efeitos deste Título, equiparam-se aos serviços públicos os de utilidade pública, bem como os que forem prestados em armazéns de gêneros alimentícios, açougues, padarias, leiterias, farmácias, hospitais, minas, empresas de transportes e comunicações, bancos e estabelecimentos que interessem à segurança nacional.

TÍTULO XI
DISPOSIÇÕES FINAIS E TRANSITÓRIAS

Art. 911 — Esta Consolidação entrará em vigor em 10 de novembro de 1943.

Art. 912 — Os dispositivos de caráter imperativo terão aplicação imediata às relações iniciadas, mas não consumadas, antes da vigência desta Consolidação.

Art. 913 — O Ministro do Trabalho, Indústria e Comércio expedirá instruções, quadros, tabelas e modelos que se tornarem necessários à execução desta Consolidação.

Parágrafo único — O Tribunal Superior do Trabalho adaptará o seu regimento interno e o dos Tribunais Regionais do Trabalho às normas contidas nesta Consolidação.

CONSTITUIÇÃO FEDERAL DE 1988
DOU 5.10.1988

Vide art. 96, caput e inciso I

Art. 96. Compete privativamente:

I — aos tribunais:

a) eleger seus órgãos diretivos e elaborar seus regimentos internos, com observância das normas de processo e das garantias processuais das partes, dispondo sobre a competência e o funcionamento dos respectivos órgãos jurisdicionais e administrativos;

b) organizar suas secretarias e serviços auxiliares e os dos juízos que lhes forem vinculados, velando pelo exercício da atividade correicional respectiva;

c) prover, na forma prevista nesta Constituição, os cargos de juiz de carreira da respectiva jurisdição;

d) propor a criação de novas varas judiciárias;

e) prover, por concurso público de provas, ou de provas e títulos, obedecido o disposto no art. 169, parágrafo único, os cargos necessários à administração da Justiça, exceto os de confiança assim definidos em lei;

f) conceder licença, férias e outros afastamentos a seus membros e aos juízes e servidores que lhes forem imediatamente vinculados.

Art. 914 — Continuarão em vigor os quadros, tabelas e modelos, aprovados em virtude de dispositivos não alterados pela presente Consolidação.

Art. 915 — Não serão prejudicados os recursos interpostos com apoio em dispositivos alterados ou cujo prazo para interposição esteja em curso à data da vigência desta Consolidação.

Art. 916 — Os prazos de prescrição fixados pela presente Consolidação começarão a correr da data da vigência desta, quando menores do que os previstos pela legislação anterior.

Art. 917 — O Ministro do Trabalho, Indústria e Comércio marcará prazo para adaptação dos atuais estabelecimentos às exigências contidas no capítulo "De Higiene e Segurança do Trabalho". Compete ainda àquela autoridade fixar os prazos dentro dos quais, em cada Estado, entrará em vigor a obrigatoriedade do uso da Carteira Profissional, para os atuais empregados.

Parágrafo único — O Ministro do Trabalho, Indústria e Comércio fixará, para cada Estado e quando julgar conveniente, o início da vigência de parte ou de todos os dispositivos contidos no Capítulo "Da Segurança e da Medicina do Trabalho". *(Redação dada pela Lei n. 6.514, de 22.12.1977)*

TÍTULO XI — DISPOSIÇÕES FINAIS E TRANSITÓRIAS

Art. 918	Enquanto não for expedida a Lei Orgânica da Previdência Social, competirá ao presidente do Tribunal Superior do Trabalho julgar os recursos interpostos com apoio no art. 1º, alínea "c", do Decreto-Lei n. 3.710, de 14 de outubro de 1941, cabendo recurso de suas decisões nos termos do disposto no art. 734, alínea "b", desta Consolidação.
Parágrafo único	Ao diretor do Departamento de Previdência Social incumbirá presidir as eleições para a constituição dos Conselhos Fiscais dos Institutos e Caixas de Aposentadoria e Pensões e julgar, com recurso para a instância superior, os recursos sobre matéria técnico-administrativa dessas instituições. *(Revogado com o advento da Lei Orgânica da Previdência Social — LOPS — Lei n. 3.807, de 26.8.1960)*
Art. 919	Ao empregado bancário, admitido até a data da vigência da presente Lei, fica assegurado o direito à aquisição da estabilidade nos termos do art. 15 do Decreto n. 24.615, de 9 de julho de 1934.
Art. 920	Enquanto não forem constituídas as confederações, ou, na falta destas, a representação de classes, econômicas ou profissionais, que derivar da indicação desses órgãos ou dos respectivos presidentes, será suprida por equivalente designação ou eleição realizada pelas correspondentes federações.
Art. 921	As empresas que não estiverem incluídas no enquadramento sindical em que trata o art. 577 poderão firmar contratos coletivos de trabalho com os sindicatos representativos da respectiva categoria profissional.
Art. 922	O disposto no art. 301 regerá somente as relações de empregos iniciadas depois da vigência desta Consolidação. *(Incluído pelo Decreto-lei n. 6.353, de 20.3.1944)*

ANEXO

QUADRO A QUE SE REFERE O ART. 577 DA CONSOLIDAÇÃO DAS LEIS DO TRABALHO

CONFEDERAÇÃO NACIONAL DA INDÚSTRIA	CONFEDERAÇÃO NACIONAL DOS TRABALHADORES NA INDÚSTRIA
1º Grupo — Indústria da Alimentação	1º Grupo — Trabalhadores nas Indústrias de Alimentação
Atividades ou Categorias Econômicas	Categorias Profissionais
Indústria do trigo.	Trabalhadores na Ind do trigo, milho, soja e mandioca.
Indústria do milho e da soja.	Trabalhadores na Ind do trigo, milho, soja e mandioca.
Indústria da mandioca.	Trabalhadores na Ind do trigo, milho, soja e mandioca.
Indústria do arroz.	Trabalhadores na Indústria do arroz.
Indústria da aveia.	Trabalhadores na Indústria da aveia.
Indústria do açúcar.	Trabalhadores na Indústria do açúcar.
Indústria do açúcar e do engenho.	Trabalhadores na Indústria do açúcar.
Indústria da refinação do açúcar.	Trabalhadores na Indústria do açúcar.
Indústria de torrefação e moagem do café.	Trabalhadores na Ind de torrefação e moagem do café.
Indústria de refinação do sal.	Trabalhadores na Indústria de refinação do sal.
Indústria de panificação e confeitaria.	Trabalhadores na Ind de panificação e confeitaria.
Indústria de produtos de cacau e balas.	Trabalhadores na Ind de produtos de cacau e balas.
Indústria do mate.	Trabalhadores na Indústria do mate.
Indústria de laticínios e produtos derivados.	Trabalhadores na Ind de laticínios e produtos derivados.
Indústria de massas alimentícias e biscoitos.	Trabalhadores na Ind de massas alimentícias e biscoitos.
Indústria de cerveja de alta fermentação.	Trabalhadores na Ind de cerveja e bebidas em geral.
Indústria de cerveja de baixa fermentação.	Trabalhadores na Ind de cerveja e bebidas em geral.
Indústria de cerveja e de bebidas em geral.	Trabalhadores na Ind de cerveja e bebidas em geral.
Indústria do vinho.	Trabalhadores na Indústria do vinho.
Indústria de águas minerais.	Trabalhadores na Indústria de águas minerais.
Indústria de azeite e óleos alimentícios.	Trabalhadores na ind do azeite e óleos alimentícios.
Indústria de doces e conservas alimentícias.	Trabalhadores na Ind de doces e conservas alimentícias.
Indústria de carnes e derivados.	Trabalhadores na Indústria de carnes e derivados.
Indústria do frio.	Trabalhadores na Indústria do frio.
Indústria do fumo.	Trabalhadores na Indústria do fumo.
Indústria da imunização e tratamento de frutas.	Trabalhadores na Ind da imunização e tratamento de frutas.
Indústria do beneficiamento do café do café (inclusive rebeneficiamento).	Trabalhadores na Indústria do beneficiamento do café.
Indústria alimentar de congelamentos, supercongelados, sorvetes, concentrados e liofilizados.	Trabalhadores na Indústria alimentar de congelados, supercongelados, sorvetes, concentrados e liofilizados.
Indústria de rações balanceadas.	Trabalhadores na Indústria de rações balanceadas.
Indústria do café solúvel.	Trabalhadores na Indústria do café solúvel.
Indústria da pesca.	Trabalhadores na Indústria da pesca.
2º Grupo — Indústrias do Vestuário	2º Grupo — Trabalhadores nas Indústrias do Vestuário
Atividades ou Categorias Econômica	Categorias Profissionais
Indústria de calçados.	Trabalhadores na Indústria de calçados.
Indústria de solado palmilhado.	Trabalhadores na Indústria de tamancos, saltos, formas e paus.
Indústria de camisa para homens e roupas brancas.	Oficiais alfaiates, costureiros e trabalhadores na indústria de confecção de roupas.
Indústria de alfaiataria e de confecção de roupas de homem.	Oficiais alfaiates, costureiros e trabalhadores na indústria de confecção de roupas.
Indústria de guarda-chuvas e bengalas.	Trabalhadores na Indústria de guarda-chuvas e bengalas.
Indústria de luvas, bolsas e peles de resguardo.	Trabalhadores na Indústria de luvas, bolsas e peles de resguardo.
Indústria de pentes, botões e similares.	Trabalhadores na Indústria de pentes, botões e similares.

Indústria de chapéus.	Trabalhadores na Indústria de chapéus.
Indústria de confecção de roupas e chapéus de senhora.	Trabalhadores na Indústria de confecção de roupas e chapéus de senhora.
Indústria de material de segurança e proteção ao trabalho.	Trabalhadores na Indústria de material de segurança e proteção ao trabalho.
3º Grupo — Indústrias da Construção e do Mobiliário	3º Grupo — Trabalhadores nas Indústrias da Construção e do Mobiliário
Atividades ou Categorias Econômicas	Categorias Profissionais
Indústria da construção civil (inclusive engenharia consultiva).	Trabalhadores na Indústria da construção civil (pedreiros, carpinteiros, pintores e estucadores, bombeiros hidráulicos e trabalhadores em geral, de estradas, pontes, portos e canais e engenharia consultiva).
Indústria de olaria.	Trabalhadores na Indústria de olaria.
Indústria de cal e gesso.	Trabalhadores na Indústria do cimento, cal e gesso.
Indústria do cimento.	Trabalhadores na Indústria do cimento, cal e gesso.
Indústria de ladrilhos hidráulicos e produtos de cimento.	Trabalhadores na Indústria de ladrilhos hidráulicos e produtos de cimento.
Indústria de cerâmica para construção.	Trabalhadores na Indústria de cerâmica para construção.
Indústria de mármores e granitos.	Trabalhadores na Indústria de mármores e granitos.
Indústria de pintura, decorações, estuques e ornatos.	Trabalhadores na Indústria de pintura, decorações, estuques e ornatos.
Indústria de serrarias, carpintarias, tanoarias, madeiras compensadas e laminados aglomerados e chapas de fibras de madeira.	Trabalhadores na Indústria de serrarias, carpintarias, tanoarias, madeiras compensadas e laminadas, aglomerados e chapas de fibras de madeira.
Indústria de marcenaria (móveis de madeira).	Oficiais marceneiros e trabalhadores nas indústrias de serrarias e de móveis de madeira.
Indústria de móveis de junco e vime e de vassouras.	Trabalhadores na Indústria de móveis de junco e vime e de vassouras.
Indústria de cortinados e estofos.	Trabalhadores na Indústria de cortinados e estofos.
Indústria de escovas e pincéis.	Trabalhadores na Indústria de escovas e pincéis.
Indústria de artefatos de cimento armado.	Trabalhadores na Indústria de artefatos de cimento armado.
Indústria de instalações elétricas, gás, hidráulicas e sanitárias.	Oficiais eletricista e trabalhadores na indústria de instalações elétricas, gás, hidráulicas e sanitárias.
Indústria da construção de estradas, pavimentação, obras de terraplanagem em geral (barragens, aeroportos, canais e engenharia consultiva).	Tratoristas (excetuados os rurais) — diferenciada Trabalhadores na Indústria da construção de estradas, pavimentação, obras de terraplanagem em geral (barragens, aeroportos, canais e engenharia consultiva).
Indústria de refratários.	Trabalhadores na Indústria de refratários.
4º Grupo — Indústrias Urbanas	4º Grupo — Trabalhadores nas Indústrias Urbanas
Atividades ou Categorias Econômicas	Categorias Profissionais
Indústria da purificação e distribuição de água.	Trabalhadores na Indústria da purificação e distribuição de água.
Indústria de energia elétrica.	Trabalhadores na Indústria de energia elétrica.
Indústria da produção do gás.	Trabalhadores na Indústria da produção do gás.
Serviços de esgotos.	Trabalhadores em serviços de esgotos.
5º Grupo — Indústrias Extrativas	5º Grupo — Trabalhadores nas Indústrias Extrativas
Atividades ou Categorias Econômicas	Categorias Profissionais
Indústria ou categorias do ouro e metais preciosos.	Trabalhadores na Indústria da extração do ouro e metais preciosos.
Indústria da extração do ferro e metais básicos.	Trabalhadores na Indústria da extração do ferro e metais básicos.
Indústria da extração do carvão e da fluorita.	Trabalhadores na indústria da extração do carvão e da fluorita.
Indústria da extração de diamantes e pedras preciosas.	Trabalhadores na Indústria da extração de diamantes e pedras preciosas.
Indústria da extração de mármores, calcários e pedreiras.	Trabalhadores na Indústria da extração de mármore, calcários e pedreiras.
Indústria de extração de areias e barreiras.	Trabalhadores na Indústria da extração de areias e barreiras.
Indústria da extração do sal.	Trabalhadores na Indústria da extração do sal.
Indústria da extração do petróleo.	Trabalhadores na Indústria da extração do petróleo.
Indústria da extração de madeiras.	Trabalhadores na Indústria da extração de madeiras.
Indústria da extração de resinas.	Trabalhadores na Indústria da extração de resinas.
Indústria da extração da lenha.	Trabalhadores na Indústria da extração da lenha.

ANEXO

Indústria da extração de borracha.	Trabalhadores na Indústria da extração da borracha.
Indústria da extração de fibras vegetais.	Trabalhadores na Indústria da extração de fibras vegetais e de cera de carnaúba.
Indústria da extração de óleos vegetais e animais.	Trabalhadores na Indústria da extração de óleos vegetais e animais.
Indústria da extração do estanho.	Trabalhadores na Indústria da extração do estanho.
Indústria da extração de pirita.	Trabalhadores na Indústria da extração de pirita.
Garimpeiros (trabalhadores autônomos) Indústria da extração de minerais não metálicos (gesso, amianto, mica, quartzo, grafite, talco, greda, etc).	Trabalhadores na Indústria da extração de minerais não metálicos.

6º Grupo — Indústrias de Fiação e Tecelagem	6º Grupo — Trabalhadores nas Indústrias de Fiação e Tecelagem
Atividades ou Categorias Econômicas	Categorias Profissionais
Indústria da cordoalha e estopa.	Mestres e contramestres na Indústria de fiação e tecelagem.
Indústria da malharia e meias.	Trabalhadores na Indústria de fiação e tecelagem.
Indústria de fiação e tecelagem em geral.	Trabalhadores na Indústria de fiação e tecelagem.
Indústrias de especialidades têxteis (passamanarias, rendas, tapetes).	Técnicos têxteis.
Indústria de fibras artificiais e sintéticas (dissociada).	Técnicos têxteis.

7º Grupo — Indústrias de Artefatos de Couro	7º Grupo — Trabalhadores nas Indústrias de Artefatos
Atividades ou Categorias Econômicas	Categorias Profissionais
Indústrias de curtimentos de couros e de peles.	Trabalhadores na indústria do curtimento de couros e peles.
Indústria de malas e artigos de viagem.	Trabalhadores na Indústria de artefatos de couro.
Indústria de correias em geral e arreios.	Trabalhadores na Indústria de artefatos de couro.

8º Grupo — Indústrias de Artefatos de Borracha	8º Grupo — Trabalhadores nas Indústrias de Artefatos
Atividades ou Categorias Econômicas	Categorias Profissionais
Indústria de artefatos de borracha.	Trabalhadores na Indústria de artefatos de borracha.
Indústria de pneumáticos e câmaras de ar para veículos.	Trabalhadores na Indústria de artefatos de borracha.

9º Grupo — Indústria de Joalheria e Lapidação de Pedras Preciosas	9º Grupo — Trabalhadores nas Indústrias de Joalheria e Lapidação de Pedras Preciosas
Atividades ou Categorias Econômicas	Categorias Profissionais
Indústria da joalheria e ourivesaria.	Oficiais joalheiros e ourives.
Indústria da lapidação de pedras preciosas.	Oficiais lapidários.
Indústria da relojoaria.	Trabalhadores na Indústria de relojoaria e oficiais relojoeiros.

10º Grupo — Indústrias Químicas e Farmacêuticas	10º Grupo — Trabalhadores nas Indústrias Químicas e Farmacêuticas
Atividades ou Categorias Econômicas	Categorias Profissionais
Indústria de produtos químicos para fins industriais.	Trabalhadores na indústria de produtos químicos para fins industriais.
Indústria de produtos farmacêuticos.	Trabalhadores nas Indústrias de produtos farmacêuticos.
Indústria de preparação de óleos vegetais e animais.	Trabalhadores na indústria de preparação de óleos vegetais e animais.
Indústria de perfumaria e artigos de toucador.	Trabalhadores na indústria de perfumaria e artigos de toucador.
Indústria de resinas sintéticas.	Trabalhadores na Indústria de resinas sintéticas.
Indústria de sabão e velas.	Trabalhadores na Indústria de sabão e velas.
Indústria de fabricação do álcool.	Trabalhadores na Indústria de fabricação do álcool.
Indústria de explosivos.	Trabalhadores na Indústria de explosivos.
Indústria de tintas e vernizes.	Trabalhadores na Indústria de tintas e vernizes.
Indústria de fósforos.	Trabalhadores na Indústria de fósforos.
Indústria de adubos e corretivos agrícolas.	Trabalhadores na Indústria se adubos e corretivos agrícolas.

Indústria de defensivos agrícolas.	Trabalhadores na Indústria de defensivos agrícolas.
Indústria de tinturaria.	Trabalhadores nas Indústrias de tinturaria.
Indústria de destilação e refinação de petróleo.	Trabalhadores na Indústria da destilação e refinação de petróleo.
Indústria de material plástico (inclusive da produção de laminados plásticos).	Trabalhadores na Indústria de material plástico (inclusive trabalhadores na indústria da produção de laminados).
Indústria de matérias-primas para inseticidas e fertilizantes.	Trabalhadores na Indústria de matérias-primas para inseticidas e fertilizantes.
Indústria de abrasivos.	Trabalhadores na indústria de abrasivos.
Indústria de álcalis.	Trabalhadores na Indústria petroquímica.
Indústria petroquímica.	Trabalhadores na Indústria petroquímica.
Indústria de lápis, canetas, tintas de escrever e similares.	Trabalhadores na Indústria de lápis, canetas, tintas de escrever e similares.
Indústria de defensivos animais.	Trabalhadores na Indústria de defensivos animais.
Indústria de re-refino de óleos minerais.	Trabalhadores na Indústria de re-refino de óleos minerais.

11º Grupo — Indústrias do Papel, Papelão e Cortiça	11º Grupo — Trabalhadores nas Indústrias do Papel, Papelão e Cortiça
Atividades ou Categorias Econômicas	**Categorias Profissionais**
Indústria do papelão.	Trabalhadores na Indústria do papel, celulose, pasta de madeira para papel, papelão e cortiça.
Indústria de cortiça.	Trabalhadores na Indústria do papel, celulose, pasta de madeira para papel, papelão e cortiça.
Indústria de papel, celulose e pasta de madeira para papel.	Trabalhadores na Indústria do papel, celulose, pasta de madeira para papel, papelão e cortiça.
Indústria de artefatos de papel, papelão e cortiça.	Trabalhadores na Indústria de artefatos de papel, papelão e cortiça.

12º Grupo — Indústrias Gráficas	12º Grupo — Trabalhadores nas Indústrias Gráficas
Atividades ou Categorias Econômicas	**Categorias Profissionais**
Indústria da tipografia.	Oficiais gráficos (diferenciada).
Indústria da gravura.	Oficiais gráficos (diferenciada).
Indústria de encadernação.	Oficiais encadernadores.

13º Grupo — Indústrias de Vidros, Cristais, Espelhos, Cerâmica de Louça e Porcelana	13º Grupo — Trabalhadores nas Indústrias de Vidros, Cristais, Espelhos, Cerâmica de Louças e Porcelana
Atividades ou Categorias Econômicas	**Categorias Profissionais**
Indústria de vidros e cristais planos.	Trabalhadores nas Indústrias de vidros, cristais e espelhos.
Indústria de vidros e cristais ocos (frascos, garrafas, copos e similares).	Trabalhadores nas Indústrias de vidros, cristais e espelhos.
Indústria de espelhos e polimentos (lapidação de vidro).	Trabalhadores nas Indústrias de vidros, cristais e espelhos.
Indústria de cerâmica, da louça de pó de pedra, da porcelana e da louça de barro.	Trabalhadores na Indústria de cerâmica, da louça de pó de pedra, da porcelana e da louça de barro.
Indústria da ótica.	Trabalhadores na Indústria da ótica.

14º Grupo — Indústrias Metalúrgicas, Mecânicas e de Material Elétrico	14º Grupo — Trabalhadores nas Indústrias Metalúrgicas, Mecânicas e de Material Elétrico
Atividades ou Categorias Econômicas	**Categorias Profissionais**
Indústria do ferro (siderurgia).	Trabalhadores metalúrgicos (siderurgia a fundição).
Indústria de trefilação e laminação de matais ferrosos.	Trabalhadores metalúrgicos (siderurgia a fundição).
Indústria de construção aeronáutica.	Trabalhadores na Indústria da construção aeronáutica.
Indústria de fundição.	Trabalhadores em oficinas mecânicas.
Indústria de artefatos de ferro e metais em geral.	Trabalhadores em oficinas mecânicas.
Indústria da serralheria.	Trabalhadores em oficinas mecânicas.
Indústria da mecânica.	Trabalhadores em oficinas mecânicas.
Indústria de proteção, tratamento e transformação de superfícies.	Trabalhadores em oficinas mecânicas.

ANEXO

Atividades	Categorias Profissionais
Indústria de máquinas.	Trabalhadores em oficinas mecânicas.
Indústria de cutelaria.	Trabalhadores em oficinas mecânicas.
Indústria de balanças, pesos e medidas.	Trabalhadores em oficinas mecânicas.
Indústria de funilaria.	Trabalhadores em oficinas mecânicas.
Indústria de estamparia de metais.	Trabalhadores em oficinas mecânicas.
Indústria de móveis de metal indústria da construção naval.	Trabalhadores em oficinas mecânicas.
Indústria de materiais e equipamentos rodoviários e ferroviários (compreensiva das empresas industriais fabricantes de carrocerias para ônibus e caminhões, viaturas (reboques e semi-reboques), locomotivas, vagões, carros e equipamentos ferroviários, motocicletas, motonetas e veículos semelhantes).	Trabalhadores na Indústria de reparação de veículos e acessórios.
Indústria de reparação de veículos e acessórios.	Trabalhadores na Indústria de reparação de veículos e acessórios.
Indústria de artefatos de metais não ferrosos.	Trabalhadores na Indústria de reparação de veículos e acessórios.
Indústria de geradores de vapor (caldeiras e acessórios).	Trabalhadores na Indústria de reparação de veículos e acessórios.
Indústria de lâmpadas e aparelhos elétricos de iluminação.	Trabalhadores na Indústria do material elétrico.
Indústria de condutores elétricos, trefilação e laminação de metais não ferrosos.	Trabalhadores na Indústria do material elétrico.
Indústria de aparelhos elétricos, eletrônicos e similares.	Trabalhadores na Indústria do material elétrico.
Indústria de aparelhos de radiotransmissão.	Trabalhadores na Indústria do material elétrico.
Indústria de peças para automóveis e similares.	Trabalhadores na Indústria de peças para automóveis e similares.
Industria de tratores, máquinas agrícolas, rodoviárias, e de terraplanagem, caminhões, ônibus, automóveis e veículos similares.	Trabalhadores na Indústria de peças para automóveis e similares.
Indústria de parafusos, porcas, rebites e similares.	Trabalhadores na Indústria de peças para automóveis e similares.
Indústria de artigos e equipamentos odontológicos, médicos e hospitalares.	Trabalhadores na Indústria de artigos e equipamentos odontológicos, médicos e hospitalares.
Indústria de forjaria.	Trabalhadores na Indústria de forjaria.
Indústria de refrigeração, aquecimento e tratamento de ar.	Trabalhadores na Indústria de refrigeração, aquecimento e tratamento de ar.

15º Grupo — Indústria de Instrumentos Musicais de Brinquedos	15º Grupo — Trabalhadores nas Indústrias de Instrumentos Musicais e de Brinquedos
Atividades ou Categorias Econômicas	Categorias Profissionais
Indústria de instrumentos musicais.	Trabalhadores na Indústria de instrumentos musicais.
Indústria de brinquedos.	Trabalhadores na Indústria de brinquedos.

16º Grupo — Indústrias Cinematográficas	16º Grupo — Trabalhadores nas Indústrias Cinematográficas
Atividades ou Categorias Econômicas	Categorias Profissionais
Indústria cinematográfica (inclusive laboratórios cinematográficos).	Trabalhadores na Indústria cinematográfica (inclusive trabalhadores em laboratórios cinematográficos).

17º Grupo — Indústrias de Beneficiamento	17º Grupo — Trabalhadores nas Indústrias de Beneficiamento
Atividades ou Categorias Econômicas	Categorias Profissionais
Indústria de beneficiamento de carvão.	Trabalhadores na Indústria de beneficiamento de carvão.
Indústria de beneficiamento de fibras vegetais e do descaroçamento de algodão.	Trabalhadores na Indústria de beneficiamento de fibras vegetais e do descaroçamento de algodão.
Indústria de beneficiamento de borracha.	Trabalhadores na Indústria de beneficiamento de borracha.

18º Grupo — Indústria de Artesanatos em Geral	18º Grupo — Trabalhadores nas Indústrias de Artesanatos em Geral
Atividade ou Categorias Econômicas	Categorias Profissionais
Empresas de artesanatos em geral.	Empregados em empresas de artesanatos em geral.
Artesãos autônomos.	

CONFEDERAÇÃO NACIONAL DO COMÉRCIO	CONFEDERAÇÃO NACIONAL DOS TRABALHADORES NO COMÉRCIO
1º Grupo — Comércio Atacadista	1º Grupo — Empregados no Comércio
Comércio atacadista de algodão e outras fibras vegetais.	Empregados no comércio (prepostos no comércio em geral).
Comércio atacadista de carnes frescas e congeladas.	Empregados no comércio (prepostos no comércio em geral).

ANEXO

Comércio atacadista de carvão vegetal e lenha.	Empregados no comércio (prepostos no comércio em geral).
Comércio atacadista de gêneros alimentícios.	Empregados no comércio (prepostos no comércio em geral).
Comércio atacadista de tecidos, vestuários e armarinho.	Empregados no comércio (prepostos no comércio em geral).
Comércio atacadista de louças, tintas e ferragens.	Empregados no comércio (prepostos no comércio em geral).
Comércio atacadista de maquinismo em geral.	Empregados no comércio (prepostos no comércio em geral).
Comércio atacadista de materiais de construção.	Empregados no comércio (prepostos do comércio em geral).
Comércio atacadista de material elétrico.	Empregados no comércio (prepostos do comércio em geral).
Comércio atacadista de produtos químicos para indústria e lavoura.	Empregados no comércio (prepostos do comércio em geral).
Comércio atacadista de drogas e medicamentos.	Empregados no comércio (prepostos do comércio em geral).
Comércio atacadista de sacaria.	Empregados no comércio (prepostos do comércio em geral).
Comércio atacadista de pedras preciosas.	Empregados no comércio e viajantes do comércio (diferenciada).
Comércio atacadista de joias e relógios.	Empregados vendedores e viajantes do comércio (diferenciada).
Comércio atacadista de papel e papelão.	Empregados vendedores e viajantes do comércio (diferenciada).
Comércio atacadista de álcool e bebidas em geral.	Empregados vendedores e viajantes do comércio (diferenciada).
Comércio atacadista de couros e peles.	Empregados vendedores e viajantes do comércio (diferenciada).
Comércio atacadista de frutas.	Empregados vendedores e viajantes do comércio (diferenciada).
Comércio atacadista de artigos sanitários.	Empregados vendedores e viajantes do comércio (diferenciada).
Comércio atacadista de vidros planos, cristais e espelhos.	Empregados vendedores e viajantes do comércio (diferenciada).
	Classificadores de produtos de origem vegetal (diferenciada).
Comércio atacadista de minérios e pesquisas.	Trabalhadores no comércio de minérios e derivados de petróleo (inclusive pesquisas de minérios).
Comércio atacadista de derivados de petróleo.	Trabalhadores no comércio de minérios e derivados de petróleo (inclusive pesquisas de minérios).
Comércio atacadista de solventes de petróleo.	Trabalhadores no comércio de minérios e derivados de petróleo (inclusive pesquisas de minérios).
Comércio atacadista de aparelhos e materiais óticos, fotográficos e cinematográficos.	
Comércio atacadista exportador.	
Comércio exportador do café.	

2º Grupo — Comércio Varejista	
Atividades ou Categorias Econômicas	Categorias Profissionais
Lojistas do comércio (estabelecimentos de tecidos, de vestuários, adorno e acessórios de arte, de louças finas, de cirurgia, de móveis e congêneres).	
Comércio varejista de carnes frescas.	Empregados no comércio varejista de carnes frescas.
Comércio varejista de gêneros alimentícios.	Práticos de farmácia (diferenciada).
Comércio varejista de produtos farmacêuticos.	Propagandistas, propagandistas — vendedores e vendedores de produtos farmacêuticos (diferenciada).
Comércio varejista de maquinismo, ferragens e tintas (utensílios e ferramentas).	
Comércio varejista de calçados.	
Comércio varejista de material elétrico e aparelhos eletrodomésticos.	
Comércio varejista de veículos.	
Comércio varejista de peças e acessórios	
Comércio varejista de carvão vegetal e lenha	
Comércio de vendedores ambulantes (trabalhadores autônomos)	
Comércio varejista dos feirantes	
Comércio varejista de frutas, verduras, flores e plantas	
Estabelecimentos de serviços funerários (compreensiva de casas, agências e empresas funerárias)	
Comércio varejista de material ótico, fotográfico e cinematográfico	
Comércio varejista de livros	
Comércio varejista de material de escritório e papelaria	

ANEXO

Empresas de garagem, estacionamento e de limpeza e conservação de veículos	Empregados em empresas de garagem, estacionamento e de limpeza e conservação de veículos
Comércio varejista de derivados de petróleo	Trabalhadores no comércio de minérios e derivados de petróleo (inclusive pesquisas de minérios)

3º Grupo — Agentes Autônomos do Comércio	3º Grupo — Empregados de Agentes Autônomos do Comércio
Atividades ou Categorias Econômicas	**Categorias Profissionais**
Corretores de mercadorias.	Empregados de agentes autônomos do comércio.
Corretores de navios.	Empregados de agentes autônomos do comércio.
Corretores de imóveis.	Empregados de agentes autônomos do comércio.
Despachantes aduaneiros.	Empregados de agentes autônomos do comércio.
Despachantes (exceto os despachantes aduaneiros).	Empregados de agentes autônomos do comércio.
Leiloeiros.	Empregados de agentes autônomos do comércio.
Representantes comerciais.	Empregados de agentes autônomos do comércio.
Comissários e consignatários.	Empregados de agentes autônomos do comércio.
Agentes da propriedade industrial.	Empregados de agentes autônomos do comércio.
Corretores de joias e pedras preciosas.	Empregados de agentes autônomos do comércio.
Corretores de café.	Empregados de agentes autônomos do comércio.
Administradores de consórcios.	Empregados de agentes autônomos do comércio.
Empresas de assessoramento, perícias, informações e pesquisas.	Empregados de agentes autônomos do comércio.

4º Grupo — Comércio Armazenador	4º Grupo — Trabalhadores no Comércio Armazenador
Atividade ou Categorias Econômicas	**Categorias Profissionais**
Trapiches.	Arrumadores (trapiches, armazéns gerais e entrepostos).
Armazéns gerais (cereais, algodão e outros produtos).	Carregadores e ensacadores de sal.
Entreposto (de carne, leite e outros produtos).	
Comissários e consignatários de café.	Carregadores e ensacadores de café.
Comércio de café em geral (exceto varejistas).	Catadeiras e costureiras no comércio de café. Auxiliares de administração no comércio do café, em geral (inclusive correlato exceto varejistas).

5º Grupo — Empregados em Hospitalidade	5º Grupo — Empregados em Turismo e Hospitalidade
Atividades ou Categorias Econômicas	**Categorias Profissionais**
Empresas de turismo.	Empregados em empresas de turismo (inclusive intérpretes e guias de turismo).
Empresas exibidoras cinematográficas.	Operadores cinematográficos. Empregados em empresas exibidoras cinematográficas.
Instituto de beleza e cabeleireiros de senhoras.	Empregados em institutos de beleza e cabeleireiros de senhoras.
Hotéis, restaurantes, bares e similares (estabelecimento de hospedagem, alimentação preparada e bebidas a varejo).	Empregados no comércio hoteleiro e similares (inclusive empregados de edifícios: Zeladores, porteiros, cabineiros, vigias, faxineiros, serventes e outros). Garçons (diferenciada).
Hospitais, clínicas, casas de saúde e laboratórios de pesquisas e análises clínicas.	Profissionais de Enfermagem, Técnicos, Duchistas, Massagistas e Empregados em Hospitais e Casas de Saúde, abrangendo os profissionais de enfermagem em geral, vinculados por contrato de trabalho (ressalvado o duplo enquadramento dos que também sejam "Enfermeiros"), auxiliares técnicos de serviços paramédicos, tais como técnicos de laboratório clínico, operador de Raios X, de radioterapia de cobaltoterapia, de eletroencefalografia, eletrocardiografia, de hemoterapia, atendentes, auxiliares de serviços médicos, burocratas, massagistas, duchistas, pedicuros e empregados em hospitais, clínicas e casas de saúde, (mantido para essa categoria o caráter de diferenciada, que, pela Portaria Ministerial n. 3.005, de 05.01.70 foi atribuída a categoria cuja denominação foi alterada pela Portaria n. 3.311 de 09.09.74 — DOU 09.09.74.
Empresas de conservação de elevadores.	Empregados de empresas de conservação de elevadores.
Casas de diversões.	Empregados em casas de diversões. Bailarinas e dançarinas.
Salões de barbeiro e cabeleireiros para homens.	Oficiais barbeiros (inclusive aprendizes, ajudantes, manicures e empregados nos salões de cabeleireiros para homens).

Empresas de compra, venda, locação e administração de imóveis.	Empregados em empresas de compra, venda, locação e administração de imóveis.
Serviços de lustradores de calçados.	Lustradores de calçados.
Empresas de asseio e conservação.	Empregados de empresas de asseio e conservação.
Instituições Beneficentes, Religiosas e Filantrópicas.	Empregados em Instituições Beneficentes, Religiosas e Filantrópicas.
Empresa de prótese dentária.	Auxiliares nos laboratórios de prótese dentária.
Lavanderias e similares.	Empregados em lavanderias e similares.

CONFEDERAÇÃO NACIONAL DOS TRANSPORTES MARÍTIMOS, FLUVIAIS E AÉREOS	CONFEDERAÇÃO NACIONAL DOS TRABALHADORES EM TRANSPORTES MARÍTIMOS, FLUVIAIS E AÉREOS
1º Grupo — Empresas de Navegação Marítima e Fluvial	1º Grupo — Trabalhadores em Transportes Marítimos e Fluviais
Atividades ou Categorias Econômicas	Categorias Profissionais
Empresas de navegação marítima. Empresas de navegação de tráfego portuário (dissociada).	Oficiais de náutica da marinha mercante (Práticos). Oficiais de máquinas da marinha mercante. Comissários da marinha mercante. Motoristas e condutores da marinha mercante. Mecânicos da marinha mercante. Conferentes de carga da marinha mercante. Arrais e mestres de cabotagem em transportes marítimos. Contramestres, marinheiros e moços em transportes marítimos. Radiotelegrafistas da marinha mercante. Taifeiros, culinários e panificadores marítimos. Foguistas da marinha mercante (inclusive carvoeiros). Médicos da marinha mercante. Enfermeiros da marinha mercante. Empregados em escritórios das empresas de navegação marítima. Mestres e encarregados de estaleiros das empresas de navegação marítima. Carpinteiros navais. Eletricistas da marinha mercante. Auxiliares técnicos, mestres, contramestres e encarregados artífices em estaleiros de empresas de navegação marítima. Oficiais de náutica em transportes fluviais (Práticos). Oficiais de máquinas em transportes fluviais. Comissários em transportes fluviais. Motoristas e condutores em transportes fluviais. Conferentes de carga em transportes fluviais.
Empresas de navegação fluvial e lacustre.	Arrais e mestres de cabotagem em transportes fluviais. Contramestres, marinheiros e moços em transportes fluviais. Radiotelegrafistas em transportes fluviais. Taifeiros, culinários e panificadores em transportes fluviais. Foguistas em transportes fluviais (inclusive carvoeiros). Médicos em transportes fluviais. Enfermeiros em transportes fluviais. Amarradores.
Estaleiros navais.	Operários navais (trabalhadores em estaleiros de navegação e calafates navais).
	Empregados em escritórios das empresas de navegação fluvial.
	Mestres e encarregados de estaleiros das empresas de navegação fluvial.
Agências de navegação.	Operários fluviais (trabalhadores em estaleiros de navegação fluvial e calafates fluviais).
	Carpinteiros fluviais.
	Escreventes em transportes fluviais.
2º Grupo — Empresas Aeroviárias	2º Grupo — Trabalhadores em Transportes Aéreos
Atividades ou Categorias Econômicas	Categorias Profissionais
Empresas aeroviárias.	Aeroviários (diferenciada).
Empresas de táxis aéreos.	Aeronautas (diferenciada).
Carregadores e transportes de bagagens em aeroportos (trabalhadores autônomos).	Radiotelegrafistas em empresas aeroviárias (excluídos os aeronautas e aeroviários).

ANEXO

3º Grupo — Empresários e Administradores de Portos	3º Grupo — Estivadores
Atividades ou Categorias Econômicas	Categorias Profissionais
Empresários e administradores de portos.	Estivadores (de acordo com o Decreto-Lei n. 5, de 04.04.66, art. 21: Os trabalhadores de estiva e capotaria constituem categoria profissional única denominada operador de carga e descarga).
Carregadores e transportadores de bagagens dos portos (trabalhadores autônomos).	Trabalhador em estiva de minérios.
	Trabalhadores em alvarengas.
4º Grupo — Portuários	**4º Grupo — Portuários**
Atividades ou Categorias Econômicas	Categorias Profissionais
	Trabalhadores nos serviços portuários.
	Motoristas em guindastes dos portos.
	Conferentes e consertadores de carga e descarga nos portos.
	Vigias portuários.
	Classificadores de frutas nos portos (facultativo o uso da expressão "descartadores").
	Trabalhadores de bloco.
5º Grupo — Empresas de Pesca	**5º Grupo — Trabalhadores em Empresas de Pesca**
Atividades ou Categorias Econômicas	Categorias Profissionais
Armadores de pesca.	Pescadores.
	Patrões de pesca.

CONFEDERAÇÃO NACIONAL DE TRANSPORTES TERRESTRES	CONFEDERAÇÃO NACIONAL DOS TRABALHAADORES EM TRANSPORTES TERRESTRES
1º Grupo — Empresas Ferroviárias	Trabalhadores Ferroviários
Atividades ou Categorias Econômicas	Categorias Profissionais
Empresas ferroviárias.	Trabalhadores em empresas ferroviárias.
Carregadores e transportadores de bagagens em estações ferroviárias (trabalhadores autônomos).	Trabalhadores em empresas ferroviárias.
2º Grupo — De Empresas de Transportes Rodoviários	**2º Grupo — Trabalhadores em Transportes Rodoviários**
Atividades ou Categorias Econômicas	Categorias Profissionais
Empresas de transportes de passageiros.	Empregados em escritórios de empresas de transportes rodoviários.
Empresas de transportes de carga (compreensiva das empresas de veículos de carga e das empresas de transportes interestadual de carga).	
Carregadores e transportadores de volumes de bagagens em geral inclusive carrinhos de mão (trabalhadores autônomos). Postos de serviço. Condutores autônomos de veículos rodoviários. Guardadores de automóveis (trabalhadores autônomos). Agências e estações rodoviárias. Carregadores e transportadores de bagagens em estações rodoviárias (trabalhadores autônomos).	Condutores de veículos rodoviários (inclusive ajudantes e carregadores, trocadores de ônibus, lavadores de automóveis) e trabalhadores em transportes urbanos de passageiros (cabo aéreo e troleibus). Despacho Ministerial no proc. MTPS 312.748/70 — LTr. (36/582).
3º Grupo — Empresas de Carris Urbanos (inclusive Cabos Aéreos)	**3º Grupo — Trabalhadores em Empresas de Carris Urbanos (Inclusive Cabos Aéreos)**
Atividades ou Categorias Econômicas	Categorias Profissionais
Empresas de carris urbanos, troleibus e cabos aéreos.	Nota: A categoria de "Trabalhadores em empresas de carris urbanos, troleibus e cabos aéreos" foi extinta, conforme despacho do Proc. MTPS 312.748/70 (LTr. 36/582).
4º Grupo — Empresas Metroviárias	**4º Grupo — Trabalhadores em Empresas de Transportes Metroviários**
Empresas de transportes metroviários.	Trabalhadores em empresas de transportes metroviários.

ANEXO

CONFEDERAÇÃO NACIONAL DE COMUNICAÇÕES E PUBLICIDADE	CONFEDERAÇÃO NACIONAL DOS TABALHADORES EM COMUNICAÇÕES E PUBLICIDADE
1º Grupo — Empresas de Comunicações	**1º Grupo — Trabalhadores em Empresas de Comunicações**
Atividades ou Categorias Econômicas	Categorias Profissionais
Empresas telegráficas terrestres. Empresas telegráficas submarinas. Empresas radiotelegráficas e radiotelefônicas. Empresas telefônicas. Empresas mensageiras.	Trabalhadores em empresas de telecomunicações e operadores de mesas telefônicas (telefonistas em geral) — diferenciada.
2º Grupo — Empresas de Publicidade	**2º Grupo — Trabalhadores em Empresas de Publicidade**
Atividades ou Categorias Profissionais	Categorias Profissionais
Agência de propaganda.	Publicitários (diferenciada). Trabalhadores em agências de propaganda.
Empresas de radiodifusão e televisão.	Agenciadores de publicidade (diferenciada). Trabalhadores em empresas de radiodifusão e televisão.
Agências noticiosas.	Empregados em agências noticiosas. Profissionais de relações públicas (diferenciada).
3º Grupo — Empresas Jornalísticas	**3º Grupo — Trabalhadores em Empresas Jornalísticas**
Atividades ou Categorias Econômicas	Categorias Profissionais
Empresas proprietárias de jornais e revistas.	Jornalistas profissionais (redatores, repórteres, revisores, fotógrafos, etc). Empregados da administração das empresas proprietárias de jornais e revistas.
Empresas distribuidoras e vendedoras de jornais e revistas (inclusive trabalhadores autônomos).	Empregados em empresas distribuidoras e vendedores de jornais e revistas e empregados em bancas, vendedores ambulantes de jornais e revistas.
CONFEDERAÇÃO NACIONAL DAS EMPRESAS DE CRÉDITO	**CONFEDERAÇÃO NACIONAL DOS TRABALHADORES NAS EMPRESAS DE CRÉDITO**
1º Grupo — Estabelecimentos Bancários	**1º Grupo — Empregados em Estabelecimentos Bancários**
Atividades ou Categorias Econômicas	Categorias Profissionais
Bancos. Casas Bancárias. Sociedades de crédito, financiamento e investimentos.	Empregados em estabelecimentos bancários.
2º Grupo — Empresas de Seguros Privados e Capitalização	**2º Grupo — Empregados em Empresas de Seguros Privados e Capitalização e de Agentes Autônomos de Seguros Privados e de Crédito**
Atividades ou Categorias Econômicas	Categorias Profissionais
Empresas de seguros. Empresas de capitalização.	Empregados em empresas de seguros privados e capitalização.
3º Grupo — Agentes Autônomos de Seguros Privados e de Crédito	**3º Grupo — Agentes Autônomos de Seguros Privados e de Crédito**
Atividades ou Categorias Econômicas	Categorias Profissionais
Corretores de seguros e de capitalização. Sociedade e corretores de fundos públicos e câmbio. Empresas distribuidoras de títulos e valores mobiliários.	Empregados de agentes autônomos de seguros e de crédito e de empresas distribuidoras de títulos e valores mobiliários.
CONFEDERAÇÃO NACIONAL DE EDUCAÇÃO E CULTURA	**CONFEDERAÇÃO NACIONAL DOS TRABALHADORES EM ESTABELECIMENTOS DE EDUCAÇÃO E CULTURA**
1º Grupo — Estabelecimentos de Ensino	**1º Grupo — Trabalhadores em Estabelecimentos de Ensino**
Atividades ou Categorias Econômicas	Categorias Profissionais
Entidades mantenedoras de estabelecimentos de ensino superior. Estabelecimentos de ensino de arte. Estabelecimento de ensino de 1º e 2º graus. Estabelecimento de ensino técnico profissional. Estabelecimentos de ensino comercial. Proprietários de auto escolas.	Professores (diferenciada). Auxiliares de administração escolar (empregados de estabelecimentos de ensino).

ANEXO

2º Grupo — Empresas de Difusão Cultural e Artística	2º Grupo — Trabalhadores em Empresas de Difusão Cultural e artística
Atividades ou Categorias Econômicas	**Categorias Profissionais**
Empresas editoras de livros e publicações culturais.	Empregados de empresas editoras de livros e publicações culturais.
Empresas teatrais. Empresas circenses. Empresas cinematográficas.	Empregados de empresas teatrais e cinematográficas. Artistas e técnicos em espetáculos de versões (esta categoria abrange as categorias "Cenógrafos e cenotécnicos", "Atores Teatrais" (inclusive corais e bailados), "Atores cinematográficos" e "Atores e Trabalhadores circenses", extintas pela Portaria n. 91, de 10.02.67, DOU 20.02.67).
Bibliotecas.	Empregados de bibliotecas.
Empresas de gravação de discos e fitas.	Empregados em empresas de gravação de discos e fitas.
Museus e laboratórios de pesquisas tecnológicas e científicas.	Empregados de museus e laboratórios de pesquisas tecnológicas e científicas.
Empresas de orquestras.	Músicos profissionais (diferenciada).
Empresas de artes plásticas.	Artistas plásticos profissionais.
Empresas de arte fotográfica.	Fotógrafos profissionais.
Empresas distribuidoras cinematográficas.	Empregados das empresas distribuidoras cinematográfica
Desenhistas (trabalhadores autônomos).	Empregados desenhistas técnicos, artísticos, industriais, copistas, projetistas técnicos e auxiliares.
Entidades culturais, recreativas, de assistência social, de orientação e formação profissional.	Empregados em entidades culturais, recreativas, de assistência social, de orientação e formação profissional.
Técnicos autônomos em reparos de rádio e televisão.	

3º Grupo — Estabelecimentos de Cultura Física	3º Grupo — Trabalhadores em Estabelecimentos de Cultura Física
Atividades ou Categorias Econômicas	**Categorias Profissionais**
Estabelecimento de esportes terrestres.	Atletas profissionais.
Estabelecimentos de esportes aquáticos.	Empregados de clubes esportivos.
Estabelecimentos de esportes aéreos.	Árbitros profissionais.

4º Grupo — Estabelecimentos Hípicos	4º Grupo — Trabalhadores em Estabelecimentos Hípicos
Atividades ou Categorias Econômicas	**Categorias Profissionais**
Clubes de hipismo e similares.	Tratadores, jóqueis e aprendizes.
Coudelarias, proprietários de cavalos de corrida e similares.	Empregados em estabelecimentos hípicos, cavalariços e similares.

CONFEDERAÇÃO NACIONAL DAS PROFISSÕES LIBERAIS	
Grupos:	
1º Advogados.	17º Jornalistas.
2º Médicos.	18º Protéticos dentários.
3º Odontologistas.	19º Bibliotecários.
4º Médicos veterinários.	20º Estatísticos.
5º Farmacêuticos.	21º Enfermeiros.
6º Engenheiros (civis, de minas, mecânicas, eletricistas, industriais e agrônomos).	22º Técnicos de Administração.
7º Químicos (químicos industriais, químicos industriais agrícolas e engenheiros químicos).	23º Arquitetos.
8º Parteiros.	24º Nutricionistas.
9º Economistas.	25º Psicólogos.
10º Atuários.	26º Geólogos.
11º Contabilistas.	27º Fisioterapeutas, terapeutas ocupacionais, auxiliares de fisioterapia e auxiliares de terapia ocupacional.
12º Professores (privados).	28º Zootecnistas.
13º Escritores.	29º Profissionais liberais de relações públicas.
14º Autores teatrais.	30º Fonoaudiólogos.
15º Compositores artísticos, musicais e plásticos.	31º Sociólogos.
16º Assistentes sociais.	32º Biomédicos.

ANEXO

CATEGORIAS DIFERENCIADAS	
Grupos:	
Aeronautas.	Oficiais gráficos.
Agenciadores de publicidade.	Operadores de mesas telefônicas (telefonistas em geral).
Aeroviários.	Professores.
Atores teatrais, cenotécnicos e auxiliares de teatro.	Profissionais de enfermagem, técnicos, duchistas, massagistas e empregados em hospitais e casas de saúde.
Cabineiros (ascensoristas).	Publicitários.
Classificadores de produtos de origem vegetal.	Práticos de farmácia.
Condutores de veículos rodoviários (motoristas).	Profissionais de relações públicas.
Cozinheiros.	Propagandistas de produtos farmacêuticos (Propagandistas — vendedores e vendedores de produtos farmacêuticos).
Empregados desenhistas técnicos, artísticos, industriais, copistas, projetistas técnica e auxiliares.	Radiotelegrafistas (dissociada).
Garçons.	Radiotelegrafistas da Marinha Mercante.
Manequins e modelos.	Trabalhadores em agências de propaganda. Trabalhadores em atividades subaquáticas e afins.
Maquinistas e foguistas (de geradores termoelétricos, inclusive marítimos).	Tratoristas (excetuados os rurais).
Músicos profissionais.	Vendedores e viajantes do comércio.

ÍNDICE NUMÉRICO DAS CONVENÇÕES DA OIT RATIFICADAS PELO BRASIL

Convenção n. 6	710
Convenção n. 11	711
Convenção n. 12	711
Convenção n. 14	712
Convenção n. 16	712
Convenção n. 19	713
Convenção n. 21	713
Convenção n. 22	714
Convenção n. 26	715
Convenção n. 29	716
Convenção n. 42	718
Convenção n. 45	718
Convenção n. 53	719
Convenção n. 80	720
Convenção n. 81	721
Convenção n. 88	722
Convenção n. 89	724
Convenção n. 92	725
Convenção n. 94	728
Convenção n. 95	729
Convenção n. 96	731
Convenção n. 97	732
Convenção n. 98	735
Convenção n. 99	736
Convenção n. 100	737
Convenção n. 102	738
Convenção n. 103	743
Convenção n. 104	745
Convenção n. 105	745
Convenção n. 106	746
Convenção n. 111	747
Convenção n. 113	748
Convenção n. 115	748
Convenção n. 116	749
Convenção n. 117	750
Convenção n. 118	751
Convenção n. 119	753
Convenção n. 120	754
Convenção n. 122	755
Convenção n. 124	756
Convenção n. 125	756
Convenção n. 126	758
Convenção n. 127	761

ÍNDICE NUMÉRICO DAS CONVENÇÕES DA OIT RATIFICADAS PELO BRASIL

Convenção n. 131	761
Convenção n. 132	762
Convenção n. 133	763
Convenção n. 134	765
Convenção n. 135	766
Convenção n. 136	767
Convenção n. 137	768
Convenção n. 138	769
Convenção n. 139	770
Convenção n. 140	771
Convenção n. 141	772
Convenção n. 142	773
Convenção n. 144	773
Convenção n. 145	774
Convenção n. 146	775
Convenção n. 147	776
Convenção n. 148	777
Convenção n. 151	779
Convenção n. 152	780
Convenção n. 154	783
Convenção n. 155	784
Convenção n. 159	785
Convenção n. 160	786
Convenção n. 161	787
Convenção n. 162	788
Convenção n. 163	790
Convenção n. 164	791
Convenção n. 166	793
Convenção n. 167	794
Convenção n. 168	797
Convenção n. 169	800
Convenção n. 170	803
Convenção n. 171	805
Convenção n. 174	806
Convenção n. 176	808
Convenção n. 178	810
Convenção n. 182	811
Convenção n. 185	812

CONSTITUIÇÃO DA ORGANIZAÇÃO INTERNACIONAL DO TRABALHO (OIT) E SEU ANEXO (DECLARAÇÃO DE FILADÉLFIA)

PREAMBULO

Considerando que só se pode fundar uma paz universal e duradoura com base na justiça social;

Considerando que existem condições de trabalho que implicam, para grande parte das pessoas, a injustiça, a miséria e as privações, o que gera um descontentamento tal que a paz e a harmonia universais são postas em risco, e considerando que é urgente melhorar essas condições: por exemplo, relativamente à regulamentação das horas de trabalho, à fixação de uma duração máxima do dia e da semana de trabalho, ao recrutamento da mão de obra, à luta contra o desemprego, à garantia de um salário que assegure condições de subsistência adequadas, à protecção dos trabalhadores contra doenças gerais ou profissionais e contra acidentes de trabalho, à protecção das crianças, dos jovens e das mulheres, às pensões de velhice e de invalidez, à defesa dos interesses dos trabalhadores no estrangeiro, à afirmação do princípio "a trabalho igual, salário igual", à afirmação do princípio da liberdade sindical, à organização do ensino profissional e técnico e outras medidas análogas;

Considerando que a não adopção, por parte de qualquer nação, de um regime de trabalho realmente humano se torna um obstáculo aos esforços de outras nações empenhadas em melhorar o futuro dos trabalhadores nos seus próprios países; as altas Partes Contratantes, movidas por sentimentos de justiça e de humanidade, assim como pelo desejo de assegurar uma paz mundial duradoura, e tendo em vista alcançar os objectivos enunciados neste preâmbulo, aprovam a presente Constituição da Organização Internacional do Trabalho:

CAPÍTULO I — ORGANIZAÇÃO

Art. 1º

1. é criada uma Organização permanente encarregada de trabalhar para a realização do programa exposto no preâmbulo da presente Constituição e na Declaração relativa aos fins e objectivos da Organização Internacional do Trabalho, adoptada em Filadélfia a 10 de maio de 1944 e cujo texto se encontra em anexo à presente Constituição.

2. Os membros da Organização Internacional do Trabalho serão os estados que eram membros da Organização a 1º de novembro de 1945 e quaisquer outros estados que se tornem membros em conformidade com as disposições dos §§ 3º e 4º do presente artigo.

3. Qualquer membro originário das nações unidas e qualquer estado admitido como membro das nações unidas por decisão da assembleia-geral, em conformidade com as disposições da Carta, pode tornar-se membro do bureau da Organização Internacional do Trabalho comunicando ao Director-geral do bureau Internacional do Trabalho a sua aceitação formal das obrigações decorrentes da Constituição da Organização Internacional do Trabalho.

4. A Conferência geral da Organização Internacional do Trabalho pode igualmente admitir membros para a Organização por maioria de dois terços dos delegados presentes na sessão, incluindo os dois terços dos delegados governamentais presentes e votantes. esta admissão tornar-se-á efectiva quando o governo do novo membro tiver comunicado ao Director-geral do bureau Internacional do Trabalho a sua aceitação formal das obrigações decorrentes da Constituição da Organização.

5. Nenhum membro da Organização Internacional do Trabalho poderá retirar-se da Organização sem referir previamente a sua intenção ao Director-geral do bureau Internacional do Trabalho. este aviso prévio terá efeito dois anos após a data da sua recepção pelo Director-geral, sob reserva de que o membro tenha nessa data preenchido todas as obrigações financeiras resultantes da sua qualidade de membro. Quando um membro tiver ratificado uma convenção internacional do trabalho, o facto de o membro se retirar da Organização não afectará a validade, durante o pedido previsto pela convenção, das obrigações resultantes da convenção ou a ela relativas.

6. no caso de um estado ter deixado de ser membro da Organização, a sua readmissão enquanto membro será regida pelas disposições dos §§ 3º ou 4º do presente artigo.

Art. 2º

A Organização permanente compreenderá:

a) uma Conferência geral dos representantes dos membros;

b) um Conselho de administração composto conforme o estabelecido no art. 7º;

c) um bureau Internacional do Trabalho sob a direcção do Conselho de administração.

Art. 3º

1. a Conferência geral dos representantes dos membros convocará sessões sempre que seja necessário e pelo menos uma vez por ano. será composta por quatro representantes de cada um dos membros, de entre os quais dois serão os delegados do governo e os outros dois representarão, respectivamente, por um lado os empregadores, por outro, os trabalhadores de cada um dos membros.

2. Cada delegado poderá ser acompanhado por conselheiros técnicos, num máximo de dois para cada um dos diferentes assuntos inscritos na ordem de trabalhos da sessão. Quando tiverem de ser discutidas, na Conferência, questões que digam respeito especialmente às mulheres, pelo menos uma das pessoas designadas como conselheiros técnicos terá de ser do sexo feminino.

3. Qualquer membro responsável pelas relações internacionais de territórios não metropolitanos poderá designar como conselheiros técnicos suplementares, para acompanhar cada um de seus delegados:

a) pessoas por si designadas como representantes de qualquer desses territórios para determinadas questões que entrem no quadro da competência própria das autoridades do referido território;

b) pessoas por si designadas para acompanhar os seus delegados no que respeita às questões relativas a territórios sem governo autónomo.

4. Se se tratar de um território colocado sob a autoridade conjunta de dois ou mais membros, outras pessoas poderão ser designadas para acompanhar os delegados destes membros.

5. Os membros comprometem-se a designar os delegados e os conselheiros técnicos não governamentais de acordo com as organizações profissionais mais representativas quer dos empregadores, quer dos trabalhadores do país considerado, sob reserva de que tais organizações existam.

6. Os conselheiros técnicos só serão autorizados a tomar a palavra a pedido do delegado do qual são adjuntos e com a autorização especial do Presidente da Conferência; não poderão participar nas votações.

7. um delegado poderá, mediante uma nota escrita dirigida ao Presidente, designar um dos seus conselheiros técnicos como seu suplente e o dito suplente, nessa qualidade, poderá participar nas deliberações e nas votações.

8. Os nomes dos delegados e dos seus conselheiros técnicos serão comunicados ao bureau Internacional do Trabalho pelo governo de cada um dos membros.

9. Os poderes dos delegados e dos seus conselheiros técnicos serão submetidos à verificação da Conferência, a qual poderá, por uma maioria de dois terços dos votos expressos pelos delegados presentes, recusar a admissão de qualquer delegado ou de qualquer conselheiro técnico que esta considere não ter sido designado em conformidade com os termos do artigo presente.

Art. 4º

1. Cada delegado terá o direito de votar individualmente em todas as questões submetidas às deliberações da Conferência.

2. no caso de um dos membros não ter designado um dos delegados não governamentais ao qual tem direito, o outro delegado não governamental terá o direito de participar nas discussões da Conferência, mas não terá direito de voto.

3. no caso de a Conferência, por força dos poderes que lhe confere o art. 3º, recusar a admissão de um dos delegados de um dos membros, as estipulações do presente artigo serão aplicadas como se o referido delegado não tivesse sido designado.

Art. 5º

As sessões da Conferência decorrerão, sob reserva de qualquer decisão que possa ter sido tomada pela própria Conferência no decorrer de uma sessão anterior, no lugar fixado pelo Conselho de administração.

Art. 6º

Qualquer alteração na sede do bureau Internacional do Trabalho será decidida pela Conferência por maioria de dois terços dos votos expressos pelos delegados presentes.

Art. 7º

1. O Conselho de administração será composto por cinquenta e seis pessoas:

• vinte e oito representantes dos governos;
• catorze representantes dos empregadores;
• catorze representantes dos trabalhadores.

2. Das vinte e oito pessoas que representem os governos, dez serão nomeadas pelos membros cuja importância industrial seja a mais considerável e dezoito serão nomeados pelos membros designados para esse efeito pelos delegados governamentais à Conferência, à excepção dos delegados dos dez membros já mencionados.

3. O Conselho de administração determinará, sempre que for oportuno, quais são os membros que possuem a importância industrial mais considerável e estabelecerá regras tendo em vista assegurar o exame, por um comité imparcial, de todas as questões relativas à designação dos membros que possuam a importância industrial mais considerável antes que o Conselho de administração tome qualquer decisão a esse respeito. Qualquer recurso interposto por um membro, contra a declaração do Conselho de administração, que determine quais são os membros cuja importância industrial é mais considerável, será apreciado pela Conferência, mas um recurso interposto perante a Conferência não suspenderá a aplicação da declaração enquanto a Conferência não se tiver pronunciado.

4. as pessoas que representem os empregadores e as pessoas que representem os trabalhadores serão eleitas respectivamente pelos delegados dos empregadores e pelos delegados dos trabalhadores à Conferência.

5. O Conselho será renovado de três em três anos. se, por alguma razão, as eleições para o Conselho de administração não tiverem lugar até este período expirar o Conselho de administração manter-se-á em funções até se ter procedido às referidas eleições.

6. a forma de ocupar os lugares vagos, a designação dos suplentes e outras questões da mesma natureza poderão ser resolvidas pelo Conselho sob reserva de aprovação pela Conferência.

7. O Conselho de administração elegerá internamente um presidente e dois vice-presidentes. De entre estas três pessoas, uma será uma representante de um governo e as outras duas serão representantes, respectivamente, dos empregadores e dos trabalhadores.

8. O Conselho de administração estabelecerá o seu regulamento e reunir-se-á nas épocas por ele

fixadas. Dever-se-á proceder a uma sessão especial sempre que dezesseis pessoas pertencentes ao Conselho tiverem formulado um pedido por escrito para este efeito.

Art. 8º

1. O bureau Internacional do Trabalho terá um Director-geral; este será designado pelo Conselho de administração do qual receberá instruções e perante o qual ficará responsável pelo bom funcionamento do bureau bem como pela execução de todas as outras tarefas que lhe tenham sido confiadas.

2. O Director-geral ou o seu suplente assistirão a todas as sessões do Conselho de administração.

Art. 9º

1. O pessoal do bureau Internacional do Trabalho será escolhido pelo Directorgeral em conformidade com as regras aprovadas pelo Conselho de administração.

2. a escolha feita pelo Director-geral deverá incidir, da forma mais compatível com a preocupação de obter o melhor rendimento, sobre pessoas de diferentes nacionalidades.

3. um determinado número dessas pessoas deverá ser do sexo feminino.

4. as funções do Director-geral e do pessoal serão de carácter exclusivamente internacional. no cumprimento dos seus deveres o Director-geral e o pessoal não solicitarão nem aceitarão instruções de nenhum governo nem de nenhuma autoridade exterior à Organização. abster-se-ão de qualquer acção incompatível com a sua situação de funcionários internacionais que apenas são responsáveis perante a Organização.

5. Os membros da Organização comprometem-se a respeitar o carácter exclusivamente internacional das funções do Director-geral e do pessoal e a não procurar influenciá-los na execução das suas tarefas.

Art. 10º

1. as funções do bureau Internacional do Trabalho incluirá a centralização e a distribuição de todas as informações relativas à regulamentação internacional das condições dos trabalhadores e do regime de trabalho e, em particular, o estudo das questões que se propõe submeter a discussão na Conferência, tendo em vista a adopção de convenções internacionais, assim como a execução de quaisquer inquéritos especiais prescritos pela Conferência ou pelo Conselho de administração.

2. sem prejuízo das directrizes que lhe possam ser dadas pelo Conselho de administração, o bureau:

a) preparará a documentação relativa aos diversos pontos da ordem de trabalhos das sessões da Conferência;

b) fornecerá aos governos, a pedido destes e na medida das suas possibilidades, qualquer ajuda apropriada para elaboração da legislação com base nas decisões da Conferência, assim como para a melhoria da prática administrativa e dos sistemas de inspecção;

c) cumprirá, em conformidade com as estipulações da presente Constituição, os deveres que lhe incumbam relativamente à observação efectiva das convenções;

d) redigirá e publicará, nas línguas que o Conselho de administração considerar apropriadas, as publicações sobre questões relativas à indústria e ao trabalho que demonstrem ter interesse internacional.

3. De uma forma geral, terá quaisquer outros poderes e funções que a Conferência ou o Conselho de administração considerem conveniente atribuir-lhe.

Art. 11º

Os ministérios dos membros que tratam das questões do trabalho poderão comunicar directamente com o Director-geral por intermédio do representante do seu governo no Conselho de administração do bureau Internacional do Trabalho ou, não existindo esse representante, por intermédio de outro funcionário devidamente qualificado e designado para esse efeito pelo governo interessado.

Art. 12º

1. a Organização Internacional do Trabalho colaborará, no quadro da presente Constituição, com qualquer organização internacional geral encarregue de coordenar as actividades de organizações de direito internacional público, que prossigam fins especializados, e com as organizações de direito internacional público que prossigam fins especializados nos domínios relacionados.

2. a Organização Internacional do Trabalho poderá tomar as disposições necessárias para que os representantes das organizações de direito internacional público participem, sem direito de voto, nas suas deliberações.

3. a Organização Internacional do Trabalho poderá tomar todas as disposições necessárias para consultar, quando lhe parecer desejável, organizações internacionais não governamentais reconhecidas, incluindo as organizações internacionais de empregadores, de trabalhadores, de agricultores e de cooperativas.

Art. 13º

1. a Organização Internacional do Trabalho pode acordar com as nações unidas as medidas financeiras e orçamentais que pareçam apropriadas.

2. enquanto não forem adoptadas tais medidas ou se, em determinado momento, não houver medidas em vigor:

a) cada um dos membros pagará as despesas de deslocação e de estadia dos seus delegados e dos seus conselheiros técnicos, assim como das dos representantes que participem nas sessões da Conferência e do Conselho de administração consoante os casos;

b) quaisquer outras despesas do bureau Internacional do Trabalho, das sessões da Conferência ou das do Conselho de administração serão pagas pelo Director-geral do bureau Internacional do Trabalho, pelo orçamento geral da Organização Internacional do Trabalho;

c) as disposições relativas à aprovação do orçamento da Organização Internacional do Trabalho e à repartição e cobrança das contribuições serão tomadas pela Conferência, por uma maioria de dois terços dos votos dos delegados presentes, e estipularão que o orçamento e as medidas relativas à repartição das despesas pelos membros da Organização terão de ser aprovados por uma comissão de representantes governamentais.

3. as despesas da Organização Internacional do Trabalho ficarão a cargo dos membros, em conformidade com as medidas em vigor, por força do § 1º ou do § 2º c) do presente artigo.

4. um membro da Organização que se atrasou no pagamento da sua contribuição para as despesas da Organização não pode participar nas votações na Conferência, no Conselho de administração ou de qualquer outra comissão, nem nas eleições dos membros do Conselho de administração, se o montante das suas dívidas for igual ou superior à contribuição por si devida nos dois anos completos anteriores. a Conferência pode contudo, por uma maioria de dois terços dos votos dos delegados presentes, autorizar esse membro a participar nas votações se constatar que a falta é devida a circunstâncias independentes da sua vontade.

5. O Director-geral do bureau Internacional do Trabalho é responsável, face ao Conselho de administração, pela utilização dos fundos da Organização Internacional do Trabalho.

CAPÍTULO II — FUNCIONAMENTO

Art. 14º

1. O Conselho de administração estabelecerá a ordem de trabalhos das sessões da Conferência após ter examinado todas as propostas feitas pelo governos de qualquer um dos membros, por qualquer organização representativa mencionada no art. 3º, ou por qualquer outra organização de direito internacional público, relativas aos assuntos a inscrever nessa ordem de trabalhos.

2. O Conselho de administração estabelecerá regras para assegurar uma preparação técnica séria e uma consulta apropriada dos membros principalmente interessados, através de uma Conferência preparatória técnica ou por qualquer outro meio, antes da adopção de uma convenção ou de uma recomendação pela Conferência.

Art. 15º

1. O Director-geral exercerá as suas funções de secretário-geral da Conferência e deverá apresentar a ordem de trabalhos de cada sessão, quatro meses antes da abertura dessa sessão, a cada um dos membros e, por intermédio destes, aos delegados não governamentais assim que estes tiverem sido designados.

2. Os relatórios sobre cada um dos pontos da ordem de trabalhos serão transmitidos de forma a chegarem aos membros a tempo de lhes permitir proceder a uma análise apropriada dos mesmos antes da Conferência. O Conselho de administração formulará as regras necessárias à aplicação desta disposição.

Art. 16º

1. Cada um dos governos dos membros terá o direito de contestar a inscrição, na ordem de trabalhos da sessão, de um ou de vários dos assuntos previstos. Os motivos que justifiquem esta oposição deverão ser expostos num relatório dirigido ao Director-geral, o qual deverá comunicá-lo aos membros da Organização.

2. Os assuntos em relação aos quais tiver havido uma oposição permanecerão todavia incluídos na ordem de trabalhos se a Conferência assim o decidir, por maioria de dois terços dos votos expressos pelos delegados presentes.

3. Qualquer questão que a Conferência decida, também por maioria de dois terços, dever ser examinada (de outra forma que não a prevista na alínea precedente) será levada à ordem de trabalhos da sessão seguinte.

Art. 17º

1. a Conferência elegerá um presidente e três vice-presidentes. Os três vice-presidentes serão respectivamente um delegado governamental, um delegado dos empregadores e um delegado dos trabalhadores. a Conferência formulará as suas próprias regras de funcionamento; poderá nomear comissões encarregues de apresentar os relatórios sobre todas as questões que considere necessário examinar.

2. a maioria simples dos votos expressos pelos membros presentes na Conferência decidirá em todos os casos em que uma maioria mais forte não estiver especialmente prevista noutros artigos da presente Constituição, ou em qualquer convenção ou noutro instrumento que confira poderes à Conferência, ou nas medidas financeiras ou orçamentais adoptadas por força do art. 13º.

3. nenhuma deliberação será tomada se o número dos votos expressos for inferior a metade do número de delegados presentes na sessão.

Art. 18º

A Conferência poderá associar, às comissões que constituir, conselheiros técnicos que não terão voto deliberativo.

Art. 19º

1. se a Conferência se pronunciar no sentido de adoptar propostas relativas a um ponto da ordem de trabalhos, terá de determinar se essas propostas deverão tomar a forma: a) de uma convenção internacional; b) ou de uma recomendação, quando o ponto tratado, ou um dos seus aspectos, não permitir a adopção imediata de uma convenção.

2. em ambos os casos, para que uma convenção ou uma recomendação sejam adoptadas por votação final na Conferência, é requerida uma maioria de dois terços dos votos dos delegados presentes.

3. na elaboração de uma convenção ou de uma recomendação de aplicação geral, a Conferência deverá ter em consideração os países nos quais o clima, um desenvolvimento incompleto da organização industrial ou quaisquer outras circunstâncias particulares tornem as condições industriais essencialmente diferentes, e terá de sugerir as alterações que considerar serem necessárias para responder às condições próprias desses países.

4. serão assinados pelo Presidente da Conferência e pelo Director-geral dois exemplares da convenção ou da recomendação. um destes exemplares será depositado nos arquivos do bureau Internacional do Trabalho e o outro será entregue ao secretário-geral das nações unidas. O Director-geral entregará uma cópia autenticada da convenção ou da recomendação a cada um dos membros.

CONSTITUIÇÃO DA OIT

5. se se tratar de uma convenção:

a) a convenção será comunicada a todos os membros tendo em vista a sua ratificação pelos mesmos;

b) cada um dos membros compromete-se a submeter, no prazo de um ano a partir do encerramento da sessão da Conferência (ou se, na seqüência de circunstâncias excepcionais, for possível cumpri-lo no prazo de um ano, assim que for possível, mas nunca para além de dezoito meses depois do encerramento da sessão da Conferência), a convenção à autoridade ou às autoridades com competências na matéria, tendo em vista transformá-la em lei ou tomar outras medidas;

c) os membros informarão o Director-geral do bureau Internacional do Trabalho sobre as medidas tomadas, por força do presente artigo, para submeter a convenção à autoridade ou às autoridades competentes, comunicando-lhe todas as informações a respeito da autoridade ou das autoridades consideradas competentes e sobre as decisões por elas tomadas;

d) o membro que tiver obtido o consentimento da autoridade ou das autoridades competentes comunicará a sua ratificação formal da convenção ao Director-geral e tomará as medidas que forem necessárias para tornar efectivas as disposições da referida convenção;

6. Se se tratar de uma recomendação:

e) se uma convenção não obtiver a aprovação da autoridade ou das autoridades com competência na matéria em questão, o membro apenas terá a obrigação de informar o Director-geral do bureau Internacional do Trabalho, em momento apropriado, consoante o que decidir o Conselho de administração, sobre o estado da sua legislação e sobre a sua prática relativamente à questão tratada na convenção, especificando em que medida se deu seguimento ou se propõe dar seguimento a qualquer disposição da convenção por via legislativa, por via administrativa, por via de convenções colectivas ou por qualquer outra via, e expondo quais as dificuldades que impedem ou atrasam a ratificação da convenção.

a) a recomendação será comunicada a todos os membros para análise, tendo em vista a sua efectivação sob forma de lei ou sob outra forma;

b) cada um dos membros compromete-se a submeter, no prazo de um ano a partir do encerramento da sessão da Conferência (ou, se no seguimento de circunstâncias excepcionais, for impossível cumpri-lo no prazo de um ano, assim que for possível, mas nunca para além de dezoito meses depois do encerramento da sessão da Conferência), a recomendação à autoridade ou às autoridades com competência na matéria, tendo em vista transformá-la em lei ou tomar outras medidas;

c) os membros informarão o Director-geral do bureau Internacional do Trabalho sobre as medidas tomadas, por força do presente artigo, para submeter a recomendação à autoridade ou às autoridades competentes, comunicando-lhe todas as informações sobre as autoridades ou as autoridades consideradas competentes e sobre as decisões por elas tomadas;

d) salvo a obrigação de submeter a recomendação à autoridade ou às autoridades competentes, os membros terão a obrigação de informar o Director-geral do bureau Internacional do Trabalho, em momento apropriado, consoante o que decidir o Conselho de administração, sobre o estado da sua legislação e sobre a sua prática relativamente à questão tratada na recomendação, especificando em que medida se deu seguimento ou se propõe dar seguimento a todas as disposições da recomendação e indicando as alterações a estas disposições que pareçam ou possam parecer necessárias para permitir a sua adopção ou aplicação.

7. No caso de se tratar de um Estado federal, serão aplicadas as disposições seguintes:

a) relativamente às convenções e às recomendações para as quais o governo Federal considerar que, segundo o seu sistema constitucional, uma acção federal é apropriada, as obrigações do estado federal serão as mesmas que as dos membros que não são estados federais;

b) relativamente às convenções e recomendações para as quais o governo Federal considerar que, segundo o seu sistema constitucional, uma acção pela parte dos estados constituintes, das províncias ou dos cantões é, em todos os pontos ou em alguns pontos, mais apropriada que uma acção federal, o dito governo deverá:

i) tomar, em conformidade com a sua constituição e com as Constituições dos estados constituintes, das províncias ou dos cantões interessados, as medidas necessárias para que estas convenções ou recomendações sejam, o mais tardar nos dezoito meses seguintes ao encerramento da sessão da Conferência, submetidas às autoridades federais apropriadas ou às dos estados constituintes, das províncias ou dos cantões, tendo em vista uma acção legislativa ou de outra ordem;

ii) tomar medidas, sob reserva de acordo pelos governos dos estados Constituintes, das províncias ou dos cantões interessados, para estabelecer Consultas periódicas, entre as autoridades federais, por um lado e as autoridades dos estados constituintes, das províncias ou dos cantões por outro, tendo em vista o desenvolvimento, dentro do estado federal, de uma acção coordenada destinada a dar cumprimento às disposições destas convenções e recomendações;

iii) informar o Director-geral do bureau Internacional do Trabalho sobre as medidas tomadas por força do presente artigo para submeter estas convenções e recomendações às autoridades federais apropriadas, às dos estados constituintes, das províncias ou dos cantões, comunicando-lhe todas as informações a respeito das autoridades consideradas como autoridades apropriadas e sobre as decisões por elas tomadas;

iv) a respeito de cada uma destas convenções que não tiver ratificado, informar o Director-geral do bureau Internacional do Trabalho, em momento apropriado, consoante o que decidir o Conselho de administração, sobre o estado da legislação e sobre a prática da federação e dos estados constituintes, das províncias, dos cantões relativamente à questão tratada na convenção, especificando em que medida se deu ou se propõe dar seguimento às disposições da convenção por via legislativa, por via administrativa, por via de convenções colectivas ou por qualquer outra via;

v) a respeito de cada uma destas recomendações, informar o Director-geral do bureau Internacional do Trabalho, em momento apropriado, consoante o que decidir o Conselho de administração, sobre o estado da legislação e da prática da federação e dos seus estados constituintes, das províncias ou dos seus cantões relativamente à questão tratada na recomendação, especificando em que medida se deu ou se propõe dar seguimento às disposições da recomendação e indicando as alterações a estas disposições que pareçam ou possam parecer necessárias para a sua adopção ou para a sua aplicação.

8. em caso algum, a adopção de uma convenção ou de uma recomendação pela Conferência, ou a ratificação de uma convenção por um membro devem ser consideradas como podendo afectar qualquer lei, qualquer sentença, qualquer costume ou qualquer acordo que assegurem condições mais favoráveis para os trabalhadores interessados que as previstas pela convenção ou recomendação.

Art. 20º

Qualquer convenção ratificada desta forma será comunicada pelo Director-geral do bureau Internacional do Trabalho ao secretário-geral das nações unidas, para registo em conformidade com as disposições do art. 102º da Carta das nações unidas, mas vinculará apenas os membros que a tiverem ratificado.

Art. 21º

1. Qualquer projecto que, no escrutínio final sobre o conjunto da convenção, não recolha uma maioria de dois terços dos votos expressos pelos membros da convenção presentes pode dar lugar a uma convenção particular entre os membros da Organização que assim o desejarem.

2. Qualquer convenção celebrada desta forma será comunicada pelos governos interessados ao Director-geral do bureau Internacional do Trabalho e ao secretário-geral das nações unidas, para registo em conformidade com as disposições do art. 102º da Carta das nações unidas.

Art. 22º

Cada um dos membros compromete-se a apresentar ao bureau Internacional do Trabalho um relatório anual sobre as medidas por si tomadas para executar as convenções às quais aderiu. estes relatórios serão redigidos da forma indicada pelo Conselho de administração e deverão conter as especificações requeridas por este.

Art. 23º

1. O Director-geral apresentará na sessão seguinte da Conferência um resumo das informações e dos relatórios que lhe tiverem sido transmitidos pelos membros, em aplicação dos arts. 19º e 22º.

2. Cada membro comunicará às organizações representativas, reconhecidas como tais para efeitos do art. 3º, uma cópia das informações e relatórios transmitidos ao Director-geral em aplicação dos arts. 19º e 22º.

Art. 24º

Qualquer reclamação dirigida ao bureau Internacional do Trabalho por uma organização profissional de trabalhadores ou de empregadores, e nos termos da qual um dos membros não assegurou de forma satisfatória a execução de uma convenção à qual o dito membro aderiu, poderá ser transmitida pelo Conselho de administração ao governo em causa e este governo poderá ser convidado a prestar sobre o assunto as declarações que considere convenientes.

Art. 25º

Se o governo em causa não enviar nenhuma declaração dentro do prazo razoável, ou se a declaração enviada não parecer satisfatória ao Conselho de administração, este último terá o direito de tornar pública a reclamação e, se for caso disso, a resposta dada.

Art. 26º

1. Cada membro poderá apresentar uma queixa ao bureau Internacional do Trabalho contra outro membro que, no seu parecer, não tenha assegurado de forma satisfatória a execução de uma convenção que um e outro tenham ratificado por força dos artigos anteriores.

2. O Conselho de administração pode, se o considerar oportuno, e antes de formar uma Comissão de Inquérito segundo o procedimento abaixo indicado, entrar em contacto com o governo em causa da forma indicada no art. 24º.

3. se o Conselho de administração não considerar necessário comunicar a queixa ao governo em causa ou se, tendo a comunicação sido feita, não for enviada dentro de um prazo razoável nenhuma resposta satisfatória ao Conselho de administração, o Conselho poderá formar uma Comissão de Inquérito que terá por missão estudar a questão levantada e apresentar um relatório a esse respeito.

4. o mesmo procedimento poderá ser adoptado pelo Conselho quer oficiosamente, quer por força de queixa apresentada por um delegado à Conferência.

5. se for posta à consideração do Conselho de administração qualquer questão levantada pela aplicação dos arts. 25º ou 26º, o governo em causa, se não tiver já um representante no seio do Conselho de administração, terá o direito de designar um delegado para tomar parte nas deliberações do Conselho relativas a esta questão. a data em que deverão ter lugar estas discussões será comunicada oportunamente ao governo em causa.

Art. 27º

No caso de uma queixa ser entregue, por força do art. 26º, a uma Comissão de Inquérito, cada um dos membros, quer esteja ou não directamente interessado na queixa, comprometer-se-á a pôr à disposição da Comissão qualquer informação que tenha em sua posse, relativa ao objecto da queixa.

Art. 28º

A Comissão de Inquérito, após o exame aprofundado da queixa, elaborará um relatório no qual relatará as suas constatações sobre todos os elementos de facto que permitam determinar o alcance da mesma, assim como as recomendações que pense dever formular a respeito das medidas a tomar para dar satisfação ao governo queixoso e a respeito dos prazos dentro dos quais, estas medidas deverão ser tomadas.

Art. 29º

1. O Director-geral do bureau Internacional do Trabalho comunicará o relatório da Comissão de In-

quérito ao Conselho de administração e a cada um dos governos interessados na queixa, e assegurará a sua publicação.

2. Cada um dos governos interessados deverá informar o Director-geral do bureau Internacional do Trabalho, no prazo de três meses, se aceita ou não as recomendações contidas no relatório da Comissão e, no caso de não as aceitar, se deseja submeter o assunto ao Tribunal Internacional de Justiça.

Art. 30º

no caso de um dos membros não tomar, relativamente a uma convenção ou a uma recomendação, as medidas prescritas nos parágrafos 5 b), 6 b) ou 7 b) i) do art. 19º, qualquer outro membro terá o direito de recorrer ao Conselho de administração. no caso de o Conselho de administração considerar que o membro não tomou as medidas prescritas, comunicá-lo-á à Conferência.

Art. 31º

A decisão do Tribunal Internacional de Justiça relativamente a uma queixa ou a uma questão que lhe tenha sido apresentada em conformidade com o art. 29º não será susceptível de recurso.

Art. 32º

As conclusões ou recomendações eventuais da Comissão de Inquérito poderão ser confirmadas, emendadas ou anuladas pelo Tribunal Internacional de Justiça.

Art. 33º

Se qualquer membro não se conformar, no prazo prescrito, com as recomendações eventualmente contidas no relatório da Comissão de Inquérito, quer na decisão do Tribunal Internacional de Justiça, consoante os casos, o Conselho de administração poderá recomendar à Conferência uma medida que lhe pareça oportuna para assegurar a execução dessas recomendações.

Art. 34º

O governo em falta pode, em qualquer momento, informar o Conselho de administração de que tomou as medidas necessárias para se conformar tanto com as recomendações da Comissão de Inquérito, como com as contidas na decisão do Tribunal Internacional de Justiça, e pode pedir-lhe para constituir uma Comissão de Inquérito que se encarregue de confirmar as suas declarações. neste caso, aplicar-se-á o disposto nos arts. 27º, 28º, 29º, 31º e 32º, e se o relatório da Comissão de Inquérito ou a decisão do Tribunal Internacional de Justiça forem favoráveis ao governo que estava em falta, o Conselho de administração deverá imediatamente recomendar que as medidas tomadas em conformidade com o art. 33º sejam suspensas.

CAPÍTULO III — DISPOSIÇÕES GERAIS

Art. 35º

1. Os estados-membros comprometem-se a aplicar as convenções que tiveram ratificado, em conformidade com as disposições da presente Constituição, aos territórios não metropolitanos cujas relações internacionais asseguram, incluindo todos os territórios sob tutela para os quais sejam a autoridade encarregada da administração, a menos que as questões tratadas pela convenção entrem no quadro da competência própria das autoridades do território ou que a convenção demonstre ser inaplicável devido às condições locais, ou sob reserva de alterações que sejam necessárias para adaptar as convenções às condições locais.

2. Qualquer membro que ratifique uma convenção deve, no mais curto prazo possível após a sua ratificação, apresentar ao Director-geral do bureau Internacional do Trabalho uma declaração revelando, relativamente aos territórios não mencionados nos §§ 4º e 5º, abaixo indicados, em que medida se compromete a que as disposições da convenção sejam aplicadas, dando todas as informações prescritas pela dita convenção.

3. Qualquer membro que tenha apresentado uma declaração por força do parágrafo precedente poderá apresentar periodicamente, em conformidade com os termos da convenção, uma nova declaração alterando os termos de qualquer declaração anterior e dando a conhecer a situação relativa aos territórios mencionados no parágrafo acima indicado.

4. Quando as questões tratadas pela convenção entrarem no quadro da competência própria das autoridades de um território não metropolitano, o membro responsável pelas relações internacionais desse território deverá, no mais curto prazo possível, apresentar a convenção ao governo do dito território, para que esse governo possa promulgar legislação ou tomar outras medidas. em seguida, o membro, de acordo com o governo desse território, poderá apresentar ao Director-geral do bureau Internacional do Trabalho uma declaração de aceitação das obrigações da convenção em nome desse território.

5. uma declaração de aceitação das obrigações de uma convenção pode ser apresentada ao Director-geral do bureau Internacional do Trabalho:

a) por dois ou mais membros da Organização, para um território sob a sua autoridade conjunta;

b) por qualquer outra autoridade internacional responsável pela administração de um território por força das disposições da Carta das nações unidas ou de qualquer outra disposição em vigor relativa a esse território.

6. a aceitação das obrigações de uma convenção por força dos §§ 4º ou 5º deverá implicar a aceitação, em nome do território interessado, das obrigações decorrentes dos termos da convenção e das obrigações que, nos termos da Constituição da Organização, se apliquem às convenções ratificadas. Qualquer declaração de aceitação pode especificar as alterações às disposições da convenção que sejam necessárias para adaptar a convenção às condições locais.

7. Qualquer membro ou autoridade internacional que tenha apresentado uma declaração por força dos §§ 4º ou 5º do presente artigo poderá apresentar periodicamente, em conformidade com os termos da convenção, uma nova declaração alterando os termos de qualquer declaração anterior ou participando a aceitação das obrigações de qualquer convenção em nome do território interessado.

8. se as obrigações de uma convenção não forem aceites em nome de um território mencionado nos §§ 4º ou 5º do presente artigo, o membro ou os membros ou a autoridade internacional farão um relatório para o Director-geral do bureau Internacional do Trabalho sobre a legislação e a prática desse território em relação às questões tratadas na convenção, e o relatório mostrará em que medida foram ou serão tornadas efectivas todas as disposições da convenção, pela legislação, por medidas administrativas, por convenções colectivas ou por quaisquer outras medidas, e o relatório exporá ainda as dificuldades que impedem ou atrasam a aceitação dessa convenção.

Art. 36º

as emendas à presente Constituição, adoptadas pela Conferência por maioria de dois terços dos votos dos delegados presentes, entrarão em vigor assim que tiverem sido ratificadas ou aceites por dois terços dos membros da Organização, incluindo cinco dos dez membros representados no Conselho de administração enquanto membros de maior importância industrial, em conformidade com as disposições do § 3º do art. 7º da presente Constituição.

Art. 37º

1. Quaisquer questões ou dificuldades relativas à interpretação da presente Constituição e das convenções posteriormente adoptadas pelos membros, por força da mesma Constituição, serão submetidas à apreciação do Tribunal Internacional de Justiça.

2. não obstante as disposições do § 1º do presente artigo, o Conselho de administração poderá formular e submeter à Conferência, para aprovação, regras para a instituição de um tribunal tendo em vista a resolução imediata de qualquer questão ou dificuldade relativas à interpretação de uma convenção, que poderão ser apresentadas em tribunal pelo Conselho de administração ou em conformidade com os termos da referida convenção. Quaisquer decisões ou pareceres consultivos do Tribunal Internacional de Justiça obrigarão qualquer tribunal instituído por força do presente parágrafo. Qualquer sentença pronunciada por esse tribunal será comunicada aos membros da Organização e qualquer observação feita por estes será *apresentada à Conferência.*

Art. 38º

1. a Organização Internacional do Trabalho poderá convocar as conferências regionais e criar instituições regionais que lhe pareçam úteis para atingir os fins e os objectivos da Organização.

2. Os poderes, funções e procedimentos das conferências regionais serão determinados por regras formuladas pelo Conselho de administração e apresentadas por este à Conferência geral para confirmação.

CAPÍTULO IV — DISPOSIÇÕES DIVERSAS

Art. *39º*

A Organização Internacional do Trabalho terá personalidade jurídica; terá nomeadamente, capacidade para:

a) contratar;

b) adquirir bens, móveis e imóveis e dispor desses bens;

c) agir judicialmente.

Art. *40º*

1. a Organização Internacional do Trabalho gozará, no território de cada um dos seus membros, dos privilégios e das imunidades necessárias para atingir os seus fins.

2. Os delegados à Conferência, os membros do Conselho de administração bem como o Director-geral e os funcionários do bureau gozarão igualmente dos privilégios e das imunidades que lhes sejam necessárias para exercer, com toda a independência, as funções relacionadas com a Organização.

3. estes privilégios e imunidades serão definidos em acordo à parte, elaborado pela Organização com vista à sua aceitação pelos estados-membros.

DECLARAÇÃO DE FILADÉLFIA
DECLARAÇÃO RELATIVA AOS FINS E OBJETIVOS DA ORGANIZAÇÃO INTERNACIONAL DO TRABALHO

A Conferência geral da Organização Internacional do Trabalho, reunida em Filadélfia na sua vigésima sexta sessão, adopta, neste oitavo dia de maio de 1944, a presente Declaração dos fins e objectivos da Organização Internacional do Trabalho, bem como dos princípios nos quais se deveria inspirar a política dos seus membros.

I

A Conferência afirma novamente os princípios fundamentais sobre os quais se funda a Organização, isto é:

a) o trabalho não é uma mercadoria;

b) a liberdade de expressão e de associação é uma condição indispensável para um progresso constante;

c) a pobreza, onde quer que exista, constitui um perigo para a prosperidade de todos;

d) a luta contra a necessidade deve ser conduzida com uma energia inesgotável por cada nação e através de um esforço internacional contínuo e organizado pelo qual os representantes dos trabalhadores e dos empregadores, colaborando em pé de igualdade com os de todos os governos, participem em discussões livres e em decisões de carácter democrático tendo em vista promover o bem comum.

II

Convencida de que a experiência demonstrou plenamente o fundamento da declaração contida na Constituição da Organização Internacional do Trabalho, e segundo a qual só se pode estabelecer uma paz duradoura com base na justiça social, a Conferência afirma que:

a) todos os seres humanos, qualquer que seja a sua raça, a sua crença ou o seu sexo, têm o direito de efectuar o seu progresso material e o seu desenvolvimento espiritual em liberdade e com dignidade, com segurança económica e com oportunidades iguais;

b) a realização das condições que permitem atingir este resultado deve constituir o objectivo central de qualquer política nacional e internacional;

c) todos os programas de acção e medidas tomadas no plano nacional e internacional, nomeadamente no domínio económico e financeiro, devem ser apreciados deste ponto de vista e aceites apenas na medida em que pareçam favorecer, e não prejudicar, o cumprimento deste objectivo fundamental;

CONVENÇÕES DA OIT RATIFICADAS

d) cabe à Organização Internacional do Trabalho examinar e considerar à luz deste objectivo fundamental, no domínio internacional, todos os programas de acção e medidas de ordem económica e financeira;

e) ao executar as tarefas que lhe são confiadas, a Organização Internacional do Trabalho, depois de ter considerado todos os factores económicos e financeiros pertinentes, está autorizada a incluir nas suas decisões e recomendações todas as disposições que considerar apropriadas.

III

a Conferência reconhece a obrigação solene da Organização Internacional do Trabalho secundar a execução, entre as diferentes nações do mundo, de programas próprios à realização:

a) do pleno emprego e da elevação do nível de vida;

b) do emprego dos trabalhadores em ocupações nas quais tenham a satisfação de aplicar toda a sua habilidade e os seus conhecimentos e de contribuir da melhor forma para o bem-estar comum;

c) para atingir esse objectivo, da concretização, mediante garantias adequadas para todos os interessados, de possibilidades de formação e meios próprios para facilitar as transferências de trabalhadores, incluindo as migrações de mão de obra e de colonos;

d) da possibilidade para todos de uma participação justa nos frutos do progresso em termos de salários e de ganhos, de duração do trabalho e outras condições de trabalho, e um salário mínimo vital para todos os que têm um emprego e necessitam dessa protecção;

e) do reconhecimento efectivo do direito de negociação colectiva e da cooperação entre empregadores e os trabalhadores para a melhoria contínua da organização e da produção, assim como da colaboração dos trabalhadores e dos empregadores para a elaboração e aplicação da política social e económica;

f) da extensão das medidas de segurança social com vista a assegurar um rendimento de base a todos os que precisem de tal protecção, assim como uma assistência médica completa;

g) de uma protecção adequada da vida e da saúde dos trabalhadores em todas as ocupações;

h) da protecção da infância e da maternidade;

i) de um nível adequado de alimentação, de alojamento e de meios recreativos e culturais;

j) da garantia de igualdade de oportunidades no domínio educativo e profissional.

IV

Convencida de que uma utilização mais completa e mais alargada dos recursos produtivos mundiais, necessária para o cumprimento dos objectivos enumerados na presente Declaração, pode ser assegurada através de uma acção eficaz no plano internacional e nacional, nomeadamente através de medidas que tendam a promover a expansão da produção e do consumo, a evitar flutuações económicas graves, a realizar o progresso económico e social das regiões cuja valorização esteja pouco desenvolvida, a assegurar uma maior estabilidade dos preços mundiais das matérias-primas e dos géneros e a promover um comércio internacional de elevado e constante volume, a Conferência promete uma colaboração integral da Organização Internacional do Trabalho com todos os organismos internacionais aos quais poderá ser confiada uma parte da responsabilidade nesta grande tarefa, assim como na melhoria da saúde, da educação e do bem-estar de todos os povos.

V

a Conferência afirma que os princípios enunciados na presente Declaração são plenamente aplicáveis a todos os povos do mundo e que, se nas modalidades da sua aplicação tem de ser devidamente considerado o grau de desenvolvimento social e económico de cada povo, a sua aplicação progressiva aos povos que ainda são dependentes, assim como àqueles que atingiram o estado de se governarem a si próprios, é um assunto que diz respeito ao conjunto do mundo civilizado.

CONVENÇÕES RATIFICADAS E EM VIGOR NO BRASIL

Convenção	Título	Adoção OIT	Ratificação Brasil
6	Trabalho Noturno dos Menores na Indústria	1919	26.04.1934
11	Direito de Sindicalização na Agricultura	1921	25.04.1957
12	Indenização por Acidente do Trabalho na Agricultura	1921	25.04.1957
14	Repouso Semanal na Indústria	1921	25.04.1957
16	Exame Médico de Menores no Trabalho Marítimo	1921	08.06.1936
19	Igualdade de Tratamento (Indenização por Acidente de Trabalho)	1925	25.04.1957
21	Inspeção dos Emigrantes a Bordo dos Navios	1926	18.06.1965
22	Contrato de Engajamento de Marinheiros	1926	18.06.1965
26	Métodos de Fixação de Salários Mínimos	1928	25.04.1957
29	Trabalho Forçado ou Obrigatório	1930	25.04.1957
42	Indenização por Enfermidade Profissional (revista)	1934	08.06.1936
45	Emprego de Mulheres nos Trabalhos Subterrâneos das Minas	1935	22.09.1938
53	Certificados de Capacidade dos Oficiais da Marinha Mercante	1936	12.10.1938
80	Revisão dos Artigos Finais	1946	13.04.1948
81	Inspeção do Trabalho na Indústria e no Comércio	1947	11.10.1989
88	Organização do Serviço de Emprego	1948	25.04.1957
89	Trabalho Noturno das Mulheres na Indústria (Revista)	1948	25.04.1957
92	Alojamento de Tripulação a Bordo (Revista)	1949	08.06.1954
94	Cláusulas de Trabalho em Contratos com Órgãos Públicos	1949	18.06.1965
95	Proteção do Salário	1949	25.04.1957
96	Concernente aos escritórios remunerados de empregos	1949	21.06.1957
97	Trabalhadores Migrantes (Revista)	1949	18.06.1965
98	Direito de Sindicalização e de Negociação Coletiva	1949	18.11.1952
99	Métodos de Fixação de Salário Mínimo na Agricultura	1951	25.04.1957
100	Igualdade de Remuneração de Homens e Mulheres Trabalhadores por Trabalho de Igual Valor	1951	25.04.1957
102	Normas Mínimas da Seguridade Social	1952	15.06.2009
103	Amparo à Maternidade (Revista)	1952	18.06.1965
104	Abolição das Sanções Penais no Trabalho Indígena	1955	18.06.1965
105	Abolição do Trabalho Forçado	1957	18.06.1965
106	Repouso Semanal no Comércio e nos Escritórios	1957	18.06.1965
111	Discriminação em Matéria de Emprego e Ocupação	1958	26.11.1965
113	Exame Médico dos Pescadores	1959	1º.03.1965
115	Proteção Contra as Radiações	1960	05.09.1966
116	Revisão dos Artigos Finais	1961	05.09.1966
117	Objetivos e Normas Básicas da Política Social	1962	24.03.1969
118	Igualdade de Tratamento entre Nacionais e Estrangeiros em Previdência Social	1962	24.03.1969

CONVENÇÕES DA OIT RATIFICADAS

Convenção	Título	Adoção OIT	Ratificação Brasil
119	Proteção das Máquinas	1963	16.04.1992
120	Higiene no Comércio e nos Escritórios	1964	24.03.1969
122	Política de Emprego	1964	24.03.1969
124	Exame Médico dos Adolescentes para o Trabalho Subterrâneo nas Minas	1965	21.08.1970
125	Certificados de Capacidade dos Pescadores	1966	21.08.1970
126	Alojamento a Bordo dos Navios de Pesca	1966	12.04.1994
127	Peso Máximo das Cargas	1967	21.08.1970
131	Fixação de Salários Mínimos, Especialmente nos Países em Desenvolvimento	1970	04.05.1983
132	Férias Remuneradas (Revista)	1970	23.09.1998
133	Alojamento a Bordo de Navios (Disposições Complementares)	1970	16.04.1992
134	Prevenção de Acidentes do Trabalho dos Marítimos	1970	25.07.1996
135	Proteção de Representantes de Trabalhadores	1971	18.05.1990
136	Proteção Contra os Riscos da Intoxicação pelo Benzeno	1971	24.03.1993
137	Trabalho Portuário	1973	12.08.1994
138	Idade Mínima para Admissão	1973	28.06.2001
139	Prevenção e Controle de Riscos Profissionais Causados por Substâncias ou Agentes Cancerígenos	1974	27.06.1990
140	Licença Remunerada para Estudos	1974	16.04.1992
141	Organizações de Trabalhadores Rurais	1975	27.09.1994
142	Desenvolvimento de Recursos Humanos	1975	24.11.1981
144	Consultas Tripartites sobre Normas Internacionais do Trabalho	1976	27.09.1994
145	Continuidade no Emprego do Marítimo	1976	18.05.1990
146	Convenção Relativa às Férias Anuais Pagas dos Marítimos	1976	24.09.1998
147	Normas Mínimas da Marinha Mercante	1976	17.01.1991
148	Contaminação do Ar, Ruído e Vibrações	1977	14.01.1982
151	Direito de Sindicalização e Relações de Trabalho na Administração Pública	1978	15.06.2010
152	Segurança e Higiene dos Trabalhos Portuários	1979	18.05.1990
154	Fomento à Negociação Coletiva	1981	10.07.1992
155	Segurança e Saúde dos Trabalhadores	1981	18.05.1992
159	Reabilitação Profissional e Emprego de Pessoas Deficientes	1983	18.05.1990
160	Estatísticas do Trabalho (Revista)	1985	02.07.1990
161	Serviços de Saúde do Trabalho	1985	18.05.1990
162	Utilização do Amianto com Segurança	1986	18.05.1990
163	Bem-Estar dos Trabalhadores Marítimos no Mar e no Porto	1987	04.03.1997
164	Proteção à Saúde e Assistência Médica aos Trabalhadores Marítimos	1987	04.03.1997
166	Repatriação de Trabalhadores Marítimos	1987	04.03.1997
167	Convenção sobre a Segurança e Saúde na Construção	1988	19.05.2006
168	Promoção do Emprego e Proteção Contra o Desemprego	1988	24.03.1993
169	sobre Povos Indígenas e Tribais	1989	25.07.2002
170	Segurança no Trabalho com Produtos Químicos	1990	23.12.1996
171	Trabalho Noturno	1990	18.12.2002
174	Convenção sobre a Prevenção de Acidentes Industriais Maiores	1993	02.08.2001
176	Convenção sobre segurança e saúde nas minas	1995	18.05.2006
178	Convenção Relativa à Inspeção das Condições de Vida e de Trabalho dos Trabalhadores Marítimos	1996	21.12.2007
182	Convenção sobre Proibição das Piores Formas de Trabalho Infantil e Ação Imediata para sua Eliminação	1999	02.02.2000
185	Convenção sobre os Documentos de Identidade da gente do mar (Revista)	2003	21.01.2010

CONVENÇÃO N. 6

I — Aprovada na 1ª reunião da Conferência Internacional do Trabalho (Washington — 1919), entrou em vigor no plano internacional em 13.6.21.

II — Dados referentes ao Brasil:

a) aprovação = Ato do Chefe do Governo Provisório, de 27 de março de 1934;

b) ratificação = 26 de abril de 1934;

c) vigência nacional = 26 de abril de 1935;

d) promulgação = Decreto n. 423, de 12 de dezembro de 1935.

"A Conferência Geral da Organização Internacional do Trabalho:

Convocada em Washington pelo Governo dos Estados Unidos da América em 29 de outubro de 1919,

Depois de haver decidido adotar diversas proposições relativas ao 'emprego de menores à noite', questão que está compreendida no quarto ponto da ordem do dia da reunião da Conferência celebrada em Washington, e

Depois de haver decidido que ditas proposições revistam a forma de Convenção Internacional,

Adota a seguinte Convenção, que poderá ser citada como a 'Convenção sobre o Trabalho Noturno dos Menores (Indústria) 1919', e que será submetida à ratificação dos Membros da Organização Internacional do Trabalho, de acordo com as disposições da Constituição da Organização Internacional do Trabalho.

Art. 1 — 1. Para os efeitos da presente Convenção consideram-se 'empresas industriais', principalmente:

a) as minas, canteiras e indústrias extrativas de qualquer classe;

b) as indústrias nas quais se manufaturem, modifiquem, limpem, reparem, adornem, terminem ou preparem produtos para a venda, ou nas quais as matérias sofram uma transformação, compreendidas a construção de navios, as indústrias de demolição, e a produção, transformação e transmissão de eletricidade ou de qualquer classe de força motriz;

c) a construção, reconstrução, conservação, preparação, modificação ou demolição de edifícios e construções de todas as classes, as ferrovias, rodovias, portos, molhes, canais, pontes, viadutos,

esgotos coletores, esgotos ordinários, poços, instalações telegráficas ou telefônicas, instalações elétricas, fábricas de gás, distribuição de água ou outros trabalhos de construção, assim como as obras de preparação e cimentação que precedem os trabalhos antes mencionados;

d) o transporte de pessoas ou mercadorias por rodovias ou ferrovias, compreendida a manipulação de mercadorias nos molhes, embarcadouros e armazéns, com exceção do transporte manual.

2. A autoridade competente determinará, em cada país, a linha de demarcação entre a indústria, de uma parte, e o comércio e a agricultura, de outra.

Art. 2 — 1. Fica proibido empregar durante a noite pessoas menores de 18 anos em empresas industriais públicas ou privadas, ou em suas dependências, com exceção daquelas em que unicamente estejam empregados os membros de uma mesma família, salvo nos casos previstos, a seguir:

2. A proibição do trabalho noturno não se aplicará às pessoas maiores de 16 anos empregadas nas indústrias mencionadas a seguir, em trabalhos que, em razão de sua natureza, devam necessariamente continuar dia e noite:

a) fábricas de ferro e aço; trabalho em que se empreguem fornos de reverberação ou de regeneração e galvanização de ferro laminado e do arame (com exceção dos ofícios de desoxidação);

b) fábricas de vidro;

c) fábricas de papel;

d) engenhos nos quais se trata o açúcar bruto;

e) redução do minério de ouro.

Art. 3 — 1. Para os efeitos da presente Convenção o termo 'noite' significa um período de onze horas consecutivas, pelo menos, que compreenderá o intervalo que medeia entre as dez da noite e as cinco da manhã.

2. Nas minas de carvão e de linito poder-se-á conceder uma exceção no que concerne ao período de descanso previsto no parágrafo anterior, quando o intervalo entre os dois períodos de trabalho seja ordinariamente de quinze horas, porém, em nenhum caso, quando dito intervalo seja de menos de treze horas.

3. Quando a legislação do país proibir a todos os trabalhadores o trabalho noturno nas padarias, poder-se-á substituir, em dita indústria, o período compreendido entre as dez da noite e as cinco da manhã, pelo período que medeia entre as nove da noite e as quatro da manhã.

4. Nos países tropicais, onde o trabalho se suspenda durante certo tempo no meio da jornada, o período de descanso noturno poderá ser inferior a onze horas, com a condição de que durante o dia se conceda um descanso compensador.

Art. 4 — As disposições dos arts. 2 e 3 não se aplicarão ao trabalho noturno dos menores que tenham de 16 a 18 anos, no caso de força maior, que não se possa prever nem impedir, que não apresente caráter periódico, e que constitua um obstáculo ao funcionamento normal de uma empresa industrial.

Art. 5 — No que concerne à aplicação da presente Convenção ao Japão, até 1º de julho de 1925, o art. 2 só se aplicará aos jovens menores de 15 anos, e, a partir dessa data, aos menores de 16 anos.

Art. 6 — No que concerne à aplicação da presente Convenção da Índia, a expressão 'empresa industrial' compreenderá unicamente as 'fábricas', tal como as define a Lei de Fábricas da Índia (Indian Factory Act), e o art. 2 não se aplicará aos menores do sexo masculino maiores de 14 anos.

Art. 7 — A autoridade competente poderá suspender a proibição do trabalho noturno, no que respeite aos menores de 16 a 18 anos de idade, nos casos particularmente graves e naqueles em que o interesse nacional assim o exija.

Art. 8 — As ratificações formais da presente Convenção, de acordo com as condições estabelecidas pela Constituição da Organização Internacional do Trabalho, serão comunicadas, para seu registro, ao Diretor-Geral da Repartição Internacional do Trabalho.

Art. 9 — 1. Todo Membro da Organização Internacional do Trabalho que ratifique a presente Convenção se obriga a aplicá-la nas suas colônias ou possessões ou em seus protetorados que não se governem plenamente por si mesmos, com reserva de:

a) que as condições locais impossibilitem a aplicação das disposições da Convenção;

b) que possam introduzir-se na Convenção as modificações necessárias para sua adaptação às condições locais.

2. Cada Membro deverá notificar à Repartição Internacional do Trabalho sua decisão, no que concerne a cada uma de suas colônias ou possessões, ou a cada um de seus protetorados que não se governem plenamente por si mesmos.

Art. 10 — Logo que as ratificações de dois Membros da Organização Internacional do Trabalho tenham sido registradas na Repartição Internacional do Trabalho, o Diretor-Geral da Repartição notificará todos os Membros da Organização Internacional do Trabalho.

Art. 11 — Esta Convenção entrará em vigor na data em que o Diretor da Repartição Internacional do Trabalho tenha efetuado dita notificação, e só obrigará aos Membros que tenham registrado sua ratificação na Repartição Internacional do Trabalho. Desde dito momento esta Convenção entrará em vigor, para qualquer outro Membro, na data em que haja sido registrada sua ratificação na Repartição Internacional do Trabalho.

Art. 12 — Todo Membro que ratifique a presente Convenção obriga-se a aplicar suas disposições ao mais tardar a 1º de julho de 1922, e a tomar as medidas necessárias para o cumprimento de ditas disposições.

Art. 13 — Todo Membro que tenha ratificado esta Convenção poderá denunciá-la à expiração de um período de 10 anos, a partir da data em que tenha entrado inicialmente em vigor, mediante ato comunicado, para seu registro, ao Diretor-Geral da Repartição Internacional do Trabalho. A denúncia não surtirá efeito até um ano depois da data de seu registro na Repartição Internacional do Trabalho.

Art. 14 — Cada vez que julgar necessário, o Conselho de Administração da Repartição Internacional do Trabalho apresentará à Conferência Geral um relatório sobre a aplicação da presente Convenção e examinará se é necessário inscrever na ordem do dia da Conferência a questão da sua revisão total ou parcial.

Art. 15 — As versões inglesa e francesa do texto desta Convenção são igualmente autênticas."

CONVENÇÃO N. 11

I — Aprovada na 3ª reunião da Conferência Internacional do Trabalho (Genebra — 1921), entrou em vigor no plano internacional em 11.5.23.

II — Dados referentes ao Brasil:

a) aprovação = Decreto Legislativo n. 24, de 29 de maio de 1956, do Congresso Nacional;

b) ratificação = 25 de abril de 1957;

c) promulgação = Decreto n. 41.721, de 25 de junho de 1957;

d) vigência nacional = 25 de abril de 1958.

"A Conferência Geral da Organização Internacional do Trabalho,

Convocada em Genebra pelo Conselho de Administração da Repartição Internacional do Trabalho e tendo se reunido em 25 de outubro de 1921, em sua terceira sessão,

Depois de ter decidido adotar proposições relativas aos direitos de associação e união dos trabalhadores agrícolas, questão compreendida no quarto ponto da ordem do dia da sessão, e

Depois de decidido que essas proposições tomariam a forma de convenção internacional,

Adota a presente convenção, que será denominada 'Convenção sobre Direitos de Associação (Agricultura)', a ser ratificada pelos Membros da Organização Internacional do Trabalho, conforme as disposições da Constituição da Organização Internacional do Trabalho.

Art. 1 — Todos os membros da Organização Internacional do Trabalho que ratificam a presente convenção se comprometem a assegurar a todas as pessoas ocupadas na agricultura os mesmos direitos de associação e união dos trabalhadores na indústria e a revogar qualquer disposição legislativa ou outra que tenha por efeito restringir esses direitos em relação aos trabalhadores agrícolas.

Art. 2 — As ratificações oficiais da presente convenção, nas condições estabelecidas pela Constituição da Organização Internacional do Trabalho, serão comunicadas ao Diretor-Geral da Repartição Internacional do Trabalho e por ele registradas.

Art. 3 — 1. A presente convenção entrará em vigor na data em que as ratificações de dois Membros da Organização Internacional do Trabalho forem registradas pelo Diretor-Geral.

2. Ela obrigará apenas aos Membros cujas ratificações tenham sido registradas na Repartição Internacional do Trabalho. Depois disso, a convenção entrará em vigor, para cada Membro, na data em que sua ratificação for registrada na Repartição Internacional do Trabalho.

Art. 4 — Logo que as ratificações de dois Membros da Organização Internacional do Trabalho forem registradas na Repartição Internacional do Trabalho, o Diretor-Geral da Repartição Internacional do Trabalho notificará a todos os Membros da Organização Internacional do Trabalho. Igual notificação será feita a respeito das ratificações que lhe forem ulteriormente comunicadas pelos outros Membros da Organização.

Art. 5 — Ressalvadas as disposições do art. 3, todos os Membros que ratificaram a presente Convenção se comprometem a aplicar as disposições do art. 1, no máximo até 1º de janeiro de 1924, e a tomar as medidas necessárias para tornar efetivas essas disposições.

Art. 6 — Todos os Membros da Organização Internacional do Trabalho que ratificam a presente Convenção comprometem-se a aplicá-la às suas colônias, possessões ou protetorados, conforme as disposições do art. 35 da Constituição da Organização Internacional do Trabalho.

Art. 7 — Todo Membro que tiver ratificado a presente Convenção poderá denunciá-la, à expiração de um período de 10 anos depois da data em que a Convenção entrou em vigor inicialmente, por ato comunicado ao Diretor-Geral da Repartição Internacional do Trabalho e por ele registrado. A denúncia não será efetivada senão um ano depois de registrada na Repartição Internacional do Trabalho.

Art. 8 — Cada vez que julgar necessário, o Conselho de Administração da Repartição Internacional do Trabalho apresentará à Conferência Geral um relatório sobre a aplicação da presente convenção e examinará se é necessário inscrever na ordem do dia da Conferência a questão da sua revisão total ou parcial.

Art. 9 — Os textos francês e inglês da presente Convenção farão fé."

CONVENÇÃO N. 12

I — Aprovada na 3ª reunião da Conferência Internacional do Trabalho (Genebra — 1921), entrou em vigor no plano internacional em 26.2.23.

II — Dados referentes ao Brasil:

a) aprovação = Decreto Legislativo n. 24, de 29 de maio de 1956, do Congresso Nacional;

b) ratificação = 25 de abril de 1957;

c) promulgação = Decreto n. 41.721, de 25 de junho de 1957;

d) vigência nacional = 25 de abril de 1958.

"A Conferência Geral da Organização Internacional do Trabalho,

Convocada em Genebra pelo Conselho de Administração da Repartição Internacional do Trabalho, tendo-se reunido em 25 de outubro de 1921, em sua terceira sessão,

Depois de haver decidido adotar diversas proposições relativas à proteção dos trabalhadores agrícolas contra acidentes, questão compreendida no quarto ponto da ordem do dia da sessão, e

Depois de haver decidido que essas propostas tomariam a forma de convenção internacional,

Adota a presente convenção, que será denominada 'Convenção sobre a Indenização por Acidentes no Trabalho (Agricultura) de 1921', a ser ratificada pelos Membros da Organização Internacional do Trabalho, conforme as disposições da Constituição da Organização Internacional do Trabalho:

Art. 1 — Todos os Membros da Organização Internacional do Trabalho que ratificam a presente convenção comprometem-se a estender a todos os assalariados agrícolas o benefício das leis e regulamentos que têm por objeto indenizar as vítimas de acidentes ocorridos no trabalho ou no curso do trabalho.

Art. 2 — As ratificações oficiais da presente convenção, nas condições estabelecidas pela Constituição da Organização Internacional do Trabalho, serão comunicadas ao Diretor-Geral da Repartição Internacional do Trabalho e por ele registradas.

Art. 3 — 1. A presente convenção entrará em vigor na data em que as ratificações de dois Membros da Organização Internacional do Trabalho forem registradas pelo Diretor-Geral.

2. Ela obrigará apenas aos Membros cujas ratificações tenham sido registradas na Repartição Internacional do Trabalho. Depois disso, a convenção entrará em vigor, para cada Membro, na data em que sua ratificação for registrada na Repartição Internacional do Trabalho.

Art. 4 — Logo que as ratificações de dois Membros da Organização Internacional do Trabalho forem registradas na Repartição Internacional do Trabalho, o Diretor-Geral da Repartição Internacional do Trabalho notificará a todos os Membros da Organização Internacional do Trabalho. Igual notificação será feita a respeito das ratificações que lhe forem ulteriormente comunicadas pelos outros Membros da Organização.

Art. 5 — Ressalvadas as disposições do art. 3, todos os Membros que ratificam a presente convenção comprometem-se a aplicar as disposições do art. 1, até 1º de janeiro de 1924, e a tomar as medidas necessárias para efetivar essas disposições.

Art. 6 — Todos os Membros da Organização Internacional do Trabalho que ratificam a presente Convenção comprometem-se a aplicá-la às suas colônias, possessões ou protetorados, conforme as disposições do art. 35 da Constituição da Organização Internacional do Trabalho.

Art. 7 — Todo Membro que tiver ratificado a presente Convenção poderá denunciá-la, à expiração de um período de 10 anos depois da data em que a Convenção entrou em vigor inicialmente, por ato comunicado ao Diretor-Geral da Repartição Internacional do Trabalho e por ele registrado. A denúncia não será efetivada senão um ano depois do registro da na Repartição Internacional do Trabalho.

Art. 8 — Cada vez que julgar necessário, o Conselho de Administração da Repartição Internacional do Trabalho apresentará à Conferência Geral um relatório sobre a aplicação da presente convenção e examinará se é necessário inscrever na ordem do dia da Conferência a questão da sua revisão total ou parcial.

Art. 9 — Os textos francês e inglês da presente Convenção farão fé."

CONVENÇÃO N. 14

I — Aprovada na 3ª reunião da Conferência Internacional do Trabalho (Genebra — 1921), entrou em vigor no plano internacional em 19.6.23.

II — Dados referentes ao Brasil:

a) aprovação = Decreto Legislativo n. 24, de 29.5.56, do Congresso Nacional;

b) ratificação = 25 de abril de 1957;

c) promulgação = Decreto n. 41.721, de 25.6.57;

d) vigência nacional = 29 de abril de 1958.

"A Conferência Geral da Organização Internacional do Trabalho,

Convocada em Genebra pelo Conselho de Administração da Repartição Internacional do Trabalho e tendo-se reunido em 25 de outubro de 1921, em sua terceira sessão,

Depois de ter decidido adotar diversas proposições relativas ao repouso semanal da indústria, questão compreendida no sétimo ponto da ordem do dia da sessão, e

Depois de ter decidido que essas proposições tomariam a forma de convenção internacional,

Adota a presente convenção, denominada 'Convenção sobre o Repouso Semanal (Indústria) de 1921', que será ratificada pelos Membros da Organização Internacional do Trabalho, conforme as disposições da Constituição da Organização Internacional do Trabalho:

Art. 1 — 1. Para a aplicação da presente Convenção, serão considerados 'estabelecimentos industriais':

a) as minas, pedreiras e indústrias extrativas de toda natureza;

b) as indústrias nas quais os produtos são manufaturados, modificados, limpados, consertados, decorados, acabados, preparados para venda, ou nas quais as matérias sofrem transformação, inclusive a da construção de navios, as indústrias de demolição de material, assim como a produção, a transformação e a transmissão da força motriz em geral e da eletricidade;

c) a construção, a reconstrução, a manutenção, a reparação, a modificação ou a demolição de quaisquer construções ou edifícios, estradas de ferro, bondes, portos, docas, molhes, canais, instalações para navegação interior, estradas, túneis, pontes, viadutos, esgotos coletores, esgotos ordinários, poços, instalações telefônicas ou telegráficas, instalações elétricas e de gás, distribuição de água, ou outros trabalhos de construção, assim como os trabalhos de preparação e de fundação que precedem os trabalhos mencionados;

d) o transporte de pessoas ou de mercadorias por estradas, via férrea ou via fluvial interior, inclusive a manutenção das mercadorias nas docas, cais, desembarcadouros e armazéns, com exceção do transporte à mão.

2. A enumeração acima é feita sob reserva das exceções especiais de ordem nacional previstas na Convenção de Washington, que limita a oito horas por dia e a quarenta e oito horas por semana o número de horas de trabalho nos estabelecimentos industriais, na medida em que essas exceções forem aplicáveis à presente Convenção.

3. Além da enumeração precedente, se for julgado necessário, cada Membro poderá determinar a linha de demarcação entre a indústria, de um lado, e o comércio e a agricultura de outro.

Art. 2 — 1. Todo pessoal ocupado em qualquer estabelecimento industrial, público ou privado, ou nas suas dependências, deverá, ressalvadas as exceções previstas nos artigos presentes, ser beneficiado, no correr de cada período de sete dias, com um repouso, ao menos de 24 horas consecutivas.

2. Esse repouso será concedido, quando possível, ao mesmo tempo a todo o pessoal de cada estabelecimento.

3. Coincidirá, quando possível, com os dias consagrados pela tradição ou costume do país ou da região.

Art. 3 — Cada Membro poderá isentar da aplicação dos dispositivos do art. 2 as pessoas ocupadas nos estabelecimentos industriais nos quais sejam empregados membros de uma mesma família.

Art. 4 — 1. Cada Membro pode autorizar isenções totais ou parciais (inclusive as suspensões e diminuições de repouso) das disposições do art. 2, levando em conta especialmente todas as considerações econômicas e humanitárias apropriadas e depois de consulta às associações qualificadas dos empregadores e dos empregados, onde existirem.

2. Esta consulta não será necessária no caso de isenções que já tiverem sido concedidas pela aplicação da legislação em vigor.

Art. 5 — Cada Membro deverá, tanto quanto possível, estabelecer disposições que fixem os períodos de repouso como compensação pelas suspensões ou diminuições feitas em virtude do art. 4, salvo os casos em que acordos ou usos locais já determinem tais repousos;

Art. 6 — 1. Cada Membro organizará uma lista de isenções concedidas conforme os arts. 3 e 4 da presente convenção e a comunicará à Repartição Internacional do Trabalho. Cada Membro comunicará, em seguida, cada dois anos, todas as modificações que forem feitas nessa lista.

2. A Repartição Internacional do Trabalho apresentará relatório a esse respeito à Conferência Geral da Organização Internacional do Trabalho.

Art. 7 — Para facilitar a aplicação das disposições da presente convenção, cada patrão, diretor ou gerente será submetido às seguintes obrigações:

a) dar a conhecer, no caso em que o repouso semanal é dado coletivamente a todo o pessoal, os dias e horas de repouso coletivo, por meio de cartazes apostos de maneira visível no estabelecimento ou em qualquer outro lugar conveniente, ou segundo qualquer outra maneira aprovada pelo Governo;

b) dar a conhecer, quando o repouso não é dado coletivamente a todo o pessoal, por meio de um registro feito segundo as normas aprovadas pela legislação do país ou por um regulamento da autoridade competente, os operários ou empregados submetidos a regime particular de repouso, e indicar esse regime.

Art. 8 — As ratificações oficiais da presente convenção, nas condições estabelecidas pela Constituição da Organização Internacional do Trabalho, serão comunicadas ao Diretor-Geral da Repartição Internacional do Trabalho e por ele registradas.

Art. 9 — 1. A presente convenção entrará em vigor na data em que as ratificações de dois Membros da Organização Internacional do Trabalho forem registradas pelo Diretor-Geral.

2. Ela obrigará apenas aos Membros cujas ratificações tenham sido registradas na Repartição Internacional do Trabalho. Depois disso, a convenção entrará em vigor, para cada Membro, na data em que sua ratificação for registrada na Repartição Internacional do Trabalho.

Art. 10 — Logo que as ratificações de dois Membros da Organização Internacional do Trabalho forem registradas na Repartição Internacional do Trabalho, o Diretor-Geral da Repartição Internacional do Trabalho notificará a todos os Membros da Organização Internacional do Trabalho. Igual notificação será feita a respeito das ratificações que lhe forem ulteriormente comunicadas pelos outros Membros da Organização.

Art. 11 — Todos os Membros que ratificam a presente convenção comprometem-se a aplicar as disposições dos arts. 1, 2, 3, 4, 5, 6 e 7 até 1º de janeiro de 1924 e a tomar as medidas que forem necessárias para efetivar estas disposições.

CONVENÇÃO N. 16

I — Aprovada na 3ª reunião da Conferência Internacional do Trabalho (Genebra — 1921), entrou em vigor no plano internacional em 20.11.22.

II — Dados referentes ao Brasil:

a) aprovação = Decreto Legislativo n. 9, de 22.12.35, do Congresso Nacional;

b) ratificação = 8 de junho de 1936;

c) promulgação = Decreto n. 1.398, de 19.1.37;

d) vigência nacional = 8 de junho de 1937.

"A Conferência Geral da Organização Internacional do Trabalho,

Convocada em Genebra pelo Conselho de Administração da Repartição Internacional do Trabalho e congregada em dita cidade em sua terceira reunião, a 25 de outubro de 1921;

Depois de haver decidido adotar diversas proposições relativas ao exame médico obrigatório dos menores empregados a bordo de navios, questão esta compreendida no oitavo ponto da ordem do dia da reunião e,

Depois de haver decidido que ditas proposições revistam a forma de uma Convenção Internacional,

Adota a seguinte Convenção, que poderá ser citada como 'Convenção sobre o Exame Médico dos Menores (Trabalho Marítimo) 1921', e que será submetida à ratificação dos Membros da Organização Internacional do Trabalho, de acordo com as disposições da Constituição da Organização Internacional do Trabalho:

Art. 1 — Para os efeitos da presente Convenção, o termo 'navio' compreende todas as embarcações, navios ou barcos, qualquer que seja a sua classe, de propriedade pública ou privada, que se dediquem à navegação marítima, exceção feita aos navios de guerra.

Art. 2 — As pessoas menores de 18 anos não poderão ser empregadas a bordo, salvo nos navios em que só estejam empregados os membros de uma mesma família, sem prévia apresentação de um certificado médico que prove sua aptidão para dito trabalho, firmado por um médico reconhecido pela autoridade competente.

Art. 3 — O emprego destes menores no trabalho marítimo não poderá continuar senão mediante

CONVENÇÕES DA OIT RATIFICADAS

renovação do exame médico, a intervalos que não excedam a um ano, e a apresentação, depois de cada novo exame, de um certificado médico que prove a aptidão para o trabalho marítimo. Entretanto, se o término do certificado ocorrer no curso de uma viagem, prorrogar-se-á até o fim da mesma.

Art. 4 — Em casos urgentes, a autoridade competente poderá admitir que uma pessoa menor de 18 anos embarque sem haver se submetido aos exames previstos pelos arts. 2 e 3 da presente Convenção, com a condição de que dito exame se realize no primeiro porto em que tocar o navio.

Art. 5 — As ratificações oficiais da presente convenção, nas condições estabelecidas pela Constituição da Organização Internacional do Trabalho, serão comunicadas ao Diretor-Geral da Repartição Internacional do Trabalho e por ele registradas.

Art. 6 — 1. A presente convenção entrará em vigor na data em que as ratificações de dois Membros da Organização Internacional do Trabalho forem registradas pelo Diretor-Geral.

2. Ela obrigará apenas os Membros cujas ratificações tenham sido registradas na Repartição Internacional do Trabalho. Depois disso, a convenção entrará em vigor, para cada Membro, na data em que sua ratificação for registrada na Repartição Internacional do Trabalho.

Art. 7 — Logo que as ratificações de dois Membros da Organização Internacional do Trabalho forem registradas na Repartição Internacional do Trabalho, o Diretor-Geral da Repartição Internacional do Trabalho notificará a todos os Membros da Organização Internacional do Trabalho. Igual notificação será feita a respeito das ratificações que lhe forem ulteriormente comunicadas pelos outros Membros da Organização.

Art. 8 — Sob reserva das disposições do art. 6, todo Membro que ratifique a presente Convenção obriga-se a aplicar as disposições dos arts. 1, 2, 3 e 4, ao mais tardar a 1º de janeiro de 1924, e a tomar as medidas necessárias para o cumprimento de ditas disposições.

Art. 9 — Todos os Membros da Organização Internacional do Trabalho que ratificam a presente Convenção comprometem-se a aplicá-la às suas colônias, possessões ou protetorados, conforme as disposições do art. 35 da Constituição da Organização Internacional do Trabalho.

Art. 10 — Todo Membro que tiver ratificado a presente Convenção poderá denunciá-la, à expiração de um período de 10 anos depois da data em que a Convenção entrou em vigor inicialmente, por ato comunicado ao Diretor-Geral da Repartição Internacional do Trabalho e por ele registrado. A denúncia não será efetivada senão um ano depois de registrada na Repartição Internacional do Trabalho.

Art. 11 — Cada vez que julgar necessário, o Conselho de Administração da Repartição Internacional do Trabalho apresentará à Conferência Geral um relatório sobre a aplicação da presente convenção e examinará se é necessário inscrever na ordem do dia da Conferência a questão da sua revisão total ou parcial.

Art. 12 — Os textos francês e inglês da presente Convenção farão fé."

CONVENÇÃO N. 19

I — Aprovada pela 7ª reunião da Conferência Internacional do Trabalho (Genebra — 1925), entrou em vigor no plano internacional em 8.9.26.

II — Dados referentes ao Brasil:

a) aprovação = Decreto Legislativo n. 24, de 29.5.56, do Congresso Nacional;

b) ratificação = 25 de abril de 1957;

c) promulgação = Decreto n. 41.721, de 25.6.57;

d) vigência nacional = 25 de abril de 1958.

"A Conferência Geral da Organização Internacional do Trabalho,

Convocada em Genebra pelo Conselho de Administração da Repartição Internacional do Trabalho, e tendo-se reunido em 19 de maio de 1925, em sua sétima sessão,

Depois de ter decidido adotar diversas proposições relativas à igualdade de tratamento dos trabalhadores estrangeiros e nacionais vítimas de acidentes de trabalho, segunda questão inscrita na ordem do dia da sessão, e,

Depois de ter decidido que essas proposições tomariam a forma de convenção internacional,

Adota neste quinto dia de junho de mil novecentos e vinte e cinco, a convenção presente, que será denominada 'Convenção sobre a Igualdade de Tratamento (Acidentes de Trabalho) de 1925', a ser ratificada pelos Membros da Organização Internacional do Trabalho, conforme as disposições da Constituição da Organização Internacional do Trabalho:

Art. 1 — 1. Todos os Membros da Organização Internacional do Trabalho que ratificarem a presente convenção comprometem-se a conceder aos nacionais de qualquer outro Membro que tenha ratificado a dita convenção, que forem vítimas de acidentes de trabalhos ocorridos em seu território ou em território sob sua dependência, o mesmo tratamento assegurado aos seus próprios acidentados em matéria de indenização por acidentes de trabalho.

2. Esta igualdade de tratamento será assegurada aos trabalhadores estrangeiros e a seus dependentes sem nenhuma condição de residência. Entretanto, no que concerne aos pagamentos que um Membro ou seus nacionais teriam que fazer fora do território do citado Membro em virtude desse princípio, as disposições a tomar serão reguladas, se for necessário, por convenções particulares entre os Membros interessados.

Art. 2 — Para a indenização por acidentes de trabalho sobrevindos a trabalhadores ocupados temporária ou intermitentemente no território de um Membro, por conta de empresa situada em território de outro Membro, poderá ser prevista a aplicação da legislação deste último, por acordo especial entre os Membros interessados.

Art. 3 — Os Membros que ratificam a presente convenção e que não possuem regime de indenização ou de seguro a trabalhadores acidentados, acordam em instituir tal regime, dentro de um prazo de três anos a partir de sua ratificação.

Art. 4 — Os Membros que ratificam a presente convenção comprometem-se a prestar assistência mútua com o fim de facilitar sua aplicação, assim como a execução das leis e regulamentos respectivos, em matéria de indenização por acidentes de trabalho, levando ao conhecimento da Repartição Internacional do Trabalho, que informará, a todos os Membros interessados, todas as modificações feitas nas leis e regulamentos em vigor na matéria de indenização por acidentes de trabalho.

Art. 5 — As ratificações oficiais da presente convenção, nas condições estabelecidas pela Constituição da Organização Internacional do Trabalho, serão comunicadas ao Diretor-Geral da Repartição Internacional do Trabalho e por ele registradas.

Art. 6 — 1. A presente convenção entrará em vigor na data em que as ratificações de dois Membros da Organização Internacional do Trabalho forem registradas pelo Diretor-Geral.

2. Ela obrigará apenas os Membros cujas ratificações tenham sido registradas na Repartição Internacional do Trabalho. Depois disso, a convenção entrará em vigor, para cada Membro, na data em que sua ratificação for registrada na Repartição Internacional do Trabalho.

Art. 7 — Logo que as ratificações de dois Membros da Organização Internacional do Trabalho forem registradas na Repartição Internacional do Trabalho, o Diretor-Geral da Repartição Internacional do Trabalho notificará a todos os Membros da Organização Internacional do Trabalho. Igual notificação será feita a respeito das ratificações que lhe forem ulteriormente comunicadas pelos outros Membros da Organização.

Art. 8 — Ressalvadas as disposições do art. 6º, todos os Membros que ratificam a presente convenção se comprometem a aplicar as disposições dos arts. 1, 2, 3 e 4, até 1º de janeiro de 1927, e a tomar as medidas necessárias a efetivar estas disposições.

Art. 9 — Todos os Membros da Organização Internacional do Trabalho que ratificam a presente Convenção comprometem-se a aplicá-la às suas colônias, possessões ou protetorados, conforme as disposições do art. 35 da Constituição da Organização Internacional do Trabalho.

Art. 10 — Todo Membro que tiver ratificado a presente Convenção poderá denunciá-la, à expiração de um período de 10 anos depois da data em que a Convenção entrou em vigor inicialmente, por ato comunicado ao Diretor-Geral da Repartição Internacional do Trabalho e por ele registrado. A denúncia não será efetivada senão um ano depois de registrada na Repartição Internacional do Trabalho.

Art. 11 — Cada vez que julgar necessário, o Conselho de Administração da Repartição Internacional do Trabalho apresentará à Conferência Geral um relatório sobre a aplicação da presente convenção e examinará se é necessário inscrever na ordem do dia da Conferência a questão da sua revisão total ou parcial.

Art. 12 — Os textos francês e inglês da presente Convenção farão fé."

CONVENÇÃO N. 21

I — Aprovada pela 8ª reunião da Conferência Internacional do Trabalho (Genebra — 1926), entrou em vigor no plano internacional em 29.12.27.

II — Dados referentes ao Brasil:

a) aprovação = Decreto Legislativo n. 20, de 1965, do Congresso Nacional;

b) ratificação = 18 de junho de 1965;

c) promulgação = Decreto n. 58.816, de 14.6.66;

d) vigência nacional = 25 de abril de 1958.

"A Conferência Geral da Organização Internacional do Trabalho,

Convocada em Genebra pelo Conselho de Administração da Repartição Internacional do Trabalho, e reunida nessa cidade a 26 de maio de 1926, em sua oitava sessão,

Após ter decidido adotar diversas proposições relativas às simplificações a introduzir na inspeção dos emigrantes a bordo dos navios, questão inscrita na ordem do dia da sessão, e

Após ter decidido que essas proposições tomariam a forma de uma convenção internacional,

Adota, neste quinto dia de junho de mil novecentos e vinte e seis, a seguinte convenção, que será denominada 'Convenção sobre a Inspeção dos Emigrantes, 1926', a ser ratificada pelos Membros da Organização Internacional do Trabalho, de acordo com as disposições da Constituição da Organização Internacional do Trabalho:

Art. 1 — Para a aplicação da presente convenção, os termos 'navio de emigrantes' e 'emigrante' serão definidos, para cada país, pela autoridade competente desse país.

Art. 2 — 1. Qualquer Membro que ratificar a presente convenção se compromete a aceitar o princípio de que, sob ressalva das disposições abaixo, o serviço oficial de inspeção encarregado de velar pela proteção dos emigrantes a bordo de um navio de emigrantes não esteja afeto a mais de um Governo.

2. A presente disposição em nada obsta a que o Governo de um outro país possa ocasionalmente fazer acompanhar seus emigrantes nacionais de um representante seu, embarcado a expensas suas, a título de observador e sob condição de que não usurpe as funções do inspetor oficial.

Art. 3 — Se um inspetor oficial dos emigrantes for colocado a bordo de um navio de emigrantes, será designado, via de regra, pelo Governo do país cujo pavilhão arvore o navio. Contudo, o inspetor pode ser designado por um outro Governo em virtude de acordo concluído entre o Governo do país cujo pavilhão arvora o navio e um ou vários Governos dos quais há nacionais compreendidos entre os emigrantes embarcados.

Art. 4 — 1. Os conhecimentos práticos e as qualificações profissionais e morais exigidos de um inspetor oficial serão especificados pelo Governo responsável por sua designação.

2. Um inspetor oficial não pode de maneira alguma estar relacionado, direta ou indiretamente, com o armador ou com a companhia de navegação, nem deles depender.

3. A presente disposição em nada obsta a que um Governo possa, excepcionalmente e em caso de absoluta necessidade, designar o médico de bordo como inspetor oficial.

Art. 5 — 1. O inspetor oficial velará pelo respeito aos direitos que os emigrantes possuam em virtude

da lei do país cujo pavilhão arvore o navio, ou de qualquer outra lei que for aplicável, ou ainda em virtude dos acordos internacionais e dos contratos de transporte.

2. O Governo do país cujo pavilhão o navio arvora comunicará ao inspetor oficial, qualquer que seja a nacionalidade deste, o texto das leis e regulamentos em vigor que digam respeito à condição dos emigrantes, bem como os acordos internacionais e contratos em vigor, relativos ao mesmo assunto, que tiverem sido comunicados do dito Governo.

Art. 6 — A autoridade do capitão a bordo não fica restringida pela presente convenção. O inspetor oficial não usurpará em caso algum a autoridade do capitão, e somente se ocupará em velar pela aplicação das leis, regulamentos, acordos ou contratos que se refiram diretamente à proteção e ao bem-estar dos emigrantes a bordo.

Art. 7 — 1. Dentro de oito dias após a chegada ao porto de destino, o inspetor oficial fará um relatório ao Governo do país cujo pavilhão o navio arvora, e este enviará um exemplar do mesmo relatório aos outros Governos interessados que tiverem previamente exprimido o desejo de o receber.

2. Cópia do referido relatório será enviada pelo inspetor oficial ao capitão do navio.

Art. 8 — As ratificações oficiais da presente convenção, nas condições estabelecidas pela Constituição da Organização Internacional do Trabalho, serão comunicadas ao Diretor-Geral da Repartição Internacional do Trabalho e por ele registradas.

Art. 9 — 1. A presente convenção entrará em vigor na data em que as ratificações de dois Membros da Organização Internacional do Trabalho forem registradas pelo Diretor-Geral.

2. Ela obrigará apenas aos Membros cujas ratificações tenham sido registradas na Repartição Internacional do Trabalho. Depois disso, a convenção entrará em vigor, para cada Membro, na data em que sua ratificação for registrada na Repartição Internacional do Trabalho.

Art. 10 — Logo que as ratificações de dois Membros da Organização Internacional do Trabalho forem registradas na Repartição Internacional do Trabalho, o Diretor-Geral da Repartição Internacional do Trabalho notificará a todos os Membros da Organização Internacional do Trabalho. Igual notificação será feita a respeito das ratificações que lhe forem ulteriormente comunicadas pelos outros Membros da Organização.

Art. 11 — Sob reserva das disposições do art. 9, qualquer Membro que ratificar a presente convenção se compromete a aplicar as disposições dos arts. 1, 2, 3, 4, 5, 6 e 7 no mais tardar até 1º de janeiro de 1928, e a adotar as medidas que forem necessárias para tornar efetivas tais disposições.

Art. 12 — Todos os Membros da Organização Internacional do Trabalho que ratificam a presente Convenção comprometem-se a aplicá-la às suas colônias, possessões ou protetorados, conforme as disposições do art. 35 da Constituição da Organização Internacional do Trabalho.

Art. 13 — Todo Membro que tiver ratificado a presente Convenção poderá denunciá-la, à expiração de um período de 10 anos depois da data em que a Convenção entrou em vigor inicialmente, por ato comunicado ao Diretor-Geral da Repartição Internacional do Trabalho e por ele registrado. A denúncia não será efetivada senão um ano depois de registrada na Repartição Internacional do Trabalho.

Art. 14 — Cada vez que julgar necessário, o Conselho de Administração da Repartição Internacional do Trabalho apresentará à Conferência Geral um relatório sobre a aplicação da presente convenção e examinará se é necessário inscrever na ordem do dia da Conferência a questão da sua revisão total ou parcial.

Art. 15 — Os textos francês e inglês da presente Convenção farão fé."

CONVENÇÃO N. 22

I — Aprovada pela 9ª reunião da Conferência Internacional do Trabalho (Genebra – 1926), entrou em vigor no plano internacional em 4.4.28.

II — Dados referentes ao Brasil:

a) aprovação = Decreto Legislativo n. 20, de 1965, do Congresso Nacional;

b) ratificação = 18 de junho de 1965;

c) promulgação = Decreto n. 58.817, de 14.7.66;

d) vigência nacional = 18 de junho de 1966.

"A Conferência Geral da Organização Internacional do Trabalho,

Convocada em Genebra pelo Conselho de Administração da Repartição Internacional do Trabalho, e reunida nesta cidade a 7 de junho de 1926, em sua nona sessão,

Após ter decidido adotar diversas proposições relativas ao contrato de engajamento de marinheiros, questão compreendida no primeiro ponto da ordem do dia da sessão, e

Após ter decidido que essas proposições tomariam a forma de uma Convenção Internacional, adota, neste vigésimo quarto dia de junho de mil novecentos e vinte e seis, a Convenção seguinte, que será denominada 'Convenção sobre o Contrato de Engajamento de Marinheiros 1926', a ser ratificada pelos membros da Organização Internacional do Trabalho, de acordo com as disposições da Constituição da Organização Internacional do Trabalho:

Art. 1 — 1. A presente convenção se aplica a todos os navios para a navegação marítima, matriculados no território de um dos Membros que tiver ratificado a Convenção, e aos armadores, comandantes e marinheiros de tais navios.

2. Ela não se aplica:

a) aos navios de guerra,

b) aos navios do Estado que não estiverem empregados no comércio,

c) aos navios empregados na cabotagem nacional,

d) aos yachts de recreio,

e) às embarcações compreendidas pela denominação de Indian Country Craft,

f) aos barcos de pesca,

g) às embarcações de um deslocamento bruto inferior a 100 toneladas ou 300 metros cúbicos e, em se tratando de navios empregados no comércio nacional, de um deslocamento inferior ao limite fixado para o regime particular de tais navios pela legislação nacional em vigor no momento da adoção da presente convenção.

Art. 2 — Tendo em vista a aplicação da presente convenção, os termos seguintes devem ser compreendidos como segue:

a) o termo 'navio' compreende todo navio ou embarcação de qualquer natureza, de propriedade pública ou privada, empregados habitualmente na navegação marítima;

b) o termo 'marinheiro' compreende toda pessoa empregada ou engajada a bordo, a qualquer título e figurando no rol de equipagem, exceção feita dos comandantes, dos pilotos, dos alunos dos navios-escola e dos aprendizes, quando estes estiverem vinculados por um contrato especial de aprendizado: ficam excluídas as equipagens da frota de guerra e as outras pessoas a serviço permanente do Estado;

c) o termo 'comandante' compreende toda pessoa que tiver o comando de um navio e por ele for responsável, exceção feita dos pilotos;

d) o termo 'navios empregados no comércio nacional' se aplica aos navios empregados no comércio entre os portos de um dado país e os portos de um país vizinho nos limites geográficos fixados pela legislação nacional.

Art. 3 — 1. O contrato de engajamento é assinado pelo armador ou seu representante e pelo marinheiro. Devem ser concedidas facilidades ao marinheiro e, eventualmente, a seu conselheiro para examinar o contrato de engajamento, antes de ser este assinado.

2. As condições nas quais o marinheiro assina o contrato devem ser fixadas pela legislação nacional de maneira a assegurar o controle pela autoridade pública competente.

3. As disposições que precedem, concernentes à assinatura do contrato, são consideradas como observadas se estiver certificado por um ato da autoridade competente que as cláusulas do contrato foram apresentadas por escrito a essa autoridade, tendo sido elas confirmadas tanto pelo armador ou seu representante como pelo marinheiro.

4. A legislação nacional deve adotar disposições para garantir que o marinheiro compreenda o sentido das cláusulas do contrato.

5. O contrato não deve conter disposição alguma que seja contrária à legislação nacional ou à presente Convenção.

6. A legislação nacional deve prever todas as outras formalidades e garantias concernentes à conclusão do contrato julgadas necessárias para proteger os interesses do armador e do marinheiro.

Art. 4 — 1. Devem ser adotadas medidas apropriadas em conformidade com a legislação nacional, para garantir que o contrato de engajamento não contenha cláusula alguma pela qual as partes convenham a priori na derrogação das regras normais de competência de jurisdição.

2. Tal disposição não deve ser interpretada como excluindo o recurso à arbitragem.

Art. 5 — 1. Todo marinheiro deve receber um documento que faça menção de seu serviço a bordo do navio. A legislação nacional deve determinar a forma desse documento, as especificações que nele devam figurar e as condições nas quais ele deva ser estabelecido.

2. Tal documento não pode conter nenhuma apreciação da qualidade do trabalho do marinheiro nem indicação sobre seu salário.

Art. 6 — 1. O contrato de engajamento pode ser concluído seja por período determinado, seja por viagem, ou, permitindo a legislação nacional, por período indeterminado.

2. O contrato de engajamento deve indicar claramente os direitos e obrigações respectivos de cada uma das partes.

3. Necessariamente deve fazer referência:

1) ao nome e prenomes do marinheiro, à data de seu nascimento ou sua idade, bem como o lugar do seu nascimento;

2) ao lugar e à data da conclusão do contrato;

3) à designação do navio ou dos navios a bordo do qual ou dos quais o marinheiro se compromete a servir;

4) ao efetivo da equipagem do navio, caso a legislação nacional prescreva tal menção;

5) à viagem ou às viagens a empreender, caso possam ser determinadas por ocasião do engajamento;

6) ao serviço ao qual é destinado o marinheiro;

7) se possível, ao lugar e à data em que terá o marinheiro de se apresentar a bordo para começar seu serviço;

8) aos víveres que cabem ao marinheiro, salvo o caso em que a legislação nacional estipule um regime diferente;

9) ao montante do salário;

10) aos termos do contrato, ou seja:

a) se o contrato foi concluído por período determinado, a data fixada para o término do contrato;

b) se o contrato foi concluído por viagem, o porto de destino e a duração de tempo a decorrer após a chegada, antes que o marinheiro possa ser despedido;

c) se o contrato foi concluído por período indeterminado, as condições nas quais cada parte poderá denunciá-lo, bem como, após o aviso prévio, a necessária duração de tempo, que não deve ser menor para o armador do que para o marinheiro;

11) às férias pagas anuais concedidas ao marinheiro após um ano de serviço do mesmo armador, caso a legislação nacional faça previsão de tais férias;

12) a todas as outras especificações que a legislação nacional possa impor.

Art. 7 — Quando a legislação nacional prescrever a existência a bordo de um rol de equipagem, deve indicar que o contrato de engajamento será transcrito no rol de equipagem ou a ele anexado.

Art. 8 — A fim de permitir ao marinheiro ter conhecimento da natureza e da extensão de seus direitos e obrigações, a legislação nacional deve adotar disposições que determinem as medidas necessárias para que o marinheiro possa informar-se a bordo, de modo preciso, sobre as condições de seu emprego, seja pela fixação das cláusulas do contrato de engajamento em lugar facilmente acessível à equipagem, seja por qualquer outra medida apropriada.

Art. 9 — 1. O contrato de engajamento por período indeterminado rescinde-se pela sua denúncia por uma ou outra das partes em porto de carregamento ou de descarregamento do navio, sob a condição de que seja observada a duração de tempo a decorrer

após o aviso prévio, especificada no contrato, e que deve ser de 24 horas no mínimo.

2. O aviso prévio deve ser dado por escrito; a legislação nacional deve determinar as condições nas quais o aviso prévio deve ser dado, de maneira a evitar qualquer litígio ulterior entre as partes.

3. A legislação nacional deve determinar as circunstâncias excepcionais nas quais o aviso prévio, mesmo tendo sido dado a tempo, não terá por efeito a resolução do contrato.

Art. 10 — O contrato de engajamento seja ele concluído por viagem, por período determinado ou por período indeterminado, será rescindido de pleno direito nos casos que seguem:

a) consentimento mútuo das partes;

b) falecimento do marinheiro;

c) perda ou inavegabilidade absoluta do navio;

d) qualquer outra causa estipulada pela legislação nacional ou pela presente Convenção.

Art. 11 — A legislação nacional deve fixar as circunstâncias em que o armador e o comandante têm a faculdade de despedir imediatamente o marinheiro.

Art. 12 — A legislação nacional deve igualmente determinar as circunstâncias em que o marinheiro tem a faculdade de pedir seu desembarque imediato.

Art. 13 — 1. Provando o marinheiro ao armador ou a seu representante, seja que tem possibilidade de obter o comando de navio ou emprego oficial ou de oficial-mecânico ou qualquer outro emprego mais elevado do que aquele que ocupa; seja que em consequência de circunstâncias supervenientes a seu engajamento sua despedida de interesse capital; pode pedir seu desligamento sob a condição de que assegure sem novos gastos para o armador sua substituição por pessoa competente reconhecida como tal pelo armador ou por seu representante.

2. Nesse caso o marinheiro tem direito ao salário correspondente à duração de seu serviço.

Art. 14 — 1. Seja qual for à causa do término ou da rescisão do contrato a dissolução de qualquer compromisso deve ficar registrada no documento entregue ao marinheiro conforme o art. 5 e no rol de equipagem por uma referência especial que deve ser a pedido de uma ou de outra das partes reconhecida devidamente pela autoridade pública competente.

2. O marinheiro tem sempre o direito de obter do comandante um certificado lavrado separadamente e que dê a conhecer a qualidade de seu trabalho ou que indique pelo menos se ele satisfez inteiramente às obrigações de seu contrato.

Art. 15 — Compete à legislação nacional adotar medidas adequadas para assegurar a observação das disposições da presente convenção.

Art. 16 — As ratificações oficiais da presente convenção, nas condições estabelecidas pela Constituição da Organização Internacional do Trabalho, serão comunicadas ao Diretor-Geral da Repartição Internacional do Trabalho e por ele registradas.

Art. 17 — 1. A presente convenção entrará em vigor na data em que as ratificações de dois Membros da Organização Internacional do Trabalho forem registradas pelo Diretor-Geral.

2. Ela obrigará apenas aos Membros cujas ratificações tenham sido registradas na Repartição Internacional do Trabalho. Depois disso, a convenção entrará em vigor, para cada Membro, na data em que sua ratificação for registrada na Repartição Internacional do Trabalho.

Art. 18 — Logo que as ratificações de dois Membros da Organização Internacional do Trabalho forem registradas na Repartição Internacional do Trabalho, o Diretor-Geral da Repartição Internacional do Trabalho notificará a todos os Membros da Organização Internacional do Trabalho. Igual notificação será feita a respeito das ratificações que lhe forem ulteriormente comunicadas pelos outros Membros da Organização.

Art. 19 — Sob reserva das disposições do art. 17, qualquer Membro que ratificar a presente convenção se compromete a aplicar as disposições dos arts. 1, 2, 3, 4, 5, 6, 7, 8, 9, 10, 11, 12, 13, 14 e 15 no mais tardar até 1º de janeiro de 1928 e adotar as medidas que forem necessárias para tornar efetivas tais disposições.

Art. 20 — Todos os Membros da Organização Internacional do Trabalho que ratificam a presente Convenção comprometem-se a aplicá-la às suas colônias, possessões ou protetorados, conforme as disposições do art. 35 da Constituição da Organização Internacional do Trabalho.

Art. 21 — Todo Membro que tiver ratificado a presente Convenção poderá denunciá-la, à expiração de um período de 10 anos depois da data em que a Convenção entrou em vigor inicialmente, por ato comunicado ao Diretor-Geral da Repartição Internacional do Trabalho e por ele registrado. A denúncia não será efetivada senão um ano depois de registrada na Repartição Internacional do Trabalho.

Art. 22 — Cada vez que julgar necessário, o Conselho de Administração da Repartição Internacional do Trabalho apresentará à Conferência Geral um relatório sobre a aplicação da presente convenção e examinará se é necessário inscrever na ordem do dia da Conferência a questão da sua revisão total ou parcial.

Art. 23 — Os textos francês e inglês da presente Convenção farão fé."

CONVENÇÃO N. 26

I — Aprovada pela 11ª reunião da Conferência Internacional do Trabalho (Genebra — 1928), entrou em vigor no plano internacional em 14.6.30.

II — Dados referentes ao Brasil:

a) aprovação = Decreto Legislativo n. 24, de 29.5.65, do Congresso Nacional;

b) ratificação = 25 de abril de 1957;

c) promulgação = Decreto n. 41.721, de 25.6.57;

d) vigência nacional = 25 de abril de 1958.

"A Conferência Geral da Organização Internacional do Trabalho,

Convocada em Genebra pelo Conselho Administrativo da Repartição Internacional do Trabalho, e reunida em 30 de maio de 1928, em sua décima primeira sessão.

Depois de ter decidido adotar diversas proposições relativas aos métodos de fixação de salários mínimos, questão que constitui o primeiro ponto da ordem do dia da sessão, e

Depois de ter decidido que essas proposições tomariam a forma de convenção internacional,

Adota, neste décimo sexto dia de junho de mil novecentos e vinte e oito, a convenção presente, que será denominada 'Convenção sobre Métodos de Fixação de Salários Mínimos de 1928', a ser ratificada pelos Membros da Organização Internacional do Trabalho, conforme as disposições da Constituição da Organização Internacional do Trabalho:

Art. 1 — 1. Todos os Membros da Organização Internacional do Trabalho que ratificam a presente convenção se comprometem a instituir ou a conservar métodos que permitam fixar os salários mínimos dos trabalhadores empregados na indústria ou partes da indústria (e em particular nas indústrias caseiras), em que não exista regime eficaz para a fixação de salários por meio de contrato coletivo ou de outra modalidade e nas quais os salários sejam excepcionalmente baixos.

2. A palavra 'indústria', para os fins da presente convenção, compreende as indústrias de transformação e o comércio.

Art. 2 — Cada Membro que ratifica a presente convenção tem a liberdade de decidir, após consulta às organizações patronais e obreiras, se existem, à indústria ou parte da indústria em questão, a quais indústrias ou parte de indústrias e, em particular, a quais indústrias caseiras ou parte dessas indústrias serão aplicados os métodos de fixação dos salários mínimos previstos no art. 1º.

Art. 3 — 1. Cada Membro que ratifica a presente convenção tem a liberdade de determinar os métodos de fixação dos salários mínimos, assim como as modalidades de sua aplicação.

2. Entretanto,

1) antes de aplicar os métodos a uma indústria na parte da indústria determinada, os representantes dos empregadores e dos trabalhadores interessados, inclusive os representantes de suas respectivas organizações, se tais organizações existem, deverão ser consultados, assim como todas as outras pessoas especialmente qualificadas no assunto, por sua profissão ou por suas funções, às quais a autoridade competente julgar oportuno dirigir-se;

2) os empregados e trabalhadores interessados deverão participar da aplicação dos métodos, sob a forma e na medida que poderão ser determinadas pela legislação nacional, mas, em todos os casos, em número igual e no mesmo pé de igualdade;

3) as quantias mínimas de salário que forem fixadas serão obrigatórias para os empregados interessados; não poderão ser reduzidas por eles nem em acordo individual nem coletivo, salvo autorização geral ou particular da autoridade competente.

Art. 4 — 1. Todo Membro que ratifique a presente convenção deve tomar as medidas necessárias, por meio de um sistema de controle e de sanções, para que, de uma parte, os empregadores e empregados interessados tomem conhecimento das quantias mínimas de salário em vigor e, de outra parte, os salários efetivamente estipulados não sejam inferiores aos mínimos aplicáveis.

2. Todo trabalhador ao qual as quantias mínimas são aplicáveis e que recebeu salários inferiores ao mínimo deve ter direito, por via judiciária ou outra via legal, de recuperar o montante da soma que lhe é devida, dentro do prazo que poderá ser fixado pela legislação nacional.

Art. 5 — Todo Membro que ratificar a presente convenção deverá fazer, cada ano, à Repartição Internacional do Trabalho, uma exposição geral com a lista das indústrias ou partes de indústrias nas quais foram aplicados métodos de fixação dos salários mínimos, dando conhecimento das modalidades de aplicação desses métodos, assim como os seus resultados. Essa exposição compreenderá indicações sumárias dos números aproximados de trabalhadores atingidos por essa regulamentação, as taxas de salário mínimo fixadas e, se for o caso, as outras medidas mais importantes relativas aos salários mínimos.

Art. 6 — As ratificações oficiais da presente convenção nas condições estabelecidas pela Constituição da Organização Internacional do Trabalho, serão comunicadas ao Diretor-Geral da Repartição Internacional do Trabalho e por ele registradas.

Art. 7 — 1. A presente convenção não obrigará senão aos Membros da Organização Internacional do Trabalho cuja ratificação tiver sido registrada na Repartição Internacional do Trabalho.

2. Ela entrará em vigor doze meses depois da data na qual as ratificações de dois Membros forem registradas pelo Diretor-Geral.

3. Em seguida, esta convenção entrará em vigor para cada Membro doze meses depois da data em que sua ratificação tiver sido registrada.

Art. 8 — Logo que as ratificações de dois Membros da Organização Internacional do Trabalho tiverem sido registradas na Repartição Internacional do Trabalho, o Diretor-Geral da Repartição Internacional do Trabalho notificará o fato a todos os Membros da Organização Internacional do Trabalho. Notificará igualmente o registro das ratificações que lhe forem ulteriormente comunicadas por todos os Membros da Organização.

Art. 9 — 1. Todo Membro que tiver ratificado a presente convenção poderá denunciá-la ao fim de um período de 10 anos depois da data da entrada em vigor inicial da convenção, por ato comunicado ao Diretor-Geral da Repartição Internacional do Trabalho e por ele registrado. A denúncia não terá efeito senao um ano depois de registrada na Repartição Internacional do Trabalho.

2. Todo Membro que, tendo ratificado a presente convenção, no prazo de um ano depois da expiração do período de 10 anos mencionados no parágrafo precedente, não fizer uso da faculdade de denúncia prevista no presente artigo ficará obrigado por um período de cinco anos, e em seguida poderá denunciar a presente convenção, no fim de cada cinco anos, nas condições previstas no presente artigo.

Art. 10 — Cada vez que julgar necessário, o Conselho de Administração da Repartição Internacional do Trabalho apresentará à Conferência Geral um relatório sobre a aplicação da presente convenção e examinará se é necessário inscrever na ordem do dia da Conferência a questão da sua revisão total ou parcial.

Art. 11 — Os textos francês e inglês da presente Convenção farão fé."

CONVENÇÃO N. 29

I — Aprovada na 14ª reunião da Conferência Internacional do Trabalho (Genebra — 1930), entrou em vigor no plano internacional em 1º. 5.32.

II — Dados referentes ao Brasil:

a) aprovação = Decreto Legislativo n. 24, de 29.5.56, do Congresso Nacional;

b) ratificação = 25 de abril de 1957;

c) promulgação = Decreto n. 41.721, de 25.6.57;

d) vigência nacional = 25 de abril de 1958.

"A Conferência Geral da Organização Internacional do Trabalho.

Convocada em Genebra pelo Conselho de Administração da Repartição Internacional do Trabalho e aí se tendo reunido em 10 de junho de 1930, em sua décima quarta sessão.

Depois de haver decidido adotar diversas proposições relativas ao trabalho forçado ou obrigatório, questão compreendida no primeiro ponto da ordem do dia da sessão, e

Depois de haver decidido que essas proposições tomariam a forma de convenção internacional,

Adota neste vigésimo oitavo dia de junho de mil novecentos e trinta, a convenção presente, que será denominada 'Convenção sobre o Trabalho Forçado, de 1930', a ser ratificada pelos Membros da Organização Internacional do Trabalho, conforme as disposições da Constituição da Organização Internacional do Trabalho:

Art. 1 — 1. Todos os Membros da Organização Internacional do Trabalho que ratificam a presente convenção se obrigam a suprimir o emprego do trabalho forçado ou obrigatório sob todas as suas formas no mais curto prazo possível.

2. Com o fim de alcançar essa supressão total, o trabalho forçado ou obrigatório poderá ser empregado, durante o período transitório, unicamente para fins públicos e a título excepcional, nas condições e com as garantias estipuladas nos artigos que seguem.

3. À expiração de um prazo de cinco anos a partir da entrada em vigor da presente convenção e por ocasião do relatório previsto no art. 31 abaixo, o Conselho de Administração da Repartição Internacional do Trabalho examinará a possibilidade de suprimir sem nova delonga o trabalho forçado ou obrigatório sob todas as suas formas e decidirá da oportunidade de inscrever essa questão na ordem do dia da Conferência.

Art. 2 — 1. Para os fins da presente convenção, a expressão 'trabalho forçado ou obrigatório' designará todo trabalho ou serviço exigido de um indivíduo sob ameaça de qualquer penalidade e para o qual ele não se ofereceu de espontânea vontade.

2. Entretanto, a expressão 'trabalho forçado ou obrigatório' não compreenderá, para os fins da presente convenção:

a) qualquer trabalho ou serviço exigido em virtude das leis sobre o serviço militar obrigatório e que só compreenda trabalhos de caráter puramente militar;

b) qualquer trabalho ou serviço que faça parte das obrigações cívicas normais dos cidadãos de um país plenamente autônomo;

c) qualquer trabalho ou serviço exigido de um indivíduo como conseqüência de condenação pronunciada por decisão judiciária, contanto que esse trabalho ou serviço seja executado sob a fiscalização e o controle das autoridades públicas e que dito indivíduo não seja posto à disposição de particulares, companhias ou pessoas privadas;

d) qualquer trabalho ou serviço exigido nos casos de força maior, isto é, em caso de guerra, de sinistro ou ameaças de sinistro, tais como incêndios, inundações, fome, tremores de terra, epidemias, e epizootias, invasões de animais, de insetos ou de parasitas vegetais daninhos e em geral todas as circunstâncias que ponham em perigo a vida ou as condições normais de existência de toda ou de parte da população;

e) pequenos trabalhos de uma comunidade, isto é, trabalhos executados no interesse direto da coletividade pelos membros desta, trabalhos que, como tais, podem ser considerados obrigações cívicas normais dos membros da coletividade, contanto que a própria população ou seus representantes diretos tenham o direito de se pronunciar sobre a necessidade desse trabalho.

Art. 3 — Para os fins da presente convenção, o termo 'autoridades competentes' designará as autoridades metropolitanas ou as autoridades centrais superiores do território interessado.

Art. 4 — 1. As autoridades competentes não deverão impor ou deixar de impor o trabalho forçado ou obrigatório em proveito de particulares, de companhias, ou de pessoas jurídicas de direito privado.

2. Se tal forma de trabalho forçado ou obrigatório em proveito de particulares, de companhias ou de pessoas jurídicas de direito privado, existir na data em que a ratificação da presente convenção por um Membro for registrada pelo Diretor-Geral da Repartição Internacional do Trabalho, este Membro deverá suprimir completamente dito trabalho forçado ou obrigatório, na data da entrada em vigor da presente convenção para esse Membro.

Art. 5 — 1. Nenhuma concessão feita a particulares, companhias ou pessoas jurídicas de direito privado deverá ter como conseqüência a imposição de qualquer forma de trabalho forçado ou obrigatório com o fim de produzir ou recolher os produtos que esses particulares, companhias ou pessoas jurídicas de direito privado utilizam ou negociam.

2. Se concessões existentes contêm disposições que tenham como conseqüência a imposição de trabalho forçado ou obrigatório, essas disposições deverão ser canceladas logo que possível, a fim de satisfazer as prescrições do artigo primeiro da presente convenção.

Art. 6 — Os funcionários da Administração, mesmo quando tenham que incentivar as populações sob seus cuidados a se ocuparem com qualquer forma de trabalho, não deverão exercer sobre essas populações pressão coletiva ou individual, visando a fazê-los trabalhar para particulares, companhias ou pessoas jurídicas de direito privado.

Art. 7 — 1. Os chefes que não exercem funções administrativas não deverão recorrer a trabalhos forçados ou obrigatórios.

2. Os chefes que exercem funções administrativas poderão, com a autorização expressa das autoridades competentes, recorrer ao trabalho forçado ou obrigatório nas condições expressas no art. 10 da presente convenção.

3. Os chefes legalmente reconhecidos e que não recebem remuneração adequada sob outras formas, poderão beneficiar-se dos serviços pessoais devidamente regulamentados, devendo ser tomadas todas as medidas necessárias para prevenir abusos.

Art. 8 — 1. A responsabilidade de qualquer decisão de recorrer ao trabalho forçado ou obrigatório caberá às autoridades civis superiores do território interessado.

2. Entretanto, essas autoridades poderão delegar às autoridades locais superiores o poder de impor trabalho forçado ou obrigatório nos casos em que esse trabalho não tenha por efeito afastar o trabalhador de sua residência habitual. Essas autoridades poderão igualmente delegar às autoridades locais superiores, pelo período e nas condições que serão estipuladas pela regulamentação prevista no art. 23 da presente convenção, o poder de impor trabalho forçado ou obrigatório para cuja execução os trabalhadores deverão se afastar de sua residência habitual, quando se tratar de facilitar o deslocamento de funcionários da administração no exercício de suas funções e o transporte de material da administração.

Art. 9 — Salvo disposições contrárias estipuladas no art. 10 da presente convenção, toda autoridade que tiver o direito de impor trabalho forçado ou obrigatório não deverá permitir recurso a essa forma de trabalho a não ser que tenha sido assegurado o seguinte:

a) que o serviço ou trabalho a executar é de interesse direto e importante para a coletividade chamada a executá-lo;

b) que esse serviço ou trabalho é de necessidade atual e presente;

c) que foi impossível encontrar mão de obra voluntária para a execução desse serviço ou trabalho, apesar do oferecimento de salários e condições de trabalho ao menos iguais aos que são usuais no território interessado para trabalhos ou serviços análogos, e

d) que não resultará do trabalho ou serviço ônus muito grande para a população atual, considerando-se a mão de obra disponível e sua aptidão para o desempenho do trabalho.

Art. 10 — 1. O trabalho forçado ou obrigatório exigido a título de imposto e o trabalho forçado ou obrigatório exigido, para os trabalhos de interesse público, por chefes que exerçam funções administrativas, deverão ser progressivamente abolidos.

2. Enquanto não o forem, quando o trabalho forçado ou obrigatório for a título de imposto ou exigido por chefes que exerçam funções administrativas, para a execução de trabalhos de interesse público, as autoridades interessadas deverão primeiro assegurar:

a) que o serviço ou trabalho é de interesse direto e importante para a coletividade chamada a executá-lo;

b) que este serviço ou trabalho é de necessidade atual ou premente;

c) que não resultará do trabalho ou serviço ônus muito grande para a população atual, considerando-se a mão de obra disponível e sua aptidão para o desempenho do trabalho;

d) que a execução desse trabalho ou serviço não obrigará os trabalhadores a se afastarem do lugar de sua residência habitual;

e) que a execução desse trabalho ou serviço será orientada conforme as exigências da religião, da vida social ou da agricultura.

Art. 11 — 1. Somente os adultos válidos do sexo masculino, cuja idade presumível não seja inferior a 18 anos nem superior a 45, poderão estar sujeitos a trabalhos forçados ou obrigatórios. Salvo para as categorias de trabalho estabelecidas no art. 10 da presente convenção, os limites e condições seguintes deverão ser observados:

a) conhecimento prévio, em todos os casos em que for possível, por médico designado pela administração, da ausência de qualquer moléstia contagiosa e da aptidão física dos interessados para suportar o trabalho imposto e as condições em que será executado;

b) isenção do pessoal das escolas, alunos e professores, assim como do pessoal administrativo em geral;

c) manutenção, em cada coletividade, de um número de homens adultos e válidos indispensáveis à vida familiar e social;

d) respeito aos vínculos conjugais e familiares.

2. Para os fins indicados na alínea c acima, a regulamentação prevista no art. 23 da presente convenção fixará a proporção de indivíduos da população permanente masculina e válida, que poderá ser convocada a qualquer tempo, sem, entretanto, que essa proporção possa, em caso algum, ultrapassar 25 por cento dessa população. Fixando essa proporção, as autoridades competentes deverão ter em conta a densidade da população, o desenvolvimento social e físico dessa população, a época do ano e os trabalhos que devem ser executados pelos interessados no lugar e por sua própria conta; de modo geral, elas deverão respeitar as necessidades econômicas e sociais da vida normal da coletividade interessada.

Art. 12 — 1. O período máximo durante o qual um indivíduo qualquer poderá ser submetido a trabalho forçado ou obrigatório, sob suas diversas formas, não deverá ultrapassar sessenta dias por período de doze meses, compreendidos nesse período os dias de viagem necessários para ir ao lugar de trabalho e voltar.

2. Cada trabalhador submetido ao trabalho forçado ou obrigatório deverá estar munido de certificado que indique os períodos de trabalho forçado e obrigatório que tiver executado.

Art. 13 — 1. O número de horas normais de trabalho de toda pessoa submetida a trabalho forçado ou obrigatório deverá ser o mesmo adotado para o trabalho livre, e as horas de trabalho executado além do período normal deverão ser remuneradas nas mesmas bases usuais para as horas suplementares dos trabalhadores livres.

2. Um dia de repouso semanal deverá ser concedido a todas as pessoas submetidas a qualquer forma de trabalho forçado ou obrigatório, e esse dia deverá coincidir, tanto quanto possível, com o dia consagrado pela tradição ou pelos costumes do país ou região.

Art. 14 — 1. Com exceção do trabalho previsto no art. 10 da presente convenção, o trabalho forçado ou obrigatório, sob todas as formas, deverá ser remunerado em espécie e em bases que, pelo mesmo

CONVENÇÕES DA OIT RATIFICADAS

gênero de trabalho, não deverão ser inferiores aos em vigor na região onde os trabalhadores estão empregados, nem aos que vigorarem no lugar onde forem recrutados.

2. No caso do trabalho imposto por chefes no exercício de suas funções administrativas, o pagamento de salários nas condições previstas no parágrafo precedente deverá ser introduzido o mais breve possível.

3. Os salários deverão ser entregues a cada trabalhador individualmente, e não a seu chefe de grupo ou a qualquer outra autoridade.

4. Os dias de viagem para ir ao trabalho e voltar deverão ser contados no pagamento dos salários como dias de trabalho.

5. O presente artigo não terá por efeito impedir o fornecimento aos trabalhadores de rações alimentares habituais como parte do salário, devendo essas rações ser ao menos equivalentes à soma que se supõe representarem; mas nenhuma dedução deverá ser feita no salário, nem para pagamento de impostos, nem para alimentação, vestuário ou alojamento especiais, que serão fornecidos aos trabalhadores para mantê-los em situação de continuar seu trabalho, considerando-se as condições especiais de seu emprego, nem pelo fornecimento de utensílios.

Art. 15 — 1. Toda legislação concernente à indenização por acidentes ou moléstias resultantes de trabalho e toda legislação que prevê indenizações de pessoas dependentes de trabalhadores mortos ou inválidos, que esteja ou estiverem em vigor no território interessado, deverão se aplicar às pessoas submetidas ao trabalho forçado ou obrigatório nas mesmas condições dos trabalhadores livres.

2. De qualquer modo, toda autoridade que empregar trabalhador em trabalho forçado ou obrigatório deverá ter a obrigação de assegurar a subsistência do dito trabalhador se um acidente ou uma moléstia resultante de seu trabalho tiver o efeito de torná-lo total ou parcialmente incapaz de prover a suas necessidades. Essa autoridade deverá igualmente ter a obrigação de tomar medidas para assegurar a manutenção de toda pessoa efetivamente dependente do dito trabalhador em caso de incapacidade ou morte resultante do trabalho.

Art. 16 — 1. As pessoas submetidas a trabalho forçado ou obrigatório não deverão, salvo em caso de necessidade excepcional, ser transferidas para regiões onde as condições de alimentação e de clima sejam de tal maneira diferentes das que estão acostumadas e que poderiam oferecer perigo para sua saúde.

2. Em caso algum, será autorizada tal transferência de trabalhadores sem que todas as medidas de higiene e de habitat, que se impõem para sua instalação e para a proteção de sua saúde, tenham sido estritamente aplicadas.

3. Quando tal transferência não puder ser evitada, deverão ser adotadas medidas que assegurem adaptação progressiva dos trabalhadores às novas condições de alimentação e de clima, depois de ouvido o serviço médico competente.

4. Nos casos em que os trabalhadores forem chamados a executar um trabalho regular ao qual não estão acostumados, deverão tomar-se medidas para assegurar a sua adaptação a esse gênero de trabalho, a disposição de repousos intercalados e a melhoria e aumento de rações alimentares necessárias.

Art. 17 — Antes de autorizar qualquer recurso ao trabalho forçado ou obrigatório para trabalhos de construção ou de manutenção que obriguem os trabalhadores a permanecerem nos locais de trabalho durante um período prolongado, as autoridades competentes deverão assegurar:

1. que todas as medidas necessárias foram tomadas para assegurar a higiene dos trabalhadores e garantir-lhes os cuidados médicos indispensáveis, e que, em particular: a) esses trabalhadores passem por um exame médico antes de começar os trabalhos e se submetam a novos exames em intervalos determinados durante o período de emprego; b) foi previsto um pessoal médico suficiente, assim como dispensários, enfermarias, hospitais e material necessário para fazer face a todas as necessidades, e c) a boa higiene dos lugares de trabalho, o abastecimento de víveres, água, combustíveis e material de cozinha foram assegurados aos trabalhadores de maneira satisfatória, e roupas e alojamentos necessários foram previstos;

2. que foram tomadas medidas apropriadas para assegurar a subsistência da família do trabalhador, especialmente facilitando a entrega de parte do salário a ela, por um processo seguro, com o consentimento ou a pedido do trabalhador;

3. que as viagens de ida e volta dos trabalhadores ao lugar do trabalho serão asseguradas pela administração, sob sua responsabilidade e à sua custa, e que a administração facilitará essas viagens, utilizando, na medida do possível, todos os meios de transporte disponíveis;

4. que em caso de enfermidade ou acidente do trabalhador que acarrete incapacidade de trabalho durante certo tempo, o repatriamento do trabalhador será assegurado a expensas da administração;

5. que todo trabalhador que desejar ficar no local como trabalhador livre, no fim do período forçado ou obrigatório, terá permissão para fazê-lo, sem perder, durante um período de dois anos, o direito de repatriamento gratuito.

Art. 18 — 1. O trabalho forçado ou obrigatório para o transporte de pessoas ou mercadorias, tais como o trabalho de carregadores ou barqueiros, deverá ser suprimido o mais brevemente possível e, esperando essa providência, as autoridades competentes deverão baixar regulamentos fixando, especialmente:

a) a obrigação de não utilizar esse trabalho a não ser para facilitar o transporte de funcionários da administração no exercício de suas funções ou o transporte do material da administração, ou, em caso de necessidade absolutamente urgente, o transporte de outras pessoas que não sejam funcionários;

b) a obrigação de não empregar em tais transportes senão homens reconhecidos fisicamente aptos para esse trabalho em exame médico anterior, nos casos em que isso for possível; quando não o for, a pessoa que empregar essa mão de obra deverá assegurar, sob sua responsabilidade, que os trabalhadores empregados possuem a aptidão física necessária, e não sofrem moléstias contagiosas;

c) a carga mínima a ser levada por esses trabalhadores;

d) o percurso máximo que poderá ser imposto a esses trabalhadores, do local de sua residência;

e) o número máximo de dias por mês ou por qualquer outro período durante o qual esses trabalhadores poderão ser requisitados, incluídos nesse número os dias da viagem de volta;

f) as pessoas autorizadas a recorrer a essa forma de trabalho forçado ou obrigatório, assim como até que ponto elas têm direito de recorrer a esse trabalho.

2. Fixando os máximos mencionados nas alíneas c, d e do parágrafo precedente, as autoridades competentes deverão ter em conta os diversos elementos a considerar, notadamente a aptidão física da população que deverá atender à requisição, a natureza do itinerário a ser percorrido, assim como as condições climáticas.

3. As autoridades competentes deverão, outrossim, tomar medidas para que o trajeto diário normal dos carregadores não ultrapasse distância correspondente à duração média de um dia de trabalho de oito horas, ficando entendido que, para determiná-la, dever-se-á levar em conta, não somente a carga a ser percorrida, mas ainda o estado da estrada, a época do ano e todos os outros elementos a considerar; se for necessário impor horas de marcha suplementares aos carregadores, estas deverão ser remuneradas em bases mais elevadas do que as normais.

Art. 19 — 1. As autoridades competentes não deverão autorizar o recurso às culturas obrigatórias a não ser com o fim de prevenir fome ou a falta de produtos alimentares e sempre com a reserva de que as mercadorias assim obtidas constituirão propriedade dos indivíduos ou da coletividade que os tiverem produzido.

2. O presente artigo não deverá tornar sem efeito a obrigação dos membros da coletividade de se desobrigarem do trabalho imposto, quando a produção se achar organizada segundo a lei e o costume, sobre base comunal, e quando os produtos ou benefícios provenientes da venda ficarem como propriedade da coletividade.

Art. 20 — As legislações que prevêem repressão coletiva aplicável a uma coletividade inteira por delitos cometidos por alguns membros, não deverão estabelecer trabalho forçado ou obrigatório para uma coletividade como um dos métodos de repressão.

Art. 21 — Não se aplicará o trabalho forçado ou obrigatório para trabalhos subterrâneos em minas.

Art. 22 — Os relatórios anuais que os Membros que ratificam a presente convenção se comprometem a apresentar à Repartição Internacional do Trabalho, conforme as disposições do art. 22 da Constituição da Organização Internacional do Trabalho, sobre as medidas por eles tomadas para pôr em vigor às disposições da presente convenção, deverão conter as informações mais completas possíveis, para cada território interessado, sobre o limite da aplicação do trabalho forçado ou obrigatório nesse território, assim como os pontos seguintes: para que fins foram executados esse trabalho; porcentagem de enfermidades e de mortalidade; horas de trabalho; métodos de pagamento dos salários e totais destes; assim como quaisquer outras informações a isso pertinentes.

Art. 23 — 1. Para pôr em vigor a presente convenção, as autoridades competentes deverão promulgar uma regulamentação completa e precisa sobre o emprego do trabalho forçado ou obrigatório.

2. Esta regulamentação deverá conter, notadamente, normas que permitam a cada pessoa submetida a trabalho forçado ou obrigatório apresentar às autoridades todas as reclamações relativas às condições de trabalho e lhes dêem garantias de que essas reclamações serão examinadas e tomadas em consideração.

Art. 24 — Medidas apropriadas deverão ser tomadas em todos os casos para assegurar a estreita aplicação dos regulamentos concernentes ao emprego do trabalho forçado ou obrigatório, seja pela extensão ao trabalho forçado ou obrigatório das atribuições de todo organismo de inspeção já criado para fiscalização do trabalho livre, seja por qualquer outro sistema conveniente. Deverão ser igualmente tomadas medidas no sentido de que esses regulamentos sejam levados ao conhecimento das pessoas submetidas ao trabalho forçado ou obrigatório.

Art. 25 — O fato de exigir ilegalmente o trabalho forçado ou obrigatório será passível de sanções penais, e todo Membro que ratificar a presente convenção terá a obrigação de assegurar que as sanções impostas pela lei são realmente eficazes e estritamente aplicadas.

Art. 26 — 1. Todo Membro da Organização Internacional do Trabalho que ratifica a presente convenção, compromete-se a aplicá-la aos territórios submetidos à sua soberania, jurisdição, proteção, suserania, tutela ou autoridade, na medida em que ele tem o direito de subscrever obrigações referentes a questões de jurisdição interior. Entretanto, se o Membro quer se prevalecer das disposições do art. 35 da Constituição da Organização Internacional do Trabalho, deverá acompanhar sua ratificação uma declaração estabelecendo:

1) os territórios nos quais pretende aplicar integralmente as disposições da presente convenção;

2) os territórios nos quais pretende aplicar as disposições da presente convenção com modificações e em que consistem as ditas modificações;

3) os territórios para os quais reserva sua decisão.

2. A declaração acima mencionada será reputada parte integrante da ratificação e terá idênticos efeitos. Todo Membro que formular tal declaração terá a faculdade de renunciar, em nova declaração, no todo ou em parte, às reservas feitas, em virtude das alíneas 2 e 3 acima, na sua declaração anterior.

Art. 27 — As ratificações oficiais da presente convenção nas condições estabelecidas pela Constituição da Organização Internacional do Trabalho, serão comunicadas ao Diretor-Geral da Repartição Internacional do Trabalho e por ele registradas.

Art. 28 — 1. A presente convenção não obrigará senão aos Membros da Organização Internacional do Trabalho cuja ratificação tiver sido registrada na Repartição Internacional do Trabalho.

2. Ela entrará em vigor doze meses depois da data na qual as ratificações de dois Membros forem registradas pelo Diretor-Geral.

3. Em seguida, esta convenção entrará em vigor para cada Membro doze meses depois da data em que sua ratificação tiver sido registrada.

Art. 29 — Logo que as ratificações de dois Membros da Organização Internacional do Trabalho tiverem sido registradas na Repartição Internacional do Trabalho, o Diretor-Geral da Repartição Internacional do Trabalho notificará o fato a todos os Membros da

Organização Internacional do Trabalho. Notificará igualmente o registro das ratificações que lhe forem ulteriormente comunicadas por todos os Membros da Organização.

Art. 30 — 1. Todo Membro que tiver ratificado a presente convenção poderá denunciá-la ao fim de um período de 10 anos depois da data da entrada em vigor inicial da convenção, por ato comunicado ao Diretor-Geral da Repartição Internacional do Trabalho e por ele registrado. A denúncia não terá efeito senão um ano depois de registrada na Repartição Internacional do Trabalho.

2. Todo Membro que, tendo ratificado a presente convenção, no prazo de um ano depois da expiração do período de 10 anos mencionado no parágrafo precedente, não fizer uso da faculdade de denúncia prevista no presente artigo ficará obrigado por um período de cinco anos, e em seguida poderá denunciar a presente convenção, no fim de cada cinco anos, nas condições previstas no presente artigo.

Art. 31 — Cada vez que julgar necessário, o Conselho de Administração da Repartição Internacional do Trabalho apresentará à Conferência Geral um relatório sobre a aplicação da presente convenção e examinará se é necessário inscrever na ordem do dia da Conferência a questão da sua revisão total ou parcial.

Art. 32 — 1. No caso de a Conferência Geral adotar nova convenção de revisão total ou parcial da presente convenção a ratificação por um Membro da nova convenção de revisão acarretará, de pleno direito, denúncia da presente convenção, sem condições de prazo, não obstante o art. 30 acima, contanto que nova convenção da revisão tenha entrado em vigor.

2. A partir da data da entrada em vigor da nova convenção de revisão, a presente convenção cessará de estar aberta à ratificação dos Membros.

3. A presente convenção ficará, entretanto, em vigor na sua forma e teor para os Membros que a tiverem ratificado e não ratificaram a nova convenção de revisão.

Art. 33 — Os textos francês e inglês da presente Convenção farão fé."

CONVENÇÃO N. 42

I — Aprovada na 18ª reunião da Conferência Internacional do Trabalho (Genebra — 1934), entrou em vigor no plano internacional em 17.6.36.

II — Dados referentes ao Brasil:

a) aprovação = Decreto Legislativo n. 9, de 22.12.35, do Congresso Nacional;

b) ratificação = 8 de junho de 1936;

c) promulgação = Decreto n. 1.361, de 12.1.37;

d) vigência nacional = 8 de junho de 1937.

"A Conferência Geral da Organização Internacional do Trabalho:

Convocada em Genebra pelo Conselho de Administração da Repartição Internacional do Trabalho, e reunida em dita cidade a 4 de junho de 1934, em sua décima oitava reunião;

Depois de haver decidido adotar diversas proposições relativas à reunião parcial da Convenção adotada pela Conferência em sua sétima reunião sobre indenização das enfermidades profissionais, questão que constitui o quinto ponto da ordem do dia da reunião, e

Considerando que ditas proposições devem revestir a forma de uma Convenção Internacional.

Adota, com data de 21 de junho de 1934, a seguinte Convenção, que poderá ser citada como 'Convenção sobre Enfermidades Profissionais (Revista) 1934'.

Art. 1 — 1. Todo Membro da Organização Internacional do Trabalho que ratifique a presente Convenção obriga-se a garantir às vítimas de enfermidades profissionais, ou a quem tiver seus direitos, uma indenização baseada nos princípios gerais da legislação nacional sobre indenização por acidentes de trabalho.

2. A taxa dessa indenização não será inferior a que estabeleça a legislação nacional pelo dano resultante dos acidentes de trabalho. Com reserva desta disposição, cada Membro terá liberdade de adotar as modificações e adaptações que estime oportunas, ao determinar em sua legislação nacional as condições que hão de regular o pagamento de indenização por enfermidades profissionais e ao aplicar às mesmas sua legislação sobre indenização por acidente de trabalho.

Art. 2 — Todo Membro da Organização Internacional do Trabalho que ratifique a presente Convenção obriga-se a considerar como enfermidades profissionais às intoxicações produzidas pelas substâncias incluídas no quadro seguinte quando ditas enfermidades ou intoxicações afetem aos trabalhadores pertencentes às indústrias, profissões ou operações correspondentes em dito quadro, e resultem do trabalho em uma empresa sujeita à legislação nacional.

Lista de enfermidades e substâncias tóxicas

Lista de profissões, indústrias ou operações correspondentes

Tratamento de minerais que contenham chumbo, incluídas as cinzas plumbíferas das fábricas em que se obtém o zinco.

Fusão de zinco velho e do chumbo em lingotes (galápogos).

Fabricação de objetos de chumbo ou de ligas plumbíferas.

Intoxicação produzida pelo chumbo, suas ligas ou seus compostos, com as consequências diretas de dita intoxicação.

Indústrias poligráficas.

Fabricação dos compostos de chumbo.

Fabricação e reparação de acumuladores.

Preparação e emprego de esmaltes que contenham chumbo.

Polimento por meio de limaduras de chumbo ou de pós plumbíferos.

Trabalhos de pintura que compreendem a preparação ou a manipulação de produtos destinados a emplastar massa ou tintas que contenham pigmentos de chumbo.

Tratamento de minerais de mercúrio.

Fabricação de compostos de mercúrio.

Intoxicação produzida pelo mercúrio, seus amálgamas e compostos, com as consequências diretas de dita intoxicação.

Fabricação de aparelhos de medir e de laboratórios.

Preparação de matérias-primas para chapelaria.

Douração a fogo.

Emprego de bombas de mercúrio para fabricação de lâmpadas incandescentes.

Fabricação de pistões com fulminato de mercúrio.

Infecção carbunculosa.

Operários que estejam em contato com animais carbunculosos.

Manipulação de despojos de animais.

Carga, descarga ou transporte de mercadorias.

A silicose, com ou sem tuberculose pulmonar, sempre que a silicose seja causa determinante da incapacidade ou morte.

Indústrias ou operações que a legislação nacional considere expostas aos riscos da silicose.

Intoxicação produzida pelo fósforo ou seus compostos, com as consequências diretas desta intoxicação.

Todas as operações da produção, separação ou utilização do fósforo e seus compostos.

Intoxicação produzida pelo arsênico ou seus compostos, com as consequências diretas desta intoxicação.

Todas as operações de produção, separação ou utilização do arsênico ou de seus compostos.

Intoxicação produzida pelo benzeno ou seus homólogos, derivados nitrosos e amínicos, com as consequências diretas desta intoxicação.

Todas as operações de produção, separação ou utilização do benzeno, ou de seus homólogos, ou ainda de seus derivados nitrosos e amínicos.

Intoxicação produzida pelos derivados halógenos dos hidrocarbonetos graxos.

Todas as operações de produção, separação ou utilização dos derivados halógenos dos hidrocarbonetos graxos, designados pela legislação nacional.

Transtornos patológicos devidos:

a) ao rádio e outras substâncias;

b) aos raios X.

Todas as operações que exponham à ação do rádio, das substâncias radioativas ou dos raios X.

Epiteliomas primitivos da pele.

Todas as operações de manipulação ou emprego de alcatrão, breu, betume, azeites, minerais, parafina, ou de compostos, produtos ou resíduos destas substâncias.

Art. 3 — As ratificações oficiais da presente convenção nas condições estabelecidas pela Constituição da Organização Internacional do Trabalho, serão comunicadas ao Diretor-Geral da Repartição Internacional do Trabalho e por ele registradas.

Art. 4 — 1. A presente convenção não obrigará senão aos Membros da Organização Internacional do Trabalho cuja ratificação tiver sido registrada na Repartição Internacional do Trabalho.

2. Ela entrará em vigor doze meses depois da data na qual as ratificações de dois Membros forem registradas pelo Diretor-Geral.

3. Em seguida, esta convenção entrará em vigor para cada Membro doze meses depois da data em que sua ratificação tiver sido registrada.

Art. 5 — Logo que as ratificações de dois Membros da Organização Internacional do Trabalho tiverem sido registradas na Repartição Internacional do Trabalho, o Diretor-Geral da Repartição Internacional do Trabalho notificará o fato a todos os Membros da Organização Internacional do Trabalho.

Notificará igualmente o registro das ratificações que lhe forem ulteriormente comunicadas por todos os Membros da Organização.

Art. 6 — 1. Todo Membro que tenha ratificado esta Convenção poderá denunciá-la no término de um período de 5 anos, a partir da data em que se tenha inicialmente posto em vigor mediante ato comunicado para seu registro, ao Diretor-Geral da Repartição Internacional do Trabalho. A denúncia não surtirá efeito até um ano depois de seu registro na Repartição Internacional do Trabalho.

2. Todo Membro que tenha ratificado esta Convenção e que no prazo de um ano, depois da expiração do período de cinco anos mencionado no parágrafo precedente, não faça uso do direito de denúncia previsto neste artigo ficará obrigado durante novo período de cinco anos, e, sucessivamente, poderá denunciar esta Convenção no fim de cada período de cinco anos, nas condições previstas neste artigo.

Art. 7 — Cada vez que julgar necessário, o Conselho de Administração da Repartição Internacional do Trabalho apresentará à Conferência Geral um relatório sobre a aplicação da presente convenção e examinará se é necessário inscrever na ordem do dia da Conferência a questão da sua revisão total ou parcial.

Art. 8 — 1. No caso de a Conferência Geral adotar nova convenção de revisão total ou parcial da presente convenção a ratificação por um Membro da nova convenção de revisão acarretará, de pleno direito, denúncia da presente convenção, sem condições de prazo, não obstante o art. 30 acima, contanto que nova convenção da revisão tenha entrado em vigor.

2. A partir da data da entrada em vigor da nova convenção de revisão, a presente convenção cessará de estar aberta à ratificação dos Membros.

3. A presente convenção ficará, entretanto, em vigor na sua forma e teor para os Membros que a tiverem ratificado e não ratificaram a nova convenção de revisão.

Art. 9 — Os textos francês e inglês da presente Convenção farão fé."

CONVENÇÃO N. 45

I — Aprovada na 19ª reunião da Conferência Internacional do Trabalho (Genebra — 1935), entrou em vigor no plano internacional em 30.5.37.

II — Dados referentes ao Brasil:

a) aprovação = Decreto-Lei n. 482, de 8.6.38;

b) ratificação = 22 de setembro de 1938;

c) promulgação = Decreto n. 3.233, de 3.11.38;

d) vigência nacional = 22 de setembro de 1939.

CONVENÇÕES DA OIT RATIFICADAS

"A Conferência Geral da Organização Internacional do Trabalho,

Convocada em Genebra, pelo Conselho de Administração da Repartição Internacional do Trabalho e reunida em dita cidade a 4 de junho de 1935, em sua décima nona reunião;

Depois de haver decidido adotar diversas proposições relativas ao emprego das mulheres nos trabalhos subterrâneos de toda classe de minas, questão que constitui o segundo ponto da ordem do dia da reunião, e,

Depois de haver decidido que ditas proposições revistam a forma de uma Convenção Internacional,

Adota, com data de 21 de junho de 1935, a seguinte Convenção que poderá ser citada como 'Convenção sobre o Trabalho Subterrâneo (Mulheres), 1935':

Art. 1 — Para os efeitos da presente Convenção o termo "mina" compreende qualquer empresa, pública ou privada, dedicada à extração de substâncias situadas debaixo da superfície da terra.

Art. 2 — Nos trabalhos subterrâneos das minas não poderá ser empregada nenhuma pessoa do sexo feminino, seja qual for a sua idade.

Art. 3 — A legislação nacional poderá excetuar desta proibição:

a) as mulheres que ocupem cargo de direção e não realizem trabalho manual;

b) as mulheres empregadas em serviço de saúde e em serviços sociais;

c) as mulheres que, durante seus estudos, realizem práticas na parte subterrânea de uma mina, para efeitos de formação profissional;

d) a qualquer outra mulher que ocasionalmente tenha que baixar à parte subterrânea de uma mina, no exercício de uma profissão que não seja de caráter manual.

Art. 4 — As ratificações oficiais da presente convenção nas condições estabelecidas pela Constituição da Organização Internacional do Trabalho, serão comunicadas ao Diretor-Geral da Repartição Internacional do Trabalho e por ele registradas.

Art. 5 — 1. A presente convenção não obrigará senão aos Membros da Organização Internacional do Trabalho cuja ratificação tiver sido registrada na Repartição Internacional do Trabalho.

2. Ela entrará em vigor doze meses depois da data na qual as ratificações de dois Membros forem registradas pelo Diretor-Geral.

3. Em seguida, esta convenção entrará em vigor para cada Membro doze meses depois da data em que sua ratificação tiver sido registrada.

Art. 6 — Logo que as ratificações de dois Membros da Organização Internacional do Trabalho tiverem sido registradas na Repartição Internacional do Trabalho, o Diretor-Geral da Repartição Internacional do Trabalho notificará o fato a todos os Membros da Organização Internacional do Trabalho. Notificará igualmente o registro das ratificações que lhe forem ulteriormente comunicadas por todos os Membros da Organização.

Art. 7 — 1. Todo Membro que tiver ratificado a presente convenção poderá denunciá-la ao fim de um período de 10 anos depois da data da entrada em vigor inicial da convenção, por ato comunicado ao Diretor-Geral da Repartição Internacional do Trabalho e por ele registrado. A denúncia não terá efeito senão um ano depois de registrada na Repartição Internacional do Trabalho.

2. Todo Membro que, tendo ratificado a presente convenção, no prazo de um ano depois da expiração do período de 10 anos mencionado no parágrafo precedente, não fizer uso da faculdade de denúncia prevista no presente artigo ficará obrigado por um período de cinco anos, e em seguida poderá denunciar a presente convenção, no fim de cada cinco anos, nas condições previstas no presente artigo.

Art. 8 — Cada vez que julgar necessário, o Conselho de Administração da Repartição Internacional do Trabalho apresentará à Conferência Geral um relatório sobre a aplicação da presente convenção e examinará se é necessário inscrever na ordem do dia da Conferência a questão da sua revisão total ou parcial.

Art. 9 — 1. No caso de a Conferência Geral adotar nova convenção de revisão total ou parcial da presente convenção a ratificação por um Membro da nova convenção de revisão acarretará, de pleno direito, denúncia da presente convenção, sem condições de prazo, não obstante o art. 30 acima, contanto que nova convenção da revisão tenha entrado em vigor.

2. A partir da data da entrada em vigor da nova convenção de revisão, a presente convenção cessará de estar aberta à ratificação dos Membros.

3. A presente convenção ficará, entretanto, em vigor na sua forma e teor para os Membros que a tiverem ratificado e não ratificaram a nova convenção de revisão.

Art. 10. Os textos francês e inglês da presente Convenção farão fé."

CONVENÇÃO N. 53

I — Aprovada na 21ª reunião da Conferência Internacional do Trabalho (Genebra — 1936), entrou em vigor no plano internacional em 19.3.39.

II — Dados referentes ao Brasil:

a) aprovação = Decreto-Lei n. 477, de 8.6.38;

b) ratificação = 12 de outubro de 1938;

c) promulgação = Decreto n. 3.343, de 30.11.38;

d) vigência nacional = 12 de outubro de 1939.

"A Conferência Geral da Organização Internacional do Trabalho,

Convocada em Genebra pelo Conselho de Administração da Repartição Internacional do Trabalho, reunida em dita cidade a 6 de outubro de 1936, em sua vigésima primeira reunião;

Depois de haver decidido adotar diversas proposições relativas ao estabelecimento, por cada um dos países marítimos, de um mínimo de capacidade profissional exigível aos capitães, oficiais de ponte e maquinistas que desempenhem funções de chefe de guarda a bordo de navios mercantes, questão que constitui o quarto ponto da ordem do dia da reunião e,

Depois de haver decidido que ditas proposições revistam a forma de uma Convenção Internacional,

Adota, com data de 24 de outubro de 1936, a seguinte Convenção, que poderá ser citada como 'Convenção sobre os Certificados de Capacidade dos Oficiais, 1936';

Art. 1 — 1. A presente Convenção aplica-se a todos os navios matriculados em um território em que se ache em vigor esta Convenção, e dedicados à navegação marítima, com exceção do:

a) navios de guerra;

b) navios do Estado e navios ao serviço de administração pública que não estejam destinados a fins comerciais;

c) barcos de madeira, de construção primitiva, tais como os 'dhows' e os juncos.

2. A legislação nacional poderá excetuar ou eximir os navios cuja tonelagem bruta seja inferior a 200 toneladas.

Art. 2 — Para os efeitos da presente Convenção, as expressões que aparecem a seguir devem ser interpretadas da seguinte forma:

a) 'capitão' ou 'patrão' significa toda pessoa encarregada do mando do navio;

b) 'oficial de ponte encarregado da guarda' significa toda pessoa, com exceção dos práticos, que de fato esteja encarregada da navegação ou das manobras de um navio;

c) 'primeiro maquinista' significa toda pessoa que dirija de maneira permanente o serviço que assegura a propulsão mecânica de um navio;

d) 'maquinista encarregado da guarda' significa toda pessoa que de fato está encarregada da marcha das máquinas propulsoras de um navio.

Art. 3 — 1. Ninguém poderá exercer, nem ser contratado para exercer a bordo de um navio ao qual se aplique a presente Convenção, as funções de capitão ou patrão, de oficial de ponte encarregado da guarda, de primeiro maquinista ou de maquinista encarregado da guarda, se não possuir certificado que prove sua capacidade para o exercício destas funções, expedido ou aprovado pela autoridade pública do território em que o navio esteja matriculado.

2. Não se admitirá exceção alguma às disposições do presente artigo, salvo em caso de força maior.

Art. 4 — 1. Ninguém poderá receber certificado de capacidade:

a) se não tiver alcançado a idade mínima exigida para a obtenção deste certificado;

b) se sua experiência profissional não tiver alcançado o mínimo exigido para a obtenção deste certificado;

c) se não foi aprovado nos exames organizados e fiscalizados pela autoridade competente, a fim de comprovar a aptidão necessária para exercer as funções correspondentes ao certificado a cuja obtenção aspira.

2. A legislação nacional deverá:

a) fixar a idade mínima e a experiência profissional que se exigirá dos candidatos que aspirem a cada uma das categorias de certificados de capacidade;

b) prover a organização e vigilância de um ou vários exames, pela autoridade competente, a fim de comprovar se os candidatos que aspiram aos certificados de capacidade possuem a aptidão exigida para o desempenho das funções correspondentes aos certificados que desejam.

3. Todo Membro da Organização poderá, durante um período de 3 anos, a partir da data de sua ratificação, expedir certificado de capacidade às pessoas que não tenham prestado os exames organizados em virtude do § 2.b do presente artigo, sempre que:

a) possuam elas de fato experiência prática suficiente para o desempenho da função correspondente ao certificado de que se trata;

b) não se tenha imputado a elas nenhuma falta técnica grave.

Art. 5 — 1. Todo Membro que ratifique a presente Convenção deverá garantir sua aplicação efetiva mediante sistema de inspeção eficaz.

2. A legislação nacional deverá prever os casos em que as autoridades de um Membro poderão deter navios matriculados em seu território que tenham infringido as disposições da presente Convenção.

3. Quando as autoridades de um Membro que tenha ratificado a presente Convenção comprovem infração de suas disposições em navio matriculado no território de outro Membro, que também tenha ratificado, deverão comunicar ao cônsul do Membro em cujo território está matriculado o navio.

Art. 6 — 1. A legislação nacional deverá estabelecer sanções penais ou disciplinares para os casos de infração das disposições da presente Convenção.

2. Estas sanções penais ou disciplinares serão estabelecidas principalmente contra:

a) o armador, seu agente, o capitão ou patrão que contratem a uma pessoa que não possua o certificado exigido pela presente Convenção;

b) o capitão ou patrão que permita exercer uma das funções definidas no art. 2 da presente Convenção a uma pessoa que não possua certificado que corresponda, pelo menos, à dita função;

c) as pessoas que obtenham com fraude ou documentação falsa um contrato para exercer uma das funções definidas no art. 2 da presente Convenção, sem possuir o certificado exigido para estes efeitos.

Art. 7 — 1. Com referência aos territórios mencionados no art. 35 da Constituição da Organização Internacional do Trabalho, todo Membro que ratifique a presente Convenção anexará à sua ratificação uma declaração na qual manifeste:

a) os territórios a respeito dos quais se obriga a que as disposições da presente Convenção sejam aplicadas sem modificações;

b) os territórios a respeito dos quais se obriga a que as disposições da Convenção sejam aplicadas com modificações, juntamente com os detalhes de ditas modificações;

c) os territórios a respeito dos quais é inaplicável a Convenção e os motivos da inaplicabilidade;

d) os territórios a respeito dos quais reserva a sua decisão.

2. As obrigações a que se referem às alíneas *a* e *b* do parágrafo primeiro considerar-se-ão parte integrante da ratificação e produzirão os mesmos efeitos.

3. Todo Membro poderá renunciar, total ou parcialmente, por meio de nova declaração, a qualquer reserva formulada em sua primeira declaração em virtude das alíneas *b*, *c*, ou *d* do parágrafo primeiro deste artigo.

Art. 8 — As ratificações oficiais da presente convenção nas condições estabelecidas pela Constituição da Organização Internacional do Trabalho, serão comunicadas ao Diretor-Geral da Repartição Internacional do Trabalho e por ele registradas.

Art. 9 — 1. A presente convenção não obrigará senão aos Membros da Organização Internacional do Trabalho cuja ratificação tiver sido registrada na Repartição Internacional do Trabalho.

2. Ela entrará em vigor doze meses depois da data na qual as ratificações de dois Membros forem registradas pelo Diretor-Geral.

3. Em seguida, esta convenção entrará em vigor para cada Membro doze meses depois da data em que sua ratificação tiver sido registrada.

Art. 10 — Logo que as ratificações de dois Membros da Organização Internacional do Trabalho tiverem sido registradas na Repartição Internacional do Trabalho, o Diretor-Geral da Repartição Internacional do Trabalho notificará o fato a todos os Membros da Organização Internacional do Trabalho. Notificará igualmente o registro das ratificações que lhe forem ulteriormente comunicadas por todos os Membros da Organização.

Art. 11 — 1. Todo Membro que tiver ratificado a presente convenção poderá denunciá-la ao fim de um período de 10 anos depois da data da entrada em vigor inicial da convenção, por ato comunicado ao Diretor-Geral da Repartição Internacional do Trabalho e por ele registrado. A denúncia não terá efeito senão um ano depois de registrada na Repartição Internacional do Trabalho.

2. Todo Membro que, tendo ratificado a presente convenção, no prazo de um ano depois da expiração do período de 10 anos mencionados no parágrafo precedente, não fizer uso da faculdade de denúncia prevista no presente artigo ficará obrigado por um período de cinco anos, e em seguida poderá denunciar a presente convenção, no fim de cada cinco anos, nas condições previstas no presente artigo.

Art. 12 — Cada vez que julgar necessário, o Conselho de Administração da Repartição Internacional do Trabalho apresentará à Conferência Geral um relatório sobre a aplicação da presente convenção e examinará se é necessário inscrever na ordem do dia da Conferência a questão da sua revisão total ou parcial.

Art. 13 — 1. No caso de a Conferência Geral adotar nova convenção de revisão total ou parcial da presente convenção a ratificação por um Membro da nova convenção de revisão acarretará, de pleno direito, denúncia da presente convenção, sem condições de prazo, não obstante o art. 30 acima, contanto que nova convenção da revisão tenha entrado em vigor.

2. A partir da data da entrada em vigor da nova convenção de revisão, a presente convenção cessará de estar aberta à ratificação dos Membros.

3. A presente convenção ficará, entretanto, em vigor na sua forma e teor para os Membros que a tiverem ratificado e não ratificaram a nova convenção de revisão.

Art. 14 — Os textos francês e inglês da presente Convenção farão fé."

CONVENÇÃO N. 80

I — Aprovada na 29ª reunião da Conferência Internacional do Trabalho (Montreal — 1946), entrou em vigor no plano internacional em 28.3.47.

II — Dados referentes ao Brasil:

a) aprovação = Decreto Legislativo n. 5, de 24.8.47, do Congresso Nacional;

b) ratificação = 13 de abril de 1948;

c) promulgação = Decreto n. 25.696, de 24.10.48;

d) vigência nacional = 13 de abril de 1949.

"A Conferência Geral da Organização Internacional do Trabalho,

Convocada pelo Conselho de Administração da Repartição Internacional do Trabalho e reunida em Montreal a dezenove de setembro de mil novecentos e quarenta e seis, em sua vigésima nona sessão,

Após haver decidido adotar determinadas propostas relativas à revisão parcial das convenções adotadas pela Conferência em suas vinte e oito sessões anteriores, a fim de assegurar o exercício futuro de certas funções de chancelaria confiadas pelas referidas convenções ao Secretário-Geral da Sociedade das Nações e a fim de nelas introduzir as emendas complementares tornadas necessárias pela dissolução da Sociedade das Nações e pelas emendas à Constituição da Organização Internacional do Trabalho, questão compreendida no segundo item da ordem do dia da sessão,

Considerando que tais propostas devem ser objetos de uma convenção internacional;

Adota, aos nove de outubro de mil novecentos e quarenta e seis, a convenção seguinte, que será denominada: 'Convenção sobre a Revisão dos Artigos Finais, 1946'.

Art. 1 — 1. No texto das convenções adotadas pela Conferência Internacional do Trabalho em suas vinte e cinco primeiras sessões — e em todas as passagens de que constem tais expressões — as palavras 'Secretário-Geral da Sociedade das Nações' serão substituídas pelas 'Diretor da Repartição Internacional do Trabalho'; os termos 'Secretário-Geral', pelos 'Diretor-Geral' e o vocábulo 'Secretariado' pela expressão 'Repartição Internacional do Trabalho'.

2. O registro pelo Diretor-Geral da Repartição Internacional do Trabalho das ratificações de convenções e emendas, dos atos de denúncia e das declarações previstas nas convenções adotadas pela Conferência em suas vinte e cinco primeiras sessões, terá os mesmos efeitos que os do registro das ditas ratificações, atos de denúncia e declarações pelo Secretário-Geral da Sociedade das Nações, de acordo com os dispositivos dos textos originais das mesmas convenções.

3. O Diretor-Geral da Repartição Internacional do Trabalho comunicará ao Secretário-Geral das Nações Unidas, para fins de registro, de acordo com o art. 102 da Carta das Nações Unidas, quaisquer informações relativas a tais ratificações, atos de denúncia e declarações que houver registrado, consoante os dispositivos das convenções adotadas pela Conferência em suas vinte e cinco primeiras sessões, na forma estabelecida pelos parágrafos precedentes do presente artigo.

Art. 2 — 1. Os termos 'da Sociedade das Nações' serão suprimidos no primeiro parágrafo do preâmbulo de cada uma das convenções adotadas pela Conferência em suas dezoito primeiras sessões.

2. A frase 'de acordo com os dispositivos da Parte XIII do Tratado de Versalhes e das partes correspondentes dos outros Tratados de Paz', e as variantes da mesma, que constam dos preâmbulos das convenções adotadas pela Conferência em suas dezessete primeiras sessões, será substituída pelos termos 'de acordo com os dispositivos da Constituição da Organização Internacional do Trabalho'.

3. As palavras 'nas condições previstas pela Parte XIII do Tratado de Versalhes e pelas partes correspondentes dos outros Tratados de Paz', assim como quaisquer variantes dessa fórmula, serão substituídas, em todos os artigos das convenções adotadas pela Conferência em suas vinte e cinco primeiras sessões, de que constem tais palavras, ou variantes, pela expressão 'nas condições estabelecidas pela Constituição da Organização Internacional do Trabalho'.

4. As palavras 'o art. 408 do Tratado de Versalhes e os artigos correspondentes dos outros Tratados de Paz', assim como as variantes das mesmas, serão substituídas em todos os artigos das convenções adotadas pela Conferência em suas vinte e cinco primeiras sessões, pelos termos 'o art. 22 da Constituição da Organização Internacional do Trabalho'.

5. As palavras 'o art. 421 do Tratado de Versalhes e os artigos correspondentes dos outros Tratados de Paz', assim como as variantes das mesmas serão substituídas, em todos os artigos das convenções adotadas pela Conferência em suas vinte e cinco primeiras sessões, pelos vocábulos 'o art. 35 da Constituição da Organização Internacional do Trabalho'.

6. A expressão 'projeto de convenção' será substituída pelo vocábulo 'convenção' no preâmbulo das convenções adotadas pela Conferência em suas vinte e cinco primeiras sessões e em todos os artigos das ditas convenções de que conste tal expressão.

7. O título de 'Diretor' será substituído pelo de 'Diretor-Geral' em todos os artigos das convenções, adotadas pela Conferência em sua vigésima oitava sessão, em que haja menção do Diretor da Repartição Internacional do Trabalho.

8. Em todas as convenções, adotadas pela Conferência em suas dezessete primeiras sessões, a frase 'que será denominada' será inserida no preâmbulo, acompanhada do título abreviado empregado pelo Bureau Internacional do Trabalho, para designar cada uma das referidas convenções.

9. Em qualquer convenção, adotada pela Conferência em suas quatorze primeiras sessões, serão numerados todos os parágrafos dos artigos que deles contiverem mais de um.

Art. 3 — Qualquer Estado-Membro da Organização que, após a entrada em vigor da presente convenção, comunicar ao Diretor-Geral da Repartição Internacional do Trabalho a ratificação formal de uma das convenções adotadas pela Conferência em suas vinte e oito sessões anteriores, será considerado como havendo ratificado a referida convenção na forma modificada pela presente convenção.

Art. 4 — Dois exemplares da presente convenção serão assinados pelo Presidente da Conferência e pelo Diretor-Geral da Repartição Internacional do Trabalho. Um desses exemplares será depositado no arquivo da Repartição Internacional do Trabalho e outro será entregue ao Secretário-Geral das Nações Unidas, para fins de registro, de acordo com o art. 102 da Carta das Nações Unidas. O Diretor-Geral transmitirá uma cópia devidamente certificada da presente convenção a cada um dos Estados-Membros da Organização Internacional do Trabalho.

Art. 5 — 1. As ratificações formais da presente convenção serão comunicadas ao Diretor-Geral da Repartição Internacional do Trabalho.

2. A presente convenção entrará em vigor na data em que o Diretor-Geral houver recebido as ratificações de dois Estados-Membros da Organização Internacional do Trabalho.

3. O Diretor-Geral da Repartição Internacional do Trabalho comunicará a todos os Membros da Organização Internacional do Trabalho e ao Secretário-Geral das Nações Unidas a entrada em vigor da presente convenção e as ratificações subseqüentes de que ela for objeto.

4. Qualquer Estado-Membro da Organização que ratificar a presente convenção reconhecerá, *ipso facto*, a validade de qualquer ação empreendida em virtude da mesma no período compreendido entre a entrada em vigor da dita convenção e a mencionada ratificação.

Art. 6 — Logo após a entrada em vigor da presente convenção, o Diretor-Geral da Repartição Internacional do Trabalho determinará a preparação dos textos oficiais das convenções adotadas pela Conferência em suas vinte e oito sessões anteriores, tal como os modificam os dispositivos da presente convenção, em dois exemplares originais, devidamente assinados por ele. Um desses exemplares será depositado no arquivo da Repartição Internacional do Trabalho e o outro entregue ao Secretário-Geral das Nações Unidas para fins de registro, de acordo com o art. 102 da Carta das Nações Unidas. O Diretor-Geral transmitirá cópias devidamente certificadas dos referidos textos a cada um dos Estados-Membros da Organização.

Art. 7 — A despeito de qualquer dispositivo constante de uma das convenções adotadas pela Conferência em suas vinte e oito sessões anteriores, a ratificação da presente convenção por um Estado-Membro não acarretará, *ipso jure*, a denúncia de qualquer das referidas convenções, nem a entrada em vigor da presente convenção impedirá novas ratificações de qualquer das mencionadas convenções.

Art. 8 — 1. Caso a Conferência adote uma nova convenção para a revisão total ou parcial da presente e, salvo determinação em contrário desta nova convenção:

a) a ratificação, por um Membro, da nova convenção acarretará, *ipso facto*, a denúncia da presente convenção sob reserva de que a nova convenção haja entrado em vigor;

b) a partir da entrada em vigor da nova convenção, a presente convenção deixará de ser objeto de ratificação por parte dos Estados-Membros.

2. A presente convenção permanecerá, entretanto, em vigor, em sua forma e substância para os Estados-Membros que a tiverem ratificado e que não ratificarem a nova.

Art. 9 — As versões inglesa e francesa da presente convenção têm igual validade."

CONVENÇÕES DA OIT RATIFICADAS

CONVENÇÃO N. 81

I — Aprovada na 30ª reunião da Conferência Internacional do Trabalho (Genebra — 1947), entrou em vigor no plano internacional em 7.4.50.

II — Dados referentes ao Brasil:

a) aprovação = Decreto Legislativo n. 24, de 29.5.56, do Congresso Nacional;

b) ratificação = 25 de abril de 1957;

c) promulgação = Decreto n. 41.721, de 25.6.57;

d) vigência nacional = 25 de abril de 1958;

e) denúncia = 5 de abril de 1971, tornada pública pelo Decreto n. 68.796, de 23.6.71;

f) revigoramento da ratificação = Decreto n. 95.461, de 11.12.87, revogou o precitado Decreto n. 68.796 e revigorou a ratificação da convenção e, bem assim, o Decreto de promulgação n. 41.721.

"A Conferência Geral da Organização Internacional do Trabalho,

Convocada em Genebra pelo Conselho de Administração da Repartição Internacional do Trabalho e aí se tendo reunido em 19 de junho de 1947, em sua trigésima sessão,

Depois de adotar diversas disposições relativas à inspeção do trabalho na indústria e no comércio, questão que constitui o quarto ponto na ordem do dia da sessão,

Depois de decidir que essas proposições tomariam a forma de uma convenção internacional,

Adota, neste décimo primeiro dia de julho de mil novecentos e quarenta e sete, a convenção presente, que será denominada 'Convenção sobre a Inspeção do Trabalho de 1947':

PARTE I
INSPEÇÃO DO TRABALHO NA INDÚSTRIA

Art. 1 — Cada Membro da Organização Internacional do Trabalho para o qual a presente convenção esteja em vigor deverá manter um sistema de inspeção do trabalho nos estabelecimentos industriais.

Art. 2 — 1. O sistema de inspeção do trabalho nos estabelecimentos industriais se aplicará a todos os estabelecimentos para os quais os inspetores de trabalho estão encarregados de assegurar a aplicação das disposições legais relativas às condições de trabalho e à proteção dos trabalhadores no exercício da profissão.

2. A legislação nacional poderá isentar as empresas mineiras e de transporte, ou parte dessas empresas, da aplicação da presente convenção.

Art. 3 — 1. O sistema de inspeção de trabalho será encarregado:

a) de assegurar a aplicação das disposições legais relativas às condições de trabalho e à proteção dos trabalhadores no exercício de sua profissão, tais como as disposições relativas à duração do trabalho, aos salários, à segurança, à higiene e ao bem-estar, ao emprego das crianças e dos adolescentes e a outras matérias conexas, na medida em que os inspetores são encarregados de assegurar a aplicação das ditas disposições;

b) de fornecer informações e conselhos técnicos aos empregadores e trabalhadores sobre os meios mais eficazes de observar as disposições legais;

c) de levar ao conhecimento da autoridade competente as deficiências ou os abusos que não estão especificamente compreendidos nas disposições legais existentes.

2. Se forem confiadas outras funções aos inspetores de trabalho, estas não deverão ser obstáculo ao exercício de suas funções principais, nem prejudicar de qualquer maneira a autoridade ou a imparcialidade necessárias aos inspetores nas suas relações com os empregadores.

Art. 4 — 1. Tanto quanto isso for compatível com a prática administrativa do Membro, a inspeção do trabalho será submetida à vigilância e ao controle de uma autoridade central.

2. Se se tratar de Estado federativo, o termo 'autoridade central' poderá designar, seja autoridade federal, seja autoridade central de uma entidade federada.

Art. 5 — A autoridade competente deverá tomar medidas apropriadas para favorecer:

a) a cooperação efetiva entre os serviços de inspeção, de uma parte, e outros serviços governamentais e as instituições públicas e privadas que exercem atividades análogas, de outra parte;

b) a colaboração entre os funcionários da inspeção do trabalho e os empregadores e os trabalhadores ou suas organizações.

Art. 6 — O pessoal da inspeção será composto de funcionários públicos cujo estatuto e condições de serviço lhes assegurem a estabilidade nos seus empregos e os tornem independentes de qualquer mudança de governo ou de qualquer influência externa indevida.

Art. 7 — 1. Ressalvadas as condições às quais a legislação nacional submeta o recrutamento dos membros dos serviços públicos, os inspetores do trabalho serão recrutados unicamente sobre a base das aptidões para as funções.

2. Os meios de verificar essas aptidões serão determinados pela autoridade competente.

3. Os inspetores de trabalho deverão receber formação apropriada, para o exercício de suas funções.

Art. 8 — Tanto as mulheres quanto os homens poderão ser nomeados membros do pessoal do serviço de inspeção e, se houver necessidade, poderão ser atribuídas tarefas especiais aos inspetores e inspetoras.

Art. 9 — Cada Membro tomará as medidas necessárias para assegurar a colaboração de especialistas e técnicos devidamente qualificados, técnicos em medicina, em mecânica, eletricidade e química para o funcionamento da inspeção, segundo os métodos julgados mais apropriados às condições nacionais, a fim de assegurar a aplicação das disposições legais relativas à higiene e à segurança dos trabalhadores no exercício de suas profissões, e de se informar dos processos empregados, do material usado e dos métodos de trabalho, sobre a higiene e a segurança dos trabalhadores.

Art. 10 — O número de inspetores de trabalho será o suficiente para permitir o exercício eficaz das funções de serviço de inspeção e será fixado tendo-se em conta:

a) a importância das tarefas que os inspetores terão de executar, notadamente:

I) o número, a natureza, a importância e a situação dos estabelecimentos sujeitos ao controle da inspeção;

II) o número e a diversidade das categorias de trabalhadores ocupados nesses estabelecimentos;

III) o número e a complexidade das disposições legais cuja aplicação deve ser assegurada;

b) os meios materiais de execução postos à disposição dos inspetores;

c) as condições práticas nas quais as visitas de inspeção deverão se efetuar para ser eficazes.

Art. 11 — 1. A autoridade competente tomará as medidas necessárias no sentido de fornecer aos inspetores de trabalho:

a) escritórios locais organizados de maneira apropriada às necessidades do serviço e acessíveis a todos os interessados;

b) facilidades de transporte necessário ao exercício de suas funções quando não existirem facilidades de transporte público apropriado;

2. A autoridade competente tomará as medidas necessárias no sentido de indenizar os inspetores de trabalho de todos os gastos de locomoção e todas as despesas acessórias necessárias ao exercício de suas funções.

Art. 12 — 1. Os inspetores de trabalho munidos de credenciais serão autorizados:

a) a penetrar livremente e sem aviso prévio, a qualquer hora do dia ou da noite, em qualquer estabelecimento submetido à inspeção;

b) a penetrar durante o dia em todos os locais que eles possam ter motivo razoável para supor estarem sujeitos ao controle de inspeção;

c) a proceder a todos os exames, controles e inquéritos julgados necessários para assegurar que as disposições legais são efetivamente observadas e notadamente:

I) a interrogar, seja só ou em presença de testemunhas, o empregador ou o pessoal do estabelecimento sobre quaisquer matérias relativas à aplicação das disposições legais;

II) a pedir vistas de todos os livros, registros e documentos prescritos pela legislação relativa às condições de trabalho, com o fim de verificar sua conformidade com os dispositivos legais, de copiar e extrair dados.

III) a retirar ou levar para fim de análises, amostras de materiais e substâncias utilizadas ou manipuladas, contanto que o empregado ou seu representante seja advertido de que os materiais ou substâncias foram retiradas ou levadas para esse fim.

2. Por ocasião de uma visita de inspeção, o inspetor deverá informar o empregador ou seu representante de sua presença, a menos que julgue que tal aviso pode ser prejudicial à eficiência da fiscalização.

Art. 13 — 1. Os inspetores de trabalho serão autorizados a providenciar medidas destinadas a eliminar defeitos encontrados em uma instalação, uma organização ou em métodos de trabalho por eles tenham motivos razoáveis para considerar como ameaça à saúde ou a segurança dos trabalhadores.

2. A fim de estarem aptos a provocar essas medidas, os inspetores terão o direito, ressalvada qualquer recurso judiciário ou administrativo que possa prever a legislação nacional, de ordenar ou de fazer ordenar:

a) que sejam feitas nas instalações, dentro de um prazo fixo, as modificações necessárias a assegurar a aplicação estrita das disposições legais concernentes a saúde e à segurança dos trabalhadores;

b) que sejam tomadas imediatamente medidas executivas no caso de perigo iminente para a saúde e a segurança dos trabalhadores.

3. Se o procedimento fixado no § 2º não for compatível com a prática administrativa e judiciária do Membro, os inspetores terão o direito de dirigir-se à autoridade competente para que ela formule prescrições ou faça tomar medidas de efeito executório imediato.

Art. 14 — A inspeção do trabalho deverá ser informada dos acidentes de trabalho e dos casos de enfermidade profissional, nos casos e da maneira determinados pela legislação nacional.

Art. 15 — Ressalvadas as exceções que a legislação nacional possa prever, os inspetores de trabalho:

a) não terão direito a qualquer interesse direto ou indireto nas empresas submetidas a seu controle;

b) serão obrigados, sob sanção penal ou de medidas disciplinares apropriadas, a não revelar, mesmo depois de terem deixado o serviço, os segredos de fabricação ou de comércio ou os processos de exploração de que possam ter conhecimento no exercício de suas funções;

c) deverão tomar como absolutamente confidencial a fonte de queixas que lhes tragam ao conhecimento um defeito de instalação ou uma infração às disposições legais e deverão abster-se de revelar ao empregador ou a seu representante que sua visita de inspeção resultou de alguma queixa.

Art. 16 — Os estabelecimentos deverão ser inspecionados com a freqüência e o cuidado necessários a assegurar a aplicação efetiva das disposições legais em questão.

Art. 17 — 1. As pessoas que violarem ou negligenciarem a observância das disposições legais de cuja execução estão incumbidos os inspetores de trabalho, serão passíveis de sanções legais imediatas, sem aviso prévio. Entretanto, a legislação nacional poderá prever exceções nos casos em que uma advertência deva ser feita, a fim de remediar a situação ou de se tomarem medidas preventivas.

2. Os inspetores de trabalho terão a liberdade de fazer advertências ou de dar conselhos, em vez de intentar ou recomendar ações.

Art. 18 — Sanções apropriadas por violação dos dispositivos legais, cuja aplicação está submetida ao controle dos inspetores de trabalho e por obstrução feita aos inspetores de trabalho no exercício de suas funções, serão previstas pela legislação nacional e efetivamente aplicadas.

Art. 19 — 1. Os inspetores de trabalho ou os escritórios de inspeção locais, segundo o caso, serão obrigados a submeter à autoridade central de inspeção relatórios periódicos de caráter geral sobre os resultados de suas atividades.

2. Esses relatórios serão feitos segundo a maneira prescrita pela autoridade central e tratarão dos assuntos indicados de tempo em tempo pela autoridade central; eles deverão ser quanto o prescreva a autoridade central, e, em qualquer hipótese, pelo menos, uma vez por ano.

Art. 20 — 1. A autoridade central de inspeção publicará um relatório anual de caráter geral sobre os trabalhos de inspeção submetidos a seu controle.

2. Esses relatórios serão publicados dentro de um prazo razoável, que em nenhum caso exceda de doze meses, a partir do fim do ano ao qual eles se referem.

3. Cópias dos relatórios anuais serão enviadas ao Diretor-Geral da Repartição Internacional do Trabalho dentro de um prazo razoável depois de seu aparecimento, mas, em qualquer caso, num prazo que não exceda de três meses.

Art. 21 — O relatório anual publicado pela autoridade central de inspeção deverá tratar dos seguintes assuntos:

a) as leis e regulamentos importantes para o serviço de inspeção do trabalho;

b) pessoal do serviço de inspeção do trabalho;

c) estatísticas dos estabelecimentos submetidos à inspeção e número dos trabalhadores ocupados nesses estabelecimentos;

d) estatísticas das visitas de inspeção;

e) estatísticas das infrações cometidas e das sanções impostas;

f) estatísticas dos acidentes de trabalho;

g) estatísticas das enfermidades profissionais;

Assim como sobre qualquer ponto com referência a esses assuntos, na medida em que esteja sob o controle da referida autoridade central.

PARTE II

INSPEÇÃO DO TRABALHO NO COMÉRCIO

Art. 22 — Cada Membro da Organização Internacional do Trabalho, para a qual esta parte da presente convenção está em vigor, deve possuir um sistema de inspeção de trabalho nos estabelecimentos comerciais.

Art. 23 — O sistema de inspeção de trabalho nos estabelecimentos comerciais se aplica aos estabelecimentos nos quais os inspetores de trabalho estão encarregados de assegurar a aplicação dos dispositivos legais relativos às condições de trabalho e à proteção dos trabalhadores no exercício de sua profissão.

Art. 24 — O sistema de inspeção de trabalho nos estabelecimentos comerciais deverão satisfazer às disposições dos arts. 3 a 21 da presente convenção, na medida em que forem aplicados.

PARTE III

MEDIDAS DIVERSAS

Art. 25 — 1. Todo Membro da Organização Internacional do Trabalho que ratifica a presente convenção pode, em declaração, anexa à sua ratificação, excluir a II Parte de sua aceitação da convenção.

2. Todo Membro que tiver feito tal declaração pode anulá-la em qualquer tempo com declaração ulterior.

3. Todo Membro para o qual está em vigor uma declaração feita de conformidade com o § 1 do presente artigo, indicará cada ano, no seu relatório anual sobre a aplicação da presente convenção, o teor de sua legislação e de sua prática no que se refere às disposições da Parte II da presente convenção, esclarecendo até que ponto se puseram ou se pretendem pôr em prática as ditas disposições.

Art. 26 — No caso em que não haja certeza sobre se um estabelecimento, uma parte ou um serviço de um estabelecimento estão submetidos à presente convenção, é a autoridade competente que deve decidir a questão.

Art. 27 — Na presente convenção, a expressão 'disposições legais' compreende, além da legislação, as sentenças arbitrais e os contratos coletivos que têm força de lei, e cuja aplicação os inspetores de trabalho estão encarregados de assegurar.

Art. 28 — Informações detalhadas concernentes a qualquer legislação nacional que ponha em vigor as disposições da presente convenção, deverão ser incluídas nos relatórios anuais, que devem ser apresentados conforme o art. 22 da Constituição da Organização Internacional do Trabalho.

Art. 29 — 1. Quando o território de um Membro compreende vastas regiões onde, em razão da pouca densidade da população ou do estado de seu desenvolvimento, a autoridade competente considera impraticáveis os dispositivos da presente convenção, ela pode isentar as ditas regiões da aplicação da convenção, seja de um modo geral, seja com exceções que ela julgue apropriadas em relação a certos estabelecimentos ou certos trabalhos.

2. Todo Membro deve indicar, no seu primeiro relatório anual sobre a aplicação da presente convenção, que será apresentado em virtude do art. 22 da Constituição da Organização Internacional do Trabalho, todas as regiões nas quais se propõe a recorrer às disposições do presente artigo e deve dar as razões por que se propõe recorrer a elas. Posteriormente, nenhum membro poderá recorrer às disposições do presente artigo, salvo no que concerne às regiões que houver assim indicado.

3. Todo Membro que recorrer às disposições do presente artigo deverá indicar, nos seus relatórios anuais ulteriores, as regiões para as quais ele renuncia o direito de recorrer às ditas disposições.

Art. 30 — 1. No que concerne aos territórios mencionados no art. 35 da Constituição da Organização Internacional do Trabalho, tal qual foi emendada pelo instrumento de emenda à Constituição da Organização Internacional do Trabalho de 1946, com exclusão dos territórios citados nos §§ 4 e 5 do dito artigo assim emendado, todo Membro da Organização que ratificar a presente convenção deverá comunicar ao Diretor-Geral da Repartição Internacional do Trabalho, no mais breve prazo possível depois de sua ratificação, uma declaração esclarecendo:

a) os territórios nos quais ele se compromete a aplicar, sem modificação, as disposições da convenção;

b) os territórios aos quais ele se compromete a aplicar as disposições da convenção com modificações, e em que consistem as ditas modificações;

c) os territórios aos quais a convenção é inaplicável e, nesse caso, as razões pelas quais ela é inaplicável;

2. Os compromissos mencionados nas alíneas a e b do § 1, do presente artigo, serão reputados partes integrantes da ratificação e terão idênticos efeitos.

3. Todo Membro poderá renunciar em nova declaração, no todo ou em parte, às reservas contidas na sua declaração anterior em virtude das alíneas b, c e d do § 1 do presente artigo.

4. Todo Membro poderá, durante os períodos em que a presente convenção pode ser denunciada, de conformidade com as disposições do art. 34, comunicar ao Diretor-Geral nova declaração modificando em qualquer outro ponto os termos de qualquer declaração anterior e esclarecendo a situação dos territórios que especificar.

Art. 31 — 1. Quando as questões tratadas pela presente convenção entram no quadro da competência própria das autoridades de um território não metropolitano, o Membro responsável pelas relações internacionais desse território, em acordo com seu próprio governo, poderá comunicar ao Diretor-Geral da Repartição Internacional do Trabalho uma declaração de aceitação, em nome desse território, das obrigações da presente convenção.

2. Uma declaração de aceitação das obrigações da presente convenção pode ser comunicada ao Diretor-Geral da Repartição Internacional do Trabalho:

a) por dois ou mais Membros da Organização para um território colocado sob sua autoridade conjunta;

b) por qualquer autoridade internacional responsável pela administração de um território em virtude das disposições da Carta das Nações Unidas, ou de qualquer outra disposição em vigor, com respeito a esse território.

3. As declarações comunicadas ao Diretor-Geral do Bureau Internacional do Trabalho, de conformidade com as disposições dos parágrafos precedentes do presente artigo, devem indicar se as disposições da convenção serão aplicadas no território com ou sem modificações; quando a declaração indica que as disposições da convenção se aplicam sob reserva de modificações, ela deve especificar em que consistem as ditas modificações.

4. O Membro ou os Membros ou autoridade internacional interessados poderão renunciar inteiramente ou em parte, em declaração ulterior, ao direito de invocar uma modificação indicada em declaração anterior.

5. O Membro ou os Membros ou autoridade internacional interessados poderão, durante os períodos em que a Convenção pode ser denunciada, de conformidade com as disposições do art. 34, comunicar ao Diretor-Geral nova declaração modificando em qualquer sentido os termos de qualquer declaração anterior e esclarecendo a situação no que concerne à aplicação desta convenção.

PARTE IV

DISPOSIÇÕES FINAIS

Art. 32 — As ratificações formais da presente convenção serão comunicadas ao Diretor-Geral da Repartição Internacional do Trabalho e por ele registradas.

Art. 33 — 1. A presente convenção não obriga senão os Membros da Organização Internacional do Trabalho cuja ratificação tenha sido registrada pelo Diretor-Geral.

2. Ela entrará em vigor doze meses depois que as ratificações de dois membros tiverem sido registradas pelo Diretor-Geral.

3. Em seguida, esta convenção entrará em vigor para cada Membro doze meses depois da data em que sua ratificação for registrada.

Art. 34 — 1. Todo Membro que ratifique a presente convenção pode denunciá-la no fim de um período de 10 anos contados a partir da data em que a convenção entrou em vigor pela primeira vez, por ato comunicado ao Diretor-Geral da Repartição Internacional do Trabalho e por ele registrado. Essa denúncia não terá efeito senão um ano depois de registrada.

2. Todo Membro que, tendo ratificado a presente convenção, dentro do prazo de um ano depois da expiração do período de 10 anos mencionado no parágrafo precedente, não fizer uso da faculdade de denúncia prevista pelo presente artigo, ficará comprometido por um período de dez anos, e, posteriormente, poderá denunciar a presente convenção no fim de cada período de dez anos nas condições previstas no presente artigo.

Art. 35 — 1. O Diretor-Geral da Repartição Internacional do Trabalho notificará a todos os Membros da Organização Internacional do Trabalho o registro de todas as ratificações, declarações e denúncias que lhe forem comunicadas pelos Membros da Organização.

2. Notificando aos Membros da Organização o registro da segunda ratificação que lhe for comunicada, o Diretor-Geral chamará a atenção dos Membros da Organização sobre a data em que a presente convenção entrar em vigor.

Art. 36 — A Repartição Internacional do Trabalho enviará ao Secretário-Geral das Nações Unidas, para fins de registro, de conformidade com o art. 102 da Carta das Nações Unidas, informações completas a respeito de todas as ratificações, declarações e atos de denúncia que tiverem sido registrados conforme os artigos precedentes.

Art. 37 — A expiração de cada período de dez anos a contar da entrada em vigor da presente convenção, o Conselho de Administração da Repartição Internacional do Trabalho deverá apresentar à Conferência geral um relatório sobre a aplicação da presente convenção e decidirá da oportunidade de inscrever na ordem do dia da Conferência a questão da sua revisão total ou parcial.

Art. 38 — 1. No caso em que a Conferência adote uma nova convenção de revisão total ou parcial da presente convenção, e a menos que a nova convenção disponha de outra forma:

a) a ratificação por um Membro da nova convenção de revisão provocará, de pleno direito, não obstante o art. 34 acima, denúncia imediata da presente convenção, quando a nova convenção de revisão tiver entrado em vigor;

b) a partir da data da entrada em vigor da nova convenção de revisão, a presente convenção não estará mais aberta à ratificação dos Membros.

2. A presente convenção ficará, em qualquer caso, em vigor em sua forma e teor para os membros que a tiverem ratificado e que não ratificarem a convenção de revisão.

Art. 39 — As versões em francês e em inglês do texto da presente convenção fazem igualmente fé."

CONVENÇÃO N. 88

I — Aprovada na 31ª reunião da Conferência Internacional do Trabalho (São Francisco — 1948), entrou em vigor no plano internacional em 10.8.50.

CONVENÇÕES DA OIT RATIFICADAS

II — Dados referentes ao Brasil:

a) aprovação = Decreto Legislativo n. 24, de 29.5.56, do Congresso Nacional;

b) ratificação = 25 de abril de 1957;

c) promulgação = Decreto n. 41.721, de 25.6.57;

d) vigência nacional = 25 de abril de 1958.

"A Conferência Geral da Organização Internacional do Trabalho,

Convocada em São Francisco pelo Conselho de Administração da Repartição Internacional do Trabalho e aí reunida em 17 de junho de 1948, em sua trigésima primeira sessão,

Depois de decidir adotar diversas proposições relativas à organização do serviço de emprego, questão compreendida no quarto ponto da ordem do dia da sessão,

Depois de decidir que essas proposições tomariam a forma de convenção internacional,

Adota, neste nono dia de julho de mil novecentos e quarenta e oito, a convenção seguinte denominada 'Convenção sobre o Serviço de Emprego, de 1948':

Art. 1 — 1. Cada Membro da Organização Internacional do Trabalho para a qual a presente convenção está em vigor deve manter, e cuidar para que seja mantido, um serviço público e gratuito de emprego.

2. A tarefa essencial do serviço de emprego deve se realizar em cooperação, quando necessário, com outros organismos públicos e privados interessados, a melhor organização possível do mercado de emprego como parte integrante do programa nacional destinado a assegurar e a manter o pleno emprego, assim como a desenvolver e a utilizar os recursos produtivos.

Art. 2 — O serviço de emprego deve ser constituído por um sistema nacional de escritórios de emprego colocados sob o controle de uma autoridade nacional.

Art. 3 — 1. O sistema deve compreender uma rede de escritórios locais e, se necessário, de escritórios regionais em número suficiente para servir cada uma das regiões geográficas do país, e comodamente situados para os empregadores e empregados.

2. A organização da rede:

a) deve ser objeto de exame geral:

I) quando ocorrem mudanças importantes na distribuição da atividade econômica e da população trabalhadora;

II) quando a autoridade competente considere que um exame geral é desejável para apreciar a experiência adquirida no curso de um período experimental;

b) deve ser revista quando tal exame tiver demonstrado a necessidade de revisão.

Art. 4 — 1. Medidas apropriadas devem ser tomadas por meio das comissões consultivas, no sentido de assegurar a cooperação de representantes dos empregadores e dos trabalhadores na organização e no funcionamento do serviço de emprego, assim como no desenvolvimento da política do serviço de emprego.

2. Essas medidas devem prever a instituição de uma ou mais comissões nacionais consultivas e, se necessário, de comissões regionais e locais.

3. Os representantes dos empregadores e dos trabalhadores nessas comissões devem ser designados em número igual, depois de consulta às organizações representativas de empregadores e empregados, onde tais organizações existam.

Art. 5 — A política geral do serviço de emprego, quando se trata de encaminhar os trabalhadores aos empregos disponíveis, deve ser desenvolvida depois de consulta aos representantes de empregadores e de empregados por intermédio das comissões consultivas previstas no art. 4.

Art. 6 — O serviço de emprego deve ser organizado de maneira a assegurar a eficácia do recrutamento e da colocação dos trabalhadores; para essa finalidade, deve:

a) ajudar os trabalhadores a encontrar emprego apropriado e os empregadores a recrutar trabalhadores que convenham às necessidades das empresas; mais particularmente, deve, conforme as regras formuladas sobre o plano nacional:

I) registrar os pretendentes a empregos, anotar suas qualidades profissionais, sua experiência e seus gostos, interrogá-los para fins de emprego, examinar, se necessário, suas aptidões físicas e profissionais e ajudá-los a obter, se preciso, uma orientação, uma formação ou readaptação profissional;

II) obter dos empregadores informações precisas sobre os empregos vagos notificados por eles ao serviço, e sobre as condições que devem preencher os trabalhadores que procuram;

III) encaminhar para os empregos vagos os candidatos que possuam as aptidões profissionais e físicas exigidas;

IV) organizar a compensação da oferta e da procura de emprego de um escritório a outro, quando o escritório consultado em primeiro lugar não está em condições de colocar convenientemente os empregos vagos, ou quando outras circunstâncias o justifiquem;

b) tomar medidas apropriadas para:

I) facilitar a mobilidade profissional com o fim de ajustar a oferta da mão de obra às possibilidades de emprego nas diversas profissões;

II) facilitar a mobilidade geográfica com o fim de auxiliar o deslocamento de trabalhadores para as regiões que oferecem possibilidade de empregos convenientes;

III) facilitar as transferências temporárias de trabalhadores de uma região a outra, como o fim de diminuir um desequilíbrio local e momentâneo entre a oferta e a procura de mão de obra;

IV) facilitar de um país a outro os deslocamentos de trabalhadores que tiverem sido aceitos pelos governos interessados;

c) recolher e analisar, em colaboração, se for necessário, com outras autoridades, assim como com os empregadores e os sindicatos, todas as informações de que se dispõe sobre a situação do mercado de emprego e sua evolução provável no país e nas diferentes indústrias, profissões ou regiões, e colocar rápida e sistematicamente essas informações à disposição das autoridades públicas, das organizações de empregadores e de trabalhadores interessadas, assim como do público;

d) colaborar na administração do seguro-desemprego e da assistência-desemprego e na aplicação de outras medidas destinadas a amparar os desempregados;

e) auxiliar, tanto quanto necessário, outros organismos públicos ou privados na elaboração dos planos sociais e econômicos destinados a influenciar favoravelmente a situação do emprego.

Art. 7 — Devem-se tomar medidas para:

a) facilitar, no meio dos diferentes escritórios de emprego, a especialização por profissões e por indústrias, tais como a agricultura ou qualquer outro ramo de atividade onde essa especialização possa ser útil;

b) atender de maneira satisfatória às necessidades de determinadas categorias de pretendentes a empregos, tais como os inválidos.

Art. 8 — Medidas especiais visando aos adolescentes devem ser tomadas e desenvolvidas no quadro dos serviços de empregos e de orientação profissional.

Art. 9 — 1. O pessoal do serviço de emprego deve ser composto de agentes públicos organizados sob um estatuto e condições de serviço que os façam independentes de toda mudança de governo e de toda influência externa indevida, e que, observadas as necessidades de serviço, lhes assegurem estabilidade no emprego.

2. Observadas as condições às quais a legislação nacional deve submeter o recrutamento dos Membros dos serviços públicos, os agentes do serviço de emprego devem ser recrutados unicamente de acordo com suas aptidões para as funções.

3. Os meios de verificar essas aptidões devem ser determinados pela autoridade competente.

4. Os agentes do serviço de emprego devem receber formação apropriada para o exercício de suas funções.

Art. 10 — Todas as medidas possíveis devem ser tomadas pelo serviço de emprego e, se for o caso, por outras autoridades públicas em colaboração com as organizações de empregadores e de empregados, e com outros organismos interessados, para incentivar a plena utilização do serviço de emprego pelos empregadores e trabalhadores sobre base voluntária.

Art. 11 — As autoridades competentes devem tomar todas as medidas necessárias para assegurar cooperação eficaz entre o serviço público e os escritórios de colocação privados com fins não lucrativos.

Art. 12 — 1. Quando o território de um Membro compreende vastas regiões, onde, em razão da pouca densidade da população ou em razão do estado de seu desenvolvimento, a autoridade competente considera impraticáveis as disposições da presente convenção, ela pode isentar as ditas regiões da aplicação da convenção, seja de maneira geral, seja com as exceções que julgar apropriadas em relação a certos estabelecimentos ou certos trabalhos.

2. Cada Membro deverá indicar, no seu primeiro relatório anual sobre a aplicação da presente convenção, que será apresentado em virtude do art. 22 da Constituição da Organização Internacional do Trabalho, todas as regiões nas quais se propõe a recorrer às disposições do presente artigo, e deve dar as razões pelas quais se propõe a recorrer a elas. Depois disso, nenhum Membro poderá recorrer às disposições do presente artigo, salvo no que concerne às regiões assim indicadas.

3. Todo Membro que recorrer às disposições do presente artigo deve indicar, nos seus relatórios anuais ulteriores, todas as regiões para as quais renuncia ao direito de recorrer às ditas disposições.

Art. 13 — 1. No que concerne aos territórios mencionados pelo art. 35 da Constituição da Organização Internacional do Trabalho, tal qual foi emendada na Constituição da Organização Internacional do Trabalho, de 1946, com exclusão dos territórios a que se referem os §§ 4 e 5 do dito artigo emendado, todo Membro da Organização que ratificar a presente convenção deverá comunicar ao Diretor-Geral da Repartição Internacional do Trabalho, o mais brevemente possível, depois de sua ratificação, declaração que indique:

a) os territórios nos quais se compromete a aplicar, sem modificação, as disposições da convenção;

b) os territórios nos quais se compromete a aplicar as disposições da convenção com modificações, e em que consistem essas modificações;

c) os territórios aos quais a convenção é inaplicável e, nesse caso, as razões pelas quais é inaplicável;

d) os territórios para os quais reserva sua decisão.

2. Os compromissos mencionados nas alíneas a e b do parágrafo primeiro do presente artigo serão reputados partes integrantes da ratificação e produzirão efeitos idênticos.

3. Todo Membro poderá renunciar, em nova declaração, no todo ou em parte, a qualquer reserva contida em sua declaração anterior, em virtude das alíneas b, c e d do § 1 do presente artigo.

4. Todo Membro poderá, durante os períodos no curso dos quais a presente convenção pode ser denunciada, conforme as disposições do art. 17, comunicar ao Diretor-Geral nova declaração modificando em qualquer outro ponto os termos de toda declaração anterior e dando a conhecer a situação nos territórios que especificar.

Art. 14 — 1. Quando as questões tratadas pela presente convenção entram no quadro da própria competência das autoridades de um território não metropolitano, o Membro responsável pelas relações internacionais desse território, de acordo com seu próprio governo, poderá comunicar ao Diretor-Geral da Repartição Internacional do Trabalho uma declaração de aceitação, em nome desse território, das obrigações da presente convenção.

2. Uma declaração de aceitação das obrigações da presente convenção pode ser comunicada ao Diretor-Geral da Repartição Internacional do Trabalho:

a) por dois ou mais Membros da Organização para um território colocado sob sua autoridade conjunta;

b) por qualquer autoridade internacional responsável pela administração de um território em virtude das disposições da Carta das Nações Unidas ou de qualquer outra disposição em vigor, a respeito desse território.

3. As declarações comunicadas ao Diretor-Geral da Repartição Internacional do Trabalho, conforme as disposições dos parágrafos do presente artigo, devem indicar se as disposições da convenção serão aplicadas no território com ou sem modificações; quando a declaração indicar que as disposições da

convenção se aplicam sob reserva de modificações, ela deverá especificar em que consistem as ditas modificações.

4. O Membro, ou Membros, ou autoridade internacional interessados poderão renunciar inteira ou parcialmente, em declaração ulterior, ao direito de invocar modificação indicada em qualquer declaração anterior.

5. O Membro, ou Membros, ou autoridade internacional interessados poderão, durante os períodos no curso dos quais a convenção pode ser denunciada, conforme as disposições do art. 17, comunicar ao Diretor-Geral nova declaração modificando em qualquer outro ponto os termos de toda declaração anterior e esclarecendo a situação no que concerne à aplicação desta convenção.

Art. 15 — As ratificações formais da presente convenção serão comunicadas ao Diretor-Geral da Repartição Internacional do Trabalho e por ele registradas.

Art. 16 — 1. A presente convenção não obrigará senão aos Membros da Organização Internacional do Trabalho cuja ratificação tenha sido registrada pelo Diretor-Geral.

2. Ele entrará em vigor doze meses depois que as ratificações de dois Membros tiverem sido registradas pelo Diretor-Geral.

3. Em seguida, esta convenção entrará em vigor para cada Membro doze meses depois da data em que sua ratificação tiver sido registrada.

Art. 17 — 1. Todo Membro que tiver ratificado a presente convenção poderá denunciá-la no fim de um período de dez anos depois da data da entrada em vigor inicial da convenção, por ato comunicado ao Diretor-Geral da Repartição Internacional do Trabalho e por ele registrado. A denúncia não terá efeito senão um ano depois de ter sido registrada.

2. Todo Membro que, tendo ratificado a presente convenção, dentro do prazo de um ano depois da expiração do período de dez anos mencionado no parágrafo precedente, não fizer uso da faculdade de denúncia prevista no presente artigo, será obrigado por novo período de dez anos e, depois disso, poderá denunciar a presente convenção no fim de cada período de dez anos, nas condições previstas no presente artigo.

Art. 18 — 1. O Diretor-Geral da Repartição Internacional do Trabalho notificará a todos os Membros da Organização Internacional do Trabalho o registro de todas as ratificações que lhe forem comunicadas pelos Membros da Organização.

2. Notificando aos Membros da Organização o registro da segunda ratificação que lhe for comunicada, o Diretor-Geral chamará a atenção dos Membros da Organização para a data em que a presente Convenção entrar em vigor.

Art. 19 — O Diretor-Geral da Repartição Internacional do Trabalho enviará ao Secretário-Geral das Nações Unidas, para fim de registro, conforme o art. 102 da Carta das Nações Unidas, informações completas a respeito de todas as ratificações, declarações e atos de denúncia que houver registrado conforme os artigos precedentes.

Art. 20 — Cada vez que julgar necessário, o Conselho de Administração da Repartição Internacional do Trabalho apresentará à Conferência Geral um relatório sobre a aplicação da presente Convenção e examinará se é necessário inscrever na ordem do dia da Conferência a questão de sua revisão total ou parcial.

Art. 21 — 1. No caso de a Conferência adotar nova convenção de revisão total ou parcial da presente convenção, e a menos que a nova convenção disponha diferentemente:

a) a ratificação, por um Membro, da nova convenção de revisão acarretará, de pleno direito, não obstante o art. 17 acima, denúncia imediata da presente convenção quando a nova convenção de revisão tiver entrado em vigor;

b) a partir da data da entrada em vigor da nova convenção de revisão, a presente convenção cessará de estar aberta à ratificação dos Membros.

2. A presente convenção ficará, em qualquer caso, em vigor, na forma e no conteúdo, para os Membros que a tiverem ratificado e que não tiverem ratificado a convenção de revisão.

Art. 22 — As versões em francês e em inglês do texto da presente convenção fazem igualmente fé."

CONVENÇÃO N. 89

I — Aprovada na 31ª reunião da Conferência Internacional do Trabalho (São Francisco — 1948), entrou em vigor no plano internacional em 27.2.51.

II — Dados referentes ao Brasil:

a) aprovação = Decreto Legislativo n. 24, de 29.5.56;
b) ratificação = 25 de abril de 1957;
c) promulgação = Decreto n. 41.721, de 25.5.57;
d) vigência nacional = 25 de abril de 1958.

"A Conferência Geral da Organização Internacional do Trabalho,

Convocada em São Francisco pelo Conselho de Administração da Repartição Internacional do Trabalho, e aí se tendo reunido a 17 de junho de 1948, em sua trigésima primeira sessão,

Depois de haver decidido adotar diversas proposições relativas à revisão parcial da Convenção sobre o Trabalho Noturno (mulheres), 1919, adotada pela Conferência em sua primeira sessão, e da Convenção sobre o Trabalho Noturno (mulheres) (revisada), 1934, adotada pela Conferência em sua décima oitava sessão, questão que constitui o nono ponto da ordem do dia da sessão,

Considerando que essas proposições deveriam tomar a forma de uma Convenção Internacional,

Adota, neste nono dia de julho de mil novecentos e quarenta e oito, a seguinte Convenção que será denominada 'Convenção sobre o Trabalho Noturno (mulheres) (revisada) 1948'.

PARTE I
DISPOSIÇÕES GERAIS

Art. 1 — 1. Para os fins da presente Convenção, serão consideradas como 'empresas industriais', notadamente:

a) As minas, pedreiras e indústrias extrativas de toda natureza;

b) As empresas nas quais os produtos são manufaturados, alterados, limpos, reparados, decorados, acabados, preparados para a venda, destruídos ou demolidos, ou nas quais as matérias sofrem uma transformação, compreendidas as empresas de construção de navios, de produção, de transformação e de transmissão de eletricidade e de força motriz em geral;

c) As empresas de construção e de engenharia civil, compreendendo os trabalhos de construção, reparação, manutenção, transformação e demolição.

2. A autoridade competente determinará a linha divisória entre a indústria de um lado, e a agricultura, o comércio e os trabalhos não industriais, de outro.

Art. 2 — Para os fins da presente convenção, o termo 'noite' significa um período de pelo menos onze horas consecutivas, compreendendo um intervalo, determinado por autoridade competente, de, pelo menos, sete horas consecutivas, intercalando-se entre dez horas da noite e sete horas da manhã; a autoridade competente poderá prescrever intervalos diferentes para regiões, indústrias, empresas, mas consultará as organizações de empregadores e de trabalhadores antes de determinar um intervalo que se inicie depois de onze horas da noite.

Art. 3 — As mulheres, sem distinção de idade, não poderão ser empregadas durante a noite, em nenhuma empresa industrial, pública ou privada, ou em dependência de uma dessas empresas, excetuadas as empresas onde somente são empregados membros de uma mesma família.

Art. 4 — O art. 3º não será aplicado:

a) em caso de força maior, quando em uma empresa se produza uma interrupção de exploração impossível de prever e que não seja de caráter periódico;

b) no caso em que o trabalho se faça com matérias-primas ou matérias em elaboração, que sejam suscetíveis de alteração rápida, quando esse trabalho noturno é necessário para salvar tais matérias de perda inevitável.

Art. 5 — 1. Quando, em razão de circunstâncias particularmente graves, o interesse nacional o exigir, a interdição do trabalho noturno das mulheres poderá ser suspensa por decisão do governo, depois de consulta às organizações de empregadores e de empregados interessadas.

2. Tal suspensão deverá ser notificada ao Diretor-Geral da Repartição Internacional do Trabalho, pelo governo interessado em seu relatório anual sobre a aplicação da Convenção.

Art. 6 — Nas empresas industriais sujeitas às influências das estações, e em todos os casos em que circunstâncias excepcionais o exigirem, a duração do período noturno, indicado no art. 2, poderá ser reduzida há dez horas durante sessenta dias do ano.

Art. 7 — Nos países em que o clima torne o trabalho diurno particularmente penoso, o período noturno pode ser mais curto que o fixado nos artigos acima, com a condição de ser concedido um repouso compensador durante o dia.

Art. 8 — A presente convenção não se aplica:

a) às mulheres que ocupam postos de responsabilidade de direção ou de natureza técnica;

b) às mulheres ocupadas em serviços de higiene e bem-estar que não executem normalmente trabalho manual.

PARTE II
DISPOSIÇÕES ESPECIAIS PARA CERTOS PAÍSES

Art. 9 — Nos países onde nenhum regulamento público se aplique ao emprego noturno de mulheres em empresas industriais, o termo 'noite' poderá provisoriamente, e por um período máximo de três anos, designar, a critério do governo, um período de somente dez horas, o qual compreenderá um intervalo, determinado pela autoridade competente, de, pelo menos, sete horas consecutivas e intercaladas entre dez horas da noite e sete horas da manhã.

Art. 10 —1. As disposições da presente convenção aplicam-se à Índia, sob reserva das modificações previstas no presente artigo.

2. As ditas disposições aplicam-se a todos os territórios nos quais o poder legislativo da Índia têm competência para aplicá-las.

3. O termo 'empresas industriais' compreenderá:

a) as fábricas, definidas como tais na Lei sobre as Fábricas da Índia (Indian Factories Act);

b) as minas às quais se aplique a Lei de Minas da Índia (India Mines Act).

Art. 11 — 1. As disposições da presente convenção aplicam-se ao Paquistão sob reserva das modificações previstas no presente artigo.

2. As ditas disposições aplicam-se a todos os territórios aos quais o poder legislativo do Paquistão tem competência para aplicá-las.

3. O termo 'empresas industriais' compreenderá:

a) as fábricas, definidas como tais na Lei sobre Fábricas (Factories Act);

b) as minas às quais se aplique a Lei de Minas (Mines Act).

Art. 12 — 1. A Conferência Internacional do Trabalho pode, em qualquer sessão em que a matéria esteja inscrita na ordem do dia, adotar por maioria de dois terços os projetos de emenda a um ou a vários dos artigos precedentes da Parte II da presente convenção.

2. Tal projeto de emenda deverá indicar o Membro, ou os Membros, aos quais se aplique e deverá, no prazo de um ano ou, por circunstâncias excepcionais, no prazo de dezoito meses a partir do encerramento da sessão da Conferência, ser submetido pelo Membro ou Membros aos quais se aplique, à autoridade ou autoridades às quais compete a matéria, a fim de ser transformado em lei ou para que se tome medida de outra ordem.

3. O Membro que tiver obtido o consentimento da autoridade ou das autoridades competentes comunicará sua ratificação formal da emenda ao Diretor-Geral da Repartição Internacional do Trabalho, para fins de registro.

4. Tal projeto de emenda, uma vez ratificado pelo Membro ou Membros aos quais se aplica, entrará em vigor como emenda da presente convenção.

PARTE III
DISPOSIÇÕES FINAIS

Art. 13 — As ratificações formais da presente convenção serão comunicadas ao Diretor-Geral da Repartição Internacional do Trabalho e por ele registradas.

Art. 14 — 1. A presente convenção não obrigará senão aos Membros da Organização Internacional do Trabalho cuja ratificação tenha sido registrada pelo Diretor-Geral.

CONVENÇÕES DA OIT RATIFICADAS

2. Ele entrará em vigor doze meses depois que as ratificações de dois Membros tiverem sido registradas pelo Diretor-Geral.

3. Em seguida, esta convenção entrará em vigor para cada Membro doze meses depois da data em que sua ratificação tiver sido registrada.

Art. 15 — 1. Todo Membro que tiver ratificado a presente convenção poderá denunciá-la no fim de um período de dez anos depois da data da entrada em vigor inicial da convenção, por ato comunicado ao Diretor-Geral da Repartição Internacional do Trabalho e por ele registrado. A denúncia não terá efeito senão um ano depois de ter sido registrada.

2. Todo Membro que, tendo ratificado a presente convenção, dentro do prazo de um ano depois da expiração do período de dez anos mencionado no parágrafo precedente, não fizer uso da faculdade de denúncia prevista no presente artigo, será obrigado por novo período de dez anos e, depois disso, poderá denunciar a presente convenção no fim de cada período de dez anos, nas condições previstas no presente artigo.

Art. 16 — 1. O Diretor-Geral da Repartição Internacional do Trabalho notificará a todos os Membros da Organização Internacional do Trabalho o registro de todas as ratificações que lhe forem comunicadas pelos Membros da Organização.

2. Notificando aos Membros da Organização o registro da segunda ratificação que lhe for comunicada, o Diretor-Geral chamará a atenção dos Membros da Organização para a data em que a presente Convenção entrará em vigor.

Art. 17 — O Diretor-Geral da Repartição Internacional do Trabalho enviará ao Secretário-Geral das Nações Unidas, para fim de registro, conforme o art. 102 da Carta das Nações Unidas, informações completas a respeito de todas as ratificações, declarações e atos de denúncia que houver registrado conforme os artigos precedentes.

Art. 18 — Cada vez que julgar necessário, o Conselho de Administração da Repartição Internacional do Trabalho apresentará à Conferência Geral um relatório sobre a aplicação da presente Convenção e examinará se é necessário inscrever na ordem do dia da Conferência a questão de sua revisão total ou parcial.

Art. 19 — 1. No caso de a Conferência adotar nova convenção de revisão total ou parcial da presente convenção, e a menos que a nova convenção disponha diferentemente:

a) a ratificação, por um Membro, da nova convenção de revisão acarretará, de pleno direito, não obstante o art. 17 acima, denúncia imediata da presente convenção quando a nova convenção de revisão tiver entrado em vigor;

b) a partir da data da entrada em vigor da nova convenção de revisão, a presente convenção cessará de estar aberta à ratificação dos Membros.

2. A presente convenção ficará, em qualquer caso, em vigor, na forma e no conteúdo, para os Membros que a tiverem ratificado e que não tiverem ratificado a convenção de revisão.

Art. 20 — As versões em francês e em inglês do texto da presente convenção fazem igualmente fé."

CONVENÇÃO N. 92

I — Aprovada na 32ª reunião da Conferência Internacional do Trabalho (Genebra — 1949), entrou em vigor no plano internacional em 29.1.53.

II — Dados referentes ao Brasil:

a) aprovação = Decreto Legislativo n. 71, de 1º. 10.53;

b) ratificação = 8 de junho de 1954;

c) promulgação = Decreto n. 36.378, de 22.10.54;

d) vigência nacional = 8 de junho de 1955.

"A Conferência Geral da Organização Internacional do Trabalho,

Tendo sido convocada em Genebra pelo Conselho de Administração da Repartição Internacional do Trabalho, e tendo-se reunido em sua trigésima segunda sessão em 8 de junho de 1949, e

Tendo decidido adotar diversas proposições relativas à revisão parcial da Convenção de 1946, sobre Alojamento das Tripulações, adotada pela Conferência em sua vigésima oitava sessão, questão que está compreendida no duodécimo item da agenda da sessão, e

Considerando que estas proposições devem receber a forma de uma Convenção Internacional,

Adota, aos dezoito dias de junho do ano de mil novecentos e quarenta e nove, a seguinte Convenção que será denominada 'Convenção (n. 92) sobre Alojamento da Tripulação a Bordo (revista em 1949)':

PARTE I
DISPOSITIVOS GERAIS

Art. 1 — 1. A presente Convenção se aplicará a todo navio de alto-mar com propulsão mecânica, de propriedade pública ou particular que se destine ao transporte de carga ou de passageiros, com fim comercial, e que esteja registrado num território para o qual esta Convenção está em vigor.

2. A legislação nacional determinará quando um navio será considerado navio de alto-mar para a aplicação desta convenção.

3. Esta Convenção não se aplicará:

a) aos navios com menos de 500 toneladas;

b) aos navios em que a vela é o meio principal de propulsão, embora estejam equipados com motores auxiliares;

c) aos navios destinados à pesca comum, à pesca da baleia ou às operações similares;

d) aos rebocadores.

4. Contudo, a presente Convenção se aplicará sempre que for razoável e praticável:

a) aos navios de 200 a 500 toneladas; e

b) ao alojamento de pessoas afeitas ao trabalho normal de bordo em navios que se entregam à pesca da baleia ou às operações similares.

5. Além disso, quaisquer prescrições contidas na Parte III da presente Convenção poderão ser modificadas no caso de qualquer navio, se a autoridade competente julgar, após consulta a armadores, ou às suas organizações, e às organizações reconhecidas bona fide de marítimos, que as modificações a serem feitas trarão vantagens correspondentes cujos resultados sobre as condições gerais não sejam menos favoráveis do que aquelas que resultarem da aplicação plena da presente Convenção. Pormenores de todas as modificações desta natureza serão comunicados pelo Membro ao Diretor-Geral da Repartição Internacional do Trabalho que notificará os Membros da Organização Internacional do Trabalho.

Art. 2 — Tendo em vista aplicação da presente Convenção:

a) o termo 'navio' significa toda embarcação à qual a Convenção se aplica;

b) o termo 'toneladas' significa toneladas brutas registradas;

c) o termo 'navio de passageiros' significa todo navio para o qual é válido tanto um certificado de segurança expedido de conformidade com os dispositivos em vigor da Convenção Internacional para a Salvaguarda da Vida Humana no Mar, como certificado para o transporte de passageiros;

d) o termo 'oficial' significa toda pessoa, com exclusão do Comandante, que tenha patente de oficial reconhecida pela legislação nacional ou, na falta de tal legislação, por convenções coletivas ou o costume;

e) o termo 'pessoal subalterno' compreende todo membro da tripulação que não seja oficial;

f) o termo 'contramestre' significa todo membro do pessoal subalterno que exerça uma função supervisora ou assuma uma responsabilidade especial, sendo assim considerado pela legislação nacional ou, na falta desta, por convenções coletivas ou o costume;

g) o termo 'alojamento da tripulação' compreende os dormitórios, refeitórios, instalações sanitárias, enfermarias e local de recreio previstos para serem utilizados pela tripulação;

h) o termo 'prescrito' significa prescrito pela legislação nacional ou pela autoridade competente;

i) o termo 'aprovado' significa aprovado pela autoridade competente;

j) o termo 'novo registro' significa novo registro por ocasião de uma troca simultânea de bandeiras e propriedade de um navio.

Art. 3 — 1. Todo Membro, para o qual a presente Convenção estiver em vigor, se obriga a manter em vigor uma legislação adequada para assegurar a aplicação dos dispositivos contidos nas Partes II, III e IV, desta Convenção.

2. A referida legislação:

a) obrigará a autoridade competente a levar ao conhecimento de todos os interessados os dispositivos;

b) determinará as pessoas que ficam responsáveis pela aplicação dos mesmos;

c) prescreverá as penalidades adequadas para todas as infrações;

d) promoverá a instituição e manutenção de um sistema de inspeção próprio para assegurar eficazmente a observação dos dispositivos;

e) obrigará a autoridade competente a consultar os armadores ou às suas organizações e as organizações reconhecidas bona fide de marítimos, a fim de elaborar os regulamentos e de colaborar quanto possível com as partes interessadas na aplicação desses regulamentos.

PARTE II
ESTABELECIMENTO DOS PLANOS E CONTROLE DOS ALOJAMENTOS DA TRIPULAÇÃO

Art. 4 — 1. Antes da construção de um navio, os seus planos, mostrando, numa escala prescrita, a localização e as disposições gerais dos alojamentos da tripulação, serão submetidos para aprovação à autoridade competente.

2. Antes da construção dos alojamentos da tripulação, ou antes, que a bordo de um navio existente, estes sejam modificados ou reconstruídos os planos detalhados dos alojamentos, acompanhados de todas as informações necessárias, serão submetidos para aprovação à autoridade competente; estes planos indicarão, numa escala e com os detalhes prescritos, a disposição de cada local, a disposição dos móveis e de outras instalações, a natureza e a localização dos equipamentos de ventilação, de iluminação e de aquecimento, assim como das instalações sanitárias. Todavia, em caso de emergência ou de modificações ou reconstrução temporárias executadas fora do país em que se acha registrado, será suficiente, para aplicação deste artigo, que os planos sejam submetidos, posteriormente, para aprovação, à autoridade competente.

Art. 5 — A autoridade competente inspecionará todo navio e certificar-se-á de que os alojamentos das tripulações estão de acordo com as condições exigidas pelas leis e regulamentos, sempre que:

a) um navio seja registrado pela primeira vez ou receba um novo registro;

b) os alojamentos da tripulação tenham sido substancialmente modificados ou reconstruídos;

c) uma acusação tenha sido feita à autoridade competente, na forma prescrita e a tempo de evitar qualquer atraso para o navio, por uma organização de marítimos reconhecida bona fide, representando toda ou parte da tripulação, ou por percentagem ou número determinado de membros da tripulação do navio, de que os alojamentos para a tripulação não estão de acordo com os termos da presente Convenção.

PARTE III
PRESCRIÇÕES RELATIVAS AOS ALOJAMENTOS DA TRIPULAÇÃO

Art. 6 — 1. A localização, meios de acesso, construção e disposição dos alojamentos da tripulação em relação às outras partes do navio serão de forma a garantir adequada segurança, proteção contra as intempéries e o mar, bem como isolamento contra o calor, frio, ruído excessivo, odores ou emanações provenientes de outras partes do navio.

2. Não deverão existir quaisquer aberturas nos camarotes que estejam diretamente ligadas aos espaços destinados à carga, às praças de máquinas e caldeiras, às cozinhas, aos paióis de eletricidade, de tinta, das máquinas e outros paióis gerais, aos compartimentos de lavanderia, aos lavatórios comuns ou aos water-closets. As anteparas que separam estes locais dos camarotes, bem como as anteparas exteriores, serão convenientemente construídas de aço, ou, então, de outro material aprovado, e serão estanques à água e ao gás.

3. As anteparas externas dos camarotes e salões de refeições serão convenientemente isoladas. As praças de máquinas, assim como as anteparas divisórias das cozinhas e outros locais onde há produção de calor, serão convenientemente isoladas sempre que tal calor possa afetar os alojamentos contíguos ou corredores. Disposições serão igualmente tomadas no sentido de se estabelecer proteção contra os efeitos caloríficos do vapor e das tubulações de água quente.

4. As anteparas interiores serão construídas com material aprovado, não suscetível de bichar.

5. Os camarotes, os salões de refeições, os salões de recreio e os corredores situados no interior do alojamento da tripulação serão convenientemente isolados de forma a evitar qualquer condensação ou calor excessivo.

6. As redes principais de vapor e as redes auxiliares de vapor para guinchos e outros aparelhos similares não passarão pelo alojamento da tripulação nem, sempre que for tecnicamente possível, pelos corredores de acesso àquele alojamento. Se isto não for possível, eles serão convenientemente isolados e embutidos.

7. Os painéis interiores serão ou folheados ou feitos de material cuja superfície possa ser facilmente mantida limpa. Não serão usadas madeiras entalhadas ou qualquer outro método de construção suscetível de bichar.

8. A autoridade competente decidirá até que ponto serão necessárias medidas para prevenir incêndio ou retardar a sua propagação, as quais devem ser tomadas por ocasião da construção dos alojamentos.

9. As anteparas e os tetos dos camarotes e salões de refeições deverão ser construídos de modo a poderem ser facilmente limpos e, se foram pintados, deverão ser de cor clara; lavagem com solução de cal não deve ser usada.

10. As pinturas das anteparas serão, quando necessário, renovadas ou restauradas.

11. Os revestimentos dos pisos de todos os alojamentos da tripulação serão de material e construção aprovados, de modo a poderem ser facilmente conservados limpos, e terão uma superfície impermeável à água.

12. Sempre que os revestimentos dos pisos forem de matéria composta, as junções com as anteparas serão arredondadas de forma a evitar fendas.

13. Serão previstos dispositivos suficientes para o escoamento das águas.

Art. 7 — 1. Os camarotes e salões de refeições serão convenientemente ventilados.

2. O sistema de ventilação será controlado, de forma a manter o ar em condições satisfatórias e a assegurar uma circulação suficiente de ar em todas as condições atmosféricas e climatéricas.

3. Todo navio empenhado regularmente em viagens nos trópicos e no Golfo Pérsico será equipado com meios mecânicos de ventilação e com ventiladores elétricos, ficando entendido que somente um desses meios poderá ser usado nos espaços em que este meio assegurar ventilação satisfatória.

4. Todo navio empenhado na navegação fora dos trópicos será equipado, quer com um sistema de ventilação mecânico, quer com ventiladores elétricos. A autoridade competente poderá isentar desta exigência os navios que, normalmente, navegam em águas frias do hemisfério norte e sul.

5. A força motriz necessária a fazer funcionar o sistema de ventilação previsto nos §§ 3º e 4º deverá estar disponível, quando possível, em todas as ocasiões em que a tripulação estiver aquartelada ou trabalhando a bordo e as circunstâncias assim o exigirem.

Art. 8 — 1. Salvo a bordo dos navios empenhados exclusivamente em viagem nos trópicos ou no Golfo Pérsico, será prevista uma instalação conveniente de aquecimento para o alojamento da tripulação.

2. O sistema de aquecimento deverá funcionar sempre que a tripulação estiver aquartelada ou trabalhando a bordo e as circunstâncias exigirem seu uso.

3. A bordo de todo navio em que é exigido um sistema de aquecimento será por meio de vapor, água ou ar quente, ou eletricidade.

4. Em todo navio em que o aquecimento provém de uma estufa, serão tomadas medidas para assegurar que a mesma seja de tamanho suficiente, esteja convenientemente instalada e protegida, e para que o ar não fique viciado.

5. O sistema de aquecimento deverá ser capaz de manter a temperatura no alojamento da tripulação em um nível satisfatório, sob condições atmosféricas e climatéricas normais, as quais o navio poderá encontrar no curso de sua navegação; a autoridade competente deverá prescrever as condições para esse sistema.

6. Os radiadores e outros aparelhos de aquecimento serão instalados de maneira a evitar o risco de incêndio e de forma a não constituir uma fonte de perigo ou desconforto para os ocupantes dos locais em que estão instalados. Se for necessário, eles terão uma antepara de proteção.

Art. 9 — 1. Sujeitos a modificações especiais, que poderão ser permitidas em navios de passageiros, os camarotes e os salões de refeições deverão ser convenientemente iluminados por luz natural e deverão estar dotados de luz artificial adequada.

2. Todos os locais reservados à tripulação deverão ser convenientemente iluminados. A iluminação natural dos locais de habitação deverá permitir a uma pessoa com visão normal ler à luz do dia, em tempo claro, um jornal comum em qualquer parte do espaço disponível para movimento livre. Quando não for possível obter um sistema de iluminação natural conveniente, instalar-se-á um sistema de iluminação artificial que produza o mesmo resultado.

3. Todo navio estará provido de uma instalação que permita iluminar a eletricidade o alojamento da tripulação. Se não existirem a bordo duas fontes independentes de produção de energia elétrica, um sistema suplementar de iluminação de emergência será previsto por meio de lâmpadas ou de aparelhos de iluminação de modelo apropriado.

4. A iluminação artificial deverá ser disposta de maneira que os ocupantes do recinto sejam beneficiados ao máximo.

5. Nos camarotes, sobre cada beliche, será instalada uma lâmpada elétrica para leitura.

Art. 10 — 1. Os camarotes ficarão localizados a meia nau ou a ré acima da linha d'água carregada.

2. Em casos excepcionais, a autoridade competente poderá autorizar a instalação dos camarotes avante do navio se as dimensões, tipo ou serviço do navio tornarem qualquer outro local impróprio ou impraticável para sua instalação, porém, nunca avante da antepara de colisão.

3. Nos navios de passageiros, a autoridade competente poderá, sob a condição de que sejam feitas disposições satisfatórias para iluminação e ventilação, permitir a localização de camarotes abaixo da linha carregada, mas em nenhum caso logo abaixo dos corredores de serviço.

4. A superfície, por pessoa, dos camarotes destinados ao pessoal subalterno, não será inferior a:

a) 20 pés quadrados ou 1,85 metros quadrados, em navios com menos de 800 toneladas;

b) 25 pés quadrados ou 2,35 metros quadrados, em navios de 800 até 3.000 toneladas;

c) 30 pés quadrados ou 2,78 metros quadrados, em navios de mais de 3.000 toneladas.

Todavia, a bordo de navios de passageiros, onde mais de quatro membros do pessoal subalterno são alojados em um mesmo camarote, a superfície mínima por pessoa poderá ser de 24 pés quadrados (2,22 metros quadrados).

5. No caso de navios onde sejam empregados vários grupos de pessoal subalterno e onde haja necessidade do embarque de um efetivo evidentemente maior do que aquele que seria empregado, a autoridade competente poderá reduzir a superfície, por pessoa, dos camarotes, obedecendo a que:

a) a superfície total dos camarotes, lotada para esses grupos, não será inferior àquela que seria lotada caso o efetivo não tivesse sido aumentado, e

b) a superfície mínima dos camarotes não será menor do que:

I) 18 pés quadrados (1,67 metros quadrados) por pessoa, nos navios com menos de 3.000 toneladas;

II) 20 pés quadrados (1,85 metros quadrados) por pessoa, nos navios com 3.000 toneladas ou mais.

6. O espaço ocupado pelos beliches, armários, cômodas e assentos, será incluído no cálculo da superfície. Os espaços pequenos ou de forma irregular, que não aumentem o espaço disponível para movimento e que não possam ser utilizados para receber móveis, não serão incluídos naquele cálculo.

7. O pé direito dos camarotes da tripulação deverá ser no mínimo de 6 pés e 3 polegadas (1,90 metros).

8. Os camarotes serão em número suficiente para prover camarote ou camarotes separados para os membros de cada Departamento; todavia, a autoridade competente poderá revogar esta disposição no que concerne aos navios de pequena tonelagem.

9. O número de pessoas autorizadas a ocupar cada camarote não ultrapassará as seguintes lotações:

a) Oficiais encarregados de Departamentos, da Navegação, das Máquinas, Chefes de Quarto, Oficiais e Radiotelegrafistas: uma pessoa por camarote;

b) outros oficiais: uma pessoa por camarote sempre que for possível, e em nenhum caso mais do que duas;

c) contramestres: uma ou duas pessoas por camarote, e em nenhum caso mais do que duas;

d) pessoal subalterno: duas ou três pessoas por camarote, sempre que for possível, e em nenhum caso mais do que quatro.

10. A fim de assegurar um alojamento satisfatório e mais confortável, a autoridade competente poderá, depois de consultar os armadores ou suas organizações e as organizações reconhecidas bona fide de marítimos, outorgar a autorização para alojar no máximo dez membros da tripulação em um mesmo camarote no caso de certos navios de passageiros.

11. O número máximo de pessoas a serem alojadas por camarote será indelével e legivelmente marcado em algum lugar do camarote, onde possa ser facilmente visto.

12. Os membros da tripulação disporão de beliches individuais.

13. Os beliches não serão colocados lado a lado, de forma que o acesso a um deles só possa ser obtido passando-se por sobre o outro.

14. A superposição de mais de dois beliches é proibida. No caso de os beliches serem colocados ao longo do costado do navio, é proibido superpor beliches no local onde uma vigia se encontre sobre um beliche.

15. Sempre que os beliches sejam superpostos, o beliche inferior não ficará situado a menos de 12 polegadas (30 centímetros) acima do chão; o beliche superior ficará situado aproximadamente a meia altura entre o fundo do beliche inferior e o lado mais baixo dos vaus do teto.

16. As dimensões internas mínimas de um beliche serão de 6 pés e 3 polegadas por 2 pés e 3 polegadas (1,90 metros por 0,68 metros).

17. A armação e, se houver, a borda de proteção de um beliche serão de material aprovado, duro, liso e que não seja suscetível de se corroer ou bichar.

18. Se forem usadas armações tubulares para construção de beliches, elas serão completamente fechadas e sem perfurações que possam servir de meio de acesso a bichos.

19. Cada beliche terá um fundo de molas ou um enxergão de molas, assim como um colchão com enchimento de material aprovado. O material a ser usado para enchimento do colchão não deve ser suscetível de bichar.

20. Sempre que um beliche for colocado sobre outro, um fundo a prova de poeira, de madeira, de lona ou outro material adequado, será adaptado sob o enxergão de molas do beliche superior.

21. Os camarotes serão planejados e mobiliados de forma a facilitar a boa arrumação e limpeza e a assegurar um conforto razoável aos seus ocupantes.

22. O mobiliário deverá incluir armário para roupas para cada ocupante. O armário terá no mínimo 5 pés (1,52 metros) de altura e uma seção transversal com 300 polegadas quadradas (19,30 decímetros quadrados); terá uma prateleira e uma argola para cadeado. O cadeado será fornecido pelo ocupante.

23. Cada camarote terá uma mesa ou uma escrivaninha, de modelo fixo, rebatível ou do tipo corrediço, com assentos confortáveis, de acordo com as necessidades.

24. O mobiliário será construído de material liso e duro, não suscetível de se deformar ou de se corroer.

25. Cada ocupante terá à sua disposição uma gaveta ou um espaço equivalente com uma capacidade de no mínimo 2 pés cúbicos (0,56 metro cúbico).

26. Os camarotes terão cortinas para as vigias.

27. Os camarotes serão providos de um espelho, pequenos armários embutidos para artigos de toalete, uma estante de livros e um número suficiente de cabides.

28. Sempre que for possível, os beliches dos membros da tripulação serão separados por quartos, de modo a evitar que aqueles que dão serviço durante o dia se utilizem os mesmos camarotes dos que dão serviço de quarto.

Art. 11 — 1. A bordo de todos os navios serão instalados salões de refeições suficientes.

2. Nos navios de menos de 1.000 toneladas serão previstos salões de refeições separados para:

a) o comandante e os oficiais;

b) os contramestres e o resto do pessoal subalterno.

3. Os navios de 1.000 toneladas ou mais terão salões de refeições separados para:

a) o comandante e os oficiais;

b) os contramestres do convés e o pessoal subalterno do convés;

c) os contramestres das máquinas e o pessoal subalterno das máquinas.

Contanto que:

I) um dos dois salões de refeições destinados aos contramestres e ao pessoal subalterno possa ser destinado aos contramestres e o outro ao pessoal subalterno;

II) um único salão de refeições pode ser destinado ao pessoal de mestrança e ao pessoal subalterno do convés ou das máquinas, uma vez que os armadores ou as suas organizações interessadas e as organizações reconhecidas *bona fide* de marítimos interessados tenham expressado preferência por tal disposição.

4. Serão previstas disposições adequadas para o pessoal do serviço de rancho, ou providenciando-se salões de refeições separados, ou dando-lhe direito de usar os salões de refeições destinados aos outros grupos. A bordo dos navios de 5.000 toneladas ou mais, onde se encontrem mais de cinco pessoas do serviço de rancho, deverá ser providenciada a instalação de um salão de refeições separado.

5. As dimensões e o material de todos os salões de refeições deverão ser suficientes para o número provável de pessoas que os utilizarão ao mesmo tempo.

6. Todos os salões de refeições terão mesas e assentos aprovados, suficientes para o número de pessoas que os utilizarão ao mesmo tempo.

7. A autoridade competente poderá modificar as disposições referentes à acomodação dos salões de refeições, na medida em que as condições especiais existentes a bordo dos navios de passageiros o possam exigir.

8. Os salões de refeições serão separados distintamente dos camarotes e o mais perto possível da cozinha.

9. Uma instalação conveniente para lavagem dos utensílios de mesa e armários embutidos para guardar tais utensílios serão previstos, quando não houver copas com acesso direto aos salões de refeições.

10. As partes de cima das mesas e dos assentos serão de material resistentes à umidade, sem rachaduras e de limpeza fácil.

Art. 12 — 1. Em todos os navios serão previstos, num convés desabrigado, um ou mais locais a que a tripulação poderá ter acesso quando não estiver de serviço; o local ou locais serão de superfície adequada, levando-se em consideração o tamanho do navio e o efetivo da tripulação.

2. Locais de recreio, convenientemente localizados e guarnecidos de mobiliário adequado, serão previstos para oficiais e pessoal subalterno. Onde não for possível separá-los dos salões de refeições, estes serão preparados e mobiliados de forma a criar ambiente recreativo.

Art. 13 — 1. Deverá haver a bordo de todos os navios instalações sanitárias suficientes, incluindo lavatórios, banheiros ou duchas.

2. Serão instalados *water-closets* separados, na proporção mínima seguinte:

a) a bordo dos navios de menos de 800 toneladas: três;

b) a bordo dos navios de 800 toneladas ou mais, mas de menos de 3.000 toneladas: quatro;

c) a bordo de navios de 3.000 toneladas ou mais: seis;

d) a bordo de navios onde os oficiais, radiotelegrafistas ou operadores tenham um alojamento isolado, serão previstas instalações sanitárias contíguas ou situadas nas proximidades.

3. A legislação nacional fixará as distribuições de *water-closets* entre as diferentes classes da tripulação, de conformidade com as disposições do § 4º do presente artigo.

4. Instalações sanitárias para todos os membros da tripulação, que não ocupam camarotes, onde haja instalações sanitárias, serão previstas, para cada classe da tripulação, à razão de:

a) uma banheira e/ ou uma ducha para oito pessoas ou menos;

b) um *water-closet* para oito pessoas ou menos;

c) um lavatório para seis pessoas ou menos.

Todavia, quando o número de pessoas de uma classe ultrapassar um múltiplo exato deste número em menos da metade do número de pessoas que estiver indicado, o excedente poderá ser desprezado para aplicação do presente dispositivo.

5. Se o efetivo da tripulação ultrapassar 100 ou se se tratar de navios de passageiros que efetuem normalmente viagens, cuja duração não ultrapasse quatro horas, a autoridade competente poderá considerar disposições especiais ou uma redução do número de instalações sanitárias exigidas.

6. Água doce, quente e fria, ou meios de aquecimento de água serão fornecidos em todos os locais comuns destinados ao asseio individual. A autoridade competente fixará, após consulta a armadores ou às suas organizações e às organizações reconhecidas *bona fide* de marítimos, a quantidade máxima de água doce que pode ser exigida do armador para cada homem por dia.

7. Os lavatórios e as banheiras serão de dimensões adequadas e de material aprovado, de superfície lisa, não suscetível de rachar, lascar ou corroer.

8. Todos os *water-closets* terão ventilação direta do ar livre, independente de qualquer outro local do alojamento.

9. Todos os *water-closets* serão de modelo aprovado e terão uma forte descarga d'água, em estado de constante funcionamento e controlável individualmente.

10. Os canos de esgoto e descarga serão de dimensões adequadas e instalados de forma a reduzir ao mínimo os riscos de obstrução e a facilitar a limpeza.

11. As instalações sanitárias destinadas à utilização por mais de uma pessoa serão de acordo com as seguintes prescrições:

a) os revestimentos do piso serão de material durável aprovado, fáceis de limpar e impermeáveis à umidade; serão providos de um sistema eficaz de escoamento de águas;

b) as anteparas serão de aço ou outro material aprovado e serão estanques às águas até uma altura mínima de 9 polegadas (23 centímetros) acima do convés;

c) os locais serão suficientemente iluminados, aquecidos e ventilados;

d) os *water-closets* ficarão situados em local facilmente acessível dos camarotes e locais destinados ao asseio individual, sendo, porém, separados; eles não terão acesso direto dos camarotes nem de uma passagem que constitua o único meio de acesso entre camarotes e *water-closets*; todavia, esta última disposição não será aplicável aos *water-closets* localizados entre dois camarotes cujo número total de ocupantes não ultrapasse quatro pessoas;

e) onde houver mais de um *water-closet* num mesmo local, eles serão convenientemente fechados para assegurar o isolamento.

12. Em todos os navios serão providenciadas, numa proporção correspondente ao efetivo da tripulação e à duração normal da viagem, facilidades para lavagem e secagem de roupa.

13. O material de lavagem compreenderá tanques suficientes, com dispositivo de escoamento, que poderão ser instalados nos locais destinados ao asseio individual, se não for razoavelmente possível dispor de lavanderia separada. Os tanques serão supridos suficientemente de água doce, quente e fria. Na falta de água quente, serão previstos meios para aquecer a água.

14. Os meios de secagem serão situados em compartimento separado dos camarotes e dos salões de refeições, adequadamente arejado e aquecido e que terá adriças de roupas ou outros dispositivos para pendurá-las.

Art. 14 — 1. Uma enfermaria separada será prevista a bordo de todo navio que seja guarnecido por uma tripulação de 15 ou mais homens e que se destine a uma viagem com duração de mais de três dias. A autoridade competente poderá dispensar essa exigência quando se tratar de navios da navegação costeira.

2. A enfermaria será localizada de tal modo que seja de fácil acesso e seus ocupantes possam ser confortavelmente alojados e receber atenção adequada, por qualquer tempo.

3. A entrada, os beliches, a iluminação, a ventilação, o aquecimento e a instalação de água serão traçados de forma a assegurar o conforto e a facilitar o tratamento dos ocupantes.

4. O número de beliches por instalar na enfermaria será prescrito pela autoridade competente.

5. Os ocupantes da enfermaria disporão, para seu uso exclusivo, de *water-closets* que farão parte da própria enfermaria ou ficarão situados em proximidade imediata.

6. A enfermaria não será usada senão para o tratamento eventual de doentes.

7. Todo navio que não embarcar um médico deverá estar provido de uma caixa de medicamentos, de tipo aprovado, acompanhada de instruções facilmente compreensíveis.

Art. 15 — 1. Serão providenciados espaços suficientes e convenientemente arejados, destinados a pendurar os impermeáveis, independentes dos camarotes mais facilmente acessíveis.

2. A bordo de todos os navios com mais de 3.000 toneladas serão preparados e mobiliados, de modo a servir de escritório, um local para o serviço de convés e outro para o serviço das máquinas.

3. A bordo dos navios que tocam regularmente em portos infestados de mosquitos, serão tomadas medidas para proteger o alojamento da tripulação por meio de mosquiteiros apropriados para serem adaptados nas escotilhas, vigias e partes que dêem para o convés desabrigado.

4. Todo navio que navegue normalmente nos trópicos ou no Golfo Pérsico ou que se dirija a tais regiões, será equipado com toldos para serem instalados nos conveses desabrigados, situados logo acima do alojamento da tripulação, bem como sobre a ou as partes do convés desabrigado que sirvam de local de recreio.

Art. 16 — 1. No caso de navios enquadrados no § 5, do art. 10, a autoridade competente poderá, no que se refere aos membros da tripulação ali referidos, modificar as condições fixadas nos artigos precedentes, na medida do possível, a fim de que possam ser levados em consideração os hábitos e costumes nacionais em particular; poderá determinar disposições especiais no que diz respeito ao número de pessoas que ocupam camarotes e aos salões de refeições e instalações sanitárias.

2. Ao modificar as condições assim fixadas, a autoridade competente será obrigada a respeitar os dispositivos dos §§ 1 e 2 do art. 10 e as superfícies mínimas exigidas para esse pessoal no § 5 do art. 10.

3. A bordo dos navios onde a tripulação de qualquer departamento seja composta de pessoas de hábitos e costumes nacionais muito diferentes, serão previstos camarotes e outros locais de habitação separados e adequados, de forma a atender às necessidades dos diferentes grupos.

4. No caso dos navios mencionados no § 5 do art. 10, as enfermarias, salões de refeições e instalações sanitárias serão estabelecidos e mantido, no que se refere à quantidade e utilidade prática, da mesma forma que os de todos os outros navios de tipo idêntico matriculado no mesmo país.

5. Ao elaborar regulamentos especiais de acordo com o presente artigo, a autoridade competente consultará as organizações reconhecidas *bona fide* dos marítimos interessados e as organizações de armadores ou os armadores que os empreguem.

Art. 17 — 1. O alojamento da tripulação será mantido em estado de limpeza e em condições habitáveis convenientes; ele será usado como local de armaze-

nagem de mercadorias ou provisões que não sejam de propriedade pessoal de seus ocupantes.

2. O Comandante ou um oficial especialmente designado por ele para este fim inspecionará, acompanhado de um ou mais membros da tripulação, todos os alojamentos da tripulação em intervalos que não excedam de uma semana; os resultados da inspeção serão registrados.

PARTE IV
APLICAÇÃO DA CONVENÇÃO AOS NAVIOS EXISTENTES

Art. 18 — 1. Sob reserva dos dispositivos dos §§ 2, 3 e 4, deste artigo, a presente Convenção se aplicará aos navios cuja quilha tiver sido batida posteriormente à entrada em vigor da Convenção para o território no qual o navio está registrado.

2. No caso de um navio completamente terminado na data da entrada em vigor da presente Convenção no país onde ele esteja registrado e que não haja preenchido os requisitos estabelecidos na Parte III da Convenção, a autoridade competente poderá, após consulta a armadores ou às suas organizações e às organizações reconhecidas *bona fide* de marítimos, exigir sejam feitas as alterações julgadas possíveis, a fim de que o navio fique de acordo com as determinações da Convenção, levando em conta os problemas práticos que possam surgir, quando:

a) o navio for novamente registrado;

b) importantes modificações de estrutura ou reparos de maior importância sejam feitos no navio em consequência da aplicação de um plano preestabelecido e não em consequência de um acidente ou de um caso de emergência.

3. No caso de um navio em construção ou em transformação na data da entrada em vigor desta Convenção, no território onde ele esteja registrado, a autoridade competente poderá, após consulta a armadores ou às suas organizações e às organizações reconhecidas *bona fide* de marítimos, exigir que sejam feitas as alterações julgadas possíveis, a fim de que o navio fique de acordo com as determinações da Convenção, levando na devida conta os problemas práticos que possam surgir; tais alterações constituirão uma aplicação definitiva dos termos da Convenção, a menos que não seja feito novo registro do navio.

4. Quando um navio — que não seja um navio nas condições referidas nos §§ 2 e 3 deste artigo, ao qual eram aplicáveis as disposições da presente Convenção, enquanto se encontrava em construção — for novamente registrado em um território depois da data da entrada em vigor, no mesmo território da Convenção, a autoridade competente poderá, após consulta a armadores ou às suas organizações e às organizações conhecidas *bona fide* dos marítimos, exigir que sejam feitas alterações que julgarem possíveis, a fim de que o navio fique de acordo com as determinações da Convenção, levando na devida conta os problemas práticos que possam surgir; tais alterações constituirão uma aplicação definitiva dos termos da Convenção, a menos que não seja feito novo registro do navio.

PARTE V
DISPOSIÇÕES FINAIS

Art. 19 — Nada na presente Convenção afetará qualquer lei, sentença, costume ou acordo entre armadores e marítimos que assegurem condições mais favoráveis do que aquelas previstas por esta Convenção.

Art. 20 — As ratificações formais da presente Convenção serão transmitidas ao Diretor-Geral da Repartição Internacional do Trabalho, para registro.

Art. 21 — 1. A presente Convenção somente obrigará aos Membros da Organização Internacional do Trabalho cujas ratificações tenham sido registradas pelo Diretor-Geral.

2. A presente Convenção entrará em vigor seis meses depois da data em que tenham sido registradas as ratificações de sete dos seguintes países: Estados Unidos da América, Argentina, Austrália, Bélgica, Brasil, Canadá, Chile, China, Dinamarca, Finlândia, França, Reino Unido da Grã-Bretanha e Irlanda do Norte, Grécia, Índia, Irlanda, Itália, Iugoslávia, Noruega, Holanda, Polônia, Portugal, Suécia e Turquia, ficando entendido que, desses sete países, quatro, pelo menos, deverão possuir cada um uma marinha mercante de, no mínimo, um milhão de toneladas brutas registradas. Este dispositivo tem por fim facilitar, encorajar e apressar a ratificação da presente Convenção pelos Estados-Membros.

3. Posteriormente, a presente Convenção entrará em vigor, para cada Membro, seis meses após a data de registro de sua ratificação.

Art. 22 — 1. Todo Membro que tiver ratificado a presente convenção poderá denunciá-la no fim de um período de dez anos depois da data da entrada em vigor inicial da convenção, por ato comunicado ao Diretor-Geral da Repartição Internacional do Trabalho e por ele registrado. A denúncia não terá efeito senão um ano depois de ter sido registrada.

2. Todo Membro que, tendo ratificado a presente convenção, dentro do prazo de um ano depois da expiração do período de dez anos mencionado no parágrafo precedente, não fizer uso da faculdade de denúncia prevista no presente artigo, será obrigado por novo período de dez anos e, depois disso, poderá denunciar a presente convenção no fim de cada período de dez anos, nas condições previstas no presente artigo.

Art. 23 — 1. O Diretor-Geral da Repartição Internacional do Trabalho notificará a todos os Membros da Organização Internacional do Trabalho o registro de todas as ratificações que lhe forem comunicadas pelos Membros da Organização.

2. Notificando aos Membros da Organização o registro da segunda ratificação que lhe for comunicada, o Diretor-Geral chamará a atenção dos Membros da Organização para a data em que a presente Convenção entrar em vigor.

Art. 24 — Cada vez que julgar necessário, o Conselho de Administração da Repartição Internacional do Trabalho apresentará à Conferência Geral um relatório sobre a aplicação da presente Convenção e examinará se é necessário inscrever na ordem do dia da Conferência a questão de sua revisão total ou parcial.

Art. 25 — 1. No caso de a Conferência adotar nova convenção de revisão total ou parcial da presente convenção, e a menos que a nova convenção disponha diferentemente:

a) a ratificação, por um Membro, da nova convenção de revisão acarretará, de pleno direito, não obstante o art. 17 acima, denúncia imediata da presente convenção quando a nova convenção de revisão tiver entrado em vigor;

b) a partir da data da entrada em vigor da nova convenção de revisão, a presente convenção cessará de estar aberta à ratificação dos Membros.

2. A presente convenção ficará, em qualquer caso, em vigor, na forma e no conteúdo, para os Membros que a tiverem ratificado e que não tiverem ratificado a convenção de revisão.

Art. 26 — As versões em francês e em inglês do texto da presente convenção fazem igualmente fé."

CONVENÇÃO N. 94

I — Aprovada na 32ª reunião da Conferência Internacional do Trabalho (Genebra — 1949), entrou em vigor no plano internacional em 20.9.52.

II — Dados referentes ao Brasil:

a) aprovação = Decreto Legislativo n. 20, de 1965;

b) ratificação = 18 de junho de 1965(*);

c) promulgação = Decreto n. 58.818, de 14.7.66;

d) vigência nacional = 18 de junho de 1966.

"A Conferência Geral da Organização Internacional do Trabalho,

Convocada em Genebra pelo Conselho de Administração da Repartição Internacional do Trabalho, e tendo-se reunido a 8 de junho de 1949, em sua trigésima segunda sessão.

Após ter decidido adotar diversas proposições relativas às cláusulas de trabalho nos contratos feitos por uma autoridade pública, questão que constitui o sexto ponto da ordem do dia da sessão,

Após ter decidido que essas proposições tomassem a forma de uma convenção internacional,

Adota, neste vigésimo nono dia de junho de mil novecentos e quarenta e nove, a convenção que segue, que será denominada 'Convenção sobre as Cláusulas de Trabalho (contratos públicos), 1949':

Art. 1 — 1. A presente convenção se aplica aos contratos que preencham as condições seguintes:

a) que ao menos uma das partes contratantes seja uma autoridade pública;

b) que a execução do contrato acarrete:

I) o gasto de fundos por uma autoridade pública;

II) o emprego de trabalhadores pela outra parte contratante;

c) que o contrato seja firmado para:

I) a construção, a transformação, a reparação ou a demolição de obras públicas;

II) a fabricação, a reunião, a manutenção ou o transporte de materiais, petrechos ou utensílios;

III) a execução ou o fornecimento de serviços;

d) que o contrato seja firmado por uma autoridade central de um Membro da Organização Internacional do Trabalho, para o qual esteja em vigor a convenção.

2. A autoridade competente determinará em que medida e sob que condições a convenção se aplicará aos contratos firmados por autoridades que não sejam as autoridades centrais.

3. A presente convenção se aplica aos trabalhos executados por subcontratantes ou por cessionários de contratos; medidas apropriadas serão tomadas pela autoridade competente para assegurar a aplicação da convenção aos referidos trabalhos.

4. Os contratos que acarretem um gasto de fundos públicos, em um montante não superior a um limite determinado pela autoridade competente, ouvidas as organizações de empregadores e de trabalhadores interessados, onde tais organizações existam, poderão ficar isentos da aplicação da presente convenção.

5. A autoridade competente poderá, consultadas as organizações de empregadores e de trabalhadores interessados, onde tais organizações existam, excluir do campo de aplicação da presente convenção as pessoas que ocupem postos de direção ou de caráter técnico ou científico, cujas condições de emprego não estejam regulamentadas pela legislação nacional, por uma convenção coletiva ou por uma sentença arbitral, e que não efetuem normalmente um trabalho manual.

Art. 2 — 1. Os contratos aos quais se aplica a presente convenção conterão cláusulas garantindo aos trabalhadores interessados salários, inclusive os abonos, um horário de trabalho, e outras condições de trabalho que não sejam menos favoráveis do que as condições estabelecidas para um trabalho da mesma natureza, na profissão ou indústria interessada da mesma região:

a) seja por meio de convenção coletiva ou por outro processo, resultado de negociações entre organizações de empregadores e de trabalhadores, representativas de uma porção substancial dos empregadores e dos trabalhadores da profissão ou da indústria interessada;

b) seja por meio de sentença arbitral;

c) seja por meio da legislação nacional.

2. Quando as condições de trabalho mencionadas no parágrafo precedente não estiverem regulamentadas segundo uma das modalidades acima indicadas, na região em que o trabalho é efetuado, as cláusulas que deverão ser inseridas nos contratos garantirão aos trabalhadores salários, inclusive abonos, um horário de trabalho e outras condições de trabalho que não sejam menos favoráveis de que:

a) sejam as condições estabelecidas por meio de convenção coletiva ou por outro processo resultante de negociações por meio de sentença arbitral ou por meio de legislação nacional, para um trabalho da mesma natureza na profissão ou na indústria interessadas da região análoga mais próxima;

b) seja o nível geral observado pelos empregadores pertencentes à mesma profissão ou à mesma indústria que a parte com a qual é firmado o contrato, e que se encontrem em circunstâncias análogas.

3. Os termos das cláusulas a inserir nos contratos e todas as modificações desses termos serão determinados pela autoridade competente da maneira considerada como mais bem adaptada às condições nacionais, consultadas as organizações de empregadores e de trabalhadores interessados, onde tais organizações existam.

4. Medidas apropriadas, tais como a publicação de um aviso relativo ao rol de condições ou qual-

CONVENÇÕES DA OIT RATIFICADAS

quer outra medida, serão tomadas pela autoridade competente para permitir aos proponentes ter conhecimento dos termos das cláusulas.

Art. 3 — Quando as disposições apropriadas relativas à saúde, à segurança e ao bem-estar dos trabalhadores ocupados na execução de contratos ainda não forem aplicáveis em virtude da legislação nacional, e de uma convenção coletiva ou de uma sentença arbitral, a autoridade competente deve adotar medidas adequadas para assegurar aos trabalhadores interessados condições de saúde, de segurança e de bem-estar justas e razoáveis.

Art. 4 — As leis, regulamentos ou outros instrumentos dando cumprimento às disposições da presente convenção:

a) devem:

I) ser levados ao conhecimento de todos os interessados;

II) precisar as pessoas encarregadas de assegurar a sua execução;

III) exigir sejam colocados cartazes em lugar visível nos estabelecimentos e locais de trabalho, a fim de informar os trabalhadores de suas condições de trabalho;

b) devem, exceto quando estiverem em vigor outras medidas que garantam aplicação efetiva das disposições consideradas, prever:

I) a manutenção de registros adequados em que figurem o tempo de duração do trabalho efetuado e os salários pagos aos trabalhadores interessados;

II) um regime de inspeção capaz de lhe assegurar a aplicação efetiva.

Art. 5 — 1. Sanções adequadas, tais como denegação de contrato ou qualquer outra medida pertinente, serão aplicadas em caso de infração à observação e à aplicação das disposições das cláusulas de trabalho inseridas nos contratos públicos.

2. Medidas apropriadas serão adotadas, seja pela retenção dos pagamentos devidos em função dos termos do contrato, seja por qualquer outra maneira, a fim de permitir que os trabalhadores interessados recebam os salários a que têm direito.

Art. 6 — Os relatórios anuais que devem ser apresentados de acordo com o art. 22 da Constituição da Organização Internacional do Trabalho conterão dados completos sobre as medidas que dêem aplicação às disposições da presente convenção.

Art. 7 — 1. Quando o território de um Membro compreenda vastas regiões em que, em virtude de caráter disseminado de sua população ou do estado de seu desenvolvimento, a autoridade competente considere impraticável a aplicação das disposições da presente convenção, ela pode, consultadas as organizações de empregadores e de trabalhadores interessadas, onde tais organizações existam, isentar as referidas regiões da aplicação da convenção, sejam de um modo geral, seja com as exceções que ela julgue apropriadas a respeito de certas empresas ou de certos trabalhos.

2. Cada Membro deve indicar, em seu primeiro relatório anual sobre a aplicação da presente convenção, exigível em virtude do art. 22 da Constituição da Organização Internacional do Trabalho, toda região para a qual se proponha a recorrer às disposições do presente artigo, e deve dar as razões por que o faz. Posteriormente, nenhum Membro poderá recorrer às disposições do presente artigo, salvo no que concerne às regiões assim indicadas.

3. Todo Membro que recorrer às disposições do presente artigo deve reconsiderar, em intervalos que não excedam a três anos, e consultadas as organizações de empregadores e de trabalhadores interessadas, onde tais organizações existam, a possibilidade de estender a aplicação da presente convenção às regiões isentas em virtude do § 1;

4. Todo Membro que recorrer às disposições do presente artigo deve indicar, em seus relatórios anuais ulteriores, as regiões em relação às quais renuncia ao direito de recorrer às referidas disposições, e qualquer progresso que se possa ter produzido no sentido da aplicação progressiva da presente convenção em tais regiões.

Art. 8 — A autoridade competente poderá suspender temporariamente a aplicação das disposições da presente convenção, consultadas as organizações de empregadores e de trabalhadores interessadas, onde tais organizações existam, em caso de força maior ou de acontecimentos que representem um perigo para o bem-estar ou para a segurança nacionais.

Art. 9 — 1. A presente convenção não se aplica aos contratos firmados anteriormente à entrada em vigor da convenção para o Membro interessado.

2. A denúncia da convenção não afetará a aplicação das disposições com relação aos contratos firmados antes que a denúncia se tenha tornado efetiva.

Art. 10 — As ratificações formais da presente convenção serão comunicadas ao Diretor-Geral da Repartição Internacional do Trabalho e por ele registradas.

Art. 11 — 1. A presente convenção não obrigará senão aos Membros da Organização Internacional do Trabalho cuja ratificação tenha sido registrada pelo Diretor-Geral.

2. Ele entrará em vigor doze meses depois que as ratificações de dois Membros tiverem sido registradas pelo Diretor-Geral.

3. Em seguida, esta convenção entrará em vigor para cada Membro doze meses depois da data em que sua ratificação tiver sido registrada.

Art. 12 — 1. As declarações comunicadas ao Diretor-Geral da Repartição Internacional do Trabalho, de acordo com o § 2 do art. 25 da Constituição da Organização Internacional do Trabalho, deverão indicar:

a) os territórios para os quais o Membro interessado se compromete a que as disposições da convenção sejam aplicadas sem modificação;

b) os territórios para os quais ele se compromete a que as disposições da convenção sejam aplicadas com modificações, e em que consistem as referidas modificações;

c) os territórios nos quais a convenção é inaplicável e, em tais casos, as razões pelas quais ela é inaplicável;

d) os territórios para os quais se reserva sua decisão, na pendência de um exame mais pormenorizado da situação dos referidos territórios.

2. Os compromissos mencionados nas alíneas a e b do primeiro parágrafo do presente artigo serão partes integrantes da ratificação e terão efeitos idênticos.

3. Qualquer Membro poderá renunciar, mediante nova declaração, a todas ou à parte das reservas contidas em sua declaração anterior em virtude das alíneas b, c e d do primeiro parágrafo do presente artigo.

4. Qualquer Membro poderá, no decorrer dos períodos em que a presente convenção possa ser denunciada de acordo com o disposto no art. 14, comunicar ao Diretor-Geral uma nova declaração modificando, em qualquer sentido, os termos de declarações anteriores, e indicando a situação em territórios determinados.

Art. 13 — 1. As declarações comunicadas ao Diretor-Geral da Repartição Internacional do Trabalho, nos termos dos §§ 4 e 5 do art. 35 da Constituição da Organização Internacional do Trabalho, devem indicar se as disposições da convenção serão aplicadas no território com ou sem modificações; sempre que a declaração indicar que as disposições da convenção sejam aplicadas com a ressalva de modificações, deve especificar em que consistem as referidas modificações.

2. O Membro, ou os Membros, ou a autoridade internacional interessados poderão renunciar, total ou parcialmente, mediante declaração ulterior, ao direito de invocar uma modificação indicada em declaração anterior.

3. O Membro, ou os Membros, ou a autoridade internacional interessados poderão, no decorrer dos períodos em que a convenção possa ser denunciada, de acordo com o disposto no art. 14, comunicar ao Diretor-Geral uma nova declaração modificando em qualquer sentido os termos de uma declaração anterior e indicando a situação no que concerne à aplicação desta convenção.

Art. 14 — 1. Todo Membro que tiver ratificado a presente convenção poderá denunciá-la no fim de um período de dez anos depois da data da entrada em vigor inicial da convenção, por ato comunicado ao Diretor-Geral da Repartição Internacional do Trabalho e por ele registrado. A denúncia não terá efeito senão um ano depois de ter sido registrada.

2. Todo Membro que, tendo ratificado a presente convenção, dentro do prazo de um ano depois da expiração do período de dez anos mencionado no parágrafo precedente, não fizer uso da faculdade de denúncia prevista no presente artigo, será obrigado por novo período de dez anos e, depois disso, poderá denunciar a presente convenção no fim de cada período de dez anos, nas condições previstas no presente artigo.

Art. 15 — 1. O Diretor-Geral da Repartição Internacional do Trabalho notificará a todos os Membros da Organização Internacional do Trabalho o registro de todas as ratificações que lhe forem comunicadas pelos Membros da Organização.

2. Notificando aos Membros da Organização o registro da segunda ratificação que lhe for comunicada, o Diretor-Geral chamará a atenção dos Membros da Organização para a data em que a presente Convenção entrar em vigor.

Art. 16 — O Diretor-Geral da Repartição Internacional do Trabalho enviará ao Secretário-Geral das Nações Unidas, para fim de registro, conforme o art. 102 da Carta das Nações Unidas, informações completas a respeito de todas as ratificações, declarações e atos de denúncia que houver registrado conforme os artigos precedentes.

Art. 17 — Cada vez que julgar necessário, o Conselho de Administração da Repartição Internacional do Trabalho apresentará à Conferência Geral um relatório sobre a aplicação da presente Convenção e examinará se é necessário inscrever na ordem do dia da Conferência a questão de sua revisão total ou parcial.

Art. 18 — 1. No caso de a Conferência adotar nova convenção de revisão total ou parcial da presente convenção, e a menos que a nova convenção disponha diferentemente:

a) a ratificação, por um Membro, da nova convenção de revisão acarretará, de pleno direito, não obstante o art. 17 acima, denúncia imediata da presente convenção quando a nova convenção de revisão tiver entrado em vigor;

b) a partir da data da entrada em vigor da nova convenção de revisão, a presente convenção cessará de estar aberta à ratificação dos Membros.

2. A presente convenção ficará, em qualquer caso, em vigor, na forma e no conteúdo, para os Membros que a tiverem ratificado e que não tiverem ratificado a convenção de revisão.

Art. 19 — As versões em francês e em inglês do texto da presente convenção fazem igualmente fé."

CONVENÇÃO N. 95

I — Aprovada na 32ª reunião da Conferência Internacional do Trabalho (Genebra — 1949), entrou em vigor no plano internacional em 24.9.52.

II — Dados referentes ao Brasil:

a) aprovação = Decreto Legislativo n. 24, de 29.5.56;

b) ratificação = 25 de abril de 1957;

c) promulgação = Decreto n. 41.721, de 25.6.57;

d) vigência nacional = 25 de abril de 1958.

"A Conferência Geral da Organização Internacional do Trabalho,

Convocada em Genebra pelo Conselho de Administração da Repartição Internacional do Trabalho e aí se tendo reunido em 8 de junho de 1949, em sua trigésima segunda sessão,

Depois de haver decidido adotar diversas proposições relativas à proteção do salário, questão que constitui o sétimo ponto na ordem do dia da sessão,

Depois de haver decidido que essas proposições tomariam a forma de uma convenção internacional,

Adota, neste primeiro dia de julho do mil novecentos e quarenta e nove, a convenção seguinte, que será denominada 'Convenção para a Proteção do Salário, de 1949'.

Art. 1 — Para os fins da presente Convenção, o termo 'salário' significa, qualquer que seja a denominação ou o modo de cálculo, a remuneração ou os ganhos suscetíveis de serem avaliados em espécie ou fixados por acordo ou pela legislação nacional, que são devidos em virtude de um contrato de aluguel de serviços, escrito ou verbal, por um empregador a um trabalhador, seja por trabalho efetuado, ou pelo que deverá ser efetuado, seja por serviços prestados ou que devam ser prestados.

Art. 2 — 1. A presente convenção se aplica a todas as pessoas às quais um salário é pago ou pagável.

2. A autoridade competente, depois de consulta às organizações de empregadores e de trabalhadores, onde essas organizações existem e estão diretamente interessadas, poderá excluir da aplicação do todo ou de certas disposições da presente convenção as categorias de pessoas que trabalham em circunstâncias e em condições de empregos tais que a aplicação de todas ou de certas das ditas disposições não seria conveniente, e que não são empregadas em trabalhos manuais, ou que são empregadas em serviços domésticos ou ocupações análogas.

3. Cada Membro deve indicar, no seu primeiro relatório anual sobre a aplicação da presente convenção, que deve ser apresentado em virtude do art. 22 da Constituição da Organização Internacional do Trabalho, toda categoria de pessoas que se proponha a excluir da aplicação de todas ou de uma das disposições da convenção de conformidade com os termos do parágrafo precedente. Posteriormente, nenhum Membro poderá proceder a exclusões, salvo no que concerne às categorias de pessoas assim indicadas.

4. Cada Membro que tiver indicado no seu primeiro relatório anual as categorias de pessoas que se proponha a excluir da aplicação de todas ou de uma das disposições da presente convenção deve indicar, em seus relatórios ulteriores, as categorias de pessoas para as quais renuncia ao direito de recorrer às disposições do § 2º do presente artigo, e qualquer progresso que possa ter havido na possibilidade de aplicação da presente convenção a essas categorias de pessoas.

Art. 3 — 1. Os salários pagáveis em espécie serão pagos exclusivamente em moeda de curso legal; o pagamento sob forma de ordem de pagamento, bônus, cupons, ou sob qualquer outra forma que se suponha representar a moeda de curso legal, será proibido.

2. A autoridade competente poderá permitir ou prescrever o pagamento do salário em cheque ou vale postal, quando esse modo de pagamento for de prática corrente ou necessária, em razão de circunstâncias especiais, quando uma convenção coletiva ou uma sentença arbitral o determinar, ou quando, apesar de tais disposições, o trabalhador interessado consentir.

Art. 4 — 1. A legislação nacional, as convenções coletivas ou as sentenças arbitrais podem permitir o pagamento parcial do salário em espécie nas indústrias ou nas profissões em que esta forma de pagamento seja de uso corrente ou conveniente em razão da indústria ou profissão em causa. O pagamento do salário sob forma de bebidas alcoólicas ou de drogas nocivas não será admitido em caso algum.

2. Nos casos em que o pagamento parcial do salário em espécie é autorizado, serão tomadas medidas apropriadas para que:

a) as prestações em espécie sirvam para o uso pessoal do trabalhador e de sua família e lhes tragam benefício;

b) o valor atribuído a essas prestações seja justo e razoável.

Art. 5 — O salário será pago diretamente ao trabalhador interessado, a menos que a legislação nacional, uma convenção coletiva ou uma sentença arbitral disponha diferentemente, ou que o trabalhador interessado aceite outro processo.

Art. 6 — Fica o empregador proibido de restringir a liberdade do trabalhador de dispor de seu salário da maneira que lhe convier.

Art. 7 — 1. Quando em uma empresa forem instaladas lojas para vender mercadorias aos trabalhadores ou serviços a ela ligados e destinados a fazer-lhes fornecimentos, nenhuma pressão será exercida sobre os trabalhadores interessados para que eles façam uso dessas lojas ou serviços.

2. Quando o acesso a outras lojas ou serviços não for possível, a autoridade competente tomará medidas apropriadas no sentido de obter que as mercadorias sejam fornecidas a preços justos e razoáveis, ou que as obras ou serviços estabelecidos pelo empregador não sejam explorados com fins lucrativos, mas sim no interesse dos trabalhadores.

Art. 8 — 1. Descontos em salários não serão autorizados, senão sob condições e limites prescritos pela legislação nacional ou fixados por convenção coletiva ou sentença arbitral.

2. Os trabalhadores deverão ser informados, de maneira que a autoridade competente considerar mais apropriada, sobre condições e limites nos quais tais descontos puderem ser efetuados.

Art. 9 — Fica proibido qualquer desconto dos salários cuja finalidade seja assegurar pagamento direto ou indireto do trabalhador ao empregador, a representante deste ou a qualquer intermediário (tal como um agente encarregado de recrutar a mão de obra), com o fim de obter ou conservar um emprego.

Art. 10 — 1. O salário não poderá ser objeto de penhora ou cessão, a não ser segundo as modalidades e nos limites prescritos pela legislação nacional.

2. O salário deve ser protegido contra a penhora ou a cessão, na medida julgada necessária para assegurar a manutenção do trabalhador e de sua família.

Art. 11 — 1. Em caso de falência ou de liquidação judiciária de uma empresa, os trabalhadores seus empregados serão tratados como credores privilegiados, seja pelos salários, que lhes são devidos a título de serviços prestados no decorrer de período anterior à falência ou à liquidação e que será prescrito pela legislação nacional, seja pelos salários que não ultrapassem limite prescrito pela legislação nacional.

2. O salário que constitua crédito privilegiado será pago integralmente antes que os credores comuns possam reivindicar sua parte.

3. A ordem de prioridade do crédito privilegiado constituído pelo salário, em relação aos outros créditos privilegiados, deve ser determinada pela legislação nacional.

Art. 12 — 1. O salário será pago em intervalos regulares. A menos que haja outras combinações satisfatórias que assegurem o pagamento do salário com intervalos regulares, os intervalos nos quais o salário deve ser pago serão prescritos pela legislação nacional ou fixados por convenção coletiva ou sentença arbitral.

2. Quando o contrato de trabalho terminar, a fixação final da totalidade do salário devido será feita de conformidade com a legislação nacional, com alguma convenção coletiva ou uma sentença arbitral, ou, na falta de tal legislação, convenção ou sentença, dentro de um prazo razoável, tendo-se em vista as disposições do contrato.

Art. 13 — 1. O pagamento do salário, quando feito em espécie, será efetuado somente nos dias úteis, e no local do trabalho ou na proximidade deste, a menos que a legislação nacional, uma convenção coletiva ou uma sentença arbitral disponham diferentemente, ou que outras soluções do conhecimento dos trabalhadores interessados pareçam mais apropriadas.

2. Fica proibido o pagamento do salário em bares ou estabelecimentos similares e, se necessário prevenir abusos, nos estabelecimentos de venda a varejo e nas casas de diversão, salvo quando se trate de pessoas ocupadas nesses estabelecimentos.

Art. 14 — Se for o caso, serão tomadas medidas eficazes com o fim de informar os trabalhadores de maneira apropriada e facilmente compreensível:

a) das condições de salário que lhes serão aplicáveis, antes que eles sejam admitidos em um emprego, ou quando houver quaisquer mudanças nessas condições;

b) quando do pagamento do salário, dos elementos que constituem seu salário pelo período de paga considerado, na medida em que esses elementos são suscetíveis de variar.

Art. 15 — A legislação que tornar efetivas as disposições da presente convenção deve:

a) ser levada ao conhecimento dos interessados;

b) indicar as pessoas encarregadas de assegurar sua execução;

c) prescrever as sanções apropriadas em caso de infração;

d) estabelecer, em todos os casos previstos, registros em dia, segundo forma e método apropriados.

Art. 16 — Os relatórios anuais, que devem ser apresentados nos termos do art. 22 da Constituição da Organização Internacional do Trabalho, conterão informações completas sobre as medidas que tornem efetivas as disposições da presente convenção.

Art. 17 — 1. Quando o território de um Membro compreende extensas regiões onde, em razão da pouca densidade da população ou do estado de seu desenvolvimento, a autoridade competente considera impraticáveis as disposições da presente convenção, ela pode, depois de consultar as organizações de empregadores e de trabalhadores interessados, onde tais organizações existam, isentar as ditas regiões da aplicação da convenção, seja de maneira geral, seja com as exceções que julgar apropriadas em relação a certas empresas ou a certos trabalhos.

2. Todo Membro deverá indicar, em seu primeiro relatório anual sobre a aplicação da presente convenção, que será apresentado em virtude do art. 22 da Constituição da Organização Internacional do Trabalho, todas as regiões nas quais se propõe recorrer às disposições do presente artigo, e deve dar razões por que se propõe recorrer a elas. Posteriormente, nenhum Membro poderá recorrer às disposições do presente artigo, salvo no que concerne às regiões que tenha assim indicado.

3. Todo Membro que recorrer às disposições do presente artigo deverá reconsiderar, com intervalos que não excedam a três anos, e consultando as organizações de empregadores e de empregados interessadas, onde tais organizações existem, a possibilidade de estender a aplicação da presente convenção às regiões isentas em virtude do § 1º.

Art. 18 — As ratificações formais da presente convenção serão comunicadas ao Diretor-Geral da Repartição Internacional do Trabalho e por ele registradas.

Art. 19 — 1. A presente convenção não obrigará senão aos Membros da Organização Internacional do Trabalho cuja ratificação tenha sido registrada pelo Diretor-Geral.

2. Ele entrará em vigor doze meses depois que as ratificações de dois Membros tiverem sido registradas pelo Diretor-Geral.

3. Em seguida, esta convenção entrará em vigor para cada Membro doze meses depois da data em que sua ratificação tiver sido registrada.

Art. 20 — 1. As declarações que forem comunicadas ao Diretor-Geral da Repartição Internacional do Trabalho, de conformidade com o § 2 do art. 35 da Constituição da Organização Internacional do Trabalho, deverão indicar:

a) os territórios nos quais o Membro interessado se compromete a aplicar, sem modificação, as disposições da convenção;

b) os territórios nos quais ele se compromete a aplicar as disposições da convenção com modificações, e em que consistem essas modificações;

c) os territórios aos quais a convenção é inaplicável e, nesse caso, as razões pelas quais ela é inaplicável;

d) os territórios para os quais reserva sua decisão, esperando exame mais aprofundado da respectiva situação.

2. Os compromissos mencionados nas alíneas a e b do § 1 do presente artigo serão reputados partes integrantes da ratificação e produzirão idênticos efeitos.

3. Todo Membro poderá renunciar, em nova declaração, no todo ou em parte, às reservas contidas em sua declaração anterior em virtude das alíneas b, c e d, do § 1 do presente artigo.

4. Todo Membro poderá, durante os períodos no curso dos quais a presente convenção pode ser denunciada de conformidade com as disposições do art. 22, comunicar ao Diretor-Geral nova declaração modificando em qualquer outro ponto os termos de qualquer declaração anterior e esclarecendo a situação dos territórios que especificar.

Art. 21 — 1. As declarações comunicadas ao Diretor-Geral da Repartição Internacional do Trabalho, de conformidade com os §§ 4 e 5 do art. 35 da Constituição da Organização Internacional do Trabalho, devem indicar se as disposições da convenção serão aplicadas no território, com ou sem modificações; quando a declaração indicar que as disposições da convenção serão aplicadas sob reserva de modificações, ela deve especificar em que consistem as ditas modificações.

2. O Membro, ou os Membros, ou a autoridade internacional interessados poderão renunciar, inteira ou parcialmente, em declaração ulterior, ao direito de invocar modificação indicada em declaração anterior.

3. O Membro, ou Membros, ou a autoridade internacional interessados poderão, durante os períodos

CONVENÇÕES DA OIT RATIFICADAS

no curso dos quais a convenção pode ser denunciada de conformidade com as disposições do art. 22, comunicar ao Diretor-Geral nova declaração modificando, em qualquer outro ponto, os termos de qualquer declaração anterior e esclarecendo a situação no que concerne à aplicação desta convenção.

Art. 22 — 1. Todo Membro que tiver ratificado a presente convenção poderá denunciá-la no fim de um período de dez anos depois da data da entrada em vigor inicial da convenção, por ato comunicado ao Diretor-Geral da Repartição Internacional do Trabalho e por ele registrado. A denúncia não terá efeito senão um ano depois de ter sido registrada.

2. Todo Membro que, tendo ratificado a presente convenção, dentro do prazo de um ano depois da expiração do período de dez anos mencionado no parágrafo precedente, não fizer uso da faculdade de denúncia prevista no presente artigo, será obrigado por novo período de dez anos e, depois disso, poderá denunciar a presente convenção no fim de cada período de dez anos, nas condições previstas no presente artigo.

Art. 23 — 1. O Diretor-Geral da Repartição Internacional do Trabalho notificará a todos os Membros da Organização Internacional do Trabalho o registro de todas as ratificações que lhe forem comunicadas pelos Membros da Organização.

2. Notificando aos Membros da Organização o registro da segunda ratificação que lhe for comunicada, o Diretor-Geral chamará a atenção dos Membros da Organização para a data em que a presente Convenção entrar em vigor.

Art. 24 — O Diretor-Geral da Repartição Internacional do Trabalho enviará ao Secretário-Geral das Nações Unidas, para fim de registro, conforme o art. 102 da Carta das Nações Unidas, informações completas a respeito de todas as ratificações, declarações e atos de denúncia que houver registrado conforme os artigos precedentes.

Art. 25 — Cada vez que julgar necessário, o Conselho de Administração da Repartição Internacional do Trabalho apresentará à Conferência Geral um relatório sobre a aplicação da presente Convenção e examinará se é necessário inscrever na ordem do dia da Conferência a questão de sua revisão total ou parcial.

Art. 26 — 1. No caso de a Conferência adotar nova convenção de revisão total ou parcial da presente convenção, e a menos que a nova convenção disponha diferentemente:

a) a ratificação, por um Membro, da nova convenção de revisão acarretará, de pleno direito, não obstante o art. 17 acima, denúncia imediata da presente convenção quando a nova convenção de revisão tiver entrado em vigor;

b) a partir da data da entrada em vigor da nova convenção de revisão, a presente convenção cessará de estar aberta à ratificação dos Membros.

2. A presente convenção ficará, em qualquer caso, em vigor, na forma e no conteúdo, para os Membros que a tiverem ratificado e que não tiverem ratificado a convenção de revisão.

Art. 27 — As versões em francês e em inglês do texto da presente convenção fazem igualmente fé."

CONVENÇÃO 96

A Conferência Geral da Organização Internacional do Trabalho, convocada em Genebra pelo Conselho de Administração da Repartição Internacional do Trabalho, e ai se tendo reunido em 8 de junho de 1949, em sua trigésima sessão.

Depois de adotar diversas proposições relativa à revisão da Convenção sobre os Escritórios Remunerados de Empregos, de 1933, adotada pela Conferência em sua décima sétima sessão, questão compreendida no décimo ponto de ordem do dia da sessão.

Depois de decidir que essas proposições tomariam a forma de uma convenção internacional que completaria a Convenção sobre o Serviço de Emprego, 1948, a qual prevê que todo Membro para o qual a convenção está em vigor deve manter ou assegurar a manutenção de um serviço público e gratuito de emprego,

Considerando que tal serviço deve estar ao alcance de todas as categorias de trabalhadores,

Adota, neste primeiro dia de julho de mil novecentos e quarenta e nove, a Convenção presente, que será denominada Convenção sobre o Escritório Remunerados de Emprego (revista), de 1949:

PARTE I
DISPOSIÇÕES GERAIS

Art. 1º

1. Para os fins da presente convenção, a expressão "escritório de empregos" designa:

a) os escritórios de colocação com fins lucrativos, quer dizer, toda pessoa, sociedade, instituição, agência ou outra organização que serve de intermediária para pronunciar emprego a um trabalhador para um empregador, com a finalidade de tirar de um ou de outro aproveito material direto ou indireto; esta definição não se aplica aos jornais ou outras publicações, salvo àqueles cujo objeto exclusivo ou principal é agir como intermediário entre os empregadores e trabalhadores;

b) os escritórios de colocação com fins não lucrativos, quer dizer, os serviços de colocação das sociedades, instituições, agências ou outras organizações que, mesmo não percebendo proveito material, recebem do empregador ou do trabalhador, para os ditos serviços, uma taxa de entrada, uma quota uma remuneração qualquer.

2. A presente Convenção não se aplica à colocação de marinheiros.

Art. 2º

1. Cada Membro que retificar a presente Convenção indicará em seu instrumento de ratificação se aceita as disposições da II Parte, que prevêem a supressão progressiva dos escritórios remunerados de emprego com fins lucrativos e a regulamentação das outras repartições, de colocação, ou das disposições da Parte III, que prevêem a regulamentação dos escritórios remunerados de empregos, inclusive de escritórios de colocação com fins lucrativos.

2. Qualquer Membro que aceitar as disposições da II Parte Convenção poderá ulteriormente, notificar do Diretor-Geral que aceita que aceita as disposições da II Parte; a partir da data do registro de tal notificação pelo Diretor-Geral, com respeito ao dito Membro, e as disposições da II Parte se tornarão aplicáveis.

PARTE II
SUPRESSÃO PROGRESSIVA DOS ESCRITÓRIOS REMUNERADOS DE EMPREGOS COM FINS LUCRATIVOS E REGULAMENTAÇÃO DOS OUTROS ESCRITÓRIOS DE COLOCAÇÃO

Art. 3º

1. Os escritórios remunerados de empregos com fins lucrativos definidos no § 1º, alínea a, do art. 1º serão suprimidos num espaço de tempo limitado, cuja duração especificada pela autoridade competente.

2. Esta supressão competente não poderá realizar-se enquanto não for estabelecido um serviço público de emprego.

3. A autoridade competente pode prescrever prazos diferentes para a supressão dos escritórios que se ocupam da colocação de categorias diferentes de pessoas.

Art. 4º

1. Durante o prazo que preceder sua supressão, os escritórios remunerados de empregados com fins lucrativos:

a) ficarão sob o controle de autoridade competente;

b) não poderão cobrar senão taxas e despesas cuja tabela tenha sido ou submetida a essa autoridade e aprovada por ela, ou determinada pela dita autoridade.

2. Esse controle destina-se especialmente a eliminar todos os abusos concernentes ao funcionamento dos escritórios de colocação com fins lucrativos.

3. Para esse efeito, a autoridade competente deverá consultar por meios apropriados, as organizações de empregados e de trabalhadores interessadas.

Art. 5º

1. As derrogações ás disposições do § 1º do art. 3º da presente convenção serão concedidas excepcionalmente pela autoridade competente, no caso das categorias de pessoas, definidas de maneira precisa pela legislação nacional, cuja colocação não poderia ser convenientemente providenciada no quadro do serviço público de empregos, mas somente depois de consulta, pelos meios apropriados, às organizações de empregadores e trabalhadores interessadas.

2. Todo escritório de colocação ao qual seja concedida isenção em virtude do presente artigo:

a) será submetido ao controle de autoridades competente;

b) deverá possuir licença anual renovável a critério da autoridade competente;

c) não poderá beneficiar-se senão das taxas e despesas que figuram em quadro submetido á autoridade competente e aprovada por ela, ou determinada pela dita autoridade;

d) não poderá colocar nem recrutar trabalhadores no estrangeiro, se não autorizado por autoridade competente e sob condições fixadas pela legislação em vigor.

Art. 6º

Os escritórios de colocação pagos com fins não lucrativos no § 1º, alínea b, do art. 1º:

a) deverão possuir autorização de autoridade competente e serão submetidos a controle da dita autoridade;

b) não poderão cobrar remuneração superior ao quadro que será submetido á autoridade competente e aprovada por ela, ou determinada pela dita autoridade tendo em conta estritamente os gastos acarretados;

c) não poderão colocar nem recrutar trabalhadores no estrangeiro, se não estiverem autorizados por autoridade competente e nas condições fixadas pela legislação em vigor.

Art. 7º

A autoridade competente tomará medidas necessárias para assegurar que os escritórios de colocação, gratuitos, efetuarão suas operações a título gratuito.

Art. 8º

Sanções penais apropriadas, inclusive a retirada, se for o caso, das licenças ou autorizações previstas pela Convenção, serão prescritas para qualquer infração das disposições da presente parte da Convenção, ou de quaisquer prescrições da legislação que as estabelece.

Art. 9º

Os relatórios anuais previstos no art. 22 da Constituição da Organização Internacional do Trabalho darão todas as informações necessárias sobre as isenções concedidas em virtude do art. 5º e, mais particularmente, informações sobre o número de escritórios que se beneficiam das isenções e o alcance de suas atividades, as razões que motivam essas isenções e as medidas adotadas pela autoridade competente para controlar a atividade dos ditos escritórios.

PARTE III
REGULAMENTAÇÃO DOS ESCRITÓRIOS REMUNERADOS DE EMPREGOS

Art. 10

Os escritórios remunerados de empregos, com fins lucrativos, definidos no § 1º alínea a, do art. 1º:

a) serão submetidos ao controle da autoridade competente;

b) deverão possuir uma licença anual renovável ao arbítrio da autoridade competente;

c) não poderão cobrar senão taxas e despesas de tabela submetida à autoridade competente, aprovada por ela ou indeterminada pela dita autoridade;

d) não poderão colocar nem recrutar trabalhadores no estrangeiro, se não autorizados por autoridade competente e nas condições fixadas pela legislação em vigor.

Art. 11

Os escritórios remunerados de colocação, com fins lucrativos, definidos no § 1º, alínea b do art. 1º:

a) deverão possuir autorização da autoridade competente e serão submetidos ao controle da dita autoridade;

b) não poderão cobrar nenhuma remuneração superior á tabela que será suprimida á autoridade competente e aprovada por ela, ou determinada pela dita autoridade, entendendo estritamente ás despesas feitas;

c) não poderão colocar nem recrutar trabalhadores no estrangeiro, a não ser autorizados pela autoridade competente e nas condições fixadas pela legislação em vigor.

Art. 12

A autoridade competente tomará medidas necessárias para assegurar que os escritórios de colocação efetuando seus trabalhos a título gratuito.

Art. 13

Sanções penais apropriadas, inclusive retirada, se for o caso, das licenças e autorizações previstas pela Convenção, serão prescritas para qualquer infração, quer das disposições da presente parte da Convenção, quer das prescrições da legislação que as estabelece.

Art. 14

Os relatórios anuais previstos pelo art. 22 da Constituição da Organização Internacional do Trabalho darão todas as informações necessárias sobre as medidas tomadas pela autoridade competente para controlar as operações dos escritórios remunerados de colocação, inclusive, em particular, os escritórios com fins lucrativos.

PARTE IV

DISPOSIÇÕES DIVERSAS

Art. 15

1. Quando o território de um Membro compreende vastas regiões onde, em razão da pouca densidade da população ou em razão do estado de seu desenvolvimento, a autoridade competente considera impraticáveis as disposições da presente Convenção, ela pode insetar as ditas regiões da aplicação da Convenção, seja de maneira geral, seja comas exceções que julgar apropriadas com respeito a certos estabelecimentos ou certos trabalhos.

2. Cada Membro deverá indicar, em seu primeiro relatório anual sobre a aplicação da presente Convenção, que será apresento em virtude do art. 22 da Constituição da Organização Internacional do Trabalho, todas as regiões nas quais se propõe a recorrer às disposições do presente artigo e deve dar as razões pelas quais se propõe a recorrer a elas. Nenhum Membro poderá recorrer às disposições do presente artigo depois da data de seu primeiro relatório anual, salvo no que concerne às regiões que houver indicado.

3. Todo Membro que recorrer às disposições do presente artigo deverá indicar, nos seus relatórios anuais ulteriores, todas as regiões para as quais renuncia ao direito de recorrer às ditas disposições.

PARTE V

DISPOSIÇÕES FINAIS

Art. 16

As ratificações formais da presente Convenção serão comunicados ao Diretor-Geral da Repartição Internacional do Trabalho e por ele registradas.

Art. 17

1. A presente Convenção não obrigará senão os Membros da Organização Internacional do Trabalho cuja ratificação tiver sido registrada pelo Diretor-Geral.

2. Ela entrará em vigor doze meses depois que a ratificação de dois Membros tiver sido registrada pelo Diretor-Geral.

3. Posteriormente, esta Convenção entrará em vigor para cada Membro doze meses depois da data em que sua ratificação tiver sido registrada.

Art. 18

1. As declarações comunicadas ao Diretor-Geral da Repartição Internacional do Trabalho, em conformidade com o § 2º do art. 35 da Constituição da Organização Internacional do Trabalho, deverão esclarecer:

a) os territórios nos quais o Membro interessado se compromete a aplicar, sem modificações, as disposições da Convenção;

b) os territórios nos quais ele se compromete a aplicar as disposições da Convenção com modificações e em que consistem essas modificações;

c) os territórios aos quais a Convenção é aplicável e, nesse caso, as razões pelas quais ela é inaplicável;

d) os territórios para os quais reserva sua decisão, esperando exame mais profundo da respectiva situação.

2. Os compromissos mencionados nas alíneas a e b do presente artigo serão reputados partes integrantes da ratificação e produzirão idênticos efeitos.

3. Todo Membro poderá renunciar, em nova declaração, no todo ou em parte, a qualquer reserva contida em sua declaração anterior, em virtude das alíneas b e d do primeiro parágrafo do presente artigo.

4. Todo Membro poderá, durante os períodos no curso dos quais a presente Convenção pode ser denunciada, de conformidade com as disposições do art. 20, comunicar ao Diretor-Geral nova declaração modificação inteiramente os termos de toda declaração anterior e dando a conhecer a situação nos territórios que especificar.

Art. 19

1. As declarações comunicadas ao Diretor-Geral da Repartição Internacional do Trabalho de conformidade com os §§ 4º e 5º do art. 35 da Constituição da Organização Internacional do Trabalho devem indicar se as disposições da Convenção serão aplicadas no território com ou sem modificações; quando a declaração indicar que as disposições da Convenção se aplicam sob reserva de modificações, ela deve especificar em que consistem as ditas modificações.

2. o Membro ou os Membros ou autoridade internacional interessados poderão renunciar inteira ou parcialmente, em declaração ulterior, ao direito de invocar modificação indicada em declaração anterior.

3. O Membro ou Membros ou autoridade internacional interessados poderão, durante os períodos no curso dos quais a convenção pode ser denunciada de conformidade com as disposições do art. 20, comunicar ao Diretor-Geral nova declaração modificando inteiramente os termos de declaração anterior e dando a conhecer a situação no que concerne á aplicação desta Convenção.

Art. 20

1. Todo Membro que tiver ratificado a presente Convenção pode denunciá-la à expiração de um período de dez anos depois da data da entrada em vigor inicial da Convenção, por ato comunicado ao Diretor-Geral da Repartição Internacional do Trabalho e por ele registrado. A denúncia não terá efeito senão um ano depois de registrada.

2. Todo Membro que, tendo retificado a presente Convenção, dentro do prazo de um ano depois da expiração do período de 10 anos mencionado no parágrafo precedente, não fizer uso da faculdade de denúncia prevista pelo presente artigo, ficará obrigado por novo período de 10 anos e, depois disso, poderá denunciar a presente Convenção á expiração de cada período de 10 anos, nas condições previstas no presente artigo.

Art. 21

1. O Diretor-Geral da Repartição Internacional do Trabalho notificará a todos os Membros da Organização Internacional do Trabalho o registro de todas as ratificações, declarações e denúncias que forem comunicadas pelos Membros da Organização.

2. Notificando os Membros da Organização o registro da segunda ratificação que lhe for comunicada, o Diretor-Geral chamará a atenção dos Membros da Organização para a data na qual a presente Convenção cessar de estar em vigor.

Art. 22

O Diretor-Geral da Repartição Internacional do Trabalho enviará ao Secretário-Geral das Nações Unidas, para fins de registro, de conformidade com o art. 102 da Carta das Nações Unidas, informações completas a respeito de todas as retificações, declarações e atos de denúncia que tiver registrado de conformidade com os precedentes.

Art. 23

À expiração de cada período de dez anos a contar da entrada em vigor da presente Convenção, o Conselho de Administração da Repartição Internacional do Trabalho deverá apresentar á Conferência Geral em relatório sobre a aplicação da presente Convenção e decidirá, se for o caso, inscrever na ordem do dia da Conferência a questão de sua revisão total ou parcial.

Art. 24

1. No caso de a Conferência adotar uma nova convenção de revisão total ou parcial da presente Convenção, e a menos que a nova convenção disponha diferentemente:

a) a ratificação por um Membro da nova convenção de revisão implicará, de pleno direito, não obstante o art. 20 acima, denúncia imediata da presente Convenção, quando a nova convenção de revisão tiver entrado em vigor;

b) a partir da data da entrada em vigor da nova convenção de revisão, a presente Convenção cessará de estar aberta á ratificação dos Membros.

2. Apresenta Convenção ficará, em qualquer caso, em vigor, na forma e no conteúdo, para os Membros que a tiverem ratificado e que não tiverem ratificado a convenção de revisão.

Art. 25

A versão francesa e a inglesa do texto da presente Convenção fazem igualmente fé.

CONVENÇÃO N. 97

I — Aprovada na 32ª reunião da Conferência Internacional do Trabalho (Genebra — 1949), entrou em vigor no plano internacional em 22.1.52.

II — Dados referentes ao Brasil:

a) aprovação = Decreto Legislativo n. 20, de 1965, do Congresso Nacional;

b) ratificação = 18 de junho de 1965;

c) promulgação = Decreto n. 58.819, de 14.7.66;

d) vigência nacional = 18 de junho de 1966.

"A Conferência Geral da Organização Internacional do Trabalho,

Convocada em Genebra pelo Conselho de Administração da Repartição Internacional do Trabalho e reunida nessa cidade a 8 de junho de 1949 em sua 32ª Sessão;

Após ter decidido adotar diversas proposições relativas à revisão da Convenção sobre os Trabalhadores Migrantes, 1939, adotada pela Conferência em sua 25ª Sessão, questão que se acha compreendida no 11º item da Ordem do Dia, da sessão.

Considerando que estas proposições devem tomar a forma de uma Convenção Internacional,

Adota, neste primeiro dia de julho de mil novecentos e quarenta e nove, a seguinte convenção que será denominada 'Convenção sobre Trabalhadores Migrantes (Revista), 1949';

Art. 1 — Todo Membro da Organização Internacional do Trabalho para o qual se acha em vigor a presente convenção obriga-se a colocar à disposição da Repartição Internacional do Trabalho e de qualquer outro Membro, quando o solicitem:

a) informações sobre a política e a legislação nacionais referentes à emigração e imigração;

b) informações sobre disposições especiais relativas ao movimento de trabalhadores migrantes e às suas condições de trabalho e de vida;

c) informações sobre os acordos gerais e os entendimentos especiais nestas matérias, celebrados pelo Membro em apreço.

Art. 2 — Todo Membro para o qual se ache em vigor a presente Convenção obriga-se a manter um serviço gratuito adequado incumbido de prestar auxílio aos trabalhadores migrantes e, especialmente, de proporcionar-lhes informações exatas ou assegurar que funcione um serviço dessa natureza.

Art. 3 — 1. Todo Membro para o qual se acha em vigor a presente Convenção obriga-se, sempre que a legislação nacional o permita, a tomar todas as medidas cabíveis contra a propaganda sobre a emigração e imigração que possa induzir um erro.

2. Para estes fins, colaborará, quando seia oportuno, com outros Membros interessados.

Art. 4 — Todo Membro deverá ditar disposições, quando for oportuno e dentro dos limites de sua

CONVENÇÕES DA OIT RATIFICADAS

competência, com objetivo de facilitar a saída, a viagem e a recepção dos trabalhadores migrantes.

Art. 5 — Todo Membro para o qual se ache em vigor a presente convenção se obriga a manter, dentro dos limites de sua competência, serviços médicos adequados, incumbidos de:

a) certificar-se quando necessário, tanto no momento de sua saída como no de sua chegada, se é satisfatório o estado de saúde dos trabalhadores migrantes e dos membros de suas famílias autorizados e acompanhá-los ou a eles reunir-se;

b) velar por que os trabalhadores migrantes e os membros de sua família gozem de uma proteção médica adequada e de boas condições de higiene no momento de sua saída, durante a viagem e à chegada ao país de destino.

Art. 6 — 1. Todo Membro para o qual se ache em vigor a presente convenção se obriga a aplicar aos imigrantes que se encontrem legalmente em seu território, sem discriminação de nacionalidade, raça, religião ou sexo, um tratamento que não seja inferior ao aplicado a seus próprios nacionais com relação aos seguintes assuntos:

a) sempre que estes pontos estejam regulamentados pela legislação ou dependem de autoridades administrativas:

I) a remuneração, compreendidos os abonos familiares quando estes fizerem parte da mesma, a duração de trabalho, as horas extraordinárias, férias remuneradas, restrições do trabalho a domicílio, idade de admissão no emprego, aprendizagem e formação profissional, trabalho das mulheres e dos menores;

II) a filiação a organizações sindicais e o gozo das vantagens que oferecem as convenções coletivas do trabalho;

III) a habitação;

b) a seguridade social (isto é, as disposições legais relativas aos acidentes de trabalho, enfermidades profissionais, maternidade, doença, velhice e morte, desemprego, e encargos de família, assim como a qualquer outro risco que, de acordo com a legislação nacional esteja coberto por um regime de seguridade social), sob reserva:

I) de acordos adequados visando à manutenção dos direitos adquiridos e dos direitos em curso de aquisição;

II) de disposições especiais estabelecidas pela legislação nacional do país de imigração sobre auxílios ou frações de auxílio pagos exclusivamente pelos fundos públicos e sobre subsídios pagos às pessoas que não reúnam as condições de contribuição exigidas para a percepção de um benefício normal;

c) os impostos, taxas e contribuições, concernentes ao trabalho, percebidas em relação à pessoa empregada;

d) as ações judiciais relativas às questões mencionadas na presente convenção.

2. No caso de Estado Federal, as disposições do presente artigo deverão aplicar-se sempre que as questões às quais se refiram estejam regulamentadas pela legislação federal ou dependam das autoridades administrativas federais. A cada Membro caberá determinar em que medida e em que condições serão estas disposições aplicadas às questões que estejam regulamentadas pela legislação dos estados federais, províncias, cantões, ou que dependam de suas autoridades administrativas. O Membro indicará em seu relatório anual sobre a aplicação da Convenção em que medida as questões compreendidas no presente Artigo se acham regulamentadas pela legislação federal ou dependam das autoridades administrativas federais. No que diz respeito às questões regulamentadas pela legislação dos estados federados, províncias, cantões ou que dependam de suas autoridades administrativas, o Membro agirá em conformidade com as disposições constantes do § 76 do art. 19 da Constituição da Organização Internacional do Trabalho.

Art. 7 — 1. Todo Membro para o qual se ache em vigor a presente convenção se obriga a que seu serviço de emprego e seus demais serviços relacionados com as migrações colaborem com os serviços correspondentes dos demais Membros.

2. Todo Membro para o qual se ache em vigor a presente convenção se obriga a garantir que as operações efetuadas por seu serviço público de emprego não acarretem despesa alguma para os trabalhadores migrantes.

Art. 8 — 1. O trabalhador migrante que tenha sido admitido a título permanente e os membros de sua família que tenham sido autorizados a acompanhá-lo ou a ele se reunirem não poderão ser recambiados a seu território de origem ou ao território de onde tenham emigrado, quando por motivo de enfermidade ou acidente, o trabalhador imigrante não puder exercer seu trabalho, a menos que a pessoa interessada o deseje ou assim o estipule um acordo internacional em que seja parte o Membro.

2. Quando os trabalhadores migrantes forem admitidos de maneira permanente desde sua chegada ao país de imigração, a autoridade competente deste país poderá decidir que as disposições do § 1 do presente artigo não se tornarão efetivas senão depois de transcorrido um período razoável o qual não será, em caso algum, superior a 5 anos, contados a partir da data de admissão de tais migrantes.

Art. 9 — Todo Membro para o qual se ache em vigor a presente Convenção se obriga a permitir, dentro dos limites fixados pela legislação nacional, sobre exportação e importação de divisas, a transferência de qualquer parte dos ganhos e das economias do trabalhador migrante que este último deseje transferir.

Art. 10 — Quando o número de migrantes que se transferirem do território de um Membro para o de outro Membro for considerável, as autoridades competentes dos territórios em questão deverão, sempre que isso seja necessário ou conveniente, celebrar acordos para regular as questões de interesse comum que possam se apresentar na aplicação das disposições da presente Convenção.

Art. 11 — 1. Para os efeitos da presente Convenção, a expressão 'trabalhador migrante' designa toda pessoa que emigra de um país para outro com o fim de ocupar um emprego que não será exercido por sua própria conta, e compreende qualquer pessoa normalmente admitida como trabalhador migrante.

2. A presente convenção se aplica:

a) aos trabalhadores fronteiriços;

b) à entrada por um curto período, de pessoas que exerçam profissão liberal e de artistas;

c) aos marítimos.

Art. 12 — As ratificações formais da presente convenção serão comunicadas ao Diretor-Geral da Repartição Internacional do Trabalho e por ele registradas.

Art. 13 — 1. A presente convenção não obrigará senão aos Membros da Organização Internacional do Trabalho cuja ratificação tenha sido registrada pelo Diretor-Geral.

2. Ele entrará em vigor doze meses depois que as ratificações de dois Membros tiverem sido registradas pelo Diretor-Geral.

3. Em seguida, esta convenção entrará em vigor para cada Membro doze meses depois da data em que sua ratificação tiver sido registrada.

Art. 14 — 1. Todo Membro que ratificar a presente convenção poderá, mediante uma declaração anexa à sua ratificação, excluir da mesma os diversos anexos da convenção ou um dentre esses.

2. Com reserva dos termos de uma declaração assim comunicada, as disposições dos anexos terão o mesmo efeito que as disposições da convenção.

3. Todo o Membro que formule uma declaração desta natureza poderá, posteriormente, por meio de uma nova declaração, notificar ao Diretor-Geral a aceitação dos diversos anexos mencionados na declaração, ou de um dentre esses a partir da data de registro, por parte do Diretor-Geral, dessa notificação, as disposições de tais anexos tornar-se-ão aplicáveis ao Membro em apreço.

4. Enquanto permanecer em vigor com relação a um anexo uma declaração formulada de acordo com os termos do § 1 do presente artigo, o Membro poderá aceitar o referido anexo como se tivesse o valor de uma recomendação.

Art. 15 — 1. As declarações que forem comunicadas ao Diretor-Geral da Repartição Internacional do Trabalho, de conformidade com o § 2 do art. 35 da Constituição da Organização Internacional do Trabalho, deverão indicar:

a) os territórios nos quais o Membro interessado se compromete a aplicar, sem modificação, as disposições da convenção;

b) os territórios nos quais ele se compromete a aplicar as disposições da convenção com modificações, e em que consistem essas modificações;

c) os territórios aos quais a convenção é inaplicável e, nesse caso, as razões pelas quais ela é inaplicável;

d) os territórios para os quais reserva sua decisão, esperando exame mais aprofundado da respectiva situação.

2. Os compromissos mencionados nas alíneas a e b do parágrafo primeiro do presente artigo serão reputados partes integrantes da ratificação e produzirão idênticos efeitos.

3. Todo Membro poderá renunciar, em nova declaração, no todo ou em parte, às reservas contidas em sua declaração anterior em virtude das alíneas b, c e d, do § 1 do presente artigo.

4. Todo Membro poderá, durante os períodos no curso dos quais a presente convenção pode ser denunciada de conformidade com as disposições do art. 22, comunicar ao Diretor-Geral nova declaração modificando em qualquer outro ponto os termos de qualquer declaração anterior e esclarecendo a situação dos territórios que especificar.

Art. 16 — 1. As declarações comunicadas ao Diretor-Geral da Repartição Internacional do Trabalho, de conformidade com os §§ 4 e 5 do art. 35 da Constituição da Organização Internacional do Trabalho, devem indicar se as disposições da convenção serão aplicadas no território, com ou sem modificações; quando a declaração indicar que as disposições da convenção serão aplicadas sob reserva de modificações, ela deve especificar em que consistem as ditas modificações.

2. O Membro, ou os Membros, ou a autoridade internacional interessada poderão renunciar, inteira ou parcialmente, em declaração ulterior, ao direito de invocar modificação indicada em declaração anterior.

3. O Membro, ou Membros, ou a autoridade internacional interessados poderão, durante os períodos no curso dos quais a convenção pode ser denunciada de conformidade com as disposições do art. 22, comunicar ao Diretor-Geral nova declaração modificando, em qualquer outro ponto, os termos de qualquer declaração anterior e esclarecendo a situação no que concerne à aplicação desta convenção.

Art. 17 — 1. Todo Membro que tenha ratificado a presente Convenção pode denunciá-la ao expirar um período de dez anos, a contar da data de sua entrada inicial em vigor, mediante ato comunicado, para o respectivo registro, ao Diretor-Geral da Repartição Internacional do Trabalho. A denúncia não se tornará efetiva senão depois de um ano a contar da data em que tenha sido registrada.

2. Todo Membro que tenha ratificado a presente convenção e que, no prazo de um ano a contar da expiração do período de 10 anos mencionado no parágrafo precedente, não faça uso do direito de denúncia previsto neste artigo, ficará obrigado por um novo período de 10 anos e poderá sucessivamente denunciar o presente Convênio ao expirar cada período de 10 anos, nas condições previstas neste artigo.

3. Enquanto o presente Convênio puder ser denunciado de acordo com as disposições dos parágrafos precedentes, todo o Membro para o qual a Convenção se ache em vigor e que não a denuncie poderá comunicar ao Diretor-Geral, em qualquer momento, uma declaração pela qual denuncie unicamente um dos anexos da referida Convenção.

4. A denúncia da presente Convenção, de seus diversos anexos ou de um deles não prejudicará os direitos que tais instrumentos concedam ao migrante ou às pessoas de sua família, se tiverem imigrado enquanto a convenção, seus diversos anexos, ou um dos mesmos, se achavam em vigor no território em que surge a questão da manutenção da validade de tais direitos.

Art. 18 — 1. O Diretor-Geral da Repartição Internacional do Trabalho notificará a todos os Membros da Organização Internacional do Trabalho o registro de todas as ratificações que lhe forem comunicadas pelos Membros da Organização.

2. Notificando aos Membros da Organização o registro da segunda ratificação que lhe for comunicada, o Diretor-Geral chamará a atenção dos Membros da Organização para a data em que a presente Convenção entrar em vigor.

Art. 19 — O Diretor-Geral da Repartição Internacional do Trabalho enviará ao Secretário-Geral das Nações Unidas, para fim de registro, conforme o

art. 102 da Carta das Nações Unidas, informações completas a respeito de todas as ratificações, declarações e atos de denúncia que houver registrado conforme os artigos precedentes.

Art. 20 — Cada vez que julgar necessário, o Conselho de Administração da Repartição Internacional do Trabalho apresentará à Conferência Geral um relatório sobre a aplicação da presente Convenção e examinará se é necessário inscrever na ordem do dia da Conferência a questão de sua revisão total ou parcial.

Art. 21 — 1. No caso de a Conferência adotar nova convenção de revisão total ou parcial da presente convenção, e a menos que a nova convenção disponha diferentemente:

a) a ratificação, por um Membro, da nova convenção de revisão acarretará, de pleno direito, não obstante o art. 17 acima, denúncia imediata da presente convenção quando a nova convenção de revisão tiver entrado em vigor;

b) a partir da data da entrada em vigor da nova convenção de revisão, a presente convenção cessará de estar aberta à ratificação dos Membros.

2. A presente convenção ficará, em qualquer caso, em vigor, na forma e no conteúdo, para os Membros que a tiverem ratificado e que não tiverem ratificado a convenção de revisão.

Art. 22 — 1. A Conferência Internacional do Trabalho poderá, em qualquer sessão em que a questão figure na ordem do dia, adotar, por maioria de dois terços um texto revisto de um ou de vários anexos da presente Convenção.

2. Todo o Membro para o qual se ache em vigor a presente convenção deverá, no prazo de um ano, ou na ocorrência de circunstâncias excepcionais, no prazo de 18 meses, a contar do encerramento da sessão da Conferência, submeter esse texto revisto à autoridade ou às autoridades competentes, para que seja transformado em lei, ou sejam adotadas outras medidas.

3. Esse texto revisto terá efeito, para cada Membro em relação ao qual a presente convenção se ache em vigor quando esse Membro comunicar ao Diretor-Geral da Repartição Internacional do Trabalho uma declaração notificando a aceitação do texto revisto.

4. A partir da data de adoção do texto revisto do anexo pela Conferência, somente ficará aberto à aceitação dos membros o texto revisto.

Art. 23 — As versões francesa e inglesa do texto da presente convenção fazem igualmente fé.

Anexo I

Recrutamento, colocação e condições de trabalho dos trabalhadores migrantes que não tenham sido contratados em virtude de acordos sobre migrações coletivas celebrados sob controle governamental.

Art. 1 — O presente anexo se aplica aos trabalhadores migrantes que não tenham sido recrutados em virtude de acordo sobre migrações coletivas celebrados sob controle governamental.

Art. 2 — Para os fins do presente anexo:

a) o termo 'recrutamento' significa:

I) o fato de contratar uma pessoa em um território, por conta de empregador que se encontra em outro território;

II) o fato de se obrigar com relação a uma pessoa que se encontra em um território a lhe assegurar emprego em outro território, assim como a adoção de medidas relativas às operações compreendidas em I e II, inclusive a procura e seleção de emigrantes e os preparativos de saída;

b) o termo 'introdução' significa todas as operações efetuadas com o fim de garantir ou facilitar a chegada ou a admissão, em um território, de pessoas recrutadas nas condições enunciadas na alínea à do presente artigo; e

c) o termo 'colocação' significa quaisquer operações efetuadas para garantir ou facilitar o emprego das pessoas introduzidas nas condições enunciadas na alínea b deste artigo.

Art. 3 — 1. Todo Membro para o qual se ache em vigor o presente anexo e cuja legislação autorize as operações de recrutamento, introdução, em conformidade com as disposições do presente artigo.

2. Com reserva das disposições estabelecidas no parágrafo seguinte, só terão direitos a efetuar as operações de recrutamento, introdução e colocação:

a) os serviços públicos de colocação ou outros organismos oficiais do território onde se realizem tais operações;

b) os organismos oficiais de um território distinto daquele onde se realizem as operações, e que estejam autorizados a efetuar tais operações nesse território, em virtude de acordo entre os governos interessados; e

c) qualquer organismo instituído de conformidade com as disposições de um instrumento internacional.

3. Na medida em que a legislação nacional ou um acordo bilateral o permitam, as operações de recrutamento, introdução e colocação poderão ser efetuadas:

a) pelo empregador ou pessoa que esteja a seu serviço e o representante, com reserva da aprovação e fiscalização da autoridade competente, se isso for necessário no interesse do migrante;

b) por um serviço particular, se a autoridade competente do território onde devam realizar-se tais operações tenha concedido ao mesmo uma autorização prévia, nos casos segundo as modalidades que forem determinadas:

I) pela legislação desse território; ou

II) por um acordo entre a autoridade competente do território de emigração ou qualquer organismo instituído em conformidade com as disposições de um instrumento internacional e, de outro lado, a autoridade competente do território de migração.

4. A autoridade competente do território onde se realizem as operações deverá exercer fiscalização sobre as atividades das pessoas ou organismos munidos de autorização expedida em virtude do § 3, b, com exceção das atividades de qualquer organismo estabelecido em conformidade com as disposições de um instrumento internacional, cuja situação continue a ser regida nos termos de tal instrumento ou por acordo celebrado entre esse organismo e a autoridade competente interessada.

5. Nenhuma das disposições do presente artigo deverá ser interpretada como autorizando uma pessoa ou um organismo, que não seja a autoridade competente do território de imigração, a permitir a entrada de um trabalhador migrante no território de um Membro.

Art. 4 — Todo Membro para o qual se ache em vigor este anexo se obriga a garantir que as operações efetuadas pelos serviços públicos de emprego com relação ao recrutamento, à introdução e à colocação dos trabalhadores migrantes sejam gratuitas.

Art. 5 — 1. Todo Membro para o qual se ache em vigor este anexo e que disponha de um sistema para controle dos contratos de trabalho celebrados entre um empregador ou pessoa que o represente, e um trabalhador migrante se obriga a exigir:

a) que um exemplar do contrato de trabalho seja remetido ao migrante antes da saída, ou se os governos interessados assim o convierem, em um centro de recepção ao chegar ao território de imigração;

b) que o contrato contenha disposições que indiquem as condições de trabalho e, especialmente, a remuneração oferecida ao migrante;

c) que o migrante receba, por escrito, antes de sua partida, mediante um documento que a ele se refira individualmente, ou a um grupo de que faça parte, informações sobre as condições gerais de vida e de trabalho a que estará sujeito no território de imigração.

2. Se for entregue ao imigrante cópia do contrato à sua chegada ao território de imigração, deverá o mesmo haver sido informado antes de sua partida, mediante um documento que se refira a ele individualmente, ou a um grupo de que faça parte, sobre a categoria profissional em que tenha sido contratado e as demais condições de trabalho, especialmente o salário mínimo garantido.

3. A autoridade competente deverá tomar as medidas necessárias para que se cumpram as disposições dos parágrafos precedentes e se apliquem sanções no caso de infração das mesmas.

Art. 6 — As medidas adotadas de acordo com o art. 4 da convenção deverão compreender, quando for cabível:

a) a simplificação das formalidades administrativas;

b) o estabelecimento de serviços de interpretação;

c) qualquer assistência necessária durante um período inicial, ao se estabelecerem os migrantes e os membros de suas famílias autorizados a acompanhá-lo ou a eles se reunirem;

d) a proteção, durante a viagem e especialmente a bordo de uma embarcação, do bem-estar dos migrantes e dos membros de suas famílias autorizados a acompanhá-los ou a eles se reunirem.

Art. 7 — 1. Quando for elevado o número de trabalhadores migrantes que se transfiram do território de um Membro para o de outro, as autoridades competentes desses territórios interessados deverão, sempre que seja necessário ou conveniente, celebrar acordos para regular as questões de interesse comum que possam surgir ao se aplicarem às disposições do presente anexo.

2. Quando os Membros dispuserem de um sistema para controlar os contratos de trabalho, esses acordos deverão indicar os métodos a serem adotados para garantir a execução das obrigações contratuais do empregador.

Art. 8 — Serão aplicadas as devidas sanções a qualquer pessoa que promova a imigração clandestina ou ilegal.

Anexo II

Recrutamento, colocação e condições de trabalho dos trabalhadores migrantes que tenham sido recrutados em virtude de acordos sobre migrações coletivas celebradas sob controle governamental.

Art. 1 — O presente anexo se aplica aos trabalhadores migrantes que tenham sido recrutados em virtude de acordos sobre migrações coletivas celebrados sob controle governamental.

Art. 2 — Para os fins do presente anexo:

a) o termo 'recrutamento' significa:

I) o contrato de uma pessoa, que se encontre em um território, por conta de empregador em outro território em virtude de acordos relativos a migrações coletivas celebradas sob controle governamental;

II) o fato de se obrigar com relação a uma pessoa, que se encontre em um território, a lhe assegurar emprego em outro território, em virtude de acordos relativos a migrações coletivas celebradas sob controle governamental, assim como a adoção de medidas relativas às operações compreendidas nos itens I e II, inclusive a procura e a seleção de emigrantes e os preparativos para sua partida;

b) o termo 'introdução' significa quaisquer operações efetuadas com o fim de assegurar ou facilitar a chegada ou a admissão em um território de pessoas recrutadas nas condições enunciadas na alínea a do presente artigo em virtude de acordos a migrações coletivas celebradas sob controle governamental.

c) o termo 'colocação' significa quaisquer operações efetuadas com o fim de assegurar ou facilitar o emprego de pessoas introduzidas nas condições mencionadas na alínea b, deste artigo em virtude de acordos relativos a migrações coletivas, celebradas sob controle governamental.

Art. 3 — 1. Todo o Membro para o qual se ache em vigor o presente anexo e cuja legislação autorize as operações de recrutamento, introdução e colocação, tal como se acham definidas no art. 2, deverá regulamentar aquelas dentre tais operações que estejam autorizadas por sua legislação, em conformidade com as disposições do presente artigo.

2. Com reserva das disposições estabelecidas no parágrafo seguinte, só terão direito a efetuar as operações de recrutamento, introdução e colocação:

a) os serviços públicos de colocação ou outros organismos oficiais do território onde se realizem tais operações;

b) os organismos oficiais de um território distinto daquele onde se realizarem as operações e que estejam autorizados a realizá-los nesse território em virtude de um acordo entre os governos interessados; e

c) qualquer organismo estabelecido de conformidade com as disposições de um instrumento internacional.

3. Na medida em que a legislação nacional ou um acordo bilateral o permitam e com reserva, se for necessária, no interesse do migrante, da aprovação e fiscalização da autoridade competente, as operações de recrutamento, introdução e colocação poderão ser efetuadas:

a) pelo empregador ou por pessoa que esteja a seu serviço e que o represente;

b) serviços particulares.

4. O direito de efetuar as operações de recrutamento, introdução e colocação deverá ser sujeito à autorização prévia da autoridade competente do território onde devem realizar tais operações nos casos e nas modalidades que forem determinados:

a) pela legislação desse território;

b) por acordo entre a autoridade competente do território de emigração ou qualquer organismo estabelecido em conformidade com as disposições de um instrumento internacional e, do outro lado, a autoridade competente do território de imigração.

5. A autoridade competente do território onde se realizem as operações deverá, em conformidade com qualquer acordo celebrado pelas autoridades competentes interessadas, exercer fiscalização sobre as atividades das pessoas ou organismos munidos de autorização expedida em virtude do parágrafo precedente, com exceção das atividades de qualquer organismo estabelecido em conformidade com as disposições do instrumento internacional, cuja situação continue a ser regulada pelos termos de tal instrumento ou por acordo celebrado entre esse organismo e a autoridade competente interessada.

6. Antes de autorizar a introdução de trabalhadores migrantes, a autoridade competente do território de imigração deverá certificar-se de que não existe nesse território número suficiente de trabalhadores disponíveis capazes de realizar o trabalho em apreço.

7. Nenhuma das disposições do presente artigo deverá ser interpretada como autorizando uma pessoa ou uma entidade que não seja a autoridade competente do território de imigração a permitir a entrada de um trabalhador migrante no território de um Membro.

Art. 4 — 1. Todo o Membro para o qual se ache em vigor este anexo se obriga a garantir que as operações efetuadas pelos serviços públicos de emprego com relação ao recrutamento, introdução e colocação dos trabalhadores migrantes sejam gratuitas.

2. As despesas administrativas acarretadas pelo recrutamento, introdução e colocação não deverão correr por conta do migrante.

Art. 5 — Quando, para o transporte coletivo de migrantes de um país para outro, for necessário passar em trânsito por um terceiro país, a autoridade competente do território de trânsito deverá tomar medidas que facilitem a passagem em trânsito, a fim de evitar atrasos e dificuldades administrativas.

Art. 6 — 1. Todo o Membro para o qual se ache em vigor este anexo e que disponha de um sistema para controlar os contratos de trabalho celebrados entre um empregador, ou uma pessoa que o represente, e um trabalhador migrante, se obriga a exigir:

a) que um exemplar do contrato de trabalho seja remetido ao migrante antes da partida, ou se os governos interessados assim o convierem, em um centro de recepção ao chegar ao território de imigração;

b) que o contrato contenha disposições que indiquem as condições de trabalho e, especialmente, a remuneração oferecida ao migrante;

c) que o migrante receba, por escrito, antes de sua partida, por meio de um documento que a ele se refira individualmente, ou a um grupo de que faça parte, informações sobre as condições gerais de vida e de trabalho a que estará sujeito no território de imigração.

2. Se for entregue ao imigrante cópia do contrato à sua chegada ao território de imigração, deverá o mesmo haver sido informado antes de sua saída, por meio de um documento que a ele se refira individualmente, ou a um grupo de que faça parte, sobre a categoria profissional em que tenha sido contratado e as demais condições de trabalho, especialmente o salário mínimo garantido.

3. A autoridade competente deverá tomar as medidas necessárias para que se cumpram as disposições dos parágrafos precedentes e se apliquem sanções no caso de infração das mesmas.

Art. 7 — As medidas adotadas de acordo com o art. 4 da Convenção deverão compreender, quando for cabível:

a) a simplificação das formalidades administrativas;

b) o estabelecimento de serviços de interpretação;

c) qualquer assistência necessária durante um período inicial, ao se estabelecerem os migrantes e os membros de suas famílias autorizados a acompanhá-los ou a eles se reunirem;

d) a proteção, durante a viagem e especialmente a bordo de uma embarcação, do bem-estar dos migrantes e dos membros de suas famílias autorizados a acompanhá-los ou a eles se reunirem.

Art. 8 — A autoridade competente deverá tomar medidas adequadas para prestar auxílio aos trabalhadores migrantes, durante um período inicial, nas questões relativas a suas condições de emprego e, quando for cabível, tais medidas serão tomadas em colaboração com organizações voluntárias reconhecidas.

Art. 9 — Se um trabalhador migrante, introduzido no território de um Membro em conformidade com as disposições do art. 3 do presente anexo, não obtiver, por motivo que não lhe seja imputável, o emprego para o qual foi recrutado ou outro emprego conveniente, as despesas de seu regresso e dos membros de sua família que tenham sido autorizados a acompanhá-lo ou a ele se reunirem, inclusive taxas administrativas, o transporte e a manutenção até o ponto de destino e o transporte de artigos de uso doméstico, não deverão correr por conta do migrante.

Art. 10 — Se a autoridade competente do território de imigração considerar que o emprego para o qual o migrante foi recrutado em conformidade com o art. 2 do presente anexo se tornou inadequado, deverá tomar as devidas providências para auxiliá-lo a conseguir um emprego conveniente que não prejudique os trabalhadores nacionais, e deverá adotar disposições que garantam sua manutenção enquanto aguarda outro emprego, sua volta à região onde foi recrutado, se o migrante estiver de acordo ou tiver aceitado o regresso nessas condições ao ser recrutado, ou sua fixação noutro local.

Art. 11 — Se um trabalhador migrante que possuir a qualidade de refugiado ou de pessoa deslocada estiver em excesso em um emprego qualquer, em território de imigração onde haja entrado em conformidade com o art. 3 do presente anexo, a autoridade competente deste território deverá fazer todo o possível para permitir-lhe a obtenção de um emprego conveniente que não prejudique os trabalhadores nacionais, e deverá adotar disposições que garantam sua manutenção, enquanto aguarda colocação em emprego conveniente ou a sua fixação noutro local.

Art. 12 — 1. As autoridades competentes dos territórios interessados deverão celebrar acordos para regular as questões de interesse comum que possam surgir ao aplicarem as disposições do presente anexo.

2. Quando os Membros dispuserem de um sistema para controle dos contratos de trabalho, esses acordos deverão indicar os métodos a serem adotados para garantir a execução das obrigações contratuais do empregador.

3. Esses acordos deverão prever, quando for cabível, uma colaboração entre a autoridade competente do território de emigração, ou um organismo estabelecido de acordo com as disposições de um instrumento internacional, e de outro lado autoridade competente do território de imigração, sobre a assistência que se deva prestar aos migrantes com relação às suas condições de emprego, em virtude das disposições do art. 8.

Art. 13 — Serão aplicadas as devidas sanções a qualquer pessoa que promova a imigração clandestina ou ilegal.

Anexo III

Importação de artigos de uso pessoal, ferramentas e equipamentos dos trabalhadores migrantes.

Art. 1 — 1. Os artigos de uso pessoal pertencentes aos trabalhadores migrantes recrutados e aos membros de sua família que tenham sido autorizados a acompanhá-los ou a eles se reunirem deverão ser isentos de direitos aduaneiros ao entrarem no território de imigração.

2. As ferramentas manuais portáteis e o equipamento portátil da espécie normalmente possuída pelos trabalhadores para o exercício de seu ofício, pertencentes aos trabalhadores migrantes e aos membros de sua família que tenham sido autorizados a acompanhá-los ou a eles se reunirem, deverão ser isentos de direitos aduaneiros ao serem introduzidos no território de imigração, com a condição de que ao serem importados possa ser aprovado que as ferramentas e o equipamento em apreço são efetivamente de sua propriedade ou de sua posse, que esta e o seu uso contam já um espaço de tempo apreciável e que se destinam a ser utilizados pelos migrantes no exercício de sua profissão.

Art. 2 — 1. Os artigos de uso pessoal pertencentes aos trabalhadores migrantes e aos membros de sua família que tenham sido autorizados a acompanhá-los ou a eles se reunirem, deverão ser isentos de direitos aduaneiros ao regressarem tais pessoas a seu país de origem, sempre que tenham conservado a nacionalidade desse país.

2. As ferramentas manuais portáteis e o equipamento portátil da espécie normalmente possuída pelos trabalhadores para o exercício de sua profissão, pertencentes aos trabalhadores migrantes e aos membros de sua família autorizados a acompanhá-los ou a eles se reunirem, deverão ser isentos de direitos aduaneiros ao regressarem tais pessoas a seu país de origem, sempre que tenham conservado a nacionalidade desse país e com a condição de que, ao serem importados, possa ser comprovado que tais ferramentas e o referido equipamento sejam efetivamente de sua propriedade ou posse, que tenham sido durante o espaço de tempo apreciável de sua propriedade ou posse e que se destinam a ser utilizados pelos migrantes no exercício de sua profissão."

CONVENÇÃO N. 98

I — Aprovada na 32ª reunião da Conferência Internacional do Trabalho (Genebra — 1949), entrou em vigor no plano internacional em 18.7.51.

II — Dados referentes ao Brasil:

a) aprovação = Decreto Legislativo n. 49, de 27.8.52, do Congresso Nacional;

b) ratificação = 18 de novembro de 1952;

c) promulgação = Decreto n. 33.196, de 29.6.53;

d) vigência nacional = 18 de novembro de 1953.

"A Conferência Geral da Organização Internacional do Trabalho,

Convocada em Genebra pelo Conselho de Administração da Repartição Internacional do Trabalho e tendo-se reunido a oito de junho de 1949, em sua trigésima segunda sessão.

Após ter decidido adotar diversas proposições relativas à aplicação dos princípios do direito de organização e de negociação coletiva, questão que constitui o quarto ponto na ordem do dia da sessão.

Após ter decidido que essas proposições tomariam a forma de uma convenção internacional, adota, a primeiro de julho de mil novecentos e quarenta e nove, a convenção seguinte, que será denominada 'Convenção Relativa ao Direito de Organização e de Negociação Coletiva, 1949';

Art. 1 — 1. Os trabalhadores deverão gozar de proteção adequada contra quaisquer atos atentatórios à liberdade sindical em matéria de emprego.

2. Tal proteção deverá, particularmente, aplicar-se a atos destinados a:

a) subordinar o emprego de um trabalhador à condição de não se filiar a um sindicato ou deixar de fazer parte de um sindicato;

b) dispensar um trabalhador ou prejudicá-lo, por qualquer modo, em virtude de sua filiação a um sindicato ou de sua participação em atividades sindicais, fora das horas de trabalho ou com o consentimento do empregador, durante as mesmas horas.

Art. 2 — 1. As organizações de trabalhadores e de empregadores deverão gozar de proteção adequada contra quaisquer atos de ingerência de umas e outras, quer diretamente quer por meio de seus agentes ou membros, em sua formação, funcionamento e administração.

2. Serão particularmente identificados a atos de ingerência, nos termos do presente artigo, medidas destinadas a provocar a criação de organizações de trabalhadores dominadas por um empregador ou uma organização de empregadores, ou a manter organizações de trabalhadores por outros meios financeiros, com o fim de colocar essas organizações sob o controle de um empregador ou de uma organização de empregadores.

Art. 3 — Organismos apropriados às condições nacionais deverão, se necessário, ser estabelecidos para assegurar o respeito ao direito de organização definido nos artigos precedentes.

Art. 4 — Deverão ser tomadas, se necessário for, medidas apropriadas às condições nacionais, para

fomentar e promover o pleno desenvolvimento e utilização dos meios de negociação voluntária entre empregadores ou organizações de empregadores e organizações de trabalhadores com o objetivo de regular, por meio de convenções, os termos e condições de emprego.

Art. 5 — 1. A medida segundo a qual as garantias previstas pela presente Convenção se aplicarão às forças armadas e à polícia será determinada pela legislação nacional.

2. De acordo com os princípios estabelecidos no § 8 do art. 19 da Constituição da Organização Internacional do Trabalho, a ratificação desta Convenção, por parte de um Membro, não deverá ser considerada como devendo afetar qualquer lei, sentença, costume ou acordo já existentes que concedem aos membros das forças armadas e da polícia garantias previstas pela presente Convenção.

Art. 6 — A presente Convenção não trata da situação dos funcionários públicos ao serviço do Estado e não deverá ser interpretada, de modo algum, em prejuízo dos seus direitos ou de seus estatutos.

Art. 7 — As ratificações formais da presente convenção serão comunicadas ao Diretor-Geral da Repartição Internacional do Trabalho e por ele registradas.

Art. 8 — 1. A presente convenção não obrigará senão aos Membros da Organização Internacional do Trabalho cuja ratificação tenha sido registrada pelo Diretor-Geral.

2. Ele entrará em vigor doze meses depois que as ratificações de dois Membros tiverem sido registradas pelo Diretor-Geral.

3. Em seguida, esta convenção entrará em vigor para cada Membro doze meses depois da data em que sua ratificação tiver sido registrada.

Art. 9 — Fica proibido qualquer desconto dos salários cuja finalidade seja assegurar pagamento direto ou indireto do trabalhador ao empregador, a representante deste ou a qualquer intermediário (tal como um agente encarregado de recrutar a mão-de-obra), com o fim de obter ou conservar um emprego.

Art. 10 — 1. O salário não poderá ser objeto de penhora ou cessão, a não ser segundo as modalidades e nos limites prescritos pela legislação nacional.

Art. 11 — 1. Todo Membro que tiver ratificado a presente convenção poderá denunciá-la no fim de um período de dez anos depois da data de entrada em vigor inicial da convenção, por ato comunicado ao Diretor-Geral da Repartição Internacional do Trabalho e por ele registrado. A denúncia não terá efeito senão um ano depois de ter sido registrada.

2. Todo Membro que, tendo ratificado a presente convenção, dentro do prazo de um ano depois da expiração do período de dez anos mencionado no parágrafo precedente, não fizer uso da faculdade de denúncia prevista no presente artigo, será obrigado por novo período de dez anos e, depois disso, poderá denunciar a presente convenção no fim de cada período de dez anos, nas condições previstas no presente artigo.

Art. 12 — 1. O Diretor-Geral da Repartição Internacional do Trabalho notificará a todos os Membros da Organização Internacional do Trabalho o registro de todas as ratificações que lhe forem comunicadas pelos Membros da Organização.

2. Notificando aos Membros da Organização o registro da segunda ratificação que lhe for comunicada, o Diretor-Geral chamará a atenção dos Membros da Organização para a data em que a presente Convenção entrar em vigor.

Art. 13 — O Diretor-Geral da Repartição Internacional do Trabalho enviará ao Secretário-Geral das Nações Unidas, para fim de registro, conforme o art. 102 da Carta das Nações Unidas, informações completas a respeito de todas as ratificações, declarações e atos de denúncia que houver registrado conforme os artigos precedentes.

Art. 14 — Cada vez que julgar necessário, o Conselho de Administração da Repartição Internacional do Trabalho apresentará à Conferência Geral um relatório sobre a aplicação da presente Convenção e examinará se é necessário inscrever na ordem do dia da Conferência a questão de sua revisão total ou parcial.

Art. 15 — 1. No caso de a Conferência adotar nova convenção de revisão total ou parcial da presente convenção, e a menos que a nova convenção disponha diferentemente:

a) a ratificação, por um Membro, da nova convenção de revisão acarretará, de pleno direito, não obstante o art. 17 acima, denúncia imediata da presente convenção quando a nova convenção de revisão tiver entrado em vigor;

b) a partir da data da entrada em vigor da nova convenção de revisão, a presente convenção cessará de estar aberta à ratificação dos Membros.

2. A presente convenção ficará, em qualquer caso, em vigor, na forma e no conteúdo, para os Membros que a tiverem ratificado e que não tiverem ratificado a convenção de revisão.

Art. 16 — As versões em francês e em inglês do texto da presente convenção fazem igualmente fé."

CONVENÇÃO N. 99

I — Aprovada na 34ª reunião da Conferência Internacional do Trabalho (Genebra — 1951), entrou em vigor no plano internacional em 23.8.53.

II — Dados referentes ao Brasil:

a) aprovação = Decreto Legislativo n. 24, de 29.5.56, do Congresso Nacional;

b) ratificação = 25 de abril de 1957;

c) promulgação = Decreto n. 41.721, de 25.6.57;

d) vigência nacional = 25 de abril de 1958.

"A Conferência Geral da Organização Internacional do Trabalho,

Convocada em Genebra pelo Conselho de Administração da Repartição Internacional do Trabalho, e aí se tendo reunido em 6 de junho de 1951, em sua trigésima quarta sessão,

Depois de haver decidido adotar diversas proposições relativas aos meios de fixação dos salários mínimos na agricultura, questão que constitui o oitavo ponto na ordem do dia da sessão,

Depois de haver decidido que essas proposições tomariam a forma de uma convenção internacional,

Adota, neste vigésimo oitavo dia de junho de mil novecentos e cinqüenta e um, a presente convenção, que será denominada 'Convenção sobre os Métodos de Fixação dos Salários Mínimos (Agricultura), 1951':

Art. 1 — 1. Cada Membro da Organização Internacional do Trabalho que ratifica a presente convenção se obriga a instituir ou a conservar os métodos apropriados que permitam fixar os totais mínimos de salários para os trabalhadores empregados nas empresas de agricultura e assim também as ocupações conexas.

2. Cada Membro que ratifica a presente convenção tem a liberdade, depois de consultar as organizações mais representativas de empregadores e trabalhadores interessadas, se houver, de determinar as empresas, as ocupações e as categorias de pessoas às quais serão aplicados os métodos de fixação dos salários mínimos previstos no parágrafo precedente.

3. A autoridade competente poderá excluir da aplicação do todo ou de certas das disposições da presente convenção as categorias de pessoas às quais essas disposições são inaplicáveis, em virtude de suas condições de emprego, tais como os membros da família do empregador por eles empregados.

Art. 2 — 1. A legislação nacional, as convenções coletivas ou as sentenças arbitrais poderão permitir o pagamento parcial do salário mínimo in natura nos casos em que este modo de pagamento é desejável ou de prática corrente.

2. Nos casos em que o pagamento parcial do salário mínimo in natura é autorizado, devem ser tomadas medidas apropriadas a fim de que:

a) as prestações in natura sirvam ao uso pessoal do trabalhador e de sua família e lhes tragam benefício;

b) o valor dessas prestações seja justo e razoável.

Art. 3 — 1. Cada Membro que ratifica a presente convenção terá a liberdade de determinar, sob reserva das condições previstas nos parágrafos seguintes, os métodos de fixação dos salários mínimos, assim como as modalidades de sua aplicação.

2. Antes que uma decisão seja tomada, deverá ser realizada ampla consulta preliminar às organizações mais representativas de empregadores e trabalhadores interessados, se as houver, e a todas as pessoas especialmente qualificadas a esse respeito por sua profissão ou suas funções, às quais a autoridade competente julgar útil dirigir-se.

3. Os empregadores e trabalhadores interessados deverão participar da aplicação dos métodos ou ser consultados ou ter o direito de serem ouvidos, sob a forma e na medida que poderão ser determinadas pela legislação nacional, porém, em qualquer caso, sobre a base da igualdade absoluta.

4. As taxas mínimas de salário que forem fixadas serão obrigatórias para os empregadores e trabalhadores interessados, e não poderão ser diminuídas.

5. A autoridade competente poderá, onde isso for necessário, admitir derrogações individuais das taxas mínimas de salários, a fim de evitar a diminuição das possibilidades de emprego dos trabalhadores de capacidade física ou mental reduzida.

Art. 4 — 1. Todo Membro que ratifique a presente convenção deverá tomar as medidas que se impõem para que, de uma parte, os empregadores e trabalhadores interessados tenham conhecimento das taxas mínimas dos salários em vigor e para que os salários não sejam inferiores às taxas mínimas aplicáveis; essas disposições devem compreender todas as medidas de controle, de inspeções e de sanções necessárias e as mais adaptáveis às condições da agricultura do país interessado.

2. Todo trabalhador ao qual as taxas mínimas são aplicáveis, e que recebeu salários inferiores a essas taxas, deverá ter o direito, por via judiciária ou outra apropriada, de recuperar o montante da soma que lhe é devida, no prazo que poderá ser fixado pela legislação nacional.

Art. 5 — Todo Membro que ratifica a presente convenção deverá encaminhar cada ano à Repartição Internacional do Trabalho uma exposição geral indicando as modalidades de aplicação desses métodos, assim como os seus resultados. Esta exposição compreenderá as indicações sumárias sobre as ocupações e os números aproximados de trabalhadores submetidos a esta regulamentação, as taxas do salário mínimo fixadas, e, em sendo o caso, as outras medidas mais importantes relativas ao salário mínimo.

Art. 6 — As ratificações formais da presente convenção serão comunicadas ao Diretor-Geral da Repartição Internacional do Trabalho e por ele registradas.

Art. 7 — 1. A presente convenção não obrigará senão aos Membros da Organização Internacional do Trabalho cuja ratificação tenha sido registrada pelo Diretor-Geral.

2. Ele entrará em vigor doze meses depois que as ratificações de dois Membros tiverem sido registradas pelo Diretor-Geral.

3. Em seguida, esta convenção entrará em vigor para cada Membro doze meses depois da data em que sua ratificação tiver sido registrada.

Art. 8 — 1. As declarações que forem comunicadas ao Diretor-Geral da Repartição Internacional do Trabalho, de conformidade com o § 2 do art. 35 da Constituição da Organização Internacional do Trabalho, deverão indicar:

a) os territórios nos quais o Membro interessado se compromete a aplicar, sem modificação, as disposições da convenção;

b) os territórios nos quais ele se compromete a aplicar as disposições da convenção com modificações, e em que consistem essas modificações;

c) os territórios nos quais a convenção é inaplicável e, nesse caso, as razões pelas quais ela é inaplicável;

d) os territórios para os quais reserva sua decisão, esperando exame mais aprofundado da respectiva situação.

2. Os compromissos mencionados nas alíneas a e b do parágrafo primeiro do presente artigo serão reputados partes integrantes da ratificação e produzirão idênticos efeitos.

3. Todo Membro poderá renunciar, em nova declaração, no todo ou em parte, às reservas contidas em sua declaração anterior em virtude das alíneas b, c e d, do parágrafo primeiro do presente artigo.

4. Todo Membro poderá, durante os períodos no curso dos quais a presente convenção pode ser denunciada de conformidade com as disposições do art. 22, comunicar ao Diretor-Geral nova declaração modificando em qualquer outro ponto os termos de

CONVENÇÕES DA OIT RATIFICADAS

qualquer declaração anterior e esclarecendo a situação dos territórios que especificar.

Art. 9 — 1. As declarações comunicadas ao Diretor-Geral da Repartição Internacional do Trabalho, de conformidade com os §§ 4 e 5 do art. 35 da Constituição da Organização Internacional do Trabalho, devem indicar se as disposições da convenção serão aplicadas no território, com ou sem modificações; quando a declaração indicar que as disposições da convenção serão aplicadas sob reserva de modificações, ela deve especificar em que consistem as ditas modificações.

2. O Membro, ou os Membros, ou a autoridade internacional interessados poderão renunciar, inteira ou parcialmente, em declaração ulterior, ao direito de invocar modificação indicada em declaração anterior.

3. O Membro, ou Membros, ou a autoridade internacional interessados poderão, durante os períodos no curso dos quais a convenção pode ser denunciada de conformidade com as disposições do art. 22, comunicar ao Diretor-Geral nova declaração modificando, em qualquer outro ponto, os termos de qualquer declaração anterior e esclarecendo a situação no que concerne à aplicação desta convenção.

Art. 10 — 1. Todo Membro que tiver ratificado a presente convenção poderá denunciá-la no fim de um período de dez anos depois da data de entrada em vigor inicial da convenção, por ato comunicado ao Diretor-Geral da Repartição Internacional do Trabalho e por ele registrado. A denúncia não terá efeito senão um ano depois de ter sido registrada.

2. Todo Membro que, tendo ratificado a presente convenção, dentro do prazo de um ano depois da expiração do período de dez anos mencionado no parágrafo precedente, não fizer uso da faculdade de denúncia prevista no presente artigo, será obrigado por novo período de dez anos e, depois disso, poderá denunciar a presente convenção no fim de cada período de dez anos, nas condições previstas no presente artigo.

Art. 11 — 1. O Diretor-Geral da Repartição Internacional do Trabalho notificará a todos os Membros da Organização Internacional do Trabalho o registro de todas as ratificações que lhe forem comunicadas pelos Membros da Organização.

2. Notificando aos Membros da Organização o registro da segunda ratificação que lhe for comunicada, o Diretor-Geral chamará a atenção dos Membros da Organização para a data em que a presente Convenção entrar em vigor.

Art. 12 — O Diretor-Geral da Repartição Internacional do Trabalho enviará ao Secretário-Geral das Nações Unidas, para fim de registro, conforme o art. 102 da Carta das Nações Unidas, informações completas a respeito de todas as ratificações, declarações e atos de denúncia que houver registrado conforme os artigos precedentes.

Art. 13 — Cada vez que julgar necessário, o Conselho de Administração da Repartição Internacional do Trabalho apresentará à Conferência Geral um relatório sobre a aplicação da presente Convenção e examinará se é necessário inscrever na ordem do dia da Conferência a questão de sua revisão total ou parcial.

Art. 14 — 1. No caso de a Conferência adotar nova convenção de revisão total ou parcial da presente convenção, e a menos que a nova convenção disponha diferentemente:

a) a ratificação, por um Membro, da nova convenção de revisão acarretará, de pleno direito, não obstante o art. 17 acima, denúncia imediata da presente convenção quando a nova convenção de revisão tiver entrado em vigor;

b) a partir da data da entrada em vigor da nova convenção de revisão, a presente convenção cessará de estar aberta à ratificação dos Membros.

2. A presente convenção ficará, em qualquer caso, em vigor, na forma e no conteúdo, para os Membros que a tiverem ratificado e que não tiverem ratificado a convenção de revisão.

Art. 15 — As versões em francês e em inglês do texto da presente convenção fazem igualmente fé.

CONVENÇÃO N. 100

I — Aprovada na 34ª reunião da Conferência Internacional do Trabalho (Genebra — 1951), entrou em vigor no plano internacional em 23.5.53.

II — Dados referentes ao Brasil:

a) aprovação = Decreto Legislativo n. 24, de 29.5.56, do Congresso Nacional;

b) ratificação = 25 de abril de 1957;

c) promulgação = Decreto n. 41.721, de 25.6.57;

d) vigência nacional = 25 de abril de 1958.

"A Conferência Geral da Organização Internacional do Trabalho,

Convocada em Genebra pelo Conselho de Administração da Repartição Internacional do Trabalho, e aí se tendo reunido em 6 de junho de 1951, em sua trigésima quarta sessão.

Depois de haver decidido adotar diversas proposições relativas ao princípio de igualdade de remuneração para a mão de obra masculina e a mão de obra feminina por trabalho de igual valor, questão que constitui o sétimo ponto da ordem do dia da sessão.

Depois de haver decidido que essas proposições tomariam a forma de uma convenção internacional,

Adota, neste vigésimo nono dia de junho de mil novecentos e cinquenta e um, a presente convenção, que será denominada 'Convenção sobre a Igualdade de Remuneração, de 1951'.

Art. 1 — Para os fins da presente convenção:

a) o termo 'remuneração' compreende o salário ou o tratamento ordinário, de base, ou mínimo, e todas as outras vantagens, pagas direta ou indiretamente, em espécie ou in natura pelo empregador ou trabalhador em razão do emprego deste último;

b) a expressão 'igualdade de remuneração para a mão de obra masculina e a mão de obra feminina por um trabalho de igual valor', se refere às taxas de remuneração fixas sem discriminação fundada no sexo.

Art. 2 — 1. Cada Membro deverá, por meios adaptados aos métodos em vigor para a fixação das taxas de remuneração, incentivar e, na medida em que tudo isto é compatível com os ditos métodos, assegurar a aplicação a todos os trabalhadores do princípio de igualdade de remuneração para a mão de obra masculina e a mão de obra feminina por um trabalho de igual valor.

2. Este princípio poderá ser aplicado por meio:

a) seja da legislação nacional;

b) seja de qualquer sistema de fixação de remuneração estabelecido ou reconhecido pela legislação;

c) seja de convenções coletivas firmadas entre empregadores e empregados;

d) seja de uma combinação desses diversos meios.

Art. 3 — 1. Quando tal providência facilitar a aplicação da presente convenção, tomar-se-ão medidas para desenvolver a avaliação objetiva dos empregados sobre a base dos trabalhos que eles comportam.

2. Os métodos a seguir para esta avaliação poderão ser objeto de decisões, seja da parte das autoridades competentes, no que concerne à fixação das taxas de remuneração, seja, se as taxas forem fixadas em virtude de convenções coletivas, pelas partes destas convenções.

3. As diferenças entre as taxas de remuneração, que correspondem, sem consideração de sexo, às diferenças resultantes de tal avaliação objetiva nos trabalhos a efetuar, não deverão ser consideradas como contrárias aos princípios de igualdade de remuneração para a mão de obra masculina e a mão de obra feminina, por um trabalho de igual valor.

Art. 4 — Cada Membro colaborará, da maneira que convier, com as organizações de empregadores e de trabalhadores interessadas, a fim de efetivar disposições da presente convenção."

Art. 5 — As ratificações formais da presente convenção serão comunicadas ao Diretor-Geral da Repartição Internacional do Trabalho e por ele registradas.

Art. 6 — 1. A presente convenção não obrigará senão aos Membros da Organização Internacional do Trabalho cuja ratificação tenha sido registrada pelo Diretor-Geral.

2. Ele entrará em vigor doze meses depois que as ratificações de dois Membros tiverem sido registradas pelo Diretor-Geral.

3. Em seguida, esta convenção entrará em vigor para cada Membro doze meses depois da data em que sua ratificação tiver sido registrada.

Art. 7 — 1. As declarações que forem comunicadas ao Diretor-Geral da Repartição Internacional do Trabalho, de conformidade com o § 2 do art. 35 da Constituição da Organização Internacional do Trabalho, deverão indicar:

a) os territórios nos quais o Membro interessado se compromete a aplicar, sem modificação, as disposições da convenção;

b) os territórios nos quais ele se compromete a aplicar as disposições da convenção com modificações, e em que consistem essas modificações;

c) os territórios aos quais a convenção é inaplicável e, nesse caso, as razões pelas quais ela é inaplicável;

d) os territórios para os quais reserva sua decisão, esperando exame mais aprofundado da respectiva situação.

2. Os compromissos mencionados nas alíneas a e b do § 1º do presente artigo serão reputados partes integrantes da ratificação e produzirão idênticos efeitos.

3. Todo Membro poderá renunciar, em nova declaração, no todo ou em parte, às reservas contidas em sua declaração anterior em virtude das alíneas b, c e d, do parágrafo primeiro do presente artigo.

4. Todo Membro poderá, durante os períodos no curso dos quais a presente convenção pode ser denunciada de conformidade com as disposições do art. 22, comunicar ao Diretor-Geral nova declaração modificando em qualquer outro ponto os termos de qualquer declaração anterior e esclarecendo a situação dos territórios que especificar.

Art. 8 — 1. As declarações comunicadas ao Diretor-Geral da Repartição Internacional do Trabalho, de conformidade com os §§ 4 e 5 do art. 35 da Constituição da Organização Internacional do Trabalho, devem indicar se as disposições da convenção serão aplicadas no território, com ou sem modificações; quando a declaração indicar que as disposições da convenção serão aplicadas sob reserva de modificações, ela deve especificar em que consistem as ditas modificações.

2. O Membro, ou os Membros, ou a autoridade internacional interessados poderão renunciar, inteira ou parcialmente, em declaração ulterior, ao direito de invocar modificação indicada em declaração anterior.

3. O Membro, ou Membros, ou a autoridade internacional interessados poderão, durante os períodos no curso dos quais a convenção pode ser denunciada de conformidade com as disposições do art. 22, comunicar ao Diretor-Geral nova declaração modificando, em qualquer outro ponto, os termos de qualquer declaração anterior e esclarecendo a situação no que concerne à aplicação desta convenção.

Art. 9 — 1. Todo Membro que tiver ratificado a presente convenção poderá denunciá-la no fim de um período de dez anos depois da data de entrada em vigor inicial da convenção, por ato comunicado ao Diretor-Geral da Repartição Internacional do Trabalho e por ele registrado. A denúncia não terá efeito senão um ano depois de ter sido registrada.

2. Todo Membro que, tendo ratificado a presente convenção, dentro do prazo de um ano depois da expiração do período de dez anos mencionado no parágrafo precedente, não fizer uso da faculdade de denúncia prevista no presente artigo, será obrigado por novo período de dez anos e, depois disso, poderá denunciar a presente convenção no fim de cada período de dez anos, nas condições previstas no presente artigo.

Art. 10 — 1. O Diretor-Geral da Repartição Internacional do Trabalho notificará a todos os Membros da Organização Internacional do Trabalho o registro de todas as ratificações que lhe forem comunicadas pelos Membros da Organização.

2. Notificando aos Membros da Organização o registro da segunda ratificação que lhe for comunicada, o Diretor-Geral chamará a atenção dos Membros da Organização para a data em que a presente Convenção entrar em vigor.

Art. 11 — O Diretor-Geral da Repartição Internacional do Trabalho enviará ao Secretário-Geral das Nações Unidas, para fim de registro, conforme o art. 102 da Carta das Nações Unidas, informações completas a respeito de todas as ratificações, declarações e atos de denúncia que houver registrado conforme os artigos precedentes.

Art. 12 — Cada vez que julgar necessário, o Conselho de Administração da Repartição Internacional do Trabalho apresentará à Conferência Geral um relatório sobre a aplicação da presente Convenção e examinará se é necessário inscrever na ordem do dia da Conferência a questão de sua revisão total ou parcial.

Art. 13 — 1. No caso de a Conferência adotar nova convenção de revisão total ou parcial da presente convenção, e a menos que a nova convenção disponha diferentemente:

a) a ratificação, por um Membro, da nova convenção de revisão acarretará, de pleno direito, não obstante o art. 17 acima, denúncia imediata da presente convenção quando a nova convenção de revisão tiver entrado em vigor;

b) a partir da data da entrada em vigor da nova convenção de revisão, a presente convenção cessará de estar aberta à ratificação dos Membros.

2. A presente convenção ficará, em qualquer caso, em vigor, na forma e no conteúdo, para os Membros que a tiverem ratificado e que não tiverem ratificado a convenção de revisão.

Art. 14 — As versões em francês e em inglês do texto da presente convenção fazem igualmente fé."

CONVENÇÃO N. 102

I — Aprovada na 35ª reunião da Conferência Internacional do Trabalho (Genebra — 1952), entrou em vigor no plano internacional em 27.4.55.

II — Dados referentes ao Brasil:

a) aprovação = Decreto Legislativo n. 269, de 19.09.2008, do Congresso Nacional;

b) ratificação = 15 de junho de 2009;

"A Conferência Geral da Organização Internacional do Trabalho,

Convocada em Genebra pelo Conselho de Administração da Repartição Internacional do Trabalho, e reunida nessa cidade a 4 de junho de 1952, na sua trigésima quinta sessão;

Após ter decidido adotar diversas proposições relativas às normas mínimas para a seguridade social, questão que está compreendida no quinto ponto da ordem do dia da sessão;

Após ter decidido que essas proposições tomariam a forma de uma convenção internacional,

Adota, neste vigésimo oitavo dia de junho de mil novecentos e cinquenta e dois, a seguinte convenção, que será denominada 'Convenção Concernente às Normas Mínimas para a Seguridade Social, 1952':

PARTE I
DISPOSIÇÕES GERAIS

Art. 1º — 1. Para os efeitos da presente convenção:

a) o termo 'determinado' significa prescrito por ou em virtude da legislação nacional;

b) o termo 'residência' significa a residência habitual no território do Membro, e o termo 'residente' significa uma pessoa que reside habitualmente no território do Membro;

c) o termo 'esposa' designa uma mulher que depende economicamente do marido;

d) o termo 'viúva' designa uma mulher que dependia economicamente de seu esposo no momento da morte do mesmo;

e) o termo 'criança' designa um menor abaixo da idade em que é obrigatória a freqüência à escola ou de menos de quinze anos, segundo o que for determinado;

f) o termo 'período de carência' significa seja um período de cotização seja de emprego ou de residência, seja uma combinação qualquer desses períodos, segundo o que for determinado.

2. Para os fins dos arts. 10, 34 e 49, o termo 'prestações' se entende alusivo seja a serviços fornecidos diretamente, seja a prestações indiretas consistentes no reembolso das despesas a cargo do interessado.

Art. 2º — Qualquer Membro para o qual a presente convenção estiver em vigor deverá:

a) aplicar:

I) a Parte I;

II) três ao menos das Partes II, III, IV, V, VI, VII, VIII, IX e X, compreendendo uma ao menos das Partes IV, V, VI, IX e X;

III) as correspondentes disposições das Partes XI, XII e XIII;

IV) a Parte XIV;

b) especificar na ratificação quais dentre as Partes II a X cujas obrigações decorrentes da convenção aceita.

Art. 3º — 1. Um Membro cuja economia e recursos médicos não tenham atingido um desenvolvimento suficiente pode, se a autoridade competente o desejar e pelo espaço de tempo que ela julgar necessário, beneficiar-se, mediante uma declaração anexa à sua ratificação, das derrogações temporárias que constam dos artigos seguintes: 9d; 12(2); 15d; 18(2); 21c; 27d; 33b; 34(3); 41d; 48c; 55d e 61d.

2. Todo Membro que tenha feito uma declaração nos termos do § 1 do presente artigo deve, no relatório anual sobre a aplicação da presente convenção, que é obrigado a apresentar de acordo com o art. 22 do Estatuto da Organização Internacional do Trabalho, declarar a propósito de cada uma das derrogações das quais se beneficiou:

a) se as razões que o levaram a fazê-lo perduram; ou

b) se, a partir de uma data determinada, renuncia a se prevalecer da derrogação em apreço.

Art. 4º — 1. O Membro que ratificar a presente convenção pode, posteriormente, notificar o Diretor-Geral da Repartição Internacional do Trabalho de que aceita as obrigações decorrentes da convenção no que diz respeito a uma ou várias das Partes II a X que ainda não tenham sido especificadas na sua ratificação.

2. Os compromissos previstos no § 1 do presente artigo serão considerados como parte integrante da ratificação e produzirão efeitos idênticos a partir da data de sua notificação.

Art. 5º — Quando, em conseqüência da aplicação de qualquer das Partes II a X da presente convenção, objeto de sua ratificação, um Membro for obrigado a amparar determinadas categorias de pessoas, perfazendo ao menos uma certa percentagem de assalariados ou residentes, deverá, antes de se comprometer a aplicar a Parte em questão, certificar-se de que a referida percentagem será atingida.

Art. 6º — Tratando-se da aplicação das Partes II, III, IV, V, VIII (no que diz respeito a serviços médicos), IX ou X da presente convenção, um Membro pode levar em conta a proteção decorrente de seguros que, consoante a legislação nacional, não sejam obrigatórias para as pessoas amparadas, desde que:

a) sejam controlados pelas autoridades públicas ou administrados, em comum, de acordo com normas determinadas, pelos empregadores e os empregados;

b) abrangem uma parte substancial de pessoas cujos proventos não ultrapassem os de um operário qualificado do sexo masculino;

c) satisfeito conjuntamente com outras modalidades de amparo, se for o caso, aos dispositivos desta convenção que lhes dizem respeito.

PARTE II
SERVIÇOS MÉDICOS

Art. 7º — O Membro para o qual a presente Parte da convenção estiver em vigor, deve assegurar prestações de serviços médicos de caráter preventivo ou curativo às pessoas amparadas quando seu estado de saúde assim o exigir, de acordo com os seguintes artigos desta Parte.

Art. 8º — O evento coberto deve abranger qualquer estado mórbido, seja qual for a sua causa, a gestação, o parto e suas conseqüências.

Art. 9º — As pessoas amparadas devem abranger:

a) quer determinadas categorias de assalariados, perfazendo, no mínimo, 50 por cento da totalidade dos assalariados, bem como suas esposas e filhos;

b) quer determinadas categorias da população ativa, perfazendo, no mínimo, 20 por cento da totalidade dos residentes, bem como as esposas e filhos dos integrantes dessas categorias;

c) quer determinadas categorias de residentes, perfazendo no mínimo 50 por cento da totalidade desses;

d) quer, no caso de ter sido feita uma declaração nos termos do art. 3º, determinadas categorias de assalariados, perfazendo, no mínimo, 50 por cento da totalidade dos assalariados que trabalham em empresas industriais que empreguem 20 pessoas, pelo menos, bem como as esposas e filhos dos assalariados dessas categorias.

Art. 10 — 1. As prestações devem abranger, no mínimo:

a) em caso de estado mórbido:

I) os serviços de médicos que exerçam a clínica geral, inclusive visitas domiciliares;

II) os serviços de especialistas prestados em hospitais a pessoas hospitalizadas ou não e ainda os que podem ser administrados fora dos hospitais;

III) fornecimento de produtos farmacêuticos indispensáveis mediante receita passada por médico;

IV) hospitalização, quando necessária;

b) em caso de gestação, parto e suas conseqüências:

I) assistência pré-natal, assistência durante o parto e assistência após o parto, prestada por médico ou parteira diplomada;

II) hospitalização, em caso de necessidade.

2. O beneficiário ou o respectivo responsável podem ser obrigados a concorrer para as despesas com os serviços médicos recebidos em caso de doença; os dispositivos relativos a esta participação devem ser estabelecidos de tal forma que não impliquem ônus por demais pesado.

3. As prestações fornecidas de acordo com o presente artigo devem visar a conservar, restabelecer ou melhorar a saúde, bem como a capacidade de trabalho da pessoa amparada e a atender às suas necessidades pessoais.

4. As repartições do Governo ou as instituições que dispensarem essas prestações devem incentivar as pessoas amparadas, por todos os meios que julgarem apropriados, a recorrer aos serviços gerais de saúde postos à sua disposição pelas autoridades públicas ou por outros organismos reconhecidos pelas autoridades públicas.

Art. 11 — As prestações mencionadas no art. 10, no evento coberto devem ser asseguradas, pelo menos, às pessoas amparadas que completarem ou cujo responsável houver completado um estágio considerado necessário para evitar abusos.

Art. 12 — 1. As prestações mencionadas no art. 10 devem ser concedidas durante todo o evento coberto, com a exceção de que, em caso de doença, a duração das prestações pode ser limitada há 26 semanas por caso; todavia, as prestações de assistência médica não podem ser suspensas enquanto estiver sendo pago um auxílio-doença e devem tomar-se providências para elevar o limite supramencionado quando se tratar de doenças previstas na legislação nacional e para as quais se reconhece a necessidade de assistência médica prolongada.

2. No caso de ter sido feita uma declaração nos termos do art. 3º, a duração das prestações de assistência médica pode ser limitada há 13 semanas por caso.

PARTE III
AUXÍLIO-DOENÇA

Art. 13 — O Membro para o qual a presente Parte da Convenção estiver em vigor, deve assegurar o pagamento de auxílio-doença às pessoas amparadas, de acordo com os seguintes artigos desta Parte.

Art. 14 — O evento coberto deve abranger a incapacidade de trabalho decorrente de um estado mórbido que acarrete a suspensão de ganhos, conforme for definida pela legislação nacional.

Art. 15 — As pessoas amparadas devem abranger:

a) quer determinadas categorias de assalariadas, perfazendo, no mínimo, 50 por cento da totalidade dos assalariados;

b) quer determinadas categorias da população ativa, perfazendo, no mínimo, 20 por cento da totalidade dos residentes;

c) querem todos os residentes cujos recursos durante o evento não excederem determinados limites de acordo com o disposto no art. 67;

d) quer, no caso de ter sido feita uma declaração nos termos do art. 3º, determinadas categorias de assalariados, perfazendo, no mínimo, 50 por cento da totalidade dos assalariados que trabalham em

empresas industriais que empreguem 20 pessoas, pelo menos.

Art. 16 — 1. Quando forem amparadas categorias de assalariados ou categorias da população ativa, a prestação consistirá em um pagamento periódico calculado de acordo com as disposições do art. 65 ou do art. 66.

2. Quando forem amparados todos os residentes cujos recursos durante o evento não excederem determinados limites, o auxílio consistirá em um pagamento periódico calculado de acordo com o que dispõe o art. 67.

Art. 17 — A prestação mencionada no art. 16, no evento coberto, deve ser assegurada, no mínimo, às pessoas amparadas que completaram um período de carência considerado suficiente para evitar abusos.

Art. 18 — 1. A prestação mencionada no art. 16 deve ser concedida durante todo o evento com a ressalva de que a duração da prestação possa ser limitada a 26 semanas por caso de doença, com a possibilidade de não ser paga a prestação nos três primeiros dias da suspensão dos ganhos.

2. No caso de ter sido feita uma declaração nos termos do art. 3°, a duração da prestação pode ser limitada:

a) que a um período tal que o número total de dias para os quais for concedido o auxílio-doença no decorrer de um ano não seja inferior a dez vezes o número médio de pessoas amparadas durante esse mesmo ano;

b) quer a 13 semanas por caso de doença, com a possibilidade de não ser paga a prestação nos três primeiros dias da suspensão dos ganhos.

PARTE IV
PRESTAÇÕES DE DESEMPREGO

Art. 19 — O Membro para o qual a presente Parte da Convenção estiver em vigor, deve assegurar às pessoas amparadas prestações de desemprego de acordo com os seguintes artigos desta Parte.

Art. 20 — O evento coberto deve abranger toda suspensão de ganhos, tal como for definida pela legislação nacional, devido a impossibilidade de obtenção de um emprego adequado, por parte de pessoa amparada, que seja capaz de trabalhar e esteja disponível para o trabalho.

Art. 21 — As pessoas amparadas devem abranger:

a) quer determinadas categorias de assalariados, perfazendo, no mínimo, 50 por cento da totalidade dos assalariados;

b) querem todos os residentes cujos recursos durante o evento não excederem determinados limites, de acordo com o disposto no art. 67;

c) quer, no caso de ter sido feita uma declaração nos termos do art. 3, determinadas categorias de assalariados, perfazendo, no mínimo, 50 por cento da totalidade dos assalariados que trabalham em empresas industriais que empreguem 20 pessoas, pelo menos.

Art. 22 — 1. Quando forem amparadas categorias de assalariados, a prestação consistirá em um pagamento periódico calculado segundo as disposições do art. 65 ou do art. 66.

2. Quando forem amparados todos os residentes cujos recursos durante o evento não excederem determinados limites, a prestação consistirá em um pagamento periódico calculado de acordo com os dispositivos do art. 67.

Art. 23 — A prestação mencionada no art. 22, no evento coberto, deve ser assegurada, no mínimo, às pessoas amparadas que completarem período de carência considerado suficiente para evitar abusos.

Art. 24 — 1. A prestação mencionada no art. 22 deve ser concedida durante todo o evento, com a exceção de que a duração da prestação pode ser limitada:

a) quando são amparadas categorias de assalariados, a 13 semanas no decurso de um período de 12 meses;

b) quando são amparados todos os residentes cujos recursos durante o evento não excederem determinados limites, a 26 semanas no decurso de um período de 12 meses.

2. Quando a duração da prestação for escalonada, em virtude da legislação nacional, segundo a duração da contribuição ou segundo as prestações anteriormente recebidas no decurso de um período determinado, os dispositivos da alínea a do § 1 considerar-se-ão cumpridos se a duração média da prestação abranger, no mínimo, 13 semanas no decurso de um período de 12 meses.

3. A prestação pode deixar de ser efetuada durante um prazo de carência limitado aos sete primeiros dias em cada caso de suspensão dos ganhos, computando-se os dias de desemprego antes e depois de um emprego temporário que não passe de uma duração determinada, como fazendo parte do mesmo caso de suspensão de ganhos.

4. Tratando-se de operários cuja ocupação depender das estações do ano (trabalhadores sazonais), a duração da prestação e o prazo de carência podem ser adaptados às condições do emprego.

PARTE V
APOSENTADORIA POR VELHICE

Art. 25 — O Membro para o qual a presente Parte da convenção estiver em vigor, deve assegurar às pessoas amparadas aposentadoria por velhice, de acordo com os seguintes artigos desta Parte.

Art. 26 — 1. O evento coberto será a sobrevivência além de uma determinada idade prescrita.

2. A idade determinada não deverá ultrapassar a de 65 anos. Todavia, poderá ser fixada, pelas autoridades competentes, uma idade mais avançada, tomando-se em consideração a capacidade de trabalho das pessoas idosas no país em apreço.

3. A legislação nacional poderá suspender a prestação se a pessoa que a ela teria direito exercer determinadas atividades remuneradas ou poderá diminuir as prestações contributivas quando os ganhos do beneficiário ultrapassarem uma quantia determinada e as prestações não contributivas quando os ganhos do beneficiário ou seus outros recursos, ou os dois somados, excederem uma quantia determinada.

Art. 27 — As pessoas amparadas devem abranger:

a) quer determinadas categorias de assalariados perfazendo, no mínimo, 50 por cento da totalidade dos assalariados;

b) quer determinadas categorias da população ativa, perfazendo, no mínimo, 20 por cento da totalidade dos residentes;

c) querem todos os residentes cujos recursos durante o evento não excederem determinados limites de acordo com o disposto no art. 67;

d) quer, no caso de ter sido feita uma declaração nos termos do art. 3°, determinadas categorias de assalariados, perfazendo, no mínimo, 50 por cento da totalidade dos assalariados que trabalham em empresas industriais, que empreguem 20 pessoas, pelo menos.

Art. 28 — A prestação consistirá em um pagamento periódico calculado como segue:

a) de acordo com os dispositivos do art. 65 ou do art. 66, conforme se tratar de pessoas amparadas pertencentes às categorias de assalariados ou às categorias da população ativa;

b) de acordo com os dispositivos do art. 67, quando forem amparados todos os residentes cujos recursos durante o evento não ultrapassarem determinados limites.

Art. 29 — 1. A prestação mencionada no art. 28, deve, no evento coberto, ser assegurada, no mínimo:

a) a uma pessoa amparada que houver completado, antes de se verificar o evento, segundo regras determinadas, um período de carência que pode consistir seja em 30 anos de contribuição ou de emprego, seja em 20 anos de residência;

b) quando, em princípio, todas as pessoas ativas forem amparadas, a uma pessoa que houver completado um determinado período de contribuições e em nome da qual foram efetuadas, no decurso do período ativo de sua vida, contribuições cujo número anual médio atinja a uma quantia determinada.

2. Quando a prestação mencionada no § 1 estiver subordinada à integração de um período mínimo de contribuição ou de emprego, uma prestação reduzida deve ser assegurada, no mínimo:

a) a uma pessoa amparada que houver completado antes de se verificar o evento segundo regras determinadas, um período de carência de 15 anos de contribuições ou de emprego;

b) quando, em princípio, todas as pessoas ativas forem amparadas, a uma pessoa que houver completado um determinado período de contribuições e em nome da qual foi efetuado, no decurso do período ativo de sua vida, o pagamento da metade do número médio de contribuições anuais determinadas em conformidade com o disposto na alínea b do § 1 do presente artigo.

3. Os dispositivos do § 1 do presente artigo considerar-se-ão cumpridos quando uma prestação calculada de acordo com a Parte XI, mas segundo uma percentagem inferior de 10 unidades àquela que está indicada na tabela anexa à referida Parte para o beneficiário-padrão, for assegurada a toda pessoa amparada que houver completado de acordo com as regras estabelecidas, seja 10 anos de contribuições ou de emprego, seja 5 anos de residência.

4. Uma redução proporcional da porcentagem indicada na tabela anexa à referida Parte XI pode ser feita quando o período de carência determinado para a outorga da prestação que corresponde à porcentagem reduzida for superior a 10 anos de contribuições ou de emprego, mas inferior a 30 anos de contribuições ou de emprego. Quando o referido período for superior a 15 anos, uma prestação reduzida será concedida conforme o § 2 do presente artigo.

5. Quando a concessão da prestação mencionada nos §§ 1,3 ou 4 do presente artigo estiver subordinada à integração de um período mínimo de contribuições, uma prestação reduzida deve ser assegurada, nas condições determinadas, a uma pessoa amparada, a qual, pelo simples fato de já ter atingido a idade avançada quando os dispositivos que permitem a aplicação da presente Parte do Convênio entraram em vigor, não puder preencher as condições determinadas nos termos do § 2 do presente artigo, a não ser que uma prestação de acordo com os dispositivos dos §§ 1, 3 ou 4 seja concedida a uma tal pessoa em idade mais avançada do que a normal.

Art. 30 — As prestações mencionadas nos arts. 28 e 29 devem ser concedidas durante toda a duração do evento.

PARTE VI
PRESTAÇÕES EM CASO DE ACIDENTES DE TRABALHO E DE DOENÇAS PROFISSIONAIS

Art. 31 — O Membro para o qual a presente Parte do Convênio estiver em vigor, deve assegurar às pessoas amparadas prestações em caso de acidentes de trabalho e de doenças profissionais, de acordo com os seguintes artigos desta Parte.

Art. 32 — Os eventos cobertos devem abranger as seguintes hipóteses, quando devidos a acidentes de trabalho ou a doenças profissionais:

a) estado mórbido;

b) incapacidade para o trabalho decorrente de um estado mórbido tendo como resultado a suspensão dos ganhos tal como está definida pela legislação nacional;

c) perda total da capacidade de ganho ou perda parcial da capacidade de ganho ultrapassando um limite determinado, quando for provável que esta perda total ou parcial seja permanente; ou diminuição correspondente da integridade física;

d) perda dos meios de subsistência sofrida pela viúva ou filhos em consequência da morte do arrimo de família; no caso da viúva, o direito à prestação pode estar em conformidade com a legislação nacional, de que ela é incapaz de prover ao seu próprio sustento.

Art. 33 — As pessoas amparadas devem abranger:

a) quer determinadas categorias de assalariados perfazendo, no mínimo, 50 por cento da totalidade dos assalariados e, no caso de o direito à prestação decorrer da morte do arrimo de família, igualmente as esposas e filhos dos assalariados dessas categorias;

b) quer, no caso de ter sido feita uma declaração nos termos do art. 3°, determinadas categorias de assalariados perfazendo, no mínimo, 50 por cento da totalidade dos assalariados que trabalham em empresas industriais que empreguem 20 pessoas pelo menos, e, no caso de as prestações decorrer da morte do arrimo de família, igualmente as esposas e filhos dos assalariados dessas categorias.

Art. 34 — 1. No que diz respeito a um estado mórbido, as prestações devem abranger a assistência médica mencionada nos §§ 2 e 3 do presente artigo.

2. A assistência médica deve abranger:

a) assistência de clínico de medicina geral ou de especialista a pessoas hospitalizadas, ou não, inclusive visitas a domicílio;

b) assistência dentária;

c) serviços de enfermagem, seja a domicílio seja em hospital ou outra instituição médica;

d) a manutenção em hospital, casa de repouso, sanatório ou outra instituição médica;

e) fornecimento de artigos dentários e de produtos farmacêuticos e outros artigos médicos ou cirúrgicos, inclusive aparelhos de prótese e sua conservação, bem como óculos;

f) assistência prestada por membro de outra profissão legalmente reconhecida como ligada à profissão médica, sob a fiscalização de um médico ou dentista.

3. Tendo sido feita uma declaração nos termos do art. 3º, a assistência médica deve incluir, no mínimo:

a) assistência por clínico de medicina geral, inclusive visitas domiciliares;

b) assistência por especialista ministrada em hospitais a pessoas hospitalizadas ou não, e assistência por especialistas que pode ser administrada fora de hospitais;

c) fornecimento de produtos farmacêuticos indispensáveis, sob receita passada por médico ou outro prático habilitado;

d) hospitalização quando necessária.

4. A assistência médica prestada em conformidade com os parágrafos anteriores deve tender a conservar, restabelecer ou melhorar a saúde bem como a capacidade de trabalho das pessoas amparadas a atender às suas necessidades pessoais.

Art. 35 — 1. As repartições do Governo ou as instituições encarregadas da administração da assistência médica devem cooperar, quando for oportuno, com os serviços gerais de reeducação profissional, visando a readaptação das pessoas de capacidade diminuída a um trabalho apropriado.

2. A legislação nacional pode autorizar os referidos departamentos ou instituições a tomarem medidas visando à recuperação profissional das pessoas de capacidade diminuída.

Art. 36 — 1. No que diz respeito à incapacidade para o trabalho ou à perda total da capacidade de ganho, quando é provável que esta perda seja permanente, ou à diminuição correspondente da integridade física, ou à morte do arrimo de família, a prestação corresponderá a um pagamento periódico calculado de acordo com os dispositivos do art. 65 ou do art. 66.

2. Em caso de perda parcial da capacidade de ganho, quando for provável que esta perda seja permanente, ou no caso de uma diminuição correspondente da integridade física, a prestação, quando devida consistirá em um pagamento periódico fixado proporcional e equitativamente, de acordo com a prestação prevista para o caso da perda total da capacidade de ganho ou de uma diminuição correspondente da integridade física.

3. Os pagamentos periódicos poderão ser convertidos em uma quantia paga de uma só vez:

a) quando a incapacidade for mínima; ou

b) quando se fornecer às autoridades competentes a garantia de um emprego adequado.

Art. 37 — As prestações mencionadas nos arts. 34 e 36 devem, no evento coberto, ser asseguradas, no mínimo, às pessoas amparadas que estavam empregadas como assalariadas no território do Membro, no momento do acidente ou no momento em que a doença foi contraída e, em se tratando de pagamentos periódicos, resultantes da morte do arrimo de família, à viúva e aos filhos do falecido.

Art. 38 — As prestações mencionadas nos arts. 34 e 36 devem ser concedidas durante toda a duração do evento, todavia, no que diz respeito à incapacidade para o trabalho, a prestação poderá deixar de ser efetuada para os três primeiros dias de cada caso de suspensão de ganho.

PARTE VII
PRESTAÇÕES DE FAMÍLIA

Art. 39 — O Membro para o qual a presente Parte da Convenção estiver em vigor, deve assegurar às pessoas amparadas prestações familiares, de acordo com os seguintes artigos desta Parte.

Art. 40 — O evento coberto será a responsabilidade pela manutenção de crianças, conforme for determinado.

Art. 41 — As pessoas amparadas devem abranger:

a) quer determinadas categorias de assalariados, perfazendo, no mínimo, 50 por cento da totalidade dos assalariados;

b) quer determinadas categorias da população ativa perfazendo, no mínimo, 20 por cento da totalidade dos residentes;

c) quer todos os residentes cujos recursos durante o evento previsto não ultrapassarem determinados limites;

d) quer, no caso de ter sido feita uma declaração nos termos do art. 3º, determinadas categorias de assalariados, perfazendo, no mínimo, 50 por cento dos assalariados que trabalham em empresas industriais que empreguem 20 pessoas, pelo menos.

Art. 42 — As prestações devem consistir:

a) seja em um pagamento periódico concedido a toda pessoa amparada que houver completado o período de carência determinado;

b) seja no fornecimento às crianças, ou para as crianças, de alimentos, roupas, habitação, local para férias ou assistência domiciliar;

c) seja em uma combinação das prestações especificadas nas alíneas a e b.

Art. 43 — As prestações mencionadas no art. 42 deve ser asseguradas, no mínimo, a uma pessoa amparada que houver completado um determinado período de carência, que pode consistir seja em três meses de contribuição ou de emprego, seja em um ano de residência, segundo o que for determinado.

Art. 44 — O valor total das prestações concedidas às pessoas amparadas nos termos do art. 42 deverá ser calculado de forma a corresponder:

a) quer a 3 por cento do salário de um trabalhador comum, adulto, do sexo masculino, determinado de acordo com os dispositivos do art. 66, multiplicado pelo número total de filhos de todas as pessoas protegidas;

b) quer a 1,5 por cento do salário acima multiplicado pelo número total de filhos de todos os residentes.

Art. 45 — Se as prestações consistirem em um pagamento periódico, devem ser concedidas durante toda a duração do evento.

PARTE VIII
PRESTAÇÕES DE MATERNIDADE

Art. 46 — O Membro para o qual a presente Parte da convenção estiver em vigor, deve assegurar prestações de maternidade às pessoas amparadas, de acordo com os seguintes artigos desta Parte.

Art. 47 — O evento coberto será a gravidez, o parto e suas consequências, bem como a suspensão de ganhos daí decorrente tal como se achar definida na legislação nacional.

Art. 48 — As pessoas amparadas devem abranger:

a) quer todas as mulheres pertencentes a determinadas categorias de assalariados, categorias estas perfazendo, no mínimo, 50 por cento da totalidade dos assalariados e, no que diz respeito à assistência médica à maternidade igualmente as esposas de homens pertencentes a estas mesmas categorias;

b) quer todas as mulheres pertencentes a determinadas categorias de população ativa, categorias estas perfazendo, no mínimo, 20 por cento da totalidade dos residentes e, no que diz respeito à assistência médica à maternidade, igualmente as esposas de homens pertencentes a estas mesmas categorias;

c) quer, no caso de ter sido feita uma declaração nos termos do art. 3º, todas as mulheres pertencentes a determinadas categorias de assalariados, categorias estas perfazendo, no mínimo, 50 por cento da totalidade dos assalariados que trabalham em empresas industriais que empreguem 20 pessoas pelo menos e, no que diz respeito à assistência médica à maternidade, igualmente as esposas de homens pertencentes a estas mesmas categorias.

Art. 49 — 1. No que diz respeito à gravidez, ao parto e às suas consequências, a assistência médica à maternidade deve abranger os serviços mencionados nos §§ 2 e 3 do presente artigo.

2. Os serviços médicos devem abranger, no mínimo:

a) assistência pré-natal, assistência durante o parto e assistência após o parto, prestadas por médico ou por parteira diplomada;

b) hospitalização quando for necessária.

3. Os serviços médicos mencionados no § 2 do presente artigo devem tender a conservar, restabelecer ou melhorar a saúde bem como a capacidade de trabalho da mulher amparada e atender às suas necessidades pessoais.

4. As repartições do Governo ou as instituições encarregadas da administração da assistência médica em caso de maternidade devem incentivar as mulheres amparadas, por todos os meios considerados úteis, a recorrer aos serviços gerais de saúde postos à sua disposição pelas autoridades públicas ou por outros organismos reconhecidos pelas autoridades públicas.

Art. 50 — No que diz respeito à suspensão de proventos decorrentes da gravidez, do parto e de suas consequências, a prestação consistirá em um pagamento periódico calculado de acordo com os dispositivos do art. 65 ou do art. 66. A importância do pagamento periódico poderá variar no decorrer do evento contanto que a importância média seja conforme aos dispositivos precitados.

Art. 51 — As prestações mencionadas nos arts. 49 e 50, no evento coberto, devem ser asseguradas, pelo menos, a uma mulher pertencente às categorias amparadas que houver completado período de carência considerado suficiente para evitar abusos; as prestações mencionadas no art. 49 devem igualmente ser asseguradas às esposas de homens pertencentes às categorias amparadas quando estes completarem o período de carência previsto.

Art. 52 — As prestações mencionadas nos arts. 49 e 50 devem ser concedidas durante toda a duração do evento; todavia, os pagamentos periódicos podem ser limitados a doze semanas, a não ser que um período mais longo de abstenção do trabalho seja imposto ou autorizado pela legislação nacional, caso em que os pagamentos não poderão ser limitados a um período de menor duração.

PARTE IX
APOSENTADORIA POR INVALIDEZ

Art. 53 — O Membro para o qual a presente Parte da convenção estiver em vigor, deve assegurar a aposentadoria por invalidez às pessoas amparadas, de acordo com os seguintes artigos do referido capítulo desta Parte.

Art. 54 — O evento coberto é a incapacidade de exercer uma atividade profissional, de um grau determinado, quando for provável que esta incapacidade seja permanente ou que perdurará após a cessação do auxílio doença.

Art. 55 — As pessoas amparadas devem abranger:

a) quer determinadas categorias de assalariados, perfazendo, no mínimo, 50 por cento da totalidade dos assalariados;

b) quer determinadas categorias da população ativa, perfazendo, no mínimo, 20 por cento da totalidade dos residentes;

c) quer todos os residentes cujos recursos durante o evento não ultrapassarem determinados limites, de acordo com os dispositivos do art. 67;

d) quer, no caso de ter sido feita uma declaração nos termos do art. 3º, determinadas categorias de assalariados, perfazendo, no mínimo 50 por cento da totalidade dos assalariados que trabalhem em empresas industriais que empreguem 20 pessoas, pelo menos.

Art. 56 — A prestação consistirá em um pagamento periódico calculado da seguinte forma:

a) de acordo com os dispositivos do art. 65 ou do art. 66, conforme as pessoas amparadas pertencerem a categorias de assalariados ou a categorias da população ativa;

b) de acordo com os dispositivos do art. 67, quando forem amparadas todas as pessoas cujos recursos durante o evento não ultrapassarem determinados limites.

Art. 57 — 1. A prestação mencionada no art. 56, no evento coberto, deve ser assegurada, pelo menos:

a) a uma pessoa amparada que houver completado antes de se verificar o evento, segundo determinadas regras, um período de carência que pode consistir seja em 15 anos de contribuições, ou seja, em 10 anos de residência;

b) quando, em princípio, todas as pessoas ativas forem amparadas, a uma pessoa que houver completado um período de carência de três anos de

contribuições e em nome da qual foi efetivado, no decurso do período ativo de sua vida, o pagamento de contribuições, cujo número anual médio atinge uma determinada quantia.

2. Quando a prestação mencionada no § 1 estiver subordinada à integração de um período mínimo de contribuições ou de emprego, uma prestação reduzida deve ser assegurada, no mínimo:

a) a uma pessoa amparada que houver completado antes de se verificar o evento, segundo determinadas regras, um período de carência de cinco anos de contribuições ou de emprego;

b) quando, em princípio, todas as pessoas ativas forem amparadas, a uma pessoa que houver completado um período de carência de três anos de contribuições e em nome da qual foi efetuado, no decurso do período ativo de sua vida, o pagamento da metade do número médio de contribuições anuais determinado, ao qual se refere à alínea b do § 1 do presente artigo.

3. Os dispositivos do § 1 do presente artigo considerar-se-ão cumpridos quando uma prestação calculada em conformidade com a Parte XI, mas segundo uma percentagem inferior de 10 unidades àquela que está indicada na tabela anexa à referida Parte para o beneficiário-padrão, for assegurada a toda pessoa amparada que houver completado, segundo as regras determinadas, 5 anos de contribuições, de emprego ou de residência.

4. Uma redução proporcional da porcentagem indicada na tabela anexa à Parte XI pode ser feita quando o período de carência para a prestação correspondente à percentagem reduzida for superior a 5 anos de contribuições ou de emprego, mas inferior a 15 anos de contribuições ou de emprego. Uma prestação reduzida será concedida nos termos do § 2 do presente artigo.

Art. 58 — As prestações mencionadas nos arts. 56 e 57 devem ser concedidas durante toda a duração do evento ou até quando forem substituídas pela velhice.

PARTE X
PENSÃO POR MORTE

Art. 59 — O Membro para o qual a presente Parte do Convênio estiver em vigor deve assegurar às pessoas amparadas a pensão por morte — de acordo com os seguintes artigos desta Parte.

Art. 60 — 1. O evento coberto deve abranger a perda dos meios de subsistência sofrida pela viúva ou filhos em consequência da morte do chefe de família; no caso da viúva, o direito à prestação pode estar subordinado à presunção de que ela é incapaz de prover ao próprio sustento.

2. A legislação nacional poderá suspender a prestação se a pessoa que a ela teria direito exercer determinadas atividades remuneradas, ou poderá diminuir as prestações, se contributivas, quando os ganhos da beneficiária ultrapassarem uma importância determinada e, se não contributivas, quando os ganhos da beneficiária ou seus outros recursos, ou os dois somados, ultrapassarem uma importância determinada.

Art. 61 — As pessoas amparadas devem abranger:

a) quer as esposas e os filhos de chefes de família pertencentes a determinadas categorias de assalariados, perfazendo, no mínimo, 50 por cento da totalidade dos assalariados;

b) quer as esposas e os filhos dos chefes de família pertencentes a determinadas categorias da população ativa, perfazendo, no mínimo, 20 por cento da totalidade dos residentes;

c) quer todas as viúvas e todos os filhos, contanto que possuam a qualidade de residentes, que perderam o chefe de família e cujos recursos durante o evento não ultrapassarem os limites determinados de acordo com os dispositivos do art. 67;

d) quer, no caso de ter sido feita uma declaração nos termos do art. 3º, as esposas e filhos de chefes de família pertencentes a determinadas categorias de assalariados, perfazendo, no mínimo, 50 por cento da totalidade dos assalariados que trabalham em empresas industriais que empreguem 20 pessoas, pelo menos.

Art. 62 — A prestação consistirá em um pagamento periódico calculado da seguinte maneira:

a) de acordo com os dispositivos do art. 65 ou do art. 66, conforme sejam preparadas categorias de assalariados ou categorias da população ativa;

b) de acordo com os dispositivos do art. 67 quando forem amparados todos os residentes cujos recursos durante o evento não ultrapassarem determinados limites.

Art. 63 — 1. A prestação mencionada no art. 62, no evento coberto, deve ser assegurada, no mínimo:

a) a uma pessoa amparada cujo chefe de família houver completado, em conformidade com determinadas regras, um período de carência que pode consistir seja em 15 anos de contribuições ou de emprego, seja em 10 anos de residência;

b) quando, em princípio, as esposas e os filhos de todas as pessoas ativas forem amparadas, a uma pessoa amparada cujo chefe de família houver completado um período de carência de três anos de contribuições, sob a condição de terem sido pagas em nome desse chefe de família, no decurso do período ativo de sua vida, contribuições cujo número médio anual atinja uma determinada quantia.

2. Quando a concessão da prestação mencionada no § 1 estiver subordinada à integração de um período mínimo de contribuição ou de emprego, uma prestação reduzida deve ser assegurada, pelo menos:

a) a uma pessoa amparada cujo chefe de família houver completado, de acordo com determinadas regras, um período de carência de 5 anos de contribuições ou de emprego;

b) quando, em princípio, as esposas e os filhos de todas as pessoas ativas forem amparadas, a uma pessoa amparada cujo chefe de família houver completado um período de carência de 3 anos de contribuições, sob a condição de ter sido efetuado, em nome deste chefe de família, no decurso de sua vida ativa, a metade do número médio anual de contribuições ao qual se refere à alínea b do § 1 do presente artigo.

3. Os dispositivos do § 1 do presente artigo considerar-se-ão cumpridos quando, no mínimo, uma prestação calculada em conformidade com a Parte XI, porém, segundo uma porcentagem inferior de 10 unidades à prestação indicada na tabela anexa àquela Parte para o beneficiário-padrão for assegurada a toda pessoa amparada cujo chefe de família houver completado, de acordo com determinadas regras, 5 anos de contribuições, de emprego ou de residência.

4. Uma redução proporcional da porcentagem indicada na tabela anexa à Parte XI pode ser feita quando o período de carência para a prestação que corresponde à porcentagem reduzida for superior a 5 anos de contribuições ou de emprego, porém inferior a 15 anos de contribuições ou de emprego. Uma prestação reduzida será concedida de acordo com o § 2 do presente artigo.

5. Uma duração mínima do casamento pode ser estipulada para que uma viúva sem filho, presumida incapaz de prover à própria subsistência, tenha direito à pensão por morte.

Art. 64 — As prestações mencionadas nos arts. 62 e 63 devem ser concedidas durante toda a duração do evento.

PARTE XI
CÁLCULO DOS PAGAMENTOS PERIÓDICOS

Art. 65 — 1. Para todo pagamento periódico ao qual se aplica o presente artigo, o montante da prestação acrescido do montante das prestações de família concedidas durante o evento, deverá ser tal que, para o beneficiário-padrão, objeto da tabela anexa à presente Parte, seja, no mínimo, igual, para o evento em apreço, à porcentagem indicada nessa tabela com relação ao total dos ganhos anteriores do beneficiário ou de seu chefe de família e do montante das prestações às famílias concedidas a uma pessoa amparada tendo os mesmos encargos de família que o beneficiário-padrão.

2. Os ganhos anteriores do beneficiário ou de seu chefe de família serão calculados em conformidade com as regras determinadas e, quando as pessoas amparadas ou seus chefes de família estiverem distribuídos em classes, de acordo com os respectivos ganhos anteriores, poderão ser calculados segundo os ganhos básicos das classes às quais pertencerem.

3. Um máximo poderá ser prescrito para o montante da prestação ou para os ganhos que são levados em conta para o cálculo da prestação, sob a condição de que esse máximo seja estabelecido de maneira a garantir o cumprimento dos dispositivos do § 1 do presente artigo no caso em que os ganhos anteriores do beneficiário ou de seu chefe de família sejam inferiores ou iguais ao salário de um operário qualificado do sexo masculino.

4. Os ganhos anteriores do beneficiário ou de seu chefe de família, o salário do operário qualificado do sexo masculino, a prestação geral e as de família serão calculados sobre os mesmos tempos-base.

5. Para os outros beneficiários, a prestação será fixada de maneira a representar uma proporção equitativa da do beneficiário-padrão.

6. Para os fins da aplicação do presente artigo, um operário qualificado do sexo masculino será:

a) quer um instalador ou um torneiro na indústria mecânica, exceto a de máquinas elétricas;

b) quer um operário qualificado padrão, definido de acordo com os dispositivos do parágrafo seguinte;

c) quer uma pessoa cujos ganhos sejam iguais ou superiores aos ganhos de 75 por cento de todas as pessoas amparadas, fixados em base anual ou com base em um período mais curto, conforme o que for determinado;

d) quer uma pessoa cujos ganhos são iguais a 125 por cento dos ganhos médios de todas as pessoas amparadas.

7. O operário qualificado padrão, para a aplicação da alínea b do parágrafo precedente, será escolhido na classe que abranger o maior número de pessoas do sexo masculino amparadas pelo evento em apreço ou de chefes de família de pessoas amparadas, no ramo que ocupa o maior número destas pessoas amparadas ou destes chefes de família; com esta finalidade utilizar-se-á a classificação internacional padrão, por indústria, de todos os ramos da atividade econômica, adotada pelo Conselho Econômico e Social da Organização das Nações Unidas na sua Sétima Sessão, a 27 de agosto de 1948, que se acha reproduzida no anexo à presente Convenção, levando-se em conta quaisquer modificações por ventura introduzidas.

8. Quando as prestações variarem de uma região para outra, um operário qualificado, do sexo masculino, poderá ser escolhido em cada região de acordo com os dispositivos dos §§ 6 e 7 do presente artigo.

9. O salário do operário qualificado, do sexo masculino, será estipulado na base do salário para um número normal de horas de trabalho fixado por convenções coletivas ou, na falta destes, pela legislação nacional ou, ainda, em virtude desta última, pelo uso, inclusive dos abonos de carestia de vida, se for o caso; quando os salários assim fixados variarem de uma região para outra e no caso de o § 8 do presente artigo não ser aplicável, tomar-se-á um salário médio.

10. Os montantes dos pagamentos periódicos concedidos a título de aposentadoria por velhice, em caso de acidentes de trabalho e de doenças profissionais (com exceção das que são abrangidas pela incapacidade para o trabalho), à invalidez e em caso de morte do chefe de família deverão ser reajustados sempre que houver variações sensíveis no nível geral dos ganhos devidas a variações sensíveis do custo de vida.

Art. 66 — 1. Para todo pagamento periódico ao qual se aplica o presente artigo, o montante da prestação acrescido do montante das prestações de família concedidas durante o evento deverá ser tal que, para o beneficiário padrão, objeto da tabela anexa ao presente capítulo, seja, no mínimo, igual, para o evento em apreço, à porcentagem indicada nessa tabela com relação ao total do salário do trabalhador comum, adulto do sexo masculino e do montante das prestações de família concedidas a uma pessoa amparada tendo os mesmos encargos de família que o beneficiário-padrão.

2. O salário do trabalhador comum, adulto, do sexo masculino, a prestação geral e os de família serão calculados sobre os mesmos tempos-base.

3. Para os outros beneficiários, a prestação será estipulada de forma a representar uma proporção equitativa da do beneficiário-padrão.

4. Para a aplicação do presente artigo, o trabalhador comum, do sexo masculino será:

a) quer um trabalhador-padrão na indústria mecânica, exceto a de máquinas elétricas;

b) quer um trabalhador-padrão, de acordo com a definição contida nos dispositivos do parágrafo seguinte.

5. O trabalhador-padrão para a aplicação da alínea b do parágrafo precedente será escolhido na classe que abranger o maior número de pessoas do sexo masculino amparadas pelo evento em apreço ou de chefes de família de pessoas amparadas, no ramo que ocupa o maior número destas pessoas

amparadas ou destes chefes de família; com esta finalidade, utilizar-se-á a classificação internacional padrão, por indústria, de todos os ramos da atividade econômica, adotada pelo Conselho Econômico e Social da Organização das Nações Unidas na sua Sétima Sessão, a 27 de agosto de 1948, que se acha reproduzida no anexo à presente convenção, levando-se em conta quaisquer modificações por ventura introduzidas.

6. Quando as prestações variarem de uma região para outra, um trabalhador comum, adulto, do sexo masculino poderá ser escolhido em cada região de acordo com os dispositivos dos §§ 4 e 5 do presente artigo.

7. O salário do trabalhador comum, adulto, do sexo masculino será estipulado na base do salário para um número normal de horas de trabalho fixado por convenções coletivas ou, na falta destas, pela legislação nacional, ou, ainda, em virtude desta última, pelo uso inclusive dos abonos de carestia de vida, se for o caso; quando os salários assim fixados variarem de uma região para outra e, no caso do § 6 do presente artigo não ser aplicável, tomar-se-á um salário médio.

8. Os montantes dos pagamentos periódicos concedidos a título de aposentadoria por velhice, em caso de acidentes de trabalho e de doenças profissionais (com exceção dos que são abrangidas pela incapacidade para o trabalho), à invalidez e em caso de morte do chefe de família, deverão ser reajustados sempre que houver variações sensíveis no nível geral dos ganhos devidos a variações sensíveis do custo de vida.

Art. 67 — Para todo pagamento periódico ao qual se aplica o presente artigo:

a) o montante da prestação deve ser fixado de acordo com uma tarifa determinada ou de acordo com uma tarifa estabelecida pelas autoridades públicas competentes em conformidade com as regras determinadas;

b) o montante da prestação só pode ser reduzido na medida em que os outros recursos da família do beneficiário ultrapassarem os montantes substanciais prescritos ou fixados pelas autoridades públicas competentes de acordo com as regras determinadas;

c) o total da prestação e dos outros recursos, dedução feita dos montantes substanciais, objeto da alínea b acima, deve ser suficiente para garantir à família do beneficiário condições de vida sadias e adequadas e não deve ser inferior ao montante da prestação calculada de acordo com os dispositivos do art. 66;

d) os dispositivos da alínea c considerar-se-ão cumpridos se o montante total das prestações pagas em observância ao capítulo em apreço ultrapassar de, pelo menos, 30 por cento o montante total das prestações que se obteria aplicando os dispositivos do art. 66 e os dispositivos da:

I) alínea b do art. 15 para o Capítulo III;
II) alínea b do art. 27 para o Capítulo V;
III) alínea b do art. 55 para o Capítulo IX;
IV) alínea b do art. 51 para o Capítulo X;

Tabela (Anexa à Parte XI)

Parte	Evento coberto	Beneficiário-padrão	Percentagem
III	Doença	Homem tendo esposa e 2 filhos	45
IV	Desemprego	Homem tendo esposa e 2 filhos	45
V	Velhice	Homem tendo esposa em idade de aposentadoria	40
VI	Acidentes de Trabalho e Doença Profissionais:		
	Incapacidade para o trabalho	Homem tendo esposa e 2 filhos	50
	Invalidez	Homem tendo esposa e 2 filhos	50
	Sobreviventes	Viúva tendo 2 filhos	40
VIII	Maternidade	Mulher	45
IX	Invalidez	Homem tendo esposa e 2 filhos	40
X	Sobreviventes	Viúva tendo 2 filhos	40

PARTE XII
IGUALDADE DE TRATAMENTO PARA OS RESIDENTES ESTRANGEIROS

Art. 68 — 1. Os residentes não nacionais devem gozar dos mesmos direitos que os residentes nacionais. Todavia, no que diz respeito às prestações ou às frações de prestações financiadas exclusivamente ou em sua maior parte pelos cofres públicos e, no que se refere aos regimes transitórios, podem ser prescritas disposições especiais relativamente aos estrangeiros e aos nacionais nascidos fora do território do Estado-Membro.

2. Nos sistemas de previdência social contributiva, cujo amparo se destina aos assalariados, as pessoas amparadas que são nacionais de um outro Membro que aceitou as obrigações decorrentes do capítulo em apreço do Convênio, devem, com relação ao referido capítulo, gozar dos mesmos direitos que os nacionais do Membro interessado. Todavia, a aplicação do presente parágrafo pode estar subordinada à existência de um acordo bilateral ou multilateral prevendo a reciprocidade.

PARTE XIII
DISPOSIÇÕES GERAIS

Art. 69 — Uma prestação à qual uma pessoa amparada teria direito em virtude da aplicação de qualquer das Partes de II a X da presente convenção pode ser suspensa de uma forma a ser determinada:

a) enquanto o interessado não se encontrar no território do Membro;

b) enquanto o interessado estiver sendo sustentado pelos cofres públicos ou às custas de uma instituição ou de um serviço de previdência social; todavia, se a prestação exceder o custo desse sustento, a diferença deve ser paga às pessoas dependentes do beneficiário;

c) quando o interessado receber em espécie uma outra prestação de seguridade social, com exceção da prestação de família e, durante todo tempo que ele receber de terceiros um auxílio em virtude da mesma eventualidade prevista, com a ressalva de que a parte suspensa da prestação não exceda a outra prestação ou o auxílio recebido de terceiros;

d) quando o interessado tiver agido fraudulentamente para obter uma prestação;

e) quando o evento for provocado por delito cometido pelo interessado;

f) quando o evento for provocado por falta intencional do interessado;

g) nos casos apropriados, quando o interessado, por negligência, deixar de se utilizar dos serviços de assistência médica ou de readaptação postos à sua disposição ou não observar as regras determinadas para a verificação do evento ou para a conduta dos beneficiários;

h) no que diz respeito à prestação de desemprego, quando o interessado deixar de se utilizar dos serviços de procura de emprego à sua disposição;

i) no que diz respeito às prestações de desemprego, quando o interessado tiver perdido seu emprego em consequência direta de uma paralisação de trabalho devida a um dissídio profissional ou quando tiver abandonado o trabalho espontaneamente sem justo motivo;

j) no que diz respeito à pensão por morte, enquanto a viúva viver em concubinato.

Art. 70 — 1. Todo requerente deve ter o direito de apelar em caso de recusa da prestação ou de contestação quanto à qualidade ou quantidade da mesma.

2. Quando, na aplicação da presente convenção, a administração da assistência médica estiver a cargo de um departamento do Governo responsável perante o Congresso, o direito de apelar previsto no § 1 do presente artigo, pode ser substituído pelo direito de requerer o exame, por parte da autoridade competente, de toda reclamação tendo por objeto a recusa de assistência médica ou a qualidade da assistência médica recebida.

3. Quando os requerimentos forem submetidos a tribunais especiais instituídos para tratar de questões de seguridade social e nos quais as pessoas amparadas estejam representadas, o direito de apelação pode não se concedido.

Art. 71 — 1. O custo das prestações concedidas em consequência da aplicação da presente convenção e os gastos de administração dessas prestações devem ser financiados coletivamente por meio de contribuições ou de impostos ou pelos dois meios conjuntamente, de acordo com modalidades que evitem que as pessoas de poucos recursos tenham que suportar encargos por demais pesados e levem em consideração a situação econômica do Membro e das categorias de pessoas amparadas.

2. O total das contribuições de seguro a cargo dos assalariados amparados não deve ultrapassar 50 por cento do total dos recursos destinados ao amparo dos assalariados, de suas esposas e filhos. Para verificar se esta condição está sendo cumprida, todas as prestações concedidas pelo Membro em aplicação da convenção poderão ser consideradas em conjunto, com exceção das prestações de família e em caso de acidente de trabalho e de doenças profissionais, se estas últimas estiverem afeitas a um departamento especial.

3. O Membro deve assumir uma responsabilidade geral no que diz respeito às prestações concedidas em cumprimento à presente convenção e tomar todas as medidas necessárias para atingir as finalidades visadas; deve, se preciso for, certificar-se de que os estudos e cálculos necessários referentes ao equilíbrio financeiro são periodicamente executados por atuários e, em qualquer caso, antes de qualquer modificação das prestações, da taxa de contribuições de seguro ou dos impostos destinados à cobertura dos eventos em apreço.

Art. 72 — 1. Quando a administração não estiver assegurada por uma instituição regulamentada pelas autoridades públicas ou por uma repartição do Governo responsável perante o Congresso, representantes das pessoas amparadas devem tomar parte na administração ou estar ligadas a ela com atribuições consultivas, nas condições determinadas; a legislação nacional pode também prever a participação de representantes dos empregadores e das autoridades públicas.

2. O Membro deve assumir uma responsabilidade geral da boa administração das instituições e serviços que contribuem para a aplicação da presente convenção.

PARTE XIV
DISPOSIÇÕES DIVERSAS

Art. 73 — A presente Convenção não se aplicará:

a) aos eventos ocorridos antes da entrada em vigor da Parte correspondente da convenção para o Membro interessado;

b) às prestações em caso de eventos ocorridos depois da entrada em vigor da Parte correspondente da Convenção para o Membro interessado, na medida em que os direitos a estas prestações provierem de períodos anteriores à data da referida entrada em vigor.

Art. 74 — A presente Convenção não se deve considerar como implicando na revisão de quaisquer convenções já existentes.

Art. 75 — Quando assim for determinado em uma convenção adotada pela Conferência em data ulterior e que tenha por objeto uma ou várias matérias tratadas na presente, os dispositivos da presente Convenção que forem especificados na nova, cessarão de vigorar para todo Membro que ratificar esta última, desde a sua entrada em vigor para o Membro interessado.

Art. 76 — 1. O Membro que ratificar a presente convenção, obriga-se a fornecer no relatório anual sobre a aplicação da convenção que deve apresentar nos termos do art. 22 da Constituição da Organização Internacional do Trabalho:

a) informações completas sobre a legislação que tornar efetivos os dispositivos da convenção;

b) as provas de que cumpriu as exigências estatísticas formuladas:

i) nos arts. 9º a, b, c ou d; 15 a, b ou d; 21 a ou c; 27 a, b ou d; 33 a ou b; 41 a, b ou d; 48 a, b ou c; 55 a, b ou d; 61 a, b ou d, quanto ao número de pessoas amparadas;

II) nos arts. 44, 65, 66 ou 67, no que diz respeito ao montante das prestações;

III) na alínea a do § 2 do art. 18, no que diz respeito à duração do auxílio-doença;

IV) no § 2 do art. 24, no que diz respeito à duração das prestações de desemprego;

V) no § 2 do art. 71, no que diz respeito à proporção dos recursos provenientes das contribuições de seguro dos assalariados amparados; as quais, tanto quanto possível, em conformidade com as sugestões do Conselho Administrativo da Repartição Internacional do Trabalho, a fim de se obter maior uniformidade a este respeito.

2. O Membro que ratificar a presente convenção encaminhará ao Diretor-Geral da Repartição Internacional do Trabalho, a intervalos apropriados, de acordo com as decisões do Conselho Administrativo, relatórios sobre a situação de sua legislação e de suas práticas com relação aos dispositivos das Partes de II a X que ainda não tenham sido especificados na ratificação da Convenção por sua parte, nem em notificação ulterior nos termos do art. 4.

Art. 77 — 1. A presente convenção não se aplica nem aos marinheiros nem aos pescadores marítimos; dispositivos para o amparo dos marinheiros e dos pescadores marítimos foram adotados pela Conferência Internacional do Trabalho na Convenção sobre a Seguridade Social dos Marítimos, 1946, e, na Convenção sobre Aposentadoria dos Marítimos, 1946.

2. Um Membro pode excluir os marinheiros e os pescadores marítimos do número, quer dos assalariados, quer das pessoas da população ativa, quer dos residentes, tomados por base para o cálculo da porcentagem dos assalariados ou dos residentes que são amparados nos termos de qualquer uma das Partes de II a X abrangidos pela sua ratificação.

PARTE XV
DISPOSIÇÕES FINAIS

Art. 78 — As ratificações formais da presente convenção serão comunicadas ao Diretor-Geral da Repartição Internacional do Trabalho e por ele registradas.

Art. 79 — 1. A presente convenção será obrigatória somente para os Membros da Organização Internacional do Trabalho cuja ratificação tiver sido registrada pelo Diretor-Geral.

2. Esta convenção entrará em vigor doze meses após terem sido registradas pela Diretor-Geral as ratificações de dois Membros.

3. Em seguida, a Convenção entrará em vigor para cada Membro doze meses após a data em que sua ratificação tiver sido registrada.

Art. 80 — 1. As declarações comunicadas ao Diretor-Geral da Repartição Internacional do Trabalho, nos termos do § 2 do art. 35 da Constituição da Organização Internacional do Trabalho, deverão indicar:

a) os territórios para os quais o Membro interessado se compromete a que as disposições da convenção ou alguns de seus capítulos sejam aplicados sem modificações;

b) os territórios para os quais o Membro interessado se compromete no sentido de que os dispositivos da Convenção ou alguma de suas Partes sejam aplicadas com modificações e em que consistem tais modificações;

c) os territórios onde a Convenção não poderá ser aplicada e, nesses casos, as razões por que não pode ser aplicada;

d) os territórios para os quais reserva sua decisão na dependência de um estudo mais pormenorizado da situação dos referidos territórios.

2. Os compromissos mencionados nas alíneas a e b do primeiro parágrafo do presente artigo formarão parte integrante da ratificação e produzirão efeitos idênticos.

3. O Membro poderá renunciar, mediante nova declaração, a todas ou à parte das restrições contidas em sua declaração anterior em virtude das alíneas b, c e d do presente artigo.

4. O Membro poderá, durante os períodos do decurso dos quais a presente Convenção pode ser denunciada, de acordo com o disposto no art. 82, transmitir ao Diretor-Geral uma nova declaração modificando em qualquer sentido os termos de toda declaração anterior e dando a conhecer a situação em determinados territórios.

Art. 81 — 1. As declarações comunicadas ao Diretor-Geral da Repartição Internacional do Trabalho nos termos dos §§ 4 e 5 do art. 35 da Constituição da Organização Internacional do Trabalho devem indicar se os dispositivos do convênio ou Partes aos quais estes dispositivos se referem serão aplicados no território com ou sem modificações; quando a declaração indicar que os dispositivos da convenção ou de certas de suas Partes serão aplicados com a ressalva de modificações, deve especificar em que consistem as referidas modificações.

2. O Membro ou os Membros ou a autoridade internacional interessados poderão renunciar completamente ou em parte, mediante declaração ulterior, ao direito de invocar uma modificação indicada em uma declaração anterior.

3. O Membro ou os Membros ou a autoridade internacional interessados poderão, durante os períodos no decurso dos quais a convenção pode ser denunciada, de acordo com o disposto no art. 82, transmitir ao Diretor-Geral uma nova declaração que modifique em qualquer sentido os termos de uma declaração anterior e dando a conhecer a situação no que diz respeito à aplicação desta convenção.

Art. 82 — 1. O Membro que ratificar a presente convenção, pode, ao término de um período de 10 anos após a data inicial da entrada em vigor, denunciar a mesma ou uma ou várias das Partes de II a X, mediante comunicação ao Diretor-Geral da Repartição Internacional do Trabalho, a que será por este registrada. A denúncia terá efeito somente um ano depois de ter sido registrada.

2. O Membro, que ratificar a presente convenção, e que, no prazo de um ano após a expiração do período de 10 anos mencionado no parágrafo precedente, não fizer uso da faculdade de denúncia prevista no presente artigo, ficará obrigado por um novo período de 10 anos e, em seguida, poderá denunciar o Convênio, ou uma ou várias de suas Partes de II a X, ao término de cada período de 10 anos, nas condições previstas no presente artigo.

Art. 83 — 1. O Diretor-Geral da Repartição Internacional do Trabalho notificará todos os Membros da Organização Internacional do Trabalho do registro de todas as ratificações, declarações e denúncias que lhe forem comunicadas pelos Membros da Organização.

2. Ao notificar os Membros da Organização da segunda ratificação que lhe for comunicada, o Diretor-Geral chamará a atenção dos Membros da Organização sobre a data na qual a presente convenção entrará em vigor.

Art. 84 — O Diretor-Geral da Repartição Internacional do Trabalho transmitirá ao Secretário-Geral das Nações Unidas, para o devido registro nos termos do art. 102 da Carta das Nações Unidas, informações completas com respeito a todas as ratificações e declarações e todos os atos de denúncia que houver registrado, de acordo com os artigos precedentes.

Art. 85 — Toda vez que julgar necessário, o Conselho Administrativo da Repartição Internacional do Trabalho apresentará à Conferência Geral um relatório sobre a aplicação da presente convenção e examinará a conveniência de inscrever na ordem do dia da Conferência a questão de sua revisão, total ou parcial.

Art. 86 — 1. No caso de a Conferência adotar uma nova convenção, que importe na revisão total ou parcial, da presente Convenção e, a menos que a nova convenção disponha de modo diverso:

a) a ratificação por um Membro da nova convenção que importar na revisão, resultará, de pleno direito, não obstante o art. 82 acima na imediata denúncia desta última com a ressalva de que a nova convenção tenha entrado em vigor;

b) a partir da data da entrada em vigor da nova convenção que importar na revisão, a presente convenção cessará de estar aberta à ratificação por parte dos Membros.

2. Em qualquer caso, a presente convenção continuará em vigor, em sua forma e teor, para os Membros que a hajam ratificado e que não ratificarem a convenção que importar na sua revisão.

Art. 87 — As versões francesa e inglesa do texto da presente Convenção fazem igualmente fé.

ANEXO

Classificação Internacional Padrão, por Indústria, de todos os Ramos da Atividade Econômica
Nomenclatura dos ramos e das classes

Ramo 0. Agricultura, silvicultura, caça e pesca:

01. Agricultura e criação.

02. Silvicultura e exploração florestal.

03. Caça, caça por meio de armadilhas e repovoamento das tapadas.

04. Pesca.

Ramo 1. Indústrias de extração:

11. Extração de carvão.

12. Extração de minérios.

13. Petróleo bruto e gás natural.

14. Extração de pedra para construção, barro e saibro.

15. Extração de minérios não metalíferos, não classificados emoutro lugar.

Ramo 2-3. Indústrias manufatureiras:

20. Indústrias de gêneros alimentícios (com exceção de bebidas).

21. Indústrias de bebidas.

22. Indústrias de fumo.

23. Indústrias têxteis.

24. Fabricação de calçados, artigos de vestuário e outros artigos feitos com matérias têxteis.

25. Indústrias de madeira e cortiça (com exceção da indústriade móveis).

26. Indústrias de móveis e de mobiliário.

27. Indústrias de papel e fabricação de artefatos de papel.

28. Tipografias, publicações e indústrias congêneres.

29. Indústrias de couro e de artefatos de couro (com exceção de calçados).

30. Indústrias de borracha.

31. Indústrias químicas e de produtos químicos.

32. Indústrias dos subprodutos do petróleo e do carvão.

33. Indústrias de produtos minerais não metálicos (com exceção dos subprodutos do petróleo e do carvão).

34. Indústrias metalúrgicas de base.

35. Fabricação de artefatos de metal (com exceção de máquinas e material de transporte).

36. Construção de máquinas (com exceção de máquinas elétricas).

37. Construção de máquinas, aparelhos e materiais elétricos.

38. Construção de material de transporte.

39. Indústrias manufatureiras diversas.

Ramo 4. Construção:

40. Construção.

Ramo 5. Eletricidade, gás, água e serviços de saneamento:

51. Eletricidade, gás e vapor.

52. Serviços de águas e serviços de saneamento.

Ramo 6. Comércio, Bancos, Companhias de Seguro, Empresas Imobiliárias.

61. Comércio por atacado e a varejo.

62. Bancos e outros estabelecimentos financeiros.

63. Seguros.

64. Empresas imobiliárias.

Ramo 7. Transportes, entrepostos e comunicações:

71. Transportes.

72. Entrepostos e armazéns.

73. Comunicações.

Ramo 8. Serviços.

81. Serviços do Governo.

82. Serviços prestados ao público e às empresas.

83. Serviços de recreação.

84. Serviços pessoais.

Ramo 9. Atividades mal definidas:

Atividades mal definidas."

CONVENÇÃO N. 103

I — Aprovada na 35ª reunião da Conferência Internacional do Trabalho (Genebra — 1952), entrou em vigor no plano internacional em 7.6.58.

II — Dados referentes ao Brasil:

a) aprovação = Decreto Legislativo n. 20, de 30.4.65, do Congresso Nacional;

b) ratificação = 18 de junho de 1965;

c) promulgação = Decreto n. 58.820, de 14.7.66;

d) vigência nacional = 18 de junho de 1966.

"A Conferência Geral da Organização Internacional do Trabalho",

Convocada em Genebra pelo Conselho de Administração da Repartição Internacional do Trabalho, e aí se tendo reunido em 4 de junho de 1952, em sua trigésima quinta sessão.

Depois de haver decidido adotar diversas proposições relativas ao amparo à maternidade, questão que constitui o sétimo ponto da ordem do dia da sessão,

Depois de haver decidido que essas proposições tomariam a forma de uma convenção internacional, adota neste vigésimo oitavo dia de junho de mil novecentos e cinqüenta e dois, a convenção presente, que será denominada 'Convenção sobre o Amparo à Maternidade (Revista), 1952'.

Art. I — 1. A presente convenção aplica-se às mulheres empregadas em empresas industriais bem como às mulheres empregadas em trabalhos não industriais e agrícolas, inclusive às mulheres assalariadas que trabalham em domicílio.

2. Para os fins da presente convenção, o termo "empresas industriais" aplica-se às empresas públicas ou privadas bem como a seus ramos (filiais) e compreende especialmente:

a) as minas, pedreiras e indústrias extrativas de todo gênero;

b) as empresas nas quais produtos são manufaturados, modificados, beneficiados, consertados, decorados, terminados, preparados para a venda, destruídos ou demolidos, ou nas quais matérias sofrem qualquer transformação, inclusive as empresas de construção naval, de produção, transformação e transmissão de eletricidade e de força motriz em geral;

c) as empresas de edificação e de engenharia civil, inclusive os trabalhos de construção, de reparação, de manutenção, de transformação e de demolição;

d) as empresas de transporte de pessoas ou de mercadorias por estrada de rodagem, estrada de ferro, via marítima ou fluvial, via aérea, inclusive a conservação das mercadorias em docas, armazéns, trapiches, entrepostos ou aeroportos.

3. Para os fins da presente convenção, o termo 'trabalhos não industriais' aplica-se a todos os trabalhos executados nas empresas e serviços públicos ou privados seguintes, ou em relação com seu funcionamento:

a) os estabelecimentos comerciais;

b) os correios e os serviços de telecomunicações;

c) os estabelecimentos ou repartições cujo pessoal está empregado sobretudo em trabalhos de escritórios;

d) tipografias e jornais;

e) os hotéis, pensões, restaurantes, clubes, cafés (salões de chá) e outros estabelecimentos onde se servem bebidas, etc.;

f) os estabelecimentos destinados ao tratamento ou hospitalização de doentes, enfermos, indigentes e órfãos;

g) as empresas de espetáculos e diversões públicos;

h) o trabalho doméstico assalariado efetuado em casas particulares; bem como a todos os outros trabalhos não industriais aos quais a autoridade competente decidir aplicar os dispositivos da convenção.

4. Para os fins da presente convenção, o termo 'trabalhos agrícolas' aplica-se a todos os trabalhos executados nas empresas agrícolas, inclusive as plantações (fazendas) e as grandes empresas agrícolas industrializadas.

5. Em todos os casos onde não parece claro se a presente convenção se aplica ou não a uma empresa, a uma filial (ramo) ou a um trabalho determinado, a questão deve ser decidida pela autoridade competente após consulta às organizações representativas de empregadores e empregados interessadas, se existirem.

6. A legislação nacional pode isentar da aplicação da presente convenção as empresas onde os únicos empregados são os membros da família do empregador de acordo com a referida legislação.

Art. II — Para os fins da presente convenção, o termo 'mulher' designa toda pessoa do sexo feminino, qualquer que seja sua idade ou nacionalidade, raça ou crenças religiosas, casada ou não, e o termo 'filho' designa toda criança nascida de matrimônio ou não.

Art. III — 1. Toda mulher a qual se aplica a presente convenção tem o direito, mediante exibição de um atestado médico que indica a data provável de seu parto, a uma licença de maternidade.

2. A duração dessa licença será de doze semanas, no mínimo; uma parte dessa licença será tirada obrigatoriamente depois do parto.

3. A duração da licença tirada obrigatoriamente depois do parto será estipulada pela legislação nacional, não será, porém, nunca inferior a seis semanas; o restante da licença total poderá ser tirado, segundo o que decidir a legislação nacional, seja antes da data provável do parto, seja após a data da expiração da licença obrigatória, ou seja, ainda uma parte antes da primeira destas datas e uma parte depois da segunda.

4. Quando o parto se dá depois da data presumida, a licença tirada anteriormente se acha automaticamente prorrogada até a data efetiva do parto e a duração da licença obrigatória depois do parto não deverá ser diminuída por esse motivo.

5. Em caso de doença confirmada por atestado médico como resultante da gravidez, a legislação nacional deve prever uma licença pré-natal suplementar cuja duração máxima pode ser estipulada pela autoridade competente.

6. Em caso de doença confirmada por atestado médico como corolário do parto, a mulher tem direito a uma prorrogação da licença após o parto cuja duração máxima pode ser estipulada pela autoridade competente.

Art. IV — 1. Quando uma mulher se ausentar de seu trabalho em virtude dos dispositivos do art. 3 acima, ela tem direito a prestações em espécie e a assistência médica.

2. A percentagem das prestações em espécie será estipulada pela legislação nacional de maneira a serem suficientes para assegurar plenamente a subsistência da mulher e de seu filho em boas condições de higiene e segundo um padrão de vida apropriado.

3. A assistência médica abrangerá assistência pré-natal, assistência durante o parto e assistência após o parto prestados por parteira diplomada ou por médico, e bem assim a hospitalização quando for necessária; a livre escolha do médico e a livre escolha entre um estabelecimento público ou privado serão respeitadas.

4. As prestações em espécie e a assistência médica serão concedidas quer nos moldes de um sistema de seguro obrigatório quer mediante pagamentos efetuados por fundos públicos; em ambos os casos serão concedidos de pleno direito a todas as mulheres que preencham as condições estipuladas.

5. As mulheres que não podem pretender, de direito, quaisquer prestações, receberão apropriadas prestações pagas dos fundos de assistência pública, sob ressalva das condições relativas aos meios de existência prescritas pela referida assistência.

6. Quando as prestações em espécie fornecidas nos moldes de um sistema de seguro social obrigatório são estipuladas com base nos proventos anteriores, elas não poderão ser inferiores a dois terços dos proventos anteriores tomados em consideração.

7. Toda contribuição devida nos moldes de um sistema de seguro social obrigatório que prevê a assistência à maternidade, e toda taxa calculada na base dos salários pagos, que seria cobrada tendo em vista fornecer tais prestações, devem ser pagas de acordo com o número de homens e mulheres empregados nas empresas em apreço, sem distinção de sexo, sejam pagas pelos empregadores ou, conjuntamente, pelos empregadores e empregados.

8. Em hipótese alguma, deve o empregador ser tido como pessoalmente responsável pelo custo das prestações devidas às mulheres que ele emprega.

Art. V — 1. Se a mulher amamentar seu filho, será autorizada a interromper seu trabalho com esta finalidade durante um ou vários períodos cuja duração será fixada pela legislação nacional.

2. As interrupções do trabalho para fins de aleitamento devem ser computadas na duração do trabalho e remuneradas como tais nos casos em que a questão seja regulamentada pela legislação nacional ou de acordo com esta; nos casos em que a questão seja regulamentada por convenções coletivas, as condições serão estipuladas de acordo com a convenção coletiva pertinente.

Art. VI — Quando uma mulher se ausentar de seu trabalho em virtude dos dispositivos do art. 3 da presente convenção, é ilegal para seu empregador despedi-la durante a referida ausência ou data tal que o prazo do aviso prévio termine enquanto durar a ausência acima mencionada.

Art. VII — 1. Todo Membro da Organização Internacional do Trabalho que ratifica a presente convenção pode, por meio de uma declaração que acompanha sua ratificação, prever derrogações no que diz respeito:

a) a certas categorias de trabalhos não industriais;

b) a trabalhos executados em empresas agrícolas outras que não plantações;

c) ao trabalho doméstico assalariado efetuado em casas particulares;

d) às mulheres assalariadas trabalhando em domicílio;

e) às empresas de transporte marítimo de pessoas ou mercadorias.

2. As categorias de trabalhos ou de empresas para as quais tenham aplicações os dispositivos do § 1 do presente artigo deverão ser designadas na declaração que acompanha a ratificação da convenção.

3. Todo Membro que fez tal declaração pode a qualquer tempo anulá-la em todo ou em parte por uma declaração ulterior.

4. Todo Membro, com relação ao qual está em vigor uma declaração feita nos termos do § 1 do presente artigo, indicará todos os anos no seu relatório anual sobre a aplicação da presente convenção, a situação de sua legislação e de suas práticas quanto aos trabalhos e empresas aos quais se aplica o referido § 1 em virtude daquela declaração, precisando até que ponto deu execução ou se propõe a dar execução a no que diz respeito aos trabalhos e empresas em apreço.

5. Ao término de um período de cinco anos após a entrada em vigor da presente convenção, o Conselho Administrativo do Bureau Internacional do Trabalho submeterá à Conferência especial com relação à aplicação dessas derrogações e contendo as propostas que julgará oportunas em vista das medidas a serem tomadas a este respeito."

Art. VIII — As ratificações formais da presente convenção serão comunicadas ao Diretor-Geral da Repartição Internacional do Trabalho e por ele registradas.

Art. IX — 1. A presente convenção não obrigará senão aos Membros da Organização Internacional do Trabalho cuja ratificação tenha sido registrada pelo Diretor-Geral.

Art. X — 1. As declarações que forem comunicadas ao Diretor-Geral da Repartição Internacional do Trabalho, de conformidade com o § 2 do art. 35 da Constituição da Organização Internacional do Trabalho, deverão indicar:

a) os territórios nos quais o Membro interessado se compromete a aplicar, sem modificação, as disposições da convenção;

b) os territórios nos quais ele se compromete a aplicar as disposições da convenção com modificações, e em que consistem essas modificações;

c) os territórios aos quais a convenção é inaplicável e, nesse caso, as razões pelas quais ela é inaplicável;

d) os territórios para os quais reserva sua decisão, esperando exame mais aprofundado da respectiva situação.

2. Os compromissos mencionados nas alíneas a e b do parágrafo primeiro do presente artigo serão reputados partes integrantes da ratificação e produzirão idênticos efeitos.

3. Todo Membro poderá renunciar, em nova declaração, no todo ou em parte, às reservas contidas em sua declaração anterior em virtude das alíneas b, c e d, do § 1º do presente artigo.

4. Todo Membro poderá, durante os períodos no curso dos quais a presente convenção pode ser denunciada de conformidade com as disposições do art. 22, comunicar ao Diretor-Geral nova declaração modificando em qualquer outro ponto os termos de qualquer declaração anterior e esclarecendo a situação dos territórios que especificar.

CONVENÇÕES DA OIT RATIFICADAS

Art. XI — 1. As declarações comunicadas ao Diretor-Geral da Repartição Internacional do Trabalho, de conformidade com os §§ 4 e 5 do art. 35 da Constituição da Organização Internacional do Trabalho, devem indicar se as disposições da convenção serão aplicadas no território, com ou sem modificações; quando a declaração indicar que as disposições da convenção serão aplicadas sob reserva de modificações, ela deve especificar em que consistem as ditas modificações.

Art. XII — 1. Todo Membro que tiver ratificado a presente convenção poderá denunciá-la no fim de um período de dez anos depois da data de entrada em vigor inicial da convenção, por ato comunicado ao Diretor-Geral da Repartição Internacional do Trabalho e por ele registrado. A denúncia não terá efeito senão um ano depois de ter sido registrada.

2. Todo Membro que, tendo ratificado a presente convenção, dentro do prazo de um ano depois da expiração do período de dez anos mencionado no parágrafo precedente, não fizer uso da faculdade de denúncia prevista no presente artigo, será obrigado por novo período de dez anos e, depois disso, poderá denunciar a presente convenção no fim de cada período de dez anos, nas condições previstas no presente artigo.

Art. XIII — 1. O Diretor-Geral da Repartição Internacional do Trabalho notificará a todos os Membros da Organização Internacional do Trabalho o registro de todas as ratificações que lhe forem comunicadas pelos Membros da Organização.

2. Notificando aos Membros da Organização o registro da segunda ratificação que lhe for comunicada, o Diretor-Geral chamará a atenção dos Membros da Organização para a data em que a presente Convenção entrar em vigor.

Art. XIV — O Diretor-Geral da Repartição Internacional do Trabalho enviará ao Secretário-Geral das Nações Unidas, para fim de registro, conforme o art. 102 da Carta das Nações Unidas, informações completas a respeito de todas as ratificações, declarações e atos de denúncia que houver registrado conforme os artigos precedentes.

Art. XV — Cada vez que julgar necessário, o Conselho de Administração da Repartição Internacional do Trabalho apresentará à Conferência Geral um relatório sobre a aplicação da presente Convenção e examinará se é necessário inscrever na ordem do dia da Conferência a questão de sua revisão total ou parcial.

Art. XVI — 1. No caso de a Conferência adotar nova convenção de revisão total ou parcial da presente convenção, e a menos que a nova convenção disponha diferentemente:

a) a ratificação, por um Membro, da nova convenção de revisão acarretará, de pleno direito, não obstante o art. 17 acima, denúncia imediata da presente convenção quando a nova convenção de revisão tiver entrado em vigor;

b) a partir da data da entrada em vigor da nova convenção de revisão, a presente convenção cessará de estar aberta à ratificação dos Membros.

2. A presente convenção ficará, em qualquer caso, em vigor, na forma e no conteúdo, para os Membros que a tiverem ratificado e que não tiverem ratificado a convenção de revisão.

Art. XVII — As versões em francês e em inglês do texto da presente convenção fazem igualmente fé."

CONVENÇÃO N. 104

I — Aprovada na 38ª Reunião da Conferência Internacional do Trabalho (Genebra — 1955), entrou em vigor no plano internacional em 7.6.58.

II — Dados referentes ao Brasil:

a) aprovação = Decreto Legislativo n. 20, de 30.4.65, do Congresso Nacional;

b) ratificação = 18 de junho de 1965;

c) promulgação = Decreto n. 58.821, de 14.7.66;

d) vigência nacional = 18 de junho de 1966.

"A Conferência Geral da Organização Internacional do Trabalho,

Convocada em Genebra pelo Conselho de Administração da Repartição Internacional do Trabalho, e reunida nessa cidade a 1º de junho de 1955, com sua trigésima oitava sessão;

Após ter decidido adotar diversas proposições relativas às sanções penais por inadimplemento do contrato de trabalho por parte dos trabalhadores indígenas, questão que constitui o sexto ponto da ordem do dia da sessão;

Após ter decidido que essas proposições tomariam a forma de uma convenção internacional;

Convencida de que é chegado o momento de abolir essas sanções penais, cuja manutenção em uma legislação nacional está em contradição com a concepção moderna das relações contratuais entre empregadores e trabalhadores, bem como com a dignidade humana e os direitos do homem, adota, neste vigésimo primeiro dia de junho de mil novecentos e cinqüenta e cinco, a seguinte convenção, que será denominada 'Convenção sobre a Abolição das Sanções Penais (Trabalhadores Indígenas), 1955':

Art. I — Em todos os países em que o inadimplemento do contrato de trabalho, nos termos do art. 1, § 2, da convenção sobre as sanções penais (trabalhadores indígenas), 1939, por parte dos trabalhadores referidos no art. 1, § 1, da aludida convenção, der lugar a sanções penais, a autoridade competente deverá adotar medidas que visem à abolição de todas as sanções desse gênero.

Art. II — A abolição de todas essas sanções penais deve ser obtida por meio de uma medida apropriada de aplicação imediata.

Art. III — Não sendo considerado possível adotar uma medida apropriada de aplicação imediata devem ser adotadas sempre disposições para a abolição progressiva dessas sanções penais.

Art. IV — As medidas adotadas nos termos do art. 3 acima devem sempre ter como resultado a abolição de todas as sanções penais, tão logo seja possível e, de qualquer forma, dentro do prazo de um ano a partir da ratificação da presente convenção.

Art. V — Tendo em vista a supressão de qualquer discriminação entre trabalhadores indígenas, as sanções penais por inadimplemento do contrato de trabalho, além do caso mencionado no art. 1 da presente convenção, e que não sejam aplicáveis aos trabalhadores não indígenas, devem ser abolidas para os trabalhadores indígenas.

Art. VI — As ratificações formais da presente convenção serão comunicadas ao Diretor-Geral da Repartição Internacional do Trabalho e por ele registradas.

Art. VII — 1. A presente convenção não obrigará senão aos Membros da Organização Internacional do Trabalho cuja ratificação tenha sido registrada pelo Diretor-Geral.

2. Ele entrará em vigor doze meses depois que as ratificações de dois Membros tiverem sido registradas pelo Diretor-Geral.

3. Em seguida, esta convenção entrará em vigor para cada Membro doze meses depois da data em que sua ratificação tiver sido registrada.

Art. VIII — 1. Todo Membro que tiver ratificado a presente convenção poderá denunciá-la no fim de um período de dez anos depois da data da entrada em vigor inicial da convenção, por ato comunicado ao Diretor-Geral da Repartição Internacional do Trabalho e por ele registrado. A denúncia não terá efeito senão um ano depois de ter sido registrada.

2. Todo Membro que, tendo ratificado a presente convenção, dentro do prazo de um ano depois da expiração do período de dez anos mencionado no parágrafo precedente, não fizer uso da faculdade de denúncia prevista no presente artigo, será obrigado por novo período de dez anos e, depois disso, poderá denunciar a presente convenção no fim de cada período de dez anos, nas condições previstas no presente artigo.

Art. IX — 1. O Diretor-Geral da Repartição Internacional do Trabalho notificará a todos os Membros da Organização Internacional do Trabalho o registro de todas as ratificações que lhe forem comunicadas pelos Membros da Organização.

2. Notificando aos Membros da Organização o registro da segunda ratificação que lhe for comunicada, o Diretor-Geral chamará a atenção dos Membros da Organização para a data em que a presente Convenção entrar em vigor.

Art. X — O Diretor-Geral da Repartição Internacional do Trabalho enviará ao Secretário-Geral das Nações Unidas, para fim de registro, conforme o art. 102 da Carta das Nações Unidas, informações completas a respeito de todas as ratificações, declarações e atos de denúncia que houver registrado conforme os artigos precedentes.

Art. XI — Cada vez que julgar necessário, o Conselho de Administração da Repartição Internacional do Trabalho apresentará à Conferência Geral um relatório sobre a aplicação da presente Convenção e examinará se é necessário inscrever na ordem do dia da Conferência a questão de sua revisão total ou parcial.

Art. XII — 1. No caso de a Conferência adotar nova convenção de revisão total ou parcial da presente convenção, e a menos que a nova convenção disponha diferentemente:

a) a ratificação, por um Membro, da nova convenção de revisão acarretará, de pleno direito, não obstante o art. 17 acima, denúncia imediata da presente convenção quando a nova convenção de revisão tiver entrado em vigor;

b) a partir da data da entrada em vigor da nova convenção de revisão, a presente convenção cessará de estar aberta à ratificação dos Membros.

2. A presente convenção ficará, em qualquer caso, em vigor, na forma e no conteúdo, para os Membros que a tiverem ratificado e que não tiverem ratificado a convenção de revisão.

Art. XIII — As versões em francês e em inglês do texto da presente convenção fazem igualmente fé."

CONVENÇÃO N. 105

I — Aprovada na 40ª reunião da Conferência Internacional do Trabalho (Genebra — 1957), entrou em vigor no plano internacional em 17.1.59.

II — Dados referentes ao Brasil:

a) aprovação = Decreto Legislativo n. 20, de 30.4.65, do Congresso Nacional;

b) ratificação = 18 de junho de 1965;

c) promulgação = Decreto n. 58.822, de 14.7.66;

d) vigência nacional = 18 de junho de 1966.

"A Conferência Geral da Organização Internacional do Trabalho,

Convocada em Genebra pelo Conselho de Administração da Repartição Internacional do Trabalho, e tendo-se reunido a 5 de junho de 1957, em sua quadragésima sessão;

Após ter examinado a questão do trabalho forçado, que constitui o quarto ponto da ordem do dia da sessão;

Após ter tomado conhecimento das disposições da convenção sobre o trabalho forçado, 1930;

Após ter verificado que a convenção de 1926, relativa à escravidão, prevê que medidas úteis devem ser tomadas para evitar que o trabalho forçado ou obrigatório produza condições análogas à escravidão, e que a convenção suplementar de 1956 relativa à abolição da escravidão, do tráfico de escravos e de instituições e práticas análogas à escravidão visa a obter a abolição completa da escravidão por dívidas e da servidão;

Após ter verificado que a convenção sobre a proteção do salário, 1949, declara que o salário será pago em intervalos regulares e condena os modos de pagamento que privam o trabalhador de toda possibilidade real de deixar seu emprego;

Após ter decidido adotar outras proposições relativas à abolição de certas formas de trabalho forçado ou obrigatório que constituem uma violação dos direitos ao homem, da forma em que foram previstos pela Carta das Nações Unidas e enunciados na Declaração Universal dos Direitos do Homem;

Após ter decidido que essas proposições tomariam a forma de uma convenção internacional, adota, neste vigésimo quinto dia de junho de mil novecentos e cinqüenta e sete, a convenção que se segue, a qual será denominada 'Convenção sobre a Abolição do Trabalho Forçado, 1957'.

Art. 1 — Qualquer Membro da Organização Internacional do Trabalho que ratifique a presente convenção se compromete a suprimir o trabalho forçado ou obrigatório, e a não recorrer ao mesmo sob forma alguma:

a) como medida de coerção, ou de educação política ou como sanção dirigida a pessoas que tenham ou exprimam certas opiniões políticas, ou manifestem

sua oposição ideológica à ordem política, social ou econômica estabelecida;

b) como método de mobilização e de utilização da mão de obra para fins de desenvolvimento econômico;

c) como medida de disciplina de trabalho;

d) como punição por participação em greves;

e) como medida de discriminação racial, social, nacional ou religiosa.

Art. 2 — Qualquer Membro da Organização Internacional do Trabalho que ratifique a presente convenção se compromete a adotar medidas eficazes, no sentido da abolição imediata e completa do trabalho forçado ou obrigatório, tal como descrito no art. 1 da presente convenção.

Art. 3 — As ratificações formais da presente convenção serão comunicadas ao Diretor-Geral da Repartição Internacional do Trabalho e por ele registradas.

Art. 4 — 1. A presente convenção não obrigará senão aos Membros da Organização Internacional do Trabalho cuja ratificação tenha sido registrada pelo Diretor-Geral.

2. Ele entrará em vigor doze meses depois que as ratificações de dois Membros tiverem sido registradas pelo Diretor-Geral.

3. Em seguida, esta convenção entrará em vigor para cada Membro doze meses depois da data em que sua ratificação tiver sido registrada.

Art. 5 — 1. Todo Membro que tiver ratificado a presente convenção poderá denunciá-la no fim de um período de dez anos depois da data da entrada em vigor inicial da convenção, por ato comunicado ao Diretor-Geral da Repartição Internacional do Trabalho e por ele registrado. A denúncia não terá efeito senão um ano depois de ter sido registrada.

2. Todo Membro que, tendo ratificado a presente convenção, dentro do prazo de um ano depois da expiração do período de dez anos mencionado no parágrafo precedente, não fizer uso da faculdade de denúncia prevista no presente artigo, será obrigado por novo período de dez anos e, depois disso, poderá denunciar a presente convenção no fim de cada período de dez anos, nas condições previstas no presente artigo.

Art. 6 — 1. O Diretor-Geral da Repartição Internacional do Trabalho notificará a todos os Membros da Organização Internacional do Trabalho o registro de todas as ratificações que lhe forem comunicadas pelos Membros da Organização.

2. Notificando aos Membros da Organização o registro da segunda ratificação que lhe for comunicada, o Diretor-Geral chamará a atenção dos Membros da Organização para a data em que a presente Convenção entrar em vigor.

Art. 7 — O Diretor-Geral da Repartição Internacional do Trabalho enviará ao Secretário-Geral das Nações Unidas, para fim de registro, conforme o art. 102 da Carta das Nações Unidas, informações completas a respeito de todas as ratificações, declarações e atos de denúncia que houver registrado conforme os artigos precedentes.

Art. 8 — Cada vez que julgar necessário, o Conselho de Administração da Repartição Internacional do Trabalho apresentará à Conferência Geral um relatório sobre a aplicação da presente Convenção e examinará se é necessário inscrever na ordem do dia da Conferência a questão de sua revisão total ou parcial.

Art. 9 — 1. No caso de a Conferência adotar nova convenção de revisão total ou parcial da presente convenção, e a menos que a nova convenção disponha diferentemente:

a) a ratificação, por um Membro, da nova convenção de revisão acarretará, de pleno direito, não obstante o art. 17 acima, denúncia imediata da presente convenção quando a nova convenção de revisão tiver entrado em vigor;

b) a partir da data da entrada em vigor da nova convenção de revisão, a presente convenção cessará de estar aberta à ratificação dos Membros.

2. A presente convenção ficará, em qualquer caso, em vigor, na forma e no conteúdo, para os Membros que a tiverem ratificado e que não tiverem ratificado a convenção de revisão.

Art. 10 — As versões em francês e em inglês do texto da presente convenção fazem igualmente fé."

CONVENÇÃO N. 106

I — Aprovada na 40ª reunião da Conferência Internacional do Trabalho (Genebra — 1957), entrou em vigor no plano internacional em 4.3.59.

II — Dados referentes ao Brasil:

a) aprovação = Decreto Legislativo n. 20, de 30.4.65, do Congresso Nacional;

b) ratificação = 18 de junho de 1965;

c) promulgação = Decreto n. 58.823, de 14.7.65;

d) vigência nacional = 18 de junho de 1966.

"A Conferência Geral da Organização Internacional do Trabalho,

Convocada em Genebra pelo Conselho de Administração da Repartição Internacional do Trabalho, e reunida nessa cidade a 5 de junho de 1957, em sua quadragésima sessão;

Após ter decidido adotar diversas proposições relativas ao repouso semanal no comércio e nos escritórios, questão que constitui o quinto ponto da ordem do dia da sessão;

Após ter decidido que essas proposições tomariam forma de uma convenção internacional,

Adota, neste vigésimo sexto dia de junho de 1957, a seguinte convenção, que será denominada 'Convenção sobre o Repouso Semanal (Comércio e Escritórios), 1957'.

Art. 1 — Enquanto não forem aplicadas, seja pela iniciativa dos organismos oficiais de fixação de salários, seja por meio de convenções coletivas ou de sentenças arbitrais, seja por qualquer outra maneira, condizente com a prática nacional e possivelmente apropriada às condições nacionais, as disposições da presente convenção, deverão ser aplicadas por meio de legislação nacional.

Art. 2 — A presente convenção se aplica a todo o pessoal, inclusive aprendizes, de estabelecimentos, instituições ou administrações abaixo mencionados, sejam eles privados ou públicos:

a) os estabelecimentos comerciais;

b) os estabelecimentos, instituições ou administrações cujo pessoal se ocupe principalmente de trabalho de escritório, inclusive os escritórios das profissões liberais;

c) na medida em que as pessoas interessadas não estejam ocupadas em estabelecimentos mencionados no art. 8, nem submetidas à regulamentação nacional ou a outras disposições reguladoras do repouso semanal na indústria, nas minas, nos transportes ou na agricultura.

I) os serviços comerciais de qualquer outra espécie de estabelecimento;

II) os serviços de qualquer outro estabelecimento, nos quais o pessoal se ocupe principalmente de um trabalho de escritório;

III) os estabelecimentos que se revistam ao mesmo tempo de um caráter comercial e industrial.

Art. 3 — 1. A presente convenção aplicar-se-á igualmente ao pessoal dos seguintes estabelecimentos que os Membros, ao ratificar a convenção, enumerarão em uma declaração anexa à ratificação:

a) os estabelecimentos, instituições e administrações fornecedoras de serviços de ordem pessoal;

b) os serviços de correios e de telecomunicações;

c) os serviços de imprensa;

d) as empresas de espetáculos e de divertimentos públicos.

2. Qualquer Membro que ratifique a presente convenção poderá, em seguida, remeter ao Diretor-Geral da Repartição Internacional do Trabalho declaração que indique aceitar as obrigações da convenção para os estabelecimentos enumerados no parágrafo precedente, que não tiverem sido mencionados eventualmente em uma declaração anterior.

3. Qualquer Membro que tiver ratificado a presente convenção deverá indicar, em seus relatórios anuais a submeter em virtude do art. 22 da Constituição da Organização Internacional do Trabalho, em que medida aplicou ou pretende aplicar as disposições da convenção no tocante àqueles estabelecimentos citados no § 1 do presente artigo que não tiverem sido abrangidos por uma declaração feita de acordo com os §§ 1 e 2, e quais são os progressos que se verificaram no sentido da aplicação progressiva da convenção a tais estabelecimentos.

Art. 4 — 1. Sempre que necessário, medidas apropriadas serão adotadas para determinar a linha de demarcação entre os estabelecimentos aos quais se aplica a presente convenção e os demais estabelecimentos.

2. Em todos os casos, em que haja dúvida sobre a aplicação da presente convenção a um determinado estabelecimento, instituição ou administração, a questão será resolvida, seja pela autoridade competente após consulta às organizações representativas de empregadores e de trabalhadores interessadas, caso existam, seja por qualquer outro método de acordo com a legislação e a prática nacionais.

Art. 5 — A autoridade competente ou o organismo apropriado, em cada país, poderá excluir do campo de aplicação da presente convenção:

a) os estabelecimentos em que trabalhem somente os membros da família do empregador, contanto que não sejam assalariados nem possam ser considerados como tais;

b) as pessoas que ocupam um posto de alta direção.

Art. 6 — 1. Todas as pessoas às quais se aplica a presente convenção terão direito, sob ressalva das derrogações previstas nos artigos seguintes, a um período de repouso semanal, compreendendo um mínimo de vinte e quatro horas consecutivas, no decorrer de cada período de sete dias.

2. O período de repouso semanal será, sempre que possível, concedido simultaneamente a todas as pessoas interessadas de um mesmo estabelecimento.

3. O período de repouso semanal, sempre que possível, coincidirá com o dia da semana reconhecido como o dia de repouso pela tradição ou pelos usos do país ou da região.

4. As tradições e os usos das minorias religiosas serão respeitados, sempre que possível.

Art. 7 — 1. Quando a natureza do trabalho, a índole dos serviços fornecidos pelo estabelecimento, a importância da população a ser atendida ou o número das pessoas empregadas não permitam a aplicação das disposições do art. 6, medidas poderão ser tomadas, pela autoridade competente ou pelo organismo apropriado em cada país, para submeter, se for o caso, determinadas categorias de pessoas ou de estabelecimentos, compreendidas no campo de aplicação da presente convenção, a regimes especiais de repouso semanal, levando em devida conta toda consideração social ou econômica pertinente.

2. As pessoas às quais se aplicam esses regimes especiais terão direito, para cada período de sete dias, a um período de duração total equivalente, pelo menos, ao período previsto no art. 6.

3. As disposições do art. 6 aplicar-se-ão, todavia, ao pessoal empregado nas dependências dos estabelecimentos submetidos a regimes especiais, as quais, se autônomas, estariam submetidas às disposições do precitado artigo.

4. Qualquer medida relativa à aplicação das disposições dos §§ 1, 2 e 3 do presente artigo deverá ser objeto de consulta às organizações representativas dos empregadores e dos trabalhadores interessadas, caso existam.

Art. 8 — 1. Derrogações temporárias, totais ou parciais (inclusive suspensões ou diminuições de repouso), às disposições dos arts. 6 e 7, poderão ser autorizadas em cada país, seja pela autoridade competente, seja de acordo com qualquer outro método aprovado pela autoridade competente e em conformidade com a legislação e a prática nacional:

a) em caso de acidente, ocorrido ou iminente, e em caso de força maior ou de trabalhos urgentes a se realizarem nas instalações, mas unicamente na medida necessária para evitar que um distúrbio grave venha a prejudicar o funcionamento normal do estabelecimento;

b) em caso de excesso extraordinário de trabalho, resultante de circunstâncias especiais, sempre que não se possa normalmente esperar do empregador que recorra a outras medidas;

c) para evitar a perda de mercadorias perecíveis.

2. Quando se tratar de determinar os casos em que as derrogações temporárias poderão ser concedidas de conformidade com as disposições das alíneas b e c do parágrafo precedente, as organizações representativas dos empregadores e dos trabalhadores interessadas serão consultadas, caso existam.

3. Quando as derrogações temporárias tiverem sido aplicadas nas condições previstas pelo presente artigo, um repouso compensatório, de uma duração total ao menos igual àquela do período mínimo previsto no art. 6, será concedido aos interessados.

Art. 9 — Na medida em que a regulamentação dos salários seja fixada pela legislação ou dependa das autoridades administrativas, nenhuma redução do salário das pessoas consideradas pela presente convenção deverá resultar, da aplicação das medidas tomadas em conformidade com a convenção.

Art. 10 — 1. Medidas apropriadas serão tomadas para assegurar a boa aplicação das regras ou disposições relativas ao repouso semanal, por inspeção adequada ou por outros meios.

2. Se os meios pelos quais se dá cumprimento às disposições da presente convenção o permitirem, a aplicação efetiva das referidas disposições será assegurada pela instituição de um sistema adequado de sanções.

Art. 11 — Qualquer Membro que ratifique a presente convenção fornecerá, em seus relatórios anuais, exigíveis em virtude do art. 22 da Constituição da Organização Internacional do Trabalho:

a) listas das categorias de pessoas e das categorias de estabelecimentos submetidos aos regimes especiais de repouso semanal previstos no art. 7;

b) dados sobre as condições em que as derrogações temporárias podem ser concedidas em virtude das disposições do art. 8.

Art. 12 — Nenhuma das disposições da presente convenção afetará lei, sentença, costume ou acordo que assegure condições mais favoráveis aos trabalhadores interessados que as previstas pela convenção.

Art. 13 — A aplicação das disposições da presente convenção poderá ser suspensa em qualquer país, por ordem do Governo, em caso de guerra ou em caso de acontecimentos que ponham em perigo a segurança nacional."

Art. 14 — As ratificações formais da presente convenção serão comunicadas ao Diretor-Geral da Repartição Internacional do Trabalho e por ele registradas.

Art. 15 — 1. A presente convenção não obrigará senão aos Membros da Organização Internacional do Trabalho cuja ratificação tenha sido registrada pelo Diretor-Geral.

2. Ele entrará em vigor doze meses depois que as ratificações de dois Membros tiverem sido registradas pelo Diretor-Geral.

3. Em seguida, esta convenção entrará em vigor para cada Membro doze meses depois da data em que sua ratificação tiver sido registrada.

Art. 16 — 1. Todo Membro que tiver ratificado a presente convenção poderá denunciá-la no fim de um período de dez anos depois da data da entrada em vigor inicial da convenção, por ato comunicado ao Diretor-Geral da Repartição Internacional do Trabalho e por ele registrado. A denúncia não terá efeito senão um ano depois de ter sido registrada.

2. Todo Membro que, tendo ratificado a presente convenção, dentro do prazo de um ano depois da expiração do período de dez anos mencionado no parágrafo precedente, não fizer uso da faculdade de denúncia prevista no presente artigo, será obrigado por novo período de dez anos e, depois disso, poderá denunciar a presente convenção no fim de cada período de dez anos, nas condições previstas no presente artigo.

Art. 17 — 1. O Diretor-Geral da Repartição Internacional do Trabalho notificará a os Membros da Organização Internacional do Trabalho o registro de todas as ratificações que lhe forem comunicadas pelos Membros da Organização.

2. Notificando aos Membros da Organização o registro da segunda ratificação que lhe for comunicada, o Diretor-Geral chamará a atenção dos Membros da Organização para a data em que a presente Convenção entrar em vigor.

Art. 18 — O Diretor-Geral da Repartição Internacional do Trabalho enviará ao Secretário-Geral das Nações Unidas, para fim de registro, conforme o art. 102 da Carta das Nações Unidas, informações completas a respeito de todas as ratificações, declarações e atos de denúncia que houver registrado conforme os artigos precedentes.

Art. 19 — Cada vez que julgar necessário, o Conselho de Administração da Repartição Internacional do Trabalho apresentará à Conferência Geral um relatório sobre a aplicação da presente Convenção e examinará se é necessário inscrever na ordem do dia da Conferência a questão de sua revisão total ou parcial.

Art. 20 — 1. No caso de a Conferência adotar nova convenção de revisão total ou parcial da presente convenção, e a menos que a nova convenção disponha diferentemente:

a) a ratificação, por um Membro, da nova convenção de revisão acarretará, de pleno direito, não obstante o art. 17 acima, denúncia imediata da presente convenção quando a nova convenção de revisão tiver entrado em vigor;

b) a partir da data da entrada em vigor da nova convenção de revisão, a presente convenção cessará de estar aberta à ratificação dos Membros.

2. A presente convenção ficará, em qualquer caso, em vigor, na forma e no conteúdo, para os Membros que a tiverem ratificado e que não tiverem ratificado a convenção de revisão.

Art. 21 — As versões em francês e em inglês do texto da presente convenção fazem igualmente fé."

CONVENÇÃO N. 111

I — Aprovada na 42ª reunião da Conferência Internacional do Trabalho (Genebra — 1958), entrou em vigor no plano internacional em 15.6.60.

II — Dados referentes ao Brasil:

a) aprovação = Decreto Legislativo n. 104, de 24.11.64;

b) ratificação = 26 de novembro de 1965;

c) promulgação = Decreto n. 62.150, de 19.1.68;

d) vigência nacional = 26 de novembro de 1966.

"A Conferência Geral da Organização Internacional do Trabalho,

Convocada em Genebra pelo Conselho de Administração da Repartição Internacional do Trabalho e reunida a 4 de junho de 1958, em sua quadragésima segunda sessão;

Após ter decidido adotar diversas disposições relativas à discriminação em matéria de emprego e profissão, assunto que constitui o quarto ponto da ordem do dia da sessão;

Após ter decidido que essas disposições tomariam a forma de uma convenção internacional;

Considerando que a Declaração de Filadélfia afirma que todos os seres humanos, seja qual for a raça, credo ou sexo, têm direito ao progresso material e desenvolvimento espiritual em liberdade e dignidade, em segurança econômica e com oportunidades iguais;

Considerando, por outro lado, que a discriminação constitui uma violação dos direitos enunciados na Declaração Universal dos Direitos do Homem, adota neste vigésimo quinto dia de junho de mil novecentos e cinquenta e oito a convenção abaixo transcrita que será denominada 'Convenção sobre a Discriminação (Emprego e Profissão), 1958';

Art. 1 — 1. Para os fins da presente convenção o termo "discriminação" compreende:

a) toda distinção, exclusão ou preferência fundada na raça, cor, sexo, religião, opinião política, ascendência nacional ou origem social, que tenha por efeito destruir ou alterar a igualdade de oportunidade ou de tratamento em matéria de emprego ou profissão;

b) qualquer outra distinção, exclusão ou preferência que tenha por efeito destruir ou alterar a igualdade de oportunidades ou tratamento em matéria de emprego ou profissão que poderá ser especificada pelo Membro interessado depois de consultadas as organizações representativas de empregadores e trabalhadores, quando estas existam, e outros organismos adequados.

2. As distinções, exclusões ou preferências fundadas em qualificações exigidas para um determinado emprego não são consideradas como discriminação.

3. Para os fins da presente convenção as palavras 'emprego' e 'profissão' incluem o acesso à formação profissional, ao emprego e às diferentes profissões, bem como às condições de emprego.

Art. 2 — Qualquer Membro para o qual a presente convenção se encontre em vigor compromete-se a formular e aplicar uma política nacional que tenha por fim promover, por métodos adequados às circunstâncias e aos usos nacionais, a igualdade de oportunidades e de tratamento em matéria de emprego e profissão, com o objetivo de eliminar toda discriminação nessa matéria.

Art. 3 — Qualquer Membro para o qual a presente convenção se encontre em vigor deve por métodos adequados às circunstâncias e aos usos nacionais:

a) esforçar-se por obter a colaboração das organizações de empregadores e trabalhadores e de outros organismos apropriados, com o fim de favorecer a aceitação e aplicação desta política;

b) promulgar leis e encorajar os programas de educação próprios a assegurar esta aceitação e esta aplicação;

c) revogar todas as disposições legislativas e modificar todas as disposições ou práticas administrativas que sejam incompatíveis com a referida política;

d) seguir a referida política no que diz respeito a empregos dependentes do controle direto de uma autoridade nacional;

e) assegurar a aplicação da referida política nas atividades dos serviços de orientação profissional, formação profissional e colocação dependentes do controle de uma autoridade nacional;

f) indicar, nos seus relatórios anuais sobre a aplicação da convenção, as medidas tomadas em conformidade com esta política e os resultados obtidos.

Art. 4 — Não são consideradas como discriminação quaisquer medidas tomadas em relação a uma pessoa que, individualmente, seja objeto de uma suspeita legítima de se entregar a uma atividade prejudicial à segurança do Estado ou cuja atividade se encontre realmente comprovada, desde que a referida pessoa tenha o direito de recorrer a uma instância competente, estabelecida de acordo com a prática nacional.

Art. 5 — 1. As medidas especiais de proteção ou de assistência previstas em outras convenções ou recomendações adotadas pela Conferência Internacional do Trabalho não são consideradas como discriminação.

2. Qualquer Membro pode, depois de consultadas as organizações representativas de empregadores e trabalhadores, quando estas existam, definir como não discriminatórias quaisquer outras medidas especiais que tenham por fim salvaguardar as necessidades particulares de pessoas em relação às quais a atribuição de uma proteção ou assistência especial seja, de uma maneira geral, reconhecida como necessária, por motivos tais como o sexo, a invalidez, os encargos de família ou o nível social ou cultural.

Art. 6 — Qualquer membro que ratificar a presente convenção compromete-se a aplicá-la aos territórios não metropolitanos, de acordo com as disposições da Constituição da Organização Internacional do Trabalho.

Art. 7 — As ratificações formais da presente convenção serão comunicadas ao Diretor-Geral da Repartição Internacional do Trabalho e por ele registradas.

Art. 8 — 1. A presente convenção não obrigará senão aos Membros da Organização Internacional do Trabalho cuja ratificação tenha sido registrada pelo Diretor-Geral.

2. Ele entrará em vigor doze meses depois que as ratificações de dois Membros tiverem sido registradas pelo Diretor-Geral.

3. Em seguida, esta convenção entrará em vigor para cada Membro doze meses depois da data em que sua ratificação tiver sido registrada.

Art. 9 — 1. Todo Membro que tiver ratificado a presente convenção poderá denunciá-la no fim de um período de dez anos depois da data da entrada em vigor inicial da convenção, por ato comunicado ao Diretor-Geral da Repartição Internacional do Trabalho e por ele registrado. A denúncia não terá efeito senão um ano depois de ter sido registrada.

2. Todo Membro que, tendo ratificado a presente convenção, dentro do prazo de um ano depois da expiração do período de dez anos mencionado no parágrafo precedente, não fizer uso da faculdade de denúncia prevista no presente artigo, será obrigado por novo período de dez anos e, depois disso, poderá denunciar a presente convenção no fim de

cada período de dez anos, nas condições previstas no presente artigo.

Art. 10 — 1. O Diretor-Geral da Repartição Internacional do Trabalho notificará a todos os Membros da Organização Internacional do Trabalho o registro de todas as ratificações que lhe forem comunicadas pelos Membros da Organização.

2. Notificando aos Membros da Organização o registro da segunda ratificação que lhe for comunicada, o Diretor-Geral chamará a atenção dos Membros da Organização para a data em que a presente Convenção entrar em vigor.

Art. 11 — O Diretor-Geral da Repartição Internacional do Trabalho enviará ao Secretário-Geral das Nações Unidas, para fim de registro, conforme o art. 102 da Carta das Nações Unidas, informações completas a respeito de todas as ratificações, declarações e atos de denúncia que houver registrado conforme os artigos precedentes.

Art. 12 — Cada vez que julgar necessário, o Conselho de Administração da Repartição Internacional do Trabalho apresentará à Conferência Geral um relatório sobre a aplicação da presente Convenção e examinará se é necessário inscrever na ordem do dia da Conferência a questão de sua revisão total ou parcial.

Art. 13 — 1. No caso de a Conferência adotar nova convenção de revisão total ou parcial da presente convenção, e a menos que a nova convenção disponha diferentemente:

a) a ratificação, por um Membro, da nova convenção de revisão acarretará, de pleno direito, não obstante o art. 17 acima, denúncia imediata da presente convenção quando a nova convenção de revisão tiver entrado em vigor;

b) a partir da data da entrada em vigor da nova convenção de revisão, a presente convenção cessará de estar aberta à ratificação dos Membros.

2. A presente convenção ficará, em qualquer caso, em vigor, na forma e no conteúdo, para os Membros que a tiverem ratificado e que não tiverem ratificado a convenção de revisão.

Art. 14 — As versões em francês e em inglês do texto da presente convenção fazem igualmente fé."

CONVENÇÃO N. 113

I — Aprovada na 43ª reunião da Conferência Internacional do Trabalho (Genebra — 1959), entrou em vigor no plano internacional em 7.11.61.

II — Dados referentes ao Brasil:

a) aprovação = Decreto Legislativo n. 27, de 5.8.64, do Congresso Nacional;

b) ratificação = 1º de março de 1965;

c) promulgação = Decreto n. 58.827, de 14.7.66;

d) vigência nacional = 1º de março de 1966.

"A Conferência Geral da Organização Internacional do Trabalho,

Convocada em Genebra pelo Conselho de Administração da Repartição Internacional do Trabalho e reunida nessa cidade a 3 de junho de 1959, em sua quadragésima terceira sessão;

Após ter decidido adotar diversas proposições relativas ao exame médico dos pescadores, questão que se acha compreendida no quinto ponto da ordem do dia da sessão;

Considerando que estas proposições devem tomar a forma de uma Convenção Internacional,

Adota, neste décimo nono dia do mês de junho de mil novecentos e cinqüenta e nove, a seguinte convenção, que será denominada 'Convenção sobre o Exame Médico dos Pescadores, 1959'.

Art. 1 — 1. Para os fins da presente Convenção, o termo 'barco de pesca' compreende toda espécie de barco, navio ou embarcação, de propriedade pública ou privada, utilizada para pesca marítima em água salgada.

2. A autoridade competente pode, após consulta às organizações interessadas de pescadores e de armadores de barcos de pesca, se existirem, isentar da aplicação das disposições da presente Convenção os navios, que, normalmente, não efetuam viagens marítimas de duração superior a três dias.

3. A presente Convenção não se aplica à pesca em portos ou em estuários às pessoas que se dedicam à pesca por esporte ou diversão.

Art. 2 — Pessoa alguma poderá empregar-se a bordo de barco de pesca em qualquer serviço se não apresentar um certificado que ateste sua capacidade física para o trabalho a ser realizado no mar, certificado esse assinado por médico autorizado pela autoridade competente.

Art. 3 — 1. A autoridade competente determinará, após consulta às organizações interessadas de pescadores e de armadores de barco de pesca, se existirem, a natureza do exame médico a ser efetuado e as indicações que devem constar do certificado.

2. Para a determinação da natureza do exame serão levadas em conta a idade do interessado e a natureza do trabalho a ser efetuado.

3. O certificado deverá atestar, principalmente, que o portador não sofre de nenhuma doença que possa ser agravada pelo serviço no mar ou o torne incapaz para aquele serviço, ou traga riscos para a saúde de outras pessoas a bordo.

Art. 4 — 1. O certificado médico de pessoas com menos de vinte e um anos permanecerá válido por um período que não exceda um ano, a contar da data de sua expedição.

2. O certificado médico de pessoas com vinte e um anos, ou mais, permanecerá válido por um período a ser fixado pela autoridade competente.

3. Se o período de validade de um certificado expirar durante uma viagem, o certificado permanecerá válido até o término da viagem.

Art. 5 — No caso de ser recusada, a uma pessoa já examinada, a concessão de certificado médico, tomar-se-ão providências no sentido de lhe possibilitar um novo exame, por médico ou junta médica, com função de árbitros, sem dependência a qualquer armador de barco de pesca ou a qualquer organização de pescadores ou de armadores de barco de pesca.

Art. 6 — As ratificações formais da presente convenção serão comunicadas ao Diretor-Geral da Repartição Internacional do Trabalho e por ele registradas.

Art. 7 — 1. A presente convenção não obrigará senão aos Membros da Organização Internacional do Trabalho cuja ratificação tenha sido registrada pelo Diretor-Geral.

2. Ele entrará em vigor doze meses depois que as ratificações de dois Membros tiverem sido registradas pelo Diretor-Geral.

3. Em seguida, esta convenção entrará em vigor para cada Membro doze meses depois da data em que sua ratificação tiver sido registrada.

Art. 8 — 1. Todo Membro que tiver ratificado a presente convenção poderá denunciá-la no fim de um período de dez anos depois da data da entrada em vigor inicial da convenção, por ato comunicado ao Diretor-Geral da Repartição Internacional do Trabalho e por ele registrado. A denúncia não terá efeito senão um ano depois de ter sido registrada.

2. Todo Membro que, tendo ratificado a presente convenção, dentro do prazo de um ano depois da expiração do período de dez anos mencionado no parágrafo precedente, não fizer uso da faculdade de denúncia prevista no presente artigo, será obrigado por novo período de dez anos e, depois disso, poderá denunciar a presente convenção no fim de cada período de dez anos, nas condições previstas no presente artigo.

Art. 9 — 1. O Diretor-Geral da Repartição Internacional do Trabalho notificará a todos os Membros da Organização Internacional do Trabalho o registro de todas as ratificações que lhe forem comunicadas pelos Membros da Organização.

2. Notificando aos Membros da Organização o registro da segunda ratificação que lhe for comunicada, o Diretor-Geral chamará a atenção dos Membros da Organização para a data em que a presente Convenção entrar em vigor.

Art. 10 — O Diretor-Geral da Repartição Internacional do Trabalho enviará ao Secretário-Geral das Nações Unidas, para fim de registro, conforme o art. 102 da Carta das Nações Unidas, informações completas a respeito de todas as ratificações, declarações e atos de denúncia que houver registrado conforme os artigos precedentes.

Art. 11 — Cada vez que julgar necessário, o Conselho de Administração da Repartição Internacional do Trabalho apresentará à Conferência Geral um relatório sobre a aplicação da presente Convenção e examinará se é necessário inscrever na ordem do dia da Conferência a questão de sua revisão total ou parcial.

Art. 12 — 1. No caso de a Conferência adotar nova convenção de revisão total ou parcial da presente convenção, e a menos que a nova convenção disponha diferentemente:

a) a ratificação, por um Membro, da nova convenção de revisão acarretará, de pleno direito, não obstante o art. 17 acima, denúncia imediata da presente convenção quando a nova convenção de revisão tiver entrado em vigor;

b) a partir da data da entrada em vigor da nova convenção de revisão, a presente convenção cessará de estar aberta à ratificação dos Membros.

2. A presente convenção ficará, em qualquer caso, em vigor, na forma e no conteúdo, para os Membros que a tiverem ratificado e que não tiverem ratificado a convenção de revisão.

Art. 13 — As versões em francês e em inglês do texto da presente convenção fazem igualmente fé.

CONVENÇÃO N. 115

I — Aprovada na 44ª reunião da Conferência Internacional do Trabalho (Genebra — 1960), entrou em vigor no plano internacional em 17.6.62.

II — Dados referentes ao Brasil:

a) aprovação = Decreto Legislativo n. 2, de 7.4.64;

b) ratificação = 5 de setembro de 1966;

c) promulgação = Decreto n. 62.151, de 19.1.68;

d) vigência nacional = 5 de setembro de 1987.

"A Conferência Geral da Organização Internacional do Trabalho, convocada em Genebra pelo Conselho de Administração da Repartição Internacional do Trabalho, e tendo-se ali reunido em 1º de junho de 1960, em sua quadragésima quarta sessão.

Depois de haver decidido adotar diversas proposições relativas à proteção dos trabalhadores contra as radiações ionizantes, questão que constitui o quarto ponto na ordem do dia da sessão;

Depois de haver decidido que essas proposições tomariam a forma de uma convenção internacional, adota, nesse vigésimo segundo dia, junho de mil novecentos e sessenta, a presente convenção que será denominada 'Convenção sobre a Proteção Contra as Radiações, 1960':

PARTE I
DISPOSIÇÕES GERAIS

Art. 1 — Todo Membro da Organização Internacional do Trabalho que ratificar a presente convenção se compromete a aplicá-la por meio de leis ou regulamentos, coletâneas de normas práticas ou por outras medidas apropriadas. Ao aplicar as disposições da convenção, a autoridade competente consultará representantes dos empregadores e trabalhadores.

Art. 2 — 1. A presente convenção se aplica a todas as atividades que acarretam a exposição de trabalhadores às radiações ionizantes, durante o trabalho.

2. A presente convenção não se aplica às substâncias radioativas, seladas ou não, nem aos aparelhos geradores de radiações ionizantes, que, em razão das fracas doses de radiações ionizantes que podem emitir, ficarão isentos da sua aplicação segundo um dos métodos a serem empregados para aplicar a convenção, previstos no art. 1.

Art. 3 — 1. À luz da evolução dos conhecimentos, todas as medidas adequadas serão tomadas para assegurar uma proteção eficaz dos trabalhadores contra as radiações ionizantes, do ponto de vista da sua saúde e segurança.

2. Com esse fim, serão adotadas normas e medidas necessárias, e serão postas à disposição as informações essenciais para a obtenção de uma proteção eficaz.

3. Para que tal proteção eficaz seja assegurada:

a) as medidas para a proteção dos trabalhadores contra as radiações ionizantes, adotadas após a ratificação da convenção por um Membro, deverão estar de acordo com as disposições da convenção;

b) o Membro interessado deverá modificar, logo que possível, as medidas que ele próprio houver adotado antes da ratificação da convenção, para que elas fiquem de acordo com as disposições desta, e deverá

CONVENÇÕES DA OIT RATIFICADAS

estimular a modificação, no mesmo sentido de todas as outras medidas que igualmente existam antes da ratificação;

c) o Membro interessado deverá enviar ao Diretor-Geral da Repartição Internacional do Trabalho, quando da ratificação da convenção, uma declaração indicando de que maneira e a que categoria de trabalhadores se aplicam as disposições da convenção, e deverá levar em conta, em seus relatórios sobre a aplicação da convenção, todo progresso realizado nessa matéria;

d) ao término de um período de três anos após a entrada em vigor inicial da presente convenção, o Conselho de Administração da Repartição Internacional do Trabalho apresentará à Conferência um relatório especial relativo à aplicação da alínea b do presente parágrafo, contendo as propostas que julgar oportunas em vista das medidas a tomar a esse respeito.

PARTE II
MEDIDAS DE PROTEÇÃO

Art. 4 — As atividades visadas no art. 2 devem ser organizadas e executadas de maneira a assegurar a proteção prevista nesta parte da convenção.

Art. 5 — Todos os esforços devem ser feitos para reduzir ao nível mais baixo possível a exposição dos trabalhadores às radiações ionizantes e qualquer exposição inútil deve ser evitada por todas as partes interessadas.

Art. 6 — 1. As doses máximas admissíveis de radiações ionizantes provenientes de fontes exteriores ou interiores ao organismo, assim como as quantidades máximas admissíveis de substâncias radioativas introduzidas no organismo, serão fixadas, em conformidade com a parte 1 da presente convenção para as diferentes categorias de trabalhadores.

2. Essas doses e quantidades máximas admissíveis deverão ser constantemente revistas à luz dos conhecimentos novos.

Art. 7 — 1. No que diz respeito aos trabalhadores que são diretamente dedicados a trabalhos sob radiação, níveis adequados devem ser fixados, em conformidade com as disposições do art. 6:

a) de um lado, para os que têm dezoito anos ou mais;

b) de outro lado, para os menores de dezoito anos.

2. Nenhum trabalhador com menos de dezesseis anos deverá ficar sujeito a trabalhos que acarretem a emissão de radiações ionizantes;

Art. 8 — Níveis adequados devem ser fixados, em conformidade com as disposições do art. 6, para os trabalhadores que não são diretamente sujeitos a trabalhos sob radiação, mas que permanecem ou passam em lugares onde podem estar expostos às radiações ionizantes ou às substâncias radioativas.

Art. 9 — 1. Uma sinalização adequada dos perigos deve ser utilizada para indicar a existência de riscos devido às radiações ionizantes. Todas as informações que possam ser necessárias sobre o assunto devem ser fornecidas aos trabalhadores.

2. Todos os trabalhadores diretamente sujeitos a trabalhos sob radiação devem ser devidamente instruídos, antes e durante a sujeição a trabalhos, acerca das precauções a tomar para sua segurança e para a proteção de sua saúde, assim como das razões que as motivam.

Art. 10 — A legislação deve prescrever a notificação, segundo as modalidades que fixará, dos trabalhos que acarretem a exposição de trabalhadores às radiações, durante o seu trabalho.

Art. 11 — Um controle adequado dos trabalhadores e dos lugares de trabalho deve ser efetuado, a fim de medir a exposição dos trabalhadores às radiações ionizantes e às substâncias radioativas, com o fim de verificar se os níveis fixados são respeitados.

Art. 12 — Todos os trabalhadores diretamente sujeitos a trabalhos sob radiação devem submeter-se a um exame médico apropriado antes ou pouco tempo depois da sujeição a tais trabalhos, e submeter-se ulteriormente a exames médicos com intervalos adequados.

Art. 13 — Serão determinados segundo um dos métodos a serem empregados para aplicar a convenção, previstos no art. 1, os casos em que, atendendo à natureza ou ao grau da exposição devem ser tomadas rapidamente as medidas seguintes:

a) o trabalhador deve submeter-se a exame médico adequado;

b) o empregador deve avisar a autoridade competente, em conformidade com as diretivas dadas por esta última;

c) pessoas competentes em matéria de proteção contra as radiações devem estudar as condições nas quais o trabalhador efetua o trabalho;

d) o empregador deve tomar todas as providências corretivas necessárias, baseando-se na verificação técnica e nos pareceres médicos.

Art. 14 — Nenhum trabalhador deve ser sujeito, ou continuar a ser sujeito, a um trabalho suscetível de expô-lo às radiações ionizantes, contrariamente a um laudo médico autorizado.

Art. 15 — Todo Membro que ratificar a presente convenção se compromete a encarregar serviços de inspeção apropriados do controle da aplicação das suas disposições, ou a verificar se está garantida uma inspeção adequada.

PARTE III
DISPOSIÇÕES FINAIS

Art. 16 — As ratificações formais da presente convenção serão comunicadas ao Diretor-Geral da Repartição Internacional do Trabalho e por ele registradas.

Art. 17 — 1. A presente convenção não obrigará senão aos Membros da Organização Internacional do Trabalho cuja ratificação tenha sido registrada pelo Diretor-Geral.

2. Ele entrará em vigor doze meses depois que as ratificações de dois Membros tiverem sido registradas pelo Diretor-Geral.

3. Em seguida, esta convenção entrará em vigor para cada Membro doze meses depois da data em que sua ratificação tiver sido registrada.

Art. 18 — 1. Todo Membro que tiver ratificado a presente convenção poderá denunciá-la no fim de um período de dez anos depois da data da entrada em vigor inicial da convenção, por ato comunicado ao Diretor-Geral da Repartição Internacional do Trabalho e por ele registrado. A denúncia não terá efeito senão um ano depois de ter sido registrada.

2. Todo Membro que, tendo ratificado a presente convenção, dentro do prazo de um ano depois da expiração do período de dez anos mencionado no parágrafo precedente, não fizer uso da faculdade de denúncia prevista no presente artigo, será obrigado por novo período de dez anos e, depois disso, poderá denunciar a presente convenção no fim de cada período de dez anos, nas condições previstas no presente artigo.

Art. 19 — 1. O Diretor-Geral da Repartição Internacional do Trabalho notificará a todos os Membros da Organização Internacional do Trabalho o registro de todas as ratificações que lhe forem comunicadas pelos Membros da Organização.

2. Notificando aos Membros da Organização o registro da segunda ratificação que lhe for comunicada, o Diretor-Geral chamará a atenção dos Membros da Organização para a data em que a presente Convenção entrar em vigor.

Art. 20 — O Diretor-Geral da Repartição Internacional do Trabalho enviará ao Secretário-Geral das Nações Unidas, para fim de registro, conforme o art. 102 da Carta das Nações Unidas, informações completas a respeito de todas as ratificações, declarações e atos de denúncia que houver registrado conforme os artigos precedentes.

Art. 21 — Cada vez que julgar necessário, o Conselho de Administração da Repartição Internacional do Trabalho apresentará à Conferência Geral um relatório sobre a aplicação da presente Convenção e examinará se é necessário inscrever na ordem do dia da Conferência a questão de sua revisão total ou parcial.

Art. 22 — 1. No caso de a Conferência adotar nova convenção de revisão total ou parcial da presente convenção, e a menos que a nova convenção disponha diferentemente:

a) a ratificação, por um Membro, da nova convenção de revisão acarretará, de pleno direito, não obstante o art. 17 acima, denúncia imediata da presente convenção quando a nova convenção de revisão tiver entrado em vigor;

b) a partir da data da entrada em vigor da nova convenção de revisão, a presente convenção cessará de estar aberta à ratificação dos Membros.

2. A presente convenção ficará, em qualquer caso, em vigor, na forma e no conteúdo, para os Membros que a tiverem ratificado e que não tiverem ratificado a convenção de revisão.

Art. 23 — As versões em francês e em inglês do texto da presente convenção fazem igualmente fé."

CONVENÇÃO N. 116

I — Aprovada na 45ª reunião da Conferência Internacional do Trabalho (Genebra — 1961), entrou em vigor no plano internacional em 5.2.62.

II — Dados referentes ao Brasil:

a) aprovação = Decreto Legislativo n. 2, de 7.4.64, do Congresso Nacional;

b) ratificação = 5 de setembro de 1965;

c) promulgação = Decreto n. 62.152, de 19.1.68;

d) vigência nacional = 5 de setembro de 1966.

"A Conferência Geral da Organização Internacional do Trabalho,

Convocada em Genebra pelo Conselho de Administração da Repartição Internacional do Trabalho, e tendo-se ali reunido em 7 de junho de 1961, em sua quadragésima quinta sessão;

Depois de haver decidido adotar certas proposições relativas à revisão parcial das convenções adotadas pela Conferência Geral da Organização Internacional do Trabalho em suas trinta e duas primeiras sessões, com o fim de unificar as disposições relativas ao preparo dos relatórios sobre aplicação das convenções pelo Conselho de Administração da Repartição Internacional do Trabalho;

Considerando que essas proposições devam tomar a forma de uma convenção internacional, adotada neste vigésimo sexto dia de junho de mil novecentos e sessenta e um, a seguinte Convenção será denominada 'Convenção Contendo a Revisão dos Artigos Finais, 1961':

Art. 1 — No texto das convenções adotadas pela Conferência Internacional do Trabalho no curso das suas trinta e duas primeiras sessões, o artigo final que prevê a apresentação de um relatório sobre a aplicação da convenção, pelo Conselho de Administração da Repartição Internacional do Trabalho, à Conferência Geral, será omitido e substituído pelo seguinte artigo:

'Cada vez que julgar necessário, o Conselho de Administração da Repartição Internacional do Trabalho apresentará à Conferência Geral um relatório sobre a aplicação da presente convenção e examinará se é necessário inscrever na ordem do dia da Conferência a questão da sua revisão total ou parcial'.

Art. 2 — Todo Membro da Organização que, depois da entrada em vigor da presente convenção, comunicar ao Diretor-Geral da Repartição Internacional do Trabalho sua ratificação formal de uma convenção adotada pela Conferência no curso das suas trinta e duas primeiras sessões, será tido como havendo ratificado essa convenção, tal como ela foi modificada pela presente convenção.

Art. 3 — Dois exemplares da presente convenção serão firmados pelo Presidente da Conferência e pelo Diretor-Geral da Repartição Internacional do Trabalho. Um desses exemplares será depositado no arquivo da Repartição Internacional do Trabalho, o outro será comunicado ao Secretário-Geral das Nações Unidas, para registro, em conformidade com o art. 102 da Carta das Nações Unidas. O Diretor-Geral enviará uma cópia certificada da presente convenção a cada um dos Membros da Organização Internacional do Trabalho.

Art. 4 — 1. As ratificações formais da presente convenção serão comunicadas ao Diretor-Geral da Repartição Internacional do Trabalho.

2. A presente convenção entrará em vigor na data em que as ratificações de dois Membros da Organização Internacional do Trabalho houverem sido recebidas pelo Diretor-Geral.

3. Na data de entrada em vigor da presente convenção, assim como por ocasião do recebimento subseqüente de novas ratificações da presente convenção, o Diretor-Geral da Repartição Internacional do Trabalho dará conhecimento desse fato a todos os Membros da Organização Internacional do Trabalho e ao Secretário-Geral das Nações Unidas.

4. Todo Membro que ratificar a presente convenção reconhecerá automaticamente que as disposições

da cláusula modificada, enunciada, no art. 1 acima substituem, desde a entrada em vigor inicial do presente instrumento, a obrigação imposta ao conselho de Administração, nos termos das convenções adotadas pela Conferência em suas trinta e duas primeiras sessões, de apresentar a esta, com intervalos fixados pelas mencionadas convenções, um relatório sobre a aplicação de cada uma delas e de examinar ao mesmo tempo a oportunidade de inscrever na ordem do dia da Conferência a questão da sua revisão total ou parcial.

Art. 5 — Malgrado qualquer disposição que conste de alguma das convenções adotadas pela Conferência no curso de suas trinta e duas primeiras sessões, a ratificação da presente convenção por um Membro não acarretará de pleno direito à denúncia de qualquer das mencionadas convenções, e a entrada em vigor da presente convenção não terá por efeito impedir qualquer das mesmas convenções de novas ratificações.

Art. 6 — 1. No caso de a Conferência adotar nova convenção de revisão total ou parcial da presente convenção, e a menos que a nova convenção disponha diferentemente:

a) a ratificação, por um Membro, da nova convenção de revisão acarretará, de pleno direito, não obstante o art. 17 acima, denúncia imediata da presente convenção quando a nova convenção de revisão tiver entrado em vigor;

b) a partir da data da entrada em vigor da nova convenção de revisão, a presente convenção cessará de estar aberta à ratificação dos Membros.

2. A presente convenção ficará, em qualquer caso, em vigor, na forma e no conteúdo, para os Membros que a tiverem ratificado e que não tiverem ratificado a convenção de revisão.

Art. 7 — As versões em francês e em inglês do texto da presente convenção fazem igualmente fé."

CONVENÇÃO N. 117

I — Aprovada na 46ª reunião da Conferência Internacional do Trabalho (Genebra — 1962), entrou em vigor no plano internacional em 25.4.64.

II — Dados referentes ao Brasil:

a) aprovação = Decreto Legislativo n. 65, de 30.11.66, do Congresso Nacional;

b) ratificação = 24 de março de 1969;

c) promulgação = Decreto n. 66.496, de 27.4.70;

d) vigência nacional = 24 de março de 1970.

"A Conferência Geral da Organização Internacional do Trabalho,

Convocada em Genebra pelo Conselho de Administração da Repartição Internacional do Trabalho, e tendo realizado sua 46ª sessão em 6 de junho de 1962,

Tendo decidido adotar certas propostas relativas à revisão da Convenção sobre Política Social (Territórios Não-Metropolitanos), de 1947 — questão que constitui o décimo item da agenda da sessão — principalmente com vistas a permitir que os Estados independentes comentem a aplicá-la e a ratifiquem,

Considerando que estas propostas deveriam tomar a forma de uma convenção internacional,

Considerando que o desenvolvimento econômico deve servir de base ao progresso social,

Considerando que se devem empreender todos os esforços no campo internacional regional ou nacional para assegurar uma assistência financeira e técnica que salvaguarde os interesses das populações,

Considerando que, quando oportuno, deveriam ser adotadas medidas internacionais, regionais ou nacionais no sentido de estabelecer condições de comércio que estimulem a produção de rendimento elevado e permitam a manutenção de um nível de vida razoável,

Considerando que devem ser tomadas todas as iniciativas possíveis no plano internacional, regional ou nacional, através de medidas adequadas, para promover melhoramentos em setores tais como a higiene pública, a habitação, a instrução pública, o bem-estar infantil, a condição da mulher, as condições de trabalho, a remuneração dos assalariados e dos produtores independentes, a proteção dos trabalhadores migrantes, a segurança social, o funcionamento dos serviços públicos e a produção em geral,

Considerando que devem ser tomadas todas as iniciativas possíveis para interessar e associar a população, de maneira efetiva, na elaboração e na execução das medidas conducentes ao progresso social,

Adota, aos vinte e dois dias de junho de mil novecentos e sessenta e dois, a seguinte Convenção, que será denominada 'Convenção sobre Política Social (Objetivos e Normas Básicas), de 1962':

PARTE I
PRINCÍPIOS GERAIS

Art. I — 1. Qualquer política deve visar principalmente ao bem-estar e ao desenvolvimento da população, bem como à promoção de suas aspirações de progresso social.

2. Qualquer política de aplicação geral deverá ser formulada tomando na devida conta suas repercussões sobre o bem-estar da população.

PARTE II
ELEVAÇÃO DOS NÍVEIS DE VIDA

Art. II — A elevação dos níveis de vida será considerada como o principal objetivo no planejamento do desenvolvimento econômico.

Art. III — 1. Todas as medidas práticas e possíveis deverão ser tomadas, no planejamento do desenvolvimento econômico, a fim de harmonizar tal desenvolvimento a uma evolução sadia das comunidades interessadas.

2. Em particular, dever-se-ão empreender esforços para evitar a ruptura da vida familiar e das unidades sociais tradicionais, especialmente mediante:

a) o estudo atento das causas e dos efeitos dos movimentos migratórios e a adoção de medidas adequadas quando necessário;

b) o estímulo ao planejamento urbano nas regiões em que as necessidades econômicas provoquem uma concentração populacional;

c) a prevenção e a eliminação do congestionamento nas zonas urbanas;

d) a melhoria das condições de vida nas regiões rurais e a implantação de indústrias adequadas nas regiões rurais em que exista mão de obra disponível.

Art. IV — Dentre as medidas a serem consideradas pelas autoridades competentes a fim de aumentar a capacidade de produção e de elevar o nível de vida dos produtores agrícolas, deverão figurar as seguintes:

a) a eliminação, na medida do possível, das causas do endividamento crônico;

b) o controle da cessão das terras cultiváveis a pessoas que não sejam agricultores, a fim de que tal cessão só se faça quando servir aos mais altos interesses do país;

c) o controle, mediante a aplicação de legislação adequada, da propriedade e do uso da terra e dos recursos naturais, a fim de assegurar, tomando na devida conta, os direitos tradicionais, o seu emprego a serviço dos mais altos interesses da população do país;

d) o controle das condições de arrendamento e de trabalho, a fim de assegurar aos arrendatários e trabalhadores agrícolas o mais alto nível de vida possível e uma parte equitativa das vantagens que possam decorrer de aumentos da produtividade e dos preços;

e) a redução dos custos de produção e de distribuição por todos os meios possíveis, em particular mediante a formação de cooperativas de produtores e de consumidores, as quais devem ser estimuladas e assistidas.

Art. V — 1. Deverão ser tomadas medidas no sentido de assegurar aos produtores independentes e aos assalariados condições de vida que lhes permitam elevar seu nível de vida por seus próprios esforços e que garantam a manutenção de um nível de vida mínimo determinado através de pesquisas oficiais sobre as condições de vida, conduzidas em consulta com as organizações representativas dos empregadores e empregados.

2. Na fixação do nível de vida mínimo, será necessário levar em conta as necessidades familiares essenciais dos trabalhadores, inclusive a alimentação e seu valor nutritivo, a habitação, o vestuário, os cuidados médicos e a educação.

PARTE III
DISPOSIÇÕES RELATIVAS AOS TRABALHADORES MIGRANTES

Art. VI — Quando as circunstâncias de emprego dos trabalhadores exigirem que os mesmos residam fora de seus lares, as condições de tais empregos deverão levar em conta as necessidades familiares normais dos trabalhadores.

Art. VII — Nos casos em que os recursos de mão de obra de uma área forem usados, a título temporário, em favor de outra área, deverão ser tomadas medidas no sentido de estimular a transferência de parte dos salários e poupanças dos trabalhadores da região onde estão empregados para a região de onde provêm.

Art. VIII — 1. Nos casos em que os recursos de mão de obra de um país forem usados em uma área submetida à outra administração, as autoridades competentes dos países interessados deverão, sempre que necessário ou desejável, concluir acordos para reger as matérias de interesse comum decorrentes da aplicação das disposições da presente Convenção.

2. Tais acordos deverão estabelecer a proteção e as vantagens de que gozarão os trabalhadores migrantes, as quais não serão menores do que as de que gozam os trabalhadores residentes na região do emprego.

3. Tais acordos deverão estabelecer as facilidades a serem concedidas aos trabalhadores a fim de capacitá-los a transferir parte de seus salários e poupanças para seus lares.

Art. IX — Nos casos em que os trabalhadores e suas famílias se desloquem de uma região onde o custo de vida é baixo para uma região onde o custo de vida é mais elevado, dever-se-á tomar em conta o aumento do custo de vida resultante da transferência em apreço.

PARTE IV
REMUNERAÇÃO DOS TRABALHADORES E QUESTÕES CONEXAS

Art. X — 1. Dever-se-á incentivar a fixação de níveis mínimos de salário mediante acordos coletivos livremente negociados entre os sindicatos que representem os trabalhadores interessados e seus empregadores ou organizações de empregadores.

2. Nos casos em que não existam métodos adequados para a fixação de níveis mínimos de salário através de acordos coletivos, deverão ser tomadas as medidas necessárias no sentido de permitir que os níveis de salário-mínimo sejam fixados em consulta com os representantes de suas organizações respectivas, onde as mesmas existam.

3. Serão tomadas as medidas adequadas no sentido de que os empregadores e empregados interessados tenham conhecimento dos salários-mínimos em vigor e de que os salários efetivamente pagos não sejam inferiores aos níveis mínimos aplicáveis.

4. O trabalhador ao qual se aplique um salário mínimo e que, após a entrada em vigor do mesmo, receba salários inferiores a este nível, terá o direito de recuperar, por via judicial ou outra via autorizada por lei, o montante que lhe seja devido, no prazo que seja determinado pela legislação.

Art. XI — 1. Deverão ser tomadas as medidas necessárias, para assegurar que todos os salários ganhos sejam devidamente pagos, e os empregadores serão obrigados a manter registros do pagamento dos salários, a entregar aos trabalhadores comprovantes de pagamento dos salários e a tomar quaisquer outras medidas adequadas para facilitar a necessária supervisão.

2. Os salários só serão normalmente pagos em moeda que tenha curso legal.

3. Os salários serão normalmente pagos diretamente ao próprio trabalhador.

4. É proibida a substituição total ou parcial, por álcool ou outras bebidas alcoólicas, dos salários devidos por serviços prestados pelos trabalhadores.

5. O pagamento de salários não poderá ser feito sob forma de bebidas alcoólicas ou de crédito em uma loja, a não ser para os trabalhadores empregados na mesma.

6. Os salários serão pagos regularmente em intervalos que permitam reduzir a possibilidade de endividamento dos assalariados, a menos que exista um costume local em contrário e que a autoridade

CONVENÇÕES DA OIT RATIFICADAS

competente se assegure de que os trabalhadores desejam manter tal costume.

7. Nos casos em que a alimentação, a habitação, o vestuário e outros suprimentos e serviços essenciais constituam parte da remuneração, a autoridade competente tomará todas as medidas práticas e possíveis para assegurar que os mesmos sejam adequados e seu valor em espécie seja calculado com exatidão.

8. Serão tomadas todas as medidas práticas e possíveis no sentido de que:

a) os trabalhadores sejam informados de seus direitos em matéria de salário;

b) sejam impedidas quaisquer deduções não-autorizadas dos salários;

c) os montantes deduzíveis do salário a título de suprimentos e serviços, os quais constituam parte integrante do salário, sejam limitados a seu justo valor em espécie.

Art. XII — 1. Os montantes máximos e o modo de repagamento dos adiantamentos sobre os salários serão regulados pela autoridade competente.

2. A autoridade competente limitará o montante dos adiantamentos que possam ser feitos a um trabalhador a fim de incitá-lo a aceitar um emprego; o montante autorizado será claramente indicado ao trabalhador.

3. Qualquer adiantamento que exceda o montante fixado pela autoridade competente será legalmente irrecuperável, não podendo ser recuperado mediante retiradas feitas em data ulterior sobre os pagamentos devidos aos trabalhadores.

Art. XIII — 1. Serão incentivadas as formas voluntárias de poupança dos assalariados e produtores independentes.

2. Serão tomadas todas as medidas práticas e possíveis para a proteção dos assalariados e produtores independentes contra a usura, em particular mediante medidas que visem à redução das taxas de juros sobre os empréstimos, bem como mediante o controle das operações dos emprestadores e o estímulo aos sistemas de empréstimos, para fins adequados, por meio de organizações cooperativas de crédito ou por meio de instituições colocadas sob o controle da autoridade competente.

PARTE V
NÃO-DISCRIMINAÇÃO EM MATÉRIA DE RAÇA, COR, SEXO, CRENÇA, ASSOCIAÇÃO TRIBAL OU FILIAÇÃO SINDICAL.

Art. XIV — 1. Um dos fins da política social será o de suprimir qualquer discriminação entre trabalhadores fundada na raça, cor, sexo, crença, associação tribal ou filiação sindical, em matéria de:

a) legislação e convenções de trabalho, as quais deverão oferecer um tratamento econômico equitativo a todos aqueles que residam ou trabalhem legalmente no país;

b) admissões aos empregos, tanto públicos quanto privados;

c) condições de recrutamento e promoção;

d) oportunidades de formação profissional;

e) condições de trabalho;

f) medidas relativas à higiene, à segurança e ao bem-estar;

g) disciplina;

h) participação na negociação de acordos coletivos;

i) níveis de salário, os quais deverão ser fixados de conformidade com o princípio de retribuição idêntica por trabalho idêntico, no mesmo processo e na mesma empresa.

2. Serão tomadas todas as medidas práticas e possíveis no sentido de reduzir quaisquer diferenças nos níveis de salário resultante de discriminação fundada na raça, cor, sexo, crença, associação tribal ou filiação sindical, mediante elevação dos níveis aplicáveis aos trabalhadores de menor remuneração.

3. Os trabalhadores oriundos de um país e recrutados para trabalhar em outro país poderão obter, além de seu salário, vantagens em espécie ou em bens para fazer face a todas as despesas pessoais ou familiares decorrentes do emprego fora de seus lares.

4. As disposições precedentes do presente artigo não prejudicarão as medidas que a autoridade competente julgar necessário ou oportuno tomar com vistas a salvaguardar a maternidade e assegurar a saúde, segurança e bem-estar das trabalhadoras.

PARTE VI
EDUCAÇÃO E FORMAÇÃO PROFISSIONAL

Art. XV — 1. Serão tomadas as disposições adequadas, na medida em que o permitam as circunstâncias locais, a fim de desenvolver progressivamente um amplo programa de educação, de formação profissional e de aprendizado, de modo a preparar eficazmente as crianças e os adolescentes de ambos os sexos para ocupações úteis.

2. As leis e os regulamentos nacionais fixarão a idade de término do período de escolaridade, bem como a idade mínima e as condições de emprego.

3. A fim de que a população infantil se possa beneficiar das oportunidades de instrução existentes e a extensão de tais oportunidades não seja impedida pela procura de trabalho infantil, o emprego de crianças que não tenham atingido a idade de término do período de escolaridade será proibido durante as horas escolares, nas regiões em que existam possibilidades de instrução suficiente para a maioria das crianças em idade escolar.

Art. XVI — 1. A fim de assegurar uma produtividade elevada mediante o desenvolvimento do trabalho especializado, deverá ser proporcionado o ensino de novas técnicas de produção quando conveniente.

2. As autoridades competentes se encarregarão da organização ou do controle de tal formação profissional, após consultarem as organizações de empregadores e empregados do país de onde provêm os candidatos e do país onde se realiza a formação em apreço.

PARTE VII
DISPOSIÇÕES FINAIS

Art. XVII — As ratificações formais da presente convenção serão comunicadas ao Diretor-Geral da Repartição Internacional do Trabalho e por ele registradas.

Art. XVIII — 1. A presente convenção não obrigará senão aos Membros da Organização Internacional do Trabalho cuja ratificação tenha sido registrada pelo Diretor-Geral.

Art. XIX — A entrada em vigor da presente Convenção não implica a denúncia de pleno direito da Convenção sobre Polícia Social (Territórios Não-Metropolitanos) de 1947 por qualquer Membro para o qual tal Convenção continue a vigorar, nem fechará a mesma as ulteriores ratificações.

Art. XX — 1. Todo Membro que tiver ratificado a presente convenção poderá denunciá-la no fim de um período de dez anos depois da data da entrada em vigor inicial da convenção, por ato comunicado ao Diretor-Geral da Repartição Internacional do Trabalho e por ele registrado. A denúncia não terá efeito senão um ano depois de ter sido registrada.

2. Todo Membro que, tendo ratificado a presente convenção, dentro do prazo de um ano depois da expiração do período de dez anos mencionado no parágrafo precedente, não fizer uso da faculdade de denúncia prevista no presente artigo, será obrigado por novo período de dez anos e, depois disso, poderá denunciar a presente convenção no fim de cada período de dez anos, nas condições previstas no presente artigo.

Art. XXI — 1. O Diretor-Geral da Repartição Internacional do Trabalho notificará a todos os Membros da Organização Internacional do Trabalho o registro de todas as ratificações que lhe forem comunicadas pelos Membros da Organização.

2. Notificando aos Membros da Organização o registro da segunda ratificação que lhe for comunicada, o Diretor-Geral chamará a atenção dos Membros da Organização para a data em que a presente Convenção entrar em vigor.

Art. XXII — O Diretor-Geral da Repartição Internacional do Trabalho enviará ao Secretário-Geral das Nações Unidas, para fim de registro, conforme o art. 102 da Carta das Nações Unidas, informações completas a respeito de todas as ratificações, declarações e atos de denúncia que houver registrado conforme os artigos precedentes.

Art. XXIII — Cada vez que julgar necessário, o Conselho de Administração da Repartição Internacional do Trabalho apresentará à Conferência Geral um relatório sobre a aplicação da presente Convenção e examinará se é necessário inscrever na ordem do dia da Conferência a questão de sua revisão total ou parcial.

Art. XXIV — 1. No caso de a Conferência adotar nova convenção de revisão total ou parcial da presente convenção, e a menos que a nova convenção disponha diferentemente:

a) a ratificação, por um Membro, da nova convenção de revisão acarretará, de pleno direito, não obstante o art. 17 acima, denúncia imediata da presente convenção quando a nova convenção de revisão tiver entrado em vigor;

b) a partir da data da entrada em vigor da nova convenção de revisão, a presente convenção cessará de estar aberta à ratificação dos Membros.

2. A presente convenção ficará, em qualquer caso, em vigor, na forma e no conteúdo, para os Membros que a tiverem ratificado e que não tiverem ratificado a convenção de revisão.

Art. XXV — As versões em francês e em inglês do texto da presente convenção fazem igualmente fé."

CONVENÇÃO N. 118

I — Aprovada na 46ª reunião da Conferência Internacional do xTrabalho (Genebra — 1962), entrou em vigor no plano internacional em 25.4.64.

II — Dados referentes ao Brasil:

a) aprovação = Decreto Legislativo n. 31, de 20.8.68, do Congresso Nacional;

b) ratificação = 24 de março de 1968;

c) promulgação = Decreto n. 66.497, de 27.4.70;

d) vigência nacional = 24 de março de 1969.

"A Conferência Geral da Organização Internacional do Trabalho,

Convocada em Genebra pelo Conselho de Administração da Repartição Internacional do Trabalho, e havendo se reunido ali a 6 de junho de 1962, em sua quadragésima sexta sessão;

Após ter decidido adotar diversas propostas relativas à igualdade de tratamento dos nacionais e dos não-nacionais em matéria de previdência social, questão que constitui o quinto ponto da ordem do dia da sessão.

Após ter decidido que essas propostas tomariam a forma de uma convenção internacional,

Adota, neste vigésimo oitavo dia do mês de junho de mil novecentos e sessenta e dois, a convenção seguinte, doravante denominada 'Convenção sobre Igualdade de Tratamento (Previdência Social), 1962':

Art. 1 — Para os fins da presente convenção:

a) o termo 'legislação' compreende as leis e regulamentos, assim como as disposições estatutárias em matéria de previdência social;

b) o termo 'prestações' visa quaisquer prestações, pensões, rendas e inclusive quaisquer suplementos ou majorações eventuais;

c) os termos 'prestações concedidas a título de regimes transitórios' designam, quer prestações concedidas às pessoas que passaram uma certa idade na data da entrada em vigor da legislação aplicável, quer as prestações concedidas, a título transitório, em consideração a acontecimentos ocorridos ou períodos passados fora dos limites atuais do território de um membro;

d) o termo 'pensão por morte' significa qualquer soma entregue de uma única vez em caso de morte;

e) o termo 'residência' designa a residência habitual;

f) o termo 'prescrito' significa determinado por ou em virtude da legislação nacional, no sentido da alínea a acima;

g) o termo 'refugiado' tem o significado a ele atribuído pelo art. 1 da Convenção de 28 de julho de 1951 relativa ao estatuto dos refugiados;

h) o termo 'apátrida' tem o significado a ele atribuído pelo artigo primeiro da Convenção de 28 de setembro de 1954, relativa ao estatuto dos apátridas.

Art. 2 — 1. Qualquer Membro poderá aceitar as obrigações da presente Convenção no que diz respeito a um ou vários dos seguintes ramos da previdência social para os quais possui uma legislação efetivamente aplicada em seu território a seus próprios nacionais(*).

a) assistência médica;

b) auxílio-doença;

c) prestações de maternidade;

d) aposentadoria por invalidez;

e) aposentadoria por velhice;

f) pensão por morte;

g) prestações em caso de acidentes do trabalho e doenças profissionais;

h) seguro-desemprego;

i) salário-família.

2. Qualquer Membro para o qual esta Convenção estiver em vigor deverá aplicar as disposições da referida Convenção no que concerne ao ramo ou aos ramos da previdência social para os quais aceitou as obrigações da Convenção.

3. Qualquer Membro deverá especificar em sua ratificação o ramo ou ramos da previdência social para os quais aceitou as obrigações da presente Convenção.

4. Qualquer Membro que tenha ratificado a presente Convenção poderá subsequentemente notificar o Diretor-Geral da Repartição Internacional do Trabalho que aceita as obrigações da Convenção no que concerne a um ou mais ramos da previdência social que não tenham sido especificados com a ratificação.

5. Os compromissos previstos no parágrafo precedente serão considerados partes integrantes da ratificação e produzirão efeitos idênticos desde a data de sua produção.

6. Para os fins da aplicação da presente Convenção, qualquer Membro que aceitar obrigações dela decorrentes e relativas a um ramo qualquer da previdência social deverá comunicar, ocorrendo o caso, ao Diretor-Geral da Repartição Internacional do Trabalho das prestações previstas por sua legislação que ele considera como:

a) prestações que não sejam aquelas cuja concessão depender, quer de uma participação financeira direta das pessoas protegidas ou de seu empregador, quer de uma condição de estágio profissional;

b) prestações concedidas a título de regimes transitórios.

7. A comunicação prevista no parágrafo precedente deverá ser efetuada no momento da ratificação ou da notificação prevista no § 4 do presente artigo e, relativamente a qualquer legislação adotada posteriormente, num prazo de três meses, a partir da adoção desta.

Art. 3 — 1. Qualquer Membro, para o qual a presente convenção estiver em vigor, concederá, em seu território, aos nacionais de qualquer outro Membro para o qual a referida Convenção estiver igualmente em vigor, o mesmo tratamento que os seus próprios nacionais em conformidade com sua legislação, tanto no atinente a sujeição como ao direito às prestações, em qualquer ramo da previdência social para o qual tenha aceitado as obrigações da Convenção.

2. No concernente às pensões por morte, esta igualdade de tratamento deverá, ademais, ser concedida aos sobreviventes dos nacionais de um Membro para o qual a presente Convenção estiver em vigor, independentemente da nacionalidade desses sobreviventes.

3. Entretanto, no que concerne às prestações de um ramo de previdência social determinado, um Membro poderá derrogar as disposições dos parágrafos precedentes do presente artigo, com respeito aos nacionais de qualquer outro Membro que, embora possua legislação relativa a este ramo, não concede, no referido ramo, igualdade de tratamento aos nacionais do primeiro Membro.

Art. 4 — 1. No que concerne ao benefício das prestações à igualdade de tratamento deverá ser assegurada sem condição de residência. Entretanto, poderá ser subordinada a uma condição de residência, no concernente às prestações de um ramo de previdência social determinado, com relação aos nacionais de qualquer Membro cuja legislação subordina a concessão das prestações do mesmo ramo a uma condição de residência em seu território.

2. Não obstante as disposições do parágrafo precedente, o benefício das prestações mencionadas no § 6 do art. 2 — com exclusão da assistência médica, do auxílio-doença, das prestações em caso de acidentes de trabalho ou doenças profissionais e salário-família — poderá ficar sujeito à condição de que o beneficiário haja residido no território do Membro em virtude de cuja legislação a prestação seja devida ou, se tratar de pensão por morte, que o falecido tenha aí residido durante um prazo que não exceda, conforme o caso:

a) seis meses, imediatamente antes do pedido de prestação, no que concerne às prestações de maternidade e seguro de desemprego;

b) cinco anos consecutivos, imediatamente antes do pedido de prestação no que concerne às aposentadorias por invalidez ou antes, da morte, no que concerne às pensões por morte;

c) dez anos após a idade de dezoito anos — dos quais cinco consecutivos podem ser exigidos — imediatamente antes do pedido da prestação — no que concerne à aposentadoria por velhice.

3. Poderão ser prescritas disposições particulares no que concerne às prestações concedidas a título de regimes transitórios.

4. As disposições pedidas para evitar a acumulação de prestações reguladas, se necessário, por arranjos especiais entre os Membros interessados.

Art. 5 — 1. Além das disposições do art. 4, qualquer Membro que tenha aceitado as obrigações da presente Convenção para um ou vários dos ramos de previdência social de que trata o presente parágrafo, deverá assegurar a seus próprios nacionais e aos nacionais de qualquer outro Membro que tiver aceito as obrigações da referida convenção para um ramo correspondente em caso de residência no estrangeiro, o serviço de aposentadoria por invalidez, de aposentadoria por velhice, de pensão por morte e de auxílios funerais, assim como o serviço de rendas de acidentes de trabalho e de doenças profissionais, sob reserva das medidas a serem tomadas para esse fim, sempre que necessárias, de acordo com as disposições do art. 8.

2. Entretanto, em caso de residência no estrangeiro, o serviço de aposentadoria por invalidez, por velhice e de pensão por morte do tipo mencionado no § 6, a do art. 2 poderá ficar sujeito à participação dos Membros interessados no sistema de conservação dos direitos previstos no art. 7.

3. As disposições do presente artigo não se aplicarão às prestações concedidas a título de regimes transitórios.

Art. 6 — Além das disposições do art. 4, qualquer Membro que houver aceitado as disposições da presente Convenção no que concerne ao salário-família deverá garantir o benefício do salário-família a seus próprios nacionais e aos nacionais de qualquer Membro que houverem aceitado as obrigações da referida Convenção para o mesmo ramo, relativamente às crianças (filhos) que residirem no território de um desses Membros, nas condições e nos limites a serem fixados de comum acordo entre os Membros interessados.

Art. 7 — 1. Os Membros para os quais a presente Convenção estiver em vigor deverão, sob reserva das condições a serem fixadas de comum acordo entre os Membros interessados de acordo com as disposições do art. 8, esforçar-se-ão em participar de um sistema de conservação de direitos adquiridos e de direitos em curso de aquisição, reconhecidos de conformidade com sua legislação aos nacionais dos Membros para os quais a referida Convenção estiver em vigor, em relação a todos os ramos da previdência social para os quais os Membros interessados houverem aceitado as obrigações da Convenção.

2. Este sistema deverá prever principalmente a totalização dos períodos de seguro, de emprego, de residência e períodos assimilados para a aquisição, a manutenção ou recuperação de direitos assim como para o cálculo das prestações.

3. Os encargos das aposentadorias por invalidez, de aposentadoria por velhice e das pensões por morte assim liquidadas deverão, quer ser repartidas entre os Membros interessados, quer ficar a cargo do Membro no território do qual os beneficiários residem de conformidade com as modalidades a serem determinadas de comum acordo entre os Estados interessados.

Art. 8 — Os Membros para os quais a presente Convenção tenha entrado em vigor poderão satisfazer suas obrigações provenientes das disposições dos arts. 5 e 7, quer pela ratificação da convenção sobre a conservação dos direitos e pensão dos migrantes 1935, quer pela aplicação entre si das disposições desta convenção, em virtude de um acordo mútuo, quer por meio de qualquer instrumento multilateral ou bilateral que garanta a execução das referidas obrigações.

Art. 9 — Os Membros podem derrogar a presente Convenção por meio de acordos particulares sem prejuízo dos direitos e obrigações dos outros Membros e sob reserva de regular a conservação dos direitos adquiridos e dos direitos em curso de aquisição em condições que, em conjunto, sejam ao menos tão favoráveis que aquelas previstas pela referida legislação.

Art. 10 — 1. As disposições da referida convenção serão aplicadas aos refugiados e aos apátridas sem condição de reciprocidade.

2. A presente convenção não se aplica aos regimes especiais dos funcionários nem aos regimes das vítimas de guerra, nem à assistência pública.

3. A presente convenção não obriga nenhum Membro a aplicar suas disposições às pessoas que, em virtude de instrumentos internacionais, serão isentos da aplicação das disposições de sua legislação nacional de previdência social.

Art. 11 — Os Membros para os quais a presente convenção estiver em vigor deverão prestar-se mutuamente, a título gratuito, a assistência administrativa solicitada para facilitar a aplicação da referida convenção, assim como a execução de suas legislações de previdência social respectivas.

Art. 12 — 1. A presente convenção não se aplica às prestações devidas antes da entrada em vigor, para o Membro interessado, das disposições da convenção relativamente ao ramo de previdência social a cujo título forem devidas as referidas prestações.

2. À medida que a convenção se aplique às prestações devidas após a entrada em vigor, para o Membro interessado, das disposições relativas ao ramo de previdência social a cujo título forem devidas estas prestações, para acontecimentos ocorridos antes da referida entrada em vigor, será determinada por meio de instrumentos multilaterais ou bilaterais, em sua falta, pela legislação do Membro interessado.

Art. 13 — A presente convenção não deve ser considerada como revisora de qualquer das convenções existentes.

Art. 14 — As ratificações formais da presente convenção serão comunicadas ao Diretor-Geral da Repartição Internacional do Trabalho e por ele registradas.

Art. 15 — 1. A presente convenção não obrigará senão aos Membros da Organização Internacional do Trabalho cuja ratificação tenha sido registrada pelo Diretor-Geral.

2. Ele entrará em vigor doze meses depois que as ratificações de dois Membros tiverem sido registradas pelo Diretor-Geral.

3. Em seguida, esta convenção entrará em vigor para cada Membro doze meses depois da data em que sua ratificação tiver sido registrada.

Art. 16 — 1. Todo Membro que tiver ratificado a presente convenção poderá denunciá-la no fim de um período de dez anos depois da data da entrada em vigor inicial da convenção, por ato comunicado ao Diretor-Geral da Repartição Internacional do Trabalho e por ele registrado. A denúncia não terá efeito senão um ano depois de ter sido registrada.

2. Todo Membro que, tendo ratificado a presente convenção, dentro do prazo de um ano depois da expiração do período de dez anos mencionado no parágrafo precedente, não fizer uso da faculdade de denúncia prevista no presente artigo, será obrigado por novo período de dez anos e, depois disso, poderá denunciar a presente convenção no fim de cada período de dez anos, nas condições previstas no presente artigo.

Art. 17 — 1. O Diretor-Geral da Repartição Internacional do Trabalho notificará a todos os Membros da Organização Internacional do Trabalho o registro de todas as ratificações que lhe forem comunicadas pelos Membros da Organização.

2. Notificando aos Membros da Organização o registro da segunda ratificação que lhe for comunicada, o Diretor-Geral chamará a atenção dos Membros da Organização para a data em que a presente Convenção entrar em vigor.

Art. 18 — O Diretor-Geral da Repartição Internacional do Trabalho enviará ao Secretário-Geral das Nações Unidas, para fim de registro, conforme o

art. 102 da Carta das Nações Unidas, informações completas a respeito de todas as ratificações, declarações e atos de denúncia que houver registrado conforme os artigos precedentes.

Art. 19 — Cada vez que julgar necessário, o Conselho de Administração da Repartição Internacional do Trabalho apresentará à Conferência Geral um relatório sobre a aplicação da presente Convenção e examinará se é necessário inscrever na ordem do dia da Conferência a questão de sua revisão total ou parcial.

Art. 20 — 1. No caso de a Conferência adotar nova convenção de revisão total ou parcial da presente convenção, e a menos que a nova convenção disponha diferentemente:

a) a ratificação, por um Membro, da nova convenção de revisão acarretará, de pleno direito, não obstante o art. 17 acima, denúncia imediata da presente convenção quando a nova convenção de revisão tiver entrado em vigor;

b) a partir da data da entrada em vigor da nova convenção de revisão, a presente convenção cessará de estar aberta à ratificação dos Membros.

2. A presente convenção ficará, em qualquer caso, em vigor, na forma e no conteúdo, para os Membros que a tiverem ratificado e que não tiverem ratificado a convenção de revisão.

Art. 21 — As versões em francês e em inglês do texto da presente convenção fazem igualmente fé."

CONVENÇÃO N. 119

I — Aprovada na 47ª reunião da Conferência Internacional do Trabalho (Genebra — 1963), entrou em vigor no plano internacional em 21.4.65.

II — Dados referentes ao Brasil:

a) aprovação = Decreto Legislativo n. 232, de 16.12.91, do Congresso Nacional;

b) ratificação = 16 de abril de 1992;

c) promulgação = Decreto n. 1.255, de 24 de setembro de 1994;

d) vigência nacional = 16 de abril de 1993.

"A Conferência Geral da Organização Internacional do Trabalho,

Convocada em Genebra pelo Conselho de Administração da Repartição Internacional do Trabalho e tendo-se aí reunido a 5 de junho de 1963, em sua quadragésima sétima sessão;

Após haver decidido adotar diversas proposições relativas à proibição de venda, locação e utilização das máquinas desprovidas de dispositivos de proteção apropriados, questão que constitui o quarto ponto da ordem do dia da sessão;

Após haver decidido que essas proposições tomariam a forma de uma convenção internacional,

Adota, neste vigésimo quinto dia do mês de junho de mil novecentos e sessenta e três, a seguinte convenção que será denominada 'Convenção sobre a Proteção das Máquinas, 1963':

PARTE I
DISPOSIÇÕES GERAIS

Art. I — 1. Todas as máquinas, novas ou de segunda mão, movidas por forças não-humanas serão consideradas máquinas para os fins de aplicação da presente convenção.

2. A autoridade competente em cada país determinará se e em que medida as máquinas, novas ou de segunda mão, movidas pela força humana apresentam perigos para a integridade física dos trabalhadores e devem ser consideradas máquinas para fins de aplicação da presente convenção. Estas decisões deverão ser tomadas após consulta às organizações mais representativas de empregadores e de trabalhadores interessados. A iniciativa da consulta poderá ser tomada por qualquer dessas organizações.

3. As disposições da presente convenção:

a) só se aplicarão aos veículos rodoviários ou ferroviários em movimento na medida em que estiver em causa a segurança dos operadores;

b) só se aplicarão às máquinas agrícolas móveis na medida em que estiver em causa a segurança dos trabalhadores cujo emprego esteja em conexão com essas máquinas.

PARTE II
VENDA, LOCAÇÃO, CESSÃO A QUALQUER OUTRO TÍTULO E EXPOSIÇÃO.

Art. II — 1. A venda e a locação de máquinas, cujos elementos perigosos, especificados nos §§ 3 e 4 do presente artigo, estiverem desprovidos de dispositivos de proteção apropriados, deverão ser proibidas pela legislação nacional e ou impedidas por outras medidas igualmente eficazes.

2. A cessão a qualquer outro título e a exposição de máquinas cujos elementos perigosos, especificados nos §§ 3 e 4 do presente artigo, estiverem desprovidos de dispositivos de proteção apropriados, deverão, na medida determinada pela autoridade competente, ser proibidas pela legislação ou impedidas por outras medidas igualmente eficazes. Entretanto a retirada provisória, durante a exposição de uma máquina, de dispositivos de proteção, para fins de demonstração, não será considerada como uma infração à presente disposição, com a condição de que as precauções apropriadas sejam tomadas para proteger as pessoas contra qualquer risco.

3. Todos os parafusos de meia rosca, parafusos de fixação, e chaves, assim como outras peças que formem saliências nas partes móveis das máquinas que forem suscetíveis igualmente de apresentarem perigo para as pessoas que entrarem em contato com as mesmas, quando estiverem em movimento, deverão ser desenhados, embutidos ou protegidos a fim de prevenir esses perigos.

4. Todos os volantes, engrenagens, cones ou cilindros de fricção, excêntricos, polias, correias, correntes, pinhões, roscas sem fim, bielas e corrediças, assim como os trastes (inclusive as extremidades) e outras peças de transmissão que forem suscetíveis igualmente de apresentar perigo para as pessoas que entrarem em contato com esses elementos, quando estes estiverem em movimento, deverão ser desenhados ou protegidos a fim de prevenir estes perigos. Os controles das máquinas deverão ser desenhados ou protegidos, a fim de prevenir qualquer perigo.

Art. III — 1. As disposições do art. 2 não se aplicarão às máquinas ou a suas partes perigosas especificadas naquele artigo que:

a) oferecem, em virtude da sua construção, segurança idêntica à que apresentariam dispositivos de proteção apropriados;

b) são destinados a ser instalados ou colocados de maneira que, em virtude de sua instalação ou colocação, ofereçam segurança idêntica à que apresentariam dispositivos de proteção apropriados.

2. A proibição de venda, locação, transferência a qualquer outro título ou exibição de maquinaria prevista nos §§ 1 e 2 do art. 2 não se aplica a máquinas que, pelo simples motivo de que sejam desenhadas de tal maneira que os requisitos dos §§ 3 e 4 daquele artigo não estejam plenamente preenchidos durante as operações de manutenção, de lubrificação, de mudança de peças e regulagem, se tais operações puderem ser realizadas de conformidade com as normas de segurança usuais.

3. As disposições do art. 2 não prejudicarão a venda ou a cessão, a qualquer outro título, das máquinas para armazenagem, destruição ou recondicionamento. Entretanto, tal maquinaria não será vendida, alugada, ou transferida a qualquer outro título ou exibida após ser armazenada ou recondicionada, a não ser que esteja protegida de conformidade com as referidas disposições.

Art. IV — A obrigação de aplicar as disposições do art. 2 deverá recair sobre o vendedor, o locador, a pessoa que cede a máquina a qualquer outro título ou o expositor, assim como, nos casos apropriados, de conformidade com a legislação nacional, sobre os respectivos mandatários. O fabricante que vende, aluga, cede a qualquer outro título ou expõe as máquinas, terá a mesma obrigação.

Art. V — 1. Todo membro poderá prever uma derrogação temporária às disposições do art. 2.

2. As condições e a duração desta derrogação temporária, que não pode ultrapassar três anos a partir da entrada em vigor da presente convenção para o membro interessado, deverão ser determinadas pela legislação nacional ou por outras medidas igualmente eficazes.

3. Para fins de aplicação do presente artigo, a autoridade competente deverá consultar as organizações mais representativas de empregadores e trabalhadores, interessados assim como, se for o caso, as organizações dos fabricantes.

PARTE III
UTILIZAÇÃO

Art. VI — 1. A utilização das máquinas, das quais qualquer dos elementos perigosos, inclusive as partes móveis (zona de operação), está sem os dispositivos de proteção apropriados, deverá ser proibida pela legislação nacional ou impedida por outras medidas igualmente eficazes. Entretanto, quando esta interdição não puder ser plenamente respeitada sem impedir a utilização da máquina, ela deve, não obstante, aplicar-se na medida em que esta utilização o permitir.

2. As máquinas deverão ser protegidas de maneira que a regulamentação e as normas nacionais de segurança e de higiene de trabalho sejam respeitadas.

Art. VII — A obrigação de aplicar as disposições do art. 6 deverá recair sobre o empregador.

Art. VIII — 1. As disposições do art. 6 não se aplicam às máquinas ou aos elementos das máquinas, que, em virtude de sua construção, de sua instalação ou de sua colocação, ofereçam segurança idêntica à que apresentariam dispositivos de proteção apropriados.

2. As disposições do art. 6 e do art. 11 não prejudicarão as operações de manutenção, de lubrificação, de mudanças das partes móveis ou de regulagem das máquinas ou elementos de máquinas, efetuadas de conformidade com as normas usuais de segurança.

Art. IX — 1. Todo membro poderá prever uma derrogação temporária às disposições do art. 6.

2. As condições e a duração desta derrogação temporária, que não poderá ultrapassar três anos a partir da entrada em vigor da presente convenção, para o membro interessado, deverão ser determinadas pela legislação nacional ou por outras medidas igualmente eficazes.

3. Para os fins de aplicação do presente artigo, a autoridade competente deverá consultar as organizações mais representativas de empregadores e de trabalhadores interessados.

Art. X — 1. O empregador deverá tomar as medidas para pôr os trabalhadores ao corrente da legislação nacional relativa à proteção das máquinas e deverá informá-los, de maneira apropriada, dos perigos provenientes da utilização das máquinas, assim como das precauções a serem tomadas.

2. O empregador deve estabelecer e manter os ambientes em condições tais que os trabalhadores que lidem com as máquinas de que trata a presente convenção não corram perigo algum.

Art. XI — 1. Nenhum trabalhador deverá utilizar uma máquina sem que os dispositivos de proteção de que é provida estejam montados. Não poderá ser solicitado a qualquer trabalhador que utilize uma máquina sem que os dispositivos de proteção de que é provida estejam montados.

2. Nenhum trabalhador deverá tornar inoperantes os dispositivos de proteção de que seja provida a máquina que utilizar. Os dispositivos de proteção de que seja provida uma máquina destinada a ser utilizada por um trabalhador não devem ser tornados inoperantes.

Art. XII — A ratificação da presente convenção não prejudicará os direitos dos trabalhadores provenientes das legislações nacionais de previdência social ou de seguro social.

Art. XIII — A disposição da presente parte da convenção que se relaciona com as obrigações dos empregadores e dos trabalhadores aplicar-se-á, se a autoridade competente assim o decidir, e na medida por ela fixada, aos trabalhadores independentes.

Art. XIV — Para os fins de aplicação da presente parte desta convenção, o termo 'empregador' designa igualmente, quando for o caso, o mandatário do empregador no sentido que lhe dê a legislação nacional.

PARTE IV
MEDIDAS DE APLICAÇÃO

Art. XV — 1. Todas as medidas necessárias, inclusive medidas que prevejam sanções apropriadas, deverão ser tomadas para assegurar a aplicação efetiva das disposições da presente convenção.

2. Todo membro que ratificar a presente convenção compromete-se a encarregar os serviços de inspeção apropriados do controle da aplicação de suas disposições ou de verificar que seja assegurada uma inspeção adequada.

Art. XVI — Qualquer legislação nacional que efetivar as disposições da presente convenção deverá ser elaborada pela autoridade competente após consulta às organizações mais representativas de empregados e empregadores interessados, assim como, ocorrendo o caso, às organizações de fabricantes.

PARTE V
CAMPO DE APLICAÇÃO

Art. XVII — 1. As disposições da presente convenção aplicar-se-ão a todos os setores da atividade econômica, a menos que o membro que ratificar a convenção não restrinja a aplicação por uma declaração anexa à sua ratificação.

2. No caso de uma declaração que restrinja assim a aplicação das disposições da presente convenção:

a) as disposições da convenção devem aplicar-se, ao menos, às empresas ou aos setores de atividade econômica que a autoridade competente, após consulta aos serviços de inspeção do trabalho e às organizações mais representativas de empregadores e empregados interessados, considere como grandes utilizadores de máquinas; a iniciativa de consulta poderá ser tomada por qualquer das referidas organizações;

b) O membro deverá indicar, nos relatórios a serem submetidos por força do art. 22 da Constituição da Organização Internacional do Trabalho, quais foram os progressos realizados com vistas à maior aplicação das disposições da convenção.

3. Todo membro que fizer uma declaração de conformidade com o § 1 acima, poderá, a qualquer momento, anulá-la, total ou parcialmente, por uma declaração posterior.

PARTE VI
DISPOSIÇÕES FINAIS

Art. XVIII — As ratificações formais da presente convenção serão comunicadas ao Diretor-Geral da Repartição Internacional do Trabalho e por ele registradas.

Art. XIX — 1. A presente convenção não obrigará senão aos Membros da Organização Internacional do Trabalho cuja ratificação tenha sido registrada pelo Diretor-Geral.

2. Ele entrará em vigor doze meses depois que as ratificações de dois Membros tiverem sido registradas pelo Diretor-Geral.

3. Em seguida, esta convenção entrará em vigor para cada Membro doze meses depois da data em que sua ratificação tiver sido registrada.

Art. XX — 1. Todo Membro que tiver ratificado a presente convenção poderá denunciá-la no fim de um período de dez anos depois da data da entrada em vigor inicial da convenção, por ato comunicado ao Diretor-Geral da Repartição Internacional do Trabalho e por ele registrado. A denúncia não terá efeito senão um ano depois de ter sido registrada.

2. Todo Membro que, tendo ratificado a presente convenção, dentro do prazo de um ano depois da expiração do período de dez anos mencionado no parágrafo precedente, não fizer uso da faculdade de denúncia prevista no presente artigo, será obrigado por novo período de dez anos e, depois disso, poderá denunciar a presente convenção no fim de cada período de dez anos, nas condições previstas no presente artigo.

Art. XXI — 1. O Diretor-Geral da Repartição Internacional do Trabalho notificará a todos os Membros da Organização Internacional do Trabalho o registro de todas as ratificações que lhe forem comunicadas pelos Membros da Organização.

2. Notificando aos Membros da Organização o registro da segunda ratificação que lhe for comunicada, o Diretor-Geral chamará a atenção dos Membros da Organização para a data em que a presente Convenção entrar em vigor.

Art. XXII — O Diretor-Geral da Repartição Internacional do Trabalho enviará ao Secretário-Geral das Nações Unidas, para fim de registro, conforme o art. 102 da Carta das Nações Unidas, informações completas a respeito de todas as ratificações, declarações e atos de denúncia que houver registrado conforme os artigos precedentes.

Art. XXIII — Cada vez que julgar necessário, o Conselho de Administração da Repartição Internacional do Trabalho apresentará à Conferência Geral um relatório sobre a aplicação da presente Convenção e examinará se é necessário inscrever na ordem do dia da Conferência a questão de sua revisão total ou parcial.

Art. XXIV — 1. No caso de a Conferência adotar nova convenção de revisão total ou parcial da presente convenção, e a menos que a nova convenção disponha diferentemente:

a) a ratificação, por um Membro, da nova convenção de revisão acarretará, de pleno direito, não obstante o art. 17 acima, denúncia imediata da presente convenção quando a nova convenção de revisão tiver entrado em vigor;

b) a partir da data da entrada em vigor da nova convenção de revisão, a presente convenção cessará de estar aberta à ratificação dos Membros.

2. A presente convenção ficará, em qualquer caso, em vigor, na forma e no conteúdo, para os Membros que a tiverem ratificado e que não tiverem ratificado a convenção de revisão.

Art. XXV — As versões em francês e em inglês do texto da presente convenção fazem igualmente fé."

CONVENÇÃO N. 120

I — Aprovada na 48ª reunião da Conferência Internacional do Trabalho (Genebra — 1964), entrou em vigor no plano internacional em 29.3.66.

II — Dados referentes ao Brasil:

a) aprovação = Decreto Legislativo n. 30, de 20.8.68, do Congresso Nacional;

b) ratificação = 24 de março de 1969;

c) promulgação = Decreto n. 66.498, de 27.4.70;

d) vigência nacional = 24 de março de 1970.

"A Conferência Geral da Organização Internacional do Trabalho,

Convocada em Genebra pelo Conselho de Administração da Repartição Internacional do Trabalho, e havendo aí se reunido a 17 de junho de 1964, na sua quadragésima oitava sessão;

Após haver decidido adotar diversas propostas relativas à higiene no comércio e nos escritórios, questão que constitui o quarto ponto da ordem do dia da sessão;

Após haver decidido que algumas destas propostas tomariam a forma de convenção internacional;

Adota, neste oitavo dia de julho de mil novecentos e sessenta e quatro, a seguinte convenção, que será chamada 'Convenção sobre Higiene (Comércio e Escritórios), 1964'.

PARTE I
OBRIGAÇÕES DAS PARTES

Art. I — A presente convenção aplica-se:

a) aos estabelecimentos comerciais;

b) aos estabelecimentos, instituições ou administrações em que os trabalhadores se ocupam principalmente de trabalho de escritório;

c) a quaisquer serviços de outros estabelecimentos, instituições ou administrações em que os trabalhadores se ocupam principalmente de atividades comerciais ou de trabalhos de escritório, na medida em que não estiverem submetidas à legislação nacional ou a outras disposições que disciplinem a higiene na indústria, nas minas, nos transportes ou na agricultura.

Art. II — A autoridade competente poderá, após consultar as organizações de empregadores e de trabalhadores diretamente interessados, caso existam, excluir da aplicação da totalidade ou algumas disposições da presente convenção determinadas categorias de estabelecimentos, de instituições, de administrações ou de serviços mencionados no art. 1, quando as circunstâncias e as condições de emprego sejam tais que não convenha à aplicação da totalidade ou de algumas dessas disposições.

Art. III — Em todos os casos em que não pareça ser duvidosa a aplicação da presente Convenção a um estabelecimento, a uma instituição ou a uma administração determinados, a questão será resolvida quer pela autoridade competente, após consulta aos organismos representativos de empregadores e de trabalhadores interessados, caso existam, quer de conformidade com qualquer outro método segundo a legislação e a prática nacionais.

Art. IV — Todo Membro que ratificar a presente convenção compromete-se:

a) a adotar e a manter em vigor uma legislação que assegure a aplicação dos princípios gerais contidos na parte II;

b) a assegurar que, na medida em que as condições nacionais o permitam e o tornem desejável, seja dado efeito às disposições da recomendação sobre higiene (comércio e escritórios), 1964; ou as disposições equivalentes.

Art. V — A legislação que der efeito às disposições da presente convenção deverá ser elaborada após consulta das organizações representativas dos empregadores e trabalhadores interessados se existirem, o mesmo se dará com toda legislação que dê efeito, na medida em que as condições nacionais o permitirem e o tornarem desejável, às disposições da recomendação sobre higiene (comércio e escritório), 1964; ou a disposições equivalentes.

Art. VI — 1. Deverão ser tomadas medidas apropriadas por meio de serviços de inspeção adequados ou por outros meios para assegurar a aplicação efetiva das legislações mencionadas no art. 5.

2. Se os meios pelos quais forem efetivadas as disposições da presente convenção o permitirem, a aplicação efetiva destas legislações deverá ser assegurada pela instituição de um sistema de sanções adequado.

PARTE II
PRINCÍPIOS GERAIS

Art. VII — Todos os locais utilizados pelos trabalhadores assim como o equipamento destes locais deverão ser mantidos limpos e em bom estado.

Art. VIII — Todos os locais utilizados pelos trabalhadores devem ser arejados naturalmente ou ventilados artificialmente, ou ambos conjuntamente de uma maneira satisfatória e apropriada, pelo suprimento de ar novo ou purificado.

Art. IX — Todos os locais utilizados pelos trabalhadores deverão ser iluminados de uma maneira satisfatória e apropriada; para os locais de trabalho, a iluminação deverá ser na medida do possível natural.

Art. X — Uma temperatura tão confortável e estável quanto as circunstâncias o permitirem deverá ser mantida em todos os locais utilizados pelos trabalhadores.

Art. XI — Todos os locais de trabalho assim como pontos de trabalho deverão ser organizados de tal maneira que a saúde dos trabalhadores não seja exposta a qualquer efeito nocivo.

Art. XII — Água potável ou uma outra bebida sadia deverá ser posta em quantidade suficiente à disposição dos trabalhadores.

Art. XIII — Lavatórios apropriados e instalações sanitárias apropriadas deverão ser providos em número suficiente e ser mantidos convenientemente.

Art. XIV — Cadeiras apropriadas e em número suficiente deverão ser postas à disposição dos trabalhadores; estes deverão, numa medida razoável, ter a possibilidade de utilizá-los.

Art. XV — Para permitir aos trabalhadores de mudar de roupa, de deixar e fazer secar a roupa que não usam durante o trabalho, deverão ser providas e mantidas convenientemente instalações apropriadas.

Art. XVI — Os locais subterrâneos e os locais sem janelas em que um trabalho é normalmente executado deverão corresponder a normas de higiene apropriadas.

Art. XVII — Os trabalhadores deverão ser protegidos por medidas apropriadas e praticáveis contra as substâncias e processos incômodos, insalubres ou tóxicos ou perigosos, seja qual for a razão. Quando a natureza do trabalho o exigir, a autoridade competente deverá prescrever a utilização de equipamentos de proteção individual.

Art. XVIII — Os ruídos e as vibrações suscetíveis de produzir nos trabalhadores efeitos nocivos deverão ser reduzidos na medida do possível por medidas apropriadas e praticáveis.

// CONVENÇÕES DA OIT RATIFICADAS

Art. XIX — Qualquer estabelecimento, instituição, administração ou serviço a que se aplicar a presente Convenção deverá de conformidade com sua importância e riscos envolvidos:

a) quer possuir sua própria enfermaria ou seu próprio posto de primeiros socorros;

b) quer possuir uma enfermaria ou um posto de primeiros socorros em comum com outros estabelecimentos, instituições, administrações ou serviços;

c) quer possuir um ou vários armários, caixas ou estojos de primeiros socorros.

Art. XX — As ratificações formais da presente convenção serão comunicadas ao Diretor-Geral da Repartição Internacional do Trabalho e por ele registradas.

Art. XXI — 1. A presente convenção não obrigará senão aos Membros da Organização Internacional do Trabalho cuja ratificação tenha sido registrada pelo Diretor-Geral.

2. Ele entrará em vigor doze meses depois que as ratificações de dois Membros tiverem sido registradas pelo Diretor-Geral.

3. Em seguida, esta convenção entrará em vigor para cada Membro doze meses depois da data em que sua ratificação tiver sido registrada.

Art. XXII — 1. Todo Membro que tiver ratificado a presente convenção poderá denunciá-la no fim de um período de dez anos depois da data da entrada em vigor inicial da convenção, por ato comunicado ao Diretor-Geral da Repartição Internacional do Trabalho e por ele registrado. A denúncia não terá efeito senão um ano depois de ter sido registrada.

2. Todo Membro que, tendo ratificado a presente convenção, dentro do prazo de um ano depois da expiração do período de dez anos mencionado no parágrafo precedente, não fizer uso da faculdade de denúncia prevista no presente artigo, será obrigado por novo período de dez anos e, depois disso, poderá denunciar a presente convenção no fim de cada período de dez anos, nas condições previstas no presente artigo.

Art. XXIII — 1. O Diretor-Geral da Repartição Internacional do Trabalho notificará a todos os Membros da Organização Internacional do Trabalho o registro de todas as ratificações que lhe forem comunicadas pelos Membros da Organização.

2. Notificando aos Membros da Organização o registro da segunda ratificação que lhe for comunicada, o Diretor-Geral chamará a atenção dos Membros da Organização para a data em que a presente Convenção entrar em vigor.

Art. XXIV — O Diretor-Geral da Repartição Internacional do Trabalho enviará ao Secretário-Geral das Nações Unidas, para fim de registro, conforme o art. 102 da Carta das Nações Unidas, informações completas a respeito de todas as ratificações, declarações e atos de denúncia que houver registrado conforme os artigos precedentes.

Art. XXV — Cada vez que julgar necessário, o Conselho de Administração da Repartição Internacional do Trabalho apresentará à Conferência Geral um relatório sobre a aplicação da presente Convenção e examinará se é necessário inscrever na ordem do dia da Conferência a questão de sua revisão total ou parcial.

Art. XXVI — 1. No caso de a Conferência adotar nova convenção de revisão total ou parcial da presente convenção, e a menos que a nova convenção disponha diferentemente:

a) a ratificação, por um Membro, da nova convenção de revisão acarretará, de pleno direito, não obstante o art. 17 acima, denúncia imediata da presente convenção quando a nova convenção de revisão tiver entrado em vigor;

b) a partir da data da entrada em vigor da nova convenção de revisão, a presente convenção cessará de estar aberta à ratificação dos Membros.

2. A presente convenção ficará, em qualquer caso, em vigor, na forma e no conteúdo, para os Membros que a tiverem ratificado e que não tiverem ratificado a convenção de revisão.

Art. XXVII — As versões em francês e em inglês do texto da presente convenção fazem igualmente fé."

CONVENÇÃO N. 122

I — Aprovada na 49ª reunião da Conferência Internacional do Trabalho (Genebra — 1965), entrou em vigor no plano internacional em 17.7.66.

II — Dados referentes ao Brasil:

a) aprovação = Decreto Legislativo n. 61, de 30.11.66, do Congresso Nacional;

b) ratificação = 24 de março de 1969;

c) promulgação = Decreto n. 66.499, de 27.4.70;

d) vigência nacional = 24 de março de 1970.

"A Conferência Geral da Organização Internacional do Trabalho.

Convocada em Genebra pelo Conselho de Administração da Repartição Internacional do Trabalho, e tendo-se reunido ali a 9 de julho de 1964, em sua quadragésima nona sessão:

Considerando que a Declaração de Filadélfia reconhece a obrigação solene da Organização Internacional do Trabalho de incentivar entre as nações do mundo programas que procurem alcançar o pleno emprego e a elevação dos níveis de vida e que o Preâmbulo da Organização prevê a luta contra o desemprego e a garantia de um salário que assegure as condições de vida adequadas;

Considerando outros sim que nos termos da Declaração de Filadélfia cabe à Organização Internacional do Trabalho examinar e considerar as repercussões das políticas econômicas e financeiras sobre política de emprego à luz do objetivo fundamental, segundo o qual todos os seres humanos, qualquer que seja sua raça, credo ou sexo, tem o direito de assegurar o seu bem-estar material e o seu desenvolvimento espiritual dentro da liberdade e da dignidade da tranquilidade econômica e com as mesmas possibilidades;

Considerando que a declaração universal dos direitos do homem prevê que toda pessoa tem direito a trabalhar, à livre escolha de emprego, e condições justas e favoráveis de trabalho e à proteção contra o desemprego;

Tendo em conta os termos das convenções e recomendações internacionais do trabalho existentes que estão diretamente relacionadas com a política do emprego e em particular a convenção e a recomendação sobre, o serviço do emprego em 1949, a recomendação sobre a formação profissional em 1962, assim como a convenção e a recomendação concernente à discriminação (emprego e profissão), em 1958;

Considerando que estes instrumentos deveriam estar localizados dentro de um contexto mais largo de um programa internacional visando assegurar a expansão econômica fundada sobre o pleno emprego, produtivo e livremente escolhido;

Depois de haver decidido adotar as diversas proposições à política do emprego que são as compreendidas no oitavo item da agenda da sessão;

Depois de haver decidido que estas proposições tomariam a forma de uma convenção internacional;

Adota, neste dia 9 de julho de 1964, a convenção seguinte, que será denominada 'Convenção sobre Política do Emprego, 1964':

Art. I — 1. Com o objetivo de estimular o crescimento e o desenvolvimento econômico, de elevar os níveis de vida, de atender às necessidades de mão de obra e de resolver o problema do desemprego e do subemprego, todo Membro formulará e aplicará, como um objetivo essencial, uma política ativa visando promover o pleno emprego, produtivo e livremente escolhido.

2. Essa política deverá procurar garantir:

a) que haja trabalho para todas as pessoas disponíveis e em busca de trabalho;

b) que este trabalho seja o mais produtivo possível;

c) que haja livre escolha de emprego e que cada trabalhador tenha todas as possibilidades de adquirir as qualificações necessárias para ocupar um emprego que lhe convier e de utilizar, neste emprego, suas qualificações, assim como seus dons, qualquer que seja sua raça, cor, sexo, religião, opinião política, ascendência nacional ou origem social.

3. Essa política deverá levar em conta o estado e o nível de desenvolvimento econômico assim como a relação entre os objetivos de emprego, e os outros objetivos econômicos e sociais, e será aplicada através de métodos adaptados às condições e usos nacionais.

Art. II — Todo Membro deverá, através de métodos adaptados às condições do país e na medida em que estas o permitirem:

a) determinar e rever regularmente, nos moldes de uma política econômica e social coordenada, as medidas a adotar com o fim de alcançar os objetivos enunciados no art. I;

b) tomar as disposições que possam ser necessárias à aplicação destas medidas, inclusive quando for o caso, a elaboração de programas.

Art. III — Na aplicação da presente convenção, os representantes dos centros interessados nas medidas a tomar, e em particular os representantes dos empregadores e dos trabalhadores, deverão ser consultados a respeito das políticas de emprego com o objetivo de levar em conta plenamente sua experiência e opinião, e assegurar sua total cooperação para formular e obter apoio para tal política.

Art. IV — As ratificações formais da presente convenção serão comunicadas ao Diretor-Geral da Repartição Internacional do Trabalho e por ele registradas.

Art. V — 1. A presente convenção não obrigará senão aos Membros da Organização Internacional do Trabalho cuja ratificação tenha sido registrada pelo Diretor-Geral.

2. Ele entrará em vigor doze meses depois que as ratificações de dois Membros tiverem sido registradas pelo Diretor-Geral.

3. Em seguida, esta convenção entrará em vigor para cada Membro doze meses depois da data em que sua ratificação tiver sido registrada.

Art. VI — 1. Todo Membro que tiver ratificado a presente convenção poderá denunciá-la no fim de um período de dez anos depois da data da entrada em vigor inicial da convenção, por ato comunicado ao Diretor-Geral da Repartição Internacional do Trabalho e por ele registrado. A denúncia não terá efeito senão um ano depois de ter sido registrada.

2. Todo Membro que, tendo ratificado a presente convenção, dentro do prazo de um ano depois da expiração do período de dez anos mencionado no parágrafo precedente, não fizer uso da faculdade de denúncia prevista no presente artigo, será obrigado por novo período de dez anos e, depois disso, poderá denunciar a presente convenção no fim de cada período de dez anos, nas condições previstas no presente artigo.

Art. VII — 1. O Diretor-Geral da Repartição Internacional do Trabalho notificará a todos os Membros da Organização Internacional do Trabalho o registro de todas as ratificações que lhe forem comunicadas pelos Membros da Organização.

2. Notificando aos Membros da Organização o registro da segunda ratificação que lhe for comunicada, o Diretor-Geral chamará a atenção dos Membros da Organização para a data em que a presente Convenção entrar em vigor.

Art. VIII — O Diretor-Geral da Repartição Internacional do Trabalho enviará ao Secretário-Geral das Nações Unidas, para fim de registro, conforme o art. 102 da Carta das Nações Unidas, informações completas a respeito de todas as ratificações, declarações e atos de denúncia que houver registrado conforme os artigos precedentes.

Art. IX — Cada vez que julgar necessário, o Conselho de Administração da Repartição Internacional do Trabalho apresentará à Conferência Geral um relatório sobre a aplicação da presente Convenção e examinará se é necessário inscrever na ordem do dia da Conferência a questão de sua revisão total ou parcial.

Art. X — 1. No caso de a Conferência adotar nova convenção de revisão total ou parcial da presente convenção, e a menos que a nova convenção disponha diferentemente:

a) a ratificação, por um Membro, da nova convenção de revisão acarretará, de pleno direito, não obstante o art. 17 acima, denúncia imediata da presente convenção quando a nova convenção de revisão tiver entrado em vigor;

b) a partir da data da entrada em vigor da nova convenção de revisão, a presente convenção cessará de estar aberta à ratificação dos Membros.

2. A presente convenção ficará, em qualquer caso, em vigor, na forma e no conteúdo, para os Membros que a tiverem ratificado e que não tiverem ratificado a convenção de revisão.

Art. XI — As versões em francês e em inglês do texto da presente convenção fazem igualmente fé."

CONVENÇÃO N. 124

I — Aprovada na 49ª reunião da Conferência Internacional do Trabalho (Genebra — 1965), entrou em vigor no plano internacional em 13.12.67.

II — Dados referentes ao Brasil:

a) aprovação = Decreto-Lei n. 664, de 30.6.69;

b) ratificação = 21 de agosto de 1970;

c) promulgação = Decreto n. 67.342, de 5.10.70;

d) vigência nacional = 21 de agosto de 1971.

"A Conferência Geral da Organização Internacional do Trabalho,

Convocada em Genebra pelo Conselho de Administração da Repartição Internacional do Trabalho, e tendo-se ali reunido a 2 de junho de 1965, em sua quadragésima nona sessão;

Havendo decidido adotar diversas proposições relativas ao exame médico de aptidão dos adolescentes ao emprego nos trabalhos subterrâneos nas minas, questão essa que constitui o item quatro da agenda da sessão;

Considerando que a convenção sobre exame médico dos adolescentes (indústria), de 1964, que se aplica às minas, prevê que as crianças e adolescentes com menos de dezoito anos só poderão ser admitidos no emprego por uma empresa industrial após serem considerados aptos ao emprego do qual eles se ocuparão depois de um exame médico completo, que as crianças e adolescentes só poderão continuar no emprego após passarem por sucessivos exames médicos com intervalos não superiores há um ano e que a legislação nacional deverá conter dispositivos que obriguem a exames médicos suplementares;

Considerando que a convenção dispõe, além disso, que para os trabalhos que envolvam riscos elevados para a saúde, o exame médico de aptidão ao emprego e reexames periódicos deverão ser exigidos até a idade de vinte e um anos pelo menos, e que a legislação nacional deverá, tanto determinar os empregos ou categorias de empregos aos quais esta obrigação se aplica, quanto conferir a uma autoridade competente o poder de as determinar;

Considerando que em vista dos riscos que apresentam para a saúde os trabalhos subterrâneos nas minas, cabe adotar normas internacionais que exijam um exame médico de aptidão ao emprego subterrâneo nas minas assim como exames médicos periódicos até a idade de vinte e um anos e que especifiquem a natureza destes exames;

Havendo decidido que estas normas tomariam a forma de uma convenção internacional,

Adota neste dia 23 de junho de 1965, a convenção seguinte, que receberá a denominação de 'Convenção sobre Exame Médico dos Adolescentes (Trabalhos Subterrâneos), 1965':

Art. I — 1. Para os fins de aplicação da presente convenção, o termo 'mina' designa qualquer empresa, seja pública ou privada, cuja finalidade seja a extração de substâncias situadas sob a superfície do solo, e que comporte o emprego subterrâneo de pessoas.

2. As disposições da presente convenção relativas ao emprego ou ao trabalho subterrâneo nas minas cobrem o emprego ou o trabalho subterrâneo nas pedreiras.

Art. II — 1. Um exame médico completo e exames periódicos ulteriores a intervalos que não ultrapassem doze meses serão exigidos para pessoas com idade inferior a 21 anos, para determinação de sua aptidão para o emprego e trabalho subterrâneo nas minas.

2. A adoção de outras medidas relativas à supervisão médica de adolescentes entre dezoito e vinte anos será, contudo permitida quando a autoridade competente julgar por parecer médico, que tais medidas são equivalentes às exigidas no § 1, ou mais eficazes, e depois de consultar as organizações mais representativas de empregadores e trabalhadores interessados em obter sua concordância.

Art. III — 1. Os exames médicos previstos no art. II devem:

a) ser efetuados sob a responsabilidade e supervisão de médico qualificado aprovado pela autoridade competente;

b) ser atestados de maneira apropriada.

2. Uma radiografia dos pulmões será exigida no início do exame médico e da mesma forma, se isto for considerado necessário do ponto de vista médico, por ocasião de reexames ulteriores.

3. Os exames médicos exigidos pela presente convenção não deverão envolver gastos nem para os adolescentes nem para seus parentes ou tutores.

Art. IV — 1. Todas as medidas necessárias, inclusive a adoção de sanções apropriadas, deverão ser tomadas pela autoridade competente para assegurar a aplicação efetiva das disposições da presente convenção.

2. Qualquer Membro que ratifique a presente convenção compromete-se a dispor de um sistema de inspeção apropriado para fiscalizar a aplicação das disposições da convenção ou a fazer com que uma inspeção apropriada seja levada a efeito.

3. A legislação nacional deverá determinar as pessoas encarregadas de assegurar a execução das disposições da presente convenção.

4. O empregador deverá manter registros que estejam à disposição dos inspetores e que indicarão, para cada pessoa com menos de vinte e um anos de idade empregada ou trabalhando sob a terra:

a) a data de nascimento devidamente atestada na medida do possível;

b) indicações sobre a natureza da tarefa;

c) um certificado atestando a aptidão para o emprego, mas que não forneça nenhuma indicação de ordem médica.

5. O empregador deverá colocar à disposição dos representantes dos trabalhadores, sob sua solicitação, as informações mencionadas no § 4.

Art. V — A autoridade competente de cada país deverá consultar as organizações mais representativas de empregadores e trabalhadores mais interessados antes de determinar a política geral de aplicação da presente convenção e adotar uma regulamentação destinada a dar seguimento a esta.

Art. VI — As ratificações formais da presente convenção serão comunicadas ao Diretor-Geral da Repartição Internacional do Trabalho e por ele registradas.

Art. VII — 1. A presente convenção não obrigará senão aos Membros da Organização Internacional do Trabalho cuja ratificação tenha sido registrada pelo Diretor-Geral.

2. Ele entrará em vigor doze meses depois que as ratificações de dois Membros tiverem sido registradas pelo Diretor-Geral.

3. Em seguida, esta convenção entrará em vigor para cada Membro doze meses depois da data em que sua ratificação tiver sido registrada.

Art. VIII — 1. Todo Membro que tiver ratificado a presente convenção poderá denunciá-la no fim de um período de dez anos depois da data da entrada em vigor inicial da convenção, por ato comunicado ao Diretor-Geral da Repartição Internacional do Trabalho e por ele registrado. A denúncia não terá efeito senão um ano depois de ter sido registrada.

2. Todo Membro que, tendo ratificado a presente convenção, dentro do prazo de um ano depois da expiração do período de dez anos mencionado no parágrafo precedente, não fizer uso da faculdade de denúncia prevista no presente artigo, será obrigado por novo período de dez anos e, depois disso, poderá denunciar a presente convenção no fim de cada período de dez anos, nas condições previstas no presente artigo.

Art. IX — 1. O Diretor-Geral da Repartição Internacional do Trabalho notificará a todos os Membros da Organização Internacional do Trabalho o registro de todas as ratificações que lhe forem comunicadas pelos Membros da Organização.

2. Notificando aos Membros da Organização o registro da segunda ratificação que lhe for comunicada, o Diretor-Geral chamará a atenção dos Membros da Organização para a data em que a presente Convenção entrará em vigor.

Art. X — O Diretor-Geral da Repartição Internacional do Trabalho enviará ao Secretário-Geral das Nações Unidas, para fim de registro, conforme o art. 102 da Carta das Nações Unidas, informações completas a respeito de todas as ratificações, declarações e atos de denúncia que houver registrado conforme os artigos precedentes.

Art. XI — Cada vez que julgar necessário, o Conselho de Administração da Repartição Internacional do Trabalho apresentará à Conferência Geral um relatório sobre a aplicação da presente Convenção e examinará se é necessário inscrever na ordem do dia da Conferência a questão de sua revisão total ou parcial.

Art. XII — 1. No caso de a Conferência adotar nova convenção de revisão total ou parcial da presente convenção, e a menos que a nova convenção disponha diferentemente:

a) a ratificação, por um Membro, da nova convenção de revisão acarretará, de pleno direito, não obstante o art. 17 acima, denúncia imediata da presente convenção quando a nova convenção de revisão tiver entrado em vigor;

b) a partir da data da entrada em vigor da nova convenção de revisão, a presente convenção cessará de estar aberta à ratificação dos Membros.

2. A presente convenção ficará, em qualquer caso, em vigor, na forma e no conteúdo, para os Membros que a tiverem ratificado e que não tiverem ratificado a convenção de revisão.

Art. XIII — As versões em francês e em inglês do texto da presente convenção fazem igualmente fé."

CONVENÇÃO N. 125

I — Aprovada na 50ª reunião da Conferência Internacional do Trabalho (Genebra — 1966), entrou em vigor no plano internacional em 15.7.69.

II — Dados referentes ao Brasil:

a) aprovação = Decreto-Lei n. 663, de 30.6.69;

b) ratificação = 21 de agosto de 1970;

c) promulgação = Decreto n. 67.341, de 5.10.70;

d) vigência nacional = 21 de agosto de 1971.

"A Conferência Geral da Organização Internacional do Trabalho,

Convocada em Genebra pelo Conselho de Administração da Repartição Internacional do Trabalho e, tendo ali se reunido, a 1º de junho de 1966, em sua qüinquagésima sessão;

Após ter decidido adotar diversas propostas sobre certificados de capacidade de pescadores, questão incluída no item sexto da agenda da sessão;

Tendo em mente as disposições da Convenção sobre certificados de capacidade dos oficiais, 1936, segundo a qual ninguém poderá exercer ou ser contratado para exercer a bordo de um navio, a qual se aplica a referida Convenção, as funções de capitão ou patrão, de oficial de ponte chefe de quarto, de chefe mecânico e de oficial mecânico chefe de quarto, sem ser titular de um certificado que prove sua capacidade de exercer tais funções, expedido ou aprovado pela autoridade do território onde estiver matriculado o navio;

Considerando que a experiência demonstrou ser conveniente a adoção de normas internacionais suplementares relativas às condições mínimas para a obtenção de um certificado de capacidade que autorize seu titular a servir a bordo de barcos de pesca;

Após ter decidido que tais propostas tomariam a forma de uma convenção internacional, adota, neste vigésimo primeiro dia de junho de mil novecentos e sessenta e seis, a seguinte Convenção denominada 'Convenção sobre Certificados de Capacidade dos Pescadores, 1966':

PARTE I
CAMPO DE APLICAÇÃO E DEFINIÇÕES

Art. 1 — Para os fins da presente Convenção, a expressão 'barcos de pesca' refere-se a todos os navios e barcos, qualquer que seja sua natureza, de propriedade privada ou pública, destinada à pesca marítima em água salgada e matriculados num território para o qual esta Convenção esteja em vigor, com exceção dos:

a) navios e barcos de arqueação bruta registrada inferior a 25 toneladas;

b) navios e barcos destinados à pesca da baleia ou a operações análogas;

c) navios e barcos utilizados na pesca esportiva e recreativa;

d) navios de pesquisa ou de proteção à pesca.

Art. 2 — A autoridade competente poderá, após consultar, caso existam, as organizações de armadores

de pesca e de pescadores, prever modificações à presente Convenção em relação aos navios de pesca costeira, conforme estipula a legislação nacional.

Art. 3 — Para os fins da presente Convenção, os seguintes termos terão o significado que aqui se lhes atribui:

a) Patrão: qualquer pessoa encarregada do comando de um barco de pesca.

b) Imediato: qualquer pessoa que exerça o comando subordinado de um barco de pesca, inclusive as pessoas, com exceção dos pilotos, que possam ser, a qualquer momento, chamadas a assegurar a navegação de um barco de pesca.

c) Mecânico: qualquer pessoa que for responsável pela direção permanente do serviço de propulsão mecânica de um barco de pesca.

PARTE II
CONCESSÃO DE CERTIFICADOS

Art. 4 — Todo Membro que ratificar a presente Convenção deverá adotar normas para a obtenção de um certificado de capacidade que habilite seu titular a exercer as funções de patrão, de imediato ou de mecânico a bordo de um barco de pesca.

Art. 5 — 1. Todos os barcos de pesca aos quais a presente Convenção se aplica deverão embarcar obrigatoriamente um patrão que possua um certificado.

2. Todos os navios de pesca de arqueação bruta superior a 100 toneladas utilizados em operações ou em zonas a serem definidas pela legislação nacional, deverão obrigatoriamente embarcar um imediato que possua um certificado.

3. Todos os barcos de pesca cujo motor desenvolver uma potência superior à determinada pela autoridade competente após consulta às organizações de armadores de pesca e das organizações de pescadores, caso existam, deverão obrigatoriamente embarcar um mecânico que possua um certificado; ficando entendido, entretanto, que o patrão ou o imediato poderá exercer a função de mecânico, em certos casos, desde que possua certificado de mecânico.

4. Os certificados concedidos aos patrões, imediatos e mecânicos poderão ser certificados completos ou restritos, de conformidade com o tamanho, tipo, natureza e área de operação dos barcos de pesca, segundo o que determinar a legislação nacional.

5. A autoridade competente poderá, em casos específicos, autorizar um barco de pesca a fazer-se ao mar sem ter a bordo todo o pessoal necessário munido de certificados se a referida autoridade julgar que não há disponibilidade suficiente de pessoal qualificado e que, no caso específico, não se corre risco ao permitir-se que o barco se faça ao mar.

Art. 6 — 1. A idade mínima prescrita pela legislação nacional para a concessão de um certificado de competência não deverá ser inferior a:

a) vinte anos para os patrões;

b) dezenove para os imediatos;

c) vinte anos para os mecânicos.

2. A idade mínima poderá no entanto ser fixada em dezoito anos para os patrões e os imediatos que sirvam a bordo de barco destinado à pesca costeira, e para os mecânicos que sirvam a bordo de pesca pequeno cujo motor desenvolve potência inferior a limite determinado pela autoridade competente, após consulta às organizações de armadores de pescadores, caso existam.

Art. 7 — O mínimo de experiência profissional exigido pela legislação nacional para a concessão de um certificado de imediato não poderá ser inferior a três anos de navegação com serviço de ponte.

Art. 8 — 1. O mínimo de experiência profissional exigido pela legislação nacional para a concessão de um certificado de patrão não deverá ser inferior a quatro anos de navegação no serviço de ponte.

2. A autoridade competente poderá, após consulta às organizações de armadores de pesca e às de pescadores, caso existam, exigir que parte desse serviço seja cumprido como imediato habilitado; se, nos termos da legislação nacional, a concessão de certificados de capacidade de diversos graus, completos ou restritos, for prevista para os patrões, a natureza dos serviços prestados como imediato habilitado ou a natureza do diploma que se possua durante a prestação desses serviços poderá conseqüentemente variar.

Art. 9 — 1. O mínimo de experiência profissional exigido pela legislação nacional para a concessão de um certificado de mecânico, não deverá ser inferior a três anos de navegação na sala de máquinas.

2. Um período mais curto de navegação poderá ser fixado quando se tratar de um patrão ou de um imediato já portadores de certificado.

3. No caso dos pequenos barcos de pesca referidos no § 2 do art. 6, a autoridade competente, após consulta à organização de armadores de pesca e às organizações de pescadores, caso existam, pode fixar um período de navegação limitado a doze meses.

4. O trabalho em uma oficina mecânica pode ser considerado como equivalente ao período de navegação a que se referem os §§ 1, 2 e 3, para qualificação para obtenção de certificado.

Art. 10 — O tempo despendido pelos candidatos num curso de formação profissional reconhecido poderá ser descontado dos períodos de navegação exigidos em virtude dos arts. 7, 8 e 9 acima, na medida em que não ultrapassem doze meses.

PARTE III
EXAMES

Art. 11 — Nos exames, organizados e supervisionados pela autoridade competente para verificar se os candidatos aos vários certificados de capacidade preenchem os requisitos para exercer as funções correspondentes a estes últimos, deverão ser demonstrados conhecimentos suficientes, correspondentes às categorias e graus dos certificados, de matérias como:

a) para os patrões e imediatos:

I) matérias náuticas gerais, inclusive, marinharia, manobras de navio, salvaguarda da vida humana no mar e um bom conhecimento das Regras para prevenir abalroamento no mar;

II) navegação prática, inclusive a utilização de instrumentos e de sistemas de navegação, eletrônicos e mecânicos;

III) segurança de trabalho, principalmente na manipulação dos aparelhos de pesca;

b) para os mecânicos:

I) teoria, operação, manutenção e reparação das máquinas a vapor ou dos motores de combustão interna assim como equipamentos auxiliares;

II) utilização, manutenção e reparação das instalações de refrigeração, de bombas de incêndio, de cabrestantes de convés assim como outros equipamentos mecânicos de barcos de pesca, inclusive os efeitos sobre a estabilidade;

III) noções fundamentais sobre as instalações elétricas do barco; manutenção e reparação das máquinas e dos aparelhos elétricos dos barcos de pesca;

IV) medidas de segurança técnicas e manobras de salvamento, inclusive o uso de equipamento de salvamento e de material de luta contra o fogo.

Art. 12 — Os exames para a obtenção de certificados para os patrões e os imediatos previstos no art. 11, item a, poderão igualmente versar sobre as seguintes matérias:

a) técnicas de pesca, inclusive quando conveniente, utilização dos aparelhos eletrônicos de detecção de peixes e utilização, manutenção e reparação do equipamento de pesca;

b) estocagem, lavagem e tratamento de peixes a bordo.

Art. 13 — Durante o período de três anos que se seguir à data da entrada em vigor da legislação nacional que tornar efetivas as disposições da presente Convenção, poderão ser concedidos certificados de capacidade a pessoas que não houverem prestado um dos exames previstos nos arts. 11 e 12 desta Convenção, mas que possuírem, de fato, uma experiência prática suficiente da função correspondente ao certificado em apreço, desde que nenhuma falta técnica tenha sido registrada contra essas pessoas.

PARTE IV
MEDIDAS DE EXECUÇÃO

Art. 14 — 1. Qualquer Membro deverá assegurar, por um sistema de inspeção eficaz a aplicação da legislação que tornar efetivas as disposições da presente Convenção.

2. A legislação nacional que tornar efetivas as disposições da presente Convenção deverá prever os casos em que as autoridades de um Membro puderem deter qualquer barco matriculado em seu território em virtude de infração à referida legislação.

Art. 15 — 1. A legislação nacional que tornar efetivas as disposições da presente Convenção deverá prever sanções penais a serem aplicadas aos casos em que esta legislação não for respeitada.

2. Estas sanções penais ou disciplinares deverão ser prescritas contra:

a) o armador ou seu agente ou o patrão que contratar uma pessoa que não for titular de um certificado exigido;

b) uma pessoa que obtiver por fraude ou documentos falsos um contrato para exercer funções que exijam um certificado sem ser titular do competente certificado.

PARTE V
DISPOSIÇÕES FINAIS

Art. 16 — As ratificações formais da presente convenção serão comunicadas ao Diretor-Geral da Repartição Internacional do Trabalho e por ele registradas.

Art. 17 — 1. A presente convenção não obrigará senão aos Membros da Organização Internacional do Trabalho cuja ratificação tenha sido registrada pelo Diretor-Geral.

2. Ele entrará em vigor doze meses depois que as ratificações de dois Membros tiverem sido registradas pelo Diretor-Geral.

3. Em seguida, esta convenção entrará em vigor para cada Membro doze meses depois da data em que sua ratificação tiver sido registrada.

Art. 18 — 1. Todo Membro que tiver ratificado a presente convenção poderá denunciá-la no fim de um período de dez anos depois da data da entrada em vigor inicial da convenção, por ato comunicado ao Diretor-Geral da Repartição Internacional do Trabalho e por ele registrado. A denúncia não terá efeito senão um ano depois de ter sido registrada.

2. Todo Membro que, tendo ratificado a presente convenção, dentro do prazo de um ano depois da expiração do período de dez anos mencionado no parágrafo precedente, não fizer uso da faculdade de denúncia prevista no presente artigo, será obrigado por novo período de dez anos e, depois disso, poderá denunciar a presente convenção no fim de cada período de dez anos, nas condições previstas no presente artigo.

Art. 19 — 1. O Diretor-Geral da Repartição Internacional do Trabalho notificará a todos os Membros da Organização Internacional do Trabalho o registro de todas as ratificações que lhe forem comunicadas pelos Membros da Organização.

2. Notificando aos Membros da Organização o registro da segunda ratificação que lhe for comunicada, o Diretor-Geral chamará a atenção dos Membros da Organização para a data em que a presente Convenção entrar em vigor.

Art. 20 — O Diretor-Geral da Repartição Internacional do Trabalho enviará ao Secretário-Geral das Nações Unidas, para fim de registro, conforme o art. 102 da Carta das Nações Unidas, informações completas a respeito de todas as ratificações, declarações e atos de denúncia que houver registrado conforme os artigos precedentes.

Art. 21 — Cada vez que julgar necessário, o Conselho de Administração da Repartição Internacional do Trabalho apresentará à Conferência Geral um relatório sobre a aplicação da presente Convenção e examinará se é necessário inscrever na ordem do dia da Conferência a questão de sua revisão total ou parcial.

Art. 22 — 1. No caso de a Conferência adotar nova convenção de revisão total ou parcial da presente convenção, e a menos que a nova convenção disponha diferentemente:

a) a ratificação, por um Membro, da nova convenção de revisão acarretará, de pleno direito, não obstante o art. 17 acima, denúncia imediata da presente convenção quando a nova convenção de revisão tiver entrado em vigor;

b) a partir da data da entrada em vigor da nova convenção de revisão, a presente convenção cessará de estar aberta à ratificação dos Membros.

2. A presente convenção ficará, em qualquer caso, em vigor, na forma e no conteúdo, para os Membros que a tiverem ratificado e que não tiverem ratificado a convenção de revisão.

Art. 23 — As versões em francês e em inglês do texto da presente convenção fazem igualmente fé."

CONVENÇÃO N. 126

I — Aprovada na 50ª reunião da Conferência Internacional do Trabalho (Genebra — 1966), entrou em vigor no plano internacional em 6 de novembro de 1968.

II — Dados referentes ao Brasil:

a) aprovação = Decreto n. 10, de 9.2.94;

b) ratificação = 12 de abril de 1994;

c) promulgação = Decreto n. 2.420, de 16.12.97;

d) vigência nacional = 12 de abril de 1995.

"A Conferência Geral da Organização Internacional do Trabalho,

Convocada em Genebra pelo Conselho de Administração da Repartição Internacional do Trabalho, e tendo se reunido naquela cidade em 1º de junho de 1966, em sua qüinquagésima sessão,

Após decidir adotar diversas propostas referentes ao alojamento a bordo dos navios de pesca, questão que se encontra incluída no sexto item da agenda da sessão,

Após decidir que essas propostas tomariam a forma de convenção internacional, adota, neste vigésimo primeiro dia do mês de junho de mil e novecentos e sessenta e seis, a convenção abaixo que será denominada 'Convenção sobre o Alojamento a Bordo dos Navios de Pesca, 1966'.

PARTE I
DISPOSIÇÕES GERAIS

Art. 1º

1. A presente Convenção se aplica a todos os navios e barcos marítimos com propulsão mecânica, quaisquer que sejam, de propriedade pública ou privada, dedicados à pesca marítima em águas salgadas e registrados num território para o qual esteja vigorando a presente convenção.

2. A legislação nacional determinará as condições nas quais os navios e barcos serão considerados navios e barcos marítimos para os fins da aplicação da presente convenção.

3. A presente convenção não se aplica aos navios e barcos que desloquem menos de 75 toneladas; todavia, quando a autoridade competente decidir, após consulta às organizações de armadores de pesca e organizações de pescadores, caso existam, que isso é razoável e exeqüível, a convenção aplicar-se-á aos navios e barcos que desloquem de 25 a 75 toneladas.

4. A autoridade competente pode, após consulta às organizações de armadores de pesca e organizações de pescadores, caso existam, utilizar como critério o comprimento em lugar da arqueação para os fins da presente convenção, nesse caso a convenção não se aplica aos navios e barcos com comprimento inferior a 24,4 metros (80 pés). Todavia, quando a autoridade o decidir, após consulta às organizações de armadores de pesca e organizações de pescadores, caso existam que isso é razoável e exeqüível, a convenção aplicar-se-á aos navios e barcos com 13,7 a 24,4 (45 a 80 pés) de comprimento.

5. A convenção não se aplica:

a) aos navios e barcos normalmente utilizados para a pesca desportiva ou o lazer;

b) aos navios e barcos cujo principal meio de propulsão for à vela, mas que sejam equipados com motores auxiliares;

c) aos navios e barcos dedicados à pesca da baleia ou a operações análogas;

d) aos navios de pesquisa ou proteção às pesqueiras.

6. As seguintes disposições não se aplicam aos navios que, normalmente, não voltam ao seu porto de registro durante períodos inferiores a trinta e seis horas e cuja tripulação não vive em permanência a bordo quando se encontram no porto:

a) art. 9º, § 4º;

b) art. 10;

c) art. 11;

d) art. 12;

e) art. 13, § 1º;

f) art. 14;

g) art. 16.

Todavia, os navios mencionados acima deverão ser equipados com instalações sanitárias suficientes e instalações necessárias a fim de que a tripulação possa tomar suas refeições, preparar alimentos e descansar.

7. Poderão ser derrogadas à plena aplicação das disposições da Parte III da presente convenção em relação a qualquer navio se, após consulta às organizações de armadores de pesca e organizações de pescadores, caso existam, a autoridade competente julgar que as modalidades da derrogação acarretarão vantagens que tenham por efeito estabelecer condições que, em seu conjunto, não serão menos favoráveis do que aquelas que teriam decorrido da plena aplicação da convenção. Detalhes relativos a todas as derrogações dessa natureza serão comunicados pelo Membro interessado ao Diretor-Geral da Repartição Internacional do Trabalho que informará aos Membros da Organização Internacional do Trabalho.

Art. 2º

Para os fins da presente convenção:

a) os termos 'navios de pesca' ou 'barcos' designam todo navio ou barco ao qual se aplica esta convenção;

b) o termo 'toneladas' significa as toneladas de arqueação bruta;

c) o termo 'comprimento' significa a distância entre, por um lado, o ponto de interseção da frente da roda de proa e da linha que prolonga o convés, e, por outro lado, a parte de ré do cabeçote do cadaste, ou a frente do macho do leme, quando não houver cadaste;

d) o termo 'oficial' significa toda pessoa, com exclusão do patrão, que seja considerado oficial de acordo com a legislação nacional ou, na falta de tal legislação, de acordo as convenções coletivas ou o costume;

e) o termo 'pessoal subalterno' significa todo membro da tripulação outro do que um oficial;

f) o termo 'alojamento da tripulação' compreende os postos de descanso, refeitórios e instalações sanitárias previstas para o uso da tripulação;

g) o termo 'prescrito' significa prescrito pela legislação nacional ou pela autoridade competente;

h) o termo 'aprovado' significa aprovado pela autoridade competente;

i) o termo 'novo registro' significa novo registro por ocasião de mudança simultânea de bandeira e propriedade de um navio.

Art. 3º

1. Todo Membro para o qual a presente convenção está vigorando, compromete-se a manter em vigor uma legislação adequada para assegurar a aplicação das disposições contidas nas Partes II, III e IV da Convenção.

2. A referida legislação:

a) obrigará a autoridade competente a notificar a todos os interessados as disposições que serão tomadas;

b) especificará as pessoas que serão encarregadas de zelar pela sua aplicação;

c) preverá a instituição e conservação de um regime de fiscalização próprio para assegurar efetivamente a observação das disposições tomadas;

d) prescreverá sanções adequadas para toda infração;

e) obrigará a autoridade competente a consultas periódicas com as organizações de armadores de pesca e organizações de pescadores, caso existam, com vistas à elaboração dos regulamentos e colaboração em toda medida possível com as partes interessadas na aplicação desses regulamentos.

PARTE II
ESTABELECIMENTO DAS PLANTAS E FISCALIZAÇÃO DO ALOJAMENTO DA TRIPULAÇÃO

Art. 4º

Antes do início da construção de um navio de pesca e antes que seja modificado de modo importante, ou reconstruído, o alojamento da tripulação a bordo de navio de pesca existente, as plantas detalhadas desse alojamento, acompanhadas de todas as informações úteis, serão submetidas para aprovação à autoridade competente.

Art. 5º

1. A autoridade competente inspecionará todo navio de pesca e assegurar-se-á que o alojamento da tripulação está conforme as condições exigidas pela legislação quando:

a) for feito o primeiro registro ou novo registro do navio;

b) o alojamento da tripulação tiver sido modificado de modo importante ou reconstruído;

c) quer uma organização de pescadores reconhecida e representando toda ou parte da tripulação, quer um número ou uma percentagem prescrita dos membros da tripulação, se tiver queixado à autoridade competente, na forma prescrita e bastante cedo para evitar todo atraso ao navio de pesca, que o alojamento da tripulação não está conforme as disposições da convenção.

2. A autoridade competente poderá levar a efeito inspeções periódicas cada vez que o desejar.

PARTE III
PRESCRIÇÕES RELATIVAS AO ALOJAMENTO DA TRIPULAÇÃO Art. 6º

1. A localização, os meios de acesso, a construção e a disposição do alojamento da tripulação em relação às outras partes do navio de pesca serão tais que assegurarão segurança suficiente, proteção contra as intempéries e o mar, bem como um isolamento contra o calor, o frio, o barulho excessivo e os odores ou emanações provenientes das outras partes do navio.

2. As diferentes partes do alojamento da tripulação deverão ser providas de saídas de emergência na medida que for necessário.

3. Será evitada, em toda medida do possível, toda abertura direta ligando os postos de descanso ao porão para peixe ou farinha de peixe, às salas das máquinas ou caldeiras, cozinhas, depósito de lanternas, almoxarifado para as tintas, almoxarifado do convés e da máquina e outros almoxarifados gerais, os secadores, locais dedicados aos cuidados de higiene coletivos ou sanitários. As partes de divisórias que separam esses locais dos postos de descanso, bem como as divisórias externas a esses serão convenientemente edificadas de aço ou todo outro material aprovado, e serão impermeáveis à água e gases.

4. As partes externas dos postos de descanso e refeitórios terão conveniente isolamento térmico. Os encaixes de máquinas, bem como as divisórias que limitam as cozinhas ou outros locais que produzam calor, serão convenientemente isolados termicamente cada vez que esse calor poderá incomodar nas instalações e coxias adjacentes. Medidas serão igualmente tomadas para realizar uma proteção contra o calor liberado pelas tubulações de vapor e água quente.

5. As divisórias internas serão construídas num material aprovado, que não possa abrigar insetos repelentes.

6. Os postos de descanso, refeitórios, salas de lazer e coxias situadas no interior do alojamento da tripulação serão convenientemente isolados de modo a evitar toda condensação ou calor excessivo.

7. As principais tubulações de vapor e escapamento dos guindastes e outros aparelhos auxiliares semelhantes não deverão passar pelo alojamento da tripulação nem pelas coxias que levam a esse alojamento, a menos que tecnicamente seja impossível evitá-lo. Nesse último caso, as tubulações deverão ser convenientemente isoladas termicamente e colocados em encaixe.

8. Os painéis ou pranchas internos serão feitos de material cuja superfície possa facilmente ser conservada em estado de limpeza. As tábuas unidas por encaixe e lingüeta ou qualquer outra forma de construção que possa dar abrigo a insetos repelentes não deverão ser utilizadas.

9. A autoridade competente decidirá em que medida dispositivos destinados a prevenir incêndios ou retardar sua propagação deverão ser tomados na construção do alojamento.

10. As paredes e tetos dos postos de descanso e refeitórios deverão poder ser facilmente mantidos em estado de limpeza e, se forem pintados, sê-los com cor clara; o emprego de coberturas à base de cal será proibido.

11. As paredes internas serão refeitas ou consertadas, quando for necessário.

CONVENÇÕES DA OIT RATIFICADAS

12. Os materiais e modo de construção dos revestimentos de convés em todo local destinado ao alojamento da tripulação deverão ser aprovados; esses revestimentos deverão ser impermeáveis à umidade e sua conservação em estado de limpeza deverá ser fácil.

13. Os convés descobertos cobrindo o alojamento da tripulação serão revestidos de isolamento de madeira ou material análogo.

14. Quando os revestimentos de convés forem de matéria compósita, as juntas com as paredes serão arredondadas de modo a evitar as frestas.

15. Dispositivos suficientes serão previstos para o escoamento das águas.

16. Todas as medidas possíveis serão tomadas para impedir a penetração de moscas e outros insetos no alojamento da tripulação.

Art. 7º

1. Os postos de descanso e os refeitórios serão convenientemente ventilados.

2. O sistema de ventilação será regulável, de modo a manter o ar em condições satisfatórias e assegurar circulação suficiente por qualquer tempo e sob todos os climas.

3. Todo navio pesqueiro, dedicado de modo regular à navegação nos trópicos ou em outras regiões em que reinem condições climáticas similares, será equipado, na medida em que as referidas condições assim o exigirem, ao mesmo tempo por meios mecânicos de ventilação ou ventiladores elétricos, ficando entendido que um único desses meios poderá ser utilizado nos locais onde esse meio assegure ventilação satisfatória.

4. Todo navio pesqueiro dedicado à navegação fora dessas áreas será equipado ou com um sistema de ventilação mecânica ou ventiladores elétricos. A autoridade competente poderá dispensar desse dispositivo todo barco que navegue normalmente em mares frios dos hemisférios norte e sul.

5. A força motriz necessária para fazer funcionar os sistemas de ventilação previstos nos §§ 3 e 4 deverá estar disponível, na medida em que isto for exeqüível durante todo tempo em que a tripulação morar ou trabalhar a bordo, e isso no caso em que o exigirem as circunstâncias.

Art. 8º

1. Uma instalação conveniente de calefação será prevista para o alojamento da tripulação na medida em que as condições climáticas assim o exigirem.

2. A instalação de calefação deverá funcionar, na medida em que for exeqüível, quando a tripulação viver ou trabalhar a bordo ou se as circunstâncias o exigirem.

3. Serão proibidos os sistemas de calefação com chama exposta.

4. A instalação de calefação deverá estar em condição de manter, no alojamento da tripulação, a temperatura a nível satisfatório nas condições normais de tempo e clima que o navio venha a encontrar durante a navegação; a autoridade competente deverá prescrever as condições a serem realizadas.

5. Os radiadores ou outros aparelhos de calefação serão colocados — e eventualmente providos de proteção e equipados com dispositivos de segurança — de modo a evitar o risco de incêndio e não constituir uma fonte de perigo ou incômodo para os ocupantes dos locais.

Art. 9º

1. Todos os locais reservados para a tripulação serão convenientemente iluminados. A iluminação natural nos locais de morada deverá possibilitar a pessoa com acuidade visual normal ler, por tempo claro e durante o dia, um jornal impresso comum em todo ponto do espaço disponível para a circulação. Um sistema de iluminação artificial, dando o mesmo resultado, será instalado, quando não será possível obter iluminação natural conveniente.

2. Todo navio será provido, tanto quanto possível, de uma instalação que possibilite a iluminação elétrica do alojamento da tripulação. Se não existir a bordo duas fontes independentes de produção de eletricidade, um sistema suplementar de iluminação de emergência será previsto mediante lâmpadas ou aparelhos de iluminação de modelo adequado.

3. A iluminação artificial será disposta de modo a que os ocupantes do local se beneficiem ao máximo da mesma.

4. Além da iluminação normal do camarote, deverá haver para cada beliche uma iluminação individual que possibilite a leitura.

5. Uma iluminação azulada permanente deverá, além disso, ser prevista, nos postos de descanso, durante a noite.

Art. 10

1. Os postos de descanso serão situados no meio ou à ré da embarcação; em casos especiais, a autoridade competente poderá autorizar a instalação dos postos de descanso à proa da embarcação — mas, em caso algum, além da divisória de abordagem — quando em qualquer outro sítio não seria razoável ou prático, em virtude do tipo de embarcação, suas dimensões ou serviço para o qual é destinada.

2. A área por ocupante de todo posto de descanso, deduzida a área ocupada pelos beliches e os armários, não será inferior às seguintes cifras:

a) a bordo das embarcações cuja arqueação for igual ou superior a 25 toneladas, mas inferior a 50 toneladas... 0,5 metro quadrado (5,4 pés quadrados);

b) a bordo das embarcações cuja arqueação for igual ou superior a 50 toneladas, mas inferior a 100 toneladas... 0,75 metro quadrado (8,1 pés quadrados);

c) a bordo das embarcações cuja arqueação for igual ou superior a 100 toneladas, mas inferior a 250 toneladas... 0,9 metro quadrado (9,7 pés quadrados);

d) a bordo das embarcações cuja arqueação for igual ou superior a 250 toneladas... 1 metro quadrado (10,8 pés quadrados).

3. Se decidir a autoridade competente, de acordo com o art. 1º, § 4, empregar, para os fins da presente convenção, adotar o critério do comprimento, a área por ocupante de qualquer posto de descanso, deduzidas as áreas ocupadas pelos beliches e os armários, não será inferior às seguintes cifras:

a) a bordo das embarcações cujo comprimento for igual ou superior a 13,7 metros (45 pés), mas inferior a 19,8 metros (65 pés)... 0,5 metro quadrado (5,4 pés quadrados);

b) a bordo das embarcações cujo comprimento for igual ou superior a 19,8 metros (65 pés), mas inferior a 26,8 metros (88 pés)...0,75 metro quadrado (8,1 pés quadrados);

c) a bordo das embarcações cujo comprimento for igual ou superior a 26,8 metros (88 pés), mas inferior a 35,1 metros (115 pés)...0,9 metro quadrado (9,7 pés quadrados);

d) a bordo das embarcações cujo comprimento for igual ou superior a 35,1 metros (115 pés)... 1 metro quadrado (10,8 pés quadrados).

4. O pé direito dos postos de descanso da tripulação deverá ter, em todos os casos em que for possível, pelo menos 1,9 metro (seis pés três polegadas).

5. Os postos de descanso serão em número suficiente para que cada turno da tripulação disponha de um ou vários postos distintos: todavia, a autoridade competente poderá conceder derrogações a essa disposição no que se refere às embarcações de pequeno deslocamento.

6. O número de pessoas autorizadas a ocupar cada posto de descanso não ultrapassará as seguintes cifras máximas:

a) oficiais: um ocupante por camarote, se possível, e em caso algum mais do que dois;

b) pessoal subalterno: duas ou três pessoas por posto se possível, o número dos ocupantes não devendo, em caso algum, ultrapassar as seguintes cifras:

I) a bordo de embarcações cuja arqueação for igual ou superior a 250 toneladas: quatro pessoas;

II) a bordo das embarcações cuja arqueação seja inferior a 250 toneladas: seis pessoas.

7. Se a autoridade competente decidir de acordo com o art. 1º, § 4, empregar, para os fins da presente Convenção, o critério do comprimento, o número dos membros do pessoal subalterno autorizados a ocupar cada posto de descanso não deverá, em caso algum, ultrapassar as seguintes cifras:

a) a bordo de embarcações cujo comprimento for igual ou superior a 35,1 metros (115 pés): quatro pessoas;

b) a bordo de embarcações cujo comprimento for inferior a 35,1 (115 pés): seis pessoas.

8. Em casos especiais, a autoridade competente poderá autorizar derrogações às disposições dos §§ 6 e 7, quando, por força do tipo de embarcações, suas dimensões e serviço para o qual for destinado, a aplicação dessas disposições não seria razoável ou prática.

9. O número máximo de pessoas a serem alojadas em posto de descanso será indicado, de modo legível e indelével, num lugar do posto onde a inscrição poderá ser facilmente vista.

10. Os membros da tripulação disporão de beliches individuais.

11. Os beliches não serão colocados lado a lado de modo a que só se possa ter acesso a um deles passando por cima de outro.

12. A sobreposição de mais de dois beliches é proibida. No caso em que beliches forem colocados ao longo do costado da embarcação, será proibido sobrepor beliches no lugar em que uma vigia for situada acima de um beliche.

13. Quando beliches forem superpostos, o beliche inferior não será colocado a menos de 0,3 metro (12 polegadas) acima do assoalho; o beliche superior será disposto a meia altura mais ou menor entre o fundo do beliche inferior e parte inferior dos barrotes do teto.

14. As dimensões internas mínimas de um beliche serão tanto quando possível de 1,9 metros sobre 0,68 metro (6 pés 3 polegadas sobre 2 pés 3 polegadas).

15. O quadro de um beliche e, eventualmente, à tábua de balanço serão de material aprovado, duro, liso e não suscetível de corrosão ou abrigar insetos repelentes.

16. Se quadros tubulares forem utilizados na construção dos beliches, serão absolutamente fechados e sem furos que possam se constituir em acesso para os insetos repelentes.

17. Todo beliche será provido ou de estrado elástico, ou de fundo elástico e de colchão estofado, ambos de matéria provada. A utilização, para enchimento do colchão, de palha ou outro material de natureza a abrigar insetos repelentes será proibida.

18. Quando beliches forem superpostos, um fundo impermeável ao pó, de madeira, lona ou outro material conveniente, será afixado abaixo do beliche superior.

19. Todo posto de descanso será arrumado e mobiliado de modo a que seja facilitada a sua boa manutenção e assegurar conforto razoável a seus ocupantes.

20. A mobília compreenderá, para cada ocupante, um armário provido de dispositivo de fechamento por cadeado e de um varão que possibilite pendurar roupas em cabides. A autoridade competente zelará para que esses armários sejam tão espaçosos quanto possível.

21. Todo posto de descanso será provido de mesa ou escrivaninha de modelo fixo, com dobradiças ou no corredor, e, em função das necessidades, de assentos confortáveis.

22. O material será construído com material liso e duro, que não possa deformar-se ou corroer-se ou dar abrigo a insetos repelentes.

23. A mobília compreenderá, para cada ocupante, uma gaveta ou um espaço equivalente de capacidade, quando possível, pelo menos igual a 0,056 metros cúbicos (2 pés cúbicos).

24. As vigias dos postos de descanso serão guarnecidas como cortinas.

25. Todo posto de descanso será provido de um espelho, de pequenos armários para os apetrechos de higiene, de uma estante para livros e de número suficiente de ganchos para roupa.

26. Na medida do possível, os beliches serão distribuídos de modo a que sejam separados os turnos e que um homem do turno diurno não compartilhe do mesmo posto do que os homens que vão para seu turno.

Art. 11

1. Refeitórios separados dos postos de descanso serão instalados a bordo de todos os navios de pesca com uma tripulação com mais de dez pessoas. Cada vez que isso for possível, o mesmo deverá ocorrer

nas embarcações com uma tripulação menos numerosa, todavia, se isso não for possível, o refeitório poderá ser conjugado ao posto de descanso.

2. A bordo das embarcações que praticam a pesca em alto mar e tenham uma tripulação de mais de vinte pessoas, um refeitório separado poderá ser previsto para o patrão e os oficiais.

3. As dimensões e o equipamento dos refeitórios deverão ser suficientes para o número provável de pessoas que farão uso deles ao mesmo tempo.

4. Todo refeitório será provido de mesas e assentos aprovados em número suficiente para o número provável de pessoas que farão uso deles ao mesmo tempo.

5. Os refeitórios serão colocados tão perto quanto possível da cozinha.

6. Uma instalação conveniente para a lavagem dos utensílios de mesa, bem como armários suficientes para a arrumação desses utensílios, serão previstos quando as copas não forem diretamente acessíveis pelos refeitórios.

7. O tampo das mesas e dos assentos serão de material resistente à umidade, sem gretas e de fácil limpeza.

8. Na medida do possível, os refeitórios serão planejados, mobiliados e equipados de modo a poder servir de salas de lazer.

Art. 12

1. Instalações sanitárias suficientes, incluindo pias de lavar as mãos, bem como banheiras ou duchas, serão instaladas a bordo de todo navio de pesca.

2. Instalações sanitárias para todos os membros da tripulação que não ocuparem camarotes ou postos que possuam uma instalação sanitária particular serão, na medida em que for possível, previstas para cada serviço, a razão de:

a) uma banheira ou uma ducha para cada oito pessoas, pelo menos;

b) um sanitário para cada oito pessoas, pelo menos;

c) uma pia para seis pessoas ou menos.

Todavia, se o número das pessoas de um serviço ultrapassar em menos da metade do número indicado, um múltiplo exato daquele número, o excedente poderá ser desprezado para a aplicação da presente disposição.

3. Água doce, quente e fria ou meios para aquecer a água serão fornecidos em todos os locais comuns destinados aos cuidados de higiene. A autoridade competente terá a facilidade de determinar, após consulta às organizações de armadores de pesca e organizações de pescadores, caso existam, a quantidade mínima de água doce a ser fornecida por homem e por dia.

4. As pias e as banheiras serão de dimensões suficientes e de material aprovado, com superfície lisa, não suscetível de rachar, descascar ou corroer-se.

5. O arejamento de todo sanitário far-se-á por comunicação direta com o ar livre, independentemente de toda outra parte dos locais de habitação.

6. O equipamento sanitário colocado nos sanitários será de modelo aprovado e provido de descarga possante, em constante estado de funcionamento a qualquer momento e que possa ser acionada individualmente.

7. Os canos de descida e descarga serão de dimensões suficientes e instalados de modo a reduzir ao máximo, os riscos de obstrução e facilitará limpeza. Não deverão atravessar tanques de água doce ou água potável nem, se for possível, passar sob os tetos dos refeitórios e postos de descanso.

8. As instalações sanitárias destinadas a serem utilizadas por mais de uma pessoa obedecerão as seguintes prescrições:

a) os revestimentos do solo serão de material durável aprovado, de fácil limpeza e impermeáveis à umidade, serão providos de sistema eficiente de escoamento das águas;

b) as divisórias serão de aço ou qualquer outro material estanque numa altura de pelo menos 0,23 metro (9 polegadas) a contar do convés;

c) os locais serão suficientemente iluminados, aquecidos e ventilados;

d) os sanitários serão situados em lugar facilmente acessível a partir dos postos de descanso e dos locais destinados aos cuidados de higiene, mas serão separados dos mesmos, não abrirão diretamente nos postos de descanso nem numa passagem que constituiria somente um acesso entre o posto de descanso e os sanitários, todavia, essa última disposição não será aplicável aos sanitários situados entre dois postos de descanso, cujo número total de ocupantes não ultrapassar quatro;

e) se vários sanitários forem instalados num mesmo local, serão suficientemente fechados para assegurar seu isolamento.

9. Meios de lavagem e secagem de roupa serão previstos num local separado dos postos de descanso, refeitórios e sanitários e suficientemente ventilados e aquecidos, providos de varal ou outros dispositivos para estender a roupa.

Art. 13

1. Na medida do possível, um camarote especial isolado será previsto para o caso em que um membro da tripulação se ferir ou adoecer. Uma enfermaria será prevista nas embarcações que deslocam pelo menos 500 toneladas. Se a autoridade competente decidir, de acordo com o artigo primeiro, § 4, empregar para fins da presente convenção, o critério de comprimento, uma enfermaria será prevista nas embarcações cujo comprimento seja, pelo menos, 45,7 metros (150 pés).

2. Todo navio de pesca que não levar médico deverá ser provido de uma farmácia de bordo, do tipo aprovado, acompanhada de instruções facilmente compreensíveis. A autoridade competente devera levar em conta, a esse respeito, a recomendação sobre as farmácias de bordo, 1958, e recomendações sobre consultas médicas no mar, 1958.

Art. 14

Guarda-roupas, em número suficientes e convenientemente arejados destinados a receber as capas de chuva, serão instalados na parte externa dos postos de descanso, mas serão facilmente acessíveis desses últimos.

Art. 15

O alojamento da tripulação será mantido em estado de limpeza e nas condições de habitabilidade conveniente, não servirá de lugar para armazenar mercadorias ou abastecimento que não sejam propriedade pessoal de seus ocupantes.

Art. 16

1. Os navios de pesca serão equipados com instalações adequadas para a preparação dos alimentos, colocadas tanto quanto possível numa cozinha separada.

2. A cozinha terá dimensões suficientes e será bem iluminada e ventilada.

3. A cozinha será equipados com todos os utensílios necessários armários e estantes, pias e escorredores de louça feitos de material inoxidável e dotados de dispositivos de escoamento sanitário. A cozinha será alimentada em água potável por canalizações, quando a alimentação for feita sob pressão, disposições deverão ser tomadas para evitar os recalques. Se a cozinha não tiver abastecimento de água quente, será dotada de uma instalação de aquecimento de água.

4. A cozinha será equipada com o material necessário a fim de que, em qualquer momento, possam ser preparadas bebidas quentes para a tripulação.

5. Será prevista uma dispensa de volume adequado, deverá ser ventilada e poder ser conservada seca e fresca, para evitar que os mantimentos estraguem. Se necessário for, geladeira ou outros meios de estocagem com baixa temperatura serão previstos.

6. Os botijões de gás butano ou propano utilizados, eventualmente, para a cozinha deverão ser colocados no convés aberto.

PARTE IV
APLICAÇÃO DESTA CONVENÇÃO AOS NAVIOS DE PESCA EXISTENTES

Art. 17

1. Ressalvando as disposições dos §§ 2, 3, e 4 deste artigo, a presente convenção aplicar-se-á aos navios de pesca cuja quilha tiver sido montada posteriormente a entrada em vigor da convenção para o território no qual está registrada a embarcação.

2. No caso em que um navio de pesca inteiramente terminado na data em que a convenção entrará em vigor no território em que a embarcação está registrada e que está aquém das prescrições formuladas na Parte III da convenção, a autoridade competente poderá, após consulta às organizações de armadores de pesca e organizações de pescadores, caso existam, exigir que sejam feitas na embarcação, para fazer com que preencha as exigências desta convenção, tais modificações que julgar possíveis, levando em conta problemas práticos que estarão em jogo quando:

a) a embarcação for novamente registrada;

b) importantes modificações de estrutura ou consertos maiores forem feitos na embarcação conseqüentemente a plano preestabelecido, e não conseqüentemente a acidente ou caso de urgência.

3. No caso em que um navio de pesca em construção ou em reforma na data em que a presente convenção entrar em vigor para o território em que está registrado, a autoridade competente poderá, após consultas às organizações de armadores de pesca e organizações de pescadores, caso existam, exigir que sejam feitas, à embarcação, para fazer com que sejam respeitadas as exigências da convenção, determinadas modificações que julgar possíveis, levando em conta problemas práticos que entrará em jogo; essas modificações constituirão uma aplicação definitiva dos termos desta convenção, a menos que não seja levado a efeito novo registro da embarcação.

4. Quando um navio de pesca — a menos que se trate de embarcação mencionada nos §§ 2 e 3 deste artigo ou a qual a presente convenção era aplicável no decurso da construção — for novamente registrado num território após a data na qual entrou em vigor a presente convenção, a autoridade competente poderá, após consulta às organizações de armadores de pesca ou organizações de pescadores, caso existam, exigir que sejam feitas, as embarcações com vistas a torná-la conforme as exigências da convenção, tais modificações que julgará possível, levando em conta os problemas práticos que entrarão em jogo. Essas modificações constituirão uma aplicação definitiva dos termos da convenção, a menos que seja levado a efeito novo registro do navio.

PARTE V
DISPOSIÇÕES FINAIS

Art. 18 — Nada na presente convenção afetará lei alguma, sentença, costume ou acordo entre os armadores da pesca e os pescadores que assegure condições mais favoráveis do que as previstas nesta convenção.

Art. 19 — As ratificações formais da presente convenção serão comunicadas ao Diretor-Geral da Repartição Internacional do Trabalho e por ele registradas.

Art. 20 — 1. A presente convenção não obrigará senão aos Membros da Organização Internacional do Trabalho cuja ratificação tenha sido registrada pelo Diretor-Geral.

2. Ele entrará em vigor doze meses depois que as ratificações de dois Membros tiverem sido registradas pelo Diretor-Geral.

3. Em seguida, esta convenção entrará em vigor para cada Membro doze meses depois da data em que sua ratificação tiver sido registrada.

Art. 21 — 1. Todo Membro que tiver ratificado a presente convenção poderá denunciá-la no fim de um período de dez anos depois da data da entrada em vigor inicial da convenção, por ato comunicado ao Diretor-Geral da Repartição Internacional do Trabalho e por ele registrado. A denúncia não terá efeito senão um ano depois de ter sido registrada.

2. Todo Membro que, tendo ratificado a presente convenção, dentro do prazo de um ano depois da expiração do período de dez anos mencionado no parágrafo precedente, não fizer uso da faculdade de denúncia prevista no presente artigo, será obrigado por novo período de dez anos e, depois disso, poderá denunciar a presente convenção no fim de cada período de dez anos, nas condições previstas no presente artigo.

Art. 22 — 1. O Diretor-Geral da Repartição Internacional do Trabalho notificará a todos os Membros da Organização Internacional do Trabalho o registro de todas as ratificações que lhe forem comunicadas pelos Membros da Organização.

CONVENÇÕES DA OIT RATIFICADAS

2. Notificando aos Membros da Organização o registro da segunda ratificação que lhe for comunicada, o Diretor-Geral chamará a atenção dos Membros da Organização para a data em que a presente Convenção entrar em vigor.

Art. 23 — O Diretor-Geral da Repartição Internacional do Trabalho enviará ao Secretário-Geral das Nações Unidas, para fim de registro, conforme o art. 102 da Carta das Nações Unidas, informações completas a respeito de todas as ratificações, declarações e atos de denúncia que houver registrado conforme os artigos precedentes.

Art. 24 — Cada vez que julgar necessário, o Conselho de Administração da Repartição Internacional do Trabalho apresentará à Conferência Geral um relatório sobre a aplicação da presente Convenção e examinará se é necessário inscrever na ordem do dia da Conferência a questão de sua revisão total ou parcial.

Art. 25 — 1. No caso de a Conferência adotar nova convenção de revisão total ou parcial da presente convenção, e a menos que a nova convenção disponha diferentemente:

a) a ratificação, por um Membro, da nova convenção de revisão acarretará, de pleno direito, não obstante o art. 17 acima, denúncia imediata da presente convenção quando a nova convenção de revisão tiver entrado em vigor;

b) a partir da data da entrada em vigor da nova convenção de revisão, a presente convenção cessará de estar aberta à ratificação dos Membros.

2. A presente convenção ficará, em qualquer caso, em vigor, na forma e no conteúdo, para os Membros que a tiverem ratificado e que não tiverem ratificado a convenção de revisão.

Art. 26 — As versões em francês e em inglês do texto da presente convenção fazem igualmente fé."

CONVENÇÃO N. 127

I — Aprovada na 51ª reunião da Conferência Internacional do Trabalho (Genebra — 1967), entrou em vigor no plano internacional em 10.3.70.

II — Dados referentes ao Brasil:

a) aprovação = Decreto-Lei n. 662, de 30.6.69;

b) ratificação = 21 de agosto de 1970;

c) promulgação = Decreto n. 67.339, de 5.10.70;

d) vigência nacional = 21 de agosto de 1971.

"A Conferência Geral da Organização Internacional do Trabalho,

Convocada em Genebra pelo Conselho de Administração da Repartição Internacional do Trabalho, e tendo-se ali reunida a 7 de junho de 1967, em sua qüinquagésima primeira sessão;

Havendo decidido adotar diversas proposições relativas ao peso máximo das cargas que possam ser transportadas por um só trabalhador, questão essa que constitui o item seis da agenda da sessão;

Havendo decidido que essas proposições tomariam a forma de uma convenção internacional;

Adota, neste dia 28 de junho de 1967, a seguinte Convenção, que receberá a denominação de 'Convenção sobre o Peso Máximo, 1967':

Art. I — Para os fins de aplicação da presente Convenção:

a) a expressão 'transporte manual de cargas' designa todo transporte no qual o peso da carga é suportado inteiramente por um só trabalhador; ela compreende o levantamento e a deposição da carga;

b) a expressão 'transporte manual regular de carga' designa toda atividade consagrada de maneira contínua ou essencial ao transporte manual de cargas ou que inclua normalmente, mesmo de forma descontínua, o transporte manual de cargas;

c) a expressão 'trabalhador jovem' designa todo trabalhador com idade inferior a dezoito anos.

Art. II — 1. A presente Convenção se aplica ao transporte manual regular de cargas.

2. A presente Convenção se aplica a todos os setores de atividade econômica para os quais o Membro interessado tenha um sistema de inspeção de trabalho.

Art. III — O transporte manual, por um trabalhador, de cargas cujo peso seria suscetível de comprometer sua saúde ou sua segurança não deverá ser exigido nem admitido.

Art. IV — Para os fins de aplicação do princípio enunciado no art. 3 acima, os Membros levarão em conta todas as condições nas quais o trabalho deverá ser executado.

Art. V — Cada Membro tomará as medidas necessárias para que todo trabalhador designado para o transporte manual regular de cargas outras que não as leves, receba, antes dessa designação, treinamento ou instruções satisfatórios quanto aos métodos de trabalho que deverá utilizar com vistas a salvaguardar sua saúde e prevenir acidentes.

Art. VI — Com vistas a limitar ou facilitar o transporte manual de cargas, deverão ser usados meios técnicos apropriados tanto quanto possível.

Art. VII — 1. A designação de mulheres e de trabalhadores jovens para o transporte manual de cargas outras que as leves deverá ser limitada.

2. Quando mulheres e trabalhadores jovens forem designados para o transporte normal de cargas, o peso máximo destas cargas deverá ser nitidamente inferior àquele admitido para os homens.

Art. VIII — Cada Membro tomará, por via legislativa ou qualquer outro método de acordo com a prática e as condições nacionais e consultando os organismos mais representativos dos empregadores e empregados interessados, as medidas necessárias para levar a efeito as disposições da presente Convenção.

Art. IX — As ratificações formais da presente convenção serão comunicadas ao Diretor-Geral da Repartição Internacional do Trabalho e por ele registradas.

Art. X — 1. A presente convenção não obrigará senão aos Membros da Organização Internacional do Trabalho cuja ratificação tenha sido registrada pelo Diretor-Geral.

2. Ele entrará em vigor doze meses depois que as ratificações de dois Membros tiverem sido registradas pelo Diretor-Geral.

3. Em seguida, esta convenção entrará em vigor para cada Membro doze meses depois da data em que sua ratificação tiver sido registrada.

Art. XI — 1. Todo Membro que tiver ratificado a presente convenção poderá denunciá-la no fim de um período de dez anos depois da data da entrada em vigor inicial da convenção, por ato comunicado ao Diretor-Geral da Repartição Internacional do Trabalho e por ele registrado. A denúncia não terá efeito senão um ano depois de ter sido registrada.

2. Todo Membro que, tendo ratificado a presente convenção, dentro do prazo de um ano depois da expiração do período de dez anos mencionado no parágrafo precedente, não fizer uso da faculdade de denúncia prevista no presente artigo, será obrigado por novo período de dez anos e, depois disso, poderá denunciar a presente convenção no fim de cada período de dez anos, nas condições previstas no presente artigo.

Art. XII — 1. O Diretor-Geral da Repartição Internacional do Trabalho notificará a todos os Membros da Organização Internacional do Trabalho o registro de todas as ratificações que lhe forem comunicadas pelos Membros da Organização.

2. Notificando aos Membros da Organização o registro da segunda ratificação que lhe for comunicada, o Diretor-Geral chamará a atenção dos Membros da Organização para a data em que a presente Convenção entrar em vigor.

Art. XIII — O Diretor-Geral da Repartição Internacional do Trabalho enviará ao Secretário-Geral das Nações Unidas, para fim de registro, conforme o art. 102 da Carta das Nações Unidas, informações completas a respeito de todas as ratificações, declarações e atos de denúncia que houver registrado conforme os artigos precedentes.

Art. XIV — Cada vez que julgar necessário, o Conselho de Administração da Repartição Internacional do Trabalho apresentará à Conferência Geral um relatório sobre a aplicação da presente Convenção e examinará se é necessário inscrever na ordem do dia da Conferência a questão de sua revisão total ou parcial.

Art. XV — 1. No caso de a Conferência adotar nova convenção de revisão total ou parcial da presente convenção, e a menos que a nova convenção disponha diferentemente:

a) a ratificação, por um Membro, da nova convenção de revisão acarretará, de pleno direito, não obstante o art. 17 acima, denúncia imediata da presente convenção quando a nova convenção de revisão tiver entrado em vigor;

b) a partir da data da entrada em vigor da nova convenção de revisão, a presente convenção cessará de estar aberta à ratificação dos Membros.

2. A presente convenção ficará, em qualquer caso, em vigor, na forma e no conteúdo, para os Membros que a tiverem ratificado e que não tiverem ratificado a convenção de revisão.

Art. XVI — As versões em francês e em inglês do texto da presente convenção fazem igualmente fé."

CONVENÇÃO N. 131

I — Aprovada na 54ª reunião da Conferência Internacional do Trabalho (Genebra — 1970), entrou em vigor no plano internacional em 29.4.72.

II — Dados referentes ao Brasil:

a) aprovação = Decreto Legislativo n. 110, de 30.11.82, do Congresso Nacional;

b) ratificação = 4 de maio de 1983;

c) promulgação = Decreto n. 89.686, de 22.5.84;

d) vigência nacional = 4 de maio de 1984.

"A Conferência Geral da Organização Internacional do Trabalho,

Convocada a Genebra pelo Conselho de Administração da Repartição Internacional do Trabalho e ali reunida, em sua qüinquagésima quarta sessão, a 3 de junho de 1970;

Constatando os termos da Convenção sobre Métodos de Fixação de Salários Mínimos, 1928, e da Convenção sobre Igualdade de Remuneração, 1951, que têm sido amplamente ratificadas, assim como da Convenção sobre métodos de fixação de salários mínimos, 1951;

Considerando que essas convenções trouxeram valiosa contribuição para a proteção de grupos assalariados desprotegidos;

Considerando a conveniência atual de adotar um novo instrumento, complementar a essas convenções, que assegure uma proteção aos assalariados contra os salários excessivamente baixos e que, embora de aplicação geral, leve em conta especialmente às necessidades dos países em desenvolvimento;

Após ter decidido adotar diversas propostas sobre métodos de fixação de salários mínimos e problemas conexos, com referência especial aos países em desenvolvimento, questão que constitui o quinto item da ordem do dia da sessão;

Após ter decidido que essas propostas deveriam tomar a forma de convenção internacional, adota, neste vigésimo dia de junho de mil novecentos e setenta, a seguinte Convenção que será denominada 'Convenção sobre Fixação de Salários Mínimos, 1976'.

Art. I — 1. Todo Membro da Organização Internacional do Trabalho que ratificar a presente Convenção comprometer-se-á a estabelecer um sistema de salários mínimos que proteja todos os grupos de assalariados cujas condições de trabalho forem tais que seria aconselhável assegurar-lhes a proteção.

2. A autoridade competente em cada país deverá, de acordo com as organizações representativas dos empregadores e dos trabalhadores interessados, se existirem, ou após consultá-las amplamente, determinar o grupo de assalariados, que devem ser abrangidos.

3. Todo Membro que ratificar a presente Convenção comunicará, no primeiro relatório sobre a aplicação da presente Convenção que apresentar em virtude do art. 22 da Constituição da Organização Internacional do Trabalho, os grupos de assalariados que não estiverem protegidos em virtude do presente artigo, dando os motivos da exclusão e indicará nos relatórios subseqüentes o estado de sua legislação e da sua prática no que se refere aos grupos não protegidos, especificando em que medida está tornando a convenção efetiva ou se propõe a torná-la efetiva, no que se refere aos mencionados grupos.

Art. II — 1. Os salários mínimos terão força de lei e não poderão ser diminuídos: sua não-aplicação acarretará a aplicação de sanções, penais ou outras, apropriadas contra a pessoa ou as pessoas responsáveis.

2. Sem prejuízo das disposições do § 1 acima, a liberdade de negociação coletiva deverá ser amplamente respeitada.

Art. III — Os elementos tomados em consideração para determinar o nível dos salários mínimos deverão, na medida do que for possível e apropriado, respeitadas a prática e as condições nacionais, abranger:

a) as necessidades dos trabalhadores e de suas famílias, tendo em vista o nível geral dos salários no país, o custo da vida, as prestações de previdência social e os níveis de vida comparados de outros grupos sociais;

b) os fatores de ordem econômica, inclusive as exigências de desenvolvimento econômico, a produtividade e o interesse que existir em atingir e manter um alto nível de emprego.

Art. IV — 1. Todo Membro que ratificar a presente Convenção deverá instituir e/ou manter métodos adaptados às condições e às necessidades do país, que permitam fixar e reajustar periodicamente os salários mínimos pagáveis aos grupos dos assalariados protegidos em virtude do artigo I acima.

2. Serão adotadas disposições para consultar amplamente as organizações representativas de empregadores e de trabalhadores interessados, ou na falta dessas organizações, os representantes dos empregadores e dos trabalhadores interessados a respeito do estabelecimento e da aplicação dos métodos acima referidos ou das modificações que lhes forem introduzidas.

3. Nos casos indicados tendo em vista a natureza dos métodos existentes de fixação de salários, serão adotadas igualmente disposições para permitir que participem diretamente em sua aplicação:

a) os representantes de organizações de empregadores e de trabalhadores ou, na falta dessas organizações, os representantes dos empregadores e dos trabalhadores interessados, devendo esta participação efetuar-se em pé de igualdade;

b) as pessoas cuja competência para representar os interesses gerais do país for reconhecida e que forem nomeadas após ampla consulta às organizações representativas dos empregadores e dos trabalhadores interessados, se essas organizações existirem e se semelhante consulta estiver em conformidade com a legislação e prática nacionais.

Art. V — Para assegurar a aplicação efetiva de todas as disposições sobre salários mínimos, serão adotadas medidas apropriadas, tais como um sistema adequado de inspeção, complementado por quaisquer outras medidas necessárias.

Art. VI — A presente Convenção não deverá ser considerada revisora de qualquer convenção existente.

Art. VII — As ratificações formais da presente convenção serão comunicadas ao Diretor-Geral da Repartição Internacional do Trabalho e por ele registradas.

Art. VIII — 1. A presente convenção não obrigará senão aos Membros da Organização Internacional do Trabalho cuja ratificação tenha sido registrada pelo Diretor-Geral.

2. Ele entrará em vigor doze meses depois que as ratificações de dois Membros tiverem sido registradas pelo Diretor-Geral.

3. Em seguida, esta convenção entrará em vigor para cada Membro doze meses depois da data em que sua ratificação tiver sido registrada.

Art. IX — 1. Todo Membro que tiver ratificado a presente convenção poderá denunciá-la no fim de um período de dez anos depois da data da entrada em vigor inicial da convenção, por ato comunicado ao Diretor-Geral da Repartição Internacional do Trabalho e por ele registrado. A denúncia não terá efeito senão um ano depois de ter sido registrada.

2. Todo Membro que, tendo ratificado a presente convenção, dentro do prazo de um ano depois da expiração do período de dez anos mencionado no parágrafo precedente, não fizer uso da faculdade de denúncia prevista no presente artigo, será obrigado por novo período de dez anos e, depois disso, poderá denunciar a presente convenção no fim de cada período de dez anos, nas condições previstas no presente artigo.

Art. X — 1. O Diretor-Geral da Repartição Internacional do Trabalho notificará a todos os Membros da Organização Internacional do Trabalho o registro de todas as ratificações que lhe forem comunicadas pelos Membros da Organização.

2. Notificando aos Membros da Organização o registro da segunda ratificação que lhe for comunicada, o Diretor-Geral chamará a atenção dos Membros da Organização para a data em que a presente Convenção entrar em vigor.

Art. XI — O Diretor-Geral da Repartição Internacional do Trabalho enviará ao Secretário-Geral das Nações Unidas, para fim de registro, conforme o art. 102 da Carta das Nações Unidas, informações completas a respeito de todas as ratificações, declarações e atos de denúncia que houver registrado conforme os artigos precedentes.

Art. XII — Cada vez que julgar necessário, o Conselho de Administração da Repartição Internacional do Trabalho apresentará à Conferência Geral um relatório sobre a aplicação da presente Convenção e examinará se é necessário inscrever na ordem do dia da Conferência a questão de sua revisão total ou parcial.

Art. XIII — 1. No caso de a Conferência adotar nova convenção de revisão total ou parcial da presente convenção, e a menos que a nova convenção disponha diferentemente:

a) a ratificação, por um Membro, da nova convenção de revisão acarretará, de pleno direito, não obstante o art. 17 acima, denúncia imediata da presente convenção quando a nova convenção de revisão tiver entrado em vigor;

b) a partir da data da entrada em vigor da nova convenção de revisão, a presente convenção cessará de estar aberta à ratificação dos Membros.

2. A presente convenção ficará, em qualquer caso, em vigor, na forma e no conteúdo, para os Membros que a tiverem ratificado e que não tiverem ratificado a convenção de revisão.

Art. XIV — As versões em francês e em inglês do texto da presente convenção fazem igualmente fé."

CONVENÇÃO N. 132

I — Aprovada na 54ª reunião da Conferência Internacional do Trabalho (Genebra — 1970), entrou em vigor no plano internacional em 30.6.73.

II — Dados referentes ao Brasil:

a) aprovação = Decreto Legislativo n. 47, de 23.09.1981, do Congresso Nacional;

b) ratificação = 23 de setembro de 1998;

c) promulgação = Decreto n. 3.197, de 05.10.1999;

d) vigência nacional = 23 de setembro de 1999.

"A Confederação Geral da Organização Internacional do Trabalho,

Convocada em Genebra pela Administração da Repartição Internacional do Trabalho, e tendo-se reunido em sua qüinquagésima quarta sessão em 3 de junho de 1970, e

Tendo decidido adotar diversas propostas relativas a férias remuneradas, assunto que constitui o quarto item da agenda da sessão, e

Tendo determinado que estas propostas tomarão a forma de uma Convenção Internacional, adota, no vigésimo quarto dia do mês de junho de 1970, a seguinte Convenção Que será denominada 'Convenção sobre Férias Remuneradas (Revista), 1970':

Art. 1 — As disposições da presente Convenção, caso não sejam postas em execução por meio de acordos coletivos, sentenças arbitrais ou decisões judiciais, seja por organismos oficiais de fixação de salários, seja por qualquer outra maneira conforme a prática nacional e considerada apropriada, levando-se em conta as condições próprias de cada país, deverão ser aplicadas através de legislação nacional.

Art. 2 — 1. A presente Convenção aplicar-se-á a todas as pessoas empregadas, à exceção dos marítimos.

2. Quando necessário, a autoridade competente ou qualquer órgão apropriado de cada país poderá, após consulta às organizações de empregadores e de trabalhadores interessadas, onde existirem, proceder à execução do âmbito da Convenção de categorias determinadas de pessoas empregadas, desde que sua aplicação cause problemas particulares de exclusão ou de natureza constitucional ou legislativa de certa importância.

3. Todo Membro que ratifique a Convenção deverá, no primeiro relatório sobre sua aplicação, o qual ele é obrigado a apresentar em virtude do art. 22 da Constituição da Organização Internacional do Trabalho, indicar, com base em motivos expostos, as categorias que tenham sido objeto de exclusão em decorrência do § 2 deste Artigo, e expor nos relatórios ulteriores o estado de sua prática quanto às mencionadas categorias, precisando em que medida a Convenção foi executada ou ele se propõe a executar em relação às categorias em questão.

Art. 3 — 1. Toda pessoa a quem se aplique a presente Convenção terá direito a férias anuais remuneradas de duração mínima determinada.

2. Todo Membro que ratifique a convenção deverá especificar a duração das férias em uma declaração apensa à sua ratificação.

3. A duração das férias não deverá em caso algum ser inferior a 3 semanas de trabalho, por um ano de serviço.

4. Todo Membro que tiver ratificado a Convenção poderá informar ao Diretor-Geral da Repartição Internacional do Trabalho, por uma declaração ulterior, que ele aumenta a duração do período de férias especificado no momento de sua ratificação.

Art. 4 — 1. Toda pessoa que tenha completado, no curso de um ano determinado, um período de serviço de duração inferior ao período necessário à obtenção de direito à totalidade das férias prescritas no art. 3 acima terá direito, nesse ano, a férias de duração proporcionalmente reduzidas.

2. Para os fins deste artigo, o termo 'ano' significa ano civil ou qualquer outro período de igual duração fixado pela autoridade ou órgão apropriado do país interessado.

Art. 5 — 1. Um período mínimo de serviço poderá ser exigido para a obtenção de direito a um período de férias remuneradas anuais.

2. Cabe à autoridade competente e ao órgão apropriado do país interessado fixar a duração mínima de tal período de serviço, que não deverá em caso algum ultrapassar seis meses.

3. O modo de calcular o período de serviços para determinar o direito a férias será fixado pela autoridade competente ou pelo órgão apropriado de cada país.

4. Nas condições a serem determinadas pela autoridade competente ou pelo órgão apropriado de cada país, as faltas ao trabalho por motivos independentes da vontade individual da pessoa empregada interessada, tais como faltas devidas a doenças, a acidente, ou a licença para gestante, não poderão ser computadas como parte das férias remuneradas anuais mínimas previstas no § 3 do art. 3 da presente Convenção.

Art. 6 — 1. Os dias feriados oficiais ou costumeiros querem se situem no ano dentro do período de férias anuais, não serão computados como parte do período mínimo de férias anuais remuneradas previsto no § 3 do art. 3 acima.

2. Em condições a serem determinadas pela autoridade competente ou pelo órgão apropriado de cada país, os período de incapacidade para o trabalho resultantes de doenças ou de acidentes não poderão ser computados como parte do período mínimo de férias anuais remuneradas previsto no § 3 do art. 3 da presente Convenção.

Art. 7 — 1. Qualquer pessoa que entre em gozo de período de férias previsto na presente Convenção deverá receber, em relação ao período global, pelo menos a sua remuneração média ou normal (incluindo-se a quantia equivalente a qualquer parte dessa remuneração em espécie, e que não seja de natureza permanente, ou seja, concedida que o indivíduo esteja em gozo de férias ou não), calculada de acordo com a forma a ser determinada pela autoridade competente ou órgão responsável de cada país.

2. As quantias devidas em decorrência do § 1 acima deverão ser pagas à pessoa em questão antes do período de férias, salvo estipulação em contrário contida em acordo que vincule a referida pessoa e seu empregador.

Art. 8 — 1. O fracionamento do período de férias anuais remuneradas pode ser autorizado pela autoridade competente ou pelo órgão apropriado de cada país.

2. Salvo estipulação em contrário contida em acordo que vincule o empregador e a pessoa empregada em questão, e desde que a duração do serviço desta pessoa lhe dê direito a tal período de férias, uma das frações do referido período deverá corresponder pelo menos a duas semanas de trabalho ininterruptos.

CONVENÇÕES DA OIT RATIFICADAS

Art. 9 — 1. A parte ininterrupta do período de férias anuais remuneradas mencionadas no § 2 do art. 8 da presente Convenção deverá ser outorgada e gozada dentro de no máximo um ano, e o resto do período de férias anuais remuneradas dentro dos próximos dezoito meses, no máximo, a contar do término do ano em que foi adquirido o direito de gozo de férias.

2. Qualquer parte do período de férias anuais que exceder o mínimo previsto poderá ser postergada com o consentimento da pessoa empregada em questão, por um período limitado além daquele fixado no § 1 deste artigo.

3. O período mínimo de férias e o limite de tempo referidos no § 2 deste artigo serão determinados pela autoridade competente após consulta às organizações de empregadores e trabalhadores interessadas, ou através de negociação coletiva ou por qualquer outro modo conforme a prática nacional, sendo levadas em conta às condições próprias de cada país.

Art. 10 — 1. A ocasião em que as férias serão gozadas será determinada pelo empregador após consulta à pessoa empregada interessada em questão ou seus representantes, a menos que seja fixada por regulamento, acordo coletivo, sentença arbitral ou qualquer outra maneira conforme a prática nacional.

2. Para fixar a ocasião de período de gozo de férias, serão levadas em conta as necessidades de trabalho e as possibilidades de repouso e diversão ao alcance da pessoa empregada.

Art. 11 — Toda pessoa empregada que tenha completado o período mínimo de serviços que pode ser exigido de acordo com § 1 do art. 5 da presente Convenção deverá ter direito, em caso de cessação da relação empregatícia, ou a um período de férias remuneradas proporcional à duração do período de serviço pelo qual ela não gozou ainda tais férias, ou a uma indenização compensatória, ou a um crédito de férias equivalente.

Art. 12 — Todo acordo relativo ao abandono do direito ao período mínimo de férias anuais remuneradas previsto no § 3 do art. 3 da presente Convenção ou relativo à renúncia ao gozo das férias mediante indenização ou de qualquer forma, será, dependendo das condições nacionais, nulo de pleno direito ou proibido.

Art. 13 — A autoridade competente ou o órgão apropriado de cada país poderá adotar regras particulares em relação aos casos em que uma pessoa empregada exerça, durante suas férias, atividades remuneradas incompatíveis com o objetivo dessas férias.

Art. 14 — Medidas efetivas apropriadas aos meios pelos quais se dará efeito às disposições da presente Convenção devem ser tomadas através de uma inspeção adequada ou de qualquer outra forma, a fim de assegurar a boa aplicação e o respeito às regras ou disposições relativas às férias remuneradas.

Art. 15 — 1. Todo Membro pode depositar as obrigações da presente Convenção separadamente:

a) em relação às pessoas empregadas em setores econômicos diversos da agricultura;

b) em relação às pessoas empregadas na agricultura.

2. Todo Membro precisará, em sua ratificação, se aceita as obrigações da Convenção em relação às pessoas indicadas na alínea a do § 1 acima, ou em relação às pessoas mencionadas na alínea b do referido parágrafo, ou em relação a ambas categorias.

3. Todo Membro que, na ocasião da sua ratificação, não tiver aceitado as obrigações da presente Convenção senão em relação às pessoas mencionadas na alínea a ou senão em relação às pessoas mencionadas na alínea b do § I acima, poderá, ulteriormente, notificar ao Diretor-Geral da Repartição Internacional do Trabalho que aceita as obrigações da Convenção em relação a todas as pessoas a que se aplica a presente Convenção.

Art. 16 — A presente Convenção contém revisão da Convenção sobre Férias Remuneradas, 1936, e a Convenção sobre Férias Remuneradas (Agricultura), 1952, nos seguintes termos:

a) a aceitação das obrigações da presente Convenção em relação às pessoas empregadas nos setores econômicos diversos da agricultura, por um Membro que é parte da Convenção sobre Férias Remuneradas 1936, acarreta, de pleno direito, a denúncia imediata desta última Convenção;

b) a aceitação das obrigações da presente Convenção sobre Férias Remuneradas (Agricultura), 1952, acarreta, de pleno direito, a denúncia imediata desta última Convenção;

c) a entrada em vigor da presente Convenção não coloca obstáculo à ratificação da Convenção sobre Férias Remuneradas (Agricultura), 1952.

Art. 17 — 1. Quando as questões tratadas pela presente convenção entram no quadro da própria competência das autoridades de um território não metropolitano, o Membro responsável pelas relações internacionais desse território, de acordo com seu próprio governo, poderá comunicar ao Diretor-Geral da Repartição Internacional do Trabalho uma declaração de aceitação, em nome desse território, das obrigações da presente convenção.

2. Uma declaração de aceitação das obrigações da presente convenção pode ser comunicada ao Diretor-Geral da Repartição Internacional do Trabalho:

a) por dois ou mais Membros da Organização para um território colocado sob sua autoridade conjunta;

b) por qualquer autoridade internacional responsável pela administração de um território em virtude das disposições da Carta das Nações Unidas ou de qualquer outra disposição em vigor, a respeito desse território.

3. As declarações comunicadas ao Diretor-Geral da Repartição Internacional do Trabalho, conforme as disposições dos parágrafos do presente artigo, devem indicar se as disposições da convenção serão aplicadas no território com ou sem modificações; quando a declaração indicar que as disposições da convenção se aplicam sob reserva de modificações, ela deverá especificar em que consistem as ditas modificações.

4. O Membro, ou Membros, ou autoridade internacional interessados poderão renunciar inteira ou parcialmente, em declaração ulterior, ao direito de invocar modificação indicada em qualquer declaração anterior.

5. O Membro, ou Membros, ou autoridade internacional interessados poderão, durante os períodos no curso dos quais a convenção pode ser denunciada, conforme as disposições do art. 17, comunicar ao Diretor-Geral nova declaração modificando em qualquer outro ponto os termos de toda declaração anterior e esclarecendo a situação no que concerne à aplicação desta convenção.

Art. 18 — As ratificações formais da presente convenção serão comunicadas ao Diretor-Geral da Repartição Internacional do Trabalho e por ele registradas.

Art. 19 — 1. A presente convenção não obrigará senão aos Membros da Organização Internacional do Trabalho cuja ratificação tenha sido registrada pelo Diretor-Geral.

2. Ele entrará em vigor doze meses depois que as ratificações de dois Membros tiverem sido registradas pelo Diretor-Geral.

3. Em seguida, esta convenção entrará em vigor para cada Membro doze meses depois da data em que sua ratificação tiver sido registrada.

Art. 20 — 1. Todo Membro que tiver ratificado a presente convenção poderá denunciá-la no fim de um período de dez anos depois da data da entrada em vigor inicial da convenção, por ato comunicado ao Diretor-Geral da Repartição Internacional do Trabalho e por ele registrado. A denúncia não terá efeito senão um ano depois de ter sido registrada.

2. Todo Membro que, tendo ratificado a presente convenção, dentro do prazo de um ano depois da expiração do período de dez anos mencionado no parágrafo precedente, não fizer uso da faculdade de denúncia prevista no presente artigo, será obrigado por novo período de dez anos e, depois disso, poderá denunciar a presente convenção no fim de cada período de dez anos, nas condições previstas no presente artigo.

Art. 21 — 1. O Diretor-Geral da Repartição Internacional do Trabalho notificará a todos os Membros da Organização Internacional do Trabalho o registro de todas as ratificações que lhe forem comunicadas pelos Membros da Organização.

2. Notificando aos Membros da Organização o registro da segunda ratificação que lhe for comunicada, o Diretor-Geral chamará a atenção dos Membros da Organização para a data em que a presente Convenção entrar em vigor.

Art. 22 — O Diretor-Geral da Repartição Internacional do Trabalho enviará ao Secretário-Geral das Nações Unidas, para fim de registro, conforme o art. 102 da Carta das Nações Unidas, informações completas a respeito de todas as ratificações, declarações e atos de denúncia que houver registrado conforme os artigos precedentes.

Art. 23 — Cada vez que julgar necessário, o Conselho de Administração da Repartição Internacional do Trabalho apresentará à Conferência Geral um relatório sobre a aplicação da presente Convenção e examinará se é necessário inscrever na ordem do dia da Conferência a questão de sua revisão total ou parcial".

CONVENÇÃO N. 133

I — Aprovada na 55ª reunião da Conferência Internacional do Trabalho (Genebra — 1970), em complemento à Convenção n. 92, de 1949, sobre alojamento de tripulação a bordo (revisão), também ratificada pelo nosso País. A Convenção n. 133 entrou em vigor no plano internacional em 27.8.91.

II — Dados referentes ao Brasil:

a) aprovação = Decreto Legislativo n. 222, de 12.12.91, do Congresso Nacional;

b) ratificação = 16 de abril de 1992;

c) promulgação — Decreto n. 1.257, de 29 de setembro de 1994;

d) vigência nacional = 16 de abril de 1993.

"A Conferência Geral da Organização Internacional do Trabalho,

Convocada a Genebra pelo Conselho de Administração da Repartição Internacional do Trabalho e tendo ali se reunido a 14 de outubro de 1970, em sua qüinquagésima quinta sessão;

Tendo constatado que a Convenção sobre Alojamento da Tripulação a Bordo (revista), 1949, fixa normas pormenorizadas sobre tais assuntos como camarotes, refeitórios, salas de recreio, ventilação, aquecimento, iluminação e instalações sanitárias a bordo de navios;

Considerando que, à luz da evolução rápida das características de construção e da exploração dos navios modernos, os alojamentos da tripulação podem ser aperfeiçoados;

Depois de haver decidido adotar diversas propostas sobre alojamento da tripulação, questão que constitui o segundo ponto da ordem do dia da sessão;

Depois de haver decidido que estas propostas devem tomar a forma de uma convenção internacional, complementar à Convenção sobre Alojamento da Tripulação (revista), 1949, adota neste trigésimo dia de outubro de mil novecentos e setenta a seguinte convenção doravante denominada 'Convenção sobre Alojamento da Tripulação (Disposições Complementares), 1970':

PARTE I
DISPOSIÇÕES GERAIS

Art. 1º — 1. A presente Convenção aplicar-se-á a qualquer navio empregado na navegação marítima, de propriedade pública ou privada, utilizado, para fins comerciais; no transporte de mercadorias ou de passageiros ou em qualquer fim comercial, que estiver registrado num território em que a presente Convenção vigorar e cuja quilha tiver sido batida — ou cuja construção se achar em estágio equivalente na data ou após a data da entrada em vigor da Convenção nesse território.

2. Caberá à legislação nacional determinar as condições em que um navio possa ser considerado navio empregado na navegação marítima, para os fins de aplicação da presente Convenção.

3. A presente Convenção aplicar-se-á aos rebocadores, na medida em que isso for razoável e possível.

4. A presente Convenção não se aplicará:

a) aos navios de arqueação inferior a 1.000 toneladas;

b) aos navios em que a vela for o meio principal de propulsão; mesmo equipado de motores auxiliares;

c) aos navios utilizados na pesca, na pesca da baleia ou em operações análogas;

d) aos aerobarcos e deslizadores a colchão de ar.

5. Entretanto, a presente Convenção aplicar-se-á, na medida em que isso for razoável e possível:

a) aos navios de 200 a 1.000 toneladas;

b) ao alojamento de pessoas empregadas no trabalho normal de bordo nos navios utilizados na pesca da baleia ou em operações análogas.

6. A plena aplicação de qualquer das prescrições referidas no art. 3º poderá ser modificada, em relação a qualquer navio, se a autoridade competente, após consulta às organizações de armadores e/ou aos armadores e aos sindicatos *bona fide* dos marítimos, considerar que essas modificações trarão vantagens que resultem no estabelecimento de condições que, em seu conjunto, não sejam menos favoráveis que as que decorreriam da plena aplicação da presente Convenção. Os pormenores sobre todas modificações dessa natureza serão comunicadas pelo Membro interessado ao Diretor-Geral da Repartição Internacional do Trabalho.

7. Outrossim, a autoridade competente determinará, após consulta às organizações de armadores e/ou aos armadores e aos sindicatos *bona fide* dos marítimos, em que medida, tendo em conta as necessidades de acomodação para pessoal de folga, podem ser feitas exceções ou derrogações às disposições da presente Convenção. No que diga respeito:

a) às barcas (*ferry-boats*), aos navios abastecedores e aos navios similares que não dispõem da mesma tripulação permanente de modo contínuo;

b) aos navios empregados na navegação marítima; quando o pessoal do serviço de reparos seja embarcado temporariamente, além da tripulação;

c) aos navios empregados na navegação marítima, utilizados em viagens de curta duração, que permitam diariamente aos membros da tripulação ou retornar às suas residências, ou beneficiarem-se de vantagens análogas.

Art. 2º — Para os fins da presente Convenção:

a) o termo 'navio' significa qualquer embarcação que se aplique à presente Convenção;

b) o termo 'tonelada' significa toneladas brutas de registro;

c) o termo 'navio de passageiros' significa um navio para o qual esteja válido: i) um certificado de segurança de navio de passageiros expedido de conformidade com as disposições em vigor da Convenção Internacional para a Salvaguarda da Vida Humana no Mar; ou II) um certificado para transporte de passageiro;

d) o termo 'oficial' significa qualquer pessoa, com exceção de capitão, que tenha Carta de oficial, de conformidade com a legislação nacional ou, na ausência de tal legislação, de acordo com os contratos coletivos ou com o costume;

e) a expressão 'pessoal subalterno' significa qualquer membro da tripulação que não seja oficial;

f) o termo 'graduado' significa qualquer membro do pessoal subalterno que exerça uma função de supervisão ou que assuma responsabilidade especial e que seja considerado como tal pela legislação nacional ou na ausência de tal legislação, pelos contratos coletivos ou pelo costume;

g) a expressão 'adulto' significa uma pessoa de mais de 18 anos;

h) a expressão 'alojamento de tripulação' abrange os camarotes, refeitórios, instalações sanitárias, enfermarias e salas de recreação previstos para uso da tripulação;

i) o termo 'prescrito' significa prescrito pela legislação nacional ou pela autoridade competente;

j) o termo 'aprovado' significa aprovado pela autoridade competente;

k) a expressão 'novo registro' significa novo registro, por ocasião da mudança simultânea de bandeira e propriedade de navio.

Art. 3º — Todo Membro para o qual vigorar a presente Convenção, compromete-se a fazer cumprir, no que se refere aos navios a que se aplica a presente Convenção:

a) as disposições das partes II e III da Convenção sobre Alojamento da Tripulação a Bordo (revista), 1949;

b) as disposições da parte II da presente Convenção.

Art. 4º — 1. Todo Membro parte na presente Convenção compromete-se a manter em vigor leis ou regulamentos que assegurem sua aplicação.

2. Essas leis ou regulamentos:

a) obrigarão a autoridade competente a notificar a todos os interessados as disposições adotadas;

b) determinarão as pessoas encarregadas de assegurar-lhes à aplicação;

c) prescreverão sanções adequadas em caso de infração;

d) preverão a instituição e a manutenção de um regime de inspeção apropriado a assegurar efetivamente as disposições adotadas;

e) obrigarão a autoridade competente a consultar periodicamente organizações de armadores e/ou aos armadores e aos sindicatos bona fide dos marítimos, com a finalidade de elaborar os regulamentos e de colaborar na medida do possível, com partes interessadas na aplicação desses regulamentos.

PARTE II
DISPOSIÇÕES SOBRE ALOJAMENTO DA TRIPULAÇÃO

Art. 5º — 1. A área, por pessoa, de qualquer camarote, destinado ao pessoal subalterno não será inferior a:

a) 3,75 metros quadrados (40,36 pés quadrados) a bordo de navios cuja arqueação for igual ou superior a 1.000 toneladas, mas inferior a 3.000 toneladas;

b) 4,25 metros quadrados (45,75 pés quadrados) a bordo de navios cuja arqueação for igual ou superior a 3.000 toneladas, mas inferior a 10.000 toneladas;

c) 4,75 metros quadrados (51,13 pés quadrados) a bordo de navios cuja arqueação for superior a 10.000 toneladas.

2. A área por pessoa, de qualquer camarote destinado a dois membros do pessoal subalterno não será inferior a:

a) 2,75 metros quadrados (29,60 pés quadrados) a bordo de navios cuja arqueação for igual ou superior a 1.000 toneladas, mas inferior a 3.000 toneladas;

b) 3,25 metros quadrados (34,98 pés quadrados) a bordo de navios cuja arqueação for igual ou superior a 3.000 toneladas, mas inferior a 10.000 toneladas;

c) 3,75 metros quadrados (40,36 pés quadrados) a bordo de navios cuja arqueação for igual ou superior a 10.000 toneladas.

3. A área dos camarotes destinados ao pessoal subalterno a bordo dos navios de passageiros não será inferior a:

a) 2,35 metros quadrados (25,30 pés quadrados), por pessoa, a bordo de navios cuja arqueação for igual ou superior a 1.000 toneladas, mas inferior a 3.000 toneladas;

b) a bordo de navios cuja arqueação for igual ou superior a 3.000 toneladas:

I) 3,75 metros quadrados (40,36 pés quadrados) para camarotes individuais;

II) 6,00 metros quadrados (64,58 pés quadrados) para camarotes de duas pessoas;

III) 9,00 metros quadrados (96,88 pés quadrados) para camarotes de três pessoas;

IV) 12,00 metros quadrados (129,17 pés quadrados) para camarotes de quatro pessoas.

4. Dois membros do pessoal subalterno, no máximo, poderão ocupar o mesmo camarote, salvo nos navios de passageiros, em que este número não deverá exceder a quatro.

5. Os graduados disporão de camarotes individuais, ou camarotes para duas pessoas.

6. Nos camarotes destinados aos oficiais que não dispuserem de salão particular, a área, por pessoa, não deverá ser inferior a 6,50 metros quadrados (69,96 pés quadrados) a bordo de navios cuja arqueação for inferior a 3.000 toneladas e não será inferior a 7,50 metros quadrados (80,73 pés quadrados) a bordo de navios cuja arqueação for igual ou superior a 3.000 toneladas.

7. A bordo de navios, que não forem de passageiros, cada membro adulto da tripulação disporá de um camarote individual, quando as dimensões do navio, a atividade a que for destinado e seu traçado tornem isso razoável e possível.

8. Quando isso for possível em navios cuja arqueação for igual ou superior a 3.000 toneladas, o chefe das máquinas e o imediato disporão além do camarote, de um salão particular contíguo.

9. O espaço ocupado pelos beliches, armários, cômodas e cadeiras será computado no cálculo da área. Os espaços exíguos ou que não aumentarem, de modo efetivo, o espaço disponível para circulação e que não puderem ser utilizados para a colocação de móveis, não será compreendido nesse cálculo.

10. As dimensões internas de um beliche não poderão ser inferiores a 1,90 metros por 0,80 metro (6 pés e 6 polegadas por 2 pés e 7,50 polegadas).

Art. 6º — 1. A área dos refeitórios utilizados pelos oficiais ou pelo pessoal não será inferior a 1 metro quadrado (10,76 pés quadrados) por lugar sentado planejado.

2. Todo refeitório estará equipado com mesas e cadeiras aprovadas, fixas ou móveis, em número suficiente para acomodar o maior número possível dos membros da tripulação, que as utilizarem concomitantemente.

3. As seguintes instalações poderão ser utilizadas a qualquer momento, quando os membros da tripulação estiverem a bordo:

a) uma geladeira facilmente acessível e de capacidade suficiente para o número de pessoas que utilizarem os refeitórios;

b) instalações para bebidas quentes;

c) instalações de distribuição de água gelada.

4. A autoridade competente poderá permitir exceções às disposições dos §§ 1 e 2 do presente artigo sobre os traçados dos refeitórios, na medida em que as condições especiais existentes a bordo de passageiros possam exigi-lo.

Art. 7º — 1. Locais de recreação situados em lugar apropriado e mobiliado de modo conveniente serão previstos para oficiais e pessoal subalterno. Quando não existirem tais locais fora dos refeitórios, estes serão planejados, mobiliados e equipados para abrigar salões de recreio.

2. Os locais de recreação serão equipados, no mínimo, de biblioteca e de instalações para ler, escrever e, se possível, para jogos.

3. Nos navios cuja arqueação for igual ou superior a 8.000 toneladas, deverá ser instalada uma sala de fumar ou uma biblioteca em que possam ser projetados filmes ou colocada uma televisão, assim como uma sala para passatempos ou para jogos; deverá ser estudada a possibilidade de construção de uma piscina.

4. Quando os locais de recreação forem planejados, a autoridade competente deverá estudar a possibilidade da instalação de uma cantina.

Art. 8º — 1. A bordo de todo navio, deverá ser previsto, em lugar apropriado para os oficiais e o pessoal subalterno, no mínimo, um vaso sanitário e uma banheira e/ou chuveiro, para cada seis pessoas ou menos, que não dispuserem de instalações sanitárias conforme os §§ 2 a 4 deste artigo. Quando forem empregadas mulheres a bordo de um navio, serão previstas para elas instalações sanitárias separadas.

2. A bordo de navios cuja arqueação for igual ou superior a 5.000 toneladas, mas inferior a 15.000 toneladas, cinco camarotes individuais, pelo menos, para uso de oficiais, disporão de banheiro particular contíguo com vaso sanitário, banheira e/ou chuveiro e pia com água doce corrente quente e fria; a pia poderá ser instalada dentro do camarote; outrossim, a bordo de navios cuja arqueação for igual ou superior a 10.000 toneladas, mas inferior a 15.000 toneladas, os camarotes de todos os outros oficiais disporão de banheiros particulares ou com comunicação direta e equipados do mesmo modo.

3. A bordo de navios cuja arqueação for superior ou igual a 15.000 toneladas, os camarotes individuais de oficiais disporão de banheiro particular contíguo, provido de vaso sanitário, banheira e/ou chuveiro e pia com água doce corrente, quente e fria; a pia poderá ser instalada no camarote.

4. A bordo de navios cuja arqueação for superior ou igual a 25.000 toneladas, que não sejam navios de passageiros, cada dois membros do pessoal subalterno disporão de banheiro instalado, ou entre dois camarotes, ou na frente da entrada de dois camarotes contíguos; esse banheiro será provido de vaso sanitário, banheira e/ou chuveiro e pia com água doce corrente, quente e fria.

5. A bordo de navios cuja arqueação for igual ou superior a 5.000 toneladas, que não sejam navios de passageiros, cada camarote utilizado por oficiais ou pelo pessoal subalterno, será provido de pia com água doce corrente quente e fria, salvo se existir

uma pia num banheiro instalado conforme dispõem os §§ 2, 3 e 4 do presente artigo.

6. A bordo de todo navio, serão previstas instalações para lavar roupas, secá-las e passá-las a ferro em proporção ao efetivo da tripulação e à duração normal da viagem, para os oficiais e o pessoal subalterno. Essas instalações estarão situadas na medida do possível, em locais de fácil acesso dos camarotes dos interessados.

7. Essas instalações consistirão em:

a) máquinas de lavar;

b) máquinas de secar ou locais para secar convenientemente aquecidos e ventilados;

c) ferros de passar e tábuas de passar ou seus equivalentes.

Art. 9º — 1. A bordo de navios cuja arqueação for igual ou superior a 1.600 toneladas, deverão ser instalados:

a) um compartimento separado, contendo vaso sanitário e pia com água doce corrente, quente e fria de fácil acesso do passadiço para uso dos que lá estiverem de serviço;

b) um vaso sanitário e uma pia com água doce corrente, quente e fria, de fácil acesso da praça de máquinas, se não existirem tais instalações na proximidade da estação de controle da praça de máquinas.

2. A bordo de navios cuja arqueação for igual ou superior a 1.600 toneladas — com exceção dos navios em que forem instalados camarotes individuais e banheiros particulares ou semiparticulares para todo o pessoal do serviço de máquinas — deverão ser previstas instalações para trocar de roupa que serão:

a) situadas fora da praça de máquinas, mas de fácil acesso desta praça;

b) equipadas de armários individuais e de banheiras e/ou chuveiros e pias com água doce corrente, quente e fria.

Art. 10 — Em todas as acomodações da tripulação em que se deva assegurar a liberdade de circulação, o pé direito não será inferior a 1,98 metros (6 pés e 6 polegadas); entretanto, a autoridade competente poderá permitir certa redução dessa dimensão, para todo espaço ou parte de espaço dessas acomodações, quando o julgar razoável e quando essa redução não prejudicar o conforto da tripulação.

Art. 11 — 1. As acomodações destinadas ao alojamento da tripulação serão convenientemente iluminadas.

2. Sem prejuízo dos planos especiais autorizados para navios de passageiros, os camarotes e refeitórios serão providos de iluminação natural, assim como de iluminação artificial adequada.

3. Todo navio será provido de uma instalação que permita iluminar a eletricidade o alojamento da tripulação. Se não existirem a bordo duas fontes independentes de produção de eletricidade, um sistema suplementar de iluminação de socorro será previsto, por meio de lâmpadas ou aparelhos de iluminação de modelo apropriado.

4. Nos camarotes, cada beliche será munido de uma lâmpada elétrica de cabeceira.

5. A autoridade competente adotará normas apropriadas de iluminação natural e artificial.

Art. 12 — A bordo de navios em que a composição da tripulação deva levar em conta, sem discriminação, os interesses da tripulação que possuam práticas religiosas ou sociais diversas, a autoridade competente poderá, após consulta às organizações de armadores e/ou aos armadores e aos sindicatos bona fide dos marítimos e sem prejuízo de acordo entre uns e outros, permitir modificações às disposições dos §§ 1 a 4 e 7 do art. 5 e dos §§ 1 e 4 do art. 8 da presente convenção, desde que não provoquem situações que em seu conjunto, seriam menos favoráveis que as que decorreriam da plena aplicação da convenção. Os pormenores de todas as modificações dessa natureza serão comunicadas pelo membro interessado ao diretor geral da Repartição Internacional do Trabalho, que as transmitirá aos membros da Organização Internacional do Trabalho.

PARTE III
APLICAÇÃO DA CONVENÇÃO AOS NAVIOS EXISTENTES

Art. 13 — 1. No caso de um navio completamente terminado na data em que a presente convenção entrar em vigor no país em que o navio estiver matriculado e que não corresponder às disposições da presente convenção, autoridade competente, após consulta às organizações de armadores e/ou armadores e aos sindicatos bona fide dos marítimos, poderá exigir que lhe sejam efetuadas, a fim de serem obedecidas às disposições da convenção, as modificações que julgar razoáveis e possíveis — tendo em consideração, em especial, os problemas de caráter técnico, econômico e outros que suscitar a aplicação dos arts. 5, 8 e 10 — quando:

a) o navio for novamente registrado;

b) forem feitas modificações importantes de estrutura ou reparos de maior porte no navio, em virtude da aplicação de um plano pré-estabelecido, e não em virtude de acidente ou caso de urgência.

2. No caso de um navio em construção e/ou em transformação na data em que a presente convenção entrar em vigor no território em que o navio estiver registrado, a autoridade competente poderá, após consulta às organizações de armadores e/ou aos armadores e aos sindicatos bona fide dos marítimos, exigir que lhe sejam efetuadas, a fim de serem obedecidas às disposições da convenção, as modificações que julgar razoáveis e possíveis, tendo em consideração, em especial, os problemas técnicos, econômicos e outros que suscitar a aplicação dos arts. 5, 8 e 10; essas modificações constituirão aplicação definitiva dos termos da convenção.

3. Quando um navio — a menos que se trate de um navio referido nos §§ 1 e 2 do presente artigo ou ao qual a presente convenção for aplicada no decorrer da construção — for registrado novamente no território após a data da entrada em vigor da presente convenção nesse território, a autoridade competente poderá, após consulta às organizações de armadores e/ou aos armadores e aos sindicatos bona fide dos marítimos, exigir que lhe sejam efetuadas, a fim de serem obedecidas às disposições da convenção, as modificações que julgar razoáveis e possíveis, tendo em consideração, em especial, os problemas técnicos, econômicos e outros que suscitar a aplicação dos arts. 5, 8 e 10; essas modificações constituirão aplicação definitiva dos termos da convenção.

PARTE IV
DISPOSIÇÕES FINAIS

Art. 14 — As ratificações formais da presente convenção serão comunicadas ao Diretor-Geral da Repartição Internacional do Trabalho e por ele registradas.

Art. 15 — 1. A presente convenção só obrigará os membros da Organização Internacional do Trabalho cuja ratificação for registrada pelo Diretor-Geral.

2. Esta convenção entrará em vigor doze meses após a data em que forem registradas as ratificações de doze membros, cada um deles possuindo uma marinha mercante de arqueação superior a 1 milhão de toneladas, inclusive pelo menos quatro membros que possuam, cada um deles, uma marinha mercante de arqueação de, pelo menos, 2 milhões de toneladas.

3. Posteriormente, esta convenção entrará em vigor, para cada membro, seis meses após a data do registro de sua ratificação.

Art. 16 — 1. Todo membro que ratificar a presente convenção poderá denunciá-la após a expiração de um período de dez anos, contados da data da entrada em vigor inicial, mediante ato comunicado ao Diretor-Geral da Repartição Internacional do Trabalho e por ele registrado. A denúncia só surtirá efeito um ano após o registro.

2. Todo membro que, tendo ratificado a presente convenção, não fizer uso da faculdade de denúncia prevista pelo presente artigo dentro do prazo de um ano, após a expiração do período de dez anos previsto no parágrafo anterior, ficará obrigado por novo período de dez anos e, posteriormente, poderá denunciar a presente convenção, ao expirar cada período de dez anos, nas condições previstas no presente artigo.

Art. 17 — 1. O Diretor-Geral da Repartição Internacional do Trabalho notificará a todos os membros da Organização Internacional do Trabalho e registro de todas as ratificações de denúncias que lhe forem comunicadas pelos membros da organização.

2. Ao notificar aos membros da Organização Internacional do Trabalho o registro da última das ratificações necessárias à entrada em vigor da convenção, o Diretor-Geral chamará a atenção dos membros da organização para a data em que a presente convenção entrar em vigor.

Art. 18 — O Diretor-Geral da Repartição Internacional do Trabalho comunicará ao Secretário Geral das Nações Unidas, para fins de registro, de conformidade com o art. 102 da Carta das Nações Unidas, informações completas a respeito de todas as ratificações e atos de denúncia que tiverem sido registrados, de conformidade com os artigos anteriores.

Art. 19 — Sempre que julgar necessário, o Conselho da Administração da Repartição Internacional do Trabalho deverá apresentar à Conferência Geral um relatório sobre a aplicação da presente convenção e decidirá da oportunidade de inscrever em sua ordem do dia a questão de sua revisão total ou parcial.

Art. 20 — 1. No caso em que a conferência adotar uma nova convenção de revisão total ou parcial da presente convenção, e a menos que a nova convenção dispuser de outro modo;

a) a ratificação por um membro da nova convenção revisora implicará, de pleno direito, não obstante o disposto no art. 16 acima, na denúncia imediata da presente convenção, quando a nova convenção revisora tiver entrado em vigor;

b) a partir da entrada em vigor da nova convenção revisora, a presente convenção deixará de estar aberta à ratificação dos membros.

2. A presente convenção continuará de qualquer maneira em vigor em sua forma e teor atuais para os membros que a tiverem ratificado e que não ratificarem a convenção revisora.

Art. 21 — As versões inglesa e francesa do texto da presente convenção serão igualmente autênticas."

CONVENÇÃO N. 134

I — Aprovada na 55ª reunião da Conferência Internacional do Trabalho (Genebra — 1970), entrou em vigor no plano internacional em 17 de fevereiro de 1973.

II — Dados referentes ao Brasil:

a) aprovação = Decreto Legislativo n. 43, de 10.4.95;

b) ratificação = 25 de julho de 1996;

c) promulgação = Decreto n. 3.251, de 17.11.1999;

d) vigência nacional = 25 de julho de 1997(*)

"A Conferência Geral da Organização Internacional do Trabalho,

Convocada em Genebra pelo Conselho de Administração da Repartição Internacional do Trabalho e ali reunida a 14 de outubro de 1970, em sua qüinquagésima quinta sessão;

Havendo notado os termos das convenções e recomendações internacionais do trabalho existentes aplicáveis ao trabalho no bordo e nos portos e referentes à prevenção de acidentes de trabalho dos marítimos, e em especial os da Recomendação sobre Inspeção do Trabalho (Marítimos), 1926, os termos da Recomendação sobre Prevenção de Acidentes Industriais, 1929, os termos da Convenção sobre Proteção dos Portuários contra Acidentes (Revista), 1932, da Convenção sobre Exame Médico dos Marítimos, 1946, e da Convenção e Recomendação sobre Proteção das Máquinas, 1963;

Havendo notado os termos da Convenção para a Salvaguarda da Vida Humana no Mar, 1060, e da regulamentação anexa à Convenção sobre Linhas de Carga, revista em 1966, que prevêem medidas de segurança a serem adotadas a bordo de navios para assegurar a proteção das pessoas que ali trabalharem;

Havendo decidido adotar diversas propostas sobre prevenção de acidentes a bordo dos navios no mar e nos portos, questão que constitui o quinto ponto da ordem do dia da sessão;

Havendo decidido que essas propostas devem tomar a forma de Convenção Internacional;

Havendo verificado que, para o sucesso da ação a ser empreendida no campo da prevenção de acidentes a bordo de navios, é necessária uma estreita colaboração, nos campos respectivos, entre a Organização Internacional do Trabalho e a Organização Marítima Consultiva Intergovernamental;

Havendo constatado que as seguintes normas foram conseqüentemente elaboradas em cooperação

com a Organização Marítima Consultiva Intergovernamental e que é proposto o prosseguimento da colaboração com essa Organização no que se refere à aplicação dessas normas; adota, neste trigésimo dia de outubro de mil novecentos e setenta, a seguinte convenção, que será denominada Convenção sobre Prevenção de Acidentes (Marítimos), 1970:

Art. 1

1. Para os fins da presente Convenção, a expressão 'marítimos' aplica-se a qualquer pessoa empregada, em qualquer condição, a bordo de um navio, que não seja navio de guerra e que esteja registrado num território em que vigore esta Convenção e que se destine normalmente à navegação marítima.

2. Em caso de dúvida quanto à questão de saber se certas categorias de pessoas devem ser consideradas como marítimos para os fins da Convenção, esta questão será resolvida, em cada país, pela autoridade competente, após consulta às organizações de armadores e de marítimos interessadas.

3. Para os fins da presente Convenção, a expressão 'acidentes de trabalho' aplica-se aos acidentes de que são vítimas os marítimos em virtude ou por ocasião de seu emprego.

Art. 2

1. Em cada país marítimo, a autoridade competente deverá tomar as medidas necessárias para que sejam feitos inquéritos e relatórios apropriados dos acidentes de trabalho e elaboradas e analisadas estatísticas pormenorizadas sobre esses acidentes.

2. Todos os acidentes de trabalho deverão ser assinalados e as estatísticas não deverão se cingir aos acidentes mortais ou aos acidentes em que o próprio navio for atingido.

3. As estatísticas deverão abranger o número, a natureza, as causas e as conseqüências dos acidentes de trabalho e especificar a parte do navio, por exemplo, convés, máquinas ou locais do serviço geral, e o local, por exemplo, no mar ou no porto, em que o acidente se produzir.

4. A autoridade competente deverá proceder a um inquérito sobre as causas e as circunstâncias de acidentes de trabalho que provocarem perdas de vidas humanas ou lesões corporais graves, assim como de todos os outros acidentes previstos na legislação nacional.

Art. 3

A fim de obter uma base sólida para a prevenção de acidentes que sejam provocados por riscos inerentes ao trabalho marítimo, deverão ser empreendidas pesquisas sobre a evolução geral em matéria de acidentes desse caráter, bem como sobre os riscos revelados pelas estatísticas.

Art. 4

1. As disposições sobre prevenção de acidentes de trabalho deverão ser previstas por meio de legislação, compilações de instruções práticas ou de outros instrumentos apropriados.

2. Essas disposições deverão referir-se a todas as disposições gerais sobre prevenção de acidentes de trabalho e higiene do trabalho que forem suscetíveis de ser aplicadas ao trabalho dos marítimos e deverão especificar as medidas a serem adotadas para a prevenção dos acidentes que forem inerentes ao emprego marítimo.

3. Essas disposições deverão, em particular, versar sobre as matérias seguintes:

a) disposições gerais e disposições básicas;

b) características estruturais do navio;

c) máquinas;

d) medidas especiais de segurança sobre ou abaixo do convés;

e) equipamentos de carga e de descarga;

f) prevenção e extinção de incêndios;

g) âncoras, amarras e cabos;

h) cargas e lastro;

i) equipamento individual de proteção.

Art. 5

1. As disposições sobre prevenção de acidentes referidas no art. 4 deverão indicar claramente as obrigações que armadores, os marítimos e outras pessoas interessadas têm de obedecê-las.

2. De modo geral, toda obrigação que couber ao armador de fornecer material de proteção e de outros dispositivos de prevenção de acidentes deverá vir acompanhada das instruções para a utilização do dito material e dos dispositivos de prevenção de acidentes pelo pessoal de bordo, passando seu uso a constituir obrigação para o dito pessoal.

Art. 6

1. Deverão ser adotadas medidas apropriadas para assegurar, mediante inspeção adequada ou outros meios, a aplicação das medidas referidas no art. 4.

2. Deverão ser adotadas medidas apropriadas para que as disposições referidas no art. 4 sejam respeitadas.

3. As autoridades encarregadas da inspeção e do controle da aplicação das disposições referidas no art. 4 deverão estar familiarizadas com o trabalho marítimo e suas práticas.

4. A fim de facilitar a aplicação das disposições referidas no art. 4, o texto dessas disposições ou seu resumo deverá ser levado ao conhecimento dos marítimos por meio, por exemplo, de afixação a bordo em locais bem visíveis.

Art. 7

Deverão ser adotadas disposições para a designação de uma ou mais pessoas qualificadas ou a constituição de um comitê qualificado, escolhidos entre os membros da tripulação do navio e responsáveis, sob a autoridade do capitão, para prevenção de acidentes.

Art. 8

1. A autoridade competente, com a colaboração das organizações de armadores e de marítimos, deverá adotar programas de prevenção de acidentes de trabalho.

2. A aplicação desses programas deverá ser organizada de tal forma que a autoridade competente, os outros organismos interessados, os armadores e os marítimos ou seus representantes possam tomar neles parte ativa.

3. Serão criadas, em especial, comissões mistas, nacionais ou locais, especiais de prevenção de acidentes, ou grupos especiais de trabalho, em que estejam representadas as organizações de armadores e de marítimos.

Art. 9

1. A autoridade competente deverá incentivar e, na medida do possível, tendo em vista as condições especiais de cada país, prever o ensino da prevenção de acidentes e de higiene do trabalho nos programas dos centros de formação profissional, destinados aos marítimos de diversas funções e categorias; esse ensino deverá fazer parte do próprio ensino profissional.

2. Outrossim, todas as medidas apropriadas deverão ser adotadas, por exemplo, por meio de avisos oficiais que contenham as instruções necessárias, para chamar a atenção dos marítimos para determinados riscos.

Art. 10

Os membros esforçar-se-ão, se necessário com a ajuda de organizações intergovernamentais e de outras organizações internacionais, em cooperar para atingir o maior grau possível de uniformização de todas as outras disposições que visarem à prevenção de acidentes de trabalho.

Art. 11

As ratificações formais da presente convenção serão comunicadas ao Diretor-Geral da Repartição Internacional do Trabalho e por ele registradas.

Art. 12

1. A presente convenção não obrigará senão aos Membros da Organização Internacional do Trabalho cuja ratificação tenha sido registrada pelo Diretor-Geral.

2. Ele entrará em vigor doze meses depois que as ratificações de dois Membros tiverem sido registradas pelo Diretor-Geral.

3. Em seguida, esta convenção entrará em vigor para cada Membro doze meses depois da data em que sua ratificação tiver sido registrada.

Art. 13

1. Todo Membro que tiver ratificado a presente convenção poderá denunciá-la no fim de um período de dez anos depois da data da entrada em vigor inicial da convenção, por ato comunicado ao Diretor-Geral da Repartição Internacional do Trabalho e por ele registrado. A denúncia não terá efeito senão um ano depois de ter sido registrada.

2. Todo Membro que, tendo ratificado a presente convenção, dentro do prazo de um ano depois da expiração do período de dez anos mencionado no parágrafo precedente, não fizer uso da faculdade de denúncia prevista no presente artigo, será obrigado por novo período de dez anos e, depois disso, poderá denunciar a presente convenção no fim de cada período de dez anos, nas condições previstas no presente artigo.

Art. 14

1. O Diretor-Geral da Repartição Internacional do Trabalho notificará a todos os Membros da Organização Internacional do Trabalho o registro de todas as ratificações que lhe forem comunicadas pelos Membros da Organização.

2. Notificando aos Membros da Organização o registro da segunda ratificação que lhe for comunicada, o Diretor-Geral chamará a atenção dos Membros da Organização para a data em que a presente Convenção entrar em vigor.

Art. 15

O Diretor-Geral da Repartição Internacional do Trabalho enviará ao Secretário-Geral das Nações Unidas, para fim de registro, conforme o art. 102 da Carta das Nações Unidas, informações completas a respeito de todas as ratificações, declarações e atos de denúncia que houver registrado conforme os artigos precedentes.

Art. 16

Cada vez que julgar necessário, o Conselho de Administração da Repartição Internacional do Trabalho apresentará à Conferência Geral um relatório sobre a aplicação da presente Convenção e examinará se é necessário inscrever na ordem do dia da Conferência a questão de sua revisão total ou parcial.

Art. 17

1. No caso de a Conferência adotar nova convenção de revisão total ou parcial da presente convenção, e a menos que a nova convenção disponha diferentemente:

a) a ratificação, por um Membro, da nova convenção de revisão acarretará, de pleno direito, não obstante o art. 17 acima, denúncia imediata da presente convenção quando a nova convenção de revisão tiver entrado em vigor;

b) a partir da data da entrada em vigor da nova convenção de revisão, a presente convenção cessará de estar aberta à ratificação dos Membros.

2. A presente convenção ficará, em qualquer caso, em vigor, na forma e no conteúdo, para os Membros que a tiverem ratificado e que não tiverem ratificado a convenção de revisão.

Art. 18

As versões em francês e em inglês do texto da presente convenção fazem igualmente fé."

CONVENÇÃO N. 135

I — Aprovada na 56ª reunião da Conferência Internacional do Trabalho (Genebra — 1971), entrou em vigor no plano internacional em 30.6.73.

II — Dados referentes ao Brasil:

a) aprovação = Decreto Legislativo n. 86, de 14.12.89, do Congresso Nacional;

b) ratificação = 18 de maio de 1990;

c) promulgação = Decreto n. 131, de 22.5.91;

d) vigência nacional = 18 de maio de 1991.

"A Conferência Geral da Organização Internacional do Trabalho, convocada em Genebra pelo Conselho de Administração da Repartição Internacional do Trabalho, e tendo-se reunido, naquela cidade em 2 de junho de 1971, em sua qüinquagésima sexta sessão;

CONVENÇÕES DA OIT RATIFICADAS

Registrando as disposições da Convenção sobre o Direito de Organização e Negociação Coletiva, 1949, que protege os trabalhadores contra quaisquer atos de discriminação que tendam a atingir a liberdade sindical em matéria de emprego;

Considerando que é desejável que sejam adotadas disposições complementares no que se refere aos representantes dos trabalhadores;

Após ter resolvido adotar diversas propostas relativas à proteção dos representantes dos trabalhadores na empresa e às facilidades a lhes serem concedidas, questão essa que constitui o quinto ponto da ordem do dia da sessão;

Após haver resolvido que essas propostas tomariam a forma de Convenção Internacional, adota, neste vigésimo terceiro dia do mês de junho do ano de mil e novecentos e setenta e um, Convenção abaixo que será denominada 'Convenção Relativa aos Representantes dos Trabalhadores, 1971':

Art. 1º — Os representantes dos trabalhadores na empresa devem ser beneficiados com uma proteção eficiente contra quaisquer medidas que poderiam vir a prejudicá-los, inclusive o licenciamento(*), e que seriam motivadas por sua qualidade ou suas atividades como representantes dos trabalhadores sua filiação sindical, ou participação em atividades sindicais, conquanto ajam de acordo com as leis, convenções coletivas ou outros arranjos convencionais vigorando.

Art. 2º — 1. Facilidades devem ser concedidas, na empresa, aos representantes dos trabalhadores, de modo a possibilitar-lhes o cumprimento rápido e eficiente de suas funções.

2. Em relação a esse ponto, devem ser levadas em consideração as características do sistema de relações profissionais que prevalecem no país bem como das necessidades, importância e possibilidades da empresa interessada.

3. A concessão dessas facilidades não deve entravar o funcionamento eficiente da empresa interessada.

Art. 3º — Para os fins da presente Convenção, os termos 'representantes dos trabalhadores' designam pessoas reconhecidas como tais pela legislação ou a prática nacionais, quer sejam:

a) representantes sindicais, a saber, representantes nomeados ou eleitos por sindicatos ou pelos membros de sindicatos;

b) ou representantes eleitos, a saber, representantes livremente eleitos pelos trabalhadores da empresa, conforme as disposições da legislação nacional ou de convenções coletivas, e cujas funções não se estendam a atividades que sejam reconhecidas, nos países interessados, como dependendo das prerrogativas exclusivas dos sindicatos.

Art. 4º — A legislação nacional, as convenções coletivas, as sentenças arbitrais ou as decisões judiciárias poderão determinar o tipo ou os tipos de representantes dos trabalhadores que devam ter direito à proteção ou às facilidades visadas pela presente Convenção.

Art. 5º — Quando uma empresa contar ao mesmo tempo com representantes sindicais e representantes eleitos, medidas adequadas deverão ser tomadas, cada vez que for necessário, para garantir que a presença de representantes eleitos não venha a ser utilizada para o enfraquecimento da situação dos sindicatos interessados ou de seus representantes e para incentivar a cooperação, relativa a todas as questões pertinentes, entre os representantes eleitos, por uma Parte, e os sindicatos interessados e seus representantes, por outra Parte.

Art. 6º — A aplicação das disposições da Convenção poderá ser assegurada mediante a legislação nacional, convenções coletivas e todo outro modo que seria conforme a prática nacional.

Art. 7º — As ratificações formais da presente convenção serão comunicadas ao Diretor-Geral da Repartição Internacional do Trabalho e por ele registradas.

Art. 8º — 1. A presente convenção não obrigará senão aos Membros da Organização Internacional do Trabalho cuja ratificação tenha sido registrada pelo Diretor-Geral.

2. Ele entrará em vigor doze meses depois que as ratificações de dois Membros tiverem sido registradas pelo Diretor-Geral.

3. Em seguida, esta convenção entrará em vigor para cada Membro doze meses depois da data em que sua ratificação tiver sido registrada.

Art. 9º — 1. Todo Membro que tiver ratificado a presente convenção poderá denunciá-la no fim de um período de dez anos depois da data da entrada em vigor inicial da convenção, por ato comunicado ao Diretor-Geral da Repartição Internacional do Trabalho e por ele registrado. A denúncia não terá efeito senão um ano depois de ter sido registrada.

2. Todo Membro que, tendo ratificado a presente convenção, dentro do prazo de um ano depois da expiração do período de dez anos mencionado no parágrafo precedente, não fizer uso da faculdade de denúncia prevista no presente artigo, será obrigado por novo período de dez anos e, depois disso, poderá denunciar a presente convenção no fim de cada período de dez anos, nas condições previstas no presente artigo.

Art. 10 — 1. O Diretor-Geral da Repartição Internacional do Trabalho notificará a todos os Membros da Organização Internacional do Trabalho o registro de todas as ratificações que lhe forem comunicadas pelos Membros da Organização.

2. Notificando aos Membros da Organização o registro da segunda ratificação que lhe for comunicada, o Diretor-Geral chamará a atenção dos Membros da Organização para a data em que a presente Convenção entrar em vigor.

Art. 11 — O Diretor-Geral da Repartição Internacional do Trabalho enviará ao Secretário-Geral das Nações Unidas, para fim de registro, conforme o art. 102 da Carta das Nações Unidas, informações completas a respeito de todas as ratificações, declarações e atos de denúncia que houver registrado conforme os artigos precedentes.

Art. 12 — Cada vez que julgar necessário, o Conselho de Administração da Repartição Internacional do Trabalho apresentará à Conferência Geral um relatório sobre a aplicação da presente Convenção e examinará se é necessário inscrever na ordem do dia da Conferência a questão de sua revisão total ou parcial.

Art. 13 — 1. No caso de a Conferência adotar nova convenção de revisão total ou parcial da presente convenção, e a menos que a nova convenção disponha diferentemente:

a) a ratificação, por um Membro, da nova convenção de revisão acarretará, de pleno direito, não obstante o art. 17 acima, denúncia imediata da presente convenção quando a nova convenção de revisão tiver entrado em vigor;

b) a partir da data da entrada em vigor da nova convenção de revisão, a presente convenção cessará de estar aberta à ratificação dos Membros.

2. A presente convenção ficará, em qualquer caso, em vigor, na forma e no conteúdo, para os Membros que a tiverem ratificado e que não tiverem ratificado a convenção de revisão.

Art. 14 — As versões em francês e em inglês do texto da presente convenção fazem igualmente fé."

CONVENÇÃO N. 136

I — Aprovada na 56ª reunião da Conferência Internacional do Trabalho (Genebra — 1971), entrou em vigor no plano internacional em 27.7.73.

II — Dados referentes ao Brasil:

a) aprovação = Decreto Legislativo n. 76, de 19.11.92, do Congresso Nacional;

b) ratificação = 24 de março de 1993;

c) promulgação = Decreto n. 1.253, de 27.9.94;

d) vigência nacional = 24 de março de 1994.

"A Conferência Geral da Organização Internacional do Trabalho,

Convocada a Genebra pelo Conselho de Administração da Repartição Internacional do Trabalho e tendo ali se reunido em 2 de junho de 1971, em sua qüinquagésima sexta sessão;

Após haver decidido adotar diversas propostas sobre proteção contra os riscos provocados pelo benzeno, questão que constitui o sexto item da ordem do dia da sessão;

Após haver decidido que essas propostas deveriam tomar a forma de convenção internacional, adota neste vigésimo terceiro dia de junho de mil novecentos e setenta e um, a seguinte convenção que será denominada 'Convenção sobre Benzeno, 1971';

Art. 1º — A presente convenção aplicar-se-á a todas as atividades que acarretem exposição dos trabalhadores:

a) ao hidrocarboneto aromático benzeno C_6H_6, doravante denominado 'benzeno';

b) aos produtos cuja taxa em benzeno ultrapassar 1 por cento em volume, doravante 'produtos contendo benzeno'.

Art. 2º — 1. Sempre que estiverem disponíveis produtos sucedâneos inofensivos os menos nocivos, eles deverão substituir o benzeno ou os produtos contendo benzeno.

2. O § 1 não será aplicado:

a) à produção de benzeno;

b) ao emprego do benzeno em trabalhos de síntese química;

c) ao emprego de benzeno em combustíveis;

d) aos trabalhos de análise ou de pesquisa em laboratórios.

Art. 3º — 1. A autoridade competente em cada país poderá permitir derrogações temporárias à percentagem fixada na alínea b do art. 1º e às disposições do § 1 do art. 2º da presente convenção, nos limites e nos prazos a serem determinados após consulta às organizações mais representativas dos empregadores e dos trabalhadores interessados, se existirem.

2. Nesses casos, o Membro interessado indicará, nos relatórios sobre a aplicação da presente convenção que está obrigado a apresentar em virtude do art. 22 da Constituição da Organização Internacional do Trabalho, o estágio de sua legislação e de sua prática relativas às derrogações e aos progressos realizados a fim de atingir a plena aplicação das disposições da convenção.

3. Após a expiração de um período de três anos, após a entrada em vigor inicial da presente convenção, o Conselho de Administração da Repartição Internacional do Trabalho apresentará um relatório especial sobre a aplicação dos §§ 1 e 2 do presente artigo e que contenham as propostas que julgar oportuna a fim de serem adotadas as medidas pertinentes.

Art. 4º — 1. A utilização do benzeno e de produtos contendo benzeno deverá ser proibida em certos trabalhos a serem determinados pela legislação nacional.

2. Esta proibição deverá, pelo menos, incluir a utilização de benzeno e de produtos contendo benzeno como solventes ou diluentes, exceto em operações que se efetuem em sistemas fechados ou por outros processos que apresentem as mesmas condições de segurança.

Art. 5º — Deverão ser adotadas medidas de prevenção técnica e de higiene do trabalho, a fim de assegurar proteção eficaz dos trabalhadores expostos ao benzeno ou a produtos contendo benzeno.

Art. 6º — 1. Nos locais em que forem fabricados, manipulados e utilizados benzeno ou produtos contendo benzeno, deverão ser adotadas todas as medidas necessárias para impedir o escapamento de vapores de benzeno na atmosfera dos locais de trabalho.

2. Quando os trabalhadores estiverem expostos ao benzeno ou a produtos contendo benzeno, o empregador deverá garantir que a concentração de benzeno na atmosfera dos locais de trabalho não ultrapasse num nível que não exceda o valor teto de 25 partes por milhão (80m3g/m).

3. A autoridade competente deverá expedir instruções sobre a maneira de proceder para determinar a concentração de benzeno na atmosfera dos locais de trabalho.

Art. 7º — 1. Os trabalhos que impliquem na utilização de benzeno e de produtos contendo benzeno deverão ser feitos, na medida do possível, em sistemas fechados.

2. Quando não for possível o uso de sistemas fechados, os locais de trabalho onde forem utilizados o benzeno ou produtos contendo benzeno deverão ser munidos de meios eficazes para assegurar a saída de vapores de benzeno na medida necessária à proteção de saúde dos trabalhadores.

Art. 8º — 1. Os trabalhadores que venham a ter contato com benzeno líquido ou produtos líquidos contendo benzeno deverão estar munidos de meios de proteção individual adequados contra riscos de absorção cutânea.

2. Os trabalhadores, que, por razões especiais, se acharem expostos à concentração de benzeno na atmosfera dos locais de trabalho que ultrapassem o máximo previsto no § 2 do art. 6º da presente convenção, deverão estar munidos de meios de proteção individual adequados contra riscos de aspiração de vapores de benzeno; deverá ser limitado, na medida do possível, o tempo de exposição.

Art. 9º — 1. Quando trabalhadores forem empregados em trabalhos que acarretarem exposição ao benzeno ou a produtos contendo benzeno, deverão ser submetidos:

a) a exame médico completo de aptidão; anterior ao emprego, abrangendo o exame de sangue;

b) a exames posteriores periódicos que compreendam exames biológicos (inclusive exame de sangue) e cuja freqüência seja determinada pela legislação nacional.

2. Após consulta às organizações mais representativas dos empregadores e dos trabalhadores interessados, se existirem, a autoridade competente em cada país poderá permitir derrogações nas obrigações referidas no § 1 do presente artigo em relação a determinadas categorias de trabalhadores.

Art. 10 — 1. Os exames médicos previstos no § 1 do art. 9º da presente convenção deverão:

a) ser efetuados sob a responsabilidade de médico especializado, aprovado pela autoridade competente com a assistência, se for necessária, de laboratórios competentes;

b) ser atestados de modo apropriado.

2. Esses exames não deverão acarretar despesas para os interessados.

Art. 11 — 1. As mulheres em estado de gravidez, atestado por médico, e as mães em período de amamentação não deverão ser empregadas em trabalhos que acarretam exposição ao benzeno ou produtos contendo benzeno.

2. Os menores de dezoito anos não poderão prestar serviços em trabalhos que acarretem exposição ao benzeno ou a produtos contendo benzeno; entretanto essa proibição poderá não se aplicar a menores que receberem instrução ou treinamento e que estiverem sob controle técnico ou médico, adequado.

Art. 12 — A palavra 'benzeno' e os símbolos de perigo necessários deverão estar claramente visíveis sobre todo recipiente contendo benzeno ou produtos contendo benzeno.

Art. 13 — Cada Membro deverá adotar as medidas indispensáveis para que todo trabalhador, exposto ao benzeno ou a produtos contendo benzeno, receba instruções apropriadas a respeito das medidas de prevenção a serem tomadas, a fim de proteger a saúde ou de evitar os acidentes, assim como a respeito de todas as medidas a serem adotadas no caso em que se manifestarem sintomas de intoxicação.

Art. 14 — Cada Membro que ratificar a presente convenção:

a) tomará, por meio de legislação ou de qualquer outro método compatível com a prática e as condições nacionais, as medidas necessárias para tornar efetivas as disposições da presente convenção;

b) designará, de conformidade com a prática nacional, pessoas a quem caberão a obrigação de assegurar a aplicação das disposições da presente convenção;

c) comprometer-se-á a incumbir os serviços de inspeção apropriados do controle da aplicação das disposições da presente convenção, ou a garantir que uma inspeção adequada está sendo executada.

Art. 15 — As ratificações formais da presente convenção serão comunicadas ao Diretor-Geral da Repartição Internacional do Trabalho e por ele registradas.

Art. 16 — 1. A presente convenção não obrigará senão aos Membros da Organização Internacional do Trabalho cuja ratificação tenha sido registrada pelo Diretor-Geral.

2. Ele entrará em vigor doze meses depois que as ratificações de dois Membros tiverem sido registradas pelo Diretor-Geral.

3. Em seguida, esta convenção entrará em vigor para cada Membro doze meses depois da data em que sua ratificação tiver sido registrada.

Art. 17 — 1. Todo Membro que tiver ratificado a presente convenção poderá denunciá-la no fim de um período de dez anos depois da data da entrada em vigor inicial da convenção, por ato comunicado ao Diretor-Geral da Repartição Internacional do Trabalho e por ele registrado. A denúncia não terá efeito senão um ano depois de ter sido registrada.

2. Todo Membro que, tendo ratificado a presente convenção, dentro do prazo de um ano depois da expiração do período de dez anos mencionado no parágrafo precedente, não fizer uso da faculdade de denúncia prevista no presente artigo, será obrigado por novo período de dez anos e, depois disso, poderá denunciar a presente convenção no fim de cada período de dez anos, nas condições previstas no presente artigo.

Art. 18 — 1. O Diretor-Geral da Repartição Internacional do Trabalho notificará a todos os Membros da Organização Internacional do Trabalho o registro de todas as ratificações que lhe forem comunicadas pelos Membros da Organização.

2. Notificando aos Membros da Organização o registro da segunda ratificação que lhe for comunicada, o Diretor-Geral chamará a atenção dos Membros da Organização para a data em que a presente Convenção entrará em vigor.

Art. 19 — O Diretor-Geral da Repartição Internacional do Trabalho enviará ao Secretário-Geral das Nações Unidas, para fim de registro, conforme o art. 102 da Carta das Nações Unidas, informações completas a respeito de todas as ratificações, declarações e atos de denúncia que houver registrado conforme os artigos precedentes.

Art. 20 — Cada vez que julgar necessário, o Conselho de Administração da Repartição Internacional do Trabalho apresentará à Conferência Geral um relatório sobre a aplicação da presente Convenção e examinará se é necessário inscrever na ordem do dia da Conferência a questão de sua revisão total ou parcial.

Art. 21 — 1. No caso de a Conferência adotar nova convenção de revisão total ou parcial da presente convenção, e a menos que a nova convenção disponha diferentemente:

a) a ratificação, por um Membro, da nova convenção de revisão acarretará, de pleno direito, não obstante o art. 17 acima, denúncia imediata da presente convenção quando a nova convenção de revisão tiver entrado em vigor;

b) a partir da data da entrada em vigor da nova convenção de revisão, a presente convenção cessará de estar aberta à ratificação dos Membros.

2. A presente convenção ficará, em qualquer caso, em vigor, na forma e no conteúdo, para os Membros que a tiverem ratificado e que não tiverem ratificado a convenção de revisão.

Art. 22 — As versões em francês e em inglês do texto da presente convenção fazem igualmente fé."

CONVENÇÃO N. 137

I — Aprovada na 58ª reunião da Conferência Internacional do Trabalho (Genebra — 1973), entrou em vigor no plano internacional em 24.6.75.

II — Dados referentes ao Brasil:

a) aprovação = Decreto Legislativo n. 29, de 22.12.93, do Governo Nacional;

b) ratificação = 12 de agosto de 1994;

c) promulgação = Decreto n. 1.574, de 31.6.95;

d) vigência nacional = 12 de agosto de 1995.

"A Conferência Geral da Organização Internacional do Trabalho,

Convocada pelo Conselho Administrativo da Repartição Internacional do Trabalho em Genebra, onde se reuniu a 6 de junho de 1973, em sua qüinquagésima oitava sessão;

Considerando que os métodos de processamento de carga nos portos se modificaram e continuam a se modificar — por exemplo, a adoção de unidades de carga, a introdução de técnicas de transbordo horizontal (roll on roll off), o aumento da mecanização e automatização enquanto que novas tendências aparecem no fluxo das mercadorias, e que semelhantes modificações deverão ser ainda mais acentuadas no futuro;

Considerando que essas mudanças, ao acelerarem o transporte da carga, e reduzirem o tempo passado pelos navios nos portos e os custos dos transportes, podem beneficiar a economia do país interessado, em geral, e contribuir para elevar o nível de vida;

Considerando que essas mudanças têm também repercussões consideráveis sobre o nível de emprego nos portos e sobre as condições de trabalho e vida dos portuários e que medidas deveriam ser adotadas para evitar ou reduzir os problemas que decorrem das mesmas;

Considerando que os portuários deveriam beneficiar-se das vantagens que representam os novos métodos de processamento de carga e que, por conseguinte, o estudo e a introdução desses métodos deveriam ser acompanhados da elaboração e da adoção de disposições tendo por finalidade a melhoria duradoura de suas situação, por meios tais como a regularização do emprego, a estabilização da renda e por outras medidas relativas às condições de vida e de trabalho dos interessados e à segurança e higiene do trabalho portuário;

Depois de ter resolvido adotar diversas moções relativas às repercussões sociais dos novos métodos de processamento de carga nos portos, que constituem o quinto item da agenda da sessão;

Depois de ter resolvido que essas moções tomariam a forma de uma Convenção Internacional, adota, neste vigésimo quinto dia de junho de mil e novecentos e setenta e três, a Convenção abaixo que será denominada 'Convenção sobre o Trabalho Portuário, de 1973'.

Art. 1 — 1. A Convenção se aplica às pessoas que trabalham de modo regular como portuários, e cuja principal fonte de renda anual provém desse trabalho.

2. Para os fins da presente Convenção, as expressões 'portuários' e 'trabalho portuário' designam pessoas e atividades definidas como tais pela legislação ou a prática nacional. As organizações de empregadores e de trabalhadores interessadas devem ser consultadas por ocasião da elaboração e da revisão dessas definições ou serem a ela associadas de qualquer outra maneira; deverão, outrossim, ser levados em conta os novos métodos de processamento de carga e suas repercussões sobre as diversas tarefas dos portuários.

Art. 2 — 1. Incumbe à política nacional estimular todos os setores interessados para que assegurem aos portuários, na medida do possível, um emprego permanente ou regular.

2. Em todo caso, um mínimo de períodos de emprego ou um mínimo de renda deve ser assegurada aos portuários sendo que sua extensão e natureza dependerão da situação econômica e social do país ou do porto de que se tratar.

Art. 3 — 1. Registros serão estabelecidos e mantidos em dia, para todas as categorias profissionais de portuários na forma determinada pela legislação ou a prática nacional.

2. Os portuários matriculados terão prioridade para a obtenção de trabalho nos portos.

3. Os portuários matriculados deverão estar prontos para trabalhar de acordo com o que for determinado pela legislação ou as práticas nacionais.

Art. 4 — 1. Os efeitos desses registros serão periodicamente revistos, a fim de fixá-los num nível que corresponda às necessidades do porto.

2. Quanto uma redução dos efetivos de um registro se tornar necessária, todas as medidas úteis serão tomadas, com a finalidade de prevenir ou atenuar os efeitos prejudiciais aos portuários.

Art. 5 — Para obter dos novos métodos de processamento de carga o máximo de vantagens sociais, incumbe à política nacional estimular os empregadores ou suas organizações, por um lado, e as organizações de trabalhadores, por outro, a cooperarem para a melhoria da eficiência do trabalho nos portos, com a participação, se for o caso, das autoridades competentes.

Art. 6 — Os Membros farão com que as regras adequadas, referentes à segurança, higiene, bem-estar e formação profissional dos trabalhadores, sejam aplicadas aos portuários.

Art. 7 — Exceto nos casos em que forem implementadas mediante convênios coletivos, sentenças arbitrais ou qualquer outro modo conforme a prática nacional, as disposições da presente Convenção deverão ser aplicadas pela legislação nacional.

Art. 8 — As ratificações formais da presente Convenção serão transmitidas ao Diretor-Geral da

CONVENÇÕES DA OIT RATIFICADAS

Repartição Internacional do Trabalho e por ele registradas.

Art. 9 — 1. A presente Convenção obrigará somente os Membros da Organização Internacional do Trabalho cujas ratificações tenham sido registradas pelo Diretor-Geral.

2. Entrará em vigor doze meses após serem registradas pelo Diretor-Geral, as ratificações por parte de dois Membros.

3. Posteriormente esta Convenção entrará em vigor, para cada Membro, doze meses após a data de registro de sua ratificação.

Art. 10 — 1. Todo Membro que tenha ratificado a presente Convenção poderá denunciá-la ao expirar o prazo de dez anos, contados da data inicial da vigência da Convenção, por meio de um ato comunicado ao Diretor-Geral da Repartição Internacional do Trabalho e por ele registrado. A denúncia somente se tornará efetiva um ano após haver sido registrada.

2. Todo Membro que tenha ratificado a presente Convenção e que no prazo de um ano após o termo do período de dez anos, mencionado no parágrafo precedente, não houver feito uso da faculdade de denúncia prevista pelo presente artigo, ficará ligado por um novo período de dez anos e, posteriormente, poderá denunciar a presente Convenção ao termo de cada período de dez anos, nas condições previstas no presente artigo.

Art. 11 — 1. O Diretor-Geral da Repartição Internacional do Trabalho notificará a todos os Membros da Organização Internacional do Trabalho o registro de todas as ratificações, declarações e denúncias que lhe forem transmitidas pelos Membros da Organização.

2. Ao notificar aos Membros da Organização o registro da segunda ratificação que lhe tenha sido transmitida, o Diretor-Geral chamará a atenção dos Membros da Organização para a data na qual a presente Convenção entrará em vigor.

Art. 12 — O Diretor-Geral da Repartição Internacional do Trabalho transmitirá ao Secretário-Geral das Nações Unidas, para fins de registro de acordo com o art. 102 da Carta das Nações Unidas, informações completas a respeito de todas as ratificações, declarações, e atos de denúncia que tenha registrado de acordo com os artigos precedentes.

Art. 13 — Ao termo de cada período de dez anos, contados da entrada em vigor da presente Convenção, o Conselho de Administração da Repartição Internacional do Trabalho deverá apresentar à Conferência Geral um relatório sobre a aplicação da presente Convenção e decidirá da conveniência de ser inscrita na ordem do dia da Conferência a questão de sua revisão total ou parcial.

Art. 14 — 1. Caso a Conferência adotar uma nova Convenção que implique revisão total ou parcial da presente Convenção e a menos que a nova Convenção não disponha de outro modo:

a) a ratificação, por parte de um Membro, da nova Convenção acarretará de pleno direito, não obstante o art. 16 acima, denúncia imediata da presente Convenção desde que a nova Convenção revista tenha entrado em vigor;

b) a partir da data da entrada em vigor da nova Convenção revista, a presente Convenção cessará de estar aberta à ratificação por parte dos Membros.

2. A presente Convenção permanecerá, entretanto, em vigor na sua forma e teor para os Membros que a houverem ratificado e que não ratificarem a Convenção revista.

Art. 15 — As versões francesa e inglesa do texto da presente Convenção são igualmente autênticas."

CONVENÇÃO N. 138

I — Aprovada na 58ª reunião da Conferência Internacional do Trabalho (Genebra — 1973), entrou em vigor no plano internacional em 19.6.76.

II — Dados referentes ao Brasil:

a) aprovação = Decreto Legislativo n. 179, de 14.12.1999, do Congresso Nacional;

b) ratificação = 28 de junho de 2001;

c) promulgação = Decreto n. 4.134, de 15.02.2002;

d) vigência nacional = 28 de junho de 2002.

"A Conferência Geral da Organização Internacional do Trabalho:

Convocada em Genebra pelo Conselho de Administração do Secretariado da Organização Internacional do Trabalho e reunida em 6 de junho de 1973, em sua qüinquagésima oitava reunião;

Tendo decidido adotar diversas proposições relativas à idade mínima para admissão a emprego, tema que constitui a quarta questão da ordem do dia da reunião;

Considerando as disposições das seguintes convenções:

Convenção sobre a Idade Mínima (Indústria), de 1919;

Convenção sobre a Idade Mínima (Trabalho Marítimo), de 1920;

Convenção sobre a Idade Mínima (Agricultura), de 1921;

Convenção sobre a Idade Mínima (Estivadores e Foguistas), de 1921;

Convenção sobre a Idade Mínima (Emprego não-Industrial), de 1932;

Convenção (revista) sobre a Idade Mínima (Trabalho Marítimo), de 1936;

Convenção (revista) sobre a Idade Mínima (Indústria), de 1937;

Convenção (revista) sobre a Idade Mínima (Emprego não-Industrial), de 1937;

Convenção sobre a Idade Mínima (Pescadores), de 1959, e a

Convenção sobre a Idade Mínima (Trabalho Subterrâneo), de 1965;

Considerando ter chegado o momento de adotar um instrumento geral sobre a matéria, que substitua gradualmente os atuais instrumentos, aplicáveis a limitados setores econômicos, com vista à total abolição do trabalho infantil;

Tendo determinado que essas proposições se revistam da forma de uma convenção internacional, adota, no dia vinte e seis de junho de mil novecentos e setenta e três, a seguinte Convenção que pode ser citada como a 'Convenção sobre a Idade Mínima, de 1973':

Art. 1º — Todo País-Membro, no qual vigore esta Convenção, compromete-se a seguir uma política nacional que assegure a efetiva abolição do trabalho infantil e eleve, progressivamente, a idade mínima de admissão a emprego ou a trabalho a um nível adequado ao pleno desenvolvimento físico e mental do jovem.

Art. 2º — 1. Todo País-Membro que ratificar esta Convenção especificará, em declaração anexa à ratificação, uma idade mínima para admissão a emprego ou trabalho em seu território e nos meios de transporte registrados em seu território; ressalvado o disposto nos arts. 4º e 8º desta Convenção, nenhuma pessoa com idade inferior a essa idade será admitida a emprego ou trabalho em qualquer ocupação.

2. Todo País-Membro que ratificar esta Convenção poderá notificar ao Diretor-Geral do Secretariado da Organização Internacional do Trabalho, por declarações subsequentes, que estabelece uma idade mínima superior à anteriormente definida.

3. A idade mínima fixada nos termos do § 1 deste artigo não será inferior à idade de conclusão da escolaridade compulsória ou, em qualquer hipótese, não inferior a quinze anos.

4. Não obstante o disposto no § 3 deste artigo, o País-Membro, cuja economia e condições de ensino não estiverem suficientemente desenvolvidas, poderá, após consulta às organizações de empregadores e de trabalhadores concernentes, se as houver, definir, inicialmente, uma idade mínima de quatorze anos.

5. Todo País-Membro que definir uma idade mínima de quatorze anos, de conformidade com a disposição do parágrafo anterior, incluirá em seus relatórios a serem apresentados sobre a aplicação desta Convenção, nos termos do art. 22 da Constituição da Organização Internacional do Trabalho, declaração:

a) de que subsistem os motivos dessa providência; ou

b) de que renuncia ao direito de se valer da disposição em questão a partir de uma determinada data.

Art. 3º — 1. Não será inferior a dezoito anos a idade mínima para a admissão a qualquer tipo de emprego ou trabalho que, por sua natureza ou circunstâncias em que for executado, possa prejudicar a saúde, a segurança e a moral do jovem.

2. Serão definidos por lei ou regulamentos nacionais ou pela autoridade competente, após consulta com as organizações de empregadores e de trabalhadores concernentes, se as houver, as categorias de emprego ou trabalho às quais se aplica o § 1 deste Artigo.

3. Não obstante o disposto no § 1 deste Artigo, a lei ou regulamentos nacionais ou a autoridade competente poderá, após consultar as organizações de empregadores e de trabalhadores concernentes, se as houver, autorizar emprego ou trabalho a partir da idade de dezesseis anos, desde que estejam plenamente protegidas a saúde, a segurança e a moral dos jovens envolvidos e lhes seja proporcionada instrução ou formação adequada e específica no setor da atividade pertinente.

Art. 4º — 1. A autoridade competente, após consulta com as organizações de empregadores de trabalhadores concernentes, se as houver, poderá, na medida do necessário, excluir da aplicação desta Convenção um limitado número de categorias de emprego ou trabalho a respeito das quais se levantarem reais e especiais problemas de aplicação.

2. Todo País-Membro que ratificar esta Convenção alistará em seu primeiro relatório sobre sua aplicação, a ser submetido nos termos do art. 22 da Constituição da Organização Internacional do Trabalho, todas as categorias que possam ter sido excluídas de conformidade com o § 1 deste Artigo, dando as razões dessa exclusão, e indicará, nos relatórios subsequentes, a situação de sua lei e prática com referência às categorias excluídas e a medida em que foi dado ou se pretende dar efeito à Convenção com relação a essas categorias.

3. Não será excluído do alcance da Convenção, de conformidade com este Artigo, emprego ou trabalho protegido pelo art. 3º desta Convenção.

Art. 5º — 1. O País-Membro, cuja economia e condições administrativas não estiverem suficientemente desenvolvidas, poderá, após consulta às organizações de empregadores e de trabalhadores, se as houver, limitar inicialmente o alcance de aplicação desta Convenção.

2. Todo País-Membro que se servir do disposto no § 1 deste Artigo especificará, em declaração anexa à sua ratificação, os setores de atividade econômica ou tipos de empreendimentos aos quais aplicará as disposições da Convenção.

3. As disposições desta Convenção serão aplicáveis, no mínimo, a: mineração e pedreira; indústria manufatureira; construção; eletricidade, água e gás; serviços sanitários; transporte, armazenamento e comunicações; plantações e outros empreendimentos agrícolas de fins comerciais, excluindo, porém, propriedades familiares e de pequeno porte que produzam para o consumo local e não empreguem regularmente mão de obra remunerada.

4. Todo País-Membro que tiver limitado o alcance de aplicação desta Convenção, nos termos deste artigo:

a) indicará em seus relatórios, nos termos do art. 22 da Constituição da Organização Internacional do Trabalho, a situação geral com relação ao emprego ou trabalho de jovens e crianças nos setores de atividade excluídos do alcance de aplicação desta Convenção e todo progresso que tenha sido feito no sentido de uma aplicação mais ampla de suas disposições;

b) poderá, em qualquer tempo, estender formalmente o alcance de aplicação com uma declaração encaminhada ao Diretor-Geral do Secretariado da Organização Internacional do Trabalho.

Art. 6º — Esta Convenção não se aplicará a trabalho feito por crianças e jovens em escolas de educação vocacional ou técnica ou em outras instituições de treinamento em geral ou a trabalho feito por pessoas de no mínimo quatorze anos de idade em empresas em que esse trabalho for executado dentro das condições prescritas pela autoridade competente, após consulta com as organizações de empregadores e de trabalhadores concernentes, onde as houver, e constituir parte integrante de:

a) curso de educação ou treinamento pelo qual é principal responsável uma escola ou instituição de treinamento;

b) programa de treinamento principalmente ou inteiramente numa empresa, que tenha sido aprovado pela autoridade competente; ou

c) programa de orientação vocacional para facilitar a escolha de uma profissão ou de especialidade de treinamento.

Art. 7º — 1. As leis ou regulamentos nacionais poderão permitir o emprego ou trabalho a pessoas entre treze e quinze anos em serviços leves que:

a) não prejudique sua saúde ou desenvolvimento; e

b) não prejudiquem sua freqüência escolar, sua participação em programas de orientação vocacional ou de treinamento aprovados pela autoridade competente ou sua capacidade de se beneficiar da instrução recebida.

2. As leis ou regulamentos nacionais poderão também permitir o emprego ou trabalho a pessoas com, no mínimo, quinze anos de idade e que não tenham ainda concluído a escolarização compulsória em trabalho que preencher os requisitos estabelecidos nas alíneas a e b do § 1 deste Artigo.

3. A autoridade competente definirá as atividades em que o emprego ou trabalho poderá ser permitido nos termos dos §§ 1 e 2 deste Artigo e estabelecerá o número de horas e as condições em que esse emprego ou trabalho pode ser desempenhado.

4. Não obstante o disposto nos §§ 1 e 2 deste Artigo, o País-Membro que não se tiver servido das disposições do § 4 do art. 2º poderá, enquanto continuar assim procedendo, substituir as idades de treze e quinze anos pelas idades de doze e quatorze anos e a idade de quinze anos pela idade de quatorze anos dos respectivos §§ 1 e 2 deste Artigo.

Art. 8º — 1. A autoridade competente, após consulta com as organizações de empregadores e trabalhadores concernentes, se as houver, poderá, mediante licenças concedidas em casos individuais, permitir exceções para a proibição de emprego ou trabalho provida no art. 2º desta Convenção, para finalidades como a participação em representações artísticas.

2. Licenças dessa natureza limitarão o número de horas de duração do emprego ou trabalho e estabelecerão as condições em que é permitido.

Art. 9º — 1. A autoridade competente tomará todas as medidas necessárias, inclusive a instituição de sanções apropriadas, para garantir a efetiva vigência das disposições desta Convenção.

2. As leis ou regulamentos nacionais ou a autoridade competente designarão as pessoas responsáveis pelo cumprimento das disposições que dão efeito à Convenção.

3. As leis ou regulamentos nacionais ou a autoridade competente prescreverão os registros ou outros documentos que devem ser mantidos e postos à disposição pelo empregador; esses registros ou documentos conterão nome, idade ou data de nascimento, devidamente autenticados sempre que possível, das pessoas que emprega ou que trabalham para ele e tenham menos de dezoito anos de idade.

Art. 10 — 1. Esta Convenção revê, nos termos estabelecidos neste Artigo, a Convenção sobre a Idade Mínima (Indústria), de 1919; a Convenção sobre a Idade Mínima (Marítimos), de 1920; a Convenção sobre a Idade Mínima (Agricultura), de 1921; a Convenção sobre a Idade Mínima (Estivadores e Foguistas), de 1921; a Convenção sobre a Idade Mínima (Emprego não-Industrial), de 1932; a Convenção (revista) sobre a Idade Mínima (Marítimos), de 1936; a Convenção (revista) sobre a Idade Mínima (Indústria), de 1937; A Convenção (revista) sobre a Idade Mínima (Emprego não-Industrial), de 1937; a Convenção sobre a Idade Mínima (Pescadores), de 1959 e a Convenção sobre a Idade Mínima (Trabalho Subterrâneo), de 1965.

2. A entrada em vigor desta Convenção não priva de ratificações ulteriores as seguintes convenções: a Convenção (revista) sobre a Idade Mínima (Marítimos), de 1936; a Convenção (revista) sobre a Idade Mínima (Indústria), de 1937; a Convenção (revista) sobre a Idade Mínima (Emprego não-Industrial), de 1937; a Convenção sobre a Idade Mínima (Pescadores), de 1959 e a Convenção sobre a Idade Mínima (Trabalho Subterrâneo), de 1965.

3. A Convenção sobre a Idade Mínima (Indústria), de 1919; a Convenção (revista) sobre a Idade Mínima (Marítimos), de 1920; a Convenção sobre a Idade Mínima (Agricultura), de 1921 e a Convenção sobre a Idade Mínima (Estivadores e Foguistas), de 1921, não estarão mais sujeitas a ratificações ulteriores quando todos os seus participantes assim estiverem de acordo pela ratificação desta Convenção ou por declaração enviada ao Diretor-Geral do Secretariado da Organização Internacional do Trabalho.

4. Quando as obrigações desta Convenção são aceitas:

a) por um País-Membro que faça parte da Convenção (revista) sobre a Idade Mínima (Indústria), de 1937, e é fixada uma idade mínima de não menos de quinze anos, nos termos do art. 2º desta Convenção, isso implicará ipso jure a denúncia imediata da dita Convenção;

b) com referência ao emprego não-industrial, conforme definido na Convenção sobre Idade Mínima (Emprego não-Industrial), de 1932, por um País-Membro que faça parte dessa Convenção, isso implicará ipso jure a denúncia imediata da dita Convenção;

c) com referência ao emprego não-industrial, conforme definido na Convenção (revista) sobre a Idade Mínima (Emprego não-Industrial), de 1937, por um País-Membro que faça parte dessa Convenção, e é fixada uma idade mínima de não menos de quinze anos, nos termos do art. 2º desta Convenção, isso implicará ipso jure a denúncia imediata da dita Convenção;

d) com referência ao emprego marítimo, por um País-Membro que faça parte da Convenção (revista) sobre a Idade Mínima (Marítimos), de 1936 e é fixada uma idade mínima de não menos de quinze anos, nos termos do art. 2º desta Convenção, ou o País-Membro define que o art. 3º desta Convenção aplica-se ao emprego marítimo, isso implicará ipso jure a denúncia imediata da dita Convenção;

e) com referência ao emprego em pesca marítima, por um País-Membro que faça parte da Convenção sobre a Idade Mínima (Pescadores), de 1959, e é especificada uma idade mínima de não menos de quinze anos, nos termos do art. 2º desta Convenção ou o País-Membro especifica que o art. 3º desta Convenção aplica-se a emprego em pesca marítima, isso implicará ipso jure a denúncia imediata da dita Convenção;

f) por um País-Membro que é parte da Convenção sobre a Idade Mínima (Trabalho Subterrâneo), de 1965, e é especificada uma idade mínima de não menos de quinze anos, nos termos do art. 2º desta Convenção, ou o País-Membro estabelece que essa idade aplica-se ao emprego subterrâneo em minas, por força do art. 3º desta Convenção, isso implicará ipso jure a denúncia imediata da dita Convenção, a partir do momento que esta Convenção entrar em vigor.

5. A aceitação das obrigações desta Convenção:

a) implicará a denúncia da Convenção sobre a Idade Mínima (Indústria), de 1919, de conformidade com seu art. 12;

b) com referência à agricultura, implicará a denúncia da Convenção sobre a Idade Mínima (Agricultura), de 1921, de conformidade com seu art. 9º;

c) com referência ao emprego marítimo, implicará a denúncia da Convenção sobre a Idade Mínima (Marítimos), de 1920, de conformidade com seu art. 10, e da Convenção sobre a Idade Mínima (Estivadores e Foguistas), de 1921, de conformidade com seu art. 12, a partir do momento em que esta Convenção entrar em vigor.

Art. 11 — As ratificações formais da presente Convenção serão transmitidas ao Diretor-Geral da Repartição Internacional do Trabalho e por ele registradas.

Art. 12 — 1. A presente Convenção obrigará somente os Membros da Organização Internacional do Trabalho cujas ratificações tenham sido registradas pelo Diretor-Geral.

2. Entrará em vigor doze meses após serem registradas pelo Diretor-Geral, as ratificações por parte de dois Membros.

3. Posteriormente esta Convenção entrará em vigor, para cada Membro, doze meses após a data de registro de sua ratificação.

Art. 13 — 1. Todo Membro que tenha ratificado a presente Convenção poderá denunciá-la ao expirar o prazo de dez anos, contados da data inicial da vigência da Convenção, por meio de um ato comunicado ao Diretor-Geral da Repartição Internacional do Trabalho e por ele registrado. A denúncia somente se tornará efetiva um ano após haver sido registrada.

2. Todo Membro que tenha ratificado a presente Convenção e que no prazo de um ano após o termo do período de dez anos, mencionado no parágrafo precedente, não houver feito uso da faculdade de denúncia prevista pelo presente artigo, ficará ligado por um novo período de dez anos e, posteriormente, poderá denunciar a presente Convenção ao termo de cada período de dez anos, nas condições previstas no presente artigo.

Art. 14 — 1. O Diretor-Geral da Repartição Internacional do Trabalho notificará a todos os Membros da Organização Internacional do Trabalho o registro de todas as ratificações, declarações e denúncias que lhe forem transmitidas pelos Membros da Organização.

2. Ao notificar aos Membros da Organização o registro da segunda ratificação que lhe tenha sido transmitida, o Diretor-Geral chamará a atenção dos Membros da Organização para a data na qual a presente Convenção entrará em vigor.

Art. 15 — O Diretor-Geral da Repartição Internacional do Trabalho transmitirá ao Secretário-Geral das Nações Unidas, para fins de registro de acordo com o art. 102 da Carta das Nações Unidas, informações completas a respeito de todas as ratificações, declarações, e atos de denúncia que tenha registrado de acordo com os artigos precedentes.

Art. 16 — Ao termo de cada período de dez anos, contados da entrada em vigor da presente Convenção, o Conselho de Administração da Repartição Internacional do Trabalho deverá apresentar à Conferência Geral um relatório sobre a aplicação da presente Convenção e decidirá da conveniência de ser inscrita na ordem do dia da Conferência a questão de sua revisão total ou parcial.

Art. 17 — 1. Caso a Conferência adotar uma nova Convenção que implique revisão total ou parcial da presente Convenção e a menos que a nova Convenção não disponha de outro modo:

a) a ratificação, por parte de um Membro, da nova Convenção revista acarretará de pleno direito, não obstante o art. 16 acima, denúncia imediata da presente Convenção desde que a nova Convenção revista tenha entrado em vigor;

b) a partir da data da entrada em vigor da nova Convenção revista, a presente Convenção cessará de estar aberta à ratificação por parte dos Membros.

2. A presente Convenção permanecerá, entretanto, em vigor na sua forma e teor para os Membros que a houverem ratificado e que não ratificarem a Convenção revista.

Art. 18 — As versões francesa e inglesa do texto da presente Convenção são igualmente autênticas."

CONVENÇÃO N. 139

I — Aprovada na 59ª reunião da Conferência Internacional do Trabalho (Genebra — 1974), entrou em vigor no plano internacional em 10.6.76.

II — Dados referentes ao Brasil:

a) aprovação = Decreto Legislativo n. 3, de 7.5.90, do Congresso Nacional;

b) ratificação = 27 de junho de 1990;

c) promulgação = Decreto n. 157, de 2.6.91;

d) vigência nacional = 27 de junho de 1991.

"A Conferência Geral da Organização Internacional do Trabalho,

Convocada em Genebra pelo Conselho de Administração da Repartição Internacional do Trabalho, e reunida naquela cidade em 5 de junho de 1974, em sua qüinquagésima nona sessão;

Tendo tomado conhecimento das disposições da Convenção e da Recomendação sobre a proteção contra as radiações, de 1960, e da Convenção e da Recomendação sobre o Benzeno, de 1971;

Considerando que é oportuno estabelecer normas internacionais sobre a proteção contra substâncias ou agentes cancerígenos;

Tendo em conta o esforço empreendido por outras organizações internacionais, em especial a Organização Mundial da Saúde e do Centro Internacional de Investigações sobre o Câncer, com os quais colabora a Organização Internacional do Trabalho;

Depois de ter decidido adotar diversas proposições relativas à prevenção e controle dos riscos profissionais causados por substâncias ou agentes cancerígenos, questão que constitui o quinto ponto da ordem do dia da reunião; e

CONVENÇÕES DA OIT RATIFICADAS

Depois de ter decidido que tais proposições revistam-se da forma de uma Convenção Internacional;

Adota com a data de vinte e quatro de junho de mil novecentos e setenta e quatro, a presente Convenção, que poderá ser citada como a 'Convenção sobre o Câncer Profissional, de 1974':

Art. 1 — 1. Todo Membro que ratifique a presente Convenção deverá determinar periodicamente as substâncias e agentes cancerígenos aos quais estará proibida a exposição no trabalho, ou sujeita a autorização ou controle, e aqueles a que se devam aplicar outras disposições da presente Convenção.

2. As exceções a esta proibição apenas poderão ser concedidas mediante autorização que especifique em cada caso as condições a serem cumpridas.

3. Ao determinar as substâncias e agentes a que se refere o § 1 do presente Artigo, deverão ser levados em consideração os dados mais recentes contidos nos repertórios de recomendações práticas ou guias que a Secretaria Internacional do Trabalho possa elaborar, assim como a informação proveniente de outros organismos competentes.

Art. 2 — 1. Todo Membro que ratifique a presente Convenção deverá procurar de todas as formas substituir as substâncias e agentes cancerígenos a que possam estar expostos os trabalhadores durante seu trabalho por substâncias ou agentes não cancerígenos ou por substâncias ou agentes menos nocivos. Na escolha das substâncias ou agentes de substituição deve-se levar em conta suas propriedades cancerígenas, tóxicas e outras.

2. O número de trabalhadores expostos às substâncias ou agentes cancerígenos e a duração e os níveis dessa exposição devem ser reduzidos ao mínimo compatível com a segurança.

Art. 3 — Todo Membro que ratifique a presente Convenção deverá prescrever as medidas a serem tomadas para proteger os trabalhadores contra os riscos de exposição a substâncias ou agentes cancerígenos e deverá assegurar o estabelecimento de um sistema apropriado de registros.

Art. 4 — Todo Membro que ratifique a presente Convenção deverá adotar medidas para que os trabalhadores que tenham estado, estejam ou corram o risco de vir a estar expostos a substâncias ou agentes cancerígenos recebam toda a informação disponível sobre os perigos que representam tais substâncias e sobre as medidas a serem aplicadas.

Art. 5 — Todo Membro que ratifique a presente Convenção deverá adotar medidas para assegurar que sejam proporcionados aos trabalhadores os exames médicos ou os exames ou investigações de natureza biológica ou de outro tipo, durante ou depois do emprego, que sejam necessários para avaliar a exposição ou o estado de saúde com relação aos riscos profissionais.

Art. 6 — Todo Membro que ratifique a presente Convenção deverá:

a) adotar, por via legislativa ou por qualquer outro método conforme a prática e as condições nacionais, e em consulta com as organizações internacionais de empregadores e de trabalhadores mais representativas, as medidas necessárias para efetivar as disposições da presente Convenção;

b) indicar a que organismos ou pessoas incumbe, de acordo com a prática nacional, a obrigação de assegurar o cumprimento das disposições da presente Convenção;

c) compromete-se a proporcionar os serviços de Inspeção apropriados para velar pela aplicação das disposições da presente Convenção ou certificar-se de que se exerce uma inspeção adequada.

Art. 7 — As ratificações formais da presente convenção serão comunicadas ao Diretor-Geral da Repartição Internacional do Trabalho e por ele registradas.

Art. 8 — 1. A presente convenção não obrigará senão aos Membros da Organização Internacional do Trabalho cuja ratificação tenha sido registrada pelo Diretor-Geral.

2. Ele entrará em vigor doze meses depois que as ratificações de dois Membros tiverem sido registradas pelo Diretor-Geral.

3. Em seguida, esta convenção entrará em vigor para cada Membro doze meses depois da data em que sua ratificação tiver sido registrada.

Art. 9 — 1. Todo Membro que tiver ratificado a presente convenção poderá denunciá-la no fim de um período de dez anos depois da data da entrada em vigor inicial da convenção, por ato comunicado ao Diretor-Geral da Repartição Internacional do Trabalho e por ele registrado. A denúncia não terá efeito senão um ano depois de ter sido registrada.

2. Todo Membro que, tendo ratificado a presente convenção, dentro do prazo de um ano depois da expiração do período de dez anos mencionado no parágrafo precedente, não fizer uso da faculdade de denúncia prevista no presente artigo, será obrigado por novo período de dez anos e, depois disso, poderá denunciar a presente convenção no fim de cada período de dez anos, nas condições previstas no presente artigo.

Art. 10 — 1. O Diretor-Geral da Repartição Internacional do Trabalho notificará a todos os Membros da Organização Internacional do Trabalho o registro de todas as ratificações que lhe forem comunicadas pelos Membros da Organização.

2. Notificando aos Membros da Organização o registro da segunda ratificação que lhe for comunicada, o Diretor-Geral chamará a atenção dos Membros da Organização para a data em que a presente Convenção entrar em vigor.

Art. 11 — O Diretor-Geral da Repartição Internacional do Trabalho enviará ao Secretário-Geral das Nações Unidas, para fim de registro, conforme o art. 102 da Carta das Nações Unidas, informações completas a respeito de todas as ratificações, declarações e atos de denúncia que houver registrado conforme os artigos precedentes.

Art. 12 — Cada vez que julgar necessário, o Conselho de Administração da Repartição Internacional do Trabalho apresentará à Conferência Geral um relatório sobre a aplicação da presente Convenção e examinará se é necessário inscrever na ordem do dia da Conferência a questão de sua revisão total ou parcial.

Art. 13 — 1. No caso de a Conferência adotar nova convenção de revisão total ou parcial da presente convenção, e a menos que a nova convenção disponha diferentemente:

a) a ratificação, por um Membro, da nova convenção de revisão acarretará, de pleno direito, não obstante o art. 17 acima, denúncia imediata da presente convenção quando a nova convenção de revisão tiver entrado em vigor;

b) a partir da data da entrada em vigor da nova convenção de revisão, a presente convenção cessará de estar aberta à ratificação dos Membros.

2. A presente convenção ficará, em qualquer caso, em vigor, na forma e no conteúdo, para os Membros que a tiverem ratificado e que não tiverem ratificado a convenção de revisão.

Art. 14 — As versões em francês e em inglês do texto da presente convenção fazem igualmente fé.»

CONVENÇÃO N. 140

I — Aprovada na 59ª reunião da Conferência Internacional do Trabalho (Genebra — 1974), entrou em vigor no plano internacional em 23.9.76.

II — Dados referentes ao Brasil:

a) aprovação = Decreto Legislativo n. 234, de 17.12.91, do Congresso Nacional;

b) ratificação = 16 de abril de 1993;

c) promulgação = Decreto n. 1.268, de 20.9.94;

d) vigência nacional = 16 de abril de 1994.

"A Conferência Geral da Organização Internacional do Trabalho, convocada em Genebra pelo Conselho Administrativo da Repartição Internacional do Trabalho e tendo ali se reunido a 5 de junho de 1974, em sua qüinquagésima nona sessão; observando que o art. 26 da Declaração Universal dos Direitos do Homem preconiza que toda pessoa tem direito à educação;

Observando, além disso, o disposto nas Recomendações internacionais do trabalho existentes a respeito da formação profissional e da proteção dos representantes dos trabalhadores e relativas ao desligamento temporário dos trabalhadores e à concessão de tempo livre para lhes dar a possibilidade de participar de programas de educação ou de formação;

Considerando que a necessidade de educação e de formação permanentes, correspondendo ao desenvolvimento científico e técnico e à evolução das relações econômicas e sociais, exige medidas adequadas em matéria de licença para fins educativos e de formação para atender às aspirações, necessidades e objetivos novos de ordem social, econômica, tecnológica e cultural;

Reconhecendo que a licença remunerada para estudos a ser considerada como um dos meios que permitem atender às necessidades reais de cada trabalhador na sociedade contemporânea; considerando que a licença remunerada para estudos deveria ser concebida em função de uma política da educação e formação permanente a ser concretizada de modo progressivo e eficiente;

Após ter decidido adotar diversas propostas sobre licença para estudos, questão que constitui o quarto ponto da agenda da sessão;

Após ter decidido que essas propostas deveriam tomar a forma de uma Convenção internacional;

Adota neste vigésimo quarto dia do mês de junho de mil novecentos e setenta e quatro, a seguinte Convenção abaixo, que será denominada 'Convenção Relativa à Licença Remunerada para Estudos'.

Art. 1 — Na presente Convenção, a expressão 'licença remunerada para estudos' significa uma licença concedida a um trabalhador para fins educativos por um determinado período, durante as horas de trabalho, com o pagamento de prestações financeiras adequadas.

Art. 2 — Qualquer Membro deverá formular e aplicar uma política que vise à promoção por métodos adaptados às condições e usos nacionais e eventualmente por etapas, da concessão de licença remunerada para estudos com os fins de:

a) formação em todos os níveis;

b) educação geral, social ou cívica;

c) educação sindical.

Art. 3 — A política mencionada no artigo anterior deverá ter como finalidade contribuir, de acordo com as diferentes modalidades necessárias para:

a) a aquisição, o aperfeiçoamento e a adaptação das qualificações necessárias ao exercício da profissão ou da função assim como a promoção e a segurança do emprego frente ao desenvolvimento científico e técnico e às mudanças econômicas e estruturais;

b) a participação competente e ativa dos trabalhadores e de seus representantes na vida da empresa e da comunidade;

c) as promoções humanas, sociais e culturais dos trabalhadores;

d) de modo geral, a promoção de uma educação e formação permanentes adequadas, auxiliando os trabalhadores a se adaptarem às exigências de sua época.

Art. 4 — Essa política deverá levar em conta o estado de desenvolvimento e das necessidades específicas do país e dos diversos setores da atividade em coordenação com as políticas gerais relativas ao emprego, à educação, à formação e à duração do trabalho e levar em consideração, nos casos adequados, as variações sazonais da duração e do volume de trabalho.

Art. 5 — A concessão da licença remunerada para estudos será determinada pela legislação nacional, as convenções coletivas, as sentenças arbitrais, ou de qualquer outra maneira, de acordo com a prática nacional.

Art. 6 — As autoridades públicas, as organizações de empregadores e de trabalhadores, as entidades ou organismos que ministram a educação e a formação deverão ser associados, de acordo com modalidades adequadas às condições e prática nacionais, à elaboração e aplicação da política que visa a promover a licença remunerada para estudo.

Art. 7 — O financiamento das disposições relativas à licença remunerada para estudo deverá ser assegurado de modo regular, adequado e conforme a prática nacional.

Art. 8 — A licença remunerada para estudos não deverá ser recusada aos trabalhadores por motivos de raça, cor, sexo, religião, opinião política, ascendência nacional ou origem social.

Art. 9 — Se necessário for, disposições especiais relativas à licença remunerada para estudos deverão ser tomadas:

a) quando determinadas categorias de trabalhadores tiverem dificuldades em se beneficiarem das

disposições gerais, por exemplo, os trabalhadores das pequenas empresas, os trabalhadores rurais ou outros que residem em áreas isoladas, os trabalhadores lotados em trabalhos feitos em equipe ou os trabalhadores com encargos de família;

b) quando categorias especiais de empresas, por exemplo, as pequenas empresas ou as empresas sazonais, encontrarem dificuldades para aplicar as disposições gerais, ficando entendido que os trabalhadores ocupados nessas empresas não serão excluídos do benefício da licença-educação remunerada para estudos.

Art. 10 — As condições exigidas aos trabalhadores para que se beneficiem da licença remunerada para estudo poderão variar conforme a licença para estudo tenha sido concedida para:

a) a formação, em qualquer nível;

b) as educações gerais, sociais ou cívicas;

c) a educação sindical.

Art. 11 — O período de licença-educação remunerada deverá ser assimilado a um período de trabalho efetivo para determinar os direitos e benefícios sociais e os outros direitos decorrentes da relação de trabalho, conforme está previsto pela legislação nacional, às convenções coletivas, às sentenças arbitrais ou qualquer outro método conforme a prática nacional.

Art. 12 — As ratificações formais da presente Convenção serão comunicadas ao Diretor-Geral da Repartição Internacional do Trabalho e por ele registradas.

Art. 13 — 1. A presente Convenção só vinculará os Membros da Organização Internacional do Trabalho, cujas ratificações tenham sido registradas pelo Diretor-Geral.

2. Esta Convenção entrará em vigor doze meses após o registro das ratificações de dois Membros pelo Diretor-Geral.

3. Posteriormente, esta Convenção entrará em vigor, para cada Membro, doze meses após o registro de sua ratificação.

Art. 14 — 1. Todo Membro que tenha ratificado a presente Convenção poderá denunciá-la após a expiração de um período de dez anos contados da entrada em vigor mediante ato comunicado ao Diretor-Geral da Repartição Internacional do Trabalho e por ele registrado. A denúncia só surtirá efeito um ano após o registro.

2. Todo Membro que tenha ratificado a presente Convenção, e não fizer uso da faculdade de denúncia prevista pelo presente artigo dentro do prazo de um ano após a expiração do período de dez anos previsto no parágrafo anterior, ficará obrigado por novo período de dez anos e, posteriormente, poderá denunciar a presente Convenção ao expirar cada período de dez anos, nas condições previstas no presente artigo.

Art. 15 — 1. O Diretor-Geral da Repartição Internacional do Trabalho notificará a todos os Membros da Organização Internacional do Trabalho o registro de todas as ratificações e denúncias que lhe sejam comunicadas pelos Membros da Organização.

2. Ao notificar aos Membros da Organização o registro da segunda ratificação que lhe tenha sido comunicada, o Diretor-Geral chamará a atenção dos Membros da Organização para a entrada em vigor da presente Convenção.

Art. 16 — O Diretor-Geral da Repartição Internacional do Trabalho comunicará ao Secretário-Geral das Nações Unidas, para fins de registro, de acordo com o art. 102 da Carta das Nações Unidas, as informações completas referentes a quaisquer ratificações ou atos de denúncias que tenha registrado de acordo com os artigos anteriores.

Art. 17 — Sempre que o julgar necessário, o Conselho de Administração da Repartição Internacional do Trabalho deverá apresentar à Conferência Geral um relatório sobre a aplicação da presente Convenção e decidirá a oportunidade de inscrever na ordem do dia da Conferência a questão de sua revisão total ou parcial.

Art. 18 — 1. Se a Conferência adotar uma nova Convenção de revisão total ou parcial da presente Convenção e, disposição em contrário da nova Convenção:

a) a ratificação por um Membro da nova Convenção, recusará não obstante o disposto no art. 14 acima, implicará de pleno direito, na denúncia imediata da presente Convenção, desde que a nova Convenção tenha entrado em vigor;

b) a partir da data da entrada em vigor da Convenção revista, a presente Convenção deixaria de estar aberta à ratificação dos Membros.

2. A presente Convenção continuará em todo caso, em vigor em sua forma e teor atuais para os Membros que a tiverem ratificado e que não ratificaram a Convenção revista.

Art. 19 — As versões inglesa e francesa do texto da presente Convenção serão igualmente autênticas."

CONVENÇÃO N. 141

I — Aprovada na 60ª reunião da Conferência Internacional do Trabalho (Genebra — 1975), entrou em vigor no plano internacional em 24 de novembro de 1977.

II — Dados referentes ao Brasil:

a) aprovação = Decreto Legislativo n. 5, de 1º.4.93, do Congresso Nacional;

b) ratificação = 27 de setembro de 1994;

c) promulgação = Decreto n. 1.703, de 17.12.95;

d) vigência nacional = 27 de setembro de 1995.

"A Conferência Geral da Organização Internacional do Trabalho:

Convocada em Genebra pelo Conselho de Administração da Repartição Internacional do Trabalho, e reunida naquela cidade em 4 de junho de 1975, em sua sexagésima reunião;

Reconhecendo que, tendo em conta a importância dos trabalhadores rurais no mundo, urge associá-los às tarefas do desenvolvimento econômico e social se s pretende melhorar suas condições de vida de forma duradoura e eficaz;

Considerando que em muitos países do mundo, e muito especialmente nos países em via de desenvolvimento, a terra é utilizada de forma ineficiente, a mão de obra permanente em grande parte subempregada e que estas circunstâncias exigem que os trabalhadores rurais desenvolvam organizações livres e viáveis, capazes de proteger e defender os interesses de seus afiliados e de garantir sua contribuição efetiva ao desenvolvimento econômico e social;

Considerando que a existência de tais organizações pode e deve contribuir para atenuar a persistente escassez de produtos alimentícios em diversas partes do mundo;

Reconhecendo que a reforma agrária é, em muitos países em vias de desenvolvimento, um fator essencial para a melhoria das condições de trabalho e de vida dos trabalhadores rurais e que, por conseguinte, as organizações destes trabalhadores deveriam cooperar e participar ativamente nesta reforma;

Recordando os termos das convenções e das recomendações internacionais de trabalho existentes (em particular a convenção sobre o direito de associação (Agricultura), de 1921; a Convenção sobre a liberdade sindical e a proteção do direito de sindicalização, de 1948, e a Convenção sobre o direito de sindicalização e de negociação coletiva, de 1949) que reafirmam o direito de todos os trabalhadores, aí incluídos os trabalhadores rurais, de constituir organizações livres e independentes, assim como as disposições de muitas convenções e recomendações internacionais do trabalho aplicáveis aos trabalhadores rurais, nos quais pede-se em especial que as organizações de trabalhadores participem em sua aplicação;

Considerando que as Nações Unidas e os organismos especializados, em especial a Organização Internacional do Trabalho e a Organização das Nações Unidas para a Agricultura e a Alimentação, interessam-se todos pela reforma agrária e pelo desenvolvimento rural;

Tendo em conta que as normas que seguem foram preparadas em colaboração com a Organização das Nações Unidas para a Agricultura e a Alimentação e que, a fim de evitar duplicação, deverá prosseguir a colaboração com esta Organização e com as Nações Unidas para promover e assegurar a aplicação de tais normas;

Tendo decidido adotar diversas proposições relativas às organizações de trabalhadores rurais e sua função no desenvolvimento econômico e social, questão que constitui o quarto ponto da ordem do dia da presente reunião, e

Tendo decidido que tais proposições revistam-se da forma de uma convenção internacional; adota, com data de vinte e três de junho de mil novecentos e setenta e cinco, a presente convenção, que poderá ser citada como a 'Convenção sobre as Organizações de Trabalhadores Rurais, de 1975':

Art. 1 — A presente Convenção aplica-se a todas as categorias de organizações de trabalhadores rurais, aí incluídas as organizações que não se limitam a estes trabalhadores, mas que os representam.

Art. 2 — 1. Para efeito da presente Convenção, a expressão 'trabalhadores rurais' abrange todas as pessoas dedicadas, nas regiões rurais, a tarefas agrícolas ou artesanais ou a ocupações similares ou conexas, tanto se trata de assalariados como, ressalvadas as disposições do § 2 deste artigo, de pessoas que trabalhem por conta própria, como arrendatários, parceiros e pequenos proprietários.

2. A presente Convenção aplica-se apenas àqueles arrendatários, parceiros ou pequenos proprietários cuja principal fonte de renda seja a agricultura e que trabalhem a terra por conta própria ou exclusivamente com a ajuda de seus familiares, ou recorrendo eventualmente a trabalhadores suplentes e que:

a) não empreguem mão de obra permanente; ou

b) não empreguem mão de obra numerosa, com caráter estacionário; ou

c) não cultivem suas terras por meio de parceiros ou arrendatários.

Art. 3 — 1. Todas as categorias de trabalhadores rurais querem se trate de assalariados ou de pessoas que trabalhem por conta própria, têm direito de constituir, sem prévia autorização, as organizações que estimem convenientes, assim como o direito de a elas se afiliarem, com a única condição de observar os estatutos das mesmas.

2. Os princípios da liberdade sindical deverão ser plenamente respeitados; as organizações de trabalhadores rurais deverão ter um caráter independente e voluntário, e permanecer livres de toda ingerência, coerção ou repressão.

3. A aquisição da personalidade jurídica pelas organizações de trabalhadores rurais não estará sujeita a condições cuja natureza limite a aplicação das disposições dos §§ 1 e 2 do presente artigo.

4. Ao exercer os direitos que se lhes reconhecem no presente artigo, os trabalhadores rurais e suas respectivas organizações devem, bem como as demais pessoas ou coletividades organizadas, respeitar a legalidade.

5. A legislação nacional não desconsiderará nem será aplicada de forma a desconsiderar as garantias previstas no presente artigo.

Art. 4 — Um dos objetivos da política nacional de desenvolvimento rural deverá ser facilitar o estabelecimento e a expansão, com caráter voluntários, de organizações de trabalhadores rurais fortes e independentes, como meio eficaz de assegurar a participação destes trabalhadores, sem discriminação conforme previsto na Convenção sobre discriminação (emprego e ocupação), de 1958, no desenvolvimento econômico e social e nos benefícios que dele derivem.

Art. 5 — 1. Para permitir que as organizações de trabalhadores rurais desempenhem um papel no desenvolvimento econômico e social, todo Estado-Membro que ratifique esta Convenção deverá adotar e pôr em prática uma política de promoção destas organizações, sobretudo com vistas a eliminar os obstáculos que se opõem à sua criação e desenvolvimento e ao desempenho de suas atividades legítimas, assim como aquelas discriminações de natureza legislativa e administrativa de que as organizações de trabalhadores rurais e seus afiliados possam ser objeto.

2. Todo Estado-Membro que ratifique esta Convenção deverá garantir que a legislação nacional, dadas as circunstâncias especiais do setor rural, não obstruirá o estabelecimento e o desenvolvimento das organizações de trabalhadores rurais.

Art. 6 — Deverão ser adotadas medidas para promover a maior compreensão possível da necessidade de se estimular o desenvolvimento de organizações de trabalhadores rurais e da contribuição que estas podem aportar para melhorar as oportunidades de emprego e as condições gerais de trabalho e de vida

CONVENÇÕES DA OIT RATIFICADAS

nas regiões rurais, bem como para incrementar a renda nacional e obter uma melhor distribuição da mesma.

Art. 7 — As ratificações formais da presente Convenção serão transmitidas ao Diretor-Geral da Repartição Internacional do Trabalho e por ele registradas.

Art. 8 — 1. A presente Convenção obrigará somente os Membros da Organização Internacional do Trabalho cujas ratificações tenham sido registradas pelo Diretor-Geral.

2. Entrará em vigor doze meses após serem registradas pelo Diretor-Geral, as ratificações por parte de dois Membros.

3. Posteriormente esta Convenção entrará em vigor, para cada Membro, doze meses após a data de registro de sua ratificação.

Art. 9 — 1. Todo Membro que tenha ratificado a presente Convenção poderá denunciá-la ao expirar o prazo de dez anos, contados da data inicial da vigência da Convenção, por meio de um ato comunicado ao Diretor-Geral da Repartição Internacional do Trabalho e por ele registrado. A denúncia somente se tornará efetiva um ano após haver sido registrada.

2. Todo Membro que tenha ratificado a presente Convenção e que no prazo de um ano após o termo do período de dez anos, mencionado no parágrafo precedente, não houver feito uso da faculdade de denúncia prevista pelo presente artigo, ficará ligado por um novo período de dez anos e, posteriormente, poderá denunciar a presente Convenção ao termo de cada período de dez anos, nas condições previstas no presente artigo.

Art. 10 — 1. O Diretor-Geral da Repartição Internacional do Trabalho notificará a todos os Membros da Organização Internacional do Trabalho o registro de todas as ratificações, declarações e denúncias que lhe forem transmitidas pelos Membros da Organização.

2. Ao notificar aos Membros da Organização o registro da segunda ratificação que lhe tenha sido transmitida, o Diretor-Geral chamará a atenção dos Membros da Organização para a data na qual a presente Convenção entrará em vigor.

Art. 11 — O Diretor-Geral da Repartição Internacional do Trabalho transmitirá ao Secretário-Geral das Nações Unidas, para fins de registro de acordo com o art. 102 da Carta das Nações Unidas, informações completas a respeito de todas as ratificações, declarações, e atos de denúncia que tenha registrado de acordo com os artigos precedentes.

Art. 12 — Ao termo de cada período de dez anos, contados da entrada em vigor da presente Convenção, o Conselho de Administração da Repartição Internacional do Trabalho deverá apresentar à Conferência Geral um relatório sobre a aplicação da presente Convenção e decidirá da conveniência de ser inscrita na ordem do dia da Conferência a questão de sua revisão total ou parcial.

Art. 13 — 1. Caso a Conferência adotar uma nova Convenção que implique revisão total ou parcial da presente Convenção e a menos que a nova Convenção não disponha de outro modo:

a) a ratificação, por parte de um Membro, da nova Convenção revista acarretará de pleno direito, não obstante o art. 16 acima, denúncia imediata da presente Convenção desde que a nova Convenção revista tenha entrado em vigor;

b) a partir da data da entrada em vigor da nova Convenção revista, a presente Convenção cessará de estar aberta à ratificação por parte dos Membros.

2. A presente Convenção permanecerá, entretanto, em vigor na sua forma e teor para os Membros que a houverem ratificado e que não ratificarem a Convenção revista.

Art. 14 — As versões francesa e inglesa do texto da presente Convenção são igualmente autênticas."

CONVENÇÃO N. 142

I — Aprovada na 60ª reunião da Conferência Internacional do Trabalho (Genebra — 1975), entrou em vigor no plano internacional em 19.7.77.

II — Dados referentes ao Brasil:

a) aprovação = Decreto Legislativo n. 46, de 23.9.81, do Congresso Nacional;

b) ratificação = 24 de novembro de 1981;

c) promulgação = Decreto n. 98.656, de 21.12.89;

d) vigência nacional = 24 de novembro de 1982.

"A Conferência Geral da Organização Internacional do Trabalho,

Convocada em Genebra pelo Conselho de Administração da Repartição Internacional do Trabalho, e tendo-se ali reunido a 4 de junho de 1975, em sua sexagésima sessão, e

Tendo decidido sobre a adoção de certas propostas a respeito do desenvolvimento dos recursos humanos: orientação profissional e formação profissional, constante do sexto item da Agenda da Sessão, e

Tendo determinado que essas propostas tomassem a forma de uma Convenção Internacional,

Adota, a vinte e três de junho do ano de mil novecentos e setenta e cinco, a seguinte Convenção, que poderá ser mencionada como a 'Convenção sobre o Desenvolvimento de Recursos Humanos, 1975':

Art. 1 — 1. Todo Membro deverá adotar e desenvolver políticas e programas coordenados e abrangentes de orientação profissional e de formação profissional, estreitamente ligados ao emprego. em particular através dos serviços públicos de emprego.

2. Essas políticas e programas deverão ter em devida conta:

a) as necessidades de emprego, oportunidades e programas em âmbito regional;

b) o estágio e o nível de desenvolvimento econômico, social e cultural; e

c) o relacionamento recíproco entre o desenvolvimento de recursos humanos e outros objetivos econômicos, sociais e culturais.

3. As políticas e os programas deverão ser implementados através de métodos que sejam apropriados às condições nacionais.

4. As políticas e os programas deverão ser destinados a melhorar a capacidade do indivíduo de compreender e influenciar, individual ou coletivamente, o trabalho e o meio ambiente social.

5. As políticas e os programas deverão encorajar e habilitar todas as pessoas, em bases iguais e sem qualquer tipo de discriminação, a desenvolver e a utilizar suas capacidades para o trabalho em seus melhores interesses e de acordo com suas próprias aspirações, tendo em conta as necessidades da sociedade.

Art. 2 — Tendo em vista os fins acima referidos, todo Membro deverá estabelecer e desenvolver sistemas abertos, flexíveis e complementares de educação vocacional técnica e geral, de orientação profissional e educacional e de formação profissional, tenham estas atividades lugar dentro ou fora do sistema de educação formal.

Art. 3 — 1. Todo Membro deverá desenvolver gradualmente seus sistemas de orientação profissional, incluindo informação constante sobre emprego, com vista a possibilitar a disponibilidade de informações abrangentes e de orientação mais ampla possível para todas as crianças, jovens e adultos, incluindo programas apropriados para pessoas com defeitos físicos e incapazes.

2. Essas informações e orientação deverão abranger a escolha de uma ocupação, formação profissional e oportunidades educacionais correlatas, a situação de emprego e as perspectivas de emprego, perspectivas de promoção, condições de trabalho, segurança e higiene no trabalho, e outros aspectos do trabalho nos vários setores da atividade econômica, social e cultural e em todos os níveis de responsabilidade.

3. A informação e orientação deverão ser suplementadas por informações sobre aspectos gerais de acordos coletivos e dos direitos e deveres de todos aqueles que se encontrem sob a égide das leis trabalhistas; esta informação deverá ser fornecida de acordo com a prática e a lei nacionais, tendo em conta as respectivas funções e deveres das organizações de trabalhadores e empregadores interessadas.

Art. 4 — Todo Membro deverá gradualmente estender, adaptar e harmonizar seus sistemas de formação profissional, de modo a atender às necessidades de formação profissional durante toda a vida, não só dos jovens, mas também dos adultos em todos os setores da economia e ramos da atividade econômica e em todos os níveis técnicos e de responsabilidade.

Art. 5 — Políticas e programas de orientação profissional e de formação profissional deverão ser formulados e implementados em cooperação com as organizações de empregadores e trabalhadores e, quando apropriado e de acordo com a lei e a prática nacionais, com outros órgãos interessados.

Art. 6 — As ratificações formais da presente Convenção serão comunicadas ao Diretor-Geral da Repartição Internacional do Trabalho e por ele registradas.

Art. 7 — 1. A presente Convenção só vinculará os Membros da Organização Internacional do Trabalho, cujas ratificações tenham sido registradas pelo Diretor-Geral.

2. Esta Convenção entrará em vigor doze meses após o registro das ratificações de dois Membros pelo Diretor-Geral.

3. Posteriormente, esta Convenção entrará em vigor, para cada Membro, doze meses após o registro de sua ratificação.

Art. 8 — 1. Todo Membro que tenha ratificado a presente Convenção poderá denunciá-la após a expiração de um período de dez anos contados da entrada em vigor mediante ato comunicado ao Diretor-Geral da Repartição Internacional do Trabalho e por ele registrado. A denúncia só surtirá efeito um ano após o registro.

2. Todo Membro que tenha ratificado a presente Convenção, e não fizer uso da faculdade de denúncia prevista pelo presente artigo dentro do prazo de um ano após a expiração do período de dez anos previsto no parágrafo anterior, ficará obrigado por novo período de dez anos e, posteriormente, poderá denunciar a presente Convenção ao expirar cada período de dez anos, nas condições previstas no presente Artigo.

Art. 9 — 1. O Diretor-Geral da Repartição Internacional do Trabalho notificará a todos os Membros da Organização Internacional do Trabalho o registro de todas as ratificações e denúncias que lhe sejam comunicadas pelos Membros da Organização.

2. Ao notificar aos Membros da Organização o registro da segunda ratificação que lhe tenha sido comunicada, o Diretor-Geral chamará a atenção dos Membros da Organização para a entrada em vigor da presente Convenção.

Art. 10 — O Diretor-Geral da Repartição Internacional do Trabalho comunicará ao Secretário-Geral das Nações Unidas, para fins de registro, de acordo com o art. 102 da Carta das Nações Unidas, as informações completas referentes a quaisquer ratificações ou atos de denúncias que tenha registrado de acordo com os artigos anteriores.

Art. 11 — Sempre que o julgar necessário, o Conselho de Administração da Repartição Internacional do Trabalho deverá apresentar à Conferência Geral um relatório sobre a aplicação da presente Convenção e decidirá a oportunidade de inscrever na ordem do dia da Conferência a questão de sua revisão total ou parcial.

Art. 12 — 1. Se a Conferência adotar uma nova Convenção de revisão total ou parcial da presente Convenção e, disposição em contrário da nova Convenção:

a) a ratificação por um Membro da nova Convenção, recusará não obstante o disposto no art. 14 acima, implicará de pleno direito, na denúncia imediata da presente Convenção, desde que a nova Convenção tenha entrado em vigor;

b) a partir da data da entrada em vigor da Convenção revista, a presente Convenção deixaria de estar aberta à ratificação dos Membros.

2. A presente Convenção continuará em todo caso, em vigor em sua forma e teor atuais para os Membros que a tiverem ratificado e que não ratificaram a Convenção revista.

Art. 13 — As versões inglesa e francesa do texto da presente Convenção serão igualmente autênticas."

CONVENÇÃO N. 144

I — Aprovada na 61ª reunião da Conferência Internacional do Trabalho (Genebra — 1976), entrou em vigor no plano internacional em 16 de maio de 1978.

II — Dados referentes ao Brasil:

a) aprovação = Decreto Legislativo n. 6, de 1º. 6.89, do Congresso Nacional;

b) ratificação = 27 de setembro de 1994;

c) promulgação = Decreto n. 2.518, de 12.3.98;

d) vigência nacional = 27 de setembro de 1995.

"A Conferência Geral da Organização Internacional do Trabalho:

Convocada em Genebra pelo Conselho de Administração da Repartição Internacional do Trabalho, e reunida naquela cidade em 2 de junho de 1976, em sua sexagésima primeira reunião;

Recordando as disposições das convenções e recomendações internacionais do trabalho existentes — e em particular a Convenção sobre a liberdade sindical e a proteção ao direito de sindicalização, de 1948; a Convenção sobre o direito de sindicalização e de negociação coletiva, de 1949; e a

Recomendação sobre a consulta (ramos de atividade econômica no âmbito nacional), de 1960 que afirmam o direito dos empregadores e dos trabalhadores de estabelecer organizações livres e independentes e pedem para que sejam adotadas medidas para promover consultas efetivas no âmbito nacional entre as autoridades públicas e as organizações de empregadores e de trabalhadores, bem como as disposições de numerosas convenções e recomendações internacionais do trabalho que dispõem que sejam consultadas as organizações de empregadores e de trabalhadores sobre as medidas a serem tomadas para torná-las efetivas;

Tendo considerado o quarto ponto da ordem do dia da reunião, intitulado 'Estabelecimento de mecanismos tripartites para promover a aplicação das normas internacionais do trabalho', e tendo decidido certas propostas relativas a consultas tripartites para promover a aplicação das normas internacionais do trabalho, e

Depois de ter decidido que tais proposições revistam-se da forma de uma convenção internacional, adota, com a data de vinte e um de junho de mil novecentos e setenta e seis, a presente Convenção, que poderá ser citada como a 'Convenção sobre a Consulta Tripartite (Normas Internacionais do Trabalho), de 1976'.

Art. 1 — Na presente Convenção a expressão 'organizações representativas' significa as organizações mais representativas de empregadores e trabalhadores, que gozem do direito de liberdade sindical.

Art. 2 — 1. Todo Membro da Organização Internacional do Trabalho que ratifique a presente Convenção compromete-se a pôr em prática procedimentos que assegurem consultas efetivas, entre os representantes do Governo, dos empregadores e dos trabalhadores, sobre os assuntos relacionados com as atividades da Organização Internacional do Trabalho a que se refere ao art. 5, § 1, adiante.

2. A natureza e a forma dos procedimentos a que se refere o § 1 deste artigo deverão ser determinadas em cada país de acordo com a prática nacional, depois de ter consultados as organizações representativas, sempre que tais organizações existam e onde tais procedimentos ainda não tenham sido estabelecidos.

Art. 3 — 1. Os representantes dos empregadores e dos trabalhadores, para efeito dos procedimentos previstos na presente Convenção, serão eleitos livremente por usas organizações representativas, sempre que tais organizações existam.

2. Os empregadores e os trabalhadores estarão representados em pé de igualdade em qualquer organismo mediante o qual sejam levadas a cabo as consultas.

Art. 4 — 1. A autoridade competente será responsável pelos serviços administrativos de apoio aos procedimentos previstos na presente Convenção.

2. Celebrar-se-ão os acordos apropriados entre a autoridade competente e as organizações representativas, sempre que tais organizações existam, para financiar a formação de que possam ter necessidade os que tomem parte nestes procedimentos.

Art. 5 — 1. O objetivo dos procedimentos previstos na presente Convenção será o de celebrar consultas sobre:

a) as respostas dos Governos aos questionários relativos aos pontos incluídos na ordem do dia da Conferência Internacional do Trabalho e os comentários dos Governos sobre os projetos de texto a serem discutidos na Conferência;

b) as propostas que devam ser apresentadas a autoridade ou autoridades competentes relativas à obediência às convenções e recomendações, em conformidade com o art. 19 da Constituição da Organização Internacional do Trabalho;

c) o reexame, dentro de intervalos apropriados, de Convenções não ratificadas e de recomendações que ainda não tenham efeito, para estudar que medidas poderiam tomar-se para colocá-los em prática e promover sua retificação eventual;

d) as questões que possam levantar as memórias que forem comunicadas à Secretaria Internacional do Trabalho em virtude do art. 22 da Constituição da Organização Internacional do Trabalho;

e) as propostas de denúncias de convenções ratificadas.

2. A fim de garantir o exame adequado das questões a que se refere o § 1 deste artigo, as consultas deverão celebrar-se dentro de intervalos apropriados e fixados de comum acordo e pelo menos uma vez por ano.

Art. 6 — Quando se julgar apropriado, após consultar às organizações representativas, sempre que tais organizações existam, a autoridade competente apresentará um informe sobre o funcionamento dos procedimentos previstos na presente Convenção.

Art. 7 — As ratificações formais da presente Convenção serão transmitidas ao Diretor-Geral da Repartição Internacional do Trabalho e por ele registradas.

Art. 8 — 1. A presente Convenção obrigará somente os Membros da Organização Internacional do Trabalho cujas ratificações tenham sido registradas pelo Diretor-Geral.

2. Entrará em vigor doze meses após serem registradas pelo Diretor-Geral, as ratificações por parte de dois Membros.

3. Posteriormente esta Convenção entrará em vigor, para cada Membro, doze meses após a data de registro de sua ratificação.

Art. 9 — 1. Todo Membro que tenha ratificado a presente Convenção poderá denunciá-la ao expirar o prazo de dez anos, contados da data inicial da vigência da Convenção, por meio de um ato comunicado ao Diretor-Geral da Repartição Internacional do Trabalho e por ele registrado. A denúncia somente se tornará efetiva um ano após haver sido registrada.

2. Todo Membro que tenha ratificado a presente Convenção e que no prazo de um ano após o termo do período de dez anos, mencionado no parágrafo precedente, não houver feito uso da faculdade de denúncia prevista pelo presente artigo, ficará ligado por um novo período de dez anos e, posteriormente, poderá denunciar a presente Convenção ao termo de cada período de dez anos, nas condições previstas no presente artigo.

Art. 10 — 1. O Diretor-Geral da Repartição Internacional do Trabalho notificará a todos os Membros da Organização Internacional do Trabalho o registro de todas as ratificações, declarações e denúncias que lhe forem transmitidas pelos Membros da Organização.

2. Ao notificar aos Membros da Organização o registro da segunda ratificação que lhe tenha sido transmitida, o Diretor-Geral chamará a atenção dos Membros da Organização para a data na qual a presente Convenção entrará em vigor.

Art. 11 — O Diretor-Geral da Repartição Internacional do Trabalho transmitirá ao Secretário-Geral das Nações Unidas, para fins de registro de acordo com o art. 102 da Carta das Nações Unidas, informações completas a respeito de todas as ratificações, declarações, e atos de denúncia que tenha registrado de acordo com os artigos precedentes.

Art. 12 — Ao termo de cada período de dez anos, contados da entrada em vigor da presente Convenção, o Conselho de Administração da Repartição Internacional do Trabalho deverá apresentar à Conferência Geral um relatório sobre a aplicação da presente Convenção e decidirá da conveniência de ser inscrita na ordem do dia da Conferência a questão de sua revisão total ou parcial.

Art. 13 — 1. Caso a Conferência adotar uma nova Convenção que implique revisão total ou parcial da presente Convenção e a menos que a nova Convenção não disponha de outro modo:

a) a ratificação, por parte de um Membro, da nova Convenção revista acarretará de pleno direito, não obstante o art. 16 acima, denúncia imediata da presente Convenção desde que a nova Convenção revista tenha entrado em vigor;

b) a partir da data da entrada em vigor da nova Convenção revista, a presente Convenção cessará de estar aberta à ratificação por parte dos Membros.

2. A presente Convenção permanecerá, entretanto, em vigor na sua forma e teor para os Membros que a houverem ratificado e que não ratificarem a Convenção revista.

Art. 14 — As versões francesa e inglesa do texto da presente Convenção são igualmente autênticas."

CONVENÇÃO N. 145

I — Aprovada na 60ª reunião da Conferência Internacional do Trabalho (Genebra — 1970), entrou em vigor no plano internacional em 3.5.79.

II — Dados referentes ao Brasil:

a) aprovação = Decreto Legislativo n. 66, de 31.10.89, do Congresso Nacional;

b) ratificação = 18 de maio de 1990;

c) promulgação = Decreto n. 128, de 22.5.91;

d) vigência nacional = 18 de maio de 1991.

"A Conferência Geral da Organização Internacional do Trabalho,

Convocada em Genebra pelo Conselho de Administração do Bureau Internacional do Trabalho e tendo-se reunido naquela cidade, em 13 de outubro de 1976, na sua sexagésima segunda sessão(*):

Tendo anotado os termos da Parte IV (Regularidade do emprego e da renda) da recomendação sobre o emprego da gente do mar (evolução técnica), 1970;

Após ter decidido adotar diversas propostas relativas à continuidade do emprego da gente do mar, questão que constitui o quarto ponto da agenda da sessão;

Após ter decidido que essas propostas tomariam a forma de uma Convenção Internacional, adota, neste vigésimo oitavo dia de outubro de mil novecentos e setenta e seis, a Convenção seguinte, a ser denominada 'Convenção sobre a Continuidade do Emprego (Gente do Mar), 1976'.

Art. 1 — 1. A presente Convenção se aplica às pessoas que estão disponíveis de maneira regular para um trabalho de gente do mar e que tiram deste trabalho a sua renda anual principal.

(1) Data de entrada em vigor: 3 de maio de 1979.

2. Para os fins da presente Convenção, a expressão 'gente do mar' designa pessoas definidas como tais pela legislação ou prática nacionais ou por convenções coletivas e que estão habitualmente empregadas como membros da equipe de bordo de um navio marítimo que não seja:

a) navio de guerra;

b) navio de pesca ou para operações que se vinculam diretamente à pesca, à caça da baleia ou a operações similares.

3. A legislação nacional determinará quando um navio será considerado navio marítimo para os fins da presente Convenção.

4. As organizações de empregadores e de trabalhadores interessadas devem ser consultadas, quando da elaboração e da revisão das definições estabelecidas em virtude dos §§ 2 e 3 seguintes, ou ser associadas a tal tarefa de qualquer outra maneira.

Art. 2 — 1. Em cada Estado membro em que existe uma atividade marítima, incumbe à política nacional encorajar todos os meios interessados em assegurar à gente do mar qualificada, na medida do possível, um emprego contínuo e regular e, desta forma, fornecer aos armadores uma mão de obra estável e competente.

2. Todos os esforços devem ser feitos para assegurar à gente do mar, seja um mínimo de períodos de emprego, seja um mínimo de renda ou de alocação em numerário, cuja amplitude e natureza dependerão da situação econômica e social do país de que se trata.

Art. 3 — Entre as medidas a serem adotadas para atingir os objetivos enunciados no art. 2 da presente Convenção poderiam figurar:

a) contratos ou acordos que prevêem emprego contínuo ou regular a serviço de uma empresa de navegação ou de uma associação de armadores; ou

b) disposições que visem a assegurar a regularização do emprego graças ao estabelecimento e à

manutenção de registros por categoria de gente do mar qualificada.

Art. 4 — 1. Quando a continuidade do emprego da gente do mar depender apenas do estabelecimento e manutenção de registros ou relações, estes registros e relações devem compreender todas as categorias profissionais da gente do mar segundo modalidades que a legislação ou prática nacionais ou as convenções coletivas o determinarem.

2. A gente do mar inscrita em tal registro ou em tal relação terá prioridade de contratação para a navegação.

3. A gente do mar inscrita em tal registro ou em tal relação deverá manter-se pronta para trabalhar segundo as modalidades que a legislação ou prática nacionais ou as convenções coletivas o determinarem.

Art. 5 — 1. Na medida em que a legislação nacional o permita, o efetivo dos registros e das relações de gente do mar será revisto periodicamente, a fim de ser fixado em um nível correspondente às necessidades da atividade marítima.

2. Quando uma redução do efetivo de tal registro ou de tal relação tornar-se necessária, todas as medidas úteis serão tomadas com vistas a prevenir ou atenuar os efeitos prejudiciais à gente do mar, tendo em vista a situação económica e social do país de que se trata.

Art. 6 — Cada Estado membro fará com que as regras apropriadas sobre a segurança, higiene, bem-estar e formação profissional dos trabalhadores sejam aplicadas a gente do mar.

Art. 7 — Na medida em que não forem postas em aplicação por meio de convenções coletivas, sentenças arbitrais ou qualquer outra maneira conforme a prática nacional, as disposições da presente Convenção serão aplicadas pela legislação nacional.

Art. 8 — As ratificações formais da presente Convenção serão comunicadas ao Diretor-Geral da Repartição Internacional do Trabalho e por ele registradas.

Art. 9 — 1. A presente Convenção só vinculará os Membros da Organização Internacional do Trabalho, cujas ratificações tenham sido registradas pelo Diretor-Geral.

2. Esta Convenção entrará em vigor doze meses após o registro das ratificações de dois Membros pelo Diretor-Geral.

3. Posteriormente, esta Convenção entrará em vigor, para cada Membro, doze meses após o registro de sua ratificação.

Art. 10 — 1. Todo Membro que tenha ratificado a presente Convenção poderá denunciá-la após a expiração de um período de dez anos contados da entrada em vigor mediante ato comunicado ao Diretor-Geral da Repartição Internacional do Trabalho e por ele registrado. A denúncia só surtirá efeito um ano após o registro.

2. Todo Membro que tenha ratificado a presente Convenção, e não fizer uso da faculdade de denúncia prevista pelo presente artigo dentro do prazo de um ano após a expiração do período de dez anos previsto no parágrafo anterior, ficará obrigado por novo período de dez anos e, posteriormente, poderá denunciar a presente Convenção ao expirar cada período de dez anos, nas condições previstas no presente Artigo.

Art. 11 — 1. O Diretor-Geral da Repartição Internacional do Trabalho notificará a todos os Membros da Organização Internacional do Trabalho o registro de todas as ratificações e denúncias que lhe sejam comunicadas pelos Membros da Organização.

2. Ao notificar aos Membros da Organização o registro da segunda ratificação que lhe tenha sido comunicada, o Diretor-Geral chamará a atenção dos Membros da Organização para a entrada em vigor da presente Convenção.

Art. 12 — O Diretor-Geral da Repartição Internacional do Trabalho comunicará ao Secretário-Geral das Nações Unidas, para fins de registro, de acordo com o art. 102 da Carta das Nações Unidas, as informações completas referentes a quaisquer ratificações ou atos de denúncias que tenha registrado de acordo com os artigos anteriores.

Art. 13 — Sempre que o julgar necessário, o Conselho de Administração da Repartição Internacional do Trabalho deverá apresentar à Conferência Geral um relatório sobre a aplicação da presente Convenção

e decidirá a oportunidade de inscrever na ordem do dia da Conferência a questão de sua revisão total ou parcial.

Art. 14 — 1. Se a Conferência adotar uma nova Convenção de revisão total ou parcial da presente Convenção e, disposição em contrário da nova Convenção:

a) a ratificação por um Membro da nova Convenção, recusará não obstante o disposto no art. 14 acima, implicará de pleno direito, na denúncia imediata da presente Convenção, desde que a nova Convenção tenha entrado em vigor;

b) a partir da data da entrada em vigor da Convenção revista, a presente Convenção deixaria de estar aberta à ratificação dos Membros.

2. A presente Convenção continuará em todo caso, em vigor em sua forma e teor atuais para os Membros que a tiverem ratificado e que não ratificaram a Convenção revista.

Art. 15 — As versões inglesa e francesa do texto da presente Convenção serão igualmente autênticas."

CONVENÇÃO N. 146

I — Convocada para Genebra pelo conselho administração da Repartição Internacional do Trabalho, onde reuniu a 13 de Outubro de 1976, na sua 62ª sessão;

II — Dados referentes ao Brasil:

a) aprovação = Decreto Legislativo n. 48, de 27.11.1990, do Congresso Nacional;

b) ratificação = 24 de setembro de 1998;

c) promulgação = Decreto n. 3.168, de 14.09.1999;

d) vigência nacional = 24 de setembro de 1999.

A Conferência Geral da Organização Internacional do Trabalho:

Depois de ter decidido adoptar diversas propostas relativas à revisão da Convenção n. 91, sobre férias pagas dos marítimos (revista), de 1949, à luz da Convenção n. 132, sobre férias pagas (revista), de 1970, sem para tanto se limitar necessariamente a esse texto, questão que constitui o segundo ponto da ordem de trabalhos;

Depois de ter decidido que essas propostas tomariam a forma de uma convenção internacional;

Adopta, neste dia 29 de Outubro de 1976, a seguinte convenção, que será denominada Convenção sobre Férias Anuais Pagas dos Marítimos, de 1976:

Art. 1

Na medida em que não forem efectivadas, quer através de convenções colectivas, de sentenças arbitrais ou de decisões judiciárias, quer através de organismos oficiais de fixação dos salários, quer de qualquer outro modo conforme com a prática nacional e que pareça adequado, tendo em conta as condições próprias de cada país, as disposições da presente Convenção deverão ser aplicadas através da legislação nacional.

Art. 2

1 — A presente Convenção aplica-se a todas as pessoas empregadas como marítimos.

2 — Para os fins da presente Convenção, a expressão «marítimos» designa as pessoas que desempenhem qualquer função a bordo de um navio de mar, registado no território de um Estado que tenha ratificado a presente Convenção e que não seja:

a) Um navio de guerra;

b) Um navio afecto à pesca ou a operações directamente relacionadas com ela, à caça da baleia ou a operações similares.

3 — A legislação nacional determinará quais os navios que serão considerados como de mar para os fins da presente Convenção, após consulta às organizações de armadores e de marítimos interessadas, se as houver.

4 — Qualquer Membro que ratificar a presente Convenção pode, após consulta às organizações de empregadores e de trabalhadores interessadas, se as houver, alargar o seu âmbito de aplicação, com as modificações que as condições inerentes à indústria em questão tenham tornado necessárias, às pessoas excluídas da definição de marítimos pelo § 2, alínea b, ou a certas categorias das mesmas.

5 — Qualquer Membro que, nos termos do § 4 do presente artigo, alargar, no momento apropriado, o âmbito de aplicação da presente Convenção deverá especificar numa declaração junta à referida ratificação as categorias abrangidas por essa extensão e, se as houver, as modificações que se tenham tornado necessárias.

6 — Qualquer Membro que tiver ratificado a presente Convenção pode, além disso, notificar posteriormente o director-geral da Repartição Internacional do Trabalho, através de uma declaração, que alargou o âmbito de aplicação da Convenção a outras categorias que não as especificadas no momento da ratificação.

7 — Na medida do necessário, a autoridade competente ou qualquer outro organismo apropriado em cada país poderá, após consulta às organizações de armadores e de marítimos interessadas, se as houver, tomar medidas para excluir da aplicação da presente Convenção categorias limitadas de pessoas empregadas a bordo de navios de mar.

8 — Qualquer Membro que ratificar a presente Convenção deverá, no primeiro relatório sobre a aplicação desta que é obrigado a apresentar em virtude do art. 22 da Constituição da Organização Internacional do Trabalho, indicar, com razões justificativas, as categorias que tiverem sido objecto de uma exclusão ao abrigo dos §§ 3 e 7 do presente artigo e expor, nos relatórios posteriores, a situação da sua legislação e da sua prática quanto a essas categorias, precisando em que medida tem dado ou tenciona dar cumprimento à presente Convenção no que se refere às categorias em causa.

Art. 3

1 — Os marítimos aos quais se aplique a presente Convenção terão direito a férias anuais pagas com uma duração mínima determinada.

2 — Qualquer Membro que ratificar a presente Convenção deverá especificar a duração das férias anuais numa declaração anexa à sua ratificação.

3 — A duração das férias não deverá em caso algum ser inferior a 30 dias civis para 1 ano de serviço.

4 — Qualquer Membro que tiver ratificado a presente Convenção poderá informar o director-geral da Repartição Internacional do Trabalho, através de uma declaração posterior, que aumenta a duração das férias indicadas no momento da sua ratificação.

Art. 4

1 — Os marítimos que tiverem completado no decurso de determinado ano um período de serviço com duração inferior ao período requerido para terem direito à totalidade do período de férias prescrito no art. 3 acima referido terão direito, nesse ano, a um período de férias anuais pagas com uma duração proporcionalmente reduzida.

2 — Para os fins da presente Convenção, o termo "ano" significa um ano civil ou qualquer outro período com a mesma duração.

Art. 5

1 — O modo de cálculo do tempo de serviço exigido para determinação do direito a férias será fixado em cada país pela autoridade competente ou pelo organismo apropriado.

2 — O serviço efectuado fora do contrato de trabalho marítimo será contado no tempo de serviço nas condições a determinar pela autoridade competente ou pelo organismo apropriado em cada país.

3 — As faltas ao trabalho para participar em cursos reconhecidos de formação profissional marítima ou por motivos independentes da vontade dos marítimos interessados, tais como faltas por motivos de doença, acidente ou maternidade, serão contadas no tempo de serviço nas condições a determinar pela autoridade competente ou pelo organismo apropriado em cada país.

Art. 6

Não serão incluídos no período mínimo de férias anuais pagas prescrito no § 3 do art. 3 da presente Convenção:

a) Os dias feriados oficiais e consuetudinários reconhecidos como tal no país do pavilhão, quer ocorram ou não durante o período de férias anuais pagas;

b) Os períodos de incapacidade para o trabalho resultantes de doenças, acidentes ou de maternidade,

nas condições a determinar pela autoridade competente ou pelo organismo apropriado em cada país;

c) As autorizações temporárias de ausência em terra concedidas aos marítimos durante o contrato de trabalho;

d) As licenças compensatórias de qualquer natureza, em condições a determinar pela autoridade competente ou pelo organismo apropriado em cada país.

Art. 7

1 — Os marítimos que gozarem as férias visadas pela presente Convenção devem, durante todo o período de férias, receber pelo menos a sua remuneração normal (incluindo o equivalente em espécie de qualquer parte da remuneração paga em géneros), calculada segundo um método determinado pela autoridade competente ou pelo organismo apropriado em cada país.

2 — Os montantes devidos por força do § 1 deste artigo deverão ser pagos aos marítimos interessados antes das suas férias, a não ser que a legislação nacional disponha de outra forma ou que exista um acordo entre o empregador e os marítimos em causa.

3 — Os marítimos que abandonem o serviço do empregador ou que forem despedidos antes de terem gozado um período de férias que lhes é devido deverão receber por cada dia de férias devido a remuneração prevista no § 1 do presente artigo.

Art. 8

1 — O fraccionamento das férias anuais pagas ou a acumulação do período de férias relativo a 1 ano com um período de férias posterior poderão ser autorizados pela autoridade competente ou pelo organismo apropriado em cada país.

2 — Sem prejuízo do disposto no § 1 do presente artigo e de acordo em contrário entre o empregador e os marítimos interessados, o período de férias anuais pagas prescrito pela presente Convenção deve ser gozado ininterruptamente.

Art. 9

Em casos excepcionais, podem ser tomadas disposições pela autoridade competente ou pelo organismo apropriado em cada país para substituição das férias anuais devidas em virtude da presente Convenção por uma indemnização em espécie equivalente pelo menos à remuneração prevista no art. 7.

Art. 10

1 — A época em que as férias devem ser gozadas será determinada pelo empregador após consulta e, na medida do possível, com o acordo individual dos marítimos interessados ou dos seus representantes, a não ser que seja fixada por via regulamentar, através de convenções colectivas, sentenças arbitrais ou qualquer outra forma de acordo com a prática nacional.

2 — Os marítimos não poderão ser obrigados, sem o seu consentimento, a gozar as férias anuais que lhes forem devidas num local diferente do local do contrato ou do local de recrutamento, conforme o que estiver mais próximo do seu domicílio, salvo disposição em contrário de uma convenção colectiva ou da legislação nacional.

3 — Os marítimos que forem obrigados a gozar as suas férias anuais quando se encontrarem num lugar que não o local autorizado no § 2 do presente artigo terão direito a transporte gratuito até ao local do contrato ou ao local de recrutamento, conforme o que estiver mais próximo do seu domicílio; o seu sustento durante a viagem e as despesas directamente ligadas à viagem ficarão a cargo do empregador, não podendo o tempo de viagem ser deduzido das férias anuais devidas aos marítimos interessados.

Art. 11

Será considerado nulo e de nenhum efeito qualquer acordo relativo à perda do direito a férias anuais pagas mínimas prescritas pelo art. 3, § 3, ou, salvo nos casos excepcionais previstos no art. 9 da presente Convenção, à renúncia às ditas férias.

Art. 12

Os marítimos em gozo de férias anuais não serão chamados ao serviço senão em caso de extrema urgência e depois de terem recebido um aviso prévio razoável.

Art. 13

Deverão ser tomadas medidas efectivas, adaptadas aos meios pelos quais for dado cumprimento às disposições da presente Convenção, através de uma inspecção adequada ou por qualquer outra forma, para assegurar a boa aplicação e o respeito das regras ou disposições relativas a férias pagas.

Art. 14

A presente Convenção revê a Convenção sobre Férias Pagas dos Marítimos (Revista), 1949.

Art. 15

As ratificações formais da presente Convenção serão comunicadas ao director-geral da Repartição Internacional do Trabalho e por ele registadas.

Art. 16

1 — A presente Convenção obrigará apenas os Membros da Organização Internacional do Trabalho cuja ratificação tiver sido registada pelo director-geral.

2 — Entrará em vigor 12 meses após o registo pelo director-geral das ratificações de 2 Membros.

3 — Em seguida, esta Convenção entrará em vigor para cada Membro 12 meses após a data em que tiver sido registada a sua ratificação.

Art. 17

1 — Qualquer Membro que tiver ratificado a presente Convenção poderá denunciá-la decorrido um período de 10 anos a contar da data da entrada em vigor inicial da Convenção, por comunicação enviada ao director-geral da Repartição Internacional do Trabalho e por ele registada. A denúncia apenas produzirá efeitos 1 ano depois de ter sido registada.

2 — Qualquer Membro que tiver ratificado a presente Convenção e que no prazo de 1 ano após ter expirado o período de 10 anos mencionado no parágrafo anterior não fizer uso da faculdade de denúncia prevista pelo presente artigo, ficará obrigado por um novo período de 10 anos e poderá depois denunciar a presente Convenção nas condições previstas neste artigo, no termo de cada período de 10 anos.

Art. 18

1 — O director-geral da Repartição Internacional do Trabalho participará a todos os Membros da Organização Internacional do Trabalho o registo de todas as ratificações e denúncias que lhe forem comunicadas pelos Membros da Organização.

2 — Ao notificar os Membros da Organização do registo da seguinte ratificação que lhe tiver sido comunicada, o director-geral chamará a atenção dos Membros da Organização para a data da entrada em vigor da presente Convenção.

Art. 19

O director-geral da Repartição Internacional do Trabalho comunicará ao Secretário-Geral das Nações Unidas para efeitos de registo, de acordo com o art. 12 da Carta das Nações Unidas, informações completas sobre todas as ratificações e actos de denúncia que tiver registado de acordo com os artigos anteriores.

Art. 20

Sempre que o considere necessário, o conselho de administração da Repartição Internacional do Trabalho apresentará à Conferência Geral um relatório sobre a aplicação da presente Convenção e examinará a oportunidade de inscrever na ordem do dia da Conferência a questão da sua revisão total ou parcial.

Art. 21

1 — No caso de a Conferência adoptar uma nova convenção que implique revisão total ou parcial da presente Convenção, e salvo disposição em contrário da nova convenção:

a) A ratificação por um membro da nova convenção revista implicará de pleno direito, não obstante o disposto no art. 17 atrás referido, a denúncia imediata da presente Convenção, desde que a nova convenção revista tenha entrado em vigor;

b) A partir da data da entrada em vigor da nova convenção revista, a presente Convenção deixará de estar aberta à ratificação dos Membros.

2 — A presente Convenção manter-se-á em todo o caso em vigor na sua forma e conteúdo para os Membros que a tiverem ratificado e que não ratificaram a convenção revista.

Art. 22

As versões francesa e inglesa do texto da presente Convenção são igualmente idênticas.

CONVENÇÃO N. 147

I — Aprovada na 62ª reunião da Conferência Internacional do Trabalho (Genebra — 1976), entrou em vigor no plano internacional em 28.11.81.

II — Dados referentes ao Brasil:

a) aprovação = Decreto Legislativo n. 33, de 25.10.90, do Congresso Nacional;

b) ratificação = 17 de janeiro de 1991;

c) promulgação = Decreto n. 447, de 7.2.92;

d) vigência nacional = 17 de fevereiro de 1992.

"A Conferência Geral da Organização Internacional do Trabalho,

Convocada em Genebra pelo Conselho de Administração da Repartição Internacional do Trabalho e tendo-se reunido naquela cidade em 13 de outubro de 1976, em sua sexagésima segunda sessão;

Lembrando as disposições da Recomendação sobre a Contratação dos Marítimos (navios estrangeiros), 1958, e da Recomendação sobre as Condições de Vida, Trabalho e Segurança dos Marítimos, 1958;

Após ter decidido adotar diversas propostas relativas aos navios em que prevaleçam condições inferiores às normas, especialmente àqueles que estão matriculados sob bandeira de cortesia, questão essa que constitui o quinto item da agenda da sessão;

Após ter decidido que essas propostas concretizar-se-iam na forma de uma convenção internacional, adota, neste vigésimo nono dia do mês de outubro do ano de mil e novecentos e setenta e seis, a convenção abaixo, que será denominada 'Convenção sobre a Marinha Mercante (Normas Mínimas) 1976'.

Art. 1º — 1. Ressalvando as disposições em contrário que se encontram neste Artigo, a presente Convenção se aplica a todo navio marítimo, de propriedade pública ou particular, destinado, para fins comerciais, ao transporte de mercadorias ou de passageiros ou utilizado para outros fins comerciais.

2. A legislação nacional determinará quando um navio será considerado navio marítimo para os fins da presente Convenção.

3. A presente Convenção se aplica aos rebocadores do mar.

4. A presente Convenção não se aplica:

a) aos navios nos quais a vela é o principal meio de propulsão, quer sejam ou não equipados com máquina auxiliar;

b) aos navios que se dedicam à pesca, caça da baleia ou operações similares;

c) aos navios de pequeno calado nem aos navios tais como as plataformas de foragem e exploração quando não forem utilizadas para a navegação; a decisão relativa aos navios que são mencionados pelo presente dispositivo será tomada pela autoridade competente de cada país, em consulta com as mais representativas organizações dos armadores e dos marítimos.

5. Nenhum dispositivo da presente Convenção deverá ser considerado como alargando a área de aplicação das Convenções discriminadas no anexo à presente Convenção ou de qualquer das disposições dessas.

Art. 2º — Todo Membro que ratificar a presente Convenção se compromete a:

a) promulgar uma legislação relativa aos navios matriculados em seu território e que se refira a:

I) as normas de segurança, inclusive as que se referem à competência da tripulação, duração do trabalho e seu efetivo a fim de resguardar a vida humana a bordo dos navios;

II) um regime adequado de previdência social;

III) as condições de emprego a bordo e os arranjos relativos à vida a bordo, na medida em que, em sua

opinião, não estão protegidos por convenções coletivas ou determinadas por tribunais competentes de modo a que vincule da mesma maneira os armadores e os marítimos interessados, e verificar que as disposições de tal legislação equivalem, em seu conjunto, às convenções ou aos artigos de convenções aos quais é feita referência no anexo à presente Convenção, na medida em que o Membro não tiver obrigação de aplicar as referidas convenções;

b) exercer efetivamente sua jurisdição ou controle nos navios matriculados em seu território no que se refira a:

I) normas de segurança, inclusive às que se referem à competência da tripulação, duração do trabalho e seus efetivos, prescritos pela legislação nacional;

II) a implementação do regime de previdência social prescrito pela legislação nacional;

III) as condições de emprego a bordo e os arranjos relativos à vida a bordo prescritos pela legislação nacional ou determinados por tribunais competentes de modo a que vinculem do mesmo modo os armadores e os marítimos interessados;

c) verificar que medidas que visem assegurar um controle eficiente das outras condições de emprego a bordo e outros arranjos relativos à vida a bordo sejam, quando o Membro não exercer jurisdição efetiva, acordados entre os armadores ou suas organizações e organizações de marítimos constituídas de acordo com as disposições fundamentais da Convenção sobre a Liberdade e Proteção do Direito Sindical, 1948, e da Convenção sobre o Direito de Organização e Negociação Coletiva, 1949;

d) fazer com que:

I) existam procedimentos adequados, submetidos à supervisão geral da autoridade competente e que dêem seqüência, eventualmente, a consultas tripartites entre essa autoridade e as organizações representativas de armadores e marítimos, referentes ao recrutamento dos marítimos em navios matriculados em seu território bem como ao exame das queixas depositadas sobre esse assunto;

II) existam procedimentos adequados, submetidos à supervisão geral da autoridade competente e que dêem seqüência, eventualmente, a consultas tripartites entre essa autoridade e as organizações representativas de armadores e marítimos referentes ao exame de toda queixa relativa à contratação, em seu território, de marítimos estrangeiros em navios matriculados num país estrangeiro, sejam transmitidas rapidamente pela autoridade competente à autoridade competente do país em que está matriculado o navio, com cópia para o Diretor-Geral da Repartição Internacional do Trabalho;

e) fazer com que os marítimos contratados em navios matriculados em seu território sejam convenientemente qualificados ou treinados para as funções para as quais são recrutados, levando em conta a Recomendação sobre a Formação Profissional dos Marítimos, 1970;

f) verificar, mediante inspeções ou outros meios adequados que os navios matriculados em seu território estejam conformes com as convenções internacionais do trabalho aplicáveis e vigentes que ratificaram a legislação exigida pela alínea a deste Artigo e, na medida em que, tendo em vista a legislação nacional, for considerado conveniente às convenções coletivas;

g) abrir inquérito oficial sobre todos os acidentes marítimos graves em que estejam implicados navios matriculados em seu próprio território, especialmente quando tiver havido forimonto ou perda de vida humana, devendo o relatório final desse inquérito normalmente ser tornado público.

Art. 3º — Todo Membro que tiver ratificado a presente Convenção informará seus nacionais, na medida do possível, dos problemas que podem resultar de uma contratação em navio matriculado em um Estado que não tenha ratificado a referida Convenção, até que tenha adquirido a convicção de que normas equivalentes àquelas fixadas por esta Convenção estejam sendo aplicadas. As medidas tomadas para esses fins pelo Estado que ratificar a presente Convenção não deverão estar em contradição com o princípio de livre circulação dos trabalhadores estipulado pelos tratados aos quais esses dois Estados podem ser partes.

Art. 4º — 1. Se um Membro, que tiver ratificado a presente Convenção e no porto do qual um navio faz escala no decurso normal de suas atividades ou por razão inerente à sua explicação, receber uma queixa ou adquirir a prova de que esse navio não está de acordo com as normas que se encontram na presente Convenção, após a entrada em vigor dessa Convenção, poderá enviar um relatório ao governo do país em que está matriculado o navio, com cópia para o Diretor-Geral da Repartição Internacional do Trabalho, e tomar as medidas necessárias para retificar toda situação a bordo que se constitua claramente em perigo para a segurança e a saúde.

2. Ao tomar tais medidas, o Membro deverá informar imediatamente o representante marítimo, consular ou diplomático mais próximo do Estado da bandeira e solicitar a presença desse representante se possível. Não deverá reter ou retardar indevidamente o navio.

3. Para os fins do presente Artigo, entende-se por "queixa" toda informação apresentada por um membro da tripulação, um órgão profissional, uma associação, um sindicato ou, de modo geral, qualquer pessoa tendo interesse na segurança do navio, inclusive sob o aspecto de riscos relativos à segurança e saúde da tripulação.

Art. 5º — 1. A presente Convenção está aberta à ratificação dos Membros que são partes nos instrumentos internacionais discriminados abaixo ou, no que se refere aos mencionados na alínea c, que tiverem aplicado as disposições das mesmas:

a) a Convenção Internacional para a Salvaguarda da Vida Humana no Mar, 1960, ou a Convenção Internacional para a Salvaguarda da Vida Humana no Mar, 1974, ou toda Convenção que revise essas duas Convenções;

b) a Convenção Internacional sobre as Linhas de Carga, 1966, ou toda Convenção que a revise;

c) as normas internacionais para prevenir as abordagens no mar, de 1960, ou a Convenção sobre as Normas Internacionais para prevenir as abordagens no mar, 1972, ou toda Convenção que revise esses instrumentos internacionais.

2. A presente Convenção está, outrossim, aberta à ratificação de todo Membro que se comprometa, por ocasião da referida ratificação, a satisfazer as condições às quais seja subordinada a ratificação no parágrafo anterior e que ainda não as preencha.

3. As ratificações formais da presente Convenção serão comunicadas ao Diretor-Geral da Repartição Internacional do Trabalho e por aquele registradas.

Art. 6º — 1. A presente Convenção vinculará apenas os Membros da Organização Internacional do Trabalho cuja ratificação tiver sido registrada pelo Diretor-Geral.

2. A Convenção entrará em vigor doze meses após a data em que tiverem sido registradas as ratificações de pelo menos dez Membros cuja tonelagem bruta some conjuntamente 25 por cento da frota mercante mundial.

3. Posteriormente, essa Convenção entrará em vigor, para cada Membro, doze meses após a data em que sua ratificação tiver sido registrada.

Art. 7º — 1. Todo Membro que tenha ratificado esta Convenção poderá denunciá-la no término de um período de dez anos, a partir da data em que tenha entrado inicialmente em vigor, mediante uma comunicação formal, para seu registro, ao Diretor-Geral da Repartição Internacional do Trabalho. A denúncia produzirá efeito somente um ano após a data em que tenha sido registrada.

2. Todo Membro que tenha ratificado a presente Convenção e que, no prazo de um ano após o término do período de dez anos mencionado no parágrafo anterior, não tenha feito uso do direito de denúncia previsto neste Artigo, ficará obrigado durante um novo período de dez anos e em seguida poderá denunciar a presente Convenção no término de cada período de dez anos, nas condições previstas neste Artigo.

Art. 8º — 1. O Diretor-Geral da Repartição Internacional do Trabalho notificará a todos os Membros da Organização Internacional do Trabalho, o registro de todas as ratificações, declarações e denúncias que lhe tenham sido comunicadas pelos Membros da Organização.

2. Quando tiverem sido cumpridas as condições enunciadas no § 2 do art. 6º, o Diretor-Geral chamará a atenção de todos os Membros da Organização sobre a data em que entrará em vigor a presente Convenção.

Art. 9º — O Diretor-Geral da Repartição Internacional do Trabalho comunicará ao Secretário-Geral das Nações Unidas, para os fins do registro e de acordo com o Art. 102 da Carta das Nações Unidas, uma informação completa sobre todas as ratificações, declarações e documentos de denúncia que tenha registrado de acordo com os artigos anteriores.

Art. 10 — Cada vez que o julgar necessário, o Conselho de Administração da Repartição Internacional do Trabalho apresentará à Conferência uma comunicação formal sobre a aplicação da Convenção, e considerará a conveniência de incluir na agenda da Conferência a questão de sua revisão total ou parcial.

Art. 11 — 1. No caso em que a Conferência adote uma nova convenção que implique uma revisão total ou parcial da presente, e a menos que a nova convenção contenha disposição em contrário:

a) a ratificação, por um Membro da Revisão da Convenção, implicará, ipso jure, a denúncia imediata desta Convenção não obstante as disposições contidas no art. 7º, sempre que a nova Revisão da Convenção tenha entrado em vigor;

b) a partir da data em que entre em vigor a nova Revisão da Convenção, a presente Convenção deixará de estar aberta à ratificação dos Membros.

2. Esta Convenção continuará em vigor em todo caso, em sua forma e conteúdo atuais, para os Membros que a tenham ratificado e não ratifiquem a Revisão da Convenção.

Art. 12 — As versões inglesa e francesa do texto desta Convenção são igualmente autênticas."

CONVENÇÃO N. 148

I — Aprovada na 63ª reunião da Conferência Internacional do Trabalho (Genebra — 1977), entrou em vigor no plano internacional em 11.7.79.

II — Dados referentes ao Brasil:

a) aprovação = Decreto Legislativo n. 56, de 9.10.81, do Congresso Nacional;

b) ratificação = 14 de janeiro de 1982;

c) promulgação = Decreto n. 93.413, de 15.10.86;

d) vigência nacional = 14 de janeiro de 1983.

"A Conferência Geral da Organização Internacional do Trabalho,

Convocada em Genebra pelo Conselho de Administração da Repartição Internacional do Trabalho, e tendo-se ali reunido em 1º de junho de 1977, em sua sexagésima terceira reunião;

Lembrando as disposições das Convenções e Recomendações Internacionais do trabalho pertinentes, e, em especial, a Recomendação sobre a Proteção da Saúde dos Trabalhadores, 1953; a Recomendação sobre os Serviços de Medicina do Trabalho, 1959; a Convenção e a Recomendação sobre a Proteção contra as Radiações, 1960; a Convenção e a Recomendação sobre a Proteção da Maquinaria, 1963; a Convenção sobre as Prestações em Caso de Acidentes do Trabalho e Enfermidades Profissionais, 1964; a Convenção e a Recomendação sobre a Higiene (Comércio e Escritórios), 1964; a Convenção e a Recomendação sobre o Câncer Profissional, 1974;

Depois de haver decidido adotar diversas propostas relativas ao meio ambiente de trabalho: contaminação atmosférica, ruído e vibrações, questão que constitui o quarto ponto da Agenda da reunião, e

Depois de haver decidido que as referidas propostas tomassem a forma de uma Convenção internacional,

Adota, aos vinte de junho do ano de mil novecentos e setenta e sete, a presente Convenção, que poderá ser mencionada como a 'Convenção sobre o Meio Ambiente de Trabalho (Contaminação do Ar, Ruído e Vibrações), 1977':

PARTE I
CAMPO DE APLICAÇÕES E DEFINIÇÕES

Art. 1 — 1. A presente Convenção aplica-se a todos os ramos de atividade econômica.

2. Todo Membro que ratifique a presente Convenção, depois de consultar as organizações representativas de empregadores e de trabalhadores interessadas, se tais organizações existirem, poderá excluir de sua aplicação os ramos de atividade econômica em que tal aplicação apresente problemas especiais de certa importância.

3. Todo Membro que ratifique a presente Convenção deverá enumerar, no primeiro relatório que apresente sobre a aplicação da Convenção, de acordo com o art. 22 da Constituição da Organização Internacional do Trabalho, os ramos que houverem sido excluídos em virtude do § 2 deste artigo, explicando os motivos da referida exclusão, e indicando em relatórios subseqüentes o estado da legislação e da prática sobre os ramos excluídos e o grau em que se aplica ou se propõe a aplicar a Convenção a tais ramos.

Art. 2 — 1. Todo Membro poderá, em consulta com as organizações representativas de empregadores e de trabalhadores, se tais organizações existirem, aceitar separadamente as obrigações previstas na presente Convenção, no que diz respeito:

a) à contaminação do ar;

b) ao ruído;

c) às vibrações.

2. Todo Membro que não aceite as obrigações previstas na Convenção a respeito de uma ou várias categorias de riscos deverá indicá-las no instrumento de ratificação e explicar os motivos de tal exclusão no primeiro relatório sobre a aplicação da Convenção, que submeta nos termos do art. 22 da Constituição da Organização Internacional do Trabalho. Nos relatórios subseqüentes deverá indicar o estado da legislação e da prática sobre qualquer categoria de riscos que tenha sido excluída, e o grau em que se aplica ou se propõe aplicar a Convenção a tal categoria.

3. Todo Membro que, no momento da ratificação, não tenha aceito as obrigações previstas na Convenção relativas a todas as categorias de riscos, deverá posteriormente notificar o Diretor-Geral da Repartição Internacional do Trabalho, quando julgue que as circunstâncias o permitam, que aceita tais obrigações com respeito a uma ou várias das categorias anteriormente excluídas.

Art. 3 — Para fins da presente Convenção:

a) a expressão 'contaminação do ar' compreende o ar contaminado por substâncias que, qualquer que seja seu estado físico, sejam nocivas à saúde ou contenham qualquer outro tipo de perigo;

b) o termo 'ruído' compreende qualquer som que possa provocar uma perda de audição ou ser nocivo à saúde ou contenha qualquer outro tipo de perigo;

c) o termo 'vibrações' compreende toda vibração transmitida ao organismo humano por estruturas sólidas e que seja nociva à saúde ou contenha qualquer outro tipo de perigo.

PARTE II

DISPOSIÇÕES GERAIS

Art. 4 — 1. A legislação nacional deverá dispor sobre a adoção de medidas no local de trabalho para prevenir e limitar os riscos profissionais devidos à contaminação do ar, ao ruído e às vibrações, e para proteger os trabalhadores contra tais riscos.

2. Para a aplicação prática das medidas assim prescritas poder-se-á recorrer à adoção de normas técnicas, repertórios de recomendações práticas e outros meios apropriados.

Art. 5 — 1. Ao aplicar as disposições da presente Convenção, a autoridade competente deverá atuar em consulta com as organizações interessadas mais representativas de empregadores e trabalhadores.

2. Os representantes dos empregadores e dos trabalhadores estarão associados na elaboração das modalidades de aplicação das medidas prescritas de acordo com o art. 4.

3. Na aplicação das medidas prescritas em virtude da presente Convenção, deverá ser estabelecida colaboração mais estreita possível, em todos os níveis, entre empregadores e trabalhadores.

4. Os representantes do empregador e os representantes dos trabalhadores da empresa deverão ter a possibilidade de acompanhar os agentes de inspeção no controle da aplicação das medidas prescritas de acordo com a presente Convenção, a menos que os agentes de inspeção julguem, à luz das diretrizes gerais da autoridade competente, que isso possa prejudicar a eficácia de seu controle.

Art. 6 — 1. Os empregadores serão responsáveis pela aplicação das medidas prescritas.

2. Sempre que vários empregadores realizem simultaneamente atividades no mesmo local de trabalho, terão o dever de colaborar para aplicar as medidas prescritas, sem prejuízo da responsabilidade de cada empregador quanto à saúde e à segurança dos trabalhadores que emprega. Nos casos apropriados, a autoridade competente deverá prescrever os procedimentos gerais para efetivar esta colaboração.

Art. 7 — 1. Deverá obrigar-se aos trabalhadores a observância das normas de segurança destinadas a prevenir e a limitar os riscos profissionais devidos à contaminação do ar, ao ruído e às vibrações no local de trabalho, a assegurar a proteção contra tais riscos.

2. Os trabalhadores ou seus representantes terão direito a apresentar propostas, receber informações e orientação, e a recorrer a instâncias apropriadas, a fim de assegurar a proteção contra riscos profissionais devidos à contaminação do ar, ao ruído e às vibrações no local de trabalho.

PARTE III

MEDIDAS DE PREVENÇÃO E DE PROTEÇÃO

Art. 8 — 1. A autoridade competente deverá estabelecer os critérios que permitam definir os riscos da exposição à contaminação do ar, ao ruído e às vibrações no local de trabalho, e a fixar, quando cabível, com base em tais critérios, os limites de exposição.

2. Ao elaborar os critérios e ao determinar os limites de exposição, a autoridade competente deverá tomar em consideração a opinião de pessoas tecnicamente qualificadas, designadas pelas organizações interessadas mais representativas de empregadores e de trabalhadores.

3. Os critérios e limites de exposição deverão ser fixados, completados e revisados a intervalos regulares, de conformidade com os novos conhecimentos e dados nacionais e internacionais, e tendo em conta, na medida do possível, qualquer aumento dos riscos profissionais resultante da exposição simultânea a vários fatores nocivos no local de trabalho.

Art. 9 — Na medida do possível, dever-se-á eliminar todo risco devido à contaminação do ar, ao ruído e às vibrações no local de trabalho:

a) mediante medidas técnicas aplicadas às novas instalações ou aos novos métodos no momento de sua elaboração ou de sua instalação, ou mediante medidas técnicas aduzidas às instalações ou operações existentes, ou quando isto não seja possível:

b) mediante medidas complementares de organização do trabalho.

Art. 10 — Quando as medidas em conformidade com o art. 9 não reduzam a contaminação do ar, o ruído e as vibrações no local de trabalho a limites especificados de acordo com o art. 8, o empregador deverá proporcionar e conservar em bom estado o equipamento de proteção pessoal apropriado. O empregador não deverá obrigar um trabalhador a trabalhar sem o equipamento de proteção pessoal previsto neste artigo.

Art. 11 — 1. O estado de saúde dos trabalhadores expostos ou que possam estar expostos aos riscos profissionais devidos à contaminação do ar, ao ruído e às vibrações no local de trabalho deverá ser objeto de controle, a intervalos apropriados, segundo as modalidades e nas circunstâncias fixadas pela autoridade competente. Este controle deverá compreender um exame médico anterior ao emprego e exames periódicos, conforme determine a autoridade competente.

2. O controle previsto no § 1 do presente artigo não deverá implicar em despesa para o trabalhador.

3. Quando, por razões médicas, seja desaconselhável a permanência de um trabalhador em uma função sujeita à exposição à contaminação do ar, ruído ou às vibrações, deverão ser adotadas todas as medidas compatíveis com a prática e as condições nacionais para transferi-lo para outro emprego adequado ou para assegurar-lhe a manutenção de seus rendimentos, mediante prestações da previdência social ou por qualquer outro meio.

4. As medidas tomadas para aplicar a presente Convenção não deverão afetar desfavoravelmente os direitos dos trabalhadores previstos na legislação sobre a previdência social ou seguros sociais.

Art. 12 — A atualização de processos, substâncias, máquinas ou materiais — que serão especificados pela autoridade competente — que impliquem em exposição dos trabalhadores aos riscos profissionais devidos à contaminação do ar, ao ruído e às vibrações no local de trabalho, deverá ser comunicada à autoridade competente, a qual poderá, conforme o caso, autorizá-la, de conformidade com as modalidades determinadas ou proibi-la.

Art. 13 — Todas as pessoas interessadas:

a) deverão ser apropriada e suficientemente informadas sobre os riscos profissionais que possam originar-se no local de trabalho devido à contaminação do ar, ao ruído e às vibrações;

b) deverão receber instruções suficientes e apropriadas quanto aos meios disponíveis para prevenir e limitar tais riscos, e proteger-se dos mesmos.

Art. 14 — Deverão ser adotadas medidas, tendo em conta as condições e os recursos nacionais, para promover a pesquisa no campo da prevenção e limitação dos riscos devidos à contaminação do ar, ruído ou às vibrações no local de trabalho.

PARTE IV

MEDIDAS DE APLICAÇÃO

Art. 15 — Segundo as modalidades e nas circunstâncias fixadas pela autoridade competente, o empregador deverá designar pessoa competente ou recorrer a serviço especializado, comum ou não a várias empresas, para que se ocupe das questões de prevenção e limitação da contaminação do ar, do ruído e das vibrações no local de trabalho.

Art. 16 — Todo Membro deverá:

a) adotar, por via legislativa ou por qualquer outro método conforme a prática e as condições nacionais, as medidas necessárias, incluído o estabelecimento de sanções apropriadas, para dar efeito às disposições da presente Convenção;

b) promover serviços de inspeção apropriados para velar pela aplicação das disposições da presente Convenção ou certificar-se de que se exerce uma inspeção adequada.

Art. 17 — As ratificações formais da presente Convenção serão comunicadas ao Diretor-Geral da Repartição Internacional do Trabalho e por ele registradas.

Art. 18 — 1. A presente Convenção só vinculará os Membros da Organização Internacional do Trabalho, cujas ratificações tenham sido registradas pelo Diretor-Geral.

2. Esta Convenção entrará em vigor doze meses após o registro das ratificações de dois Membros pelo Diretor-Geral.

3. Posteriormente, esta Convenção entrará em vigor, para cada Membro, doze meses após o registro de sua ratificação.

Art. 19 — 1. Todo Membro que tenha ratificado a presente Convenção poderá denunciá-la após a expiração de um período de dez anos contados da entrada em vigor mediante ato comunicado ao Diretor-Geral da Repartição Internacional do Trabalho e por ele registrado. A denúncia só surtirá efeito um ano após o registro.

2. Todo Membro que tenha ratificado a presente Convenção, e não fizer uso da faculdade de denúncia prevista pelo presente artigo dentro do prazo de um ano após a expiração do período de dez anos previsto no parágrafo anterior, ficará obrigado por novo período de dez anos e, posteriormente, poderá denunciar a presente Convenção ao expirar cada período de dez anos, nas condições previstas no presente Artigo.

Art. 20 — 1. O Diretor-Geral da Repartição Internacional do Trabalho notificará a todos os Membros da Organização Internacional do Trabalho o registro de todas as ratificações e denúncias que lhe sejam comunicadas pelos Membros da Organização.

2. Ao notificar aos Membros da Organização o registro da segunda ratificação que lhe tenha sido comunicada, o Diretor-Geral chamará a atenção dos Membros da Organização para a entrada em vigor da presente Convenção.

Art. 21 — O Diretor-Geral da Repartição Internacional do Trabalho comunicará ao Secretário-Geral das Nações Unidas, para fins de registro, de acordo com o art. 102 da Carta das Nações Unidas, as informações completas referentes a quaisquer ratificações ou atos de denúncias que tenha registrado de acordo com os artigos anteriores.

Art. 22 — Sempre que o julgar necessário, o Conselho de Administração da Repartição Internacional do Trabalho deverá apresentar à Conferência Geral um relatório sobre a aplicação da presente Convenção e decidirá a oportunidade de inscrever na ordem do

CONVENÇÕES DA OIT RATIFICADAS

dia da Conferência a questão de sua revisão total ou parcial.

Art. 23 — 1. Se a Conferência adotar uma nova Convenção de revisão total ou parcial da presente Convenção e, disposição em contrário da nova Convenção:

a) a ratificação por um Membro da nova Convenção, recusará não obstante o disposto no art. 14 acima, implicará de pleno direito, na denúncia imediata da presente Convenção, desde que a nova Convenção tenha entrado em vigor;

b) a partir da data da entrada em vigor da Convenção revista, a presente Convenção deixaria de estar aberta à ratificação dos Membros.

2. A presente Convenção continuará em todo caso, em vigor em sua forma e teor atuais para os Membros que a tiverem ratificado e que não ratificaram a Convenção revista.

Art. 24 — As versões inglesa e francesa do texto da presente Convenção serão igualmente autênticas."

CONVENÇÃO N. 151

I — Aprovada na 64ª reunião da Conferência Internacional do Trabalho (Genebra — 1978), entrou em vigor no plano internacional em 25.2.81.

II — Dados referentes ao Brasil:

a) aprovação = Decreto Legislativo n. 206, de 07.04.2010, do Congresso Nacional;

b) ratificação = 15 de junho de 2010;

"A Conferência Geral da Organização Internacional do Trabalho:

Convocada em Genebra pelo Conselho de Administração da Repartição Internacional do Trabalho, e congregada na referida cidade no dia 7 de junho de 1978 na sua sexagésima quarta reunião;

Recordando as disposições da Convenção sobre a Liberdade Sindical e a Proteção do Direito de Sindicalização, 1948; da Convenção sobre o Direito de Sindicalização e de Negociação Coletiva, 1949, e da Convenção e a Recomendação sobre os Representantes dos Trabalhadores, 1971;

Recordando que a Convenção sobre o Direito de Sindicalização e de Negociação Coletiva, 1949, não é aplicável a certas categorias de empregados públicos e que a Convenção e a Recomendação sobre os Representantes dos Trabalhadores, 1971, aplicam-se aos representantes dos trabalhadores na empresa;

Tendo presente a considerável expansão dos serviços prestados pela administração pública em muitos países e da necessidade de que existam sadias relações de trabalho entre as autoridades públicas e as organizações de empregados públicos;

Observando a grande diversidade dos sistemas políticos, sociais e econômicos dos Estados-Membros e as diferentes práticas aplicadas por tais Estados (por exemplo, no concernente às funções respectivas das autoridades federais, estaduais e municipais; às empresas de propriedade do Estado e dos diversos tipos de organismos públicos autônomos ou semi-autônomos, ou no que diz respeito à natureza da relação do emprego);

Levando em conta os problemas particulares que apresenta a delimitação da área de aplicação de um instrumento internacional e a adoção de definições para os fins do instrumento em razão das diferenças existentes em muitos países entre o emprego público e o emprego privado, assim como as dificuldades de interpretação que foram expostas a propósito da aplicação aos funcionários públicos das disposições pertinentes da Convenção sobre o Direito de Sindicalização e de Negociação Coletiva, 1949, e as observações pelas quais os órgãos de controle da Organização Internacional do Trabalho assinalaram em diversas ocasiões que certos governos aplicaram tais disposições de forma tal que grupos numerosos de empregados públicos ficaram excluídos da área de aplicação da Convenção;

Depois de ter decidido adotar diversas proposições relativas à liberdade sindical e seus procedimentos de determinações das condições de emprego no serviço público, questão que constitui o quinto ponto da ordem do dia da presente reunião, e

Depois de ter decidido que tais proposições tomem a forma de uma Convenção Internacional, adota, com data de vinte e sete de junho de mil novecentos e setenta e oito, a presente Convenção, que poderá ser citada como a 'Convenção sobre as Relações de Trabalho na Administração Pública, 1978';

PARTE I
ÁREA DE APLICAÇÃO E DEFINIÇÕES

Art. 1 — 1. A presente Convenção deverá ser aplicada a todas as pessoas empregadas pela administração pública, na medida em que não lhes forem aplicáveis disposições mais favoráveis de outras Convenções Internacionais do Trabalho.

2. A legislação nacional deverá determinar até que ponto as garantias previstas na presente Convenção se aplicam aos empregados de alto nível que, por suas funções, considera-se normalmente que possuem poder decisório ou desempenhem cargos de direção ou aos empregados cujas obrigações são de natureza altamente confidencial.

3. A legislação nacional deverá determinar ainda até que ponto as garantias previstas na presente Convenção são aplicáveis às Forças Armadas e à Polícia.

Art. 2 — Para os efeitos da presente Convenção, o termo 'empregado público' designa toda pessoa a quem se aplique a presente Convenção, de acordo com seu art. 1.

Art. 3 — Para os efeitos da presente Convenção, o termo 'organização de empregados públicos' designa toda organização, qualquer que seja a sua composição, que tenha por objetivo fomentar e defender os interesses dos empregados públicos.

PARTE II
PROTEÇÃO DO DIREITO DE SINDICALIZAÇÃO

Art. 4 — 1. Os empregados públicos gozarão de proteção adequada contra todo ato de discriminação sindical em relação com seu emprego.

2. A referida proteção será exercida especialmente contra todo ato que tenha por objetivo:

a) subordinar o emprego de funcionário público à condição de que não se filie a uma organização de empregados públicos ou a que deixe de ser membro dela;

b) despedir um empregado público, ou prejudicá-lo de qualquer outra forma, devido a sua filiação a uma organização de empregados públicos ou de sua participação nas atividades normais de tal organização.

Art. 5 — 1. As organizações de empregados públicos gozarão de completa independência a respeito das autoridades públicas.

2. As organizações de empregados públicos gozarão de adequada proteção contra todo ato de ingerência de uma autoridade pública na sua constituição, funcionamento ou administração.

3. Serão considerados atos de ingerência para os efeitos deste artigo principalmente os destinados a fomentar a constituição de organizações de empregados públicos dominadas pela autoridade pública, ou a sustentar economicamente, ou de outra forma, organizações de empregados públicos com o objetivo de colocar estas organizações sob o controle da autoridade pública.

PARTE III
FACILIDADES QUE DEVEM SER CONCEDIDAS ÀS ORGANIZAÇÕES DE EMPREGADOS PÚBLICOS

Art. 6 — 1. Deverão ser concedidas aos representantes das organizações reconhecidas de empregados públicos facilidades para permitir-lhes o desempenho rápido e eficaz de suas funções, durante suas horas de trabalho ou fora delas.

2. A concessão de tais facilidades não deverá prejudicar o funcionamento eficaz da administração ou serviço interessado.

3. A natureza e o alcance destas facilidades serão determinadas de acordo com os métodos mencionados no art. 7 da presente Convenção ou por qualquer outro meio apropriado.

PARTE IV
PROCEDIMENTOS PARA A DETERMINAÇÃO DAS CONDIÇÕES DE EMPREGO

Art. 7 — Deverão ser adotadas, sendo necessário, medidas adequadas às condições nacionais para estimular e fomentar o pleno desenvolvimento e utilização de procedimentos de negociação entre as autoridades públicas competentes e as organizações de empregados públicos sobre as condições de emprego, ou de quaisquer outros métodos que permitam aos representantes dos empregados públicos participar na determinação de tais condições.

PARTE V
SOLUÇÃO DE 2DEFINIÇÕES

Art. 8 — A solução dos conflitos que se apresentem por motivo da determinação das condições de emprego tratar-se-á de conseguir, de maneira apropriada às condições nacionais, por meio da negociação entre as partes ou mediante procedimentos independentes e imparciais, tais como a mediação, a conciliação e a arbitragem, estabelecidos de modo que inspirem a confiança dos interessados.

PARTE VI
DIREITOS CIVIS E POLÍTICOS

Art. 9 — Os empregados públicos, assim como os demais trabalhadores, gozarão dos direitos civis e políticos essenciais para o exercício normal da liberdade sindical, com reserva apenas das obrigações que se derivem de sua condição e da natureza de suas funções.

PARTE VII
DISPOSIÇÕES FINAIS

Art. 10 — As ratificações formais da presente Convenção serão transmitidas ao Diretor-Geral da Repartição Internacional do Trabalho e por ele registradas.

Art. 11 — 1. A presente Convenção obrigará somente os Membros da Organização Internacional do Trabalho cujas ratificações tenham sido registradas pelo Diretor-Geral.

2. Entrará em vigor doze meses após serem registradas pelo Diretor-Geral, as ratificações por parte de dois Membros.

3. Posteriormente esta Convenção entrará em vigor, para cada Membro, doze meses após a data de registro de sua ratificação.

Art. 12 — 1. Todo Membro que tenha ratificado a presente Convenção poderá denunciá-la ao expirar o prazo de dez anos, contados da data inicial da vigência da Convenção, por meio de um ato comunicado ao Diretor-Geral da Repartição Internacional do Trabalho e por ele registrado. A denúncia somente se tornará efetiva um ano após haver sido registrada.

2. Todo Membro que tenha ratificado a presente Convenção e que no prazo de um ano após o termo do período de dez anos, mencionado no parágrafo precedente, não houver feito uso da faculdade de denúncia prevista pelo presente artigo, ficará ligado por um novo período de dez anos e, posteriormente, poderá denunciar a presente Convenção ao termo de cada período de dez anos, nas condições previstas no presente artigo.

Art. 13 — 1. O Diretor-Geral da Repartição Internacional do Trabalho notificará a todos os Membros da Organização Internacional do Trabalho o registro de todas as ratificações, declarações e denúncias que lhe forem transmitidas pelos Membros da Organização.

2. Ao notificar aos Membros da Organização o registro da segunda ratificação que lhe tenha sido transmitida, o Diretor-Geral chamará a atenção dos Membros da Organização para a data na qual a presente Convenção entrará em vigor.

Art. 14 — O Diretor-Geral da Repartição Internacional do Trabalho transmitirá ao Secretário-Geral das Nações Unidas, para fins de registro de acordo com o art. 102 da Carta das Nações Unidas, informações completas a respeito de todas as ratificações, declarações, e atos de denúncia que tenha registrado de acordo com os artigos precedentes.

Art. 15 — Ao termo de cada período de dez anos, contados da entrada em vigor da presente Convenção, o Conselho de Administração da Repartição Internacional do Trabalho deverá apresentar à Conferência Geral um relatório sobre a aplicação da presente Convenção e decidirá da conveniência de ser inscrita na ordem do dia da Conferência a questão de sua revisão total ou parcial.

Art. 16 — 1. Caso a Conferência adotar uma nova Convenção que implique revisão total ou parcial da presente Convenção e a menos que a nova Convenção não disponha de outro modo:

a) a ratificação, por parte de um Membro, da nova Convenção revista acarretará de pleno direito, não obstante o art. 16 acima, denúncia imediata da presente Convenção desde que a nova Convenção revista tenha entrado em vigor;

b) a partir da data da entrada em vigor da nova Convenção revista, a presente Convenção cessará de estar aberta à ratificação por parte dos Membros.

2. A presente Convenção permanecerá, entretanto, em vigor na sua forma e teor para os Membros que a houverem ratificado e que não ratificarem a Convenção revista.

Art. 17 — As versões francesa e inglesa do texto da presente Convenção são igualmente autênticas."

CONVENÇÃO N. 152

I — Aprovada na 65ª reunião da Conferência Internacional do Trabalho (Genebra — 1979), entrou em vigor no plano internacional em 5.12.81.

II — Dados referentes ao Brasil:

a) aprovação = Decreto Legislativo n. 84, de 11.12.89, do Congresso Nacional;

b) ratificação = 17 de maio de 1990;

c) promulgação = Decreto n. 99.534, de 19.9.90;

d) vigência nacional = 17 de maio de 1991.

"A Conferência Geral da Organização Internacional do Trabalho.

Convocada em Genebra pelo Conselho de Administração da Repartição Internacional do Trabalho, e tendo-se reunido em 6 de julho de 1979, em sua sexagésima quinta sessão;

Registrando as disposições das Convenções e recomendações internacionais pertinentes e especialmente as da Convenção sobre a indicação do peso dos pacotes transportados por navio, 1929, da Convenção sobre a proteção das máquinas, 1963, e da Convenção sobre o ambiente de trabalho (poluição do ar, barulhos e vibrações), 1977;

Após ter decidido adotar diversas propostas relativas à revisão da Convenção (n. 32) sobre a proteção dos estivadores contra os acidentes (revista), 1932, questão que constitui o quarto ponto da agenda da sessão;

Considerando que tais propostas deverão concretizar-se na forma de uma Convenção Internacional, adota, neste vigésimo quinto dia do mês de junho do ano de mil e novecentos e setenta e nove, a Convenção abaixo que será denominada 'Convenção sobre a Segurança e Higiene nos Trabalhos Portuários, 1979'.

PARTE I
ÁREA DE APLICAÇÃO E DEFINIÇÕES

Art. 1º — A expressão 'trabalhos portuários' designa, para os fins da presente Convenção, em seu conjunto ou separadamente, as operações de carregamento ou descarregamento de todo navio bem como todas as operações conexas; a definição de tais operações deverá ser fixada pela legislação ou a prática nacional. As organizações de empregadores e trabalhadores interessadas deverão ser consultadas quando da elaboração ou revisão dessa definição ou nela se associarem de qualquer outra maneira.

Art. 2º — 1. Quando se tratar quer de estivagens efetuadas num lugar onde o tráfico for irregular e limitado a navios de baixo calado, quer de estivagens relativa a barcos pesqueiros ou a certas categorias de pesqueiros, cada Membro pode conceder isenções totais ou parciais ao disposto na presente Convenção, contanto que:

a) os trabalhos sejam efetuados em condições seguras;

b) a autoridade competente tenha se certificado, após consulta às organizações de empregadores e de trabalhadores interessadas, que a isenção pode razoavelmente ser concedida, levando em conta todas as circunstâncias.

2. Certas exigências particulares da III parte da presente Convenção podem ser modificadas se, após consulta a organizações de empregadores e trabalhadores interessadas, a autoridade competente se tiver certificado que as modificações garantem vantagens equivalentes e de que, em seu conjunto, a proteção dessa maneira assegurada não for inferior àquela que resultaria da aplicação integral das disposições da presente Convenção.

3. As derrogações totais ou parciais consideradas no § 1 deste artigo e as modificações importantes consideradas no § 2, bem como as razões que as motivaram, deverão ser indicadas nos relatórios sobre a aplicação da Convenção que devem ser apresentados por força do art. 22 da Constituição da Organização Internacional do Trabalho.

Art. 3º — Para os fins da presente Convenção:

a) pelo termo 'trabalhador', entende-se toda pessoa ocupada nos trabalhos portuários;

b) pela expressão 'pessoa competente', entende-se toda pessoa que tenha os conhecimentos e experiência requeridos para o cumprimento de uma ou várias funções específicas, e aceitável enquanto tal pela autoridade competente;

c) pela expressão 'pessoa responsável', entende-se toda pessoa designada pelo empregador, o capitão do navio ou o proprietário do aparelho, de acordo com o caso, para assegurar a execução de uma ou várias funções específicas e que tenha conhecimento e experiência suficientes bem como a autoridade exigida para que tenha as condições para desempenhar convenientemente esta ou estas funções;

d) pela expressão 'pessoa autorizada' entende-se toda pessoa autorizada pelo empregador, o capitão do navio ou uma pessoa responsável, para realizar uma ou mais tarefas específicas e que possua conhecimentos técnicos e experiência necessárias.

e) pela expressão 'aparelho de içar', consideram-se todos os aparelhos de carga, fixados ou móveis, utilizados em terra ou a bordo do navio para suspender, levantar ou arriar as cargas ou deslocá-las de um lugar para outro em posição suspensa ou levantada, incluindo rampas de cais acionadas pela força motriz;

f) pela expressão 'acessório de estivagem', considera-se todo acessório por meio do qual uma carga pode ser fixada num aparelho de içar, mas que não seja parte integrante do aparelho ou da carga;

g) pelo termo 'navio', consideram-se navios, barcos, barcaças, lanchões, bote de descarga e *hovercrafts* de quaisquer categorias, com exclusão dos vasos de guerra.

PARTE II
DISPOSIÇÕES GERAIS

Art. 4º — 1. A legislação nacional deverá dispor, no tocante às estivagens quais medidas, conforme as disposições da Parte III desta Convenção, serão tomadas visando:

a) a organização e manutenção dos locais de trabalho e dos materiais bem como a utilização de métodos de trabalho que ofereçam garantias de segurança e salubridade;

b) a organização e a manutenção, em todos os locais de trabalho, de meios de acesso que garantam a segurança dos trabalhadores;

c) a informação, formação e controle indispensáveis para garantir a proteção dos trabalhadores contra os riscos de acidente ou de prejuízos para a saúde que resultem de seu emprego ou que sobrevenham no exercício desse;

d) o fornecimento, aos trabalhadores, de todo equipamento de proteção individual, de todo o vestuário de proteção e de todos os meios de salvamento que poderão ser, no limite do razoável, exigidos quando não tiver sido possível prevenir, de outra maneira, os riscos de acidente ou prejuízos para a saúde;

e) a organização e manutenção dos meios adequados e suficientes de primeiros socorros e salvamentos; e

f) a elaboração e estabelecimento de procedimentos adequados destinados a fazer frente a todas as situações de emergência que possam advir.

2. As medidas a serem tomadas para a implementação desta Convenção deverão visar:

a) as prescrições gerais relativas à construção, equipamento e manutenção das instalações portuárias e outros lugares onde se efetuam as estivagens;

b) a luta contra os incêndios e as explosões e sua prevenção;

c) os meios de se chegar sem perigo aos navios, porões, plataformas, materiais e aparelhos de içar;

d) o transporte dos trabalhadores;

e) a abertura e fechamento das escotilhas, a proteção das escotilhas e o trabalho nos porões;

f) a construção, manutenção e utilização dos aparelhos de içar e de estivagem;

g) a construção, manutenção e utilização das plataformas;

h) as enxárcias e a utilização dos mastros de carga dos navios;

i) o teste, exame, inspeção e certificação, quando preciso for dos aparelhos de içar, dos acessórios de estivagem (inclusive as correntes e cordames) bem como as lingas e outros dispositivos de levantamento que formam parte integrante da carga;

j) a estivagem de diferentes tipos de carga;

k) o enfeixamento e o armazenamento das mercadorias;

l) as substâncias perigosas e outros riscos do ambiente de trabalho;

m) o equipamento de proteção individual e o vestuário de proteção;

n) as instalações sanitárias, banheiros e serviços de bem-estar;

o) a fiscalização médica;

p) os primeiros socorros e os meios de salvamento;

q) a organização da segurança e da higiene;

r) a formação dos trabalhadores;

s) a declaração e a investigação em caso de acidente de trabalho e doença profissional.

3. A aplicação prática das prescrições decorrentes do § 1 deste artigo deverá ser assegurada por ou apoiar-se em normas técnicas ou compêndios de diretrizes práticas aprovadas pela autoridade competente, ou por outros métodos adequados compatíveis com a prática e as condições nacionais.

Art. 5º — 1. A legislação nacional deverá responsabilizar as pessoas adequadas — empregadores, proprietários, capitães de navio ou quaisquer outras pessoas, de acordo com o caso — pela aplicação das medidas previstas no § 1 do art. 4º acima.

2. Cada vez que vários empregadores se entregarem simultaneamente a atividades num mesmo local de trabalho, deverão colaborar visando à aplicação das medidas prescritas, sem prejuízo da responsabilidade de cada empregador para com a saúde e segurança dos trabalhadores por ele empregados. Nos casos adequados, a autoridade competente prescreverá as modalidades gerais de tal colaboração.

Art. 6º — 1. Disposições deverão ser tomadas para que os trabalhadores:

a) sejam obrigados a não estorvarem indevidamente o funcionamento de um dispositivo de segurança previsto para sua própria proteção ou a de outras pessoas, ou não o empregarem de modo incorreto;

b) tomem razoavelmente conta de sua própria segurança e a das outras pessoas suscetíveis de serem afetadas por suas ações ou omissões no trabalho;

c) comuniquem sem demora a seu superior hierárquico imediato toda situação da qual tenham razões para pensar que essa possa apresentar um risco qualquer que não possam eles próprios corrigir, a fim de que medidas corretivas possam ser tomadas.

2. Poderão os trabalhadores ter direito, em todo local de trabalho, a dar sua contribuição para a segurança do trabalho dentro das limitações de controle que possam exercer sobre os materiais e métodos de trabalho e expressar opiniões sobre procedimentos de trabalho adotados, contanto que esses tenham em vista a segurança. Na medida em que isso seja adequado e conforme a legislação e a prática nacionais, quando comitês de segurança e higiene tiverem sido criados por força do art. 37 desta Convenção, esse direito será exercido por intermédio de tais comitês.

Art. 7º — 1. Dando efeito às disposições desta Convenção por meio de uma legislação nacional ou por qualquer outro meio adequado de conformidade com a prática e as condições nacionais, a autoridade competente deverá atuar após consulta às organizações de empregadores e de trabalhadores interessadas.

2. Deverá ser instituída estreita colaboração entre empregadores e trabalhadores ou seus representantes com vistas à aplicação das medidas previstas no § 1 do Art. 4º acima.

CONVENÇÕES DA OIT RATIFICADAS

PARTE III
MEDIDAS TÉCNICAS

Art. 8º — Quando um local de trabalho apresentar risco para a segurança ou a saúde, medidas eficientes deverão ser implementadas (fechamento, balizamento ou outros meios adequados, inclusive, se necessário, suspensão do trabalho) com vistas a proteger os trabalhadores até que esse lugar não apresente mais riscos.

Art. 9º — 1. Todos os locais onde as estivagens forem efetuadas e todas as vias de acesso a tais locais deverão ser iluminados de forma adequada e suficiente.

2. Todo obstáculo suscetível de apresentar risco para o deslocamento de um aparelho de içar, de um veículo ou de uma pessoa deverá — se não puder ser retirado por motivos de ordem prática — ser correta e visivelmente demarcado e, se preciso for, suficientemente iluminado.

Art. 10 — 1. Todos os solos empregados para a circulação de veículos ou o enfeixamento dos produtos ou mercadorias deverão ser dispostos para esse fim e corretamente conservados.

2. Quando produtos ou mercadorias forem engavelados, arrimados, desengavelados ou desarrimados, essas operações deverão ser efetuadas ordenadamente e com precaução, levando em consideração a natureza e o condicionamento dos produtos ou das mercadorias.

Art. 11 — 1. Corredores suficientemente largos deverão ser dispostos para permitirem a utilização sem perigo dos veículos e aparelhos de estivagem.

2. Corredores distintos para os pedestres deverão ser dispostos, quando for necessário e possível; tais corredores deverão ter largura suficiente e, na medida do possível, separados dos corredores usados pelos veículos.

Art. 12 — Meios adequados e suficientes de combate ao incêndio deverão estar à disposição para serem utilizados onde as estivagens estiverem sendo efetuadas.

Art. 13 — 1. Todas as partes perigosas das máquinas deverão ser eficientemente protegidas a menos que estejam localizadas ou agenciadas de modo a oferecer a mesma segurança do que se estivessem eficientemente protegidas.

2. Medidas eficientes deverão ser tomadas para que, em caso de emergência, a alimentação em energia de cada máquina possa ser cortada rapidamente, se necessário for.

3. Quando for necessário proceder, numa maquina, a trabalhos de limpeza, manutenção ou reparo comportando um risco qualquer para uma pessoa, a máquina deverá ser parada antes do início de tal trabalho e medidas suficientes deverão ser tomadas de modo a garantir que a máquina não possa ser acionada após o término do trabalho, entendendo-se que uma pessoa responsável poderá acioná-la para teste ou regulagem que não seriam possíveis caso a máquina estivesse parada.

4. Somente pessoa autorizada poderá:

a) retirar um protetor quando o trabalho a ser efetuado assim o exigir;

b) retirar um dispositivo de segurança ou o tornar inoperante para fins de limpeza, regulagem ou reparo.

5. Quando um protetor tiver sido retirado, precauções suficientes deverão ser tomadas, e o protetor deverá ser reposto em seu lugar assim que for praticamente realizável.

6. Quando um dispositivo de segurança tiver sido retirado ou tornado inoperante, deverá ser reposto em seu lugar ou posto para funcionar assim que for praticamente realizável, e medidas deverão ser tomadas para que a referida instalação não possa funcionar de modo intempestivo ou ser utilizada todo o tempo em que o dispositivo de segurança não tiver sido recolocado em seu lugar ou não estiver em condição de funcionamento.

7. Para os fins do presente artigo, o termo 'máquina' compreende todo aparelho de içar, painel de porão acionado mecanicamente ou aparelhagem acionada por força motriz.

Art. 14 — Todos os materiais e instalações elétricas deverão ser construídos, dispostos, explorados e conservados de modo a que seja prevenido qualquer perigo e estar de acordo com as normas que poderão ter sido reconhecidas pela autoridade competente.

Art. 15 — Quando um navio for carregado ou descarregado do bordo para o cais ou do bordo a bordo de outro navio, meios adequados de acesso ao navio que ofereçam garantias de segurança, corretamente instaladas e fixadas, deverão ser organizados e disponíveis.

Art. 16 — 1. Quando trabalhadores tiverem que ser transportados por água para um navio ou para outro lugar e ser trazidos de volta, medidas suficientes deverão ser previstas para garantir a segurança de seu embarque, transporte e desembarque; as condições a serem preenchidas pelas embarcações a serem utilizadas para essa finalidade deverão ser especificadas.

2. Quando trabalhadores tiverem que ser transportados por terra para um local de trabalho e trazidos de volta, os meios de transportes a serem providenciados pelo empregador deverão oferecer garantias de segurança.

Art. 17 — 1. O acesso ao porão ou ao convés de mercadorias deverá ser assegurado:

a) por uma escada fixa ou, quando isto não for praticamente possível, por uma escada de mão afixada, por meio de ganchos ou por degraus ocos de dimensões adequadas, com resistência suficiente e construção adequada;

b) por qualquer outro meio aceitável pela autoridade competente.

2. Na medida em que for possível e praticamente realizável, os meios de acesso especificados no presente Artigo deverão ser separados da área da escotilha.

3. Os trabalhadores não deverão usar nem ser obrigados a usar os meios de acesso ao porão ou ao convés de mercadorias de um navio diferentes dos que estão especificados no presente artigo.

Art. 18 — 1. Nenhum painel de porão nem barrote deverá ser utilizado, a menos que seja de construção sólida, de resistência suficiente para a utilização que deve ser feita e mantido em bom estado de conservação.

2. Os painéis de porão manobrados com o auxílio de um aparelho de içar deverão ser providos de fixações adequadas e facilmente acessíveis para que sejam pendurados neles as lingas ou qualquer outro acessório.

3. Os painéis de porão e os barrotes deverão, contanto que não sejam intermutáveis, ser claramente marcados indicando a escotilha a que pertencem bem como sua posição sobre essa.

4. Somente uma pessoa autorizada (cada vez que for possível praticamente, um membro da tripulação) deverá estar em condições de abrir ou fechar os painéis de porão acionados por força motriz: esses não deverão ser abertos ou fechados enquanto a manobra apresentar perigo para quem quer que seja.

5. As disposições do § 4 acima deverão aplicar-se, *mutatis mutandis*, às instalações de bordo acionadas pela força motriz, tais como; porta instalada no casco, rampa, convés-garagem escamoteável ou outro dispositivo análogo.

Art. 19 — 1. Medidas suficientes deverão ser tomadas para proteger toda abertura que possa apresentar riscos de queda para os trabalhadores ou os veículos num convés ou na entre ponte onde trabalhadores devem exercer sua atividade.

2. Toda escotilha, que não estiver provida de uma tampa de altura ou resistência suficientes, deverá ser fechada ou seu parapeito reposto no lugar quando não estiver mais em serviço, salvo durante as interrupções do trabalho de curta duração, e uma pessoa responsável deverá ser encarregada de vigiar para que essas medidas sejam observadas.

Art. 20 — 1. Todas as medidas necessárias deverão ser tomadas a fim de garantir a segurança dos trabalhadores obrigados a permanecer no porão ou na entre ponte de mercadorias de navio quando veículos motorizados forem aí usados ou que operações de carga e descarga forem efetuadas com a ajuda de aparelhos motorizados.

2. Os painéis de porão e os barrotes não deverão ser retirados ou repostos quando os trabalhos estiverem sendo executados no porão situado abaixo da escotilha. Antes de se proceder a operações de carga ou descarga, os painéis de porão e os barrotes que não estiverem convenientemente fixados deverão ser retirados.

3. Uma ventilação suficiente deverá ser assegurada no porão ou na entreponte de mercadorias mediante circulação de ar fresco, com a finalidade de prevenir os riscos de prejuízo à saúde causados pelas fumaças expelidas por motores de combustão interna ou de outras fontes.

4. Disposições suficientes, inclusive meios de evacuação sem perigo, deverão ser previstos para a proteção das pessoas quando operações de carga ou descarga de carregamentos a granel sólidos estiverem sendo efetuadas num porão ou numa entreponte, ou quando um trabalhador for chamado a trabalhar numa tremonha a bordo.

Art. 21 — Todo aparelho de içar, todo acessório de estivagem e todo cabo de guindastes ou dispositivo de levante que sejam parte integrante de uma carga deverão ser:

a) de uma concepção e construção cuidadosas, de resistência adequada à sua utilização, com manutenção que os conserve em bom estado e, nos casos dos aparelhos de içar para os quais torna-se necessário, corretamente instalados;

b) utilizados de modo correto e seguro; especialmente, não deverão ser carregados acima de sua carga máxima, exceto em se tratando de testes efetuados regulamentarmente e sob a direção de pessoa competente.

Art. 22 — 1. Todo aparelho de içar e todo acessório de estivagem deverão ser submetidos a testes efetuados de acordo com a legislação nacional por uma pessoa competente antes de sua entrada em serviço e depois de qualquer modificação ou reparo importantes efetuados em uma parte suscetível de afetar sua segurança.

2. Os aparelhos de içar que fazem parte do equipamento de um navio serão submetidos a novo teste, pelo menos uma vez em cada cinco anos.

3. Os aparelhos de içar do cais serão submetidos a novo teste nos intervalos prescritos pela autoridade competente.

4. No término de cada teste de um aparelho de içar ou de um acessório de estivagem efetuado de acordo com as disposições do presente Artigo, o aparelho ou acessório deverá ser objeto de exame minucioso e será lavrado um atestado pela pessoa que aplicou o referido teste.

Art. 23 — 1. Não obstante as disposições do art. 22, todo aparelho de içar e todo acessório de estivagem deverão periodicamente ser objeto de exame minucioso e deverá ser lavrado um atestado por pessoa competente; tais exames deverão ser feitos pelo menos uma vez em cada 12 meses.

2. Para efeito do § 4 do art. 22 e do § 1 acima, entende-se por exame minucioso, o exame visual detalhado efetuado por pessoa competente, complementado, se preciso for, por outros meios ou medidas adequadas com vistas a chegar a uma conclusão fundamentada quanto à segurança do aparelho de içar ou do acessório de estivagem examinado.

Art. 24 — 1. Qualquer acessório de estivagem deverá ser inspecionado regularmente antes de ser utilizado, ficando entendido que as lingas perdidas ou descartáveis não deverão ser reutilizadas. No caso de cargas pré-lingadas, as lingas deverão ser inspecionadas tantas vezes quanto isso for razoável e praticamente possível.

2. Para efeito do § 1 acima, entende-se por inspeção um exame visual efetuado por pessoa responsável, com vistas a decidir, na medida em que se possa dessa maneira ter segurança, se a utilização do acessório ou da linga podem prosseguir sem riscos.

Art. 25 — 1. Termos devidamente autenticados que atestam uma presumível e suficiente segurança do funcionamento dos aparelhos de içar e dos acessórios da estivagem serão conservados, em terra ou a bordo, dependendo do caso, especificando a carga máxima de utilização, a data e os resultados dos testes, exames minuciosos e inspeções mencionados nos arts. 22, 23 e 24 acima, ficando entendido que, no caso das inspeções mencionadas no § 1 do Art. 24 acima, um termo será lavrado somente quando a inspeção tiver revelado um defeito.

2. Um registro dos aparelhos de içar e dos acessórios da estivagem deverá ser lançado do modo prescrito pela autoridade competente, levando em consideração o modelo recomendado pela Repartição Internacional do Trabalho.

3. O registro deverá incluir os certificados expedidos ou reconhecidos pela autoridade competente, ou cópias autenticadas dos referidos certificados lavrados do modo prescrito pela autoridade competente, levando em conta modelos recomendados pela Repartição Internacional do Trabalho no que se refere, de acordo com o caso, ao exame minucioso ou à inspeção dos aparelhos de içar ou dos acessórios de estivagem.

Art. 26 — 1. Com vistas a garantir o reconhecimento mútuo das disposições tomadas pelos Membros que tenham ratificado a presente Convenção no tocante ao teste, exame minucioso, inspeção e estabelecimento dos certificados relativos aos aparelhos de içar e aos acessórios de estivagem que fazem parte do equipamento de um navio, bem como os termos relativos aos mesmos:

a) a autoridade competente de todo Membro que tenha ratificado a Convenção deverá designar ou reconhecer de qualquer outro modo, pessoas ou entidades, nacionais ou internacionais competentes encarregadas de efetuar os testes e os exames minuciosos ou outras atividades conexas e condições tais que estas pessoas ou entidades só continuem a ser designadas ou reconhecidas se cumprirem suas funções de maneira satisfatória;

b) qualquer membro que tenha ratificado a Convenção deverá aceitar ou reconhecer as pessoas ou entidades designadas ou reconhecidas de qualquer outro modo por força da alínea a acima, ou deverá concluir acordos de reciprocidade no que tange tal aceitação ou reconhecimento, com a ressalva de que, em ambos os casos, as referidas pessoas ou entidades cumpram satisfatoriamente suas funções.

2. Nenhum aparelho de içar, acessório de estivagem ou outro aparelho de estivagem deverá ser utilizado se:

a) a autoridade competente não estiver convencida, com base num certificado de teste ou exame ou de um termo autenticado, de acordo com o caso, de que o teste, exame ou inspeção necessários tenham sido efetuados de acordo com as disposições da presente Convenção;

b) o parecer da autoridade competente considerar que a utilização do aparelho ou acessório não oferece garantias de segurança suficientes.

3. O § 2 acima não deverá ser aplicado de modo a que sejam atrasadas a carga ou a descarga de um navio cujo equipamento utilizado satisfaça a autoridade competente.

Art. 27 — 1. Todo aparelho de içar (outro que mastro de carga de navio) que tenha uma única carga máxima de utilização e todo acessório de estivagem, deverão trazer, de modo preciso, a indicação de sua carga máxima de utilização gravada com buril ou, quando isso não for praticável, mediante outros meios adequados.

2. Todo aparelho de içar (outro que mastro de carga de navio), tendo mais de uma carga máxima de utilização, deverá ser equipado com dispositivos eficientes que possibilitem ao condutor determinar a carga máxima em todas as condições de utilização.

3. Todo mastro de carga de navio (que não seja mastro-guindaste) deverá trazer a indicação, de modo preciso, das cargas máximas de utilização aplicáveis quando for usado o mastro de carga:

a) sozinho;

b) com uma roldana inferior;

c) acoplado a outro mastro de carga em todas as posições possíveis da roldana.

Art. 28 — Todo navio deverá conservar a bordo os planos de enxárcia e todos os outros documentos necessários para possibilitar a execução correta dos mastros de carga e de seus acessórios.

Art. 29 — As palhetas e outros dispositivos análogos destinados a conter ou carregar as cargas deverão ser de construção sólida e resistência suficiente e não apresentar defeito visível de maneira a tornar perigosa sua utilização.

Art. 30 — As cargas não deverão ser nem suspensas nem arriadas se não estiverem ligadas ou fixadas de outro modo ao aparelho de içar de maneira a oferecer garantias de segurança.

Art. 31 — 1. O planejamento dos terminais de containers e a organização do trabalho nesses terminais deverão ser concebidos de modo a que, na medida em que for razoável e praticamente possível, seja garantida a segurança dos trabalhadores.

2. Os navios que transportam containers deverão ser equipados com meios que possibilitem a segurança dos trabalhadores que procedem à preensão e depreensão dos containers.

Art. 32 — 1. As cargas perigosas deverão ser acondicionadas, marcadas e rotuladas, estivadas, armazenadas ou arrimadas de acordo com as disposições dos regulamentos internacionais aplicáveis ao transporte de tais mercadorias perigosas por água e à estivagem das mercadorias perigosas nos portos.

2. As substâncias perigosas só deverão ser estivadas, armazenadas ou arrimadas se forem acondicionadas, marcadas e rotuladas de acordo com os regulamentos internacionais aplicáveis ao transporte de tais substâncias.

3. Se recipientes ou containers que contenham substâncias perigosas forem quebrados ou danificados a ponto de apresentarem algum risco, as operações de estivagem diferentes das que são necessárias para eliminar o perigo, deverão ser suspensas na região ameaçada e os trabalhadores colocados em local protegido até que o risco tenha sido eliminado.

4. Medidas suficientes deverão ser tomadas para prevenir a exposição dos trabalhadores a substâncias ou agentes tóxicos ou nocivos, ou a atmosfera apresentando uma insuficiência de oxigênio ou um risco de explosão.

5. Quando trabalhadores forem chamados para ocuparem espaços confinados nos quais podem haver substâncias tóxicas ou nocivas, ou nos quais pode manifestar-se insuficiência de oxigênio, medidas suficientes deverão ser tomadas para prevenir riscos de acidentes e prejuízo à saúde.

Art. 33 — Precauções adequadas deverão ser tomadas para proteger os trabalhadores contra os efeitos perigosos de barulho excessivo nos locais de trabalho.

Art. 34 — 1. Quando uma proteção suficiente contra os riscos de acidentes ou de prejuízo à saúde não puder ser garantida por outros meios, os trabalhadores deverão estar providos dos equipamentos de proteção individual e do vestuário de proteção que podem ser razoavelmente exigidos para lhes possibilitar a execução do trabalho com toda a segurança e deverão ser obrigados a fazer uso adequado desse material.

2. Os trabalhadores deverão ser convidados a cuidar de tais equipamentos de proteção individual e deste vestuário de proteção.

3. Os equipamentos de proteção individual e o vestuário de proteção deverão ser convenientemente conservados pelo empregador.

Art. 35 — Em previsão de acidentes, meios suficientes, inclusive pessoal qualificado, deverão estar facilmente disponíveis para salvar qualquer pessoa em perigo, administrar os primeiros socorros e evacuar os feridos em toda a medida em que for razoável e praticamente possível sem piorar seu estado.

Art. 36 — 1. Todo Membro deverá determinar por via da legislação nacional ou qualquer outro meio adequado de acordo com a prática e as condições nacionais e após consultas às organizações de empregadores e trabalhadores interessadas:

a) os riscos profissionais para os quais convém prever um exame médico prévio ou exames médicos periódicos, ou ambos os tipos de exames;

b) levando em conta a natureza e o grau dos riscos encorridos e das circunstâncias particulares, o intervalo máximo no qual os exames periódicos devem ser efetuados;

c) no caso de trabalhadores expostos a riscos profissionais particulares para a saúde, o alcance dos exames especiais considerados necessários;

d) as medidas adequadas para assegurar um serviço de medicina do trabalho para os trabalhadores.

2. Os exames médicos e especiais efetuados por força do § 1 acima, serão sem ônus para os trabalhadores.

3. As verificações feitas por ocasião dos exames médicos e especiais deverão permanecer confidenciais.

Art. 37 — 1. Comitês de segurança e higiene incluindo representantes dos empregadores e dos trabalhadores deverão ser criados em todos os portos em que haja número elevado de trabalhadores. Se necessário for, esses comitês deverão ser igualmente instituídos nos outros portos.

2. A implantação, a composição e as funções desses comitês deverão ser determinadas por meio da legislação nacional ou qualquer outro meio adequado de acordo com a prática e as condições nacionais, após consulta às organizações de empregadores e trabalhadores interessadas e à luz das condições locais.

Art. 38 — 1. Nenhum trabalhador deverá ser empregado na estivagem sem ter recebido treinamento ou formação suficientes quanto aos riscos em potencial inerentes a seu trabalho e quanto às principais precauções a serem tomadas.

2. Somente as pessoas com pelo menos 18 anos de idade e que possuam as aptidões e experiências necessárias ou as pessoas que estejam recebendo treinamento quando convenientemente supervisionadas poderão guiar os aparelhos de içar e outros aparelhos de estivagem.

Art. 39 — Com vistas a contribuir na prevenção dos acidentes de trabalho e das doenças profissionais, medidas deverão ser tomadas para que esses sejam declarados à autoridade competente, e se necessário, tornarem-se objeto de uma investigação.

Art. 40 — De acordo com a legislação ou a prática nacionais, instalações sanitárias e banheiros adequados e mantidos convenientemente limpos deverão ser previstos em número suficiente em todas as docas e a distâncias razoáveis dos locais de trabalho onde isto for praticamente realizável.

PARTE IV

APLICAÇÃO

Art. 41 — Cada Membro que ratificar a presente Convenção deverá:

a) especificar as obrigações em matéria de segurança e higiene do trabalho das pessoas e órgãos relativos às estivagens;

b) tomar as medidas necessárias e principalmente prever as sanções adequadas, para garantir a aplicação das disposições da presente Convenção;

c) incumbir determinados serviços de inspeção adequados, da aplicação das medidas a serem tomadas de acordo com as disposições da presente Convenção ou verificar se está assegurada uma inspeção adequada.

Art. 42 — 1. A legislação nacional deverá determinar os prazos nos quais as disposições da presente Convenção tornar-se-ão aplicáveis no que se refere a:

a) a construção ou equipamento dos navios;

b) a construção ou equipamento de todo aparelho de içar ou de estivagem situada no cais;

c) a construção de todo acessório de estivagem.

2. Os prazos determinados de acordo com o § 1 acima não deverão ultrapassar quatro anos a contar da data da ratificação da presente Convenção.

PARTE V

DISPOSIÇÕES FINAIS

Art. 43 — A presente Convenção é relativa à revisão da Convenção sobre Proteção dos Estivadores contra os Acidentes, 1929, e da Convenção sobre a Proteção dos Estivadores contra os Acidentes (revista), 1932.

Art. 44 — As ratificações formais da presente Convenção serão comunicadas ao Diretor-Geral da Repartição Internacional do Trabalho e por ele registradas.

Art. 45 — 1. A presente Convenção só vinculará os Membros da Organização Internacional do Trabalho, cujas ratificações tenham sido registradas pelo Diretor-Geral.

2. Esta Convenção entrará em vigor doze meses após o registro das ratificações de dois Membros pelo Diretor-Geral.

3. Posteriormente, esta Convenção entrará em vigor, para cada Membro, doze meses após o registro de sua ratificação.

Art. 46 — 1. Todo Membro que tenha ratificado a presente Convenção poderá denunciá-la após a expiração de um período de dez anos contados da entrada em vigor mediante ato comunicado ao Diretor-Geral da Repartição Internacional do Trabalho e por ele registrado. A denúncia só surtirá efeito um ano após o registro.

2. Todo Membro que tenha ratificado a presente Convenção, e não fizer uso da faculdade de denúncia prevista pelo presente artigo dentro do prazo de um ano após a expiração do período de dez anos

previsto no parágrafo anterior, ficará obrigado por novo período de dez anos e, posteriormente, poderá denunciar a presente Convenção ao expirar cada período de dez anos, nas condições previstas no presente artigo.

Art. 47 — 1. O Diretor-Geral da Repartição Internacional do Trabalho notificará a todos os Membros da Organização Internacional do Trabalho o registro de todas as ratificações e denúncias que lhe sejam comunicadas pelos Membros da Organização.

2. Ao notificar aos Membros da Organização o registro da segunda ratificação que lhe tenha sido comunicada, o Diretor-Geral chamará a atenção dos Membros da Organização para a entrada em vigor da presente Convenção.

Art. 48 — O Diretor-Geral da Repartição Internacional do Trabalho comunicará ao Secretário-Geral das Nações Unidas, para fins de registro, de acordo com o art. 102 da Carta das Nações Unidas, as informações completas referentes a quaisquer ratificações ou atos de denúncias que tenha registrado de acordo com os artigos anteriores.

Art. 49 — Sempre que o julgar necessário, o Conselho de Administração da Repartição Internacional do Trabalho deverá apresentar à Conferência Geral um relatório sobre a aplicação da presente Convenção e decidirá a oportunidade de inscrever na ordem do dia da Conferência a questão de sua revisão total ou parcial.

Art. 50 — 1. Se a Conferência adotar uma nova Convenção de revisão total ou parcial da presente Convenção e, disposição em contrário da nova Convenção:

a) a ratificação por um Membro da nova Convenção, recusará não obstante o disposto no art. 14 acima, implicará de pleno direito, na denúncia imediata da presente Convenção, desde que a nova Convenção tenha entrado em vigor;

b) a partir da data da entrada em vigor da Convenção revista, a presente Convenção deixará de estar aberta à ratificação dos Membros.

2. A presente Convenção continuará em todo caso, em vigor em sua forma e teor atuais para os Membros que a tiverem ratificado e que não ratificaram a Convenção revista.

Art. 51 — As versões inglesa e francesa do texto da presente Convenção serão igualmente autênticas."

CONVENÇÃO N. 154

I — Aprovada na 67ª reunião da Conferência Internacional do Trabalho (Genebra — 1981), entrou em vigor no plano internacional em 11.8.83.

II — Dados referentes ao Brasil:

a) aprovação = Decreto Legislativo n. 22, de 12.5.92, do Congresso Nacional;

b) ratificação = 10.7.92;

c) promulgação = Decreto n. 1.256, de 29.9.94;

d) vigência nacional = 10 de julho de 1993.

"A Conferência Geral da Organização Internacional do Trabalho:

Convocada em Genebra pelo Conselho de Administração da Repartição Internacional do Trabalho, e reunida naquela cidade em 3 de junho de 1981, em sua sexagésima sétima reunião;

Reafirmando a passagem da Declaração da Filadélfia onde reconhece-se 'a obrigação solene de a Organização Internacional do Trabalho de estimular, entre todas as nações do mundo, programas que permitam (...) alcançar o reconhecimento efetivo do direito de negociação coletiva', e levando em consideração que tal princípio é 'plenamente aplicável a todos os povos';

Tendo em conta a importância capital das normas internacionais contidas na convenção sobre a liberdade sindical e a proteção do direito de sindicalização, de 1948; na convenção sobre o direito de sindicalização e de negociação coletiva, de 1949; na recomendação sobre os tratados coletivos, de 1951; na recomendação sobre conciliação e arbitragem voluntárias, de 1951; na convenção e na recomendação sobre as relações de trabalho na administração pública, de 1978; e na convenção e na recomendação sobre a administração do trabalho, de 1978;

Considerando que deveriam produzir-se maiores esforços para realizar os objetivos de tais normas e especialmente os princípios gerais enunciados no art. 4º da convenção sobre o direito de sindicalização e de negociação coletiva, de 1949, e no § 1º da recomendação sobre os contratos coletivos, de 1951;

Considerando, por conseguinte, que essas normas deveriam ser complementadas por medidas apropriadas baseadas nas ditas normas e destinadas a estimular a negociação coletiva livre e voluntária;

Após ter decidido adotar diversas proposições relativas ao incentivo à negociação coletiva, questão esta que constitui o quarto ponto da ordem do dia da reunião; e

Depois de ter decidido que tais proposições devem se revestir da forma de uma convenção internacional adota com a data de 19 de junho de mil novecentos e oitenta e um, a presente Convenção, que poderá ser citada como a 'Convenção sobre a Negociação Coletiva, de 1981':

PARTE I
CAMPO DE APLICAÇÃO E DEFINIÇÕES

Definições

Art. 1 — 1. A presente Convenção aplica-se a todos os ramos da atividade econômica.

2. A legislação ou a prática nacionais poderá determinar até que ponto as garantias previstas na presente Convenção são aplicáveis às forças armadas e à polícia.

3. No que se refere à administração pública, a legislação ou a prática nacionais poderão fixar modalidades particulares de aplicação desta Convenção.

Art. 2 — Para efeito da presente Convenção, a expressão 'negociação coletiva' compreende todas as negociações que tenham lugar entre, de uma parte, um empregador, um grupo de empregadores ou uma organização ou várias organizações de empregadores, e, de outra parte, uma ou várias organizações de trabalhadores, com fim de:

a) fixar as condições de trabalho e emprego; ou

b) regular as relações entre empregadores e trabalhadores; ou

c) regular as relações entre os empregadores ou suas organizações e uma ou várias organizações de trabalhadores, ou alcançar todos estes objetivos de uma só vez.

Art. 3 — 1. Quando a lei ou a prática nacionais reconhecerem a existência de representantes de trabalhadores que correspondam à definição do anexo b do art. 3 da Convenção sobre os representantes dos trabalhadores, de 1971, a lei ou a prática nacionais poderá determinar até que ponto a expressão 'negociação coletiva' pode igualmente se estender, no interesse da presente Convenção. Às negociações com tais representantes.

2. Quando, em virtude do que dispõe o § 1 deste artigo, a expressão 'negociação coletiva' incluir também as negociações com os representantes dos trabalhadores a que se refere o parágrafo mencionado, deverão ser adotadas, se necessário, medidas apropriadas para garantir que a existência destes representantes não seja utilizada em detrimento da posição das organizações de trabalhadores interessadas.

PARTE II
MÉTODOS DE APLICAÇÃO

Art. 4 — Na medida em que não se apliquem por meio de contratos coletivos, laudos arbitrais ou qualquer outro meio adequado à prática nacional, as disposições da presente Convenção deverão ser aplicadas por meio da legislação nacional.

PARTE III
ESTÍMULO À NEGOCIAÇÃO COLETIVA

Art. 5 — 1. Deverão ser adotadas medidas adequadas às condições nacionais no estímulo à negociação coletiva.

2. As medidas a que se refere o § 1 deste artigo devem prover que:

a) a negociação coletiva seja possibilitada a todos os empregadores e a todas as categorias de trabalhadores dos ramos de atividade a que aplique a presente Convenção;

b) a negociação coletiva seja progressivamente estendida a todas as matérias a que se referem os anexos a, b e c do art. 2 da presente Convenção;

c) seja estimulado o estabelecimento de normas de procedimentos acordadas entre as organizações de empregadores e as organizações de trabalhadores;

d) a negociação coletiva não seja impedida devido à inexistência ou ao caráter impróprio de tais normas;

e) os órgãos e procedimentos de resolução dos conflitos trabalhistas sejam concedidos de tal maneira que possam contribuir para o estímulo à negociação coletiva.

Art. 6 — As disposições da presente Convenção não obstruirão o funcionamento de sistemas de relações de trabalho, nos quais a negociação coletiva ocorra num quadro de mecanismos ou de instituições de conciliação ou de arbitragem, ou de ambos, nos quais tomem parte voluntariamente as partes na negociação coletiva.

Art. 7 — As medidas adotadas pelas autoridades públicas para estimular o desenvolvimento da negociação coletiva deverão ser objeto de consultas prévias e, quando possível, de acordos entre as autoridades públicas e as organizações patronais e as de trabalhadores.

Art. 8 — As medidas previstas com o fito de estimular a negociação coletiva não deverão ser concebidas ou aplicadas de modo a obstruir a liberdade de negociação coletiva.

PARTE IV
DISPOSIÇÕES FINAIS

Art. 9 — A presente Convenção não revê nenhuma convenção ou recomendação internacional de trabalho existentes.

Art. 10 — As ratificações formais da presente Convenção serão comunicadas ao Diretor-Geral da Repartição Internacional do Trabalho e por ele registradas.

Art. 11 — 1. A presente Convenção só vinculará os Membros da Organização Internacional do Trabalho, cujas ratificações tenham sido registradas pelo Diretor-Geral.

2. Esta Convenção entrará em vigor doze meses após o registro das ratificações de dois Membros pelo Diretor-Geral.

3. Posteriormente, esta Convenção entrará em vigor, para cada Membro, doze meses após o registro de sua ratificação.

Art. 12 — 1. Todo Membro que tenha ratificado a presente Convenção poderá denunciá-la após a expiração de um período de dez anos contados da entrada em vigor mediante ato comunicado ao Diretor-Geral da Repartição Internacional do Trabalho e por ele registrado. A denúncia só surtirá efeito um ano após o registro.

2. Todo Membro que tenha ratificado a presente Convenção, e não fizer uso da faculdade de denúncia prevista pelo presente artigo dentro do prazo de um ano após a expiração do período de dez anos previsto no parágrafo anterior, ficará obrigado por novo período de dez anos e, posteriormente, poderá denunciar a presente Convenção ao expirar cada período de dez anos, nas condições previstas no presente artigo.

Art. 13 — 1. O Diretor-Geral da Repartição Internacional do Trabalho notificará a todos os Membros da Organização Internacional do Trabalho o registro de todas as ratificações e denúncias que lhe sejam comunicadas pelos Membros da Organização.

2. Ao notificar aos Membros da Organização o registro da segunda ratificação que lhe tenha sido comunicada, o Diretor-Geral chamará a atenção dos Membros da Organização para a entrada em vigor da presente Convenção.

Art. 14 — O Diretor-Geral da Repartição Internacional do Trabalho comunicará ao Secretário-Geral das Nações Unidas, para fins de registro, de acordo com o art. 102 da Carta das Nações Unidas, as informações completas referentes a quaisquer ratificações ou atos de denúncias que tenha registrado de acordo com os artigos anteriores.

Art. 15 — Sempre que o julgar necessário, o Conselho de Administração da Repartição Internacional do Trabalho deverá apresentar à Conferência Geral um relatório sobre a aplicação da presente Convenção e decidirá a oportunidade de inscrever na ordem do dia da Conferência a questão de sua revisão total ou parcial.

Art. 16 — 1. Se a Conferência adotar uma nova Convenção de revisão total ou parcial da presente Convenção e, disposição em contrário da nova Convenção:

a) a ratificação por um Membro da nova Convenção, recusará não obstante o disposto no art. 14 acima, implicará de pleno direito, na denúncia imediata da presente Convenção, desde que a nova Convenção tenha entrado em vigor;

b) a partir da data da entrada em vigor da Convenção revista, a presente Convenção deixaria de estar aberta à ratificação dos Membros.

2. A presente Convenção continuará em todo caso, em vigor em sua forma e teor atuais para os Membros que a tiverem ratificado e que não ratificaram a Convenção revista.

Art. 17 — As versões inglesa e francesa do texto da presente Convenção serão igualmente autênticas."

CONVENÇÃO N. 155

I — Aprovada na 67ª reunião da Conferência Internacional do Trabalho (Genebra — 1981), entrou em vigor no plano internacional em 11.8.83.

II — Dados referentes ao Brasil:

a) aprovação = Decreto Legislativo n. 2, de 17.3.92, do Congresso Nacional;

b) ratificação = 18 de maio de 1992;

c) promulgação = Decreto n. 1.254, de 29.9.94;

d) vigência nacional = 18 de maio de 1993.

"A Conferência Geral da Organização Internacional do Trabalho:

Convocada em Genebra pelo conselho de Administração da Repartição Internacional do Trabalho, e reunida nessa cidade em 3 de junho de 1981, na sua sexagésima sétima sessão;

Após ter decidido adotar diversas proposições relativas à segurança, à higiene e ao meio-ambiente de trabalho, questão que constitui o sexto item da agenda da reunião, e

Após ter decidido que tais proposições tomariam a forma de uma convenção internacional, adotada, na data de 22 de junho de mil novecentos e oitenta e um, a presente convenção, que poderá ser citada como a 'Convenção sobre Segurança e Saúde dos Trabalhadores, 1981':

PARTE I
ÁREA DE APLICAÇÃO E DEFINIÇÕES

Art. 1 — 1. A presente Convenção aplica-se a todas as áreas de atividade econômica.

2. Todo Membro que ratificar a presente Convenção poderá, mediante consulta prévia, tão cedo quanto possível, às organizações representativas de empregadores e de trabalhadores interessadas, excluir total ou parcialmente da sua aplicação determinadas áreas de atividade econômica, tais como o transporte marítimo ou a pesca, nas quais essa aplicação apresentasse problemas especiais de uma certa importância.

3. Todo Membro que ratificar a presente Convenção deverá enumerar, no primeiro relatório sobre a aplicação da Convenção que submeter, em virtude do art. 22 da Constituição da Organização Internacional do Trabalho, as áreas de atividade econômica que tiverem sido excluídas em virtude do § 2 deste artigo, explicando os motivos dessa exclusão e descrevendo as medidas adotadas para assegurar a proteção suficiente dos trabalhadores nas áreas excluídas, e deverá indicar nos relatórios subseqüentes todo progresso que for realizado no sentido de uma aplicação mais abrangente.

Art. 2 — 1. A presente Convenção aplica-se a todos os trabalhadores das áreas de atividade econômica abrangidas.

2. Todo Membro que ratificar a presente Convenção poderá, mediante consulta prévia, tão cedo quanto possível, às organizações representativas de empregadores e de trabalhadores interessadas, excluir parcial ou totalmente da sua aplicação categorias limitadas de trabalhadores que apresentariam problemas particulares para sua aplicação.

3. Todo Membro que ratificar a presente Convenção deverá enumerar, no primeiro relatório sobre a aplicação que submeter, em virtude do art. 22 da Constituição da Organização Internacional do Trabalho, as categorias limitadas de trabalhadores que tiverem sido excluídas em virtude do § 2 deste artigo, explicando os motivos dessa exclusão, e deverá indicar nos relatórios subseqüentes todos os progressos realizados no sentido de uma aplicação mais abrangente.

Art. 3 — Para os fins da presente Convenção:

a) a expressão 'áreas de atividade econômica' abrange todas as áreas em que existam trabalhadores empregados, inclusive a administração pública;

b) o termo 'trabalhadores' abrange todas as pessoas empregadas, incluindo os funcionários públicos;

c) a expressão 'local de trabalho' abrange todos os lugares onde os trabalhadores devem permanecer ou onde têm que comparecer, e que estejam sob o controle, direto ou indireto, do empregador;

d) o termo 'regulamentos' abrange todas as disposições às quais a autoridade ou as autoridades competentes tiverem dado força de lei;

e) o termo 'saúde', com relação ao trabalho, abrange não só a ausência de afecções ou de doenças, mas também os elementos físicos e mentais que afetam a saúde e estão diretamente relacionados com a segurança e a higiene no trabalho.

PARTE II
PRINCÍPIO DE UMA POLÍTICA NACIONAL

Art. 4 — 1. Todo Membro deverá, em consulta com as organizações mais representativas de empregadores e de trabalhadores, e levando em conta as condições e as práticas nacionais, formular, pôr em prática e reexaminar periodicamente uma política nacional coerente em matéria de segurança e saúde dos trabalhadores e o meio-ambiente de trabalho.

2. Essa política terá como objetivo prevenir os acidentes e os danos à saúde que forem consequência do trabalho tenham relação com a atividade de trabalho, ou se apresentarem durante o trabalho, reduzindo ao mínimo, na medida que for razoável e possível, as causas dos riscos inerentes ao meio-ambiente de trabalho.

Art. 5 — A política à qual se faz referência no art. 4 da presente Convenção deverá levar em consideração as grandes esferas de ação que se seguem, na medida em que possam afetar a segurança e a saúde dos trabalhadores e o meio-ambiente de trabalho:

a) projeto, teste, escolha, substituição, instalação, arranjo, utilização e manutenção dos componentes materiais do trabalho (locais de trabalho, meio-ambiente de trabalho, ferramentas, maquinário e equipamentos; substâncias e agentes químicos, biológicos e físicos; operações e processos);

b) relações existentes entre os componentes materiais do trabalho e as pessoas que o executam ou supervisionam, e adaptação do maquinário, dos equipamentos, do tempo de trabalho, da organização do trabalho e das operações e processos às capacidades físicas e mentais dos trabalhadores;

c) treinamento, incluindo o treinamento complementar necessário, qualificações e motivação das pessoas que intervenham, de uma ou outra maneira, para que sejam atingidos níveis adequados de segurança e higiene;

d) comunicação e cooperação a níveis de grupo de trabalho e de empresa e em todos os níveis apropriados, inclusive até o nível nacional;

e) a proteção dos trabalhadores e de seus representantes contra toda medida disciplinar por eles justificadamente empreendida de acordo com a política referida no art. 4 da presente Convenção.

Art. 6 — A formulação da política referida no art. 4 da presente Convenção deveria determinar as funções e responsabilidades respectivas, em matéria de segurança e saúde dos trabalhadores e meio-ambiente de trabalho, das autoridades públicas, dos empregadores, dos trabalhadores e de outras pessoas interessadas, levando em conta o caráter complementar dessas responsabilidades, assim como as condições e a prática nacionais.

Art. 7 — A situação em matéria de segurança e saúde dos trabalhadores e meio-ambiente de trabalho deverá ser examinada, a intervalos adequados, globalmente ou com relação a setores determinados, com a finalidade de se identificar os principais problemas, elaborar meios eficazes para resolvê-los, definir a ordem de prioridade das medidas que forem necessário adotar, e avaliar os resultados.

PARTE III
AÇÃO A NÍVEL NACIONAL

Art. 8 — Todo Membro deverá adotar, por via legislativa ou regulamentar ou por qualquer outro método de acordo com as condições e a prática nacionais, e em consulta com as organizações representativas de empregadores e de trabalhadores interessadas, as medidas necessárias para tornar efetivo o art. 4 da presente Convenção.

Art. 9 — O controle da aplicação das leis e dos regulamentos relativos à segurança, a higiene e o meio-ambiente de trabalho deverá estar assegurado por um sistema de inspeção das leis ou dos regulamentos.

Art. 10 — Deverão ser adotadas medidas para orientar os empregadores e os trabalhadores com o objetivo de ajudá-los a cumprirem com suas obrigações legais.

Art. 11 — Com a finalidade de tornar efetiva a política referida no art. 4 da presente Convenção, a autoridade ou as autoridades competentes deverá garantir a realização progressiva das seguintes tarefas:

a) a determinação, quando a natureza e o grau de risco assim o requererem, das condições que regem a concepção, a construção e o acondicionamento das empresas, sua colocação em funcionamento, as transformações mais importantes que forem necessárias e toda modificação dos seus fins iniciais, assim como a segurança do equipamento técnico utilizado no trabalho e a aplicação de procedimentos definidos pelas autoridades competentes;

b) a determinação das operações e processos que serão proibidos, limitados ou sujeitos à autorização ou ao controle da autoridade ou autoridades competentes, assim como a determinação das substâncias e agentes aos quais estará proibida a exposição no trabalho, ou bem limitada ou sujeita à autorização ou ao controle da autoridade ou autoridades competentes; deverão ser levados em consideração os riscos para a saúde decorrentes da exposição simultânea a diversas substâncias ou agentes;

c) o estabelecimento e a aplicação de procedimentos para a declaração de acidentes do trabalho e doenças profissionais por parte dos empregadores e, quando for pertinente, das instituições seguradoras ou outros organismos ou pessoas diretamente interessadas, e a elaboração de estatísticas anuais sobre acidentes do trabalho e doenças profissionais;

d) a realização de sindicâncias cada vez que um acidente do trabalho, um caso de doença profissional ou qualquer outro dano à saúde ocorrido durante o trabalho ou com relação com o mesmo possa indicar uma situação grave;

e) a publicação anual de informações sobre as medidas adotadas para a aplicação da política referida no art. 4 da presente Convenção e sobre os acidentes de trabalho, os casos de doenças profissionais ou outros danos à saúde ocorridos durante o trabalho ou com relação com o mesmo;

f) levando em consideração as condições e possibilidades nacionais, a introdução ou desenvolvimento de sistemas de pesquisa dos agentes químicos, físicos ou biológicos no que diz respeito aos riscos que eles representarem para a saúde dos trabalhadores.

Art. 12 — Deverão ser adotadas medidas em conformidade com a legislação e a prática nacionais a fim de cuidar de que aquelas pessoas que projetam, fabricam, importam, fornecem ou cedem, sob qualquer título, maquinário, equipamentos ou substâncias para uso profissional:

a) tenham certeza, na medida do razoável e possível, de que o maquinário, os equipamentos ou as substâncias em questão não implicarão perigo algum para a segurança e a saúde das pessoas que fizerem uso correto dos mesmos;

b) facilitem informações sobre a instalação e utilização corretas do maquinário e dos equipamentos, sobre o uso correto de substâncias, sobre os riscos apresentados pelas máquinas e os materiais, e sobre as características perigosas das substâncias químicas, dos agentes ou dos produtos físicos ou biológicos, assim como instruções sobre a forma de prevenir os riscos conhecidos;

c) façam estudos e pesquisas, ou se mantenham a par de qualquer outra forma, da evolução dos conhecimentos científicos e técnicos necessários para cumprir com as obrigações expostas nos itens a e b do presente artigo.

CONVENÇÕES DA OIT RATIFICADAS

Art. 13 — Em conformidade com a prática e as condições nacionais deverá ser protegido, de conseqüências injustificadas, todo trabalhador que julgar necessário interromper uma situação de trabalho por considerar, por motivos razoáveis, que ela envolve um perigo iminente e grave para sua vida ou sua saúde.

Art. 14 — Medidas deverão ser adotadas no sentido de promover, de maneira conforme à prática e às condições nacionais, a inclusão das questões de segurança, higiene e meio ambiente de trabalho em todos os níveis de ensino e de treinamento, incluídos aqueles do ensino superior técnico, médico e profissional, com o objetivo de satisfazer as necessidades de treinamento de todos os trabalhadores.

Art. 15 — 1. A fim de se assegurar à coerência da política referida no art. 4 da presente Convenção e das Medidas adotadas para aplicá-la, todo membro deverá implementar, mediante consulta prévia, tão cedo quanto possível, com as organizações mais representativas de empregadores e de trabalhadores e, quando for apropriado, com outros organismos, disposições de acordo com a prática e as condições nacionais a fim de conseguir a necessária coordenação entre as diversas autoridades e os diversos organismos encarregados de tornar efetivas as Partes II e III da presente Convenção.

2. Quando as circunstâncias requererem a prática e as condições nacionais permitirem, essas disposições deveriam incluir o estabelecimento de um organismo central.

PARTE IV
AÇÃO E NÍVEL DE EMPRESA

Art. 16 — 1. Deverá ser exigido dos empregadores que, na medida que for razoável e possível, garantam que os locais de trabalho, o maquinário, os equipamentos e as operações e processos que estiverem sob seu controle são seguros e não envolvem risco algum para a segurança e a saúde dos trabalhadores.

2. Deverá ser exigido dos empregadores que, na medida que for razoável e possível, garantam que os agentes e as substâncias químicas, físicas e biológicas que estiverem sob seu controle, não envolvam riscos para a saúde quando são tomadas medidas de proteção adequadas.

3. Quando for necessário, os empregadores deveriam fornecer roupas e equipamentos de proteção adequados a fim de prevenir, na medida que for razoável e possível, os riscos de acidentes ou de efeitos prejudiciais para a saúde.

Art. 17 — Sempre que duas ou mais empresas desenvolverem simultaneamente atividades num mesmo local de trabalho, as mesmas terão o dever de colaborar na aplicação das medidas previstas na presente Convenção.

Art. 18 — Os empregadores deverão prever, quando for necessário, medidas para lidar com situações de urgência e com acidentes, incluindo meios adequados para a administração de primeiros socorros.

Art. 19 — Deverão ser adotadas disposições, em nível de empresa, em virtude das quais:

a) os trabalhadores, ao executarem seu trabalho, cooperem com o cumprimento das obrigações que correspondem ao empregador;

b) os representantes dos trabalhadores na empresa cooperem com o empregador no âmbito da segurança e higiene do trabalho;

c) os representantes dos trabalhadores na empresa recebam informação adequada acerca das medidas tomadas pelo empregador para garantir a segurança e a saúde, e possam consultar as suas organizações representativas sobre essa informação, sob condição de não divulgarem segredos comerciais;

d) os trabalhadores e seus representantes na empresa recebam treinamento apropriado no âmbito da segurança e da higiene do trabalho;

e) os trabalhadores ou seus representantes e, quando for o caso, suas organizações representativas na empresa estejam habilitados, em conformidade com a legislação e a prática nacionais, para examinarem todos os aspectos da segurança e a saúde relacionados com seu trabalho, e sejam consultados nesse sentido pelo empregador; com essa finalidade, e em comum acordo, poder-se-á recorrer a conselheiros técnicos alheios à empresa;

f) o trabalhador informará imediatamente o seu superior hierárquico direto sobre qualquer situação de trabalho que, a seu ver e por motivos razoáveis, envolva um perigo iminente e grave para sua vida ou sua saúde; enquanto o empregador não tiver tomado medidas corretivas, se forem necessárias, não poderá exigir dos trabalhadores a sua volta a uma situação de trabalho onde exista, em caráter contínuo, um perigo grave ou iminente para sua vida ou sua saúde.

Art. 20 — A cooperação entre os empregadores e os trabalhadores ou seus representantes na empresa deverá ser um elemento essencial das medidas em matéria de organização e de outro tipo, que forem adotadas para a aplicação dos arts. 16 a 19 da presente Convenção.

Art. 21 — As medidas de segurança e higiene do trabalho não deverão implicar nenhum ônus financeiro para os trabalhadores.

PARTE V
DISPOSIÇÕES FINAIS

Art. 22 — A presente Convenção não revisa nenhuma das Convenções ou recomendações internacionais do trabalho existentes.

Art. 23 — As ratificações formais da presente Convenção serão comunicadas ao Diretor-Geral da Repartição Internacional do Trabalho e por ele registradas.

Art. 24 — 1. A presente Convenção só vinculará os Membros da Organização Internacional do Trabalho, cujas ratificações tenham sido registradas pelo Diretor-Geral.

2. Esta Convenção entrará em vigor doze meses após o registro das ratificações de dois Membros pelo Diretor-Geral.

3. Posteriormente, esta Convenção entrará em vigor, para cada Membro, doze meses após o registro de sua ratificação.

Art. 25 — 1. Todo Membro que tenha ratificado a presente Convenção poderá denunciá-la após a expiração de um período de dez anos contados da entrada em vigor mediante ato comunicado ao Diretor-Geral da Repartição Internacional do Trabalho e por ele registrado. A denúncia só surtirá efeito um ano após o registro.

2. Todo Membro que tenha ratificado a presente Convenção, e não fizer uso da faculdade de denúncia prevista pelo presente artigo dentro do prazo de um ano após a expiração do período de dez anos previsto no parágrafo anterior, ficará obrigado por novo período de dez anos e, posteriormente, poderá denunciar a presente Convenção ao expirar cada período de dez anos, nas condições previstas no presente Artigo.

Art. 26 — 1. O Diretor-Geral da Repartição Internacional do Trabalho notificará a todos os Membros da Organização Internacional do Trabalho o registro de todas as ratificações e denúncias que lhe sejam comunicadas pelos Membros da Organização.

2. Ao notificar aos Membros da Organização o registro da segunda ratificação que lhe tenha sido comunicada, o Diretor-Geral chamará a atenção dos Membros da Organização para a entrada em vigor da presente Convenção.

Art. 27 — O Diretor-Geral da Repartição Internacional do Trabalho comunicará ao Secretário-Geral das Nações Unidas, para fins de registro, de acordo com o art. 102 da Carta das Nações Unidas, as informações completas referentes a quaisquer ratificações ou atos de denúncias que tenha registrado de acordo com os artigos anteriores.

Art. 28 — Sempre que o julgar necessário, o Conselho de Administração da Repartição Internacional do Trabalho deverá apresentar à Conferência Geral um relatório sobre a aplicação da presente Convenção e decidirá a oportunidade de inscrever na ordem do dia da Conferência a questão de sua revisão total ou parcial.

Art. 29 — 1. Se a Conferência adotar uma nova Convenção de revisão total ou parcial da presente Convenção e, disposição em contrário da nova Convenção:

a) a ratificação por um Membro da nova Convenção, recusará não obstante o disposto no art. 14 acima, implicará de pleno direito, na denúncia imediata da presente Convenção, desde que a nova Convenção tenha entrado em vigor;

b) a partir da data da entrada em vigor da Convenção revista, a presente Convenção deixará de estar aberta à ratificação dos Membros.

2. A presente Convenção continuará em todo caso, em vigor em sua forma e teor atuais para os Membros que a tiverem ratificado e que não ratificaram a Convenção revista.

Art. 30 — As versões inglesa e francesa do texto da presente Convenção serão igualmente autênticas."

CONVENÇÃO N. 159

I — Aprovada na 69ª reunião da Conferência Internacional do Trabalho (Genebra — 1983), entrou em vigor no plano internacional em 20.6.85.

II — Dados referentes ao Brasil:

a) aprovação = Decreto Legislativo n. 51, de 25.8.89, do Congresso Nacional;

b) ratificação = 18 de maio de 1990;

c) promulgação = Decreto n. 129, de 22.5.91;

d) vigência nacional = 18 de maio de 1991.

"A Conferência Geral da Organização Internacional do Trabalho:

Convocada em Genebra pelo Conselho de Administração do Escritório Internacional do Trabalho e realizada nessa cidade em 1º de junho de 1983, em sua sexagésima nona reunião;

Tendo tomado conhecimento das normas internacionais existentes e contidas na Recomendação sobre a habilitação e reabilitação profissionais dos deficientes, 1955, e na Recomendação sobre o desenvolvimento dos recursos humanos, 1975;

Tomando conhecimento de que, desde a adoção da Recomendação sobre a habilitação e reabilitação profissionais dos deficientes, 1955, foi registrado um significativo progresso na compreensão das necessidades da reabilitação, na extensão e organização dos serviços de reabilitação e na legislação e no desempenho de muitos Países-Membros em relação às questões cobertas por essa recomendação;

Considerando que a Assembléia Geral das Nações Unidas proclamou 1981 o Ano Internacional das Pessoas Deficientes, com o tema 'Participação Plena e Igualdade', e que um programa mundial de ação relativo às pessoas deficientes permitiria a adoção de medidas eficazes a nível nacional e internacional para atingir as metas de 'participação plena' das pessoas deficientes na vida social e no desenvolvimento, assim como de 'igualdade';

Depois de haver decidido que esses progressos tornaram oportuna a conveniência de adotar novas normas internacionais sobre o assunto, que levem em consideração, em particular, a necessidade de assegurar, tanto nas zonas rurais como nas urbanas, a igualdade de oportunidade e tratamento a todas as categorias de pessoas deficientes no que se refere a emprego e integração na comunidade;

Depois de haver determinado que estas proposições devam ter a forma de uma Convenção, adota com a data de vinte de junho de mil novecentos e oitenta e três, a presente 'Convenção sobre Reabilitação e Emprego (Pessoas Deficientes), 1983'.

PARTE I
DEFINIÇÕES E CAMPO DE APLICAÇÃO

Art. 1 — 1. Para efeitos desta Convenção, entende-se por 'pessoa deficiente' todas as pessoas cujas possibilidades de obter e conservar um emprego adequado e de progredir no mesmo fiquem substancialmente reduzidas devido a uma deficiência de caráter físico ou mental devidamente comprovada.

2. Para efeitos desta Convenção, todo o País-Membro deverá considerar que a finalidade da reabilitação profissional é a de permitir que a pessoa deficiente obtenha e conserve um emprego e progrida no mesmo, e que se promova, assim a integração ou a reintegração dessa pessoa na sociedade.

3. Todo País-Membro aplicará os dispositivos desta Convenção através de medidas adequadas às condições nacionais e de acordo com a experiência (costumes, uso e hábitos) nacional.

4. As proposições desta Convenção serão aplicáveis a todas as categorias de pessoas deficientes.

PARTE II
PRINCÍPIOS DA POLÍTICA DE REABILITAÇÃO PROFISSIONAL E EMPREGO PARA PESSOAS DEFICIENTES

Art. 2 — De acordo com as condições nacionais, experiências e possibilidades nacionais, cada Pa-

ís-Membro formulará, aplicará e periodicamente revisará a política nacional sobre reabilitação profissional e emprego de pessoas deficientes.

Art. 3 — Essa política deverá ter por finalidade assegurar que existam medidas adequadas de reabilitação profissional ao alcance de todas as categorias de pessoas deficientes e promover oportunidades de emprego para as pessoas deficientes no mercado regular de trabalho.

Art. 4 — Essa política deverá ter como base o princípio de igualdade de oportunidades entre os trabalhadores deficientes e dos trabalhadores em geral. Dever-se-á respeitar a igualdade de oportunidades e de tratamento para as trabalhadoras deficientes. As medidas positivas especiais com a finalidade de atingir a igualdade efetiva de oportunidades e de tratamento entre os trabalhadores deficientes e os demais trabalhadores, não devem ser vistas como discriminatórias em relação a estes últimos.

Art. 5 — As organizações representativas de empregadores e de empregados devem ser consultadas sobre a aplicação dessa política e em particular, sobre as medidas que devem ser adotadas para promover a cooperação e coordenação dos organismos públicos e particulares que participam nas atividades de reabilitação profissional. As organizações representativas de e para deficientes devem, também, ser consultadas.

PARTE III
MEDIDAS A NÍVEL NACIONAL PARA O DESENVOLVIMENTO DE SERVIÇOS DE REABILITAÇÃO PROFISSIONAL E EMPREGO PARA PESSOAS DEFICIENTES

Art. 6 — Todo o País-Membro, mediante legislação nacional e por outros procedimentos, de conformidade com as condições e experiências nacionais, deverá adotar as medidas necessárias para aplicar os arts. 2, 3, 4 e 5 da presente Convenção.

Art. 7 — As autoridades competentes deverão adotar medidas para proporcionar e avaliar os serviços de orientação e formação profissional, colocação, emprego e outros semelhantes, a fim de que as pessoas deficientes possam obter e conservar um emprego e progredir no mesmo; sempre que for possível e adequado, serão utilizados os serviços existentes para os trabalhadores em geral, com as adaptações necessárias.

Art. 8 — Adotar-se-ão medidas para promover o estabelecimento e desenvolvimento de serviços de reabilitação profissional e de emprego para pessoas deficientes na zona rural e nas comunidades distantes.

Art. 9 — Todo o País-Membro deverá esforçar-se para assegurar a formação e a disponibilidade de assessores em matéria de reabilitação e outro tipo de pessoal qualificado que se ocupe da orientação profissional, da formação profissional, da colocação e do emprego de pessoas deficientes.

PARTE IV
DISPOSIÇÕES FINAIS

Art. 10 — As ratificações formais da presente Convenção serão comunicadas ao Diretor-Geral da Repartição Internacional do Trabalho e por ele registradas.

Art. 11 — 1. A presente Convenção só vinculará os Membros da Organização Internacional do Trabalho, cujas ratificações tenham sido registradas pelo Diretor-Geral.

2. Esta Convenção entrará em vigor doze meses após o registro das ratificações de dois Membros pelo Diretor-Geral.

3. Posteriormente, esta Convenção entrará em vigor, para cada Membro, doze meses após o registro de sua ratificação.

Art. 12 — 1. Todo Membro que tenha ratificado a presente Convenção poderá denunciá-la após a expiração de um período de dez anos contados da entrada em vigor mediante ato comunicado ao Diretor-Geral da Repartição Internacional do Trabalho e por ele registrado. A denúncia só surtirá efeito um ano após o registro.

2. Todo Membro que tenha ratificado a presente Convenção, e não fizer uso da faculdade de denúncia prevista pelo presente artigo dentro do prazo de um ano após a expiração do período de dez anos previsto no parágrafo anterior, ficará obrigado por novo período de dez anos e, posteriormente, poderá denunciar a presente Convenção ao expirar cada período de dez anos, nas condições previstas no presente Artigo.

Art. 13 — 1. O Diretor-Geral da Repartição Internacional do Trabalho notificará a todos os Membros da Organização Internacional do Trabalho o registro de todas as ratificações e denúncias que lhe sejam comunicadas pelos Membros da Organização.

2. Ao notificar aos Membros da Organização o registro da segunda ratificação que lhe tenha sido comunicada, o Diretor-Geral chamará a atenção dos Membros da Organização para a entrada em vigor da presente Convenção.

Art. 14 — O Diretor-Geral da Repartição Internacional do Trabalho comunicará ao Secretário-Geral das Nações Unidas, para fins de registro, de acordo com o art. 102 da Carta das Nações Unidas, as informações completas referentes a quaisquer ratificações ou atos de denúncias que tenha registrado de acordo com os artigos anteriores.

Art. 15 — Sempre que o julgar necessário, o Conselho de Administração da Repartição Internacional do Trabalho deverá apresentar à Conferência Geral um relatório sobre a aplicação da presente Convenção e decidirá a oportunidade de inscrever na ordem do dia da Conferência a questão de sua revisão total ou parcial.

Art. 16 — 1. Se a Conferência adotar uma nova Convenção de revisão total ou parcial da presente Convenção e, disposição em contrário da nova Convenção:

a) a ratificação por um Membro da nova Convenção, recusará não obstante o disposto no art. 14 acima, implicará de pleno direito, na denúncia imediata da presente Convenção, desde que a nova Convenção tenha entrado em vigor;

b) a partir da data da entrada em vigor da Convenção revista, a presente Convenção deixaria de estar aberta à ratificação dos Membros.

2. A presente Convenção continuará em todo caso, em vigor em sua forma e teor atuais para os Membros que a tiverem ratificado e que não ratificaram a Convenção revista.

Art. 17 — As versões inglesa e francesa do texto da presente Convenção serão igualmente autênticas."

CONVENÇÃO N. 160

I — Aprovada na 71ª reunião da Conferência Internacional do Trabalho (Genebra — 1985), entrou em vigor no plano internacional em 24.4.88.

II — Dados referentes ao Brasil:

a) aprovação parcial = Decreto Legislativo n. 51, de 25.8.89, do Congresso Nacional, o qual, na conformidade do art. 16, § 2º, da Convenção, aceitou apenas as obrigações derivadas dos arts. 7, 8, 9, 10, 12, 13 e 15;

b) ratificação = 2 de julho de 1990;

c) promulgação = Decreto n. 158, de 2.7.91;

d) vigência nacional = 2 de julho de 1991.

"A Conferência Geral da Organização Internacional do Trabalho,

Convocada em Genebra pelo Conselho de Administração da Repartição Internacional do Trabalho e congregada naquela cidade em 7 de junho de 1985 em sua septuagésima primeira reunião;

Após ter decidido adotar diversas propostas relativas à revisão da Convenção sobre estatísticas de salários e horas de trabalho, 1938 (n. 63), questão que constitui o quinto ponto da ordem do dia da reunião, e

Após ter decidido que essas propostas deverão tomar a forma de uma Convenção Internacional, adota, com data de vinte e cinco de junho de mil novecentos e oitenta e cinco, a presente Convenção que poderá ser mencionada como a 'Convenção sobre Estatísticas do Trabalho, 1985':

I — DISPOSIÇÕES GERAIS

Art. 1 — Qualquer Membro que ratificar a presente Convenção obriga-se a recolher, compilar e publicar regularmente estatísticas básicas do trabalho, que, segundo seus recursos, se ampliarão progressivamente para abarcar as seguintes matérias:

a) população economicamente ativa, emprego, desemprego, se houver, e, quando possível, subemprego visível;

b) estrutura e distribuição da população economicamente ativa, que possam servir para análises pormenorizadas e como dados de referência;

c) média de ganhos e média de horas de trabalho (horas efetivamente trabalhadas ou horas remuneradas) e, se pertinente, taxas de salários por tempo e horas normais de trabalho;

d) estrutura e distribuição dos salários;

e) custo da mão de obra;

f) índices de preços ao consumidor;

g) gastos das unidades familiares ou então gastos das famílias e, se possível, rendimentos das unidades familiares ou então rendimentos das famílias;

h) lesões provocadas por acidentes de trabalho e, na medida do possível, enfermidades provocadas por acidentes de trabalho;

i) conflitos do trabalho.

Art. 2 — Ao elaborarem ou revisarem os conceitos, definições e metodologia utilizados na coleta, compilação e publicação das estatísticas requeridas em virtude da presente Convenção, os Membros deverão levar em contas as últimas normas e diretrizes estabelecidas sob os auspícios da Organização Internacional do Trabalho.

Art. 3 — Para a elaboração ou revisão dos conceitos, definições e metodologia utilizados na coleta, compilação e publicação das estatísticas requeridas em virtude da presente Convenção, dever-se-á fazer consulta às organizações representativas de empregadores e de trabalhadores, quando existirem, com o objetivo de levar em conta suas necessidades e assegurar sua colaboração.

Art. 4 — Nenhuma disposição da presente Convenção imporá a obrigação de publicar ou comunicar dados que, de uma maneira ou de outra, pressuponham o vazamento de informação relativa a uma unidade estatística individual, como, por exemplo, uma pessoa, uma unidade familiar, um estabelecimento ou uma empresa.

Art. 5 — Qualquer Membro que ratificar a presente Convenção compromete-se a encaminhar à Repartição Internacional do Trabalho, logo que possível, as estatísticas publicadas ou compiladas em conformidade com a Convenção, bem como informação relativa a sua publicação e, em particular:

a) a informação de referência adequada aos meios de difusão utilizados (títulos e números de referência, no caso de publicações impressas; ou descrições correspondentes, no caso de dados difundidos por meio de outros condutos);

b) as datas ou períodos mais recentes das diferentes classes de estatísticas disponíveis, e as datas de sua publicação ou difusão.

Art. 6 — Em conformidade com as disposições da Convenção, as descrições pormenorizadas das fontes, conceitos, definições e metodologias utilizados para coletar e compilar as estatísticas deverão:

a) ser elaboradas e atualizadas de maneira a refletirem as alterações significativas;

b) ser encaminhadas à Repartição Internacional do Trabalho logo que possível; e

c) ser publicadas pelos serviços nacionais competentes.

II — ESTATÍSTICAS BÁSICAS DO TRABALHO

Art. 7 — Deverão ser compiladas estatísticas contínuas da população economicamente ativa, do emprego, do desemprego, se pertinente, e, na medida do possível, do subemprego visível, de maneira a que reflitam uma visão global do país.

Art. 8 — Deverão ser compiladas estatísticas da estrutura e distribuição da população economicamente ativa de maneira a que reflitam uma visão global do país.

Art. 9 — 1. Deverão ser compiladas estatísticas contínuas das médias de ganhos e das médias de horas de trabalho (horas efetivamente trabalhadas ou horas remuneradas) que abarquem todas as categorias importantes de operários e empregados, e todos os principais ramos de atividade econômica, e de maneira a que reflitam uma visão global do país.

2. Deverão ser compiladas, quando apropriado, estatísticas das taxas de salário por tempo e das horas

normais de trabalho, que abarquem as ocupações ou grupos de ocupações importantes nos principais ramos de atividade econômica, e de maneira que representem o conjunto do país.

Art. 10 — Deverão compilar-se estatísticas da estrutura e distribuição dos salários que abarquem as categorias importantes de operários e empregados dos principais ramos de atividade econômica.

Art. 11 — Deverão ser compiladas estatísticas do custo da mão de obra relativa aos principais ramos de atividade econômica. Quando for possível, essas estatísticas deverão ser coerentes com os dados sobre o emprego e horas de trabalho (horas efetivamente trabalhadas ou horas remuneradas) do mesmo campo.

Art. 12 — Deverão ser calculados índices dos preços ao consumidor para medir as variações registradas com o transcurso do tempo nos preços de artigos representativos dos padrões de consumo de grupos significativos ou do conjunto da população.

Art. 13 — Deverão ser compiladas estatísticas dos gastos das unidades familiares ou, se pertinente, dos gastos das famílias e, quando possível, dos rendimentos das unidades familiares ou então dos rendimentos das famílias, que abarquem todas as categorias e tamanhos de unidades familiares privadas ou famílias, de maneira a que reflitam uma visão global do país.

Art. 14 — 1. Deverão ser compiladas estatísticas de lesões provocadas por acidentes de trabalho de maneira a que reflitam uma visão global do país. Essas estatísticas deverão abarcar, quando possível, todos os ramos de atividade econômica.

2. Na medida do possível, deverão ser compiladas estatísticas de enfermidades provocadas por acidentes de trabalho que abarquem todos os ramos de atividade econômica, e de maneira a que reflitam uma visão global do país.

Art. 15 — Deverão ser compiladas estatísticas sobre conflitos de trabalho de maneira a que reflitam uma visão global do país. Essas estatísticas deverão abarcar, quando possível, todos os ramos de atividade econômica.

III — ACEITAÇÃO DAS OBRIGAÇÕES

Art. 16 — 1. Em virtude das obrigações gerais a que se refere à Parte I, qualquer Membro que ratificar a presente Convenção deverá aceitar as obrigações emanadas de um ou vários dos Artigos da Parte II.

2. Ao ratificar a Convenção qualquer Membro deverá especificar o Artigo ou os Artigos da Parte II cujas obrigações aceita.

3. Qualquer Membro que tiver ratificado a Convenção deverá notificar ulteriormente ao Diretor-Geral da Repartição Internacional do Trabalho que aceita as obrigações da Convenção com relação a um ou vários dos Artigos da Parte II que não tiver especificado na ratificação. Essas notificações terão força de ratificação a partir da data de seu encaminhamento.

4. Qualquer Membro que tiver ratificado a Convenção deverá declarar em seus relatórios sobre a aplicação da Convenção, apresentados em virtude do art. 22 da Constituição da Organização Internacional do Trabalho, o estágio de sua legislação e prática sobre as matérias incluídas nos artigos da Parte II a respeito dos quais não tenha aceitado as obrigações da Convenção especificando a medida em que aplica ou se propõe a aplicar as disposições da Convenção no tocante a essas matérias.

Art. 17 — 1. Qualquer Membro poderá inicialmente limitar a certas categorias de trabalhadores, setores da economia, ramos de atividade econômica ou áreas geográficas o campo das estatísticas a que se referem o artigo ou artigos da Parte II a respeito dos quais aceitou as obrigações da Convenção.

2. Qualquer Membro que limitar o campo das estatísticas em conformidade com o § 1 do presente Artigo deverá indicar em seu primeiro relatório sobre a aplicação da Convenção, apresentado em virtude do art. 22 da Constituição da Organização Internacional do Trabalho, o artigo ou os artigos da Parte II a que se aplica a limitação, expressando a natureza e os motivos da mesma, e declarar nos relatórios ulteriores em que medida ampliou ou se propõe a ampliar esse campo a outras categorias de trabalhadores, setores da economia, ramos de atividade econômica ou áreas geográficas.

3. Após haver efetuado consulta às organizações representativas de empregadores e de trabalhadores interessadas, qualquer Membro poderá, a cada ano, em uma declaração encaminhada ao Diretor-Geral da Repartição Internacional do Trabalho no mês que se segue à data da entrada em vigor inicial da Convenção, introduzir limitações ulteriores do campo técnico das estatísticas abarcadas pelo artigo ou artigos da Parte II a respeito dos quais aceitou as obrigações da Convenção. Essas declarações terão efeito um ano após a data de seu registro. Qualquer Membro que introduzir essas limitações deverá indicar em seus relatórios sobre a aplicação da Convenção, apresentados em virtude do art. 22 da Constituição da Organização Internacional do Trabalho, as particularidades a que se faz referência no § 2 do presente artigo.

Art. 18 — Esta Convenção revisa a Convenção sobre estatísticas de salários e horas de trabalho, 1938.

IV — DISPOSIÇÕES FINAIS

Art. 19 — As ratificações formais da presente Convenção serão comunicadas ao Diretor-Geral da Repartição Internacional do Trabalho e por ele registradas.

Art. 20 — 1. A presente Convenção só vinculará os Membros da Organização Internacional do Trabalho, cujas ratificações tenham sido registradas pelo Diretor-Geral.

2. Esta Convenção entrará em vigor doze meses após o registro das ratificações de dois Membros pelo Diretor-Geral.

3. Posteriormente, esta Convenção entrará em vigor, para cada Membro, doze meses após o registro de sua ratificação.

Art. 21 — 1. Todo Membro que tenha ratificado a presente Convenção poderá denunciá-la após a expiração de um período de dez anos contados da entrada em vigor mediante ato comunicado ao Diretor-Geral da Repartição Internacional do Trabalho e por ele registrado. A denúncia só surtirá efeito um ano após o registro.

2. Todo Membro que tenha ratificado a presente Convenção, e não fizer uso da faculdade de denúncia prevista pelo presente artigo dentro do prazo de um ano após a expiração do período de dez anos previsto no parágrafo anterior, ficará obrigado por novo período de dez anos e, posteriormente, poderá denunciar a presente Convenção ao expirar cada período de dez anos, nas condições previstas no presente artigo.

Art. 22 — 1. O Diretor-Geral da Repartição Internacional do Trabalho notificará a todos os Membros da Organização Internacional do Trabalho o registro de todas as ratificações e denúncias que lhe sejam comunicadas pelos Membros da Organização.

2. Ao notificar aos Membros da Organização o registro da segunda ratificação que lhe tenha sido comunicada, o Diretor-Geral chamará a atenção dos Membros da Organização para a entrada em vigor da presente Convenção.

Art. 23 — O Diretor-Geral da Repartição Internacional do Trabalho comunicará ao Secretário-Geral das Nações Unidas, para fins de registro, de acordo com o art. 102 da Carta das Nações Unidas, as informações completas referentes a quaisquer ratificações ou atos de denúncias que tenha registrado de acordo com os artigos anteriores.

Art. 24 — Sempre que o julgar necessário, o Conselho de Administração da Repartição Internacional do Trabalho deverá apresentar a Conferência Geral um relatório sobre a aplicação da presente Convenção e decidirá a oportunidade de inscrever na ordem do dia da Conferência a questão de sua revisão total ou parcial.

Art. 25 — 1. Se a Conferência adotar uma nova Convenção de revisão total ou parcial da presente Convenção e, disposição em contrário da nova Convenção:

a) a ratificação por um Membro da nova Convenção, recusará não obstante o disposto no art. 14 acima, implicará de pleno direito, na denúncia imediata da presente Convenção, desde que a nova Convenção tenha entrado em vigor;

b) a partir da data da entrada em vigor da Convenção revista, a presente Convenção deixaria de estar aberta à ratificação dos Membros.

2. A presente Convenção continuará em todo caso, em vigor em sua forma e teor atuais para os Membros que a tiverem ratificado e que não ratificaram a Convenção revista.

Art. 26 — As versões inglesa e francesa do texto da presente Convenção serão igualmente autênticas."

CONVENÇÃO N. 161

I — Aprovada na 71ª reunião da Conferência Internacional do Trabalho (Genebra — 1985), entrou em vigor no plano internacional em 17.2.88.

II — Dados referentes ao Brasil:

a) aprovação = Decreto Legislativo n. 86, de 14.12.89, do Congresso Nacional;

b) ratificação = 18 de maio de 1990;

c) promulgação = Decreto n. 127, de 22.5.91;

d) vigência nacional = 18 de maio de 1991.

"A Conferência Geral da Organização Internacional do Trabalho;

Convocada em Genebra pelo Conselho Administrativo da Repartição Internacional do Trabalho e tendo ali se reunido a 7 de junho de 1985, em sua septuagésima primeira sessão;

Observando que a proteção dos trabalhadores contra as doenças profissionais e as doenças em geral e contra os acidentes de trabalho constitui uma das tarefas da Organização Internacional do Trabalho em virtude da sua Constituição;

Observando as Convenções e Recomendações Internacionais do Trabalho sobre a Matéria, em particular a Recomendação sobre a Proteção da Saúde dos Trabalhadores, 1953; a Recomendação sobre os Serviços Médicos no Trabalho, 1959; a Convenção Relativa aos Representantes dos Trabalhadores, 1971, bem como a Convenção e a Recomendação sobre a Segurança da Saúde dos Trabalhadores, 1981, documentos que estabelecem os princípios de uma política nacional e de uma ação em nível nacional;

Após ter decidido adotar diversas propostas sobre os serviços médicos no trabalho, questão que constitui o quarto ponto da agenda da sessão;

Após ter decidido que essas propostas deveriam tomar a forma de uma Convenção Internacional,

Adota, neste vigésimo sexto dia de junho de mil novecentos e oitenta e cinco, a seguinte Convenção, que será denominada 'Convenção sobre os Serviços de Saúde no Trabalho, 1985'.

PARTE I
PRINCÍPIOS DE UMA POLÍTICA NACIONAL

Art. 1 — Para os fins da presente Convenção:

a) a expressão 'Serviços de Saúde no Trabalho' designa um serviço investido de funções essencialmente preventivas e encarregado de aconselhar o empregador, os trabalhadores e seus representantes na empresa em apreço, sobre:

I) os requisitos necessários para estabelecer e manter um ambiente de trabalho seguro e salubre, de molde a favorecer uma saúde física e mental ótima em relação com o trabalho;

II) a adaptação do trabalho às capacidades dos trabalhadores, levando em conta seu estado de sanidade física e mental;

b) a expressão 'representantes dos trabalhadores na empresa' designa as pessoas reconhecidas como tal em virtude da legislação ou da prática nacional.

Art. 2 — À luz das condições e da prática nacionais e em consulta com as organizações de empregadores e de trabalhadores mais representativas, onde estas existam, todo Membro deverá definir, pôr em prática e reexaminar periodicamente uma política nacional coerente com relação aos serviços de saúde no trabalho.

Art. 3 — 1. Todo Membro se compromete a instituir, progressivamente, serviços de saúde no trabalho para todos os trabalhadores, entre os quais se contam os do setor público, e os cooperantes das cooperativas de produção, em todos os ramos de atividade econômica e em todas as empresas; as disposições adotadas deverão ser adequadas e corresponder aos riscos específicos que prevaleçam nas empresas.

2. Se os serviços de saúde no trabalho não puderem ser instituídos imediatamente para todas as empresas, todo Membro em questão deverá, em consulta

com as organizações de empregadores mais representativas, onde elas existam, elaborar planos que visam à instituição desses serviços.

3. Todo Membro em questão deverá, no primeiro relatório sobre a aplicação da Convenção que está sujeito a apresentar em virtude do art. 22 da Constituição da Organização Internacional do Trabalho, indicar os planos que tenha elaborado em função do § 2 do presente Artigo e expor, em relatórios ulteriores, todo progresso obtido com vistas à sua aplicação.

Art. 4 — A autoridade competente deverá consultar as organizações de empregadores e de trabalhadores mais representativas, sempre que elas existam, a respeito das medidas a serem adotadas para pôr em prática as disposições da presente Convenção.

PARTE II
FUNÇÕES

Art. 5 — Sem prejuízo da responsabilidade de cada empregador a respeito da saúde e da segurança dos trabalhadores que emprega, e tendo na devida conta a necessidade de participação dos trabalhadores em matéria de segurança e saúde no trabalho, os serviços de saúde no trabalho deverão assegurar as funções, dentre as seguintes, que sejam adequadas e ajustadas aos riscos da empresa com relação à saúde no trabalho:

a) identificar e avaliar os riscos para a saúde, presentes nos locais de trabalho;

b) vigiar os fatores do meio de trabalho e as práticas de trabalho que possam afetar a saúde dos trabalhadores, inclusive as instalações sanitárias, as cantinas e as áreas de habitação, sempre que esses equipamentos sejam fornecidos pelo empregador;

c) prestar assessoria quanto ao planejamento e à organização do trabalho, inclusive sobre a concepção dos locais de trabalho, a escolha, a manutenção e o estado das máquinas e dos equipamentos, bem como, sobre o material utilizado no trabalho;

d) participar da elaboração de programas de melhoria das práticas de trabalho, bem como dos testes e da avaliação de novos equipamentos no que concerne aos aspectos da saúde;

e) prestar assessoria nas áreas da saúde, da segurança e da higiene no trabalho, da ergonomia e, também, no que concerne aos equipamentos de proteção individual e coletiva;

f) acompanhar a saúde dos trabalhadores em relação com o trabalho;

g) promover a adaptação do trabalho aos trabalhadores;

h) contribuir para as medidas de readaptação profissional;

i) colaborar na difusão da informação, na formação e na educação nas áreas da saúde e da higiene no trabalho, bem como na da ergonomia;

j) organizar serviços de primeiros socorros e de emergência;

k) participar da análise de acidentes de trabalho e das doenças profissionais.

PARTE III
ORGANIZAÇÃO

Art. 6 — Com vistas à instituição de serviços de saúde no trabalho, deverão ser adotadas iniciativas:

a) pela via da legislação;

b) por intermédio de convenções coletivas ou de outros acordos entre empregadores e trabalhadores interessados;

c) por todos os demais meios aprovados pela autoridade competente após consultas junto a organizações representativas de empregadores e trabalhadores interessados.

Art. 7 — 1. Os serviços de saúde no trabalho podem ser organizados, conforme o caso, seja como serviços para uma só empresa seja como serviços que atendem a diversas empresas.

2. De acordo com as condições e a prática nacionais, os serviços de saúde no trabalho poderão ser organizados:

a) pelas empresas ou grupos de empresas interessadas;

b) pelos poderes públicos ou serviços oficiais;

c) pelas instituições de seguridade social;

d) por todo outro organismo habilitado por autoridade competente;

e) por qualquer combinação das possibilidades precedentes.

Art. 8 — O empregador, os trabalhadores e seus representantes, quando estes existam, devem cooperar e participar na organização de serviços de saúde no trabalho e de outras medidas a eles relativas, em bases equitativas.

PARTE IV
CONDIÇÕES DE FUNCIONAMENTO

Art. 9 — 1. De acordo com a legislação e a prática nacionais, os serviços de saúde no trabalho deverão ser multidisciplinares. A composição do pessoal deverá ser determinada em função da natureza das tarefas a executar.

2. Os serviços de saúde deverão desempenhar suas funções em colaboração com os outros serviços da empresa.

3. Medidas deverão ser tomadas, de acordo com a legislação e a prática nacionais, para assegurar uma cooperação e uma coordenação adequadas entre os serviços de saúde no trabalho e, na medida em que for cabível, com os demais serviços envolvidos na prestação de serviços de saúde.

Art. 10 — O pessoal prestador de serviços de saúde no trabalho deverá gozar de independência profissional completa com relação ao empregador, aos trabalhadores e aos seus representantes, quando estes existirem, no que tange às funções estabelecidas no art. 5.

Art. 11 — A autoridade competente deverá determinar as qualificações exigidas do pessoal chamado a prestar serviços de saúde no trabalho em função da natureza das tarefas a executar e de acordo com a legislação e a prática nacionais.

Art. 12 — O acompanhamento da saúde dos trabalhadores em relação com o trabalho não deverá acarretar para estes qualquer ônus; deverá ser gratuito e ter lugar, na medida do possível, durante o expediente de trabalho.

Art. 13 — Todos os trabalhadores devem ser informados dos riscos para a saúde inerentes a seu trabalho.

Art. 14 — Os serviços de saúde no trabalho devem ser informados, pelo empregador e pelos trabalhadores, de todo fator conhecido e de todo fator suspeito do ambiente de trabalho, que possa ter efeitos sobre a saúde dos trabalhadores.

Art. 15 — Os serviços de saúde no trabalho devem ser informados dos casos de doença entre os trabalhadores e das faltas ao serviço por motivos de saúde, a fim de estarem aptos a identificar toda relação que possa haver entre as causas da doença ou da falta e os riscos à saúde que possam existir no local de trabalho. O pessoal que prestar serviços de saúde no trabalho não deverá ser instado, pelo empregador, no sentido de averiguar o fundamento ou as razões de faltas ao serviço.

PARTE V
DISPOSIÇÕES GERAIS

Art. 16 — A legislação nacional deverá designar a autoridade ou autoridades encarregadas de supervisionar o funcionamento dos serviços de saúde no trabalho e de prestar-lhes assessoramento, uma vez instituídos.

Art. 17 — As ratificações formais da presente Convenção serão comunicadas ao Diretor-Geral da Repartição Internacional do Trabalho e por ele registradas.

Art. 18 — 1. A presente Convenção só vinculará os Membros da Organização Internacional do Trabalho, cujas ratificações tenham sido registradas pelo Diretor-Geral.

2. Esta Convenção entrará em vigor doze meses após o registro das ratificações de dois Membros pelo Diretor-Geral.

3. Posteriormente, esta Convenção entrará em vigor, para cada Membro, doze meses após o registro de sua ratificação.

Art. 19 — 1. Todo Membro que tenha ratificado a presente Convenção poderá denunciá-la após a expiração de um período de dez anos contados da entrada em vigor mediante ato comunicado ao Diretor-Geral da Repartição Internacional do Trabalho e por ele registrado. A denúncia só surtirá efeito um ano após o registro.

2. Todo Membro que tenha ratificado a presente Convenção, e não fizer uso da faculdade de denúncia prevista pelo presente artigo dentro do prazo de um ano após a expiração do período de dez anos previsto no parágrafo anterior, ficará obrigado por novo período de dez anos e, posteriormente, poderá denunciar a presente Convenção ao expirar cada período de dez anos, nas condições previstas no presente Artigo.

Art. 20 — 1. O Diretor-Geral da Repartição Internacional do Trabalho notificará a todos os Membros da Organização Internacional do Trabalho o registro de todas as ratificações e denúncias que lhe sejam comunicadas pelos Membros da Organização.

2. Ao notificar aos Membros da Organização o registro da segunda ratificação que lhe tenha sido comunicada, o Diretor-Geral chamará a atenção dos Membros da Organização para a entrada em vigor da presente Convenção.

Art. 21 — O Diretor-Geral da Repartição Internacional do Trabalho comunicará ao Secretário-Geral das Nações Unidas, para fins de registro, de acordo com o art. 102 da Carta das Nações Unidas, as informações completas referentes a quaisquer ratificações ou atos de denúncias que tenha registrado de acordo com os artigos anteriores.

Art. 22 — Sempre que o julgar necessário, o Conselho de Administração da Repartição Internacional do Trabalho deverá apresentar à Conferência Geral um relatório sobre a aplicação da Convenção e decidirá a oportunidade de inscrever na ordem do dia da Conferência a questão de sua revisão total ou parcial.

Art. 23 — 1. Se a Conferência adotar uma nova Convenção de revisão total ou parcial da presente Convenção e, disposição em contrário da nova Convenção:

a) a ratificação por um Membro da nova Convenção, recusará não obstante o disposto no art. 14 acima, implicará de pleno direito, na denúncia imediata da presente Convenção, desde que a nova Convenção tenha entrado em vigor;

b) a partir da data da entrada em vigor da Convenção revista, a presente Convenção deixaria de estar aberta à ratificação dos Membros.

2. A presente Convenção continuará em todo caso, em vigor em sua forma e teor atuais para os Membros que a tiverem ratificado e que não ratificaram a Convenção revista.

Art. 24 — As versões inglesa e francesa do texto da presente Convenção serão igualmente autênticas.

CONVENÇÃO N. 162

I — Aprovada na 72ª reunião da Conferência Internacional do Trabalho (Genebra — 1986), entrou em vigor no plano internacional em 16.6.89.

II — Dados referentes ao Brasil:

a) aprovação = Decreto Legislativo n. 51, de 25.8.89, do Congresso Nacional;

b) ratificação = 18 de maio de 1990;

c) promulgação = Decreto n. 126, de 22.5.91;

d) vigência nacional = 18 de maio de 1991.

"A Conferência Geral da Organização Internacional do Trabalho,

Convocada em Genebra pelo Conselho Administrativo da Repartição Internacional do Trabalho e tendo ali se reunido a 4 de junho de 1986, em sua septuagésima segunda sessão;

Observando o disposto nas Convenções e Recomendações relativas ao Trabalho, em particular a Convenção e a Recomendação sobre o Câncer Profissional, 1974; a Convenção e a Recomendação sobre o Ambiente de Trabalho (poluição do ar, ruído e vibrações), 1977; a Convenção e a Recomendação sobre a Segurança e a Saúde dos Trabalhadores, 1981; a Convenção e a Recomendação sobre os Serviços de Saúde no Trabalho, 1985; a Lista de Doenças Profissionais, conforme revista em 1980, anexa à Convenção sobre Indenizações em Caso de Acidentes de Trabalho e de Doenças Profissionais, 1964, bem como o Recueil de directives pratiques sur la sécurité dans l'utilisation de l'amiante, publicado pela Repartição Internacional

CONVENÇÕES DA OIT RATIFICADAS

do Trabalho em 1984, que estabelecem os princípios de uma política e da ação em nível nacional;

Após ter decidido adotar diversas propostas concernentes à segurança no emprego do amianto, questão que constitui o quarto ponto da agenda da sessão;

Após ter decidido que essas propostas deveriam tomar a forma de uma Convenção Internacional, adota neste vigésimo quarto dia do mês de junho de mil novecentos e oitenta e seis, a seguinte 'Convenção, que será denominada Convenção sobre o Amianto, 1986'.

PARTE I
DEFINIÇÕES E CAMPO DE APLICAÇÃO

Art. 1º — 1. A presente Convenção se aplica a todas as atividades que impliquem a exposição de trabalhadores ao amianto durante o desempenho das suas tarefas.

2. Um Membro que ratifique a presente Convenção pode, após consulta às organizações mais representativas de empregadores e de empregados interessadas, e com base em uma avaliação dos riscos existentes para a saúde, bem como das medidas de segurança aplicadas, excluir ramos específicos da atividade econômica de certas empresas do âmbito de aplicação de determinados dispositivos da Convenção, desde que se certifiquem que a aplicação deles àqueles ramos ou àquelas empresas não é necessária.

3. Quando decidir pela exclusão de ramos específicos da atividade econômica ou de certas empresas, a autoridade competente deverá ter em conta a freqüência, a duração e o nível da exposição, bem como o tipo de trabalho e as condições existentes no local de trabalho.

Art. 2º — Para os fins da presente Convenção:

a) o termo 'amianto' refere-se à forma fibrosa dos silicatos minerais que pertencem às rochas metamórficas do grupo das serpentinas, ou seja, a crisotila (amianto branco), e do grupo das anfibóis, isto é, a actinolita, a amosita (amianto azul), a tremolita, ou todo composto que contenha um ou mais desses elementos minerais;

b) a expressão 'pó de amianto' refere-se às partículas de amianto em suspensão no ar ou as partículas de amianto em repouso, suscetíveis de ficarem em suspensão no ar nos locais de trabalho;

c) a expressão 'pó de amianto em suspensão no ar' refere-se, para fins de medição, às partículas de poeira medidas por meio de uma avaliação gravimétrica ou por outro método equivalente;

d) a expressão 'partículas respiráveis de amianto' refere-se às fibras de amianto cujo diâmetro seja inferior a 3 nanômetros e cuja relação comprimento/diâmetro seja superior a 3:1. Somente as fibras de comprimento superior a 5 nanômetros serão levadas em conta para fins de mensuração;

e) a expressão 'exposição de amianto' refere-se ao fato de se ser exposto, durante o trabalho, às fibras respiráveis de amianto ou ao pó de amianto em suspensão no ar, independentemente de essas fibras ou esse pó provirem do amianto ou de minérios, materiais ou produtos que contenham amianto;

f) a expressão 'os trabalhadores' abrange os membros de cooperativas de produção;

g) a expressão 'representantes dos trabalhadores' refere-se aos representantes dos trabalhadores reconhecidos como tal pela legislação ou prática nacionais, conforme a Convenção Relativa aos Representantes dos Trabalhadores, 1971.

PARTE II
PRINCÍPIOS GERAIS

Art. 3º — 1. A legislação nacional deve prescrever as medidas a serem tomadas para prevenir e controlar os riscos, para a saúde, oriundos da exposição profissional ao amianto, bem como para proteger os trabalhadores contra tais riscos.

2. A legislação nacional adotada em virtude da aplicação do § 1 do presente artigo deverá ser submetida a revisão periódica, à luz do desenvolvimento técnico e do aumento do conhecimento científico.

3. A autoridade competente poderá suspender, temporariamente, as medidas prescritas em virtude do § 1 do presente Artigo, segundo condições e prazos a serem fixados após consulta às organizações mais representativas dos empregadores e dos empregados interessadas.

4. Quando de derrogações estabelecidas de acordo com o § 3 do presente artigo, a autoridade competente deverá zelar por que sejam tomadas as precauções necessárias para proteger a saúde dos trabalhadores.

Art. 4º — A autoridade competente deverá consultar as organizações mais representativas de empregadores e de trabalhadores interessadas, a respeito das medidas a serem tomadas para levar a efeito as disposições da presente Convenção.

Art. 5º — 1. A aplicação da legislação adotada de acordo com o art. 3 da presente Convenção deverá ser garantida por um sistema de inspeção suficiente e adequado.

2. A legislação nacional deverá prever as medidas necessárias, entre as quais a aplicação de sanções adequadas, para garantir a implementação efetiva da presente Convenção, bem como a observância das suas disposições.

Art. 6º — 1. Os empregadores serão considerados responsáveis pela aplicação das medidas prescritas.

2. Toda vez que dois ou mais empregadores se encontrarem simultaneamente desenvolvendo atividades em certo local de trabalho, deverão colaborar no sentido de aplicação das medidas prescritas, sem prejuízo da responsabilidade de cada um concernente à saúde e à segurança dos trabalhadores que empregar. A autoridade competente deverá estabelecer as modalidades gerais dessa colaboração, desde que necessário.

3. Os empregadores devem, em colaboração com os serviços de saúde e de segurança no trabalho, e após consulta aos representantes dos trabalhadores interessados, elaborar os procedimentos a serem seguidos em situações de emergência.

Art. 7º — Os trabalhadores devem, dentro do limite de suas responsabilidades, respeitar as normas de segurança e higiene prescritas para prevenir e controlar os riscos para a saúde que comporta a exposição profissional ao amianto, bem como para protegê-los desses riscos.

Art. 8º — Da mesma forma, os empregadores e os trabalhadores ou seus representantes deverão colaborar tão estreitamente quanto possível, em todos os níveis na empresa, no sentido de aplicação das medidas prescritas de acordo com a presente Convenção.

PARTE III
MEDIDAS DE PROTEÇÃO E DE PREVENÇÃO

Art. 9º — A legislação nacional adotada de acordo com o art. 3 da presente Convenção deverá prever que a exposição ao amianto deverá ser evitada ou controlada por um ou mais dos meios a seguir:

a) a sujeição do trabalho suscetível de provocar a exposição do trabalhador ao amianto às disposições que prescrevem medidas técnicas de prevenção, bem como métodos de trabalho adequados, particularmente referentes à higiene do local de trabalho;

b) a prescrição de regras e de procedimentos especiais, entre os quais autorizações para o uso do amianto ou de certos tipos de amianto ou de certos produtos que contenham amianto, ou, ainda, para certos tipos de trabalho.

Art. 10 — Quando necessárias para proteger a saúde dos trabalhadores, e viáveis do ponto de vista técnico, as seguintes medidas deverão ser previstas pela legislação nacional:

a) sempre que possível, a substituição do amianto ou de certos tipos de amianto ou de certos produtos que contenham amianto por outros materiais ou produtos, ou, então, o uso de tecnologias alternativas desde que submetidas à avaliação científica pela autoridade competente e definidas como inofensivas ou menos perigosas;

b) a proibição total ou parcial do uso do amianto ou de certos tipos de amianto ou de certos produtos que contenham amianto para certos tipos de trabalho.

Art. 11 — 1. O uso do crocidolito e de produtos que contenham essa fibra deverá ser proibido.

2. A autoridade competente deverá ser habilitada, após consulta às organizações mais representativas de empregadores e empregados interessadas, a abrir exceções à proibição prevista no § 1, supra, sempre que os métodos de substituição não forem razoáveis e praticamente realizáveis e sob condição de que as medidas tomadas visando a garantir a saúde dos trabalhadores não sejam postas em risco.

Art. 12 — 1. A pulverização do amianto deverá ser proibida em todas suas formas.

2. A autoridade competente deverá ser habilitada, após consulta às organizações mais representativas de empregadores e empregados interessadas, a abrir exceções à proibição prevista no § 1, supra, sempre que os métodos de substituição não forem razoáveis e praticamente realizáveis e sob condição de que as medidas tomadas visando a garantir a saúde não sejam postas em risco.

Art. 13 — A legislação nacional deverá prever que os empregadores notifiquem à autoridade competente, conforme modalidades e grau por esta definidos, acerca de certos tipos de trabalho que impliquem exposição ao amianto.

Art. 14 — Os produtores e os fornecedores de amianto, da mesma forma que os fornecedores de produtos que contenham amianto, deverão ser responsáveis pela etiquetagem adequada dos recipientes e, quando conveniente, dos produtos, em língua e estilo facilmente apreendida pelos trabalhadores e pelos usuários interessados, conforme prescrições da autoridade competente.

Art. 15 — 1. A autoridade competente deverá fixar os limites da exposição dos trabalhadores ao amianto ou de outros tipos de critérios de avaliação do local de trabalho em termos de exposição ao amianto.

2. Os limites de exposição ou outros critérios de exposição deverão ser fixados, revistos e atualizados periodicamente, à luz do desenvolvimento tecnológico e do aumento do conhecimento técnico e científico.

3. Em todo local de trabalho em que o empregado for exposto ao amianto, o empregador deverá adotar todas as medidas adequadas para evitar essa exposição ou para controlar a emissão de pó de amianto no ar, no sentido de assegurar-se da observância dos limites de exposição ou de outros critérios concernentes à exposição, bem como, diminuir tais níveis a ponto que a observância referida seja razoável se efetivamente factível.

4. No caso de que as medidas adotadas em conformidade com o § 3 do presente Artigo não sejam suficientes para conter a exposição ao amianto dentro dos limites de exposição ou a conformar-se a outros critérios de exposição fixados no quadro da aplicação do disposto no § 1 do presente Artigo, o empregador deverá fornecer, manter e, se necessário, substituir, sem custo para os empregados, equipamento de proteção respiratório adequado, bem como trajes de proteção especiais, quando for o caso. O equipamento de proteção respiratório deverá conformar-se às normas estabelecidas pela autoridade competente e não ser utilizado senão como medida complementar, temporária, de urgência ou excepcional, não se constituindo em substituto do controle técnico.

Art. 16 — Cada empregador deverá ser responsável pelo estabelecimento e implementação de medidas práticas para a prevenção e o controle das exposições dos trabalhadores ao amianto, e para sua proteção contra os riscos dela decorrentes.

Art. 17 — 1. A demolição das instalações ou obras que contenham materiais isolantes de amianto, bem como a eliminação do amianto de construções ou obras em que este possa vir a ficar em suspensão, não deverão ser empreendidas senão por empregadores ou empreiteiros reconhecidos pela autoridade competente como estando qualificados para a execução desse gênero de serviço, de acordo com o disposto na presente Convenção, e devidamente habilitados para tal.

2. Antes de iniciar os trabalhos de demolição, o empregador ou empreiteiro deverá elaborar plano de trabalho que especifique as medidas a adotar, principalmente aquelas que visem a:

a) fornecer toda a segurança possível aos empregados;

b) limitar a emissão de pó de amianto no ar;

c) providenciar a eliminação dos dejetos que contenham amianto de acordo com o art. 19 da presente Convenção.

3. Os trabalhadores ou seus representantes deverão ser consultados a respeito do plano de trabalho referido no § 2, supra.

Art. 18 — 1. Desde que as roupas pessoais dos trabalhadores estão sujeitas a contaminação por amianto, o empregador deverá, segundo a legislação nacional e em consulta com os representantes dos trabalhadores, fornecer roupas de trabalho adequadas que não poderão ser levadas para fora do local de trabalho.

2. A manipulação e a limpeza das roupas de trabalho e dos trajes de proteção especiais após o uso devem ser efetuadas em condições sujeitas a controle, de acordo com as exigências da autoridade competente, a fim de evitar a emissão de pó de amianto.

3. A legislação nacional deverá proibir o transporte das roupas de trabalho, dos trajes de proteção especiais e do equipamento de proteção individual ao domicílio do trabalhador.

4. O empregador deve responsabilizar-se pela limpeza, pela manutenção e pela boa ordem das roupas de trabalho, dos trajes de proteção especial e do equipamento de proteção individual.

5. O empregador deverá pôr à disposição dos empregados expostos ao amianto instalações de banho, ducha ou lavabos no local de trabalho, conforme for mais adequado.

Art. 19 — 1. Segundo a legislação e a prática nacionais, o empregador deverá eliminar os resíduos que contenham amianto de molde a não apresentar risco nem para a saúde dos trabalhadores interessados — entre os quais aqueles que manipulam o amianto — nem para a população em geral ou para os habitantes das proximidades da firma.

2. Medidas adequadas devem ser tomadas pela autoridade competente e pelos empregadores para evitar a poluição do meio ambiente, em geral, pelo pó de amianto emitido no local de trabalho.

PARTE IV
MONITORAMENTO DO AMBIENTE DE TRABALHO E DE SAÚDE DOS TRABALHADORES

Art. 20 — 1. Sempre que necessário à proteção da saúde dos trabalhadores, o empregador deverá medir a concentração de pó de amianto em suspensão no ar nos locais de trabalho e vigiar a exposição dos trabalhadores ao amianto a intervalos e conforme métodos especificados pela autoridade competente.

2. Os registros concernentes à vigilância do meio de trabalho e da exposição dos trabalhadores ao amianto deverão ser conservados durante um período determinado pela autoridade competente.

3. Os trabalhadores interessados, seus representantes e os serviços de inspeção deverão ter acesso aos registros referidos.

4. Os trabalhadores ou seus representantes devem ter o direito de requerer a vigilância do meio de trabalhar e solicitar à autoridade competente os resultados dessa vigilância.

Art. 21 — 1. Os trabalhadores que estão ou foram expostos ao amianto devem poder-se beneficiar, segundo a legislação e a prática nacionais, de exames médicos necessários ao controle da sua saúde em função do risco profissional, bem como ao diagnóstico das doenças profissionais provocadas pela exposição ao amianto.

2. A vigilância sanitária dos trabalhadores, concernente ao uso do amianto, não deve implicar quaisquer ônus para estes; ela deverá ser gratuita e ter lugar, na medida do possível, durante o horário de trabalho.

3. Os trabalhadores devem ser informados conveniente e adequadamente dos resultados dos seus exames médicos, bem como, receber aconselhamento individual a respeito do seu estado de saúde em relação com sua atividade.

4. Quando a permanência em função que implique exposição ao amianto for desaconselhada por motivos médicos, todos os esforços deverão ser empreendidos, de modo compatível com a prática e as condições nacionais, para oferecer aos trabalhadores interessados outros meios de conservar sua renda.

5. A autoridade competente deverá estruturar sistema de notificação das doenças profissionais causadas pelo amianto.

PARTE V
INFORMAÇÕES E EDUCAÇÃO

Art. 22 — 1. A autoridade competente deverá, em consulta e em colaboração com as organizações mais representativas de empregadores e de trabalhadores interessados, adotar disposições adequadas para promover a difusão de informações e a educação de todas as pessoas envolvidas, no que respeita aos riscos provocados pela exposição ao amianto, assim como aos métodos de prevenção e controle.

2. A autoridade competente deve zelar para que os empregadores tenham estabelecido por escrito uma política e procedimentos relativos às medidas de educação e de treinamento periódico dos trabalhadores sobre os riscos oriundos do amianto e os métodos de prevenção e controle.

3. O empregador deve zelar para que todos os trabalhadores expostos ou que possam vir a ser expostos ao amianto sejam informados a respeito dos riscos inerentes ao seu trabalho e das medidas de prevenção assim como dos métodos corretos de trabalho, e que receba, um treinamento contínuo nesta matéria.

Art. 23 — As ratificações formais da presente Convenção serão comunicadas ao Diretor-Geral da Repartição Internacional do Trabalho e por ele registradas.

Art. 24 — 1. A presente Convenção só vinculará os Membros da Organização Internacional do Trabalho, cujas ratificações tenham sido registradas pelo Diretor-Geral.

2. Esta Convenção entrará em vigor doze meses após o registro das ratificações de dois Membros pelo Diretor-Geral.

3. Posteriormente, esta Convenção entrará em vigor, para cada Membro, doze meses após o registro de sua ratificação.

Art. 25 — 1. Todo Membro que tenha ratificado a presente Convenção poderá denunciá-la após a expiração de um período de dez anos contados da entrada em vigor mediante ato comunicado ao Diretor-Geral da Repartição Internacional do Trabalho e por ele registrado. A denúncia só surtirá efeito um ano após o registro.

2. Todo Membro que tenha ratificado a presente Convenção, e não fizer uso da faculdade de denúncia prevista pelo presente artigo dentro do prazo de um ano após a expiração do período de dez anos previsto no parágrafo anterior, ficará obrigado por novo período de dez anos e, posteriormente, poderá denunciar a presente Convenção ao expirar cada período de dez anos, nas condições previstas no presente artigo.

Art. 26 — 1. O Diretor-Geral da Repartição Internacional do Trabalho notificará a todos os Membros da Organização Internacional do Trabalho o registro de todas as ratificações e denúncias que lhe sejam comunicadas pelos Membros da Organização.

2. Ao notificar aos Membros da Organização o registro da segunda ratificação que lhe tenha sido comunicada, o Diretor-Geral chamará a atenção dos Membros da Organização para a entrada em vigor da presente Convenção.

Art. 27 — O Diretor-Geral da Repartição Internacional do Trabalho comunicará ao Secretário-Geral das Nações Unidas, para fins de registro, de acordo com o art. 102 da Carta das Nações Unidas, as informações completas referentes a quaisquer ratificações ou atos de denúncias que tenha registrado de acordo com os artigos anteriores.

Art. 28 — Sempre que o julgar necessário, o Conselho de Administração da Repartição Internacional do Trabalho deverá apresentar à Conferência Geral um relatório sobre a aplicação da presente Convenção e decidirá a oportunidade de inscrever na ordem do dia da Conferência a questão de sua revisão total ou parcial.

Art. 29 — 1. Se a Conferência adotar uma nova Convenção de revisão total ou parcial da presente Convenção e, disposição em contrário da nova Convenção:

a) a ratificação por um Membro da nova Convenção, recusará não obstante o disposto no art. 14 acima, implicará de pleno direito, na denúncia imediata da presente Convenção, desde que a nova Convenção tenha entrado em vigor;

b) a partir da data da entrada em vigor da Convenção revista, a presente Convenção deixaria de estar aberta à ratificação dos Membros.

2. A presente Convenção continuará em todo caso, em vigor em sua forma e teor atuais para os Membros que a tiverem ratificado e que não ratificaram a Convenção revista.

Art. 30 — As versões inglesa e francesa do texto da presente Convenção serão igualmente autênticas."

CONVENÇÃO N. 163

I — Aprovada na 74ª reunião da Conferência Internacional do Trabalho (Genebra — 1987), entrou em vigor no plano internacional em 3.10.90.

II — Dados referentes ao Brasil:

a) aprovação = Decreto Legislativo n. 74, de 16.8.96;

b) ratificação = 4 de março de 1997;

c) vigência nacional = 4 de março de 1998;

d) promulgação = Decreto n. 2.669, de 15.7.98.

"A Conferência Geral da Organização Internacional do Trabalho,

Convocada em Genebra pelo Conselho de Administração da Repartição Internacional do Trabalho e reunida na mesma cidade em 24 de setembro de 1987, em sua septuagésima quarta reunião;

Recordando as disposições da Recomendação sobre as condições da estada dos trabalhadores marítimos nos portos, 1936, e da Recomendação sobre o bem-estar dos trabalhadores marítimos, 1970;

Depois de ter decidido aprovar diversas propostas sobre o bem-estar dos trabalhadores marítimos no mar e no porto, questão que constitui o segundo ponto de pauta da reunião, e

Depois de ter decidido que tais propostas assumirem a forma de uma convenção internacional, aprova, em oito de outubro de mil novecentos e oitenta e sete, a presente Convenção, que poderá ser citada como a 'Convenção sobre o Bem-Estar dos Trabalhadores Marítimos, 1987'.

Art. 1

1. Para efeitos da presente Convenção:

a) a expressão 'trabalhadores marítimos' ou 'marinheiros' designa todas as pessoas empregadas, com qualquer cargo, a bordo de um navio dedicado a navegação marítima, de propriedade pública ou privada, que não seja um navio de guerra;

b) a expressão 'meios e serviços de bem-estar' designa meios e serviços de bem-estar, culturais, recreativos e informativos.

2. Todo Membro determinará, por meio de sua legislação nacional e consultando previamente as organizações representativas de armadores e trabalhadores marítimos, quais os navios registrados em seu território que devem ser considerados como dedicados à navegação marítima para efeitos das disposições da presente Convenção referentes a meios e serviços de bem-estar a bordo de navios.

3. Na medida em que considerar viável, e consultando previamente as organizações representativas de armadores de embarcações de pesca e de pescadores, a autoridade competente deverá aplicar as disposições da presente Convenção à pesca marítima comercial.

Art. 2

1. Todo Membro para o qual esteja em vigor a presente Convenção compromete-se a zelar para que sejam providenciados os meios e serviços de bem-estar adequados aos trabalhadores marítimos, tanto nos portos como à bordo de navios.

2. Todo Membro cuidará para que sejam tomadas as medidas necessárias para financiar os meios e serviços de bem-estar providenciados em conformidade com as disposições da presente Convenção.

Art. 3

1. Todo Membro se compromete a cuidar para que sejam providenciados meios e serviços de bem-estar nos portos apropriados do país para todos os marinheiros, sem distinção de nacionalidade, raça, cor, sexo, religião, opinião pública ou origem social, e independentemente do Estado em que estiver registrado o navio a bordo do qual estejam empregados.

2. Todo Membro determinará, consultando previamente as organizações representativas de armadores e de trabalhadores marítimos, os portos que devem ser considerados apropriados para os efeitos deste artigo.

Art. 4

Todo Membro compromete-se a cuidar de que os meios e serviços de bem-estar instalados em todo

CONVENÇÕES DA OIT RATIFICADAS

navio dedicado à navegação marítima, de propriedade pública ou privada, registrado em seu território, sejam acessíveis a todos os trabalhadores marítimos que se encontrarem a bordo.

Art. 5

Os meios e serviços de bem-estar serão revistos com freqüência no intuito de assegurar que sejam apropriados, levando-se em conta a evolução das necessidades dos trabalhadores marítimos, decorrente de progressos técnicos, funcionais ou de outra natureza que se verifiquem na indústria do transporte marítimo.

Art. 6

Todo Membro se compromete a:

a) cooperar com os demais Membros com vistas a garantir a aplicação da presente Convenção;

b) cuidar de que as partes envolvidas e interessadas na promoção do bem-estar dos trabalhadores marítimos no mar e no porto cooperem entre si.

Art. 7

As ratificações formais da presente Convenção serão comunicadas ao Diretor-Geral da Repartição Internacional do Trabalho e por ele registradas.

Art. 8

1. A presente Convenção só vinculará os Membros da Organização Internacional do Trabalho, cujas ratificações tenham sido registradas pelo Diretor-Geral.

2. Esta Convenção entrará em vigor doze meses após o registro das ratificações de dois Membros pelo Diretor-Geral.

3. Posteriormente, esta Convenção entrará em vigor, para cada Membro, doze meses após o registro de sua ratificação.

Art. 9. 1. Todo Membro que tenha ratificado a presente Convenção poderá denunciá-la após a expiração de um período de dez anos contados da entrada em vigor mediante ato comunicado ao Diretor-Geral da Repartição Internacional do Trabalho e por ele registrado. A denúncia só surtirá efeito um ano após o registro.

2. Todo Membro que tenha ratificado a presente Convenção, e não fizer uso da faculdade de denúncia prevista pelo presente artigo dentro do prazo de um ano após a expiração do período de dez anos previsto no parágrafo anterior, ficará obrigado por novo período de dez anos e, posteriormente, poderá denunciar a presente Convenção ao expirar cada período de dez anos, nas condições previstas no presente Artigo.

Art. 10

1. O Diretor-Geral da Repartição Internacional do Trabalho notificará a todos os Membros da Organização Internacional do Trabalho o registro de todas as ratificações e denúncias que lhe sejam comunicadas pelos Membros da Organização.

2. Ao notificar aos Membros da Organização o registro da segunda ratificação que lhe tenha sido comunicada, o Diretor-Geral chamará a atenção dos Membros da Organização para a entrada em vigor da presente Convenção.

Art. 11

O Diretor-Geral da Repartição Internacional do Trabalho comunicará ao Secretário-Geral das Nações Unidas, para fins de registro, de acordo com o art. 102 da Carta das Nações Unidas, as informações completas referentes a quaisquer ratificações ou atos de denúncias que tenha registrado de acordo com os artigos anteriores.

Art. 12

Sempre que o julgar necessário, o Conselho de Administração da Repartição Internacional do Trabalho deverá apresentar à Conferência Geral um relatório sobre a aplicação da presente Convenção e decidirá a oportunidade de inscrever na ordem do dia da Conferência a questão de sua revisão total ou parcial.

Art. 13

1. Se a Conferência adotar uma nova Convenção de revisão total ou parcial da presente Convenção e, disposição em contrário da nova Convenção:

a) a ratificação por um Membro da nova Convenção, recusará não obstante o disposto no art. 14 acima, implicará de pleno direito, na denúncia imediata da presente Convenção, desde que a nova Convenção tenha entrado em vigor;

b) a partir da data da entrada em vigor da Convenção revista, a presente Convenção deixaria de estar aberta à ratificação dos Membros.

2. A presente Convenção continuará em todo caso, em vigor em sua forma e teor atuais para os Membros que a tiverem ratificado e que não ratificaram a Convenção revista.

Art. 14

As versões inglesa e francesa do texto da presente Convenção serão igualmente autênticas."

CONVENÇÃO N. 164

I — Aprovada na 74ª reunião da Conferência Internacional do Trabalho (Genebra — 1987), entrou em vigor no plano internacional em 11.1.91.

II — Dados referentes ao Brasil:

a) aprovação = Decreto Legislativo n. 74, de 16.8.96;

b) ratificação = 4 de março de 1997;

c) vigência nacional = 4 de março de 1988;

d) promulgação = Decreto n. 2.671, de 15.7.98.

"A Conferência Geral da Organização Internacional do Trabalho,

Convocada em Genebra pelo Conselho de Administração da Repartição Internacional do Trabalho e reunida na mesma cidade em 24 de setembro de 1987, em sua septuagésima quarta reunião;

Recordando as disposições da Convenção sobre o exame médico dos trabalhadores marítimos, 1946; da Convenção sobre o alojamento da tripulação (revisada), 1949; da Convenção sobre o alojamento da tripulação (disposições complementares), 1970; da Recomendação sobre as farmácias a bordo dos navios, 1958; da Recomendação sobre consultas médicas em alto-mar, 1958; e da Convenção e da Recomendação sobre a prevenção de acidentes (trabalhadores marítimos), 1970;

Recordando os termos do Acordo internacional sobre normas de formação, titulação e plantão para os trabalhadores marítimos, 1978, no referente à formação em primeiros socorros em caso de acidentes ou doenças que possam ocorrer a bordo;

Observando que, para a ação realizada na esfera da proteção da saúde e a assistência médica aos trabalhadores marítimos seja bem sucedida, é importante que a Organização Internacional do Trabalho, a Organização Marítima Internacional e a Organização Mundial da Saúde mantenham uma estreita cooperação dentro de suas respectivas esferas;

Observando que, por conseguinte, as normas que se seguem foram elaboradas com a cooperação da Organização Marítima Internacional e da Organização Mundial da Saúde, e que está prevista a continuidade da cooperação com tais organizações no que tange à aplicação destas normas;

Depois de ter decidido aprovar diversas propostas sobre a proteção da saúde e a assistência médica aos trabalhadores marítimos, questão que constitui o quarto ponto da pauta da reunião, e

Depois de ter decidido que tais propostas assumissem a forma de uma convenção internacional, aprova, em oito de outubro de mil novecentos e oitenta e sete, a presente Convenção, que poderá ser citada como a 'Convenção sobre a Proteção da Saúde e a Assistência Médica (Trabalhadores Marítimos), 1987'.

Art. 1

1. A presente Convenção se aplica a todo navio dedicado à navegação marítima, de propriedade pública ou privada, registrado no território de um Membro para o qual a Convenção estiver em vigor e destinado normalmente à navegação marítima comercial.

2. Na medida em que considerar viável e, consultando previamente as organizações representativas de armadores de embarcações de pesca e de pescadores, a autoridade competente deverá aplicar as disposições da presente Convenção à pesca marítima comercial.

3. Caso existirem dúvidas acerca de se, para efeitos da presente Convenção, uma embarcação deve ou não ser considerada como destinada à navegação marítima comercial, ou à pesca marítima comercial, a questão será resolvida pela autoridade competente, consultando-se previamente as organizações interessadas de armadores, de trabalhadores marítimos e de pescadores.

4. Para os efeitos da presente Convenção, os termos 'trabalhadores marítimos' ou 'marinheiros' designam todas as pessoas empregadas, com qualquer cargo, a bordo de um navio dedicado à navegação marítima ao qual for aplicável o presente Acordo.

Art. 2

A presente Convenção será levada a efeito por intermédio da legislação nacional, dos acordos coletivos, regimentos internos, laudos arbitrais, sentenças judiciais ou qualquer outro meio apropriado às condições nacionais.

Art. 3

Todo Membro deverá prever, através de sua legislação nacional que os armadores sejam considerados responsáveis pela manutenção dos navios, em condições sanitárias e higiênicas adequadas.

Art. 4

Todo membro deverá zelar pela aprovação das medidas que garantam a proteção da saúde e a assistência médica aos trabalhadores marítimos a bordo. Tais medidas deverão:

a) garantir a aplicação aos trabalhadores marítimos de todas as disposições gerais sobre a proteção da saúde no trabalho e a assistência médica que interessem à profissão de marinheiro, bem como das disposições especiais relativas ao trabalho a bordo;

b) ter por objetivo proporcionar aos trabalhadores marítimos uma proteção da saúde e uma assistência médica o mais próximas das que por possível das que geralmente desfrutam os trabalhadores de terra;

c) garantir aos trabalhadores marítimos o direito de consultar sem demora um médico nos portos de escala, quando isto for possível;

d) garantir que, conforme a legislação e a prática nacionais, a assistência médica e a proteção sanitária sejam prestadas gratuitamente aos marinheiros inscritos na lista de tripulantes;

e) não se limitar ao tratamento dos marinheiros doentes ou acidentados, mas incluir também medidas de caráter preventivo e dar particular atenção à elaboração de programas de promoção da saúde e de educação sanitária, com vistas a que os próprios trabalhadores marítimos possam contribuir ativamente para a redução da freqüência das enfermidades passíveis de afetá-los.

Art. 5

1. Todo navio ao qual for aplicável a presente Convenção deverá transportar uma farmácia de bordo.

2. O conteúdo dessa farmácia e o equipamento médico de bordo serão determinados pela autoridade competente, levando em conta fatores como o tipo de navio, o número de pessoas a bordo e a natureza, destino e duração das viagens.

3. Ao provar ou rever as disposições nacionais relativas ao conteúdo da farmácia e do equipamento médico de bordo, a autoridade competente deverá levar em conta as recomendações internacionais nesse âmbito, como as edições mais recentes do Guia Médico Internacional de Bordo e a Lista de Medicamentos Essenciais, publicados pela Organização Mundial da Saúde, bem como dos progressos realizados em matéria de conhecimentos médicos e métodos de tratamentos aprovados.

4. A adequada manutenção da farmácia e de seu conteúdo, e do equipamento médico de bordo, bem como sua inspeção periódica a intervalos regulares não superiores há doze meses, ficarão a cargo de pessoas responsáveis designadas pela autoridade competente que zelarão pelo controle da data de vencimento e das condições de conservação dos medicamentos.

5. A autoridade competente garantirá que o conteúdo da farmácia figure numa lista e esteja etiquetado utilizando nomes genéricos, além dos nomes de marca, data de vencimento e condições de conservação, e de que esteja de acordo com o que estipula o guia médico empregado em escala nacional.

6. A autoridade competente cuidará de que, quando um carregamento classificado como perigoso não tiver sido incluído na edição mais recente, do Guia de primeiros socorros para uso em caso de acidentes relacionados com mercadorias perigosas, publicado pela Organização Marítima Internacional, seja proporcionada ao capitão, aos trabalhadores marítimos e a outras pessoas interessadas a informação necessária para a natureza das substâncias, os riscos que encerram, os equipamentos de proteção pessoal necessários, os procedimentos médicos pertinentes e os antídotos específicos. Os antídotos específicos e os equipamentos de proteção pessoal devem ser levados a bordo sempre que forem transportadas mercadorias perigosas.

7. Em caso de emergência, quando um medicamento receitado a um marinheiro pelo pessoal médico qualificado não figurar na farmácia de bordo, o armador deverá tomar todas as medidas necessárias com vistas a obtê-lo o mais depressa possível.

Art. 6

1. Todo navio ao qual for aplicável a presente Convenção deverá levar um guia médico de bordo aprovado pela autoridade competente.

2. O guia médico deverá explicar como deve ser utilizado o conteúdo da farmácia e sua concepção deve ser tal que permita que o pessoa não médico atenda aos doentes ou feridos a bordo, com ou sem consulta médica por rádio ou satélite.

3. Ao aprovar ou rever o guia médico de bordo em uso no país, a autoridade competente deverá levar em conta as recomendações internacionais desta matéria, inclusive as edições mais recentes do Guia médico internacional de bordo e do Guia de primeiros socorros para uso em caso de acidentes relacionados com mercadorias perigosas.

Art. 7

1. A autoridade competente deverá assegurar, por meio de um sistema preestabelecido, que, a qualquer hora do dia ou da noite, os navios em alto-mar possam efetuar consultas médicas por rádio ou satélite, inclusive com assessoramento de especialistas.

2. Tais consultas médicas, incluindo a transmissão de mensagens médicas por rádio ou satélite entre um navio e as pessoas de terra que dão a assessoria, deverão ser gratuitas para todos os navios, independentemente do território em que estejam registrados.

3. Com vistas a garantir a otimização do uso dos meios disponíveis para efetuar consultas médicas por rádio ou satélite:

a) todos os navios a que for aplicável a presente Convenção e que disponham de instalação de rádio deverão levar a bordo uma lista completa das estações de rádio através das quais podem ser feitas consultas médicas;

b) todos os navios a que for aplicável a presente Convenção e que disponham de um sistema de comunicação por satélite deverão levar a bordo uma lista completa das estações terrestres costeiras através das quais podem ser feitas consultas médicas;

c) estas listas devem ser mantidas atualizadas e sob a custódia da pessoa encarregada das comunicações.

4. Os trabalhadores marítimos que pedirem assessoramento médico por rádio ou satélite deverão ser instruídos no uso do Guia médico de bordo e da seção médica da edição mais recente do Código internacional de sinais publicado pela Organização Marítima Internacional, a fim de que possam compreender a informação necessária exigida pelo médico consultado e pelo assessoramento dele recebido.

5. A autoridade competente providenciará para que os médicos que derem assessoramento médico de acordo com este Artigo recebam uma formação apropriada e conheçam as condições de bordo.

Art. 8

1. Todos os navios aos quais for aplicável a presente Convenção, tenham cem ou mais marinheiros a bordo e normalmente façam travessias internacionais de mais de três dias de duração deverão contar, entre os membros da tripulação, com um médico encarregado de prestar assistência médica.

2. A legislação nacional deverá estipular quais os outros navios que devem ter um médico entre os membros de sua tripulação, levando em conta, entre outros fatores, a duração, a natureza e as condições da travessia, bem como o número de marinheiros a bordo.

Art. 9

1. Todos os navios aos quais for aplicável a presente Convenção e não tiverem nenhum médico a bordo deverão levar sua tripulação uma ou várias pessoas especialmente encarregadas de prestar assistência médica e administrar medicamentos como parte de suas obrigações normais.

2. As pessoas, que não sejam médicos, encarregadas da assistência médica a bordo deverão ter concluído de maneira satisfatória um curso de formação teórica e prática em matéria de assistência médica, aprovado pela autoridade competente. Este curso consistirá:

a) para navios de menos de 1.500 toneladas de porte bruto que normalmente possam ter acesso a uma assistência médica qualificada e a serviços médicos num prazo de oito horas, numa formação elementar que permita que essas pessoas tomem as medidas imediatas necessárias em caso de acidentes ou doenças que possam ocorrer a bordo e façam uso de assessoramento médico por rádio ou satélite;

b) para todos os demais navios, numa formação médica do mais alto nível, que abranja uma formação prática nos serviços de emergência ou de acidentados de um hospital, quando for possível, e uma formação em técnicas de sobrevivência como a terapia endovenosa, que permita que essas pessoas participem eficazmente de programas coordenados de assistência médica a navios que se encontrem navegando e assegurem aos doentes e feridos um nível satisfatório de assistência médica durante o período em que provavelmente tiverem de permanecer a bordo. Sempre que for possível, esta formação deverá ser ministrada sob a supervisão de um médico que conheça e compreenda profundamente os problemas médicos dos trabalhadores marítimos e as condições inerentes a profissão de marinheiro e que possua um conhecimento especializado dos serviços médicos por rádio ou satélite.

3. Os cursos aos quais o presente artigo faz referência deverão basear-se no conteúdo das edições mais recentes do Guia médico internacional de bordo, do Guia de primeiros socorros para uso em caso de acidentes relacionados com mercadorias perigosas, do Documento que deve servir de guia — Guia internacional para a formação dos trabalhadores marítimos, publicado pela Organização Marítima Internacional, e da seção médica do Código Internacional de sinais, bem como de guias nacionais análogos.

4. As pessoas às quais o § 2 deste Artigo faz referência e os demais trabalhadores marítimos que a autoridade competente vier a designar deverão seguir, de cinco em cinco anos aproximadamente, cursos de aperfeiçoamento que lhes permitam conservar e atualizar seus conhecimentos e competências, bem como se manter a par dos novos progressos.

5. Todos os trabalhadores marítimos deverão receber, no decorrer de sua formação profissional marítima, uma preparação sobre as medidas que devem ser tomadas em caso de acidente ou outra emergência médica a bordo.

6. Além da pessoa ou das pessoas encarregadas de dar assistência médica a bordo, um ou mais membros determinados da tripulação deverão receber uma formação elementar em matéria de assistência médica que lhes permita tomar as medidas imediatas necessárias em caso de acidentes ou doenças que possam ocorrer a bordo.

Art. 10

Todos os navios aos quais seja aplicável a presente Convenção prestarão, quando for viável, toda a assistência médica necessária a qualquer navio que vier a solicitá-la.

Art. 11

1. Todo navio de 500 toneladas ou mais de porte bruto que levar quinze ou mais marinheiros a bordo e efetuar uma travessia de mais de três dias deverá dispor de uma enfermaria independente a bordo. A autoridade competente poderá isentar deste requisito os navios de cabotagem.

2. O presente artigo será aplicado, sempre que for possível e razoável, aos navios de 200 a 500 toneladas de porte bruto e aos rebocadores.

3. O presente artigo não será aplicado aos navios com propulsão principalmente a vela.

4. A enfermaria deve estar situada de maneira tal que seja de fácil acesso o que seus ocupantes possam estar confortavelmente alojados e receber assistência médica com bom ou mau tempo.

5. A enfermaria deverá ser concebida a facilitar as consultas e os primeiros socorros.

6. A entrada, os beliches, a iluminação, a ventilação, a calefação e o abastecimento de água da enfermaria deverão ser dispostos do modo a garantir o conforto e facilitar o tratamento de seus ocupantes.

7. A autoridade competente determinará o número de beliches que devem ser instalados na enfermaria.

8. Os ocupantes da enfermaria devem dispor de sanitários para seu uso exclusivo situados na própria enfermaria ou em proximidade imediata.

9. A enfermaria não poderá ser destinada a outro uso que não seja a assistência médica.

Art. 12

1. A autoridade competente deverá adotar um modelo de relatório médico para os trabalhadores marítimos, para uso de médicos de bordo, capitães de navios ou pessoas encarregadas da assistência médica a bordo e de hospitais ou médicos em terra.

2. Esse modelo de relatório deve ser especialmente concebido para facilitar a troca, entre navio e terra, de informação pessoal médica e informação conexa sobre marinheiros em caso de doença ou acidente.

3. A informação contida nos relatórios médicos deverá ter caráter confidencial e ser utilizada apenas para o tratamento dos trabalhadores marítimos.

Art. 13

1. Os Membros para os quais a presente Convenção estiver em vigor deverão cooperar mutuamente com vistas a promover a proteção da saúde e a assistência médica aos marítimos a bordo de navios.

2. Tal cooperação poderia consistir no seguinte:

a) desenvolver e coordenar os esforços de busca e salvamento e organizar a pronta assistência e a evacuação de pessoas gravemente doente ou feridas a bordo de navios por meios tais como sistemas de sinalização periódica da posição dos navios centros de coordenação de operações de salvamento e serviço de helicópteros para caso de emergência conforme as disposições do Acordo Internacional de 1979 sobre Busca e Salvamento Marítimos, o Manual de Buscas e Salvamento para navios mercantes e o Manual de Buscas e Salvamento da OMI, elaborados pela Organização Marítima Internacional;

b) utilizar ao máximo os navios pesqueiros com médico a bordo e os navios estacionados no mar que possam prestar serviços hospitalares e fornecer meios de salvamento;

c) compilar e manter em dia uma lista internacional de médicos e centros de assistência médica disponíveis no mundo inteiro para prestar assistência médica de emergência aos trabalhadores marítimos;

d) desembarcar os trabalhadores marítimos num porto com vistas a um tratamento de emergência;

e) reparar no mais breve prazo possível os trabalhadores marítimos hospitalizados no exterior, de acordo com o parecer médico dos médicos responsáveis pelo caso, levando em conta o desejo e as necessidades do marinheiro;

f) tomar as providências necessárias para que seja dada assistência pessoal aos trabalhadores marítimos durante sua repatriação, de acordo com o parecer médico dos médicos responsáveis pelo caso, levando em conta o desejo e as necessidades do marinheiro;

g) procurar, criar para os trabalhadores marítimos, centros sanitários que:

I) efetuem pesquisas sobre o estado de saúde, o tratamento médico e a assistência sanitária preventiva de trabalhadores marítimos;

II) formem o pessoal médico e sanitário em medicina marítima.

h) compilar e avaliar estatísticas relativas a acidentes, doenças e óbitos de origem profissional de trabalhadores marítimos e incorporá-las aos sistemas nacionais existentes de estatísticas de acidentes, doenças e óbitos de origem profissional de outras categorias de trabalhadores, harmonizando-as, ao mesmo tempo, com tais sistemas;

i) organizar intercâmbios internacionais de informação técnica, de material de formação e de pessoal docente, bem como cursos, seminários e grupos de trabalho internacionais em matéria de formação;

j) assegurar a todos os trabalhadores marítimos serviços de saúde e de acompanhamento médico, de caráter curativo e preventivo, que lhes sejam especialmente destinados nos portos, ou colocar à sua disposição serviços gerais de saúde, médicos e de reabilitação;

k) tomar as providências cabíveis para repatriar o mais breve possível os corpos ou as cinzas dos marinheiros falecidos, conforme o desejo de seus parentes mais próximos.

3. A cooperação internacional no âmbito de proteção da saúde e a assistência médica aos trabalhadores marítimos deverão basear-se em acordos bilaterais ou multilaterais, ou em consultas entre Estados-Membros.

Art. 14

As ratificações formais da presente Convenção serão comunicadas ao Diretor-Geral da Repartição Internacional do Trabalho e por ele registradas.

Art. 15

1. A presente Convenção só vinculará os Membros da Organização Internacional do Trabalho, cujas ratificações tenham sido registradas pelo Diretor-Geral.

2. Esta Convenção entrará em vigor doze meses após o registro das ratificações de dois Membros pelo Diretor-Geral.

3. Posteriormente, esta Convenção entrará em vigor, para cada Membro, doze meses após o registro de sua ratificação.

Art. 16

1. Todo Membro que tenha ratificado a presente Convenção poderá denunciá-la após a expiração de um período de dez anos contados da entrada em vigor mediante ato comunicado ao Diretor-Geral da Repartição Internacional do Trabalho e por ele registrado. A denúncia só surtirá efeito um ano após o registro.

2. Todo Membro que tenha ratificado a presente Convenção, e não fizer uso da faculdade de denúncia prevista pelo presente artigo dentro do prazo de um ano após a expiração do período de dez anos previsto no parágrafo anterior, ficará obrigado por novo período de dez anos e, posteriormente, poderá denunciar a presente Convenção ao expirar cada período de dez anos, nas condições previstas no presente artigo.

Art. 17

1. O Diretor-Geral da Repartição Internacional do Trabalho notificará a todos os Membros da Organização Internacional do Trabalho o registro de todas as ratificações e denúncias que lhe sejam comunicadas pelos Membros da Organização.

2. Ao notificar aos Membros da Organização o registro da segunda ratificação que lhe tenha sido comunicada, o Diretor-Geral chamará a atenção dos Membros da Organização para a entrada em vigor da presente Convenção.

Art. 18

O Diretor-Geral da Repartição Internacional do Trabalho comunicará ao Secretário-Geral das Nações Unidas, para fins de registro, de acordo com o art. 102 da Carta das Nações Unidas, as informações completas referentes a quaisquer ratificações ou atos de denúncias que tenha registrado de acordo com os artigos anteriores.

Art. 19

Sempre que o julgar necessário, o Conselho de Administração da Repartição Internacional do Trabalho deverá apresentar à Conferência Geral um relatório sobre a aplicação da presente Convenção e decidirá a oportunidade de inscrever na ordem do dia da Conferência a questão de sua revisão total ou parcial.

Art. 20

1. Se a Conferência adotar uma nova Convenção de revisão total ou parcial da presente Convenção e, disposição em contrário da nova Convenção:

a) a ratificação por um Membro da nova Convenção, recusará não obstante o disposto no art. 14 acima, implicará de pleno direito, na denúncia imediata da presente Convenção, desde que a nova Convenção tenha entrado em vigor;

b) a partir da data da entrada em vigor da Convenção revista, a presente Convenção deixaria de estar aberta à ratificação dos Membros.

2. A presente Convenção continuará em todo caso, em vigor em sua forma e teor atuais para os Membros que a tiverem ratificado e que não ratificaram a Convenção revista.

Art. 21

As versões inglesa e francesa do texto da presente Convenção serão igualmente autênticas."

CONVENÇÃO N. 166

I — Aprovada na 74ª reunião da Conferência Internacional do Trabalho (Genebra — 1987), entrou em vigor no plano internacional em 3 de julho de 1991.

II — Dados referentes ao Brasil:

a) aprovação = Decreto Legislativo n. 74, de 16.8.96;
b) ratificação = 4 de março de 1997;
c) vigência nacional = 4 de março de 1998;
d) promulgação = Decreto n. 2.670, de 15.7.98.

"A Conferência Geral da Organização Internacional do Trabalho,

Convocada em Genebra pelo Conselho de Administração da Repartição Internacional do Trabalho e reunida na mesma cidade em 24 de setembro de 1987, em sua septuagésima quarta reunião;

Observando que, desde a aprovação da Convenção sobre a repatriação dos trabalhadores marítimos, 1926, e a Recomendação sobre a repatriação de capitães e aprendizes, 1926, a evolução da indústria de transporte marítimo tornou necessária a revisão da Convenção com vistas a incorporar-lhe elementos apropriados da Recomendação;

Observando, ademais, que se registraram consideráveis progressos na legislação e prática nacionais com vistas a assegurar a repatriação dos trabalhadores marítimos em diversos casos não contemplados pela Convenção sobre a repatriação dos trabalhadores marítimos, 1926;

Considerando que, tendo-se em conta o aumento geral do emprego de marinheiros na indústria do transporte marítimo, seria, por conseguinte, conveniente aprovar novas disposições, por meio de um novo instrumento internacional, em relação a certos aspectos complementares da repatriação dos trabalhadores marítimos;

Depois de ter decidido aprovar diversas propostas relativas à revisão da Convenção sobre a repatriação dos trabalhadores marítimos, 1926 (n. 23), e da Recomendação sobre a repatriação de capitães e aprendizes, 1926 (n. 27), questão que constitui o quinto ponto da pauta da reunião, e

Depois de ter decidido que tais propostas assumissem a forma de uma Convenção internacional, aprova, em nove de outubro de mil novecentos e oitenta e sete, a presente Convenção, que poderá ser citada como a 'Convenção sobre a Repatriação dos Trabalhadores Marítimos (Revisada), 1987';

PARTE I
CAMPO DE APLICAÇÃO E DEFINIÇÕES

Art. 1

1. A presente Convenção é aplicável a todo navio dedicado à navegação marítima de propriedade pública ou privada, registrado no território de todo Membro para o qual a Convenção esteja em vigor e normalmente destinado à navegação marítima comercial, bem como aos armadores e aos marinheiros de tais navios.

2. Na medida em que considerar viável, e consultado previamente as organizações representativas de armadores de embarcações de pesca de pescadores, a autoridade competente deverá aplicar as disposições da presente Convenção à pesca marítima comercial.

3. Caso existirem dúvidas acerca de se, para efeitos da Convenção, um navio deve ou não ser considerado como destinado à navegação marítima comercial, ou à pesca marítima comercial, a questão será resolvida pela autoridade competente, consultando-se previamente as organizações interessadas de armadores, de trabalhadores marítimo e de pescadores.

4. Para efeitos da presente Convenção os termos trabalhadores marítimos ou marinheiros designam todas as pessoas empregadas, com qualquer cargo a bordo de um navio dedicado à navegação marítima ao qual seja aplicável a presente Convenção.

PARTE II
DIREITOS

Art. 2

1. Todo marinheiro terá direito a ser repatriado nas circunstâncias seguintes:

a) quando um contrato por tempo determinado ou para uma viagem específica expirar no exterior;

b) quando expirar o período de aviso prévio dado conforme as cláusulas do contrato de alistamento ou contrato de trabalho do marinheiro;

c) em caso de doença, acidente ou qualquer outro motivo médico que exija sua repatriação, desde que tenha a correspondente autorização médica para viajar;

d) em caso de naufrágio;

e) quando o armador não puder continuar cumprindo suas obrigações legais ou contratuais como empregador do marinheiro devido à falência, venda do navio, mudança do registro do navio ou qualquer outro motivo análogo;

f) quando um navio se dirigir a uma zona de guerra, tal como definida pela legislação nacional ou pelos acordos coletivos aonde o marinheiro não concordar em ir;

g) em caso de término ou interrupção do emprego do marinheiro como conseqüência de um laudo arbitral ou de um acordo coletivo, ou em caso de término do emprego por qualquer outro motivo similar.

2. A legislação nacional ou os acordos coletivos deverão determinar a duração máxima do período de serviço a bordo ao cabo do qual o marinheiro tem direito à repatriação. Tal período será inferior a doze meses. Ao terminar este período máximo deverão ser levados em conta os fatores que afetam o meio ambiente de trabalho dos trabalhadores marítimos. Todo Membro deverá esforçar-se para reduzir esse período, na medida do possível, em função das mudanças tecnológicas, e poderá inspirar-se nas recomendações formuladas pela Comissão Paritária Marítima.

PARTE III
DESTINO

Art. 3

1. Todo Estado-Membro para o qual a presente Convenção estiver em vigor determinará, através de sua legislação nacional, os pontos de destino aos quais os trabalhadores marítimos poderão ser repatriados.

2. Os pontos de destino assim determinados incluirão o lugar que o marinheiro aceitou como local de contratação, o lugar estipulado por acordo coletivo, o país de residência do marinheiro ou qualquer outro lugar acertado entre as partes no momento da contratação. O marinheiro terá direito a escolher, entre os diferentes pontos de destino determinados, o local ao qual deseja ser repatriado.

PARTE IV
DISPOSIÇÕES PARA A REPATRIAÇÃO

Art. 4

1. Caberá ao armador a responsabilidade de organizar a repatriação por meios apropriados e rápidos. O meio de transporte normal será a via aérea.

2. O armador arcará com as despesas de repatriação.

3. Quando a repatriação tiver sido motivada pelo fato de um marinheiro ter sido declarado culpado, em conformidade com a legislação nacional ou os acordos coletivos, de uma infração grave em relação às obrigações decorrentes de seu emprego, nenhuma disposição da presente Convenção prejudicará o direito ao ressarcimento total ou parcial pelo marinheiro do custo de sua repatriação, em conformidade com a legislação nacional ou os acordos coletivos.

4. As despesas com que o armador deverá arcar incluirão:

a) a passagem até o ponto de destino escolhido para repatriação, em conformidade com o art. 3 supra;

b) o alojamento e a alimentação do momento em que o marinheiro abandonar o navio até sua chegada ao ponto de destino escolhido para a repatriação;

c) a remuneração e os benefícios do marinheiro do momento em que o marinheiro abandonar o navio até sua chegada ao ponto de destino escolhido para a repatriação, se for previsto pela legislação nacional ou pelos acordos coletivos;

d) o transporte de 30kg de bagagem pessoal do marinheiro até o ponto de destino escolhido para a repatriação;

e) o tratamento médico, caso necessário, até que o estado de saúde do marinheiro permita-lhe viajar até o ponto de destino escolhido para a repatriação.

5. O armador não poderá exigir do marinheiro, no início de seu emprego, nenhum adiantamento com vistas a arcar com as despesas de sua repatriação, como tampouco poderá deduzi-las da remuneração ou de outros benefícios a que o marinheiro tiver direito, salvo nas condições estipuladas no § 3 supra.

6. A legislação nacional não obstaculizará o direito do armador a obter do empregador de trabalhadores marítimos não empregados por ele o ressarcimento das despesas com a repatriação dos mesmos.

Art. 5

Se um armador não tomar as providências necessárias para a repatriação de um marinheiro que a ela tiver direito ou não arcar com os custos da mesma:

a) a autoridade competente do Membro em cujo território o navio estiver registrado organizará a repatriação do marinheiro e assumirá o custo da mesma; caso não o fizer, o Estado de cujo território o marinheiro tiver de ser repatriado ou o Estado do qual o marinheiro for nacional poderão organizar sua repatriação e obter do Membro em cujo território o navio estiver registrado o ressarcimento do custo da mesma;

b) o Membro em cujo território o navio estiver registrado poderá obter do armador o ressarcimento dos gastos ocasionados pela repatriação do marinheiro;

c) os gastos de repatriação não correrão em nenhum caso por conta do marinheiro, salvo nas condições estipuladas no § 3 do art. 4 supra.

PARTE V
OUTRAS DISPOSIÇÕES

Art. 6

Os trabalhadores marítimos que tiverem de ser repatriados deverão poder obter passaporte e outros documentos de identidade com vistas à repatriação.

Art. 7

Não deverá ser descontado das férias remuneradas a que fizerem jus os trabalhadores marítimos o tempo gasto na espera da repatriação nem o tempo gasto na viagem de repatriação.

Art. 8

A repatriação será considerada efetuada quando os trabalhadores marítimos tiverem sido desembarcados em um ponto de destino determinado em conformidade com as disposições do art. 3 supra, ou quando o marinheiro não reivindicar seu direito à repatriação dentro de um prazo razoável de tempo que será definido através de legislação nacional ou acordo coletivo.

Art. 9

As disposições da presente Convenção serão levadas a efeito por intermédio da legislação nacional, sempre que já não forem aplicadas em virtude de acordos coletivos ou de qualquer outra maneira apropriada, tendo-se em conta as condições nacionais.

Art. 10

Todo Membro facilitará a repatriação, bem como a substituição a bordo, dos trabalhadores marítimos que servirem em navios que atracam em seus portos ou que cruzam suas águas territoriais ou vias internas de navegação.

Art. 11

A autoridade competente de todo Membro para o qual a presente Convenção estiver em vigor cuidará, mediante um controle apropriado, de que os armadores de navios registrados em seu território cumpram as disposições da Convenção, e fornecerá a informação pertinente à Repartição Internacional do Trabalho.

Art. 12

O texto da presente Convenção deverá estar à disposição dos membros da tripulação, em um idioma apropriado, em todo navio registrado no território de um Membro para o qual a Convenção estiver em vigor.

PARTE VI
DISPOSIÇÕES FINAIS

Art. 13

A presente Convenção revê a Convenção sobre a repatriação dos trabalhadores marítimos, 1926.

Art. 14

As ratificações formais da presente Convenção serão comunicadas ao Diretor-Geral da Repartição Internacional do Trabalho e por ele registradas.

Art. 15

1. A presente Convenção só vinculará os Membros da Organização Internacional do Trabalho, cujas ratificações tenham sido registradas pelo Diretor-Geral.

2. Esta Convenção entrará em vigor doze meses após o registro das ratificações de dois Membros pelo Diretor-Geral.

3. Posteriormente, esta Convenção entrará em vigor, para cada Membro, doze meses após o registro de sua ratificação.

Art. 16

1. Todo Membro que tenha ratificado a presente Convenção poderá denunciá-la após a expiração de um período de dez anos contados da entrada em vigor mediante ato comunicado ao Diretor-Geral da Repartição Internacional do Trabalho e por ele registrado. A denúncia só surtirá efeito um ano após o registro.

2. Todo Membro que tenha ratificado a presente Convenção, e não fizer uso da faculdade de denúncia prevista pelo presente artigo dentro do prazo de um ano após a expiração do período de dez anos previsto no parágrafo anterior, ficará obrigado por novo período de dez anos e, posteriormente, poderá denunciar a presente Convenção ao expirar cada período de dez anos, nas condições previstas no presente Artigo.

Art. 17

1. O Diretor-Geral da Repartição Internacional do Trabalho notificará a todos os Membros da Organização Internacional do Trabalho o registro de todas as ratificações e denúncias que lhe sejam comunicadas pelos Membros da Organização.

2. Ao notificar aos Membros da Organização o registro da segunda ratificação que lhe tenha sido comunicada, o Diretor-Geral chamará a atenção dos Membros da Organização para a entrada em vigor da presente Convenção.

Art. 18

O Diretor-Geral da Repartição Internacional do Trabalho comunicará ao Secretário-Geral das Nações Unidas, para fins de registro, de acordo com o art. 102 da Carta das Nações Unidas, as informações completas referentes a quaisquer ratificações ou atos de denúncias que tenha registrado de acordo com os artigos anteriores.

Art. 19

Sempre que o julgar necessário, o Conselho de Administração da Repartição Internacional do Trabalho deverá apresentar à Conferência Geral um relatório sobre a aplicação da presente Convenção e decidirá a oportunidade de inscrever na ordem do dia da Conferência a questão de sua revisão total ou parcial.

Art. 20

1. Se a Conferência adotar uma nova Convenção de revisão total ou parcial da presente Convenção e, disposição em contrário da nova Convenção:

a) a ratificação por um Membro da nova Convenção, recusará não obstante o disposto no art. 14 acima, implicará de pleno direito, na denúncia imediata da presente Convenção, desde que a nova Convenção tenha entrado em vigor;

b) a partir da data da entrada em vigor da Convenção revista, a presente Convenção deixaria de estar aberta à ratificação dos Membros.

2. A presente Convenção continuará em todo caso, em vigor em sua forma e teor atuais para os Membros que a tiverem ratificado e que não ratificaram a Convenção revista.

Art. 21

As versões inglesa e francesa do texto da presente Convenção serão igualmente autênticas."

CONVENÇÃO N. 167

I — Convocada em Genebra pelo Conselho de Administração da Repartição Internacional do Trabalho e tendo ali se reunido em 1 de junho de 1988, em sua septuagésima quinta sessão;

II — Dados referentes ao Brasil:

a) aprovação = Decreto Legislativo n. 61, de 18.04.2006, do Congresso Nacional;

b) ratificação = 19 de maio de 2006;

c) promulgação = Decreto n. 6.271, de 22.11.2007;

d) vigência nacional = 19 de maio de 2007.

A Conferência Geral da Organização Internacional do Trabalho:

Observando as Convenções e Recomendações internacionais do trabalho sobre a matéria e, em particular, a Convenção e Recomendação sobre as prescrições de segurança (edificação), 1937; a Recomendação sobre colaboração para prevenir os acidentes (edificações), 1937; a Convenção e a Recomendação sobre proteção de maquinaria, 1963; a Convenção e a Recomendação sobre o peso máximo, 1967; a Convenção e a Recomendação sobre o câncer profissional, 1974; a Convenção e a Recomendação sobre o meio ambiente no trabalho (poluição do ar, ruído e vibrações), 1977; a Convenção e a Recomendação sobre segurança e saúde dos trabalhadores, 1981; a Convenção e Recomendação sobre os serviços de saúde no trabalho, 1985; a Convenção e a Recomendação sobre os asbestos, 1986 e lista de doenças profissionais, na sua versão modificada de 1980, anexada à Convenção sobre os benefícios no caso de acidentes do trabalho, 1964;

Após ter decidido adotar diversas propostas sobre a segurança e a saúde na construção, que constitui o quarto item da agenda da sessão, e

Após ter decidido que essas propostas deveriam tomar a forma de uma Convenção internacional que revise o Convênio sobre as prescrições de segurança (edificação), 1937,

Adota, neste vigésimo dia de junho de mil novecentos e oitenta e oito, a presente Convenção, que poderá ser citada como a Convenção sobre Segurança e Saúde na Construção, 1988:

I — ÁREA DE APLICAÇÃO E DEFINIÇÕES

Art. 1º

1. A presente Convenção aplica-se a todas as atividades de construção, isto é, os trabalhos de edificação, as obras públicas e os trabalhos de montagem e desmonte, inclusive qualquer processo, operação e transporte nas obras, desde a preparação das obras até a conclusão do projeto.

2. Todo membro que ratificar a presente Convenção poderá, mediante prévia consulta com as organizações mais representativas de empregadores e de trabalhadores interessadas, se houver, excluir da aplicação da Convenção ou de algumas das suas aplicações determinados ramos de atividade econômica ou empresas a respeito das quais sejam expostos problemas especiais que possuam certa importância, sob a condição de se garantir mais um meio ambiente de trabalho seguro e saudável.

CONVENÇÕES DA OIT RATIFICADAS

3. A presente Convenção aplica-se também aos trabalhadores autônomos que a legislação nacional possa designar.

Art. 2º

Para os fins da presente Convenção:

(a) a expressão "construção" abrange:

i) a edificação, incluídas as escavações e a construção, as transformações estruturais, a renovação, o reparo, a manutenção (incluindo os trabalhos de limpeza e pintura) e a demolição de todo tipo de edifícios e estruturas;

ii) as obras públicas, inclusive os trabalhos de escavações e a construção, transformação estrutural, reparo, manutenção e demolição de, por exemplo, aeroportos, embarcadouros, portos, canais, reservatórios, obras de prevenção contra as águas fluviais e marítimas e avalanches, estradas e auto-estradas e auto-estradas, ferrovias, pontes, túneis, viadutos e obras relacionadas com a prestação de serviços, como comunicações, captação de águas pluviais, esgotos e fornecimentos de água e energia;

iii) a montagem e o desmonte de edifícios e estruturas a base de elementos pré-fabricados, bem como a fabricação desses elementos nas obras ou nas suas imediações;

(b) a expressão "obras" designa qualquer lugar onde sejam realizados quaisquer dos trabalhos ou operações descritos no item (a), anterior;

(c) a expressão "local de trabalho" designa todos os sítios onde os trabalhadores devem estar ou para onde devam estar ou para onde devam se dirigir devido ao seu trabalho e que se encontrem sob o controle de um empregador no sentido do item (e);

(d) a expressão "trabalhador" designa qualquer pessoa empregada na construção;

(e) a expressão "empregador" designa:

i) qualquer pessoa física ou jurídica que emprega um ou vários trabalhadores em uma obra; e

ii) segundo o caso, o empreiteiro principal, o empreiteiro e o subempreiteiro;

(f) a expressão "pessoa competente" designa a pessoa possuidora de qualificações adequadas, tais como formação apropriada e conhecimentos, experiência e aptidões suficientes para executar funções específicas em condições de segurança. As autoridades competentes poderão definir os critérios para a designação dessas pessoas e determinar as obrigações que devam ser a elas atribuídas;

(g) a expressão "andaimes" designa toda estrutura provisória fixa, suspensa ou móvel, e os componentes em que ela se apóie, a qual sirva de suporte para os trabalhadores e materiais ou permita o acesso a essa estrutura, excluindo-se os aparelhos elevadores definidos no item (h);

(h) a expressão "aparelho elevador" designa todos os aparelhos, fixos ou móveis, utilizados para içar ou descer pessoas ou cargas;

(i) a expressão "acessório içamento" designa todo mecanismo ou equipamento por meio do qual seja possível segurar uma carga ou um aparelho elevador, mas que não seja parte integrante do aparelho nem da carga.

II — DISPOSIÇÕES GERAIS

Art. 3º

Dever-se-á consultar as organizações mais representativas de empregadores e de trabalhadores acerca das medidas que serão necessárias adotar para levar a efeito as disposições do presente Convênio.

Art. 4º

Todo membro que ratificar a presente Convenção compromete-se, com base em uma avaliação dos riscos que existam para a segurança e a saúde, a adotar e manter em vigor legislação que assegure a aplicação das disposições da Convenção.

Art. 5º

1. A legislação que for adotada em conformidade com o art. 4º da presente Convenção poderá prever a sua aplicação prática mediante normas técnicas ou repertórios de recomendações práticas ou por outros métodos apropriados, em conformidade com as condições e a prática nacionais.

2. Ao levar a efeito o art. 4º da presente Convenção e o § 1 do presente Artigo, todo membro deverá levar na devida conta as normas pertinentes adaptadas pelas organizações internacionais reconhecidas na área de normalização.

Art. 6º

Deverão ser adotadas medidas para assegurar a co-operação entre empregadores e trabalhadores, em conformidade com as modalidades que a legislação nacional definir, a fim de fomentar a segurança e a saúde nas obras.

Art. 7º

A legislação nacional deverá prever que os empregadores e os trabalhadores autônomos estarão obrigados a cumprir no local de trabalho as medidas prescritas em matéria de segurança e saúde.

Art. 8º

1. Quando dois ou mais empregadores estiverem realizando atividades simultaneamente na mesma obra:

(a) a coordenação das medidas prescritas em matéria de segurança e saúde e, na medida em que for compatível com a legislação nacional, a responsabilidade de zelar pelo cumprimento efetivo de tais medidas recairá sobre o empreiteiro principal ou sobre outra pessoa ou organismo que estiver exercendo controle efetivo ou tiver a principal responsabilidade pelo conjunto de atividades na obra;

(b) quando o empreiteiro principal, ou a pessoa ou organismo que estiver exercendo o controle efetivo ou tiver a responsabilidade principal pela obra não estiver presente no local de trabalho deverá, na medida em que isso for compatível com a legislação nacional, atribuir a uma pessoa ou um organismo competente, presente na obra, a autoridade e os meios necessários para assegurar no seu nome a coordenação e a aplicação das medidas no item (a);

(c) cada empregador será responsável pela aplicação das medida prescritas aos trabalhadores sob a sua autoridade.

2. Quando empregadores ou trabalhadores autônomos realizarem atividades simultaneamente em uma mesma obra terão a obrigação de cooperarem na aplicação das medidas prescritas em matéria de segurança e saúde que a legislação nacional determinar.

Art. 9º

As pessoas responsáveis pela concepção e o planejamento em um projeto de construção deverão levar em consideração a segurança e a saúde dos trabalhadores da construção, em conformidade com a legislação e a prática nacionais.

Art. 10

A legislação nacional deverá prever que em qualquer local de trabalho os trabalhadores terão o direito e o dever de participarem no estabelecimento de condições seguras de trabalho na medida em que eles controlem o equipamento e os métodos de trabalho adotados, naquilo que estes possam afetar a segurança e a saúde.

Art. 11

A legislação nacional deverá estipular que os trabalhadores terão a obrigação de:

(a) cooperar da forma mais estreita possível com seus empregadores na aplicação das medidas prescritas em matéria de segurança e de saúde;

(b) zelar razoavelmente pela sua própria segurança e saúde e aquela de outras pessoas que possam ser afetadas pelos seus atos ou omissões no trabalho;

(c) utilizar os meios colocados à sua disposição e não utilizar de forma indevida nenhum dispositivo que lhes tiver sido proporcionado para sua própria proteção ou proteção dos outros;

(d) informar sem demora ao seu superior hierárquico imediato e ao delegado de segurança dos trabalhadores, se houver, sobre qualquer situação que a seu ver possa conter riscos e que não possam contornar adequadamente eles mesmos;

(e) cumprir as medidas prescritas em matéria de segurança e saúde.

Art. 12

1. A legislação nacional deverá estabelecer que todo trabalhador terá o direito de se afastar de uma situação de perigo quando tiver motivos razoáveis para acreditar que essa situação contém risco imediato e grave para a sua segurança e sua saúde, e a obrigação de informar o fato sem demora ao seu superior hierárquico.

2. Quando existir um risco iminente para a segurança dos trabalhadores, o empregador deverá adotar medidas imediatas para interromper as atividades e, se for necessário, providenciar a evacuação dos trabalhadores.

III — MEDIDAS DE PREVENÇÃO E PROTEÇÃO

Art. 13

Segurança nos locais de trabalho

1. Deverão ser adotadas todas as precauções adequadas para garantir que todos os locais de trabalho sejam seguros e estejam isentos de riscos para a segurança e saúde dos trabalhadores.

2. Deverão ser facilitados, mantidos em bom estado e sinalizados, onde for preciso, meios seguros de acesso e de saída em todos os locais de trabalho.

3. Deverão ser adotadas todas a precauções adequadas para proteger as pessoas presentes em uma obra, ou em suas imediações, de todos os riscos que possam se derivar da mesma.

Art. 14

Andaimes e escadas de mão

1. Quando o trabalho não puder ser executado com plena segurança no nível do chão ou a partir do chão ou de uma parte de um edifício ou de outra estrutura permanente, deverão ser montados e mantidos em bom estado andaimes seguros e adequados ou se recorrer a qualquer outro meio igualmente seguro e adequado.

2. Havendo falta de outros meios seguros de acesso a locais de trabalho em pontos elevados, deverão ser proporcionadas escadas de mão adequadas e de boa qualidade. Elas deverão estar convenientemente presas para impedir todo movimento involuntário.

3. Todos os andaimes e escadas de mão deverão ser construídos e utilizados em conformidade com a legislação nacional.

4. Os andaimes deverão ser inspecionados por uma pessoa competente nos casos e nos momentos prescritos pela legislação nacional.

Art. 15

Aparelhos elevadores e acessórios de içamento

1. Todo aparelho elevador e todo acessório de içamento, inclusive seus elementos constitutivos, peças para fixação e ancoragem e suportes deverão:

(a) ser bem projetados e construídos, estar fabricados com materiais de boa qualidade e ter a resistência apropriada para o uso ao qual estejam destinados;

(b) ser instalados e utilizados corretamente;

(c) ser mantidos em bom estado de funcionamento;

(d) ser examinados e submetidos a teste por pessoa competente nos momentos e nos casos prescritos pela legislação nacional; os resultados dos exames e testes devem ser registrados;

(e) ser manipulados pelos trabalhadores que tiverem recebido treinamento adequado em conformidade com a legislação nacional.

2. Não deverão ser içadas, descidas nem transportadas pessoas por meio de nenhum aparelho elevador, a não ser que ele tenha sido construído e instalado com esse objetivo, em conformidade com a legislação nacional, exceto no caso de uma situação de urgência em que for preciso evitar riscos de ferimentos graves ou acidente mortal, quando o aparelho elevador puder ser utilizado com absoluta segurança.

Art. 16

Veículos de transporte e maquinaria de movimentação de terra e de manipulação de materiais

1. Todos os veículos e toda a maquinaria de movimentação de terra e de manipulação de materiais deverão:

(a) ser bem projetados e construídos, levando em conta, na medida do possível, os princípios de ergonomia;

(b) ser mantidos em bom estado;

(c) ser corretamente utilizados;

(d) ser manipulados por trabalhadores que tiverem recebido treinamento adequado em conformidade com a legislação nacional.

2. Em todas as obras em que forem utilizados veículos e maquinaria de movimentação de terra ou de manipulação de materiais:

(a) deverão ser facilitadas vias de acesso seguras e apropriadas para eles;

(b) deverá ser organizado e controlado o trânsito de forma a garantir sua utilização em condições de segurança.

Art. 17
Instalações, máquinas, equipamentos e ferramentas manuais

1. As instalações, as máquinas e os equipamentos, inclusive as ferramentas manuais, sejam ou não acionadas por motor, deverão:

(a) ser bem projetadas e construídas, levando em conta, na medida do possível, os princípios de ergonomia;

(b) ser mantidos em bom estado;

(c) ser utilizados exclusivamente nos trabalhos para os quais foram concebidos, a não ser que a sua utilização para outros fins, diversos daqueles inicialmente previstos, tenha sido objeto de uma avaliação completa por parte de pessoa competente que tenha concluído que essa utilização não apresente riscos;

(d) ser manipulados pelos trabalhadores que tenham recebido treinamento apropriado.

2. Nos casos apropriados, o fabricante ou o empregador fornecerá instruções adequadas para uma utilização segura, em forma inteligível para os usuários.

3. As instalações e os equipamentos a pressão deverão ser examinados e submetidos a teste por pessoa competente, nos casos e momentos prescritos pela legislação nacional.

Art. 18
Trabalhos nas alturas, incluindo os telhados

1. Sempre que for necessário para prevenir um risco, ou quando a altura da estrutura ou seu declive ultrapassarem o que for determinado pela legislação nacional, deverão ser adotadas medidas preventivas para evitar quedas de trabalhadores e de ferramentas ou outros materiais ou objetos.

2. Quando os trabalhadores precisarem trabalhar próximos ou sobre telhados ou qualquer outra superfície revestida com material frágil através do qual possam cair, deverão ser adotadas medidas preventivas para que eles não pisem inadvertidamente nesse material frágil ou possam cair através dele.

Art. 19
Escavações, poços, aterros, obras subterrâneas e túneis

Nas escavações, poços, aterros, obras subterrâneas ou túneis deverão ser tomadas precauções adequadas:

(a) colocando o escoramento adequado ou recorrendo a outros meios para evitar que os trabalhadores tenham risco de desabamento ou desprendimento de terra, rochas ou outros materiais;

(b) para prevenir os perigos de quedas de pessoas, materiais ou objetos, ou irrupção de água na escavação, poço, aterro, obra subterrânea ou túnel;

(c) para assegurar ventilação suficiente em todos os locais de trabalho a fim de se manter uma atmosfera pura, apta para a respiração, e de se manter a fumaça, gases, vapores, poeira ou outras impurezas em níveis que não sejam perigosos ou nocivos para a saúde e estejam de acordo com os limites fixados pela legislação nacional;

(d) para que os trabalhadores possam se colocar a salvo no caso de incêndio ou de uma irrupção de água ou de materiais;

(e) para evitar ao trabalhadores riscos derivados de eventuais perigos subterrâneos, particularmente a circulação de fluídos ou a existência de bolsões de gás, procedendo à realização de pesquisas apropriadas a fim de localizá-los.

Art. 20
Pré-barragens e caixões de ar comprimido

1. As pré-barragens e os caixões de ar comprimido deverão:

(a) ser bem construídos, estar fabricados com materiais apropriados e sólidos e ter suficiente resistência;

(b) estar providos de meios que permitam aos trabalhadores se por a salvo no caso de irrupção de água ou de materiais.

2. A construção, a colocação, a modificação ou o desmonte de uma pré-barragem ou caixão de ar comprimido deverão ser realizados exclusivamente sob a supervisão direta de pessoa competente.

3. Todas as pré-barragens e os caixões de ar comprimido serão examinados por pessoa competente, a intervalos prescritos.

Art. 21
Trabalhos em ar comprimido

1. Os trabalhos em ar comprimido deverão ser realizados exclusivamente nas condições prescritas pela legislação nacional.

2. Os trabalhos em ar comprimido deverão ser realizados exclusivamente por trabalhadores cuja aptidão física tiver sido comprovada mediante exame médico, e na presença de pessoa competente para supervisionar o desenvolvimento das operações.

Art. 22
Armações e formas

1. A montagem de armações e dos seus elementos, de formas, de escoras e de escapamentos somente deverá ser realizada sob a supervisão de pessoa competente.

2. Deverão ser tomada precauções adequadas para proteger os trabalhadores dos riscos devidos à fragilidade ou instabilidade temporárias de uma estrutura.

3. As formas, os escoramentos e os escapamentos deverão ser projetados, construídos e conservados de maneira a sustentarem com segurança todas as cargas a que possam ser submetidos.

Art. 23
Trabalhos por cima de uma superfície de água

Quando forem realizados trabalhos por cima ou na proximidade de uma superfície de água deverão ser adotadas disposições adequadas para:

(a) impedir que os trabalhadores possam cair na água;

(b) salvar qualquer trabalhador em perigo de afogamento;

(c) proporcionar meios de transporte seguros e suficientes.

Art. 24
Trabalhos de demolição

Quando a demolição de um prédio ou estrutura possa conter riscos para os trabalhadores ou para o público:

(a) serão tomadas precauções e serão adotadas métodos e procedimentos apropriados, inclusive aqueles necessários para a remoção de rejeitos ou resíduos, em conformidade com a legislação nacional;

(b) os trabalhos deverão ser planejados e executados exclusivamente sob a supervisão de pessoa competente.

Art. 25
Iluminação

Em todos os locais de trabalho ou em qualquer outro local de obra por onde o trabalhador tiver que passar deverá haver iluminação suficiente e apropriada, incluindo, quando for o caso, luminárias portáteis.

Art. 26
Eletricidade

1. Todos os equipamentos e instalações elétricas deverão ser construídos, instalados e conservados por pessoa competente, e utilizados de maneira a prevenir qualquer perigo.

2. Antes de se iniciar obras de construção, bem como durante a sua execução, deverão ser adotadas medidas adequadas para verificar a existência de algum cabo ou aparelho elétrico sob tensão nas obras, por cima ou sob elas, e prevenir qualquer risco que a sua existência possa implicar para os trabalhadores.

3. A colocação e a manutenção de cabos e aparelhos elétricos nas obras deverão responder às normas e regras técnicas aplicadas em nível nacional.

Art. 27
Explosivos

Os explosivos somente deverão ser guardados, transportados, manipulados ou utilizados:

(a) nas condições prescritas pela legislação nacional;

(b) por pessoa competente, que deverá adotar as medidas necessárias para evitar qualquer risco de lesões para os trabalhadores e para outras pessoas.

Art. 28
Riscos para a saúde

1. Quando um trabalhador possa estar exposto a qualquer risco químico, físico, ou biológico, em grau que possa resultar perigoso para sua saúde, deverão ser tomadas medidas apropriadas de prevenção à exposição.

2. A exposição referida no § 1 do presente artigo deverá ser prevenida:

(a) substituindo as substâncias perigosas por substâncias inofensivas ou menos perigosas, sempre que isso for possível; ou

(b) aplicando medidas técnicas à instalação, à maquinaria, aos equipamentos ou aos processos; ou

(c) quando não for possível aplicar os itens (a) nem (b), recorrendo a outras medidas eficazes, particularmente ao uso de roupas e equipamentos de proteção pessoal.

3. Quando trabalhadores precisarem penetrar em uma zona onde possa haver uma substância tóxica ou nociva, ou cuja atmosfera possa ser deficiente em oxigênio ou ser inflamável, deverão ser adotadas medidas adequadas para prevenir todos os riscos.

4. Não deverão ser destruídos nem eliminados de outra forma os materiais residuais nas obras se isso puder ser prejudicial para a saúde.

Art. 29
Precauções contra incêndios

1. O empregador deverá adotar todas as medidas adequadas para:

(a) evitar o risco de incêndio;

(b) extinguir rápida e eficazmente qualquer surto de incêndio;

(c) assegurar a evacuação rápida e segura das pessoas.

2. Deverão ser previstos meios suficientes e apropriados para se armazenar líquidos, sólidos e gases inflamáveis.

Art. 30
Roupas e equipamentos de proteção pessoal

1. Quando não for possível garantir por outros meios a proteção adequada contra riscos de acidentes ou danos para a saúde, inclusive aqueles derivados da exposição a condições adversas, o empregador deverá proporcionar e manter, sem custo para os trabalhadores, roupas e equipamentos de proteção pessoal adequados aos tipos de trabalho e riscos, em conformidade com a legislação nacional.

2. O empregador deverá proporcionar aos trabalhadores os meios adequados para possibilitar o uso dos equipamentos de proteção pessoal e assegurar a correta utilização dos mesmos.

3. As roupas e os equipamentos de proteção pessoal deverão estar ajustados às normas estabelecidas pela autoridade competente, levando em conta, na medida do possível, os princípios de ergonomia.

4. Os trabalhadores terão a obrigação de utilizar e tratar de maneira adequada as roupas e os equipamentos de proteção pessoal que lhes sejam fornecidos.

Art. 31
Primeiros socorros

O empregador será responsável por garantir em todo momento a disponibilidade de meios adequados e de pessoal com formação adequada para prestar os primeiros socorros. Deverão ser tomadas as providências necessárias para garantir a remoção dos trabalhadores feridos, no caso de acidentes, ou tomados de mal súbito para poder proporcionar aos mesmos a assistência médica necessária.

CONVENÇÕES DA OIT RATIFICADAS

Art. 32
Bem-estar

1. Em toda obra ou a distância razoável da mesma dever-se-á dispor de abastecimento suficiente de água potável.

2. Em toda obra ou a distância razoável da mesma, e em função do número de trabalhadores e da duração do trabalho, deverão ser proporcionados e mantidos os seguintes serviços:

(a) instalações sanitárias e de higiene pessoal;

(b) instalação para mudar de roupa e para guardá-la e secá-la;

(c) locais para refeições e para o abrigo durante interrupções do trabalho provocadas pela intempérie.

3. Deveriam ser previstas instalações sanitárias e de higiene pessoal separadamente para os trabalhadores e as trabalhadoras.

Art. 33
Informação e formação

Dever-se-á facilitar aos trabalhadores, de maneira suficiente e adequada:

(a) informação sobre os riscos para sua segurança e sua saúde aos quais possam estar expostos nos locais de trabalho;

(b) instrução e formação sobre os meios disponíveis para prevenirem e controlarem esses riscos e se protegerem dos mesmos.

Art. 34
Notificação de acidentes e doenças

A legislação nacional deverá estipular que os acidentes e doenças profissionais sejam notificados à autoridade competente dentro de um prazo.

IV — APLICAÇÃO
Art. 35

Cada Membro deverá:

(a) adotar as medidas necessárias, inclusive o estabelecimento de sanções e medidas corretivas apropriadas, para garantir a aplicação efetiva das disposições da presente Convenção;

(b) organizar serviços de inspeção apropriados para supervisionar a aplicação das medidas que forem adotadas em conformidade com a Convenção e dotar esses serviços com os meios necessários para realizar a sua tarefa, ou verificar que inspeções adequadas estejam sendo efetuadas.

V — DISPOSIÇÕES GERAIS
Art. 36

A presente Convenção revisa a Convenção sobre as prescrições de segurança (edificação), 1937.

Art. 37

As ratificações formais da presente Convenção serão comunicadas para seu registro, ao Diretor-Geral da Repartição Internacional do Trabalho.

Art. 38

1. Esta Convenção obrigará somente àqueles Membros da Organização Internacional do Trabalho cujas retificações tenham sido registradas pelo Diretor-Geral.

2. Entrará em vigor doze meses após a data em que as ratificações de dois Membros tenham sido registradas pelo Diretor-Geral.

3. A partir do referido momento, esta Convenção entrará em vigor, para cada Membro, doze meses após a data em que tiver sido registrada a sua ratificação.

Art. 39

1. Todo Membro que tenha ratificado esta Convenção poderá denunciá-la no final de um período de dez anos, a partir da data em que tiver entrado inicialmente em vigor, mediante ato comunicado ao Diretor-Geral da Repartição Internacional do Trabalho e por ele registrada. A denúncia só surtirá efeito um ano após a data em que tiver sido registrada.

2. Todo Membro que tenha ratificado esta Convenção e que, no prazo de um ano após a expiração do período de dez anos, mencionado no parágrafo precedente, não fizer uso do direito de denúncia previsto neste Artigo, ficará obrigado durante um novo período de dez anos e, posteriormente, poderá denunciar a presente Convenção ao expirar cada período de dez anos, nas condições previstas no presente artigo.

Art. 40

1. O Diretor-Geral da Repartição Internacional do Trabalho notificará a todos os Membros da Organização Internacional do Trabalho o registro de todas as ratificações, declarações e denúncias que lhe sejam comunicadas pelos Membros da Organização.

2. Ao notificar aos Membros da Organização o registro da segunda ratificação que lhe tenha sido comunicada, o Diretor-Geral chamará a atenção dos Membros da Organização para a data de entrada em vigor da presente Convenção.

Art. 41

O Diretor-Geral da Repartição Internacional do Trabalho comunicará ao Secretário-Geral das Nações Unidas, para fins de registro e em conformidade com o art. 102 da Carta das Nações Unidas, as informações completas referente a quaisquer ratificações, declarações e atos de denúncia.

Art. 42

Sempre que o julgar necessário, o Conselho de Administração da Repartição Internacional do Trabalho apresentará à Conferência um relatório sobre a aplicação da Convenção e considerará a conveniência de incluir na agenda da Conferência a questão da sua revisão total ou parcial.

Art. 43

1. Se a Conferência adotar uma nova Convenção que revise total ou parcialmente a presente Convenção, e a menos que a nova Convenção disponha contrariamente:

(a) a ratificação, por um Membro, da nova Convenção revista implicará, de pleno direito, não obstante o disposto pelo art. 34, a denúncia imediata da presente Convenção, desde que a nova Convenção revista tenha entrado em vigor;

(b) a partir da entrada em vigor da Convenção revista, a presente Convenção deixará de estar aberta à ratificação desses Membros.

2. A presente Convenção continuará em vigor em qualquer caso, em sua forma e teor atuais, para os Membros que a tiverem ratificado e não ratificarem a Convenção revista.

Art. 44

As versões inglesa e francesa do texto da presente Convenção são igualmente autênticas.

CONVENÇÃO N. 168

I — Aprovada na 75ª reunião da Conferência Internacional do Trabalho (Genebra — 1988), entrou em vigor no plano internacional em 17.10.91.

II — Dados referentes ao Brasil:

a) aprovação = Decreto Legislativo n. 89, de 10.12.92, do Congresso Nacional;

b) ratificação = 24 de março de 1993;

c) vigência nacional = 24 de março de 1994;

d) promulgação = Decreto n. 2.682, de 22.7.98.

"A Conferência Geral da Organização Internacional do Trabalho;

Convocada em Genebra pelo conselho Administrativo da Repartição Internacional do Trabalho, e tendo ali se reunido a 1º de junho de 1988 na sua septuagésima quinta reunião;

Sublinhando a importância do trabalho e do emprego produtivo em toda a sociedade, em razão não só dos recursos que criam para a comunidade, mas também da renda que proporcionam aos trabalhadores, do papel social que lhes outorgam e do sentimento de satisfação pessoal que lhes infundem;

Observando as normas internacionais existentes na área do emprego e da proteção contra o desemprego (Convenção e Recomendação sobre o Desemprego, 1934; Recomendação sobre o Desemprego (menores), 1935; Recomendação sobre a Segurança dos Meios de Vida, 1944; Convenção sobre a Seguridade Social (norma mínima), 1952; Convenção e Recomendação sobre a Política do Emprego, 1964; Convenção e Recomendação sobre o Desenvolvimento dos Recursos Humanos, 1975; Convenção e Recomendação sobre a Administração do Trabalho, 1978; e Recomendação sobre a Política do Emprego (disposições complementares), 1984;

Considerando a amplitude do desemprego e o desemprego, que afetam diversos países do mundo em todos os níveis de desenvolvimento, e, particularmente, os problemas dos jovens, grande parte dos quais procura um primeiro emprego;

Considerando que, desde a adoção dos instrumentos internacionais relativos à proteção contra o desemprego, acima citados, produziram-se, na legislação e na prática de numerosos Membros, importantes mudanças que tornam necessária a revisão das normas existentes, particularmente a convenção sobre o desemprego, 1934, e a adoção de novas normas internacionais sobre a promoção do pleno emprego, produtivo e livremente escolhido, por todos os meios apropriados, inclusive a seguridade social;

Observando que as disposições relativas aos benefícios por desemprego da Convenção sobre a seguridade social (norma mínima), 1952, fixam nível de proteção superado atualmente pela maior parte dos regimes de indenização existentes nos países industrializados e que ainda não foram complementadas por normas mais elevadas, diferentemente das relativas a outros benefícios, mas que os princípios em que está baseado esta Convenção continuam válidos e que suas normas ainda podem construir um objetivo que deve ser atingido por certos países em desenvolvimento em condições de instituir um regime de indenização de desemprego;

Reconhecendo que as políticas que fomentam o crescimento estável sustentado e não inflacionário, uma resposta flexível à mudança e à criação e promoção de todas as formas de emprego produtivo e livremente escolhido, incluindo as pequenas empresas, as cooperativas, o trabalho autônomo e as iniciativas locais em prol do emprego — inclusive mediante a redistribuição dos recursos atualmente consagrados ao financiamento de atividades puramente assistenciais, em benefício de atividades suscetíveis de promoverem o emprego, principalmente a orientação, a formação e a readaptação profissionais — oferecem a melhor proteção contra os efeitos nefastos do desemprego involuntário, que, não obstante, o desemprego involuntário existe, sendo portanto importante que os sistemas de seguridade social proporcionem uma ajuda ao emprego e um apoio econômico às pessoas desempregadas por razões involuntárias;

Após ter decidido adotar diversas propostas relativas ao fomento do emprego e à seguridade social, questão que constitui o quinto item da agenda da sessão, visando em particular, a revisão da Convenção sobre o desemprego, 1934, e

Após ter decidido que essas propostas deveriam tornar a forma de uma convenção internacional, adota, neste vigésimo primeiro dia de junho de mil novecentos e oitenta e oito, a seguinte Convenção que será denominada 'Convenção Relativa à Promoção do Emprego e à Proteção Contra o Desemprego, 1988'.

I — DISPOSIÇÕES GERAIS

Art. 1 — Para os fins da presente Convenção:

a) o termo 'legislação' abrange as leis e regulamentos, bem como as disposições estatutárias em matéria de seguridade social;

b) o termo 'prescrito' significa determinado pela legislação nacional ou em virtude dela.

Art. 2 — Todo membro deverá adotar medidas apropriadas para coordenar o seu regime de proteção contra o desemprego e a sua política de emprego. Para esse fim, deverá providenciar que o seu sistema de proteção contra o desemprego e, em particular, as modalidades de indenização do desemprego, contribuam para a promoção do pleno emprego produtivo, livremente escolhido, e que não tenham como resultado dissuadir os empregadores de oferecerem emprego produtivo, nem os trabalhadores de procurá-lo.

Art. 3 — As disposições da presente Convenção serão aplicadas em consulta e colaboração com as organizações patronais e de trabalhadores, em conformidade com a prática nacional.

Art. 4 — 1. Todo membro que ratificar a presente Convenção poderá, mediante uma notificação que acompanhe a sua ratificação, excluir das obrigações resultantes desta ratificação as disposições da Parte VII.

2. Todo membro que tiver formulado uma declaração dessa índole poderá anulá-la em qualquer momento mediante uma declaração posterior.

Art. 5 — 1. Todo membro poder-se-á amparar no máximo, mediante declaração explicativa anexa à sua ratificação, em duas das exceções temporárias previstas no § 4 do art. 10, no § 3 do art. 11, no § 2 do art. 15, no § 2 do art. 18, no § 4 do art. 19, no § 2 do art. 23, no § 2 do art. 24 e no § 2 do art. 25. Essa declaração deverá enunciar as razões que justifiquem essas exceções.

2. Não obstante as disposições do § 1, um Membro cujo sistema de seguridade social, em razão do seu alcance limitado, assim justificar, poder-se-á amparar, mediante uma declaração que acompanhe a sua ratificação, nas exceções temporárias previstas no § 4 do art. 10, no § 3 do art. 11, no § 2 do Art. 15, no § 2 do Art. 18, no § 4 do Art. 19, no § 2 do Art. 23, no § 2 do Art. 24 e no § 2 do Art. 25. Essa declaração deverá enunciar as razões que justifiquem essas exceções.

3. Todo membro que tiver formulado uma declaração em aplicação do § 2, nos relatórios sobre a aplicação desta Convenção que terá que apresentar em virtude do art. 22 da Constituição da Organização Internacional do Trabalho, deverá indicar, com relação a cada uma das exceções em que se tiver amparado:

a) que subsistem as razões pelas quais se amparou nessa exceção;

b) que renuncia, a partir de uma data determinada, a se amparar na exceção mencionada.

4. Todo Membro que tiver formulado uma declaração desta índole, em aplicação do § 1 ou do § 2 deverá, de acordo com o objeto de sua declaração e quando as circunstâncias permitirem:

a) cobrir a contingência de desemprego parcial;

b) aumentar o número de pessoas protegidas;

c) incrementar o valor das indenizações;

d) reduzir a duração do prazo de espera;

e) ampliar a duração do pagamento das indenizações;

f) adaptar os regimes legais de seguridade social às condições da atividade profissional dos trabalhadores em tempo parcial;

g) se esforçar para garantir a assistência médica aos beneficiários das indenizações de desemprego e a seus dependentes, e

h) tentar garantir que sejam levados em conta os períodos durante os quais são pagas essas indenizações para a aquisição do direito aos benefícios da seguridade social e, conforme o caso, para o cálculo dos benefícios de invalidez, de idade avançada e de sobreviventes.

Art. 6 — 1. Todo Membro deverá garantir a igualdade de tratamento para todas as pessoas protegidas, sem discriminação alguma por motivo de raça, cor, sexo, religião, opinião pública, ascendência nacional, nacionalidade, origem étnica ou social, invalidez ou idade.

2. As disposições do § 1 não constituirão empecilho para a adoção das medidas especiais que estejam justificadas pela situação de grupos determinados, dentro do marco dos regimes objeto do § 2 do art. 12, ou que estejam destinadas a satisfazer as necessidades específicas de categorias de pessoas que encontram problemas particulares no mercado de trabalho, em particular, de grupos desfavorecidos, nem para a conclusão entre os Estados de acordos bilaterais ou multilaterais relativos a benefícios de desemprego, com caráter de reciprocidade.

II — PROMOÇÃO DO EMPREGO PRODUTIVO

Art. 7 — Todo Membro deverá formular, como objetivo prioritário, uma política destinada a promover o pleno emprego, produtivo e livremente escolhido, por todos os meios adequados, inclusive a seguridade social. Esses meios deverão incluir entre outros, os serviços do emprego e a formação e orientação profissionais.

Art. 8 — 1. Todo Membro deverá se esforçar para adotar, com reserva da legislação e da prática nacionais, medidas especiais para fomentar possibilidades suplementares de emprego e a ajuda ao emprego, bem como para facilitar o emprego produtivo e livremente escolhido de determinadas categorias de pessoas desfavorecidas que tenham ou possam ter dificuldades para encontrar emprego duradouro, como as mulheres, os trabalhadores jovens, os deficientes físicos, os trabalhadores de idade avançada, os desempregados durante um período longo, os trabalhadores migrantes em situação regular e os trabalhadores afetados por reestruturações.

2. Todo Membro deverá especificar, nos relatórios que terá de apresentar em virtude do art. 22 da Constituição da Organização Internacional do Trabalho, as categorias de pessoas em cujo favor se compromete a fomentar medidas de emprego.

3. Todo Membro deverá procurar estender progressivamente a promoção do emprego produtivo a um número maior de categorias que aquele inicialmente coberto.

Art. 9 — As medidas referidas nesta Parte deverão estar inspiradas na convenção e na Recomendação Sobre Desenvolvimento de Recursos Humanos, 1975, e na Recomendação sobre a Política do Emprego (disposições complementares) 1984.

III — CONTINGÊNCIAS COBERTAS

Art. 10 — 1. As contingências cobertas deverão abranger, nas condições prescritas, o desemprego total, definido como a perda de rendimentos devido à impossibilidade de obter um emprego conveniente, levando na devida conta as disposições do § 2 do art. 21, para uma pessoa apta para trabalhar, disponível para o trabalho e efetivamente à procura de emprego.

2. Além disso, todo Membro deverá tentar estender a proteção da convenção, nas condições prescritas, às seguintes contingências:

a) a perda de rendimentos devido ao desemprego parcial, definido como uma redução temporária da duração normal ou legal do trabalho;

b) a suspensão ou a redução de rendimentos como consequência de uma suspensão temporária do trabalho, sem término da relação de trabalho, particularmente por motivos econômicos, tecnológicos, estruturais ou análogos.

3. Todo Membro deverá tentar prever o pagamento de indenizações àqueles trabalhadores em tempo parcial que estejam efetivamente à procura de emprego em regime de tempo integral. O total de indenizações e dos rendimentos procedentes do seu emprego em tempo parcial poderá ser tal que os encoraje a aceitarem um emprego em regime de tempo integral.

4. Quando estiver em vigor uma declaração formulada em virtude do Art. 5, poderá ser deferida a aplicação dos §§ 2 e 3.

IV — PESSOAS PROTEGIDAS

Art. 11 — 1. As pessoas protegidas deverão abranger categorias prescritas de assalariados que representem, em total, pelo menos 85 por cento do conjunto de assalariados, incluindo os funcionários públicos e os aprendizes.

2. Não obstante as disposições do § 1, poderão ser excluídos da proteção os funcionários públicos cujo emprego esteja garantido pela legislação nacional até a idade normal da aposentadoria.

3. Quando estiver em vigor uma declaração formulada em virtude do Art. 5, as pessoas protegidas deverão abranger:

a) categorias prescritas de assalariados; ou então

b) se o nível de desenvolvimento o justificar especialmente, categorias prescritas de assalariados que constituam 50 por cento, pelo menos, do conjunto de assalariados que trabalham em empresas industriais que empreguem pelo menos vinte pessoas.

V — MÉTODOS DE PROTEÇÃO

Art. 12 — 1. Todo membro poderá determinar o método ou os métodos de proteção mediante os quais se propõs a levar a efeito as disposições da convenção se tratando de regimes contributivos ou não contributivos, a não ser que seja disposto de outra maneira na presente convenção.

2. Contudo, se a legislação de um membro der proteção a todos os residentes cujos recursos durante a contingência não ultrapassarem os limites prescritos, a proteção outorgada poder-se-á limitar em função dos recursos do beneficiário e de sua família, em conformidade com as disposições do Art. 16.

VI — INDENIZAÇÕES QUE DEVEM SER ATRIBUÍDAS

Art. 13 — Os benefícios abonados aos desempregados na forma de pagamentos periódicos poderão ser subordinados aos métodos de proteção.

Art. 14 — Em caso de desemprego total, deverão ser abonadas indenizações na forma de pagamentos periódicos calculados de maneira a facilitar ao beneficiário uma indenização parcial e transitória por sua perda de rendimentos e ao mesmo tempo evitar efeitos dissuasivos para o trabalho e a geração de empregos.

Art. 15 — 1. Em caso de desemprego total e de suspensão de rendimentos como consequência de uma suspensão temporária do trabalho, sem término da relação de trabalho, se esta última contingência estiver coberta, deverão ser abonadas indenizações na forma de pagamentos periódicos calculados da seguinte forma:

a) quando essas indenizações sejam calculadas na base de contribuições pagas pela pessoa protegida ou no seu nome, ou em função de seus rendimentos anteriores, elas serão fixadas em pelo menos 50 por cento dos rendimentos anteriores dentro do limite eventual de tetos de indenização ou de rendimentos referidos, por exemplo, ao salário de um operário qualificado ou ao salário médio dos trabalhadores na região em questão;

b) quando essas indenizações sejam calculadas independentemente das contribuições ou dos rendimentos anteriores, elas serão fixadas em 50 por cento, pelo menos, do salário mínimo legal ou do salário de um trabalhador ordinário, ou na quantia mínima indispensável para cobrir as despesas essenciais, adotando-se o valor mais elevado.

2. Quanto tiver sido formulada uma declaração em virtude do art. 5, o montante das indenizações deverá ser pelo menos igual a:

a) 45 por cento dos rendimentos anteriores; ou então

b) 45 por cento do salário mínimo legal ou do salário de um trabalhador ordinário, sendo que essa porcentagem não poderá ser inferior à quantia mínima indispensável para cobrir as despesas essenciais.

3. Quando for apropriado, as porcentagens especificadas nos §§ 1 e 2 poderão ser atingidas comparando-se os pagamentos periódicos líquidos de impostos e de contribuições com os rendimentos líquidos de impostos e de contribuições.

Art. 16 — Não obstante as disposições do art. 15, as indenizações pagas após o período inicial especificado no § 2 do art. 19 e as indenizações pagas por um membro cuja legislação satisfaça as condições do parágrafo 3 do art. 12 poderão ser fixadas levando em conta outros recursos dos quais o beneficiário e sua família possam dispor além de um limite fixado, de acordo com uma escala prescrita. Em qualquer caso, essas indenizações, em conjunto com quaisquer outros beneficiários a que possam ter direito, deverão garantir para eles condições de vida saudável e dignas, de acordo com as normas nacionais.

Art. 17 — 1. Se a legislação de um membro subordinar o direito a indenização de desemprego ao cumprimento de um período de qualificação, esse período não deverá ter duração superior àquela que se julgar necessária para se evitar abusos.

2. Todo membro deverá adaptar esse período de qualificação às condições da atividade profissional dos trabalhadores em regime de temporada.

Art. 18 — 1. Se a legislação de um membro prever que em caso de desemprego total as indenizações só começarão a ser abonadas após a expiração de um prazo de espera, a duração desse prazo não deverá ser superior a sete dias.

2. Quando estiver em vigor uma declaração formulada em virtude do art. 5, da duração do prazo de espera não deverá ser superior a dez dias.

3. Quando se tratar de trabalhadores por temporada o prazo de espera previsto no § 1 poderá ser adaptado às condições da sua atividade profissional.

Art. 19 — 1. As indenizações atribuídas em caso de desemprego completo e de suspensão de rendimentos como consequência de uma suspensão temporária de trabalho, sem término da relação de trabalho, deverão ser abonadas enquanto durarem essas contingências.

2. Não obstante, em caso de desemprego total:

a) a duração inicial do pagamento das indenizações previstas no art. 15 poderá ficar limitada a vinte e seis semanas por cada caso de desemprego ou a trinta e nove semanas no transcurso de qualquer período de vinte e quatro meses;

b) se o desemprego continuar após a expiração desse período inicial de indenização, a duração do pagamento das indenizações, calculadas, se for apropriado, em função dos recursos do beneficiário e da sua família, em conformidade com a disposições do art. 16, poderá ficar limitada a um período prescrito.

3. Se a legislação de um membro prever que a duração inicial do pagamento das indenizações previstas no art. 15 seja escalonada segundo a duração do período de qualificação, a média dos períodos previstos para o pagamento das indenizações deverá chegar a, pelo menos, vinte e seis semanas.

4. Quando estiver em vigor uma declaração formulada em virtude do art. 5, a duração do pagamento das indenizações poderá ficar limitada a treze semanas durante um período de doze meses ou a uma média de treze semanas se a legislação prever que a duração inicial do pagamento seja escalonado segundo a duração do período de qualificação.

5. No caso previsto no item b do § 2, todo membro deverá procurar conceder aos interessados uma ajuda complementar apropriada a fim de lhes permitir encontrarem novamente um emprego produtivo e livremente escolhido, recorrendo, em particular, às medidas especificadas na parte II.

6. A duração do pagamento das indenizações abonadas aos trabalhadores de temporada poderá ser adaptada às condições de sua atividade profissional, sem prejuízo das disposições do item b do § 2.

Art. 20 — As indenizações a que tiver direito uma pessoa protegida nas contingências de desemprego total ou parcial ou de suspensão de rendimentos como conseqüência de uma suspensão temporária de trabalho, sem término de relação de trabalho, poderão ser denegadas, suprimidas, suspensas ou reduzidas, em medidas prescritas:

a) enquanto o interessado não se encontrar no território do membro;

b) quando, de acordo com o julgamento da autoridade competente, o interessado tiver contribuído deliberadamente para ser despedido;

c) quando, segundo o julgamento da autoridade competente, o interessado tiver abandonado voluntariamente seu emprego, sem motivo legítimo;

d) durante um conflito trabalhista, quando o interessado tenha interrompido seu trabalho para participar dele ou quando for impedido de trabalhar como conseqüência direta de uma suspensão do trabalho devido esse conflito;

e) quando o interessado tenha intentado conseguir ou tiver conseguido fraudulentamente as indenizações;

f) quando o interessado tenha desconsiderado, sem motivo legítimo, os serviços disponíveis em matéria de colocação, orientação, formação e reciclagem ou reinserção profissionais em um emprego conveniente;

g) enquanto o interessado estiver cobrando algum outro benefício de manutenção dos rendimentos previstos pela legislação do membro em questão, com exceção de um benefício familiar, sob a condição de que a parte da indenização que for suspensa não ultrapasse o outro benefício.

Art. 21 — 1. As indenizações a que tiver direito uma pessoa protegida em caso de desemprego total ou parcial poderão ser denegadas, suprimidas, suspensas ou reduzidas, na medida prescrita, quando o interessado se negar a aceitar um emprego conveniente.

2. No julgamento do caráter conveniente de um emprego será levado em conta, especialmente, em condições prescritas e na medida apropriada, a idade do desempregado, a antiguidade na sua profissão anterior, a experiência adquirida, a duração do desemprego, a situação do mercado de emprego, as repercussões desse emprego sobre a situação pessoal e familiar do interessado e o fato de o emprego estar disponível como conseqüência direta de uma suspensão do trabalho devido a um conflito trabalhista em andamento.

Art. 22 — Quando uma pessoa protegida tiver recebido diretamente do seu empregador ou de qualquer outra fonte, em virtude da legislação ou de um convênio coletivo, uma indenização de demissão cujo principal objetivo seja contribuir para compensar a perda de rendimentos sofrida no caso de desemprego total:

a) as indenizações de desemprego a que tiver direito o interessado poderão ser suspensas por um período equivalente àquele durante o qual a indenização por demissão permita compensar a perda de rendimentos sofrida; ou então

b) a indenização de demissão poderá ser reduzida em quantia equivalente ao valor convertido em um pagamento único das indenizações de desemprego a que o interessado teria direito durante um período equivalente àquele durante o qual a indenização de demissão permite compensar a perda de rendimento sofrida.

Conforme cada membro escolher.

Art. 23 — 1. Todo membro cuja legislação prever o direito à assistência médica e o subordinar, direta ou indiretamente, a uma condição de atividade profissional, deverá se esforçar para garantir, em condições prescritas, a assistência médica aos beneficiários de indenização de desemprego e aos seus dependentes.

2. Quando estiver em vigor uma declaração feita em virtude do art. 5, poderá ser diferida a aplicação do § 1.

Art. 24 — 1. Todo membro deverá procurar, em condições prescritas, garantir aos beneficiários de indenizações de desemprego que sejam levados em considerações os períodos em que essas indenizações são abonadas:

a) para aquisição do direito e, segundo o caso, o cálculo dos benefícios de invalidez, idade avançada e de sobreviventes;

b) para a aquisição do direito à assistência médica, aos auxílios de doença e de maternidade, bem como aos benefícios familiares, uma vez que o desemprego terminar, quando a legislação do membro preveja esses benefícios e subordine, direta ou indiretamente, o direito às mesmas a uma condição ou atividade profissional.

2. Quando estiver em vigor uma declaração formulada em virtude do art. 5, poderá ser diferida a aplicação do § 1.

Art. 25 — 1. Todo membro deverá assegurar a adaptação dos regimes legais de seguridade social relacionados ao exercício de uma atividade profissional às condições da atividade profissional dos trabalhadores em regime de tempo parcial cujo período de trabalho ou cujos rendimentos em condições prescritas não possam ser considerados insignificantes.

2. Quando estiver em vigor uma declaração formulada em virtude do art. 5, poderá ser diferida a aplicação do § 1.

VII — DISPOSIÇÕES PARTICULARES PARA OS NOVOS SOLICITANTES DE EMPREGO

Art. 26 — 1. Os membros deverão ter em mente que existem diversas categorias de pessoas que procuram emprego as quais nunca foram reconhecidas como desempregadas ou tenham deixado de sê-lo, ou que nunca tenham pertencido a regimes de indenização de desemprego ou deixado de pertencer aos mesmos. Portanto, pelo menos três das dez categorias de pessoas a procura de emprego, mostradas a seguir, deverão desfrutar de benefícios sociais, nas condições prescritas e de acordo com as mesmas:

a) os jovens que concluíram sua formação profissional;

b) os jovens que concluíram seus estudos;

c) os jovens que concluíram seu serviço militar obrigatório;

d) toda pessoa ao término de um período de dedicação à educação de um filho ou ao cuidado de um doente, inválido ou um ancião;

e) as pessoas cujo cônjuge tiver falecido, quando tiverem direitos a um benefício de sobrevivente;

f) as pessoas divorciadas ou separadas;

g) os ex-doentes;

h) os adultos, inclusive os inválidos, que tenha concluído um período de formação;

i) os trabalhadores migrantes ao voltarem a seu país de origem, com reserva dos direitos que tiverem adquirido em virtude da legislação do último país onde trabalharam;

j) as pessoas que anteriormente tenham trabalhado como autônomas.

2. Todo membro deverá especificar, nos relatórios que terá de apresentar em virtude do art. 22 da Constituição da Organização Internacional do Trabalho, as categorias de pessoas relacionadas no § 1 que está se comprometendo a proteger.

3. Todo membro deverá procurar estender progressivamente a proteção a um número de categorias de pessoas superior àquele que aceitou inicialmente.

VIII — GARANTIAS JURÍDICAS, ADMINISTRATIVAS E FINANCEIRAS

Art. 27 — 1. Todo solicitante terá direito a apresentar uma reclamação perante o organismo que administra o regime de benefícios e a interpor posteriormente um recurso perante um órgão independente em caso de denegação, supressão, suspensão ou redução das indenizações ou de desacordo com relação ao seu valor. Dever-se-á informar por escrito ao solicitante sobre os procedimentos aplicáveis que deverão ser simples e rápidos.

2. O procedimento de recurso deverá permitir ao solicitante, em conformidade com a legislação e a prática nacionais, ser representado ou assessorado por uma pessoa qualificada, escolhida por ele mesmo, um delegado de uma organização representativa dos trabalhadores ou um delegado de uma organização representativa das pessoas protegidas.

Art. 28 — Todo membro assumirá uma responsabilidade geral pela boa administração das instituições e serviços encarregados da aplicação da Convenção.

Art. 29 — 1. Quando a administração for confiada a um departamento governamental responsável perante o poder legislativo, os representantes das pessoas protegidas e dos empregadores participarão da administração, em condições prescritas, com caráter consultivo.

2. Quando a administração não tiver sido confiada a um departamento governamental responsável perante o Poder Legislativo:

a) os representantes das pessoas protegidas participarão da administração, ou estarão associadas a ela com caráter consultivo, nas condições prescritas;

b) a legislação nacional poderá, também, prever a participação de representantes dos empregadores;

c) a legislação poderá, também, prever a participação de representantes das autoridades públicas.

Art. 30 — Quando o Estado e o sistema de seguridade social conceder subvenções com a finalidade de salvaguardar empregos, os membros deverão adotar as medidas necessárias para garantir que essas subvenções sejam destinadas exclusivamente ao fim previsto, e prevenir toda fraude ou abuso por parte dos beneficiários.

Art. 31 — A presente Convenção revisa a Convenção sobre o Desemprego 1934.

Art. 32 — As ratificações formais da presente Convenção serão transmitidas ao Diretor-Geral da Repartição Internacional do Trabalho e por ele registradas.

Art. 33 — 1. A presente Convenção somente vinculará os membros da Organização Internacional do Trabalho cujas ratificações tenham sido registradas pelo Diretor-Geral.

2. Esta Convenção entrará em vigor doze meses após o registro das ratificações de dois membros por parte do Diretor-Geral.

3. Posteriormente, esta Convenção entrará em vigor, para cada membro, doze meses após o registro da sua ratificação.

Art. 34 — 1. Todo membro que tenha ratificado a presente Convenção poderá denunciá-la após a expiração de um período de dez anos contados da entrada em vigor mediante ato comunicado ao Diretor-Geral da Repartição Internacional do Trabalho e por ele registrado. A denúncia só surtirá efeito um ano após o registro.

2. Todo membro que tenha ratificado a presente Convenção e não fizer uso da faculdade de denúncia prevista pelo presente Artigo dentro do prazo de um ano após a expiração do período de dez anos previsto no parágrafo precedente, ficará obrigado por novo período de dez anos e, posteriormente, poderá denunciar a presente Convenção ao expirar

cada período de dez anos, nas condições previstas no presente artigo.

Art. 35 — 1. O Diretor-Geral da Repartição Internacional do Trabalho notificará a todos os membros da Organização Internacional do Trabalho o registro de todas as ratificações, declarações e denúncias que lhe sejam comunicadas pelos membros da Organização.

2. Ao notificar aos membros da Organização o registro da segunda ratificação que lhe tenha sido comunicada, o Diretor-Geral chamará a atenção dos membros para a data de entrada em vigor da presente Convenção.

Art. 36 — O Diretor-Geral da Repartição Internacional do Trabalho comunicará ao Secretário-Geral das Nações Unidas, para fins de registro, conforme o art. 102 da Carta das Nações Unidas, as informações completas referentes a quaisquer ratificações, declarações ou atos de denúncia que tenha registrado de acordo com os Artigos anteriores.

Art. 37 — Sempre que julgar necessário, o Conselho de Administração da Repartição Internacional do Trabalho apresentará à Conferência Geral um relatório sobre a aplicação da presente Convenção e decidirá sobre a oportunidade de inscrever na agenda da Conferência a questão da sua revisão total ou parcial.

Art. 38 — 1. Se a Conferência adotar uma nova Convenção que revise total ou parcialmente a presente Convenção, e a menos que a nova Convenção disponha contrariamente:

a) a ratificação, por um membro, da nova Convenção revista, implicará, de pleno direito, não obstante o disposto pelo art. 34, supra, a denúncia imediata da presente Convenção, desde que a nova Convenção revista tenha entrado em vigor;

b) a partir da entrada em vigor da nova Convenção revista, a presente Convenção deixará de estar aberta à ratificação dos membros.

2. A presente Convenção continuará em vigor, em qualquer caso, em sua forma e teor atuais, para os membros que a tiverem ratificado e que não ratificarem a Convenção revista.

Art. 39 — As versões inglesa e francesa do texto da presente Convenção são igualmente autênticas."

CONVENÇÃO N. 169

I — Convocada em Genebra pelo Conselho Administrativo da Repartição Internacional do Trabalho e tendo ali se reunido a 7 de junho de 1989, em sua septuagésima sexta sessão;

II — Dados referentes ao Brasil:

a) aprovação = Decreto Legislativo n. 143, de 20.06.2002, do Congresso Nacional;

b) ratificação = 25 de julho de 2002;

c) promulgação = Decreto n. 5.051, de 19.04.2004;

d) vigência nacional = 25 de julho de 2003.

"A Conferência Geral da Organização Internacional do Trabalho,

Convocada em Genebra pelo Conselho Administrativo da Repartição Internacional do Trabalho e tendo ali se reunido a 7 de junho de 1989, em sua septuagésima sexta sessão;

Observando as normas internacionais enunciadas na Convenção e na Recomendação sobre populações indígenas e tribais, 1957;

Lembrando os termos da Declaração Universal dos Direitos Humanos, do Pacto Internacional dos Direitos Econômicos, Sociais e Culturais, do Pacto Internacional dos Direitos Civis e Políticos e dos numerosos instrumentos internacionais sobre a prevenção da discriminação;

Considerando que a evolução do direito internacional desde 1957 e as mudanças sobrevindas na situação dos povos indígenas e tribais em todas as regiões do mundo fazem com que seja aconselhável adotar novas normas internacionais nesse assunto, a fim de se eliminar a orientação para a assimilação das normas anteriores;

Reconhecendo as aspirações desses povos a assumir o controle de suas próprias instituições e formas de vida e seu desenvolvimento econômico, e manter e fortalecer suas identidades, línguas e religiões, dentro do âmbito dos Estados onde moram;

Observando que em diversas partes do mundo esses povos não podem gozar dos direitos humanos fundamentais no mesmo grau que o restante da população dos Estados onde moram e que suas leis, valores, costumes e perspectivas têm sofrido erosão freqüentemente;

Lembrando a particular contribuição dos povos indígenas e tribais à diversidade cultural, à harmonia social e ecológica da humanidade e à cooperação e compreensão internacionais;

Observando que as disposições a seguir foram estabelecidas com a colaboração das Nações Unidas, da Organização das Nações Unidas para a Agricultura e a Alimentação, da Organização das Nações Unidas para a Educação, a Ciência e a Cultura e da Organização Mundial da Saúde, bem como do Instituto Indigenista Interamericano, nos níveis apropriados e nas suas respectivas esferas, e que existe o propósito de continuar essa colaboração a fim de promover e assegurar a aplicação destas disposições;

Após ter decidido adotar diversas propostas sobre a revisão parcial da Convenção sobre populações Indígenas e Tribais, 1957 (n.o 107), o assunto que constitui o quarto item da agenda da sessão, e

Após ter decidido que essas propostas deveriam tomar a forma de uma Convenção Internacional que revise a Convenção Sobre Populações Indígenas e Tribais, 1957, adota, neste vigésimo sétimo dia de junho de mil novecentos e oitenta e nove, a seguinte Convenção, que será denominada Convenção Sobre os Povos Indígenas e Tribais, 1989:

PARTE I
POLÍTICA GERAL

Art. 1º

1. A presente convenção aplica-se:

a) aos povos tribais em países independentes, cujas condições sociais, culturais e econômicas os distingam de outros setores da coletividade nacional, e que estejam regidos, total ou parcialmente, por seus próprios costumes ou tradições ou por legislação especial;

b) aos povos em países independentes, considerados indígenas pelo fato de descenderem de populações que habitavam o país ou uma região geográfica pertencente ao país na época da conquista ou da colonização ou do estabelecimento das atuais fronteiras estatais e que, seja qual for sua situação jurídica, conservam todas as suas próprias instituições sociais, econômicas, culturais e políticas, ou parte delas.

2. A consciência de sua identidade indígena ou tribal deverá ser considerada como critério fundamental para determinar os grupos aos que se aplicam as disposições da presente Convenção.

3. A utilização do termo "povos" na presente Convenção não deverá ser interpretada no sentido de ter implicação alguma no que se refere aos direitos que possam ser conferidos a esse termo no direito internacional.

Art. 2º

1. Os governos deverão assumir a responsabilidade de desenvolver, com a participação dos povos interessados, uma ação coordenada e sistemática com vistas a proteger os direitos desses povos e a garantir o respeito pela sua integridade.

2. Essa ação deverá incluir medidas:

a) que assegurem aos membros desses povos o gozo, em condições de igualdade, dos direitos e oportunidades que a legislação nacional outorga aos demais membros da população;

b) que promovam a plena efetividade dos direitos sociais, econômicos e culturais desses povos, respeitando a sua identidade social e cultural, os seus costumes e tradições, e as suas instituições;

c) que ajudem os membros dos povos interessados a eliminar as diferenças sócio — econômicas que possam existir entre os membros indígenas e os demais membros da comunidade nacional, de maneira compatível com suas aspirações e formas de vida.

Art. 3º

1. Os povos indígenas e tribais deverão gozar plenamente dos direitos humanos e liberdades fundamentais, sem obstáculos nem discriminação. As disposições desta Convenção serão aplicadas sem discriminação aos homens e mulheres desses povos.

2. Não deverá ser empregada nenhuma forma de força ou de coerção que viole os direitos humanos e as liberdades fundamentais dos povos interessados, inclusive os direitos contidos na presente Convenção.

Art. 4º

1. Deverão ser adotadas as medidas especiais que sejam necessárias para salvaguardar as pessoas, as instituições, os bens, as culturas e o meio ambiente dos povos interessados.

2. Tais medidas especiais não deverão ser contrárias aos desejos expressos livremente pelos povos interessados.

3. O gozo sem discriminação dos direitos gerais da cidadania não deverá sofrer nenhuma deterioração como conseqüência dessas medidas especiais.

Art. 5º

Ao se aplicar às disposições da presente Convenção:

a) deverão ser reconhecidos e protegidos os valores e práticas sociais, culturais religiosas e espirituais próprios dos povos mencionados e dever-se-á levar na devida consideração à natureza dos problemas que lhes sejam apresentados, tanto coletiva como individualmente;

b) deverá ser respeitada a integridade dos valores, práticas e instituições desses povos;

c) deverão ser adotadas, com a participação e cooperação dos povos interessados, medidas voltadas a aliviar as dificuldades que esses povos experimentam ao enfrentarem novas condições de vida e de trabalho.

Art. 6º

1. Ao aplicar as disposições da presente Convenção, os governos deverão:

a) consultar os povos interessados, mediante procedimentos apropriados e, particularmente, através de suas instituições representativas, cada vez que sejam previstas medidas legislativas ou administrativas suscetíveis de afetá-los diretamente;

b) estabelecer os meios através dos quais os povos interessados possam participar livremente, pelo menos na mesma medida que outros setores da população e em todos os níveis, na adoção de decisões em instituições efetivas ou organismos administrativos e de outra natureza responsáveis pelas políticas e programas que lhes sejam concernentes;

c) estabelecer os meios para o pleno desenvolvimento das instituições e iniciativas dos povos e, nos casos apropriados, fornecer os recursos necessários para esse fim.

2. As consultas realizadas na aplicação desta Convenção deverão ser efetuadas com boa fé e de maneira apropriada às circunstâncias, com o objetivo de se chegar a um acordo e conseguir o consentimento acerca das medidas propostas.

Art. 7º

1. Os povos interessados deverão ter o direito de escolher suas, próprias prioridades no que diz respeito ao processo de desenvolvimento, na medida em que ele afete as suas vidas, crenças, instituições e bem-estar espiritual, bem como as terras que ocupam ou utilizam de alguma forma, e de controlar, na medida do possível, o seu próprio desenvolvimento econômico, social e cultural. Além disso, esses povos deverão participar da formulação, aplicação e avaliação dos planos e programas de desenvolvimento nacional e regional suscetíveis de afetá-los diretamente.

2. A melhoria das condições de vida e de trabalho e do nível de saúde e educação dos povos interessados, com a sua participação e cooperação, deverá ser prioritária nos planos de desenvolvimento econômico global das regiões onde eles moram. Os projetos especiais de desenvolvimento para essas regiões também deverão ser elaborados de forma a promoverem essa melhoria.

3. Os governos deverão zelar para que, sempre que for possível, sejam efetuados estudos junto aos povos interessados com o objetivo de se avaliar a incidência social, espiritual e cultural e sobre o meio ambiente que as atividades de desenvolvimento, previstas, possam ter sobre esses povos. Os re-

CONVENÇÕES DA OIT RATIFICADAS

sultados desses estudos deverão ser considerados como critérios fundamentais para a execução das atividades mencionadas.

4. Os governos deverão adotar medidas em cooperação com os povos interessados para proteger e preservar o meio ambiente dos territórios que eles habitam.

Art. 8º

1. Ao aplicar a legislação nacional aos povos interessados deverão ser levados na devida consideração seus costumes ou seu direito consuetudinário.

2. Esses povos deverão ter o direito de conservar seus costumes e instituições próprias, desde que eles não sejam incompatíveis com os direitos fundamentais definidos pelo sistema jurídico nacional nem com os direitos humanos internacionalmente reconhecidos. Sempre que for necessário, deverão ser estabelecidos procedimentos para se solucionar os conflitos que possam surgir na aplicação deste princípio.

3. A aplicação dos §§ 1 e 2 deste artigo não deverá impedir que os membros desses povos exerçam os direitos reconhecidos para todos os cidadãos do país e assumam as obrigações correspondentes.

Art. 9º

1. Na medida em que isso for compatível com o sistema jurídico nacional e com os direitos humanos internacionalmente reconhecidos, deverão ser respeitados os métodos aos quais os povos interessados recorrem tradicionalmente para a repressão dos delitos cometidos pelos seus membros.

2. As autoridades e os tribunais solicitados para se pronunciarem sobre questões penais deverão levar em conta os costumes dos povos mencionados a respeito do assunto.

Art. 10

1. Quando sanções penais sejam impostas pela legislação geral a membros dos povos mencionados, deverão ser levadas em conta as suas características econômicas, sociais e culturais.

2. Dever-se-á dar preferência a tipos de punição outros que o encarceramento.

Art. 11

A lei deverá proibir a imposição, a membros dos povos interessados, de serviços pessoais obrigatórios de qualquer natureza, remunerados ou não, exceto nos casos previstos pela lei para todos os cidadãos.

Art. 12

Os povos interessados deverão ter proteção contra a violação de seus direitos, e poder iniciar procedimentos legais, seja pessoalmente, seja mediante os seus organismos representativos, para assegurar o respeito efetivo desses direitos. Deverão ser adotadas medidas para garantir que os membros desses povos possam compreender e se fazer compreender em procedimentos legais, facilitando para eles, se for necessário, intérpretes ou outros meios eficazes.

PARTE II
TERRAS

Art. 13

1. Ao aplicarem as disposições desta parte da Convenção, os governos deverão respeitar a importância especial que para as culturas e valores espirituais dos povos interessados possui a sua relação com as terras ou territórios, ou com ambos, segundo os casos, que eles ocupam ou utilizam de alguma maneira e, particularmente, os aspectos coletivos dessa relação.

2. A utilização do termo "terras" nos arts. 15 e 16 deverá incluir o conceito de territórios, o que abrange a totalidade do habitat das regiões que os povos interessados ocupam ou utilizam de alguma outra forma.

Art. 14

1. Dever-se-á reconhecer aos povos interessados os direitos de propriedade e de posse sobre as terras que tradicionalmente ocupam. Além disso, nos casos apropriados, deverão ser adotadas medidas para salvaguardar o direito dos povos interessados de utilizar terras que não estejam exclusivamente ocupadas por eles, mas às quais, tradicionalmente, tenham tido acesso para suas atividades tradicionais e de subsistência. Nesse particular, deverá ser dada especial atenção à situação dos povos nômades e dos agricultores itinerantes.

2. Os governos deverão adotar as medidas que sejam necessárias para determinar as terras que os povos interessados ocupam tradicionalmente e garantir a proteção efetiva dos seus direitos de propriedade e posse.

3. Deverão ser instituídos procedimentos adequados no âmbito do sistema jurídico nacional para solucionar as reivindicações de terras formuladas pelos povos interessados.

Art. 15

1. Os direitos dos povos interessados aos recursos naturais existentes nas suas terras deverão ser especialmente protegidos. Esses direitos abrangem o direito desses povos a participarem da utilização, administração e conservação dos recursos mencionados.

2. Em caso de pertencer ao Estado à propriedade dos minérios ou dos recursos do subsolo, ou de ter direitos sobre outros recursos, existentes nas terras, os governos deverão estabelecer ou manter procedimentos com vistas a consultar os povos interessados, a fim de se determinar se os interesses desses povos seriam prejudicados, e em que medida, antes de se empreender ou autorizar qualquer programa de prospecção ou exploração dos recursos existentes nas suas terras. Os povos interessados deverão participar sempre que for possível dos benefícios que essas atividades produzam, e receber indenização equitativa por qualquer dano que possam sofrer como resultado dessas atividades.

Art. 16

1. Com reserva do disposto nos parágrafos a seguir do presente artigo, os povos interessados não deverão ser transladados das terras que ocupam.

2. Quando, excepcionalmente, o translado e o reassentamento desses povos sejam considerados necessários, só poderão ser efetuados com o consentimento dos mesmos, concedido livremente e com pleno conhecimento de causa. Quando não for possível obter o seu consentimento, o translado e o reassentamento só poderão ser realizados após a conclusão de procedimentos adequados estabelecidos pela legislação nacional, inclusive enquetes públicas, quando for apropriado, nas quais os povos interessados tenham a possibilidade de estar efetivamente representados.

3. Sempre que for possível, esses povos deverão ter o direito de voltar a suas terras tradicionais assim que deixarem de existir as causas que motivaram seu translado e reassentamento.

4. Quando o retorno não for possível, conforme for determinado por acordo ou, na ausência de tais acordos, mediante procedimento adequado, esses povos deverão receber, em todos os casos em que for possível, terras cuja qualidade e cujo estatuto jurídico sejam pelo menos iguais aqueles das terras que ocupavam anteriormente, e que lhes permitam cobrir suas necessidades e garantir seu desenvolvimento futuro. Quando os povos interessados preferiram receber indenização em dinheiro ou em bens, essa indenização deverá ser concedida com as garantias apropriadas.

5. Deverão ser indenizadas plenamente as pessoas transladadas e reassentadas por qualquer perda ou dano que tenham sofrido como conseqüência do seu deslocamento.

Art. 17

1. Deverão ser respeitadas as modalidades de transmissão dos direitos sobre a terra entre os membros dos povos interessados estabelecidas por esses povos.

2. Os povos interessados deverão ser consultados sempre que for considerada sua capacidade para alienarem suas terras ou transmitirem de outra forma os seus direitos sobre essas terras para fora de sua comunidade.

3. Dever-se-á impedir que pessoas alheias a esses povos possam se aproveitar dos costumes dos mesmos ou do desconhecimento das leis por parte dos seus membros para se arrogarem à propriedade, a posse ou o uso das terras a eles pertencentes.

Art. 18

A lei deverá prever sanções apropriadas contra toda intrusão não autorizada nas terras dos povos interessados ou contra todo uso não autorizado das mesmas por pessoas alheias a eles, e os governos deverão adotar medidas para impedirem tais infrações.

Art. 19

Os programas agrários nacionais deverão garantir aos povos interessados condições equivalentes às desfrutadas por outros setores da população, para fins de:

a) a alocação de terras para esses povos quando as terras das que dispunham sejam insuficientes para lhes garantir os elementos de uma existência normal ou para enfrentarem o seu possível crescimento numérico;

b) a concessão dos meios necessários para o desenvolvimento das terras que esses povos já possuam.

PARTE III
CONTRATAÇÃO E CONDIÇÕES DE EMPREGO

Art. 20

1. Os governos deverão adotar, no âmbito da legislação nacional e em cooperação com os povos interessados, medidas especiais para garantir aos trabalhadores pertencentes a esses povos uma proteção eficaz em matéria de contratação e condições de emprego, na medida em que não estejam protegidas eficazmente pela legislação aplicável aos trabalhadores em geral.

2. Os governos deverão fazer o que estiver ao seu alcance para evitar qualquer discriminação entre os trabalhadores pertencentes aos povos interessados e os demais trabalhadores, especialmente quanto a:

a) acesso ao emprego, inclusive aos empregos qualificados e às medidas de promoção e ascensão;

b) remuneração igual por trabalho de igual valor;

c) assistência médica e social, segurança e higiene no trabalho, todos os benefícios da seguridade social e demais benefícios derivados do emprego, bem como a habitação;

d) direito de associação, direito a se dedicar livremente a todas as atividades sindicais para fins lícitos, e direito a celebrar convênios coletivos com empregadores ou com organizações patronais.

3. As medidas adotadas deverão garantir, particularmente, que:

a) os trabalhadores pertencentes aos povos interessados, inclusive os trabalhadores sazonais, eventuais e migrantes empregados na agricultura ou em outras atividades, bem como os empregados por empreiteiros de mão de obra, gozem da proteção conferida pela legislação e a prática nacionais a outros trabalhadores dessas categorias nos mesmos setores, e sejam plenamente informados dos seus direitos de acordo com a legislação trabalhista e dos recursos de que dispõem;

b) os trabalhadores pertencentes a esses povos não estejam submetidos a condições de trabalho perigosas para sua saúde, em particular como conseqüência da sua exposição a pesticidas ou a outras substâncias tóxicas;

c) os trabalhadores pertencentes a esses povos não sejam submetidos a sistemas de contratação coercitivos, incluindo-se todas as formas de servidão por dívidas;

d) os trabalhadores pertencentes a esses povos gozem da igualdade de oportunidade e de tratamento para homens e mulheres no emprego e de proteção contra o acossamento sexual.

4. Dever-se-á dar especial atenção à criação de serviços adequados de inspeção do trabalho nas regiões donde trabalhadores pertencentes aos povos interessados exerçam atividades assalariadas, a fim de garantir o cumprimento das disposições desta parte da presente Convenção.

INDÚSTRIAS RURAIS

Art. 21

Os membros dos povos interessados deverão poder dispor de meios de formação profissional pelo menos iguais àqueles dos demais cidadãos.

Art. 22

1. Deverão ser adotadas medidas para promover a participação voluntária de membros dos povos interessados em programas de formação profissional de aplicação geral.

2. Quando os programas de formação profissional de aplicação geral existentes não atendam as necessidades especiais dos povos interessados, os governos deverão assegurar, com a participação desses povos, que sejam colocados à disposição dos mesmos programas e meios especiais de formação.

3. Esses programas especiais de formação deverão estar baseado no entorno econômico, nas condições sociais e culturais e nas necessidades concretas dos povos interessados. Todo levantamento neste particular deverá ser realizado em cooperação com esses povos, os quais deverão ser consultados sobre a organização e o funcionamento de tais programas. Quando for possível, esses povos deverão assumir progressivamente a responsabilidade pela organização e o funcionamento de tais programas especiais de formação, se assim decidirem.

Art. 23

1. O artesanato, as indústrias rurais e comunitárias e as atividades tradicionais e relacionadas com a economia de subsistência dos povos interessados, tais como a caça, a pesca com armadilhas e a colheita, deverão ser reconhecidas como fatores importantes da manutenção de sua cultura e da sua alto suficiência e desenvolvimento econômico. Com a participação desses povos, e sempre que for adequado, os governos deverão zelar para que sejam fortalecidas e fomentadas essas atividades.

2. A pedido dos povos interessados, deverá facilitar-se aos mesmos, quando for possível, assistência técnica e financeira apropriada que leve em conta as técnicas tradicionais e as características culturais desses povos e a importância do desenvolvimento sustentado e equitativo.

PARTE IV
SEGURIDADE SOCIAL E SAÚDE

Art. 24

Os regimes de seguridade social deverão ser estendidos progressivamente aos povos interessados e aplicados aos mesmos sem discriminação alguma.

Art. 25

1. Os governos deverão zelar para que sejam colocados à disposição dos povos interessados serviços de saúde adequados ou proporcionar a esses povos os meios que lhes permitam organizar e prestar tais serviços sob a sua própria responsabilidade e controle, a fim de que possam gozar do nível máximo possível de saúde física e mental.

2. Os serviços de saúde deverão ser organizados, na medida do possível, em nível comunitário. Esses serviços deverão ser planejados e administrados em cooperação com os povos interessados e levar em conta as suas condições econômicas, geográficas, sociais e culturais, bem como os seus métodos de prevenção, práticas curativas e medicamentos tradicionais.

3. O sistema de assistência sanitária deverá dar preferência à formação e ao emprego de pessoal sanitário da comunidade local e se centrar no atendimento primário à saúde, mantendo ao mesmo tempo estreitos vínculos com os demais níveis de assistência sanitária.

4. A prestação desses serviços de saúde deverá ser coordenada com as demais medidas econômicas e culturais que sejam adotadas no país.

PARTE V
EDUCAÇÃO E MEIOS DE COMUNICAÇÃO

Art. 26

Deverão ser adotadas medidas para garantir aos membros dos povos interessados a possibilidade de adquirirem educação em todos o níveis, pelo menos em condições de igualdade com o restante da comunidade nacional.

Art. 27

1. Os programas e os serviços de educação destinados aos povos interessados deverão ser desenvolvidos e aplicados em cooperação com eles a fim de responder às suas necessidades particulares, e deverão abranger a sua história, seus conhecimentos e técnicas, seus sistemas de valores e todas suas demais aspirações sociais, econômicas e culturais.

2. A autoridade competente deverá assegurar a formação de membros destes povos e a sua participação na formulação e execução de programas de educação, com vistas a transferir progressivamente para esses povos a responsabilidade de realização desses programas, quando for adequado.

3. Além disso, os governos deverão reconhecer o direito desses povos de criarem suas próprias instituições e meios de educação, desde que tais instituições satisfaçam as normas mínimas estabelecidas pela autoridade competente em consulta com esses povos. Deverão ser facilitados para eles recursos apropriados para essa finalidade.

Art. 28

1. Sempre que for viável, dever-se-á ensinar às crianças dos povos interessados a ler e escrever na sua própria língua indígena ou na língua mais comumente falada no grupo a que pertençam. Quando isso não for viável, as autoridades competentes deverão efetuar consultas com esses povos com vistas a se adotar medidas que permitam atingir esse objetivo.

2. Deverão ser adotadas medidas adequadas para assegurar que esses povos tenham a oportunidade de chegarem a dominar a língua nacional ou uma das línguas oficiais do país.

3. Deverão ser adotadas disposições para se preservar as línguas indígenas dos povos interessados e promover o desenvolvimento e prática das mesmas.

Art. 29

Um objetivo da educação das crianças dos povos interessados deverá ser o de lhes ministrar conhecimentos gerais e aptidões que lhes permitam participar plenamente e em condições de igualdade na vida de sua própria comunidade e na da comunidade nacional.

Art. 30

1. Os governos deverão adotar medidas de acordo com as tradições e culturas dos povos interessados, a fim de lhes dar a conhecer seus direitos e obrigações especialmente no referente ao trabalho e às possibilidades econômicas, às questões de educação e saúde, aos serviços sociais e aos direitos derivados da presente Convenção.

2. Para esse fim, dever-se-á recorrer, se for necessário, a traduções escritas e à utilização dos meios de comunicação de massa nas línguas desses povos.

Art. 31

Deverão ser adotadas medidas de caráter educativo em todos os setores da comunidade nacional, e especialmente naqueles que estejam em contato mais direto com os povos interessados, com o objetivo de se eliminar os preconceitos que poderiam ter com relação a esses povos. Para esse fim, deverão ser realizados esforços para assegurar que os livros de História e demais materiais didáticos ofereçam uma descrição equitativa, exata e instrutiva das sociedades e culturas dos povos interessados.

PARTE VI
CONTATOS E COOPERAÇÃO ATRAVÉS DAS FRONTEIRAS

Art. 32

Os governos deverão adotar medidas apropriadas, inclusive mediante acordos internacionais, para facilitar os contatos e a cooperação entre povos indígenas e tribais através das fronteiras, inclusive as atividades nas áreas econômica, social, cultural, espiritual e do meio ambiente.

PARTE VII
ADMINISTRAÇÃO

Art. 33

1. A autoridade governamental responsável pelas questões que a presente Convenção abrange deverá se assegurar de que existem instituições ou outros mecanismos apropriados para administrar os programas que afetam os povos interessados, e de que tais instituições ou mecanismos dispõem dos meios necessários para o pleno desempenho de suas funções.

2. Tais programas deverão incluir:

a) o planejamento, coordenação, execução e avaliação, em cooperação com os povos interessados, das medidas previstas na presente Convenção;

b) a proposta de medidas legislativas e de outra natureza às autoridades competentes e o controle da aplicação das medidas adotadas em cooperação com os povos interessados.

PARTE VIII
DISPOSIÇÕES GERAIS

Art. 34

A natureza e o alcance das medidas que sejam adotadas para por em efeito a presente Convenção deverão ser determinadas com flexibilidade, levando em conta as condições próprias de cada país.

Art. 35

A aplicação das disposições da presente Convenção não deverá prejudicar os direitos e as vantagens garantidos aos povos interessados em virtude de outras convenções e recomendações, instrumentos internacionais, tratados, ou leis, laudos, costumes ou acordos nacionais.

PARTE IX
DISPOSIÇÕES FINAIS

Art. 36

Esta Convenção revisa a Convenção Sobre Populações Indígenas e Tribais, 1957.

Art. 37

As ratificações formais da presente Convenção serão transmitidas ao Diretor-Geral da Repartição Internacional do Trabalho e por ele registradas.

Art. 38

1. A presente Convenção somente vinculará os Membros da Organização Internacional do Trabalho cujas ratificações tenham sido registradas pelo Diretor-Geral.

2. Esta Convenção entrará em vigor doze meses após o registro das ratificações de dois Membros por parte do Diretor-Geral.

3. Posteriormente, esta Convenção entrará em vigor, para cada Membro, doze meses após o registro da sua ratificação.

Art. 39

1. Todo Membro que tenha ratificado a presente Convenção poderá denunciá-la após a expiração de um período de dez anos contados da entrada em vigor mediante ato comunicado ao Diretor-Geral da Repartição Internacional do Trabalho e por ele registrado. A denúncia só surtirá efeito um ano após o registro.

2. Todo Membro que tenha ratificado a presente Convenção e não fizer uso da faculdade de denúncia prevista pelo parágrafo precedente dentro do prazo de um ano após a expiração do período de dez anos previsto pelo presente Artigo, ficará obrigado por um novo período de dez anos e, posteriormente, poderá denunciar a presente Convenção ao expirar cada período de dez anos, nas condições previstas no presente artigo.

Art. 40

1. O Diretor-Geral da Repartição Internacional do Trabalho notificará a todos os Membros da Organização Internacional do Trabalho o registro de todas as ratificações, declarações e denúncias que lhe sejam comunicadas pelos Membros da Organização.

2. Ao notificar aos Membros da Organização o registro da segundo ratificação que lhe tenha sido comunicada, o Diretor-Geral chamará atenção dos Membros da Organização para a data de entrada em vigor da presente Convenção.

Art. 41

O Diretor-Geral da Repartição Internacional do Trabalho comunicará ao Secretário — Geral das Na-

ções Unidas, para fins de registro, conforme o art. 102 da Carta das Nações Unidas, as informações completas referentes a quaisquer ratificações, declarações e atos de denúncia que tenha registrado de acordo com os Artigos anteriores.

Art. 42

Sempre que julgar necessário, o Conselho de Administração da Repartição Internacional do Trabalho deverá apresentar à Conferência Geral um relatório sobre a aplicação da presente Convenção e decidirá sobre a oportunidade de inscrever na agenda da Conferência a questão de sua revisão total ou parcial.

Art. 43

1. Se a Conferência adotar uma nova Convenção que revise total ou parcialmente a presente Convenção, e a menos que a nova Convenção disponha contrariamente:

a) a ratificação, por um Membro, da nova Convenção revista implicará de pleno direito, não obstante o disposto pelo art. 39, supra, a denúncia imediata da presente Convenção, desde que a nova Convenção revista tenha entrado em vigor;

b) a partir da entrada em vigor da Convenção revista, a presente Convenção deixará de estar aberta à ratificação dos Membros.

2. A presente Convenção continuará em vigor, em qualquer caso em sua forma e teor atuais, para os Membros que a tiverem ratificado o quo não ratificarem a Convenção revista.

Art. 44

As versões inglesa e francesa do texto da presente Convenção são igualmente autênticas."

CONVENÇÃO N. 170

I — Aprovada na 77ª reunião da Conferência Internacional do Trabalho (Genebra — 1990), entrou em vigor no plano internacional em 4.11.83.

II — Dados referentes ao Brasil:

a) aprovação = Decreto Legislativo n. 67, de 4.5.95;

b) ratificação = 23 de dezembro de 1996;

c) vigência nacional = 23 de dezembro de 1997;

d) promulgação = Decreto n. 2.657, de 3.7.98.

"A Conferência Geral da Organização do Trabalho,

Convocada em Genebra pelo Conselho Administrativo da Repartição Internacional do Trabalho e tendo ali se reunido a 6 de junho de 1990, na sua septuagésima sétima sessão;

Tomando nota das Convenções e Recomendações internacionais do trabalho sobre a matéria e, em particular, a Convenção e a Recomendação sobre o benzeno, 1971; a Convenção e a recomendação sobre o câncer profissional, 1974; a Convenção e a Recomendação sobre o meio ambiente no trabalho (poluição do ar, ruído e vibração), 1977; a Convenção e a Recomendação sobre segurança e saúde dos trabalhadores, 1981; a Convenção e a Recomendação relativa aos serviços de saúde ao trabalho, 1985; a Convenção e a Recomendação sobre o asbesto, 1986, e a lista de doenças profissionais na sua versão emendada de 1990, que se encontra como anexo à Convenção sobre os benefícios em caso de acidentes do trabalho e doenças profissionais, 1964;

Observando que a proteção dos trabalhadores contra os efeitos nocivos dos produtos químicos contribua também para a proteção do público em geral e do meio ambiente;

Observando que o acesso dos trabalhadores à informação acerca dos produtos químicos utilizados ao trabalho responde a uma necessidade e é um direito dos trabalhadores;

Considerando que é essencial prevenir as doenças e os acidentes causados pelos produtos químicos ao trabalho ou reduzir a sua incidência:

a) garantindo que todos os produtos químicos sejam avaliados a fim de se determinar o perigo que apresentam;

b) proporcionando aos empregadores sistemas que lhes permitam obter dos fornecedores informações sobre os produtos químicos utilizados ao trabalho, de forma a poderem pôr em prática programas eficazes de proteção dos trabalhadores contra os perigos provocados pelos produtos químicos;

c) proporcionando aos trabalhadores informações sobre os produtos químicos utilizados nos locais de trabalho, bem como as medidas adequadas de prevenção que lhes permitam participar eficazmente dos programas de proteção; e

d) estabelecendo as orientações básicas desses programas para garantir a utilização dos produtos químicos em condições de segurança.

Fazendo referência à necessidade de uma cooperação no âmbito do Programa Internacional de Segurança nos Produtos Químicos entre a Organização Internacional do Trabalho, o Programa das Nações Unidas para o Meio Ambiente e a Organização Mundial da Saúde, bem como com a Organização das Nações Unidas para o Desenvolvimento Industrial, e observando os instrumentos, códigos e diretrizes pertinentes promulgados por estas Organizações;

Após ter decidido adotar diversas propostas relativas à segurança na utilização de produtos químicos no trabalho, questão que constitui o quinto item na agenda da sessão; e

Após ter decidido que essas propostas deveriam tomar a forma de uma Convenção internacional, adota, neste vigésimo quinto dia do mês de junho de mil novecentos e noventa, a seguinte Convenção, que será denominada 'Convenção sobre Produtos Químicos, 1990':

PARTE I
ÁREA DE APLICAÇÃO E DEFINIÇÕES

Art. 1

1. A presente Convenção aplica-se a todos os ramos da atividade econômica em que são utilizados produtos químicos.

2. Com consulta prévia junto às organizações mais representativas de empregadores e trabalhadores interessados, e com base em uma avaliação dos peritos existentes e das medidas de proteção que deverão ser aplicadas, a autoridade competente de todo Membro que ratificar a Convenção:

a) poderá excluir da aplicação da Convenção, ou de algumas das suas disposições, determinados ramos da atividade econômica, empresas ou produtos:

I) quando a sua aplicação apresentar problemas especiais de suficiente importância; e

II) quando a proteção outorgada no seu conjunto, em conformidade àquela que resultaria da aplicação, na íntegra, das disposições da Convenção;

b) deverá estabelecer disposições especiais para proteger as informações confidenciais, cuja divulgação a um concorrente poderia resultar prejudicial para a atividade do empregador, sob a condição de que a segurança e a saúde dos trabalhadores não fiquem comprometidas.

3. A Convenção não se aplica aos artigos que, sob condições de utilização normais ou razoavelmente previsíveis, não expõem os trabalhadores a um produto químico perigoso.

4. A Convenção não se aplica aos organismos, mas aplica-se, sim, aos produtos químicos derivados dos organismos.

Art. 2

Para fins da presente Convenção:

a) a expressão produtos químicos designa os elementos e compostos químicos, e suas misturas, sejam naturais, sejam sintéticos;

b) a expressão produtos químicos perigosos abrange todo o produto químico que tiver sido classificado como perigoso em conformidade com o art. 6, ou sobre o qual existam informações pertinentes indicando que ele implica risco;

c) a expressão 'utilização de produtos químicos no trabalho' implica toda atividade de trabalho que poderia expor um trabalhador a um produto químico, e abrange:

I) a produção de produtos químicos;

II) o manuseio de produtos químicos;

III) o armazenamento de produtos químicos;

IV) o transporte de produtos químicos;

V) a eliminação e o tratamento dos resíduos de produtos químicos;

VI) a emissão de produtos químicos resultantes do trabalho;

VII) a manutenção, a reparação e a limpeza de equipamentos e recipientes utilizados para os produtos químicos;

d) a expressão 'ramos de atividade econômica' aplica-se a todos os ramos onde existam trabalhadores empregados, inclusive a administração pública;

e) o termo 'artigo' designa todo o objeto que seja fabricado como uma forma ou um projeto específico, ou que esteja na sua forma natural, e cuja utilização dependa total ou parcialmente das características de forma ou projeto;

f) a expressão 'representantes dos trabalhadores' designa as pessoas reconhecidas como tais pela legislação ou a prática nacionais, em conformidade com a Convenção sobre os representantes dos trabalhadores, 1971.

PARTE II
PRINCÍPIOS GERAIS

Art. 3

Deverão ser consultadas as organizações, mais representativas de empregadores e de trabalhadores interessados acerca das medidas destinadas a levar a efeito as disposições da Convenção.

Art. 4

Todo Membro deverá, em consulta com as organizações mais representativas de empregadores e de trabalhadores, e levando na devida conta as condições e práticas nacionais, formular, pôr em prática e reexaminar periodicamente uma política coerente de segurança na utilização de produtos químicos no trabalho.

Art. 5

A autoridade competente se for justificado por motivos de segurança e saúde, deverá poder proibir ou restringir a utilização de certos produtos químicos perigosos, ou exigir notificação e autorização prévias para a utilização desses produtos.

PARTE III
CLASSIFICAÇÃO E MEDIDAS CONEXAS

Art. 6
Sistema de Classificação

1. A autoridade competente, ou os organismos aprovados ou reconhecidos pela autoridade competente, em conformidade com as normas nacionais ou internacionais, deverão estabelecer sistemas e critérios específicos apropriados para classificar todos os produtos químicos em função do tipo e do grau dos riscos físicos e para a saúde que os mesmos oferecem, e para aliviar a pertinência das informações necessárias para determinar a sua periculosidade.

2. As propriedades perigosas das misturas formadas por dois ou mais produtos químicos poderão ser determinadas avaliando os riscos que oferecem os produtos químicos que as compõem.

3. No caso do transporte, tais sistemas e critérios deverão levar em consideração as Recomendações das Nações Unidas relativas ao transporte de mercadorias perigosas.

4. Os sistemas de classificação e a sua aplicação deverão ser progressivamente ampliados.

Art. 7
Rotulação e Marcação

1. Todos os produtos químicos deverão portar uma marca que permita a sua identificação.

2. Os produtos químicos perigosos deverão portar, ainda, uma etiqueta facilmente compreensível para os trabalhadores, que facilite informações essenciais sobre a sua classificação, os perigos que oferecem e as precauções de segurança que devam ser observadas.

3.1. As exigências para rotular ou marcar os produtos químicos, de acordo com os §§ 1 e 2 do presente artigo, deverão ser estabelecidas pela autoridade competente ou por um organismo aprovado ou reconhecido pela autoridade competente, em conformidade com as normas nacionais ou internacionais.

3.2. No caso do transporte, tais exigências deverão levar em consideração as recomendações das Nações Unidas relativas ao transporte de mercadorias perigosas.

Art. 8
Fichas com Dados de Segurança

1. Os empregadores que utilizam produtos químicos perigosos deverão receber fichas com dados de segurança que contenham informações essenciais detalhadas sobre a sua identificação, seu fornecedor, a sua classificação, a sua periculosidade, as medidas de precaução e os procedimentos de emergência.

2. Os critérios para a elaboração das fichas com dados de segurança deverão ser estabelecidos pela autoridade competente ou por um organismo aprovado ou reconhecido pela autoridade competente, em conformidade com as normas nacionais ou internacionais.

3. A denominação química ou comum utilizada para identificar o produto químico na ficha com dados de segurança deverá ser a mesma que aparece na etiqueta.

Art. 9
Responsabilidade dos Fornecedores

1. Os fornecedores, tanto se tratando de fabricante ou importadores como de distribuidores de produtos químicos, deverão assegurar-se de que:

a) os produtos químicos que fornecem foram classificados de acordo com o art. 6, com base no conhecimento das suas propriedades e na busca de informações disponíveis ou avaliados em conformidade com o § 3 do presente artigo;

b) esses produtos químicos ostentam uma marca que permita a sua identificação, em conformidade com o § 1 do art. 7;

c) os produtos químicos perigosos que são fornecidos sejam etiquetadas em conformidade com o § 2 do art. 7;

d) sejam preparadas e proporcionadas aos empregadores, de acordo com o § 1 do art. 8, fichas com dados de segurança relativas aos produtos químicos perigosos.

2. Os fornecedores de produtos químicos perigosos deverão zelar para que sejam preparadas e fornecidas aos empregadores, segundo método, acorde com a legislação e as práticas nacionais, as etiquetas e as fichas com dados de segurança, revisadas sempre que surgirem novas informações pertinentes em matéria de saúde e segurança.

3. Os fornecedores de produtos químicos que ainda não tenham sido classificados em conformidade com o art. 6 deverão identificar os produtos que fornecem e avaliar as propriedades desses produtos químicos se baseando nas informações disponíveis, com a finalidade de se determinar se são perigosas.

PARTE IV
RESPONSABILIDADE DOS EMPREGADORES

Art. 10
Identificação

1. Os empregadores deverão assegurar-se de que todos os produtos químicos utilizados no trabalho estejam etiquetados ou marcados, de acordo com o previsto no art. 7, e de que as fichas com dados de segurança foram proporcionadas, segundo é previsto no art. 8, e colocadas à disposição dos trabalhadores e de seus representantes.

2. Quando os empregadores receberem produtos químicos que não tenham sido etiquetados ou marcados de acordo com o previsto no art. 7 ou para os quais não tenham sido proporcionadas fichas com dados de segurança, conforme está previsto no art. 8, deverão obter informações pertinentes do fornecedor ou de outras fontes de informação razoavelmente disponíveis, e não deverão utilizar os produtos químicos antes de obterem essas informações.

3. Os empregadores deverão assegurar-se de que somente sejam utilizados aqueles produtos químicos que foram classificados de acordo com o previsto no art. 6 ou identificados ou avaliados segundo o § 3 do art. 9 e etiquetados ou marcados em conformidade com o art. 7, bem como de que sejam tomadas todas as devidas precauções durante a sua utilização.

Art. 11
Transferência de Produtos Químicos

Os empregadores deverão zelar para que, quando sejam transferidos produtos químicos para outros recipientes ou equipamentos, seja indicado o conteúdo destes últimos a fim de que os trabalhadores fiquem informados sobre a identidade desses produtos, dos riscos que oferece a sua utilização e de todas as precauções de segurança que devem ser adotadas.

Art. 12
Exposição

Os empregadores deverão:

a) se assegurar de que seu trabalhadores não fiquem expostos a produtos químicos acima dos limites de exposição ou de outros critérios de exposição para a avaliação e o controle do meio ambiente de trabalho estabelecidos pela autoridade competente ou por um organismo aprovado ou reconhecido pela autoridade competente, em conformidade com as normas nacionais ou internacionais;

b) avaliar a exposição dos trabalhadores aos produtos químicos perigosos;

c) vigiar e registrar exposição dos trabalhadores a produtos químicos perigosos quando isso for necessário, para proteger a sua segurança e a sua saúde, ou quando estiver prescrito pela autoridade competente;

d) assegurar-se de que os dados relativos à vigilância do meio ambiente de trabalho e da exposição dos trabalhadores que utilizam produtos químicos perigosos sejam conservados durante o período prescrito pela autoridade competente e estejam acessíveis para esses trabalhadores e os seus representantes.

Art. 13
Controle Operacional

1. Os empregadores deverão avaliar os riscos dimanantes da utilização de produtos químicos no trabalho, e assegurar a proteção dos trabalhadores contra tais riscos pelos meios apropriados, e especialmente:

a) escolhendo os produtos químicos que eliminam ou reduzam ao mínimo o grau de risco;

b) elegendo tecnologia que elimine ou reduza ao mínimo o grau de riscos;

c) aplicando medidas adequadas de controle técnico;

d) adotando sistemas e métodos de trabalho que eliminem ou reduzam ao mínimo o grau de risco;

e) adotando medidas adequadas de higiene do trabalho;

f) quando as medidas que acabam de ser enunciadas não forem suficientes, facilitando, sem ônus para o trabalhador, equipamentos de proteção pessoal e roupas protetoras, assegurando a adequada manutenção e zelando pela utilização desses meios de proteção.

2. Os empregadores deverão:

a) limitar a exposição aos produtos químicos perigosos para proteger a segurança e a saúde dos trabalhadores;

b) proporcionar os primeiros socorros;

c) tomar medidas para enfrentar situações de emergência.

Art. 14
Eliminação

Os produtos químicos perigosos que não sejam mais necessários e os recipientes que foram esvaziados, mas que possam conter resíduos de produtos químicos perigosos, deverão ser manipulados ou eliminados de maneira a eliminar ou reduzir ao mínimo os riscos para a segurança e a saúde, bem como para o meio ambiente, em conformidade com a legislação e a prática nacionais.

Art. 15
Informação e Formação

Os empregadores deverão:

a) informar aos trabalhadores sobre os perigos que oferece a exposição aos produtos químicos que utilizam no local de trabalho;

b) instruir os trabalhadores sobre a forma de obterem e usarem as informações que aparecem nas etiquetas e nas fichas com dados de segurança;

c) utilizar as fichas com dados de segurança, juntamente com as informações específicas do local de trabalho, como base para a preparação de instruções para os trabalhadores, que deverão ser escritas se houver oportunidade;

d) proporcionar treinamento aos trabalhadores, continuamente, sobre os procedimentos e práticas a serem seguidas com vistas à utilização segura de produtos químicos no trabalho.

Art. 16
Cooperação

Os empregadores, no âmbito das suas responsabilidade, deverão cooperar da forma mais estreita que for possível com os trabalhadores ou seus representantes com relação à segurança, na utilização dos produtos químicos no trabalho.

PARTE V
OBRIGAÇÕES DOS TRABALHADORES

Art. 17

1. Os trabalhadores deverão cooperar da forma mais estreita que for possível com seus empregados no âmbito das responsabilidades desses últimos e observar todos os procedimentos e práticas estabelecidos com vistas à utilização segura de produtos químicos no trabalho.

2. Os trabalhadores deverão adotar as medidas razoáveis para eliminar ou reduzir ao mínimo, para eles mesmos e para os outros, os riscos que oferece a utilização de produtos químicos no trabalho.

PARTE VI
DIREITOS DOS TRABALHADORES E SEUS REPRESENTANTES

Art. 18

1. Os trabalhadores deverão ter o direito de se afastar de qualquer perigo derivado da utilização de produtos químicos quando tiverem motivos razoáveis para acreditar que existe um risco grave e iminente para a sua segurança ou a sua saúde, e deverão indicá-la sem demora ao seu supervisor.

2. Os trabalhadores que se afastem de um perigo, em conformidade com as disposições do parágrafo anterior, ou exercitem qualquer outro direito em conformidade com esta Convenção, deverão estar protegidos contra as conseqüências injustificadas desse ato.

3. Os trabalhadores interessados e os representantes deverão ter direito de obter:

a) informação sobre a identificação dos produtos químicos utilizados no trabalho, as propriedades perigosas desses produtos, as medidas de precaução que devem ser tomadas, a educação e a formação;

b) as informações contidas nas etiquetas e os símbolos;

c) as fichas com dados de segurança;

d) quaisquer outras informações que devam ser conservadas em virtude do disposto na presente Convenção.

4. Quando a divulgação, a um concorrente da identificação específica de um ingrediente de um composto químico puder resultar prejudicial para a atividade do empregador, ele poderá, ao fornecer as informações mencionadas no § 3, proteger a identificação do ingrediente, de acordo com as disposições estabelecidas pelas autoridades competentes, em conformidade com o art. 1, § 2, item b.

PARTE VII
RESPONSABILIDADES DOS ESTADOS EXPORTADORES

Art. 19

Quando em um Estado-Membro exportador a utilização de produtos químicos perigosos tenha sido total ou parcialmente proibida por razões de segurança e saúde no trabalho, esse Estado deverá levar esse fato e as razões que o motivaram ao conhecimento de todo país ao qual exporta.

Art. 20

As ratificações formais da presente convenção serão comunicadas, para seu registro, ao Diretor-Geral da Repartição Internacional do Trabalho.

CONVENÇÕES DA OIT RATIFICADAS

Art. 21

1. A presente Convenção somente vinculará os Membros da Organização Internacional do Trabalho cujas ratificações tenham sido registradas pelo Diretor-Geral.

2. Esta Convenção entrará em vigor doze meses após o registro das ratificações de dois Membros por parte do Diretor-Geral.

3. Posteriormente, esta Convenção entrará em vigor, para cada Membro, doze meses após o registro da sua ratificação.

Art. 22

1. Todo Membro que tenha ratificado a presente Convenção poderá denunciá-la após a expiração de um período de dez anos contados da entrada em vigor mediante ato comunicado ao Diretor-Geral da Repartição Internacional do Trabalho e por ele registrado. A denúncia só surtirá efeito um ano após o seu registro.

2. Todo Membro que tenha ratificado a presente Convenção e não fizer uso da faculdade de denúncia prevista pelo presente artigo dentro do prazo de um ano após a expiração do período de dez anos previstos pelo parágrafo anterior, ficará obrigado por um novo período de dez anos e, posteriormente, poderá denunciar a presente Convenção ao expirar cada período de dez anos, nas condições previstas no presente artigo.

Art. 23

1. O Diretor-Geral da Repartição Internacional do Trabalho notificará a todos os Membros da Organização Internacional do Trabalho o registro de todas as ratificações, declarações e denúncias que lhe sejam comunicadas pelos Membros da Organização.

2. Ao notificar aos Membros da Organização o registro da segunda ratificação que lhe tenha sido comunicada, o Diretor-Geral chamará a atenção dos Membros para a data de entrada em vigor da presente Convenção.

Art. 24

O Diretor-Geral da Repartição Internacional do Trabalho comunicará ao Secretário-Geral das Nações Unidas, para fins de registro, conforme o art. 102 da Carta das Nações Unidas, as informações completas referentes a quaisquer ratificações, declarações e atos de denúncia que tenha registrado de acordo com os artigos anteriores.

Art. 25

Sempre que o julgar necessário, o Conselho de Administração da Repartição Internacional do Trabalho apresentará à Conferência Geral um relatório sobre a aplicação da presente Convenção e decidirá sobre a oportunidade de inscrever na agenda da Conferência a questão da sua revisão total ou parcial.

Art. 26

1. Se a Conferência adotar uma nova convenção que revise total ou parcialmente a presente Convenção e a menos que a nova Convenção disponha contrariamente:

a) a ratificação, por um Membro, da nova Convenção revista implicará, de pleno direito, não obstante o disposto pelo art. 22, supra, a denúncia imediata da presente Convenção, desde que a nova Convenção revista tenha entrado em vigor.

b) a partir da entrada em vigor da Convenção revista, a presente Convenção deixará de estar aberta à ratificação dos Membros.

2. A presente Convenção continuará em vigor, em qualquer caso, em sua forma e teor atuais, para os Membros que a tiverem ratificado e que não ratificarem a Convenção revista.

Art. 27

As versões inglesa e francesa do texto da presente Convenção são igualmente autênticas."

CONVENÇÃO N. 171

I — Aprovada na 77ª reunião da Conferência Internacional do Trabalho (Genebra — 1990), ao iniciar-se o ano de 1994 ainda não havia entrado em vigor no plano internacional.

II — Dados referentes ao Brasil:

a) aprovação = Decreto Legislativo n. 270, de 13.11.2002, do Congresso Nacional;

b) ratificação =18 de dezembro de 2002;

c) promulgação = Decreto n. 5.005, de 08.03.2004;

d) vigência nacional = 18 de dezembro de 2003.

"A Conferência Geral da Organização Internacional do Trabalho:

Convocada em Genebra pelo Conselho Administrativo da Repartição Internacional do Trabalho e tendo ali se reunido a 6 de junho de 1990, em sua septuagésima sétima sessão;

Tomando nota das disposições das Convenções e Recomendações internacionais do trabalho sobre o trabalho noturno dos menores e, em particular, das disposições da Convenção e da Recomendação sobre o trabalho noturno dos menores (trabalhos não industriais), 1964; da Convenção (revista) sobre o trabalho noturno dos menores (indústrias), 1984, e da Recomendação sobre o trabalho noturno dos menores (agricultura), 1921;

Tomando nota das disposições das Convenções internacionais do trabalho sobre o trabalho noturno da mulher e, em particular, aquelas da Convenção (revista) sobre o trabalho noturno (mulheres), 1948, e de seu Protocolo de 1990; da Recomendação sobre o trabalho noturno das mulheres (agricultura), 1921, e do § 5 da Recomendação sobre a proteção da maternidade, 1952;

Tomando nota das disposições da Convenção sobre a discriminação (emprego e ocupação), 1958;

Tomando nota das disposições da Convenção sobre a proteção da maternidade (revista), 1952;

Após ter decidido adotar diversas propostas sobre o trabalho noturno, questão que constitui o quarto item da agenda da sessão, e

Após ter decidido que essas propostas deveriam tomar a forma de uma Convenção internacional, adota, nesse vigésimo sexto dia do mês de junho de mil novecentos e noventa, a seguinte Convenção, que será denominada 'Convenção sobre o Trabalho Noturno, 1990':

Art. 1 — Para os fins da presente Convenção:

a) a expressão 'trabalho noturno' designa todo trabalho que seja realizado durante um período de pelo menos sete horas consecutivas, que abranja o intervalo compreendido entre a meia noite e às cinco horas da manhã, e que será determinado pela autoridade competente mediante consulta prévia com as organizações mais representativas dos empregadores e de trabalhadores ou através de convênios coletivos;

b) a expressão 'trabalhador noturno' designa todo trabalhador assalariado cujo trabalho exija a realização de horas de trabalho noturno em número substancial, superior a um limite determinado. Esse número será fixado pela autoridade competente mediante consulta prévia com as organizações mais representativas de empregadores e de trabalhadores, ou através de convênios coletivos.

Art. 2 — 1. Esta Convenção aplica-se a todos os trabalhadores assalariados, com exceção daqueles que trabalham na agricultura, a pecuária, a pesca, os transportes marítimos e a navegação interior.

2. Todo Membro que ratificar a presente Convenção poderá excluir total ou parcialmente da sua área de aplicação, com consulta prévia junto às organizações representativas dos empregadores e dos trabalhadores interessados, categorias limitadas de trabalhadores, quando essa aplicação apresentar, no caso dos categorias citadas, problemas particulares e importantes.

3. Todo Membro que fizer uso da possibilidade prevista no § 2 deste artigo deverá indicar as categorias particulares de trabalhadores assim excluídas, e as razões da sua exclusão, nos relatórios relativos à aplicação da Convenção que apresentar em virtude do art. 22 da Constituição da OIT. Também deverá indicar todas as medidas que tiver adotado a fim de estender progressivamente as disposições da Convenção a esses trabalhadores.

Art. 3 — 1. Deverão ser adotadas, em benefício dos trabalhadores noturnos, a medidas específicas exigidas pela natureza do trabalho noturno, que abrangerão, no mínimo, aquelas mencionadas nos Arts. 4 a 10, a fim de proteger a sua saúde, ajudá-los a cumprirem com suas responsabilidades familiares e sociais, proporcionar aos mesmas possibilidades de melhoria na sua carreira e compensá-los de forma adequada. Essas medidas deverão também ser adotadas no âmbito da segurança e da proteção da maternidade, a favor de todos os trabalhadores que realizam trabalho noturno.

2. As medidas a que se refere o parágrafo anterior poderão ser aplicadas de forma progressiva.

Art. 4 — 1. Se os trabalhadores solicitarem, eles poderão ter direito a que seja realizada uma avaliação do seu estado de saúde gratuitamente e a serem assessorados sobre a maneira de atenuarem ou evitarem problemas de saúde relacionados com seu trabalho:

a) antes de sua colocação em trabalho noturno;

b) em intervalos regulares durante essa colocação;

c) no caso de padecerem durante essa colocação problemas de saúde que não sejam devidos a fatores alheios ao trabalho noturno.

2. Salvo declaração de não serem aptos para o trabalho noturno, o teor dessas avaliações não será comunicado a terceiros sem o seu consentimento, nem utilizado em seu prejuízo.

Art. 5 — Deverão ser colocados à disposição dos trabalhadores que efetuam trabalho noturno serviços adequados de primeiros socorros, inclusive disposições práticas que permitam que esses trabalhadores, em caso necessário, sejam transladados rapidamente até um local onde possam receber tratamento adequado.

Art. 6 — 1. Os trabalhadores noturnos que, por razões de saúde, sejam declarados não aptos para o trabalho noturno serão colocados, quando for viável, em função similar para a qual estejam aptos.

2. Se a colocação nessa função não for viável, serão concedidos a esses trabalhadores os mesmos benefícios que a outros trabalhadores não aptos para o trabalho ou que não podem conseguir emprego.

3. Um trabalhador noturno declarado temporariamente não apto para o trabalho noturno gozará da mesma proteção conta a demissão ou a notificação de demissão que os outros trabalhadores que não possam trabalhar por razões da saúde.

Art. 7 — 1. Deverão ser adotadas medidas para assegurar que existe uma alternativa do trabalho noturno para as trabalhadoras que, à falta dessa alternativa, teriam que realizar esse trabalho:

a) antes e depois do parto, durante o período de, pelo menos, dezesseis semanas, das quais oito, pelo menos, deverão ser tomadas antes da data estimada para o parto;

b) com prévia apresentação de certificado médico indicando que isso é necessário para a saúde da mãe ou do filho, por outros períodos compreendidos:

I) durante a gravidez;

II) durante um lapso determinado além do período posterior ao parto estabelecido em conformidade com o item a do presente parágrafo, cuja duração será determinada pela autoridade competente com prévia consulta junto às organizações mais representativas de empregadores e de trabalhadores.

2. As medidas referidas no § 1 do presente artigo poderão consistir da colocação em trabalho diurno quando for viável, a concessão dos benefícios de seguridade social ou a prorrogação da licença-maternidade.

3. Durante os períodos referidos no § 1 do presente artigo:

a) não deverá ser demitida, nem receber comunicação de demissão, a trabalhadora em questão, salvo por causas justificadas não vinculadas à gravidez ou ao parto;

b) os rendimentos da trabalhadora deverão ser mantidos em nível suficiente para garantir o sustento da mulher e do seu filho em condições de vida adequadas. A manutenção desses rendimentos poderá ser assegurada mediante qualquer uma das medidas indicadas no § 2 deste Artigo, por qualquer outra medida apropriada, ou bem por meio de uma combinação dessas medidas;

c) a trabalhadora não perderá os benefícios relativos a grau, antiguidade e possibilidades de promoção que estejam vinculados ao cargo de trabalho noturno que desempenha regularmente.

4. As disposições do presente Artigo não deverão ter como efeito a redução da proteção e os benefícios relativos à licença-maternidade.

Art. 8 — A compensação aos trabalhadores noturnos em termos de duração do trabalho, remuneração ou benefícios similares deverá reconhecer a natureza do trabalho noturno.

Art. 9 — Deverão ser previstos serviços sociais apropriados para os trabalhadores noturnos e, quando for preciso, para aqueles trabalhadores que realizarem um trabalho noturno.

Art. 10 — 1. Antes de se introduzir horários de trabalho que exijam os serviços de trabalhadores noturnos, o empregador deverá consultar os representantes dos trabalhadores interessados acerca dos detalhes desses horários e sobre as formas de organização do trabalho noturno que melhor se adaptem ao estabelecimento e ao seu pessoal, bem como sobre as medidas de saúde no trabalho e os serviços sociais que seriam necessários. Nos estabelecimentos que empregam trabalhadores noturnos, essas consultas deverão ser realizadas regularmente.

2. Para os fins deste artigo, a expressão 'representantes dos trabalhadores' designa as pessoas reconhecidas como tais pela legislação ou a prática nacionais, de acordo com a Convenção sobre os Representantes dos Trabalhadores, 1971.

Art. 11 — 1. As disposições da presente Convenção poderão ser aplicadas mediante a legislação nacional, convênios coletivos, laudos arbitrais ou sentenças judiciais, através de uma combinação desses meios ou de qualquer outra forma conforme as condições e a prática nacionais. Deverão ser aplicadas por meio da legislação na medida em que não sejam aplicadas por outros meios.

2. Quando as disposições desta Convenção forem aplicadas por meio da legislação, deverão ser previamente consultadas as organizações mais representativas de empregadores e de trabalhadores.

Art. 12 — As ratificações formais da presente Convenção serão transmitidas ao Diretor-Geral da Repartição Internacional do Trabalho e por ele registradas.

Art. 13 — 1. A presente Convenção obrigará somente os Membros da Organização Internacional do Trabalho cujas ratificações tenham sido registradas pelo Diretor-Geral.

2. Entrará em vigor doze meses após serem registradas pelo Diretor-Geral, as ratificações por parte de dois Membros.

3. Posteriormente esta Convenção entrará em vigor, para cada Membro, doze meses após a data de registro de sua ratificação.

Art. 14 — 1. Todo Membro que tenha ratificado a presente Convenção poderá denunciá-la ao expirar o prazo de dez anos, contados da data inicial da vigência da Convenção, por meio de um ato comunicado ao Diretor-Geral da Repartição Internacional do Trabalho e por ele registrado. A denúncia somente se tornará efetiva um ano após haver sido registrada.

2. Todo Membro que tenha ratificado a presente Convenção e que no prazo de um ano após o termo do período de dez anos, mencionado no parágrafo precedente, não houver feito uso da faculdade de denúncia prevista pelo presente artigo, ficará ligado por um novo período de dez anos e, posteriormente, poderá denunciar a presente Convenção ao termo de cada período de dez anos, nas condições previstas no presente artigo.

Art. 15 — 1. O Diretor-Geral da Repartição Internacional do Trabalho notificará a todos os Membros da Organização Internacional do Trabalho o registro de todas as ratificações, declarações e denúncias que lhe forem transmitidas pelos Membros da Organização.

2. Ao notificar aos Membros da Organização o registro da segunda ratificação que lhe tenha sido transmitida, o Diretor-Geral chamará a atenção dos Membros da Organização para a data na qual a presente Convenção entrará em vigor.

Art. 16 — O Diretor-Geral da Repartição Internacional do Trabalho transmitirá ao Secretário-Geral das Nações Unidas, para fins de registro de acordo com o art. 102 da Carta das Nações Unidas, informações completas a respeito de todas as ratificações, declarações, e atos de denúncia que tenha registrado de acordo com os artigos precedentes.

Art. 17 — Ao termo de cada período de dez anos, contados da entrada em vigor da presente Convenção, o Conselho de Administração da Repartição Internacional do Trabalho deverá apresentar à Conferência Geral um relatório sobre a aplicação da presente Convenção e decidirá da conveniência de ser inscrita na ordem do dia da Conferência a questão de sua revisão total ou parcial.

Art. 18 — 1. Caso a Conferência adotar uma nova Convenção que implique revisão total ou parcial da presente Convenção e a menos que a nova Convenção não disponha de outro modo:

a) a ratificação, por parte de um Membro, da nova Convenção revista acarretará de pleno direito, não obstante o art. 16 acima, denúncia imediata da presente Convenção desde que a nova Convenção revista tenha entrado em vigor;

b) a partir da data da entrada em vigor da nova Convenção revista, a presente Convenção cessará de estar aberta à ratificação por parte dos Membros.

2. A presente Convenção permanecerá, entretanto, em vigor na sua forma e teor para os Membros que a houverem ratificado e que não ratificarem a Convenção revista.

Art. 19 — As versões francesa e inglesa do texto da presente Convenção são igualmente autênticas."

CONVENÇÃO N. 174

I — Convocada em Genebra pelo Conselho de Administração do Escritório Sede da Organização Internacional do Trabalho e reunida em 2 de junho de 1993, em sua Octogésima Reunião,

II — Dados referentes ao Brasil:

a) aprovação = Decreto Legislativo n. 246, de 28.06.2001, do Congresso Nacional;

b) ratificação = 02 de agosto de 2001;

c) promulgação = Decreto n. 4.085, de 15.01.2002;

d) vigência nacional = 02 de agosto de 2002.

A Conferência Geral da Organização Internacional do Trabalho:

Tendo em vista as pertinentes convenções e recomendações internacionais do trabalho, especialmente a Convenção e a Recomendação sobre a Segurança e Saúde dos Trabalhadores, de 1981, e a Convenção e a Recomendação sobre os Produtos Químicos, de 1990, e destacando a necessidade de adotar um enfoque global e coerente;

Tendo em vista também a coletânea de recomendações práticas sobre a prevenção de acidentes industriais maiores, publicada pela OIT em 1991;

Considerando a necessidade de assegurar a adoção de medidas apropriadas para:

a) prevenir acidentes maiores;

b) reduzir ao mínimo os perigo de acidentes maiores;

c) reduzir ao mínimo as conseqüências desses acidentes maiores;

Considerando as causas desses acidentes, particularmente erros de organização, fatores humanos, falhas de componentes, desvios das condições normais de funcionamento, interferências externas e fenômenos naturais;

Tendo em vista a necessidade de cooperação no âmbito do Programa Internacional de Segurança de Produtos Químicos, entre a Organização Internacional do Trabalho, o Programa das Nações Unidas para o Meio Ambiente e a Organização Mundial da Saúde assim como com outras organizações governamentais pertinentes;

Tendo decidido pela adoção de propostas relativas à prevenção de acidentes industriais, maiores, tema que constitui a quarta questão da ordem do dia da Reunião, e

Havendo deliberado que essas propostas se revistam da forma de uma convenção internacional,

Adota, na data de vinte e dois de junho de mil novecentos e noventa e três a seguinte convenção, que poderá ser denominada como a Convenção sobre a Prevenção de Acidentes Industriais Maiores, de 1993:

PARTE I
ALCANCE E DEFINIÇÕES

Art. 1º

1. A presente Convenção tem por objeto a prevenção de acidentes industriais maiores que envolvam substâncias perigosas e a limitação das conseqüências desses acidentes.

2. A Convenção aplica-se a instalações sujeitas a riscos de acidentes maiores.

3. A convenção não se aplica:

a) a instalações nucleares e usinas que processem substâncias radioativas, à exceção dos setores dessas instalações nos quais se manipulam substâncias não radioativas;

b) a instalações militares;

c) a transporte fora da instalação distinto do transporte por tubulações.

4. Todo Estado-membro que ratificar a presente Convenção poderá, após consulta com as organizações mais representativas de empregadores e de trabalhadores interessadas, e com outras partes também interessadas que possam ser afetadas, excluir de seu campo de aplicação instalações ou setores de atividade econômica nas quais se disponha de proteção equivalente.

Art. 2º

Onde surgirem problemas especiais de relevante importância, que tornem impossível pôr imediatamente em prática todas as medidas preventivas e de proteção previstas pelo Convenção, todo Estado-membro,após se consultar com organizações de empregadores e trabalhadores e outras partes interessadas que possam ser afetadas deverá criar planos para a progressiva implementação das citadas medidas num determinado espaço de tempo.

Art. 3º

1. Para os fins da presente Convenção:

a) a expressão "substância perigosa" designa toda substância ou mistura de substâncias que, em razão de suas propriedades químicas, físicas ou toxicológicas, isoladas ou combinadas, constitui um perigo;

b) a expressão "quantidade limite" significa, com referência a cura substância ou a categoria de substâncias perigosas, a quantidade fixada por leis ou regulamentos nacionais para condições específicas que, se excedida, identifica uma instalação como sujeita a riscos de acidentes maiores;

c) a expressão "instalação sujeita a riscos de acidentes maiores" designa a instalação que produz, transforma, manipula, utiliza, descarta ou armazena, de uma maneira permanente ou transitória, uma ou várias substâncias ou categorias de substâncias perigosas, em quantidades que excedam a quantidade limite;

d) a expressão "acidente maior designa todo evento subitâneo, como emissão incêndio ou explosão de grande magnitude, no curso de uma atividade em instalação sujeita a riscos de acidentes maiores, envolvendo uma ou mais substâncias perigosas e que implica grave perigo, imediato ou retardado, para os trabalhadores, a população ou o meio ambiente;

e) a expressão "relatório de segurança" designa documento contendo informações técnicas, administrativas e operacionais relativas a perigos e riscos de instalação sujeita a acidentes maiores e a seu controle, e que justifiquem medidas adotadas para a segurança da instalação;

f) o termo "quase-acidente" designa todo evento subitâneo envolvendo uma ou mais substâncias perigosas que, não fossem os efeitos, ações ou sistemas atenuantes, poderia ter resultado num acidente de maiores proporções.

PARTE II
PRINCÍPIOS GERAIS

Art. 4º

1. Todo Estado-membro, à luz das leis e regulamentos, das condições e práticas nacionais, e em consulta com as organizações mais representativas de empregadores e trabalhadores e outras partes interessadas que possam ser afetadas, deverá formular, adotar e rever, periodicamente, uma política nacional coerente relativa à proteção dos trabalhadores, da população e do meio ambiente contra os riscos de acidentes maiores.

2. Esta política deverá ser implementada por meio de medidas preventivas e de proteção para instalações com maior risco de acidentes e, onde for possível, promoverá a utilização das melhores tecnologias de segurança disponíveis.

Art. 5º

1. A autoridade competente ou órgão aprovado ou reconhecido pela autoridade competente deverá, após consulta às organizações mais representativas de empregadores e de trabalhadores e a outras partes interessadas que possam ser afetadas, criar um sistema de identificação de instalações mais sujeitas a riscos de acidentes maiores nos termos do art. 3º c), baseado numa lista de substâncias perigosas ou de categorias de substâncias perigosas, ou de ambas, que inclua suas respectivas quantidades limites, de acordo com as leis e regulamentos nacionais ou com normas internacionais.

2. O sistema mencionado no § 1 acima será regularmente revisto e atualizado.

Art. 6º

A autoridade competente, após consulta às organizações representativas de empregadores e de trabalhadores interessadas, tomará providências especiais para proteger informação confidencial que lhe tiver sido transmitida ou posta à sua disposição nos termos dos arts. 8º, 12, 13 ou 14, cuja revelação poderia causar prejuízo à empresa do empregador, desde que a citada providência não implique graves riscos para os trabalhadores, a população ou o meio ambiente.

PARTE III
RESPONSABILIDADES DE EMPREGADORES

Identificação

Art. 7º

Os empregadores identificarão toda instalação de risco sob seu controle, com base no sistema referido no art. 5º.

Notificação

Art. 8º

1. Os empregadores deverão notificar a autoridade competente sobre toda instalação sujeita a riscos de acidentes maiores que tenham identificado:

a) dentro de um determinado prazo, no caso de instalação já existente;

b) antes de entrar em operação, no caso de uma instalação nova;

2. Os empregadores notificarão também a autoridade competente antes do fechamento definitivo de uma instalação de risco maior.

Disposições Relativas à Instalação

Art. 9º

Com relação a cada instalação sujeita a risco maior, os empregadores deverão criar e manter um sistema documentado de controle de risco que preveja:

a) identificação e estudo dos perigos e avaliação dos riscos, considerando inclusive possíveis interações entre substâncias;

b) medidas técnicas que compreendam projeto, sistemas de segurança, construção, seleção de substâncias químicas, operação, manutenção e inspeção sistemática da instalação;

c) medidas organizacionais que intimam formação e instrução do pessoal, fornecimento de equipamentos de segurança, níveis do pessoal, horas de trabalho, definição de responsabilidades e controle de empresas externas e de trabalhadores temporários no local da instalação;

d) planos e procedimentos de emergência que compreendam: preparação de planos e procedimentos eficazes de emergência local, inclusive atendimento médico emergencial, a ser aplicados no caso de acidentes maiores ou de ameaça de acidente, com testes e avaliação periódicos de sua eficácia e revisão quando necessário; . fornecimento de informações sobre possíveis acidentes e planos internos de emergência a autoridades e órgãos responsáveis pela preparação de planos e procedimentos de emergência para proteção do público e do meio ambiente fora do local ela instalação; . toda consulta necessária com essas autoridades e esses órgãos;

e) medidas para reduzir as consequências de um acidente maior;

f) consulta com os trabalhadores e seus representantes;

g) a melhoria do sistema, incluindo medidas para a coleta de informações e análise de acidentes ou "quase-acidentes". As experiências assim adquiridas deverão ser debatidas com trabalhadores e seus representantes e registradas de conformidade com a legislação e a prática nacionais.

Relatório de Segurança

Art. 10

1. Os empregadores elaborarão relatório de segurança de acordo com as disposições do art. 9º.

2. O relatório deverá ser feito:

a) no caso de instalações de risco já existentes, num determinado prazo, após a notificação, prescrito pelas leis e regulamentos nacionais;

b) no caso de instalação de risco nova, antes de entrar em operação

Art. 11

Os empregadores reverão, atualizarão e modificarão o relatório de segurança:

a) na eventualidade de modificação que tenha significativa influência no grau de segurança na instalação ou em seus processos, ou nas quantidades de substâncias perigosas presentes;

b) quando o progresso nos conhecimentos técnicos ou na avaliação de risco o recomendar;

c) nos intervalos estabelecidos por leis ou regulamentos nacionais;

d) a pedido da autoridade competente.

Art. 12

Os empregadores deverão enviar à autoridade competente, ou pôr à sua disposição, os relatórios de segurança referidos nos arts. 10 e 11.

Relatório de Acidentes

Art. 13

Os empregadores deverão enviar à autoridade competente e a outros órgãos designados para esse fim, ou pôr à sua disposição, os relatórios de segurança imediatamente à ocorrência de um acidente maior.

Art. 14

1. Após um acidente maior e num prazo preestabelecido, os empregadores deverão submeter à autoridade competente relatório detalhado que analise as causas do acidente e relacione suas conseqüências imediatas no local, assim como todas as medidas adotadas para atenuar seus efeitos.

2. O relatório deverá incluir recomendações detalhadas sobre as medidas a serem tomadas para evitar que o acidente se repita.

PARTE IV
RESPONSABILIDADES DAS AUTORIDADES COMPETENTES

Planos de Emergência fora do local

Art. 15

Com base na informação fornecida pelo empregador, a autoridade competente assegurará que planos e procedimentos de emergência, contendo medidas para proteção da população e do meio ambiente fora do local de cada instalação de riscos sejam criados, atualizados em intervalos apropriados, e coordenados com autoridades e órgãos pertinentes.

Art. 16

A autoridade competente assegurará que:

a) independentemente de solicitação devem ser divulgadas, entre a população passível de ser afetada por acidente maior, informações sobre medidas de segurança e comportamento apropriado a ser adotado em caso de acidente maior e sejam tais informações atualizadas e retransmitidas em intervalos apropriados;

b) em caso de acidente maior, o alerta deve ser dado tão logo quanto possível;

c) quando as conseqüências de um acidente maior puderem ter efeitos além das fronteiras, as informações de que tratam as alíneas a) e b) acima serão passadas aos Estados interessados, a título de contribuição com medidas de cooperação e coordenação. Zoneamento de Instalações de Risco de Acidente Maior

Art. 17

A autoridade competente deverá estabelecer uma política global de zoneamento com vista ao adequado isolamento de novas instalações de risco maior de áreas residenciais e de trabalho, e de logradouros públicos, assim como medidas adequadas para instalações já existentes. Essa política deverá refletir os princípios gerais enunciados na Parte II desta Convenção.

Inspeção

Art. 18

1. A autoridade competente disporá de pessoal devidamente qualificado e competente, e suficiente apoio técnico e profissional para inspecionar, investigar, avaliar e acompanhar matérias tratadas nesta Convenção e garantir a observância de leis e regulamentos nacionais.

2. Representantes do empregador e representantes dos trabalhadores de uma instalação de risco de acidente maior terão a oportunidade de acompanhar os inspetores na supervisão da aplicação das medidas prescritas por força desta Convenção, a menos que os inspetores considerem à luz de instruções gerais da autoridade competente, que isso possa prejudicar o desempenho de suas funções.

Art. 19

A autoridade competente terá direito de suspender toda operação que represente ameaça iminente de um acidente maior.

PARTE V
DIREITOS E OBRIGAÇÕES DOS TRABALHADORES E DE SEUS REPRESENTANTES

Art. 20

Numa instalação de risco de acidente maior, os trabalhadores e seus representantes serão consultados por meio de apropriados mecanismos de cooperação para assegurar um sistema seguro de trabalho. Os trabalhadores e seus representantes deverão sobretudo:

a) estar suficiente e adequadamente informados dos riscos ligados a essa instalação e suas possíveis conseqüências;

b) ser informados sobre quaisquer ordens, instruções ou recomendações feitas pela autoridade competente;

c) ser consultados na elaboração dos seguintes documentos e a eles ter acesso;

• relatório de segurança;

• planos e procedimentos de emergência;

• relatórios de acidente;

d) ser regularmente instruídos e treinados nas práticas e procedimentos para prevenção de acidentes maiores e no controle de eventos susceptíveis de resultar em acidente maior e nos procedimentos de emergência a serem seguidos na eventualidade de um acidente maior;

e) nos limites de suas funções e sem correr o risco de serem de alguma forma prejudicados, tomar medidas corretivas e, se necessário, interromper a atividade onde, com base em seu treinamento e experiência, considerem ter razoável justificativa para crer que haja risco iminente de acidente maior; informar seu supervisor antes, ou imediatamente depois, de tomar essa medida ou, se for o caso, soar o alarme;

f) discutir com o empregador qualquer risco potencial que considerem capaz de gerar um acidente maior e ter direito de informar a autoridade competente sobre esses perigos.

Art. 21

Os trabalhadores empregados no local de uma instalação de risco deverão:

a) observar todas as práticas e procedimentos relativos à prevenção de acidentes maiores e ao controle de eventos susceptíveis de dar origem a um acidente maior nas instalações de risco;

b) observar todos os procedimentos de emergência caso ocorra um acidente maior.

PARTE VI
RESPONSABILIDADES DOS PAÍSES EXPORTADORES

Art. 22

Quando, num Estado-membro exportador, for proibido o uso de substâncias, tecnologias ou processos perigosos por serem fonte potencial de acidente maior, esse Estado deverá informar todo país importador sobre essa proibição e as razões da medida.

PARTE VII
DISPOSIÇÕES FINAIS

Art. 23

As ratificações formais desta Convenção serão comunicadas, para registro, ao Diretor-Geral do Escritório Sede da Organização Internacional do Trabalho.

Art. 24

1. Esta convenção obrigará unicamente os Estados-membros da Organização Internacional do Trabalho cujas ratificações tiverem sido registradas pelo Diretor-Geral.

2. A Convenção entrará em vigor doze meses após a data de registro, pelo Diretor-Geral, das ratificações de dois Estados-membros.

3. A partir daí, esta Convenção entrará em vigor, para todo Estado-membro, doze meses após a data do registro de sua ratificação

Art. 25

1. O Estado-membro que ratificar esta Convenção poderá denunciá-la ao final de um período de dez anos, a contar da data de sua entrada em vigor, mediante comunicação ao Diretor-Geral do Escritório Sede da Organização Internacional do Trabalho, para registro. A denúncia não terá efeito antes de se completar um ano a contar da data de seu registro.

2. Todo Estado-membro que ratificar esta Convenção e que, no prazo de um ano após expirado o período de dez anos referido no parágrafo anterior, não tiver exercido o direito de denúncia previsto neste artigo, ficará obrigado a um novo período de dez anos e, daí por diante poderá denunciar esta Convenção ao final de cada período de dez anos, nos termos deste artigo.

Art. 26

1. O Diretor Geral do Escritório Sede da Organização Internacional do Trabalho (Genebra) dará ciência a todos os Estados-membros da Organização Internacional do Trabalho do registro de todas as ratificações, declarações e denúncias que lhe forem comunicadas pelos Estados-membros da Organização.

2. Ao notificar os Estados-membros da Organização sobre o registro da segunda ratificação que lhe tiver sido comunicada, o Diretor-Geral lhes chamará a atenção para a data em que a Convenção entrará em vigor.

Art. 27

O Diretor-Geral do Escritório Sede da Organização Internacional do Trabalho (Genebra) comunicará ao Secretário-Geral das Nações Unidas, para registro nos termos do art. 102 da Carta das Nações Unidas, informações circunstanciadas sobre todas as ratificações, declarações e atos de denúncia por ele registrados, conforme o disposto nos artigos anteriores.

Art. 28

O Conselho de Administração do Escritório-Sede da Organização Internacional do Trabalho apresentará à Conferência Internacional do Trabalho, quando considerar necessário, relatório sobre a aplicação desta Convenção, e analisará a conveniência de incluir na pauta da Conferência a questão de sua revisão total ou parcial.

Art. 29

1. No caso de a Conferência Internacional do Trabalho adotar uma nova convenção que reveja total ou parcialmente esta Convenção, a menos que a nova Convenção disponha de outro modo,

a) a ratificação, por um Estado-membro, da nova Convenção revista implicará, *ipso jure*, a partir do momento em que a convenção revista entrar em vigor, a denúncia imediata desta Convenção, não obstante o disposto no art. 25 supra;

b) esta Convenção deixará de estar sujeita a ratificação pelos Estados-membros a partir da data de entrada em vigor da convenção revista;

2. Esta Convenção continuará em vigor, em sua forma e conteúdo, nos Estados-membros que a ratificaram, mas não ratificaram a Convenção revista.

Art. 30

As versões nos idiomas inglês e francês do texto desta Convenção são igualmente oficiais.

CONVENÇÃO N. 176

I — Convocada em Genebra pelo Conselho de Administração do Secretariado Internacional do Trabalho e realizada na dita cidade, em 26 de junho de 1995, em sua Octagésima Segunda Reunião;

II — Dados referentes ao Brasil:

a) aprovação = Decreto Legislativo n. 62, de 18.04.2006, do Congresso Nacional;

b) ratificação = 18 de maio de 2006;

c) promulgação = Decreto n. 6.270, de 22.11.2007;

d) vigência nacional = 18 de maio de 2007.

A Conferência Geral da Organização Internacional do Trabalho,

Convocada em Genebra pelo Conselho de Administração do Secretariado Internacional do Trabalho e realizada na dita cidade, em 26 de junho de 1995, em sua Octagésima Segunda Reunião;

Tendo em vista as pertinentes convenções e recomendações internacionais do trabalho, especialmente a Convenção sobre a abolição do trabalho forçado, 1957; a Convenção e a Recomendação sobre a conservação da maquinaria, 1963; a Convenção e a Recomendação sobre os auxílios em caso de acidentes de trabalho e de doenças profissionais, 1964; a Convenção e a Recomendação sobre a idade mínima (trabalho subterrâneo), 1965; a Convenção e a Recomendação sobre o exame médico de menores (trabalho subterrâneo), 1965; a Convenção e a Recomendação sobre meio ambiente de trabalho (poluição do ar, ruído e vibrações), 1977; a Convenção e a Recomendação sobre a segurança e a saúde dos trabalhadores, 1981; a Convenção e a Recomendação sobre os serviços de saúde no trabalho, 1985; a Convenção e a Recomendação sobre o asbesto, 1986; a Convenção e a Recomendação sobre segurança e saúde na construção, 1988; a Convenção e a Recomendação sobre produtos químicos, 1990, e a Convenção e a Recomendação sobre a prevenção de graves acidentes industriais, 1993;

Considerando que os trabalhadores não só têm necessidade mas o direito de serem informados, de receber formação, assim como de serem realmente consultados e de participar na preparação e na aplicação de medidas de segurança e saúde relativas aos perigos e riscos a que estão expostos na indústria de mineração;

Reconhecendo a conveniência de prevenir todo acidente fatal, lesão ou dano à saúde dos trabalhadores ou da população ou prejuízo para o meio ambiente em decorrência de operações de mineração;

Considerando a necessidade de cooperação entre a Organização Internacional do Trabalho, a Organização Mundial da Saúde, o Organismo Internacional de Energia Atômica e outras instituições competentes e tendo em vista instruções recomendações práticas, códigos e diretrizes pertinentes publicados pelas ditas organizações;

Tendo decidido adotar diversas proposições relativas à segurança e à saúde nas minas tema que constitui a quarta questão da ordem do dia da Reunião;

Tendo determinado que as ditas proposições se revestissem da forma de uma convenção internacional, adota, na data de vinte e dois de junho de mil novecentos e noventa e cinco, a seguinte Convenção, que poderá ser citada como a Convenção sobre segurança e saúde nas minas, 1995:

PARTE I
DEFINIÇÕES

Art. 1º

1. Para os efeitos da presente Convenção, o termo "minas" abrange:

a) áreas de superfície ou subterrâneas nas quais se desenvolvem especialmente as seguintes atividades:

i. exploração de minerais, com exceção do gás e do petróleo, que envolva alteração do solo por meios mecânicos;

ii. extração de minerais, com exceção do gás e do petróleo;

iii. preparação do material extraído, inclusive esmagamento, trituração, moagem, concentração ou lavagem;

b) toda máquina, equipamento, acessório, instalação, edifício e estrutura de engenharia civil utilizados com relação às atividades a que se refere o item a) anterior.

2. Para os efeitos da presente Convenção, o termo "empregador" designa toda pessoa física ou jurídica que empregue um ou mais trabalhadores numa mina e, se for o caso, o operador da exploração, o contratante principal, o contratante ou o subcontratante.

PARTE II
ALCANCE E MEIOS DE APLICAÇÃO

Art. 2º

1. A presente Convenção aplica-se a todas as minas.

2. Após consultar as organizações mais representativas de empregadores e de trabalhadores interessados, a autoridade competente de um Estado-membro que ratificar a Convenção:

a) poderá excluir determinadas categorias de minas da aplicação da Convenção ou de algumas de suas disposições, se a proteção dispensada em seu todo nessas minas, de acordo com a legislação e a praxe nacionais, não for inferior à que resultaria da aplicação integral das disposições da Convenção;

b) no caso de exclusão de determinadas categorias de minas, com base no item a) anterior, medidas deverão ser planejadas para estender progressivamente a cobertura a todas as minas.

3. Todo Estado-membro que ratificar a presente Convenção e se valer da prerrogativa prevista no item a) do § 2º anterior, deverá indicar, nos relatórios a serem submetidos por força do art. 22 da Constituição da Organização Internacional do Trabalho, sobre a aplicação da Convenção, toda categoria específica de minas que tiver sido excluída e os motivos de sua exclusão.

Art. 3º

De acordo com as condições e a praxe nacionais e após consultas com as organizações mais representativas de empregadores e de trabalhadores interessadas, o Estado membro deverá formular, aplicar e rever periodicamente uma política nacional coerente em matéria de segurança e de saúde nas minas, especialmente no que tange às medidas para tornar efetivas as disposições da presente Convenção.

Art. 4º

1. Medidas com vista a garantir a aplicação da Convenção deverão ser tomadas por leis e normas nacionais.

2. Quando couber, essas leis e normas nacionais deverão ser complementadas com:

a) normas técnicas, diretrizes ou recomendações práticas ou

b) outros meios de aplicação compatíveis com a praxe nacional, conforme o estabeleça a autoridade competente.

Art. 5º

1. As leis e normas nacionais, mencionadas no § 1º do art. 4º, deverão indicar a autoridade competente responsável pela vigilância e regulamentação dos diversos aspectos da segurança e da saúde nas minas.

2. Essas leis e normas nacionais deverão conter disposições relativas a:

CONVENÇÕES DA OIT RATIFICADAS

a) vigilância da segurança e da saúde nas minas;

b) inspeção das minas por inspetores para tal designados pela autoridade competente.

c) procedimentos para notificar e investigação de acidentes fatais ou graves de incidentes perigosos e graves ocorrências, conforme definidos por leis e normas nacionais.

d) compilação e publicação de estatística, de acidentes, doenças profissionais e incidentes perigosos, conforme definidos por leis e normas nacionais;

e) faculdade da autoridade competente de suspender ou restringir, por motivos de segurança e saúde, as atividades de mineração, enquanto não se corrigirem as condições causadoras da suspensão ou da restrição;

f) criação de procedimentos efetivos que garantam o exercício dos direitos dos trabalhadores e de seus representantes, de serem consultados sobre questões relativas à segurança e à saúde no local de trabalho e de participarem das providências pertinentes.

3. As leis e normas nacionais deverão dispor que fabricação, o armazenamento, o transporte e o uso de explosivos e detonadores na mina estejam a cargo de pessoal competente e autorizado ou sob sua supervisão direta.

4. As leis e normas nacionais especificarão

a) as exigências em matéria de salvamento nas minas, primeiros socorros e adequados serviços médicos;

b) a obrigação de proporcionar e manter em condições adequadas dispositivos respiratórios de auto-sobrevivência para quem trabalha em minas subterrâneas de carvão e, se necessário, em outras minas subterrâneas;

c) as medidas de proteção que garantam a segurança na operação de minas abandonadas, a fim de eliminar ou reduzir ao mínimo os riscos que ofereçam para a segurança e a saúde;

d) os requisitos para armazenamento, transporte e disponibilidade, em condições ele segurança de substâncias perigosas utilizadas no processo de mineração, e de resíduos produzidos na mina;

e) onde convier, a obrigação de prover e manter em condições higiênicas um número suficiente ele aparelhos sanitários e de instalações para banhos, troca de roupas e alimentação.

5. As leis e normas nacionais estabelecerão que o empregador responsável pela mina deverá garantir que adequados planos de trabalho precedam o início das operações e toda vez que houver modificação significativa, e que esses planos sejam periodicamente atualizados e estejam à disposição no local da mina.

PARTE III
MEDIDAS DE PREVENÇÃO E PROTEÇÃO NA MINA

A. Responsabilidades dos Empregadores

Art. 6º

Ao adotar medidas de prevenção e proteção previstas nesta parte da Convenção, o empregador deverá avaliar os riscos e tratá-los na seguinte ordem de prioridade.

a) eliminar os riscos:

b) controlar os riscos em sua fonte.

c) reduzir os riscos ao mínimo com medidas que incluam a elaboração de métodos seguros de trabalho.

d) enquanto perdurar a situação de risco, prever a utilização de dispositivos de proteção pessoal.

e) levando em consideração o que for razoável praticável e viável e em consonância cor a prática correta e o exercício da devida diligência.

Art. 7º

O empregador deverá adotar todas as disposições necessárias para eliminar ou reduzir ao mínimo os riscos para a segurança e a saúde nas minas sob seu controle especialmente:

a) assegurar-se de que a mina seja projetada, construída e dotada de equipamentos elétricos, mecânicos e de outra natureza, inclusive um sistema de comunicação de maneira a se garantir a explotação segura e saudável meio ambiente de trabalho;

b) assegurar-se de que a mina seja licenciada, operada, mantida c desativada de modo que os trabalhadores possam executar as tarefas atribuídas sem pôr em risco sua segurança e saúde e a segurança e a saúde de terceiros;

c) adotar medidas para manter a estabilidade do terreno nas áreas a que pessoas tenham acesso por razões de trabalho:

d) prover, sempre que possível, duas saídas de qualquer local subterrâneo de trabalho, comunicando-se cada uma delas com diferentes meios de acesso à superfície:

e) assegurar a vigilância, a avaliação e a inspeção periódica do meio ambiente de trabalho para identificar os diferentes riscos a que possam estar expostos os trabalhadores, e avaliar o grau de exposição a esses riscos,

f) assegurar um sistema adequado de ventilação em todas as operações subterrâneas às quais é permitido o acesso;

g) nas zonas expostas a riscos especiais, preparar e aplicar um plano de explotação e procedimentos que garantam a segurança do sistema de trabalho e a proteção dos trabalhadores:

h) adotar medidas e precauções adequadas à natureza da explotação de mina para prevenir, detectar e combater o início e a propagação de incêndios e explosões:

i) garantir a suspensão das operação e a evacuação dos trabalhadores para um lugar seguro, quando houver grave perigo para sua segurança e saúde.

Art. 8º

O empregador deverá preparar plano de emergência específico para cada mina, para enfrentar desastres naturais e industriais razoavelmente previsíveis.

Art. 9º

Quando os trabalhadores estiverem expostos a riscos físicos, químicos ou biológicos, o empregador deverá:

a) informá-los, de uma maneira abrangente, dos riscos relacionados com seu trabalho, dos perigos que implicam para a saúde e das medidas aplicáveis de prevenção e proteção:

b) tomar as medidas necessárias para eliminar ou reduzir ao mínimo os perigos decorrentes da exposição a esses riscos;

c) proporcionar e manter sem nenhum custo para trabalhadores equipamentos roupas se necessários e demais dispositivos adequados de proteção definidos nas leis e normais nacionais quando não for possível assegurar por outros meios a proteção contra riscos de acidente ou dano para a saúde, inclusive a exposição a condições adversas;

d) proporcionar aos trabalhadores que se acidentem ou passem mal no local de trabalho os primeiros socorros adequado meio de transporte desde o local de trabalho e acesso aos devidos serviços médicos

Art. 10

O empregador deverá velar por que:

a) os trabalhadores disponham, sem nenhum custo para eles, de adequados programas de formação e de readaptação e instrução abrangente em matéria de segurança e saúde, assim como com relação às tarefas que lhes sejam atribuídas;

b) de acordo com a lei e as normas nacionais, se exerçam em cada turno a vigilância e o controle adequados que permitam garantir que a explotação da mina se efetue em condições de segurança:

c) seja criado um sistema que permita saber, com precisão e a qualquer momento, os nomes de todas as pessoas que se encontram debaixo da terra, assim como sua provável localização;

d) se investiguem todos os acidentes e incidentes perigosos, conforme definidos na lei e nas normas nacionais, e se adotem as devidas medidas corretivas:

e) seja submetido à autoridade competente relatório sobre acidentes e incidentes perigosos, de conformidade com o que disponham as leis e as normas nacionais.

Art. 11

De acordo com os princípios gerais de saúde no trabalho e de conformidade com as leis e normas nacionais, o empregador deverá assegurar-se de que se exerça, de uma maneira sistemática, a vigilância da saúde de trabalhadores expostos aos riscos profissionais próprios das atividades de mineração.

Art. 12

Quando dois ou mais empregadores desenvolvam atividades numa mesma mina, o empregador responsável pela mina deverá coordenar a aplicação de tecias as medidas relativas à segurança e à saúde dos trabalhadores e terá, além disso, a responsabilidade principal no que tange à segurança das operações. Isto não eximirá cada um dos empregadores da responsabilidade de aplicar todas as medidas relativas à segurança e à saúde dos trabalhadores.

B. Direitos e Obrigações dos Trabalhadores e de Seus Representantes

Art. 13

1. As leis e normas nacionais, a que se refere o art. 4°, deverão conferir aos trabalhadores o direito de:

a) notificar o empregador e a autoridade competente sobre acidentes, incidentes perigosos e riscos:

b) pedir e obter, quando houver motivo de preocupação em matéria de segurança e saúde, que o empregador e a autoridade competente promovam inspeções e investigações:

c) conhecer os riscos existentes no local de trabalho capazes de afetar sua saúde ou segurança, e estar informados a respeito:

d) obter informação pertinente a sua segurança ou saúde que seja do conhecimento do empregador ou da autoridade competente;

e) retirar-se de qualquer setor da mina quando houver motivos razoavelmente fundados para considerar que a situação oferece grave perigo para sua segurança ou saúde;

f) escolher coletivamente os representantes de segurança e saúde.

2. Os representantes de segurança e saúde a que se refere o item f) do Parágrafo anterior deverão ter, de conformidade com as leis e normas nacionais, o direito de:

a) representar os trabalhadores em todos os aspectos relativos à segurança e à saúde no local de trabalho, inclusive, conforme o caso, ao exercício dos direitos que figuram no § 1 anterior;

b) i) participar de inspeções e investigações realizadas pelo empregador e pela autoridade competente no local de trabalho e

ii) supervisionar e investigar assuntos relativos à segurança e à saúde;

c) recorrer a consultores e especialistas independentes:

d) celebrar oportunamente consultas com o empregador sobre questões relativas à segurança e à saúde, inclusive políticas e procedimentos nessa matéria;

e) consultar a autoridade competente;

f) ser notificados de acidentes e incidentes perigosos de setores para os quais tenham sido eleitos.

3. Os procedimentos para o exercício dos direitos previstos nos §§ 1 e 2 anteriores deverão ser definidos:

a) por leis e normas nacionais e

b) mediante consultas entre empregadores e trabalhadores e seus representantes.

4. Leis e normas nacionais deverão garantir que os direitos previstos nos §§ 1 e 2 anteriores possam ser exercidos sem dar lugar a discriminação nem a represálias.

Art. 14

Leis e normas nacionais deverão prever que os trabalhadores, em função de sua formação, tenham a obrigação de:

a) acatar as medidas de segurança e saúde prescritas;

b) velar, de uma maneira razoável, por sua própria segurança e saúde e pela segurança e saúde das pessoas que possam ser afetadas por suas ações ou omissões no trabalho, inclusive pela utilização e cuidado adequados da roupa de proteção, das ins-

talações e do equipamento postos à sua disposição para este fim;

c) informar prontamente seu chefe imediato sobre qualquer situação que considerem capaz de oferecer risco para sua saúde ou segurança ou para a saúde e segurança de outras pessoas e que não possa ser adequadamente contornada por eles próprios;

d) cooperar com o empregador para permitir o cumprimento dos deveres e responsabilidades a ele atribuídos nos termos desta Convenção.

C. Cooperação

Art. 15

Medidas deverão ser tomadas de conformidade com as leis e normas nacionais, para fomentar a cooperação entre empregadores e trabalhadores e seus representantes, com vista a promover a segurança e a saúde nas minas.

PARTE IV
APLICAÇÃO

Art. 16

O Estado-membro deverá:

a) adotar todas as providências necessárias, inclusive as devidas sanções e medidas corretivas, para garantir a efetiva aplicação das disposições desta Convenção e

b) prover adequados serviços de inspeção para supervisionar a aplicação das medidas que devam ser adotadas por força da Convenção e dotá-los dos recursos necessários para o cumprimento de suas missões.

PARTE V
DISPOSIÇÕES FINAIS

Art. 17

As ratificações formais da presente Convenção serão comunicadas, para fim de registro, ao Diretor-Geral do Secretariado Internacional do Trabalho.

Art. 18

1. Esta Convenção obrigará exclusivamente os Estados-membros da Organização Internacional do Trabalho cujas ratificações tenham sido registradas pelo Diretor-Geral do Secretariado Internacional do Trabalho.

2. Entrará em vigor doze meses após a data em que as ratificações de dois Estados-membros terem sido registradas pelo Diretor-Geral.

3. A partir daí, esta Convenção entrará em vigor, para cada Estado-membro, doze meses após a data do registro de sua ratificação.

Art. 19

1. Todo Estado-membro que tiver ratificado esta Convenção poderá denunciá-la ao final de um período de dez anos, a contar da data em que tenha entrado inicialmente em vigor, mediante comunicação, para registro, ao Diretor-Geral do Secretariado Internacional do Trabalho. A denúncia não surtirá efeito até um ano após a data de seu registro.

2. Todo Estado-membro que tiver ratificado esta Convenção e que, no prazo de um ano após expirado o período de dez anos, mencionado no parágrafo anterior, não tiver feito uso do direito de denúncia previsto neste artigo, ficará obrigado a um novo período de dez anos e, a seguir, poderá denunciar esta Convenção ao fim de cada período de dez anos, nas condições previstas neste artigo.

Art. 20

1. O Diretor-Geral do Secretariado Internacional do Trabalho notificará todos os Estados-membros da Organização Internacional do Trabalho sobre o registro de todas as ratificações, declarações e denúncias que lhe sejam feitas pelos Estados-membros da Organização.

2. Ao notificar os Estados-membros da Organização sobre o registro da segunda ratificação que lhe tenha sido comunicada, o Diretor-Geral chamará a atenção dos membros da Organização sobre a data em que a presente Convenção entrará em vigor.

Art. 21

O Diretor-Geral do Secretariado Internacional do Trabalho comunicará ao Secretário Geral das Nações Unidas, para efeito de registro e de conformidade com o art. 102 da Carta das Nações Unidas, relatório completo sobre todas as ratificações, declarações e atos de denúncia que tenha registrado nos termos dos artigos anteriores.

Art. 22

Desde que julgue necessário, o Conselho de Administração do Secretariado Internacional do Trabalho submeterá à Conferência relatório sobre a aplicação da Convenção e considerará a conveniência de incluir na ordem do dia da Conferência a questão de sua revisão total ou parcial.

Art. 23

1. Caso venha a Conferência a adotar uma nova convenção que implique a revisão total ou parcial da presente e a menos que a nova convenção contenha disposições em contrário,

a) a ratificação, por um Estado-membro, da nova convenção revista implicará, *ipso jure*, a denúncia imediata desta Convenção, não obstante as disposições contidas no art. 19, desde que a nova convenção revista tenha entrado em vigor;

b) a partir da data de entrada em vigor da nova convenção revista, a presente Convenção deixará de ser objeto de ratificação por parte dos Estados-membros.

2. De qualquer maneira, esta Convenção continuará em vigor, em sua forma e conteúdo atuais, para os Estados-membros que a tiver ratificado e não ratificarem a convenção revista.

Art. 24

As versões inglesa e francesa do texto desta Convenção são igualmente oficiais.

CONVENÇÃO N. 178

I — Convocada em Genebra pelo Conselho Administrativo do Escritório Internacional do Trabalho, e congregada em 8 de outubro de 1996 em sua octagésima quarta sessão;

II — Dados referentes ao Brasil:

a) aprovação = Decreto Legislativo n. 267, de 04.10.2007, do Congresso Nacional;

b) ratificação = 21 de dezembro de 2007;

c) promulgação = Decreto n. 6.766, de 10.02.2009;

d) vigência nacional = 21 de dezembro de 2008.

A Conferência Geral da Organização Internacional do Trabalho,

Observando as mudanças ocorridas no setor marítimo e as alterações conseguintes nas condições de vida e de trabalho dos trabalhadores marítimos desde a adoção da Recomendação sobre a Inspeção do Trabalho (Trabalhadores Marítimos), 1926 e;

Observando as disposições da Convenção e a Recomendação sobre a Inspeção do Trabalho, 1947; da Recomendação sobre a Inspeção do Trabalho (Mineração e Transporte), 1947, e da Convenção sobre a Marinha Mercante (Padrões Mínimos), 1976 e;

Observando a entrada em vigor, em 16 de novembro de 1994, da Convenção das Nações Unidas sobre o Direito do Mar, 1982;

Havendo decidido pela adoção de certas propostas relativas à revisão da Recomendação sobre a Inspeção do Trabalho (Trabalhadores Marítimos), 1926, sendo este o primeiro Item da ordem do dia desta sessão, e;

Havendo decidido que essas propostas deverão tomar a forma de uma convenção internacional, para aplicação apenas por parte do Estado da bandeira;

Adota, no dia vinte e dois de outubro de mil novecentos e noventa e seis, a seguinte Convenção, que poderá ser citada como a Convenção sobre a Inspeção do Trabalho (Trabalhadores Marítimos), 1996:

PARTE I
ESCOPO E DEFINIÇÕES

Art. 1

1. Reservadas as disposições contrárias que figurem neste artigo, esta Convenção se aplica a todo navio utilizado para navegação marítima, de propriedade pública ou privada, que esteja registrado no território de um país Membro para o qual a Convenção esteja em vigor e que esteja destinado a fins comerciais para o transporte de mercadorias ou de passageiros ou que seja utilizado para qualquer outro fim comercial. Para fins dessa Convenção, um navio registrado no território de dois países Membros será considerado como registrado no território do país Membro cuja bandeira esteja portando.

2. As legislações nacionais deverão determinar quais navios deverão ser considerados como de utilização para navegação marítima para fins desta Convenção.

3. Esta Convenção se aplica a reboques de alto mar.

4. Esta Convenção não se aplica a embarcações de menos de 500 toneladas brutas, nem às que não sejam utilizadas para navegação, como plataformas de perfuração e de extração de petróleo. A autoridade de coordenação central ficará encarregada de decidir, em consulta com as organizações mais representativas de armadores e de trabalhadores marítimos, quais embarcações deverão ser incluídas neste dispositivo.

5. Na medida em que a autoridade de coordenação central considere factível, após haver consultado as organizações representativas dos proprietários de navios pesqueiros e de pescadores, as disposições desta Convenção deverão ser aplicadas às embarcações utilizadas para a pesca marítima comercial.

6. No caso de dúvida quanto à utilização de um navio para operações marítimas comerciais ou para a pesca marítima comercial para fins desta Convenção, a questão será resolvida pela autoridade de coordenação central, após haver consultado com as organizações interessadas de armadores, trabalhadores marítimos e pescadores.

7. Para fins desta Convenção:

(a) o termo autoridade de coordenação central refere-se aos ministros, departamentos do governo ou outras autoridades públicas com poder para determinar e supervisionar a aplicação de regulamentos, ordens ou outras instruções legais, que se refiram às inspeção das condições de vida e de trabalho dos trabalhadores marítimos em qualquer navio registrado no território do país Membro;

(b) o termo inspetor significa qualquer servidor público ou outro funcionário público encarregado da inspeção de qualquer aspecto das condições de vida e de trabalho dos trabalhadores marítimos, assim como toda e qualquer pessoa devidamente credenciada que realize trabalhos de inspeção para uma instituição ou organização autorizada pela autoridade de coordenação central, de acordo com o disposto no § 3 do art. 2;

(c) o termo disposições legais inclui, além das leis e regulamentações, os laudos arbitrais e os acordos coletivos que tenham força de lei;

(d) o termo trabalhadores marítimos refere-se a qualquer pessoa empregada a qualquer título a bordo de um navio utilizado para navegação marítima e ao qual se aplique esta Convenção. No caso de dúvida sobre que categorias de pessoas deverão ser consideradas trabalhadores marítimos para fins desta Convenção, a questão será resolvida pela autoridade de coordenação central, após consultar as organizações interessadas de armadores e trabalhadores marítimos;

(e) o termo condições de vida e de trabalho dos trabalhadores marítimos refere-se a condições tais como as relativas aos padrões de manutenção e limpeza das áreas de alojamento e trabalho no navio, de idade mínima, itens acordados, alimentação e serviço de bordo, acomodação da tripulação, recrutamento, guarnições, nível de qualificação, horas de trabalho, exames médicos, prevenção de acidentes de trabalho, cuidados médicos, afastamento por doença ou acidente, bem-estar social e questões afins, repatriação, condições de emprego e de trabalho regidos pela legislação nacional e a liberdade de associação conforme definida na Convenção da Organização do Trabalho sobre a Liberdade de Associação e a Proteção do Direito de Organização Sindical, 1948.

PARTE II
ORGANIZAÇÃO DA INSPEÇÃO

Art. 2

1. Todo país Membro para o qual a presente Convenção esteja em vigor deverá ter em funcionamento

CONVENÇÕES DA OIT RATIFICADAS

um sistema de inspeção das condições de vida e de trabalho dos trabalhadores marítimos.

2. A autoridade de coordenação central se encarregará de coordenar as inspeções pertinentes, de maneira exclusiva ou em parte, sobre as condições de vida e de trabalho dos trabalhadores marítimos, assim como de fixar os princípios que devam ser observados.

3. A autoridade de coordenação central será responsável, em todos os casos, pela inspeção das condições de vida e de trabalho dos trabalhadores marítimos. Poderá autorizar instituições públicas ou outras organizações, as quais reconheça como competentes e independentes, para que efetuem, em seu nome, inspeções das condições de vida e de trabalho dos trabalhadores marítimos e deverá ter atualizada e disponível para o público uma lista dessas instituições ou organizações autorizadas.

Art. 3

1. Todo país Membro deverá assegurar-se de que todos os navios registrados em seu território sejam inspecionados em intervalos que não excedam o prazo máximo de três anos, ou anualmente se possível for, para verificar que as condições de trabalho e de vida dos trabalhadores marítimos a bordo estejam em conformidade com a legislação nacional.

2. Se um país Membro receber uma denúncia ou obtiver provas de que um navio registrado em seu território não esteja em conformidade com a legislação nacional em relação às condições de trabalho e de vida dos trabalhadores marítimos, deverá o país Membro tomar as medidas cabíveis para inspecionar o navio dentro do menor prazo possível.

3. Nos casos de alterações substanciais na construção do navio ou nos alojamentos, o navio deverá ser inspecionado no prazo de três meses a partir da realização das referidas alterações.

Art. 4

Cada país Membro deverá designar inspetores que estejam qualificados para o exercício de suas funções e deverá adotar as medidas necessárias para assegurar-se de que o número de inspetores seja suficiente para cumprir com os requisitos desta Convenção.

Art. 5

1. Os inspetores deverão ter o status jurídico e as condições de trabalho necessários para garantir sua independência em relação às mudanças no governo e a qualquer influência exterior indevida.

2. Os inspetores devidamente credenciados estarão autorizados para:

(a) subir a bordo de um navio registrado no território do país Membro e entrar nos locais necessários para realizar a inspeção;

(b) realizar quaisquer exames, testes ou investigação que considerem necessários para certificar-se do estrito cumprimento das disposições legais;

(c) exigir que sejam reparadas as deficiências;

(d) quando tenham motivos para acreditar que uma deficiência representa um sério risco para a segurança e a saúde dos trabalhadores marítimos, proibir, reservado o direito de recorrer a uma autoridade judicial ou administrativa, que um navio abandone o porto até que tenham sido adotadas as medidas necessárias, não devendo ser este impedido de sair ou detido além do tempo necessário e justificável.

Art. 6

1. No caso de realização de uma inspeção ou da adoção de medidas com base nesta Convenção, deve ser feito tudo o possível para evitar que o navio seja detido ou retido indevidamente.

2. No caso de que um navio seja detido ou retido indevidamente, o armador ou o comandante do navio terá direito a uma indenização para compensar quaisquer perdas ou prejuízos sofridos. Sempre que sejam alegadas a detenção ou retenção indevidas de um navio, o ônus da prova recairá sobre o armador ou comandante do navio.

PARTE III
SANÇÕES

Art. 7

1. A legislação nacional estipulará sanções adequadas, que serão devidamente aplicadas, nos casos de violação das disposições legais aplicadas pelos inspetores e em casos de obstrução a seu trabalho quando no exercício de sua função.

2. Os inspetores terão poder discricionário para advertir e aconselhar, em lugar de instituir ou recomendar um procedimento.

PARTE IV
RELATÓRIOS

Art. 8

1. A autoridade de coordenação central fará registros das inspeções sobre as condições de vida e de trabalho dos trabalhadores marítimos.

2. A autoridade de coordenação central publicará um relatório anual sobre as atividades de inspeção, incluindo uma lista das instituições e organizações autorizadas a realizar inspeções em seu nome. Este relatório será publicado dentro de um prazo razoável, que não deverá ser superior a seis meses contados do fim do ano a que se refira.

Art. 9

1. Os inspetores apresentarão um relatório de cada inspeção à autoridade de coordenação central. O capitão do navio deverá receber uma cópia do referido relatório em inglês ou no idioma utilizado no navio e outra cópia deverá ficar exposta no quadro de avisos do navio para informação dos trabalhadores marítimos ou ser enviada aos seus representantes.

2. No caso de realização de uma investigação relativa a um incidente maior, o relatório será apresentado no menor prazo possível, e sempre dentro do prazo máximo de um mês a partir do término da inspeção.

PARTE V
DISPOSIÇÕES FINAIS

Art. 10

Esta Convenção substitui a Recomendação sobre a Inspeção do Trabalho (Trabalhadores Marítimos), 1926.

Art. 11

As ratificações formais desta Convenção serão comunicadas ao Diretor Geral do Escritório Internacional do Trabalho, para efetuação de seus registros.

Art. 12

1. Esta Convenção será obrigatória apenas para os países Membros da Organização Internacional do Trabalho cujas ratificações tenham sido registradas com o Diretor Geral do Escritório Internacional do Trabalho.

2. Entrará em vigor doze meses após a data em que as ratificações de dois países Membros tenham sido registradas pelo Diretor Geral.

3. Subseqüentemente, a Convenção entrará em vigor, para cada país Membro, doze meses após a data em que sua ratificação tenha sido registrada.

Art. 13

1. Todo país Membro que tenha ratificado esta Convenção poderá denunciá-la após um período de dez anos, a partir da data em que tenha inicialmente entrado em vigor, mediante um ato comunicado ao Diretor Geral do Escritório Internacional do Trabalho, para que seja efetuado seu registro. A denúncia não terá efeito até um ano após a data em que tenha sido registrada.

2. Todo país Membro que tenha ratificado esta Convenção e que, no prazo de um ano após o término do período de dez anos, mencionado no parágrafo anterior, não tenha exercido ou direito de denúncia, previsto neste artigo, ficará obrigado a cumprir um novo prazo de dez anos, quando então poderá denunciar esta Convenção ao término de cada período de dez anos, com base nos termos deste artigo.

Art. 14

1. O Diretor Geral do Escritório Internacional do Trabalho notificará todos os países Membros da Organização Internacional do Trabalho sobre o registro de todas as ratificações e denúncias que lhe forem comunicadas pelos países Membros da Organização.

2. Ao notificar os países Membros da Organização sobre o registro da segunda ratificação que lhe tenha sido comunicada, o Diretor Geral chamará a atenção dos países Membros da Organização sobre a data em que entrará em vigor esta Convenção.

Art. 15

O Diretor Geral do Escritório Internacional do Trabalho comunicará ao Secretário Geral das Nações Unidas, para fins de registro, conforme estipulado no art. 102 da Carta das Nações Unidas, as informações detalhadas sobre todas as ratificações e denúncias que tenham sido registradas de acordo com os artigos anteriores.

Art. 16

O Conselho Administrativo do Escritório Internacional do Trabalho apresentará à Conferência, sempre que considerar necessário, um relatório sobre a aplicação da Convenção, e avaliará a conveniência de incluir na ordem do dia da Conferência a questão de sua revisão total ou parcial.

Art. 17

1. Caso a Conferência adote uma nova convenção que implique em uma revisão total ou parcial desta Convenção, e a menos que a nova convenção contenha disposições em contrário:

(a) a ratificação, por parte de um país Membro, da nova convenção revisora implicará, ipso jure, a denúncia imediata desta Convenção, não obstante as disposições contidas no art. 13, acima, quando da entrada em vigor da nova convenção revisora;

(b) a partir da data em que entre em vigor a nova convenção revisora, esta Convenção não mais estará aberta à ratificação de países Membros.

2. Esta Convenção permanecerá em vigor, em sua forma e conteúdo efetivos, para os países Membros que a tenham ratificado e que não ratifiquem a convenção revisora.

Art. 18

As versões em inglês e francês do texto desta Convenção são igualmente válidas.

CONVENÇÃO N. 182

I — Convocada em Genebra pelo Conselho de Administração da Secretaria Internacional do Trabalho e reunida em 1ª de junho de 1999, em sua 87ª Reunião.

II — Dados referentes ao Brasil:

a) aprovação = Decreto Legislativo n. 178, de 14.12.1999, do Congresso Nacional;

b) ratificação = 02 de fevereiro de 2000;

c) promulgação = Decreto n. 3.597, de 12.09.2000;

d) vigência nacional = 02 de fevereiro de 2001.

"A Conferência Geral da Organização Internacional do Trabalho,

Considerando a necessidade de adotar novos instrumentos para proibição e eliminação das piores formas de trabalho infantil, como a principal prioridade de ação nacional e internacional, que inclui cooperação e assistência internacionais, para complementar a Convenção e a Recomendação sobre Idade Mínima para Admissão a Emprego, de 1973, que continuam sendo instrumentos fundamentais sobre trabalho infantil;

Considerando que a efetiva eliminação das piores formas de trabalho infantil requer ação imediata e global, que leve em conta a importância da educação fundamental e gratuita e a necessidade de retirar a criança de todos esses trabalhos, promover sua reabilitação e integração social e, ao mesmo tempo, atender as necessidades de suas famílias;

Recordando a resolução sobre a eliminação do trabalho infantil adotada pela Conferência Internacional do Trabalho, em sua 83a Reunião, em 1996;

Reconhecendo que o trabalho infantil é devido, em grande parte, à pobreza e que a solução a longo prazo reside no crescimento econômico sustentado, que conduz ao progresso social, sobretudo ao alívio da pobreza e à educação universal;

Recordando a Convenção sobre os Direitos da Criança, adotada pela Assembléia das Nações Unidas, em 20 de novembro de 1989;

Recordando a Declaração da OIT sobre Princípios e Direitos Fundamentais no Trabalho e seu Seguimento, adotada pela Conferência Internacional do Trabalho em sua 86a Reunião, em 1998;

Recordando que algumas das piores formas de trabalho infantil são objeto de outros instrumentos internacionais, particularmente a Convenção sobre Trabalho Forçado, de 1930, e a Convenção Suplementar das Nações Unidas sobre Abolição da Escravidão, do Tráfico de Escravos e de Instituições e Práticas Similares à Escravidão, de 1956;

Tendo decidido pela adoção de diversas proposições relativas a trabalho infantil, matéria que constitui a quarta questão da ordem do dia da Reunião, e

Tendo determinado que essas proposições se revestissem da forma de convenção internacional, adota, neste décimo sétimo dia de junho do ano de mil novecentos e noventa e nove, a seguinte Convenção, que poderá ser citada como Convenção sobre as Piores Formas de Trabalho Infantil, de 1999.

Art. 1º

Todo Estado-membro que ratificar a presente Convenção deverá adotar medidas imediatas e eficazes que garantam a proibição e a eliminação das piores formas de trabalho infantil em caráter de urgência.

Art. 2º

Para os efeitos desta Convenção, o termo criança designa a toda pessoa menor de 18 anos.

Art. 3º

Para os fins desta Convenção, a expressão as piores formas de trabalho infantil compreende:

a) todas as formas de escravidão ou práticas análogas a escravidão, comovenda e tráfico de crianças, sujeição por dívida, servidão, trabalho forçado ou compulsório, inclusive recrutamento forçado ou obrigatório de crianças para serem utilizadas em conflitos armados;

b) utilização, demanda e oferta de criança para fins de prostituição, produção de pornografia ou atuações pornográficas;

c) utilização, recrutamento e oferta de criança para atividades ilícitas, particularmente para a produção e tráfico de entorpecentes conforme definidos nos tratados internacionais pertinentes;

d) trabalhos que, por sua natureza ou pelas circunstâncias em que são executados, são suscetíveis de prejudicar a saúde, a segurança e a moral da criança.

Art. 4º

1. Os tipos de trabalho a que se refere o art. 3º d) serão definidos pela legislação nacional ou pela autoridade competente, após consulta com as organizações de empregadores e de trabalhadores interessadas, levando em consideração as normas internacionais pertinentes, particularmente os §§ 3º e 4º da Recomendação sobre as Piores Formas de Trabalho Infantil, de 1999.

2. A autoridade competente, após consulta com as organizações de empregadores e trabalhadores interessadas, localizará onde ocorrem os tipos de trabalho determinado conforme o § 1º deste artigo.

3. A relação dos tipos de trabalho definidos nos termos do § 1º deste artigo deverá ser periodicamente examinada e, se necessário, revista em consulta com as organizações de empregadores e de trabalhadores interessadas.

Art. 5º

Todo Estado-membro, após consulta com organizações de empregadores e de trabalhadores, estabelecerá ou designará mecanismos apropriados para monitorar a aplicação das disposições que dão cumprimento à presente Convenção.

Art. 6º

1. Todo Estado-membro elaborará e implementará programas de ação para eliminar, como prioridade, as piores formas de trabalho infantil.

2. Esses programas de ação serão elaborados e implementados em consulta com instituições governamentais competentes e organizações de empregadores e de trabalhadores, levando em consideração opiniões de outros grupos interessados, caso apropriado.

Art. 7º

1. Todo Estado-membro adotará todas as medidas necessárias para assegurar aplicação e cumprimento efetivos das disposições que dão efeito a esta Convenção, inclusive a instituição e aplicação de sanções penais ou, conforme o caso, de outras sanções.

2. Todo Estado-membro, tendo em vista a importância da educação para a eliminação do trabalho infantil, adotará medidas efetivas para, num determinado prazo:

a) impedir a ocupação de crianças nas piores formas de trabalho infantil;

b) dispensar a necessária e apropriada assistência direta para retirar crianças das piores formas de trabalho infantil e assegurar sua reabilitação e integração social;

c) garantir o acesso de toda criança retirada das piores formas de trabalho infantil à educação fundamental gratuita e, quando possível e adequado, à formação profissional;

d) identificar crianças particularmente expostas a riscos e entrar em contato direto com elas; e,

e) levar em consideração a situação especial das meninas.

3. Todo Estado-membro designará a autoridade competente responsável pela aplicação das disposições que dão cumprimento a esta Convenção.

Art. 8º

Os Estados-membros tomarão as devidas providências para se ajudarem mutuamente na aplicação das disposições desta Convenção por meio de maior cooperação e/ou assistência internacional, inclusive o apoio ao desenvolvimento social e econômico, a programas de erradicação da pobreza e à educação universal.

Art. 9º

As ratificações formais desta Convenção serão comunicadas, para registro, ao Diretor-Geral da Secretaria Internacional do Trabalho.

Art. 10

1. Esta Convenção obrigará unicamente os Estados-membros da Organização Internacional do Trabalho cujas ratificações tiverem sido registradas pelo Diretor-Geral da Secretaria Internacional do Trabalho.

2. A presente Convenção entrará em vigor doze meses após a data de registro, pelo Diretor-Geral, das ratificações de dois Estados-membros.

3. A partir daí, esta Convenção entrará em vigor, para todo Estado-membro, doze meses após a data do registro de sua ratificação.

Art. 11

1. O Estado-membro que ratificar esta Convenção poderá denunciá-la ao final de um período de dez anos, a contar da data de sua entrada em vigor, mediante comunicação ao Diretor-Geral da Secretaria Internacional do Trabalho, para registro. A denúncia não terá efeito antes de se completar um ano a contar da data de seu registro.

2. Todo Estado-membro que ratificar esta Convenção e que, no prazo de um ano após expirado o período de dez anos referido no parágrafo anterior, não tiver exercido o direito de denúncia disposto neste artigo, ficará obrigado a um novo período de dez anos e, daí por diante, poderá denunciar esta Convenção ao final de cada período de dez anos, nos termos deste artigo.

Art. 12

1. O Diretor-Geral da Secretaria Internacional do Trabalho dará ciência, aos Estados-membros da Organização Internacional do Trabalho, do registro de todas as ratificações, declarações e atos de denúncia que lhe forem comunicados pelos Estados-membros da Organização.

2. Ao notificar os Estados-membros da Organização sobre o registro da segunda ratificação que lhe foi comunicada, o Diretor-Geral lhes chamará a atenção para a data em que a Convenção entrará em vigor.

Art. 13

O Diretor-Geral da Secretaria Internacional do Trabalho comunicará ao Secretário-Geral das Nações Unidas, para registro, nos termos do art. 102 da Carta das Nações Unidas, informações circunstanciadas sobre todas as ratificações, declarações e atos de denúncia por ele registrados, conforme o disposto nos artigos anteriores.

Art. 14

O Conselho de Administração da Secretaria Internacional do Trabalho apresentará à Conferência Geral, quando considerar necessário, relatório sobre o desempenho desta Convenção e examinará a conveniência de incluir na pauta da Conferência a questão de sua revisão total ou parcial.

Art. 15

1. No caso de adotar a Conferência uma nova Convenção que reveja total ou parcialmente esta Convenção, a menos que a nova Convenção disponha de outro modo:

a) a ratificação, por um Estado-membro, da nova Convenção revista implicará, *ipso jure*, a partir do momento em que entrar em vigor a convenção revista, a denúncia imediata desta Convenção, não obstante as disposições do art. 11 acima;

b) esta Convenção deixará de estar sujeita a ratificação pelos Estados-membros a partir do momento da entrada em vigor da Convenção revisora.

2. Esta Convenção continuará a vigorar, na sua forma e conteúdo, nos Estados-membros que a ratificaram, mas não ratificarem a Convenção revista.

Art. 16

As versões em inglês e francês do texto desta Convenção são igualmente autênticas."

CONVENÇÃO N. 185

I — Convocada em Genebra pelo Conselho de Administração do Escritório Internacional do Trabalho e reunida na mencionada cidade em 3 de junho de 2003, em sua nonagésima primeira reunião;

II — Dados referentes ao Brasil:

a) aprovação = Decreto Legislativo n. 892, de 21.11.2009, do Congresso Nacional;

b) ratificação = 21 de janeiro de 2010;

c) vigência nacional = 21 de novembro de 2009.

A Conferência Geral da Organização Internacional do Trabalho:

Consciente da ameaça continuada à proteção dos passageiros e da tripulação, à segurança das embarcações, e ao interesse dos Estados e das pessoas;

Consciente, também, do mandato fundamental da Organização, que consiste em promover condições de trabalho decentes;

Considerando que, em decorrência do caráter global da indústria do transporte marítimo, a gente do mar necessita de proteção especial;

Reconhecendo os princípios consagrados na Convenção sobre os Documentos de Identidade da Gente do Mar, 1958, relativos à facilitação da entrada da gente do mar no território dos Membros, quando a entrada tenha como finalidade o gozo de uma autorização para desembarcar, o trânsito, o reembarque em outra embarcação ou a repatriação;

Tomando nota do disposto na Convenção da Organização Marítima Internacional sobre a Facilitação do Trânsito Marítimo Internacional, 1965, com emendas, e, particularmente, as Normas 3.44 e 3.45;

Tomando nota, ainda, de que na Resolução A/RES/57/219 da Assembléia Geral das Nações Unidas, relativa à proteção dos direitos humanos e às liberdades fundamentais na luta contra o terrorismo, é afirmado que os Estados devem assegurar que as medidas adotadas para o combate ao terrorismo estejam de acordo com os compromissos assumidos na esfera do direito internacional, em particular das normas internacionais referentes aos direitos humanos e dos refugiados, bem como ao direito internacional humanitário;

Consciente de que agente do mar trabalha e vive em embarcações dedicadas ao comércio internacional, e de que o acesso às instalações em terra e a autorização para desembarcar são elementos decisivos para o bem-estar da gente do mar e, em consequência, para o alcance de uma navegação mais segura e de maior limpeza dos oceanos;

Consciente, também, de que a possibilidade de desembarcar é essencial para a entrada e saída de

CONVENÇÕES DA OIT RATIFICADAS

uma embarcação ao término do período de service acordado;

Tomando nota das emendas à Convenção Internacional para a Segurança da Vida Humana no Mar, 1974, modificada, relativas às medidas especiais destinadas à melhoria da segurança e da proteção marítimas, que foram adotadas pela Conferência Diplomática da Organização Marítima Internacional de 12 de dezembro de 2002;

Tendo decidido adotar um conjunto de propostas referentes a um sistema mais seguro de identificação da gente do mar, questão que constitui o item sete da ordem do dia da reunião;

Tendo decidido que essas propostas tomarão a forma de uma Convenção Internacional pela qual se revisa a Convenção sobre os documentos de identidade da gente do mar, 1958, adota, com data de dezenove de junho de dois mil e três a seguinte Convenção, que intitular-se-á Convenção sobre os Documentos de Identidade da Gente do Mar (revisada), 2003:

Art. 1
Âmbito de Aplicação

1. Para os efeitos da presente Convenção, o termo marítimo e a locução gente do mar designam toda e qualquer pessoa empregada, contratada ou que trabalhe em qualquer função a bordo de uma embarcação, que não seja de guerra e que esteja dedicada habitualmente à navegação marítima.

2. Havendo dúvida sobre se alguma categoria de pessoas deve ou não ser considerada como gente do mar para os efeitos da presente Convenção, corresponderá à autoridade competente para expedir os documentos de identidade da gente do mar, do Estado da nacionalidade do marítimo ou de sua residência permanente, resolver essa questão, com observância do disposto na presente Convenção, e após prévia consulta junto às organizações de armadores e de gente do mar interessadas.

3. Mediante prévia consulta junto às organizações representativas dos armadores de embarcações pesqueiras e das pessoas empregadas a bordo destas últimas, a autoridade competente poderá aplicar o disposto na presente Convenção à pesca marítima comercial.

Art. 2
Expedição dos Documentos de Identidade da Gente do Mar

1. Todo Membro para o qual esteja em vigor a presente Convenção deverá expedir a todos seus nacionais que exerçam a profissão de marítimo, e apresente o requerimento correspondente, um documento de identidade da gente do mar conforme o disposto no art. 3 da presente Convenção.

2. Salvo exista na presente Convenção disposição em contrário, a expedição dos documentos de identidade da gente do mar poderá ser subordinada às mesmas condições que as preceituadas na legislação nacional para a expedição dos documentos de viagem.

3. Todo Membro poderá também expedir o documento de identidade da gente do mar, mencionado no § 1º, à gente do mar à qual tenha outorgado a condição de residente permanente em seu território. Os residentes permanentes viajarão sempre conforme o disposto no § 7º do art. 6º.

4. Todo Membro deverá zelar para que os documentos de identidade da gente do mar sejam expedidos sem demoras indevidas.

5. Caso seja indeferido o requerimento, o marítime terá direito a interpor recurso administrativo.

6. A presente Convenção será aplicada sem prejuízo das obrigações contraídas por cada Membro em decorrência das disposições internacionais relativas aos refugiados e aos apátridas.

Art. 3
Conteúdo e Forma

1. O documento de identidade da gente do mar, ao qual se aplica a presente Convenção, deverá ajustar-se, em seu conteúdo, ao modelo apresentado no anexo I. A forma do documento e os materiais utilizados para sua confecção deverão reunir as especificações gerais indicadas no mencionado modelo, que deverão estar baseadas nos critérios estabelecidos a seguir. O Anexo I poderá ser emendado, quando necessário, desde que as emendas sejam consistentes com os parágrafos seguintes, em consonância com o art. 8º a seguir, em particular com o objetivo de levar em consideração desenvolvimentos tecnológicos. Quando se decida adotar uma emenda, deverá ser especificada a data a partir da qual essa surtirá efeito, considerando a necessidade de conceder aos Membros tempo suficiente para que procedam à revisão necessária de seus documentos nacionais de identidade da gente do mar e dos procedimentos correspondentes.

2. O documento de identidade da gente do mar deverá ser simples, confeccionado com material resistente, levando em consideração as condições que possam prevalecer no mar e será legível por meios mecânicos. Os materiais utilizados deverão:

a) impedir, na medida do possível, toda alteração ou falsificação do documento e permitir detectar facilmente toda modificação do mesmo, e

b) ser geralmente acessíveis para os governos com custo o mais módico possível, sem prejuízo da confiabilidade necessária para alcançar o propósito enunciado na alínea a acima.

3. Os Membros levarão em consideração todas as diretrizes aplicáveis que a Organização Internacional do Trabalho tenha elaborado em relação às normas tecnológicas destinadas a facilitar a aplicação de uma norma internacional comum.

4. O documento de identidade da gente do mar não será maior do que um passaporte normal.

5. No documento de identidade da gente do mar constarão o nome da autoridade que tenha expedido o mesmo, as indicações que permitam um rápido contato com essa autoridade, a data e o local de expedição do documento, bem como as seguintes menções:

a) este é um documento de identidade da gente do mar para efeitos da Convenção sobre os documentos de identidade da gente do mar (revisada), 2003, da Organização Internacional do Trabalho;

b) este documento é autônomo e não é um passaporte.

6. O período máximo de validade do documento de identidade da gente do mar será determinado de acordo com a legislação do Estado que o tenha expedido, e não poderá ser, em nenhum caso, superior a dez anos, sem prejuízo de que seja renovado após os primeiros cinco anos.

7. No documento da gente do mar deverão constar exclusivamente os seguintes dados, relativos ao titular:

a) nome completo (nomes e sobrenomes, quando for o caso);

b) sexo;

c) data e local de nascimento;

d) nacionalidade;

e) particularidades físicas que possam facilitar a identificação;

f) fotografia digital ou original, e

g) assinatura.

8. Sem prejuízo do disposto no § 7º acima, também será exigida a incorporação ao documento de identidade da gente do mar um modelo digital ou outra representação biométrica do titular, de acordo com as características enunciadas no anexo I, em conformidade com os seguintes requisitos:

a) que os dados biométricos possam ser obtidos sem que isso implique invasão da privacidade do titular, incômodos, risco para sua saúde, ou lesão de sua dignidade;

b) que os dados biométricos sejam visíveis no documento e não possam ser reconstituídos a partir do molde ou de outras representações;

c) que o material necessário para prover e verificar os dados biométricos seja fácil de utilizar e, de forma geral, acessível para os governos a um baixo custo;

d) que o material necessário para verificar os dados biométricos possa ser utilizado com facilidade e confiabilidade nos portos e em outros lugares, inclusive a bordo das embarcações, onde as autoridades competentes costumam proceder às verificações de identidade; e

e) que o sistema no qual tenham que ser utilizados os dados biométricos (incluindo o material, as tecnologias e os procedimentos de utilização) permita obter resultados uniformes e confiáveis em matéria de autenticação da identidade.

9. Todos os dados relativos ao marítimo que constem do documento de identidade deverão ser visíveis. Os marítimos deverão ter fácil acesso às máquinas que lhes permitam examinar os dados referentes aos mesmos e que não possam ser simplesmente lidos à vista. O mencionado acesso deverá ser provido pela autoridade expedidora, ou em seu nome.

10. O conteúdo e a forma do documento de identidade da gente do mar deverá estar conforme às normas internacionais pertinentes citadas no anexo I.

Art. 4
Base de Dados Eletrônica Nacional

1. Todo Membro zelará para que sejam conservados em uma base de dados eletrônica os dados de cada documento da gente do mar que tenha sido expedido, suspenso ou retirado. Deverão ser adotadas as providências necessárias para proteger essa base de dados de toda e qualquer ingerência ou acesso não autorizado.

2. Em cada referência figurarão apenas os dados que sejam essenciais para a verificação do documento de identidade ou a condição do marinheiro, sem ignorar o direito à privacidade deste último e em atenção a todas as disposições aplicáveis em matéria de proteção de dados. Esses dados serão indicados no anexo II da presente Convenção, que poderá ser emendado da forma prevista no art. 8º seguinte, tendo presente a necessidade de outorgar aos Membros tempo suficiente para que procedam à revisão que seus sistemas nacionais de bases de dados possam requerer.

3. Cada Membro instaurará procedimentos que permitam a todos os marítimos, aos quais haja expedido documento de identidade da gente do mar, examinar e comprovar gratuitamente a validade de todos os dados a eles referentes que se encontrem retidos ou armazenados na base de dados eletrônica, bem como realizar, quando for o caso, as retificações necessárias.

4. Cada Membro designará um ponto focal permanente para a resposta às consultas realizadas pelos serviços de imigração ou outras autoridades competentes de todos os Membros da Organização, com relação à autenticidade e à validade dos documentos de identidade da gente do mar expedidos pela autoridade de que se trate. Os dados relativos ao ponto focal permanente deverão ser comunicados ao Escritório Internacional do Trabalho, o qual manterá uma lista a ser comunicada a todos os Membros da Organização.

5. Os serviços de imigração ou outras autoridades competentes dos Estados-Membros da Organização deverão ter acesso, de maneira imediata e a qualquer momento, aos dados mencionados no § 2º supra, seja por meios eletrônicos, seja por meio do ponto focal mencionado no § 4º supra.

6. Para efeitos da presente Convenção, serão estabelecidas restrições apropriadas a fim de garantir que nenhum dado, em particular fotografias, possa ser compartilhado, a não ser que se encontre em funcionamento mecanismo que garanta o cumprimento das normas aplicáveis em matéria de proteção de dados e de privacidade.

7. Os Membros deverão assegurar-se de que os dados pessoais registrados na base de dados não sejam utilizados para finalidades distintas da verificação dos documentos de identidade da gente do mar.

Art. 5º
Controle de Qualidade e Avaliações

1. Os requisitos mínimos relativos aos processos e procedimentos de expedição de documentos de identidade da gente do mar, incluídos os procedimentos de controle de qualidade, estão indicados no anexo III da presente Convenção. Nos mencionados requisitos, estão previstos os resultados obrigatórios que cada Membro deverá obter na administração de seu sistema de expedição dos documentos de identidade da gente do mar.

2. Serão instaurados processos e procedimentos a fim de garantir a segurança necessária:

a) na produção e entrega dos documentos de identidade em branco;

b) na custódia e na manipulação dos documentos de identidade que estejam em branco ou preenchidos, bem como a responsabilidade por esses documentos;

c) no processamento dos requerimentos, no preenchimento dos documentos de identidade que estejam em branco pela autoridade expedidora e os serviços responsáveis pela expedição e na entrega dos documentos de identidade da gente do mar;

d) na operação e manutenção da base de dados, e

e) no controle de qualidade dos procedimentos e das avaliações periódicas.

3. Sem prejuízo do disposto no § 2º supra, o anexo III poderá ser modificado nas formas previstas no art. 8, tendo presente a necessidade de conceder aos Membros tempo suficiente para que realizem quaisquer revisões necessárias de seus processos e procedimentos.

4. Cada Membro realizará, no máximo a cada cinco anos, uma avaliação independente da administração de seu sistema de expedição de documentos de identidade da gente do mar, inclusive dos procedimentos de controle de qualidade. Os relatórios relativos a estas avaliações, dos quais poderá ser suprimida toda informação de caráter confidencial, deverão ser encaminhados ao Diretor Geral do Escritório Internacional do Trabalho, com cópia para as organizações representativas dos armadores e da gente do mar do Membro de que se trate. Esse requisito de informação será cumprido sem prejuízo das obrigações contraídas pelos Membros em virtude do art. 22 da Constituição da Organização Internacional do Trabalho.

5. O Escritório Internacional do Trabalho disponibilizará aos Membros esses relatórios de avaliação. Toda divulgação que não esteja autorizada em virtude da presente Convenção exige o consentimento prévio do Membro que tenha apresentado o relatório.

6. O Conselho de Administração do Escritório Internacional do Trabalho, que atuará com base em toda a informação pertinente e de acordo com as disposições que ele mesmo tenha adotado, deverá aprovar a relação dos Membros que cumprem plenamente os requisitos mínimos indicados no § 1º supra.

7. A relação deverá estar, a todo e qualquer momento, à disposição dos Membros da Organização, e será atualizada conforme o recebimento de informações pertinentes. Os Membros serão imediatamente notificados, em conformidade com os procedimentos indicados no § 8º, nos casos em que a inclusão de um Membro na lista seja contestada com base em fundamentação procedente.

8. De acordo com os procedimentos instaurados pelo Conselho de Administração, serão adotadas as disposições necessárias a fim de que os Membros excluídos da relação, ou que possam restar excluídos da mesma, bem como os governos dos Membros interessados que tenham ratificado o Convenção e as organizações representantes dos armadores e da gente do mar, possam comunicar suas opiniões ao Conselho de Administração em observância às disposições anteriormente indicadas, e a fim de que qualquer discrepância seja resolvida oportunamente, de maneira equitativa e imparcial.

9. O reconhecimento dos documentos de identidade da gente do mar expedidos por um Membro fica subordinado a que esse cumpra com os requisitos mínimos mencionados no § 1º supra.

Art. 6º

Facilitação da autorização para desembarcar, do Trânsito e do reembarque da gente do mar

1. A gente do mar será reconhecida como tal, para efeitos desta Convenção, quando seja titular de um documento de identidade da gente do mar válido e expedido de acordo com as disposições da presente Convenção por um Membro para o qual este instrumento esteja em vigor, salvo se existirem razões claras para duvidar da autenticidade do documento de identidade da gente do mar.

2. A comprovação, as investigações e as formalidades com isso relacionadas, necessárias para garantir que o marítimo cuja entrada esteja sendo requerida em virtude dos §§ 3º a 6º ou dos §§ 7º a 9º infra é o titular de um documento de identidade da gente do mar expedido de acordo com os requisitos da presente Convenção, não deverão implicar gasto algum para o marítimo, nem para os armadores.

Permissão para desembarque

3. A comprovação, as investigações e as formalidades mencionadas no § 2º supra deverão ser efetuadas da forma mais breve possível, contanto que as autoridades competentes tenham recebido com suficiente adiantamento o aviso de chegada do titular.

Nesse aviso serão mencionados os dados indicados na seção 1 do anexo II.

4. Todo Membro para o qual a presente Convenção esteja em vigor autorizará, da forma mais breve possível, e salvo que existam motivos claros para duvidar da autenticidade do documento de identidade do marítimo, a entrada em seu território aos marítimos titulares de um documento de identidade da gente do mar válido, quando tal entrada seja requerida a fim de permitir o gozo de uma autorização temporária para desembarcar pelo tempo de duração da escala da embarcação.

5. A mencionada entrada será autorizada sempre que tenham sido cumpridos os trâmites pertinentes à chegada da embarcação e que as autoridades competentes não tenham motivo algum para indeferir a autorização de desembarque por motivos de higiene, segurança pública, ordem pública, ou de segurança nacional.

6. Para o gozo da autorização de desembarque dos marítimos não será necessária a titularidade de um visto. Os Membros que não estejam em condições de implementar plenamente esse requisito deverão garantir que em sua legislação, ou em sua prática, estejam previstas disposições que sejam essencialmente equivalentes.

Trânsito e reembarque

7. Cada Membro para o qual a presente Convenção esteja em vigor autorizará igualmente, o mais breve possível, a entrada em seu território dos marítimos titulares de um documento de identidade da gente do mar válido, suplementado por um passaporte, quando a entrada tenha por objetivo:

a) o embarque em sua embarcação ou o reembarque em outra embarcação;

b) o trânsito para embarcar em sua embarcação em outro país ou para sua repatriação, ou qualquer outro fim aprovado pelas autoridades do Membro interessado.

8. A entrada será autorizada, salvo que existam motivos claros para duvidar da autenticidade do documento de identidade da gente do mar, e sempre que as autoridades competentes não tenham motivos para indeferir a entrada por motivos de higiene, segurança pública, ordem pública, ou de segurança nacional.

9. Antes de autorizar a entrada em seu território para um dos fins determinados no § 7º supra, todo Membro poderá exigir evidência satisfatória, inclusive documental, das intenções do marinheiro e de sua capacidade para cumpri-las. O Membro também poderá limitar a estadia do marinheiro a um período que seja considerado razoável para atender a esse fim.

Art. 7º

Posse Continuada e Retirada

1. O documento de identidade da gente do mar estará sempre na posse do titular, salvo quando esteja sob a custódia do capitão da embarcação de que se trate, com o consentimento escrito do marítimo.

2. O documento de identidade da gente do mar será imediatamente retirado pelo Estado que o tenha expedido, caso fique determinado que o marítimo titular tenha deixado de reunir as condições requeridas na presente Convenção para sua expedição. Os procedimentos para suspender ou retirar os documentos de identidade da gente do mar deverão ser elaborados após prévia consulta com as organizações representativas dos armadores e do gente do mar e compreenderão vias de recurso administrativo.

Art. 8º

Modificação dos Anexos

1. Sem prejuízo do previsto nas disposições pertinentes da presente Convenção, a Conferência Internacional do Trabalho, assessorada por um órgão marítimo tripartite da Organização Internacional do Trabalho, devidamente constituído, poderá modificar os anexos da Convenção. A correspondente decisão será adotada pela maioria de dois terços dos delegados presentes na Conferência, incluindo pelo menos a metade dos Membros que tenham ratificado esta Convenção.

2. Todo Membro que tenha ratificado a presente Convenção poderá notificar ao Diretor Geral, por escrito e dentro do prazo de seis meses, contados da data da adoção da emenda que a modificou, que esta última não entrará em vigor para o mencionado Membro, ou entrará em vigor em data posterior, mediante prévia notificação escrita.

Art. 9º

Disposição Transitória

Todo Membro que seja parte da Convenção sobre os documentos de identidade da gente do mar, 1958, e esteja adotando medidas com vistas à ratificação da presente Convenção, de acordo com o art. 19 da constituição da Organização Internacional do Trabalho, poderá notificar o Diretor Geral, da sua intenção de aplicar a presente Convenção em caráter provisório. Todo documento de identidade da gente do mar expedido por um Membro nessa situação será considerado, para efeitos da presente Convenção, como um documento de identidade da gente do mar expedido em virtude da mesma, desde que se cumpram os requisitos exigidos nos Arts. 2º a 5º da presente Convenção e que o Membro interessado aceite documentos de identidade da gente do mar expedidos de acordo com a mencionada Convenção.

DISPOSIÇÕES FINAIS

Art. 10

Pela presente Convenção é revisada a Convenção sobre os documentos de identidade da gente do mar, 1958.

Art. 11

As ratificações formais da presente Convenção serão encaminhadas, para seu registro, ao Diretor Geral do Escritório Internacional do Trabalho.

Art. 12

1. A presente Convenção obrigará unicamente àqueles Membros da Organização Internacional do Trabalho cuja ratificação tenha sido registrada pelo Diretor Geral.

2. Entrará em vigor seis meses depois da data em que o Diretor Geral tenha registrado a ratificação da Convenção por dois Membros.

3. A partir desse momento, a presente Convenção entrará em vigor, para cada Membro, seis meses depois da data em que este tenha registrado sua ratificação.

Art. 13

1. Todo Membro que tenha ratificado a presente Convenção poderá denunciá-la após o decurso de um período de dez anos, contados da data de sua entrada em vigor inicial, mediante um ato encaminhado ao Diretor Geral para seu registro. A denúncia surtirá efeito doze meses após a data em que tenha sido registrada.

2. Os Membros que tenham ratificado a presente Convenção e que, no prazo de um ano, contado desde o final do período de dez anos mencionado no parágrafo anterior, não tenham usado do direito de denúncia previsto neste Artigo, ficarão obrigados durante um novo período de dez anos e, no sucessivo, poderão denunciar a presente Convenção ao final de cada período de dez anos, nas condições previstas neste Artigo.

Art. 14

1. O Diretor-Geral notificará a todos os Membros o registro de quantas ratificações, declarações e atos de denúncia lhe sejam encaminhados pelos Membros.

2. Ao notificar os Membros do registro da segunda ratificação da presente Convenção, o Diretor-Geral levará à sua atenção a data de entrada em vigor da Convenção.

3. O Diretor-Geral notificará a todos os Membros o registro de qualquer modificação dos anexos que tenha sido adotada em virtude do art. 8º, bem como as correlatas notificações.

Art. 15

O Diretor Geral do Escritório Internacional do Trabalho encaminhará ao Secretário Geral das Nações Unidas, para efeitos de registro conforme o art. 102

CONVENÇÕES DA OIT RATIFICADAS

da Carta das Nações Unidas, uma informação completa sobre todas as ratificações, declarações e atos de denúncia que tenha registrado em virtude dos Artigos anteriores.

Art. 16

O Conselho de Administração do Escritório Internacional do Trabalho apresentará à Conferência, sempre que considere necessário, um relatório sobre a aplicação da presente Convenção e examinará a conveniência de incluir na ordem do dia da Conferência a questão de sua revisão total ou parcial, considerando também o disposto no art. 8.

Art. 17

1. Caso a Conferência adote uma nova Convenção que implique revisão total ou parcial da presente, e a menos que na nova Convenção se disponha outra coisa:

a) a ratificação por um Membro da nova Convenção revisora suporá, *ipso jure*, a denuncia imediata da presente Convenção, independentemente do disposto no art. 13, se e quando a nova Convenção revisora tenha entrado em vigor;

b) a partir da data de entrada em vigor da nova Convenção revisora, a presente Convenção cessará de estar aberta à ratificação pelos Membros.

2. A presente Convenção permanecerá vigente em todo caso, em sua forma e conteúdo atuais, para os Membros que a tenham ratificado e não ratifiquem a Convenção revisora.

Art. 18

As versões inglesa e francesa do texto da presente Convenção são igualmente autênticas.

ANEXO

Anexo I

Modelo para o documento de identidade da gente do mar

O documento de identidade da gente do mar, cuja forma e conteúdo é descrita a seguir, será confeccionado com materiais de boa qualidade que, na medida do possível e atendendo a considerações como o custo, não sejam facilmente acessíveis para o público.

No documento não se reservará mais espaço que o necessário para inscrever toda a informação preceituada na Convenção.Nele deverão constar o nome do Estado expedidor e a seguinte frase. "Este é um documento de identidade da gente do mar para os efeitos da Convenção sobre os Documentos da Gente do Mar (revisada), 2003, da Organização Internacional do Trabalho. Este documento é autônomo e não é um passaporte".

A(s) página(s) prevista(s) para os dados indicados a seguir, em negrito, estarão protegidas por uma lâmina ou revestimento, ou mediante a utilização de uma tecnologia de imagem e um material de base que garantam resistência equivalente contra toda substituição da fotografia e demais dados biográficos.

O material utilizado na produção do documento, suas dimensões e a disposição dos dados adequarse-ão às normas da Organização de Aviação Civil Internacional (OACI) aplicáveis aos passaportes de leitura mecânica, de acordo com o indicado na 3ª parte do documento 9.303 (2ª edição, 2002), ou na 1ª parte do documento 9.303 (5ª edição, 2003).

Entre as demais características relativas à segurança, deverá ser incluída, ao menos, uma das seguintes:

Filigranas, marcas ultravioleta, tintas e desenhos de cores especiais, imagens perfuradas, hologramas gravados em laser, micro-impressão e plastificação por calor.

Os dados que deverão constar nas páginas previstas para os dados do documento de identidade da gente do mar serão exclusivamente os seguintes:

I. Autoridade expedidora:
II. Número(s) de telefone, correio eletrônico e site Web da autoridade.
III. Data e local de expedição:
fotografia digital ou original do titular
a) Nome completo do titular:
b) Sexo:
c) Data e local de nascimento:
d) Nacionalidade:
e) Toda característica física cuja indicação possa facilitar a identificação:
f) Assinatura do titular:
g) Data de validade:
h) Tipo ou designação do documento:
i) Número de documento único:
j) Número de identidade pessoal (facultativo):
k) Molde biométrico correspondente a uma impressão papiloscópica digital em forma

de números em um código de barras, de acordo com uma norma que será posteriormente elaborada:

l) Zona de leitura mecânica, de acordo com as normas de segurança fixadas pela OACI em seu documento 9303, anteriormente citado.

IV. Selo ou timbre oficial da autoridade expedidora.

Explicação dos dados

Os incisos acima indicados poderão ser traduzidos para o idioma ou para os idiomas do Estado que tenha expedido o documento de identidade da gente do mar. Quando o idioma nacional não seja o espanhol, o francês, ou o inglês, o título dos incisos figurará também traduzido a um dos mencionados idiomas. Todos os dados que devam ser introduzidos no documento deverão ser inscritos usando caracteres latinos.

Os dados enumerados anteriormente reunirão as seguintes características:

I. Autoridade expedidora: Código ISO correspondente ao Estado expedidor; nome e endereço completo do escritório encarregado da expedição, bem como nome e cargo da pessoa que tenha autorizado a expedição.

II. O número de telefone, o endereço de correio eletrônico e a página de Internet devem corresponder aos links com o ponto focal mencionado na Convenção.

III. Data e local de expedição: a data será indicada com números arábicos de dois dígitos, pela seguinte ordem: dia/mês/ano (por exemplo, 31/12/03). O lugar será inscrito como no passaporte nacional. Dimensões da fotografia: conforme indicado no documento 9.303 da OACI.

a) Nome completo do titular quando proceda, primeiro serão inscritos os sobrenomes do marítimo, seguidos de seus nomes.

b) Sexo: especificar "M" para masculino, o "F" para feminino.

c) Data e local de nascimento: a data seráa indicada com algarismo arábicos de dois dígitos, pela ordem indicada (dia/mês/ano). O local será inscrito como no passaporte nacional.

d) Declaração da nacionalidade: deverá indicar a nacionalidade.

e) Características físicas: toda particularidade visível cuja indicação possa facilitar a identificação.

f) Assinatura do titular:

g) Data de validade: a data será indicada com algarismos arábicos de dois dígitos, na seguinte ordem: dia/mês/ano.

h) Tipo ou designação do documento: um código composto de letras maiúsculas, escritas com caracteres latinos (S).

i) Número de documento único: código do país (ver I supra) seguido, para cada documento, de um número de inventário alfanumérico que tenha, no máximo, nove caracteres.

j) Número de identidade pessoal: o número de identidade do marinheiro será facultativo e não será composto de mais de 14 caracteres alfanuméricos.

k) Molde biométrico: posteriormente, sera determinada uma característica específica.

l) Zona de leitura mecânica, de acordo com as características indicadas no documento 9.303 da OACI anteriormente citado.

Anexo II

Base de dados eletrônica

Os dados que deverão ser fornecidos para cada assentamento aberto na base de dados eletrônica, que todos os Membros terão de manter atualizada em virtude dos §§ 1º, 2º, 6º e 7º do art. 4º da presente Convenção, serão exclusivamente os seguintes:

Seção 1

1. Autoridade expedidora indicada no documento de identidade.

2. Nome completo do titular, tal como consta do documento de identidade.

3. Número único do documento.

4. Data de validade, suspensão ou retirada do documento de identidade.

Seção 2

5. Molde biométrico que figure no documento de identidade.

6. Fotografia.

7. Detalhes sobre qualquer solicitação de informação referente aos documentos de identidade da gente do mar.

Anexo III

Requisitos, procedimentos e práticas recomendados em relação à expedição dos documentos de identidade da gente do mar

O presente anexo estabelece requisitos. Mínimos relativos aos procedimentos que deverão ser adotados, de acordo com o art. 5º da presente Convenção, por todos os Membros, para a expedição dos documentos de identidade da gente do mar (doravante "DIM", incluídos os procedimentos de controle de qualidade.

Na Parte A, são enunciados os resultados mínimos obrigatórios que cada Membro deve atingir ao implementar um sistema de expedição de DIM.

Na Parte B são recomendados procedimentos e práticas que permitirão alcançar os resultados mencionados. Mesmo que essa Parte não seja revestida de caráter obrigatório, os Membros deverão levá-la plenamente em consideração.

Parte A. Resultados obrigatórios

1. Produção e entrega dos DIM em branco

Encontram-se implementados processos e procedimentos com vistas a garantir a segurança necessária na produção e a entrega dos DIM, dentre os quais os seguintes:

a) que todos os DIM em branco tenham uma qualidade uniforme e reúnam as características de conteúdo e de forma indicadas no anexo I;

b) que os materiais utilizados para a produção dos DIM estejam protegidos e controlados;

c) que os DIM em branco estejam protegidos, controlados e identificados e que seu estado possa ser determinado em todo momento durante os processos de produção e entrega;

d) que aqueles que produzam os DIM em branco disponham dos meios necessários para cumprir adequadamente suas obrigações relacionadas com a produção e a entrega dos DIM em branco;

e) que o transporte dos DIM em branco, desde o local onde esses sejam produzidos, até o local de funcionamento da autoridade expedidora, seja objeto de medidas de segurança.

2. Custódia, manipulação e responsabilidade dos DIM em branco ou preenchidos

Encontram-se implementados processos e procedimentos a fim de garantir a segurança necessária na custódia, manipulação e responsabilidade dos DIM em branco ou preenchidos, entre os quais os seguintes:

a) que a autoridade expedidora controle a custódia e a manipulação dos DIM em branco ou preenchidos;

b) que os DIM em branco, preenchidos ou anulados, inclusive os utilizados como modelo, estejam protegidos, controlados e identificados e possam ser localizados a qualquer momento;

c) que o pessoal envolvido no processo cumpra os requisitos de confiabilidade, integridade e lealdade requeridas em seu emprego e receba formação idônea;

d) que as responsabilidades correspondentes aos funcionários habilitados sejam distribuídas de forma a evitar a expedição de DIM não autorizados.

3. Tramitação dos requerimentos; suspensão ou retirada dos DIM; procedimentos de recurso

Encontram-se implementados processos e procedimentos para garantir a segurança, necessária ao processamento dos requerimentos, ao preenchimento dos DIM em branco pela autoridade e unidades responsáveis por sua expedição e à entrega dos DIM, inclusive:

a) processos de verificação e aprovação, para que na primeira vez em que seja requerido um DIM ou no requerimento de sua renovação, a expedição somente seja realizada mediante:

i) os requerimentos devidamente preenchidos com todos os dados exigidos no anexo I;

ii) comprovação da identidade do requerente, de acordo com a legislação e a prática do Estado expedidor;

iii) comprovação da nacionalidade ou da residência permanente do requerente;

iv) comprovação de que o requerente é gente do mar, nos termos do disposto no art. 1°;

v) a garantia de que aos requerentes, especialmente àqueles que ostentem mais de uma nacionalidade ou que tenham a condição de residentes permanentes, não lhes seja expedido mais do que um DIM;

vi) a verificação, com o devido respeito aos direitos e liberdades fundamentais contemplados em instrumentos internacionais, de que o requerente não representa uma ameaça para a segurança;

b) Processos que assegurem:

i) que os dados indicados nos itens do anexo II sejam introduzidos na base de dados no momento em que são expedidos os DIM correspondentes;

ii) que os dados, a fotografia, a assinatura e os dados biométricos do requerente correspondam ao mesmo; e

iii) que os dados, a fotografia, a assinatura e os dados biométricos do requerente se refiram ao requerimento do documento de identidade no decorrer da elaboração do DIM, bem como durante sua expedição e sua entrega;

c) a adoção rápida de procedimentos para atualizar a base de dados cada vez que seja suspenso ou retirado um DIM;

d) a implementação de um sistema de prorrogação ou de renovação para atender às situações em que o marinheiro precise de que seu DIM seja prorrogado ou renovado, ou caso tenha-se extraviado o DIM;

e) a determinação mediante consulta às organizações de armadores e da gente do mar das circunstâncias nas quais os DIM podem ser suspensos ou retirados;

f) implementação de procedimentos de recurso eficazes e transparentes.

4. Operação, segurança e manutenção da base de dados

Encontram-se implementados processos e procedimentos a fim de garantir a segurança da operação e da manutenção da base de dados, inclusive os seguintes:

a) que a base de dados esteja protegida contra violação e todo acesso não autorizado;

b) que os dados estejam em dia, protegidos contra a perda de informação e possam ser consultados a qualquer momento por solicitação do ponto focal;

c) que as bases de dados não sejam anexadas a outras bases de dados; nem sejam copiadas, vinculadas ou reproduzidas; que os dados consignados na base de dados não sejam utilizados para efeitos diversos da autenticação da identidade da gente do mar;

d) que sejam respeitados os direitos da pessoa, inclusive:

i) à privacidade na coleta, armazenamento, manipulação e comunicação dos dados;

e

ii) de acesso a seus próprios dados e a que se retifique oportunamente todo e qualquer erro.

5. Controle da qualidade dos procedimentos e avaliações periódicas

a) Encontram-se implementados processos e procedimentos a fim de garantir a segurança do controle de qualidade dos procedimentos e das avaliações periódicas, inclusive o monitoramento dos processos para garantir que sejam cumpridas as normas de eficiência exigidas no que diz respeito à:

i) produção e entrega dos DIM em branco;

ii) custódia, manipulação e responsabilidade dos DIM em branco, inválidos ou preenchidos;

iii) tramitação dos requerimentos, o preenchimento dos DIM em branco pela autoridade e as unidades responsáveis pela expedição e entrega, e

iv) operação, segurança e manutenção da base de dados.

b) São efetuadas verificações periódicas para comprovar a confiabilidade do sistema de expedição e dos procedimentos, bem como sua conformidade com o prescrito na presente Convenção, e

c) Encontram-se implementados procedimentos para proteger o sigilo da informação consignada nos relatórios relativos às avaliações periódicas, enviados por outros Membros que tenham ratificado a presente Convenção.

Parte B. procedimentos e práticas recomendadas

1. Produção e entrega dos DIM em branco

1.1. No interesse da segurança e uniformidade dos DIM, a autoridade competente deverá designar uma fonte eficaz para a fabricação dos documentos em branco que expedirá o Membro de que se trate;

1.2. Caso os documentos em branco tenham de ser produzidos no local de funcionamento da autoridade responsável pela expedição dos DIM ("autoridade expedidora"), serão aplicadas as disposições da seção 2.2.

1.3. Se, para esses efeitos, for designada uma empresa externa, a autoridade competente deverá:

1.3.1. Verificar que a empresa oferece inquestionáveis integridade, estabilidade financeira e confiabilidade;

1.3.2. Exigir que a empresa designe todos os empregados que tomem parte na produção dos DIM em branco;

1.3.3. Exigir da empresa o oferecimento de evidências que demonstrem haver sido implementados sistemas adequados para garantir a confiabilidade, integridade e lealdade dos funcionários designados e demonstre garantir a cada um deles meios de subsistência e uma segurança de emprego adequados;

1.3.4. Firmar com a empresa um contrato por escrito, o qual deverá, sem prejuízo da responsabilidade própria da autoridade no que tange aos DIM, estabelecer as especificações e orientações referentes à seção 1.5 abaixo, e exigir da empresa que:

1.3.4.1. Zele para que somente os empregados encarregados, os quais ficarão obrigados a manter rigoroso sigilo, possam atuar na produção dos DIM em branco;

1.3.4.2. Adote todas as precauções necessárias para o transporte seguro dos DIM em branco, desde suas instalações até as da autoridade expedidora. A empresa não poderá se eximir dessa responsabilidade aduzindo que não tenham sido negligentes nesse respeito;

1.3.4.3. Faça acompanhar a cada envio uma descrição exata de seu conteúdo. Nesta descrição deverão ser mencionados, particularmente, os números de referência dos DIM compreendidos em cada lote;

1.3.5. Zele para que, no contrato, seja incluída uma disposição que preveja seu término caso o contratado inicial não possa continuar a cumpri-lo;

1.3.6. Verifique, antes de firmar o contrato, que a empresa esteja em condições de cumprir devidamente todas as obrigações mencionadas.

1.4. Caso os DIM em branco tenham que ser fornecidos por uma autoridade ou empresa situada fora do território do Estado Membro, sua autoridade competente poderá encarregar uma autoridade facultada para tanto no país estrangeiro, para que vele pelo cumprimento dos requisitos recomendados na presente seção.

1.5. A autoridade competente deverá, inter alia:

1.5.1. Estabelecer especificações detalhadas de todos os materiais a serem utilizados na produção dos DIM em branco. Esses materiais deverão conformar-se às especificações gerais estabelecidas no anexo I da presente Convenção;

1.5.2. Estabelecer especificações precisas em relação à forma e ao conteúdo dos DIM em branco, conforme o indicado no anexo I;

1.5.3. Zelar para que essas especificações garantam uniformidade na impressão dos DIM em branco, na eventualidade de que sejam utilizadas subsequentemente máquinas de impressão diversas;

1.5.4. Oferecer diretrizes claras para a geração de um número de referência único, o qual deverá estar impresso em cada DIM em branco de forma seqüencial, de acordo com o anexo I, e

1.5.5. Determinar as normas precisas que devam ser cumpridas na custódia de todos os materiais durante o processo de produção.

2. Custódia, manipulação e responsabilidade sobre os DIM em branco ou preenchidos

2.1. Todas as operações que compõem o processo de expedição (inclusive a custódia dos DIM em branco, anulados ou preenchidos, bem como dos instrumentos e materiais utilizados para preenchê-los; a tramitação dos requerimentos; a expedição dos DIM e a manutenção e a segurança das bases de dados) deverão ser realizados sob o controle direto da autoridade expedidora.

2.2. A autoridade expedidora deverá preparar uma avaliação de todos os funcionários que atuem no processo de expedição e manter, para cada um deles, um registro relativo às suas confiabilidade, integridade e lealdade.

2.3. A autoridade expedidora deverá assegurar que nenhum funcionário que atue no processo de expedição pertença ao mesmo núcleo familiar imediato que outro funcionário também atuante no processo.

2.4. A autoridade expedidora deverá definir adequadamente as responsabilidades individuais de cada funcionário que atue no processo de expedição.

2.5. Nenhum funcionário deverá estar encarregado de realizar sozinho todas as operações necessárias à tramitação de um requerimento de DIM e na preparação dos DIM correspondentes. Um funcionário que distribua requerimentos a um outro responsável pela expedição de um DIM não deverá intervir no processo de expedição. Deverá existir rotatividade entre os funcionários encarregados das diversas tarefas relacionadas com o trâmite dos requerimentos de DIM e com sua expedição.

2.6. A autoridade expedidora deverá elaborar um regulamento interno, no qual se assegure que:

2.6.1. Os DIM em branco sejam conservados em um lugar seguro e sejam distribuídos unicamente quando proceda, para atender às necessidades diárias previstas, e somente aos funcionários responsáveis por preenchê-los para personalizá-los, ou então aos funcionários especialmente habilitados. Os DIM em branco que não tenham sido utilizados deverão ser devolvidos ao final de cada dia; entre as medidas destinadas a garantir a segurança dos DIM deverão estar compreendidos dispositivos que permitam prevenir os acessos não autorizados e detectar intrusões.

2.6.2. Todo DIM em branco que tenha sido utilizado como modelo ficará fora de uso e marcado como tal.

2.6.3. Será mantido diariamente um registro, a ser conservado em um lugar seguro, que permitirá determinar a localização dos DIM em branco e dos DIM preenchidos que ainda estejam em expedir. Do registro constarão, igualmente, quais os documentos que se encontram em um lugar seguro e quais tramitam em poder de tal ou qual funcionário. O registo deverá ser mantido por um funcionário que não atue no manuseio dos DIM em branco, ou dos DIM que ainda não tenham sido expedidos.

2.6.4. Ninguém, exceto os funcionários responsáveis por preencher os DIM em branco, ou algum funcionário especialmente habilitado, deverá ter acesso aos DIM em branco, nem aos instrumentos e materiais utilizados para preenchê-los.

2.6.5. Os DIM preenchidos serão conservados em um lugar seguro e serão entregues exclusivamente ao funcionário responsável por expedi-los, ou a algum funcionário especialmente habilitado.

2.6.5.1. Os funcionários especialmente habilitados devem limitar-se aos seguintes:

a) as pessoas que atuem mediante autorização por escrito do chefe executivo da autoridade, ou de qualquer pessoa que o represente oficialmente, e

b) o auditor mencionado na seção 5 infra e as pessoas nomeadas para executar as auditorias ou qualquer outro controle.

2.6.6. Estará terminantemente proibido que funcionários atuem no processo de expedição de um DIM requerido por um Membro de sua família ou por um amigo próximo.

2.6.7. O furto ou roubo de um DIM ou dos instrumentos ou materiais utilizados para preenchê-lo,

CONVENÇÕES DA OIT RATIFICADAS

consumado ou em grau de tentativa, deverá ser notificado sem demora às autoridades policiais para sua oportuna investigação.

2.7. Erros ocorridos no processo de expedição deverão acarretar a anulação do DIM de que se trate, que não poderá ser retificado e expedido.

3. Tramitação dos requerimentos; suspensão ou retirada dos DIM; procedimentos de recurso.

3.1. A autoridade expedidora deverá zelar para que todos os funcionários encarregados de examinar os requerimentos de DIM tenham recebido a formação adequada para detecção de fraudes e utilização da tecnologia informática necessária.

3.2. A autoridade expedidora deverá elaborar um regulamento de acordo com o qual os DIM somente serão expedidos mediante: apresentação do correspondente formulário de requerimento, devidamente preenchido e assinado pelo marítimo interessado, comprovação da identidade, nacionalidade ou residência permanente do requerente, bem como de sua condição de gente do mar.

3.3. O requerimento deverá conter todos os dados indicados como obrigatórios no anexo I da presente Convenção. No formulário de requerimento deverá ser advertido aos requerentes que poderão ser objeto de ações e sanções penais, caso formulem declarações cientes de que essas são falsas.

3.4. No momento do primeiro requerimento de um DIM e, ulteriormente, sempre que se considere necessário por motivo de uma renovação:

3.4.1. O requerente deverá, pessoalmente, apresentar o requerimento, devidamente preenchido mas sem assinatura, a um funcionário designado pela autoridade expedidora;

3.4.2. O funcionário encarregado deverá manter sob seu controle uma fotografia digital ou original, bem como os dados biométricos que sejam solicitados do requerente;

3.4.3. O requerimento deverá ser assinado na presença do funcionário encarregado, e

3.4.4. O funcionário encarregado deverá, então, encaminhar o requerimento diretamente à autoridade expedidora, para que essa lhe dê o devido processamento.

3.5. A autoridade expedidora deverá adotar as medidas adequadas para garantir a segurança e o sigilo da fotografia digital ou original, bem como dos dados biométricos.

3.6. A comprovação de identidade do requerente deverá ser ajustada à legislação e à prática do Estado expedidor do documento. Poderia consistir em uma fotografia recente do requerente, cuja semelhança deverão certificar o armador, o capitão da embarcação ou qualquer outro empregador do requerente, ou, ainda, o diretor do estabelecimento de formação do requerente.

3.7. O passaporte do requerente ou o certificado de sua admissão como residente permanente deverão ser suficientes para certificar a nacionalidade ou a residência permanente do mesmo.

3.8. Deverá ser solicitado aos requerentes que declarem outra ou outras nacionalidades que ostentem, que afirmem que nenhum outro Membro tenha recebido deles um requerimento de DIM, nem lhes tenha expedido um DIM.

3.9. Enquanto o requerente seja titular de um DIM, não deverá ser expedido outro DIM.

3.9.1. Deverá ser aplicado um sistema de renovação antecipado quando um maítimo saiba de antemão, atendendo ao período em que deva prestar seu serviço, que não estará em condições de apresentar requerimento de renovação quando chegue o término do período de validade do seu DIM.

3.9.2. Deverá ser aplicado um sistema de prorrogação dos DIM quando este resulte necessário por haver sido prorrogado de forma imprevista o período de serviço.

3.9.3. Deverá ser aplicado um sistema de substituição em caso de extravio de um DIM. Caberá expedir um documento provisório apropriado.

3.10. Para certificar sua condição de gente do mar, tal como está definido este conceito no art. 1 da presente Convenção, o requerente deverá apresentar ao menos:

3.10.1. Um antigo DIM ou seu documento de marítimo, ou 3.10.2. Um certificado de capacidade, qualificação e titulação profissional, ou de outra formação pertinente, ou,

3.10.3. Outras provas igualmente convincentes.

3.11. Deverão ser requeridas provas complementares quando seja considerado pertinente.

3.12. Todos os requerimentos deverão ser submetidos ao menos às seguintes comprovações, que serão realizadas por um funcionário competente da autoridade expedidora dos DIM:

3.12.1. Comprovação de que o requerimento está completo e não padece de incoerência alguma que induza a duvidar da veracidade das declarações;

3.12.2. Comprovação de que os dados proporcionados e a assinatura correspondem aos que figuram no passaporte do requerente — ou em outro documento confiável;

3.12.3. Comprovação, junto às autoridades que tenham expedido o passaporte ou outra autoridade competente, da autenticidade do passaporte ou outros documentos apresentados. Quando existam dúvidas razoáveis acerca da autenticidade do passaporte, deverá ser remetido o original do mesmo à autoridade competente. Nos demais casos, poderá ser enviada uma cópia das páginas pertinentes;

3.12.4. Quando proceda, comparação da fotografia proporcionada com a fotografia digital mencionada na seção 3.4.2. supra;

3.12.5. Comprovação da autenticidade manifesta do certificado mencionado na seção 3.8 supra;

3.12.6. Comprovação de que as provas mencionadas na seção 3.10 confirmam que o requerente é gente do mar;

3.12.7. Comprovação, mediante consulta à base de dados mencionada no art. 4 da Convenção, de que ainda não foi expedido um DIM a uma pessoa cujos dados correspondam aos do requerente. Quando o requerente tenha ou possa ter mais de uma nacionalidade, ou sua residência permanente esteja fora do país de sua nacionalidade, deverão ser efetuadas as indagações necessárias perante as autoridades competentes do outro ou dos outros países interessados.

3.12.8. Comprovação, nas bases de dados nacionais ou internacionais pertinentes, às quais a autoridade expedidora possa ter acesso, de que não haja pessoas cujas características correspondam às do requerente que representem risco potencial para a segurança.

3.13. O funcionário mencionado na seção 3.12 supra deverá preparar notas sucintas para constância dos resultados correspondentes a cada uma das comprovações mencionadas e destacar os fatos que permitiram concluir que o requerente é gente do mar.

3.14. Uma vez completada a comprovação do requerimento, esse deverá ser encaminhado ao funcionário responsável pelo preenchimento do fIM que será expedido ao requerente, junto com os documentos complementares e as notas para registro.

3.15. O DIM devidamente preenchido, que deverá estar acompanhado pelo devido expediente que tramite em poder da autoridade expedidora, deverá ser submetido, então, à aprovação de um funcionário superior da mencionada autoridade.

3.16. O funcionário superior somente deverá dar a sua aprovação se, após prévio exame ao menos das notas para registro, esteja convencido de que tenham sido corretamente aplicados os procedimentos pertinentes e de que é justificada a expedição do DIM ao requerente.

3.17. Essa aprovação deverá ser outorgada por escrito e deverá estar acompanhada pelas explicações requeridas acerca de qualquer aspecto do requerimento que mereça particular atenção.

3.18. O DIM (junto com o passaporte ou outro documento similar proporcionado) deverá ser entregue diretamente ao requerente, contra recibo.. Também poderá ser enviado a ele ou, caso seja assim requerido, a seu capitão ou empregador, mediante uma comunicação postal confiável com aviso de recebimento.

3.19. Quando for expedido um DIM ao requerente, os dados indicados no anexo II da Convenção deverão ser introduzidos na base de dados mencionada no art. 4 do mencionado instrumento.

3.20. No regulamento da autoridade expedidora deverá ser especificado prazo máximo de recepção, contado da data do envio. Caso não seja recebido o aviso de recebimento dentro do mencionado prazo, após prévia notificação ao marítimo, deverá ser introduzida uma anotação apropriada na base de dados e se deverá informar oficialmente que o DIM foi extraviado. Isto deve ser informado ao marinheiro.

3.21. Todas as anotações, particularmente as notas sucintas para constância (mencionadas na seção 3.13 supra) e as explicações mencionadas na seção 3.17 deverão ser mantidas em um lugar seguro durante o período de validade do DIM e um período adicional de três anos. Estas anotações e explicações exigidas na seção 3.17 deverão ser registradas em outra base de dados interna, com acesso permitido:

a) às pessoas responsáveis pelas operações de controle,

b) aos funcionários encarregados de examinar os requerimentos de DIM, e

c) para fins de treinamento.

3.22. Quando for recebida informação que permita supor que um DIM tenha sido expedido de forma errônea ou que as condições de sua expedição tenham perdido vigência, tal fato deverá ser prontamente notificado à autoridade expedidora, visando sua pronta retirada.

3.23. Quando um DIM tenha sido suspenso ou retirado, a autoridade expedidora deverá atualizar imediatamente sua base de dados a fim de que nela conste que a validade do mencionado DIM não é mais reconhecida.

3.24. Quando um requerimento de DIM for indeferido, ou seja decidida a suspensão ou a retirada de um DIM, o requerente deverá ser informado oficialmente de seu direito a recurso e de todos os motivos que fundamentaram a decisão.

3.25. Os procedimentos de recurso deverão ser os mais céleres possíveis e garantir uma consideração equitativa e cuidadosa do caso.

4. Exploração, proteção e atualização da base de dados.

4.1. A autoridade expedidora deverá adotar as medidas e o regulamento necessários visando à aplicação do art. 4 da presente Convenção e, particularmente, garantir:

4.1.1. A disponibilidade de um ponto focal ou de acesso eletrônico à base de dados 24 horas por dia, nos sete dias da semana, em virtude do disposto nos §§ 4, 5 e 6 do art. 4 do Convenção;

4.1.2. A segurança da base de dados;

4.1.3. O respeito aos direitos da pessoa no armazenamento, na gestão e na comunicação dos dados;

4.1.4. O respeito ao direito do marinheiro de comprovar a exatidão dos dados referentes a ele ou ela e a que esses possam ser oportunamente retificados caso seja detectado algum erro nos mesmos;

4.2. A autoridade expedidora deverá instaurar procedimentos adequados para proteger a base de dados, particularmente:

4.2.1. A obrigação de realizar, periodicamente, cópias de segurança da base de dados, as quais serão armazenadas em suportes informáticos mantidos em um local seguro, fora das instalações da autoridade expedidora, e

4.2.2. Permitir unicamente aos funcionários especialmente habilitados ter acesso às entradas da base de dados ou modificar essas últimas, após terem sido confirmadas pelo funcionário responsável pelas mesmas.

5. Controle da qualidade dos procedimentos e avaliações periódicas

5.1. A autoridade expedidora deverá nomear como auditor um funcionário superior de reconhecida integridade, lealdade e confiabilidade, que não participe na custódia nem na gestão dos DIM, a fim de que:

5.1.1. Controle de forma continua a aplicação dos requisitos mínimos;

5.1.2. Avise imediatamente toda e qualquer deficiência na aplicação;

5.1.3. Preste assessoria ao diretor e aos funcionários interessados sobre as melhorias que poderiam ser introduzidas no procedimento de expedição dos DIM, e

5.1.4. Apresente à direção um relatório sobre o controle de qualidade mencionado supra. O auditor deverá, se possível, ser familiarizado com todas as operações a serem monitoradas.

5.2. O auditor se reportará diretamente ao chefe executivo da autoridade expedidora.

5.3. Todos os funcionários da autoridade expedidora, incluído o chefe executivo, deverão fornecer ao auditor qualquer documento ou informação por ele considerada pertinente para o desempenho de suas funções.

5.4. A autoridade expedidora deverá adotar as disposições oportunas para que os funcionários possam expressar livremente sua opinião ao auditor, sem temor de sofrer conseqüências decorrentes dessa.

5.5. No exercício de seu mandato, o auditor deverá prestar especial atenção às seguintes tarefas:

5.5.1. comprovar que os recursos, os locais, o equipamento e o pessoal são suficientes para que a autoridade expedidora possa desempenhar de forma eficaz suas funções;

5.5.2. Zelar para que sejam adequadas as disposições adotadas para a custódia segura dos DIM em branco ou preenchidos;

5.5.3. Zelar para que tenham sido adotados o regulamento, as disposições e os procedimentos previstos nas seções 2.6, 3.2, 4 e 5.4 supra;

5.5.4. Zelar para que os funcionários interessados conheçam e compreendam devidamente o regulamento, os procedimentos e as disposições acima mencionados;

5.5.5. Supervisionar detidamente e de forma aleatória cada ação realizada no tratamento de casos específicos, inclusive as correlativas anotações e expedientes, desde a recepção do requerimento de um DIM até a conclusão do procedimento de expedição;

5.5.6. Verificar a eficácia das medidas de segurança adotadas para a custódia dos DIM em branco, os instrumentos e materiais;

5.5.7. Verificar, caso seja necessário, com a ajuda de um perito de confiança, a segurança e veracidade dos dados armazenados, e zelar para que seja cumprido o requisito do acesso nas 24 horas do dia, os sete dias da semana;

5.5.8. investigar toda notificação confiável que indique a possível expedição ilícita, falsificação, ou obtenção fraudulenta de um DIM, visando a encontrar a irregularidade interna ou a deficiência dos sistemas que possa ter acarretado ou facilitado uma expedição ilícita, uma falsificação ou uma fraude;

5.5.9. Investigar as queixas nas quais, considerando os requisitos previstos nos §§ 2, 3 e 5 do art. 4 da presente Convenção, aleguem um acesso inadequado à informação da base de dados, ou erros na mencionada informação;

5.5.10. Zelar para que o chefe executivo da autoridade expedidora adote medidas oportunas e eficazes para introduzir as melhorias assinaladas em relação aos procedimentos de expedição e aos aspectos deficientes;

5.5.11. Manter um registro dos controles de qualidade que tenham sido efetuados, e

5.5.12. Certificar-se de que verificações gerenciais dos controles de qualidade tenham sido realizadas e que seja mantido um registro dos mesmos.

5.6. O chefe executivo da autoridade expedidora deverá assegurar que se proceda a uma avaliação periódica da confiabilidade do sistema e dos procedimentos de expedição, bem como de sua conformidade com os requisitos da presente Convenção. Nessa avaliação deverão ser considerados os seguintes elementos:

5.6.1. As conclusões de toda verificação do sistema e dos procedimentos de expedição;

5.6.2. Os relatórios e resultados das investigações e demais indicações sobre a eficácia das medidas corretivas adotadas para resolver as deficiencies ou descumprimentos comunicados em matéria de segurança;

5.6.3. O registro dos DIM expedidos, perdidos, anulados ou danificados;

5.6.4. A informação registrada sobre o funcionamento do controle de qualidade;

5.6.5. A informação registrada sobre os problemas advertidos em relação à confiabilidade ou segurança da base eletrônica de dados, inclusive os requerimentos de informação na base de dados;

5.6.6. Os efeitos das mudanças introduzidas no sistema e o procedimento de expedição, devidos às melhoras ou inovações tecnológicas experimentadas nos procedimentos de expedição dos DIM;

5.6.7. As conclusões dos exames efetuados pela chefia executiva, e

5.6.8. O controle dos procedimentos realizados, com vistas a garantir que sejam efetuados em consonância com os princípios e direitos fundamentais do trabalho, de acordo com os instrumentos da OIT pertinentes.

5.7. Deverão ser instaurados procedimentos e processos a fim de prevenir toda divulgação não autorizada dos relatórios oferecidos por outros Estados-membros.

5.8. Em todos os procedimentos e processos de comprovação se deverá garantir que as técnicas de produção e as práticas de segurança, inclusive os procedimentos de controle das existências, são suficientes para cumprir os requisitos enunciados no presente anexo.

DECRETO-LEI N. 4.657, DE 4 DE SETEMBRO DE 1942

LEI DE INTRODUÇÃO ÀS NORMAS DO DIREITO BRASILEIRO

(Redação dada pela Lei n. 12.376, de 2010)

PRESIDENTE DA REPÚBLICA, usando da atribuição que lhe confere o artigo 180 da Constituição, decreta:

Art. 1º Salvo disposição contrária, a lei começa a vigorar em todo o país quarenta e cinco dias depois de oficialmente publicada.

§ 1º Nos Estados, estrangeiros, a obrigatoriedade da lei brasileira, quando admitida, se inicia três meses depois de oficialmente publicada. *(Vide Lei n. 2.807, de 1956)*

§ 2º *(Revogado pela Lei n. 12.036, de 2009).*

§ 3º Se, antes de entrar a lei em vigor, ocorrer nova publicação de seu texto, destinada a correção, o prazo deste artigo e dos parágrafos anteriores começará a correr da nova publicação.

§ 4º As correções a texto de lei já em vigor consideram-se lei nova.

Art. 2º Não se destinando à vigência temporária, a lei terá vigor até que outra a modifique ou revogue. *(Vide Lei n. 3.991, de 1961)*

§ 1º A lei posterior revoga a anterior quando expressamente o declare, quando seja com ela incompatível ou quando regule inteiramente a matéria de que tratava a lei anterior.

§ 2º A lei nova, que estabeleça disposições gerais ou especiais a par das já existentes, não revoga nem modifica a lei anterior.

§ 3º Salvo disposição em contrário, a lei revogada não se restaura por ter a lei revogadora perdido a vigência.

Art. 3º Ninguém se escusa de cumprir a lei, alegando que não a conhece.

Art. 4º Quando a lei for omissa, o juiz decidirá o caso de acordo com a analogia, os costumes e os princípios gerais de direito.

Art. 5º Na aplicação da lei, o juiz atenderá aos fins sociais a que ela se dirige e às exigências do bem comum.

Art. 6º A Lei em vigor terá efeito imediato e geral, respeitados o ato jurídico perfeito, o direito adquirido e a coisa julgada. *(Redação dada pela Lei n. 3.238, de 1957)*

§ 1º Reputa-se ato jurídico perfeito o já consumado segundo a lei vigente ao tempo em que se efetuou. *(Incluído pela Lei n. 3.238, de 1957)*

§ 2º Consideram-se adquiridos assim os direitos que o seu titular, ou alguém por êle, possa exercer, como aquêles cujo começo do exercício tenha têrmo pré-fixo, ou condição pré-estabelecida inalterável, a arbítrio de outrem. *(Incluído pela Lei n. 3.238, de 1957)*

§ 3º Chama-se coisa julgada ou caso julgado a decisão judicial de que já não caiba recurso *(Incluído pela Lei n. 3.238, de 1957)*

Art. 7º A lei do país em que domiciliada a pessoa determina as regras sobre o começo e o fim da personalidade, o nome, a capacidade e os direitos de família.

§ 1º Realizando-se o casamento no Brasil, será aplicada a lei brasileira quanto aos impedimentos dirimentes e às formalidades da celebração.

§ 2º O casamento de estrangeiros poderá celebrar-se perante autoridades diplomáticas ou consulares do país de ambos os nubentes. *(Redação dada pela Lei n. 3.238, de 1957)*

§ 3º Tendo os nubentes domicílio diverso, regerá os casos de invalidade do matrimônio a lei do primeiro domicílio conjugal.

§ 4º O regime de bens, legal ou convencional, obedece à lei do país em que tiverem os nubentes domicílio, e, se este for diverso, a do primeiro domicílio conjugal.

§ 5º O estrangeiro casado, que se naturalizar brasileiro, pode, mediante expressa anuência de seu cônjuge, requerer ao juiz, no ato de entrega do decreto de naturalização, se apostile ao mesmo a adoção do regime de comunhão parcial de bens, respeitados os direitos de terceiros e dada esta adoção ao competente registro. *(Redação dada pela Lei n. 6.515, de 1977)*

§ 6º O divórcio realizado no estrangeiro, se um ou ambos os cônjuges forem brasileiros, só será reconhecido no Brasil depois de 1 (um) ano da data da sentença, salvo se houver sido antecedida de separação judicial por igual prazo, caso em que a homologação produzirá efeito imediato, obedecidas as condições estabelecidas para a eficácia das sentenças estrangeiras no país. O Superior Tribunal de Justiça, na forma de seu regimento interno, poderá reexaminar, a requerimento do interessado, decisões já proferidas em pedidos de homologação de sentenças estrangeiras de divórcio de brasileiros, a fim de que passem a produzir todos os efeitos legais. *(Redação dada pela Lei n. 12.036, de 2009).*

§ 7º Salvo o caso de abandono, o domicílio do chefe da família estende-se ao outro cônjuge e aos filhos não emancipados, e o do tutor ou curador aos incapazes sob sua guarda.

§ 8º Quando a pessoa não tiver domicílio, considerar-se-á domiciliada no lugar de sua residência ou naquele em que se encontre.

Art. 8º Para qualificar os bens e regular as relações a eles concernentes, aplicar-se-á a lei do país em que estiverem situados.

§ 1º Aplicar-se-á a lei do país em que for domiciliado o proprietário, quanto aos bens moveis que ele trouxer ou se destinarem a transporte para outros lugares.

§ 2º O penhor regula-se pela lei do domicílio que tiver a pessoa, em cuja posse se encontre a coisa apenhada.

Art. 9º Para qualificar e reger as obrigações, aplicar-se-á a lei do país em que se constituírem.

§ 1º Destinando-se a obrigação a ser executada no Brasil e dependendo de forma essencial, será esta observada, admitidas as peculiaridades da lei estrangeira quanto aos requisitos extrínsecos do ato.

§ 2º A obrigação resultante do contrato reputa-se constituída no lugar em que residir o proponente.

Art. 10. A sucessão por morte ou por ausência obedece à lei do país em que domiciliado o defunto ou o desaparecido, qualquer que seja a natureza e a situação dos bens.

§ 1º A sucessão de bens de estrangeiros, situados no País, será regulada pela lei brasileira em benefício do cônjuge ou dos filhos brasileiros, ou de quem os represente, sempre que não lhes seja mais favorável a lei pessoal do de cujus. *(Redação dada pela Lei n. 9.047, de 1995)*

§ 2º A lei do domicílio do herdeiro ou legatário regula a capacidade para suceder.

Art. 11. As organizações destinadas a fins de interesse coletivo, como as sociedades e as fundações, obedecem à lei do Estado em que se constituírem.

§ 1º Não poderão, entretanto ter no Brasil filiais, agências ou estabelecimentos antes de serem os atos constitutivos aprovados pelo Governo brasileiro, ficando sujeitas à lei brasileira.

§ 2º Os Governos estrangeiros, bem como as organizações de qualquer natureza, que eles tenham constituído, dirijam ou hajam investido de funções públicas, não poderão adquirir no Brasil bens imóveis ou susceptíveis de desapropriação.

§ 3º Os Governos estrangeiros podem adquirir a propriedade dos prédios necessários à sede dos representantes diplomáticos ou dos agentes consulares. *(Vide Lei n. 4.331, de 1964)*

Art. 12. É competente a autoridade judiciária brasileira, quando for o réu domiciliado no Brasil ou aqui tiver de ser cumprida a obrigação.

§ 1º Só à autoridade judiciária brasileira compete conhecer das ações relativas a imóveis situados no Brasil.

§ 2º A autoridade judiciária brasileira cumprirá, concedido o *exequatur* e segundo a forma estabelecida pele lei brasileira, as diligências deprecadas por autoridade estrangeira competente, observando a lei desta, quanto ao objeto das diligências.

Art. 13. A prova dos fatos ocorridos em país estrangeiro rege-se pela lei que nele vigorar, quanto ao ônus e aos meios de produzir-se, não admitindo os tribunais brasileiros provas que a lei brasileira desconheça.

Art. 14. Não conhecendo a lei estrangeira, poderá o juiz exigir de quem a invoca prova do texto e da vigência.

Art. 15. Será executada no Brasil a sentença proferida no estrangeiro, que reúna os seguintes requisitos:

a) haver sido proferida por juiz competente;

b) terem sido os partes citadas ou haver-se legalmente verificado à revelia;

c) ter passado em julgado e estar revestida das formalidades necessárias para a execução no lugar em que foi proferida;

d) estar traduzida por intérprete autorizado;

e) ter sido homologada pelo Supremo Tribunal Federal. *(Vide art.105, I, i da Constituição Federal).*

Parágrafo único. *(Revogado pela Lei n. 12.036, de 2009).*

Art. 16. Quando, nos termos dos artigos precedentes, se houver de aplicar a lei estrangeira, ter-se-á em vista a disposição desta, sem considerar-se qualquer remissão por ela feita a outra lei.

Art. 17. As leis, atos e sentenças de outro país, bem como quaisquer declarações de vontade, não terão eficácia no Brasil, quando ofenderem a soberania nacional, a ordem pública e os bons costumes.

Art. 18. Tratando-se de brasileiros, são competentes as autoridades consulares brasileiras para lhes celebrar o casamento e os mais atos de Registro Civil e de tabelionato, inclusive o registro de nascimento e de óbito dos filhos de brasileiro ou brasileira nascido no país da sede do Consulado. *(Redação dada pela Lei n. 3.238, de 1957)*

§ 1º As autoridades consulares brasileiras também poderão celebrar a separação consensual e o divórcio consensual de brasileiros, não havendo filhos menores ou incapazes do casal e observados os requisitos legais quanto aos prazos, devendo constar da respectiva escritura pública as disposições relativas à descrição e à partilha dos bens comuns e à pensão alimentícia e, ainda, ao acordo quanto à retomada pelo cônjuge de seu nome de solteiro ou à manutenção do nome adotado quando se deu o casamento. *(Incluído pela Lei n. 12.874, de 2013) Vigência*

§ 2º É indispensável a assistência de advogado, devidamente constituído, que se dará mediante a subscrição de petição, juntamente com ambas as partes, ou com apenas uma delas, caso a outra constitua advogado próprio, não se fazendo necessário que a assinatura do advogado conste da escritura pública. *(Incluído pela Lei n. 12.874, de 2013) Vigência*

Art. 19. Reputam-se válidos todos os atos indicados no artigo anterior e celebrados pelos cônsules brasileiros na vigência do Decreto-lei n. 4.657, de 4 de setembro de 1942, desde que satisfaçam todos os requisitos legais. *(Incluído pela Lei n. 3.238, de 1957)*

Parágrafo único. No caso em que a celebração dêsses atos tiver sido recusada pelas autoridades consulares, com fundamento no artigo 18 do mesmo Decreto-lei, ao interessado é facultado renovar o pedido dentro em 90 (noventa) dias contados da data da publicação desta lei. *(Incluído pela Lei n. 3.238, de 1957)*

Rio de Janeiro, 4 de setembro de 1942, 121º da Independência e 54º da República.

GETULIO VARGAS
Alexandre Marcondes Filho
Oswaldo Aranha
(DOU 9.9.1942)

ÍNDICE SISTEMÁTICO DO CÓDIGO CIVIL

PARTE GERAL

LIVRO I
DAS PESSOAS

TÍTULO I
DAS PESSOAS NATURAIS

Capítulo I — Da personalidade e da capacidade (Arts. 1º a 5º)	825
(...)	
Capítulo II — Dos direitos da personalidade (Arts. 11 a 12 e 16 a 21)	825

TÍTULO II
DAS PESSOAS JURÍDICAS (Arts. 50 e 52)

TÍTULO III
DO DOMICÍLIO (Art. 72)

(...)

LIVRO III
DOS FATOS JURÍDICOS

TÍTULO I
DO NEGÓCIO JURÍDICO

Capítulo I — Disposições gerais (Arts. 104, 108, 110 a 114)	826
Capítulo II — Da representação (Arts. 115 a 116)	826
(...)	

TÍTULO III
DOS ATOS ILÍCITOS (Arts. 186 a 188)

TÍTULO IV
DA PRESCRIÇÃO E DA DECADÊNCIA

Capítulo I — Da prescrição	826
Seção I — Disposições gerais (Arts. 189 a 196)	826
Seção II — Das causas que impedem ou suspendem a prescrição (Arts. 197 a 200)	827
(...)	
Seção III — Das causas que interrompem a prescrição (Art. 202)	807
(...)	
Seção IV — Dos prazos da prescrição (Arts. 205 a 206)	807
Capítulo II — Da decadência (Arts. 207 a 211)	807
(...)	

PARTE ESPECIAL

LIVRO I
DO DIREITO DAS OBRIGAÇÕES

TÍTULO I
DAS MODALIDADES DAS OBRIGAÇÕES

(...)	
Capítulo VI — Das obrigações solidárias	807
Seção I — Disposições gerais (Arts. 264 a 266)	807

TÍTULO IV
DO ADIMPLEMENTO E EXTINÇÃO DAS OBRIGAÇÕES

(...)	
Capítulo V — Da cláusula penal — Art. 413	828

TÍTULO V
DOS CONTRATOS EM GERAL

Capítulo I — Disposições gerais ... 828
 Seção I — Preliminares (Arts. 421 a 423) .. 828
 Seção II — Da formação dos contratos .. 828

TÍTULO VI
DAS VÁRIAS ESPÉCIES DE CONTRATO

Capítulo VII — Da prestação de serviço (Arts. 593 a 606) .. 828
(...)
Capítulo VIII — Da empreitada (Arts. 610 a 626) ... 829
(...)
 Seção V — Do mandato judicial (Art. 692) .. 829
Capítulo XI — Da comissão (Arts. 693 a 708) .. 829
Capítulo XII — Da agência e distribuição (Arts. 710 a 721) .. 830
(...)
Capítulo XIII — Da corretagem (Arts. 722 a 729) ... 831
Capítulo XIV — Do transporte ... 831
 Seção I — Disposições gerais (Arts. 730 a 732) .. 831
 Seção II — Do transporte de pessoas (Art. 736) ... 831
(...)

TÍTULO IX
DA RESPONSABILIDADE CIVIL

Capítulo I — Da obrigação de indenizar (Arts. 927, 932 a 935 e 940) .. 831
Capítulo II — Da indenização (Arts. 944 a 945 e 949 a 950) ... 832
(...)

TÍTULO X
DAS PREFERÊNCIAS E PRIVILÉGIOS CREDITÓRIOS (Arts. 964 a 965)

LIVRO II
DO DIREITO DE EMPRESA

TÍTULO I
DO EMPRESÁRIO

Capítulo I — Da caracterização e da inscrição — Arts. 966 a 971 ... 832

TÍTULO I-A
DA EMPRESA INDIVIDUAL DE RESPONSABILIDADE LIMITADA (Arts. 980-A)

TÍTULO II
DA SOCIEDADE

Capítulo único — Art. 981 ... 833
(...)

SUBTÍTULO I
DA SOCIEDADE NÃO PERSONIFICADA

Capítulo I — Da sociedade em comum (Arts. 986 a 990) .. 833
Capítulo II — DA sociedade em conta de participação — Arts. 991 a 993 833

SUBTÍTULO II
DA SOCIEDADE PERSONIFICADA

Capítulo I — Da sociedade Simples .. 833
 Seção I — Do contrato social — Art. 997 ... 833
 Seção II — Dos direitos e obrigações dos sócios — Arts. 1.003, 1.006 e 1.009 834
 Seção IV — Das relações com terceiros — Arts. 1.022 a 1.025 ... 834
(...)

Capítulo IV — Da sociedade limitada (Arts. 1.060 a 1.061) .. 834
(...)

Capítulo VI — Da sociedade em comandita por ações (Arts. 1.090 a 1.092) .. 834
Capítulo VII — Da sociedade cooperativa (Arts. 1.095 a 1.096) .. 834
Capítulo VIII — Das sociedades coligadas (Arts. 1.097 a 1.100) .. 835
(...)
Capítulo IX — Da liquidação da sociedade (Arts. 1.104 a 1.105 e 1.110) .. 835
Capítulo X — Da transformação, da incorporação, da fusão e da cisão das sociedades (Arts. 1.113 a 1.116, 1.119, 1.122).. 835
(...)

TÍTULO III
DO ESTABELECIMENTO

Capítulo Único — Disposições gerais — Arts. 1.142 a 1.143 .. 835
(...)
Capítulo III — Dos prepostos ... 835
 Seção I — Disposições gerais — Arts. 1.169 a 1.171 .. 835
 Seção II — Do gerente — Arts. 1.172 a 1.173, 1.175 a 1.176 .. 836

LEI N. 10.406, DE 10 DE JANEIRO DE 2002
(CÓDIGO CIVIL DE 2002)
(DOU 11.1.2002)

Excertos pertinentes à Área Trabalhista

PARTE GERAL

LIVRO I
DAS PESSOAS

TÍTULO I
Das Pessoas Naturais

Capítulo I
Da Personalidade e da Capacidade

Art. 1º Toda pessoa é capaz de direitos e deveres na ordem civil.

Art. 2º A personalidade civil da pessoa começa do nascimento com vida; mas a lei põe a salvo, desde a concepção, os direitos do nascituro.

Art. 3º São absolutamente incapazes de exercer pessoalmente os atos da vida civil os menores de 16 (dezesseis) anos. *(Redação dada pela Lei n. 13.146, de 6.7.15, DOU 7.7.15)*

I — os menores de dezesseis anos; *(Revogado pela Lei n. 13.146, de 6.7.15, DOU 7.7.15)*

II — os que, por enfermidade ou deficiência mental, não tiverem o necessário discernmento para a prática desses atos; *(Revogado pela Lei n. 13.146, de 6.7.15, DOU 7.7.15)*

III — os que, mesmo por causa transitória, não puderem exprimir sua vontade. *(Revogado pela Lei n. 13.146, de 6.7.15, DOU 7.7.15)*

Art. 4º São incapazes, relativamente a certos atos, ou à maneira de os exercer:

I — os maiores de dezesseis e menores de dezoito anos;

II — os ébrios habituais e os viciados em tóxico; *(Redação dada pela Lei n. 13.146, de 6.7.15, DOU 7.7.15)*

III — aqueles que, por causa transitória ou permanente, não puderem exprimir sua vontade; *(Redação dada pela Lei n. 13.146, de 6.7.15, DOU 7.7.15)*

IV — os pródigos.

PARÁGRAFO ÚNICO. A capacidade dos indígenas será regulada por legislação especial. *(Redação dada pela Lei n. 13.146, de 6.7.15, DOU 7.7.15)*

Art. 5º A menoridade cessa aos dezoito anos completos, quando a pessoa fica habilitada à prática de todos os atos da vida civil.

PARÁGRAFO ÚNICO. Cessará, para os menores, a incapacidade:

I — pela concessão dos pais, ou de um deles na falta do outro, mediante instrumento público, independentemente de homologação judicial, ou por sentença do juiz, ouvido o tutor, se o menor tiver dezesseis anos completos;

II — pelo casamento;

III — pelo exercício de emprego público efetivo;

IV — pela colação de grau em curso de ensino superior;

V — pelo estabelecimento civil ou comercial, ou pela existência de relação de emprego, desde que, em função deles, o menor com dezesseis anos completos tenha economia própria.

...

Capítulo II
Dos Direitos da Personalidade

Art. 11. Com exceção dos casos previstos em lei, os direitos da personalidade são intransmissíveis e irrenunciáveis, não podendo o seu exercício sofrer limitação voluntária.

Art. 12. Pode-se exigir que cesse a ameaça, ou a lesão, a direito da personalidade, e reclamar perdas e danos, sem prejuízo de outras sanções previstas em lei.

PARÁGRAFO ÚNICO. Em se tratando de morto, terá legitimação para requerer a medida prevista neste artigo o cônjuge sobrevivente, ou qualquer parente em linha reta, ou colateral até o quarto grau.

...

Art. 16. Toda pessoa tem direito ao nome, nele compreendidos o prenome e o sobrenome.

Art. 17. O nome da pessoa não pode ser empregado por outrem em publicações ou representações que a exponham ao desprezo público, ainda quando não haja intenção difamatória.

Art. 18. Sem autorização, não se pode usar o nome alheio em propaganda comercial.

Art. 19. O pseudônimo adotado para atividades lícitas goza da proteção que se dá ao nome.

Art. 20. Salvo se autorizadas, ou se necessárias à administração da justiça ou à manutenção da ordem pública, a divulgação de escritos, a transmissão da palavra, ou a publicação, a exposição ou a utilização da imagem de uma pessoa poderão ser proibidas, a seu requerimento e sem prejuízo da indenização que couber, se lhe atingirem a honra, a boa fama ou a respeitabilidade, ou se se destinarem a fins comerciais.

PARÁGRAFO ÚNICO. Em se tratando de morto ou de ausente, são partes legítimas para requerer essa proteção o cônjuge, os ascendentes ou os descendentes.

Art. 21. A vida privada da pessoa natural é inviolável, e o juiz, a requerimento do interessado, adotará as providências necessárias para impedir ou fazer cessar ato contrário a esta norma.

TÍTULO II
Das Pessoas Jurídicas

Art. 50. Em caso de abuso da personalidade jurídica, caracterizado pelo desvio de finalidade, ou pela confusão patrimonial, pode o juiz decidir, a requerimento da parte, ou do Ministério Público quando lhe couber intervir no processo, que os efeitos de certas e determinadas relações de obrigações sejam estendidos aos bens particulares dos administradores ou sócios da pessoa jurídica.

Art. 52. Aplica-se às pessoas jurídicas, no que couber, a proteção dos direitos da personalidade.

TÍTULO III
DO DOMICÍLIO

Art. 72. É também domicílio da pessoa natural, quanto às relações concernentes à profissão, o lugar onde esta é exercida.

LIVRO III
DOS FATOS JURÍDICOS

TÍTULO I
Do Negócio Jurídico

Capítulo I
DISPOSIÇÕES GERAIS

Art. 104. A validade do negócio jurídico requer:
I — agente capaz;
II — objeto lícito, possível, determinado ou determinável;
III — forma prescrita ou não defesa em lei.

Art. 108. Não dispondo a lei em contrário, a escritura pública é essencial à validade dos negócios jurídicos que visem à constituição, transferência, modificação ou renúncia de direitos reais sobre imóveis de valor superior a trinta vezes o maior salário mínimo vigente no País.

Art. 110. A manifestação de vontade subsiste ainda que o seu autor haja feito a reserva mental de não querer o que manifestou, salvo se dela o destinatário tinha conhecimento.

Art. 111. O silêncio importa anuência, quando as circunstâncias ou os usos o autorizarem, e não for necessária a declaração de vontade expressa.

Art. 112. Nas declarações de vontade se atenderá mais à intenção nelas consubstanciada do que ao sentido literal da linguagem.

Art. 113. Os negócios jurídicos devem ser interpretados conforme a boa-fé e os usos do lugar de sua celebração.

Art. 114. Os negócios jurídicos benéficos e a renúncia interpretam-se estritamente.

Capítulo II
DA REPRESENTAÇÃO

Art. 115. Os poderes de representação conferem-se por lei ou pelo interessado.

Art. 116. A manifestação de vontade pelo representante, nos limites de seus poderes, produz efeitos em relação ao representado.

TÍTULO III
DOS ATOS ILÍCITOS

Art. 186. Aquele que, por ação ou omissão voluntária, negligência ou imprudência, violar direito e causar dano a outrem, ainda que exclusivamente moral, comete ato ilícito.

Art. 187. Também comete ato ilícito o titular de um direito que, ao exercê-lo, excede manifestamente os limites impostos pelo seu fim econômico ou social, pela boa-fé ou pelos bons costumes.

Art. 188. Não constituem atos ilícitos:
I — os praticados em legítima defesa ou no exercício regular de um direito reconhecido;
II — a deterioração ou destruição da coisa alheia, ou a lesão a pessoa, a fim de remover perigo iminente.
PARÁGRAFO ÚNICO. No caso do inciso II, o ato será legítimo somente quando as circunstâncias o tornarem absolutamente necessário, não excedendo os limites do indispensável para a remoção do perigo.

TÍTULO I
DA PRESCRIÇÃO E DA DECADÊNCIA

Capítulo I
DA PRESCRIÇÃO

Seção I
Disposições Gerais

Art. 189. Violado o direito, nasce para o titular a pretensão, a qual se extingue, pela prescrição, nos prazos a que aludem os arts. 205 e 206.

Art. 190. A exceção prescreve no mesmo prazo em que a pretensão.

Art. 191. A renúncia da prescrição pode ser expressa ou tácita, e só valerá, sendo feita, sem prejuízo de terceiro, depois que a prescrição se consumar; tácita é a renúncia quando se presume de fatos do interessado, incompatíveis com a prescrição.

Art. 192. Os prazos de prescrição não podem ser alterados por acordo das partes.

Art. 193. A prescrição pode ser alegada em qualquer grau de jurisdição, pela parte a quem aproveita.

Art. 194. O juiz não pode suprir, de ofício, a alegação de prescrição, salvo se favorecer a absolutamente incapaz.
(Revogado pela Lei n. 11.280, de 16.2.2006, DOU 17.2.2006)

Art. 195. Os relativamente incapazes e as pessoas jurídicas têm ação contra os seus assistentes ou repre-

sentantes legais, que derem causa à prescrição, ou não a alegarem oportunamente.

Art. 196. A prescrição iniciada contra uma pessoa continua a correr contra o seu sucessor.

Seção II
Das causas que impedem ou Suspendem a Prescrição

Art. 197. Não corre a prescrição:
I — entre os cônjuges, na constância da sociedade conjugal;
II — entre ascendentes e descendentes, durante o poder familiar;
III — entre tutelados ou curatelados e seus tutores ou curadores, durante a tutela ou curatela.

Art. 198. Também não corre a prescrição:
I — contra os incapazes de que trata o art. 3º;
II — contra os ausentes do País em serviço público da União, dos Estados ou dos Municípios;
III — contra os que se acharem servindo nas Forças Armadas, em tempo de guerra.

Art. 199. Não corre igualmente a prescrição:
I — pendendo condição suspensiva;
II — não estando vencido o prazo;
III — pendendo ação de evicção.

Art. 200. Quando a ação se originar de fato que deva ser apurado no juízo criminal, não correrá a prescrição antes da respectiva sentença definitiva.

Seção III
Das Causas que Interrompem a Prescrição

Art. 202. A interrupção da prescrição, que somente poderá ocorrer uma vez, dar-se-á:
I — por despacho do juiz, mesmo incompetente, que ordenar a citação, se o interessado a promover no prazo e na forma da lei processual;
II — por protesto, nas condições do inciso antecedente;
..
V — por qualquer ato judicial que constitua em mora o devedor;
VI — por qualquer ato inequívoco, ainda que extrajudicial, que importe reconhecimento do direito pelo devedor.
PARÁGRAFO ÚNICO. A prescrição interrompida recomeça a correr da data do ato que a interrompeu, ou do último ato do processo para a interromper.
..

Seção IV
Dos Prazos da Prescrição

Art. 205. A prescrição ocorre em dez anos, quando a lei não lhe haja fixado prazo menor.

Art. 206. Prescreve:
§ 1º Em um ano:
I — a pretensão dos hospedeiros ou fornecedores de víveres destinados a consumo no próprio estabelecimento, para o pagamento da hospedagem ou dos alimentos;
..

§ 3º Em três anos:
..
IV — a pretensão de ressarcimento de enriquecimento sem causa;
V — a pretensão de reparação civil;
..
VIII — a pretensão para haver o pagamento de título de crédito, a contar do vencimento, ressalvadas as disposições de lei especial;
§ 5º Em cinco anos:
I — a pretensão de cobrança de dívidas líquidas constantes de instrumento público ou particular
II — a pretensão dos profissionais liberais em geral, procuradores judiciais, curadores e professores pelos seus honorários, contado o prazo da conclusão dos serviços, da cessação dos respectivos contratos ou mandato;
III — a pretensão do vencedor para haver do vencido o que despendeu em juízo

Capítulo II
DA DECADÊNCIA

Art. 207. Salvo disposição legal em contrário, não se aplicam à decadência as normas que impedem, suspendem ou interrompem a prescrição.

Art. 208. Aplica-se à decadência o disposto nos arts. 195 e 198, inciso I.

Art. 209. É nula a renúncia à decadência fixada em lei.

Art. 210. Deve o juiz, de ofício, conhecer da decadência, quando estabelecida por lei.

Art. 211. Se a decadência for convencional, a parte a quem aproveita pode alegá-la em qualquer grau de jurisdição, mas o juiz não pode suprir a alegação.

PARTE ESPECIAL

LIVRO I
DO DIREITO DAS OBRIGAÇÕES

TÍTULO I
Das Modalidades das Obrigações
..

Capítulo VI
Das Obrigações Solidárias

Seção I
Disposições Gerais

Art. 264. Há solidariedade, quando na mesma obrigação concorre mais de um credor, ou mais de um devedor, cada um com direito, ou obrigado, à dívida toda.

Art. 265. A solidariedade não se presume; resulta da lei ou da vontade das partes.

Art. 266. A obrigação solidária pode ser pura e simples para um dos cocredores ou codevedores, e condicional, ou a prazo, ou pagável em lugar diferente, para o outro.

TÍTULO IV
Do Adimplemento e Extinção das Obrigações

...

Capítulo V
Da Cláusula Penal

...

Art. 413. A penalidade deve ser reduzida equitativamente pelo juiz se a obrigação principal tiver sido cumprida em parte, ou se o montante da penalidade for manifestamente excessivo, tendo-se em vista a natureza e a finalidade do negócio.

...

TÍTULO V
Dos Contratos em Geral

Capítulo I
Disposições Gerais

Seção I
Preliminares

Art. 421. A liberdade de contratar será exercida em razão e nos limites da função social do contrato.

Art. 422. Os contratantes são obrigados a guardar, assim na conclusão do contrato, como em sua execução, os princípios de probidade e boa-fé.

Art. 423. Quando houver no contrato de adesão cláusulas ambíguas ou contraditórias, dever-se-á adotar a interpretação mais favorável ao aderente.

...

Seção II
Da Formação dos Contratos

Art. 429. A oferta ao público equivale a proposta quando encerra os requisitos essenciais ao contrato, salvo se o contrário resultar das circunstâncias ou dos usos.
PARÁGRAFO ÚNICO. Pode revogar-se a oferta pela mesma via de sua divulgação, desde que ressalvada esta faculdade na oferta realizada.

...

TÍTULO VI
Das Várias Espécies de Contrato

Capítulo VII
Da Prestação de Serviço

Art. 593. A prestação de serviço, que não estiver sujeita às leis trabalhistas ou a lei especial, reger-se-á pelas disposições deste Capítulo.

Art. 594. Toda a espécie de serviço ou trabalho lícito, material ou imaterial, pode ser contratada mediante retribuição.

Art. 595. No contrato de prestação de serviço, quando qualquer das partes não souber ler, nem escrever, o instrumento poderá ser assinado a rogo e subscrito por duas testemunhas.

Art. 596. Não se tendo estipulado, nem chegado a acordo as partes, fixar-se-á por arbitramento a retribuição, segundo o costume do lugar, o tempo de serviço e sua qualidade.

Art. 597. A retribuição pagar-se-á depois de prestado o serviço, se, por convenção, ou costume, não houver de ser adiantada, ou paga em prestações.

Art. 598. A prestação de serviço não se poderá convencionar por mais de quatro anos, embora o contrato tenha por causa o pagamento de dívida de quem o presta, ou se destine à execução de certa e determinada obra. Neste caso, decorridos quatro anos, dar-se-á por findo o contrato, ainda que não concluída a obra.

Art. 599. Não havendo prazo estipulado, nem se podendo inferir da natureza do contrato, ou do costume do lugar, qualquer das partes, a seu arbítrio, mediante prévio aviso, pode resolver o contrato.
PARÁGRAFO ÚNICO. Dar-se-á o aviso:
I — com antecedência de oito dias, se o salário se houver fixado por tempo de um mês, ou mais;
II — com antecipação de quatro dias, se o salário se tiver ajustado por semana, ou quinzena;
III — de véspera, quando se tenha contratado por menos de sete dias.

Art. 600. Não se conta no prazo do contrato o tempo em que o prestador de serviço, por culpa sua, deixou de servir.

Art. 601. Não sendo o prestador de serviço contratado para certo e determinado trabalho, entender-se-á que se obrigou a todo e qualquer serviço compatível com as suas forças e condições.

Art. 602. O prestador de serviço contratado por tempo certo, ou por obra determinada, não se pode ausentar, ou despedir, sem justa causa, antes de preenchido o tempo, ou concluída a obra.
PARÁGRAFO ÚNICO. Se se despedir sem justa causa, terá direito à retribuição vencida, mas responderá por perdas e danos. O mesmo dar-se-á, se despedido por justa causa.

Art. 603. Se o prestador de serviço for despedido sem justa causa, a outra parte será obrigada a pagar-lhe por inteiro a retribuição vencida, e por metade a que lhe tocaria de então ao termo legal do contrato.

Art. 604. Findo o contrato, o prestador de serviço tem direito a exigir da outra parte a declaração de que o contrato está findo. Igual direito lhe cabe, se for despedido sem justa causa, ou se tiver havido motivo justo para deixar o serviço.

Art. 605. Nem aquele a quem os serviços são prestados, poderá transferir a outrem o direito aos serviços ajustados, nem o prestador de serviços, sem aprazimento da outra parte, dar substituto que os preste.

Art. 606. Se o serviço for prestado por quem não possua título de habilitação, ou não satisfaça requisitos outros estabelecidos em lei, não poderá quem os prestou cobrar a retribuição normalmente correspondente ao trabalho executado. Mas se deste resultar benefício para a outra parte, o juiz atribuirá a quem o prestou uma compensação razoável, desde que tenha agido com boa-fé.

PARÁGRAFO ÚNICO. Não se aplica a segunda parte deste artigo, quando a proibição da prestação de serviço resultar de lei de ordem pública.

Capítulo VIII
Da Empreitada

Art. 610. O empreiteiro de uma obra pode contribuir para ela só com seu trabalho ou com ele e os materiais.

§ 1º A obrigação de fornecer os materiais não se presume; resulta da lei ou da vontade das partes.

§ 2º O contrato para elaboração de um projeto não implica a obrigação de executá-lo, ou de fiscalizar-lhe a execução.

Art. 611. Quando o empreiteiro fornece os materiais, correm por sua conta os riscos até o momento da entrega da obra, a contento de quem a encomendou, se este não estiver em mora de receber. Mas se estiver, por sua conta correrão os riscos.

Art. 612. Se o empreiteiro só forneceu mão de obra, todos os riscos em que não tiver culpa correrão por conta do dono.

Art. 613. Sendo a empreitada unicamente de lavor (art. 610), se a coisa perecer antes de entregue, sem mora do dono nem culpa do empreiteiro, este perderá a retribuição, se não provar que a perda resultou de defeito dos materiais e que em tempo reclamara contra a sua quantidade ou qualidade.

Art. 614. Se a obra constar de partes distintas, ou for de natureza das que se determinam por medida, o empreiteiro terá direito a que também se verifique por medida, ou segundo as partes em que se dividir, podendo exigir o pagamento na proporção da obra executada.

§ 1º Tudo o que se pagou presume-se verificado.

§ 2º O que se mediu presume-se verificado se, em trinta dias, a contar da medição, não forem denunciados os vícios ou defeitos pelo dono da obra ou por quem estiver incumbido da sua fiscalização.

Art. 615. Concluída a obra de acordo com o ajuste, ou o costume do lugar, o dono é obrigado a recebê-la. Poderá, porém, rejeitá-la, se o empreiteiro se afastou das instruções recebidas e dos planos dados, ou das regras técnicas em trabalhos de tal natureza.

Art. 616. No caso da segunda parte do artigo antecedente, pode quem encomendou a obra, em vez de enjeitá-la, recebê-la com abatimento no preço.

Art. 617. O empreiteiro é obrigado a pagar os materiais que recebeu, se por imperícia ou negligência os inutilizar.

Art. 618. Nos contratos de empreitada de edifícios ou outras construções consideráveis, o empreiteiro de materiais e execução responderá, durante o prazo irredutível de cinco anos, pela solidez e segurança do trabalho, assim em razão dos materiais, como do solo.

PARÁGRAFO ÚNICO. Decairá do direito assegurado neste artigo o dono da obra que não propuser a ação contra o empreiteiro, nos cento e oitenta dias seguintes ao aparecimento do vício ou defeito.

Art. 619. Salvo estipulação em contrário, o empreiteiro que se incumbir de executar uma obra, segundo plano aceito por quem a encomendou, não terá direito a exigir acréscimo no preço, ainda que sejam introduzidas modificações no projeto, a não ser que estas resultem de instruções escritas do dono da obra.

PARÁGRAFO ÚNICO. Ainda que não tenha havido autorização escrita, o dono da obra é obrigado a pagar ao empreiteiro os aumentos e acréscimos, segundo o que for arbitrado, se, sempre presente à obra, por continuadas visitas, não podia ignorar o que se estava passando, e nunca protestou.

Art. 620. Se ocorrer diminuição no preço do material ou da mão de obra superior a um décimo do preço global convencionado, poderá este ser revisto, a pedido do dono da obra, para que se lhe assegure a diferença apurada.

Art. 621. Sem anuência de seu autor, não pode o proprietário da obra introduzir modificações no projeto por ele aprovado, ainda que a execução seja confiada a terceiros, a não ser que, por motivos supervenientes ou razões de ordem técnica, fique comprovada a inconveniência ou a excessiva onerosidade de execução do projeto em sua forma originária.

PARÁGRAFO ÚNICO. A proibição deste artigo não abrange alterações de pouca monta, ressalvada sempre a unidade estética da obra projetada.

Art. 622. Se a execução da obra for confiada a terceiros, a responsabilidade do autor do projeto respectivo, desde que não assuma a direção ou fiscalização daquela, ficará limitada aos danos resultantes de defeitos previstos no art. 618 e seu parágrafo único.

Art. 623. Mesmo após iniciada a construção, pode o dono da obra suspendê-la, desde que pague ao empreiteiro as despesas e lucros relativos aos serviços já feitos, mais indenização razoável, calculada em função do que ele teria ganho, se concluída a obra.

Art. 624. Suspensa a execução da empreitada sem justa causa, responde o empreiteiro por perdas e danos.

Art. 625. Poderá o empreiteiro suspender a obra:

I — por culpa do dono, ou por motivo de força maior;

II — quando, no decorrer dos serviços, se manifestarem dificuldades imprevisíveis de execução, resultantes de causas geológicas ou hídricas, ou outras semelhantes, de modo que torne a empreitada excessivamente onerosa, e o dono da obra se opuser ao reajuste do preço inerente ao projeto por ele elaborado, observados os preços;

III — se as modificações exigidas pelo dono da obra, por seu vulto e natureza, forem desproporcionais ao projeto aprovado, ainda que o dono se disponha a arcar com o acréscimo de preço.

Art. 626. Não se extingue o contrato de empreitada pela morte de qualquer das partes, salvo se ajustado em consideração às qualidades pessoais do empreiteiro.

Seção V
Do Mandato Judicial

Art. 692. O mandato judicial fica subordinado às normas que lhe dizem respeito, constantes da legislação processual, e, supletivamente, às estabelecidas neste Código.

Capítulo XI
Da Comissão

Art. 693. O contrato de comissão tem por objeto a aquisição ou a venda de bens pelo comissário, em seu próprio nome, à conta do comitente.

Art. 694. O comissário fica diretamente obrigado para com as pessoas com quem contratar, sem que estas tenham ação contra o comitente, nem este contra elas, salvo se o comissário ceder seus direitos a qualquer das partes.

Art. 695. O comissário é obrigado a agir de conformidade com as ordens e instruções do comitente, devendo, na falta destas, não podendo pedi-las a tempo, proceder segundo os usos em casos semelhantes.
PARÁGRAFO ÚNICO. Ter-se-ão por justificados os atos do comissário, se deles houver resultado vantagem para o comitente, e ainda no caso em que, não admitindo demora a realização do negócio, o comissário agiu de acordo com os usos.

Art. 696. No desempenho das suas incumbências o comissário é obrigado a agir com cuidado e diligência, não só para evitar qualquer prejuízo ao comitente, mas ainda para lhe proporcionar o lucro que razoavelmente se podia esperar do negócio.
PARÁGRAFO ÚNICO. Responderá o comissário, salvo motivo de força maior, por qualquer prejuízo que, por ação ou omissão, ocasionar ao comitente.

Art. 697. O comissário não responde pela insolvência das pessoas com quem tratar, exceto em caso de culpa e no do artigo seguinte.

Art. 698. Se do contrato de comissão constar a cláusula *del credere*, responderá o comissário solidariamente com as pessoas com que houver tratado em nome do comitente, caso em que, salvo estipulação em contrário, o comissário tem direito a remuneração mais elevada, para compensar o ônus assumido.

Art. 699. Presume-se o comissário autorizado a conceder dilação do prazo para pagamento, na conformidade dos usos do lugar onde se realizar o negócio, se não houver instruções diversas do comitente.

Art. 700. Se houver instruções do comitente proibindo prorrogação de prazos para pagamento, ou se esta não for conforme os usos locais, poderá o comitente exigir que o comissário pague incontinenti ou responda pelas conseqüências da dilação concedida, procedendo-se de igual modo se o comissário não der ciência ao comitente dos prazos concedidos e de quem é seu beneficiário.

Art. 701. Não estipulada a remuneração devida ao comissário, será ela arbitrada segundo os usos correntes no lugar.

Art. 702. No caso de morte do comissário, ou, quando, por motivo de força maior, não puder concluir o negócio, será devida pelo comitente uma remuneração proporcional aos trabalhos realizados.

Art. 703. Ainda que tenha dado motivo à dispensa, terá o comissário direito a ser remunerado pelos serviços úteis prestados ao comitente, ressalvado a este o direito de exigir daquele os prejuízos sofridos.

Art. 704. Salvo disposição em contrário, pode o comitente, a qualquer tempo, alterar as instruções dadas ao comissário, entendendo-se por elas regidos também os negócios pendentes.

Art. 705. Se o comissário for despedido sem justa causa, terá direito a ser remunerado pelos trabalhos prestados, bem como a ser ressarcido pelas perdas e danos resultantes de sua dispensa.

Art. 706. O comitente e o comissário são obrigados a pagar juros um ao outro; o primeiro pelo que o comissário houver adiantado para cumprimento de suas ordens; e o segundo pela mora na entrega dos fundos que pertencerem ao comitente.

Art. 707. O crédito do comissário, relativo a comissões e despesas feitas, goza de privilégio geral, no caso de falência ou insolvência do comitente.

Art. 708. Para reembolso das despesas feitas, bem como para recebimento das comissões devidas, tem o comissário direito de retenção sobre os bens e valores em seu poder em virtude da comissão.

Art. 709. São aplicáveis à comissão, no que couber, as regras sobre mandato.

Capítulo XII
Da Agência e Distribuição

Art. 710. Pelo contrato de agência, uma pessoa assume, em caráter não eventual e sem vínculos de dependência, a obrigação de promover, à conta de outra, mediante retribuição, a realização de certos negócios, em zona determinada, caracterizando-se a distribuição quando o agente tiver à sua disposição a coisa a ser negociada.
PARÁGRAFO ÚNICO. O proponente pode conferir poderes ao agente para que este o represente na conclusão dos contratos.

Art. 711. Salvo ajuste, o proponente não pode constituir, ao mesmo tempo, mais de um agente, na mesma zona, com idêntica incumbência; nem pode o agente assumir o encargo de nela tratar de negócios do mesmo gênero, à conta de outros proponentes.

Art. 712. O agente, no desempenho que lhe foi cometido, deve agir com toda diligência, atendo-se às instruções recebidas do proponente.

Art. 713. Salvo estipulação diversa, todas as despesas com a agência ou distribuição correm a cargo do agente ou distribuidor.

Art. 714. Salvo ajuste, o agente ou distribuidor terá direito à remuneração correspondente aos negócios concluídos dentro de sua zona, ainda que sem a sua interferência.

Art. 715. O agente ou distribuidor tem direito à indenização se o proponente, sem justa causa, cessar o atendimento das propostas ou reduzi-lo tanto que se torna antieconômica a continuação do contrato.

Art. 716. A remuneração será devida ao agente também quando o negócio deixar de ser realizado por fato imputável ao proponente.

Art. 717. Ainda que dispensado por justa causa, terá o agente direito a ser remunerado pelos serviços úteis prestados ao proponente, sem embargo de haver este perdas e danos pelos prejuízos sofridos.

Art. 718. Se a dispensa se der sem culpa do agente, terá ele direito à remuneração até então devida, inclusive sobre os negócios pendentes, além das indenizações previstas em lei especial.

Art. 719. Se o agente não puder continuar o trabalho por motivo de força maior, terá direito à remuneração cor-

respondente aos serviços realizados, cabendo esse direito aos herdeiros no caso de morte.

Art. 720. Se o contrato for por tempo indeterminado, qualquer das partes poderá resolvê-lo, mediante aviso prévio de noventa dias, desde que transcorrido prazo compatível com a natureza e o vulto do investimento exigido do agente.
PARÁGRAFO ÚNICO. No caso de divergência entre as partes, o juiz decidirá da razoabilidade do prazo e do valor devido.

Art. 721. Aplicam-se ao contrato de agência e distribuição, no que couber, as regras concernentes ao mandato e à comissão e as constantes de lei especial.

Capítulo XIII
Da Corretagem

Art. 722. Pelo contrato de corretagem, uma pessoa, não ligada a outra em virtude de mandato, de prestação de serviços ou por qualquer relação de dependência, obriga-se a obter para a segunda um ou mais negócios, conforme as instruções recebidas.

Art. 723. O corretor é obrigado a executar a mediação com diligência e prudência, e a prestar ao cliente, espontaneamente, todas as informações sobre o andamento do negócio. *(Redação dada pela Lei n. 12.236, de 19.5.2010, DOU 20.5.2010)*
PARÁGRAFO ÚNICO. Sob pena de responder por perdas e danos, o corretor prestará ao cliente todos os esclarecimentos acerca da segurança ou do risco do negócio, das alterações de valores e de outros fatores que possam influir nos resultados da incumbência. (NR) *(Redação dada pela Lei n. 12.236, de 19.5.2010, DOU 20.5.2010)*

Art. 724. A remuneração do corretor, se não estiver fixada em lei, nem ajustada entre as partes, será arbitrada segundo a natureza do negócio e os usos locais.

Art. 725. A remuneração é devida ao corretor uma vez que tenha conseguido o resultado previsto no contrato de mediação, ou ainda que este não se efetive em virtude de arrependimento das partes.

Art. 726. Iniciado e concluído o negócio diretamente entre as partes, nenhuma remuneração será devida ao corretor; mas se, por escrito, for ajustada a corretagem com exclusividade, terá o corretor direito à remuneração integral, ainda que realizado o negócio sem a sua mediação, salvo se comprovada sua inércia ou ociosidade.

Art. 727. Se, por não haver prazo determinado, o dono do negócio dispensar o corretor, e o negócio se realizar posteriormente, como fruto da sua mediação, a corretagem lhe será devida; igual solução se adotará se o negócio se realizar após a decorrência do prazo contratual, mas por efeito dos trabalhos do corretor.

Art. 728. Se o negócio se concluir com a intermediação de mais de um corretor, a remuneração será paga a todos em partes iguais, salvo ajuste em contrário.

Art. 729. Os preceitos sobre corretagem constantes deste Código não excluem a aplicação de outras normas da legislação especial.

Capítulo XIV
Do Transporte

Seção I
Disposições Gerais

Art. 730. Pelo contrato de transporte alguém se obriga, mediante retribuição, a transportar, de um lugar para outro, pessoas ou coisas.

Art. 731. O transporte exercido em virtude de autorização, permissão ou concessão, rege-se pelas normas regulamentares e pelo que for estabelecido naqueles atos, sem prejuízo do disposto neste Código.

Art. 732. Aos contratos de transporte, em geral, são aplicáveis, quando couber, desde que não contrariem as disposições deste Código, os preceitos constantes da legislação especial e de tratados e convenções internacionais.

Seção II
Do Transporte de Pessoas

Art. 736. Não se subordina às normas do contrato de transporte o feito gratuitamente, por amizade ou cortesia.
PARÁGRAFO ÚNICO. Não se considera gratuito o transporte quando, embora feito sem remuneração, o transportador auferir vantagens indiretas.

TÍTULO IX
Da Responsabilidade Civil

Capítulo I
Da Obrigação de Indenizar

Art. 927. Aquele que, por ato ilícito (arts. 186 e 187), causar dano a outrem, fica obrigado a repará-lo.
PARÁGRAFO ÚNICO. Haverá obrigação de reparar o dano, independentemente de culpa, nos casos especificados em lei, ou quando a atividade normalmente desenvolvida pelo autor do dano implicar, por sua natureza, risco para os direitos de outrem.

Art. 932. São também responsáveis pela reparação civil:

III — o empregador ou comitente, por seus empregados, serviçais e prepostos, no exercício do trabalho que lhes competir, ou em razão dele;
IV — os donos de hotéis, hospedarias, casas ou estabelecimentos onde se albergue por dinheiro, mesmo para fins de educação, pelos seus hóspedes, moradores e educandos;

Art. 933. As pessoas indicadas nos incisos I a V do artigo antecedente, ainda que não haja culpa de sua parte, responderão pelos atos praticados pelos terceiros ali referidos.

Art. 934. Aquele que ressarcir o dano causado por outrem pode reaver o que houver pago daquele por quem pagou, salvo se o causador do dano for descendente seu, absoluta ou relativamente incapaz.

Art. 935. A responsabilidade civil é independente da criminal, não se podendo questionar mais sobre a existência do fato, ou sobre quem seja o seu autor, quando estas questões se acharem decididas no juízo criminal.

Art. 940. Aquele que demandar por dívida já paga, no todo ou em parte, sem ressalvar as quantias recebidas ou pedir mais do que for devido, ficará obrigado a pagar ao devedor, no primeiro caso, o dobro do que houver cobrado e, no segundo, o equivalente do que dele exigir, salvo se houver prescrição.

Capítulo II
Da Indenização

Art. 944. A indenização mede-se pela extensão do dano.
PARÁGRAFO ÚNICO. Se houver excessiva desproporção entre a gravidade da culpa e o dano, poderá o juiz reduzir, equitativamente, a indenização.

Art. 945. Se a vítima tiver concorrido culposamente para o evento danoso, a sua indenização será fixada tendo-se em conta a gravidade de sua culpa em confronto com a do autor do dano.

Art. 949. No caso de lesão ou outra ofensa à saúde, o ofensor indenizará o ofendido das despesas do tratamento e dos lucros cessantes até ao fim da convalescença, além de algum outro prejuízo que o ofendido prove haver sofrido.

Art. 950. Se da ofensa resultar defeito pelo qual o ofendido não possa exercer o seu ofício ou profissão, ou se lhe diminua a capacidade de trabalho, a indenização, além das despesas do tratamento e lucros cessantes até ao fim da convalescença, incluirá pensão correspondente à importância do trabalho para que se inabilitou, ou da depreciação que ele sofreu.
PARÁGRAFO ÚNICO. O prejudicado, se preferir, poderá exigir que a indenização seja arbitrada e paga de uma só vez.

TÍTULO X
Das Preferências e Privilégios Creditórios

Art. 964. Têm privilégio especial:

VIII — sobre o produto da colheita, para a qual houver concorrido com o seu trabalho, e precipuamente a quaisquer outros créditos, ainda que reais, o trabalhador agrícola, quanto à dívida dos seus salários.

Art. 965. Goza de privilégio geral, na ordem seguinte, sobre os bens do devedor:

VII — o crédito pelos salários dos empregados do serviço doméstico do devedor, nos seus derradeiros seis meses de vida;

LIVRO II
DO DIREITO DE EMPRESA

TÍTULO I
Do Empresário

Capítulo I
Da Caracterização e da Inscrição

Art. 966. Considera-se empresário quem exerce profissionalmente atividade econômica organizada para a produção ou a circulação de bens ou de serviços.
PARÁGRAFO ÚNICO. Não se considera empresário quem exerce profissão intelectual, de natureza científica, literária ou artística, ainda com o concurso de auxiliares ou colaboradores, salvo se o exercício da profissão constituir elemento de empresa.

Art. 967. É obrigatória a inscrição do empresário no Registro Público de Empresas Mercantis da respectiva sede, antes do início de sua atividade.

Art. 968. A inscrição do empresário far-se-á mediante requerimento que contenha:
I — o seu nome, nacionalidade, domicílio, estado civil e, se casado, o regime de bens;
II — a firma, com a respectiva assinatura autógrafa que poderá ser substituída pela assinatura autenticada com certificação digital ou meio equivalente que comprove a sua autenticidade, ressalvado o disposto no inciso I do § 1º do art. 4º da Lei Complementar n. 123, de 14 de dezembro de 2006; *(Redação dada pela Lei Complementar n. 147, de 7.8.2014, DOU 8.8.2014)*
III — o capital;
IV — o objeto e a sede da empresa.
§ 1º Com as indicações estabelecidas neste artigo, a inscrição será tomada por termo no livro próprio do Registro Público de Empresas Mercantis, e obedecerá a número de ordem contínuo para todos os empresários inscritos.
§ 2º À margem da inscrição, e com as mesmas formalidades, serão averbadas quaisquer modificações nela ocorrentes.
§ 3º Caso venha a admitir sócios, o empresário individual poderá solicitar ao Registro Público de Empresas Mercantis a transformação de seu registro de empresário, para registro de sociedade empresária observado, no que couber, o disposto nos arts. 1.113 a 1.115 deste Código. (NR) *(Acrescentado pela LC n. 128, de 19.12.2008, DOU 22.12.2008)*
§ 4º O processo de abertura, registro, alteração e baixa do microempreendedor individual de que trata o art. 18-A da Lei Complementar n. 123, de 14 de dezembro de 2006, bem como qualquer exigência para o início de seu funcionamento deverão ter trâmite especial e simplificado, preferentemente eletrônico, opcional para o empreendedor, na forma a ser disciplinada pelo Comitê para Gestão da Rede Nacional para a Simplificação do Registro e da Legalização de Empresas e Negócios — CGSIM, de que trata o inciso III do art. 2º da mesma Lei. *(Acrescentado pela Lei n. 12.470, de 31.8.2011, DOU 1.9.2011)*
§ 5º Para fins do disposto no § 4º, poderão ser dispensados o uso da firma, com a respectiva assinatura autógrafa, o capital, requerimentos, demais assinaturas, informações relativas à nacionalidade, estado civil e regime de bens, bem como remessa de documentos, na forma estabelecida pelo CGSIM. (NR) *(Acrescentado pela Lei n. 12.470, de 31.8.2011, DOU 1.9.2011)*

Art. 969. O empresário que instituir sucursal, filial ou agência, em lugar sujeito à jurisdição de outro Registro Público de Empresas Mercantis, neste deverá também inscrevê-la, com a prova da inscrição originária.

PARÁGRAFO ÚNICO. Em qualquer caso, a constituição do estabelecimento secundário deverá ser averbada no Registro Público de Empresas Mercantis da respectiva sede.

Art. 970. A lei assegurará tratamento favorecido, diferenciado e simplificado ao empresário rural e ao pequeno empresário, quanto à inscrição e aos efeitos daí decorrentes.

Art. 971. O empresário, cuja atividade rural constitua sua principal profissão, pode, observadas as formalidades de que tratam o art. 968 e seus parágrafos, requerer inscrição no Registro Público de Empresas Mercantis da respectiva sede, caso em que, depois de inscrito, ficará equiparado, para todos os efeitos, ao empresário sujeito a registro.

TÍTULO I-A
Da Empresa Individual de Responsabilidade Limitada

Art. 980-A. A empresa individual de responsabilidade limitada será constituída por uma única pessoa titular da totalidade do capital social, devidamente integralizado, que não será inferior a 100 (cem) vezes o maior salário-mínimo vigente no País.

§ 1º O nome empresarial deverá ser formado pela inclusão da expressão "EIRELI" após a firma ou a denominação social da empresa individual de responsabilidade limitada.

§ 2º A pessoa natural que constituir empresa individual de responsabilidade limitada somente poderá figurar em uma única empresa dessa modalidade.

§ 3º A empresa individual de responsabilidade limitada também poderá resultar da concentração das quotas de outra modalidade societária num único sócio, independentemente das razões que motivaram tal concentração.

§ 4º (VETADO).

§ 5º Poderá ser atribuída à empresa individual de responsabilidade limitada constituída para a prestação de serviços de qualquer natureza a remuneração decorrente da cessão de direitos patrimoniais de autor ou de imagem, nome, marca ou voz de que seja detentor o titular da pessoa jurídica, vinculados à atividade profissional.

§ 6º Aplicam-se à empresa individual de responsabilidade limitada, no que couber, as regras previstas para as sociedades limitadas. *(Acrescentado pela Lei n. 12.441, de 11.7.2011, DOU 12.7.2011)*

TÍTULO II
Da Sociedade

Capítulo único
Disposições Gerais

Art. 981. Celebram contrato de sociedade as pessoas que reciprocamente se obrigam a contribuir, com bens ou serviços, para o exercício de atividade econômica e a partilha, entre si, dos resultados.

PARÁGRAFO ÚNICO. A atividade pode restringir-se à realização de um ou mais negócios determinados.

Subtítulo I
Da Sociedade não Personificada

Capítulo I
Da Sociedade em Comum

Art. 986. Enquanto não inscritos os atos constitutivos, reger-se-á a sociedade, exceto por ações em organização, pelo disposto neste Capítulo, observadas, subsidiariamente e no que com ele forem compatíveis, as normas da sociedade simples.

Art. 987. Os sócios, nas relações entre si ou com terceiros, somente por escrito podem provar a existência da sociedade, mas os terceiros podem prová-la de qualquer modo.

Art. 988. Os bens e dívidas sociais constituem patrimônio especial, do qual os sócios são titulares em comum.

Art. 989. Os bens sociais respondem pelos atos de gestão praticados por qualquer dos sócios, salvo pacto expresso limitativo de poderes, que somente terá eficácia contra o terceiro que o conheça ou deva conhecer.

Art. 990. Todos os sócios respondem solidária e ilimitadamente pelas obrigações sociais, excluído do benefício de ordem, previsto no art. 1.024, aquele que contratou pela sociedade.

Capítulo II
Da Sociedade em Conta de Participação

Art. 991. Na sociedade em conta de participação, a atividade constitutiva do objeto social é exercida unicamente pelo sócio ostensivo, em seu nome individual e sob sua própria e exclusiva responsabilidade, participando os demais dos resultados correspondentes.

PARÁGRAFO ÚNICO. Obriga-se perante terceiro tão somente o sócio ostensivo; e, exclusivamente perante este, o sócio participante, nos termos do contrato social.

Art. 992. A constituição da sociedade em conta de participação independe de qualquer formalidade e pode provar-se por todos os meios de direito.

Art. 993. O contrato social produz efeito somente entre os sócios, e a eventual inscrição de seu instrumento em qualquer registro não confere personalidade jurídica à sociedade.

PARÁGRAFO ÚNICO. Sem prejuízo do direito de fiscalizar a gestão dos negócios sociais, o sócio participante não pode tomar parte nas relações do sócio ostensivo com terceiros, sob pena de responder solidariamente com este pelas obrigações em que intervier.

Subtítulo II
Da Sociedade Personificada

Capítulo I
Da Sociedade Simples

Seção I
Do Contrato Social

Art. 997. A sociedade constitui-se mediante contrato escrito, particular ou público, que, além de cláusulas estipuladas pelas partes, mencionará:

I — nome, nacionalidade, estado civil, profissão e residência dos sócios, se pessoas naturais, e a firma ou a denominação, nacionalidade e sede dos sócios, se jurídicas;
II — denominação, objeto, sede e prazo da sociedade;
III — capital da sociedade, expresso em moeda corrente, podendo compreender qualquer espécie de bens, suscetíveis de avaliação pecuniária;
IV — a quota de cada sócio no capital social, e o modo de realizá-la;
V — as prestações a que se obriga o sócio, cuja contribuição consista em serviços;
VI — as pessoas naturais incumbidas da administração da sociedade, e seus poderes e atribuições;
VII — a participação de cada sócio nos lucros e nas perdas;
VIII — se os sócios respondem, ou não, subsidiariamente, pelas obrigações sociais.
PARÁGRAFO ÚNICO. É ineficaz em relação a terceiros qualquer pacto separado, contrário ao disposto no instrumento do contrato.

Seção II
Dos Direitos e Obrigações dos Sócios

Art. 1.003. A cessão total ou parcial de quota, sem a correspondente modificação do contrato social com o consentimento dos demais sócios, não terá eficácia quanto a estes e à sociedade.
PARÁGRAFO ÚNICO. Até dois anos depois de averbada a modificação do contrato, responde o cedente solidariamente com o cessionário, perante a sociedade e terceiros, pelas obrigações que tinha como sócio

Art. 1.006. O sócio, cuja contribuição consista em serviços, não pode, salvo convenção em contrário, empregar-se em atividade estranha à sociedade, sob pena de ser privado de seus lucros e dela excluído.

Art. 1.009. A distribuição de lucros ilícitos ou fictícios acarreta responsabilidade solidária dos administradores que a realizarem e dos sócios que os receberem, conhecendo ou devendo conhecer-lhes a ilegitimidade.

Seção IV
Das Relações com Terceiros

Art. 1.022. A sociedade adquire direitos, assume obrigações e procede judicialmente, por meio de administradores com poderes especiais, ou, não os havendo, por intermédio de qualquer administrador.

Art. 1.023. Se os bens da sociedade não lhe cobrirem as dívidas, respondem os sócios pelo saldo, na proporção em que participem das perdas sociais, salvo cláusula de responsabilidade solidária.

Art. 1.024. Os bens particulares dos sócios não podem ser executados por dívidas da sociedade, senão depois de executados os bens sociais.

Art. 1.025. O sócio, admitido em sociedade já constituída, não se exime das dívidas sociais anteriores à admissão.

Capítulo IV
Da Sociedade Limitada

Seção III
Da Administração

Art. 1.060. A sociedade limitada é administrada por uma ou mais pessoas designadas no contrato social ou em ato separado.
PARÁGRAFO ÚNICO. A administração atribuída no contrato a todos os sócios não se estende de pleno direito aos que posteriormente adquiram essa qualidade.

Art. 1.061. A designação de administradores não sócios dependerá de aprovação da unanimidade dos sócios, enquanto o capital não estiver integralizado, e de 2/3 (dois terços), no mínimo, após a integralização. (NR) *(Redação dada pela Lei n. 12.375, de 30.12.2010, DOU 31.12.2010)*

Capítulo VI
Da Sociedade em Comandita por Ações

Art. 1.090. A sociedade em comandita por ações tem o capital dividido em ações, regendo-se pelas normas relativas à sociedade anônima, sem prejuízo das modificações constantes deste Capítulo, e opera sob firma ou denominação.

Art. 1.091. Somente o acionista tem qualidade para administrar a sociedade e, como diretor, responde subsidiária e ilimitadamente pelas obrigações da sociedade.
§ 1º Se houver mais de um diretor, serão solidariamente responsáveis, depois de esgotados os bens sociais.
§ 2º Os diretores serão nomeados no ato constitutivo da sociedade, sem limitação de tempo, e somente poderão ser destituídos por deliberação de acionistas que representem no mínimo dois terços do capital social.
§ 3º O diretor destituído ou exonerado continua, durante dois anos, responsável pelas obrigações sociais contraídas sob sua administração.

Art. 1.092. A assembleia geral não pode, sem o consentimento dos diretores, mudar o objeto essencial da sociedade, prorrogar-lhe o prazo de duração, aumentar ou diminuir o capital social, criar debêntures, ou partes beneficiárias.

Capítulo VII
Da Sociedade Cooperativa

Art. 1.095. Na sociedade cooperativa, a responsabilidade dos sócios pode ser limitada ou ilimitada.
§ 1º É limitada a responsabilidade na cooperativa em que o sócio responde somente pelo valor de suas quotas e pelo prejuízo verificado nas operações sociais, guardada a proporção de sua participação nas mesmas operações.
§ 2º É ilimitada a responsabilidade na cooperativa em que o sócio responde solidária e ilimitadamente pelas obrigações sociais.

Art. 1.096. No que a lei for omissa, aplicam-se as disposições referentes à sociedade simples, resguardadas as características estabelecidas no art. 1.094.

Capítulo VIII
Das Sociedades Coligadas

Art. 1.097. Consideram-se coligadas as sociedades que, em suas relações de capital, são controladas, filiadas, ou de simples participação, na forma dos artigos seguintes.

Art. 1.098. É controlada:

I — a sociedade de cujo capital outra sociedade possua a maioria dos votos nas deliberações dos quotistas ou da assembleia geral e o poder de eleger a maioria dos administradores;

II — a sociedade cujo controle, referido no inciso antecedente, esteja em poder de outra, mediante ações ou quotas possuídas por sociedades ou sociedades por esta já controladas.

Art. 1.099. Diz-se coligada ou filiada a sociedade de cujo capital outra sociedade participa com dez por cento ou mais, do capital da outra, sem controlá-la.

Art. 1.100. É de simples participação a sociedade de cujo capital outra sociedade possua menos de dez por cento do capital com direito de voto.

Capítulo IX
Da Liquidação da Sociedade

Art. 1.104. As obrigações e a responsabilidade do liquidante regem-se pelos preceitos peculiares às dos administradores da sociedade liquidanda.

Art. 1.105. Compete ao liquidante representar a sociedade e praticar todos os atos necessários à sua liquidação, inclusive alienar bens móveis ou imóveis, transigir, receber e dar quitação.

PARÁGRAFO ÚNICO. Sem estar expressamente autorizado pelo contrato social, ou pelo voto da maioria dos sócios, não pode o liquidante gravar de ônus reais os móveis e imóveis, contrair empréstimos, salvo quando indispensáveis ao pagamento de obrigações inadiáveis, nem prosseguir, embora para facilitar a liquidação, na atividade social.

Art. 1.110. Encerrada a liquidação, o credor não satisfeito só terá direito a exigir dos sócios, individualmente, o pagamento do seu crédito, até o limite da soma por eles recebida em partilha, e a propor contra o liquidante ação de perdas e danos.

Capítulo X
Da Transformação, da Incorporação, da Fusão e da Cisão das Sociedades

Art. 1.113. O ato de transformação independe de dissolução ou liquidação da sociedade, e obedecerá aos preceitos reguladores da constituição e inscrição próprios do tipo em que vai converter-se.

Art. 1.114. A transformação depende do consentimento de todos os sócios, salvo se prevista no ato constitutivo, caso em que o dissidente poderá retirar-se da sociedade, aplicando-se, no silêncio do estatuto ou do contrato social, o disposto no art. 1.031.

Art. 1.115. A transformação não modificará nem prejudicará, em qualquer caso, os direitos dos credores.
PARÁGRAFO ÚNICO. A falência da sociedade transformada somente produzirá efeitos em relação aos sócios que, no tipo anterior, a eles estariam sujeitos, se o pedirem os titulares de créditos anteriores à transformação, e somente a estes beneficiará.

Art. 1.116. Na incorporação, uma ou várias sociedades são absorvidas por outra, que lhes sucede em todos os direitos e obrigações, devendo todas aprová-la, na forma estabelecida para os respectivos tipos.

Art. 1.119. A fusão determina a extinção das sociedades que se unem, para formar sociedade nova, que a elas sucederá nos direitos e obrigações.

Art. 1.122. Até noventa dias após publicados os atos relativos à incorporação, fusão ou cisão, o credor anterior, por ela prejudicado, poderá promover judicialmente a anulação deles.

§ 1º A consignação em pagamento prejudicará a anulação pleiteada.

§ 2º Sendo ilíquida a dívida, a sociedade poderá garantir-lhe a execução, suspendendo-se o processo de anulação.

§ 3º Ocorrendo, no prazo deste artigo, a falência da sociedade incorporadora, da sociedade nova ou da cindida, qualquer credor anterior terá direito a pedir a separação dos patrimônios, para o fim de serem os créditos pagos pelos bens das respectivas massas.

TÍTULO III
Do Estabelecimento

Capítulo Único
Disposições Gerais

Art. 1.142. Considera-se estabelecimento todo complexo de bens organizado, para exercício da empresa, por empresário, ou por sociedade empresária.

Art. 1.143. Pode o estabelecimento ser objeto unitário de direitos e de negócios jurídicos, translativos ou constitutivos, que sejam compatíveis com a sua natureza.

Capítulo III
Dos Prepostos

Seção I
Disposições Gerais

Art. 1.169. O preposto não pode, sem autorização escrita, fazer-se substituir no desempenho da preposição, sob pena de responder pessoalmente pelos atos do substituto e pelas obrigações por ele contraídas.

Art. 1.170. O preposto, salvo autorização expressa, não pode negociar por conta própria ou de terceiro, nem participar, embora indiretamente, de operação do mesmo gênero da que lhe foi cometida, sob pena de responder por perdas e danos e de serem retidos pelo preponente os lucros da operação.

Art. 1.171. Considera-se perfeita a entrega de papéis, bens ou valores ao preposto, encarregado pelo preponen-

te, se os recebeu sem protesto, salvo nos casos em que haja prazo para reclamação.

Seção II
Do Gerente

Art. 1.172. Considera-se gerente o preposto permanente no exercício da empresa, na sede desta, ou em sucursal, filial ou agência.

Art. 1.173. Quando a lei não exigir poderes especiais, considera-se o gerente autorizado a praticar todos os atos necessários ao exercício dos poderes que lhe foram outorgados.

PARÁGRAFO ÚNICO. Na falta de estipulação diversa, consideram-se solidários os poderes conferidos a dois ou mais gerentes.

Art. 1.175. O preponente responde com o gerente pelos atos que este pratique em seu próprio nome, mas à conta daquele.

Art. 1.176. O gerente pode estar em juízo em nome do preponente, pelas obrigações resultantes do exercício da sua função.

ÍNDICE SISTEMÁTICO DO CÓDIGO DE PROCESSO CIVIL

LIVRO I
DO PROCESSO DE CONHECIMENTO

TÍTULO I
Da Jurisdição e da Ação

Capítulo I — Da jurisdição (Arts. 1º e 2º)	843
Capítulo II — Da ação (Arts. 3º ao 6º)	843

TÍTULO II
Das Partes e dos Procuradores

Capítulo I — Da capacidade processual (Arts. 7º ao 13)	843
Capítulo II — Dos deveres das partes e dos seus procuradores	844
Seção I — Dos deveres (Arts. 14 e 15)	844
Seção II — Da responsabilidade das partes por dano processual (Arts. 16 a 18)	844
Seção III — Das despesas e das multas (Arts. 19 a 35)	844
Capítulo III — Dos procuradores (Arts. 36 a 40)	845
Capítulo IV — Da substituição das partes e dos procuradores (Arts. 41 a 45)	846
Capítulo V — Do litisconsórcio e da assistência	846
Seção I — Do litisconsórcio (Arts. 46 a 49)	846
Seção II — Da assistência (Arts. 50 a 55)	846
Capítulo VI — Da intervenção de terceiros	847
Seção I — Da oposição (Arts. 56 a 61)	847
Seção II — Da Nomeação à Autoria (Arts. 62 a 69)	847
Seção III — Da denunciação da lide (Arts. 70 a 76)	847
Seção IV — Do chamamento ao processo (Arts. 77 a 80)	848

TÍTULO III
Do Ministério Público (Arts. 81 a 85)

TÍTULO IV
Dos Órgãos Judiciários e dos Auxiliares da Justiça

Capítulo I — Da competência (Arts. 86 e 87)	848
Capítulo II — Da competência internacional (Arts. 88 a 90)	848
Capítulo III — Da competência interna (Arts. 91 a 124)	848
Seção I — Da competência em razão do valor da matéria (Arts. 91 e 92)	848
Seção II — Da competência funcional (Art. 93)	849
Seção III — Da competência territorial (Arts. 94 a 101)	849
Seção IV — Das modificações da competência (Arts. 102 a 111)	849
Seção V — Da Declaração de Incompetência (Arts. 112 a 124)	850
Capítulo IV — Do juiz	850
Seção I — Dos Poderes; dos Deveres e da Responsabilidade do Juiz (Arts. 125 a 133)	850
Seção II — Dos Impedimentos e da Suspeição (Arts. 134 a 138)	851
Capítulo V — Dos auxiliares da justiça (Arts. 139 a 153)	851
Seção I — Do serventuário e do oficial de justiça (Arts. 140 a 144)	851
Seção II — Do perito (Arts. 145 a 147)	852
Seção III — Do depositário e do administrador (Arts. 148 a 150)	852
Seção IV — Do intérprete (Arts. 151 a 153)	852

TÍTULO V
Dos Atos Processuais

Capítulo I — Da forma dos atos processuais	852
Seção I — Dos atos em geral (Arts. 154 a 157)	852
Seção II — Dos atos da parte (Arts. 158 a 161)	853

Seção III — Dos atos do juiz (Arts. 162 a 165) .. 853
Seção IV — Dos atos do escrivão e do chefe de secretaria (Arts. 166 a 171) 853

Capítulo II — Do tempo e do lugar dos atos processuais .. 854

Seção I — Do tempo (Arts. 172 a 175) ... 854
Seção II — Do lugar (Art. 176) .. 854

Capítulo III — Dos Prazos .. 854

Seção I — Das disposições gerais (Arts. 177 a 192) .. 854
Seção II — Da verificação dos prazos e das penalidades (Arts. 193 a 199) 855

Capítulo IV — Das Comunicações dos Atos .. 855

Seção I — Das disposições gerais .. 855
Seção II — Das cartas (Arts. 202 a 212) ... 855
Seção III — Das citações (Arts. 213 a 233) .. 856
Seção IV — Das intimações (Arts. 234 a 242) .. 858

Capítulo V — Das Nulidades (Arts. 243 a 250) .. 858

Capítulo VI — De Outros Atos Processuais (Arts. 251 a 261) ... 859

Seção I — Da distribuição e do registro (Arts. 251 a 257) .. 859
Seção II — Do valor da causa (Arts. 258 a 261) ... 859

TÍTULO VI
Da Formação; da Suspensão e da Extinção do Processo

Capítulo I — Da formação do processo (Arts. 262 a 264) ... 859

Capítulo II — Da Suspensão do Processo (Art. 265 e 266) ... 860

Capítulo III — Da Extinção do Processo (Arts. 267 a 269) .. 860

TÍTULO VII
Do Processo e do Procedimento

Capítulo I — Das disposições gerais (Arts. 270 a 273) ... 860

Capítulo II — Do procedimento ordinário (Art. 274) ... 861

Capítulo III — Do procedimento sumário (Arts. 275 a 281) ... 861

TÍTULO VIII
Do Procedimento Ordinário

Capítulo I — Da petição inicial ... 862

Seção I — Dos requisitos da petição inicial (Arts. 282 a 285) .. 862
Seção II — Do pedido (Arts. 286 a 294) ... 862
Seção III — Do indeferimento da petição inicial (Arts. 295 a 296) 863

Capítulo II — Da resposta do réu ... 863

Seção I — Das disposições gerais (Arts. 297 a 299) .. 863
Seção II — Da contestação (Arts. 300 a 303) ... 863
Seção III — Das Exceções (Arts. 304 a 306) .. 864
 Subseção I — Da incompetência (Arts. 307 a 311) ... 864
 Subseção II — Do impedimento e da suspeição (Arts. 312 a 314) 864
Seção IV — Da reconvenção (Arts. 315 a 318) ... 864

Capítulo III — Da revelia (Arts. 319 a 322) ... 864

Capítulo IV — Das providências preliminares (Art. 323) .. 865

Seção I — Do efeito da revelia (Art. 324) .. 865
Seção II — Da declaração incidente (Art. 325) ... 865
Seção III — Dos fatos impeditivos; modificativos ou extintivos do pedido (Art. 326) 865
Seção IV — Das alegações do réu (Arts. 327 e 328) .. 865

Capítulo V — Do julgamento conforme o estado do processo .. 865

Seção I — Da extinção do processo (Arts. 329) ... 865
Seção II — Do julgamento antecipado da lide (Art. 330) .. 865
Seção III — Do audiência preliminar (redação dada pela Lei n. 10.444/2002) (Art. 331) 865

Capítulo VI — Das provas ... 865

Seção I — Das disposições gerais (Arts. 332 a 341) .. 865
Seção II — Do depoimento pessoal (Arts. 342 a 347) .. 866
Seção III — Da confissão (Arts. 348 a 354) .. 866

ÍNDICE SISTEMÁTICO DO CÓDIGO DE PROCESSO CIVIL/1973

Seção IV — Da exibição de documento ou coisa (Arts. 355 a 363) 867
Seção V — Da prova documental 867
 Subseção I — Da Força Probante dos Documentos (Arts. 364 a 389) 867
 Subseção II — Da Argüição de Falsidade (Arts. 390 a Art. 395) 869
 Subseção III — Da Produção de Prova Documental (Arts. 396 a 399) 869
Seção VI — Da prova testemunhal 869
 Subseção I — Da Admissibilidade e do Valor da Prova Testemunhal (Arts. 400 a 406) 869
 Subseção II — Da produção da prova testemunhal (Arts. 407 a 419) 870
Seção VII — Da prova pericial (Arts. 420 a 439) 871
Seção VIII — Da inspeção judicial (Arts. 440 a 443) 872

Capítulo VII — Da audiência 872
 Seção I — Das disposições gerais (Arts. 444 a 446) 872
 Seção II — Da Conciliação (Arts. 447 a 449) 872
 Seção III — Da instrução e julgamento (Arts. 450 a 457) 873

Capítulo VIII — Da sentença e da coisa julgada 873
 Seção I — Dos requisitos e dos efeitos da sentença (Arts. 458 a 466) 873
 Seção II — Da coisa julgada (Arts. 467 a Art. 475) 874

Capítulo IX — Da liquidação de sentença coisa julgada (Arts. 475-A a 475-H) 875

Capítulo X — Do cumprimento da sentença (Arts. 475-I a 475-R) 875

TÍTULO IX
Do Processo nos Tribunais

Capítulo I — Da uniformização da jurisprudência (Arts. 476 a 479) 877
Capítulo II — Da declaração de inconstitucionalidade (Arts. 480 a 482) 877
Capítulo III — Da homologação de sentença estrangeira (Art. 483 e 484) 877
Capítulo IV — Da ação rescisória (Arts. 485 a 495) 878

TÍTULO X
Dos Recursos

Capítulo I — Das disposições gerais (Arts. 496 a 512) 878
Capítulo II — Da apelação (Arts. 513 a 521) 879
Capítulo III — Do agravo (Arts. 522 a 529) 880
Capítulo IV — Dos embargos infringentes (Arts. 530 a 534) 881
Capítulo V — Dos embargos de declaração (Arts. 535 a 538) 881
Capítulo VI — Dos recursos para o Supremo Tribunal Federal e o Superior Tribunal de Justiça 881
 Seção I — Dos recursos ordinários (Arts. 539 e 540) 881
 Seção II — Do recurso extraordinário e do recurso especial (Arts. 541 a 546) 882
Capítulo VII — Da ordem dos processos no tribunal (Arts. 547 a 565) 883

LIVRO II
Do Processo de Execução

TÍTULO I
Da Execução em Geral

Capítulo I — Das partes (Arts. 566 a 574) 885
Capítulo II — Da competência (Arts. 575 a 579) 885
Capítulo III — Dos requisitos necessários para realizar qualquer execução 885
 Seção I — Do inadimplemento do devedor (Arts. 580 a 582) 885
 Seção II — Do título executivo (Arts. 583 a 590) 886
Capítulo IV — Da responsabilidade patrimonial (Arts. 591 a 597) 886
Capítulo V — Das Disposições Gerais (Arts. 598 a 602) 887
Capítulo VI — Da Liquidação da Sentença (Arts. 603 a 611) 887

TÍTULO II
Das Diversas Espécies de Execução

Capítulo I — Das Disposições Gerais — (Arts. 612 a 620) 887
Capítulo II — Da Execução para a Entrega da Coisa 888

Seção I — Da Entrega de Coisa Certa (Arts. 621 a 628) 888
Seção II — Da Entrega de Coisa Incerta (Arts. 629 a 631) 888
Capítulo III — Da Execução das Obrigações de Fazer e de Não Fazer 888
 Seção I — Da Obrigação de Fazer (Arts. 632 a 641) 888
 Seção II — Da Obrigação de Não Fazer (Arts. 642 e 643) 889
 Seção III — Das Disposições Comuns às Seções Precedentes (Art. 644 e Art. 645) 889
Capítulo IV — Da Execução por Quantia Certa Contra Devedor Solvente 889
 Seção I — Da Penhora; da Avaliação e da Arrematação 889
 Subseção I — Das Disposições Gerais (Arts. 646 a 651) 889
 Subseção II — Da Citação do Devedor e da Nomeação de Bens (Arts. 652 a 658) 890
 Subseção III — Da Penhora e do Depósito (Arts. 659 a 670) 891
 Subseção IV — Da Penhora de Créditos e de Outros Direitos Patrimoniais (Arts. 671 a 676) 892
 Subseção V — Da Penhora; do Depósito e da Administração de Empresa e de Outros Estabelecimentos (Arts. 677 a 679) 892
 Subseção VI — Da Avaliação (Arts. 680 a 685) 892
 Subseção VI-A — Da Adjudicação (Arts. 685-A a 685-B) 893
 Subseção VI-B — Da Alienação por Iniciativa Particular (Art. 685-C) 893
 Subseção VII — Da Alienação em Hasta Pública (Arts. 686 a 707) 893
 Seção II — Do Pagamento ao Credor 895
 Subseção I — Das Disposições Gerais (Art. 708) 895
 Subseção II — Da Entrega do Dinheiro (Arts. 709 a 713) 895
 Subseção III — (Revogada) (Art. 714 e 715) 896
 Subseção IV — Do Usufruto de Imóvel ou de Empresa (Arts. 716 a 729) 896
 Seção III — Da Execução Contra a Fazenda Pública (Arts. 730 e 731) 896
Capítulo V — Da Execução de Prestação Alimentícia (Arts. 732 a 735) 896

TÍTULO III
Dos Embargos do Devedor

Capítulo I — Das Disposições Gerais (Arts. 736 a 740) 897
Capítulo II — Dos Embargos à Execução Contra a Fazenda Pública (Art. 741 a 743) 897
Capítulo III — Dos Embargos à Execução (Art. 744 a 746) 898
Capítulo V — Dos Embargos na Execução por Carta (Art. 747) 898

TÍTULO IV
Da Execução por Quantia Certa Contra Devedor Insolvente

Capítulo I — Da Insolvência (Art. 748 a 753) 898
Capítulo II — Da Insolvência Requerida pelo Credor (Arts. 754 a 758) 898
Capítulo III — Da Insolvência Requerida pelo Devedor ou pelo seu Espólio (Arts. 759 e 760) 899
Capítulo IV — Da Declaração Judicial de Insolvência (Arts. 761 e 762) 899
Capítulo V — Das Atribuições do Administrador (Arts. 763 a 767) 899
Capítulo VI — Da Verificação e da Classificação dos Créditos (Arts. 768 a 773) 899
Capítulo VII — Do Saldo Devedor (Arts. 774 a 776) 899
Capítulo VIII — Da Extinção das Obrigações (Arts. 777 a 782) 900
Capítulo IX — Das Disposições Gerais (Arts. 783 a 786-A) 900

TÍTULO V
Da Remição (Arts. 787 a 790)

TÍTULO VI
Da Suspensão e da Extinção do Processo de Execução

Capítulo I — Da Suspensão (Arts. 791 a 793) 900
Capítulo II — Da Extinção (Arts. 794 e 795) 900

LIVRO III
Do Processo Cautelar

TÍTULO ÚNICO
Das Medidas Cautelares

Capítulo I — Das Disposições Gerais (Arts. 796 a 812) 900

ÍNDICE SISTEMÁTICO DO CÓDIGO DE PROCESSO CIVIL/1973

Capítulo II — Dos Procedimentos Cautelares Específicos .. 901
 Seção I — Do Arresto (Arts. 813 a 821) ... 901
 Seção II — Do Seqüestro (Art. 822 a 825) ... 902
 Seção III — Da Caução (Art. 826 a 838) .. 902
 Seção IV — Da Busca e Apreensão (Art. 839 a 843) ... 903
 Seção V — Da Exibição (Art. 844 e 845) ... 903
 Seção VI — Da Produção Antecipada de Provas (Arts. 846 a 851) ... 903
 Seção VII — Dos Alimentos Provisionais (Arts. 852 a 854) .. 903
 Seção VIII — Do Arrolamento de Bens (Arts. 855 a. 860) .. 903
 Seção IX — Da Justificação (Arts. 861 a 866) ... 904
 Seção X — Dos Protestos; Notificações e Interpelações (Arts. 867 a 873) 904
 Seção XI — Da Homologação do Penhor Legal (Arts. 874 a 876) .. 904
 Seção XII — Da Posse em Nome do Nascituro (Arts. 877 e 878) ... 905
 Seção XIII — Do Atentado (Arts. 879 a 881) ... 905
 Seção XIV — Do Protesto e da Apreensão de Títulos (Arts. 882 a 887) 905
 Seção XV — De Outras Medidas Provisionais (Art. 888 e 889) ... 905

LIVRO IV
Dos Procedimentos Especiais

TÍTULO I
Dos Procedimentos Especiais de Jurisdição Contenciosa

Capítulo I — Da Ação de Consignação em Pagamento (Arts. 890 a 900) .. 905
Capítulo II — Da Ação de Depósito (Arts. 901 a 906) ... 906
Capítulo III — Da Ação de Anulação e Substituição de Títulos ao Portador (Art. 907 a 913) 907
Capítulo IV — Da Ação de Prestação de Contas (Arts. 914 a 919) .. 907
Capítulo V — Das Ações Possessórias ... 907
 Seção I — Das Disposições Gerais (Arts. 920 a 925) ... 907
 Seção II — Da Manutenção e da Reintegração de Posse (Arts. 926 a 931) 908
 Seção III — Do Interdito Proibitório (Arts. 932 e 933) ... 908
Capítulo VI — Da Ação de Nunciação de Obra Nova (Arts. 934 a 940) ... 908
Capítulo VII — Da Ação de Usucapião de Terras Particulares (Arts. 941 a 945) 908
Capítulo VIII — Da Ação de Divisão e da Demarcação de Terras Particulares 909
 Seção I — Das Disposições Gerais (Arts. 946 a 949) ... 909
 Seção II — Da Demarcação (Arts. 950 a 966) ... 909
 Seção III — Da Divisão (Arts. 967 a 981) ... 910
Capítulo IX — Do Inventário e da Partilha ... 911
 Seção I — Das Disposições Gerais (Arts. a 986) .. 911
 Seção II — Da Legitimidade para Requerer o Inventário (Arts. 987 a 989) 912
 Seção III — Do Inventariante e das Primeiras Declarações (Arts. 990 a 998) 912
 Seção IV — Das Citações e das Impugnações (Arts. 999 a 1.002 ... 913
 Seção V — Da Avaliação e do Cálculo do Imposto (Arts. 1.003 a 1.013) 913
 Seção VI — Das Colações (Arts. 1.014 a 1.016) ... 914
 Seção VII — Do Pagamento das Dívidas (Arts. 1.017 a 1.021) ... 914
 Seção VIII — Da Partilha (Arts. 1.022 a 1.030) .. 914
 Seção IX — Do Arrolamento (Arts. 1.031 a 1.038) .. 915
 Seção X — Das Disposições Comuns às Seções Precedentes (Arts. 1.039 a 1.045) 916
Capítulo X — Dos Embargos de Terceiro (Arts. 1.046 a 1.054) .. 916
Capítulo XI — Da Habilitação (Arts. 1.055 a 1.062) .. 917
Capítulo XII — Da Restauração de Autos (Arts. 1.063 a 1.069) .. 917
Capítulo XIII — Das Vendas a Crédito com Reserva de Domínio (Arts. 1.070 e 1.071) 918
Capítulo XIV — Do Juízo Arbitral (Arts. 1.072 a 1.102 — revogado pela L-009.307-1996) 918
Capítulo XV — Da Ação Monitória (Arts. 1.102.a a 1.102.c) .. 919

TÍTULO II
Dos Procedimentos Especiais de Jurisdição Voluntária

Capítulo I — Das Disposições Gerais (Arts. 1.103 a Art. 1.112) .. 919
Capítulo II — Das Alienações Judiciais (Arts. 1.113 a Art. 1.119) ... 919
Capítulo III — Da Separação Consensual (Arts. 1.120 a Art. 1.124) .. 920

Capítulo IV — Dos Testamentos e Codicilos (Arts. 1125 a 1141)...... 920
 Seção I — Da Abertura; do Registro e do Cumprimento (Arts. 1.125 a 1.129)...... 920
 Seção II — Da Confirmação do Testamento Particular (Arts. 1.130 a Art. 1.133)...... 921
 Seção III — Do Testamento Militar; Marítimo; Nuncupativo e do Codicilo (Art. 1.134)...... 921
 Seção IV — Da Execução dos Testamentos (Arts. 1.135 a 1.141)...... 921

Capítulo V — Da Herança Jacente (Arts. 1.142 a 1.158)...... 921

Capítulo VI — Dos Bens dos Ausentes (Arts. 1.159 a 1.169)...... 922

Capítulo VII — Das Coisas Vagas (Arts. 1.170 a 1.176)...... 923

Capítulo VIII — Da Curatela dos Interditos (Arts. 1.177 a 1.186)...... 923

Capítulo IX — Das disposições Comuns à Tutela e à Curatela (Arts. 1187 a 1198)...... 924
 Seção I — Da Nomeação do Tutor ou Curador (Arts. 1.187 a 1.193)...... 924
 Seção II — Da Remoção e Dispensa de Tutor ou Curador (Arts. 1.194 a 1.198)...... 924

Capítulo X — Da Organização e da Fiscalização das Fundações (Arts. 1.199 a 1.204)...... 924

Capítulo XI — Da Especialização da Hipoteca Legal (Arts. 1.205 a 1.210)...... 925

LIVRO V
Das Disposições Finais e Transitórias (Arts. 1.211 a 1.220)...... 925

CÓDIGO DE PROCESSO CIVIL — CPC/1973

LEI N. 5.869, DE 11 DE JANEIRO DE 1973
(REVOGADA PELA LEI N. 13.105, DE 2015)

Institui o Código de Processo Civil.

O PRESIDENTE DA REPÚBLICA

Faço saber que o Congresso Nacional decreta e eu sanciono a seguinte Lei:

LIVRO I
DO PROCESSO DE CONHECIMENTO

TÍTULO I
DA JURISDIÇÃO E DA AÇÃO

CAPÍTULO I
DA JURISDIÇÃO

Art. 1º A jurisdição civil, contenciosa e voluntária, é exercida pelos juízes, em todo o território nacional, conforme as disposições que este Código estabelece.

Art. 2º Nenhum juiz prestará a tutela jurisdicional senão quando a parte ou o interessado a requerer, nos casos e forma legais.

CAPÍTULO II
DA AÇÃO

Art. 3º Para propor ou contestar ação é necessário ter interesse e legitimidade.

Art. 4º O interesse do autor pode limitar-se à declaração:
I — da existência ou da inexistência de relação jurídica;
II — da autenticidade ou falsidade de documento.
Parágrafo único. É admissível a ação declaratória, ainda que tenha ocorrido a violação do direito.

Art. 5º Se, no curso do processo, se tornar litigiosa relação jurídica de cuja existência ou inexistência depender o julgamento da lide, qualquer das partes poderá requerer que o juiz a declare por sentença. *(Redação dada pela Lei n. 5.925, de 1973) (Vide Lei n. 13.105, de 2015) (Vigência)*

Art. 6º Ninguém poderá pleitear, em nome próprio, direito alheio, salvo quando autorizado por lei.

TÍTULO II
DAS PARTES E DOS PROCURADORES

CAPÍTULO I
DA CAPACIDADE PROCESSUAL

Art. 7º Toda pessoa que se acha no exercício dos seus direitos tem capacidade para estar em juízo.

Art. 8º Os incapazes serão representados ou assistidos por seus pais, tutores ou curadores, na forma da lei civil.

Art. 9º O juiz dará curador especial:
I — ao incapaz, se não tiver representante legal, ou se os interesses deste colidirem com os daquele;
II — ao réu preso, bem como ao revel citado por edital ou com hora certa.

Parágrafo único. Nas comarcas onde houver representante judicial de incapazes ou de ausentes, a este competirá a função de curador especial.

Art. 10. O cônjuge somente necessitará do consentimento do outro para propor ações que versem sobre direitos reais imobiliários. *(Redação dada pela Lei n. 8.952, de 13.12.1994)*

§ 1º Ambos os cônjuges serão necessariamente citados para as ações: *(Parágrafo único renumerado pela Lei n. 8.952, de 13.12.1994)*
I — que versem sobre direitos reais imobiliários; *(Redação dada pela Lei n. 8.952, de 13.12.1994)*
II — resultantes de fatos que digam respeito a ambos os cônjuges ou de atos praticados por eles; *(Redação dada pela Lei n. 5.925, de 1.10.1973)*
III — fundadas em dívidas contraídas pelo marido a bem da família, mas cuja execução tenha de recair sobre o produto do trabalho da mulher ou os seus bens reservados; *(Redação dada pela Lei n. 5.925, de 1.10.1973)*
IV — que tenham por objeto o reconhecimento, a constituição ou a extinção de ônus sobre imóveis de um ou de ambos os cônjuges. *(Redação dada pela Lei n. 5.925, de 1.10.1973)*

§ 2º Nas ações possessórias, a participação do cônjuge do autor ou do réu somente é indispensável nos casos de composse ou de ato por ambos praticados. *(Incluído pela Lei n. 8.952, de 13.12.1994)*

Art. 11. A autorização do marido e a outorga da mulher podem suprir-se judicialmente, quando um cônjuge a recuse ao outro sem justo motivo, ou lhe seja impossível dá-la.
Parágrafo único. A falta, não suprida pelo juiz, da autorização ou da outorga, quando necessária, invalida o processo.

Art. 12. Serão representados em juízo, ativa e passivamente:
I — a União, os Estados, o Distrito Federal e os Territórios, por seus procuradores;
II — o Município, por seu Prefeito ou procurador;
III — a massa falida, pelo síndico;
IV — a herança jacente ou vacante, por seu curador;
V — o espólio, pelo inventariante;
VI — as pessoas jurídicas, por quem os respectivos estatutos designarem, ou, não os designando, por seus diretores;
VII — as sociedades sem personalidade jurídica, pela pessoa a quem couber a administração dos seus bens;
VIII — a pessoa jurídica estrangeira, pelo gerente, representante ou administrador de sua filial, agência ou sucursal aberta ou instalada no Brasil (art. 88, parágrafo único);
IX — o condomínio, pelo administrador ou pelo síndico.

§ 1º Quando o inventariante for dativo, todos os herdeiros e sucessores do falecido serão autores ou réus nas ações em que o espólio for parte.

§ 2º As sociedades sem personalidade jurídica, quando demandadas, não poderão opor a irregularidade de sua constituição.

§ 3º O gerente da filial ou agência presume-se autorizado, pela pessoa jurídica estrangeira, a receber citação inicial para o processo de conhecimento, de execução, cautelar e especial.

Art. 13. Verificando a incapacidade processual ou a irregularidade da representação das partes, o juiz, suspendendo o processo, marcará prazo razoável para ser sanado o defeito.

Não sendo cumprido o despacho dentro do prazo, se a providência couber:

I — ao autor, o juiz decretará a nulidade do processo;

II — ao réu, reputar-se-á revel;

III — ao terceiro, será excluído do processo.

CAPÍTULO II
DOS DEVERES DAS PARTES E DOS SEUS PROCURADORES

Seção I
Dos Deveres

Art. 14. São deveres das partes e de todos aqueles que de qualquer forma participam do processo: *(Redação dada pela Lei n. 10.358, de 27.12.2001)*

I — expor os fatos em juízo conforme a verdade;

II — proceder com lealdade e boa-fé;

III — não formular pretensões, nem alegar defesa, cientes de que são destituídas de fundamento;

IV — não produzir provas, nem praticar atos inúteis ou desnecessários à declaração ou defesa do direito.

V — cumprir com exatidão os provimentos mandamentais e não criar embaraços à efetivação de provimentos judiciais, de natureza antecipatória ou final. *(Incluído pela Lei n. 10.358, de 27.12.2001)*

Parágrafo único. Ressalvados os advogados que se sujeitam exclusivamente aos estatutos da OAB, a violação do disposto no inciso V deste artigo constitui ato atentatório ao exercício da jurisdição, podendo o juiz, sem prejuízo das sanções criminais, civis e processuais cabíveis, aplicar ao responsável multa em montante a ser fixado de acordo com a gravidade da conduta e não superior a vinte por cento do valor da causa; não sendo paga no prazo estabelecido, contado do trânsito em julgado da decisão final da causa, a multa será inscrita sempre como dívida ativa da União ou do Estado. *(Incluído pela Lei n. 10.358, de 27.12.2001)*

Art. 15. É defeso às partes e seus advogados empregar expressões injuriosas nos escritos apresentados no processo, cabendo ao juiz, de ofício ou a requerimento do ofendido, mandar riscá-las.

Parágrafo único. Quando as expressões injuriosas forem proferidas em defesa oral, o juiz advertirá o advogado que não as use, sob pena de lhe ser cassada a palavra.

Seção II
Da Responsabilidade das Partes por Dano Processual

Art. 16. Responde por perdas e danos aquele que pleitear de má-fé como autor, réu ou interveniente.

Art. 17. Reputa-se litigante de má-fé aquele que: *(Redação dada pela Lei n. 6.771, de 27.3.1980)*

I — deduzir pretensão ou defesa contra texto expresso de lei ou fato incontroverso; *(Redação dada pela Lei n. 6.771, de 27.3.1980)*

II — alterar a verdade dos fatos; *(Redação dada pela Lei n. 6.771, de 27.3.1980)*

III — usar do processo para conseguir objetivo ilegal; *(Redação dada pela Lei n. 6.771, de 27.3.1980)*

IV — opuser resistência injustificada ao andamento do processo; *(Redação dada pela Lei n. 6.771, de 27.3.1980)*

V — proceder de modo temerário em qualquer incidente ou ato do processo; *(Redação dada pela Lei n. 6.771, de 27.3.1980)*

VI — provocar incidentes manifestamente infundados. *(Redação dada pela Lei n. 6.771, de 27.3.1980)*

VII — interpuser recurso com intuito manifestamente protelatório. *(Incluído pela Lei n. 9.668, de 23.6.1998)*

Art. 18. O juiz ou tribunal, de ofício ou a requerimento, condenará o litigante de má-fé a pagar multa não excedente a um por cento sobre o valor da causa e a indenizar a parte contrária dos prejuízos que esta sofreu, mais os honorários advocatícios e todas as despesas que efetuou. *(Redação dada pela Lei n. 9.668, de 23.6.1998)*

§ 1º Quando forem dois ou mais os litigantes de má-fé, o juiz condenará cada um na proporção do seu respectivo interesse na causa, ou solidariamente aqueles que se coligaram para lesar a parte contrária.

§ 2º O valor da indenização será desde logo fixado pelo juiz, em quantia não superior a 20% (vinte por cento) sobre o valor da causa, ou liquidado por arbitramento. *(Redação dada pela Lei n. 8.952, de 13.12.1994)*

Seção III
Das Despesas e das Multas

Art. 19. Salvo as disposições concernentes à justiça gratuita, cabe às partes prover as despesas dos atos que realizam ou requerem no processo, antecipando-lhes o pagamento desde o início até sentença final; e bem ainda, na execução, até a plena satisfação do direito declarado pela sentença.

§ 1º O pagamento de que trata este artigo será feito por ocasião de cada ato processual.

§ 2º Compete ao autor adiantar as despesas relativas a atos, cuja realização o juiz determinar de ofício ou a requerimento do Ministério Público.

Art. 20. A sentença condenará o vencido a pagar ao vencedor as despesas que antecipou e os honorários advocatícios. Esta verba honorária será devida, também, nos casos em que o advogado funcionar em causa própria. *(Redação dada pela Lei n. 6.355, de 1976)*

§ 1º O juiz, ao decidir qualquer incidente ou recurso, condenará nas despesas o vencido. *(Redação dada pela Lei n. 5.925, de 1.10.1973)*

§ 2º As despesas abrangem não só as custas dos atos do processo, como também a indenização de viagem, diária de testemunha e remuneração do assistente técnico. *(Redação dada pela Lei n. 5.925, de 1.10.1973)*

§ 3º Os honorários serão fixados entre o mínimo de dez por cento (10%) e o máximo de vinte por cento (20%) sobre o valor da condenação, atendidos: *(Redação dada pela Lei n. 5.925, de 1.10.1973)*

a) o grau de zelo do profissional; *(Redação dada pela Lei n. 5.925, de 1.10.1973)*

b) o lugar de prestação do serviço; *(Redação dada pela Lei n. 5.925, de 1.10.1973)*

c) a natureza e importância da causa, o trabalho realizado pelo advogado e o tempo exigido para o seu serviço. *(Redação dada pela Lei n. 5.925, de 1.10.1973)*

§ 4º Nas causas de pequeno valor, nas de valor inestimável, naquelas em que não houver condenação ou for vencida a Fazenda Pública, e nas execuções, embargadas ou não, os honorários serão fixados consoante apreciação eqüitativa do juiz, atendidas as normas das alíneas a, b e c do parágrafo anterior. *(Redação dada pela Lei n. 8.952, de 13.12.1994)*

§ 5º Nas ações de indenização por ato ilícito contra pessoa, o valor da condenação será a soma das prestações vencidas com o capital necessário a produzir a renda correspondente às prestações vincendas (art. 602), podendo estas ser pagas, também mensalmente, na forma do § 2º do referido art. 602, inclusive em consignação na folha de pagamentos do devedor. *(Incluído pela Lei n. 6.745, de 5.12.1979) (Vide §2º do art 475-Q)*

Art. 21. Se cada litigante for em parte vencedor e vencido, serão recíproca e proporcionalmente distribuídos e compensados entre eles os honorários e as despesas.

Parágrafo único. Se um litigante decair de parte mínima do pedido, o outro responderá, por inteiro, pelas despesas e honorários.

Art. 22. O réu que, por não argüir na sua resposta fato impeditivo, modificativo ou extintivo do direito do autor, dilatar o julgamento da lide, será condenado nas custas a partir do saneamento do processo e perderá, ainda que vencedor na causa, o direito a haver do vencido honorários advocatícios. *(Redação dada pela Lei n. 5.925, de 1.10.1973)*

Art. 23. Concorrendo diversos autores ou diversos réus, os vencidos respondem pelas despesas e honorários em proporção.

Art. 24. Nos procedimentos de jurisdição voluntária, as despesas serão adiantadas pelo requerente, mas rateadas entre os interessados.

Art. 25. Nos juízos divisórios, não havendo litígio, os interessados pagarão as despesas proporcionalmente aos seus quinhões.

Art. 26. Se o processo terminar por desistência ou reconhecimento do pedido, as despesas e os honorários serão pagos pela parte que desistiu ou reconheceu.

§ 1º Sendo parcial a desistência ou o reconhecimento, a responsabilidade pelas despesas e honorários será proporcional à parte de que se desistiu ou que se reconheceu.

§ 2º Havendo transação e nada tendo as partes disposto quanto às despesas, estas serão divididas igualmente.

Art. 27. As despesas dos atos processuais, efetuados a requerimento do Ministério Público ou da Fazenda Pública, serão pagas a final pelo vencido.

Art. 28. Quando, a requerimento do réu, o juiz declarar extinto o processo sem julgar o mérito (art. 267, § 2º), o autor não poderá intentar de novo a ação, sem pagar ou depositar em cartório as despesas e os honorários, em que foi condenado.

Art. 29. As despesas dos atos, que forem adiados ou tiverem de repetir-se, ficarão a cargo da parte, do serventuário, do órgão do Ministério Público ou do juiz que, sem justo motivo, houver dado causa ao adiamento ou à repetição.

Art. 30. Quem receber custas indevidas ou excessivas é obrigado a restituí-las, incorrendo em multa equivalente ao dobro de seu valor.

Art. 31. As despesas dos atos manifestamente protelatórios, impertinentes ou supérfluos serão pagas pela parte que os tiver promovido ou praticado, quando impugnados pela outra.

Art. 32. Se o assistido ficar vencido, o assistente será condenado nas custas em proporção à atividade que houver exercido no processo.

Art. 33. Cada parte pagará a remuneração do assistente técnico que houver indicado; a do perito será paga pela parte que houver requerido o exame, ou pelo autor, quando requerido por ambas as partes ou determinado de ofício pelo juiz.

Parágrafo único. O juiz poderá determinar que a parte responsável pelo pagamento dos honorários do perito deposite em juízo o valor correspondente a essa remuneração. O numerário, recolhido em depósito bancário à ordem do juízo e com correção monetária, será entregue ao perito após a apresentação do laudo, facultada a sua liberação parcial, quando necessária. *(Incluído pela Lei n. 8.952, de 13.12.1994)*

Art. 34. Aplicam-se à reconvenção, à oposição, à ação declaratória incidental e aos procedimentos de jurisdição voluntária, no que couber, as disposições constantes desta seção. *(Redação dada pela Lei n. 5.925, de 1.10.1973)*

Art. 35. As sanções impostas às partes em conseqüência de má-fé serão contadas como custas e reverterão em benefício da parte contrária; as impostas aos serventuários pertencerão ao Estado.

CAPÍTULO III
DOS PROCURADORES

Art. 36. A parte será representada em juízo por advogado legalmente habilitado. Ser-lhe-á lícito, no entanto, postular em causa própria, quando tiver habilitação legal ou, não a tendo, no caso de falta de advogado no lugar ou recusa ou impedimento dos que houver.

Art. 37. Sem instrumento de mandato, o advogado não será admitido a procurar em juízo. Poderá, todavia, em nome da parte, intentar ação, a fim de evitar decadência ou prescrição, bem como intervir, no processo, para praticar atos reputados urgentes. Nestes casos, o advogado se obrigará, independentemente de caução, a exibir o instrumento de mandato no prazo de 15 (quinze) dias, prorrogável até outros 15 (quinze), por despacho do juiz.

Parágrafo único. Os atos, não ratificados no prazo, serão havidos por inexistentes, respondendo o advogado por despesas e perdas e danos.

Art. 38. A procuração geral para o foro, conferida por instrumento público, ou particular assinado pela parte, habilita o advogado a praticar todos os atos do processo, salvo para receber citação inicial, confessar, reconhecer a procedência do pedido, transigir, desistir, renunciar ao direito sobre que se funda a ação, receber, dar quitação e firmar compromisso. *(Redação dada pela Lei n. 8.952, de 13.12.1994)*

Parágrafo único. A procuração pode ser assinada digitalmente com base em certificado emitido por Autoridade

Certificadora credenciada, na forma da lei específica. *(Incluído pela Lei n. 11.419, de 2006).*

Art. 39. Compete ao advogado, ou à parte quando postular em causa própria:

I — declarar, na petição inicial ou na contestação, o endereço em que receberá intimação;

II — comunicar ao escrivão do processo qualquer mudança de endereço.

Parágrafo único. Se o advogado não cumprir o disposto no n. I deste artigo, o juiz, antes de determinar a citação do réu, mandará que se supra a omissão no prazo de 48 (quarenta e oito) horas, sob pena de indeferimento da petição; se infringir o previsto no n. II, reputar-se-ão válidas as intimações enviadas, em carta registrada, para o endereço constante dos autos.

Art. 40. O advogado tem direito de:

I — examinar, em cartório de justiça e secretaria de tribunal, autos de qualquer processo, salvo o disposto no art. 155;

II — requerer, como procurador, vista dos autos de qualquer processo pelo prazo de 5 (cinco) dias;

III — retirar os autos do cartório ou secretaria, pelo prazo legal, sempre que lhe competir falar neles por determinação do juiz, nos casos previstos em lei.

§ 1º Ao receber os autos, o advogado assinará carga no livro competente.

§ 2º Sendo comum às partes o prazo, só em conjunto ou mediante prévio ajuste por petição nos autos, poderão os seus procuradores retirar os autos, ressalvada a obtenção de cópias para a qual cada procurador poderá retirá-los pelo prazo de 1 (uma) hora independentemente de ajuste. *(Redação dada pela Lei n. 11.969, de 2009)*

CAPÍTULO IV
DA SUBSTITUIÇÃO DAS PARTES E DOS PROCURADORES

Art. 41. Só é permitida, no curso do processo, a substituição voluntária das partes nos casos expressos em lei.

Art. 42. A alienação da coisa ou do direito litigioso, a título particular, por ato entre vivos, não altera a legitimidade das partes.

§ 1º O adquirente ou o cessionário não poderá ingressar em juízo, substituindo o alienante, ou o cedente, sem que o consinta a parte contrária.

§ 2º O adquirente ou o cessionário poderá, no entanto, intervir no processo, assistindo o alienante ou o cedente.

§ 3º A sentença, proferida entre as partes originárias, estende os seus efeitos ao adquirente ou ao cessionário.

Art. 43. Ocorrendo a morte de qualquer das partes, dar-se-á a substituição pelo seu espólio ou pelos seus sucessores, observado o disposto no art. 265.

Art. 44. A parte, que revogar o mandato outorgado ao seu advogado, no mesmo ato constituirá outro que assuma o patrocínio da causa.

Art. 45. O advogado poderá, a qualquer tempo, renunciar ao mandato, provando que cientificou o mandante a fim de que este nomeie substituto. Durante os 10 (dez) dias seguintes, o advogado continuará a representar o mandante, desde que necessário para lhe evitar prejuízo. *(Redação dada pela Lei n. 8.952, de 13.12.1994)*

CAPÍTULO V
DO LITISCONSÓRCIO E DA ASSISTÊNCIA

Seção I
Do Litisconsórcio

Art. 46. Duas ou mais pessoas podem litigar, no mesmo processo, em conjunto, ativa ou passivamente, quando:

I — entre elas houver comunhão de direitos ou de obrigações relativamente à lide;

II — os direitos ou as obrigações derivarem do mesmo fundamento de fato ou de direito;

III — entre as causas houver conexão pelo objeto ou pela causa de pedir;

IV — ocorrer afinidade de questões por um ponto comum de fato ou de direito.

Parágrafo único. O juiz poderá limitar o litisconsórcio facultativo quanto ao número de litigantes, quando este comprometer a rápida solução do litígio ou dificultar a defesa. O pedido de limitação interrompe o prazo para resposta, que recomeça da intimação da decisão. *(Incluído pela Lei n. 8.952, de 13.12.1994)*

Art. 47. Há litisconsórcio necessário, quando, por disposição de lei ou pela natureza da relação jurídica, o juiz tiver de decidir a lide de modo uniforme para todas as partes; caso em que a eficácia da sentença dependerá da citação de todos os litisconsortes no processo.

Parágrafo único. O juiz ordenará ao autor que promova a citação de todos os litisconsortes necessários, dentro do prazo que assinar, sob pena de declarar extinto o processo.

Art. 48. Salvo disposição em contrário, os litisconsortes serão considerados, em suas relações com a parte adversa, como litigantes distintos; os atos e as omissões de um não prejudicarão nem beneficiarão os outros.

Art. 49. Cada litisconsorte tem o direito de promover o andamento do processo e todos devem ser intimados dos respectivos atos.

Seção II
Da Assistência

Art. 50. Pendendo uma causa entre duas ou mais pessoas, o terceiro, que tiver interesse jurídico em que a sentença seja favorável a uma delas, poderá intervir no processo para assisti-la.

Parágrafo único. A assistência tem lugar em qualquer dos tipos de procedimento e em todos os graus da jurisdição; mas o assistente recebe o processo no estado em que se encontra.

Art. 51. Não havendo impugnação dentro de 5 (cinco) dias, o pedido do assistente será deferido. Se qualquer das partes alegar, no entanto, que falece ao assistente interesse jurídico para intervir a bem do assistido, o juiz:

I — determinará, sem suspensão do processo, o desentranhamento da petição e da impugnação, a fim de serem autuadas em apenso;

II — autorizará a produção de provas;

III — decidirá, dentro de 5 (cinco) dias, o incidente.

Art. 52. O assistente atuará como auxiliar da parte principal, exercerá os mesmos poderes e sujeitar-se-á aos mesmos ônus processuais que o assistido.

Parágrafo único. Sendo revel o assistido, o assistente será considerado seu gestor de negócios.

Art. 53. A assistência não obsta a que a parte principal reconheça a procedência do pedido, desista da ação ou transija sobre direitos controvertidos; casos em que, terminando o processo, cessa a intervenção do assistente.

Art. 54. Considera-se litisconsorte da parte principal o assistente, toda vez que a sentença houver de influir na relação jurídica entre ele e o adversário do assistido.

Parágrafo único. Aplica-se ao assistente litisconsorcial, quanto ao pedido de intervenção, sua impugnação e julgamento do incidente, o disposto no art. 51.

Art. 55. Transitada em julgado a sentença, na causa em que interveio o assistente, este não poderá, em processo posterior, discutir a justiça da decisão, salvo se alegar e provar que:

I — pelo estado em que recebera o processo, ou pelas declarações e atos do assistido, fora impedido de produzir provas suscetíveis de influir na sentença;

II — desconhecia a existência de alegações ou de provas, de que o assistido, por dolo ou culpa, não se valeu.

CAPÍTULO VI
DA INTERVENÇÃO DE TERCEIROS

Seção I
Da Oposição

Art. 56. Quem pretender, no todo ou em parte, a coisa ou o direito sobre que controvertem autor e réu, poderá, até ser proferida a sentença, oferecer oposição contra ambos.

Art. 57. O opoente deduzirá o seu pedido, observando os requisitos exigidos para a propositura da ação (arts. 282 e 283). Distribuída a oposição por dependência, serão os opostos citados, na pessoa dos seus respectivos advogados, para contestar o pedido no prazo comum de 15 (quinze) dias.

Parágrafo único. Se o processo principal correr à revelia do réu, este será citado na forma estabelecida no Título V, Capítulo IV, Seção III, deste Livro.

Art. 58. Se um dos opostos reconhecer a procedência do pedido, contra o outro prosseguirá o opoente.

Art. 59. A oposição, oferecida antes da audiência, será apensada aos autos principais e correrá simultaneamente com a ação, sendo ambas julgadas pela mesma sentença.

Art. 60. Oferecida depois de iniciada a audiência, seguirá a oposição o procedimento ordinário, sendo julgada sem prejuízo da causa principal. Poderá o juiz, todavia, sobrestar no andamento do processo, por prazo nunca superior a 90 (noventa) dias, a fim de julgá-la conjuntamente com a oposição.

Art. 61. Cabendo ao juiz decidir simultaneamente a ação e a oposição, desta conhecerá em primeiro lugar.

Seção II
Da Nomeação à Autoria

Art. 62. Aquele que detiver a coisa em nome alheio, sendo-lhe demandada em nome próprio, deverá nomear à autoria o proprietário ou o possuidor.

Art. 63. Aplica-se também o disposto no artigo antecedente à ação de indenização, intentada pelo proprietário ou pelo titular de um direito sobre a coisa, toda vez que o responsável pelos prejuízos alegar que praticou o ato por ordem, ou em cumprimento de instruções de terceiro.

Art. 64. Em ambos os casos, o réu requererá a nomeação no prazo para a defesa; o juiz, ao deferir o pedido, suspenderá o processo e mandará ouvir o autor no prazo de 5 (cinco) dias.

Art. 65. Aceitando o nomeado, ao autor incumbirá promover-lhe a citação; recusando-o, ficará sem efeito a nomeação.

Art. 66. Se o nomeado reconhecer a qualidade que lhe é atribuída, contra ele correrá o processo; se a negar, o processo continuará contra o nomeante.

Art. 67. Quando o autor recusar o nomeado, ou quando este negar a qualidade que lhe é atribuída, assinar-se-á ao nomeante novo prazo para contestar.

Art. 68. Presume-se aceita a nomeação se:

I — o autor nada requereu, no prazo em que, a seu respeito, lhe competia manifestar-se;

II — o nomeado não comparecer, ou, comparecendo, nada alegar.

Art. 69. Responderá por perdas e danos aquele a quem incumbia a nomeação:

I — deixando de nomear à autoria, quando lhe competir;

II — nomeando pessoa diversa daquela em cujo nome detém a coisa demandada.

Seção III
Da Denunciação da Lide

Art. 70. A denunciação da lide é obrigatória:

I — ao alienante, na ação em que terceiro reivindica a coisa, cujo domínio foi transferido à parte, a fim de que esta possa exercer o direito que da evicção lhe resulta;

II — ao proprietário ou ao possuidor indireto quando, por força de obrigação ou direito, em casos como o do usufrutuário, do credor pignoratício, do locatário, o réu, citado em nome próprio, exerça a posse direta da coisa demandada;

III — àquele que estiver obrigado, pela lei ou pelo contrato, a indenizar, em ação regressiva, o prejuízo do que perder a demanda.

Art. 71. A citação do denunciado será requerida, juntamente com a do réu, se o denunciante for o autor; e, no prazo para contestar, se o denunciante for o réu.

Art. 72. Ordenada a citação, ficará suspenso o processo.

§ 1º A citação do alienante, do proprietário, do possuidor indireto ou do responsável pela indenização far-se-á:

a) quando residir na mesma comarca, dentro de 10 (dez) dias;

b) quando residir em outra comarca, ou em lugar incerto, dentro de 30 (trinta) dias.

§ 2º Não se procedendo à citação no prazo marcado, a ação prosseguirá unicamente em relação ao denunciante.

Art. 73. Para os fins do disposto no art. 70, o denunciado, por sua vez, intimará do litígio o alienante, o proprietário, o possuidor indireto ou o responsável pela indenização e, assim, sucessivamente, observando-se, quanto aos prazos, o disposto no artigo antecedente.

Art. 74. Feita a denunciação pelo autor, o denunciado, comparecendo, assumirá a posição de litisconsorte do denunciante e poderá aditar a petição inicial, procedendo-se em seguida à citação do réu.

Art. 75. Feita a denunciação pelo réu:

I — se o denunciado a aceitar e contestar o pedido, o processo prosseguirá entre o autor, de um lado, e de outro, como litisconsortes, o denunciante e o denunciado;

II — se o denunciado for revel, ou comparecer apenas para negar a qualidade que lhe foi atribuída, cumprirá ao denunciante prosseguir na defesa até final;

III — se o denunciado confessar os fatos alegados pelo autor, poderá o denunciante prosseguir na defesa.

Art. 76. A sentença, que julgar procedente a ação, declarará, conforme o caso, o direito do evicto, ou a responsabilidade por perdas e danos, valendo como título executivo.

Seção IV
Do Chamamento ao Processo

Art. 77. É admissível o chamamento ao processo: *(Redação dada pela Lei n. 5.925, de 1º.10.1973)*

I — do devedor, na ação em que o fiador for réu; *(Redação dada pela Lei n. 5.925, de 1º.10.1973)*

II — dos outros fiadores, quando para a ação for citado apenas um deles; *(Redação dada pela Lei n. 5.925, de 1º.10.1973)*

III — de todos os devedores solidários, quando o credor exigir de um ou de alguns deles, parcial ou totalmente, a dívida comum. *(Redação dada pela Lei n. 5.925, de 1º.10.1973)*

Art. 78. Para que o juiz declare, na mesma sentença, as responsabilidades dos obrigados, a que se refere o artigo antecedente, o réu requererá, no prazo para contestar, a citação do chamado.

Art. 79. O juiz suspenderá o processo, mandando observar, quanto à citação e aos prazos, o disposto nos arts. 72 e 74.

Art. 80. A sentença, que julgar procedente a ação, condenando os devedores, valerá como título executivo, em favor do que satisfizer a dívida, para exigi-la, por inteiro, do devedor principal, ou de cada um dos co-devedores a sua quota, na proporção que lhes tocar.

TÍTULO III
DO MINISTÉRIO PÚBLICO

Art. 81. O Ministério Público exercerá o direito de ação nos casos previstos em lei, cabendo-lhe, no processo, os mesmos poderes e ônus que às partes.

Art. 82. Compete ao Ministério Público intervir:

I — nas causas em que há interesses de incapazes;

II — nas causas concernentes ao estado da pessoa, pátrio poder, tutela, curatela, interdição, casamento, declaração de ausência e disposições de última vontade;

III — nas ações que envolvam litígios coletivos pela posse da terra rural e nas demais causas em que há interesse público evidenciado pela natureza da lide ou qualidade da parte. *(Redação dada pela Lei n. 9.415, de 23.12.1996)*

Art. 83. Intervindo como fiscal da lei, o Ministério Público:

I — terá vista dos autos depois das partes, sendo intimado de todos os atos do processo;

II — poderá juntar documentos e certidões, produzir prova em audiência e requerer medidas ou diligências necessárias ao descobrimento da verdade.

Art. 84. Quando a lei considerar obrigatória a intervenção do Ministério Público, a parte promover-lhe-á a intimação sob pena de nulidade do processo.

Art. 85. O órgão do Ministério Público será civilmente responsável quando, no exercício de suas funções, proceder com dolo ou fraude.

TÍTULO IV
DOS ÓRGÃOS JUDICIÁRIOS E DOS AUXILIARES DA JUSTIÇA

CAPÍTULO I
DA COMPETÊNCIA

Art. 86. As causas cíveis serão processadas e decididas, ou simplesmente decididas, pelos órgãos jurisdicionais, nos limites de sua competência, ressalvada às partes a faculdade de instituírem juízo arbitral.

Art. 87. Determina-se a competência no momento em que a ação é proposta. São irrelevantes as modificações do estado de fato ou de direito ocorridas posteriormente, salvo quando suprimirem o órgão judiciário ou alterarem a competência em razão da matéria ou da hierarquia.

CAPÍTULO II
DA COMPETÊNCIA INTERNACIONAL

Art. 88. É competente a autoridade judiciária brasileira quando:

I — o réu, qualquer que seja a sua nacionalidade, estiver domiciliado no Brasil;

II — no Brasil tiver de ser cumprida a obrigação;

III — a ação se originar de fato ocorrido ou de ato praticado no Brasil.

Parágrafo único. Para o fim do disposto no n. I, reputa-se domiciliada no Brasil a pessoa jurídica estrangeira que aqui tiver agência, filial ou sucursal.

Art. 89. Compete à autoridade judiciária brasileira, com exclusão de qualquer outra:

I — conhecer de ações relativas a imóveis situados no Brasil;

II — proceder a inventário e partilha de bens, situados no Brasil, ainda que o autor da herança seja estrangeiro e tenha residido fora do território nacional.

Art. 90. A ação intentada perante tribunal estrangeiro não induz litispendência, nem obsta a que a autoridade judiciária brasileira conheça da mesma causa e das que lhe são conexas.

CAPÍTULO III
DA COMPETÊNCIA INTERNA

Seção I
Da Competência em Razão do Valor e da Matéria

Art. 91. Regem a competência em razão do valor e da matéria as normas de organização judiciária, ressalvados os casos expressos neste Código.

Art. 92. Compete, porém, exclusivamente ao juiz de direito processar e julgar:

I — o processo de insolvência;

II — as ações concernentes ao estado e à capacidade da pessoa.

Seção II
Da Competência Funcional

Art. 93. Regem a competência dos tribunais as normas da Constituição da República e de organização judiciária. A competência funcional dos juízes de primeiro grau é disciplinada neste Código.

Seção III
Da Competência Territorial

Art. 94. A ação fundada em direito pessoal e a ação fundada em direito real sobre bens móveis serão propostas, em regra, no foro do domicílio do réu.

§ 1º Tendo mais de um domicílio, o réu será demandado no foro de qualquer deles.

§ 2º Sendo incerto ou desconhecido o domicílio do réu, ele será demandado onde for encontrado ou no foro do domicílio do autor.

§ 3º Quando o réu não tiver domicílio nem residência no Brasil, a ação será proposta no foro do domicílio do autor. Se este também residir fora do Brasil, a ação será proposta em qualquer foro.

§ 4º Havendo dois ou mais réus, com diferentes domicílios, serão demandados no foro de qualquer deles, à escolha do autor.

Art. 95. Nas ações fundadas em direito real sobre imóveis é competente o foro da situação da coisa. Pode o autor, entretanto, optar pelo foro do domicílio ou de eleição, não recaindo o litígio sobre direito de propriedade, vizinhança, servidão, posse, divisão e demarcação de terras e nunciação de obra nova.

Art. 96. O foro do domicílio do autor da herança, no Brasil, é o competente para o inventário, a partilha, a arrecadação, o cumprimento de disposições de última vontade e todas as ações em que o espólio for réu, ainda que o óbito tenha ocorrido no estrangeiro.

Parágrafo único. É, porém, competente o foro:

I — da situação dos bens, se o autor da herança não possuía domicílio certo;

II — do lugar em que ocorreu o óbito se o autor da herança não tinha domicílio certo e possuía bens em lugares diferentes.

Art. 97. As ações em que o ausente for réu correm no foro de seu último domicílio, que é também o competente para a arrecadação, o inventário, a partilha e o cumprimento de disposições testamentárias.

Art. 98. A ação em que o incapaz for réu se processará no foro do domicílio de seu representante.

Art. 99. O foro da Capital do Estado ou do Território é competente:

I — para as causas em que a União for autora, ré ou interveniente;

II — para as causas em que o Território for autor, réu ou interveniente.

Parágrafo único. Correndo o processo perante outro juiz, serão os autos remetidos ao juiz competente da Capital do Estado ou Território, tanto que neles intervenha uma das entidades mencionadas neste artigo.

Excetuam-se:

I — o processo de insolvência;

II — os casos previstos em lei.

Art. 100. É competente o foro:

I — da residência da mulher, para a ação de separação dos cônjuges e a conversão desta em divórcio, e para a anulação de casamento; *(Redação dada pela Lei n. 6.515, de 26.12.1977)*

II — do domicílio ou da residência do alimentando, para a ação em que se pedem alimentos;

III — do domicílio do devedor, para a ação de anulação de títulos extraviados ou destruídos;

IV — do lugar:

a) onde está a sede, para a ação em que for ré a pessoa jurídica;

b) onde se acha a agência ou sucursal, quanto às obrigações que ela contraiu;

c) onde exerce a sua atividade principal, para a ação em que for ré a sociedade, que carece de personalidade jurídica;

d) onde a obrigação deve ser satisfeita, para a ação em que se lhe exigir o cumprimento;

V — do lugar do ato ou fato:

a) para a ação de reparação do dano;

b) para a ação em que for réu o administrador ou gestor de negócios alheios.

Parágrafo único. Nas ações de reparação do dano sofrido em razão de delito ou acidente de veículos, será competente o foro do domicílio do autor ou do local do fato.

Art. 101. *(Revogado pela Lei n. 9.307, de 23.9.1996)*

Seção IV
Das Modificações da Competência

Art. 102. A competência, em razão do valor e do território, poderá modificar-se pela conexão ou continência, observado o disposto nos artigos seguintes.

Art. 103. Reputam-se conexas duas ou mais ações, quando lhes for comum o objeto ou a causa de pedir.

Art. 104. Dá-se a continência entre duas ou mais ações sempre que há identidade quanto às partes e à causa de pedir, mas o objeto de uma, por ser mais amplo, abrange o das outras.

Art. 105. Havendo conexão ou continência, o juiz, de ofício ou a requerimento de qualquer das partes, pode ordenar a reunião de ações propostas em separado, a fim de que sejam decididas simultaneamente.

Art. 106. Correndo em separado ações conexas perante juízes que têm a mesma competência territorial, considera-se prevento aquele que despachou em primeiro lugar.

Art. 107. Se o imóvel se achar situado em mais de um Estado ou comarca, determinar-se-á o foro pela prevenção, estendendo-se a competência sobre a totalidade do imóvel.

Art. 108. A ação acessória será proposta perante o juiz competente para a ação principal.

Art. 109. O juiz da causa principal é também competente para a reconvenção, a ação declaratória incidente, as ações de garantia e outras que respeitam ao terceiro interveniente.

Art. 110. Se o conhecimento da lide depender necessariamente da verificação da existência de fato delituoso, pode o juiz mandar sobrestar no andamento do processo até que se pronuncie a justiça criminal.

Parágrafo único. Se a ação penal não for exercida dentro de 30 (trinta) dias, contados da intimação do despacho de sobrestamento, cessará o efeito deste, decidindo o juiz cível a questão prejudicial.

Art. 111. A competência em razão da matéria e da hierarquia é inderrogável por convenção das partes; mas estas podem modificar a competência em razão do valor e do território, elegendo foro onde serão propostas as ações oriundas de direitos e obrigações.

§ 1º O acordo, porém, só produz efeito, quando constar de contrato escrito e aludir expressamente a determinado negócio jurídico.

§ 2º O foro contratual obriga os herdeiros e sucessores das partes.

Seção V
Da Declaração de Incompetência

Art. 112. Argúi-se, por meio de exceção, a incompetência relativa.

Parágrafo único. A nulidade da cláusula de eleição de foro, em contrato de adesão, pode ser declarada de ofício pelo juiz, que declinará de competência para o juízo de domicílio do réu.*(Incluído pela Lei n. 11.280, de 2006)*

Art. 113. A incompetência absoluta deve ser declarada de ofício e pode ser alegada, em qualquer tempo e grau de jurisdição, independentemente de exceção.

§ 1º Não sendo, porém, deduzida no prazo da contestação, ou na primeira oportunidade em que lhe couber falar nos autos, a parte responderá integralmente pelas custas.

§ 2º Declarada a incompetência absoluta, somente os atos decisórios serão nulos, remetendo-se os autos ao juiz competente.

Art. 114. Prorrogar-se-á a competência se dela o juiz não declinar na forma do parágrafo único do art. 112 desta Lei ou o réu não opuser exceção declinatória nos casos e prazos legais. *(Redação dada pela Lei n. 11.280, de 2006)*

Art. 115. Há conflito de competência:

I — quando dois ou mais juízes se declaram competentes;

II — quando dois ou mais juízes se consideram incompetentes;

III — quando entre dois ou mais juízes surge controvérsia acerca da reunião ou separação de processos.

Art. 116. O conflito pode ser suscitado por qualquer das partes, pelo Ministério Público ou pelo juiz.

Parágrafo único. O Ministério Público será ouvido em todos os conflitos de competência; mas terá qualidade de parte naqueles que suscitar.

Art. 117. Não pode suscitar conflito a parte que, no processo, ofereceu exceção de incompetência.

Parágrafo único. O conflito de competência não obsta, porém, a que a parte, que o não suscitou, ofereça exceção declinatória do foro.

Art. 118. O conflito será suscitado ao presidente do tribunal:

I — pelo juiz, por ofício;

II — pela parte e pelo Ministério Público, por petição.

Parágrafo único. O ofício e a petição serão instruídos com os documentos necessários à prova do conflito.

Art. 119. Após a distribuição, o relator mandará ouvir os juízes em conflito, ou apenas o suscitado, se um deles for suscitante; dentro do prazo assinado pelo relator, caberá ao juiz ou juízes prestar as informações.

Art. 120. Poderá o relator, de ofício, ou a requerimento de qualquer das partes, determinar, quando o conflito for positivo, seja sobrestado o processo, mas, neste caso, bem como no de conflito negativo, designará um dos juízes para resolver, em caráter provisório, as medidas urgentes.

Parágrafo único. Havendo jurisprudência dominante do tribunal sobre a questão suscitada, o relator poderá decidir de plano o conflito de competência, cabendo agravo, no prazo de cinco dias, contado da intimação da decisão às partes, para o órgão recursal competente. *(Incluído pela Lei n. 9.756, de 1998)*

Art. 121. Decorrido o prazo, com informações ou sem elas, será ouvido, em 5 (cinco) dias, o Ministério Público; em seguida o relator apresentará o conflito em sessão de julgamento.

Art. 122. Ao decidir o conflito, o tribunal declarará qual o juiz competente, pronunciando-se também sobre a validade dos atos do juiz incompetente.

Parágrafo único. Os autos do processo, em que se manifestou o conflito, serão remetidos ao juiz declarado competente.

Art. 123. No conflito entre turmas, seções, câmaras, Conselho Superior da Magistratura, juízes de segundo grau e desembargadores, observar-se-á o que dispuser a respeito o regimento interno do tribunal.

Art. 124. Os regimentos internos dos tribunais regularão o processo e julgamento do conflito de atribuições entre autoridade judiciária e autoridade administrativa.

CAPÍTULO IV
DO JUIZ

Seção I
Dos Poderes, dos Deveres e da responsabilidade do Juiz

Art. 125. O juiz dirigirá o processo conforme as disposições deste Código, competindo-lhe:

I — assegurar às partes igualdade de tratamento;

II — velar pela rápida solução do litígio;

III — prevenir ou reprimir qualquer ato contrário à dignidade da Justiça;

IV — tentar, a qualquer tempo, conciliar as partes. *(Incluído pela Lei n. 8.952, de 13.12.1994)*

Art. 126. O juiz não se exime de sentenciar ou despachar alegando lacuna ou obscuridade da lei. No julgamento da lide caber-lhe-á aplicar as normas legais; não as havendo, recorrerá à analogia, aos costumes e aos princípios gerais de direito. *(Redação dada pela Lei n. 5.925, de 1º.10.1973)*

Art. 127. O juiz só decidirá por eqüidade nos casos previstos em lei.

CÓDIGO DE PROCESSO CIVIL/1973

Art. 128. O juiz decidirá a lide nos limites em que foi proposta, sendo-lhe defeso conhecer de questões, não suscitadas, a cujo respeito a lei exige a iniciativa da parte.

Art. 129. Convencendo-se, pelas circunstâncias da causa, de que autor e réu se serviram do processo para praticar ato simulado ou conseguir fim proibido por lei, o juiz proferirá sentença que obste aos objetivos das partes.

Art. 130. Caberá ao juiz, de ofício ou a requerimento da parte, determinar as provas necessárias à instrução do processo, indeferindo as diligências inúteis ou meramente protelatórias.

Art. 131. O juiz apreciará livremente a prova, atendendo aos fatos e circunstâncias constantes dos autos, ainda que não alegados pelas partes; mas deverá indicar, na sentença, os motivos que lhe formaram o convencimento. *(Redação dada pela Lei n. 5.925, de 1º.10.1973)*

Art. 132. O juiz, titular ou substituto, que concluir a audiência julgará a lide, salvo se estiver convocado, licenciado, afastado por qualquer motivo, promovido ou aposentado, casos em que passará os autos ao seu sucessor. *(Redação dada pela Lei n. 8.637, de 31.3.1993)*

Parágrafo único. Em qualquer hipótese, o juiz que proferir a sentença, se entender necessário, poderá mandar repetir as provas já produzidas. *(Incluído pela Lei n. 8.637, de 31.3.1993)*

Art. 133. Responderá por perdas e danos o juiz, quando:
I — no exercício de suas funções, proceder com dolo ou fraude;
II — recusar, omitir ou retardar, sem justo motivo, providência que deva ordenar de ofício, ou a requerimento da parte.

Parágrafo único. Reputar-se-ão verificadas as hipóteses previstas no n. II só depois que a parte, por intermédio do escrivão, requerer ao juiz que determine a providência e este não lhe atender o pedido dentro de 10 (dez) dias.

Seção II
Dos Impedimentos e da Suspeição

Art. 134. É defeso ao juiz exercer as suas funções no processo contencioso ou voluntário:
I — de que for parte;
II — em que interveio como mandatário da parte, oficiou como perito, funcionou como órgão do Ministério Público, ou prestou depoimento como testemunha;
III — que conheceu em primeiro grau de jurisdição, tendo-lhe proferido sentença ou decisão;
IV — quando nele estiver postulando, como advogado da parte, o seu cônjuge ou qualquer parente seu, consangüíneo ou afim, em linha reta; ou na linha colateral até o segundo grau;
V — quando cônjuge, parente, consangüíneo ou afim, de alguma das partes, em linha reta ou, na colateral, até o terceiro grau;
VI — quando for órgão de direção ou de administração de pessoa jurídica, parte na causa.

Parágrafo único. No caso do n. IV, o impedimento só se verifica quando o advogado já estava exercendo o patrocínio da causa; é, porém, vedado ao advogado pleitear no processo, a fim de criar o impedimento do juiz.

Art. 135. Reputa-se fundada a suspeição de parcialidade do juiz, quando:

I — amigo íntimo ou inimigo capital de qualquer das partes;
II — alguma das partes for credora ou devedora do juiz, de seu cônjuge ou de parentes destes, em linha reta ou na colateral até o terceiro grau;
III — herdeiro presuntivo, donatário ou empregador de alguma das partes;
IV — receber dádivas antes ou depois de iniciado o processo; aconselhar alguma das partes acerca do objeto da causa, ou subministrar meios para atender às despesas do litígio;
V — interessado no julgamento da causa em favor de uma das partes.

Parágrafo único. Poderá ainda o juiz declarar-se suspeito por motivo íntimo.

Art. 136. Quando dois ou mais juízes forem parentes, consangüíneos ou afins, em linha reta e no segundo grau na linha colateral, o primeiro, que conhecer da causa no tribunal, impede que o outro participe do julgamento; caso em que o segundo se escusará, remetendo o processo ao seu substituto legal.

Art. 137. Aplicam-se os motivos de impedimento e suspeição aos juízes de todos os tribunais. O juiz que violar o dever de abstenção, ou não se declarar suspeito, poderá ser recusado por qualquer das partes (art. 304).

Art. 138. Aplicam-se também os motivos de impedimento e de suspeição:
I — ao órgão do Ministério Público, quando não for parte, e, sendo parte, nos casos previstos nos ns. I a IV do art. 135;
II — ao serventuário de justiça;
III — ao perito; *(Redação dada pela Lei n. 8.455, de 24.8.1992)*
IV — ao intérprete.

§ 1º A parte interessada deverá argüir o impedimento ou a suspeição, em petição fundamentada e devidamente instruída, na primeira oportunidade em que lhe couber falar nos autos; o juiz mandará processar o incidente em separado e sem suspensão da causa, ouvindo o argüido no prazo de 5 (cinco) dias, facultando a prova quando necessária e julgando o pedido.

§ 2º Nos tribunais caberá ao relator processar e julgar o incidente.

CAPÍTULO V
DOS AUXILIARES DA JUSTIÇA

Art. 139. São auxiliares do juízo, além de outros, cujas atribuições são determinadas pelas normas de organização judiciária, o escrivão, o oficial de justiça, o perito, o depositário, o administrador e o intérprete.

Seção I
Do Serventuário e do Oficial de Justiça

Art. 140. Em cada juízo haverá um ou mais ofícios de justiça, cujas atribuições são determinadas pelas normas de organização judiciária.

Art. 141. Incumbe ao escrivão:
I — redigir, em forma legal, os ofícios, mandados, cartas precatórias e mais atos que pertencem ao seu ofício;
II — executar as ordens judiciais, promovendo citações e intimações, bem como praticando todos os demais atos,

que lhe forem atribuídos pelas normas de organização judiciária;

III — comparecer às audiências, ou, não podendo fazê-lo, designar para substituí-lo escrevente juramentado, de preferência datilógrafo ou taquígrafo;

IV — ter, sob sua guarda e responsabilidade, os autos, não permitindo que saiam de cartório, exceto:

a) quando tenham de subir à conclusão do juiz;

b) com vista aos procuradores, ao Ministério Público ou à Fazenda Pública;

c) quando devam ser remetidos ao contador ou ao partidor;

d) quando, modificando-se a competência, forem transferidos a outro juízo;

V — dar, independentemente de despacho, certidão de qualquer ato ou termo do processo, observado o disposto no art. 155.

Art. 142. No impedimento do escrivão, o juiz convocar-lhe-á o substituto, e, não o havendo, nomeará pessoa idônea para o ato.

Art. 143. Incumbe ao oficial de justiça:

I — fazer pessoalmente as citações, prisões, penhoras, arrestos e mais diligências próprias do seu ofício, certificando no mandado o ocorrido, com menção de lugar, dia e hora. A diligência, sempre que possível, realizar-se-á na presença de duas testemunhas;

II — executar as ordens do juiz a que estiver subordinado;

III — entregar, em cartório, o mandado, logo depois de cumprido;

IV — estar presente às audiências e coadjuvar o juiz na manutenção da ordem.

V — efetuar avaliações. *(Incluído pela Lei n. 11.382, de 2006).*

Art. 144. O escrivão e o oficial de justiça são civilmente responsáveis:

I — quando, sem justo motivo, se recusarem a cumprir, dentro do prazo, os atos que lhes impõe a lei, ou os que o juiz, a que estão subordinados, lhes comete;

II — quando praticarem ato nulo com dolo ou culpa.

Seção II
Do Perito

Art. 145. Quando a prova do fato depender de conhecimento técnico ou científico, o juiz será assistido por perito, segundo o disposto no art. 421.

§ 1º Os peritos serão escolhidos entre profissionais de nível universitário, devidamente inscritos no órgão de classe competente, respeitado o disposto no Capítulo VI, seção VII, deste Código. *(Incluído pela Lei n. 7.270, de 10.12.1984)*

§ 2º Os peritos comprovarão sua especialidade na matéria sobre que deverão opinar, mediante certidão do órgão profissional em que estiverem inscritos. *(Incluído pela Lei n. 7.270, de 10.12.1984)*

§ 3º Nas localidades onde não houver profissionais qualificados que preencham os requisitos dos parágrafos anteriores, a indicação dos peritos será de livre escolha do juiz *(Incluído pela Lei n. 7.270, de 10.12.1984)*

Art. 146. O perito tem o dever de cumprir o ofício, no prazo que lhe assina a lei, empregando toda a sua diligência; pode, todavia, escusar-se do encargo alegando motivo legítimo.

Parágrafo único. A escusa será apresentada dentro de 5 (cinco) dias, contados da intimação ou do impedimento superveniente, sob pena de se reputar renunciado o direito a alegá-la (art. 423). *(Redação dada pela Lei n. 8.455, de 24.8.1992)*

Art. 147. O perito que, por dolo ou culpa, prestar informações inverídicas, responderá pelos prejuízos que causar à parte, ficará inabilitado, por 2 (dois) anos, a funcionar em outras perícias e incorrerá na sanção que a lei penal estabelecer.

Seção III
Do Depositário e do Administrador

Art. 148. A guarda e conservação de bens penhorados, arrestados, sequestrados ou arrecadados serão confiadas a depositário ou a administrador, não dispondo a lei de outro modo.

Art. 149. O depositário ou administrador perceberá, por seu trabalho, remuneração que o juiz fixará, atendendo à situação dos bens, ao tempo do serviço e às dificuldades de sua execução.

Parágrafo único. O juiz poderá nomear, por indicação do depositário ou do administrador, um ou mais prepostos.

Art. 150. O depositário ou o administrador responde pelos prejuízos que, por dolo ou culpa, causar à parte, perdendo a remuneração que lhe foi arbitrada; mas tem o direito a haver o que legitimamente despendeu no exercício do encargo.

Seção IV
Do Intérprete

Art. 151. O juiz nomeará intérprete toda vez que o repute necessário para:

I — analisar documento de entendimento duvidoso, redigido em língua estrangeira;

II — verter em português as declarações das partes e das testemunhas que não conhecerem o idioma nacional;

III — traduzir a linguagem mímica dos surdos-mudos, que não puderem transmitir a sua vontade por escrito.

Art. 152. Não pode ser intérprete quem:

I — não tiver a livre administração dos seus bens;

II — for arrolado como testemunha ou serve como perito no processo;

III — estiver inabilitado ao exercício da profissão por sentença penal condenatória, enquanto durar o seu efeito.

Art. 153. O intérprete, oficial ou não, é obrigado a prestar o seu ofício, aplicando-se-lhe o disposto nos arts. 146 e 147.

TÍTULO V
DOS ATOS PROCESSUAIS

CAPÍTULO I
DA FORMA DOS ATOS PROCESSUAIS

Seção I
Dos Atos em Geral

Art. 154. Os atos e termos processuais não dependem de forma determinada senão quando a lei expressamente

CÓDIGO DE PROCESSO CIVIL/1973

a exigir, reputando-se válidos os que, realizados de outro modo, lhe preencham a finalidade essencial.

Parágrafo único. Os tribunais, no âmbito da respectiva jurisdição, poderão disciplinar a prática e a comunicação oficial dos atos processuais por meios eletrônicos, atendidos os requisitos de autenticidade, integridade, validade jurídica e interoperabilidade da Infraestrutura de Chaves Públicas Brasileira — ICP — Brasil. *(Incluído pela Lei n. 11.280, de 2006)*

§ 2º Todos os atos e termos do processo podem ser produzidos, transmitidos, armazenados e assinados por meio eletrônico, na forma da lei. *(Incluído pela Lei n. 11.419, de 2006)*.

Art. 155. Os atos processuais são públicos. Correm, todavia, em segredo de justiça os processos:

I — em que o exigir o interesse público;

II — que dizem respeito a casamento, filiação, separação dos cônjuges, conversão desta em divórcio, alimentos e guarda de menores. *(Redação dada pela Lei n. 6.515, de 26.12.1977)*

Parágrafo único. O direito de consultar os autos e de pedir certidões de seus atos é restrito às partes e a seus procuradores. O terceiro, que demonstrar interesse jurídico, pode requerer ao juiz certidão do dispositivo da sentença, bem como de inventário e partilha resultante do desquite.

Art. 156. Em todos os atos e termos do processo é obrigatório o uso do vernáculo.

Art. 157. Só poderá ser junto aos autos documento redigido em língua estrangeira, quando acompanhado de versão em vernáculo, firmada por tradutor juramentado.

Seção II
Dos Atos da Parte

Art. 158. Os atos das partes, consistentes em declarações unilaterais ou bilaterais de vontade, produzem imediatamente a constituição, a modificação ou a extinção de direitos processuais.

Parágrafo único. A desistência da ação só produzirá efeito depois de homologada por sentença.

Art. 159. Salvo no Distrito Federal e nas Capitais dos Estados, todas as petições e documentos que instruírem o processo, não constantes de registro público, serão sempre acompanhados de cópia, datada e assinada por quem os oferecer.

§ 1º Depois de conferir a cópia, o escrivão ou chefe da secretaria irá formando autos suplementares, dos quais constará a reprodução de todos os atos e termos do processo original.

§ 2º Os autos suplementares só sairão de cartório para conclusão ao juiz, na falta dos autos originais.

Art. 160. Poderão as partes exigir recibo de petições, arrazoados, papéis e documentos que entregarem em cartório.

Art. 161. É defeso lançar, nos autos, cotas marginais ou interlineares; o juiz mandará riscá-las, impondo a quem as escrever multa correspondente à metade do salário mínimo vigente na sede do juízo.

Seção III
Dos Atos do Juiz

Art. 162. Os atos do juiz consistirão em sentenças, decisões interlocutórias e despachos.

§ 1º Sentença é o ato do juiz que implica alguma das situações previstas nos arts. 267 e 269 desta Lei. *(Redação dada pelo Lei n. 11.232, de 2005)*

§ 2º Decisão interlocutória é o ato pelo qual o juiz, no curso do processo, resolve questão incidente.

§ 3º São despachos todos os demais atos do juiz praticados no processo, de ofício ou a requerimento da parte, a cujo respeito a lei não estabelece outra forma.

§ 4º Os atos meramente ordinatórios, como a juntada e a vista obrigatória, independem de despacho, devendo ser praticados de ofício pelo servidor e revistos pelo juiz quando necessários. *(Incluído pela Lei n. 8.952, de 13.12.1994)*

Art. 163. Recebe a denominação de acórdão o julgamento proferido pelos tribunais.

Art. 164. Os despachos, decisões, sentenças e acórdãos serão redigidos, datados e assinados pelos juízes. Quando forem proferidos, verbalmente, o taquígrafo ou o datilógrafo os registrará, submetendo-os aos juízes para revisão e assinatura.

Parágrafo único. A assinatura dos juízes, em todos os graus de jurisdição, pode ser feita eletronicamente, na forma da lei. *(Incluído pela Lei n. 11.419, de 2006)*.

Art. 165. As sentenças e acórdãos serão proferidos com observância do disposto no art. 458; as demais decisões serão fundamentadas, ainda que de modo conciso.

Seção IV
Dos Atos do Escrivão ou do Chefe de Secretaria

Art. 166. Ao receber a petição inicial de qualquer processo, o escrivão a autuará, mencionando o juízo, a natureza do feito, o número de seu registro, os nomes das partes e a data do seu início; e procederá do mesmo modo quanto aos volumes que se forem formando.

Art. 167. O escrivão numerará e rubricará todas as folhas dos autos, procedendo da mesma forma quanto aos suplementares.

Parágrafo único. Às partes, aos advogados, aos órgãos do Ministério Público, aos peritos e às testemunhas é facultado rubricar as folhas correspondentes aos atos em que intervieram.

Art. 168. Os termos de juntada, vista, conclusão e outros semelhantes constarão de notas datadas e rubricadas pelo escrivão.

Art. 169. Os atos e termos do processo serão datilografados ou escritos com tinta escura e indelével, assinando-os as pessoas que neles intervieram. Quando estas não puderem ou não quiserem firmá-los, o escrivão certificará, nos autos, a ocorrência.

§ 1º É vedado usar abreviaturas. *(Redação dada pela Lei n. 11.419, de 2006)*.

§ 2º Quando se tratar de processo total ou parcialmente eletrônico, os atos processuais praticados na presença do juiz poderão ser produzidos e armazenados de modo integralmente digital em arquivo eletrônico inviolável, na forma da lei, mediante registro em termo que será assinado digitalmente pelo juiz e pelo escrivão ou chefe de secretaria, bem como pelos advogados das partes. *(Incluído pela Lei n. 11.419, de 2006)*.

§ 3º No caso do § 2º deste artigo, eventuais contradições na transcrição deverão ser suscitadas oralmente no momento da realização do ato, sob pena de preclusão, de-

vendo o juiz decidir de plano, registrando-se a alegação e a decisão no termo. *(Incluído pela Lei n. 11.419, de 2006).*

Art. 170. É lícito o uso da taquigrafia, da estenotipia, ou de outro método idôneo, em qualquer juízo ou tribunal. *(Redação dada pela Lei n. 8.952, de 13.12.1994)*

Art. 171. Não se admitem, nos atos e termos, espaços em branco, bem como entrelinhas, emendas ou rasuras, salvo se aqueles forem inutilizados e estas expressamente ressalvadas.

CAPÍTULO II
DO TEMPO E DO LUGAR DOS ATOS PROCESSUAIS

Seção I
Do Tempo

Art. 172. Os atos processuais realizar-se-ão em dias úteis, das 6 (seis) às 20 (vinte) horas. *(Redação dada pela Lei n. 8.952, de 13.12.1994)*

§ 1º Serão, todavia, concluídos depois das 20 (vinte) horas os atos iniciados antes, quando o adiamento prejudicar a diligência ou causar grave dano. *(Redação dada pela Lei n. 8.952, de 13.12.1994)*

§ 2º A citação e a penhora poderão, em casos excepcionais, e mediante autorização expressa do juiz, realizar-se em domingos e feriados, ou nos dias úteis, fora do horário estabelecido neste artigo, observado o disposto no *art. 5º*, inciso XI, da Constituição Federal. *(Redação dada pela Lei n. 8.952, de 13.12.1994)*

§ 3º Quando o ato tiver que ser praticado em determinado prazo, por meio de petição, esta deverá ser apresentada no protocolo, dentro do horário de expediente, nos termos da lei de organização judiciária local. *(Incluído pela Lei n. 8.952, de 13.12.1994)*

Art. 173. Durante as férias e nos feriados não se praticarão atos processuais. Excetuam-se:

I — a produção antecipada de provas (art. 846);

II — a citação, a fim de evitar o perecimento de direito; e bem assim o arresto, o seqüestro, a penhora, a arrecadação, a busca e apreensão, o depósito, a prisão, a separação de corpos, a abertura de testamento, os embargos de terceiro, a nunciação de obra nova e outros atos análogos.

Parágrafo único. O prazo para a resposta do réu só começará a correr no primeiro dia útil seguinte ao feriado ou às férias.

Art. 174. Processam-se durante as férias e não se suspendem pela superveniência delas:

I — os atos de jurisdição voluntária bem como os necessários à conservação de direitos, quando possam ser prejudicados pelo adiamento;

II — as causas de alimentos provisionais, de dação ou remoção de tutores e curadores, bem como as mencionadas no art. 275;

III — todas as causas que a lei federal determinar.

Art. 175. São feriados, para efeito forense, os domingos e os dias declarados por lei.

Seção II
Do Lugar

Art. 176. Os atos processuais realizam-se de ordinário na sede do juízo. Podem, todavia, efetuar-se em outro lugar, em razão de deferência, de interesse da justiça, ou de obstáculo argüido pelo interessado e acolhido pelo juiz.

CAPÍTULO III
DOS PRAZOS

Seção I
Das Disposições Gerais

Art. 177. Os atos processuais realizar-se-ão nos prazos prescritos em lei. Quando esta for omissa, o juiz determinará os prazos, tendo em conta a complexidade da causa.

Art. 178. O prazo, estabelecido pela lei ou pelo juiz, é contínuo, não se interrompendo nos feriados.

Art. 179. A superveniência de férias suspenderá o curso do prazo; o que lhe sobejar recomeçará a correr do primeiro dia útil seguinte ao termo das férias.

Art. 180. Suspende-se também o curso do prazo por obstáculo criado pela parte ou ocorrendo qualquer das hipóteses do art. 265, I e III; casos em que o prazo será restituído por tempo igual ao que faltava para a sua complementação.

Art. 181. Podem as partes, de comum acordo, reduzir ou prorrogar o prazo dilatório; a convenção, porém, só tem eficácia se, requerida antes do vencimento do prazo, se fundar em motivo legítimo.

§ 1º O juiz fixará o dia do vencimento do prazo da prorrogação.

§ 2º As custas acrescidas ficarão a cargo da parte em favor de quem foi concedida a prorrogação.

Art. 182. É defeso às partes, ainda que todas estejam de acordo, reduzir ou prorrogar os prazos peremptórios. O juiz poderá, nas comarcas onde for difícil o transporte, prorrogar quaisquer prazos, mas nunca por mais de 60 (sessenta) dias.

Parágrafo único. Em caso de calamidade pública, poderá ser excedido o limite previsto neste artigo para a prorrogação de prazos.

Art. 183. Decorrido o prazo, extingue-se, independentemente de declaração judicial, o direito de praticar o ato, ficando salvo, porém, à parte provar que o não realizou por justa causa.

§ 1º Reputa-se justa causa o evento imprevisto, alheio à vontade da parte, e que a impediu de praticar o ato por si ou por mandatário.

§ 2º Verificada a justa causa o juiz permitirá à parte a prática do ato no prazo que lhe assinar.

Art. 184. Salvo disposição em contrário, computar-se-ão os prazos, excluindo o dia do começo e incluindo o do vencimento. *(Redação dada pela Lei n. 5.925, de 1º.10.1973)*

§ 1º Considera-se prorrogado o prazo até o primeiro dia útil se o vencimento cair em feriado ou em dia em que: *(Redação dada pela Lei n. 5.925, de 1º.10.1973)*

I — for determinado o fechamento do fórum;

II — o expediente forense for encerrado antes da hora normal.

§ 2º Os prazos somente começam a correr do primeiro dia útil após a intimação (art. 240 e parágrafo único). *(Redação dada pela Lei n. 8.079, de 13.9.1990)*

Art. 185. Não havendo preceito legal nem assinação pelo juiz, será de 5 (cinco) dias o prazo para a prática de ato processual a cargo da parte.

Art. 186. A parte poderá renunciar ao prazo estabelecido exclusivamente em seu favor.

Art. 187. Em qualquer grau de jurisdição, havendo motivo justificado, pode o juiz exceder, por igual tempo, os prazos que este Código lhe assina.

Art. 188. Computar-se-á em quádruplo o prazo para contestar e em dobro para recorrer quando a parte for a Fazenda Pública ou o Ministério Público.

Art. 189. O juiz proferirá:
I — os despachos de expediente, no prazo de 2 (dois) dias;
II — as decisões, no prazo de 10 (dez) dias.

Art. 190. Incumbirá ao serventuário remeter os autos conclusos no prazo de 24 (vinte e quatro) horas e executar os atos processuais no prazo de 48 (quarenta e oito) horas, contados:
I — da data em que houver concluído o ato processual anterior, se lhe foi imposto pela lei;
II — da data em que tiver ciência da ordem, quando determinada pelo juiz.
Parágrafo único. Ao receber os autos, certificará o serventuário o dia e a hora em que ficou ciente da ordem, referida no n. II.

Art. 191. Quando os litisconsortes tiverem diferentes procuradores, ser-lhes-ão contados em dobro os prazos para contestar, para recorrer e, de modo geral, para falar nos autos.

Art. 192. Quando a lei não marcar outro prazo, as intimações somente obrigarão a comparecimento depois de decorridas 24 (vinte e quatro) horas.

Seção II
Da Verificação dos Prazos e das Penalidades

Art. 193. Compete ao juiz verificar se o serventuário excedeu, sem motivo legítimo, os prazos que este Código estabelece.

Art. 194. Apurada a falta, o juiz mandará instaurar procedimento administrativo, na forma da Lei de Organização Judiciária.

Art. 195. O advogado deve restituir os autos no prazo legal. Não o fazendo, mandará o juiz, de ofício, riscar o que neles houver escrito e desentranhar as alegações e documentos que apresentar.

Art. 196. É lícito a qualquer interessado cobrar os autos ao advogado que exceder o prazo legal. Se, intimado, não os devolver dentro em 24 (vinte e quatro) horas, perderá o direito à vista fora de cartório e incorrerá em multa, correspondente à metade do salário mínimo vigente na sede do juízo.
Parágrafo único. Apurada a falta, o juiz comunicará o fato à seção local da Ordem dos Advogados do Brasil, para o procedimento disciplinar e imposição da multa.

Art. 197. Aplicam-se ao órgão do Ministério Público e ao representante da Fazenda Pública as disposições constantes dos arts. 195 e 196.

Art. 198. Qualquer das partes ou o órgão do Ministério Público poderá representar ao presidente do Tribunal de Justiça contra o juiz que excedeu os prazos previstos em lei. Distribuída a representação ao órgão competente, instaurar-se-á procedimento para apuração da responsabilidade. O relator, conforme as circunstâncias, poderá avocar os autos em que ocorreu excesso de prazo, designando outro juiz para decidir a causa.

Art. 199. A disposição do artigo anterior aplicar-se-á aos tribunais superiores na forma que dispuser o seu regimento interno.

CAPÍTULO IV
DAS COMUNICAÇÕES DOS ATOS

Seção I
Das Disposições Gerais

Art. 200. Os atos processuais serão cumpridos por ordem judicial ou requisitados por carta, conforme hajam de realizar-se dentro ou fora dos limites territoriais da comarca.

Art. 201. Expedir-se-á carta de ordem se o juiz for subordinado ao tribunal de que ela emanar; carta rogatória, quando dirigida à autoridade judiciária estrangeira; e carta precatória nos demais casos.

Seção II
Das Cartas

Art. 202. São requisitos essenciais da carta de ordem, da carta precatória e da carta rogatória:
I — a indicação dos juízes de origem e de cumprimento do ato;
II — o inteiro teor da petição, do despacho judicial e do instrumento do mandato conferido ao advogado;
III — a menção do ato processual, que lhe constitui o objeto;
IV — o encerramento com a assinatura do juiz.
§ 1º O juiz mandará trasladar, na carta, quaisquer outras peças, bem como instruí-la com mapa, desenho ou gráfico, sempre que estes documentos devam ser examinados, na diligência, pelas partes, peritos ou testemunhas.
§ 2º Quando o objeto da carta for exame pericial sobre documento, este será remetido em original, ficando nos autos reprodução fotográfica.
§ 3º A carta de ordem, carta precatória ou carta rogatória pode ser expedida por meio eletrônico, situação em que a assinatura do juiz deverá ser eletrônica, na forma da lei. *(Incluído pela Lei n. 11.419, de 2006).*

Art. 203. Em todas as cartas declarará o juiz o prazo dentro do qual deverão ser cumpridas, atendendo à facilidade das comunicações e à natureza da diligência.

Art. 204. A carta tem caráter itinerante; antes ou depois de lhe ser ordenado o cumprimento, poderá ser apresentada a juízo diverso do que dela consta, a fim de se praticar o ato.

Art. 205. Havendo urgência, transmitir-se-ão a carta de ordem e a carta precatória por telegrama, radiograma ou telefone.

Art. 206. A carta de ordem e a carta precatória, por telegrama ou radiograma, conterão, em resumo substancial,

os requisitos mencionados no art. 202, bem como a declaração, pela agência expedidora, de estar reconhecida a assinatura do juiz.

Art. 207. O secretário do tribunal ou o escrivão do juízo deprecante transmitirá, por telefone, a carta de ordem, ou a carta precatória ao juízo, em que houver de cumprir-se o ato, por intermédio do escrivão do primeiro ofício da primeira vara, se houver na comarca mais de um ofício ou de uma vara, observando, quanto aos requisitos, o disposto no artigo antecedente.

§ 1º O escrivão, no mesmo dia ou no dia útil imediato, telefonará ao secretário do tribunal ou ao escrivão do juízo deprecante, lendo-lhe os termos da carta e solicitando-lhe que lha confirme.

§ 2º Sendo confirmada, o escrivão submeterá a carta a despacho.

Art. 208. Executar-se-ão, de ofício, os atos requisitados por telegrama, radiograma ou telefone. A parte depositará, contudo, na secretaria do tribunal ou no cartório do juízo deprecante, a importância correspondente às despesas que serão feitas no juízo em que houver de praticar-se o ato.

Art. 209. O juiz recusará cumprimento à carta precatória, devolvendo-a com despacho motivado:

I — quando não estiver revestida dos requisitos legais;

II — quando carecer de competência em razão da matéria ou da hierarquia;

III — quando tiver dúvida acerca de sua autenticidade.

Art. 210. A carta rogatória obedecerá, quanto à sua admissibilidade e modo de seu cumprimento, ao disposto na convenção internacional; à falta desta, será remetida à autoridade judiciária estrangeira, por via diplomática, depois de traduzida para a língua do país em que há de praticar-se o ato.

Art. 211. A concessão de exeqüibilidade às cartas rogatórias das justiças estrangeiras obedecerá ao disposto no Regimento Interno do Supremo Tribunal Federal.

Art. 212. Cumprida a carta, será devolvida ao juízo de origem, no prazo de 10 (dez) dias, independentemente de traslado, pagas as custas pela parte.

Seção III
Das Citações

Art. 213. Citação é o ato pelo qual se chama a juízo o réu ou o interessado a fim de se defender. *(Redação dada pela Lei n. 5.925, de 1º.10.1973)*

Art. 214. Para a validade do processo é indispensável a citação inicial do réu. *(Redação dada pela Lei n. 5.925, de 1º.10.1973)*

§ 1º O comparecimento espontâneo do réu supre, entretanto, a falta de citação. *(Redação dada pela Lei n. 5.925, de 1º.10.1973)*

§ 2º Comparecendo o réu apenas para argüir a nulidade e sendo esta decretada, considerar-se-á feita a citação na data em que ele ou seu advogado for intimado da decisão. *(Redação dada pela Lei n. 5.925, de 1º.10.1973)*

Art. 215. Far-se-á a citação pessoalmente ao réu, ao seu representante legal ou ao procurador legalmente autorizado.

§ 1º Estando o réu ausente, a citação far-se-á na pessoa de seu mandatário, administrador, feitor ou gerente, quando a ação se originar de atos por eles praticados.

§ 2º O locador que se ausentar do Brasil sem cientificar o locatário de que deixou na localidade, onde estiver situado o imóvel, procurador com poderes para receber citação, será citado na pessoa do administrador do imóvel encarregado do recebimento dos aluguéis.

Art. 216. A citação efetuar-se-á em qualquer lugar em que se encontre o réu.

Parágrafo único. O militar, em serviço ativo, será citado na unidade em que estiver servindo se não for conhecida a sua residência ou nela não for encontrado.

Art. 217. Não se fará, porém, a citação, salvo para evitar o perecimento do direito:

I — a quem estiver assistindo a qualquer ato de culto religioso; *(Inciso II renumerado pela Lei n. 8.952, de 13.12.1994)*

II — ao cônjuge ou a qualquer parente do morto, consangüíneo ou afim, em linha reta, ou na linha colateral em segundo grau, no dia do falecimento e nos 7 (sete) dias seguintes; *(Inciso III renumerado pela Lei n. 8.952, de 13.12.1994)*

III — aos noivos, nos 3 (três) primeiros dias de bodas; *(Inciso IV renumerado pela Lei n. 8.952, de 13.12.1994)*

IV — aos doentes, enquanto grave o seu estado. *(Inciso V renumerado pela Lei n. 8.952, de 13.12.1994)*

Art. 218. Também não se fará citação, quando se verificar que o réu é demente ou está impossibilitado de recebê-la.

§ 1º O oficial de justiça passará certidão, descrevendo minuciosamente a ocorrência. O juiz nomeará um médico, a fim de examinar o citando. O laudo será apresentado em 5 (cinco) dias.

§ 2º Reconhecida a impossibilidade, o juiz dará ao citando um curador, observando, quanto à sua escolha, a preferência estabelecida na lei civil. A nomeação é restrita à causa.

§ 3º A citação será feita na pessoa do curador, a quem incumbirá a defesa do réu.

Art. 219. A citação válida torna prevento o juízo, induz litispendência e faz litigiosa a coisa; e, ainda quando ordenada por juiz incompetente, constitui em mora o devedor e interrompe a prescrição. *(Redação dada pela Lei n. 5.925, de 1º.10.1973)*

§ 1º A interrupção da prescrição retroagirá à data da propositura da ação. *(Redação dada pela Lei n. 8.952, de 13.12.1994)*

§ 2º Incumbe à parte promover a citação do réu nos 10 (dez) dias subseqüentes ao despacho que a ordenar, não ficando prejudicada pela demora imputável exclusivamente ao serviço judiciário. *(Redação dada pela Lei n. 8.952, de 13.12.1994)*

§ 3º Não sendo citado o réu, o juiz prorrogará o prazo até o máximo de 90 (noventa) dias. *(Redação dada pela Lei n. 8.952, de 13.12.1994)*

§ 4º Não se efetuando a citação nos prazos mencionados nos parágrafos antecedentes, haver-se-á por não interrompida a prescrição. *(Redação dada pela Lei n. 5.925, de 1º.10.1973)*

§ 5º O juiz pronunciará, de ofício, a prescrição. *(Redação dada pela Lei n. 11.280, de 2006)*

§ 6º Passada em julgado a sentença, a que se refere o parágrafo anterior, o escrivão comunicará ao réu o resul-

tado do julgamento. *(Redação dada pela Lei n. 5.925, de 1º.10.1973)*

Art. 220. O disposto no artigo anterior aplica-se a todos os prazos extintivos previstos na lei.

Art. 221. A citação far-se-á:

I — pelo correio;

II — por oficial de justiça;

III — por edital.

IV — por meio eletrônico, conforme regulado em lei própria. *(Incluído pela Lei n. 11.419, de 2006).*

Art. 222. A citação será feita pelo correio, para qualquer comarca do País, exceto: *(Redação dada pela Lei n. 8.710, de 24.9.1993)*

a) nas ações de estado; *(Incluído pela Lei n. 8.710, de 24.9.1993)*

b) quando for ré pessoa incapaz; *(Incluído pela Lei n. 8.710, de 24.9.1993)*

c) quando for ré pessoa de direito público; *(Incluído pela Lei n. 8.710, de 24.9.1993)*

d) nos processos de execução; *(Incluído pela Lei n. 8.710, de 24.9.1993)*

e) quando o réu residir em local não atendido pela entrega domiciliar de correspondência; *(Incluído pela Lei n. 8.710, de 24.9.1993)*

f) quando o autor a requerer de outra forma. *(Incluído pela Lei n. 8.710, de 24.9.1993)*

Art. 223. Deferida a citação pelo correio, o escrivão ou chefe da secretaria remeterá ao citando cópias da petição inicial e do despacho do juiz, expressamente consignada em seu inteiro teor a advertência a que se refere o art. 285, segunda parte, comunicando, ainda, o prazo para a resposta e o juízo e cartório, com o respectivo endereço. *(Redação dada pela Lei n. 8.710, de 24.9.1993)*

Parágrafo único. A carta será registrada para entrega ao citando, exigindo-lhe o carteiro, ao fazer a entrega, que assine o recibo. Sendo o réu pessoa jurídica, será válida a entrega a pessoa com poderes de gerência geral ou de administração. *(Incluído pela Lei n. 8.710, de 24.9.1993)*

Art. 224. Far-se-á a citação por meio de oficial de justiça nos casos ressalvados no art. 222, ou quando frustrada a citação pelo correio. *(Redação dada pela Lei n. 8.710, de 24.9.1993)*

Art. 225. O mandado, que o oficial de justiça tiver de cumprir, deverá conter: *(Redação dada pela Lei n. 5.925, de 1º.10.1973)*

I — os nomes do autor e do réu, bem como os respectivos domicílios ou residências; *(Redação dada pela Lei n. 5.925, de 1º.10.1973)*

II — o fim da citação, com todas as especificações constantes da petição inicial, bem como a advertência a que se refere o art. 285, segunda parte, se o litígio versar sobre direitos disponíveis; *(Redação dada pela Lei n. 5.925, de 1º.10.1973)*

III — a cominação, se houver; *(Redação dada pela Lei n. 5.925, de 1º.10.1973)*

IV — o dia, hora e lugar do comparecimento; *(Redação dada pela Lei n. 5.925, de 1º.10.1973)*

V — a cópia do despacho; *(Redação dada pela Lei n. 5.925, de 1º.10.1973)*

VI — o prazo para defesa; *(Redação dada pela Lei n. 5.925, de 1º.10.1973)*

VII — a assinatura do escrivão e a declaração de que o subscreve por ordem do juiz. *(Redação dada pela Lei n. 5.925, de 1º.10.1973)*

Parágrafo único. O mandado poderá ser em breve relatório, quando o autor entregar em cartório, com a petição inicial, tantas cópias desta quantos forem os réus; caso em que as cópias, depois de conferidas com o original, farão parte integrante do mandado. *(Redação dada pela Lei n. 5.925, de 1º.10.1973)*

Art. 226. Incumbe ao oficial de justiça procurar o réu e, onde o encontrar, citá-lo:

I — lendo-lhe o mandado e entregando-lhe a contrafé;

II — portando por fé se recebeu ou recusou a contrafé;

III — obtendo a nota de ciente, ou certificando que o réu não a apôs no mandado.

Art. 227. Quando, por três vezes, o oficial de justiça houver procurado o réu em seu domicílio ou residência, sem o encontrar, deverá, havendo suspeita de ocultação, intimar a qualquer pessoa da família, ou em sua falta a qualquer vizinho, que, no dia imediato, voltará, a fim de efetuar a citação, na hora que designar.

Art. 228. No dia e hora designados, o oficial de justiça, independentemente de novo despacho, comparecerá ao domicílio ou residência do citando, a fim de realizar a diligência.

§ 1º Se o citando não estiver presente, o oficial de justiça procurará informar-se das razões da ausência, dando por feita a citação, ainda que o citando se tenha ocultado em outra comarca.

§ 2º Da certidão da ocorrência, o oficial de justiça deixará contrafé com pessoa da família ou com qualquer vizinho, conforme o caso, declarando-lhe o nome.

Art. 229. Feita a citação com hora certa, o escrivão enviará ao réu carta, telegrama ou radiograma, dando-lhe de tudo ciência.

Art. 230. Nas comarcas contíguas, de fácil comunicação, e nas que se situem na mesma região metropolitana, o oficial de justiça poderá efetuar citações ou intimações em qualquer delas. *(Redação dada pela Lei n. 8.710, de 24.9.1993)*

Art. 231. Far-se-á a citação por edital:

I — quando desconhecido ou incerto o réu;

II — quando ignorado, incerto ou inacessível o lugar em que se encontrar;

III — nos casos expressos em lei.

§ 1º Considera-se inacessível, para efeito de citação por edital, o país que recusar o cumprimento de carta rogatória.

§ 2º No caso de ser inacessível o lugar em que se encontrar o réu, a notícia de sua citação será divulgada também pelo rádio, se na comarca houver emissora de radiodifusão.

Art. 232. São requisitos da citação por edital: *(Redação dada pela Lei n. 5.925, de 1º.10.1973)*

I — a afirmação do autor, ou a certidão do oficial, quanto às circunstâncias previstas nos ns. I e II do artigo antecedente; *(Redação dada pela Lei n. 5.925, de 1º.10.1973)*

II — a afixação do edital, na sede do juízo, certificada pelo escrivão; *(Redação dada pela Lei n. 5.925, de 1º.10.1973)*

III — a publicação do edital no prazo máximo de 15 (quinze) dias, uma vez no órgão oficial e pelo menos duas vezes em jornal local, onde houver; *(Redação dada pela Lei n. 5.925, de 1º.10.1973)*

IV — a determinação, pelo juiz, do prazo, que variará entre 20 (vinte) e 60 (sessenta) dias, correndo da data da primeira publicação; *(Redação dada pela Lei n. 5.925, de 1º.10.1973)*

V — a advertência a que se refere o art. 285, segunda parte, se o litígio versar sobre direitos disponíveis. *(Incluído pela Lei n. 5.925, de 1º.10.1973)*

§ 1º Juntar-se-á aos autos um exemplar de cada publicação, bem como do anúncio, de que trata o n. II deste artigo. *(Redação dada pela Lei n. 5.925, de 1º.10.1973 e parágrafo único renumerado pela Lei n. 7.359, de 10.9.1985)*

§ 2º A publicação do edital será feita apenas no órgão oficial quando a parte for beneficiária da Assistência Judiciária. *(Incluído pela Lei n. 7.359, de 10.9.1985)*

Art. 233. A parte que requerer a citação por edital, alegando dolosamente os requisitos do art. 231, I e II, incorrerá em multa de 5 (cinco) vezes o salário mínimo vigente na sede do juízo.

Parágrafo único. A multa reverterá em benefício do citando.

Seção IV
Das Intimações

Art. 234. Intimação é o ato pelo qual se dá ciência a alguém dos atos e termos do processo, para que faça ou deixe de fazer alguma coisa.

Art. 235. As intimações efetuam-se de ofício, em processos pendentes, salvo disposição em contrário.

Art. 236. No Distrito Federal e nas Capitais dos Estados e dos Territórios, consideram-se feitas as intimações pela só publicação dos atos no órgão oficial.

§ 1º É indispensável, sob pena de nulidade, que da publicação constem os nomes das partes e de seus advogados, suficientes para sua identificação.

§ 2º A intimação do Ministério Público, em qualquer caso será feita pessoalmente.

Art. 237. Nas demais comarcas aplicar-se-á o disposto no artigo antecedente, se houver órgão de publicação dos atos oficiais; não o havendo, competirá ao escrivão intimar, de todos os atos do processo, os advogados das partes:

I — pessoalmente, tendo domicílio na sede do juízo;

II — por carta registrada, com aviso de recebimento quando domiciliado fora do juízo.

Parágrafo único. As intimações podem ser feitas de forma eletrônica, conforme regulado em lei própria. *(Incluído pela Lei n. 11.419, de 2006).*

Art. 238. Não dispondo a lei de outro modo, as intimações serão feitas às partes, aos seus representantes legais e aos advogados pelo correio ou, se presentes em cartório, diretamente pelo escrivão ou chefe de secretaria. *(Redação dada pela Lei n. 8.710, de 24.9.1993)*

Parágrafo único. Presumem-se válidas as comunicações e intimações dirigidas ao endereço residencial ou profissional declinado na inicial, contestação ou embargos, cumprindo às partes atualizar o respectivo endereço sempre que houver modificação temporária ou definitiva. *(Incluído pela Lei n. 11.382, de 2006).*

Art. 239. Far-se-á a intimação por meio de oficial de justiça quando frustrada a realização pelo correio. *(Redação dada pela Lei n. 8.710, de 24.9.1993)*

Parágrafo único. A certidão de intimação deve conter: *(Redação dada pela Lei n. 8.710, de 24.9.1993)*

I — a indicação do lugar e a descrição da pessoa intimada, mencionando, quando possível, o número de sua carteira de identidade e o órgão que a expediu;

II — a declaração de entrega da contrafé;

III — a nota de ciente ou certidão de que o interessado não a após no mandado. *(Redação dada pela Lei n. 8.952, de 13.12.1994)*

Art. 240. Salvo disposição em contrário, os prazos para as partes, para a Fazenda Pública e para o Ministério Público contar-se-ão da intimação.

Parágrafo único. As intimações consideram-se realizadas no primeiro dia útil seguinte, se tiverem ocorrido em dia em que não tenha havido expediente forense. *(Incluído pela Lei n. 8.079, de 13.9.1990)*

Art. 241. Começa a correr o prazo: *(Redação dada pela Lei n. 8.710, de 24.9.1993)*

I — quando a citação ou intimação for pelo correio, da data de juntada aos autos do aviso de recebimento; *(Redação dada pela Lei n. 8.710, de 24.9.1993)*

II — quando a citação ou intimação for por oficial de justiça, da data de juntada aos autos do mandado cumprido; *(Redação dada pela Lei n. 8.710, de 24.9.1993)*

III — quando houver vários réus, da data de juntada aos autos do último aviso de recebimento ou mandado citatório cumprido; *(Redação dada pela Lei n. 8.710, de 24.9.1993)*

IV — quando o ato se realizar em cumprimento de carta de ordem, precatória ou rogatória, da data de sua juntada aos autos devidamente cumprida; *(Redação dada pela Lei n. 8.710, de 24.9.1993)*

V — quando a citação for por edital, finda a dilação assinada pelo juiz. *(Redação dada pela Lei n. 8.710, de 24.9.1993)*

Art. 242. O prazo para a interposição de recurso conta-se da data, em que os advogados são intimados da decisão, da sentença ou do acórdão.

§ 1º Reputam-se intimados na audiência, quando nesta é publicada a decisão ou a sentença.

§ 2º Havendo antecipação da audiência, o juiz, de ofício ou a requerimento da parte, mandará intimar pessoalmente os advogados para ciência da nova designação. *(§ 3º renumerado pela Lei n. 8.952, de 13.12.1994)*

CAPÍTULO V
DAS NULIDADES

Art. 243. Quando a lei prescrever determinada forma, sob pena de nulidade, a decretação desta não pode ser requerida pela parte que lhe deu causa.

Art. 244. Quando a lei prescrever determinada forma, sem cominação de nulidade, o juiz considerará válido o ato se, realizado de outro modo, lhe alcançar a finalidade.

Art. 245. A nulidade dos atos deve ser alegada na primeira oportunidade em que couber à parte falar nos autos, sob pena de preclusão.

Parágrafo único. Não se aplica esta disposição às nulidades que o juiz deva decretar de ofício, nem prevalece a preclusão, provando a parte legítimo impedimento.

Art. 246. É nulo o processo, quando o Ministério Público não for intimado a acompanhar o feito em que deva intervir.

Parágrafo único. Se o processo tiver corrido, sem conhecimento do Ministério Público, o juiz o anulará a partir do momento em que o órgão devia ter sido intimado.

Art. 247. As citações e as intimações serão nulas, quando feitas sem observância das prescrições legais.

Art. 248. Anulado o ato, reputam-se de nenhum efeito todos os subseqüentes, que dele dependam; todavia, a nulidade de uma parte do ato não prejudicará as outras, que dela sejam independentes.

Art. 249. O juiz, ao pronunciar a nulidade, declarará que atos são atingidos, ordenando as providências necessárias, a fim de que sejam repetidos, ou retificados.

§ 1º O ato não se repetirá nem se lhe suprirá a falta quando não prejudicar a parte.

§ 2º Quando puder decidir do mérito a favor da parte a quem aproveite a declaração da nulidade, o juiz não a pronunciará nem mandará repetir o ato, ou suprir-lhe a falta.

Art. 250. O erro de forma do processo acarreta unicamente a anulação dos atos que não possam ser aproveitados, devendo praticar-se os que forem necessários, a fim de se observarem, quanto possível, as prescrições legais.

Parágrafo único. Dar-se-á o aproveitamento dos atos praticados, desde que não resulte prejuízo à defesa.

CAPÍTULO VI
DE OUTROS ATOS PROCESSUAIS

Seção I
Da Distribuição e do Registro

Art. 251. Todos os processos estão sujeitos a registro, devendo ser distribuídos onde houver mais de um juiz ou mais de um escrivão.

Art. 252. Será alternada a distribuição entre juízes e escrivães, obedecendo a rigorosa igualdade.

Art. 253. Distribuir-se-ão por dependência as causas de qualquer natureza: *(Redação dada pela Lei n. 10.358, de 27.12.2001)*

I — quando se relacionarem, por conexão ou continência, com outra já ajuizada; *(Redação dada pela Lei n. 10.358, de 27.12.2001)*

II — quando, tendo sido extinto o processo, sem julgamento de mérito, for reiterado o pedido, ainda que em litisconsórcio com outros autores ou que sejam parcialmente alterados os réus da demanda; *(Redação dada pela Lei n. 11.280, de 2006)*

III — quando houver ajuizamento de ações idênticas, ao juízo prevento. *(Incluído pela Lei n. 11.280, de 2006)*

Parágrafo único. Havendo reconvenção ou intervenção de terceiro, o juiz, de ofício, mandará proceder à respectiva anotação pelo distribuidor.

Art. 254. É defeso distribuir a petição não acompanhada do instrumento do mandato, salvo:

I — se o requerente postular em causa própria;

II — se a procuração estiver junta aos autos principais;

III — no caso previsto no art. 37.

Art. 255. O juiz, de ofício ou a requerimento do interessado, corrigirá o erro ou a falta de distribuição, compensando-a.

Art. 256. A distribuição poderá ser fiscalizada pela parte ou por seu procurador.

Art. 257. Será cancelada a distribuição do feito que, em 30 (trinta) dias, não for preparado no cartório em que deu entrada.

Seção II
Do Valor da Causa

Art. 258. A toda causa será atribuído um valor certo, ainda que não tenha conteúdo econômico imediato.

Art. 259. O valor da causa constará sempre da petição inicial e será:

I — na ação de cobrança de dívida, a soma do principal, da pena e dos juros vencidos até a propositura da ação;

II — havendo cumulação de pedidos, a quantia correspondente à soma dos valores de todos eles;

III — sendo alternativos os pedidos, o de maior valor;

IV — se houver também pedido subsidiário, o valor do pedido principal;

V — quando o litígio tiver por objeto a existência, validade, cumprimento, modificação ou rescisão de negócio jurídico, o valor do contrato;

VI — na ação de alimentos, a soma de 12 (doze) prestações mensais, pedidas pelo autor;

VII — na ação de divisão, de demarcação e de reivindicação, a estimativa oficial para lançamento do imposto.

Art. 260. Quando se pedirem prestações vencidas e vincendas, tomar-se-á em consideração o valor de umas e outras. O valor das prestações vincendas será igual a uma prestação anual, se a obrigação for por tempo indeterminado, ou por tempo superior a 1 (um) ano; se, por tempo inferior, será igual à soma das prestações.

Art. 261. O réu poderá impugnar, no prazo da contestação, o valor atribuído à causa pelo autor. A impugnação será autuada em apenso, ouvindo-se o autor no prazo de 5 (cinco) dias. Em seguida o juiz, sem suspender o processo, servindo-se, quando necessário, do auxílio de perito, determinará, no prazo de 10 (dez) dias, o valor da causa.

Parágrafo único. Não havendo impugnação, presume-se aceito o valor atribuído à causa na petição inicial.

TÍTULO VI
DA FORMAÇÃO, DA SUSPENSÃO E DA EXTINÇÃO DO PROCESSO

CAPÍTULO I
DA FORMAÇÃO DO PROCESSO

Art. 262. O processo civil começa por iniciativa da parte, mas se desenvolve por impulso oficial.

Art. 263. Considera-se proposta a ação, tanto que a petição inicial seja despachada pelo juiz, ou simplesmente distribuída, onde houver mais de uma vara. A propositura da ação, todavia, só produz, quanto ao réu, os efeitos mencionados no art. 219 depois que for validamente citado.

Art. 264. Feita a citação, é defeso ao autor modificar o pedido ou a causa de pedir, sem o consentimento do réu,

mantendo-se as mesmas partes, salvo as substituições permitidas por lei. *(Redação dada pela Lei n. 5.925, de 1º.10.1973)*

Parágrafo único. A alteração do pedido ou da causa de pedir em nenhuma hipótese será permitida após o saneamento do processo. *(Redação dada pela Lei n. 5.925, de 1º.10.1973)*

CAPÍTULO II
DA SUSPENSÃO DO PROCESSO

Art. 265. Suspende-se o processo:

I — pela morte ou perda da capacidade processual de qualquer das partes, de seu representante legal ou de seu procurador;

II — pela convenção das partes; *(Vide Lei n. 11.481, de 2007)*

III — quando for oposta exceção de incompetência do juízo, da câmara ou do tribunal, bem como de suspeição ou impedimento do juiz;

IV — quando a sentença de mérito:

a) depender do julgamento de outra causa, ou da declaração da existência ou inexistência da relação jurídica, que constitua o objeto principal de outro processo pendente;

b) não puder ser proferida senão depois de verificado determinado fato, ou de produzida certa prova, requisitada a outro juízo;

c) tiver por pressuposto o julgamento de questão de estado, requerido como declaração incidente;

V — por motivo de força maior;

VI — nos demais casos, que este Código regula.

§ 1º No caso de morte ou perda da capacidade processual de qualquer das partes, ou de seu representante legal, provado o falecimento ou a incapacidade, o juiz suspenderá o processo, salvo se já tiver iniciado a audiência de instrução e julgamento; caso em que:

a) o advogado continuará no processo até o encerramento da audiência;

b) o processo só se suspenderá a partir da publicação da sentença ou do acórdão.

§ 2º No caso de morte do procurador de qualquer das partes, ainda que iniciada a audiência de instrução e julgamento, o juiz marcará, a fim de que a parte constitua novo mandatário, o prazo de 20 (vinte) dias, findo o qual extinguirá o processo sem julgamento do mérito, se o autor não nomear novo mandatário, ou mandará prosseguir no processo, à revelia do réu, tendo falecido o advogado deste.

§ 3º A suspensão do processo por convenção das partes, de que trata o n. II, nunca poderá exceder 6 (seis) meses; findo o prazo, o escrivão fará os autos conclusos ao juiz, que ordenará o prosseguimento do processo.

§ 4º No caso do n. III, a exceção, em primeiro grau da jurisdição, será processada na forma do disposto neste Livro, Título VIII, Capítulo II, Seção III; e, no tribunal, consoante lhe estabelecer o regimento interno.

§ 5º Nos casos enumerados nas letras a, b e c do n. IV, o período de suspensão nunca poderá exceder 1 (um) ano. Findo este prazo, o juiz mandará prosseguir no processo.

Art. 266. Durante a suspensão é defeso praticar qualquer ato processual; poderá o juiz, todavia, determinar a realização de atos urgentes, a fim de evitar dano irreparável.

CAPÍTULO III
DA EXTINÇÃO DO PROCESSO

Art. 267. Extingue-se o processo, sem resolução de mérito: *(Redação dada pela Lei n. 11.232, de 2005)*

I — quando o juiz indeferir a petição inicial;

II — quando ficar parado durante mais de 1 (um) ano por negligência das partes;

III — quando, por não promover os atos e diligências que lhe competir, o autor abandonar a causa por mais de 30 (trinta) dias;

IV — quando se verificar a ausência de pressupostos de constituição e de desenvolvimento válido e regular do processo;

V — quando o juiz acolher a alegação de perempção, litispendência ou de coisa julgada;

VI — quando não concorrer qualquer das condições da ação, como a possibilidade jurídica, a legitimidade das partes e o interesse processual;

VII — pela convenção de arbitragem; *(Redação dada pela Lei n. 9.307, de 23.9.1996)*

VIII — quando o autor desistir da ação;

IX — quando a ação for considerada intransmissível por disposição legal;

X — quando ocorrer confusão entre autor e réu;

XI — nos demais casos prescritos neste Código.

§ 1º O juiz ordenará, nos casos dos ns. II e III, o arquivamento dos autos, declarando a extinção do processo, se a parte, intimada pessoalmente, não suprir a falta em 48 (quarenta e oito) horas.

§ 2º o caso do parágrafo anterior, quanto ao n. II, as partes pagarão proporcionalmente as custas e, quanto ao n. III, o autor será condenado ao pagamento das despesas e honorários de advogado (art. 28).

§ 3º O juiz conhecerá de ofício, em qualquer tempo e grau de jurisdição, enquanto não proferida a sentença de mérito, da matéria constante dos ns. IV, V e VI; todavia, o réu que a não alegar, na primeira oportunidade em que lhe caiba falar nos autos, responderá pelas custas de retardamento.

§ 4º Depois de decorrido o prazo para a resposta, o autor não poderá, sem o consentimento do réu, desistir da ação.

Art. 268. Salvo o disposto no art. 267, V, a extinção do processo não obsta a que o autor intente de novo a ação. A petição inicial, todavia, não será despachada sem a prova do pagamento ou do depósito das custas e dos honorários de advogado.

Parágrafo único. Se o autor der causa, por três vezes, à extinção do processo pelo fundamento previsto no n. III do artigo anterior, não poderá intentar nova ação contra o réu com o mesmo objeto, ficando-lhe ressalvada, entretanto, a possibilidade de alegar em defesa o seu direito.

Art. 269. Haverá resolução de mérito: *(Redação dada pela Lei n. 11.232, de 2005)*

I — quando o juiz acolher ou rejeitar o pedido do autor; *(Redação dada pela Lei n. 5.925, de 1º.10.1973)*

II — quando o réu reconhecer a procedência do pedido; *(Redação dada pela Lei n. 5.925, de 1º.10.1973)*

III — quando as partes transigirem; *(Redação dada pela Lei n. 5.925, de 1º.10.1973)*

IV — quando o juiz pronunciar a decadência ou a prescrição; *(Redação dada pela Lei n. 5.925, de 1º.10.1973)*

V — quando o autor renunciar ao direito sobre que se funda a ação. *(Redação dada pela Lei n. 5.925, de 1º.10.1973)*

TÍTULO VII
DO PROCESSO E DO PROCEDIMENTO

CAPÍTULO I
DAS DISPOSIÇÕES GERAIS

Art. 270. Este Código regula o processo de conhecimento (Livro I), de execução (Livro II), cautelar (Livro III) e os procedimentos especiais (Livro IV).

Art. 271. Aplica-se a todas as causas o procedimento comum, salvo disposição em contrário deste Código ou de lei especial.

Art. 272. O procedimento comum é ordinário ou sumário. *(Redação dada pela Lei n. 8.952, de 13.12.1994)*
Parágrafo único. O procedimento especial e o procedimento sumário regem-se pelas disposições que lhes são próprias, aplicando-se-lhes, subsidiariamente, as disposições gerais do procedimento ordinário. *(Incluído pela Lei n. 8.952, de 13.12.1994)*

Art. 273. O juiz poderá, a requerimento da parte, antecipar, total ou parcialmente, os efeitos da tutela pretendida no pedido inicial, desde que, existindo prova inequívoca, se convença da verossimilhança da alegação e: *(Redação dada pela Lei n. 8.952, de 13.12.1994)*
I — haja fundado receio de dano irreparável ou de difícil reparação; ou *(Incluído pela Lei n. 8.952, de 13.12.1994)*
II — fique caracterizado o abuso de direito de defesa ou o manifesto propósito protelatório do réu. *(Incluído pela Lei n. 8.952, de 13.12.1994)*
§ 1º Na decisão que antecipar a tutela, o juiz indicará, de modo claro e preciso, as razões do seu convencimento. *(Incluído pela Lei n. 8.952, de 13.12.1994)*
§ 2º Não se concederá a antecipação da tutela quando houver perigo de irreversibilidade do provimento antecipado. *(Incluído pela Lei n. 8.952, de 13.12.1994)*
§ 3º A efetivação da tutela antecipada observará, no que couber e conforme sua natureza, as normas previstas nos arts. 588, 461, §§ 4º e 5º, e 461-A. *(Redação dada pela Lei n. 10.444, de 7.5.2002)*
§ 4º A tutela antecipada poderá ser revogada ou modificada a qualquer tempo, em decisão fundamentada. *(Incluído pela Lei n. 8.952, de 13.12.1994)*
§ 5º Concedida ou não a antecipação da tutela, prosseguirá o processo até final julgamento. *(Incluído pela Lei n. 8.952, de 13.12.1994)*
§ 6º A tutela antecipada também poderá ser concedida quando um ou mais dos pedidos cumulados, ou parcela deles, mostrar-se incontroverso. *(Incluído pela Lei n. 10.444, de 7.5.2002)*
§ 7º Se o autor, a título de antecipação de tutela, requerer providência de natureza cautelar, poderá o juiz, quando presentes os respectivos pressupostos, deferir a medida cautelar em caráter incidental do processo ajuizado. *(Incluído pela Lei n. 10.444, de 7.5.2002)*

CAPÍTULO II
DO PROCEDIMENTO ORDINÁRIO

Art. 274. O procedimento ordinário reger-se-á segundo as disposições dos Livros I e II deste Código.

CAPÍTULO III
DO PROCEDIMENTO SUMÁRIO

Art. 275. Observar-se-á o procedimento sumário: *(Redação dada pela Lei n. 9.245, de 26.12.1995)*
I — nas causas cujo valor não exceda a 60 (sessenta) vezes o valor do salário mínimo; *(Redação dada pela Lei n. 10.444, de 7.5.2002)*
II — nas causas, qualquer que seja o valor; *(Redação dada pela Lei n. 9.245, de 26.12.1995)*
a) de arrendamento rural e de parceria agrícola; *(Redação dada pela Lei n. 9.245, de 26.12.1995)*
b) de cobrança ao condômino de quaisquer quantias devidas ao condomínio; *(Redação dada pela Lei n. 9.245, de 26.12.1995)*
c) de ressarcimento por danos em prédio urbano ou rústico; *(Redação dada pela Lei n. 9.245, de 26.12.1995)*
d) de ressarcimento por danos causados em acidente de veículo de via terrestre; *(Redação dada pela Lei n. 9.245, de 26.12.1995)*
e) de cobrança de seguro, relativamente aos danos causados em acidente de veículo, ressalvados os casos de processo de execução; *(Redação dada pela Lei n. 9.245, de 26.12.1995)*
f) de cobrança de honorários dos profissionais liberais, ressalvado o disposto em legislação especial; *(Redação dada pela Lei n. 9.245, de 26.12.1995)*
g) que versem sobre revogação de doação; *(Redação dada pela Lei n. 12.122, de 2009)*.
h) nos demais casos previstos em lei. *(Incluído pela Lei n. 12.122, de 2009)*.
Parágrafo único. Este procedimento não será observado nas ações relativas ao estado e à capacidade das pessoas. *(Redação dada pela Lei n. 9.245, de 26.12.1995)*

Art. 276. Na petição inicial, o autor apresentará o rol de testemunhas e, se requerer perícia, formulará quesitos, podendo indicar assistente técnico. *(Redação dada pela Lei n. 9.245, de 26.12.1995)*

Art. 277. O juiz designará a audiência de conciliação a ser realizada no prazo de trinta dias, citando-se o réu com a antecedência mínima de dez dias e sob advertência prevista no § 2º deste artigo, determinando o comparecimento das partes. Sendo ré a Fazenda Pública, os prazos contar-se-ão em dobro. *(Redação dada pela Lei n. 9.245, de 26.12.1995)*
§ 1º A conciliação será reduzida a termo e homologada por sentença, podendo o juiz ser auxiliado por conciliador. *(Incluído pela Lei n. 9.245, de 26.12.1995)*
§ 2º Deixando injustificadamente o réu de comparecer à audiência, reputar-se-ão verdadeiros os fatos alegados na petição inicial (art. 319), salvo se o contrário resultar da prova dos autos, proferindo o juiz, desde logo, a sentença. *(Incluído pela Lei n. 9.245, de 26.12.1995)*
§ 3º As partes comparecerão pessoalmente à audiência, podendo fazer-se representar por preposto com poderes para transigir. *(Incluído pela Lei n. 9.245, de 26.12.1995)*
§ 4º O juiz, na audiência, decidirá de plano a impugnação ao valor da causa ou a controvérsia sobre a natureza da demanda, determinando, se for o caso, a conversão do procedimento sumário em ordinário. *(Incluído pela Lei n. 9.245, de 26.12.1995)*
§ 5º A conversão também ocorrerá quando houver necessidade de prova técnica de maior complexidade. *(Incluído pela Lei n. 9.245, de 26.12.1995)*

Art. 278. Não obtida a conciliação, oferecerá o réu, na própria audiência, resposta escrita ou oral, acompanhada de documentos e rol de testemunhas e, se requerer perícia, formulará seus quesitos desde logo, podendo indicar assistente técnico. *(Redação dada pela Lei n. 9.245, de 26.12.1995)*
§ 1º É lícito ao réu, na contestação, formular pedido em seu favor, desde que fundado nos mesmos fatos referidos na inicial. *(Redação dada pela Lei n. 9.245, de 26.12.1995)*
§ 2º Havendo necessidade de produção de prova oral e não ocorrendo qualquer das hipóteses previstas nos arts. 329 e 330, I e II, será designada audiência de instrução

e julgamento para data próxima, não excedente de trinta dias, salvo se houver determinação de perícia. *(Redação dada pela Lei n. 9.245, de 26.12.1995)*

Art. 279. Os atos probatórios realizados em audiência poderão ser documentados mediante taquigrafia, estenotipia ou outro método hábil de documentação, fazendo-se a respectiva transcrição se a determinar o juiz. *(Redação dada pela Lei n. 9.245, de 26.12.1995)*

Parágrafo único. Nas comarcas ou varas em que não for possível a taquigrafia, a estenotipia ou outro método de documentação, os depoimentos serão reduzidos a termo, do qual constará apenas o essencial. *(Incluído pela Lei n. 9.245, de 26.12.1995)*

Art. 280. No procedimento sumário não são admissíveis a ação declaratória incidental e a intervenção de terceiros, salvo a assistência, o recurso de terceiro prejudicado e a intervenção fundada em contrato de seguro. *(Redação dada pela Lei n. 10.444, de 7.5.2002)*

Art. 281. Findos a instrução e os debates orais, o juiz proferirá sentença na própria audiência ou no prazo de dez dias. *(Redação dada pela Lei n. 9.245, de 26.12.1995)*

TÍTULO VIII
DO PROCEDIMENTO ORDINÁRIO

CAPÍTULO I
DA PETIÇÃO INICIAL

Seção I
Dos Requisitos da Petição Inicial

Art. 282. A petição inicial indicará:

I — o juiz ou tribunal, a que é dirigida;

II — os nomes, prenomes, estado civil, profissão, domicílio e residência do autor e do réu;

III — o fato e os fundamentos jurídicos do pedido;

IV — o pedido, com as suas especificações;

V — o valor da causa;

VI — as provas com que o autor pretende demonstrar a verdade dos fatos alegados;

VII — o requerimento para a citação do réu.

Art. 283. A petição inicial será instruída com os documentos indispensáveis à propositura da ação.

Art. 284. Verificando o juiz que a petição inicial não preenche os requisitos exigidos nos arts. 282 e 283, ou que apresenta defeitos e irregularidades capazes de dificultar o julgamento de mérito, determinará que o autor a emende, ou a complete, no prazo de 10 (dez) dias.

Parágrafo único. Se o autor não cumprir a diligência, o juiz indeferirá a petição inicial.

Art. 285. Estando em termos a petição inicial, o juiz a despachará, ordenando a citação do réu, para responder; do mandado constará que, não sendo contestada a ação, se presumirão aceitos pelo réu, como verdadeiros, os fatos articulados pelo autor. *(Redação dada pela Lei n. 5.925, de 1º.10.1973)*

Art. 285-A. Quando a matéria controvertida for unicamente de direito e no juízo já houver sido proferida sentença de total improcedência em outros casos idênticos, poderá ser dispensada a citação e proferida sentença, reproduzindo-se o teor da anteriormente prolatada. *(Incluído pela Lei n. 11.277, de 2006)*

§ 1º Se o autor apelar, é facultado ao juiz decidir, no prazo de 5 (cinco) dias, não manter a sentença e determinar o prosseguimento da ação. *(Incluído pela Lei n. 11.277, de 2006)*

§ 2º Caso seja mantida a sentença, será ordenada a citação do réu para responder ao recurso. *(Incluído pela Lei n. 11.277, de 2006)*

Art. 285-B. Nos litígios que tenham por objeto obrigações decorrentes de empréstimo, financiamento ou arrendamento mercantil, o autor deverá discriminar na petição inicial, dentre as obrigações contratuais, aquelas que pretende controverter, quantificando o valor incontroverso. *(Incluído pela Lei n. 12.810, de 2013)*

§ 1º O valor incontroverso deverá continuar sendo pago no tempo e modo contratados. *(Renumerado do parágrafo único pela Lei n. 12.873, de 2013)*

§ 2º O devedor ou arrendatário não se exime da obrigação de pagamento dos tributos, multas e taxas incidentes sobre os bens vinculados e de outros encargos previstos em contrato, exceto se a obrigação de pagar não for de sua responsabilidade, conforme contrato, ou for objeto de suspensão em medida liminar, em medida cautelar ou antecipação dos efeitos da tutela. *(Incluído pela Lei n. 12.873, de 2013)*

Seção II
Do Pedido

Art. 286. O pedido deve ser certo ou determinado. É lícito, porém, formular pedido genérico: *(Redação dada pela Lei n. 5.925, de 1º.10.1973)*

I — nas ações universais, se não puder o autor individuar na petição os bens demandados; *(Redação dada pela Lei n. 5.925, de 1º.10.1973)*

II — quando não for possível determinar, de modo definitivo, as consequências do ato ou do fato ilícito; *(Redação dada pela Lei n. 5.925, de 1º.10.1973)*

III — quando a determinação do valor da condenação depender de ato que deva ser praticado pelo réu. *(Redação dada pela Lei n. 5.925, de 1º.10.1973)*

Art. 287. Se o autor pedir que seja imposta ao réu a abstenção da prática de algum ato, tolerar alguma atividade, prestar ato ou entregar coisa, poderá requerer cominação de pena pecuniária para o caso de descumprimento da sentença ou da decisão antecipatória de tutela (arts. 461, § 4º, e 461-A). *(Redação dada pela Lei n. 10.444, de 7.5.2002)*

Art. 288. O pedido será alternativo, quando, pela natureza da obrigação, o devedor puder cumprir a prestação de mais de um modo.

Parágrafo único. Quando, pela lei ou pelo contrato, a escolha couber ao devedor, o juiz lhe assegurará o direito de cumprir a prestação de um ou de outro modo, ainda que o autor não tenha formulado pedido alternativo.

Art. 289. É lícito formular mais de um pedido em ordem sucessiva, a fim de que o juiz conheça do posterior, em não podendo acolher o anterior.

Art. 290. Quando a obrigação consistir em prestações periódicas, considerar-se-ão elas incluídas no pedido, independentemente de declaração expressa do autor; se o

devedor, no curso do processo, deixar de pagá-las ou de consigná-las, a sentença as incluirá na condenação, enquanto durar a obrigação.

Art. 291. Na obrigação indivisível com pluralidade de credores, aquele que não participou do processo receberá a sua parte, deduzidas as despesas na proporção de seu crédito.

Art. 292. É permitida a cumulação, num único processo, contra o mesmo réu, de vários pedidos, ainda que entre eles não haja conexão.

§ 1º São requisitos de admissibilidade da cumulação:

I — que os pedidos sejam compatíveis entre si;

II — que seja competente para conhecer deles o mesmo juízo;

III — que seja adequado para todos os pedidos o tipo de procedimento.

§ 2º Quando, para cada pedido, corresponder tipo diverso de procedimento, admitir-se-á a cumulação, se o autor empregar o procedimento ordinário.

Art. 293. Os pedidos são interpretados restritivamente, compreendendo-se, entretanto, no principal os juros legais.

Art. 294. Antes da citação, o autor poderá aditar o pedido, correndo à sua conta as custas acrescidas em razão dessa iniciativa. *(Redação dada pela Lei n. 8.718, de 14.10.1993)*

Seção III
Do Indeferimento da Petição Inicial

Art. 295. A petição inicial será indeferida: *(Redação dada pela Lei n. 5.925, de 1º.10.1973)*

I — quando for inepta; *(Redação dada pela Lei n. 5.925, de 1º.10.1973)*

II — quando a parte for manifestamente ilegítima; *(Redação dada pela Lei n. 5.925, de 1º.10.1973)*

III — quando o autor carecer de interesse processual; *(Redação dada pela Lei n. 5.925, de 1º.10.1973)*

IV — quando o juiz verificar, desde logo, a decadência ou a prescrição (art. 219, § 5º); *(Redação dada pela Lei n. 5.925, de 1º.10.1973)*

V — quando o tipo de procedimento, escolhido pelo autor, não corresponder à natureza da causa, ou ao valor da ação; caso em que só não será indeferida, se puder adaptar-se ao tipo de procedimento legal; *(Redação dada pela Lei n. 5.925, de 1º.10.1973)*

VI — quando não atendidas as prescrições dos arts. 39, parágrafo único, primeira parte, e 284. *(Redação dada pela Lei n. 5.925, de 1º.10.1973)*

Parágrafo único. Considera-se inepta a petição inicial quando: *(Redação dada pela Lei n. 5.925, de 1º.10.1973)*

I — lhe faltar pedido ou causa de pedir; *(Redação dada pela Lei n. 5.925, de 1º.10.1973)*

II — da narração dos fatos não decorrer logicamente a conclusão; *(Redação dada pela Lei n. 5.925, de 1º.10.1973)*

III — o pedido for juridicamente impossível; *(Redação dada pela Lei n. 5.925, de 1º.10.1973)*

IV — contiver pedidos incompatíveis entre si. *(Redação dada pela Lei n. 5.925, de 1º.10.1973)*

Art. 296. Indeferida a petição inicial, o autor poderá apelar, facultado ao juiz, no prazo de 48 (quarenta e oito) horas, reformar sua decisão. *(Redação dada pela Lei n. 8.952, de 13.12.1994)*

Parágrafo único. Não sendo reformada a decisão, os autos serão imediatamente encaminhados ao tribunal competente. *(Redação dada pela Lei n. 8.952, de 13.12.1994)*

CAPÍTULO II
DA RESPOSTA DO RÉU

Seção I
Das Disposições Gerais

Art. 297. O réu poderá oferecer, no prazo de 15 (quinze) dias, em petição escrita, dirigida ao juiz da causa, contestação, exceção e reconvenção.

Art. 298. Quando forem citados para a ação vários réus, o prazo para responder ser-lhes-á comum, salvo o disposto no art. 191.

Parágrafo único. Se o autor desistir da ação quanto a algum réu ainda não citado, o prazo para a resposta correrá da intimação do despacho que deferir a desistência.

Art. 299. A contestação e a reconvenção serão oferecidas simultaneamente, em peças autônomas; a exceção será processada em apenso aos autos principais.

Seção II
Da Contestação

Art. 300. Compete ao réu alegar, na contestação, toda a matéria de defesa, expondo as razões de fato e de direito, com que impugna o pedido do autor e especificando as provas que pretende produzir.

Art. 301. Compete-lhe, porém, antes de discutir o mérito, alegar: *(Redação dada pela Lei n. 5.925, de 1º.10.1973)*

I — inexistência ou nulidade da citação; *(Redação dada pela Lei n. 5.925, de 1º.10.1973)*

II — incompetência absoluta; *(Redação dada pela Lei n. 5.925, de 1º.10.1973)*

III — inépcia da petição inicial; *(Redação dada pela Lei n. 5.925, de 1º.10.1973)*

IV — perempção; *(Redação dada pela Lei n. 5.925, de 1º.10.1973)*

V — litispendência; *(Redação dada pela Lei n. 5.925, de 1º.10.1973)*

VI — coisa julgada; *(Redação dada pela Lei n. 5.925, de 1º.10.1973)*

VII — conexão; *(Redação dada pela Lei n. 5.925, de 1º.10.1973)*

VIII — incapacidade da parte, defeito de representação ou falta de autorização; *(Redação dada pela Lei n. 5.925, de 1º.10.1973)*

IX — convenção de arbitragem; *(Redação dada pela Lei n. 9.307, de 23.9.1996)*

X — carência de ação; *(Redação dada pela Lei n. 5.925, de 1º.10.1973)*

XI — falta de caução ou de outra prestação, que a lei exige como preliminar. *(Incluído pela Lei n. 5.925, de 1º.10.1973)*

§ 1º Verifica-se a litispendência ou a coisa julgada, quando se reproduz ação anteriormente ajuizada. *(Redação dada pela Lei n. 5.925, de 1º.10.1973)*

§ 2º Uma ação é idêntica à outra quando tem as mesmas partes, a mesma causa de pedir e o mesmo pedido. *(Redação dada pela Lei n. 5.925, de 1º.10.1973)*

§ 3º Há litispendência, quando se repete ação, que está em curso; há coisa julgada, quando se repete ação que já foi decidida por sentença, de que não caiba recurso. *(Redação dada pela Lei n. 5.925, de 1º.10.1973)*

§ 4º Com exceção do compromisso arbitral, o juiz conhecerá de ofício da matéria enumerada neste artigo. *(Redação dada pela Lei n. 5.925, de 1º.10.1973)*

Art. 302. Cabe também ao réu manifestar-se precisamente sobre os fatos narrados na petição inicial. Presumem-se verdadeiros os fatos não impugnados, salvo:

I — se não for admissível, a seu respeito, a confissão;

II — se a petição inicial não estiver acompanhada do instrumento público que a lei considerar da substância do ato;

III — se estiverem em contradição com a defesa, considerada em seu conjunto.

Parágrafo único. Esta regra, quanto ao ônus da impugnação especificada dos fatos, não se aplica ao advogado dativo, ao curador especial e ao órgão do Ministério Público.

Art. 303. Depois da contestação, só é lícito deduzir novas alegações quando:

I — relativas a direito superveniente;

II — competir ao juiz conhecer delas de ofício;

III — por expressa autorização legal, puderem ser formuladas em qualquer tempo e juízo.

Seção III
Das Exceções

Art. 304. É lícito a qualquer das partes argüir, por meio de exceção, a incompetência (art. 112), o impedimento (art. 134) ou a suspeição (art. 135).

Art. 305. Este direito pode ser exercido em qualquer tempo, ou grau de jurisdição, cabendo à parte oferecer exceção, no prazo de quinze (15) dias, contado do fato que ocasionou a incompetência, o impedimento ou a suspeição.

Parágrafo único. Na exceção de incompetência (art. 112 desta Lei), a petição pode ser protocolizada no juízo de domicílio do réu, com requerimento de sua imediata remessa ao juízo que determinou a citação. *(Incluído pela Lei n. 11.280, de 2006)*

Art. 306. Recebida a exceção, o processo ficará suspenso (art. 265, III), até que seja definitivamente julgada.

Subseção I
Da Incompetência

Art. 307. O excipiente argüirá a incompetência em petição fundamentada e devidamente instruída, indicando o juízo para o qual declina.

Art. 308. Conclusos os autos, o juiz mandará processar a exceção, ouvindo o excepto dentro em 10 (dez) dias e decidindo em igual prazo.

Art. 309. Havendo necessidade de prova testemunhal, o juiz designará audiência de instrução, decidindo dentro de 10 (dez) dias. *(Redação dada pela Lei n. 5.925, de 1º.10.1973)*

Art. 310. O juiz indeferirá a petição inicial da exceção, quando manifestamente improcedente. *(Redação dada pela Lei n. 5.925, de 1º.10.1973)*

Art. 311. Julgada procedente a exceção, os autos serão remetidos ao juiz competente.

Subseção II
Do Impedimento e da Suspeição

Art. 312. A parte oferecerá a exceção de impedimento ou de suspeição, especificando o motivo da recusa (arts. 134 e 135). A petição, dirigida ao juiz da causa, poderá ser instruída com documentos em que o excipiente fundar a alegação e conterá o rol de testemunhas.

Art. 313. Despachando a petição, o juiz, se reconhecer o impedimento ou a suspeição, ordenará a remessa dos autos ao seu substituto legal; em caso contrário, dentro de 10 (dez) dias, dará as suas razões, acompanhadas de documentos e de rol de testemunhas, se houver, ordenando a remessa dos autos ao tribunal.

Art. 314. Verificando que a exceção não tem fundamento legal, o tribunal determinará o seu arquivamento; no caso contrário condenará o juiz nas custas, mandando remeter os autos ao seu substituto legal.

Seção IV
Da Reconvenção

Art. 315. O réu pode reconvir ao autor no mesmo processo, toda vez que a reconvenção seja conexa com a ação principal ou com o fundamento da defesa.

Parágrafo único. Não pode o réu, em seu próprio nome, reconvir ao autor, quando este demandar em nome de outrem. *(Renumerado do §1º para parágrafo único pela Lei n. 9.245, de 26.12.1995)*

Art. 316. Oferecida a reconvenção, o autor reconvindo será intimado, na pessoa do seu procurador, para contestá-la no prazo de 15 (quinze) dias.

Art. 317. A desistência da ação, ou a existência de qualquer causa que a extinga, não obsta ao prosseguimento da reconvenção.

Art. 318. Julgar-se-ão na mesma sentença a ação e a reconvenção.

CAPÍTULO III
DA REVELIA

Art. 319. Se o réu não contestar a ação, reputar-se-ão verdadeiros os fatos afirmados pelo autor.

Art. 320. A revelia não induz, contudo, o efeito mencionado no artigo antecedente:

I — se, havendo pluralidade de réus, algum deles contestar a ação;

II — se o litígio versar sobre direitos indisponíveis;

III — se a petição inicial não estiver acompanhada do instrumento público, que a lei considere indispensável à prova do ato.

Art. 321. Ainda que ocorra revelia, o autor não poderá alterar o pedido, ou a causa de pedir, nem demandar declaração incidente, salvo promovendo nova citação do réu, a quem será assegurado o direito de responder no prazo de 15 (quinze) dias.

Art. 322. Contra o revel que não tenha patrono nos autos, correrão os prazos independentemente de intimação,

a partir da publicação de cada ato decisório. *(Redação dada pela Lei n. 11.280, de 2006)*

Parágrafo único O revel poderá intervir no processo em qualquer fase, recebendo-o no estado em que se encontrar. *(Incluído pela Lei n. 11.280, de 2006)*

CAPÍTULO IV
DAS PROVIDÊNCIAS PRELIMINARES

Art. 323. Findo o prazo para a resposta do réu, o escrivão fará a conclusão dos autos. O juiz, no prazo de 10 (dez) dias, determinará, conforme o caso, as providências preliminares, que constam das seções deste Capítulo.

Seção I
Do Efeito da Revelia

Art. 324. Se o réu não contestar a ação, o juiz, verificando que não ocorreu o efeito da revelia, mandará que o autor especifique as provas que pretenda produzir na audiência. *(Redação dada pela Lei n. 5.925, de 1º.10.1973)*

Seção II
Da Declaração Incidente

Art. 325. Contestando o réu o direito que constitui fundamento do pedido, o autor poderá requerer, no prazo de 10 (dez) dias, que sobre ele o juiz profira sentença incidente, se da declaração da existência ou da inexistência do direito depender, no todo ou em parte, o julgamento da lide (art. 5º). *(Vide Lei n. 13.105, de 2015)(Vigência)*

Seção III
Dos Fatos Impeditivos, Modificativos ou Extintivos do Pedido

Art. 326. Se o réu, reconhecendo o fato em que se fundou a ação, outro lhe opuser impeditivo, modificativo ou extintivo do direito do autor, este será ouvido no prazo de 10 (dez) dias, facultando-lhe o juiz a produção de prova documental.

Seção IV
Das Alegações do Réu

Art. 327. Se o réu alegar qualquer das matérias enumeradas no art. 301, o juiz mandará ouvir o autor no prazo de 10 (dez) dias, permitindo-lhe a produção de prova documental. Verificando a existência de irregularidades ou de nulidades sanáveis, o juiz mandará supri-las, fixando à parte prazo nunca superior a 30 (trinta) dias.

Art. 328. Cumpridas as providências preliminares, ou não havendo necessidade delas, o juiz proferirá julgamento conforme o estado do processo, observando o que dispõe o capítulo seguinte.

CAPÍTULO V
DO JULGAMENTO CONFORME O ESTADO DO PROCESSO

Seção I
Da Extinção do Processo

Art. 329. Ocorrendo qualquer das hipóteses previstas nos arts. 267 e 269, II a V, o juiz declarará extinto o processo.

Seção II
Do Julgamento Antecipado da Lide

Art. 330. O juiz conhecerá diretamente do pedido, proferindo sentença: *(Redação dada pela Lei n. 5.925, de 1º.10.1973)*

I — quando a questão de mérito for unicamente de direito, ou, sendo de direito e de fato, não houver necessidade de produzir prova em audiência; *(Redação dada pela Lei n. 5.925, de 1º.10.1973)*

II — quando ocorrer a revelia (art. 319). *(Redação dada pela Lei n. 5.925, de 1º.10.1973)*

Seção III
Da Audiência Preliminar
(Redação dada pela Lei n. 10.444, de 7.5.2002)

Art. 331. Se não ocorrer qualquer das hipóteses previstas nas seções precedentes, e versar a causa sobre direitos que admitam transação, o juiz designará audiência preliminar, a realizar-se no prazo de 30 (trinta) dias, para a qual serão as partes intimadas a comparecer, podendo fazer-se representar por procurador ou preposto, com poderes para transigir. *(Redação dada pela Lei n. 10.444, de 7.5.2002)*

§ 1º Obtida a conciliação, será reduzida a termo e homologada por sentença. *(Incluído pela Lei n. 8.952, de 13.12.1994)*

§ 2º Se, por qualquer motivo, não for obtida a conciliação, o juiz fixará os pontos controvertidos, decidirá as questões processuais pendentes e determinará as provas a serem produzidas, designando audiência de instrução e julgamento, se necessário. *(Incluído pela Lei n. 8.952, de 13.12.1994)*

§ 3º Se o direito em litígio não admitir transação, ou se as circunstâncias da causa evidenciarem ser improvável sua obtenção, o juiz poderá, desde logo, sanear o processo e ordenar a produção da prova, nos termos do § 2º. *(Incluído pela Lei n. 10.444, de 7.5.2002)*

CAPÍTULO VI
DAS PROVAS

Seção I
Das Disposições Gerais

Art. 332. Todos os meios legais, bem como os moralmente legítimos, ainda que não especificados neste Código, são hábeis para provar a verdade dos fatos, em que se funda a ação ou a defesa.

Art. 333. O ônus da prova incumbe:

I — ao autor, quanto ao fato constitutivo do seu direito;

II — ao réu, quanto à existência de fato impeditivo, modificativo ou extintivo do direito do autor.

Parágrafo único. É nula a convenção que distribui de maneira diversa o ônus da prova quando:

I — recair sobre direito indisponível da parte;

II — tornar excessivamente difícil a uma parte o exercício do direito.

Art. 334. Não dependem de prova os fatos:

I — notórios;

II — afirmados por uma parte e confessados pela parte contrária;

III — admitidos, no processo, como incontroversos;

IV — em cujo favor milita presunção legal de existência ou de veracidade.

Art. 335. Em falta de normas jurídicas particulares, o juiz aplicará as regras de experiência comum subministradas pela observação do que ordinariamente acontece e ainda as regras da experiência técnica, ressalvado, quanto a esta, o exame pericial.

Art. 336. Salvo disposição especial em contrário, as provas devem ser produzidas em audiência.

Parágrafo único. Quando a parte, ou a testemunha, por enfermidade, ou por outro motivo relevante, estiver impossibilitada de comparecer à audiência, mas não de prestar depoimento, o juiz designará, conforme as circunstâncias, dia, hora e lugar para inquiri-la.

Art. 337. A parte, que alegar direito municipal, estadual, estrangeiro ou consuetudinário, provar-lhe-á o teor e a vigência, se assim o determinar o juiz.

Art. 338. A carta precatória e a carta rogatória suspenderão o processo, no caso previsto na alínea b do inciso IV do art. 265 desta Lei, quando, tendo sido requeridas antes da decisão de saneamento, a prova nelas solicitada apresentar-se imprescindível. *(Redação dada pela Lei n. 11.280, de 2006)*

Parágrafo único. A carta precatória e a carta rogatória, não devolvidas dentro do prazo ou concedidas sem efeito suspensivo, poderão ser juntas aos autos até o julgamento final.

Art. 339. Ninguém se exime do dever de colaborar com o Poder Judiciário para o descobrimento da verdade.

Art. 340. Além dos deveres enumerados no art. 14, compete à parte:

I — comparecer em juízo, respondendo ao que lhe for interrogado;

II — submeter-se à inspeção judicial, que for julgada necessária;

III — praticar o ato que lhe for determinado.

Art. 341. Compete ao terceiro, em relação a qualquer pleito:

I — informar ao juiz os fatos e as circunstâncias, de que tenha conhecimento;

II — exibir coisa ou documento, que esteja em seu poder.

Seção II
Do Depoimento Pessoal

Art. 342. O juiz pode, de ofício, em qualquer estado do processo, determinar o comparecimento pessoal das partes, a fim de interrogá-las sobre os fatos da causa.

Art. 343. Quando o juiz não o determinar de ofício, compete a cada parte requerer o depoimento pessoal da outra, a fim de interrogá-la na audiência de instrução e julgamento.

§ 1º A parte será intimada pessoalmente, constando do mandado que se presumirão confessados os fatos contra ela alegados, caso não compareça ou, comparecendo, se recuse a depor.

§ 2º Se a parte intimada não comparecer, ou comparecendo, se recusar a depor, o juiz lhe aplicará a pena de confissão.

Art. 344. A parte será interrogada na forma prescrita para a inquirição de testemunhas.

Parágrafo único. É defeso, a quem ainda não depôs, assistir ao interrogatório da outra parte.

Art. 345. Quando a parte, sem motivo justificado, deixar de responder ao que lhe for perguntado, ou empregar evasivas, o juiz, apreciando as demais circunstâncias e elementos de prova, declarará, na sentença, se houve recusa de depor.

Art. 346. A parte responderá pessoalmente sobre os fatos articulados, não podendo servir-se de escritos adrede preparados; o juiz lhe permitirá, todavia, a consulta a notas breves, desde que objetivem completar esclarecimentos.

Art. 347. A parte não é obrigada a depor de fatos:

I — criminosos ou torpes, que lhe forem imputados;

II — a cujo respeito, por estado ou profissão, deva guardar sigilo.

Parágrafo único. Esta disposição não se aplica às ações de filiação, de desquite e de anulação de casamento.

Seção III
Da Confissão

Art. 348. Há confissão, quando a parte admite a verdade de um fato, contrário ao seu interesse e favorável ao adversário. A confissão é judicial ou extrajudicial.

Art. 349. A confissão judicial pode ser espontânea ou provocada. Da confissão espontânea, tanto que requerida pela parte, se lavrará o respectivo termo nos autos; a confissão provocada constará do depoimento pessoal prestado pela parte.

Parágrafo único. A confissão espontânea pode ser feita pela própria parte, ou por mandatário com poderes especiais.

Art. 350. A confissão judicial faz prova contra o confitente, não prejudicando, todavia, os litisconsortes.

Parágrafo único. Nas ações que versarem sobre bens imóveis ou direitos sobre imóveis alheios, a confissão de um cônjuge não valerá sem a do outro.

Art. 351. Não vale como confissão a admissão, em juízo, de fatos relativos a direitos indisponíveis.

Art. 352. A confissão, quando emanar de erro, dolo ou coação, pode ser revogada:

I — por ação anulatória, se pendente o processo em que foi feita;

II — por ação rescisória, depois de transitada em julgado a sentença, da qual constituir o único fundamento.

Parágrafo único. Cabe ao confitente o direito de propor a ação, nos casos de que trata este artigo; mas, uma vez iniciada, passa aos seus herdeiros.

Art. 353. A confissão extrajudicial, feita por escrito à parte ou a quem a represente, tem a mesma eficácia probatória da judicial; feita a terceiro, ou contida em testamento, será livremente apreciada pelo juiz.

Parágrafo único. Todavia, quando feita verbalmente, só terá eficácia nos casos em que a lei não exija prova literal.

Art. 354. A confissão é, de regra, indivisível, não podendo a parte, que a quiser invocar como prova, aceitá-la no tópico que a beneficiar e rejeitá-la no que lhe for desfavo-

rável. Cindir-se-á, todavia, quando o confitente lhe aduzir fatos novos, suscetíveis de constituir fundamento de defesa de direito material ou de reconvenção.

Seção IV
Da Exibição de Documento ou Coisa

Art. 355. O juiz pode ordenar que a parte exiba documento ou coisa, que se ache em seu poder.

Art. 356. O pedido formulado pela parte conterá:

I — a individuação, tão completa quanto possível, do documento ou da coisa;

II — a finalidade da prova, indicando os fatos que se relacionam com o documento ou a coisa;

III — as circunstâncias em que se funda o requerente para afirmar que o documento ou a coisa existe e se acha em poder da parte contrária.

Art. 357. O requerido dará a sua resposta nos 5 (cinco) dias subseqüentes à sua intimação. Se afirmar que não possui o documento ou a coisa, o juiz permitirá que o requerente prove, por qualquer meio, que a declaração não corresponde à verdade.

Art. 358. O juiz não admitirá a recusa:

I — se o requerido tiver obrigação legal de exibir;

II — se o requerido aludiu ao documento ou à coisa, no processo, com o intuito de constituir prova;

III — se o documento, por seu conteúdo, for comum às partes.

Art. 359. Ao decidir o pedido, o juiz admitirá como verdadeiros os fatos que, por meio do documento ou da coisa, a parte pretendia provar:

I — se o requerido não efetuar a exibição, nem fizer qualquer declaração no prazo do art. 357;

II — se a recusa for havida por ilegítima.

Art. 360. Quando o documento ou a coisa estiver em poder de terceiro, o juiz mandará citá-lo para responder no prazo de 10 (dez) dias.

Art. 361. Se o terceiro negar a obrigação de exibir, ou a posse do documento ou da coisa, o juiz designará audiência especial, tomando-lhe o depoimento, bem como o das partes e, se necessário, de testemunhas; em seguida proferirá a sentença.

Art. 362. Se o terceiro, sem justo motivo, se recusar a efetuar a exibição, o juiz lhe ordenará que proceda ao respectivo depósito em cartório ou noutro lugar designado, no prazo de 5 (cinco) dias, impondo ao requerente que o embolse das despesas que tiver; se o terceiro descumprir a ordem, o juiz expedirá mandado de apreensão, requisitando, se necessário, força policial, tudo sem prejuízo da responsabilidade por crime de desobediência.

Art. 363. A parte e o terceiro se escusam de exibir, em juízo, o documento ou a coisa: *(Redação dada pela Lei n. 5.925, de 1º.10.1973)*

I — se concernente a negócios da própria vida da família; *(Redação dada pela Lei n. 5.925, de 1º.10.1973)*

II — se a sua apresentação puder violar dever de honra; *(Redação dada pela Lei n. 5.925, de 1º.10.1973)*

III — se a publicidade do documento redundar em desonra à parte ou ao terceiro, bem como a seus parentes consangüíneos ou afins até o terceiro grau; ou lhes representar perigo de ação penal; *(Redação dada pela Lei n. 5.925, de 1º.10.1973)*

IV — se a exibição acarretar a divulgação de fatos, a cujo respeito, por estado ou profissão, devam guardar segredo; *(Redação dada pela Lei n. 5.925, de 1º.10.1973)*

V — se subsistirem outros motivos graves que, segundo o prudente arbítrio do juiz, justifiquem a recusa da exibição. *(Redação dada pela Lei n. 5.925, de 1º.10.1973)*

Parágrafo único. Se os motivos de que tratam os ns. I a V disserem respeito só a uma parte do conteúdo do documento, da outra se extrairá uma suma para ser apresentada em juízo. *(Redação dada pela Lei n. 5.925, de 1º.10.1973)*

Seção V
Da Prova Documental

Subseção I
Da Força Probante dos Documentos

Art. 364. O documento público faz prova não só da sua formação, mas também dos fatos que o escrivão, o tabelião, ou o funcionário declarar que ocorreram em sua presença.

Art. 365. Fazem a mesma prova que os originais:

I — as certidões textuais de qualquer peça dos autos, do protocolo das audiências, ou de outro livro a cargo do escrivão, sendo extraídas por ele ou sob sua vigilância e por ele subscritas;

II — os traslados e as certidões extraídas por oficial público, de instrumentos ou documentos lançados em suas notas;

III — as reproduções dos documentos públicos, desde que autenticadas por oficial público ou conferidas em cartório, com os respectivos originais.

IV — as cópias reprográficas de peças do próprio processo judicial declaradas autênticas pelo próprio advogado sob sua responsabilidade pessoal, se não lhes for impugnada a autenticidade. *(Incluído pela Lei n. 11.382, de 2006).*

V — os extratos digitais de bancos de dados, públicos e privados, desde que atestado pelo seu emitente, sob as penas da lei, que as informações conferem com o que consta na origem; *(Incluído pela Lei n. 11.419, de 2006).*

VI — as reproduções digitalizadas de qualquer documento, público ou particular, quando juntados aos autos pelos órgãos da Justiça e seus auxiliares, pelo Ministério Público e seus auxiliares, pelas procuradorias, pelas repartições públicas em geral e por advogados públicos ou privados, ressalvada a alegação motivada e fundamentada de adulteração antes ou durante o processo de digitalização. *(Incluído pela Lei n. 11.419, de 2006).*

§ 1º Os originais dos documentos digitalizados, mencionados no inciso VI do *caput* deste artigo, deverão ser preservados pelo seu detentor até o final do prazo para interposição de ação rescisória. *(Incluído pela Lei n. 11.419, de 2006).*

§ 2º Tratando-se de cópia digital de título executivo extrajudicial ou outro documento relevante à instrução do processo, o juiz poderá determinar o seu depósito em cartório ou secretaria. *(Incluído pela Lei n. 11.419, de 2006).*

Art. 366. Quando a lei exigir, como da substância do ato, o instrumento público, nenhuma outra prova, por mais especial que seja, pode suprir-lhe a falta.

Art. 367. O documento, feito por oficial público incompetente, ou sem a observância das formalidades legais, sendo subscrito pelas partes, tem a mesma eficácia probatória do documento particular.

Art. 368. As declarações constantes do documento particular, escrito e assinado, ou somente assinado, presumem-se verdadeiras em relação ao signatário.

Parágrafo único. Quando, todavia, contiver declaração de ciência, relativa a determinado fato, o documento particular prova a declaração, mas não o fato declarado, competindo ao interessado em sua veracidade o ônus de provar o fato.

Art. 369. Reputa-se autêntico o documento, quando o tabelião reconhecer a firma do signatário, declarando que foi aposta em sua presença.

Art. 370. A data do documento particular, quando a seu respeito surgir dúvida ou impugnação entre os litigantes, provar-se-á por todos os meios de direito. Mas, em relação a terceiros, considerar-se-á datado o documento particular:
I — no dia em que foi registrado;
II — desde a morte de algum dos signatários;
III — a partir da impossibilidade física, que sobreveio a qualquer dos signatários;
IV — da sua apresentação em repartição pública ou em juízo;
V — do ato ou fato que estabeleça, de modo certo, a anterioridade da formação do documento.

Art. 371. Reputa-se autor do documento particular:
I — aquele que o fez e o assinou;
II — aquele, por conta de quem foi feito, estando assinado;
III — aquele que, mandando compô-lo, não o firmou, porque, conforme a experiência comum, não se costuma assinar, como livros comerciais e assentos domésticos.

Art. 372. Compete à parte, contra quem foi produzido documento particular, alegar no prazo estabelecido no art. 390, se lhe admite ou não a autenticidade da assinatura e a veracidade do contexto; presumindo-se, com o silêncio, que o tem por verdadeiro.

Parágrafo único. Cessa, todavia, a eficácia da admissão expressa ou tácita, se o documento houver sido obtido por erro, dolo ou coação.

Art. 373. Ressalvado o disposto no parágrafo único do artigo anterior, o documento particular, de cuja autenticidade se não duvida, prova que o seu autor fez a declaração, que lhe é atribuída.

Parágrafo único. O documento particular, admitido expressa ou tacitamente, é indivisível, sendo defeso à parte, que pretende utilizar-se dele, aceitar os fatos que lhe são favoráveis e recusar os que são contrários ao seu interesse, salvo se provar que estes se não verificaram.

Art. 374. O telegrama, o radiograma ou qualquer outro meio de transmissão tem a mesma força probatória do documento particular, se o original constante da estação expedidora foi assinado pelo remetente.

Parágrafo único. A firma do remetente poderá ser reconhecida pelo tabelião, declarando-se essa circunstância no original depositado na estação expedidora.

Art. 375. O telegrama ou o radiograma presume-se conforme com o original, provando a data de sua expedição e do recebimento pelo destinatário. *(Redação dada pela Lei n. 5.925, de 1º.10.1973)*

Art. 376. As cartas, bem como os registros domésticos, provam contra quem os escreveu quando:
I — enunciam o recebimento de um crédito;
II — contêm anotação, que visa a suprir a falta de título em favor de quem é apontado como credor;
III — expressam conhecimento de fatos para os quais não se exija determinada prova.

Art. 377. A nota escrita pelo credor em qualquer parte de documento representativo de obrigação, ainda que não assinada, faz prova em benefício do devedor.

Parágrafo único. Aplica-se esta regra tanto para o documento, que o credor conservar em seu poder, como para aquele que se achar em poder do devedor.

Art. 378. Os livros comerciais provam contra o seu autor. É lícito ao comerciante, todavia, demonstrar, por todos os meios permitidos em direito, que os lançamentos não correspondem à verdade dos fatos.

Art. 379. Os livros comerciais, que preencham os requisitos exigidos por lei, provam também a favor do seu autor no litígio entre comerciantes.

Art. 380. A escrituração contábil é indivisível: se dos fatos que resultam dos lançamentos, uns são favoráveis ao interesse de seu autor e outros lhe são contrários, ambos serão considerados em conjunto como unidade.

Art. 381. O juiz pode ordenar, a requerimento da parte, a exibição integral dos livros comerciais e dos documentos do arquivo:
I — na liquidação de sociedade;
II — na sucessão por morte de sócio;
III — quando e como determinar a lei.

Art. 382. O juiz pode, de ofício, ordenar à parte a exibição parcial dos livros e documentos, extraindo-se deles a suma que interessar ao litígio, bem como reproduções autenticadas.

Art. 383. Qualquer reprodução mecânica, como a fotográfica, cinematográfica, fonográfica ou de outra espécie, faz prova dos fatos ou das coisas representadas, se aquele contra quem foi produzida lhe admitir a conformidade.

Parágrafo único. Impugnada a autenticidade da reprodução mecânica, o juiz ordenará a realização de exame pericial.

Art. 384. As reproduções fotográficas ou obtidas por outros processos de repetição, dos documentos particulares, valem como certidões, sempre que o escrivão portar por fé a sua conformidade com o original.

Art. 385. A cópia de documento particular tem o mesmo valor probante que o original, cabendo ao escrivão, intimadas as partes, proceder à conferência e certificar a conformidade entre a cópia e o original.

§ 1º Quando se tratar de fotografia, esta terá de ser acompanhada do respectivo negativo.

§ 2º Se a prova for uma fotografia publicada em jornal, exigir-se-ão o original e o negativo.

Art. 386. O juiz apreciará livremente a fé que deva merecer o documento, quando em ponto substancial e sem ressalva contiver entrelinha, emenda, borrão ou cancelamento.

Art. 387. Cessa a fé do documento, público ou particular, sendo-lhe declarada judicialmente a falsidade.

Parágrafo único. A falsidade consiste:

I — em formar documento não verdadeiro;

II — em alterar documento verdadeiro.

Art. 388. Cessa a fé do documento particular quando:

I — lhe for contestada a assinatura e enquanto não se lhe comprovar a veracidade;

II — assinado em branco, for abusivamente preenchido.

Parágrafo único. Dar-se-á abuso quando aquele, que recebeu documento assinado, com texto não escrito no todo ou em parte, o formar ou o completar, por si ou por meio de outrem, violando o pacto feito com o signatário.

Art. 389. Incumbe o ônus da prova quando:

I — se tratar de falsidade de documento, à parte que a argüir;

II — se tratar de contestação de assinatura, à parte que produziu o documento.

Subseção II
Da Argüição de Falsidade

Art. 390. O incidente de falsidade tem lugar em qualquer tempo e grau de jurisdição, incumbindo à parte, contra quem foi produzido o documento, suscitá-lo na contestação ou no prazo de 10 (dez) dias, contados da intimação da sua juntada aos autos.

Art. 391. Quando o documento for oferecido antes de encerrada a instrução, a parte o arguirá de falso, em petição dirigida ao juiz da causa, expondo os motivos em que funda a sua pretensão e os meios com que provará o alegado.

Art. 392. Intimada a parte, que produziu o documento, a responder no prazo de 10 (dez) dias, o juiz ordenará o exame pericial.

Parágrafo único. Não se procederá ao exame pericial, se a parte, que produziu o documento, concordar em retirá-lo e a parte contrária não se opuser ao desentranhamento.

Art. 393. Depois de encerrada a instrução, o incidente de falsidade correrá em apenso aos autos principais; no tribunal processar-se-á perante o relator, observando-se o disposto no artigo antecedente.

Art. 394. Logo que for suscitado o incidente de falsidade, o juiz suspenderá o processo principal.

Art. 395. A sentença, que resolver o incidente, declarará a falsidade ou autenticidade do documento.

Subseção III
Da Produção da Prova Documental

Art. 396. Compete à parte instruir a petição inicial (art. 283), ou a resposta (art. 297), com os documentos destinados a provar-lhe as alegações.

Art. 397. É lícito às partes, em qualquer tempo, juntar aos autos documentos novos, quando destinados a fazer prova de fatos ocorridos depois dos articulados, ou para contrapô-los aos que foram produzidos nos autos.

Art. 398. Sempre que uma das partes requerer a juntada de documento aos autos, o juiz ouvirá, a seu respeito, a outra, no prazo de 5 (cinco) dias.

Art. 399. O juiz requisitará às repartições públicas em qualquer tempo ou grau de jurisdição:

I — as certidões necessárias à prova das alegações das partes;

II — os procedimentos administrativos nas causas em que forem interessados a União, o Estado, o Município, ou as respectivas entidades da administração indireta.

§ 1º Recebidos os autos, o juiz mandará extrair, no prazo máximo e improrrogável de 30 (trinta) dias, certidões ou reproduções fotográficas das peças indicadas pelas partes ou de ofício; findo o prazo, devolverá os autos à repartição de origem. *(Renumerado pela Lei n. 11.419, de 2006).*

§ 2º As repartições públicas poderão fornecer todos os documentos em meio eletrônico conforme disposto em lei, certificando, pelo mesmo meio, que se trata de extrato fiel do que consta em seu banco de dados ou do documento digitalizado. *(Incluído pela Lei n. 11.419, de 2006).*

Seção VI
Da Prova Testemunhal

Subseção I
Da Admissibilidade e do Valor da Prova Testemunhal

Art. 400. A prova testemunhal é sempre admissível, não dispondo a lei de modo diverso. O juiz indeferirá a inquirição de testemunhas sobre fatos:

I — já provados por documento ou confissão da parte;

II — que só por documento ou por exame pericial puderem ser provados.

Art. 401. A prova exclusivamente testemunhal só se admite nos contratos cujo valor não exceda o décuplo do maior salário mínimo vigente no país, ao tempo em que foram celebrados.

Art. 402. Qualquer que seja o valor do contrato, é admissível a prova testemunhal, quando:

I — houver começo de prova por escrito, reputando-se tal o documento emanado da parte contra quem se pretende utilizar o documento como prova;

II — o credor não pode ou não podia, moral ou materialmente, obter a prova escrita da obrigação, em casos como o de parentesco, depósito necessário ou hospedagem em hotel.

Art. 403. As normas estabelecidas nos dois artigos antecedentes aplicam-se ao pagamento e à remissão da dívida.

Art. 404. É lícito à parte inocente provar com testemunhas:

I — nos contratos simulados, a divergência entre a vontade real e a vontade declarada;

II — nos contratos em geral, os vícios do consentimento.

Art. 405. Podem depor como testemunhas todas as pessoas, exceto as incapazes, impedidas ou suspeitas. *(Redação dada pela Lei n. 5.925, de 1º.10.1973)*

§ 1º São incapazes: *(Redação dada pela Lei n. 5.925, de 1º.10.1973)*

I — o interdito por demência; *(Redação dada pela Lei n. 5.925, de 1º.10.1973)*

II — o que, acometido por enfermidade, ou debilidade mental, ao tempo em que ocorreram os fatos, não podia discerni-los; ou, ao tempo em que deve depor, não está

habilitado a transmitir as percepções; *(Redação dada pela Lei n. 5.925, de 1º.10.1973)*

III — o menor de 16 (dezesseis) anos; *(Incluído pela Lei n. 5.925, de 1º.10.1973)*

IV — o cego e o surdo, quando a ciência do fato depender dos sentidos que lhes faltam. *(Incluído pela Lei n. 5.925, de 1º.10.1973)*

§ 2º São impedidos: *(Redação dada pela Lei n. 5.925, de 1º.10.1973)*

I — o cônjuge, bem como o ascendente e o descendente em qualquer grau, ou colateral, até o terceiro grau, de alguma das partes, por consangüinidade ou afinidade, salvo se o exigir o interesse público, ou, tratando-se de causa relativa ao estado da pessoa, não se puder obter de outro modo a prova, que o juiz repute necessária ao julgamento do mérito; *(Redação dada pela Lei n. 5.925, de 1º.10.1973)*

II — o que é parte na causa; *(Incluído pela Lei n. 5.925, de 1º.10.1973)*

III — o que intervém em nome de uma parte, como o tutor na causa do menor, o representante legal da pessoa jurídica, o juiz, o advogado e outros, que assistam ou tenham assistido as partes. *(Incluído pela Lei n. 5.925, de 1º.10.1973)*

§ 3º São suspeitos: *(Redação dada pela Lei n. 5.925, de 1º.10.1973)*

I — o condenado por crime de falso testemunho, havendo transitado em julgado a sentença; *(Redação dada pela Lei n. 5.925, de 1º.10.1973)*

II — o que, por seus costumes, não for digno de fé; *(Redação dada pela Lei n. 5.925, de 1º.10.1973)*

III — o inimigo capital da parte, ou o seu amigo íntimo; *(Redação dada pela Lei n. 5.925, de 1º.10.1973)*

IV — o que tiver interesse no litígio. *(Redação dada pela Lei n. 5.925, de 1º.10.1973)*

§ 4º Sendo estritamente necessário, o juiz ouvirá testemunhas impedidas ou suspeitas; mas os seus depoimentos serão prestados independentemente de compromisso (art. 415) e o juiz lhes atribuirá o valor que possam merecer. *(Redação dada pela Lei n. 5.925, de 1º.10.1973)*

Art. 406. A testemunha não é obrigada a depor de fatos:

I — que lhe acarretem grave dano, bem como ao seu cônjuge e aos seus parentes consangüíneos ou afins, em linha reta, ou na colateral em segundo grau;

II — a cujo respeito, por estado ou profissão, deva guardar sigilo.

Subseção II
Da Produção da Prova Testemunhal

Art. 407. Incumbe às partes, no prazo que o juiz fixará ao designar a data da audiência, depositar em cartório o rol de testemunhas, precisando-lhes o nome, profissão, residência e o local de trabalho; omitindo-se o juiz, o rol será apresentado até 10 (dez) dias antes da audiência. *(Redação dada pela Lei n. 10.358, de 27.12.2001)*

Parágrafo único. É lícito a cada parte oferecer, no máximo, dez testemunhas; quando qualquer das partes oferecer mais de três testemunhas para a prova de cada fato, o juiz poderá dispensar as restantes.

Art. 408. Depois de apresentado o rol, de que trata o artigo antecedente, a parte só pode substituir a testemunha:

I — que falecer;

II — que, por enfermidade, não estiver em condições de depor;

III — que, tendo mudado de residência, não for encontrada pelo oficial de justiça.

Art. 409. Quando for arrolado como testemunha o juiz da causa, este:

I — declarar-se-á impedido, se tiver conhecimento de fatos, que possam influir na decisão; caso em que será defeso à parte, que o incluiu no rol, desistir de seu depoimento;

II — se nada souber, mandará excluir o seu nome.

Art. 410. As testemunhas depõem, na audiência de instrução, perante o juiz da causa, exceto:

I — as que prestam depoimento antecipadamente;

II — as que são inquiridas por carta;

III — as que, por doença, ou outro motivo relevante, estão impossibilitadas de comparecer em juízo (art. 336, parágrafo único);

IV — as designadas no artigo seguinte.

Art. 411. São inquiridos em sua residência, ou onde exercem a sua função:

I — o Presidente e o Vice-Presidente da República;

II — o presidente do Senado e o da Câmara dos Deputados;

III — os ministros de Estado;

IV — os ministros do Supremo Tribunal Federal, do Superior Tribunal de Justiça, do Superior Tribunal Militar, do Tribunal Superior Eleitoral, do Tribunal Superior do Trabalho e do Tribunal de Contas da União; *(Redação dada pela Lei n. 11.382, de 2006)*.

V — o procurador-geral da República;

VI — os senadores e deputados federais;

VII — os governadores dos Estados, dos Territórios e do Distrito Federal;

VIII — os deputados estaduais;

IX — os desembargadores dos Tribunais de Justiça, os juízes dos Tribunais de Alçada, os juízes dos Tribunais Regionais do Trabalho e dos Tribunais Regionais Eleitorais e os conselheiros dos Tribunais de Contas dos Estados e do Distrito Federal;

X — o embaixador de país que, por lei ou tratado, concede idêntica prerrogativa ao agente diplomático do Brasil.

Parágrafo único. O juiz solicitará à autoridade que designe dia, hora e local a fim de ser inquirida, remetendo-lhe cópia da petição inicial ou da defesa oferecida pela parte, que arrolou como testemunha.

Art. 412. A testemunha é intimada a comparecer à audiência, constando do mandado dia, hora e local, bem como os nomes das partes e a natureza da causa. Se a testemunha deixar de comparecer, sem motivo justificado, será conduzida, respondendo pelas despesas do adiamento. *(Redação dada pela Lei n. 5.925, de 1º.10.1973)*

§ 1º A parte pode comprometer-se a levar à audiência a testemunha, independentemente de intimação; presumindo-se, caso não compareça, que desistiu de ouvi-la. *(Redação dada pela Lei n. 5.925, de 1º.10.1973)*

§ 2º Quando figurar no rol de testemunhas funcionário público ou militar, o juiz o requisitará ao chefe da repartição ou ao comando do corpo em que servir. *(Redação dada pela Lei n. 5.925, de 1º.10.1973)*

§ 3º A intimação poderá ser feita pelo correio, sob registro ou com entrega em mão própria, quando a testemunha tiver residência certa. *(Incluído pela Lei n. 8.710, de 24.9.1993)*

Art. 413. O juiz inquirirá as testemunhas separada e sucessivamente; primeiro as do autor e depois as do réu, providenciando de modo que uma não ouça o depoimento das outras.

Art. 414. Antes de depor, a testemunha será qualificada, declarando o nome por inteiro, a profissão, a residência e o estado civil, bem como se tem relações de parentesco com a parte, ou interesse no objeto do processo.

§ 1º É lícito à parte contraditar a testemunha, argüindo-lhe a incapacidade, o impedimento ou a suspeição. Se a testemunha negar os fatos que lhe são imputados, a parte poderá provar a contradita com documentos ou com testemunhas, até três, apresentadas no ato e inquiridas em separado. Sendo provados ou confessados os fatos, o juiz dispensará a testemunha, ou lhe tomará o depoimento, observando o disposto no art. 405, § 4º.

§ 2º A testemunha pode requerer ao juiz que a escuse de depor, alegando os motivos de que trata o art. 406; ouvidas as partes, o juiz decidirá de plano.

Art. 415. Ao início da inquirição, a testemunha prestará o compromisso de dizer a verdade do que souber e lhe for perguntado.

Parágrafo único. O juiz advertirá à testemunha que incorre em sanção penal quem faz a afirmação falsa, cala ou oculta a verdade.

Art. 416. O juiz interrogará a testemunha sobre os fatos articulados, cabendo, primeiro à parte, que a arrolou, e depois à parte contrária, formular perguntas tendentes a esclarecer ou completar o depoimento.

§ 1º As partes devem tratar as testemunhas com urbanidade, não lhes fazendo perguntas ou considerações impertinentes, capciosas ou vexatórias.

§ 2º As perguntas que o juiz indeferir serão obrigatoriamente transcritas no termo, se a parte o requerer. *(Redação dada pela Lei n. 7.005, de 28.6.1982)*

Art. 417. O depoimento, datilografado ou registrado por taquigrafia, estenotipia ou outro método idôneo de documentação, será assinado pelo juiz, pelo depoente e pelos procuradores, facultando-se às partes a sua gravação. *(Redação dada pela Lei n. 8.952, de 13.12.1994)*

§ 1º O depoimento será passado para a versão datilográfica quando houver recurso da sentença ou noutros casos, quando o juiz o determinar, de ofício ou a requerimento da parte. *(Renumerado pela Lei n. 11.419, de 2006)*

§ 2º Tratando-se de processo eletrônico, observar-se-á o disposto nos §§ 2º e 3º do art. 169 desta Lei. *(Incluído pela Lei n. 11.419, de 2006)*

Art. 418. O juiz pode ordenar, de ofício ou a requerimento da parte:

I — a inquirição de testemunhas referidas nas declarações da parte ou das testemunhas;

II — a acareação de duas ou mais testemunhas ou de alguma delas com a parte, quando, sobre fato determinado, que possa influir na decisão da causa, divergirem as suas declarações.

Art. 419. A testemunha pode requerer ao juiz o pagamento da despesa que efetuou para comparecimento à audiência, devendo a parte pagá-la logo que arbitrada, ou depositá-la em cartório dentro de 3 (três) dias.

Parágrafo único. O depoimento prestado em juízo é considerado serviço público. A testemunha, quando sujeita ao regime da legislação trabalhista, não sofre, por comparecer à audiência, perda de salário nem desconto no tempo de serviço.

Seção VII
Da Prova Pericial

Art. 420. A prova pericial consiste em exame, vistoria ou avaliação.

Parágrafo único. O juiz indeferirá a perícia quando:

I — a prova do fato não depender do conhecimento especial de técnico;

II — for desnecessária em vista de outras provas produzidas;

III — a verificação for impraticável.

Art. 421. O juiz nomeará o perito, fixando de imediato o prazo para a entrega do laudo. *(Redação dada pela Lei n. 8.455, de 24.8.1992)*

§ 1º Incumbe às partes, dentro em 5 (cinco) dias, contados da intimação do despacho de nomeação do perito:

I — indicar o assistente técnico;

II — apresentar quesitos.

§ 2º Quando a natureza do fato o permitir, a perícia poderá consistir apenas na inquirição pelo juiz do perito e dos assistentes, por ocasião da audiência de instrução e julgamento a respeito das coisas que houverem informalmente examinado ou avaliado. *(Redação dada pela Lei n. 8.455, de 24.8.1992)*

Art. 422. O perito cumprirá escrupulosamente o encargo que lhe foi cometido, independentemente de termo de compromisso. Os assistentes técnicos são de confiança da parte, não sujeitos a impedimento ou suspeição. *(Redação dada pela Lei n. 8.455, de 24.8.1992)*

Art. 423. O perito pode escusar-se (art. 146), ou ser recusado por impedimento ou suspeição (art. 138, III); ao aceitar a escusa ou julgar procedente a impugnação, o juiz nomeará novo perito. *(Redação dada pela Lei n. 8.455, de 24.8.1992)*

Art. 424. O perito pode ser substituído quando: *(Redação dada pela Lei n. 8.455, de 24.8.1992)*

I — carecer de conhecimento técnico ou científico;

II — sem motivo legítimo, deixar de cumprir o encargo no prazo que lhe foi assinado. *(Redação dada pela Lei n. 8.455, de 24.8.1992)*

Parágrafo único. No caso previsto no inciso II, o juiz comunicará a ocorrência à corporação profissional respectiva, podendo, ainda, impor multa ao perito, fixada tendo em vista o valor da causa e o possível prejuízo decorrente do atraso no processo. *(Redação dada pela Lei n. 8.455, de 24.8.1992)*

Art. 425. Poderão as partes apresentar, durante a diligência, quesitos suplementares. Da juntada dos quesitos aos autos dará o escrivão ciência à parte contrária.

Art. 426. Compete ao juiz:

I — indeferir quesitos impertinentes;

II — formular os que entender necessários ao esclarecimento da causa.

Art. 427. O juiz poderá dispensar prova pericial quando as partes, na inicial e na contestação, apresentarem sobre as questões de fato pareceres técnicos ou documentos elucidativos que considerar suficientes. *(Redação dada pela Lei n. 8.455, de 24.8.1992)*

Art. 428. Quando a prova tiver de realizar-se por carta, poderá proceder-se à nomeação de perito e indicação de assistentes técnicos no juízo, ao qual se requisitar a perícia.

Art. 429. Para o desempenho de sua função, podem o perito e os assistentes técnicos utilizar-se de todos os meios necessários, ouvindo testemunhas, obtendo infor-

mações, solicitando documentos que estejam em poder de parte ou em repartições públicas, bem como instruir o laudo com plantas, desenhos, fotografias e outras quaisquer peças.

Art. 431-A. As partes terão ciência da data e local designados pelo juiz ou indicados pelo perito para ter início a produção da prova. *(Incluído pela Lei n. 10.358, de 27.12.2001)*

Art. 431-B. Tratando-se de perícia complexa, que abranja mais de uma área de conhecimento especializado, o juiz poderá nomear mais de um perito e a parte indicar mais de um assistente técnico.*(Incluído pela Lei n. 10.358, de 27.12.2001)*

Art. 432. Se o perito, por motivo justificado, não puder apresentar o laudo dentro do prazo, o juiz conceder-lhe-á, por uma vez, prorrogação, segundo o seu prudente arbítrio.

Art. 433. O perito apresentará o laudo em cartório, no prazo fixado pelo juiz, pelo menos 20 (vinte) dias antes da audiência de instrução e julgamento. *(Redação dada pela Lei n. 8.455, de 24.8.1992)*

Parágrafo único. Os assistentes técnicos oferecerão seus pareceres no prazo comum de 10 (dez) dias, após intimadas as partes da apresentação do laudo. *(Redação dada pela Lei n. 10.358, de 27.12.2001)*

Art. 434. Quando o exame tiver por objeto a autenticidade ou a falsidade de documento, ou for de natureza médico-legal, o perito será escolhido, de preferência, entre os técnicos dos estabelecimentos oficiais especializados. O juiz autorizará a remessa dos autos, bem como do material sujeito a exame, ao diretor do estabelecimento. *(Redação dada pela Lei n. 8.952, de 13.12.1994)*

Parágrafo único. Quando o exame tiver por objeto a autenticidade da letra e firma, o perito poderá requisitar, para efeito de comparação, documentos existentes em repartições públicas; na falta destes, poderá requerer ao juiz que a pessoa, a quem se atribuir a autoria do documento, lance em folha de papel, por cópia, ou sob ditado, dizeres diferentes, para fins de comparação.

Art. 435. A parte, que desejar esclarecimento do perito e do assistente técnico, requererá ao juiz que mande intimá-lo a comparecer à audiência, formulando desde logo as perguntas, sob forma de quesitos.

Parágrafo único. O perito e o assistente técnico só estarão obrigados a prestar os esclarecimentos a que se refere este artigo, quando intimados 5 (cinco) dias antes da audiência.

Art. 436. O juiz não está adstrito ao laudo pericial, podendo formar a sua convicção com outros elementos ou fatos provados nos autos.

Art. 437. O juiz poderá determinar, de ofício ou a requerimento da parte, a realização de nova perícia, quando a matéria não lhe parecer suficientemente esclarecida.

Art. 438. A segunda perícia tem por objeto os mesmos fatos sobre que recaiu a primeira e destina-se a corrigir eventual omissão ou inexatidão dos resultados a que esta conduziu.

Art. 439. A segunda perícia rege-se pelas disposições estabelecidas para a primeira.

Parágrafo único. A segunda perícia não substitui a primeira, cabendo ao juiz apreciar livremente o valor de uma e outra.

Seção VIII
Da Inspeção Judicial

Art. 440. O juiz, de ofício ou a requerimento da parte, pode, em qualquer fase do processo, inspecionar pessoas ou coisas, a fim de se esclarecer sobre fato, que interesse à decisão da causa.

Art. 441. Ao realizar a inspeção direta, o juiz poderá ser assistido de um ou mais peritos.

Art. 442. O juiz irá ao local, onde se encontre a pessoa ou coisa, quando:

I — julgar necessário para a melhor verificação ou interpretação dos fatos que deva observar;

II — a coisa não puder ser apresentada em juízo, sem consideráveis despesas ou graves dificuldades;

III — determinar a reconstituição dos fatos.

Parágrafo único. As partes têm sempre direito a assistir à inspeção, prestando esclarecimentos e fazendo observações que reputem de interesse para a causa.

Art. 443. Concluída a diligência, o juiz mandará lavrar auto circunstanciado, mencionando nele tudo quanto for útil ao julgamento da causa. *(Redação dada pela Lei n. 5.925, de 1º.10.1973)*

Parágrafo único. O auto poderá ser instruído com desenho, gráfico ou fotografia. *(Redação dada pela Lei n. 5.925, de 1º.10.1973)*

CAPÍTULO VII
DA AUDIÊNCIA

Seção I
Das Disposições Gerais

Art. 444. A audiência será pública; nos casos de que trata o art. 155, realizar-se-á a portas fechadas.

Art. 445. O juiz exerce o poder de polícia, competindo-lhe:

I — manter a ordem e o decoro na audiência;

II — ordenar que se retirem da sala da audiência os que se comportarem inconvenientemente;

III — requisitar, quando necessário, a força policial.

Art. 446. Compete ao juiz em especial:

I — dirigir os trabalhos da audiência;

II — proceder direta e pessoalmente à colheita das provas;

III — exortar os advogados e o órgão do Ministério Público a que discutam a causa com elevação e urbanidade.

Parágrafo único. Enquanto depuserem as partes, o perito, os assistentes técnicos e as testemunhas, os advogados não podem intervir ou apartear, sem licença do juiz.

Seção II
Da Conciliação

Art. 447. Quando o litígio versar sobre direitos patrimoniais de caráter privado, o juiz, de ofício, determinará o comparecimento das partes ao início da audiência de instrução e julgamento.

Parágrafo único. Em causas relativas à família, terá lugar igualmente a conciliação, nos casos e para os fins em que a lei consente a transação.

Art. 448. Antes de iniciar a instrução, o juiz tentará conciliar as partes. Chegando a acordo, o juiz mandará tomá-lo por termo.

Art. 449. O termo de conciliação, assinado pelas partes e homologado pelo juiz, terá valor de sentença.

Seção III
Da Instrução e Julgamento

Art. 450. No dia e hora designados, o juiz declarará aberta a audiência, mandando apregoar as partes e os seus respectivos advogados.

Art. 451. Ao iniciar a instrução, o juiz, ouvidas as partes, fixará os pontos controvertidos sobre que incidirá a prova.

Art. 452. As provas serão produzidas na audiência nesta ordem:
I — o perito e os assistentes técnicos responderão aos quesitos de esclarecimentos, requeridos no prazo e na forma do art. 435;
II — o juiz tomará os depoimentos pessoais, primeiro do autor e depois do réu;
III — finalmente, serão inquiridas as testemunhas arroladas pelo autor e pelo réu.

Art. 453. A audiência poderá ser adiada:
I — por convenção das partes, caso em que só será admissível uma vez;
II — se não puderem comparecer, por motivo justificado, o perito, as partes, as testemunhas ou os advogados.
§ 1º Incumbe ao advogado provar o impedimento até a abertura da audiência; não o fazendo, o juiz procederá à instrução.
§ 2º Pode ser dispensada pelo juiz a produção das provas requeridas pela parte cujo advogado não compareceu à audiência.
§ 3º Quem der causa ao adiamento responderá pelas despesas acrescidas.

Art. 454. Finda a instrução, o juiz dará a palavra ao advogado do autor e ao do réu, bem como ao órgão do Ministério Público, sucessivamente, pelo prazo de 20 (vinte) minutos para cada um, prorrogável por 10 (dez), a critério do juiz.
§ 1º Havendo litisconsorte ou terceiro, o prazo, que formará com o da prorrogação um só todo, dividir-se-á entre os do mesmo grupo, se não convencionarem de modo diverso.
§ 2º No caso previsto no art. 56, o opoente sustentará as suas razões em primeiro lugar, seguindo-se-lhe os opostos, cada qual pelo prazo de 20 (vinte) minutos.
§ 3º Quando a causa apresentar questões complexas de fato ou de direito, o debate oral poderá ser substituído por memoriais, caso em que o juiz designará dia e hora para o seu oferecimento.

Art. 455. A audiência é uma e contínua. Não sendo possível concluir, num só dia, a instrução, o debate e o julgamento, o juiz marcará o seu prosseguimento para dia próximo.

Art. 456. Encerrado o debate ou oferecidos os memoriais, o juiz proferirá a sentença desde logo ou no prazo de 10 (dez) dias. *(Redação dada pela Lei n. 5.925, de 1º.10.1973)*

Art. 457. O escrivão lavrará, sob ditado do juiz, termo que conterá, em resumo, o ocorrido na audiência, bem como, por extenso, os despachos e a sentença, se esta for proferida no ato.
§ 1º Quando o termo for datilografado, o juiz lhe rubricará as folhas, ordenando que sejam encadernadas em volume próprio.
§ 2º Subscreverão o termo o juiz, os advogados, o órgão do Ministério Público e o escrivão.
§ 3º O escrivão trasladará para os autos cópia autêntica do termo de audiência.
§ 4º Tratando-se de processo eletrônico, observar-se-á o disposto nos §§ 2º e 3º do art. 169 desta Lei. *(Incluído pela Lei n. 11.419, de 2006)*.

CAPÍTULO VIII
DA SENTENÇA E DA COISA JULGADA

Seção I
Dos Requisitos e dos Efeitos da Sentença

Art. 458. São requisitos essenciais da sentença:
I — o relatório, que conterá os nomes das partes, a suma do pedido e da resposta do réu, bem como o registro das principais ocorrências havidas no andamento do processo;
II — os fundamentos, em que o juiz analisará as questões de fato e de direito;
III — o dispositivo, em que o juiz resolverá as questões, que as partes lhe submeterem.

Art. 459. O juiz proferirá a sentença, acolhendo ou rejeitando, no todo ou em parte, o pedido formulado pelo autor. Nos casos de extinção do processo sem julgamento do mérito, o juiz decidirá em forma concisa.
Parágrafo único. Quando o autor tiver formulado pedido certo, é vedado ao juiz proferir sentença ilíquida.

Art. 460. É defeso ao juiz proferir sentença, a favor do autor, de natureza diversa da pedida, bem como condenar o réu em quantidade superior ou em objeto diverso do que lhe foi demandado.
Parágrafo único. A sentença deve ser certa, ainda quando decida relação jurídica condicional. *(Incluído pela Lei n. 8.952, de 13.12.1994)*

Art. 461. Na ação que tenha por objeto o cumprimento de obrigação de fazer ou não fazer, o juiz concederá a tutela específica da obrigação ou, se procedente o pedido, determinará providências que assegurem o resultado prático equivalente ao do adimplemento. *(Redação dada pela Lei n. 8.952, de 13.12.1994)*
§ 1º A obrigação somente se converterá em perdas e danos se o autor o requerer ou se impossível a tutela específica ou a obtenção do resultado prático correspondente. *(Incluído pela Lei n. 8.952, de 13.12.1994)*
§ 2º A indenização por perdas e danos dar-se-á sem prejuízo da multa (art. 287). *(Incluído pela Lei n. 8.952, de 13.12.1994)*
§ 3º Sendo relevante o fundamento da demanda e havendo justificado receio de ineficácia do provimento final, é lícito ao juiz conceder a tutela liminarmente ou mediante justificação prévia, citado o réu. A medida liminar poderá ser revogada ou modificada, a qualquer tempo, em decisão fundamentada. *(Incluído pela Lei n. 8.952, de 13.12.1994)*

§ 4º O juiz poderá, na hipótese do parágrafo anterior ou na sentença, impor multa diária ao réu, independentemente de pedido do autor, se for suficiente ou compatível com a obrigação, fixando-lhe prazo razoável para o cumprimento do preceito. *(Incluído pela Lei n. 8.952, de 13.12.1994)*

§ 5º Para a efetivação da tutela específica ou a obtenção do resultado prático equivalente, poderá o juiz, de ofício ou a requerimento, determinar as medidas necessárias, tais como a imposição de multa por tempo de atraso, busca e apreensão, remoção de pessoas e coisas, desfazimento de obras e impedimento de atividade nociva, se necessário com requisição de força policial. *(Redação dada pela Lei n. 10.444, de 7.5.2002)*

§ 6º O juiz poderá, de ofício, modificar o valor ou a periodicidade da multa, caso verifique que se tornou insuficiente ou excessiva. *(Incluído pela Lei n. 10.444, de 7.5.2002)*

Art. 461-A. Na ação que tenha por objeto a entrega de coisa, o juiz, ao conceder a tutela específica, fixará o prazo para o cumprimento da obrigação. *(Incluído pela Lei n. 10.444, de 7.5.2002)*

§ 1º Tratando-se de entrega de coisa determinada pelo gênero e quantidade, o credor a individualizará na petição inicial, se lhe couber a escolha; cabendo ao devedor escolher, este a entregará individualizada, no prazo fixado pelo juiz.*(Incluído pela Lei n. 10.444, de 7.5.2002)*

§ 2º Não cumprida a obrigação no prazo estabelecido, expedir-se-á em favor do credor mandado de busca e apreensão ou de imissão na posse, conforme se tratar de coisa móvel ou imóvel. *(Incluído pela Lei n. 10.444, de 7.5.2002)*

§ 3º Aplica-se à ação prevista neste artigo o disposto nos §§ 1º a 6º do art. 461. *(Incluído pela Lei n. 10.444, de 7.5.2002)*

Art. 462. Se, depois da propositura da ação, algum fato constitutivo, modificativo ou extintivo do direito influir no julgamento da lide, caberá ao juiz tomá-lo em consideração, de ofício ou a requerimento da parte, no momento de proferir a sentença. *(Redação dada pela Lei n. 5.925, de 1º.10.1973)*

Art. 463. Publicada a sentença, o juiz só poderá alterá-la: *(Redação dada pela Lei n. 11.232, de 2005)*

I — para lhe corrigir, de ofício ou a requerimento da parte, inexatidões materiais, ou lhe retificar erros de cálculo;

II — por meio de embargos de declaração.

Art. 466. A sentença que condenar o réu no pagamento de uma prestação, consistente em dinheiro ou em coisa, valerá como título constitutivo de hipoteca judiciária, cuja inscrição será ordenada pelo juiz na forma prescrita na Lei de Registros Públicos.

Parágrafo único. A sentença condenatória produz a hipoteca judiciária:

I — embora a condenação seja genérica;

II — pendente arresto de bens do devedor;

III — ainda quando o credor possa promover a execução provisória da sentença.

Art. 466-A. Condenado o devedor a emitir declaração de vontade, a sentença, uma vez transitada em julgado, produzirá todos os efeitos da declaração não emitida. *(Incluído pela Lei n. 11.232, de 2005)*

Art. 466-B. Se aquele que se comprometeu a concluir um contrato não cumprir a obrigação, a outra parte, sendo isso possível e não excluído pelo título, poderá obter uma sentença que produza o mesmo efeito do contrato a ser firmado. *(Incluído pela Lei n. 11.232, de 2005)*

Art. 466-C. Tratando-se de contrato que tenha por objeto a transferência da propriedade de coisa determinada, ou de outro direito, a ação não será acolhida se a parte que a intentou não cumprir a sua prestação, nem a oferecer, nos casos e formas legais, salvo se ainda não exigível. *(Incluído pela Lei n. 11.232, de 2005)*

Seção II
Da Coisa Julgada

Art. 467. Denomina-se coisa julgada material a eficácia, que torna imutável e indiscutível a sentença, não mais sujeita a recurso ordinário ou extraordinário.

Art. 468. A sentença, que julgar total ou parcialmente a lide, tem força de lei nos limites da lide e das questões decididas.

Art. 469. Não fazem coisa julgada:

I — os motivos, ainda que importantes para determinar o alcance da parte dispositiva da sentença;

II — a verdade dos fatos, estabelecida como fundamento da sentença;

III — a apreciação da questão prejudicial, decidida incidentemente no processo.

Art. 470. Faz, todavia, coisa julgada a resolução da questão prejudicial, se a parte o requerer (arts. 5º e 325), o juiz for competente em razão da matéria e constituir pressuposto necessário para o julgamento da lide. *(Vide Lei n. 13.105, de 2015) (Vigência)*

Art. 471. Nenhum juiz decidirá novamente as questões já decididas, relativas à mesma lide, salvo:

I — se, tratando-se de relação jurídica continuativa, sobreveio modificação no estado de fato ou de direito; caso em que poderá a parte pedir a revisão do que foi estatuído na sentença;

II — nos demais casos prescritos em lei.

Art. 472. A sentença faz coisa julgada às partes entre as quais é dada, não beneficiando, nem prejudicando terceiros. Nas causas relativas ao estado de pessoa, se houverem sido citados no processo, em litisconsórcio necessário, todos os interessados, a sentença produz coisa julgada em relação a terceiros.

Art. 473. É defeso à parte discutir, no curso do processo, as questões já decididas, a cujo respeito se operou a preclusão.

Art. 474. Passada em julgado a sentença de mérito, reputar-se-ão deduzidas e repelidas todas as alegações e defesas, que a parte poderia opor assim ao acolhimento como à rejeição do pedido.

Art. 475. Está sujeita ao duplo grau de jurisdição, não produzindo efeito senão depois de confirmada pelo tribunal, a sentença: *(Redação dada pela Lei n. 10.352, de 26.12.2001)*

I — proferida contra a União, o Estado, o Distrito Federal, o Município, e as respectivas autarquias e fundações de direito público; *(Redação dada pela Lei n. 10.352, de 26.12.2001)*

II — que julgar procedentes, no todo ou em parte, os embargos à execução de dívida ativa da Fazenda Pública

CÓDIGO DE PROCESSO CIVIL/1973

(art. 585, VI). *(Redação dada pela Lei n. 10.352, de 26.12.2001)*

§ 1º Nos casos previstos neste artigo, o juiz ordenará a remessa dos autos ao tribunal, haja ou não apelação; não o fazendo, deverá o presidente do tribunal avocá-los. *(Incluído pela Lei n. 10.352, de 26.12.2001)*

§ 2º Não se aplica o disposto neste artigo sempre que a condenação, ou o direito controvertido, for de valor certo não excedente a 60 (sessenta) salários mínimos, bem como no caso de procedência dos embargos do devedor na execução de dívida ativa do mesmo valor. *(Incluído pela Lei n. 10.352, de 26.12.2001)*

§ 3º Também não se aplica o disposto neste artigo quando a sentença estiver fundada em jurisprudência do plenário do Supremo Tribunal Federal ou em súmula deste Tribunal ou do tribunal superior competente. *(Incluído pela Lei n. 10.352, de 26.12.2001)*

CAPÍTULO IX
DA LIQUIDAÇÃO DE SENTENÇA
(Incluído pela Lei n. 11.232, de 2005)

Art. 475-A. Quando a sentença não determinar o valor devido, procede-se à sua liquidação. *(Incluído pela Lei n. 11.232, de 2005)*

§ 1º Do requerimento de liquidação de sentença será a parte intimada, na pessoa de seu advogado. *(Incluído pela Lei n. 11.232, de 2005)*

§ 2º A liquidação poderá ser requerida na pendência de recurso, processando-se em autos apartados, no juízo de origem, cumprindo ao liquidante instruir o pedido com cópias das peças processuais pertinentes. *(Incluído pela Lei n. 11.232, de 2005)*

§ 3º Nos processos sob procedimento comum sumário, referidos no art. 275, inciso II, alíneas 'd' e 'e' desta Lei, é defesa a sentença ilíquida, cumprindo ao juiz, se for o caso, fixar de plano, a seu prudente critério, o valor devido. *(Incluído pela Lei n. 11.232, de 2005)*

Art. 475-B. Quando a determinação do valor da condenação depender apenas de cálculo aritmético, o credor requererá o cumprimento da sentença, na forma do art. 475-J desta Lei, instruindo o pedido com a memória discriminada e atualizada do cálculo. *(Incluído pela Lei n. 11.232, de 2005)*

§ 1º Quando a elaboração da memória do cálculo depender de dados existentes em poder do devedor ou de terceiro, o juiz, a requerimento do credor, poderá requisitá-los, fixando prazo de até trinta dias para o cumprimento da diligência. *(Incluído pela Lei n. 11.232, de 2005)*

§ 2º Se os dados não forem, injustificadamente, apresentados pelo devedor, reputar-se-ão corretos os cálculos apresentados pelo credor, o, se não o forem pelo terceiro, configurar-se-á a situação prevista no art. 362. *(Incluído pela Lei n. 11.232, de 2005)*

§ 3º Poderá o juiz valer-se do contador do juízo, quando a memória apresentada pelo credor aparentemente exceder os limites da decisão exeqüenda e, ainda, nos casos de assistência judiciária. *(Incluído pela Lei n. 11.232, de 2005)*

§ 4º Se o credor não concordar com os cálculos feitos nos termos do § 3º deste artigo, far-se-á a execução pelo valor originariamente pretendido, mas a penhora terá por base o valor encontrado pelo contador. *(Incluído pela Lei n. 11.232, de 2005)*

Art. 475-C. Far-se-á a liquidação por arbitramento quando: *(Incluído pela Lei n. 11.232, de 2005)*

I — determinado pela sentença ou convencionado pelas partes; *(Incluído pela Lei n. 11.232, de 2005)*

II — o exigir a natureza do objeto da liquidação. *(Incluído pela Lei n. 11.232, de 2005)*

Art. 475-D. Requerida a liquidação por arbitramento, o juiz nomeará o perito e fixará o prazo para a entrega do laudo. *(Incluído pela Lei n. 11.232, de 2005)*

Parágrafo único. Apresentado o laudo, sobre o qual poderão as partes manifestar-se no prazo de dez dias, o juiz proferirá decisão ou designará, se necessário, audiência. *(Incluído pela Lei n. 11.232, de 2005)*

Art. 475-E. Far-se-á a liquidação por artigos, quando, para determinar o valor da condenação, houver necessidade de alegar e provar fato novo. *(Incluído pela Lei n. 11.232, de 2005)*

Art. 475-F. Na liquidação por artigos, observar-se-á, no que couber, o procedimento comum (art. 272). *(Incluído pela Lei n. 11.232, de 2005)*

Art. 475-G. É defeso, na liquidação, discutir de novo a lide ou modificar a sentença que a julgou. *(Incluído pela Lei n. 11.232, de 2005)*

Art. 475-H. Da decisão de liquidação caberá agravo de instrumento. *(Incluído pela Lei n. 11.232, de 2005)*

CAPÍTULO X
DO CUMPRIMENTO DA SENTENÇA
(Incluído pela Lei n. 11.232, de 2005)

Art. 475-I. O cumprimento da sentença far-se-á conforme os arts. 461 e 461-A desta Lei ou, tratando-se de obrigação por quantia certa, por execução, nos termos dos demais artigos deste Capítulo. *(Incluído pela Lei n. 11.232, de 2005)*

§ 1º É definitiva a execução da sentença transitada em julgado e provisória quando se tratar de sentença impugnada mediante recurso ao qual não foi atribuído efeito suspensivo. *(Incluído pela Lei n. 11.232, de 2005)*

§ 2º Quando na sentença houver uma parte líquida e outra ilíquida, ao credor é lícito promover simultaneamente a execução daquela e, em autos apartados, a liquidação desta. *(Incluído pela Lei n. 11.232, de 2005)*

Art. 475-J. Caso o devedor, condenado ao pagamento de quantia certa ou já fixada em liquidação, não o efetue no prazo de quinze dias, o montante da condenação será acrescido de multa no percentual de dez por cento e, a requerimento do credor e observado o disposto no art. 614, inciso II, desta Lei, expedir-se-á mandado de penhora e avaliação. *(Incluído pela Lei n. 11.232, de 2005)*

§ 1º Do auto de penhora e de avaliação será de imediato intimado o executado, na pessoa de seu advogado (arts. 236 e 237), ou, na falta deste, o seu representante legal, ou pessoalmente, por mandado ou pelo correio, podendo oferecer impugnação, querendo, no prazo de quinze dias. *(Incluído pela Lei n. 11.232, de 2005)*

§ 2º Caso o oficial de justiça não possa proceder à avaliação, por depender de conhecimentos especializados, o juiz, de imediato, nomeará avaliador, assinando-lhe breve prazo para a entrega do laudo. *(Incluído pela Lei n. 11.232, de 2005)*

§ 3º O exequente poderá, em seu requerimento, indicar desde logo os bens a serem penhorados. *(Incluído pela Lei n. 11.232, de 2005)*

§ 4º Efetuado o pagamento parcial no prazo previsto no *caput* deste artigo, a multa de dez por cento incidirá sobre o restante. *(Incluído pela Lei n. 11.232, de 2005)*

§ 5º Não sendo requerida a execução no prazo de seis meses, o juiz mandará arquivar os autos, sem prejuízo de seu desarquivamento a pedido da parte. *(Incluído pela Lei n. 11.232, de 2005)*

Art. 475-L. A impugnação somente poderá versar sobre: *(Incluído pela Lei n. 11.232, de 2005)*

I — falta ou nulidade da citação, se o processo correu à revelia; *(Incluído pela Lei n. 11.232, de 2005)*

II — inexigibilidade do título; *(Incluído pela Lei n. 11.232, de 2005)*

III — penhora incorreta ou avaliação errônea; *(Incluído pela Lei n. 11.232, de 2005)*

IV — ilegitimidade das partes; *(Incluído pela Lei n. 11.232, de 2005)*

V — excesso de execução; *(Incluído pela Lei n. 11.232, de 2005)*

VI — qualquer causa impeditiva, modificativa ou extintiva da obrigação, como pagamento, novação, compensação, transação ou prescrição, desde que superveniente à sentença. *(Incluído pela Lei n. 11.232, de 2005)*

§ 1º Para efeito do disposto no inciso II do *caput* deste artigo, considera-se também inexigível o título judicial fundado em lei ou ato normativo declarados inconstitucionais pelo Supremo Tribunal Federal, ou fundado em aplicação ou interpretação da lei ou ato normativo tidas pelo Supremo Tribunal Federal como incompatíveis com a Constituição Federal. *(Incluído pela Lei n. 11.232, de 2005) (Vide Lei n. 13.105, de 2015) (Vigência)*

§ 2º Quando o executado alegar que o exequente, em excesso de execução, pleiteia quantia superior à resultante da sentença, cumprir-lhe-á declarar de imediato o valor que entende correto, sob pena de rejeição liminar dessa impugnação. *(Incluído pela Lei n. 11.232, de 2005)*

Art. 475-M. A impugnação não terá efeito suspensivo, podendo o juiz atribuir-lhe tal efeito desde que relevantes seus fundamentos e o prosseguimento da execução seja manifestamente suscetível de causar ao executado grave dano de difícil ou incerta reparação. *(Incluído pela Lei n. 11.232, de 2005)*

§ 1º Ainda que atribuído efeito suspensivo à impugnação, é lícito ao exeqüente requerer o prosseguimento da execução, oferecendo e prestando caução suficiente e idônea, arbitrada pelo juiz e prestada nos próprios autos. *(Incluído pela Lei n. 11.232, de 2005)*

§ 2º Deferido efeito suspensivo, a impugnação será instruída e decidida nos próprios autos e, caso contrário, em autos apartados. *(Incluído pela Lei n. 11.232, de 2005)*

§ 3º A decisão que resolver a impugnação é recorrível mediante agravo de instrumento, salvo quando importar extinção da execução, caso em que caberá apelação. *(Incluído pela Lei n. 11.232, de 2005)*

Art. 475-N. São títulos executivos judiciais: *(Incluído pela Lei n. 11.232, de 2005)*

I — a sentença proferida no processo civil que reconheça a existência de obrigação de fazer, não fazer, entregar coisa ou pagar quantia; *(Incluído pela Lei n. 11.232, de 2005)*

II — a sentença penal condenatória transitada em julgado; *(Incluído pela Lei n. 11.232, de 2005)*

III — a sentença homologatória de conciliação ou de transação, ainda que inclua matéria não posta em juízo; *(Incluído pela Lei n. 11.232, de 2005)*

IV — a sentença arbitral; *(Incluído pela Lei n. 11.232, de 2005)*

V — o acordo extrajudicial, de qualquer natureza, homologado judicialmente; *(Incluído pela Lei n. 11.232, de 2005)*

VI — a sentença estrangeira, homologada pelo Superior Tribunal de Justiça; *(Incluído pela Lei n. 11.232, de 2005)*

VII — o formal e a certidão de partilha, exclusivamente em relação ao inventariante, aos herdeiros e aos sucessores a título singular ou universal. *(Incluído pela Lei n. 11.232, de 2005)*

Parágrafo único. Nos casos dos incisos II, IV e VI, o mandado inicial (art. 475-J) incluirá a ordem de citação do devedor, no juízo cível, para liquidação ou execução, conforme o caso. *(Incluído pela Lei n. 11.232, de 2005)*

Art. 475-O. A execução provisória da sentença far-se-á, no que couber, do mesmo modo que a definitiva, observadas as seguintes normas: *(Incluído pela Lei n. 11.232, de 2005)*

I — corre por iniciativa, conta e responsabilidade do exeqüente, que se obriga, se a sentença for reformada, a reparar os danos que o executado haja sofrido; *(Incluído pela Lei n. 11.232, de 2005)*

II — fica sem efeito, sobrevindo acórdão que modifique ou anule a sentença objeto da execução, restituindo-se as partes ao estado anterior e liquidados eventuais prejuízos nos mesmos autos, por arbitramento; *(Incluído pela Lei n. 11.232, de 2005)*

III — o levantamento de depósito em dinheiro e a prática de atos que importem alienação de propriedade ou dos quais possa resultar grave dano ao executado dependem de caução suficiente e idônea, arbitrada de plano pelo juiz e prestada nos próprios autos. *(Incluído pela Lei n. 11.232, de 2005)*

§ 1º No caso do inciso II do *caput* deste artigo, se a sentença provisória for modificada ou anulada apenas em parte, somente nesta ficará sem efeito a execução. *(Incluído pela Lei n. 11.232, de 2005)*

§ 2º A caução a que se refere o inciso III do *caput* deste artigo poderá ser dispensada: *(Incluído pela Lei n. 11.232, de 2005)*

I — quando, nos casos de crédito de natureza alimentar ou decorrente de ato ilícito, até o limite de sessenta vezes o valor do salário-mínimo, o exeqüente demonstrar situação de necessidade; *(Incluído pela Lei n. 11.232, de 2005)*

II — nos casos de execução provisória em que penda agravo perante o Supremo Tribunal Federal ou o Superior Tribunal de Justiça (art. 544), salvo quando da dispensa possa manifestamente resultar risco de grave dano, de difícil ou incerta reparação. *(Redação dada pela Lei n. 12.322, de 2010)*

§ 3º Ao requerer a execução provisória, o exequente instruirá a petição com cópias autenticadas das seguintes peças do processo, podendo o advogado declarar a autenticidade, sob sua responsabilidade pessoal: *(Redação dada pela Lei n. 12.322, de 2010)*

I — sentença ou acórdão exeqüendo; *(Incluído pela Lei n. 11.232, de 2005)*

II — certidão de interposição do recurso não dotado de efeito suspensivo; *(Incluído pela Lei n. 11.232, de 2005)*

III — procurações outorgadas pelas partes; *(Incluído pela Lei n. 11.232, de 2005)*

IV — decisão de habilitação, se for o caso; *(Incluído pela Lei n. 11.232, de 2005)*

V — facultativamente, outras peças processuais que o exequente considere necessárias. *(Incluído pela Lei n. 11.232, de 2005)*

CÓDIGO DE PROCESSO CIVIL/1973

Art. 475-P. O cumprimento da sentença efetuar-se-á perante: *(Incluído pela Lei n. 11.232, de 2005)*

I — os tribunais, nas causas de sua competência originária; *(Incluído pela Lei n. 11.232, de 2005)*

II — o juízo que processou a causa no primeiro grau de jurisdição; *(Incluído pela Lei n. 11.232, de 2005)*

III — o juízo cível competente, quando se tratar de sentença penal condenatória, de sentença arbitral ou de sentença estrangeira. *(Incluído pela Lei n. 11.232, de 2005)*

Parágrafo único. No caso do inciso II do *caput* deste artigo, o exeqüente poderá optar pelo juízo do local onde se encontram bens sujeitos à expropriação ou pelo do atual domicílio do executado, casos em que a remessa dos autos do processo será solicitada ao juízo de origem. *(Incluído pela Lei n. 11.232, de 2005)*

Art. 475-Q. Quando a indenização por ato ilícito incluir prestação de alimentos, o juiz, quanto a esta parte, poderá ordenar ao devedor constituição de capital, cuja renda assegure o pagamento do valor mensal da pensão. *(Incluído pela Lei n. 11.232, de 2005)*

§ 1º Este capital, representado por imóveis, títulos da dívida pública ou aplicações financeiras em banco oficial, será inalienável e impenhorável enquanto durar a obrigação do devedor. *(Incluído pela Lei n. 11.232, de 2005)*

§ 2º O juiz poderá substituir a constituição do capital pela inclusão do beneficiário da prestação em folha de pagamento de entidade de direito público ou de empresa de direito privado de notória capacidade econômica, ou, a requerimento do devedor, por fiança bancária ou garantia real, em valor a ser arbitrado de imediato pelo juiz. *(Incluído pela Lei n. 11.232, de 2005)*

§ 3º Se sobrevier modificação nas condições econômicas, poderá a parte requerer, conforme as circunstâncias, redução ou aumento da prestação. *(Incluído pela Lei n. 11.232, de 2005)*

§ 4º Os alimentos podem ser fixados tomando por base o salário-mínimo. *(Incluído pela Lei n. 11.232, de 2005)*

§ 5º Cessada a obrigação de prestar alimentos, o juiz mandará liberar o capital, cessar o desconto em folha ou cancelar as garantias prestadas. *(Incluído pela Lei n. 11.232, de 2005)*

Art. 475-R. Aplicam-se subsidiariamente ao cumprimento da sentença, no que couber, as normas que regem o processo de execução de título extrajudicial. *(Incluído pela Lei n. 11.232, de 2005)*

TÍTULO IX
DO PROCESSO NOS TRIBUNAIS

CAPÍTULO I
DA UNIFORMIZAÇÃO DA JURISPRUDÊNCIA

Art. 476. Compete a qualquer juiz, ao dar o voto na turma, câmara, ou grupo de câmaras, solicitar o pronunciamento prévio do tribunal acerca da interpretação do direito quando:

I — verificar que, a seu respeito, ocorre divergência;

II — no julgamento recorrido a interpretação for diversa da que lhe haja dado outra turma, câmara, grupo de câmaras ou câmaras cíveis reunidas.

Parágrafo único. A parte poderá, ao arrazoar o recurso ou em petição avulsa, requerer, fundamentadamente, que o julgamento obedeça ao disposto neste artigo.

Art. 477. Reconhecida a divergência, será lavrado o acórdão, indo os autos ao presidente do tribunal para designar a sessão de julgamento. A secretaria distribuirá a todos os juízes cópia do acórdão.

Art. 478. O tribunal, reconhecendo a divergência, dará a interpretação a ser observada, cabendo a cada juiz emitir o seu voto em exposição fundamentada.

Parágrafo único. Em qualquer caso, será ouvido o chefe do Ministério Público que funciona perante o tribunal.

Art. 479. O julgamento, tomado pelo voto da maioria absoluta dos membros que integram o tribunal, será objeto de súmula e constituirá precedente na uniformização da jurisprudência.

Parágrafo único. Os regimentos internos disporão sobre a publicação no órgão oficial das súmulas de jurisprudência predominante.

CAPÍTULO II
DA DECLARAÇÃO DE INCONSTITUCIONALIDADE

Art. 480. Arguida a inconstitucionalidade de lei ou de ato normativo do poder público, o relator, ouvido o Ministério Público, submeterá a questão à turma ou câmara, a que tocar o conhecimento do processo.

Art. 481. Se a alegação for rejeitada, prosseguirá o julgamento; se for acolhida, será lavrado o acórdão, a fim de ser submetida a questão ao tribunal pleno.

Parágrafo único. Os órgãos fracionários dos tribunais não submeterão ao plenário, ou ao órgão especial, a argüição de inconstitucionalidade, quando já houver pronunciamento destes ou do plenário do Supremo Tribunal Federal sobre a questão. *(Incluído pela Lei n. 9.756, de 1998)*

Art. 482. Remetida a cópia do acórdão a todos os juízes, o presidente do tribunal designará a sessão de julgamento.

§ 1º O Ministério Público e as pessoas jurídicas de direito público responsáveis pela edição do ato questionado, se assim o requererem, poderão manifestar-se no incidente de inconstitucionalidade, observados os prazos e condições fixados no Regimento Interno do Tribunal. *(Incluído pela Lei n. 9.868, de 10.11.1999)*

§ 2º Os titulares do direito de propositura referidos no *art. 103 da Constituição* poderão manifestar-se, por escrito, sobre a questão constitucional objeto de apreciação pelo órgão especial ou pelo Pleno do Tribunal, no prazo fixado em Regimento, sendo-lhes assegurado o direito de apresentar memoriais ou de pedir a juntada de documentos. *(Incluído pela Lei n. 9.868, de 10.11.1999)*

§ 3º O relator, considerando a relevância da matéria e a representatividade dos postulantes, poderá admitir, por despacho irrecorrível, a manifestação de outros órgãos ou entidades. *(Incluído pela Lei n. 9.868, de 10.11.1999)*

CAPÍTULO III
DA HOMOLOGAÇÃO DE SENTENÇA ESTRANGEIRA

Art. 483. A sentença proferida por tribunal estrangeiro não terá eficácia no Brasil senão depois de homologada pelo Supremo Tribunal Federal.

Parágrafo único. A homologação obedecerá ao que dispuser o Regimento Interno do Supremo Tribunal Federal.

Art. 484. A execução far-se-á por carta de sentença extraída dos autos da homologação e obedecerá às regras

estabelecidas para a execução da sentença nacional da mesma natureza.

CAPÍTULO IV
DA AÇÃO RESCISÓRIA

Art. 485. A sentença de mérito, transitada em julgado, pode ser rescindida quando:

I — se verificar que foi dada por prevaricação, concussão ou corrupção do juiz;

II — proferida por juiz impedido ou absolutamente incompetente;

III — resultar de dolo da parte vencedora em detrimento da parte vencida, ou de colusão entre as partes, a fim de fraudar a lei;

IV — ofender a coisa julgada;

V — violar literal disposição de lei;

VI — se fundar em prova, cuja falsidade tenha sido apurada em processo criminal ou seja provada na própria ação rescisória;

VII — depois da sentença, o autor obtiver documento novo, cuja existência ignorava, ou de que não pôde fazer uso, capaz, por si só, de lhe assegurar pronunciamento favorável;

VIII — houver fundamento para invalidar confissão, desistência ou transação, em que se baseou a sentença;

IX — fundada em erro de fato, resultante de atos ou de documentos da causa;

§ 1º Há erro, quando a sentença admitir um fato inexistente, ou quando considerar inexistente um fato efetivamente ocorrido.

§ 2º É indispensável, num como noutro caso, que não tenha havido controvérsia, nem pronunciamento judicial sobre o fato.

Art. 486. Os atos judiciais, que não dependem de sentença, ou em que esta for meramente homologatória, podem ser rescindidos, como os atos jurídicos em geral, nos termos da lei civil.

Art. 487. Tem legitimidade para propor a ação:

I — quem foi parte no processo ou o seu sucessor a título universal ou singular;

II — o terceiro juridicamente interessado;

III — o Ministério Público:

a) se não foi ouvido no processo, em que lhe era obrigatória a intervenção;

b) quando a sentença é o efeito de colusão das partes, a fim de fraudar a lei.

Art. 488. A petição inicial será elaborada com observância dos requisitos essenciais do art. 282, devendo o autor:

I — cumular ao pedido de rescisão, se for o caso, o de novo julgamento da causa;

II — depositar a importância de 5% (cinco por cento) sobre o valor da causa, a título de multa, caso a ação seja, por unanimidade de votos, declarada inadmissível, ou improcedente.

Parágrafo único. Não se aplica o disposto no n. II à União, ao Estado, ao Município e ao Ministério Público.

Art. 489. O ajuizamento da ação rescisória não impede o cumprimento da sentença ou acórdão rescindendo, ressalvada a concessão, caso imprescindíveis e sob os pressupostos previstos em lei, de medidas de natureza cautelar ou antecipatória de tutela. *(Redação dada pela Lei n. 11.280, de 2006)*

Art. 490. Será indeferida a petição inicial:

I — nos casos previstos no art. 295;

II — quando não efetuado o depósito, exigido pelo art. 488, II.

Art. 491. O relator mandará citar o réu, assinando-lhe prazo nunca inferior a 15 (quinze) dias nem superior a 30 (trinta) para responder aos termos da ação. Findo o prazo com ou sem resposta, observar-se-á no que couber o disposto no Livro I, Título VIII, Capítulos IV e V.

Art. 492. Se os fatos alegados pelas partes dependerem de prova, o relator delegará a competência ao juiz de direito da comarca onde deva ser produzida, fixando prazo de 45 (quarenta e cinco) a 90 (noventa) dias para a devolução dos autos.

Art. 493. Concluída a instrução, será aberta vista, sucessivamente, ao autor e ao réu, pelo prazo de 10 (dez) dias, para razões finais. Em seguida, os autos subirão ao relator, procedendo-se ao julgamento:

I — no Supremo Tribunal Federal e no Superior Tribunal de Justiça, na forma dos seus regimentos internos; *(Redação dada pela Lei n. 11.382, de 2006).*

II — nos Estados, conforme dispuser a norma de Organização Judiciária.

Art. 494. Julgando procedente a ação, o tribunal rescindirá a sentença, proferirá, se for o caso, novo julgamento e determinará a restituição do depósito; declarando inadmissível ou improcedente a ação, a importância do depósito reverterá a favor do réu, sem prejuízo do disposto no art. 20.

Art. 495. O direito de propor ação rescisória se extingue em 2 (dois) anos, contados do trânsito em julgado da decisão.

TÍTULO X
DOS RECURSOS

CAPÍTULO I
DAS DISPOSIÇÕES GERAIS

Art. 496. São cabíveis os seguintes recursos: *(Redação dada pela Lei n. 8.038, de 25.5.1990)*

I — apelação;

II — agravo; *(Redação dada pela Lei n. 8.950, de 13.12.1994)*

III — embargos infringentes;

IV — embargos de declaração;

V — recurso ordinário;

VI — recurso especial; *(Incluído pela Lei n. 8.038, de 25.5.1990)*

VII — recurso extraordinário; *(Incluído pela Lei n. 8.038, de 25.5.1990)*

VIII — embargos de divergência em recurso especial e em recurso extraordinário. *(Incluído pela Lei n. 8.038, de 25.5.1990)*

Art. 497. O recurso extraordinário e o recurso especial não impedem a execução da sentença; a interposição do agravo de instrumento não obsta o andamento do processo, ressalvado o disposto no art. 558 desta Lei. *(Redação dada pela Lei n. 8.038, de 25.5.1990)*

CÓDIGO DE PROCESSO CIVIL/1973

Art. 498. Quando o dispositivo do acórdão contiver julgamento por maioria de votos e julgamento unânime, e forem interpostos embargos infringentes, o prazo para recurso extraordinário ou recurso especial, relativamente ao julgamento unânime, ficará sobrestado até a intimação da decisão nos embargos. *(Redação dada pela Lei n. 10.352, de 26.12.2001)*

Parágrafo único. Quando não forem interpostos embargos infringentes, o prazo relativo à parte unânime da decisão terá como dia de início aquele em que transitar em julgado a decisão por maioria de votos. *(Incluído pela Lei n. 10.352, de 26.12.2001)*

Art. 499. O recurso pode ser interposto pela parte vencida, pelo terceiro prejudicado e pelo Ministério Público.

§ 1º Cumpre ao terceiro demonstrar o nexo de interdependência entre o seu interesse de intervir e a relação jurídica submetida à apreciação judicial.

§ 2º O Ministério Público tem legitimidade para recorrer assim no processo em que é parte, como naqueles em que oficiou como fiscal da lei.

Art. 500. Cada parte interporá o recurso, independentemente, no prazo e observadas as exigências legais. Sendo, porém, vencidos autor e réu, ao recurso interposto por qualquer deles poderá aderir a outra parte. O recurso adesivo fica subordinado ao recurso principal e se rege pelas disposições seguintes: *(Redação dada pela Lei n. 5.925, de 1º.10.1973)*

I — será interposto perante a autoridade competente para admitir o recurso principal, no prazo de que a parte dispõe para responder; *(Redação dada pela Lei n. 8.950, de 13.12.1994)*

II — será admissível na apelação, nos embargos infringentes, no recurso extraordinário e no recurso especial; *(Redação dada pela Lei n. 8.038, de 25.5.1990)*

III — não será conhecido, se houver desistência do recurso principal, ou se for ele declarado inadmissível ou deserto. *(Redação dada pela Lei n. 5.925, de 1º.10.1973)*

Parágrafo único. Ao recurso adesivo se aplicam as mesmas regras do recurso independente, quanto às condições de admissibilidade, preparo e julgamento no tribunal superior. *(Redação dada pela Lei n. 5.925, de 1º.10.1973)*

Art. 501. O recorrente poderá, a qualquer tempo, sem a anuência do recorrido ou dos litisconsortes, desistir do recurso.

Art. 502. A renúncia ao direito de recorrer independe da aceitação da outra parte.

Art. 503. A parte, que aceitar expressa ou tacitamente a sentença ou a decisão, não poderá recorrer.

Parágrafo único. Considera-se aceitação tácita a prática, sem reserva alguma, de um ato incompatível com a vontade de recorrer.

Art. 504. Dos despachos não cabe recurso. *(Redação dada pela Lei n. 11.276, de 2006)*

Art. 505. A sentença pode ser impugnada no todo ou em parte.

Art. 506. O prazo para a interposição do recurso, aplicável em todos os casos o disposto no art. 184 e seus parágrafos, contar-se-á da data:

I — da leitura da sentença em audiência;

II — da intimação às partes, quando a sentença não for proferida em audiência;

III — da publicação do dispositivo do acórdão no órgão oficial. *(Redação dada pela Lei n. 11.276, de 2006)*

Parágrafo único. No prazo para a interposição do recurso, a petição será protocolada em cartório ou segundo a norma de organização judiciária, ressalvado o disposto no § 2º do art. 525 desta Lei. *(Redação dada pela Lei n. 11.276, de 2006)*

Art. 507. Se, durante o prazo para a interposição do recurso, sobrevier o falecimento da parte ou de seu advogado, ou ocorrer motivo de força maior, que suspenda o curso do processo, será tal prazo restituído em proveito da parte, do herdeiro ou do sucessor, contra quem começará a correr novamente depois da intimação.

Art. 508. Na apelação, nos embargos infringentes, no recurso ordinário, no recurso especial, no recurso extraordinário e nos embargos de divergência, o prazo para interpor e para responder é de 15 (quinze) dias. *(Redação dada pela Lei n. 8.950, de 13.12.1994)*

Art. 509. O recurso interposto por um dos litisconsortes a todos aproveita, salvo se distintos ou opostos os seus interesses.

Parágrafo único. Havendo solidariedade passiva, o recurso interposto por um devedor aproveitará aos outros, quando as defesas opostas ao credor lhes forem comuns.

Art. 510. Transitado em julgado o acórdão, o escrivão, ou secretário, independentemente de despacho, providenciará a baixa dos autos ao juízo de origem, no prazo de 5 (cinco) dias.

Art. 511. No ato de interposição do recurso, o recorrente comprovará, quando exigido pela legislação pertinente, o respectivo preparo, inclusive porte de remessa e de retorno, sob pena de deserção. *(Redação dada pela Lei n. 9.756, de 1998)*

§ 1º São dispensados de preparo os recursos interpostos pelo Ministério Público, pela União, pelos Estados e Municípios e respectivas autarquias, e pelos que gozam de isenção legal. *(Parágrafo único renumerado pela Lei n. 9.756, de 1998)*

§ 2º A insuficiência no valor do preparo implicará deserção, se o recorrente, intimado, não vier a supri-lo no prazo de cinco dias. *(Incluído pela Lei n. 9.756, de 1998)*

Art. 512. O julgamento proferido pelo tribunal substituirá a sentença ou a decisão recorrida no que tiver sido objeto de recurso.

CAPÍTULO II
DA APELAÇÃO

Art. 513. Da sentença caberá apelação (arts. 267 e 269).

Art. 514. A apelação, interposta por petição dirigida ao juiz, conterá:

I — os nomes e a qualificação das partes;

II — os fundamentos de fato e de direito;

III — o pedido de nova decisão.

Art. 515. A apelação devolverá ao tribunal o conhecimento da matéria impugnada.

§ 1º Serão, porém, objeto de apreciação e julgamento pelo tribunal todas as questões suscitadas e discutidas no processo, ainda que a sentença não as tenha julgado por inteiro.

§ 2º Quando o pedido ou a defesa tiver mais de um fundamento e o juiz acolher apenas um deles, a apelação devolverá ao tribunal o conhecimento dos demais.

§ 3º Nos casos de extinção do processo sem julgamento do mérito (art. 267), o tribunal pode julgar desde logo a lide, se a causa versar questão exclusivamente de direito e estiver em condições de imediato julgamento. *(Incluído pela Lei n. 10.352, de 26.12.2001)*

§ 4º Constatando a ocorrência de nulidade sanável, o tribunal poderá determinar a realização ou renovação do ato processual, intimadas as partes; cumprida a diligência, sempre que possível prosseguirá o julgamento da apelação. *(Incluído pela Lei n. 11.276, de 2006)*

Art. 516. Ficam também submetidas ao tribunal as questões anteriores à sentença, ainda não decididas. *(Redação dada pela Lei n. 8.950, de 13.12.1994)*

Art. 517. As questões de fato, não propostas no juízo inferior, poderão ser suscitadas na apelação, se a parte provar que deixou de fazê-lo por motivo de força maior.

Art. 518. Interposta a apelação, o juiz, declarando os efeitos em que a recebe, mandará dar vista ao apelado para responder. *(Redação dada pela Lei n. 8.950, de 13.12.1994)*

§ 1º O juiz não receberá o recurso de apelação quando a sentença estiver em conformidade com súmula do Superior Tribunal de Justiça ou do Supremo Tribunal Federal. *(Renumerado pela Lei n. 11.276, de 2006)*

§ 2º Apresentada a resposta, é facultado ao juiz, em cinco dias, o reexame dos pressupostos de admissibilidade do recurso. *(Incluído pela Lei n. 11.276, de 2006)*

Art. 519. Provando o apelante justo impedimento, o juiz relevará a pena de deserção, fixando-lhe prazo para efetuar o preparo. *(Redação dada pela Lei n. 8.950, de 13.12.1994)*

Parágrafo único. A decisão referida neste artigo será irrecorrível, cabendo ao tribunal apreciar-lhe a legitimidade. *(Incluído pela Lei n. 8.950, de 13.12.1994)*

Art. 520. A apelação será recebida em seu efeito devolutivo e suspensivo. Será, no entanto, recebida só no efeito devolutivo, quando interposta de sentença que: *(Redação dada pela Lei n. 5.925, de 1º.10.1973)*

I — homologar a divisão ou a demarcação; *(Redação dada pela Lei n. 5.925, de 1º.10.1973)*

II — condenar à prestação de alimentos; *(Redação dada pela Lei n. 5.925, de 1º.10.1973)*

IV — decidir o processo cautelar; *(Redação dada pela Lei n. 5.925, de 1º.10.1973)*

V — rejeitar liminarmente embargos à execução ou julgá-los improcedentes; *(Redação dada pela Lei n. 8.950, de 13.12.1994)*

VI — julgar procedente o pedido de instituição de arbitragem. *(Incluído pela Lei n. 9.307, de 23.9.1996)*

VII — confirmar a antecipação dos efeitos da tutela; *(Incluído pela Lei n. 10.352, de 26.12.2001)*

Art. 521. Recebida a apelação em ambos os efeitos, o juiz não poderá inovar no processo; recebida só no efeito devolutivo, o apelado poderá promover, desde logo, a execução provisória da sentença, extraindo a respectiva carta.

CAPÍTULO III
DO AGRAVO
(Redação dada pela Lei n. 9.139, de 30.11.1995)

Art. 522. Das decisões interlocutórias caberá agravo, no prazo de 10 (dez) dias, na forma retida, salvo quando se tratar de decisão suscetível de causar à parte lesão grave e de difícil reparação, bem como nos casos de inadmissão da apelação e nos relativos aos efeitos em que a apelação é recebida, quando será admitida a sua interposição por instrumento. *(Redação dada pela Lei n. 11.187, de 2005)*

Parágrafo único. O agravo retido independe de preparo. *(Redação dada pela Lei n. 9.139, de 30.11.1995)*

Art. 523. Na modalidade de agravo retido o agravante requererá que o tribunal dele conheça, preliminarmente, por ocasião do julgamento da apelação. *(Redação dada pela Lei n. 9.139, de 30.11.1995)*

§ 1º Não se conhecerá do agravo se a parte não requerer expressamente, nas razões ou na resposta da apelação, sua apreciação pelo Tribunal. *(Incluído pela Lei n. 9.139, de 30.11.1995)*

§ 2º Interposto o agravo, e ouvido o agravado no prazo de 10 (dez) dias, o juiz poderá reformar sua decisão. *(Redação dada pela Lei n. 10.352, de 26.12.2001)*

§ 3º Das decisões interlocutórias proferidas na audiência de instrução e julgamento caberá agravo na forma retida, devendo ser interposto oral e imediatamente, bem como constar do respectivo termo (art. 457), nele expostas sucintamente as razões do agravante. *(Redação dada pela Lei n. 11.187, de 2005)*

Art. 524. O agravo de instrumento será dirigido diretamente ao tribunal competente, através de petição com os seguintes requisitos: *(Redação dada pela Lei n. 9.139, de 30.11.1995)*

I — a exposição do fato e do direito; *(Redação dada pela Lei n. 9.139, de 30.11.1995)*

II — as razões do pedido de reforma da decisão; *(Redação dada pela Lei n. 9.139, de 30.11.1995)*

III — o nome e o endereço completo dos advogados, constantes do processo. *(Redação dada pela Lei n. 9.139, de 30.11.1995)*

Art. 525. A petição de agravo de instrumento será instruída: *(Redação dada pela Lei n. 9.139, de 30.11.1995)*

I — obrigatoriamente, com cópias da decisão agravada, da certidão da respectiva intimação e das procurações outorgadas aos advogados do agravante e do agravado; *(Redação dada pela Lei n. 9.139, de 30.11.1995)*

II — facultativamente, com outras peças que o agravante entender úteis. *(Redação dada pela Lei n. 9.139, de 30.11.1995)*

§ 1º Acompanhará a petição o comprovante do pagamento das respectivas custas e do porte de retorno, quando devidos, conforme tabela que será publicada pelos tribunais. *(Incluído pela Lei n. 9.139, de 30.11.1995)*

§ 2º No prazo do recurso, a petição será protocolada no tribunal, ou postada no correio sob registro com aviso de recebimento, ou, ainda, interposta por outra forma prevista na lei local. *(Incluído pela Lei n. 9.139, de 30.11.1995)*

Art. 526. O agravante, no prazo de 3 (três) dias, requererá juntada, aos autos do processo de cópia da petição do agravo de instrumento e do comprovante de sua interposição, assim como a relação dos documentos que instruíram o recurso. *(Redação dada pela Lei n. 9.139, de 30.11.1995)*

Parágrafo único. O não cumprimento do disposto neste artigo, desde que argüido e provado pelo agravado, importa inadmissibilidade do agravo. *(Incluído pela Lei n. 10.352, de 26.12.2001)*

Art. 527. Recebido o agravo de instrumento no tribunal, e distribuído incontinenti, o relator: *(Redação dada pela Lei n. 10.352, de 26.12.2001)*

I — negar-lhe-á seguimento, liminarmente, nos casos do art. 557; *(Redação dada pela Lei n. 10.352, de 26.12.2001)*

II — converterá o agravo de instrumento em agravo retido, salvo quando se tratar de decisão suscetível de causar à parte lesão grave e de difícil reparação, bem como nos casos de inadmissão da apelação e nos relativos aos efeitos em que a apelação é recebida, mandando remeter os autos ao juiz da causa; *(Redação dada pela Lei n. 11.187, de 2005)*

III — poderá atribuir efeito suspensivo ao recurso (art. 558), ou deferir, em antecipação de tutela, total ou parcialmente, a pretensão recursal, comunicando ao juiz sua decisão; *(Redação dada pela Lei n. 10.352, de 26.12.2001)*

IV — poderá requisitar informações ao juiz da causa, que as prestará no prazo de 10 (dez) dias; *(Redação dada pela Lei n. 10.352, de 26.12.2001)*

V — mandará intimar o agravado, na mesma oportunidade, por ofício dirigido ao seu advogado, sob registro e com aviso de recebimento, para que responda no prazo de 10 (dez) dias (art. 525, § 2º), facultando-lhe juntar a documentação que entender conveniente, sendo que, nas comarcas sede de tribunal e naquelas em que o expediente forense for divulgado no diário oficial, a intimação far-se-á mediante publicação no órgão oficial; *(Redação dada pela Lei n. 11.187, de 2005)*

VI — ultimadas as providências referidas nos incisos III a V do *caput* deste artigo, mandará ouvir o Ministério Público, se for o caso, para que se pronuncie no prazo de 10 (dez) dias. *(Redação dada pela Lei n. 11.187, de 2005)*

Parágrafo único. A decisão liminar, proferida nos casos dos incisos II e III do *caput* deste artigo, somente é passível de reforma no momento do julgamento do agravo, salvo se o próprio relator a reconsiderar. *(Redação dada pela Lei n. 11.187, de 2005)*

Art. 528. Em prazo não superior a 30 (trinta) dias da intimação do agravado, o relator pedirá dia para julgamento. *(Redação dada pela Lei n. 9.139, de 30.11.1995)*

Art. 529. Se o juiz comunicar que reformou inteiramente a decisão, o relator considerará prejudicado o agravo. *(Redação dada pela Lei n. 9.139, de 30.11.1995)*

CAPÍTULO IV
DOS EMBARGOS INFRINGENTES

Art. 530. Cabem embargos infringentes quando o acórdão não unânime houver reformado, em grau de apelação, a sentença de mérito, ou houver julgado procedente ação rescisória. Se o desacordo for parcial, os embargos serão restritos à matéria objeto da divergência. *(Redação dada pela Lei n. 10.352, de 26.12.2001)*

Art. 531. Interpostos os embargos, abrir-se-á vista ao recorrido para contrarrazões; após, o relator do acórdão embargado apreciará a admissibilidade do recurso. *(Redação dada pela Lei n. 10.352, de 26.12.2001)*

Art. 532. Da decisão que não admitir os embargos caberá agravo, em 5 (cinco) dias, para o órgão competente para o julgamento do recurso. *(Redação dada pela Lei n. 8.950, de 13.12.1994)*

Art. 533. Admitidos os embargos, serão processados e julgados conforme dispuser o regimento do tribunal. *(Redação dada pela Lei n. 10.352, de 26.12.2001)*

Art. 534. Caso a norma regimental determine a escolha de novo relator, esta recairá, se possível, em juiz que não haja participado do julgamento anterior. *(Redação dada pela Lei n. 10.352, de 26.12.2001)*

CAPÍTULO V
DOS EMBARGOS DE DECLARAÇÃO

Art. 535. Cabem embargos de declaração quando: *(Redação dada pela Lei n. 8.950, de 13.12.1994)*

I — houver, na sentença ou no acórdão, obscuridade ou contradição; *(Redação dada pela Lei n. 8.950, de 13.12.1994)*

II — for omitido ponto sobre o qual devia pronunciar-se o juiz ou tribunal. *(Redação dada pela Lei n. 8.950, de 13.12.1994)*

Art. 536. Os embargos serão opostos, no prazo de 5 (cinco) dias, em petição dirigida ao juiz ou relator, com indicação do ponto obscuro, contraditório ou omisso, não estando sujeitos a preparo. *(Redação dada pela Lei n. 8.950, de 13.12.1994)*

Art. 537. O juiz julgará os embargos em 5 (cinco) dias; nos tribunais, o relator apresentará os embargos em mesa na sessão subsequente, proferindo voto. *(Redação dada pela Lei n. 8.950, de 13.12.1994)*

Art. 538. Os embargos de declaração interrompem o prazo para a interposição de outros recursos, por qualquer das partes. *(Redação dada pela Lei n. 8.950, de 13.12.1994)*

Parágrafo único. Quando manifestamente protelatórios os embargos, o juiz ou o tribunal, declarando que o são, condenará o embargante a pagar ao embargado multa não excedente de 1% (um por cento) sobre o valor da causa. Na reiteração de embargos protelatórios, a multa é elevada a até 10% (dez por cento), ficando condicionada a interposição de qualquer outro recurso ao depósito do valor respectivo. *(Redação dada pela Lei n. 8.950, de 13.12.1994)*

CAPÍTULO VI
DOS RECURSOS PARA O SUPREMO TRIBUNAL FEDERAL E O SUPERIOR TRIBUNAL DE JUSTIÇA
(Redação dada pela Lei n. 8.950, de 13.12.1994)

Seção I
Dos Recursos Ordinários

Art. 539. Serão julgados em recurso ordinário: *(Redação dada pela Lei n. 8.950, de 13.12.1994)*

I — pelo Supremo Tribunal Federal, os mandados de segurança, os habeas data e os mandados de injunção decididos em única instância pelos Tribunais superiores, quando denegatória a decisão; *(Redação dada pela Lei n. 8.950, de 13.12.1994)*

II — pelo Superior Tribunal de Justiça: *(Redação dada pela Lei n. 8.950, de 13.12.1994)*

a) os mandados de segurança decididos em única instância pelos Tribunais Regionais Federais ou pelos Tribunais dos Estados e do Distrito Federal e Territórios, quando denegatória a decisão; *(Incluído pela Lei n. 8.950, de 13.12.1994)*

b) as causas em que forem partes, de um lado, Estado estrangeiro ou organismo internacional e, do outro, Município ou pessoa residente ou domiciliada no País. *(Incluído pela Lei n. 8.950, de 13.12.1994)*

Parágrafo único. Nas causas referidas no inciso II, alínea b, caberá agravo das decisões interlocutórias. *(Incluído pela Lei n. 8.950, de 13.12.1994)*

Art. 540. Aos recursos mencionados no artigo anterior aplica-se, quanto aos requisitos de admissibilidade e ao procedimento no juízo de origem, o disposto nos Capítulos II e III deste Título, observando-se, no Supremo Tribunal Federal e no Superior Tribunal de Justiça, o disposto nos seus regimentos internos. *(Redação dada pela Lei n. 8.950, de 13.12.1994)*

Seção II
Do Recurso Extraordinário e do Recurso Especial
(Redação dada pela Lei n. 8.950, de 1994)

Art. 541. O recurso extraordinário e o recurso especial, nos casos previstos na Constituição Federal, serão interpostos perante o presidente ou o vice-presidente do tribunal recorrido, em petições distintas, que conterão: *(Revigorado e com redação dada pela Lei n. 8.950, de 1994)*

I — a exposição do fato e do direito; *(Incluído pela Lei n. 8.950, de 1994)*

II — a demonstração do cabimento do recurso interposto; *(Incluído pela Lei n. 8.950, de 1994)*

III — as razões do pedido de reforma da decisão recorrida. *(Incluído pela Lei n. 8.950, de 1994)*

Parágrafo único. Quando o recurso fundar-se em dissídio jurisprudencial, o recorrente fará a prova da divergência mediante certidão, cópia autenticada ou pela citação do repositório de jurisprudência, oficial ou credenciado, inclusive em mídia eletrônica, em que tiver sido publicada a decisão divergente, ou ainda pela reprodução de julgado disponível na Internet, com indicação da respectiva fonte, mencionando, em qualquer caso, as circunstâncias que identifiquem ou assemelhem os casos confrontados. *(Redação dada pela Lei n. 11.341, de 2006)*

Art. 542. Recebida a petição pela secretaria do tribunal, será intimado o recorrido, abrindo-se-lhe vista, para apresentar contrarrazões. *(Redação dada pela Lei n. 10.352, de 2001)*

§ 1º Findo esse prazo, serão os autos conclusos para admissão ou não do recurso, no prazo de 15 (quinze) dias, em decisão fundamentada. *(Incluído pela Lei n. 8.950, de 1994)*

§ 2º Os recursos extraordinário e especial serão recebidos no efeito devolutivo. *(Incluído pela Lei n. 8.950, de 1994)*

§ 3º O recurso extraordinário, ou o recurso especial, quando interpostos contra decisão interlocutória em processo de conhecimento, cautelar, ou embargos à execução ficará retido nos autos e somente será processado se o reiterar a parte, no prazo para a interposição do recurso contra a decisão final, ou para as contrarrazões. *(Incluído pela Lei n. 9.756, de 1998)*

Art. 543. Admitidos ambos os recursos, os autos serão remetidos ao Superior Tribunal de Justiça. *(Revigorado e com redação dada pela Lei n. 8.950, de 13.12.1994)*

§ 1º Concluído o julgamento do recurso especial, serão os autos remetidos ao Supremo Tribunal Federal, para apreciação do recurso extraordinário, se este não estiver prejudicado. *(Revigorado e alterado pela Lei n. 8.950, de 13.12.1994)*

§ 2º Na hipótese de o relator do recurso especial considerar que o recurso extraordinário é prejudicial àquele, em decisão irrecorrível sobrestará o seu julgamento e remeterá os autos ao Supremo Tribunal Federal, para o julgamento do recurso extraordinário. *(Revigorado e alterado pela Lei n. 8.950, de 13.12.1994)*

§ 3º No caso do parágrafo anterior, se o relator do recurso extraordinário, em decisão irrecorrível, não o considerar prejudicial, devolverá os autos ao Superior Tribunal de Justiça, para o julgamento do recurso especial. *(Revigorado e alterado pela Lei n. 8.950, de 13.12.1994)*

Art. 543-A. O Supremo Tribunal Federal, em decisão irrecorrível, não conhecerá do recurso extraordinário, quando a questão constitucional nele versada não oferecer repercussão geral, nos termos deste artigo. *(Incluído pela Lei n. 11.418, de 2006)*

§ 1º Para efeito da repercussão geral, será considerada a existência, ou não, de questões relevantes do ponto de vista econômico, político, social ou jurídico, que ultrapassem os interesses subjetivos da causa. *(Incluído pela Lei n. 11.418, de 2006)*

§ 2º O recorrente deverá demonstrar, em preliminar do recurso, para apreciação exclusiva do Supremo Tribunal Federal, a existência da repercussão geral. *(Incluído pela Lei n. 11.418, de 2006)*

§ 3º Haverá repercussão geral sempre que o recurso impugnar decisão contrária a súmula ou jurisprudência dominante do Tribunal. *(Incluído pela Lei n. 11.418, de 2006)*

§ 4º Se a Turma decidir pela existência da repercussão geral por, no mínimo, 4 (quatro) votos, ficará dispensada a remessa do recurso ao Plenário. *(Incluído pela Lei n. 11.418, de 2006)*

§ 5º Negada a existência da repercussão geral, a decisão valerá para todos os recursos sobre matéria idêntica, que serão indeferidos liminarmente, salvo revisão da tese, tudo nos termos do Regimento Interno do Supremo Tribunal Federal. *(Incluído pela Lei n. 11.418, de 2006)*

§ 6º O Relator poderá admitir, na análise da repercussão geral, a manifestação de terceiros, subscrita por procurador habilitado, nos termos do Regimento Interno do Supremo Tribunal Federal. *(Incluído pela Lei n. 11.418, de 2006)*

§ 7º A Súmula da decisão sobre a repercussão geral constará de ata, que será publicada no Diário Oficial e valerá como acórdão. *(Incluído pela Lei n. 11.418, de 2006)*

Art. 543-B. Quando houver multiplicidade de recursos com fundamento em idêntica controvérsia, a análise da repercussão geral será processada nos termos do Regimento Interno do Supremo Tribunal Federal, observado o disposto neste artigo. *(Incluído pela Lei n. 11.418, de 2006)*

§ 1º Caberá ao Tribunal de origem selecionar um ou mais recursos representativos da controvérsia e encaminhá-los ao Supremo Tribunal Federal, sobrestando os demais até o pronunciamento definitivo da Corte. *(Incluído pela Lei n. 11.418, de 2006)*

§ 2º Negada a existência de repercussão geral, os recursos sobrestados considerar-se-ão automaticamente não admitidos. *(Incluído pela Lei n. 11.418, de 2006)*

§ 3º Julgado o mérito do recurso extraordinário, os recursos sobrestados serão apreciados pelos Tribunais, Turmas de Uniformização ou Turmas Recursais, que poderão declará-los prejudicados ou retratar-se. *(Incluído pela Lei n. 11.418, de 2006)*

§ 4º Mantida a decisão e admitido o recurso, poderá o Supremo Tribunal Federal, nos termos do Regimento Interno, cassar ou reformar, liminarmente, o acórdão contrário à orientação firmada. *(Incluído pela Lei n. 11.418, de 2006)*

§ 5º O Regimento Interno do Supremo Tribunal Federal disporá sobre as atribuições dos Ministros, das Turmas e de outros órgãos, na análise da repercussão geral. *(Incluído pela Lei n. 11.418, de 2006).*

Art. 543-C. Quando houver multiplicidade de recursos com fundamento em idêntica questão de direito, o recurso especial será processado nos termos deste artigo. *(Incluído pela Lei n. 11.672, de 2008).*

§ 1º Caberá ao presidente do tribunal de origem admitir um ou mais recursos representativos da controvérsia, os quais serão encaminhados ao Superior Tribunal de Justiça, ficando suspensos os demais recursos especiais até o pronunciamento definitivo do Superior Tribunal de Justiça. *(Incluído pela Lei n. 11.672, de 2008).*

§ 2º Não adotada a providência descrita no § 1º deste artigo, o relator no Superior Tribunal de Justiça, ao identificar que sobre a controvérsia já existe jurisprudência dominante ou que a matéria já está afeta ao colegiado, poderá determinar a suspensão, nos tribunais de segunda instância, dos recursos nos quais a controvérsia esteja estabelecida. *(Incluído pela Lei n. 11.672, de 2008).*

§ 3º O relator poderá solicitar informações, a serem prestadas no prazo de quinze dias, aos tribunais federais ou estaduais a respeito da controvérsia. *(Incluído pela Lei n. 11.672, de 2008).*

§ 4º O relator, conforme dispuser o regimento interno do Superior Tribunal de Justiça e considerando a relevância da matéria, poderá admitir manifestação de pessoas, órgãos ou entidades com interesse na controvérsia. *(Incluído pela Lei n. 11.672, de 2008).*

§ 5º Recebidas as informações e, se for o caso, após cumprido o disposto no § 4º deste artigo, terá vista o Ministério Público pelo prazo de quinze dias. *(Incluído pela Lei n. 11.672, de 2008).*

§ 6º Transcorrido o prazo para o Ministério Público e remetida cópia do relatório aos demais Ministros, o processo será incluído em pauta na seção ou na Corte Especial, devendo ser julgado com preferência sobre os demais feitos, ressalvados os que envolvam réu preso e os pedidos de habeas corpus. *(Incluído pela Lei n. 11.672, de 2008).*

§ 7º Publicado o acórdão do Superior Tribunal de Justiça, os recursos especiais sobrestados na origem: *(Incluído pela Lei n. 11.672, de 2008).*

I — terão seguimento denegado na hipótese de o acórdão recorrido coincidir com a orientação do Superior Tribunal de Justiça; ou *(Incluído pela Lei n. 11.672, de 2008).*

II — serão novamente examinados pelo tribunal de origem na hipótese de o acórdão recorrido divergir da orientação do Superior Tribunal de Justiça. *(Incluído pela Lei n. 11.672, de 2008).*

§ 8º Na hipótese prevista no inciso II do § 7º deste artigo, mantida a decisão divergente pelo tribunal de origem, far-se-á o exame de admissibilidade do recurso especial. *(Incluído pela Lei n. 11.672, de 2008).*

§ 9º O Superior Tribunal de Justiça e os tribunais de segunda instância regulamentarão, no âmbito de suas competências, os procedimentos relativos ao processamento e julgamento do recurso especial nos casos previstos neste artigo. *(Incluído pela Lei n. 11.672, de 2008).*

Art. 544. Não admitido o recurso extraordinário ou o recurso especial, caberá agravo nos próprios autos, no prazo de 10 (dez) dias. *(Redação dada pela Lei n. 12.322, de 2010)*

§ 1º O agravante deverá interpor um agravo para cada recurso não admitido. *(Redação dada pela Lei n. 12.322, de 2010)*

§ 2º A petição de agravo será dirigida à presidência do tribunal de origem, não dependendo do pagamento de custas e despesas postais. O agravado será intimado, de imediato, para no prazo de 10 (dez) dias oferecer resposta, podendo instruí-la com cópias das peças que entender conveniente. Em seguida, subirá o agravo ao tribunal superior, onde será processado na forma regimental. *(Redação dada pela Lei n. 10.352, de 2001)*

§ 3º O agravado será intimado, de imediato, para no prazo de 10 (dez) dias oferecer resposta. Em seguida, os autos serão remetidos à superior instância, observando-se o disposto no art. 543 deste Código e, no que couber, na Lei n. 11.672, de 8 de maio de 2008. *(Redação dada pela Lei n. 12.322, de 2010)*

§ 4º No Supremo Tribunal Federal e no Superior Tribunal de Justiça, o julgamento do agravo obedecerá ao disposto no respectivo regimento interno, podendo o relator: *(Redação dada pela Lei n. 12.322, de 2010)*

I — não conhecer do agravo manifestamente inadmissível ou que não tenha atacado especificamente os fundamentos da decisão agravada; *(incluído pela Lei n. 12.322, de 2010)*

II — conhecer do agravo para: *(incluído pela Lei n. 12.322, de 2010)*

a) negar-lhe provimento, se correta a decisão que não admitiu o recurso; *(incluído pela Lei n. 12.322, de 2010)*

b) negar seguimento ao recurso manifestamente inadmissível, prejudicado ou em confronto com súmula ou jurisprudência dominante no tribunal; *(incluído pela Lei n. 12.322, de 2010)*

c) dar provimento ao recurso, se o acórdão recorrido estiver em confronto com súmula ou jurisprudência dominante no tribunal. *(incluído pela Lei n. 12.322, de 2010)*

Art. 545. Da decisão do relator que não conhecer do agravo, negar-lhe provimento ou decidir, desde logo, o recurso não admitido na origem, caberá agravo, no prazo de 5 (cinco) dias, ao órgão competente, observado o disposto nos §§ 1º e 2º do art. 557. *(Redação dada pela Lei n. 12.322, de 2010)*

Art. 546. É embargável a decisão da turma que: *(Revigorado e alterado pela Lei n. 8.950, de 13.12.1994)*

I — em recurso especial, divergir do julgamento de outra turma, da seção ou do órgão especial; *(Incluído pela Lei n. 8.950, de 1994)*

II — em recurso extraordinário, divergir do julgamento da outra turma ou do plenário. *(Incluído pela Lei n. 8.950, de 1994)*

Parágrafo único. Observar-se-á, no recurso de embargos, o procedimento estabelecido no regimento interno. *(Revigorado e alterado pela Lei n. 8.950, de 13.12.1994)*

CAPITULO VII
DA ORDEM DOS PROCESSOS NO TRIBUNAL

Art. 547. Os autos remetidos ao tribunal serão registrados no protocolo no dia de sua entrada, cabendo à secretaria verificar-lhes a numeração das folhas e ordená-los para distribuição.

Parágrafo único. Os serviços de protocolo poderão, a critério do tribunal, ser descentralizados, mediante delegação a ofícios de justiça de primeiro grau. *(Incluído pela Lei n. 10.352, de 26.12.2001)*

Art. 548. Far-se-á a distribuição de acordo com o regimento interno do tribunal, observando-se os princípios da publicidade, da alternatividade e do sorteio.

Art. 549. Distribuídos, os autos subirão, no prazo de 48 (quarenta e oito) horas, à conclusão do relator, que, depois de estudá-los, os restituirá à secretaria com o seu "visto".

Parágrafo único. O relator fará nos autos uma exposição dos pontos controvertidos sobre que versar o recurso.

Art. 550. Os recursos interpostos nas causas de procedimento sumário deverão ser julgados no tribunal, dentro de 40 (quarenta) dias.

Art. 551. Tratando-se de apelação, de embargos infringentes e de ação rescisória, os autos serão conclusos ao revisor.

§ 1º Será revisor o juiz que se seguir ao relator na ordem descendente de antiguidade.

§ 2º O revisor aporá nos autos o seu "visto", cabendo-lhe pedir dia para julgamento.

§ 3º Nos recursos interpostos nas causas de procedimentos sumários, de despejo e nos casos de indeferimento liminar da petição inicial, não haverá revisor. *(Redação dada pela Lei n. 8.950, de 13.12.1994)*

Art. 552. Os autos serão, em seguida, apresentados ao presidente, que designará dia para julgamento, mandando publicar a pauta no órgão oficial.

§ 1º Entre a data da publicação da pauta e a sessão de julgamento mediará, pelo menos, o espaço de 48 (quarenta e oito) horas.

§ 2º Afixar-se-á a pauta na entrada da sala em que se realizar a sessão de julgamento.

§ 3º Salvo caso de força maior, participará do julgamento do recurso o juiz que houver lançado o "visto" nos autos.

Art. 553. Nos embargos infringentes e na ação rescisória, devolvidos os autos pelo relator, a secretaria do tribunal expedirá cópias autenticadas do relatório e as distribuirá entre os juízes que compuserem o tribunal competente para o julgamento.

Art. 554. Na sessão de julgamento, depois de feita a exposição da causa pelo relator, o presidente, se o recurso não for de embargos declaratórios ou de agravo de instrumento, dará a palavra, sucessivamente, ao recorrente e ao recorrido, pelo prazo improrrogável de 15 (quinze) minutos para cada um, a fim de sustentarem as razões do recurso.

Art. 555. No julgamento de apelação ou de agravo, a decisão será tomada, na câmara ou turma, pelo voto de 3 (três) juízes. *(Redação dada pela Lei n. 10.352, de 2001)*

§ 1º Ocorrendo relevante questão de direito, que faça conveniente prevenir ou compor divergência entre câmaras ou turmas do tribunal, poderá o relator propor seja o recurso julgado pelo órgão colegiado que o regimento indicar; reconhecendo o interesse público na assunção de competência, esse órgão colegiado julgará o recurso. *(Incluído pela Lei n. 10.352, de 2001)*

§ 2º Não se considerando habilitado a proferir imediatamente seu voto, a qualquer juiz é facultado pedir vista do processo, devendo devolvê-lo no prazo de 10 (dez) dias, contados da data em que o recebeu; o julgamento prosseguirá na 1a (primeira) sessão ordinária subsequente à devolução, dispensada nova publicação em pauta. *(Redação dada pela Lei n. 11.280, de 2006)*

§ 3º No caso do § 2º deste artigo, não devolvidos os autos no prazo, nem solicitada expressamente sua prorrogação pelo juiz, o presidente do órgão julgador requisitará o processo e reabrirá o julgamento na sessão ordinária subsequente, com publicação em pauta. *(Incluído pela Lei n. 11.280, de 2006)*

Art. 556. Proferidos os votos, o presidente anunciará o resultado do julgamento, designando para redigir o acórdão o relator, ou, se este for vencido, o autor do primeiro voto vencedor.

Parágrafo único. Os votos, acórdãos e demais atos processuais podem ser registrados em arquivo eletrônico inviolável e assinados eletronicamente, na forma da lei, devendo ser impressos para juntada aos autos do processo quando este não for eletrônico. *(Incluído pela Lei n. 11.419, de 2006)*

Art. 557. O relator negará seguimento a recurso manifestamente inadmissível, improcedente, prejudicado ou em confronto com súmula ou com jurisprudência dominante do respectivo tribunal, do Supremo Tribunal Federal, ou de Tribunal Superior. *(Redação dada pela Lei n. 9.756, de 1998)*

§ 1º A Se a decisão recorrida estiver em manifesto confronto com súmula ou com jurisprudência dominante do Supremo Tribunal Federal, ou de Tribunal Superior, o relator poderá dar provimento ao recurso. *(Incluído pela Lei n. 9.756, de 1998)*

§ 1º Da decisão caberá agravo, no prazo de cinco dias, ao órgão competente para o julgamento do recurso, e, se não houver retratação, o relator apresentará o processo em mesa, proferindo voto; provido o agravo, o recurso terá seguimento. *(Incluído pela Lei n. 9.756, de 1998)*

§ 2º Quando manifestamente inadmissível ou infundado o agravo, o tribunal condenará o agravante a pagar ao agravado multa entre um e dez por cento do valor corrigido da causa, ficando a interposição de qualquer outro recurso condicionada ao depósito do respectivo valor. *(Incluído pela Lei n. 9.756, de 1998)*

Art. 558. O relator poderá, a requerimento do agravante, nos casos de prisão civil, adjudicação, remição de bens, levantamento de dinheiro sem caução idônea e em outros casos dos quais possa resultar lesão grave e de difícil reparação, sendo relevante a fundamentação, suspender o cumprimento da decisão até o pronunciamento definitivo da turma ou câmara. *(Redação dada pela Lei n. 9.139, de 1995)*

Parágrafo único. Aplicar-se-á o disposto neste artigo as hipóteses do art. 520. *(Redação dada pela Lei n. 9.139, de 1995)*

Art. 559. A apelação não será incluída em pauta antes do agravo de instrumento interposto no mesmo processo.

Parágrafo único. Se ambos os recursos houverem de ser julgados na mesma sessão, terá precedência o agravo.

Art. 560. Qualquer questão preliminar suscitada no julgamento será decidida antes do mérito, deste não se conhecendo se incompatível com a decisão daquela. *(Redação dada pela Lei n. 5.925, de 1º.10.1973)*

Parágrafo único. Versando a preliminar sobre nulidade suprível, o tribunal, havendo necessidade, converterá o julgamento em diligência, ordenando a remessa dos autos ao juiz, a fim de ser sanado o vício. *(Redação dada pela Lei n. 5.925, de 1º.10.1973)*

Art. 561. Rejeitada a preliminar, ou se com ela for compatível a apreciação do mérito, seguir-se-ão a discussão e julgamento da matéria principal, pronunciando-se sobre esta os juízes vencidos na preliminar.

Art. 562. Preferirá aos demais o recurso cujo julgamento tenha sido iniciado.

Art. 563. Todo acórdão conterá ementa. *(Redação dada pela Lei n. 8.950, de 13.12.1994)*

Art. 564. Lavrado o acórdão, serão as suas conclusões publicadas no órgão oficial dentro de 10 (dez) dias.

Art. 565. Desejando proferir sustentação oral, poderão os advogados requerer que na sessão imediata seja o feito julgado em primeiro lugar, sem prejuízo das preferências legais.

Parágrafo único. Se tiverem subscrito o requerimento os advogados de todos os interessados, a preferência será concedida para a própria sessão.

LIVRO II
DO PROCESSO DE EXECUÇÃO

TÍTULO I
DA EXECUÇÃO EM GERAL

CAPÍTULO I
DAS PARTES

Art. 566. Podem promover a execução forçada:
I — o credor a quem a lei confere título executivo;
II — o Ministério Público, nos casos prescritos em lei.

Art. 567. Podem também promover a execução, ou nela prosseguir:
I — o espólio, os herdeiros ou os sucessores do credor, sempre que, por morte deste, lhes for transmitido o direito resultante do título executivo;
II — o cessionário, quando o direito resultante do título executivo lhe foi transferido por ato entre vivos;
III — o sub-rogado, nos casos de sub-rogação legal ou convencional.

Art. 568. São sujeitos passivos na execução: *(Redação dada pela Lei n. 5.925, de 1º.10.1973)*
I — o devedor, reconhecido como tal no título executivo; *(Redação dada pela Lei n. 5.925, de 1º.10.1973)*
II — o espólio, os herdeiros ou os sucessores do devedor; *(Redação dada pela Lei n. 5.925, de 1º.10.1973)*
III — o novo devedor, que assumiu, com o consentimento do credor, a obrigação resultante do título executivo; *(Redação dada pela Lei n. 5.925, de 1º.10.1973)*
IV — o fiador judicial; *(Redação dada pela Lei n. 5.925, de 1º.10.1973)*
V — o responsável tributário, assim definido na legislação própria. *(Redação dada pela Lei n. 5.925, de 1º.10.1973)*

Art. 569. O credor tem a faculdade de desistir de toda a execução ou de apenas algumas medidas executivas.
Parágrafo único. Na desistência da execução, observar-se-á o seguinte: *(Incluído pela Lei n. 8.953, de 13.12.1994)*
a) serão extintos os embargos que versarem apenas sobre questões processuais, pagando o credor as custas e os honorários advocatícios; *(Incluído pela Lei n. 8.953, de 13.12.1994)*
b) nos demais casos, a extinção dependerá da concordância do embargante. *(Incluído pela Lei n. 8.953, de 13.12.1994)*

Art. 571. Nas obrigações alternativas, quando a escolha couber ao devedor, este será citado para exercer a opção e realizar a prestação dentro em 10 (dez) dias, se outro prazo não lhe foi determinado em lei, no contrato, ou na sentença.
§ 1º Devolver-se-á ao credor a opção, se o devedor não a exercitou no prazo marcado.
§ 2º Se a escolha couber ao credor, este a indicará na petição inicial da execução.

Art. 572. Quando o juiz decidir relação jurídica sujeita a condição ou termo, o credor não poderá executar a sentença sem provar que se realizou a condição ou que ocorreu o termo.

Art. 573. É lícito ao credor, sendo o mesmo o devedor, cumular várias execuções, ainda que fundadas em títulos diferentes, desde que para todas elas seja competente o juiz e idêntica a forma do processo.

Art. 574. O credor ressarcirá ao devedor os danos que este sofreu, quando a sentença, passada em julgado, declarar inexistente, no todo ou em parte, a obrigação, que deu lugar à execução.

CAPÍTULO II
DA COMPETÊNCIA

Art. 575. A execução, fundada em título judicial, processar-se-á perante:
I — os tribunais superiores, nas causas de sua competência originária;
II — o juízo que decidiu a causa no primeiro grau de jurisdição;
IV — o juízo cível competente, quando o título executivo for sentença penal condenatória ou sentença arbitral. *(Redação dada pela Lei n. 10.358, de 27.12.2001)*

Art. 576. A execução, fundada em título extrajudicial, será processada perante o juízo competente, na conformidade do disposto no Livro I, Título IV, Capítulos II e III.

Art. 577. Não dispondo a lei de modo diverso, o juiz determinará os atos executivos e os oficiais de justiça os cumprirão.

Art. 578. A execução fiscal (art. 585, VI) será proposta no foro do domicílio do réu; se não o tiver, no de sua residência ou no do lugar onde for encontrado.
Parágrafo único. Na execução fiscal, a Fazenda Pública poderá escolher o foro de qualquer um dos devedores, quando houver mais de um, ou o foro de qualquer dos domicílios do réu; a ação poderá ainda ser proposta no foro do lugar em que se praticou o ato ou ocorreu o fato que deu origem à dívida, embora nele não mais resida o réu, ou, ainda, no foro da situação dos bens, quando a dívida deles se originar.

Art. 579. Sempre que, para efetivar a execução, for necessário o emprego da força policial, o juiz a requisitará.

CAPÍTULO III
DOS REQUISITOS NECESSÁRIOS PARA REALIZAR QUALQUER EXECUÇÃO

Seção I
Do Inadimplemento do Devedor

Art. 580. A execução pode ser instaurada caso o devedor não satisfaça a obrigação certa, líquida e exigível,

consubstanciada em título executivo. *(Redação dada pela Lei n. 11.382, de 2006).*

Art. 581. O credor não poderá iniciar a execução, ou nela prosseguir, se o devedor cumprir a obrigação; mas poderá recusar o recebimento da prestação, estabelecida no título executivo, se ela não corresponder ao direito ou à obrigação; caso em que requererá ao juiz a execução, ressalvado ao devedor o direito de embargá-la.

Art. 582. Em todos os casos em que é defeso a um contraente, antes de cumprida a sua obrigação, exigir o implemento da do outro, não se procederá à execução, se o devedor se propõe satisfazer a prestação, com meios considerados idôneos pelo juiz, mediante a execução da contraprestação pelo credor, e este, sem justo motivo, recusar a oferta.

Parágrafo único. O devedor poderá, entretanto, exonerar-se da obrigação, depositando em juízo a prestação ou a coisa; caso em que o juiz suspenderá a execução, não permitindo que o credor a receba, sem cumprir a contraprestação, que lhe tocar.

Seção II
Do Título Executivo

Art. 585. São títulos executivos extrajudiciais: *(Redação dada pela Lei n. 5.925, de 1º.10.1973)*

I — a letra de câmbio, a nota promissória, a duplicata, a debênture e o cheque; *(Redação dada pela Lei n. 8.953, de 13.12.1994)*

II — a escritura pública ou outro documento público assinado pelo devedor; o documento particular assinado pelo devedor e por duas testemunhas; o instrumento de transação referendado pelo Ministério Público, pela Defensoria Pública ou pelos advogados dos transatores; *(Redação dada pela Lei n. 8.953, de 13.12.1994)*

III — os contratos garantidos por hipoteca, penhor, anticrese e caução, bem como os de seguro de vida; *(Redação dada pela Lei n. 11.382, de 2006).*

IV — o crédito decorrente de foro e laudêmio; *(Redação dada pela Lei n. 11.382, de 2006).*

V — o crédito, documentalmente comprovado, decorrente de aluguel de imóvel, bem como de encargos acessórios, tais como taxas e despesas de condomínio; *(Redação dada pela Lei n. 11.382, de 2006).*

VI — o crédito de serventuário de justiça, de perito, de intérprete, ou de tradutor, quando as custas, emolumentos ou honorários forem aprovados por decisão judicial; *(Redação dada pela Lei n. 11.382, de 2006).*

VII — a certidão de dívida ativa da Fazenda Pública da União, dos Estados, do Distrito Federal, dos Territórios e dos Municípios, correspondente aos créditos inscritos na forma da lei; *(Redação dada pela Lei n. 11.382, de 2006).*

VIII — todos os demais títulos a que, por disposição expressa, a lei atribuir força executiva. *(Incluído pela Lei n. 11.382, de 2006).*

§ 1º A propositura de qualquer ação relativa ao débito constante do título executivo não inibe o credor de promover-lhe a execução. *(Redação dada pela Lei n. 8.953, de 13.12.1994)*

§ 2º Não dependem de homologação pelo Supremo Tribunal Federal, para serem executados, os títulos executivos extrajudiciais, oriundos de país estrangeiro. O título, para ter eficácia executiva, há de satisfazer aos requisitos de formação exigidos pela lei do lugar de sua celebração e indicar o Brasil como o lugar de cumprimento da obrigação. *(Redação dada pela Lei n. 5.925, de 1º.10.1973)*

Art. 586. A execução para cobrança de crédito fundar-se-á sempre em título de obrigação certa, líquida e exigível. *(Redação dada pela Lei n. 11.382, de 2006).*

Art. 587. É definitiva a execução fundada em título extrajudicial; é provisória enquanto pendente apelação da sentença de improcedência dos embargos do executado, quando recebidos com efeito suspensivo (art. 739). *(Redação dada pela Lei n. 11.382, de 2006).*

Art. 588. *(Revogado pela Lei n. 11.232, de 2005)*

Art. 589. *(Revogado pela Lei n. 11.232, de 2005)*

Art. 590. *(Revogado pela Lei n. 11.232, de 2005)*

CAPÍTULO IV
DA RESPONSABILIDADE PATRIMONIAL

Art. 591. O devedor responde, para o cumprimento de suas obrigações, com todos os seus bens presentes e futuros, salvo as restrições estabelecidas em lei.

Art. 592. Ficam sujeitos à execução os bens:

I — do sucessor a título singular, tratando-se de execução fundada em direito real ou obrigação reipersecutória; *(Redação dada pela Lei n. 11.382, de 2006).*

II — do sócio, nos termos da lei;

III — do devedor, quando em poder de terceiros;

IV — do cônjuge, nos casos em que os seus bens próprios, reservados ou de sua meação respondem pela dívida;

V — alienados ou gravados com ônus real em fraude de execução.

Art. 593. Considera-se em fraude de execução a alienação ou oneração de bens:

I — quando sobre eles pender ação fundada em direito real;

II — quando, ao tempo da alienação ou oneração, corria contra o devedor demanda capaz de reduzi-lo à insolvência;

III — nos demais casos expressos em lei.

Art. 594. O credor, que estiver, por direito de retenção, na posse de coisa pertencente ao devedor, não poderá promover a execução sobre outros bens senão depois de excutida a coisa que se achar em seu poder.

Art. 595. O fiador, quando executado, poderá nomear à penhora bens livres e desembargados do devedor. Os bens do fiador ficarão, porém, sujeitos à execução, se os do devedor forem insuficientes à satisfação do direito do credor.

Parágrafo único. O fiador, que pagar a dívida, poderá executar o afiançado nos autos do mesmo processo.

Art. 596. Os bens particulares dos sócios não respondem pelas dívidas da sociedade senão nos casos previstos em lei; o sócio, demandado pelo pagamento da dívida, tem direito a exigir que sejam primeiro excutidos os bens da sociedade.

§ 1º Cumpre ao sócio, que alegar o benefício deste artigo, nomear bens da sociedade, sitos na mesma comarca, livres e desembargados, quantos bastem para pagar o débito.

§ 2º Aplica-se aos casos deste artigo o disposto no parágrafo único do artigo anterior.

CÓDIGO DE PROCESSO CIVIL/1973

Art. 597. O espólio responde pelas dívidas do falecido; mas, feita a partilha, cada herdeiro responde por elas na proporção da parte que na herança lhe coube.

CAPÍTULO V
DAS DISPOSIÇÕES GERAIS

Art. 598. Aplicam-se subsidiariamente à execução as disposições que regem o processo de conhecimento.

Art. 599. O juiz pode, em qualquer momento do processo: *(Redação dada pela Lei n. 5.925, de 1º.10.1973)*

I — ordenar o comparecimento das partes; *(Redação dada pela Lei n. 5.925, de 1º.10.1973)*

II — advertir ao devedor que o seu procedimento constitui ato atentatório à dignidade da justiça. *(Redação dada pela Lei n. 5.925, de 1º.10.1973)*

Art. 600. Considera-se atentatório à dignidade da Justiça o ato do executado que: *(Redação dada pela Lei n. 11.382, de 2006)*

I — frauda a execução; *(Redação dada pela Lei n. 5.925, de 1º.10.1973)*

II — se opõe maliciosamente à execução, empregando ardis e meios artificiosos; *(Redação dada pela Lei n. 5.925, de 1º.10.1973)*

III — resiste injustificadamente às ordens judiciais; *(Redação dada pela Lei n. 5.925, de 1º.10.1973)*

IV — intimado, não indica ao juiz, em 5 (cinco) dias, quais são e onde se encontram os bens sujeitos à penhora e seus respectivos valores. *(Redação dada pela Lei n. 11.382, de 2006)*

Art. 601. Nos casos previstos no artigo anterior, o devedor incidirá em multa fixada pelo juiz, em montante não superior a 20% (vinte por cento) do valor atualizado do débito em execução, sem prejuízo de outras sanções de natureza processual ou material, multa essa que reverterá em proveito do credor, exigível na própria execução. *(Redação dada pela Lei n. 8.953, de 13.12.1994)*

Parágrafo único. O juiz relevará a pena, se o devedor se comprometer a não mais praticar qualquer dos atos definidos no artigo antecedente e der fiador idôneo, que responda ao credor pela dívida principal, juros, despesas e honorários advocatícios. *(Redação dada pela Lei n. 5.925, de 1º.10.1973)*

Art. 602. *(Revogado pela Lei n. 11.232, de 2005)*

CAPÍTULO I
DAS DISPOSIÇÕES GERAIS
(Revogado pela Lei n. 11.232, de 2005)

Art. 603. *(Revogado pela Lei n. 11.232, de 2005)*

Art. 604. *(Revogado pela Lei n. 11.232, de 2005)*

Art. 605. *(Revogado pela Lei n. 11.232, de 2005)*

Art. 606. *(Revogado pela Lei n. 11.232, de 2005)*

Art. 607. *(Revogado pela Lei n. 11.232, de 2005)*

Art. 608. *(Revogado pela Lei n. 11.232, de 2005)*

Art. 609. *(Revogado pela Lei n. 11.232, de 2005)*

Art. 610. *(Revogado pela Lei n. 11.232, de 2005)*

Art. 611. *(Revogado pela Lei n. 11.232, de 2005)*

TÍTULO II
DAS DIVERSAS ESPÉCIES DE EXECUÇÃO

CAPÍTULO I
DAS DISPOSIÇÕES GERAIS

Art. 612. Ressalvado o caso de insolvência do devedor, em que tem lugar o concurso universal (art. 751, III), realiza-se a execução no interesse do credor, que adquire, pela penhora, o direito de preferência sobre os bens penhorados.

Art. 613. Recaindo mais de uma penhora sobre os mesmos bens, cada credor conservará o seu título de preferência.

Art. 614. Cumpre ao credor, ao requerer a execução, pedir a citação do devedor e instruir a petição inicial:

I — com o título executivo extrajudicial; *(Redação dada pela Lei n. 11.382, de 2006)*

II — com o demonstrativo do débito atualizado até a data da propositura da ação, quando se tratar de execução por quantia certa; *(Redação dada pela Lei n. 8.953, de 13.12.1994)*

III — com a prova de que se verificou a condição, ou ocorreu o termo (art. 572). *(Incluído pela Lei n. 8.953, de 13.12.1994)*

Art. 615. Cumpre ainda ao credor:

I — indicar a espécie de execução que prefere, quando por mais de um modo pode ser efetuada;

II — requerer a intimação do credor pignoratício, hipotecário, ou anticrético, ou usufrutuário, quando a penhora recair sobre bens gravados por penhor, hipoteca, anticrese ou usufruto;

III — pleitear medidas acautelatórias urgentes;

IV — provar que adimpliu a contraprestação, que lhe corresponde, ou que lhe assegura o cumprimento, se o executado não for obrigado a satisfazer a sua prestação senão mediante a contraprestação do credor.

Art. 615-A. O exequente poderá, no ato da distribuição, obter certidão comprobatória do ajuizamento da execução, com identificação das partes e valor da causa, para fins de averbação no registro de imóveis, registro de veículos ou registro de outros bens sujeitos à penhora ou arresto. *(Incluído pela Lei n. 11.382, de 2006)*

§ 1º O exeqüente deverá comunicar ao juízo as averbações efetivadas, no prazo de 10 (dez) dias de sua concretização. *(Incluído pela Lei n. 11.382, de 2006)*

§ 2º Formalizada penhora sobre bens suficientes para cobrir o valor da dívida, será determinado o cancelamento das averbações de que trata este artigo relativas àqueles que não tenham sido penhorados. *(Incluído pela Lei n. 11.382, de 2006)*

§ 3º Presume-se em fraude à execução a alienação ou oneração de bens efetuada após a averbação (art. 593). *(Incluído pela Lei n. 11.382, de 2006)*

§ 4º O exeqüente que promover averbação manifestamente indevida indenizará a parte contrária, nos termos do § 2º do art. 18 desta Lei, processando-se o incidente em autos apartados. *(Incluído pela Lei n. 11.382, de 2006)*

§ 5º Os tribunais poderão expedir instruções sobre o cumprimento deste artigo. *(Incluído pela Lei n. 11.382, de 2006)*

Art. 616. Verificando o juiz que a petição inicial está incompleta, ou não se acha acompanhada dos documentos

indispensáveis à propositura da execução, determinará que o credor a corrija, no prazo de 10 (dez) dias, sob pena de ser indeferida.

Art. 617. A propositura da execução, deferida pelo juiz, interrompe a prescrição, mas a citação do devedor deve ser feita com observância do disposto no art. 219.

Art. 618. É nula a execução:

I — se o título executivo extrajudicial não corresponder a obrigação certa, líquida e exigível (art. 586); *(Redação dada pela Lei n. 11.382, de 2006).*

II — se o devedor não for regularmente citado;

III — se instaurada antes de se verificar a condição ou de ocorrido o termo, nos casos do art. 572.

Art. 619. A alienação de bem aforado ou gravado por penhor, hipoteca, anticrese ou usufruto será ineficaz em relação ao senhorio direto, ou ao credor pignoratício, hipotecário, anticrético, ou usufrutuário, que não houver sido intimado.

Art. 620. Quando por vários meios o credor puder promover a execução, o juiz mandará que se faça pelo modo menos gravoso para o devedor.

CAPÍTULO II
DA EXECUÇÃO PARA A ENTREGA DE COISA

Seção I
Da Entrega de Coisa Certa

Art. 621. O devedor de obrigação de entrega de coisa certa, constante de título executivo extrajudicial, será citado para, dentro de 10 (dez) dias, satisfazer a obrigação ou, seguro o juízo (art. 737, II), apresentar embargos. *(Redação dada pela Lei n. 10.444, de 7.5.2002)*

Parágrafo único. O juiz, ao despachar a inicial, poderá fixar multa por dia de atraso no cumprimento da obrigação, ficando o respectivo valor sujeito a alteração, caso se revele insuficiente ou excessivo. *(Incluído pela Lei n. 10.444, de 7.5.2002)*

Art. 622. O devedor poderá depositar a coisa, em vez de entregá-la, quando quiser opor embargos. *(Redação dada pela Lei n. 5.925, de 1º.10.1973)*

Art. 623. Depositada a coisa, o exeqüente não poderá levantá-la antes do julgamento dos embargos. *(Redação dada pela Lei n. 8.953, de 13.12.1994)*

Art. 624. Se o executado entregar a coisa, lavrar-se-á o respectivo termo e dar-se-á por finda a execução, salvo se esta tiver de prosseguir para o pagamento de frutos ou ressarcimento de prejuízos. *(Redação dada pela Lei n. 10.444, de 7.5.2002)*

Art. 625. Não sendo a coisa entregue ou depositada, nem admitidos embargos suspensivos da execução, expedir-se-á, em favor do credor, mandado de imissão na posse ou de busca e apreensão, conforme se tratar de imóvel ou de móvel. *(Redação dada pela Lei n. 5.925, de 1º.10.1973)*

Art. 626. Alienada a coisa quando já litigiosa, expedir-se-á mandado contra o terceiro adquirente, que somente será ouvido depois de depositá-la.

Art. 627. O credor tem direito a receber, além de perdas e danos, o valor da coisa, quando esta não lhe for entregue, se deteriorou, não for encontrada ou não for reclamada do poder de terceiro adquirente.

§ 1º Não constando do título o valor da coisa, ou sendo impossível a sua avaliação, o exeqüente far-lhe-á a estimativa, sujeitando-se ao arbitramento judicial. *(Redação dada pela Lei n. 10.444, de 7.5.2002)*

§ 2º Serão apurados em liquidação o valor da coisa e os prejuízos. *(Redação dada pela Lei n. 10.444, de 7.5.2002)*

Art. 628. Havendo benfeitorias indenizáveis feitas na coisa pelo devedor ou por terceiros, de cujo poder ela houver sido tirada, a liquidação prévia é obrigatória. Se houver saldo em favor do devedor, o credor o depositará ao requerer a entrega da coisa; se houver saldo em favor do credor, este poderá cobrá-lo nos autos do mesmo processo.

Seção II
Da Entrega de Coisa Incerta

Art. 629. Quando a execução recair sobre coisas determinadas pelo gênero e quantidade, o devedor será citado para entregá-las individualizadas, se lhe couber a escolha; mas se essa couber ao credor, este a indicará na petição inicial.

Art. 630. Qualquer das partes poderá, em 48 (quarenta e oito) horas, impugnar a escolha feita pela outra, e o juiz decidirá de plano, ou, se necessário, ouvindo perito de sua nomeação.

Art. 631. Aplicar-se-á à execução para entrega de coisa incerta o estatuído na seção anterior.

CAPÍTULO III
DA EXECUÇÃO DAS OBRIGAÇÕES DE FAZER E DE NÃO FAZER

Seção I
Da Obrigação de Fazer

Art. 632. Quando o objeto da execução for obrigação de fazer, o devedor será citado para satisfazê-la no prazo que o juiz lhe assinar, se outro não estiver determinado no título executivo. *(Redação dada pela Lei n. 8.953, de 13.12.1994)*

Art. 633. Se, no prazo fixado, o devedor não satisfizer a obrigação, é lícito ao credor, nos próprios autos do processo, requerer que ela seja executada à custa do devedor, ou haver perdas e danos; caso em que ela se converte em indenização.

Parágrafo único. O valor das perdas e danos será apurado em liquidação, seguindo-se a execução para cobrança de quantia certa.

Art. 634. Se o fato puder ser prestado por terceiro, é lícito ao juiz, a requerimento do exeqüente, decidir que aquele o realize à custa do executado. *(Redação dada pela Lei n. 11.382, de 2006).*

Parágrafo único. O exeqüente adiantará as quantias previstas na proposta que, ouvidas as partes, o juiz houver aprovado. *(Redação dada pela Lei n. 11.382, de 2006).*

Art. 635. Prestado o fato, o juiz ouvirá as partes no prazo de 10 (dez) dias; não havendo impugnação, dará por cumprida a obrigação; em caso contrário, decidirá a impugnação.

Art. 636. Se o contratante não prestar o fato no prazo, ou se o praticar de modo incompleto ou defeituoso, poderá o credor requerer ao juiz, no prazo de 10 (dez) dias, que o autorize a concluí-lo, ou a repará-lo, por conta do contratante.

Parágrafo único. Ouvido o contratante no prazo de 5 (cinco) dias, o juiz mandará avaliar o custo das despesas necessárias e condenará o contratante a pagá-lo.

Art. 637. Se o credor quiser executar, ou mandar executar, sob sua direção e vigilância, as obras e trabalhos necessários à prestação do fato, terá preferência, em igualdade de condições de oferta, ao terceiro.

Parágrafo único. O direito de preferência será exercido no prazo de 5 (cinco) dias, contados da apresentação da proposta pelo terceiro (art. 634, parágrafo único). *(Redação dada pela Lei n. 11.382, de 2006).*

Art. 638. Nas obrigações de fazer, quando for convencionado que o devedor a faça pessoalmente, o credor poderá requerer ao juiz que lhe assine prazo para cumpri-la.

Parágrafo único. Havendo recusa ou mora do devedor, a obrigação pessoal do devedor converter-se-á em perdas e danos, aplicando-se outrossim o disposto no art. 633.

Seção II
Da Obrigação de Não Fazer

Art. 642. Se o devedor praticou o ato, a cuja abstenção estava obrigado pela lei ou pelo contrato, o credor requererá ao juiz que lhe assine prazo para desfazê-lo.

Art. 643. Havendo recusa ou mora do devedor, o credor requererá ao juiz que mande desfazer o ato à sua custa, respondendo o devedor por perdas e danos.

Parágrafo único. Não sendo possível desfazer-se o ato, a obrigação resolve-se em perdas e danos.

Seção III
Das Disposições Comuns às Seções Precedentes

Art. 644. A sentença relativa a obrigação de fazer ou não fazer cumpre-se de acordo com o art. 461, observando-se, subsidiariamente, o disposto neste Capítulo. *(Redação dada pela Lei n. 10.444, de 7.5.2002)*

Art. 645. Na execução de obrigação de fazer ou não fazer, fundada em título extrajudicial, o juiz, ao despachar a inicial, fixará multa por dia de atraso no cumprimento da obrigação e a data a partir da qual será devida. *(Redação dada pela Lei n. 8.953, de 13.12.1994)*

Parágrafo único. Se o valor da multa estiver previsto no título, o juiz poderá reduzi-lo se excessivo. *(Incluído pela Lei n. 8.953, de 13.12.1994)*

CAPÍTULO IV
DA EXECUÇÃO POR QUANTIA CERTA CONTRA DEVEDOR SOLVENTE

Seção I
Da Penhora, da Avaliação e da Expropriação de Bens
(Redação dada pela Lei n. 11.382, de 2006).

Subseção I
Das Disposições Gerais

Art. 646. A execução por quantia certa tem por objeto expropriar bens do devedor, a fim de satisfazer o direito do credor (art. 591).

Art. 647. A expropriação consiste:

I — na adjudicação em favor do exequente ou das pessoas indicadas no § 2º do art. 685-A desta Lei; *(Redação dada pela Lei n. 11.382, de 2006).*

II — na alienação por iniciativa particular; *(Redação dada pela Lei n. 11.382, de 2006).*

III — na alienação em hasta pública; *(Redação dada pela Lei n. 11.382, de 2006).*

IV — no usufruto de bem móvel ou imóvel. *(Incluído pela Lei n. 11.382, de 2006).*

Art. 648. Não estão sujeitos à execução os bens que a lei considera impenhoráveis ou inalienáveis.

Art. 649. São absolutamente impenhoráveis:

I — os bens inalienáveis e os declarados, por ato voluntário, não sujeitos à execução;

II — os móveis, pertences e utilidades domésticas que guarnecem a residência do executado, salvo os de elevado valor ou que ultrapassem as necessidades comuns correspondentes a um médio padrão de vida; *(Redação dada pela Lei n. 11.382, de 2006).*

III — os vestuários, bem como os pertences de uso pessoal do executado, salvo se de elevado valor; *(Redação dada pela Lei n. 11.382, de 2006).*

IV — os vencimentos, subsídios, soldos, salários, remunerações, proventos de aposentadoria, pensões, pecúlios e montepios; as quantias recebidas por liberalidade de terceiro e destinadas ao sustento do devedor e sua família, os ganhos de trabalhador autônomo e os honorários de profissional liberal, observado o disposto no § 3º deste artigo. *(Redação dada pela Lei n. 11.382, de 2006).*

V — os livros, as máquinas, as ferramentas, os utensílios, os instrumentos ou outros bens móveis necessários ou úteis ao exercício de qualquer profissão; *(Redação dada pela Lei n. 11.382, de 2006).*

VI — o seguro de vida; *(Redação dada pela Lei n. 11.382, de 2006).*

VII — os materiais necessários para obras em andamento, salvo se essas forem penhoradas; *(Redação dada pela Lei n. 11.382, de 2006).*

VIII — a pequena propriedade rural, assim definida em lei, desde que trabalhada pela família; *(Redação dada pela Lei n. 11.382, de 2006).*

IX — os recursos públicos recebidos por instituições privadas para aplicação compulsória em educação, saúde ou assistência social; *(Redação dada pela Lei n. 11.382, de 2006).*

X — até o limite de 40 (quarenta) salários mínimos, a quantia depositada em caderneta de poupança. *(Redação dada pela Lei n. 11.382, de 2006).*

XI — os recursos públicos do fundo partidário recebidos, nos termos da lei, por partido político. *(Incluído pela Lei n. 11.694, de 2008)*

§ 1º A impenhorabilidade não é oponível à cobrança do crédito concedido para a aquisição do próprio bem. *(Incluído pela Lei n. 11.382, de 2006).*

§ 2º O disposto no inciso IV do *caput* deste artigo não se aplica no caso de penhora para pagamento de prestação alimentícia. *(Incluído pela Lei n. 11.382, de 2006).*

§ 3º *(VETADO). (Incluído pela Lei n. 11.382, de 2006).*

Art. 650. Podem ser penhorados, à falta de outros bens, os frutos e rendimentos dos bens inalienáveis, salvo se destinados à satisfação de prestação alimentícia. *(Redação dada pela Lei n. 11.382, de 2006).*

Parágrafo único. *(VETADO) (Incluído pela Lei n. 11.382, de 2006).*

Art. 651. Antes de adjudicados ou alienados os bens, pode o executado, a todo tempo, remir a execução, pagando ou consignando a importância atualizada da dívida, mais juros, custas e honorários advocatícios. *(Redação dada pela Lei n. 11.382, de 2006).*

Subseção II
Da Citação do Devedor e da Indicação de Bens
(Redação dada pela Lei n. 11.382, de 2006).

Art. 652. O executado será citado para, no prazo de 3 (três) dias, efetuar o pagamento da dívida. *(Redação dada pela Lei n. 11.382, de 2006).*

§ 1º Não efetuado o pagamento, munido da segunda via do mandado, o oficial de justiça procederá de imediato à penhora de bens e a sua avaliação, lavrando-se o respectivo auto e de tais atos intimando, na mesma oportunidade, o executado. *(Redação dada pela Lei n. 11.382, de 2006).*

§ 2º O credor poderá, na inicial da execução, indicar bens a serem penhorados (art. 655). *(Redação dada pela Lei n. 11.382, de 2006).*

§ 3º O juiz poderá, de ofício ou a requerimento do exeqüente, determinar, a qualquer tempo, a intimação do executado para indicar bens passíveis de penhora. *(Incluído pela Lei n. 11.382, de 2006).*

§ 4º A intimação do executado far-se-á na pessoa de seu advogado; não o tendo, será intimado pessoalmente. *(Incluído pela Lei n. 11.382, de 2006).*

§ 5º Se não localizar o executado para intimá-lo da penhora, o oficial certificará detalhadamente as diligências realizadas, caso em que o juiz poderá dispensar a intimação ou determinará novas diligências. *(Incluído pela Lei n. 11.382, de 2006).*

Art. 652-A. Ao despachar a inicial, o juiz fixará, de plano, os honorários de advogado a serem pagos pelo executado (art. 20, § 4º). *(Incluído pela Lei n. 11.382, de 2006).*

Parágrafo único. No caso de integral pagamento no prazo de 3 (três) dias, a verba honorária será reduzida pela metade. *(Incluído pela Lei n. 11.382, de 2006).*

Art. 653. O oficial de justiça, não encontrando o devedor, arrestar-lhe-á tantos bens quantos bastem para garantir a execução.

Parágrafo único. Nos 10 (dez) dias seguintes à efetivação do arresto, o oficial de justiça procurará o devedor três vezes em dias distintos; não o encontrando, certificará o ocorrido.

Art. 654. Compete ao credor, dentro de 10 (dez) dias, contados da data em que foi intimado do arresto a que se refere o parágrafo único do artigo anterior, requerer a citação por edital do devedor. Findo o prazo do edital, terá o devedor o prazo a que se refere o art. 652, convertendo-se o arresto em penhora em caso de não-pagamento.

Art. 655. A penhora observará, preferencialmente, a seguinte ordem: *(Redação dada pela Lei n. 11.382, de 2006).*

I — dinheiro, em espécie ou em depósito ou aplicação em instituição financeira; *(Redação dada pela Lei n. 11.382, de 2006).*

II — veículos de via terrestre; *(Redação dada pela Lei n. 11.382, de 2006).*

III — bens móveis em geral; *(Redação dada pela Lei n. 11.382, de 2006).*

IV — bens imóveis; *(Redação dada pela Lei n. 11.382, de 2006).*

V — navios e aeronaves; *(Redação dada pela Lei n. 11.382, de 2006).*

VI — ações e quotas de sociedades empresárias; *(Redação dada pela Lei n. 11.382, de 2006).*

VII — percentual do faturamento de empresa devedora; *(Redação dada pela Lei n. 11.382, de 2006).*

VIII — pedras e metais preciosos; *(Redação dada pela Lei n. 11.382, de 2006).*

IX — títulos da dívida pública da União, Estados e Distrito Federal com cotação em mercado; *(Redação dada pela Lei n. 11.382, de 2006).*

X — títulos e valores mobiliários com cotação em mercado; *(Redação dada pela Lei n. 11.382, de 2006).*

XI — outros direitos. *(Incluído pela Lei n. 11.382, de 2006).*

§ 1º Na execução de crédito com garantia hipotecária, pignoratícia ou anticrética, a penhora recairá, preferencialmente, sobre a coisa dada em garantia; se a coisa pertencer a terceiro garantidor, será também esse intimado da penhora. *(Redação dada pela Lei n. 11.382, de 2006).*

§ 2º Recaindo a penhora em bens imóveis, será intimado também o cônjuge do executado. *(Redação dada pela Lei n. 11.382, de 2006).*

Art. 655-A. Para possibilitar a penhora de dinheiro em depósito ou aplicação financeira, o juiz, a requerimento do exeqüente, requisitará à autoridade supervisora do sistema bancário, preferencialmente por meio eletrônico, informações sobre a existência de ativos em nome do executado, podendo no mesmo ato determinar sua indisponibilidade, até o valor indicado na execução. *(Incluído pela Lei n. 11.382, de 2006).*

§ 1º As informações limitar-se-ão à existência ou não de depósito ou aplicação até o valor indicado na execução. *(Incluído pela Lei n. 11.382, de 2006).*

§ 2º Compete ao executado comprovar que as quantias depositadas em conta corrente referem-se à hipótese do inciso IV do *caput* do art. 649 desta Lei ou que estão revestidas de outra forma de impenhorabilidade. *(Incluída pela Lei n. 11.382, de 2006).*

§ 3º Na penhora de percentual do faturamento da empresa executada, será nomeado depositário, com a atribuição de submeter à aprovação judicial a forma de efetivação da constrição, bem como de prestar contas mensalmente, entregando ao exeqüente as quantias recebidas, a fim de serem imputadas no pagamento da dívida. *(Incluído pela Lei n. 11.382, de 2006).*

§ 4º Quando se tratar de execução contra partido político, o juiz, a requerimento do exeqüente, requisitará à autoridade supervisora do sistema bancário, nos termos do que estabelece o *caput* deste artigo, informações sobre a existência de ativos tão-somente em nome do órgão partidário que tenha contraído a dívida executada ou que tenha dado causa a violação de direito ou ao dano, ao qual cabe exclusivamente a responsabilidade pelos atos praticados, de acordo com o disposto no *art. 15-A da Lei n. 9.096, de 19 de setembro de 1995 (Incluído pela Lei n. 11.694, de 2008)*

Art. 655-B. Tratando-se de penhora em bem indivisível, a meação do cônjuge alheio à execução recairá sobre o produto da alienação do bem. *(Incluído pela Lei n. 11.382, de 2006).*

Art. 656. A parte poderá requerer a substituição da penhora: *(Redação dada pela Lei n. 11.382, de 2006).*

I — se não obedecer à ordem legal; *(Redação dada pela Lei n. 11.382, de 2006).*

II — se não incidir sobre os bens designados em lei, contrato ou ato judicial para o pagamento; *(Redação dada pela Lei n. 11.382, de 2006).*

III — se, havendo bens no foro da execução, outros houverem sido penhorados; *(Redação dada pela Lei n. 11.382, de 2006).*

IV — se, havendo bens livres, a penhora houver recaído sobre bens já penhorados ou objeto de gravame; *(Redação dada pela Lei n. 11.382, de 2006).*

V — se incidir sobre bens de baixa liquidez; *(Redação dada pela Lei n. 11.382, de 2006).*

VI — se fracassar a tentativa de alienação judicial do bem; ou *(Redação dada pela Lei n. 11.382, de 2006).*

VII — se o devedor não indicar o valor dos bens ou omitir qualquer das indicações a que se referem os incisos I a IV do parágrafo único do art. 668 desta Lei. *(Incluído pela Lei n. 11.382, de 2006).*

§ 1º É dever do executado (art. 600), no prazo fixado pelo juiz, indicar onde se encontram os bens sujeitos à execução, exibir a prova de sua propriedade e, se for o caso, certidão negativa de ônus, bem como abster-se de qualquer atitude que dificulte ou embarace a realização da penhora (art. 14, parágrafo único). *(Incluído pela Lei n. 11.382, de 2006).*

§ 2º A penhora pode ser substituída por fiança bancária ou seguro garantia judicial, em valor não inferior ao do débito constante da inicial, mais 30% (trinta por cento). *(Incluído pela Lei n. 11.382, de 2006).*

§ 3º O executado somente poderá oferecer bem imóvel em substituição caso o requeira com a expressa anuência do cônjuge. *(Incluído pela Lei n. 11.382, de 2006).*

Art. 657. Ouvida em 3 (três) dias a parte contrária, se os bens inicialmente penhorados (art. 652) forem substituídos por outros, lavrar-se-á o respectivo termo. *(Redação dada pela Lei n. 11.382, de 2006).*

Parágrafo único. O juiz decidirá de plano quaisquer questões suscitadas. *(Redação dada pela Lei n. 11.382, de 2006).*

Art. 658. Se o devedor não tiver bens no foro da causa, far-se-á a execução por carta, penhorando-se, avaliando-se e alienando-se os bens no foro da situação (art. 747).

Subseção III
Da Penhora e do Depósito

Art. 659. A penhora deverá incidir em tantos bens quantos bastem para o pagamento do principal atualizado, juros, custas e honorários advocatícios. *(Redação dada pela Lei n. 11.382, de 2006).*

§ 1º Efetuar-se-á a penhora onde quer que se encontrem os bens, ainda que sob a posse, detenção ou guarda de terceiros. *(Redação dada pela Lei n. 11.382, de 2006).*

§ 2º Não se levará a efeito a penhora, quando evidente que o produto da execução dos bens encontrados será totalmente absorvido pelo pagamento das custas da execução.

§ 3º No caso do parágrafo anterior e bem assim quando não encontrar quaisquer bens penhoráveis, o oficial descreverá na certidão os que guarnecem a residência ou o estabelecimento do devedor.

§ 4º A penhora de bens imóveis realizar-se-á mediante auto ou termo de penhora, cabendo ao exequente, sem prejuízo da imediata intimação do executado (art. 652, § 4º), providenciar, para presunção absoluta de conhecimento por terceiros, a respectiva averbação no ofício imobiliário, mediante a apresentação de certidão de inteiro teor do ato, independentemente de mandado judicial. *(Redação dada pela Lei n. 11.382, de 2006).*

§ 5º Nos casos do § 4º, quando apresentada certidão da respectiva matrícula, a penhora de imóveis, independentemente de onde se localizem, será realizada por termo nos autos, do qual será intimado o executado, pessoalmente ou na pessoa de seu advogado, e por este ato constituído depositário. *(Incluído pela Lei n. 10.444, de 7.5.2002)*

§ 6º Obedecidas as normas de segurança que forem instituídas, sob critérios uniformes, pelos Tribunais, a penhora de numerário e as averbações de penhoras de bens imóveis e móveis podem ser realizadas por meios eletrônicos. *(Incluído pela Lei n. 11.382, de 2006).*

Art. 660. Se o devedor fechar as portas da casa, a fim de obstar a penhora dos bens, o oficial de justiça comunicará o fato ao juiz, solicitando-lhe ordem de arrombamento.

Art. 661. Deferido o pedido mencionado no artigo antecedente, dois oficiais de justiça cumprirão o mandado, arrombando portas, móveis e gavetas, onde presumirem que se achem os bens, e lavrando de tudo auto circunstanciado, que será assinado por duas testemunhas, presentes à diligência.

Art. 662. Sempre que necessário, o juiz requisitará força policial, a fim de auxiliar os oficiais de justiça na penhora dos bens e na prisão de quem resistir à ordem.

Art. 663. Os oficiais de justiça lavrarão em duplicata o auto de resistência, entregando uma via ao escrivão do processo para ser junta aos autos e a outra à autoridade policial, a quem entregarão o preso.

Parágrafo único. Do auto de resistência constará o rol de testemunhas, com a sua qualificação.

Art. 664. Considerar-se-á feita a penhora mediante a apreensão e o depósito dos bens, lavrando-se um só auto se as diligências forem concluídas no mesmo dia.

Parágrafo único. Havendo mais de uma penhora, lavrar-se-á para cada qual um auto.

Art. 665. O auto de penhora conterá:

I — a indicação do dia, mês, ano e lugar em que foi feita;

II — os nomes do credor e do devedor;

III — a descrição dos bens penhorados, com os seus característicos;

IV — a nomeação do depositário dos bens.

Art. 666. Os bens penhorados serão preferencialmente depositados: *(Redação dada pela Lei n. 11.382, de 2006).*

I — no Banco do Brasil, na Caixa Econômica Federal, ou em um banco, de que o Estado-Membro da União possua mais de metade do capital social integralizado; ou, em falta de tais estabelecimentos de crédito, ou agências suas no lugar, em qualquer estabelecimento de crédito, designado pelo juiz, as quantias em dinheiro, as pedras e os metais preciosos, bem como os papéis de crédito;

II — em poder do depositário judicial, os móveis e os imóveis urbanos;

III — em mãos de depositário particular, os demais bens. *(Redação dada pela Lei n. 11.382, de 2006).*

§ 1º Com a expressa anuência do exeqüente ou nos casos de difícil remoção, os bens poderão ser depositados em poder do executado. *(Incluído pela Lei n. 11.382, de 2006).*

§ 2º As jóias, pedras e objetos preciosos deverão ser depositados com registro do valor estimado de resgate. *(Incluído pela Lei n. 11.382, de 2006).*

§ 3º A prisão de depositário judicial infiel será decretada no próprio processo, independentemente de ação de depósito. *(Incluído pela Lei n. 11.382, de 2006).*

Art. 667. Não se procede à segunda penhora, salvo se:

I — a primeira for anulada;

II — executados os bens, o produto da alienação não bastar para o pagamento do credor;

III — o credor desistir da primeira penhora, por serem litigiosos os bens, ou por estarem penhorados, arrestados ou onerados.

Art. 668. O executado pode, no prazo de 10 (dez) dias após intimado da penhora, requerer a substituição do bem penhorado, desde que comprove cabalmente que a substituição não trará prejuízo algum ao exequente e será menos onerosa para ele devedor (art. 17, incisos IV e VI, e art. 620). *(Redação dada pela Lei n. 11.382, de 2006).*

Parágrafo único. Na hipótese prevista neste artigo, ao executado incumbe: *(Incluído pela Lei n. 11.382, de 2006).*

I — quanto aos bens imóveis, indicar as respectivas matrículas e registros, situá-los e mencionar as divisas e confrontações; *(Incluído pela Lei n. 11.382, de 2006).*

II — quanto aos móveis, particularizar o estado e o lugar em que se encontram; *(Incluído pela Lei n. 11.382, de 2006).*

III — quanto aos semoventes, especificá-los, indicando o número de cabeças e o imóvel em que se encontram; *(Incluído pela Lei n. 11.382, de 2006).*

IV — quanto aos créditos, identificar o devedor e qualificá-lo, descrevendo a origem da dívida, o título que a representa e a data do vencimento; e *(Incluído pela Lei n. 11.382, de 2006).*

V — atribuir valor aos bens indicados à penhora. *(Incluído pela Lei n. 11.382, de 2006).*

Art. 670. O juiz autorizará a alienação antecipada dos bens penhorados quando:

I — sujeitos a deterioração ou depreciação;

II — houver manifesta vantagem.

Parágrafo único. Quando uma das partes requerer a alienação antecipada dos bens penhorados, o juiz ouvirá sempre a outra antes de decidir.

Subseção IV
Da Penhora de Créditos e de Outros Direitos Patrimoniais

Art. 671. Quando a penhora recair em crédito do devedor, o oficial de justiça o penhorará. Enquanto não ocorrer a hipótese prevista no artigo seguinte, considerar-se-á feita a penhora pela intimação: *(Redação dada pela Lei n. 5.925, de 1º.10.1973)*

I — ao terceiro devedor para que não pague ao seu credor; *(Redação dada pela Lei n. 5.925, de 1º.10.1973)*

II — ao credor do terceiro para que não pratique ato de disposição do crédito. *(Redação dada pela Lei n. 5.925, de 1º.10.1973)*

Art. 672. A penhora de crédito, representada por letra de câmbio, nota promissória, duplicata, cheque ou outros títulos, far-se-á pela apreensão do documento, esteja ou não em poder do devedor.

§ 1º Se o título não for apreendido, mas o terceiro confessar a dívida, será havido como depositário da importância.

§ 2º O terceiro só se exonerará da obrigação, depositando em juízo a importância da dívida.

§ 3º Se o terceiro negar o débito em conluio com o devedor, a quitação, que este lhe der, considerar-se-á em fraude de execução.

§ 4º A requerimento do credor, o juiz determinará o comparecimento, em audiência especialmente designada, do devedor e do terceiro, a fim de lhes tomar os depoimentos.

Art. 673. Feita a penhora em direito e ação do devedor, e não tendo este oferecido embargos, ou sendo estes rejeitados, o credor fica sub-rogado nos direitos do devedor até a concorrência do seu crédito.

§ 1º O credor pode preferir, em vez da sub-rogação, a alienação judicial do direito penhorado, caso em que declarará a sua vontade no prazo de 10 (dez) dias contados da realização da penhora.

§ 2º A sub-rogação não impede ao sub-rogado, se não receber o crédito do devedor, de prosseguir na execução, nos mesmos autos, penhorando outros bens do devedor.

Art. 674. Quando o direito estiver sendo pleiteado em juízo, averbar-se-á no rosto dos autos a penhora, que recair nele e na ação que lhe corresponder, a fim de se efetivar nos bens, que forem adjudicados ou vierem a caber ao devedor.

Art. 675. Quando a penhora recair sobre dívidas de dinheiro a juros, de direito a rendas, ou de prestações periódicas, o credor poderá levantar os juros, os rendimentos ou as prestações à medida que forem sendo depositadas, abatendo-se do crédito as importâncias recebidas, conforme as regras da imputação em pagamento.

Art. 676. Recaindo a penhora sobre direito, que tenha por objeto prestação ou restituição de coisa determinada, o devedor será intimado para, no vencimento, depositá-la, correndo sobre ela a execução.

Subseção V
Da Penhora, do Depósito e da Administração de Empresa e de Outros Estabelecimentos

Art. 677. Quando a penhora recair em estabelecimento comercial, industrial ou agrícola, bem como em semoventes, plantações ou edifício em construção, o juiz nomeará um depositário, determinando-lhe que apresente em 10 (dez) dias a forma de administração.

§ 1º Ouvidas as partes, o juiz decidirá.

§ 2º É lícito, porém, às partes ajustarem a forma de administração, escolhendo o depositário; caso em que o juiz homologará por despacho a indicação.

Art. 678. A penhora de empresa, que funcione mediante concessão ou autorização, far-se-á, conforme o valor do crédito, sobre a renda, sobre determinados bens ou sobre todo o patrimônio, nomeando o juiz como depositário, de preferência, um dos seus diretores.

Parágrafo único. Quando a penhora recair sobre a renda, ou sobre determinados bens, o depositário apresentará a forma de administração e o esquema de pagamento observando-se, quanto ao mais, o disposto nos arts. 716 a 720; recaindo, porém, sobre todo o patrimônio, prosseguirá a execução os seus ulteriores termos, ouvindo-se, antes da arrematação ou da adjudicação, o poder público, que houver outorgado a concessão.

Art. 679. A penhora sobre navio ou aeronave não obsta a que continue navegando ou operando até a alienação; mas o juiz, ao conceder a autorização para navegar ou operar, não permitirá que saia do porto ou aeroporto antes que o devedor faça o seguro usual contra riscos.

Subseção VI
Da Avaliação

Art. 680. A avaliação será feita pelo oficial de justiça (art. 652), ressalvada a aceitação do valor estimado pelo executado

(art. 668, parágrafo único, inciso V); caso sejam necessários conhecimentos especializados, o juiz nomeará avaliador, fixando-lhe prazo não superior a 10 (dez) dias para entrega do laudo. *(Redação dada pela Lei n. 11.382, de 2006).*

Art. 681. O laudo da avaliação integrará o auto de penhora ou, em caso de perícia (art. 680), será apresentado no prazo fixado pelo juiz, devendo conter: *(Redação dada pela Lei n. 11.382, de 2006).*

I — a descrição dos bens, com os seus característicos, e a indicação do estado em que se encontram;

II — o valor dos bens.

Parágrafo único. Quando o imóvel for suscetível de cômoda divisão, o avaliador, tendo em conta o crédito reclamado, o avaliará em partes, sugerindo os possíveis desmembramentos. *(Redação dada pela Lei n. 11.382, de 2006).*

Art. 682. O valor dos títulos da dívida pública, das ações das sociedades e dos títulos de crédito negociáveis em bolsa será o da cotação oficial do dia, provada por certidão ou publicação no órgão oficial.

Art. 683. É admitida nova avaliação quando: *(Redação dada pela Lei n. 11.382, de 2006).*

I — qualquer das partes argüir, fundamentadamente, a ocorrência de erro na avaliação ou dolo do avaliador; *(Redação dada pela Lei n. 11.382, de 2006).*

II — se verificar, posteriormente à avaliação, que houve majoração ou diminuição no valor do bem; ou *(Redação dada pela Lei n. 11.382, de 2006).*

III — houver fundada dúvida sobre o valor atribuído ao bem (art. 668, parágrafo único, inciso V). *(Redação dada pela Lei n. 11.382, de 2006).*

Art. 684. Não se procederá à avaliação se:

I — o exeqüente aceitar a estimativa feita pelo executado (art. 668, parágrafo único, inciso V); *(Redação dada pela Lei n. 11.382, de 2006).*

II — se tratar de títulos ou de mercadorias, que tenham cotação em bolsa, comprovada por certidão ou publicação oficial;

Art. 685. Após a avaliação, poderá mandar o juiz, a requerimento do interessado e ouvida a parte contrária:

I — reduzir a penhora aos bens suficientes, ou transferi-la para outros, que bastem à execução, se o valor dos penhorados for consideravelmente superior ao crédito do exeqüente e acessórios;

II — ampliar a penhora, ou transferi-la para outros bens mais valiosos, se o valor dos penhorados for inferior ao referido crédito.

Parágrafo único. Uma vez cumpridas essas providências, o juiz dará início aos atos de expropriação de bens. *(Redação dada pela Lei n. 11.382, de 2006).*

Subseção VI-A
Da Adjudicação
(Incluído pela Lei n. 11.382, de 2006).

Art. 685-A. É lícito ao exeqüente, oferecendo preço não inferior ao da avaliação, requerer lhe sejam adjudicados os bens penhorados. *(Incluído pela Lei n. 11.382, de 2006).*

§ 1º Se o valor do crédito for inferior ao dos bens, o adjudicante depositará de imediato a diferença, ficando esta à disposição do executado; se superior, a execução prosseguirá pelo saldo remanescente. *(Incluído pela Lei n. 11.382, de 2006).*

§ 2º Idêntico direito pode ser exercido pelo credor com garantia real, pelos credores concorrentes que hajam penhorado o mesmo bem, pelo cônjuge, pelos descendentes ou ascendentes do executado. *(Incluído pela Lei n. 11.382, de 2006).*

§ 3º Havendo mais de um pretendente, proceder-se-á entre eles à licitação; em igualdade de oferta, terá preferência o cônjuge, descendente ou ascendente, nessa ordem. *(Incluído pela Lei n. 11.382, de 2006).*

§ 4º No caso de penhora de quota, procedida por exeqüente alheio à sociedade, esta será intimada, assegurando preferência aos sócios. *(Incluído pela Lei n. 11.382, de 2006).*

§ 5º Decididas eventuais questões, o juiz mandará lavrar o auto de adjudicação. *(Incluído pela Lei n. 11.382, de 2006).*

Art. 685-B. A adjudicação considera-se perfeita e acabada com a lavratura e assinatura do auto pelo juiz, pelo adjudicante, pelo escrivão e, se for presente, pelo executado, expedindo-se a respectiva carta, se bem imóvel, ou mandado de entrega ao adjudicante, se bem móvel. *(Incluído pela Lei n. 11.382, de 2006).*

Parágrafo único. A carta de adjudicação conterá a descrição do imóvel, com remissão a sua matrícula e registros, a cópia do auto de adjudicação e a prova de quitação do imposto de transmissão. *(Incluído pela Lei n. 11.382, de 2006).*

Subseção VI-B
Da Alienação por Iniciativa Particular
(Incluído pela Lei n. 11.382, de 2006).

Art. 685-C. Não realizada a adjudicação dos bens penhorados, o exeqüente poderá requerer sejam eles alienados por sua própria iniciativa ou por intermédio de corretor credenciado perante a autoridade judiciária. *(Incluído pela Lei n. 11.382, de 2006).*

§ 1º O juiz fixará o prazo em que a alienação deve ser efetivada, a forma de publicidade, o preço mínimo (art. 680), as condições de pagamento e as garantias, bem como, se for o caso, a comissão de corretagem. *(Incluído pela Lei n. 11.382, de 2006).*

§ 2º A alienação será formalizada por termo nos autos, assinado pelo juiz, pelo exeqüente, pelo adquirente e, se for presente, pelo executado, expedindo-se carta de alienação do imóvel para o devido registro imobiliário, ou, se bem móvel, mandado de entrega ao adquirente. *(Incluído pela Lei n. 11.382, de 2006).*

§ 3º Os Tribunais poderão expedir provimentos detalhando o procedimento da alienação prevista neste artigo, inclusive com o concurso de meios eletrônicos, e dispondo sobre o credenciamento dos corretores, os quais deverão estar em exercício profissional por não menos de 5 (cinco) anos. *(Incluído pela Lei n. 11.382, de 2006).*

Subseção VII
Da Alienação em Hasta Pública
(Redação dada pela Lei n. 11.382, de 2006).

Art. 686. Não requerida a adjudicação e não realizada a alienação particular do bem penhorado, será expedido o edital de hasta pública, que conterá: *(Redação dada pela Lei n. 11.382, de 2006).*

I — a descrição do bem penhorado, com suas características e, tratando-se de imóvel, a situação e divisas, com remissão à matrícula e aos registros; *(Redação dada pela Lei n. 11.382, de 2006).*

II — o valor do bem; *(Redação dada pela Lei n. 5.925, de 1º.10.1973)*

III — o lugar onde estiverem os móveis, veículos e semoventes; e, sendo direito e ação, os autos do processo, em que foram penhorados; *(Redação dada pela Lei n. 5.925, de 1º.10.1973)*

IV — o dia e a hora de realização da praça, se bem imóvel, ou o local, dia e hora de realização do leilão, se bem móvel; *(Redação dada pela Lei n. 11.382, de 2006).*

V — menção da existência de ônus, recurso ou causa pendente sobre os bens a serem arrematados; *(Redação dada pela Lei n. 8.953, de 13.12.1994)*

VI — a comunicação de que, se o bem não alcançar lanço superior à importância da avaliação, seguir-se-á, em dia e hora que forem desde logo designados entre os dez e os vinte dias seguintes, a sua alienação pelo maior lanço (art. 692). *(Redação dada pela Lei n. 8.953, de 13.12.1994)*

§ 1º No caso do art. 684, II, constará do edital o valor da última cotação anterior à expedição deste. *(Redação dada pela Lei n. 5.925, de 1º.10.1973)*

§ 2º A praça realizar-se-á no átrio do edifício do Fórum; o leilão, onde estiverem os bens, ou no lugar designado pelo juiz. *(Redação dada pela Lei n. 5.925, de 1º.10.1973)*

§ 3º Quando o valor dos bens penhorados não exceder 60 (sessenta) vezes o valor do salário mínimo vigente na data da avaliação, será dispensada a publicação de editais; nesse caso, o preço da arrematação não será inferior ao da avaliação. *(Redação dada pela Lei n. 11.382, de 2006).*

Art. 687. O edital será afixado no local do costume e publicado, em resumo, com antecedência mínima de 5 (cinco) dias, pelo menos uma vez em jornal de ampla circulação local. *(Redação dada pela Lei n. 8.953, de 13.12.1994)*

§ 1º A publicação do edital será feita no órgão oficial, quando o credor for beneficiário da justiça gratuita. *(Redação dada pela Lei n. 8.953, de 13.12.1994)*

§ 2º Atendendo ao valor dos bens e às condições da comarca, o juiz poderá alterar a forma e a freqüência da publicidade na imprensa, mandar divulgar avisos em emissora local e adotar outras providências tendentes a mais ampla publicidade da alienação, inclusive recorrendo a meios eletrônicos de divulgação. *(Redação dada pela Lei n. 11.382, de 2006).*

§ 3º Os editais de praça serão divulgados pela imprensa preferencialmente na seção ou local reservado à publicidade de negócios imobiliários. *(Redação dada pela Lei n. 8.953, de 13.12.1994)*

§ 4º O juiz poderá determinar a reunião de publicações em listas referentes a mais de uma execução. *(Incluído pela Lei n. 8.953, de 13.12.1994)*

§ 5º O executado terá ciência do dia, hora e local da alienação judicial por intermédio de seu advogado ou, se não tiver procurador constituído nos autos, por meio de mandado, carta registrada, edital ou outro meio idôneo. *(Redação dada pela Lei n. 11.382, de 2006).*

Art. 688. Não se realizando, por motivo justo, a praça ou o leilão, o juiz mandará publicar pela imprensa local e no órgão oficial a transferência.

Parágrafo único. O escrivão, o porteiro ou o leiloeiro, que culposamente der causa à transferência, responde pelas despesas da nova publicação, podendo o juiz aplicar-lhe a pena de suspensão por 5 (cinco) a 30 (trinta) dias.

Art. 689. Sobrevindo a noite, prosseguirá a praça ou o leilão no dia útil imediato, à mesma hora em que teve início, independentemente de novo edital.

Art. 689-A. O procedimento previsto nos arts. 686 a 689 poderá ser substituído, a requerimento do exeqüente, por alienação realizada por meio da rede mundial de computadores, com uso de páginas virtuais criadas pelos Tribunais ou por entidades públicas ou privadas em convênio com eles firmado. *(Incluído pela Lei n. 11.382, de 2006).*

Parágrafo único. O Conselho da Justiça Federal e os Tribunais de Justiça, no âmbito das suas respectivas competências, regulamentarão esta modalidade de alienação, atendendo aos requisitos de ampla publicidade, autenticidade e segurança, com observância das regras estabelecidas na legislação sobre certificação digital. *(Incluído pela Lei n. 11.382, de 2006).*

Art. 690. A arrematação far-se-á mediante o pagamento imediato do preço pelo arrematante ou, no prazo de até 15 (quinze) dias, mediante caução. *(Redação dada pela Lei n. 11.382, de 2006).*

§ 1º Tratando-se de bem imóvel, quem estiver interessado em adquiri-lo em prestações poderá apresentar por escrito sua proposta, nunca inferior à avaliação, com oferta de pelo menos 30% (trinta por cento) à vista, sendo o restante garantido por hipoteca sobre o próprio imóvel. *(Redação dada pela Lei n. 11.382, de 2006).*

§ 2º As propostas para aquisição em prestações, que serão juntadas aos autos, indicarão o prazo, a modalidade e as condições de pagamento do saldo. *(Redação dada pela Lei n. 11.382, de 2006).*

§ 3º O juiz decidirá por ocasião da praça, dando o bem por arrematado pelo apresentante do melhor lanço ou proposta mais conveniente. *(Incluído pela Lei n. 11.382, de 2006).*

§ 4º No caso de arrematação a prazo, os pagamentos feitos pelo arrematante pertencerão ao exeqüente até o limite de seu crédito, e os subseqüentes ao executado. *(Incluído pela Lei n. 11.382, de 2006).*

Art. 690-A. É admitido a lançar todo aquele que estiver na livre administração de seus bens, com exceção: *(Incluído pela Lei n. 11.382, de 2006).*

I — dos tutores, curadores, testamenteiros, administradores, síndicos ou liquidantes, quanto aos bens confiados a sua guarda e responsabilidade; *(Incluído pela Lei n. 11.382, de 2006).*

II — dos mandatários, quanto aos bens de cuja administração ou alienação estejam encarregados; *(Incluído pela Lei n. 11.382, de 2006).*

III — do juiz, membro do Ministério Público e da Defensoria Pública, escrivão e demais servidores e auxiliares da Justiça. *(Incluído pela Lei n. 11.382, de 2006).*

Parágrafo único. O exeqüente, se vier a arrematar os bens, não estará obrigado a exibir o preço; mas, se o valor dos bens exceder o seu crédito, depositará, dentro de 3 (três) dias, a diferença, sob pena de ser tornada sem efeito a arrematação e, neste caso, os bens serão levados a nova praça ou leilão à custa do exeqüente. *(Incluído pela Lei n. 11.382, de 2006).*

Art. 691. Se a praça ou o leilão for de diversos bens e houver mais de um lançador, será preferido aquele que se propuser a arrematá-los englobadamente, oferecendo para os que não tiverem licitante preço igual ao da avaliação e para os demais o de maior lanço.

Art. 692. Não será aceito lanço que, em segunda praça ou leilão, ofereça preço vil. *(Redação dada pela Lei n. 8.953, de 13.12.1994)*

Parágrafo único. Será suspensa a arrematação logo que o produto da alienação dos bens bastar para o pagamento do credor. *(Incluído pela Lei n. 8.953, de 13.12.1994)*

CÓDIGO DE PROCESSO CIVIL/1973

Art. 693. A arrematação constará de auto que será lavrado de imediato, nele mencionadas as condições pelas quais foi alienado o bem. *(Redação dada pela Lei n. 11.382, de 2006).*

Parágrafo único. A ordem de entrega do bem móvel ou a carta de arrematação do bem imóvel será expedida depois de efetuado o depósito ou prestadas as garantias pelo arrematante. *(Incluído pela Lei n. 11.382, de 2006).*

Art. 694. Assinado o auto pelo juiz, pelo arrematante e pelo serventuário da justiça ou leiloeiro, a arrematação considerar-se-á perfeita, acabada e irretratável, ainda que venham a ser julgados procedentes os embargos do executado. *(Redação dada pela Lei n. 11.382, de 2006).*

§ 1º A arrematação poderá, no entanto, ser tornada sem efeito: *(Renumerado com alteração do parágrafo único, pela Lei n. 11.382, de 2006).*

I — por vício de nulidade; *(Redação dada pela Lei n. 11.382, de 2006).*

II — se não for pago o preço ou se não for prestada a caução; *(Redação dada pela Lei n. 11.382, de 2006).*

III — quando o arrematante provar, nos 5 (cinco) dias seguintes, a existência de ônus real ou de gravame (art. 686, inciso V) não mencionado no edital; *(Redação dada pela Lei n. 11.382, de 2006).*

IV — a requerimento do arrematante, na hipótese de embargos à arrematação (art. 746, §§ 1º e 2º); *(Redação dada pela Lei n. 11.382, de 2006).*

V — quando realizada por preço vil (art. 692); *(Incluído pela Lei n. 11.382, de 2006).*

VI — nos casos previstos neste Código (art. 698). *(Incluído pela Lei n. 11.382, de 2006).*

§ 2º No caso de procedência dos embargos, o executado terá direito a haver do exeqüente o valor por este recebido como produto da arrematação; caso inferior ao valor do bem, haverá do exeqüente também a diferença. *(Incluído pela Lei n. 11.382, de 2006).*

Art. 695. Se o arrematante ou seu fiador não pagar o preço no prazo estabelecido, o juiz impor-lhe-á, em favor do exequente, a perda da caução, voltando os bens a nova praça ou leilão, dos quais não serão admitidos a participar o arrematante e o fiador remissos. *(Redação dada pela Lei n. 11.382, de 2006).*

Art. 696. O fiador do arrematante, que pagar o valor do lanço e a multa, poderá requerer que a arrematação lhe seja transferida.

Art. 698. Não se efetuará a adjudicação ou alienação de bem do executado sem que da execução seja cientificado, por qualquer modo idôneo e com pelo menos 10 (dez) dias de antecedência, o senhorio direto, o credor com garantia real ou com penhora anteriormente averbada, que não seja de qualquer modo parte na execução. *(Redação dada pela Lei n. 11.382, de 2006).*

Art. 699. *(Revogado pela Lei n. 11.382, de 2006)*

Art. 700. *(Revogado pela Lei n. 11.382, de 2006)*

Art. 701. Quando o imóvel de incapaz não alcançar em praça pelo menos 80% (oitenta por cento) do valor da avaliação, o juiz o confiará à guarda e administração de depositário idôneo, adiando a alienação por prazo não superior a 1(um) ano.

§ 1º Se, durante o adiamento, algum pretendente assegurar, mediante caução idônea, o preço da avaliação, o juiz ordenará a alienação em praça.

§ 2º Se o pretendente à arrematação se arrepender, o juiz lhe imporá a multa de 20% (vinte por cento) sobre o valor da avaliação, em benefício do incapaz, valendo a decisão como título executivo.

§ 3º Sem prejuízo do disposto nos dois parágrafos antecedentes, o juiz poderá autorizar a locação do imóvel no prazo do adiamento.

§ 4º Findo o prazo do adiamento, o imóvel será alienado, na forma prevista no art. 686, VI.

Art. 702. Quando o imóvel admitir cômoda divisão, o juiz, a requerimento do devedor, ordenará a alienação judicial de parte dele, desde que suficiente para pagar o credor.

Parágrafo único. Não havendo lançador, far-se-á a alienação do imóvel em sua integridade.

Art. 703. A carta de arrematação conterá: *(Redação dada pela Lei n. 5.925, de 1º.10.1973)*

I — a descrição do imóvel, com remissão à sua matrícula e registros; *(Redação dada pela Lei n. 11.382, de 2006).*

II — a cópia do auto de arrematação; e *(Redação dada pela Lei n. 11.382, de 2006).*

III — a prova de quitação do imposto de transmissão. *(Redação dada pela Lei n. 11.382, de 2006).*

Art. 704. Ressalvados os casos de alienação de bens imóveis e aqueles de atribuição de corretores da Bolsa de Valores, todos os demais bens serão alienados em leilão público. *(Redação dada pela Lei n. 11.382, de 2006).*

Art. 705. Cumpre ao leiloeiro:

I — publicar o edital, anunciando a alienação;

II — realizar o leilão onde se encontrem os bens, ou no lugar designado pelo juiz;

III — expor aos pretendentes os bens ou as amostras das mercadorias;

IV — receber do arrematante a comissão estabelecida em lei ou arbitrada pelo juiz;

V — receber e depositar, dentro em 24 (vinte e quatro) horas, à ordem do juiz, o produto da alienação;

VI — prestar contas nas 48 (quarenta e oito) horas subseqüentes ao depósito.

Art. 706. O leiloeiro público será indicado pelo exeqüente. *(Redação dada pela Lei n. 11.382, de 2006).*

Art. 707. Efetuado o leilão, lavrar-se-á o auto, que poderá abranger bens penhorados em mais de uma execução, expedindo-se, se necessário, ordem judicial de entrega ao arrematante. *(Redação dada pela Lei n. 11.382, de 2006).*

Seção II
Do Pagamento ao Credor

Subseção I
Das Disposições Gerais

Art. 708. O pagamento ao credor far-se-á:

I — pela entrega do dinheiro;

II — pela adjudicação dos bens penhorados;

III — pelo usufruto de bem imóvel ou de empresa.

Subseção II
Da Entrega do Dinheiro

Art. 709. O juiz autorizará que o credor levante, até a satisfação integral de seu crédito, o dinheiro depositado para segurar o juízo ou o produto dos bens alienados quando:

I — a execução for movida só a benefício do credor singular, a quem, por força da penhora, cabe o direito de preferência sobre os bens penhorados e alienados;

II — não houver sobre os bens alienados qualquer outro privilégio ou preferência, instituído anteriormente à penhora.

Parágrafo único. Ao receber o mandado de levantamento, o credor dará ao devedor, por termo nos autos, quitação da quantia paga.

Art. 710. Estando o credor pago do principal, juros, custas e honorários, a importância que sobejar será restituída ao devedor.

Art. 711. Concorrendo vários credores, o dinheiro ser-lhes-á distribuído e entregue consoante a ordem das respectivas prelações; não havendo título legal à preferência, receberá em primeiro lugar o credor que promoveu a execução, cabendo aos demais concorrentes direito sobre a importância restante, observada a anterioridade de cada penhora.

Art. 712. Os credores formularão as suas pretensões, requerendo as provas que irão produzir em audiência; mas a disputa entre eles versará unicamente sobre o direito de preferência e a anterioridade da penhora.

Art. 713. Findo o debate, o juiz decidirá. *(Redação dada pela Lei n. 11.382, de 2006).*

Art. 714. *(Revogado pela Lei n. 11.382, de 2006)*

Art. 715. *(Revogado pela Lei n. 11.382, de 2006)*

Subseção IV
Do Usufruto de Móvel ou Imóvel
(Redação dada pela Lei n. 11.382, de 2006).

Art. 716. O juiz pode conceder ao exeqüente o usufruto de móvel ou imóvel, quando o reputar menos gravoso ao executado e eficiente para o recebimento do crédito. *(Redação dada pela Lei n. 11.382, de 2006).*

Art. 717. Decretado o usufruto, perde o executado o gozo do móvel ou imóvel, até que o exeqüente seja pago do principal, juros, custas e honorários advocatícios. *(Redação dada pela Lei n. 11.382, de 2006).*

Art. 718. O usufruto tem eficácia, assim em relação ao executado como a terceiros, a partir da publicação da decisão que o conceda. *(Redação dada pela Lei n. 11.382, de 2006).*

Art. 719. Na sentença, o juiz nomeará administrador que será investido de todos os poderes que concernem ao usufrutuário.

Parágrafo único. Pode ser administrador:

I — o credor, consentindo o devedor;

II — o devedor, consentindo o credor.

Art. 720. Quando o usufruto recair sobre o quinhão do condômino na co-propriedade, o administrador exercerá os direitos que cabiam ao executado. *(Redação dada pela Lei n. 11.382, de 2006).*

Art. 721. É lícito ao credor, antes da realização da praça, requerer-lhe seja atribuído, em pagamento do crédito, o usufruto do imóvel penhorado.

Art. 722. Ouvido o executado, o juiz nomeará perito para avaliar os frutos e rendimentos do bem e calcular o tempo necessário para o pagamento da dívida. *(Redação dada pela Lei n. 11.382, de 2006).*

§ 1º Após a manifestação das partes sobre o laudo, proferirá o juiz decisão; caso deferido o usufruto de imóvel, ordenará a expedição de carta para averbação no respectivo registro. *(Redação dada pela Lei n. 11.382, de 2006).*

§ 2º Constarão da carta a identificação do imóvel e cópias do laudo e da decisão. *(Redação dada pela Lei n. 11.382, de 2006).*

Art. 723. Se o imóvel estiver arrendado, o inquilino pagará o aluguel diretamente ao usufrutuário, salvo se houver administrador.

Art. 724. O exeqüente usufrutuário poderá celebrar locação do móvel ou imóvel, ouvido o executado. *(Redação dada pela Lei n. 11.382, de 2006).*

Parágrafo único. Havendo discordância, o juiz decidirá a melhor forma de exercício do usufruto. *(Incluído pela Lei n. 11.382, de 2006).*

Seção III
Da Execução Contra a Fazenda Pública

Art. 730. Na execução por quantia certa contra a Fazenda Pública, citar-se-á a devedora para opor embargos em 10 (dez) dias; se esta não os opuser, no prazo legal, observar-se-ão as seguintes regras: *(Vide Lei n. 8.213, de 1991) (Vide Lei n. 9.469, de 1997) (Vide Lei n. 9.494, de 1997)*

I — o juiz requisitará o pagamento por intermédio do presidente do tribunal competente;

II — far-se-á o pagamento na ordem de apresentação do precatório e à conta do respectivo crédito.

Art. 731. Se o credor for preterido no seu direito de preferência, o presidente do tribunal, que expediu a ordem, poderá, depois de ouvido o chefe do Ministério Público, ordenar o seqüestro da quantia necessária para satisfazer o débito.

CAPÍTULO V
DA EXECUÇÃO DE PRESTAÇÃO ALIMENTÍCIA

Art. 732. A execução de sentença, que condena ao pagamento de prestação alimentícia, far-se-á conforme o disposto no Capítulo IV deste Título.

Parágrafo único. Recaindo a penhora em dinheiro, o oferecimento de embargos não obsta a que o exequente levante mensalmente a importância da prestação.

Art. 733. Na execução de sentença ou de decisão, que fixa os alimentos provisionais, o juiz mandará citar o devedor para, em 3 (três) dias, efetuar o pagamento, provar que o fez ou justificar a impossibilidade de efetuá-lo.

§ 1º Se o devedor não pagar, nem se escusar, o juiz decretar-lhe-á a prisão pelo prazo de 1 (um) a 3 (três) meses.

§ 2º O cumprimento da pena não exime o devedor do pagamento das prestações vencidas e vincendas. *(Redação dada pela Lei n. 6.515, de 26.12.1977)*

§ 3º Paga a prestação alimentícia, o juiz suspenderá o cumprimento da ordem de prisão.

Art. 734. Quando o devedor for funcionário público, militar, diretor ou gerente de empresa, bem como empregado sujeito à legislação do trabalho, o juiz mandará descontar

em folha de pagamento a importância da prestação alimentícia.

Parágrafo único. A comunicação será feita à autoridade, à empresa ou ao empregador por ofício, de que constarão os nomes do credor, do devedor, a importância da prestação e o tempo de sua duração.

Art. 735. Se o devedor não pagar os alimentos provisionais a que foi condenado, pode o credor promover a execução da sentença, observando-se o procedimento estabelecido no Capítulo IV deste Título.

TÍTULO III
DOS EMBARGOS DO DEVEDOR

CAPÍTULO I
DAS DISPOSIÇÕES GERAIS

Art. 736. O executado, independentemente de penhora, depósito ou caução, poderá opor-se à execução por meio de embargos. *(Redação dada pela Lei n. 11.382, de 2006).*

Parágrafo único. Os embargos à execução serão distribuídos por dependência, autuados em apartado e instruídos com cópias das peças processuais relevantes, que poderão ser declaradas autênticas pelo advogado, sob sua responsabilidade pessoal. *(Redação dada pela Lei n. 12.322, de 2010)*

Art. 738. Os embargos serão oferecidos no prazo de 15 (quinze) dias, contados da data da juntada aos autos do mandado de citação. *(Redação dada pela Lei n. 11.382, de 2006).*

§ 1º Quando houver mais de um executado, o prazo para cada um deles embargar conta-se a partir da juntada do respectivo mandado citatório, salvo tratando-se de cônjuges. *(Incluído pela Lei n. 11.382, de 2006).*

§ 2º Nas execuções por carta precatória, a citação do executado será imediatamente comunicada pelo juiz deprecado ao juiz deprecante, inclusive por meios eletrônicos, contando-se o prazo para embargos a partir da juntada aos autos de tal comunicação. *(Incluído pela Lei n. 11.382, de 2006).*

§ 3º Aos embargos do executado não se aplica o disposto no art. 191 desta Lei. *(Incluído pela Lei n. 11.382, de 2006).*

Art. 739. O juiz rejeitará liminarmente os embargos:

I — quando intempestivos; *(Redação dada pela Lei n. 11.382, de 2006).*

II — quando inepta a petição (art. 295); ou *(Redação dada pela Lei n. 11.382, de 2006).*

III — quando manifestamente protelatórios. *(Redação dada pela Lei n. 11.382, de 2006).*

Art. 739-A. Os embargos do executado não terão efeito suspensivo. *(Incluído pela Lei n. 11.382, de 2006).*

§ 1º O juiz poderá, a requerimento do embargante, atribuir efeito suspensivo aos embargos quando, sendo relevantes seus fundamentos, o prosseguimento da execução manifestamente possa causar ao executado grave dano de difícil ou incerta reparação, e desde que a execução já esteja garantida por penhora, depósito ou caução suficientes. *(Incluído pela Lei n. 11.382, de 2006).*

§ 2º A decisão relativa aos efeitos dos embargos poderá, a requerimento da parte, ser modificada ou revogada a qualquer tempo, em decisão fundamentada, cessando as circunstâncias que a motivaram. *(Incluído pela Lei n. 11.382, de 2006).*

§ 3º Quando o efeito suspensivo atribuído aos embargos disser respeito apenas a parte do objeto da execução, essa prosseguirá quanto à parte restante. *(Incluído pela Lei n. 11.382, de 2006).*

§ 4º A concessão de efeito suspensivo aos embargos oferecidos por um dos executados não suspenderá a execução contra os que não embargaram, quando o respectivo fundamento disser respeito exclusivamente ao embargante. *(Incluído pela Lei n. 11.382, de 2006).*

§ 5º Quando o excesso de execução for fundamento dos embargos, o embargante deverá declarar na petição inicial o valor que entende correto, apresentando memória do cálculo, sob pena de rejeição liminar dos embargos ou de não conhecimento desse fundamento. *(Incluído pela Lei n. 11.382, de 2006).*

§ 6º A concessão de efeito suspensivo não impedirá a efetivação dos atos de penhora e de avaliação dos bens. *(Incluído pela Lei n. 11.382, de 2006).*

Art. 739-B. A cobrança de multa ou de indenizações decorrentes de litigância de má-fé (arts. 17 e 18) será promovida no próprio processo de execução, em autos apensos, operando-se por compensação ou por execução. *(Incluído pela Lei n. 11.382, de 2006).*

Art. 740. Recebidos os embargos, será o exeqüente ouvido no prazo de 15 (quinze) dias; a seguir, o juiz julgará imediatamente o pedido (art. 330) ou designará audiência de conciliação, instrução e julgamento, proferindo sentença no prazo de 10 (dez) dias. *(Redação dada pela Lei n. 11.382, de 2006).*

Parágrafo único. No caso de embargos manifestamente protelatórios, o juiz imporá, em favor do exequente, multa ao embargante em valor não superior a 20% (vinte por cento) do valor em execução. *(Redação dada pela Lei n. 11.382, de 2006).*

CAPÍTULO II
DOS EMBARGOS À EXECUÇÃO CONTRA A FAZENDA PÚBLICA
(Redação dada pela Lei n. 11.232, de 2005)

Art. 741. Na execução contra a Fazenda Pública, os embargos só poderão versar sobre: *(Redação dada pela Lei n. 11.232, de 2005)*

I — falta ou nulidade da citação, se o processo correu à revelia; *(Redação dada pela Lei n. 11.232, de 2005)*

II — inexigibilidade do título;

III — ilegitimidade das partes;

IV — cumulação indevida de execuções;

V — excesso de execução; *(Redação dada pela Lei n. 11.232, de 2005)*

VI — qualquer causa impeditiva, modificativa ou extintiva da obrigação, como pagamento, novação, compensação, transação ou prescrição, desde que superveniente à sentença; *(Redação dada pela Lei n. 11.232, de 2005)*

VII — incompetência do juízo da execução, bem como suspeição ou impedimento do juiz.

Parágrafo único. Para efeito do disposto no inciso II do *caput* deste artigo, considera-se também inexigível o título judicial fundado em lei ou ato normativo declarados inconstitucionais pelo Supremo Tribunal Federal, ou fundado em aplicação ou interpretação da lei ou ato normativo tidas pelo Supremo Tribunal Federal como incompatíveis com a Constituição Federal. *(Redação pela Lei n. 11.232, de 2005) (Vide Lei n. 13.105, de 2015) (Vigência)*

Art. 742. Será oferecida, juntamente com os embargos, a exceção de incompetência do juízo, bem como a de suspeição ou de impedimento do juiz.

Art. 743. Há excesso de execução:

I — quando o credor pleiteia quantia superior à do título;

II — quando recai sobre coisa diversa daquela declarada no título;

III — quando se processa de modo diferente do que foi determinado na sentença;

IV — quando o credor, sem cumprir a prestação que lhe corresponde, exige o adimplemento da do devedor (art. 582);

V — se o credor não provar que a condição se realizou.

CAPÍTULO III
DOS EMBARGOS À EXECUÇÃO
(Redação dada pela Lei n. 11.382, de 2006).

Art. 744. *(Revogado pela Lei n. 11.382, de 6.12.2006).*

Art. 745. Nos embargos, poderá o executado alegar: *(Redação dada pela Lei n. 11.382, de 2006).*

I — nulidade da execução, por não ser executivo o título apresentado; *(Incluído pela Lei n. 11.382, de 2006).*

II — penhora incorreta ou avaliação errônea; *(Incluído pela Lei n. 11.382, de 2006).*

III — excesso de execução ou cumulação indevida de execuções; *(Incluído pela Lei n. 11.382, de 2006).*

IV — retenção por benfeitorias necessárias ou úteis, nos casos de título para entrega de coisa certa (art. 621); *(Incluído pela Lei n. 11.382, de 2006).*

V — qualquer matéria que lhe seria lícito deduzir como defesa em processo de conhecimento. *(Incluído pela Lei n. 11.382, de 2006).*

§ 1º Nos embargos de retenção por benfeitorias, poderá o exequente requerer a compensação de seu valor com o dos frutos ou danos considerados devidos pelo executado, cumprindo ao juiz, para a apuração dos respectivos valores, nomear perito, fixando-lhe breve prazo para entrega do laudo. *(Incluído pela Lei n. 11.382, de 2006).*

§ 2º O exequente poderá, a qualquer tempo, ser imitido na posse da coisa, prestando caução ou depositando o valor devido pelas benfeitorias ou resultante da compensação. *(Incluído pela Lei n. 11.382, de 2006).*

Art. 745-A. No prazo para embargos, reconhecendo o crédito do exequente e comprovando o depósito de 30% (trinta por cento) do valor em execução, inclusive custas e honorários de advogado, poderá o executado requerer seja admitido a pagar o restante em até 6 (seis) parcelas mensais, acrescidas de correção monetária e juros de 1% (um por cento) ao mês. *(Incluído pela Lei n. 11.382, de 2006).*

§ 1º Sendo a proposta deferida pelo juiz, o exequente levantará a quantia depositada e serão suspensos os atos executivos; caso indeferida, seguir-se-ão os atos executivos, mantido o depósito. *(Incluído pela Lei n. 11.382, de 2006).*

§ 2º O não pagamento de qualquer das prestações implicará, de pleno direito, o vencimento das subsequentes e o prosseguimento do processo, com o imediato início dos atos executivos, imposta ao executado multa de 10% (dez por cento) sobre o valor das prestações não pagas e vedada a oposição de embargos. *(Incluído pela Lei n. 11.382, de 2006).*

Art. 746. É lícito ao executado, no prazo de 5 (cinco) dias, contados da adjudicação, alienação ou arrematação, oferecer embargos fundados em nulidade da execução, ou em causa extintiva da obrigação, desde que superveniente à penhora, aplicando-se, no que couber, o disposto neste Capítulo. *(Redação dada pela Lei n. 11.382, de 2006).*

§ 1º Oferecidos embargos, poderá o adquirente desistir da aquisição. *(Incluído pela Lei n. 11.382, de 2006).*

§ 2º No caso do § 1º deste artigo, o juiz deferirá de plano o requerimento, com a imediata liberação do depósito feito pelo adquirente (art. 694, § 1º, inciso IV). *(Incluído pela Lei n. 11.382, de 2006).*

§ 3º Caso os embargos sejam declarados manifestamente protelatórios, o juiz imporá multa ao embargante, não superior a 20% (vinte por cento) do valor da execução, em favor de quem desistiu da aquisição. *(Incluído pela Lei n. 11.382, de 2006).*

CAPÍTULO IV
DOS EMBARGOS NA EXECUÇÃO POR CARTA
(Renumerado do Capítulo V para o IV, pela Lei n. 11.382, de 2006)

Art. 747. Na execução por carta, os embargos serão oferecidos no juízo deprecante ou no juízo deprecado, mas a competência para julgá-los é do juízo deprecante, salvo se versarem unicamente sobre vícios ou defeitos da penhora, avaliação ou alienação dos bens. *(Redação dada pela Lei n. 8.953, de 13.12.1994)*

TÍTULO IV
DA EXECUÇÃO POR QUANTIA CERTA CONTRA DEVEDOR INSOLVENTE
(Vide Lei n. 13.105, de 2015)

CAPÍTULO I
DA INSOLVÊNCIA

Art. 748. Dá-se a insolvência toda vez que as dívidas excederem à importância dos bens do devedor.

Art. 749. Se o devedor for casado e o outro cônjuge, assumindo a responsabilidade por dívidas, não possuir bens próprios que bastem ao pagamento de todos os credores, poderá ser declarada, nos autos do mesmo processo, a insolvência de ambos.

Art. 750. Presume-se a insolvência quando:

I — o devedor não possuir outros bens livres e desembaraçados para nomear à penhora;

II — forem arrestados bens do devedor, com fundamento no art. 813, I, II e III.

Art. 751. A declaração de insolvência do devedor produz:

I — o vencimento antecipado das suas dívidas;

II — a arrecadação de todos os seus bens suscetíveis de penhora, quer os atuais, quer os adquiridos no curso do processo;

III — a execução por concurso universal dos seus credores.

Art. 752. Declarada a insolvência, o devedor perde o direito de administrar os seus bens e de dispor deles, até a liquidação total da massa.

Art. 753. A declaração de insolvência pode ser requerida:

I — por qualquer credor quirografário;

II — pelo devedor;

III — pelo inventariante do espólio do devedor.

CAPÍTULO II
DA INSOLVÊNCIA REQUERIDA PELO CREDOR

Art. 754. O credor requererá a declaração de insolvência do devedor, instruindo o pedido com título executivo judicial ou extrajudicial (art. 586).

CÓDIGO DE PROCESSO CIVIL/1973

Art. 755. O devedor será citado para, no prazo de 10 (dez) dias, opor embargos; se os não oferecer, o juiz proferirá, em 10 (dez) dias, a sentença.

Art. 756. Nos embargos pode o devedor alegar:

I — que não paga por ocorrer alguma das causas enumeradas nos arts. 741, 742 e 745, conforme o pedido de insolvência se funde em título judicial ou extrajudicial;

II — que o seu ativo é superior ao passivo.

Art. 757. O devedor ilidirá o pedido de insolvência se, no prazo para opor embargos, depositar a importância do crédito, para lhe discutir a legitimidade ou o valor.

Art. 758. Não havendo provas a produzir, o juiz dará a sentença em 10 (dez) dias; havendo-as, designará audiência de instrução e julgamento.

CAPÍTULO III
DA INSOLVÊNCIA REQUERIDA PELO DEVEDOR OU PELO SEU ESPÓLIO

Art. 759. É lícito ao devedor ou ao seu espólio, a todo tempo, requerer a declaração de insolvência.

Art. 760. A petição, dirigida ao juiz da comarca em que o devedor tem o seu domicílio, conterá:

I — a relação nominal de todos os credores, com a indicação do domicílio de cada um, bem como da importância e da natureza dos respectivos créditos;

II — a individuação de todos os bens, com a estimativa do valor de cada um;

III — o relatório do estado patrimonial, com a exposição das causas que determinaram a insolvência.

CAPÍTULO IV
DA DECLARAÇÃO JUDICIAL DE INSOLVÊNCIA

Art. 761. Na sentença, que declarar a insolvência, o juiz:

I — nomeará, dentre os maiores credores, um administrador da massa;

II — mandará expedir edital, convocando os credores para que apresentem, no prazo de 20 (vinte) dias, a declaração do crédito, acompanhada do respectivo título.

Art. 762. Ao juízo da insolvência concorrerão todos os credores do devedor comum.

§ 1º As execuções movidas por credores individuais serão remetidas ao juízo da insolvência.

§ 2º Havendo, em alguma execução, dia designado para a praça ou o leilão, far-se-á a arrematação, entrando para a massa o produto dos bens.

CAPÍTULO V
DAS ATRIBUIÇÕES DO ADMINISTRADOR

Art. 763. A massa dos bens do devedor insolvente ficará sob a custódia e responsabilidade de um administrador, que exercerá as suas atribuições, sob a direção e superintendência do juiz.

Art. 764. Nomeado o administrador, o escrivão o intimará a assinar, dentro de 24 (vinte e quatro) horas, termo de compromisso de desempenhar bem e fielmente o cargo.

Art. 765. Ao assinar o termo, o administrador entregará a declaração de crédito, acompanhada do título executivo. Não o tendo em seu poder, juntá-lo-á no prazo fixado pelo art. 761, II.

Art. 766. Cumpre ao administrador:

I — arrecadar todos os bens do devedor, onde quer que estejam, requerendo para esse fim as medidas judiciais necessárias;

II — representar a massa, ativa e passivamente, contratando advogado, cujos honorários serão previamente ajustados e submetidos à aprovação judicial;

III — praticar todos os atos conservatórios de direitos e de ações, bem como promover a cobrança das dívidas ativas;

IV — alienar em praça ou em leilão, com autorização judicial, os bens da massa.

Art. 767. O administrador terá direito a uma remuneração, que o juiz arbitrará, atendendo à sua diligência, ao trabalho, à responsabilidade da função e à importância da massa.

CAPÍTULO VI
DA VERIFICAÇÃO E DA CLASSIFICAÇÃO DOS CRÉDITOS

Art. 768. Findo o prazo, a que se refere o n. II do art. 761, o escrivão, dentro de 5 (cinco) dias, ordenará todas as declarações, autuando cada uma com o seu respectivo título. Em seguida intimará, por edital, todos os credores para, no prazo de 20 (vinte) dias, que lhes é comum, alegarem as suas preferências, bem como a nulidade, simulação, fraude, ou falsidade de dívidas e contratos.

Parágrafo único. No prazo, a que se refere este artigo, o devedor poderá impugnar quaisquer créditos.

Art. 769. Não havendo impugnações, o escrivão remeterá os autos ao contador, que organizará o quadro geral dos credores, observando, quanto à classificação dos créditos e dos títulos legais de preferência, o que dispõe a lei civil.

Parágrafo único. Se concorrerem aos bens apenas credores quirografários, o contador organizará o quadro, relacionando-os em ordem alfabética.

Art. 770. Se, quando for organizado o quadro geral dos credores, os bens da massa já tiverem sido alienados, o contador indicará a percentagem, que caberá a cada credor no rateio.

Art. 771. Ouvidos todos os interessados, no prazo de 10 (dez) dias, sobre o quadro geral dos credores, o juiz proferirá sentença.

Art. 772. Havendo impugnação pelo credor ou pelo devedor, o juiz deferirá, quando necessário, a produção de provas e em seguida proferirá sentença.

§ 1º Se for necessária prova oral, o juiz designará audiência do instrução e julgamento.

§ 2º Transitada em julgado a sentença, observar-se-á o que dispõem os três artigos antecedentes.

Art. 773. Se os bens não foram alienados antes da organização do quadro geral, o juiz determinará a alienação em praça ou em leilão, destinando-se o produto ao pagamento dos credores.

CAPÍTULO VII
DO SALDO DEVEDOR

Art. 774. Liquidada a massa sem que tenha sido efetuado o pagamento integral a todos os credores, o devedor insolvente continua obrigado pelo saldo.

Art. 775. Pelo pagamento dos saldos respondem os bens penhoráveis que o devedor adquirir, até que se lhe declare a extinção das obrigações.

Art. 776. Os bens do devedor poderão ser arrecadados nos autos do mesmo processo, a requerimento de qualquer credor incluído no quadro geral, a que se refere o art. 769, procedendo-se à sua alienação e à distribuição do respectivo produto aos credores, na proporção dos seus saldos.

CAPÍTULO VIII
DA EXTINÇÃO DAS OBRIGAÇÕES

Art. 777. A prescrição das obrigações, interrompida com a instauração do concurso universal de credores, recomeça a correr no dia em que passar em julgado a sentença que encerrar o processo de insolvência.

Art. 778. Consideram-se extintas todas as obrigações do devedor, decorrido o prazo de 5 (cinco) anos, contados da data do encerramento do processo de insolvência.

Art. 779. É lícito ao devedor requerer ao juízo da insolvência a extinção das obrigações; o juiz mandará publicar edital, com o prazo de 30 (trinta) dias, no órgão oficial e em outro jornal de grande circulação.

Art. 780. No prazo estabelecido no artigo antecedente, qualquer credor poderá opor-se ao pedido, alegando que:
I — não transcorreram 5 (cinco) anos da data do encerramento da insolvência;
II — o devedor adquiriu bens, sujeitos à arrecadação (art. 776).

Art. 781. Ouvido o devedor no prazo de 10 (dez) dias, o juiz proferirá sentença; havendo provas a produzir, o juiz designará audiência de instrução e julgamento.

Art. 782. A sentença, que declarar extintas as obrigações, será publicada por edital, ficando o devedor habilitado a praticar todos os atos da vida civil.

CAPÍTULO IX
DAS DISPOSIÇÕES GERAIS

Art. 783. O devedor insolvente poderá, depois da aprovação do quadro a que se refere o art. 769, acordar com os seus credores, propondo-lhes a forma de pagamento. Ouvidos os credores, se não houver oposição, o juiz aprovará a proposta por sentença.

Art. 784. Ao credor retardatário é assegurado o direito de disputar, por ação direta, antes do rateio final, a prelação ou a cota proporcional ao seu crédito.

Art. 785. O devedor, que caiu em estado de insolvência sem culpa sua, pode requerer ao juiz, se a massa o comportar, que lhe arbitre uma pensão, até a alienação dos bens. Ouvidos os credores, o juiz decidirá.

Art. 786. As disposições deste Título aplicam-se às sociedades civis, qualquer que seja a sua forma.

Art. 786-A. Os editais referidos neste Título também serão publicados, quando for o caso, nos órgãos oficiais dos Estados em que o devedor tenha filiais ou representantes. *(Incluído pela Lei n. 9.462, de 19.6.1997)*

TÍTULO VI
DA SUSPENSÃO E DA EXTINÇÃO DO PROCESSO DE EXECUÇÃO

CAPÍTULO I
DA SUSPENSÃO

Art. 791. Suspende-se a execução:
I — no todo ou em parte, quando recebidos com efeito suspensivo os embargos à execução (art. 739-A); *(Redação dada pela Lei n. 11.382, de 2006).*
II — nas hipóteses previstas no art. 265, I a III;
III — quando o devedor não possuir bens penhoráveis.

Art. 792. Convindo as partes, o juiz declarará suspensa a execução durante o prazo concedido pelo credor, para que o devedor cumpra voluntariamente a obrigação.
Parágrafo único. Findo o prazo sem cumprimento da obrigação, o processo retomará o seu curso. *(Incluído pela Lei n. 8.953, de 13.12.1994)*

Art. 793. Suspensa a execução, é defeso praticar quaisquer atos processuais. O juiz poderá, entretanto, ordenar providências cautelares urgentes. *(Redação dada pela Lei n. 5.925, de 1º.10.1973)*

CAPÍTULO II
DA EXTINÇÃO

Art. 794. Extingue-se a execução quando:
I — o devedor satisfaz a obrigação;
II — o devedor obtém, por transação ou por qualquer outro meio, a remissão total da dívida;
III — o credor renunciar ao crédito.

Art. 795. A extinção só produz efeito quando declarada por sentença.

LIVRO III
DO PROCESSO CAUTELAR

TÍTULO ÚNICO
DAS MEDIDAS CAUTELARES

CAPÍTULO I
DAS DISPOSIÇÕES GERAIS

Art. 796. O procedimento cautelar pode ser instaurado antes ou no curso do processo principal e deste é sempre dependente.

Art. 797. Só em casos excepcionais, expressamente autorizados por lei, determinará o juiz medidas cautelares sem a audiência das partes.

Art. 798. Além dos procedimentos cautelares específicos, que este Código regula no Capítulo II deste Livro, poderá o juiz determinar as medidas provisórias que julgar adequadas, quando houver fundado receio de que uma parte, antes do julgamento da lide, cause ao direito da outra lesão grave e de difícil reparação.

Art. 799. No caso do artigo anterior, poderá o juiz, para evitar o dano, autorizar ou vedar a prática de determinados

CÓDIGO DE PROCESSO CIVIL/1973

atos, ordenar a guarda judicial de pessoas e depósito de bens e impor a prestação de caução.

Art. 800. As medidas cautelares serão requeridas ao juiz da causa; e, quando preparatórias, ao juiz competente para conhecer da ação principal.

Parágrafo único. Interposto o recurso, a medida cautelar será requerida diretamente ao tribunal. *(Redação dada pela Lei n. 8.952, de 13.12.1994)*

Art. 801. O requerente pleiteará a medida cautelar em petição escrita, que indicará:

I — a autoridade judiciária, a que for dirigida;

II — o nome, o estado civil, a profissão e a residência do requerente e do requerido;

III — a lide e seu fundamento;

IV — a exposição sumária do direito ameaçado e o receio da lesão;

V — as provas que serão produzidas.

Parágrafo único. Não se exigirá o requisito do n. III senão quando a medida cautelar for requerida em procedimento preparatório.

Art. 802. O requerido será citado, qualquer que seja o procedimento cautelar, para, no prazo de 5 (cinco) dias, contestar o pedido, indicando as provas que pretende produzir.

Parágrafo único. Conta-se o prazo, da juntada aos autos do mandado:

I — de citação devidamente cumprido;

II — da execução da medida cautelar, quando concedida liminarmente ou após justificação prévia.

Art. 803. Não sendo contestado o pedido, presumir-se-ão aceitos pelo requerido, como verdadeiros, os fatos alegados pelo requerente (arts. 285 e 319); caso em que o juiz decidirá dentro em 5 (cinco) dias. *(Redação dada pela Lei n. 5.925, de 1º.10.1973)*

Parágrafo único. Se o requerido contestar no prazo legal, o juiz designará audiência de instrução e julgamento, havendo prova a ser nela produzida. *(Redação dada pela Lei n. 5.925, de 1º.10.1973)*

Art. 804. É lícito ao juiz conceder liminarmente ou após justificação prévia a medida cautelar, sem ouvir o réu, quando verificar que este, sendo citado, poderá torná-la ineficaz; caso em que poderá determinar que o requerente preste caução real ou fidejussória de ressarcir os danos que o requerido possa vir a sofrer. *(Redação dada pela Lei n. 5.925, de 1º.10.1973)*

Art. 805. A medida cautelar poderá ser substituída, de ofício ou a requerimento de qualquer das partes, pela prestação de caução ou outra garantia menos gravosa para o requerido, sempre que adequada e suficiente para evitar a lesão ou repará-la integralmente. *(Redação dada pela Lei n. 8.952, de 13.12.1994)*

Art. 806. Cabe à parte propor a ação, no prazo de 30 (trinta) dias, contados da data da efetivação da medida cautelar, quando esta for concedida em procedimento preparatório.

Art. 807. As medidas cautelares conservam a sua eficácia no prazo do artigo antecedente e na pendência do processo principal; mas podem, a qualquer tempo, ser revogadas ou modificadas.

Parágrafo único. Salvo decisão judicial em contrário, a medida cautelar conservará a eficácia durante o período de suspensão do processo.

Art. 808. Cessa a eficácia da medida cautelar:

I — se a parte não intentar a ação no prazo estabelecido no art. 806;

II — se não for executada dentro de 30 (trinta) dias;

III — se o juiz declarar extinto o processo principal, com ou sem julgamento do mérito.

Parágrafo único. Se por qualquer motivo cessar a medida, é defeso à parte repetir o pedido, salvo por novo fundamento.

Art. 809. Os autos do procedimento cautelar serão apensados aos do processo principal.

Art. 810. O indeferimento da medida não obsta a que a parte intente a ação, nem influi no julgamento desta, salvo se o juiz, no procedimento cautelar, acolher a alegação de decadência ou de prescrição do direito do autor.

Art. 811. Sem prejuízo do disposto no art. 16, o requerente do procedimento cautelar responde ao requerido pelo prejuízo que lhe causar a execução da medida:

I — se a sentença no processo principal lhe for desfavorável;

II — se, obtida liminarmente a medida no caso do art. 804 deste Código, não promover a citação do requerido dentro em 5 (cinco) dias;

III — se ocorrer a cessação da eficácia da medida, em qualquer dos casos previstos no art. 808, deste Código;

IV — se o juiz acolher, no procedimento cautelar, a alegação de decadência ou de prescrição do direito do autor (art. 810).

Parágrafo único. A indenização será liquidada nos autos do procedimento cautelar.

Art. 812. Aos procedimentos cautelares específicos, regulados no Capítulo seguinte, aplicam-se as disposições gerais deste Capítulo.

CAPÍTULO II
DOS PROCEDIMENTOS CAUTELARES ESPECÍFICOS

Seção I
Do Arresto

Art. 813. O arresto tem lugar:

I — quando o devedor sem domicílio certo intenta ausentar-se ou alienar os bens que possui, ou deixa de pagar a obrigação no prazo estipulado;

II — quando o devedor, que tem domicílio:

a) se ausenta ou tenta ausentar-se furtivamente;

b) caindo em insolvência, aliena ou tenta alienar bens que possui; contrai ou tenta contrair dívidas extraordinárias; põe ou tenta pôr os seus bens em nome de terceiros; ou comete outro qualquer artifício fraudulento, a fim de frustrar a execução ou lesar credores;

III — quando o devedor, que possui bens de raiz, intenta aliená-los, hipotecá-los ou dá-los em anticrese, sem ficar com algum ou alguns, livres e desembargados, equivalentes às dívidas;

IV — nos demais casos expressos em lei.

Art. 814. Para a concessão do arresto é essencial: *(Redação dada pela Lei n. 5.925, de 1º.10.1973)*

I — prova literal da dívida líquida e certa; *(Redação dada pela Lei n. 5.925, de 1º.10.1973)*

II — prova documental ou justificação de algum dos casos mencionados no artigo antecedente. *(Redação dada pela Lei n. 5.925, de 1º.10.1973)*

Parágrafo único. Equipara-se à prova literal da dívida líquida e certa, para efeito de concessão de arresto, a sentença, líquida ou ilíquida, pendente de recurso, condenando o devedor ao pagamento de dinheiro ou de prestação que em dinheiro possa converter-se. *(Redação dada pela Lei n. 10.444, de 7.5.2002)*

Art. 815. A justificação prévia, quando ao juiz parecer indispensável, far-se-á em segredo e de plano, reduzindo-se a termo o depoimento das testemunhas.

Art. 816. O juiz concederá o arresto independentemente de justificação prévia:

I — quando for requerido pela União, Estado ou Município, nos casos previstos em lei;

II — se o credor prestar caução (art. 804).

Art. 817. Ressalvado o disposto no art. 810, a sentença proferida no arresto não faz coisa julgada na ação principal.

Art. 818. Julgada procedente a ação principal, o arresto se resolve em penhora.

Art. 819. Ficará suspensa a execução do arresto se o devedor:

I — tanto que intimado, pagar ou depositar em juízo a importância da dívida, mais os honorários de advogado que o juiz arbitrar, e custas;

II — der fiador idôneo, ou prestar caução para garantir a dívida, honorários do advogado do requerente e custas.

Art. 820. Cessa o arresto:

I — pelo pagamento;

II — pela novação;

III — pela transação.

Art. 821. Aplicam-se ao arresto as disposições referentes à penhora, não alteradas na presente Seção.

Seção II
Do Sequestro

Art. 822. O juiz, a requerimento da parte, pode decretar o seqüestro:

I — de bens móveis, semoventes ou imóveis, quando lhes for disputada a propriedade ou a posse, havendo fundado receio de rixas ou danificações;

II — dos frutos e rendimentos do imóvel reivindicando, se o réu, depois de condenado por sentença ainda sujeita a recurso, os dissipar;

III — dos bens do casal, nas ações de separação judicial e de anulação de casamento, se o cônjuge os estiver dilapidando;

IV — nos demais casos expressos em lei.

Art. 823. Aplica-se ao sequestro, no que couber, o que este Código estatui acerca do arresto.

Art. 824. Incumbe ao juiz nomear o depositário dos bens seqüestrados. A escolha poderá, todavia, recair:

I — em pessoa indicada, de comum acordo, pelas partes;

II — em uma das partes, desde que ofereça maiores garantias e preste caução idônea.

Art. 825. A entrega dos bens ao depositário far-se-á logo depois que este assinar o compromisso.

Parágrafo único. Se houver resistência, o depositário solicitará ao juiz a requisição de força policial.

Seção III
Da Caução

Art. 826. A caução pode ser real ou fidejussória.

Art. 827. Quando a lei não determinar a espécie de caução, esta poderá ser prestada mediante depósito em dinheiro, papéis de crédito, títulos da União ou dos Estados, pedras e metais preciosos, hipoteca, penhor e fiança.

Art. 828. A caução pode ser prestada pelo interessado ou por terceiro.

Art. 829. Aquele que for obrigado a dar caução requererá a citação da pessoa a favor de quem tiver de ser prestada, indicando na petição inicial:

I — o valor a caucionar;

II — o modo pelo qual a caução vai ser prestada;

III — a estimativa dos bens;

IV — a prova da suficiência da caução ou da idoneidade do fiador.

Art. 830. Aquele em cujo favor há de ser dada a caução requererá a citação do obrigado para que a preste, sob pena de incorrer na sanção que a lei ou o contrato cominar para a falta.

Art. 831. O requerido será citado para, no prazo de 5 (cinco) dias, aceitar a caução (art. 829), prestá-la (art. 830), ou contestar o pedido.

Art. 832. O juiz proferirá imediatamente a sentença:

I — se o requerido não contestar;

II — se a caução oferecida ou prestada for aceita;

III — se a matéria for somente de direito ou, sendo de direito e de fato, já não houver necessidade de outra prova.

Art. 833. Contestado o pedido, o juiz designará audiência de instrução e julgamento, salvo o disposto no n. III do artigo anterior.

Art. 834. Julgando procedente o pedido, o juiz determinará a caução e assinará o prazo em que deve ser prestada, cumprindo-se as diligências que forem determinadas.

Parágrafo único. Se o requerido não cumprir a sentença no prazo estabelecido, o juiz declarará:

I — no caso do art. 829, não prestada a caução;

II — no caso do art. 830, efetivada a sanção que cominou.

Art. 835. O autor, nacional ou estrangeiro, que residir fora do Brasil ou dele se ausentar na pendência da demanda, prestará, nas ações que intentar, caução suficiente às custas e honorários de advogado da parte contrária, se não tiver no Brasil bens imóveis que lhes assegurem o pagamento.

Art. 836. Não se exigirá, porém, a caução, de que trata o artigo antecedente:

I — na execução fundada em título extrajudicial;
II — na reconvenção.

Art. 837. Verificando-se no curso do processo que se desfalcou a garantia, poderá o interessado exigir reforço da caução. Na petição inicial, o requerente justificará o pedido, indicando a depreciação do bem dado em garantia e a importância do reforço que pretende obter.

Art. 838. Julgando procedente o pedido, o juiz assinará prazo para que o obrigado reforce a caução. Não sendo cumprida a sentença, cessarão os efeitos da caução prestada, presumindo-se que o autor tenha desistido da ação ou o recorrente desistido do recurso.

Seção IV
Da Busca e Apreensão

Art. 839. O juiz pode decretar a busca e apreensão de pessoas ou de coisas.

Art. 840. Na petição inicial exporá o requerente as razões justificativas da medida e da ciência de estar a pessoa ou a coisa no lugar designado.

Art. 841. A justificação prévia far-se-á em segredo de justiça, se for indispensável. Provado quanto baste o alegado, expedir-se-á o mandado que conterá:
I — a indicação da casa ou do lugar em que deve efetuar-se a diligência;
II — a descrição da pessoa ou da coisa procurada e o destino a lhe dar;
III — a assinatura do juiz, de quem emanar a ordem.

Art. 842. O mandado será cumprido por dois oficiais de justiça, um dos quais o lerá ao morador, intimando-o a abrir as portas.

§ 1º Não atendidos, os oficiais de justiça arrombarão as portas externas, bem como as internas e quaisquer móveis onde presumam que esteja oculta a pessoa ou a coisa procurada.

§ 2º Os oficiais de justiça far-se-ão acompanhar de duas testemunhas.

§ 3º Tratando-se de direito autoral ou direito conexo do artista, intérprete ou executante, produtores de fonogramas e organismos de radiodifusão, o juiz designará, para acompanharem os oficiais de justiça, dois peritos aos quais incumbirá confirmar a ocorrência da violação antes de ser efetivada a apreensão.

Art. 843. Finda a diligência, lavrarão os oficiais de justiça auto circunstanciado, assinando-o com as testemunhas.

Seção V
Da Exibição

Art. 844. Tem lugar, como procedimento preparatório, a exibição judicial:
I — de coisa móvel em poder de outrem e que o requerente repute sua ou tenha interesse em conhecer;
II — de documento próprio ou comum, em poder de co--interessado, sócio, condômino, credor ou devedor; ou em poder de terceiro que o tenha em sua guarda, como inventariante, testamenteiro, depositário ou administrador de bens alheios;
III — da escrituração comercial por inteiro, balanços e documentos de arquivo, nos casos expressos em lei.

Art. 845. Observar-se-á, quanto ao procedimento, no que couber, o disposto nos arts. 355 a 363, e 381 e 382.

Seção VI
Da Produção Antecipada de Provas

Art. 846. A produção antecipada da prova pode consistir em interrogatório da parte, inquirição de testemunhas e exame pericial.

Art. 847. Far-se-á o interrogatório da parte ou a inquirição das testemunhas antes da propositura da ação, ou na pendência desta, mas antes da audiência de instrução:
I — se tiver de ausentar-se;
II — se, por motivo de idade ou de moléstia grave, houver justo receio de que ao tempo da prova já não exista, ou esteja impossibilitada de depor.

Art. 848. O requerente justificará sumariamente a necessidade da antecipação e mencionará com precisão os fatos sobre que há de recair a prova.
Parágrafo único. Tratando-se de inquirição de testemunhas, serão intimados os interessados a comparecer à audiência em que prestará o depoimento.

Art. 849. Havendo fundado receio de que venha a tornar-se impossível ou muito difícil a verificação de certos fatos na pendência da ação, é admissível o exame pericial.

Art. 850. A prova pericial realizar-se-á conforme o disposto nos arts. 420 a 439.

Art. 851. Tomado o depoimento ou feito exame pericial, os autos permanecerão em cartório, sendo lícito aos interessados solicitar as certidões que quiserem.

Seção VII
Dos Alimentos Provisionais

Art. 852. É lícito pedir alimentos provisionais:
I — nas ações de desquite e de anulação de casamento, desde que estejam separados os cônjuges;
II — nas ações de alimentos, desde o despacho da petição inicial;
III — nos demais casos expressos em lei.
Parágrafo único. No caso previsto no n. I deste artigo, a prestação alimentícia devida ao requerente abrange, além do que necessitar para sustento, habitação e vestuário, as despesas para custear a demanda.

Art. 853. Ainda que a causa principal penda de julgamento no tribunal, processar-se-á no primeiro grau de jurisdição o pedido de alimentos provisionais.

Art. 854. Na petição inicial, exporá o requerente as suas necessidades e as possibilidades do alimentante.
Parágrafo único. O requerente poderá pedir que o juiz, ao despachar a petição inicial e sem audiência do requerido, lhe arbitre desde logo uma mensalidade para mantença.

Seção VIII
Do Arrolamento de Bens

Art. 855. Procede-se ao arrolamento sempre que há fundado receio de extravio ou de dissipação de bens.

Art. 856. Pode requerer o arrolamento todo aquele que tem interesse na conservação dos bens.

§ 1º O interesse do requerente pode resultar de direito já constituído ou que deva ser declarado em ação própria.

§ 2º Aos credores só é permitido requerer arrolamento nos casos em que tenha lugar a arrecadação de herança.

Art. 857. Na petição inicial exporá o requerente:

I — o seu direito aos bens;

II — os fatos em que funda o receio de extravio ou de dissipação dos bens.

Art. 858. Produzidas as provas em justificação prévia, o juiz, convencendo-se de que o interesse do requerente corre sério risco, deferirá a medida, nomeando depositário dos bens.

Parágrafo único. O possuidor ou detentor dos bens será ouvido se a audiência não comprometer a finalidade da medida.

Art. 859. O depositário lavrará auto, descrevendo minuciosamente todos os bens e registrando quaisquer ocorrências que tenham interesse para sua conservação.

Art. 860. Não sendo possível efetuar desde logo o arrolamento ou concluí-lo no dia em que foi iniciado, aporse-ão selos nas portas da casa ou nos móveis em que estejam os bens, continuando-se a diligência no dia que for designado.

Seção IX
Da Justificação

Art. 861. Quem pretender justificar a existência de algum fato ou relação jurídica, seja para simples documento e sem caráter contencioso, seja para servir de prova em processo regular, exporá, em petição circunstanciada, a sua intenção.

Art. 862. Salvo nos casos expressos em lei, é essencial a citação dos interessados.

Parágrafo único. Se o interessado não puder ser citado pessoalmente, intervirá no processo o Ministério Público.

Art. 863. A justificação consistirá na inquirição de testemunhas sobre os fatos alegados, sendo facultado ao requerente juntar documentos.

Art. 864. Ao interessado é lícito contraditar as testemunhas, reinquiri-las e manifestar-se sobre os documentos, dos quais terá vista em cartório por 24 (vinte e quatro) horas.

Art. 865. No processo de justificação não se admite defesa nem recurso.

Art. 866. A justificação será afinal julgada por sentença e os autos serão entregues ao requerente independentemente de traslado, decorridas 48 (quarenta e oito) horas da decisão.

Parágrafo único. O juiz não se pronunciará sobre o mérito da prova, limitando-se a verificar se foram observadas as formalidades legais.

Seção X
Dos Protestos, Notificações e Interpelações

Art. 867. Todo aquele que desejar prevenir responsabilidade, prover a conservação e ressalva de seus direitos ou manifestar qualquer intenção de modo formal, poderá fazer por escrito o seu protesto, em petição dirigida ao juiz, e requerer que do mesmo se intime a quem de direito.

Art. 868. Na petição o requerente exporá os fatos e os fundamentos do protesto.

Art. 869. O juiz indeferirá o pedido, quando o requerente não houver demonstrado legítimo interesse e o protesto, dando causa a dúvidas e incertezas, possa impedir a formação de contrato ou a realização de negócio lícito.

Art. 870. Far-se-á a intimação por editais:

I — se o protesto for para conhecimento do público em geral, nos casos previstos em lei, ou quando a publicidade seja essencial para que o protesto, notificação ou interpelação atinja seus fins;

II — se o citando for desconhecido, incerto ou estiver em lugar ignorado ou de difícil acesso;

III — se a demora da intimação pessoal puder prejudicar os efeitos da interpelação ou do protesto.

Parágrafo único. Quando se tratar de protesto contra a alienação de bens, pode o juiz ouvir, em 3 (três) dias, aquele contra quem foi dirigido, desde que lhe pareça haver no pedido ato emulativo, tentativa de extorsão, ou qualquer outro fim ilícito, decidindo em seguida sobre o pedido de publicação de editais.

Art. 871. O protesto ou interpelação não admite defesa nem contraprotesto nos autos; mas o requerido pode contraprotestar em processo distinto.

Art. 872. Feita a intimação, ordenará o juiz que, pagas as custas, e decorridas 48 (quarenta e oito) horas, sejam os autos entregues à parte independentemente de traslado.

Art. 873. Nos casos previstos em lei processar-se-á a notificação ou interpelação na conformidade dos artigos antecedentes.

Seção XI
Da Homologação do Penhor Legal

Art. 874. Tomado o penhor legal nos casos previstos em lei, requererá o credor, ato contínuo, a homologação. Na petição inicial, instruída com a conta pormenorizada das despesas, a tabela dos preços e a relação dos objetos retidos, pedirá a citação do devedor para, em 24 (vinte e quatro) horas, pagar ou alegar defesa.

Parágrafo único. Estando suficientemente provado o pedido nos termos deste artigo, o juiz poderá homologar de plano o penhor legal.

Art. 875. A defesa só pode consistir em:

I — nulidade do processo;

II — extinção da obrigação;

III — não estar a dívida compreendida entre as previstas em lei ou não estarem os bens sujeitos a penhor legal.

Art. 876. Em seguida, o juiz decidirá; homologando o penhor, serão os autos entregues ao requerente 48 (quarenta e oito) horas depois, independentemente de traslado, salvo se, dentro desse prazo, a parte houver pedido certidão; não sendo homologado, o objeto será entregue ao réu, ressalvado ao autor o direito de cobrar a conta por ação ordinária.

Seção XII
Da Posse em Nome do Nascituro

Art. 877. A mulher que, para garantia dos direitos do filho nascituro, quiser provar seu estado de gravidez, requererá ao juiz que, ouvido o órgão do Ministério Público, mande examiná-la por um médico de sua nomeação.

§ 1º O requerimento será instruído com a certidão de óbito da pessoa, de quem o nascituro é sucessor.

§ 2º Será dispensado o exame se os herdeiros do falecido aceitarem a declaração da requerente.

§ 3º Em caso algum a falta do exame prejudicará os direitos do nascituro.

Art. 878. Apresentado o laudo que reconheça a gravidez, o juiz, por sentença, declarará a requerente investida na posse dos direitos que assistam ao nascituro.

Parágrafo único. Se à requerente não couber o exercício do pátrio poder, o juiz nomeará curador ao nascituro.

Seção XIII
Do Atentado

Art. 879. Comete atentado a parte que no curso do processo:

I — viola penhora, arresto, sequestro ou imissão na posse;

II — prossegue em obra embargada;

III — pratica outra qualquer inovação ilegal no estado de fato.

Art. 880. A petição inicial será autuada em separado, observando-se, quanto ao procedimento, o disposto nos arts. 802 e 803.

Parágrafo único. A ação de atentado será processada e julgada pelo juiz que conheceu originariamente da causa principal, ainda que esta se encontre no tribunal.

Art. 881. A sentença, que julgar procedente a ação, ordenará o restabelecimento do estado anterior, a suspensão da causa principal e a proibição de o réu falar nos autos até a purgação do atentado.

Parágrafo único. A sentença poderá condenar o réu a ressarcir à parte lesada as perdas e danos que sofreu em consequência do atentado.

Seção XIV
Do Protesto e da Apreensão de Títulos

Art. 882. O protesto de títulos e contas judicialmente verificadas far-se-á nos casos e com observância da lei especial.

Art. 883. O oficial intimará do protesto o devedor, por carta registrada ou entregando-lhe em mãos o aviso.

Parágrafo único. Far-se-á, todavia, por edital, a intimação:

I — se o devedor não for encontrado na comarca;

II — quando se tratar de pessoa desconhecida ou incerta.

Art. 884. Se o oficial opuser dúvidas ou dificuldades à tomada do protesto ou à entrega do respectivo instrumento, poderá a parte reclamar ao juiz. Ouvido o oficial, o juiz proferirá sentença, que será transcrita no instrumento.

Art. 885. O juiz poderá ordenar a apreensão de título não restituído ou sonegado pelo emitente, sacado ou aceitante; mas só decretará a prisão de quem o recebeu para firmar aceite ou efetuar pagamento, se o portador provar, com justificação ou por documento, a entrega do título e a recusa da devolução.

Parágrafo único. O juiz mandará processar de plano o pedido, ouvirá depoimentos se for necessário e, estando provada a alegação, ordenará a prisão.

Art. 886. Cessará a prisão:

I — se o devedor restituir o título, ou pagar o seu valor e as despesas feitas, ou o exibir para ser levado a depósito;

II — quando o requerente desistir;

III — não sendo iniciada a ação penal dentro do prazo da lei;

IV — não sendo proferido o julgado dentro de 90 (noventa) dias da data da execução do mandado.

Art. 887. Havendo contestação do crédito, o depósito das importâncias referido no artigo precedente não será levantado antes de passada em julgado a sentença.

Seção XV
De Outras Medidas Provisionais

Art. 888. O juiz poderá ordenar ou autorizar, na pendência da ação principal ou antes de sua propositura:

I — obras de conservação em coisa litigiosa ou judicialmente apreendida;

II — a entrega de bens de uso pessoal do cônjuge e dos filhos;

III — a posse provisória dos filhos, nos casos de separação judicial ou anulação de casamento;

IV — o afastamento do menor autorizado a contrair casamento contra a vontade dos pais;

V — o depósito de menores ou incapazes castigados imoderadamente por seus pais, tutores ou curadores, ou por eles induzidos à prática de atos contrários à lei ou à moral;

VI — o afastamento temporário de um dos cônjuges da morada do casal;

VII — a guarda e a educação dos filhos, regulado o direito de visita que, no interesse da criança ou do adolescente, pode, a critério do juiz, ser extensivo a cada um dos avós; *(Redação dada pela Lei n. 12.398, de 2011)*

VIII — a interdição ou a demolição de prédio para resguardar a saúde, a segurança ou outro interesse público.

Art. 889. Na aplicação das medidas enumeradas no artigo antecedente observar-se-á o procedimento estabelecido nos arts. 801 a 803.

Parágrafo único. Em caso de urgência, o juiz poderá autorizar ou ordenar as medidas, sem audiência do requerido.

LIVRO IV
DOS PROCEDIMENTOS ESPECIAIS

TÍTULO I
DOS PROCEDIMENTOS ESPECIAIS DE JURISDIÇÃO CONTENCIOSA

CAPÍTULO I
DA AÇÃO DE CONSIGNAÇÃO EM PAGAMENTO

Art. 890. Nos casos previstos em lei, poderá o devedor ou terceiro requerer, com efeito de pagamento, a consignação da quantia ou da coisa devida.

§ 1º Tratando-se de obrigação em dinheiro, poderá o devedor ou terceiro optar pelo depósito da quantia devida, em estabelecimento bancário, oficial onde houver, situado no lugar do pagamento, em conta com correção monetária, cientificando-se o credor por carta com aviso de recepção, assinado o prazo de 10 (dez) dias para a manifestação de recusa. *(Incluído pela Lei n. 8.951, de 13.12.1994)*

§ 2º Decorrido o prazo referido no parágrafo anterior, sem a manifestação de recusa, reputar-se-á o devedor liberado da obrigação, ficando à disposição do credor a quantia depositada. *(Incluído pela Lei n. 8.951, de 13.12.1994)*

§ 3º Ocorrendo a recusa, manifestada por escrito ao estabelecimento bancário, o devedor ou terceiro poderá propor, dentro de 30 (trinta) dias, a ação de consignação, instruindo a inicial com a prova do depósito e da recusa. *(Incluído pela Lei n. 8.951, de 13.12.1994)*

§ 4º Não proposta a ação no prazo do parágrafo anterior, ficará sem efeito o depósito, podendo levantá-lo o depositante. *(Incluído pela Lei n. 8.951, de 13.12.1994)*

Art. 891. Requerer-se-á a consignação no lugar do pagamento, cessando para o devedor, tanto que se efetue o depósito, os juros e os riscos, salvo se for julgada improcedente.

Parágrafo único. Quando a coisa devida for corpo que deva ser entregue no lugar em que está, poderá o devedor requerer a consignação no foro em que ela se encontra.

Art. 892. Tratando-se de prestações periódicas, uma vez consignada a primeira, pode o devedor continuar a consignar, no mesmo processo e sem mais formalidades, as que se forem vencendo, desde que os depósitos sejam efetuados até 5 (cinco) dias, contados da data do vencimento.

Art. 893. O autor, na petição inicial, requererá: *(Redação dada pela Lei n. 8.951, de 13.12.1994)*

I — o depósito da quantia ou da coisa devida, a ser efetivado no prazo de 5 (cinco) dias contados do deferimento, ressalvada a hipótese do § 3º do art. 890; *(Incluído pela Lei n. 8.951, de 13.12.1994)*

II — a citação do réu para levantar o depósito ou oferecer resposta. *(Incluído pela Lei n. 8.951, de 13.12.1994)*

Art. 894. Se o objeto da prestação for coisa indeterminada e a escolha couber ao credor, será este citado para exercer o direito dentro de 5 (cinco) dias, se outro prazo não constar de lei ou do contrato, ou para aceitar que o devedor o faça, devendo o juiz, ao despachar a petição inicial, fixar lugar, dia e hora em que se fará a entrega, sob pena de depósito.

Art. 895. Se ocorrer dúvida sobre quem deva legitimamente receber o pagamento, o autor requererá o depósito e a citação dos que o disputam para provarem o seu direito.

Art. 896. Na contestação, o réu poderá alegar que: *(Redação dada pela Lei n. 8.951, de 13.12.1994)*

I — não houve recusa ou mora em receber a quantia ou coisa devida;

II — foi justa a recusa;

III — o depósito não se efetuou no prazo ou no lugar do pagamento;

IV — o depósito não é integral.

Parágrafo único. No caso do inciso IV, a alegação será admissível se o réu indicar o montante que entende devido. *(Incluído pela Lei n. 8.951, de 13.12.1994)*

Art. 897. Não oferecida a contestação, e ocorrentes os efeitos da revelia, o juiz julgará procedente o pedido, declarará extinta a obrigação e condenará o réu nas custas e honorários advocatícios. *(Redação dada pela Lei n. 8.951, de 13.12.1994)*

Parágrafo único. Proceder-se-á do mesmo modo se o credor receber e der quitação.

Art. 898. Quando a consignação se fundar em dúvida sobre quem deva legitimamente receber, não comparecendo nenhum pretendente, converter-se-á o depósito em arrecadação de bens de ausentes; comparecendo apenas um, o juiz decidirá de plano; comparecendo mais de um, o juiz declarará efetuado o depósito e extinta a obrigação, continuando o processo a correr unicamente entre os credores; caso em que se observará o procedimento ordinário.

Art. 899. Quando na contestação o réu alegar que o depósito não é integral, é lícito ao autor completá-lo, dentro em 10 (dez) dias, salvo se corresponder a prestação, cujo inadimplemento acarrete a rescisão do contrato.

§ 1º Alegada a insuficiência do depósito, poderá o réu levantar, desde logo, a quantia ou a coisa depositada, com a consequente liberação parcial do autor, prosseguindo o processo quanto à parcela controvertida. *(Incluído pela Lei n. 8.951, de 13.12.1994)*

§ 2º A sentença que concluir pela insuficiência do depósito determinará, sempre que possível, o montante devido, e, neste caso, valerá como título executivo, facultado ao credor promover-lhe a execução nos mesmos autos. *(Incluído pela Lei n. 8.951, de 13.12.1994)*

Art. 900. Aplica-se o procedimento estabelecido neste Capítulo, no que couber, ao resgate do aforamento. *(Redação dada pela Lei n. 5.925, de 1º.10.1973)*

CAPÍTULO II
DA AÇÃO DE DEPÓSITO

Art. 901. Esta ação tem por fim exigir a restituição da coisa depositada. *(Redação dada pela Lei n. 5.925, de 1º.10.1973)*

Art. 902. Na petição inicial instruída com a prova literal do depósito e a estimativa do valor da coisa, se não constar do contrato, o autor pedirá a citação do réu para, no prazo de 5 (cinco) dias: *(Redação dada pela Lei n. 5.925, de 1º.10.1973)*

I — entregar a coisa, depositá-la em juízo ou consignar-lhe o equivalente em dinheiro; *(Incluído pela Lei n. 5.925, de 1º.10.1973)*

II — contestar a ação. *(Incluído pela Lei n. 5.925, de 1º.10.1973)*

§ 1º No pedido poderá constar, ainda, a cominação da pena de prisão até 1 (um) ano, que o juiz decretará na forma do art. 904, parágrafo único. *(Redação dada pela Lei n. 5.925, de 1º.10.1973)*

§ 2º O réu poderá alegar, além da nulidade ou falsidade do título e da extinção das obrigações, as defesas previstas na lei civil. *(Redação dada pela Lei n. 5.925, de 1º.10.1973)*

Art. 903. Se o réu contestar a ação, observar-se-á o procedimento ordinário.

Art. 904. Julgada procedente a ação, ordenará o juiz a expedição de mandado para a entrega, em 24 (vinte e quatro) horas, da coisa ou do equivalente em dinheiro.

CÓDIGO DE PROCESSO CIVIL/1973

Parágrafo único. Não sendo cumprido o mandado, o juiz decretará a prisão do depositário infiel.

Art. 905. Sem prejuízo do depósito ou da prisão do réu, é lícito ao autor promover a busca e apreensão da coisa. Se esta for encontrada ou entregue voluntariamente pelo réu, cessará a prisão e será devolvido o equivalente em dinheiro.

Art. 906. Quando não receber a coisa ou o equivalente em dinheiro, poderá o autor prosseguir nos próprios autos para haver o que lhe for reconhecido na sentença, observando-se o procedimento da execução por quantia certa.

CAPÍTULO III
DA AÇÃO DE ANULAÇÃO E SUBSTITUIÇÃO DE TÍTULOS AO PORTADOR

Art. 907. Aquele que tiver perdido título ao portador ou dele houver sido injustamente desapossado poderá:
I — reivindicá-lo da pessoa que o detiver;
II — requerer-lhe a anulação e substituição por outro.

Art. 908. No caso do n. II do artigo antecedente, exporá o autor, na petição inicial, a quantidade, espécie, valor nominal do título e atributos que o individualizem, a época e o lugar em que o adquiriu, as circunstâncias em que o perdeu e quando recebeu os últimos juros e dividendos, requerendo:
I — a citação do detentor e, por edital, de terceiros interessados para contestarem o pedido;
II — a intimação do devedor, para que deposite em juízo o capital, bem como juros ou dividendos vencidos ou vincendos;
III — a intimação da Bolsa de Valores, para conhecimento de seus membros, a fim de que estes não negociem os títulos.

Art. 909. Justificado quanto baste o alegado, ordenará o juiz a citação do réu e o cumprimento das providências enumeradas nos ns. II e III do artigo anterior.
Parágrafo único. A citação abrangerá também terceiros interessados, para responderem à ação.

Art. 910. Só se admitirá a contestação quando acompanhada do título reclamado.
Parágrafo único. Recebida a contestação do réu, observar-se-á o procedimento ordinário.

Art. 911. Julgada procedente a ação, o juiz declarará caduco o título reclamado e ordenará ao devedor que lavre outro em substituição, dentro do prazo que a sentença lhe assinar.

Art. 912. Ocorrendo destruição parcial, o portador, exibindo o que restar do título, pedirá a citação do devedor para em 10 (dez) dias substitui-lo ou contestar a ação.
Parágrafo único. Não havendo contestação, o juiz proferirá desde logo a sentença; em caso contrário, observar-se-á o procedimento ordinário.

Art. 913. Comprado o título em bolsa ou leilão público, o dono que pretender a restituição é obrigado a indenizar ao adquirente o preço que este pagou, ressalvado o direito de reavê-lo do vendedor.

CAPÍTULO IV
DA AÇÃO DE PRESTAÇÃO DE CONTAS

Art. 914. A ação de prestação de contas competirá a quem tiver:

I — o direito de exigi-las;
II — a obrigação de prestá-las.

Art. 915. Aquele que pretender exigir a prestação de contas requererá a citação do réu para, no prazo de 5 (cinco) dias, as apresentar ou contestar a ação.
§ 1º Prestadas as contas, terá o autor 5 (cinco) dias para dizer sobre elas; havendo necessidade de produzir provas, o juiz designará audiência de instrução e julgamento; em caso contrário, proferirá desde logo a sentença.
§ 2º Se o réu não contestar a ação ou não negar a obrigação de prestar contas, observar-se-á o disposto no art. 330; a sentença, que julgar procedente a ação, condenará o réu a prestar as contas no prazo de 48 (quarenta e oito) horas, sob pena de não lhe ser lícito impugnar as que o autor apresentar.
§ 3º Se o réu apresentar as contas dentro do prazo estabelecido no parágrafo anterior, seguir-se-á o procedimento do § 1º deste artigo; em caso contrário, apresentá-las-á o autor dentro em 10 (dez) dias, sendo as contas julgadas segundo o prudente arbítrio do juiz, que poderá determinar, se necessário, a realização do exame pericial contábil.

Art. 916. Aquele que estiver obrigado a prestar contas requererá a citação do réu para, no prazo de 5 (cinco) dias, aceitá-las ou contestar a ação.
§ 1º Se o réu não contestar a ação ou se declarar que aceita as contas oferecidas, serão estas julgadas dentro de 10 (dez) dias.
§ 2º Se o réu contestar a ação ou impugnar as contas e houver necessidade de produzir provas, o juiz designará audiência de instrução e julgamento.

Art. 917. As contas, assim do autor como do réu, serão apresentadas em forma mercantil, especificando-se as receitas e a aplicação das despesas, bem como o respectivo saldo; e serão instruídas com os documentos justificativos.

Art. 918. O saldo credor declarado na sentença poderá ser cobrado em execução forçada.

Art. 919. As contas do inventariante, do tutor, do curador, do depositário e de outro qualquer administrador serão prestadas em apenso aos autos do processo em que tiver sido nomeado. Sendo condenado a pagar o saldo e não o fazendo no prazo legal, o juiz poderá destituí-lo, seqüestrar os bens sob sua guarda e glosar o prêmio ou gratificação a que teria direito.

CAPÍTULO V
DAS AÇÕES POSSESSÓRIAS

Seção I
Das Disposições Gerais

Art. 920. A propositura de uma ação possessória em vez de outra não obstará a que o juiz conheça do pedido e outorgue a proteção legal correspondente àquela, cujos requisitos estejam provados.

Art. 921. É lícito ao autor cumular ao pedido possessório o de:
I — condenação em perdas e danos;
II — cominação de pena para caso de nova turbação ou esbulho;
III — desfazimento de construção ou plantação feita em detrimento de sua posse.

Art. 922. É lícito ao réu, na contestação, alegando que foi o ofendido em sua posse, demandar a proteção possessória e a indenização pelos prejuízos resultantes da turbação ou do esbulho cometido pelo autor.

Art. 923. Na pendência do processo possessório, é defeso, assim ao autor como ao réu, intentar a ação de reconhecimento do domínio. *(Redação dada pela Lei n. 6.820, de 16.9.1980)*

Art. 924. Regem o procedimento de manutenção e de reintegração de posse as normas da seção seguinte, quando intentado dentro de ano e dia da turbação ou do esbulho; passado esse prazo, será ordinário, não perdendo, contudo, o caráter possessório.

Art. 925. Se o réu provar, em qualquer tempo, que o autor provisoriamente mantido ou reintegrado na posse carece de idoneidade financeira para, no caso de decair da ação, responder por perdas e danos, o juiz assinar-lhe-á o prazo de 5 (cinco) dias para requerer caução sob pena de ser depositada a coisa litigiosa.

Seção II
Da Manutenção e da Reintegração de Posse

Art. 926. O possuidor tem direito a ser mantido na posse em caso de turbação e reintegrado no de esbulho.

Art. 927. Incumbe ao autor provar:
I — a sua posse;
II — a turbação ou o esbulho praticado pelo réu;
III — a data da turbação ou do esbulho;
IV — a continuação da posse, embora turbada, na ação de manutenção; a perda da posse, na ação de reintegração.

Art. 928. Estando a petição inicial devidamente instruída, o juiz deferirá, sem ouvir o réu, a expedição do mandado liminar de manutenção ou de reintegração; no caso contrário, determinará que o autor justifique previamente o alegado, citando-se o réu para comparecer à audiência que for designada.

Parágrafo único. Contra as pessoas jurídicas de direito público não será deferida a manutenção ou a reintegração liminar sem prévia audiência dos respectivos representantes judiciais.

Art. 929. Julgada procedente a justificação, o juiz fará logo expedir mandado de manutenção ou de reintegração.

Art. 930. Concedido ou não o mandado liminar de manutenção ou de reintegração, o autor promoverá, nos 5 (cinco) dias subseqüentes, a citação do réu para contestar a ação.

Parágrafo único. Quando for ordenada a justificação prévia (art. 928), o prazo para contestar contar-se-á da intimação do despacho que deferir ou não a medida liminar.

Art. 931. Aplica-se, quanto ao mais, o procedimento ordinário.

Seção III
Do Interdito Proibitório

Art. 932. O possuidor direto ou indireto, que tenha justo receio de ser molestado na posse, poderá impetrar ao juiz que o segure da turbação ou esbulho iminente, mediante mandado proibitório, em que se comine ao réu determinada pena pecuniária, caso transgrida o preceito.

Art. 933. Aplica-se ao interdito proibitório o disposto na seção anterior.

CAPÍTULO VI
DA AÇÃO DE NUNCIAÇÃO DE OBRA NOVA

Art. 934. Compete esta ação:
I — ao proprietário ou possuidor, a fim de impedir que a edificação de obra nova em imóvel vizinho lhe prejudique o prédio, suas servidões ou fins a que é destinado;
II — ao condômino, para impedir que o coproprietário execute alguma obra com prejuízo ou alteração da coisa comum;
III — ao Município, a fim de impedir que o particular construa em contravenção da lei, do regulamento ou de postura.

Art. 935. Ao prejudicado também é lícito, se o caso for urgente, fazer o embargo extrajudicial, notificando verbalmente, perante duas testemunhas, o proprietário ou, em sua falta, o construtor, para não continuar a obra.

Parágrafo único. Dentro de 3 (três) dias requererá o nunciante a ratificação em juízo, sob pena de cessar o efeito do embargo.

Art. 936. Na petição inicial, elaborada com observância dos requisitos do art. 282, requererá o nunciante:
I — o embargo para que fique suspensa a obra e se mande afinal reconstituir, modificar ou demolir o que estiver feito em seu detrimento;
II — a cominação de pena para o caso de inobservância do preceito;
III — a condenação em perdas e danos.

Parágrafo único. Tratando-se de demolição, colheita, corte de madeiras, extração de minérios e obras semelhantes, pode incluir-se o pedido de apreensão e depósito dos materiais e produtos já retirados.

Art. 937. É lícito ao juiz conceder o embargo liminarmente ou após justificação prévia.

Art. 938. Deferido o embargo, o oficial de justiça, encarregado de seu cumprimento, lavrará auto circunstanciado, descrevendo o estado em que se encontra a obra; e, ato contínuo, intimará o construtor e os operários a que não continuem a obra sob pena de desobediência e citará o proprietário a contestar em 5 (cinco) dias a ação.

Art. 939. Aplica-se a esta ação o disposto no art. 803.

Art. 940. O nunciado poderá, a qualquer tempo e em qualquer grau de jurisdição, requerer o prosseguimento da obra, desde que preste caução e demonstre prejuízo resultante da suspensão dela.

§ 1º A caução será prestada no juízo de origem, embora a causa se encontre no tribunal.

§ 2º Em nenhuma hipótese terá lugar o prosseguimento, tratando-se de obra nova levantada contra determinação de regulamentos administrativos.

CAPÍTULO VII
DA AÇÃO DE USUCAPIÃO DE TERRAS PARTICULARES

Art. 941. Compete a ação de usucapião ao possuidor para que se lhe declare, nos termos da lei, o domínio do imóvel ou a servidão predial.

CÓDIGO DE PROCESSO CIVIL/1973

Art. 942. O autor, expondo na petição inicial o fundamento do pedido e juntando planta do imóvel, requererá a citação daquele em cujo nome estiver registrado o imóvel usucapiendo, bem como dos confinantes e, por edital, dos réus em lugar incerto e dos eventuais interessados, observado quanto ao prazo o disposto no inciso IV do art. 232. *(Redação dada pela Lei n. 8.951, de 13.12.1994)*

Art. 943. Serão intimados por via postal, para que manifestem interesse na causa, os representantes da Fazenda Pública da União, dos Estados, do Distrito Federal, dos Territórios e dos Municípios. *(Redação dada pela Lei n. 8.951, de 13.12.1994)*

Art. 944. Intervirá obrigatoriamente em todos os atos do processo o Ministério Público.

Art. 945. A sentença, que julgar procedente a ação, será transcrita, mediante mandado, no registro de imóveis, satisfeitas as obrigações fiscais.

CAPÍTULO VIII
DA AÇÃO DE DIVISÃO E DA DEMARCAÇÃO DE TERRAS PARTICULARES

Seção I
Das Disposições Gerais

Art. 946. Cabe:
I — a ação de demarcação ao proprietário para obrigar o seu confinante a estremar os respectivos prédios, fixando-se novos limites entre eles ou aviventando-se os já apagados;
II — a ação de divisão, ao condômino para obrigar os demais consortes, a partilhar a coisa comum.

Art. 947. É lícita a cumulação destas ações; caso em que deverá processar-se primeiramente a demarcação total ou parcial da coisa comum, citando-se os confinantes e condôminos.

Art. 948. Fixados os marcos da linha de demarcação, os confinantes considerar-se-ão terceiros quanto ao processo divisório; fica-lhes, porém, ressalvado o direito de vindicarem os terrenos de que se julguem despojados por invasão das linhas limítrofes constitutivas do perímetro ou a reclamarem uma indenização pecuniária correspondente ao seu valor.

Art. 949. Serão citados para a ação todos os condôminos, se ainda não transitou em julgado a sentença homologatória da divisão; e todos os quinhoeiros dos terrenos vindicados, se proposta posteriormente. *(Redação dada pela Lei n. 5.925, de 1º.10.1973)*
Parágrafo único. Neste último caso, a sentença que julga procedente a ação, condenando a restituir os terrenos ou a pagar a indenização, valerá como título executivo em favor dos quinhoeiros para haverem dos outros condôminos, que forem parte na divisão, ou de seus sucessores por título universal, na proporção que lhes tocar, a composição pecuniária do desfalque sofrido. *(Redação dada pela Lei n. 5.925, de 1º.10.1973)*

Seção II
Da Demarcação

Art. 950. Na petição inicial, instruída com os títulos da propriedade, designar-se-á o imóvel pela situação e denominação, descrever-se-ão os limites por constituir, aviventar ou renovar e nomear-se-ão todos os confinantes da linha demarcanda.

Art. 951. O autor pode requerer a demarcação com queixa de esbulho ou turbação, formulando também o pedido de restituição do terreno invadido com os rendimentos que deu, ou a indenização dos danos pela usurpação verificada.

Art. 952. Qualquer condômino é parte legítima para promover a demarcação do imóvel comum, citando-se os demais como litisconsortes.

Art. 953. Os réus que residirem na comarca serão citados pessoalmente; os demais, por edital.

Art. 954. Feitas as citações, terão os réus o prazo comum de 20 (vinte) dias para contestar.

Art. 955. Havendo contestação, observar-se-á o procedimento ordinário; não havendo, aplica-se o disposto no art. 330, II.

Art. 956. Em qualquer dos casos do artigo anterior, o juiz, antes de proferir a sentença definitiva, nomeará dois arbitradores e um agrimensor para levantarem o traçado da linha demarcanda.

Art. 957. Concluídos os estudos, apresentarão os arbitradores minucioso laudo sobre o traçado da linha demarcanda, tendo em conta os títulos, marcos, rumos, a fama da vizinhança, as informações de antigos moradores do lugar e outros elementos que coligirem.
Parágrafo único. Ao laudo, anexará o agrimensor a planta da região e o memorial das operações de campo, os quais serão juntos aos autos, podendo as partes, no prazo comum de 10 (dez) dias, alegar o que julgarem conveniente.

Art. 958. A sentença, que julgar procedente a ação, determinará o traçado da linha demarcanda.

Art. 959. Tanto que passe em julgado a sentença, o agrimensor efetuará a demarcação, colocando os marcos necessários. Todas as operações serão consignadas em planta e memorial descritivo com as referências convenientes para a identificação, em qualquer tempo, dos pontos assinalados.

Art. 960. Nos trabalhos de campo observar-se-ão as seguintes regras:
I — a declinação magnética da agulha será determinada na estação inicial;
II — empregar-se-ão os instrumentos aconselhados pela técnica;
III — quando se utilizarem fitas metálicas ou correntes, as medidas serão tomadas horizontalmente, em lances determinados pelo declive, de 20 (vinte) metros no máximo;
IV — as estações serão marcadas por pequenas estacas, fortemente cravadas, colocando-se ao lado estacas maiores, numeradas;
V — quando as estações não tiverem afastamento superior a 50 (cinqüenta) metros, as visadas serão feitas sobre balizas com o diâmetro máximo de 12 (doze) milímetros;
VI — tomar-se-ão por aneróides ou por cotas obtidas mediante levantamento taqueométrico as altitudes dos pontos mais acidentados.

Art. 961. A planta será orientada segundo o meridiano do marco primordial, determinada a declinação magnética e conterá:

I — as altitudes relativas de cada estação do instrumento e a conformação altimétrica ou orográfica aproximativa dos terrenos;

II — as construções existentes, com indicação dos seus fins, bem como os marcos, valos, cercas, muros divisórios e outros quaisquer vestígios que possam servir ou tenham servido de base à demarcação;

III — as águas principais, determinando-se, quando possível, os volumes, de modo que se lhes possa calcular o valor mecânico;

IV — a indicação, por cores convencionais, das culturas existentes, pastos, campos, matas, capoeiras e divisas do imóvel.

Parágrafo único. As escalas das plantas podem variar entre os limites de 1 (um) para 500 (quinhentos) a 1 (um) para 5.000 (cinco mil) conforme a extensão das propriedades rurais, sendo admissível a de 1 (um), para 10.000 (dez mil) nas propriedades de mais de 5 (cinco) quilômetros quadrados.

Art. 962. Acompanharão as plantas as cadernetas de operações de campo e o memorial descritivo, que conterá:

I — o ponto de partida, os rumos seguidos e a aviventação dos antigos com os respectivos cálculos;

II — os acidentes encontrados, as cercas, valos, marcos antigos, córregos, rios, lagoas e outros;

III — a indicação minuciosa dos novos marcos cravados, das culturas existentes e sua produção anual;

IV — a composição geológica dos terrenos, bem como a qualidade e extensão dos campos, matas e capoeiras;

V — as vias de comunicação;

VI — as distâncias à estação da estrada de ferro, ao porto de embarque e ao mercado mais próximo;

VII — a indicação de tudo o mais que for útil para o levantamento da linha ou para a identificação da linha já levantada.

Art. 963. É obrigatória a colocação de marcos assim na estação inicial — marco primordial —, como nos vértices dos ângulos, salvo se algum destes últimos pontos for assinalado por acidentes naturais de difícil remoção ou destruição.

Art. 964. A linha será percorrida pelos arbitradores, que examinarão os marcos e rumos, consignando em relatório escrito a exatidão do memorial e planta apresentados pelo agrimensor ou as divergências porventura encontradas.

Art. 965. Junto aos autos o relatório dos arbitradores, determinará o juiz que as partes se manifestem sobre ele no prazo comum de 10 (dez) dias. Em seguida, executadas as correções e retificações que ao juiz pareçam necessárias, lavrar-se-á o auto de demarcação em que os limites demarcandos serão minuciosamente descritos de acordo com o memorial e a planta.

Art. 966. Assinado o auto pelo juiz, arbitradores e agrimensor, será proferida a sentença homologatória da demarcação.

Seção III
Da Divisão

Art. 967. A petição inicial, elaborada com observância dos requisitos do art. 282 e instruída com os títulos de domínio do promovente, conterá:

I — a indicação da origem da comunhão e a denominação, situação, limites e característicos do imóvel;

II — o nome, o estado civil, a profissão e a residência de todos os condôminos, especificando-se os estabelecidos no imóvel com benfeitorias e culturas;

III — as benfeitorias comuns.

Art. 968. Feitas as citações como preceitua o art. 953, prosseguir-se-á na forma dos arts. 954 e 955.

Art. 969. Prestado o compromisso pelos arbitradores e agrimensor, terão início, pela medição do imóvel, as operações de divisão.

Art. 970. Todos os condôminos serão intimados a apresentar, dentro em 10 (dez) dias, os seus títulos, se ainda não o tiverem feito; e a formular os seus pedidos sobre a constituição dos quinhões.

Art. 971. O juiz ouvirá as partes no prazo comum de 10 (dez) dias.

Parágrafo único. Não havendo impugnação, o juiz determinará a divisão geodésica do imóvel; se houver, proferirá, no prazo de 10 (dez) dias, decisão sobre os pedidos e os títulos que devam ser atendidos na formação dos quinhões.

Art. 972. A medição será efetuada na forma dos arts. 960 a 963.

Art. 973. Se qualquer linha do perímetro atingir benfeitorias permanentes dos confinantes, feitas há mais de 1 (um) ano, serão elas respeitadas, bem como os terrenos onde estiverem, os quais não se computarão na área dividenda.

Parágrafo único. Consideram-se benfeitorias, para os efeitos deste artigo, as edificações, muros, cercas, culturas e pastos fechados, não abandonados há mais de 2 (dois) anos.

Art. 974. É lícito aos confinantes do imóvel dividendo demandar a restituição dos terrenos que lhes tenham sido usurpados. *(Redação dada pela Lei n. 5.925, de 1º.10.1973)*

§ 1º Serão citados para a ação todos os condôminos, se ainda não transitou em julgado a sentença homologatória da divisão; e todos os quinhoeiros dos terrenos vindicados, se proposta posteriormente. *(Redação dada pela Lei n. 5.925, de 1º.10.1973)*

§ 2º Neste último caso terão os quinhoeiros o direito, pela mesma sentença que os obrigar à restituição, a haver dos outros condôminos do processo divisório, ou de seus sucessores a título universal, a composição pecuniária proporcional ao desfalque sofrido. *(Redação dada pela Lei n. 5.925, de 1º.10.1973)*

Art. 975. Concluídos os trabalhos de campo, levantará o agrimensor a planta do imóvel e organizará o memorial descritivo das operações, observado o disposto nos arts. 961 a 963.

§ 1º A planta assinalará também:

I — as povoações e vias de comunicação existentes no imóvel;

II — as construções e benfeitorias, com a indicação dos seus fins, proprietários e ocupantes;

III — as águas principais que banham o imóvel;

IV — a composição geológica, qualidade e vestimento dos terrenos, bem como o valor destes e das culturas.

§ 2º O memorial descritivo indicará mais:

I — a composição geológica, a qualidade e o valor dos terrenos, bem como a cultura e o destino a que melhor possam adaptar-se;

II — as águas que banham o imóvel, determinando-lhes, tanto quanto possível, o volume, de modo que se lhes possa calcular o valor mecânico;

III — a qualidade e a extensão aproximada de campos e matas;

IV — as indústrias exploradas e as suscetíveis de exploração;

V — as construções, benfeitorias e culturas existentes, mencionando-se os respectivos proprietários e ocupantes;

VI — as vias de comunicação estabelecidas e as que devam ser abertas;

VII — a distância aproximada à estação de transporte de mais fácil acesso;

VIII — quaisquer outras informações que possam concorrer para facilitar a partilha.

Art. 976. Durante os trabalhos de campo procederão os arbitradores ao exame, classificação e avaliação das terras, culturas, edifícios e outras benfeitorias, entregando o laudo ao agrimensor.

Art. 977. O agrimensor avaliará o imóvel no seu todo, se os arbitradores reconhecerem que a homogeneidade das terras não determina variedade de preços; ou o classificará em áreas, se houver diversidade de valores.

Art. 978. Em seguida os arbitradores e o agrimensor proporão, em laudo fundamentado, a forma da divisão, devendo consultar, quanto possível, a comodidade das partes, respeitar, para adjudicação a cada condômino, a preferência dos terrenos contíguos às suas residências e benfeitorias e evitar o retalhamento dos quinhões em glebas separadas.

§ 1º O cálculo será precedido do histórico das diversas transmissões efetuadas a partir do ato ou fato gerador da comunhão, atualizando-se os valores primitivos.

§ 2º Seguir-se-ão, em títulos distintos, as contas de cada condômino, mencionadas todas as aquisições e alterações em ordem cronológica bem como as respectivas datas e as folhas dos autos onde se encontrem os documentos correspondentes.

§ 3º O plano de divisão será também consignado em um esquema gráfico.

Art. 979. Ouvidas as partes, no prazo comum de 10 (dez) dias, sobre o cálculo e o plano da divisão, deliberará o juiz a partilha. Em cumprimento desta decisão, procederá o agrimensor, assistido pelos arbitradores, à demarcação dos quinhões, observando, além do disposto nos arts. 963 e 964, as seguintes regras:

I — as benfeitorias comuns, que não comportarem divisão cômoda, serão adjudicadas a um dos condôminos mediante compensação;

II — instituir-se-ão as servidões, que forem indispensáveis, em favor de uns quinhões sobre os outros, incluindo o respectivo valor no orçamento para que, não se tratando de servidões naturais, seja compensado o condômino aquinhoado com o prédio serviente;

III — as benfeitorias particulares dos condôminos, que excederem a área a que têm direito, serão adjudicadas ao quinhoeiro vizinho mediante reposição;

IV — se outra coisa não acordarem as partes, as compensações e reposições serão feitas em dinheiro.

Art. 980. Terminados os trabalhos e desenhados na planta os quinhões e as servidões aparentes, organizará o agrimensor o memorial descritivo. Em seguida, cumprido o disposto no art. 965, o escrivão lavrará o auto de divisão, seguido de uma folha de pagamento para cada condômino. Assinado o auto pelo juiz, agrimensor e arbitradores, será proferida sentença homologatória da divisão. *(Redação dada pela Lei n. 5.925, de 1º.10.1973)*

§ 1º O auto conterá: *(Redação dada pela Lei n. 5.925, de 1º.10.1973)*

I — a confinação e a extensão superficial do imóvel; *(Redação dada pela Lei n. 5.925, de 1º.10.1973)*

II — a classificação das terras com o cálculo das áreas de cada consorte e a respectiva avaliação, ou a avaliação do imóvel na sua integridade, quando a homogeneidade das terras não determinar diversidade de valores; *(Redação dada pela Lei n. 5.925, de 1º.10.1973)*

III — o valor e a quantidade geométrica que couber a cada condômino, declarando-se as reduções e compensações resultantes da diversidade de valores das glebas componentes de cada quinhão. *(Redação dada pela Lei n. 5.925, de 1º.10.1973)*

§ 2º Cada folha de pagamento conterá: *(Redação dada pela Lei n. 5.925, de 1º.10.1973)*

I — a descrição das linhas divisórias do quinhão, mencionadas as confinantes; *(Redação dada pela Lei n. 5.925, de 1º.10.1973)*

II — a relação das benfeitorias e culturas do próprio quinhoeiro e das que lhe foram adjudicadas por serem comuns ou mediante compensação; *(Redação dada pela Lei n. 5.925, de 1º.10.1973)*

III — a declaração das servidões instituídas, especificados os lugares, a extensão e modo de exercício. *(Redação dada pela Lei n. 5.925, de 1º.10.1973)*

Art. 981. Aplica-se às divisões o disposto nos arts. 952 a 955. *(Redação dada pela Lei n. 5.925, de 1º.10.1973)*

CAPÍTULO IX
DO INVENTÁRIO E DA PARTILHA

Seção I
Das Disposições Gerais

Art. 982. Havendo testamento ou interessado incapaz, proceder-se-á ao inventário judicial; se todos forem capazes e concordes, poderá fazer-se o inventário e a partilha por escritura pública, a qual constituirá título hábil para o registro imobiliário. *(Redação dada pela Lei n. 11.441, de 2007).*

§ 1º O tabelião somente lavrará a escritura pública se todas as partes interessadas estiverem assistidas por advogado comum ou advogados de cada uma delas ou por defensor público, cuja qualificação e assinatura constarão do ato notarial. *(Renumerado do parágrafo único com nova redação, pela Lei n. 11.965, de 2009)*

§ 2º A escritura e demais atos notariais serão gratuitos àqueles que se declararem pobres sob as penas da lei. *(Incluído pela Lei n. 11.965, de 2009)*

Art. 983. O processo de inventário e partilha deve ser aberto dentro de 60 (sessenta) dias a contar da abertura da sucessão, ultimando-se nos 12 (doze) meses subsequentes, podendo o juiz prorrogar tais prazos, de ofício ou a requerimento de parte. *(Redação dada pela Lei n. 11.441, de 2007).*

Parágrafo único. (Revogado). *(Redação dada pela Lei n. 11.441, de 2007).(Revogado pela Lei n. 11.441, de 2007).*

Art. 984. O juiz decidirá todas as questões de direito e também as questões de fato, quando este se achar provado por documento, só remetendo para os meios ordinários as que demandarem alta indagação ou dependerem de outras provas.

Art. 985. Até que o inventariante preste o compromisso (art. 990, parágrafo único), continuará o espólio na posse do administrador provisório.

Art. 986. O administrador provisório representa ativa e passivamente o espólio, é obrigado a trazer ao acervo os frutos que desde a abertura da sucessão percebeu, tem direito ao reembolso das despesas necessárias e úteis que fez e responde pelo dano a que, por dolo ou culpa, der causa.

Seção II
Da Legitimidade para Requerer o Inventário

Art. 987. A quem estiver na posse e administração do espólio incumbe, no prazo estabelecido no art. 983, requerer o inventário e a partilha.

Parágrafo único. O requerimento será instruído com a certidão de óbito do autor da herança.

Art. 988. Tem, contudo, legitimidade concorrente:

I — o cônjuge supérstite;

II — o herdeiro;

III — o legatário;

IV — o testamenteiro;

V — o cessionário do herdeiro ou do legatário;

VI — o credor do herdeiro, do legatário ou do autor da herança;

VII — o síndico da falência do herdeiro, do legatário, do autor da herança ou do cônjuge supérstite;

VIII — o Ministério Público, havendo herdeiros incapazes;

IX — a Fazenda Pública, quando tiver interesse.

Art. 989. O juiz determinará, de ofício, que se inicie o inventário, se nenhuma das pessoas mencionadas nos artigos antecedentes o requerer no prazo legal.

Seção III
Do Inventariante e das Primeiras Declarações

Art. 990. O juiz nomeará inventariante: *(Vide Lei n. 12.195, de 2010)*

I — o cônjuge ou companheiro sobrevivente, desde que estivesse convivendo com o outro ao tempo da morte deste; *(Redação dada pela Lei n. 12.195, de 2010) Vigência*

II — o herdeiro que se achar na posse e administração do espólio, se não houver cônjuge ou companheiro sobrevivente ou estes não puderem ser nomeados; *(Redação dada pela Lei n. 12.195, de 2010) Vigência*

III — qualquer herdeiro, nenhum estando na posse e administração do espólio;

IV — o testamenteiro, se lhe foi confiada a administração do espólio ou toda a herança estiver distribuída em legados;

V — o inventariante judicial, se houver;

VI — pessoa estranha idônea, onde não houver inventariante judicial.

Parágrafo único. O inventariante, intimado da nomeação, prestará, dentro de 5 (cinco) dias, o compromisso de bem e fielmente desempenhar o cargo.

Art. 991. Incumbe ao inventariante:

I — representar o espólio ativa e passivamente, em juízo ou fora dele, observando-se, quanto ao dativo, o disposto no art. 12, § 1º;

II — administrar o espólio, velando-lhe os bens com a mesma diligência como se seus fossem;

III — prestar as primeiras e últimas declarações pessoalmente ou por procurador com poderes especiais;

IV — exibir em cartório, a qualquer tempo, para exame das partes, os documentos relativos ao espólio;

V — juntar aos autos certidão do testamento, se houver;

VI — trazer à colação os bens recebidos pelo herdeiro ausente, renunciante ou excluído;

VII — prestar contas de sua gestão ao deixar o cargo ou sempre que o juiz lhe determinar;

VIII — requerer a declaração de insolvência (art. 748).

Art. 992. Incumbe ainda ao inventariante, ouvidos os interessados e com autorização do juiz:

I — alienar bens de qualquer espécie;

II — transigir em juízo ou fora dele;

III — pagar dívidas do espólio;

IV — fazer as despesas necessárias com a conservação e o melhoramento dos bens do espólio.

Art. 993. Dentro de 20 (vinte) dias, contados da data em que prestou o compromisso, fará o inventariante as primeiras declarações, das quais se lavrará termo circunstanciado. No termo, assinado pelo juiz, escrivão e inventariante, serão exarados: *(Redação dada pela Lei n. 5.925, de 1º.10.1973)*

I — o nome, estado, idade e domicílio do autor da herança, dia e lugar em que faleceu e bem ainda se deixou testamento; *(Redação dada pela Lei n. 5.925, de 1º.10.1973)*

II — o nome, estado, idade e residência dos herdeiros e, havendo cônjuge supérstite, o regime de bens do casamento; *(Redação dada pela Lei n. 5.925, de 1º.10.1973)*

III — a qualidade dos herdeiros e o grau de seu parentesco com o inventariado; *(Redação dada pela Lei n. 5.925, de 1º.10.1973)*

IV — a relação completa e individuada de todos os bens do espólio e dos alheios que nele forem encontrados, descrevendo-se: *(Redação dada pela Lei n. 5.925, de 1º.10.1973)*

a) os imóveis, com as suas especificações, nomeadamente local em que se encontram, extensão da área, limites, confrontações, benfeitorias, origem dos títulos, números das transcrições aquisitivas e ônus que os gravam; *(Redação dada pela Lei n. 5.925, de 1º.10.1973)*

b) os móveis, com os sinais característicos; *(Redação dada pela Lei n. 5.925, de 1º.10.1973)*

c) os semoventes, seu número, espécies, marcas e sinais distintivos; *(Redação dada pela Lei n. 5.925, de 1º.10.1973)*

d) o dinheiro, as joias, os objetos de ouro e prata, e as pedras preciosas, declarando-se-lhes especificadamente a qualidade, o peso e a importância; *(Redação dada pela Lei n. 5.925, de 1º.10.1973)*

e) os títulos da dívida pública, bem como as ações, cotas e títulos de sociedade, mencionando-se-lhes o número, o valor e a data; *(Redação dada pela Lei n. 5.925, de 1º.10.1973)*

f) as dívidas ativas e passivas, indicando-se-lhes as datas, títulos, origem da obrigação, bem como os nomes dos cre-

dores e dos devedores; *(Redação dada pela Lei n. 5.925, de 1º.10.1973)*

g) direitos e ações; *(Redação dada pela Lei n. 5.925, de 1º.10.1973)*

h) o valor corrente de cada um dos bens do espólio. *(Redação dada pela Lei n. 5.925, de 1º.10.1973)*

Parágrafo único. O juiz determinará que se proceda: *(Redação dada pela Lei n. 5.925, de 1º.10.1973)*

I — ao balanço do estabelecimento, se o autor da herança era comerciante em nome individual; *(Redação dada pela Lei n. 5.925, de 1º.10.1973)*

II — a apuração de haveres, se o autor da herança era sócio de sociedade que não anônima. *(Redação dada pela Lei n. 5.925, de 1º.10.1973)*

Art. 994. Só se pode argüir de sonegação ao inventariante depois de encerrada a descrição dos bens, com a declaração, por ele feita, de não existirem outros por inventariar.

Art. 995. O inventariante será removido:

I — se não prestar, no prazo legal, as primeiras e as últimas declarações;

II — se não der ao inventário andamento regular, suscitando dúvidas infundadas ou praticando atos meramente protelatórios;

III — se, por culpa sua, se deteriorarem, forem dilapidados ou sofrerem dano bens do espólio;

IV — se não defender o espólio nas ações em que for citado, deixar de cobrar dívidas ativas ou não promover as medidas necessárias para evitar o perecimento de direitos;

V — se não prestar contas ou as que prestar não forem julgadas boas;

VI — se sonegar, ocultar ou desviar bens do espólio.

Art. 996. Requerida a remoção com fundamento em qualquer dos números do artigo antecedente, será intimado o inventariante para, no prazo de 5 (cinco) dias, defender-se e produzir provas.

Parágrafo único. O incidente da remoção correrá em apenso aos autos do inventário.

Art. 997. Decorrido o prazo com a defesa do inventariante ou sem ela, o juiz decidirá. Se remover o inventariante, nomeará outro, observada a ordem estabelecida no art. 990.

Art. 998. O inventariante removido entregará imediatamente ao substituto os bens do espólio; deixando de fazê-lo, será compelido mediante mandado de busca e apreensão, ou de imissão na posse, conforme se tratar de bem móvel ou imóvel.

Seção IV
Das Citações e das Impugnações

Art. 999. Feitas as primeiras declarações, o juiz mandará citar, para os termos do inventário e partilha, o cônjuge, os herdeiros, os legatários, a Fazenda Pública, o Ministério Público, se houver herdeiro incapaz ou ausente, e o testamenteiro, se o finado deixou testamento. *(Redação dada pela Lei n. 5.925, de 1º.10.1973)*

§ 1º Citar-se-ão, conforme o disposto nos arts. 224 a 230, somente as pessoas domiciliadas na comarca por onde corre o inventário ou que aí foram encontradas; e por edital, com o prazo de 20 (vinte) a 60 (sessenta) dias, todas as demais, residentes, assim no Brasil como no estrangeiro. *(Redação dada pela Lei n. 5.925, de 1º.10.1973)*

§ 2º Das primeiras declarações extrair-se-ão tantas cópias quantas forem as partes. *(Redação dada pela Lei n. 5.925, de 1º.10.1973)*

§ 3º O oficial de justiça, ao proceder à citação, entregará um exemplar a cada parte. *(Redação dada pela Lei n. 5.925, de 1º.10.1973)*

§ 4º Incumbe ao escrivão remeter cópias à Fazenda Pública, ao Ministério Público, ao testamenteiro, se houver, e ao advogado, se a parte já estiver representada nos autos. *(Redação dada pela Lei n. 5.925, de 1º.10.1973)*

Art. 1.000. Concluídas as citações, abrir-se-á vista às partes, em cartório e pelo prazo comum de 10 (dez) dias, para dizerem sobre as primeiras declarações. Cabe à parte:

I — arguir erros e omissões;

II — reclamar contra a nomeação do inventariante;

III — contestar a qualidade de quem foi incluído no título de herdeiro.

Parágrafo único. Julgando procedente a impugnação referida no n. I, o juiz mandará retificar as primeiras declarações. Se acolher o pedido, de que trata o n. II, nomeará outro inventariante, observada a preferência legal. Verificando que a disputa sobre a qualidade de herdeiro, a que alude o n. III, constitui matéria de alta indagação, remeterá a parte para os meios ordinários e sobrestará, até o julgamento da ação, na entrega do quinhão que na partilha couber ao herdeiro admitido.

Art. 1.001. Aquele que se julgar preterido poderá demandar a sua admissão no inventário, requerendo-o antes da partilha. Ouvidas as partes no prazo de 10 (dez) dias, o juiz decidirá. Se não acolher o pedido, remeterá o requerente para os meios ordinários, mandando reservar, em poder do inventariante, o quinhão do herdeiro excluído até que se decida o litígio.

Art. 1.002. A Fazenda Pública, no prazo de 20 (vinte) dias, após a vista de que trata o art. 1.000, informará ao juízo, de acordo com os dados que constam de seu cadastro imobiliário, o valor dos bens de raiz descritos nas primeiras declarações. *(Redação dada pela Lei n. 5.925, de 1º.10.1973)*

Seção V
Da Avaliação e do Cálculo do Imposto

Art. 1.003. Findo o prazo do art. 1.000, sem impugnação ou decidida a que houver sido oposta, o juiz nomeará um perito para avaliar os bens do espólio, se não houver na comarca avaliador judicial.

Parágrafo único. No caso previsto no art. 993, parágrafo único, o juiz nomeará um contador para levantar o balanço ou apurar os haveres.

Art. 1.004. Ao avaliar os bens do espólio, observará o perito, no que for aplicável, o disposto nos arts. 681 a 683.

Art. 1.005. O herdeiro que requerer, durante a avaliação, a presença do juiz e do escrivão, pagará as despesas da diligência.

Art. 1.006. Não se expedirá carta precatória para a avaliação de bens situados fora da comarca por onde corre o inventário, se eles forem de pequeno valor ou perfeitamente conhecidos do perito nomeado.

Art. 1.007. Sendo capazes todas as partes, não se procederá à avaliação, se a Fazenda Pública, intimada na

forma do art. 237, I, concordar expressamente com o valor atribuído, nas primeiras declarações, aos bens do espólio. *(Redação dada pela Lei n. 5.925, de 1º.10.1973)*

Art. 1.008. Se os herdeiros concordarem com o valor dos bens declarados pela Fazenda Pública, a avaliação cingir-se-á aos demais. *(Redação dada pela Lei n. 5.925, de 1º.10.1973)*

Art. 1.009. Entregue o laudo de avaliação, o juiz mandará que sobre ele se manifestem as partes no prazo de 10 (dez) dias, que correrá em cartório.

§ 1º Versando a impugnação sobre o valor dado pelo perito, o juiz a decidirá de plano, à vista do que constar dos autos.

§ 2º Julgando procedente a impugnação, determinará o juiz que o perito retifique a avaliação, observando os fundamentos da decisão.

Art. 1.010. O juiz mandará repetir a avaliação:

I — quando viciada por erro ou dolo do perito;

II — quando se verificar, posteriormente à avaliação, que os bens apresentam defeito que lhes diminui o valor.

Art. 1.011. Aceito o laudo ou resolvidas as impugnações suscitadas a seu respeito lavrar-se-á em seguida o termo de últimas declarações, no qual o inventariante poderá emendar, aditar ou completar as primeiras.

Art. 1.012. Ouvidas as partes sobre as últimas declarações no prazo comum de 10 (dez) dias, proceder-se-á ao cálculo do imposto.

Art. 1.013. Feito o cálculo, sobre ele serão ouvidas todas as partes no prazo comum de 5 (cinco) dias, que correrá em cartório e, em seguida, a Fazenda Pública.

§ 1º Se houver impugnação julgada procedente, ordenará o juiz novamente a remessa dos autos ao contador, determinando as alterações que devam ser feitas no cálculo.

§ 2º Cumprido o despacho, o juiz julgará o cálculo do imposto.

Seção VI
Das Colações

Art. 1.014. No prazo estabelecido no art. 1.000, o herdeiro obrigado à colação conferirá por termo nos autos os bens que recebeu ou, se já os não possuir, trar-lhes-á o valor.

Parágrafo único. Os bens que devem ser conferidos na partilha, assim como as acessões e benfeitorias que o donatário fez, calcular-se-ão pelo valor que tiverem ao tempo da abertura da sucessão.

Art. 1.015. O herdeiro que renunciou à herança ou o que dela foi excluído não se exime, pelo fato da renúncia ou da exclusão, de conferir, para o efeito de repor a parte inoficiosa, as liberalidades que houve do doador.

§ 1º É lícito ao donatário escolher, dos bens doados, tantos quantos bastem para perfazer a legítima e a metade disponível, entrando na partilha o excedente para ser dividido entre os demais herdeiros.

§ 2º Se a parte inoficiosa da doação recair sobre bem imóvel, que não comporte divisão cômoda, o juiz determinará que sobre ela se proceda entre os herdeiros à licitação; o donatário poderá concorrer na licitação e, em igualdade de condições, preferirá aos herdeiros.

Art. 1.016. Se o herdeiro negar o recebimento dos bens ou a obrigação de os conferir, o juiz, ouvidas as partes no prazo comum de 5 (cinco) dias, decidirá à vista das alegações e provas produzidas.

§ 1º Declarada improcedente a oposição, se o herdeiro, no prazo improrrogável de 5 (cinco) dias, não proceder à conferência, o juiz mandará sequestrar-lhe, para serem inventariados e partilhados, os bens sujeitos à colação, ou imputar ao seu quinhão hereditário o valor deles, se já os não possuir.

§ 2º Se a matéria for de alta indagação, o juiz remeterá as partes para os meios ordinários, não podendo o herdeiro receber o seu quinhão hereditário, enquanto pender a demanda, sem prestar caução correspondente ao valor dos bens sobre que versar a conferência.

Seção VII
Do Pagamento das Dívidas

Art. 1.017. Antes da partilha, poderão os credores do espólio requerer ao juízo do inventário o pagamento das dívidas vencidas e exigíveis.

§ 1º A petição, acompanhada de prova literal da dívida, será distribuída por dependência e autuada em apenso aos autos do processo de inventário.

§ 2º Concordando as partes com o pedido, o juiz, ao declarar habilitado o credor, mandará que se faça a separação de dinheiro ou, em sua falta, de bens suficientes para o seu pagamento.

§ 3º Separados os bens, tantos quantos forem necessários para o pagamento dos credores habilitados, o juiz mandará aliená-los em praça ou leilão, observadas, no que forem aplicáveis, as regras do Livro II, Título II, Capítulo IV, Seção I, Subseção VII e Seção II, Subseções I e II.

§ 4º Se o credor requerer que, em vez de dinheiro, lhe sejam adjudicados, para o seu pagamento, os bens já reservados, o juiz deferir-lhe-á o pedido, concordando todas as partes.

Art. 1.018. Não havendo concordância de todas as partes sobre o pedido de pagamento feito pelo credor, será ele remetido para os meios ordinários.

Parágrafo único. O juiz mandará, porém, reservar em poder do inventariante bens suficientes para pagar o credor, quando a dívida constar de documento que comprove suficientemente a obrigação e a impugnação não se fundar em quitação.

Art. 1.019. O credor de dívida líquida e certa, ainda não vencida, pode requerer habilitação no inventário. Concordando as partes com o pedido, o juiz, ao julgar habilitado o crédito, mandará que se faça separação de bens para o futuro pagamento.

Art. 1.020. O legatário é parte legítima para manifestar-se sobre as dívidas do espólio:

I — quando toda a herança for dividida em legados;

II — quando o reconhecimento das dívidas importar redução dos legados.

Art. 1.021. Sem prejuízo do disposto no art. 674, é lícito aos herdeiros, ao separarem bens para o pagamento de dívidas, autorizar que o inventariante os nomeie à penhora no processo em que o espólio for executado.

Seção VIII
Da Partilha

Art. 1.022. Cumprido o disposto no art. 1.017, § 3º, o juiz facultará às partes que, no prazo comum de 10 (dez)

dias, formulem o pedido de quinhão; em seguida proferirá, no prazo de 10 (dez) dias, o despacho de deliberação da partilha, resolvendo os pedidos das partes e designando os bens que devam constituir quinhão de cada herdeiro e legatário.

Art. 1.023. O partidor organizará o esboço da partilha de acordo com a decisão, observando nos pagamentos a seguinte ordem:

I — dívidas atendidas;

II — meação do cônjuge;

III — meação disponível;

IV — quinhões hereditários, a começar pelo co-herdeiro mais velho.

Art. 1.024. Feito o esboço, dirão sobre ele as partes no prazo comum de 5 (cinco) dias. Resolvidas as reclamações, será a partilha lançada nos autos.

Art. 1.025. A partilha constará:

I — de um auto de orçamento, que mencionará:

a) os nomes do autor da herança, do inventariante, do cônjuge supérstite, dos herdeiros, dos legatários e dos credores admitidos;

b) o ativo, o passivo e o líquido partível, com as necessárias especificações;

c) o valor de cada quinhão;

II — de uma folha de pagamento para cada parte, declarando a quota a pagar-lhe, a razão do pagamento, a relação dos bens que lhe compõem o quinhão, as características que os individualizam e os ônus que os gravam.

Parágrafo único. O auto e cada uma das folhas serão assinados pelo juiz e pelo escrivão.

Art. 1.026. Pago o imposto de transmissão a título de morte, e junta aos autos certidão ou informação negativa de dívida para com a Fazenda Pública, o juiz julgará por sentença a partilha.

Art. 1.027. Passada em julgado a sentença mencionada no artigo antecedente, receberá o herdeiro os bens que lhe tocarem e um formal de partilha, do qual constarão as seguintes peças:

I — termo de inventariante e título de herdeiros;

II — avaliação dos bens que constituíram o quinhão do herdeiro;

III — pagamento do quinhão hereditário;

IV — quitação dos impostos;

V — sentença.

Parágrafo único. O formal de partilha poderá ser substituído por certidão do pagamento do quinhão hereditário, quando este não exceder 5 (cinco) vezes o salário mínimo vigente na sede do juízo; caso em que se transcreverá nela a sentença de partilha transitada em julgado.

Art. 1.028. A partilha, ainda depois de passar em julgado a sentença (art. 1.026), pode ser emendada nos mesmos autos do inventário, convindo todas as partes, quando tenha havido erro de fato na descrição dos bens; o juiz, de ofício ou a requerimento da parte, poderá, a qualquer tempo, corrigir-lhe as inexatidões materiais.

Art. 1.029. A partilha amigável, lavrada em instrumento público, reduzida a termo nos autos do inventário ou constante de escrito particular homologado pelo juiz, pode ser anulada, por dolo, coação, erro essencial ou intervenção de incapaz. *(Redação dada pela Lei n. 5.925, de 1º.10.1973)*

Parágrafo único. O direito de propor ação anulatória de partilha amigável prescreve em 1 (um) ano, contado este prazo: *(Redação dada pela Lei n. 5.925, de 1º.10.1973)*

I — no caso de coação, do dia em que ela cessou; *(Redação dada pela Lei n. 5.925, de 1º.10.1973)*

II — no de erro ou dolo, do dia em que se realizou o ato; *(Redação dada pela Lei n. 5.925, de 1º.10.1973)*

III — quanto ao incapaz, do dia em que cessar a incapacidade. *(Redação dada pela Lei n. 5.925, de 1º.10.1973)*

Art. 1.030. É rescindível a partilha julgada por sentença:

I — nos casos mencionados no artigo antecedente;

II — se feita com preterição de formalidades legais;

III — se preteriu herdeiro ou incluiu quem não o seja.

Seção IX
Do Arrolamento

Art. 1.031. A partilha amigável, celebrada entre partes capazes, nos termos do *art. 2.015 da Lei n. 10.406, de 10 de janeiro de 2002 — Código Civil*, será homologada de plano pelo juiz, mediante a prova da quitação dos tributos relativos aos bens do espólio e às suas rendas, com observância dos arts. 1.032 a 1.035 desta Lei. *(Redação dada pela Lei n. 11.441, de 2007).*

§ 1º O disposto neste artigo aplica-se, também, ao pedido de adjudicação, quando houver herdeiro único. *(Parágrafo único Renumerado pela Lei n. 9.280, de 30.5.1996)*

§ 2º Transitada em julgado a sentença de homologação de partilha ou adjudicação, o respectivo formal, bem como os alvarás referentes aos bens por ele abrangidos, só serão expedidos e entregues às partes após a comprovação, verificada pela Fazenda Pública, do pagamento de todos os tributos. *(Incluído pela Lei n. 9.280, de 30.5.1996)*

Art. 1.032. Na petição de inventário, que se processará na forma de arrolamento sumário, independentemente da lavratura de termos de qualquer espécie, os herdeiros: *(Redação dada pela Lei n. 7.019, de 31.8.1982)*

I — requererão ao juiz a nomeação do inventariante que designarem; *(Redação dada pela Lei n. 7.019, de 31.8.1982)*

II — declararão os títulos dos herdeiros e os bens do espólio, observado o disposto no art. 993 desta Lei; *(Redação dada pela Lei n. 7.019, de 31.8.1982)*

III — atribuirão o valor dos bens do espólio, para fins de partilha. *(Incluído pela Lei n. 7.019, de 31.8.1982)*

Art. 1.033. Ressalvada a hipótese prevista no parágrafo único do art. 1.035 desta Lei, não se procederá a avaliação dos bens do espólio para qualquer finalidade. *(Redação dada pela Lei n. 7.019, de 31.8.1982)*

Art. 1.034. No arrolamento, não serão conhecidas ou apreciadas questões relativas ao lançamento, ao pagamento ou à quitação de taxas judiciárias e de tributos incidentes sobre a transmissão da propriedade dos bens do espólio. *(Redação dada pela Lei n. 7.019, de 31.8.1982)*

§ 1º A taxa judiciária, se devida, será calculada com base no valor atribuído pelos herdeiros, cabendo ao fisco, se apurar em processo administrativo valor diverso do estimado, exigir a eventual diferença pelos meios adequados ao lançamento de créditos tributários em geral. *(Incluído pela Lei n. 7.019, de 31.8.1982)*

§ 2º O imposto de transmissão será objeto de lançamento administrativo, conforme dispuser a legislação tributária, não ficando as autoridades fazendárias adstritas aos valores dos bens do espólio atribuídos pelos herdeiros. *(Incluído pela Lei n. 7.019, de 31.8.1982)*

Art. 1.035. A existência de credores do espólio não impedirá a homologação da partilha ou da adjudicação, se forem reservados bens suficientes para o pagamento da dívida. *(Redação dada pela Lei n. 7.019, de 31.8.1982)*

Parágrafo único. A reserva de bens será realizada pelo valor estimado pelas partes, salvo se o credor, regularmente notificado, impugnar a estimativa, caso em que se promoverá a avaliação dos bens a serem reservados. *(Incluído pela Lei n. 7.019, de 31.8.1982)*

Art. 1.036. Quando o valor dos bens do espólio for igual ou inferior a 2.000 (duas mil) Obrigações do Tesouro Nacional — OTN, o inventário processar-se-á na forma de arrolamento, cabendo ao inventariante nomeado, independentemente da assinatura de termo de compromisso, apresentar, com suas declarações, a atribuição do valor dos bens do espólio e o plano da partilha. *(Redação dada pela Lei n. 7.019, de 31.8.1982)*

§ 1º Se qualquer das partes ou o Ministério Público impugnar a estimativa, o juiz nomeará um avaliador que oferecerá laudo em 10 (dez) dias. *(Incluído pela Lei n. 7.019, de 31.8.1982)*

§ 2º Apresentado o laudo, o juiz, em audiência que designar, deliberará sobre a partilha, decidindo de plano todas as reclamações e mandando pagar as dívidas não impugnadas. *(Incluído pela Lei n. 7.019, de 31.8.1982)*

§ 3º Lavrar-se-á de tudo um só termo, assinado pelo juiz e pelas partes presentes. *(Incluído pela Lei n. 7.019, de 31.8.1982)*

§ 4º Aplicam-se a esta espécie de arrolamento, no que couberem, as disposições do art. 1.034 e seus parágrafos, relativamente ao lançamento, ao pagamento e à quitação da taxa judiciária e do imposto sobre a transmissão da propriedade dos bens do espólio. *(Incluído pela Lei n. 7.019, de 31.8.1982)*

§ 5º Provada a quitação dos tributos relativos aos bens do espólio e às suas rendas, o juiz julgará a partilha. *(Incluído pela Lei n. 7.019, de 31.8.1982)*

Art. 1.037. Independerá de inventário ou arrolamento o pagamento dos valores previstos na *Lei n. 6.858, de 24 de novembro de 1980. (Redação dada pela Lei n. 7.019, de 31.8.1982)*

Art. 1.038. Aplicam-se subsidiariamente a esta Seção as disposições das seções antecedentes, bem como as da seção subseqüente. *(Redação dada pela Lei n. 7.019, de 31.8.1982)*

Seção X
Das Disposições Comuns às Seções Precedentes

Art. 1.039. Cessa a eficácia das medidas cautelares previstas nas várias seções deste Capítulo:

I — se a ação não for proposta em 30 (trinta) dias, contados da data em que da decisão foi intimado o impugnante (art. 1.000, parágrafo único), o herdeiro excluído (art. 1.001) ou o credor não admitido (art. 1.018);

II — se o juiz declarar extinto o processo de inventário com ou sem julgamento do mérito.

Art. 1.040. Ficam sujeitos à sobrepartilha os bens:

I — sonegados;

II — da herança que se descobrirem depois da partilha;

III — litigiosos, assim como os de liquidação difícil ou morosa;

IV — situados em lugar remoto da sede do juízo onde se processa o inventário.

Parágrafo único. Os bens mencionados nos ns. III e IV deste artigo serão reservados à sobrepartilha sob a guarda e administração do mesmo ou de diverso inventariante, a aprazimento da maioria dos herdeiros.

Art. 1.041. Observar-se-á na sobrepartilha dos bens o processo de inventário e partilha.

Parágrafo único. A sobrepartilha correrá nos autos do inventário do autor da herança.

Art. 1.042. O juiz dará curador especial:

I — ao ausente, se o não tiver;

II — ao incapaz, se concorrer na partilha com o seu representante.

Art. 1.043. Falecendo o cônjuge meeiro supérstite antes da partilha dos bens do pré-morto, as duas heranças serão cumulativamente inventariadas e partilhadas, se os herdeiros de ambos forem os mesmos.

§ 1º Haverá um só inventariante para os dois inventários.

§ 2º O segundo inventário será distribuído por dependência, processando-se em apenso ao primeiro.

Art. 1.044. Ocorrendo a morte de algum herdeiro na pendência do inventário em que foi admitido e não possuindo outros bens além do seu quinhão na herança, poderá este ser partilhado juntamente com os bens do monte.

Art. 1.045. Nos casos previstos nos dois artigos antecedentes prevalecerão as primeiras declarações, assim como o laudo de avaliação, salvo se se alterou o valor dos bens.

Parágrafo único. No inventário a que se proceder por morte do cônjuge herdeiro supérstite, é lícito, independentemente de sobrepartilha, descrever e partilhar bens omitidos no inventário do cônjuge pré-morto.

CAPÍTULO X
DOS EMBARGOS DE TERCEIRO

Art. 1.046. Quem, não sendo parte no processo, sofrer turbação ou esbulho na posse de seus bens por ato de apreensão judicial, em casos como o de penhora, depósito, arresto, seqüestro, alienação judicial, arrecadação, arrolamento, inventário, partilha, poderá requerer lhe sejam mantenidos ou restituídos por meio de embargos.

§ 1º Os embargos podem ser de terceiro senhor e possuidor, ou apenas possuidor.

§ 2º Equipara-se a terceiro a parte que, posto figure no processo, defende bens que, pelo título de sua aquisição ou pela qualidade em que os possuir, não podem ser atingidos pela apreensão judicial.

§ 3º Considera-se também terceiro o cônjuge quando defende a posse de bens dotais, próprios, reservados ou de sua meação.

Art. 1.047. Admitem-se ainda embargos de terceiro:

I — para a defesa da posse, quando, nas ações de divisão ou de demarcação, for o imóvel sujeito a atos materiais, preparatórios ou definitivos, da partilha ou da fixação de rumos;

II — para o credor com garantia real obstar alienação judicial do objeto da hipoteca, penhor ou anticrese.

Art. 1.048. Os embargos podem ser opostos a qualquer tempo no processo de conhecimento enquanto não transi-

tada em julgado a sentença, e, no processo de execução, até 5 (cinco) dias depois da arrematação, adjudicação ou remição, mas sempre antes da assinatura da respectiva carta.

Art. 1.049. Os embargos serão distribuídos por dependência e correrão em autos distintos perante o mesmo juiz que ordenou a apreensão.

Art. 1.050. O embargante, em petição elaborada com observância do disposto no art. 282, fará a prova sumária de sua posse e a qualidade de terceiro, oferecendo documentos e rol de testemunhas.

§ 1º É facultada a prova da posse em audiência preliminar designada pelo juiz.

§ 2º O possuidor direto pode alegar, com a sua posse, domínio alheio.

§ 3º A citação será pessoal, se o embargado não tiver procurador constituído nos autos da ação principal. *(Incluído pela Lei n. 12.125, de 2009)*

Art. 1.051. Julgando suficientemente provada a posse, o juiz deferirá liminarmente os embargos e ordenará a expedição de mandado de manutenção ou de restituição em favor do embargante, que só receberá os bens depois de prestar caução de os devolver com seus rendimentos, caso sejam afinal declarados improcedentes.

Art. 1.052. Quando os embargos versarem sobre todos os bens, determinará o juiz a suspensão do curso do processo principal; versando sobre alguns deles, prosseguirá o processo principal somente quanto aos bens não embargados.

Art. 1.053. Os embargos poderão ser contestados no prazo de 10 (dez) dias, findo o qual proceder-se-á de acordo com o disposto no art. 803.

Art. 1.054. Contra os embargos do credor com garantia real, somente poderá o embargado alegar que:

I — o devedor comum é insolvente;

II — o título é nulo ou não obriga a terceiro;

III — outra é a coisa dada em garantia.

CAPÍTULO XI
DA HABILITAÇÃO

Art. 1.055. A habilitação tem lugar quando, por falecimento de qualquer das partes, os interessados houverem de suceder-lhe no processo.

Art. 1.056. A habilitação pode ser requerida:

I — pela parte, em relação aos sucessores do falecido;

II — pelos sucessores do falecido, em relação à parte.

Art. 1.057. Recebida a petição inicial, ordenará o juiz a citação dos requeridos para contestar a ação no prazo de 5 (cinco) dias.

Parágrafo único. A citação será pessoal, se a parte não tiver procurador constituído na causa.

Art. 1.058. Findo o prazo da contestação, observar-se-á o disposto nos arts. 802 e 803.

Art. 1.059. Achando-se a causa no tribunal, a habilitação processar-se-á perante o relator e será julgada conforme o disposto no regimento interno.

Art. 1.060. Proceder-se-á à habilitação nos autos da causa principal e independentemente de sentença quando:

I — promovida pelo cônjuge e herdeiros necessários, desde que provem por documento o óbito do falecido e a sua qualidade;

II — em outra causa, sentença passada em julgado houver atribuído ao habilitando a qualidade de herdeiro ou sucessor;

III — o herdeiro for incluído sem qualquer oposição no inventário;

IV — estiver declarada a ausência ou determinada a arrecadação da herança jacente;

V — oferecidos os artigos de habilitação, a parte reconhecer a procedência do pedido e não houver oposição de terceiros.

Art. 1.061. Falecendo o alienante ou o cedente, poderá o adquirente ou o cessionário prosseguir na causa, juntando aos autos o respectivo título e provando a sua identidade. *(Redação dada pela Lei n. 5.925, de 1º.10.1973)*

Art. 1.062. Passada em julgado a sentença de habilitação, ou admitida a habilitação nos casos em que independer de sentença, a causa principal retomará o seu curso.

CAPÍTULO XII
DA RESTAURAÇÃO DE AUTOS

Art. 1.063. Verificado o desaparecimento dos autos, pode qualquer das partes promover-lhes a restauração.

Parágrafo único. Havendo autos suplementares, nestes prosseguirá o processo.

Art. 1.064. Na petição inicial declarará a parte o estado da causa ao tempo do desaparecimento dos autos, oferecendo:

I — certidões dos atos constantes do protocolo de audiências do cartório por onde haja corrido o processo;

II — cópia dos requerimentos que dirigiu ao juiz;

III — quaisquer outros documentos que facilitem a restauração.

Art. 1.065. A parte contrária será citada para contestar o pedido no prazo de 5 (cinco) dias, cabendo-lhe exibir as cópias, contrafés e mais reproduções dos atos e documentos que estiverem em seu poder.

§ 1º Se a parte concordar com a restauração, lavrar-se-á o respectivo auto que, assinado pelas partes e homologado pelo juiz, suprirá o processo desaparecido.

§ 2º Se a parte não contestar ou se a concordância for parcial, observar-se-á o disposto no art. 803.

Art. 1.066. Se o desaparecimento dos autos tiver ocorrido depois da produção das provas em audiência, o juiz mandará repeti-las.

§ 1º Serão reinquiridas as mesmas testemunhas; mas se estas tiverem falecido ou se acharem impossibilitadas de depor e não houver meio de comprovar de outra forma o depoimento, poderão ser substituídas.

§ 2º Não havendo certidão ou cópia do laudo, far-se-á nova perícia, sempre que for possível e de preferência pelo mesmo perito.

§ 3º Não havendo certidão de documentos, estes serão reconstituídos mediante cópias e, na falta, pelos meios ordinários de prova.

§ 4º Os serventuários e auxiliares da justiça não podem eximir-se de depor como testemunhas a respeito de atos que tenham praticado ou assistido.

§ 5º Se o juiz houver proferido sentença da qual possua cópia, esta será junta aos autos e terá a mesma autoridade da original.

Art. 1.067. Julgada a restauração, seguirá o processo os seus termos.

§ 1º Aparecendo os autos originais, nestes se prosseguirá sendo-lhes apensados os autos da restauração.

§ 2º Os autos suplementares serão restituídos ao cartório, deles se extraindo certidões de todos os atos e termos a fim de completar os autos originais.

Art. 1.068. Se o desaparecimento dos autos tiver ocorrido no tribunal, a ação será distribuída, sempre que possível, ao relator do processo.

§ 1º A restauração far-se-á no juízo de origem quanto aos atos que neste se tenham realizado.

§ 2º Remetidos os autos ao tribunal, aí se completará a restauração e se procederá ao julgamento.

Art. 1.069. Quem houver dado causa ao desaparecimento dos autos responderá pelas custas da restauração e honorários de advogado, sem prejuízo da responsabilidade civil ou penal em que incorrer.

CAPÍTULO XIII
DAS VENDAS A CRÉDITO COM RESERVA DE DOMÍNIO

Art. 1.070. Nas vendas a crédito com reserva de domínio, quando as prestações estiverem representadas por título executivo, o credor poderá cobrá-las, observando-se o disposto no Livro II, Título II, Capítulo IV.

§ 1º Efetuada a penhora da coisa vendida, é lícito a qualquer das partes, no curso do processo, requerer-lhe a alienação judicial em leilão.

§ 2º O produto do leilão será depositado, sub-rogando-se nele a penhora.

Art. 1.071. Ocorrendo mora do comprador, provada com o protesto do título, o vendedor poderá requerer, liminarmente e sem audiência do comprador, a apreensão e depósito da coisa vendida.

§ 1º Ao deferir o pedido, nomeará o juiz perito, que procederá à vistoria da coisa e arbitramento do seu valor, descrevendo-lhe o estado e individuando-a com todos os característicos.

§ 2º Feito o depósito, será citado o comprador para, dentro em 5 (cinco) dias, contestar a ação. Neste prazo poderá o comprador, que houver pago mais de 40% (quarenta por cento) do preço, requerer ao juiz que lhe conceda 30 (trinta) dias para reaver a coisa, liquidando as prestações vencidas, juros, honorários e custas.

§ 3º Se o réu não contestar, deixar de pedir a concessão do prazo ou não efetuar o pagamento referido no parágrafo anterior, poderá o autor, mediante a apresentação dos títulos vencidos e vincendos, requerer a reintegração imediata na posse da coisa depositada; caso em que, descontada do valor arbitrado a importância da dívida acrescida das despesas judiciais e extrajudiciais, o autor restituirá ao réu o saldo, depositando-o em pagamento.

§ 4º Se a ação for contestada, observar-se-á o procedimento ordinário, sem prejuízo da reintegração liminar.

CAPÍTULO XIV
DO JUÍZO ARBITRAL

Seção I
Do Compromisso

Art. 1.072. (*Revogado pela Lei n. 9.307, de 23.9.1996*)

Art. 1.073. (*Revogado pela Lei n. 9.307, de 23.9.1996*)

Art. 1.074. (*Revogado pela Lei n. 9.307, de 23.9.1996*)

Art. 1.075. (*Revogado pela Lei n. 9.307, de 23.9.1996*)

Art. 1.076. (*Revogado pela Lei n. 9.307, de 23.9.1996*)

Art. 1.077. (*Revogado pela Lei n. 9.307, de 23.9.1996*)

Seção II
Dos árbitros

Art. 1.078. (*Revogado pela Lei n. 9.307, de 23.9.1996*)

Art. 1.079. (*Revogado pela Lei n. 9.307, de 23.9.1996*)

Art. 1.080. (*Revogado pela Lei n. 9.307, de 23.9.1996*)

Art. 1.081. (*Revogado pela Lei n. 9.307, de 23.9.1996*)

Art. 1.082. (*Revogado pela Lei n. 9.307, de 23.9.1996*)

Art. 1.083. (*Revogado pela Lei n. 9.307, de 23.9.1996*)

Art. 1.084. (*Revogado pela Lei n. 9.307, de 23.9.1996*)

Seção III
Do procedimento

Art. 1.085. (*Revogado pela Lei n. 9.307, de 23.9.1996*)

Art. 1.086. (*Revogado pela Lei n. 9.307, de 23.9.1996*)

Art. 1.087. (*Revogado pela Lei n. 9.307, de 23.9.1996*)

Art. 1.088. (*Revogado pela Lei n. 9.307, de 23.9.1996*)

Art. 1.089. (*Revogado pela Lei n. 9.307, de 23.9.1996*)

Art. 1.090. (*Revogado pela Lei n. 9.307, de 23.9.1996*)

Art. 1.091. (*Revogado pela Lei n. 9.307, de 23.9.1996*)

Art. 1.092. (*Revogado pela Lei n. 9.307, de 23.9.1996*)

Art. 1.093. (*Revogado pela Lei n. 9.307, de 23.9.1996*)

Art. 1.094. (*Revogado pela Lei n. 9.307, de 23.9.1996*)

Art. 1.095. (*Revogado pela Lei n. 9.307, de 23.9.1996*)

Art. 1.096. (*Revogado pela Lei n. 9.307, de 23.9.1996*)

Art. 1.097. (*Revogado pela Lei n. 9.307, de 23.9.1996*)

Seção IV
Da homologação do laudo

Art. 1.098. (*Revogado pela Lei n. 9.307, de 23.9.1996*)

Art. 1.099. (*Revogado pela Lei n. 9.307, de 23.9.1996*)

Art. 1.100. (*Revogado pela Lei n. 9.307, de 23.9.1996*)

Art. 1.101. (*Revogado pela Lei n. 9.307, de 23.9.1996*)

Art. 1.102. (*Revogado pela Lei n. 9.307, de 23.9.1996*)

CAPÍTULO XV
DA AÇÃO MONITÓRIA
(Capítulo acrescentado pela Lei n. 9.079, de 14.7.1995)

Art. 1.102.a. A ação monitória compete a quem pretender, com base em prova escrita sem eficácia de título executivo, pagamento de soma em dinheiro, entrega de coisa fungível ou de determinado bem móvel. *(Incluído pela Lei n. 9.079, de 14.7.1995)*

Art. 1.102.b. Estando a petição inicial devidamente instruída, o Juiz deferirá de plano a expedição do mandado de pagamento ou de entrega da coisa no prazo de quinze dias. *(Incluído pela Lei n. 9.079, de 14.7.1995)*

Art. 1.102.c. No prazo previsto no art. 1.102-B, poderá o réu oferecer embargos, que suspenderão a eficácia do mandado inicial. Se os embargos não forem opostos, constituir-se-á, de pleno direito, o título executivo judicial, convertendo-se o mandado inicial em mandado executivo e prosseguindo-se na forma do Livro I, Título VIII, Capítulo X, desta Lei. *(Redação dada pela Lei n. 11.232, de 2005)*

§ 1º Cumprindo o réu o mandado, ficará isento de custas e honorários advocatícios. *(Incluído pela Lei n. 9.079, de 14.7.1995)*

§ 2º Os embargos independem de prévia segurança do juízo e serão processados nos próprios autos, pelo procedimento ordinário. *(Incluído pela Lei n. 9.079, de 14.7.1995)*

§ 3º Rejeitados os embargos, constituir-se-á, de pleno direito, o título executivo judicial, intimando-se o devedor e prosseguindo-se na forma prevista no Livro I, Título VIII, Capítulo X, desta Lei. *(Redação dada pela Lei n. 11.232, de 2005)*

TÍTULO II
DOS PROCEDIMENTOS ESPECIAIS DE JURISDIÇÃO VOLUNTÁRIA

CAPÍTULO I
DAS DISPOSIÇÕES GERAIS

Art. 1.103. Quando este Código não estabelecer procedimento especial, regem a jurisdição voluntária as disposições constantes deste Capítulo.

Art. 1.104. O procedimento terá início por provocação do interessado ou do Ministério Público, cabendo-lhes formular o pedido em requerimento dirigido ao juiz, devidamente instruído com os documentos necessários e com a indicação da providência judicial.

Art. 1.105. Serão citados, sob pena de nulidade, todos os interessados, bem como o Ministério Público.

Art. 1.106. O prazo para responder é de 10 (dez) dias.

Art. 1.107. Os interessados podem produzir as provas destinadas a demonstrar as suas alegações; mas ao juiz é lícito investigar livremente os fatos e ordenar de ofício a realização de quaisquer provas.

Art. 1.108. A Fazenda Pública será sempre ouvida nos casos em que tiver interesse.

Art. 1.109. O juiz decidirá o pedido no prazo de 10 (dez) dias; não é, porém, obrigado a observar critério de legalidade estrita, podendo adotar em cada caso a solução que reputar mais conveniente ou oportuna.

Art. 1.110. Da sentença caberá apelação.

Art. 1.111. A sentença poderá ser modificada, sem prejuízo dos efeitos já produzidos, se ocorrerem circunstâncias supervenientes.

Art. 1.112. Processar-se-á na forma estabelecida neste Capítulo o pedido de:
I — emancipação;
II — sub-rogação;
III — alienação, arrendamento ou oneração de bens dotais, de menores, de órfãos e de interditos;
IV — alienação, locação e administração da coisa comum;
V — alienação de quinhão em coisa comum;
VI — extinção de usufruto e de fideicomisso.

CAPÍTULO II
DAS ALIENAÇÕES JUDICIAIS

Art. 1.113. Nos casos expressos em lei e sempre que os bens depositados judicialmente forem de fácil deterioração, estiverem avariados ou exigirem grandes despesas para a sua guarda, o juiz, de ofício ou a requerimento do depositário ou de qualquer das partes, mandará aliena-los em leilão.

§ 1º Poderá o juiz autorizar, da mesma forma, a alienação de semoventes e outros bens de guarda dispendiosa; mas não o fará se alguma das partes se obrigar a satisfazer ou garantir as despesas de conservação.

§ 2º Quando uma das partes requerer a alienação judicial, o juiz ouvirá sempre a outra antes de decidir.

§ 3º Far-se-á a alienação independentemente de leilão, se todos os interessados forem capazes e nisso convierem expressamente.

Art. 1.114. Os bens serão avaliados por um perito nomeado pelo juiz quando:
I — não o hajam sido anteriormente;
II — tenham sofrido alteração em seu valor.

Art. 1.115. A alienação será feita pelo maior lanço oferecido, ainda que seja inferior ao valor da avaliação.

Art. 1.116. Efetuada a alienação e deduzidas as despesas, depositar-se-á o preço, ficando nele sub-rogados os ônus ou responsabilidades a que estiverem sujeitos os bens. *(Redação dada pela Lei n. 5.925, de 1º.10.1973)*

Parágrafo único. Não sendo caso de se levantar o depósito antes de 30 (trinta) dias, inclusive na ação ou na execução, o juiz determinará a aplicação do produto da alienação ou do depósito, em obrigações ou títulos da dívida pública da União ou dos Estados. *(Redação dada pela Lei n. 5.925, de 1º.10.1973*

Art. 1.117. Também serão alienados em leilão, procedendo-se como nos artigos antecedentes:
I — o imóvel que, na partilha, não couber no quinhão de um só herdeiro ou não admitir divisão cômoda, salvo se adjudicando a um ou mais herdeiros acordes;
II — a coisa comum indivisível ou que, pela divisão, se tornar imprópria ao seu destino, verificada previamente a existência de desacordo quanto à adjudicação a um dos condôminos;
III — os bens móveis e imóveis de órfãos nos casos em que a lei o permite e mediante autorização do juiz.

Art. 1.118. Na alienação judicial de coisa comum, será preferido:

I — em condições iguais, o condômino ao estranho;

II — entre os condôminos, o que tiver benfeitorias de maior valor;

III — o condômino proprietário de quinhão maior, se não houver benfeitorias.

Art. 1.119. Verificada a alienação de coisa comum sem observância das preferências legais, o condômino prejudicado poderá requerer, antes da assinatura da carta, o depósito do preço e adjudicação da coisa.

Parágrafo único. Serão citados o adquirente e os demais condôminos para dizerem de seu direito, observando-se, quanto ao procedimento, o disposto no art. 803.

CAPÍTULO III
DA SEPARAÇÃO CONSENSUAL

Art. 1.120. A separação consensual será requerida em petição assinada por ambos os cônjuges.

§ 1º Se os cônjuges não puderem ou não souberem escrever, é lícito que outrem assine a petição a rogo deles.

§ 2º As assinaturas, quando não lançadas na presença do juiz, serão reconhecidas por tabelião.

Art. 1.121. A petição, instruída com a certidão de casamento e o contrato antenupcial se houver, conterá:

I — a descrição dos bens do casal e a respectiva partilha;

II — o acordo relativo à guarda dos filhos menores e ao regime de visitas; *(Redação dada pela Lei n. 11.112, de 2005)*

III — o valor da contribuição para criar e educar os filhos;

IV — a pensão alimentícia do marido à mulher, se esta não possuir bens suficientes para se manter.

§ 1º Se os cônjuges não acordarem sobre a partilha dos bens, far-se-á esta, depois de homologada a separação consensual, na forma estabelecida neste Livro, Título I, Capítulo IX. *(Renumerado do parágrafo único, pela Lei n. 11.112, de 2005)*

§ 2º Entende-se por regime de visitas a forma pela qual os cônjuges ajustarão a permanência dos filhos em companhia daquele que não ficar com sua guarda, compreendendo encontros periódicos regularmente estabelecidos, repartição das férias escolares e dias festivos. *(Incluído pela Lei n. 11.112, de 2005)*

Art. 1.122. Apresentada a petição ao juiz, este verificará se ela preenche os requisitos exigidos nos dois artigos antecedentes; em seguida, ouvirá os cônjuges sobre os motivos da separação consensual, esclarecendo-lhes as conseqüências da manifestação de vontade.

§ 1º Convencendo-se o juiz de que ambos, livremente e sem hesitações, desejam a separação consensual, mandará reduzir a termo as declarações e, depois de ouvir o Ministério Público no prazo de 5 (cinco) dias, o homologará; em caso contrário, marcar-lhes-á dia e hora, com 15 (quinze) a 30 (trinta) dias de intervalo, para que voltem a fim de ratificar o pedido de separação consensual.

§ 2º Se qualquer dos cônjuges não comparecer à audiência designada ou não ratificar o pedido, o juiz mandará autuar a petição e documentos e arquivar o processo.

Art. 1.123. É lícito às partes, a qualquer tempo, no curso da separação judicial, lhe requererem a conversão em separação consensual; caso em que será observado o disposto no art. 1.121 e primeira parte do § 1º do artigo antecedente.

Art. 1.124. Homologada a separação consensual, averbar-se-á a sentença no registro civil e, havendo bens imóveis, na circunscrição onde se acham registrados.

Art. 1.124-A. A separação consensual e o divórcio consensual, não havendo filhos menores ou incapazes do casal e observados os requisitos legais quanto aos prazos, poderão ser realizados por escritura pública, da qual constarão as disposições relativas à descrição e à partilha dos bens comuns e à pensão alimentícia e, ainda, ao acordo quanto à retomada pelo cônjuge de seu nome de solteiro ou à manutenção do nome adotado quando se deu o casamento. *(Incluído pela Lei n. 11.441, de 2007).*

§ 1º A escritura não depende de homologação judicial e constitui título hábil para o registro civil e o registro de imóveis. *(Incluído pela Lei n. 11.441, de 2007).*

§ 2º O tabelião somente lavrará a escritura se os contratantes estiverem assistidos por advogado comum ou advogados de cada um deles ou por defensor público, cuja qualificação e assinatura constarão do ato notarial. *(Redação dada pela Lei n. 11.965, de 2009)*

§ 3º A escritura e demais atos notariais serão gratuitos àqueles que se declararem pobres sob as penas da lei. *(Incluído pela Lei n. 11.441, de 2007).*

CAPÍTULO IV
DOS TESTAMENTOS E CODICILO

Seção I
Da Abertura, do Registro e do Cumprimento

Art. 1.125. Ao receber testamento cerrado, o juiz, após verificar se está intacto, o abrirá e mandará que o escrivão o leia em presença de quem o entregou.

Parágrafo único. Lavrar-se-á em seguida o ato de abertura que, rubricado pelo juiz e assinado pelo apresentante, mencionará:

I — a data e o lugar em que o testamento foi aberto;

II — o nome do apresentante e como houve ele o testamento;

III — a data e o lugar do falecimento do testador;

IV — qualquer circunstância digna de nota, encontrada no invólucro ou no interior do testamento.

Art. 1.126. Conclusos os autos, o juiz, ouvido o órgão do Ministério Público, mandará registrar, arquivar e cumprir o testamento, se lhe não achar vício externo, que o torne suspeito de nulidade ou falsidade.

Parágrafo único. O testamento será registrado e arquivado no cartório a que tocar, dele remetendo o escrivão uma cópia, no prazo de 8 (oito) dias, à repartição fiscal.

Art. 1.127. Feito o registro, o escrivão intimará o testamenteiro nomeado a assinar, no prazo de 5 (cinco) dias, o termo da testamentaria; se não houver testamenteiro nomeado, estiver ele ausente ou não aceitar o encargo, o escrivão certificará a ocorrência e fará os autos conclusos; caso em que o juiz nomeará testamenteiro dativo, observando-se a preferência legal.

Parágrafo único. Assinado o termo de aceitação da testamentaria, o escrivão extrairá cópia autêntica do testamento para ser juntada aos autos de inventário ou de arrecadação da herança.

Art. 1.128. Quando o testamento for público, qualquer interessado, exibindo-lhe o traslado ou certidão, poderá requerer ao juiz que ordene o seu cumprimento.

Parágrafo único. O juiz mandará processá-lo conforme o disposto nos arts. 1.125 e 1.126.

Art. 1.129. O juiz, de ofício ou a requerimento de qualquer interessado, ordenará ao detentor de testamento que

o exiba em juízo para os fins legais, se ele, após a morte do testador, não se tiver antecipado em fazê-lo. *(Redação dada pela Lei n. 5.925, de 1º.10.1973)*

Parágrafo único. Não sendo cumprida a ordem, proceder-se-á à busca e apreensão do testamento, de conformidade com o disposto nos arts. 839 a 843. *(Redação dada pela Lei n. 5.925, de 1º.10.1973*

Seção II
Da Confirmação do Testamento Particular

Art. 1.130. O herdeiro, o legatário ou o testamenteiro poderá requerer, depois da morte do testador, a publicação em juízo do testamento particular, inquirindo-se as testemunhas que lhe ouviram a leitura e, depois disso, o assinaram.

Parágrafo único. A petição será instruída com a cédula do testamento particular.

Art. 1.131. Serão intimados para a inquirição:
I — aqueles a quem caberia a sucessão legítima;
II — o testamenteiro, os herdeiros e os legatários que não tiverem requerido a publicação;
III — o Ministério Público.

Parágrafo único. As pessoas, que não forem encontradas na comarca, serão intimadas por edital.

Art. 1.132. Inquiridas as testemunhas, poderão os interessados, no prazo comum de 5 (cinco) dias, manifestar-se sobre o testamento.

Art. 1.133. Se pelo menos três testemunhas contestes reconhecerem que é autêntico o testamento, o juiz, ouvido o órgão do Ministério Público, o confirmará, observando-se quanto ao mais o disposto nos arts. 1.126 e 1.127.

Seção III
Do Testamento Militar, Marítimo, Nuncupativo e do Codicilo

Art. 1.134. As disposições da seção precedente aplicam-se:
I — ao testamento marítimo;
II — ao testamento militar;
III — ao testamento nuncupativo;
IV — ao codicilo.

Seção IV
Da Execução dos Testamentos

Art. 1.135. O testamenteiro deverá cumprir as disposições testamentárias no prazo legal, se outro não tiver sido assinado pelo testador e prestar contas, no juízo do inventário, do que recebeu e despendeu.

Parágrafo único. Será ineficaz a disposição testamentária que eximir o testamenteiro da obrigação de prestar contas.

Art. 1.136. Se dentro de 3 (três) meses, contados do registro do testamento, não estiver inscrita a hipoteca legal da mulher casada, do menor e do interdito instituídos herdeiros ou legatários, o testamenteiro requerer-lhe-á a inscrição, sem a qual não se haverão por cumpridas as disposições do testamento.

Art. 1.137. Incumbe ao testamenteiro:
I — cumprir as obrigações do testamento;
II — propugnar a validade do testamento;
III — defender a posse dos bens da herança;
IV — requerer ao juiz que lhe conceda os meios necessários para cumprir as disposições testamentárias.

Art. 1.138. O testamenteiro tem direito a um prêmio que, se o testador não o houver fixado, o juiz arbitrará, levando em conta o valor da herança e o trabalho de execução do testamento.

§ 1º O prêmio, que não excederá 5% (cinco por cento), será calculado sobre a herança líquida e deduzido somente da metade disponível quando houver herdeiros necessários, e de todo o acervo líquido nos demais casos.

§ 2º Sendo o testamenteiro casado, sob o regime de comunhão de bens, com herdeiro ou legatário do testador, não terá direito ao prêmio; ser-lhe-á lícito, porém, preferir o prêmio à herança ou legado.

Art. 1.139. Não se efetuará o pagamento do prêmio mediante adjudicação de bens do espólio, salvo se o testamenteiro for meeiro.

Art. 1.140. O testamenteiro será removido e perderá o prêmio se:
I — lhe forem glosadas as despesas por ilegais ou em discordância com o testamento;
II — não cumprir as disposições testamentárias.

Art. 1.141. O testamenteiro, que quiser demitir-se do encargo, poderá requerer ao juiz a escusa, alegando causa legítima. Ouvidos os interessados e o órgão do Ministério Público, o juiz decidirá.

CAPÍTULO V
DA HERANÇA JACENTE

Art. 1.142. Nos casos em que a lei civil considere jacente a herança, o juiz, em cuja comarca tiver domicílio o falecido, procederá sem perda de tempo à arrecadação de todos os seus bens.

Art. 1.143. A herança jacente ficará sob a guarda, conservação e administração de um curador até a respectiva entrega ao sucessor legalmente habilitado, ou até a declaração de vacância; caso em que será incorporada ao domínio da União, do Estado ou do Distrito Federal.

Art. 1.144. Incumbe ao curador:
I — representar a herança em juízo ou fora dele, com assistência do órgão do Ministério Público;
II — ter em boa guarda e conservação os bens arrecadados e promover a arrecadação de outros porventura existentes;
III — executar as medidas conservatórias dos direitos da herança;
IV — apresentar mensalmente ao juiz um balancete da receita e da despesa;
V — prestar contas a final de sua gestão.

Parágrafo único. Aplica-se ao curador o disposto nos arts. 148 a 150.

Art. 1.145. Comparecendo à residência do morto, acompanhado do escrivão do curador, o juiz mandará arrolar os bens e descrevê-los em auto circunstanciado.

§ 1º Não estando ainda nomeado o curador, o juiz designará um depositário e lhe entregará os bens, mediante simples termo nos autos, depois de compromissado.

§ 2º O órgão do Ministério Público e o representante da Fazenda Pública serão intimados a assistir à arrecadação, que se realizará, porém, estejam presentes ou não.

Art. 1.146. Quando a arrecadação não terminar no mesmo dia, o juiz procederá à aposição de selos, que serão levantados à medida que se efetuar o arrolamento, mencionando-se o estado em que foram encontrados os bens.

Art. 1.147. O juiz examinará reservadamente os papéis, cartas missivas e os livros domésticos; verificando que não apresentam interesse, mandará empacotá-los e lacrá-los para serem assim entregues aos sucessores do falecido, ou queimados quando os bens forem declarados vacantes.

Art. 1.148. Não podendo comparecer imediatamente por motivo justo ou por estarem os bens em lugar muito distante, o juiz requisitará à autoridade policial que proceda à arrecadação e ao arrolamento dos bens.

Parágrafo único. Duas testemunhas assistirão às diligências e, havendo necessidade de apor selos, estes só poderão ser abertos pelo juiz.

Art. 1.149. Se constar ao juiz a existência de bens em outra comarca, mandará expedir carta precatória a fim de serem arrecadados.

Art. 1.150. Durante a arrecadação o juiz inquirirá os moradores da casa e da vizinhança sobre a qualificação do falecido, o paradeiro de seus sucessores e a existência de outros bens, lavrando-se de tudo um auto de inquirição e informação.

Art. 1.151. Não se fará a arrecadação ou suspender-se-á esta quando iniciada, se se apresentar para reclamar os bens o cônjuge, herdeiro ou testamenteiro notoriamente reconhecido e não houver oposição motivada do curador, de qualquer interessado, do órgão do Ministério Público ou do representante da Fazenda Pública.

Art. 1.152. Ultimada a arrecadação, o juiz mandará expedir edital, que será estampado três vezes, com intervalo de 30 (trinta) dias para cada um, no órgão oficial e na imprensa da comarca, para que venham a habilitar-se os sucessores do finado no prazo de 6 (seis) meses contados da primeira publicação.

§ 1º Verificada a existência de sucessor ou testamenteiro em lugar certo, far-se-á a sua citação, sem prejuízo do edital.

§ 2º Quando o finado for estrangeiro, será também comunicado o fato à autoridade consular.

Art. 1.153. Julgada a habilitação do herdeiro, reconhecida a qualidade do testamenteiro ou provada a identidade do cônjuge, a arrecadação converter-se-á em inventário.

Art. 1.154. Os credores da herança poderão habilitar-se como nos inventários ou propor a ação de cobrança.

Art. 1.155. O juiz poderá autorizar a alienação:

I — de bens móveis, se forem de conservação difícil ou dispendiosa;

II — de semoventes, quando não empregados na exploração de alguma indústria;

III — de títulos e papéis de crédito, havendo fundado receio de depreciação;

IV — de ações de sociedade quando, reclamada a integralização, não dispuser a herança de dinheiro para o pagamento;

V — de bens imóveis:

a) se ameaçarem ruína, não convindo a reparação;

b) se estiverem hipotecados e vencer-se a dívida, não havendo dinheiro para o pagamento.

Parágrafo único. Não se procederá, entretanto, à venda se a Fazenda Pública ou o habilitando adiantar a importância para as despesas.

Art. 1.156. Os bens com valor de afeição, como retratos, objetos de uso pessoal, livros e obras de arte, só serão alienados depois de declarada a vacância da herança.

Art. 1.157. Passado 1 (um) ano da primeira publicação do edital (art. 1.152) e não havendo herdeiro habilitado nem habilitação pendente, será a herança declarada vacante.

Parágrafo único. Pendendo habilitação, a vacância será declarada pela mesma sentença que a julgar improcedente. Sendo diversas as habilitações, aguardar-se-á o julgamento da última.

Art. 1.158. Transitada em julgado a sentença que declarou a vacância, o cônjuge, os herdeiros e os credores só poderão reclamar o seu direito por ação direta.

CAPÍTULO VI
DOS BENS DOS AUSENTES

Art. 1.159. Desaparecendo alguém do seu domicílio sem deixar representante a quem caiba administrar-lhe os bens, ou deixando mandatário que não queira ou não possa continuar a exercer o mandato, declarar-se-á a sua ausência.

Art. 1.160. O juiz mandará arrecadar os bens do ausente e nomear-lhe-á curador na forma estabelecida no Capítulo antecedente.

Art. 1.161. Feita a arrecadação, o juiz mandará publicar editais durante 1 (um) ano, reproduzidos de dois em dois meses, anunciando a arrecadação e chamando o ausente a entrar na posse de seus bens.

Art. 1.162. Cessa a curadoria:

I — pelo comparecimento do ausente, do seu procurador ou de quem o represente;

II — pela certeza da morte do ausente;

III — pela sucessão provisória.

Art. 1.163. Passado 1 (um) ano da publicação do primeiro edital sem que se saiba do ausente e não tendo comparecido seu procurador ou representante, poderão os interessados requerer que se abra provisoriamente a sucessão.

§ 1º Consideram-se para este efeito interessados:

I — o cônjuge não separado judicialmente;

II — os herdeiros presumidos legítimos e os testamentários;

III — os que tiverem sobre os bens do ausente direito subordinado à condição de morte;

IV — os credores de obrigações vencidas e não pagas.

§ 2º Findo o prazo deste artigo e não havendo absolutamente interessados na sucessão provisória, cumpre ao órgão do Ministério Público requerê-la.

Art. 1.164. O interessado, ao requerer a abertura da sucessão provisória, pedirá a citação pessoal dos herdeiros presentes e do curador e, por editais, a dos ausentes para oferecerem artigos de habilitação.

Parágrafo único. A habilitação dos herdeiros obedecerá ao processo do art. 1.057.

Art. 1.165. A sentença que determinar a abertura da sucessão provisória só produzirá efeito 6 (seis) meses depois de publicada pela imprensa; mas, logo que passe em julgado, se procederá à abertura do testamento, se houver, e ao inventário e partilha dos bens, como se o ausente fosse falecido.

Parágrafo único. Se dentro em 30 (trinta) dias não comparecer interessado ou herdeiro, que requeira o inventário, a herança será considerada jacente.

Art. 1.166. Cumpre aos herdeiros, imitidos na posse dos bens do ausente, prestar caução de os restituir.

Art. 1.167. A sucessão provisória cessará pelo comparecimento do ausente e converter-se-á em definitiva:

I — quando houver certeza da morte do ausente;

II — dez anos depois de passada em julgado a sentença de abertura da sucessão provisória;

III — quando o ausente contar 80 (oitenta) anos de idade e houverem decorrido 5 (cinco) anos das últimas notícias suas.

Art. 1.168. Regressando o ausente nos 10 (dez) anos seguintes à abertura da sucessão definitiva ou algum dos seus descendentes ou ascendentes, aquele ou estes só poderão requerer ao juiz a entrega dos bens existentes no estado em que se acharem, ou sub-rogados em seu lugar ou o preço que os herdeiros e demais interessados houverem recebido pelos alienados depois daquele tempo.

Art. 1.169. Serão citados para lhe contestarem o pedido os sucessores provisórios ou definitivos, o órgão do Ministério Público e o representante da Fazenda Pública.

Parágrafo único. Havendo contestação, seguir-se-á o procedimento ordinário.

CAPÍTULO VII
DAS COISAS VAGAS

Art. 1.170. Aquele que achar coisa alheia perdida, não lhe conhecendo o dono ou legítimo possuidor, a entregará à autoridade judiciária ou policial, que a arrecadará, mandando lavrar o respectivo auto, dele constando a sua descrição e as declarações do inventor.

Parágrafo único. A coisa, com o auto, será logo remetida ao juiz competente, quando a entrega tiver sido feita à autoridade policial ou a outro juiz.

Art. 1.171. Depositada a coisa, o juiz mandará publicar edital, por duas vezes, no órgão oficial, com intervalo de 10 (dez) dias, para que o dono ou legítimo possuidor a reclame.

§ 1º O edital conterá a descrição da coisa e as circunstâncias em que foi encontrada.

§ 2º Tratando-se de coisa de pequeno valor, o edital será apenas afixado no átrio do edifício do forum.

Art. 1.172. Comparecendo o dono ou o legítimo possuidor dentro do prazo do edital e provando o seu direito, o juiz, ouvido o órgão do Ministério Público e o representante da Fazenda Pública, mandará entregar-lhe a coisa.

Art. 1.173. Se não for reclamada, será a coisa avaliada e alienada em hasta pública e, deduzidas do preço as despesas e a recompensa do inventor, o saldo pertencerá, na forma da lei, à União, ao Estado ou ao Distrito Federal.

Art. 1.174. Se o dono preferir abandonar a coisa, poderá o inventor requerer que lhe seja adjudicada.

Art. 1.175. O procedimento estabelecido neste Capítulo aplica-se aos objetos deixados nos hotéis, oficinas e outros estabelecimentos, não sendo reclamados dentro de 1 (um) mês.

Art. 1.176. Havendo fundada suspeita de que a coisa foi criminosamente subtraída, a autoridade policial converterá a arrecadação em inquérito; caso em que competirá ao juiz criminal mandar entregar a coisa a quem provar que é o dono ou legítimo possuidor.

CAPÍTULO VIII
DA CURATELA DOS INTERDITOS

Art. 1.177. A interdição pode ser promovida:

I — pelo pai, mãe ou tutor;

II — pelo cônjuge ou algum parente próximo;

III — pelo órgão do Ministério Público.

Art. 1.178. O órgão do Ministério Público só requererá a interdição:

I — no caso de anomalia psíquica;

II — se não existir ou não promover a interdição alguma das pessoas designadas no artigo antecedente, ns. I e II;

III — se, existindo, forem menores ou incapazes.

Art. 1.179. Quando a interdição for requerida pelo órgão do Ministério Público, o juiz nomeará ao interditando curador à lide (art. 9º).

Art. 1.180. Na petição inicial, o interessado provará a sua legitimidade, especificará os fatos que revelam a anomalia psíquica e assinalará a incapacidade do interditando para reger a sua pessoa e administrar os seus bens.

Art. 1.181. O interditando será citado para, em dia designado, comparecer perante o juiz, que o examinará, interrogando-o minuciosamente acerca de sua vida, negócios, bens e do mais que lhe parecer necessário para ajuizar do seu estado mental, reduzidas a auto as perguntas e respostas.

Art. 1.182. Dentro do prazo de 5 (cinco) dias contados da audiência de interrogatório, poderá o interditando impugnar o pedido.

§ 1º Representará o interditando nos autos do procedimento o órgão do Ministério Público ou, quando for este o requerente, o curador à lide.

§ 2º Poderá o interditando constituir advogado para defender-se.

§ 3º Qualquer parente sucessível poderá constituir-lhe advogado com os poderes judiciais que teria se nomeado pelo interditando, respondendo pelos honorários.

Art. 1.183. Decorrido o prazo a que se refere o artigo antecedente, o juiz nomeará perito para proceder ao exame do interditando. Apresentado o laudo, o juiz designará audiência de instrução e julgamento.

Parágrafo único. Decretando a interdição, o juiz nomeará curador ao interdito.

Art. 1.184. A sentença de interdição produz efeito desde logo, embora sujeita a apelação. Será inscrita no Registro de Pessoas Naturais e publicada pela imprensa local e

pelo órgão oficial por três vezes, com intervalo de 10 (dez) dias, constando do edital os nomes do interdito e do curador, a causa da interdição e os limites da curatela.

Art. 1.185. Obedecerá às disposições dos artigos antecedentes, no que for aplicável, a interdição do pródigo, a do surdo-mudo sem educação que o habilite a enunciar precisamente a sua vontade e a dos viciados pelo uso de substâncias entorpecentes quando acometidos de perturbações mentais.

Art. 1.186. Levantar-se-á a interdição, cessando a causa que a determinou.

§ 1º O pedido de levantamento poderá ser feito pelo interditado e será apensado aos autos da interdição. O juiz nomeará perito para proceder ao exame de sanidade no interditado e após a apresentação do laudo designará audiência de instrução e julgamento.

§ 2º Acolhido o pedido, o juiz decretará o levantamento da interdição e mandará publicar a sentença, após o transito em julgado, pela imprensa local e órgão oficial por três vezes, com intervalo de 10 (dez) dias, seguindo-se a averbação no Registro de Pessoas Naturais.

CAPÍTULO IX
DAS DISPOSIÇÕES COMUNS À TUTELA E À CURATELA

Seção I
Da Nomeação do Tutor ou Curador

Art. 1.187. O tutor ou curador será intimado a prestar compromisso no prazo de 5 (cinco) dias contados:

I — da nomeação feita na conformidade da lei civil;

II — da intimação do despacho que mandar cumprir o testamento ou o instrumento público que o houver instituído.

Art. 1.188. Prestado o compromisso por termo em livro próprio rubricado pelo juiz, o tutor ou curador, antes de entrar em exercício, requererá, dentro em 10 (dez) dias, a especialização em hipoteca legal de imóveis necessários para acautelar os bens que serão confiados à sua administração.

Parágrafo único. Incumbe ao órgão do Ministério Público promover a especialização de hipoteca legal, se o tutor ou curador não a tiver requerido no prazo assinado neste artigo.

Art. 1.189. Enquanto não for julgada a especialização, incumbirá ao órgão do Ministério Público reger a pessoa do incapaz e administrar-lhe os bens.

Art. 1.190. Se o tutor ou curador for de reconhecida idoneidade, poderá o juiz admitir que entre em exercício, prestando depois a garantia, ou dispensando-a desde logo.

Art. 1.191. Ressalvado o disposto no artigo antecedente, a nomeação ficará sem efeito se o tutor ou curador não puder garantir a sua gestão.

Art. 1.192. O tutor ou curador poderá eximir-se do encargo, apresentando escusa ao juiz no prazo de 5 (cinco) dias. Contar-se-á o prazo:

I — antes de aceitar o encargo, da intimação para prestar compromisso;

II — depois de entrar em exercício, do dia em que sobrevier o motivo da escusa.

Parágrafo único. Não sendo requerida a escusa no prazo estabelecido neste artigo, reputar-se-á renunciado o direito de alegá-la.

Art. 1.193. O juiz decidirá de plano o pedido de escusa. Se não a admitir, exercerá o nomeado a tutela ou curatela enquanto não for dispensado por sentença transitada em julgado.

Seção II
Da Remoção e Dispensa de Tutor ou Curador

Art. 1.194. Incumbe ao órgão do Ministério Público, ou a quem tenha legítimo interesse, requerer, nos casos previstos na lei civil, a remoção do tutor ou curador.

Art. 1.195. O tutor ou curador será citado para contestar a argüição no prazo de 5 (cinco) dias.

Art. 1.196. Findo o prazo, observar-se-á o disposto no art. 803.

Art. 1.197. Em caso de extrema gravidade, poderá o juiz suspender do exercício de suas funções o tutor ou curador, nomeando-lhe interinamente substituto.

Art. 1.198. Cessando as funções do tutor ou curador pelo decurso do prazo em que era obrigado a servir, ser-lhe-á lícito requerer a exoneração do encargo; não o fazendo dentro dos 10 (dez) dias seguintes à expiração do termo, entender-se-á reconduzido, salvo se o juiz o dispensar.

CAPÍTULO X
DA ORGANIZAÇÃO E DA FISCALIZAÇÃO DAS FUNDAÇÕES

Art. 1.199. O instituidor, ao criar a fundação, elaborará o seu estatuto ou designará quem o faça.

Art. 1.200. O interessado submeterá o estatuto ao órgão do Ministério Público, que verificará se foram observadas as bases da fundação e se os bens são suficientes ao fim a que ela se destina.

Art. 1.201. Autuado o pedido, o órgão do Ministério Público, no prazo de 15 (quinze) dias, aprovará o estatuto, indicará as modificações que entender necessárias ou lhe denegará a aprovação.

§ 1º Nos dois últimos casos, pode o interessado, em petição motivada, requerer ao juiz o suprimento da aprovação.

§ 2º O juiz, antes de suprir a aprovação, poderá mandar fazer no estatuto modificações a fim de adaptá-lo ao objetivo do instituidor.

Art. 1.202. Incumbirá ao órgão do Ministério Público elaborar o estatuto e submetê-lo à aprovação do juiz:

I — quando o instituidor não o fizer nem nomear quem o faça;

II — quando a pessoa encarregada não cumprir o encargo no prazo assinado pelo instituidor ou, não havendo prazo, dentro em 6 (seis) meses.

Art. 1.203. A alteração do estatuto ficará sujeita à aprovação do órgão do Ministério Público. Sendo-lhe denegada, observar-se-á o disposto no art. 1.201, §§ 1º e 2º.

Parágrafo único. Quando a reforma não houver sido deliberada por votação unânime, os administradores, ao

submeterem ao órgão do Ministério Público o estatuto, pedirão que se dê ciência à minoria vencida para impugná-la no prazo de 10 (dez) dias.

Art. 1.204. Qualquer interessado ou o órgão do Ministério Público promoverá a extinção da fundação quando:
I — se tornar ilícito o seu objeto;
II — for impossível a sua manutenção;
III — se vencer o prazo de sua existência.

CAPÍTULO XI
DA ESPECIALIZAÇÃO DA HIPOTECA LEGAL

Art. 1.205. O pedido para especialização de hipoteca legal declarará a estimativa da responsabilidade e será instruído com a prova do domínio dos bens, livres de ônus, dados em garantia.

Art. 1.206. O arbitramento do valor da responsabilidade e a avaliação dos bens far-se-á por perito nomeado pelo juiz.
§ 1º O valor da responsabilidade será calculado de acordo com a importância dos bens e dos saldos prováveis dos rendimentos que devem ficar em poder dos tutores e curadores durante a administração, não se computando, porém, o preço do imóvel.
§ 2º Será dispensado o arbitramento do valor da responsabilidade nas hipotecas legais em favor:
I — da mulher casada, para garantia do dote, caso em que o valor será o da estimação, constante da escritura antenupcial;
II — da Fazenda Pública, nas cauções prestadas pelos responsáveis, caso em que será o valor caucionado.
§ 3º Dispensa-se a avaliação, quando estiverem mencionados na escritura os bens do marido, que devam garantir o dote.

Art. 1.207. Sobre o laudo manifestar-se-ão os interessados no prazo comum de 5 (cinco) dias. Em seguida, o juiz homologará ou corrigirá o arbitramento e a avaliação; e, achando livres e suficientes os bens designados, julgará por sentença a especialização, mandando que se proceda à inscrição da hipoteca.
Parágrafo único. Da sentença constarão expressamente o valor da hipoteca e os bens do responsável, com a especificação do nome, situação e características.

Art. 1.208. Sendo insuficientes os bens oferecidos para a hipoteca legal em favor do menor, de interdito ou de mulher casada e não havendo reforço mediante caução real ou fidejussória, ordenará o juiz a avaliação de outros bens; tendo-os, proceder-se-á como nos artigos antecedentes; não os tendo, será julgada improcedente a especialização.

Art. 1.209. Nos demais casos de especialização, prevalece a hipoteca legal dos bens oferecidos, ainda que inferiores ao valor da responsabilidade, ficando salvo aos interessados completar a garantia pelos meios regulares.

Art. 1.210. Não dependerá de intervenção judicial a especialização de hipoteca legal sempre que o interessado, capaz de contratar, a convencionar, por escritura pública, com o responsável.

LIVRO V
DAS DISPOSIÇÕES FINAIS E TRANSITÓRIAS

Art. 1.211. Este Código regerá o processo civil em todo o território brasileiro. Ao entrar em vigor, suas disposições aplicar-se-ão desde logo aos processos pendentes.

Art. 1.211-A. Os procedimentos judiciais em que figure como parte ou interessado pessoa com idade igual ou superior a 60 (sessenta) anos, ou portadora de doença grave, terão prioridade de tramitação em todas as instâncias. *Redação dada pela Lei n. 12.008, de 2009).*
Parágrafo único. *(VETADO) (Incluído pela Lei n. 12.008, de 2009).*

Art. 1.211-B. A pessoa interessada na obtenção do benefício, juntando prova de sua condição, deverá requerê-lo à autoridade judiciária competente para decidir o feito, que determinará ao cartório do juízo as providências a serem cumpridas. *(Redação dada pela Lei n. 12.008, de 2009).*
§ 1º Deferida a prioridade, os autos receberão identificação própria que evidencie o regime de tramitação prioritária. *(Incluído pela Lei n. 12.008, de 2009).*
§ 2º *(VETADO) (Incluído pela Lei n. 12.008, de 2009).*
§ 3º *(VETADO) (Incluído pela Lei n. 12.008, de 2009).*

Art. 1.211-C. Concedida a prioridade, essa não cessará com a morte do beneficiado, estendendo-se em favor do cônjuge supérstite, companheiro ou companheira, em união estável. *(Redação dada pela Lei n. 12.008, de 2009).*

Art. 1.212. A cobrança da dívida ativa da União incumbe aos seus procuradores e, quando a ação for proposta em foro diferente do Distrito Federal ou das Capitais dos Estados ou Territórios, também aos membros do Ministério Público Estadual e dos Territórios, dentro dos limites territoriais fixados pela organização judiciária local.
Parágrafo único. As petições, arrazoados ou atos processuais praticados pelos representantes da União perante as justiças dos Estados, do Distrito Federal e dos Territórios, não estão sujeitos a selos, emolumentos, taxas ou contribuições de qualquer natureza.

Art. 1.213. As cartas precatórias, citatórias, probatórias, executórias e cautelares, expedidas pela Justiça Federal, poderão ser cumpridas nas comarcas do interior pela Justiça Estadual.

Art. 1.214. Adaptar-se-ão às disposições deste Código as resoluções sobre organização judiciária e os regimentos internos dos tribunais.

Art. 1.215. Os autos poderão ser eliminados por incineração, destruição mecânica ou por outro meio adequado, findo o prazo de 5 (cinco) anos, contado da data do arquivamento, publicando-se previamente no órgão oficial e em jornal local, onde houver, aviso aos interessados, com o prazo de 30 (trinta) dias. *(Redação dada pela Lei n. 5.925, de 1º.10.1973) (Vide Lei n. 6.246, de 1975)*
§ 1º É lícito, porém, às partes e interessados requerer, às suas expensas, o desentranhamento dos documentos que juntaram aos autos, ou a microfilmagem total ou parcial do feito. *(Redação dada pela Lei n. 5.925, de 1º.10.1973)*
§ 2º Se, a juízo da autoridade competente, houver, nos autos, documentos de valor histórico, serão eles recolhidos ao Arquivo Público. *(Redação dada pela Lei n. 5.925, de 1º.10.1973)*

Art. 1.216. O órgão oficial da União e os dos Estados publicarão gratuitamente, no dia seguinte ao da entrega dos originais, os despachos, intimações, atas das sessões dos tribunais e notas de expediente dos cartórios.

Art. 1.217. Ficam mantidos os recursos dos processos regulados em leis especiais e as disposições que lhes re-

gem o procedimento constantes do *Decreto-lei n. 1.608, de 18 de setembro de 1939*, até que seja publicada a lei que os adaptará ao sistema deste Código.

Art. 1.218. Continuam em vigor até serem incorporados nas leis especiais os procedimentos regulados pelo *Decreto-lei n. 1.608, de 18 de setembro de 1939*, concernentes: *(Vide Lei n. 13.105, de 2015) (Vigência)*

I — ao loteamento e venda de imóveis a prestações (arts. 345 a 349);

II — ao despejo (arts. 350 a 353);

III — à renovação de contrato de locação de imóveis destinados a fins comerciais (arts. 354 a 365);

IV — ao Registro Torrens (arts. 457 a 464);

V — às averbações ou retificações do registro civil (arts. 595 a 599);

VI — ao bem de família (arts. 647 a 651);

VII — à dissolução e liquidação das sociedades (arts. 655 a 674);

VIII — aos protestos formados a bordo (arts. 725 a 729); *(Incluído pela Lei n. 6.780, de 12.5.1980)*

IX — à habilitação para casamento (arts. 742 a 745); *(Inciso VIII renumerado pela Lei n. 6.780, de 12.5.1980)*

X — ao dinheiro a risco (arts. 754 e 755); *(Inciso IX renumerado pela Lei n. 6.780, de 12.5.1980)*

XI — à vistoria de fazendas avariadas (art. 756); *(Inciso X renumerado pela Lei n. 6.780, de 12.5.1980)*

XII — à apreensão de embarcações (arts. 757 a 761); *(Inciso XI renumerado pela Lei n. 6.780, de 12.5.1980)*

XIII — à avaria a cargo do segurador (arts. 762 a 764); *(Inciso XII renumerado pela Lei n. 6.780, de 12.5.1980)*

XIV — às avarias (arts. 765 a 768); *(Inciso XIII renumerado pela Lei n. 6.780, de 12.5.1980)*

XVI — às arribadas forçadas (arts. 772 a 775). *(Inciso XV renumerado pela Lei n. 6.780, de 12.5.1980)*

Art. 1.219. Em todos os casos em que houver recolhimento de importância em dinheiro, esta será depositada em nome da parte ou do interessado, em conta especial movimentada por ordem do juiz. *(Incluído pela Lei n. 5.925, de 1º.10.1973)*

Art. 1.220. Este Código entrará em vigor no dia 1º de janeiro de 1974, revogadas as disposições em contrário. *(Artigo renumerado pela Lei n. 5.925, de 1º.10.1973)*

Brasília, 11 de janeiro de 1973; 152º da Independência e 85º da República.

EMÍLIO G. MÉDICI
Alfredo Buzaid

Este texto não substitui o publicado no DOU de 17.1.1973 e republicado em 27.7.2006

EXPOSIÇÃO DE MOTIVOS DO CÓDIGO DE PROCESSO CIVIL DE 1973

LEI N. 5.869, DE 11 DE JANEIRO DE 1973

Excelentíssimos Senhores Membros do Congresso Nacional:

Nos termos do art. 56 da Constituição, tenho a honra de submeter à elevada deliberação de Vossas Excelências, acompanhado de Exposição de Motivos do Senhor Ministro de Estado da Justiça, o anexo projeto de lei de "Código de Processo Civil".

Brasília, 2 de agosto de 1972
Emílio G. Médici
GM/473-B
Brasília, 31 de julho de 1972.

Excelentíssimo Senhor Presidente da República

"*Convien decidersi a una riforma fondamentale o rinunciare alla speranzadi un serio progresso*" (Chiovenda, *La riforma del procedimento civile*, Roma, 1911, p. 4).

Tenho a honra de apresentar à alta consideração de Vossa Excelência o projeto de Código de Processo Civil.

Capítulo I
REVISÃO OU CÓDIGO NOVO?

1. As palavras do insigne mestre italiano, que servem de epígrafe a esta Exposição de Motivos, constituem graveadvertência ao legislador que aspira a reformar o Código de Processo Civil. Foi sob a inspiração e também sob o temor desse conselho que empreendemos a tarefa de redigir o projeto, a fim de pôr o sistema processual civil brasileiro em consonância com o progresso científico dos tempos atuais.

Ao iniciarmos os estudos depararam-se-nos duas sugestões: rever o Código vigente ou elaborar Código novo. A primeira tinha a vantagem de não interromper a continuidade legislativa. O plano de trabalho, bem que compreendendo a quase-totalidade dos preceitos legais, cingir-se-ia a manter tudo quanto estava conforme com os enunciados da ciência, emendando o que fosse necessário, preenchendo lacunas e suprimindo o supérfluo, que retarda o andamento dos feitos.

Mas a pouco e pouco nos convencemos de que era mais difícil corrigir o Código velho que escrever um novo. A emenda ao Código atual requeria um concerto de opiniões, precisamente nos pontos em que a fidelidade aos princípios não tolera transigências. E quando a dissensão é insuperável, a tendência é de resolvê-la mediante concessões, que não raro sacrificam a verdade científica a meras razões de oportunidade. O grande mal das reformas parciais é o de transformar o Código em mosaico, com coloridos diversos que traduzem as mais variadas direções. Dessas várias reformas tem experiência o país; mas, como observou Lopes da Costa, umas foram para melhor; mas em outras saiu a emenda pior que o soneto.[1]

Depois de demorada reflexão, verificamos que o problema era muito mais amplo, grave e profundo, atingindo a substância das instituições, a disposição ordenada das matérias e a íntima correlação entre a função do processo civil e a estrutura orgânica do Poder Judiciário. Justamente por isso a nossa tarefa não se limitou à mera revisão. Impunha-se refazer o Código em suas linhas fundamentais, dando-lhe novo plano de acordo com as conquistas modernas e as experiências dos povos cultos. Nossa preocupação foi a de realizar um trabalho unitário, assim no plano dos princípios, como no de suas aplicações práticas.

2. Propondo uma reforma *total*, pode parecer que queremos deitar abaixo as instituições do Código vigente, substituindo-as por outras inteiramente novas. Não. Introduzimos modificações substanciais, a fim de simplificar a estrutura do Código, facilitar-lhe o manejo, racionalizar-lhe o sistema e torná-lo um instrumento dúctil para a administração da justiça.

Bem presentes em nosso espírito estiveram as recomendações de Niceto Alcalá-Zamora y Castillo, que classificou os princípios em duas espécies: "Suponiendo que se trate de sustitución plena de un código por otro, la primera questión que se plantea es la de si debehacerse tabla rasa del pasado o si, por el contrario, conviene aprovechar, y en qué escala, elementos del texto precedente. Entran aqui en juego dos contrapuestos princípios de técnica legislativa, que biencabría denominar de *conservación* y de *innovación*, pero lo fundamental no son los nombres que reciban, sino el criterio conforme a cual funcionen. Como es natural, no se puede sentar de una vez para todas una pauta absoluta, y muchísimo menos proporciones o porcentajes, porque el predominio de uno de esos principios sobre el otro, dependerá de las deficiencias que presente el código de cuyaderogación se trate, apreciadas por la persona o comisión llamadas a reformarlo. Cabría, sin embargo, aconsejar que el principio de conservación sirva para hacer menos perturbador el cambio y el de innovación para remediar los males advertidos durante la vigencia del ordenamiento anterior. Nada más dañino que alterar por completo la estructura y redacción de un código, si sus fallas e inconvenientes subsisten o se agravan en el que venga a reemplazarlo. El reformador no debe olvidar nunca que 'por muy viejo que sea un edificio siempre es de su derribo se obtienen materiales para construcciones futuras'; y si, verbigracia, en el código antiguo existe una buena distribución de materiales o cuenta con preceptos de correcta formulación jurídica y gramatical, seria absurdo llevar el prurito innovador hasta prescindir por completo da aquélla o de éstos, suponiendo que al huir del precedente nacional quepa también escapar de los modelos extranjeros y con olvido de que la asimilación por jueces, abogados, secretarios etc., de un nuevo código civil, penal o mercantil es mucho más rápida y sencilla que la de nuevas leyes procesales, que son vividas a diario por las profesiones forenses y no meramente invocadas o aplicadas".[2]

Entram em jogo dois princípios antagônicos de técnica legislativa: o da *conservação* e o da *inovação*. Ambos se harmonizam, porque, se o primeiro torna menos perturbadora a mudança, o segundo remedeia os males observados durante a aplicação do Código. O reformador não deve olvidar que, por mais velho que seja um edifício, sempre se obtém, quando demolido, materiais para construções futuras.

Capítulo II
DO SISTEMA DO CÓDIGO DE PROCESSO CIVIL VIGENTE

3. No Código de Processo Civil vigente podem distinguir-se quatro partes fundamentais.

(1) Lopes da Costa, *Direito processual civil brasileiro*, 2. ed., v. 1, p. 29.

(2) Niceto Alcalá-Zamora y Castillo, *Principios técnicos y políticos de una reforma procesal*, Honduras, 1950, p. 7 e segs.

A primeira se ocupa com o chamado processo de conhecimento (arts. 1º a 297). A segunda, a maior de todas, abrange numerosos procedimentos especiais (arts. 298 a 781). A terceira é dedicada aos recursos e processos de competência originária dos tribunais (arts. 782 a 881). A quarta e última tem por objeto o processo de execução (arts. 882 a 1.030).

O processo de conhecimento, elaborou-o o legislador segundo os princípios modernos da ciência do processo. Serviram-lhe de paradigma os Códigos da Áustria, da Alemanha e de Portugal; nesses diplomas, bem como nos trabalhos preparatórios de revisão legislativa feitos na Itália, foi o legislador brasileiro buscar a soma de experiências e encontrar os altos horizontes, que a ciência pudera dilatar, a fim de construir uma sistemática de fecundos resultados práticos.[3]

4. O legislador brasileiro não foi, porém, feliz nas outras partes. Manteve injustificavelmente uma série exaustiva de ações especiais, minuciosamente reguladas em cerca de quinhentos artigos, que compreendem quase a metade do Código.[4] Vergando ao peso da tradição, conservou as linhas básicas dos recursos que herdamos de Portugal, com as distinções sutis que os tornam de trato difícil. O processo de execução, que produz o sistema do direito anterior, não avançou senão algumas tímidas inovações.

Os princípios informativos do Código, embora louváveis do ponto de vista dogmático, não lograram plena efetivação. A extensão territorial do país, as promoções dos magistrados de entrância para entrância, o surto do progresso que deu lugar à formação de um grande parque industrial e o aumento da densidade demográfica vieram criar considerável embaraço à aplicação dos princípios da oralidade e da identidade da pessoa física do juiz, consagrados em termos rígidos no sistema do Código. Os inconvenientes resultavam não do sistema, mas de sua adaptação às nossas condições geográficas, a cujo respeito falharam as previsões do legislador. Não se duvidava, pois, da excelência do princípio da oralidade, mas se apontavam os males de uma aplicação irrestrita e incondicional à realidade brasileira.

Malgrado esses defeitos e outros que serão adiante indicados, reconhecemos que o Código de Processo Civil representa um assinalado esforço para adequar o direito brasileiro à nova orientação legislativa dos povos civilizados.

Capítulo III
DO MÉTODO DA REFORMA

I — Os Modelos do Projeto

5. Na elaboração do projeto tomamos por modelo os monumentos legislativos mais notáveis do nosso tempo. Não se veja nessa confissão mero espírito de mimetismo, que se compraz antes em repetir do que em criar, nem desapreço aos méritos de nosso desenvolvimento cultural. Um Código de Processo é uma instituição eminentemente técnica. E a técnica não é apanágio de um povo, senão conquista de valor universal.

O processo civil é um instrumento que o Estado põe à disposição dos litigantes, a fim de administrar justiça. Não se destina a simples definição de direitos na luta privada entre os contendores. Atua, como já observara Betti, não no interesse de uma ou de outra parte, mas por meio do interesse de ambos. O interesse das partes não é senão um meio, que serve para conseguir a finalidade do processo na medida em que dá lugar àquele impulso destinado a satisfazer o interesse público da atuação da lei na composição dos conflitos. A aspiração de cada uma das partes é a de ter razão: a finalidade do processo é a de dar razão a quem efetivamente a tem. Ora, dar razão a quem a tem é, na realidade, não um interesse privado das partes, mas um interesse público de toda sociedade.[5]

Assim entendido, o processo civil é preordenado a assegurar a observância da lei; há de ter, pois, tantos atos quantos sejam necessários para alcançar essa finalidade. Diversamente de outros ramos da ciência jurídica, que traduzem a índole do povo através de longa tradição, o processo civil deve ser dotado exclusivamente de meios racionais, tendentes a obter a atuação do direito. As duas exigências que concorrem para aperfeiçoá-lo são a rapidez e a justiça. Força é, portanto, estruturá-lo de tal modo que ele se torne efetivamente apto a administrar, sem delongas, a justiça.

As nações mais adiantadas não se pejaram de exaltar os méritos dos Códigos de outros países. Na França, tão ciosa de sua elevada cultura, Tissier reconheceu que o Código de Processo Civil da Áustria é "lameilleure prócédure civile du continent".[6]

II — Da Terminologia do Projeto

6. Fiel a essa orientação, esforça-se o projeto por aplicar os princípios da técnica legislativa, um dos quais é o rigor da terminologia na linguagem jurídica.

Haja vista, por exemplo, o vocábulo "lide". No Código de Processo Civil vigente ora significa processo (art. 96), ora o mérito da causa (arts. 287, 684, IV, e 687, § 2º). O projeto só usa a palavra "lide" para designar o mérito da causa. Lide é, consoante a lição de Carnelutti, o conflito de interesses qualificado pela pretensão de um dos litigantes e pela resistência do outro. O julgamento desse conflito de pretensões, mediante o qual o juiz, acolhendo ou rejeitando o pedido, dá razão a uma das partes e nega-a à outra, constitui uma sentença definitiva de mérito. A lide é, portanto, o objeto principal do processo e nela se exprimem as aspirações em conflito de ambos os litigantes.[7]

Outra expressão, que o projeto eliminou, é instância. Dela se serve o Código de Processo Civil vigente para designar o instituto da suspensão, da absolvição e da cessação do processo (arts. 196-207). Todavia, a palavra é equívoca. Nas fontes romanas significa atividade, empenho, diligência e pedido.[8] Também exprime o exercício da ação desde a litiscontestação até a sentença.[9] Para Pereira e Sousa e Ramalho, a instância é o tempo dentro do qual se trata e determina a causa com a decisão final.[10] João Mendes Júnior define-a como a existência fluente do litígio.[11]

João Monteiro distingue-lhe duas acepções: legítima discussão da causa até a sentença passada em julgado e grau de jurisdição.[12] No antigo direito português se dizia que com a apelação ou o agravo começava nova instân-

(3) Alfredo Buzaid, *Ensaio para uma revisão do sistema de recursos no Código de Processo Civil brasileiro*, Revista da Faculdade de Direito,52, p. 181 e segs.; José Frederico Marques, *Instituições de direito processual civil*, v. 1, p. 66 e segs.; Alcides de Mendonça Lima, *A recorribilidade dos despachos interlocutórios no Código de Processo Civil brasileiro*, Estudios jurídicos en memoria de EduardoCouture, Montevideo, 1957, p. 483 e segs.
(4) O Prof. Hugo Alsina não escondeu a sua perplexidade, ao verificar que o Código regulou sessenta e um processos especiais, malgrado o confessado propósito de instituir um tipo único para as ações (Hugo Alsina, El nuevo regimen procesal en el Brasil, Revista Forense, 81, p. 314).

(5) Betti, *Diritto processuale civile*, p. 5.
(6) Tissier, *Le centenaire du Code de Procédure Civile*, 1906, p. 43.
(7) Carnelutti, *Sistema*, v. 1, p. 40; Betti, *Diritto processuale civile*, p. 445.
(8) Matos Peixoto, *Recurso extraordinário*, p. 196; D. 22-1-33 pr.; D. 13-7-43, §1.
(9) Pereira, *Elucidarium*, p. 536: "Instantia dicitur tempus exercendiiudicii, videlicet e litiscontestatione ad sententiam usque". (Cftambém Manuel de Almeida e Souza, *Segundas linhas*, nota 228.)
(10) Pereira e Sousa, *Primeiras linhas*, § 103; RAMALHO, *Praxe*, § 122.
(11) João Mendes Júnior, *Direito judiciário*, p. 241.
(12) João Monteiro, *Processo civil*, § 78, nota 2.

cia.[13] Mas, como já adverte João Mendes Júnior,[14] não se deve confundir instância com grau de jurisdição, porque pode dar-se o caso de dois graus de jurisdição funcionando em uma só e mesma instância; assim a execução é uma outra instância no mesmo primeiro grau de jurisdição.[15] Finalmente, para Machado Guimarães, Eliézer Rosa, José Alberto dos Reis e Barbosa Magalhães, instância significa processo, entendido como relação jurídica.[16]

Bastam estas considerações para se ver que a palavra *instância* é uma fonte de dúvidas e equívocos. O projeto a substitui por *processo* e, assim, no Capítulo VI do Livro I e Capítulo VI do Livro II, fala de *Formação, Suspensão e Extinção do Processo*, empregando este vocábulo porque ele traduz, com todo o rigor científico, o fenômeno jurídico que o Código define.

7. Ainda quanto à linguagem, cabe-nos explicar a denominação do Livro III. Empregamos aí a expressão *processo cautelar*. Cautelar não figura, nos nossos dicionários, como adjetivo, mas tão-só como verbo, já em desuso. O projeto o adotou, porém, como adjetivo, a fim de qualificar um tipo de processo autônomo. Na tradição de nosso direito processual era a função cautelar distribuída, por três espécies de processos, designados por preparatórios, preventivos e incidentes.[17] O projeto, reconhecendo-lhe caráter autônomo, reuniu os vários procedimentos preparatórios, preventivos e incidentes sob fórmula geral, não tendo encontrado melhor vocábulo que o adjetivo cautelar para designar a função que exercem. A expressão processo cautelar tem a virtude de abranger todas as medidas preventivas, conservatórias e incidentes que o projeto ordena no Livro III, e, pelo vigor e amplitude do seu significado, traduz melhor que qualquer outra palavra a tutela legal.

As razões de nossa preferência por essa expressão se fundam também no precedente legislativo português, cujo Código de Processo Civil a consagrou (arts. 381 e segs.) e no uso corrente da doutrina nacional e portuguesa.[18] No direito italiano, argentino e uruguaio também a doutrina manifestou o seu assentimento à expressão processo cautelar.[19]

III — Das Definições Legais

8. À força de ser repetido, passou à categoria de adágio jurídico o conselho das fontes romanas, segundo o qual *omnis definitio in jure civile periculosa est* (D. 50.17.202). Sem discutir o valor dessa recomendação, de cujo acerto não pomos dúvida, ousamos, contudo, em vários lugares do projeto, desatendê-la, formulando algumas definições, que reputamos estritamente necessárias.

O Código de Processo Civil vigente alude à conexão, ora para autorizar a reunião de ações (art. 116), ora para considerá-la critério de determinação da competência (art. 133, IV), ora como fundamento de prorrogação da competência (art. 148). Notando a falta de um conceito legal de conexão, o Professor Francisco Morato aconselhou que o legislador a definisse.

Pedro Batista Martins, autor do projeto do Código de Processo Civil atual, não lhe acolheu a sugestão. "O conceito de conexão", escrevia, "não pode ser realmente fixado em princípios aprioristicos e abstratos. Defini-lo seria um erro de consequências incalculáveis, porque bem poderia acontecer que a experiência viesse a apresentar novas figuras de conexão que se não pudessem ajustar às categorias discriminadas na lei".[20]

Os argumentos expedidos por este eminente escritor não procedem. A conexão pode e deve ser conceituada pelo legislador, precisamente para eliminar as vacilações da doutrina e da jurisprudência. O ideal é que a lei seja sempre clara e explícita. Adotando esta orientação, o projeto define não só a conexão (art. 108) como a continência (art. 109).

9. Também por falta de definição legal, o conceito de litispendência andou de envolta com o de prevenção de jurisdição. Sustentaram alguns escritores que a litispendência tem por efeito obstar a que, perante o mesmo juiz, seja reproduzida ação idêntica à anterior. A litispendência distingue-se da prevenção, porque esta tende a impedir que a mesma ação, iniciada perante juiz competente, seja renovada perante outro juiz, embora de igual competência. Assim a litispendência e a prevenção têm de comum que, em ambas, se dá o concurso de duas ações idênticas; e diferem entre si em que na litispendência há um só juiz, e na prevenção, mais de um.[21] Para Carvalho Santos, no entanto, há litispendência quando duas demandas são formuladas sobre o mesmo objeto, entre as mesmas partes, mas perante dois juízos diferentes.[22] Liebman,[23] com observar que nenhuma dessas restrições se justifica, ressalta ainda que a doutrina portuguesa não apresentava idéias suficientemente claras acerca da litispendência e da prevenção.[24] Na doutrina estrangeira, nomeadamente alemã e italiana, a litispendência indica a existência de uma ação, produzindo a plenitude de seus efeitos, isto é, a situação jurídica em que se encontra uma causa submetida ao conhecimento do Poder Judiciário.[25]

A fim de dirimir as incertezas acima apontadas, o projeto formulou a definição de identificação de ações (art. 305, § 2º) e, em seguida, a de litispendência (art. 305, § 3º).

Em lugar de art. 305, conforme consta da publicação oficial, entenda-se art. 301.

10. Para arrematar esta ordem de considerações, convém lembrar o conceito de coisa julgada. A atual Lei de Introdução ao Código Civil prescreve, no art. 6º, § 3º: "Chama-se coisa julgada ou caso julgado a decisão judicial de que já não caiba recurso". Esta disposição, que reproduz o art. 3º, da antiga Lei de Introdução, não está, porém, isenta de críticas. Senão, vejamos. O Projeto do Código Civil falava de recurso ordinário,[26] inspirando-se, por certo, na lição de Paula Batista e de Ramalho.[27] O Senado eliminou-lhe, entretanto, o epíteto.[28]

(13) Ord. Afons. III, 23, 3; Man. III, 18,1; Fil. III, 27, pr.
(14) João Mendes Júnior, *Direito judiciário*, p. 482 e segs.
(15) Pereira e Sousa, *Primeiras linhas*, nota 780; Manuel de Almeida e Souza, *Execução*, Cap. V, art. I; Ramalho, *Praxe*, § 123; Liebman, *Processo de execução*, p. 83.
(16) Machado Guimarães, *A instância e a relação processual*, p. 69; Eliézer Rosa, *Dicionário de processo civil*, p. 238; José Alberto dos Reis, *Comentários ao Código de Processo Civil*, v. 3, p. 20 e segs.; Barbosa Magalhães, *Estudo sobre o novo Código de Processo Civil*, p. 239 e segs.
(17) Assim o Código de Processo do Estado de São Paulo (Título do Livro III); do Distrito Federal (Livro III Título I); do Paraná (Lei nº 1.915, de 23 de fevereiro de 1920), Parte Especial, Título II; da Bahia com o título "Dos processos preventivos, assecuratórios e preparatórios" (Livro I, Título II, Capítulo V, Seção XVII); do Rio Grande do Sul (Parte segunda, Título IV); de Minas Gerais (Livro II, Título I).
(18) Pontos de Miranda, *Comentários ao Código de Processo Civil*, 2. ed., v. 7, p. 293; Lopes da Costa, *Medidas preventivas*, 2. ed., p. 17; JOSÉ ALBERTO DOS REIS, *A figura do processo cautelar*, p. 9.
(19) Calamandrei *Introduzione allo studio sistematico dei provvedimenti cautelari*, passim, CARNELUTTI, *Diritto e processo*, p. 353; Liebman, *Manuale*, v. 1, p. 91; Couture, *Fundamentos del derecho procesal civil*, p. 321.

(20) Pedro Batista Martins, *Comentários ao Código de Processo Civil*, Forense, v. 2, p. 45 e segs.
(21) Gusmão, *Processo civil e comercial*, 4. ed., v. 1, p. 441. No mesmo sentido: João Monteiro, *Processo civil e comercial*, § 110, notas 6 e 8.
(22) Carvalho Santos, *Código de Processo Civil interpretado*, obs. n. 5 ao art. 182.
(23) Liebman, in Chiovenda, *Instituições de direito processual civil*, v. 2, p. 386. No mesmo sentido: José Frederico Marques, *Instituições de direito processual civil*, v. 3, p. 212 e segs.; Moacyr Amaral Santos, *Primeiras linhas de direito processual civil*, v. 2, p. 145.
(24) Pereira e Sousa, *Primeiras linhas*, nota 291; Manuel de Almeida e Souza, *Segundas linhas*, nota 291.
(25) Chiovenda, *Saggi*, v. 1, p. 298; Goldschmidt, *Zivilprozessrecht*, § 55; Rosenberg, *Lehrbuch*, § 96; Redenti, *Profili*, p. 337; Zanzucchi, *Diritto processuale civile*, v. 1, p. 334.
(26) *Trabalhos*, v. 3, p. 26, e v. 4, p. 27; Ruy Barbosa, *Parecer*, Rio, 1902, p. 22.
(27) Paula Batista, *Teoria e prática do processo*, § 182; Ramalho, *Praxe*, § 227.
(28) Bevilaqua, *Código Civil*, obs. 6 ao art. 3º.

O direito brasileiro não distingue, para efeito de coisa julgada, recurso ordinário e recurso extraordinário. Uma sentença, enquanto pode ser modificada ou revogada mediante recurso, não passa em julgado; ou, em outras palavras, uma sentença passa em julgado quando não está mais sujeita a nenhum recurso.(29) Apesar da clareza destas idéias, reinam discrepâncias acerca da condição da sentença sujeita a recurso extraordinário, cujos reflexos repercutem substancialmente na doutrina geral da execução.

O projeto tentou solucionar esses problemas, perfilhando o conceito de coisa julgada elaborado por Liebman e seguido por vários autores nacionais.(30)

Capítulo IV
DO PLANO DA REFORMA

I — Da Distribuição da Matéria

11. O projeto está dividido em cinco livros. O primeiro se ocupa com o processo de conhecimento; o segundo, com o processo de execução; o terceiro, com o processo cautelar; o quarto, com os procedimentos especiais; e o quinto, com as disposições gerais e transitórias.

A matéria dos três primeiros livros corresponde à função jurisdicional de conhecimento, de execução e cautelar. A dogmática do processo civil moderno sanciona esta classificação.(31) O processo cautelar foi regulado no Livro III, porque é um *tertium genus*, que contém a um tempo as funções do processo de conhecimento e de execução.(32) O seu elemento específico é a prevenção.(33) O quarto livro abrange procedimentos especiais, distribuídos em dois títulos: os de jurisdição contenciosa e os de jurisdição voluntária. Estará certa a colocação dos procedimentos de jurisdição voluntária no Livro IV? O tema tem sido objeto de larga controvérsia. No direito alemão constitui objeto de lei especial (*Gesetzüber die Angelegenheiten der freiwilligen Gerichtsbarkeit*,(34) de 17 de maio de 1898), modificada por leis posteriores. Mas nem a lei alemã abrange toda a jurisdição voluntária, nem o Código de Processo Civil se absteve completamente de tratar dela.(35) Na Áustria, a lei de 1º de agosto de 1895, denominada *Jurisdiktionsnorm*, dedica o Capítulo III aos negócios não contenciosos (§§ 105 – 122), mas de modo também incompleto.

12. Os autores, que trataram *ex professo* da matéria, reconhecem que a sistematização dos procedimentos de jurisdição voluntária está ainda por se fazer.(36) Lopes da Costa, em monografia fundamental sobre o tema, diz que "sobre ela não temos lei especial. Dela, o Código de Processo Civil trata de envolta com outros procedimentos especiais, de jurisdição contenciosa. Salvo a coisa julgada (art. 288), não diz quais as normas gerais do processo que não se aplicam à jurisdição voluntária".(37)

(29) Luís Eulálio de Bueno Vidigal, Execução de sentença na pendência de recursos de revista e extraordinário, *Revista dos Tribunais*, v. 321, p. 11 e segs.
(30) Liebman, *Eficácia e autoridade da sentença*, p. 153 e segs.; José Frederico Marques, *Instituições de direito processual civil*, v. 5, p. 35; Pedro Batista Martins, *Comentários ao Código de Processo Civil*, Forense, v. 3, p. 304 e segs.; Moacyr Amaral Santos, *Primeiraslinhas de direito processual civil*, v. 3, p. 58 e segs.
(31) Carnelutti, *Diritto e processo*, p. 353; Liebman, *Manualedi diritto processuale civile*, Milão, 1957, v. 1, p. 31 e segs.; Rosenberg, *Lehrbuch*, 8. ed., p. 3; Niceto Alcalá-Zamora y Castillo,*Principios técnicos y políticos de una reforma procesal*, Honduras, 1950, 10.
(32) Carnellutti, *Diritto e processo*, p. 365.
(33) Niceto Alcalá-Zamora y Castillo, op. cit., p. 11. Os autores alemães tratam geralmente das medidas cautelares no processo de execução (Lent-Jauernig, *Zwangsvollstreckungs-und-Konkursrecht*, 9. ed., 1963, p. 104).
(34) Texto da lei em Schlegelberger, *Gesetzüber die Angelegenheiten der freiwilligen Gerichtsbarkeit*, 1952, v. 1, p. 22 e segs.
(35) ... Alcalá-Zamora y Castillo, Premisas para determinar la índole de la ... dicción voluntaria, *Studi in onoreRedenti*, 1, p. 9.
... *La giurisdizionevolontaria*, p. 41.
... da Costa, *A administração pública e a ordem jurídica privada*, p. 1.

EXPOSIÇÃO DE MOTIVOS

O voto de Niceto Alcalá-Zamora y Castillo é de considerá-la objeto de lei especial, como na Alemanha; não sendo possível substituir a intervenção do juiz por notários, deveria figurar como apêndice ao Código de Processo Civil, com numeração própria.(38)

José Frederico Marques, que escreveu também uma obra clássica sobre o tema, afirma que "a administração pública dos interesses privados, nem mesmo quando se realiza através da jurisdição voluntária, está afeta, no que diz com a sua regulamentação, às leis processuais. Cabe ao Direito Processual apenas a forma e o *modus faciendi* dos atos forenses da atividade de jurisdição voluntária".(39)

No projeto figura a jurisdição voluntária como título especial no Livro IV, porque, por larga tradição, em tais casos sempre coube ao juiz a função de administrar os interesses privados.

II — Do Processo Oral

13. O projeto manteve, quanto ao processo oral, o sistema vigente, mitigando-lhe o rigor, a fim de atender a peculiaridades da extensão territorial do país. O ideal seria atingir a oralidade em toda a sua pureza. Os elementos que a caracterizam são: *a)* a identidade da pessoa física do juiz, de modo que este dirija o processo desde o seu início até o julgamento; *b)* a concentração, isto é, que em uma ou em poucas audiências próximas se realize a produção das provas; *c)* a irrecorribilidade das decisões interlocutórias, evitando a cisão do processo ou a sua interrupção contínua, mediante recursos, que devolvem ao Tribunal o julgamento da decisão impugnada.(40)

Falando de processo oral em sua pureza, cumpre esclarecer que se trata de um tipo ideal, resultante da experiência legislativa de vários povos e condensado pela doutrina em alguns princípios. Mas, na realidade, há diversos tipos de processo oral, dos quais dois são os mais importantes: o austríaco e o alemão. Entre estes, a diferença, que sobreleva notar, concerne ao princípio da concentração.(41)

Ocorre, porém, que o projeto, por amor aos princípios, não deve sacrificar as condições próprias da realidade nacional. O Código de Processo Civil se destina a servir ao Brasil. Atendendo a estas ponderações, julgamos de bom aviso limitar o sistema de processo oral, não só no que toca ao princípio da identidade da pessoa física do juiz, como também quanto à irrecorribilidade das decisões interlocutórias.

O Brasil não poderia consagrar uma aplicação rígida e inflexível de princípio da identidade, sobretudo porque, quando o juiz é promovido para comarca distante, tem grande dificuldade para retornar ao juízo de origem e concluir as audiências iniciadas. O projeto preservou o princípio da identidade física do juiz, salvo nos casos de remoção, promoção ou aposentadoria (art. 137). A exceção aberta à regra geral confirma-lhe a eficácia e o valor científico. "O que importa", diz Chiovenda, "é que a oralidade e a concentração sejam observadas rigorosamente como regra".(42)

15. (43)Outro ponto é o da irrecorribilidade, em separado, das decisões interlocutórias. A aplicação deste princípio entre nós provou que os litigantes, impacientes de qualquer demora no julgamento do recurso, acabaram por engendrar esdrúxulas formas de impugnação. Podem ser

(38) Niceto Alcalá-Zamora y Castillo, *Principios técnicos y políticos de una reforma procesal*, p. 11.
(39) José Frederico Marques, *Ensaio sobre a jurisdição voluntária*, 2. ed., p. 109.
(40) Chiovenda, *La riformadel procedimento civile*, separata, Roma, 1911, p. 10 e segs.
(41) Chiovenda. *La riforma*, cit.. p. 15 e segs.
(42) Chiovenda, *La riforma*, cit., p. 22.
(43) O n. 14 não consta da publicação oficial

EXPOSIÇÃO DE MOTIVOS

lembradas, a título de exemplo, a correição parcial e o mandado de segurança. Não sendo possível modificar a natureza das coisas, o projeto preferiu admitir agravo de instrumento de todas as decisões interlocutórias. É mais uma exceção. O projeto a introduziu para ser fiel à realidade da prática nacional.

Finalmente, em alguns processos, especialmente naqueles em que toda prova é produzida em audiência, a oralidade se ostenta em sua plenitude.[44] Em outros se torna menos evidente, como nos casos em que a audiência é suprimida em virtude da antecipação do julgamento do mérito (art. 334). Os articulados, nestes casos, lhe esgotam toda a discussão. Pareceu-nos, então, supérfluo manter a audiência tão-só para o debate oral. Não cremos, pois, que o projeto mereça, nesse ponto, qualquer censura por condensar, em vez de dilatar, a discussão e o julgamento do mérito.

III — Das Inovações

16. O projeto contém numerosas inovações. Não sendo possível, nos estreitos limites desta Exposição de Motivos, esmiuçar as particularidades de cada uma, cingimo-nos a indicar as mais evidentes e persuasivas. O projeto enfrenta desassombradamente todos os problemas, tomando posição em face das controvérsias doutrinárias. Não foi seu intuito, porém, fazer obra acadêmica, antes solucionar com nitidez "los problemas que la realidad social, económica, cultural y social presenta al legislador".[45]

a) Das inovações constantes do Livro I

17. Posto que o processo civil seja, de sua índole, eminentemente dialético, é reprovável que as partes se sirvam dele, faltando ao dever, da verdade, agindo com deslealdade e empregando artifícios fraudulentos; porque tal conduta não se compadece com a dignidade de um instrumento que o Estado põe à disposição dos contendores para atuação do direito e realização da justiça. Tendo em conta estas razões ético-jurídicas, definiu o projeto como dever das partes: *a)* expor os fatos em juízo conforme a verdade; *b)* proceder com lealdade e boa-fé; *c)* não formular pretensões, nem alegar defesa, cientes de que são destituídas de fundamento; *d)* não produzir provas, nem praticar atos inúteis ou desnecessários à declaração ou defesa do direito (art. 17). E, em seguida, dispôs que "responde por perdas e danos todo aquele que pleitear de má-fé como autor, réu ou interveniente" (art. 19). No art. 20, prescreveu: "Reputar-se-á litigante de má-fé aquele que: *a)* deduzir pretensão ou defesa, cuja falta de fundamento não possa razoavelmente desconhecer; *b)* alterar intencionalmente a verdade dos fatos; *c)* omitir intencionalmente fatos essenciais ao julgamento da causa; *d)* usar do processo com o intuito de conseguir objetivo ilegal; *e)* opuser resistência injustificada ao andamento do processo; *f)* proceder de modo temerário em qualquer incidente ou ato do processo; *g)* provocar incidentes manifestamente infundados".

O projeto adota o princípio do sucumbimento, pelo qual o vencido responde por custas e honorários advocatícios em benefício do vencedor (art. 23). "O fundamento desta condenação", como escreveu Chiovenda, "é o fato objetivo da derrota; e a justificação deste instituto está em que a atuação da lei não deve representar uma diminuição patrimonial para a parte a cujo favor se efetiva; por ser interesse do Estado que o emprego do processo não se resolva em prejuízo de quem tem razão e por ser, de outro turno, que os direitos tenham um valor tanto quanto possível nítido e constante".[46]

No capítulo "Da Intervenção de Terceiros", foi incluído o instituto do "Chamamento ao Processo", à semelhança do Código de Processo Civil português (art. 330). O projeto admite o chamamento do devedor na ação intentada contra o fiador: dos outros fiadores, quando a ação for proposta contra um deles; e de todos os devedores solidários, quando o credor exigir de um ou de alguns deles, parcial ou totalmente, a dívida comum (art. 82). A vantagem deste instituto está em que a sentença, julgando procedente a ação, condenará os devedores, valendo como título executivo em favor do que satisfez a dívida, para exigi-la, por inteiro, do devedor principal, ou de cada um dos co-devedores, a sua quota, na proporção que lhe tocar (art. 85).

O Ministério Público é considerado em sua dupla função de órgão agente e de órgão interveniente (art. 86). Quando exerce a ação civil nos casos prescritos em lei, competem-lhe os mesmos poderes e ônus das partes.

A competência é regulada no plano interno e internacional. Distribuiu-se a competência interna em razão do valor e da matéria (arts. 96 e segs.), da função (arts. 98 e segs.) e do território (arts. 99 e segs.).

18. O projeto consagra o princípio dispositivo (art. 266), mas reforça a autoridade do Poder Judiciário, armando-o de poderes para prevenir ou reprimir qualquer ato atentatório à dignidade da justiça (art. 130, III). Este fenômeno ocorre mais freqüentemente no processo de execução que no processo de conhecimento. É que o processo de conhecimento se desenvolve num sistema de igualdade entre as partes, segundo o qual ambas procuram alcançar uma sentença de mérito. Na execução, ao contrário, há desigualdade entre o exeqüente e o executado. O exeqüente tem posição de preeminência; o executado, estado de sujeição. Graças a essa situação de primado que a lei atribui ao exeqüente, realizam-se atos de execução forçada contra o devedor, que não pode impedi-los, nem subtrair-se a seus efeitos. A execução se presta, contudo, a manobras protelatórias, que arrastam os processos por anos, sem que o Poder Judiciário possa adimplir a prestação jurisdicional.

Para coibir abusos, considerou o projeto atentatório à dignidade da justiça o ato do executado: *a)* que frauda a execução; *b)* que se opõe maliciosamente à execução, empregando ardis e meios artificiosos; *c)* que resiste injustificadamente às ordens judiciais, a ponto de o juiz precisar requisitar a intervenção da força policial; *d)* que não indica ao juiz onde se encontram os bens sujeitos à execução (art. 612). Se o executado, advertido pelo juiz, persevera na prática de qualquer desses atos, a sanção que o projeto lhe impõe é a de perder o direito de falar no processo (art. 613).

19. Modificação substancial no procedimento consta do Título VII, Capítulos IV e V. Findo o prazo para resposta do réu, sobem os autos à conclusão do juiz para diversas providências. Se o réu, reconhecendo o fato em que se funda a ação, outro lhe opuser impeditivo, modificativo, ou extintivo do direito do autor, este será ouvido no prazo de 10 (dez) dias, facultando-lhe o juiz a produção de prova documental (art. 330). Se o réu também alegar qualquer das matérias enumeradas no art. 305, o autor será ouvido no prazo de 10 (dez) dias. Verificando-se a existência de irregularidade ou de nulidade, o juiz mandará supri-la (art. 331). Se o réu não contestar a ação, reputar-se-ão verdadeiros os fatos afirmados pelo autor (art. 323). A revelia não produz, contudo, este efeito: *a)* se, havendo pluralidade de réus, algum deles contestar a ação; *b)* se o litígio versar sobre direitos indisponíveis; *c)* se a petição inicial não estiver instruída com instrumento público, que a lei considere indispensável à provado ato (art. 324). E, finalmente, se o réu contestar o direito que constitui fundamento do pedido, o autor poderá requerer que o juiz profira sentença incidente, quando a declaração da existência ou

(44) Chiovenda, *La riforma*, cit., p. 22.
(45) Couture, *Proyecto de Código de Procedimiento Civil*, Montevideo, 1945, p. 31.
(46) Chiovenda, *Instituições de direito processual civil*, trad. bras., com notas de Liebman, v. 3, p. 285.

da inexistência do direito depender, no todo ou em parte, do julgamento da lide (arts. 5º, 329 e 474).

Cumpridas as providências preliminares ou não havendo necessidade delas, o juiz profere *julgamento conforme o estado do processo*. Esta atribuição lhe permite, logo após os articulados, ou extinguir o processo ocorrendo qualquer das hipóteses previstas nos arts. 271 e 273, II, III, IV e V; ou decidir imediatamente a causa, quando ocorrer a revelia ou quando a questão de mérito for unicamente de direito, ou, sendo de direito e de fato, não houver necessidade de produzir provas em audiência (arts. 333 e 334). O que o processo ganha em condensação e celeridade, bem podem avaliar os que lidam no foro. Suprime-se a audiência, porque nela nada há de particular a discutir. Assim, não se pratica ato inútil. De outra parte, não sofre o processo paralisação, dormindo meses nas estantes dos cartórios, enquanto aguarda uma audiência, cuja realização nenhum proveito trará ao esclarecimento da causa, porque esta já se acha amplamente discutida na inicial e na resposta do réu.

Com a adoção desta nova técnica, bem se vê quanto ficou simplificado o sistema do processo civil.

20. A doutrina das provas sofreu importantes modificações. O art. 336 declara que "todos os meios legais, bem como os moralmente legítimos, ainda que não especificados neste Código, serão hábeis para provar a verdade dos fatos, em que se fundam a ação ou a defesa". Mas não é só. Permite o projeto que o juiz, em falta de normas jurídicas particulares, aplique as regras da experiência comum, subministradas pela observação do que ordinariamente acontece (art. 339).

Passa depois à disciplina particular das várias espécies de provas. Trata, em seções distintas, do depoimento pessoal e da confissão (arts. 346 e segs.). Disciplina com rigor a exibição de documento ou coisa, considerando em particular os motivos de escusa (art. 367). Dispõe sobre a força probante dos documentos (arts. 368 e segs.), a argüição de falsidade (arts. 394 e segs.) e a oportunidade da produção da prova documental (arts. 400 e segs.). E confere ao juiz o poder de inspeção direta e pessoal (arts. 444 e segs.).

b) Das inovações constantes do Livro II

21. Dentre as inovações constantes do Livro II, duas merecem especial relevo. A primeira respeitante à unidade do processo de execução; a segunda, à criação do instituto da insolvência civil.

O direito luso-brasileiro conhece dois meios de realizar a função executiva: *a)* pela *parata executio*; *b)* pela ação executiva. Esta se funda em título extrajudicial; aquela, em sentença condenatória.

Mas, como observa Liebman, diferentes foram os resultados da evolução histórica nos países do continente europeu. O direito costumeiro francês reafirmou energicamente a equivalência das sentenças e dos instrumentos públicos (*lettres obligatoires faites par devantnotaire ou passées sous Seel Royal*); e reconheceu a ambos a *exécution parée*. Este princípio foi acolhido pelas Ordenações reais e, depois, pelo *Code de Procédure Civile* napoleônico, de 1806, do qual passou para a maior parte das legislações modernas.[47] Adotaram, nos nossos dias, o sistema unificado os Códigos de Processo Civil da Itália (art. 474), da Alemanha (§§ 704 e 794), de Portugal (art. 46) e a Lei de Execução da Áustria (§ 1º).

O projeto segue esta orientação porque, na verdade, a ação executiva nada mais é do que uma espécie da execução geral; e assim parece aconselhável reunir os títulos executivos judiciais e extrajudiciais. Sob o aspecto prático são evidentes as vantagens que resultam dessa unificação, pois o projeto suprime a ação executiva e o executivo fiscal como ações autônomas.

22. O projeto distingue execução contra devedor solvente e execução contra o devedor insolvente. Enquanto o devedor possui bens livres e desembaraçados, o credor obtém a satisfação do seu direito em execução singular. Pela penhora adquire o credor um direito real sobre os bens penhorados, a exemplo do que dispõe o § 804 do Código de Processo alemão. Quando, porém, as dívidas excedem às importâncias dos bens do devedor, dar-se-á insolvência civil. A declaração de insolvência produz o vencimento antecipado das dívidas, a arrecadação dos bens do devedor e a execução por concurso universal (art. 763).

Neste sistema, o devedor civil se equipara ao comerciante. Se este tem direito à extinção das obrigações, decorrido o prazo de 5 (cinco) anos contados do encerramento da falência (Dec.-lei n. 7.661, art. 135, III), nenhuma razão justifica que o devedor civil continue sujeito aos longos prazos prescricionais, em cujo decurso fica praticamente inabilitado para a prática, em seu próprio nome, dos atos da vida civil.

Escrevendo sobre este tema, em 1952, formulamos votos no sentido de se instituir o concurso universal de credores, estendendo-se ao devedor civil os benefícios que a Lei de Falências concede ao comerciante.[48]

c) Das inovações constantes do Livro III

23. O Livro III, relativo ao processo cautelar, se divide em dois capítulos. O primeiro contém disposições gerais sobre medidas inominadas e o procedimento que deve ser observado assim em relação a estas como aos procedimentos cautelares específicos, regulados no capítulo seguinte.

O projeto disciplina os seguintes procedimentos cautelares específicos: o arresto, o seqüestro, a caução, a busca e apreensão, a produção antecipada de provas, os alimentos provisionais, o arrolamento de bens, o atentado, a posse em nome do nascituro, protestos, notificações e interpelações, justificação, nunciação de obra nova e outras medidas, como obras de conservação em coisa litigiosa, entrega de objeto e bens de uso pessoal da mulher e dos filhos, a posse provisória, a guarda e a educação dos filhos, o depósito de menor e o afastamento temporário de um dos cônjuges da morada do casal.

d) Das inovações constantes do Livro IV

24. O Livro IV está dividido em dois títulos: *a)* procedimentos de jurisdição contenciosa; *b)* procedimentos de jurisdição voluntária.

O primeiro abrange as ações de consignação, de depósito, de anulação e substituição de títulos ao portador, de prestação de contas, de usucapião de terras particulares, de divisão e demarcação de terras, de inventário e partilha, de embargos de terceiros, de habilitação e de restauração de autos, bem como as ações possessórias e o juízo arbitral.

O segundo contém regras gerais sobre a jurisdição voluntária e procedimentos especiais. O art. 1.119 do projeto dispõe: "Quando este Código não estabelecer procedimento especial, regem a jurisdição voluntária as disposições constantes deste Capítulo". O projeto simplifi-

(47) Liebman, *Processo de execução*, n. 6, nota 10.

(48) Alfredo Buzaid, *Do concurso de credores no processo de execução*, p. 358 e segs.

EXPOSIÇÃO DE MOTIVOS

cou a matéria, porque submeteu às regras enunciadas na seção geral vários institutos que no Código de Processo Civil vigente são regulamentados em particular. O projeto só disciplinou, pois, de modo autônomo, os procedimentos que, por suas peculiaridades, demandavam tratamento especial. Eles ficaram reduzidos a nove e são: 1. das vendas judiciais; 2. do desquite por mútuo consentimento; 3. dos testamentos e codicilos; 4. da herança jacente; 5. dos bens dos ausentes; 6. das coisas vagas; 7. da curatela dos interditos; 8. das disposições comuns à tutela e curatela; e 9. da organização e fiscalização das fundações.

Notar-se-á, por outro lado, que o projeto não incluiu alguns procedimentos especiais que constam do Código de Processo Civil vigente, como, por exemplo, Averbações e Retificações do Registro Civil, Habilitação para o Casamento, Casamento em Iminente Risco de Vida, Bem de Família, Registro Torrens, Nulidade de Patente de Invenção e de Marca de Indústria e Comércio, Loteamento e Venda de Imóveis a Prestações, Despejo, Locação Comercial regida pelo Decreto n. 24.150, Dissolução e Liquidação de Sociedades e outros. A exclusão foi intencional. No regime jurídico atual figuram tais institutos, ao mesmo tempo, em vários diplomas legais, onde têm regulamentação paralela. Essa fragmentação não se coaduna com a boa técnica legislativa, que recomenda, tanto quanto possível, tratamento unitário. O Código Civil e algumas leis extravagantes os disciplinam, estabelecendo regras de direito material. Por que então dividi-los, regulamentando-os parte no Código de Processo Civil e parte em leis especiais? Parece mais lógico incluir os procedimentos desses institutos em suas respectivas leis especiais, onde serão exauridos completa e satisfatoriamente.

e) Das inovações constantes do Livro V

25. O Livro V reúne disposições gerais e transitórias. Destas, ressaem duas inovações que devem ser postas em relevo. Uma entende com o sistema de recursos. Declara o projeto que o novo sistema se aplica a todas as leis especiais, como as que regulam o mandado de segurança, a desapropriação, a ação popular e outras. O seu objetivo é implantar a harmonia no sistema jurídico nacional.

Outra concerne à incineração de autos arquivados. O foro está abarrotado de processos, cuja conservação é tão dispendiosa quanto desnecessária. A cremação não causa dano às partes, porque lhes foi ressalvado o direito de requerer o desentranhamento dos documentos e de microfilmar os autos. Nos processos onde há documentos de valor histórico, a autoridade competente os recolherá ao Arquivo Público.

Capítulo V
DOS RECURSOS

26. Não poderíamos encerrar esta Exposição de Motivos sem uma análise aprofundada do sistema de recursos, a fim de justificar a inovação preconizada pelo projeto. O direito brasileiro se ressente, entre outros, de dois defeitos fundamentais: *a*) sob o aspecto terminológico, o emprego de uma expressão única para designar institutos diferentes; *b*) sob o aspecto sistemático, uma quantidade excessiva de meios de impugnar as decisões.

O rigor da ciência jurídica depende substancialmente da pureza da linguagem não devendo designar com um nome comum institutos diversos, nem institutos iguais com nomes diferentes. O direito brasileiro, ao nomear os recursos, não observou essa exigência da técnica jurídica. Sob o nome comum de agravo de petição, reúne cinco recursos, cujas condições de admissibilidade são essencialmente diversas. Assim é que cabe: *a*) da decisão que põe termo ao processo, sem entrar no julgamento do mérito (Código de Processo Civil, art. 846); *b*) da decisão terminativa da instância e da sentença proferida sobre o pedido das partes (Dec.-lei n. 960, de 17 de novembro de 1938, art. 45); *c*) da decisão de mérito proferida em ações de acidente de trabalho e de alimentos (Lei n. 5.316, de 14 de novembro de 1967, art. 15, § 2°, e Lei n. 5.478, de 25 de julho de 1968, art. 14); *d*) nos casos expressamente indicados na Lei de Falências (Dec.-lei n. 7.661, de 21 de junho de 1945, arts. 18, § 3°; 19; 69, § 4°; 77, § 4°; 79, § 2°; 97; 137, § 4°, e 155, § 3°); e *e*) da decisão que nega ou concede mandado de segurança (Lei n. 1.533, de 31 de dezembro de 1951, art. 12).

27. Admitindo agravo de petição, quer de decisão terminativa, quer de decisão definitiva, quer de outras providências jurisdicionais de índole diversa, o legislador brasileiro abandonou a idéia de uniformidade. Ora, o sistema de recursos deve fundar-se, antes de mais nada, em um critério, qualquer que seja, contanto que seja um critério.

O legislador poderá reduzir a uma denominação única todos os recursos, chamando-os simplesmente apelação, ou atendendo à natureza do provimento jurisdicional, conceder a apelação de sentença definitiva de mérito e agravo das demais decisões.

O legislador brasileiro não abraçou, porém, nenhum critério. Divorciado de qualquer preocupação científica ou sistemática, preferiu, em cada lei, as soluções puramente empíricas.

28. Sob o aspecto sistemático, o legislador mantém uma variedade considerável de recursos. Os autores nacionais não escondem a sua perplexidade diante de tamanha confusão legislativa e chegaram ao ponto de propor reformas substanciais, consideradas inadiáveis.[49] E. D. Moniz de Aragão, animado do propósito de colaborar na tarefa de revisão legislativa, apresenta, num substancioso estudo, as linhas fundamentais de uma nova sistemática de recursos.[50]

Era indispensável apontar essa ausência de unidade, especialmente porque várias leis extravagantes serão atingidas pela reforma do Código, devendo submeter-se às normas que regem o novo sistema de recursos. Não se justificava que, tratando-se de ações, gozassem de um tratamento especial, com recursos próprios, diferentes daqueles aplicados às ações em geral. Na tarefa de uniformizar a teoria geral dos recursos, foi preciso não só refundi-los, atendendo às razões práticas, mas até suprimir alguns, cuja manutenção não mais se explica à luz da ciência. O projeto aboliu os agravos de petição e no auto do processo.

29. Duas razões principais nos levaram a eliminar o agravo de petição. A primeira é que deixou de ser um recurso próprio e específico, passando a recurso de conteúdo genérico e variável. Basta esta única circunstância para se ver que ele não deve subsistir no sistema geral, pelo menos com a função que atualmente exerce. Carecendo de precisão terminológica e de individuação científica, aplica-se indiferentemente a uma pluralidade de decisões, constituindo por isso fonte de graves incertezas.

A segunda razão é que o Código vigente admitiu apelação de sentença definitiva (art. 820) e agravo de petição, de

(49) E. D. Moniz de Aragão, *Estudo sobre os embargos de nulidade e infringentes do julgado*, Curitiba, 1959, p. 127; Costa Carvalho, *Direito judiciário civil*, 3. ed., v. 4, p. 39; Chryssolito de Gusmão, *Direito judiciário e direito constitucional*, p. 38; Alcides de Mendonça Lima, *Estudios en honor de Couture*, p. 495; José Frederico Marques, *Instituições*, v. 4, p. 13.
(50) Moniz de Aragão, *Dos recursos cíveis*, p. 11 e segs.

decisão terminativa (art. 846). O elemento que aproxima e, ao mesmo tempo, exclui os dois recursos é o mérito da causa. Quando o juiz o decide, cabe apelação; quando põe termo ao processo sem decidi-lo, cabe agravo de petição.[51]

O critério é lógico, mas não prático. Definir o que seja o mérito é um dos problemas mais árduos da ciência do processo e tendo o Código adotado um critério distintivo entre esses dois recursos, de índole eminentemente conceitual, manteve dúvidas que não foram dissipadas ao longo de trinta anos de sua aplicação.[52] Ainda não se tranqüilizaram as opiniões, na doutrina e na jurisprudência, acerca do recurso hábil para impugnar as decisões que resolvem a questão de carência de ação, de legitimidade *ad causam* e de prescrição do direito".[53]

30. O projeto também aboliu o agravo no auto do processo. Uma das características do processo oral e concentrado é a irrecorribilidade em separado das decisões interlocutórias.[54] Esse é o sistema adotado por algumas legislações.[55] Assim, também, o entendimento da doutrina nacional.[56] De todas as figuras de agravo que herdamos de Portugal, aquela cuja índole se amolda ao princípio da irrecorribilidade em separado das interlocutórias é o agravo no auto do processo.[57]

Coube ao eminente processualista Machado Guimarães, o mérito de haver sugerido a revivescência desse recurso, por entender que ele se harmonizava com o processo oral e concentrado.[58] Foi provavelmente sob a influência dessas idéias que Moniz de Aragão conservou no projeto que escreveu, ao lado do agravo de instrumento, o agravo no auto do processo.[59]

Embora reconheçamos que esse recurso se ajuste aos princípios fundamentais que estruturam o Código, pareceu-nos melhor conceder, para os casos que ele especifica, o agravo de instrumento, que apresenta sobre o agravo no auto do processo algumas vantagens dignas de realce.

Nenhuma dessas figuras de agravo suspende o andamento do processo principal. O agravo no auto do processo, ínsito no bojo dos autos, aguarda a ascensão da causa do Tribunal, onde será conhecido como preliminar, no julgamento da apelação (Código de Processo Civil, art. 877). Só então é que se separará o gravame. O agravo de instrumento, sem interromper a marcha do processo, assegura, todavia, a verificação da decisão impugnada antes que o juiz profira sentença definitiva. O Tribunal corrigirá os erros cometidos pelo juiz, em cada oportunidade, sem embaraçar o andamento da ação.

31. Convém, ainda, tecer alguns comentários sobre a nomenclatura do Código vigente.

Os recursos de agravo de instrumento e no auto do processo (arts. 842 e 851) se fundam num critério meramente casuístico, que não exaure a totalidade dos casos que se apresentam na vida cotidiana dos tribunais. Daí a razão por que o dinamismo da vida judiciária teve de suprir as lacunas da ordem jurídica positiva, concedendo dois sucedâneos de recurso, a saber, a correição parcial e o mandado de segurança.

A experiência demonstrou que esses dois remédios foram úteis corrigindo injustiças ou ilegalidades flagrantes, mas representavam uma grave deformação no sistema, pelo uso de expedientes estranhos ao quadro de recursos.

É certo que, para obviar aos inconvenientes da interposição errônea de um recurso por outro, o Código vigente admite o seu conhecimento pela instância superior e ordena a remessa à câmara ou turma, desde que não esteja viciado por má-fé ou erro grosseiro (art. 810). O Código consagrou, nesse preceito legal, a teoria do "recurso indiferente" (Sowohls-auch-Theorie), como ensinam os autores alemães.[60]

Esta solução não serviu, porém, para melhorar o sistema, porque a frequência com que os recursos, erroneamente interpostos, não são conhecidos pelo Tribunal evidenciou que a aplicação do art. 810 tem valor limitadíssimo.

32. Por outro lado, o enunciado de algumas disposições gerais (Livro VII, Título I) denota imprecisão e ambigüidade justamente nos pontos em que a lei deveria ser exata e explícita. Haja vista, por exemplo, o art. 814, assim no que concerne à parte, como ao Ministério Público e ainda o art. 815, ao conceder recurso ao terceiro prejudicado.

O pressuposto do recurso é o estado de sucumbimento, cuja medida é dada pela existência de um prejuízo. Ora, esta idéia não aparece claramente no referido título, que sempre fala de parte, sem aludir, uma vez sequer, à circunstância de ser "vencida". O réu pode sofrer prejuízo, ainda quando o juiz lhe dá ganho de causa. É o que ocorre, quando o magistrado declara o autor carecedor da ação, ao invés de julgar improcedente a ação.[61]

Mas não é só. Prescreve o Código que compete ao órgão do Ministério Público o direito de recorrer "quando expresso em lei" (art. 814). O Ministério Público oficia, no processo civil, ora como parte, ora como fiscal da lei. A locução empregada pelo referido preceito, sem qualquer individuação, assim no Código como em Lei especial, deu lugar a fundas divergências, que era preciso afastar a bem da segurança dos negócios jurídicos e da missão atribuída ao Ministério Público.[62]

Em relação ao terceiro, o Código diz simplesmente que ele "poderá recorrer" (art. 815), deixando de mencionar os pressupostos de sua admissibilidade; a doutrina, diante de regra tão extensa, construiu duas soluções distintas: uma que permite o recurso como intervenção *ad coadjuvandum*[63] e outra, *ad infringendum*.[64]

33. Diversamente do Código vigente, o projeto simplifica o sistema de recursos. Concede apelação só de sentença; de todas as decisões interlocutórias, agravo de instrumento. Esta solução atende plenamente aos princípios fundamentais do Código, sem sacrificar o andamento da causa e sem retardar injustificavelmente a resolução de questões incidentes, muitas das quais são de importância decisiva para a apreciação do mérito. O critério que distingue os dois recursos é simples. Se o juiz põe termo ao

(51) Liebman, Nota in Chiovenda, *Instituições*, v. 3, p. 295.
(52) Alfredo Buzaid, *Do agravo de petição*, 2. ed., p. 115 e segs.; E. D. Moniz de Aragão, *Estudos sobre os embargos de nulidade e infringentes do julgado*, Curitiba, 1959, p. 130.
(53) Alfredo Buzaid, *Do agravo de petição*, 2. ed., p. 134 e segs.
(54) Chiovenda, *Instituições*, v. 3, p. 81; *Saggi*, v. 2, p. 32.
(55) Código de Processo Civil da Alemanha, § 511; da Áustria, § 462; da Hungria, § 479; da Basiléia, § 221; de Lucerna, § 443.
(56) Francisco Morato, A oralidade, *Revista Forense*, v. 74, p. 145; Luís Machado Guimarães, O processo oral e o processo escrito, *Revista Forense*, v. 74, p. 166; Alcides de Mendonça Lima, *Estudios en honor de Couture*, p. 483.
(57) LIEBMAN, *Instituições*, v. 3, p. 295; E. D. Moniz de Aragão, *Estudo*, cit., p. 129; Eliézer Rosa, *Dicionário*, verbete Agravo no auto do processo; José Olympio de Castro Filho, Agravo no auto do processo, *Revista Forense*, v. 151, p. 185; Alfredo Buzaid, Agravo nel auto del proceso, *Revista de Derecho Procesal*, 1951, v. 1, p. 153 e segs.
(58) Eliézer Rosa, *Revista Forense*, v. 124, p. 348.
(59) Moniz de Aragão, *op. cit.*, p. 30.

(60) Goldschmidt, Zivilprozessrecht, § 64.
(61) Goldschmidt, op. cit., § 64.
(62) Moniz de Aragão, *Estudo*, cit., p. 28; José Frederico Marques, *Instituições*, v. 4, p. 81.
(63) Liebman, *Instituições*, v. 3, p. 387.
(64) Pedro Lins Palmeira, *Da intervenção de terceiros*, p. 125; E. D. Moniz de Aragão é partidário de um conceito amplo (*Estudo*, p. 29).

EXPOSIÇÃO DE MOTIVOS

processo, cabe apelação. Não importa indagar se decidiu ou não o mérito. A condição do recurso é que tenha havido julgamento final no processo. Cabe agravo de instrumento de toda a decisão, proferida no curso do processo, pela qual o juiz resolve questão incidente.

34. No sistema do projeto, o recurso extraordinário sobe por instrumento. Na verdade, partindo-se da ideia deque compete aos Tribunais estaduais e ao Tribunal Federal de Recursos o julgamento das causas em segundo grau de jurisdição, daí se segue que, perante a sua justiça, hão de exaurir-se os recursos ordinários conferidos pelo Código de Processo Civil. Ora, depois que a ação percorre os dois graus de jurisdição, é de se supor que a causa tenha sido amplamente apreciada, sob o duplo aspecto de fato e de direito; e, se apesar disso, a parte vencida ainda não se sente convencida e pretende interpor recurso extraordinário, é verdadeiramente paradoxal que o vencedor tenha de extrair carta de sentença, às suas expensas, para executar o julgado, só porque o recurso foi admitido pelo Presidente do Tribunal. Esta solução do direito vigente encerra uma inversão na ordem das coisas, impondo que o vencedor suporte ainda um ônus, depois de ter sido decretada a procedência do seu pedido. Mais lógico seria que o recurso extraordinário se processasse em separado, com a trasladação das peças por conta do recorrente.

Capítulo VI
DO PROCEDIMENTO SUMARÍSSIMO

37. [65]No antigo direito luso-brasileiro, o procedimento era ordinário, sumário, sumaríssimo e executivo (cf. Neves de Castro, *Manual do processo civil ordinário*, 2. ed., n. 2, nota 5; Pereira e Sousa, *Primeiras linhas sobre o processo civil*, § 7º; Correia Telles, *Doutrina das ações*, § 15; Paula Batista, *Processo civil*, § 75; Ramalho, *Praxe*, § 298; Gusmão, *Processo civil e comercial*, Cap. 17). A virtude do procedimento sumaríssimo está em que ele se desenvolve *simpliciter et de plano ac sine strepitu*. O que o caracteriza é a simplificação de atos, de modo que as demandas sejam processadas e decididas em curto espaço de tempo e com o mínimo de despesas.

A Constituição vigente estabelece que "para as causas ou litígios, que a lei definirá, poderão ser instituídos processos

(65) Os ns. 35 e 36 não constam da publicação oficial.

e julgamento de rito sumaríssimo, observados os critérios de descentralização, de economia e de comodidade das partes" (art. 112, parágrafo único). Em cumprimento ao disposto neste preceito constitucional, dedica o projeto um capítulo no *procedimento sumaríssimo*, cuja disciplina atendeu a dois critérios: *a*) o do valor das causas; *b*) o da matéria. Assim, obedecerão a esse tipo de procedimento os pleitos cujo valor não exceder 50 (cinqüenta) vezes o maior salário mínimo vigente no País e também as causas, qualquer que seja o valor, enumeradas no art. 279.

Capítulo VII
CONCLUSÃO

38. Estas são, Senhor Presidente, as linhas fundamentais do Projeto de Código de Processo Civil. Pela sua leitura, ver-se-á que foram cumpridas as recomendações constantes da Mensagem enviada ao Congresso, da qual peço vênia para transcrever o seguinte passo: "Na reforma das leis processuais, cujos projetos se encontram em vias de encaminhamento à consideração do Congresso Nacional, cuida-se, por isso, de modo todo especial, em conferir aos órgãos jurisdicionais os meios de que necessitam para que a prestação da justiça se efetue com a presteza indispensável à eficaz atuação do direito. Cogita-se, pois, de racionalizar o procedimento, assim na ordem civil como na penal, simplificando-lhe os termos de tal sorte que os trâmites processuais levem à prestação da sentença com economia de tempo e despesas para os litigantes. Evitar-se-á, assim, o retardamento na decisão das causas ou na execução dos direitos já reconhecidos em juízo. No tutelar-se por essa forma o interesse das partes e a dignidade da justiça, seguir-se-á, aliás, o caminho facultado pela Constituição vigente, quando no art. 112, parágrafo único, dispõe: 'Para as causas ou litígios, que a lei definirá, poderão ser instituídos processos e julgamento de rito sumaríssimo, observados os critérios de descentralização, de economia e de comodidade das partes'" (*Diário do Congresso Nacional*, ano XXVII, n. I, p. 5).

Aproveito a oportunidade para renovar a Vossa Excelência protestos do mais profundo respeito.

Alfredo Buzaid
Ministro da Justiça

ÍNDICE SISTEMÁTICO DO CÓDIGO DE PROCESSO CIVIL DE 2015

PARTE GERAL

LIVRO I
Das Normas Processuais Civis

TÍTULO ÚNICO
Das Normas Fundamentais e da Aplicação das Normas Processuais

Capítulo I — Das Normas Fundamentais do Processo Civil (Arts. 1º a 12).. 945
Capítulo II — Da Aplicação das Normas Processuais (Arts. 13 a 15)... 946

LIVRO II
Da Função Jurisdicional

Título I
Da Jurisdição e da Ação (Arts. 16 a 20)

Título II
Dos Limites da Jurisdição Nacional e da Cooperação Internacional

Capítulo I — Dos Limites da Jurisdição Nacional (Arts. 21 a 25)... 946
Capítulo II — Da Cooperação Internacional... 946
 Seção I — Disposições Gerais (Arts. 26 e 27).. 946
 Seção II — Do Auxílio Direto (Arts. 28 a 34)... 947
 Seção III — Da Carta Rogatória (Arts. 35 e 36).. 947
 Seção IV — Disposições Comuns às Seções Anteriores (Arts. 37 a 41) .. 947

Título III
Da Competência Interna

Capítulo I — Da Competência... 947
 Seção I — Disposições Gerais (Arts. 42 a 53).. 947
 Seção II — Da Modificação da Competência (Arts. 54 a 63)... 948
 Seção III — Da Incompetência (Arts. 64 a 66).. 949
Capítulo II — Da Cooperação Nacional (Arts. 67 a 69).. 949

LIVRO III
Dos Sujeitos do Processo

TÍTULO I
Das Partes e dos Procuradores

Capítulo I — Da Capacidade Processual (Arts. 70 a 76)... 950
Capítulo II — Dos Deveres das Partes e de seus Procuradores .. 950
 Seção I — Dos Deveres (Arts. 77 e 78).. 950
 Seção II — Da Responsabilidade das Partes por Dano Processual (Arts. 79 a 81)....................................... 951
 Seção III — Das Despesas, dos Honorários Advocatícios e das Multas (Arts. 82 a 97) 951
 Seção IV — Da Gratuidade da Justiça (Arts. 98 a 102).. 953
Capítulo III — Dos Procuradores (Arts. 103 a 107).. 954
Capítulo IV — Da Sucessão das Partes e dos Procuradores (Arts. 108 a 112).. 955

TÍTULO II
Do Litisconsórcio (Arts. 113 a 118)

TÍTULO III
Da Intervenção de Terceiros

Capítulo I — Da Assistência .. 955
 Seção I — Disposições Comuns (Arts. 119 e 120) .. 955
 Seção II — Da Assistência Simples (Arts. 121 a 123) ... 956
 Seção III — Da Assistência Litisconsorcial (Art. 124) .. 956
Capítulo II — Da Denunciação da Lide (Arts. 125 a 129) ... 956
Capítulo III — Do Chamamento ao Processo (Arts. 130 a 132) ... 956
Capítulo IV — Do Incidente de Desconsideração da Personalidade Jurídica (Arts. 133 a 137) 956
Capítulo V — Do *Amicus Curiae* (Art. 138) ... 957

Título IV
Do Juiz e dos Auxiliares da Justiça

Capítulo I — Dos Poderes, dos Deveres e da Responsabilidade do Juiz (Arts. 139 a 143) 957
Capítulo II — Dos Impedimentos e da Suspeição (Arts. 144 a 148) .. 957
Capítulo III — Dos Auxiliares da Justiça (Art. 149) ... 958
 Seção I — Do Escrivão, do Chefe de Secretaria e do Oficial de Justiça (Arts. 150 a 155) 958
 Seção II — Do Perito (Arts. 156 a 158) ... 959
 Seção III — Do Depositário e do Administrador (Arts. 159 a 161) .. 959
 Seção IV — Do Intérprete e do Tradutor (Arts. 162 a 164) ... 960
 Seção V — Dos Conciliadores e Mediadores Judiciais (Arts. 165 a 175) ... 960

TÍTULO V
Do Ministério Público (Arts. 176 a 181)

TÍTULO VI
Da Advocacia Pública (Arts. 182 a 184)

TÍTULO VII
Da Defensoria Pública (Arts. 185 a 187)

LIVRO IV
Dos Atos Processuais

TÍTULO I
Da Forma, do Tempo e do Lugar dos Atos Processuais

Capítulo I — Da Forma dos Atos Processuais .. 962
 Seção I — Dos Atos em Geral (Arts. 188 a 192) .. 962
 Seção II — Da Prática Eletrônica de Atos Processuais (Arts. 193 a 199) .. 962
 Seção III — Dos Atos das Partes (Arts. 200 a 202) .. 963
 Seção IV — Dos Pronunciamentos do Juiz (Arts. 203 a 205) .. 963
 Seção V — Dos Atos do Escrivão ou do Chefe de Secretaria (Arts. 206 a 211) 963
Capítulo II — Do Tempo e do Lugar dos Atos Processuais .. 963
 Seção I — Do Tempo (Arts. 2,2 a 216) ... 963
 Seção II — Do Lugar (Art. 217) ... 964
Capítulo III — Dos Prazos ... 964
 Seção I — Disposições Gerais (Arts. 218 a 232) ... 964
 Seção II — Da Verificação dos Prazos e das Penalidades (Arts. 233 a 235) 965

TÍTULO II
Da Comunicação dos Atos Processuais

Capítulo I — Disposições Gerais (Arts. 236 e 237) ... 965
Capítulo II — Da Citação (Arts. 238 a 259) ... 966

Capítulo III — Das Cartas (Arts. 260 a 268)... 968
Capítulo IV — Das Intimações (Arts. 269 a 275)... 968

TÍTULO III
Das Nulidades (Arts. 276 a 283)

TÍTULO IV
Da Distribuição e do Registro (Arts. 284 a 290)

TÍTULO V
Do Valor da Causa (Arts. 291 a 293)

LIVRO V
Da Tutela Provisória

TÍTULO I
Disposições Gerais (Arts. 294 a 299)

TÍTULO II
Da Tutela de Urgência

Capítulo I — Disposições Gerais (Arts. 300 a 302).. 970
Capítulo II — Do Procedimento da Tutela Antecipada Requerida em Caráter Antecedente (Arts. 303 e 304)............ 971
Capítulo III — Do Procedimento da Tutela Cautelar Requerida em Caráter Antecedente (Arts. 305 a 310)............... 971

TÍTULO III
Da Tutela da Evidência (Art. 311)

LIVRO VI
Da Formação, da Suspensão e da Extinção do Processo

TÍTULO I
Da Formação do Processo (Art. 312)

TÍTULO II
Da Suspensão do Processo (Arts. 313 a 315)

TÍTULO III
Da Extinção do Processo (Arts. 316 e 137)

PARTE ESPECIAL

LIVRO I
Do Processo de Conhecimento e do Cumprimento de Sentença

TÍTULO I
Do Procedimento Comum

Capítulo I — Disposições Gerais (Art. 318)... 973
Capítulo II — Da Petição Inicial... 973
 Seção I — Dos Requisitos da Petição Inicial (Arts. 319 a 321)... 973
 Seção II — Do Pedido (Arts. 322 a 329)... 973
 Seção III — Do Indeferimento da Petição Inicial (Arts. 330 e 331)... 974
Capítulo III — Improcedência Liminar do Pedido (Art. 332)... 974
Capítulo IV — Da Conversão da Ação Individual em Ação Coletiva (Art. 333)........................... 974
Capítulo V — Da Audiência de Conciliação ou de Mediação (Art. 334)....................................... 974
Capítulo VI — Da Contestação (Arts. 335 a 342).. 974
Capítulo VII — Da Reconvenção (Art. 343).. 975
Capítulo VIII — Da Revelia (Arts. 344 a 346).. 976
Capítulo IX — Das Providências Preliminares e do Saneamento (Art. 347)................................ 976
 Seção I — Da Não Incidência dos Efeitos da Revelia (Arts. 348 e 349)..................................... 976
 Seção II — Do Fato Impeditivo, Modificativo ou Extintivo do Direito do Autor (Art. 350)....... 976
 Seção III — Das Alegações do Réu (Arts. 351 a 353).. 976

Capítulo X — Do Julgamento Conforme o Estado do Processo ... 976
 Seção I — Da Extinção do Processo (Art. 354) ... 976
 Seção II — Do Julgamento Antecipado do Mérito (Art. 355) ... 976
 Seção III — Do Julgamento Antecipado Parcial do Mérito (Art. 356) .. 976
 Seção IV — Do Saneamento e da Organização do Processo (Art. 357) .. 976
Capítulo XI — Da Audiência de Instrução e Julgamento (Arts. 358 a 368) .. 977
Capítulo XII — Das Provas ... 978
 Seção I — Disposições Gerais (Arts. 369 a 380) .. 978
 Seção II — Da Produção Antecipada da Prova (Arts. 381 a 383) ... 978
 Seção III — Da Ata Notarial (Art. 384) .. 979
 Seção IV — Do Depoimento Pessoal (Arts. 385 a 388) ... 979
 Seção V — Da Confissão (Arts. 389 a 395) ... 979
 Seção VI — Da Exibição de Documento ou Coisa (Arts. 396 a 404) .. 979
 Seção VII — Da Prova Documental .. 980
 Subseção I — Da força probante dos documentos (Arts. 405 a 429) ... 980
 Subseção II — Da argüição de falsidade (Arts. 430 a 433) .. 982
 Subseção III — Da produção da prova documental (Arts. 434 a 438) ... 982
 Seção VIII — Dos Documentos Eletrônicos (Arts. 439 a 441) .. 982
 Seção IX — Da Prova Testemunhal .. 982
 Subseção I — Da admissibilidade e do valor da prova testemunhal (Arts. 442 a 449) 982
 Subseção II — Da produção da prova testemunhal (Arts. 450 a 463) ... 983
 Seção X — Da Prova Pericial (Arts. 464 a 480) ... 984
 Seção XI — Da Inspeção Judicial (Arts. 481 a 484) .. 986
Capítulo XIII — Da Sentença e da Coisa Julgada .. 986
 Seção I — Disposições Gerais (Arts. 485 a 488) .. 986
 Seção II — Dos Elementos e dos Efeitos da Sentença (Arts. 489 a 495) .. 987
 Seção III — Da Remessa Necessária (Art. 496) ... 988
 Seção IV — Do Julgamento das Ações Relativas às Prestações de Fazer, de Não Fazer e de Entregar Coisa (Arts. 497 a 501) ... 988
 Seção V — Da Coisa Julgada (Arts. 502 a 508) .. 988
Capítulo XIV — Da Liquidação de Sentença (Arts. 509 a 512) ... 989

TÍTULO II
Do Cumprimento da Sentença

Capítulo I — Disposições Gerais (Arts. 513 a 519) ... 989
Capítulo II — Do Cumprimento Provisório da Sentença que Reconheça a Exigibilidade de Obrigação de Pagar Quantia Certa (Arts. 520 a 522) ... 990
Capítulo III — Do Cumprimento Definitivo da Sentença que Reconhece a Exigibilidade de Obrigação de Pagar Quantia Certa (Arts. 523 a 527) ... 990
Capítulo IV — Do Cumprimento de Sentença que Reconheça a Exigibilidade de Obrigação de Prestar Alimentos (Arts. 528 a 533) ... 992
Capítulo V — Do Cumprimento de Sentença que Reconheça a Exigibilidade de Obrigação de Pagar Quantia Certa pela Fazenda Pública (Arts. 534 e 535) ... 992
Capítulo VI — Do Cumprimento de Sentença que Reconheça a Exigibilidade de Obrigação de Fazer, de Não Fazer ou de Entregar Coisa .. 993
 Seção I — Do Cumprimento de Sentença que Reconheça a Exigibilidade de Obrigação de Fazer ou de Não Fazer (Arts. 536 e 537) .. 993
 Seção II — Do Cumprimento de Sentença que Reconheça a Exigibilidade de Obrigação de Entregar Coisa (Art. 538) 994

TÍTULO III
Dos Procedimentos Especiais

Capítulo I — Da Ação de Consignação em Pagamento (Arts. 539 a 549) ... 994
Capítulo II — Da Ação de Exigir Contas (Arts. 550 a 553) ... 994
Capítulo III — Das Ações Possessórias ... 995
 Seção I — Disposições Gerais (Arts. 554 a 559) .. 995
 Seção II — Da Manutenção e da Reintegração de Posse (Arts. 560 a 566) ... 995
 Seção III — Do Interdito Proibitório (Arts. 567 e 568) ... 996
Capítulo IV — Da Ação de Divisão e da Demarcação de Terras Particulares ... 996

Seção I — Disposições Gerais (Arts. 569 a 573)......... 996
Seção II — Da Demarcação (Arts. 574 a 587)......... 996
Seção III — Da Divisão (Arts. 588 a 598)......... 997

Capítulo V — Da Ação de Dissolução Parcial de Sociedade (Arts. 599 a 609)......... 998

Capítulo VI — Do Inventário e da Partilha......... 999
Seção I — Disposições Gerais (Arts. 610 a 614)......... 999
Seção II — Da Legitimidade para Requerer o Inventário (Arts. 615 e 616)......... 999
Seção III — Do Inventariante e das Primeiras Declarações (Art. 617 a 625)......... 999
Seção IV — Das Citações e das Impugnações (Arts. 626 a 629)......... 1000
Seção V — Da Avaliação e do Cálculo do Imposto (Arts. 630 a 638)......... 1001
Seção VI — Das Colações (Arts. 639 a 641)......... 1001
Seção VII — Do Pagamento das Dívidas (Arts. 642 a 646)......... 1001
Seção VIII — Da Partilha (Arts. 647 a 658)......... 1002
Seção IX — Do Arrolamento (Arts. 659 a 667)......... 1002
Seção X — Disposições Comuns a Todas as Seções (Arts. 668 a 673)......... 1003

Capítulo VII — Dos Embargos de Terceiro (Arts. 674 a 681)......... 1003

Capítulo VIII — Da Oposição (Arts. 682 a 686)......... 1004

Capítulo IX — Da Habilitação (Arts. 687 a 692)......... 1004

Capítulo X — Das Ações de Família (Arts. 693 a 699)......... 1005

Capítulo XI — Da Ação Monitória (Arts. 700 a 702)......... 1005

Capítulo XII — Da Homologação do Penhor Legal (Arts. 703 a 706)......... 1006

Capítulo XIII — Da Regulação de Avaria Grossa (Arts. 707 a 711)......... 1006

Capítulo XIV — Da Restauração de Autos (Arts. 712 a 718)......... 1006

Capítulo XV — Dos Procedimentos de Jurisdição Voluntária......... 1007
Seção I — Disposições Gerais (Arts. 719 a 725)......... 1007
Seção II — Da Notificação e da Interpelação (Arts. 726 a 729)......... 1007
Seção III — Da Alienação Judicial (Art. 730)......... 1007
Seção IV — Do Divórcio e da Separação Consensuais, da Extinção Consensual de União Estável e da Alteração do Regime de Bens do Matrimônio (Arts. 731 a 734)......... 1007
Seção V — Dos Testamentos e dos Codicilos (Arts. 735 a 737)......... 1008
Seção VI — Da Herança Jacente (Arts. 738 a 743)......... 1008
Seção VII — Dos Bens dos Ausentes (Arts. 744 e 745)......... 1009
Seção VIII — Das Coisas Vagas (Art. 746)......... 1009
Seção IX — Da Interdição (Arts. 747 a 758)......... 1009
Seção X — Disposições Comuns à Tutela e à Curatela (Arts. 759 a 763)......... 1010
Seção XI — Da Organização e da Fiscalização das Fundações (Arts. 764 e 765)......... 1011
Seção XII — Da Ratificação dos Protestos Marítimos e dos Processos Testemunháveis Formados a Bordo (Arts. 766 a 770)......... 1011

LIVRO II
Do Processo de Execução

TÍTULO I
Da Execução em Geral

Capítulo I — Disposições Gerais (Arts. 771 a 777)......... 1011
Capítulo II — Das Partes (Arts. 778 a 780)......... 1012
Capítulo III — Da Competência (Arts. 781 e 782)......... 1012
Capítulo IV — Dos Requisitos Necessários para Realizar Qualquer Execução......... 1012
Seção I — Do Título Executivo (Arts. 783 a 785)......... 1012
Seção II — Da Exigibilidade da Obrigação (Arts. 786 a 788)......... 1013
Capítulo V — Da Responsabilidade Patrimonial (Arts. 789 a 796)......... 1013

Título II
Das Diversas Espécies de Execução

Capítulo I — Disposições Gerais (Arts. 797 a 805)......... 1014
Capítulo II — Da Execução para a Entrega de Coisa......... 1015
Seção I — Da Entrega de Coisa Certa (Arts. 806 a 810)......... 1015

Seção II — Da Entrega de Coisa Incerta (Arts. 811 a 813) .. 1015
Capítulo III — Da Execução das Obrigações de Fazer ou de Não Fazer ... 1015
 Seção I — Disposições Comuns (Art. 814) .. 1015
 Seção II — Da Obrigação de Fazer (Arts. 815 a 821) .. 1015
 Seção III — Da Obrigação de Não Fazer (Arts. 822 e 823) ... 1016
Capítulo IV — Da Execução por Quantia Certa .. 1016
 Seção I — Disposições Gerais (Arts. 824 a 826) ... 1016
 Seção II — Da Citação do Devedor e do Arresto (Arts. 827 a 830) .. 1016
 Seção III — Da Penhora, do Depósito e da Avaliação ... 1017
 Subseção I — Do objeto da penhora (Arts. 831 a 836) ... 1017
 Subseção II — Da documentação da penhora, de seu registro e do depósito (Arts. 837 a 844) 1017
 Subseção III — Do lugar de realização da penhora (Arts. 845 e 846) ... 1018
 Subseção IV — Das modificações da penhora (Arts. 847 a 853) .. 1018
 Subseção V — Da penhora de dinheiro em depósito ou em aplicação financeira (Art. 854) 1019
 Subseção VI — Da penhora de créditos (Arts. 855 a 860) .. 1019
 Subseção VII — Da penhora das quotas ou das ações de sociedades personificadas (Art. 861) 1020
 Subseção VIII — Da penhora de empresa, de outros estabelecimentos e de semoventes (Arts. 862 a 865) 1020
 Subseção IX — Da penhora de percentual de faturamento de empresa (Art. 866) 1021
 Subseção X — Da penhora de frutos e rendimentos de coisa móvel ou imóvel (Arts. 867 a 869) 1021
 Subseção XI — Da avaliação (Arts. 870 a 875) .. 1021
 Seção IV — Da Expropriação de Bens ... 1021
 Subseção I — Da adjudicação (Arts. 876 a 878) .. 1021
 Subseção II — Da alienação (Arts. 879 a 903) ... 1022
 Seção V — Da Satisfação do Crédito (Arts. 904 a 909) ... 1025
Capítulo V — Da Execução contra a Fazenda Pública (Art. 910) ... 1025
Capítulo VI — Da Execução de Alimentos (Arts. 911 a 913) .. 1025

TÍTULO III
Dos Embargos à Execução (Arts. 914 a 920)

TÍTULO IV
Da Suspensão e da Extinção do Processo de Execução

Capítulo I — Da Suspensão do Processo de Execução (Arts. 921 a 923) ... 1027
Capítulo II — Da Extinção do Processo de Execução (Arts. 924 e 925) .. 1027

LIVRO III
Dos Processos nos Tribunais e dos Meios de Impugnação das Decisões Judiciais

TÍTULO I
Da Ordem dos Processos e dos Processos de Competência Originária dos Tribunais

Capítulo I — Disposições Gerais (Arts. 926 a 928) .. 1027
Capítulo II — Da Ordem dos Processos no Tribunal (Arts. 929 a 946) .. 1028
Capítulo III — Do Incidente de Assunção de Competência (Art. 947) ... 1030
Capítulo IV — Do Incidente de Arguição de Inconstitucionalidade (Arts. 948 a 950) 1030
Capítulo V — Do Conflito de Competência (Arts. 951 a 959) .. 1030
Capítulo VI — Da Homologação de Decisão Estrangeira e da Concessão do Exequatur à Carta Rogatória (Arts. 960 a 965) ... 1031
Capítulo VII — Da Ação Rescisória (Arts. 966 a 975) .. 1031
Capítulo VIII — Do Incidente de Resolução de Demandas Repetitivas (Arts. 976 a 987) 1032
Capítulo IX — Da Reclamação (Arts. 988 a 993) ... 1034

TÍTULO II
Dos Recursos

Capítulo I — Disposições Gerais (Arts. 994 a 1.008) ... 1034
Capítulo II — Da Apelação (Arts. 1.009 a 1.014) ... 1035

ÍNDICE SISTEMÁTICO DO CÓDIGO DE PROCESSO CIVIL/2015

Capítulo III — Do Agravo de Instrumento (Arts. 1.015 a 1.020) .. 1036
Capítulo IV — Do Agravo Interno (Art. 1.021) ... 1037
Capítulo V — Dos Embargos de Declaração (Arts. 1.022 a 1.026) ... 1037
Capítulo VI — Dos Recursos para o Supremo Tribunal Federal e para o Superior Tribunal de Justiça 1038
 Seção I — Do Recurso Ordinário (Arts. 1.027 e 1.028) .. 1038
 Seção II — Do Recurso Extraordinário e do Recurso Especial .. 1038
 Subseção I — Disposições gerais (Arts. 1.029 a 1.035) .. 1038
 Subseção II — Do julgamento dos recursos extraordinário e especial repetitivos (Arts. 1.036 a 1.041) 1039
 Seção III — Do Agravo em Recurso Especial e em Recurso Extraordinário (Art. 1.042) 1041
 Seção IV — Dos Embargos de Divergência (Arts. 1.043 e 1.044) ... 1041

LIVRO COMPLEMENTAR
Disposições Finais e Transitórias (Arts. 1.045 a 1.072) ... 1042

CÓDIGO DE PROCESSO CIVIL — CPC/ 2015

LEI N. 13.105, DE 16 DE MARÇO DE 2015

CÓDIGO DE PROCESSO CIVIL

A PRESIDENTA DA REPÚBLICA Faço saber que o Congresso Nacional decreta e eu sanciono a seguinte Lei:

PARTE GERAL

LIVRO I
DAS NORMAS PROCESSUAIS CIVIS

TÍTULO ÚNICO
DAS NORMAS FUNDAMENTAIS E DA APLICAÇÃO DAS NORMAS PROCESSUAIS

CAPÍTULO I
DAS NORMAS FUNDAMENTAIS DO PROCESSO CIVIL

Art. 1º O processo civil será ordenado, disciplinado e interpretado conforme os valores e as normas fundamentais estabelecidos na Constituição da República Federativa do Brasil, observando-se as disposições deste Código.

Art. 2º O processo começa por iniciativa da parte e se desenvolve por impulso oficial, salvo as exceções previstas em lei.

Art. 3º Não se excluirá da apreciação jurisdicional ameaça ou lesão a direito.

§ 1º É permitida a arbitragem, na forma da lei.

§ 2º O Estado promoverá, sempre que possível, a solução consensual dos conflitos.

§ 3º A conciliação, a mediação e outros métodos de solução consensual de conflitos deverão ser estimulados por juízes, advogados, defensores públicos e membros do Ministério Público, inclusive no curso do processo judicial.

Art. 4º As partes têm o direito de obter em prazo razoável a solução integral do mérito, incluída a atividade satisfativa.

Art. 5º Aquele que de qualquer forma participa do processo deve comportar-se de acordo com a boa-fé.

Art. 6º Todos os sujeitos do processo devem cooperar entre si para que se obtenha, em tempo razoável, decisão de mérito justa e efetiva.

Art. 7º É assegurada às partes paridade de tratamento em relação ao exercício de direitos e faculdades processuais, aos meios de defesa, aos ônus, aos deveres e à aplicação de sanções processuais, competindo ao juiz zelar pelo efetivo contraditório.

Art. 8º Ao aplicar o ordenamento jurídico, o juiz atenderá aos fins sociais e às exigências do bem comum, resguardando e promovendo a dignidade da pessoa humana e observando a proporcionalidade, a razoabilidade, a legalidade, a publicidade e a eficiência.

Art. 9º Não se proferirá decisão contra uma das partes sem que ela seja previamente ouvida.

Parágrafo único. O disposto no *caput* não se aplica:

I — à tutela provisória de urgência;

II — às hipóteses de tutela da evidência previstas no art. 311, incisos II e III;

III — à decisão prevista no art. 701.

Art. 10. O juiz não pode decidir, em grau algum de jurisdição, com base em fundamento a respeito do qual não se tenha dado às partes oportunidade de se manifestar, ainda que se trate de matéria sobre a qual deva decidir de ofício.

Art. 11. Todos os julgamentos dos órgãos do Poder Judiciário serão públicos, e fundamentadas todas as decisões, sob pena de nulidade.

Parágrafo único. Nos casos de segredo de justiça, pode ser autorizada a presença somente das partes, de seus advogados, de defensores públicos ou do Ministério Público.

Art. 12. Os juízes e os tribunais atenderão, preferencialmente, à ordem cronológica de conclusão para proferir sentença ou acórdão. *(Redação dada pela Lei n. 13.256, de 2016)*

§ 1º A lista de processos aptos a julgamento deverá estar permanentemente à disposição para consulta pública em cartório e na rede mundial de computadores.

§ 2º Estão excluídos da regra do *caput*:

I — As sentenças proferidas em audiência, homologatórias de acordo ou de improcedência liminar do pedido;

II — o julgamento de processos em bloco para aplicação de tese jurídica firmada em julgamento de casos repetitivos;

III — o julgamento de recursos repetitivos ou de incidente de resolução de demandas repetitivas;

IV — As decisões proferidas com base nos arts. 485 e 932;

V — o julgamento de embargos de declaração;

VI — o julgamento de agravo interno;

VII — As preferências legais e as metas estabelecidas pelo Conselho Nacional de Justiça;

VIII — os processos criminais, nos órgãos jurisdicionais que tenham competência penal;

IX — A causa que exija urgência no julgamento, assim reconhecida por decisão fundamentada.

§ 3º Após elaboração de lista própria, respeitar-se-á a ordem cronológica das conclusões entre as preferências legais.

§ 4º Após a inclusão do processo na lista de que trata o § 1º, o requerimento formulado pela parte não altera a ordem cronológica para a decisão, exceto quando implicar a reabertura da instrução ou a conversão do julgamento em diligência.

§ 5º Decidido o requerimento previsto no § 4º, o processo retornará à mesma posição em que anteriormente se encontrava na lista.

§ 6º Ocupará o primeiro lugar na lista prevista no § 1º ou, conforme o caso, no § 3º, o processo que:

I — tiver sua sentença ou acórdão anulado, salvo quando houver necessidade de realização de diligência ou de complementação da instrução;

II — se enquadrar na hipótese do art. 1.040, inciso II.

CAPÍTULO II
DA APLICAÇÃO DAS NORMAS PROCESSUAIS

Art. 13. A jurisdição civil será regida pelas normas processuais brasileiras, ressalvadas as disposições específicas previstas em tratados, convenções ou acordos internacionais de que o Brasil seja parte.

Art. 14. A norma processual não retroagirá e será aplicável imediatamente aos processos em curso, respeitados os atos processuais praticados e as situações jurídicas consolidadas sob a vigência da norma revogada.

Art. 15. Na ausência de normas que regulem processos eleitorais, trabalhistas ou administrativos, as disposições deste Código lhes serão aplicadas supletiva e subsidiariamente.

LIVRO II
DA FUNÇÃO JURISDICIONAL

TÍTULO I
DA JURISDIÇÃO E DA AÇÃO

Art. 16. A jurisdição civil é exercida pelos juízes e pelos tribunais em todo o território nacional, conforme as disposições deste Código.

Art. 17. Para postular em juízo é necessário ter interesse e legitimidade.

Art. 18. Ninguém poderá pleitear direito alheio em nome próprio, salvo quando autorizado pelo ordenamento jurídico.

Parágrafo único. Havendo substituição processual, o substituído poderá intervir como assistente litisconsorcial.

Art. 19. O interesse do autor pode limitar-se à declaração:

I — da existência, da inexistência ou do modo de ser de uma relação jurídica;

II — da autenticidade ou da falsidade de documento.

Art. 20. É admissível a ação meramente declaratória, ainda que tenha ocorrido a violação do direito.

TÍTULO II
DOS LIMITES DA JURISDIÇÃO NACIONAL E DA COOPERAÇÃO INTERNACIONAL

CAPÍTULO I
DOS LIMITES DA JURISDIÇÃO NACIONAL

Art. 21. Compete à autoridade judiciária brasileira processar e julgar as ações em que:

I — o réu, qualquer que seja a sua nacionalidade, estiver domiciliado no Brasil;

II — no Brasil tiver de ser cumprida a obrigação;

III — o fundamento seja fato ocorrido ou ato praticado no Brasil.

Parágrafo único. Para o fim do disposto no inciso I, considera-se domiciliada no Brasil a pessoa jurídica estrangeira que nele tiver agência, filial ou sucursal.

Art. 22. Compete, ainda, à autoridade judiciária brasileira processar e julgar as ações:

I — de alimentos, quando:

a) o credor tiver domicílio ou residência no Brasil;

b) o réu mantiver vínculos no Brasil, tais como posse ou propriedade de bens, recebimento de renda ou obtenção de benefícios econômicos;

II — decorrentes de relações de consumo, quando o consumidor tiver domicílio ou residência no Brasil;

III — em que as partes, expressa ou tacitamente, se submeterem à jurisdição nacional.

Art. 23. Compete à autoridade judiciária brasileira, com exclusão de qualquer outra:

I — conhecer de ações relativas a imóveis situados no Brasil;

II — em matéria de sucessão hereditária, proceder à confirmação de testamento particular e ao inventário e à partilha de bens situados no Brasil, ainda que o autor da herança seja de nacionalidade estrangeira ou tenha domicílio fora do território nacional;

III — em divórcio, separação judicial ou dissolução de união estável, proceder à partilha de bens situados no Brasil, ainda que o titular seja de nacionalidade estrangeira ou tenha domicílio fora do território nacional.

Art. 24. A ação proposta perante tribunal estrangeiro não induz litispendência e não obsta a que a autoridade judiciária brasileira conheça da mesma causa e das que lhe são conexas, ressalvadas as disposições em contrário de tratados internacionais e acordos bilaterais em vigor no Brasil.

Parágrafo único. A pendência de causa perante a jurisdição brasileira não impede a homologação de sentença judicial estrangeira quando exigida para produzir efeitos no Brasil.

Art. 25. Não compete à autoridade judiciária brasileira o processamento e o julgamento da ação quando houver cláusula de eleição de foro exclusivo estrangeiro em contrato internacional, arguida pelo réu na contestação.

§ 1º Não se aplica o disposto no *caput* às hipóteses de competência internacional exclusiva previstas neste Capítulo.

§ 2º Aplica-se à hipótese do *caput* o art. 63, §§ 1º a 4º.

CAPÍTULO II
DA COOPERAÇÃO INTERNACIONAL

Seção I
Disposições Gerais

Art. 26. A cooperação jurídica internacional será regida por tratado de que o Brasil faz parte e observará:

I — o respeito às garantias do devido processo legal no Estado requerente;

II — A igualdade de tratamento entre nacionais e estrangeiros, residentes ou não no Brasil, em relação ao acesso

à justiça e à tramitação dos processos, assegurando-se assistência judiciária aos necessitados;

III — A publicidade processual, exceto nas hipóteses de sigilo previstas na legislação brasileira ou na do Estado requerente;

IV — A existência de autoridade central para recepção e transmissão dos pedidos de cooperação;

V — A espontaneidade na transmissão de informações a autoridades estrangeiras.

§ 1º Na ausência de tratado, a cooperação jurídica internacional poderá realizar-se com base em reciprocidade, manifestada por via diplomática.

§ 2º Não se exigirá a reciprocidade referida no § 1º para homologação de sentença estrangeira.

§ 3º Na cooperação jurídica internacional não será admitida a prática de atos que contrariem ou que produzam resultados incompatíveis com as normas fundamentais que regem o Estado brasileiro.

§ 4º O Ministério da Justiça exercerá as funções de autoridade central na ausência de designação específica.

Art. 27. A cooperação jurídica internacional terá por objeto:
I — citação, intimação e notificação judicial e extrajudicial;
II — colheita de provas e obtenção de informações;
III — homologação e cumprimento de decisão;
IV — concessão de medida judicial de urgência;
V — assistência jurídica internacional;
VI — qualquer outra medida judicial ou extrajudicial não proibida pela lei brasileira.

Seção II
Do Auxílio Direto

Art. 28. Cabe auxílio direto quando a medida não decorrer diretamente de decisão de autoridade jurisdicional estrangeira a ser submetida a juízo de delibação no Brasil.

Art. 29. A solicitação de auxílio direto será encaminhada pelo órgão estrangeiro interessado à autoridade central, cabendo ao Estado requerente assegurar a autenticidade e a clareza do pedido.

Art. 30. Além dos casos previstos em tratados de que o Brasil faz parte, o auxílio direto terá os seguintes objetos:
I — obtenção e prestação de informações sobre o ordenamento jurídico e sobre processos administrativos ou jurisdicionais findos ou em curso;
II — colheita de provas, salvo se a medida for adotada em processo, em curso no estrangeiro, de competência exclusiva de autoridade judiciária brasileira;
III — qualquer outra medida judicial ou extrajudicial não proibida pela lei brasileira.

Art. 31. A autoridade central brasileira comunicar-se-á diretamente com suas congêneres e, se necessário, com outros órgãos estrangeiros responsáveis pela tramitação e pela execução de pedidos de cooperação enviados e recebidos pelo Estado brasileiro, respeitadas disposições específicas constantes de tratado.

Art. 32. No caso de auxílio direto para a prática de atos que, segundo a lei brasileira, não necessitem de prestação jurisdicional, a autoridade central adotará as providências necessárias para seu cumprimento.

Art. 33. Recebido o pedido de auxílio direto passivo, a autoridade central o encaminhará à Advocacia-Geral da União, que requererá em juízo a medida solicitada.

Parágrafo único. O Ministério Público requererá em juízo a medida solicitada quando for autoridade central.

Art. 34. Compete ao juízo federal do lugar em que deva ser executada a medida apreciar pedido de auxílio direto passivo que demande prestação de atividade jurisdicional.

Seção III
Da Carta Rogatória

Art. 35. (VETADO)

Art. 36. O procedimento da carta rogatória perante o Superior Tribunal de Justiça é de jurisdição contenciosa e deve assegurar às partes as garantias do devido processo legal.

§ 1º A defesa restringir-se-á à discussão quanto ao atendimento dos requisitos para que o pronunciamento judicial estrangeiro produza efeitos no Brasil.

§ 2º Em qualquer hipótese, é vedada a revisão do mérito do pronunciamento judicial estrangeiro pela autoridade judiciária brasileira.

Seção IV
Disposições Comuns às Seções Anteriores

Art. 37. O pedido de cooperação jurídica internacional oriundo de autoridade brasileira competente será encaminhado à autoridade central para posterior envio ao Estado requerido para lhe dar andamento.

Art. 38. O pedido de cooperação oriundo de autoridade brasileira competente e os documentos anexos que o instruem serão encaminhados à autoridade central, acompanhados de tradução para a língua oficial do Estado requerido.

Art. 39. O pedido passivo de cooperação jurídica internacional será recusado se configurar manifesta ofensa à ordem pública.

Art. 40. A cooperação jurídica internacional para execução de decisão estrangeira dar-se-á por meio de carta rogatória ou de ação de homologação de sentença estrangeira, de acordo com o art. 960.

Art. 41. Considera-se autêntico o documento que instruir pedido de cooperação jurídica internacional, inclusive tradução para a língua portuguesa, quando encaminhado ao Estado brasileiro por meio de autoridade central ou por via diplomática, dispensando-se ajuramentação, autenticação ou qualquer procedimento de legalização.

Parágrafo único. O disposto no *caput* não impede, quando necessária, a aplicação pelo Estado brasileiro do princípio da reciprocidade de tratamento.

TÍTULO III
DA COMPETÊNCIA INTERNA

CAPÍTULO I
DA COMPETÊNCIA

Seção I
Disposições Gerais

Art. 42. As causas cíveis serão processadas e decididas pelo juiz nos limites de sua competência, ressalvado às partes o direito de instituir juízo arbitral, na forma da lei.

Art. 43. Determina-se a competência no momento do registro ou da distribuição da petição inicial, sendo irrelevantes as modificações do estado de fato ou de direito ocorridas posteriormente, salvo quando suprimirem órgão judiciário ou alterarem a competência absoluta.

Art. 44. Obedecidos os limites estabelecidos pela Constituição Federal, a competência é determinada pelas normas previstas neste Código ou em legislação especial, pelas normas de organização judiciária e, ainda, no que couber, pelas constituições dos Estados.

Art. 45. Tramitando o processo perante outro juízo, os autos serão remetidos ao juízo federal competente se nele intervier a União, suas empresas públicas, entidades autárquicas e fundações, ou conselho de fiscalização de atividade profissional, na qualidade de parte ou de terceiro interveniente, exceto as ações:

I — de recuperação judicial, falência, insolvência civil e acidente de trabalho;

II — sujeitas à justiça eleitoral e à justiça do trabalho.

§ 1º Os autos não serão remetidos se houver pedido cuja apreciação seja de competência do juízo perante o qual foi proposta a ação.

§ 2º Na hipótese do § 1º, o juiz, ao não admitir a cumulação de pedidos em razão da incompetência para apreciar qualquer deles, não examinará o mérito daquele em que exista interesse da União, de suas entidades autárquicas ou de suas empresas públicas.

§ 3º O juízo federal restituirá os autos ao juízo estadual sem suscitar conflito se o ente federal cuja presença ensejou a remessa for excluído do processo.

Art. 46. A ação fundada em direito pessoal ou em direito real sobre bens móveis será proposta, em regra, no foro de domicílio do réu.

§ 1º Tendo mais de um domicílio, o réu será demandado no foro de qualquer deles.

§ 2º Sendo incerto ou desconhecido o domicílio do réu, ele poderá ser demandado onde for encontrado ou no foro de domicílio do autor.

§ 3º Quando o réu não tiver domicílio ou residência no Brasil, a ação será proposta no foro de domicílio do autor, e, se este também residir fora do Brasil, a ação será proposta em qualquer foro.

§ 4º Havendo 2 (dois) ou mais réus com diferentes domicílios, serão demandados no foro de qualquer deles, à escolha do autor.

§ 5º A execução fiscal será proposta no foro de domicílio do réu, no de sua residência ou no do lugar onde for encontrado.

Art. 47. Para as ações fundadas em direito real sobre imóveis é competente o foro de situação da coisa.

§ 1º O autor pode optar pelo foro de domicílio do réu ou pelo foro de eleição se o litígio não recair sobre direito de propriedade, vizinhança, servidão, divisão e demarcação de terras e de nunciação de obra nova.

§ 2º A ação possessória imobiliária será proposta no foro de situação da coisa, cujo juízo tem competência absoluta.

Art. 48. O foro de domicílio do autor da herança, no Brasil, é o competente para o inventário, a partilha, a arrecadação, o cumprimento de disposições de última vontade, a impugnação ou anulação de partilha extrajudicial e para todas as ações em que o espólio for réu, ainda que o óbito tenha ocorrido no estrangeiro.

Parágrafo único. Se o autor da herança não possuía domicílio certo, é competente:

I — o foro de situação dos bens imóveis;

II — havendo bens imóveis em foros diferentes, qualquer destes;

III — não havendo bens imóveis, o foro do local de qualquer dos bens do espólio.

Art. 49. A ação em que o ausente for réu será proposta no foro de seu último domicílio, também competente para a arrecadação, o inventário, a partilha e o cumprimento de disposições testamentárias.

Art. 50. A ação em que o incapaz for réu será proposta no foro de domicílio de seu representante ou assistente.

Art. 51. É competente o foro de domicílio do réu para as causas em que seja autora a União.

Parágrafo único. Se a União for a demandada, a ação poderá ser proposta no foro de domicílio do autor, no de ocorrência do ato ou fato que originou a demanda, no de situação da coisa ou no Distrito Federal.

Art. 52. É competente o foro de domicílio do réu para as causas em que seja autor Estado ou o Distrito Federal.

Parágrafo único. Se Estado ou o Distrito Federal for o demandado, a ação poderá ser proposta no foro de domicílio do autor, no de ocorrência do ato ou fato que originou a demanda, no de situação da coisa ou na capital do respectivo ente federado.

Art. 53. É competente o foro:

I — para a ação de divórcio, separação, anulação de casamento e reconhecimento ou dissolução de união estável:

a) de domicílio do guardião de filho incapaz;

b) do último domicílio do casal, caso não haja filho incapaz;

c) de domicílio do réu, se nenhuma das partes residir no antigo domicílio do casal;

II — de domicílio ou residência do alimentando, para a ação em que se pedem alimentos;

III — do lugar:

a) onde está a sede, para a ação em que for ré pessoa jurídica;

b) onde se acha agência ou sucursal, quanto às obrigações que a pessoa jurídica contraiu;

c) onde exerce suas atividades, para a ação em que for ré sociedade ou associação sem personalidade jurídica;

d) onde a obrigação deve ser satisfeita, para a ação em que se lhe exigir o cumprimento;

e) de residência do idoso, para a causa que verse sobre direito previsto no respectivo estatuto;

f) da sede da serventia notarial ou de registro, para a ação de reparação de dano por ato praticado em razão do ofício;

IV — do lugar do ato ou fato para a ação:

a) de reparação de dano;

b) em que for réu administrador ou gestor de negócios alheios;

V — de domicílio do autor ou do local do fato, para a ação de reparação de dano sofrido em razão de delito ou acidente de veículos, inclusive aeronaves.

Seção II
Da Modificação da Competência

Art. 54. A competência relativa poderá modificar-se pela conexão ou pela continência, observado o disposto nesta Seção.

Art. 55. Reputam-se conexas 2 (duas) ou mais ações quando lhes for comum o pedido ou a causa de pedir.

§ 1º Os processos de ações conexas serão reunidos para decisão conjunta, salvo se um deles já houver sido sentenciado.

§ 2º Aplica-se o disposto no *caput*:

I — à execução de título extrajudicial e à ação de conhecimento relativa ao mesmo ato jurídico;

II — às execuções fundadas no mesmo título executivo.

§ 3º Serão reunidos para julgamento conjunto os processos que possam gerar risco de prolação de decisões conflitantes ou contraditórias caso decididos separadamente, mesmo sem conexão entre eles.

Art. 56. Dá-se a continência entre 2 (duas) ou mais ações quando houver identidade quanto às partes e à causa de pedir, mas o pedido de uma, por ser mais amplo, abrange o das demais.

Art. 57. Quando houver continência e a ação continente tiver sido proposta anteriormente, no processo relativo à ação contida será proferida sentença sem resolução de mérito, caso contrário, as ações serão necessariamente reunidas.

Art. 58. A reunião das ações propostas em separado far-se-á no juízo prevento, onde serão decididas simultaneamente.

Art. 59. O registro ou a distribuição da petição inicial torna prevento o juízo.

Art. 60. Se o imóvel se achar situado em mais de um Estado, comarca, seção ou subseção judiciária, a competência territorial do juízo prevento estender-se-á sobre a totalidade do imóvel.

Art. 61. A ação acessória será proposta no juízo competente para a ação principal.

Art. 62. A competência determinada em razão da matéria, da pessoa ou da função é inderrogável por convenção das partes.

Art. 63. As partes podem modificar a competência em razão do valor e do território, elegendo foro onde será proposta ação oriunda de direitos e obrigações.

§ 1º A eleição de foro só produz efeito quando constar de instrumento escrito e aludir expressamente a determinado negócio jurídico.

§ 2º O foro contratual obriga os herdeiros e sucessores das partes.

§ 3º Antes da citação, a cláusula de eleição de foro, se abusiva, pode ser reputada ineficaz de ofício pelo juiz, que determinará a remessa dos autos ao juízo do foro de domicílio do réu.

§ 4º Citado, incumbe ao réu alegar a abusividade da cláusula de eleição de foro na contestação, sob pena de preclusão.

Seção III
Da Incompetência

Art. 64. A incompetência, absoluta ou relativa, será alegada como questão preliminar de contestação.

§ 1º A incompetência absoluta pode ser alegada em qualquer tempo e grau de jurisdição e deve ser declarada de ofício.

§ 2º Após manifestação da parte contrária, o juiz decidirá imediatamente a alegação de incompetência.

§ 3º Caso a alegação de incompetência seja acolhida, os autos serão remetidos ao juízo competente.

§ 4º Salvo decisão judicial em sentido contrário, conservar-se-ão os efeitos de decisão proferida pelo juízo incompetente até que outra seja proferida, se for o caso, pelo juízo competente.

Art. 65. Prorrogar-se-á a competência relativa se o réu não alegar a incompetência em preliminar de contestação.

Parágrafo único. A incompetência relativa pode ser alegada pelo Ministério Público nas causas em que atuar.

Art. 66. Há conflito de competência quando:

I — 2 (dois) ou mais juízes se declaram competentes;

II — 2 (dois) ou mais juízes se consideram incompetentes, atribuindo um ao outro a competência;

III — entre 2 (dois) ou mais juízes surge controvérsia acerca da reunião ou separação de processos.

Parágrafo único. O juiz que não acolher a competência declinada deverá suscitar o conflito, salvo se a atribuir a outro juízo.

CAPÍTULO II
DA COOPERAÇÃO NACIONAL

Art. 67. Aos órgãos do Poder Judiciário, estadual ou federal, especializado ou comum, em todas as instâncias e graus de jurisdição, inclusive aos tribunais superiores, incumbe o dever de recíproca cooperação, por meio de seus magistrados e servidores.

Art. 68. Os juízos poderão formular entre si pedido de cooperação para prática de qualquer ato processual.

Art. 69. O pedido de cooperação jurisdicional deve ser prontamente atendido, prescinde de forma específica e pode ser executado como:

I — auxílio direto;

II — reunião ou apensamento de processos;

III — prestação de informações;

IV — atos concertados entre os juízes cooperantes.

§ 1º As cartas de ordem, precatória e arbitral seguirão o regime previsto neste Código.

§ 2º Os atos concertados entre os juízes cooperantes poderão consistir, além de outros, no estabelecimento de procedimento para:

I — a prática de citação, intimação ou notificação de ato;

II — a obtenção e apresentação de provas e a coleta de depoimentos;

III — a efetivação de tutela provisória;

IV — a efetivação de medidas e providências para recuperação e preservação de empresas;

V — a facilitação de habilitação de créditos na falência e na recuperação judicial;

VI — a centralização de processos repetitivos;

VII — a execução de decisão jurisdicional.

§ 3º O pedido de cooperação judiciária pode ser realizado entre órgãos jurisdicionais de diferentes ramos do Poder Judiciário.

LIVRO III
DOS SUJEITOS DO PROCESSO

TÍTULO I
DAS PARTES E DOS PROCURADORES

CAPÍTULO I
DA CAPACIDADE PROCESSUAL

Art. 70. Toda pessoa que se encontre no exercício de seus direitos tem capacidade para estar em juízo.

Art. 71. O incapaz será representado ou assistido por seus pais, por tutor ou por curador, na forma da lei.

Art. 72. O juiz nomeará curador especial ao:

I — incapaz, se não tiver representante legal ou se os interesses deste colidirem com os daquele, enquanto durar a incapacidade;

II — réu preso revel, bem como ao réu revel citado por edital ou com hora certa, enquanto não for constituído advogado.

Parágrafo único. A curatela especial será exercida pela Defensoria Pública, nos termos da lei.

Art. 73. O cônjuge necessitará do consentimento do outro para propor ação que verse sobre direito real imobiliário, salvo quando casados sob o regime de separação absoluta de bens.

§ 1º Ambos os cônjuges serão necessariamente citados para a ação:

I — que verse sobre direito real imobiliário, salvo quando casados sob o regime de separação absoluta de bens;

II — resultante de fato que diga respeito a ambos os cônjuges ou de ato praticado por eles;

III — fundada em dívida contraída por um dos cônjuges a bem da família;

IV — que tenha por objeto o reconhecimento, a constituição ou a extinção de ônus sobre imóvel de um ou de ambos os cônjuges.

§ 2º Nas ações possessórias, a participação do cônjuge do autor ou do réu somente é indispensável nas hipóteses de composse ou de ato por ambos praticado.

§ 3º Aplica-se o disposto neste artigo à união estável comprovada nos autos.

Art. 74. O consentimento previsto no art. 73 pode ser suprido judicialmente quando for negado por um dos cônjuges sem justo motivo, ou quando lhe seja impossível concedê-lo.

Parágrafo único. A falta de consentimento, quando necessário e não suprido pelo juiz, invalida o processo.

Art. 75. Serão representados em juízo, ativa e passivamente:

I — a União, pela Advocacia-Geral da União, diretamente ou mediante órgão vinculado;

II — o Estado e o Distrito Federal, por seus procuradores;

III — o Município, por seu prefeito ou procurador;

IV — a autarquia e a fundação de direito público, por quem a lei do ente federado designar;

V — a massa falida, pelo administrador judicial;

VI — a herança jacente ou vacante, por seu curador;

VII — o espólio, pelo inventariante;

VIII — a pessoa jurídica, por quem os respectivos atos constitutivos designarem ou, não havendo essa designação, por seus diretores;

IX — a sociedade e a associação irregulares e outros entes organizados sem personalidade jurídica, pela pessoa a quem couber a administração de seus bens;

X — a pessoa jurídica estrangeira, pelo gerente, representante ou administrador de sua filial, agência ou sucursal aberta ou instalada no Brasil;

XI — o condomínio, pelo administrador ou síndico.

§ 1º Quando o inventariante for dativo, os sucessores do falecido serão intimados no processo no qual o espólio seja parte.

§ 2º A sociedade ou associação sem personalidade jurídica não poderá opor a irregularidade de sua constituição quando demandada.

§ 3º O gerente de filial ou agência presume-se autorizado pela pessoa jurídica estrangeira a receber citação para qualquer processo.

§ 4º Os Estados e o Distrito Federal poderão ajustar compromisso recíproco para prática de ato processual por seus procuradores em favor de outro ente federado, mediante convênio firmado pelas respectivas procuradorias.

Art. 76. Verificada a incapacidade processual ou a irregularidade da representação da parte, o juiz suspenderá o processo e designará prazo razoável para que seja sanado o vício.

§ 1º Descumprida a determinação, caso o processo esteja na instância originária:

I — o processo será extinto, se a providência couber ao autor;

II — o réu será considerado revel, se a providência lhe couber;

III — o terceiro será considerado revel ou excluído do processo, dependendo do polo em que se encontre.

§ 2º Descumprida a determinação em fase recursal perante tribunal de justiça, tribunal regional federal ou tribunal superior, o relator:

I — não conhecerá do recurso, se a providência couber ao recorrente;

II — determinará o desentranhamento das contrarrazões, se a providência couber ao recorrido.

CAPÍTULO II
DOS DEVERES DAS PARTES E DE SEUS PROCURADORES

Seção I
Dos Deveres

Art. 77. Além de outros previstos neste Código, são deveres das partes, de seus procuradores e de todos aqueles que de qualquer forma participem do processo:

I — expor os fatos em juízo conforme a verdade;

II — não formular pretensão ou de apresentar defesa quando cientes de que são destituídas de fundamento;

III — não produzir provas e não praticar atos inúteis ou desnecessários à declaração ou à defesa do direito;

IV — cumprir com exatidão as decisões jurisdicionais, de natureza provisória ou final, e não criar embaraços à sua efetivação;

V — declinar, no primeiro momento que lhes couber falar nos autos, o endereço residencial ou profissional onde receberão intimações, atualizando essa informação sempre que ocorrer qualquer modificação temporária ou definitiva;

VI — não praticar inovação ilegal no estado de fato de bem ou direito litigioso.

§ 1º Nas hipóteses dos incisos IV e VI, o juiz advertirá qualquer das pessoas mencionadas no *caput* de que sua conduta poderá ser punida como ato atentatório à dignidade da justiça.

§ 2º A violação ao disposto nos incisos IV e VI constitui ato atentatório à dignidade da justiça, devendo o juiz, sem prejuízo das sanções criminais, civis e processuais cabíveis, aplicar ao responsável multa de até vinte por cento do valor da causa, de acordo com a gravidade da conduta.

§ 3º Não sendo paga no prazo a ser fixado pelo juiz, a multa prevista no § 2º será inscrita como dívida ativa da União ou do Estado após o trânsito em julgado da decisão que a fixou, e sua execução observará o procedimento da execução fiscal, revertendo-se aos fundos previstos no art. 97.

§ 4º A multa estabelecida no § 2º poderá ser fixada independentemente da incidência das previstas nos arts. 523, § 1º, e 536, § 1º.

§ 5º Quando o valor da causa for irrisório ou inestimável, a multa prevista no § 2º poderá ser fixada em até 10 (dez) vezes o valor do salário-mínimo.

§ 6º Aos advogados públicos ou privados e aos membros da Defensoria Pública e do Ministério Público não se aplica o disposto nos §§ 2º a 5º, devendo eventual responsabilidade disciplinar ser apurada pelo respectivo órgão de classe ou corregedoria, ao qual o juiz oficiará.

§ 7º Reconhecida violação ao disposto no inciso VI, o juiz determinará o restabelecimento do estado anterior, podendo, ainda, proibir a parte de falar nos autos até a purgação do atentado, sem prejuízo da aplicação do § 2º.

§ 8º O representante judicial da parte não pode ser compelido a cumprir decisão em seu lugar.

Art. 78. É vedado às partes, a seus procuradores, aos juízes, aos membros do Ministério Público e da Defensoria Pública e a qualquer pessoa que participe do processo empregar expressões ofensivas nos escritos apresentados.

§ 1º Quando expressões ou condutas ofensivas forem manifestadas oral ou presencialmente, o juiz advertirá o ofensor de que não as deve usar ou repetir, sob pena de lhe ser cassada a palavra.

§ 2º De ofício ou a requerimento do ofendido, o juiz determinará que as expressões ofensivas sejam riscadas e, a requerimento do ofendido, determinará a expedição de certidão com inteiro teor das expressões ofensivas e a colocará à disposição da parte interessada.

Seção II
Da Responsabilidade das Partes por Dano Processual

Art. 79. Responde por perdas e danos aquele que litigar de má-fé como autor, réu ou interveniente.

Art. 80. Considera-se litigante de má-fé aquele que:

I — deduzir pretensão ou defesa contra texto expresso de lei ou fato incontroverso;

II — alterar a verdade dos fatos;

III — usar do processo para conseguir objetivo ilegal;

IV — opuser resistência injustificada ao andamento do processo;

V — proceder de modo temerário em qualquer incidente ou ato do processo;

VI — provocar incidente manifestamente infundado;

VII — interpuser recurso com intuito manifestamente protelatório.

Art. 81. De ofício ou a requerimento, o juiz condenará o litigante de má-fé a pagar multa, que deverá ser superior a um por cento e inferior a dez por cento do valor corrigido da causa, a indenizar a parte contrária pelos prejuízos que esta sofreu e a arcar com os honorários advocatícios e com todas as despesas que efetuou.

§ 1º Quando forem 2 (dois) ou mais os litigantes de má-fé, o juiz condenará cada um na proporção de seu respectivo interesse na causa ou solidariamente aqueles que se coligaram para lesar a parte contrária.

§ 2º Quando o valor da causa for irrisório ou inestimável, a multa poderá ser fixada em até 10 (dez) vezes o valor do salário-mínimo.

§ 3º O valor da indenização será fixado pelo juiz ou, caso não seja possível mensurá-lo, liquidado por arbitramento ou pelo procedimento comum, nos próprios autos.

Seção III
Das Despesas, dos Honorários Advocatícios e das Multas

Art. 82. Salvo as disposições concernentes à gratuidade da justiça, incumbe às partes prover as despesas dos atos que realizarem ou requererem no processo, antecipando-lhes o pagamento, desde o início até a sentença final ou, na execução, até a plena satisfação do direito reconhecido no título.

§ 1º Incumbe ao autor adiantar as despesas relativas a ato cuja realização o juiz determinar de ofício ou a requerimento do Ministério Público, quando sua intervenção ocorrer como fiscal da ordem jurídica.

§ 2º A sentença condenará o vencido a pagar ao vencedor as despesas que antecipou.

Art. 83. O autor, brasileiro ou estrangeiro, que residir fora do Brasil ou deixar de residir no país ao longo da tramitação de processo prestará caução suficiente ao pagamento das custas e dos honorários de advogado da parte contrária nas ações que propuser, se não tiver no Brasil bens imóveis que lhes assegurem o pagamento.

§ 1º Não se exigirá a caução de que trata o *caput*:

I — quando houver dispensa prevista em acordo ou tratado internacional de que o Brasil faz parte;

II — na execução fundada em título extrajudicial e no cumprimento de sentença;

III — na reconvenção.

§ 2º Verificando-se no trâmite do processo que se desfalcou a garantia, poderá o interessado exigir reforço da caução, justificando seu pedido com a indicação da depreciação do bem dado em garantia e a importância do reforço que pretende obter.

Art. 84. As despesas abrangem as custas dos atos do processo, a indenização de viagem, a remuneração do assistente técnico e a diária de testemunha.

Art. 85. A sentença condenará o vencido a pagar honorários ao advogado do vencedor.

§ 1º São devidos honorários advocatícios na reconvenção, no cumprimento de sentença, provisório ou definitivo, na execução, resistida ou não, e nos recursos interpostos, cumulativamente.

§ 2º Os honorários serão fixados entre o mínimo de dez e o máximo de vinte por cento sobre o valor da condenação, do proveito econômico obtido ou, não sendo possível mensurá-lo, sobre o valor atualizado da causa, atendidos:

I — o grau de zelo do profissional;

II — o lugar de prestação do serviço;

III — a natureza e a importância da causa;

IV — o trabalho realizado pelo advogado e o tempo exigido para o seu serviço.

§ 3º Nas causas em que a Fazenda Pública for parte, a fixação dos honorários observará os critérios estabelecidos nos incisos I a IV do § 2º e os seguintes percentuais:

I — mínimo de dez e máximo de vinte por cento sobre o valor da condenação ou do proveito econômico obtido até 200 (duzentos) salários-mínimos;

II — mínimo de oito e máximo de dez por cento sobre o valor da condenação ou do proveito econômico obtido acima de 200 (duzentos) salários-mínimos até 2.000 (dois mil) salários-mínimos;

III — mínimo de cinco e máximo de oito por cento sobre o valor da condenação ou do proveito econômico obtido acima de 2.000 (dois mil) salários-mínimos até 20.000 (vinte mil) salários-mínimos;

IV — mínimo de três e máximo de cinco por cento sobre o valor da condenação ou do proveito econômico obtido acima de 20.000 (vinte mil) salários-mínimos até 100.000 (cem mil) salários-mínimos;

V — mínimo de um e máximo de três por cento sobre o valor da condenação ou do proveito econômico obtido acima de 100.000 (cem mil) salários-mínimos.

§ 4º Em qualquer das hipóteses do § 3º:

I — os percentuais previstos nos incisos I a V devem ser aplicados desde logo, quando for líquida a sentença;

II — não sendo líquida a sentença, a definição do percentual, nos termos previstos nos incisos I a V, somente ocorrerá quando liquidado o julgado;

III — não havendo condenação principal ou não sendo possível mensurar o proveito econômico obtido, a condenação em honorários dar-se-á sobre o valor atualizado da causa;

IV — será considerado o salário-mínimo vigente quando prolatada sentença líquida ou o que estiver em vigor na data da decisão de liquidação.

§ 5º Quando, conforme o caso, a condenação contra a Fazenda Pública ou o benefício econômico obtido pelo vencedor ou o valor da causa for superior ao valor previsto no inciso I do § 3º, a fixação do percentual de honorários deve observar a faixa inicial e, naquilo que a exceder, a faixa subsequente, e assim sucessivamente.

§ 6º Os limites e critérios previstos nos §§ 2º e 3º aplicam-se independentemente de qual seja o conteúdo da decisão, inclusive aos casos de improcedência ou de sentença sem resolução de mérito.

§ 7º Não serão devidos honorários no cumprimento de sentença contra a Fazenda Pública que enseje expedição de precatório, desde que não tenha sido impugnada.

§ 8º Nas causas em que for inestimável ou irrisório o proveito econômico ou, ainda, quando o valor da causa for muito baixo, o juiz fixará o valor dos honorários por apreciação equitativa, observando o disposto nos incisos do § 2º.

§ 9º Na ação de indenização por ato ilícito contra pessoa, o percentual de honorários incidirá sobre a soma das prestações vencidas acrescida de 12 (doze) prestações vincendas.

§ 10. Nos casos de perda do objeto, os honorários serão devidos por quem deu causa ao processo.

§ 11. O tribunal, ao julgar recurso, majorará os honorários fixados anteriormente levando em conta o trabalho adicional realizado em grau recursal, observando, conforme o caso, o disposto nos §§ 2º a 6º, sendo vedado ao tribunal, no cômputo geral da fixação de honorários devidos ao advogado do vencedor, ultrapassar os respectivos limites estabelecidos nos §§ 2º e 3º para a fase de conhecimento.

§ 12. Os honorários referidos no § 11 são cumuláveis com multas e outras sanções processuais, inclusive as previstas no art. 77.

§ 13. As verbas de sucumbência arbitradas em embargos à execução rejeitados ou julgados improcedentes e em fase de cumprimento de sentença serão acrescidas no valor do débito principal, para todos os efeitos legais.

§ 14. Os honorários constituem direito do advogado e têm natureza alimentar, com os mesmos privilégios dos créditos oriundos da legislação do trabalho, sendo vedada a compensação em caso de sucumbência parcial.

§ 15. O advogado pode requerer que o pagamento dos honorários que lhe caibam seja efetuado em favor da sociedade de advogados que integra na qualidade de sócio, aplicando-se à hipótese o disposto no § 14.

§ 16. Quando os honorários forem fixados em quantia certa, os juros moratórios incidirão a partir da data do trânsito em julgado da decisão.

§ 17. Os honorários serão devidos quando o advogado atuar em causa própria.

§ 18. Caso a decisão transitada em julgado seja omissa quanto ao direito aos honorários ou ao seu valor, é cabível ação autônoma para sua definição e cobrança.

§ 19. Os advogados públicos perceberão honorários de sucumbência, nos termos da lei.

Art. 86. Se cada litigante for, em parte, vencedor e vencido, serão proporcionalmente distribuídas entre eles as despesas.

Parágrafo único. Se um litigante sucumbir em parte mínima do pedido, o outro responderá, por inteiro, pelas despesas e pelos honorários.

Art. 87. Concorrendo diversos autores ou diversos réus, os vencidos respondem proporcionalmente pelas despesas e pelos honorários.

§ 1º A sentença deverá distribuir entre os litisconsortes, de forma expressa, a responsabilidade proporcional pelo pagamento das verbas previstas no *caput*.

§ 2º Se a distribuição de que trata o § 1º não for feita, os vencidos responderão solidariamente pelas despesas e pelos honorários.

Art. 88. Nos procedimentos de jurisdição voluntária, as despesas serão adiantadas pelo requerente e rateadas entre os interessados.

Art. 89. Nos juízos divisórios, não havendo litígio, os interessados pagarão as despesas proporcionalmente a seus quinhões.

Art. 90. Proferida sentença com fundamento em desistência, em renúncia ou em reconhecimento do pedido, as despesas e os honorários serão pagos pela parte que desistiu, renunciou ou reconheceu.

§ 1º Sendo parcial a desistência, a renúncia ou o reconhecimento, a responsabilidade pelas despesas e pelos honorários será proporcional à parcela reconhecida, à qual se renunciou ou da qual se desistiu.

§ 2º Havendo transação e nada tendo as partes disposto quanto às despesas, estas serão divididas igualmente.

§ 3º Se a transação ocorrer antes da sentença, as partes ficam dispensadas do pagamento das custas processuais remanescentes, se houver.

§ 4º Se o réu reconhecer a procedência do pedido e, simultaneamente, cumprir integralmente a prestação reconhecida, os honorários serão reduzidos pela metade.

Art. 91. As despesas dos atos processuais praticados a requerimento da Fazenda Pública, do Ministério Público ou da Defensoria Pública serão pagas ao final pelo vencido.

§ 1º As perícias requeridas pela Fazenda Pública, pelo Ministério Público ou pela Defensoria Pública poderão ser realizadas por entidade pública ou, havendo previsão orçamentária, ter os valores adiantados por aquele que requerer a prova.

§ 2º Não havendo previsão orçamentária no exercício financeiro para adiantamento dos honorários periciais, eles serão pagos no exercício seguinte ou ao final, pelo vencido, caso o processo se encerre antes do adiantamento a ser feito pelo ente público.

Art. 92. Quando, a requerimento do réu, o juiz proferir sentença sem resolver o mérito, o autor não poderá propor novamente a ação sem pagar ou depositar em cartório as despesas e os honorários a que foi condenado.

Art. 93. As despesas de atos adiados ou cuja repetição for necessária ficarão a cargo da parte, do auxiliar da justiça, do órgão do Ministério Público ou da Defensoria Pública ou do juiz que, sem justo motivo, houver dado causa ao adiamento ou à repetição.

Art. 94. Se o assistido for vencido, o assistente será condenado ao pagamento das custas em proporção à atividade que houver exercido no processo.

Art. 95. Cada parte adiantará a remuneração do assistente técnico que houver indicado, sendo a do perito adiantada pela parte que houver requerido a perícia ou rateada quando a perícia for determinada de ofício ou requerida por ambas as partes.

§ 1º O juiz poderá determinar que a parte responsável pelo pagamento dos honorários do perito deposite em juízo o valor correspondente.

§ 2º A quantia recolhida em depósito bancário à ordem do juízo será corrigida monetariamente e paga de acordo com o art. 465, § 4º.

§ 3º Quando o pagamento da perícia for de responsabilidade de beneficiário de gratuidade da justiça, ela poderá ser:

I — custeada com recursos alocados no orçamento do ente público e realizada por servidor do Poder Judiciário ou por órgão público conveniado;

II — paga com recursos alocados no orçamento da União, do Estado ou do Distrito Federal, no caso de ser realizada por particular, hipótese em que o valor será fixado conforme tabela do tribunal respectivo ou, em caso de sua omissão, do Conselho Nacional de Justiça.

§ 4º Na hipótese do § 3º, o juiz, após o trânsito em julgado da decisão final, oficiará a Fazenda Pública para que promova, contra quem tiver sido condenado ao pagamento das despesas processuais, a execução dos valores gastos com a perícia particular ou com a utilização de servidor público ou da estrutura de órgão público, observando-se, caso o responsável pelo pagamento das despesas seja beneficiário de gratuidade da justiça, o disposto no art. 98, § 2º.

§ 5º Para fins de aplicação do § 3º, é vedada a utilização de recursos do fundo de custeio da Defensoria Pública.

Art. 96. O valor das sanções impostas ao litigante de má-fé reverterá em benefício da parte contrária, e o valor das sanções impostas aos serventuários pertencerá ao Estado ou à União.

Art. 97. A União e os Estados podem criar fundos de modernização do Poder Judiciário, aos quais serão revertidos os valores das sanções pecuniárias processuais destinadas à União e aos Estados, e outras verbas previstas em lei.

Seção IV
Da Gratuidade da Justiça

Art. 98. A pessoa natural ou jurídica, brasileira ou estrangeira, com insuficiência de recursos para pagar as custas, as despesas processuais e os honorários advocatícios tem direito à gratuidade da justiça, na forma da lei.

§ 1º A gratuidade da justiça compreende:

I — as taxas ou as custas judiciais;

II — os selos postais;

III — as despesas com publicação na imprensa oficial, dispensando-se a publicação em outros meios;

IV — a indenização devida à testemunha que, quando empregada, receberá do empregador salário integral, como se em serviço estivesse;

V — as despesas com a realização de exame de código genético — DNA e de outros exames considerados essenciais;

VI — os honorários do advogado e do perito e a remuneração do intérprete ou do tradutor nomeado para apresentação de versão em português de documento redigido em língua estrangeira;

VII — o custo com a elaboração de memória de cálculo, quando exigida para instauração da execução;

VIII — os depósitos previstos em lei para interposição de recurso, para propositura de ação e para a prática de outros atos processuais inerentes ao exercício da ampla defesa e do contraditório;

IX — os emolumentos devidos a notários ou registradores em decorrência da prática de registro, averbação ou qualquer outro ato notarial necessário à efetivação de decisão judicial ou à continuidade de processo judicial no qual o benefício tenha sido concedido.

§ 2º A concessão de gratuidade não afasta a responsabilidade do beneficiário pelas despesas processuais e pelos honorários advocatícios decorrentes de sua sucumbência.

§ 3º Vencido o beneficiário, as obrigações decorrentes de sua sucumbência ficarão sob condição suspensiva de exigibilidade e somente poderão ser executadas se, nos 5 (cinco) anos subseqüentes ao trânsito em julgado da decisão que as certificou, o credor demonstrar que deixou de existir a situação de insuficiência de recursos que justificou a concessão de gratuidade, extinguindo-se, passado esse prazo, tais obrigações do beneficiário.

§ 4º A concessão de gratuidade não afasta o dever de o beneficiário pagar, ao final, as multas processuais que lhe sejam impostas.

§ 5º A gratuidade poderá ser concedida em relação a algum ou a todos os atos processuais, ou consistir na redução percentual de despesas processuais que o beneficiário tiver de adiantar no curso do procedimento.

§ 6º Conforme o caso, o juiz poderá conceder direito ao parcelamento de despesas processuais que o beneficiário tiver de adiantar no curso do procedimento.

§ 7º Aplica-se o disposto no art. 95, §§ 3º a 5º, ao custeio dos emolumentos previstos no § 1º, inciso IX, do presente artigo, observada a tabela e as condições da lei estadual ou distrital respectiva.

§ 8º Na hipótese do § 1º, inciso IX, havendo dúvida fundada quanto ao preenchimento atual dos pressupostos para a concessão de gratuidade, o notário ou registrador, após praticar o ato, pode requerer, ao juízo competente para decidir questões notariais ou registrais, a revogação total

ou parcial do benefício ou a sua substituição pelo parcelamento de que trata o § 6º deste artigo, caso em que o beneficiário será citado para, em 15 (quinze) dias, manifestar-se sobre esse requerimento.

Art. 99. O pedido de gratuidade da justiça pode ser formulado na petição inicial, na contestação, na petição para ingresso de terceiro no processo ou em recurso.

§ 1º Se superveniente à primeira manifestação da parte na instância, o pedido poderá ser formulado por petição simples, nos autos do próprio processo, e não suspenderá seu curso.

§ 2º O juiz somente poderá indeferir o pedido se houver nos autos elementos que evidenciem a falta dos pressupostos legais para a concessão de gratuidade, devendo, antes de indeferir o pedido, determinar à parte a comprovação do preenchimento dos referidos pressupostos.

§ 3º Presume-se verdadeira a alegação de insuficiência deduzida exclusivamente por pessoa natural.

§ 4º A assistência do requerente por advogado particular não impede a concessão de gratuidade da justiça.

§ 5º Na hipótese do § 4º, o recurso que verse exclusivamente sobre valor de honorários de sucumbência fixados em favor do advogado de beneficiário estará sujeito a preparo, salvo se o próprio advogado demonstrar que tem direito à gratuidade.

§ 6º O direito à gratuidade da justiça é pessoal, não se estendendo a litisconsorte ou a sucessor do beneficiário, salvo requerimento e deferimento expressos.

§ 7º Requerida a concessão de gratuidade da justiça em recurso, o recorrente estará dispensado de comprovar o recolhimento do preparo, incumbindo ao relator, neste caso, apreciar o requerimento e, se indeferi-lo, fixar prazo para realização do recolhimento.

Art. 100. Deferido o pedido, a parte contrária poderá oferecer impugnação na contestação, na réplica, nas contrarrazões de recurso ou, nos casos de pedido superveniente ou formulado por terceiro, por meio de petição simples, a ser apresentada no prazo de 15 (quinze) dias, nos autos do próprio processo, sem suspensão de seu curso.

Parágrafo único. Revogado o benefício, a parte arcará com as despesas processuais que tiver deixado de adiantar e pagará, em caso de má-fé, até o décuplo de seu valor a título de multa, que será revertida em benefício da Fazenda Pública estadual ou federal e poderá ser inscrita em dívida ativa.

Art. 101. Contra a decisão que indeferir a gratuidade ou a que acolher pedido de sua revogação caberá agravo de instrumento, exceto quando a questão for resolvida na sentença, contra a qual caberá apelação.

§ 1º O recorrente estará dispensado do recolhimento de custas até decisão do relator sobre a questão, preliminarmente ao julgamento do recurso.

§ 2º Confirmada a denegação ou a revogação da gratuidade, o relator ou o órgão colegiado determinará ao recorrente o recolhimento das custas processuais, no prazo de 5 (cinco) dias, sob pena de não conhecimento do recurso.

Art. 102. Sobrevindo o trânsito em julgado de decisão que revoga a gratuidade, a parte deverá efetuar o recolhimento de todas as despesas de cujo adiantamento foi dispensada, inclusive as relativas ao recurso interposto, se houver, no prazo fixado pelo juiz, sem prejuízo de aplicação das sanções previstas em lei.

Parágrafo único. Não efetuado o recolhimento, o processo será extinto sem resolução de mérito, tratando-se do autor, e, nos demais casos, não poderá ser deferida a realização de nenhum ato ou diligência requerida pela parte enquanto não efetuado o depósito.

CAPÍTULO III
DOS PROCURADORES

Art. 103. A parte será representada em juízo por advogado regularmente inscrito na Ordem dos Advogados do Brasil.

Parágrafo único. É lícito à parte postular em causa própria quando tiver habilitação legal.

Art. 104. O advogado não será admitido a postular em juízo sem procuração, salvo para evitar preclusão, decadência ou prescrição, ou para praticar ato considerado urgente.

§ 1º Nas hipóteses previstas no *caput*, o advogado deverá, independentemente de caução, exibir a procuração no prazo de 15 (quinze) dias, prorrogável por igual período por despacho do juiz.

§ 2º O ato não ratificado será considerado ineficaz relativamente àquele em cujo nome foi praticado, respondendo o advogado pelas despesas e por perdas e danos.

Art. 105. A procuração geral para o foro, outorgada por instrumento público ou particular assinado pela parte, habilita o advogado a praticar todos os atos do processo, exceto receber citação, confessar, reconhecer a procedência do pedido, transigir, desistir, renunciar ao direito sobre o qual se funda a ação, receber, dar quitação, firmar compromisso e assinar declaração de hipossuficiência econômica, que devem constar de cláusula específica.

§ 1º A procuração pode ser assinada digitalmente, na forma da lei.

§ 2º A procuração deverá conter o nome do advogado, seu número de inscrição na Ordem dos Advogados do Brasil e endereço completo.

§ 3º Se o outorgado integrar sociedade de advogados, a procuração também deverá conter o nome dessa, seu número de registro na Ordem dos Advogados do Brasil e endereço completo.

§ 4º Salvo disposição expressa em sentido contrário constante do próprio instrumento, a procuração outorgada na fase de conhecimento é eficaz para todas as fases do processo, inclusive para o cumprimento de sentença.

Art. 106. Quando postular em causa própria, incumbe ao advogado:

I — declarar, na petição inicial ou na contestação, o endereço, seu número de inscrição na Ordem dos Advogados do Brasil e o nome da sociedade de advogados da qual participa, para o recebimento de intimações;

II — comunicar ao juízo qualquer mudança de endereço.

§ 1º Se o advogado descumprir o disposto no inciso I, o juiz ordenará que se supra a omissão, no prazo de 5 (cinco) dias, antes de determinar a citação do réu, sob pena de indeferimento da petição.

§ 2º Se o advogado infringir o previsto no inciso II, serão consideradas válidas as intimações enviadas por carta registrada ou meio eletrônico ao endereço constante dos autos.

Art. 107. O advogado tem direito a:

I — examinar, em cartório de fórum e secretaria de tribunal, mesmo sem procuração, autos de qualquer processo,

independentemente da fase de tramitação, assegurados a obtenção de cópias e o registro de anotações, salvo na hipótese de segredo de justiça, nas quais apenas o advogado constituído terá acesso aos autos;

II — requerer, como procurador, vista dos autos de qualquer processo, pelo prazo de 5 (cinco) dias;

III — retirar os autos do cartório ou da secretaria, pelo prazo legal, sempre que neles lhe couber falar por determinação do juiz, nos casos previstos em lei.

§ 1º Ao receber os autos, o advogado assinará carga em livro ou documento próprio.

§ 2º Sendo o prazo comum às partes, os procuradores poderão retirar os autos somente em conjunto ou mediante prévio ajuste, por petição nos autos.

§ 3º Na hipótese do § 2º, é lícito ao procurador retirar os autos para obtenção de cópias, pelo prazo de 2 (duas) a 6 (seis) horas, independentemente de ajuste e sem prejuízo da continuidade do prazo.

§ 4º O procurador perderá no mesmo processo o direito a que se refere o § 3º se não devolver os autos tempestivamente, salvo se o prazo for prorrogado pelo juiz.

CAPÍTULO IV
DA SUCESSÃO DAS PARTES E DOS PROCURADORES

Art. 108. No curso do processo, somente é lícita a sucessão voluntária das partes nos casos expressos em lei.

Art. 109. A alienação da coisa ou do direito litigioso por ato entre vivos, a título particular, não altera a legitimidade das partes.

§ 1º O adquirente ou cessionário não poderá ingressar em juízo, sucedendo o alienante ou cedente, sem que o consinta a parte contrária.

§ 2º O adquirente ou cessionário poderá intervir no processo como assistente litisconsorcial do alienante ou cedente.

§ 3º Estendem-se os efeitos da sentença proferida entre as partes originárias ao adquirente ou cessionário.

Art. 110. Ocorrendo a morte de qualquer das partes, dar-se-á a sucessão pelo seu espólio ou pelos seus sucessores, observado o disposto no art. 313, §§ 1º e 2º.

Art. 111. A parte que revogar o mandato outorgado a seu advogado constituirá, no mesmo ato, outro que assuma o patrocínio da causa.

Parágrafo único. Não sendo constituído novo procurador no prazo de 15 (quinze) dias, observar-se-á o disposto no art. 76.

Art. 112. O advogado poderá renunciar ao mandato a qualquer tempo, provando, na forma prevista neste Código, que comunicou a renúncia ao mandante, a fim de que este nomeie sucessor.

§ 1º Durante os 10 (dez) dias seguintes, o advogado continuará a representar o mandante, desde que necessário para lhe evitar prejuízo

§ 2º Dispensa-se a comunicação referida no *caput* quando a procuração tiver sido outorgada a vários advogados e a parte continuar representada por outro, apesar da renúncia.

TÍTULO II
DO LITISCONSÓRCIO

Art. 113. Duas ou mais pessoas podem litigar, no mesmo processo, em conjunto, ativa ou passivamente, quando:

I — entre elas houver comunhão de direitos ou de obrigações relativamente à lide;

II — entre as causas houver conexão pelo pedido ou pela causa de pedir;

III — ocorrer afinidade de questões por ponto comum de fato ou de direito.

§ 1º O juiz poderá limitar o litisconsórcio facultativo quanto ao número de litigantes na fase de conhecimento, na liquidação de sentença ou na execução, quando este comprometer a rápida solução do litígio ou dificultar a defesa ou o cumprimento da sentença.

§ 2º O requerimento de limitação interrompe o prazo para manifestação ou resposta, que recomeçará da intimação da decisão que o solucionar.

Art. 114. O litisconsórcio será necessário por disposição de lei ou quando, pela natureza da relação jurídica controvertida, a eficácia da sentença depender da citação de todos que devam ser litisconsortes.

Art. 115. A sentença de mérito, quando proferida sem a integração do contraditório, será:

I — nula, se a decisão deveria ser uniforme em relação a todos que deveriam ter integrado o processo;

II — ineficaz, nos outros casos, apenas para os que não foram citados.

Parágrafo único. Nos casos de litisconsórcio passivo necessário, o juiz determinará ao autor que requeira a citação de todos que devam ser litisconsortes, dentro do prazo que assinar, sob pena de extinção do processo.

Art. 116. O litisconsórcio será unitário quando, pela natureza da relação jurídica, o juiz tiver de decidir o mérito de modo uniforme para todos os litisconsortes.

Art. 117. Os litisconsortes serão considerados, em suas relações com a parte adversa, como litigantes distintos, exceto no litisconsórcio unitário, caso em que os atos e as omissões de um não prejudicarão os outros, mas os poderão beneficiar.

Art. 118. Cada litisconsorte tem o direito de promover o andamento do processo, e todos devem ser intimados dos respectivos atos.

TÍTULO III
DA INTERVENÇÃO DE TERCEIROS

CAPÍTULO I
DA ASSISTÊNCIA

Seção I
Disposições Comuns

Art. 119. Pendendo causa entre 2 (duas) ou mais pessoas, o terceiro juridicamente interessado em que a sentença seja favorável a uma delas poderá intervir no processo para assisti-la.

Parágrafo único. A assistência será admitida em qualquer procedimento e em todos os graus de jurisdição, recebendo o assistente o processo no estado em que se encontre.

Art. 120. Não havendo impugnação no prazo de 15 (quinze) dias, o pedido do assistente será deferido, salvo se for caso de rejeição liminar.

Parágrafo único. Se qualquer parte alegar que falta ao requerente interesse jurídico para intervir, o juiz decidirá o incidente, sem suspensão do processo.

Seção II
Da Assistência Simples

Art. 121. O assistente simples atuará como auxiliar da parte principal, exercerá os mesmos poderes e sujeitar-se-á aos mesmos ônus processuais que o assistido.

Parágrafo único. Sendo revel ou, de qualquer outro modo, omisso o assistido, o assistente será considerado seu substituto processual.

Art. 122. A assistência simples não obsta a que a parte principal reconheça a procedência do pedido, desista da ação, renuncie ao direito sobre o que se funda a ação ou transija sobre direitos controvertidos.

Art. 123. Transitada em julgado a sentença no processo em que interveio o assistente, este não poderá, em processo posterior, discutir a justiça da decisão, salvo se alegar e provar que:

I — pelo estado em que recebeu o processo ou pelas declarações e pelos atos do assistido, foi impedido de produzir provas suscetíveis de influir na sentença;

II — desconhecia a existência de alegações ou de provas das quais o assistido, por dolo ou culpa, não se valeu.

Seção III
Da Assistência Litisconsorcial

Art. 124. Considera-se litisconsorte da parte principal o assistente sempre que a sentença influir na relação jurídica entre ele e o adversário do assistido.

CAPÍTULO II
DA DENUNCIAÇÃO DA LIDE

Art. 125. É admissível a denunciação da lide, promovida por qualquer das partes:

I — ao alienante imediato, no processo relativo à coisa cujo domínio foi transferido ao denunciante, a fim de que possa exercer os direitos que da evicção lhe resultam;

II — àquele que estiver obrigado, por lei ou pelo contrato, a indenizar, em ação regressiva, o prejuízo de quem for vencido no processo.

§ 1º O direito regressivo será exercido por ação autônoma quando a denunciação da lide for indeferida, deixar de ser promovida ou não for permitida.

§ 2º Admite-se uma única denunciação sucessiva, promovida pelo denunciado, contra seu antecessor imediato na cadeia dominial ou quem seja responsável por indenizá-lo, não podendo o denunciado sucessivo promover nova denunciação, hipótese em que eventual direito de regresso será exercido por ação autônoma.

Art. 126. A citação do denunciado será requerida na petição inicial, se o denunciante for autor, ou na contestação, se o denunciante for réu, devendo ser realizada na forma e nos prazos previstos no art. 131.

Art. 127. Feita a denunciação pelo autor, o denunciado poderá assumir a posição de litisconsorte do denunciante e acrescentar novos argumentos à petição inicial, procedendo-se em seguida à citação do réu.

Art. 128. Feita a denunciação pelo réu:

I — se o denunciado contestar o pedido formulado pelo autor, o processo prosseguirá tendo, na ação principal, em litisconsórcio, denunciante e denunciado;

II — se o denunciado for revel, o denunciante pode deixar de prosseguir com sua defesa, eventualmente oferecida, e abster-se de recorrer, restringindo sua atuação à ação regressiva;

III — se o denunciado confessar os fatos alegados pelo autor na ação principal, o denunciante poderá prosseguir com sua defesa ou, aderindo a tal reconhecimento, pedir apenas a procedência da ação de regresso.

Parágrafo único. Procedente o pedido da ação principal, pode o autor, se for o caso, requerer o cumprimento da sentença também contra o denunciado, nos limites da condenação deste na ação regressiva.

Art. 129. Se o denunciante for vencido na ação principal, o juiz passará ao julgamento da denunciação da lide.

Parágrafo único. Se o denunciante for vencedor, a ação de denunciação não terá o seu pedido examinado, sem prejuízo da condenação do denunciante ao pagamento das verbas de sucumbência em favor do denunciado.

CAPÍTULO III
DO CHAMAMENTO AO PROCESSO

Art. 130. É admissível o chamamento ao processo, requerido pelo réu:

I — do afiançado, na ação em que o fiador for réu;

II — dos demais fiadores, na ação proposta contra um ou alguns deles;

III — dos demais devedores solidários, quando o credor exigir de um ou de alguns o pagamento da dívida comum.

Art. 131. A citação daqueles que devam figurar em litisconsórcio passivo será requerida pelo réu na contestação e deve ser promovida no prazo de 30 (trinta) dias, sob pena de ficar sem efeito o chamamento.

Parágrafo único. Se o chamado residir em outra comarca, seção ou subseção judiciárias, ou em lugar incerto, o prazo será de 2 (dois) meses.

Art. 132. A sentença de procedência valerá como título executivo em favor do réu que satisfizer a dívida, a fim de que possa exigi-la, por inteiro, do devedor principal, ou, de cada um dos codevedores, a sua quota, na proporção que lhes tocar.

CAPÍTULO IV
DO INCIDENTE DE DESCONSIDERAÇÃO DA PERSONALIDADE JURÍDICA

Art. 133. O incidente de desconsideração da personalidade jurídica será instaurado a pedido da parte ou do Ministério Público, quando lhe couber intervir no processo.

§ 1º O pedido de desconsideração da personalidade jurídica observará os pressupostos previstos em lei.

§ 2º Aplica-se o disposto neste Capítulo à hipótese de desconsideração inversa da personalidade jurídica.

Art. 134. O incidente de desconsideração é cabível em todas as fases do processo de conhecimento, no cumprimento de sentença e na execução fundada em título executivo extrajudicial.

§ 1º A instauração do incidente será imediatamente comunicada ao distribuidor para as anotações devidas.

§ 2º Dispensa-se a instauração do incidente se a desconsideração da personalidade jurídica for requerida na petição inicial, hipótese em que será citado o sócio ou a pessoa jurídica.

§ 3º A instauração do incidente suspenderá o processo, salvo na hipótese do § 2º.

§ 4º O requerimento deve demonstrar o preenchimento dos pressupostos legais específicos para desconsideração da personalidade jurídica.

Art. 135. Instaurado o incidente, o sócio ou a pessoa jurídica será citado para manifestar-se e requerer as provas cabíveis no prazo de 15 (quinze) dias.

Art. 136. Concluída a instrução, se necessária, o incidente será resolvido por decisão interlocutória.

Parágrafo único. Se a decisão for proferida pelo relator, cabe agravo interno.

Art. 137. Acolhido o pedido de desconsideração, a alienação ou a oneração de bens, havida em fraude de execução, será ineficaz em relação ao requerente.

CAPÍTULO V
DO AMICUS CURIAE

Art. 138. O juiz ou o relator, considerando a relevância da matéria, a especificidade do tema objeto da demanda ou a repercussão social da controvérsia, poderá, por decisão irrecorrível, de ofício ou a requerimento das partes ou de quem pretenda manifestar-se, solicitar ou admitir a participação de pessoa natural ou jurídica, órgão ou entidade especializada, com representatividade adequada, no prazo de 15 (quinze) dias de sua intimação.

§ 1º A intervenção de que trata o *caput* não implica alteração de competência nem autoriza a interposição de recursos, ressalvadas a oposição de embargos de declaração e a hipótese do § 3º.

§ 2º Caberá ao juiz ou ao relator, na decisão que solicitar ou admitir a intervenção, definir os poderes do *amicus curiae*.

§ 3º O *amicus curiae* pode recorrer da decisão que julgar o incidente de resolução de demandas repetitivas.

TÍTULO IV
DO JUIZ E DOS AUXILIARES DA JUSTIÇA

CAPÍTULO I
DOS PODERES, DOS DEVERES E DA RESPONSABILIDADE DO JUIZ

Art. 139. O juiz dirigirá o processo conforme as disposições deste Código, incumbindo-lhe:

I — assegurar às partes igualdade de tratamento;

II — velar pela duração razoável do processo;

III — prevenir ou reprimir qualquer ato contrário à dignidade da justiça e indeferir postulações meramente protelatórias;

IV — determinar todas as medidas indutivas, coercitivas, mandamentais ou sub-rogatórias necessárias para assegurar o cumprimento de ordem judicial, inclusive nas ações que tenham por objeto prestação pecuniária;

V — promover, a qualquer tempo, a autocomposição, preferencialmente com auxílio de conciliadores e mediadores judiciais;

VI — dilatar os prazos processuais e alterar a ordem de produção dos meios de prova, adequando-os às necessidades do conflito de modo a conferir maior efetividade à tutela do direito;

VII — exercer o poder de polícia, requisitando, quando necessário, força policial, além da segurança interna dos fóruns e tribunais;

VIII — determinar, a qualquer tempo, o comparecimento pessoal das partes, para inquiri-las sobre os fatos da causa, hipótese em que não incidirá a pena de confesso;

IX — determinar o suprimento de pressupostos processuais e o saneamento de outros vícios processuais;

X — quando se deparar com diversas demandas individuais repetitivas, oficiar o Ministério Público, a Defensoria Pública e, na medida do possível, outros legitimados a que se referem o art. 5º da Lei n. 7.347, de 24 de julho de 1985, e o art. 82 da Lei n. 8.078, de 11 de setembro de 1990, para, se for o caso, promover a propositura da ação coletiva respectiva.

Parágrafo único. A dilação de prazos prevista no inciso VI somente pode ser determinada antes de encerrado o prazo regular.

Art. 140. O juiz não se exime de decidir sob a alegação de lacuna ou obscuridade do ordenamento jurídico.

Parágrafo único. O juiz só decidirá por equidade nos casos previstos em lei.

Art. 141. O juiz decidirá o mérito nos limites propostos pelas partes, sendo-lhe vedado conhecer de questões não suscitadas a cujo respeito a lei exige iniciativa da parte.

Art. 142. Convencendo-se, pelas circunstâncias, de que autor e réu se serviram do processo para praticar ato simulado ou conseguir fim vedado por lei, o juiz proferirá decisão que impeça os objetivos das partes, aplicando, de ofício, as penalidades da litigância de má-fé.

Art. 143. O juiz responderá, civil e regressivamente, por perdas e danos quando:

I — no exercício de suas funções, proceder com dolo ou fraude;

II — recusar, omitir ou retardar, sem justo motivo, providência que deva ordenar de ofício ou a requerimento da parte.

Parágrafo único. As hipóteses previstas no inciso II somente serão verificadas depois que a parte requerer ao juiz que determine a providência e o requerimento não for apreciado no prazo de 10 (dez) dias.

CAPÍTULO II
DOS IMPEDIMENTOS E DA SUSPEIÇÃO

Art. 144. Há impedimento do juiz, sendo-lhe vedado exercer suas funções no processo:

I — em que interveio como mandatário da parte, oficiou como perito, funcionou como membro do Ministério Público ou prestou depoimento como testemunha;

II — de que conheceu em outro grau de jurisdição, tendo proferido decisão;

III — quando nele estiver postulando, como defensor público, advogado ou membro do Ministério Público, seu cônjuge ou companheiro, ou qualquer parente, consanguíneo ou afim, em linha reta ou colateral, até o terceiro grau, inclusive;

IV — quando for parte no processo ele próprio, seu cônjuge ou companheiro, ou parente, consanguíneo ou afim, em linha reta ou colateral, até o terceiro grau, inclusive;

V — quando for sócio ou membro de direção ou de administração de pessoa jurídica parte no processo;

VI — quando for herdeiro presuntivo, donatário ou empregador de qualquer das partes;

VII — em que figure como parte instituição de ensino com a qual tenha relação de emprego ou decorrente de contrato de prestação de serviços;

VIII — em que figure como parte cliente do escritório de advocacia de seu cônjuge, companheiro ou parente, consanguíneo ou afim, em linha reta ou colateral, até o terceiro grau, inclusive, mesmo que patrocinado por advogado de outro escritório;

IX — quando promover ação contra a parte ou seu advogado.

§ 1º Na hipótese do inciso III, o impedimento só se verifica quando o defensor público, o advogado ou o membro do Ministério Público já integrava o processo antes do início da atividade judicante do juiz.

§ 2º É vedada a criação de fato superveniente a fim de caracterizar impedimento do juiz.

§ 3º O impedimento previsto no inciso III também se verifica no caso de mandato conferido a membro de escritório de advocacia que tenha em seus quadros advogado que individualmente ostente a condição nele prevista, mesmo que não intervenha diretamente no processo.

Art. 145. Há suspeição do juiz:

I — amigo íntimo ou inimigo de qualquer das partes ou de seus advogados;

II — que receber presentes de pessoas que tiverem interesse na causa antes ou depois de iniciado o processo, que aconselhar alguma das partes acerca do objeto da causa ou que subministrar meios para atender às despesas do litígio;

III — quando qualquer das partes for sua credora ou devedora, de seu cônjuge ou companheiro ou de parentes destes, em linha reta até o terceiro grau, inclusive;

IV — interessado no julgamento do processo em favor de qualquer das partes.

§ 1º Poderá o juiz declarar-se suspeito por motivo de foro íntimo, sem necessidade de declarar suas razões.

§ 2º Será ilegítima a alegação de suspeição quando:

I — houver sido provocada por quem a alega;

II — a parte que a alega houver praticado ato que signifique manifesta aceitação do arguido.

Art. 146. No prazo de 15 (quinze) dias, a contar do conhecimento do fato, a parte alegará o impedimento ou a suspeição, em petição específica dirigida ao juiz do processo, na qual indicará o fundamento da recusa, podendo instruí-la com documentos em que se fundar a alegação e com rol de testemunhas.

§ 1º Se reconhecer o impedimento ou a suspeição ao receber a petição, o juiz ordenará imediatamente a remessa dos autos a seu substituto legal, caso contrário, determinará a autuação em apartado da petição e, no prazo de 15 (quinze) dias, apresentará suas razões, acompanhadas de documentos e de rol de testemunhas, se houver, ordenando a remessa do incidente ao tribunal.

§ 2º Distribuído o incidente, o relator deverá declarar os seus efeitos, sendo que, se o incidente for recebido:

I — sem efeito suspensivo, o processo voltará a correr;

II — com efeito suspensivo, o processo permanecerá suspenso até o julgamento do incidente.

§ 3º Enquanto não for declarado o efeito em que é recebido o incidente ou quando este for recebido com efeito suspensivo, a tutela de urgência será requerida ao substituto legal.

§ 4º Verificando que a alegação de impedimento ou de suspeição é improcedente, o tribunal rejeitá-la-á.

§ 5º Acolhida a alegação, tratando-se de impedimento ou de manifesta suspeição, o tribunal condenará o juiz nas custas e remeterá os autos ao seu substituto legal, podendo o juiz recorrer da decisão.

§ 6º Reconhecido o impedimento ou a suspeição, o tribunal fixará o momento a partir do qual o juiz não poderia ter atuado.

§ 7º O tribunal decretará a nulidade dos atos do juiz, se praticados quando já presente o motivo de impedimento ou de suspeição.

Art. 147. Quando 2 (dois) ou mais juízes forem parentes, consanguíneos ou afins, em linha reta ou colateral, até o terceiro grau, inclusive, o primeiro que conhecer do processo impede que o outro nele atue, caso em que o segundo se escusará, remetendo os autos ao seu substituto legal.

Art. 148. Aplicam-se os motivos de impedimento e de suspeição:

I — ao membro do Ministério Público;

II — aos auxiliares da justiça;

III — aos demais sujeitos imparciais do processo.

§ 1º A parte interessada deverá arguir o impedimento ou a suspeição, em petição fundamentada e devidamente instruída, na primeira oportunidade em que lhe couber falar nos autos.

§ 2º O juiz mandará processar o incidente em separado e sem suspensão do processo, ouvindo o arguido no prazo de 15 (quinze) dias e facultando a produção de prova, quando necessária.

§ 3º Nos tribunais, a arguição a que se refere o § 1º será disciplinada pelo regimento interno.

§ 4º O disposto nos §§ 1º e 2º não se aplica à arguição de impedimento ou de suspeição de testemunha.

CAPÍTULO III
DOS AUXILIARES DA JUSTIÇA

Art. 149. São auxiliares da Justiça, além de outros cujas atribuições sejam determinadas pelas normas de organização judiciária, o escrivão, o chefe de secretaria, o oficial de justiça, o perito, o depositário, o administrador, o intérprete, o tradutor, o mediador, o conciliador judicial, o partidor, o distribuidor, o contabilista e o regulador de avarias.

Seção I
Do Escrivão, do Chefe de Secretaria e do Oficial de Justiça

Art. 150. Em cada juízo haverá um ou mais ofícios de justiça, cujas atribuições serão determinadas pelas normas de organização judiciária.

Art. 151. Em cada comarca, seção ou subseção judiciária haverá, no mínimo, tantos oficiais de justiça quantos sejam os juízos.

Art. 152. Incumbe ao escrivão ou ao chefe de secretaria:

I — redigir, na forma legal, os ofícios, os mandados, as cartas precatórias e os demais atos que pertençam ao seu ofício;

II — efetivar as ordens judiciais, realizar citações e intimações, bem como praticar todos os demais atos que lhe forem atribuídos pelas normas de organização judiciária;

III — comparecer às audiências ou, não podendo fazê-lo, designar servidor para substituí-lo;

IV — manter sob sua guarda e responsabilidade os autos, não permitindo que saiam do cartório, exceto:

a) quando tenham de seguir à conclusão do juiz;

b) com vista a procurador, à Defensoria Pública, ao Ministério Público ou à Fazenda Pública;

c) quando devam ser remetidos ao contabilista ou ao partidor;

d) quando forem remetidos a outro juízo em razão da modificação da competência;

V — fornecer certidão de qualquer ato ou termo do processo, independentemente de despacho, observadas as disposições referentes ao segredo de justiça;

VI — praticar, de ofício, os atos meramente ordinatórios.

§ 1º O juiz titular editará ato a fim de regulamentar a atribuição prevista no inciso VI.

§ 2º No impedimento do escrivão ou chefe de secretaria, o juiz convocará substituto e, não o havendo, nomeará pessoa idônea para o ato.

Art. 153. O escrivão ou o chefe de secretaria atenderá, preferencialmente, à ordem cronológica de recebimento para publicação e efetivação dos pronunciamentos judiciais. *(Redação dada pela Lei n. 13.256, de 2016)*

§ 1º A lista de processos recebidos deverá ser disponibilizada, de forma permanente, para consulta pública.

§ 2º Estão excluídos da regra do caput:

I — os atos urgentes, assim reconhecidos pelo juiz no pronunciamento judicial a ser efetivado;

II — as preferências legais.

§ 3º Após elaboração de lista própria, respeitar-se-ão a ordem cronológica de recebimento entre os atos urgentes e as preferências legais.

§ 4º A parte que se considerar preterida na ordem cronológica poderá reclamar, nos próprios autos, ao juiz do processo, que requisitará informações ao servidor, a serem prestadas no prazo de 2 (dois) dias.

§ 5º Constatada a preterição, o juiz determinará o imediato cumprimento do ato e a instauração de processo administrativo disciplinar contra o servidor.

Art. 154. Incumbe ao oficial de justiça:

I — fazer pessoalmente citações, prisões, penhoras, arrestos e demais diligências próprias do seu ofício, sempre que possível na presença de 2 (duas) testemunhas, certificando no mandado o ocorrido, com menção ao lugar, ao dia e à hora;

II — executar as ordens do juiz a que estiver subordinado;

III — entregar o mandado em cartório após seu cumprimento;

IV — auxiliar o juiz na manutenção da ordem;

V — efetuar avaliações, quando for o caso;

VI — certificar, em mandado, proposta de autocomposição apresentada por qualquer das partes, na ocasião de realização de ato de comunicação que lhe couber.

Parágrafo único. Certificada a proposta de autocomposição prevista no inciso VI, o juiz ordenará a intimação da parte contrária para manifestar-se, no prazo de 5 (cinco) dias, sem prejuízo do andamento regular do processo, entendendo-se o silêncio como recusa.

Art. 155. O escrivão, o chefe de secretaria e o oficial de justiça são responsáveis, civil e regressivamente, quando:

I — sem justo motivo, se recusarem a cumprir no prazo os atos impostos pela lei ou pelo juiz a que estão subordinados;

II — praticarem ato nulo com dolo ou culpa.

Seção II
Do Perito

Art. 156. O juiz será assistido por perito quando a prova do fato depender de conhecimento técnico ou científico.

§ 1º Os peritos serão nomeados entre os profissionais legalmente habilitados e os órgãos técnicos ou científicos devidamente inscritos em cadastro mantido pelo tribunal ao qual o juiz está vinculado.

§ 2º Para formação do cadastro, os tribunais devem realizar consulta pública, por meio de divulgação na rede mundial de computadores ou em jornais de grande circulação, além de consulta direta a universidades, a conselhos de classe, ao Ministério Público, à Defensoria Pública e à Ordem dos Advogados do Brasil, para a indicação de profissionais ou de órgãos técnicos interessados.

§ 3º Os tribunais realizarão avaliações e reavaliações periódicas para manutenção do cadastro, considerando a formação profissional, a atualização do conhecimento e a experiência dos peritos interessados.

§ 4º Para verificação de eventual impedimento ou motivo de suspeição, nos termos dos arts. 148 e 467, o órgão técnico ou científico nomeado para realização da perícia informará ao juiz os nomes e os dados de qualificação dos profissionais que participarão da atividade.

§ 5º Na localidade onde não houver inscrito no cadastro disponibilizado pelo tribunal, a nomeação do perito é de livre escolha pelo juiz e deverá recair sobre profissional ou órgão técnico ou científico comprovadamente detentor do conhecimento necessário à realização da perícia.

Art. 157. O perito tem o dever de cumprir o ofício no prazo que lhe designar o juiz, empregando toda sua diligência, podendo escusar-se do encargo alegando motivo legítimo.

§ 1º A escusa será apresentada no prazo de 15 (quinze) dias, contado da intimação, da suspeição ou do impedimento supervenientes, sob pena de renúncia ao direito a alegá-la.

§ 2º Será organizada lista de peritos na vara ou na secretaria, com disponibilização dos documentos exigidos para habilitação à consulta de interessados, para que a nomeação seja distribuída de modo equitativo, observadas a capacidade técnica e a área de conhecimento.

Art. 158. O perito que, por dolo ou culpa, prestar informações inverídicas responderá pelos prejuízos que causar à parte e ficará inabilitado para atuar em outras perícias no prazo de 2 (dois) a 5 (cinco) anos, independentemente das demais sanções previstas em lei, devendo o juiz comunicar o fato ao respectivo órgão de classe para adoção das medidas que entender cabíveis.

Seção III
Do Depositário e do Administrador

Art. 159. A guarda e a conservação de bens penhorados, arrestados, sequestrados ou arrecadados serão confiadas a depositário ou a administrador, não dispondo a lei de outro modo.

Art. 160. Por seu trabalho o depositário ou o administrador perceberá remuneração que o juiz fixará levando em conta a situação dos bens, ao tempo do serviço e às dificuldades de sua execução.

Parágrafo único. O juiz poderá nomear um ou mais prepostos por indicação do depositário ou do administrador.

Art. 161. O depositário ou o administrador responde pelos prejuízos que, por dolo ou culpa, causar à parte, perdendo a remuneração que lhe foi arbitrada, mas tem o direito a haver o que legitimamente despendeu no exercício do encargo.

Parágrafo único. O depositário infiel responde civilmente pelos prejuízos causados, sem prejuízo de sua responsabilidade penal e da imposição de sanção por ato atentatório à dignidade da justiça.

Seção IV
Do Intérprete e do Tradutor

Art. 162. O juiz nomeará intérprete ou tradutor quando necessário para:

I — traduzir documento redigido em língua estrangeira;

II — verter para o português as declarações das partes e das testemunhas que não conhecerem o idioma nacional;

III — realizar a interpretação simultânea dos depoimentos das partes e testemunhas com deficiência auditiva que se comuniquem por meio da Língua Brasileira de Sinais, ou equivalente, quando assim for solicitado.

Art. 163. Não pode ser intérprete ou tradutor quem:

I — não tiver a livre administração de seus bens;

II — for arrolado como testemunha ou atuar como perito no processo;

III — estiver inabilitado para o exercício da profissão por sentença penal condenatória, enquanto durarem seus efeitos.

Art. 164. O intérprete ou tradutor, oficial ou não, é obrigado a desempenhar seu ofício, aplicando-se-lhe o disposto nos arts. 157 e 158.

Seção V
Dos Conciliadores e Mediadores Judiciais

Art. 165. Os tribunais criarão centros judiciários de solução consensual de conflitos, responsáveis pela realização de sessões e audiências de conciliação e mediação e pelo desenvolvimento de programas destinados a auxiliar, orientar e estimular a autocomposição.

§ 1º A composição e a organização dos centros serão definidas pelo respectivo tribunal, observadas as normas do Conselho Nacional de Justiça.

§ 2º O conciliador, que atuará preferencialmente nos casos em que não houver vínculo anterior entre as partes, poderá sugerir soluções para o litígio, sendo vedada a utilização de qualquer tipo de constrangimento ou intimidação para que as partes conciliem.

§ 3º O mediador, que atuará preferencialmente nos casos em que houver vínculo anterior entre as partes, auxiliará aos interessados a compreender as questões e os interesses em conflito, de modo que eles possam, pelo restabelecimento da comunicação, identificar, por si próprios, soluções consensuais que gerem benefícios mútuos.

Art. 166. A conciliação e a mediação são informadas pelos princípios da independência, da imparcialidade, da autonomia da vontade, da confidencialidade, da oralidade, da informalidade e da decisão informada.

§ 1º A confidencialidade estende-se a todas as informações produzidas no curso do procedimento, cujo teor não poderá ser utilizado para fim diverso daquele previsto por expressa deliberação das partes.

§ 2º Em razão do dever de sigilo, inerente às suas funções, o conciliador e o mediador, assim como os membros de suas equipes, não poderão divulgar ou depor acerca de fatos ou elementos oriundos da conciliação ou da mediação.

§ 3º Admite-se a aplicação de técnicas negociais, com o objetivo de proporcionar ambiente favorável à autocomposição.

§ 4º A mediação e a conciliação serão regidas conforme a livre autonomia dos interessados, inclusive no que diz respeito à definição das regras procedimentais.

Art. 167. Os conciliadores, os mediadores e as câmaras privadas de conciliação e mediação serão inscritos em cadastro nacional e em cadastro de tribunal de justiça ou de tribunal regional federal, que manterá registro de profissionais habilitados, com indicação de sua área profissional.

§ 1º Preenchendo o requisito da capacitação mínima, por meio de curso realizado por entidade credenciada, conforme parâmetro curricular definido pelo Conselho Nacional de Justiça em conjunto com o Ministério da Justiça, o conciliador ou o mediador, com o respectivo certificado, poderá requerer sua inscrição no cadastro nacional e no cadastro de tribunal de justiça ou de tribunal regional federal.

§ 2º Efetivado o registro, que poderá ser precedido de concurso público, o tribunal remeterá ao diretor do foro da comarca, seção ou subseção judiciária onde atuará o conciliador ou o mediador os dados necessários para que seu nome passe a constar da respectiva lista, a ser observada na distribuição alternada e aleatória, respeitado o princípio da igualdade dentro da mesma área de atuação profissional.

§ 3º Do credenciamento das câmaras e do cadastro de conciliadores e mediadores constarão todos os dados relevantes para a sua atuação, tais como o número de processos de que participou, o sucesso ou insucesso da atividade, a matéria sobre a qual versou a controvérsia, bem como outros dados que o tribunal julgar relevantes.

§ 4º Os dados colhidos na forma do § 3º serão classificados sistematicamente pelo tribunal, que os publicará, ao menos anualmente, para conhecimento da população e para fins estatísticos e de avaliação da conciliação, da mediação, das câmaras privadas de conciliação e de mediação, dos conciliadores e dos mediadores.

§ 5º Os conciliadores e mediadores judiciais cadastrados na forma do *caput*, se advogados, estarão impedidos de exercer a advocacia nos juízos em que desempenhem suas funções.

§ 6º O tribunal poderá optar pela criação de quadro próprio de conciliadores e mediadores, a ser preenchido por concurso público de provas e títulos, observadas as disposições deste Capítulo.

Art. 168. As partes podem escolher, de comum acordo, o conciliador, o mediador ou a câmara privada de conciliação e de mediação.

§ 1º O conciliador ou mediador escolhido pelas partes poderá ou não estar cadastrado no tribunal.

§ 2º Inexistindo acordo quanto à escolha do mediador ou conciliador, haverá distribuição entre aqueles cadastrados no registro do tribunal, observada a respectiva formação.

§ 3º Sempre que recomendável, haverá a designação de mais de um mediador ou conciliador.

Art. 169. Ressalvada a hipótese do art. 167, § 6º, o conciliador e o mediador receberão pelo seu trabalho remuneração prevista em tabela fixada pelo tribunal, conforme parâmetros estabelecidos pelo Conselho Nacional de Justiça.

§ 1º A mediação e a conciliação podem ser realizadas como trabalho voluntário, observada a legislação pertinente e a regulamentação do tribunal.

§ 2º Os tribunais determinarão o percentual de audiências não remuneradas que deverão ser suportadas pelas câmaras privadas de conciliação e mediação, com o fim de atender aos processos em que deferida gratuidade da justiça, como contrapartida de seu credenciamento.

Art. 170. No caso de impedimento, o conciliador ou mediador o comunicará imediatamente, de preferência por meio eletrônico, e devolverá os autos ao juiz do processo ou ao coordenador do centro judiciário de solução de conflitos, devendo este realizar nova distribuição.

Parágrafo único. Se a causa de impedimento for apurada quando já iniciado o procedimento, a atividade será interrompida, lavrando-se ata com relatório do ocorrido e solicitação de distribuição para novo conciliador ou mediador.

Art. 171. No caso de impossibilidade temporária do exercício da função, o conciliador ou mediador informará o fato ao centro, preferencialmente por meio eletrônico, para que, durante o período em que perdurar a impossibilidade, não haja novas distribuições

Art. 172. O conciliador e o mediador ficam impedidos, pelo prazo de 1 (um) ano, contado do término da última audiência em que atuaram, de assessorar, representar ou patrocinar qualquer das partes.

Art. 173. Será excluído do cadastro de conciliadores e mediadores aquele que:

I — agir com dolo ou culpa na condução da conciliação ou da mediação sob sua responsabilidade ou violar qualquer dos deveres decorrentes do art. 166, §§ 1º e 2º;

II — atuar em procedimento de mediação ou conciliação, apesar de impedido ou suspeito.

§ 1º Os casos previstos neste artigo serão apurados em processo administrativo.

§ 2º O juiz do processo ou o juiz coordenador do centro de conciliação e mediação, se houver, verificando atuação inadequada do mediador ou conciliador, poderá afastá-lo de suas atividades por até 180 (cento e oitenta) dias, por decisão fundamentada, informando o fato imediatamente ao tribunal para instauração do respectivo processo administrativo.

Art. 174. A União, os Estados, o Distrito Federal e os Municípios criarão câmaras de mediação e conciliação, com atribuições relacionadas à solução consensual de conflitos no âmbito administrativo, tais como:

I — dirimir conflitos envolvendo órgãos e entidades da administração pública;

II — avaliar a admissibilidade dos pedidos de resolução de conflitos, por meio de conciliação, no âmbito da administração pública;

III — promover, quando couber, a celebração de termo de ajustamento de conduta.

Art. 175. As disposições desta Seção não excluem outras formas de conciliação e mediação extrajudiciais vinculadas a órgãos institucionais ou realizadas por intermédio de profissionais independentes, que poderão ser regulamentadas por lei específica.

Parágrafo único. Os dispositivos desta Seção aplicam-se, no que couber, às câmaras privadas de conciliação e mediação.

TÍTULO V
DO MINISTÉRIO PÚBLICO

Art. 176. O Ministério Público atuará na defesa da ordem jurídica, do regime democrático e dos interesses e direitos sociais e individuais indisponíveis.

Art. 177. O Ministério Público exercerá o direito de ação em conformidade com suas atribuições constitucionais.

Art. 178. O Ministério Público será intimado para, no prazo de 30 (trinta) dias, intervir como fiscal da ordem jurídica nas hipóteses previstas em lei ou na Constituição Federal e nos processos que envolvam:

I — interesse público ou social;

II — interesse de incapaz;

III — litígios coletivos pela posse de terra rural ou urbana.

Parágrafo único. A participação da Fazenda Pública não configura, por si só, hipótese de intervenção do Ministério Público.

Art. 179. Nos casos de intervenção como fiscal da ordem jurídica, o Ministério Público:

I — terá vista dos autos depois das partes, sendo intimado de todos os atos do processo;

II — poderá produzir provas, requerer as medidas processuais pertinentes e recorrer.

Art. 180. O Ministério Público gozará de prazo em dobro para manifestar-se nos autos, que terá início a partir de sua intimação pessoal, nos termos do art. 183, § 1º.

§ 1º Findo o prazo para manifestação do Ministério Público sem o oferecimento de parecer, o juiz requisitará os autos e dará andamento ao processo.

§ 2º Não se aplica o benefício da contagem em dobro quando a lei estabelecer, de forma expressa, prazo próprio para o Ministério Público.

Art. 181. O membro do Ministério Público será civil e regressivamente responsável quando agir com dolo ou fraude no exercício de suas funções.

TÍTULO VI
DA ADVOCACIA PÚBLICA

Art. 182. Incumbe à Advocacia Pública, na forma da lei, defender e promover os interesses públicos da União, dos Estados, do Distrito Federal e dos Municípios, por meio da representação judicial, em todos os âmbitos federativos, das pessoas jurídicas de direito público que integram a administração direta e indireta.

Art. 183. A União, os Estados, o Distrito Federal, os Municípios e suas respectivas autarquias e fundações de direito público gozarão de prazo em dobro para todas as suas manifestações processuais, cuja contagem terá início a partir da intimação pessoal.

§ 1º A intimação pessoal far-se-á por carga, remessa ou meio eletrônico.

§ 2º Não se aplica o benefício da contagem em dobro quando a lei estabelecer, de forma expressa, prazo próprio para o ente público.

Art. 184. O membro da Advocacia Pública será civil e regressivamente responsável quando agir com dolo ou fraude no exercício de suas funções.

TÍTULO VII
DA DEFENSORIA PÚBLICA

Art. 185. A Defensoria Pública exercerá a orientação jurídica, a promoção dos direitos humanos e a defesa dos direitos individuais e coletivos dos necessitados, em todos os graus, de forma integral e gratuita.

Art. 186. A Defensoria Pública gozará de prazo em dobro para todas as suas manifestações processuais.

§ 1º O prazo tem início com a intimação pessoal do defensor público, nos termos do art. 183, § 1º.

§ 2º A requerimento da Defensoria Pública, o juiz determinará a intimação pessoal da parte patrocinada quando o ato processual depender de providência ou informação que somente por ela possa ser realizada ou prestada.

§ 3º O disposto no *caput* aplica-se aos escritórios de prática jurídica das faculdades de Direito reconhecidas na forma da lei e às entidades que prestam assistência jurídica gratuita em razão de convênios firmados com a Defensoria Pública.

§ 4º Não se aplica o benefício da contagem em dobro quando a lei estabelecer, de forma expressa, prazo próprio para a Defensoria Pública.

Art. 187. O membro da Defensoria Pública será civil e regressivamente responsável quando agir com dolo ou fraude no exercício de suas funções.

LIVRO IV
DOS ATOS PROCESSUAIS

TÍTULO I
DA FORMA, DO TEMPO E DO LUGAR DOS ATOS PROCESSUAIS

CAPÍTULO I
DA FORMA DOS ATOS PROCESSUAIS

Seção I
Dos Atos em Geral

Art. 188. Os atos e os termos processuais independem de forma determinada, salvo quando a lei expressamente a exigir, considerando-se válidos os que, realizados de outro modo, lhe preencham a finalidade essencial.

Art. 189. Os atos processuais são públicos, todavia tramitam em segredo de justiça os processos:

I — em que o exija o interesse público ou social;

II — que versem sobre casamento, separação de corpos, divórcio, separação, união estável, filiação, alimentos e guarda de crianças e adolescentes;

III — em que constem dados protegidos pelo direito constitucional à intimidade;

IV — que versem sobre arbitragem, inclusive sobre cumprimento de carta arbitral, desde que a confidencialidade estipulada na arbitragem seja comprovada perante o juízo.

§ 1º O direito de consultar os autos de processo que tramite em segredo de justiça e de pedir certidões de seus atos é restrito às partes e aos seus procuradores.

§ 2º O terceiro que demonstrar interesse jurídico pode requerer ao juiz certidão do dispositivo da sentença, bem como de inventário e de partilha resultantes de divórcio ou separação.

Art. 190. Versando o processo sobre direitos que admitam autocomposição, é lícito às partes plenamente capazes estipular mudanças no procedimento para ajustá-lo às especificidades da causa e convencionar sobre os seus ônus, poderes, faculdades e deveres processuais, antes ou durante o processo.

Parágrafo único. De ofício ou a requerimento, o juiz controlará a validade das convenções previstas neste artigo, recusando-lhes aplicação somente nos casos de nulidade ou de inserção abusiva em contrato de adesão ou em que alguma parte se encontre em manifesta situação de vulnerabilidade.

Art. 191. De comum acordo, o juiz e as partes podem fixar calendário para a prática dos atos processuais, quando for o caso.

§ 1º O calendário vincula as partes e o juiz, e os prazos nele previstos somente serão modificados em casos excepcionais, devidamente justificados.

§ 2º Dispensa-se a intimação das partes para a prática de ato processual ou a realização de audiência cujas datas tiverem sido designadas no calendário.

Art. 192. Em todos os atos e termos do processo é obrigatório o uso da língua portuguesa.

Parágrafo único. O documento redigido em língua estrangeira somente poderá ser juntado aos autos quando acompanhado de versão para a língua portuguesa tramitada por via diplomática ou pela autoridade central, ou firmada por tradutor juramentado.

Seção II
Da Prática Eletrônica de Atos Processuais

Art. 193. Os atos processuais podem ser total ou parcialmente digitais, de forma a permitir que sejam produzidos, comunicados, armazenados e validados por meio eletrônico, na forma da lei.

Parágrafo único. O disposto nesta Seção aplica-se, no que for cabível, à prática de atos notariais e de registro.

Art. 194. Os sistemas de automação processual respeitarão a publicidade dos atos, o acesso e a participação das partes e de seus procuradores, inclusive nas audiências e sessões de julgamento, observadas as garantias da disponibilidade, independência da plataforma computacional, acessibilidade e interoperabilidade dos sistemas, serviços, dados e informações que o Poder Judiciário administre no exercício de suas funções.

Art. 195. O registro de ato processual eletrônico deverá ser feito em padrões abertos, que atenderão aos requisitos de autenticidade, integridade, temporalidade, não repúdio, conservação e, nos casos que tramitem em segredo de justiça, confidencialidade, observada a infraestrutura de chaves públicas unificada nacionalmente, nos termos da lei.

Art. 196. Compete ao Conselho Nacional de Justiça e, supletivamente, aos tribunais, regulamentar a prática e a comunicação oficial de atos processuais por meio eletrônico e velar pela compatibilidade dos sistemas, disciplinando a incorporação progressiva de novos avanços tecnológicos e editando, para esse fim, os atos que forem necessários, respeitadas as normas fundamentais deste Código.

Art. 197. Os tribunais divulgarão as informações constantes de seu sistema de automação em página própria na rede mundial de computadores, gozando a divulgação de presunção de veracidade e confiabilidade.

Parágrafo único. Nos casos de problema técnico do sistema e de erro ou omissão do auxiliar da justiça responsável pelo registro dos andamentos, poderá ser configurada a justa causa prevista no art. 223, *caput* e § 1º.

Art. 198. As unidades do Poder Judiciário deverão manter gratuitamente, à disposição dos interessados, equipamentos necessários à prática de atos processuais e à consulta e ao acesso ao sistema e aos documentos dele constantes.

Parágrafo único. Será admitida a prática de atos por meio não eletrônico no local onde não estiverem disponibilizados os equipamentos previstos no *caput*.

Art. 199. As unidades do Poder Judiciário assegurarão às pessoas com deficiência acessibilidade aos seus sítios na rede mundial de computadores, ao meio eletrônico de prática de atos judiciais, à comunicação eletrônica dos atos processuais e à assinatura eletrônica.

Seção III
Dos Atos das Partes

Art. 200. Os atos das partes consistentes em declarações unilaterais ou bilaterais de vontade produzem imediatamente a constituição, modificação ou extinção de direitos processuais.

Parágrafo único. A desistência da ação só produzirá efeitos após homologação judicial.

Art. 201. As partes poderão exigir recibo de petições, arrazoados, papéis e documentos que entregarem em cartório.

Art. 202. É vedado lançar nos autos cotas marginais ou interlineares, as quais o juiz mandará riscar, impondo a quem as escrever multa correspondente à metade do salário-mínimo.

Seção IV
Dos Pronunciamentos do Juiz

Art. 203. Os pronunciamentos do juiz consistirão em sentenças, decisões interlocutórias e despachos.

§ 1º Ressalvadas as disposições expressas dos procedimentos especiais, sentença é o pronunciamento por meio do qual o juiz, com fundamento nos arts. 485 e 487, põe fim à fase cognitiva do procedimento comum, bem como extingue a execução.

§ 2º Decisão interlocutória é todo pronunciamento judicial de natureza decisória que não se enquadre no § 1º.

§ 3º São despachos todos os demais pronunciamentos do juiz praticados no processo, de ofício ou a requerimento da parte.

§ 4º Os atos meramente ordinatórios, como a juntada e a vista obrigatória, independem de despacho, devendo ser praticados de ofício pelo servidor e revistos pelo juiz quando necessário.

Art. 204. Acórdão é o julgamento colegiado proferido pelos tribunais.

Art. 205. Os despachos, as decisões, as sentenças e os acórdãos serão redigidos, datados e assinados pelos juízes.

§ 1º Quando os pronunciamentos previstos no *caput* forem proferidos oralmente, o servidor os documentará, submetendo-os aos juízes para revisão e assinatura.

§ 2º A assinatura dos juízes, em todos os graus de jurisdição, pode ser feita eletronicamente, na forma da lei.

§ 3º Os despachos, as decisões interlocutórias, o dispositivo das sentenças e a ementa dos acórdãos serão publicados no Diário de Justiça Eletrônico.

Seção V
Dos Atos do Escrivão ou do Chefe de Secretaria

Art. 206. Ao receber a petição inicial de processo, o escrivão ou o chefe de secretaria a autuará, mencionando o juízo, a natureza do processo, o número de seu registro, os nomes das partes e a data de seu início, e procederá do mesmo modo em relação aos volumes em formação.

Art. 207. O escrivão ou o chefe de secretaria numerará e rubricará todas as folhas dos autos.

Parágrafo único. À parte, ao procurador, ao membro do Ministério Público, ao defensor público e aos auxiliares da justiça é facultado rubricar as folhas correspondentes aos atos em que intervierem.

Art. 208. Os termos de juntada, vista, conclusão e outros semelhantes constarão de notas datadas e rubricadas pelo escrivão ou pelo chefe de secretaria.

Art. 209. Os atos e os termos do processo serão assinados pelas pessoas que neles intervierem, todavia, quando essas não puderem ou não quiserem firmá-los, o escrivão ou o chefe de secretaria certificará a ocorrência.

§ 1º Quando se tratar de processo total ou parcialmente documentado em autos eletrônicos, os atos processuais praticados na presença do juiz poderão ser produzidos e armazenados de modo integralmente digital em arquivo eletrônico inviolável, na forma da lei, mediante registro em termo, que será assinado digitalmente pelo juiz e pelo escrivão ou chefe de secretaria, bem como pelos advogados das partes.

§ 2º Na hipótese do § 1º, eventuais contradições na transcrição deverão ser suscitadas oralmente no momento de realização do ato, sob pena de preclusão, devendo o juiz decidir de plano e ordenar o registro, no termo, da alegação e da decisão.

Art. 210. É lícito o uso da taquigrafia, da estenotipia ou de outro método idôneo em qualquer juízo ou tribunal.

Art. 211. Não se admitem nos atos e termos processuais espaços em branco, salvo os que forem inutilizados, assim como entrelinhas, emendas ou rasuras, exceto quando expressamente ressalvadas.

CAPÍTULO II
DO TEMPO E DO LUGAR DOS ATOS PROCESSUAIS

Seção I
Do Tempo

Art. 212. Os atos processuais serão realizados em dias úteis, das 6 (seis) às 20 (vinte) horas.

§ 1º Serão concluídos após as 20 (vinte) horas os atos iniciados antes, quando o adiamento prejudicar a diligência ou causar grave dano.

§ 2º Independentemente de autorização judicial, as citações, intimações e penhoras poderão realizar-se no período de férias forenses, onde as houver, e nos feriados

ou dias úteis fora do horário estabelecido neste artigo, observado o disposto no art. 5º, inciso XI, da Constituição Federal.

§ 3º Quando o ato tiver de ser praticado por meio de petição em autos não eletrônicos, essa deverá ser protocolada no horário de funcionamento do fórum ou tribunal, conforme o disposto na lei de organização judiciária local.

Art. 213. A prática eletrônica de ato processual pode ocorrer em qualquer horário até as 24 (vinte e quatro) horas do último dia do prazo.

Parágrafo único. O horário vigente no juízo perante o qual o ato deve ser praticado será considerado para fins de atendimento do prazo.

Art. 214. Durante as férias forenses e nos feriados, não se praticarão atos processuais, excetuando-se:

I — os atos previstos no art. 212, § 2º;

II — a tutela de urgência.

Art. 215. Processam-se durante as férias forenses, onde as houver, e não se suspendem pela superveniência delas:

I — os procedimentos de jurisdição voluntária e os necessários à conservação de direitos, quando puderem ser prejudicados pelo adiamento;

II — a ação de alimentos e os processos de nomeação ou remoção de tutor e curador;

III — os processos que a lei determinar.

Art. 216. Além dos declarados em lei, são feriados, para efeito forense, os sábados, os domingos e os dias em que não haja expediente forense.

Seção II
Do Lugar

Art. 217. Os atos processuais realizar-se-ão ordinariamente na sede do juízo, ou, excepcionalmente, em outro lugar em razão de deferência, de interesse da justiça, da natureza do ato ou de obstáculo arguido pelo interessado e acolhido pelo juiz.

CAPÍTULO III
DOS PRAZOS

Seção I
Disposições Gerais

Art. 218. Os atos processuais serão realizados nos prazos prescritos em lei.

§ 1º Quando a lei for omissa, o juiz determinará os prazos em consideração à complexidade do ato.

§ 2º Quando a lei ou o juiz não determinar prazo, as intimações somente obrigarão a comparecimento após decorridas 48 (quarenta e oito) horas.

§ 3º Inexistindo preceito legal ou prazo determinado pelo juiz, será de 5 (cinco) dias o prazo para a prática de ato processual a cargo da parte.

§ 4º Será considerado tempestivo o ato praticado antes do termo inicial do prazo.

Art. 219. Na contagem de prazo em dias, estabelecido por lei ou pelo juiz, computar-se-ão somente os dias úteis.

Parágrafo único. O disposto neste artigo aplica-se somente aos prazos processuais.

Art. 220. Suspende-se o curso do prazo processual nos dias compreendidos entre 20 de dezembro e 20 de janeiro, inclusive.

§ 1º Ressalvadas as férias individuais e os feriados instituídos por lei, os juízes, os membros do Ministério Público, da Defensoria Pública e da Advocacia Pública e os auxiliares da Justiça exercerão suas atribuições durante o período previsto no *caput*.

§ 2º Durante a suspensão do prazo, não se realizarão audiências nem sessões de julgamento.

Art. 221. Suspende-se o curso do prazo por obstáculo criado em detrimento da parte ou ocorrendo qualquer das hipóteses do art. 313, devendo o prazo ser restituído por tempo igual ao que faltava para sua complementação.

Parágrafo único. Suspendem-se os prazos durante a execução de programa instituído pelo Poder Judiciário para promover a autocomposição, incumbindo aos tribunais especificar, com antecedência, a duração dos trabalhos.

Art. 222. Na comarca, seção ou subseção judiciária onde for difícil o transporte, o juiz poderá prorrogar os prazos por até 2 (dois) meses.

§ 1º Ao juiz é vedado reduzir prazos peremptórios sem anuência das partes.

§ 2º Havendo calamidade pública, o limite previsto no *caput* para prorrogação de prazos poderá ser excedido.

Art. 223. Decorrido o prazo, extingue-se o direito de praticar ou de emendar o ato processual, independentemente de declaração judicial, ficando assegurado, porém, à parte provar que não o realizou por justa causa.

§ 1º Considera-se justa causa o evento alheio à vontade da parte e que a impediu de praticar o ato por si ou por mandatário.

§ 2º Verificada a justa causa, o juiz permitirá à parte a prática do ato no prazo que lhe assinar.

Art. 224. Salvo disposição em contrário, os prazos serão contados excluindo o dia do começo e incluindo o dia do vencimento.

§ 1º Os dias do começo e do vencimento do prazo serão protraídos para o primeiro dia útil seguinte, se coincidirem com dia em que o expediente forense for encerrado antes ou iniciado depois da hora normal ou houver indisponibilidade da comunicação eletrônica.

§ 2º Considera-se como data de publicação o primeiro dia útil seguinte ao da disponibilização da informação no Diário da Justiça eletrônico.

§ 3º A contagem do prazo terá início no primeiro dia útil que seguir ao da publicação.

Art. 225. A parte poderá renunciar ao prazo estabelecido exclusivamente em seu favor, desde que o faça de maneira expressa.

Art. 226. O juiz proferirá:

I — os despachos no prazo de 5 (cinco) dias;

II — as decisões interlocutórias no prazo de 10 (dez) dias;

III — as sentenças no prazo de 30 (trinta) dias.

Art. 227. Em qualquer grau de jurisdição, havendo motivo justificado, pode o juiz exceder, por igual tempo, os prazos a que está submetido.

Art. 228. Incumbirá ao serventuário remeter os autos conclusos no prazo de 1 (um) dia e executar os atos processuais no prazo de 5 (cinco) dias, contado da data em que:

I — houver concluído o ato processual anterior, se lhe foi imposto pela lei;

II — tiver ciência da ordem, quando determinada pelo juiz.

§ 1º Ao receber os autos, o serventuário certificará o dia e a hora em que teve ciência da ordem referida no inciso II.

§ 2º Nos processos em autos eletrônicos, a juntada de petições ou de manifestações em geral ocorrerá de forma automática, independentemente de ato de serventuário da justiça.

Art. 229. Os litisconsortes que tiverem diferentes procuradores, de escritórios de advocacia distintos, terão prazos contados em dobro para todas as suas manifestações, em qualquer juízo ou tribunal, independentemente de requerimento.

§ 1º Cessa a contagem do prazo em dobro se, havendo apenas 2 (dois) réus, é oferecida defesa por apenas um deles.

§ 2º Não se aplica o disposto no *caput* aos processos em autos eletrônicos.

Art. 230. O prazo para a parte, o procurador, a Advocacia Pública, a Defensoria Pública e o Ministério Público será contado da citação, da intimação ou da notificação.

Art. 231. Salvo disposição em sentido diverso, considera-se dia do começo do prazo:

I — a data de juntada aos autos do aviso de recebimento, quando a citação ou a intimação for pelo correio;

II — a data de juntada aos autos do mandado cumprido, quando a citação ou a intimação for por oficial de justiça;

III — a data de ocorrência da citação ou da intimação, quando ela se der por ato do escrivão ou do chefe de secretaria;

IV — o dia útil seguinte ao fim da dilação assinada pelo juiz, quando a citação ou a intimação for por edital;

V — o dia útil seguinte à consulta ao teor da citação ou da intimação ou ao término do prazo para que a consulta se dê, quando a citação ou a intimação for eletrônica;

VI — a data de juntada do comunicado de que trata o art. 232 ou, não havendo esse, a data de juntada da carta aos autos de origem devidamente cumprida, quando a citação ou a intimação se realizar em cumprimento de carta;

VII — a data de publicação, quando a intimação se der pelo Diário da Justiça impresso ou eletrônico;

VIII — o dia da carga, quando a intimação se der por meio da retirada dos autos, em carga, do cartório ou da secretaria.

§ 1º Quando houver mais de um réu, o dia do começo do prazo para contestar corresponderá à última das datas a que se referem os incisos I a VI do *caput*.

§ 2º Havendo mais de um intimado, o prazo para cada um é contado individualmente.

§ 3º Quando o ato tiver de ser praticado diretamente pela parte ou por quem, de qualquer forma, participe do processo, sem a intermediação de representante judicial, o dia do começo do prazo para cumprimento da determinação judicial corresponderá à data em que se der a comunicação.

§ 4º Aplica-se o disposto no inciso II do *caput* à citação com hora certa.

Art. 232. Nos atos de comunicação por carta precatória, rogatória ou de ordem, a realização da citação ou da intimação será imediatamente informada, por meio eletrônico, pelo juiz deprecado ao juiz deprecante.

Seção II
Da Verificação dos Prazos e das Penalidades

Art. 233. Incumbe ao juiz verificar se o serventuário excedeu, sem motivo legítimo, os prazos estabelecidos em lei.

§ 1º Constatada a falta, o juiz ordenará a instauração de processo administrativo, na forma da lei.

§ 2º Qualquer das partes, o Ministério Público ou a Defensoria Pública poderá representar ao juiz contra o serventuário que injustificadamente exceder os prazos previstos em lei.

Art. 234. Os advogados públicos ou privados, o defensor público e o membro do Ministério Público devem restituir os autos no prazo do ato a ser praticado.

§ 1º É lícito a qualquer interessado exigir os autos do advogado que exceder prazo legal.

§ 2º Se, intimado, o advogado não devolver os autos no prazo de 3 (três) dias, perderá o direito à vista fora de cartório e incorrerá em multa correspondente à metade do salário-mínimo.

§ 3º Verificada a falta, o juiz comunicará o fato à seção local da Ordem dos Advogados do Brasil para procedimento disciplinar e imposição de multa.

§ 4º Se a situação envolver membro do Ministério Público, da Defensoria Pública ou da Advocacia Pública, a multa, se for o caso, será aplicada ao agente público responsável pelo ato.

§ 5º Verificada a falta, o juiz comunicará o fato ao órgão competente responsável pela instauração de procedimento disciplinar contra o membro que atuou no feito.

Art. 235. Qualquer parte, o Ministério Público ou a Defensoria Pública poderá representar ao corregedor do tribunal ou ao Conselho Nacional de Justiça contra juiz ou relator que injustificadamente exceder os prazos previstos em lei, regulamento ou regimento interno.

§ 1º Distribuída a representação ao órgão competente e ouvido previamente o juiz, não sendo caso de arquivamento liminar, será instaurado procedimento para apuração da responsabilidade, com intimação do representado por meio eletrônico para, querendo, apresentar justificativa no prazo de 15 (quinze) dias.

§ 2º Sem prejuízo das sanções administrativas cabíveis, em até 48 (quarenta e oito) horas após a apresentação ou não da justificativa de que trata o § 1º, se for o caso, o corregedor do tribunal ou o relator no Conselho Nacional de Justiça determinará a intimação do representado por meio eletrônico para que, em 10 (dez) dias, pratique o ato.

§ 3º Mantida a inércia, os autos serão remetidos ao substituto legal do juiz ou do relator contra o qual se representou para decisão em 10 (dez) dias.

TÍTULO II
DA COMUNICAÇÃO DOS ATOS PROCESSUAIS

CAPÍTULO I
DISPOSIÇÕES GERAIS

Art. 236. Os atos processuais serão cumpridos por ordem judicial.

§ 1º Será expedida carta para a prática de atos fora dos limites territoriais do tribunal, da comarca, da seção ou da subseção judiciárias, ressalvadas as hipóteses previstas em lei.

§ 2º O tribunal poderá expedir carta para juízo a ele vinculado, se o ato houver de se realizar fora dos limites territoriais do local de sua sede.

§ 3º Admite-se a prática de atos processuais por meio de videoconferência ou outro recurso tecnológico de transmissão de sons e imagens em tempo real.

Art. 237. Será expedida carta:

I — de ordem, pelo tribunal, na hipótese do § 2º do art. 236;

II — rogatória, para que órgão jurisdicional estrangeiro pratique ato de cooperação jurídica internacional, relativo a processo em curso perante órgão jurisdicional brasileiro;

III — precatória, para que órgão jurisdicional brasileiro pratique ou determine o cumprimento, na área de sua competência territorial, de ato relativo a pedido de cooperação judiciária formulado por órgão jurisdicional de competência territorial diversa;

IV — arbitral, para que órgão do Poder Judiciário pratique ou determine o cumprimento, na área de sua competência territorial, de ato objeto de pedido de cooperação judiciária formulado por juízo arbitral, inclusive os que importem efetivação de tutela provisória.

Parágrafo único. Se o ato relativo a processo em curso na justiça federal ou em tribunal superior houver de ser praticado em local onde não haja vara federal, a carta poderá ser dirigida ao juízo estadual da respectiva comarca.

CAPÍTULO II
DA CITAÇÃO

Art. 238. Citação é o ato pelo qual são convocados o réu, o executado ou o interessado para integrar a relação processual.

Art. 239. Para a validade do processo é indispensável a citação do réu ou do executado, ressalvadas as hipóteses de indeferimento da petição inicial ou de improcedência liminar do pedido.

§ 1º O comparecimento espontâneo do réu ou do executado supre a falta ou a nulidade da citação, fluindo a partir desta data o prazo para apresentação de contestação ou de embargos à execução.

§ 2º Rejeitada a alegação de nulidade, tratando-se de processo de:

I — conhecimento, o réu será considerado revel;

II — execução, o feito terá seguimento.

Art. 240. A citação válida, ainda quando ordenada por juízo incompetente, induz litispendência, torna litigiosa a coisa e constitui em mora o devedor, ressalvado o disposto nos arts. 397 e 398 da Lei n. 10.406, de 10 de janeiro de 2002 (Código Civil).

§ 1º A interrupção da prescrição, operada pelo despacho que ordena a citação, ainda que proferido por juízo incompetente, retroagirá à data de propositura da ação.

§ 2º Incumbe ao autor adotar, no prazo de 10 (dez) dias, as providências necessárias para viabilizar a citação, sob pena de não se aplicar o disposto no § 1º.

§ 3º A parte não será prejudicada pela demora imputável exclusivamente ao serviço judiciário.

§ 4º O efeito retroativo a que se refere o § 1º aplica-se à decadência e aos demais prazos extintivos previstos em lei.

Art. 241. Transitada em julgado a sentença de mérito proferida em favor do réu antes da citação, incumbe ao escrivão ou ao chefe de secretaria comunicar-lhe o resultado do julgamento.

Art. 242. A citação será pessoal, podendo, no entanto, ser feita na pessoa do representante legal ou do procurador do réu, do executado ou do interessado.

§ 1º Na ausência do citando, a citação será feita na pessoa de seu mandatário, administrador, preposto ou gerente, quando a ação se originar de atos por eles praticados.

§ 2º O locador que se ausentar do Brasil sem cientificar o locatário de que deixou, na localidade onde estiver situado o imóvel, procurador com poderes para receber citação será citado na pessoa do administrador do imóvel encarregado do recebimento dos aluguéis, que será considerado habilitado para representar o locador em juízo.

§ 3º A citação da União, dos Estados, do Distrito Federal, dos Municípios e de suas respectivas autarquias e fundações de direito público será realizada perante o órgão de Advocacia Pública responsável por sua representação judicial.

Art. 243. A citação poderá ser feita em qualquer lugar em que se encontre o réu, o executado ou o interessado.

Parágrafo único. O militar em serviço ativo será citado na unidade em que estiver servindo, se não for conhecida sua residência ou nela não for encontrado.

Art. 244. Não se fará a citação, salvo para evitar o perecimento do direito:

I — de quem estiver participando de ato de culto religioso;

II — de cônjuge, de companheiro ou de qualquer parente do morto, consanguíneo ou afim, em linha reta ou na linha colateral em segundo grau, no dia do falecimento e nos 7 (sete) dias seguintes;

III — de noivos, nos 3 (três) primeiros dias seguintes ao casamento;

IV — de doente, enquanto grave o seu estado.

Art. 245. Não se fará citação quando se verificar que o citando é mentalmente incapaz ou está impossibilitado de recebê-la.

§ 1º O oficial de justiça descreverá e certificará minuciosamente a ocorrência.

§ 2º Para examinar o citando, o juiz nomeará médico, que apresentará laudo no prazo de 5 (cinco) dias.

§ 3º Dispensa-se a nomeação de que trata o § 2º se pessoa da família apresentar declaração do médico do citando que ateste a incapacidade deste.

§ 4º Reconhecida a impossibilidade, o juiz nomeará curador ao citando, observando, quanto à sua escolha, a preferência estabelecida em lei e restringindo a nomeação à causa.

§ 5º A citação será feita na pessoa do curador, a quem incumbirá a defesa dos interesses do citando.

Art. 246. A citação será feita:

I — pelo correio;

II — por oficial de justiça;

III — pelo escrivão ou chefe de secretaria, se o citando comparecer em cartório;

IV — por edital;

V — por meio eletrônico, conforme regulado em lei.

§ 1º Com exceção das microempresas e das empresas de pequeno porte, as empresas públicas e privadas são obrigadas a manter cadastro nos sistemas de processo em autos eletrônicos, para efeito de recebimento de citações e intimações, as quais serão efetuadas preferencialmente por esse meio.

§ 2º O disposto no § 1º aplica-se à União, aos Estados, ao Distrito Federal, aos Municípios e às entidades da administração indireta.

§ 3º Na ação de usucapião de imóvel, os confinantes serão citados pessoalmente, exceto quando tiver por objeto unidade autônoma de prédio em condomínio, caso em que tal citação é dispensada.

Art. 247. A citação será feita pelo correio para qualquer comarca do país, exceto:

I — nas ações de estado, observado o disposto no art. 695, § 3º;

II — quando o citando for incapaz;

III — quando o citando for pessoa de direito público;

IV — quando o citando residir em local não atendido pela entrega domiciliar de correspondência;

V — quando o autor, justificadamente, a requerer de outra forma.

Art. 248. Deferida a citação pelo correio, o escrivão ou o chefe de secretaria remeterá ao citando cópias da petição inicial e do despacho do juiz e comunicará o prazo para resposta, o endereço do juízo e o respectivo cartório.

§ 1º A carta será registrada para entrega ao citando, exigindo-lhe o carteiro, ao fazer a entrega, que assine o recibo.

§ 2º Sendo o citando pessoa jurídica, será válida a entrega do mandado a pessoa com poderes de gerência geral ou de administração ou, ainda, a funcionário responsável pelo recebimento de correspondências.

§ 3º Da carta de citação no processo de conhecimento constarão os requisitos do art. 250.

§ 4º Nos condomínios edilícios ou nos loteamentos com controle de acesso, será válida a entrega do mandado a funcionário da portaria responsável pelo recebimento de correspondência, que, entretanto, poderá recusar o recebimento, se declarar, por escrito, sob as penas da lei, que o destinatário da correspondência está ausente.

Art. 249. A citação será feita por meio de oficial de justiça nas hipóteses previstas neste Código ou em lei, ou quando frustrada a citação pelo correio.

Art. 250. O mandado que o oficial de justiça tiver de cumprir conterá:

I — os nomes do autor e do citando e seus respectivos domicílios ou residências;

II — a finalidade da citação, com todas as especificações constantes da petição inicial, bem como a menção do prazo para contestar, sob pena de revelia, ou para embargar a execução;

III — a aplicação de sanção para o caso de descumprimento da ordem, se houver;

IV — se for o caso, a intimação do citando para comparecer, acompanhado de advogado ou de defensor público, à audiência de conciliação ou de mediação, com a menção do dia, da hora e do lugar do comparecimento;

V — a cópia da petição inicial, do despacho ou da decisão que deferir tutela provisória;

VI — assinatura do escrivão ou do chefe de secretaria e a declaração de que o subscreve por ordem do juiz.

Art. 251. Incumbe ao oficial de justiça procurar o citando e, onde o encontrar, citá-lo:

I — lendo-lhe o mandado e entregando-lhe a contrafé;

II — portando por fé se recebeu ou recusou a contrafé;

III — obtendo a nota de ciente ou certificando que o citando não a apôs no mandado.

Art. 252. Quando, por 2 (duas) vezes, o oficial de justiça houver procurado o citando em seu domicílio ou residência sem o encontrar, deverá, havendo suspeita de ocultação, intimar qualquer pessoa da família ou, em sua falta, qualquer vizinho de que, no dia útil imediato, voltará a fim de efetuar a citação, na hora que designar.

Parágrafo único. Nos condomínios edilícios ou nos loteamentos com controle de acesso, será válida a intimação a que se refere o *caput* feita a funcionário da portaria responsável pelo recebimento de correspondência.

Art. 253. No dia e na hora designados, o oficial de justiça, independentemente de novo despacho, comparecerá ao domicílio ou à residência do citando a fim de realizar a diligência.

§ 1º Se o citando não estiver presente, o oficial de justiça procurará informar-se das razões da ausência, dando por feita a citação, ainda que o citando se tenha ocultado em outra comarca, seção ou subseção judiciárias.

§ 2º A citação com hora certa será efetivada mesmo que a pessoa da família ou o vizinho que houver sido intimado esteja ausente, ou se, embora presente, a pessoa da família ou o vizinho se recusar a receber o mandado.

§ 3º Da certidão da ocorrência, o oficial de justiça deixará contrafé com qualquer pessoa da família ou vizinho, conforme o caso, declarando-lhe o nome.

§ 4º O oficial de justiça fará constar do mandado a advertência de que será nomeado curador especial se houver revelia.

Art. 254. Feita a citação com hora certa, o escrivão ou chefe de secretaria enviará ao réu, executado ou interessado, no prazo de 10 (dez) dias, contado da data da juntada do mandado aos autos, carta, telegrama ou correspondência eletrônica, dando-lhe de tudo ciência.

Art. 255. Nas comarcas contíguas de fácil comunicação e nas que se situem na mesma região metropolitana, o oficial de justiça poderá efetuar, em qualquer delas, citações, intimações, notificações, penhoras e quaisquer outros atos executivos.

Art. 256. A citação por edital será feita:

I — quando desconhecido ou incerto o citando;

II — quando ignorado, incerto ou inacessível o lugar em que se encontrar o citando;

III — nos casos expressos em lei.

§ 1º Considera-se inacessível, para efeito de citação por edital, o país que recusar o cumprimento de carta rogatória.

§ 2º No caso de ser inacessível o lugar em que se encontrar o réu, a notícia de sua citação será divulgada também pelo rádio, se na comarca houver emissora de radiodifusão.

§ 3º O réu será considerado em local ignorado ou incerto se infrutíferas as tentativas de sua localização, inclusive mediante requisição pelo juízo de informações sobre seu endereço nos cadastros de órgãos públicos ou de concessionárias de serviços públicos.

Art. 257. São requisitos da citação por edital:

I — a afirmação do autor ou a certidão do oficial informando a presença das circunstâncias autorizadoras;

II — a publicação do edital na rede mundial de computadores, no sítio do respectivo tribunal e na plataforma de editais do Conselho Nacional de Justiça, que deve ser certificada nos autos;

III — a determinação, pelo juiz, do prazo, que variará entre 20 (vinte) e 60 (sessenta) dias, fluindo da data da publicação única ou, havendo mais de uma, da primeira;

IV — a advertência de que será nomeado curador especial em caso de revelia.

Parágrafo único. O juiz poderá determinar que a publicação do edital seja feita também em jornal local de ampla circulação ou por outros meios, considerando as peculiaridades da comarca, da seção ou da subseção judiciárias.

Art. 258. A parte que requerer a citação por edital, alegando dolosamente a ocorrência das circunstâncias autorizadoras para sua realização, incorrerá em multa de 5 (cinco) vezes o salário-mínimo.

Parágrafo único. A multa reverterá em benefício do citando.

Art. 259. Serão publicados editais:

I — na ação de usucapião de imóvel;

II — na ação de recuperação ou substituição de título ao portador;

III — em qualquer ação em que seja necessária, por determinação legal, a provocação, para participação no processo, de interessados incertos ou desconhecidos.

CAPÍTULO III
DAS CARTAS

Art. 260. São requisitos das cartas de ordem, precatória e rogatória:

I — a indicação dos juízes de origem e de cumprimento do ato;

II — o inteiro teor da petição, do despacho judicial e do instrumento do mandato conferido ao advogado;

III — a menção do ato processual que lhe constitui o objeto;

IV — o encerramento com a assinatura do juiz.

§ 1º O juiz mandará trasladar para a carta quaisquer outras peças, bem como instruí-la com mapa, desenho ou gráfico, sempre que esses documentos devam ser examinados, na diligência, pelas partes, pelos peritos ou pelas testemunhas.

§ 2º Quando o objeto da carta for exame pericial sobre documento, este será remetido em original, ficando nos autos reprodução fotográfica.

§ 3º A carta arbitral atenderá, no que couber, aos requisitos a que se refere o *caput* e será instruída com a convenção de arbitragem e com as provas da nomeação do árbitro e de sua aceitação da função.

Art. 261. Em todas as cartas o juiz fixará o prazo para cumprimento, atendendo à facilidade das comunicações e à natureza da diligência.

§ 1º As partes deverão ser intimadas pelo juiz do ato de expedição da carta.

§ 2º Expedida a carta, as partes acompanharão o cumprimento da diligência perante o juízo destinatário, ao qual compete a prática dos atos de comunicação.

§ 3º A parte a quem interessar o cumprimento da diligência cooperará para que o prazo a que se refere o *caput* seja cumprido.

Art. 262. A carta tem caráter itinerante, podendo, antes ou depois de lhe ser ordenado o cumprimento, ser encaminhada a juízo diverso do que dela consta, a fim de se praticar o ato.

Parágrafo único. O encaminhamento da carta a outro juízo será imediatamente comunicado ao órgão expedidor, que intimará as partes.

Art. 263. As cartas deverão, preferencialmente, ser expedidas por meio eletrônico, caso em que a assinatura do juiz deverá ser eletrônica, na forma da lei.

Art. 264. A carta de ordem e a carta precatória por meio eletrônico, por telefone ou por telegrama conterão, em resumo substancial, os requisitos mencionados no art. 250, especialmente no que se refere à aferição da autenticidade.

Art. 265. O secretário do tribunal, o escrivão ou o chefe de secretaria do juízo deprecante transmitirá, por telefone, a carta de ordem ou a carta precatória ao juízo em que houver de se cumprir o ato, por intermédio do escrivão do primeiro ofício da primeira vara, se houver na comarca mais de um ofício ou de uma vara, observando-se, quanto aos requisitos, o disposto no art. 264.

§ 1º O escrivão ou o chefe de secretaria, no mesmo dia ou no dia útil imediato, telefonará ou enviará mensagem eletrônica ao secretário do tribunal, ao escrivão ou ao chefe de secretaria do juízo deprecante, lendo-lhe os termos da carta e solicitando-lhe que os confirme.

§ 2º Sendo confirmada, o escrivão ou o chefe de secretaria submeterá a carta a despacho.

Art. 266. Serão praticados de ofício os atos requisitados por meio eletrônico e de telegrama, devendo a parte depositar, contudo, na secretaria do tribunal ou no cartório do juízo deprecante, a importância correspondente às despesas que serão feitas no juízo em que houver de praticar-se o ato.

Art. 267. O juiz recusará cumprimento a carta precatória ou arbitral, devolvendo-a com decisão motivada quando:

I — a carta não estiver revestida dos requisitos legais;

II — faltar ao juiz competência em razão da matéria ou da hierarquia;

III — o juiz tiver dúvida acerca de sua autenticidade.

Parágrafo único. No caso de incompetência em razão da matéria ou da hierarquia, o juiz deprecado, conforme o ato a ser praticado, poderá remeter a carta ao juiz ou ao tribunal competente.

Art. 268. Cumprida a carta, será devolvida ao juízo de origem no prazo de 10 (dez) dias, independentemente de traslado, pagas as custas pela parte.

CAPÍTULO IV
DAS INTIMAÇÕES

Art. 269. Intimação é o ato pelo qual se dá ciência a alguém dos atos e dos termos do processo.

§ 1º É facultado aos advogados promover a intimação do advogado da outra parte por meio do correio, juntando aos autos, a seguir, cópia do ofício de intimação e do aviso de recebimento.

§ 2º O ofício de intimação deverá ser instruído com cópia do despacho, da decisão ou da sentença.

§ 3º A intimação da União, dos Estados, do Distrito Federal, dos Municípios e de suas respectivas autarquias e fundações de direito público será realizada perante o órgão de Advocacia Pública responsável por sua representação judicial.

Art. 270. As intimações realizam-se, sempre que possível, por meio eletrônico, na forma da lei.

Parágrafo único. Aplica-se ao Ministério Público, à Defensoria Pública e à Advocacia Pública o disposto no § 1º do art. 246.

Art. 271. O juiz determinará de ofício as intimações em processos pendentes, salvo disposição em contrário.

Art. 272. Quando não realizadas por meio eletrônico, consideram-se feitas as intimações pela publicação dos atos no órgão oficial.

§ 1º Os advogados poderão requerer que, na intimação a eles dirigida, figure apenas o nome da sociedade a que pertençam, desde que devidamente registrada na Ordem dos Advogados do Brasil.

§ 2º Sob pena de nulidade, é indispensável que da publicação constem os nomes das partes e de seus advogados, com o respectivo número de inscrição na Ordem dos Advogados do Brasil, ou, se assim requerido, da sociedade de advogados.

§ 3º A grafia dos nomes das partes não deve conter abreviaturas.

§ 4º A grafia dos nomes dos advogados deve corresponder ao nome completo e ser a mesma que constar da procuração ou que estiver registrada na Ordem dos Advogados do Brasil.

§ 5º Constando dos autos pedido expresso para que as comunicações dos atos processuais sejam feitas em nome dos advogados indicados, o seu desatendimento implicará nulidade.

§ 6º A retirada dos autos do cartório ou da secretaria em carga pelo advogado, por pessoa credenciada a pedido do advogado ou da sociedade de advogados, pela Advocacia Pública, pela Defensoria Pública ou pelo Ministério Público implicará intimação de qualquer decisão contida no processo retirado, ainda que pendente de publicação.

§ 7º O advogado e a sociedade de advogados deverão requerer o respectivo credenciamento para a retirada de autos por preposto.

§ 8º A parte arguirá a nulidade da intimação em capítulo preliminar do próprio ato que lhe caiba praticar, o qual será tido por tempestivo se o vício for reconhecido.

§ 9º Não sendo possível a prática imediata do ato diante da necessidade de acesso prévio aos autos, a parte limitar-se-á a arguir a nulidade da intimação, caso em que o prazo será contado da intimação da decisão que a reconheça.

Art. 273. Se inviável a intimação por meio eletrônico e não houver na localidade publicação em órgão oficial, incumbirá ao escrivão ou chefe de secretaria intimar de todos os atos do processo os advogados das partes:

I — pessoalmente, se tiverem domicílio na sede do juízo;

II — por carta registrada, com aviso de recebimento, quando forem domiciliados fora do juízo.

Art. 274. Não dispondo a lei de outro modo, as intimações serão feitas às partes, aos seus representantes legais, aos advogados e aos demais sujeitos [...] pelo correio ou, se presentes em cartório, [...] escrivão ou chefe de secretaria.

Parágrafo único. Presumem-se [...] rigidas ao endereço constan[...] recebidas pessoalmente [...] ção temporária ou defi[...] comunicada ao juízo, fl[...] aos autos do comprov[...] no primitivo endereço.

Art. 275. A intimação [...] quando frustrada a real[...] correio.

§ 1º A certidão de intimação deve conter:

I — a indicação do lugar e a descrição da pessoa intimada, mencionando, quando possível, o número de seu documento de identidade e o órgão que o expediu;

II — a declaração de entrega da contrafé;

III — a nota de ciente ou a certidão de que o interessado não a apôs no mandado.

§ 2º Caso necessário, a intimação poderá ser efetuada com hora certa ou por edital.

TÍTULO III
DAS NULIDADES

Art. 276. Quando a lei prescrever determinada forma sob pena de nulidade, a decretação desta não pode ser requerida pela parte que lhe deu causa.

Art. 277. Quando a lei prescrever determinada forma, o juiz considerará válido o ato se, realizado de outro modo, lhe alcançar a finalidade.

Art. 278. A nulidade dos atos deve ser alegada na primeira oportunidade em que couber à parte falar nos autos, sob pena de preclusão.

Parágrafo único. Não se aplica o disposto no *caput* às nulidades que o juiz deva decretar de ofício, nem prevalece a preclusão provando a parte legítimo impedimento.

Art. 279. É nulo o processo quando o membro do Ministério Público não for intimado a acompanhar o feito em que deva intervir.

§ 1º Se o processo tiver tramitado sem conhecimento do membro do Ministério Público, o juiz invalidará os atos praticados a partir do momento em que ele deveria ter sido intimado.

§ 2º A nulidade só pode ser decretada após a intimação do Ministério Público, que se manifestará sobre a existência ou a inexistência de prejuízo.

Art. 280. As citações e as intimações serão nulas quando feitas sem observância das prescrições legais.

Art. 281. Anulado o ato, consideram-se de nenhum efeito todos os subsequentes que dele dependam, todavia, a nulidade de uma parte do ato não prejudicará as outras que dela sejam independentes.

Art. 282. Ao pronunciar a nulidade, o juiz declarará que atos são atingidos e ordenará as providências necessárias, a fim de que sejam repetidos ou retificados.

§ 1º [...] sua falta será suprida [...] de forma do processo acarreta [...] vendo dos atos que não possam ser [...] se observarem as prescrições legais. [...] Dar-se-á o aproveitamento dos atos [...] desde que não resulte prejuízo à defesa de [...] parte.

TÍTULO IV
DA DISTRIBUIÇÃO E DO REGISTRO

Art. 284. Todos os processos estão sujeitos a registro, devendo ser distribuídos onde houver mais de um juiz.

Art. 285. A distribuição, que poderá ser eletrônica, será alternada e aleatória, obedecendo-se rigorosa igualdade.
Parágrafo único. A lista de distribuição deverá ser publicada no Diário de Justiça.

Art. 286. Serão distribuídas por dependência as causas de qualquer natureza:
I — quando se relacionarem, por conexão ou continência, com outra já ajuizada;
II — quando, tendo sido extinto o processo sem resolução de mérito, for reiterado o pedido, ainda que em litisconsórcio com outros autores ou que sejam parcialmente alterados os réus da demanda;
III — quando houver ajuizamento de ações nos termos do art. 55, § 3º, ao juízo prevento.
Parágrafo único. Havendo intervenção de terceiro, reconvenção ou outra hipótese de ampliação objetiva do processo, o juiz, de ofício, mandará proceder à respectiva anotação pelo distribuidor.

Art. 287. A petição inicial deve vir acompanhada de procuração, que conterá os endereços do advogado, eletrônico e não eletrônico.
Parágrafo único. Dispensa-se a juntada da procuração:
I — no caso previsto no art. 104;
II — se a parte estiver representada pela Defensoria Pública;
III — se a representação decorrer diretamente de norma prevista na Constituição Federal ou em lei.

Art. 288. O juiz, de ofício ou a requerimento do interessado, corrigirá o erro ou compensará a falta de distribuição.

Art. 289. A distribuição poderá ser fiscalizada pela parte, por seu procurador, pelo Ministério Público e pela Defensoria Pública.

Art. 290. Será cancelada a distribuição do feito se a parte, intimada na pessoa de seu advogado, não realizar o pagamento das custas e despesas de ingresso em 15 (quinze) dias.

TÍTULO V
DO VALOR DA CAUSA

Art. 291. A toda causa será atribuído valor certo, ainda que não tenha conteúdo econômico imediatamente aferível.

Art. 292. O valor da causa constará da petição inicial ou da reconvenção e será:
I — na ação de cobrança de dívida, a soma monetariamente corrigida do principal, dos juros de mora vencidos e de outras penalidades, se houver, até a data de propositura da ação;
II — na ação que tiver por objeto a existência, a validade, o cumprimento, a modificação, a resolução, a resilição ou a rescisão de ato jurídico, o valor do ato ou o de sua parte controvertida;
III — na ação de alimentos, a soma de 12 (doze) prestações mensais pedidas pelo autor;
IV — na ação de divisão, de demarcação e de reivindicação, o valor de avaliação da área ou do bem objeto do pedido;
V — na ação indenizatória, inclusive a fundada em dano moral, o valor pretendido;
VI — na ação em que há cumulação de pedidos, a quantia correspondente à soma dos valores de todos eles;
VII — na ação em que os pedidos são alternativos, o de maior valor;
VIII — na ação em que houver pedido subsidiário, o valor do pedido principal.
§ 1º Quando se pedirem prestações vencidas e vincendas, considerar-se-á o valor de umas e outras.
§ 2º O valor das prestações vincendas será igual a uma prestação anual, se a obrigação for por tempo indeterminado ou por tempo superior a 1 (um) ano, e, se por tempo inferior, será igual à soma das prestações.
§ 3º O juiz corrigirá, de ofício e por arbitramento, o valor da causa quando verificar que não corresponde ao conteúdo patrimonial em discussão ou ao proveito econômico perseguido pelo autor, caso em que se procederá ao recolhimento das custas correspondentes.

Art. 293. O réu poderá impugnar, em preliminar da contestação, o valor atribuído à causa pelo autor, sob pena de preclusão, e o juiz decidirá a respeito, impondo, se for o caso, a complementação das custas.

LIVRO V
DA TUTELA PROVISÓRIA

TÍTULO I
DISPOSIÇÕES GERAIS

Art. 294. A tutela provisória pode fundamentar-se em urgência ou evidência.
Parágrafo único. A tutela provisória de urgência, cautelar ou antecipada, pode ser concedida em caráter antecedente ou incidental.

Art. 295. A tutela provisória requerida em caráter incidental independe do pagamento de custas.

Art. 296. A tutela provisória conserva sua eficácia na pendência do processo, mas pode, a qualquer tempo, ser revogada ou modificada.
Parágrafo único. Salvo decisão judicial em contrário, a tutela provisória conservará a eficácia durante o período de suspensão do processo.

Art. 297. O juiz poderá determinar as medidas que considerar adequadas para efetivação da tutela provisória.
Parágrafo único. A efetivação da tutela provisória observará as normas referentes ao cumprimento provisório da sentença, no que couber.

Art. 298. Na decisão que conceder, negar, modificar ou revogar a tutela provisória, o juiz motivará seu convencimento de modo claro e preciso.

Art. 299. A tutela provisória será requerida ao juízo da causa e, quando antecedente, ao juízo competente para conhecer do pedido principal.
Parágrafo único. Ressalvada disposição especial, na ação de competência originária de tribunal e nos recursos a tutela provisória será requerida ao órgão jurisdicional competente para apreciar o mérito.

TÍTULO II
DA TUTELA DE URGÊNCIA

CAPÍTULO I
DISPOSIÇÕES GERAIS

A tutela de urgência será concedida quando houver elementos que evidenciem a probabilidade do di-

reito e o perigo de dano ou o risco ao resultado útil do processo.

§ 1º Para a concessão da tutela de urgência, o juiz pode, conforme o caso, exigir caução real ou fidejussória idônea para ressarcir os danos que a outra parte possa vir a sofrer, podendo a caução ser dispensada se a parte economicamente hipossuficiente não puder oferecê-la.

§ 2º A tutela de urgência pode ser concedida liminarmente ou após justificação prévia.

§ 3º A tutela de urgência de natureza antecipada não será concedida quando houver perigo de irreversibilidade dos efeitos da decisão.

Art. 301. A tutela de urgência de natureza cautelar pode ser efetivada mediante arresto, sequestro, arrolamento de bens, registro de protesto contra alienação de bem e qualquer outra medida idônea para asseguração do direito.

Art. 302. Independentemente da reparação por dano processual, a parte responde pelo prejuízo que a efetivação da tutela de urgência causar à parte adversa, se:

I — a sentença lhe for desfavorável;

II — obtida liminarmente a tutela em caráter antecedente, não fornecer os meios necessários para a citação do requerido no prazo de 5 (cinco) dias;

III — ocorrer a cessação da eficácia da medida em qualquer hipótese legal;

IV — o juiz acolher a alegação de decadência ou prescrição da pretensão do autor.

Parágrafo único. A indenização será liquidada nos autos em que a medida tiver sido concedida, sempre que possível.

CAPÍTULO II
DO PROCEDIMENTO DA TUTELA ANTECIPADA REQUERIDA EM CARÁTER ANTECEDENTE

Art. 303. Nos casos em que a urgência for contemporânea à propositura da ação, a petição inicial pode limitar-se ao requerimento da tutela antecipada e à indicação do pedido de tutela final, com a exposição da lide, do direito que se busca realizar e do perigo de dano ou do risco ao resultado útil do processo.

§ 1º Concedida a tutela antecipada a que se refere o *caput* deste artigo:

I — o autor deverá aditar a petição inicial, com a complementação de sua argumentação, a juntada de novos documentos e a confirmação do pedido de tutela final, em 15 (quinze) dias ou em outro prazo maior que o juiz fixar;

II — o réu será citado e intimado para a audiência de conciliação ou de mediação na forma do art. 334;

III — não havendo autocomposição, o prazo para contestação será contado na forma do art. 335.

§ 2º Não realizado o aditamento a que se refere o inciso I do § 1º deste artigo, o processo será extinto sem resolução do mérito.

§ 3º O aditamento a que se refere o inciso I do § 1º deste artigo dar-se-á nos mesmos autos, sem incidência de novas custas processuais.

§ 4º Na petição inicial a que se refere o *caput* deste artigo, o autor terá de indicar o valor da causa, que deve levar em consideração o pedido de tutela final.

§ 5º O autor indicará na petição inicial, ainda, que pretende valer-se do benefício previsto no *caput* deste artigo.

§ 6º Caso entenda que não há elementos para a concessão de tutela antecipada, o órgão jurisdicional determinará a emenda da petição inicial em até 5 (cinco) dias, sob pena de ser indeferida e de o processo ser extinto sem resolução de mérito.

Art. 304. A tutela antecipada, concedida nos termos do art. 303, torna-se estável se da decisão que a conceder não for interposto o respectivo recurso.

§ 1º No caso previsto no *caput*, o processo será extinto.

§ 2º Qualquer das partes poderá demandar a outra com o intuito de rever, reformar ou invalidar a tutela antecipada estabilizada nos termos do *caput*.

§ 3º A tutela antecipada conservará seus efeitos enquanto não revista, reformada ou invalidada por decisão de mérito proferida na ação de que trata o § 2º.

§ 4º Qualquer das partes poderá requerer o desarquivamento dos autos em que foi concedida a medida, para instruir a petição inicial da ação a que se refere o § 2º, prevento o juízo em que a tutela antecipada foi concedida.

§ 5º O direito de rever, reformar ou invalidar a tutela antecipada, previsto no § 2º deste artigo, extingue-se após 2 (dois) anos, contados da ciência da decisão que extinguiu o processo, nos termos do § 1º.

§ 6º A decisão que concede a tutela não fará coisa julgada, mas a estabilidade dos respectivos efeitos só será afastada por decisão que a revir, reformar ou invalidar, proferida em ação ajuizada por uma das partes, nos termos do § 2º deste artigo.

CAPÍTULO III
DO PROCEDIMENTO DA TUTELA CAUTELAR REQUERIDA EM CARÁTER ANTECEDENTE

Art. 305. A petição inicial da ação que visa à prestação de tutela cautelar em caráter antecedente indicará a lide e seu fundamento, a exposição sumária do direito que se objetiva assegurar e o perigo de dano ou o risco ao resultado útil do processo.

Parágrafo único. Caso entenda que o pedido a que se refere o *caput* tem natureza antecipada, o juiz observará o disposto no art. 303.

Art. 306. O réu será citado para, no prazo de 5 (cinco) dias, contestar o pedido e indicar as provas que pretende produzir.

Art. 307. Não sendo contestado o pedido, os fatos alegados pelo autor presumir-se-ão aceitos pelo réu como ocorridos, caso em que o juiz decidirá dentro de 5 (cinco) dias.

Parágrafo único. Contestado o pedido no prazo legal, observar-se-á o procedimento comum.

Art. 308. Efetivada a tutela cautelar, o pedido principal terá de ser formulado pelo autor no prazo de 30 (trinta) dias, caso em que será apresentado nos mesmos autos em que deduzido o pedido de tutela cautelar, não dependendo do adiantamento de novas custas processuais.

§ 1º O pedido principal pode ser formulado conjuntamente com o pedido de tutela cautelar.

§ 2º A causa de pedir poderá ser aditada no momento de formulação do pedido principal.

§ 3º Apresentado o pedido principal, as partes serão intimadas para a audiência de conciliação ou de mediação, na forma do art. 334, por seus advogados ou pessoalmente, sem necessidade de nova citação do réu.

§ 4º Não havendo autocomposição, o prazo para contestação será contado na forma do art. 335.

Art. 309. Cessa a eficácia da tutela concedida em caráter antecedente, se:

I — o autor não deduzir o pedido principal no prazo legal;

II — não for efetivada dentro de 30 (trinta) dias;

III — o juiz julgar improcedente o pedido principal formulado pelo autor ou extinguir o processo sem resolução de mérito.

Parágrafo único. Se por qualquer motivo cessar a eficácia da tutela cautelar, é vedado à parte renovar o pedido, salvo sob novo fundamento.

Art. 310. O indeferimento da tutela cautelar não obsta a que a parte formule o pedido principal, nem influi no julgamento desse, salvo se o motivo do indeferimento for o reconhecimento de decadência ou de prescrição.

TÍTULO III
DA TUTELA DA EVIDÊNCIA

Art. 311. A tutela da evidência será concedida, independentemente da demonstração de perigo de dano ou de risco ao resultado útil do processo, quando:

I — ficar caracterizado o abuso do direito de defesa ou o manifesto propósito protelatório da parte;

II — as alegações de fato puderem ser comprovadas apenas documentalmente e houver tese firmada em julgamento de casos repetitivos ou em súmula vinculante;

III — se tratar de pedido reipersecutório fundado em prova documental adequada do contrato de depósito, caso em que será decretada a ordem de entrega do objeto custodiado, sob cominação de multa;

IV — a petição inicial for instruída com prova documental suficiente dos fatos constitutivos do direito do autor, a que o réu não oponha prova capaz de gerar dúvida razoável.

Parágrafo único. Nas hipóteses dos incisos II e III, o juiz poderá decidir liminarmente.

LIVRO VI
DA FORMAÇÃO, DA SUSPENSÃO E DA EXTINÇÃO DO PROCESSO

TÍTULO I
DA FORMAÇÃO DO PROCESSO

Art. 312. Considera-se proposta a ação quando a petição inicial for protocolada, todavia, a propositura da ação só produz quanto ao réu os efeitos mencionados no art. 240 depois que for validamente citado.

TÍTULO II
DA SUSPENSÃO DO PROCESSO

Art. 313. Suspende-se o processo:

I — pela morte ou pela perda da capacidade processual de qualquer das partes, de seu representante legal ou de seu procurador;

II — pela convenção das partes;

III — pela arguição de impedimento ou de suspeição;

IV — pela admissão de incidente de resolução de demandas repetitivas;

V — quando a sentença de mérito:

a) depender do julgamento de outra causa ou da declaração de existência ou de inexistência de relação jurídica que constitua o objeto principal de outro processo pendente;

b) tiver de ser proferida somente após a verificação de determinado fato ou a produção de certa prova, requisitada a outro juízo;

VI — por motivo de força maior;

VII — quando se discutir em juízo questão decorrente de acidentes e fatos da navegação de competência do Tribunal Marítimo;

VIII — nos demais casos que este Código regula.

§ 1º Na hipótese do inciso I, o juiz suspenderá o processo, nos termos do art. 689.

§ 2º Não ajuizada ação de habilitação, ao tomar conhecimento da morte, o juiz determinará a suspensão do processo e observará o seguinte:

I — falecido o réu, ordenará a intimação do autor para que promova a citação do respectivo espólio, de quem for o sucessor ou, se for o caso, dos herdeiros, no prazo que designar, de no mínimo 2 (dois) e no máximo 6 (seis) meses;

II — falecido o autor e sendo transmissível o direito em litígio, determinará a intimação de seu espólio, de quem for o sucessor ou, se for o caso, dos herdeiros, pelos meios de divulgação que reputar mais adequados, para que manifestem interesse na sucessão processual e promovam a respectiva habilitação no prazo designado, sob pena de extinção do processo sem resolução de mérito.

§ 3º No caso de morte do procurador de qualquer das partes, ainda que iniciada a audiência de instrução e julgamento, o juiz determinará que a parte constitua novo mandatário, no prazo de 15 (quinze) dias, ao final do qual extinguirá o processo sem resolução de mérito, se o autor não nomear novo mandatário, ou ordenará o prosseguimento do processo à revelia do réu, se falecido o procurador deste.

§ 4º O prazo de suspensão do processo nunca poderá exceder 1 (um) ano nas hipóteses do inciso V e 6 (seis) meses naquela prevista no inciso II.

§ 5º O juiz determinará o prosseguimento do processo assim que esgotados os prazos previstos no § 4º.

Art. 314. Durante a suspensão é vedado praticar qualquer ato processual, podendo o juiz, todavia, determinar a realização de atos urgentes a fim de evitar dano irreparável, salvo no caso de arguição de impedimento e de suspeição.

Art. 315. Se o conhecimento do mérito depender de verificação da existência de fato delituoso, o juiz pode determinar a suspensão do processo até que se pronuncie a justiça criminal.

§ 1º Se a ação penal não for proposta no prazo de 3 (três) meses, contado da intimação do ato de suspensão, cessará o efeito desse, incumbindo ao juiz cível examinar incidentemente a questão prévia.

§ 2º Proposta a ação penal, o processo ficará suspenso pelo prazo máximo de 1 (um) ano, ao final do qual aplicar-se-á o disposto na parte final do § 1º.

TÍTULO III
DA EXTINÇÃO DO PROCESSO

Art. 316. A extinção do processo dar-se-á por sentença.

Art. 317. Antes de proferir decisão sem resolução de mérito, o juiz deverá conceder à parte oportunidade para, se possível, corrigir o vício.

PARTE ESPECIAL

LIVRO I
DO PROCESSO DE CONHECIMENTO E DO CUMPRIMENTO DE SENTENÇA

TÍTULO I
DO PROCEDIMENTO COMUM

CAPÍTULO I
DISPOSIÇÕES GERAIS

Art. 318. Aplica-se a todas as causas o procedimento comum, salvo disposição em contrário deste Código ou de lei.
Parágrafo único. O procedimento comum aplica-se subsidiariamente aos demais procedimentos especiais e ao processo de execução.

CAPÍTULO II
DA PETIÇÃO INICIAL

Seção I
Dos Requisitos da Petição Inicial

Art. 319. A petição inicial indicará:
I — o juízo a que é dirigida;
II — os nomes, os prenomes, o estado civil, a existência de união estável, a profissão, o número de inscrição no Cadastro de Pessoas Físicas ou no Cadastro Nacional da Pessoa Jurídica, o endereço eletrônico, o domicílio e a residência do autor e do réu;
III — o fato e os fundamentos jurídicos do pedido;
IV — o pedido com as suas especificações;
V — o valor da causa;
VI — as provas com que o autor pretende demonstrar a verdade dos fatos alegados;
VII — a opção do autor pela realização ou não de audiência de conciliação ou de mediação.
§ 1º Caso não disponha das informações previstas no inciso II, poderá o autor, na petição inicial, requerer ao juiz diligências necessárias a sua obtenção.
§ 2º A petição inicial não será indeferida se, a despeito da falta de informações a que se refere o inciso II, for possível a citação do réu.
§ 3º A petição inicial não será indeferida pelo não atendimento ao disposto no inciso II deste artigo se a obtenção de tais informações tornar impossível ou excessivamente oneroso o acesso à justiça.

Art. 320. A petição inicial será instruída com os documentos indispensáveis à propositura da ação.

Art. 321. O juiz, ao verificar que a petição inicial não preenche os requisitos dos arts. 319 e 320 ou que apresenta defeitos e irregularidades capazes de dificultar o julgamento de mérito, determinará que o autor, no prazo de 15 (quinze) dias, a emende ou a complete, indicando com precisão o que deve ser corrigido ou completado.
Parágrafo único. Se o autor não cumprir a diligência, o juiz indeferirá a petição inicial.

Seção II
Do Pedido

Art. 322. O pedido deve ser certo.
§ 1º Compreendem-se no principal os juros legais, a correção monetária e as verbas de sucumbência, inclusive os honorários advocatícios.
§ 2º A interpretação do pedido considerará o conjunto da postulação e observará o princípio da boa-fé.

Art. 323. Na ação que tiver por objeto cumprimento de obrigação em prestações sucessivas, essas serão consideradas incluídas no pedido, independentemente de declaração expressa do autor, e serão incluídas na condenação, enquanto durar a obrigação, se o devedor, no curso do processo, deixar de pagá-las ou de consigná-las.

Art. 324. O pedido deve ser determinado.
§ 1º É lícito, porém, formular pedido genérico:
I — nas ações universais, se o autor não puder individuar os bens demandados;
II — quando não for possível determinar, desde logo, as conseqüências do ato ou do fato;
III — quando a determinação do objeto ou do valor da condenação depender de ato que deva ser praticado pelo réu.
§ 2º O disposto neste artigo aplica-se à reconvenção.

Art. 325. O pedido será alternativo quando, pela natureza da obrigação, o devedor puder cumprir a prestação de mais de um modo.
Parágrafo único. Quando, pela lei ou pelo contrato, a escolha couber ao devedor, o juiz lhe assegurará o direito de cumprir a prestação de um ou de outro modo, ainda que o autor não tenha formulado pedido alternativo.

Art. 326. É lícito formular mais de um pedido em ordem subsidiária, a fim de que o juiz conheça do posterior, quando não acolher o anterior.
Parágrafo único. É lícito formular mais de um pedido, alternativamente, para que o juiz acolha um deles.

Art. 327. É lícita a cumulação, em um único processo, contra o mesmo réu, de vários pedidos, ainda que entre eles não haja conexão.
§ 1º São requisitos de admissibilidade da cumulação que:
I — os pedidos sejam compatíveis entre si;
II — seja competente para conhecer deles o mesmo juízo;
III — seja adequado para todos os pedidos o tipo de procedimento.
§ 2º Quando, para cada pedido, corresponder tipo diverso de procedimento, será admitida a cumulação se o autor empregar o procedimento comum, sem prejuízo do emprego das técnicas processuais diferenciadas previstas nos procedimentos especiais a que se sujeitam um ou mais pedidos cumulados, que não forem incompatíveis com as disposições sobre o procedimento comum.
§ 3º O inciso I do § 1º não se aplica às cumulações de pedidos de que trata o art. 326.

Art. 328. Na obrigação indivisível com pluralidade de credores, aquele que não participou do processo receberá sua parte, deduzidas as despesas na proporção de seu crédito.

Art. 329. O autor poderá:
I — até a citação, aditar ou alterar o pedido ou a causa de pedir, independentemente de consentimento do réu;
II — até o saneamento do processo, aditar ou alterar o pedido e a causa de pedir, com consentimento do réu, assegurado o contraditório mediante a possibilidade de manifestação deste no prazo mínimo de 15 (quinze) dias, facultado o requerimento de prova suplementar.
Parágrafo único. Aplica-se o disposto neste artigo à reconvenção e à respectiva causa de pedir.

Seção III
Do Indeferimento da Petição Inicial

Art. 330. A petição inicial será indeferida quando:
I — for inepta;
II — a parte for manifestamente ilegítima;
III — o autor carecer de interesse processual;
IV — não atendidas as prescrições dos arts. 106 e 321.

§ 1º Considera-se inepta a petição inicial quando:
I — lhe faltar pedido ou causa de pedir;
II — o pedido for indeterminado, ressalvadas as hipóteses legais em que se permite o pedido genérico;
III — da narração dos fatos não decorrer logicamente a conclusão;
IV — contiver pedidos incompatíveis entre si.

§ 2º Nas ações que tenham por objeto a revisão de obrigação decorrente de empréstimo, de financiamento ou de alienação de bens, o autor terá de, sob pena de inépcia, discriminar na petição inicial, dentre as obrigações contratuais, aquelas que pretende controverter, além de quantificar o valor incontroverso do débito.

§ 3º Na hipótese do § 2º, o valor incontroverso deverá continuar a ser pago no tempo e modo contratados.

Art. 331. Indeferida a petição inicial, o autor poderá apelar, facultado ao juiz, no prazo de 5 (cinco) dias, retratar-se.

§ 1º Se não houver retratação, o juiz mandará citar o réu para responder ao recurso.

§ 2º Sendo a sentença reformada pelo tribunal, o prazo para a contestação começará a correr da intimação do retorno dos autos, observado o disposto no art. 334.

§ 3º Não interposta a apelação, o réu será intimado do trânsito em julgado da sentença.

CAPÍTULO III
DA IMPROCEDÊNCIA LIMINAR DO PEDIDO

Art. 332. Nas causas que dispensem a fase instrutória, o juiz, independentemente da citação do réu, julgará liminarmente improcedente o pedido que contrariar:
I — enunciado de súmula do Supremo Tribunal Federal ou do Superior Tribunal de Justiça;
II — acórdão proferido pelo Supremo Tribunal Federal ou pelo Superior Tribunal de Justiça em julgamento de recursos repetitivos;
III — entendimento firmado em incidente de resolução de demandas repetitivas ou de assunção de competência;
IV — enunciado de súmula de tribunal de justiça sobre direito local.

§ 1º O juiz também poderá julgar liminarmente improcedente o pedido se verificar, desde logo, a ocorrência de decadência ou de prescrição.

§ 2º Não interposta a apelação, o réu será intimado do trânsito em julgado da sentença, nos termos do art. 241.

§ 3º Interposta a apelação, o juiz poderá retratar-se em 5 (cinco) dias.

§ 4º Se houver retratação, o juiz determinará o prosseguimento do processo, com a citação do réu, e, se não houver retratação, determinará a citação do réu para apresentar contrarrazões, no prazo de 15 (quinze) dias.

CAPÍTULO IV
DA CONVERSÃO DA AÇÃO INDIVIDUAL EM AÇÃO COLETIVA

Art. 333. (VETADO)

CAPÍTULO V
DA AUDIÊNCIA DE CONCILIAÇÃO OU DE MEDIAÇÃO

Art. 334. Se a petição inicial preencher os requisitos essenciais e não for o caso de improcedência liminar do pedido, o juiz designará audiência de conciliação ou de mediação com antecedência mínima de 30 (trinta) dias, devendo ser citado o réu com pelo menos 20 (vinte) dias de antecedência.

§ 1º O conciliador ou mediador, onde houver, atuará necessariamente na audiência de conciliação ou de mediação, observando o disposto neste Código, bem como as disposições da lei de organização judiciária.

§ 2º Poderá haver mais de uma sessão destinada à conciliação e à mediação, não podendo exceder a 2 (dois) meses da data de realização da primeira sessão, desde que necessárias à composição das partes.

§ 3º A intimação do autor para a audiência será feita na pessoa de seu advogado.

§ 4º A audiência não será realizada:
I — se ambas as partes manifestarem, expressamente, desinteresse na composição consensual;
II — quando não se admitir a autocomposição.

§ 5º O autor deverá indicar, na petição inicial, seu desinteresse na autocomposição, e o réu deverá fazê-lo, por petição, apresentada com 10 (dez) dias de antecedência, contados da data da audiência.

§ 6º Havendo litisconsórcio, o desinteresse na realização da audiência deve ser manifestado por todos os litisconsortes.

§ 7º A audiência de conciliação ou de mediação pode realizar-se por meio eletrônico, nos termos da lei.

§ 8º O não comparecimento injustificado do autor ou do réu à audiência de conciliação é considerado ato atentatório à dignidade da justiça e será sancionado com multa de até dois por cento da vantagem econômica pretendida ou do valor da causa, revertida em favor da União ou do Estado.

§ 9º As partes devem estar acompanhadas por seus advogados ou defensores públicos.

§ 10. A parte poderá constituir representante, por meio de procuração específica, com poderes para negociar e transigir.

§ 11. A autocomposição obtida será reduzida a termo e homologada por sentença.

§ 12. A pauta das audiências de conciliação ou de mediação será organizada de modo a respeitar o intervalo mínimo de 20 (vinte) minutos entre o início de uma e o início da seguinte.

CAPÍTULO VI
DA CONTESTAÇÃO

Art. 335. O réu poderá oferecer contestação, por petição, no prazo de 15 (quinze) dias, cujo termo inicial será a data:
I — da audiência de conciliação ou de mediação, ou da última sessão de conciliação, quando qualquer parte não comparecer ou, comparecendo, não houver autocomposição;
II — do protocolo do pedido de cancelamento da audiência de conciliação ou de mediação apresentado pelo réu, quando ocorrer a hipótese do art. 334, § 4º, inciso I;
III — prevista no art. 231, de acordo com o modo como foi feita a citação, nos demais casos.

§ 1º No caso de litisconsórcio passivo, ocorrendo a hipótese do art. 334, § 6º, o termo inicial previsto no inciso II será, para cada um dos réus, a data de apresentação de seu respectivo pedido de cancelamento da audiência.

§ 2º Quando ocorrer a hipótese do art. 334, § 4º, inciso II, havendo litisconsórcio passivo e o autor desistir da ação em relação a réu ainda não citado, o prazo para resposta correrá da data de intimação da decisão que homologar a desistência.

Art. 336. Incumbe ao réu alegar, na contestação, toda a matéria de defesa, expondo as razões de fato e de direito com que impugna o pedido do autor e especificando as provas que pretende produzir.

Art. 337. Incumbe ao réu, antes de discutir o mérito, alegar:

I — inexistência ou nulidade da citação;

II — incompetência absoluta e relativa;

III — incorreção do valor da causa;

IV — inépcia da petição inicial;

V — perempção;

VI — litispendência;

VII — coisa julgada;

VIII — conexão;

IX — incapacidade da parte, defeito de representação ou falta de autorização;

X — convenção de arbitragem;

XI — ausência de legitimidade ou de interesse processual;

XII — falta de caução ou de outra prestação que a lei exige como preliminar;

XIII — indevida concessão do benefício de gratuidade de justiça.

§ 1º Verifica-se a litispendência ou a coisa julgada quando se reproduz ação anteriormente ajuizada.

§ 2º Uma ação é idêntica a outra quando possui as mesmas partes, a mesma causa de pedir e o mesmo pedido.

§ 3º Há litispendência quando se repete ação que está em curso.

§ 4º Há coisa julgada quando se repete ação que já foi decidida por decisão transitada em julgado.

§ 5º Excetuadas a convenção de arbitragem e a incompetência relativa, o juiz conhecerá de ofício das matérias enumeradas neste artigo.

§ 6º A ausência de alegação da existência de convenção de arbitragem, na forma prevista neste Capítulo, implica aceitação da jurisdição estatal e renúncia ao juízo arbitral.

Art. 338. Alegando o réu, na contestação, ser parte ilegítima ou não ser o responsável pelo prejuízo invocado, o juiz facultará ao autor, em 15 (quinze) dias, a alteração da petição inicial para substituição do réu.

Parágrafo único. Realizada a substituição, o autor reembolsará as despesas e pagará os honorários ao procurador do réu excluído, que serão fixados entre três e cinco por cento do valor da causa ou, sendo este irrisório, nos termos do art. 85, § 8º.

Art. 339. Quando alegar sua ilegitimidade, incumbe ao réu indicar o sujeito passivo da relação jurídica discutida sempre que tiver conhecimento, sob pena de arcar com as despesas processuais e de indenizar o autor pelos prejuízos decorrentes da falta de indicação.

§ 1º O autor, ao aceitar a indicação, procederá, no prazo de 15 (quinze) dias, à alteração da petição inicial para a substituição do réu, observando-se, ainda, o parágrafo único do art. 338.

§ 2º No prazo de 15 (quinze) dias, o autor pode optar por alterar a petição inicial para incluir, como litisconsorte passivo, o sujeito indicado pelo réu.

Art. 340. Havendo alegação de incompetência relativa ou absoluta, a contestação poderá ser protocolada no foro de domicílio do réu, fato que será imediatamente comunicado ao juiz da causa, preferencialmente por meio eletrônico.

§ 1º A contestação será submetida a livre distribuição ou, se o réu houver sido citado por meio de carta precatória, juntada aos autos dessa carta, seguindo-se a sua imediata remessa para o juízo da causa.

§ 2º Reconhecida a competência do foro indicado pelo réu, o juízo para o qual for distribuída a contestação ou a carta precatória será considerado prevento.

§ 3º Alegada a incompetência nos termos do *caput*, será suspensa a realização da audiência de conciliação ou de mediação, se tiver sido designada.

§ 4º Definida a competência, o juízo competente designará nova data para a audiência de conciliação ou de mediação.

Art. 341. Incumbe também ao réu manifestar-se precisamente sobre as alegações de fato constantes da petição inicial, presumindo-se verdadeiras as não impugnadas, salvo se:

I — não for admissível, a seu respeito, a confissão;

II — a petição inicial não estiver acompanhada de instrumento que a lei considerar da substância do ato;

III — estiverem em contradição com a defesa, considerada em seu conjunto.

Parágrafo único. O ônus da impugnação especificada dos fatos não se aplica ao defensor público, ao advogado dativo e ao curador especial.

Art. 342. Depois da contestação, só é lícito ao réu deduzir novas alegações quando:

I — relativas a direito ou a fato superveniente;

II — competir ao juiz conhecer delas de ofício;

III — por expressa autorização legal, puderem ser formuladas em qualquer tempo e grau de jurisdição.

CAPÍTULO VII
DA RECONVENÇÃO

Art. 343. Na contestação, é lícito ao réu propor reconvenção para manifestar pretensão própria, conexa com a ação principal ou com o fundamento da defesa.

§ 1º Proposta a reconvenção, o autor será intimado, na pessoa de seu advogado, para apresentar resposta no prazo de 15 (quinze) dias.

§ 2º A desistência da ação ou a ocorrência de causa extintiva que impeça o exame de seu mérito não obsta ao prosseguimento do processo quanto à reconvenção.

§ 3º A reconvenção pode ser proposta contra o autor e terceiro.

§ 4º A reconvenção pode ser proposta pelo réu em litisconsórcio com terceiro.

§ 5º Se o autor for substituto processual, o reconvinte deverá afirmar ser titular de direito em face do substituído, e a reconvenção deverá ser proposta em face do autor, também na qualidade de substituto processual.

§ 6º O réu pode propor reconvenção independentemente de oferecer contestação.

CAPÍTULO VIII
DA REVELIA

Art. 344. Se o réu não contestar a ação, será considerado revel e presumir-se-ão verdadeiras as alegações de fato formuladas pelo autor.

Art. 345. A revelia não produz o efeito mencionado no art. 344 se:

I — havendo pluralidade de réus, algum deles contestar a ação;

II — o litígio versar sobre direitos indisponíveis;

III — a petição inicial não estiver acompanhada de instrumento que a lei considere indispensável à prova do ato;

IV — as alegações de fato formuladas pelo autor forem inverossímeis ou estiverem em contradição com prova constante dos autos.

Art. 346. Os prazos contra o revel que não tenha patrono nos autos fluirão da data de publicação do ato decisório no órgão oficial.

Parágrafo único. O revel poderá intervir no processo em qualquer fase, recebendo-o no estado em que se encontrar.

CAPÍTULO IX
DAS PROVIDÊNCIAS PRELIMINARES E DO SANEAMENTO

Art. 347. Findo o prazo para a contestação, o juiz tomará, conforme o caso, as providências preliminares constantes das seções deste Capítulo.

Seção I
Da Não Incidência dos Efeitos da Revelia

Art. 348. Se o réu não contestar a ação, o juiz, verificando a inocorrência do efeito da revelia previsto no art. 344, ordenará que o autor especifique as provas que pretenda produzir, se ainda não as tiver indicado.

Art. 349. Ao réu revel será lícita a produção de provas, contrapostas às alegações do autor, desde que se faça representar nos autos a tempo de praticar os atos processuais indispensáveis a essa produção.

Seção II
Do Fato Impeditivo, Modificativo ou Extintivo do Direito do Autor

Art. 350. Se o réu alegar fato impeditivo, modificativo ou extintivo do direito do autor, este será ouvido no prazo de 15 (quinze) dias, permitindo-lhe o juiz a produção de prova.

Seção III
Das Alegações do Réu

Art. 351. Se o réu alegar qualquer das matérias enumeradas no art. 337, o juiz determinará a oitiva do autor no prazo de 15 (quinze) dias, permitindo-lhe a produção de prova.

Art. 352. Verificando a existência de irregularidades ou de vícios sanáveis, o juiz determinará sua correção em prazo nunca superior a 30 (trinta) dias.

Art. 353. Cumpridas as providências preliminares ou não havendo necessidade delas, o juiz proferirá julgamento conforme o estado do processo, observando o que dispõe o Capítulo X.

CAPÍTULO X
DO JULGAMENTO CONFORME O ESTADO DO PROCESSO

Seção I
Da Extinção do Processo

Art. 354. Ocorrendo qualquer das hipóteses previstas nos arts. 485 e 487, incisos II e III, o juiz proferirá sentença.

Parágrafo único. A decisão a que se refere o *caput* pode dizer respeito a apenas parcela do processo, caso em que será impugnável por agravo de instrumento.

Seção II
Do Julgamento Antecipado do Mérito

Art. 355. O juiz julgará antecipadamente o pedido, proferindo sentença com resolução de mérito, quando:

I — não houver necessidade de produção de outras provas;

II — o réu for revel, ocorrer o efeito previsto no art. 344 e não houver requerimento de prova, na forma do art. 349.

Seção III
Do Julgamento Antecipado Parcial do Mérito

Art. 356. O juiz decidirá parcialmente o mérito quando um ou mais dos pedidos formulados ou parcela deles:

I — mostrar-se incontroverso;

II — estiver em condições de imediato julgamento, nos termos do art. 355.

§ 1º A decisão que julgar parcialmente o mérito poderá reconhecer a existência de obrigação líquida ou ilíquida.

§ 2º A parte poderá liquidar ou executar, desde logo, a obrigação reconhecida na decisão que julgar parcialmente o mérito, independentemente de caução, ainda que haja recurso contra essa interposto.

§ 3º Na hipótese do § 2º, se houver trânsito em julgado da decisão, a execução será definitiva.

§ 4º A liquidação e o cumprimento da decisão que julgar parcialmente o mérito poderão ser processados em autos suplementares, a requerimento da parte ou a critério do juiz.

§ 5º A decisão proferida com base neste artigo é impugnável por agravo de instrumento.

Seção IV
Do Saneamento e da Organização do Processo

Art. 357. Não ocorrendo nenhuma das hipóteses deste Capítulo, deverá o juiz, em decisão de saneamento e de organização do processo:

I — resolver as questões processuais pendentes, se houver;

II — delimitar as questões de fato sobre as quais recairá a atividade probatória, especificando os meios de prova admitidos;

III — definir a distribuição do ônus da prova, observado o art. 373;

IV — delimitar as questões de direito relevantes para a decisão do mérito;

V — designar, se necessário, audiência de instrução e julgamento.

§ 1º Realizado o saneamento, as partes têm o direito de pedir esclarecimentos ou solicitar ajustes, no prazo comum de 5 (cinco) dias, findo o qual a decisão se torna estável.

§ 2º As partes podem apresentar ao juiz, para homologação, delimitação consensual das questões de fato e de direito a que se referem os incisos II e IV, a qual, se homologada, vincula as partes e o juiz.

§ 3º Se a causa apresentar complexidade em matéria de fato ou de direito, deverá o juiz designar audiência para que o saneamento seja feito em cooperação com as partes, oportunidade em que o juiz, se for o caso, convidará as partes a integrar ou esclarecer suas alegações.

§ 4º Caso tenha sido determinada a produção de prova testemunhal, o juiz fixará prazo comum não superior a 15 (quinze) dias para que as partes apresentem rol de testemunhas.

§ 5º Na hipótese do § 3º, as partes devem levar, para a audiência prevista, o respectivo rol de testemunhas.

§ 6º O número de testemunhas arroladas não pode ser superior a 10 (dez), sendo 3 (três), no máximo, para a prova de cada fato.

§ 7º O juiz poderá limitar o número de testemunhas levando em conta a complexidade da causa e dos fatos individualmente considerados.

§ 8º Caso tenha sido determinada a produção de prova pericial, o juiz deve observar o disposto no art. 465 e, se possível, estabelecer, desde logo, calendário para sua realização.

§ 9º As pautas deverão ser preparadas com intervalo mínimo de 1 (uma) hora entre as audiências.

CAPÍTULO XI
DA AUDIÊNCIA DE INSTRUÇÃO E JULGAMENTO

Art. 358. No dia e na hora designados, o juiz declarará aberta a audiência de instrução e julgamento e mandará apregoar as partes e os respectivos advogados, bem como outras pessoas que dela devam participar.

Art. 359. Instalada a audiência, o juiz tentará conciliar as partes, independentemente do emprego anterior de outros métodos de solução consensual de conflitos, como a mediação e a arbitragem.

Art. 360. O juiz exerce o poder de polícia, incumbindo-lhe:

I — manter a ordem e o decoro na audiência;

II — ordenar que se retirem da sala de audiência os que se comportarem inconvenientemente;

III — requisitar, quando necessário, força policial;

IV — tratar com urbanidade as partes, os advogados, os membros do Ministério Público e da Defensoria Pública e qualquer pessoa que participe do processo;

V — registrar em ata, com exatidão, todos os requerimentos apresentados em audiência.

Art. 361. As provas orais serão produzidas em audiência, ouvindo-se nesta ordem, preferencialmente:

I — o perito e os assistentes técnicos, que responderão aos quesitos de esclarecimentos requeridos no prazo e na forma do art. 477, caso não respondidos anteriormente por escrito;

II — o autor e, em seguida, o réu, que prestarão depoimentos pessoais;

III — as testemunhas arroladas pelo autor e pelo réu, que serão inquiridas.

Parágrafo único. Enquanto depuserem o perito, os assistentes técnicos, as partes e as testemunhas, não poderão os advogados e o Ministério Público intervir ou apartear, sem licença do juiz.

Art. 362. A audiência poderá ser adiada:

I — por convenção das partes;

II — se não puder comparecer, por motivo justificado, qualquer pessoa que dela deva necessariamente participar;

III — por atraso injustificado de seu início em tempo superior a 30 (trinta) minutos do horário marcado.

§ 1º O impedimento deverá ser comprovado até a abertura da audiência, e, não o sendo, o juiz procederá à instrução.

§ 2º O juiz poderá dispensar a produção das provas requeridas pela parte cujo advogado ou defensor público não tenha comparecido à audiência, aplicando-se a mesma regra ao Ministério Público.

§ 3º Quem der causa ao adiamento responderá pelas despesas acrescidas.

Art. 363. Havendo antecipação ou adiamento da audiência, o juiz, de ofício ou a requerimento da parte, determinará a intimação dos advogados ou da sociedade de advogados para ciência da nova designação.

Art. 364. Finda a instrução, o juiz dará a palavra ao advogado do autor e do réu, bem como ao membro do Ministério Público, se for o caso de sua intervenção, sucessivamente, pelo prazo de 20 (vinte) minutos para cada um, prorrogável por 10 (dez) minutos, a critério do juiz.

§ 1º Havendo litisconsorte ou terceiro interveniente, o prazo, que formará com o da prorrogação um só todo, dividir-se-á entre os do mesmo grupo, se não convencionarem de modo diverso.

§ 2º Quando a causa apresentar questões complexas de fato ou de direito, o debate oral poderá ser substituído por razões finais escritas, que serão apresentadas pelo autor e pelo réu, bem como pelo Ministério Público, se for o caso de sua intervenção, em prazos sucessivos de 15 (quinze) dias, assegurada vista dos autos.

Art. 365. A audiência é una e contínua, podendo ser excepcional e justificadamente cindida na ausência de perito ou de testemunha, desde que haja concordância das partes.

Parágrafo único. Diante da impossibilidade de realização da instrução, do debate e do julgamento no mesmo dia, o juiz marcará seu prosseguimento para a data mais próxima possível, em pauta preferencial.

Art. 366. Encerrado o debate ou oferecidas as razões finais, o juiz proferirá sentença em audiência ou no prazo de 30 (trinta) dias.

Art. 367. O servidor lavrará, sob ditado do juiz, termo que conterá, em resumo, o ocorrido na audiência, bem como, por extenso, os despachos, as decisões e a sentença, se proferida no ato.

§ 1º Quando o termo não for registrado em meio eletrônico, o juiz rubricar-lhe-á as folhas, que serão encadernadas em volume próprio.

§ 2º Subscreverão o termo o juiz, os advogados, o membro do Ministério Público e o escrivão ou chefe de secretaria, dispensadas as partes, exceto quando houver ato de disposição para cuja prática os advogados não tenham poderes.

§ 3º O escrivão ou chefe de secretaria trasladará para os autos cópia autêntica do termo de audiência.

§ 4º Tratando-se de autos eletrônicos, observar-se-á o disposto neste Código, em legislação específica e nas normas internas dos tribunais.

§ 5º A audiência poderá ser integralmente gravada em imagem e em áudio, em meio digital ou analógico, desde que assegure o rápido acesso das partes e dos órgãos julgadores, observada a legislação específica.

§ 6º A gravação a que se refere o § 5º também pode ser realizada diretamente por qualquer das partes, independentemente de autorização judicial.

Art. 368. A audiência será pública, ressalvadas as exceções legais.

CAPÍTULO XII
DAS PROVAS

Seção I
Disposições Gerais

Art. 369. As partes têm o direito de empregar todos os meios legais, bem como os moralmente legítimos, ainda que não especificados neste Código, para provar a verdade dos fatos em que se funda o pedido ou a defesa e influir eficazmente na convicção do juiz.

Art. 370. Caberá ao juiz, de ofício ou a requerimento da parte, determinar as provas necessárias ao julgamento do mérito.

Parágrafo único. O juiz indeferirá, em decisão fundamentada, as diligências inúteis ou meramente protelatórias.

Art. 371. O juiz apreciará a prova constante dos autos, independentemente do sujeito que a tiver promovido, e indicará na decisão as razões da formação de seu convencimento.

Art. 372. O juiz poderá admitir a utilização de prova produzida em outro processo, atribuindo-lhe o valor que considerar adequado, observado o contraditório.

Art. 373. O ônus da prova incumbe:

I — ao autor, quanto ao fato constitutivo de seu direito;

II — Ao réu, quanto à existência de fato impeditivo, modificativo ou extintivo do direito do autor.

§ 1º Nos casos previstos em lei ou diante de peculiaridades da causa relacionadas à impossibilidade ou à excessiva dificuldade de cumprir o encargo nos termos do *caput* ou à maior facilidade de obtenção da prova do fato contrário, poderá o juiz atribuir o ônus da prova de modo diverso, desde que o faça por decisão fundamentada, caso em que deverá dar à parte a oportunidade de se desincumbir do ônus que lhe foi atribuído.

§ 2º A decisão prevista no § 1º deste artigo não pode gerar situação em que a desincumbência do encargo pela parte seja impossível ou excessivamente difícil.

§ 3º A distribuição diversa do ônus da prova também pode ocorrer por convenção das partes, salvo quando:

I — recair sobre direito indisponível da parte;

II — tornar excessivamente difícil a uma parte o exercício do direito.

§ 4º A convenção de que trata o § 3º pode ser celebrada antes ou durante o processo.

Art. 374. Não dependem de prova os fatos:

I — notórios;

II — afirmados por uma parte e confessados pela parte contrária;

III — admitidos no processo como incontroversos;

IV — em cujo favor milita presunção legal de existência ou de veracidade.

Art. 375. O juiz aplicará as regras de experiência comum subministradas pela observação do que ordinariamente acontece e, ainda, as regras de experiência técnica, ressalvado, quanto a estas, o exame pericial.

Art. 376. A parte que alegar direito municipal, estadual, estrangeiro ou consuetudinário provar-lhe-á o teor e a vigência, se assim o juiz determinar.

Art. 377. A carta precatória, a carta rogatória e o auxílio direto suspenderão o julgamento da causa no caso previsto no art. 313, inciso V, alínea "b", quando, tendo sido requeridos antes da decisão de saneamento, a prova neles solicitada for imprescindível.

Parágrafo único. A carta precatória e a carta rogatória não devolvidas no prazo ou concedidas sem efeito suspensivo poderão ser juntadas aos autos a qualquer momento.

Art. 378. Ninguém se exime do dever de colaborar com o Poder Judiciário para o descobrimento da verdade.

Art. 379. Preservado o direito de não produzir prova contra si própria, incumbe à parte:

I — comparecer em juízo, respondendo ao que lhe for interrogado;

II — colaborar com o juízo na realização de inspeção judicial que for considerada necessária;

III — praticar o ato que lhe for determinado.

Art. 380. Incumbe ao terceiro, em relação a qualquer causa:

I — informar ao juiz os fatos e as circunstâncias de que tenha conhecimento;

II — exibir coisa ou documento que esteja em seu poder.

Parágrafo único. Poderá o juiz, em caso de descumprimento, determinar, além da imposição de multa, outras medidas indutivas, coercitivas, mandamentais ou sub-rogatórias.

Seção II
Da Produção Antecipada da Prova

Art. 381. A produção antecipada da prova será admitida nos casos em que:

I — haja fundado receio de que venha a tornar-se impossível ou muito difícil a verificação de certos fatos na pendência da ação;

II — a prova a ser produzida seja suscetível de viabilizar a autocomposição ou outro meio adequado de solução de conflito;

III — o prévio conhecimento dos fatos possa justificar ou evitar o ajuizamento de ação.

§ 1º O arrolamento de bens observará o disposto nesta Seção quando tiver por finalidade apenas a realização de documentação e não a prática de atos de apreensão.

§ 2º A produção antecipada da prova é da competência do juízo do foro onde esta deva ser produzida ou do foro de domicílio do réu.

§ 3º A produção antecipada da prova não previne a competência do juízo para a ação que venha a ser proposta.

§ 4º O juízo estadual tem competência para produção antecipada de prova requerida em face da União, de entidade autárquica ou de empresa pública federal se, na localidade, não houver vara federal.

§ 5º Aplica-se o disposto nesta Seção àquele que pretender justificar a existência de algum fato ou relação jurídica para simples documento e sem caráter contencioso, que exporá, em petição circunstanciada, a sua intenção.

Art. 382. Na petição, o requerente apresentará as razões que justificam a necessidade de antecipação da prova e mencionará com precisão os fatos sobre os quais a prova há de recair.

§ 1º O juiz determinará, de ofício ou a requerimento da parte, a citação de interessados na produção da prova ou no fato a ser provado, salvo se inexistente caráter contencioso.

§ 2º O juiz não se pronunciará sobre a ocorrência ou a inocorrência do fato, nem sobre as respectivas conseqüências jurídicas.

§ 3º Os interessados poderão requerer a produção de qualquer prova no mesmo procedimento, desde que relacionada ao mesmo fato, salvo se a sua produção conjunta acarretar excessiva demora.

§ 4º Neste procedimento, não se admitirá defesa ou recurso, salvo contra decisão que indeferir totalmente a produção da prova pleiteada pelo requerente originário.

Art. 383. Os autos permanecerão em cartório durante 1 (um) mês para extração de cópias e certidões pelos interessados.

Parágrafo único. Findo o prazo, os autos serão entregues ao promovente da medida.

Seção III
Da Ata Notarial

Art. 384. A existência e o modo de existir de algum fato podem ser atestados ou documentados, a requerimento do interessado, mediante ata lavrada por tabelião.

Parágrafo único. Dados representados por imagem ou som gravados em arquivos eletrônicos poderão constar da ata notarial.

Seção IV
Do Depoimento Pessoal

Art. 385. Cabe à parte requerer o depoimento pessoal da outra parte, a fim de que esta seja interrogada na audiência de instrução e julgamento, sem prejuízo do poder do juiz de ordená-lo de ofício.

§ 1º Se a parte, pessoalmente intimada para prestar depoimento pessoal e advertida da pena de confesso, não comparecer ou, comparecendo, se recusar a depor, o juiz aplicar-lhe-á a pena.

§ 2º É vedado a quem ainda não depôs assistir ao interrogatório da outra parte.

§ 3º O depoimento pessoal da parte que residir em comarca, seção ou subseção judiciária diversa daquela onde tramita o processo poderá ser colhido por meio de videoconferência ou outro recurso tecnológico de transmissão de sons e imagens em tempo real, o que poderá ocorrer, inclusive, durante a realização da audiência de instrução e julgamento.

Art. 386. Quando a parte, sem motivo justificado, deixar de responder ao que lhe for perguntado ou empregar evasivas, o juiz, apreciando as demais circunstâncias e os elementos de prova, declarará, na sentença, se houve recusa de depor.

Art. 387. A parte responderá pessoalmente sobre os fatos articulados, não podendo servir-se de escritos anteriormente preparados, permitindo-lhe o juiz, todavia, a consulta a notas breves, desde que objetivem completar esclarecimentos.

Art. 388. A parte não é obrigada a depor sobre fatos:

I — criminosos ou torpes que lhe forem imputados;

II — a cujo respeito, por estado ou profissão, deva guardar sigilo;

III — Acerca dos quais não possa responder sem desonra própria, de seu cônjuge, de seu companheiro ou de parente em grau sucessível;

IV — que coloquem em perigo a vida do depoente ou das pessoas referidas no inciso III.

Parágrafo único. Esta disposição não se aplica às ações de estado e de família.

Seção V
Da Confissão

Art. 389. Há confissão, judicial ou extrajudicial, quando a parte admite a verdade de fato contrário ao seu interesse e favorável ao do adversário.

Art. 390. A confissão judicial pode ser espontânea ou provocada.

§ 1º A confissão espontânea pode ser feita pela própria parte ou por representante com poder especial.

§ 2º A confissão provocada constará do termo de depoimento pessoal.

Art. 391. A confissão judicial faz prova contra o confitente, não prejudicando, todavia, os litisconsortes.

Parágrafo único. Nas ações que versarem sobre bens imóveis ou direitos reais sobre imóveis alheios, a confissão de um cônjuge ou companheiro não valerá sem a do outro, salvo se o regime de casamento for o de separação absoluta de bens.

Art. 392. Não vale como confissão a admissão, em juízo, de fatos relativos a direitos indisponíveis.

§ 1º A confissão será ineficaz se feita por quem não for capaz de dispor do direito a que se referem os fatos confessados.

§ 2º A confissão feita por um representante somente é eficaz nos limites em que este pode vincular o representado.

Art. 393. A confissão é irrevogável, mas pode ser anulada se decorreu de erro de fato ou de coação.

Parágrafo único. A legitimidade para a ação prevista no *caput* é exclusiva do confitente e pode ser transferida a seus herdeiros se ele falecer após a propositura.

Art. 394. A confissão extrajudicial, quando feita oralmente, só terá eficácia nos casos em que a lei não exija prova literal.

Art. 395. A confissão é, em regra, indivisível, não podendo a parte que a quiser invocar como prova aceitá-la no tópico que a beneficiar e rejeitá-la no que lhe for desfavorável, porém cindir-se-á quando o confitente a ela aduzir fatos novos, capazes de constituir fundamento de defesa de direito material ou de reconvenção.

Seção VI
Da Exibição de Documento ou Coisa

Art. 396. O juiz pode ordenar que a parte exiba documento ou coisa que se encontre em seu poder.

Art. 397. O pedido formulado pela parte conterá:

I — a individuação, tão completa quanto possível, do documento ou da coisa;

II — a finalidade da prova, indicando os fatos que se relacionam com o documento ou com a coisa;

III — as circunstâncias em que se funda o requerente para afirmar que o documento ou a coisa existe e se acha em poder da parte contrária.

Art. 398. O requerido dará sua resposta nos 5 (cinco) dias subseqüentes à sua intimação.

Parágrafo único. Se o requerido afirmar que não possui o documento ou a coisa, o juiz permitirá que o requerente prove, por qualquer meio, que a declaração não corresponde à verdade.

Art. 399. O juiz não admitirá a recusa se:

I — o requerido tiver obrigação legal de exibir;

II — o requerido tiver aludido ao documento ou à coisa, no processo, com o intuito de constituir prova;

III — o documento, por seu conteúdo, for comum às partes.

Art. 400. Ao decidir o pedido, o juiz admitirá como verdadeiros os fatos que, por meio do documento ou da coisa, a parte pretendia provar se:

I — o requerido não efetuar a exibição nem fizer nenhuma declaração no prazo do art. 398;

II — a recusa for havida por ilegítima.

Parágrafo único. Sendo necessário, o juiz pode adotar medidas indutivas, coercitivas, mandamentais ou sub-rogatórias para que o documento seja exibido.

Art. 401. Quando o documento ou a coisa estiver em poder de terceiro, o juiz ordenará sua citação para responder no prazo de 15 (quinze) dias.

Art. 402. Se o terceiro negar a obrigação de exibir ou a posse do documento ou da coisa, o juiz designará audiência especial, tomando-lhe o depoimento, bem como o das partes e, se necessário, o de testemunhas, e em seguida proferirá decisão.

Art. 403. Se o terceiro, sem justo motivo, se recusar a efetuar a exibição, o juiz ordenar-lhe-á que proceda ao respectivo depósito em cartório ou em outro lugar designado, no prazo de 5 (cinco) dias, impondo ao requerente que o ressarça pelas despesas que tiver.

Parágrafo único. Se o terceiro descumprir a ordem, o juiz expedirá mandado de apreensão, requisitando, se necessário, força policial, sem prejuízo da responsabilidade por crime de desobediência, pagamento de multa e outras medidas indutivas, coercitivas, mandamentais ou sub-rogatórias necessárias para assegurar a efetivação da decisão.

Art. 404. A parte e o terceiro se escusam de exibir, em juízo, o documento ou a coisa se:

I — concernente a negócios da própria vida da família;

II — sua apresentação puder violar dever de honra;

III — sua publicidade redundar em desonra à parte ou ao terceiro, bem como a seus parentes consanguíneos ou afins até o terceiro grau, ou lhes representar perigo de ação penal;

IV — sua exibição acarretar a divulgação de fatos a cujo respeito, por estado ou profissão, devam guardar segredo;

V — subsistirem outros motivos graves que, segundo o prudente arbítrio do juiz, justifiquem a recusa da exibição;

VI — houver disposição legal que justifique a recusa da exibição.

Parágrafo único. Se os motivos de que tratam os incisos I a VI do *caput* disserem respeito a apenas uma parcela do documento, a parte ou o terceiro exibirá a outra em cartório, para dela ser extraída cópia reprográfica, de tudo sendo lavrado auto circunstanciado.

Seção VII
Da Prova Documental

Subseção I
Da Força Probante dos Documentos

Art. 405. O documento público faz prova não só da sua formação, mas também dos fatos que o escrivão, o chefe de secretaria, o tabelião ou o servidor declarar que ocorreram em sua presença.

Art. 406. Quando a lei exigir instrumento público como da substância do ato, nenhuma outra prova, por mais especial que seja, pode suprir-lhe a falta.

Art. 407. O documento feito por oficial público incompetente ou sem a observância das formalidades legais, sendo subscrito pelas partes, tem a mesma eficácia probatória do documento particular.

Art. 408. As declarações constantes do documento particular escrito e assinado ou somente assinado presumem-se verdadeiras em relação ao signatário.

Parágrafo único. Quando, todavia, contiver declaração de ciência de determinado fato, o documento particular prova a ciência, mas não o fato em si, incumbindo o ônus de prová-lo ao interessado em sua veracidade.

Art. 409. A data do documento particular, quando a seu respeito surgir dúvida ou impugnação entre os litigantes, provar-se-á por todos os meios de direito.

Parágrafo único. Em relação a terceiros, considerar-se-á datado o documento particular:

I — no dia em que foi registrado;

II — desde a morte de algum dos signatários;

III — a partir da impossibilidade física que sobreveio a qualquer dos signatários;

IV — da sua apresentação em repartição pública ou em juízo;

V — do ato ou do fato que estabeleça, de modo certo, a anterioridade da formação do documento.

Art. 410. Considera-se autor do documento particular:

I — aquele que o fez e o assinou;

II — aquele por conta de quem ele foi feito, estando assinado;

III — aquele que, mandando compô-lo, não o firmou porque, conforme a experiência comum, não se costuma assinar, como livros empresariais e assentos domésticos.

Art. 411. Considera-se autêntico o documento quando:

I — o tabelião reconhecer a firma do signatário;

II — a autoria estiver identificada por qualquer outro meio legal de certificação, inclusive eletrônico, nos termos da lei;

III — não houver impugnação da parte contra quem foi produzido o documento.

Art. 412. O documento particular de cuja autenticidade não se duvida prova que o seu autor fez a declaração que lhe é atribuída.

Parágrafo único. O documento particular admitido expressa ou tacitamente é indivisível, sendo vedado à parte que pretende utilizar-se dele aceitar os fatos que lhe são favoráveis e recusar os que são contrários ao seu interesse, salvo se provar que estes não ocorreram.

Art. 413. O telegrama, o radiograma ou qualquer outro meio de transmissão tem a mesma força probatória do documento particular se o original constante da estação expedidora tiver sido assinado pelo remetente.

Parágrafo único. A firma do remetente poderá ser reconhecida pelo tabelião, declarando-se essa circunstância no original depositado na estação expedidora.

Art. 414. O telegrama ou o radiograma presume-se conforme com o original, provando as datas de sua expedição e de seu recebimento pelo destinatário.

Art. 415. As cartas e os registros domésticos provam contra quem os escreveu quando:

I — enunciam o recebimento de um crédito;

II — contêm anotação que visa a suprir a falta de título em favor de quem é apontado como credor;

III — expressam conhecimento de fatos para os quais não se exija determinada prova.

Art. 416. A nota escrita pelo credor em qualquer parte de documento representativo de obrigação, ainda que não assinada, faz prova em benefício do devedor.

Parágrafo único. Aplica-se essa regra tanto para o documento que o credor conservar em seu poder quanto para aquele que se achar em poder do devedor ou de terceiro.

Art. 417. Os livros empresariais provam contra seu autor, sendo lícito ao empresário, todavia, demonstrar, por todos os meios permitidos em direito, que os lançamentos não correspondem à verdade dos fatos.

Art. 418. Os livros empresariais que preencham os requisitos exigidos por lei provam a favor de seu autor no litígio entre empresários.

Art. 419. A escrituração contábil é indivisível, e, se dos fatos que resultam dos lançamentos, uns são favoráveis ao interesse de seu autor e outros lhe são contrários, ambos serão considerados em conjunto, como unidade.

Art. 420. O juiz pode ordenar, a requerimento da parte, a exibição integral dos livros empresariais e dos documentos do arquivo:

I — na liquidação de sociedade;

II — na sucessão por morte de sócio;

III — quando e como determinar a lei.

Art. 421. O juiz pode, de ofício, ordenar à parte a exibição parcial dos livros e dos documentos, extraindo-se deles a suma que interessar ao litígio, bem como reproduções autenticadas.

Art. 422. Qualquer reprodução mecânica, como a fotográfica, a cinematográfica, a fonográfica ou de outra espécie, tem aptidão para fazer prova dos fatos ou das coisas representadas, se a sua conformidade com o documento original não for impugnada por aquele contra quem foi produzida.

§ 1º As fotografias digitais e as extraídas da rede mundial de computadores fazem prova das imagens que reproduzem, devendo, se impugnadas, ser apresentada a respectiva autenticação eletrônica ou, não sendo possível, realizada perícia.

§ 2º Se se tratar de fotografia publicada em jornal ou revista, será exigido um exemplar original do periódico, caso impugnada a veracidade pela outra parte.

§ 3º Aplica-se o disposto neste artigo à forma impressa de mensagem eletrônica.

Art. 423. As reproduções dos documentos particulares, fotográficas ou obtidas por outros processos de repetição, valem como certidões sempre que o escrivão ou o chefe de secretaria certificar sua conformidade com o original.

Art. 424. A cópia de documento particular tem o mesmo valor probante que o original, cabendo ao escrivão, intimadas as partes, proceder à conferência e certificar a conformidade entre a cópia e o original.

Art. 425. Fazem a mesma prova que os originais:

I — as certidões textuais de qualquer peça dos autos, do protocolo das audiências ou de outro livro a cargo do escrivão ou do chefe de secretaria, se extraídas por ele ou sob sua vigilância e por ele subscritas;

II — os traslados e as certidões extraídas por oficial público de instrumentos ou documentos lançados em suas notas;

III — as reproduções dos documentos públicos, desde que autenticadas por oficial público ou conferidas em cartório com os respectivos originais;

IV — as cópias reprográficas de peças do próprio processo judicial declaradas autênticas pelo advogado, sob sua responsabilidade pessoal, se não lhes for impugnada a autenticidade;

V — os extratos digitais de bancos de dados públicos e privados, desde que atestado pelo seu emitente, sob as penas da lei, que as informações conferem com o que consta na origem;

VI — as reproduções digitalizadas de qualquer documento público ou particular, quando juntadas aos autos pelos órgãos da justiça e seus auxiliares, pelo Ministério Público e seus auxiliares, pela Defensoria Pública e seus auxiliares, pelas procuradorias, pelas repartições públicas em geral e por advogados, ressalvada a alegação motivada e fundamentada de adulteração.

§ 1º Os originais dos documentos digitalizados mencionados no inciso VI deverão ser preservados pelo seu detentor até o final do prazo para propositura de ação rescisória.

§ 2º Tratando-se de cópia digital de título executivo extrajudicial ou de documento relevante à instrução do processo, o juiz poderá determinar seu depósito em cartório ou secretaria.

Art. 426. O juiz apreciará fundamentadamente a fé que deva merecer o documento, quando em ponto substancial e sem ressalva contiver entrelinha, emenda, borrão ou cancelamento.

Art. 427. Cessa a fé do documento público ou particular sendo-lhe declarada judicialmente a falsidade.

Parágrafo único. A falsidade consiste em:

I — formar documento não verdadeiro;

II — alterar documento verdadeiro.

Art. 428. Cessa a fé do documento particular quando:

I — for impugnada sua autenticidade e enquanto não se comprovar sua veracidade;

II — assinado em branco, for impugnado seu conteúdo, por preenchimento abusivo.

Parágrafo único. Dar-se-á abuso quando aquele que recebeu documento assinado com texto não escrito no todo ou em parte formá-lo ou completá-lo por si ou por meio de outrem, violando o pacto feito com o signatário.

Art. 429. Incumbe o ônus da prova quando:

I — se tratar de falsidade de documento ou de preenchimento abusivo, à parte que a arguir;

II — se tratar de impugnação da autenticidade, à parte que produziu o documento.

Subseção II
Da Arguição de Falsidade

Art. 430. A falsidade deve ser suscitada na contestação, na réplica ou no prazo de 15 (quinze) dias, contado a partir da intimação da juntada do documento aos autos.

Parágrafo único. Uma vez arguida, a falsidade será resolvida como questão incidental, salvo se a parte requerer que o juiz a decida como questão principal, nos termos do inciso II do art. 19.

Art. 431. A parte arguirá a falsidade expondo os motivos em que funda a sua pretensão e os meios com que provará o alegado.

Art. 432. Depois de ouvida a outra parte no prazo de 15 (quinze) dias, será realizado o exame pericial.

Parágrafo único. Não se procederá ao exame pericial se a parte que produziu o documento concordar em retirá-lo.

Art. 433. A declaração sobre a falsidade do documento, quando suscitada como questão principal, constará da parte dispositiva da sentença e sobre ela incidirá também a autoridade da coisa julgada.

Subseção III
Da Produção da Prova Documental

Art. 434. Incumbe à parte instruir a petição inicial ou a contestação com os documentos destinados a provar suas alegações.

Parágrafo único. Quando o documento consistir em reprodução cinematográfica ou fonográfica, a parte deverá trazê-lo nos termos do *caput*, mas sua exposição será realizada em audiência, intimando-se previamente as partes.

Art. 435. É lícito às partes, em qualquer tempo, juntar aos autos documentos novos, quando destinados a fazer prova de fatos ocorridos depois dos articulados ou para contrapô-los aos que foram produzidos nos autos.

Parágrafo único. Admite-se também a juntada posterior de documentos formados após a petição inicial ou a contestação, bem como dos que se tornaram conhecidos, acessíveis ou disponíveis após esses atos, cabendo à parte que os produzir comprovar o motivo que a impediu de juntá-los anteriormente e incumbindo ao juiz, em qualquer caso, avaliar a conduta da parte de acordo com o art. 5º.

Art. 436. A parte, intimada a falar sobre documento constante dos autos, poderá:

I — impugnar a admissibilidade da prova documental;

II — impugnar sua autenticidade;

III — suscitar sua falsidade, com ou sem deflagração do incidente de arguição de falsidade;

IV — manifestar-se sobre seu conteúdo.

Parágrafo único. Nas hipóteses dos incisos II e III, a impugnação deverá basear-se em argumentação específica, não se admitindo alegação genérica de falsidade.

Art. 437. O réu manifestar-se-á na contestação sobre os documentos anexados à inicial, e o autor manifestar-se-á na réplica sobre os documentos anexados à contestação.

§ 1º Sempre que uma das partes requerer a juntada de documento aos autos, o juiz ouvirá, a seu respeito, a outra parte, que disporá do prazo de 15 (quinze) dias para adotar qualquer das posturas indicadas no art. 436.

§ 2º Poderá o juiz, a requerimento da parte, dilatar o prazo para manifestação sobre a prova documental produzida, levando em consideração a quantidade e a complexidade da documentação.

Art. 438. O juiz requisitará às repartições públicas, em qualquer tempo ou grau de jurisdição:

I — as certidões necessárias à prova das alegações das partes;

II — os procedimentos administrativos nas causas em que forem interessados a União, os Estados, o Distrito Federal, os Municípios ou entidades da administração indireta.

§ 1º Recebidos os autos, o juiz mandará extrair, no prazo máximo e improrrogável de 1 (um) mês, certidões ou reproduções fotográficas das peças que indicar e das que forem indicadas pelas partes, e, em seguida, devolverá os autos à repartição de origem.

§ 2º As repartições públicas poderão fornecer todos os documentos em meio eletrônico, conforme disposto em lei, certificando, pelo mesmo meio, que se trata de extrato fiel do que consta em seu banco de dados ou no documento digitalizado.

Seção VIII
Dos Documentos Eletrônicos

Art. 439. A utilização de documentos eletrônicos no processo convencional dependerá de sua conversão à forma impressa e da verificação de sua autenticidade, na forma da lei.

Art. 440. O juiz apreciará o valor probante do documento eletrônico não convertido, assegurado às partes o acesso ao seu teor.

Art. 441. Serão admitidos documentos eletrônicos produzidos e conservados com a observância da legislação específica.

Seção IX
Da Prova Testemunhal

Subseção I
Da Admissibilidade e do Valor da Prova Testemunhal

Art. 442. A prova testemunhal é sempre admissível, não dispondo a lei de modo diverso.

Art. 443. O juiz indeferirá a inquirição de testemunhas sobre fatos:

I — já provados por documento ou confissão da parte;

II — que só por documento ou por exame pericial puderem ser provados.

Art. 444. Nos casos em que a lei exigir prova escrita da obrigação, é admissível a prova testemunhal quando hou-

ver começo de prova por escrito, emanado da parte contra a qual se pretende produzir a prova.

Art. 445. Também se admite a prova testemunhal quando o credor não pode ou não podia, moral ou materialmente, obter a prova escrita da obrigação, em casos como o de parentesco, de depósito necessário ou de hospedagem em hotel ou em razão das práticas comerciais do local onde contraída a obrigação.

Art. 446. É lícito à parte provar com testemunhas:

I — nos contratos simulados, a divergência entre a vontade real e a vontade declarada;

II — nos contratos em geral, os vícios de consentimento.

Art. 447. Podem depor como testemunhas todas as pessoas, exceto as incapazes, impedidas ou suspeitas.

§ 1º São incapazes:

I — o interdito por enfermidade ou deficiência mental;

II — o que, acometido por enfermidade ou retardamento mental, ao tempo em que ocorreram os fatos, não podia discerni-los, ou, ao tempo em que deve depor, não está habilitado a transmitir as percepções;

III — o que tiver menos de 16 (dezesseis) anos;

IV — o cego e o surdo, quando a ciência do fato depender dos sentidos que lhes faltam.

§ 2º São impedidos:

I — o cônjuge, o companheiro, o ascendente e o descendente em qualquer grau e o colateral, até o terceiro grau, de alguma das partes, por consanguinidade ou afinidade, salvo se o exigir o interesse público ou, tratando-se de causa relativa ao estado da pessoa, não se puder obter de outro modo a prova que o juiz repute necessária ao julgamento do mérito;

II — o que é parte na causa;

III — o que intervém em nome de uma parte, como o tutor, o representante legal da pessoa jurídica, o juiz, o advogado e outros que assistam ou tenham assistido as partes.

§ 3º São suspeitos:

I — o inimigo da parte ou o seu amigo íntimo;

II — o que tiver interesse no litígio.

§ 4º Sendo necessário, pode o juiz admitir o depoimento das testemunhas menores, impedidas ou suspeitas.

§ 5º Os depoimentos referidos no § 4º serão prestados independentemente de compromisso, e o juiz lhes atribuirá o valor que possam merecer.

Art. 448. A testemunha não é obrigada a depor sobre fatos:

I — que lhe acarretem grave dano, bem como ao seu cônjuge ou companheiro e aos seus parentes consanguíneos ou afins, em linha reta ou colateral, até o terceiro grau;

II — a cujo respeito, por estado ou profissão, deva guardar sigilo.

Art. 449. Salvo disposição especial em contrário, as testemunhas devem ser ouvidas na sede do juízo.

Parágrafo único. Quando a parte ou a testemunha, por enfermidade ou por outro motivo relevante, estiver impossibilitada de comparecer, mas não de prestar depoimento, o juiz designará, conforme as circunstâncias, dia, hora e lugar para inquiri-la.

Subseção II
Da Produção da Prova Testemunhal

Art. 450. O rol de testemunhas conterá, sempre que possível, o nome, a profissão, o estado civil, a idade, o número de inscrição no Cadastro de Pessoas Físicas, o número de registro de identidade e o endereço completo da residência e do local de trabalho.

Art. 451. Depois de apresentado o rol de que tratam os §§ 4º e 5º do art. 357, a parte só pode substituir a testemunha:

I — que falecer;

II — que, por enfermidade, não estiver em condições de depor;

III — que, tendo mudado de residência ou de local de trabalho, não for encontrada.

Art. 452. Quando for arrolado como testemunha, o juiz da causa:

I — declarar-se-á impedido, se tiver conhecimento de fatos que possam influir na decisão, caso em que será vedado à parte que o incluiu no rol desistir de seu depoimento;

II — se nada souber, mandará excluir o seu nome.

Art. 453. As testemunhas depõem, na audiência de instrução e julgamento, perante o juiz da causa, exceto:

I — as que prestam depoimento antecipadamente;

II — as que são inquiridas por carta.

§ 1º A oitiva de testemunha que residir em comarca, seção ou subseção judiciária diversa daquela onde tramita o processo poderá ser realizada por meio de videoconferência ou outro recurso tecnológico de transmissão e recepção de sons e imagens em tempo real, o que poderá ocorrer, inclusive, durante a audiência de instrução e julgamento.

§ 2º Os juízos deverão manter equipamento para a transmissão e recepção de sons e imagens a que se refere o § 1º.

Art. 454. São inquiridos em sua residência ou onde exercem sua função:

I — o presidente e o vice-presidente da República;

II — os ministros de Estado;

III — os ministros do Supremo Tribunal Federal, os conselheiros do Conselho Nacional de Justiça e os ministros do Superior Tribunal de Justiça, do Superior Tribunal Militar, do Tribunal Superior Eleitoral, do Tribunal Superior do Trabalho e do Tribunal de Contas da União;

IV — o procurador-geral da República e os conselheiros do Conselho Nacional do Ministério Público;

V — o advogado-geral da União, o procurador-geral do Estado, o procurador-geral do Município, o defensor público-geral federal e o defensor público-geral do Estado;

VI — os senadores e os deputados federais;

VII — os governadores dos Estados e do Distrito Federal;

VIII — o prefeito;

IX — os deputados estaduais e distritais;

X — os desembargadores dos Tribunais de Justiça, dos Tribunais Regionais Federais, dos Tribunais Regionais do Trabalho e dos Tribunais Regionais Eleitorais e os conselheiros dos Tribunais de Contas dos Estados e do Distrito Federal;

XI — o procurador-geral de justiça;

XII — o embaixador de país que, por lei ou tratado, concede idêntica prerrogativa a agente diplomático do Brasil.

§ 1º O juiz solicitará à autoridade que indique dia, hora e local a fim de ser inquirida, remetendo-lhe cópia da petição inicial ou da defesa oferecida pela parte que a arrolou como testemunha.

§ 2º Passado 1 (um) mês sem manifestação da autoridade, o juiz designará dia, hora e local para o depoimento, preferencialmente na sede do juízo.

§ 3º O juiz também designará dia, hora e local para o depoimento, quando a autoridade não comparecer, injustificadamente, à sessão agendada para a colheita de seu testemunho no dia, hora e local por ela mesma indicados.

Art. 455. Cabe ao advogado da parte informar ou intimar a testemunha por ele arrolada do dia, da hora e do local da audiência designada, dispensando-se a intimação do juízo.

§ 1º A intimação deverá ser realizada por carta com aviso de recebimento, cumprindo ao advogado juntar aos autos, com antecedência de pelo menos 3 (três) dias da data da audiência, cópia da correspondência de intimação e do comprovante de recebimento.

§ 2º A parte pode comprometer-se a levar a testemunha à audiência, independentemente da intimação de que trata o § 1º, presumindo-se, caso a testemunha não compareça, que a parte desistiu de sua inquirição.

§ 3º A inércia na realização da intimação a que se refere o § 1º importa desistência da inquirição da testemunha.

§ 4º A intimação será feita pela via judicial quando:

I — for frustrada a intimação prevista no § 1º deste artigo;

II — sua necessidade for devidamente demonstrada pela parte ao juiz;

III — figurar no rol de testemunhas servidor público ou militar, hipótese em que o juiz o requisitará ao chefe da repartição ou ao comando do corpo em que servir;

IV — a testemunha houver sido arrolada pelo Ministério Público ou pela Defensoria Pública;

V — a testemunha for uma daquelas previstas no art. 454.

§ 5º A testemunha que, intimada na forma do § 1º ou do § 4º, deixar de comparecer sem motivo justificado será conduzida e responderá pelas despesas do adiamento.

Art. 456. O juiz inquirirá as testemunhas separada e sucessivamente, primeiro as do autor e depois as do réu, e providenciará para que uma não ouça o depoimento das outras.

Parágrafo único. O juiz poderá alterar a ordem estabelecida no *caput* se as partes concordarem.

Art. 457. Antes de depor, a testemunha será qualificada, declarará ou confirmará seus dados e informará se tem relações de parentesco com a parte ou interesse no objeto do processo.

§ 1º É lícito à parte contraditar a testemunha, arguindo-lhe a incapacidade, o impedimento ou a suspeição, bem como, caso a testemunha negue os fatos que lhe são imputados, provar a contradita com documentos ou com testemunhas, até 3 (três), apresentadas no ato e inquiridas em separado.

§ 2º Sendo provados ou confessados os fatos a que se refere o § 1º, o juiz dispensará a testemunha ou lhe tomará o depoimento como informante.

§ 3º A testemunha pode requerer ao juiz que a escuse de depor, alegando os motivos previstos neste Código, decidindo o juiz de plano após ouvidas as partes.

Art. 458. Ao início da inquirição, a testemunha prestará o compromisso de dizer a verdade do que souber e lhe for perguntado.

Parágrafo único. O juiz advertirá à testemunha que incorre em sanção penal quem faz afirmação falsa, cala ou oculta a verdade.

Art. 459. As perguntas serão formuladas pelas partes diretamente à testemunha, começando pela que a arrolou, não admitindo o juiz aquelas que puderem induzir a resposta, não tiverem relação com as questões de fato objeto da atividade probatória ou importarem repetição de outra já respondida.

§ 1º O juiz poderá inquirir a testemunha tanto antes quanto depois da inquirição feita pelas partes.

§ 2º As testemunhas devem ser tratadas com urbanidade, não se lhes fazendo perguntas ou considerações impertinentes, capciosas ou vexatórias.

§ 3º As perguntas que o juiz indeferir serão transcritas no termo, se a parte o requerer.

Art. 460. O depoimento poderá ser documentado por meio de gravação.

§ 1º Quando digitado ou registrado por taquigrafia, estenotipia ou outro método idôneo de documentação, o depoimento será assinado pelo juiz, pelo depoente e pelos procuradores.

§ 2º Se houver recurso em processo em autos não eletrônicos, o depoimento somente será digitado quando for impossível o envio de sua documentação eletrônica.

§ 3º Tratando-se de autos eletrônicos, observar-se-á o disposto neste Código e na legislação específica sobre a prática eletrônica de atos processuais.

Art. 461. O juiz pode ordenar, de ofício ou a requerimento da parte:

I — a inquirição de testemunhas referidas nas declarações da parte ou das testemunhas;

II — a acareação de 2 (duas) ou mais testemunhas ou de alguma delas com a parte, quando, sobre fato determinado que possa influir na decisão da causa, divergirem as suas declarações.

§ 1º Os acareados serão reperguntados para que expliquem os pontos de divergência, reduzindo-se a termo o ato de acareação.

§ 2º A acareação pode ser realizada por videoconferência ou por outro recurso tecnológico de transmissão de sons e imagens em tempo real.

Art. 462. A testemunha pode requerer ao juiz o pagamento da despesa que efetuou para comparecimento à audiência, devendo a parte pagá-la logo que arbitrada ou depositá-la em cartório dentro de 3 (três) dias.

Art. 463. O depoimento prestado em juízo é considerado serviço público.

Parágrafo único. A testemunha, quando sujeita ao regime da legislação trabalhista, não sofre, por comparecer à audiência, perda de salário nem desconto no tempo de serviço.

Seção X
Da Prova Pericial

Art. 464. A prova pericial consiste em exame, vistoria ou avaliação.

§ 1º O juiz indeferirá a perícia quando:

I — a prova do fato não depender de conhecimento especial de técnico;

II — for desnecessária em vista de outras provas produzidas;

III — a verificação for impraticável.

§ 2º De ofício ou a requerimento das partes, o juiz poderá, em substituição à perícia, determinar a produção de prova técnica simplificada, quando o ponto controvertido for de menor complexidade.

§ 3º A prova técnica simplificada consistirá apenas na inquirição de especialista, pelo juiz, sobre ponto controvertido da causa que demande especial conhecimento científico ou técnico.

§ 4º Durante a arguição, o especialista, que deverá ter formação acadêmica específica na área objeto de seu depoimento, poderá valer-se de qualquer recurso tecnológico de transmissão de sons e imagens com o fim de esclarecer os pontos controvertidos da causa.

Art. 465. O juiz nomeará perito especializado no objeto da perícia e fixará de imediato o prazo para a entrega do laudo.

§ 1º Incumbe às partes, dentro de 15 (quinze) dias contados da intimação do despacho de nomeação do perito:

I — arguir o impedimento ou a suspeição do perito, se for o caso;

II — indicar assistente técnico;

III — apresentar quesitos.

§ 2º Ciente da nomeação, o perito apresentará em 5 (cinco) dias:

I — proposta de honorários;

II — currículo, com comprovação de especialização;

III — contatos profissionais, em especial o endereço eletrônico, para onde serão dirigidas as intimações pessoais.

§ 3º As partes serão intimadas da proposta de honorários para, querendo, manifestar-se no prazo comum de 5 (cinco) dias, após o que o juiz arbitrará o valor, intimando-se as partes para os fins do art. 95.

§ 4º O juiz poderá autorizar o pagamento de até cinquenta por cento dos honorários arbitrados a favor do perito no início dos trabalhos, devendo o remanescente ser pago apenas ao final, depois de entregue o laudo e prestados todos os esclarecimentos necessários.

§ 5º Quando a perícia for inconclusiva ou deficiente, o juiz poderá reduzir a remuneração inicialmente arbitrada para o trabalho.

§ 6º Quando tiver de realizar-se por carta, poder-se-á proceder à nomeação de perito e à indicação de assistentes técnicos no juízo ao qual se requisitar a perícia.

Art. 466. O perito cumprirá escrupulosamente o encargo que lhe foi cometido, independentemente de termo de compromisso.

§ 1º Os assistentes técnicos são de confiança da parte e não estão sujeitos a impedimento ou suspeição.

§ 2º O perito deve assegurar aos assistentes das partes o acesso e o acompanhamento das diligências e dos exames que realizar, com prévia comunicação, comprovada nos autos, com antecedência mínima de 5 (cinco) dias.

Art. 467. O perito pode escusar-se ou ser recusado por impedimento ou suspeição.

Parágrafo único. O juiz, ao aceitar a escusa ou ao julgar procedente a impugnação, nomeará novo perito.

Art. 468. O perito pode ser substituído quando:

I — faltar-lhe conhecimento técnico ou científico;

II — sem motivo legítimo, deixar de cumprir o encargo no prazo que lhe foi assinado.

§ 1º No caso previsto no inciso II, o juiz comunicará a ocorrência à corporação profissional respectiva, podendo, ainda, impor multa ao perito, fixada tendo em vista o valor da causa e o possível prejuízo decorrente do atraso no processo.

§ 2º O perito substituído restituirá, no prazo de 15 (quinze) dias, os valores recebidos pelo trabalho não realizado, sob pena de ficar impedido de atuar como perito judicial pelo prazo de 5 (cinco) anos.

§ 3º Não ocorrendo a restituição voluntária de que trata o § 2º, a parte que tiver realizado o adiantamento dos honorários poderá promover execução contra o perito, na forma dos arts. 513 e seguintes deste Código, com fundamento na decisão que determinar a devolução do numerário.

Art. 469. As partes poderão apresentar quesitos suplementares durante a diligência, que poderão ser respondidos pelo perito previamente ou na audiência de instrução e julgamento.

Parágrafo único. O escrivão dará à parte contrária ciência da juntada dos quesitos aos autos.

Art. 470. Incumbe ao juiz:

I — indeferir quesitos impertinentes;

II — formular os quesitos que entender necessários ao esclarecimento da causa.

Art. 471. As partes podem, de comum acordo, escolher o perito, indicando-o mediante requerimento, desde que:

I — sejam plenamente capazes;

II — a causa possa ser resolvida por autocomposição.

§ 1º As partes, ao escolher o perito, já devem indicar os respectivos assistentes técnicos para acompanhar a realização da perícia, que se realizará em data e local previamente anunciados.

§ 2º O perito e os assistentes técnicos devem entregar, respectivamente, laudo e pareceres em prazo fixado pelo juiz.

§ 3º A perícia consensual substitui, para todos os efeitos, a que seria realizada por perito nomeado pelo juiz.

Art. 472. O juiz poderá dispensar prova pericial quando as partes, na inicial e na contestação, apresentarem, sobre as questões de fato, pareceres técnicos ou documentos elucidativos que considerar suficientes.

Art. 473. O laudo pericial deverá conter:

I — a exposição do objeto da perícia;

II — a análise técnica ou científica realizada pelo perito;

III — a indicação do método utilizado, esclarecendo-o e demonstrando ser predominantemente aceito pelos especialistas da área do conhecimento da qual se originou;

IV — resposta conclusiva a todos os quesitos apresentados pelo juiz, pelas partes e pelo órgão do Ministério Público.

§ 1º No laudo, o perito deve apresentar sua fundamentação em linguagem simples e com coerência lógica, indicando como alcançou suas conclusões.

§ 2º É vedado ao perito ultrapassar os limites de sua designação, bem como emitir opiniões pessoais que excedam o exame técnico ou científico do objeto da perícia.

§ 3º Para o desempenho de sua função, o perito e os assistentes técnicos podem valer-se de todos os meios necessários, ouvindo testemunhas, obtendo informações, solicitando documentos que estejam em poder da parte, de terceiros ou em repartições públicas, bem como instruir o laudo com planilhas, mapas, plantas, desenhos, fotografias ou outros elementos necessários ao esclarecimento do objeto da perícia.

Art. 474. As partes terão ciência da data e do local designados pelo juiz ou indicados pelo perito para ter início a produção da prova.

Art. 475. Tratando-se de perícia complexa que abranja mais de uma área de conhecimento especializado, o juiz poderá nomear mais de um perito, e a parte, indicar mais de um assistente técnico.

Art. 476. Se o perito, por motivo justificado, não puder apresentar o laudo dentro do prazo, o juiz poderá conceder-lhe, por uma vez, prorrogação pela metade do prazo originalmente fixado.

Art. 477. O perito protocolará o laudo em juízo, no prazo fixado pelo juiz, pelo menos 20 (vinte) dias antes da audiência de instrução e julgamento.

§ 1º As partes serão intimadas para, querendo, manifestar-se sobre o laudo do perito do juízo no prazo comum de 15 (quinze) dias, podendo o assistente técnico de cada uma das partes, em igual prazo, apresentar seu respectivo parecer.

§ 2º O perito do juízo tem o dever de, no prazo de 15 (quinze) dias, esclarecer ponto:

I — sobre o qual exista divergência ou dúvida de qualquer das partes, do juiz ou do órgão do Ministério Público;

II — divergente apresentado no parecer do assistente técnico da parte.

§ 3º Se ainda houver necessidade de esclarecimentos, a parte requererá ao juiz que mande intimar o perito ou o assistente técnico a comparecer à audiência de instrução e julgamento, formulando, desde logo, as perguntas, sob forma de quesitos.

§ 4º O perito ou o assistente técnico será intimado por meio eletrônico, com pelo menos 10 (dez) dias de antecedência da audiência.

Art. 478. Quando o exame tiver por objeto a autenticidade ou a falsidade de documento ou for de natureza médico-legal, o perito será escolhido, de preferência, entre os técnicos dos estabelecimentos oficiais especializados, a cujos diretores o juiz autorizará a remessa dos autos, bem como do material sujeito a exame.

§ 1º Nas hipóteses de gratuidade de justiça, os órgãos e as repartições oficiais deverão cumprir a determinação judicial com preferência, no prazo estabelecido.

§ 2º A prorrogação do prazo referido no § 1º pode ser requerida motivadamente.

§ 3º Quando o exame tiver por objeto a autenticidade da letra e da firma, o perito poderá requisitar, para efeito de comparação, documentos existentes em repartições públicas e, na falta destes, poderá requerer ao juiz que a pessoa a quem se atribuir a autoria do documento lance em folha de papel, por cópia ou sob ditado, dizeres diferentes, para fins de comparação.

Art. 479. O juiz apreciará a prova pericial de acordo com o disposto no art. 371, indicando na sentença os motivos que o levaram a considerar ou a deixar de considerar as conclusões do laudo, levando em conta o método utilizado pelo perito.

Art. 480. O juiz determinará, de ofício ou a requerimento da parte, a realização de nova perícia quando a matéria não estiver suficientemente esclarecida.

§ 1º A segunda perícia tem por objeto os mesmos fatos sobre os quais recaiu a primeira e destina-se a corrigir eventual omissão ou inexatidão dos resultados a que esta conduziu.

§ 2º A segunda perícia rege-se pelas disposições estabelecidas para a primeira.

§ 3º A segunda perícia não substitui a primeira, cabendo ao juiz apreciar o valor de uma e de outra.

Seção XI
Da Inspeção Judicial

Art. 481. O juiz, de ofício ou a requerimento da parte, pode, em qualquer fase do processo, inspecionar pessoas ou coisas, a fim de se esclarecer sobre fato que interesse à decisão da causa.

Art. 482. Ao realizar a inspeção, o juiz poderá ser assistido por um ou mais peritos.

Art. 483. O juiz irá ao local onde se encontre a pessoa ou a coisa quando:

I — julgar necessário para a melhor verificação ou interpretação dos fatos que deva observar;

II — a coisa não puder ser apresentada em juízo sem consideráveis despesas ou graves dificuldades;

III — determinar a reconstituição dos fatos.

Parágrafo único. As partes têm sempre direito a assistir à inspeção, prestando esclarecimentos e fazendo observações que considerem de interesse para a causa.

Art. 484. Concluída a diligência, o juiz mandará lavrar auto circunstanciado, mencionando nele tudo quanto for útil ao julgamento da causa.

Parágrafo único. O auto poderá ser instruído com desenho, gráfico ou fotografia.

CAPÍTULO XIII
DA SENTENÇA E DA COISA JULGADA

Seção I
Disposições Gerais

Art. 485. O juiz não resolverá o mérito quando:

I — indeferir a petição inicial;

II — o processo ficar parado durante mais de 1 (um) ano por negligência das partes;

III — por não promover os atos e as diligências que lhe incumbir, o autor abandonar a causa por mais de 30 (trinta) dias;

IV — verificar a ausência de pressupostos de constituição e de desenvolvimento válido e regular do processo;

V — reconhecer a existência de perempção, de litispendência ou de coisa julgada;

VI — verificar ausência de legitimidade ou de interesse processual;

VII — acolher a alegação de existência de convenção de arbitragem ou quando o juízo arbitral reconhecer sua competência;

VIII — homologar a desistência da ação;

IX — em caso de morte da parte, a ação for considerada intransmissível por disposição legal; e

X — nos demais casos prescritos neste Código.

§ 1º Nas hipóteses descritas nos incisos II e III, a parte será intimada pessoalmente para suprir a falta no prazo de 5 (cinco) dias.

§ 2º No caso do § 1º, quanto ao inciso II, as partes pagarão proporcionalmente as custas, e, quanto ao inciso III, o autor será condenado ao pagamento das despesas e dos honorários de advogado.

§ 3º O juiz conhecerá de ofício da matéria constante dos incisos IV, V, VI e IX, em qualquer tempo e grau de jurisdição, enquanto não ocorrer o trânsito em julgado.

§ 4º Oferecida a contestação, o autor não poderá, sem o consentimento do réu, desistir da ação.

§ 5º A desistência da ação pode ser apresentada até a sentença.

§ 6º Oferecida a contestação, a extinção do processo por abandono da causa pelo autor depende de requerimento do réu.

§ 7º Interposta a apelação em qualquer dos casos de que tratam os incisos deste artigo, o juiz terá 5 (cinco) dias para retratar-se.

Art. 486. O pronunciamento judicial que não resolve o mérito não obsta a que a parte proponha de novo a ação.

§ 1º No caso de extinção em razão de litispendência e nos casos dos incisos I, IV, VI e VII do art. 485, a propositura da nova ação depende da correção do vício que levou à sentença sem resolução do mérito.

§ 2º A petição inicial, todavia, não será despachada sem a prova do pagamento ou do depósito das custas e dos honorários de advogado.

§ 3º Se o autor der causa, por 3 (três) vezes, a sentença fundada em abandono da causa, não poderá propor nova ação contra o réu com o mesmo objeto, ficando-lhe ressalvada, entretanto, a possibilidade de alegar em defesa o seu direito.

Art. 487. Haverá resolução de mérito quando o juiz:

I — acolher ou rejeitar o pedido formulado na ação ou na reconvenção;

II — decidir, de ofício ou a requerimento, sobre a ocorrência de decadência ou prescrição;

III — homologar:

a) o reconhecimento da procedência do pedido formulado na ação ou na reconvenção;

b) a transação;

c) a renúncia à pretensão formulada na ação ou na reconvenção.

Parágrafo único. Ressalvada a hipótese do § 1º do art. 332, a prescrição e a decadência não serão reconhecidas sem que antes seja dada às partes oportunidade de manifestar-se.

Art. 488. Desde que possível, o juiz resolverá o mérito sempre que a decisão for favorável à parte a quem aproveitaria eventual pronunciamento nos termos do art. 485.

Seção II
Dos Elementos e dos Efeitos da Sentença

Art. 489. São elementos essenciais da sentença:

I — o relatório, que conterá os nomes das partes, a identificação do caso, com a suma do pedido e da contestação, e o registro das principais ocorrências havidas no andamento do processo;

II — os fundamentos, em que o juiz analisará as questões de fato e de direito;

III — o dispositivo, em que o juiz resolverá as questões principais que as partes lhe submeterem.

§ 1º Não se considera fundamentada qualquer decisão judicial, seja ela interlocutória, sentença ou acórdão, que:

I — se limitar à indicação, à reprodução ou à paráfrase de ato normativo, sem explicar sua relação com a causa ou a questão decidida;

II — empregar conceitos jurídicos indeterminados, sem explicar o motivo concreto de sua incidência no caso;

III — invocar motivos que se prestariam a justificar qualquer outra decisão;

IV — não enfrentar todos os argumentos deduzidos no processo capazes de, em tese, infirmar a conclusão adotada pelo julgador;

V — se limitar a invocar precedente ou enunciado de súmula, sem identificar seus fundamentos determinantes nem demonstrar que o caso sob julgamento se ajusta àqueles fundamentos;

VI — deixar de seguir enunciado de súmula, jurisprudência ou precedente invocado pela parte, sem demonstrar a existência de distinção no caso em julgamento ou a superação do entendimento.

§ 2º No caso de colisão entre normas, o juiz deve justificar o objeto e os critérios gerais da ponderação efetuada, enunciando as razões que autorizam a interferência na norma afastada e as premissas fáticas que fundamentam a conclusão.

§ 3º A decisão judicial deve ser interpretada a partir da conjugação de todos os seus elementos e em conformidade com o princípio da boa-fé.

Art. 490. O juiz resolverá o mérito acolhendo ou rejeitando, no todo ou em parte, os pedidos formulados pelas partes.

Art. 491. Na ação relativa à obrigação de pagar quantia, ainda que formulado pedido genérico, a decisão definirá desde logo a extensão da obrigação, o índice de correção monetária, a taxa de juros, o termo inicial de ambos e a periodicidade da capitalização dos juros, se for o caso, salvo quando:

I — não for possível determinar, de modo definitivo, o montante devido;

II — a apuração do valor devido depender da produção de prova de realização demorada ou excessivamente dispendiosa, assim reconhecida na sentença.

§ 1º Nos casos previstos neste artigo, seguir-se-á a apuração do valor devido por liquidação.

§ 2º O disposto no *caput* também se aplica quando o acórdão alterar a sentença.

Art. 492. É vedado ao juiz proferir decisão de natureza diversa da pedida, bem como condenar a parte em quantidade superior ou em objeto diverso do que lhe foi demandado.

Parágrafo único. A decisão deve ser certa, ainda que resolva relação jurídica condicional.

Art. 493. Se, depois da propositura da ação, algum fato constitutivo, modificativo ou extintivo do direito influir no julgamento do mérito, caberá ao juiz tomá-lo em consideração, de ofício ou a requerimento da parte, no momento de proferir a decisão.

Parágrafo único. Se constatar de ofício o fato novo, o juiz ouvirá as partes sobre ele antes de decidir.

Art. 494. Publicada a sentença, o juiz só poderá alterá-la:

I — para corrigir-lhe, de ofício ou a requerimento da parte, inexatidões materiais ou erros de cálculo;

II — por meio de embargos de declaração.

Art. 495. A decisão que condenar o réu ao pagamento de prestação consistente em dinheiro e a que determinar a conversão de prestação de fazer, de não fazer ou de dar coisa em prestação pecuniária valerão como título constitutivo de hipoteca judiciária.

§ 1º A decisão produz a hipoteca judiciária:

I — embora a condenação seja genérica;

II — ainda que o credor possa promover o cumprimento provisório da sentença ou esteja pendente arresto sobre bem do devedor;

III — mesmo que impugnada por recurso dotado de efeito suspensivo.

§ 2º A hipoteca judiciária poderá ser realizada mediante apresentação de cópia da sentença perante o cartório de registro imobiliário, independentemente de ordem judicial, de declaração expressa do juiz ou de demonstração de urgência.

§ 3º No prazo de até 15 (quinze) dias da data de realização da hipoteca, a parte informá-la-á ao juízo da causa, que determinará a intimação da outra parte para que tome ciência do ato.

§ 4º A hipoteca judiciária, uma vez constituída, implicará, para o credor hipotecário, o direito de preferência, quanto ao pagamento, em relação a outros credores, observada a prioridade no registro.

§ 5º Sobrevindo a reforma ou a invalidação da decisão que impôs o pagamento de quantia, a parte responderá, independentemente de culpa, pelos danos que a outra parte tiver sofrido em razão da constituição da garantia, devendo o valor da indenização ser liquidado e executado nos próprios autos.

Seção III
Da Remessa Necessária

Art. 496. Está sujeita ao duplo grau de jurisdição, não produzindo efeito senão depois de confirmada pelo tribunal, a sentença:

I — proferida contra a União, os Estados, o Distrito Federal, os Municípios e suas respectivas autarquias e fundações de direito público;

II — que julgar procedentes, no todo ou em parte, os embargos à execução fiscal.

§ 1º Nos casos previstos neste artigo, não interposta a apelação no prazo legal, o juiz ordenará a remessa dos autos ao tribunal, e, se não o fizer, o presidente do respectivo tribunal avocá-los-á.

§ 2º Em qualquer dos casos referidos no § 1º, o tribunal julgará a remessa necessária.

§ 3º Não se aplica o disposto neste artigo quando a condenação ou o proveito econômico obtido na causa for de valor certo e líquido inferior a:

I — 1.000 (mil) salários-mínimos para a União e as respectivas autarquias e fundações de direito público;

II — 500 (quinhentos) salários-mínimos para os Estados, o Distrito Federal, as respectivas autarquias e fundações de direito público e os Municípios que constituam capitais dos Estados;

III — 100 (cem) salários-mínimos para todos os demais Municípios e respectivas autarquias e fundações de direito público.

§ 4º Também não se aplica o disposto neste artigo quando a sentença estiver fundada em:

I — súmula de tribunal superior;

II — acórdão proferido pelo Supremo Tribunal Federal ou pelo Superior Tribunal de Justiça em julgamento de recursos repetitivos;

III — entendimento firmado em incidente de resolução de demandas repetitivas ou de assunção de competência;

IV — entendimento coincidente com orientação vinculante firmada no âmbito administrativo do próprio ente público,
consolidada em manifestação, parecer ou súmula administrativa.

Seção IV
Do Julgamento das Ações Relativas às Prestações de Fazer, de Não Fazer e de Entregar Coisa

Art. 497. Na ação que tenha por objeto a prestação de fazer ou de não fazer, o juiz, se procedente o pedido, concederá a tutela específica ou determinará providências que assegurem a obtenção de tutela pelo resultado prático equivalente.

Parágrafo único. Para a concessão da tutela específica destinada a inibir a prática, a reiteração ou a continuação de um ilícito, ou a sua remoção, é irrelevante a demonstração da ocorrência de dano ou da existência de culpa ou dolo.

Art. 498. Na ação que tenha por objeto a entrega de coisa, o juiz, ao conceder a tutela específica, fixará o prazo para o cumprimento da obrigação.

Parágrafo único. Tratando-se de entrega de coisa determinada pelo gênero e pela quantidade, o autor individualizá-la-á na petição inicial, se lhe couber a escolha, ou, se a escolha couber ao réu, este a entregará individualizada, no prazo fixado pelo juiz.

Art. 499. A obrigação somente será convertida em perdas e danos se o autor o requerer ou se impossível a tutela específica ou a obtenção de tutela pelo resultado prático equivalente.

Art. 500. A indenização por perdas e danos dar-se-á sem prejuízo da multa fixada periodicamente para compelir o réu ao cumprimento específico da obrigação.

Art. 501. Na ação que tenha por objeto a emissão de declaração de vontade, a sentença que julgar procedente o pedido, uma vez transitada em julgado, produzirá todos os efeitos da declaração não emitida.

Seção V
Da Coisa Julgada

Art. 502. Denomina-se coisa julgada material a autoridade que torna imutável e indiscutível a decisão de mérito não mais sujeita a recurso.

Art. 503. A decisão que julgar total ou parcialmente o mérito tem força de lei nos limites da questão principal expressamente decidida.

§ 1º O disposto no *caput* aplica-se à resolução de questão prejudicial, decidida expressa e incidentemente no processo, se:

I — dessa resolução depender o julgamento do mérito;

II — a seu respeito tiver havido contraditório prévio e efetivo, não se aplicando no caso de revelia;

III — o juízo tiver competência em razão da matéria e da pessoa para resolvê-la como questão principal.

§ 2º A hipótese do § 1º não se aplica se no processo houver restrições probatórias ou limitações à cognição que impeçam o aprofundamento da análise da questão prejudicial.

Art. 504. Não fazem coisa julgada:

I — os motivos, ainda que importantes para determinar o alcance da parte dispositiva da sentença;

II — a verdade dos fatos, estabelecida como fundamento da sentença.

Art. 505. Nenhum juiz decidirá novamente as questões já decididas relativas à mesma lide, salvo:

I — se, tratando-se de relação jurídica de trato continuado, sobreveio modificação no estado de fato ou de direito, caso em que poderá a parte pedir a revisão do que foi estatuído na sentença;

II — nos demais casos prescritos em lei.

Art. 506. A sentença faz coisa julgada às partes entre as quais é dada, não prejudicando terceiros.

Art. 507. É vedado à parte discutir no curso do processo as questões já decididas a cujo respeito se operou a preclusão.

Art. 508. Transitada em julgado a decisão de mérito, considerar-se-ão deduzidas e repelidas todas as alegações e as defesas que a parte poderia opor tanto ao acolhimento quanto à rejeição do pedido.

CAPÍTULO XIV
DA LIQUIDAÇÃO DE SENTENÇA

Art. 509. Quando a sentença condenar ao pagamento de quantia ilíquida, proceder-se-á à sua liquidação, a requerimento do credor ou do devedor:

I — por arbitramento, quando determinado pela sentença, convencionado pelas partes ou exigido pela natureza do objeto da liquidação;

II — pelo procedimento comum, quando houver necessidade de alegar e provar fato novo.

§ 1º Quando na sentença houver uma parte líquida e outra ilíquida, ao credor é lícito promover simultaneamente a execução daquela e, em autos apartados, a liquidação desta.

§ 2º Quando a apuração do valor depender apenas de cálculo aritmético, o credor poderá promover, desde logo, o cumprimento da sentença.

§ 3º O Conselho Nacional de Justiça desenvolverá e colocará à disposição dos interessados programa de atualização financeira.

§ 4º Na liquidação é vedado discutir de novo a lide ou modificar a sentença que a julgou.

Art. 510. Na liquidação por arbitramento, o juiz intimará as partes para a apresentação de pareceres ou documentos elucidativos, no prazo que fixar, e, caso não possa decidir de plano, nomeará perito, observando-se, no que couber, o procedimento da prova pericial.

Art. 511. Na liquidação pelo procedimento comum, o juiz determinará a intimação do requerido, na pessoa de seu advogado ou da sociedade de advogados a que estiver vinculado, para, querendo, apresentar contestação no prazo de 15 (quinze) dias, observando-se, a seguir, no que couber, o disposto no Livro I da Parte Especial deste Código.

Art. 512. A liquidação poderá ser realizada na pendência de recurso, processando-se em autos apartados no juízo de origem, cumprindo ao liquidante instruir o pedido com cópias das peças processuais pertinentes.

TÍTULO II
DO CUMPRIMENTO DA SENTENÇA

CAPÍTULO I
DISPOSIÇÕES GERAIS

Art. 513. O cumprimento da sentença será feito segundo as regras deste Título, observando-se, no que couber e conforme a natureza da obrigação, o disposto no Livro II da Parte Especial deste Código.

§ 1º O cumprimento da sentença que reconhece o dever de pagar quantia, provisório ou definitivo, far-se-á a requerimento do exequente.

§ 2º O devedor será intimado para cumprir a sentença:

I — pelo Diário da Justiça, na pessoa de seu advogado constituído nos autos;

II — por carta com aviso de recebimento, quando representado pela Defensoria Pública ou quando não tiver procurador constituído nos autos, ressalvada a hipótese do inciso IV;

III — por meio eletrônico, quando, no caso do § 1º do art. 246, não tiver procurador constituído nos autos

IV — por edital, quando, citado na forma do art. 256, tiver sido revel na fase de conhecimento.

§ 3º Na hipótese do § 2º, incisos II e III, considera-se realizada a intimação quando o devedor houver mudado de endereço sem prévia comunicação ao juízo, observado o disposto no parágrafo único do art. 274.

§ 4º Se o requerimento a que alude o § 1º for formulado após 1 (um) ano do trânsito em julgado da sentença, a intimação será feita na pessoa do devedor, por meio de carta com aviso de recebimento encaminhada ao endereço constante dos autos, observado o disposto no parágrafo único do art. 274 e no § 3º deste artigo.

§ 5º O cumprimento da sentença não poderá ser promovido em face do fiador, do coobrigado ou do corresponsável que não tiver participado da fase de conhecimento.

Art. 514. Quando o juiz decidir relação jurídica sujeita a condição ou termo, o cumprimento da sentença dependerá de demonstração de que se realizou a condição ou de que ocorreu o termo.

Art. 515. São títulos executivos judiciais, cujo cumprimento dar-se-á de acordo com os artigos previstos neste Título:

I — as decisões proferidas no processo civil que reconheçam a exigibilidade de obrigação de pagar quantia, de fazer, de não fazer ou de entregar coisa;

II — a decisão homologatória de autocomposição judicial;

III — a decisão homologatória de autocomposição extrajudicial de qualquer natureza;

IV — o formal e a certidão de partilha, exclusivamente em relação ao inventariante, aos herdeiros e aos sucessores a título singular ou universal;

V — o crédito de auxiliar da justiça, quando as custas, emolumentos ou honorários tiverem sido aprovados por decisão judicial;

VI — a sentença penal condenatória transitada em julgado;

VII — a sentença arbitral;

VIII — a sentença estrangeira homologada pelo Superior Tribunal de Justiça;

IX — a decisão interlocutória estrangeira, após a concessão do exequatur à carta rogatória pelo Superior Tribunal de Justiça;

X — (VETADO)

§ 1º Nos casos dos incisos VI a IX, o devedor será citado no juízo cível para o cumprimento da sentença ou para a liquidação no prazo de 15 (quinze) dias.

§ 2º A autocomposição judicial pode envolver sujeito estranho ao processo e versar sobre relação jurídica que não tenha sido deduzida em juízo.

Art. 516. O cumprimento da sentença efetuar-se-á perante:

I — os tribunais, nas causas de sua competência originária;

II — o juízo que decidiu a causa no primeiro grau de jurisdição;

III — o juízo cível competente, quando se tratar de sentença penal condenatória, de sentença arbitral, de sentença estrangeira ou de acórdão proferido pelo Tribunal Marítimo.

Parágrafo único. Nas hipóteses dos incisos II e III, o exequente poderá optar pelo juízo do atual domicílio do executado, pelo juízo do local onde se encontrem os bens sujeitos à execução ou pelo juízo do local onde deva ser executada a obrigação de fazer ou de não fazer, casos em que a remessa dos autos do processo será solicitada ao juízo de origem.

Art. 517. A decisão judicial transitada em julgado poderá ser levada a protesto, nos termos da lei, depois de transcorrido o prazo para pagamento voluntário previsto no art. 523.

§ 1º Para efetivar o protesto, incumbe ao exequente apresentar certidão de teor da decisão.

§ 2º A certidão de teor da decisão deverá ser fornecida no prazo de 3 (três) dias e indicará o nome e a qualificação do exequente e do executado, o número do processo, o valor da dívida e a data de decurso do prazo para pagamento voluntário.

§ 3º O executado que tiver proposto ação rescisória para impugnar a decisão exequenda pode requerer, a suas expensas e sob sua responsabilidade, a anotação da propositura da ação à margem do título protestado.

§ 4º A requerimento do executado, o protesto será cancelado por determinação do juiz, mediante ofício a ser expedido ao cartório, no prazo de 3 (três) dias, contado da data de protocolo do requerimento, desde que comprovada a satisfação integral da obrigação.

Art. 518. Todas as questões relativas à validade do procedimento de cumprimento da sentença e dos atos executivos subseqüentes poderão ser arguidas pelo executado nos próprios autos e nestes serão decididas pelo juiz.

Art. 519. Aplicam-se as disposições relativas ao cumprimento da sentença, provisório ou definitivo, e à liquidação, no que couber, às decisões que concederem tutela provisória.

CAPÍTULO II
DO CUMPRIMENTO PROVISÓRIO DA SENTENÇA QUE RECONHECE A EXIGIBILIDADE DE OBRIGAÇÃO DE PAGAR QUANTIA CERTA

Art. 520. O cumprimento provisório da sentença impugnada por recurso desprovido de efeito suspensivo será realizado da mesma forma que o cumprimento definitivo, sujeitando-se ao seguinte regime:

I — corre por iniciativa e responsabilidade do exequente, que se obriga, se a sentença for reformada, a reparar os danos que o executado haja sofrido;

II — fica sem efeito, sobrevindo decisão que modifique ou anule a sentença objeto da execução, restituindo-se as partes ao estado anterior e liquidando-se eventuais prejuízos nos mesmos autos;

III — se a sentença objeto de cumprimento provisório for modificada ou anulada apenas em parte, somente nesta ficará sem efeito a execução;

IV — o levantamento de depósito em dinheiro e a prática de atos que importem transferência de posse ou alienação de propriedade ou de outro direito real, ou dos quais possa resultar grave dano ao executado, dependem de caução suficiente e idônea, arbitrada de plano pelo juiz e prestada nos próprios autos.

§ 1º No cumprimento provisório da sentença, o executado poderá apresentar impugnação, se quiser, nos termos do art. 525.

§ 2º A multa e os honorários a que se refere o § 1º do art. 523 são devidos no cumprimento provisório de sentença condenatória ao pagamento de quantia certa.

§ 3º Se o executado comparecer tempestivamente e depositar o valor, com a finalidade de isentar-se da multa, o ato não será havido como incompatível com o recurso por ele interposto.

§ 4º A restituição ao estado anterior a que se refere o inciso II não implica o desfazimento da transferência de posse ou da alienação de propriedade ou de outro direito real eventualmente já realizada, ressalvado, sempre, o direito à reparação dos prejuízos causados ao executado.

§ 5º Ao cumprimento provisório de sentença que reconheça obrigação de fazer, de não fazer ou de dar coisa aplica-se, no que couber, o disposto neste Capítulo.

Art. 521. A caução prevista no inciso IV do art. 520 poderá ser dispensada nos casos em que:

I — o crédito for de natureza alimentar, independentemente de sua origem;

II — o credor demonstrar situação de necessidade;

III — pender o agravo do art. 1.042; *(Redação dada pela Lei n. 13.256, de 2016)*

IV — a sentença a ser provisoriamente cumprida estiver em consonância com súmula da jurisprudência do Supremo Tribunal Federal ou do Superior Tribunal de Justiça ou em conformidade com acórdão proferido no julgamento de casos repetitivos.

Parágrafo único. A exigência de caução será mantida quando da dispensa possa resultar manifesto risco de grave dano de difícil ou incerta reparação.

Art. 522. O cumprimento provisório da sentença será requerido por petição dirigida ao juízo competente.

Parágrafo único. Não sendo eletrônicos os autos, a petição será acompanhada de cópias das seguintes peças do processo, cuja autenticidade poderá ser certificada pelo próprio advogado, sob sua responsabilidade pessoal:

I — decisão exequenda;

II — certidão de interposição do recurso não dotado de efeito suspensivo;

III — procurações outorgadas pelas partes;

IV — decisão de habilitação, se for o caso;

V — facultativamente, outras peças processuais consideradas necessárias para demonstrar a existência do crédito.

CAPÍTULO III
DO CUMPRIMENTO DEFINITIVO DA SENTENÇA QUE RECONHECE A EXIGIBILIDADE DE OBRIGAÇÃO DE PAGAR QUANTIA CERTA

Art. 523. No caso de condenação em quantia certa, ou já fixada em liquidação, e no caso de decisão sobre parcela incontroversa, o cumprimento definitivo da sentença far-se-á a requerimento do exequente, sendo o executado

intimado para pagar o débito, no prazo de 15 (quinze) dias, acrescido de custas, se houver.

§ 1º Não ocorrendo pagamento voluntário no prazo do *caput*, o débito será acrescido de multa de dez por cento e, também, de honorários de advogado de dez por cento.

§ 2º Efetuado o pagamento parcial no prazo previsto no *caput*, a multa e os honorários previstos no § 1º incidirão sobre o restante.

§ 3º Não efetuado tempestivamente o pagamento voluntário, será expedido, desde logo, mandado de penhora e avaliação, seguindo-se os atos de expropriação.

Art. 524. O requerimento previsto no art. 523 será instruído com demonstrativo discriminado e atualizado do crédito, devendo a petição conter:

I — o nome completo, o número de inscrição no Cadastro de Pessoas Físicas ou no Cadastro Nacional da Pessoa Jurídica do exequente e do executado, observado o disposto no art. 319, §§ 1º a 3º;

II — o índice de correção monetária adotado;

III — os juros aplicados e as respectivas taxas;

IV — o termo inicial e o termo final dos juros e da correção monetária utilizados;

V — a periodicidade da capitalização dos juros, se for o caso;

VI — especificação dos eventuais descontos obrigatórios realizados;

VII — indicação dos bens passíveis de penhora, sempre que possível.

§ 1º Quando o valor apontado no demonstrativo aparentemente exceder os limites da condenação, a execução será iniciada pelo valor pretendido, mas a penhora terá por base a importância que o juiz entender adequada.

§ 2º Para a verificação dos cálculos, o juiz poderá valer-se de contabilista do juízo, que terá o prazo máximo de 30 (trinta) dias para efetuá-la, exceto se outro lhe for determinado.

§ 3º Quando a elaboração do demonstrativo depender de dados em poder de terceiros ou do executado, o juiz poderá requisitá-los, sob cominação do crime de desobediência.

§ 4º Quando a complementação do demonstrativo depender de dados adicionais em poder do executado, o juiz poderá, a requerimento do exequente, requisitá-los, fixando prazo de até 30 (trinta) dias para o cumprimento da diligência.

§ 5º Se os dados adicionais a que se refere o § 4º não forem apresentados pelo executado, sem justificativa, no prazo designado, reputar-se-ão corretos os cálculos apresentados pelo exequente apenas com base nos dados de que dispõe.

Art. 525. Transcorrido o prazo previsto no art. 523 sem o pagamento voluntário, inicia-se o prazo de 15 (quinze) dias para que o executado, independentemente de penhora ou nova intimação, apresente, nos próprios autos, sua impugnação.

§ 1º Na impugnação, o executado poderá alegar:

I — falta ou nulidade da citação se, na fase de conhecimento, o processo correu à revelia;

II — ilegitimidade de parte;

III — inexequibilidade do título ou inexigibilidade da obrigação;

IV — penhora incorreta ou avaliação errônea;

V — excesso de execução ou cumulação indevida de execuções;

VI — incompetência absoluta ou relativa do juízo da execução;

VII — qualquer causa modificativa ou extintiva da obrigação, como pagamento, novação, compensação, transação ou prescrição, desde que supervenientes à sentença.

§ 2º A alegação de impedimento ou suspeição observará o disposto nos arts. 146 e 148.

§ 3º Aplica-se à impugnação o disposto no art. 229.

§ 4º Quando o executado alegar que o exequente, em excesso de execução, pleiteia quantia superior à resultante da sentença, cumprir-lhe-á declarar de imediato o valor que entende correto, apresentando demonstrativo discriminado e atualizado de seu cálculo.

§ 5º Na hipótese do § 4º, não apontado o valor correto ou não apresentado o demonstrativo, a impugnação será liminarmente rejeitada, se o excesso de execução for o seu único fundamento, ou, se houver outro, a impugnação será processada, mas o juiz não examinará a alegação de excesso de execução.

§ 6º A apresentação de impugnação não impede a prática dos atos executivos, inclusive os de expropriação, podendo o juiz, a requerimento do executado e desde que garantido o juízo com penhora, caução ou depósito suficientes, atribuir-lhe efeito suspensivo, se seus fundamentos forem relevantes e se o prosseguimento da execução for manifestamente suscetível de causar ao executado grave dano de difícil ou incerta reparação.

§ 7º A concessão de efeito suspensivo a que se refere o § 6º não impedirá a efetivação dos atos de substituição, de reforço ou de redução da penhora e de avaliação dos bens

§ 8º Quando o efeito suspensivo atribuído à impugnação disser respeito apenas a parte do objeto da execução, esta prosseguirá quanto à parte restante.

§ 9º A concessão de efeito suspensivo à impugnação deduzida por um dos executados não suspenderá a execução contra os que não impugnaram, quando o respectivo fundamento disser respeito exclusivamente ao impugnante.

§ 10. Ainda que atribuído efeito suspensivo à impugnação, é lícito ao exequente requerer o prosseguimento da execução, oferecendo e prestando, nos próprios autos, caução suficiente e idônea a ser arbitrada pelo juiz.

§ 11. As questões relativas a fato superveniente ao término do prazo para apresentação da impugnação, assim como aquelas relativas à validade e à adequação da penhora, da avaliação e dos atos executivos subseqüentes, podem ser arguidas por simples petição, tendo o executado, em qualquer dos casos, o prazo de 15 (quinze) dias para formular esta arguição, contado da comprovada ciência do fato ou da intimação do ato.

§ 12. Para efeito do disposto no inciso III do § 1º deste artigo, considera-se também inexigível a obrigação reconhecida em título executivo judicial fundado em lei ou ato normativo considerado inconstitucional pelo Supremo Tribunal Federal, ou fundado em aplicação ou interpretação da lei ou do ato normativo tido pelo Supremo Tribunal Federal como incompatível com a Constituição Federal, em controle de constitucionalidade concentrado ou difuso.

§ 13. No caso do § 12, os efeitos da decisão do Supremo Tribunal Federal poderão ser modulados no tempo, em atenção à segurança jurídica.

§ 14. A decisão do Supremo Tribunal Federal referida no § 12 deve ser anterior ao trânsito em julgado da decisão exequenda.

§ 15. Se a decisão referida no § 12 for proferida após o trânsito em julgado da decisão exequenda, caberá ação rescisória, cujo prazo será contado do trânsito em julgado da decisão proferida pelo Supremo Tribunal Federal.

Art. 526. É lícito ao réu, antes de ser intimado para o cumprimento da sentença, comparecer em juízo e oferecer em pagamento o valor que entender devido, apresentando memória discriminada do cálculo.

§ 1º O autor será ouvido no prazo de 5 (cinco) dias, podendo impugnar o valor depositado, sem prejuízo do levantamento do depósito a título de parcela incontroversa.

§ 2º Concluindo o juiz pela insuficiência do depósito, sobre a diferença incidirão multa de dez por cento e honorários advocatícios, também fixados em dez por cento, seguindo-se a execução com penhora e atos subseqüentes.

§ 3º Se o autor não se opuser, o juiz declarará satisfeita a obrigação e extinguirá o processo.

Art. 527. Aplicam-se as disposições deste Capítulo ao cumprimento provisório da sentença, no que couber.

CAPÍTULO IV
DO CUMPRIMENTO DE SENTENÇA QUE RECONHEÇA A EXIGIBILIDADE DE OBRIGAÇÃO DE PRESTAR ALIMENTOS

Art. 528. No cumprimento de sentença que condene ao pagamento de prestação alimentícia ou de decisão interlocutória que fixe alimentos, o juiz, a requerimento do exequente, mandará intimar o executado pessoalmente para, em 3 (três) dias, pagar o débito, provar que o fez ou justificar a impossibilidade de efetuá-lo.

§ 1º Caso o executado, no prazo referido no *caput*, não efetue o pagamento, não prove que o efetuou ou não apresente justificativa da impossibilidade de efetuá-lo, o juiz mandará protestar o pronunciamento judicial, aplicando-se, no que couber, o disposto no art. 517.

§ 2º Somente a comprovação de fato que gere a impossibilidade absoluta de pagar justificará o inadimplemento.

§ 3º Se o executado não pagar ou se a justificativa apresentada não for aceita, o juiz, além de mandar protestar o pronunciamento judicial na forma do § 1º, decretar-lhe-á a prisão pelo prazo de 1 (um) a 3 (três) meses.

§ 4º A prisão será cumprida em regime fechado, devendo o preso ficar separado dos presos comuns.

§ 5º O cumprimento da pena não exime o executado do pagamento das prestações vencidas e vincendas.

§ 6º Paga a prestação alimentícia, o juiz suspenderá o cumprimento da ordem de prisão.

§ 7º O débito alimentar que autoriza a prisão civil do alimentante é o que compreende até as 3 (três) prestações anteriores ao ajuizamento da execução e as que se vencerem no curso do processo.

§ 8º O exequente pode optar por promover o cumprimento da sentença ou decisão desde logo, nos termos do disposto neste Livro, Título II, Capítulo III, caso em que não será admissível a prisão do executado, e, recaindo a penhora em dinheiro, a concessão de efeito suspensivo à impugnação não obsta a que o exequente levante mensalmente a importância da prestação.

§ 9º Além das opções previstas no art. 516, parágrafo único, o exequente pode promover o cumprimento da sentença ou decisão que condena ao pagamento de prestação alimentícia no juízo de seu domicílio.

Art. 529. Quando o executado for funcionário público, militar, diretor ou gerente de empresa ou empregado sujeito à legislação do trabalho, o exequente poderá requerer o desconto em folha de pagamento da importância da prestação alimentícia.

§ 1º Ao proferir a decisão, o juiz oficiará à autoridade, à empresa ou ao empregador, determinando, sob pena de crime de desobediência, o desconto a partir da primeira remuneração posterior do executado, a contar do protocolo do ofício.

§ 2º O ofício conterá o nome e o número de inscrição no Cadastro de Pessoas Físicas do exequente e do executado, a importância a ser descontada mensalmente, o tempo de sua duração e a conta na qual deve ser feito o depósito.

§ 3º Sem prejuízo do pagamento dos alimentos vincendos, o débito objeto de execução pode ser descontado dos rendimentos ou rendas do executado, de forma parcelada, nos termos do *caput* deste artigo, contanto que, somado à parcela devida, não ultrapasse cinquenta por cento de seus ganhos líquidos.

Art. 530. Não cumprida a obrigação, observar-se-á o disposto nos arts. 831 e seguintes.

Art. 531. O disposto neste Capítulo aplica-se aos alimentos definitivos ou provisórios.

§ 1º A execução dos alimentos provisórios, bem como a dos alimentos fixados em sentença ainda não transitada em julgado, se processa em autos apartados.

§ 2º O cumprimento definitivo da obrigação de prestar alimentos será processado nos mesmos autos em que tenha sido proferida a sentença.

Art. 532. Verificada a conduta procrastinatória do executado, o juiz deverá, se for o caso, dar ciência ao Ministério Público dos indícios da prática do crime de abandono material.

Art. 533. Quando a indenização por ato ilícito incluir prestação de alimentos, caberá ao executado, a requerimento do exequente, constituir capital cuja renda assegure o pagamento do valor mensal da pensão.

§ 1º O capital a que se refere o *caput*, representado por imóveis ou por direitos reais sobre imóveis suscetíveis de alienação, títulos da dívida pública ou aplicações financeiras em banco oficial, será inalienável e impenhorável enquanto durar a obrigação do executado, além de constituir-se em patrimônio de afetação.

§ 2º O juiz poderá substituir a constituição do capital pela inclusão do exequente em folha de pagamento de pessoa jurídica de notória capacidade econômica ou, a requerimento do executado, por fiança bancária ou garantia real, em valor a ser arbitrado de imediato pelo juiz.

§ 3º Se sobrevier modificação nas condições econômicas, poderá a parte requerer, conforme as circunstâncias, redução ou aumento da prestação.

§ 4º A prestação alimentícia poderá ser fixada tomando por base o salário-mínimo.

§ 5º Finda a obrigação de prestar alimentos, o juiz mandará liberar o capital, cessar o desconto em folha ou cancelar as garantias prestadas.

CAPÍTULO V
DO CUMPRIMENTO DE SENTENÇA QUE RECONHEÇA A EXIGIBILIDADE DE OBRIGAÇÃO DE PAGAR QUANTIA CERTA PELA FAZENDA PÚBLICA

Art. 534. No cumprimento de sentença que impuser à Fazenda Pública o dever de pagar quantia certa, o exequente apresentará demonstrativo discriminado e atualizado do crédito contendo:

I — o nome completo e o número de inscrição no Cadastro de Pessoas Físicas ou no Cadastro Nacional da Pessoa Jurídica do exequente;

II — o índice de correção monetária adotado;

III — os juros aplicados e as respectivas taxas;

IV — o termo inicial e o termo final dos juros e da correção monetária utilizados;

V — a periodicidade da capitalização dos juros, se for o caso;

VI — a especificação dos eventuais descontos obrigatórios realizados.

§ 1º Havendo pluralidade de exequentes, cada um deverá apresentar o seu próprio demonstrativo, aplicando-se à hipótese, se for o caso, o disposto nos §§ 1º e 2º do art. 113.

§ 2º A multa prevista no § 1º do art. 523 não se aplica à Fazenda Pública.

Art. 535. A Fazenda Pública será intimada na pessoa de seu representante judicial, por carga, remessa ou meio eletrônico, para, querendo, no prazo de 30 (trinta) dias e nos próprios autos, impugnar a execução, podendo arguir:

I — falta ou nulidade da citação se, na fase de conhecimento, o processo correu à revelia;

II — ilegitimidade de parte;

III — inexequibilidade do título ou inexigibilidade da obrigação;

IV — excesso de execução ou cumulação indevida de execuções;

V — incompetência absoluta ou relativa do juízo da execução;

VI — qualquer causa modificativa ou extintiva da obrigação, como pagamento, novação, compensação, transação ou prescrição, desde que supervenientes ao trânsito em julgado da sentença.

§ 1º A alegação de impedimento ou suspeição observará o disposto nos arts. 146 e 148.

§ 2º Quando se alegar que o exequente, em excesso de execução, pleiteia quantia superior à resultante do título, cumprirá à executada declarar de imediato o valor que entende correto, sob pena de não conhecimento da arguição.

§ 3º Não impugnada a execução ou rejeitadas as arguições da executada:

I — expedir-se-á, por intermédio do presidente do tribunal competente, precatório em favor do exequente, observando-se o disposto na Constituição Federal;

II — por ordem do juiz, dirigida à autoridade na pessoa de quem o ente público foi citado para o processo, o pagamento de obrigação de pequeno valor será realizado no prazo de 2 (dois) meses contado da entrega da requisição, mediante depósito na agência de banco oficial mais próxima da residência do exequente.

§ 4º Tratando-se de impugnação parcial, a parte não questionada pela executada será, desde logo, objeto de cumprimento.

§ 5º Para efeito do disposto no inciso III do *caput* deste artigo, considera-se também inexigível a obrigação reconhecida em título executivo judicial fundado em lei ou ato normativo considerado inconstitucional pelo Supremo Tribunal Federal, ou fundado em aplicação ou interpretação da lei ou do ato normativo tido pelo Supremo Tribunal Federal como incompatível com a Constituição Federal, em controle de constitucionalidade concentrado ou difuso.

§ 6º No caso do § 5º, os efeitos da decisão do Supremo Tribunal Federal poderão ser modulados no tempo, de modo a favorecer a segurança jurídica.

§ 7º A decisão do Supremo Tribunal Federal referida no § 5º deve ter sido proferida antes do trânsito em julgado da decisão exequenda.

§ 8º Se a decisão referida no § 5º for proferida após o trânsito em julgado da decisão exequenda, caberá ação rescisória, cujo prazo será contado do trânsito em julgado da decisão proferida pelo Supremo Tribunal Federal.

CAPÍTULO VI
DO CUMPRIMENTO DE SENTENÇA QUE RECONHEÇA A EXIGIBILIDADE DE OBRIGAÇÃO DE FAZER, DE NÃO FAZER OU DE ENTREGAR COISA

Seção I
Do Cumprimento de Sentença que Reconheça a Exigibilidade de Obrigação de Fazer ou de Não Fazer

Art. 536. No cumprimento de sentença que reconheça a exigibilidade de obrigação de fazer ou de não fazer, o juiz poderá, de ofício ou a requerimento, para a efetivação da tutela específica ou a obtenção de tutela pelo resultado prático equivalente, determinar as medidas necessárias à satisfação do exequente.

§ 1º Para atender ao disposto no *caput*, o juiz poderá determinar, entre outras medidas, a imposição de multa, a busca e apreensão, a remoção de pessoas e coisas, o desfazimento de obras e o impedimento de atividade nociva, podendo, caso necessário, requisitar o auxílio de força policial.

§ 2º O mandado de busca e apreensão de pessoas e coisas será cumprido por 2 (dois) oficiais de justiça, observando-se o disposto no art. 846, §§ 1º a 4º, se houver necessidade de arrombamento.

§ 3º O executado incidirá nas penas de litigância de má-fé quando injustificadamente descumprir a ordem judicial, sem prejuízo de sua responsabilização por crime de desobediência.

§ 4º No cumprimento de sentença que reconheça a exigibilidade de obrigação de fazer ou de não fazer, aplica-se o art. 525, no que couber.

§ 5º O disposto neste artigo aplica-se, no que couber, ao cumprimento de sentença que reconheça deveres de fazer e de não fazer de natureza não obrigacional.

Art. 537. A multa independe de requerimento da parte e poderá ser aplicada na fase de conhecimento, em tutela provisória ou na sentença, ou na fase de execução, desde que seja suficiente e compatível com a obrigação e que se determine prazo razoável para cumprimento do preceito.

§ 1º O juiz poderá, de ofício ou a requerimento, modificar o valor ou a periodicidade da multa vincenda ou excluí-la, caso verifique que:

I — se tornou insuficiente ou excessiva;

II — o obrigado demonstrou cumprimento parcial superveniente da obrigação ou justa causa para o descumprimento.

§ 2º O valor da multa será devido ao exequente.

§ 3º A decisão que fixa a multa é passível de cumprimento provisório, devendo ser depositada em juízo, permitido o levantamento do valor após o trânsito em julgado da sentença favorável à parte. *(Redação dada pela Lei n. 13.256, de 2016)*

§ 4º A multa será devida desde o dia em que se configurar o descumprimento da decisão e incidirá enquanto não for cumprida a decisão que a tiver cominado.

§ 5º O disposto neste artigo aplica-se, no que couber, ao cumprimento de sentença que reconheça deveres de fazer e de não fazer de natureza não obrigacional.

Seção II
Do Cumprimento de Sentença que Reconheça a Exigibilidade de Obrigação de Entregar Coisa

Art. 538. Não cumprida a obrigação de entregar coisa no prazo estabelecido na sentença, será expedido mandado de busca e apreensão ou de imissão na posse em favor do credor, conforme se tratar de coisa móvel ou imóvel.

§ 1º A existência de benfeitorias deve ser alegada na fase de conhecimento, em contestação, de forma discriminada e com atribuição, sempre que possível e justificadamente, do respectivo valor.

§ 2º O direito de retenção por benfeitorias deve ser exercido na contestação, na fase de conhecimento.

§ 3º Aplicam-se ao procedimento previsto neste artigo, no que couber, as disposições sobre o cumprimento de obrigação de fazer ou de não fazer.

TÍTULO III
DOS PROCEDIMENTOS ESPECIAIS

CAPÍTULO I
DA AÇÃO DE CONSIGNAÇÃO EM PAGAMENTO

Art. 539. Nos casos previstos em lei, poderá o devedor ou terceiro requerer, com efeito de pagamento, a consignação da quantia ou da coisa devida.

§ 1º Tratando-se de obrigação em dinheiro, poderá o valor ser depositado em estabelecimento bancário, oficial onde houver, situado no lugar do pagamento, cientificando-se o credor por carta com aviso de recebimento, assinado o prazo de 10 (dez) dias para a manifestação de recusa.

§ 2º Decorrido o prazo do § 1º, contado do retorno do aviso de recebimento, sem a manifestação de recusa, considerar-se-á o devedor liberado da obrigação, ficando à disposição do credor a quantia depositada.

§ 3º Ocorrendo a recusa, manifestada por escrito ao estabelecimento bancário, poderá ser proposta, dentro de 1 (um) mês, a ação de consignação, instruindo-se a inicial com a prova do depósito e da recusa.

§ 4º Não proposta a ação no prazo do § 3º, ficará sem efeito o depósito, podendo levantá-lo o depositante.

Art. 540. Requerer-se-á a consignação no lugar do pagamento, cessando para o devedor, à data do depósito, os juros e os riscos, salvo se a demanda for julgada improcedente.

Art. 541. Tratando-se de prestações sucessivas, consignada uma delas, pode o devedor continuar a depositar, no mesmo processo e sem mais formalidades, as que se forem vencendo, desde que o faça em até 5 (cinco) dias contados da data do respectivo vencimento.

Art. 542. Na petição inicial, o autor requererá:

I — o depósito da quantia ou da coisa devida, a ser efetivado no prazo de 5 (cinco) dias contados do deferimento, ressalvada a hipótese do art. 539, § 3º;

II — a citação do réu para levantar o depósito ou oferecer contestação.

Parágrafo único. Não realizado o depósito no prazo do inciso I, o processo será extinto sem resolução do mérito.

Art. 543. Se o objeto da prestação for coisa indeterminada e a escolha couber ao credor, será este citado para exercer o direito dentro de 5 (cinco) dias, se outro prazo não constar de lei ou do contrato, ou para aceitar que o devedor a faça, devendo o juiz, ao despachar a petição inicial, fixar lugar, dia e hora em que se fará a entrega, sob pena de depósito.

Art. 544. Na contestação, o réu poderá alegar que:

I — não houve recusa ou mora em receber a quantia ou a coisa devida;

II — foi justa a recusa;

III — o depósito não se efetuou no prazo ou no lugar do pagamento;

IV — o depósito não é integral.

Parágrafo único. No caso do inciso IV, a alegação somente será admissível se o réu indicar o montante que entende devido.

Art. 545. Alegada a insuficiência do depósito, é lícito ao autor completá-lo, em 10 (dez) dias, salvo se corresponder a prestação cujo inadimplemento acarrete a rescisão do contrato.

§ 1º No caso do *caput*, poderá o réu levantar, desde logo, a quantia ou a coisa depositada, com a consequente liberação parcial do autor, prosseguindo o processo quanto à parcela controvertida.

§ 2º A sentença que concluir pela insuficiência do depósito determinará, sempre que possível, o montante devido e valerá como título executivo, facultado ao credor promover-lhe o cumprimento nos mesmos autos, após liquidação, se necessária.

Art. 546. Julgado procedente o pedido, o juiz declarará extinta a obrigação e condenará o réu ao pagamento de custas e honorários advocatícios.

Parágrafo único. Proceder-se-á do mesmo modo se o credor receber e der quitação.

Art. 547. Se ocorrer dúvida sobre quem deva legitimamente receber o pagamento, o autor requererá o depósito e a citação dos possíveis titulares do crédito para provarem o seu direito.

Art. 548. No caso do art. 547:

I — não comparecendo pretendente algum, converter-se-á o depósito em arrecadação de coisas vagas;

II — comparecendo apenas um, o juiz decidirá de plano;

III — comparecendo mais de um, o juiz declarará efetuado o depósito e extinta a obrigação, continuando o processo a correr unicamente entre os presuntivos credores, observado o procedimento comum.

Art. 549. Aplica-se o procedimento estabelecido neste Capítulo, no que couber, ao resgate do aforamento.

CAPÍTULO II
DA AÇÃO DE EXIGIR CONTAS

Art. 550. Aquele que afirmar ser titular do direito de exigir contas requererá a citação do réu para que as preste ou ofereça contestação no prazo de 15 (quinze) dias.

§ 1º Na petição inicial, o autor especificará, detalhadamente, as razões pelas quais exige as contas, instruindo-a com documentos comprobatórios dessa necessidade, se existirem.

CÓDIGO DE PROCESSO CIVIL/2015

§ 2º Prestadas as contas, o autor terá 15 (quinze) dias para se manifestar, prosseguindo-se o processo na forma do Capítulo X do Título I deste Livro.

§ 3º A impugnação das contas apresentadas pelo réu deverá ser fundamentada e específica, com referência expressa ao lançamento questionado.

§ 4º Se o réu não contestar o pedido, observar-se-á o disposto no art. 355.

§ 5º A decisão que julgar procedente o pedido condenará o réu a prestar as contas no prazo de 15 (quinze) dias, sob pena de não lhe ser lícito impugnar as que o autor apresentar.

§ 6º Se o réu apresentar as contas no prazo previsto no § 5º, seguir-se-á o procedimento do § 2º, caso contrário, o autor apresentá-las-á no prazo de 15 (quinze) dias, podendo o juiz determinar a realização de exame pericial, se necessário.

Art. 551. As contas do réu serão apresentadas na forma adequada, especificando-se as receitas, a aplicação das despesas e os investimentos, se houver.

§ 1º Havendo impugnação específica e fundamentada pelo autor, o juiz estabelecerá prazo razoável para que o réu apresente os documentos justificativos dos lançamentos individualmente impugnados.

§ 2º As contas do autor, para os fins do art. 550, § 5º, serão apresentadas na forma adequada, já instruídas com os documentos justificativos, especificando-se as receitas, a aplicação das despesas e os investimentos, se houver, bem como o respectivo saldo.

Art. 552. A sentença apurará o saldo e constituirá título executivo judicial.

Art. 553. As contas do inventariante, do tutor, do curador, do depositário e de qualquer outro administrador serão prestadas em apenso aos autos do processo em que tiver sido nomeado.

Parágrafo único. Se qualquer dos referidos no *caput* for condenado a pagar o saldo e não o fizer no prazo legal, o juiz poderá destituí-lo, sequestrar os bens sob sua guarda, glosar o prêmio ou a gratificação a que teria direito e determinar as medidas executivas necessárias à recomposição do prejuízo.

CAPÍTULO III
DAS AÇÕES POSSESSÓRIAS

Seção I
Disposições Gerais

Art. 554. A propositura de uma ação possessória em vez de outra não obstará a que o juiz conheça do pedido e outorgue a proteção legal correspondente àquela cujos pressupostos estejam provados.

§ 1º No caso de ação possessória em que figure no polo passivo grande número de pessoas, serão feitas a citação pessoal dos ocupantes que forem encontrados no local e a citação por edital dos demais, determinando-se, ainda, a intimação do Ministério Público e, se envolver pessoas em situação de hipossuficiência econômica, da Defensoria Pública.

§ 2º Para fim da citação pessoal prevista no § 1º, o oficial de justiça procurará os ocupantes no local por uma vez, citando-se por edital os que não forem encontrados.

§ 3º O juiz deverá determinar que se dê ampla publicidade da existência da ação prevista no § 1º e dos respectivos prazos processuais, podendo, para tanto, valer-se de anúncios em jornal ou rádio locais, da publicação de cartazes na região do conflito e de outros meios.

Art. 555. É lícito ao autor cumular ao pedido possessório o de:

I — condenação em perdas e danos;

II — indenização dos frutos.

Parágrafo único. Pode o autor requerer, ainda, imposição de medida necessária e adequada para:

I — evitar nova turbação ou esbulho;

II — cumprir-se a tutela provisória ou final.

Art. 556. É lícito ao réu, na contestação, alegando que foi o ofendido em sua posse, demandar a proteção possessória e a indenização pelos prejuízos resultantes da turbação ou do esbulho cometido pelo autor.

Art. 557. Na pendência de ação possessória é vedado, tanto ao autor quanto ao réu, propor ação de reconhecimento do domínio, exceto se a pretensão for deduzida em face de terceira pessoa.

Parágrafo único. Não obsta à manutenção ou à reintegração de posse a alegação de propriedade ou de outro direito sobre a coisa.

Art. 558. Regem o procedimento de manutenção e de reintegração de posse as normas da Seção II deste Capítulo quando a ação for proposta dentro de ano e dia da turbação ou do esbulho afirmado na petição inicial.

Parágrafo único. Passado o prazo referido no *caput*, será comum o procedimento, não perdendo, contudo, o caráter possessório.

Art. 559. Se o réu provar, em qualquer tempo, que o autor provisoriamente mantido ou reintegrado na posse carece de idoneidade financeira para, no caso de sucumbência, responder por perdas e danos, o juiz designar-lhe-á o prazo de 5 (cinco) dias para requerer caução, real ou fidejussória, sob pena de ser depositada a coisa litigiosa, ressalvada a impossibilidade da parte economicamente hipossuficiente.

Seção II
Da Manutenção e da Reintegração de Posse

Art. 560. O possuidor tem direito a ser mantido na posse em caso de turbação e reintegrado em caso de esbulho.

Art. 561. Incumbe ao autor provar:

I — a sua posse;

II — a turbação ou o esbulho praticado pelo réu;

III — a data da turbação ou do esbulho;

IV — a continuação da posse, embora turbada, na ação de manutenção, ou a perda da posse, na ação de reintegração.

Art. 562. Estando a petição inicial devidamente instruída, o juiz deferirá, sem ouvir o réu, a expedição do mandado liminar de manutenção ou de reintegração, caso contrário, determinará que o autor justifique previamente o alegado, citando-se o réu para comparecer à audiência que for designada.

Parágrafo único. Contra as pessoas jurídicas de direito público não será deferida a manutenção ou a reintegração liminar sem prévia audiência dos respectivos representantes judiciais.

Art. 563. Considerada suficiente a justificação, o juiz fará logo expedir mandado de manutenção ou de reintegração.

Art. 564. Concedido ou não o mandado liminar de manutenção ou de reintegração, o autor promoverá, nos 5 (cinco) dias subseqüentes, a citação do réu para, querendo, contestar a ação no prazo de 15 (quinze) dias.

Parágrafo único. Quando for ordenada a justificação prévia, o prazo para contestar será contado da intimação da decisão que deferir ou não a medida liminar.

Art. 565. No litígio coletivo pela posse de imóvel, quando o esbulho ou a turbação afirmado na petição inicial houver ocorrido há mais de ano e dia, o juiz, antes de apreciar o pedido de concessão da medida liminar, deverá designar audiência de mediação, a realizar-se em até 30 (trinta) dias, que observará o disposto nos §§ 2º e 4º.

§ 1º Concedida a liminar, se essa não for executada no prazo de 1 (um) ano, a contar da data de distribuição, caberá ao juiz designar audiência de mediação, nos termos dos §§ 2º a 4º deste artigo.

§ 2º O Ministério Público será intimado para comparecer à audiência, e a Defensoria Pública será intimada sempre que houver parte beneficiária de gratuidade da justiça.

§ 3º O juiz poderá comparecer à área objeto do litígio quando sua presença se fizer necessária à efetivação da tutela jurisdicional.

§ 4º Os órgãos responsáveis pela política agrária e pela política urbana da União, de Estado ou do Distrito Federal e de Município onde se situe a área objeto do litígio poderão ser intimados para a audiência, a fim de se manifestarem sobre seu interesse no processo e sobre a existência de possibilidade de solução para o conflito possessório.

§ 5º Aplica-se o disposto neste artigo ao litígio sobre propriedade de imóvel.

Art. 566. Aplica-se, quanto ao mais, o procedimento comum.

Seção III
Do Interdito Proibitório

Art. 567. O possuidor direto ou indireto que tenha justo receio de ser molestado na posse poderá requerer ao juiz que o segure da turbação ou esbulho iminente, mediante mandado proibitório em que se comine ao réu determinada pena pecuniária caso transgrida o preceito.

Art. 568. Aplica-se ao interdito proibitório o disposto na Seção II deste Capítulo.

CAPÍTULO IV
DA AÇÃO DE DIVISÃO E DA DEMARCAÇÃO DE TERRAS PARTICULARES

Seção I
Disposições Gerais

Art. 569. Cabe:

I — ao proprietário a ação de demarcação, para obrigar o seu confinante a estremar os respectivos prédios, fixando-se novos limites entre eles ou aviventando-se os já apagados;

II — ao condômino a ação de divisão, para obrigar os demais consortes a estremar os quinhões.

Art. 570. É lícita a cumulação dessas ações, caso em que deverá processar-se primeiramente a demarcação total ou parcial da coisa comum, citando-se os confinantes e os condôminos.

Art. 571. A demarcação e a divisão poderão ser realizadas por escritura pública, desde que maiores, capazes e concordes todos os interessados, observando-se, no que couber, os dispositivos deste Capítulo.

Art. 572. Fixados os marcos da linha de demarcação, os confinantes considerar-se-ão terceiros quanto ao processo divisório, ficando-lhes, porém, ressalvado o direito de vindicar os terrenos de que se julguem despojados por invasão das linhas limítrofes constitutivas do perímetro ou de reclamar indenização correspondente ao seu valor.

§ 1º No caso do *caput*, serão citados para a ação todos os condôminos, se a sentença homologatória da divisão ainda não houver transitado em julgado, e todos os quinhoeiros dos terrenos vindicados, se a ação for proposta posteriormente.

§ 2º Neste último caso, a sentença que julga procedente a ação, condenando a restituir os terrenos ou a pagar a indenização, valerá como título executivo em favor dos quinhoeiros para haverem dos outros condôminos que forem parte na divisão ou de seus sucessores a título universal, na proporção que lhes tocar, a composição pecuniária do desfalque sofrido.

Art. 573. Tratando-se de imóvel georreferenciado, com averbação no registro de imóveis, pode o juiz dispensar a realização de prova pericial.

Seção II
Da Demarcação

Art. 574. Na petição inicial, instruída com os títulos da propriedade, designar-se-á o imóvel pela situação e pela denominação, descrever-se-ão os limites por constituir, aviventar ou renovar e nomear-se-ão todos os confinantes da linha demarcanda.

Art. 575. Qualquer condômino é parte legítima para promover a demarcação do imóvel comum, requerendo a intimação dos demais para, querendo, intervir no processo.

Art. 576. A citação dos réus será feita por correio, observado o disposto no art. 247.

Parágrafo único. Será publicado edital, nos termos do inciso III do art. 259.

Art. 577. Feitas as citações, terão os réus o prazo comum de 15 (quinze) dias para contestar.

Art. 578. Após o prazo de resposta do réu, observar-se-á o procedimento comum.

Art. 579. Antes de proferir a sentença, o juiz nomeará um ou mais peritos para levantar o traçado da linha demarcanda.

Art. 580. Concluídos os estudos, os peritos apresentarão minucioso laudo sobre o traçado da linha demarcanda, considerando os títulos, os marcos, os rumos, a fama da vizinhança, as informações de antigos moradores do lugar e outros elementos que coligirem.

Art. 581. A sentença que julgar procedente o pedido determinará o traçado da linha demarcanda.

Parágrafo único. A sentença proferida na ação demarcatória determinará a restituição da área invadida, se houver, declarando o domínio ou a posse do prejudicado, ou ambos.

Art. 582. Transitada em julgado a sentença, o perito efetuará a demarcação e colocará os marcos necessários.

Parágrafo único. Todas as operações serão consignadas em planta e memorial descritivo com as referências convenientes para a identificação, em qualquer tempo, dos pontos assinalados, observada a legislação especial que dispõe sobre a identificação do imóvel rural.

Art. 583. As plantas serão acompanhadas das cadernetas de operações de campo e do memorial descritivo, que conterá:

I — o ponto de partida, os rumos seguidos e a aviventação dos antigos com os respectivos cálculos;

II — os acidentes encontrados, as cercas, os valos, os marcos antigos, os córregos, os rios, as lagoas e outros;

III — a indicação minuciosa dos novos marcos cravados, dos antigos aproveitados, das culturas existentes e da sua produção anual;

IV — a composição geológica dos terrenos, bem como a qualidade e a extensão dos campos, das matas e das capoeiras;

V — as vias de comunicação;

VI — as distâncias a pontos de referência, tais como rodovias federais e estaduais, ferrovias, portos, aglomerações urbanas e polos comerciais;

VII — a indicação de tudo o mais que for útil para o levantamento da linha ou para a identificação da linha já levantada.

Art. 584. É obrigatória a colocação de marcos tanto na estação inicial, dita marco primordial, quanto nos vértices dos ângulos, salvo se algum desses últimos pontos for assinalado por acidentes naturais de difícil remoção ou destruição.

Art. 585. A linha será percorrida pelos peritos, que examinarão os marcos e os rumos, consignando em relatório escrito a exatidão do memorial e da planta apresentados pelo agrimensor ou as divergências porventura encontradas.

Art. 586. Juntado aos autos o relatório dos peritos, o juiz determinará que as partes se manifestem sobre ele no prazo comum de 15 (quinze) dias.

Parágrafo único. Executadas as correções e as retificações que o juiz determinar, lavrar-se-á, em seguida, o auto de demarcação em que os limites demarcandos serão minuciosamente descritos de acordo com o memorial e a planta.

Art. 587. Assinado o auto pelo juiz e pelos peritos, será proferida a sentença homologatória da demarcação.

Seção III
Da Divisão

Art. 588. A petição inicial será instruída com os títulos de domínio do promovente e conterá:

I — a indicação da origem da comunhão e a denominação, a situação, os limites e as características do imóvel;

II — o nome, o estado civil, a profissão e a residência de todos os condôminos, especificando-se os estabelecidos no imóvel com benfeitorias e culturas;

III — as benfeitorias comuns.

Art. 589. Feitas as citações como preceitua o art. 576, prosseguir-se-á na forma dos arts. 577 e 578.

Art. 590. O juiz nomeará um ou mais peritos para promover a medição do imóvel e as operações de divisão, observada a legislação especial que dispõe sobre a identificação do imóvel rural.

Parágrafo único. O perito deverá indicar as vias de comunicação existentes, as construções e as benfeitorias, com a indicação dos seus valores e dos respectivos proprietários e ocupantes, as águas principais que banham o imóvel e quaisquer outras informações que possam concorrer para facilitar a partilha.

Art. 591. Todos os condôminos serão intimados a apresentar, dentro de 10 (dez) dias, os seus títulos, se ainda não o tiverem feito, e a formular os seus pedidos sobre a constituição dos quinhões.

Art. 592. O juiz ouvirá as partes no prazo comum de 15 (quinze) dias.

§ 1º Não havendo impugnação, o juiz determinará a divisão geodésica do imóvel.

§ 2º Havendo impugnação, o juiz proferirá, no prazo de 10 (dez) dias, decisão sobre os pedidos e os títulos que devam ser atendidos na formação dos quinhões.

Art. 593. Se qualquer linha do perímetro atingir benfeitorias permanentes dos confinantes feitas há mais de 1 (um) ano, serão elas respeitadas, bem como os terrenos onde estiverem, os quais não se computarão na área dividenda.

Art. 594. Os confinantes do imóvel dividendo podem demandar a restituição dos terrenos que lhes tenham sido usurpados.

§ 1º Serão citados para a ação todos os condôminos, se a sentença homologatória da divisão ainda não houver transitado em julgado, e todos os quinhoeiros dos terrenos vindicados, se a ação for proposta posteriormente.

§ 2º Nesse último caso terão os quinhoeiros o direito, pela mesma sentença que os obrigar à restituição, a haver dos outros condôminos do processo divisório ou de seus sucessores a título universal a composição pecuniária proporcional ao desfalque sofrido.

Art. 595. Os peritos proporão, em laudo fundamentado, a forma da divisão, devendo consultar, quanto possível, a comodidade das partes, respeitar, para adjudicação a cada condômino, a preferência dos terrenos contíguos às suas residências e benfeitorias e evitar o retalhamento dos quinhões em glebas separadas.

Art. 596. Ouvidas as partes, no prazo comum de 15 (quinze) dias, sobre o cálculo e o plano da divisão, o juiz deliberará a partilha.

Parágrafo único. Em cumprimento dessa decisão, o perito procederá à demarcação dos quinhões, observando, além do disposto nos arts. 584 e 585, as seguintes regras:

I — as benfeitorias comuns que não comportarem divisão cômoda serão adjudicadas a um dos condôminos mediante compensação;

II — instituir-se-ão as servidões que forem indispensáveis em favor de uns quinhões sobre os outros, incluindo o respectivo valor no orçamento para que, não se tratando de servidões naturais, seja compensado o condômino aquinhoado com o prédio serviente;

III — as benfeitorias particulares dos condôminos que excederem à área a que têm direito serão adjudicadas ao quinhoeiro vizinho mediante reposição;

IV — se outra coisa não acordarem as partes, as compensações e as reposições serão feitas em dinheiro.

Art. 597. Terminados os trabalhos e desenhados na planta os quinhões e as servidões aparentes, o perito organizará o memorial descritivo.

§ 1º Cumprido o disposto no art. 586, o escrivão, em seguida, lavrará o auto de divisão, acompanhado de uma folha de pagamento para cada condômino.

§ 2º Assinado o auto pelo juiz e pelo perito, será proferida sentença homologatória da divisão.

§ 3º O auto conterá:

I — a confinação e a extensão superficial do imóvel;

II — a classificação das terras com o cálculo das áreas de cada consorte e com a respectiva avaliação ou, quando a homogeneidade das terras não determinar diversidade de valores, a avaliação do imóvel na sua integridade;

III — o valor e a quantidade geométrica que couber a cada condômino, declarando-se as reduções e as compensações resultantes da diversidade de valores das glebas componentes de cada quinhão.

§ 4º Cada folha de pagamento conterá:

I — a descrição das linhas divisórias do quinhão, mencionadas as confinantes;

II — a relação das benfeitorias e das culturas do próprio quinhoeiro e das que lhe foram adjudicadas por serem comuns ou mediante compensação;

III — a declaração das servidões instituídas, especificados os lugares, a extensão e o modo de exercício.

Art. 598. Aplica-se às divisões o disposto nos arts. 575 a 578.

CAPÍTULO V
DA AÇÃO DE DISSOLUÇÃO PARCIAL DE SOCIEDADE

Art. 599. A ação de dissolução parcial de sociedade pode ter por objeto:

I — a resolução da sociedade empresária contratual ou simples em relação ao sócio falecido, excluído ou que exerceu o direito de retirada ou recesso; e

II — a apuração dos haveres do sócio falecido, excluído ou que exerceu o direito de retirada ou recesso; ou

III — somente a resolução ou a apuração de haveres.

§ 1º-A petição inicial será necessariamente instruída com o contrato social consolidado.

§ 2º-A ação de dissolução parcial de sociedade pode ter também por objeto a sociedade anônima de capital fechado quando demonstrado, por acionista ou acionistas que representem cinco por cento ou mais do capital social, que não pode preencher o seu fim.

Art. 600. A ação pode ser proposta:

I — pelo espólio do sócio falecido, quando a totalidade dos sucessores não ingressar na sociedade;

II — pelos sucessores, após concluída a partilha do sócio falecido;

III — pela sociedade, se os sócios sobreviventes não admitirem o ingresso do espólio ou dos sucessores do falecido na sociedade, quando esse direito decorrer do contrato social;

IV — pelo sócio que exerceu o direito de retirada ou recesso, se não tiver sido providenciada, pelos demais sócios, a alteração contratual consensual formalizando o desligamento, depois de transcorridos 10 (dez) dias do exercício do direito;

V — pela sociedade, nos casos em que a lei não autoriza a exclusão extrajudicial; ou

VI — pelo sócio excluído.

Parágrafo único. O cônjuge ou companheiro do sócio cujo casamento, união estável ou convivência terminou poderá requerer a apuração de seus haveres na sociedade, que serão pagos à conta da quota social titulada por este sócio.

Art. 601. Os sócios e a sociedade serão citados para, no prazo de 15 (quinze) dias, concordar com o pedido ou apresentar contestação.

Parágrafo único. A sociedade não será citada se todos os seus sócios o forem, mas ficará sujeita aos efeitos da decisão e à coisa julgada.

Art. 602. A sociedade poderá formular pedido de indenização compensável com o valor dos haveres a apurar.

Art. 603. Havendo manifestação expressa e unânime pela concordância da dissolução, o juiz a decretará, passando-se imediatamente à fase de liquidação.

§ 1º Na hipótese prevista no *caput*, não haverá condenação em honorários advocatícios de nenhuma das partes, e as custas serão rateadas segundo a participação das partes no capital social.

§ 2º Havendo contestação, observar-se-á o procedimento comum, mas a liquidação da sentença seguirá o disposto neste Capítulo.

Art. 604. Para apuração dos haveres, o juiz:

I — fixará a data da resolução da sociedade;

II — definirá o critério de apuração dos haveres à vista do disposto no contrato social; e

III — nomeará o perito.

§ 1º O juiz determinará à sociedade ou aos sócios que nela permanecerem que depositem em juízo a parte incontroversa dos haveres devidos.

§ 2º O depósito poderá ser, desde logo, levantando pelo ex-sócio, pelo espólio ou pelos sucessores.

§ 3º Se o contrato social estabelecer o pagamento dos haveres, será observado o que nele se dispôs no depósito judicial da parte incontroversa.

Art. 605. A data da resolução da sociedade será:

I — no caso de falecimento do sócio, a do óbito;

II — na retirada imotivada, o sexagésimo dia seguinte ao do recebimento, pela sociedade, da notificação do sócio retirante;

III — no recesso, o dia do recebimento, pela sociedade, da notificação do sócio dissidente;

IV — na retirada por justa causa de sociedade por prazo determinado e na exclusão judicial de sócio, a do trânsito em julgado da decisão que dissolver a sociedade; e

V — na exclusão extrajudicial, a data da assembleia ou da reunião de sócios que a tiver deliberado.

Art. 606. Em caso de omissão do contrato social, o juiz definirá, como critério de apuração de haveres, o valor patrimonial apurado em balanço de determinação, tomando-se por referência a data da resolução e avaliando-se bens e direitos do ativo, tangíveis e intangíveis, a preço de saída, além do passivo também a ser apurado de igual forma.

Parágrafo único. Em todos os casos em que seja necessária a realização de perícia, a nomeação do perito recairá preferencialmente sobre especialista em avaliação de sociedades.

Art. 607. A data da resolução e o critério de apuração de haveres podem ser revistos pelo juiz, a pedido da parte, a qualquer tempo antes do início da perícia.

Art. 608. Até a data da resolução, integram o valor devido ao ex-sócio, ao espólio ou aos sucessores a participação nos lucros ou os juros sobre o capital próprio declarados pela sociedade e, se for o caso, a remuneração como administrador.

Parágrafo único. Após a data da resolução, o ex-sócio, o espólio ou os sucessores terão direito apenas à correção monetária dos valores apurados e aos juros contratuais ou legais.

Art. 609. Uma vez apurados, os haveres do sócio retirante serão pagos conforme disciplinar o contrato social e, no silêncio deste, nos termos do § 2º do art. 1.031 da Lei n. 10.406, de 10 de janeiro de 2002 (Código Civil).

CAPÍTULO VI
DO INVENTÁRIO E DA PARTILHA

Seção I
Disposições Gerais

Art. 610. Havendo testamento ou interessado incapaz, proceder-se-á ao inventário judicial.

§ 1º Se todos forem capazes e concordes, o inventário e a partilha poderão ser feitos por escritura pública, a qual constituirá documento hábil para qualquer ato de registro, bem como para levantamento de importância depositada em instituições financeiras.

§ 2º O tabelião somente lavrará a escritura pública se todas as partes interessadas estiverem assistidas por advogado ou por defensor público, cuja qualificação e assinatura constarão do ato notarial.

Art. 611. O processo de inventário e de partilha deve ser instaurado dentro de 2 (dois) meses, a contar da abertura da sucessão, ultimando-se nos 12 (doze) meses subseqüentes, podendo o juiz prorrogar esses prazos, de ofício ou a requerimento de parte.

Art. 612. O juiz decidirá todas as questões de direito desde que os fatos relevantes estejam provados por documento, só remetendo para as vias ordinárias as questões que dependerem de outras provas.

Art. 613. Até que o inventariante preste o compromisso, continuará o espólio na posse do administrador provisório.

Art. 614. O administrador provisório representa ativa e passivamente o espólio, é obrigado a trazer ao acervo os frutos que desde a abertura da sucessão percebeu, tem direito ao reembolso das despesas necessárias e úteis que fez e responde pelo dano a que, por dolo ou culpa, der causa.

Seção II
Da Legitimidade para Requerer o Inventário

Art. 615. O requerimento de inventário e de partilha incumbe a quem estiver na posse e na administração do espólio, no prazo estabelecido no art. 611.

Parágrafo único. O requerimento será instruído com a certidão de óbito do autor da herança.

Art. 616. Têm, contudo, legitimidade concorrente:
I — o cônjuge ou companheiro supérstite;
II — o herdeiro;
III — o legatário;
IV — o testamenteiro;
V — o cessionário do herdeiro ou do legatário;
VI — o credor do herdeiro, do legatário ou do autor da herança;
VII — o Ministério Público, havendo herdeiros incapazes;
VIII — a Fazenda Pública, quando tiver interesse;
IX — o administrador judicial da falência do herdeiro, do legatário, do autor da herança ou do cônjuge ou companheiro supérstite.

Seção III
Do Inventariante e das Primeiras Declarações

Art. 617. O juiz nomeará inventariante na seguinte ordem:
I — o cônjuge ou companheiro sobrevivente, desde que estivesse convivendo com o outro ao tempo da morte deste;
II — o herdeiro que se achar na posse e na administração do espólio, se não houver cônjuge ou companheiro sobrevivente ou se estes não puderem ser nomeados;
III — qualquer herdeiro, quando nenhum deles estiver na posse e na administração do espólio;
IV — o herdeiro menor, por seu representante legal;
V — o testamenteiro, se lhe tiver sido confiada a administração do espólio ou se toda a herança estiver distribuída em legados;
VI — o cessionário do herdeiro ou do legatário;
VII — o inventariante judicial, se houver;
VIII — pessoa estranha idônea, quando não houver inventariante judicial.

Parágrafo único. O inventariante, intimado da nomeação, prestará, dentro de 5 (cinco) dias, o compromisso de bem e fielmente desempenhar a função.

Art. 618. Incumbe ao inventariante:
I — representar o espólio ativa e passivamente, em juízo ou fora dele, observando-se, quanto ao dativo, o disposto no art. 75, § 1º;
II — administrar o espólio, velando lhe os bens com a mesma diligência que teria se seus fossem;
III — prestar as primeiras e as últimas declarações pessoalmente ou por procurador com poderes especiais;
IV — exibir em cartório, a qualquer tempo, para exame das partes, os documentos relativos ao espólio;
V — juntar aos autos certidão do testamento, se houver;
VI — trazer à colação os bens recebidos pelo herdeiro ausente, renunciante ou excluído;
VII — prestar contas de sua gestão ao deixar o cargo ou sempre que o juiz lhe determinar;
VIII — requerer a declaração de insolvência.

Art. 619. Incumbe ainda ao inventariante, ouvidos os interessados e com autorização do juiz:
I — alienar bens de qualquer espécie;
II — transigir em juízo ou fora dele;
III — pagar dívidas do espólio;
IV — fazer as despesas necessárias para a conservação e o melhoramento dos bens do espólio.

Art. 620. Dentro de 20 (vinte) dias contados da data em que prestou o compromisso, o inventariante fará as primeiras declarações, das quais se lavrará termo circunstanciado, assinado pelo juiz, pelo escrivão e pelo inventariante, no qual serão exarados:
I — o nome, o estado, a idade e o domicílio do autor da herança, o dia e o lugar em que faleceu e se deixou testamento;

II — o nome, o estado, a idade, o endereço eletrônico e a residência dos herdeiros e, havendo cônjuge ou companheiro supérstite, além dos respectivos dados pessoais, o regime de bens do casamento ou da união estável;

III — a qualidade dos herdeiros e o grau de parentesco com o inventariado;

IV — a relação completa e individualizada de todos os bens do espólio, inclusive aqueles que devem ser conferidos à colação, e dos bens alheios que nele forem encontrados, descrevendo-se:

a) os imóveis, com as suas especificações, nomeadamente local em que se encontram, extensão da área, limites, confrontações, benfeitorias, origem dos títulos, números das matrículas e ônus que os gravam;

b) os móveis, com os sinais característicos;

c) os semoventes, seu número, suas espécies, suas marcas e seus sinais distintivos;

d) o dinheiro, as joias, os objetos de ouro e prata e as pedras preciosas, declarando-se-lhes especificadamente a qualidade, o peso e a importância;

e) os títulos da dívida pública, bem como as ações, as quotas e os títulos de sociedade, mencionando-se-lhes o número, o valor e a data;

f) as dívidas ativas e passivas, indicando-se-lhes as datas, os títulos, a origem da obrigação e os nomes dos credores e dos devedores;

g) direitos e ações;

h) o valor corrente de cada um dos bens do espólio.

§ 1º O juiz determinará que se proceda:

I — ao balanço do estabelecimento, se o autor da herança era empresário individual;

II — à apuração de haveres, se o autor da herança era sócio de sociedade que não anônima.

§ 2º As declarações podem ser prestadas mediante petição, firmada por procurador com poderes especiais, à qual o termo se reportará.

Art. 621. Só se pode arguir sonegação ao inventariante depois de encerrada a descrição dos bens, com a declaração, por ele feita, de não existirem outros por inventariar.

Art. 622. O inventariante será removido de ofício ou a requerimento:

I — se não prestar, no prazo legal, as primeiras ou as últimas declarações;

II — se não der ao inventário andamento regular, se suscitar dúvidas infundadas ou se praticar atos meramente protelatórios;

III — se, por culpa sua, bens do espólio se deteriorarem, forem dilapidados ou sofrerem dano;

IV — se não defender o espólio nas ações em que for citado, se deixar de cobrar dívidas ativas ou se não promover as medidas necessárias para evitar o perecimento de direitos;

V — se não prestar contas ou se as que prestar não forem julgadas boas;

VI — se sonegar, ocultar ou desviar bens do espólio.

Art. 623. Requerida a remoção com fundamento em qualquer dos incisos do art. 622, será intimado o inventariante para, no prazo de 15 (quinze) dias, defender-se e produzir provas.

Parágrafo único. O incidente da remoção correrá em apenso aos autos do inventário.

Art. 624. Decorrido o prazo, com a defesa do inventariante ou sem ela, o juiz decidirá.

Parágrafo único. Se remover o inventariante, o juiz nomeará outro, observada a ordem estabelecida no art. 617.

Art. 625. O inventariante removido entregará imediatamente ao substituto os bens do espólio e, caso deixe de fazê-lo, será compelido mediante mandado de busca e apreensão ou de imissão na posse, conforme se tratar de bem móvel ou imóvel, sem prejuízo da multa a ser fixada pelo juiz em montante não superior a três por cento do valor dos bens inventariados.

Seção IV
Das Citações e das Impugnações

Art. 626. Feitas as primeiras declarações, o juiz mandará citar, para os termos do inventário e da partilha, o cônjuge, o companheiro, os herdeiros e os legatários e intimar a Fazenda Pública, o Ministério Público, se houver herdeiro incapaz ou ausente, e o testamenteiro, se houver testamento.

§ 1º O cônjuge ou o companheiro, os herdeiros e os legatários serão citados pelo correio, observado o disposto no art. 247, sendo, ainda, publicado edital, nos termos do inciso III do art. 259.

§ 2º Das primeiras declarações extrair-se-ão tantas cópias quantas forem as partes.

§ 3º A citação será acompanhada de cópia das primeiras declarações.

§ 4º Incumbe ao escrivão remeter cópias à Fazenda Pública, ao Ministério Público, ao testamenteiro, se houver, e ao advogado, se a parte já estiver representada nos autos.

Art. 627. Concluídas as citações, abrir-se-á vista às partes, em cartório e pelo prazo comum de 15 (quinze) dias, para que se manifestem sobre as primeiras declarações, incumbindo às partes:

I — arguir erros, omissões e sonegação de bens;

II — reclamar contra a nomeação de inventariante

III — contestar a qualidade de quem foi incluído no título de herdeiro.

§ 1º Julgando procedente a impugnação referida no inciso I, o juiz mandará retificar as primeiras declarações.

§ 2º Se acolher o pedido de que trata o inciso II, o juiz nomeará outro inventariante, observada a preferência legal.

§ 3º Verificando que a disputa sobre a qualidade de herdeiro a que alude o inciso III demanda produção de provas que não a documental, o juiz remeterá a parte às vias ordinárias e sobrestará, até o julgamento da ação, a entrega do quinhão que na partilha couber ao herdeiro admitido.

Art. 628. Aquele que se julgar preterido poderá demandar sua admissão no inventário, requerendo-a antes da partilha.

§ 1º Ouvidas as partes no prazo de 15 (quinze) dias, o juiz decidirá.

§ 2º Se para solução da questão for necessária a produção de provas que não a documental, o juiz remeterá o requerente às vias ordinárias, mandando reservar, em poder do inventariante, o quinhão do herdeiro excluído até que se decida o litígio.

Art. 629. A Fazenda Pública, no prazo de 15 (quinze) dias, após a vista de que trata o art. 627, informará ao juízo, de acordo com os dados que constam de seu cadastro imobiliário, o valor dos bens de raiz descritos nas primeiras declarações.

Seção V
Da Avaliação e do Cálculo do Imposto

Art. 630. Findo o prazo previsto no art. 627 sem impugnação ou decidida a impugnação que houver sido oposta, o juiz nomeará, se for o caso, perito para avaliar os bens do espólio, se não houver na comarca avaliador judicial.

Parágrafo único. Na hipótese prevista no art. 620, § 1º, o juiz nomeará perito para avaliação das quotas sociais ou apuração dos haveres.

Art. 631. Ao avaliar os bens do espólio, o perito observará, no que for aplicável, o disposto nos arts. 872 e 873.

Art. 632. Não se expedirá carta precatória para a avaliação de bens situados fora da comarca onde corre o inventário se eles forem de pequeno valor ou perfeitamente conhecidos do perito nomeado.

Art. 633. Sendo capazes todas as partes, não se procederá à avaliação se a Fazenda Pública, intimada pessoalmente, concordar de forma expressa com o valor atribuído, nas primeiras declarações, aos bens do espólio.

Art. 634. Se os herdeiros concordarem com o valor dos bens declarados pela Fazenda Pública, a avaliação cingir-se-á aos demais.

Art. 635. Entregue o laudo de avaliação, o juiz mandará que as partes se manifestem no prazo de 15 (quinze) dias, que correrá em cartório.

§ 1º Versando a impugnação sobre o valor dado pelo perito, o juiz a decidirá de plano, à vista do que constar dos autos.

§ 2º Julgando procedente a impugnação, o juiz determinará que o perito retifique a avaliação, observando os fundamentos da decisão.

Art. 636. Aceito o laudo ou resolvidas as impugnações suscitadas a seu respeito, lavrar-se-á em seguida o termo de últimas declarações, no qual o inventariante poderá emendar, aditar ou completar as primeiras.

Art. 637. Ouvidas as partes sobre as últimas declarações no prazo comum de 15 (quinze) dias, proceder-se-á ao cálculo do tributo.

Art. 638. Feito o cálculo, sobre ele serão ouvidas todas as partes no prazo comum de 5 (cinco) dias, que correrá em cartório, e, em seguida, a Fazenda Pública.

§ 1º Se acolher eventual impugnação, o juiz ordenará nova remessa dos autos ao contabilista, determinando as alterações que devam ser feitas no cálculo.

§ 2º Cumprido o despacho, o juiz julgará o cálculo do tributo.

Seção VI
Das Colações

Art. 639. No prazo estabelecido no art. 627, o herdeiro obrigado à colação conferirá por termo nos autos ou por petição à qual o termo se reportará os bens que recebeu ou, se já não os possuir, trar-lhes-á o valor.

Parágrafo único. Os bens a serem conferidos na partilha, assim como as acessões e as benfeitorias que o donatário fez, calcular-se-ão pelo valor que tiverem ao tempo da abertura da sucessão.

Art. 640. O herdeiro que renunciou à herança ou o que dela foi excluído não se exime, pelo fato da renúncia ou da exclusão, de conferir, para o efeito de repor a parte inoficiosa, as liberalidades que obteve do doador.

§ 1º É lícito ao donatário escolher, dentre os bens doados, tantos quantos bastem para perfazer a legítima e a metade disponível, entrando na partilha o excedente para ser dividido entre os demais herdeiros.

§ 2º Se a parte inoficiosa da doação recair sobre bem imóvel que não comporte divisão cômoda, o juiz determinará que sobre ela se proceda a licitação entre os herdeiros.

§ 3º O donatário poderá concorrer na licitação referida no § 2º e, em igualdade de condições, terá preferência sobre os herdeiros.

Art. 641. Se o herdeiro negar o recebimento dos bens ou a obrigação de os conferir, o juiz, ouvidas as partes no prazo comum de 15 (quinze) dias, decidirá à vista das alegações e das provas produzidas.

§ 1º Declarada improcedente a oposição, se o herdeiro, no prazo improrrogável de 15 (quinze) dias, não proceder à conferência, o juiz mandará sequestrar-lhe, para serem inventariados e partilhados, os bens sujeitos à colação ou imputar ao seu quinhão hereditário o valor deles, se já não os possuir.

§ 2º Se a matéria exigir dilação probatória diversa da documental, o juiz remeterá as partes às vias ordinárias, não podendo o herdeiro receber o seu quinhão hereditário, enquanto pender a demanda, sem prestar caução correspondente ao valor dos bens sobre os quais versar a conferência.

Seção VII
Do Pagamento das Dívidas

Art. 642. Antes da partilha, poderão os credores do espólio requerer ao juízo do inventário o pagamento das dívidas vencidas e exigíveis.

§ 1º A petição, acompanhada de prova literal da dívida, será distribuída por dependência e autuada em apenso aos autos do processo de inventário.

§ 2º Concordando as partes com o pedido, o juiz, ao declarar habilitado o credor, mandará que se faça a separação de dinheiro ou, em sua falta, de bens suficientes para o pagamento.

§ 3º Separados os bens, tantos quantos forem necessários para o pagamento dos credores habilitados, o juiz mandará aliená-los, observando-se as disposições deste Código relativas à expropriação.

§ 4º Se o credor requerer que, em vez de dinheiro, lhe sejam adjudicados, para o seu pagamento, os bens já reservados, o juiz deferir-lhe-á o pedido, concordando todas as partes.

§ 5º Os donatários serão chamados a pronunciar-se sobre a aprovação das dívidas, sempre que haja possibilidade de resultar delas a redução das liberalidades.

Art. 643. Não havendo concordância de todas as partes sobre o pedido de pagamento feito pelo credor, será o pedido remetido às vias ordinárias.

Parágrafo único. O juiz mandará, porém, reservar, em poder do inventariante, bens suficientes para pagar o credor quando a dívida constar de documento que comprove suficientemente a obrigação e a impugnação não se fundar em quitação.

Art. 644. O credor de dívida líquida e certa, ainda não vencida, pode requerer habilitação no inventário.

Parágrafo único. Concordando as partes com o pedido referido no *caput*, o juiz, ao julgar habilitado o crédito,

mandará que se faça separação de bens para o futuro pagamento.

Art. 645. O legatário é parte legítima para manifestar-se sobre as dívidas do espólio:

I — quando toda a herança for dividida em legados;

II — quando o reconhecimento das dívidas importar redução dos legados.

Art. 646. Sem prejuízo do disposto no art. 860, é lícito aos herdeiros, ao separarem bens para o pagamento de dívidas, autorizar que o inventariante os indique à penhora no processo em que o espólio for executado.

Seção VIII
Da Partilha

Art. 647. Cumprido o disposto no art. 642, § 3º, o juiz facultará às partes que, no prazo comum de 15 (quinze) dias, formulem o pedido de quinhão e, em seguida, proferirá a decisão de deliberação da partilha, resolvendo os pedidos das partes e designando os bens que devam constituir quinhão de cada herdeiro e legatário.

Parágrafo único. O juiz poderá, em decisão fundamentada, deferir antecipadamente a qualquer dos herdeiros o exercício dos direitos de usar e de fruir de determinado bem, com a condição de que, ao término do inventário, tal bem integre a cota desse herdeiro, cabendo a este, desde o deferimento, todos os ônus e bônus decorrentes do exercício daqueles direitos.

Art. 648. Na partilha, serão observadas as seguintes regras:

I — a máxima igualdade possível quanto ao valor, à natureza e à qualidade dos bens;

II — a prevenção de litígios futuros;

III — a máxima comodidade dos coerdeiros, do cônjuge ou do companheiro, se for o caso.

Art. 649. Os bens insuscetíveis de divisão cômoda que não couberem na parte do cônjuge ou companheiro supérstite ou no quinhão de um só herdeiro serão licitados entre os interessados ou vendidos judicialmente, partilhando-se o valor apurado, salvo se houver acordo para que sejam adjudicados a todos.

Art. 650. Se um dos interessados for nascituro, o quinhão que lhe caberá será reservado em poder do inventariante até o seu nascimento.

Art. 651. O partidor organizará o esboço da partilha de acordo com a decisão judicial, observando nos pagamentos a seguinte ordem:

I — dívidas atendidas;

II — meação do cônjuge;

III — meação disponível;

IV — quinhões hereditários, a começar pelo coerdeiro mais velho.

Art. 652. Feito o esboço, as partes manifestar-se-ão sobre esse no prazo comum de 15 (quinze) dias, e, resolvidas as reclamações, a partilha será lançada nos autos.

Art. 653. A partilha constará:

I — de auto de orçamento, que mencionará:

a) os nomes do autor da herança, do inventariante, do cônjuge ou companheiro supérstite, dos herdeiros, dos legatários e dos credores admitidos;

b) o ativo, o passivo e o líquido partível, com as necessárias especificações;

c) o valor de cada quinhão;

II — de folha de pagamento para cada parte, declarando a quota a pagar-lhe, a razão do pagamento e a relação dos bens que lhe compõem o quinhão, as características que os individualizam e os ônus que os gravam.

Parágrafo único. O auto e cada uma das folhas serão assinados pelo juiz e pelo escrivão.

Art. 654. Pago o imposto de transmissão a título de morte e juntada aos autos certidão ou informação negativa de dívida para com a Fazenda Pública, o juiz julgará por sentença a partilha.

Parágrafo único. A existência de dívida para com a Fazenda Pública não impedirá o julgamento da partilha, desde que o seu pagamento esteja devidamente garantido.

Art. 655. Transitada em julgado a sentença mencionada no art. 654, receberá o herdeiro os bens que lhe tocarem e um formal de partilha, do qual constarão as seguintes peças:

I — termo de inventariante e título de herdeiros;

II — avaliação dos bens que constituíram o quinhão do herdeiro;

III — pagamento do quinhão hereditário;

IV — quitação dos impostos;

V — sentença.

Parágrafo único. O formal de partilha poderá ser substituído por certidão de pagamento do quinhão hereditário quando esse não exceder a 5 (cinco) vezes o salário-mínimo, caso em que se transcreverá nela a sentença de partilha transitada em julgado.

Art. 656. A partilha, mesmo depois de transitada em julgado a sentença, pode ser emendada nos mesmos autos do inventário, convindo todas as partes, quando tenha havido erro de fato na descrição dos bens, podendo o juiz, de ofício ou a requerimento da parte, a qualquer tempo, corrigir-lhe as inexatidões materiais.

Art. 657. A partilha amigável, lavrada em instrumento público, reduzida a termo nos autos do inventário ou constante de escrito particular homologado pelo juiz, pode ser anulada por dolo, coação, erro essencial ou intervenção de incapaz, observado o disposto no § 4º do art. 966.

Parágrafo único. O direito à anulação de partilha amigável extingue-se em 1 (um) ano, contado esse prazo:

I — no caso de coação, do dia em que ela cessou;

II — no caso de erro ou dolo, do dia em que se realizou o ato;

III — quanto ao incapaz, do dia em que cessar a incapacidade.

Art. 658. É rescindível a partilha julgada por sentença:

I — nos casos mencionados no art. 657;

II — se feita com preterição de formalidades legais;

III — se preteriu herdeiro ou incluiu quem não o seja.

Seção IX
Do Arrolamento

Art. 659. A partilha amigável, celebrada entre partes capazes, nos termos da lei, será homologada de plano pelo juiz, com observância dos arts. 660 a 663.

§ 1º O disposto neste artigo aplica-se, também, ao pedido de adjudicação, quando houver herdeiro único.

§ 2º Transitada em julgado a sentença de homologação de partilha ou de adjudicação, será lavrado o formal de partilha ou elaborada a carta de adjudicação e, em seguida, serão expedidos os alvarás referentes aos bens e às rendas por ele abrangidos, intimando-se o fisco para lançamento administrativo do imposto de transmissão e de outros tributos porventura incidentes, conforme dispuser a legislação tributária, nos termos do § 2º do art. 662.

Art. 660. Na petição de inventário, que se processará na forma de arrolamento sumário, independentemente da lavratura de termos de qualquer espécie, os herdeiros:

I — requererão ao juiz a nomeação do inventariante que designarem;

II — declararão os títulos dos herdeiros e os bens do espólio, observado o disposto no art. 630;

III — atribuirão valor aos bens do espólio, para fins de partilha.

Art. 661. Ressalvada a hipótese prevista no parágrafo único do art. 663, não se procederá à avaliação dos bens do espólio para nenhuma finalidade.

Art. 662. No arrolamento, não serão conhecidas ou apreciadas questões relativas ao lançamento, ao pagamento ou à quitação de taxas judiciárias e de tributos incidentes sobre a transmissão da propriedade dos bens do espólio.

§ 1º A taxa judiciária, se devida, será calculada com base no valor atribuído pelos herdeiros, cabendo ao fisco, se apurar em processo administrativo valor diverso do estimado, exigir a eventual diferença pelos meios adequados ao lançamento de créditos tributários em geral.

§ 2º O imposto de transmissão será objeto de lançamento administrativo, conforme dispuser a legislação tributária, não ficando as autoridades fazendárias adstritas aos valores dos bens do espólio atribuídos pelos herdeiros.

Art. 663. A existência de credores do espólio não impedirá a homologação da partilha ou da adjudicação, se forem reservados bens suficientes para o pagamento da dívida.

Parágrafo único. A reserva de bens será realizada pelo valor estimado pelas partes, salvo se o credor, regularmente notificado, impugnar a estimativa, caso em que se promoverá a avaliação dos bens a serem reservados.

Art. 664. Quando o valor dos bens do espólio for igual ou inferior a 1.000 (mil) salários-mínimos, o inventário processar-se-á na forma de arrolamento, cabendo ao inventariante nomeado, independentemente de assinatura de termo de compromisso, apresentar, com suas declarações, a atribuição de valor aos bens do espólio e o plano da partilha.

§ 1º Se qualquer das partes ou o Ministério Público impugnar a estimativa, o juiz nomeará avaliador, que oferecerá laudo em 10 (dez) dias.

§ 2º Apresentado o laudo, o juiz, em audiência que designar, deliberará sobre a partilha, decidindo de plano todas as reclamações e mandando pagar as dívidas não impugnadas.

§ 3º Lavrar-se-á de tudo um só termo, assinado pelo juiz, pelo inventariante e pelas partes presentes ou por seus advogados.

§ 4º Aplicam-se a essa espécie de arrolamento, no que couber, as disposições do art. 672, relativamente ao lançamento, ao pagamento e à quitação da taxa judiciária e do imposto sobre a transmissão da propriedade dos bens do espólio.

§ 5º Provada a quitação dos tributos relativos aos bens do espólio e às suas rendas, o juiz julgará a partilha.

Art. 665. O inventário processar-se-á também na forma do art. 664, ainda que haja interessado incapaz, desde que concordem todas as partes e o Ministério Público.

Art. 666. Independerá de inventário ou de arrolamento o pagamento dos valores previstos na Lei n. 6.858, de 24 de novembro de 1980.

Art. 667. Aplicam-se subsidiariamente a esta Seção as disposições das Seções VII e VIII deste Capítulo.

Seção X
Disposições Comuns a Todas as Seções

Art. 668. Cessa a eficácia da tutela provisória prevista nas Seções deste Capítulo:

I — se a ação não for proposta em 30 (trinta) dias contados da data em que da decisão foi intimado o impugnante, o herdeiro excluído ou o credor não admitido;

II — se o juiz extinguir o processo de inventário com ou sem resolução do mérito.

Art. 669. São sujeitos à sobrepartilha os bens:

I — sonegados;

II — da herança descobertos após a partilha;

III — litigiosos, assim como os de liquidação difícil ou morosa;

IV — situados em lugar remoto da sede do juízo onde se processa o inventário.

Parágrafo único. Os bens mencionados nos incisos III e IV serão reservados à sobrepartilha sob a guarda e a administração do mesmo ou de diverso inventariante, a consentimento da maioria dos herdeiros.

Art. 670. Na sobrepartilha dos bens, observar-se-á o processo de inventário e de partilha.

Parágrafo único. A sobrepartilha correrá nos autos do inventário do autor da herança.

Art. 671. O juiz nomeará curador especial:

I — ao ausente, se não o tiver;

II — ao incapaz, se concorrer na partilha com o seu representante, desde que exista colisão de interesses.

Art. 672. É lícita a cumulação de inventários para a partilha de heranças de pessoas diversas quando houver:

I — identidade de pessoas entre as quais devam ser repartidos os bens;

II — heranças deixadas pelos dois cônjuges ou companheiros;

III — dependência de uma das partilhas em relação à outra.

Parágrafo único. No caso previsto no inciso III, se a dependência for parcial, por haver outros bens, o juiz pode ordenar a tramitação separada, se melhor convier ao interesse das partes ou à celeridade processual.

Art. 673. No caso previsto no art. 672, inciso II, prevalecerão as primeiras declarações, assim como o laudo de avaliação, salvo se alterado o valor dos bens.

CAPÍTULO VII
DOS EMBARGOS DE TERCEIRO

Art. 674. Quem, não sendo parte no processo, sofrer constrição ou ameaça de constrição sobre bens que pos-

sua ou sobre os quais tenha direito incompatível com o ato constritivo, poderá requerer seu desfazimento ou sua inibição por meio de embargos de terceiro.

§ 1º Os embargos podem ser de terceiro proprietário, inclusive fiduciário, ou possuidor.

§ 2º Considera-se terceiro, para ajuizamento dos embargos:

I — o cônjuge ou companheiro, quando defende a posse de bens próprios ou de sua meação, ressalvado o disposto no art. 843;

II — o adquirente de bens cuja constrição decorreu de decisão que declara a ineficácia da alienação realizada em fraude à execução;

III — quem sofre constrição judicial de seus bens por força de desconsideração da personalidade jurídica, de cujo incidente não fez parte;

IV — o credor com garantia real para obstar expropriação judicial do objeto de direito real de garantia, caso não tenha sido intimado, nos termos legais dos atos expropriatórios respectivos.

Art. 675. Os embargos podem ser opostos a qualquer tempo no processo de conhecimento enquanto não transitada em julgado a sentença e, no cumprimento de sentença ou no processo de execução, até 5 (cinco) dias depois da adjudicação, da alienação por iniciativa particular ou da arrematação, mas sempre antes da assinatura da respectiva carta.

Parágrafo único. Caso identifique a existência de terceiro titular de interesse em embargar o ato, o juiz mandará intimá-lo pessoalmente.

Art. 676. Os embargos serão distribuídos por dependência ao juízo que ordenou a constrição e autuados em apartado.

Parágrafo único. Nos casos de ato de constrição realizado por carta, os embargos serão oferecidos no juízo deprecado, salvo se indicado pelo juízo deprecante o bem constrito ou se já devolvida a carta.

Art. 677. Na petição inicial, o embargante fará a prova sumária de sua posse ou de seu domínio e da qualidade de terceiro, oferecendo documentos e rol de testemunhas.

§ 1º É facultada a prova da posse em audiência preliminar designada pelo juiz.

§ 2º O possuidor direto pode alegar, além da sua posse, o domínio alheio.

§ 3º A citação será pessoal, se o embargado não tiver procurador constituído nos autos da ação principal.

§ 4º Será legitimado passivo o sujeito a quem o ato de constrição aproveita, assim como o será seu adversário no processo principal quando for sua a indicação do bem para a constrição judicial.

Art. 678. A decisão que reconhecer suficientemente provado o domínio ou a posse determinará a suspensão das medidas constritivas sobre os bens litigiosos objeto dos embargos, bem como a manutenção ou a reintegração provisória da posse, se o embargante a houver requerido.

Parágrafo único. O juiz poderá condicionar a ordem de manutenção ou de reintegração provisória de posse à prestação de caução pelo requerente, ressalvada a impossibilidade da parte economicamente hipossuficiente.

Art. 679. Os embargos poderão ser contestados no prazo de 15 (quinze) dias, findo o qual se seguirá o procedimento comum.

Art. 680. Contra os embargos do credor com garantia real, o embargado somente poderá alegar que:

I — o devedor comum é insolvente;

II — o título é nulo ou não obriga a terceiro;

III — outra é a coisa dada em garantia.

Art. 681. Acolhido o pedido inicial, o ato de constrição judicial indevida será cancelado, com o reconhecimento do domínio, da manutenção da posse ou da reintegração definitiva do bem ou do direito ao embargante.

CAPÍTULO VIII
DA OPOSIÇÃO

Art. 682. Quem pretender, no todo ou em parte, a coisa ou o direito sobre que controvertem autor e réu poderá, até ser proferida a sentença, oferecer oposição contra ambos.

Art. 683. O oponente deduzirá o pedido em observação aos requisitos exigidos para propositura da ação.

Parágrafo único. Distribuída a oposição por dependência, serão os opostos citados, na pessoa de seus respectivos advogados, para contestar o pedido no prazo comum de 15 (quinze) dias.

Art. 684. Se um dos opostos reconhecer a procedência do pedido, contra o outro prosseguirá o oponente.

Art. 685. Admitido o processamento, a oposição será apensada aos autos e tramitará simultaneamente à ação originária, sendo ambas julgadas pela mesma sentença.

Parágrafo único. Se a oposição for proposta após o início da audiência de instrução, o juiz suspenderá o curso do processo ao fim da produção das provas, salvo se concluir que a unidade da instrução atende melhor ao princípio da duração razoável do processo.

Art. 686. Cabendo ao juiz decidir simultaneamente a ação originária e a oposição, desta conhecerá em primeiro lugar.

CAPÍTULO IX
DA HABILITAÇÃO

Art. 687. A habilitação ocorre quando, por falecimento de qualquer das partes, os interessados houverem de suceder-lhe no processo.

Art. 688. A habilitação pode ser requerida:

I — pela parte, em relação aos sucessores do falecido;

II — pelos sucessores do falecido, em relação à parte.

Art. 689. Proceder-se-á à habilitação nos autos do processo principal, na instância em que estiver, suspendendo-se, a partir de então, o processo.

Art. 690. Recebida a petição, o juiz ordenará a citação dos requeridos para se pronunciarem no prazo de 5 (cinco) dias.

Parágrafo único. A citação será pessoal, se a parte não tiver procurador constituído nos autos.

Art. 691. O juiz decidirá o pedido de habilitação imediatamente, salvo se este for impugnado e houver necessidade de dilação probatória diversa da documental, caso em que determinará que o pedido seja autuado em apartado e disporá sobre a instrução.

Art. 692. Transitada em julgado a sentença de habilitação, o processo principal retomará o seu curso, e cópia da sentença será juntada aos autos respectivos.

CAPÍTULO X
DAS AÇÕES DE FAMÍLIA

Art. 693. As normas deste Capítulo aplicam-se aos processos contenciosos de divórcio, separação, reconhecimento e extinção de união estável, guarda, visitação e filiação.

Parágrafo único. A ação de alimentos e a que versar sobre interesse de criança ou de adolescente observarão o procedimento previsto em legislação específica, aplicando-se, no que couber, as disposições deste Capítulo.

Art. 694. Nas ações de família, todos os esforços serão empreendidos para a solução consensual da controvérsia, devendo o juiz dispor do auxílio de profissionais de outras áreas de conhecimento para a mediação e conciliação.

Parágrafo único. A requerimento das partes, o juiz pode determinar a suspensão do processo enquanto os litigantes se submetem a mediação extrajudicial ou a atendimento multidisciplinar.

Art. 695. Recebida a petição inicial e, se for o caso, tomadas as providências referentes à tutela provisória, o juiz ordenará a citação do réu para comparecer à audiência de mediação e conciliação, observado o disposto no art. 694.

§ 1º O mandado de citação conterá apenas os dados necessários à audiência e deverá estar desacompanhado de cópia da petição inicial, assegurado ao réu o direito de examinar seu conteúdo a qualquer tempo.

§ 2º A citação ocorrerá com antecedência mínima de 15 (quinze) dias da data designada para a audiência.

§ 3º A citação será feita na pessoa do réu.

§ 4º Na audiência, as partes deverão estar acompanhadas de seus advogados ou de defensores públicos.

Art. 696. A audiência de mediação e conciliação poderá dividir-se em tantas sessões quantas sejam necessárias para viabilizar a solução consensual, sem prejuízo de providências jurisdicionais para evitar o perecimento do direito.

Art. 697. Não realizado o acordo, passarão a incidir, a partir de então, as normas do procedimento comum, observado o art. 335.

Art. 698. Nas ações de família, o Ministério Público somente intervirá quando houver interesse de incapaz e deverá ser ouvido previamente à homologação de acordo.

Art. 699. Quando o processo envolver discussão sobre fato relacionado a abuso ou a alienação parental, o juiz, ao tomar o depoimento do incapaz, deverá estar acompanhado por especialista.

CAPÍTULO XI
DA AÇÃO MONITÓRIA

Art. 700. A ação monitória pode ser proposta por aquele que afirmar, com base em prova escrita sem eficácia de título executivo, ter direito de exigir do devedor capaz:

I — o pagamento de quantia em dinheiro;

II — a entrega de coisa fungível ou infungível ou de bem móvel ou imóvel;

III — o adimplemento de obrigação de fazer ou de não fazer.

§ 1º A prova escrita pode consistir em prova oral documentada, produzida antecipadamente nos termos do art. 381.

§ 2º Na petição inicial, incumbe ao autor explicitar, conforme o caso:

I — a importância devida, instruindo-a com memória de cálculo;

II — o valor atual da coisa reclamada;

III — o conteúdo patrimonial em discussão ou o proveito econômico perseguido.

§ 3º O valor da causa deverá corresponder à importância prevista no § 2º, incisos I a III.

§ 4º Além das hipóteses do art. 330, a petição inicial será indeferida quando não atendido o disposto no § 2º deste artigo.

§ 5º Havendo dúvida quanto à idoneidade de prova documental apresentada pelo autor, o juiz intimá-lo-á para, querendo, emendar a petição inicial, adaptando-a ao procedimento comum.

§ 6º É admissível ação monitória em face da Fazenda Pública.

§ 7º Na ação monitória, admite-se citação por qualquer dos meios permitidos para o procedimento comum.

Art. 701. Sendo evidente o direito do autor, o juiz deferirá a expedição de mandado de pagamento, de entrega de coisa ou para execução de obrigação de fazer ou de não fazer, concedendo ao réu prazo de 15 (quinze) dias para o cumprimento e o pagamento de honorários advocatícios de cinco por cento do valor atribuído à causa.

§ 1º O réu será isento do pagamento de custas processuais se cumprir o mandado no prazo.

§ 2º Constituir-se-á de pleno direito o título executivo judicial, independentemente de qualquer formalidade, se não realizado o pagamento e não apresentados os embargos previstos no art. 702, observando-se, no que couber, o Título II do Livro I da Parte Especial.

§ 3º É cabível ação rescisória da decisão prevista no *caput* quando ocorrer a hipótese do § 2º.

§ 4º Sendo a ré Fazenda Pública, não apresentados os embargos previstos no art. 702, aplicar-se-á o disposto no art. 496, observando-se, a seguir, no que couber, o Título II do Livro I da Parte Especial.

§ 5º Aplica-se à ação monitória, no que couber, o art. 916.

Art. 702. Independentemente de prévia segurança do juízo, o réu poderá opor, nos próprios autos, no prazo previsto no art. 701, embargos à ação monitória.

§ 1º Os embargos podem se fundar em matéria passível de alegação como defesa no procedimento comum.

§ 2º Quando o réu alegar que o autor pleiteia quantia superior à devida, cumprir-lhe-á declarar de imediato o valor que entende correto, apresentando demonstrativo discriminado e atualizado da dívida.

§ 3º Não apontado o valor correto ou não apresentado o demonstrativo, os embargos serão liminarmente rejeitados, se esse for o seu único fundamento, e, se houver outro fundamento, os embargos serão processados, mas o juiz deixará de examinar a alegação de excesso.

§ 4º A oposição dos embargos suspende a eficácia da decisão referida no *caput* do art. 701 até o julgamento em primeiro grau.

§ 5º O autor será intimado para responder aos embargos no prazo de 15 (quinze) dias.

§ 6º Na ação monitória admite-se a reconvenção, sendo vedado o oferecimento de reconvenção à reconvenção.

§ 7º A critério do juiz, os embargos serão autuados em apartado, se parciais, constituindo-se de pleno direito o título executivo judicial em relação à parcela incontroversa.

§ 8º Rejeitados os embargos, constituir-se-á de pleno direito o título executivo judicial, prosseguindo-se o processo em observância ao disposto no Título II do Livro I da Parte Especial, no que for cabível.

§ 9º Cabe apelação contra a sentença que acolhe ou rejeita os embargos.

§ 10. O juiz condenará o autor de ação monitória proposta indevidamente e de má-fé ao pagamento, em favor do réu, de multa de até dez por cento sobre o valor da causa.

§ 11. O juiz condenará o réu que de má-fé opuser embargos à ação monitória ao pagamento de multa de até dez por cento sobre o valor atribuído à causa, em favor do autor.

CAPÍTULO XII
DA HOMOLOGAÇÃO DO PENHOR LEGAL

Art. 703. Tomado o penhor legal nos casos previstos em lei, requererá o credor, ato contínuo, a homologação.

§ 1º Na petição inicial, instruída com o contrato de locação ou a conta pormenorizada das despesas, a tabela dos preços e a relação dos objetos retidos, o credor pedirá a citação do devedor para pagar ou contestar na audiência preliminar que for designada.

§ 2º A homologação do penhor legal poderá ser promovida pela via extrajudicial mediante requerimento, que conterá os requisitos previstos no § 1º deste artigo, do credor a notário de sua livre escolha.

§ 3º Recebido o requerimento, o notário promoverá a notificação extrajudicial do devedor para, no prazo de 5 (cinco) dias, pagar o débito ou impugnar sua cobrança, alegando por escrito uma das causas previstas no art. 704, hipótese em que o procedimento será encaminhado ao juízo competente para decisão.

§ 4º Transcorrido o prazo sem manifestação do devedor, o notário formalizará a homologação do penhor legal por escritura pública.

Art. 704. A defesa só pode consistir em:

I — nulidade do processo;

II — extinção da obrigação;

III — não estar a dívida compreendida entre as previstas em lei ou não estarem os bens sujeitos a penhor legal;

IV — alegação de haver sido ofertada caução idônea, rejeitada pelo credor.

Art. 705. A partir da audiência preliminar, observar-se-á o procedimento comum.

Art. 706. Homologado judicialmente o penhor legal, consolidar-se-á a posse do autor sobre o objeto.

§ 1º Negada a homologação, o objeto será entregue ao réu, ressalvado ao autor o direito de cobrar a dívida pelo procedimento comum, salvo se acolhida a alegação de extinção da obrigação.

§ 2º Contra a sentença caberá apelação, e, na pendência de recurso, poderá o relator ordenar que a coisa permaneça depositada ou em poder do autor.

CAPÍTULO XIII
DA REGULAÇÃO DE AVARIA GROSSA

Art. 707. Quando inexistir consenso acerca da nomeação de um regulador de avarias, o juiz de direito da comarca do primeiro porto onde o navio houver chegado, provocado por qualquer parte interessada, nomeará um de notório conhecimento.

Art. 708. O regulador declarará justificadamente se os danos são passíveis de rateio na forma de avaria grossa e exigirá das partes envolvidas a apresentação de garantias idôneas para que possam ser liberadas as cargas aos consignatários.

§ 1º A parte que não concordar com o regulador quanto à declaração de abertura da avaria grossa deverá justificar suas razões ao juiz, que decidirá no prazo de 10 (dez) dias.

§ 2º Se o consignatário não apresentar garantia idônea a critério do regulador, este fixará o valor da contribuição provisória com base nos fatos narrados e nos documentos que instruírem a petição inicial, que deverá ser caucionado sob a forma de depósito judicial ou de garantia bancária.

§ 3º Recusando-se o consignatário a prestar caução, o regulador requererá ao juiz a alienação judicial de sua carga na forma dos arts. 879 a 903.

§ 4º É permitido o levantamento, por alvará, das quantias necessárias ao pagamento das despesas da alienação a serem arcadas pelo consignatário, mantendo-se o saldo remanescente em depósito judicial até o encerramento da regulação.

Art. 709. As partes deverão apresentar nos autos os documentos necessários à regulação da avaria grossa em prazo razoável a ser fixado pelo regulador.

Art. 710. O regulador apresentará o regulamento da avaria grossa no prazo de até 12 (doze) meses, contado da data da entrega dos documentos nos autos pelas partes, podendo o prazo ser estendido a critério do juiz.

§ 1º Oferecido o regulamento da avaria grossa, dele terão vista as partes pelo prazo comum de 15 (quinze) dias, e, não havendo impugnação, o regulamento será homologado por sentença.

§ 2º Havendo impugnação ao regulamento, o juiz decidirá no prazo de 10 (dez) dias, após a oitiva do regulador.

Art. 711. Aplicam-se ao regulador de avarias os arts. 156 a 158, no que couber.

CAPÍTULO XIV
DA RESTAURAÇÃO DE AUTOS

Art. 712. Verificado o desaparecimento dos autos, eletrônicos ou não, pode o juiz, de ofício, qualquer das partes ou o Ministério Público, se for o caso, promover-lhes a restauração.

Parágrafo único. Havendo autos suplementares, nesses prosseguirá o processo.

Art. 713. Na petição inicial, declarará a parte o estado do processo ao tempo do desaparecimento dos autos, oferecendo:

I — certidões dos atos constantes do protocolo de audiências do cartório por onde haja corrido o processo;

II — cópia das peças que tenha em seu poder;

III — qualquer outro documento que facilite a restauração.

Art. 714. A parte contrária será citada para contestar o pedido no prazo de 5 (cinco) dias, cabendo-lhe exibir as cópias, as contrafés e as reproduções dos atos e dos documentos que estiverem em seu poder.

§ 1º Se a parte concordar com a restauração, lavrar-se-á o auto que, assinado pelas partes e homologado pelo juiz, suprirá o processo desaparecido.

§ 2º Se a parte não contestar ou se a concordância for parcial, observar-se-á o procedimento comum.

Art. 715. Se a perda dos autos tiver ocorrido depois da produção das provas em audiência, o juiz, se necessário, mandará repeti-las.

§ 1º Serão reinquiridas as mesmas testemunhas, que, em caso de impossibilidade, poderão ser substituídas de ofício ou a requerimento.

§ 2º Não havendo certidão ou cópia do laudo, far-se-á nova perícia, sempre que possível pelo mesmo perito.

§ 3º Não havendo certidão de documentos, esses serão reconstituídos mediante cópias ou, na falta dessas, pelos meios ordinários de prova.

§ 4º Os serventuários e os auxiliares da justiça não podem eximir-se de depor como testemunhas a respeito de atos que tenham praticado ou assistido.

§ 5º Se o juiz houver proferido sentença da qual ele próprio ou o escrivão possua cópia, esta será juntada aos autos e terá a mesma autoridade da original.

Art. 716. Julgada a restauração, seguirá o processo os seus termos.

Parágrafo único. Aparecendo os autos originais, neles se prosseguirá, sendo-lhes apensados os autos da restauração.

Art. 717. Se o desaparecimento dos autos tiver ocorrido no tribunal, o processo de restauração será distribuído, sempre que possível, ao relator do processo.

§ 1º A restauração far-se-á no juízo de origem quanto aos atos nele realizados.

§ 2º Remetidos os autos ao tribunal, nele completar-se-á a restauração e proceder-se-á ao julgamento.

Art. 718. Quem houver dado causa ao desaparecimento dos autos responderá pelas custas da restauração e pelos honorários de advogado, sem prejuízo da responsabilidade civil ou penal em que incorrer.

CAPÍTULO XV
DOS PROCEDIMENTOS DE JURISDIÇÃO VOLUNTÁRIA

Seção I
Disposições Gerais

Art. 719. Quando este Código não estabelecer procedimento especial, regem os procedimentos de jurisdição voluntária as disposições constantes desta Seção.

Art. 720. O procedimento terá início por provocação do interessado, do Ministério Público ou da Defensoria Pública, cabendo-lhes formular o pedido devidamente instruído com os documentos necessários e com a indicação da providência judicial.

Art. 721. Serão citados todos os interessados, bem como intimado o Ministério Público, nos casos do art. 178, para que se manifestem, querendo, no prazo de 15 (quinze) dias.

Art. 722. A Fazenda Pública será sempre ouvida nos casos em que tiver interesse.

Art. 723. O juiz decidirá o pedido no prazo de 10 (dez) dias.

Parágrafo único. O juiz não é obrigado a observar critério de legalidade estrita, podendo adotar em cada caso a solução que considerar mais conveniente ou oportuna.

Art. 724. Da sentença caberá apelação.

Art. 725. Processar-se-á na forma estabelecida nesta Seção o pedido de:

I — emancipação;

II — sub-rogação;

III — alienação, arrendamento ou oneração de bens de crianças ou adolescentes, de órfãos e de interditos;

IV — alienação, locação e administração da coisa comum;

V — alienação de quinhão em coisa comum;

VI — extinção de usufruto, quando não decorrer da morte do usufrutuário, do termo da sua duração ou da consolidação, e de fideicomisso, quando decorrer de renúncia ou quando ocorrer antes do evento que caracterizar a condição resolutória;

VII — expedição de alvará judicial;

VIII — homologação de autocomposição extrajudicial, de qualquer natureza ou valor.

Parágrafo único. As normas desta Seção aplicam-se, no que couber, aos procedimentos regulados nas seções seguintes.

Seção II
Da Notificação e da Interpelação

Art. 726. Quem tiver interesse em manifestar formalmente sua vontade a outrem sobre assunto juridicamente relevante poderá notificar pessoas participantes da mesma relação jurídica para dar-lhes ciência de seu propósito.

§ 1º Se a pretensão for a de dar conhecimento geral ao público, mediante edital, o juiz só a deferirá se tiver por fundada e necessária ao resguardo de direito.

§ 2º Aplica-se o disposto nesta Seção, no que couber, ao protesto judicial.

Art. 727. Também poderá o interessado interpelar o requerido, no caso do art. 726, para que faça ou deixe de fazer o que o requerente entenda ser de seu direito.

Art. 728. O requerido será previamente ouvido antes do deferimento da notificação ou do respectivo edital:

I — se houver suspeita de que o requerente, por meio da notificação ou do edital, pretende alcançar fim ilícito;

II — se tiver sido requerida a averbação da notificação em registro público.

Art. 729. Deferida e realizada a notificação ou interpelação, os autos serão entregues ao requerente.

Seção III
Da Alienação Judicial

Art. 730. Nos casos expressos em lei, não havendo acordo entre os interessados sobre o modo como se deve realizar a alienação do bem, o juiz, de ofício ou a requerimento dos interessados ou do depositário, mandará aliená-lo em leilão, observando-se o disposto na Seção I deste Capítulo e, no que couber, o disposto nos arts. 879 a 903.

Seção IV
Do Divórcio e da Separação Consensuais, da Extinção Consensual de União Estável e da Alteração do Regime de Bens do Matrimônio

Art. 731. A homologação do divórcio ou da separação consensuais, observados os requisitos legais, poderá ser

requerida em petição assinada por ambos os cônjuges, da qual constarão:

I — as disposições relativas à descrição e à partilha dos bens comuns;

II — as disposições relativas à pensão alimentícia entre os cônjuges;

III — o acordo relativo à guarda dos filhos incapazes e ao regime de visitas; e

IV — o valor da contribuição para criar e educar os filhos.

Parágrafo único. Se os cônjuges não acordarem sobre a partilha dos bens, far-se-á esta depois de homologado o divórcio, na forma estabelecida nos arts. 647 a 658.

Art. 732. As disposições relativas ao processo de homologação judicial de divórcio ou de separação consensuais aplicam-se, no que couber, ao processo de homologação da extinção consensual de união estável.

Art. 733. O divórcio consensual, a separação consensual e a extinção consensual de união estável, não havendo nascituro ou filhos incapazes e observados os requisitos legais, poderão ser realizados por escritura pública, da qual constarão as disposições de que trata o art. 731.

§ 1º A escritura não depende de homologação judicial e constitui título hábil para qualquer ato de registro, bem como para levantamento de importância depositada em instituições financeiras.

§ 2º O tabelião somente lavrará a escritura se os interessados estiverem assistidos por advogado ou por defensor público, cuja qualificação e assinatura constarão do ato notarial.

Art. 734. A alteração do regime de bens do casamento, observados os requisitos legais, poderá ser requerida, motivadamente, em petição assinada por ambos os cônjuges, na qual serão expostas as razões que justificam a alteração, ressalvados os direitos de terceiros.

§ 1º Ao receber a petição inicial, o juiz determinará a intimação do Ministério Público e a publicação de edital que divulgue a pretendida alteração de bens, somente podendo decidir depois de decorrido o prazo de 30 (trinta) dias da publicação do edital.

§ 2º Os cônjuges, na petição inicial ou em petição avulsa, podem propor ao juiz meio alternativo de divulgação da alteração do regime de bens, a fim de resguardar direitos de terceiros.

§ 3º Após o trânsito em julgado da sentença, serão expedidos mandados de averbação aos cartórios de registro civil e de imóveis e, caso qualquer dos cônjuges seja empresário, ao Registro Público de Empresas Mercantis e Atividades Afins.

Seção V
Dos Testamentos e dos Codicilos

Art. 735. Recebendo testamento cerrado, o juiz, se não achar vício externo que o torne suspeito de nulidade ou falsidade, o abrirá e mandará que o escrivão o leia em presença do apresentante.

§ 1º Do termo de abertura constarão o nome do apresentante e como ele obteve o testamento, a data e o lugar do falecimento do testador, com as respectivas provas, e qualquer circunstância digna de nota.

§ 2º Depois de ouvido o Ministério Público, não havendo dúvidas a serem esclarecidas, o juiz mandará registrar, arquivar e cumprir o testamento.

§ 3º Feito o registro, será intimado o testamenteiro para assinar o termo da testamentária.

§ 4º Se não houver testamenteiro nomeado ou se ele estiver ausente ou não aceitar o encargo, o juiz nomeará testamenteiro dativo, observando-se a preferência legal.

§ 5º O testamenteiro deverá cumprir as disposições testamentárias e prestar contas em juízo do que recebeu e despendeu, observando-se o disposto em lei.

Art. 736. Qualquer interessado, exibindo o traslado ou a certidão de testamento público, poderá requerer ao juiz que ordene o seu cumprimento, observando-se, no que couber, o disposto nos parágrafos do art. 735.

Art. 737. A publicação do testamento particular poderá ser requerida, depois da morte do testador, pelo herdeiro, pelo legatário ou pelo testamenteiro, bem como pelo terceiro detentor do testamento, se impossibilitado de entregá-lo a algum dos outros legitimados para requerê-la.

§ 1º Serão intimados os herdeiros que não tiverem requerido a publicação do testamento.

§ 2º Verificando a presença dos requisitos da lei, ouvido o Ministério Público, o juiz confirmará o testamento.

§ 3º Aplica-se o disposto neste artigo ao codicilo e aos testamentos marítimo, aeronáutico, militar e nuncupativo.

§ 4º Observar-se-á, no cumprimento do testamento, o disposto nos parágrafos do art. 735.

Seção VI
Da Herança Jacente

Art. 738. Nos casos em que a lei considere jacente a herança, o juiz em cuja comarca tiver domicílio o falecido procederá imediatamente à arrecadação dos respectivos bens.

Art. 739. A herança jacente ficará sob a guarda, a conservação e a administração de um curador até a respectiva entrega ao sucessor legalmente habilitado ou até a declaração de vacância.

§ 1º Incumbe ao curador:

I — representar a herança em juízo ou fora dele, com intervenção do Ministério Público;

II — ter em boa guarda e conservação os bens arrecadados e promover a arrecadação de outros porventura existentes;

III — executar as medidas conservatórias dos direitos da herança;

IV — apresentar mensalmente ao juiz balancete da receita e da despesa;

V — prestar contas ao final de sua gestão.

§ 2º Aplica-se ao curador o disposto nos arts. 159 a 161.

Art. 740. O juiz ordenará que o oficial de justiça, acompanhado do escrivão ou do chefe de secretaria e do curador, arrole os bens e descreva-os em auto circunstanciado.

§ 1º Não podendo comparecer ao local, o juiz requisitará à autoridade policial que proceda à arrecadação e ao arrolamento dos bens, com 2 (duas) testemunhas, que assistirão às diligências.

§ 2º Não estando ainda nomeado o curador, o juiz designará depositário e lhe entregará os bens, mediante simples termo nos autos, depois de compromissado.

§ 3º Durante a arrecadação, o juiz ou a autoridade policial inquirirá os moradores da casa e da vizinhança sobre a qualificação do falecido, o paradeiro de seus sucessores e a existência de outros bens, lavrando-se de tudo auto de inquirição e informação.

§ 4º O juiz examinará reservadamente os papéis, as cartas missivas e os livros domésticos e, verificando que não apresentam interesse, mandará empacotá-los e lacrá-los para serem assim entregues aos sucessores do falecido ou queimados quando os bens forem declarados vacantes.

§ 5º Se constar ao juiz a existência de bens em outra comarca, mandará expedir carta precatória a fim de serem arrecadados.

§ 6º Não se fará a arrecadação, ou essa será suspensa, quando, iniciada, apresentarem-se para reclamar os bens o cônjuge ou companheiro, o herdeiro ou o testamenteiro notoriamente reconhecido e não houver oposição motivada do curador, de qualquer interessado, do Ministério Público ou do representante da Fazenda Pública.

Art. 741. Ultimada a arrecadação, o juiz mandará expedir edital, que será publicado na rede mundial de computadores, no sítio do tribunal a que estiver vinculado o juízo e na plataforma de editais do Conselho Nacional de Justiça, onde permanecerá por 3 (três) meses, ou, não havendo sítio, no órgão oficial e na imprensa da comarca, por 3 (três) vezes com intervalos de 1 (um) mês, para que os sucessores do falecido venham a habilitar-se no prazo de 6 (seis) meses contado da primeira publicação.

§ 1º Verificada a existência de sucessor ou de testamenteiro em lugar certo, far-se-á a sua citação, sem prejuízo do edital.

§ 2º Quando o falecido for estrangeiro, será também comunicado o fato à autoridade consular.

§ 3º Julgada a habilitação do herdeiro, reconhecida a qualidade do testamenteiro ou provada a identidade do cônjuge ou companheiro, a arrecadação converter-se-á em inventário.

§ 4º Os credores da herança poderão habilitar-se como nos inventários ou propor a ação de cobrança.

Art. 742. O juiz poderá autorizar a alienação:

I — de bens móveis, se forem de conservação difícil ou dispendiosa;

II — de semoventes, quando não empregados na exploração de alguma indústria;

III — de títulos e papéis de crédito, havendo fundado receio de depreciação;

IV — de ações de sociedade quando, reclamada a integralização, não dispuser a herança de dinheiro para o pagamento;

V — de bens imóveis:

a) se ameaçarem ruína, não convindo a reparação;

b) se estiverem hipotecados e vencer-se a dívida, não havendo dinheiro para o pagamento.

§ 1º Não se procederá, entretanto, à venda se a Fazenda Pública ou o habilitando adiantar a importância para as despesas.

§ 2º Os bens com valor de afeição, como retratos, objetos de uso pessoal, livros e obras de arte, só serão alienados depois de declarada a vacância da herança.

Art. 743. Passado 1 (um) ano da primeira publicação do edital e não havendo herdeiro habilitado nem habilitação pendente, será a herança declarada vacante.

§ 1º Pendendo habilitação, a vacância será declarada pela mesma sentença que a julgar improcedente, aguardando-se, no caso de serem diversas as habilitações, o julgamento da última.

§ 2º Transitada em julgado a sentença que declarou a vacância, o cônjuge, o companheiro, os herdeiros e os credores só poderão reclamar o seu direito por ação direta.

Seção VII
Dos Bens dos Ausentes

Art. 744. Declarada a ausência nos casos previstos em lei, o juiz mandará arrecadar os bens do ausente e nomear-lhes-á curador na forma estabelecida na Seção VI, observando-se o disposto em lei.

Art. 745. Feita a arrecadação, o juiz mandará publicar editais na rede mundial de computadores, no sítio do tribunal a que estiver vinculado e na plataforma de editais do Conselho Nacional de Justiça, onde permanecerá por 1 (um) ano, ou, não havendo sítio, no órgão oficial e na imprensa da comarca, durante 1 (um) ano, reproduzida de 2 (dois) em 2 (dois) meses, anunciando a arrecadação e chamando o ausente a entrar na posse de seus bens.

§ 1º Findo o prazo previsto no edital, poderão os interessados requerer a abertura da sucessão provisória, observando-se o disposto em lei.

§ 2º O interessado, ao requerer a abertura da sucessão provisória, pedirá a citação pessoal dos herdeiros presentes e do curador e, por editais, a dos ausentes para requererem habilitação, na forma dos arts. 689 a 692.

§ 3º Presentes os requisitos legais, poderá ser requerida a conversão da sucessão provisória em definitiva.

§ 4º Regressando o ausente ou algum de seus descendentes ou ascendentes para requerer ao juiz a entrega de bens, serão citados para contestar o pedido os sucessores provisórios ou definitivos, o Ministério Público e o representante da Fazenda Pública, seguindo-se o procedimento comum.

Seção VIII
Das Coisas Vagas

Art. 746. Recebendo do descobridor coisa alheia perdida, o juiz mandará lavrar o respectivo auto, do qual constará a descrição do bem e as declarações do descobridor.

§ 1º Recebida a coisa por autoridade policial, esta a remeterá em seguida ao juízo competente.

§ 2º Depositada a coisa, o juiz mandará publicar edital na rede mundial de computadores, no sítio do tribunal a que estiver vinculado e na plataforma de editais do Conselho Nacional de Justiça ou, não havendo sítio, no órgão oficial e na imprensa da comarca, para que o dono ou o legítimo possuidor a reclame, salvo se se tratar de coisa de pequeno valor e não for possível a publicação no sítio do tribunal, caso em que o edital será apenas afixado no átrio do edifício do fórum.

§ 3º Observar-se-á, quanto ao mais, o disposto em lei.

Seção IX
Da Interdição

Art. 747. A interdição pode ser promovida:

I — pelo cônjuge ou companheiro;

II — pelos parentes ou tutores;

III — pelo representante da entidade em que se encontra abrigado o interditando;

IV — pelo Ministério Público.

Parágrafo único. A legitimidade deverá ser comprovada por documentação que acompanhe a petição inicial.

Art. 748. O Ministério Público só promoverá interdição em caso de doença mental grave:

I — se as pessoas designadas nos incisos I, II e III do art. 747 não existirem ou não promoverem a interdição;

II — se, existindo, forem incapazes as pessoas mencionadas nos incisos I e II do art. 747.

Art. 749. Incumbe ao autor, na petição inicial, especificar os fatos que demonstram a incapacidade do interditando para administrar seus bens e, se for o caso, para praticar atos da vida civil, bem como o momento em que a incapacidade se revelou.

Parágrafo único. Justificada a urgência, o juiz pode nomear curador provisório ao interditando para a prática de determinados atos.

Art. 750. O requerente deverá juntar laudo médico para fazer prova de suas alegações ou informar a impossibilidade de fazê-lo.

Art. 751. O interditando será citado para, em dia designado, comparecer perante o juiz, que o entrevistará minuciosamente acerca de sua vida, negócios, bens, vontades, preferências e laços familiares e afetivos e sobre o que mais lhe parecer necessário para convencimento quanto à sua capacidade para praticar atos da vida civil, devendo ser reduzidas a termo as perguntas e respostas.

§ 1º Não podendo o interditando deslocar-se, o juiz o ouvirá no local onde estiver.

§ 2º A entrevista poderá ser acompanhada por especialista.

§ 3º Durante a entrevista, é assegurado o emprego de recursos tecnológicos capazes de permitir ou de auxiliar o interditando a expressar suas vontades e preferências e a responder às perguntas formuladas.

§ 4º A critério do juiz, poderá ser requisitada a oitiva de parentes e de pessoas próximas.

Art. 752. Dentro do prazo de 15 (quinze) dias contado da entrevista, o interditando poderá impugnar o pedido.

§ 1º O Ministério Público intervirá como fiscal da ordem jurídica.

§ 2º O interditando poderá constituir advogado, e, caso não o faça, deverá ser nomeado curador especial.

§ 3º Caso o interditando não constitua advogado, o seu cônjuge, companheiro ou qualquer parente sucessível poderá intervir como assistente.

Art. 753. Decorrido o prazo previsto no art. 752, o juiz determinará a produção de prova pericial para avaliação da capacidade do interditando para praticar atos da vida civil.

§ 1º A perícia pode ser realizada por equipe composta por expertos com formação multidisciplinar.

§ 2º O laudo pericial indicará especificadamente, se for o caso, os atos para os quais haverá necessidade de curatela.

Art. 754. Apresentado o laudo, produzidas as demais provas e ouvidos os interessados, o juiz proferirá sentença.

Art. 755. Na sentença que decretar a interdição, o juiz:

I — nomeará curador, que poderá ser o requerente da interdição, e fixará os limites da curatela, segundo o estado e o desenvolvimento mental do interdito;

II — considerará as características pessoais do interdito, observando suas potencialidades, habilidades, vontades e preferências.

§ 1º A curatela deve ser atribuída a quem melhor possa atender aos interesses do curatelado.

§ 2º Havendo, ao tempo da interdição, pessoa incapaz sob a guarda e a responsabilidade do interdito, o juiz atribuirá a curatela a quem melhor puder atender aos interesses do interdito e do incapaz.

§ 3º-A sentença de interdição será inscrita no registro de pessoas naturais e imediatamente publicada na rede mundial de computadores, no sítio do tribunal a que estiver vinculado o juízo e na plataforma de editais do Conselho Nacional de Justiça, onde permanecerá por 6 (seis) meses, na imprensa local, 1 (uma) vez, e no órgão oficial, por 3 (três) vezes, com intervalo de 10 (dez) dias, constando do edital os nomes do interdito e do curador, a causa da interdição, os limites da curatela e, não sendo total a interdição, os atos que o interdito poderá praticar autonomamente.

Art. 756. Levantar-se-á a curatela quando cessar a causa que a determinou.

§ 1º O pedido de levantamento da curatela poderá ser feito pelo interdito, pelo curador ou pelo Ministério Público e será apensado aos autos da interdição.

§ 2º O juiz nomeará perito ou equipe multidisciplinar para proceder ao exame do interdito e designará audiência de instrução e julgamento após a apresentação do laudo.

§ 3º Acolhido o pedido, o juiz decretará o levantamento da interdição e determinará a publicação da sentença, após o trânsito em julgado, na forma do art. 755, § 3º, ou, não sendo possível, na imprensa local e no órgão oficial, por 3 (três) vezes, com intervalo de 10 (dez) dias, seguindo-se a averbação no registro de pessoas naturais.

§ 4º A interdição poderá ser levantada parcialmente quando demonstrada a capacidade do interdito para praticar alguns atos da vida civil.

Art. 757. A autoridade do curador estende-se à pessoa e aos bens do incapaz que se encontrar sob a guarda e a responsabilidade do curatelado ao tempo da interdição, salvo se o juiz considerar outra solução como mais conveniente aos interesses do incapaz.

Art. 758. O curador deverá buscar tratamento e apoio apropriados à conquista da autonomia pelo interdito.

Seção X
Disposições Comuns à Tutela e à Curatela

Art. 759. O tutor ou o curador será intimado a prestar compromisso no prazo de 5 (cinco) dias contado da:

I — nomeação feita em conformidade com a lei;

II — intimação do despacho que mandar cumprir o testamento ou o instrumento público que o houver instituído.

§ 1º O tutor ou o curador prestará o compromisso por termo em livro rubricado pelo juiz.

§ 2º Prestado o compromisso, o tutor ou o curador assume a administração dos bens do tutelado ou do interditando.

Art. 760. O tutor ou o curador poderá eximir-se do encargo apresentando escusa ao juiz no prazo de 5 (cinco) dias contado:

I — antes de aceitar o encargo, da intimação para prestar compromisso;

II — depois de entrar em exercício, do dia em que sobrevier o motivo da escusa.

§ 1º Não sendo requerida a escusa no prazo estabelecido neste artigo, considerar-se-á renunciado o direito de alegá-la.

§ 2º O juiz decidirá de plano o pedido de escusa, e, não o admitindo, exercerá o nomeado a tutela ou a curatela

enquanto não for dispensado por sentença transitada em julgado.

Art. 761. Incumbe ao Ministério Público ou a quem tenha legítimo interesse requerer, nos casos previstos em lei, a remoção do tutor ou do curador.

Parágrafo único. O tutor ou o curador será citado para contestar a arguição no prazo de 5 (cinco) dias, findo o qual observar-se-á o procedimento comum.

Art. 762. Em caso de extrema gravidade, o juiz poderá suspender o tutor ou o curador do exercício de suas funções, nomeando substituto interino.

Art. 763. Cessando as funções do tutor ou do curador pelo decurso do prazo em que era obrigado a servir, ser-lhe-á lícito requerer a exoneração do encargo.

§ 1º Caso o tutor ou o curador não requeira a exoneração do encargo dentro dos 10 (dez) dias seguintes à expiração do termo, entender-se-á reconduzido, salvo se o juiz o dispensar.

§ 2º Cessada a tutela ou a curatela, é indispensável a prestação de contas pelo tutor ou pelo curador, na forma da lei civil.

Seção XI
Da Organização e da Fiscalização das Fundações

Art. 764. O juiz decidirá sobre a aprovação do estatuto das fundações e de suas alterações sempre que o requeira o interessado, quando:

I — ela for negada previamente pelo Ministério Público ou por este forem exigidas modificações com as quais o interessado não concorde;

II — o interessado discordar do estatuto elaborado pelo Ministério Público.

§ 1º O estatuto das fundações deve observar o disposto na Lei n. 10.406, de 10 de janeiro de 2002 (Código Civil).

§ 2º Antes de suprir a aprovação, o juiz poderá mandar fazer no estatuto modificações a fim de adaptá-lo ao objetivo do instituidor.

Art. 765. Qualquer interessado ou o Ministério Público promoverá em juízo a extinção da fundação quando:

I — se tornar ilícito o seu objeto;
II — for impossível a sua manutenção;
III — vencer o prazo de sua existência.

Seção XII
Da Ratificação dos Protestos Marítimos e dos Processos Testemunháveis Formados a Bordo

Art. 766. Todos os protestos e os processos testemunháveis formados a bordo e lançados no livro Diário da Navegação deverão ser apresentados pelo comandante ao juiz de direito do primeiro porto, nas primeiras 24 (vinte e quatro) horas de chegada da embarcação, para sua ratificação judicial.

Art. 767. A petição inicial conterá a transcrição dos termos lançados no livro Diário da Navegação e deverá ser instruída com cópias das páginas que contenham os termos que serão ratificados, dos documentos de identificação do comandante e das testemunhas arroladas, do rol de tripulantes, do documento de registro da embarcação e, quando for o caso, do manifesto das cargas sinistradas e a qualificação de seus consignatários, traduzidos, quando for o caso, de forma livre para o português.

Art. 768. A petição inicial deverá ser distribuída com urgência e encaminhada ao juiz, que ouvirá, sob compromisso a ser prestado no mesmo dia, o comandante e as testemunhas em número mínimo de 2 (duas) e máximo de 4 (quatro), que deverão comparecer ao ato independentemente de intimação.

§ 1º Tratando-se de estrangeiros que não dominem a língua portuguesa, o autor deverá fazer-se acompanhar por tradutor, que prestará compromisso em audiência.

§ 2º Caso o autor não se faça acompanhar por tradutor, o juiz deverá nomear outro que preste compromisso em audiência.

Art. 769. Aberta a audiência, o juiz mandará apregoar os consignatários das cargas indicadas na petição inicial e outros eventuais interessados, nomeando para os ausentes curador para o ato.

Art. 770. Inquiridos o comandante e as testemunhas, o juiz, convencido da veracidade dos termos lançados no Diário da Navegação, em audiência, ratificará por sentença o protesto ou o processo testemunhável lavrado a bordo, dispensado o relatório.

Parágrafo único. Independentemente do trânsito em julgado, o juiz determinará a entrega dos autos ao autor ou ao seu advogado, mediante a apresentação de traslado.

LIVRO II
DO PROCESSO DE EXECUÇÃO

TÍTULO I
DA EXECUÇÃO EM GERAL

CAPÍTULO I
DISPOSIÇÕES GERAIS

Art. 771. Este Livro regula o procedimento da execução fundada em título extrajudicial, e suas disposições aplicam-se, também, no que couber, aos procedimentos especiais de execução, aos atos executivos realizados no procedimento de cumprimento de sentença, bem como aos efeitos de atos ou fatos processuais a que a lei atribuir força executiva.

Parágrafo único. Aplicam-se subsidiariamente à execução as disposições do Livro I da Parte Especial.

Art. 772. O juiz pode, em qualquer momento do processo:

I — ordenar o comparecimento das partes;

II — advertir o executado de que seu procedimento constitui ato atentatório à dignidade da justiça;

III — determinar que sujeitos indicados pelo exequente forneçam informações em geral relacionadas ao objeto da execução, tais como documentos e dados que tenham em seu poder, assinando-lhes prazo razoável.

Art. 773. O juiz poderá, de ofício ou a requerimento, determinar as medidas necessárias ao cumprimento da ordem de entrega de documentos e dados.

Parágrafo único. Quando, em decorrência do disposto neste artigo, o juízo receber dados sigilosos para os fins da execução, o juiz adotará as medidas necessárias para assegurar a confidencialidade.

Art. 774. Considera-se atentatória à dignidade da justiça a conduta comissiva ou omissiva do executado que:

I — frauda a execução;

II — se opõe maliciosamente à execução, empregando ardis e meios artificiosos;

III — dificulta ou embaraça a realização da penhora;

IV — resiste injustificadamente às ordens judiciais;

V — intimado, não indica ao juiz quais são e onde estão os bens sujeitos à penhora e os respectivos valores, nem exibe prova de sua propriedade e, se for o caso, certidão negativa de ônus.

Parágrafo único. Nos casos previstos neste artigo, o juiz fixará multa em montante não superior a vinte por cento do valor atualizado do débito em execução, a qual será revertida em proveito do exequente, exigível nos próprios autos do processo, sem prejuízo de outras sanções de natureza processual ou material.

Art. 775. O exequente tem o direito de desistir de toda a execução ou de apenas alguma medida executiva.

Parágrafo único. Na desistência da execução, observar-se-á o seguinte:

I — serão extintos a impugnação e os embargos que versarem apenas sobre questões processuais, pagando o exequente as custas processuais e os honorários advocatícios;

II — nos demais casos, a extinção dependerá da concordância do impugnante ou do embargante.

Art. 776. O exequente ressarcirá ao executado os danos que este sofreu, quando a sentença, transitada em julgado, declarar inexistente, no todo ou em parte, a obrigação que ensejou a execução.

Art. 777. A cobrança de multas ou de indenizações decorrentes de litigância de má-fé ou de prática de ato atentatório à dignidade da justiça será promovida nos próprios autos do processo.

CAPÍTULO II
DAS PARTES

Art. 778. Pode promover a execução forçada o credor a quem a lei confere título executivo.

§ 1º Podem promover a execução forçada ou nela prosseguir, em sucessão ao exequente originário:

I — o Ministério Público, nos casos previstos em lei;

II — o espólio, os herdeiros ou os sucessores do credor, sempre que, por morte deste, lhes for transmitido o direito resultante do título executivo;

III — o cessionário, quando o direito resultante do título executivo lhe for transferido por ato entre vivos;

IV — o sub-rogado, nos casos de sub-rogação legal ou convencional.

§ 2º A sucessão prevista no § 1º independe de consentimento do executado.

Art. 779. A execução pode ser promovida contra:

I — o devedor, reconhecido como tal no título executivo;

II — o espólio, os herdeiros ou os sucessores do devedor;

III — o novo devedor que assumiu, com o consentimento do credor, a obrigação resultante do título executivo;

IV — o fiador do débito constante em título extrajudicial;

V — o responsável titular do bem vinculado por garantia real ao pagamento do débito;

VI — o responsável tributário, assim definido em lei.

Art. 780. O exequente pode cumular várias execuções, ainda que fundadas em títulos diferentes, quando o executado for o mesmo e desde que para todas elas seja competente o mesmo juízo e idêntico o procedimento.

CAPÍTULO III
DA COMPETÊNCIA

Art. 781. A execução fundada em título extrajudicial será processada perante o juízo competente, observando-se o seguinte:

I — a execução poderá ser proposta no foro de domicílio do executado, de eleição constante do título ou, ainda, de situação dos bens a ela sujeitos;

II — tendo mais de um domicílio, o executado poderá ser demandado no foro de qualquer deles;

III — sendo incerto ou desconhecido o domicílio do executado, a execução poderá ser proposta no lugar onde for encontrado ou no foro de domicílio do exequente;

IV — havendo mais de um devedor, com diferentes domicílios, a execução será proposta no foro de qualquer deles, à escolha do exequente;

V — a execução poderá ser proposta no foro do lugar em que se praticou o ato ou em que ocorreu o fato que deu origem ao título, mesmo que nele não mais resida o executado.

Art. 782. Não dispondo a lei de modo diverso, o juiz determinará os atos executivos, e o oficial de justiça os cumprirá.

§ 1º O oficial de justiça poderá cumprir os atos executivos determinados pelo juiz também nas comarcas contíguas, de fácil comunicação, e nas que se situem na mesma região metropolitana.

§ 2º Sempre que, para efetivar a execução, for necessário o emprego de força policial, o juiz a requisitará.

§ 3º A requerimento da parte, o juiz pode determinar a inclusão do nome do executado em cadastros de inadimplentes.

§ 4º A inscrição será cancelada imediatamente se for efetuado o pagamento, se for garantida a execução ou se a execução for extinta por qualquer outro motivo.

§ 5º O disposto nos §§ 3º e 4º aplica-se à execução definitiva de título judicial.

CAPÍTULO IV
DOS REQUISITOS NECESSÁRIOS PARA REALIZAR QUALQUER EXECUÇÃO

Seção I
Do Título Executivo

Art. 783. A execução para cobrança de crédito fundar-se-á sempre em título de obrigação certa, líquida e exigível.

Art. 784. São títulos executivos extrajudiciais:

I — a letra de câmbio, a nota promissória, a duplicata, a debênture e o cheque;

II — a escritura pública ou outro documento público assinado pelo devedor;

III — o documento particular assinado pelo devedor e por 2 (duas) testemunhas;

IV — o instrumento de transação referendado pelo Ministério Público, pela Defensoria Pública, pela Advocacia Pública, pelos advogados dos transatores ou por conciliador ou mediador credenciado por tribunal;

V — o contrato garantido por hipoteca, penhor, anticrese ou outro direito real de garantia e aquele garantido por caução;

VI — o contrato de seguro de vida em caso de morte;

VII — o crédito decorrente de foro e laudêmio;

VIII — o crédito, documentalmente comprovado, decorrente de aluguel de imóvel, bem como de encargos acessórios, tais como taxas e despesas de condomínio;

IX — a certidão de dívida ativa da Fazenda Pública da União, dos Estados, do Distrito Federal e dos Municípios, correspondente aos créditos inscritos na forma da lei;

X — o crédito referente às contribuições ordinárias ou extraordinárias de condomínio edilício, previstas na respectiva convenção ou aprovadas em assembleia geral, desde que documentalmente comprovadas;

XI — a certidão expedida por serventia notarial ou de registro relativa a valores de emolumentos e demais despesas devidas pelos atos por ela praticados, fixados nas tabelas estabelecidas em lei;

XII — todos os demais títulos aos quais, por disposição expressa, a lei atribuir força executiva.

§ 1º A propositura de qualquer ação relativa a débito constante de título executivo não inibe o credor de promover-lhe a execução.

§ 2º Os títulos executivos extrajudiciais oriundos de país estrangeiro não dependem de homologação para serem executados.

§ 3º O título estrangeiro só terá eficácia executiva quando satisfeitos os requisitos de formação exigidos pela lei do lugar de sua celebração e quando o Brasil for indicado como o lugar de cumprimento da obrigação.

Art. 785. A existência de título executivo extrajudicial não impede a parte de optar pelo processo de conhecimento, a fim de obter título executivo judicial.

Seção II
Da Exigibilidade da Obrigação

Art. 786. A execução pode ser instaurada caso o devedor não satisfaça a obrigação certa, líquida e exigível consubstanciada em título executivo.

Parágrafo único. A necessidade de simples operações aritméticas para apurar o crédito exequendo não retira a liquidez da obrigação constante do título.

Art. 787. Se o devedor não for obrigado a satisfazer sua prestação senão mediante a contraprestação do credor, este deverá provar que a adimpliu ao requerer a execução, sob pena de extinção do processo.

Parágrafo único. O executado poderá eximir-se da obrigação, depositando em juízo a prestação ou a coisa, caso em que o juiz não permitirá que o credor a receba sem cumprir a contraprestação que lhe tocar.

Art. 788. O credor não poderá iniciar a execução ou nela prosseguir se o devedor cumprir a obrigação, mas poderá recusar o recebimento da prestação se ela não corresponder ao direito ou à obrigação estabelecidos no título executivo, caso em que poderá requerer a execução forçada, ressalvado ao devedor o direito de embargá-la.

CAPÍTULO V
DA RESPONSABILIDADE PATRIMONIAL

Art. 789. O devedor responde com todos os seus bens presentes e futuros para o cumprimento de suas obrigações, salvo as restrições estabelecidas em lei.

Art. 790. São sujeitos à execução os bens:

I — do sucessor a título singular, tratando-se de execução fundada em direito real ou obrigação reipersecutória;

II — do sócio, nos termos da lei;

III — do devedor, ainda que em poder de terceiros;

IV — do cônjuge ou companheiro, nos casos em que seus bens próprios ou de sua meação respondem pela dívida;

V — alienados ou gravados com ônus real em fraude à execução;

VI — cuja alienação ou gravação com ônus real tenha sido anulada em razão do reconhecimento, em ação autônoma, de fraude contra credores;

VII — do responsável, nos casos de desconsideração da personalidade jurídica.

Art. 791. Se a execução tiver por objeto obrigação de que seja sujeito passivo o proprietário de terreno submetido ao regime do direito de superfície, ou o superficiário, responderá pela dívida, exclusivamente, o direito real do qual é titular o executado, recaindo a penhora ou outros atos de constrição exclusivamente sobre o terreno, no primeiro caso, ou sobre a construção ou a plantação, no segundo caso.

§ 1º Os atos de constrição a que se refere o *caput* serão averbados separadamente na matrícula do imóvel, com a identificação do executado, do valor do crédito e do objeto sobre o qual recai o gravame, devendo o oficial destacar o bem que responde pela dívida, se o terreno, a construção ou a plantação, de modo a assegurar a publicidade da responsabilidade patrimonial de cada um deles pelas dívidas e pelas obrigações que a eles estão vinculadas.

§ 2º Aplica-se, no que couber, o disposto neste artigo à enfiteuse, à concessão de uso especial para fins de moradia e à concessão de direito real de uso.

Art. 792. A alienação ou a oneração de bem é considerada fraude à execução:

I — quando sobre o bem pender ação fundada em direito real ou com pretensão reipersecutória, desde que a pendência do processo tenha sido averbada no respectivo registro público, se houver;

II — quando tiver sido averbada, no registro do bem, a pendência do processo de execução, na forma do art. 828;

III — quando tiver sido averbado, no registro do bem, hipoteca judiciária ou outro ato de constrição judicial originário do processo onde foi arguida a fraude;

IV — quando, ao tempo da alienação ou da oneração, tramitava contra o devedor ação capaz de reduzi-lo à insolvência;

V — nos demais casos expressos em lei.

§ 1º A alienação em fraude à execução é ineficaz em relação ao exequente.

§ 2º No caso de aquisição de bem não sujeito a registro, o terceiro adquirente tem o ônus de provar que adotou as cautelas necessárias para a aquisição, mediante a exibição das certidões pertinentes, obtidas no domicílio do vendedor e no local onde se encontra o bem.

§ 3º Nos casos de desconsideração da personalidade jurídica, a fraude à execução verifica-se a partir da citação da parte cuja personalidade se pretende desconsiderar.

§ 4º Antes de declarar a fraude à execução, o juiz deverá intimar o terceiro adquirente, que, se quiser, poderá opor embargos de terceiro, no prazo de 15 (quinze) dias.

Art. 793. O exequente que estiver, por direito de retenção, na posse de coisa pertencente ao devedor não poderá promover a execução sobre outros bens senão depois de excutida a coisa que se achar em seu poder.

Art. 794. O fiador, quando executado, tem o direito de exigir que primeiro sejam executados os bens do devedor

situados na mesma comarca, livres e desembargados, indicando-os pormenorizadamente à penhora.

§ 1º Os bens do fiador ficarão sujeitos à execução se os do devedor, situados na mesma comarca que os seus, forem insuficientes à satisfação do direito do credor.

§ 2º O fiador que pagar a dívida poderá executar o afiançado nos autos do mesmo processo.

§ 3º O disposto no *caput* não se aplica se o fiador houver renunciado ao benefício de ordem.

Art. 795. Os bens particulares dos sócios não respondem pelas dívidas da sociedade, senão nos casos previstos em lei.

§ 1º O sócio réu, quando responsável pelo pagamento da dívida da sociedade, tem o direito de exigir que primeiro sejam excutidos os bens da sociedade.

§ 2º Incumbe ao sócio que alegar o benefício do § 1º nomear quantos bens da sociedade situados na mesma comarca, livres e desembargados, bastem para pagar o débito.

§ 3º O sócio que pagar a dívida poderá executar a sociedade nos autos do mesmo processo.

§ 4º Para a desconsideração da personalidade jurídica é obrigatória a observância do incidente previsto neste Código.

Art. 796. O espólio responde pelas dívidas do falecido, mas, feita a partilha, cada herdeiro responde por elas dentro das forças da herança e na proporção da parte que lhe coube.

TÍTULO II
DAS DIVERSAS ESPÉCIES DE EXECUÇÃO

CAPÍTULO I
DISPOSIÇÕES GERAIS

Art. 797. Ressalvado o caso de insolvência do devedor, em que tem lugar o concurso universal, realiza-se a execução no interesse do exequente que adquire, pela penhora, o direito de preferência sobre os bens penhorados.

Parágrafo único. Recaindo mais de uma penhora sobre o mesmo bem, cada exequente conservará o seu título de preferência.

Art. 798. Ao propor a execução, incumbe ao exequente:
I — instruir a petição inicial com:
a) o título executivo extrajudicial;
b) o demonstrativo do débito atualizado até a data de propositura da ação, quando se tratar de execução por quantia certa;
c) a prova de que se verificou a condição ou ocorreu o termo, se for o caso;
d) a prova, se for o caso, de que adimpliu a contraprestação que lhe corresponde ou que lhe assegura o cumprimento, se o executado não for obrigado a satisfazer a sua prestação senão mediante a contraprestação do exequente;
II — indicar:
a) a espécie de execução de sua preferência, quando por mais de um modo puder ser realizada;
b) os nomes completos do exequente e do executado e seus números de inscrição no Cadastro de Pessoas Físicas ou no Cadastro Nacional da Pessoa Jurídica;
c) os bens suscetíveis de penhora, sempre que possível.
Parágrafo único. O demonstrativo do débito deverá conter:
I — o índice de correção monetária adotado;
II — a taxa de juros aplicada;
III — os termos inicial e final de incidência do índice de correção monetária e da taxa de juros utilizados;
IV — a periodicidade da capitalização dos juros, se for o caso;
V — a especificação de desconto obrigatório realizado.

Art. 799. Incumbe ainda ao exequente:
I — requerer a intimação do credor pignoratício, hipotecário, anticrético ou fiduciário, quando a penhora recair sobre bens gravados por penhor, hipoteca, anticrese ou alienação fiduciária;
II — requerer a intimação do titular de usufruto, uso ou habitação, quando a penhora recair sobre bem gravado por usufruto, uso ou habitação;
III — requerer a intimação do promitente comprador, quando a penhora recair sobre bem em relação ao qual haja promessa de compra e venda registrada;
IV — requerer a intimação do promitente vendedor, quando a penhora recair sobre direito aquisitivo derivado de promessa de compra e venda registrada;
V — requerer a intimação do superficiário, enfiteuta ou concessionário, em caso de direito de superfície, enfiteuse, concessão de uso especial para fins de moradia ou concessão de direito real de uso, quando a penhora recair sobre imóvel submetido ao regime do direito de superfície, enfiteuse ou concessão;
VI — requerer a intimação do proprietário de terreno com regime de direito de superfície, enfiteuse, concessão de uso especial para fins de moradia ou concessão de direito real de uso, quando a penhora recair sobre direitos do superficiário, do enfiteuta ou do concessionário;
VII — requerer a intimação da sociedade, no caso de penhora de quota social ou de ação de sociedade anônima fechada, para o fim previsto no art. 876, § 7º;
VIII — pleitear, se for o caso, medidas urgentes;
IX — proceder à averbação em registro público do ato de propositura da execução e dos atos de constrição realizados, para conhecimento de terceiros.

Art. 800. Nas obrigações alternativas, quando a escolha couber ao devedor, esse será citado para exercer a opção e realizar a prestação dentro de 10 (dez) dias, se outro prazo não lhe foi determinado em lei ou em contrato.

§ 1º Devolver-se-á ao credor a opção, se o devedor não a exercer no prazo determinado.

§ 2º A escolha será indicada na petição inicial da execução quando couber ao credor exercê-la.

Art. 801. Verificando que a petição inicial está incompleta ou que não está acompanhada dos documentos indispensáveis à propositura da execução, o juiz determinará que o exequente a corrija, no prazo de 15 (quinze) dias, sob pena de indeferimento.

Art. 802. Na execução, o despacho que ordena a citação, desde que realizada em observância ao disposto no § 2º do art. 240, interrompe a prescrição, ainda que proferido por juízo incompetente.

Parágrafo único. A interrupção da prescrição retroagirá à data de propositura da ação.

Art. 803. É nula a execução se:
I — o título executivo extrajudicial não corresponder a obrigação certa, líquida e exigível;
II — o executado não for regularmente citado;

III — for instaurada antes de se verificar a condição ou de ocorrer o termo.

Parágrafo único. A nulidade de que cuida este artigo será pronunciada pelo juiz, de ofício ou a requerimento da parte, independentemente de embargos à execução.

Art. 804. A alienação de bem gravado por penhor, hipoteca ou anticrese será ineficaz em relação ao credor pignoratício, hipotecário ou anticrético não intimado.

§ 1º A alienação de bem objeto de promessa de compra e venda ou de cessão registrada será ineficaz em relação ao promitente comprador ou ao cessionário não intimado.

§ 2º A alienação de bem sobre o qual tenha sido instituído direito de superfície, seja do solo, da plantação ou da construção, será ineficaz em relação ao concedente ou ao concessionário não intimado.

§ 3º A alienação de direito aquisitivo de bem objeto de promessa de venda, de promessa de cessão ou de alienação fiduciária será ineficaz em relação ao promitente vendedor, ao promitente cedente ou ao proprietário fiduciário não intimado.

§ 4º A alienação de imóvel sobre o qual tenha sido instituída enfiteuse, concessão de uso especial para fins de moradia ou concessão de direito real de uso será ineficaz em relação ao enfiteuta ou ao concessionário não intimado.

§ 5º A alienação de direitos do enfiteuta, do concessionário de direito real de uso ou do concessionário de uso especial para fins de moradia será ineficaz em relação ao proprietário do respectivo imóvel não intimado.

§ 6º A alienação de bem sobre o qual tenha sido instituído usufruto, uso ou habitação será ineficaz em relação ao titular desses direitos reais não intimado.

Art. 805. Quando por vários meios o exequente puder promover a execução, o juiz mandará que se faça pelo modo menos gravoso para o executado.

Parágrafo único. Ao executado que alegar ser a medida executiva mais gravosa incumbe indicar outros meios mais eficazes e menos onerosos, sob pena de manutenção dos atos executivos já determinados.

CAPÍTULO II
DA EXECUÇÃO PARA A ENTREGA DE COISA

Seção I
Da Entrega de Coisa Certa

Art. 806. O devedor de obrigação de entrega de coisa certa, constante de título executivo extrajudicial, será citado para, em 15 (quinze) dias, satisfazer a obrigação.

§ 1º Ao despachar a inicial, o juiz poderá fixar multa por dia de atraso no cumprimento da obrigação, ficando o respectivo valor sujeito a alteração, caso se revele insuficiente ou excessivo.

§ 2º Do mandado de citação constará ordem para imissão na posse ou busca e apreensão, conforme se tratar de bem imóvel ou móvel, cujo cumprimento se dará de imediato, se o executado não satisfizer a obrigação no prazo que lhe foi designado.

Art. 807. Se o executado entregar a coisa, será lavrado o termo respectivo e considerada satisfeita a obrigação, prosseguindo-se a execução para o pagamento de frutos ou o ressarcimento de prejuízos, se houver.

Art. 808. Alienada a coisa quando já litigiosa, será expedido mandado contra o terceiro adquirente, que somente será ouvido após depositá-la.

Art. 809. O exequente tem direito a receber, além de perdas e danos, o valor da coisa, quando essa se deteriorar, não lhe for entregue, não for encontrada ou não for reclamada do poder de terceiro adquirente.

§ 1º Não constando do título o valor da coisa e sendo impossível sua avaliação, o exequente apresentará estimativa, sujeitando-a ao arbitramento judicial.

§ 2º Serão apurados em liquidação o valor da coisa e os prejuízos.

Art. 810. Havendo benfeitorias indenizáveis feitas na coisa pelo executado ou por terceiros de cujo poder ela houver sido tirada, a liquidação prévia é obrigatória.

Parágrafo único. Havendo saldo:

I — em favor do executado ou de terceiros, o exequente o depositará ao requerer a entrega da coisa;

II — em favor do exequente, esse poderá cobrá-lo nos autos do mesmo processo.

Seção II
Da Entrega de Coisa Incerta

Art. 811. Quando a execução recair sobre coisa determinada pelo gênero e pela quantidade, o executado será citado para entregá-la individualizada, se lhe couber a escolha.

Parágrafo único. Se a escolha couber ao exequente, esse deverá indicá-la na petição inicial.

Art. 812. Qualquer das partes poderá, no prazo de 15 (quinze) dias, impugnar a escolha feita pela outra, e o juiz decidirá de plano ou, se necessário, ouvindo perito de sua nomeação.

Art. 813. Aplicar-se-ão à execução para entrega de coisa incerta, no que couber, as disposições da Seção I deste Capítulo.

CAPÍTULO III
DA EXECUÇÃO DAS OBRIGAÇÕES DE FAZER OU DE NÃO FAZER

Seção I
Disposições Comuns

Art. 814. Na execução de obrigação de fazer ou de não fazer fundada em título extrajudicial, ao despachar a inicial, o juiz fixará multa por período de atraso no cumprimento da obrigação e a data a partir da qual será devida.

Parágrafo único. Se o valor da multa estiver previsto no título e for excessivo, o juiz poderá reduzi-lo.

Seção II
Da Obrigação de Fazer

Art. 815. Quando o objeto da execução for obrigação de fazer, o executado será citado para satisfazê-la no prazo que o juiz lhe designar, se outro não estiver determinado no título executivo.

Art. 816. Se o executado não satisfizer a obrigação no prazo designado, é lícito ao exequente, nos próprios autos do processo, requerer a satisfação da obrigação à custa do executado ou perdas e danos, hipótese em que se converterá em indenização.

Parágrafo único. O valor das perdas e danos será apurado em liquidação, seguindo-se a execução para cobrança de quantia certa.

Art. 817. Se a obrigação puder ser satisfeita por terceiro, é lícito ao juiz autorizar, a requerimento do exequente, que aquele a satisfaça à custa do executado.

Parágrafo único. O exequente adiantará as quantias previstas na proposta que, ouvidas as partes, o juiz houver aprovado.

Art. 818. Realizada a prestação, o juiz ouvirá as partes no prazo de 10 (dez) dias e, não havendo impugnação, considerará satisfeita a obrigação.

Parágrafo único. Caso haja impugnação, o juiz a decidirá.

Art. 819. Se o terceiro contratado não realizar a prestação no prazo ou se o fizer de modo incompleto ou defeituoso, poderá o exequente requerer ao juiz, no prazo de 15 (quinze) dias, que o autorize a concluí-la ou a repará-la à custa do contratante.

Parágrafo único. Ouvido o contratante no prazo de 15 (quinze) dias, o juiz mandará avaliar o custo das despesas necessárias e o condenará a pagá-lo.

Art. 820. Se o exequente quiser executar ou mandar executar, sob sua direção e vigilância, as obras e os trabalhos necessários à realização da prestação, terá preferência, em igualdade de condições de oferta, em relação ao terceiro.

Parágrafo único. O direito de preferência deverá ser exercido no prazo de 5 (cinco) dias, após aprovada a proposta do terceiro.

Art. 821. Na obrigação de fazer, quando se convencionar que o executado a satisfaça pessoalmente, o exequente poderá requerer ao juiz que lhe assine prazo para cumpri-la.

Parágrafo único. Havendo recusa ou mora do executado, sua obrigação pessoal será convertida em perdas e danos, caso em que se observará o procedimento de execução por quantia certa.

Seção III
Da Obrigação de Não Fazer

Art. 822. Se o executado praticou ato a cuja abstenção estava obrigado por lei ou por contrato, o exequente requererá ao juiz que assine prazo ao executado para desfazê-lo.

Art. 823. Havendo recusa ou mora do executado, o exequente requererá ao juiz que mande desfazer o ato à custa daquele, que responderá por perdas e danos.

Parágrafo único. Não sendo possível desfazer-se o ato, a obrigação resolve-se em perdas e danos, caso em que, após a liquidação, se observará o procedimento de execução por quantia certa.

CAPÍTULO IV
DA EXECUÇÃO POR QUANTIA CERTA

Seção I
Disposições Gerais

Art. 824. A execução por quantia certa realiza-se pela expropriação de bens do executado, ressalvadas as execuções especiais.

Art. 825. A expropriação consiste em:

I — adjudicação;

II — alienação;

III — apropriação de frutos e rendimentos de empresa ou de estabelecimentos e de outros bens.

Art. 826. Antes de adjudicados ou alienados os bens, o executado pode, a todo tempo, remir a execução, pagando ou consignando a importância atualizada da dívida, acrescida de juros, custas e honorários advocatícios.

Seção II
Da Citação do Devedor e do Arresto

Art. 827. Ao despachar a inicial, o juiz fixará, de plano, os honorários advocatícios de dez por cento, a serem pagos pelo executado.

§ 1º No caso de integral pagamento no prazo de 3 (três) dias, o valor dos honorários advocatícios será reduzido pela metade.

§ 2º O valor dos honorários poderá ser elevado até vinte por cento, quando rejeitados os embargos à execução, podendo a majoração, caso não opostos os embargos, ocorrer ao final do procedimento executivo, levando-se em conta o trabalho realizado pelo advogado do exequente.

Art. 828. O exequente poderá obter certidão de que a execução foi admitida pelo juiz, com identificação das partes e do valor da causa, para fins de averbação no registro de imóveis, de veículos ou de outros bens sujeitos a penhora, arresto ou indisponibilidade.

§ 1º No prazo de 10 (dez) dias de sua concretização, o exequente deverá comunicar ao juízo as averbações efetivadas.

§ 2º Formalizada penhora sobre bens suficientes para cobrir o valor da dívida, o exequente providenciará, no prazo de 10 (dez) dias, o cancelamento das averbações relativas àqueles não penhorados.

§ 3º O juiz determinará o cancelamento das averbações, de ofício ou a requerimento, caso o exequente não o faça no prazo.

§ 4º Presume-se em fraude à execução a alienação ou a oneração de bens efetuada após a averbação.

§ 5º O exequente que promover averbação manifestamente indevida ou não cancelar as averbações nos termos do § 2º indenizará a parte contrária, processando-se o incidente em autos apartados.

Art. 829. O executado será citado para pagar a dívida no prazo de 3 (três) dias, contado da citação.

§ 1º Do mandado de citação constarão, também, a ordem de penhora e a avaliação a serem cumpridas pelo oficial de justiça tão logo verificado o não pagamento no prazo assinalado, de tudo lavrando-se auto, com intimação do executado.

§ 2º A penhora recairá sobre os bens indicados pelo exequente, salvo se outros forem indicados pelo executado e aceitos pelo juiz, mediante demonstração de que a constrição proposta lhe será menos onerosa e não trará prejuízo ao exequente.

Art. 830. Se o oficial de justiça não encontrar o executado, arrestar-lhe-á tantos bens quantos bastem para garantir a execução.

§ 1º Nos 10 (dez) dias seguintes à efetivação do arresto, o oficial de justiça procurará o executado 2 (duas) vezes em dias distintos e, havendo suspeita de ocultação, realizará a citação com hora certa, certificando pormenorizadamente o ocorrido.

§ 2º Incumbe ao exequente requerer a citação por edital, uma vez frustradas a pessoal e a com hora certa.

§ 3º Aperfeiçoada a citação e transcorrido o prazo de pagamento, o arresto converter-se-á em penhora, independentemente de termo.

Seção III
Da Penhora, do Depósito e da Avaliação

Subseção I
Do Objeto da Penhora

Art. 831. A penhora deverá recair sobre tantos bens quantos bastem para o pagamento do principal atualizado, dos juros, das custas e dos honorários advocatícios.

Art. 832. Não estão sujeitos à execução os bens que a lei considera impenhoráveis ou inalienáveis.

Art. 833. São impenhoráveis:

I — os bens inalienáveis e os declarados, por ato voluntário, não sujeitos à execução;

II — os móveis, os pertences e as utilidades domésticas que guarnecem a residência do executado, salvo os de elevado valor ou os que ultrapassem as necessidades comuns correspondentes a um médio padrão de vida;

III — os vestuários, bem como os pertences de uso pessoal do executado, salvo se de elevado valor;

IV — os vencimentos, os subsídios, os soldos, os salários, as remunerações, os proventos de aposentadoria, as pensões, os pecúlios e os montepios, bem como as quantias recebidas por liberalidade de terceiro e destinadas ao sustento do devedor e de sua família, os ganhos de trabalhador autônomo e os honorários de profissional liberal, ressalvado o § 2º;

V — os livros, as máquinas, as ferramentas, os utensílios, os instrumentos ou outros bens móveis necessários ou úteis ao exercício da profissão do executado;

VI — o seguro de vida;

VII — os materiais necessários para obras em andamento, salvo se essas forem penhoradas;

VIII — a pequena propriedade rural, assim definida em lei, desde que trabalhada pela família;

IX — os recursos públicos recebidos por instituições privadas para aplicação compulsória em educação, saúde ou assistência social;

X — a quantia depositada em caderneta de poupança, até o limite de 40 (quarenta) salários-mínimos;

XI — os recursos públicos do fundo partidário recebidos por partido político, nos termos da lei;

XII — os créditos oriundos de alienação de unidades imobiliárias, sob regime de incorporação imobiliária, vinculados à execução da obra.

§ 1º A impenhorabilidade não é oponível à execução de dívida relativa ao próprio bem, inclusive àquela contraída para sua aquisição.

§ 2º O disposto nos incisos IV e X do *caput* não se aplica à hipótese de penhora para pagamento de prestação alimentícia, independentemente de sua origem, bem como às importâncias excedentes a 50 (cinquenta) salários-mínimos mensais, devendo a constrição observar o disposto no art. 528, § 8º, e no art. 529, § 3º.

§ 3º Incluem-se na impenhorabilidade prevista no inciso V do *caput* os equipamentos, os implementos e as máquinas agrícolas pertencentes a pessoa física ou a empresa individual produtora rural, exceto quando tais bens tenham sido objeto de financiamento e estejam vinculados em garantia a negócio jurídico ou quando respondam por dívida de natureza alimentar, trabalhista ou previdenciária.

Art. 834. Podem ser penhorados, à falta de outros bens, os frutos e os rendimentos dos bens inalienáveis.

Art. 835. A penhora observará, preferencialmente, a seguinte ordem:

I — dinheiro, em espécie ou em depósito ou aplicação em instituição financeira;

II — títulos da dívida pública da União, dos Estados e do Distrito Federal com cotação em mercado;

III — títulos e valores mobiliários com cotação em mercado;

IV — veículos de via terrestre;

V — bens imóveis;

VI — bens móveis em geral;

VII — semoventes;

VIII — navios e aeronaves;

IX — ações e quotas de sociedades simples e empresárias;

X — percentual do faturamento de empresa devedora;

XI — pedras e metais preciosos;

XII — direitos aquisitivos derivados de promessa de compra e venda e de alienação fiduciária em garantia;

XIII — outros direitos.

§ 1º É prioritária a penhora em dinheiro, podendo o juiz, nas demais hipóteses, alterar a ordem prevista no *caput* de acordo com as circunstâncias do caso concreto.

§ 2º Para fins de substituição da penhora, equiparam-se a dinheiro a fiança bancária e o seguro garantia judicial, desde que em valor não inferior ao do débito constante da inicial, acrescido de trinta por cento.

§ 3º Na execução de crédito com garantia real, a penhora recairá sobre a coisa dada em garantia, e, se a coisa pertencer a terceiro garantidor, este também será intimado da penhora.

Art. 836. Não se levará a efeito a penhora quando ficar evidente que o produto da execução dos bens encontrados será totalmente absorvido pelo pagamento das custas da execução.

§ 1º Quando não encontrar bens penhoráveis, independentemente de determinação judicial expressa, o oficial de justiça descreverá na certidão os bens que guarnecem a residência ou o estabelecimento do executado, quando este for pessoa jurídica.

§ 2º Elaborada a lista, o executado ou seu representante legal será nomeado depositário provisório de tais bens até ulterior determinação do juiz.

Subseção II
Da Documentação da Penhora, de seu Registro e do Depósito

Art. 837. Obedecidas as normas de segurança instituídas sob critérios uniformes pelo Conselho Nacional de Justiça, a penhora de dinheiro e as averbações de penhoras de bens imóveis e móveis podem ser realizadas por meio eletrônico.

Art. 838. A penhora será realizada mediante auto ou termo, que conterá:

I — a indicação do dia, do mês, do ano e do lugar em que foi feita;

II — os nomes do exequente e do executado;

III — a descrição dos bens penhorados, com as suas características;

IV — a nomeação do depositário dos bens.

Art. 839. Considerar-se-á feita a penhora mediante a apreensão e o depósito dos bens, lavrando-se um só auto se as diligências forem concluídas no mesmo dia.

Parágrafo único. Havendo mais de uma penhora, serão lavrados autos individuais.

Art. 840. Serão preferencialmente depositados:

I — as quantias em dinheiro, os papéis de crédito e as pedras e os metais preciosos, no Banco do Brasil, na Caixa Econômica Federal ou em banco do qual o Estado ou o Distrito Federal possua mais da metade do capital social integralizado, ou, na falta desses estabelecimentos, em qualquer instituição de crédito designada pelo juiz;

II — os móveis, os semoventes, os imóveis urbanos e os direitos aquisitivos sobre imóveis urbanos, em poder do depositário judicial;

III — os imóveis rurais, os direitos aquisitivos sobre imóveis rurais, as máquinas, os utensílios e os instrumentos necessários ou úteis à atividade agrícola, mediante caução idônea, em poder do executado.

§ 1º No caso do inciso II do *caput*, se não houver depositário judicial, os bens ficarão em poder do exequente.

§ 2º Os bens poderão ser depositados em poder do executado nos casos de difícil remoção ou quando anuir o exequente.

§ 3º As joias, as pedras e os objetos preciosos deverão ser depositados com registro do valor estimado de resgate.

Art. 841. Formalizada a penhora por qualquer dos meios legais, dela será imediatamente intimado o executado.

§ 1º A intimação da penhora será feita ao advogado do executado ou à sociedade de advogados a que aquele pertença.

§ 2º Se não houver constituído advogado nos autos, o executado será intimado pessoalmente, de preferência por via postal.

§ 3º O disposto no § 1º não se aplica aos casos de penhora realizada na presença do executado, que se reputa intimado.

§ 4º Considera-se realizada a intimação a que se refere o § 2º quando o executado houver mudado de endereço sem prévia comunicação ao juízo, observado o disposto no parágrafo único do art. 274.

Art. 842. Recaindo a penhora sobre bem imóvel ou direito real sobre imóvel, será intimado também o cônjuge do executado, salvo se forem casados em regime de separação absoluta de bens.

Art. 843. Tratando-se de penhora de bem indivisível, o equivalente à quota-parte do coproprietário ou do cônjuge alheio à execução recairá sobre o produto da alienação do bem.

§ 1º É reservada ao coproprietário ou ao cônjuge não executado a preferência na arrematação do bem em igualdade de condições.

§ 2º Não será levada a efeito expropriação por preço inferior ao da avaliação na qual o valor auferido seja incapaz de garantir, ao coproprietário ou ao cônjuge alheio à execução, o correspondente à sua quota-parte calculado sobre o valor da avaliação.

Art. 844. Para presunção absoluta de conhecimento por terceiros, cabe ao exequente providenciar a averbação do arresto ou da penhora no registro competente, mediante apresentação de cópia do auto ou do termo, independentemente de mandado judicial.

Subseção III
Do Lugar de Realização da Penhora

Art. 845. Efetuar-se-á a penhora onde se encontrem os bens, ainda que sob a posse, a detenção ou a guarda de terceiros.

§ 1º A penhora de imóveis, independentemente de onde se localizem, quando apresentada certidão da respectiva matrícula, e a penhora de veículos automotores, quando apresentada certidão que ateste a sua existência, serão realizadas por termo nos autos.

§ 2º Se o executado não tiver bens no foro do processo, não sendo possível a realização da penhora nos termos do § 1º, a execução será feita por carta, penhorando-se, avaliando-se e alienando-se os bens no foro da situação.

Art. 846. Se o executado fechar as portas da casa a fim de obstar a penhora dos bens, o oficial de justiça comunicará o fato ao juiz, solicitando-lhe ordem de arrombamento.

§ 1º Deferido o pedido, 2 (dois) oficiais de justiça cumprirão o mandado, arrombando cômodos e móveis em que se presuma estarem os bens, e lavrarão de tudo auto circunstanciado, que será assinado por 2 (duas) testemunhas presentes à diligência.

§ 2º Sempre que necessário, o juiz requisitará força policial, a fim de auxiliar os oficiais de justiça na penhora dos bens.

§ 3º Os oficiais de justiça lavrarão em duplicata o auto da ocorrência, entregando uma via ao escrivão ou ao chefe de secretaria, para ser juntada aos autos, e a outra à autoridade policial a quem couber a apuração criminal dos eventuais delitos de desobediência ou de resistência.

§ 4º Do auto da ocorrência constará o rol de testemunhas, com a respectiva qualificação.

Subseção IV
Das Modificações da Penhora

Art. 847. O executado pode, no prazo de 10 (dez) dias contado da intimação da penhora, requerer a substituição do bem penhorado, desde que comprove que lhe será menos onerosa e não trará prejuízo ao exequente.

§ 1º O juiz só autorizará a substituição se o executado:

I — comprovar as respectivas matrículas e os registros por certidão do correspondente ofício, quanto aos bens imóveis;

II — descrever os bens móveis, com todas as suas propriedades e características, bem como o estado deles e o lugar onde se encontram;

III — descrever os semoventes, com indicação de espécie, de número, de marca ou sinal e do local onde se encontram;

IV — identificar os créditos, indicando quem seja o devedor, qual a origem da dívida, o título que a representa e a data do vencimento; e

V — atribuir, em qualquer caso, valor aos bens indicados à penhora, além de especificar os ônus e os encargos a que estejam sujeitos.

§ 2º Requerida a substituição do bem penhorado, o executado deve indicar onde se encontram os bens sujeitos à execução, exibir a prova de sua propriedade e a certi-

dão negativa ou positiva de ônus, bem como abster-se de qualquer atitude que dificulte ou embarace a realização da penhora.

§ 3º O executado somente poderá oferecer bem imóvel em substituição caso o requeira com a expressa anuência do cônjuge, salvo se o regime for o de separação absoluta de bens.

§ 4º O juiz intimará o exequente para manifestar-se sobre o requerimento de substituição do bem penhorado.

Art. 848. As partes poderão requerer a substituição da penhora se:

I — ela não obedecer à ordem legal;

II — ela não incidir sobre os bens designados em lei, contrato ou ato judicial para o pagamento;

III — havendo bens no foro da execução, outros tiverem sido penhorados;

IV — havendo bens livres, ela tiver recaído sobre bens já penhorados ou objeto de gravame;

V — ela incidir sobre bens de baixa liquidez;

VI — fracassar a tentativa de alienação judicial do bem; ou

VII — o executado não indicar o valor dos bens ou omitir qualquer das indicações previstas em lei.

Parágrafo único. A penhora pode ser substituída por fiança bancária ou por seguro garantia judicial, em valor não inferior ao do débito constante da inicial, acrescido de trinta por cento.

Art. 849. Sempre que ocorrer a substituição dos bens inicialmente penhorados, será lavrado novo termo.

Art. 850. Será admitida a redução ou a ampliação da penhora, bem como sua transferência para outros bens, se, no curso do processo, o valor de mercado dos bens penhorados sofrer alteração significativa.

Art. 851. Não se procede à segunda penhora, salvo se:

I — a primeira for anulada;

II — executados os bens, o produto da alienação não bastar para o pagamento do exequente;

III — o exequente desistir da primeira penhora, por serem litigiosos os bens ou por estarem submetidos a constrição judicial.

Art. 852. O juiz determinará a alienação antecipada dos bens penhorados quando:

I — se tratar de veículos automotores, de pedras e metais preciosos e de outros bens móveis sujeitos à depreciação ou à deterioração;

II — houver manifesta vantagem.

Art. 853. Quando uma das partes requerer alguma das medidas previstas nesta Subseção, o juiz ouvirá sempre a outra, no prazo de 3 (três) dias, antes de decidir.

Parágrafo único. O juiz decidirá de plano qualquer questão suscitada.

Subseção V
Da Penhora de Dinheiro em Depósito ou em Aplicação Financeira

Art. 854. Para possibilitar a penhora de dinheiro em depósito ou em aplicação financeira, o juiz, a requerimento do exequente, sem dar ciência prévia do ato ao executado, determinará às instituições financeiras, por meio de sistema eletrônico gerido pela autoridade supervisora do sistema financeiro nacional, que torne indisponíveis ativos financeiros existentes em nome do executado, limitando-se a indisponibilidade ao valor indicado na execução.

§ 1º No prazo de 24 (vinte e quatro) horas a contar da resposta, de ofício, o juiz determinará o cancelamento de eventual indisponibilidade excessiva, o que deverá ser cumprido pela instituição financeira em igual prazo.

§ 2º Tornados indisponíveis os ativos financeiros do executado, este será intimado na pessoa de seu advogado ou, não o tendo, pessoalmente.

§ 3º Incumbe ao executado, no prazo de 5 (cinco) dias, comprovar que:

I — as quantias tornadas indisponíveis são impenhoráveis;

II — ainda remanesce indisponibilidade excessiva de ativos financeiros.

§ 4º Acolhida qualquer das arguições dos incisos I e II do § 3º, o juiz determinará o cancelamento de eventual indisponibilidade irregular ou excessiva, a ser cumprido pela instituição financeira em 24 (vinte e quatro) horas.

§ 5º Rejeitada ou não apresentada a manifestação do executado, converter-se-á a indisponibilidade em penhora, sem necessidade de lavratura de termo, devendo o juiz da execução determinar à instituição financeira depositária que, no prazo de 24 (vinte e quatro) horas, transfira o montante indisponível para conta vinculada ao juízo da execução.

§ 6º Realizado o pagamento da dívida por outro meio, o juiz determinará, imediatamente, por sistema eletrônico gerido pela autoridade supervisora do sistema financeiro nacional, a notificação da instituição financeira para que, em até 24 (vinte e quatro) horas, cancele a indisponibilidade.

§ 7º As transmissões das ordens de indisponibilidade, de seu cancelamento e de determinação de penhora previstas neste artigo far-se-ão por meio de sistema eletrônico gerido pela autoridade supervisora do sistema financeiro nacional.

§ 8º A instituição financeira será responsável pelos prejuízos causados ao executado em decorrência da indisponibilidade de ativos financeiros em valor superior ao indicado na execução ou pelo juiz, bem como na hipótese de não cancelamento da indisponibilidade no prazo de 24 (vinte e quatro) horas, quando assim determinar o juiz.

§ 9º Quando se tratar de execução contra partido político, o juiz, a requerimento do exequente, determinará às instituições financeiras, por meio de sistema eletrônico gerido por autoridade supervisora do sistema bancário, que tornem indisponíveis ativos financeiros somente em nome do órgão partidário que tenha contraído a dívida executada ou que tenha dado causa à violação de direito ou ao dano, ao qual cabe exclusivamente a responsabilidade pelos atos praticados, na forma da lei.

Subseção VI
Da Penhora de Créditos

Art. 855. Quando recair em crédito do executado, enquanto não ocorrer a hipótese prevista no art. 856, considerar-se-á feita a penhora pela intimação:

I — ao terceiro devedor para que não pague ao executado, seu credor;

II — ao executado, credor do terceiro, para que não pratique ato de disposição do crédito.

Art. 856. A penhora de crédito representado por letra de câmbio, nota promissória, duplicata, cheque ou outros títulos far-se-á pela apreensão do documento, esteja ou não este em poder do executado.

§ 1º Se o título não for apreendido, mas o terceiro confessar a dívida, será este tido como depositário da importância.

§ 2º O terceiro só se exonerará da obrigação depositando em juízo a importância da dívida.

§ 3º Se o terceiro negar o débito em conluio com o executado, a quitação que este lhe der caracterizará fraude à execução.

§ 4º A requerimento do exequente, o juiz determinará o comparecimento, em audiência especialmente designada, do executado e do terceiro, a fim de lhes tomar os depoimentos.

Art. 857. Feita a penhora em direito e ação do executado, e não tendo ele oferecido embargos ou sendo estes rejeitados, o exequente ficará sub-rogado nos direitos do executado até a concorrência de seu crédito.

§ 1º O exequente pode preferir, em vez da sub-rogação, a alienação judicial do direito penhorado, caso em que declarará sua vontade no prazo de 10 (dez) dias contado da realização da penhora.

§ 2º A sub-rogação não impede o sub-rogado, se não receber o crédito do executado, de prosseguir na execução, nos mesmos autos, penhorando outros bens.

Art. 858. Quando a penhora recair sobre dívidas de dinheiro a juros, de direito a rendas ou de prestações periódicas, o exequente poderá levantar os juros, os rendimentos ou as prestações à medida que forem sendo depositados, abatendo-se do crédito as importâncias recebidas, conforme as regras de imputação do pagamento.

Art. 859. Recaindo a penhora sobre direito a prestação ou a restituição de coisa determinada, o executado será intimado para, no vencimento, depositá-la, correndo sobre ela a execução.

Art. 860. Quando o direito estiver sendo pleiteado em juízo, a penhora que recair sobre ele será averbada, com destaque, nos autos pertinentes ao direito e na ação correspondente à penhora, a fim de que esta seja efetivada nos bens que forem adjudicados ou que vierem a caber ao executado.

Subseção VII
Da Penhora das Quotas ou das Ações de Sociedades Personificadas

Art. 861. Penhoradas as quotas ou as ações de sócio em sociedade simples ou empresária, o juiz assinará prazo razoável, não superior a 3 (três) meses, para que a sociedade:

I — apresente balanço especial, na forma da lei;

II — ofereça as quotas ou as ações aos demais sócios, observado o direito de preferência legal ou contratual;

III — não havendo interesse dos sócios na aquisição das ações, proceda à liquidação das quotas ou das ações, depositando em juízo o valor apurado, em dinheiro.

§ 1º Para evitar a liquidação das quotas ou das ações, a sociedade poderá adquiri-las sem redução do capital social e com utilização de reservas, para manutenção em tesouraria.

§ 2º O disposto no *caput* e no § 1º não se aplica à sociedade anônima de capital aberto, cujas ações serão adjudicadas ao exequente ou alienadas em bolsa de valores, conforme o caso.

§ 3º Para os fins da liquidação de que trata o inciso III do *caput*, o juiz poderá, a requerimento do exequente ou da sociedade, nomear administrador, que deverá submeter à aprovação judicial a forma de liquidação.

§ 4º O prazo previsto no *caput* poderá ser ampliado pelo juiz, se o pagamento das quotas ou das ações liquidadas:

I — superar o valor do saldo de lucros ou reservas, exceto a legal, e sem diminuição do capital social, ou por doação; ou

II — colocar em risco a estabilidade financeira da sociedade simples ou empresária.

§ 5º Caso não haja interesse dos demais sócios no exercício de direito de preferência, não ocorra a aquisição das quotas ou das ações pela sociedade e a liquidação do inciso III do *caput* seja excessivamente onerosa para a sociedade, o juiz poderá determinar o leilão judicial das quotas ou das ações.

Subseção VIII
Da Penhora de Empresa, de Outros Estabelecimentos e de Semoventes

Art. 862. Quando a penhora recair em estabelecimento comercial, industrial ou agrícola, bem como em semoventes, plantações ou edifícios em construção, o juiz nomeará administrador-depositário, determinando-lhe que apresente em 10 (dez) dias o plano de administração.

§ 1º Ouvidas as partes, o juiz decidirá.

§ 2º É lícito às partes ajustar a forma de administração e escolher o depositário, hipótese em que o juiz homologará por despacho a indicação.

§ 3º Em relação aos edifícios em construção sob regime de incorporação imobiliária, a penhora somente poderá recair sobre as unidades imobiliárias ainda não comercializadas pelo incorporador.

§ 4º Sendo necessário afastar o incorporador da administração da incorporação, será ela exercida pela comissão de representantes dos adquirentes ou, se se tratar de construção financiada, por empresa ou profissional indicado pela instituição fornecedora dos recursos para a obra, devendo ser ouvida, neste último caso, a comissão de representantes dos adquirentes.

Art. 863. A penhora de empresa que funcione mediante concessão ou autorização far-se-á, conforme o valor do crédito, sobre a renda, sobre determinados bens ou sobre todo o patrimônio, e o juiz nomeará como depositário, de preferência, um de seus diretores.

§ 1º Quando a penhora recair sobre a renda ou sobre determinados bens, o administrador-depositário apresentará a forma de administração e o esquema de pagamento, observando-se, quanto ao mais, o disposto em relação ao regime de penhora de frutos e rendimentos de coisa móvel e imóvel.

§ 2º Recaindo a penhora sobre todo o patrimônio, prosseguirá a execução em seus ulteriores termos, ouvindo-se, antes da arrematação ou da adjudicação, o ente público que houver outorgado a concessão.

Art. 864. A penhora de navio ou de aeronave não obsta que continuem navegando ou operando até a alienação, mas o juiz, ao conceder a autorização para tanto, não permitirá que saiam do porto ou do aeroporto antes que o executado faça o seguro usual contra riscos.

Art. 865. A penhora de que trata esta Subseção somente será determinada se não houver outro meio eficaz para a efetivação do crédito.

Subseção IX
Da Penhora de Percentual de Faturamento de Empresa

Art. 866. Se o executado não tiver outros bens penhoráveis ou se, tendo-os, esses forem de difícil alienação ou insuficientes para saldar o crédito executado, o juiz poderá ordenar a penhora de percentual de faturamento de empresa.

§ 1º O juiz fixará percentual que propicie a satisfação do crédito exequendo em tempo razoável, mas que não torne inviável o exercício da atividade empresarial.

§ 2º O juiz nomeará administrador-depositário, o qual submeterá à aprovação judicial a forma de sua atuação e prestará contas mensalmente, entregando em juízo as quantias recebidas, com os respectivos balancetes mensais, a fim de serem imputadas no pagamento da dívida.

§ 3º Na penhora de percentual de faturamento de empresa, observar-se-á, no que couber, o disposto quanto ao regime de penhora de frutos e rendimentos de coisa móvel e imóvel.

Subseção X
Da Penhora de Frutos e Rendimentos de Coisa Móvel ou Imóvel

Art. 867. O juiz pode ordenar a penhora de frutos e rendimentos de coisa móvel ou imóvel quando a considerar mais eficiente para o recebimento do crédito e menos gravosa ao executado.

Art. 868. Ordenada a penhora de frutos e rendimentos, o juiz nomeará administrador-depositário, que será investido de todos os poderes que concernem à administração do bem e à fruição de seus frutos e utilidades, perdendo o executado o direito de gozo do bem, até que o exequente seja pago do principal, dos juros, das custas e dos honorários advocatícios.

§ 1º A medida terá eficácia em relação a terceiros a partir da publicação da decisão que a conceda ou de sua averbação no ofício imobiliário, em caso de imóveis.

§ 2º O exequente providenciará a averbação no ofício imobiliário mediante a apresentação de certidão de inteiro teor do ato, independentemente de mandado judicial.

Art. 869. O juiz poderá nomear administrador-depositário o exequente ou o executado, ouvida a parte contrária, e, não havendo acordo, nomeará profissional qualificado para o desempenho da função.

§ 1º O administrador submeterá à aprovação judicial a forma de administração e a de prestar contas periodicamente.

§ 2º Havendo discordância entre as partes ou entre essas e o administrador, o juiz decidirá a melhor forma de administração do bem.

§ 3º Se o imóvel estiver arrendado, o inquilino pagará o aluguel diretamente ao exequente, salvo se houver administrador.

§ 4º O exequente ou o administrador poderá celebrar locação do móvel ou do imóvel, ouvido o executado.

§ 5º As quantias recebidas pelo administrador serão entregues ao exequente, a fim de serem imputadas ao pagamento da dívida.

§ 6º O exequente dará ao executado, por termo nos autos, quitação das quantias recebidas.

Subseção XI
Da Avaliação

Art. 870. A avaliação será feita pelo oficial de justiça.

Parágrafo único. Se forem necessários conhecimentos especializados e o valor da execução o comportar, o juiz nomeará avaliador, fixando-lhe prazo não superior a 10 (dez) dias para entrega do laudo.

Art. 871. Não se procederá à avaliação quando:

I — uma das partes aceitar a estimativa feita pela outra;

II — se tratar de títulos ou de mercadorias que tenham cotação em bolsa, comprovada por certidão ou publicação no órgão oficial;

III — se tratar de títulos da dívida pública, de ações de sociedades e de títulos de crédito negociáveis em bolsa, cujo valor será o da cotação oficial do dia, comprovada por certidão ou publicação no órgão oficial;

IV — se tratar de veículos automotores ou de outros bens cujo preço médio de mercado possa ser conhecido por meio de pesquisas realizadas por órgãos oficiais ou de anúncios de venda divulgados em meios de comunicação, caso em que caberá a quem fizer a nomeação o encargo de comprovar a cotação de mercado.

Parágrafo único. Ocorrendo a hipótese do inciso I deste artigo, a avaliação poderá ser realizada quando houver fundada dúvida do juiz quanto ao real valor do bem.

Art. 872. A avaliação realizada pelo oficial de justiça constará de vistoria e de laudo anexados ao auto de penhora ou, em caso de perícia realizada por avaliador, de laudo apresentado no prazo fixado pelo juiz, devendo-se, em qualquer hipótese, especificar:

I — os bens, com as suas características, e o estado em que se encontram;

II — o valor dos bens.

§ 1º Quando o imóvel for suscetível de cômoda divisão, a avaliação, tendo em conta o crédito reclamado, será realizada em partes, sugerindo-se, com a apresentação de memorial descritivo, os possíveis desmembramentos para alienação.

§ 2º Realizada a avaliação e, sendo o caso, apresentada a proposta de desmembramento, as partes serão ouvidas no prazo de 5 (cinco) dias.

Art. 873. É admitida nova avaliação quando:

I — qualquer das partes arguir, fundamentadamente, a ocorrência de erro na avaliação ou dolo do avaliador;

II — se verificar, posteriormente à avaliação, que houve majoração ou diminuição no valor do bem;

III — o juiz tiver fundada dúvida sobre o valor atribuído ao bem na primeira avaliação.

Parágrafo único. Aplica-se o art. 480 à nova avaliação prevista no inciso III do *caput* deste artigo.

Art. 874. Após a avaliação, o juiz poderá, a requerimento do interessado e ouvida a parte contrária, mandar:

I — reduzir a penhora aos bens suficientes ou transferi-la para outros, se o valor dos bens penhorados for consideravelmente superior ao crédito do exequente e dos acessórios;

II — ampliar a penhora ou transferi-la para outros bens mais valiosos, se o valor dos bens penhorados for inferior ao crédito do exequente.

Art. 875. Realizadas a penhora e a avaliação, o juiz dará início aos atos de expropriação do bem.

Seção IV
Da Expropriação de Bens

Subseção I
Da Adjudicação

Art. 876. É lícito ao exequente, oferecendo preço não inferior ao da avaliação, requerer que lhe sejam adjudicados os bens penhorados.

§ 1º Requerida a adjudicação, o executado será intimado do pedido:

I — pelo Diário da Justiça, na pessoa de seu advogado constituído nos autos;

II — por carta com aviso de recebimento, quando representado pela Defensoria Pública ou quando não tiver procurador constituído nos autos;

III — por meio eletrônico, quando, sendo o caso do § 1º do art. 246, não tiver procurador constituído nos autos.

§ 2º Considera-se realizada a intimação quando o executado houver mudado de endereço sem prévia comunicação ao juízo, observado o disposto no art. 274, parágrafo único.

§ 3º Se o executado, citado por edital, não tiver procurador constituído nos autos, é dispensável a intimação prevista no § 1º.

§ 4º Se o valor do crédito for:

I — inferior ao dos bens, o requerente da adjudicação depositará de imediato a diferença, que ficará à disposição do executado;

II — superior ao dos bens, a execução prosseguirá pelo saldo remanescente.

§ 5º Idêntico direito pode ser exercido por aqueles indicados no art. 889, incisos II a VIII, pelos credores concorrentes que hajam penhorado o mesmo bem, pelo cônjuge, pelo companheiro, pelos descendentes ou pelos ascendentes do executado.

§ 6º Se houver mais de um pretendente, proceder-se-á a licitação entre eles, tendo preferência, em caso de igualdade de oferta, o cônjuge, o companheiro, o descendente ou o ascendente, nessa ordem.

§ 7º No caso de penhora de quota social ou de ação de sociedade anônima fechada realizada em favor de exequente alheio à sociedade, esta será intimada, ficando responsável por informar aos sócios a ocorrência da penhora, assegurando-se a estes a preferência.

Art. 877. Transcorrido o prazo de 5 (cinco) dias, contado da última intimação, e decididas eventuais questões, o juiz ordenará a lavratura do auto de adjudicação.

§ 1º Considera-se perfeita e acabada a adjudicação com a lavratura e a assinatura do auto pelo juiz, pelo adjudicatário, pelo escrivão ou chefe de secretaria, e, se estiver presente, pelo executado, expedindo-se:

I — a carta de adjudicação e o mandado de imissão na posse, quando se tratar de bem imóvel;

II — a ordem de entrega ao adjudicatário, quando se tratar de bem móvel.

§ 2º A carta de adjudicação conterá a descrição do imóvel, com remissão à sua matrícula e aos seus registros, a cópia do auto de adjudicação e a prova de quitação do imposto de transmissão.

§ 3º No caso de penhora de bem hipotecado, o executado poderá remi-lo até a assinatura do auto de adjudicação, oferecendo preço igual ao da avaliação, se não tiver havido licitantes, ou ao do maior lance oferecido.

§ 4º Na hipótese de falência ou de insolvência do devedor hipotecário, o direito de remição previsto no § 3º será deferido à massa ou aos credores em concurso, não podendo o exequente recusar o preço da avaliação do imóvel.

Art. 878. Frustradas as tentativas de alienação do bem, será reaberta oportunidade para requerimento de adjudicação, caso em que também se poderá pleitear a realização de nova avaliação.

Subseção II
Da Alienação

Art. 879. A alienação far-se-á:

I — por iniciativa particular;

II — em leilão judicial eletrônico ou presencial.

Art. 880. Não efetivada a adjudicação, o exequente poderá requerer a alienação por sua própria iniciativa ou por intermédio de corretor ou leiloeiro público credenciado perante o órgão judiciário.

§ 1º O juiz fixará o prazo em que a alienação deve ser efetivada, a forma de publicidade, o preço mínimo, as condições de pagamento, as garantias e, se for o caso, a comissão de corretagem.

§ 2º A alienação será formalizada por termo nos autos, com a assinatura do juiz, do exequente, do adquirente e, se estiver presente, do executado, expedindo-se:

I — a carta de alienação e o mandado de imissão na posse, quando se tratar de bem imóvel;

II — a ordem de entrega ao adquirente, quando se tratar de bem móvel.

§ 3º Os tribunais poderão editar disposições complementares sobre o procedimento da alienação prevista neste artigo, admitindo, quando for o caso, o concurso de meios eletrônicos, e dispor sobre o credenciamento dos corretores e leiloeiros públicos, os quais deverão estar em exercício profissional por não menos que 3 (três) anos.

§ 4º Nas localidades em que não houver corretor ou leiloeiro público credenciado nos termos do § 3º, a indicação será de livre escolha do exequente.

Art. 881. A alienação far-se-á em leilão judicial se não efetivada a adjudicação ou a alienação por iniciativa particular.

§ 1º O leilão do bem penhorado será realizado por leiloeiro público.

§ 2º Ressalvados os casos de alienação a cargo de corretores de bolsa de valores, todos os demais bens serão alienados em leilão público.

Art. 882. Não sendo possível a sua realização por meio eletrônico, o leilão será presencial.

§ 1º A alienação judicial por meio eletrônico será realizada, observando-se as garantias processuais das partes, de acordo com regulamentação específica do Conselho Nacional de Justiça.

§ 2º A alienação judicial por meio eletrônico deverá atender aos requisitos de ampla publicidade, autenticidade e segurança, com observância das regras estabelecidas na legislação sobre certificação digital.

§ 3º O leilão presencial será realizado no local designado pelo juiz.

Art. 883. Caberá ao juiz a designação do leiloeiro público, que poderá ser indicado pelo exequente.

Art. 884. Incumbe ao leiloeiro público:

I — publicar o edital, anunciando a alienação;

II — realizar o leilão onde se encontrem os bens ou no lugar designado pelo juiz;

III — expor aos pretendentes os bens ou as amostras das mercadorias;

IV — receber e depositar, dentro de 1 (um) dia, à ordem do juiz, o produto da alienação;

V — prestar contas nos 2 (dois) dias subseqüentes ao depósito.

Parágrafo único. O leiloeiro tem o direito de receber do arrematante a comissão estabelecida em lei ou arbitrada pelo juiz.

Art. 885. O juiz da execução estabelecerá o preço mínimo, as condições de pagamento e as garantias que poderão ser prestadas pelo arrematante.

Art. 886. O leilão será precedido de publicação de edital, que conterá:

I — a descrição do bem penhorado, com suas características, e, tratando-se de imóvel, sua situação e suas divisas, com remissão à matrícula e aos registros;

II — o valor pelo qual o bem foi avaliado, o preço mínimo pelo qual poderá ser alienado, as condições de pagamento e, se for o caso, a comissão do leiloeiro designado;

III — o lugar onde estiverem os móveis, os veículos e os semoventes e, tratando-se de créditos ou direitos, a identificação dos autos do processo em que foram penhorados;

IV — o sítio, na rede mundial de computadores, e o período em que se realizará o leilão, salvo se este se der de modo presencial, hipótese em que serão indicados o local, o dia e a hora de sua realização;

V — a indicação de local, dia e hora de segundo leilão presencial, para a hipótese de não haver interessado no primeiro;

VI — menção da existência de ônus, recurso ou processo pendente sobre os bens a serem leiloados.

Parágrafo único. No caso de títulos da dívida pública e de títulos negociados em bolsa, constará do edital o valor da última cotação.

Art. 887. O leiloeiro público designado adotará providências para a ampla divulgação da alienação.

§ 1º A publicação do edital deverá ocorrer pelo menos 5 (cinco) dias antes da data marcada para o leilão.

§ 2º O edital será publicado na rede mundial de computadores, em sítio designado pelo juízo da execução, e conterá descrição detalhada e, sempre que possível, ilustrada dos bens, informando expressamente se o leilão se realizará de forma eletrônica ou presencial.

§ 3º Não sendo possível a publicação na rede mundial de computadores ou considerando o juiz, em atenção às condições da sede do juízo, que esse modo de divulgação é insuficiente ou inadequado, o edital será afixado em local de costume e publicado, em resumo, pelo menos uma vez em jornal de ampla circulação local.

§ 4º Atendendo ao valor dos bens e às condições da sede do juízo, o juiz poderá alterar a forma e a freqüência da publicidade na imprensa, mandar publicar o edital em local de ampla circulação de pessoas e divulgar avisos em emissora de rádio ou televisão local, bem como em sítios distintos do indicado no § 2º.

§ 5º Os editais de leilão de imóveis e de veículos automotores serão publicados pela imprensa ou por outros meios de divulgação, preferencialmente na seção ou no local reservados à publicidade dos respectivos negócios.

§ 6º O juiz poderá determinar a reunião de publicações em listas referentes a mais de uma execução.

Art. 888. Não se realizando o leilão por qualquer motivo, o juiz mandará publicar a transferência, observando-se o disposto no art. 887.

Parágrafo único. O escrivão, o chefe de secretaria ou o leiloeiro que culposamente der causa à transferência responde pelas despesas da nova publicação, podendo o juiz aplicar-lhe a pena de suspensão por 5 (cinco) dias a 3 (três) meses, em procedimento administrativo regular.

Art. 889. Serão cientificados da alienação judicial, com pelo menos 5 (cinco) dias de antecedência:

I — o executado, por meio de seu advogado ou, se não tiver procurador constituído nos autos, por carta registrada, mandado, edital ou outro meio idôneo;

II — o coproprietário de bem indivisível do qual tenha sido penhorada fração ideal;

III — o titular de usufruto, uso, habitação, enfiteuse, direito de superfície, concessão de uso especial para fins de moradia ou concessão de direito real de uso, quando a penhora recair sobre bem gravado com tais direitos reais;

IV — o proprietário do terreno submetido ao regime de direito de superfície, enfiteuse, concessão de uso especial para fins de moradia ou concessão de direito real de uso, quando a penhora recair sobre tais direitos reais;

V — o credor pignoratício, hipotecário, anticrético, fiduciário ou com penhora anteriormente averbada, quando a penhora recair sobre bens com tais gravames, caso não seja o credor, de qualquer modo, parte na execução;

VI — o promitente comprador, quando a penhora recair sobre bem em relação ao qual haja promessa de compra e venda registrada;

VII — o promitente vendedor, quando a penhora recair sobre direito aquisitivo derivado de promessa de compra e venda registrada;

VIII — a União, o Estado e o Município, no caso de alienação de bem tombado.

Parágrafo único. Se o executado for revel e não tiver advogado constituído, não constando dos autos seu endereço atual ou, ainda, não sendo ele encontrado no endereço constante do processo, a intimação considerar-se-á feita por meio do próprio edital de leilão.

Art. 890. Pode oferecer lance quem estiver na livre administração de seus bens, com exceção:

I — dos tutores, dos curadores, dos testamenteiros, dos administradores ou dos liquidantes, quanto aos bens confiados à sua guarda e à sua responsabilidade;

II — dos mandatários, quanto aos bens de cuja administração ou alienação estejam encarregados;

III — do juiz, do membro do Ministério Público e da Defensoria Pública, do escrivão, do chefe de secretaria e dos demais servidores e auxiliares da justiça, em relação aos bens e direitos objeto de alienação na localidade onde servirem ou a que se estender a sua autoridade;

IV — dos servidores públicos em geral, quanto aos bens ou aos direitos da pessoa jurídica a que servirem ou que estejam sob sua administração direta ou indireta;

V — dos leiloeiros e seus prepostos, quanto aos bens de cuja venda estejam encarregados;

VI — dos advogados de qualquer das partes.

Art. 891. Não será aceito lance que ofereça preço vil.

Parágrafo único. Considera-se vil o preço inferior ao mínimo estipulado pelo juiz e constante do edital, e, não tendo sido fixado preço mínimo, considera-se vil o preço inferior a cinquenta por cento do valor da avaliação.

Art. 892. Salvo pronunciamento judicial em sentido diverso, o pagamento deverá ser realizado de imediato pelo arrematante, por depósito judicial ou por meio eletrônico.

§ 1º Se o exequente arrematar os bens e for o único credor, não estará obrigado a exibir o preço, mas, se o valor

dos bens exceder ao seu crédito, depositará, dentro de 3 (três) dias, a diferença, sob pena de tornar-se sem efeito a arrematação, e, nesse caso, realizar-se-á novo leilão, à custa do exequente.

§ 2º Se houver mais de um pretendente, proceder-se-á entre eles à licitação, e, no caso de igualdade de oferta, terá preferência o cônjuge, o companheiro, o descendente ou o ascendente do executado, nessa ordem.

§ 3º No caso de leilão de bem tombado, a União, os Estados e os Municípios terão, nessa ordem, o direito de preferência na arrematação, em igualdade de oferta.

Art. 893. Se o leilão for de diversos bens e houver mais de um lançador, terá preferência aquele que se propuser a arrematá-los todos, em conjunto, oferecendo, para os bens que não tiverem lance, preço igual ao da avaliação e, para os demais, preço igual ao do maior lance que, na tentativa de arrematação individualizada, tenha sido oferecido para eles.

Art. 894. Quando o imóvel admitir cômoda divisão, o juiz, a requerimento do executado, ordenará a alienação judicial de parte dele, desde que suficiente para o pagamento do exequente e para a satisfação das despesas da execução.

§ 1º Não havendo lançador, far-se-á a alienação do imóvel em sua integridade.

§ 2º A alienação por partes deverá ser requerida a tempo de permitir a avaliação das glebas destacadas e sua inclusão no edital, e, nesse caso, caberá ao executado instruir o requerimento com planta e memorial descritivo subscritos por profissional habilitado.

Art. 895. O interessado em adquirir o bem penhorado em prestações poderá apresentar, por escrito:

I — até o início do primeiro leilão, proposta de aquisição do bem por valor não inferior ao da avaliação;

II — até o início do segundo leilão, proposta de aquisição do bem por valor que não seja considerado vil.

§ 1º A proposta conterá, em qualquer hipótese, oferta de pagamento de pelo menos vinte e cinco por cento do valor do lance à vista e o restante parcelado em até 30 (trinta) meses, garantido por caução idônea, quando se tratar de móveis, e por hipoteca do próprio bem, quando se tratar de imóveis.

§ 2º As propostas para aquisição em prestações indicarão o prazo, a modalidade, o indexador de correção monetária e as condições de pagamento do saldo.

§ 3º (VETADO).

§ 4º No caso de atraso no pagamento de qualquer das prestações, incidirá multa de dez por cento sobre a soma da parcela inadimplida com as parcelas vincendas.

§ 5º O inadimplemento autoriza o exequente a pedir a resolução da arrematação ou promover, em face do arrematante, a execução do valor devido, devendo ambos os pedidos ser formulados nos autos da execução em que se deu a arrematação.

§ 6º A apresentação da proposta prevista neste artigo não suspende o leilão.

§ 7º A proposta de pagamento do lance à vista sempre prevalecerá sobre as propostas de pagamento parcelado.

§ 8º Havendo mais de uma proposta de pagamento parcelado:

I — em diferentes condições, o juiz decidirá pela mais vantajosa, assim compreendida, sempre, a de maior valor;

II — em iguais condições, o juiz decidirá pela formulada em primeiro lugar.

§ 9º No caso de arrematação a prazo, os pagamentos feitos pelo arrematante pertencerão ao exequente até o limite de seu crédito, e os subsequentes, ao executado.

Art. 896. Quando o imóvel de incapaz não alcançar em leilão pelo menos oitenta por cento do valor da avaliação, o juiz o confiará à guarda e à administração de depositário idôneo, adiando a alienação por prazo não superior a 1 (um) ano.

§ 1º Se, durante o adiamento, algum pretendente assegurar, mediante caução idônea, o preço da avaliação, o juiz ordenará a alienação em leilão.

§ 2º Se o pretendente à arrematação se arrepender, o juiz impor-lhe-á multa de vinte por cento sobre o valor da avaliação, em benefício do incapaz, valendo a decisão como título executivo.

§ 3º Sem prejuízo do disposto nos §§ 1º e 2º, o juiz poderá autorizar a locação do imóvel no prazo do adiamento.

§ 4º Findo o prazo do adiamento, o imóvel será submetido a novo leilão.

Art. 897. Se o arrematante ou seu fiador não pagar o preço no prazo estabelecido, o juiz impor-lhe-á, em favor do exequente, a perda da caução, voltando os bens a novo leilão, do qual não serão admitidos a participar o arrematante e o fiador remissos.

Art. 898. O fiador do arrematante que pagar o valor do lance e a multa poderá requerer que a arrematação lhe seja transferida.

Art. 899. Será suspensa a arrematação logo que o produto da alienação dos bens for suficiente para o pagamento do credor e para a satisfação das despesas da execução.

Art. 900. O leilão prosseguirá no dia útil imediato, à mesma hora em que teve início, independentemente de novo edital, se for ultrapassado o horário de expediente forense.

Art. 901. A arrematação constará de auto que será lavrado de imediato e poderá abranger bens penhorados em mais de uma execução, nele mencionadas as condições nas quais foi alienado o bem.

§ 1º A ordem de entrega do bem móvel ou a carta de arrematação do bem imóvel, com o respectivo mandado de imissão na posse, será expedida depois de efetuado o depósito ou prestadas as garantias pelo arrematante, bem como realizado o pagamento da comissão do leiloeiro e das demais despesas da execução.

§ 2º A carta de arrematação conterá a descrição do imóvel, com remissão à sua matrícula ou individuação e aos seus registros, a cópia do auto de arrematação e a prova de pagamento do imposto de transmissão, além da indicação da existência de eventual ônus real ou gravame.

Art. 902. No caso de leilão de bem hipotecado, o executado poderá remi-lo até a assinatura do auto de arrematação, oferecendo preço igual ao do maior lance oferecido.

Parágrafo único. No caso de falência ou insolvência do devedor hipotecário, o direito de remição previsto no *caput* defere-se à massa ou aos credores em concurso, não podendo o exequente recusar o preço da avaliação do imóvel.

Art. 903. Qualquer que seja a modalidade de leilão, assinado o auto pelo juiz, pelo arrematante e pelo leiloeiro, a arrematação será considerada perfeita, acabada e irretratável, ainda que venham a ser julgados procedentes os embargos do executado ou a ação autônoma de que trata

o § 4º deste artigo, assegurada a possibilidade de reparação pelos prejuízos sofridos.

§ 1º Ressalvadas outras situações previstas neste Código, a arrematação poderá, no entanto, ser:

I — invalidada, quando realizada por preço vil ou com outro vício;

II — considerada ineficaz, se não observado o disposto no art. 804;

III — resolvida, se não for pago o preço ou se não for prestada a caução.

§ 2º O juiz decidirá acerca das situações referidas no § 1º, se for provocado em até 10 (dez) dias após o aperfeiçoamento da arrematação.

§ 3º Passado o prazo previsto no § 2º sem que tenha havido alegação de qualquer das situações previstas no § 1º, será expedida a carta de arrematação e, conforme o caso, a ordem de entrega ou mandado de imissão na posse.

§ 4º Após a expedição da carta de arrematação ou da ordem de entrega, a invalidação da arrematação poderá ser pleiteada por ação autônoma, em cujo processo o arrematante figurará como litisconsorte necessário.

§ 5º O arrematante poderá desistir da arrematação, sendo-lhe imediatamente devolvido o depósito que tiver feito:

I — se provar, nos 10 (dez) dias seguintes, a existência de ônus real ou gravame não mencionado no edital;

II — se, antes de expedida a carta de arrematação ou a ordem de entrega, o executado alegar alguma das situações previstas no § 1º;

III — uma vez citado para responder a ação autônoma de que trata o § 4º deste artigo, desde que apresente a desistência no prazo de que dispõe para responder a essa ação.

§ 6º Considera-se ato atentatório à dignidade da justiça a suscitação infundada de vício com o objetivo de ensejar a desistência do arrematante, devendo o suscitante ser condenado, sem prejuízo da responsabilidade por perdas e danos, ao pagamento de multa, a ser fixada pelo juiz e devida ao exequente, em montante não superior a vinte por cento do valor atualizado do bem.

Seção V
Da Satisfação do Crédito

Art. 904. A satisfação do crédito exequendo far-se-á:

I — pela entrega do dinheiro;

II — pela adjudicação dos bens penhorados.

Art. 905. O juiz autorizará que o exequente levante, até a satisfação integral de seu crédito, o dinheiro depositado para segurar o juízo ou o produto dos bens alienados, bem como do faturamento de empresa ou de outros frutos e rendimentos de coisas ou empresas penhoradas, quando:

I — a execução for movida só a benefício do exequente singular, a quem, por força da penhora, cabe o direito de preferência sobre os bens penhorados e alienados;

II — não houver sobre os bens alienados outros privilégios ou preferências instituídos anteriormente à penhora.

Parágrafo único. Durante o plantão judiciário, veda-se a concessão de pedidos de levantamento de importância em dinheiro ou valores ou de liberação de bens apreendidos.

Art. 906. Ao receber o mandado de levantamento, o exequente dará ao executado, por termo nos autos, quitação da quantia paga.

Parágrafo único. A expedição de mandado de levantamento poderá ser substituída pela transferência eletrônica do valor depositado em conta vinculada ao juízo para outra indicada pelo exequente.

Art. 907. Pago ao exequente o principal, os juros, as custas e os honorários, a importância que sobrar será restituída ao executado.

Art. 908. Havendo pluralidade de credores ou exequentes, o dinheiro lhes será distribuído e entregue consoante a ordem das respectivas preferências.

§ 1º No caso de adjudicação ou alienação, os créditos que recaem sobre o bem, inclusive os de natureza propter rem, sub-rogam-se sobre o respectivo preço, observada a ordem de preferência.

§ 2º Não havendo título legal à preferência, o dinheiro será distribuído entre os concorrentes, observando-se a anterioridade de cada penhora.

Art. 909. Os exequentes formularão as suas pretensões, que versarão unicamente sobre o direito de preferência e a anterioridade da penhora, e, apresentadas as razões, o juiz decidirá.

CAPÍTULO V
DA EXECUÇÃO CONTRA A FAZENDA PÚBLICA

Art. 910. Na execução fundada em título extrajudicial, a Fazenda Pública será citada para opor embargos em 30 (trinta) dias.

§ 1º Não opostos embargos ou transitada em julgado a decisão que os rejeitar, expedir-se-á precatório ou requisição de pequeno valor em favor do exequente, observando-se o disposto no art. 100 da Constituição Federal.

§ 2º Nos embargos, a Fazenda Pública poderá alegar qualquer matéria que lhe seria lícito deduzir como defesa no processo de conhecimento.

§ 3º Aplica-se a este Capítulo, no que couber, o disposto nos arts. 534 e 535.

CAPÍTULO VI
DA EXECUÇÃO DE ALIMENTOS

Art. 911. Na execução fundada em título executivo extrajudicial que contenha obrigação alimentar, o juiz mandará citar o executado para, em 3 (três) dias, efetuar o pagamento das parcelas anteriores ao início da execução e das que se vencerem no seu curso, provar que o fez ou justificar a impossibilidade de fazê-lo.

Parágrafo único. Aplicam-se, no que couber, os §§ 2º a 7º do art. 528.

Art. 912. Quando o executado for funcionário público, militar, diretor ou gerente de empresa, bem como empregado sujeito à legislação do trabalho, o exequente poderá requerer o desconto em folha de pagamento de pessoal da importância da prestação alimentícia.

§ 1º Ao despachar a inicial, o juiz oficiará à autoridade, à empresa ou ao empregador, determinando, sob pena de crime de desobediência, o desconto a partir da primeira remuneração posterior do executado, a contar do protocolo do ofício.

§ 2º O ofício conterá os nomes e o número de inscrição no Cadastro de Pessoas Físicas do exequente e do executado, a importância a ser descontada mensalmente, a conta na qual deve ser feito o depósito e, se for o caso, o tempo de sua duração.

Art. 913. Não requerida a execução nos termos deste Capítulo, observar-se-á o disposto no art. 824 e seguintes, com a ressalva de que, recaindo a penhora em dinheiro, a concessão de efeito suspensivo aos embargos à execução não obsta a que o exequente levante mensalmente a importância da prestação.

TÍTULO III
DOS EMBARGOS À EXECUÇÃO

Art. 914. O executado, independentemente de penhora, depósito ou caução, poderá se opor à execução por meio de embargos.

§ 1º Os embargos à execução serão distribuídos por dependência, autuados em apartado e instruídos com cópias das peças processuais relevantes, que poderão ser declaradas autênticas pelo próprio advogado, sob sua responsabilidade pessoal.

§ 2º Na execução por carta, os embargos serão oferecidos no juízo deprecante ou no juízo deprecado, mas a competência para julgá-los é do juízo deprecante, salvo se versarem unicamente sobre vícios ou defeitos da penhora, da avaliação ou da alienação dos bens efetuadas no juízo deprecado.

Art. 915. Os embargos serão oferecidos no prazo de 15 (quinze) dias, contado, conforme o caso, na forma do art. 231.

§ 1º Quando houver mais de um executado, o prazo para cada um deles embargar conta-se a partir da juntada do respectivo comprovante da citação, salvo no caso de cônjuges ou de companheiros, quando será contado a partir da juntada do último.

§ 2º Nas execuções por carta, o prazo para embargos será contado:

I — da juntada, na carta, da certificação da citação, quando versarem unicamente sobre vícios ou defeitos da penhora, da avaliação ou da alienação dos bens;

II — da juntada, nos autos de origem, do comunicado de que trata o § 4º deste artigo ou, não havendo este, da juntada da carta devidamente cumprida, quando versarem sobre questões diversas da prevista no inciso I deste parágrafo.

§ 3º Em relação ao prazo para oferecimento dos embargos à execução, não se aplica o disposto no art. 229.

§ 4º Nos atos de comunicação por carta precatória, rogatória ou de ordem, a realização da citação será imediatamente informada, por meio eletrônico, pelo juiz deprecado ao juiz deprecante.

Art. 916. No prazo para embargos, reconhecendo o crédito do exequente e comprovando o depósito de trinta por cento do valor em execução, acrescido de custas e de honorários de advogado, o executado poderá requerer que lhe seja permitido pagar o restante em até 6 (seis) parcelas mensais, acrescidas de correção monetária e de juros de um por cento ao mês.

§ 1º O exequente será intimado para manifestar-se sobre o preenchimento dos pressupostos do *caput*, e o juiz decidirá o requerimento em 5 (cinco) dias.

§ 2º Enquanto não apreciado o requerimento, o executado terá de depositar as parcelas vincendas, facultado ao exequente seu levantamento.

§ 3º Deferida a proposta, o exequente levantará a quantia depositada, e serão suspensos os atos executivos.

§ 4º Indeferida a proposta, seguir-se-ão os atos executivos, mantido o depósito, que será convertido em penhora.

§ 5º O não pagamento de qualquer das prestações acarretará cumulativamente:

I — o vencimento das prestações subseqüentes e o prosseguimento do processo, com o imediato reinício dos atos executivos;

II — a imposição ao executado de multa de dez por cento sobre o valor das prestações não pagas.

§ 6º A opção pelo parcelamento de que trata este artigo importa renúncia ao direito de opor embargos

§ 7º O disposto neste artigo não se aplica ao cumprimento da sentença.

Art. 917. Nos embargos à execução, o executado poderá alegar:

I — inexequibilidade do título ou inexigibilidade da obrigação;

II — penhora incorreta ou avaliação errônea;

III — excesso de execução ou cumulação indevida de execuções;

IV — retenção por benfeitorias necessárias ou úteis, nos casos de execução para entrega de coisa certa;

V — incompetência absoluta ou relativa do juízo da execução;

VI — qualquer matéria que lhe seria lícito deduzir como defesa em processo de conhecimento.

§ 1º A incorreção da penhora ou da avaliação poderá ser impugnada por simples petição, no prazo de 15 (quinze) dias, contado da ciência do ato.

§ 2º Há excesso de execução quando:

I — o exequente pleiteia quantia superior à do título;

II — ela recai sobre coisa diversa daquela declarada no título;

III — ela se processa de modo diferente do que foi determinado no título;

IV — o exequente, sem cumprir a prestação que lhe corresponde, exige o adimplemento da prestação do executado;

V — o exequente não prova que a condição se realizou.

§ 3º Quando alegar que o exequente, em excesso de execução, pleiteia quantia superior à do título, o embargante declarará na petição inicial o valor que entende correto, apresentando demonstrativo discriminado e atualizado de seu cálculo.

§ 4º Não apontado o valor correto ou não apresentado o demonstrativo, os embargos à execução:

I — serão liminarmente rejeitados, sem resolução de mérito, se o excesso de execução for o seu único fundamento;

II — serão processados, se houver outro fundamento, mas o juiz não examinará a alegação de excesso de execução.

§ 5º Nos embargos de retenção por benfeitorias, o exequente poderá requerer a compensação de seu valor com o dos frutos ou dos danos considerados devidos pelo executado, cumprindo ao juiz, para a apuração dos respectivos valores, nomear perito, observando-se, então, o art. 464.

§ 6º O exequente poderá a qualquer tempo ser imitido na posse da coisa, prestando caução ou depositando o valor devido pelas benfeitorias ou resultante da compensação.

§ 7º A arguição de impedimento e suspeição observará o disposto nos arts. 146 e 148.

Art. 918. O juiz rejeitará liminarmente os embargos:

I — quando intempestivos;

II — nos casos de indeferimento da petição inicial e de improcedência liminar do pedido;

III — manifestamente protelatórios.

Parágrafo único. Considera-se conduta atentatória à dignidade da justiça o oferecimento de embargos manifestamente protelatórios.

Art. 919. Os embargos à execução não terão efeito suspensivo.

§ 1º O juiz poderá, a requerimento do embargante, atribuir efeito suspensivo aos embargos quando verificados os requisitos para a concessão da tutela provisória e desde que a execução já esteja garantida por penhora, depósito ou caução suficientes.

§ 2º Cessando as circunstâncias que a motivaram, a decisão relativa aos efeitos dos embargos poderá, a requerimento da parte, ser modificada ou revogada a qualquer tempo, em decisão fundamentada.

§ 3º Quando o efeito suspensivo atribuído aos embargos disser respeito apenas a parte do objeto da execução, esta prosseguirá quanto à parte restante.

§ 4º A concessão de efeito suspensivo aos embargos oferecidos por um dos executados não suspenderá a execução contra os que não embargaram quando o respectivo fundamento disser respeito exclusivamente ao embargante.

§ 5º A concessão de efeito suspensivo não impedirá a efetivação dos atos de substituição, de reforço ou de redução da penhora e de avaliação dos bens.

Art. 920. Recebidos os embargos:

I — o exequente será ouvido no prazo de 15 (quinze) dias;
II — a seguir, o juiz julgará imediatamente o pedido ou designará audiência;
III — encerrada a instrução, o juiz proferirá sentença.

TÍTULO IV
DA SUSPENSÃO E DA EXTINÇÃO DO PROCESSO DE EXECUÇÃO

CAPÍTULO I
DA SUSPENSÃO DO PROCESSO DE EXECUÇÃO

Art. 921. Suspende-se a execução:

I — nas hipóteses dos arts. 313 e 315, no que couber;
II — no todo ou em parte, quando recebidos com efeito suspensivo os embargos à execução;
III — quando o executado não possuir bens penhoráveis;
IV — se a alienação dos bens penhorados não se realizar por falta de licitantes e o exequente, em 15 (quinze) dias, não requerer a adjudicação nem indicar outros bens penhoráveis;
V — quando concedido o parcelamento de que trata o art. 916.

§ 1º Na hipótese do inciso III, o juiz suspenderá a execução pelo prazo de 1 (um) ano, durante o qual se suspenderá a prescrição.

§ 2º Decorrido o prazo máximo de 1 (um) ano sem que seja localizado o executado ou que sejam encontrados bens penhoráveis, o juiz ordenará o arquivamento dos autos.

§ 3º Os autos serão desarquivados para prosseguimento da execução se a qualquer tempo forem encontrados bens penhoráveis.

§ 4º Decorrido o prazo de que trata o § 1º sem manifestação do exequente, começa a correr o prazo de prescrição intercorrente.

§ 5º O juiz, depois de ouvidas as partes, no prazo de 15 (quinze) dias, poderá, de ofício, reconhecer a prescrição de que trata o § 4º e extinguir o processo.

Art. 922. Convindo as partes, o juiz declarará suspensa a execução durante o prazo concedido pelo exequente para que o executado cumpra voluntariamente a obrigação.

Parágrafo único. Findo o prazo sem cumprimento da obrigação, o processo retomará o seu curso.

Art. 923. Suspensa a execução, não serão praticados atos processuais, podendo o juiz, entretanto, salvo no caso de arguição de impedimento ou de suspeição, ordenar providências urgentes.

CAPÍTULO II
DA EXTINÇÃO DO PROCESSO DE EXECUÇÃO

Art. 924. Extingue-se a execução quando:

I — a petição inicial for indeferida;
II — a obrigação for satisfeita;
III — o executado obtiver, por qualquer outro meio, a extinção total da dívida;
IV — o exequente renunciar ao crédito;
V — ocorrer a prescrição intercorrente.

Art. 925. A extinção só produz efeito quando declarada por sentença.

LIVRO III
DOS PROCESSOS NOS TRIBUNAIS E DOS MEIOS DE IMPUGNAÇÃO DAS DECISÕES JUDICIAIS

TÍTULO I
DA ORDEM DOS PROCESSOS E DOS PROCESSOS DE COMPETÊNCIA ORIGINÁRIA DOS TRIBUNAIS

CAPÍTULO I
DISPOSIÇÕES GERAIS

Art. 926. Os tribunais devem uniformizar sua jurisprudência e mantê-la estável, íntegra e coerente.

§ 1º Na forma estabelecida e segundo os pressupostos fixados no regimento interno, os tribunais editarão enunciados de súmula correspondentes a sua jurisprudência dominante.

§ 2º Ao editar enunciados de súmula, os tribunais devem ater-se às circunstâncias fáticas dos precedentes que motivaram sua criação.

Art. 927. Os juízes e os tribunais observarão:

I — as decisões do Supremo Tribunal Federal em controle concentrado de constitucionalidade;
II — os enunciados de súmula vinculante;
III — os acórdãos em incidente de assunção de competência ou de resolução de demandas repetitivas e em julgamento de recursos extraordinário e especial repetitivos;
IV — os enunciados das súmulas do Supremo Tribunal Federal em matéria constitucional e do Superior Tribunal de Justiça em matéria infraconstitucional;
V — a orientação do plenário ou do órgão especial aos quais estiverem vinculados.

§ 1º Os juízes e os tribunais observarão o disposto no art. 10 e no art. 489, § 1º, quando decidirem com fundamento neste artigo.

§ 2º A alteração de tese jurídica adotada em enunciado de súmula ou em julgamento de casos repetitivos poderá ser precedida de audiências públicas e da participação de pessoas, órgãos ou entidades que possam contribuir para a rediscussão da tese.

§ 3º Na hipótese de alteração de jurisprudência dominante do Supremo Tribunal Federal e dos tribunais superiores ou daquela oriunda de julgamento de casos repetitivos, pode haver modulação dos efeitos da alteração no interesse social e no da segurança jurídica.

§ 4º A modificação de enunciado de súmula, de jurisprudência pacificada ou de tese adotada em julgamento de casos repetitivos observará a necessidade de fundamentação adequada e específica, considerando os princípios da segurança jurídica, da proteção da confiança e da isonomia.

§ 5º Os tribunais darão publicidade a seus precedentes, organizando-os por questão jurídica decidida e divulgando-os, preferencialmente, na rede mundial de computadores.

Art. 928. Para os fins deste Código, considera-se julgamento de casos repetitivos a decisão proferida em:

I — incidente de resolução de demandas repetitivas;

II — recursos especial e extraordinário repetitivos.

Parágrafo único. O julgamento de casos repetitivos tem por objeto questão de direito material ou processual.

CAPÍTULO II
DA ORDEM DOS PROCESSOS NO TRIBUNAL

Art. 929. Os autos serão registrados no protocolo do tribunal no dia de sua entrada, cabendo à secretaria ordená-los, com imediata distribuição.

Parágrafo único. A critério do tribunal, os serviços de protocolo poderão ser descentralizados, mediante delegação a ofícios de justiça de primeiro grau.

Art. 930. Far-se-á a distribuição de acordo com o regimento interno do tribunal, observando-se a alternatividade, o sorteio eletrônico e a publicidade.

Parágrafo único. O primeiro recurso protocolado no tribunal tornará prevento o relator para eventual recurso subsequente interposto no mesmo processo ou em processo conexo.

Art. 931. Distribuídos, os autos serão imediatamente conclusos ao relator, que, em 30 (trinta) dias, depois de elaborar o voto, restituí-los-á, com relatório, à secretaria.

Art. 932. Incumbe ao relator:

I — dirigir e ordenar o processo no tribunal, inclusive em relação à produção de prova, bem como, quando for o caso, homologar autocomposição das partes;

II — apreciar o pedido de tutela provisória nos recursos e nos processos de competência originária do tribunal;

III — não conhecer de recurso inadmissível, prejudicado ou que não tenha impugnado especificamente os fundamentos da decisão recorrida;

IV — negar provimento a recurso que for contrário a:

a) súmula do Supremo Tribunal Federal, do Superior Tribunal de Justiça ou do próprio tribunal;

b) acórdão proferido pelo Supremo Tribunal Federal ou pelo Superior Tribunal de Justiça em julgamento de recursos repetitivos;

c) entendimento firmado em incidente de resolução de demandas repetitivas ou de assunção de competência;

V — depois de facultada a apresentação de contrarrazões, dar provimento ao recurso se a decisão recorrida for contrária a:

a) súmula do Supremo Tribunal Federal, do Superior Tribunal de Justiça ou do próprio tribunal;

b) acórdão proferido pelo Supremo Tribunal Federal ou pelo Superior Tribunal de Justiça em julgamento de recursos repetitivos;

c) entendimento firmado em incidente de resolução de demandas repetitivas ou de assunção de competência;

VI — decidir o incidente de desconsideração da personalidade jurídica, quando este for instaurado originariamente perante o tribunal;

VII — determinar a intimação do Ministério Público, quando for o caso;

VIII — exercer outras atribuições estabelecidas no regimento interno do tribunal.

Parágrafo único. Antes de considerar inadmissível o recurso, o relator concederá o prazo de 5 (cinco) dias ao recorrente para que seja sanado vício ou complementada a documentação exigível.

Art. 933. Se o relator constatar a ocorrência de fato superveniente à decisão recorrida ou a existência de questão apreciável de ofício ainda não examinada que devam ser considerados no julgamento do recurso, intimará as partes para que se manifestem no prazo de 5 (cinco) dias.

§ 1º Se a constatação ocorrer durante a sessão de julgamento, esse será imediatamente suspenso a fim de que as partes se manifestem especificamente.

§ 2º Se a constatação se der em vista dos autos, deverá o juiz que a solicitou encaminhá-los ao relator, que tomará as providências previstas no *caput* e, em seguida, solicitará a inclusão do feito em pauta para prosseguimento do julgamento, com submissão integral da nova questão aos julgadores.

Art. 934. Em seguida, os autos serão apresentados ao presidente, que designará dia para julgamento, ordenando, em todas as hipóteses previstas neste Livro, a publicação da pauta no órgão oficial.

Art. 935. Entre a data de publicação da pauta e a da sessão de julgamento decorrerá, pelo menos, o prazo de 5 (cinco) dias, incluindo-se em nova pauta os processos que não tenham sido julgados, salvo aqueles cujo julgamento tiver sido expressamente adiado para a primeira sessão seguinte.

§ 1º Às partes será permitida vista dos autos em cartório após a publicação da pauta de julgamento.

§ 2º Afixar-se-á a pauta na entrada da sala em que se realizar a sessão de julgamento.

Art. 936. Ressalvadas as preferências legais e regimentais, os recursos, a remessa necessária e os processos de competência originária serão julgados na seguinte ordem:

I — aqueles nos quais houver sustentação oral, observada a ordem dos requerimentos;

II — os requerimentos de preferência apresentados até o início da sessão de julgamento;

III — aqueles cujo julgamento tenha iniciado em sessão anterior; e

IV — os demais casos.

Art. 937. Na sessão de julgamento, depois da exposição da causa pelo relator, o presidente dará a palavra, sucessivamente, ao recorrente, ao recorrido e, nos casos de sua

intervenção, ao membro do Ministério Público, pelo prazo improrrogável de 15 (quinze) minutos para cada um, a fim de sustentarem suas razões, nas seguintes hipóteses, nos termos da parte final do *caput* do art. 1.021:

I — no recurso de apelação;

II — no recurso ordinário;

III — no recurso especial;

IV — no recurso extraordinário;

V — nos embargos de divergência;

VI — na ação rescisória, no mandado de segurança e na reclamação;

VII — (VETADO);

VIII — no agravo de instrumento interposto contra decisões interlocutórias que versem sobre tutelas provisórias de urgência ou da evidência;

IX — em outras hipóteses previstas em lei ou no regimento interno do tribunal.

§ 1º A sustentação oral no incidente de resolução de demandas repetitivas observará o disposto no art. 984, no que couber.

§ 2º O procurador que desejar proferir sustentação oral poderá requerer, até o início da sessão, que o processo seja julgado em primeiro lugar, sem prejuízo das preferências legais.

§ 3º Nos processos de competência originária previstos no inciso VI, caberá sustentação oral no agravo interno interposto contra decisão de relator que o extinga.

§ 4º É permitido ao advogado com domicílio profissional em cidade diversa daquela onde está sediado o tribunal realizar sustentação oral por meio de videoconferência ou outro recurso tecnológico de transmissão de sons e imagens em tempo real, desde que o requeira até o dia anterior ao da sessão.

Art. 938. A questão preliminar suscitada no julgamento será decidida antes do mérito, deste não se conhecendo caso seja incompatível com a decisão.

§ 1º Constatada a ocorrência de vício sanável, inclusive aquele que possa ser conhecido de ofício, o relator determinará a realização ou a renovação do ato processual, no próprio tribunal ou em primeiro grau de jurisdição, intimadas as partes.

§ 2º Cumprida a diligência de que trata o § 1º, o relator, sempre que possível, prosseguirá no julgamento do recurso.

§ 3º Reconhecida a necessidade de produção de prova, o relator converterá o julgamento em diligência, que se realizará no tribunal ou em primeiro grau de jurisdição, decidindo-se o recurso após a conclusão da instrução.

§ 4º Quando não determinadas pelo relator, as providências indicadas nos §§ 1º e 3º poderão ser determinadas pelo órgão competente para julgamento do recurso.

Art. 939. Se a preliminar for rejeitada ou se a apreciação do mérito for com ela compatível, seguir-se-ão a discussão e o julgamento da matéria principal, sobre a qual deverão se pronunciar os juízes vencidos na preliminar.

Art. 940. O relator ou outro juiz que não se considerar habilitado a proferir imediatamente seu voto poderá solicitar vista pelo prazo máximo de 10 (dez) dias, após o qual o recurso será reincluído em pauta para julgamento na sessão seguinte à data da devolução.

§ 1º Se os autos não forem devolvidos tempestivamente ou se não for solicitada pelo juiz prorrogação de prazo de no máximo mais 10 (dez) dias, o presidente do órgão fracionário os requisitará para julgamento do recurso na sessão ordinária subsequente, com publicação da pauta em que for incluído.

§ 2º Quando requisitar os autos na forma do § 1º, se aquele que fez o pedido de vista ainda não se sentir habilitado a votar, o presidente convocará substituto para proferir voto, na forma estabelecida no regimento interno do tribunal.

Art. 941. Proferidos os votos, o presidente anunciará o resultado do julgamento, designando para redigir o acórdão o relator ou, se vencido este, o autor do primeiro voto vencedor.

§ 1º O voto poderá ser alterado até o momento da proclamação do resultado pelo presidente, salvo aquele já proferido por juiz afastado ou substituído.

§ 2º No julgamento de apelação ou de agravo de instrumento, a decisão será tomada, no órgão colegiado, pelo voto de 3 (três) juízes.

§ 3º O voto vencido será necessariamente declarado e considerado parte integrante do acórdão para todos os fins legais, inclusive de pré-questionamento.

Art. 942. Quando o resultado da apelação for não unânime, o julgamento terá prosseguimento em sessão a ser designada com a presença de outros julgadores, que serão convocados nos termos previamente definidos no regimento interno, em número suficiente para garantir a possibilidade de inversão do resultado inicial, assegurado às partes e a eventuais terceiros o direito de sustentar oralmente suas razões perante os novos julgadores.

§ 1º Sendo possível, o prosseguimento do julgamento dar-se-á na mesma sessão, colhendo-se os votos de outros julgadores que porventura componham o órgão colegiado.

§ 2º Os julgadores que já tiverem votado poderão rever seus votos por ocasião do prosseguimento do julgamento.

§ 3º A técnica de julgamento prevista neste artigo aplica-se, igualmente, ao julgamento não unânime proferido em:

I — ação rescisória, quando o resultado for a rescisão da sentença, devendo, nesse caso, seu prosseguimento ocorrer em órgão de maior composição previsto no regimento interno;

II — agravo de instrumento, quando houver reforma da decisão que julgar parcialmente o mérito.

§ 4º Não se aplica o disposto neste artigo ao julgamento:

I — do incidente de assunção de competência e ao de resolução de demandas repetitivas;

II — da remessa necessária;

III — não unânime proferido, nos tribunais, pelo plenário ou pela corte especial.

Art. 943. Os votos, os acórdãos e os demais atos processuais podem ser registrados em documento eletrônico inviolável e assinados eletronicamente, na forma da lei, devendo ser impressos para juntada aos autos do processo quando este não for eletrônico.

§ 1º Todo acórdão conterá ementa.

§ 2º Lavrado o acórdão, sua ementa será publicada no órgão oficial no prazo de 10 (dez) dias.

Art. 944. Não publicado o acórdão no prazo de 30 (trinta) dias, contado da data da sessão de julgamento, as notas taquigráficas o substituirão, para todos os fins legais, independentemente de revisão.

Parágrafo único. No caso do *caput*, o presidente do tribunal lavrará, de imediato, as conclusões e a ementa e mandará publicar o acórdão.

Art. 945. *(Revogado pela Lei n. 13.256, de 2016)*

§ 1º *(Revogado pela Lei n. 13.256, de 2016)*

§ 2º *(Revogado pela Lei n. 13.256, de 2016)*

§ 3º *(Revogado pela Lei n. 13.256, de 2016)*
§ 4º *(Revogado pela Lei n. 13.256, de 2016)*

Art. 946. O agravo de instrumento será julgado antes da apelação interposta no mesmo processo.

Parágrafo único. Se ambos os recursos de que trata o *caput* houverem de ser julgados na mesma sessão, terá precedência o agravo de instrumento.

CAPÍTULO III
DO INCIDENTE DE ASSUNÇÃO DE COMPETÊNCIA

Art. 947. É admissível a assunção de competência quando o julgamento de recurso, de remessa necessária ou de processo de competência originária envolver relevante questão de direito, com grande repercussão social, sem repetição em múltiplos processos.

§ 1º Ocorrendo a hipótese de assunção de competência, o relator proporá, de ofício ou a requerimento da parte, do Ministério Público ou da Defensoria Pública, que seja o recurso, a remessa necessária ou o processo de competência originária julgado pelo órgão colegiado que o regimento indicar.

§ 2º O órgão colegiado julgará o recurso, a remessa necessária ou o processo de competência originária se reconhecer interesse público na assunção de competência.

§ 3º O acórdão proferido em assunção de competência vinculará todos os juízes e órgãos fracionários, exceto se houver revisão de tese.

§ 4º Aplica-se o disposto neste artigo quando ocorrer relevante questão de direito a respeito da qual seja conveniente a prevenção ou a composição de divergência entre câmaras ou turmas do tribunal.

CAPÍTULO IV
DO INCIDENTE DE ARGUIÇÃO DE INCONSTITUCIONALIDADE

Art. 948. Arguida, em controle difuso, a inconstitucionalidade de lei ou de ato normativo do poder público, o relator, após ouvir o Ministério Público e as partes, submeterá a questão à turma ou à câmara à qual competir o conhecimento do processo.

Art. 949. Se a arguição for:

I — rejeitada, prosseguirá o julgamento;

II — acolhida, a questão será submetida ao plenário do tribunal ou ao seu órgão especial, onde houver.

Parágrafo único. Os órgãos fracionários dos tribunais não submeterão ao plenário ou ao órgão especial a arguição de inconstitucionalidade quando já houver pronunciamento destes ou do plenário do Supremo Tribunal Federal sobre a questão.

Art. 950. Remetida cópia do acórdão a todos os juízes, o presidente do tribunal designará a sessão de julgamento.

§ 1º As pessoas jurídicas de direito público responsáveis pela edição do ato questionado poderão manifestar-se no incidente de inconstitucionalidade se assim o requererem, observados os prazos e as condições previstos no regimento interno do tribunal.

§ 2º A parte legitimada à propositura das ações previstas no art. 103 da Constituição Federal poderá manifestar-se, por escrito, sobre a questão constitucional objeto de apreciação, no prazo previsto pelo regimento interno, sendo-lhe assegurado o direito de apresentar memoriais ou de requerer a juntada de documentos.

§ 3º Considerando a relevância da matéria e a representatividade dos postulantes, o relator poderá admitir, por despacho irrecorrível, a manifestação de outros órgãos ou entidades.

CAPÍTULO V
DO CONFLITO DE COMPETÊNCIA

Art. 951. O conflito de competência pode ser suscitado por qualquer das partes, pelo Ministério Público ou pelo juiz.

Parágrafo único. O Ministério Público somente será ouvido nos conflitos de competência relativos aos processos previstos no art. 178, mas terá qualidade de parte nos conflitos que suscitar.

Art. 952. Não pode suscitar conflito a parte que, no processo, arguiu incompetência relativa.

Parágrafo único. O conflito de competência não obsta, porém, a que a parte que não o arguiu suscite a incompetência.

Art. 953. O conflito será suscitado ao tribunal:

I — pelo juiz, por ofício;

II — pela parte e pelo Ministério Público, por petição.

Parágrafo único. O ofício e a petição serão instruídos com os documentos necessários à prova do conflito.

Art. 954. Após a distribuição, o relator determinará a oitiva dos juízes em conflito ou, se um deles for suscitante, apenas do suscitado.

Parágrafo único. No prazo designado pelo relator, incumbirá ao juiz ou aos juízes prestar as informações.

Art. 955. O relator poderá, de ofício ou a requerimento de qualquer das partes, determinar, quando o conflito for positivo, o sobrestamento do processo e, nesse caso, bem como no de conflito negativo, designará um dos juízes para resolver, em caráter provisório, as medidas urgentes.

Parágrafo único. O relator poderá julgar de plano o conflito de competência quando sua decisão se fundar em:

I — súmula do Supremo Tribunal Federal, do Superior Tribunal de Justiça ou do próprio tribunal;

II — tese firmada em julgamento de casos repetitivos ou em incidente de assunção de competência.

Art. 956. Decorrido o prazo designado pelo relator, será ouvido o Ministério Público, no prazo de 5 (cinco) dias, ainda que as informações não tenham sido prestadas, e, em seguida, o conflito irá a julgamento.

Art. 957. Ao decidir o conflito, o tribunal declarará qual o juízo competente, pronunciando-se também sobre a validade dos atos do juízo incompetente.

Parágrafo único. Os autos do processo em que se manifestou o conflito serão remetidos ao juiz declarado competente.

Art. 958. No conflito que envolva órgãos fracionários dos tribunais, desembargadores e juízes em exercício no tribunal, observar-se-á o que dispuser o regimento interno do tribunal.

Art. 959. O regimento interno do tribunal regulará o processo e o julgamento do conflito de atribuições entre autoridade judiciária e autoridade administrativa.

CAPÍTULO VI
DA HOMOLOGAÇÃO DE DECISÃO ESTRANGEIRA E DA CONCESSÃO DO EXEQUATUR À CARTA ROGATÓRIA

Art. 960. A homologação de decisão estrangeira será requerida por ação de homologação de decisão estrangeira, salvo disposição especial em sentido contrário prevista em tratado.

§ 1º A decisão interlocutória estrangeira poderá ser executada no Brasil por meio de carta rogatória.

§ 2º A homologação obedecerá ao que dispuserem os tratados em vigor no Brasil e o Regimento Interno do Superior Tribunal de Justiça.

§ 3º A homologação de decisão arbitral estrangeira obedecerá ao disposto em tratado e em lei, aplicando-se, subsidiariamente, as disposições deste Capítulo.

Art. 961. A decisão estrangeira somente terá eficácia no Brasil após a homologação de sentença estrangeira ou a concessão do exequatur às cartas rogatórias, salvo disposição em sentido contrário de lei ou tratado.

§ 1º É passível de homologação a decisão judicial definitiva, bem como a decisão não judicial que, pela lei brasileira, teria natureza jurisdicional.

§ 2º A decisão estrangeira poderá ser homologada parcialmente.

§ 3º A autoridade judiciária brasileira poderá deferir pedidos de urgência e realizar atos de execução provisória no processo de homologação de decisão estrangeira.

§ 4º Haverá homologação de decisão estrangeira para fins de execução fiscal quando prevista em tratado ou em promessa de reciprocidade apresentada à autoridade brasileira.

§ 5º A sentença estrangeira de divórcio consensual produz efeitos no Brasil, independentemente de homologação pelo Superior Tribunal de Justiça.

§ 6º Na hipótese do § 5º, competirá a qualquer juiz examinar a validade da decisão, em caráter principal ou incidental, quando essa questão for suscitada em processo de sua competência.

Art. 962. É passível de execução a decisão estrangeira concessiva de medida de urgência.

§ 1º A execução no Brasil de decisão interlocutória estrangeira concessiva de medida de urgência dar-se-á por carta rogatória.

§ 2º A medida de urgência concedida sem audiência do réu poderá ser executada, desde que garantido o contraditório em momento posterior.

§ 3º O juízo sobre a urgência da medida compete exclusivamente à autoridade jurisdicional prolatora da decisão estrangeira.

§ 4º Quando dispensada a homologação para que a sentença estrangeira produza efeitos no Brasil, a decisão concessiva de medida de urgência dependerá, para produzir efeitos, de ter sua validade expressamente reconhecida pelo juiz competente para dar-lhe cumprimento, dispensada a homologação pelo Superior Tribunal de Justiça.

Art. 963. Constituem requisitos indispensáveis à homologação da decisão:

I — ser proferida por autoridade competente;

II — ser precedida de citação regular, ainda que verificada a revelia;

III — ser eficaz no país em que foi proferida;

IV — não ofender a coisa julgada brasileira;

V — estar acompanhada de tradução oficial, salvo disposição que a dispense prevista em tratado;

VI — não conter manifesta ofensa à ordem pública.

Parágrafo único. Para a concessão do exequatur às cartas rogatórias, observar-se-ão os pressupostos previstos no *caput* deste artigo e no art. 962, § 2º.

Art. 964. Não será homologada a decisão estrangeira na hipótese de competência exclusiva da autoridade judiciária brasileira.

Parágrafo único. O dispositivo também se aplica à concessão do exequatur à carta rogatória.

Art. 965. O cumprimento de decisão estrangeira far-se-á perante o juízo federal competente, a requerimento da parte, conforme as normas estabelecidas para o cumprimento de decisão nacional.

Parágrafo único. O pedido de execução deverá ser instruído com cópia autenticada da decisão homologatória ou do exequatur, conforme o caso.

CAPÍTULO VII
DA AÇÃO RESCISÓRIA

Art. 966. A decisão de mérito, transitada em julgado, pode ser rescindida quando:

I — se verificar que foi proferida por força de prevaricação, concussão ou corrupção do juiz;

II — for proferida por juiz impedido ou por juízo absolutamente incompetente;

III — resultar de dolo ou coação da parte vencedora em detrimento da parte vencida ou, ainda, de simulação ou colusão entre as partes, a fim de fraudar a lei;

IV — ofender a coisa julgada;

V — violar manifestamente norma jurídica;

VI — for fundada em prova cuja falsidade tenha sido apurada em processo criminal ou venha a ser demonstrada na própria ação rescisória;

VII — obtiver o autor, posteriormente ao trânsito em julgado, prova nova cuja existência ignorava ou de que não pôde fazer uso, capaz, por si só, de lhe assegurar pronunciamento favorável;

VIII — for fundada em erro de fato verificável do exame dos autos.

§ 1º Há erro de fato quando a decisão rescindenda admitir fato inexistente ou quando considerar inexistente fato efetivamente ocorrido, sendo indispensável, em ambos os casos, que o fato não represente ponto controvertido sobre o qual o juiz deveria ter se pronunciado.

§ 2º Nas hipóteses previstas nos incisos do *caput*, será rescindível a decisão transitada em julgado que, embora não seja de mérito, impeça:

I — nova propositura da demanda; ou

II — admissibilidade do recurso correspondente.

§ 3º A ação rescisória pode ter por objeto apenas 1 (um) capítulo da decisão.

§ 4º Os atos de disposição de direitos, praticados pelas partes ou por outros participantes do processo e homologados pelo juízo, bem como os atos homologatórios praticados no curso da execução, estão sujeitos à anulação, nos termos da lei.

§ 5º Cabe ação rescisória, com fundamento no inciso V do *caput* deste artigo, contra decisão baseada em enun-

ciado de súmula ou acórdão proferido em julgamento de casos repetitivos que não tenha considerado a existência de distinção entre a questão discutida no processo e o padrão decisório que lhe deu fundamento. *(Incluído pela Lei n. 13.256, de 2016)*

§ 6º Quando a ação rescisória fundar-se na hipótese do § 5º deste artigo, caberá ao autor, sob pena de inépcia, demonstrar, fundamentadamente, tratar-se de situação particularizada por hipótese fática distinta ou de questão jurídica não examinada, a impor outra solução jurídica. *(Incluído pela Lei n. 13.256, de 2016)*

Art. 967. Têm legitimidade para propor a ação rescisória:

I — quem foi parte no processo ou o seu sucessor a título universal ou singular;

II — o terceiro juridicamente interessado;

III — o Ministério Público:

a) se não foi ouvido no processo em que lhe era obrigatória a intervenção;

b) quando a decisão rescindenda é o efeito de simulação ou de colusão das partes, a fim de fraudar a lei;

c) em outros casos em que se imponha sua atuação;

IV — aquele que não foi ouvido no processo em que lhe era obrigatória a intervenção.

Parágrafo único. Nas hipóteses do art. 178, o Ministério Público será intimado para intervir como fiscal da ordem jurídica quando não for parte.

Art. 968. A petição inicial será elaborada com observância dos requisitos essenciais do art. 319, devendo o autor:

I — cumular ao pedido de rescisão, se for o caso, o de novo julgamento do processo;

II — depositar a importância de cinco por cento sobre o valor da causa, que se converterá em multa caso a ação seja, por unanimidade de votos, declarada inadmissível ou improcedente.

§ 1º Não se aplica o disposto no inciso II à União, aos Estados, ao Distrito Federal, aos Municípios, às suas respectivas autarquias e fundações de direito público, ao Ministério Público, à Defensoria Pública e aos que tenham obtido o benefício de gratuidade da justiça.

§ 2º O depósito previsto no inciso II do *caput* deste artigo não será superior a 1.000 (mil) salários-mínimos.

§ 3º Além dos casos previstos no art. 330, a petição inicial será indeferida quando não efetuado o depósito exigido pelo inciso II do *caput* deste artigo.

§ 4º Aplica-se à ação rescisória o disposto no art. 332.

§ 5º Reconhecida a incompetência do tribunal para julgar a ação rescisória, o autor será intimado para emendar a petição inicial, a fim de adequar o objeto da ação rescisória, quando a decisão apontada como rescindenda:

I — não tiver apreciado o mérito e não se enquadrar na situação prevista no § 2º do art. 966;

II — tiver sido substituída por decisão posterior.

§ 6º Na hipótese do § 5º, após a emenda da petição inicial, será permitido ao réu complementar os fundamentos de defesa, e, em seguida, os autos serão remetidos ao tribunal competente.

Art. 969. A propositura da ação rescisória não impede o cumprimento da decisão rescindenda, ressalvada a concessão de tutela provisória.

Art. 970. O relator ordenará a citação do réu, designando-lhe prazo nunca inferior a 15 (quinze) dias nem superior a 30 (trinta) dias para, querendo, apresentar resposta, ao fim do qual, com ou sem contestação, observar-se-á, no que couber, o procedimento comum.

Art. 971. Na ação rescisória, devolvidos os autos pelo relator, a secretaria do tribunal expedirá cópias do relatório e as distribuirá entre os juízes que compuserem o órgão competente para o julgamento.

Parágrafo único. A escolha de relator recairá, sempre que possível, em juiz que não haja participado do julgamento rescindendo.

Art. 972. Se os fatos alegados pelas partes dependerem de prova, o relator poderá delegar a competência ao órgão que proferiu a decisão rescindenda, fixando prazo de 1 (um) a 3 (três) meses para a devolução dos autos.

Art. 973. Concluída a instrução, será aberta vista ao autor e ao réu para razões finais, sucessivamente, pelo prazo de 10 (dez) dias.

Parágrafo único. Em seguida, os autos serão conclusos ao relator, procedendo-se ao julgamento pelo órgão competente.

Art. 974. Julgando procedente o pedido, o tribunal rescindirá a decisão, proferirá, se for o caso, novo julgamento e determinará a restituição do depósito a que se refere o inciso II do art. 968.

Parágrafo único. Considerando, por unanimidade, inadmissível ou improcedente o pedido, o tribunal determinará a reversão, em favor do réu, da importância do depósito, sem prejuízo do disposto no § 2º do art. 82.

Art. 975. O direito à rescisão se extingue em 2 (dois) anos contados do trânsito em julgado da última decisão proferida no processo.

§ 1º Prorroga-se até o primeiro dia útil imediatamente subsequente o prazo a que se refere o *caput*, quando expirar durante férias forenses, recesso, feriados ou em dia em que não houver expediente forense.

§ 2º Se fundada a ação no inciso VII do art. 966, o termo inicial do prazo será a data de descoberta da prova nova, observado o prazo máximo de 5 (cinco) anos, contado do trânsito em julgado da última decisão proferida no processo.

§ 3º Nas hipóteses de simulação ou de colusão das partes, o prazo começa a contar, para o terceiro prejudicado e para o Ministério Público, que não interveio no processo, a partir do momento em que têm ciência da simulação ou da colusão.

CAPÍTULO VIII
DO INCIDENTE DE RESOLUÇÃO DE DEMANDAS REPETITIVAS

Art. 976. É cabível a instauração do incidente de resolução de demandas repetitivas quando houver, simultaneamente:

I — efetiva repetição de processos que contenham controvérsia sobre a mesma questão unicamente de direito;

II — risco de ofensa à isonomia e à segurança jurídica.

§ 1º A desistência ou o abandono do processo não impede o exame de mérito do incidente.

§ 2º Se não for o requerente, o Ministério Público intervirá obrigatoriamente no incidente e deverá assumir sua titularidade em caso de desistência ou de abandono.

§ 3º A inadmissão do incidente de resolução de demandas repetitivas por ausência de qualquer de seus pressupostos de admissibilidade não impede que, uma vez satisfeito o requisito, seja o incidente novamente suscitado.

§ 4º É incabível o incidente de resolução de demandas repetitivas quando um dos tribunais superiores, no âmbito de sua respectiva competência, já tiver afetado recurso para definição de tese sobre questão de direito material ou processual repetitiva.

§ 5º Não serão exigidas custas processuais no incidente de resolução de demandas repetitivas.

Art. 977. O pedido de instauração do incidente será dirigido ao presidente de tribunal:

I — pelo juiz ou relator, por ofício;

II — pelas partes, por petição;

III — pelo Ministério Público ou pela Defensoria Pública, por petição.

Parágrafo único. O ofício ou a petição será instruído com os documentos necessários à demonstração do preenchimento dos pressupostos para a instauração do incidente.

Art. 978. O julgamento do incidente caberá ao órgão indicado pelo regimento interno dentre aqueles responsáveis pela uniformização de jurisprudência do tribunal.

Parágrafo único. O órgão colegiado incumbido de julgar o incidente e de fixar a tese jurídica julgará igualmente o recurso, a remessa necessária ou o processo de competência originária de onde se originou o incidente.

Art. 979. A instauração e o julgamento do incidente serão sucedidos da mais ampla e específica divulgação e publicidade, por meio de registro eletrônico no Conselho Nacional de Justiça.

§ 1º Os tribunais manterão banco eletrônico de dados atualizados com informações específicas sobre questões de direito submetidas ao incidente, comunicando-o imediatamente ao Conselho Nacional de Justiça para inclusão no cadastro.

§ 2º Para possibilitar a identificação dos processos abrangidos pela decisão do incidente, o registro eletrônico das teses jurídicas constantes do cadastro conterá, no mínimo, os fundamentos determinantes da decisão e os dispositivos normativos a ela relacionados.

§ 3º Aplica-se o disposto neste artigo ao julgamento de recursos repetitivos e da repercussão geral em recurso extraordinário.

Art. 980. O incidente será julgado no prazo de 1 (um) ano e terá preferência sobre os demais feitos, ressalvados os que envolvam réu preso e os pedidos de habeas corpus.

Parágrafo único. Superado o prazo previsto no *caput*, cessa a suspensão dos processos prevista no art. 982, salvo decisão fundamentada do relator em sentido contrário.

Art. 981. Após a distribuição, o órgão colegiado competente para julgar o incidente procederá ao seu juízo de admissibilidade, considerando a presença dos pressupostos do art. 976.

Art. 982. Admitido o incidente, o relator:

I — suspenderá os processos pendentes, individuais ou coletivos, que tramitam no Estado ou na região, conforme o caso;

II — poderá requisitar informações a órgãos em cujo juízo tramita processo no qual se discute o objeto do incidente, que as prestarão no prazo de 15 (quinze) dias;

III — intimará o Ministério Público para, querendo, manifestar-se no prazo de 15 (quinze) dias.

§ 1º A suspensão será comunicada aos órgãos jurisdicionais competentes.

§ 2º Durante a suspensão, o pedido de tutela de urgência deverá ser dirigido ao juízo onde tramita o processo suspenso.

§ 3º Visando à garantia da segurança jurídica, qualquer legitimado mencionado no art. 977, incisos II e III, poderá requerer, ao tribunal competente para conhecer do recurso extraordinário ou especial, a suspensão de todos os processos individuais ou coletivos em curso no território nacional que versem sobre a questão objeto do incidente já instaurado.

§ 4º Independentemente dos limites da competência territorial, a parte no processo em curso no qual se discuta a mesma questão objeto do incidente é legitimada para requerer a providência prevista no § 3º deste artigo.

§ 5º Cessa a suspensão a que se refere o inciso I do *caput* deste artigo se não for interposto recurso especial ou recurso extraordinário contra a decisão proferida no incidente.

Art. 983. O relator ouvirá as partes e os demais interessados, inclusive pessoas, órgãos e entidades com interesse na controvérsia, que, no prazo comum de 15 (quinze) dias, poderão requerer a juntada de documentos, bem como as diligências necessárias para a elucidação da questão de direito controvertida, e, em seguida, manifestar-se-á o Ministério Público, no mesmo prazo.

§ 1º Para instruir o incidente, o relator poderá designar data para, em audiência pública, ouvir depoimentos de pessoas com experiência e conhecimento na matéria.

§ 2º Concluídas as diligências, o relator solicitará dia para o julgamento do incidente.

Art. 984. No julgamento do incidente, observar-se-á a seguinte ordem:

I — o relator fará a exposição do objeto do incidente;

II — poderão sustentar suas razões, sucessivamente:

a) o autor e o réu do processo originário e o Ministério Público, pelo prazo de 30 (trinta) minutos;

b) os demais interessados, no prazo de 30 (trinta) minutos, divididos entre todos, sendo exigida inscrição com 2 (dois) dias de antecedência.

§ 1º Considerando o número de inscritos, o prazo poderá ser ampliado.

§ 2º O conteúdo do acórdão abrangerá a análise de todos os fundamentos suscitados concernentes à tese jurídica discutida, sejam favoráveis ou contrários.

Art. 985. Julgado o incidente, a tese jurídica será aplicada:

I — a todos os processos individuais ou coletivos que versem sobre idêntica questão de direito e que tramitem na área de jurisdição do respectivo tribunal, inclusive àqueles que tramitem nos juizados especiais do respectivo Estado ou região;

II — aos casos futuros que versem idêntica questão de direito e que venham a tramitar no território de competência do tribunal, salvo revisão na forma do art. 986.

§ 1º Não observada a tese adotada no incidente, caberá reclamação.

§ 2º Se o incidente tiver por objeto questão relativa a prestação de serviço concedido, permitido ou autorizado, o resultado do julgamento será comunicado ao órgão, ao ente ou à agência reguladora competente para fiscalização da efetiva aplicação, por parte dos entes sujeitos a regulação, da tese adotada.

Art. 986. A revisão da tese jurídica firmada no incidente far-se-á pelo mesmo tribunal, de ofício ou mediante requerimento dos legitimados mencionados no art. 977, inciso III.

Art. 987. Do julgamento do mérito do incidente caberá recurso extraordinário ou especial, conforme o caso.

§ 1º O recurso tem efeito suspensivo, presumindo-se a repercussão geral de questão constitucional eventualmente discutida.

§ 2º Apreciado o mérito do recurso, a tese jurídica adotada pelo Supremo Tribunal Federal ou pelo Superior Tribunal de Justiça será aplicada no território nacional a todos os processos individuais ou coletivos que versem sobre idêntica questão de direito.

CAPÍTULO IX
DA RECLAMAÇÃO

Art. 988. Caberá reclamação da parte interessada ou do Ministério Público para:

I — preservar a competência do tribunal;

II — garantir a autoridade das decisões do tribunal;

III — garantir a observância de enunciado de súmula vinculante e de decisão do Supremo Tribunal Federal em controle concentrado de constitucionalidade; *(Redação dada pela Lei n. 13.256, de 2016)*

IV — garantir a observância de acórdão proferido em julgamento de incidente de resolução de demandas repetitivas ou de incidente de assunção de competência; *(Redação dada pela Lei n. 13.256, de 2016)*

§ 1º A reclamação pode ser proposta perante qualquer tribunal, e seu julgamento compete ao órgão jurisdicional cuja competência se busca preservar ou cuja autoridade se pretenda garantir.

§ 2º A reclamação deverá ser instruída com prova documental e dirigida ao presidente do tribunal.

§ 3º Assim que recebida, a reclamação será autuada e distribuída ao relator do processo principal, sempre que possível.

§ 4º As hipóteses dos incisos III e IV compreendem a aplicação indevida da tese jurídica e sua não aplicação aos casos que a ela correspondam.

§ 5º É inadmissível a reclamação: *(Redação dada pela Lei n. 13.256, de 2016)*

I — proposta após o trânsito em julgado da decisão reclamada; *(Incluído pela Lei n. 13.256, de 2016)*

II — proposta para garantir a observância de acórdão de recurso extraordinário com repercussão geral reconhecida ou de acórdão proferido em julgamento de recursos extraordinário ou especial repetitivos, quando não esgotadas as instâncias ordinárias. *(Incluído pela Lei n. 13.256, de 2016)*

§ 6º A inadmissibilidade ou o julgamento do recurso interposto contra a decisão proferida pelo órgão reclamado não prejudica a reclamação.

Art. 989. Ao despachar a reclamação, o relator:

I — requisitará informações da autoridade a quem for imputada a prática do ato impugnado, que as prestará no prazo de 10 (dez) dias;

II — se necessário, ordenará a suspensão do processo ou do ato impugnado para evitar dano irreparável;

III — determinará a citação do beneficiário da decisão impugnada, que terá prazo de 15 (quinze) dias para apresentar a sua contestação.

Art. 990. Qualquer interessado poderá impugnar o pedido do reclamante.

Art. 991. Na reclamação que não houver formulado, o Ministério Público terá vista do processo por 5 (cinco) dias, após o decurso do prazo para informações e para o oferecimento da contestação pelo beneficiário do ato impugnado.

Art. 992. Julgando procedente a reclamação, o tribunal cassará a decisão exorbitante de seu julgado ou determinará medida adequada à solução da controvérsia.

Art. 993. O presidente do tribunal determinará o imediato cumprimento da decisão, lavrando-se o acórdão posteriormente.

TÍTULO II
DOS RECURSOS

CAPÍTULO I
DISPOSIÇÕES GERAIS

Art. 994. São cabíveis os seguintes recursos:

I — apelação;

II — agravo de instrumento;

III — agravo interno;

IV — embargos de declaração;

V — recurso ordinário;

VI — recurso especial;

VII — recurso extraordinário;

VIII — agravo em recurso especial ou extraordinário;

IX — embargos de divergência.

Art. 995. Os recursos não impedem a eficácia da decisão, salvo disposição legal ou decisão judicial em sentido diverso.

Parágrafo único. A eficácia da decisão recorrida poderá ser suspensa por decisão do relator, se da imediata produção de seus efeitos houver risco de dano grave, de difícil ou impossível reparação, e ficar demonstrada a probabilidade de provimento do recurso.

Art. 996. O recurso pode ser interposto pela parte vencida, pelo terceiro prejudicado e pelo Ministério Público, como parte ou como fiscal da ordem jurídica.

Parágrafo único. Cumpre ao terceiro demonstrar a possibilidade de a decisão sobre a relação jurídica submetida à apreciação judicial atingir direito de que se afirme titular ou que possa discutir em juízo como substituto processual.

Art. 997. Cada parte interporá o recurso independentemente, no prazo e com observância das exigências legais.

§ 1º Sendo vencidos autor e réu, ao recurso interposto por qualquer deles poderá aderir o outro.

§ 2º O recurso adesivo fica subordinado ao recurso independente, sendo-lhe aplicáveis as mesmas regras deste quanto aos requisitos de admissibilidade e julgamento no tribunal, salvo disposição legal diversa, observado, ainda, o seguinte:

I — será dirigido ao órgão perante o qual o recurso independente fora interposto, no prazo de que a parte dispõe para responder;

II — será admissível na apelação, no recurso extraordinário e no recurso especial;

III — não será conhecido, se houver desistência do recurso principal ou se for ele considerado inadmissível.

Art. 998. O recorrente poderá, a qualquer tempo, sem a anuência do recorrido ou dos litisconsortes, desistir do recurso.

Parágrafo único. A desistência do recurso não impede a análise de questão cuja repercussão geral já tenha sido reconhecida e daquela objeto de julgamento de recursos extraordinários ou especiais repetitivos.

Art. 999. A renúncia ao direito de recorrer independe da aceitação da outra parte.

Art. 1.000. A parte que aceitar expressa ou tacitamente a decisão não poderá recorrer.

Parágrafo único. Considera-se aceitação tácita a prática, sem nenhuma reserva, de ato incompatível com a vontade de recorrer.

Art. 1.001. Dos despachos não cabe recurso.

Art. 1.002. A decisão pode ser impugnada no todo ou em parte.

Art. 1.003. O prazo para interposição de recurso conta-se da data em que os advogados, a sociedade de advogados, a Advocacia Pública, a Defensoria Pública ou o Ministério Público são intimados da decisão.

§ 1º Os sujeitos previstos no *caput* considerar-se-ão intimados em audiência quando nesta for proferida a decisão.

§ 2º Aplica-se o disposto no art. 231, incisos I a VI, ao prazo de interposição de recurso pelo réu contra decisão proferida anteriormente à citação.

§ 3º No prazo para interposição de recurso, a petição será protocolada em cartório ou conforme as normas de organização judiciária, ressalvado o disposto em regra especial.

§ 4º Para aferição da tempestividade do recurso remetido pelo correio, será considerada como data de interposição a data da postagem.

§ 5º Excetuados os embargos de declaração, o prazo para interpor os recursos e para responder-lhes é de 15 (quinze) dias.

§ 6º O recorrente comprovará a ocorrência de feriado local no ato de interposição do recurso.

Art. 1.004. Se, durante o prazo para a interposição do recurso, sobrevier o falecimento da parte ou de seu advogado ou ocorrer motivo de força maior que suspenda o curso do processo, será tal prazo restituído em proveito da parte, do herdeiro ou do sucessor, contra quem começará a correr novamente depois da intimação.

Art. 1.005. O recurso interposto por um dos litisconsortes a todos aproveita, salvo se distintos ou opostos os seus interesses.

Parágrafo único. Havendo solidariedade passiva, o recurso interposto por um devedor aproveitará aos outros quando as defesas opostas ao credor lhes forem comuns.

Art. 1.006. Certificado o trânsito em julgado, com menção expressa da data de sua ocorrência, o escrivão ou o chefe de secretaria, independentemente de despacho, providenciará a baixa dos autos ao juízo de origem, no prazo de 5 (cinco) dias.

Art. 1.007. No ato de interposição do recurso, o recorrente comprovará, quando exigido pela legislação pertinente, o respectivo preparo, inclusive porte de remessa e de retorno, sob pena de deserção.

§ 1º São dispensados de preparo, inclusive porte de remessa e de retorno, os recursos interpostos pelo Ministério Público, pela União, pelo Distrito Federal, pelos Estados, pelos Municípios, e respectivas autarquias, e pelos que gozam de isenção legal.

§ 2º A insuficiência no valor do preparo, inclusive porte de remessa e de retorno, implicará deserção se o recorrente, intimado na pessoa de seu advogado, não vier a supri-lo no prazo de 5 (cinco) dias.

§ 3º É dispensado o recolhimento do porte de remessa e de retorno no processo em autos eletrônicos.

§ 4º O recorrente que não comprovar, no ato de interposição do recurso, o recolhimento do preparo, inclusive porte de remessa e de retorno, será intimado, na pessoa de seu advogado, para realizar o recolhimento em dobro, sob pena de deserção.

§ 5º É vedada a complementação se houver insuficiência parcial do preparo, inclusive porte de remessa e de retorno, no recolhimento realizado na forma do § 4º.

§ 6º Provando o recorrente justo impedimento, o relator relevará a pena de deserção, por decisão irrecorrível, fixando-lhe prazo de 5 (cinco) dias para efetuar o preparo.

§ 7º O equívoco no preenchimento da guia de custas não implicará a aplicação da pena de deserção, cabendo ao relator, na hipótese de dúvida quanto ao recolhimento, intimar o recorrente para sanar o vício no prazo de 5 (cinco) dias.

Art. 1.008. O julgamento proferido pelo tribunal substituirá a decisão impugnada no que tiver sido objeto de recurso.

CAPÍTULO II
DA APELAÇÃO

Art. 1.009. Da sentença cabe apelação.

§ 1º As questões resolvidas na fase de conhecimento, se a decisão a seu respeito não comportar agravo de instrumento, não são cobertas pela preclusão e devem ser suscitadas em preliminar de apelação, eventualmente interposta contra a decisão final, ou nas contrarrazões.

§ 2º Se as questões referidas no § 1º forem suscitadas em contrarrazões, o recorrente será intimado para, em 15 (quinze) dias, manifestar-se a respeito delas.

§ 3º O disposto no *caput* deste artigo aplica-se mesmo quando as questões mencionadas no art. 1.015 integrarem capítulo da sentença.

Art. 1.010. A apelação, interposta por petição dirigida ao juízo de primeiro grau, conterá:

I — os nomes e a qualificação das partes;

II — a exposição do fato e do direito;

III — as razões do pedido de reforma ou de decretação de nulidade;

IV — o pedido de nova decisão.

§ 1º O apelado será intimado para apresentar contrarrazões no prazo de 15 (quinze) dias.

§ 2º Se o apelado interpuser apelação adesiva, o juiz intimará o apelante para apresentar contrarrazões.

§ 3º Após as formalidades previstas nos §§ 1º e 2º, os autos serão remetidos ao tribunal pelo juiz, independentemente de juízo de admissibilidade.

Art. 1.011. Recebido o recurso de apelação no tribunal e distribuído imediatamente, o relator:

I — decidi-lo-á monocraticamente apenas nas hipóteses do art. 932, incisos III a V;

II — se não for o caso de decisão monocrática, elaborará seu voto para julgamento do recurso pelo órgão colegiado.

Art. 1.012. A apelação terá efeito suspensivo.

§ 1º Além de outras hipóteses previstas em lei, começa a produzir efeitos imediatamente após a sua publicação a sentença que:

I — homologa divisão ou demarcação de terras;

II — condena a pagar alimentos;

III — extingue sem resolução do mérito ou julga improcedentes os embargos do executado;

IV — julga procedente o pedido de instituição de arbitragem;

V — confirma, concede ou revoga tutela provisória;

VI — decreta a interdição.

§ 2º Nos casos do § 1º, o apelado poderá promover o pedido de cumprimento provisório depois de publicada a sentença.

§ 3º O pedido de concessão de efeito suspensivo nas hipóteses do § 1º poderá ser formulado por requerimento dirigido ao:

I — tribunal, no período compreendido entre a interposição da apelação e sua distribuição, ficando o relator designado para seu exame prevento para julgá-la;

II — relator, se já distribuída a apelação.

§ 4º Nas hipóteses do § 1º, a eficácia da sentença poderá ser suspensa pelo relator se o apelante demonstrar a probabilidade de provimento do recurso ou se, sendo relevante a fundamentação, houver risco de dano grave ou de difícil reparação.

Art. 1.013. A apelação devolverá ao tribunal o conhecimento da matéria impugnada.

§ 1º Serão, porém, objeto de apreciação e julgamento pelo tribunal todas as questões suscitadas e discutidas no processo, ainda que não tenham sido solucionadas, desde que relativas ao capítulo impugnado.

§ 2º Quando o pedido ou a defesa tiver mais de um fundamento e o juiz acolher apenas um deles, a apelação devolverá ao tribunal o conhecimento dos demais.

§ 3º Se o processo estiver em condições de imediato julgamento, o tribunal deve decidir desde logo o mérito quando:

I — reformar sentença fundada no art. 485;

II — decretar a nulidade da sentença por não ser ela congruente com os limites do pedido ou da causa de pedir;

III — constatar a omissão no exame de um dos pedidos, hipótese em que poderá julgá-lo;

IV — decretar a nulidade de sentença por falta de fundamentação.

§ 4º Quando reformar sentença que reconheça a decadência ou a prescrição, o tribunal, se possível, julgará o mérito, examinando as demais questões, sem determinar o retorno do processo ao juízo de primeiro grau.

§ 5º O capítulo da sentença que confirma, concede ou revoga a tutela provisória é impugnável na apelação.

Art. 1.014. As questões de fato não propostas no juízo inferior poderão ser suscitadas na apelação, se a parte provar que deixou de fazê-lo por motivo de força maior.

CAPÍTULO III
DO AGRAVO DE INSTRUMENTO

Art. 1.015. Cabe agravo de instrumento contra as decisões interlocutórias que versarem sobre:

I — tutelas provisórias;

II — mérito do processo;

III — rejeição da alegação de convenção de arbitragem;

IV — incidente de desconsideração da personalidade jurídica;

V — rejeição do pedido de gratuidade da justiça ou acolhimento do pedido de sua revogação;

VI — exibição ou posse de documento ou coisa;

VII — exclusão de litisconsorte;

VIII — rejeição do pedido de limitação do litisconsórcio;

IX — admissão ou inadmissão de intervenção de terceiros;

X — concessão, modificação ou revogação do efeito suspensivo aos embargos à execução;

XI — redistribuição do ônus da prova nos termos do art. 373, § 1º;

XII — (VETADO);

XIII — outros casos expressamente referidos em lei.

Parágrafo único. Também caberá agravo de instrumento contra decisões interlocutórias proferidas na fase de liquidação de sentença ou de cumprimento de sentença, no processo de execução e no processo de inventário.

Art. 1.016. O agravo de instrumento será dirigido diretamente ao tribunal competente, por meio de petição com os seguintes requisitos:

I — os nomes das partes;

II — a exposição do fato e do direito;

III — as razões do pedido de reforma ou de invalidação da decisão e o próprio pedido;

IV — o nome e o endereço completo dos advogados constantes do processo.

Art. 1.017. A petição de agravo de instrumento será instruída:

I — obrigatoriamente, com cópias da petição inicial, da contestação, da petição que ensejou a decisão agravada, da própria decisão agravada, da certidão da respectiva intimação ou outro documento oficial que comprove a tempestividade e das procurações outorgadas aos advogados do agravante e do agravado;

II — com declaração de inexistência de qualquer dos documentos referidos no inciso I, feita pelo advogado do agravante, sob pena de sua responsabilidade pessoal;

III — facultativamente, com outras peças que o agravante reputar úteis.

§ 1º Acompanhará a petição o comprovante do pagamento das respectivas custas e do porte de retorno, quando devidos, conforme tabela publicada pelos tribunais.

§ 2º No prazo do recurso, o agravo será interposto por:

I — protocolo realizado diretamente no tribunal competente para julgá-lo;

II — protocolo realizado na própria comarca, seção ou subseção judiciárias;

III — postagem, sob registro, com aviso de recebimento;

IV — transmissão de dados tipo fac-símile, nos termos da lei;

V — outra forma prevista em lei.

§ 3º Na falta da cópia de qualquer peça ou no caso de algum outro vício que comprometa a admissibilidade do agravo de instrumento, deve o relator aplicar o disposto no art. 932, parágrafo único.

§ 4º Se o recurso for interposto por sistema de transmissão de dados tipo fac-símile ou similar, as peças devem ser juntadas no momento de protocolo da petição original.

§ 5º Sendo eletrônicos os autos do processo, dispensam-se as peças referidas nos incisos I e II do *caput*, facultando-se ao agravante anexar outros documentos que entender úteis para a compreensão da controvérsia.

Art. 1.018. O agravante poderá requerer a juntada, aos autos do processo, de cópia da petição do agravo de instrumento, do comprovante de sua interposição e da relação dos documentos que instruíram o recurso.

§ 1º Se o juiz comunicar que reformou inteiramente a decisão, o relator considerará prejudicado o agravo de instrumento.

§ 2º Não sendo eletrônicos os autos, o agravante tomará a providência prevista no *caput*, no prazo de 3 (três) dias a contar da interposição do agravo de instrumento.

§ 3º O descumprimento da exigência de que trata o § 2º, desde que arguido e provado pelo agravado, importa inadmissibilidade do agravo de instrumento.

Art. 1.019. Recebido o agravo de instrumento no tribunal e distribuído imediatamente, se não for o caso de aplicação do art. 932, incisos III e IV, o relator, no prazo de 5 (cinco) dias:

I — poderá atribuir efeito suspensivo ao recurso ou deferir, em antecipação de tutela, total ou parcialmente, a pretensão recursal, comunicando ao juiz sua decisão;

II — ordenará a intimação do agravado pessoalmente, por carta com aviso de recebimento, quando não tiver procurador constituído, ou pelo Diário da Justiça ou por carta com aviso de recebimento dirigido ao seu advogado, para que responda no prazo de 15 (quinze) dias, facultando-lhe juntar a documentação que entender necessária ao julgamento do recurso;

III — determinará a intimação do Ministério Público, preferencialmente por meio eletrônico, quando for o caso de sua intervenção, para que se manifeste no prazo de 15 (quinze) dias.

Art. 1.020. O relator solicitará dia para julgamento em prazo não superior a 1 (um) mês da intimação do agravado.

CAPÍTULO IV
DO AGRAVO INTERNO

Art. 1.021. Contra decisão proferida pelo relator caberá agravo interno para o respectivo órgão colegiado, observadas, quanto ao processamento, as regras do regimento interno do tribunal.

§ 1º Na petição de agravo interno, o recorrente impugnará especificadamente os fundamentos da decisão agravada.

§ 2º O agravo será dirigido ao relator, que intimará o agravado para manifestar-se sobre o recurso no prazo de 15 (quinze) dias, ao final do qual, não havendo retratação, o relator levá-lo-á a julgamento pelo órgão colegiado, com inclusão em pauta.

§ 3º É vedado ao relator limitar-se à reprodução dos fundamentos da decisão agravada para julgar improcedente o agravo interno.

§ 4º Quando o agravo interno for declarado manifestamente inadmissível ou improcedente em votação unânime, o órgão colegiado, em decisão fundamentada, condenará o agravante a pagar ao agravado multa fixada entre um e cinco por cento do valor atualizado da causa.

§ 5º A interposição de qualquer outro recurso está condicionada ao depósito prévio do valor da multa prevista no § 4º, à exceção da Fazenda Pública e do beneficiário de gratuidade da justiça, que farão o pagamento ao final.

CAPÍTULO V
DOS EMBARGOS DE DECLARAÇÃO

Art. 1.022. Cabem embargos de declaração contra qualquer decisão judicial para:

I — esclarecer obscuridade ou eliminar contradição;

II — suprir omissão de ponto ou questão sobre o qual devia se pronunciar o juiz de ofício ou a requerimento;

III — corrigir erro material.

Parágrafo único. Considera-se omissa a decisão que:

I — deixe de se manifestar sobre tese firmada em julgamento de casos repetitivos ou em incidente de assunção de competência aplicável ao caso sob julgamento;

II — incorra em qualquer das condutas descritas no art. 489, § 1º.

Art. 1.023. Os embargos serão opostos, no prazo de 5 (cinco) dias, em petição dirigida ao juiz, com indicação do erro, obscuridade, contradição ou omissão, e não se sujeitam a preparo.

§ 1º Aplica-se aos embargos de declaração o art. 229.

§ 2º O juiz intimará o embargado para, querendo, manifestar-se, no prazo de 5 (cinco) dias, sobre os embargos opostos, caso seu eventual acolhimento implique a modificação da decisão embargada.

Art. 1.024. O juiz julgará os embargos em 5 (cinco) dias.

§ 1º Nos tribunais, o relator apresentará os embargos em mesa na sessão subsequente, proferindo voto, e, não havendo julgamento nessa sessão, será o recurso incluído em pauta automaticamente.

§ 2º Quando os embargos de declaração forem opostos contra decisão de relator ou outra decisão unipessoal proferida em tribunal, o órgão prolator da decisão embargada decidi-los-á monocraticamente.

§ 3º O órgão julgador conhecerá dos embargos de declaração como agravo interno se entender ser este o recurso cabível, desde que determine previamente a intimação do recorrente para, no prazo de 5 (cinco) dias, complementar as razões recursais, de modo a ajustá-las às exigências do art. 1.021, § 1º.

§ 4º Caso o acolhimento dos embargos de declaração implique modificação da decisão embargada, o embargado que já tiver interposto outro recurso contra a decisão originária tem o direito de complementar ou alterar suas razões, nos exatos limites da modificação, no prazo de 15 (quinze) dias, contado da intimação da decisão dos embargos de declaração.

§ 5º Se os embargos de declaração forem rejeitados ou não alterarem a conclusão do julgamento anterior, o recurso interposto pela outra parte antes da publicação do julgamento dos embargos de declaração será processado e julgado independentemente de ratificação.

Art. 1.025. Consideram-se incluídos no acórdão os elementos que o embargante suscitou, para fins de pré-questionamento, ainda que os embargos de declaração sejam inadmitidos ou rejeitados, caso o tribunal superior considere existentes erro, omissão, contradição ou obscuridade.

Art. 1.026. Os embargos de declaração não possuem efeito suspensivo e interrompem o prazo para a interposição de recurso.

§ 1º A eficácia da decisão monocrática ou colegiada poderá ser suspensa pelo respectivo juiz ou relator se demonstrada a probabilidade de provimento do recurso ou, sendo relevante a fundamentação, se houver risco de dano grave ou de difícil reparação.

§ 2º Quando manifestamente protelatórios os embargos de declaração, o juiz ou o tribunal, em decisão fundamentada, condenará o embargante a pagar ao embargado multa não excedente a dois por cento sobre o valor atualizado da causa.

§ 3º Na reiteração de embargos de declaração manifestamente protelatórios, a multa será elevada a até dez por

cento sobre o valor atualizado da causa, e a interposição de qualquer recurso ficará condicionada ao depósito prévio do valor da multa, à exceção da Fazenda Pública e do beneficiário de gratuidade da justiça, que a recolherão ao final.

§ 4º Não serão admitidos novos embargos de declaração se os 2 (dois) anteriores houverem sido considerados protelatórios.

CAPÍTULO VI
DOS RECURSOS PARA O SUPREMO TRIBUNAL FEDERAL E PARA O SUPERIOR TRIBUNAL DE JUSTIÇA

Seção I
Do Recurso Ordinário

Art. 1.027. Serão julgados em recurso ordinário:

I — pelo Supremo Tribunal Federal, os mandados de segurança, os habeas data e os mandados de injunção decididos em única instância pelos tribunais superiores, quando denegatória a decisão;

II — pelo Superior Tribunal de Justiça:

a) os mandados de segurança decididos em única instância pelos tribunais regionais federais ou pelos tribunais de justiça dos Estados e do Distrito Federal e Territórios, quando denegatória a decisão;

b) os processos em que forem partes, de um lado, Estado estrangeiro ou organismo internacional e, de outro, Município ou pessoa residente ou domiciliada no País.

§ 1º Nos processos referidos no inciso II, alínea "b", contra as decisões interlocutórias caberá agravo de instrumento dirigido ao Superior Tribunal de Justiça, nas hipóteses do art. 1.015.

§ 2º Aplica-se ao recurso ordinário o disposto nos arts. 1.013, § 3º, e 1.029, § 5º.

Art. 1.028. Ao recurso mencionado no art. 1.027, inciso II, alínea "b", aplicam-se, quanto aos requisitos de admissibilidade e ao procedimento, as disposições relativas à apelação e o Regimento Interno do Superior Tribunal de Justiça.

§ 1º Na hipótese do art. 1.027, § 1º, aplicam-se as disposições relativas ao agravo de instrumento e o Regimento Interno do Superior Tribunal de Justiça.

§ 2º O recurso previsto no art. 1.027, incisos I e II, alínea "a", deve ser interposto perante o tribunal de origem, cabendo ao seu presidente ou vice-presidente determinar a intimação do recorrido para, em 15 (quinze) dias, apresentar as contrarrazões.

§ 3º Findo o prazo referido no § 2º, os autos serão remetidos ao respectivo tribunal superior, independentemente de juízo de admissibilidade.

Seção II
Do Recurso Extraordinário e do Recurso Especial

Subseção I
Disposições Gerais

Art. 1.029. O recurso extraordinário e o recurso especial, nos casos previstos na Constituição Federal, serão interpostos perante o presidente ou o vice-presidente do tribunal recorrido, em petições distintas que conterão:

I — a exposição do fato e do direito;

II — a demonstração do cabimento do recurso interposto;

III — as razões do pedido de reforma ou de invalidação da decisão recorrida.

§ 1º Quando o recurso fundar-se em dissídio jurisprudencial, o recorrente fará a prova da divergência com a certidão, cópia ou citação do repositório de jurisprudência, oficial ou credenciado, inclusive em mídia eletrônica, em que houver sido publicado o acórdão divergente, ou ainda com a reprodução de julgado disponível na rede mundial de computadores, com indicação da respectiva fonte, devendo-se, em qualquer caso, mencionar as circunstâncias que identifiquem ou assemelhem os casos confrontados.

§ 2º (Revogado). *(Redação dada pela Lei n. 13.256, de 2016)*

§ 3º O Supremo Tribunal Federal ou o Superior Tribunal de Justiça poderá desconsiderar vício formal de recurso tempestivo ou determinar sua correção, desde que não o repute grave.

§ 4º Quando, por ocasião do processamento do incidente de resolução de demandas repetitivas, o presidente do Supremo Tribunal Federal ou do Superior Tribunal de Justiça receber requerimento de suspensão de processos em que se discuta questão federal constitucional ou infraconstitucional, poderá, considerando razões de segurança jurídica ou de excepcional interesse social, estender a suspensão a todo o território nacional, até ulterior decisão do recurso extraordinário ou do recurso especial a ser interposto.

§ 5º O pedido de concessão de efeito suspensivo a recurso extraordinário ou a recurso especial poderá ser formulado por requerimento dirigido:

I — ao tribunal superior respectivo, no período compreendido entre a publicação da decisão de admissão do recurso e sua distribuição, ficando o relator designado para seu exame prevento para julgá-lo; *(Redação dada pela Lei n. 13.256, de 2016)*

II — ao relator, se já distribuído o recurso;

III — ao presidente ou vice-presidente do tribunal local, no caso de o recurso ter sido sobrestado, nos termos do art. 1.037.

III — ao presidente ou ao vice-presidente do tribunal recorrido, no período compreendido entre a interposição do recurso e a publicação da decisão de admissão do recurso, assim como no caso de o recurso ter sido sobrestado, nos termos do art. 1.037. *(Redação dada pela Lei n. 13.256, de 2016)*

Art. 1.030. Recebida a petição do recurso pela secretaria do tribunal, o recorrido será intimado para apresentar contrarrazões no prazo de 15 (quinze) dias, findo o qual os autos serão conclusos ao presidente ou ao vice-presidente do tribunal recorrido, que deverá: *(Redação dada pela Lei n. 13.256, de 2016)*

I — negar seguimento: *(Incluído pela Lei n. 13.256, de 2016)*

a) a recurso extraordinário que discuta questão constitucional à qual o Supremo Tribunal Federal não tenha reconhecido a existência de repercussão geral ou a recurso extraordinário interposto contra acórdão que esteja em conformidade com entendimento do Supremo Tribunal Federal exarado no regime de repercussão geral; *(Incluída pela Lei n. 13.256, de 2016)*

b) a recurso extraordinário ou a recurso especial interposto contra acórdão que esteja em conformidade com entendimento do Supremo Tribunal Federal ou do Superior Tribunal de Justiça, respectivamente, exarado no regime de julgamento de recursos repetitivos; *(Incluída pela Lei n. 13.256, de 2016)*

II — encaminhar o processo ao órgão julgador para realização do juízo de retratação, se o acórdão recorrido divergir do entendimento do Supremo Tribunal Federal ou do Su-

perior Tribunal de Justiça exarado, conforme o caso, nos regimes de repercussão geral ou de recursos repetitivos; *(Incluído pela Lei n. 13.256, de 2016)*

III — sobrestar o recurso que versar sobre controvérsia de caráter repetitivo ainda não decidida pelo Supremo Tribunal Federal ou pelo Superior Tribunal de Justiça, conforme se trate de matéria constitucional ou infraconstitucional; *(Incluído pela Lei n. 13.256, de 2016)*

IV — selecionar o recurso como representativo de controvérsia constitucional ou infraconstitucional, nos termos do § 6º do art. 1.036; *(Incluído pela Lei n. 13.256, de 2016)*

V — realizar o juízo de admissibilidade e, se positivo, remeter o feito ao Supremo Tribunal Federal ou ao Superior Tribunal de Justiça, desde que: *(Incluído pela Lei n. 13.256, de 2016)*

a) o recurso ainda não tenha sido submetido ao regime de repercussão geral ou de julgamento de recursos repetitivos; *(Incluída pela Lei n. 13.256, de 2016)*

b) o recurso tenha sido selecionado como representativo da controvérsia; ou *(Incluída pela Lei n. 13.256, de 2016)*

c) o tribunal recorrido tenha refutado o juízo de retratação. *(Incluída pela Lei n. 13.256, de 2016)*

§ 1º Da decisão de inadmissibilidade proferida com fundamento no inciso V caberá agravo ao tribunal superior, nos termos do art. 1.042. *(Incluído pela Lei n. 13.256, de 2016)*

§ 2º Da decisão proferida com fundamento nos incisos I e III caberá agravo interno, nos termos do art. 1.021. *(Incluído pela Lei n. 13.256, de 2016)*

Art. 1.031. Na hipótese de interposição conjunta de recurso extraordinário e recurso especial, os autos serão remetidos ao Superior Tribunal de Justiça.

§ 1º Concluído o julgamento do recurso especial, os autos serão remetidos ao Supremo Tribunal Federal para apreciação do recurso extraordinário, se este não estiver prejudicado.

§ 2º Se o relator do recurso especial considerar prejudicial o recurso extraordinário, em decisão irrecorrível, sobrestará o julgamento e remeterá os autos ao Supremo Tribunal Federal.

§ 3º Na hipótese do § 2º, se o relator do recurso extraordinário, em decisão irrecorrível, rejeitar a prejudicialidade, devolverá os autos ao Superior Tribunal de Justiça para o julgamento do recurso especial.

Art. 1.032. Se o relator, no Superior Tribunal de Justiça, entender que o recurso especial versa sobre questão constitucional, deverá conceder prazo de 15 (quinze) dias para que o recorrente demonstre a existência de repercussão geral e se manifeste sobre a questão constitucional.

Parágrafo único. Cumprida a diligência de que trata o *caput*, o relator remeterá o recurso ao Supremo Tribunal Federal, que, em juízo de admissibilidade, poderá devolvê-lo ao Superior Tribunal de Justiça.

Art. 1.033. Se o Supremo Tribunal Federal considerar como reflexa a ofensa à Constituição afirmada no recurso extraordinário, por pressupor a revisão da interpretação de lei federal ou de tratado, remetê-lo-á ao Superior Tribunal de Justiça para julgamento como recurso especial.

Art. 1.034. Admitido o recurso extraordinário ou o recurso especial, o Supremo Tribunal Federal ou o Superior Tribunal de Justiça julgará o processo, aplicando o direito.

Parágrafo único. Admitido o recurso extraordinário ou o recurso especial por um fundamento, devolve-se ao tribunal superior o conhecimento dos demais fundamentos para a solução do capítulo impugnado.

Art. 1.035. O Supremo Tribunal Federal, em decisão irrecorrível, não conhecerá do recurso extraordinário quando a questão constitucional nele versada não tiver repercussão geral, nos termos deste artigo.

§ 1º Para efeito de repercussão geral, será considerada a existência ou não de questões relevantes do ponto de vista econômico, político, social ou jurídico que ultrapassem os interesses subjetivos do processo.

§ 2º O recorrente deverá demonstrar a existência de repercussão geral para apreciação exclusiva pelo Supremo Tribunal Federal.

§ 3º Haverá repercussão geral sempre que o recurso impugnar acórdão que:

I — contrarie súmula ou jurisprudência dominante do Supremo Tribunal Federal;

II — *(Revogado pela Lei n. 13.256, de 2016)*

III — tenha reconhecido a inconstitucionalidade de tratado ou de lei federal, nos termos do art. 97 da Constituição Federal.

§ 4º O relator poderá admitir, na análise da repercussão geral, a manifestação de terceiros, subscrita por procurador habilitado, nos termos do Regimento Interno do Supremo Tribunal Federal.

§ 5º Reconhecida a repercussão geral, o relator no Supremo Tribunal Federal determinará a suspensão do processamento de todos os processos pendentes, individuais ou coletivos, que versem sobre a questão e tramitem no território nacional.

§ 6º O interessado pode requerer, ao presidente ou ao vice-presidente do tribunal de origem, que exclua da decisão de sobrestamento e inadmita o recurso extraordinário que tenha sido interposto intempestivamente, tendo o recorrente o prazo de 5 (cinco) dias para manifestar-se sobre esse requerimento.

§ 7º Da decisão que indeferir o requerimento referido no § 6º ou que aplicar entendimento firmado em regime de repercussão geral ou em julgamento de recursos repetitivos caberá agravo interno. *(Redação dada pela Lei n. 13.256, de 2016)*

§ 8º Negada a repercussão geral, o presidente ou o vice-presidente do tribunal de origem negará seguimento aos recursos extraordinários sobrestados na origem que versem sobre matéria idêntica.

§ 9º O recurso que tiver a repercussão geral reconhecida deverá ser julgado no prazo de 1 (um) ano e terá preferência sobre os demais feitos, ressalvados os que envolvam réu preso e os pedidos de habeas corpus.

§ 10. *(Revogado pela Lei n. 13.256, de 2016)*

§ 11. A súmula da decisão sobre a repercussão geral constará de ata, que será publicada no diário oficial e valerá como acórdão.

Subseção II
Do Julgamento dos Recursos
Extraordinário e Especial Repetitivos

Art. 1.036. Sempre que houver multiplicidade de recursos extraordinários ou especiais com fundamento em idêntica questão de direito, haverá afetação para julgamento de acordo com as disposições desta Subseção, observado o disposto no Regimento Interno do Supremo Tribunal Federal e no do Superior Tribunal de Justiça.

§ 1º O presidente ou o vice-presidente de tribunal de justiça ou de tribunal regional federal selecionará 2 (dois) ou mais recursos representativos da controvérsia, que serão encaminhados ao Supremo Tribunal Federal ou ao Superior Tribunal de Justiça para fins de afetação, determinando a suspensão do trâmite de todos os processos pendentes, individuais ou coletivos, que tramitem no Estado ou na região, conforme o caso.

§ 2º O interessado pode requerer, ao presidente ou ao vice-presidente, que exclua da decisão de sobrestamento e inadmita o recurso especial ou o recurso extraordinário que tenha sido interposto intempestivamente, tendo o recorrente o prazo de 5 (cinco) dias para manifestar-se sobre esse requerimento.

§ 3º Da decisão que indeferir o requerimento referido no § 2º caberá apenas agravo interno. *(Redação dada pela Lei n. 13.256, de 2016)*

§ 4º A escolha feita pelo presidente ou vice-presidente do tribunal de justiça ou do tribunal regional federal não vinculará o relator no tribunal superior, que poderá selecionar outros recursos representativos da controvérsia.

§ 5º O relator em tribunal superior também poderá selecionar 2 (dois) ou mais recursos representativos da controvérsia para julgamento da questão de direito independentemente da iniciativa do presidente ou do vice-presidente do tribunal de origem.

§ 6º Somente podem ser selecionados recursos admissíveis que contenham abrangente argumentação e discussão a respeito da questão a ser decidida.

Art. 1.037. Selecionados os recursos, o relator, no tribunal superior, constatando a presença do pressuposto do *caput* do art. 1.036, proferirá decisão de afetação, na qual:

I — identificará com precisão a questão a ser submetida a julgamento;

II — determinará a suspensão do processamento de todos os processos pendentes, individuais ou coletivos, que versem sobre a questão e tramitem no território nacional;

III — poderá requisitar aos presidentes ou aos vice-presidentes dos tribunais de justiça ou dos tribunais regionais federais a remessa de um recurso representativo da controvérsia.

§ 1º Se, após receber os recursos selecionados pelo presidente ou pelo vice-presidente de tribunal de justiça ou de tribunal regional federal, não se proceder à afetação, o relator, no tribunal superior, comunicará o fato ao presidente ou ao vice-presidente que os houver enviado, para que seja revogada a decisão de suspensão referida no art. 1.036, § 1º.

§ 2º *(Revogado pela Lei n. 13.256, de 2016)*

§ 3º Havendo mais de uma afetação, será prevento o relator que primeiro tiver proferido a decisão a que se refere o inciso I do *caput*.

§ 4º Os recursos afetados deverão ser julgados no prazo de 1 (um) ano e terão preferência sobre os demais feitos, ressalvados os que envolvam réu preso e os pedidos de habeas corpus.

§ 5º *(Revogado pela Lei n. 13.256, de 2016)*

§ 6º Ocorrendo a hipótese do § 5º, é permitido a outro relator do respectivo tribunal superior afetar 2 (dois) ou mais recursos representativos da controvérsia na forma do art. 1.036.

§ 7º Quando os recursos requisitados na forma do inciso III do *caput* contiverem outras questões além daquela que é objeto da afetação, caberá ao tribunal decidir esta em primeiro lugar e depois as demais, em acórdão específico para cada processo.

§ 8º As partes deverão ser intimadas da decisão de suspensão de seu processo, a ser proferida pelo respectivo juiz ou relator quando informado da decisão a que se refere o inciso II do *caput*.

§ 9º Demonstrando distinção entre a questão a ser decidida no processo e aquela a ser julgada no recurso especial ou extraordinário afetado, a parte poderá requerer o prosseguimento do seu processo.

§ 10. O requerimento a que se refere o § 9º será dirigido:

I — ao juiz, se o processo sobrestado estiver em primeiro grau;

II — ao relator, se o processo sobrestado estiver no tribunal de origem;

III — ao relator do acórdão recorrido, se for sobrestado recurso especial ou recurso extraordinário no tribunal de origem;

IV — ao relator, no tribunal superior, de recurso especial ou de recurso extraordinário cujo processamento houver sido sobrestado.

§ 11. A outra parte deverá ser ouvida sobre o requerimento a que se refere o § 9º, no prazo de 5 (cinco) dias.

§ 12. Reconhecida a distinção no caso:

I — dos incisos I, II e IV do § 10, o próprio juiz ou relator dará prosseguimento ao processo;

II — do inciso III do § 10, o relator comunicará a decisão ao presidente ou ao vice-presidente que houver determinado o sobrestamento, para que o recurso especial ou o recurso extraordinário seja encaminhado ao respectivo tribunal superior, na forma do art. 1.030, parágrafo único.

§ 13. Da decisão que resolver o requerimento a que se refere o § 9º caberá:

I — agravo de instrumento, se o processo estiver em primeiro grau;

II — agravo interno, se a decisão for de relator.

Art. 1.038. O relator poderá:

I — solicitar ou admitir manifestação de pessoas, órgãos ou entidades com interesse na controvérsia, considerando a relevância da matéria e consoante dispuser o regimento interno;

II — fixar data para, em audiência pública, ouvir depoimentos de pessoas com experiência e conhecimento na matéria, com a finalidade de instruir o procedimento;

III — requisitar informações aos tribunais inferiores a respeito da controvérsia e, cumprida a diligência, intimará o Ministério Público para manifestar-se.

§ 1º No caso do inciso III, os prazos respectivos são de 15 (quinze) dias, e os atos serão praticados, sempre que possível, por meio eletrônico.

§ 2º Transcorrido o prazo para o Ministério Público e remetida cópia do relatório aos demais ministros, haverá inclusão em pauta, devendo ocorrer o julgamento com preferência sobre os demais feitos, ressalvados os que envolvam réu preso e os pedidos de habeas corpus.

§ 3º O conteúdo do acórdão abrangerá a análise dos fundamentos relevantes da tese jurídica discutida. *(Redação dada pela Lei n. 13.256, de 2016)*

Art. 1.039. Decididos os recursos afetados, os órgãos colegiados declararão prejudicados os demais recursos versando sobre idêntica controvérsia ou os decidirão aplicando a tese firmada.

Parágrafo único. Negada a existência de repercussão geral no recurso extraordinário afetado, serão considerados automaticamente inadmitidos os recursos extraordinários cujo processamento tenha sido sobrestado.

Art. 1.040. Publicado o acórdão paradigma:

I — o presidente ou o vice-presidente do tribunal de origem negará seguimento aos recursos especiais ou extraordinários sobrestados na origem, se o acórdão recorrido coincidir com a orientação do tribunal superior;

II — o órgão que proferiu o acórdão recorrido, na origem, reexaminará o processo de competência originária, a remessa necessária ou o recurso anteriormente julgado, se o acórdão recorrido contrariar a orientação do tribunal superior;

III — os processos suspensos em primeiro e segundo graus de jurisdição retomarão o curso para julgamento e aplicação da tese firmada pelo tribunal superior;

IV — se os recursos versarem sobre questão relativa a prestação de serviço público objeto de concessão, permissão ou autorização, o resultado do julgamento será comunicado ao órgão, ao ente ou à agência reguladora competente para fiscalização da efetiva aplicação, por parte dos entes sujeitos a regulação, da tese adotada.

§ 1º A parte poderá desistir da ação em curso no primeiro grau de jurisdição, antes de proferida a sentença, se a questão nela discutida for idêntica à resolvida pelo recurso representativo da controvérsia.

§ 2º Se a desistência ocorrer antes de oferecida contestação, a parte ficará isenta do pagamento de custas e de honorários de sucumbência.

§ 3º A desistência apresentada nos termos do § 1º independe de consentimento do réu, ainda que apresentada contestação.

Art. 1.041. Mantido o acórdão divergente pelo tribunal de origem, o recurso especial ou extraordinário será remetido ao respectivo tribunal superior, na forma do art. 1.036, § 1º.

§ 1º Realizado o juízo de retratação, com alteração do acórdão divergente, o tribunal de origem, se for o caso, decidirá as demais questões ainda não decididas cujo enfrentamento se tornou necessário em decorrência da alteração.

§ 2º Quando ocorrer a hipótese do inciso II do *caput* do art. 1.040 e o recurso versar sobre outras questões, caberá ao presidente ou ao vice-presidente do tribunal recorrido, depois do reexame pelo órgão de origem e independentemente de ratificação do recurso, sendo positivo o juízo de admissibilidade, determinar a remessa do recurso ao tribunal superior para julgamento das demais questões. *(Redação dada pela Lei n. 13.256, de 2016)*

Seção III
Do Agravo em Recurso Especial e em Recurso Extraordinário

Art. 1.042. Cabe agravo contra decisão do presidente ou do vice-presidente do tribunal recorrido que inadmitir recurso extraordinário ou recurso especial, salvo quando fundada na aplicação de entendimento firmado em regime de repercussão geral ou em julgamento de recursos repetitivos. *(Redação dada pela Lei n. 13.256, de 2016)*

I — *(Revogado); (Redação dada pela Lei n. 13.256, de 2016)*

II — *(Revogado); (Redação dada pela Lei n. 13.256, de 2016)*

III — *(Revogado). (Redação dada pela Lei n. 13.256, de 2016)*

§1º *(Revogado): (Redação dada pela Lei n. 13.256, de 2016)*

I — *(Revogado); (Redação dada pela Lei n. 13.256, de 2016)*

II — *(Revogado): (Redação dada pela Lei n. 13.256, de 2016)*

a) *(Revogada); (Redação dada pela Lei n. 13.256, de 2016)*

b) extraordinário fundar-se em decisão anterior do Supremo Tribunal Federal de inexistência de repercussão geral da questão constitucional discutida.

b) *(Revogada). (Redação dada pela Lei n. 13.256, de 2016)*

§ 2º A petição de agravo será dirigida ao presidente ou ao vice-presidente do tribunal de origem e independe do pagamento de custas e despesas postais, aplicando-se a ela o regime de repercussão geral e de recursos repetitivos, inclusive quanto à possibilidade de sobrestamento e do juízo de retratação. *(Redação dada pela Lei n. 13.256, de 2016)*

§ 3º O agravado será intimado, de imediato, para oferecer resposta no prazo de 15 (quinze) dias.

§ 4º Após o prazo de resposta, não havendo retratação, o agravo será remetido ao tribunal superior competente.

§ 5º O agravo poderá ser julgado, conforme o caso, conjuntamente com o recurso especial ou extraordinário, assegurada, neste caso, sustentação oral, observando-se, ainda, o disposto no regimento interno do tribunal respectivo.

§ 6º Na hipótese de interposição conjunta de recursos extraordinário e especial, o agravante deverá interpor um agravo para cada recurso não admitido.

§ 7º Havendo apenas um agravo, o recurso será remetido ao tribunal competente, e, havendo interposição conjunta, os autos serão remetidos ao Superior Tribunal de Justiça.

§ 8º Concluído o julgamento do agravo pelo Superior Tribunal de Justiça e, se for o caso, do recurso especial, independentemente de pedido, os autos serão remetidos ao Supremo Tribunal Federal para apreciação do agravo a ele dirigido, salvo se estiver prejudicado.

Seção IV
Dos Embargos de Divergência

Art. 1.043. É embargável o acórdão de órgão fracionário que:

I — em recurso extraordinário ou em recurso especial, divergir do julgamento de qualquer outro órgão do mesmo tribunal, sendo os acórdãos, embargado e paradigma, de mérito;

II — *(Revogado pela Lei n. 13.256, de 2016)*

III — em recurso extraordinário ou em recurso especial, divergir do julgamento de qualquer outro órgão do mesmo tribunal, sendo um acórdão de mérito e outro que não tenha conhecido do recurso, embora tenha apreciado a controvérsia;

IV — *(Revogado pela Lei n. 13.256, de 2016)*

§ 1º Poderão ser confrontadas teses jurídicas contidas em julgamentos de recursos e de ações de competência originária.

§ 2º A divergência que autoriza a interposição de embargos de divergência pode verificar-se na aplicação do direito material ou do direito processual.

§ 3º Cabem embargos de divergência quando o acórdão paradigma for da mesma turma que proferiu a decisão embargada, desde que sua composição tenha sofrido alteração em mais da metade de seus membros.

§ 4º O recorrente provará a divergência com certidão, cópia ou citação de repositório oficial ou credenciado de jurisprudência, inclusive em mídia eletrônica, onde foi publicado o acórdão divergente, ou com a reprodução de julgado disponível na rede mundial de computadores, indi-

cando a respectiva fonte, e mencionará as circunstâncias que identificam ou assemelham os casos confrontados.

§ 5º *(Revogado pela Lei n. 13.256, de 2016)*

Art. 1.044. No recurso de embargos de divergência, será observado o procedimento estabelecido no regimento interno do respectivo tribunal superior.

§ 1º A interposição de embargos de divergência no Superior Tribunal de Justiça interrompe o prazo para interposição de recurso extraordinário por qualquer das partes.

§ 2º Se os embargos de divergência forem desprovidos ou não alterarem a conclusão do julgamento anterior, o recurso extraordinário interposto pela outra parte antes da publicação do julgamento dos embargos de divergência será processado e julgado independentemente de ratificação.

LIVRO COMPLEMENTAR
DISPOSIÇÕES FINAIS E TRANSITÓRIAS

Art. 1.045. Este Código entra em vigor após decorrido 1 (um) ano da data de sua publicação oficial.

Art. 1.046. Ao entrar em vigor este Código, suas disposições se aplicarão desde logo aos processos pendentes, ficando revogada a Lei n. 5.869, de 11 de janeiro de 1973.

§ 1º As disposições da Lei n. 5.869, de 11 de janeiro de 1973, relativas ao procedimento sumário e aos procedimentos especiais que forem revogadas aplicar-se-ão às ações propostas e não sentenciadas até o início da vigência deste Código.

§ 2º Permanecem em vigor as disposições especiais dos procedimentos regulados em outras leis, aos quais se aplicará supletivamente este Código.

§ 3º Os processos mencionados no art. 1.218 da Lei n. 5.869, de 11 de janeiro de 1973, cujo procedimento ainda não tenha sido incorporado por lei submetem-se ao procedimento comum previsto neste Código.

§ 4º As remissões a disposições do Código de Processo Civil revogado, existentes em outras leis, passam a referir-se às que lhes são correspondentes neste Código.

§ 5º A primeira lista de processos para julgamento em ordem cronológica observará a antiguidade da distribuição entre os já conclusos na data da entrada em vigor deste Código.

Art. 1.047. As disposições de direito probatório adotadas neste Código aplicam-se apenas às provas requeridas ou determinadas de ofício a partir da data de início de sua vigência.

Art. 1.048. Terão prioridade de tramitação, em qualquer juízo ou tribunal, os procedimentos judiciais:

I — em que figure como parte ou interessado pessoa com idade igual ou superior a 60 (sessenta) anos ou portadora de doença grave, assim compreendida qualquer das enumeradas no art. 6º, inciso XIV, da Lei n. 7.713, de 22 de dezembro de 1988;

II — regulados pela Lei n. 8.069, de 13 de julho de 1990 (Estatuto da Criança e do Adolescente).

§ 1º A pessoa interessada na obtenção do benefício, juntando prova de sua condição, deverá requerê-lo à autoridade judiciária competente para decidir o feito, que determinará ao cartório do juízo as providências a serem cumpridas.

§ 2º Deferida a prioridade, os autos receberão identificação própria que evidencie o regime de tramitação prioritária.

§ 3º Concedida a prioridade, essa não cessará com a morte do beneficiado, estendendo-se em favor do cônjuge supérstite ou do companheiro em união estável.

§ 4º A tramitação prioritária independe de deferimento pelo órgão jurisdicional e deverá ser imediatamente concedida diante da prova da condição de beneficiário.

Art. 1.049. Sempre que a lei remeter a procedimento previsto na lei processual sem especificá-lo, será observado o procedimento comum previsto neste Código.

Parágrafo único. Na hipótese de a lei remeter ao procedimento sumário, será observado o procedimento comum previsto neste Código, com as modificações previstas na própria lei especial, se houver.

Art. 1.050. A União, os Estados, o Distrito Federal, os Municípios, suas respectivas entidades da administração indireta, o Ministério Público, a Defensoria Pública e a Advocacia Pública, no prazo de 30 (trinta) dias a contar da data da entrada em vigor deste Código, deverão se cadastrar perante a administração do tribunal no qual atuem para cumprimento do disposto nos arts. 246, § 2º, e 270, parágrafo único.

Art. 1.051. As empresas públicas e privadas devem cumprir o disposto no art. 246, § 1º, no prazo de 30 (trinta) dias, a contar da data de inscrição do ato constitutivo da pessoa jurídica, perante o juízo onde tenham sede ou filial.

Parágrafo único. O disposto no *caput* não se aplica às microempresas e às empresas de pequeno porte.

Art. 1.052. Até a edição de lei específica, as execuções contra devedor insolvente, em curso ou que venham a ser propostas, permanecem reguladas pelo Livro II, Título IV, da Lei n. 5.869, de 11 de janeiro de 1973.

Art. 1.053. Os atos processuais praticados por meio eletrônico até a transição definitiva para certificação digital ficam convalidados, ainda que não tenham observado os requisitos mínimos estabelecidos por este Código, desde que tenham atingido sua finalidade e não tenha havido prejuízo à defesa de qualquer das partes.

Art. 1.054. O disposto no art. 503, § 1º, somente se aplica aos processos iniciados após a vigência deste Código, aplicando-se aos anteriores o disposto nos arts. 5º, 325 e 470 da Lei n. 5.869, de 11 de janeiro de 1973.

Art. 1.055. (VETADO).

Art. 1.056. Considerar-se-á como termo inicial do prazo da prescrição prevista no art. 924, inciso V, inclusive para as execuções em curso, a data de vigência deste Código.

Art. 1.057. O disposto no art. 525, §§ 14 e 15, e no art. 535, §§ 7º e 8º, aplica-se às decisões transitadas em julgado após a entrada em vigor deste Código, e, às decisões transitadas em julgado anteriormente, aplica-se o disposto no art. 475-L, § 1º, e no art. 741, parágrafo único, da Lei n. 5.869, de 11 de janeiro de 1973.

Art. 1.058. Em todos os casos em que houver recolhimento de importância em dinheiro, esta será depositada em nome da parte ou do interessado, em conta especial movimentada por ordem do juiz, nos termos do art. 840, inciso I.

Art. 1.059. À tutela provisória requerida contra a Fazenda Pública aplica-se o disposto nos arts. 1º a 4º da Lei n. 8.437, de 30 de junho de 1992, e no art. 7º, § 2º, da Lei n. 12.016, de 7 de agosto de 2009.

Art. 1.060. O inciso II do art. 14 da Lei no 9.289, de 4 de julho de 1996, passa a vigorar com a seguinte redação:

> "Art. 14.............
> II — aquele que recorrer da sentença adiantará a outra metade das custas, comprovando o adiantamento no ato de interposição do recurso, sob pena de deserção, observado o disposto nos §§ 1º a 7º do art. 1.007 do Código de Processo Civil;
> ..." (NR)

Art. 1.061. O § 3º do art. 33 da Lei n. 9.307, de 23 de setembro de 1996 (Lei de Arbitragem), passa a vigorar com a seguinte redação:

> "Art. 33.............
> § 3º A decretação da nulidade da sentença arbitral também poderá ser requerida na impugnação ao cumprimento da sentença, nos termos dos arts. 525 e seguintes do Código de Processo Civil, se houver execução judicial." (NR)

Art. 1.062. O incidente de desconsideração da personalidade jurídica aplica-se ao processo de competência dos juizados especiais.

Art. 1.063. Até a edição de lei específica, os juizados especiais cíveis previstos na Lei n. 9.099, de 26 de setembro de 1995, continuam competentes para o processamento e julgamento das causas previstas no art. 275, inciso II, da Lei n. 5.869, de 11 de janeiro de 1973.

Art. 1.064. O *caput* do art. 48 da Lei n. 9.099, de 26 de setembro de 1995, passa a vigorar com a seguinte redação:

> "Art. 48. Caberão embargos de declaração contra sentença ou acórdão nos casos previstos no Código de Processo Civil.
> ..." (NR)

Art. 1.065. O art. 50 da Lei n. 9.099, de 26 de setembro de 1995, passa a vigorar com a seguinte redação:

> "Art. 50. Os embargos de declaração interrompem o prazo para a interposição de recurso." (NR)

Art. 1.066. O art. 83 da Lei n. 9.099, de 26 de setembro de 1995, passam a vigorar com a seguinte redação:

> "Art. 83. Cabem embargos de declaração quando, em sentença ou acórdão, houver obscuridade, contradição ou omissão.
> ..
> § 2º Os embargos de declaração interrompem o prazo para a interposição de recurso.
> ..." (NR)

Art. 1.067. O art. 275 da Lei n. 4.737, de 15 de julho de 1965 (Código Eleitoral), passa a vigorar com a seguinte redação:

> "Art. 275. São admissíveis embargos de declaração nas hipóteses previstas no Código de Processo Civil.
> § 1º Os embargos de declaração serão opostos no prazo de 3 (três) dias, contado da data de publicação da decisão embargada, em petição dirigida ao juiz ou relator, com a indicação do ponto que lhes deu causa.
> § 2º Os embargos de declaração não estão sujeitos a preparo.
> § 3º O juiz julgará os embargos em 5 (cinco) dias.
> § 4º Nos tribunais:
> I — o relator apresentará os embargos em mesa na sessão subsequente, proferindo voto;
> II — não havendo julgamento na sessão referida no inciso I, será o recurso incluído em pauta;
> III — vencido o relator, outro será designado para lavrar o acórdão.
> § 5º Os embargos de declaração interrompem o prazo para a interposição de recurso.
> § 6º Quando manifestamente protelatórios os embargos de declaração, o juiz ou o tribunal, em decisão fundamentada, condenará o embargante a pagar ao embargado multa não excedente a 2 (dois) salários-mínimos.
> § 7º Na reiteração de embargos de declaração manifestamente protelatórios, a multa será elevada a até 10 (dez) salários-mínimos." (NR)

Art. 1.068. O art. 274 e o *caput* do art. 2.027 da Lei n. 10.406, de 10 de janeiro de 2002 (Código Civil), passam a vigorar com a seguinte redação:

> "Art. 274. O julgamento contrário a um dos credores solidários não atinge os demais, mas o julgamento favorável aproveita-lhes, sem prejuízo de exceção pessoal que o devedor tenha direito de invocar em relação a qualquer deles." (NR)
> "Art. 2.027. A partilha é anulável pelos vícios e defeitos que invalidam, em geral, os negócios jurídicos.
> ..." (NR)

Art. 1.069. O Conselho Nacional de Justiça promoverá, periodicamente, pesquisas estatísticas para avaliação da efetividade das normas previstas neste Código.

Art. 1.070. É de 15 (quinze) dias o prazo para a interposição de qualquer agravo, previsto em lei ou em regimento interno de tribunal, contra decisão de relator ou outra decisão unipessoal proferida em tribunal.

Art. 1.071. O Capítulo III do Título V da Lei n. 6.015, de 31 de dezembro de 1973 (Lei de Registros Públicos), passa a vigorar acrescida do seguinte art. 216-A:

> "Art. 216-A. Sem prejuízo da via jurisdicional, é admitido o pedido de reconhecimento extrajudicial de usucapião, que será processado diretamente perante o cartório do registro de imóveis da comarca em que estiver situado o imóvel usucapiendo, a requerimento do interessado, representado por advogado, instruído com:
> I — ata notarial lavrada pelo tabelião, atestando o tempo de posse do requerente e seus antecessores, conforme o caso e suas circunstâncias;
> II — planta e memorial descritivo assinado por profissional legalmente habilitado, com prova de anotação de responsabilidade técnica no respectivo conselho de fiscalização profissional, e pelos titulares de direitos reais e de outros direitos registrados ou averbados na matrícula do imóvel usucapiendo e na matrícula dos imóveis confinantes;
> III — certidões negativas dos distribuidores da comarca da situação do imóvel e do domicílio do requerente;
> IV — justo título ou quaisquer outros documentos que demonstrem a origem, a continuidade, a natureza e o tempo da posse, tais como o pagamento dos impostos e das taxas que incidirem sobre o imóvel.
> § 1º O pedido será autuado pelo registrador, prorrogando-se o prazo da prenotação até o acolhimento ou a rejeição do pedido.
> § 2º Se a planta não contiver a assinatura de qualquer um dos titulares de direitos reais e de outros direitos registrados ou averbados na matrícula do imóvel usucapiendo e na matrícula dos imóveis confinantes, esse será notificado pelo registrador competente, pessoalmente ou pelo correio com aviso de recebimento, para manifestar seu consentimento expresso em 15 (quinze) dias, interpretado o seu silêncio como discordância.
> § 3º O oficial de registro de imóveis dará ciência à União, ao Estado, ao Distrito Federal e ao Município, pessoalmente, por intermédio do oficial de registro de títulos e documentos, ou pelo correio com aviso de recebimento, para que se manifestem, em 15 (quinze) dias, sobre o pedido.
> § 4º O oficial de registro de imóveis promoverá a publicação de edital em jornal de grande circulação, onde houver, para a ciência de terceiros eventualmente interessados, que poderão se manifestar em 15 (quinze) dias.
> § 5º Para a elucidação de qualquer ponto de dúvida, poderão ser solicitadas ou realizadas diligências pelo oficial de registro de imóveis.
> § 6º Transcorrido o prazo de que trata o § 4º deste artigo, sem pendência de diligências na forma do § 5º deste artigo

e achando-se em ordem a documentação, com inclusão da concordância expressa dos titulares de direitos reais e de outros direitos registrados ou averbados na matrícula do imóvel usucapiendo e na matrícula dos imóveis confinantes, o oficial de registro de imóveis registrará a aquisição do imóvel com as descrições apresentadas, sendo permitida a abertura de matrícula, se for o caso.

§ 7º Em qualquer caso, é lícito ao interessado suscitar o procedimento de dúvida, nos termos desta Lei.

§ 8º Ao final das diligências, se a documentação não estiver em ordem, o oficial de registro de imóveis rejeitará o pedido.

§ 9º A rejeição do pedido extrajudicial não impede o ajuizamento de ação de usucapião.

§ 10. Em caso de impugnação do pedido de reconhecimento extrajudicial de usucapião, apresentada por qualquer um dos titulares de direito reais e de outros direitos registrados ou averbados na matrícula do imóvel usucapiendo e na matrícula dos imóveis confinantes, por algum dos entes públicos ou por algum terceiro interessado, o oficial de registro de imóveis remeterá os autos ao juízo competente da comarca da situação do imóvel, cabendo ao requerente emendar a petição inicial para adequá-la ao procedimento comum."

Art. 1.072. Revogam-se:

I — o art. 22 do Decreto-Lei n. 25, de 30 de novembro de 1937;

II — os arts. 227, *caput*, 229, 230, 456, 1.482, 1.483 e 1.768 a 1.773 da Lei n. 10.406, de 10 de janeiro de 2002 (Código Civil);

III — os arts. 2º, 3º, 4º, 6º, 7º, 11, 12 e 17 da Lei n. 1.060, de 5 de fevereiro de 1950;

IV — os arts. 13 a 18, 26 a 29 e 38 da Lei n. 8.038, de 28 de maio de 1990;

V — os arts. 16 a 18 da Lei n. 5.478, de 25 de julho de 1968; e

VI — o art. 98, § 4º, da Lei n. 12.529, de 30 de novembro de 2011.

Brasília, 16 de março de 2015; 194º da Independência e 127º da República.

DILMA ROUSSEFF
José Eduardo Cardozo
Jaques Wagner
Joaquim Vieira Ferreira Levy
Luís Inácio Lucena Adams

Este texto não substitui o publicado no DOU de 17.3.2015

ÍNDICE CRONOLÓGICO DA LEGISLAÇÃO COMPLEMENTAR

LEIS

605, de 5 de janeiro de 1949 ... 1057
 Decreto n. 27.048, de 12 de agosto de 1949 .. 1057
662, de 6 de abril de 1949 ... 1058
1.060, de 5 de fevereiro de 1950 ... 1058
2.757, de 23 de abril de 1956 .. 1059
2.959, de 17 de novembro de 1956 .. 1059
3.030, de 19 de dezembro de 1956 .. 1059
3.207, de 18 de julho de 1957 .. 1059
3.270, de 30 de setembro de 1957 ... 1060
3.857, de 22 de dezembro de 1960 .. 1060
3.999, de 15 de dezembro de 1961 .. 1061
4.090, de 13 de julho de 1962 .. 1062
 Decreto n. 57.155, de 3 de novembro de 1965 ... 1062
4.375, de 17 de agosto de 1964 ... 1063
4.725, de 13 de julho de 1965 .. 1063
4.749, de 12 de agosto de 1965 ... 1064
4.886, de 9 de dezembro de 1965 ... 1064
4.923, de 23 de dezembro de 1965 .. 1067
4.950-A, de 22 de abril de 1966 .. 1067
5.085, de 27 de agosto de 1966 ... 1068
5.584, de 26 de junho de 1970 .. 1068
5.725, de 27 de outubro de 1971 .. 1069
5.764, de 16 de dezembro de 1971 .. 1069
5.811, de 10 de outubro de 1972 .. 1069
5.889, de 8 de junho de 1973 ... 1070
 Decreto n. 73.626 de 12 de fevereiro de 1974 .. 1071
6.019, de 3 de janeiro de 1974 ... 1073
 Decreto n. 73.841, de 13 de março de 1974 ... 1074
6.094, de 30 de agosto de 1974 ... 1075
6.224, de 14 de julho de 1975 .. 1076
6.321, de 14 de abril de 1976 .. 1076
 Decreto n. 5, de 14 de janeiro de 1991 .. 1076
6.556, de 5 de setembro de 1978 ... 1077
6.586, de 5 de setembro de 1978 ... 1077
6.858, de 6 de novembro de 1978 ... 1077
 Decreto n. 85.845, de 26 de março de 1981 ... 1078
6.615, de 16 de dezembro de 1978 .. 1078
6.708, de 30 de outubro de 1979 .. 1080
6.802, de 30 de junho de 1980 .. 1081
6.815, de 19 de agosto de 1980 ... 1081
 Decreto n. 86.715, de 10 de dezembro de 1981 .. 1089
6.830, de 22 de setembro de 1980 ... 1098
6.932, de 7 de julho de 1981 ... 1100
7.002, de 14 de junho de 1982 .. 1101
7.064, de 6 de dezembro de 1982 ... 1101
 Decreto n. 89.339, de 31 de janeiro de 1984 ... 1102
7.102, de 20 de junho de 1983 .. 1103
7.115, de 29 de agosto de 1983 ... 1104
7.183, de 5 de abril de 1984 ... 1104
7.238, de 29 de outubro de 1984 .. 1107
7.290, de 19 de dezembro de 1984 .. 1108
7.316, de 28 de maio de 1985 ... 1108
7.347, de 24 de julho de 1985 .. 1108

7.377, de 30 de setembro de 1985 .. 1109
7.394, de 29 de outubro de 1985 ... 1110
 Decreto n. 92.790, de 17 de junho de 1986 ... 1111
7.410, de 27 de novembro de 1985 .. 1112
 Decreto n. 92.530, de 9 de abril de 1986 .. 1112
7.418, de 16 de dezembro de 1985 .. 1113
 Decreto n. 95.247, de 17 de novembro de 1987 .. 1113
7.627, de 10 de novembro de 1987 .. 1115
7.644, de 18 de dezembro de 1987 .. 1115
7.701, de 21 de dezembro de 1988 ... 1116
7.716, de 5 de janeiro de 1989 ... 1117
7.783, de 28 de junho de 1989 .. 1118
7.853, de 24 de outubro de 1989 ... 1119
 Decreto n. 3.298, de 20 de dezembro de 1999 .. 1120
7.855, de 24 de outubro de 1989 ... 1124
7.998, de 11 de janeiro de 1990 ... 1125
8.009, de 29 de março de 1990 ... 1128
8.019, de 11 de abril de 1990 ... 1128
8.022, de 12 de abril de 1990 ... 1129
8.036, de 11 de maio de 1990 .. 1130
 Decreto n. 99.684, de 8 de novembro de 1999 .. 1135
8.069, de 13 de julho de 1990 .. 1140
8.073, de 30 de julho de 1990 .. 1163
8.078, de 11 d setembro de 1990 ... 1163
8.112, de 11 de dezembro de 1990 .. 1170
 Decreto n. 1.171, de 22 de junho de 1994 .. 1186
 Decreto n. 8.737, de 3 de maio de 2016 ... 1188
8.162, de 8 de janeiro de 1991 ... 1188
8.177, de 1º de março de 1991 .. 1189
8.178, de 1º de março de 1991 .. 1190
8.212, de 24 de julho de 1991 .. 1192
8.213, de 24 de julho de 1991 .. 1201
8.406, de 9 de janeiro de 1992 ... 1213
8.429, de 2 de junho de 1992 ... 1213
8.437, de 30 de junho de 1992 ... 1215
8.542, de 23 de dezembro de 1992 .. 1216
8.632, de 4 de março de 1993 .. 1216
8.650, de 22 de abril de 1993 ... 1217
8.662, de 7 de junho de 1993 ... 1217
8.666, de 21 de junho de 1993 ... 1218
8.678, de 13 de julho de 1993 .. 1219
8.716, de 11 de outubro de 1993 .. 1220
8.742, de 7 de dezembro de 1993 .. 1220
8.745, de 9 de dezembro de 1993 .. 1222
8.852, de 4 de fevereiro de 1994 .. 1224
8.856, de 1º de março de 1994 .. 1225
8.880, de 27 de maio de 1994 .. 1225
8.906, de 4 de julho de 1994 .. 1228
8.984 de 7 de fevereiro de 1995 ... 1235
9.029, de 13 de abril de 1995 ... 1235
9.093, de 12 de setembro de 1995 ... 1235
9.099, de 26 de setembro de 1995 ... 1235
9.254, de 3 de janeiro de 1996 ... 1235
9.424, de 24 de dezembro de 1996 .. 1244
 Decreto n. 6.003, de 28 de dezembro de 2006 .. 1244
9.469, de 10 de junho de 1997 ... 1246
9.504, de 30 de setembro de 1997 ... 1247
9.601, de 21 de janeiro de 1998 ... 1247
 Decreto n. 2.490, de 4 de fevereiro de 1998 .. 1248

ÍNDICE CRONOLÓGICO DA LEGISLAÇÃO COMPLEMENTAR

9.608, de 18 de fevereiro de 1998 .. 1249
9.615, de 24 de março de 1998 .. 1249
 Decreto n. 7.984, de 8 de abril de 2013 .. 1257
9.674, de 25 de junho de 1998 ... 1263
9.696, de 1º de setembro de 1998 ... 1264
9.715, de 25 de novembro de 1998 .. 1264
9.717, de 27 de novembro de 1998 .. 1265
9.719, de 27 de novembro de 1998 .. 1266
9.766, de 18 de dezembro de 1998 .. 1267
9.800, de 26 de maio de 1999 .. 1268
9.867, de 10 de novembro de 1999 .. 1268
9.872, de 23 de novembro de 1999 .. 1268
9.873, de 23 de novembro de 1999 .. 1269
9.962, de 22 de fevereiro de 2000 .. 1269
9.983, de 14 de julho de 2000 ... 1269
10.101, de 19 de dezembro de 2000 .. 1270
10.173, de 9 de janeiro de 2001 ... 1271
10.192, de 14 de fevereiro de 2001 .. 1272
10.220, de 11 de abril de 2001 ... 1272
10.224, de 15 de maio de 2001 .. 1272
10.406, de 10 de janeiro de 2002 ... 825
10.522, de 19 de julho de 2002 .. 1273
10.555, de 13 de novembro de 2002 .. 1273
10.556, de 13 de novembro de 2002 .. 1273
10.741, de 1º de outubro de 2003 .. 1274
10.770, de 21 de novembro de 2003 .. 1280
10.778, de 24 de novembro de 2003 .. 1280
10.779, de 25 de novembro de 2003 .. 1280
 Decreto n. 8.424, de 31 de março de 2015 ... 1281
10.803, de 11 de dezembro de 2003 .. 1283
10.820, de 17 de dezembro de 2003 .. 1283
10.833, de 29 de dezembro de 2003 .. 1285
10.887, de 18 de junho de 2004 ... 1285
11.101, de 9 de fevereiro de 2005 .. 1287
11.340, de 7 de agosto de 2006 ... 1290
11.350, de 5 de outubro de 2006 .. 1290
11.417, de 19 de dezembro de 2006 .. 1293
11.419, de 19 de dezembro de 2006 .. 1294
11.457, de 16 de março de 2077 .. 1295
11.476, de 29 de maio de 2007 .. 1296
11.491, de 20 de junho de 2007 ... 1296
11.648, de 31 de março de 2008 .. 1296
11.685, de 2 de junho de 2008 ... 1297
11.692, de 10 de junho de 2008 ... 1298
11.699, de 13 de junho de 2008 ... 1299
11.760, de 31 de julho de 2008 .. 1300
11.770, de 9 de setembro de 2008 ... 1300
 Decreto n. 7.052, de 23 de dezembro de 2009 ... 1301
11.788, de 25 de setembro de 2008 ... 1301
11.889, de 24 de dezembro de 2008 .. 1303
11.901, de 12 de janeiro de 2009 ... 1304
11.959, de 29 de junho de 2009 ... 1304
 Decreto n. 8.425, de 31 de março de 2015 ... 1307
12.009, de 29 de julho de 2009 .. 1308
12.016, de 7 de agosto de 2009 ... 1309
12.023, de 27 de agosto de 2009 ... 1311
12.198, de 14 de janeiro de 2010 ... 1311
12.288, de 20 de julho de 2010 .. 1312
 Decreto n. 8.136, de 5 de novembro de 2013 ... 1315

12.302, de 2 de agosto de 2010	1318
12.319, de 1º de setembro de 2010	1318
12.378, de 31 de dezembro de 2010	1319
12.382, de 25 de fevereiro de 2011	1323
Decreto n. 8.381, de 29 de dezembro de 2014	1323
12.436, de 6 de julho de 2011	1323
12.467, de 26 de agosto de 2011	1324
12.468, de 26 de agosto de 2011	1324
12.591, de 18 de janeiro de 2012	1324
12.592, de 18 de janeiro de 2012	1325
12.618, de 30 de abril de 2012	1325
12.619, de 30 de abril de 2012	1328
12.690, de 19 de julho de 2012	1330
12.737, de 30 de novembro de 2012	1332
12.761, de 27 de dezembro de 2012	1332
Decreto n. 8.084, de 26 de agosto de 2013	1333
12.764, de 27 de dezembro de 2012	1334
Decreto n. 8.368, de 2 de dezembro de 2014	1335
12.772, de 28 de dezembro de 2012	1336
12.790, de 14 de março de 2013	1341
12.800, de 23 de abril de 2013	1341
12.813, de 16 de maio de 2013	1344
12.815, de 5 de junho de 2013	1345
Decreto n. 1.035, de 30 de dezembro de 1993	1352
Decreto n. 1.596, de 17 de agosto de 1995	1353
Decreto n. 8.033, de 27 de junho de 2013	1353
12.842, de 10 de julho de 2013	1358
12.846, de 1º de agosto de 2013	1359
12.852, de 5 de agosto de 2013	1362
Decreto n. 8.537, de 5 de outubro de 2015	1365
12.867, de 10 de outubro de 2013	1368
12.869, de 15 de outubro de 2013	1368
12.870, de 15 de outubro de 2013	1369
12.871, de 22 de outubro de 2013	1369
Decreto n. 8.126, de 22 de outubro de 2013	1372
12.965, de 23 de abril e 2014	1373
Decreto n. 8.771, de 11 de maio de 2016	1376
12.984, de 2 de junho de 2014	1377
12.998, de 18 de junho de 2014	1377
13.043, de 13 de novembro de 2014	1377
13.105, de 16 de março de 2015	945
13.109, de 25 de março de 2015	1378
13.140, de 26 de junho de 2015	1378
13.146, de 6 de julho de 2015	1378
13.152, de 29 de junho de 2015	1389
Decreto n. 8.618, de 29 de dezembro de 2015	1389
13.180, de 22 de outubro de 2015	1389
13.185 de 6 de novembro de 2015	1389
13.189, de 19 de novembro de 2015	1390
Decreto n. 8.479, de 6 de julho de 2015	1391
13.271, de 15 de abril de 2016	1392
13.297, de 16 de junho de 2016	1392
13.300, de 23 de junho de 2016	1392
13.303, de 30 de junho de 2016	1393
13.306, de 4 de julho de 2016	1406
13.313, de 14 de julho de 2016	1406
13.322, de 28 de julho de 2016	1406

ÍNDICE CRONOLÓGICO DA LEGISLAÇÃO COMPLEMENTAR

LEIS COMPLEMENTARES

7, de 7 de setembro de 1970 .. 1407
8, de 3 de dezembro de 1970 .. 1408
26, de 11 de setembro de 1975 .. 1409
75, de 20 de maio de 1993 .. 1409
101, de 4 de maio de 2000 .. 1412
103, de 14 de julho de 2000 .. 1415
108, 29 de maio de 2001 .. 1415
109, de 29 de maio de 2001 .. 1417
110, de 29 de junho de 2001 ... 1422
118, de 9 de fevereiro de 2005 ... 1424
123, de 14 de dezembro de 2006 ... 1424
142, de 8 de maio de 2013 .. 1444
146, de 25 de junho de 2014 ... 1445
150, de 1º de junho de 2015 ... 1445
152, de 3 de dezembro de 2015 ... 1448

DECRETOS

27.048, de 12 de agosto de 1949 ... 1449
57.155, de 3 de novembro de 1965 .. 1062
61.799, de 30 de novembro de 1967 .. 1450
73.626, de 12 de fevereiro de 1974 .. 1071
73.841, de 13 de março de 1974 .. 1074
76.900, de 23 de dezembro de 1975 ... 1451
84.134, de 30 de outubro de 1979 .. 1451
85.845, de 26 de março de 1981 .. 1078
86.715, de 10 de dezembro de 1981 ... 1089
89.339, de 31 de janeiro de 1984 ... 1102
92.530, de 9 de abril de 1986 .. 1112
92.790, de 17 de junho de 1986 ... 1111
93.412, de 14 de outubro de 1986 .. 1455
95.247, de 17 de novembro de 1987 ... 1113
97.936, de 10 de julho de 1989 ... 1457
99.684, de 8 de novembro de 1990 .. 1135
5, de 14 de janeiro de 1991 ... 1076
840, de 22 de junho de 1993 ... 1457
1.035, de 30 de dezembro de 1993 .. 1352
1.171, de 22 de junho de 1994 .. 1186
1.480, de 3 de maio de 1995 ... 1458
1.596, de 17 de agosto de 1995 ... 1353
2.067, de 12 de novembro de 1996 .. 1458
2.271, de 7 de julho de 1997 ... 1462
2.490, de 4 de fevereiro de 1998 .. 1248
3.048, de 6 de maio de 1999 ... 1463
3.197, de 5 de outubro de 1999 ... 1466
3.298, de 20 de dezembro de 1999 .. 1120
3.361, de 10 de fevereiro de 2000 .. 1467
3.913, de 11 de setembro de 2001 .. 1467
3.914, de 11 de setembro de 2001 .. 1468
4.751, de 17 de junho de 2003 .. 1469
4.840, de 17 de setembro de 2003 ... 1470
5.113, de 22 de junho de 2004 .. 1472
5.598, de 1º de dezembro de 2005 ... 1473
6.003, de 28 de dezembro de 2006 .. 1244
6.481, de 12 de junho de 2008 .. 1475
6.949, de 25 de agosto de 2009 ... 1476
7.052, de 23 de dezembro de 2009 .. 1301
7.674, de 20 de janeiro de 2012 ... 1483

7.721, de 16 de abril de 2012 .. 1483
7.943, de 5 de março de 2013 .. 1484
7.984, de 8 de abril de 2013 .. 1257
8.033, de 27 de junho de 2013 .. 1353
8.040, de 8 de julho de 2013 .. 1485
8.084, 26 de agosto de 2013 .. 1333
8.086, de 30 de agosto de 2013 .. 1485
8.126, de 22 de outubro de 2013 .. 1372
8.136, de 5 de novembro de 2013 .. 1315
8.163, de 20 de dezembro de 2013 .. 1486
8.368, de 2 de dezembro de 2014 .. 1335
8.373 de 11 de dezembro de 2014 .. 1487
8.381, de 29 de dezembro de 2014 .. 1323
8.424, de 31 de março de 2015 .. 1281
8.425, de 31 de março de 2015 .. 1307
8.433, de 16 de abril de 2015 .. 1488
8.479, de 6 de julho de 2015 .. 1391
8.537, de 5 de outubro de 2015 .. 1365
8.618, de 29 de dezembro de 2015 .. 1389
8.737, de 3 de maio de 2016 .. 1188
8.740, de 4 de maio de 2016 .. 1488
8.771, de 11 de maio de 2016 .. 1376

DECRETOS-LEI

5.452, de 1º de maio de 1943 .. 99
368, de 19 de dezembro de 1968 .. 1489
691, de 18 de julho de 1969 .. 1489
779, de 21 de agosto de 1969 .. 1489

CIRCULAR

696, de 27 de outubro de 2015 .. 1490

DELIBERAÇÃO

Conselho Nacional de Trânsito

143, de 20 de abril de 2015 .. 1490

EMENDAS CONTITUCIONAIS

19, de 4 de junho de 1998 .. 91
20, de 15 de dezembro de 1998 .. 91
24, de 9 de dezembro de 1999 .. 91
32, de 11 de novembro de 2001 .. 92
41, de 19 de dezembro 2003 .. 92
45, de 8 de dezembro de 2004 .. 94
47, de 5 de julho de 2005 .. 94
62, de 9 de dezembro de 2009 .. 95
69, de 29 de março de 2012 .. 95
79, de 27 de maio de 2014 .. 96
92, de 12 de junho de 2016 .. 97

MINISTÉRIO DO TRABALHO

Despacho

27000-2.699/86, de 16 de outubro de 1986 .. 1492

Instruções Normativas

3, de 29 de agosto de 1997 .. 1492
1, de 6 de março de 2002 .. 1493
491, de 12 de janeiro de 2005 .. 1493

ÍNDICE CRONOLÓGICO DA LEGISLAÇÃO COMPLEMENTAR

64, de 25 de abril de 2006 .. 1493
70, de 13 de agosto de 2007 .. 1494
72, de 5 de dezembro de 2007 ... 1495
76, de 15 de maio de 2009 ... 1496
88, de 30 de novembro de 2010 ... 1497
971, de 13 de novembro de 2009 ... 1498
15, de 14 de julho de 2010 ... 1500
85, de 26 de julho de 2010 ... 1502
991, de 21 de janeiro de 2010 .. 1503
89, de 2 de março de 2011 ... 1503
90, de 28 de abril de 2011 .. 1504
91, de 5 de outubro de 2011 .. 1505
96, de 16 de janeiro de 2012 .. 1507
97, de 30 de julho de 2012 ... 1508
98, de 15 de agosto de 2012 .. 1511
99, de 23 de agosto de 2012 .. 1513
16, de 15 de outubro de 2013 .. 1519
102, de 28 de março de 2013 ... 1521
2, de 22 de dezembro de 2014 ... 1522
18, de 7 de novembro de 2014 ... 1523
105, de 23 de abril do 2014 .. 1525
107, de 22 de maio de 2014 ... 1525
110, de 6 de agosto de 2014 .. 1526
114, de 5 de novembro de 2014 ... 1527
83, de 18 de dezembro de 2015 ... 1528

Orientação Normativa

5, de 20 de março de 1998 ... 1530

Portaria1530

3.158, de 18 de maio de 1971 .. 1530
3.281, de 7 de dezembro de 1984 .. 1531
3.296, de 3 de setembro de 1986 ... 1531
3.626, de 13 de novembro de 1991 .. 1532
937, de 23 de julho de 1993 ... 1532
925, de 28 de setembro de 1995 .. 1532
1.061, de 1º de novembro de 1996 ... 1533
290, de 11 de abril de 1997 .. 1534
207, de 31 de março de 1998 ... 1537
60, de 4 de fevereiro de 1999 ... 1539
1.964, de 1º de dezembro de 1999 ... 1539
329, de 14 de agosto de 2002 .. 1540
3, de 1º de março de 2002 .. 1540
516, de 7 de maio de 2003 ... 1544
1.277, de 31 de dezembro de 2003 .. 1545
14, de 10 de fevereiro de 2006 ... 1545
193, de 23 de novembro de 2006 ... 1546
41, de 28 de março de 2007 ... 1546
412, de 20 de setembro de 2007 .. 1546
186 de 10 de abril de 2008 ... 1547
210, de 29 de abril de 2008 .. 1550
262, de 29 de maio de 2008 ... 1550
984, de 26 de novembro de 2008 ... 1550
88, de 28 de abril de 2009 .. 1551
1.510, de 21 de agosto de 2009 ... 1556
1.095, de 19 de maio de 2010 .. 1558
1.621, de 14 de julho de 2010 .. 1558
1.246, de 28 de maio de 2010 .. 1558

373, de 25 de fevereiro de 2011 .. 1559
2.686, dfe 27 de dezembro de 2011 ... 1559
112, de 20 de janeiro de 2012 ... 1559
723, de 23 de abril de 2012 ... 1559
2, de 22 de fevereiro de 2013 .. 1562
326, de 1º de março de 2013 ... 1563
4, de 16 de setembro de 2014 ... 1568
188, de 29 de janeiro de 2014 ... 1578
376, de 21 de março de 2014 .. 1579
589, de 28 de abril de 2014 ... 1579
654, de 9 de maio de 2014 .. 1579
768, de 28 de maio de 2014 .. 1580
789, de 2 de junho de 2014 ... 1580
1.129, de 23 de julho de 2014 ... 1581
1.421,de 12 de setembro de 2014 ... 1581
1.717, de 5 de novembro de 2014 ... 1582
1.719, de 5 de novembro de 2014 ... 1583
1.927, de 10 de dezembro de 2014 ... 1584
2.020, de 23 de dezembro de 2014 ... 1586
3, de 26 de janeiro de 2015 ... 1586
116, de 13 de novembro de 2015 .. 1587
702, de 28 de maio de 2015 .. 1588
706, de 28 de maio de 2015 .. 1589
854, de 25 de junho de 2015 ... 1589
944, de 8 de julho de 2015 .. 1592
945, de 8 de julho de 2015 .. 1592
1.013, de 21 de julho de 2015 ... 1593
1.166, de 18 de agosto de 2015 .. 1594
89, de 22 de janeiro de 2016 ... 1595
472, de 28 de abril de 2016 ... 1595
491, de 28 de abril de 2016 ... 1596
600, de 10 de maio de 2016 .. 1596

Portaria Interministerial

19, de 31 de janeiro de 1952 ... 1596
5, de 30 de novembro de 1999 .. 1597
2, de 2 de abril de 2014 ... 1598
822, de 30 de setembro de 2015 ... 1598
4, de 11 de maio de 2016 .. 1599

Resoluções

28, de 6 de fevereiro de 1991 ... 1601
48, de 18 de setembro de 1991 ... 1601
64, de 17 de dezembro de 1991 .. 1601
36, de 22 de setembro de 1992 ... 1602
91, de 14 de setembro de 1995 ... 1602
199, de 4 de novembro de 1998 .. 1602
339, de 26 de abril de 2000 ... 1602
8, de 27 de outubro de 2005 .. 1603
8, de 29 de novembro de 2005 .. 1603
467, de 21 de dezembro de 2005 .. 1603
591, de 11 de fevereiro de 2009 .. 1605
592, de 11 de fevereiro de 2009 .. 1606
66, de 10 de junho de 2010 ... 1607
78, de 2 de junho de 2011 ... 1608
127, de 15 de março de 2011 .. 1608
724, 18 de dezembro de 2013 ... 1609
136, de 25 de abril de 2014 ... 1609
736, de 8 de outubro de 2014 .. 1614

737, de 8 de outubro de 2014 .. 1615
1, de 20 de fevereiro de 2015 .. 1615
2, de 21 de julho de 2015 ... 1616
754, de 26 de agosto de 2015 .. 1617
759, de 9 de março de 2016 .. 1619
760, de 9 de março de 2016 .. 1619

Resoluções Normativas

94, de 16 de março de 2011 .. 1619
103, de 16 de maio de 2013 .. 1620
104, de 16 de maio de 2013 .. 1620
108, de 12 de fevereiro de 2014 .. 1621
121, de 8 de março de 2016 .. 1622

ORGANIZAÇÃO INTERNACIONAL DO TRABALHO

Convenções da OIT

Convenção n. 6 ... 710
Convenção n. 11 ... 711
Convenção n. 12 ... 711
Convenção n. 14 ... 712
Convenção n. 16 ... 712
Convenção n. 19 ... 713
Convenção n. 21 ... 713
Convenção n. 22 ... 714
Convenção n. 26 ... 715
Convenção n. 29 ... 716
Convenção n. 42 ... 718
Convenção n. 45 ... 718
Convenção n. 53 ... 719
Convenção n. 80 ... 720
Convenção n. 81 ... 721
Convenção n. 88 ... 722
Convenção n. 89 ... 724
Convenção n. 92 ... 725
Convenção n. 94 ... 728
Convenção n. 95 ... 729
Convenção n. 96 ... 731
Convenção n. 97 ... 732
Convenção n. 98 ... 735
Convenção n. 99 ... 736
Convenção n. 100 ... 737
Convenção n. 102 ... 738
Convenção n. 103 ... 743
Convenção n. 104 ... 745
Convenção n. 105 ... 745
Convenção n. 106 ... 746
Convenção n. 111 ... 747
Convenção n. 113 ... 748
Convenção n. 115 ... 748
Convenção n. 116 ... 749
Convenção n. 117 ... 750
Convenção n. 118 ... 751
Convenção n. 119 ... 753
Convenção n. 120 ... 754
Convenção n. 122 ... 755
Convenção n. 124 ... 756
Convenção n. 125 ... 756

Convenção n. 126 758
Convenção n. 127 761
Convenção n. 131 761
Convenção n. 132 762
Convenção n. 133 763
Convenção n. 134 765
Convenção n. 135 766
Convenção n. 136 767
Convenção n. 137 768
Convenção n. 138 769
Convenção n. 139 770
Convenção n. 140 771
Convenção n. 141 772
Convenção n. 142 773
Convenção n. 144 773
Convenção n. 145 774
Convenção n. 146 775
Convenção n. 147 776
Convenção n. 148 777
Convenção n. 151 779
Convenção n. 152 780
Convenção n. 154 783
Convenção n. 155 784
Convenção n. 159 785
Convenção n. 160 786
Convenção n. 161 787
Convenção n. 162 788
Convenção n. 163 790
Convenção n. 164 791
Convenção n. 166 793
Convenção n. 167 794
Convenção n. 168 797
Convenção n. 169 800
Convenção n. 170 803
Convenção n. 171 805
Convenção n. 174 806
Convenção n. 176 808
Convenção n. 178 810
Convenção n. 182 811
Convenção n. 185 812

ADVOCACIA GERAL DA UNIÃO

Portaria Conjunta

6, de 18 e janeiro de 2013 1622
1, de 10 de março de 2016 1624

TRIBUNAL SUPERIOR DO TRABALHO

Atos

245, de 5 de agosto de 1999 1625
484, de 25 de novembro de 2003 1626
21, de 7 de dezembro de 2010 1626
342, de 27 de julho de 2010 1626
001, de 1º de fevereiro de 2012 1627
3, de 3 de janeiro de 2012 1628
4, de 9 de dezembro de 2013 1628
116, de 25 de fevereiro de 2013 1628
589, de 30 de agosto de 2013 1629
01, de 23 de janeiro de 2014 1630

ÍNDICE CRONOLÓGICO DA LEGISLAÇÃO COMPLEMENTAR

001, de 28 de outubro de 2014 .. 1630
24, de 13 de novembro de 2014 .. 1630
207, de 15 de abril de 2014 ... 1632
491, de 23 de setembro de 2014 ... 1633
55, de 19 de fevereiro de 2014 .. 1633
14, de 2 de junho de 2015 ... 1634
168, de 4 de abril de 2016 ... 1634

Consolidação dos Provimentos da Corregedoria Geral da Justiça do Trabalho 1236

Instruções Normativas

3, de 5 de março de 1993 .. 1635
15, de 8 de outubro de 1998 ... 1636
18, de 17 de dezembro de 1999 .. 1636
16, de 5 de outubro de 2000 ... 1636
17, de 5 de outubro de 2000 ... 1637
19, de 27 de abril de 2000 ... 1637
20, de 7 de novembro de 2002 .. 1637
23, de 5 de agosto de 2003 ... 1638
24, de 2 de outubro de 2003 ... 1638
26, de 2 de setembro de 2004 ... 1639
27, de 16 de fevereiro de 2005 .. 1639
29, de 5 de agosto de 2005 ... 1639
30, de 13 de setembro de 2007 ... 1640
31, de 27 de setembro de 2007 ... 1642
32, de 19 de dezembro de 2007 .. 1642
34, de 16 de novembro de 2009 .. 1643
35, de 1º de outubro de 2012 .. 1643
36, de 14 de novembro de 2012 .. 1644
37, de 2 de março de 2015 .. 1645
38, de 10 de novembro de 2015 .. 1646
39, de 15 de março de 2016 .. 1648
40, de 15 de março de 2016 .. 1650

Provimentos

1, de 18 de fevereiro de 2004 .. 1650
001, de 3 de maio de 2012 .. 1650

Recomendações

002, de 2 de maio de 2011 .. 1651
3, de 27 de setembro de 2013 ... 1651
1, de 24 de junho de 2016 ... 1651

Resoluções Administrativa

874, de 1º de julho de 2002 ... 1651
940, de 30 de junho de 2003 ... 1652
958, de 2 de outubro de 2003 ... 1652
1.276, de 22 de novembro de 2007 ... 1652
1.295, de 24 de abril de 2008 .. 1673
1.340, de 1º de junho de 2009 ... 1653
1.418, de 30 de agosto de 2010 .. 1654
1.470, de 24 de agosto de 2011 .. 1654
1.589, de 4 de fevereiro de 2013 ... 1656

Resolução do Conselho Nacional da Justiça do Trabalho

232, de 13 de julho de 2016 .. 1658
233, de 13 de julho de 2016 .. 1659
234, de 13 de julho de 2016 .. 1660
235, de 13 de julho de 2016 .. 1661
236, de 13 de julho de 2016 .. 1665

Resolução do Conselho Superior da Justiça do Trabalho
 8, de 27 de outubro de 2005 ... 1603
 66, de 10 de junho de 2010 .. 1607
 78, de 2 de junho de 2011 .. 1608
 136, de 25 de abril de 2014 ... 1609

SÚMULAS DOS TRIBUNAIS SUPERIORES
 Súmulas Vinculantes do Supremo Tribunal Federal ... 1701
 Súmulas do Supremo Tribunal Federal afetas à área trabalhista ... 1702
 Súmulas do Tribunal Superior do Trabalho .. 1708
 Orientações Jurisprudenciais do TST-PLENO ... 1736
 Orientações Jurisprudenciais da SDI-1/TST .. 1737
 Orientações Jurisprudenciais da SDI-1/TST (Transitórias) .. 1756
 Orientações Jurisprudenciais da SDI-2/TST .. 1760
 Orientações Jurisprudenciais da SDC/TST ... 1769
 Precedentes Normativos da SDC/ TST ... 1771
 Súmulas do Superior Tribunal de Justiça afetas à área trabalhista ... 1774

LEGISLAÇÃO COMPLEMENTAR À CLT

Lei n. 605, de 5 de janeiro de 1949

Dispõe sobre o repouso semanal remunerado e o pagamento de salário, nos dias feriados civis e religiosos

O PRESIDENTE DA REPÚBLICA,

Faço saber que o Congresso Nacional decreta e eu sanciono a seguinte Lei:

Art. 1º Todo empregado tem direito ao repouso semanal remunerado de vinte e quatro horas consecutivas, preferentemente aos domingos e, nos limites das exigências técnicas das empresas, nos feriados civis e religiosos, de acordo com a tradição local.

Art. 2º Entre os empregados a que se refere esta lei, incluem-se os trabalhadores rurais, salvo os que operem em qualquer regime de parceria, meação, ou forma semelhante de participação na produção.

Art. 3º O regime desta Lei será extensivo àqueles que, sob forma autônoma, trabalhem agrupados, por intermédio de Sindicato, Caixa Portuária, ou entidade congênere. A remuneração do repouso obrigatório, neste caso, consistirá no acréscimo de um sexto (1/6) calculado sobre os salários efetivamente percebidos pelo trabalhador e paga juntamente com os mesmos.

Art. 4º É devido o repouso semanal remunerado, nos termos desta Lei, aos trabalhadores das autarquias e de empresas industriais, ou sob administração da União, dos Estados e dos Municípios, ou incorporados nos seus patrimônios, que não estejam subordinados ao regime do funcionalismo público.

Art. 5º Esta Lei não se aplica às seguintes pessoas:

a) *(Revogado pela Lei n. 11.324, de 19.7.2006, DOU 20.7.2006.)*

b) aos funcionários públicos da União, dos Estados e dos Municípios, e aos respectivos extranumerários em serviços nas próprias repartições;

c) aos servidores de autarquias paraestatais, desde que sujeitos a regime próprio de proteção ao trabalho que lhes assegure situação análoga à dos funcionários públicos.

Parágrafo único. São exigências técnicas, para os efeitos desta Lei, as que, pelas condições peculiares às atividades da empresa, ou em razão do interesse público, tornem indispensável a continuidade do serviço.

Art. 6º Não será devida a remuneração quando, sem motivo justificado, o empregado não tiver trabalhado durante toda a semana anterior, cumprindo integralmente o seu horário de trabalho.

§ 1º São motivos justificados:

a) os previstos no art. 473 e seu parágrafo único da Consolidação das Leis do Trabalho;

b) a ausência do empregado, devidamente justificada, a critério da administração do estabelecimento;

c) a paralisação do serviço nos dias em que, por conveniência do empregador, não tenha havido trabalho;

d) ausência do empregado, até três dias consecutivos, em virtude de seu casamento;

e) a falta ao serviço com fundamento na lei sobre acidente do trabalho;

f) a doença do empregado, devidamente comprovada.

§ 2º A doença será comprovada mediante atestado de médico da instituição da previdência social a que estiver filiado o empregado, e, na falta deste e sucessivamente, de médico do Serviço Social do Comércio ou da Indústria; de médico da empresa ou por ela designado; de médico a serviço de repartição federal, estadual ou municipal, incumbido de assuntos de higiene ou de saúde pública; ou não existindo estes, na localidade em que trabalhar, de médico de sua escolha. *(Redação dada pela Lei n. 2.761, de 26.4.1956).*

§ 3º Nas empresas em que vigorar regime de trabalho reduzido, a frequência exigida corresponderá ao número de dias em que o empregado tiver de trabalhar.

Art. 7º A remuneração do repouso semanal corresponderá:

a) para os que trabalham por dia, semana, quinzena ou mês, à de um dia de serviço, computadas as horas extraordinárias habitualmente prestadas;

b) para os que trabalham por hora, à de sua jornada normal de trabalho, computadas as horas extraordinárias habitualmente prestadas. *(A redação das alíneas "a" e "b" foi alterada pela Lei n. 7.415, de 9.12.1985, DOU 10.12.1985);*

c) para os que trabalham por tarefa ou peça, o equivalente ao salário correspondente às tarefas ou peças feitas durante a semana, no horário normal de trabalho, dividido pelos dias de serviço efetivamente prestados ao empregador;

d) para o empregado em domicílio, o equivalente ao quociente da divisão por 6 (seis) da importância total da sua produção na semana.

§ 1º Os empregados cujos salários não sofram descontos por motivo de feriados civis ou religiosos são considerados já remunerados nesses mesmos dias de repouso, conquanto tenham direito à remuneração dominical.

§ 2º Consideram-se já remunerados os dias de repouso semanal do empregado mensalista ou quinzenalista, cujo cálculo de salário mensal ou quinzenal, ou cujos descontos por faltas sejam efetuados na base do número de dias do mês ou de 30 (trinta) e 15 (quinze) diárias, respectivamente.

Art. 8º Excetuados os casos em que a execução do serviço for imposta pelas exigências técnicas das empresas, é vedado o trabalho em dias feriados civis e religiosos, garantida, entretanto, aos empregados a remuneração respectiva, observados os dispositivos dos arts. 6º e 7º desta Lei.

Art. 9º Nas atividades em que não for possível, em virtude das exigências técnicas das empresas, a suspensão do trabalho, nos dias feriados civis e religiosos, a remuneração será paga em dobro, salvo se o empregador determinar outro dia de folga.

Art. 10. Na verificação das exigências técnicas a que se referem os artigos anteriores, ter-se-ão em vista as de ordem econômica; permanentes ou ocasionais, bem como as peculiaridades locais.

Parágrafo único. O Poder Executivo, em decreto especial ou no regulamento que expedir para fiel execução desta Lei, definirá as mesmas exigências e especificará, tanto quanto possível as empresas a elas sujeitas, ficando desde já incluídas entre elas as de serviços públicos e de transporte.

Art. 11. *(Revogado pelo art. 4º da Lei n. 9.093, de 12.9.1995, DOU 13.9.1995)*

Art. 12. As infrações ao disposto nesta Lei serão punidas, com multa de R$ 40,25 (quarenta reais e vinte e cinco centavos) a R$ 4.025,33 (quatro mil e vinte e cinco reais e trinta e três centavos), segundo a natureza da infração, sua extensão e a intenção de quem a praticou, aplicada em dobro no caso de reincidência e oposição à fiscalização ou desacato à autoridade. (NR) *(Redação dada pela Lei n. 12.544, de 8.12.2011, DOU 9.12.2011)*

Art. 13. Serão originariamente competentes, para a imposição das multas de que trata a presente Lei, os delegados regionais do Ministério do Trabalho, e, nos Estados, onde houver delegação de atribuições, a autoridade delegada.

Art. 14. A fiscalização da execução da presente Lei, o processo de autuação dos seus infratores, os recursos e a cobrança das multas reger-se-ão pelo disposto no Título VII da Consolidação das Leis do Trabalho.

Art. 15. A presente Lei entrará em vigor na data da sua publicação.

Art. 16. Revogam-se as disposições em contrário.

Rio de Janeiro, 5 de janeiro de 1949; 128º da Independência e 61º da República.

Eurico G. Dutra
Adroaldo Mesquita da Costa
Sílvio de Noronha
Canrobert P. da Costa
Raul Fernandes
Corrêa e Castro
Clóvis Pestana
Daniel de Carvalho
Clemente Mariani
Honório Monteiro
Armando Trompowsky

DOU 14.1.1949

Decreto n. 27.048, de 12 de agosto de 1949

Aprova o regulamento da Lei n. 605, de 5 de janeiro de 1949, que dispõe sobre o repouso remunerado e o pagamento de salário nos dias feriados civis e religiosos

O PRESIDENTE DA REPÚBLICA, usando da atribuição que lhe confere o art. 87, n. 1, da Constituição, nos termos do art. 10, parágrafo único, da Lei n. 605, de 5 de janeiro de 1949, decreta:

Art. 1º Fica aprovado o regulamento que a este acompanha, assinado pelo Ministro de Estado dos Negócios do Trabalho, Indústria e Comércio, pelo qual reger-se-á a execução da Lei n. 605, de 5 de janeiro de 1949.

Art. 2º Revogam-se as disposições em contrário.

Rio de Janeiro, 12 de agosto de 1949; 128º da Independência e 61º da República.

Eurico G. Dutra
Honório Monteiro

DOU 16.8.1949

Lei n. 662, de 6 de abril de 1949

Declara feriados nacionais os dias 1º de janeiro, 1º de maio, 7 de setembro, 15 de novembro e 25 de dezembro

O PRESIDENTE DA REPÚBLICA,

Faço saber que o Congresso Nacional decreta e eu sanciono a seguinte lei:

Art. 1º São feriados nacionais os dias 1º de janeiro, 21 de abril, 1º de maio, 7 de setembro, 2 de novembro, 15 de novembro e 25 de dezembro. *(Redação dada pela Lei n. 10.607, de 19.12.2002, DOU 20.12.2002).*

Art. 2º Só serão permitidas, nos feriados nacionais, atividades privadas e administrativas absolutamente indispensáveis.

Art. 3º Os chamados "pontos facultativos", que os Estados, Distrito Federal ou os Municípios decretarem, não suspenderão as horas normais do ensino, nem prejudicarão os atos da vida forense, dos tabeliães e dos cartórios de registro.

Art. 4º Esta Lei entrará em vigor na data de sua publicação, revogadas as disposições em contrário.

Rio de Janeiro, 6 de abril de 1949; 128º da Independência e 61º da República.

EURICO G. DUTRA
ADROALDO MESQUITA DA COSTA
SYLVIO DE NORONHA
NEWTON CAVALCANTI
RAUL FERNANDES
CORRÊA E CASTRO
CLÓVIS PESTANA
DANIEL DE CARVALHO
CLEMENTE MARIANI
HONÓRIO MONTEIRO
ARMANDO TROMPOWSKY

DOU 13.4.1949

Lei n. 1.060, de 5 de fevereiro de 1950

Estabelece normas para a concessão de assistência judiciária aos necessitados

O PRESIDENTE DA REPÚBLICA,

Faço saber que o Congresso Nacional decreta e eu sanciono a seguinte Lei:

Art. 1º Os poderes públicos federal e estadual, independentemente da colaboração que possam receber dos municípios e da Ordem dos Advogados do Brasil — OAB, concederão assistência judiciária aos necessitados, nos termos desta lei. (VETADO) *(Redação da Lei n. 7.510, 4.7.86, DOU 7.7.86).*

Art. 2º Gozarão dos benefícios desta Lei os nacionais ou estrangeiros residentes no país que necessitarem recorrer à Justiça penal, civil, militar ou do trabalho.

Parágrafo único. Considera-se necessitado, para os fins legais, todo aquele cuja situação econômica não lhe permita pagar as custas do processo e os honorários de advogado, sem prejuízo do sustento próprio ou da família.

Art. 3º A assistência judiciária compreende as seguintes isenções:

I — das taxas judiciárias e dos selos;

II — dos emolumentos e custas devidos aos juízes, órgãos do Ministério Público e serventuários da Justiça;

III — das despesas com as publicações indispensáveis no jornal encarregado da divulgação dos atos oficiais;

IV — das indenizações devidas às testemunhas que, quando empregados, receberão do empregador salário integral, como se em serviço estivessem, ressalvado o direito regressivo contra o poder público federal, no Distrito Federal e nos Territórios; ou contra o poder público estadual, nos Estados.

V — dos honorários de advogado e peritos

VI — das despesas com a realização do exame de código genético — DNA que for requisitado pela autoridade judiciária nas ações de investigação de paternidade ou maternidade. *(Inciso acrescentado pela Lei n. 10.317, de 6.12.01, DOU 7.12.01)*

VII — dos depósitos previstos em lei para interposição de recurso, ajuizamento de ação e demais atos processuais inerentes ao exercício da ampla defesa e do contraditório. *(Acrescentado pela Lei Complementar n. 132, de 7.10.09, DOU 8.10.09)*

Parágrafo único. A publicação de edital em jornal encarregado da divulgação de atos oficiais, na forma do inciso III, dispensa a publicação em outro jornal. *(Redação deste parágrafo dada pela Lei n. 7.288, de 18.12.84, DOU 19.12.84)*

Art. 4º A parte gozará dos benefícios da assistência judiciária, mediante simples afirmação, na própria petição inicial, de que não está em condições de pagar as custas do processo e os honorários de advogados, sem prejuízo próprio ou de sua família.

§ 1º Presume-se pobre, até prova em contrário, quem afirmar essa condição nos termos desta Lei, sob pena de pagamento até o décuplo das custas judiciais.

§ 2º A impugnação do direito à assistência judiciária não suspende o curso do processo e será feita em autos apartados. *(Redação dos artigos e parágrafos, dada pela Lei n. 7.510, de 4.7.86, DOU 7.7.86)*

§ 3º A apresentação da Carteira de Trabalho e Previdência Social, devidamente legalizada, onde o Juiz verificará a necessidade da parte, substituirá os atestados exigidos nos §§ 1º e 2º deste artigo. *(Parágrafo incluído pela Lei n. 6.654, 30.5.79, DOU 31.5.79)*

Art. 5º O juiz, se não tiver fundadas razões para indeferir o pedido, deverá julgá-lo de plano, motivando ou não o deferimento dentro do prazo de setenta e duas horas.

§ 1º Deferido o pedido, o juiz determinará ao o serviço de assistência judiciária, organizado e mantido pelo Estado, onde houver, indique, no prazo de dois dias úteis, o advogado que patrocinará a causa do necessitado.

§ 2º Se no Estado não houver serviço de assistência judiciária, por ele mantido, caberá a indicação à Ordem dos Advogados, por suas Seções estaduais, ou Subseções municipais.

§ 3º Nos municípios em que não existem Subseções da Ordem dos Advogados do Brasil, o próprio juiz fará a nomeação do advogado que patrocinará a causa dos necessitados.

§ 4º Será preferido para a defesa da causa o advogado que o interessado indicar e que declare aceitar o encargo.

§ 5º Nos Estados onde a Assistência Judiciária seja organizada e por eles mantida, o Defensor Público, ou quem exerça cargo equivalente, será intimado pessoalmente de todos os atos do processo em ambas as Instâncias, contando-lhes em dobro todos os prazos. *(Parágrafo acrescentado pela Lei n. 7.871, de 8.11.89)*

Art. 6º O pedido, quando formulado no curso da ação, não a suspenderá, podendo o juiz, em face das provas conceder ou denegar de plano o benefício de assistência. A petição, neste caso, será autuada em separado, apensando-se os respectivos autos aos da causa principal, depois de resolvido o incidente.

Art. 7º A parte contrária poderá, em qualquer fase da lide, requerer a revogação dos benefícios de assistência, desde que prove a inexistência ou o desaparecimento dos requisitos essenciais à sua concessão.

Parágrafo único. Tal requerimento não suspenderá o curso da ação e se processará pela forma estabelecida no final do art. 6º desta Lei.

Art. 8º Ocorrendo as circunstâncias mencionadas no artigo anterior, poderá o Juiz, *ex officio*, decretar a revogação dos benefícios, ouvida a parte interessada dentro de quarenta e oito horas improrrogáveis.

Art. 9º Os benefícios da assistência judiciária compreendem todos os atos do processo até decisão final do litígio, em todas as instâncias.

Art. 10. São individuais e concedidos em cada caso ocorrente os benefícios de assistência judiciária, que se não transmitem a cessionário de direito e se extinguem pela morte do beneficiário, podendo, entretanto, ser concedidos os herdeiros que continuarem a demanda e que necessitarem de tais favores, na forma estabelecida nesta Lei.

Art. 11. Os honorários de advogados e peritos, as custas do processo, as taxas e selos judiciários serão pagos pelo vencido, quando o beneficiário de assistência for vencedor na causa.

§ 1º Os honorários do advogado serão arbitrados pelo juiz até o máximo de 15% (quinze por cento) sobre o líquido apurado na execução da sentença.

§ 2º A parte vencida poderá acionar a vencedora para reaver as despesas do processo, inclusive honorários do advogado, desde que prove ter a última perdido a condição legal de necessitada.

Art. 12. A parte beneficiada pela isenção do pagamento das custas ficará obrigada a pagá-las desde que possa fazê-lo, sem prejuízo do sustento próprio ou da família, se dentro de cinco anos, a contar da sentença final, o assistido não puder satisfazer tal pagamento, a obrigação ficará prescrita.

Art. 13. Se o assistido puder atender, em parte, as despesas do processo, o juiz mandará pagar as custas que serão rateadas entre os que tiverem direito ao seu recebimento.

Art. 14. Os profissionais liberais designados para o desempenho do encargo de defensor ou de perito, conforme o caso, salvo justo motivo previsto em lei ou, na sua omissão, a critério da autoridade judiciária competente, são obrigados ao respectivo cumprimento, sob pena de multa de Cr$ 1.000,00 (mil cruzeiros) a Cr$ 10.000,00 (dez mil cruzeiros), sujeita ao reajustamento estabelecido na Lei n. 6.205, de 29 de abril de 1975, sem prejuízo da sanção disciplinar cabível.

§ 1º Na falta de indicação pela assistência ou pela própria parte, o Juiz solicitará a do órgão de classe respectivo.

§ 2º A multa prevista neste artigo reverterá em benefício do profissional que assumir o encargo da causa. *(Redação deste artigo e parágrafos, dada pela Lei n. 6.465, 14.11.77, DOU 16.11.77)*

Art. 15. São motivos para a recusa do mandato pelo advogado designado ou nomeado:

1º) estar impedido de exercer a advocacia;

2º) ser procurador constituído pela parte contrária ou ter com ela relações profissionais de interesse atual;

3º) ter necessidade de se ausentar da sede do Juízo para atender a outro mandato anteriormente outorgado ou para defender interesses próprios inadiáveis;

4º) já haver manifestado por escrito sua opinião contrária ao direito que o necessitado pretende pleitear;

5º) haver dado à parte contrária parecer escrito sobre a contenda.

Parágrafo único. A recusa será solicitada ao juiz, que, de plano a concederá temporária ou definitivamente, ou a denegará.

Art. 16. Se o advogado, ao comparecer em juízo, não exibir o instrumento do mandato outorgado pelo assistido, o juiz determinará que se exarem na ata da audiência os termos da referida outorga.

Parágrafo único. O instrumento de mandato não será exigido, quando a parte for representada em juízo por advogado integrante de entidade de direito público incumbido, na forma da lei, de prestação de assistência judiciária gratuita, ressalvados:

a) os atos previstos no artigo 38 do Código de Processo Civil;

b) o requerimento de abertura de inquérito por crime de ação privada, a proposição de ação penal privada ou o oferecimento de representação por crime de ação pública condicionada. *(Parágrafo incluído pela Lei n. 6.248, 8.10.75, DOU 9.10.75)*

Art. 17. Caberá apelação das decisões proferidas em consequência da aplicação desta Lei; a apelação será recebida somente no efeito devolutivo quando a sentença conceder o pedido. *(Redação dada pela Lei n. 6.014, 27.12.73)*

Art. 18. Os acadêmicos de direito, a partir da 4ª série, poderão ser indicados pela assistência judiciária, ou nomeados pelo juiz para auxiliar o patrocínio das causas dos necessitados, ficando sujeitos às mesmas obrigações impostas por esta lei aos advogados.

Art. 19. Esta Lei entrará em vigor trinta dias depois de sua publicação no *Diário Oficial da União*, revogadas as disposições em contrário.

Rio de Janeiro, 5 de fevereiro de 1950; 129º da Independência e 62º da República.

Eurico Gaspar Dutra
Adroaldo Mesquita da Costa
DOU 8.4.1974

Lei n. 2.757, de 23 de abril de 1956

Dispõe sobre a situação dos empregados porteiros, zeladores, faxineiros e serventes de prédios de apartamentos residenciais

O PRESIDENTE DA REPÚBLICA,

Faço saber que o Congresso Nacional decreta e eu sanciono a seguinte Lei:

Art. 1º São excluídos das disposições da letra *a* do art. 7º do Decreto-Lei n. 5.452, de 1º de maio de 1943, e do art. 1º do Decreto-Lei n. 3.078, de 27 de fevereiro de 1941, os empregados porteiros, zeladores, faxineiros e serventes de prédios de apartamentos residenciais, desde que a serviço da administração do edifício e não de cada condômino em particular.

Art. 2º São considerados representantes dos empregadores nas reclamações ou dissídios movimentados na Justiça do Trabalho os síndicos eleitos entre os condôminos.

Art. 3º Os condôminos responderão, proporcionalmente, pelas obrigações previstas nas leis trabalhistas, inclusive as judiciais e extrajudiciais.

Art. 4º Esta Lei entrará em vigor na data de sua publicação, revogadas as disposições em contrário.

Rio de Janeiro, em 23 de abril de 1956; 135º da Independência e 68º da República.

Juscelino Kubitschek
Nereu Ramos
Parsifal Barroso
DOU 26.4.1956

Lei n. 2.959, de 17 de novembro de 1956

Altera o Decreto-Lei n. 5.452, de 1º de maio de 1943 (Consolidação das Leis do Trabalho), e dispõe sobre os contratos por obra ou serviço certo

O PRESIDENTE DA REPÚBLICA,

Faço saber que o Congresso Nacional decreta e eu sanciono a seguinte Lei:

Art. 1º No contrato individual de trabalho por obra certa, as inscrições na carteira profissional do empregado serão feitas pelo construtor, desse modo constituído em empregador, desde que exerça a atividade em caráter permanente.

Art. 2º Rescindido o contrato de trabalho em face do término da obra ou serviço, tendo o empregado mais de 12 (doze) meses de serviço, ficar-lhe-á assegurada a indenização por tempo de trabalho na forma do art. 478 da Consolidação das Leis do Trabalho, com 30% (trinta por cento) de redução.

Art. 3º O empregador que deixar de atender a exigência do art. 1º desta lei ficará sujeito à multa de Cr$ 500,00 (quinhentos cruzeiros) a Cr$ 5.000,00 (cinco mil cruzeiros), além da suspensão de suas atividades até que satisfaça a obrigação legal.

Art. 4º Esta Lei entrará em vigor na data de sua publicação, revogadas as disposições em contrário.

Rio de Janeiro, em 17 de novembro de 1956; 135º da Independência e 68º da República.

Juscelino Kubitschek
Parsifal Barroso
DOU 21.11.1956

Lei n. 3.030, de 19 de dezembro de 1956

Determina que não poderão exceder de 25% do salário mínimo os descontos por fornecimento de alimentação, quando preparada pelo próprio empregador

O PRESIDENTE DA REPÚBLICA,

Faço saber que o Congresso Nacional decreta e eu sanciono a seguinte Lei:

Art. 1º Para os efeitos do art. 82 do Decreto-Lei n. 5.452, de 1º de maio de 1943 (Consolidação das Leis do Trabalho), os descontos por fornecimento de alimentação, quando preparada pelo próprio empregador, não poderão exceder de 25% (vinte e cinco por cento) do salário mínimo.

Art. 2º A disposição do art. 1º será aplicada aos trabalhadores em geral, desde que as refeições sejam preparadas e fornecidas no próprio estabelecimento empregador.

Art. 3º Esta Lei entrará em vigor na data de sua publicação, revogadas as disposições em contrário.

Rio de Janeiro, 19 de dezembro de 1956; 135º da Independência e 68º da República.

Juscelino Kubitschek
Parsifal Barroso
DOU 19.12.1956

Lei n. 3.207, de 18 de julho de 1957

Regulamenta as atividades dos empregados vendedores-viajantes ou pracistas

O PRESIDENTE DA REPÚBLICA,

Faço saber que o Congresso Nacional decreta e eu sanciono a seguinte Lei:

Art. 1º As atividades dos empregados vendedores-viajantes ou pracistas, serão reguladas pelos preceitos desta Lei, sem prejuízo das normas estabelecidas na Consolidação das Leis do Trabalho Decreto-Lei n. 5.452, de 1º de maio de 1943 no que lhe for aplicável.

Art. 2º O empregado vendedor terá direito à comissão avençada sobre as vendas que realizar. No caso de lhe ter sido reservada, expressamente, com exclusividade, uma zona de trabalho, terá esse direito sobre as vendas ali realizadas diretamente pela empresa ou por um preposto desta.

§ 1º A zona de trabalho do empregado vendedor poderá ser ampliada ou restringida de acordo com a necessidade da empresa, respeitados os dispositivos desta Lei quanto à irredutibilidade da remuneração.

§ 2º Sempre que, por conveniência da empresa empregadora, for o empregado viajante transferido da zona de trabalho, com redução de vantagens, ser-lhe-á assegurado, como mínimo de remuneração, um salário correspondente à média dos 12 (doze) últimos meses, anteriores à transferência.

Art. 3º A transação será considerada aceita se o empregador não a recusar por escrito, dentro de 10 (dez) dias, contados da data da proposta. Tratando-se de transação a ser concluída com comerciante ou empresa estabelecida noutro Estado ou no estrangeiro, o prazo para aceitação ou recusa da proposta de venda será de 90 (noventa) dias, podendo, ainda, ser prorrogado, por tempo determinado, mediante comunicação escrita feita ao empregado.

Art. 4º O pagamento de comissões e percentagem deverá ser feito mensalmente, expedindo a empresa, no fim de cada mês, a conta respectiva com as cópias das faturas correspondentes aos negócios concluídos.

Parágrafo único. Ressalva-se às partes interessadas fixar outra época para o pagamento de comissões e percentagens, o que, no entanto, não poderá exceder a um trimestre, contado da aceitação do negócio, sendo sempre obrigatória a expedição, pela empresa, da conta referida neste artigo.

Art. 5º Nas transações em que a empresa se obrigar por prestações sucessivas, o pagamento das comissões e percentagens será exigível de acordo com a ordem de recebimento das mesmas.

Art. 6º A cessação das relações de trabalho, ou a inexecução voluntária do negócio

pelo empregador, não prejudicará a percepção das comissões e percentagens devidas.

Art. 7º Verificada a insolvência do comprador, cabe ao empregador o direito de estornar a comissão que houver pago.

Art. 8º Quando for prestado serviço de inspeção e fiscalização pelo empregado vendedor, ficará a empresa vendedora obrigada ao pagamento adicional de 1/10 (um décimo) da remuneração atribuída ao mesmo.

Art. 9º O empregado vendedor-viajante não poderá permanecer em viagem por tempo superior a 6 (seis) meses consecutivos. Em seguida a cada viagem haverá um intervalo para descanso, calculado na base de 3 (três) dias por mês da viagem realizada, não podendo, porém, ultrapassar o limite de 15 (quinze) dias.

Art. 10. Caracterizada a relação de emprego, aplicam-se os preceitos desta Lei a quantos exercerem funções iguais, semelhantes ou equivalentes aos empregados-viajantes, embora sob outras designações.

Art. 11. Esta Lei entrará em vigor na data de sua publicação, revogadas as disposições em contrário.

Rio de Janeiro, em 18 de julho de 1957; 136º da Independência e 69º da República.

JUSCELINO KUBITSCHEK
PARSIFAL BARROSO
DOU 22.7.1957

Lei n. 3.270, de 30 de setembro de 1957

Fixa em 6 (seis) o número de horas de trabalho diário dos cabineiros de elevador e dá outras providências

O PRESIDENTE DA REPÚBLICA,

Faço saber que o Congresso Nacional decreta e eu sanciono a seguinte Lei:

Art. 1º É fixado em 6 (seis) o número de horas de trabalho diário dos cabineiros de elevador.

Parágrafo único. É vedado a empregador e empregado qualquer acordo visando ao aumento das horas de trabalho fixadas no art. 1º desta Lei.

Art. 2º Esta Lei entrará em vigor na data de sua publicação, revogadas as disposições em contrário.

Rio de Janeiro, em 30 de setembro de 1957; 136º da Independência e 69º da República.

JUSCELINO KUBITSCHEK
PARSIFAL BARROSO
DOU 3.10.1957

Lei n. 3.857, de 22 de dezembro de 1960

Cria a ordem dos músicos do Brasil e dispõe sobre a regulamentação do exercício da profissão de músico e dá outras providências

Capítulo III
Da Duração do Trabalho

Art. 41. A duração normal do trabalho dos músicos não poderá exceder de 5 (cinco) horas, excetuados os casos previstos nesta Lei.

§ 1º O tempo destinado aos ensaios será computado no período de trabalho.

§ 2º Com exceção do destinado à refeição, que será de 1 (uma) hora), os demais intervalos que se verificarem, na duração normal do trabalho ou nas prorrogações, serão computados como de serviço efetivo.

Art. 42. A duração normal do trabalho poderá ser elevada:

I — a 6 (seis) horas, nos estabelecimentos de diversões públicas, tais como: caberés, boates, *dancings*, táxi-*dancings*, salões de danças e congêneres, onde atuem 2 (dois) ou mais conjuntos;

II — excepcionalmente, a 7 (sete) horas, nos casos de força maior, ou festejos populares e serviço reclamado pelo interesse nacional.

§ 1º A hora de prorrogação, nos casos previstos no item II deste artigo, será remunerada com o dobro do valor do salário normal.

§ 2º Em todos os casos de prorrogação do período normal de trabalho, haverá, obrigatoriamente, um intervalo para repouso de 30 (trinta) minutos, no mínimo.

§ 3º As prorrogações de caráter permanente deverão ser precedidas de homologação da autoridade competente.

Art. 43. Nos espetáculos de ópera, bailado e teatro musicado, a duração normal do trabalho, para fins de ensaios, poderá ser dividida em 2 (dois) períodos, separados por intervalo de várias horas, em benefício do rendimento artístico e desde que a tradição e a natureza do espetáculo assim o exijam.

Parágrafo único. Nos ensaios gerais, destinados à censura oficial, poderá ser excedida a duração normal do trabalho.

Art. 44. Nos espetáculos de teatro musicado, como revista, opereta e outros gêneros semelhantes, os músicos receberão uma diária por sessão excedente das normais.

Art. 45. O músico das empresas nacionais de navegação terá um horário especial de trabalho, devendo participar, obrigatoriamente, de orquestra ou como solista:

a) nas horas do almoço ou jantar;

b) das 21 (vinte e uma) às 22 (vinte e duas) horas;

c) nas entradas e saídas dos portos, desde que esse trabalho seja executado depois das 7 (sete) e antes das 22 (vinte e duas) horas.

Parágrafo único. O músico de que trata este artigo ficará dispensado de suas atividades durante as permanências das embarcações nos portos, desde que não haja passageiros a bordo.

Art. 46. A cada período de 6 (seis) dias consecutivos de trabalho corresponderá 1 (um) dia de descanso obrigatório e remuneração, que constará do quadro de horário afixado pelo empregador.

Art. 47. Em seguida a cada período diário de trabalho, haverá um intervalo de 11 (onze) horas, no mínimo, destinado ao repouso.

Art. 48. O tempo em que o músico estiver à disposição do empregador será computado como de trabalho efetivo.

Capítulo IV
Do Trabalho dos Músicos Estrangeiros

Art. 49. As orquestras, os conjuntos musicais, os cantores e concertistas estrangeiros só poderão exibir-se no Território Nacional, a juízo do Ministério do Trabalho e pelo prazo máximo de 90 (noventa) dias depois de legalizada sua permanência no País, na forma da legislação vigente.

§ 1º As orquestras, os conjuntos musicais e os cantores de que trata este artigo só poderão exibir-se:

a) em teatros, como atração artística;

b) em empresas de radiodifusão e de televisão, em cassinos, boates e demais estabelecimentos de diversão, desde que tais empresas ou estabelecimentos contratem igual número de profissionais brasileiros pagando-lhes remuneração de igual valor.

§ 2º Ficam dispensados da exigência constante da parte final da alínea b, do parágrafo anterior, as empresas e os estabelecimentos que mantenham orquestras, conjuntos, cantores e concertistas nacionais.

§ 3º As orquestras, os conjuntos musicais, os cantores e concertistas de que trata este artigo não poderão exercer atividades profissionais diferentes daquelas para o exercício das quais tenham vindo ao País.

Art. 50. Os músicos estrangeiros aos quais se refere o § 2º do art. 1º desta Lei poderão trabalhar sem o registro na Ordem dos Músicos do Brasil, criada pelo art. 27, desde que tenham sido contratados na forma do art. 7º, alínea d, do Decreto-Lei n. 7.967, de 18 de setembro de 1945.

Art. 51. Terminados os prazos contratuais e desde que não haja acordo em contrário, os empresários ficarão obrigados a reconduzir os músicos estrangeiros aos seus pontos de origem.

Art. 52. Os músicos devidamente registrados no País só trabalharão nas orquestras estrangeiras, em caráter provisório e em caso de força maior ou de enfermidade comprovada de qualquer dos componentes das mesmas, não podendo o substituto, em nenhuma hipótese, perceber proventos inferiores aos do substituído.

Art. 53. Os contratos celebrados com os músicos estrangeiros somente serão registrados no órgão competente do Ministério do Trabalho, depois de provada a realização do pagamento pelo contratante da taxa de 10% (dez por cento), sobre o valor do contrato e o recolhimento da mesma ao Banco do Brasil em nome da Ordem dos Músicos do Brasil e do sindicato local, em partes iguais.

Parágrafo único. No caso de contratos celebrados com base, total ou parcialmente, em percentagens de bilheteria, o recolhimento previsto será feito imediatamente após o término de cada espetáculo.

Capítulo V
Da Fiscalização do Trabalho

Art. 54. Para os efeitos da execução e, consequentemente, da fiscalização do trabalho dos músicos, os empregadores são obrigados:

a) a manter afixado, em lugar visível, no local de trabalho, quadro discriminativo do horário dos músicos em serviço;

b) a possuir livro de registro de empregados destinados às anotações relativas à identidade, inscrição na Ordem dos Músicos do Brasil, número da carteira profissional, data de admissão e saída, condições de trabalho, férias e obrigações da lei de acidentes do trabalho, nacionalização, além de outras estipuladas em lei.

Art. 55. A fiscalização do trabalho dos músicos, ressalvada a competência privativa da Ordem dos Músicos do Brasil quanto ao exercício profissional, compete, no Distrito Federal, ao Departamento Nacional do Trabalho, e, nos Estados e Territórios, às respectivas Delegacias Regionais, obedecidas

as normas fixadas pelos arts. 626 e seguintes da Consolidação das Leis do Trabalho.

Capítulo VI
Das Penalidades

Art. 56. O infrator de qualquer dispositivo desta Lei será punido com a multa de Cr$ 1.000,00 (um mil cruzeiros) a Cr$ 10.000,00 (dez mil cruzeiros), de acordo com a gravidade da infração e a juízo da autoridade competente, aplicada em dobro, na reincidência.

Art. 57. A oposição do empregado, sob qualquer pretexto, à fiscalização dos preceitos desta Lei constitui infração grave, passível de multa de Cr$ 10.000,00 (dez mil cruzeiros) aplicada em dobro, na reincidência.

Parágrafo único. No caso de habitual infração dos preceitos desta Lei será agravada a penalidade, podendo, inclusive, ser determinada a interdição do estabelecimento ou suspensão da atividade exercida em qualquer local pelo empregador.

Art. 58. O processo de autuação por motivo de infração dos dispositivos reguladores do trabalho do músico, constantes desta Lei, assim como os dos recursos apresentados pelas partes autuadas, obedecerá às normas constantes do Título VII da Consolidação das Leis do Trabalho.

Capítulo VII
Disposições Gerais e Transitórias

Art. 59. Consideram-se empresas empregadoras para os efeitos desta Lei:

a) os estabelecimentos comerciais, teatrais e congêneres, bem como as associações recreativas, sociais ou desportivas;

b) os estúdios de gravação, radiodifusão, televisão ou filmagem;

c) as companhias nacionais de navegação;

d) toda organização ou instituição que explore qualquer gênero de diversão, franqueada ao público, ou privativa de associados.

Art. 60. Aos músicos profissionais aplicam-se todos os preceitos de legislação de assistência e proteção do trabalho, assim como da Previdência Social.

Art. 61. Para os fins desta Lei, não será feita nenhuma distinção ente o trabalho do músico e do artista músico a que se refere o Decreto n. 5.492, de 16 de julho de 1928, e seu Regulamento, desde que este profissional preste serviço efetivo ou transitório a empregador, sob a dependência deste e mediante qualquer forma de remuneração ou salário, inclusive *cachet*, pago com continuidade.

Art. 62. Salvo o disposto no art. 1º, § 2º, será permitido o trabalho do músico estrangeiro, respeitadas as exigências desta Lei, desde que não exista no País profissional habilitado na especialidade.

Art. 63. Os contratantes de quaisquer espetáculos musicais deverão preencher os necessários requisitos legais e efetuar, no ato do contrato, um depósito no Banco do Brasil, à ordem da autoridade competente do Ministério do Trabalho, da importância igual a uma semana dos ordenados de todos os profissionais contratados.

§ 1º Quando não houver na localidade agência do Banco do Brasil, o depósito será efetuado na Coletoria Federal.

§ 2º O depósito a que se refere este artigo somente poderá ser levantado por ordem da autoridade competente do Ministério do Trabalho, mediante provas de quitação do pagamento das indenizações decorrentes das leis de proteção ao trabalho, das taxas de seguro sobre acidentes do trabalho, das contribuições de Previdência Social e de outras estabelecidas por lei.

Art. 64. Os músicos serão segurados obrigatórios do Instituto Nacional de Previdência Social, excetuados os das empresas de navegação, que se filiarão ao Instituto de Aposentadoria e Pensões dos Marítimos.

§ 1º Os músicos cuja atividade for exercida sem vínculo de emprego contribuirão, obrigatoriamente, sobre salário-base fixado, em cada região do País, de acordo com o padrão de vida local, pelo Ministro do Trabalho, mediante proposta do Instituto e ouvido o Serviço Atuarial do Ministério.

§ 2º O salário-base será fixado para vigorar por 1 (um) ano, considerando-se prorrogado por mais 1 (um) ano, se finda a vigência, não houver sido alterado.

Art. 65. Na aplicação dos dispositivos legais relativos à nacionalização do trabalho, será apenas computado, quanto às orquestras, o total dos músicos a serviço da empresa, para os efeitos do art. 354 e respectivo parágrafo único, da Consolidação das Leis do Trabalho.

Art. 66. Todo contrato de músicos profissionais, ainda que por tempo determinado e a curto prazo, seja qual for a modalidade da remuneração, obriga ao desconto e recolhimento das contribuições de Previdência Social e do Imposto Sindical, por parte dos contratantes.

Art. 67. Os componentes das orquestras ou conjuntos estrangeiros não se poderão fazer representar por substitutos, sem a prévia concordância do contratante, salvo motivo de força maior, devidamente comprovado, importando em inadimplemento contratual a ausência ao trabalho sem o consentimento referido.

Art. 68. Nenhum contrato de músico, orquestra ou conjunto nacional e estrangeiro será registrado sem o comprovante do pagamento do Imposto Sindical devido em razão de contrato anterior.

Art. 69. Os contratos dos músicos deverão ser encaminhados, para fins de registro, ao órgão competente do Ministério do Trabalho, diretamente pelos interessados ou pelos respectivos órgãos de classe, que poderão apresentar as impugnações que julgarem cabíveis.

Art. 70. Serão nulos de pleno direito quaisquer acordos destinados a burlar os dispositivos desta Lei, sendo vedado por motivo de sua vigência, aos empregadores, rebaixar salários ou demitir empregados.

Art. 71. A presente Lei entrará em vigor na data de sua publicação.

Art. 72. Revogam-se as disposições em contrário.

Brasília, 22 de dezembro de 1960; 139º da Independência e 72º da República.

Juscelino Kubitschek
DOU 23.12.1960

Lei n. 3.999, de 15 de dezembro de 1961

Altera o salário mínimo dos médicos e cirurgiões-dentistas

O PRESIDENTE DA REPÚBLICA,

Faço saber que o Congresso Nacional decreta e eu sanciono a seguinte Lei:

Art. 1º O salário mínimo dos médicos passa a vigorar nos níveis e da forma estabelecida na presente Lei.

Art. 2º A classificação de atividades ou tarefas, desdobrando-se por funções, será a seguinte:

a) médicos (seja qual for a especialidade);

b) auxiliares (auxiliar de laboratorista e radiologista e internos).

Art. 3º Não se compreende na classificação de atividades ou tarefas previstas nesta Lei (obrigando ao pagamento de remuneração) o estágio efetuado para especialização ou melhoria de tirocínio desde que não exceda ao prazo máximo de seis meses e permita a sucessão regular no quadro de beneficiados.

Art. 4º É salário mínimo dos médicos a remuneração mínima permitida por lei, pelos serviços profissionais prestados por médicos, com relação de emprego, a pessoas físicas ou jurídicas de direito privado.

Art. 5º Fica fixado o salário mínimo dos médicos em quantia igual a três vezes e o dos auxiliares a duas vezes mais o salário mínimo comum das regiões ou sub-regiões em que exercerem a profissão.

Art. 6º O disposto no art. 5º aplica-se aos médicos que, não sujeitos ao horário previsto na alínea *a* do art. 8º, prestam assistência domiciliar por conta de pessoas físicas ou jurídicas de direito privado, como empregados destas, mediante remuneração por prazo determinado.

Art. 7º Sempre que forem alteradas as tabelas do salário mínimo comum, nas localidades onde o salário mínimo geral corresponder a valor inferior à metade da soma do mais alto e do mais baixo salário mínimo em vigor no país, o salário mínimo dos médicos será reajustado para valor correspondente a três vezes e o dos auxiliares para duas vezes mais esta metade.

Art. 8º A duração normal do trabalho, salvo acordo escrito que não fira de modo algum o disposto no artigo 12, será:

a) para médicos, no mínimo de duas horas e no máximo de quatro horas diárias;

b) para os auxiliares será de quatro horas diárias.

§ 1º Para cada noventa minutos de trabalho gozará o médico de um repouso de dez minutos.

§ 2º Aos médicos e auxiliares que contratarem com mais de um empregador, é vedado o trabalho além de seis horas diárias.

§ 3º Mediante acordo escrito, ou por motivo de força maior, poderá ser o horário normal acrescido de horas suplementares em número não excedente de duas.

§ 4º A remuneração da hora suplementar não será nunca inferior a 25% (vinte e cinco por cento) à da hora normal.

Art. 9º O trabalho noturno terá remuneração superior à do diurno e, para esse efeito, sua remuneração terá um acréscimo de 20% (vinte por cento), pelo menos sobre a hora diurna.

Art. 10. O profissional, designado para servir fora da cidade ou vila para qual tenha sido contratado não poderá:

a) perceber importância inferior a do nível mínimo de remuneração que vigore naquela localidade;

b) sofrer redução, caso se observe nível inferior.

Art. 11. As modificações futuras de critério territorial para a fixação dos salários mínimos comuns em tabelas, aproveitarão, também, para os dos médicos.

Art. 12. Na hipótese do ajuste ou contrato de trabalho ser concluído à base-hora, o total da remuneração devida não poderá perfazer quantia inferior a 25 (vinte e cinco) vezes o valor da soma das 2 (duas) primeiras horas conforme o valor horário calculado para a respectiva localidade.

Art. 13. São aplicáveis ao salário mínimo dos médicos as disposições de caráter geral, sobre o salário mínimo, constantes do Decreto-Lei n. 5.452, de 1º de maio de 1943 (CLT).

Art. 14. A aplicação da presente Lei não poderá ser motivo de redução de salário, nem prejudicará a situação de direito adquirido.

Art. 15. Os cargos ou funções de chefias de serviços médicos, somente poderão ser exercidos por médicos devidamente habilitados na forma da lei.

Art. 16. A partir da vigência da presente Lei, o valor das indenizações estatuídas na CLT, que venham a ser devidas, será desde logo calculado e pago de conformidade com os níveis de remuneração nela fixados.

Art. 17. *Revogado pelo Decreto-Lei n. 66, de 21.11.66, DOU 22.11.66.*

Art. 18. Aos médicos que exercem a profissão como empregados de mais de um empregador é permitido contribuir, cumulativamente, na base dos salários efetivamente recebidos nos diversos empregos, até o máximo de dez vezes o maior salário mínimo geral vigente para os trabalhadores não abrangidos por esta Lei, cabendo aos respectivos empregadores recolher as suas cotas, na proporção dos salários pagos.

Art. 19. As instituições de fins beneficentes e caritativos, que demonstrem não poder suportar o pagamento dos níveis mínimos de salários instituídos na presente Lei, será facultado requerer ao Conselho Nacional do Serviço Social, isenção total ou redução dos mesmos salários.

§ 1º A isenção para ser concedida, deve subordinar-se à audiência do órgão sindical e da Associação Médica Brasileira por intermédio de sua federada regional e bem assim do Serviço de Estatística da Previdência e Trabalho, do Ministério do Trabalho e Previdência Social.

§ 2º A isenção poderá ser declarada em cada caso, na fase de execução da sentença proferida em litígio trabalhista, pelo Juízo ou Tribunal competente, podendo, contudo, a execução ser reaberta, independente de qualquer prazo prescricional, sempre que o interessado prove alteração superveniente das condições econômicas da instituição.

Art. 20. Os benefícios desta Lei estendem-se aos profissionais da medicina e seus auxiliares que trabalham ou venham a trabalhar em organizações industriais e agrícolas, localizadas em zonas urbanas e rurais.

§ 1º As empresas que já tenham serviço médico-social organizado, conservarão seus médicos e auxiliares com as vantagens decorrentes desta Lei, levando-se em consideração o tempo de serviço, as distâncias e outros fatores que possam influir na organização do horário, de acordo com as necessidades do serviço.

Art. 21. São automaticamente nulos todos os contratos de trabalho que, de qualquer forma, visem a elidir a presente Lei.

Art. 22. As disposições desta Lei são extensivas aos cirurgiões-dentistas, inclusive aos que trabalham em organizações sindicais.

Art. 23. Esta Lei entrará em vigor na data de sua publicação, revogadas as disposições em contrário.

Brasília, em 21 de dezembro de 1961; 140º da Independência e 73º da República.

JOÃO GOULART
TANCREDO NEVES
SOUTO MAIOR
A. FRANCO MONTORO
DOU 21.12.1961

Lei n. 4.090, de 13 de julho de 1962

Institui a gratificação de natal para os trabalhadores

O PRESIDENTE DA REPÚBLICA,

Faço saber que o Congresso Nacional decreta e eu sanciono a seguinte Lei:

Art. 1º No mês de dezembro de cada ano, a todo empregado será paga, pelo empregador, uma gratificação salarial independentemente da remuneração a que fizer jus.

§ 1º A gratificação corresponderá a 1/12 (um doze avos) da remuneração devida em dezembro, por mês de serviço, do ano correspondente.

§ 2º A fração igual ou superior a 15 (quinze) dias de trabalho será havida como mês integral para os efeitos do parágrafo anterior.

§ 3º A gratificação será proporcional:

I — na extinção dos contratos a prazo, entre estes incluídos os de safra, ainda que a relação de emprego haja findado antes de dezembro; e

II — na cessação da relação de emprego resultante da aposentadoria do trabalhador, ainda que verificada antes de dezembro.
Parágrafo incluído pela L. n. 9.011, de 30.3.95, DOU 31.3.95).

Art. 2º As faltas legais e justificadas ao serviço não serão deduzidas para os fins previstos no parágrafo 1º do art. 1º, desta Lei.

Art. 3º Ocorrendo rescisão sem justa causa, do contrato de trabalho, o empregado receberá a gratificação devida nos termos dos parágrafos 1º e 2º do art. 1º desta Lei, calculada sobre a remuneração do mês da rescisão.

Art. 4º Esta Lei entrará em vigor na data de sua publicação, revogadas as disposições em contrário.

Brasília, 13 de julho de 1962; 141º da Independência e 74º da República.

JOÃO GOULART
FRANCISCO BROCHADO DA ROCHA
HERMES LIMA
DOU 26.7.1962

Decreto n. 57.155, de 3 de novembro de 1965

Expede nova regulamentação da Lei n. 4.090, de 13 de julho de 1962, que instituiu a gratificação de natal para os trabalhadores, com as alterações introduzidas pela Lei n. 4.749, de 12 de agosto de 1965

O PRESIDENTE DA REPÚBLICA, usando da atribuição que lhe confere o art. 87, item I, da Constituição, e tendo em vista o disposto no art. 6º da Lei n. 4.749, de 12 de agosto de 1965, decreta:

Art. 1º O pagamento da gratificação salarial, instituída pela Lei n. 4.090, de 13 de julho de 1962, com as alterações constantes da Lei n. 4.749, de 12 de agosto de 1965, será efetuado pelo empregador até o dia 20 de dezembro de cada ano, tomando-se por base a remuneração devida nesse mês, de acordo com o tempo de serviço do empregado no ano em curso.

Parágrafo único. A gratificação corresponderá a 1/12 (um doze avos) da remuneração devida em dezembro, por mês de serviço, do ano correspondente, sendo que a fração igual ou superior a 15 (quinze) dias de trabalho será havida como mês integral.

Art. 2º Para os empregados que recebem salário variável a qualquer título, a gratificação será calculada na base de 1/11 (um onze avos) da soma das importâncias variáveis devidas nos meses trabalhados até novembro de cada ano. A essa gratificação se somará a que corresponder à parte do salário contratual fixo.

Parágrafo único. Até o dia 10 de janeiro de cada ano, computada a parcela do mês de dezembro, o cálculo da gratificação será revisto para 1/12 (um doze avos) do total devido no ano anterior, processando-se a correção do valor da respectiva gratificação com o pagamento ou compensação das possíveis diferenças.

Art. 3º Entre os meses de fevereiro e novembro de cada ano, o empregador pagará, como adiantamento da gratificação, de uma só vez, metade do salário recebido pelo empregado no mês anterior.

§ 1º Tratando-se de empregados que recebam apenas salário variável, a qualquer título, o adiantamento será calculado na base da soma das importâncias variáveis devidas nos meses trabalhados até o anterior àquele em que se realizar o mesmo adiantamento.

§ 2º O empregador não estará obrigado a pagar o adiantamento no mesmo mês a todos os seus empregados.

§ 3º A importância que o empregado houver recebido a título de adiantamento será deduzida do valor da gratificação devida.

§ 4º Nos casos em que o empregado for admitido no curso do ano, ou, durante este, não permanecer à disposição do empregador durante todos os meses, o adiantamento corresponderá à metade de 1/12 (um doze avos) da remuneração, por mês de serviço ou fração superior a 15 (quinze) dias.

Art. 4º O adiantamento será pago ao ensejo das férias do empregado, sempre que este o requerer no mês de janeiro do correspondente ano.

Art. 5º Quando parte da remuneração for paga em utilidades, o valor da quantia efetivamente descontada e correspondente a essas será computado para fixação da respectiva gratificação.

Art. 6º As faltas legais e as justificadas ao serviço não serão deduzidas para os fins previstos no art. 2º deste Decreto.

Art. 7º Ocorrendo a extinção do contrato de trabalho, salvo na hipótese de rescisão com justa causa, o empregado receberá a gratificação devida, nos termos do art. 1º, calculada sobre a remuneração do respectivo mês.

Parágrafo único. Se a extinção do contrato de trabalho ocorrer antes do pagamento de que trata o art. 1º, o empregador poderá compensar o adiantamento mencionado no art. 3º, com o valor da gratificação devida na hipótese de rescisão.

Art. 8º As contribuições devidas aos Institutos de Aposentadoria e Pensões que incidem

LEGISLAÇÃO COMPLEMENTAR

sobre a gratificação salarial serão descontadas levando-se em conta o seu valor total e sobre este aplicando-se o limite estabelecido na Previdência Social.

Parágrafo único. O desconto, na forma deste artigo, incidirá sobre o pagamento da gratificação efetuada no mês de dezembro.

Art. 9º O presente Decreto entrará em vigor na data de sua publicação, revogadas as disposições em contrário.

Brasília, 3 de novembro de 1965; 144º da Independência e 77º da República.

H. Castello Branco
Arnaldo Süssekind
DOU 4.11.1965

Lei n. 4.375, de 17 de agosto de 1964

Lei do Serviço Militar

Art. 30. São dispensados de incorporação os brasileiros da classe convocada:

...

e) operários, funcionários ou empregados de estabelecimentos ou empresas industriais de interesse militar, de transporte e de comunicações, que forem, anualmente, declarados diretamente relacionados com a Segurança Nacional pelo Estado-Maior das Forças Armadas (EMFA).

§ 1º Quando os convocados de que trata a letra "e" forem dispensados de incorporação, esta deverá ser solicitada pelos estabelecimentos ou empresas amparadas, até o início da seleção da classe respectiva, de acordo com a regulamentação da presente lei.

Art. 40-A. O Certificado de Isenção e o Certificado de Dispensa de Incorporação dos brasileiros concluintes dos cursos de Medicina, Farmácia, Odontologia e Veterinária terão validade até a diplomação e deverão ser revalidados pela região militar competente para ratificar a dispensa ou recolhidos, no caso de incorporação, a depender da necessidade das Forças Armadas. *(Acrescentado pela Lei n. 12.336, de 26.10.2010, DOU 27.10.2010)*

Art. 60. O funcionários públicos federais, estaduais ou municipais, bem como os empregados, operários ou trabalhadores, qualquer que seja a natureza da entidade em que exerçam suas atividades, quando incorporados ou matriculados em Órgãos de Formação de Reserva, por motivo de convocação para prestação do Serviço Militar inicial estabelecido pelo art. 16, desde que para isso forçados a abandonarem o cargo ou emprego, terão assegurado o retorno ao cargo ou emprego respectivo, dentro dos 30 (trinta) dias que se seguirem ao licenciamento, ou término de curso, salvo se declararem, por ocasião da incorporação ou matrícula, não pretender a ele voltar.

§ 1º Esses convocados, durante o tempo em que estiverem incorporados a organizações militares da Ativa ou matriculados em órgãos de formação de Reserva, nenhuma remuneração, vencimentos ou salários perceberão das organizações a que pertencem. *(Redação Lei n. 4.754, 18.8.1965)*

§ 2º Perderá o direito de retorno ao emprego, cargo ou função que exercia ao ser incorporado, o convocado que engajar.

§ 3º Compete ao Comandante, Diretor ou Chefe de Organização Militar em que for incorporado ou matriculado o convocado comunicar sua pretensão à entidade a que caiba reservar a função, cargo ou emprego e, bem assim, se for o caso, o engajamento concedido; essas comunicações deverão ser feitas dentro dos 20 (vinte) dias que se seguirem à incorporação ou concessão de engajamento.

§ 4º Todo convocado matriculado em Órgão de formação de Reserva que seja obrigado a faltar a suas atividades civis, por força de exercícios ou manobras, ou reservista que seja chamado, para fins de exercício de apresentação das reservas ou cerimônia cívica, do Dia do Reservista, terá suas faltas abonadas para todos os efeitos. *(Redação Decreto-Lei n. 715, 30.7.1969)*.

Art. 61. Os brasileiros, quando incorporados, por motivo de convocação para manobras, exercícios, manutenção da ordem interna ou guerra, terão assegurado o retorno ao cargo, função ou emprego que exerciam ao serem convocados e garantido o direito a 2/3 (dois terços) da respectiva remuneração, durante o tempo em que permanecerem incorporados; vencerão pelo Exército, Marinha ou Aeronáutica apenas as gratificações regulamentares.

§ 1º Aos convocados fica assegurado o direito de optar pelos vencimentos, salários ou remuneração que mais lhes convenham.

§ 2º Perderá a garantia e o direito assegurado por este artigo, o incorporado que obtiver engajamento.

§ 3º Compete ao Comandante, Diretor ou Chefe da Organização Militar em que for incorporado ou convocado, comunicar à entidade a que caiba reservar a função, cargo ou emprego, a sua pretensão, opção, quanto aos vencimentos e, se for o caso, o engajamento concedido; a comunicação relativa ao retorno à função deverá ser feita dentro dos 30 (trinta) dias que se seguirem à incorporação; as mais, tão logo venham a ocorrer.

Art. 63. Os convocados contarão, de acordo com o estabelecido na Legislação Militar, para efeito de aposentadoria, o tempo de serviço ativo prestado nas Forças Armadas, quando a elas incorporados.

Parágrafo único. Igualmente serão computados para efeito de aposentadoria o serviço prestado pelo convocado matriculado em Órgão de Formação de Reserva na base de 1 (um) dia para período de 8 (oito) horas de instrução, desde que concluam com aproveitamento a sua formação.

Art. 64. Em caso de infração às disposições desta lei, relativamente à exigência de estar em dia com as obrigações militares, poderá o interessado dirigir-se às autoridades militares fixadas na regulamentação desta lei, tendo em vista sobreguardar seus direitos ou interesses.

Art. 65. Constituem deveres de Reservista:

...

c) apresentar-se, anualmente, no local e data que forem fixados, para fins de exercício de apresentação das reservas ou cerimônia cívica do dia do Reservista.

Art. 66. Participarão da execução da presente Lei:

...

g) as empresas, companhias e instituições de qualquer natureza.

Parágrafo único. Essa participação consistirá:

a) obrigatoriedade, na remessa de informações estabelecidas na regulamentação dessa lei.

Art. 67. As autoridades ou os responsáveis pelas repartições incumbidas da fiscalização do exercício profissional não poderão conceder a carteira profissional nem registrar diplomas de profissões liberais a brasileiros, sem que esses apresentem, previamente, prova de que estão em dia com as obrigações militares, obedecido o disposto nos arts. 74 e 75 desta lei. *(Redação Lei n. 4.754, 18.8.1965)*.

Art. 74. Nenhum brasileiro, entre 1º de janeiro do ano em que completar 19 (dezenove) e 31 de janeiro do ano em que completar 45 (quarenta e cinco) anos de idade, poderá sem fazer prova de que está em dia com as obrigações militares:

b) ingressar como funcionário, empregado ou associado em instituição, empresa ou associação oficial ou oficializada ou subvencionada ou cuja existência ou funcionamento depende de autorização ou reconhecimento do Governo Federal, dos Territórios, ou Municipal.

e) obter carteira profissional, matrícula ou inscrição para o exercício de qualquer função e licença de indústria e profissão.

...

DOU 3.9.1964

Lei n. 4.725, de 13 de julho de 1965

Estabelece normas para o processo dos dissídios coletivos, e dá outras providências

Art. 1º A Justiça do Trabalho, no processo dos dissídios coletivos, entre categorias profissionais e econômicas, observará as normas previstas na CLT (arts. 856 a 874), com as alterações subsequentes e as constantes desta lei.

Art. 6º Os recursos das decisões proferidas nos dissídios coletivos terão efeito meramente devolutivo.

§ 1º O Presidente do Tribunal Superior do Trabalho poderá dar efeito suspensivo ao recurso, a requerimento do recorrente, em petição fundamentada. Do despacho caberá agravo para o Pleno, no prazo de 5 (cinco) dias, de conformidade com o disposto no Regimento Interno do Tribunal.

§ 2º O Tribunal *ad quem* deverá julgar o recurso no prazo de 60 (sessenta) dias, improrrogavelmente.

§ 3º O provimento do recurso não importará na restituição dos salários ou vantagens pagos, em execução do julgado. *(Redação dada pela Lei n. 4.903/65)*.

Art. 10. Os ajustamentos de salário fixados em decisões da Justiça do Trabalho, aprovados em julgamento de dissídios coletivos ou em acordos homologados, serão aplicados, automaticamente, nas mesmas condições estabelecidas para os integrantes das categorias profissionais litigantes ou interessadas, aos empregados das próprias entidades suscitantes e suscitadas, observadas as peculiaridades que lhe sejam inerentes, ficando, desde logo, autorizado o reajustamento das respectivas verbas orçamentárias.

Art. 13. Esta lei entrará em vigor na data de sua publicação, revogadas as disposições em contrário.

Brasília, 13 de julho de 1965. 144º da Independência e 77º da República

H. Castello Branco
DOU 14.7.1965

Lei n. 4.749, de 12 de agosto de 1965

Dispõe sobre o pagamento da gratificação prevista na Lei n. 4.090, de 13 de julho de 1962

O PRESIDENTE DA REPÚBLICA,

Faço saber que o Congresso Nacional decreta e eu sanciono a seguinte Lei:

Art. 1º A gratificação salarial instituída pela Lei n. 4.090, de 13 de julho de 1962, será paga pelo empregador até o dia 20 de dezembro de cada ano, compensada a importância que, a título de adiantamento, o empregado houver recebido na forma do artigo seguinte.

Parágrafo único. (Vetado).

Art. 2º Entre os meses de fevereiro e novembro de cada ano, o empregador pagará, como adiantamento da gratificação referida no artigo precedente, de uma só vez, metade do salário recebido pelo respectivo empregado no mês anterior.

§ 1º O empregador não estará obrigado a pagar o adiantamento, no mesmo mês, a todos os seus empregados.

§ 2º O adiantamento será pago ao ensejo das férias do empregado, sempre que este o requerer no mês de janeiro do correspondente ano.

Art. 3º Ocorrendo a extinção do contrato de trabalho antes do pagamento de que trata o art. 1º desta Lei, o empregador poderá compensar o adiantamento mencionado com a gratificação devida nos termos do art. 3º da Lei n. 4.090, de 13 de julho de 1962, e, se não bastar, com outro crédito de natureza trabalhista que possua o respectivo empregado.

Art. 4º As contribuições devidas ao Instituto Nacional de Previdência e Social, que incidem sobre a gratificação salarial referida nesta Lei, ficam sujeitas ao limite estabelecido na legislação da Previdência Social.

Art. 5º Aplica-se, no corrente ano, a regra estatuída no art. 2º desta Lei, podendo o empregado usar da faculdade estatuída no seu § 2º no curso dos primeiros trinta dias de vigência desta Lei.

Art. 6º O Poder Executivo, no prazo de trinta dias, adaptará o Regulamento aprovado pelo Decreto n. 1.881, de 14 de dezembro de 1962, aos preceitos desta Lei.

Art. 7º Esta Lei entra em vigor na data de sua publicação.

Art. 8º Revogam-se as disposições em contrário.

Brasília, 12 de agosto de 1965; 144º da Independência e 77º da República.

H. Castello Branco
Arnaldo Süssekind

DOU 13.8.1965

Lei n. 4.886, de 9 de dezembro de 1965

Regula as atividades dos representantes comerciais autônomos

O PRESIDENTE DA REPÚBLICA,

Faço saber que o Congresso Nacional decreta e eu sanciono a seguinte Lei:

Art. 1º Exerce a representação comercial autônoma a pessoa jurídica ou pessoa física, sem relação de emprego, que desempenha, em caráter não eventual por conta de uma ou mais pessoas, a mediação para a realização de negócios mercantis, agenciando propostas ou pedidos, para, transmiti-los aos representados, praticando ou não atos relacionados com a execução dos negócios.

Parágrafo único. Quando a representação comercial incluir poderes atinentes ao mandato mercantil, serão aplicáveis, quanto ao exercício deste, os preceitos próprios da legislação comercial.

Art. 2º É obrigatório o registro dos que exerçam a representação comercial autônoma nos Conselhos Regionais criados pelo art. 6º desta Lei.

Parágrafo único. As pessoas que, na data da publicação da presente Lei, estiverem no exercício da atividade deverão registrar-se nos Conselhos Regionais, no prazo de 90 dias a contar da data em que estes forem instalados.

Art. 3º O candidato a registro como representante comercial deverá apresentar:

a) prova de identidade;

b) prova de quitação com o serviço militar, quando a ele obrigado;

c) prova de estar em dia com as exigências da legislação eleitoral;

d) folha corrida de antecedentes expedida pelos cartórios criminais das comarcas em que o registrado houver sido domiciliado nos últimos dez (10) anos;

e) quitação com o imposto sindical.

§ 1º O estrangeiro é desobrigado da apresentação dos documentos constantes das alíneas b e c deste artigo.

§ 2º Nos casos de transferência ou de exercício simultâneo da profissão, em mais de uma região, serão feitas as devidas anotações na carteira profissional do interessado, pelos respectivos Conselhos Regionais.

§ 3º As pessoas jurídicas deverão fazer prova de sua existência legal.

Art. 4º Não pode ser representante comercial:

a) o que não pode ser comerciante;

b) o falido não reabilitado;

c) o que tenha sido condenado por infração penal de natureza infamante, tais como falsidade, estelionato, apropriação indébita, contrabando, roubo, furto, lenocínio ou crimes também punidos com a perda de cargo público;

d) o que estiver com seu registro comercial cancelado como penalidade.

Art. 5º Somente será devida remuneração, como mediador de negócios comerciais, a representante comercial devidamente registrado.

Art. 6º São criados o Conselho Federal e os Conselhos Regionais dos Representantes Comerciais, aos quais incumbirá a fiscalização do exercício da profissão, na forma desta Lei.

Parágrafo único. É vedado aos Conselhos Federal e Regionais dos Representantes Comerciais, desenvolverem quaisquer atividades não compreendidas em suas finalidades previstas nesta Lei, inclusive as de caráter político e partidárias.

Art. 7º O Conselho Federal instalar-se-á dentro de 90 (noventa) dias, a contar da vigência da presente Lei, no Estado da Guanabara, onde funcionará provisoriamente, transferindo-se para a Capital da República, quando estiver em condições de fazê-lo, a juízo da maioria dos Conselhos Regionais.

§ 1º O Conselho Federal será presidido por um dos seus membros na forma que dispuser o regimento interno do Conselho, cabendo-lhe além do próprio voto, o de qualidade, no caso de empate.

§ 2º A renda do Conselho Federal será constituída de 20% (vinte por cento) da renda bruta dos Conselhos Regionais.

Art. 8º O Conselho Federal será composto de representantes comerciais de cada Estado, eleitos pelos Conselhos Regionais, dentre seus membros, cabendo a cada Conselho Regional a escolha de 2 (dois) delegados.

Art. 9º Compete ao Conselho Federal determinar o número dos Conselhos Regionais, o qual não poderá ser superior a um por Estado, Território Federal e Distrito Federal, e estabelecer-lhes as bases territoriais.

Art. 10. Compete, privativamente, ao Conselho Federal:

I — elaborar o seu regimento interno; *(Renumerado pela Lei n. 12.246, de 27.5.10, DOU 28.5.10)*

II — dirimir as dúvidas suscitadas pelos Conselhos Regionais; *(Renumerado pela Lei n. 12.246, de 27.5.10, DOU 28.5.10)*

III — aprovar os regimentos internos dos Conselhos Regionais; *(Renumerado pela Lei n. 12.246, de 27.5.10, DOU 28.5.10)*

IV — julgar quaisquer recursos relativos às decisões dos Conselhos Regionais; *(Renumerado pela Lei n. 12.246, de 27.5.10, DOU 28.5.10)*

V — baixar instruções para a fiel observância da presente Lei; *(Renumerado pela Lei n. 12.246, de 27.5.10, DOU 28.5.10)*

VI — elaborar o Código de Ética Profissional; *(Renumerado pela Lei n. 12.246, de 27.5.10, DOU 28.5.10)*

VII — resolver os casos omissos. *(Renumerado pela Lei n. 12.246, de 27.5.10, DOU 28.5.10)*

VIII — fixar, mediante resolução, os valores das anuidades e emolumentos devidos pelos representantes comerciais, pessoas físicas e jurídicas, aos Conselhos Regionais dos Representantes Comerciais nos quais estejam registrados, observadas as peculiaridades regionais e demais situações inerentes à capacidade contributiva da categoria profissional nos respectivos Estados e necessidades de cada entidade, e respeitados os seguintes limites máximos: *(Redação dada pela Lei n. 12.246, de 27.5.10, DOU 28.5.10)*

a) anuidade para pessoas físicas — até R$ 300,00 (trezentos reais); *(Redação dada pela Lei n. 12.246, de 27.5.10, DOU 28.5.10)*

b) (VETADO);

c) anuidade para pessoas jurídicas, de acordo com as seguintes classes de capital social: *(Redação dada pela Lei n. 12.246, de 27.5.10, DOU 28.5.10)*

1. de R$ 1,00 (um real) a R$ 10.000,00 (dez mil reais) — até R$ 350,00 (trezentos e cinquenta reais); *(Redação dada pela Lei n. 12.246, de 27.5.10, DOU 28.5.10)*

2. de R$ 10.000,01 (dez mil reais e um centavo) a R$ 50.000,00 (cinquenta mil reais) — até R$ 420,00 (quatrocentos e vinte reais); *(Redação dada pela Lei n. 12.246, de 27.5.10, DOU 28.5.10)*

3. de R$ 50.000,01 (cinquenta mil reais e um centavo) a R$ 100.000,00 (cem mil reais) — até R$ 504,00 (quinhentos e quatro reais); *(Redação dada pela Lei n. 12.246, de 27.5.10, DOU 28.5.10)*

4. de R$ 100.000,01 (cem mil reais e um centavo) a R$ 300.000,00 (trezentos mil reais) — até R$ 604,00 (seiscentos e quatro reais); *(Redação dada pela Lei n. 12.246, de 27.5.10, DOU 28.5.10)*

5. de R$ 300.000,01 (trezentos mil reais e um centavo) a R$ 500.000,00 (quinhentos mil reais) — até R$ 920,00 (novecentos e

vinte reais); *(Redação dada pela Lei n. 12.246, de 27.5.10, DOU 28.5.10)*

6. acima de R$ 500.000,00 (quinhentos mil reais) — até R$ 1.370,00 (mil, trezentos e setenta reais); *(Redação dada pela Lei n. 12.246, de 27.5.10, DOU 28.5.10)*

d) (VETADO);

e) (VETADO).

§ 1º (Suprimido)

§ 2º Os valores correspondentes aos limites máximos estabelecidos neste artigo serão corrigidos anualmente pelo índice oficial de preços ao consumidor. *(Redação dada pela Lei n. 12.246, de 27.5.10, DOU 28.5.10)*

§ 3º O pagamento da anuidade será efetuado pelo representante comercial, pessoa física ou jurídica, até o dia 31 de março de cada ano, com desconto de 10% (dez por cento), ou em até 3 (três) parcelas, sem descontos, vencendo-se a primeira em 30 de abril, a segunda em 31 de agosto e a terceira em 31 de dezembro de cada ano. *(Redação dada pela Lei n. 12.246, de 27.5.10, DOU 28.5.10)*

§ 4º Ao pagamento antecipado será concedido desconto de 20% (vinte por cento) até 31 de janeiro e 15% (quinze por cento) até 28 de fevereiro de cada ano. *(Redação dada pela Lei n. 12.246, de 27.5.10, DOU 28.5.10)*

§ 5º As anuidades que forem pagas após o vencimento serão acrescidas de 2% (dois por cento) de multa, 1% (um por cento) de juros de mora por mês de atraso e atualização monetária pelo índice oficial de preços ao consumidor. *(Redação dada pela Lei n. 12.246, de 27.5.10, DOU 28.5.10)*

§ 6º A filial ou representação de pessoa jurídica instalada em jurisdição de outro Conselho Regional que não o da sua sede pagará anuidade em valor que não exceda a 50% (cinquenta por cento) do que for pago pela matriz. *(Redação dada pela Lei n. 12.246, de 27.5.10, DOU 28.5.10)*

§ 7º (VETADO)

§ 8º (VETADO)

§ 9º O representante comercial pessoa física, como responsável técnico de pessoa jurídica devidamente registrada no Conselho Regional dos Representantes Comerciais, pagará anuidade em valor correspondente a 50% (cinquenta por cento) da anuidade devida pelos demais profissionais autônomos registrados no mesmo Conselho. (NR) *(Redação dada pela Lei n. 12.246, de 27.5.10, DOU 28.5.10)*

Parágrafo único. *(Suprimido pela Lei n. 8.420, de 8.5.92)*

Art. 11. Dentro de 60 (sessenta) dias, contados da vigência da presente Lei, serão instalados os Conselhos Regionais correspondentes aos Estados onde existirem órgãos sindicais de representação da classe dos representantes comerciais, atualmente reconhecidos pelo Ministério do Trabalho e Previdência Social.

Art. 12. Os Conselhos Regionais terão a seguinte composição:

a) 2/3 (dois terços) de seus membros serão constituídos pelo Presidente do mais antigo sindicato da classe do respectivo Estado e por diretores de sindicatos da classe do mesmo Estado, eleitos estes em assembleia geral;

b) 1/3 (um terço) formado de representantes comerciais no exercício efetivo da profissão, eleitos em assembleia geral realizada no sindicato da classe.

§ 1º A secretaria do sindicato incumbido da realização das eleições organizará cédula única por ordem alfabética dos candidatos, destinada à votação.

§ 2º Se os órgãos sindicais de representação da classe não tomarem as providências previstas quanto à instalação dos Conselhos Regionais, o Conselho Federal determinará, imediatamente, a sua constituição, mediante eleições em assembleia geral, com a participação dos representantes comerciais no exercício efetivo da profissão no respectivo Estado.

§ 3º Havendo, num mesmo Estado, mais de um sindicato de representantes comerciais, as eleições a que se refere este artigo se processarão na sede do sindicato de classe situado na Capital e, na sua falta, na sede do mais antigo.

§ 4º O Conselho Regional será presidido por um dos seus membros na forma que dispuser o seu regimento interno, cabendo-lhe, além do próprio voto, o da qualidade, no caso de empate.

§ 5º Os Conselhos Regionais terão no máximo trinta (30) membros e no mínimo, o número que for fixado pelo Conselho Federal.

Art. 13. Os mandatos dos membros do Conselho Federal e dos Conselhos Regionais serão de três (3) anos.

§ 1º Todos os mandatos serão exercidos gratuitamente.

§ 2º A aceitação do cargo de Presidente, Secretário ou Tesoureiro importará na obrigação de residir na localidade em que estiver sediado o respectivo Conselho.

Art. 14. O Conselho Federal e os Conselhos Regionais serão administrados por uma Diretoria que não poderá exceder a 1/3 (um terço) dos seus integrantes.

Art. 15. Os Presidentes dos Conselhos Federal e Regionais completarão o prazo do seu mandato caso sejam substituídos na presidência do sindicato.

Art. 16. Constituem renda dos Conselhos Regionais as contribuições e multas devidas pelos representantes comerciais, pessoas físicas ou jurídicas neles registrados.

Art. 17. Compete aos Conselhos Regionais:

a) elaborar o seu regimento interno, submetendo-o à apreciação do Conselho Federal;

b) decidir sobre os pedidos de registro de representantes comerciais, pessoas físicas ou jurídicas, na conformidade desta Lei;

c) manter o cadastro profissional;

d) expedir as carteiras profissionais e anotá-las, quando necessário;

e) impor as sanções disciplinares previstas nesta Lei, mediante a feitura de processo adequado de acordo com o disposto no artigo 18;

f) arrecadar, cobrar e executar as anuidades e emolumentos devidos pelos representantes comerciais, pessoas físicas e jurídicas, registrados, servindo como título executivo extrajudicial a certidão relativa aos seus créditos. *(Alterado pela Lei n. 12.246, de 27.5.10, DOU 28.5.10)*

Parágrafo único. *(Suprimido pela Lei n. 8.420, de 8.5.92)*

Art. 18. Compete aos Conselhos Regionais aplicar ao representante comercial faltoso, as seguintes penas disciplinares:

a) advertência, sempre sem publicidade;

b) multa até a importância equivalente ao maior salário mínimo vigente no País;

c) suspensão do exercício profissional, até um (1) ano;

d) cancelamento do registro, com apreensão da carteira profissional.

§ 1º No caso de reincidência ou de falta manifestamente grave, o representante comercial poderá ser suspenso do exercício de sua atividade ou ter cancelado o seu registro.

§ 2º As penas disciplinares serão aplicadas após processo regular, sem prejuízo, quando couber, da responsabilidade civil ou criminal.

§ 3º O acusado deverá ser citado, inicialmente, dando-se-lhe ciência do inteiro teor da denúncia ou queixa, sendo-lhe assegurado, sempre, o amplo direito de defesa, por si ou por procurador regularmente constituído.

§ 4º O processo disciplinar será presidido por um dos membros do Conselho Regional, ao qual incumbirá coligir as provas necessárias.

§ 5º Encerradas as provas de iniciativa da autoridade processante, ao acusado será dado requerer e produzir as suas próprias provas, após o que lhe será assegurado o direito de apresentar por escrito, defesa final e o de sustentar, oralmente, suas razões na sessão do julgamento.

§ 6º Da decisão dos Conselhos Regionais caberá recurso voluntário, com efeito suspensivo, para o Conselho Federal.

Art. 19. Constituem faltas no exercício da profissão de representante comercial:

a) prejudicar, por dolo ou culpa, os interesses confiados aos seus cuidados;

b) auxiliar ou facilitar, por qualquer meio, o exercício da profissão aos que estiverem proibidos, impedidos ou não habilitados a exercê-la;

c) promover ou facilitar negócios ilícitos, bem como quaisquer transações que prejudiquem interesse da Fazenda Pública;

d) violar o sigilo profissional;

e) negar ao representado as competentes prestações de contas, recibos de quantias ou documentos que lhe tiverem sido entregues, para qualquer fim;

f) recusar a apresentação da carteira profissional, quando solicitada por quem de direito.

Art. 20. Observados os princípios desta Lei, o Conselho Federal dos Representantes Comerciais expedirá instruções relativas à aplicação das penalidades em geral e, em particular, aos casos em que couber imposições da pena de multa.

Art. 21. As repartições federais, estaduais e municipais, ao receberem tributos relativos à atividade do representante comercial, pessoa física ou jurídica, exigirão prova de seu registro no Conselho Regional da respectiva região.

Art. 22. Da propaganda deverá constar, obrigatoriamente, o número da carteira profissional.

Parágrafo único. As pessoas jurídicas farão constar também da propaganda, além do número da carteira do representante comercial responsável, o seu próprio número de registro no Conselho Regional.

Art. 23. O exercício financeiro dos Conselhos Federal e Regionais coincidirá com o ano civil.

Art. 24. As Diretorias dos Conselhos Regionais prestarão contas da sua gestão ao próprio Conselho, até o dia 15 de fevereiro de cada ano.

Art. 25. Os Conselhos Regionais prestarão contas até o último dia do mês de fevereiro de cada ano ao Conselho Federal.

Parágrafo único. A Diretoria do Conselho Federal prestará contas, ao respectivo plenário até o último dia do mês de março de cada ano.

Art. 26. Os sindicatos incumbidos do processamento das eleições, a que se refere o art. 12, deverão tomar, dentro do prazo de trinta (30) dias, a contar da publicação desta

Lei, as providências necessárias à instalação dos Conselhos Regionais dentro do prazo previsto na art. 11.

Art. 27. Do contrato de representação comercial, além dos elementos comuns e outros a juízo dos interessados, constarão, obrigatoriamente:

a) condições e requisitos gerais da representação;

b) indicação genérica ou específica dos produtos ou artigos objeto da representação;

c) prazo certo ou indeterminado da representação;

d) indicação da zona ou zonas em que será exercida a representação;

e) garantia ou não, parcial ou total, ou por certo prazo, da exclusividade de zona ou setor de zona;

f) retribuição e época do pagamento, pelo exercício da representação, dependente da efetiva realização dos negócios, e recebimento, ou não pelo representado, dos valores respectivos;

g) os casos em que se justifique a restrição de zona concedida com exclusividade;

h) obrigações e responsabilidades das partes contratantes;

i) exercício exclusivo ou não da representação a favor do representado;

j) indenização devida ao representante, pela rescisão do contrato fora dos casos previstos no art. 35, cujo montante não poderá ser inferior 1/12 (um doze avos) do total da retribuição auferida durante o tempo em que exerceu a representação.

§ 1º Na hipótese de contrato a prazo certo, a indenização corresponderá à importância equivalente à média mensal da retribuição auferida até a data da rescisão, multiplicada pela metade dos meses resultantes do prazo contratual.

§ 2º O contrato com prazo determinado, uma vez prorrogado o prazo inicial, tácita ou expressamente, torna-se a prazo indeterminado.

§ 3º Considera-se por prazo indeterminado todo contrato que suceder, dentro de seis meses, a outro contrato, com ou sem determinação de prazo.

Art. 28. O representante comercial fica obrigado a fornecer ao representado, segundo as disposições do contrato ou, sendo este omisso, quando lhe for solicitado, informações detalhadas sobre o andamento dos negócios a seu cargo, devendo dedicar-se à representação, de modo a expandir os negócios do representado e promover os seus produtos.

Art. 29. Salvo autorização expressa, não poderá o representante conceder abatimentos, descontos ou dilações, nem agir em desacordo com as instruções do representado.

Art. 30. Para que o representante possa exercer a representação em juízo, em nome do representado, requer-se mandato expresso. Incumbir-lhe-á, porém, tomar conhecimento das reclamações atinentes aos negócios, transmitindo-as ao representado e sugerindo as providências acauteladoras do interesse deste.

Parágrafo único. O representante, quanto aos atos que praticar, responde segundo as normas do contrato e, sendo este omisso, na conformidade do direito comum.

Art. 31. Prevendo o contrato de representação a exclusividade de zona ou zonas, ou quando este for omisso, fará jus o representante à comissão pelos negócios aí realizados, ainda que diretamente pelo representado ou por intermédio de terceiros.

Parágrafo único. A exclusividade de representação não se presume na ausência de ajustes expressos.

Art. 32. O representante comercial adquire o direito às comissões quando do pagamento dos pedidos ou propostas.

§ 1º O pagamento das comissões deverá ser efetuado até o dia 15 do mês subsequente ao da liquidação da fatura, acompanhada das respectivas cópias das notas fiscais.

§ 2º As comissões pagas fora do prazo previsto no parágrafo anterior deverão ser corrigidas monetariamente.

§ 3º É facultado ao representante comercial emitir títulos de créditos para cobrança de comissões.

§ 4º As comissões deverão ser calculadas pelo valor total das mercadorias.

§ 5º Em caso de rescisão injusta do contrato por parte do representado, a eventual retribuição pendente, gerada por pedidos em carteira ou em fase de execução e recebimento, terá vencimento na data da rescisão.

§ 6º (Vetado).

§ 7º São vedadas na representação comercial alterações que impliquem, direta ou indiretamente, a diminuição da média dos resultados auferidos pelo representante nos últimos seis meses de vigência.

Art. 33. Não sendo previstos, no contrato de representação os prazos para recusa das propostas ou pedidos, que hajam sido entregues pelo representante, acompanhados dos requisitos exigíveis, ficará o representado obrigado a creditar-lhe a respectiva comissão, se não manifestar a recusa, por escrito, nos prazos de 15, 30, 60 ou 120 dias, conforme se trate de comprador domiciliado, respectivamente, na mesma praça, em outra do mesmo Estado, em outro Estado ou no estrangeiro.

§ 1º Nenhuma retribuição será devida ao representante comercial, se a falta de pagamento resultar de insolvência do comprador, bem como se o negócio vier a ser por ele desfeito ou for sustada a entrega de mercadorias devido à situação comercial do comprador, capaz de comprometer ou tornar duvidosa a liquidação.

§ 2º Salvo ajuste em contrário, as comissões devidas serão pagas mensalmente, expedindo ao representado a conta respectiva, conforme cópias das faturas remetidas aos compradores, no respectivo período.

§ 3º Os valores das comissões para efeito tanto do pré-aviso como da indenização, prevista nesta Lei, deverão ser corrigidos monetariamente.

Art. 34. A denúncia, por qualquer das partes, sem causa justificada do contrato de representação ajustado por tempo indeterminado e que haja vigorado por mais de seis meses, obriga o denunciante, salvo outra garantia prevista no contrato, à concessão de pré-aviso, com antecedência mínima de trinta dias, ou ao pagamento de importância igual a 1/3 (um terço) das comissões auferidas pelo representante, nos três meses anteriores.

Art. 35. Constituem motivos justos para rescisão do contrato de representação comercial, pelo representado:

a) a desídia do representante no cumprimento das obrigações decorrentes do contrato;

b) a prática de atos que importem em descrédito comercial do representado;

c) a falta de cumprimento de quaisquer obrigações inerentes ao contrato de representação comercial;

d) a condenação definitiva por crime considerado infamante;

e) força maior.

Art. 36. Constituem motivos justos para rescisão do contrato de representação comercial, pelo representante:

a) redução de esfera de atividade do representante em desacordo com as cláusulas do contrato;

b) a quebra, direta ou indireta, da exclusividade se prevista no contrato;

c) a fixação abusiva de preços em relação à zona do representante, com o exclusivo escopo de impossibilitar-lhe a ação regular;

d) o não pagamento de sua retribuição na época devida;

e) força maior.

Art. 37. Somente ocorrendo motivo justo para a rescisão do contrato, poderá o representado reter comissões devidas ao representante, com o fim de ressarcir-se de danos por este causados e, bem assim, nas hipóteses previstas no art. 35, a título de compensação.

Art. 38. Não serão prejudicados os direitos dos representantes comerciais quando, a título de cooperação, desempenhem, temporariamente, a pedido do representado, encargos ou atribuições diversos dos previstos no contrato de representação.

Art. 39. Para julgamento das controvérsias que surgirem entre representante e representado é competente a Justiça Comum e o Foro do domicílio do representante, aplicando-se o procedimento sumaríssimo previsto no art. 275 do Código de Processo Civil, ressalvada a competência do Juizado de Pequenas Causas.

Art. 40. Dentro de 180 (cento e oitenta) dias da publicação da presente Lei serão formalizadas, entre representado e representante, em documento escrito, as condições das representações comerciais vigentes.

Parágrafo único. A indenização devida pela rescisão dos contratos de representação comercial vigentes na data desta Lei, fora dos casos previstos, no art. 35 e quando as partes não tenham usado da faculdade prevista neste artigo, será calculada, sobre a retribuição percebida, pelo representante, nos últimos cinco anos anteriores à vigência desta Lei.

Art. 41. Ressalvada expressa vedação contratual, o representante comercial poderá exercer sua atividade para mais de uma empresa e empregá-la em outros misteres ou ramos de negócios.

Art. 42. Observadas as disposições constantes do artigo anterior, é facultado ao representante contratar com outros representantes comerciais a execução dos serviços relacionados com a representação.

§ 1º Na hipótese deste artigo, o pagamento das comissões a representante comercial contratado dependerá da liquidação da conta de comissão devida pelo representando ao representante contratante.

§ 2º Ao representante contratado, no caso de rescisão de representação, será devida pelo representante contratante a participação no que houver recebido da representada a título de indenização e aviso prévio, proporcionalmente às retribuições auferidas pelo representante contratado na vigência do contrato.

§ 3º Se o contrato referido no *caput* deste artigo for rescindido sem motivo justo pelo representante contratante, o representante contratado fará jus ao aviso prévio e indenização na forma da lei.

§ 4º Os prazos de que trata o art. 33 desta Lei são aumentados em dez dias quando se tratar de contrato realizado entre representantes comerciais.

Art. 43. É vedada no contrato de representação comercial a inclusão de cláusulas *del credere*.

Art. 44. No caso de falência do representado as importâncias por ele devidas ao representante comercial, relacionadas com a representação, inclusive comissões vencidas e vincendas, indenização e aviso prévio, serão consideradas créditos da mesma natureza dos créditos trabalhistas.

Parágrafo único. Prescreve em cinco anos a ação do representante comercial para pleitear a retribuição que lhe é devida e os demais direitos que lhe são garantidos por esta Lei.

Art. 45. Não constitui motivo justo para rescisão do contrato de representação comercial o impedimento temporário do representante comercial que estiver em gozo do benefício de auxílio-doença concedido pela Previdência Social.

Art. 46. Os valores a que se referem a alínea *j* do art. 27, o § 5º do art. 32 e o art. 34 desta Lei serão corrigidos monetariamente com base na variação dos BTNs ou por outro indexador que venha a substituí-los e legislação ulterior aplicável à matéria.

Art. 47. Compete ao Conselho Federal dos Representantes Comerciais fiscalizar a execução da presente Lei.

Parágrafo único. Em caso de inobservância das prescrições legais, caberá intervenção do Conselho Federal nos Conselhos Regionais por decisão da Diretoria do primeiro, *ad referendum* da reunião plenária, assegurado, em qualquer caso, o direito de defesa. A intervenção cessará quando do cumprimento da Lei.

Art. 48. Esta Lei entra em vigor na data de sua publicação.

Art. 49. Revogam-se as disposições em contrário.

Brasília, 9 de dezembro de 1965; 144º da Independência e 77º da República.

H. Castello Branco
Walter Peracchi Barcellos
Octávio Bulhões
DOU 10.12.1965

Lei n. 4.923, de 23 de dezembro de 1965

Institui o cadastro permanente das admissões e dispensas de empregados, estabelece medidas contra o desemprego e de assistência aos desempregados, e dá outras providências

O PRESIDENTE DA REPÚBLICA, Faço saber que o Congresso Nacional decreta e eu sanciono a seguinte lei

Art. 1º Fica instituído, em caráter permanente, no Ministério do Trabalho e Previdência Social, o registro das admissões e dispensas de empregados nas empresas abrangidas pelo sistema da CLT.

§ 1º As empresas que dispensarem ou admitirem empregados ficam obrigadas a fazer a respectiva comunicação às Delegacias Regionais do Trabalho, mensalmente, até o dia sete do mês subsequente ou como estabelecido em regulamento, em relação nominal por estabelecimento, da qual constará também a indicação da Carteira de Trabalho e Previdência Social ou, para os que ainda não a possuírem, nos termos da lei, os dados indispensáveis à sua identificação pessoal.

§ 2º O cumprimento do prazo fixado no § 1º será exigido a partir de 1º de janeiro de 2001. (NR) *(Parágrafos acrescentados pela MP 2.164-41, de 24.8.2001, DOU 27.8.2001).*

Art. 2º A empresa que, em face de conjuntura econômica, devidamente comprovada, se encontrar em condições que recomendem, transitoriamente, a redução da jornada normal ou do número de dias do trabalho, poderá fazê-lo, mediante prévio acordo com a entidade sindical representativa dos seus empregados, homologado pela Delegacia Regional do Trabalho, por prazo certo, não excedente de 3 (três) meses, prorrogável, nas mesmas condições, se ainda indispensável, e sempre de modo que a redução do salário mensal resultante não seja superior a 25% (vinte e cinco por cento) do salário contratual, respeitado o salário mínimo regional e reduzidas proporcionalmente a remuneração e as gratificações de gerentes e diretores.

§ 1º Para o fim de deliberar sobre o acordo, a entidade sindical profissional convocará assembleia geral dos empregados diretamente interessados, sindicalizados ou não, que decidirão por maioria de votos, obedecidas as normas estatutárias.

§ 2º Não havendo acordo, poderá a empresa submeter o caso à Justiça do Trabalho, por intermédio da Vara ou, em sua falta, do Juiz de Direito, com jurisdição na localidade. Da decisão de primeira instância caberá recurso ordinário, no prazo de 10 (dez) dias, para o Tribunal Regional do Trabalho da correspondente Região, sem efeito suspensivo.

§ 3º A redução de que trata o artigo não é considerada alteração unilateral do contrato individual de trabalho para os efeitos do disposto no art. 468 da CLT.

Art. 3º As empresas que tiverem autorização para redução de tempo de trabalho, nos termos do art. 2º e seus parágrafos, não poderão, até 6 (seis) meses depois da cessação desse regime, admitir novos empregados, antes de readmitirem os que tenham sido dispensados pelos motivos que hajam justificado a citada redução ou comprovarem que não atenderam, no prazo de 8 (oito) dias, ao chamado para a readmissão.

§ 1º O empregador notificará diretamente o empregado para reassumir o cargo, ou, por intermédio da sua entidade sindical, se desconhecida sua localização, correndo o prazo de 8 (oito) dias a partir da data do recebimento da notificação pelo empregado ou pelo órgão de classe, conforme o caso.

§ 2º O disposto neste artigo não se aplica aos cargos de natureza técnica.

Art. 4º É igualmente vedado às empresas mencionadas no art. 3º, nas condições e prazo nele contidos, trabalhar em regime de horas extraordinárias, ressalvadas estritamente as hipóteses previstas no art. 61, e seus §§ 1º e 2º, da CLT.

Art. 10. A falta da comunicação a que se refere o parágrafo único do art. 1º desta Lei, no prazo ali estipulado, importará na aplicação automática de multa no valor de 1/3 (um terço) do salário mínimo regional, por empregado, de competência da Delegacia Regional do Trabalho.

Parágrafo único. A multa prevista no artigo ficará reduzida para 1/9 (um nono) e 1/6 (um sexto) do salário mínimo regional por empregado, quando, antes de qualquer procedimento fiscal por parte do Ministério do Trabalho e Previdência Social, a comunicação for feita, respectivamente, dentro de 30 (trinta) ou 60 (sessenta) dias após o término do prazo fixado.

Art. 11. A empresa que mantiver empregado, não registrado, nos termos do art. 41 e seu parágrafo único da CLT, incorrerá na multa de valor igual a 1 (um) salário mínimo regional, por trabalhador não registrado, acrescido de igual valor em cada reincidência.

Art. 14. Esta Lei entra em vigor na data de sua publicação.

Art. 15. Revogam-se as disposições em contrário.

Brasília, 23 de dezembro de 1965; 144º da Independência e 77º da República.

H. Castello Branco
Octávio Gouveia de Bulhões
Walter Peracchi Barcellos
DOU 29.12.1965

Lei n. 4.950-A, de 22 de abril de 1966

Dispõe sobre a remuneração de profissionais diplomados em engenharia, química, arquitetura, agronomia e veterinária

Faço saber que o Congresso Nacional aprovou e manteve após veto presidencial, e eu, Auro Moura Andrade, Presidente do Senado Federal, de acordo com o disposto no § 4º, do art. 70 da Constituição Federal, promulgo a seguinte Lei:

Art. 1º O salário mínimo dos diplomados pelos cursos regulares superiores mantidos pelas Escola de Engenharia, de Química, de Arquitetura, de Agronomia e de Veterinária é o fixado pela presente Lei.

Art. 2º O salário mínimo fixado pela presente Lei é a remuneração mínima obrigatória por serviços prestados pelos profissionais definidos no art. 1º, com relação de emprego ou função, qualquer que seja a fonte pagadora.

Art. 3º Para os efeitos desta Lei, as atividades ou tarefas desempenhadas pelos profissionais enumerados no art. 1º, são classificadas em:

a) atividades ou tarefas com exigência de 6 (seis) horas diárias de serviço;

b) atividades ou tarefas com exigência de mais de 6 (seis) horas diárias de serviço.

Parágrafo único. A jornada de trabalho é fixada no contrato de trabalho ou determinação legal vigente.

Art. 4º Para os efeitos desta Lei os profissionais citados na art. 1º são classificados em:

a) diplomados pelos cursos regulares superiores mantidos pelas Escolas de Engenharia, de Química, de Arquitetura, de Agronomia e de Veterinária com curso universitário de 4 (quatro) anos ou mais;

b) diplomados pelos cursos regulares superiores mantidos pelas Escolas de Engenharia, de Química, de Arquitetura, de Agronomia e de Veterinária com curso universitário de menos de 4 (quatro) anos.

Art. 5º Para a execução das atividades e tarefas classificadas na alínea *a* do art. 3º, fica fixado o salário-base mínimo de 6 (seis) vezes o maior salário mínimo comum vigente no País, para os profissionais relacionados na alínea *a* do art. 4º, e de 5 (cinco) vezes o maior salário mínimo comum vigente no País, para os profissionais da alínea *b* do art. 4º.

Art. 6º Para a execução de atividades e tarefas classificadas na alínea *b* do art. 3º, a fixação do salário-base mínimo será feita tomando-se por base o custo da hora fixado no art. 5º desta Lei, acrescidas de 25% as horas excedentes das 6 (seis) diárias de serviços.

Art. 7º A remuneração do trabalho noturno será feita na base da remuneração do trabalho diurno, acrescido de 25% (vinte e cinco por cento).

Art. 8º Esta Lei entrará em vigor na data de sua publicação, revogadas as disposições em contrário.

Brasília, 22 de abril de 1966; 145º da Independência e 78º da República.

AURO MOURA ANDRADE
PRESIDENTE DO SENADO FEDERAL
ITAMAR FRANCO
DOU 29.4.1966

Lei n. 5.085, de 27 de agosto de 1966

Reconhece aos trabalhadores avulsos o direito a férias

O PRESIDENTE DA REPÚBLICA. Faço saber que o Congresso Nacional decreta e eu sanciono a seguinte Lei:

Art. 1º É reconhecido aos trabalhadores avulsos, inclusive aos estivadores, conferentes e consertadores de carga e descarga, vigias portuários, arrumadores e ensacadores de café e de cacau, o direito a férias anuais remuneradas, aplicando-se aos mesmos, no que couber, as disposições constantes das Seções I a V, do Capítulo IV, do Título II, arts. 130 a 147, da Consolidação das Leis do Trabalho, aprovada pelo Decreto-Lei n. 5.452, de 1.5.1943.

Art. 2º As férias serão pagas pelos empregadores que adicionarão, ao salário normal do trabalhador avulso, uma importância destinada a esse fim.

Art. 3º Os sindicatos representativos das respectivas categorias profissionais agirão como intermediários, recebendo as importâncias correspondentes às férias, fiscalizado o preenchimento das condições, legais e regulamentares, aquisitivas do direito, e efetuando o pagamento das férias aos trabalhadores, sindicalizados ou não, que fizerem jus a elas.

Art. 4º O Poder Executivo, dentro de 60 (sessenta) dias, regulamentará a presente lei, fixando o *quantum* percentual a ser acrescido ao salário para o pagamento das férias, que deverá ter em vista a relação existente entre o número de dias e horas trabalhadas e os referentes às férias, e estabelecendo a importância a ser recebida pelos sindicatos para atender às necessárias despesas de administração.

Art. 5º Esta lei entra em vigor na data de sua publicação.

Art. 6º Revogam-se as disposições em contrário.

Brasília, 27 de agosto de 1966; 145º da Independência e 78º da República.

DOU 31.8.1966

Lei n. 5.584, de 26 de junho de 1970

Dispõe sobre normas de direito processual do trabalho, altera dispositivos da Consolidação das Leis do Trabalho, disciplina a concessão e prestação de assistência judiciária na Justiça do Trabalho, e dá outras providências

O PRESIDENTE DA REPÚBLICA,

Faço saber que o Congresso Nacional decreta e eu sanciono a seguinte Lei:

Art. 1º Nos processos perante a Justiça do Trabalho, observar-se-ão os princípios estabelecidos nesta Lei.

Art. 2º Nos dissídios individuais, proposta a conciliação, e não havendo acordo, o Presidente da Junta ou o Juiz, antes de passar à instrução da causa, fixar-lhe-á o valor para a determinação da alçada, se este for indeterminado no pedido.

§ 1º Em audiência, ao aduzir razões finais, poderá qualquer das partes impugnar o valor fixado e, se o juiz o mantiver, pedir revisão da decisão, no prazo de 48 (quarenta e oito) horas, ao Presidente do Tribunal Regional.

§ 2º O pedido de revisão, que não terá efeito suspensivo, deverá ser instruído com a petição inicial e a Ata da Audiência, em cópia autenticada pela Secretaria da Junta, e será julgado em 48 (quarenta e oito) horas, a partir do seu recebimento, pelo Presidente do Tribunal Regional.

§ 3º Quando o valor fixado para a causa, na forma deste artigo, não exceder de 2 (duas) vezes o salário mínimo vigente na sede do Juízo, será dispensável o resumo dos depoimentos, devendo constar da Ata a conclusão da Junta quanto à matéria de fato.

§ 4º Salvo se versarem sobre matéria constitucional, nenhum recurso caberá das sentenças proferidas nos dissídios da alçada a que se refere o parágrafo anterior, considerado, para esse fim, o valor do salário mínimo à data do ajuizamento da ação. *(Redação L. n. 7.402, 5.11.85, DOU 6.11.85).*

Art. 3º Os exames periciais serão realizados por perito único, designado pelo Juiz, que fixará o prazo para entrega do laudo.

Parágrafo único. Permitir-se-á a cada parte a indicação de um assistente, cujo laudo terá que ser apresentado no mesmo prazo assinado para o perito, sob pena de ser desentranhado dos autos.

Art. 4º Nos dissídios de alçada exclusiva das Juntas e naqueles em que os empregados ou empregadores reclamarem pessoalmente, o processo poderá ser impulsionado de ofício pelo Juiz.

Art. 5º Para exarar parecer, terá o órgão do Ministério Público da União, junto à Justiça do Trabalho, um prazo de 8 (oito) dias, contados da data em que lhe for distribuído o processo.

Art. 6º Será de 8 (oito) dias o prazo para interpor e contra-arrazoar qualquer recurso (CLT, art. 893).

Art. 7º A comprovação do depósito da condenação (CLT, art. 899, §§ 1º a 5º) terá que ser feita dentro do prazo para a interposição do recurso, sob pena de ser este considerado deserto.

Art. 8º Das decisões proferidas nos dissídios coletivos poderá a União interpor recurso, o qual será sempre recebido no efeito suspensivo quanto à parte que exceder do índice fixado pela política salarial do Governo.

Art. 9º No Tribunal Superior do Trabalho, quando o pedido do recorrente contrariar súmula de jurisprudência uniforme deste Tribunal já compendiada, poderá o Relator negar prosseguimento ao recurso, indicando a correspondente súmula. *(Redação dada pela Lei n. 7.033, de 5.10.82).*

Art. 10. O art. 477, da Consolidação das Leis do Trabalho, alterado pela Lei n. 5.562, de 12.12.68, e pelo Decreto-lei n. 766, de 15.8.69, passa a vigorar com a seguinte redação: *(Os artigos da CLT já estão com a redação dada por esta lei).*

Art. 11. O art. 500, da Consolidação das Leis do Trabalho, revogado pela Lei n. 5.562, de 12.12.1968, passa a vigorar com a seguinte redação: *(Os artigos da CLT já estão com a redação dada por esta lei).*

Art. 12. O art. 888, da Consolidação das Leis do Trabalho, passa a vigorar com a seguinte redação: *(Os artigos da CLT já estão com a redação dada por esta lei).*

Art. 13. Em qualquer hipótese, a remição só será deferível ao executado se este oferecer preço igual ao valor da condenação.

Da Assistência Judiciária

Art. 14. Na Justiça do Trabalho, a assistência judiciária a que se refere a Lei n. 1.060, de 5 de fevereiro de 1950, será prestada pelo Sindicato da categoria profissional a que pertencer o trabalhador.

§ 1º A assistência é devida a todo aquele que perceber salário igual ou inferior ao dobro do mínimo legal, ficando assegurado igual benefício ao trabalhador de maior salário, uma vez provado que sua situação econômica não lhe permite demandar, sem prejuízo do sustento próprio ou da família.

§ 2º A situação econômica do trabalhador será comprovada em atestado fornecido pela autoridade local do Ministério do Trabalho e Previdência Social, mediante diligência sumária, que não poderá exceder de 48 (quarenta e oito) horas.

§ 3º Não havendo no local a autoridade referida no parágrafo anterior, o atestado deverá ser expedido pelo Delegado de Polícia da circunscrição onde resida o empregado.

Art. 15. Para auxiliar no patrocínio das causas, observados os arts. 50 e 72 da Lei n. 4.215, de 27 de abril de 1963, poderão ser designados pelas Diretorias dos Sindicatos, Acadêmicos de Direito, a partir da 4ª série, comprovadamente matriculados em estabelecimentos de ensino oficial ou sob fiscalização do Governo Federal.

Art. 16. Os honorários do advogado, pagos pelo vencido, reverterão em favor do Sindicato assistente.

Art. 17. Quando, nas respectivas comarcas, não houver Juntas de Conciliação e Julgamento ou não existir Sindicato da categoria profissional do trabalhador, é atribuído aos Promotores Públicos ou Defensores Públicos o encargo de prestar a assistência judiciária prevista nesta Lei.

Parágrafo único. Na hipótese prevista neste artigo, a importância proveniente da condenação nas despesas processuais será recolhida ao Tesouro do respectivo Estado.

Art. 18. A assistência judiciária, nos termos da presente Lei, será prestada ao

trabalhador ainda que não seja associado do respectivo Sindicato.

Art. 19. Os diretores de Sindicatos que, sem comprovado motivo de ordem financeira, deixarem de dar cumprimento às disposições desta Lei, ficarão sujeitos à penalidade prevista no art. 553, alínea *a*, da Consolidação das Leis do Trabalho.

Art. 20. Esta Lei entra em vigor na data de sua publicação, revogadas as disposições em contrário.

Brasília, 26 de junho de 1970; 149º da Independência e 82º da República.

EMÍLIO G. MÉDICI
ALFREDO BUZAID
JÚLIO BARATA
DOU 29.6.1970

Lei n. 5.725, de 27 de outubro de 1971

Estabelece a permissão do desconto do salário do empregado de prestações relativas ao financiamento para aquisição de unidade habitacional, no sistema financeiro da habitação

O PRESIDENTE DA REPÚBLICA,

Faço saber que o Congresso Nacional decreta e eu sanciono a seguinte Lei:

Art. 1º É permitido o desconto, no salário do empregado, das prestações correspondentes ao pagamento de dívidas contraídas para a aquisição de unidade habitacional, no Sistema Financeiro da Habitação.

Art. 2º O desconto a que se refere o artigo anterior será obrigatoriamente feito pelo empregador, a requerimento, por escrito, do empregado, constituindo garantia complementar na operação de financiamento.

Parágrafo único. Para os efeitos do art. 4º da Lei n. 1.046, de 2 de janeiro de 1950, e a nova redação que lhe foi dada pela Lei n. 2.853/56, poderão ser consignatárias as entidades integrantes do Sistema Financeiro da Habitação.

Art. 3º Os Ministérios do Interior e do Trabalho e Previdência Social expedirão as instruções de regulamento da presente Lei, que também se aplica aos contratos vigentes.

Art. 4º A presente Lei entra em vigor na data de sua publicação.

Art. 5º Revogam-se as disposições em contrário.

Brasília, 27 de outubro de 1971; 150º da Independência e 83º da República.

EMÍLIO G. MÉDICI
JÚLIO BARATA
JOSÉ COSTA CAVALCANTI
DOU 29.10.1971

Lei n. 5.764, de 16 de dezembro de 1971

Define a política nacional de cooperativismo, institui o regime jurídico das sociedades cooperativas, e dá outras providências

Art. 55. Os empregados de empresas que sejam eleitos diretores de sociedades cooperativas pelos mesmos criadas gozarão das garantias asseguradas aos dirigentes sindicais pelo art. 543 da Consolidação das Leis do Trabalho (Decreto-Lei n. 5.452, de 1º.5.43).

SEÇÃO V
Do Sistema Trabalhista

Art. 90. Qualquer que seja o tipo de cooperativa, não existe vínculo empregatício entre ela e seus associados.

Art. 91. As cooperativas igualam-se às demais empresas em relação aos seus empregados para os fins da legislação trabalhista e previdenciária.

Art. 117. Esta Lei entrará em vigor na data de sua publicação, revogadas as disposições em contrário e especificamente o Decreto-Lei n. 59, de 21 de novembro de 1966, bem como Decreto n. 60.597, de 19 de abril de 1967.

Brasília, 16 de dezembro de 1971; 150º da Independência e 83º da República.

EMÍLIO G. MÉDICI
ANTÔNIO DELFIM NETTO
L. F. CIRNE LIMA
JOÃO PAULO DOS REIS VELLOSO
JOSÉ COSTA CAVALCANTI
DOU 16.12.1971

Lei n. 5.811, de 10 de outubro de 1972

Dispõe sobre o regime de trabalho dos empregados nas atividades de exploração, perfuração, produção e refinação de petróleo, industrialização do xisto, indústria petroquímica e transporte de petróleo e seus derivados por meio de dutos

O Presidente da República,

Faço saber que o Congresso Nacional decreta e eu sanciono a seguinte Lei:

Art. 1º O regime de trabalho regulado nesta lei é aplicável aos empregados que prestam serviços em atividades de exploração, perfuração, produção e refinação de petróleo bem como na industrialização do xisto, na indústria petroquímica e no transporte de petróleo e seus derivados por meio de dutos.

Art. 2º Sempre que for imprescindível à continuidade operacional o empregado será mantido em seu posto de trabalho em regime de revezamento.

§ 1º O regime de revezamento em turno de 8 (oito) horas será adotado nas atividades previstas no art. 1º, ficando a utilização do turno de 12 (doze) horas restrita às seguintes situações especiais:

a) atividades de exploração, perfuração, produção e transferência de petróleo no mar;

b) atividades de exploração, perfuração e produção de petróleo em áreas terrestres distantes ou de difícil acesso.

§ 2º Para garantir a normalidade das operações ou para atender a imperativos de segurança industrial, poderá ser exigida mediante o pagamento previsto no item II do art. 3º, a disponibilidade do empregado no local de trabalho ou nas suas proximidades durante o intervalo destinado a repouso e alimentação.

Art. 3º Durante o período em que o empregado permanecer no regime de revezamento em turno de 8 (oito) horas, ser-lhe-ão assegurados os seguintes direitos:

I — pagamento do adicional de trabalho noturno na forma do art. 73 da Consolidação das Leis do Trabalho;

II — pagamento em dobro da hora de repouso e alimentação suprimida nos termos do § 2º do art. 2º;

III — alimentação gratuita, no posto de trabalho, durante o turno em que estiver em serviço;

IV — transporte gratuito para o local de trabalho;

V — direito a repouso de 24 (vinte e quatro) horas consecutivas para cada 3 (três) turnos trabalhados.

Parágrafo único. Para os empregados que já venham percebendo habitualmente da empresa pagamento à conta de horas de repouso e alimentação ou de trabalho noturno os respectivos valores serão compensados nos direitos a que se referem os itens I e II deste artigo.

Art. 4º Ao empregado que trabalhe no regime de revezamento em turno de 12 (doze) horas, ficam assegurados, além dos já previstos nos itens I, II, III e IV do art. 3º, os seguintes direitos:

I — alojamento coletivo gratuito e adequado ao seu descanso e higiene;

II — repouso de 24 (vinte e quatro) horas consecutivas para cada turno trabalhado.

Art. 5º Sempre que for imprescindível à continuidade operacional durante as 24 (vinte e quatro) horas do dia, o empregado com responsabilidade de supervisão das operações previstas no art. 1º, ou engajado em trabalhos de geologia de poço, ou ainda, em trabalhos de apoio operacional às atividades enumeradas nas alíneas *a* e *b* do § 1º, do art. 2º, poderá ser mantido no regime de sobreaviso.

§ 1º Entende-se por regime de sobreaviso aquele em que o empregado permanece à disposição do empregador por um período de 24 (vinte e quatro) horas para prestar assistência aos trabalhos normais ou atender a necessidades ocasionais de operação.

§ 2º Em cada jornada de sobreaviso o trabalho efetivo não excederá de 12 (doze) horas.

Art. 6º Durante o período em que permanecer no regime de sobreaviso, serão assegurados ao empregado, além dos já previstos nos itens III e IV do art. 3º e I do art. 4º, os seguintes direitos:

I — repouso de 24 (vinte e quatro) horas consecutivas para cada período de 24 (vinte e quatro) horas em que permanecer de sobreaviso;

II — remuneração adicional correspondente a, no mínimo, 20% (vinte por cento) do respectivo salário básico para compensar a eventualidade de trabalho noturno ou a variação de horário para repouso e alimentação.

Parágrafo único. Considera-se salário básico a importância fixa mensal correspondente à retribuição do trabalho prestado pelo empregado na jornada normal de trabalho, antes do acréscimo de vantagens, incentivos ou benefícios a qualquer título.

Art. 7º A concessão de repouso na forma dos itens V do art. 3º, II do art. 4º e I do art. 6º quita a obrigação patronal relativa ao repouso semanal remunerado de que trata a Lei n. 605, de 5 de janeiro de 1949.

Art. 8º O empregado não poderá permanecer em serviço, no regime de revezamento previsto para as situações especiais de que tratam as alíneas *a* e *b* do § 1º do art. 2º, nem

no regime estabelecido no art. 5º, por período superior a 15 (quinze) dias consecutivos.

Art. 9º Sempre que, por iniciativa do empregador, for alterado o regime de trabalho do empregado, com a redução ou supressão das vantagens inerentes aos regimes instituídos nesta lei, ser-lhe-á assegurado o direito à percepção de uma indenização.

Parágrafo único. A indenização de que trata o presente artigo corresponderá a um só pagamento, igual à média das vantagens previstas nesta lei, percebidas nos últimos 12 (doze) meses anteriores à mudança, para cada ano ou fração igual ou superior a 6 (seis) meses de permanência no regime de revezamento ou de sobreaviso.

Art. 10. A variação de horário, em escalas de revezamento diurno, noturno ou misto, será estabelecida pelo empregador com obediência aos preceitos desta lei.

Parágrafo único. Não constituirá alteração ilícita a exclusão do empregado do regime de revezamento, cabendo-lhe exclusivamente, nesta hipótese, o pagamento previsto no art. 9º.

Art. 11. Os atuais regimes de trabalho nas atividades previstas no art. 1º, bem como as vantagens a eles inerentes serão ajustados às condições estabelecidas nesta lei, de forma que não ocorra redução de remuneração.

Parágrafo único. A aplicação do disposto neste artigo, ao empregado que cumpra jornada inferior à 8 (oito) horas dependerá de acordo individual ou coletivo, assegurados, em tal caso, exclusivamente, os direitos constantes desta lei.

Art. 12. As disposições desta lei se aplicam a situações análogas definidas em regulamento.

Art. 13. Esta lei entrará em vigor na data de sua publicação, revogadas as disposições em contrário.

Brasília, 11 de outubro de 1972; 151º da Independência e 84º da República.

EMÍLIO G. MÉDICI
JÚLIO BARATA
DOU 16.10.1972

Lei n. 5.889, de 8 de junho de 1973
Estatui normas reguladoras do trabalho rural e dá outras providências

O PRESIDENTE DA REPÚBLICA,
Faço saber que o Congresso Nacional decreta e eu sanciono a seguinte Lei:

Art. 1º As relações de trabalho rural serão reguladas por esta Lei e, no que com ela não colidirem, pelas normas da Consolidação das Leis do Trabalho, aprovada pelo Decreto-Lei n. 5.452, de 1º de maio de 1943.

Parágrafo único. Observadas as peculiaridades do trabalho rural a ele também se aplicam as Leis ns. 605, de 5 de janeiro de 1940; 4.090, de 13 de julho de 1962; 4.725, de 13 de julho de 1965; com as alterações da Lei n. 4.903, de 16 de dezembro de 1965, e os Decretos-Leis ns. 15, de 29 de julho de 1966; 17, de 22 de agosto de 1966 e 368, de 19 de dezembro de 1968. Todos estes dispositivos legais estão nesta obra — (ver Índice Cumulativo).

Art. 2º Empregado rural é toda pessoa física que, em propriedade rural ou prédio rústico, presta serviços de natureza não eventual a empregador rural, sob a dependência deste e mediante salário.

Art. 3º Considera-se empregador rural, para os efeitos desta Lei, a pessoa física ou jurídica, proprietária ou não, que explore atividade agroeconômica, em caráter permanente ou temporário, diretamente ou através de prepostos e com auxílio de empregados.

§ 1º Inclui-se na atividade econômica referida no *caput* deste artigo, além da exploração industrial em estabelecimento agrário não compreendido na Consolidação das Leis do Trabalho — CLT, aprovada pelo Decreto-Lei n. 5.452, de 1º de maio de 1943, a exploração do turismo rural ancilar à exploração agroeconômica. *(Redação dada pela Lei n. 13.171, de 21.10.15, DOU 22.10.15)*

§ 2º Sempre que uma ou mais empresas, embora tendo cada uma delas personalidade jurídica própria, estiverem sob direção, controle ou administração de outra, ou ainda quando, mesmo guardando cada uma sua autonomia, integrem grupo econômico ou financeiro rural, serão responsáveis solidariamente nas obrigações decorrentes da relação de emprego.

Art. 4º Equipara-se ao empregador rural, a pessoa física ou jurídica que, habitualmente, em caráter profissional, e por conta de terceiros, execute serviços de natureza agrária, mediante utilização do trabalho de outrem.

Art. 5º Em qualquer trabalho contínuo de duração superior a seis horas, será obrigatória a concessão de um intervalo para repouso ou alimentação, observados os usos e costumes da região, não se computando este intervalo na duração do trabalho. Entre duas jornadas de trabalho haverá um período mínimo de onze horas consecutivas para descanso.

Art. 6º Nos serviços caracteristicamente intermitentes, não serão computados como de efetivo exercício, os intervalos entre uma e outra parte da execução da tarefa diária, desde que tal hipótese seja expressamente ressalvada na Carteira de Trabalho e Previdência Social.

Art. 7º Para os efeitos desta Lei, considera-se trabalho noturno o executado entre as vinte e uma horas de um dia e as cinco horas do dia seguinte, na lavoura, e entre as vinte horas de um dia e as quatro horas do dia seguinte, na atividade pecuária.

Parágrafo único. Todo trabalho noturno será acrescido de 25% (vinte e cinco por cento) sobre a remuneração normal.

Art. 8º Ao menor de 18 anos é vedado o trabalho noturno.

Art. 9º Salvo as hipóteses de autorização legal ou decisão judiciária, só poderão ser descontadas do empregado rural as seguintes parcelas, calculadas sobre o salário mínimo:

a) até o limite de 20% (vinte por cento) pela ocupação da morada;

b) até o limite 25% (vinte e cinco por cento) pelo fornecimento de alimentação sadia e farta, atendidos os preços vigentes na região;

c) adiantamentos em dinheiro.

§ 1º As deduções acima especificadas deverão ser previamente autorizadas, sem o que serão nulas de pleno direito.

§ 2º Sempre que mais de um empregado residir na mesma morada, o desconto, previsto na letra "a" deste artigo, será dividido proporcionalmente ao número de empregados, vedada, em qualquer hipótese, a moradia coletiva de famílias.

§ 3º Rescindido ou findo o contrato de trabalho, o empregado será obrigado a desocupar a casa dentro de trinta dias.

§ 4º O Regulamento desta Lei especificará os tipos de morada para fins de dedução.

§ 5º A cessão pelo empregador, de moradia e de sua infraestrutura básica, assim como, bens destinados à produção para sua subsistência e de sua família, não integram o salário do trabalhor rural, desde que caracterizados como tais, em contrato escrito celebrado entre as partes, com testemunhas e notificação obrigatória ao respectivo sindicato de trabalhadores rurais. *(Parágrafo acrescentado pela Lei n. 9.300, de 29.8.96, DOU 30.8.96)*

Art. 10. A prescrição dos direitos assegurados por esta Lei aos trabalhadores rurais só ocorrerá após dois anos de cessação do contrato de trabalho.

Parágrafo único. Contra o menor de dezoito anos não ocorre qualquer prescrição.

Art. 11. Ao empregado rural maior de dezesseis anos é assegurado salário mínimo igual ao do empregado adulto.

Parágrafo único. Ao empregado menor de dezesseis anos é assegurado salário mínimo fixado em valor correspondente à metade do salário mínimo estabelecido para o adulto.

Art. 12. Nas regiões em que se adota a plantação subsidiária ou intercalar (cultura secundária), a cargo do empregado rural, quando autorizada ou permitida, será objeto de contrato em separado.

Parágrafo único. Embora devendo integrar o resultado anual a que tiver direito o empregado rural, a plantação subsidiária ou intercalar não poderá compor a parte correspondente ao salário mínimo na remuneração geral do empregado, durante o ano agrícola.

Art. 13. Nos locais de trabalho rural serão observadas as normas de segurança e higiene estabelecidas em portaria do Ministro do Trabalho e Previdência Social.

Art. 14. Expirado normalmente o contrato, a empresa pagará ao safrista, a título de indenização do tempo de serviço, importância correspondente a 1/12 (um doze avos) do salário mensal, por mês de serviço ou fração superior a 14 (quatorze) dias.

Parágrafo único. Considera-se contrato de safra o que tenha sua duração dependente de variações estacionais da atividade agrária.

Art. 14-A. O produtor rural pessoa física poderá realizar contratação de trabalhador rural por pequeno prazo para o exercício de atividades de natureza temporária. *(Acrescentado pela Lei n. 11.718, de 20.6.08, DOU 23.6.08)*

§ 1º A contratação de trabalhador rural por pequeno prazo que, dentro do período de 1 (um) ano, superar 2 (dois) meses fica convertida em contrato de trabalho por prazo indeterminado, observando-se os termos da legislação aplicável. *(Acrescentado pela Lei n. 11.718, de 20.6.08, DOU 23.6.08)*

§ 2º A filiação e a inscrição do trabalhador de que trata este artigo na Previdência Social decorrem, automaticamente, da sua inclusão pelo empregador na Guia de Recolhimento do Fundo de Garantia do Tempo de Serviço e Informações à Previdência Social — GFIP, cabendo à Previdência Social instituir mecanismo que permita a sua identificação. *(Acrescentado pela Lei n. 11.718, de 20.6.08, DOU 23.6.08)*

§ 3º O contrato de trabalho por pequeno prazo deverá ser formalizado mediante a inclusão do trabalhador na GFIP, na forma do disposto no § 2º deste artigo, e:

I — mediante a anotação na Carteira de Trabalho e Previdência Social e em Livro ou Ficha de Registro de Empregados; ou

II — mediante contrato escrito, em 2 (duas) vias, uma para cada parte, onde conste, no mínimo:

a) expressa autorização em acordo coletivo ou convenção coletiva;

b) identificação do produtor rural e do imóvel rural onde o trabalho será realizado e indicação da respectiva matrícula;

c) identificação do trabalhador, com indicação do respectivo Número de Inscrição do Trabalhador – NIT. *(Acrescentado pela Lei n. 11.718, de 20.6.08, DOU 23.6.08)*

§ 4º A contratação de trabalhador rural por pequeno prazo só poderá ser realizada por produtor rural pessoa física, proprietário ou não, que explore diretamente atividade agroeconômica. *(Acrescentado pela Lei n. 11.718, de 20.6.08, DOU 23.6.08)*

§ 5º A contribuição do segurado trabalhador rural contratado para prestar serviço na forma deste artigo é de 8% (oito por cento) sobre o respectivo salário de contribuição definido no inciso I do *caput* do art. 28 da Lei n. 8.212, de 24 de julho de 1991. *(Acrescentado pela Lei n. 11.718, de 20.6.08, DOU 23.6.08)*

§ 6º A não inclusão do trabalhador na GFIP pressupõe a inexistência de contratação na forma deste artigo, sem prejuízo de comprovação, por qualquer meio admitido em direito, da existência de relação jurídica diversa. *(Acrescentado pela Lei n. 11.718, do 20.6.08, DOU 23.6.08)*

§ 7º Compete ao empregador fazer o recolhimento das contribuições previdenciárias nos termos da legislação vigente, cabendo à Previdência Social e à Receita Federal do Brasil instituir mecanismos que facilitem o acesso do trabalhador e da entidade sindical que o representa às informações sobre as contribuições recolhidas. *(Acrescentado pela Lei n. 11.718, de 20.6.08, DOU 23.6.08)*

§ 8º São assegurados ao trabalhador rural contratado por pequeno prazo, além de remuneração equivalente à do trabalhador rural permanente, os demais direitos de natureza trabalhista. *(Acrescentado pela Lei n. 11.718, de 20.6.08, DOU 23.6.08)*

§ 9º Todas as parcelas devidas ao trabalhador de que trata este artigo serão calculadas dia a dia e pagas diretamente a ele mediante recibo. *(Acrescentado pela Lei n. 11.718, de 20.6.08, DOU 23.6.08)*

§ 10. O Fundo de Garantia do Tempo de Serviço — FGTS deverá ser recolhido e poderá ser levantado nos termos da Lei n. 8.036, de 11 de maio de 1990. *(Acrescentado pela Lei n. 11.718, de 20.6.08, DOU 23.6.08)*

Art. 15. Durante o prazo do aviso prévio, se a rescisão tiver sido promovida pelo empregador, o empregado rural terá direito a um dia por semana, sem prejuízo do salário integral, para procurar outro trabalho.

Art. 16. Toda propriedade rural, que mantenha a seu serviço ou trabalhando em seus limites mais de cinquenta famílias de trabalhadores de qualquer natureza, é obrigada a possuir e conservar em funcionamento escola primária, inteiramente gratuita, para os filhos destes, com tantas classes quantos sejam os filhos destes, com tantas classes quantos sejam os grupos de quarenta crianças em idade escolar.

Parágrafo único. A matrícula da população em idade escolar será obrigatória, sem qualquer outra exigência, além da certidão de nascimento, para cuja obtenção o empregador proporcionará todas as facilidades aos responsáveis pelas crianças.

Art. 17. As normas da presente Lei são aplicáveis, no que couber, aos trabalhadores rurais não compreendidos na definição do art. 2º, que prestem serviços a empregador rural.

Art. 18. As infrações aos dispositivos desta Lei serão punidas com multa de R$ 380,00 (trezentos e oitenta reais) por empregado em situação irregular.

§ 1º As infrações aos dispositivos da Consolidação das Leis do Trabalho — CLT e legislação esparsa, cometidas contra o trabalhador rural, serão punidas com as multas nelas previstas.

§ 2º As penalidades serão aplicadas pela autoridade competente do Ministério do Trabalho e Emprego, de acordo com o disposto no Título VII da CLT.

§ 3º A fiscalização do Ministério do Trabalho e Emprego exigirá dos empregadores rurais ou produtores equiparados a comprovação do recolhimento da Contribuição Sindical Rural das categorias econômica e profissional. (NR) *(Caput e parágrafos com redação pela MP n. 2.164-41, de 24.8.01, DOU de 27.8.01)*

Art. 19. O enquadramento e a contribuição sindical rurais continuam regidos pela legislação ora em vigor; o seguro social e o seguro contra acidente do trabalho rurais serão regulados por lei especial.

Art. 20. Lei especial disporá sobre a aplicação ao trabalhador rural, no que couber, do regime do Fundo de Garantia do Tempo de Serviço.

Art. 21. Esta Lei entra em vigor na data de sua publicação, revogadas as disposições em contrário, em especial a Lei n. 4.214, de 2 de março de 1963, e o Decreto-Lei n. 761, de 14 de agosto de 1969.

Brasília, 8 de junho de 1973, 152º da Independência e 85º da República.

EMÍLIO G. MÉDICI
JÚLIO BARATA
DOU 11.6.1973

Decreto n. 73.626, de 12 de fevereiro de 1974

Aprova regulamento da Lei n. 5.889, de 8 de junho de 1973 que estatui normas reguladoras do trabalho rural

O PRESIDENTE DA REPÚBLICA, no uso da atribuição que lhe confere o art. 81, item III, da Constituição, e tendo em vista a Lei n. 5.889, de 8 de junho de 1973, decreta:

Art. 1º É aprovado o anexo Regulamento, assinado pelo Ministro do Trabalho e Previdência Social, disciplinando a aplicação das normas concernentes às relações individuais e coletivas de trabalho rural, estatuídas pela Lei n. 5.889, de 8 de junho de 1973.

Art. 2º O presente Decreto entrará em vigor na data de sua publicação, revogadas as disposições em contrário.

Brasília, 12 de fevereiro de 1974; 153º da Independência e 86º da República.

EMÍLIO G. MÉDICI
JÚLIO BARATA
DOU 14.2.1974

REGULAMENTO DAS RELAÇÕES INDIVIDUAIS E COLETIVAS DE TRABALHO RURAL

Art. 1º Este Regulamento disciplina a aplicação das normas concernentes às relações individuais e coletivas de trabalho rural estatuídas pela Lei n. 5.889, de 8 de junho de 1973.

Art. 2º Considera-se empregador rural, para os efeitos deste Regulamento, a pessoa física ou jurídica, proprietária ou não, que explore atividade agroeconômica, em caráter permanente ou temporário, diretamente ou através de prepostos e com auxílio de empregados.

§ 1º Equipara-se ao empregador rural a pessoa física ou jurídica que, habitualmente, em caráter profissional, e por conta de terceiros, execute serviços de natureza agrária, mediante utilização do trabalho de outrem.

§ 2º Sempre que uma ou mais empresas, embora tendo cada uma delas personalidade jurídica própria, estiverem sob direção, controle ou administração de outra, ou ainda quando, mesmo guardando cada uma sua autonomia, integrem grupo econômico ou financeiro rural, serão responsáveis solidariamente nas obrigações decorrentes da relação de emprego.

§ 3º Inclui-se na atividade econômica referida no *caput* deste artigo, a exploração industrial em estabelecimento agrário.

§ 4º Consideram-se como exploração industrial em estabelecimento agrário, para os fins do parágrafo anterior, as atividades que compreendem o primeiro tratamento dos produtos agrários *in natura* sem transformá-los em sua natureza, tais como:

I — o beneficiamento, a primeira modificação ou o preparo dos produtos agropecuários e hortigranjeiros e das matérias-primas de origem animal ou vegetal para posterior venda ou industrialização;

II — o aproveitamento dos subprodutos oriundos das operações de preparo e modificação dos produtos *in natura*, referidas no item anterior.

§ 5º Para os fins previstos no § 3º, não será considerada indústria rural aquela que, operando a primeira transformação do produto agrário, altere a sua natureza, retirando-lhe a condição de matéria-prima.

Art. 3º Empregado rural é toda pessoa física que, em propriedade rural ou prédio rústico, presta serviços de natureza não eventual a empregador rural, sob a dependência deste e mediante salário.

Art. 4º Nas relações de trabalho rural aplicam-se os arts. 4º a 6º; 8º a 10; 13 a 19; 21; 25 a 29; 31 a 34; 36 a 44; 48 a 50; 62, alínea *b*; 67 a 70; 74; 76; 78 a 79; 83; 84; 86; 116 a 118; 124 a 126; 129 a 133; 134, alíneas *a, c, d, e* e *f*; 135 a 142; parágrafo único do arts. 143; 144; 147; 359; 366; 372; 377; 379; 387 a 396; 399; 402; 403; 405 *caput*, § 5º; 407 a 410; 414 a 427; 437; 439; 441 a 457; 458 *caput* e § 2º; 459 a 479; 480 *caput* e § 1º; 481 a 487; 489 a 504; 511 a 535; 537 a 552; 553 *caput* e alíneas *b, c,* d e e, e §§ 1º e 2º; 554 a 562; 564 a 566; 570 *caput*, 601 a 603; 605 a 629; 630 *caput* e §§ 1º; 2º; 3º; 4º; 5º; 7º e 8º; 631 a 685; 687 a 690; 693; 694; 696; 697; 699 a 702; 707 a 721; 722 *caput*, alíneas *b* e *c* e §§ 1º, 2º e 3º; 723 a 725; 727 a 733; 735 a 754; 763 a 914, da Consolidação das Leis do Trabalho, aprovada pelo Decreto-Lei n. 5.452, de 1º de maio de 1943, com suas alterações. *(Nota: Os arts. 129 a 153, que tratam das férias, tiveram sua redação alterada pelo Dec.-lei n. 1.535, de 13.4.77, DOU 13.4.77)*

Parágrafo único. Aplicam-se, igualmente, nas relações de trabalho rural:

I — os arts. 1º; 2º *caput* e alínea *a*; 4º; 5º (este com as limitações do Decreto-Lei n. 86, de 27 de dezembro de 1966); 6º; 7º; 8º; 9º; 10; 11; 12; 13; 14; 15; 16 do Regulamento da Lei n. 605, de 5 de ja-

neiro de 1949, aprovado pelo Decreto n. 27.048 de 12 de agosto de 1949;

II — os arts. 1º; 2º; 3º; 4º; 5º; 6º; 7º, do Regulamento da Lei n. 4.090, de 13 de agosto de 1962, com as alterações da Lei n. 4.749, de 12 de agosto de 1965, aprovado pelo Decreto n. 57.155, de 3 de novembro de 1965;

III — os arts. 1º; 2º; 3º; 6º; 11; 12, da Lei n. 4.725, de 13 de julho de 1965, com as alterações da Lei n. 4.903, de 16 de dezembro de 1965;

IV — os arts. 1º; 2º; 3º; 5º; 7º; 8º; 9º; 10, do Decreto-Lei n. 15, de 29 de julho de 1966, com a redação do Decreto-Lei n. 17, de 22 de agosto de 1966.

Art. 5º Os contratos de trabalho, individuais ou coletivos, estipularão, conforme os usos, praxes e costumes de cada região, o início e o término normal de jornada de trabalho, que não poderá exceder de 8 (oito) horas por dia.

§ 1º Será obrigatória, em qualquer trabalho contínuo de duração superior a 6 (seis) horas, a concessão de um intervalo mínimo de 1 (uma) hora para repouso ou alimentação, observados os usos e costumes da região.

§ 2º Os intervalos para repouso ou alimentação não serão computados na duração do trabalho.

Art. 6º Entre duas jornadas de trabalho haverá um período mínimo de 11 (onze) horas consecutivas para descanso.

Art. 7º A duração normal do trabalho poderá ser acrescida de horas suplementares, em número não excedente de 2 (duas), mediante acordo escrito entre o empregador e o empregado ou mediante contrato prévio coletivo de trabalho, observado o disposto no artigo anterior.

§ 1º Do acordo ou do contrato coletivo de trabalho deverá constar, obrigatoriamente, a importância da remuneração da hora suplementar que será, pelo menos, 20% (vinte por cento) superior à da hora normal.

§ 2º Poderá ser dispensado o acréscimo de salário se, por força de acordo ou contrato coletivo, o excesso de horas em um dia for compensado pela correspondente redução em outro dia, de maneira que não exceda o horário normal de trabalho.

Art. 8º A duração da jornada de trabalho poderá exceder do limite legal ou convencionado para terminar serviços que, pela sua natureza, não possam ser adiados, ou para fazer face a motivo de força maior.

§ 1º O excesso, nos casos deste artigo, poderá ser exigido independentemente de acordo ou contrato coletivo e deverá ser comunicado, dentro de 10 (dez) dias, à Delegacia Regional do Trabalho, ou, antes desse prazo, justificado aos agentes fiscais, sem prejuízo daquela comunicação.

§ 2º Nos casos de excesso de horário por motivo de força maior, a remuneração da hora excedente não será inferior à da hora normal. Nos demais casos de excesso previsto neste artigo, a remuneração será, pelo menos, 25% (vinte e cinco por cento) superior à da hora normal, e o trabalho não poderá exceder de 12 (doze) horas.

Art. 9º A duração da jornada de trabalho poderá igualmente exceder do limite legal ou convencionado, até o máximo de 2 (duas) horas, durante o número de dias necessários, para compensar interrupções do trabalho decorrentes de causas acidentais ou de força maior, desde que a jornada diária não exceda de 10 (dez) horas.

Parágrafo único. A prorrogação a que se refere este artigo não poderá exceder de 45 (quarenta e cinco) dias por ano, condicionada à prévia autorização da autoridade competente.

Art. 10. Nos serviços intermitentes não serão computados, como de efetivo exercício, os intervalos entre uma e outra parte da execução da tarefa diária, devendo essa característica ser expressamente ressalvada na Carteira de Trabalho e Previdência Social.

Parágrafo único. Considera-se serviço intermitente aquele que, por sua natureza, seja normalmente executado em duas ou mais etapas diárias distintas, desde que haja interrupção do trabalho de, no mínimo 5 (cinco) horas, entre uma e outra parte da execução da tarefa.

Art. 11. Todo trabalho noturno acarretará acréscimo de 25% (vinte e cinco por cento) sobre a remuneração normal da hora diurna.

Parágrafo único. Considera-se trabalho noturno, para os efeitos deste artigo, o executado entre as 21 (vinte e uma) horas de um dia e as 5 (cinco) horas do dia seguinte, na lavoura e entre as 20 (vinte) horas de um dia e as 4 (quatro horas) do dia seguinte, na atividade pecuária.

Art. 12. Ao menor de 18 (dezoito) anos é vedado o trabalho noturno.

Art. 13. Ao menor de 12 (doze) anos é proibido qualquer trabalho.

Art. 14. As normas referentes à jornada de trabalho, trabalho noturno, trabalho do menor e outras compatíveis com a modalidade das respectivas atividades aplicam-se aos avulsos e outros trabalhadores rurais que, sem vínculo de emprego, prestam serviços a empregadores rurais.

Art. 15. Ao empregado maior de 16 (dezesseis) anos é assegurado salário mínimo regional de adulto.

Parágrafo único. Ao empregado menor de 16 (dezesseis) anos é assegurado salário mínimo igual à metade do salário mínimo regional de adulto.

Art. 16. Além das hipóteses de determinação legal ou decisão judicial, somente poderão ser efetuados no salário do empregado os seguintes descontos:

I — até o limite de 20% (vinte por cento) do salário mínimo regional, pela ocupação da morada;

II — até o limite de 25% (vinte e cinco por cento) do salário mínimo regional, pelo fornecimento de alimentação;

III — valor de adiantamento em dinheiro.

§ 1º As deduções especificadas nos itens I, II e III deverão ser previamente autorizadas pelo empregado, sem o que serão nulas de pleno direito.

§ 2º Para os fins a que se refere o item I deste artigo, considera-se morada, a habitação fornecida pelo empregador, a qual, atendendo às condições peculiares de cada região, satisfaça os requisitos de salubridade e higiene estabelecidos em normas expedidas pelas Delegacias Regionais do Trabalho.

Art. 17. Sempre que mais de um empregado residir na mesma morada, o valor correspondente ao percentual do desconto previsto no item I, do artigo 15, será dividido igualmente pelo número total de ocupantes. *O texto original faz referência ao art. 15, embora o correto seja o item I do art. 16)*

Parágrafo único. É vedada, em qualquer hipótese, a moradia coletiva de famílias.

Art. 18. Rescindido ou findo o contrato de trabalho, o empregado será obrigado a desocupar a morada fornecida pelo empregador dentro de 30 (trinta) dias.

Art. 19. Considera-se safreiro ou safrista o trabalhador que se obriga à prestação de serviços mediante contrato de safra.

Parágrafo único. Contrato de safra é aquele que tenha sua duração dependente de variações estacionais das atividades agrárias, assim entendidas as tarefas normalmente executadas no período compreendido entre o preparo do solo para o cultivo e a colheita.

Art. 20. Expirado, normalmente o contrato de safra, o empregador pagará ao safreiro, a título de indenização do tempo de serviço, a importância correspondente a 1/12 (um doze avos) do salário mensal, por mês de serviço ou fração superior a 14 (quatorze) dias.

Art. 21. Não havendo prazo estipulado, a parte que, sem justo motivo, quiser rescindir o contrato de trabalho, deverá avisar à outra da sua resolução com a antecedência mínima de:

I — 8 (oito) dias, se o pagamento for efetuado por semana ou tempo inferior;

II — 30 (trinta) dias, se o pagamento for efetuado por quinzena ou mês, ou se o empregador contar mais de 12 (doze) meses de serviço na empresa.

Art. 22. Durante o prazo do aviso prévio, se a rescisão tiver sido promovida pelo empregador, o empregado rural terá direito a 1 (um) dia por semana, sem prejuízo do salário integral, para procurar outro emprego.

Art. 23. A aposentadoria por idade concedida ao empregado rural, na forma da Lei Complementar n. 11, de 25 de maio de 1971, e sua regulamentação, não acarretará rescisão do respectivo contrato de trabalho, nem constituirá justa causa para a dispensa.

Parágrafo único. Constitui justa causa para rescisão do contrato de trabalho, além das apuradas em inquérito administrativo processado pelo Ministério do Trabalho e Previdência Social, a incapacidade total e permanente, resultante de idade avançada, enfermidade ou lesão orgânica comprovada mediante perícia médica a cargo da Delegacia Regional do Trabalho.

Art. 24. Aplicam-se ao empregado e empregador rural as normas referentes ao enquadramento e contribuição sindical, constantes do Decreto-Lei n. 1.166, de 15 de abril de 1971.

Art. 25. A plantação subsidiária ou intercalar (cultura secundária), a cargo do empregado, quando de interesse também do empregador, será objeto de contrato em separado.

§ 1º Se houver necessidade de utilização de safreiros nos casos previstos neste artigo, os encargos decorrentes serão sempre de responsabilidade do empregador.

§ 2º O resultado anual a que tiver direito o empregado rural, quer em dinheiro, quer em produto *in natura*, não poderá ser computado como parte correspondente ao salário mínimo na remuneração geral do empregado durante o ano agrícola.

Art. 26. O empregador rural que tiver a seu serviço, nos limites de sua propriedade, mais de 50 (cinquenta) trabalhadores de qualquer natureza, com família, é obrigado a possuir e conservar em funcionamento escola primária, inteiramente gratuita, para os menores dependentes, com tantas classes quantos sejam os grupos de 40 (quarenta) crianças em idade escolar.

Art. 27. A prescrição dos direitos assegurados aos trabalhadores rurais só ocorrerá após 2 (dois) anos da rescisão ou término do contrato de trabalho.

Parágrafo único. Contra o menor de 18 (dezoito) anos não corre qualquer prescrição.

Art. 28. O Ministro do Trabalho e Previdência Social estabelecerá, através de

LEGISLAÇÃO COMPLEMENTAR

Portaria, as normas de segurança e higiene do trabalho a serem observadas nos locais de trabalho rural.

Art. 29. As infrações aos dispositivos deste regulamento e aos da Consolidação das Leis do Trabalho, salvo as do Título IV, Capítulos I, III, IV, VIII e IX, serão punidas com multa de 1/10 (um décimo) do salário mínimo regional de 10 (dez) salários mínimos regionais, segundo a natureza da infração e sua gravidade, aplicada em dobro nos casos de reincidência, oposição à fiscalização ou desacato à autoridade, sem prejuízo de outras sanções cabíveis.

§ 1º A falta de registro de empregados ou o seu registro em livros ou fichas não rubricadas e legalizadas, na forma do art. 42, da Consolidação das Leis do Trabalho, sujeitará a empresa infratora à multa de 1 (um) salário mínimo regional por empregado em situação irregular.

§ 2º Tratando-se de infrator primário, a penalidade prevista neste artigo não excederá de 4 (quatro) salários mínimos regionais.

§ 3º As penalidades serão aplicadas pela autoridade competente do Ministério do Trabalho e Previdência Social, de acordo com o disposto no Título VII, da Consolidação das Leis do Trabalho.

Art. 30. Aquele que recusar o exercício da função de vogal de Vara do Trabalho ou de juiz representante classista do Tribunal Regional, sem motivo justificado, incorrerá nas penas de multa previstas no artigo anterior, além da suspensão do direito de representação profissional por 2 (dois) a 5 (cinco) anos.

JÚLIO BARATA

Lei n. 6.019, de 3 de janeiro de 1974

Dispõe sobre o trabalho temporário nas empresas urbanas e dá outras providências

O PRESIDENTE DA REPÚBLICA,
Faço saber que o Congresso Nacional decreta e eu sanciono a seguinte Lei:

Art. 1º É instituído o regime de trabalho temporário, nas condições estabelecidas na presente Lei.

Art. 2º Trabalho temporário é aquele prestado por pessoa física a uma empresa, para atender à necessidade transitória de substituição de seu pessoal regular e permanente ou a acréscimo extraordinário de serviços.

Art. 3º É reconhecida a atividade da empresa de trabalho temporário que passa a integrar o plano básico do enquadramento sindical a que se refere o art. 577, da Consolidação das Leis do Trabalho.

Art. 4º Compreende-se como empresa de trabalho temporário a pessoa física ou jurídica urbana, cuja atividade consiste em colocar à disposição de outras empresas, temporariamente, trabalhadores, devidamente qualificados, por elas remunerados e assistidos.

Art. 5º O funcionamento da empresa de trabalho temporário dependerá de registro no Departamento Nacional de Mão de Obra do Ministério do Trabalho e Previdência Social.

Art. 6º O pedido de registro para funcionar deverá ser instruído com os seguintes documentos:

a) prova de constituição da firma e de nacionalidade brasileira de seus sócios, com o competente registro na Junta Comercial da localidade em que tenha sede;

b) prova de possuir capital social de no mínimo quinhentas vezes o valor do maior salário mínimo vigente no País;

c) prova de entrega da relação de trabalhadores a que se refere o art. 360, da Consolidação das Leis do Trabalho, bem como apresentação do Certificado de Regularidade de Situação, fornecido pelo Instituto Nacional de Previdência Social;

d) prova do recolhimento da Contribuição Sindical;

e) prova da propriedade do imóvel-sede ou recibo referente ao último mês relativo ao contrato de locação;

f) prova de inscrição no Cadastro Geral de Contribuintes do Ministério da Fazenda.

Parágrafo único. No caso de mudança de sede ou de abertura de filiais, agências ou escritórios é dispensada a apresentação dos documentos de que trata este artigo, exigindo-se, no entanto, o encaminhamento prévio ao Departamento Nacional de Mão de Obra de comunicação por escrito, com justificativa e endereço da nova sede ou das unidades operacionais da empresa.

Art. 7º A empresa de trabalho temporário que estiver funcionando na data da vigência desta Lei terá o prazo de noventa dias para o atendimento das exigências contidas no artigo anterior.

Parágrafo único. A empresa infratora do presente artigo poderá ter o seu funcionamento suspenso, por ato do Diretor-Geral do Departamento Nacional de Mão de Obra, cabendo recurso ao Ministro de Estado, no prazo de dez dias, a contar da publicação do ato no *Diário Oficial da União*.

Art. 8º A empresa de trabalho temporário é obrigada a fornecer ao Departamento Nacional de Mão de Obra, quando solicitada, os elementos de informação julgados necessários ao estudo do mercado de trabalho.

Art. 9º O contrato entre a empresa de trabalho temporário e a empresa tomadora de serviço ou cliente deverá ser obrigatoriamente escrito e dele deverá constar expressamente o motivo justificador da demanda de trabalho temporário, assim como as modalidades de remuneração da prestação de serviço.

Art. 10. O contrato entre a empresa de trabalho temporário e a empresa tomadora ou cliente, com relação a um mesmo empregado, não poderá exceder de três meses, salvo autorização conferida pelo órgão local do Ministério do Trabalho e Previdência Social, segundo instruções a serem baixadas pelo Departamento Nacional de Mão de Obra.

Art. 11. O contrato de trabalho celebrado entre empresa de trabalho temporário e cada um dos assalariados colocados à disposição de uma empresa tomadora ou cliente será, obrigatoriamente, escrito e dele deverão constar, expressamente, os direitos conferidos aos trabalhadores por esta Lei.

Parágrafo único. Será nula de pleno direito qualquer cláusula de reserva, proibindo a contratação do trabalhador pela empresa tomadora ou cliente ao fim do prazo em que tenha sido colocado à sua disposição pela empresa de trabalho temporário.

Art. 12. Ficam assegurados ao trabalhador temporário os seguintes direitos:

a) remuneração equivalente à percebida pelos empregados da mesma categoria da empresa tomadora ou cliente calculados à base horária, garantida, em qualquer hipótese, a percepção do salário mínimo regional;

b) jornada de oito horas, remuneradas as horas extraordinárias não excedentes de duas, com acréscimo de 20% (vinte por cento);

c) férias proporcionais, nos termos do art. 25 da Lei n. 5.107, de 13 de setembro de 1966;

d) repouso semanal remunerado;

e) adicional por trabalho noturno;

f) indenização por dispensa sem justa causa ou término normal do contrato correspondente a 1/12 (um doze avos) do pagamento recebido;

g) seguro contra acidente do trabalho;

h) proteção previdenciária nos termos do disposto na Lei Orgânica da Previdência Social, com as alterações introduzidas pela Lei n. 5.890, de 8 de junho de 1973 (art. 5º, item III, letra "c" do Decreto n. 72.771, de 6 de setembro de 1973).

§ 1º Registrar-se-á na Carteira de Trabalho e Previdência Social do trabalhador sua condição de temporário.

§ 2º A empresa tomadora ou cliente é obrigada a comunicar à empresa de trabalho temporário a ocorrência de todo acidente cuja vítima seja um assalariado posto à sua disposição, considerando-se local de trabalho para efeito da legislação específica, tanto aquele onde se efetua a prestação do trabalho, quanto a sede da empresa de trabalho temporário.

Art. 13. Constituem justa causa para rescisão do contrato do trabalhador temporário os atos e circunstâncias mencionadas nos arts. 482 e 483, da Consolidação das Leis do Trabalho, ocorrentes entre o trabalhador e a empresa de trabalho temporário ou entre aquele e a empresa cliente onde estiver prestando serviço.

Art. 14. As empresas de trabalho temporário são obrigadas a fornecer às empresas tomadoras ou clientes, a seu pedido, comprovante da regularidade de sua situação com o Instituto Nacional de Previdência Social.

Art. 15. A Fiscalização do Trabalho poderá exigir da empresa tomadora ou cliente a apresentação do contrato firmado com a empresa de trabalho temporário, e, desta última, o contrato firmado com o trabalhador bem como a comprovação do respectivo recolhimento das contribuições previdenciárias.

Art. 16. No caso de falência da empresa de trabalho temporário, a empresa tomadora ou cliente é solidariamente responsável pelo recolhimento das contribuições previdenciárias, no tocante ao tempo em que o trabalhador esteve sob suas ordens, assim como em referência ao mesmo período, pela remuneração e indenização previstas nesta Lei.

Art. 17. É defeso às empresas de prestação de serviço temporário a contratação de estrangeiros com visto provisório de permanência no País.

Art. 18. É vedado à empresa de trabalho temporário cobrar do trabalhador qualquer importância, mesmo a título de mediação, podendo apenas efetuar os descontos previstos em Lei.

Parágrafo único. A infração deste artigo importa no cancelamento do registro para funcionamento da empresa de trabalho temporário, sem prejuízo das sanções administrativas e penais cabíveis.

Art. 19. Competirá à Justiça do Trabalho dirimir os litígios entre as empresas de serviço temporário e seus trabalhadores.

Art. 20. Esta Lei entrará em vigor sessenta dias após sua publicação, revogadas as disposições em contrário.

Brasília, 3 de janeiro de 1974; 153º da Independência e 86º da República.

EMÍLIO GARRASTAZU MÉDICI
ALFREDO BUZAID
JÚLIO BARATA

DOU 4.1.1974

Decreto n. 73.841, de 13 de março de 1974

Regulamenta a Lei n. 6.019, de 3 de janeiro de 1974, que dispõe sobre o trabalho temporário

O PRESIDENTE DA REPÚBLICA, no uso da atribuição que lhe confere o art. 81, item III, da Constituição e tendo em vista a Lei n. 6.019, de 3 de janeiro de 1974, decreta:

CAPÍTULO I
Do Trabalho Temporário

Art. 1º Trabalho temporário é aquele prestado por pessoa física a uma empresa, para atender necessidade transitória de substituição de pessoal regular e permanente ou a acréscimo extraordinário de serviços.

CAPÍTULO II
Da Empresa de Trabalho Temporário

Art. 2º A empresa de trabalho temporário tem por finalidade colocar pessoal especializado, por tempo determinado, à disposição de outras empresas que dele necessite.

Art. 3º A empresa de trabalho temporário, pessoa física ou jurídica, será necessariamente urbana.

Art. 4º O funcionamento da empresa de trabalho temporário está condicionado a prévio registro no Departamento Nacional de Mão de Obra do Ministério do Trabalho e Previdência Social.

§ 1º O pedido de registro deve ser acompanhado dos seguintes documentos:

I — prova de existência da firma individual ou da constituição de pessoa jurídica, com o competente registro na Junta Comercial da localidade em que tenham sede;

II — prova de nacionalidade brasileira do titular ou dos sócios;

III — prova de possuir capital social integralizado de, no mínimo, 500 (quinhentas) vezes o valor do maior salário mínimo vigente no País, à época do pedido do registro;

IV — prova de propriedade do imóvel sede ou recibo referente ao último mês de aluguel;

V — prova de entrega da relação de trabalhadores a que se refere o art. 360 da Consolidação das Leis do Trabalho;

VI — prova de recolhimento da contribuição sindical;

VII — prova de inscrição no Cadastro Geral de Contribuintes do Ministério da Fazenda;

VIII — Certificado de Regularidade de Situação, fornecido pelo Instituto Nacional de Previdência Social.

§ 2º O pedido de registro a que se refere o parágrafo anterior é dirigido ao Diretor-Geral do Departamento Nacional de Mão de Obra e protocolado na Delegacia Regional do Trabalho no Estado em que se situe a sede da empresa.

Art. 5º No caso de mudança de sede ou de abertura de filiais, agências ou escritórios é dispensada a apresentação dos documentos de que trata o § 1º do artigo anterior, exigindo-se, no entanto, o encaminhamento prévio ao Departamento Nacional de Mão de Obra de comunicação por escrito com justificativa e endereço da nova sede ou das unidades operacionais da empresa.

Art. 6º No caso de alteração na constituição de empresa já registrada, seu funcionamento dependerá de prévia comunicação ao Departamento Nacional de Mão de Obra e apresentação dos documentos mencionados no item II do § 1º do art. 4º.

Art. 7º A empresa de trabalho temporário é obrigada a fornecer ao Departamento Nacional de Mão de Obra, quando solicitada, os elementos de informação julgados necessários ao estudo do mercado de trabalho.

Art. 8º Cabe à empresa de trabalho temporário remunerar e assistir aos trabalhadores temporários relativamente aos seus direitos, consignados nos arts. 17 a 20 deste Decreto.

Art. 9º A empresa de trabalho temporário fica obrigada a registrar na Carteira de Trabalho e Previdência Social do trabalhador, sua condição de temporário.

Art. 10. A empresa de trabalho temporário é obrigada a apresentar à empresa tomadora de serviço ou cliente, a seu pedido, Certificado de Regularidade de Situação, fornecido pelo Instituto Nacional de Previdência Social.

Art. 11. A empresa de trabalho temporário é obrigada a apresentar ao agente da fiscalização, quando solicitado, o contrato firmado com o trabalhador temporário, os comprovantes de recolhimento das contribuições previdenciárias, bem como os demais elementos probatórios do cumprimento das obrigações estabelecidas neste Decreto.

Art. 12. É vedado à empresa de trabalho temporário:

I — contratar estrangeiro portador de visto provisório de permanência no País;

II — ter ou utilizar em seus serviços trabalhador temporário, salvo o disposto no art. 16 ou quando contratado com outra empresa de trabalho temporário.

Art. 13. Executados os descontos previstos em lei, é defeso à empresa de trabalho temporário exigir do trabalhador pagamento de qualquer importância, mesmo a título de mediação, sob pena de cancelamento do registro para funcionamento, sem prejuízo de outras sanções cabíveis.

CAPÍTULO III
Da Empresa Tomadora de Serviço ou Cliente

Art. 14. Considera-se empresa tomadora de serviço ou cliente, para os efeitos deste Decreto, a pessoa física ou jurídica que, em virtude de necessidade transitória de substituição de seu pessoal regular e permanente ou de acréscimo extraordinário de tarefas, contrate locação de mão de obra com empresa de trabalho temporário.

Art. 15. A empresa tomadora de serviço ou cliente é obrigada a apresentar ao agente da fiscalização, quando solicitada, o contrato firmado com a empresa de trabalho temporário.

CAPÍTULO IV
Do Trabalhador Temporário

Art. 16. Considera-se trabalhador temporário aquele contratado por empresa de trabalho temporário, para prestação de serviço destinado a atender à necessidade transitória de substituição de pessoal regular e permanente ou a acréscimo extraordinário de tarefas de outra empresa.

Art. 17. Ao trabalhador temporário são assegurados os seguintes direitos:

I — remuneração equivalente à percebida pelos empregados da mesma categoria da empresa tomadora ou cliente, calculada à base horária, garantido, em qualquer hipótese, o salário mínimo regional;

II — pagamento de férias proporcionais, em caso de dispensa sem justa causa ou término normal do contrato temporário de trabalho, calculado na base de 1/12 (um doze avos) do último salário percebido, por mês trabalhado, considerando-se como mês completo a fração igual ou superior a 15 (quinze) dias;

III — indenização do tempo de serviço em caso de dispensa sem justa causa, rescisão do contrato por justa causa do trabalhador ou término normal do contrato de trabalho temporário, calculada na base de 1/12 (um doze avos) do último salário percebido, por mês de serviço, considerando-se como mês completo a fração igual ou superior a 15 (quinze) dias;

IV — benefícios e serviços da previdência social, nos termos da Lei n. 3.807, de 26 de agosto de 1960, com as alterações introduzidas pela Lei n. 5.890, de 8 de junho de 1973, como segurado autônomo;

V — seguro de acidentes do trabalho, nos termos da Lei n. 5.316, de 14 de setembro de 1967.

Art. 18. A duração normal do trabalho, para os trabalhadores temporários é de, no máximo, 8 (oito) horas diárias, salvo disposições legais específicas concernentes a peculiaridades profissionais.

Parágrafo único. A duração normal do trabalho pode ser acrescida de horas suplementares, em número não excedente a 2 (duas), mediante acordo escrito entre a empresa de trabalho temporário e o trabalhador temporário, sendo a remuneração dessas horas acrescida de, pelo menos 20% (vinte por cento) em relação ao salário-hora normal.

Art. 19. O trabalho noturno terá remuneração superior a 20% (vinte por cento), pelo menos, em relação ao diurno.

Art. 20. É assegurado ao trabalhador temporário descanso semanal remunerado nos termos do disposto na Lei n. 605, de 5 de janeiro de 1949.

CAPÍTULO V
Do Contrato de Trabalho Temporário

Art. 21. A empresa de trabalho temporário é obrigada a celebrar contrato individual escrito de trabalho temporário com o trabalhador, no qual constem expressamente os direitos ao mesmo conferidos, decorrentes da sua condição de temporário.

Art. 22. É nula de pleno direito qualquer cláusula proibitiva da contratação do trabalhador pela empresa tomadora de serviço ou cliente.

Art. 23. Constituem justa causa para rescisão do contrato de trabalho temporário pela empresa:

I — ato de improbidade;

II — incontinência de conduta ou mau procedimento;

III — negociação habitual por conta própria ou alheia sem permissão da empresa de trabalho temporário ou da empresa tomadora de serviço ou cliente e quando constituir ato de concorrência a qualquer delas, ou prejudicial ao serviço;

IV — condenação criminal do trabalhador, passada em julgado, caso não tenha havido suspensão da execução da pena;

V — desídia no desempenho das respectivas funções;

VI — embriaguez habitual ou em serviço;

VII — violação de segredo da empresa de serviço temporário ou da empresa tomadora de serviço ou cliente;

VIII — ato de indisciplina ou insubordinação;
IX — abandono do trabalho;
X — ato lesivo da honra ou da boa fama praticado no serviço contra qualquer pessoa, ou ofensas físicas nas mesmas condições, salvo em caso de legítima defesa própria ou de outrem;
XI — ato lesivo da honra e boa fama ou ofensas físicas praticadas contra superiores hierárquicos, salvo em caso de legítima defesa própria ou de outrem;
XII — prática constante de jogo de azar;
XIII — atos atentatórios à segurança nacional, devidamente comprovados em inquérito administrativo.

Art. 24. O trabalhador pode considerar rescindido o contrato de trabalho temporário quando:
I — forem exigidos serviços superiores às suas forças, defesos por lei, contrários aos bons costumes ou alheios ao contrato;
II — for tratado pelos seus superiores hierárquicos com rigor excessivo;
III — correr perigo manifesto de mal considerável;
IV — não cumprir a empresa de trabalho temporário as obrigações do contrato;
V — praticar a empresa de trabalho temporário ou a empresa tomadora de serviço ou cliente, ou seus prepostos, contra ele ou pessoa de sua família, ato lesivo da honra e boa fama;
VI — for ofendido fisicamente por superiores hierárquicos da empresa de trabalho temporário ou da empresa tomadora de serviço ou cliente, ou seus prepostos, salvo em caso de legítima defesa própria ou de outrem;
VII — quando for reduzido seu trabalho, sendo este por peça ou tarefa, de forma a reduzir sensivelmente a importância dos salários;
VIII — falecer o titular da empresa de trabalho temporário constituída em firma individual.

§ 1º O trabalhador temporário poderá suspender a prestação dos serviços ou rescindir o contrato, quando tiver de desempenhar obrigações legais, incompatíveis com a continuação do serviço.

§ 2º Nas hipóteses dos itens IV e VII, deste artigo, poderá o trabalhador pleitear a rescisão do seu contrato de trabalho, permanecendo ou não no serviço até final decisão do processo.

Art. 25. Serão consideradas razões determinantes de rescisão, por justa causa, no contrato de trabalho temporário, os atos e circunstâncias mencionados nos arts. 23 e 24, ocorridos entre o trabalhador e a empresa de trabalho temporário e entre aquele e a empresa tomadora ou cliente, onde estiver prestando serviço.

CAPÍTULO VI
Do Contrato de Prestação de Serviço Temporário

Art. 26. Para a prestação de serviço temporário é obrigatória a celebração de contrato escrito entre a empresa de trabalho temporário e a empresa tomadora de serviço ou cliente, dele devendo constar expressamente:
I — o motivo justificador da demanda de trabalho temporário;
II — a modalidade de remuneração da prestação de serviço, onde estejam claramente discriminadas as parcelas relativas a salários e encargos sociais.

Art. 27. O contrato entre a empresa de trabalho temporário e a empresa tomadora ou cliente, com relação a um mesmo empregado, não poderá exceder de três meses, salvo autorização conferida pelo órgão local do Ministério do Trabalho, segundo instruções a serem baixadas pelo Departamento Nacional de Mão de Obra.

Art. 28. As alterações que se fizerem necessárias, durante a vigência do contrato de prestação de serviços, relativas à redução ou ao aumento do número de trabalhadores colocados à disposição da empresa tomadora de serviço ou cliente, deverão ser objeto de termo aditivo ao contrato, observado o disposto nos arts. 26 e 27.

CAPÍTULO VII
Disposições Gerais

Art. 29. Compete à Justiça do Trabalho dirimir os litígios entre as empresas de serviço temporário e seus trabalhadores.

Art. 30. No caso de falência da empresa de trabalho temporário, a empresa tomadora de serviço ou cliente é solidariamente responsável pelo recolhimento das contribuições previdenciárias no tocante ao tempo em que o trabalhador esteve sob suas ordens, assim como em referência ao mesmo período, pela remuneração e indenização previstas neste Decreto.

Art. 31. A contribuição previdenciária é devida na seguinte proporcionalidade:
I — do trabalhador temporário, no valor de 8% (oito por cento) do salário efetivamente percebido, observado o disposto no art. 224 do Regulamento aprovado pelo Decreto n. 72.771, de 6 de setembro de 1973;
II — da empresa de trabalho temporário, em quantia igual à devida pelo trabalhador.

Art. 32. É devida pela empresa de trabalho temporário a taxa relativa ao custeio das prestações por acidente do trabalho.

Art. 33. O recolhimento das contribuições previdenciárias, inclusive as do trabalhador temporário, bem como da taxa de contribuição do seguro de acidentes do trabalho, cabe à empresa de trabalho temporário, independentemente do acordo a que se refere o art. 237 do Regulamento aprovado pelo Decreto n. 72.771, de 6 de setembro de 1973, de conformidade com instruções expedidas pelo INPS.

Art. 34. Aplicam-se às empresas de trabalho temporário, no que se refere às suas relações com o trabalhador, e perante o INPS, as disposições da Lei n. 3.807, de 26 de agosto de 1960, com as alterações introduzidas pela Lei n. 5.890, de 8 de junho de 1973.

Art. 35. A empresa de trabalho temporário é obrigada a elaborar folha de pagamento especial para os trabalhadores temporários.

Art. 36. Para os fins da Lei n. 5.316, de 14 de setembro de 1967, considera-se local de trabalho para os trabalhadores temporários, tanto aquele onde se efetua a prestação do serviço, quanto a sede da empresa de trabalho temporário.

§ 1º A empresa tomadora de serviço ou cliente é obrigada a comunicar à empresa de trabalho temporário a ocorrência de acidente do trabalho cuja vítima seja trabalhador posto à sua disposição.

§ 2º O encaminhamento do acidentado ao Instituto Nacional de Previdência Social pode ser feito diretamente pela empresa tomadora de serviço ou cliente, de conformidade com normas expedidas por aquele Instituto.

Art. 37. Ao término normal do contrato de trabalho, ou por ocasião de sua rescisão, a empresa de trabalho temporário deve fornecer ao trabalhador temporário atestado, de acordo com modelo instituído pelo INPS.

Parágrafo único. O atestado a que se refere este artigo valerá, para todos os efeitos, como prova de tempo de serviço e salário de contribuição, podendo, em caso de dúvida ser exigida pelo INPS a apresentação pela empresa de trabalho temporário, dos documentos que serviram de base para emissão do atestado.

Art. 38. O disposto neste Decreto não se aplica aos trabalhadores avulsos.

CAPÍTULO VIII
Disposições Transitórias

Art. 39. A empresa de trabalho temporário, em funcionamento em 5 de março de 1974, data da vigência da Lei n. 6.019, de 3 de janeiro de 1974, fica obrigada a atender aos requisitos constantes do art. 4º deste Decreto até o dia 3 de junho de 1974, sob pena de suspensão de seu funcionamento, por ato do Diretor-Geral do Departamento Nacional de Mão de Obra.

Parágrafo único. Do ato do Diretor-Geral do Departamento Nacional de Mão de Obra que determinar a suspensão do funcionamento da empresa de trabalho temporário, nos termos deste artigo, cabe recurso ao Ministro do Trabalho, no prazo de 10 (dez) dias, a contar da data da publicação do ato no Diário Oficial.

Art. 40. Mediante proposta da Comissão de Enquadramento Sindical do Departamento Nacional do Trabalho, o Ministro do Trabalho incluirá as empresas de trabalho temporário e os trabalhadores temporários em categorias existentes ou criará categorias específicas no Quadro de Atividades e Profissões a que se refere o art. 577 da Consolidação das Leis do Trabalho.

Art. 41. O presente Decreto entrará em vigor na data de sua publicação, revogadas as disposições em contrário.

Brasília, 13 de março de 1974; 153º da Independência e 86º da República.

Emílio G. Médici
Júlio Barata

DOU 13.3.1974

Lei n. 6.094, de 30 de agosto de 1974

Define, para fins de previdência social, a atividade de auxiliar de condutor autônomo de veículo rodoviário, e dá outras providências

O PRESIDENTE DA REPÚBLICA, faço saber que o Congresso Nacional decreta e eu sanciono a seguinte Lei:

Art. 1º É facultada ao Condutor Autônomo de Veículo Rodoviário a cessão do seu automóvel, em regime de colaboração, no máximo a dois outros profissionais.

§ 1º Os auxiliares de condutores autônomos de veículos rodoviários contribuirão para o Regime Geral de Previdência Social de forma idêntica à dos contribuintes individuais *(Redação dada pela Lei n. 12.765, de 27.12.12, DOU 28.12.12)*

§ 2º O contrato que rege as relações entre o autônomo e os auxiliares é de natureza civil, não havendo qualquer vínculo empregatício nesse regime de trabalho *(Redação dada pela Lei n. 12.765, de 27.12.12, DOU 28.12.12)*

§ 3º As autoridades estaduais competentes fornecerão ao motorista colaborador identidade que o qualifique como tal.

§ 4º A identidade será fornecida mediante requerimento do interessado, com a concordância do proprietário do veículo.

Art. 2º Esta Lei entrará em vigor na data de sua publicação, revogadas as disposições em contrário.

Brasília, 30 de agosto de 1974; 153º da Independência e 86º da República.

ERNESTO GEISEL
L. G. DO NASCIMENTO E SILVA
DOU 2.9.1974

Lei n. 6.224, de 14 de julho de 1975

Regula o exercício da profissão de propagandista e vendedor de produtos farmacêuticos, e dá outras providências

O PRESIDENTE DA REPÚBLICA,

Faço saber que o Congresso Nacional decreta e eu sanciono a seguinte Lei:

Art. 1º Considera-se propagandista e vendedor de produtos farmacêuticos aquele que exerce função remunerada nos serviços de propaganda e venda de produtos químico-farmacêuticos e biológicos, nos consultórios (VETADO) empresas, farmácias, drogarias e estabelecimentos de serviços médicos, odontológicos, médicos veterinários e hospitalares, públicos e privados.

Parágrafo único. Considera-se, ainda, propagandista e vendedor de produtos farmacêuticos aquele que, além das atividades previstas neste artigo, realiza promoção de vendas, cobrança ou outras atividades acessórias.

Art. 2º O propagandista e vendedor de produtos farmacêuticos somente poderá exercer função diferente daquela para a qual for contratado, quando, previamente, e com a sua anuência expressa, proceder-se-á respectiva anotação na Carteira Profissional.

Parágrafo único. O propagandista e vendedor de produtos farmacêuticos, chamado a ocupar cargo diverso do constante do seu contrato, terá direito à percepção do salário correspondente ao novo cargo, bem como à vantagem do tempo de serviço, para todos os efeitos legais, e ainda, ao retorno à função anterior com as vantagens outorgadas à função que exerce.

Art. 3º É vedado o exercício da profissão de propagandista e vendedor de produtos farmacêuticos ao menor de 18 (dezoito) anos.

Art. 4º As infrações à presente Lei, para as quais não esteja prevista penalidade específica, serão punidas de acordo com os critérios fixados, para casos semelhantes, na Consolidação das Leis do Trabalho.

Art. 5º Esta Lei entrará em vigor na data de sua publicação, revogadas as disposições em contrário.

ERNESTO GEISEL
PRESIDENTE DA REPÚBLICA
ARNALDO PRIETO
DOU 15.7.1975

Lei n. 6.321, de 14 de abril de 1976

Dispõe sobre a dedução, do lucro tributável, para fins do imposto sobre a renda das pessoas jurídicas, do dobro das despesas realizadas em programas de alimentação do trabalhador

O PRESIDENTE DA REPÚBLICA,

Faço saber que o Congresso Nacional decreta e eu sanciono a seguinte Lei:

Art. 1º As pessoas jurídicas poderão deduzir, do lucro tributável para fins do imposto sobre a renda, o dobro das despesas comprovadamente realizadas no período base, em programas de alimentação do trabalhador, previamente aprovados pelo Ministério do Trabalho na forma em que dispuser o Regulamento desta Lei.

§ 1º A dedução a que se refere o *caput* deste artigo não poderá exceder, em cada exercício financeiro, isoladamente, a 5% (cinco por cento) e cumulativamente com a dedução de que trata a Lei n. 6.297, de 15 de dezembro de 1975, a 10% (dez por cento) do lucro tributável.

§ 2º As despesas não deduzidas no exercício financeiro correspondente poderão ser transferidas para dedução nos dois exercícios financeiros subsequentes.

Art. 2º Os programas de alimentação a que se refere o artigo anterior deverão conferir prioridade ao atendimento dos trabalhadores de baixa renda e limitar-se-ão aos contratados pela pessoa jurídica beneficiária.

§ 1º O Ministério do Trabalho articular-se-á com o Instituto Nacional de Alimentação e Nutrição — INAN, para efeito do exame e aprovação dos programas a que se refere a presente Lei.

§ 2º As pessoas jurídicas beneficiárias do Programa de Alimentação do Trabalhador — PAT poderão estender o benefício previsto nesse Programa aos trabalhadores por elas dispensados, no período de transição para um novo emprego, limitada a extensão ao período de seis meses. (NR) *(Parágrafo acrescentado pela Medida Provisória n. 2.164-41, de 24.8.2001, DOU 27.8.2001 e transformando o parágrafo único em primeiro).*

§ 3º As pessoas jurídicas beneficiárias do Programa de Alimentação do Trabalhador — PAT poderão estender o benefício previsto nesse programa aos empregados que estejam com o contrato suspenso para participação em curso ou programa de qualificação profissional, limitada essa extensão ao período de cinco meses. (NR) *(Parágrafo acrescentado pela Medida Provisória n. 2.164-41, de 24.8.2001, DOU 27.8.2001).*

Art. 3º Não se inclui como salário de contribuição a parcela paga *in natura*, pela empresa, nos programas de alimentação aprovados pelo Ministério do Trabalho.

Art. 4º O Poder Executivo regulamentará a presente Lei no prazo de 60 (sessenta) dias.

Art. 5º Esta Lei entrará em vigor na data de sua publicação, revogadas as disposições em contrário.

Brasília, 14 de abril de 1976; 155º da Independência e 88º da República.

ERNESTO GEISEL
MÁRIO HENRIQUE SIMONSEN
ARNALDO PRIETO
PAULO DE ALMEIDA MACHADO
DOU 19.4.1976

Decreto n. 5, de 14 de janeiro de 1991

Regulamenta a Lei n. 6.321, de 14 de abril de 1976, que trata do programa de alimentação do trabalhador, revoga o Decreto n. 78.676, de 8 de novembro de 1976 e dá outras providências

O PRESIDENTE DA REPÚBLICA, no uso da atribuição que lhe confere o art. 84, inciso IV, da Constituição,

Decreta:

Art. 1º A pessoa jurídica poderá deduzir, do imposto de renda devido, valor equivalente à aplicação da alíquota cabível do imposto de renda sobre a soma das despesas de custeio realizadas, no período base, em Programas de Alimentação do Trabalhador, previamente aprovados pelo Ministério do Trabalho e da Previdência Social — MTPS, nos termos deste regulamento.

§ 1º As despesas realizadas durante o período base da pessoa jurídica, além de constituírem custo operacional, poderão ser consideradas em igual montante para o fim previsto neste artigo.

§ 2º A dedução do imposto sobre a renda estará limitada a 5% (cinco por cento) do imposto devido em cada exercício, podendo o eventual excesso ser transferido para dedução nos 2 (dois) exercícios subsequentes. *(Redação dada pelo Decreto n. 349, de 21.11.1991, DOU 22.11.1991).*

§ 3º As despesas de custeio admitidas na base de cálculo do incentivo são aquelas que vierem a constituir o custo direto e exclusivo do serviço de alimentação, podendo ser consideradas, além da matéria-prima, mão de obra, encargos decorrentes de salários, asseio e os gastos de energia diretamente relacionados ao preparo e à distribuição das refeições.

§ 4º Para os efeitos deste Decreto, entende-se como prévia aprovação pelo Ministério do Trabalho e da Previdência Social, a apresentação de documento hábil a ser definido em Portaria dos Ministros do Trabalho e Previdência Social, da Economia, Fazenda e Planejamento e da Saúde.

Art. 2º Para os efeitos do art. 2º da Lei n. 6.321, de 14 de abril de 1976, os trabalhadores de renda mais elevada poderão ser incluídos no programa de alimentação, desde que esteja garantido o atendimento da totalidade dos trabalhadores contratados pela pessoa jurídica beneficiária que percebam até 5 (cinco) salários mínimos.

§ 1º A participação do trabalhador fica limitada a 20% (vinte por cento) do custo direto da refeição.

§ 2º A quantificação do custo direto da refeição far-se-á conforme o período de execução do Programa aprovado pelo Ministério do Trabalho e da Previdência Social, limitado ao máximo de 12 (doze) meses. *(§§ acrescidos pelo Decreto n. 349, de 21.11.1991, DOU 22.11.1991).*

Art. 3º Os Programas de Alimentação do Trabalhador deverão propiciar condições de avaliação do teor nutritivo da alimentação.

Art. 4º Para a execução dos programas de alimentação do trabalhador a pessoa jurídica beneficiária pode manter serviço próprio de refeições, distribuir alimentos e firmar convênio com entidades fornecedoras de alimentação coletiva, sociedades civis, sociedades comerciais e sociedades cooperativas. *(Decreto n. 2.101, de 23.12.1996).*

Parágrafo único. A pessoa jurídica beneficiária será responsável por quaisquer irregularidades resultantes dos programas executados na forma deste artigo.

LEGISLAÇÃO COMPLEMENTAR

Art. 5º A pessoa jurídica que custear em comum as despesas definidas no art. 4º, poderá beneficiar-se da dedução prevista na Lei n. 6.321, de 14 de abril de 1976, pelo critério de rateio do custo total da alimentação.

Art. 6º Nos Programas de Alimentação do Trabalhador — PAT, previamente aprovados pelo Ministério do Trabalho e da Previdência Social, a parcela paga *in natura* pela empresa não tem natureza salarial, não se incorpora à remuneração para quaisquer efeitos, não constitui base de incidência de contribuição previdenciária ou do Fundo de Garantia do Tempo de Serviço e nem se configura como rendimento tributável do trabalhador.

Art. 7º A pessoa jurídica deverá destacar contabilmente, com subtítulos por natureza de gastos, as despesas constantes do programa de alimentação do trabalhador.

Art. 8º A execução inadequada dos Programas de Alimentação do Trabalhador ou o desvio ou desvirtuamento de suas finalidades acarretarão a perda do incentivo fiscal e a aplicação das penalidades cabíveis.

Parágrafo único. Na hipótese de infringência de dispositivos deste regulamento, as autoridades incumbidas da fiscalização no âmbito dos Ministérios do Trabalho e da Previdência Social, da Economia, Fazenda e Planejamento, e da Saúde aplicarão as penalidades cabíveis no âmbito de suas competências.

Art. 9º O Ministério do Trabalho e da Previdência Social expedirá instruções dispondo sobre a aplicação deste Decreto.

Art. 10. Este Decreto entra em vigor na data de sua publicação.

Art. 11. Revogam-se o Decreto n. 78.676, de 8 de novembro de 1976, e demais disposições em contrário.

Brasília, 14 de janeiro de 1991; 170º da Independência e 103º da República.

FERNANDO COLLOR
ANTÔNIO MAGRI
DOU 15.1.1991

Lei n. 6.556, de 5 de setembro de 1978

Dispõe sobre a atividade de secretário e dá outras providências

O PRESIDENTE DA REPÚBLICA,

Faço saber que o Congresso Nacional decreta e eu sanciono a seguinte Lei:

Art. 1º O exercício da atividade de Secretário, com as atribuições previstas na Lei, será permitido ao portador de certificado de conclusão do curso regular de Secretariado, em nível de 2º grau.

Art. 2º Poderá beneficiar-se da prerrogativa do artigo anterior o profissional que conte dois ou mais anos de atividades próprias de Secretário, na data da vigência desta Lei, e que apresente certificado de curso a nível de 2º grau.

Art. 3º São atribuições do Secretário:

a) executar tarefas relativas à anotação e redação, inclusive em idiomas estrangeiros;

b) datilografar e organizar documentos;

c) outros serviços de escritório, tais como: recepção, registro de compromissos e informações, principalmente junto a cargos diretivos da organização.

Parágrafo único. O Secretário procederá segundo normas específicas rotineiras, ou de acordo com seu próprio critério, visando a assegurar e agilizar o fluxo dos trabalhos administrativos da empresa.

Art. 4º O disposto nesta Lei aplica-se à iniciativa privada, às empresas com maioria de ações do Estado ou da União, às empresas públicas e às fundações.

Parágrafo único. O disposto nesta Lei não se aplica à administração direta e às autarquias da União.

Art. 5º O regulamento desta Lei disporá sobre as modalidades de Secretariado, definindo categorias e hierarquia salarial, inclusive para os fins previstos do art. 6º.

Art. 6º O exercício da atividade de Secretário depende de registro na Delegacia Regional do Trabalho.

Parágrafo único. O Ministério do Trabalho expedirá instruções sobre o registro referido neste artigo.

Art. 7º Na Carteira de Trabalho e Previdência Social deverá ser anotada a categoria de Secretário, dentre aquelas mencionadas no regulamento.

Art. 8º Esta Lei entrará em vigor na data de sua publicação.

Art. 9º Revogam-se as disposições em contrário.

Brasília, em 5 de setembro de 1978; 157º da Independência e 90º da República.

ERNESTO GEISEL
ARNALDO PRIETO
DOU 5.9.1978

Lei n. 6.586, de 6 de novembro de 1978

Classifica o comerciante ambulante para fins trabalhistas e previdenciários

O PRESIDENTE DA REPÚBLICA,

Faço saber que o Congresso Nacional decreta e eu sanciono a seguinte Lei:

Art. 1º Considera-se comerciante ambulante aquele que, pessoalmente, por conta própria e a seus riscos, exerce pequena atividade comercial em via pública, ou de porta em porta.

Art. 2º Não se considera comerciante ambulante, para os fins desta Lei, aquele que exerce suas atividades em condições que caracterizem a existência de relação de emprego com o fornecedor dos produtos.

Art. 3º Aplica-se ao comerciante de que trata esta Lei o disposto no parágrafo único do art. 1º do Decreto-Lei n. 486, de 3 de março de 1969.

Art. 4º É obrigatória a inscrição do comerciante ambulante como segurado da previdência social, na categoria de autônomo.

Art. 5º Mediante convênio com as entidades do Sistema Nacional de Previdência e Assistência Social — SINPAS, os sindicatos respectivos poderão efetuar a inscrição e recolhimento das contribuições, bem assim a prestação de serviços previdenciários ao comerciante ambulante.

Art. 6º Constará do convênio, de que trata o artigo anterior, o prazo para transferência ao Instituto de Administração Financeira da Previdência e Assistência Social — IAPAS das contribuições previdenciárias recolhidas por intermédio dos sindicatos.

Art. 7º A falta de transferência a que se refere o artigo anterior, pelos sindicatos, na época ajustada, das quantias recebidas do comerciante ambulante caracteriza o crime de apropriação indébita e sujeita o faltoso a pagar os acréscimos de juros de mora, correção monetária e multa moratória nos mesmos limites, prazos, condições, regalias e garantias das contribuições devidas pelas empresas.

Art. 8º As disposições desta Lei não se aplicam às atividades que, embora exercidas em vias ou logradouros públicos, sejam objeto de legislação específica.

Art. 9º Esta Lei entrará em vigor na data de sua publicação.

Art. 10. Revogam-se as disposições em contrário.

Brasília, em 6 de novembro de 1978; 178º da Independência e 90º da República.

ERNESTO GEISEL
ARNALDO PRIETO
L. G. DO NASCIMENTO E SILVA
DOU 7.11.1978

Lei n. 6.858, de 24 de novembro de 1980

Dispõe sobre o pagamento aos dependentes ou sucessores, de valores não recebidos em vida pelos respectivos titulares

O PRESIDENTE DA REPÚBLICA,

Faço saber que o Congresso Nacional decreta e eu sanciono a seguinte Lei.

Art. 1º Os valores devidos pelos empregadores aos empregados e os montantes das contas individuais do Fundo de Garantia do Tempo de Serviço e do Fundo de Participação PIS-PASEP, não recebidos em vida pelos respectivos titulares, serão pagos, em quotas iguais, aos dependentes habilitados perante a Previdência Social ou na forma da legislação específica dos servidores civis e militares, e, na sua falta, aos sucessores previstos na lei civil, indicados em alvará judicial, independentemente de inventário ou arrolamento.

§ 1º As quotas atribuídas a menores ficarão depositadas em caderneta de poupança, rendendo juros e correção monetária, e só serão disponíveis após o menor completar 18 (dezoito) anos, salvo autorização do Juiz para aquisição do imóvel destinado à residência do menor e de sua família ou para dispêndio necessário à subsistência e educação do menor.

§ 2º Inexistindo dependentes ou sucessores, os valores de que trata este artigo reverterão em favor, respectivamente, do Fundo de Previdência e Assistência Social, do Fundo de Garantia do Tempo de Serviço ou do Fundo de Participação PIS-PASEP, conforme se tratar de quantias devidas pelo empregador ou de contas de FGTS e do Fundo PIS-PASEP.

Art. 2º O disposto nesta Lei se aplica às restituições relativas ao imposto de renda e outros tributos, recolhidos por pessoa física, e, não existindo outros bens sujeitos a inventário, aos saldos bancários e de contas de cadernetas de poupança e fundos de investimento de valor até 500 (quinhentas) Obrigações Reajustáveis do Tesouro Nacional.

Parágrafo único. Na hipótese de inexistirem dependentes ou sucessores do titular, os valores referidos neste artigo reverterão em favor do Fundo de Previdência e Assistência Social.

Art. 3º Esta Lei entrará em vigor na data de sua publicação.

Art. 4º Revogam-se as disposições em contrário.

Brasília, em 24 de novembro de 1980; 159º da Independência e 92º da República.

JOÃO FIGUEIREDO
IBRAHIM ABI ACKEL
ERNANE GALVÊAS
HÉLIO BELTRÃO

Decreto n. 85.845, de 26 de março de 1981

Regulamenta a Lei n. 6.858, de 24 de novembro de 1980, que dispõe sobre o pagamento, aos dependentes ou sucessores, de valores não recebidos em vida pelos respectivos titulares

O PRESIDENTE DA REPÚBLICA, usando da atribuição que lhe confere o art. 81, item III, da Constituição e tendo em vista o disposto na Lei n. 6.858, de 24 de novembro de 1980, e no Decreto n. 83.740, de 18 de julho de 1979, que instituiu o Programa Nacional de Desburocratização, decreta:

Art. 1º Os valores discriminados no parágrafo único deste artigo, não recebidos em vida pelos respectivos titulares, serão pagos, em quotas iguais aos seus dependentes habilitados na forma do art. 2º.

Parágrafo único. O disposto neste Decreto aplica-se aos seguintes valores:

I — quantias devidas a qualquer título pelos empregadores a seus empregados em decorrência de relação de emprego;

II — quaisquer valores devidos, em razão de cargo ou emprego, pela União, Estado, Distrito Federal, Territórios, Municípios e suas autarquias, aos respectivos servidores;

III — saldos das contas individuais do Fundo de Garantia do Tempo de Serviço e do Fundo de Participação PIS/PASEP;

IV — restituições relativas ao imposto de renda e demais tributos recolhidos por pessoas físicas;

V — saldos de contas bancárias, saldos de cadernetas de poupança e saldos de contas de fundos de investimentos, desde que não ultrapassem o valor de 500 (quinhentas) Obrigações Reajustáveis do Tesouro Nacional e não existam, na sucessão, outros bens sujeitos a inventário.

Art. 2º A condição de dependente habilitado será declarada em documento fornecido pela instituição de Previdência ou, se for o caso, pelo órgão encarregado, na forma da legislação própria, do processamento do benefício por morte.

Parágrafo único. Da declaração constarão obrigatoriamente, o nome completo, a filiação, a data de nascimento de cada um dos interessados e o respectivo grau de parentesco ou relação de dependência com o falecido.

Art. 3º À vista da apresentação da declaração de que trata o art. 2º, o pagamento das quantias devidas será feito aos dependentes do falecido pelo empregador, repartição, entidade, órgão ou unidade civil ou militar, estabelecimento bancário, fundo de participação ou, em geral, por pessoa física ou jurídica, a quem caiba efetuar o pagamento.

Art. 4º A inexistência de outros bens sujeitos a inventário, para os fins do item V, parágrafo único, do art. 1º, será comprovada por meio de declaração, conforme modelo anexo, firmada pelos interessados perante a instituição onde esteja depositada a quantia a receber.

§ 1º As declarações feitas nos termos deste artigo ter-se-ão por verdadeiras até prova em contrário.

§ 2º A falsa declaração sujeitará o declarante às sanções previstas no Código Penal e demais cominações legais aplicáveis.

§ 3º Verificada, a qualquer tempo, a existência de fraude ou falsidade na declaração, será dado conhecimento do fato à autoridade competente, dentro de 5 (cinco) dias, para instauração de processo criminal.

Art. 5º Na falta de dependentes, farão jus ao recebimento das quotas de que trata o art. 1º deste Decreto os sucessores do titular, previstos na lei civil, indicados em alvará judicial, expedido a requerimento do interessado, independentemente de inventário ou arrolamento.

Art. 6º As quotas a que se refere o art. 1º, atribuídas a menores, ficarão depositadas em caderneta de poupança, rendendo juros e correção monetária, e só serão disponíveis após o menor completar 18 (dezoito) anos, salvo autorização do juiz para aquisição de imóvel destinado à residência do menor e de sua família ou para dispêndio necessário à subsistência e educação do menor.

Art. 7º Inexistindo dependentes ou sucessores, os valores de que trata o parágrafo do art. 1º reverterão em favor, respectivamente, do Fundo de Previdência e Assistência Social, do Fundo de Garantia do Tempo de Serviço ou do Fundo de Participação PIS/PASEP, conforme se tratar de quantias devidas pelo empregador ou de contas de FGTS e do Fundo PIS/PASEP.

Art. 8º Caberá ao Banco Central do Brasil, ao Banco Nacional da Habitação, à Caixa Econômica Federal, ao Banco do Brasil S/A e aos demais órgãos e entidades da Administração Federal, Estadual e Municipal, nas respectivas áreas de competência, orientar e fiscalizar o cumprimento deste Decreto pelas pessoas físicas e jurídicas responsáveis pelo pagamento dos valores de que trata o art. 1º.

Art. 9º Ao Ministro Extraordinário para a Desburocratização caberá acompanhar e coordenar a execução do disposto neste Decreto, assim como dirimir as dúvidas suscitadas na sua aplicação.

Art. 10. Este Decreto entrará em vigor na data de sua publicação.

Art. 11. Revogam-se as disposições em contrário.

Brasília, em 26 de março de 1981; 160º da Independência e 93º da República.

JOÃO FIGUEIREDO
HÉLIO BELTRÃO
DOU 27.3.1981

MODELO
DECLARAÇÃO DE INEXISTÊNCIA DE BENS A INVENTARIAR

Nos termos do art. 3º, do Decreto n. de de março de 1981,
...
(nome completo)

(nacionalidade) estado civil) (profissão)
residente na ...
(endereço completo, cidade, Estado)
portador da ..,
(documento oficial de identificação e órgão expedidor)
declara que ..,
(nome completo do falecido)
já falecido, não deixou outros bens a serem inventariados, além do saldo (da conta bancária, da caderneta de poupança ou conta do fundo de investimento, conforme o caso) no
..., no valor
(nome da instituição depositária)
de Cr$ (...............................).
(por extenso)

A presente declaração é feita sob as penas da lei, ciente, portanto, o declarante de que, em caso de falsidade, ficará sujeito às sanções previstas no Código Penal e às demais cominações legais aplicáveis.

..
(local e data)
..
(assinatura)

A declaração acima foi assinada em minha presença.

..
(local e data)

..
(assinatura)

Observação: A validade da declaração independe de formulário especial, sendo lícita, inclusive a declaração manuscrita pelo interessado.

Lei n. 6.615, de 16 de dezembro de 1978

Dispõe sobre a regulamentação da profissão de radialista e dá outras providências

O PRESIDENTE DA REPÚBLICA,

Faço saber que o Congresso Nacional decreta e eu sanciono a seguinte Lei:

Art. 1º O exercício da profissão de Radialista é regulado pela presente Lei.

Art. 2º Considera-se Radialista o empregado de empresa de radiodifusão que exerça uma das funções em que se desdobram as atividades mencionadas no art. 4º.

Art. 3º Considera-se empresa de radiodifusão, para os efeitos desta Lei, aquela que explora serviços de transmissão de programas e mensagens, destinada a ser recebida livre e gratuitamente pelo público em geral, compreendendo a radiodifusão sonora (rádio) e radiodifusão de sons e imagens (televisão).

Parágrafo único. Considera-se, igualmente, para os efeitos desta lei, empresa de radiodifusão:

a) a que explore serviço de música funcional ou ambiental e outras que executem, por quaisquer processos, transmissões de rádio ou de televisão;

b) a que se dedique, exclusivamente, à produção de programas para empresas de radiodifusão;

c) a entidade que execute serviços de repetição ou de retransmissão de radiodifusão;

d) a entidade privada e a fundação mantenedora que executem serviços de radiodifusão, inclusive em circuito fechado de qualquer natureza;

e) as empresas ou agências de qualquer natureza destinadas, em sua finalidade, a produção de programas, filmes e dublagens, comerciais ou não, para serem divulgados através das empresas de radiodifusão.

Art. 4º A profissão de Radialista compreende as seguintes atividades:

I — Administração;
II — Produção;
III — Técnica.

§ 1º As atividades de administração compreendem somente as especializadas, peculiares às empresas de radiodifusão.

§ 2º As atividades de produção se subdividem nos seguintes setores:

a) autoria;
b) direção;
c) produção;
d) interpretação;
e) dublagem;
f) locução

LEGISLAÇÃO COMPLEMENTAR

g) caracterização;
h) cenografia.
§ 3º As atividades técnicas se subdividem nos seguintes setores:
a) direção;
b) tratamento e registros sonoros;
c) tratamento e registros visuais;
d) montagem e arquivamento;
e) transmissão de sons e imagens;
f) revelação e copiagem de filmes;
g) artes plásticas e animação de desenhos e objetos;
h) manutenção técnica.
§ 4º As denominações e descrições das funções em que se desdobram as atividades e os setores mencionados nos parágrafos anteriores constarão do regulamento.

Art. 5º Não se incluem no disposto nesta Lei os Atores e Figurantes que prestam serviços a empresas de radiodifusão.

Art. 6º O exercício da profissão de Radialista requer prévio registro na Delegacia Regional do Trabalho do Ministério do Trabalho, qual terá validade em todo o território nacional.

Parágrafo único. O pedido de registro, de que trata o artigo, poderá ser encaminhado através do sindicato representativo da categoria profissional ou da federação respectiva.

Art. 7º Para registro do Radialista, é necessário a apresentação de:
I — diploma de curso superior, quando existente para as funções em que se desdobram as atividades de Radialista, fornecido por escola reconhecida na forma da lei; ou
II — diploma ou certificado correspondente às habilitações profissionais ou básicas de 2º Grau, quando existente para as funções em que se desdobram as atividades de Radialista, fornecido por escola reconhecida na forma da lei; ou
III — atestado de capacitação profissional conforme dispuser a regulamentação desta Lei.

Art. 8º O contrato de trabalho, quando por tempo determinado, deverá ser registrado no Ministério do Trabalho, até a véspera da sua vigência, e conter, obrigatoriamente:
I — a qualificação completa das partes contratantes;
II — prazo de vigência;
III — a natureza do serviço;
IV — o local em que será prestado o serviço;
V — cláusula relativa a exclusividade e transferibilidade;
VI — a jornada de trabalho, com especificação do horário e intervalo de repouso;
VII — a remuneração e sua forma de pagamento;
VIII — especificação quanto à categoria de transporte e hospedagem assegurada em caso de prestação de serviços fora do local onde foi contratado;
IX — dia de folga semanal;
X — número da Carteira de Trabalho e Previdência Social.

§ 1º O contrato de trabalho de que trata este artigo será visado pelo sindicato representativo da categoria profissional ou pela federação respectiva, como condição para registro no Ministério do Trabalho.

§ 2º A entidade sindical deverá visar ou não o contrato, no prazo máximo de 2 (dois) dias úteis, findos os quais ele poderá ser registrado no Ministério do Trabalho, se faltar a manifestação sindical.

§ 3º Da decisão da entidade sindical que negar o visto, caberá recurso para o Ministério do Trabalho.

Art. 9º No caso de se tratar de rede de radiodifusão, de propriedade ou controle de um mesmo grupo, deverá ser mencionado na Carteira de Trabalho e Previdência Social o nome da emissora na qual será prestado o serviço.

Parágrafo único. Quando se tratar de emissora de Onda Tropical pertencente à mesma concessionária e que transmita simultânea, integral e permanentemente a programação de emissora de Onda Média, serão mencionados os nomes das duas emissoras.

Art. 10. Para contratação de estrangeiro, domiciliado no exterior, exigir-se-á prévio recolhimento de importância equivalente a 10% (dez por cento) do valor total do ajuste à Caixa Econômica Federal, a título de contribuição sindical, em nome da entidade sindical da categoria profissional.

Art. 11. A utilização de profissional, contratado por agência de locação de mão de obra, obrigará o tomador de serviço, solidariamente, pelo cumprimento das obrigações legais e contratuais, se se caracterizar a tentativa pelo tomador de serviço, de utilizar a agência para fugir às responsabilidades e obrigações decorrentes desta Lei ou do contrato de trabalho.

Art. 12. Nos contratos de trabalho por tempo determinado, para produção de mensagens publicitárias, feitas para rádio e televisão, constará obrigatoriamente do contrato de trabalho:
I — o nome do produtor, do anunciante e, se houver, da agência de publicidade para quem a mensagem é produzida;
II — o tempo de exploração comercial da mensagem;
III — o produto a ser promovido;
IV — os meios de comunicação através dos quais a mensagem será exibida;
V — o tempo de duração da mensagem e suas características.

Art. 13. Na hipótese de exercício de funções acumuladas dentro de um mesmo setor em que se desdobram as atividades mencionadas no art. 4º, será assegurado ao Radialista um adicional mínimo de:
I — 40% (quarenta por cento), pela função acumulada, tomando-se por base a função melhor remunerada, nas emissoras de potência igual ou superior a 10 (dez) quilowatts e, nas empresas equiparadas segundo o parágrafo único do art. 3º;
II — 20% (vinte por cento), pela função acumulada, tomando-se por base a função melhor remunerada, nas emissoras de potência inferior a 10 (dez) quilowatts e, superior a 1 (um) quilowatt;
III — 10% (dez por cento), pela função acumulada, tomando-se por base a função melhor remunerada, nas emissoras de potência igual ou inferior a 1 (um) quilowatt.

Art. 14. Não será permitido, por força de um só contrato de trabalho, o exercício para diferentes setores, dentre os mencionados no art. 4º.

Art. 15. Quando o exercício de qualquer função for acumulado com responsabilidade de chefia, o Radialista fará jus a um acréscimo de 40% (quarenta por cento) sobre o salário.

Art. 16. Na hipótese de trabalho executado fora do local constante do contrato de trabalho, correrão à conta do empregador, além do salário, as despesas de transportes e de alimentação e hospedagem, até o respectivo retorno.

Art. 17. Não será permitida a cessão ou promessa de cessão dos direitos de autor e dos que lhes são conexos, de que trata a Lei n. 5.988, de 14 de dezembro de 1973, decorrentes da prestação de serviços profissionais.

Parágrafo único. Os direitos autorais e conexos dos profissionais serão devidos em decorrência de cada exibição da obra.

Art. 18. A duração normal do trabalho do Radialista é de:
I — 5 (cinco) horas para os setores de autoria e de locução;
II — 6 (seis) horas para os setores de produção, interpretação, dublagem, tratamento e registros sonoros, tratamento e registros visuais, montagem e arquivamento, transmissão de sons e imagens, revelação e copiagem de filmes, artes plásticas e animação de desenhos e objetos e manutenção técnica;
III — 7 (sete) horas para os setores de cenografia e caracterização, deduzindo-se desse tempo 20 (vinte) minutos para descanso, sempre que se verificar um esforço contínuo de mais de 3 (três) horas;
IV — 8 (oito) horas para os demais setores.

Parágrafo único. O trabalho prestado, além das limitações diárias previstas nos itens acima, será considerado trabalho extraordinário, aplicando-lhe o disposto nos arts. 59 a 61 da Consolidação das Leis do Trabalho (CLT).

Art. 19. Será considerado como serviço efetivo o período em que o Radialista permanecer à disposição do empregador.

Art. 20. Assegurada ao Radialista uma folga semanal remunerada de 24 (vinte e quatro) horas consecutivas, de preferência aos domingos.

Parágrafo único. As empresas organizarão escalas de revezamento de maneira a favorecer o empregado com um repouso dominical mensal, pelo menos, salvo quando, pela natureza do serviço, a atividade do Radialista for desempenhada habitualmente aos domingos.

Art. 21. A jornada de trabalho dos Radialistas, que prestem serviços em condições de insalubridade ou periculosidade, poderá ser organizada em turnos, respeitada a duração semanal do trabalho, desde que previamente autorizado pelo Ministério do Trabalho.

Art. 22. A cláusula de exclusividade não impedirá o Radialista de prestar serviços a outro empregador, desde que em outro meio de comunicação, e sem que se caracterize prejuízo para o primeiro contratante.

Art. 23. Os textos destinados a memorização, juntamente com o roteiro da gravação ou plano de trabalho, deverão ser entregues ao profissional com antecedência mínima de 24 (vinte e quatro) horas, em relação ao início dos trabalhos.

Art. 24. Nenhum profissional será obrigado a participar de qualquer trabalho que coloque em risco sua integridade física ou moral.

Art. 25. O fornecimento de guarda-roupa de mais recursos indispensáveis ao cumprimento das tarefas contratuais será de responsabilidade do empregador.

Art. 26. A empresa não poderá obrigar o Radialista a fazer uso de uniformes durante o desempenho de suas funções, que contenham símbolos, marcas ou qualquer mensagem de caráter publicitário.

Parágrafo único. Não se incluem nessa proibição os símbolos ou marcas identificadores do empregador.

Art. 27. As infrações ao disposto nesta Lei serão punidas com multa de 2 (duas) a 20

1079

(vinte) vezes o maior valor de referência previsto no art. 2º, parágrafo único, da Lei n. 6.205, de 29 de abril de 1975, calculada a razão de um valor de referência por empregado em situação irregular.

Parágrafo único. Em caso de reincidência, embaraço ou resistência à fiscalização, emprego de artifício ou simulação com objetivo de fraudar a lei, a multa será aplicada em seu valor máximo.

Art. 28. O empregador punido na forma do artigo anterior, enquanto não regularizar a situação que deu causa à autuação, e não recolher a multa aplicada, após esgotados os recursos cabíveis não poderá receber benefício, incentivo ou subvenção concedidos por órgãos públicos.

Art. 29. É assegurado o registro, a que se refere o art. 6º, ao Radialista que, até a data da publicação desta Lei, tenha exercido, comprovadamente, a respectiva profissão.

Art. 30. Aplicam-se ao Radialista as normas da legislação do trabalho, exceto naquilo que for incompatível com as disposições desta Lei.

Art. 31. São inaplicáveis a órgãos da Administração Pública, direta ou indireta, as disposições constantes do § 1º do art. 8º e do art. 10 desta Lei.

Art. 32. O Poder Executivo expedirá o regulamento desta Lei.

Art. 33. Esta Lei entrará em vigor 90 (noventa) dias após sua publicação.

Art. 34. Revogam-se as disposições em contrário.

Brasília, em 16 de dezembro de 1978; 157º da Independência e 90º da República.

Ernesto Geisel
Arnaldo Prieto
DOU 19.12.1978

Lei n. 6.708, de 30 de outubro de 1979

Dispõe sobre a correção automática dos salários, modifica a política salarial e dá outras providências

O PRESIDENTE DA REPÚBLICA,
Faço saber que o Congresso Nacional decreta e eu sanciono a seguinte Lei:

..

Art. 3º A correção dos valores monetários dos salários, na forma do artigo anterior, independerá de negociação coletiva e poderá ser reclamada, individualmente, pelos empregados.

§ 1º Para a correção a ser feita no mês, será utilizada a variação a que se refere o § 1º do art. 2º, publicada no mês anterior.

§ 2º Será facultado aos Sindicatos, independente da outorga de poderes dos integrantes da respectiva categoria profissional, apresentar reclamação na qualidade de substituto processual de seus associados, com o objetivo de assegurar a percepção dos valores salariais corrigidos na forma do artigo anterior.

Art. 4º A contagem de tempo para fins de correção salarial será feita a partir da data-base da categoria profissional.

§ 1º Entende-se por data-base, para fins desta Lei a data de início de vigência de acordo ou convenção coletiva, ou sentença normativa.

§ 2º Os empregados que não estejam incluídos numa das hipóteses do parágrafo anterior terão como data-base a data do seu último aumento ou reajustamento de salário, ou na falta desta, a data de início de vigência de seu contrato de trabalho.

Art. 5º O salário do empregado admitido após a correção salarial da categoria será atualizado na subsequente revisão proporcionalmente ao número de meses a partir da admissão.

Parágrafo único. A regra do artigo não se aplica às empresas que adotem quadro de pessoal organizado em carreira e em que a correção incida sobre os respectivos níveis ou classes de salários.

Art. 6º A correção do valor monetário dos salários dos empregados, que trabalham em regime de horário parcial, será calculada proporcionalmente à correção de seu salário por hora de trabalho.

Parágrafo único. Para o cálculo da correção do salário por hora de trabalho, aplicar-se-á o disposto no art. 2º desta Lei, substituindo-se o salário do trabalhador pelo seu salário por hora de trabalho e o salário mínimo pelo salário mínimo/hora.

Art. 7º A correção monetária a que se referem os arts. 1º e 2º desta Lei não se estende às remunerações variáveis, percebidas com base em comissões percentuais preajustadas, aplicando-se, porém, à parte fixa do salário misto percebido pelo empregado assim remunerado.

Art. 8º A correção dos valores monetários dos salários de trabalhadores avulsos, negociados para grupos de trabalhadores, diretamente, pelas suas Entidades Sindicais, será procedida de acordo com o disposto no art. 2º desta Lei.

Parágrafo único. No caso de trabalhadores avulsos, cuja remuneração seja disciplinada pelo Conselho Nacional de Política Salarial, a data-base será a de sua última revisão salarial.

Art. 9º O empregado dispensado, sem justa causa, no período de 30 (trinta) dias que antecede a data de sua correção salarial, terá direito à indenização adicional equivalente a um salário mensal, seja ele, ou não, optante pelo Fundo de Garantia do Tempo de Serviço.(*)

Art. 10. Ficam mantidas as datas-base das categorias profissionais para efeito de negociações coletivas com finalidade de obtenção de aumentos de salários e de estabelecimento de cláusulas que regulem condições especiais de trabalho.

Parágrafo único. Os aumentos coletivos de salários serão ajustados por um ano, não podendo ocorrer revisão, a esse título, antes de vencido aquele prazo.

Art. 11. Além da correção prevista no art. 2º, poderá ser estipulado por convenção, acordo coletivo ou sentença normativa, um acréscimo com fundamento no aumento da produtividade da categoria, tendo por limite a variação do produto real *per capita*, ocorrido no ano anterior e fixado por ato do Poder Executivo. *(Redação dada pelo Decreto-Lei n. 2.045, de 13.7.1983, DOU 14.7.1983) (Rejeitado pela Resolução/CN n. 1, de 1983)*

§ 1º Poderão ser estabelecidos percentuais diferentes para os empregados, segundo os níveis de remuneração.

§ 2º A convenção coletiva poderá fixar níveis diversos para o aumento dos salários, em empresas de diferentes portes, sempre que razões de caráter econômico justifiquem essa diversificação ou excluir as empresas que comprovarem sua incapacidade econômica para suportar esse aumento.

§ 3º Será facultado à empresa não excluída do campo de incidência do aumento determinado na forma deste artigo comprovar, na ação de cumprimento, sua incapacidade econômica, para efeito de sua exclusão ou colocação em nível compatível com suas possibilidades.

§ 4º As empresas empregadoras não poderão repassar, para os preços dos produtos ou serviços, o aumento de custo decorrente do aumento de salários a que se refere o *caput* deste artigo, salvo por resolução do Conselho Interministerial de Preços (CIP).

..

Art. 13. Os adiantamentos ou abonos concedidos pelo empregador, antes ou após a vigência desta Lei, serão deduzidos da correção salarial.

..

Art. 15. Os empregados que integram categorias profissionais cujas datas-base estejam compreendidas nos meses de novembro de 1978 a abril de 1979 terão seus salários corrigidos na data de início de vigência desta Lei, no percentual de 22% (vinte e dois por cento) sobre o salário vigente na data-base, compensados os aumentos concedidos na forma do art. 13 desta Lei.

§ 1º Os salários resultantes da correção a que se refere o *caput* deste artigo servirão como base para a nova correção a ser procedida na data-base.

§ 2º Os empregados cuja data-base ocorreu no último mês de maio anterior a esta Lei terão seus salários corrigidos no mês de novembro de 1979, por percentual equivalente à variação do Índice Nacional de Preços ao Consumidor, relativo ao semestre anterior ao mês de outubro.

§ 3º A correção inicial dos salários dos empregados a que se refere o § 2º do art. 4º desta Lei não poderá incidir sobre período superior a 6 (seis) meses, ainda que sua data-base ocorra antes de maio de 1979.

Art. 16. Os empregados integrados em categorias profissionais cuja data-base ocorra no mês de novembro terão, após corridos na forma do artigo anterior, os salários novamente corrigidos, no percentual equivalente ao da variação do Índice relativo ao semestre anterior ao mês de outubro de 1979, e que será publicado até o final do mês de novembro do mesmo ano.

Art. 17. O Poder Executivo poderá estabelecer, a partir de 1º de janeiro de 1981, periodicidade diversa da prevista no art. 1º desta Lei.

Art. 18. O Poder Executivo, observada a legislação pertinente, ajustará a política do salário mínimo aos objetivos desta Lei.

Art. 19. A partir de 1º de maio de 1980, dar-se-á gradativa redução das regiões em que se subdivide o território nacional, a fim de que seja alcançada (VETADO) a unificação do salário mínimo no País.

Art. 20. As disposições da presente Lei não se aplicam aos servidores da União, dos Territórios, dos Estados e dos Municípios e suas autarquias submetidas ao regime da Consolidação das Leis do Trabalho.

Art. 21. Fica revogada a Lei n. 6.147, de 29 de novembro de 1974, e demais disposições em contrário.

Art. 22. Esta Lei entrará em vigor no dia 1º de novembro de 1979, independentemente de sua regulamentação pelo Poder Executivo, no prazo de 90 (noventa) dias, a contar de sua publicação.

Brasília, em 30 de outubro de 1979, 158º Independência e 91º da República.

João Baptista Figueiredo
Murillo Macêdo
DOU 30.10.1979

LEGISLAÇÃO COMPLEMENTAR

Lei n. 6.802, de 30 de junho de 1980

Declara feriado nacional o dia 12 de outubro, consagrado à Nossa Senhora Aparecida, Padroeira do Brasil

O PRESIDENTE DA REPÚBLICA,
Faço saber que o Congresso Nacional decreta e eu sanciono a seguinte Lei:

Art. 1º É declarado feriado nacional o dia 12 de outubro, para culto público e oficial à Nossa Senhora Aparecida, Padroeira do Brasil.

Art. 2º Esta Lei entrará em vigor na data de sua publicação.

Brasília, em 30 de junho de 1980; 159º da Independência e 92º da República.

JOÃO FIGUEIREDO
IBRAHIM ABI-ACKEL
DOU 1º.7.1980

Lei n. 6.815, de 19 de agosto de 1980

Define a situação jurídica do estrangeiro no Brasil, cria o Conselho Nacional de Imigração.

ESTA LEI FOI REPUBLICADA PELA DETERMINAÇÃO DO *ART. 11, DA LEI N. 6.964, DE 9.12.1981.*

O PRESIDENTE DA REPÚBLICA, faço saber que o Congresso Nacional decreta e eu sanciono a seguinte Lei:

Art. 1º Em tempo de paz, qualquer estrangeiro poderá, satisfeitas as condições desta Lei, entrar e permanecer no Brasil e dele sair, resguardados os interesses nacionais.

TÍTULO I
Da Aplicação

Art. 2º Na aplicação desta Lei atender-se--á precipuamente à segurança nacional, à organização institucional, aos interesses políticos, socioeconômicos e culturais do Brasil, bem assim à defesa do trabalhador nacional.

Art. 3º A concessão do visto, a sua prorrogação ou transformação ficarão sempre condicionadas aos interesses nacionais.

TÍTULO II
Da Admissão, Entrada e Impedimento

CAPÍTULO I
Da Admissão

Art. 4º Ao estrangeiro que pretenda entrar no território nacional poderá ser concedido visto:

I — de trânsito;
II — de turista;
III — temporário;
IV — permanente;
V — de cortesia;
VI — oficial; e
VII — diplomático.

Parágrafo único. O visto é individual e sua concessão poderá estender-se a dependentes legais, observado o disposto no art. 7º.

Art. 5º Serão fixados em regulamento os requisitos para a obtenção dos vistos de entrada previstos nesta Lei.

Art. 6º A posse ou a propriedade de bens no Brasil não confere ao estrangeiro o direito de obter visto de qualquer natureza, ou autorização de permanência no território nacional.

Art. 7º Não se concederá visto ao estrangeiro:

I — menor de 18 (dezoito) anos, desacompanhado do responsável legal ou sem a sua autorização expressa;

II — considerado nocivo à ordem pública ou aos interesses nacionais;

III — anteriormente expulso do País, salvo se a expulsão tiver sido revogada;

IV — condenado ou processado em outro país por crime doloso, passível de extradição segundo a lei brasileira; ou

V — que não satisfaça às condições de saúde estabelecidas pelo Ministério da Saúde.

Art. 8º O visto de trânsito poderá ser concedido ao estrangeiro que, para atingir o país de destino, tenha de entrar em território nacional.

§ 1º O visto de trânsito é válido para uma estada de até 10 (dez) dias improrrogáveis e uma só entrada.

§ 2º Não se exigirá visto de trânsito ao estrangeiro em viagem contínua, que só se interrompa para as escalas obrigatórias do meio de transporte utilizado.

Art. 9º O visto de turista poderá ser concedido ao estrangeiro que venha ao Brasil em caráter recreativo ou de visita, assim considerado aquele que não tenha finalidade imigratória, nem intuito de exercício de atividade remunerada.

§ 1º O visto de turista poderá, alternativamente, ser solicitado e emitido por meio eletrônico, conforme regulamento. *(Incluído pela Lei n. 12.968, de 2014)*

§ 2º As solicitações do visto de que trata o § 1º serão processadas pelo Sistema Consular Integrado do Ministério das Relações Exteriores, na forma disciplinada pelo Poder Executivo. *(Incluído pela Lei n. 12.968, de 2014)*

§ 3º Para a obtenção de visto por meio eletrônico, o estrangeiro deverá: *(Incluído pela Lei n. 12.968, de 2014)*

I — preencher e enviar formulário eletrônico disponível no Portal Consular do Ministério das Relações Exteriores; *(Incluído pela Lei n. 12.968, de 2014)*

II — apresentar por meio eletrônico os documentos solicitados para comprovar o que tiver sido declarado no requerimento; *(Incluído pela Lei n. 12.968, de 2014)*

III — pagar os emolumentos e taxas cobrados para processamento do pedido de visto; *(Incluído pela Lei n. 12.968, de 2014)*

IV — seguir o rito procedimental previsto nas normas do Manual do Serviço Consular e Jurídico do Ministério das Relações Exteriores. *(Incluído pela Lei n. 12.968, de 2014)*

§ 4º A autoridade consular brasileira poderá solicitar a apresentação dos originais dos documentos para dirimir dúvidas, bem como solicitar documentos adicionais para a instrução do pedido. *(Incluído pela Lei n. 12.968, de 2014)*

§ 5º O Ministério das Relações Exteriores poderá editar normas visando a: *(Incluído pela Lei n. 12.968, de 2014)*

I — simplificação de procedimentos, por reciprocidade ou por outros motivos que julgar pertinentes; *(Incluído pela Lei n. 12.968, de 2014)*

II — sem prejuízo da segurança do sistema e de outras cominações legais cabíveis, inclusão de regras para a obtenção de vistos fisicamente separados da caderneta de passaporte do requerente. *(Incluído pela Lei n. 12.968, de 2014)*

§ 6º O estrangeiro que fornecer informações falsas ou descumprir as regras previstas nos §§ 3º e 4º e nas normas legais pertinentes estará sujeito às penalidades previstas nos incisos I, III, IV, XIII, XV e XVI do art. 125 e no art. 126 desta Lei. *(Incluído pela Lei n. 12.968, de 2014)*

Art. 10. Poderá ser estabelecida a dispensa recíproca do visto de turista e dos vistos temporários a que se referem os incisos II e III do *caput* do art. 13, observados prazos de estada definidos nesta Lei. *(Redação dada pela Lei n. 12.968, de 2014)*

Parágrafo único. A dispensa de vistos a que se refere o *caput* deste artigo será concedida mediante acordo internacional, salvo, a juízo do Ministério das Relações Exteriores, aos nacionais de país que assegure a reciprocidade de tratamento aos nacionais brasileiros, situação em que a dispensa poderá ser concedida, enquanto durar essa reciprocidade, mediante comunicação diplomática, sem a necessidade de acordo internacional. *(Redação dada pela Lei n. 12.968, de 2014)*

Art. 11. A empresa transportadora deverá verificar, por ocasião do embarque, no exterior, a documentação exigida, sendo responsável, no caso de irregularidade apurada no momento da entrada, pela saída do estrangeiro, sem prejuízo do disposto no art. 125, item VI.

Art. 12. O prazo de validade do visto do turista será de até cinco anos, fixado pelo Ministério das Relações Exteriores, dentro de critérios de reciprocidade, e proporcionará múltiplas entradas no País, com estadas não excedentes a noventa dias, prorrogáveis por igual período, totalizando o máximo de cento e oitenta dias por ano. *(Redação dada pela Lei n. 9.076, de 10.07.95)*

Art. 13. O visto temporário poderá ser concedido ao estrangeiro que pretenda vir ao Brasil:

I — em viagem cultural ou em missão de estudos;

II — em viagem de negócios;

III — na condição de artista ou desportista;

IV — na condição de estudante;

V — na condição de cientista, pesquisador, professor, técnico ou profissional de outra categoria, sob regime de contrato ou a serviço do governo brasileiro; *(Redação dada pela Lei n. 13.243, de 2016)*

VI — na condição de correspondente de jornal, revista, rádio, televisão ou agência noticiosa estrangeira.

VII — na condição de ministro de confissão religiosa ou membro de instituto de vida consagrada e de congregação ou ordem religiosa. *(Incluído pela Lei n. 6.964, de 09.12.81)*

VIII — na condição de beneficiário de bolsa vinculada a projeto de pesquisa, desenvolvimento e inovação concedida por órgão ou agência de fomento. *(Incluído pela Lei n. 13.243, de 2016)*

Art. 14. O prazo de estada no Brasil, nos casos dos incisos II e III do art. 13, será de até noventa dias; no caso do inciso VII, de até um ano; e nos demais, salvo o disposto no parágrafo único deste artigo, o correspondente à duração da missão, do contrato, ou da prestação de serviços, comprovada perante a autoridade consular, observado o disposto na legislação trabalhista. *(Redação dada pela Lei n. 6.964, de 09.12.81)*

Parágrafo único. No caso do item IV do art. 13 o prazo será de até 1 (um) ano, prorrogável, quando for o caso, mediante prova do aproveitamento escolar e da matrícula.

Art. 15. Ao estrangeiro referido no item III ou V do art. 13 só se concederá o visto se satisfizer às exigências especiais estabelecidas pelo Conselho Nacional de Imigração

e for parte em contrato de trabalho, visado pelo Ministério do Trabalho, salvo no caso de comprovada prestação de serviço ao Governo brasileiro.

Art. 16. O visto permanente poderá ser concedido ao estrangeiro que pretenda se fixar definitivamente no Brasil.

Parágrafo único. A imigração objetivará, primordialmente, propiciar mão de obra especializada aos vários setores da economia nacional, visando à Política Nacional de Desenvolvimento em todos os aspectos e, em especial, ao aumento da produtividade, à assimilação de tecnologia e à captação de recursos para setores específicos. *(Redação dada pela Lei n. 6.964, de 09.12.81)*

Art. 17. Para obter visto permanente o estrangeiro deverá satisfazer, além dos requisitos referidos no art. 5º, as exigências de caráter especial previstas nas normas de seleção de imigrantes estabelecidas pelo Conselho Nacional de Imigração.

Art. 18. A concessão do visto permanente poderá ficar condicionada, por prazo não-superior a 5 (cinco) anos, ao exercício de atividade certa e à fixação em região determinada do território nacional.

Art. 19. O Ministério das Relações Exteriores definirá os casos de concessão, prorrogação ou dispensa dos vistos diplomáticos, oficial e de cortesia.

Art. 20. Pela concessão de visto cobrar-se-ão emolumentos consulares, ressalvados:

I — os regulados por acordos que concedam gratuidade;

II — os vistos de cortesia, oficial ou diplomático;

III — os vistos de trânsito, temporário ou de turista, se concedidos a titulares de passaporte diplomático ou de serviço.

Parágrafo único. A validade para a utilização de qualquer dos vistos é de 90 (noventa) dias, contados da data de sua concessão, podendo ser prorrogada pela autoridade consular uma só vez, por igual prazo, cobrando-se os emolumentos devidos, aplicando-se esta exigência somente a cidadãos de países onde seja verificada a limitação recíproca. *(Redação dada pela Lei n. 12.134, de 2009)*

Art. 21. Ao natural de país limítrofe, domiciliado em cidade contígua ao território nacional, respeitados os interesses da segurança nacional, poder-se-á permitir a entrada nos municípios fronteiriços a seu respectivo país, desde que apresente prova de identidade.

§ 1º Ao estrangeiro, referido neste artigo, que pretenda exercer atividade remunerada ou freqüentar estabelecimento de ensino naqueles municípios, será fornecido documento especial que o identifique e caracterize a sua condição, e, ainda, Carteira de Trabalho e Previdência Social, quando for o caso.

§ 2º Os documentos referidos no parágrafo anterior não conferem o direito de residência no Brasil, nem autorizam o afastamento dos limites territoriais daqueles municípios.

CAPÍTULO II
Da Entrada

Art. 22. A entrada no território nacional far-se-á somente pelos locais onde houver fiscalização dos órgãos competentes dos Ministérios da Saúde, da Justiça e da Fazenda.

Art. 23. O transportador ou seu agente responderá, a qualquer tempo, pela manutenção e demais despesas do passageiro em viagem contínua ou do tripulante que não estiver presente por ocasião da saída do meio de transporte, bem como pela retirada dos mesmos do território nacional.

Art. 24. Nenhum estrangeiro procedente do exterior poderá afastar-se do local de entrada e inspeção, sem que o seu documento de viagem e o cartão de entrada e saída hajam sido visados pelo órgão competente do Ministério da Justiça. *(Redação dada pela Lei n. 6.964, de 09.12.81)*

Art. 25. Não poderá ser resgatado no Brasil, sem prévia autorização do Ministério da Justiça, o bilhete de viagem do estrangeiro que tenha entrado no território nacional na condição de turista ou em trânsito.

CAPÍTULO III
Do Impedimento

Art. 26. O visto concedido pela autoridade consular configura mera expectativa de direito, podendo a entrada, a estada ou o registro do estrangeiro ser obstado ocorrendo qualquer dos casos do art. 7º, ou a inconveniência de sua presença no território nacional, a critério do Ministério da Justiça.

§ 1º O estrangeiro que se tiver retirado do País sem recolher a multa devida em virtude desta Lei, não poderá reentrar sem efetuar o seu pagamento, acrescido de correção monetária.

§ 2º O impedimento de qualquer dos integrantes da família poderá estender-se a todo o grupo familiar.

Art. 27. A empresa transportadora responde, a qualquer tempo, pela saída do clandestino e do impedido.

Parágrafo único. Na impossibilidade da saída imediata do impedido ou do clandestino, o Ministério da Justiça poderá permitir a sua entrada condicional, mediante termo de responsabilidade firmado pelo representante da empresa transportadora, que lhe assegure a manutenção, fixados o prazo de estada e o local em que deva permanecer o impedido, ficando o clandestino custodiado pelo prazo máximo de 30 (trinta) dias, prorrogável por igual período.

TÍTULO III
Da Condição de Asilado

Art. 28. O estrangeiro admitido no território nacional na condição de asilado político ficará sujeito, além dos deveres que lhe forem impostos pelo Direito Internacional, a cumprir as disposições da legislação vigente e as que o Governo brasileiro lhe fixar.

Art. 29. O asilado não poderá sair do País sem prévia autorização do Governo brasileiro.

Parágrafo único. A inobservância do disposto neste artigo importará na renúncia ao asilo e impedirá o reingresso nessa condição.

TÍTULO IV
Do Registro e suas Alterações

CAPÍTULO I
Do Registro

Art. 30. O estrangeiro admitido na condição de permanente, de temporário (incisos I e de IV a VI do art. 13) ou de asilado é obrigado a registrar-se no Ministério da Justiça, dentro dos trinta dias seguintes à entrada ou à concessão do asilo, e a identificar-se pelo sistema datiloscópico, observadas as disposições regulamentares. *(Redação dada pela Lei n. 6.964, de 09.12.81)*

Art. 31. O nome e a nacionalidade do estrangeiro, para o efeito de registro, serão os constantes do documento de viagem.

Art. 32. O titular de visto diplomático, oficial ou de cortesia, acreditado junto ao Governo brasileiro ou cujo prazo previsto de estada no País seja superior a 90 (noventa) dias, deverá providenciar seu registro no Ministério das Relações Exteriores.

Parágrafo único. O estrangeiro titular de passaporte de serviço, oficial ou diplomático, que haja entrado no Brasil ao amparo de acordo de dispensa de visto, deverá, igualmente, proceder ao registro mencionado neste artigo sempre que sua estada no Brasil deva ser superior a 90 (noventa) dias.

Art. 33. Ao estrangeiro registrado será fornecido documento de identidade.

Parágrafo único. A emissão de documento de identidade, salvo nos casos de asilado ou de titular de visto de cortesia, oficial ou diplomático, está sujeita ao pagamento da taxa prevista na Tabela de que trata o art. 130.

CAPÍTULO II
Da Prorrogação do Prazo de Estada

Art. 34. Ao estrangeiro que tenha entrado na condição de turista, temporário ou asilado e aos titulares de visto de cortesia, oficial ou diplomático, poderá ser concedida a prorrogação do prazo de estada no Brasil.

Art. 35. A prorrogação do prazo de estada do turista não excederá a 90 (noventa) dias, podendo ser cancelada a critério do Ministério da Justiça.

Art. 36. A prorrogação do prazo de estada do titular do visto temporário, de que trata o item VII, do artigo 13, não excederá a um ano. *(Incluído pela Lei n. 6.964, de 09.12.81)*

CAPÍTULO III
Da Transformação dos Vistos

Art. 37. O titular do visto de que trata o artigo 13, incisos V e VII, poderá obter transformação do mesmo para permanente (art. 16), satisfeitas às condições previstas nesta Lei e no seu Regulamento. *(Renumerado e alterado pela Lei n. 6.964, de 09.12.81)*

§ 1º Ao titular do visto temporário previsto no inciso VII do art. 13 só poderá ser concedida a transformação após o prazo de dois anos de residência no País. *(Incluído pela Lei n. 6.964, de 09.12.81)*

§ 2º Na transformação do visto poder-se-á aplicar o disposto no art. 18 desta Lei. *(Incluído pela Lei n. 6.964, de 09.12.81)*

Art. 38. É vedada a legalização da estada de clandestino e de irregular, e a transformação em permanente, dos vistos de trânsito, de turista, temporário (art. 13, itens I a IV e VI) e de cortesia. *(Renumerado pela Lei n. 6.964, de 09.12.81)*

Art. 39. O titular de visto diplomático ou oficial poderá obter transformação desses vistos para temporário (art. 13, itens I a VI) ou para permanente (art. 16), ouvido o Ministério das Relações Exteriores, e satisfeitas as exigências previstas nesta Lei e no seu Regulamento. *(Renumerado pela Lei n. 6.964, de 09.12.81)*

Parágrafo único. A transformação do visto oficial ou diplomático em temporário ou permanente importará na cessação de todas as prerrogativas, privilégios e imunidades decorrentes daqueles vistos.

Art. 40. A solicitação da transformação de visto não impede a aplicação do disposto no art. 57, se o estrangeiro ultrapassar o prazo legal de estada no território nacional. *(Renumerado pela Lei n. 6.964, de 09.12.81)*

Parágrafo único. Do despacho que denegar a transformação do visto, caberá pedido de reconsideração na forma definida em Regulamento.

Art. 41. A transformação de vistos de que tratam os arts. 37 e 39 ficará sem efeito, se não for efetuado o registro no prazo de noventa dias, contados da publicação, no Diário Oficial, do deferimento do pedido. *(Renumerado pela Lei n. 6.964, de 09.12.81)*

Art. 42. O titular de quaisquer dos vistos definidos nos arts. 8°, 9°, 10, 13 e 16, poderá ter os mesmos transformados para oficial ou diplomático. *(Renumerado pela Lei n. 6.964, de 09.12.81)*

CAPÍTULO IV
Da Alteração de Assentamentos

Art. 43. O nome do estrangeiro, constante do registro (art. 30), poderá ser alterado: *(Renumerado pela Lei n. 6.964, de 09.12.81)*

I — se estiver comprovadamente errado;

II — se tiver sentido pejorativo ou expuser o titular ao ridículo; ou

III — se for de pronunciação e compreensão difíceis e puder ser traduzido ou adaptado à prosódia da língua portuguesa.

§ 1° O pedido de alteração de nome deverá ser instruído com a documentação prevista em Regulamento e será sempre objeto de investigação sobre o comportamento do requerente.

§ 2° Os erros materiais no registro serão corrigidos de ofício.

§ 3° A alteração decorrente de desquite ou divórcio obtido em país estrangeiro dependerá de homologação, no Brasil, da sentença respectiva.

§ 4° Poderá ser averbado no registro o nome abreviado usado pelo estrangeiro como firma comercial registrada ou em qualquer atividade profissional.

Art. 44. Compete ao Ministro da Justiça autorizar a alteração de assentamentos constantes do registro de estrangeiro. *(Renumerado pela Lei n. 6.964, de 09.12.81)*

CAPÍTULO V
Da Atualização do Registro

Art. 45. A Junta Comercial, ao registrar firma de que participe estrangeiro, remeterá ao Ministério da Justiça os dados de identificação do estrangeiro e os do seu documento de identidade emitido no Brasil. *(Renumerado pela Lei n. 6.964, de 09.12.81)*

Parágrafo único. Tratando-se de sociedade anônima, a providência é obrigatória em relação ao estrangeiro que figure na condição de administrador, gerente, diretor ou acionista controlador. *(Incluído pela Lei n. 6.964, de 09.12.81)*

Art. 46. Os Cartórios de Registro Civil remeterão, mensalmente, ao Ministério da Justiça cópia dos registros de casamento e de óbito de estrangeiro. *(Renumerado pela Lei n. 6.964, de 09.12.81)*

Art. 47. O estabelecimento hoteleiro, a empresa imobiliária, o proprietário, locador, sublocador ou locatário de imóvel e o síndico de edifício remeterão ao Ministério da Justiça, quando requisitados, os dados de identificação do estrangeiro admitido na condição de hóspede, locatário, sublocatário ou morador. *(Renumerado e alterado pela Lei n. 6.964, de 09.12.81)*

Art. 48. Salvo o disposto no § 1° do art. 21, a admissão de estrangeiro a serviço de entidade pública ou privada, ou a matrícula em estabelecimento de ensino de qualquer grau, só se efetivará se o mesmo estiver devidamente registrado (art. 30). *(Renumerado pela Lei n. 6.964, de 09.12.81)*

Parágrafo único. As entidades, a que se refere este artigo remeterão ao Ministério da Justiça, que dará conhecimento ao Ministério do Trabalho, quando for o caso, os dados de identificação do estrangeiro admitido ou matriculado e comunicarão, à medida que ocorrer, o término do contrato de trabalho, sua rescisão ou prorrogação, bem como a suspensão ou cancelamento da matrícula e a conclusão do curso.

CAPÍTULO VI
Do Cancelamento e do Restabelecimento do Registro

Art. 49. O estrangeiro terá o registro cancelado: *(Renumerado pela Lei n. 6.964, de 09.12.81)*

I — se obtiver naturalização brasileira;

II — se tiver decretada sua expulsão;

III — se requerer a saída do território nacional em caráter definitivo, renunciando, expressamente, ao direito de retorno previsto no art. 51;

IV — se permanecer ausente do Brasil por prazo superior ao previsto no art. 51;

V — se ocorrer a transformação de visto de que trata o art. 42;

VI — se houver transgressão do art. 18, art. 37, § 2°, ou 99 a 101; e

VII — se temporário ou asilado, no término do prazo de sua estada no território nacional.

§ 1° O registro poderá ser restabelecido, nos casos do item I ou II, se cessada a causa do cancelamento, e, nos demais casos, se o estrangeiro retornar ao território nacional com visto de que trata o art. 13 ou 16, ou obtiver a transformação prevista no art. 39.

§ 2° Ocorrendo a hipótese prevista no item III deste artigo, o estrangeiro deverá proceder à entrega do documento de identidade para estrangeiro e deixar o território nacional dentro de 30 (trinta) dias.

§ 3° Se da solicitação de que trata o item III deste artigo resultar isenção de ônus fiscal ou financeiro, o restabelecimento do registro dependerá, sempre, da satisfação prévia dos referidos encargos.

TÍTULO V
Da Saída e do Retorno

Art. 50. Não se exigirá visto de saída do estrangeiro que pretender sair do território nacional. *(Renumerado pela Lei n. 6.964, de 09.12.81)*

§ 1° O Ministro da Justiça poderá, a qualquer tempo, estabelecer a exigência de visto de saída, quando razões de segurança interna aconselharem a medida.

§ 2° Na hipótese do parágrafo anterior, o ato que estabelecer a exigência disporá sobre o prazo de validade do visto e as condições para a sua concessão.

§ 3° O asilado deverá observar o disposto no art. 29.

Art. 51. O estrangeiro registrado como permanente, que se ausentar do Brasil, poderá regressar independentemente de visto se o fizer dentro de dois anos. *(Renumerado pela Lei n. 6.964, de 09.12.81)*

Parágrafo único. A prova da data da saída, para os fins deste artigo, far-se-á pela anotação aposta, pelo órgão competente do Ministério da Justiça, no documento de viagem do estrangeiro, no momento em que o mesmo deixar o território nacional.

Art. 52. O estrangeiro registrado como temporário, que se ausentar do Brasil, poderá regressar independentemente de novo visto, se o fizer dentro do prazo de validade de sua estada no território nacional. *(Renumerado pela Lei n. 6.964, de 09.12.81)*

Art. 53. *(Suprimido pela Lei n. 9.076, de 10.07.95)*

TÍTULO VI
Do Documento de Viagem para Estrangeiro

Art. 54. São documentos de viagem o passaporte para estrangeiro e o *laissez-passer*. *(Renumerado pela Lei n. 6.964, de 09.12.81)*

Parágrafo único. Os documentos de que trata este artigo são de propriedade da União, cabendo a seus titulares a posse direta e o uso regular.

Art. 55. Poderá ser concedido passaporte para estrangeiro: *(Renumerado pela Lei n. 6.964, de 09.12.81)*

I — no Brasil:

a) ao apátrida e ao de nacionalidade indefinida;

b) a nacional de país que não tenha representação diplomática ou consular no Brasil, nem representante de outro país encarregado de protegê-lo;

c) a asilado ou a refugiado, como tal admitido no Brasil.

II — no Brasil e no exterior, ao cônjuge ou à viúva de brasileiro que haja perdido a nacionalidade originária em virtude do casamento.

Parágrafo único. A concessão de passaporte, no caso da letra b, do item I, deste artigo, dependerá de prévia consulta ao Ministério das Relações Exteriores.

Art. 56. O *laissez-passer* poderá ser concedido, no Brasil ou no exterior, ao estrangeiro portador de documento de viagem emitido por governo não reconhecido pelo Governo brasileiro, ou não válido para o Brasil. *(Renumerado pela Lei n. 6.964, de 09.12.81)*

§ 1° A concessão, no exterior, de *laissez-passer* a estrangeiro registrado no Brasil como permanente, temporário ou asilado, dependerá de audiência prévia do Ministério da Justiça. *(Renumerado do Parágrafo único pela Lei n. 12.968, de 2014)*

§ 2° O visto concedido pela autoridade consular poderá ser aposto a qualquer documento de viagem emitido nos padrões estabelecidos pela Organização da Aviação Civil Internacional — OACI, não implicando a aposição do visto o reconhecimento de Estado ou Governo pelo Governo brasileiro. *(Incluído pela Lei n. 12.968, de 2014)*

TÍTULO VII
Da Deportação

Art. 57. Nos casos de entrada ou estada irregular de estrangeiro, se este não se retirar voluntariamente do território nacional no prazo fixado em Regulamento, será promovida sua deportação. *(Renumerado pela Lei n. 6.964, de 09.12.81)*

§ 1° Será igualmente deportado o estrangeiro que infringir o disposto nos arts. 21, § 2°, 24, 37, § 2°, 98 a 101, §§ 1° ou 2° do art. 104 ou art. 105.

§ 2° Desde que conveniente aos interesses nacionais, a deportação far-se-á independentemente da fixação do prazo de que trata o *caput* deste artigo.

Art. 58. A deportação consistirá na saída compulsória do estrangeiro. *(Renumerado pela Lei n. 6.964, de 09.12.81)*

Parágrafo único. A deportação far-se-á para o país da nacionalidade ou de procedência do estrangeiro, ou para outro que consinta em recebê-lo.

Art. 59. Não sendo apurada a responsabilidade do transportador pelas despesas com a retirada do estrangeiro, nem podendo este ou terceiro por ela responder, serão as mesmas custeadas pelo Tesouro Nacional. *(Renumerado pela Lei n. 6.964, de 09.12.81)*

Art. 60. O estrangeiro poderá ser dispensado de quaisquer penalidades relativas à entrada ou estada irregular no Brasil ou formalidade cujo cumprimento possa dificultar a deportação. *(Renumerado pela Lei n. 6.964, de 09.12.81)*

Art. 61. O estrangeiro, enquanto não se efetivar a deportação, poderá ser recolhido à prisão por ordem do Ministro da Justiça, pelo prazo de sessenta dias. *(Renumerado pela Lei n. 6.964, de 09.12.81)*

Parágrafo único. Sempre que não for possível, dentro do prazo previsto neste artigo, determinar-se a identidade do deportado ou obter-se documento de viagem para promover a sua retirada, a prisão poderá ser prorrogada por igual período, findo o qual será ele posto em liberdade, aplicando-se o disposto no art. 73.

Art. 62. Não sendo exeqüível a deportação ou quando existirem indícios sérios de periculosidade ou indesejabilidade do estrangeiro, proceder-se-á à sua expulsão. *(Renumerado pela Lei n. 6.964, de 09.12.81)*

Art. 63. Não se procederá à deportação se implicar em extradição inadmitida pela lei brasileira. *(Renumerado pela Lei n. 6.964, de 09.12.81)*

Art. 64. O deportado só poderá reingressar no território nacional se ressarcir o Tesouro Nacional, com correção monetária, das despesas com a sua deportação e efetuar, se for o caso, o pagamento da multa devida à época, também corrigida. *(Renumerado pela Lei n. 6.964, de 09.12.81)*

TÍTULO VIII
Da Expulsão

Art. 65. É passível de expulsão o estrangeiro que, de qualquer forma, atentar contra a segurança nacional, a ordem política ou social, a tranquilidade ou moralidade pública e a economia popular, ou cujo procedimento o torne nocivo à conveniência e aos interesses nacionais. *(Renumerado pela Lei n. 6.964, de 09.12.81)*

Parágrafo único. É passível, também, de expulsão o estrangeiro que:

a) praticar fraude a fim de obter a sua entrada ou permanência no Brasil;

b) havendo entrado no território nacional com infração à lei, dele não se retirar no prazo que lhe for determinado para fazê-lo, não sendo aconselhável a deportação;

c) entregar-se à vadiagem ou à mendicância; ou

d) desrespeitar proibição especialmente prevista em lei para estrangeiro.

Art. 66. Caberá exclusivamente ao Presidente da República resolver sobre a conveniência e a oportunidade da expulsão ou de sua revogação. *(Renumerado pela Lei n. 6.964, de 09.12.81)*

Parágrafo único. A medida expulsória ou a sua revogação far-se-á por decreto.

Art. 67. Desde que conveniente ao interesse nacional, a expulsão do estrangeiro poderá efetivar-se, ainda que haja processo ou tenha ocorrido condenação. *(Renumerado pela Lei n. 6.964, de 09.12.81)*

Art. 68. Os órgãos do Ministério Público remeterão ao Ministério da Justiça, de ofício, até trinta dias após o trânsito em julgado, cópia da sentença condenatória de estrangeiro autor de crime doloso ou de qualquer crime contra a segurança nacional, a ordem política ou social, a economia popular, a moralidade ou a saúde pública, assim como da folha de antecedentes penais constantes dos autos. *(Renumerado pela Lei n. 6.964, de 09.12.81)*

Parágrafo único. O Ministro da Justiça, recebidos os documentos mencionados neste artigo, determinará a instauração de inquérito para a expulsão do estrangeiro.

Art. 69. O Ministro da Justiça, a qualquer tempo, poderá determinar a prisão, por 90 (noventa) dias, do estrangeiro submetido a processo de expulsão e, para concluir o inquérito ou assegurar a execução da medida, prorrogá-la por igual prazo. *(Renumerado pela Lei n. 6.964, de 09.12.81)*

Parágrafo único. Em caso de medida interposta junto ao Poder Judiciário que suspenda, provisoriamente, a efetivação do ato expulsório, o prazo de prisão de que trata a parte final do *caput* deste artigo ficará interrompido, até a decisão definitiva do Tribunal a que estiver submetido o feito.

Art. 70. Compete ao Ministro da Justiça, de ofício ou acolhendo solicitação fundamentada, determinar a instauração de inquérito para a expulsão do estrangeiro. *(Renumerado pela Lei n. 6.964, de 09.12.81)*

Art. 71. Nos casos de infração contra a segurança nacional, a ordem política ou social e a economia popular, assim como nos casos de comércio, posse ou facilitação de uso indevido de substância entorpecente ou que determine dependência física ou psíquica, ou de desrespeito à proibição especialmente prevista em lei para estrangeiro, o inquérito será sumário e não excederá o prazo de quinze dias, dentro do qual fica assegurada ao expulsando o direito de defesa. *(Renumerado pela Lei n. 6.964, de 09.12.81)*

Art. 72. Salvo as hipóteses previstas no artigo anterior, caberá pedido de reconsideração no prazo de 10 (dez) dias, a contar da publicação do decreto de expulsão, no Diário Oficial da União. *(Renumerado pela Lei n. 6.964, de 09.12.81)*

Art. 73. O estrangeiro, cuja prisão não se torne necessária, ou que tenha o prazo desta vencido, permanecerá em liberdade vigiada, em lugar designado pelo Ministério da Justiça, e guardará as normas de comportamento que lhe forem estabelecidas. *(Renumerado pela Lei n. 6.964, de 09.12.81)*

Parágrafo único. Descumprida qualquer das normas fixadas de conformidade com o disposto neste artigo ou no seguinte, o Ministro da Justiça, a qualquer tempo, poderá determinar a prisão administrativa do estrangeiro, cujo prazo não excederá a 90 (noventa) dias.

Art. 74. O Ministro da Justiça poderá modificar, de ofício ou a pedido, as normas de conduta impostas ao estrangeiro e designar outro lugar para a sua residência. *(Renumerado pela Lei n. 6.964, de 09.12.81)*

Art. 75. Não se procederá à expulsão: *(Renumerado e alterado pela Lei n. 6.964, de 09.12.81)*

I — se implicar extradição inadmitida pela lei brasileira; ou (Incluído incisos, alíneas e §§ pela Lei n. 6.964, de 09.12.81)

II — quando o estrangeiro tiver:

a) Cônjuge brasileiro do qual não esteja divorciado ou separado, de fato ou de direito, e desde que o casamento tenha sido celebrado há mais de 5 (cinco) anos; ou

b) filho brasileiro que, comprovadamente, esteja sob sua guarda e dele dependa economicamente.

§ 1º não constituem impedimento à expulsão a adoção ou o reconhecimento de filho brasileiro supervenientes ao fato que o motivar.

§ 2º Verificados o abandono do filho, o divórcio ou a separação, de fato ou de direito, a expulsão poderá efetivar-se a qualquer tempo.

TÍTULO IX
Da Extradição

Art. 76. A extradição poderá ser concedida quando o governo requerente se fundamentar em tratado, ou quando prometer ao Brasil a reciprocidade. *(Renumerado e alterado pela Lei n. 6.964, de 09.12.81)*

Art. 77. Não se concederá a extradição quando: *(Renumerado pela Lei n. 6.964, de 09.12.81)*

I — se tratar de brasileiro, salvo se a aquisição dessa nacionalidade verificar-se após o fato que motivar o pedido;

II — o fato que motivar o pedido não for considerado crime no Brasil ou no Estado requerente;

III — o Brasil for competente, segundo suas leis, para julgar o crime imputado ao extraditando;

IV — a lei brasileira impuser ao crime a pena de prisão igual ou inferior a 1 (um) ano;

V — o extraditando estiver a responder a processo ou já houver sido condenado ou absolvido no Brasil pelo mesmo fato em que se fundar o pedido;

VI — estiver extinta a punibilidade pela prescrição segundo a lei brasileira ou a do Estado requerente;

VII — o fato constituir crime político; e

VIII — o extraditando houver de responder, no Estado requerente, perante Tribunal ou Juízo de exceção.

§ 1º A exceção do item VII não impedirá a extradição quando o fato constituir, principalmente, infração da lei penal comum, ou quando o crime comum, conexo ao delito político, constituir o fato principal.

§ 2º Caberá, exclusivamente, ao Supremo Tribunal Federal, a apreciação do caráter da infração.

§ 3º O Supremo Tribunal Federal poderá deixar de considerar crimes políticos os atentados contra Chefes de Estado ou quaisquer autoridades, bem assim os atos de anarquismo, terrorismo, sabotagem, sequestro de pessoa, ou que importem propaganda de guerra ou de processos violentos para subverter a ordem política ou social.

Art. 78. São condições para concessão da extradição: *(Renumerado pela Lei n. 6.964, de 09.12.81)*

I — ter sido o crime cometido no território do Estado requerente ou serem aplicáveis ao extraditando as leis penais desse Estado; e

II — existir sentença final de privação de liberdade, ou estar a prisão do extraditando autorizada por Juiz, Tribunal ou autoridade competente do Estado requerente, salvo o disposto no art. 82.

Art. 79. Quando mais de um Estado requerer a extradição da mesma pessoa, pelo mesmo fato, terá preferência o pedido daquele em cujo território a infração foi cometida. *(Renumerado pela Lei n. 6.964, de 09.12.81)*

§ 1º Tratando-se de crimes diversos, terão preferência, sucessivamente:

I — o Estado requerente em cujo território haja sido cometido o crime mais grave, segundo a lei brasileira;

II — o que em primeiro lugar houver pedido a entrega do extraditando, se a gravidade dos crimes for idêntica; e

III — o Estado de origem, ou, na sua falta, o domiciliar do extraditando, se os pedidos forem simultâneos.

§ 2º Nos casos não previstos decidirá sobre a preferência o Governo brasileiro.

§ 3º Havendo tratado ou convenção com algum dos Estados requerentes, prevalecerão suas normas no que disserem respeito à preferência de que trata este artigo. *(Redação dada pela Lei n. 6.964, de 09.12.81)*

Art. 80. A extradição será requerida por via diplomática ou, quando previsto em tratado, diretamente ao Ministério da Justiça, devendo o pedido ser instruído com a cópia autêntica ou a certidão da sentença condenatória ou decisão penal proferida por juiz ou autoridade competente. *(Redação dada pela Lei n. 12.878, de 2013)*

§ 1º O pedido deverá ser instruído com indicações precisas sobre o local, a data, a natureza e as circunstâncias do fato criminoso, a identidade do extraditando e, ainda, cópia dos textos legais sobre o crime, a competência, a pena e sua prescrição. *(Redação dada pela Lei n. 12.878, de 2013)*

§ 2º O encaminhamento do pedido pelo Ministério da Justiça ou por via diplomática confere autenticidade aos documentos. *(Redação dada pela Lei n. 12.878, de 2013)*

§ 3º Os documentos indicados neste artigo serão acompanhados de versão feita oficialmente para o idioma português. *(Redação dada pela Lei n. 12.878, de 2013)*

Art. 81. O pedido, após exame da presença dos pressupostos formais de admissibilidade exigidos nesta Lei ou em tratado, será encaminhado pelo Ministério da Justiça ao Supremo Tribunal Federal. *(Redação dada pela Lei n. 12.878, de 2013)*

Parágrafo único. Não preenchidos os pressupostos de que trata o caput, o pedido será arquivado mediante decisão fundamentada do Ministro de Estado da Justiça, sem prejuízo de renovação do pedido, devidamente instruído, uma vez superado o óbice apontado. *(Redação dada pela Lei n. 12.878, de 2013)*

Art. 82. O Estado interessado na extradição poderá, em caso de urgência e antes da formalização do pedido de extradição, ou conjuntamente com este, requerer a prisão cautelar do extraditando por via diplomática ou, quando previsto em tratado, ao Ministério da Justiça, que, após exame da presença dos pressupostos formais de admissibilidade exigidos nesta Lei ou em tratado, representará ao Supremo Tribunal Federal. *(Redação dada pela Lei n. 12.878, de 2013)*

§ 1º O pedido de prisão cautelar noticiará o crime cometido e deverá ser fundamentado, podendo ser apresentado por correio, fax, mensagem eletrônica ou qualquer outro meio que assegure a comunicação por escrito. *(Redação dada pela Lei n. 12.878, de 2013)*

§ 2º O pedido de prisão cautelar poderá ser apresentado ao Ministério da Justiça por meio da Organização Internacional de Polícia Criminal (Interpol), devidamente instruído com a documentação comprobatória da existência de ordem de prisão proferida por Estado estrangeiro. *(Redação dada pela Lei n. 12.878, de 2013)*

§ 3º O Estado estrangeiro deverá, no prazo de 90 (noventa) dias contado da data em que tiver sido cientificado da prisão do extraditando, formalizar o pedido de extradição. *(Redação dada pela Lei n. 12.878, de 2013)*

§ 4º Caso o pedido não seja formalizado no prazo previsto no § 3º, o extraditando deverá ser posto em liberdade, não se admitindo novo pedido de prisão cautelar pelo mesmo fato sem que a extradição haja sido devidamente requerida. *(Redação dada pela Lei n. 12.878, de 2013)*

Art. 83. Nenhuma extradição será concedida sem prévio pronunciamento do Plenário do Supremo Tribunal Federal sobre sua legalidade e procedência, não cabendo recurso da decisão. *(Renumerado pela Lei n. 6.964, de 09.12.81)*

Art. 84. Efetivada a prisão do extraditando (artigo 81), o pedido será encaminhado ao Supremo Tribunal Federal. *(Renumerado pela Lei n. 6.964, de 09.12.81)*

Parágrafo único. A prisão perdurará até o julgamento final do Supremo Tribunal Federal, não sendo admitidas a liberdade vigiada, a prisão domiciliar, nem a prisão albergue.

Art. 85. Ao receber o pedido, o Relator designará dia e hora para o interrogatório do extraditando e, conforme o caso, dar-lhe-á curador ou advogado, se não o tiver, correndo do interrogatório o prazo de dez dias para a defesa. *(Renumerado pela Lei n. 6.964, de 09.12.81)*

§ 1º A defesa versará sobre a identidade da pessoa reclamada, defeito de forma dos documentos apresentados ou ilegalidade da extradição.

§ 2º Não estando o processo devidamente instruído, o Tribunal, a requerimento do Procurador-Geral da República, poderá converter o julgamento em diligência para suprir a falta no prazo improrrogável de 60 (sessenta) dias, decorridos os quais o pedido será julgado independentemente da diligência.

§ 3º O prazo referido no parágrafo anterior correrá da data da notificação que o Ministério das Relações Exteriores fizer à Missão Diplomática do Estado requerente.

Art. 86. Concedida a extradição, será o fato comunicado através do Ministério das Relações Exteriores à Missão Diplomática do Estado requerente que, no prazo de sessenta dias da comunicação, deverá retirar o extraditando do território nacional. *(Renumerado pela Lei n. 6.964, de 09.12.81)*

Art. 87. Se o Estado requerente não retirar o extraditando do território nacional no prazo do artigo anterior, será ele posto em liberdade, sem prejuízo de responder a processo de expulsão, se o motivo da extradição o recomendar. *(Renumerado pela Lei n. 6.964, de 09.12.81)*

Art. 88. Negada a extradição, não se admitirá novo pedido baseado no mesmo fato. *(Renumerado pela Lei n. 6.964, de 09.12.81)*

Art. 89. Quando o extraditando estiver sendo processado, ou tiver sido condenado, no Brasil, por crime punível com pena privativa de liberdade, a extradição será executada somente depois da conclusão do processo ou do cumprimento da pena, ressalvado, entretanto, o disposto no art. 67. *(Renumerado pela Lei n. 6.964, de 09.12.81)*

Parágrafo único. A entrega do extraditando ficará igualmente adiada se a efetivação da medida puser em risco a sua vida por causa de enfermidade grave comprovada por laudo médico oficial.

Art. 90. O Governo poderá entregar o extraditando ainda que responda a processo ou esteja condenado por contravenção. *(Renumerado pela Lei n. 6.964, de 09.12.81)*

Art. 91. Não será efetivada a entrega sem que o Estado requerente assuma o compromisso: *(Renumerado pela Lei n. 6.964, de 09.12.81)*

I — de não ser o extraditando preso nem processado por fatos anteriores ao pedido;

II — de computar o tempo de prisão que, no Brasil, foi imposta por força da extradição;

III — de comutar em pena privativa de liberdade a pena corporal ou de morte, ressalvados, quanto à última, os casos em que a lei brasileira permitir a sua aplicação;

IV — de não ser o extraditando entregue, sem consentimento do Brasil, a outro Estado que o reclame; e

V — de não considerar qualquer motivo político, para agravar a pena.

Art. 92. A entrega do extraditando, de acordo com as leis brasileiras e respeitado o direito de terceiro, será feita com os objetos e instrumentos do crime encontrados em seu poder. *(Renumerado pela Lei n. 6.964, de 09.12.81)*

Parágrafo único. Os objetos e instrumentos referidos neste artigo poderão ser entregues independentemente da entrega do extraditando.

Art. 93. O extraditando que, depois de entregue ao Estado requerente, escapar à ação da Justiça e homiziar-se no Brasil, ou por ele transitar, será detido mediante pedido feito diretamente por via diplomática, e de novo entregue sem outras formalidades. *(Renumerado pela Lei n. 6.964, de 09.12.81)*

Art. 94. Salvo motivo de ordem pública, poderá ser permitido, pelo Ministro da Justiça, o trânsito, no território nacional, de pessoas extraditadas por Estados estrangeiros, bem assim o da respectiva guarda, mediante apresentação de documentos comprobatórios de concessão da medida. *(Renumerado pela Lei n. 6.964, de 09.12.81)*

TÍTULO X
Dos Direitos e Deveres do Estrangeiro

Art. 95. O estrangeiro residente no Brasil goza de todos os direitos reconhecidos aos brasileiros, nos termos da Constituição e das leis. *(Renumerado pela Lei n. 6.964, de 09.12.81)*

Art. 96. Sempre que lhe for exigido por qualquer autoridade ou seu agente, o estrangeiro deverá exibir documento comprobatório de sua estada legal no território nacional. *(Renumerado pela Lei n. 6.964, de 09.12.81)*

Parágrafo único. Para os fins deste artigo e dos arts. 43, 45, 47 e 48, o documento deverá ser apresentado no original.

Art. 97. O exercício de atividade remunerada e a matrícula em estabelecimento de ensino são permitidos ao estrangeiro com as restrições estabelecidas nesta Lei e no seu Regulamento. *(Renumerado pela Lei n. 6.964, de 09.12.81)*

Art. 98. Ao estrangeiro que se encontra no Brasil ao amparo de visto de turista, de trânsito ou temporário de que trata o art. 13, item IV, bem como aos dependentes de titulares de quaisquer vistos temporários é vedado o exercício de atividade remunerada. Ao titular de visto temporário de que trata o art. 13, item VI, é vedado o exercício de atividade remunerada por fonte brasileira. *(Renumerado pela Lei n. 6.964, de 09.12.81)*

Art. 99. Ao estrangeiro titular de visto temporário e ao que se encontre no Brasil na condição do art. 21, § 1º, é vedado estabelecer-se com firma individual, ou exercer cargo ou função de administrador, gerente ou diretor de sociedade comercial ou civil, bem como inscrever-se em entidade fiscalizadora do exercício de profissão regulamentada. *(Renumerado pela Lei n. 6.964, de 09.12.81)*

Parágrafo único. Aos estrangeiros portadores do visto de que trata o inciso V do art. 13 é permitida a inscrição temporária em entidade fiscalizadora do exercício de profis-

são regulamentada. *(Incluído pela Lei n. 6.964, de 09.12.81)*

Art. 100. O estrangeiro admitido na condição de temporário, sob regime de contrato, só poderá exercer atividade junto à entidade pela qual foi contratado, na oportunidade da concessão do visto, salvo autorização expressa do Ministério da Justiça, ouvido o Ministério do Trabalho. *(Renumerado pela Lei n. 6.964, de 09.12.81)*

Art. 101. O estrangeiro admitido na forma do art. 18, ou do art. 37, § 2º, para o desempenho de atividade profissional certa, e a fixação em região determinada, não poderá, dentro do prazo que lhe for fixado na oportunidade da concessão ou da transformação do visto, mudar de domicílio nem de atividade profissional, ou exercê-la fora daquela região, salvo em caso excepcional, mediante autorização prévia do Ministério da Justiça, ouvido o Ministério do Trabalho, quando necessário. *(Renumerado pela Lei n. 6.964, de 09.12.81)*

Art. 102. O estrangeiro registrado é obrigado a comunicar ao Ministério da Justiça a mudança do seu domicílio ou residência, devendo fazê-lo nos 30 (trinta) dias imediatamente seguintes à sua efetivação. *(Renumerado pela Lei n. 6.964, de 09.12.81)*

Art. 103. O estrangeiro que adquirir nacionalidade diversa da constante do registro (art. 30), deverá, nos noventa dias seguintes, requerer a averbação da nova nacionalidade em seus assentamentos. *(Renumerado pela Lei n. 6.964, de 09.12.81)*

Art. 104. O portador de visto de cortesia, oficial ou diplomático só poderá exercer atividade remunerada em favor do Estado estrangeiro, organização ou agência internacional de caráter intergovernamental a cujo serviço se encontre no País, ou do Governo ou de entidade brasileiros, mediante instrumento internacional firmado com outro Governo que encerre cláusula específica sobre o assunto. *(Renumerado pela Lei n. 6.964, de 09.12.81)*

§ 1º O serviçal com visto de cortesia só poderá exercer atividade remunerada a serviço particular de titular de visto de cortesia, oficial ou diplomático.

§ 2º A missão, organização ou pessoa, a cujo serviço se encontra o serviçal, fica responsável pela sua saída do território nacional, no prazo de 30 (trinta) dias, a contar da data em que cessar o vínculo empregatício, sob pena de deportação do mesmo.

§ 3º Ao titular de quaisquer dos vistos referidos neste artigo não se aplica o disposto na legislação trabalhista brasileira.

Art. 105. Ao estrangeiro que tenha entrado no Brasil na condição de turista ou em trânsito é proibido o engajamento como tripulante em porto brasileiro, salvo em navio de bandeira de seu país, por viagem não redonda, a requerimento do transportador ou do seu agente, mediante autorização do Ministério da Justiça. *(Renumerado pela Lei n. 6.964, de 09.12.81)*

Art. 106. É vedado ao estrangeiro: *(Renumerado pela Lei n. 6.964, de 09.12.81)*

I — ser proprietário, armador ou comandante de navio nacional, inclusive nos serviços de navegação fluvial e lacustre;

II — ser proprietário de empresa jornalística de qualquer espécie, e de empresas de televisão e de radiodifusão, sócio ou acionista de sociedade proprietária dessas empresas;

III — ser responsável, orientador intelectual ou administrativo das empresas mencionadas no item anterior;

IV — obter concessão ou autorização para a pesquisa, prospecção, exploração e aproveitamento das jazidas, minas e demais recursos minerais e dos potenciais de energia hidráulica;

V — ser proprietário ou explorador de aeronave brasileira, ressalvado o disposto na legislação específica;

VI — ser corretor de navios, de fundos públicos, leiloeiro e despachante aduaneiro;

VII — participar da administração ou representação de sindicato ou associação profissional, bem como de entidade fiscalizadora do exercício de profissão regulamentada;

VIII — ser prático de barras, portos, rios, lagos e canais;

IX — possuir, manter ou operar, mesmo como amador, aparelho de radiodifusão, de radiotelegrafia e similar, salvo reciprocidade de tratamento; e

X — prestar assistência religiosa às Forças Armadas e auxiliares, e também aos estabelecimentos de internação coletiva.

§ 1º O disposto no item I deste artigo não se aplica aos navios nacionais de pesca.

§ 2º Ao português, no gozo dos direitos e obrigações previstos no Estatuto da Igualdade, apenas lhe é defeso:

a) assumir a responsabilidade e a orientação intelectual e administrativa das empresas mencionadas no item II deste artigo;

b) ser proprietário, armador ou comandante de navio nacional, inclusive de navegação fluvial e lacustre, ressalvado o disposto no parágrafo anterior; e

c) prestar assistência religiosa às Forças Armadas e auxiliares.

Art. 107. O estrangeiro admitido no território nacional não pode exercer atividade de natureza política, nem se imiscuir, direta ou indiretamente, nos negócios públicos do Brasil, sendo-lhe especialmente vedado: *(Renumerado pela Lei n. 6.964, de 09.12.81)*

I — organizar, criar ou manter sociedade ou quaisquer entidades de caráter político, ainda que tenham por fim apenas a propaganda ou a difusão, exclusivamente entre compatriotas, de idéias, programas ou normas de ação de partidos políticos do país de origem;

II — exercer ação individual, junto a compatriotas ou não, no sentido de obter, mediante coação ou constrangimento de qualquer natureza, adesão a idéias, programas ou normas de ação de partidos ou facções políticas de qualquer país;

III — organizar desfiles, passeatas, comícios e reuniões de qualquer natureza, ou deles participar, com os fins a que se referem os itens I e II deste artigo.

Parágrafo único. O disposto no *caput* deste artigo não se aplica ao português beneficiário do Estatuto da Igualdade ao qual tiver sido reconhecido o gozo de direitos políticos.

Art. 108. É lícito aos estrangeiros associarem-se para fins culturais, religiosos, recreativos, beneficentes ou de assistência, filiarem-se a clubes sociais e desportivos, e a quaisquer outras entidades com iguais fins, bem como participarem de reunião comemorativa de datas nacionais ou acontecimentos de significação patriótica. *(Renumerado pela Lei n. 6.964, de 09.12.81)*

Parágrafo único. As entidades mencionadas neste artigo, se constituídas de mais da metade de associados estrangeiros, somente poderão funcionar mediante autorização do Ministro da Justiça.

Art. 109. A entidade que houver obtido registro mediante falsa declaração de seus fins ou que, depois de registrada, passar a exercer atividades proibidas ou ilícitas, terá sumariamente cassada a autorização a que se refere o parágrafo único do artigo anterior e o seu funcionamento será suspenso por ato do Ministro da Justiça, até final julgamento do processo de dissolução, a ser instaurado imediatamente. *(Renumerado e alterado pela Lei n. 6.964, de 09.12.81)*

Art. 110. O Ministro da Justiça poderá, sempre que considerar conveniente aos interesses nacionais, impedir a realização, por estrangeiros, de conferências, congressos e exibições artísticas ou folclóricas. *(Renumerado pela Lei n. 6.964, de 09.12.81)*

TÍTULO XI
Da Naturalização

CAPÍTULO I
Das Condições

Art. 111. A concessão da naturalização nos casos previstos no art. 145, item II, alínea *b*, da Constituição, é faculdade exclusiva do Poder Executivo e far-se-á mediante portaria do Ministro da Justiça. *(Renumerado pela Lei n. 6.964, de 09.12.81)*

Art. 112. São condições para a concessão da naturalização: *(Renumerado pela Lei n. 6.964, de 09.12.81)*

I — capacidade civil, segundo a lei brasileira;

II — ser registrado como permanente no Brasil;

III — residência contínua no território nacional, pelo prazo mínimo de quatro anos, imediatamente anteriores ao pedido de naturalização;

IV — ler e escrever a língua portuguesa, consideradas as condições do naturalizando;

V — exercício de profissão ou posse de bens suficientes à manutenção própria e da família;

VI — bom procedimento;

VII — inexistência de denúncia, pronúncia ou condenação no Brasil ou no exterior por crime doloso a que seja cominada pena mínima de prisão, abstratamente considerada, superior a 1 (um) ano; e

VIII — boa saúde.

§ 1º não se exigirá a prova de boa saúde a nenhum estrangeiro que residir no País há mais de dois anos. *(Incluído pela Lei n. 6.964, de 09.12.81)*

§ 2º verificada, a qualquer tempo, a falsidade ideológica ou material de qualquer dos requisitos exigidos neste artigo ou nos arts. 113 e 114 desta Lei, será declarado nulo o ato de naturalização sem prejuízo da ação penal cabível pela infração cometida. *(Renumerado e alterado pela Lei n. 6.964, de 09.12.81)*

§ 3º A declaração de nulidade a que se refere o parágrafo anterior processar-se-á administrativamente, no Ministério da Justiça, de ofício ou mediante representação fundamentada, concedido ao naturalizado, para defesa, o prazo de quinze dias, contados da notificação. *(Renumerado pela Lei n. 6.964, de 09.12.81)*

Art. 113. O prazo de residência fixado no art. 112, item III, poderá ser reduzido se o naturalizando preencher quaisquer das seguintes condições: *(Renumerado pela Lei n. 6.964, de 09.12.81)*

I — ter filho ou cônjuge brasileiro;

II — ser filho de brasileiro;

LEGISLAÇÃO COMPLEMENTAR

III — haver prestado ou poder prestar serviços relevantes ao Brasil, a juízo do Ministro da Justiça;
IV — recomendar-se por sua capacidade profissional, científica ou artística; ou
V — ser proprietário, no Brasil, de bem imóvel, cujo valor seja igual, pelo menos, a mil vezes o Maior Valor de Referência; ou ser industrial que disponha de fundos de igual valor; ou possuir cota ou ações integralizadas de montante, no mínimo, idêntico, em sociedade comercial ou civil, destinada, principal e permanentemente, à exploração de atividade industrial ou agrícola.
Parágrafo único. A residência será, no mínimo, de um ano, nos casos dos itens I a III; de dois anos, no do item IV; e de três anos, no do item V.
Art. 114. Dispensar-se-á o requisito da residência, exigindo-se apenas a estada no Brasil por trinta dias, quando se tratar: *(Renumerado pela Lei n. 6.964, de 09.12.81)*
I — de cônjuge estrangeiro casado há mais de cinco anos com diplomata brasileiro em atividade; ou
II — de estrangeiro que, empregado em Missão Diplomática ou em Repartição Consular do Brasil, contar mais de 10 (dez) anos de serviços ininterruptos.
Art. 115. O estrangeiro que pretender a naturalização deverá requerê-la ao Ministro da Justiça, declarando: nome por extenso, naturalidade, nacionalidade, filiação, sexo, estado civil, dia, mês e ano de nascimento, profissão, lugares onde haja residido anteriormente no Brasil e no exterior, se satisfaz ao requisito a que alude o art. 112, item VII e se deseja ou não traduzir ou adaptar o seu nome à língua portuguesa. *(Renumerado pela Lei n. 6.964, de 09.12.81)*
§ 1º A petição será assinada pelo naturalizando e instruída com os documentos a serem especificados em regulamento. *(Incluído pela Lei n. 6.964, de 09.12.81)*
§ 2º Exigir-se-á a apresentação apenas de documento de identidade para estrangeiro, atestado policial de residência contínua no Brasil e atestado policial de antecedentes, passado pelo serviço competente do lugar de residência no Brasil, quando se tratar de: *(Incluído parágrafo e incisos pela Lei n. 6.964, de 09.12.81)*
I — estrangeiro admitido no Brasil até a idade de 5 (cinco) anos, radicado definitivamente no território nacional, desde que requeira a naturalização até 2 (dois) anos após atingir a maioridade;
II — estrangeiro que tenha vindo residir no Brasil antes de atingida a maioridade e haja feito curso superior em estabelecimento nacional de ensino, se requerida a naturalização até 1 (um) ano depois da formatura.
§ 3º Qualquer mudança de nome ou de prenome, posteriormente à naturalização, só por exceção e motivadamente será permitida, mediante autorização do Ministro da Justiça. *(Parágrafo único transformado em § 3º pela Lei n. 6.964, de 09.12.81)*
Art. 116. O estrangeiro admitido no Brasil durante os primeiros 5 (cinco) anos de vida, estabelecido definitivamente no território nacional, poderá, enquanto menor, requerer ao Ministro da Justiça, por intermédio de seu representante legal, a emissão de certificado provisório de naturalização, que valerá como prova de nacionalidade brasileira até dois anos depois de atingida a maioridade. *(Renumerado pela Lei n. 6.964, de 09.12.81)*
Parágrafo único. A naturalização se tornará definitiva se o titular do certificado provisório, até dois anos após atingir a maioridade, confirmar expressamente a intenção de continuar brasileiro, em requerimento dirigido ao Ministro da Justiça.

Art. 117. O requerimento de que trata o artigo 115, dirigido ao Ministro da Justiça, será apresentado, no Distrito Federal, Estados e Territórios, ao órgão competente do Ministério da Justiça, que procederá à sindicância sobre a vida pregressa do naturalizando e opinará quanto à conveniência da naturalização. *(Renumerado pela Lei n. 6.964, de 09.12.81)*
Art. 118. Recebido o processo pelo dirigente do órgão competente do Ministério da Justiça, poderá ele determinar, se necessário, outras diligências. Em qualquer hipótese, o processo deverá ser submetido, com parecer, ao Ministro da Justiça. *(Renumerado pela Lei n. 6.964, de 09.12.81)*
Parágrafo único. O dirigente do órgão competente do Ministério da Justiça determinará o arquivamento do pedido, se o naturalizando não satisfizer, conforme o caso, a qualquer das condições previstas no art. 112 ou 116, cabendo reconsideração desse despacho; se o arquivamento for mantido, poderá o naturalizando recorrer ao Ministro da Justiça; em ambos os casos, o prazo é de trinta dias contados da publicação do ato.
Art. 119. Publicada no Diário Oficial a portaria de naturalização, será ela arquivada no órgão competente do Ministério da Justiça, que emitirá certificado relativo a cada naturalizando, o qual será solenemente entregue, na forma fixada em Regulamento, pelo juiz federal da cidade onde tenha domicílio o interessado. *(Renumerado o art. 118 para art. 119 e alterado pela Lei n. 6.964, de 09.12.81)*
§ 1º Onde houver mais de um juiz federal, a entrega será feita pelo da Primeira Vara. *(Incluído alterado pela Lei n. 6.964, de 09.12.81)*
§ 2º Quando não houver juiz federal na cidade em que tiverem domicílio os interessados, a entrega será feita através do juiz ordinário da comarca e, na sua falta, pelo da comarca mais próxima. *(Incluído alterado pela Lei n. 6.964, de 09.12.81)*
§ 3º A naturalização ficará sem efeito se o certificado não for solicitado pelo naturalizando no prazo de doze meses contados da data de publicação do ato, salvo motivo de força maior, devidamente comprovado. *(Parágrafo único transformado em em § 3º pela Lei n. 6.964, de 09.12.81)*
Art. 120. No curso do processo de naturalização, poderá qualquer do povo impugná-la, desde que o faça fundamentadamente. *(Renumerado pela Lei n. 6.964, de 09.12.81)*
Art. 121. A satisfação das condições previstas nesta Lei não assegura ao estrangeiro direito à naturalização. *(Renumerado pela Lei n. 6.964, de 09.12.81)*

CAPÍTULO II
Dos Efeitos da Naturalização

Art. 122. A naturalização, salvo a hipótese do art. 116, só produzirá efeitos após a entrega do certificado e confere ao naturalizado o gozo de todos os direitos civis e políticos, excetuados os que a Constituição Federal atribui exclusivamente ao brasileiro nato. *(Renumerado pela Lei n. 6.964, de 09.12.81)*
Art. 123. A naturalização não importa aquisição da nacionalidade brasileira pelo cônjuge e filhos do naturalizado, nem autoriza que estes entrem ou se radiquem no Brasil sem que satisfaçam às exigências desta Lei. *(Renumerado pela Lei n. 6.964, de 09.12.81)*
Art. 124. A naturalização não extingue a responsabilidade civil ou penal a que o naturalizando estava anteriormente sujeito em qualquer outro país. *(Renumerado pela Lei n. 6.964, de 09.12.81)*

TÍTULO XII
Das Infrações, Penalidades e seu Procedimento

CAPÍTULO I
Das Infrações e Penalidades

Art. 125. Constitui infração, sujeitando o infrator às penas aqui cominadas: *(Renumerado pela Lei n. 6.964, de 09.12.81)*
I — entrar no território nacional sem estar autorizado (clandestino):
Pena: deportação.
II — demorar-se no território nacional após esgotado o prazo legal de estada:
Pena: multa de um décimo do Maior Valor de Referência, por dia de excesso, até o máximo de 10 (dez) vezes o Maior Valor de Referência, e deportação, caso não saia no prazo fixado.
III — deixar de registrar-se no órgão competente, dentro do prazo estabelecido nesta Lei (art. 30):
Pena: multa de um décimo do Maior Valor de Referência, por dia de excesso, até o máximo de 10 (dez) vezes o Maior Valor de Referência.
IV — deixar de cumprir o disposto nos arts. 96, 102 e 103:
Pena: multa de duas a dez vezes o Maior Valor de Referência.
V — deixar a empresa transportadora de atender à manutenção ou promover a saída do território nacional do clandestino ou do impedido (art. 27):
Pena: multa de 30 (trinta) vezes o Maior Valor de Referência, por estrangeiro.
VI — transportar para o Brasil estrangeiro que esteja sem a documentação em ordem:
Pena: multa de dez vezes o Maior Valor de Referência, por estrangeiro, além da responsabilidade pelas despesas com a retirada deste do território nacional. *(Redação dada pela Lei n. 6.964, de 09.12.81)*
VII — empregar ou manter a seu serviço estrangeiro em situação irregular ou impedido de exercer atividade remunerada:
Pena: multa de 30 (trinta) vezes o Maior Valor de Referência, por estrangeiro.
VIII — infringir o disposto nos arts. 21, § 2º, 24, 98, 104, §§ 1º ou 2º e 105:
Pena: deportação.
IX — infringir o disposto no artigo 25:
Pena: multa de 5 (cinco) vezes o Maior Valor de Referência para o resgatador e deportação para o estrangeiro.
X — infringir o disposto nos arts. 18, 37, § 2º, ou 99 a 101:
Pena: cancelamento do registro e deportação.
XI — infringir o disposto no art. 106 ou 107:
Pena: detenção de 1 (um) a 3 (três) anos e expulsão.
XII — introduzir estrangeiro clandestinamente ou ocultar clandestino ou irregular:
Pena: detenção de 1 (um) a 3 (três) anos e, se o infrator for estrangeiro, expulsão.
XIII — fazer declaração falsa em processo de transformação de visto, de registro, de alteração de assentamentos, de naturalização, ou para a obtenção de passaporte para estrangeiro, laissez-passer, ou, quando exigido, visto de saída:
Pena: reclusão de 1 (um) a 5 (cinco) anos e, se o infrator for estrangeiro, expulsão.
XIV — infringir o disposto nos artigos 45 a 48:
Pena: multa de 5 (cinco) a 10 (dez) vezes o Maior Valor de Referência.

XV — infringir o disposto no artigo 26, § 1º ou 64:

Pena: deportação e na reincidência, expulsão.

XVI — infringir ou deixar de observar qualquer disposição desta Lei ou de seu Regulamento para a qual não seja cominada sanção especial:

Pena: multa de 2 (duas) a 5 (cinco) vezes o Maior Valor de Referência.

Parágrafo único. As penalidades previstas no item XI, aplicam-se também aos diretores das entidades referidas no item I do art. 107.

Art. 126. As multas previstas neste Capítulo, nos casos de reincidência, poderão ter os respectivos valores aumentados do dobro ao quíntuplo. *(Renumerado pela Lei n. 6.964, de 09.12.81)*

CAPÍTULO II
Do Procedimento para Apuração das Infrações

Art. 127. A infração punida com multa será apurada em processo administrativo, que terá por base o respectivo auto, conforme se dispuser em Regulamento. *(Renumerado pela Lei n. 6.964, de 09.12.81)*

Art. 128. No caso do art. 125, itens XI a XIII, observar-se-á o Código de Processo Penal e, nos casos de deportação e expulsão, o disposto nos Títulos VII e VIII desta Lei, respectivamente. *(Renumerado pela Lei n. 6.964, de 09.12.81)*

TÍTULO XIII
Disposições Gerais e Transitórias

Art. 129. *(Revogado pela Lei n. 8.422, de 13.05.92)*

Art. 130. O Poder Executivo fica autorizado a firmar acordos internacionais pelos quais, observado o princípio da reciprocidade de tratamento a brasileiros e respeitados a conveniência e os interesses nacionais, estabeleçam-se as condições para a concessão, gratuidade, isenção ou dispensa dos vistos estatuídos nesta Lei. *(Renumerado pela Lei n. 6.964, de 09.12.81)*

Art. 130-A. Tendo em vista os Jogos Olímpicos e Paralímpicos de 2016, a serem realizados na cidade do Rio de Janeiro, Rio 2016, portaria conjunta dos Ministérios das Relações Exteriores, da Justiça e do Turismo poderá dispor sobre a dispensa unilateral da exigência de visto de turismo previsto nesta Lei para os nacionais de países nela especificados, que venham a entrar em território nacional até a data de 18 de setembro de 2016, com prazo de estada de até noventa dias, improrrogáveis, a contar da data da primeira entrada em território nacional. *(Incluído pela Lei n. 13.193, de 2015)*

Parágrafo único. A dispensa unilateral prevista no *caput* não estará condicionada à comprovação de aquisição de ingressos para assistir a qualquer evento das modalidades desportivas dos Jogos Rio 2016. *(Incluído pela Lei n. 13.193, de 2015)*

Art. 131. Fica aprovada a Tabela de Emolumentos Consulares e Taxas que integra esta Lei. *(Renumerado pela Lei n. 6.964, de 09.12.81) (Vide Decreto-Lei n. 2.236, de 23.01.1985)*

§ 1º Os valores das taxas incluídas na tabela terão reajustamento anual na mesma proporção do coeficiente do valor de referências.

§ 2º O Ministro das Relações Exteriores fica autorizado a aprovar, mediante Portaria, a revisão dos valores dos emolumentos consulares, tendo em conta a taxa de câmbio do cruzeiro-ouro com as principais moedas de livre convertibilidade.

Art. 132. Fica o Ministro da Justiça autorizado a instituir modelo único de Cédula de Identidade para estrangeiro, portador de visto temporário ou permanente, a qual terá validade em todo o território nacional e substituirá as carteiras de identidade em vigor. *(Renumerado pela Lei n. 6.964, de 09.12.81)*

Parágrafo único. Enquanto não for criada a cédula de que trata este artigo, continuarão válidas:

I — as Carteiras de Identidade emitidas com base no art. 135 do Decreto n. 3.010, de 20 de agosto de 1938, bem como as certidões de que trata o § 2º, do art. 149, do mesmo Decreto; e

II — as emitidas e as que o sejam, com base no Decreto-Lei n. 670, de 3 de julho de 1969, e nos arts. 57, § 1º, e 60, § 2º, do Decreto n. 66.689, de 11 de junho de 1970.

Art. 133. *(Revogado pela Lei n. 7.180, de 20.12.1983)*

Art. 134. Poderá ser regularizada, provisoriamente, a situação dos estrangeiros de que trata o artigo anterior. *(Incluído pela Lei n. 6.964, de 09.12.81)*

§ 1º Para os fins deste artigo, fica instituído no Ministério da Justiça o registro provisório de estrangeiro.

§ 2º O registro de que trata o parágrafo anterior implicará na expedição de cédula de identidade, que permitirá ao estrangeiro em situação ilegal o exercício de atividade remunerada e a livre locomoção no território nacional.

§ 3º O pedido de registro provisório deverá ser feito no prazo de 120 (cento e vinte) dias, a contar da data de publicação desta Lei.

§ 4º A petição, em formulário próprio, será dirigida ao órgão do Departamento de Polícia mais próximo do domicílio do interessado e instruída com um dos seguintes documentos:

I — cópia autêntica do passaporte ou documento equivalente;

II — certidão fornecida pela representação diplomática ou consular do país de que seja nacional o estrangeiro, atestando a sua nacionalidade;

III — certidão do registro de nascimento ou casamento;

IV — qualquer outro documento idôneo que permita à Administração conferir os dados de qualificação do estrangeiro.

§ 5º O registro provisório e a cédula de identidade, de que trata este artigo, terão prazo de validade de dois anos improrrogáveis, ressalvado o disposto no parágrafo seguinte.

§ 6º Firmados, antes de esgotar o prazo previsto no § 5º os acordos bilaterais, referidos no artigo anterior, os nacionais dos países respectivos deverão requerer a regularização de sua situação, no prazo previsto na alínea c, do item II do art. 133.

§ 7º O Ministro da Justiça instituirá modelo especial da cédula de identidade de que trata este artigo.

Art. 135. O estrangeiro que se encontre residindo no Brasil na condição prevista no art. 26 do Decreto-Lei n. 941, de 13 de outubro de 1969, deverá, para continuar a residir no território nacional, requerer permanência ao órgão competente do Ministério da Justiça dentro do prazo de 90 (noventa) dias improrrogáveis, a contar da data da entrada em vigor desta Lei. *(Renumerado pela Lei n. 6.964, de 09.12.81)*

Parágrafo único. Independerá da satisfação das exigências de caráter especial referidas no artigo 17 desta Lei a autorização a que alude este artigo.

Art. 136. Se o estrangeiro tiver ingressado no Brasil até 20 de agosto de 1938, data da entrada em vigor do Decreto n. 3.010, desde que tenha mantido residência contínua no território nacional, a partir daquela data, e prove a qualificação, inclusive a nacionalidade, poderá requerer permanência ao órgão competente do Ministério da Justiça, observado o disposto no parágrafo único do artigo anterior. *(Renumerado pela Lei n. 6.964, de 09.12.81)*

Art. 137. Aos processos em curso no Ministério da Justiça, na data de publicação desta Lei, aplicar-se-á o disposto no Decreto-Lei n. 941, de 13 de outubro de 1969, e no seu Regulamento, Decreto n. 66.689, de 11 de junho de 1970. *(Renumerado o art. 135 para art. 137 e alterado pela Lei n. 6.964, de 09.12.81)*

Parágrafo único. O disposto neste artigo não se aplica aos processos de naturalização, sobre os quais incidirão, desde logo, as normas desta Lei. *(Alterado pela Lei n. 6.964, de 09.12.81)*

Art. 138. Aplica-se o disposto nesta Lei às pessoas de nacionalidade portuguesa, sob reserva de disposições especiais expressas na Constituição Federal ou nos tratados em vigor. *(Incluído pela Lei n. 6.964, de 09.12.81)*

Art. 139. Fica o Ministro da Justiça autorizado a delegar a competência, que esta lei lhe atribui, para determinar a prisão do estrangeiro, em caso de deportação, expulsão e extradição. *(Incluído pela Lei n. 6.964, de 09.12.81)*

Art. 140. Esta Lei entrará em vigor na data de sua publicação. *(Desmembrado pela Lei n. 6.964, de 09.12.81)*

Art. 141. Revogadas as disposições em contrário, especialmente o Decreto-Lei n. 406, de 4 de maio de 1938; art. 69 do Decreto-Lei n. 3.688, de 3 de outubro de 1941; Decreto-Lei n. 5.101, de 17 de dezembro de 1942; Decreto-Lei n. 7.967, de 18 de setembro de 1945; Lei n. 5.333, de 11 de outubro de 1967; Decreto-Lei n. 417, de 10 de janeiro de 1969; Decreto-Lei n. 941, de 13 de outubro de 1969; art. 2º da Lei n. 5.709, de 7 de outubro de 1971, e Lei n. 6.262, de 18 de novembro de 1975. *(Desmembrado pela Lei n. 6.964, de 09.12.81)*

Brasília, 19 de agosto de 1980; 159º da Independência e 92º da República.

João Figueiredo
Ibrahim Abi-Ackel
R. S. Guerreiro
Angelo Amaury Stábile
Murilo Macêdo
Waldyr Mendes Arcoverde
Danilo Venturini

ANEXO

Tabela de Emolumentos e Taxas

(Art. 131 da Lei n. 6.815, de 19 de agosto de 1980)

(Vide Decreto-Lei n. 2.236, de 23.01.1985)

I — Emolumentos Consulares

— Concessão de passaporte e *lassez-passer* para estrangeiro: Cr$ 15,00 (quinze cruzeiros) ouro.

— Visto em passaporte estrangeiro:

a. visto de trânsito: Cr$ 5,00 (cinco cruzeiros) ouro.

b. visto de turista: Cr$ 5,00 (cinco cruzeiros) ouro.

c. visto temporário: Cr$ 10,00 (dez cruzeiros) ouro.

d. visto permanente: Cr$ 10,00 (dez cruzeiros) ouro.

II — Taxas *(Vide Lei Complementar n. 89, de 1997)*

— Pedido de visto de saída: Cr$ 300,00 (trezentos cruzeiros).

— Pedido de transformação de visto: Cr$ 4.000,00 (quatro mil cruzeiros).

— Pedido de prorrogação de prazo de estada do titular de visto de turista ou temporário: Cr$ 2.000, 00 (dois mil cruzeiros).

— Pedido de passaporte para estrangeiro ou *laissez-passer* — 1,0 (um) maior valor de referência; *(Redação dada pelo Decreto-Lei n. 2.236, 23.01.1985)*

— Pedido de retificação de assentamentos no registro de estrangeiro: Cr$ 600,00 (seiscentos cruzeiros).

— Pedido de registro temporário ou permanente: Cr 600,00 (seiscentos cruzeiros).

— Pedido de restabelecimento de registro temporário ou permanente: Cr$ 1.000,00 (hum mil cruzeiros).

— Pedido de autorização para funcionamento de sociedade, Cr$2.000,00 (dois mil cruzeiros). *(Incluído pela Lei n. 6.964, de 9.12.1981)*

— Pedido de registro de sociedade: Cr$ 2.000,00 (dois mil cruzeiros).

— Pedido de naturalização: Cr$ 1.000,00 (hum mil cruzeiros).

— Pedido de certidão: Cr$ 600,00 (seiscentos cruzeiros) por ato a certificar.

— Pedido de visto em contrato de trabalho: Cr$ 2.000,00 (dois mil cruzeiros).

— Emissão de documento de identidade (artigos 33 e 132): Primeira via — 1,0 (um) maior valor de referência; *(Redação dada pelo Decreto-Lei n. 2.236, 23.1.1985)*

Outras vias — 1,5 (um e meio) maior valor de referência;

Substituição — 0,6 (seis décimos) do maior valor de referência.

— Pedido de reconsideração de despacho e recurso: o dobro da taxa devida no pedido inicial.

Decreto n. 86.715, de 10 de dezembro de 1981

Regulamenta a Lei n. 6.815, de 19 de agosto de 1980, que define a situação jurídica do estrangeiro no Brasil, cria o Conselho Nacional de Imigração e dá outras providências

O PRESIDENTE DA REPÚBLICA, usando da atribuição que lhe confere o art. 81, item III, da Constituição,

DECRETA:

Art. 1º Este Decreto regulamenta a situação jurídica do estrangeiro no Brasil, definida na Lei n. 6.815, de 19 de agosto de 1980, e dispõe sobre a composição e atribuições do Conselho Nacional de Imigração.

TÍTULO I
Da admissão, entrada e impedimento

Capítulo I
Da Admissão

Seção I
Do Visto Consular

Art. 2º A admissão do estrangeiro no território nacional far-se-á mediante a concessão de visto:

I — de trânsito;

II — de turista;

III — temporário;

IV — permanente;

V — de cortesia;

VI — oficial; e

VII — diplomático.

§ 1º Os vistos serão concedidos no exterior, pelas Missões diplomáticas, Repartições consulares de carreira, Vice-Consulados e, quando autorizados pela Secretaria de Estado das Relações Exteriores, pelos Consulados honorários.

§ 2º A Repartição consular de carreira, o Vice-Consulado e o Consulado honorário somente poderão conceder visto de cortesia, oficial e diplomático, quando autorizados pela Secretaria de Estado das Relações Exteriores.

§ 3º No caso de suspensão de relações diplomáticas e consulares, os vistos de entrada no Brasil poderão ser concedidos por Missão diplomática ou Repartição consular do país encarregado dos interesses brasileiros.

Art. 3º A concessão de visto poderá estender-se a dependente legal do estrangeiro, satisfeitas as exigências do art. 5º e comprovada a dependência.

Parágrafo único. A comprovação de dependência far-se-á através da certidão oficial respectiva ou, na impossibilidade de sua apresentação, por documento idôneo, a critério da autoridade consular.

Art. 4º O apátrida, para a obtenção de visto, deverá apresentar, além dos documentos exigidos neste Regulamento, prova oficial de que poderá regressar ao país de residência ou de procedência, ou ingressar em outro país, salvo impedimento avaliado pelo Ministério das Relações Exteriores.

Art. 5º Não se concederá visto ao estrangeiro:

I — menor de dezoito anos, desacompanhado do responsável legal ou sem a sua autorização expressa;

II — considerado nocivo à ordem pública ou aos interesses nacionais;

III — anteriormente expulso do País, salvo se a expulsão tiver sido revogada;

IV — condenado ou processado em outro país por crime doloso, passível de extradição segundo a lei brasileira; ou

V — que não satisfaça as condições de saúde estabelecidas pelo Ministério da Saúde.

Parágrafo único. Nos casos de recusa de visto, nas hipóteses previstas nos Itens II e V deste artigo, a autoridade consular anotará os dados de qualificação de que dispuser e comunicará o motivo da recusa à Secretaria de Estado das Relações Exteriores que, a respeito, expedirá circular a todas as autoridades consulares brasileiras no exterior e dará conhecimento ao Departamento de Polícia Federal do Ministério da Justiça e à Secretaria de Imigração do Ministério do Trabalho.

Art. 6º A autoridade Consular, ao conceder visto, consignará, no documento de viagem do interessado, o prazo de validade para sua utilização.

Art. 7º A autoridade consular examinará, por todos os meios ao seu alcance, a autenticidade e a legalidade dos documentos que lhe forem apresentados.

Parágrafo único. Os documentos que instruírem os pedidos de visto deverão ser apresentados em português, admitidos, também, os idiomas inglês, francês e espanhol.

Art. 8º O visto é individual e no documento de viagem serão apostos tantos vistos quantos forem os seus beneficiários.

§ 1º A solicitação do visto será feita pelo interessado em formulário próprio.

§ 2º O pedido dirá respeito a uma só pessoa, admitindo-se a inclusão de menores de dezoito anos no formulário de um dos progenitores, quando viajarem na companhia destes.

Art. 9º Ao conceder o visto, a autoridade consular anotará, no documento de viagem, a sua classificação e o prazo de estada do estrangeiro no Brasil.

Parágrafo único. Nos casos de concessão de visto temporário ou permanente, a referida autoridade entregará ao estrangeiro cópia do formulário do pedido respectivo, autenticada, para os fins previstos no § 7º do art. 23, § 2º do art. 27 e § 1º do art. 58.

Art. 10. O estrangeiro, natural de país limítrofe, poderá ser admitido no Brasil, observado o disposto no art. 37.

Art. 11. O passaporte, ou documento equivalente, não poderá ser visado se não for válido para o Brasil.

Parágrafo único. Consideram-se como equivalentes ao passaporte o "laissez-passer", o salvo conduto, a permissão de reingresso e outros documentos de viagem emitidos por governo estrangeiro ou organismo internacional reconhecido pelo Governo brasileiro.

Art. 12. O tipo de passaporte estrangeiro, o cargo ou a função do seu titular não determinam, necessariamente, o tipo de visto a ser concedido pela autoridade brasileira, no exterior ou no Brasil.

Art. 13. O Ministério das Relações Exteriores realizará as investigações necessárias à apuração de fraudes praticadas no exterior quanto ao visto consular e dará conhecimento de suas conclusões ao Ministério da Justiça.

Subseção I
Do Visto de Trânsito

Art. 14. O visto de trânsito poderá ser concedido ao estrangeiro que, para atingir o país de destino, tenha de entrar em território nacional.

Art. 15. Para obter visto de trânsito, o estrangeiro deverá apresentar:

I — passaporte ou documento equivalente;

II — certificado internacional de imunização, quando necessário; e

III — bilhete de viagem para o país de destino.

§ 1º Do documento de viagem deverá constar, se necessário, o visto aposto pelo representante do país de destino.

§ 2º Os documentos exigidos neste artigo deverão ser apresentados pelo estrangeiro aos órgãos federais competentes, no momento da entrada no território nacional.

Art. 16. Na hipótese de interrupção de viagem contínua de estrangeiro em trânsito, aplicar-se-á o disposto no art. 42.

Subseção II
Do Visto de Turista

Art. 17. O visto de turista poderá ser concedido ao estrangeiro que venha ao Brasil em caráter recreativo ou de visita, assim considerado aquele que não tenha finalidade imigratória, nem intuito de exercício de atividade remunerada.

Art. 18. Para obter o visto de turista, o estrangeiro deverá apresentar:

I — passaporte ou documento equivalente;

II — certificado internacional de imunização, quando necessário; e

III — prova de meios de subsistência ou bilhete de viagem que o habilite a entrar no território nacional e dele sair.

§ 1º Para os fins deste artigo, admitem-se, como prova de meios de subsistência, extrato de conta bancária, carta de crédito ou outros documentos que atestem a posse de recursos financeiros, a juízo da autoridade consular.

§ 2º O estrangeiro, titular do visto de turista, deverá apresentar aos órgãos federais competentes os documentos previstos neste artigo, ao entrar no território nacional.

Art. 19. Cabe ao Ministério das Relações Exteriores indicar os países cujos nacionais gozam de isenção do visto de turista.

Parágrafo único. O Departamento Consular e Jurídico do Ministério das Relações Exteriores enviará ao Departamento de Polícia Federal do Ministério da Justiça relação atualizada dos países cujos nacionais estejam isentos do visto de turista.

Art. 20. O turista isento de visto, nos termos do artigo anterior, deverá apresentar aos órgãos federais competentes, no momento da entrada no território nacional:

I — passaporte, documento equivalente ou carteira de identidade, esta quando admitida;

II — certificado internacional de imunização, quando necessário.

§ 1º Em caso de dúvida quanto à legitimidade da condição de turista, o Departamento de Polícia Federal poderá exigir prova de meios de subsistência e bilhete de viagem que o habilite a sair do País.

§ 2º Para os fins do disposto no parágrafo anterior, entende-se como prova de meios de subsistência a posse de numerário ou carta de crédito.

Art. 21. O prazo de estada do turista poderá ser reduzido, em cada caso, a critério do Departamento de Polícia Federal.

Subseção III
Do Visto Temporário

Art. 22. O visto temporário poderá ser concedido ao estrangeiro que pretenda vir ao Brasil:

I — em viagem cultural ou sem missão de estudos;

II — em viagem de negócios;

III — na condição de artista ou desportista;

IV — na condição de estudante;

V — na condição de cientista, professor, técnico ou profissional de outra categoria, sob regime de contrato ou a serviço do Governo brasileiro;

VI — na condição de correspondente de jornal, revista, rádio, televisão ou agência noticiosa estrangeira; (Redação dada pelo Decreto n. 8.757, de 10.5.16, DOU 11.5.16)

VII — na condição de ministro de confissão religiosa ou membro de instituto de vida consagrada e de congregação ou ordem religiosa; e (Redação dada pelo Decreto n. 8.757, de 10.5.16, DOU 11.5.16)

VIII — na condição de beneficiário de bolsa vinculada a projeto de pesquisa, desenvolvimento e inovação concedida por órgão ou agência de fomento. (Incluído pelo Decreto n. 8.757, de 10.5.16, DOU 11.5.16)

Art. 23. Para obter visto temporário, o estrangeiro deverá apresentar:

I — passaporte ou documento equivalente;

II — certificado internacional de imunização, quando necessário;

III — (Revogado pelo Decreto n. 87, de 15.4.1991)

IV — prova de meios de subsistência; e

V — atestado de antecedentes penais ou documento equivalente, este a critério da autoridade consular.

§ 1º Os vistos temporários de que tratam os incisos I e VII do *caput* do art. 22 só poderão ser obtidos, exceto em caso de força maior, na jurisdição consular em que o interessado tenha mantido residência pelo prazo mínimo de um ano imediatamente anterior ao pedido. (Redação dada pelo Decreto n. 8.757, de 10.5.16, DOU 11.5.16)

§ 2º Nos casos de que tratam os itens III e V do artigo anterior, só será concedido visto, pelo respectivo Consulado no exterior, se o estrangeiro for parte em contrato de trabalho visado pela Secretaria de Imigração do Ministério do Trabalho, salvo no caso de comprovada prestação de serviço ao Governo brasileiro.

§ 3º (Revogado pelo Decreto n. 87, de 15.4.1991)

§ 4º A prova de meios de subsistência a que alude o item IV deste artigo, será feita:

I — no caso de viagem cultural ou missão de estudos, mediante a apresentação de convite ou indicação de entidade cultural ou científica, oficial ou particular, ou a exibição de documento idôneo que, a critério da autoridade consular, justifique a viagem do interessado e especifique o prazo de estada e a natureza da função;

II — no caso de viagem de negócios, por meio de declaração da empresa ou entidade a que estiver vinculado o estrangeiro, ou de pessoa idônea, a critério da autoridade consular;

III — no caso de estudante, por meio de documento que credencie o estrangeiro como beneficiário de bolsa de estudos ou convênio cultural celebrado pelo Brasil; se o candidato não se encontrar numa dessas condições, a autoridade consular competente exigir-lhe-á prova de que dispõe de recursos suficientes para manter-se no Brasil;

IV — no caso de ministro de confissão religiosa, membro de instituto de vida consagrada ou de congregação ou ordem religiosa, mediante compromisso da entidade no Brasil, responsável por sua manutenção e saída do território nacional.

§ 5º A Secretaria de Imigração do Ministério do Trabalho encaminhará cópia dos contratos, que visar, aos Departamentos Consular e Jurídico do Ministério das Relações Exteriores e Federal de Justiça do Ministério da Justiça.

§ 6º Independentemente da apresentação do documento de que trata o § 2º deste artigo, poderá ser exigida pela autoridade consular, nos casos dos itens III e V do art. 22, a prova da condição profissional atribuída ao interessado, salvo na hipótese de prestação de serviço ao Governo brasileiro.

§ 7º No momento da entrada no território nacional, o estrangeiro, titular do visto temporário, deverá apresentar, aos órgãos federais competentes, os documentos previstos no item I deste artigo e no parágrafo único do art. 9º. (Redação dada pelo Decreto n. 87, de 15.4.1991)

§ 8º Nos casos de que trata o inciso V do *caput* do art. 22, somente será concedido visto se solicitado no prazo de seis meses, contado da data da autorização de trabalho expedida pelo Ministério do Trabalho e Previdência Social. (Incluído pelo Decreto n. 8.757, de 10.5.16, DOU 11.5.16)

Art. 23-A. Será concedido o visto aos seus familiares e dependentes legais, maiores de dezesseis anos, independentemente de proposta de trabalho prévia e em nome próprio, quando houver concessão do visto ao estrangeiro de que trata o inciso V do *caput* do art. 22, nos termos autorizados pelo Ministério do Trabalho e Previdência Social. (Incluído pelo Decreto n. 8.757, de 10.5.16, DOU 11.5.16)

Parágrafo único. A prorrogação do visto do titular implica a prorrogação do visto dos dependentes. (Incluído pelo Decreto n. 8.757, de 10.5.16, DOU 11.5.16)

Art. 23-B. Ato do Conselho Nacional de Imigração estabelecerá condições simplificadas para a concessão de visto temporário de que trata o inciso V do *caput* do art. 22, no caso de capacidades profissionais estratégicas para o País. (Incluído pelo Decreto n. 8.757, de 10.5.16, DOU 11.5.16)

Parágrafo único. Na hipótese prevista no *caput*, o Ministério do Trabalho e Previdência Social poderá autorizar a expedição do visto condicionado à apresentação de contrato de trabalho no prazo de até seis meses após o ingresso do titular do visto no País. (Incluído pelo Decreto n. 8.757, de 10.5.16, DOU 11.5.16)

Art. 24. O Departamento Consular e Jurídico do Ministério das Relações Exteriores dará ciência, à Secretaria de Imigração do Ministério do Trabalho, da concessão dos vistos de que trata o § 2º do artigo anterior.

Art. 25. Os prazos de estada no Brasil para os titulares de visto temporário serão os seguintes:

I — no caso de viagem cultural ou missão de estudos, até dois anos;

II — no caso de viagem de negócios, até noventa dias;

III — para artista ou desportista, até noventa dias;

IV — para estudante, até um ano;

V — para cientista, professor, técnico ou profissional de outra categoria, sob regime de contrato ou a serviço do Governo brasileiro, até dois anos;

VI — para correspondente de jornal, revista, rádio, televisão, ou agência noticiosa estrangeira, até quatro anos;

VII — para ministro de confissão religiosa, membro de instituto de vida consagrada ou de congregação ou ordem religiosa, até um ano.

Subseção IV
Do Visto Permanente

Art. 26. O visto permanente poderá ser concedido ao estrangeiro que se pretenda fixar, definitivamente no Brasil.

Art. 27. Para obter visto permanente o estrangeiro deverá satisfazer as exigências de caráter especial, previstas nas normas de seleção de imigrantes, estabelecidas pelo Conselho Nacional de Imigração, e apresentar:

I — passaporte ou documento equivalente;

II — certificado internacional de imunização, quando necessário;

III — (Revogado pelo Decreto n. 87, de 15.4.1991)

IV — atestado de antecedentes penais ou documento equivalente, a critério da autoridade consular;

V — prova de residência;
VI — certidão de nascimento ou de casamento; e
VII — contrato de trabalho visado pela Secretaria de Imigração do Ministério do Trabalho, quando for o caso.

§ 1º O visto permanente só poderá ser obtido, salvo no caso de força maior, na jurisdição consular em que o interessado tenha mantido residência pelo prazo mínimo de um ano imediatamente anterior ao pedido.

§ 2º O estrangeiro, titular do visto permanente, deverá apresentar, aos órgãos federais competentes, ao entrar no território nacional, os documentos referidos no item I deste artigo e no parágrafo único do art. 9º. (Redação dada pelo Decreto n. 87, de 15.4.1991)

§ 3º (Revogado pelo Decreto n. 740, de 3.2.1993)

Art. 28. A concessão do visto permanente poderá ficar condicionada, por prazo não superior a cinco anos, ao exercício de atividade certa e à fixação em região determinada do território nacional.

Parágrafo único. A autoridade consular anotará à margem do visto a atividade a ser exercida pelo estrangeiro e a região em que se deva fixar.

Seção II
Do Exame de Saúde

Art. 29. *(Revogado pelo Decreto n. 87, de 15.4.1991)*
Art. 30. *(Revogado pelo Decreto n. 87, de 15.4.1991)*
Art. 31. *(Revogado pelo Decreto n. 87, de 15.4.1991)*
Art. 32. *(Revogado pelo Decreto n. 87, de 15.4.1991)*
Art. 33. *(Revogado pelo Decreto n. 87, de 15.4.1991)*
Art. 34. *(Revogado pelo Decreto n. 87, de 15.4.1991)*
Art. 35. *(Revogado pelo Decreto n. 87, de 15.4.1991)*

Capítulo II
Da Entrada

Art. 36. Para a entrada do estrangeiro no território nacional, será exigido visto concedido na forma deste Regulamento, salvo as exceções legais.

Parágrafo único. No caso de força maior devidamente comprovada, o Departamento de Polícia Federal poderá autorizar a entrada do estrangeiro no território nacional, ainda que esgotado o prazo de validade para utilização do visto.

Art. 37. Ao natural de país limítrofe, domiciliado em cidade contígua ao território nacional, respeitados os interesses da segurança nacional, poder-se-á permitir a entrada nos municípios fronteiriços a seu respectivo país, desde que apresente carteira de identidade válida, emitida por autoridade competente do seu país.

Art. 38. O estrangeiro, ao entrar no território nacional, será fiscalizado pela Polícia Federal, pelo Departamento da Receita Federal e, quando for o caso, pelo órgão competente do Ministério da Saúde, no local de entrada, devendo apresentar os documentos previstos neste regulamento. *(Redação dada pelo Decreto n. 87, de 15.4.1991)*

§ 1º No caso de entrada por via terrestre, a fiscalização far-se-á no local reservado, para esse fim, aos órgãos referidos neste artigo.

§ 2º Em se tratando de entrada por via marítima, a fiscalização será feita a bordo, no porto de desembarque.

§ 3º Quando a entrada for por via aérea, a fiscalização será feita no aeroporto do local de destino do passageiro, ou ocorrendo a transformação do voo internacional em doméstico, no lugar onde a mesma se der, a critério do Departamento de Polícia Federal do Ministério da Justiça, ouvidas a Divisão Nacional de Vigilância Sanitária de Portos, Aeroportos e Fronteiras do Ministério da Saúde e a Secretaria da Receita Federal do Ministério da Fazenda.

Art. 39. Quando o visto consular omitir a sua classificação ou ocorrer engano, o Departamento de Polícia Federal poderá permitir a entrada do estrangeiro, retendo o seu documento de viagem e fornecendo-lhe comprovante.

Parágrafo único. O Departamento de Polícia Federal encaminhará o documento de viagem ao Ministério das Relações Exteriores, para classificação ou correção.

Art. 40. Havendo dúvida quanto à dispensa de visto, no caso de titular de passaporte diplomático, oficial ou de serviço, o Departamento de Polícia Federal consultará o Ministério das Relações Exteriores, para decidir sobre a entrada do estrangeiro.

Art. 41. O Departamento de Polícia Federal do Ministério da Justiça poderá permitir a entrada condicional de estrangeiro impedido na forma do artigo 53, mediante autorização ocorrida da Divisão Nacional de Vigilância Sanitária de Portos, Aeroportos e Fronteiras, do Ministério da Saúde.

Art. 42. Quando a viagem contínua do estrangeiro tiver que ser interrompida por impossibilidade de transbordo imediato ou por motivo imperioso, o transportador, ou seu agente, dará conhecimento do fato ao Departamento de Polícia Federal, por escrito.

Parágrafo único. O Departamento de Polícia Federal, se julgar procedente os motivos alegados, determinará o local em que o mesmo deva permanecer e as condições a serem observadas por ele e pelo transportador, não devendo o prazo de estada exceder ao estritamente necessário ao prosseguimento da viagem.

Art. 43. O Departamento de Polícia Federal poderá permitir o transbordo ou desembarque de tripulante que, por motivo imperioso, seja obrigado a interromper a viagem no território nacional.

Parágrafo único. O transportador, ou seu agente, para os fins deste artigo, dará conhecimento prévio do fato ao Departamento de Polícia Federal, fundamentadamente e por escrito, assumindo a responsabilidade pelas despesas decorrentes do transbordo ou desembarque.

Art. 44. Poderá ser permitido o transbordo do clandestino, se requerido pelo transportador, ou seu agente, que assumirá a responsabilidade pelas despesas dele decorrentes.

Art. 45. Nas hipóteses previstas nos arts. 42 e 43, quando o transbordo ou desembarque for solicitado por motivo de doença, deverá esta ser comprovada pela autoridade de saúde.

Art. 46. Quando se tratar de transporte aéreo, relativamente ao transbordo de passageiro e tripulante e ao desembarque deste, aplicar-se-ão as normas e recomendações contidas em anexo à Convenção de Aviação Civil Internacional.

Art. 47. O transportador ou seu agente responderá, a qualquer tempo, pela manutenção e demais despesas do passageiro em viagem contínua ou do tripulante que não estiver presente por ocasião da saída do meio de transporte, bem como pela retirada dos mesmos do território nacional.

Parágrafo único. Para efeito do disposto neste artigo, o Departamento de Polícia Federal exigirá termo de compromisso, assinada pelo transportador ou seu agente.

Art. 48. Nenhum estrangeiro procedente do exterior poderá afastar-se do local de entrada e inspeção sem que o seu documento de viagem e o cartão de entrada e saída hajam sido visados pelo Departamento de Polícia Federal.

Art. 49. Nenhum tripulante estrangeiro, de embarcação marítima de curso internacional, poderá desembarcar no território nacional, ou descer à terra, durante a permanência da embarcação no porto, sem a apresentação da carteira de identidade de marítimo prevista em Convenção da Organização Internacional do Trabalho.

Parágrafo único. A carteira de identidade, de que trata este artigo, poderá ser substituída por documento de viagem que atribua ao titular a condição de marítimo.

Art. 50. Não poderá ser resgatado no Brasil, sem prévia autorização do Departamento de Polícia Federal, o bilhete de viagem do estrangeiro que tenha entrado no território nacional na condição de turista ou em trânsito.

Capítulo III
Do Impedimento

Art. 51. Além do disposto no art. 26 da Lei n. 6.815, de 19 de agosto de 1980, não poderá, ainda, entrar no território nacional quem:

I — não apresentar documento de viagem ou carteira de identidade, quando admitida;

II — apresentar documento de viagem:

a) que não seja válido para o Brasil;

b) que esteja com o prazo de validade vencido;

c) que esteja com rasura ou indício de falsificação;

d) com visto consular concedido sem a observância das condições previstas na Lei n. 6.815, de 19 de agosto de 1980, e neste Regulamento.

Parágrafo único. O impedimento será anotado pelo Departamento de Polícia Federal do Ministério da Justiça no documento de viagem do estrangeiro, ouvida a Divisão Nacional de Vigilância Sanitária de Portos, Aeroportos e Fronteiras do Ministério da Saúde, quando for o caso.

Art. 52. *(Revogado pelo Decreto n. 87, de 15.4.1991)*

Art. 53. O impedimento por motivo de saúde será oposto ou suspenso pela autoridade de saúde.

§ 1º A autoridade de saúde comunicará ao Departamento de Polícia Federal a necessidade da entrada condicional do estrangeiro, titular de visto temporário ou permanente, no caso de documentação médica insuficiente ou quando julgar indicada a complementação de exames médicos para esclarecimento de diagnóstico.

§ 2º O estrangeiro, nos casos previstos no parágrafo anterior, não poderá deixar a localidade de entrada sem a complementação dos exames médicos a que estiver sujeito, cabendo ao Departamento de Polícia Federal reter o seu documento de viagem e fixar o local onde deva permanecer.

§ 3º A autoridade de saúde dará conhecimento de sua decisão, por escrito, ao Departamento de Polícia Federal, para as providências cabíveis.

Art. 54. O Departamento de Polícia Federal anotará no documento de viagem as razões do impedimento definitivo e aporá sobre o visto consular o carimbo de impedido.

Art. 55. A empresa transportadora responde, a qualquer tempo, pela saída do clandestino e do impedido.

§ 1º Na impossibilidade de saída imediata do impedido, o Departamento de Polícia Federal poderá permitir a sua entrada condicional, fixando-lhe o prazo de estada e o local em que deva permanecer.

§ 2º Na impossibilidade de saída imediata do clandestino, o Departamento de Polícia Federal o manterá sob custódia pelo prazo máximo de trinta dias, prorrogável por igual período.

§ 3º A empresa transportadora, ou seu agente, nos casos dos parágrafos anteriores, firmará termo de responsabilidade, perante o Departamento de Polícia Federal, que assegure a manutenção do estrangeiro.

TÍTULO II
Da condição de asilado

Art. 55-A. Ficam transferidas ao Departamento de Migrações da Secretaria Nacional de Justiça e Cidadania do Ministério da Justiça todas as competências atribuídas neste Decreto ao Departamento Federal de Justiça do Ministério da Justiça. *(Incluído pelo Decreto n. 8.757, de 10.5.16, DOU 11.5.16)*

Art. 56. Concedido o asilo, o Departamento Federal de Justiça lavrará termo no qual serão fixados o prazo de estada do asilado no Brasil e, se for o caso, as condições adicionais aos deveres que lhe imponham o Direito Internacional e a legislação vigente, às quais ficará sujeito.

Parágrafo único. O Departamento Federal de Justiça encaminhará cópia do termo de que trata este artigo ao Departamento de Polícia Federal, para fins de registro.

Art. 57. O asilado, que desejar sair do País e nele reingressar sem renúncia à sua condição, deverá obter autorização prévia do Ministro da Justiça, através do Departamento Federal de Justiça.

TÍTULO III
Do registro e suas alterações

Capítulo I
Do Registro

Art. 58. O estrangeiro admitido na condição de permanente, de temporário (art. 22, I e de IV a VII), ou de asilado, é obrigado a registrar-se no Departamento de Polícia Federal, dentro dos trinta dias seguintes à entrada ou à concessão do asilo e a identificar-se pelo sistema datiloscópico, observado o disposto neste Regulamento.

§ 1º O registro processar-se-á mediante apresentação do documento de viagem que Identifique o registrando, bem como da cópia do formulário do pedido de visto consular brasileiro, ou de certificado consular do país da nacionalidade, este quando ocorrer transformação de visto.

§ 2º Constarão do formulário de registro as indicações seguintes: nome, filiação, cidade e país de nascimento, nacionalidade, data do nascimento, sexo, estado civil, profissão, grau de instrução, local e data da entrada no Brasil, espécie e número do documento de viagem, número e classificação do visto consular, data e local de sua concessão, meio de transporte utilizado, bem como os dados relativos aos filhos menores, e locais de residência, trabalho e estudo.

§ 3º O registro somente será efetivado se comprovada a entrada legal do estrangeiro no País, após a concessão do visto consular respectivo.

§ 4º Quando a documentação apresentada omitir qualquer dado de sua qualificação civil, o registrando deverá apresentar certidões do registro de nascimento ou do casamento, certificado consular ou justificação judicial.

§ 5º O registro do estrangeiro, que houver obtido transformação do visto oficial ou diplomático em temporário ou permanente, só será efetivado após a providência referida no parágrafo único do art. 73.

§ 6º O estudante, beneficiário de convênio cultural, deverá, ainda, registrar-se no Ministério das Relações Exteriores, mediante a apresentação do documento de identidade fornecido pelo Departamento de Polícia Federal. *(Revogado pelo Decreto n. 8.757, de 10.5.16, DOU 11.5.16)*

Art. 59. O nome e a nacionalidade do estrangeiro, para efeito de registro, serão os constantes do documento de viagem.

§ 1º Se o documento de viagem consignar o nome de forma abreviada, o estrangeiro deverá comprovar a sua grafia por extenso, com documento hábil.

§ 2º Se a nacionalidade foi consignada por organismo internacional ou por autoridade de terceiro país, ela só será anotada no registro à vista da apresentação de documento hábil ou da confirmação da autoridade diplomática ou consular competente.

§ 3º Se o documento de viagem omitir a nacionalidade do titular será ele registrado:

I — como apátrida, em caso de ausência de nacionalidade;

II — como de nacionalidade indefinida, caso ela não possa ser comprovada na forma do parágrafo anterior.

Art. 60. Ao estrangeiro registrado, inclusive ao menor em idade escolar, será fornecido documento de identidade.

Parágrafo único. Ocorrendo as hipóteses dos arts. 18, 37 § 2º e 97 da Lei n. 6.815, de 19 de agosto de 1980, deverá o documento de identidade delas fazer menção.

Art. 61. O titular de visto diplomático, oficial ou de cortesia, cujo prazo de estada no País seja superior a noventa dias, deverá providenciar seu registro no Ministério das Relações Exteriores.

§ 1º O estrangeiro, titular de passaporte diplomático, oficial ou de serviço que haja entrado no Brasil ao amparo de acordo de dispensa de visto, deverá, igualmente, proceder ao registro mencionado neste artigo, sempre que sua estada no Brasil deva ser superior a noventa dias.

§ 2º O registro será procedido em formulário próprio instituído pelo Ministério das Relações Exteriores.

§ 3º Ao estrangeiro de que trata este artigo, o Ministério das Relações Exteriores fornecerá documento de identidade próprio.

Art. 62. O estrangeiro, natural de país limítrofe, domiciliado em localidade contígua ao território nacional, cuja entrada haja sido permitida mediante a apresentação de carteira de identidade e que pretenda exercer atividade remunerada ou frequentar estabelecimento de ensino em município fronteiriço ao local de sua residência, respeitados os interesses da segurança nacional, será cadastrado pelo Departamento de Polícia Federal e receberá documento especial que o identifique e caracterize sua condição.

Parágrafo único. O cadastro será feito mediante os seguintes documentos:

I — carteira de identidade oficial emitida pelo seu país;

II — prova de naturalidade; *(Revogado pelo Decreto n. 8.757, de 10.5.16, DOU 11.5.16)*

III — prova de residência em localidade do seu país contígua ao território nacional;

IV — declaração de pretensão de emprego, ou de frequentar estabelecimento de ensino, conforme o caso; e *(Redação dada pelo Decreto n. 8.757, de 10.5.16, DOU 11.5.16)*

V — prova de que não possui antecedentes criminais em seu país.

Art. 63. A Delegacia Regional do Trabalho, ao fornecer a Carteira de Trabalho e Previdência Social, nas hipóteses previstas no parágrafo único do art. 60, quando for o caso, e no art. 62, nela aporá o carimbo que caracterize as restrições de sua validade ao Município, onde o estrangeiro haja sido cadastrado pelo Departamento de Polícia Federal.

Capítulo II
Da Prorrogação do Prazo de Estada

Art. 64. Compete ao Ministério da Justiça a prorrogação dos prazos de estada do turista, do temporário e do asilado e ao Ministério das Relações Exteriores, a do titular de visto de cortesia, oficial ou diplomático.

Parágrafo único. O pedido de prorrogação será iniciado junto ao Ministério do Trabalho e Previdência Social nos casos de vistos temporários sob regime de contrato ou a serviço do Governo brasileiro que, em caso de deferimento, encaminhará o pedido ao Ministério da Justiça. *(Incluído pelo Decreto n. 8.757, de 10.5.16, DOU 11.5.16)*

Seção I
Da Prorrogação da Estada do Turista

Art. 65. A prorrogação do prazo de estada do turista não excederá a noventa dias, podendo ser cancelada a critério do Departamento de Polícia Federal.

§ 1º A prorrogação poderá ser concedida pelo Departamento de Polícia Federal, quando solicitada antes de expirado o prazo inicialmente autorizado, mediante prova de:

I — pagamento da taxa respectiva;

II — posse de numerário para se manter no País.

§ 2º A prorrogação será anotada no documento de viagem ou, se admitida a carteira de identidade, no cartão de entrada e saída.

Seção II
Da Prorrogação da Estada de Temporário

Art. 66. O prazo de estada do titular de visto temporário poderá ser prorrogado pelo Ministério da Justiça, observado o disposto na legislação trabalhista, ouvido o Ministério do Trabalho e Emprego, quando for o caso. (NR) *(Redação dada pelo Decreto n. 8.374, de 11.12.14, DOU 12.12.14)*

I — pelo Departamento de Polícia Federal, nos casos dos itens II e III do art. 22; *(Revogado pelo Decreto n. 8.374, de 11.12.14, DOU 12.12.14)*

II — pelo Departamento Federal de Justiça, nas demais hipóteses, observado o disposto na legislação trabalhista, ouvida a Secretaria de Imigração do Ministério do Trabalho, quando for o caso. *(Revogado pelo Decreto n. 8.374, de 11.12.14, DOU 12.12.14)*

§ 1º A prorrogação será concedida na mesma categoria em que estiver classificado o estrangeiro e não poderá ultrapassar os limites previstos no art. 25.

§ 2º A apresentação do pedido não impede, necessariamente, as medidas a cargo do Departamento de Polícia Federal destinadas a promover a retirada do estrangeiro que exceder o prazo de estada.

Art. 67. O pedido de prorrogação de estada do temporário deverá ser formulado antes do término do prazo concedido anteriormente e será instruído com:

I — cópia do documento de viagem; *(Redação dada pelo Decreto n. 8.757, de 10.5.16, DOU 11.5.16)*

II — prova:

a) de registro de temporário; *(Revogada pelo Decreto n. 8.757, de 10.5.16, DOU 11.5.16)*

b) de meios próprios de subsistência;

c) do motivo da prorrogação solicitada.

§ 1º A prova de meios de subsistência nas hipóteses do art. 22 será feita:

I — no caso do item I, mediante a renovação de convite ou indicação de entidade cultural ou científica, oficial ou particular, ou a exibição de documento idôneo que justifique o pedido e especifique o prazo de estada e a natureza da função;

II — no caso do item II, com documento que ateste a idoneidade financeira;

III — no caso dos incisos III e V do *caput*, com o instrumento de prorrogação do contrato inicial ou com novo contrato de trabalho; *(Redação dada pelo Decreto n. 8.757, de 10.5.16, DOU 11.5.16)*

IV — no caso do item IV, mediante apresentação de escritura de assunção de compromisso de manutenção, salvo hipótese de estudante convênio;

V — no caso do item VI, mediante declaração de entidade a que estiver vinculado o estrangeiro e que justifique a necessidade e o prazo da prorrogação;

VI — no caso do item VII, mediante compromisso de manutenção da entidade a que estiver vinculado.

§ 2º No caso de estudante, o pedido deverá, também, ser instruído com a prova do aproveitamento escolar e da garantia de matrícula.

§ 3º O pedido de prorrogação de que trata o item II do artigo anterior deverá ser apresentado até trinta dias antes do término do prazo de estada concedido. *(Revogado pelo Decreto n. 8.757, de 10.5.16, DOU 11.5.16)*

§ 4º O pedido de prorrogação de que trata o *caput* poderá ser apresentado diretamente ao Ministério da Justiça ou ao órgão local do Departamento de Polícia Federal. *(Redação dada pelo Decreto n. 8.757, de 10.5.16, DOU 11.5.16)*

§ 5º Nas hipóteses do inciso III do § 1º, o órgão que conceder a prorrogação dará ciência do fato ao Ministério do Trabalho e Previdência Social. *(Redação dada pelo Decreto n. 8.757, de 10.5.16, DOU 11.5.16)*

§ 6º A apresentação do pedido assegurará a regularidade migratória até a decisão final. *(Incluído pelo Decreto n. 8.757, de 10.5.16, DOU 11.5.16)*

Seção III
Da Prorrogação do Estado do Asilado

Art. 68. A prorrogação do prazo de estada do asilado será concedida pelo Departamento Federal de Justiça.

Capítulo III
Da Transformação dos Vistos

Art. 69. Os titulares dos vistos de que tratam os itens V e VII do art. 22, poderão obter sua transformação para permanente, desde que preencham as condições para a sua concessão.

Parágrafo único. *(Revogado pelo Decreto n. 740, de 3.2.1993)*

Art. 69-A. O titular de visto temporário previsto no art. 22, exceto o de turista, a critério do Conselho Nacional de Imigração, poderá solicitar ao Ministério do Trabalho e Previdência Social a autorização para transformação de sua condição migratória para temporária de trabalho, nos termos do inciso V do *caput* do art. 22, atendidos os mesmos requisitos do § 2º do art. 23. *(Incluído pelo Decreto n. 8.757, de 10.5.16, DOU 11.5.16)*

Art. 70. Compete ao Departamento Federal de Justiça conceder a transformação:

I — em permanente, dos vistos referidos no art. 69;

II — dos vistos diplomático ou oficial em:

a) temporário de que tratam os itens I a VI do art. 22;

b) permanente.

§ 1º O pedido deverá ser apresentado no mínimo trinta dias antes do término do prazo de estada, perante o Ministério da Justiça ou o órgão do Departamento de Polícia Federal. *(Redação dada pelo Decreto n. 8.374, de 11.12.14, DOU 12.12.14)*

§ 2º A transformação só será concedida se o requerente satisfizer as condições para a concessão do visto permanente.

§ 3º *(Revogado pelo Decreto n. 87, de 15.4.1991)*

§ 4º O Ministério da Justiça comunicará a transformação concedida: *(Redação dada pelo Decreto n. 8.374, de 11.12.14, DOU 12.12.14)*

I — ao Ministério do Trabalho e Emprego, no caso do inciso I do *caput*; e *(Redação dada pelo Decreto n. 8.374, de 11.12.14, DOU 12.12.14)*

II — ao Ministério das Relações Exteriores, no caso do inciso II do *caput*. (NR) *(Redação dada pelo Decreto n. 8.374, de 11.12.14, DOU 12.12.14)*

III — em visto temporário previsto no inciso IV do *caput* do art. 22, do visto de turista. *(Incluído pelo Decreto n. 8.757, de 10.5.16, DOU 11.5.16)*

Art. 71. A saída do estrangeiro do território nacional, por prazo não superior a noventa dias, não prejudicará o processamento ou o deferimento do pedido de permanência.

Parágrafo único. O disposto neste artigo não assegura o retorno do estrangeiro ao Brasil sem obtenção do visto consular, quando exigido.

Art. 72. Do despacho que denegar a transformação ou a prorrogação do visto, caberá pedido de reconsideração. (NR) *(Redação dada pelo Decreto n. 8.374, de 11.12.14, DOU 12.12.14)*

§ 1º O pedido deverá conter os fundamentos de fato e de direito e as respectivas provas, e será apresentado ao órgão do Departamento de Polícia Federal, onde houver sido autuada a inicial, no prazo de quinze dias, contados da publicação, no Diário Oficial da União, do despacho denegatório.

§ 2º O Departamento de Polícia Federal fornecerá ao requerente comprovante da interposição do pedido de reconsideração.

Art. 73. Concedida a transformação do visto, o estrangeiro deverá efetuar o registro, no Departamento de Polícia Federal, no prazo de noventa dias, contado da data da ciência do deferimento do pedido. (NR) *(Redação dada pelo Decreto n. 8.374, de 11.12.14, DOU 12.12.14)*

Parágrafo único. O registro do estrangeiro que tenha obtido a transformação na hipótese do item II do art. 70, somente será efetuado mediante a apresentação ao Departamento de Polícia Federal do documento de viagem com o visto diplomático ou oficial cancelado pelo Ministério das Relações Exteriores.

Art. 74. Compete ao Departamento Consular e Jurídico do Ministério das Relações Exteriores conceder a transformação, para oficial ou diplomático, do visto de trânsito, turista, temporário ou permanente.

§ 1º O disposto neste artigo se aplica, também, ao estrangeiro que entrar no território nacional isento de visto de turista.

§ 2º O Departamento Consular e Jurídico do Ministério das Relações Exteriores comunicará ao Departamento de Polícia Federal do Ministério da Justiça a transformação concedida, fornecendo os dados de qualificação do estrangeiro, inclusive o número e a data de registro de que trata o art. 58.

Art. 75. O pedido de transformação de visto não impede a aplicação, pelo Departamento de Polícia Federal, do disposto no art. 98, se o estrangeiro ultrapassar o prazo legal de estada no território nacional.

Capítulo IV
Da Alteração de Assentamentos

Art. 76. Compete ao Ministro da Justiça autorizar a alteração de assentamentos constantes do registro de estrangeiro.

Art. 77. O pedido de alteração de nome, dirigido ao Ministro da Justiça, será instruído com certidões obtidas nas Unidades da Federação onde o estrangeiro haja residido:

I — dos órgãos corregedores das Polícias Federal e Estadual;

II — dos Cartórios de Protestos de Títulos;

III — dos Cartórios de distribuição de ações nas Justiças Federal e Estadual;

IV — das Fazendas Federal, Estadual e Municipal.

§ 1º O pedido será apresentado ao órgão do Departamento de Polícia Federal do local de residência do interessado, devendo o órgão que o receber anexar-lhe cópia do registro, e proceder a investigação sobre o comportamento do requerente.

§ 2º Cumprido o disposto no parágrafo anterior, o Departamento de Polícia Federal remeterá o processo ao Departamento Federal de Justiça que emitirá parecer, encaminhando-o ao Ministro da Justiça.

Art. 78. A expressão nome, para os fins de alteração de assentamento do registro, compreende o prenome e os apelidos de família.

§ 1º Poderá ser averbado no registro o nome abreviado usado pelo estrangeiro como firma comercial registrada ou em qualquer atividade profissional.

§ 2º Os erros materiais serão corrigidos de ofício.

Art. 79. Independem da autorização de que trata o art. 76 as alterações de assentamento do nome do estrangeiro resultantes de:

I — casamento realizado perante autoridade brasileira;

II — sentença de anulação e nulidade de casamento, divórcio, separação judicial, proferidas por autoridade brasileira;

III — legitimação por subsequente casamento;

IV — sentença de desquite ou divórcio proferidas por autoridade estrangeira, desde que homologadas pelo Supremo Tribunal Federal.

Art. 80. O estrangeiro, que adquirir nacionalidade diversa da constante do registro, deverá, nos noventa dias seguintes, requerer averbação da nova nacionalidade em seus assentamentos.

§ 1º O pedido de averbação será instruído com documento de viagem, certificado forne-

cido pela autoridade diplomática ou consular, ou documento que atribua ao estrangeiro a nacionalidade alegada e, quando for o caso, com a prova da perda da nacionalidade constante do registro.

§ 2º Observar-se-á, quanto ao pedido de averbação, o disposto nos §§ 1º e 2º do art. 77, excluída a investigação sobre o comportamento do requerente.

§ 3º Ao apátrida que adquirir nacionalidade e ao estrangeiro que perder a constante do seu registro aplica-se o disposto neste artigo.

Capítulo V
Da Atualização do Registro

Art. 81. O estrangeiro registrado é obrigado a comunicar ao Departamento de Polícia Federal a mudança do seu domicílio ou da sua residência, nos trinta dias imediatamente seguintes à sua efetivação.

§ 1º A comunicação poderá ser feita, preferencialmente, por meio digital, ou pessoalmente ou por correio, com aviso de recebimento, e dela deverão constar obrigatoriamente o nome do estrangeiro, o número do documento de identidade e o lugar onde foi emitido, acompanhada de comprovante da nova residência ou domicílio. *(Redação dada pelo Decreto n. 8.757, de 10.5.16, DOU 11.5.16)*

§ 2º Quando a mudança de residência ou de domicílio se efetuar de uma para outra Unidade da Federação, a comunicação será feita pessoalmente ao órgão do Departamento de Polícia Federal, do local da nova residência ou novo domicílio. *(Revogado pelo Decreto n. 8.757, de 10.5.16, DOU 11.5.16)*

§ 3º Ocorrendo a hipótese prevista no parágrafo anterior, o órgão que receber a comunicação requisitará cópia do registro respectivo, para processamento da inscrição do estrangeiro e informará ao que procedeu ao registro os fatos posteriores ocorridos. *(Revogado pelo Decreto n. 8.757, de 10.5.16, DOU 11.5.16)*

§ 4º Ato do Departamento da Polícia Federal disporá sobre a comunicação digital de que trata o § 1º. *(Incluído pelo Decreto n. 8.757, de 10.5.16, DOU 11.5.16)*

Art. 82. As entidades de que tratam os arts. 45 a 47 da Lei n. 6.815, de 19 de agosto de 1980, remeterão, ao Departamento de Polícia Federal, os dados ali referidos.

Art. 83. A admissão de estrangeiro a serviço de entidade pública ou privada, ou a matrícula em estabelecimento de ensino de qualquer grau, só se efetivará se o mesmo estiver devidamente registrado ou cadastrado.

§ 1º O protocolo fornecido pelo Departamento de Polícia Federal substitui, para os fins deste artigo, pelo prazo de até cento e oitenta dias, contado da data de sua emissão, os documentos de identidade previstos nos art. 60 e art. 62. *(Redação dada pelo Decreto n. 8.757, de 10.5.16, DOU 11.5.16)*

§ 2º As entidades, a que se refere este artigo, remeterão ao Departamento de Polícia Federal, os dados de identificação do estrangeiro, à medida que ocorrer o término do contrato de trabalho, sua rescisão ou prorrogação, bem como a suspensão ou cancelamento da matrícula e a conclusão do curso.

§ 3º O Departamento de Polícia Federal, quando for o caso, dará conhecimento dos dados referidos no parágrafo anterior à Secretaria de Imigração do Ministério do Trabalho.

Art. 84. Os dados a que se referem os arts. 82 e 83 serão fornecidos em formulário próprio a ser instituído pelo Departamento de Polícia Federal.

Capítulo VI
Do Cancelamento e do Restabelecimento de Registro

Seção I
Do Cancelamento do Registro

Art. 85. O estrangeiro terá o registro cancelado pelo Departamento de Polícia Federal:

I — se obtiver naturalização brasileira;

II — se tiver decretada sua expulsão;

III — se requerer sua saída do território nacional em caráter definitivo, renunciando expressamente ao direito de retorno a que se refere o art. 90;

IV — se permanecer ausente do Brasil, por prazo superior a dois anos;

V — se, portador de visto temporário ou permanente, obtiver a transformação dos mesmos para oficial ou diplomático;

VI — se houver transgressão dos artigos 18, 37, § 2º ou 99 a 101 da Lei n. 6.815, de 19 de agosto de 1980;

VII — se temporário ou asilado, no término do prazo de estada no território nacional.

Art. 86. Na hipótese prevista no item III do artigo anterior, o estrangeiro deverá instruir o pedido com a documentação prevista no art. 77 e anexar-lhe o documento de identidade emitido pelo Departamento de Polícia Federal.

Parágrafo único. Deferido o pedido e efetivado o cancelamento, o estrangeiro será notificado para deixar o território nacional dentro de trinta dias.

Art. 87. O *Departamento de Polícia Federal comunicará o cancelamento de registro à Secretaria de Imigração do Ministério do Trabalho, quando for o caso.*

Seção II
Do Restabelecimento de Registro

Art. 88. O registro poderá ser restabelecido pelo Departamento de Polícia Federal, se o estrangeiro:

I — tiver cancelada ou anulada a naturalização concedida, desde que não tenha sido decretada a sua expulsão;

II — tiver a expulsão revogada;

III — retornar ao território nacional com visto temporário ou permanente.

§ 1º Em caso de retorno ao território nacional, pedido de restabelecimento de registro deverá ser feito no prazo de trinta dias, a contar da data do reingresso.

§ 2º Na hipótese do item III do art. 85, se o cancelamento do registro houver importado em isenção de ônus fiscal ou financeiro, o pedido deverá ser instruído com o comprovante da satisfação destes encargos.

§ 3º O restabelecimento implicará a emissão de novo documento de identidade do qual conste, também, quando for o caso, a data de reingresso do estrangeiro no território nacional.

§ 4º Se, ao regressar ao território nacional, o estrangeiro fixar residência em Unidade da Federação diversa daquela em que foi anteriormente registrado, a emissão do novo documento de identidade será precedida da requisição de cópia do registro para inscrição. *(Revogado pelo Decreto n. 8.757, de 10.5.16, DOU 11.5.16)*

§ 5º No caso de estrangeiro que retorne ao Brasil com outro nome ou nacionalidade, o restabelecimento do registro somente se procederá após o cumprimento do disposto nos arts. 77 e 80.

TÍTULO IV
Da saída e do retorno

Art. 89. No momento de deixar o território nacional, o estrangeiro deverá apresentar ao Departamento de Polícia Federal o documento de viagem e o cartão de entrada e saída.

Parágrafo único. O Departamento de Polícia Federal consignará nos documentos de que trata este artigo a data em que o estrangeiro deixar o território nacional.

Art. 90. O estrangeiro registrado como permanente, que se ausentar do Brasil, poderá regressar independentemente de visto se o fizer dentro de dois anos a contar da data em que tiver deixado o território nacional, observado o disposto no parágrafo único do artigo anterior.

Parágrafo único. Findo o prazo a que se refere este artigo, o reingresso no País, como permanente, dependerá da concessão de novo visto.

Art. 91. O estrangeiro registrado como temporário, nos casos dos itens I e IV a VII do art. 22, que se ausentar do Brasil, poderá regressar independentemente do novo visto, se o fizer dentro do prazo fixado no documento de identidade emitido pelo Departamento de Polícia Federal.

Art. 92. O estrangeiro titular de visto consular de turista ou temporário (art. 22, II, e III), que se ausentar do Brasil, poderá regressar independentemente de novo visto, se o fizer dentro do prazo de estada no território nacional, fixado no visto.

Art. 93. O prazo de validade do visto temporário a que se refere o art. 22, inciso II, será fixado pelo Ministério das Relações Exteriores e não excederá a período de cinco anos, podendo proporcionar ao titular do visto múltiplas entradas no País, com estadas não excedentes a noventa dias, prorrogáveis por igual período, totalizando, no máximo, 180 dias por ano. *(Redação dada pelo Decreto n. 1.455, de 13.4.1995)*

Parágrafo único. Na fixação do prazo de validade do visto, permissivo de múltiplas entradas, o Ministério das Relações Exteriores observará o princípio da reciprocidade de tratamento. *(Incluído pelo Decreto n. 1.455, de 13.4.1995)*

TÍTULO V
Do documento de viagem para estrangeiro

Art. 94. O Departamento de Polícia Federal poderá conceder passaporte para estrangeiro nas seguintes hipóteses:

I — ao apátrida e ao de nacionalidade indefinida;

II — ao nacional de país que não tenha representação diplomática ou consular no Brasil, nem representante de outro país encarregado de protegê-lo;

III — ao asilado ou ao refugiado, como tal admitido no Brasil;

IV — ao cônjuge, companheiro ou viúvo de brasileiro que haja perdido a nacionalidade originária em virtude de casamento ou união estável. *(Redação dada pelo Decreto n. 8.757, de 10.5.16, DOU 11.5.16)*

§ 1º A concessão de passaporte dependerá de prévia consulta:

a) ao Ministério das Relações Exteriores, no caso do item II;

b) ao Departamento Federal de Justiça, no caso do item III.

§ 2º As autoridades consulares brasileiras poderão conceder passaporte, no exterior, ao estrangeiro mencionado no item IV.

Art. 95. O "laissez-passer" poderá ser concedido no Brasil pelo Departamento de Polícia Federal, e, no exterior, pelas Missões diplomáticas ou Repartições Consulares brasileiras.

Parágrafo único. A concessão, no exterior, de "laissez-passer" a estrangeiro registrado no Brasil dependerá de prévia audiência:

I — do Departamento de Polícia Federal, no caso de permanente ou temporário;

II — do Departamento Federal de Justiça, no caso de asilado.

Art. 96. *(Revogado pelo Decreto n. 5.978, de 2006)*
§ 1º *(Revogado pelo Decreto n. 5.978, de 2006)*
§ 2º *(Revogado pelo Decreto n. 5.978, de 2006)*
Art. 97. *(Revogado pelo Decreto n. 5.978, de 2006)*

TÍTULO VI
Da deportação

Art. 98. Nos casos de entrada ou estada irregular, o estrangeiro, notificado pelo Departamento de Polícia Federal, deverá retirar-se do território nacional:

I — no prazo improrrogável de oito dias, por infração ao disposto nos arts. 18, 21, § 2º, 24, 26, § 1º, 37, § 2º, 64, 98 a 101, §§ 1º ou 2º do art. 104 ou arts. 105 e 125, II da Lei n. 6.815, de 19 de agosto de 1980;

II — no prazo improrrogável de três dias, no caso de entrada irregular, quando não configurado o dolo.

§ 1º Descumpridos os prazos fixados neste artigo, o Departamento de Polícia Federal promoverá a imediata deportação do estrangeiro.

§ 2º Desde que conveniente aos interesses nacionais, a deportação far-se-á independentemente da fixação dos prazos de que tratam os incisos I e II deste artigo.

Art. 99. Ao promover a deportação, o Departamento de Polícia Federal lavrará termo, encaminhando cópia ao Departamento Federal de Justiça.

TÍTULO VII
Da expulsão

Art. 100. O procedimento para a expulsão de estrangeiro do território nacional obedecerá às normas fixadas neste Título.

Art. 101. Os órgãos do Ministério Público remeterão ao Ministério da Justiça, de ofício, até trinta dias após o trânsito em julgado, cópia da sentença condenatória de estrangeiro, autor de crime doloso ou de qualquer crime contra a segurança nacional, a ordem política ou social, a economia popular, a moralidade ou a saúde pública, assim como a folha de antecedentes penais constantes dos autos.

Parágrafo único. O Ministro da Justiça, recebidos os documentos mencionados neste artigo, determinará a instauração de inquérito para expulsão do estrangeiro.

Art. 102. Compete ao Ministro da Justiça, de ofício ou acolhendo solicitação fundamentada, determinar ao Departamento de Polícia Federal a instauração de inquérito para a expulsão de estrangeiro.

Art. 103. A instauração de inquérito para a expulsão do estrangeiro será iniciada mediante Portaria.

§ 1º O expulsando será notificado da instauração do inquérito e do dia e hora fixados para o interrogatório, com antecedência mínima de dois dias úteis.

§ 2º Se o expulsando não for encontrado, será notificado por edital, com o prazo de dez dias, publicado duas vezes, no Diário Oficial da União, valendo a notificação para todos os atos do inquérito.

§ 3º Se o expulsando estiver cumprindo prisão judicial, seu comparecimento, será requisitado à autoridade competente.

§ 4º Comparecendo, o expulsando será qualificado, interrogado, identificado e fotografado, podendo nessa oportunidade indicar defensor e especificar as provas que desejar produzir.

§ 5º Não comparecendo o expulsando, proceder-se-á sua qualificação indireta.

§ 6º Será nomeado defensor dativo, ressalvada ao expulsando a faculdade de substituí-lo, por outro de sua confiança:

I — se o expulsando não indicar defensor;

II — se o indicado não assumir a defesa da causa;

III — se notificado, pessoalmente ou por edital, o expulsando não comparecer para os fins previstos no § 4º.

§ 7º Cumprido o disposto nos parágrafos anteriores, ao expulsando e ao seu defensor será dada vista dos autos, em cartório, para a apresentação de defesa no prazo único de seis dias, contados da ciência do despacho respectivo.

§ 8º Encerrada a instrução do inquérito, deverá ser este remetido ao Departamento Federal de Justiça, no prazo de doze dias, acompanhado de relatório conclusivo.

Art. 104. Nos casos de infração contra a segurança nacional, a ordem política ou social e a economia popular, assim como nos casos de comércio, posse ou facilitação de uso indevido de substância entorpecente ou que determine dependência física ou psíquica, ou de desrespeito a proibição especialmente prevista em lei para estrangeiro, o inquérito será sumário e não excederá o prazo de quinze dias, assegurado ao expulsando o procedimento previsto no artigo anterior, reduzidos os prazos à metade.

Art. 105. Recebido o inquérito, será este anexado ao processo respectivo, devendo o Departamento Federal de Justiça encaminhá-lo com parecer ao Ministro da Justiça, que o submeterá à decisão do Presidente da República, quando for o caso.

Art. 106. Publicado o decreto de expulsão, o Departamento de Polícia Federal do Ministério da Justiça remeterá, ao Departamento Consular e Jurídico do Ministério das Relações Exteriores, os dados de qualificação do expulsando.

Art. 107. Caberá pedido de reconsideração do ato expulsório, no prazo de dez dias, contado da data de notificação do interessado ou de seu defensor, pessoalmente ou por meio de publicação no Diário Oficial da União. *(Redação dada pelo Decreto n. 8.757, de 10.5.16, DOU 11.5.16)*

§ 1º O pedido, dirigido ao Presidente da República, conterá os fundamentos de fato e de direito com as respectivas provas e processar-se-á junto ao Departamento Federal de Justiça do Ministério da Justiça.

§ 2º Ao receber o pedido, o Departamento Federal de Justiça emitirá parecer sobre seu cabimento e procedência, encaminhando o processo ao Ministro da Justiça, que o submeterá ao Presidente da República.

Art. 108. Ao efetivar o ato expulsório, o Departamento de Polícia Federal lavrará o termo respectivo, encaminhando cópia ao Departamento Federal de Justiça.

Art. 109. O estrangeiro que permanecer em regime de liberdade vigiada, no lugar que lhe for determinado por ato do Ministro da Justiça, ficará sujeito às normas de comportamento estabelecidas pelo Departamento de Polícia Federal.

TÍTULO VIII
Da extradição

Art. 110. Compete ao Departamento de Polícia Federal, por determinação do Ministro da Justiça:

I — efetivar a prisão do extraditando;

II — proceder à sua entrega ao Estado ao qual houver sido concedida a extradição.

Parágrafo único. Da entrega do extraditando será lavrado termo, com remessa de cópia ao Departamento Federal de Justiça.

TÍTULO IX
Dos direitos e deveres do estrangeiro

Art. 111. O estrangeiro admitido na condição de temporário, sob regime de contrato, só poderá exercer atividade junto à entidade pela qual foi contratado na oportunidade da concessão do visto.

§ 1º Se o estrangeiro pretender exercer atividade junto a entidade diversa daquela para a qual foi contratado deverá requerer autorização ao Ministério do Trabalho e Previdência Social, mediante pedido fundamentado e instruído com: *(Redação dada pelo Decreto n. 8.757, de 10.5.16, DOU 11.5.16)*

I — prova de registro como temporário;

II — cópia de contrato que gerou a concessão do visto consular; *(Revogado pelo Decreto n. 8.757, de 10.5.16, DOU 11.5.16)*

III — anuência expressa da entidade, pela qual foi inicialmente contratado, para o candidato prestar serviços a outra empresa; e *(Revogado pelo Decreto n. 8.757, de 10.5.16, DOU 11.5.16)*

IV — contrato firmado com a nova entidade. *(Redação dada pelo Decreto n. 8.757, de 10.5.16, DOU 11.5.16)*

§ 2º Após análise, o Ministério do Trabalho e Previdência Social encaminhará o pedido já instruído ao Ministério da Justiça para decisão. *(Redação dada pelo Decreto n. 8.757, de 10.5.16, DOU 11.5.16)*

§ 3º A autorização de que trata este antigo só por exceção e motivadamente será concedida.

Art. 112. O estrangeiro admitido no território nacional na condição de permanente, para o desempenho de atividade profissional certa, e a fixação em região determinada, não poderá, dentro do prazo que lhe for fixado na oportunidade da concessão ou da transformação do visto, mudar de domicílio nem de atividade profissional, ou exercê-la fora daquela região.

§ 1º As condições a que se refere este artigo só excepcionalmente poderão ser modificadas, mediante autorização do Departamento Federal de Justiça do Ministério da Justiça, ouvida a Secretaria de Imigração do Ministério do Trabalho, quando necessário.

§ 2º O pedido do estrangeiro, no caso do parágrafo anterior, deverá ser instruído com as provas das razões alegadas.

Art. 113. No exame da conveniência das excepcionalidades referidas nos artigos

anteriores, a Secretaria de Imigração do Ministério do Trabalho considerará as condições do mercado de trabalho da localidade na qual se encontra o estrangeiro e daquela para onde deva transferir-se.

Art. 114. O estrangeiro registrado é obrigado a comunicar ao Departamento de Polícia Federal a mudança de seu domicílio ou residência, observado o disposto no art. 81.

Art. 115. O estrangeiro, que perder a nacionalidade constante do registro por ter adquirido outra, deverá requerer retificação ou averbação da nova nacionalidade na forma disciplinada no art. 80.

Art. 116. Ao estrangeiro que tenha entrado no Brasil na condição de turista ou em trânsito é proibido o engajamento como tripulante em porto brasileiro, salvo em navio de bandeira do seu país, por viagem não redonda, a requerimento do transportador ou seu agente, mediante autorização do Departamento de Polícia Federal.

Parágrafo único. O embarque do estrangeiro como tripulante será obstado se:

I — for contratado para engajamento em navio de outra bandeira que não seja a de seu país;

II — constar do contrato de trabalho cláusula que fixe seu término em porto brasileiro;

III — A embarcação em que for engajado tiver que fazer escala em outro porto, antes de deixar as águas brasileiras.

Art. 117. É lícito aos estrangeiros associarem-se para fins culturais, religiosos, recreativos, beneficentes ou de assistência, filiarem-se a clubes sociais e desportivos, e a quaisquer outras entidades com iguais fins, bem como participarem de reunião comemorativa de datas nacionais ou acontecimentos de significação patriótica.

§ 1º As entidades mencionadas neste artigo, se constituídas de mais da metade de associados estrangeiros, somente poderão funcionar mediante autorização do Ministro da Justiça.

§ 2º O pedido de autorização, previsto no parágrafo anterior, será dirigido ao Ministro da Justiça, através do Departamento Federal de Justiça, e conterá:

I — cópia autêntica dos estatutos;

II — indicação de fundo social;

III — nome, naturalidade, nacionalidade, idade e estado civil dos membros da administração, e forma de sua representação judicial e extrajudicial;

IV — designação da sede social e dos locais habituais de reunião ou prestação de serviços;

V — relação nominal dos associados e respectivas nacionalidades;

VI — prova do registro, de que trata o art. 58, na hipótese de associado e dirigente estrangeiros;

VII — relação com o nome, sede, diretores ou responsáveis por jornal, revista, boletim ou outro orgão de publicidade.

§ 3º Qualquer alteração dos estatutos ou da administração, bem como das sedes e domicílios, a que se refere o parágrafo anterior, deverá ser comunicada ao Departamento Federal de Justiça, no prazo de trinta dias.

Art. 118. O Departamento Federal de Justiça manterá livro especial, destinado ao registro das entidades autorizadas a funcionar e no qual serão averbadas as alterações posteriores.

TÍTULO X
Da naturalização

Art. 119. O estrangeiro que pretender naturalizar-se deverá formular petição do Ministro da Justiça, declarando o nome por extenso, naturalidade, nacionalidade, filiação, sexo, estado civil, dia, mês e ano de nascimento, profissão, lugares onde haja residido anteriormente no Brasil e no exterior, se satisfaz o requisito a que alude o item VII do art. 112 da Lei n. 6.815, de 19 de agosto de 1980, e se deseja ou não traduzir ou adaptar o seu nome a língua portuguesa, devendo instruí-la com os seguintes documentos:

I — cópia autêntica da cédula de identidade para estrangeiro permanente;

II — atestado policial de residência contínua no Brasil, pelo prazo mínimo de quatro anos; *(Revogado pelo Decreto n. 8.757, de 10.5.16, DOU 11.5.16)*

III — atestado policial de antecedentes passado pelo órgão competente do lugar de sua residência no Brasil;

IV — prova de exercício de profissão ou documento hábil que comprove a posse de bens suficientes à manutenção própria e da família;

V — atestado de saúde; *(Revogado pelo Decreto n. 8.757, de 10.5.16, DOU 11.5.16)*

VI — certidões ou atestados que provem, quando for o caso, as condições do art. 113 da Lei n. 6.815, de 19 de agosto de 1980;

VII — certidão negativa do Imposto de Renda, exceto se estiver nas condições previstas nas alíneas b e c do § 2º deste artigo.

§ 1º Se a cédula de identidade omitir qualquer dado relativo a qualificação do naturalizando, deverá ser apresentado outro documento oficial que o comprove.

§ 2º Ter-se-á como satisfeita a exigência do item IV, se o naturalizando:

a) perceber proventos de aposentadoria;

b) sendo estudante, de até vinte e cinco anos de idade, viver na dependência de ascendente, irmão ou tutor;

c) se for cônjuge de brasileiro ou tiver a sua subsistência provida por ascendente ou descendente possuidor de recursos bastantes à satisfação do dever legal de prestar alimentos.

§ 3º Quando exigida residência contínua por quatro anos para a naturalização, não obstarão o seu deferimento às viagens do naturalizando ao exterior, se determinadas por motivo relevante, a critério do Ministro da Justiça, e se a soma dos períodos de duração delas não ultrapassar de dezoito meses.

§ 4º Dispensar-se-á o requisito de residência, a que se refere o item II deste artigo, exigindo-se apenas a estada no Brasil por trinta dias, quando se tratar:

a) de cônjuge estrangeiro casado há mais de cinco anos com diplomata brasileiro em atividade; ou

b) de estrangeiro que, empregado em Missão diplomática ou em Repartição consular do Brasil, contar mais de dez anos de serviços ininterruptos.

§ 5º Será dispensado o requisito referido no item V deste artigo, se o estrangeiro residir no País há mais de dois anos.

§ 6º Aos nacionais portugueses não se exigirá o requisito do item IV deste artigo, e, quanto ao item II, bastará a residência ininterrupta por um ano.

§ 7º O requerimento para naturalização será assinado pelo naturalizando, mas, se for de nacionalidade portuguesa, poderá sê-lo por mandatário com poderes especiais.

Art. 120. O estrangeiro admitido no Brasil até a idade de cinco anos, radicado definitivamente no território nacional, poderá, até dois anos após atingida a maioridade, requerer naturalização, mediante petição, instruída com:

I — cédula de identidade para estrangeiro permanente;

II — atestado policial de residência contínua no Brasil, desde a entrada; e

III — atestado policial de antecedentes, passado pelo serviço competente do lugar de residência no Brasil.

Art. 121. O estrangeiro admitido no Brasil durante os primeiros cinco anos de vida, estabelecido definitivamente no território nacional, poderá, enquanto menor, requerer, por intermédio de seu representante legal, a emissão de certificado provisório de naturalização, instruindo o pedido com:

I — prova do dia de ingresso no território nacional;

II — prova da condição de permanente;

III — certidão de nascimento ou documento equivalente;

IV — prova de nacionalidade; e

V — atestado policial de antecedentes, passado pelo serviço competente do lugar de residência no Brasil, se maior de dezoito anos. *(Revogado pelo Decreto n. 8.757, de 10.5.16, DOU 11.5.16)*

Art. 122. O naturalizado na forma do artigo anterior que pretender confirmar a intenção de continuar brasileiro, deverá manifestá-la ao Ministro da Justiça, até dois anos após atingir a maioridade, mediante petição, instruída com:

I — a cópia autêntica da cédula de identidade; e

II — o original do certificado provisório de naturalização.

Art. 123. O estrangeiro que tenha vindo residir no Brasil, antes de atingida a maioridade e haja feito curso superior em estabelecimento nacional de ensino, poderá, até um ano depois da formatura, requerer a naturalização, mediante pedido instruído com os seguintes documentos:

I — cédula de identidade para estrangeiro permanente;

II — atestado policial de residência contínua no Brasil desde a entrada; e

III — atestado policial de antecedentes passado pelo serviço competente do lugar de residência no Brasil.

Art. 124. Os estrangeiros a que se referem as alíneas a e b do § 4º do art. 119, deverão instruir o pedido de naturalização:

I — no caso da alínea a, com a prova do casamento, devidamente autorizado pelo Governo brasileiro;

II — no caso da alínea b, com documentos fornecidos pelo Ministério das Relações Exteriores que provem estar o naturalizando em efetivo exercício, contar mais de dez anos de serviços ininterruptos e se recomendar a naturalização;

III — em ambos os casos, estando o candidato no exterior, ainda com:

a) documento de identidade em fotocópia autêntica ou pública forma vertida, se não grafada em português;

b) documento que comprove a estada no Brasil por trinta dias;

c) atestado de saúde; *(Redação dada pelo Decreto n. 8.757, de 10.5.16, DOU 11.5.16)*

d) três planilhas datiloscópicas tiradas no órgão competente do local de residência ou na repartição consular brasileira, quando inexistir registro do estrangeiro no Brasil, ou não

puder comprovar ter sido registrado como estrangeiro no território nacional. *(Revogado pelo Decreto n. 8.757, de 10.5.16, DOU 11.5.16)*

Parágrafo único. A autorização de que trata o item I não será exigida se o casamento tiver ocorrido antes do ingresso do cônjuge brasileiro na carreira diplomática.

Art. 125. A petição de que tratam os arts. 119, 120, 122 e 123, dirigida ao Ministro da Justiça, será apresentada ao órgão local do Departamento de Polícia Federal.

§ 1º No caso do art. 121, a petição poderá ser apresentada diretamente ao Departamento Federal de Justiça, dispensadas as providências de que trata o § 3º deste artigo.

§ 2º Nos casos do art. 124, a petição poderá ser apresentada à autoridade consular brasileira, que a remeterá, através do Ministério das Relações Exteriores, ao Departamento Federal de Justiça, para os fins deste artigo.

§ 3º O órgão, de Departamento de Polícia Federal, ao processar o pedido:

I — fará a remessa da planilha datiloscópica do naturalizando ao Instituto Nacional de Identificação, solicitando a remessa da sua folha de antecedentes;

II — investigará a sua conduta;

III — opinará sobre a conveniência da naturalização;

IV — certificará se o requerente lê e escreve a língua portuguesa, considerada a sua condição;

V — anexará ao processo boletim de sindicância em formulário próprio.

§ 4º A solicitação, de que trata o item I do parágrafo anterior, deverá ser atendida dentro de trinta dias.

§ 5º O processo, com a folha de antecedentes, ou sem ela, deverá ultimar-se em noventa dias, findos os quais será encaminhado ao Departamento Federal de Justiça, sob pena de apuração de responsabilidade do servidor culpado pela demora.

Art. 126. Recebido o processo, o Diretor-Geral do Departamento Federal de Justiça determinará o arquivamento do pedido, se o naturalizando não satisfizer, conforme o caso, a qualquer das condições previstas nos arts. 112 e 116 da Lei n. 6.815, de 19 de agosto de 1980.

§ 1º Do despacho que determinar o arquivamento do processo, caberá pedido de reconsideração, no prazo de trinta dias contados da publicação do ato no "Diário Oficial da União".

§ 2º Mantido o arquivamento, caberá recurso ao Ministro da Justiça no mesmo prazo do parágrafo anterior.

Art. 127. Não ocorrendo a hipótese prevista no artigo anterior, ou se provido do recurso sem decisão final concedendo a naturalização, o Diretor-Geral do Departamento Federal de Justiça, se o entender necessário, poderá determinar outras diligências.

§ 1º O Departamento Federal de Justiça dará ciência ao naturalizando das exigências a serem por ele cumpridas, no prazo que lhe for fixado.

§ 2º Se o naturalizando não cumprir o despacho no prazo fixado, ou não justificar a omissão, o pedido será arquivado e só poderá ser renovado com o cumprimento de todas as exigências do art. 119.

§ 3º Se a diligência independer do interessado, o órgão a que for requisitada deverá cumpri-la dentro de trinta dias, sob pena de apuração da responsabilidade do servidor.

Art. 128. Publicada a Portaria de Naturalização no Diário Oficial da União, o Departamento Federal de Justiça emitirá certificado relativo a cada naturalizando.

§ 1º O certificado, emitido preferencialmente em meio eletrônico, será remetido ao juiz federal do Município em que o interessado tenha domicílio, para a sua entrega. *(Redação dada pelo Decreto n. 8.757, de 10.5.16, DOU 11.5.16)*

§ 2º Onde houver mais de um juiz federal, a entrega será feita pelo da Primeira Vara.

§ 3º Quando não houver juiz federal na cidade em que tiverem domicílio os interessados, a entrega será feita através do juiz ordinário da comarca e, na sua falta, pelo da comarca mais próxima.

§ 4º Se o interessado, no curso do processo, mudar de domicílio, poderá requerer lhe seja efetuada a entrega do certificado pelo juiz competente da cidade onde passou a residir.

§ 5º O Ministério da Justiça manterá registros das naturalizações concedidas. *(Incluído pelo Decreto n. 8.757, de 10.5.16, DOU 11.5.16)*

Art. 129. A entrega do certificado constará de termo lavrado no livro audiência, assinado pelo juiz e pelo naturalizado, devendo este:

I — demonstrar que conhece a língua portuguesa, segundo a sua condição, pela leitura de trechos da Constituição; *(Revogado pelo Decreto n. 8.757, de 10.5.16, DOU 11.5.16)*

II — declarar, expressamente, que renuncia à nacionalidade anterior; *(Revogado pelo Decreto n. 8.757, de 10.5.16, DOU 11.5.16)*

III — assumir o compromisso de bem cumprir os deveres de brasileiro.

§ 1º Ao naturalizado de nacionalidade portuguesa não se aplica o disposto no item I deste artigo.

§ 2º Serão anotados no certificado a data em que o naturalizado prestou compromisso, bem como a circunstância de haver sido lavrado o respectivo termo.

§ 3º O Juiz comunicará ao Departamento Federal de Justiça a data de entrega do certificado.

§ 4º O Departamento Federal de Justiça comunicará ao órgão encarregado do alistamento militar e ao Departamento de Polícia Federal as naturalizações concedidas, logo sejam anotadas no livro próprio as entregas dos respectivos certificados.

Art. 130. O certificado de naturalização, nas hipóteses dos art. 121 e art. 122, será disponibilizado pelo Departamento de Migrações da Secretaria Nacional de Justiça e Cidadania do Ministério da Justiça, preferencialmente por meio de sistema eletrônico de informação ou enviado por correspondência ao interessado ou ao seu representante legal, conforme o caso. *(Redação dada pelo Decreto n. 8.757, de 10.5.16, DOU 11.5.16)*

Art. 131. A entrega do certificado aos naturalizados, a que se refere o art. 124, poderá ser feita pelo Chefe da Missão diplomática ou Repartição consular brasileira no país onde estejam residindo, observadas as formalidades previstas no artigo anterior.

Art. 132. O ato de naturalização ficará sem efeito se a entrega do certificado não for solicitada pelo naturalizado, no prazo de doze meses, contados da data da sua publicação, salvo motivo de força maior devidamente comprovado perante o Ministro da Justiça.

Parágrafo único. Decorrido o prazo a que se refere este artigo, deverá o certificado ser devolvido pelo Diretor-Geral do Departamento Federal de Justiça, para arquivamento, anotando-se a circunstância no respectivo registro.

Art. 133. O processo, iniciado com o pedido de naturalização, será encerrado com a entrega solene do certificado, na forma prevista nos arts. 129 a 131.

§ 1º No curso do processo de naturalização, qualquer do povo poderá impugná-la, desde que o faça fundamentadamente.

§ 2º A impugnação, por escrito, será dirigida ao Ministro da Justiça e suspenderá o curso do processo até sua apreciação final.

Art. 134. Suspender-se-á a entrega do certificado, quando verificada pelas autoridades federais ou estaduais mudanças nas condições que autorizavam a naturalização.

TÍTULO XI
Do procedimento para apuração das infrações

Art. 135. As infrações previstas no art. 125 da Lei n. 6.815, de 19 de agosto de 1980, punidas com multa, serão apuradas em processo administrativo, que terá por base o respectivo auto.

Art. 136. É competente para lavrar o auto de infração o agente de órgão incumbido de aplicar este Regulamento.

§ 1º O auto deverá relatar, circunstanciadamente, a Infração e o seu enquadramento.

§ 2º Depois de assinado pelo agente que o lavrar, o auto será submetido à assinatura do infrator, ou de seu representante legal que assistir à lavratura.

§ 3º Se o infrator, ou seu representante legal, não puder ou não quiser assinar o auto, o fato será nele certificado.

Art. 137. Lavrado o auto de infração, será o infrator notificado para apresentar defesa escrita, no prazo de cinco dias úteis, a contar da notificação.

Parágrafo único. Findo o prazo e certificada a apresentação ou não da defesa, o processo será julgado, sendo o infrator notificado da decisão proferida.

Art. 138. Da decisão que impuser penalidade, o infrator poderá interpor recurso à instância imediatamente superior no prazo de cinco dias úteis, contados da notificação.

§ 1º O recurso somente será admitido se o recorrente depositar o valor da multa aplicada, em moeda corrente, ou prestar caução ou fiança idônea.

§ 2º Recebido o recurso e prestadas as informações pelo recorrido, o processo será remetido à instância imediatamente superior no prazo de três dias úteis.

§ 3º Proferida a decisão final, o processo será devolvido dentro de três dias úteis à repartição de origem para:

I — provido o recurso, autorizar o levantamento da importância depositada, da caução ou da fiança;

II — negado provimento ao recurso, autorizar o recolhimento da importância da multa ao Tesouro Nacional.

Art. 139. No caso de não interposição ou não admissão de recurso, o processo será encaminhado à Procuradoria da Fazenda Nacional, para a apuração e inscrição da dívida.

Art. 140. A saída do infrator do território nacional não interromperá o curso do processo.

Art. 141. Verificado pelo Ministério do Trabalho que o empregador mantém a seu serviço estrangeiro em situação irregular, ou impedido de exercer atividade remunerada, o fato será comunicado ao Departamento de Polícia Federal do Ministério da Justiça, para as providências cabíveis.

TÍTULO XII
Do Conselho Nacional de Imigração

Art. 142. O Conselho Nacional de Imigração, órgão de deliberação coletiva, vinculado ao Ministério do Trabalho, terá sede na Capital Federal.

Art. 143. O Conselho Nacional de Imigração é integrado por um representante do Ministério do Trabalho, que o presidirá, um do Ministério da Justiça, um do Ministério das Relações Exteriores, um do Ministério da Agricultura, um do Ministério da Saúde, um do Ministério da Indústria e do Comércio e um do Conselho Nacional de Desenvolvimento Científico e Tecnológico, todos nomeados pelo Presidente da República, por indicação dos respectivos Ministros de Estado.

Parágrafo único. A Secretaria-Geral do Conselho de Segurança Nacional manterá um observador junto ao Conselho Nacional de Imigração.

Art. 144. O Conselho Nacional de Imigração terá as seguintes atribuições:

I — orientar e coordenar as atividades de imigração;

II — formular objetivos para a elaboração da política imigratória;

III — estabelecer normas de seleção de imigrantes, visando proporcionar mão de obra especializada aos vários setores da economia nacional e à captação de recursos para setores específicos;

IV — promover ou fomentar estudo de problemas relativos à imigração;

V — definir as regiões de que trata o art. 18 da Lei n. 6.815, de 19 de agosto de 1980, e elaborar os respectivos planos de imigração;

VI — efetuar o levantamento periódico das necessidades de mão de obra estrangeira qualificada, para admissão em caráter permanente ou temporário;

VII — dirimir as dúvidas e solucionar os casos omissos, no que respeita à admissão de imigrantes;

VIII — opinar sobre alteração da legislação relativa à imigração, proposta por órgão federal;

IX — elaborar o seu Regimento Interno, a ser submetido à aprovação do Ministro do Trabalho.

Parágrafo único. As deliberações do Conselho Nacional de Imigração serão fixadas por meio de Resoluções.

Art. 145. Este Decreto entra em vigor na data da sua publicação.

Brasília, 10 de dezembro, de 1981; 160º da Independência e 93º da República.

João Figueiredo
Ibrahim Abi-Ackel
R. S Guerreiro
Murilo Macêdo
Waldir Mendes Arcoverde
Danilo Venturini

DOU 11.12.1981

Lei n. 6.830, de 22 de setembro de 1980

Dispõe sobre a cobrança judicial da dívida ativa da fazenda pública e dá outras providências

Art. 1º A execução judicial para cobrança Dívida Ativa da União, dos Estados, do [Distr]ito Federal, dos Municípios e respec[tivas] autarquias será regida por esta lei e, subsidiariamente, pelo Código de Processo Civil.

Art. 2º Constitui Dívida Ativa da Fazenda Pública aquela definida como tributária ou não tributária na Lei n. 4.320, de 17 de março de 1964, com as alterações posteriores, que estatui normas gerais de direito financeiro para elaboração e controle dos orçamentos e balanços da União, dos Estados, dos Municípios e do Distrito Federal.

§ 1º Qualquer valor, cuja cobrança seja atribuída por lei às entidades de que trata o art. 1º, será considerado Dívida Ativa da Fazenda Pública.

§ 2º A Dívida Ativa da Fazenda Pública, compreendendo a tributária e a não tributária, abrange atualização monetária, juros e multa de mora e demais encargos previstos em lei ou contrato.

§ 3º A inscrição, que se constitui no ato de controle administrativo da legalidade, será feita pelo órgão competente para apurar a liquidez e certeza do crédito e suspenderá a prescrição, para todos os efeitos de direito, por 180 dias ou até a distribuição da execução fiscal, se esta ocorrer antes de findo aquele prazo.

§ 4º A Dívida Ativa da União será apurada e inscrita na Procuradoria da Fazenda Nacional.

§ 5º O Termo de Inscrição de Dívida Ativa deverá conter:

I — o nome do devedor, dos corresponsáveis e, sempre que conhecido, o domicílio ou residência de um e de outros;

II — o valor originário da dívida, bem como o termo inicial e a forma de calcular os juros de mora e demais encargos previstos em lei ou contrato;

III — a origem, a natureza e o fundamento legal ou contratual da dívida;

IV — a indicação se for o caso, de estar a dívida sujeita à atualização monetária, bem como o respectivo fundamento legal e o termo inicial para o cálculo;

V — a data e o número da inscrição, no Registro de Dívida Ativa; e

VI — o número do processo administrativo ou do auto de infração, se neles estiver apurado o valor da dívida.

§ 6º A Certidão de Dívida Ativa conterá os mesmos elementos do Termo de Inscrição e será autenticada pela autoridade competente.

§ 7º O Termo de Inscrição e a Certidão de Dívida Ativa poderão ser preparados e numerados por processo manual, mecânico ou eletrônico.

§ 8º Até a decisão de primeira instância, a Certidão de Dívida Ativa poderá ser emendada ou substituída, assegurada ao executado a devolução do prazo para embargos.

§ 9º O prazo para a cobrança das contribuições previdenciárias continua a ser o estabelecido no art. 144 da Lei n. 3.807, de 26 de agosto de 1960.

Art. 3º A Dívida Ativa regularmente inscrita goza da presunção de certeza e liquidez.

Parágrafo único. A presunção a que se refere este artigo é relativa e pode ser ilidida por prova inequívoca, a cargo do executado ou de terceiro, a quem aproveite.

Art. 4º A execução fiscal poderá ser promovida contra:

I — o devedor;

II — o fiador;

III — o espólio;

IV — a massa;

V — o responsável, nos termos da lei, por dívida tributária ou não, de pessoas físicas ou pessoas jurídicas de direito privado; e

VI — os sucessores a qualquer título.

§ 1º Ressalvado o disposto no art. 31, o síndico, o comissário, o liquidante, o inventariante e o administrador, nos casos de falência, concordata, liquidação, inventário, insolvência ou concurso de credores, se, antes de garantidos os créditos da Fazenda Pública, alienarem ou derem em garantia quaisquer dos bens administrados, respondem, solidariamente, pelo valor desses bens.

§ 2º À Dívida Ativa da Fazenda Pública, de qualquer natureza, aplicam-se as normas relativas à responsabilidade prevista na legislação tributária, civil e comercial.

§ 3º Os responsáveis, inclusive as pessoas indicadas no § 1º deste artigo, poderão nomear bens livres e desembaraçados do devedor, tantos quantos bastem para pagar a dívida. Os bens dos responsáveis ficarão, porém, sujeitos à execução, se os do devedor forem insuficientes à satisfação da dívida.

§ 4º Aplica-se à Dívida Ativa da Fazenda Pública de natureza não tributária o disposto nos arts. 186 e 188 a 192 do Código Tributário Nacional.

Art. 5º A competência para processar e julgar a execução da Dívida Ativa da Fazenda Pública exclui a de qualquer outro juízo, inclusive o da falência, da concordata, da liquidação, da insolvência ou do inventário.

Art. 6º A petição inicial indicará apenas:

I — o juiz a quem é dirigida;

II — o pedido; e

III — o requerimento para a citação.

§ 1º A petição inicial será instruída com a Certidão da Dívida Ativa, que dela fará parte integrante, como se estivesse transcrita.

§ 2º A petição inicial e a Certidão de Dívida Ativa poderão constituir um único documento, preparado inclusive por processo eletrônico.

§ 3º A produção de provas pela Fazenda Pública independe de requerimento na petição inicial.

§ 4º O valor da causa será o da dívida constante da certidão, com os encargos legais.

Art. 7º O despacho do Juiz que deferir a inicial importa em ordem para:

I — citação, pelas sucessivas modalidades previstas no art. 8º,

II — penhora, se não for paga a dívida, nem garantida a execução, por meio de depósito, fiança ou seguro garantia; (NR) *(Redação dada pela Lei n. 13.043, de 13.11.14, DOU 14.11.14)*

III — arresto, se o executado não tiver domicílio ou dele se ocultar;

IV — registro da penhora ou do arresto, independentemente do pagamento de custas ou outras despesas, observado o disposto no art. 14; e

V — avaliação dos bens penhorados ou arrestados.

Art. 8º O executado será citado para, no prazo de 5 (cinco) dias, pagar a dívida com os juros e multa de mora e encargos indicados na Certidão de Dívida Ativa, ou garantir a execução, observadas as seguintes normas:

I — a citação será feita pelo correio, com aviso de recepção, se a Fazenda Pública não a requerer por outra forma;

II — a citação pelo correio considera-se feita na data da entrega da carta no endereço do executado; ou, se a data for omitida, no aviso de recepção, 10 (dez) dias após a entrega da carta à agência postal;

III — se o aviso de recepção não retornar no prazo de 15 (quinze) dias da entrega da

carta à agência postal, a citação será feita por Oficial de Justiça ou por edital;

IV — o edital de citação será afixado na sede do Juízo, publicado uma só vez no órgão oficial, gratuitamente, como expediente judiciário, com o prazo de 30 (trinta) dias, e conterá, apenas, a indicação da exequente, o nome do devedor e dos corresponsáveis, a quantia devida, a natureza da dívida, a data e o número da inscrição no Registro da Dívida Ativa, o prazo e o endereço da sede do Juízo.

§ 1º O executado ausente do País será citado por edital, com prazo de 60 (sessenta) dias.

§ 2º O despacho do Juiz, que ordenar a citação, interrompe a prescrição.

Art. 9º Em garantia da execução, pelo valor da dívida, juros e multa de mora e encargos indicados na Certidão da Dívida Ativa, o executado poderá:

I — efetuar depósito em dinheiro, à ordem do Juízo em estabelecimento oficial de crédito, que assegure atualização monetária;

II — oferecer fiança bancária ou seguro garantia; *(Redação dada pela Lei n. 13.043, de 13.11.14, DOU 14.11.14)*

III — nomear bens à penhora, observada a ordem do art. 11; ou

IV — indicar à penhora bens oferecidos por terceiros e aceitos pela Fazenda Pública.

§ 1º O executado só poderá indicar e o terceiro oferecer bem imóvel à penhora com o consentimento expresso do respectivo cônjuge.

§ 2º Juntar-se-á aos autos a prova do depósito, da fiança bancária, do seguro garantia ou da penhora dos bens do executado ou de terceiros. *(Redação dada pela Lei n. 13.043, de 13.11.14, DOU 14.11.14)*

§ 3º A garantia da execução, por meio de depósito em dinheiro, fiança bancária ou seguro garantia, produz os mesmos efeitos da penhora. *(Redação dada pela Lei n. 13.043, de 13.11.14, DOU 14.11.14)*

§ 4º Somente o depósito em dinheiro, na forma do art. 32, faz cessar a responsabilidade pela atualização monetária e juros de mora.

§ 5º A fiança bancária prevista no inciso II obedecerá às condições preestabelecidas pelo Conselho Monetário Nacional.

§ 6º O executado poderá pagar parcela da dívida, que julgar incontroversa, e garantir a execução do saldo devedor.

Art. 10. Não ocorrendo o pagamento, nem a garantia da execução de que trata o art. 9º, a penhora poderá recair em qualquer bem do executado, exceto os que a lei declare absolutamente impenhoráveis.

Art. 11. A penhora ou arresto de bens obedecerá à seguinte ordem:

I — dinheiro;
II — título da dívida pública, bem como título de crédito, que tenha cotação em bolsa;
III — pedras e metais preciosos;
IV — imóveis;
V — navios e aeronaves;
VI — veículos;
VII — móveis ou semoventes; e
VIII — direitos e ações.

§ 1º Excepcionalmente, a penhora poderá recair sobre estabelecimento comercial, industrial ou agrícola, bem como em plantações ou edifícios em construção.

§ 2º A penhora efetuada em dinheiro será convertida no depósito de que trata o inciso I do art. 9º.

§ 3º O Juiz ordenará a remoção do bem penhorado para depósito judicial, particular ou da Fazenda Pública exequente, sempre que esta o requerer, em qualquer fase do processo.

Art. 12. Na execução fiscal, far-se-á a intimação da penhora ao executado, mediante publicação, no órgão oficial, do ato de juntada do termo ou do auto de penhora.

§ 1º Nas Comarcas do interior dos Estados, a intimação poderá ser feita pela remessa de cópia do termo ou do auto de penhora, pelo correio, na forma estabelecida no art. 8º, I e II, para a citação.

§ 2º Se a penhora recair sobre imóvel, far-se-á a intimação ao cônjuge, observadas as normas previstas para a citação.

§ 3º Far-se-á a intimação da penhora pessoalmente ao executado se, na citação feita pelo correio, o aviso de recepção não contiver a assinatura do próprio executado, ou de seu representante legal.

Art. 13. O termo ou auto de penhora conterá, também, a avaliação dos bens penhorados, efetuada por quem o lavrar.

§ 1º Impugnada a avaliação, pelo executado, ou pela Fazenda Pública, antes de publicado o edital de leilão, o juiz, ouvida a outra parte, nomeará avaliador oficial para proceder a nova avaliação dos bens penhorados.

§ 2º Se não houver, na Comarca, avaliador oficial ou este não puder apresentar o laudo de avaliação no prazo de 15 (quinze) dias, será nomeada pessoa ou entidade habilitada, a critério do Juiz.

§ 3º Apresentado o laudo, o Juiz decidirá de plano sobre a avaliação.

Art. 14. O Oficial de Justiça entregará contrafé e cópia do termo ou do auto de penhora ou arresto, com a ordem de registro de que trata o art. 7º, IV:

I — no Ofício próprio se o bem for imóvel ou a ele equiparado;

II — na repartição competente para emissão de certificado de registro, se for veículo;

III — na Junta Comercial, na Bolsa de Valores, e na sociedade comercial, se forem ações, debênture, parte beneficiária, cota ou qualquer outro título, crédito ou direito societário nominativo.

Art. 15. Em qualquer fase do processo, será deferida pelo Juiz:

I — ao executado, a substituição da penhora por depósito em dinheiro, fiança bancária ou seguro garantia; (NR) e *(Redação dada pela Lei n. 13.043, de 13.11.14, DOU 14.11.14)*

II — à Fazenda Pública, a substituição dos bens penhorados por outros, independentemente da ordem enumerada no art. 11, bem como o reforço da penhora insuficiente.

Art. 16. O executado oferecerá embargos, no prazo de 30 (trinta) dias, contados:

I — do depósito;

II — da juntada da prova da fiança bancária ou do seguro garantia; (NR) *(Redação dada pela Lei n. 13.043, de 13.11.14, DOU 14.11.14)*

III — da intimação da penhora.

§ 1º Não são admissíveis embargos do executado antes de garantida a execução.

§ 2º No prazo dos embargos, o executado deverá alegar toda matéria útil à defesa, requerer provas e juntar aos autos os documentos e rol de testemunhas, até três, ou, a critério do Juiz, até o dobro desse limite.

§ 3º Não será admitida reconvenção, nem compensação, e as exceções, salvo as de suspeição, incompetência e impedimentos, serão arguidas como matéria preliminar e serão processadas e julgadas com os embargos.

Art. 17. Recebidos os embargos, o Juiz mandará intimar a Fazenda, para impugná-los no prazo de 30 (trinta) dias, designando, em seguida, audiência de instrução e julgamento.

Parágrafo único. Não se realizará audiência, se os embargos versarem sobre matéria de direito ou, sendo de direito e de fato, a prova for exclusivamente documental, caso em que o Juiz proferirá a sentença no prazo de 30 (trinta) dias.

Art. 18. Caso não sejam oferecidos os embargos, a Fazenda Pública manifestar-se-á sobre a garantia da execução.

Art. 19. Não sendo embargada a execução ou sendo rejeitados os embargos, no caso de garantia prestada por terceiro, será este intimado, sob pena de contra ele prosseguir a execução nos próprios autos, para, no prazo de 15 (quinze) dias:

I — remir o bem, se a garantia for real; ou

II — pagar o valor da dívida, juros e multa de mora e demais encargos, indicados na Certidão de Dívida Ativa, pelos quais se obrigou, se a garantia for fidejussória.

Art. 20. Na execução por carta, os embargos do executado serão oferecidos no Juízo deprecado, que os remeterá ao juízo deprecante, para instrução e julgamento.

Parágrafo único. Quando os embargos tiverem por objeto vícios ou irregularidades de atos do próprio juízo deprecado, caber-lhe-á unicamente o julgamento dessa matéria.

Art. 21. Na hipótese de alienação antecipada dos bens penhorados, o produto será depositado em garantia da execução, nos termos previstos no art. 9º, inciso I.

Art. 22. A arrematação será precedida de edital, afixado no local do costume, na sede do Juízo, e publicado, em resumo, uma só vez, gratuitamente, como expediente judiciário, no órgão oficial.

§ 1º O prazo entre as datas de publicação do edital e do leilão não poderá ser superior a 30 (trinta), nem inferior a 10 (dez) dias.

§ 2º O representante judicial da Fazenda Pública será intimado, pessoalmente, da realização do leilão, com a antecedência prevista no parágrafo anterior.

Art. 23. A alienação de quaisquer bens penhorados será feita em leilão público, no lugar designado pelo Juiz.

§ 1º A Fazenda Pública e o executado poderão requerer que os bens sejam leiloados englobadamente ou em lotes que indicarem.

§ 2º Cabe ao arrematante o pagamento da comissão do leiloeiro e demais despesas indicadas no edital.

Art. 24. A Fazenda Pública poderá adjudicar os bens penhorados:

I — antes do leilão, pelo preço da avaliação, se a execução não for embargada ou se rejeitados os embargos;

II — findo o leilão: a) se não houver licitante, pelo preço da avaliação; b) havendo licitantes, com preferência, em igualdade de condições com a melhor oferta, no prazo de 30 (trinta) dias.

Parágrafo único. Se o preço da avaliação ou o valor da melhor oferta for superior ao dos créditos da Fazenda Pública, a adjudicação somente será deferida pelo Juiz, se a diferença for depositada, pela exequente, à ordem do Juízo, no prazo de 30 (trinta) dias.

Art. 25. Na execução fiscal, qualquer intimação ao representante judicial da Fazenda Pública será feita pessoalmente.

Parágrafo único. A intimação de que trata este artigo poderá ser feita mediante vista dos autos, com imediata remessa ao repre-

sentante judicial da Fazenda Pública, pelo cartório ou secretaria.

Art. 26. Se, antes da decisão de primeira instância, a inscrição de Dívida Ativa for, a qualquer título, cancelada, a execução fiscal será extinta, sem qualquer ônus para as partes.

Art. 27. As publicações de atos processuais poderão ser feitas resumidamente ou reunir num só texto os de diferentes processos.

Parágrafo único. As publicações farão sempre referência ao número do processo no respectivo Juízo e ao número da correspondente inscrição da Dívida Ativa, bem como ao nome das partes e de seus advogados, suficientes para a sua identificação.

Art. 28. O Juiz, a requerimento das partes, poderá por conveniência da unidade da garantia da execução, ordenar a reunião de processos contra o mesmo devedor.

Parágrafo único. Na hipótese deste artigo, os processos serão redistribuídos ao Juízo de primeira distribuição.

Art. 29. A cobrança judicial da Dívida Ativa da Fazenda Pública não é sujeita a concurso de credores ou habilitação em falência, concordata, liquidação, inventário ou arrolamento.

Parágrafo único. O concurso de preferência somente se verifica entre pessoas jurídicas de direito público, na seguinte ordem:

I — União e suas autarquias;

II — Estados, Distrito Federal e Territórios e suas autarquias, conjuntamente e *pro rata*;

III — Municípios e suas autarquias, conjuntamente e *pro rata*.

Art. 30. Sem prejuízo dos privilégios especiais sobre determinados bens, que sejam previstos em lei, responde pelo pagamento da Dívida Ativa da Fazenda Pública a totalidade dos bens e das rendas, de qualquer origem ou natureza, do sujeito passivo, seu espólio ou sua massa, inclusive os gravados por ônus real ou cláusula de inalienabilidade ou impenhorabilidade, seja qual for a data da constituição do ônus ou da cláusula, excetuados unicamente os bens e rendas que a lei declara absolutamente impenhoráveis.

Art. 31. Nos processos de falência, concordata, liquidação, inventário, arrolamento ou concurso de credores, nenhuma alienação será judicialmente autorizada sem a prova de quitação da Dívida Ativa ou a concordância da Fazenda Pública.

Art. 32. Os depósitos judiciais em dinheiro serão obrigatoriamente feitos:

I — na Caixa Econômica Federal, de acordo com o Decreto-lei n. 1.737, de 20 de dezembro de 1979, quando relacionados com a execução fiscal proposta pela União ou suas autarquias;

II — na Caixa Econômica ou no banco oficial da unidade federativa, ou à sua falta, na Caixa Econômica Federal, quando relacionados com execução fiscal proposta pelo Estado, Distrito Federal, Municípios e suas autarquias.

§ 1º Os depósitos de que trata este artigo estão sujeitos à atualização monetária, segundo os índices estabelecidos para os débitos tributários federais.

§ 2º Após o trânsito em julgado da decisão, o depósito, monetariamente atualizado, será devolvido ao depositante ou entregue à Fazenda Pública, mediante ordem do Juízo competente.

Art. 33. O Juízo, do Ofício, comunicará à repartição competente da Fazenda Pública, para fins de averbação no Registro da Dívida Ativa, a decisão final, transitada em julgado, que der por improcedente a execução, total ou parcialmente.

Art. 34. Das sentenças de primeira instância proferidas em execuções de valor igual ou inferior a 50 (cinquenta) Obrigações Reajustáveis do Tesouro Nacional — ORTNs, só se admitirão embargos infringentes e de declaração.

§ 1º Para os efeitos deste artigo, considerar-se-á o valor da dívida monetariamente atualizado e acrescido de multa e juros de mora e demais encargos legais, na data da distribuição.

§ 2º Os embargos infringentes, instruídos, ou não, com documentos novos, serão deduzidos, no prazo de 10 (dez) dias perante o mesmo Juízo, em petição fundamentada.

§ 3º Ouvido o embargado, no prazo de 10 (dez) dias, serão os autos conclusos ao Juiz, que, dentro de 20 (vinte) dias, os rejeitará ou reformará a sentença.

Art. 35. Nos processos regulados por esta lei, poderá ser dispensada a audiência de revisor, no julgamento das apelações.

Art. 36. Compete à Fazenda Pública, baixar normas sobre o recolhimento da Dívida Ativa respectiva, em juízo ou fora dele, e aprovar, inclusive, os modelos de documentos de arrecadação.

Art. 37. O Auxiliar de Justiça que, por ação ou omissão, culposa ou dolosa, prejudicar a execução, será responsabilizado, civil, penal e administrativamente.

Parágrafo único. O Oficial de Justiça deverá efetuar, em 10 (dez) dias, as diligências que lhe forem ordenadas, salvo motivo de força maior devidamente justificado perante o Juízo.

Art. 38. A discussão judicial da Dívida Ativa da Fazenda Pública só é admissível em execução, na forma desta lei, salvo as hipóteses de mandado de segurança, ação de repetição do indébito ou ação anulatória do ato declarativo da dívida, esta precedida do depósito preparatório do valor do débito, monetariamente corrigido e acrescido dos juros e multa de mora e demais encargos.

Parágrafo único. A propositura, pelo contribuinte, da ação prevista neste artigo importa em renúncia ao poder de recorrer na esfera administrativa e desistência do recurso acaso interposto.

Art. 39. A Fazenda Pública não está sujeita ao pagamento de custas e emolumentos. A prática dos atos judiciais de seu interesse independerá de preparo ou do prévio depósito.

Parágrafo único. Se vencida, a Fazenda Pública ressarcirá o valor das despesas feitas pela parte contrária.

Art. 40. O Juiz suspenderá o curso da execução, enquanto não for localizado o devedor ou encontrados bens sobre os quais possa recair a penhora, e, nesses casos, não correrá o prazo da prescrição.

§ 1º Suspenso o curso da execução, será aberta vista dos autos ao representante judicial da Fazenda Pública.

§ 2º Decorrido o prazo máximo de 1 (um) ano, sem que seja localizado o devedor ou encontrados bens penhoráveis, o Juiz ordenará o arquivamento dos autos.

§ 3º Encontrados que sejam, a qualquer tempo, o devedor ou os bens, serão desarquivados os autos para prosseguimento da execução.

§ 4º Se da decisão que ordenar o arquivamento tiver decorrido o prazo prescricional, o juiz, depois de ouvida a Fazenda Pública, poderá, de ofício, reconhecer a prescrição intercorrente e decretá-la de imediato. (NR)

(Parágrafo acrescentado pela Lei n. 11.051, de 29.12.04, DOU 30.12.04)

§ 5º A manifestação prévia da Fazenda Pública prevista no § 4º deste artigo será dispensada no caso de cobranças judiciais cujo valor seja inferior ao mínimo fixado por ato do Ministro de Estado da Fazenda. (NR) — *(Parágrafo acrescentado pela Lei n. 11.960, de 29.6.09, DOU 30.6.09)*

Art. 41. O processo administrativo correspondente à inscrição da Dívida Ativa, à execução fiscal ou à ação proposta contra a Fazenda Pública será mantido na repartição competente, dele se extraindo as cópias autenticadas ou certidões que forem requeridas pelas partes ou requisitadas pelo Juiz ou pelo Ministério Público.

Parágrafo único. Mediante requisição do Juiz à repartição competente, com dia e hora previamente marcados, poderá o processo administrativo ser exibido na sede do Juízo, pelo funcionário para esse fim designado, lavrando o serventuário termo da ocorrência, com indicação, se for o caso, das peças a serem trasladadas.

Art. 42. Revogadas as disposições em contrário, esta lei entrará em vigor 90 (noventa) dias após a data de sua publicação.

Brasília, 22 de setembro de 1980; 159º da Independência e 92º da República.

João Figueiredo
Ibrahim Abi-Ackel
Ernane Galvêas
Hélio Beltrão

DOU 24.9.1980

Lei n. 6.932, de 7 de julho de 1981

Dispõe sobre as atividades do médico residente e dá outras providências

O PRESIDENTE DA REPÚBLICA, Faço saber que o Congresso Nacional decreta e eu sanciono a seguinte Lei:

Art. 4º Ao médico-residente é assegurada bolsa no valor de R$ 2.384,82 (dois mil, trezentos e oitenta e quatro reais e oitenta e dois centavos), em regime especial de treinamento em serviço de sessenta horas semanais. *(Redação dada pela Lei n. 12.514, de 28.10.2011, DOU 31.10.2011)*

§ 1º O médico-residente é filiado ao Regime Geral de Previdência Social — RGPS como contribuinte individual. *(Redação dada pela Lei n. 12.514, de 28.10.2011, DOU 31.10.2011)*

§ 2º O médico-residente tem direito, conforme o caso, à licença-paternidade de cinco dias ou à licença-maternidade de cento e vinte dias. *(Redação dada pela Lei n. 12.514, de 28.10.2011, DOU 31.10.2011)*

§ 3º A instituição de saúde responsável por programas de residência médica poderá prorrogar, nos termos da Lei n. 11.770, de 9 de setembro de 2008, quando requerido pela médica-residente, o período de licença-maternidade em até sessenta dias. *(Redação dada pela Lei n. 12.514, de 28.10.2011, DOU 31.10.2011)*

§ 4º O tempo de residência médica será prorrogado por prazo equivalente à duração do afastamento do médico-residente por motivo de saúde ou nas hipóteses dos §§ 2º e 3º. *(Redação dada pela Lei n. 12.514, de 28.10.2011, DOU 31.10.2011)*

§ 5º A instituição de saúde responsável por programas de residência médica oferecerá

LEGISLAÇÃO COMPLEMENTAR

ao médico-residente, durante todo o período de residência: *(Redação dada pela Lei n. 12.514, de 28.10.2011, DOU 31.10.2011)*

I — condições adequadas para repouso e higiene pessoal durante os plantões. *(Acrescentado pela Lei n. 12.514, de 28.10.2011, DOU 31.10.2011)*

II — alimentação; e *(Acrescentado pela Lei n. 12.514, de 28.10.2011, DOU 31.10.2011)*

III — moradia, se, nos termos do regulamento, comprovada a necessidade. *(Acrescentado pela Lei n. 12.514, de 28.10.2011, DOU 31.10.2011)*

§ 6º O valor da bolsa do médico-residente poderá ser objeto de revisão anual. (NR) *(Acrescentado pela Lei n. 12.514, de 28.10.2011, DOU 31.10.2011)*

Art. 5º Os programas dos cursos de Residência Médica respeitarão o máximo de 60 (sessenta) horas semanais, nelas incluídas um máximo de 24 (vinte e quatro) horas de plantão.

§ 1º O médico residente fará jus a um dia de folga semanal e a 30 (trinta) dias consecutivos de repouso, por ano de atividade.

§ 2º Os programas dos cursos de Residência Médica compreenderão, num mínimo de 10% (dez por cento) e num máximo de 20% (vinte por cento) de sua carga horária, atividades teórico-práticas, sob a forma de sessões atualizadas, seminários, correlações clínico-patológicas ou outras, de acordo com os programas pré-estabelecidos.

Art. 6º Os programas de Residência Médica credenciados na forma desta Lei conferirão títulos de especialistas em favor dos médicos residentes neles habilitados, os quais constituirão comprovante hábil para fins legais junto ao sistema federal de ensino e ao Conselho Federal de Medicina.

Art. 7º A interrupção do programa de Residência Médica por parte do médico residente, seja qual for a causa, justificada ou não, não o exime da obrigação de, posteriormente, completar a carga horária total de atividade prevista para o aprendizado, a fim de obter o comprovante referido no artigo anterior, respeitadas as condições iniciais de sua admissão.

..

Art. 9º Esta Lei será regulamentada no prazo de 90 (noventa) dias contados de sua publicação.

Art. 10. Esta Lei entrará em vigor na data de sua publicação.

Art. 11. Revogam-se as disposições em contrário.

Brasília, em 7 de julho de 1981; 160º da Independência e 93º da República.

JOÃO FIGUEIREDO
RUBEM LUDWIG
MURILO MACÊDO
WALDIR MENDES ARCOVERDE
JAIR SOARES

DOU 9.7.1981

Lei n. 7.002, de 14 de junho de 1982

Autoriza a implantação de jornada noturna especial nos portos organizados, e dá outras providências

O PRESIDENTE DA REPÚBLICA:

Faço saber que o Congresso Nacional decreta e eu sanciono a seguinte Lei:

Art. 1º A administração do porto, mediante prévia aprovação da Empresa de Portos do Brasil S/A. — PORTOBRÁS, poderá adotar, para serviços de capatazias realizados no período noturno, jornada especial de trabalho de 6 (seis) horas ininterruptas, de 60 (sessenta) minutos cada.

Art. 2º A remuneração básica da jornada especial será a mesma da jornada ordinária diurna, acrescida de adicional noturno de até 50% (cinquenta por cento), incidente sobre as 6 (seis) horas trabalhadas e sua eventual hora de prorrogação.

Parágrafo único. Os valores do adicional noturno e do acréscimo da hora extraordinária serão estabelecidos em acordo coletivo de trabalho, homologado pelo Conselho Nacional de Política Salarial.

Art. 3º Esta Lei entra em vigor na data de sua publicação, revogadas as disposições em contrário.

Brasília, 14 de junho de 1982. 161º da Independência e 94º da República.

JOÃO FIGUEIREDO
DOU 15.6.1982

Lei n. 7.064, de 6 de dezembro de 1982

Dispõe sobre a situação de trabalhadores contratados ou transferidos para prestar serviços no exterior

O PRESIDENTE DA REPÚBLICA,

Faço saber que o Congresso Nacional decreta e eu sanciono a seguinte Lei:

CAPÍTULO I
Introdução

Art. 1º Esta Lei regula a situação de trabalhadores contratados no Brasil ou transferidos por empregadores para prestar serviços no exterior. *(Redação dada pela Lei n. 11.962, de 3.7.2009, DOU 6.7.2009)*

Parágrafo único. Fica excluído do regime desta Lei o empregado designado para prestar serviços de natureza transitória, por período não superior a noventa (90) dias, desde que:

a) tenha ciência expressa dessa transitoriedade;

b) receba, além da passagem de ida e volta, diárias durante o período de trabalho no exterior, as quais, seja qual for o respectivo valor, não terão natureza salarial.

CAPÍTULO II
Da Transferência

Art. 2º Para os efeitos desta Lei, considera-se transferido:

I — o empregado, removido para o exterior, cujo contrato estava sendo executado no território brasileiro;

II — o empregado cedido à empresa sediada no estrangeiro, para trabalhar no exterior, desde que mantido o vínculo trabalhista com o empregador brasileiro;

III — o empregado contratado por empresa sediada no Brasil para trabalhar a seu serviço no exterior.

Art. 3º A empresa responsável pelo contrato de trabalho do empregado transferido assegurar-lhe-á, independentemente da observância da legislação do local da execução dos serviços:

I — os direitos previstos nesta Lei;

II — a aplicação da legislação brasileira de proteção ao trabalho, naquilo que não for incompatível com o disposto nesta Lei, quando mais favorável do que a legislação territorial, no conjunto de normas em relação a cada matéria.

Parágrafo único. Respeitadas as disposições especiais desta Lei, aplicar-se-á a legislação brasileira sobre Previdência Social, Fundo de Garantia do Tempo de Serviço (FGTS) e Programa de Integração Social (PIS/PASEP).

Art. 4º Mediante ajuste escrito, empregador e empregado fixarão os valores do salário-base e o do adicional de transferência.

§ 1º O salário-base ajustado na forma deste artigo fica sujeito aos reajustes e aumentos compulsórios previstos na legislação brasileira.

§ 2º O valor do salário-base não poderá ser inferior ao mínimo estabelecido para a categoria profissional do empregado.

§ 3º Os reajustes e aumentos compulsórios previstos no parágrafo primeiro incidirão exclusivamente sobre os valores ajustados em moeda nacional.

Art. 5º O salário-base do contrato será obrigatoriamente estipulado em moeda nacional, mas a remuneração devida durante a transferência do empregado, computado o adicional de que trata o artigo anterior, poderá, no todo ou em parte, ser pago no exterior, em moeda estrangeira.

§ 1º Por opção escrita do empregado, a parcela da remuneração a ser paga em moeda nacional poderá ser depositada em conta bancária.

§ 2º É assegurada ao empregado, enquanto estiver prestando serviços no exterior, a conversão e remessa dos correspondentes valores para o local de trabalho, observado o disposto em regulamento.

Art. 6º Após dois anos de permanência no exterior, será facultado ao empregado gozar anualmente férias no Brasil, correndo por conta da empresa empregadora, ou para a qual tenha sido cedido, o custeio da viagem.

§ 1º O custeio de que trata este artigo se estende ao cônjuge e aos demais dependentes do empregado com ele residentes.

§ 2º O disposto neste artigo não se aplicará ao caso de retorno definitivo do empregado antes da época do gozo das férias.

Art. 7º O retorno do empregado ao Brasil poderá ser determinado pela empresa quando:

I — não se tornar mais necessário ou conveniente o serviço do empregado no exterior;

II — der o empregado justa causa para a rescisão do contrato.

Parágrafo único. Fica assegurado ao empregado seu retorno ao Brasil, ao término do prazo de transferência ou, antes deste, da ocorrência das seguintes hipóteses:

a) após três anos de trabalho contínuo;

b) para atender à necessidade grave de natureza familiar, devidamente comprovada;

c) por motivo de saúde, conforme recomendação constante de laudo médico;

d) quando der o empregador justa causa para a rescisão do contrato;

e) na hipótese prevista no inciso I deste artigo.

Art. 8º Cabe à empresa o custeio do retorno do empregado.

Parágrafo único. Quando o retorno se verificar, por iniciativa do empregado, ou quando der justa causa para rescisão do contrato, ficará ele obrigado ao reembolso das respectivas despesas, ressalvados os casos previstos no parágrafo único do artigo anterior.

Art. 9º O período de duração da transferência será computado no tempo de serviço do empregado para todos os efeitos da legislação brasileira, ainda que a lei local de prestação do serviço considere essa prestação como resultante de um contrato autônomo e determine a liquidação dos direitos oriundos da respectiva cessação.

§ 1º Na hipótese de liquidação de direitos prevista neste artigo, a empresa empregadora fica autorizada a deduzir esse pagamento dos depósitos do FGTS em nome do empregado, existentes na conta vinculada de que trata o art. 2º da Lei n. 5.107, de 13 de setembro de 1966.

§ 2º Se o saldo da conta a que se refere o parágrafo anterior não comportar a dedução ali mencionada, a diferença poderá ser novamente deduzida do saldo dessa conta quando da cessação, no Brasil, do respectivo contrato de trabalho.

§ 3º As deduções acima mencionadas, relativamente ao pagamento em moeda estrangeira, serão calculadas mediante conversão em cruzeiros ao câmbio do dia em que se operar o pagamento.

§ 4º O levantamento pelo empregador, decorrente da dedução acima prevista, dependerá de homologação judicial.

Art. 10. O adicional de transferência, as prestações *in natura*, bem como quaisquer outras vantagens a que fizer jus o empregado em função de sua permanência no exterior, não serão devidas após seu retorno ao Brasil.

Art. 11. Durante a prestação de serviços no exterior não serão devidas, em relação aos empregados transferidos, as contribuições referentes a Salário-Educação, Serviço Social da Indústria, Serviço Social do Comércio, Serviço Nacional de Aprendizagem Comercial, Serviço Nacional de Aprendizagem Industrial e Instituto Nacional de Colonização e de Reforma Agrária.

CAPÍTULO III
Da Contratação por Empresa Estrangeira

Art. 12. A contratação de trabalhador, por empresa estrangeira, para trabalhar no exterior, está condicionada à prévia autorização do Ministério do Trabalho.

Art. 13. A autorização que se refere o art. 12 somente poderá ser dada à empresa de cujo capital participe, em pelo menos 5% (cinco por cento), pessoa jurídica domiciliada no Brasil.

Art. 14. Sem prejuízo da aplicação das leis do país da prestação dos serviços, no que respeita a direitos, vantagens e garantias trabalhistas e previdenciárias, a empresa estrangeira assegurará ao trabalhador os direitos a ele conferidos neste Capítulo.

Art. 15. Correrão obrigatoriamente por conta da empresa estrangeira as despesas de viagem de ida e volta do trabalhador ao exterior, inclusive a dos dependentes com ele residentes.

Art. 16. A permanência do trabalhador no exterior não poderá ser ajustada por período superior a 3 (três) anos, salvo quando for assegurado a ele e a seus dependentes o direito de gozar férias anuais no Brasil, com despesas de viagem pagas pela empresa estrangeira.

Art. 17. A empresa estrangeira assegurará o retorno no definitivo do trabalhador ao Brasil quando:

I — houver terminado o prazo de duração do contrato, ou for o mesmo rescindido;

II — por motivo de saúde do trabalhador, devidamente comprovado por laudo médico oficial que o recomende.

Art. 18. A empresa estrangeira manterá no Brasil procurador bastante com poderes especiais de representação, inclusive o de receber citação.

Art. 19. A pessoa jurídica domiciliada no Brasil a que alude o art. 13 será solidariamente responsável com a empresa estrangeira por todas as obrigações decorrentes da contratação do trabalhador.

Art. 20. O aliciamento de trabalhador domiciliado no Brasil, para trabalhar no exterior, fora do regime desta Lei, configurará o crime previsto no art. 206 do Código Penal Brasileiro.

CAPÍTULO IV
Disposições Comuns e Finais

Art. 21. As empresas de que trata esta Lei farão, obrigatoriamente, seguro de vida e acidentes pessoais a favor do trabalhador, cobrindo o período a partir do embarque para o exterior, até o retorno ao Brasil.

Parágrafo único. O valor do seguro não poderá ser inferior a 12 (doze) vezes o valor da remuneração mensal do trabalhador.

Art. 22. As empresas a que se refere esta Lei garantirão ao empregado, no local de trabalho no exterior ou próximo a ele, serviços gratuitos e adequados de assistência médica e social.

Art. 23. Serão regulamentadas no prazo de 90 (noventa) dias as disposições dos arts. 5º, § 2º; 9º, §§ 1º e 4º; e 12.

Art. 24. Esta Lei entra em vigor na data de sua publicação revogadas as disposições em contrário.

Brasília, em 6 de dezembro de 1982; 161º da Independência e 94º da República.

João Figueiredo
Murillo Macêdo
João Camilo Penna

DOU 7.12.1982 E RETIF. DOU 13.12.1982

Decreto n. 89.339, de 31 de janeiro de 1984

Regulamenta o disposto nos arts. 5º, § 2º; 9º, §§ 1º a 4º e 12 da Lei n. 7.064, de 6 de dezembro de 1982, que dispõe sobre a situação dos trabalhadores contratados ou transferidos para prestar serviços no exterior

O PRESIDENTE DA REPÚBLICA, usando da atribuição que lhe confere o art. 81, inciso III da Constituição e tendo em vista o disposto no art. 23 da Lei n. 7.064, de 6 de dezembro de 1982, decreta:

Art. 1º O empregado contratado no Brasil ou transferido por empresa prestadora de serviços de engenharia, inclusive consultoria, projetos, obras, montagens, gerenciamento e congêneres, para prestar serviços no exterior, enquanto estiver prestando serviços no estrangeiro, poderá converter e remeter para o local de trabalho, no todo ou em parte, os valores correspondentes à remuneração paga em moeda nacional.

Art. 2º As remessas referidas no art. 1º serão feitas através de instituição bancária autorizada a operar em câmbio, mediante requerimento escrito do empregado ou seu procurador, instruído com declaração da empresa empregadora indicando o valor da remuneração paga ao empregado, o local da prestação de serviços no exterior e os números da Carteira de Trabalho e de inscrição do empregado no cadastro de contribuintes.

Parágrafo único. As remessas a que se refere o artigo estarão sujeitas à fiscalização do Banco Central do Brasil.

Art. 3º Os valores pagos pela empresa empregadora prestadora dos serviços a que se refere o art. 1º, na liquidação de direitos determinados pela lei do local da prestação de serviços no exterior, poderão ser deduzidos dos depósitos do Fundo de Garantia do Tempo de Serviço — FGTS — em nome do empregado, existentes na conta vinculada de que trata o art. 2º da Lei n. 5.107, de 13 setembro de 1965.

§ 1º O levantamento, pela empresa empregadora, dos valores correspondentes à liquidação de direitos, efetuada de conformidade com a lei do local da prestação de serviços no exterior, efetivar-se-á à vista do alvará expedido em decorrência da homologação judicial.

§ 2º A homologação dos valores a serem deduzidos dar-se-á mediante a apresentação, pela empresa empregadora, de cópia autêntica da documentação comprobatória da liquidação dos direitos do empregado no exterior, traduzida oficialmente.

§ 3º Requerida a homologação, o Juiz determinará ao Banco depositário da conta vinculada que informe, no prazo de 3 (três) dias úteis, o valor existente na conta vinculada do empregado, na data do pedido de homologação.

Art. 4º A homologação deverá consignar a importância, em moeda estrangeira, a ser deduzida e o alvará autorizará o levantamento do seu valor correspondente em cruzeiros, junto ao Banco depositário, que efetuará a conversão ao câmbio do dia em que efetivar o pagamento, utilizando o dólar dos Estados Unidos da América como moeda de conversão, nos casos em que a liquidação de direitos do empregado tenha sido efetuada em moeda com a qual o cruzeiro não tenha paridade direta.

Parágrafo único. A empresa empregadora deverá apresentar o alvará a que se refere o artigo no prazo de dois dias úteis da sua expedição, sob pena de correrem à sua conta as variações cambiais posteriores à data do alvará.

Art. 5º Caso o saldo existente na conta vinculada do FGTS, em nome do empregado, não seja suficiente para a dedução integral dos valores correspondentes aos direitos liquidados pela empresa no exterior, a diferença poderá ser levantada mediante nova dedução dessa conta, quando da cessação, no Brasil, do contrato de trabalho, mediante a expedição de novo alvará e independentemente de nova homologação.

Art. 6º A contratação de trabalhador por empresa estrangeira, para trabalhar no exterior, está condicionada à autorização do Ministério do Trabalho, nos termos de regulamento baixado pelo Ministro do Trabalho e observado o disposto no art. 7º deste Decreto.

Art. 7º A empresa requerente da autorização a que se refere o art. 6º deverá comprovar:

I — sua existência jurídica, segundo as leis do país no qual é sediada;

II — a participação de pessoa jurídica domiciliada no Brasil, em pelo menos cinco por cento (5%) do seu capital social;

III — a existência de procurador legalmente constituído no Brasil, com poderes especiais de representação, inclusive o de receber citação;

IV — a solidariedade da pessoa jurídica a que se refere o inciso II deste artigo no cumprimento das obrigações da empresa estrangeira decorrentes da contratação do empregado.

Art. 8º Este Decreto entra em vigor na data da sua publicação, revogadas as disposições em contrário.

Brasília, aos 31 do mês de janeiro de 1984; 163º da Independência e 96º da República.

> JOÃO FIGUEIREDO
> MAÍLSON FERREIRA DA NÓBREGA
> MURILLO MACÊDO
> JOÃO CAMILO PENNA
> MÁRIO DAVID ANDREAZZA
>
> DOU 1º.2.1984 E RETIF. DOU 2.2.1984

Lei n. 7.102, de 20 de junho de 1983

Dispõe sobre segurança para estabelecimentos financeiros, estabelece normas para constituição e funcionamento das empresas particulares que exploram serviços de vigilância e de transporte de valores e dá outras providências

O PRESIDENTE DA REPÚBLICA,

Faço saber que o Congresso Nacional decreta e eu sanciono a seguinte Lei:

Art. 1º É vedado o funcionamento de qualquer estabelecimento financeiro onde haja guarda de valores ou movimentação de numerário, que não possua sistema de segurança com parecer favorável à sua aprovação, elaborado pelo Ministério da Justiça, na forma da Lei. *(Alterado pela Lei n. 9.017, de 30.3.1995 (DOU 31.3.1995)*

§ 1º Os estabelecimentos financeiros referidos neste artigo compreendem bancos oficiais ou privados, caixas econômicas, sociedades de crédito, associações de poupança, suas agências, postos de atendimento, subagências e seções, assim como as cooperativas singulares de crédito e suas respectivas dependências. *(Alterado pela Lei n. 11.718, de 20.6.08, DOU 23.6.08)*

§ 2º O Poder Executivo estabelecerá, considerando a reduzida circulação financeira, requisitos próprios de segurança para as cooperativas singulares de crédito e suas dependências que contemplem, entre outros, os seguintes procedimentos: *(Alterado pela Lei n. 11.718, de 20.6.08, DOU 23.6.08)*

I — dispensa de sistema de segurança para o estabelecimento de cooperativa singular de crédito que se situe dentro de qualquer edificação que possua estrutura de segurança instalada em conformidade com o art. 2º desta Lei; *(Alterado pela Lei n. 11.718, de 20.6.08, DOU 23.6.08)*

II — necessidade de elaboração e aprovação de apenas um único plano de segurança por cooperativa singular de crédito, desde que detalhadas todas as suas dependências; *(Alterado pela Lei n. 11.718, de 20.6.08, DOU 23.6.08)*

III — dispensa de contratação de vigilantes, caso isso inviabilize economicamente a existência do estabelecimento. *(Alterado pela Lei n. 11.718, de 20.6.08, DOU 23.6.08)*

§ 3º Os processos administrativos em curso no âmbito do Departamento de Polícia Federal observarão os requisitos próprios de segurança para as cooperativas singulares de crédito e suas dependências *(Alterado pela Lei n. 11.718, de 20.6.08, DOU 23.6.08)*

Art. 2º O sistema de segurança referido no artigo anterior inclui pessoas adequadamente preparadas, assim chamadas vigilantes; alarme capaz de permitir, com segurança, comunicação entre o estabelecimento financeiro e outro da mesma instituição, empresa de vigilância ou órgão policial mais próximo; e, pelo menos, mais um dos seguintes dispositivos:

I — equipamentos elétricos, eletrônicos e de filmagens que possibilitem a identificação dos assaltantes;

II — artefatos que retardem a ação dos criminosos, permitindo sua perseguição, identificação ou captura; e

III — cabina blindada com permanência ininterrupta de vigilante durante o expediente para o público e enquanto houver movimentação de numerário no interior do estabelecimento.

Parágrafo único. *(Revogado pela Lei n. 9.017/95).*

Art. 3º A vigilância ostensiva e o transporte de valores serão executados:

I — por empresa especializada contratada; ou

II — pelo próprio estabelecimento financeiro, desde que organizado e preparado para tal fim, com pessoal próprio, aprovado em curso de formação de vigilante autorizado pelo Ministério da Justiça e cujo sistema de segurança tenha parecer favorável à sua aprovação emitido pelo Ministério da Justiça.

Parágrafo único. Nos estabelecimentos financeiros estaduais, o serviço de vigilância ostensiva poderá ser desempenhado pelas Polícias Militares, a critério do Governo da respectiva Unidade da Federação. *(Alterado pela Lei n. 9.017, de 30.3.1995 (DOU 31.3.1995)*

Art. 10. São consideradas como segurança privada as atividades desenvolvidas em prestação de serviços com a finalidade de:

I — proceder à vigilância patrimonial das instituições financeiras e de outros estabelecimentos, públicos ou privados, bem como à segurança de pessoas físicas;

II — realizar o transporte de valores ou garantir o transporte de qualquer outro tipo de carga.

§ 1º Os serviços de vigilância e de transporte de valores poderão ser executados por uma mesma empresa.

§ 2º As empresas especializadas em prestação de serviços de segurança, vigilância e transporte de valores, constituídas sob a forma de empresas privadas, além das hipóteses previstas nos incisos do *caput* deste artigo, poderão se prestar ao exercício das atividades de segurança privada a pessoas; a estabelecimentos comerciais, industriais, de prestação de serviços e residenciais; a entidades sem fins lucrativos; e órgãos e empresas públicas.

§ 3º Serão regidas por esta Lei, pelos regulamentos dela decorrentes e pelas disposições da legislação civil, comercial, trabalhista, previdenciária e penal, as empresas definidas no parágrafo anterior. *(Alterado pela Lei n. 8.863, de 28.3.1994 (DOU 29.3.1994).*

§ 4º As empresas que tenham objeto econômico diverso da vigilância ostensiva e do transporte de valores, que utilizem pessoal de quadro funcional próprio, para execução dessas atividades, ficam obrigadas ao cumprimento do disposto nesta Lei e demais legislações pertinentes*(Alterado pela Lei n. 8.863, de 28.3.1994 (DOU 29.3.1994).*

Art. 15. Vigilante, para os efeitos desta Lei, é o empregado contratado para a execução das atividades definidas nos incisos I e II do *caput* e §§ 2º, 3º e 4º do art. 10.*(Alterado pela Lei n. 8.863, de 28.3.1994 (DOU 29.3.1994).*

Art. 16. Para o exercício da profissão, o vigilante preencherá os seguintes requisitos:

I — ser brasileiro;

II — ter idade mínima de 21 (vinte e um) anos;

III — ter instrução correspondente à quarta série do primeiro grau;

IV — ter sido aprovado em curso de formação de vigilante, realizado em estabelecimento com funcionamento autorizado nos termos desta lei; *(Alterado pela Lei n. 8.863, de 28.3.1994 (DOU 29.3.1994).;*

V — ter sido aprovado em exame de saúde física, mental e psicotécnico;

VI — não ter antecedentes criminais registrados; e

VII — estar quite com as obrigações eleitorais e militares.

Parágrafo único. O requisito previsto no inciso III deste artigo não se aplica aos vigilantes admitidos até a publicação da presente lei.

Art. 17. O exercício da profissão de vigilante requer prévio registro no Departamento de Polícia Federal, que se fará após a apresentação dos documentos comprobatórios das situações enumeradas no art. 16. (NR). *(Redação dada pela MP n. 2.184-23, de 24.8.2001, DOU 25.8.2001).*

Art. 18. O vigilante usará uniforme somente quando em efetivo serviço.

Art. 19. É assegurado ao vigilante:

I — uniforme especial às expensas da empresa a que se vincular;

II — porte de arma, quando em serviço;

III — prisão especial por ato decorrente do serviço;

IV — seguro de vida em grupo, feito pela empresa empregadora.

Art. 20. Cabe ao Ministério de Justiça, por intermédio de seu órgão competente ou mediante convênio com as Secretarias de Segurança Pública dos Estados e Distrito Federal:

I — conceder autorização para o funcionamento:

a) das empresas especializadas em serviços de vigilância;

b) das empresas especializadas em transporte de valores; e

c) dos cursos de formação de vigilantes;

II — fiscalizar as empresas e os cursos mencionados no inciso anterior;

III — aplicar às empresas e aos cursos a que se refere o inciso I deste artigo as penalidades previstas no art. 23 desta Lei;

IV — aprovar uniforme;

V — fixar o currículo dos cursos de formação de vigilantes;

VI — fixar o número de vigilantes das empresas especializadas em cada unidade da Federação;

VII — fixar a natureza e a quantidade de armas de propriedade das empresas especializadas e dos estabelecimentos financeiros;

VIII — autorizar a aquisição e a posse de armas e munições; e

IX — fiscalizar e controlar o armamento e a munição utilizados;

X — rever anualmente a autorização de funcionamento das empresas elencadas no inciso I deste artigo *(Alterado pela Lei n. 8.863, de 28.3.1994 (DOU 29.3.1994).*

Parágrafo único. As competências previstas nos incisos I e V deste artigo não serão objeto de convênio. *(Alterado pela Lei n. 8.863, de 28.3.1994 (DOU 29.3.1994).*

Art. 21. As armas destinadas ao uso dos vigilantes serão de propriedade e responsabilidade:

I — das empresas especializadas;

II — dos estabelecimentos financeiros quando dispuserem de serviço organizado de vigilância, ou mesmo quando contratarem empresas especializadas.

Art. 22. Será permitido ao vigilante, quando em serviço, portar revólver calibre 32 ou 38 e utilizar cassetete de madeira ou de borracha.

Parágrafo único. Os vigilantes, quando empenhados em transporte de valores, poderão também utilizar espingarda de uso permitido, de calibre 12, 16 ou 20, de fabricação nacional.

Art. 23. As empresas especializadas e os cursos de formação de vigilantes que infringirem disposições desta lei ficarão sujeitas às seguintes penalidades, aplicáveis pelo Ministério da Justiça, ou, mediante convênio, pelas Secretarias de Segurança Pública, conforme a gravidade da infração, levando-se em conta a reincidência e a condição econômica do infrator:

I — advertência;

II — multa de quinhentas até cinco mil UFIR; *(Alterado pela Lei n. 9.017, de 30.3.1995, DOU 31.3.1995)*

III — proibição temporária de funcionamento; e

IV — cancelamento do registro para funcionar.

Parágrafo único. Incorrerão nas penas previstas neste artigo as empresas e os estabelecimentos financeiros responsáveis pelo extravio de armas e munições.

Art. 24. As empresas já em funcionamento deverão proceder à adaptação de suas atividades aos preceitos desta Lei no prazo de 180 (cento e oitenta) dias, a contar da data em que entrar em vigor o regulamento da presente Lei, sob pena de terem suspenso seu funcionamento até que comprovem essa adaptação.

Art. 25. O Poder Executivo regulamentará esta lei no prazo de 90 (noventa) dias a contar da data de sua publicação.

Art. 26. Esta Lei entra em vigor na data de sua publicação.

Art. 27. Revogam-se os Decretos-leis n. 1.034, de 21 de outubro de 1969, e n. 1.103, de 6 de abril de 1970, e as demais disposições em contrário.

Brasília, em 20 de junho de 1983; 162º da Independência e 95º da República.

JOÃO FIGUEIREDO
IBRAHIM ABI-ACKEL
DOU 21.6.1983

Lei n. 7.115, de 29 de agosto de 1983

Dispõe sobre prova documental nos casos que indica e dá outras providências

O PRESIDENTE DA REPÚBLICA,

Faço saber que o Congresso Nacional decreta e eu sanciono a seguinte Lei:

Art. 1º A declaração destinada a fazer prova de vida, residência, pobreza, dependência econômica, homonímia ou bons antecedentes, quando firmada pelo próprio interesse ou por procurador bastante, e sob as penas da Lei, presume-se verdadeira.

Parágrafo único. O disposto neste artigo não se aplica para fins de prova em processo penal.

Art. 2º Se comprovadamente falsa a declaração, sujeitar-se-á o declarante às sanções civis, administrativas e criminais previstas na legislação aplicável.

Art. 3º A declaração mencionará expressamente a responsabilidade do declarante.

Art. 4º Esta Lei entra em vigor na data de sua publicação.

Art. 5º Revogam-se as disposições em contrário.

Brasília, em 29 de março de 1983; 162º da Independência e 95º da República.

JOÃO DE FIGUEIREDO
IBRAHIM ABI-ACKEL
HÉLIO BELTRÃO
DOU 30.8.1983

Lei n. 7.183, de 5 de abril de 1984

Regula o exercício da profissão de aeronauta e dá outras providências

Capítulo I
Das Disposições Preliminares

Seção I
Da Aeronauta e da sua Classificação

Art. 1º O exercício de profissão de aeronauta é regulado pela presente Lei.

Art. 2º Aeronauta é o profissional habilitado pelo Ministério da Aeronáutica, que exerce atividade a bordo de aeronave civil nacional, mediante contrato de trabalho.

Parágrafo único. Considera-se também aeronauta, para os efeitos desta Lei, quem exerce atividade a bordo de aeronave estrangeira, em virtude de contrato de trabalho regido pelas leis brasileiras.

Art. 3º Ressalvados os casos previstos no Código Brasileiro do Ar, a profissão de aeronauta é privativa de brasileiros.

Parágrafo único. As empresas brasileiras que operam em linhas internacionais poderão utilizar comissários estrangeiros, desde que o número destes não exceda a 1/3 (um terço) dos comissários existentes a bordo da aeronave.

Art. 4º O aeronauta no exercício de função específica a bordo de aeronave, de acordo com as prerrogativas da licença de que é titular, tem a designação de tripulante.

Art. 5º O aeronauta de empresa de transporte aéreo regular que se deslocar, a serviço desta, sem exercer função a bordo de aeronave tem a designação de tripulante extra.

Parágrafo único. O aeronauta de empresa de transporte aéreo não regular ou serviço especializado tem a designação de tripulante extra somente quando se deslocar em aeronave da empresa, a serviço desta.

Art. 6º São tripulantes:

a) Comandante: piloto responsável pela operação e segurança da aeronave — exerce a autoridade que a legislação aeronáutica lhe atribui;

b) Copiloto: piloto que auxilia o Comandante na operação da aeronave;

c) Mecânico de Voo: auxiliar do Comandante, encarregado da operação e controle de sistemas diversos conforme especificação dos manuais técnicos da aeronave;

d) Navegador: auxiliar do Comandante, encarregado da navegação da aeronave quando a rota e o equipamento o exigirem, a critério do órgão competente do Ministério da Aeronáutica;

e) Radioperador de Voo: auxiliar do Comandante, encarregado do serviço de radiocomunicações nos casos previstos pelo órgão competente do Ministério da Aeronáutica; e

f) Comissário: é o auxiliar do Comandante, encarregado do cumprimento das normas relativas à segurança e atendimento dos passageiros a bordo e da guarda de bagagens, documentos, valores e malas postais que lhe tenham sido confiados pelo Comandante.

§ 1º A guarda dos valores fica condicionada à existência de local apropriado e seguro na aeronave, sendo responsabilidade do empregador atestar a segurança do local.

§ 2º A guarda de cargas e malas postais em terra somente será confiada ao comissário quando no local inexistir serviço próprio para essa finalidade.

Art. 7º Consideram-se também tripulantes, para os efeitos desta Lei, os operadores de equipamentos especiais instalados em aeronaves homologadas para serviços aéreos especializados, devidamente autorizados pelo Ministério da Aeronáutica.

Seção II
Das Tripulações

Art. 8º Tripulação é o conjunto de tripulantes que exercem função a bordo de aeronave.

Art. 9º Uma tripulação poderá ser: mínima, simples, composta e de revezamento.

Art. 10. Tripulação mínima é a determinada na forma da certificação de tipo de aeronave e a constante do seu manual de operação, homologada pelo órgão competente do Ministério da Aeronáutica, sendo permitida sua utilização em voos: locais de instrução, de experiência, de vistoria e de traslado.

Art. 11. Tripulação simples é a constituída basicamente de uma tripulação mínima acrescida, quando for o caso, dos tripulantes necessários à realização do voo.

Art. 12. Tripulação composta é a constituída basicamente de uma tripulação simples, acrescida de um piloto qualificado a nível de piloto em comando, um mecânico de voo, quando o equipamento assim o exigir, e o mínimo de 25% (vinte e cinco por cento) do número de comissários.

Parágrafo único. Aos tripulantes acrescidos à tripulação simples serão asseguradas, pelo empregador, poltronas reclináveis.

Art. 13. Tripulação de revezamento é a constituída basicamente de uma tripulação simples, acrescida de mais um piloto qualificado em nível de piloto em comando, um copiloto, um mecânico de voo, quando o equipamento assim o exigir, e de 50% (cinquenta por cento) do número de comissários.

Parágrafo único. Aos pilotos e mecânicos de voo acrescidos à tripulação simples serão asseguradas, pelo empregador, acomodações para o descanso horizontal e, para os comissários, número de assentos reclináveis igual à metade do seu número com aproximação para o inteiro superior.

Art. 14. O órgão competente do Ministério da Aeronáutica, considerando o interesse da segurança de voo, as características da rota e do voo, e a programação a ser cumprida, poderá determinar a composição da tripulação ou as modificações que se tornarem necessárias.

Art. 15. As tripulações compostas ou de revezamento só poderão ser empregadas em voos internacionais e nas seguintes hipóteses:

a) mediante programação;

b) para atender a atrasos ocasionados por condições meteorológicas ou por trabalhos de manutenção; e

c) em situações excepcionais, mediante autorização do Ministério da Aeronáutica.

Parágrafo único. Uma tripulação composta poderá ser utilizada em voos domésticos para atender a atrasos ocasionados por condições meteorológicas desfavoráveis ou por trabalhos de manutenção.

Art. 16. Um tipo de tripulação só poderá ser transformado na origem do voo e até o limite de 3 (três) horas, contadas a partir da apresentação da tripulação previamente escalada.

Parágrafo único. A contagem de tempo para limite da jornada será a partir da hora da apresentação da tripulação original ou do tripulante de reforço, considerando o que ocorrer primeiro.

Capítulo II
Do Regime de Trabalho

Seção I
Da Escala de Serviço

Art. 17. A determinação para a prestação de serviço dos aeronautas, respeitados os períodos de folgas e repousos regulamentares, será feita:

a) por intermédio de escala especial ou de convocação, para realização de cursos, exames relacionados com o adestramento e verificação de proficiência técnica;

b) por intermédio de escala, no mínimo semanal, divulgada com antecedência mínima de 2 (dois) dias para a primeira semana de cada mês e 7 (sete) dias para as semanas subsequentes, para os voos de horário, serviços de reserva, sobreaviso e folga; e

c) mediante convocação, por necessidade de serviço.

Art. 18. A escala deverá observar, como princípio, a utilização do aeronauta em regime de rodízio e em turnos compatíveis com a higiene e segurança do trabalho.

Art. 19. É de responsabilidade do aeronauta manter em dia seus certificados de habilitação técnica e de capacidade física estabelecidos na legislação em vigor, cabendo-lhe informar ao serviço de escala, com antecedência de 30 (trinta) dias, as respectivas datas de vencimento, a fim de que lhe seja possibilitada a execução dos respectivos exames.

Seção II
Da Jornada de Trabalho

Art. 20. Jornada é a duração do trabalho do aeronauta, contada entre a hora da apresentação no local de trabalho e a hora em que o mesmo é encerrado.

§ 1º A jornada na base domiciliar será contada a partir da hora de apresentação do aeronauta no local de trabalho.

§ 2º Fora da base domiciliar, a jornada será contada a partir da hora de apresentação do aeronauta no local estabelecido pelo empregador.

§ 3º Nas hipóteses previstas nos parágrafos anteriores, a apresentação no aeroporto não deverá ser inferior a 30 (trinta) minutos da hora prevista para o início do voo.

§ 4º A jornada será considerada encerrada 30 (trinta) minutos após a parada final dos motores.

Art. 21. A duração da jornada de trabalho do aeronauta será de:

a) 11 (onze) horas, se integrante de uma tripulação mínima ou simples;

b) 14 (quatorze) horas, se integrante de uma tripulação composta; e

c) 20 (vinte) horas, se integrante de uma tripulação de revezamento.

§ 1º Nos voos de empresa de táxi-aéreo, de serviços especializados, de transporte aéreo regional ou em voos internacionais regionais de empresas de transporte aéreo regular realizados por tripulação simples, se houver interrupção programada da viagem por mais de 4 (quatro) horas consecutivas, e for proporcionado pelo empregador acomodações adequadas para repouso dos tripulantes, a jornada terá a duração acrescida da metade do tempo de interrupção, mantendo-se inalterados os limites prescritos na alínea a, do art. 29, desta Lei.

§ 2º Nas operações com helicópteros a jornada poderá ter a duração acrescida de até 1 (uma) hora para atender exclusivamente a trabalhos de manutenção.

Art. 22. Os limites da jornada de trabalho poderão ser ampliados de 60 (sessenta) minutos, a critério exclusivo do Comandante da aeronave e nos seguintes casos:

a) inexistência, em local de escala regular, de acomodações apropriadas para o repouso da tripulação e dos passageiros;

b) espera demasiadamente longa, em local de espera regular intermediária, ocasionada por condições meteorológicas desfavoráveis ou por trabalho de manutenção; e

c) por imperiosa necessidade.

§ 1º Qualquer ampliação dos limites das horas de trabalho deverá ser comunicada pelo Comandante ao empregador, 24 (vinte e quatro) horas após a viagem, o qual, no prazo de 15 (quinze) dias, a submeterá à apreciação do Ministério da Aeronáutica.

§ 2º Para as tripulações simples, o trabalho noturno não excederá de 10 (dez) horas.

§ 3º Para as tripulações simples nos horários mistos, assim entendidos os que abrangem períodos diurnos e noturnos, a hora de trabalho noturno será computada como de 52 (cinquenta e dois) minutos e 30 (trinta) segundos.

Art. 23. A duração do trabalho do aeronauta, computado os tempos de voo, de serviço em terra durante a viagem, de reserva e de 1/3 (um terço) do sobreaviso, assim como o tempo do deslocamento, para assumir voo ou retornar à base após o voo e os tempos de adestramento em simulador, não excederá a 60 (sessenta) horas semanais e 176 (cento e setenta e seis) horas mensais.

§ 1º O limite semanal estabelecido neste artigo não se aplica ao aeronauta que estiver sob o regime estabelecido no art. 24 desta Lei.

§ 2º O tempo gasto no transporte terrestre entre o local de repouso ou da apresentação, e vice-versa, ainda que em condução fornecida pela empresa, na base do aeronauta ou fora dela, não será computado como de trabalho para fins desta Lei.

Art. 24. Para o aeronauta pertencente à empresa de táxi-aéreo ou serviços especializados, o período máximo de trabalho consecutivo será de 21 (vinte e um) dias, contados do dia de saída do aeronauta de sua base contratual até o dia do regresso à mesma, observado o disposto no art. 34 desta Lei.

Parágrafo único. O período consecutivo de trabalho, no local de operação, não poderá exceder a 17 (dezessete) dias.

Seção III
Do Sobreaviso e Reserva

Art. 25. Sobreaviso é o período de tempo não excedente a 12 (doze) horas, em que o aeronauta permanece em local de sua escolha, à disposição do empregador, devendo apresentar-se no aeroporto ou outro local determinado, até 90 (noventa) minutos após receber comunicação para o início de nova tarefa.

§ 1º O número de sobreavisos que o aeronauta poderá concorrer não deverá exceder a 2 (dois) semanais ou 8 (oito) mensais.

§ 2º O número de sobreavisos estabelecidos no parágrafo anterior não se aplica aos aeronautas de empresas de táxi-aéreo ou serviço especializado.

Art. 26. Reserva é o período de tempo em que o aeronauta permanece, por determinação do empregador, em local de trabalho à sua disposição.

§ 1º O período de reserva para aeronautas de empresas de transporte aéreo regular não excederá de 6 (seis) horas.

§ 2º O período de reserva para aeronautas de empresas de táxi-aéreo ou de serviços especializados não excederá de 10 (dez) horas.

§ 3º Prevista a reserva, por prazo superior a 3 (três) horas, o empregador deverá assegurar ao aeronauta acomodações adequadas para o seu descanso.

Seção IV
Das Viagens

Art. 27. Viagem é o trabalho realizado pelo tripulante, contado desde a saída de sua base até o regresso à mesma.

§ 1º Uma viagem pode compreender uma ou mais jornadas.

§ 2º É facultado ao empregador fazer com que o tripulante cumpra uma combinação de voos, passando por sua base, sem ser dispensado do serviço, desde que obedeça à programação prévia, observadas as limitações estabelecidas nesta Lei.

§ 3º Pode o empregador exigir do tripulante uma complementação de voo para atender à realização ou à conclusão de serviços inadiáveis, sem trazer prejuízo da sua programação subsequente, respeitadas as demais disposições desta Lei.

Seção V
Dos Limites de Voo e de Pouso

Art. 28. Denomina-se "hora de voo" ou "tempo de voo" o período compreendido entre o início do deslocamento, quando se tratar de aeronave de asa fixa, ou entre a "partida" dos motores, quando se tratar de aeronave de asa rotativa, em ambos os casos para fins de decolagem até o momento em que, respectivamente, se imobiliza ou se efetua o "corte" dos motores, ao término do voo (calço-a-calço).

Art. 29. Os limites de voo e pousos permitidos para uma jornada serão os seguintes:

a) 9 (nove) horas e 30 (trinta) minutos de voo e 5 (cinco) pousos, na hipótese de integrante de tripulação mínima ou simples;

b) 12 (doze) horas de voo e 6 (seis) pousos, na hipótese de integrante de tripulação composta;

1105

c) 15 (quinze) horas de voo e 4 (quatro) pousos, na hipótese de integrante de tripulação de revezamento; e

d) 8 (oito) horas sem limite de pousos, na hipótese de integrante de tripulação de helicópteros.

§ 1º O número de pousos, na hipótese da alínea *a* deste artigo, poderá ser estendido a 6 (seis), a critério do empregador; neste caso o repouso que precede a jornada deverá ser aumentado de 1 (uma) hora.

§ 2º Em caso de desvio para alternativa, é permitido o acréscimo de mais 1 (um) pouso aos limites estabelecidos nas alíneas *a, b e c* deste artigo.

§ 3º As empresas de transporte aéreo regional que operam com aeronaves convencionais e turboélice poderão acrescentar mais 4 (quatro) pousos, aos limites estabelecidos neste artigo.

§ 4º Os limites de pousos estabelecidos nas alíneas *a, b* e *c* deste artigo, não serão aplicados às empresas de táxi-aéreo e de serviços especializados.

§ 5º O Ministério da Aeronáutica, tendo em vista as peculiaridades dos diferentes tipos de operação, poderá reduzir os limites estabelecidos na alínea *d* deste artigo.

Art. 30. Os limites de tempo de voo do tripulante não poderão exceder em cada mês, trimestre ou ano, respectivamente:

a) em aviões convencionais: 100 — 270 — 1.000 horas;

b) em aviões turboélices: 100 — 255 — 935 horas;

c) em aviões a jato: 85 — 230 — 850 horas; e

d) em helicópteros: 90 — 260 — 960 horas.

§ 1º Quando o aeronauta tripular diferentes tipos de aeronave será observado o menor limite.

§ 2º Os limites de tempo de voo para aeronautas de empresas de transporte aéreo regular, em espaço inferior a 30 (trinta) dias serão proporcionais ao limite mensal mais 10 (dez) horas.

Art. 31. As horas realizadas como tripulante extra serão computadas para os limites de jornada, semanais e mensais de trabalho, não sendo as mesmas consideradas para os limites de horas de voo previstos no art. 30 desta Lei.

Seção VI
Dos Períodos de Repouso

Art. 32. Repouso é o espaço de tempo ininterrupto após uma jornada, em que o tripulante fica desobrigado da prestação de qualquer serviço.

Art. 33. São assegurados ao tripulante, fora de sua base domiciliar, acomodações para seu repouso, transporte ou ressarcimento deste, entre o aeroporto e o local de repouso e vice-versa.

§ 1º O previsto neste artigo não será aplicado ao aeronauta de empresas de táxi-aéreo ou de serviços especializados quando o custeio do transporte e hospedagem, ou somente esta, for por elas ressarcido.

§ 2º Quando não houver disponibilidade de transporte ao término da jornada, o período de repouso será computado a partir da colocação do mesmo à disposição da tripulação.

Art. 34. O repouso terá a duração diretamente relacionada ao tempo da jornada anterior, observando-se os seguintes limites:

a) 12 (doze) horas de repouso, após jornada de até 12 (doze) horas;

b) 16 (dezesseis) horas de repouso, após jornada de mais de 12 (doze) horas e até 15 (quinze) horas; e

c) 24 (vinte e quatro) horas de repouso, após jornada de mais de 15 (quinze) horas.

Art. 35. Quando ocorrer o cruzamento de 3 (três) ou mais fusos horários em um dos sentidos da viagem, o tripulante terá, na sua base domiciliar, o repouso acrescido de 2 (duas) horas por fuso cruzado.

Art. 36. Ocorrendo o regresso de viagem de uma tripulação simples entre 23:00 (vinte e três) e 6:00 (seis) horas, tendo havido pelo menos 3 (três) horas de jornada, o tripulante não poderá ser escalado para trabalho dentro desse espaço de tempo no período noturno subsequente.

Seção VII
Da Folga Periódica

Art. 37. Folga é o período de tempo não inferior a 24 (vinte e quatro) horas consecutivas em que o aeronauta, em sua base contratual, sem prejuízo de remuneração, está desobrigado de qualquer atividade relacionada com seu trabalho.

§ 1º A folga deverá ocorrer, no máximo, após o sexto período consecutivo de até 24 (vinte e quatro) horas à disposição do empregador, contado a partir da sua apresentação, observados os limites estabelecidos nos arts. 21 e 34 desta Lei.

§ 2º No caso de voos internacionais de longo curso, que não tenham sido previamente programados, o limite previsto no parágrafo anterior poderá ser ampliado de 24 (vinte e quatro) horas, ficando o empregador obrigado a conceder ao tripulante mais 48 (quarenta e oito) horas de folga além das previstas no art. 34 desta Lei.

§ 3º A folga do tripulante que estiver sob o regime estabelecido no art. 24 desta Lei será igual ao período despendido no local da operação, menos 2 (dois) dias.

Art. 38. O número de folgas não será inferior a 8 (oito) períodos de 24 (vinte e quatro) horas por mês.

§ 1º Do número de folgas estipulado neste artigo, serão concedidos 2 (dois) períodos consecutivos de 24 (vinte e quatro) horas devendo pelo menos um destes incluir um sábado ou um domingo.

§ 2º A folga só terá início após a conclusão do repouso da jornada.

Art. 39. Quando o tripulante for designado para curso fora da base, sua folga poderá ser gozada nesse local, devendo a empresa assegurar, no regresso, uma licença remunerada de 1 (um) dia para cada 15 (quinze) dias fora da base.

Parágrafo único. A licença remunerada não deverá coincidir com sábado, domingo ou feriado, se a permanência do tripulante fora da base for superior a 30 (trinta) dias.

Capítulo III
Da Remuneração e das Concessões

Seção I
Da Remuneração

Art. 40. Ressalvada a liberdade contratual, a remuneração do aeronauta corresponderá à soma das quantias por ele percebidas da empresa.

Parágrafo único. Não se consideram integrantes da remuneração as importâncias pagas pela empresa a título de ajudas de custo, assim como as diárias de hospedagem, alimentação e transporte.

Art. 41. A remuneração da hora de voo noturno, assim como as horas de voo como tripulante extra, será calculada na forma da legislação em vigor, observados os acordos e condições contratuais.

§ 1º Considera-se voo noturno o realizado entre o pôr e o nascer do sol.

§ 2º A hora do voo noturno para efeito de remuneração é contada à razão de 52'30" (cinquenta e dois minutos e trinta segundos).

Art. 42. As frações de hora serão computadas para efeito de remuneração.

Seção II
Da Alimentação

Art. 43. Durante a viagem, o tripulante terá direito à alimentação, em terra ou em voo, de acordo com as instruções técnicas dos Ministérios do Trabalho e da Aeronáutica.

§ 1º A alimentação assegurada ao tripulante deverá:

a) quando em terra, ter a duração mínima de 45' (quarenta e cinco minutos) e a máxima de 60' (sessenta minutos); e

b) quando em vôo, ser servida com intervalos máximos de 4 (quatro) horas.

§ 2º Para tripulante de helicópteros a alimentação será servida em terra ou a bordo de unidades marítimas, com duração de 60' (sessenta minutos), período este que não será computado na jornada de trabalho.

§ 3º Nos voos realizados no período de 22:00 (vinte e duas) às 6:00 (seis) horas, deverá ser servida uma refeição se a duração do voo for igual ou superior a 3 (três) horas.

Art. 44. É assegurada alimentação ao aeronauta na situação de reserva ou em cumprimento de uma programação de treinamento entre 12:00 (doze) e 14:00 (quatorze) horas, e entre 19:00 (dezenove) e 21:00 (vinte e uma) horas, com duração de 60' (sessenta minutos).

§ 1º Os intervalos para alimentação não serão computados na duração da jornada de trabalho.

§ 2º Os intervalos para alimentação de que trata este artigo não serão observados, na hipótese de programação de treinamento em simulador.

Seção III
Da Assistência Médica

Art. 45. Ao aeronauta em serviço fora da base contratual, a empresa deverá assegurar assistência médica em casos de urgência, bem como remoção por via aérea, de retorno à base ou ao local de tratamento.

Seção IV
Do Uniforme

Art. 46. O aeronauta receberá gratuitamente da empresa, quando não forem de uso comum, as peças de uniforme e os equipamentos exigidos para o exercício de sua atividade profissional, estabelecidos por ato da autoridade competente.

Seção V
Das Férias

Art. 47. As férias anuais do aeronauta serão de 30 (trinta) dias.

Art. 48. A concessão de férias será participada ao aeronauta, por escrito, com a antecedência mínima de 30 (trinta) dias, devendo o empregado assinar a respectiva notificação.

Art. 49. A empresa manterá atualizado um quadro de concessão de férias, devendo existir um rodízio entre os tripulantes do

mesmo equipamento quando houver concessão nos meses de janeiro, fevereiro, julho e dezembro.

Art. 50. Ressalvados os casos de rescisão de contrato, as férias não poderão se converter em abono pecuniário.

Capítulo IV
Das Transferências

Art. 51. Para efeito de transferência, provisória ou permanente, considera-se base do aeronauta a localidade onde o mesmo está obrigado a prestar serviços e na qual deverá ter domicílio.

§ 1º Entende-se como:

a) transferência provisória, o deslocamento do aeronauta de sua base, por período mínimo de 30 (trinta) dias e não superior a 120 (cento e vinte) dias, para prestação de serviços temporários, sem mudança de domicílio, à qual retorna tão logo cesse a incumbência que lhe foi cometida; e

b) transferência permanente, o deslocamento do aeronauta de sua base, por período superior a 120 (cento e vinte) dias, com mudança de domicílio.

§ 2º Após cada transferência provisória o aeronauta deverá permanecer na sua base pelo menos 180 (cento e oitenta) dias.

§ 3º O interstício entre transferências permanentes será de 2 (dois) anos.

§ 4º Na transferência provisória serão assegurados ao aeronauta acomodações, alimentação e transporte a serviço e, ainda, transporte aéreo de ida e volta, e no regresso uma licença remunerada de 2 (dois) dias para o primeiro mês, mais 1 (um) dia para cada mês ou fração subsequente, sendo que no mínimo 2 (dois) dias não deverão coincidir com o sábado, domingo ou feriado.

§ 5º Na transferência permanente serão assegurados ao aeronauta pela empresa:

a) uma ajuda de custo, para fazer face às despesas de instalação na nova base, não inferior a 4 (quatro) vezes o valor do salário mensal, calculado ou salário variável por sua taxa atual multiplicada pela média do correspondente trabalho, em horas ou quilômetros de voo, nos últimos 12 (doze) meses;

b) o transporte aéreo para si e seus dependentes;

c) a translação da respectiva bagagem; e

d) uma dispensa de qualquer atividade relacionada com o trabalho pelo período de 8 (oito) dias, a ser fixado por sua opção, com aviso prévio de 8 (oito) dias, à empresa, dentro dos 60 (sessenta) dias seguintes à sua chegada à nova base.

§ 6º Na forma que dispuser o regulamento desta Lei, poderá ser a transferência provisória transformada em transferência permanente.

Art. 52. O aeronauta deverá ser notificado pelo empregador com a antecedência mínima de 60 (sessenta) dias na transferência permanente e 15 (quinze) dias na provisória.

Capítulo V
Das Disposições Finais

Art. 53. Além dos casos previstos nesta Lei, as responsabilidades do aeronauta são definidas no Código Brasileiro do Ar, nas leis e regulamentos em vigor e no que decorrer do contrato de trabalho, acordos e convenções internacionais.

Art. 54. Os tripulantes das aeronaves das categorias administrativa e privada de indústria e comércio ficam equiparados, para os efeitos desta Lei, aos de aeronaves empregadas em serviços de táxi-aéreo.

Art. 55. Os Ministros de Estado do Trabalho e da Aeronáutica expedirão as instruções que se tornarem necessárias à execução desta Lei.

Art. 56. Esta Lei entra em vigor na data de sua publicação.

Art. 57. Revogam-se as disposições em contrário.

Brasília, 5 de abril de 1984; 163º da Independência e 96º da República.

JOÃO FIGUEIREDO
DOU 6.4.1984

Lei n. 7.238, de 29 de outubro de 1984

Dispõe sobre a manutenção da correção automática dos salários, de acordo com o Índice Nacional de Preços ao Consumidor — INPC e revoga dispositivos do Decreto-Lei n. 2.065, de 26 de outubro de 1983

O PRESIDENTE DA REPÚBLICA,

Faço saber que o Congresso Nacional decreta e eu sanciono a seguinte Lei:

Art. 1º O valor monetário dos salários será corrigido semestralmente, de acordo com Índice Nacional de Preços ao Consumidor — INPC, variando o fator de aplicação na forma desta Lei.

Art. 2º A correção efetuar-se-á segundo a diversidade das faixas salariais e cumulativamente, observados os seguintes critérios:

I — até 3 (três) vezes o valor do salário mínimo, multiplicando-se o salário ajustado por um fator correspondente a 1.0 (uma unidade) da variação semestral do Índice Nacional de Preços ao Consumidor — INPC;

II — acima de 3 (três) salários mínimos aplicar-se-á, até o limite do inciso anterior, a regra nele contida e, no que exceder, o fator 0.8 (oito décimos).

§ 1º Para os fins deste artigo, o Poder Executivo publicará, mensalmente, a variação do Índice Nacional de Preços ao Consumidor — INPC, ocorrida nos seis meses anteriores.

§ 2º O Poder Executivo colocará à disposição da Justiça do Trabalho e das entidades sindicais, os elementos básicos utilizados para a fixação do Índice Nacional de Preços ao Consumidor — INPC.

Art. 3º A correção de valores monetários dos salários, na forma do artigo anterior, independerá de negociação coletiva e poderá ser reclamada, individualmente, pelos empregados.

§ 1º Para a correção a ser feita no mês, será utilizada a variação a que se refere o § 1º do art. 2º desta Lei, publicada no mês anterior.

§ 2º Será facultado aos sindicatos, independente da outorga de poderes dos integrantes da respectiva categoria profissional, apresentar reclamação na qualidade de substituto processual de seus associados, com o objetivo de assegurar a percepção dos valores salariais corrigidos na forma do artigo anterior.

Art. 4º A contagem de tempo para fins de correção salarial será feita a partir da data-base da categoria profissional.

§ 1º Entende-se por data-base, para fins desta Lei, a data de início de vigência de acordo ou convenção coletiva, ou sentença normativa.

§ 2º Os empregados que não estejam incluídos numa das hipóteses do parágrafo anterior terão como data-base a data do seu último aumento ou reajustamento de salário, ou, na falta desta, a data de início de vigência de seu contrato de trabalho.

Art. 5º O salário do empregado admitido após a correção salarial da categoria será atualizado na subsequente revisão, proporcionalmente ao número de meses a partir da admissão.

Parágrafo único. A regra deste artigo não se aplica às empresas que adotem quadro de pessoal organizado em carreira, no qual a correção incida sobre os respectivos níveis ou classes de salários.

Art. 6º A correção do valor monetário dos salários dos empregados que trabalham em regime de horário parcial, será calculada proporcionalmente à correção de seu salário por hora de trabalho.

§ 1º Para o cálculo da correção do salário por hora de trabalho, aplicar-se-á o disposto no art. 2º desta Lei, substituindo-se o salário do trabalhador pelo seu salário por hora de trabalho e o salário mínimo pelo salário mínimo-hora.

§ 2º (Vetado).

Art. 7º A correção monetária a que se referem os arts. 1º e 2º desta Lei não se estende às remunerações variáveis, percebidas com base em comissões percentuais pré-ajustadas, aplicando-se, porém, à parte fixa do salário misto percebido pelo empregado assim remunerado.

Art. 8º A correção dos valores monetários dos salários de trabalhadores avulsos, negociados para grupos de trabalhadores, diretamente, pelas suas entidades sindicais, será efetuada de acordo com o disposto no art. 2º desta Lei.

Parágrafo único. No caso de trabalhadores avulsos, cuja remuneração seja disciplinada pelo Conselho Nacional de Política Salarial — CNPS, a data-base será a de sua última revisão salarial.

Art. 9º O empregado dispensado, sem justa causa, no período de 30 (trinta) dias que antecede a data de sua correção salarial, terá direito à indenização adicional equivalente a um salário mensal, seja ele optante ou não pelo Fundo de Garantia do Tempo de Serviço — FGTS.

Art. 10. Ficam mantidas as datas-base das categorias profissionais, para efeito de negociações coletivas com finalidade de obtenção de aumentos de salários e de estabelecimento de cláusulas que regulem condições especiais de trabalho.

Parágrafo único. Os aumentos coletivos de salários serão reajustados por um ano, não podendo ocorrer revisão a esse título, antes de vencido aquele prazo.

Art. 11. Mediante convenção, acordo coletivo ou sentença normativa, fica ainda facultado complementar a correção de salário a que se refere o inciso II do art. 2º desta Lei até o limite de 100% (cem por cento).

§ 1º Poderão ser estabelecidos percentuais diferentes para os empregados, segundo os níveis de remuneração.

§ 2º A convenção coletiva poderá fixar níveis diversos para a correção e o aumento dos salários, em empresas de diferentes portes, sempre que razões de caráter econômico justificarem essa diversificação, ou excluir as empresas que comprovarem sua

incapacidade econômica para suportar esse aumento.

§ 3º Será facultado à empresa não excluída do campo de incidência do aumento determinado na forma deste artigo, comprovar, na ação de cumprimento, sua incapacidade econômica, para efeito de sua exclusão ou colocação em nível compatível com suas possibilidades.

Art. 12. Parcela suplementar poderá ser negociada entre empregados e empregadores, por ocasião da data-base, com fundamento no acréscimo de produtividade da categoria, parcela essa que terá por limite superior, fixado pelo Poder Executivo, a variação do Produto Interno Bruto — PIB, real *per capita*.

Art. 13. As empresas não poderão repassar para os preços de seus produtos ou serviços a parcela suplementar de aumento salarial de que trata o artigo anterior, sob pena de:

I — suspensão temporária de concessão de empréstimo e financiamentos por instituições financeiras oficiais;

II — revisão de concessão de incentivos fiscais e de tratamentos tributários especiais.

Art. 14. Garantida a correção automática prevista no art. 2º, desta Lei, as empresas públicas, as sociedades de economia mista, as fundações instituídas ou mantidas pelo Poder Público, as entidades governamentais cujo regime de remuneração do pessoal não obedeça integralmente ao disposto na Lei n. 5.645, de 10 de dezembro de 1970, e legislação complementar, as empresas privadas subvencionadas pelo Poder Público, as concessionárias de serviços públicos federais e demais empresas sob controle direto ou indireto do Poder Público somente poderão celebrar contratos coletivos de trabalho, de natureza econômica, ou conceder aumentos coletivos de salários, nos termos das Resoluções do Conselho Nacional de Política Salarial — CNPS.

§ 1º As disposições deste artigo aplicam-se aos trabalhadores avulsos, cuja remuneração seja disciplinada pelo Conselho Nacional de Política Salarial.

§ 2º Quando se tratar de trabalhadores avulsos da orla marítima subordinados à Superintendência Nacional da Marinha Mercante — SUNAMAN, compete a esta rever os salários, inclusive taxas de produção.

§ 3º A inobservância das disposições deste artigo, por parte de dirigentes de entidades sujeitas à jurisdição do Tribunal de Contas da União, poderá, a critério da referida Corte, ser considerada ato irregular de gestão e acarretar, para os infratores, inabilitação temporária para o exercício de cargo em comissão ou função de confiança nos órgãos ou entidades da administração direta ou indireta e nas fundações sob supervisão ministerial.

§ 4º Na hipótese de dissídio coletivo que envolva entidade referida no *caput* deste artigo, quando couber e sob pena de inépcia, a petição inicial será acompanhada de parecer do Conselho Nacional de Política Salarial — CNPS, relativo à possibilidade, ou não, de acolhimento, sob aspectos econômico e financeiro da proposta de acordo.

§ 5º O parecer a que se refere o parágrafo anterior deverá ser substituído pela prova documental de que, tendo sido solicitado há mais de 30 (trinta) dias, não foi proferido pelo Conselho Nacional de Política Salarial — CNPS.

Art. 15. Às categorias cuja data-base tenha ocorrido nos últimos três meses anteriores à vigência desta Lei, será facultada a negociação de que trata o art. 11 quando da próxima correção automática semestral de salários, para viger no semestre subsequente.

Art. 16. Esta Lei entra em vigor na data de sua publicação.

Art. 17. Revogam-se as disposições em contrário, em especial os arts. 24 a 42 do Decreto-Lei n. 2.065, de 26 de outubro de 1983.

Brasília em 29 de outubro de 1984; 163º da Independência e 96º da República.

João Figueiredo
Esther de Figueiredo Ferraz
Murillo Macêdo
Delfim Netto

DOU 31.10.1984

Lei n. 7.290, de 19 de dezembro de 1984

Define a atividade do transportador rodoviário autônomo de bens, e dá outras providências

O PRESIDENTE DA REPÚBLICA,

Faço saber que o Congresso Nacional decreta e eu sanciono a seguinte Lei:

Art. 1º Considera-se Transportador Rodoviário Autônomo de Bens a pessoa física proprietário ou coproprietário de 1 (um) só veículo, sem vínculo empregatício, devidamente cadastrado em órgão disciplinar competente, que, com seu veículo contrate serviço de transporte a frete, de carga ou de passageiro, em caráter eventual ou continuado, com empresa de transporte rodoviário de bens, ou diretamente com os usuários desse serviço.

Art. 2º A prestação de serviços de que trata o artigo anterior compreende o transporte efetuado pelo contratado ou seu preposto, em vias públicas ou rodovias.

Art. 3º Esta Lei entra em vigor na data de sua publicação.

Art. 4º Revogam-se as disposições em contrário.

Brasília, em 19 de novembro de 1984; 163º da Independência e 96º da República.

João Figueiredo
Presidente da República
Cloraldino Soares Severo

DOU 20.12.1984

Lei n. 7.316, de 28 de maio de 1985

Atribui às entidades sindicais que integram a confederação nacional das profissões liberais, o mesmo poder de representação dos sindicatos representativos das categorias profissionais diferenciadas, nas ações individuais e coletivas de competência da Justiça do Trabalho

O PRESIDENTE DA REPÚBLICA,

Faço saber que o Congresso Nacional decreta e eu sanciono a seguinte lei:

Art. 1º Nas ações individuais e coletivas de competência da Justiça do Trabalho, as entidades sindicais que integram a Confederação Nacional das Profissões Liberais terão o mesmo poder de representação dos trabalhadores empregados atribuído, pela legislação em vigor, aos sindicatos representativos das categorias profissionais diferenciadas.

Art. 2º Esta Lei entra em vigor na data de sua publicação.

Art. 3º Revogam-se as disposições em contrário.

Brasília, em 28 de maio de 1985; 164º da Independência e 97º da República.

José Sarney
Almir Pazzianotto

DOU 30.5.1985

Lei n. 7.347, de 24 de julho de 1985

Disciplina a ação civil pública de responsabilidade por danos causados ao meio ambiente, ao consumidor, a bens e direitos de valor artístico, estético, histórico, turístico e paisagístico (vetado), e dá outras providências

O PRESIDENTE DA REPÚBLICA,

Faço saber que o Congresso Nacional decreta e eu sanciono a seguinte Lei:

Art. 1º Regem-se pelas disposições desta Lei, sem prejuízo da ação popular, as ações de responsabilidade por danos morais e patrimoniais causados: *(Redação dada pela Lei n. 12.529, de 30.11.11, DOU 1.12.11).*

I — ao meio ambiente;

II — ao consumidor;

III — a bens e direitos de valor artístico, estético, histórico, turístico e paisagístico;

IV — a qualquer outro interesse difuso ou coletivo. *(Redação dada pela Lei n. 8.078 de 11.9.90, DOU 12.9.90, Ed. Extra)*

V — por infração da ordem econômica; *(Redação dada pela Lei n. 12.529, de 30.11.11, (DOU 1.12.11).*

VI — à ordem urbanística. *(Acrescentado pela Medida provisória n. 2.180-35, de 24.8.01, DOU 27.8.11)*

VII — à honra e à dignidade de grupos raciais, étnicos ou religiosos. *(Redação dada pela Lei n. 12.966, de 24.4.14, DOU 25.4.14 e Retif. DOU 5.5.14)*

VIII — ao patrimônio público e social. *(Redação dada pela Lei n. 13.004, de 24.6.2014, DOU 25.6.14)*

Parágrafo único. Não será cabível ação civil pública para veicular pretensões que envolvam tributos, contribuições previdenciárias, o Fundo de Garantia do Tempo de Serviço — FGTS ou outros fundos de natureza institucional cujos beneficiários podem ser individualmente determinados. *(Incluído pela Medida Provisória n. 2.180-35, de 2001)*

Art. 2º As ações previstas nesta Lei serão propostas no foro do local onde ocorrer o dano, cujo Juízo terá competência funcional para processar e julgar a causa.

Parágrafo único. A propositura da ação prevenirá a jurisdição do juízo para todas as ações posteriormente intentadas que possuam a mesma causa de pedir ou o mesmo objeto. *(NR) (Parágrafo acrescentado pela MP n. 2.180-35, de 24.8.01, DOU 27.8.01)*

Art. 3º A ação civil poderá ter por objeto a condenação em dinheiro, ou o cumprimento de obrigação de fazer ou não fazer.

Art. 4º Poderá ser ajuizada ação cautelar para os fins desta Lei, objetivando, inclusive, evitar dano ao patrimônio público e social, ao meio ambiente, ao consumidor, à honra e à dignidade de grupos raciais, étnicos ou religiosos, à ordem urbanística ou aos bens e direitos de valor artístico, estético, histórico, turístico e paisagístico. *(Redação dada pela Lei n. 13.004, de 24.6.2014, DOU 25.6.14)*

Art. 5º Têm legitimidade para propor a ação principal e a ação cautelar:

I — o Ministério Público;
II — a Defensoria Pública;
III — a União, os Estados, o Distrito Federal e os Municípios;
IV — a autarquia, empresa pública, fundação ou sociedade de economia mista;
V — a associação que, concomitantemente:
a) esteja constituída há pelo menos 1 (um) ano nos termos da lei civil;
b) inclua, entre suas finalidades institucionais, a proteção ao patrimônio público e social, ao meio ambiente, ao consumidor, à ordem econômica, à livre concorrência, aos direitos de grupos raciais, étnicos ou religiosos ou ao patrimônio artístico, estético, histórico, turístico e paisagístico. *(Redação dada pela Lei n. 13.004, de 24.6.2014, DOU 25.6.14)*

§ 1º O Ministério Público, se não intervier no processo como parte, atuará obrigatoriamente como fiscal da lei.

§ 2º Fica facultado ao Poder Público e a outras associações legitimadas nos termos deste artigo habilitar-se como litisconsortes de qualquer das partes.

§ 3º Em caso de desistência infundada ou abandono da ação por associação legitimada, o Ministério Público ou outro legitimado assumirá a titularidade ativa. *(Redação dada pela Lei n. 8.078, 11.9.90, DOU 12.9.90)*

§ 4º O requisito da pré-constituição poderá ser dispensado pelo juiz, quando haja manifesto interesse social evidenciado pela dimensão ou característica do dano, ou pela relevância do bem jurídico a ser protegido. *(Acrescentado pela Lei n. 8.078, de 11.9.90, DOU 12.9.90)*

§ 5º Admitir-se-á o litisconsórcio facultativo entre os Ministérios Públicos da União, do Distrito Federal e dos Estados na defesa dos interesses e direitos de que cuida esta lei. *(Acrescentado pela Lei n. 8.078, de 11.9.90, DOU 12.9.90)*

§ 6º Os órgãos públicos legitimados poderão tomar dos interessados compromisso de ajustamento de sua conduta às exigências legais, mediante cominações, que terá eficácia de título executivo extrajudicial. *(Acrescentado pela Lei n. 8.078, de 11.9.90, DOU 12.9.90)*

Art. 6º Qualquer pessoa poderá e o servidor público deverá provocar a iniciativa do Ministério Público, ministrando-lhe informações sobre fatos que constituam objeto da ação civil e indicando-lhe os elementos de convicção.

Art. 7º Se, no exercício de suas funções, os Juízes e Tribunais tiverem conhecimento de fatos que possam ensejar a propositura da ação civil, remeterão peças ao Ministério Público para as providências cabíveis.

Art. 8º Para instruir a inicial, o interessado poderá requerer às autoridades competentes as certidões e informações que julgar necessárias, a serem fornecidas no prazo de 15 (quinze) dias.

§ 1º O Ministério Público poderá instaurar, sob sua presidência, inquérito civil, ou requisitar, de qualquer organismo público ou particular, certidões, informações, exames ou perícias, no prazo que assinalar, o qual não poderá ser inferior a 10 (dez) dias úteis.

§ 2º Somente nos casos em que a lei impuser sigilo, poderá ser negada certidão ou informação, hipótese em que a ação poderá ser proposta desacompanhada daqueles documentos, cabendo ao Juiz requisitá-los.

Art. 9º Se o órgão do Ministério Público, esgotadas todas as diligências, se convencer da inexistência de fundamento para a propositura da ação civil, promoverá o arquivamento dos autos do inquérito civil ou das peças informativas, fazendo-o fundamentadamente.

§ 1º Os autos do inquérito civil ou das peças de informação arquivadas serão remetidos, sob pena de se incorrer em falta grave, no prazo de 3 (três) dias, ao Conselho Superior do Ministério Público.

§ 2º Até que, em sessão do Conselho Superior do Ministério Público, seja homologada ou rejeitada a promoção de arquivamento, poderão as associações legitimadas apresentar razões escritas ou documentos, que serão juntados aos autos do inquérito ou anexados às peças de informação.

§ 3º A promoção de arquivamento será submetida a exame de deliberação do Conselho Superior do Ministério Público, conforme dispuser o seu Regimento.

§ 4º Deixando o Conselho Superior de homologar a promoção de arquivamento, designará, desde logo, outro órgão do Ministério Público para o ajuizamento da ação.

Art. 10. Constitui crime, punido com pena de reclusão de 1 (um) a 3 (três) anos, mais multa de 10 (dez) a 1.000 (mil) Obrigações Reajustáveis do Tesouro Nacional — ORTNs, a recusa, o retardamento ou a omissão de dados técnicos indispensáveis à propositura da ação civil, quando requisitados pelo Ministério Público.

Art. 11. Na ação que tenha por objeto o cumprimento de obrigação de fazer ou não fazer, o Juiz determinará o cumprimento da prestação da atividade devida ou a cessação da atividade nociva, sob pena de execução específica, ou de cominação de multa diária, se esta for suficiente ou compatível, independentemente de requerimento do autor.

Art. 12. Poderá o Juiz conceder mandado liminar, com ou sem justificação prévia, em decisão sujeita a agravo.

§ 1º A requerimento de pessoa jurídica de direito público interessada, e para evitar grave lesão à ordem, à saúde, à segurança e à economia pública, poderá o Presidente do Tribunal a que competir o conhecimento do respectivo recurso suspender a execução da liminar, em decisão fundamentada, da qual caberá agravo para uma das turmas julgadoras, no prazo de 5 (cinco) dias a partir da publicação do ato.

§ 2º A multa cominada liminarmente só será exigível do réu após o trânsito em julgado da decisão favorável ao autor, mas será devida desde o dia em que se houver configurado o descumprimento.

Art. 13. Havendo condenação em dinheiro, a indenização pelo dano causado reverterá a um fundo gerido por um Conselho Federal ou por Conselhos Estaduais de que participarão necessariamente o Ministério Público e representantes da comunidade, sendo seus recursos destinados à reconstituição dos bens lesados.

§ 1º Enquanto o fundo não for regulamentado, o dinheiro ficará depositado em estabelecimento oficial de crédito, em conta com correção monetária. *(Renumerada pela Lei n. 12.288, de 20.7.10, DOU 21.7.10)*

§ 2º Havendo acordo ou condenação com fundamento em dano causado por ato de discriminação étnica nos termos do disposto no art. 1º desta Lei, a prestação em dinheiro reverterá diretamente ao fundo de que trata o *caput* e será utilizada para ações de promoção da igualdade étnica, conforme definição do Conselho Nacional de Promoção da Igualdade Racial, na hipótese de extensão nacional, ou dos Conselhos de Promoção de Igualdade Racial estaduais ou locais, nas hipóteses de danos com extensão regional ou local, respectivamente. (NR) *(Redação dada pela Lei n. 12.288, de 20.7.10, DOU 21.7.10)*.

Art. 14. O Juiz poderá conferir efeito suspensivo aos recursos, para evitar dano irreparável à parte.

Art. 15. Decorridos 60 (sessenta) dias do trânsito em julgado da sentença condenatória, sem que a associação autora lhe promova a execução, deverá fazê-lo o Ministério Público, facultada igual iniciativa aos demais legitimados *(Redação dada pela Lei n. 8.078, de 11.9.90)*..

Art. 16. A sentença civil fará coisa julgada *erga omnes*, nos limites da competência territorial do órgão prolator, exceto se o pedido for julgado improcedente por insuficiência de provas, hipótese em que qualquer legitimado poderá intentar outra ação com idêntico fundamento, valendo-se de nova prova. *(Alterado pela Lei n. 9.494, de 10.9.97, DOU 11.9.97)*.

Art. 17. Em caso de litigância de má-fé, a associação autora e os diretores responsáveis pela propositura da ação serão solidariamente condenados em honorários advocatícios e ao décuplo das custas, sem prejuízo da responsabilidade por perdas e danos. *(Lei n. 8.078/90, art. 115, que deu esta redação ao art. 17, da Lei n. 7.347/85). (Redação com a retificação feita no DOU de 10.1.07)*

Art. 18. Nas ações de que trata esta Lei não haverá adiantamento de custas, emolumentos, honorários periciais e quaisquer outras despesas, nem condenação da associação autora, salvo comprovada má-fé, em honorários de advogado, custas e despesas processuais *(Redação dada pela Lei n. 8.078, de 11.9.90)*.

Art. 19. Aplica-se à ação civil pública, prevista nesta Lei, o Código de Processo Civil, aprovado pela Lei n. 5.869, de 11 de janeiro de 1973, naquilo em que não contrarie suas disposições.

Art. 20. O fundo de que trata o art. 13 desta Lei será regulamentado pelo Poder Executivo no prazo de 90 (noventa) dias *(Redação dada pela Lei n. 8.078, de 11.9.90)*.

Art. 21. Aplicam-se à defesa dos direitos e interesses difusos, coletivos e individuais, no que for cabível, os dispositivos do Título III da lei que instituiu o Código de Defesa do Consumidor *(Redação dada pela Lei n. 8.078, de 11.9.90)*.

Art. 22. Esta Lei entra em vigor na data de sua publicação.

Art. 23. Revogam-se as disposições em contrário.

Brasília, em 24 de julho de 1985; 164º da Independência e 97º da República.

José Sarney
Fernando Lyra
DOU 25.7.1985

Lei n. 7.377, de 30 de setembro de 1985

Dispõe sobre o exercício da profissão de secretário

O PRESIDENTE DA REPÚBLICA,
Faço saber que o Congresso Nacional decreta e eu sanciono a seguinte Lei:

Art. 1º O exercício da profissão de Secretário é regulado pela presente Lei.

Art. 2º Para os efeitos desta Lei, é considerado:

I — Secretário-Executivo:

a) o profissional diplomado no Brasil por curso superior de Secretariado, legalmente reconhecido, ou diplomado no exterior por curso superior de Secretariado cujo diploma seja revalidado na forma da lei;

b) portador de qualquer diploma de nível superior que, na data de início da vigência desta Lei, houver comprovado, através de declarações de empregadores, o exercício efetivo, durante pelo menos trinta e seis meses, das atribuições mencionadas no art. 4º desta Lei. *(Alterado pela Lei n. 9.261, de 10.1.96, DOU 11.1.96)*

II — Técnico em Secretariado:

a) o profissional portador de certificado de conclusão de curso de Secretariado, em nível de 2º grau;

b) o portador de certificado de conclusão do 2º grau que, na data da vigência desta Lei, houver comprovado, através de declarações de empregadores, o exercício efetivo, durante pelo menos trinta meses, das atribuições mencionadas no art. 5º desta Lei. *(Alterado pela Lei n. 9.261, de 10.1.96, DOU 11.1.96)*

Art. 3º É assegurado o direito ao exercício da profissão aos que, embora não habilitados nos termos do artigo anterior, contem pelo menos cinco anos ininterruptos ou dez anos intercalados de exercício de atividades próprias de secretaria, na data da vigência desta Lei. *(Alterado pela Lei n. 9.261, de 10.1.96, DOU 11.1.96)*

Art. 4º São atribuições do Secretário-Executivo:

I — planejamento, organização e direção de serviços de secretaria;

II — assistência e assessoramento direto a executivos;

III — coleta de informações para a consecução de objetivos e metas de empresas;

IV — redação de textos profissionais especializados, inclusive em idioma estrangeiro;

V — interpretação e sintetização de textos e documentos;

VI — taquigrafia de ditados, discursos, conferências, palestras de explanações, inclusive em idioma estrangeiro;

VII — versão e tradução em idioma estrangeiro, para atender às necessidades de comunicação da empresa;

VIII — registro e distribuição de expedientes e outras tarefas correlatas;

IX — orientação da avaliação e seleção da correspondência para fins de encaminhamento à chefia;

X — conhecimentos protocolares.

Art. 5º São atribuições do Técnico em Secretariado:

I — organização e manutenção dos arquivos de secretaria;

II — classificação, registro e distribuição da correspondência;

III — redação e datilografia de correspondência ou documentos de rotina, inclusive em idioma estrangeiro;

IV — execução de serviços típicos de escritório, tais como recepção, registro de compromissos, informações e atendimento telefônico.

Art. 6º O exercício da profissão de Secretário requer prévio registro na Delegacia Regional do Trabalho do Ministério do Trabalho e far-se-á mediante a apresentação de documento comprobatório de conclusão dos cursos previstos nos incisos I e II do art. 2º desta Lei e da Carteira de Trabalho e Previdência Social — CTPS.

Parágrafo único. No caso dos profissionais incluídos no art. 3º, a prova da atuação será feita por meio de anotações na Carteira de Trabalho e Previdência Social ou através de declarações das empresas nas quais os profissionais tenham desenvolvido suas respectivas atividades, discriminando as atribuições a serem confrontadas com os elencos especificados nos arts. 4º e 5º. *(Redação dada pela Lei n. 9.261, de 10.1.96, DOU 11.1.96)*

Art. 7º Esta Lei entra em vigor na data de sua publicação.

Art. 8º Revogam-se as disposições em contrário.

Brasília, em 30 de setembro de 1985; 164º da Independência e 97º da República.

JOSÉ SARNEY
ALMIR PAZZIANOTTO
DOU 1º.10.1985

Lei n. 7.394, de 29 de outubro de 1985

Regula o exercício da profissão de técnico em radiologia e dá outras providências

O PRESIDENTE DA REPÚBLICA,

Faço saber que o Congresso Nacional decreta e eu sanciono a seguinte Lei:

Art. 1º Os preceitos desta Lei regulam o exercício da profissão de Técnico em Radiologia, conceituando-se como tal todos os Operadores de Raios X que, profissionalmente, executam as técnicas:

I — radiológica, no setor de diagnósticos;

II — radioterápica, no setor de terapia;

III — radioisotópica, no setor de radioisótopos;

IV — industrial, no setor industrial;

V — de medicina nuclear.

Art. 2º São condições para o exercício da profissão de Técnico em Radiologia:

I — ser portador de certificado de conclusão do ensino médio e possuir formação profissional mínima de nível técnico em Radiologia; *(Redação dada pela Lei n. 10.508, de 10.7.02, DOU 11.7.02)*

II — possuir diploma de habilitação profissional, expedido por Escola Técnica de Radiologia, registrado no órgão federal (vetado).

Parágrafo único. (Vetado).

Art. 3º Toda entidade, seja de caráter público ou privado, que se propuser a instituir Escola Técnica de Radiologia, deverá solicitar o reconhecimento prévio (vetado).

Art. 4º As Escolas Técnicas de Radiologia só poderão ser reconhecidas se apresentarem condições de instalação satisfatórias e corpo docente de reconhecida idoneidade profissional, sob a orientação de Físico Tecnólogo, Médico Especialista e Técnico em Radiologia.

§ 1º Os programas serão elaborados pela autoridade federal competente e válidos para todo o território nacional, sendo sua adoção indispensável ao reconhecimento de tais cursos.

§ 2º Em nenhuma hipótese poderá ser matriculado candidato que não comprovar a conclusão de curso em nível de 2º grau ou equivalente.

§ 3º O ensino das disciplinas será ministrado em aulas teóricas, práticas e estágios a serem cumpridos, no último ano do currículo escolar, de acordo com a especialidade escolhida pelo aluno.

Art. 5º Os centros de estágio serão constituídos pelos serviços de saúde e de pesquisa físicas, que ofereçam condições essenciais à prática da profissão na especialidade requerida.

Art. 6º A admissão à primeira série da Escola Técnica de Radiologia dependerá:

I — do cumprimento do disposto no § 2º do art. 4º desta Lei;

II — de aprovação em exame de saúde, obedecidas as condições estatuídas no parágrafo único do art. 46 do Decreto n. 29.155, de 17 de janeiro de 1951.

Art. 7º As Escolas Técnicas de Radiologia existentes, ou a serem criadas deverão remeter ao órgão competente (vetado), para fins de controle e fiscalização de registros, cópia da ata relativa aos exames finais, na qual constem os nomes dos alunos aprovados e as médias respectivas.

Art. 8º Os diplomas expedidos por Escolas Técnicas de Radiologia, devidamente reconhecidos, têm âmbito nacional e validade para o registro de que trata o inciso II do art. 2º desta Lei.

Parágrafo único. Concedido o diploma, fica o Técnico em Radiologia obrigado a registrá-lo, nos termos desta Lei.

Art. 9º (VETADO)

Art. 10. Os trabalhos de supervisão das aplicações de técnicas em radiologia, em seus respectivos setores, são da competência do Técnico em Radiologia.

Art. 11. Ficam assegurados todos os direitos aos denominados Operadores de Raios X, devidamente registrados no órgão competente (vetado), que adotarão a denominação referida no art. 1º desta Lei.

§ 1º Os profissionais que se acharem devidamente registrados na Divisão Nacional de Vigilância Sanitária de Medicamentos — DIMED, não possuidores de certificado de conclusão de curso em nível de 2º grau, poderão matricular-se nas escolas criadas, na categoria de ouvinte, recebendo ao terminar o curso, certificado de presença, observadas as exigências regulamentares das Escolas de Radiologia.

§ 2º Os dispositivos desta Lei aplicam-se, no que couber, aos Auxiliares de Radiologia que trabalham com câmara clara e escura.

Art. 12. Ficam criados o Conselho Nacional e os Conselhos Regionais de Técnicos em Radiologia (vetado), que funcionarão nos mesmos moldes dos Conselhos Federal e Regionais de Medicina, obedecida igual sistemática para sua estrutura, e com as mesmas finalidades de seleção disciplinar e defesa da classe dos Técnicos em Radiologia.

Art. 13. (VETADO)

Art. 14. A jornada de trabalho dos profissionais abrangidos por esta Lei será de 24 (vinte e quatro) horas semanais (vetado).

Art. 15. (VETADO)

Art. 16. O salário mínimo dos profissionais que executam as técnicas definidas no art. 1º desta Lei, será equivalente a dois salários mínimos profissionais da região, incidindo sobre esses vencimentos 40% (quarenta por cento) de risco de vida e insalubridade.

Art. 17. O Poder Executivo regulamentará esta Lei no prazo de até 180 (cento e oitenta) dias.

Art. 18. Esta Lei entra em vigor na data de sua publicação.

Art. 19. Revogam-se as disposições em contrário.

Brasília, em 29 de outubro de 1985; 164º da Independência e 97º da República.

JOSÉ SARNEY
ALMIR PAZZIANOTTO PINTO
DOU 30.10.1985

Decreto n. 92.790, de 17 de junho de 1986

Regulamenta a Lei n. 7.394, de 29.10.1985, que regula o exercício da profissão de técnico em radiologia e dá outras providências

O PRESIDENTE DA REPÚBLICA, usando da atribuição que lhe confere o art. 81, item III, da Constituição, e tendo em vista o disposto no art. 17 da Lei n. 7.394, de 29 de outubro de 1985, decreta:

Art. 1º O exercício da profissão de Técnico em Radiologia fica regulado pelo disposto neste Decreto, nos termos da Lei n. 7.394, de 29 de outubro de 1955.

Art. 2º São Técnicos em Radiologia os profissionais de Raios X, que executam as técnicas:

I — radiológicos, no setor de diagnóstico;

II — radioterápicas, no setor de terapia;

III — radioisotópicas, no setor de radioisotópos;

IV — industriais, no setor industrial;

V — de medicina nuclear.

Art. 3º O exercício da profissão de Técnico em Radiologia é permitido:

I — aos portadores de certificado de conclusão de 1º e 2º graus, ou equivalente, que possuam formação profissional por intermédio de Escola Técnica de Radiologia, com no mínimo de três anos de duração.

II — aos portadores de diploma de habilitação profissional, expedido por Escola Técnica de Radiologia, registrado no Ministério da Educação.

Art. 4º Para se instalarem, as Escolas Técnicas de Radiologia precisam ser previamente reconhecidas pelo Ministério da Educação.

Art. 5º As Escolas Técnicas de Radiologia só poderão ser reconhecidas se apresentarem condições de instalação satisfatórias e corpo docente de reconhecida idoneidade profissional, sob a orientação de Físico Tecnólogo, Médico Especialista e Técnico em Radiologia.

§ 1º Os programas serão elaborados pelo Conselho Federal de Educação e válidos para todo o território nacional, sendo sua adoção indispensável ao reconhecimento de tais cursos.

§ 2º Em nenhuma hipótese poderá ser matriculado candidato que não comprovar a conclusão de curso de nível de 2º grau ou equivalente.

§ 3º O ensino das disciplinas será ministrado em aulas teóricas, práticas e estágios a serem cumpridos, no último ano do currículo escolar, de acordo com a especialidade escolhida pelo aluno.

Art. 6º Os centros de estágio serão constituídos pelos serviços de saúde e de pesquisa físicas, que ofereçam condições essenciais à prática da profissão na especialidade requerida.

Art. 7º A admissão à primeira série da Escola Técnica de Radiologia dependerá:

I — do cumprimento do disposto no § 2º do art. 5º deste Decreto;

II — da aprovação em exame de sanidade e capacidade física, o qual incluirá, obrigatoriamente, o exame hematológico.

Parágrafo único. Salvo decisão médica em contrário, não poderão ser admitidas em serviços de terapia de rádio nem de rádom as pessoas de pele seca, com tendência a fissuras, e com verrugas, assim como as de baixa acuidade visual não corrigível pelo uso de lentes.

Art. 8º As Escolas Técnicas de Radiologia existentes, ou a serem criadas, deverão remeter ao Conselho Federal de Educação, para fins de controle e fiscalização de registros, cópia da ata relativa aos exames finais, na qual constem os nomes dos alunos aprovados e as médias respectivas.

Art. 9º Os diplomas expedidos por Escolas Técnicas de Radiologia, devidamente reconhecidas, têm âmbito nacional e validade para o registro de que trata o item II do art. 3º deste Decreto.

Parágrafo único. Concedido o diploma, fica o Técnico em Radiologia obrigado a registrá-lo, nos termos deste Decreto.

Art. 10. Os trabalhos de supervisão da aplicação de técnicas em radiologia, em seus respectivos setores, são da competência do Técnico em Radiologia.

Art. 11. Ficam assegurados todos os direitos aos denominados Operadores de Raios X, devidamente registrados na Delegacia Regional do Trabalho, os quais adotarão a denominação referida no art. 1º deste Decreto.

§ 1º Os profissionais que se acham devidamente registrados na Divisão Nacional de Vigilância Sanitária e Medicamentos — DIMEP, não possuidores do certificado de conclusão de curso em nível de 2º grau, poderão, matricular-se nas escolas criadas, na categoria de ouvinte, recebendo, ao terminar o curso, certificado de presença, observadas as exigências regulamentares das Escolas de Radiologia.

§ 2º Os dispositivos deste Decreto aplicam-se, no que couber, aos Auxiliares de Radiologia que trabalham com câmara clara e escura.

Art. 12. Os Conselhos Nacional e Regionais de Técnicos em Radiologia, criados pelo art. 12 da Lei n. 7.394, de 29 de outubro de 1985, constituem, em seu conjunto, uma autarquia, sendo cada um deles dotados de personalidade jurídica de Direito Público.

Art. 13. O Conselho Nacional e os Conselhos Regionais de Técnicos em Radiologia são os órgãos supervisores da ética profissional, visando ao aperfeiçoamento da profissão e à valorização dos profissionais.

Art. 14. O Conselho Nacional, ao qual ficam subordinados os Conselhos Regionais, terá sede no Distrito Federal e jurisdição em todo o território nacional.

§ 1º Os Conselhos Regionais terão sede nas Capitais dos Estados, Territórios e no Distrito Federal.

§ 2º A jurisdição de um Conselho Regional poderá abranger mais de um Estado, se as conveniências assim o indicarem.

Art. 15. O Conselho Nacional de Técnicos em Radiologia compor-se-á de nove membros, eleitos juntamente com outros tantos suplentes, todos de nacionalidade brasileira.

Parágrafo único. A duração dos mandatos dos membros do Conselho Nacional de Técnicos em Radiologia será de cinco anos.

Art. 16. São atribuições do Conselho Nacional:

I — organizar o seu regimento interno;

II — aprovar os regimentos, internos organizados pelos Conselhos Regionais;

III — instalar os Conselhos Regionais de Técnicos em Radiologia, definindo sede e jurisdição, bem como promovendo a eleição de seus membros e lhes dando posse.

IV — votar e alterar o código de ética profissional, ouvidos os Conselhos Regionais;

V — promover quaisquer diligências ou verificações, relativas ao funcionamento dos Conselhos Regionais, nos Estados ou Territórios e Distrito Federal, e adotar, quando necessárias, providências convenientes a bem de sua eficiência e regularidade, inclusive a designação de diretoria provisória.

Art. 17. A diretoria do Conselho Nacional de Técnicos em Radiologia será composta de presidente, secretário e tesoureiro.

Art. 18. *(Revogado pelo Decreto n. 5.211, de 22.9.04, DOU 23.9.04)*

Art. 19. A renda do Conselho Nacional será constituída de:

I — um terço das anuidades cobradas pelos Conselhos Regionais;

II — um terço da taxa de expedição das carteiras profissionais;

III — um terço das multas aplicadas pelos Conselhos Regionais;

IV — doações e legados;

V — subvenções oficiais;

VI — bens e valores adquiridos.

Art. 20. A eleição para o primeiro Conselho Nacional de Técnicos em Radiologia será promovida pela Federação das Associações dos Técnicos em Radiologia dos Estados do Brasil.

Parágrafo único. A eleição efetuar-se-á por processo que permita o exercício do voto a todos os profissionais inscritos, sem que lhes seja necessário o afastamento do seu loal de trabalho.

Art. 21. Enquanto não for elaborado e aprovado, pelo Conselho Nacional de Técnicos em Radiologia, o código de ética profissional, vigorará o Código de Ética do Técnico em Radiologia, elaborado e aprovado por unanimidade, na Assembleia Geral Ordinária da Federação das Associações dos Técnicos em Radiologia dos Estados do Brasil, em 10 de julho de 1971.

Art. 22. Os Conselhos Regionais do Técnicos em Radiologia compor-se-ão de nove membros, eleitos juntamente com outros tantos suplentes, todos de nacionalidade brasileira.

Parágrafo único. Os Conselhos Regionais de Técnicos em Radiologia, serão organizados à semelhança do Conselho Nacional.

Art. 23. Compete aos Conselhos Regionais:

I — deliberar sobre a inscrição e cancelamento no quadro do Conselho;

II — manter um registro dos Técnicos em Radiologia, legalmente habilitados, com exercício na respectiva Região;

III — fiscalizar o exercício da profissão de Técnico em Radiologia;

IV — conhecer, apreciar e decidir os assuntos atinentes à ética profissional, impondo as penalidades que couberem;

V — elaborar a proposta de seu regimento interno, submetendo-a à aprovação do Conselho Nacional;

VI — expedir carteira profissional;

VII — velar pela conservação da honra e da independência do Conselho e pelo livre exercício legal dos direitos dos radiologistas;

VIII — promover, por todos os meios ao seu alcance, o perfeito desempenho técnico e moral da profissão e o prestígio e bom conceito da Radiologia, e dos profissionais que a exerçam;

IX — publicar relatórios anuais de seus trabalhos e a relação dos profissionais registrados;

X — exercer os de jurisdição que por lei lhes sejam cometidos;

XI — representar ao Conselho Nacional de Técnicos em Radiologia sobre providências necessárias para a regularidade dos serviços e da fiscalização do exercício da profissão.

Art. 24. A renda dos Conselhos Regionais será constituída de:

I — taxa de inscrição;

II — dois terços da taxa de expedição de carteiras profissionais;

III — dois terços da anuidade paga pelos membros neles inscritos;

IV — dois terços das multas aplicadas;

V — doações e legados;

VI — subvenções oficiais;

VII — bens e valores adquiridos.

Art. 25. As penas disciplinares aplicáveis pelos Conselhos Regionais aos seus membros são as seguintes:

I — advertência confidencial em aviso reservado;

II — censura confidencial em aviso reservado;

III — censura pública;

IV — suspensão do exercício profissional até trinta dias;

V — cassação do exercício profissional, *ad referendum* do Conselho Nacional.

Art. 26. Em matéria disciplinar, o Conselho Regional deliberará de ofício.

Art. 27. Da imposição de qualquer penalidade caberá recurso, no prazo de trinta dias, contados da ciência, para o Conselho Nacional.

Art. 28. Além do recurso previsto no artigo anterior, não caberá qualquer outro de natureza administrativa.

Art. 29. O voto é pessoal e obrigatório em toda eleição, salvo doença ou ausência comprovadas plenamente.

§ 1º As deliberações serão tomadas por maioria de votos dos presentes.

§ 2º Os radiologistas que se encontrem fora da sede das eleições por ocasião destas, poderão dar seu voto em dupla sobrecarga, opaca, fechada e remetida pelo correio correto, sob registro, por ofício com firma reconhecida, ao Presidente do Conselho Regional.

§ 3º Serão computadas as cédulas recebidas, com as formalidades do parágrafo precedente, até o momento em que se encerre a votação. A sobrecarta maior aberta pelo Presidente do Conselho, que depositará a sobrecarta menor na urna, sem violar o segredo do voto.

§ 4º As eleições serão anunciadas no órgão oficial e em jornal de grande circulação, com trinta dias de antecedência.

Art. 30. A jornada de trabalho dos profissionais abrangidos por este Decreto será de vinte e quatro horas semanais.

Art. 31. O salário mínimo dos profissionais, que executam as técnicas definidas no art. 1º deste Decreto, será equivalente a dois salários mínimos profissionais da região, incidindo sobre esses vencimentos quarenta por cento de risco de vida e insalubridade.

Art. 32. Este Decreto entrará em vigor na data de sua publicação.

Art. 33. Revogam-se as disposições em contrário.

Brasília, 17 de junho de 1986; 165º da Independência e 98º da República.

José Sarney
Almir Pazzianotto Pinto
DOU 18.6.1986

Lei n. 7.410, de 27 de novembro de 1985

Dispõe sobre a especialização de engenheiros e arquitetos em engenharia de segurança do trabalho, a profissão de técnico de segurança do trabalho, e dá outras providências

O PRESIDENTE DA REPÚBLICA,

Faço saber que o Congresso Nacional decreta e eu sanciono a seguinte Lei:

Art. 1º O exercício da especialização de Engenheiro de Segurança do Trabalho será permitido, exclusivamente:

I — ao Engenheiro ou Arquiteto, portador de certificado de conclusão de curso de especialização em Engenharia de Segurança do Trabalho, a ser ministrado no País, em nível de pós-graduação;

II — ao portador de certificado de curso de especialização em Engenharia de Segurança do Trabalho, realizado em caráter prioritário, pelo Ministério do Trabalho;

III — ao possuidor de registro de Engenheiro de Segurança do Trabalho, expedido pelo Ministério do Trabalho, até a data fixada na regulamentação desta Lei.

Parágrafo único. O curso previsto no inciso I deste artigo terá o currículo fixado pelo Conselho Federal de Educação, por proposta do Ministério do Trabalho, e seu funcionamento determinará a extinção dos cursos de que trata o inciso II, na forma da regulamentação a ser expedida.

Art. 2º O exercício da profissão de Técnico de Segurança do Trabalho será permitido, exclusivamente:

I — ao portador de certificado de conclusão de curso de Técnico de Segurança do Trabalho, a ser ministrado no País em estabelecimentos de ensino de 2º Grau;

II — ao portador de certificado de conclusão de curso de Supervisor de Segurança do Trabalho, realizado em caráter prioritário pelo Ministério do Trabalho;

III — ao possuidor de registro de Supervisor de Segurança do Trabalho, expedido pelo Ministério do Trabalho, até a data fixada na regulamentação desta Lei.

Parágrafo único. O curso previsto no inciso I deste artigo terá o currículo fixado pelo Ministério da Educação, por proposta do Ministério do Trabalho, e seu funcionamento determinará a extinção dos cursos de que trata o inciso II, na forma da regulamentação a ser expedida.

Art. 3º O exercício da atividade de Engenheiros e Arquitetos na especialização de Engenharia de Segurança do Trabalho dependerá de registro em Conselho Regional de Engenharia, Arquitetura e Agronomia, após a regulamentação desta Lei, e o de Técnico de Segurança do Trabalho, após o registro no Ministério do Trabalho.

Art. 4º O Poder Executivo regulamentará esta Lei no prazo de 120 (cento e vinte) dias, contados de sua publicação.

Art. 5º Esta Lei entra em vigor na data de sua publicação.

Art. 6º Revogam-se as disposições em contrário.

José Sarney
Presidente da República
Almir Pazzianotto Pinto
DOU 28.11.1985

Decreto n. 92.530, de 9 de abril de 1986

Regulamenta a Lei n. 7.410, de 27 de novembro de 1985, que dispõe sobre a especialização de engenheiros e arquitetos em engenharia de segurança do trabalho, a profissão de técnico de segurança do trabalho, e dá outras providências

O PRESIDENTE DA REPÚBLICA, no uso da atribuição que lhe confere o art. 81, item III, da Constituição, e tendo em vista o disposto no art. 4º da Lei n. 7.410, de 27 de novembro de 1985, decreta:

Art. 1º O exercício da especialização de Engenheiro de Segurança do Trabalho é permitido, exclusivamente:

I — ao Engenheiro ou Arquiteto, portador de certificado de conclusão de curso de especialização em Engenharia de Segurança do Trabalho, em nível de pós-graduação;

II — ao portador de certificado de curso de especialização em Engenharia de Segurança do Trabalho, realizado em caráter prioritário, pelo Ministério do Trabalho;

III — ao possuidor de registro de Engenharia de Segurança do Trabalho, expedido pelo Ministério do Trabalho dentro de 180 dias da extinção do curso referido no item anterior.

Art. 2º O exercício da profissão de Técnico de Segurança do Trabalho é permitido, exclusivamente:

I — ao portador de certificado de conclusão de curso de Técnico de Segurança do Trabalho ministrado no País em estabelecimento de ensino do 2º grau;

II — ao portador de certificado de conclusão de curso Superior de Segurança do Trabalho, realizado em caráter prioritário pelo Ministério do Trabalho;

III — ao possuidor de registro de Supervisor de Segurança do Trabalho, expedido pelo Ministério do Trabalho até 180 dias da extinção do curso referido no item anterior.

Art. 3º O Ministério da Educação, dentro de 120 dias, por proposta do Ministério do Trabalho, fixará currículos básicos do curso de especialização de Engenharia de Segurança do Trabalho, e do curso de técnico em Segurança do Trabalho, previstos no item I do art. 1º e no item I do art. 2º.

§ 1º O funcionamento dos cursos referidos neste artigo determinará a extinção dos cursos de que tratam o item II do art. 1º e o item II do art. 2º.

§ 2º Até que os cursos previstos neste artigo entrem em funcionamento, o Ministro do Trabalho poderá autorizar, em caráter excepcional, que tenham continuidade os recursos, mencionados no parágrafo precedente, os

LEGISLAÇÃO COMPLEMENTAR

quais deverão adaptar-se aos currículos aprovados pelo Ministério da Educação.

Art. 4º As atividades dos Engenheiros e Arquitetos especializados em Engenharia de Segurança do Trabalho serão definidas pelo Conselho Federal de Engenharia, Arquitetura e Agronomia — CONFEA, no prazo de 60 dias após a fixação dos currículos de que trata o art. 3º pelo Ministério da Educação, ouvida a Secretaria de Segurança e Medicina do Trabalho — SSMT.

Art. 5º O exercício da atividade de Engenheiros e Arquitetos na especialidade de Engenharia de Segurança do Trabalho, depende de registro no Conselho Regional de Engenharia, Arquitetura e Agronomia — CREA.

Art. 6º As atividades de Técnico de Segurança do Trabalho serão definidas pelo Ministério do Trabalho, no prazo de 60 dias, após a fixação do respectivo currículo escolar pelo Ministério da Educação, na forma do art. 3º.

Art. 7º O exercício da profissão de técnico de Segurança do Trabalho depende de registro no Ministério do Trabalho.

Art. 8º O Ministério da Administração, em articulação com o Ministério do Trabalho, promoverá, no prazo de 90 dias a partir da vigência deste Decreto, estudos para a criação de categorias funcionais e os respectivos quadros do Grupo — Engenharia e Segurança do Trabalho.

Art. 9º Este Decreto entrará em vigor na data de sua publicação.

Art. 10. Revogam-se as disposições em contrário.

Brasília, em 9 de abril de 1986; 165º da Independência e 98º da República.

JOSÉ SARNEY
ALMIR PAZZIANOTTO PINTO
DOU 10.4.1986

Lei n. 7.418, de 16 de dezembro de 1985

Institui o vale-transporte e dá outras providências

O PRESIDENTE DA REPÚBLICA,

Faço saber que o Congresso Nacional decreta e eu sanciono a seguinte Lei:

Art. 1º Fica instituído o vale-transporte (vetado) que o empregador, pessoa física ou jurídica, antecipará ao empregado para utilização efetiva em despesas de deslocamento residência-trabalho e vice-versa, através do sistema de transporte coletivo público, urbano ou intermunicipal e/ou interestadual com características semelhantes aos urbanos, geridos diretamente ou mediante concessão ou permissão de linhas regulares e com tarifas fixadas pela autoridade competente, excluídos os serviços seletivos e os especiais. *(Redação dada pela Lei n. 7.619, de 30.9.1987. DOU 1.10.1987).*

§ 1º Equiparam-se ao trabalhador referido no *caput* deste artigo, para os benefícios desta Lei, os servidores públicos da Administração Federal direta ou indireta. *(Revogado pela MP n. 2.165-36, de 23.8.2001, DOU 24.8.2001).*

Art. 2º O Vale-Transporte, concedido nas condições e limites definidos nesta Lei, no que se refere à contribuição do empregador:

a) não tem natureza salarial, nem se incorpora à remuneração para quaisquer efeitos;

b) não constitui base de incidência de contribuição previdenciária ou de Fundo de Garantia por Tempo de Serviço;

c) não se configura como rendimento tributável do trabalhador.

Art. 3º *(Artigo renumerado pela Lei n. 7.619, de 30.9.1987) (Revogado pela Lei n. 9.532, de 10.12.1997), V. Medida Provisória n. 2.189-49, de 23.8.2001, DOU 24.8.2001.*

Art. 4º A concessão do benefício ora instituído implica a aquisição pelo empregador dos Vales-Transporte necessários aos deslocamentos do trabalhador no percurso residência-trabalho e vice-versa, no serviço de transporte que melhor se adequar. *(Artigo renumerado pela Lei n. 7.619, de 30.9.1987)*

Parágrafo único. O empregador participará dos gastos de deslocamento do trabalhador com a ajuda de custo equivalente à parcela que exceder a 6% (seis por cento) de seu salário básico.

Art. 5º A empresa operadora do sistema de transporte coletivo público fica obrigada a emitir e a comercializar o Vale-Transporte, ao preço da tarifa vigente, colocando-o à disposição dos empregadores em geral e assumindo os custos dessa obrigação, sem repassá-los para a tarifa dos serviços.

§ 1º Nas regiões metropolitanas, aglomerações urbanas e microrregiões, será instalado, pelo menos, um posto de vendas para cada grupo de cem mil habitantes na localidade, que comercializarão todos os tipos de Vale-Transporte. *(Red. Lei n. 7.855/89).*

§ 2º Fica facultado à empresa operadora delegar a emissão e a comercialização do Vale-Transporte, bem como consorciar-se em central de vendas, para efeito e cumprimento do disposto nesta Lei.

§ 3º Para fins de cálculo do valor do Vale-Transporte, será adotada a tarifa integral do deslocamento do trabalhador, sem descontos, mesmo que previstos na legislação local.

Art. 6º O poder concedente fixará as sanções a serem aplicadas à empresa operadora que comercializar o vale diretamente ou através de delegação, no caso de falta ou insuficiência de estoque de Vales-Transporte necessários ao atendimento da demanda e ao funcionamento do sistema.

Art. 7º Ficam resguardados os direitos adquiridos do trabalhador, se superiores aos instituídos nesta Lei, vedada a cumulação de vantagens.

Art. 8º Asseguram-se os benefícios desta Lei ao empregador que proporcionar, por meios próprios ou contratados, em veículos adequados ao transporte coletivo, o deslocamento integral de seus trabalhadores.

Art. 9º Os Vales-Transporte anteriores perdem sua validade decorridos 30 (trinta) dias da data de reajuste tarifário.

Art. 10. O Poder Executivo regulamentará a presente Lei no prazo de 45 (quarenta e cinco) dias.

Art. 11. Esta Lei entra em vigor na data de sua publicação.

Art. 12. Revogam-se as disposições em contrário.

Brasília, em 16 de dezembro de 1985; 164º da Independência e 97º da República.

JOSÉ SARNEY
AFFONSO CAMARGO
DOU 17.12.1985

Decreto n. 95.247, de 17 de novembro de 1987

Regulamenta a Lei n. 7.418, de 16 de dezembro de 1985, que institui o vale-transporte, com a alteração da Lei n. 7.619, de 30 de setembro de 1987

O PRESIDENTE DA REPÚBLICA, no uso da atribuição que lhe confere o art. 81, item III, da Constituição e tendo em vista o disposto na Lei n. 7.418, de 16 de dezembro de 1985, alterada pela Lei n. 7.619, de 30 de setembro de 1987, decreta:

CAPÍTULO I
Dos Beneficiários e do Benefício do Vale-Transporte

Art. 1º São beneficiários do Vale-Transporte, nos termos da Lei n. 7.418, de 16 de dezembro de 1985, os trabalhadores em geral, tais como: *(Redação dada pelo Decreto n. 2.880, de 15.12.1998, DOU 16.12.1998)*

I — os empregados, assim definidos no art. 3º da Consolidação das Leis do Trabalho;

II — os empregados domésticos, assim definidos na Lei n. 5. 859, de 11 de dezembro de 1972;

III — os trabalhadores de empresas de trabalho temporário, de que trata a Lei n. 6.019, de 3 de janeiro de 1974;

IV — os empregados a domicílio, para os deslocamentos indispensáveis à prestação do trabalho, percepção de salários e os necessários ao desenvolvimento das relações com o empregador;

V — os empregados do subempreiteiro, em relação a este e ao empreiteiro principal, nos termos do art. 455 da Consolidação das Leis do Trabalho;

VI — os atletas profissionais de que trata a Lei n. 6.354, de 2 de setembro de 1976;

Parágrafo único. Para efeito deste Decreto, adotar-se-á a denominação beneficiário para identificar qualquer uma das categorias mencionadas nos diversos incisos deste artigo.

Art. 2º O Vale-Transporte constitui benefício que o empregador antecipará ao trabalhador para utilização efetiva em despesas de deslocamento residência-trabalho e vice-versa.

Parágrafo único. Entende-se como deslocamento a soma de segmentos componentes da viagem do beneficiário, por um ou mais meios de transporte, entre sua residência e o local de trabalho.

Art. 3º O Vale-Transporte é utilizável em todas as formas de transporte coletivo público urbano ou ainda intermunicipal e interestadual com características semelhantes ao urbano, operado diretamente pelo poder público ou mediante delegação, em linhas regulares e com tarifas fixadas pela autoridade competente.

Parágrafo único. Excluem-se do disposto neste artigo os serviços seletivos e os especiais.

Art. 4º Está exonerado da obrigatoriedade do Vale-Transporte o empregador que proporcionar, por meios próprios ou contratados, em veículos adequados ao transporte coletivo, o deslocamento, residência-trabalho e vice-versa, de seus trabalhadores.

Parágrafo único. Caso o empregador forneça ao beneficiário transporte próprio ou fretado que não cubra integralmente os deslocamentos deste, o Vale-Transporte deverá ser aplicado para os segmentos da viagem não abrangidos pelo referido transporte.

1113

Art. 5º É vedado ao empregador substituir o Vale-Transporte por antecipação em dinheiro ou qualquer outra forma de pagamento, ressalvado o disposto no parágrafo único deste artigo.

Parágrafo único. No caso de falta ou insuficiência de estoque de Vale-Transporte, necessário ao atendimento da demanda e ao funcionamento do sistema, o beneficiário será ressarcido pelo empregador, na folha de pagamento imediata, da parcela correspondente, quando tiver efetuado, por conta própria, a despesa para seu deslocamento.

Art. 6º O Vale-Transporte, no que se refere à contribuição do empregador:

I — não tem natureza salarial, nem se incorpora à remuneração do beneficiário para quaisquer efeitos;

II — não constitui base de incidência de contribuição previdenciária ou do Fundo de Garantia do Tempo de Serviço;

III — não é considerado para efeito de pagamento de Gratificação de Natal (Lei n. 4.090, de 13 de julho de 1962, e art. 7º do Decreto-Lei n. 2.310, de 22 de dezembro de 1986);

IV — não configura rendimento tributável do beneficiário.

CAPÍTULO II
Do Exercício do Direito do Vale--Transporte

Art. 7º Para exercício do direito de receber o Vale-Transporte o empregado informará ao empregador por escrito:

I — seu endereço residencial;

II — os serviços e meios de transporte mais adequados ao seu deslocamento residência--trabalho e vice-versa.

§ 1º A informação de que trata este artigo será atualizada anualmente ou sempre que ocorrer alteração das circunstâncias mencionadas nos itens I e II, sob pena de suspensão do benefício até o cumprimento dessa exigência.

§ 2º O beneficiário firmará compromisso de utilizar o Vale-Transporte exclusivamente para seu efetivo deslocamento residência--trabalho e vice-versa.

§ 3º A declaração falsa ou o uso indevido do Vale-Transporte constituem falta grave.

Art. 8º É vedada a acumulação do benefício com outras vantagens relativas ao transporte do beneficiário, ressalvado o disposto no parágrafo único do art. 4º deste Decreto.

Art. 9º O Vale-Transporte será custeado:

I — pelo beneficiário, na parcela equivalente a 6% (seis por cento) de seu salário básico ou vencimento, excluídos quaisquer adicionais ou vantagens;

II — pelo empregador, no que exceder à parcela referida no item anterior.

Parágrafo único. A concessão do Vale-Transporte autorizará o empregador a descontar, mensalmente do beneficiário que exercer o respectivo direito, o valor da parcela de que trata o item I deste artigo.

Art. 10. O valor da parcela a ser suportada pelo beneficiário será descontada proporcionalmente à quantidade de Vale-Transporte concedida para o período a que se refere o salário ou vencimento e por ocasião de seu pagamento, salvo estipulação em contrário, em convenção ou acordo coletivo de trabalho, que favoreça o beneficiário.

Art. 11. No caso em que a despesa com deslocamento do beneficiário for inferior a 6% (seis por cento) do salário básico ou vencimento, o empregado poderá optar pelo recebimento antecipado do Vale-Transporte, cujo valor será integralmente descontado por ocasião do pagamento do respectivo salário ou vencimento.

Art. 12. A base de cálculo para determinação da parcela a cargo do beneficiário será:

I — o salário básico ou vencimento mencionado no item I do art. 9º deste Decreto; e

II — o montante percebido no período para os trabalhadores remunerados por tarefa ou serviço feito ou quando se tratar de remuneração constituída exclusivamente de comissões, percentagens, gratificações, gorjetas ou equivalentes.

CAPÍTULO III
Da Operacionalização do Vale-Transporte

Art. 13. O poder concedente ou órgão de gerência com jurisdição sobre os serviços de transporte coletivo urbano, respeitada a lei federal, expedirá normas complementares para operacionalização do sistema do Vale-Transporte, acompanhando seu funcionamento e efetuando o respectivo controle.

Art. 14. A empresa operadora do sistema de transporte coletivo público fica obrigada a emitir e comercializar o Vale-Transporte ao preço da tarifa vigente, colocando-o à disposição dos empregadores em geral e assumindo os custos dessa obrigação, sem repassá-los para a tarifa dos serviços.

§ 1º A emissão e a comercialização do Vale--Transporte poderão também ser efetuadas pelo órgão de gerência ou pelo poder concedente, quando este tiver a competência legal para emissão de passes.

§ 2º Na hipótese do parágrafo precedente, é vedada a emissão e comercialização de Vale-Transporte simultaneamente pelo poder concedente e pelo órgão de gerência.

§ 3º A delegação ou transferência da atribuição de emitir e comercializar o Vale-Transporte não elide a proibição de repassar os custos respectivos para a tarifa dos serviços.

Art. 15. Havendo delegação da emissão e comercialização de Vale-Transporte, ou constituição de consórcio, as empresas operadoras submeterão os respectivos instrumentos ao poder concedente ou órgão de gerência, para homologação dos procedimentos instituídos.

Art. 16. Nas hipóteses do artigo anterior, as empresas operadoras permanecerão solidariamente responsáveis com a pessoa jurídica delegada ou pelos atos do consórcio, em razão de eventuais faltas ou falhas no serviço.

Art. 17. O responsável pela emissão e comercialização do Vale-Transporte deverá manter estoques compatíveis com os níveis de demanda.

Art. 18. A comercialização do Vale-Transporte dar-se-á em centrais ou postos de venda estrategicamente distribuídos na cidade onde serão utilizados.

Parágrafo único. Nos casos em que o sistema local de transporte público for operado por diversas empresas ou por meios diferentes, com ou sem integração, os postos de vendas referidos neste artigo deverão comercializar todos os tipos de Vale-Transporte.

Art. 19. A concessão do benefício obriga o empregador a adquirir Vale-Transporte em quantidade e tipo de serviço que melhor se adequar ao deslocamento do beneficiário.

Parágrafo único. A aquisição será feita antecipadamente e à vista, proibidos quaisquer descontos e limitada a quantidade estritamente necessária ao atendimento dos beneficiários.

Art. 20. Para cálculo do valor do Vale-Transporte, será adotada a tarifa integral, relativa ao deslocamento do beneficiário, por um ou mais meios de transporte, mesmo que a legislação local preveja descontos.

Parágrafo único. Para fins do disposto neste artigo, não são consideradas desconto as reduções tarifárias decorrentes de integração de serviços.

Art. 21. A venda do Vale-Transporte será comprovada mediante recibo sequencialmente numerado, emitido pela vendedora em duas vias, uma das quais ficará com a compradora, contendo:

I — o período a que se referem;

II — a quantidade de Vale-Transporte vendida e os beneficiários a quem se destina;

III — o nome, endereço e número de inscrição da compradora no Cadastro Geral de Contribuintes no Ministério da Fazenda — CGC/MF.

Art. 22. O Vale-Transporte poderá ser emitido conforme as peculiaridades e as conveniências locais, para a utilização por:

I — linha;

II — empresa;

III — sistema;

IV — outros níveis recomendados pela experiência local.

Art. 23. O responsável pela emissão e comercialização do Vale-Transporte poderá adotar a forma que melhor lhe convier à segurança e facilidade de distribuição.

Parágrafo único. O Vale-Transporte poderá ser emitido na forma de bilhetes simples ou múltiplos, talões, cartelas, fichas ou quaisquer processos similares.

Art. 24. Quando o Vale-Transporte for emitido para utilização num sistema determinado de transporte ou para valer entre duas ou mais operadoras, será de aceitação compulsória, nos termos de acordo a ser previamente firmado.

§ 1º O responsável pela emissão e comercialização do Vale-Transporte pagará às empresas operadoras os respectivos créditos no prazo de 24 horas, facultado às partes pactuar prazo maior.

§ 2º O responsável pela emissão e comercialização do Vale-Transporte deverá apresentar, mensalmente, demonstrativos financeiros dessa atividade, ao órgão de gerência que observará o disposto no art. 28.

Art. 25. As empresas operadoras são obrigadas a manter permanentemente um sistema de registro e controle de número de Vale-Transporte emitido, comercializado e utilizado, ainda que a atividade seja exercida por delegação ou por intermédio de consórcio.

Art. 26. No caso de alteração na tarifa de serviços, o Vale-Transporte poderá:

I — ser utilizado pelo beneficiário, dentro do prazo a ser fixado pelo poder concedente; e

II — ser trocado, sem ônus, pelo empregador, no prazo de trinta dias, contados da data em que a tarifa sofrer alteração.

CAPÍTULO IV
Dos Poderes Concedentes e Órgãos de Gerência

Art. 27. O poder concedente ou órgão de gerência, na área de sua jurisdição, definirá:

I — o transporte intermunicipal ou interestadual com características semelhantes ao urbano;

II — os serviços seletivos e os especiais.

Art. 28. O poder concedente ou órgão de gerência fornecerá, mensalmente, ao órgão federal competente, informações estatísticas que permitam avaliação nacional, em caráter permanente da utilização do Vale-Transporte.

Art. 29. As operadoras informarão, mensalmente, nos termos exigidos pelas normas locais, o volume de Vale-Transporte emitido, comercializado e utilizado, a fim de permitir a avaliação local do sistema além de outros dados que venham a ser julgados convenientes a esse objetivo.

Art. 30. Nos atos de concessão, permissão ou autorização serão previstas sanções às empresas operadoras que emitirem ou comercializarem o Vale-Transporte diretamente, por meio de delegação ou consórcio, em quantidade insuficiente ao atendimento da demanda.

Parágrafo único. As sanções serão estabelecidas em valor proporcional às quantidades solicitadas e não fornecidas, agravando-se em caso de reincidência.

CAPÍTULO V
Dos Incentivos Fiscais

Art. 31. O valor efetivamente pago e comprovado pelo empregador, pessoa jurídica, na aquisição de Vale-Transporte, poderá ser deduzido como despesa operacional, na determinação do lucro real, no período base de competência da despesa.

Art. 32. Sem prejuízo da dedução prevista no artigo anterior, a pessoa jurídica empregadora poderá deduzir do Imposto de Renda devido, valor equivalente à aplicação da alíquota cabível do Imposto de Renda sobre o montante das despesas comprovadamente realizadas, no período base, na concessão do Vale-Transporte.

Parágrafo único. A dedução a que se refere este artigo, em conjunto com as de que tratam as Leis n. 6. 297, de 15 de dezembro de 1975, e n. 6.321, de 14 de abril de 1976, não poderá reduzir o imposto devido em mais de 10% (dez por cento), observado o que dispõe o § 3º do art. 1º do Decreto-Lei n. 1.704, de 23 de outubro de 1979, podendo o eventual excesso ser aproveitado nos dois exercícios subsequentes.

Art. 33. Ficam assegurados os benefícios de que trata este Decreto ao empregador que, por meios próprios ou contratados com terceiros, proporcionar aos seus trabalhadores o deslocamento residência-trabalho e vice-versa, em veículos adequados ao transporte coletivo, inclusive em caso de complementação do Vale-Transporte.

Parágrafo único. O disposto neste artigo não se aplica nas contratações de transporte diretamente com empregados, servidores, diretores, administradores e pessoas ligadas ao empregador.

Art. 34. A pessoa jurídica empregadora deverá registrar em contas específicas que possibilitem determinar, com clareza e exatidão em sua contabilidade, as despesas efetivamente realizadas na aquisição do Vale-Transporte ou, na hipótese do artigo anterior, os dispêndios e encargos com o transporte do beneficiário, tais como aquisição de combustível, manutenção, reparos e depreciação dos veículos próprios, destinados exclusivamente ao transporte dos empregados, bem assim os gastos com as empresas contratadas para esse fim.

Parágrafo único. A parcela de custo, equivalente a 6% (seis por cento) do salário básico do empregado que venha a ser recuperada pelo empregador, deverá ser deduzida do montante das despesas efetuadas no período base, mediante lançamento a crédito das contas que registrem o montante dos custos relativos ao benefício concedido.

CAPÍTULO VI
Disposições Finais

Art. 35. Os atos de concessão, permissão e autorização vigentes serão revistos para cumprimento do disposto no art. 30 deste regulamento.

Art. 36. Este Decreto entra em vigor na data de sua publicação.

Art. 37. Revogam-se as disposições em contrário e em especial o Decreto n. 92.180, de 19 de dezembro de 1985.

Brasília, 17 de novembro de 1987; 166º da Independência e 99º da República.

JOSÉ SARNEY
PRISCO VIANA
DOU 18.11.1987

Lei n. 7.627, de 10 de novembro de 1987

Dispõe sobre a eliminação de autos findos nos órgãos da justiça do trabalho e dá outras providências

Art. 1º Fica facilitado aos Tribunais do Trabalho determinar a eliminação, por incineração, destruição mecânica ou por outro meio adequado, de autos findos há mais de 5 (cinco) anos, contado o prazo da data do arquivamento do processo.

Art. 2º A eliminação de autos findos nos termos do disposto no artigo anterior, será decidida pelo Tribunal Pleno, mediante proposta circunstanciada do seu Presidente.

Parágrafo único. Os feitos arquivados nas Juntas de Conciliação e Julgamento poderão ser eliminados, atendidas as mesmas condições, mediante proposta do respectivo Titular, aprovado pelo Pleno do Tribunal a que estiver o órgão subordinado.

Art. 3º Deliberada a eliminação, o Presidente do Tribunal, para conhecimento dos interessados, fará publicar a decisão em órgão oficial de imprensa, por 2 (duas) vezes, com prazo de 60 (sessenta) dias.

§ 1º É lícito às partes interessadas requerer, às suas expensas, o desentranhamento dos documentos que juntaram aos autos, certidões ou cópias de peças do processo ou a microfilmagem total ou parcial do mesmo.

§ 2º Se, a juízo da autoridade competente, houver, nos autos, documentos de valor histórico, serão eles recolhidos em arquivo próprio, no Tribunal respectivo.

Art. 4º Esta Lei entra em vigor na data de sua publicação.

Art. 5º Revogam-se as disposições em contrário.

Brasília, em 10 de novembro de 1987; 166º da Independência e 99º da República.

JOSÉ SARNEY
DOU 11.11.1987

Lei n. 7.644, de 18 de dezembro de 1987

Dispõe sobre a regulamentação da atividade de mãe social e dá outras providências

O PRESIDENTE DA REPÚBLICA, faço saber que o Congresso Nacional decreta e eu sanciono a seguinte Lei:

Art. 1º As instituições sem finalidade lucrativa, ou de utilidade pública de assistência ao menor abandonado, e que funcionem pelo sistema de casas-lares, utilizarão mães sociais visando a propiciar ao menor as condições familiares ideais ao seu desenvolvimento e reintegração social.

Art. 2º Considera-se mãe social, para efeito desta Lei, aquela que, dedicando-se à assistência ao menor abandonado, exerça o encargo em nível social, dentro do sistema de casas-lares.

Art. 3º Entende-se como casa-lar a unidade residencial sob responsabilidade de mãe social, que abrigue até 10 (dez) menores.

§ 1º As casas-lares serão isoladas, formando, quando agrupadas, uma aldeia assistencial ou vila de menores.

§ 2º A instituição fixará os limites de idade em que os menores ficarão sujeitos às casas-lares.

§ 3º Para os efeitos dos benefícios previdenciários, os menores residentes nas casas-lares e nas Casas da Juventude são considerados dependentes da mãe social a que foram confiados pela instituição empregadora.

Art. 4º São atribuições da mãe social:

I — propiciar o surgimento de condições próprias de uma família, orientando e assistindo os menores colocados sob seus cuidados;

II — administrar o lar, realizando e organizando as tarefas a ele pertinentes;

III — dedicar-se, com exclusividade, aos menores e à casa-lar que lhes forem confiadas.

Parágrafo único. A mãe social, enquanto no desempenho de suas atribuições, deverá residir, juntamente com os menores que lhe forem confiados, na casa-lar que lhe for destinada.

Art. 5º À mãe social ficam assegurados os seguintes direitos:

I — anotação na Carteira de Trabalho e Previdência Social;

II — remuneração, em valor não inferior ao salário mínimo;

III — repouso semanal remunerado de 24 (vinte e quatro) horas consecutivas;

IV — apoio técnico, administrativo e financeiro no desempenho de suas funções;

V — 30 (trinta) dias de férias anuais remuneradas nos termos do que dispõe o Capítulo IV, da Consolidação das Leis do Trabalho;

VI — benefícios e serviços previdenciários, inclusive, em caso de acidente do trabalho, na qualidade de segurada obrigatória;

VII — gratificação de Natal (13º salário);

VIII — Fundo de Garantia do Tempo de Serviço ou indenização, nos termos da legislação pertinente.

Art. 6º O trabalho desenvolvido pela mãe social é de caráter intermitente, realizando-se pelo tempo necessário ao desempenho de suas tarefas.

Art. 7º Os salários devidos à mãe social serão reajustados de acordo com as disposições legais aplicáveis, deduzido o percentual de alimentação fornecida pelo empregador.

Art. 8º A candidata ao exercício da profissão de mãe social deverá submeter-se à

seleção e treinamento específicos, a cujo término será verificada sua habilitação.

§ 1º O treinamento será composto de um conteúdo teórico e de uma aplicação prática, esta sob forma de estágio.

§ 2º O treinamento e estágio a que se refere o parágrafo anterior não excederão de 60 (sessenta) dias, nem criarão vínculo empregatício de qualquer natureza.

§ 3º A estagiária deverá estar segurada contra acidentes pessoais e receberá alimentação, habitação e bolsa de ajuda para vestuário e despesas pessoais.

§ 4º O Ministério da Previdência e Assistência Social assegurará assistência médica e hospitalar à estagiária.

Art. 9º São condições para admissão como mãe social:

a) idade mínima de 25 (vinte e cinco) anos;
b) boa sanidade física e mental;
c) curso de primeiro grau, ou equivalente;
d) ter sido aprovada em treinamento e estágio exigidos por esta Lei;
e) boa conduta social;
f) aprovação em teste psicológico específico.

Art. 10. A instituição manterá mães sociais para substituir as efetivas durante seus períodos de afastamento do serviço.

§ 1º A mãe social substituta, quando não estiver em efetivo serviço de substituição, deverá residir na aldeia assistencial e cumprir tarefas determinadas pelo empregador.

§ 2º A mãe social, quando no exercício da substituição, terá direito à retribuição percebida pela titular e ficará sujeita ao mesmo horário de trabalho.

Art. 11. As instituições que funcionam pelo sistema de casas-lares manterão, além destas, Casas de Juventude, para jovens com mais de 13 anos de idade, os quais encaminharão ao ensino profissionalizante.

Parágrafo único. O ensino a que se refere o *caput* deste artigo poderá ser ministrado em comum, em cada aldeia assistencial ou em várias dessas aldeias assistenciais reunidas, ou ainda, em outros estabelecimentos de ensino, públicos ou privados, conforme julgar conveniente a instituição.

Art. 12. Caberá à administração de cada aldeia assistencial providenciar a colocação dos menores no mercado de trabalho, como estagiários, aprendizes ou como empregados, em estabelecimentos públicos ou privados.

Parágrafo único. As retribuições percebidas pelos menores nas condições mencionadas no *caput* deste artigo serão assim distribuídas e destinadas:

I — até 40% (quarenta por cento) para a casa-lar a que estiverem vinculados, revertidos no custeio de despesas com manutenção do próprio menor;

II — 40% (quarenta por cento) para o menor destinados a despesas pessoais;

III — até 30% (trinta por cento) para depósito em caderneta de poupança ou equivalente, em nome do menor, com assistência da instituição mantenedora, e que poderá ser levantado pelo menor a partir dos 18 (dezoito) anos de idade.

Art. 13. Extinto o contrato de trabalho, a mãe social deverá retirar-se da casa-lar que ocupava, cabendo à entidade empregadora providenciar a imediata substituição.

Art. 14. As mães sociais ficam sujeitas às seguintes penalidades aplicáveis pela entidade empregadora:

I — advertência;
II — suspensão;
III — demissão.

Parágrafo único. Em caso de demissão sem justa causa, a mãe social será indenizada, na forma da legislação vigente, ou levantará os depósitos do Fundo de Garantia do Tempo de Serviço, com os acréscimos previstos em lei.

Art. 15. As casas-lares e as aldeias assistenciais serão mantidas exclusivamente com rendas próprias, doações, legados, contribuições e subvenções de entidades públicas ou privadas, vedada a aplicação em outras atividades que não sejam de seus objetivos.

Art. 16. Fica facultado a qualquer entidade manter casas-lares, desde que cumprido o disposto nesta Lei.

Art. 17. Por menor abandonado entende-se, para os efeitos desta Lei, o "menor em situação irregular" pela morte ou abandono dos pais, ou, ainda, pela incapacidade destes.

Art. 18. As instituições que mantenham ou coordenem o sistema de casas-lares para o atendimento gratuito de menores abandonados, registradas como tais no Conselho Nacional do Serviço Social, ficam isentas do recolhimento dos encargos patronais à previdência social.

Art. 19. Às relações do trabalho previstas nesta Lei, no que couber, aplica-se o disposto nos Capítulos I e IV do Título II, Seções IV, V e VI do Capítulo IV do Título III e nos Títulos IV e VII, todos da Consolidação das Leis do Trabalho — CLT.

Art. 20. Incumbe às autoridades competentes do Ministério do Trabalho e do Ministério da Previdência e Assistência Social, observadas as áreas de atuação, a fiscalização do disposto nesta Lei, competindo à Justiça do Trabalho dirimir as controvérsias entre empregado e empregador.

Art. 21. Esta Lei entra em vigor na data de sua publicação.

Art. 22. Revogam-se as disposições em contrário.

Brasília, em 18 de dezembro de 1987; 166º da Independência e 99º da República.

José Sarney
DOU 21.12.1987

Lei n. 7.701, de 21 de dezembro de 1988

Dispõe sobre a especialização de Turmas dos Tribunais do Trabalho em processos coletivos e dá outras providências

O PRESIDENTE DA REPÚBLICA,

Faço saber que o Congresso Nacional decreta e eu sanciono a seguinte Lei:

Art. 1º O Tribunal Superior do Trabalho, nos processos de sua competência, será dividido em Turmas e seções especializadas para a conciliação e julgamento de dissídios coletivos de natureza econômica ou jurídica e de dissídios individuais, respeitada a paridade da representação classista.

Parágrafo único. O Regimento Interno do Tribunal disporá sobre a constituição e o funcionamento de cada uma das seções especializadas do Tribunal Superior do Trabalho, bem como sobre o número, composição e funcionamento das respectivas Turmas do Tribunal. Caberá ao Presidente do Tribunal Superior do Trabalho presidir os atos de julgamento das seções especializadas, delas participando o Vice-Presidente e o Corregedor-Geral, este quando não estiver ausente em função corregedora.

Art. 2º Compete à seção especializada em dissídios coletivos, ou seção normativa:

I — originariamente:

a) conciliar e julgar os dissídios coletivos que excedam a jurisdição dos Tribunais Regionais do Trabalho e estender ou rever suas próprias sentenças normativas, nos casos previstos em lei;

b) homologar as conciliações celebradas nos dissídios coletivos de que trata a alínea anterior;

c) julgar as ações rescisórias propostas contra suas sentenças normativas;

d) julgar os mandados de segurança contra os atos praticados pelo Presidente do Tribunal ou por qualquer dos Ministros integrantes da seção especializada em processo de dissídio coletivo; e

e) julgar os conflitos de competência entre Tribunais Regionais do Trabalho em processos de dissídio coletivo.

II — em última instância julgar:

a) os recursos ordinários interpostos contra as decisões proferidas pelos Tribunais Regionais do Trabalho em dissídios coletivos de natureza econômica ou jurídica;

b) os recursos ordinários interpostos contra as decisões proferidas pelos Tribunais Regionais do Trabalho em ações rescisórias e mandados de segurança pertinentes a dissídios coletivos;

c) os Embargos Infringentes interpostos contra decisão não unânime proferida em processo de dissídio coletivo de sua competência originária, salvo se a decisão atacada estiver em consonância com precedente jurisprudencial do Tribunal Superior do Trabalho ou da Súmula de sua jurisprudência predominante;

d) os Embargos de Declaração opostos aos seus acórdãos e os Agravos Regimentais pertinentes aos dissídios coletivos;

e) as suspeições arguidas contra o Presidente e demais Ministros que integram a seção, nos feitos pendentes de sua decisão; e

f) os Agravos de Instrumento interpostos contra despacho denegatório de recurso ordinário nos processos de sua competência.

Art. 3º Compete à Seção de Dissídios Individuais julgar:

I — originariamente:

a) as ações rescisórias propostas contra decisões das Turmas do Tribunal Superior do Trabalho e suas próprias, inclusive as anteriores à especialização em seções; e

b) os mandados de segurança de sua competência originária, na forma da lei;

II — em única instância:

a) os agravos regimentais interpostos em dissídios individuais; e

b) os conflitos de competência entre Tribunais Regionais e aqueles que envolvem Juízes de Direito investidos da jurisdição trabalhista e Juntas de Conciliação e Julgamento em processos de dissídio individual.

III — em última instância:

a) os recursos ordinários interpostos contra decisões dos Tribunais Regionais em processos de dissídio individual de sua competência originária;

b) os embargos das decisões das Turmas que divergirem entre si, ou das decisões proferidas pela Seção de Dissídios Individuais; (NR) *(Redação dada pela Lei n. 11.496, de 22.6.06, DOU 25.6.07, com entrada em vigor 90 (noventa) dias após a data de sua publicação, art. 3º, da mesma Lei)*

c) os agravos regimentais de despachos denegatórios dos Presidentes das Turmas, em matéria de embargos, na forma estabelecida no Regimento Interno;

d) os Embargos de Declaração opostos aos seus acórdãos;

e) as suspeições arguidas contra o Presidente e demais Ministros que integram a seção nos feitos pendentes de julgamento; e

f) os Agravos de Instrumento interpostos contra despacho denegatório de recurso ordinário em processo de sua competência.

Art. 4º É da competência do Tribunal Pleno do Tribunal Superior do Trabalho:

a) a declaração de inconstitucionalidade ou não de lei ou de ato normativo do Poder Público;

b) aprovar os enunciados da Súmula da jurisprudência predominante em dissídios individuais;

c) julgar os incidentes de uniformização da jurisprudência em dissídios individuais;

d) aprovar os precedentes da jurisprudência predominante em dissídios coletivos;

e) aprovar as tabelas de custas e emolumentos, nos termos da lei; e

f) elaborar o Regimento Interno do Tribunal e exercer as atribuições administrativas previstas em lei ou na Constituição Federal.

Art. 5º As Turmas do Tribunal Superior do Trabalho terão, cada uma, a seguinte competência:

a) julgar os Recursos de Revista interpostos de decisões dos Tribunais Regionais do Trabalho, nos casos previstos em lei;

b) julgar, em última instância, os Agravos de Instrumento dos despachos de Presidente de Tribunal Regional que denegarem seguimento a Recurso de Revista, explicitando em que efeito a Revista deve ser processada, caso providos;

c) julgar, em última instância, os agravos regimentais; e

d) julgar os Embargos de Declaração opostos aos seus acórdãos.

Art. 6º Os Tribunais Regionais do Trabalho que funcionarem divididos em Grupos de Turmas promoverão a especialização de um deles com a competência exclusiva para a conciliação e julgamento de dissídios coletivos, na forma prevista no *caput* do art. 1º desta Lei.

Parágrafo único. O Regimento Interno disporá sobre a constituição e funcionamento do Grupo Normativo, bem como dos demais Grupos de Turmas do Tribunal Regional do Trabalho.

Art. 7º Das decisões proferidas pelo Grupo Normativo dos Tribunais Regionais do Trabalho, caberá recurso ordinário para o Tribunal Superior do Trabalho.

§ 1º O Juiz relator ou o redator designado disporá de 10 (dez) dias para redigir o acórdão.

§ 2º Não publicado o acórdão nos 20 (vinte) dias subsequentes ao julgamento, poderá qualquer dos litigantes ou o Ministério Público do Trabalho interpor recurso ordinário, fundado, apenas, na certidão de julgamento, inclusive com pedido de efeito suspensivo, pagas as custas, se for o caso. Publicado o acórdão, reabrir-se-á o prazo para o aditamento do recurso interposto.

§ 3º Interposto o recurso na forma do parágrafo anterior, deverão os recorrentes comunicar o fato à Corregedoria-Geral, para as providências legais cabíveis.

§ 4º Publicado o acórdão, quando as partes forem consideradas intimadas, seguir-se-á o procedimento recursal como previsto em lei, com a intimação pessoal do Ministério Público, por qualquer dos seus procuradores.

§ 5º Formalizado o acordo pelas partes e homologado pelo Tribunal, não caberá qualquer recurso, salvo por parte do Ministério Público.

§ 6º A sentença normativa poderá ser objeto de ação de cumprimento a partir do 20º (vigésimo) dia subsequente ao do julgamento, fundada no acórdão ou na certidão de julgamento, salvo se concedido efeito suspensivo pelo Presidente do Tribunal Superior do Trabalho.

Art. 8º O disposto no art. 7º e respectivos parágrafos desta Lei aplica-se aos demais Tribunais Regionais do Trabalho não divididos em Grupos de Turmas.

Art. 9º O efeito suspensivo deferido pelo Presidente do Tribunal Superior do Trabalho terá eficácia pelo prazo improrrogável de 120 (cento e vinte) dias contados da publicação, salvo se o recurso ordinário for julgado antes do término do prazo.

Art. 10. Nos dissídios coletivos de natureza econômica ou jurídica de competência originária ou recursal da seção normativa do Tribunal Superior do Trabalho, a sentença poderá ser objeto de ação de cumprimento com a publicação da certidão de julgamento.

Art. 11. Nos processos de dissídio coletivo, o Ministério Público emitirá parecer escrito, ou protestará pelo pronunciamento oral, na audiência ou sessão de julgamento.

Art. 12. O art. 896 da Consolidação das Leis do Trabalho — CLT, aprovada pelo Decreto-lei n. 5.452, de 1º de maio de 1943, passa a ter a seguinte redação: (*O art. 896 da CLT já está com a redação conferida por esta lei*).

Art. 13. O depósito recursal de que trata o art. 899 e seus parágrafos da Consolidação das Leis do Trabalho fica limitado, no recurso ordinário, a 20 (vinte) vezes o valor de referência e, no de revista, a 40 (quarenta) vezes o referido valor de referência. Será considerado valor de referência aquele vigente à data da interposição do recurso, devendo ser complementado o valor total de 40 (quarenta) valores, no caso de revista.

Art. 14. O Regimento Interno dos Tribunais Regionais do Trabalho deverá dispor sobre a Súmula da respectiva jurisprudência predominante e sobre o incidente de uniformização, inclusive os pertinentes às leis estaduais e normas coletivas.

Art. 15. Esta Lei entra em vigor na data de sua publicação.

Art. 16. Revogam-se as disposições em contrário da Consolidação das Leis do Trabalho e da legislação especial.

Brasília, em 21 de dezembro de 1988; 167º da Independência e 100º da República.

José Sarney
José Fernando Cirne Lima Eichenberg
DOU 22.12.1988

Lei n. 7.716, de 5 de janeiro de 1989

Define os crimes resultantes de preconceito de raça ou de cor

O PRESIDENTE DA REPÚBLICA,

Faço saber que o Congresso Nacional decreta e eu sanciono a seguinte Lei:

Art. 1º Serão punidos, na forma desta Lei, os crimes resultantes de discriminação ou preconceito de raça, cor, etnia, religião ou procedência nacional. (*Alterado pela L. n. 9.459, de 13.5.97, DOU 14.5.97*).

Art. 2º (Vetado).

Art. 3º Impedir ou obstar o acesso de alguém, devidamente habilitado, a qualquer cargo da Administração Direta ou Indireta, bem como das concessionárias de serviços públicos.

Pena: reclusão de dois a cinco anos.

Parágrafo único. Incorre na mesma pena quem, por motivo de discriminação de raça, cor, etnia, religião ou procedência nacional, obstar a promoção funcional. (NR) (*Redação dada pela Lei n. 12.288, de 20.7.10, DOU 21.7.10*)

Art. 4º Negar ou obstar emprego em empresa privada.

Pena: reclusão de dois a cinco anos.

§ 1º Incorre na mesma pena quem, por motivo de discriminação de raça ou de cor ou práticas resultantes do preconceito de descendência ou origem nacional ou étnica:

I — deixar de conceder os equipamentos necessários ao empregado em igualdade de condições com os demais trabalhadores;

II — impedir a ascensão funcional do empregado ou obstar outra forma de benefício profissional;

III — proporcionar ao empregado tratamento diferenciado no ambiente de trabalho, especialmente quanto ao salário.

§ 2º Ficará sujeito às penas de multa e de prestação de serviços à comunidade, incluindo atividades de promoção da igualdade racial, quem, em anúncios ou qualquer outra forma de recrutamento de trabalhadores, exigir aspectos de aparência próprios de raça ou etnia para emprego cujas atividades não justifiquem essas exigências. (NR) (*Redação dos §§ e incisos dada pela Lei n. 12.288, de 20.7.10, DOU 21.7.10*)

Art. 5º Recusar ou impedir acesso a estabelecimento comercial, negando-se a servir, atender ou receber cliente ou comprador.

Pena: reclusão de um a três anos.

Art. 6º Recusar, negar ou impedir a inscrição ou ingresso de aluno em estabelecimento de ensino público ou privado de qualquer grau.

Pena: reclusão de três a cinco anos.

Parágrafo único. Se o crime for praticado contra menor de dezoito anos a pena é agravada de 1/3 (um terço).

Art. 7º Impedir o acesso ou recusar hospedagem em hotel, pensão, estalagem, ou qualquer estabelecimento similar.

Pena: reclusão de três a cinco anos.

Art. 8º Impedir o acesso ou recusar atendimento em restaurantes, bares, confeitarias, ou locais semelhantes abertos ao público.

Pena: reclusão de um a três anos.

Art. 9º Impedir o acesso ou recusar atendimentos em estabelecimentos esportivos, casas de diversões, ou clubes sociais abertos ao público.

Pena: reclusão de um a três anos.

Art. 10. Impedir o acesso ou recusar atendimento em salões de cabeleireiros, barbearias, termas ou casas de massagem ou estabelecimentos com as mesmas finalidades.

Pena: reclusão de um a três anos.

Art. 11. Impedir o acesso às entradas sociais em edifícios públicos ou residenciais e elevadores ou escada de acesso aos mesmos.

Pena: reclusão de um a três anos.

Art. 12. Impedir o acesso ou uso de transportes públicos, como aviões, navios, barcas, barcos, ônibus, trens, metrô ou qualquer outro meio de transporte concedido.

Pena: reclusão de um a três anos.

Art. 13. Impedir ou obstar o acesso de alguém ao serviço em qualquer ramo das Forças Armadas.

Pena: reclusão de dois a quatro anos.

Art. 14. Impedir ou obstar, por qualquer meio ou forma, o casamento ou convivência familiar e social.

Pena: reclusão de dois a quatro anos.

Art. 15. (Vetado).

Art. 16. Constitui efeito da condenação a perda do cargo ou função pública, para o servidor público, e a suspensão do funcionamento do estabelecimento particular por prazo não superior a três meses.

Art. 17. (Vetado).

Art. 18. Os efeitos de que tratam os arts. 16 e 17 desta Lei não são automáticos, devendo ser motivadamente declarados na sentença.

Art. 19. (Vetado).

Art. 20. Praticar, induzir ou incitar a discriminação ou preconceito de raça, cor, etnia, religião ou procedência nacional.

Pena: reclusão de um a três anos e multa.

§ 1º Fabricar, comercializar, distribuir ou veicular símbolos, emblemas, ornamentos, distintivos ou propaganda que utilizem a cruz suástica ou gamada, para fins de divulgação do nazismo:

Pena: reclusão de dois a cinco anos e multa.

§ 2º Se qualquer dos crimes previstos no *caput* é cometido por intermédio dos meios de comunicação social ou publicação de qualquer natureza:

Pena: reclusão de dois a cinco anos e multa.

§ 3º No caso do parágrafo anterior, o juiz poderá determinar, ouvido o Ministério Público ou a pedido deste, ainda antes do inquérito policial, sob pena de desobediência:

I — o recolhimento imediato ou a busca e apreensão dos exemplares do material respectivo;

II — a cessação das respectivas transmissões radiofônicas, televisivas, eletrônicas ou da publicação por qualquer meio; *(Redação dada pela Lei n. 12.735, de 30.11.12, DOU 3.12.12)*

III — a interdição das respectivas mensagens ou páginas de informação na rede mundial de computadores. *(Redação dada pela Lei n. 12.288, de 20.7.10, DOU 21.7.10)*

§ 4º Na hipótese do § 2º, constitui efeito da condenação, após o trânsito em julgado da decisão, a destruição do material apreendido. *(Alterado pela L. n. 9.459, de 14.5.97, DOU 14.5.97)*

Art. 21. Esta Lei entra em vigor na data de sua publicação. *(Renumerado pela Lei n. 8.081, de 21.9.1990)*

Art. 22. Revogam-se as disposições em contrário. *(Renumerado pela Lei n. 8.081, de 21.9.1990)*

Brasília, 5 de janeiro de 1989; 168º da Independência e 101º da República.

José Sarney
Paulo Brossard
DOU 6.1.1989

Lei n. 7.783, de 28 de junho de 1989

Dispõe sobre o exercício do direito de greve, define as atividades essenciais, regula o atendimento das necessidades inadiáveis da comunidade, e dá outras providências

O PRESIDENTE DA REPÚBLICA,

Faço saber que o Congresso Nacional decreta e eu sanciono a seguinte Lei:

Art. 1º É assegurado o direito de greve, competindo aos trabalhadores decidir sobre a oportunidade de exercê-lo e sobre os interesses que devam por meio dele defender.

Parágrafo único. O direito de greve será exercido na forma estabelecida nesta Lei.

Art. 2º Para os fins desta Lei, considera-se legítimo exercício do direito de greve a suspensão coletiva, temporária e pacífica, total ou parcial, de prestação pessoal de serviços a empregador.

Art. 3º Frustrada a negociação ou verificada a impossibilidade de recurso via arbitral, é facultada a cessação coletiva do trabalho.

Parágrafo único. A entidade patronal correspondente ou os empregadores diretamente interessados serão notificados, com antecedência mínima de 48 (quarenta e oito) horas, da paralisação.

Art. 4º Caberá à entidade sindical correspondente convocar, na forma do seu estatuto, assembleia geral que definirá as reivindicações da categoria e deliberará sobre a paralisação coletiva da prestação de serviços.

§ 1º O estatuto da entidade sindical deverá prever as formalidades de convocação e o *quorum* para a deliberação, tanto da deflagração quanto da cessação da greve.

§ 2º Na falta de entidade sindical, a assembleia geral dos trabalhadores interessados deliberará para os fins previstos no *caput*, constituindo comissão de negociação.

Art. 5º A entidade sindical ou comissão especialmente eleita representará os interesses dos trabalhadores nas negociações ou na Justiça do Trabalho.

Art. 6º São assegurados aos grevistas, dentre outros direitos:

I — o emprego de meios pacíficos tendentes a persuadir ou aliciar os trabalhadores a aderirem à greve;

II — a arrecadação de fundos e a livre divulgação do movimento.

§ 1º Em nenhuma hipótese, os meios adotados por empregados e empregadores poderão violar ou constranger os direitos e garantias fundamentais de outrem.

§ 2º É vedado às empresas adotar meios para constranger o empregado ao comparecimento ao trabalho, bem como capazes de frustrar a divulgação do movimento.

§ 3º As manifestações e atos de persuasão utilizados pelos grevistas não poderão impedir o acesso ao trabalho nem causar ameaça ou dano à propriedade ou pessoa.

Art. 7º Observadas as condições previstas nesta Lei, a participação em greve suspende o contrato de trabalho, devendo as relações obrigacionais durante o período ser regidas pelo acordo, convenção, laudo arbitral ou decisão da Justiça do Trabalho.

Parágrafo único. É vedada a rescisão de contrato de trabalho durante a greve, bem como a contratação de trabalhadores substitutos, exceto na ocorrência das hipóteses previstas nos arts. 9º e 14.

Art. 8º A Justiça do Trabalho, por iniciativa de qualquer das partes ou do Ministério Público do Trabalho, decidirá sobre a procedência, total ou parcial, ou improcedência das reivindicações, cumprindo ao Tribunal publicar, de imediato, o competente acórdão.

Art. 9º Durante a greve, o sindicato ou a comissão de negociação, mediante acordo com a entidade patronal ou diretamente com o empregador, manterá em atividade equipes de empregados com o propósito de assegurar os serviços cuja paralisação resulte em prejuízo irreparável, pela deterioração irreversível de bens, máquinas e equipamentos, bem como a manutenção daqueles essenciais à retomada das atividades da empresa quando da cessação do movimento.

Parágrafo único. Não havendo acordo, é assegurado ao empregador, enquanto perdurar a greve, o direito de contratar diretamente os serviços necessários a que se refere este artigo.

Art. 10. São considerados serviços ou atividades essenciais:

I — tratamento e abastecimento de água, produção e distribuição de energia elétrica, gás e combustíveis;

II — assistência médica e hospitalar;

III — distribuição e comercialização de medicamentos e alimentos;

IV — funerários;

V — transporte coletivo;

VI — captação e tratamento de esgoto e lixo;

VII — telecomunicações;

VIII — guarda, uso e controle de substâncias radioativas, equipamentos e materiais nucleares;

IX — processamento de dados ligados a serviços essenciais;

X — controle de tráfego aéreo;

XI — compensação bancária.

Art. 11. Nos serviços ou atividades essenciais, os sindicatos, os empregadores e os trabalhadores ficam obrigados de comum acordo, a garantir, durante a greve, a prestação dos serviços indispensáveis ao atendimento das necessidades inadiáveis da comunidade.

Parágrafo único. São necessidades inadiáveis da comunidade aquelas que, não atendidas, coloquem em perigo iminente a sobrevivência, a saúde ou a segurança da população.

Art. 12. No caso da inobservância do disposto no artigo anterior, o Poder Público assegurará a prestação dos serviços indispensáveis.

Art. 13. Na greve em serviços ou atividades essenciais, ficam as entidades sindicais ou os trabalhadores, conforme o caso, obrigados a comunicar a decisão aos empregadores e aos usuários com antecedência mínima de 72 (setenta e duas) horas da paralisação.

Art. 14. Constitui abuso do direito de greve a inobservância das normas contidas na presente Lei, bem como a manutenção da paralisação após a celebração de acordo, convenção ou decisão da Justiça do Trabalho.

Parágrafo único. Na vigência de acordo, convenção ou sentença normativa não constitui abuso do exercício do direito de greve a paralisação que:

I — tenha por objetivo exigir o cumprimento da cláusula ou condição;

II — seja motivada pela superveniência de fato novo ou acontecimento imprevisto que modifique substancialmente a relação de trabalho.

Art. 15. A responsabilidade pelos atos praticados, ilícitos ou crimes cometidos, no curso da greve, será apurada, conforme o caso, segundo a legislação trabalhista, civil ou penal.

Parágrafo único. Deverá o Ministério Público, de ofício, requisitar a abertura do competente inquérito e oferecer denúncia quando houver indício da prática de delito.

Art. 16. Para os fins previstos no art. 37, inciso VII, da Constituição, lei complementar definirá os termos e os limites em que o direito de greve poderá ser exercido.

Art. 17. Fica vedada a paralisação das atividades, por iniciativa do empregador, com o objetivo de frustrar negociação ou dificultar o atendimento de reivindicações dos respectivos empregados (lockout).

Parágrafo único. A prática referida no caput assegura aos trabalhadores o direito à percepção dos salários durante o período de paralisação.

Art. 18. Ficam revogados a Lei n. 4.330, de 1º de junho de 1964, o Decreto-lei n. 1.632, de 4 de agosto de 1978, e demais disposições em contrário.

Art. 19. Esta Lei entra em vigor na data de sua publicação.

Brasília, em 28 de junho de 1989; 168º da Independência e 101º da República.

José Sarney
Oscar Dias Corrêa
Dorothéa Werneck
DOU 29.6.1989

Lei n. 7.853, de 24 de outubro de 1989

Dispõe sobre o apoio às pessoas portadoras de deficiência, sua integração social, sobre a Coordenadoria Nacional para Integração da Pessoa Portadora de Deficiência — CORDE, institui a tutela jurisdicional de interesses coletivos ou difusos dessas pessoas, disciplina a atuação do Ministério Público, define crimes, e dá outras providências

O PRESIDENTE DA REPÚBLICA, faço saber que o Congresso Nacional decreta e eu sanciono a seguinte Lei:

Art. 1º Ficam estabelecidas normas gerais que asseguram o pleno exercício dos direitos individuais e sociais das pessoas portadoras de deficiências, e sua efetiva integração social, nos termos desta Lei.

§ 1º Na aplicação e interpretação desta Lei, serão considerados os valores básicos da igualdade de tratamento e oportunidade, da justiça social, do respeito à dignidade da pessoa humana, do bem-estar, e outros, indicados na Constituição ou justificados pelos princípios gerais de direito.

§ 2º As normas desta Lei visam garantir às pessoas portadoras de deficiência as ações governamentais necessárias ao seu cumprimento e das demais disposições constitucionais e legais que lhes concernem, afastadas as discriminações e os preconceitos de qualquer espécie, e entendida a matéria como obrigação nacional a cargo do Poder Público e da sociedade.

Art. 2º Ao Poder Público e seus órgãos cabe assegurar às pessoas portadoras de deficiência o pleno exercício de seus direitos básicos, inclusive dos direitos à educação, à saúde, ao trabalho, ao lazer, à previdência social, ao amparo à infância e à maternidade, e de outros que, decorrentes da Constituição e das leis, propiciem seu bem-estar pessoal, social e econômico.

Parágrafo único. Para o fim estabelecido no caput deste artigo, os órgãos e entidades da administração direta e indireta devem dispensar, no âmbito de sua competência e finalidade, aos assuntos objetos desta Lei, tratamento prioritário e adequado, tendente a viabilizar, sem prejuízo de outras, as seguintes medidas:

I — na área da educação:

a) a inclusão, no sistema educacional, da Educação Especial como modalidade educativa que abranja a educação precoce, a pré-escolar, as de 1º e 2º graus, a supletiva, a habilitação e reabilitação profissionais, com currículos, etapas e exigências de diplomação próprios;

b) a inserção, no referido sistema educacional, das escolas especiais, privadas e públicas;

c) a oferta, obrigatória e gratuita, da Educação Especial em estabelecimento público de ensino;

d) o oferecimento obrigatório de programas de Educação Especial a nível pré-escolar, em unidades hospitalares e congêneres nas quais estejam internados, por prazo igual ou superior a 1 (um) ano, educandos portadores de deficiência;

e) o acesso de alunos portadores de deficiência aos benefícios conferidos aos demais educandos, inclusive material escolar, merenda escolar e bolsas de estudo;

f) a matrícula compulsória em cursos regulares de estabelecimentos públicos e particulares de pessoas portadoras de deficiência capazes de se integrarem no sistema regular de ensino;

II — na área da saúde:

a) a promoção de ações preventivas, como as referentes ao planejamento familiar, ao aconselhamento genético, ao acompanhamento da gravidez, do parto e do puerpério, à nutrição da mulher e da criança, à identificação e ao controle da gestante e do feto de alto risco, à imunização, às doenças do metabolismo e seu diagnóstico e ao encaminhamento precoce de outras doenças causadoras de deficiência;

b) o desenvolvimento de programas especiais de prevenção de acidente do trabalho e de trânsito, e de tratamento adequado a suas vítimas;

c) a criação de uma rede de serviços especializados em reabilitação e habilitação;

d) a garantia de acesso das pessoas portadoras de deficiência aos estabelecimentos de saúde públicos e privados, e de seu adequado tratamento neles, sob normas técnicas e padrões de conduta apropriados;

e) a garantia de atendimento domiciliar de saúde ao deficiente grave não internado;

f) o desenvolvimento de programas de saúde voltados para as pessoas portadoras de deficiência, desenvolvidos com a participação da sociedade e que lhes ensejem a integração social;

III — na área da formação profissional e do trabalho:

a) o apoio governamental à formação profissional e a garantia de acesso aos serviços concernentes, inclusive aos cursos regulares voltados à formação profissional;

b) o empenho do Poder Público quanto ao surgimento e à manutenção de empregos, inclusive de tempo parcial, destinados às pessoas portadoras de deficiência que não tenham acesso aos empregos comuns;

c) a promoção de ações eficazes que propiciem a inserção, nos setores público e privado, de pessoas portadoras de deficiência;

d) a adoção de legislação específica que discipline a reserva de mercado de trabalho, em favor das pessoas portadoras de deficiência, nas entidades da Administração Pública e do setor privado, e que regulamente a organização de oficinas e congêneres integradas ao mercado de trabalho, e a situação, nelas, das pessoas portadoras de deficiência;

IV — na área de recursos humanos:

a) a formação de professores de nível médio para a Educação Especial, de técnicos de nível médio especializados na habilitação e reabilitação, e de instrutores para formação profissional;

b) a formação e qualificação de recursos humanos que, nas diversas áreas de conhecimento, inclusive de nível superior, atendam à demanda e às necessidades reais das pessoas portadoras de deficiências;

c) o incentivo à pesquisa e ao desenvolvimento tecnológico em todas as áreas do conhecimento relacionadas com a pessoa portadora de deficiência;

V — na área das edificações:

a) a adoção e a efetiva execução de normas que garantam a funcionalidade das edificações e vias públicas, que evitem ou removam os óbices às pessoas portadoras de deficiência, permitam o acesso destas a edifícios, a logradouros e a meios de transporte.

Art. 3º As medidas judiciais destinadas à proteção de interesses coletivos, difusos, individuais homogêneos e individuais indisponíveis da pessoa com deficiência poderão ser propostas pelo Ministério Público, pela Defensoria Pública, pela União, pelos Estados, pelos Municípios, pelo Distrito Federal, por associação constituída há mais de 1 (um) ano, nos termos da lei civil, por autarquia, por empresa pública e por fundação ou sociedade de economia mista que inclua, entre suas finalidades institucionais, a proteção dos interesses e a promoção de direitos da pessoa com deficiência. *(Redação dada pela Lei n. 13.146, de 6.7.15, DOU 7.7.15, com vigência após decorridos 180 dias de sua publicação oficial)*

§ 1º Para instruir a inicial, o interessado poderá requerer às autoridades competentes as certidões e informações que julgar necessárias.

§ 2º As certidões e informações a que se refere o parágrafo anterior deverão ser fornecidas dentro de 15 (quinze) dias da entrega, sob recibo, dos respectivos requerimentos, e só poderão ser utilizadas para a instrução da ação civil.

§ 3º Somente nos casos em que o interesse público, devidamente justificado, impuser sigilo, poderá ser negada certidão ou informação.

§ 4º Ocorrendo a hipótese do parágrafo anterior, a ação poderá ser proposta desacompanhada das certidões ou informações negadas, cabendo ao juiz, após apreciar os motivos do indeferimento, e salvo quando se tratar de razão de segurança nacional, requisitar umas e outras; feita a requisição, o processo correrá em segredo de justiça, que cessará com o trânsito em julgado da sentença.

§ 5º Fica facultado aos demais legitimados ativos habilitarem-se como litisconsortes nas ações propostas por qualquer deles.

§ 6º Em caso de desistência ou abandono da ação, qualquer dos colegitimados pode assumir a titularidade ativa.

Art. 4º A sentença terá eficácia de coisa julgada oponível *erga omnes*, exceto no caso de haver sido a ação julgada improcedente por deficiência de prova, hipótese em que qualquer legitimado poderá intentar outra ação com idêntico fundamento, valendo-se de nova prova.

§ 1º A sentença que concluir pela carência ou pela improcedência da ação fica sujeita ao duplo grau de jurisdição, não produzindo efeito senão depois de confirmada pelo tribunal.

§ 2º Das sentenças e decisões proferidas contra o autor da ação e suscetíveis de recurso, poderá recorrer qualquer legitimado ativo, inclusive o Ministério Público.

Art. 5º O Ministério Público intervirá obrigatoriamente nas ações públicas, coletivas ou individuais, em que se discutam interesses relacionados à deficiência das pessoas.

Art. 6º O Ministério Público poderá instaurar, sob sua presidência, inquérito civil, ou requisitar, de qualquer pessoa física ou jurídica, pública ou particular, certidões, informações, exame ou perícias, no prazo que assinalar, não inferior a 10 (dez) dias úteis.

§ 1º Esgotadas as diligências, caso se convença o órgão do Ministério Público da inexistência de elementos para a proposita de ação civil, promoverá fundamentadamente o arquivamento do inquérito civil, ou das peças informativas. Neste caso, deverá remeter a reexame os autos ou as respectivas peças, em 3 (três) dias, ao Conselho Superior do Ministério Público, que os examinará, deliberando a respeito, conforme dispuser seu Regimento.

§ 2º Se a promoção do arquivamento for reformada, o Conselho Superior do Ministério Público designará desde logo outro órgão do Ministério Público para o ajuizamento da ação.

Art. 7º Aplicam-se à ação civil pública prevista nesta Lei, no que couber, os dispositivos da Lei n. 7.347, de 24 de julho de 1985.

Art. 8º Constitui crime punível com reclusão de 2 (dois) a 5 (cinco) anos e multa: *(Redação dada pela Lei n. 13.146, de 6.7.15, DOU 7.7.15, com vigência após decorridos 180 dias de sua publicação oficial)*

I — recusar, cobrar valores adicionais, suspender, procrastinar, cancelar ou fazer cessar inscrição de aluno em estabelecimento de ensino de qualquer curso ou grau, público ou privado, em razão de sua deficiência; *(Redação dada pela Lei n. 13.146, de 6.7.15, DOU 7.7.15, com vigência após decorridos 180 dias de sua publicação oficial)*

II — obstar inscrição em concurso público ou acesso de alguém a qualquer cargo ou emprego público, em razão de sua deficiência; *(Redação dada pela Lei n. 13.146, de 6.7.15, DOU 7.7.15, com vigência após decorridos 180 dias de sua publicação oficial)*

III — negar ou obstar emprego, trabalho ou promoção à pessoa em razão de sua deficiência; *(Redação dada pela Lei n. 13.146, de 6.7.15, DOU 7.7.15, com vigência após decorridos 180 dias de sua publicação oficial)*

IV — recusar, retardar ou dificultar internação ou deixar de prestar assistência médico-hospitalar e ambulatorial à pessoa com deficiência; *(Redação dada pela Lei n. 13.146, de 6.7.15, DOU 7.7.15, com vigência após decorridos 180 dias de sua publicação oficial)*

V — deixar de cumprir, retardar ou frustrar execução de ordem judicial expedida na ação civil a que alude esta Lei; *(Redação dada pela Lei n. 13.146, de 6.7.15, DOU 7.7.15, com vigência após decorridos 180 dias de sua publicação oficial)*

VI — recusar, retardar ou omitir dados técnicos indispensáveis à propositura da ação civil pública objeto desta Lei, quando requisitados. *(Redação dada pela Lei n. 13.146, de 6.7.15, DOU 7.7.15, com vigência após decorridos 180 dias de sua publicação oficial)*

§ 1º Se o crime for praticado contra pessoa com deficiência menor de 18 (dezoito) anos, a pena é agravada em 1/3 (um terço). *(Redação dada pela Lei n. 13.146, de 6.7.15, DOU 7.7.15, com vigência após decorridos 180 dias de sua publicação oficial)*

§ 2º A pena pela adoção deliberada de critérios subjetivos para indeferimento de inscrição, de aprovação e de cumprimento de estágio probatório em concursos públicos não exclui a responsabilidade patrimonial pessoal do administrador público pelos danos causados. *(Redação dada pela Lei n. 13.146, de 6.7.15, DOU 7.7.15, com vigência após decorridos 180 dias de sua publicação oficial)*

§ 3º Incorre nas mesmas penas quem impede ou dificulta o ingresso de pessoa com deficiência em planos privados de assistência à saúde, inclusive com cobrança de valores diferenciados. *(Redação dada pela Lei n. 13.146, de 6.7.15, DOU 7.7.15, com vigência após decorridos 180 dias de sua publicação oficial)*

§ 4º Se o crime for praticado em atendimento de urgência e emergência, a pena é agravada em 1/3 (um terço). (NR) *(Redação dada pela Lei n. 13.146, de 6.7.15, DOU 7.7.15, com vigência após decorridos 180 dias de sua publicação oficial)*

Art. 9º A Administração Pública Federal conferirá aos assuntos relativos às pessoas portadoras de deficiência tratamento prioritário e apropriado, para que lhes seja efetivamente ensejado o pleno exercício de seus direitos individuais e sociais, bem como sua completa integração social.

§ 1º Os assuntos a que alude este artigo serão objeto de ação, coordenada e integrada, dos órgãos da Administração Pública Federal, e incluir-se-ão em Política Nacional para Integração da Pessoa Portadora de Deficiência, na qual estejam compreendidos planos, programas e projetos sujeitos a prazos e objetivos determinados.

§ 2º Ter-se-ão como integrantes da Administração Pública Federal, para os fins desta Lei, além dos órgãos públicos, das autarquias, das empresas públicas e sociedades de economia mista, as respectivas subsidiárias e as fundações públicas.

Art. 10. A coordenação superior dos assuntos, ações governamentais e medidas referentes a pessoas portadoras de deficiência caberá à Secretaria Especial dos Direitos Humanos da Presidência da República. (NR) *(Redação dada pela Lei n. 11.958, de 26.6.2009, DOU 29.9.2009)*

Parágrafo único. Ao órgão a que se refere este artigo caberá formular a Política Nacional para a Integração da Pessoa Portadora de Deficiência, seus planos, programas e projetos e cumprir as instruções superiores que lhes digam respeito, com a cooperação dos demais órgãos públicos. *(Redação dada pela Lei n. 8.028, de 12.4.1990, DOU 13.4.1990)*

Art. 11. *(Revogado pela Lei n. 8.028, de 12.4.1990, DOU 13.4.1990)*

Art. 12. Compete à CORDE:

I — coordenar as ações governamentais e medidas que se refiram às pessoas portadoras de deficiência;

II — elaborar os planos, programas e projetos subsumidos na Política Nacional para a Integração de Pessoa Portadora de Deficiência, bem como propor as providências necessárias à sua completa implantação e seu adequado desenvolvimento, inclusive as pertinentes a recursos e as de caráter legislativo;

III — acompanhar e orientar a execução, pela Administração Pública Federal, dos planos, programas e projetos mencionados no inciso anterior;

IV — manifestar-se sobre a adequação à Política Nacional para a Integração da Pessoa Portadora de Deficiência dos projetos federais a ela conexos, antes da liberação dos recursos respectivos;

V — manter, com os Estados, Municípios, Territórios, o Distrito Federal e o Ministério Público, estreito relacionamento, objetivando a concorrência de ações destinadas à integração social das pessoas portadoras de deficiência;

VI — provocar a iniciativa do Ministério Público, ministrando-lhe informações sobre fatos que constituam objeto da ação civil de que trata esta Lei, e indicando-lhe os elementos de convicção;

VII — emitir opinião sobre os acordos, contratos ou convênios firmados pelos demais órgãos da Administração Pública Federal, no âmbito da Política Nacional para a Integração da Pessoa Portadora de Deficiência;

VIII — promover e incentivar a divulgação e o debate das questões concernentes à pessoa portadora de deficiência, visando à conscientização da sociedade.

Parágrafo único. Na elaboração dos planos, programas e projetos a seu cargo, deverá a CORDE recolher, sempre que possível, a opinião das pessoas e entidades interessadas, bem como considerar a necessidade de efetivo apoio aos entes particulares voltados para a integração social das pessoas portadoras de deficiência.

Art. 13. *(Revogado pela Medida Provisória n. 2.216-37, 31.8.2001)*

Art. 14. (VETADO).

Art. 15. Para atendimento e fiel cumprimento do que dispõe esta Lei, será reestruturada a Secretaria de Educação Especial do Ministério da Educação, e serão instituídos, no Ministério do Trabalho, no Ministério da Saúde e no Ministério da Previdência e Assistência Social, órgãos encarregados da coordenação setorial dos assuntos concernentes às pessoas portadoras de deficiência.

Art. 16. O Poder Executivo adotará, nos 60 (sessenta) dias posteriores à vigência desta Lei, as providências necessárias à reestruturação e ao regular funcionamento da CORDE, como aquelas decorrentes do artigo anterior.

Art. 17. Serão incluídas no censo demográfico de 1990, e nos subsequentes, questões concernentes à problemática da pessoa portadora de deficiência, objetivando o conhecimento atualizado do número de pessoas portadoras de deficiência no País.

Art. 18. Os órgãos federais desenvolverão, no prazo de 12 (doze) meses contado da publicação desta Lei, as ações necessárias à efetiva implantação das medidas indicadas no art. 2º desta Lei.

Art. 19. Esta Lei entra em vigor na data de sua publicação.

Art. 20. Revogam-se as disposições em contrário.

Brasília, 24 de outubro de 1989; 168º da Independência e 101º da República

José Sarney
Presidente da República
João Batista de Abreu
DOU 25.10.1989

Decreto n. 3.298, de 20 de dezembro de 1999

Regulamenta a Lei n. 7.853, de 24 de outubro de 1989, dispõe sobre a política nacional para a integração da pessoa portadora de deficiência, consolida as normas de proteção, e dá outras providências

O PRESIDENTE DA REPÚBLICA, no uso das atribuições que lhe confere o art. 84, inci-

sos IV e VI, da Constituição, e tendo em vista o disposto na Lei n. 7.853, de 24 de outubro de 1989, decreta:

Capítulo I
Das Disposições Gerais

Art. 1º A Política Nacional para a Integração da Pessoa Portadora de Deficiência compreende o conjunto de orientações normativas que objetivam assegurar o pleno exercício dos direitos individuais e sociais das pessoas portadoras de deficiência.

Art. 2º Cabe aos órgãos e às entidades do Poder Público assegurar à pessoa portadora de deficiência o pleno exercício de seus direitos básicos, inclusive dos direitos à educação, à saúde, ao trabalho, ao desporto, ao turismo, ao lazer, à previdência social, à assistência social, ao transporte, à edificação pública, à habitação, à cultura, ao amparo à infância e à maternidade, e de outros que, decorrentes da Constituição e das leis, propiciem seu bem-estar pessoal, social e econômico.

Art. 3º Para os efeitos deste Decreto, considera-se:

I — deficiência — toda perda ou anormalidade de uma estrutura ou função psicológica, fisiológica ou anatômica que gere incapacidade para o desempenho de atividade, dentro do padrão considerado normal para o ser humano;

II — deficiência permanente — aquela que ocorreu ou se estabilizou durante um período de tempo suficiente para não permitir recuperação ou ter probabilidade de que se altere, apesar de novos tratamentos; e

III — incapacidade — uma redução efetiva e acentuada da capacidade de integração social, com necessidade de equipamentos, adaptações, meios ou recursos especiais para que a pessoa portadora de deficiência possa receber ou transmitir informações necessárias ao seu bem-estar pessoal e ao desempenho de função ou atividade a ser exercida.

Art. 4º É considerada pessoa portadora de deficiência a que se enquadra nas seguintes categorias:

I — deficiência física — alteração completa ou parcial de um ou mais segmentos do corpo humano, acarretando o comprometimento da função física, apresentando-se sob a forma de paraplegia, paraparesia, monoplegia, monoparesia, tetraplegia, tetraparesia, triplegia, triparesia, hemiplegia, hemiparesia, ostomia, amputação ou ausência de membro, paralisia cerebral, membros com deformidade congênita ou adquirida, exceto as deformidades estéticas e as que não produzam dificuldades para o desempenho de funções; *(Redação dada pelo Decreto n. 5.296, de 2.12.04, DOU 3.12.04)*

II — deficiência auditiva — perda bilateral, parcial ou total de quarenta e um decibéis (dB) ou mais, aferida por audiograma nas frequências de 500Hz, 1.000Hz, 2.000Hz e 3.000Hz; *(Redação dada pelo Decreto n. 5.296, de 2.12.04, DOU 3.12.04)*

III — deficiência visual — cegueira, na qual a acuidade visual é igual ou menor que 0,05 no melhor olho, com a melhor correção óptica; a baixa visão, que significa acuidade visual entre 0,3 e 0,05 no melhor olho, com a melhor correção óptica; os casos nos quais a somatória da medida do campo visual em ambos os olhos for igual ou menor que 60°; ou a ocorrência simultânea de quaisquer das condições anteriores; *(Redação dada pelo Decreto n. 5.296, de 2.12.04, DOU 3.12.04)*

IV — deficiência mental — funcionamento intelectual significativamente inferior à média, com manifestação antes dos dezoito anos e limitações associadas a duas ou mais áreas de habilidades adaptativas, tais como:
a) comunicação;
b) cuidado pessoal;
c) habilidades sociais;
d) utilização dos recursos da comunidade *(Redação dada pelo Decreto n. 5.296, de 2.12.04, DOU 3.12.04)*
e) saúde e segurança;
f) habilidades acadêmicas;
g) lazer; e
h) trabalho;

V — deficiência múltipla — associação de duas ou mais deficiências.

Capítulo II
Dos Princípios

Art. 5º A Política Nacional para a Integração da Pessoa Portadora de Deficiência, em consonância com o Programa Nacional de Direitos Humanos, obedecerá aos seguintes princípios:

I — desenvolvimento de ação conjunta do Estado e da sociedade civil, de modo a assegurar a plena integração da pessoa portadora de deficiência no contexto socioeconômico e cultural;

II — estabelecimento de mecanismos e instrumentos legais e operacionais que assegurem às pessoas portadoras de deficiência o pleno exercício de seus direitos básicos que, decorrentes da Constituição e das leis, propiciam o seu bem-estar pessoal, social e econômico; e

III — respeito às pessoas portadoras de deficiência, que devem receber igualdade de oportunidades na sociedade por reconhecimento dos direitos que lhes são assegurados, sem privilégios ou paternalismos.

Capítulo III
Das Diretrizes

Art. 6º São diretrizes da Política Nacional para a Integração da Pessoa Portadora de Deficiência:

I — estabelecer mecanismos que acelerem e favoreçam a inclusão social da pessoa portadora de deficiência;

II — adotar estratégias de articulação com órgãos e entidades públicos e privados, bem assim com organismos internacionais e estrangeiros para a implantação desta Política;

III — incluir a pessoa portadora de deficiência, respeitadas as suas peculiaridades, em todas as iniciativas governamentais relacionadas à educação, à saúde, ao trabalho, à edificação pública, à previdência social, à assistência social, ao transporte, à habitação, à cultura, ao esporte e ao lazer;

IV — viabilizar a participação da pessoa portadora de deficiência em todas as fases de implementação dessa Política, por intermédio de suas entidades representativas;

V — ampliar as alternativas de inserção econômica da pessoa portadora de deficiência, proporcionando a ela qualificação profissional e incorporação no mercado de trabalho; e

VI — garantir o efetivo atendimento das necessidades da pessoa portadora de deficiência, sem o cunho assistencialista.

Capítulo IV
Dos Objetivos

Art. 7º São objetivos da Política Nacional para a Integração da Pessoa Portadora de Deficiência:

I — o acesso, o ingresso e a permanência da pessoa portadora de deficiência em todos os serviços oferecidos à comunidade;

II — integração das ações dos órgãos e das entidades públicos e privados nas áreas de saúde, educação, trabalho, transporte, assistência social, edificação pública, previdência social, habitação, cultura, desporto e lazer, visando à prevenção das deficiências, à eliminação de suas múltiplas causas e à inclusão social;

III — desenvolvimento de programas setoriais destinados ao atendimento das necessidades especiais da pessoa portadora de deficiência;

IV — formação de recursos humanos para atendimento da pessoa portadora de deficiência; e

V — garantia da efetividade dos programas de prevenção, de atendimento especializado e de inclusão social.

Capítulo V
Dos Instrumentos

Art. 8º São instrumentos da Política Nacional para a Integração da Pessoa Portadora de Deficiência:

I — a articulação entre entidades governamentais e não governamentais que tenham responsabilidades quanto ao atendimento da pessoa portadora de deficiência, em nível federal, estadual, do Distrito Federal e municipal;

II — o fomento à formação de recursos humanos para adequado e eficiente atendimento da pessoa portadora de deficiência;

III — a aplicação da legislação específica que disciplina a reserva de mercado de trabalho, em favor da pessoa portadora de deficiência, nos órgãos e nas entidades públicos e privados;

IV — o fomento da tecnologia de bioengenharia voltada para a pessoa portadora de deficiência, bem como a facilitação da importação de equipamentos; e

V — a fiscalização do cumprimento da legislação pertinente à pessoa portadora de deficiência.

Capítulo VI
Dos Aspectos Institucionais

Art. 9º Os órgãos e as entidades da Administração Pública Federal direta e indireta deverão conferir, no âmbito das respectivas competências e finalidades, tratamento prioritário e adequado aos assuntos relativos à pessoa portadora de deficiência, visando a assegurar-lhe o pleno exercício de seus direitos básicos e a efetiva inclusão social.

Art. 10. Na execução deste Decreto, a Administração Pública Federal direta e indireta atuará de modo integrado e coordenado, seguindo planos e programas, com prazos e objetivos determinados, aprovados pelo Conselho Nacional dos Direitos da Pessoa Portadora de Deficiência — CONADE.

Art. 11. Ao CONADE, criado no âmbito do Ministério da Justiça como órgão superior de deliberação colegiada, compete:

I — zelar pela efetiva implantação da Política Nacional para Integração da Pessoa Portadora de Deficiência;

II — acompanhar o planejamento e avaliar a execução das políticas setoriais de educação, saúde, trabalho, assistência social, transporte, cultura, turismo, desporto, lazer, política urbana e outras relativas à pessoa portadora de deficiência;

III — acompanhar a elaboração e a execução da proposta orçamentária do Ministério da Justiça, sugerindo as modificações necessárias à consecução da Política Nacional para Integração da Pessoa Portadora de Deficiência;

IV — zelar pela efetivação do sistema descentralizado e participativo de defesa dos direitos da pessoa portadora de deficiência;

V — acompanhar e apoiar as políticas e as ações do Conselho dos Direitos da Pessoa Portadora de Deficiência no âmbito dos Estados, do Distrito Federal e dos Municípios;

VI — propor a elaboração de estudos e pesquisas que objetivem a melhoria da qualidade de vida da pessoa portadora de deficiência;

VII — propor e incentivar a realização de campanhas visando à prevenção de deficiências e à promoção dos direitos da pessoa portadora de deficiência;

VIII — aprovar o plano de ação anual da Coordenadoria Nacional para Integração da Pessoa Portadora de Deficiência — CORDE;

IX — acompanhar, mediante relatórios de gestão, o desempenho dos programas e projetos da Política Nacional para Integração da Pessoa Portadora de Deficiência; e

X — elaborar o seu regimento interno.

Capítulo VII
Da Equiparação de Oportunidades

Art. 15. Os órgãos e as entidades da Administração Pública Federal prestarão direta ou indiretamente à pessoa portadora de deficiência os seguintes serviços:

I — reabilitação integral, entendida como o desenvolvimento das potencialidades da pessoa portadora de deficiência, destinada a facilitar sua atividade laboral, educativa e social;

II — formação profissional e qualificação para o trabalho;

III — escolarização em estabelecimentos de ensino regular com a provisão dos apoios necessários, ou em estabelecimentos de ensino especial; e

IV — orientação e promoção individual, familiar e social.

Seção I
Da Saúde

Art. 16. Os órgãos e as entidades da Administração Pública Federal direta e indireta responsáveis pela saúde devem dispensar aos assuntos objeto deste Decreto tratamento prioritário e adequado, viabilizando, sem prejuízo de outras, as seguintes medidas:

II — o desenvolvimento de programas especiais de prevenção de acidentes domésticos, de trabalho, de trânsito e outros, bem como o desenvolvimento de programa para tratamento adequado a suas vítimas;

III — a criação de rede de serviços regionalizados, descentralizados e hierarquizados em crescentes níveis de complexidade, voltada ao atendimento à saúde e reabilitação da pessoa portadora de deficiência, articulada com os serviços sociais, educacionais e com o trabalho;

Art. 19. Consideram-se ajudas técnicas, para os efeitos deste Decreto, os elementos que permitem compensar uma ou mais limitações funcionais motoras, sensoriais ou mentais da pessoa portadora de deficiência, com o objetivo de permitir-lhe superar as barreiras da comunicação e da mobilidade e de possibilitar sua plena inclusão social.

Parágrafo único. São ajudas técnicas:

III — equipamentos e elementos necessários à terapia e reabilitação da pessoa portadora de deficiência;

IV — equipamentos, maquinarias e utensílios de trabalho especialmente desenhados ou adaptados para uso por pessoa portadora de deficiência;

V — elementos de mobilidade, cuidado e higiene pessoal necessários para facilitar a autonomia e a segurança da pessoa portadora de deficiência;

VI — elementos especiais para facilitar a comunicação, a informação e a sinalização para pessoa portadora de deficiência;

VII — equipamentos e material pedagógico especial para educação, capacitação e recreação da pessoa portadora de deficiência;

VIII — adaptações ambientais e outras que garantam o acesso, a melhoria funcional e a autonomia pessoal;

Seção II
Do Acesso à Educação

Art. 28. O aluno portador de deficiência matriculado ou egresso do ensino fundamental ou médio, de instituições públicas ou privadas, terá acesso à educação profissional, a fim de obter habilitação profissional que lhe proporcione oportunidades de acesso ao mercado de trabalho.

§ 1º A educação profissional para a pessoa portadora de deficiência será oferecida nos níveis básico, técnico e tecnológico, em escola regular, em instituições especializadas e nos ambientes de trabalho.

§ 2º As instituições públicas e privadas que ministram educação profissional deverão, obrigatoriamente, oferecer cursos profissionais de nível básico à pessoa portadora de deficiência, condicionando a matrícula à sua capacidade de aproveitamento e não a seu nível de escolaridade.

§ 3º Entende-se por habilitação profissional o processo destinado a propiciar à pessoa portadora de deficiência, em nível formal e sistematizado, aquisição de conhecimentos e habilidades especificamente associados à determinada profissão ou ocupação.

§ 4º Os diplomas e certificados de cursos de educação profissional expedidos por instituição credenciada pelo Ministério da Educação ou órgão equivalente terão validade em todo o território nacional.

Art. 29. As escolas e instituições de educação profissional oferecerão, se necessário, serviços de apoio especializado para atender às peculiaridades da pessoa portadora de deficiência, tais como:

I — adaptação dos recursos instrucionais: material pedagógico, equipamento e currículo;

II — capacitação dos recursos humanos: professores, instrutores e profissionais especializados; e

III — adequação dos recursos físicos: eliminação de barreiras arquitetônicas, ambientais e de comunicação.

Seção III
Da Habilitação e da Reabilitação Profissional

Art. 30. A pessoa portadora de deficiência, beneficiária ou não do Regime Geral de Previdência Social, tem direito às prestações de habilitação e reabilitação profissional para capacitar-se a obter trabalho, conservá-lo e progredir profissionalmente.

Art. 31. Entende-se por habilitação e reabilitação profissional o processo orientado a possibilitar que a pessoa portadora de deficiência, a partir da identificação de suas potencialidades laborativas, adquira o nível suficiente de desenvolvimento profissional para ingresso e reingresso no mercado de trabalho e participar da vida comunitária.

Art. 32. Os serviços de habilitação e reabilitação profissional deverão estar dotados dos recursos necessários para atender toda pessoa portadora de deficiência, independentemente da origem de sua deficiência, desde que possa ser preparada para trabalho que lhe seja adequado e tenha perspectivas de obter, conservar e nele progredir.

Art. 33. A orientação profissional será prestada pelos correspondentes serviços de habilitação e reabilitação profissional, tendo em conta as potencialidades da pessoa portadora de deficiência, identificadas com base em relatório de equipe multiprofissional, que deverá considerar:

I — educação escolar efetivamente recebida e por receber;

II — expectativas de promoção social;

III — possibilidades de emprego existentes em cada caso;

IV — motivações, atitudes e preferências profissionais; e

V — necessidades do mercado de trabalho.

Seção IV
Do Acesso ao Trabalho

Art. 34. É finalidade primordial da política de emprego a inserção da pessoa portadora de deficiência no mercado de trabalho ou sua incorporação ao sistema produtivo mediante regime especial de trabalho protegido.

Parágrafo único. Nos casos de deficiência grave ou severa, o cumprimento do disposto no caput deste artigo poderá ser efetivado mediante a contratação das cooperativas sociais de que trata a Lei n. 9.867, de 10 de novembro de 1999.

Art. 35. São modalidades de inserção laboral da pessoa portadora de deficiência:

I — colocação competitiva: processo de contratação regular, nos termos da legislação trabalhista e previdenciária, que independe da adoção de procedimentos especiais para sua concretização, não sendo excluída a possibilidade de utilização de apoios especiais;

II — colocação seletiva: processo de contratação regular, nos termos da legislação trabalhista e previdenciária, que depende da adoção de procedimentos e apoios especiais para sua concretização; e

III — promoção do trabalho por conta própria: processo de fomento da ação de uma ou mais pessoas, mediante trabalho autônomo, cooperativado ou em regime de economia familiar, com vista à emancipação econômica e pessoal.

§ 1º As entidades beneficentes de assistência social, na forma da lei, poderão intermediar a modalidade de inserção laboral de que tratam os incisos II e III, nos seguintes casos:

LEGISLAÇÃO COMPLEMENTAR

I — na contratação para prestação de serviços, por entidade pública ou privada, da pessoa portadora de deficiência física, mental ou sensorial; e

II — na comercialização de bens e serviços decorrentes de programas de habilitação profissional de adolescente e adulto portador de deficiência em oficina protegida de produção ou terapêutica.

§ 2º Consideram-se procedimentos especiais os meios utilizados para a contratação de pessoa que, devido ao seu grau de deficiência, transitória ou permanente, exija condições especiais, tais como jornada variável, horário flexível, proporcionalidade de salário, ambiente de trabalho adequado às suas especificidades, entre outros.

§ 3º Consideram-se apoios especiais a orientação, a supervisão e as ajudas técnicas entre outros elementos que auxiliem ou permitam compensar uma ou mais limitações funcionais motoras, sensoriais ou mentais da pessoa portadora de deficiência, de modo a superar as barreiras da mobilidade e da comunicação, possibilitando a plena utilização de suas capacidades em condições de normalidade.

§ 4º Considera-se oficina protegida de produção a unidade que funciona em relação de dependência com entidade pública ou beneficente de assistência social, que tem por objetivo desenvolver programa de habilitação profissional para adolescente e adulto portador de deficiência, provendo-o com trabalho remunerado, com vista à emancipação econômica e pessoal relativa.

§ 5º Considera-se oficina protegida terapêutica a unidade que funciona em relação de dependência com entidade pública ou beneficente de assistência social, que tem por objetivo a integração social por meio de atividades de adaptação e capacitação para o trabalho de adolescente e adulto que devido ao seu grau de deficiência, transitória ou permanente, não possa desempenhar atividade laboral no mercado competitivo de trabalho ou em oficina protegida de produção.

§ 6º O período de adaptação e capacitação para o trabalho de adolescente e adulto portador de deficiência em oficina protegida terapêutica não caracteriza vínculo empregatício e está condicionado a processo de avaliação individual que considere o desenvolvimento biopsicossocial da pessoa.

§ 7º A prestação de serviços será feita mediante celebração de convênio ou contrato formal, entre a entidade beneficente de assistência social e o tomador de serviços, no qual constará a relação nominal dos trabalhadores portadores de deficiência colocados à disposição do tomador.

§ 8º A entidade que se utilizar do processo de colocação seletiva deverá promover, em parceria com o tomador de serviços, programas de prevenção de doenças profissionais e de redução da capacidade laboral, bem assim programas de reabilitação caso ocorram patologias ou se manifestem outras incapacidades.

Art. 36. A empresa com cem ou mais empregados está obrigada a preencher de dois a cinco por cento de seus cargos com beneficiários da Previdência Social reabilitados ou com pessoa portadora de deficiência habilitada, na seguinte proporção:

I — até duzentos empregados, dois por cento;

II — de duzentos e um a quinhentos empregados, três por cento;

III — de quinhentos e um a mil empregados, quatro por cento; ou

IV — mais de mil empregados, cinco por cento.

§ 1º A dispensa de empregado na condição estabelecida neste artigo, quando se tratar de contrato por prazo determinado, superior a noventa dias, e a dispensa imotivada, no contrato por prazo indeterminado, somente poderá ocorrer após a contratação de substituto em condições semelhantes.

§ 2º Considera-se pessoa portadora de deficiência habilitada aquela que concluiu curso de educação profissional de nível básico, técnico ou tecnológico, ou curso superior, com certificação ou diplomação expedida por instituição pública ou privada, legalmente credenciada pelo Ministério da Educação ou órgão equivalente, ou aquela com certificado de conclusão de processo de habilitação ou reabilitação profissional fornecido pelo Instituto Nacional do Seguro Social — INSS.

§ 3º Considera-se, também, pessoa portadora de deficiência habilitada aquela que, não tendo se submetido a processo de habilitação ou reabilitação, esteja capacitada para o exercício da função.

§ 4º A pessoa portadora de deficiência habilitada nos termos dos §§ 2º e 3º deste artigo poderá recorrer à intermediação de órgão integrante do sistema público de emprego, para fins de inclusão laboral na forma deste artigo.

§ 5º Compete ao Ministério do Trabalho e Emprego estabelecer sistemática de fiscalização, avaliação e controle das empresas, bem como instituir procedimentos e formulários que propiciem estatísticas sobre o número de empregados portadores de deficiência e de vagas preenchidas, para fins de acompanhamento do disposto no caput deste artigo.

Art. 37. Fica assegurado à pessoa portadora de deficiência o direito de se inscrever em concurso público, em igualdade de condições com os demais candidatos, para provimento de cargo cujas atribuições sejam compatíveis com a deficiência de que é portador.

§ 1º O candidato portador de deficiência, em razão da necessária igualdade de condições, concorrerá a todas as vagas, sendo reservado no mínimo o percentual de cinco por cento em face da classificação obtida.

§ 2º Caso a aplicação do percentual de que trata o parágrafo anterior resulte em número fracionado, este deverá ser elevado até o primeiro número inteiro subsequente.

Art. 38. Não se aplica o disposto no artigo anterior nos casos de provimento de:

I — cargo em comissão ou função de confiança, de livre nomeação e exoneração; e

II — cargo ou emprego público integrante de carreira que exija aptidão plena do candidato.

Art. 39. Os editais de concursos públicos deverão conter:

I — o número de vagas existentes, bem como o total correspondente à reserva destinada à pessoa portadora de deficiência;

II — as atribuições e tarefas essenciais dos cargos;

III — previsão de adaptação das provas, do curso de formação e do estágio probatório, conforme a deficiência do candidato; e

IV — exigência de apresentação, pelo candidato portador de deficiência, no ato da inscrição, de laudo médico atestando a espécie e o grau ou nível da deficiência, com expressa referência ao código correspondente da Classificação Internacional de Doença — CID, bem como a provável causa da deficiência.

Art. 40. É vedado à autoridade competente obstar a inscrição de pessoa portadora de deficiência em concurso público para ingresso em carreira da Administração Pública Federal direta e indireta.

§ 1º No ato da inscrição, o candidato portador de deficiência que necessite de tratamento diferenciado nos dias do concurso deverá requerê-lo, no prazo determinado em edital, indicando as condições diferenciadas de que necessita para a realização das provas.

§ 2º O candidato portador de deficiência que necessitar de tempo adicional para realização das provas deverá requerê-lo, com justificativa acompanhada de parecer emitido por especialista da área de sua deficiência, no prazo estabelecido no edital do concurso.

Art. 41. A pessoa portadora de deficiência, resguardadas as condições especiais previstas neste Decreto, participará de concurso em igualdade de condições com os demais candidatos no que concerne:

I — ao conteúdo das provas;

II — à avaliação e aos critérios de aprovação;

III — ao horário e ao local de aplicação das provas; e

IV — à nota mínima exigida para todos os demais candidatos.

Art. 42. A publicação do resultado final do concurso será feita em duas listas, contendo, a primeira, a pontuação de todos os candidatos, inclusive a dos portadores de deficiência, e a segunda, somente a pontuação destes últimos.

Art. 43. O órgão responsável pela realização do concurso terá a assistência de equipe multiprofissional composta de três profissionais capacitados e atuantes nas áreas das deficiências em questão, sendo um deles médico, e três profissionais integrantes da carreira almejada pelo candidato.

§ 1º A equipe multiprofissional emitirá parecer observando:

I — as informações prestadas pelo candidato no ato da inscrição;

II — a natureza das atribuições e tarefas essenciais do cargo ou da função a desempenhar;

III — a viabilidade das condições de acessibilidade e as adequações do ambiente de trabalho na execução das tarefas;

IV — a possibilidade de uso, pelo candidato, de equipamentos ou outros meios que habitualmente utilize; e

V — a CID e outros padrões reconhecidos nacional e internacionalmente.

§ 2º A equipe multiprofissional avaliará a compatibilidade entre as atribuições do cargo e a deficiência do candidato durante o estágio probatório.

Art. 44. A análise dos aspectos relativos ao potencial de trabalho do candidato portador de deficiência obedecerá ao disposto no art. 20 da Lei n. 8.112, de 11 de dezembro de 1990.

Art. 45. Serão implementados programas de formação e qualificação profissional voltados para a pessoa portadora de deficiência no âmbito do Plano Nacional de Formação Profissional — PLANFOR.

Parágrafo único. Os programas de formação e qualificação profissional para pessoa portadora de deficiência terão como objetivos:

I — criar condições que garantam a toda pessoa portadora de deficiência o direito a receber uma formação profissional adequada;

II — organizar os meios de formação necessários para qualificar a pessoa portadora de deficiência para a inserção competitiva no mercado laboral; e

III — ampliar a formação e qualificação profissional sob a base de educação geral para fomentar o desenvolvimento harmônico da pessoa portadora de deficiência, assim como para satisfazer as exigências derivadas do progresso técnico, dos novos métodos de produção e da evolução social e econômica.

Capítulo VIII
Da Política de Capacitação de Profissionais Especializados

Art. 49. Os órgãos e as entidades da Administração Pública Federal direta e indireta, responsáveis pela formação de recursos humanos, devem dispensar aos assuntos objeto deste Decreto tratamento prioritário e adequado, viabilizando, sem prejuízo de outras, as seguintes medidas:

I — formação e qualificação de professores de nível médio e superior para a educação especial, de técnicos de nível médio e superior especializados na habilitação e reabilitação, e de instrutores e professores para a formação profissional;

II — formação e qualificação profissional, nas diversas áreas de conhecimento e de recursos humanos que atendam às demandas da pessoa portadora de deficiência; e

III — incentivo à pesquisa e ao desenvolvimento tecnológico em todas as áreas do conhecimento relacionadas com a pessoa portadora de deficiência.

Capítulo XI
Das Disposições Finais e Transitórias

Art. 56. A Secretaria de Estado dos Direitos Humanos, com base nas diretrizes e metas do Plano Plurianual de Investimentos, por intermédio da CORDE, elaborará, em articulação com outros órgãos e entidades da Administração Pública Federal, o Plano Nacional de Ações Integradas na Área das Deficiências.

Art. 57. Fica criada, no âmbito da Secretaria de Estado dos Direitos Humanos, comissão especial, com a finalidade de apresentar, no prazo de cento e oitenta dias, a contar de sua constituição, propostas destinadas a:

I — implementar programa de formação profissional mediante a concessão de bolsas de qualificação para a pessoa portadora de deficiência, com vistas a estimular a aplicação do disposto no art. 36; e

II — propor medidas adicionais de estímulo à adoção de trabalho em tempo parcial ou em regime especial para a pessoa portadora de deficiência.

Parágrafo único. A comissão especial de que trata o *caput* deste artigo será composta por um representante de cada órgão e entidade a seguir indicados:

I — CORDE;
II — CONADE;
III — Ministério do Trabalho e Emprego;
IV — Secretaria de Estado de Assistência Social do Ministério da Previdência e Assistência Social;
V — Ministério da Educação;
VI — Ministério dos Transportes;
VII — Instituto de Pesquisa Econômica Aplicada; e
VIII — INSS.

Art. 58. A CORDE desenvolverá, em articulação com órgãos e entidades da Administração Pública Federal, programas de facilitação da acessibilidade em sítios de interesse histórico, turístico, cultural e desportivo, mediante a remoção de barreiras físicas ou arquitetônicas que impeçam ou dificultem a locomoção de pessoa portadora de deficiência ou com mobilidade reduzida.

Art. 59. Este Decreto entra em vigor na data da sua publicação.

Art. 60. Ficam revogados os Decretos ns. 93.481, de 29 de outubro de 1986, 914, de 6 de setembro de 1993, 1.680, de 18 de outubro de 1995, 3.030, de 20 de abril de 1999, o § 2º do art. 141 do Regulamento da Previdência Social, aprovado pelo Decreto n. 3.048, de 6 de maio de 1999, e o Decreto n. 3.076, de 1º de junho de 1999.

Brasília, 20 de dezembro de 1999; 178º da Independência e 111º da República.

Fernando Henrique Cardoso
José Carlos Dias
DOU 21.12.1999

Lei n. 7.855, de 24 de outubro de 1989

Altera a Consolidação das Leis do Trabalho, atualiza os valores das multas trabalhistas, amplia sua aplicação, institui o programa de desenvolvimento do sistema federal de inspeção do trabalho e dá outras providências

O PRESIDENTE DA REPÚBLICA,
Faço saber que o Congresso Nacional decreta e eu sanciono a seguinte Lei:

Art. 1º A Consolidação das Leis do Trabalho, aprovada pelo Decreto-Lei n. 5.452, de 1º de maio de 1943 (CLT), passa a vigorar com as seguintes alterações. (*As alterações trazidas pelo art. 1º desta lei nos arts. 16, 29, 41, 42, 74, 153, 168, 317, 459 e 477 já estão inseridas nos respectivos artigos da CLT).*

Art. 2º O valor das multas administrativas decorrentes da violação das normas trabalhistas, previstas na CLT e legislação extravagante, será, na data da publicação desta Lei, triplicado e, em seguida, expresso em quantidade de BTN.

Parágrafo único. O disposto neste artigo não se aplica às multas constantes do Capítulo V do Título II da CLT, que terão seus valores convertidos em quantidades de BTNs, nem às previstas nos arts. 153 e 477, § 8º, com a redação dada por esta Lei.

Art. 3º Acarretarão a aplicação de multa de 160 BTNs, por trabalhador prejudicado, dobrada no caso de reincidência, as infrações ao disposto:

I — na Lei n. 4.090, de 13 de julho de 1962, que dispõe sobre a Gratificação de Natal;
II — na Lei n. 5.811, de 11 de outubro de 1972, que dispõe sobre o regime de trabalho nas atividades petrolíferas;
III — na Lei n. 6.019, de 3 de janeiro de 1974, que dispõe sobre o trabalho temporário nas empresas urbanas;
IV — na Lei n. 7.183, de 5 de abril de 1984, que regula o exercício da profissão de aeronauta;
V — na Lei n. 7.418, de 16 de dezembro de 1985, alterada pela Lei n. 7.619, de 30 de setembro de 1987, que instituiu o Vale-Transporte; e
VI — no Decreto-Lei n. 2.284, de 10 de março de 1986, que instituiu o Seguro-Desemprego.

Art. 4º O salário pago fora dos prazos previstos em lei, acordos ou convenções coletivas e sentenças normativas sujeitará o infrator à multa administrativa de 160 BTNs por trabalhador prejudicado, salvo motivo de força maior (art. 501 da CLT).

Art. 5º As multas previstas na legislação trabalhista serão, quando for o caso, e sem prejuízo das demais cominações legais, agravadas até o grau máximo, nos casos de artifício, ardil, simulação, desacato, embaraço ou resistência à ação fiscal, levando-se em conta, além das circunstâncias atenuantes ou agravantes, a situação econômico-financeira do infrator e os meios a seu alcance para cumprir a lei.

Art. 6º O valor das multas não recolhidas no previsto no § 3º do art. 636 da CLT será atualizado monetariamente pelo BTN Fiscal, acrescido de juros de mora de um por cento ao mês calendário, na forma da legislação aplicada aos tributos federais, até a data do seu efetivo pagamento.

§ 1º Não será considerado reincidente o empregador que não for novamente autuado por infração ao mesmo dispositivo, decorridos dois anos da imposição da penalidade.

§ 2º A fiscalização, a autuação e o processo de imposição das multas reger-se-ão pelo Título VII da CLT.

§ 3º Será observado o critério de dupla visita nas empresas com até dez empregados, salvo quando for constatada infração por falta de registro de empregado, anotação da sua Carteira de Trabalho e Previdência Social e na ocorrência de fraude, resistência ou embaraço à fiscalização.

§ 4º Na empresa que for autuada, após obedecido o disposto no parágrafo anterior, não será mais observado o critério da dupla visita em relação ao dispositivo infringido.

Art. 7º Fica instituído o Programa de Desenvolvimento do Sistema Federal de Inspeção do Trabalho, destinado a promover e desenvolver as atividades de inspeção das normas de proteção, segurança e medicina do trabalho.

§ 1º O Ministro de Estado do Trabalho estabelecerá os princípios norteadores do programa que terá como objetivo principal assegurar o reconhecimento do vínculo empregatício do trabalhador e os direitos dele decorrentes e, para maior eficiência em sua operacionalização, fará observar o critério de rodízios dos agentes de Inspeção do Trabalho na forma prevista no Regulamento da Inspeção do Trabalho.

§ 2º O deferimento da gratificação a que se refere o Decreto-Lei n. 2.357, de 28 de agosto de 1987, com as alterações introduzidas pelos arts. 11 e 12 do Decreto-Lei n. 2.365, de 27 de outubro de 1987, é estendido aos servidores pertencentes às seguintes categorias funcionais integrantes do Grupo Outras Atividades de Nível Superior (NS 900), instituído na conformidade da Lei n. 5.645, de 10 de dezembro de 1970:

a) Fiscal do Trabalho — Códigos NS-933 e LT-NS-933;
b) Médico do Trabalho — Códigos NS-903 e LT-NS 903, quando no efetivo exercício de funções de inspeção de medicina do trabalho;
c) Engenheiro — Códigos NS-916 e LT-NS-916, quando no efetivo exercício de funções de inspeção da segurança do trabalho; e
d) Assistente Social — Códigos NS-930 e LT-NS930, quando no efetivo exercício de funções de inspeção do trabalho das mulheres e menores.

§ 3º A gratificação de que trata o parágrafo anterior será atribuída até o máximo de 2.800 pontos por servidor, correspondendo

cada ponto a 0,285% do respectivo vencimento básico, mediante ato do Ministro de Estado do Trabalho, que fixará a pontuação proporcionalmente à jornada legal de trabalho das referidas categorias.

Art. 8º O § 1º do art. 5º da Lei n. 7.418, de 16 de dezembro de 1985, modificado pela Lei n. 7.619, de 30 de setembro de 1987, passa a ter a seguinte redação: Já incluso na respectiva Lei, p. 531.

Art. 9º (VETADO).

Art. 10. Os efeitos financeiros decorrentes da publicação desta Lei terão início em 1º de outubro de 1989.

Art. 11. As despesas com a execução do disposto nesta Lei correrão à conta das dotações próprias constantes do Orçamento Geral da União.

Art. 12. Esta Lei entra em vigor na data de sua publicação.

Art. 13. Revogam-se o parágrafo único do art. 16, os arts. 18, 19, 27, 28, 43, 44, 324, 374, 375, 378, 379, 380, 387, 418 e 446 da CLT e demais disposições em contrário.

Brasília, em 24 de outubro de 1989; 168º da Independência e 102º da República.

JOSÉ SARNEY
DOROTHEA WERNECK
DOU 26.10.1989

Lei n. 7.998, de 11 de janeiro de 1990

Regula o programa do seguro-desemprego, o abono salarial, institui o Fundo de Amparo ao Trabalhador — FAT e dá outras providências

O PRESIDENTE DA REPÚBLICA,
Faço saber que o Congresso Nacional decreta e eu sanciono a seguinte Lei:

Art. 1º Esta Lei regula o Programa do Seguro-Desemprego e o abono de que tratam o inciso II do art. 7º, o inciso IV do art. 201 e o art. 239, da Constituição Federal, bem como institui o Fundo de Amparo ao Trabalhador — FAT.

Do Programa de Seguro-Desemprego

Art. 2º O Programa de Seguro-Desemprego tem por finalidade:

I — prover assistência financeira temporária ao trabalhador desempregado em virtude de dispensa sem justa causa, inclusive a indireta, e ao trabalhador comprovadamente resgatado de regime de trabalho forçado ou da condição análoga à de escravo. (NR) *(Redação dada pela L. n. 10.608, de 20.12.2002, DOU 23.12.2002).*

II — auxiliar os trabalhadores na busca ou preservação do emprego, promovendo, para tanto, ações integradas de orientação, recolocação e qualificação profissional. (NR) *(Alterado pela MP n. 2.164-41, de 24.8.2001, DOU 27.8.2001).*

Art. 2º-A Para efeito do disposto no inciso II do art. 2º, fica instituída a bolsa de qualificação profissional, a ser custeada pelo Fundo de Amparo ao Trabalhador — FAT, à qual fará jus o trabalhador que estiver com o contrato de trabalho suspenso em virtude de participação em curso ou programa de qualificação profissional oferecido pelo empregador, em conformidade com o disposto em convenção ou acordo coletivo celebrado para este fim. (NR) *(Artigo acrescentado pela Medida Provisória n. 2.164-41, de 24.8.2001, DOU 27.8.2001).*

Art. 2º-B Em caráter excepcional e pelo prazo de seis meses, os trabalhadores que estejam em situação de desemprego involuntário pelo período compreendido entre doze e dezoito meses, ininterruptos, e que já tenham sido beneficiados com o recebimento do Seguro-Desemprego, farão jus a três parcelas do benefício, correspondente cada uma a R$ 100,00 (cem reais). *(Revogado pela Lei n. 13.134, de 16.6.15, DOU 17.6.15)*

§ 1º O período de doze a dezoito meses de que trata o *caput* será contado a partir do recebimento da primeira parcela do seguro-desemprego.

§ 2º O benefício poderá estar integrado a ações de qualificação profissional e articulado com ações de emprego a serem executadas nas localidades de domicílio do beneficiado.

§ 3º Caberá ao Conselho Deliberativo do Fundo de Amparo ao Trabalhador — CODEFAT o estabelecimento, mediante resolução, das demais condições indispensáveis ao recebimento do benefício de que trata este artigo, inclusive quanto à idade e domicílio do empregador ao qual o trabalhador estava vinculado, bem como os respectivos limites de comprometimento dos recursos do FAT. (NR) *(Artigo acrescentado pela Medida Provisória de n. 2.164-41, de 24.8.2001, DOU 27.8.2001).*

Art. 2º-C O trabalhador que vier a ser identificado como submetido a regime de trabalho forçado ou reduzido a condição análoga à de escravo, em decorrência de ação de fiscalização do Ministério do Trabalho e Emprego, será dessa situação resgatado e terá direito à percepção de três parcelas de seguro-desemprego no valor de um salário mínimo cada, conforme o disposto no § 2º deste artigo.

§ 1º O trabalhador resgatado nos termos do *caput* deste artigo será encaminhado, pelo Ministério do Trabalho e Emprego, para qualificação profissional e recolocação no mercado de trabalho, por meio do Sistema Nacional de Emprego — SINE, na forma estabelecida pelo Conselho Deliberativo do Fundo de Amparo ao Trabalhador — CODEFAT.

§ 2º Caberá ao CODEFAT, por proposta do Ministro de Estado do Trabalho e Emprego, estabelecer os procedimentos necessários ao recebimento do benefício previsto no *caput* deste artigo, observados os respectivos limites de comprometimento dos recursos do FAT, ficando vedado ao mesmo trabalhador o recebimento do benefício, em circunstâncias similares, nos doze meses seguintes à percepção da última parcela. (NR) *(Artigo e parágrafos acrescentados pela Lei n. 10.608, de 20.12.2002, DOU 23.12.2002).*

Art. 3º Terá direito à percepção do seguro-desemprego o trabalhador dispensado sem justa causa que comprove:

I — ter recebido salários de pessoa jurídica ou de pessoa física a ela equiparada, relativos a:

a) pelo menos 12 (doze) meses nos últimos 18 (dezoito) meses imediatamente anteriores à data de dispensa, quando da primeira solicitação;

b) pelo menos 9 (nove) meses nos últimos 12 (doze) meses imediatamente anteriores à data de dispensa, quando da segunda solicitação; e

c) cada um dos 6 (seis) meses imediatamente anteriores à data de dispensa, quando das demais solicitações; *(Redação das alíneas dada pela Lei n. 13.134, de 16.6.2015, DOU 17.6.15)*

II — (Revogado); *(Pela Lei n. 13.134, de 16.6.2015, DOU 17.6.15)*

III — não estar em gozo de qualquer benefício previdenciário de prestação continuada, previsto no Regulamento dos Benefícios da Previdência Social, excetuado o auxílio-acidente e o auxílio suplementar previstos na Lei n. 6.367, de 19 de outubro de 1976, bem como o abono de permanência em serviço previsto na Lei n. 5.890, de 8 de junho de 1973;

IV — não estar em gozo do auxílio-desemprego; e

V — não possuir renda própria de qualquer natureza suficiente à sua manutenção e de sua família.

VI — matrícula e frequência, quando aplicável, nos termos do regulamento, em curso de formação inicial e continuada ou de qualificação profissional habilitado pelo Ministério da Educação, nos termos do art. 18 da Lei n. 12.513, de 26 de outubro de 2011, ofertado por meio da Bolsa-Formação Trabalhador concedida no âmbito do Programa Nacional de Acesso ao Ensino Técnico e Emprego (Pronatec), instituído pela Lei n. 12.513, de 26 de outubro de 2011, ou de vagas gratuitas na rede de educação profissional e tecnológica. *(Redação dada pela Lei n. 13.134, de 16.6.2015, DOU 17.6.15)*

§ 1º A União poderá condicionar o recebimento da assistência financeira do Programa de Seguro-Desemprego à comprovação da matrícula e da frequência do trabalhador segurado em curso de formação inicial e continuada ou qualificação profissional, com carga horária mínima de 160 (cento e sessenta) horas. *(Acrescentado pela Lei n. 12.513, de 26.10.2011, DOU 27.10.2011)*

§ 2º O Poder Executivo regulamentará os critérios e requisitos para a concessão da assistência financeira do Programa de Seguro-Desemprego nos casos previstos no § 1º, considerando a disponibilidade de bolsas-formação no âmbito do Pronatec ou de vagas gratuitas na rede de educação profissional e tecnológica para o cumprimento da condicionalidade pelos respectivos beneficiários. *(Acrescentado pela Lei n. 12.513, de 26.10.2011, DOU 27.10.2011)*

§ 3º A oferta de bolsa para formação dos trabalhadores de que trata este artigo considerará, entre outros critérios, a capacidade de oferta, a reincidência no recebimento do benefício, o nível de escolaridade e a faixa etária do trabalhador. (NR) *(Acrescentado pela Lei n. 12.513, de 26.10.2011, DOU 27.10.2011)*

Art. 3º-A A periodicidade, os valores, o cálculo do número de parcelas e os demais procedimentos operacionais de pagamento da bolsa de qualificação profissional, nos termos do art. 2º-A desta lei, bem como os pré-requisitos para habilitação serão os mesmos adotados em relação ao benefício do seguro-desemprego, exceto quanto à dispensa sem justa causa. (NR) *(Artigo acrescentado pela Medida Provisória n. 2.164-41, de 24.8.2001, DOU 27.8.2001).*

Art. 4º O benefício do seguro-desemprego será concedido ao trabalhador desempregado, por período máximo variável de 3 (três) a 5 (cinco) meses, de forma contínua ou alternada, a cada período aquisitivo, contados da data de dispensa que deu origem à última habilitação, cuja duração será definida pelo Conselho Deliberativo do Fundo de Amparo ao Trabalhador (Codefat). *(Redação dada pela Lei n. 13.134, de 16.6.2015, DOU 17.6.15)*

§ 1º O benefício do seguro-desemprego poderá ser retomado a cada novo período aquisitivo, satisfeitas as condições arroladas nos incisos I, III, IV e V do *caput* do art. 3º. *(Redação dada pela Lei n. 13.134, de 16.6.2015, DOU 17.6.15)*

§ 2º A determinação do período máximo mencionado no *caput* observará a seguinte

relação entre o número de parcelas mensais do benefício do seguro-desemprego e o tempo de serviço do trabalhador nos 36 (trinta e seis) meses que antecederem a data de dispensa que originou o requerimento do seguro-desemprego, vedado o cômputo de vínculos empregatícios utilizados em períodos aquisitivos anteriores: *(Redação dada pela Lei n. 13.134, de 16.6.2015, DOU 17.6.15)*

I — para a primeira solicitação:

a) 4 (quatro) parcelas, se o trabalhador comprovar vínculo empregatício com pessoa jurídica ou pessoa física a ela equiparada de, no mínimo, 12 (doze) meses e, no máximo, 23 (vinte e três) meses, no período de referência; ou *(Redação dada pela Lei n. 13.134, de 16.6.2015, DOU 17.6.15)*

b) 5 (cinco) parcelas, se o trabalhador comprovar vínculo empregatício com pessoa jurídica ou pessoa física a ela equiparada de, no mínimo, 24 (vinte e quatro) meses, no período de referência; *(Redação dada pela Lei n. 13.134, de 16.6.2015, DOU 17.6.15)*

II — para a segunda solicitação:

a) 3 (três) parcelas, se o trabalhador comprovar vínculo empregatício com pessoa jurídica ou pessoa física a ela equiparada de, no mínimo, 9 (nove) meses e, no máximo, 11 (onze) meses, no período de referência; *(Redação dada pela Lei n. 13.134, de 16.6.2015, DOU 17.6.15)*

b) 4 (quatro) parcelas, se o trabalhador comprovar vínculo empregatício com pessoa jurídica ou pessoa física a ela equiparada de, no mínimo, 12 (doze) meses e, no máximo, 23 (vinte e três) meses, no período de referência; ou *(Redação dada pela Lei n. 13.134, de 16.6.2015, DOU 17.6.15)*

c) 5 (cinco) parcelas, se o trabalhador comprovar vínculo empregatício com pessoa jurídica ou pessoa física a ela equiparada de, no mínimo, 24 (vinte e quatro) meses, no período de referência; *(Redação dada pela Lei n. 13.134, de 16.6.2015, DOU 17.6.15)*

III — a partir da terceira solicitação:

a) 3 (três) parcelas, se o trabalhador comprovar vínculo empregatício com pessoa jurídica ou pessoa física a ela equiparada de, no mínimo, 6 (seis) meses e, no máximo, 11 (onze) meses, no período de referência; *(Redação dada pela Lei n. 13.134, de 16.6.2015, DOU 17.6.15)*

b) 4 (quatro) parcelas, se o trabalhador comprovar vínculo empregatício com pessoa jurídica ou pessoa física a ela equiparada de, no mínimo, 12 (doze) meses e, no máximo, 23 (vinte e três) meses, no período de referência; ou *(Redação dada pela Lei n. 13.134, de 16.6.2015, DOU 17.6.15)*

c) 5 (cinco) parcelas, se o trabalhador comprovar vínculo empregatício com pessoa jurídica ou pessoa física a ela equiparada de, no mínimo, 24 (vinte e quatro) meses, no período de referência. *(Redação dada pela Lei n. 13.134, de 16.6.2015, DOU 17.6.15)*

§ 3º A fração igual ou superior a 15 (quinze) dias de trabalho será havida como mês integral para os efeitos do § 2º. *(Redação dada pela Lei n. 13.134, de 16.6.2015, DOU 17.6.15)*

§ 4º Nos casos em que o cálculo da parcela do seguro-desemprego resultar em valores decimais, o valor a ser pago deverá ser arredondado para a unidade inteira imediatamente superior. *(Redação dada pela Lei n. 13.134, de 16.6.2015, DOU 17.6.15)*

§ 5º O período máximo de que trata o *caput* poderá ser excepcionalmente prolongado por até 2 (dois) meses, para grupos específicos de segurados, a critério do Codefat, desde que o gasto adicional representado por esse prolongamento não ultrapasse, em cada semestre, 10% (dez por cento) do montante da reserva mínima de liquidez de que trata o § 2º do art. 9º da Lei n. 8.019, de 11 de abril de 1990. *(Redação dada pela Lei n. 13.134, de 16.6.2015, DOU 17.6.15)*

§ 6º Na hipótese de prolongamento do período máximo de percepção do benefício do seguro-desemprego, o Codefat observará, entre outras variáveis, a evolução geográfica e setorial das taxas de desemprego no País e o tempo médio de desemprego de grupos específicos de trabalhadores. *(Redação dada pela Lei n. 13.134, de 16.6.2015, DOU 17.6.15)*

§ 7º O Codefat observará as estatísticas do mercado de trabalho, inclusive o tempo médio de permanência no emprego, por setor, e recomendará ao Ministro de Estado do Trabalho e Emprego a adoção de políticas públicas que julgar adequadas à mitigação da alta rotatividade no emprego. (NR) *(Redação dada pela Lei n. 13.134, de 16.6.2015, DOU 17.6.15)*

Art. 4º-A. (VETADO). *(Redação dada pela Lei n. 13.134, de 16.6.2015, DOU 17.6.15)*

Art. 5º O valor do benefício será fixado, em Bônus do Tesouro Nacional — BTNs, devendo ser calculado segundo 3 (três) faixas salariais, observados os seguintes critérios:

I — até 300 (trezentos) BTNs, multiplicar-se-á o salário médio dos últimos 3 (três) meses pelo fator 0,8 (oito décimos);

II — de 300 (trezentos) a 500 (quinhentos) BTNs aplicar-se-á até o limite do inciso anterior, a regra nele contida e, no que exceder, o fator 0,5 (cinco décimos);

III — acima de 500 (quinhentos) BTNs, o valor do benefício será igual a 340 (trezentos e quarenta) BTNs.

§ 1º Para fins de apuração do benefício, será considerada a média dos salários dos últimos 3 (três) meses anteriores à dispensa, devidamente convertidos em BTN pelo valor vigente nos respectivos meses trabalhados.

§ 2º O valor do benefício não poderá ser inferior ao valor do salário mínimo.

§ 3º No pagamento dos benefícios, considerar-se-á:

I — o valor do BTN ou do salário mínimo do mês imediatamente anterior, para benefícios colocados à disposição do beneficiário até o dia 10 (dez) do mês;

II — o valor do BTN ou do salário mínimo do próprio mês, para benefícios colocados à disposição do beneficiário após o dia 10 (dez) do mês.

Art. 6º O seguro-desemprego é direito pessoal e intransferível do trabalhador, podendo ser requerido a partir do sétimo dia subsequente à rescisão do contrato de trabalho.

Art. 7º O pagamento do benefício do seguro-desemprego será suspenso nas seguintes situações:

I — admissão do trabalhador em novo emprego;

II — início de percepção de benefício de prestação continuada da Previdência Social, exceto o auxílio-acidente, o auxílio suplementar e o abono de permanência em serviço;

III — início de percepção de auxílio-desemprego.

IV — recusa injustificada por parte do trabalhador desempregado em participar de ações de recolocação de emprego, conforme regulamentação do Codefat. (NR) *(Redação dada pela Lei n. 13.134, de 16.6. 2015, DOU 17.6.15)*

Art. 7º-A O pagamento da bolsa de qualificação profissional será suspenso se ocorrer a rescisão do contrato de trabalho. (NR) *(Artigo acrescentado pela Medida Provisória n. 2.164-41, de 24.8.2001, DOU 27.8.2001).*

Art. 8º O benefício do seguro-desemprego será cancelado: *(Redação dada pela Lei n. 12.513, de 26.10.2011, DOU 27.10.2011)*

I — pela recusa por parte do trabalhador desempregado de outro emprego condizente com sua qualificação registrada ou declarada e com sua remuneração anterior; *(Redação dada pela Lei n. 12.513, de 26.10.2011, DOU 27.10.2011)*

II — por comprovação de falsidade na prestação das informações necessárias à habilitação; *(Redação dada pela Lei n. 12.513, de 26.10.2011, DOU 27.10.2011)*

III — por comprovação de fraude visando à percepção indevida do benefício do seguro-desemprego; ou: *(Redação dada pela Lei n. 12.513, de 26.10.2011, DOU 27.10.2011)*

IV — por morte do segurado. *(Redação dada pela Lei n. 12.513, de 26.10.2011, DOU 27.10.2011)*

§ 1º Nos casos previstos nos incisos I a III deste artigo, será suspenso por um período de 2 (dois) anos, ressalvado o prazo de carência, o direito do trabalhador à percepção do seguro-desemprego, dobrando-se este período em caso de reincidência. *(Acrescentado pela Lei n. 12.513, de 26.10.2011, DOU 27.10.2011)*

§ 2º O benefício poderá ser cancelado na hipótese de o beneficiário deixar de cumprir a condicionalidade de que trata o § 1º do art. 3º desta Lei, na forma do regulamento. (NR) *(Acrescentado pela Lei n. 12.513, de 26.10.2011, DOU 27.10.2011)*

Art. 8º-A O benefício da bolsa de qualificação profissional será cancelado nas seguintes situações:

I — fim da suspensão contratual e retorno ao trabalho;

II — por comprovação de falsidade na prestação das informações necessárias à habilitação;

III — por comprovação de fraude visando à percepção indevida da bolsa de qualificação profissional;

IV — por morte do beneficiário. (NR) *(Artigo acrescentado pela Medida Provisória n. 2.164-41, de 24.8.2001, DOU 27.8.2001)*

Art. 8º-B Na hipótese prevista no § 5º do art. 476-A da Consolidação das Leis do Trabalho — CLT, as parcelas da bolsa de qualificação profissional que o empregado tiver recebido serão descontadas das parcelas do benefício do seguro-desemprego a que fizer jus, sendo-lhe garantido, no mínimo, o recebimento de uma parcela do seguro-desemprego. (NR) *(Artigo acrescentado pela Medida Provisória n. 2.164-41, de 24.8.2001, DOU 27.8.2001).*

Art. 8º-C Para efeito de habilitação ao Seguro-Desemprego, desconsiderar-se-á o período de suspensão contratual de que trata o art. 476-A da CLT, para o cálculo dos períodos de que tratam os incisos I e II do art. 3º desta Lei. (NR) *(Artigo acrescentado pela Medida Provisória n. 2.164-41, de 24.8.2001, DOU 27.8.2001).*

Do Abono Salarial

Art. 9º É assegurado o recebimento de abono salarial anual, no valor máximo de 1 (um) salário-mínimo vigente na data do respectivo pagamento, aos empregados que: *(Redação dada pela Lei n. 13.134, de 16.6. 2015, DOU 17.6.15)*

I — (VETADO) *(Lei n. 13.134, de 16.6. 2015, DOU 17.6.15)*

II — estejam cadastradas há pelo menos 5 (cinco) anos no Fundo de Participação PIS-PASEP ou no Cadastro Nacional do Trabalhador.

§ 1º No caso de beneficiários integrantes do Fundo de Participação PIS-PASEP, serão computados no valor do abono salarial os rendimentos proporcionados pelas respectivas contas individuais. *(Renumerado pela Medida Provisória n. 665, de 30.12.2014, DOU ed. extra 30.12.2014)*

§ 2º O valor do abono salarial anual de que trata o *caput* será calculado na proporção de 1/12 (um doze avos) do valor do salário-mínimo vigente na data do respectivo pagamento, multiplicado pelo número de meses trabalhados no ano correspondente. *(Redação dada pela Lei n. 13.134, de 16.6.2015, DOU 17.6.15)*

§ 3º A fração igual ou superior a 15 (quinze) dias de trabalho será contada como mês integral para os efeitos do § 2º deste artigo. *(Redação dada pela Lei n. 13.134, de 16.6.2015, DOU 17.6.15)*

§ 4º O valor do abono salarial será emitido em unidades inteiras de moeda corrente, com a suplementação das partes decimais até a unidade inteira imediatamente superior. (NR) *(Redação dada pela Lei n. 13.134, de 16.6.2015, DOU 17.6.15)*

Art. 9º-A. O abono será pago pelo Banco do Brasil S.A. e pela Caixa Econômica Federal mediante: *(Redação do caput e alíneas dada pela Lei n. 13.134, de 16.6.2015, DOU 17.6.15)*

I — depósito em nome do trabalhador;

II — saque em espécie; ou

III — folha de salários.

§ 1º Ao Banco do Brasil S.A. caberá o pagamento aos servidores e empregados dos contribuintes mencionados no art. 14 do Decreto-Lei n. 2.052, de 3 de agosto de 1983, e à Caixa Econômica Federal, aos empregados dos contribuintes a que se refere o art. 15 desse Decreto-Lei. *(Redação dada pela Lei n. 13.134, de 16.6.2015, DOU 17.6.15)*

§ 2º As instituições financeiras pagadoras manterão em seu poder, à disposição das autoridades fazendárias, por processo que possibilite sua imediata recuperação, os comprovantes de pagamentos efetuados. *(Redação dada pela Lei n. 13.134, de 16.6.2015, DOU 17.6.15)*

Do Fundo de Amparo ao Trabalhador

Art. 10. É instituído o Fundo de Amparo ao Trabalhador (FAT), vinculado ao Ministério do Trabalho e Emprego, destinado ao custeio do Programa de Seguro-Desemprego, ao pagamento do abono salarial e ao financiamento de programas de educação profissional e tecnológica e de desenvolvimento econômico. *(Redação dada pela Lei n. 12.513, de 26.10.2011, DOU 27.10.2011)*

Parágrafo único. O FAT é um fundo contábil, de natureza financeira, subordinando-se, no que couber, à legislação vigente.

Art. 11. Constituem recursos do FAT:

I — o produto da arrecadação das contribuições devidas ao PIS e ao PASEP;

II — o produto dos encargos devidos pelos contribuintes, em decorrência da inobservância de suas obrigações;

III — a correção monetária e os juros devidos pelo agente aplicador dos recursos do Fundo, bem como pelos agentes pagadores, incidentes sobre o saldo dos repasses recebidos;

IV — o produto da arrecadação da contribuição adicional pelo índice de rotatividade, de que trata o § 4º do art. 239 da Constituição Federal;

V — outros recursos que lhe sejam destinados.

Art. 12. (VETADO).

Art. 13. (VETADO).

Art. 14. (VETADO).

Art. 15. Compete aos Bancos Oficiais Federais o pagamento das despesas relativas ao Programa do Seguro-Desemprego e ao Abono Salarial conforme normas a serem definidas pelos gestores do FAT.

Parágrafo único. Sobre o saldo de recursos não desembolsados, os agentes pagadores remunerarão o FAT, no mínimo com correção monetária.

Art. 16. *Revogado — Lei n. 8.019/90.*

Art. 17. *Revogado — Lei n. 8.019/90.*

Gestão

Art. 18. É instituído o Conselho Deliberativo do Fundo de Amparo ao Trabalhador — CODEFAT, composto por representação de trabalhadores, empregadores e órgãos e entidades governamentais, na forma estabelecida pelo Poder Executivo. (NR) *(Alterado pela MP n. 2.216-37, de 31.8.2001, DOU 1º.9.2001, ed. extra)*

§ 1º O mandato de cada Conselheiro é de 3 (três) anos. *(Parágrafo revogado pela MP n. 2.143-36, de 24.8.2001, DOU 27.8.2001)*

§ 2º Na primeira investidura, observar-se-á o seguinte:

I — 1/3 (um terço) dos representantes referidos nos incisos I e II do *caput* deste artigo será designado com mandato de 1 (um) ano; 1/3 (um terço), com mandato de 2 (dois) anos e 1/3 (um terço), com mandato de 3 (três) anos;

II — o representante do Ministério do Trabalho será designado com mandato de 3 (três) anos; o representante do Ministério da Previdência e Assistência Social, com mandato de 2 (dois) anos; o representante do BNDES, com mandato de 1 (um) ano. *(Parágrafo revogado pela MP n. 2.143-36, de 24.8.2001, DOU 27.8.2001)*

§ 3º Os representantes dos trabalhadores serão indicados pelas centrais sindicais e confederações de trabalhadores; e os representantes dos empregadores, pelas respectivas confederações.

§ 4º Compete ao Ministro do Trabalho a nomeação dos membros do CODEFAT.

§ 5º A Presidência do Conselho Deliberativo, anualmente renovada, será rotativa entre os seus membros. *(Parágrafo revogado pela MP n. 2.143-36, de 24.8.2001, DOU 27.8.2001)*

§ 6º Pela atividade exercida no CODEFAT seus membros não serão remunerados.

Art. 19. Compete ao CODEFAT gerir o FAT e deliberar sobre as seguintes matérias:

I — (VETADO);

II — aprovar e acompanhar a execução do Plano de Trabalho Anual do Programa do Seguro-Desemprego e do Abono Salarial e os respectivos orçamentos;

III — deliberar sobre a prestação de conta e os relatórios de execução orçamentária e financeira do FAT;

IV — elaborar a proposta orçamentária do FAT, bem como suas alterações;

V — propor o aperfeiçoamento da legislação relativa ao seguro-desemprego e ao abono salarial e regulamentar os dispositivos desta Lei no âmbito de sua competência;

VI — decidir sobre sua própria organização, elaborando seu regimento interno;

VII — analisar relatórios do agente aplicador quanto à forma, prazo e natureza dos investimentos realizados;

VIII — fiscalizar a administração do Fundo, podendo solicitar informações sobre contratos celebrados ou em vias de celebração e quaisquer outros atos;

IX — definir indexadores sucedâneos no caso de extinção ou alteração daqueles referidos nesta Lei;

X — baixar instruções necessárias à devolução de parcelas do benefício do seguro-desemprego, indevidamente recebidas;

XI — propor alteração das alíquotas referentes às contribuições a que alude o art. 239 da Constituição Federal, com vistas a assegurar a viabilidade econômico-financeira do FAT.

XII — (VETADO);

XIII — (VETADO);

XIV — fixar prazos para processamento e envio ao trabalhador da requisição do benefício do seguro-desemprego, em função das possibilidades técnicas existentes, estabelecendo-se como objetivo o prazo de 30 (trinta) dias;

XV — (VETADO);

XVI — (VETADO);

XVII — deliberar sobre outros assuntos de interesse do FAT.

Art. 19-A. O CODEFAT poderá priorizar projetos das entidades integrantes do Sistema Nacional de Atendimento Socioeducativo (Sinase) desde que:

I — o ente federado de vinculação da entidade que solicita o recurso possua o respectivo Plano de Atendimento Socioeducativo aprovado;

II — as entidades governamentais e não governamentais integrantes do Sinase que solicitem recursos tenham se submetido à avaliação nacional do atendimento socioeducativo. *(Artigo e incisos acrescentados pela Lei n. 12.594, de 18.1.2012, DOU 19.1.2012).*

Art. 20. A Secretaria Executiva do Conselho Deliberativo será exercida pelo Ministério do Trabalho, e a ela caberão as tarefas técnico-administrativas relativas ao seguro-desemprego e ao abono salarial.

Art. 21. As despesas com a implantação, administração e operação do Programa de Seguro-Desemprego e de Abono Salarial, exceto as de pessoal, correrão por conta do FAT.

Art. 22. Os recursos do FAT integrarão o orçamento da seguridade social na forma da legislação pertinente.

Da Fiscalização e Penalidades

Art. 23. Compete ao Ministério do Trabalho a fiscalização do cumprimento do Programa de Seguro-Desemprego e do Abono Salarial.

Art. 24. Os trabalhadores e empregadores prestarão as informações necessárias, bem como atenderão às exigências para a concessão do seguro-desemprego e o pagamento do abono salarial, nos termos e prazos fixados pelo Ministério do Trabalho.

Art. 25. O empregador que infringir os dispositivos desta Lei estará sujeito a multas de 400 (quatrocentos) a 40.000 (quarenta mil) BTNs, segundo a natureza da infração, sua extensão e a intenção do infrator, a serem aplicadas em dobro, no caso de reincidência, oposição à fiscalização ou desacato à autoridade.

§ 1º Serão competentes para impor as penalidades as Delegacias Regionais do Trabalho, nos termos do Título VII da Consolidação das Leis do Trabalho — CLT.

§ 2º Além das penalidades administrativas já referidas, os responsáveis por meios fraudulentos na habilitação ou na percepção do seguro-desemprego serão punidos civil e criminalmente, nos termos desta Lei.

Art. 25-A. O trabalhador que infringir o disposto nesta Lei e houver percebido indevidamente parcela de seguro-desemprego sujeitar-se-á à compensação automática do débito com o novo benefício, na forma e no percentual definidos por resolução do Codefat. *(Redação dada pela Lei n. 13.134, de 16.6. 2015, DOU 17.6.15)*

§ 1º O ato administrativo de compensação automática poderá ser objeto de

impugnação, no prazo de 10 (dez) dias, pelo trabalhador, por meio de requerimento de revisão simples, o qual seguirá o rito prescrito pela Lei n. 9.784, de 29 de janeiro de 1999. *(Redação dada pela Lei n. 13.134, de 16.6. 2015, DOU 17.6.15)*

§ 2º A restituição de valor devido pelo trabalhador de que trata o caput deste artigo será realizada mediante compensação do saldo de valores nas datas de liberação de cada parcela ou pagamento com Guia de Recolhimento da União (GRU), conforme regulamentação do Codefat. *(Redação dada pela Lei n. 13.134, de 16.6.2015, DOU 17.6.15)*

Das Disposições Finais e Transitórias

Art. 26. (VETADO).

Art. 27. A primeira investidura do CODEFAT dar-se-á no prazo de 30 (trinta) dias da publicação desta Lei.

Art. 28. No prazo de 30 (trinta) dias, as contribuições ao PIS e ao PASEP arrecadadas a partir de 5 de outubro de 1988 e não utilizadas nas finalidades previstas no art. 239 da Constituição Federal serão recolhidas como receita do FAT. *(Redação dada pela Lei n. 8.019, de 11.4.1990, DOU 12.4.1990).*

Parágrafo único. (VETADO).

Art. 29. *Revogado — Lei n. 8.019/90.*

Art. 30. O Poder Executivo regulamentará esta Lei no prazo de 90 (noventa) dias e apresentará projeto de lei regulamentando a contribuição adicional pelo índice de rotatividade, de que trata o § 4º do art. 239 da Constituição Federal, no prazo de 180 (cento e oitenta) dias.

Art. 31. Esta Lei entra em vigor na data de sua publicação.

Art. 32. Revogam-se as disposições em contrário.

Brasília, em 11 de janeiro de 1990; 169º da Independência e 102º da República.

José Sarney
Maílson Ferreira da Nóbrega
Dorothea Werneck
Jáder Fontenelle Barbalho

DOU 12.1.1990

Lei n. 8.009, de 29 de março de 1990

Dispõe sobre a impenhorabilidade do bem de família

Faço saber que o PRESIDENTE DA REPÚBLICA adotou a Medida Provisória n. 143, de 1990, que o Congresso Nacional aprovou, e eu, Nelson Carneiro, Presidente do Senado Federal, para os efeitos do disposto no parágrafo único do art. 62 da Constituição Federal, promulgo a seguinte Lei:

Art. 1º O imóvel residencial próprio do casal, ou da entidade familiar, é impenhorável e não responderá por qualquer tipo de dívida civil, comercial, fiscal, previdenciária ou de outra natureza, contraída pelos cônjuges ou pelos pais ou filhos que sejam seus proprietários e nele residam, salvo nas hipóteses previstas nesta Lei.

Parágrafo único. A impenhorabilidade compreende o imóvel sobre o qual se assentam a construção, as plantações, as benfeitorias de qualquer natureza e todos os equipamentos, inclusive os de uso profissional, ou móveis que guarnecem a casa, desde que quitados.

Art. 2º Excluem-se da impenhorabilidade os veículos de transporte, obras de arte e adornos suntuosos.

Parágrafo único. No caso de imóvel locado, a impenhorabilidade aplica-se aos bens móveis quitados que guarneçam a residência e que sejam de propriedade do locatário, observado o disposto neste artigo.

Art. 3º A impenhorabilidade é oponível em qualquer processo de execução civil, fiscal, previdenciária, trabalhista ou de outra natureza, salvo se movido:

I — em razão dos créditos de trabalhadores da própria residência e das respectivas contribuições previdenciárias; *(Revogado pela LC n. 150, de 1.6.15, DOU 2.6.15)*

II — pelo titular do crédito decorrente do financiamento destinado à construção ou à aquisição do imóvel, no limite dos créditos e acréscimos constituídos em função do respectivo contrato;

III — pelo credor da pensão alimentícia, resguardados os direitos, sobre o bem, do seu coproprietário que, com o devedor, integre união estável ou conjugal, observadas as hipóteses em que ambos responderão pela dívida; *(Redação dada pela Lei n. 13.144, de 6.7.15, DOU 7.7.15)*

IV — para cobrança de impostos, predial ou territorial, taxas e contribuições devidas em função do imóvel familiar;

V — para execução de hipoteca sobre o imóvel oferecido como garantia real pelo casal ou pela entidade familiar;

VI — por ter sido adquirido com produto de crime ou para execução de sentença penal condenatória a ressarcimento, indenização ou perdimento de bens;

VII — por obrigação decorrente de fiança concedida em contrato de locação. *(Inciso acrescentado pela Lei n. 8.245, de 18.10.91).*

Art. 4º Não se beneficiará do disposto nesta Lei aquele que, sabendo-se insolvente, adquire de má-fé imóvel mais valioso para transferir a residência familiar anterior desfazendo-se ou não da moradia antiga.

§ 1º Neste caso poderá o juiz, na respectiva ação do credor, transferir a impenhorabilidade para a moradia familiar anterior, ou anular-lhe a venda, liberando a mais valiosa para execução ou concurso, conforme a hipótese.

§ 2º Quando a residência familiar constituir-se em imóvel rural, a impenhorabilidade restringir-se-á à sede de moradia, com os respectivos bens móveis, e nos casos do art. 5º, inciso XXVI, da Constituição, à área limitada como pequena propriedade rural.

Art. 5º Para os efeitos de impenhorabilidade, de que trata esta Lei, considera-se residência um único imóvel utilizado pelo casal ou pela entidade familiar para moradia permanente.

Parágrafo único. Na hipótese de o casal ou entidade familiar, ser possuidor de vários imóveis utilizados como residência, a impenhorabilidade recairá sobre o de menor valor, salvo se outro tiver sido registrado, para esse fim, no Registro de Imóveis e na forma do art. 70 do Código Civil.

Art. 6º São canceladas as execuções suspensas pela Medida Provisória n. 143, de 8 de março de 1990, que deu origem a esta Lei.

Art. 7º Esta Lei entra em vigor na data de sua publicação.

Art. 8º Revogam-se as disposições em contrário.

Senado Federal, em 29 de março de 1990; 169º da Independência e 102º da República.

Nelson Carneiro
DOU 30.3.1990

Lei n. 8.019, de 11 de abril de 1990

Altera a legislação do Fundo de Amparo ao Trabalhador — FAT e dá outras providências

O PRESIDENTE DA REPÚBLICA,

Faço saber que o Congresso Nacional decreta e eu sanciono a seguinte Lei:

Art. 1º A arrecadação decorrente das contribuições para o Programa de Integração Social — PIS, criado pela Lei Complementar n. 7, de setembro de 1970, e para o Programa de Formação do Patrimônio do Servidor Público — PASEP, criado pela Lei Complementar n. 8, de 3 de dezembro de 1970, será destinada, a cada ano, à cobertura integral das necessidades do Fundo de Amparo ao Trabalhador — FAT, de que trata o art. 10 da Lei n. 7.998, de 11 de janeiro de 1990.

Art. 2º Conforme estabelece o § 1º do art. 239 da Constituição Federal, pelo menos 40% da arrecadação mencionada no artigo anterior serão repassados ao Banco Nacional de Desenvolvimento Econômico e Social — BNDES, para aplicação em programas de desenvolvimento econômico.

§ 1º Os recursos repassados ao BNDES na forma do caput deste artigo serão corrigidos, mensalmente, pelo Índice de Preços ao Consumidor — IPC.

§§ 2º e 3º *(Revogado pela Lei n. 9.365, de 16.12.1996)*

§ 4º Correrá por conta dos BNDES o risco das operações financeiras realizadas com os recursos mencionados no caput deste artigo.

Art. 3º Os juros de que trata o § 2º do artigo anterior serão recolhidos ao FAT a cada semestre até o décimo dia útil subsequente a seu encerramento.

Parágrafo único. Ficam sujeitos à correção monetária, com base na variação do BTN Fiscal, os recursos não recolhidos nos prazos previstos neste artigo.

Art. 4º A arrecadação das contribuições ao PIS e ao PASEP será efetuada através de Documento de Arrecadação de Receitas Federais — DARF, nas condições estabelecidas pela legislação em vigor.

Art. 5º A alínea *b* do inciso IV do art. 69 da Lei n. 7.799, de 10 de julho de 1989, passa a vigorar com a seguinte redação:

"*b)* para o PIS e o PASEP, até o dia cinco do terceiro mês subsequente ao da ocorrência do fato gerador, exceção feita às modalidades especiais (Decreto-Lei n. 2.445, de 29 de junho de 1988, arts. 7º e 8º), cujo prazo será o dia quinze do mês subsequente ao da ocorrência do fato gerador."

Art. 6º O Tesouro Nacional repassará mensalmente recursos ao FAT, de acordo com programação financeira para atender aos gastos efetivos daquele Fundo com seguro-desemprego, abono salarial e programas de desenvolvimento econômico do BNDES. (NR) *(Alterado pela Lei n. 10.199, de 14.2.2001, DOU 16.2.2001).*

Art. 7º Em caso de insuficiência de recursos para o Programa de Seguro-Desemprego e o pagamento do Abono Salarial, decorrente do efetivo aumento destas despesas, serão recolhidas ao FAT, pelo BNDES, a cada exercício, as seguintes parcelas dos saldos de recursos repassados para financiamento de programas de desenvolvimento econômico:

I — no primeiro e segundo exercícios, até 20%;

II — do terceiro ao quinto exercícios, até 10%;

III — a partir do sexto exercício, até 5%.

§ 1º Os percentuais referidos nos incisos do caput deste artigo incidirão sobre o saldo ao final do exercício anterior, assegurada a correção monetária até a data do recolhimento.

§ 2º Caberá ao CODEFAT definir as condições e os prazos de recolhimento de que trata o *caput* deste artigo.

Art. 8º A remuneração mencionada no parágrafo único do art. 15 da Lei n. 7.998, de 1990, constitui receita do FAT.

Parágrafo único. Compete ao CODEFAT estabelecer os prazos de recolhimento e o período base de apuração da receita mencionada no *caput* deste artigo.

Art. 9º As disponibilidades financeiras do FAT poderão ser aplicadas em títulos do Tesouro Nacional, por intermédio do Banco Central do Brasil, e em depósitos especiais, remunerados e disponíveis para imediata movimentação, nas instituições financeiras oficiais federais de que trata o art. 15 da Lei n. 7.988, de 11 de janeiro de 1990.

§ 1º Parcela das disponibilidades financeiras do FAT constitui a Reserva Mínima de Liquidez, destinada a garantir, em tempo hábil, os recursos necessários ao pagamento das despesas referentes ao Programa do Seguro-Desemprego e do Abono de que trata o art. 239 da Constituição Federal.

§ 2º O montante da Reserva estabelecida no parágrafo anterior não pode ser inferior ao maior dentre os seguintes valores:

I — a diferença positiva, no exercício financeiro em curso, entre o produto da arrecadação das contribuições de que trata o art. 239 da Constituição Federal e o montante global dos pagamentos efetuados por conta das dotações orçamentárias para atender as despesas com o Programa do Seguro-Desemprego, com o Abono Salarial e com o Financiamento de Programas de Desenvolvimento Econômico a cargo do BNDES, custeados pela referida arrecadação;

II — o resultado da adição:

a) dos valores pagos a títulos de benefícios do seguro-desemprego nos seis meses anteriores, atualizados mês a mês pela variação do Índice Nacional de Preços ao Consumidor, calculado pela Fundação Instituto Brasileiro de Geografia e Estatística — IBGE, ou, na sua ausência, pela variação de índice definido pelo Conselho Deliberativo do Fundo de Amparo ao Trabalhador — CODEFAT, nos termos do inciso IX do art. 19 da Lei n. 7.998, de 11 de janeiro de 1990; e

b) de cinquenta por cento dos valores pagos a títulos e abono, nos termos do art. 9º da Lei n. 7.998, de 11 de janeiro de 1990, nos doze meses anteriores, atualizados na forma prevista na alínea anterior.

§ 3º Os recursos da Reserva Mínima de Liquidez somente poderão ser aplicados em títulos do Tesouro Nacional, por intermédio do Banco Central do Brasil.

§ 4º No exercício de 1991, as aplicações da parcela das disponibilidades financeiras que excederam o valor da Reserva Mínima de Liquidez em depósitos especiais no Banco do Brasil S/A., serão no montante mínimo de Cr$ 220.000.000.000,00 (duzentos e vinte bilhões de cruzeiros).

§ 5º Os depósitos especiais de que trata o *caput* deste artigo serão remunerados, no mínimo, pelos mesmos critérios e prazos aplicados aos depósitos das disponibilidades de caixa do Tesouro Nacional, conforme disposto no art. 5º da Lei n. 7.862, de 30 de outubro de 1989, com a redação dada pelo art. 8º da Lei n. 8.177, de 1º de março de 1991, ou, na sua ausência, pela remuneração média diária paga pelos títulos do Tesouro Nacional, acrescidos, em ambos os casos, de juros de cinco por cento ao ano, calculados *pro rata die*.

§ 6º O resultado da remuneração das disponibilidades financeiras de que trata este artigo constituirá receita do FAT. *(Redação art. 9º, §§ e incisos dada pela Lei n. 8.352, de 28.12.1991, DOU 31.12.1991).*

§ 7º O Banco Nacional de Desenvolvimento Econômico e Social — BNDES poderá utilizar recursos dos depósitos especiais referidos no *caput* deste artigo, para conceder financiamentos aos Estados e às entidades por eles direta ou indiretamente controladas, no âmbito de programas instituídos pelo Conselho Deliberativo do Fundo de Amparo ao Trabalhador — CODEFAT, tendo em vista as competências que lhe confere o art. 19 da Lei n. 7.998, de 11 de janeiro de 1990, e destinados à expansão do nível de emprego no País, podendo a União, mediante a apresentação de contragarantias adequadas, prestar garantias parciais a operações da espécie, desde que justificado em exposição de motivos conjunta dos Ministérios do Desenvolvimento, Indústria e Comércio Exterior e da Fazenda. (NR) *(Parágrafo acrescentado pela Lei n. 10.199, de 14.2.2001, DOU 16.2.2001).*

Art. 10. O art. 28 da Lei n. 7.998, de 1990, passa a ter a seguinte redação:

"Art. 28. (Incluído no texto da lei mencionada)."

Art. 11. Os recursos do PIS e do PASEP repassados ao BNDES, ao amparo do § 1º do art. 239 da Constituição Federal, antes da vigência da Lei n. 7.998, de 1990, acrescidos de correção monetária pela variação do IPC e de juros, de 5% ao ano, constituirão direitos do FAT e serão contabilizados na forma do disposto no art. 2º desta Lei.

Art. 12. O valor do abono a ser pago pelo FAT, nos casos de empregados participantes do Fundo de Participação PIS/PASEP, corresponderá à diferença entre o salário mínimo vigente na data do respectivo pagamento e os rendimentos de suas contas individuais, apurados na forma das alíneas *b* e *c* do art. 3º da Lei Complementar n. 26, de 11 de agosto de 1975.

Parágrafo único. O pagamento do rendimento das contas individuais mencionadas no *caput* deste artigo é de competência do Fundo de Participação PIS/PASEP.

Art. 13. A operacionalização do Programa Seguro-Desemprego, no que diz respeito às atividades de pré-triagem e habilitação de requerentes, auxílio aos requerentes e segurados na busca de novo emprego, bem assim às ações voltadas para reciclagem profissional, será executada prioritariamente em articulação com os Estados e Municípios, através do Sistema Nacional de Emprego — SINE, nos termos da lei.

Parágrafo único. O Ministério do Trabalho poderá requisitar servidores, técnicos e administrativos, da Administração Federal direta, das autarquias, das fundações públicas e do Governo do Distrito Federal, para o desempenho das tarefas previstas no *caput* deste artigo e no art. 20 da Lei n. 7.998, de 1990, ouvida a Secretaria de Planejamento e Coordenação da Presidência da República.

Art. 14. *(Vetado).*

Art. 15. Esta Lei entra em vigor na data de sua publicação.

Art. 16. Ficam revogados os arts. 16, 17 e 29 da Lei n. 7.998, de 1990, e demais disposições em contrário.

Brasília, em 11 de abril de 1990; 169º da Independência e 102º da República.

FERNANDO COLLOR
ZÉLIA M. CARDOSO DE MELLO
ANTÔNIO MAGRI
DOU 12.4.1990

Lei n. 8.022, de 12 de abril de 1990

Altera o sistema de administração das receitas federais, e dá outras providências

O PRESIDENTE DA REPÚBLICA, faço saber que o Congresso Nacional decreta e eu sanciono a seguinte lei:

Art. 1º É transferida para a Secretaria da Receita Federal a competência de administração das receitas arrecadadas pelo Instituto Nacional de Colonização e Reforma Agrária — INCRA, e para a Procuradoria-Geral da Fazenda Nacional a competência para a apuração, inscrição e cobrança da respectiva dívida ativa.

§ 1º A competência transferida neste artigo à Secretaria da Receita Federal compreende as atividades de tributação, arrecadação, fiscalização e cadastramento.

§ 2º O Incra manterá seu cadastramento para o atendimento de suas outras funções, conforme o estabelecido no art. 2º do Decreto n. 72.106, de 18 de abril de 1973, que regulamentou a Lei n. 5.868, de 12 de dezembro de 1972.

§ 3º No exercício de suas funções, poderá a Secretaria da Receita Federal realizar diligências nas propriedades rurais para confrontar as informações cadastrais prestadas pelos proprietários com as reais condições de exploração do imóvel.

§ 4º Caberá ao Poder Executivo, no prazo de cento e vinte dias a contar da vigência desta lei, regulamentar os dispositivos relativos ao Sistema Nacional de Cadastro Rural, promovendo as alterações decorrentes da transferência da administração do Imposto Territorial Rural à Secretaria da Receita Federal.

Art. 2º As receitas de que trata o art. 1º desta lei, quando não recolhidas nos prazos fixados, serão atualizadas monetariamente, na data do efetivo pagamento, nos termos do art. 61 da Lei n. 7.799, de 10 de julho de 1989, e cobradas pela União com os seguintes acréscimos:

I — juros de mora, na via administrativa ou judicial, contados do mês seguinte ao do vencimento, à razão de 1% (um por cento) ao mês e calculados sobre o valor atualizado, monetariamente, na forma da legislação em vigor;

II — multa de mora de 20% (vinte por cento) sobre o valor atualizado, monetariamente, sendo reduzida a 10% (dez por cento) se o pagamento for efetuado até o último dia útil do mês subsequente àquele em que deveria ter sido pago;

III — encargo legal de cobrança da Dívida Ativa de que trata o art. 1º do Decreto-Lei n. 1.025, de 21 de outubro de 1969, e o art. 3º do Decreto-Lei n. 1.645, de 11 de dezembro de 1978, quando for o caso.

Parágrafo único. Os juros de mora não incidem sobre o valor da multa de mora.

Art. 3º Aplica-se as parcelamentos de débitos das receitas referidas no art. 1º desta lei, concedidos administrativamente, a legislação prevista para o parcelamento de débitos de qualquer natureza para com a Fazenda Nacional.

Parágrafo único. O disposto neste artigo aplica-se, também, aos parcelamentos de débitos relativos às contribuições de que tratam os Decretos-Leis ns. 308, de 28 de fevereiro de 1967, e 1.712, de 14 de novembro de 1979, e do adicional previsto no Decreto-Lei n. 1.952, de 15 de julho de 1982.

Art. 4º Os procedimentos administrativos de determinação e a exigência das receitas referidas no art. 1º desta lei, bem como os de consulta sobre a aplicação da respectiva legislação, serão regidos, no que couber, pe-

las normas expedidas nos termos do art. 2º do Decreto-Lei n. 822, de 5 de setembro de 1969, e convalidadas pelo § 3º do art. 16 da Lei n. 7.739, de 16 de março de 1989.

§ 1º O disposto neste artigo aplica-se aos procedimentos em curso relativos aos créditos constituídos anteriormente à vigência da Medida Provisória n. 166, de 15 de março de 1990.

§ 2º Os órgãos do Departamento da Receita Federal enviarão às Procuradorias da Fazenda Nacional os demonstrativos de débitos das receitas a que se refere o art. 1º desta lei para fins de apuração e inscrição na Dívida Ativa da União.

Art. 5º A Secretaria da Administração Federal, em conjunto com o Ministério da Economia, Fazenda e Planejamento e o da Agricultura, estabelecerão as formas e condições para a realocação do pessoal, assim como a adaptação de cargos e funções de confiança decorrentes do que dispõe esta lei.

Art. 6º Esta lei entra em vigor na data de sua publicação.

Art. 7º Revogam-se as disposições em contrário.

Brasília, 12 de abril de 1990; 169º da Independência e 102º da República.

FERNANDO COLLOR
ZÉLIA M. CARDOSO DE MELLO
DOU 13.4.1990

Lei n. 8.036, de 11 de maio de 1990

Dispõe sobre o Fundo de Garantia do Tempo de Serviço e dá outras providências

O PRESIDENTE DA REPÚBLICA,

Faço saber que o Congresso Nacional decreta e eu sanciono a seguinte Lei:

Art. 1º O Fundo de Garantia do Tempo de Serviço — FGTS, instituído pela Lei n. 5.107, de 13 de setembro de 1966, passa a reger-se por esta Lei.

Art. 2º O FGTS é constituído pelos saldos das contas vinculadas a que se refere esta Lei e outros recursos a ele incorporados, devendo ser aplicados com atualização monetária e juros, de modo a assegurar a cobertura de suas obrigações.

§ 1º Constituem recursos incorporados ao FGTS, nos termos do caput deste artigo:

a) eventuais saldos apurados nos termos do art. 12, § 4º;

b) dotações orçamentárias específicas;

c) resultados das aplicações dos recursos do FGTS;

d) multas, correção monetária e juros moratórios devidos;

e) demais receitas patrimoniais e financeiras.

§ 2º As contas vinculadas em nome dos trabalhadores são absolutamente impenhoráveis.

Art. 3º O FGTS será regido por normas e diretrizes estabelecidas por um Conselho Curador, composto por representação de trabalhadores, empregadores e órgãos e entidades governamentais, na forma estabelecida pelo Poder Executivo. NR *(Redação dada pela MP n. 2.216-37, de 31.8.01, DOU 1º.9.01, Ed. extra). (vide Lei n. 9.649, de 25.5.98, DOU 28.5.98)*

I — Ministério do Trabalho;

II — Ministério do Planejamento e Orçamento;

III — Ministério da Fazenda;

IV — Ministério da Indústria, do Comércio e do Turismo;

V — Caixa Econômica Federal;

VI — Banco Central do Brasil. *(Redação dada pela Lei n. 9.649, de 27.5.98, DOU 28.5.98)*

§ 1º A Presidência do Conselho Curador será exercida pelo representante do Ministério do Trabalho e da Previdência Social.

§ 2º Os Ministros de Estado e os Presidentes das Entidades mencionadas neste artigo serão os membros titulares no Conselho Curador, cabendo, a cada um deles, indicar o seu respectivo suplente ao Presidente do Conselho que os nomeará. *(Redação dada pela Lei n. 9.649, de 27.5.98, DOU 28.5.98). O parágrafo 2º deste artigo está revogado pela Medida Provisória n. 2.216-37, de 31.8.01, DOU 1º.9.01). (Ed. extra).*

§ 3º Os representantes dos trabalhadores e dos empregadores e seus respectivos suplentes serão indicados pelas respectivas centrais sindicais e confederações nacionais e nomeados pelo Ministro do Trabalho e da Previdência Social, e terão mandato de 2 anos, podendo ser reconduzidos uma única vez.

§ 4º O Conselho Curador reunir-se-á ordinariamente, a cada bimestre, por convocação de seu Presidente. Esgotado esse período, não tendo ocorrido convocação, qualquer de seus membros poderá fazê-la, no prazo de quinze dias. Havendo necessidade, qualquer membro poderá convocar reunião extraordinária, na forma que vier a ser regulamentada pelo Conselho Curador.

§ 5º As decisões do Conselho serão tomadas com a presença da maioria simples de seus membros, tendo o Presidente voto de qualidade. NR *(Parágrafo alterado pela MP n. 2.216-37, de 31.8.01, DOU 1º.9.01). (Ed. extra).*

§ 6º As despesas porventura exigidas para o comparecimento às reuniões do Conselho constituirão ônus das respectivas entidades representadas.

§ 7º As ausências ao trabalho dos representantes dos trabalhadores no Conselho Curador, decorrentes das atividades desse órgão, serão abonadas, computando-se como jornada efetivamente trabalhada para todos os fins e efeitos legais.

§ 8º Competirá ao Ministério do Trabalho e da Previdência Social proporcionar ao Conselho Curador os meios necessários ao exercício de sua competência, para o que contará com uma Secretaria Executiva do Conselho Curador do FGTS.

§ 9º Aos membros do Conselho Curador, enquanto representantes dos trabalhadores, efetivos e suplentes, é assegurada a estabilidade no emprego, da nomeação até um ano após o término do mandato de representação, somente podendo ser demitidos por motivo de falta grave, regularmente comprovada através de processo sindical.

Art. 4º A gestão da aplicação do FGTS será efetuada pelo Ministério da Ação Social, cabendo à Caixa Econômica Federal — CEF o papel de Agente Operador.

Art. 5º Ao Conselho Curador do FGTS compete:

I — estabelecer as diretrizes e os programas de alocação de todos os recursos do FGTS, de acordo com os critérios definidos nesta Lei, em consonância com a política nacional de desenvolvimento urbano e as políticas setoriais de habitação popular, saneamento básico e infraestrutura urbana estabelecidas pelo Governo Federal;

II — acompanhar e avaliar a gestão econômica e financeira dos recursos, bem como os ganhos sociais e o desempenho dos programas aprovados;

III — apreciar e aprovar os programas anuais e plurianuais do FGTS;

IV — pronunciar-se sobre as contas do FGTS, antes do seu encaminhamento aos órgãos de controle interno para os fins legais;

V — adotar as providências cabíveis para a correção de atos e fatos do Ministério da Ação Social e da Caixa Econômica Federal, que prejudiquem o desempenho e o cumprimento das finalidades no que concerne aos recursos do FGTS;

VI — dirimir dúvidas quanto à aplicação das normas regulamentares, relativas ao FGTS, nas matérias de sua competência;

VII — aprovar seu regimento interno;

VIII — fixar as normas e valores de remuneração do Agente Operador e dos Agentes Financeiros;

IX — fixar critérios para parcelamento de recolhimentos em atraso;

X — fixar critério e valor de remuneração para o exercício da fiscalização;

XI — divulgar, no Diário Oficial da União, todas as decisões proferidas pelo Conselho, bem como as contas do FGTS e os respectivos pareceres emitidos;

XII — fixar critérios e condições para compensação entre créditos do empregador, decorrentes de depósitos relativos a trabalhadores não optantes, com contratos extintos, e débitos resultantes de competência em atraso, inclusive aquelas que forem objeto de composição de dívida com o FGTS. *(Redação dada pela Lei n. 9.711, de 20.11.98 — DOU 21.11.98).*

XIII — em relação ao Fundo de Investimento do Fundo de Garantia do Tempo de Serviço — FI-FGTS:

a) aprovar a política de investimento do FI-FGTS por proposta do Comitê de Investimento;

b) decidir sobre o reinvestimento ou distribuição dos resultados positivos aos cotistas do FI-FGTS, em cada exercício;

c) definir a forma de deliberação, de funcionamento e a composição do Comitê de Investimento;

d) estabelecer o valor da remuneração da Caixa Econômica Federal pela administração e gestão do FI-FGTS, inclusive a taxa de risco;

e) definir a exposição máxima de risco dos investimentos do FI-FGTS;

f) estabelecer o limite máximo de participação dos recursos do FI-FGTS por setor, por empreendimento e por classe de ativo, observados os requisitos técnicos aplicáveis;

g) estabelecer o prazo mínimo de resgate das cotas e de retorno dos recursos à conta vinculada, observado o disposto no § 19 do art. 20 desta Lei;

h) aprovar o regulamento do FI-FGTS, elaborado pela Caixa Econômica Federal; e

i) autorizar a integralização de cotas do FI-FGTS pelos trabalhadores, estabelecendo previamente os limites globais e individuais, parâmetros e condições de aplicação e resgate. (NR) *(Item XIII acrescentado pela Lei n. 11.491. de 20.6.07, DOU 21.6.07, Retificada DOU 22.6.07).*

Art. 6º Ao Ministério da Ação Social, na qualidade de gestor da aplicação do FGTS, compete:

I — praticar todos os atos necessários à gestão da aplicação do Fundo, de acordo com as diretrizes e programas estabelecidos pelo Conselho Curador;

II — expedir atos normativos relativos à alocação dos recursos para implementação dos programas aprovados pelo Conselho Curador;

LEGISLAÇÃO COMPLEMENTAR

III — elaborar orçamentos anuais e planos plurianuais de aplicação dos recursos, discriminando-os por Unidade da Federação, submetendo-os até 31 de julho ao Conselho Curador do Fundo;

IV — acompanhar a execução dos programas de habitação popular, saneamento básico e infraestrutura urbana, decorrentes de aplicação de recursos do FGTS, implementados pela CEF;

V — submeter à apreciação do Conselho Curador as contas do FGTS;

VI — subsidiar o Conselho Curador com estudos técnicos necessários ao aprimoramento operacional dos programas de habitação popular, saneamento básico e infraestrutura urbana;

VII — definir as metas a serem alcançadas nos programas de habitação popular, saneamento básico e infraestrutura urbana.

Art. 7º À Caixa Econômica Federal, na qualidade de Agente Operador, cabe:

I — centralizar os recursos do FGTS, manter e controlar as contas vinculadas, e emitir regularmente os extratos individuais correspondentes às contas vinculadas e participar da rede arrecadadora dos recursos do FGTS;

II — expedir atos normativos referentes aos procedimentos administrativo-operacionais dos bancos depositários, dos agentes financeiros, dos empregadores e dos trabalhadores, integrantes do sistema do FGTS;

III — definir os procedimentos operacionais necessários à execução dos programas de habitação popular, saneamento básico e infraestrutura urbana, estabelecidos pelo Conselho Curador com base nas normas e diretrizes de aplicação elaboradas pelo Ministério da Ação Social;

IV — elaborar as análises jurídicas e econômico-financeira dos projetos de habitação popular, infraestrutura urbana e saneamento básico a serem financiados com recursos do FGTS;

V — emitir Certificado de Regularidade do FGTS;

VI — elaborar as contas do FGTS, encaminhando-as ao Ministério da Ação Social;

VII — implementar os atos emanados do Ministério da Ação Social relativos à alocação e aplicação dos recursos do FGTS, de acordo com as diretrizes estabelecidas pelo Conselho Curador.

VII — (VETADO). *(Incluído pela Lei n. 9.491 de 1997)*

IX — garantir aos recursos alocados ao FI-FGTS, em cotas de titularidade do FGTS, a remuneração aplicável às contas vinculadas, na forma do *caput* do art. 13 desta Lei. (NR) *(Acrescentado pela Lei n. 11.491, de 20.6.07, DOU 21.6.07, retificada no DOU de 22.6.07)*

Parágrafo único. O Ministério da Ação Social e a Caixa Econômica Federal deverão dar pleno cumprimento aos programas anuais em andamento, aprovados pelo Conselho Curador, sendo que eventuais alterações somente poderão ser processadas mediante prévia anuência daquele colegiado.

Art. 8º O Ministério da Ação Social, a Caixa Econômica Federal e o Conselho Curador do FGTS serão responsáveis pelo fiel cumprimento e observância dos critérios estabelecidos nesta Lei.

Art. 9º As aplicações com recursos do FGTS poderão ser realizadas diretamente pela Caixa Econômica Federal e pelos demais órgãos integrantes do Sistema Financeiro da Habitação — SFH, exclusivamente segundo critérios fixados pelo Conselho Curador do FGTS, em operações que preencham os seguintes requisitos: *(Redação dada pela Lei n. 10.931, de 2.8.04, DOU 3.8.04)*

I — garantias:

a) hipotecária;

b) caução de créditos hipotecários próprios, relativos a financiamentos concedidos com recursos do agente financeiro;

c) caução dos créditos hipotecários vinculados aos imóveis objeto de financiamento;

d) hipoteca sobre outros imóveis de propriedade do agente financeiro, desde que livres e desembaraçados de quaisquer ônus;

e) cessão de créditos do agente financeiro, derivados de financiamentos concedidos com recursos próprios, garantidos por penhor ou hipoteca;

f) hipoteca sobre imóvel de propriedade de terceiros;

g) seguro de crédito;

h) garantia real ou vinculação de receitas, inclusive tarifárias, nas aplicações contratadas com pessoa jurídica de direito público ou de direito privado a ela vinculada;

i) aval em nota promissória;

j) fiança pessoal;

l) alienação fiduciária de bens móveis em garantia;

m) fiança bancária;

n) outras, a critério do Conselho Curador do FGTS; *(Inciso I e alíneas com redação dada pela Lei n. 9.467, de 10.7.97, DOU 11.7.97)*

II — correção monetária igual à das contas vinculadas;

III — taxa de juros média mínima, por projeto, de três por cento ao ano;

IV — prazo máximo de trinta anos. *(Redação dada pela Lei n. 8.692/93)*

§ 1º A rentabilidade média das aplicações deverá ser suficiente à cobertura de todos os custos incorridos pelo Fundo e ainda à formação de reserva técnica para o atendimento de gastos eventuais não previstos, sendo da Caixa Econômica Federal o risco de crédito.

§ 2º Os recursos do FGTS deverão ser aplicados em habitação, saneamento básico e infraestrutura urbana. As disponibilidades financeiras devem ser mantidas em volume que satisfaça as condições de liquidez e remuneração mínima necessária à preservação do poder aquisitivo da moeda.

§ 3º O programa de aplicações deverá destinar, no mínimo, sessenta por cento para investimentos em habitação popular.

§ 4º Os projetos de saneamento básico e infraestrutura urbana, financiados com recursos do FGTS, deverão ser complementares aos programas habitacionais.

§ 5º As garantias, nas diversas modalidades discriminadas no inciso I do *caput* deste artigo, serão admitidas singular ou supletivamente, considerada a suficiência de cobertura para os empréstimos e financiamentos concedidos. *(Redação dada pela Lei n. 9.467, de 10.7.97, DOU 11.7.97)*

§ 6º Mantida a rentabilidade média de que trata o § 1º, as aplicações em habitação popular poderão contemplar sistemática de desconto, direcionada em função da renda familiar do beneficiário, onde o valor do benefício seja concedido mediante redução no valor das prestações a serem pagas pelo mutuário ou pagamento de parte da aquisição ou construção de imóvel, dentre outras, a critério do Conselho Curador do FGTS. *(Acrescentados pela MP n. 2.197-43, de 24.8.01, DOU 27.8.01)*

§ 7º Os recursos necessários para a consecução da sistemática de desconto serão destacados, anualmente, do orçamento de aplicação de recursos do FGTS, constituindo reserva específica, com contabilização própria. (NR) *(Acrescentados pela MP n. 2.197-43, de 24.8.01, DOU 27.8.01)*

§ 8º É da União o risco de crédito nas aplicações efetuadas até 1º de junho de 2001 pelos demais órgãos integrantes do Sistema Financeiro da Habitação — SFH e pelas entidades credenciadas pelo Banco Central do Brasil como agentes financeiros, sub-rogando-se nas garantias prestadas à Caixa Econômica Federal. (NR) *(Parágrafo acrescentado pela MP n. 2.196-3, de 24.8.01, DOU 25.8.01)*

Art. 10. O Conselho Curador fixará diretrizes e estabelecerá critérios técnicos para as aplicações dos recursos do FGTS, visando a:

I — exigir a participação dos contratantes de financiamentos nos investimentos a serem realizados;

II — assegurar o cumprimento, por parte dos contratantes inadimplentes, das obrigações decorrentes dos financiamentos obtidos;

III — evitar distorções na aplicação entre as regiões do País, considerando para tanto a demanda habitacional, a população e outros indicadores sociais.

Art. 11. Os depósitos feitos na rede bancária, a partir de 1º de outubro de 1989, relativos ao FGTS, serão transferidos à Caixa Econômica Federal no segundo dia útil subsequente à data em que tenham sido efetuados.

Art. 12. No prazo de um ano, a contar da promulgação desta Lei, a Caixa Econômica Federal assumirá o controle de todas as contas vinculadas, nos termos do item I do art. 7º, passando os demais estabelecimentos bancários, findo esse prazo, à condição de agentes recebedores e pagadores do FGTS, mediante recebimento de tarifa, a ser fixada pelo Conselho Curador.

§ 1º Enquanto não ocorrer a centralização prevista no *caput* deste artigo, o depósito efetuado no decorrer do mês será contabilizado no saldo da conta vinculada do trabalhador, no primeiro dia útil do mês subsequente.

§ 2º Até que a Caixa Econômica Federal implemente as disposições do *caput* deste artigo, as contas vinculadas continuarão sendo abertas em estabelecimento bancário escolhido pelo empregador, dentre os para tanto autorizados pelo Banco Central do Brasil, em nome do trabalhador.

§ 3º Verificando-se mudança de emprego, até que venha a ser implementada a centralização prevista no *caput* deste artigo, a conta vinculada será transferida para o estabelecimento bancário da escolha do novo empregador.

§ 4º Os resultados financeiros auferidos pela Caixa Econômica Federal no período entre o repasse dos bancos e o depósito nas contas vinculadas dos trabalhadores destinar-se-ão à cobertura das despesas de administração do FGTS e ao pagamento da tarifa aos bancos depositários, devendo os eventuais saldos ser incorporados ao patrimônio do Fundo nos termos do art. 2º, § 1º.

§ 5º Após a centralização das contas vinculadas na Caixa Econômica Federal, o depósito realizado no prazo regulamentar passa a integrar o saldo da conta vinculada do trabalhador a partir do dia do mês de sua ocorrência. O depósito realizado fora do prazo será contabilizado no saldo no dia dez subsequente após atualização monetária e capitalização de juros.

1131

Art. 13. Os depósitos efetuados nas contas vinculadas serão corrigidos monetariamente com base nos parâmetros fixados para atualização dos saldos dos depósitos de poupança e capitalizarão juros de três por cento ao ano.

§ 1º Até que ocorra a centralização prevista no item I do art. 7º, a atualização monetária e a capitalização de juros correrão à conta do Fundo e o respectivo crédito será efetuado na conta vinculada no primeiro dia útil de cada mês, com base no saldo existente no primeiro dia útil do mês anterior, deduzidos os saques ocorridos no período.

§ 2º Após a centralização das contas vinculadas, na Caixa Econômica Federal, a atualização monetária e a capitalização de juros correrão à conta do Fundo e o respectivo crédito será efetuado na conta vinculada, no dia dez de cada mês, com base no saldo existente no dia dez do mês anterior ou no primeiro dia útil subsequente, caso o dia dez seja feriado bancário, deduzidos os saques ocorridos no período.

§ 3º Para as contas vinculadas dos trabalhadores optantes existentes à data de 22 de setembro de 1971, a capitalização dos juros dos depósitos continuará a ser feita na seguinte progressão, salvo no caso de mudança de empresa, quando a capitalização dos juros passará a ser feita à taxa de três por cento ao ano:

I — três por cento, durante os dois primeiros anos de permanência na mesma empresa;

II — quatro por cento, do terceiro ao quinto ano de permanência na mesma empresa;

III — cinco por cento, do sexto ao décimo ano de permanência na mesma empresa;

IV — seis por cento, a partir do décimo primeiro ano de permanência na mesma empresa.

§ 4º O saldo das contas vinculadas é garantido pelo Governo Federal, podendo ser instituído seguro especial para esse fim.

Art. 14. Fica ressalvado o direito adquirido dos trabalhadores que, à data da promulgação da Constituição Federal de 1988, já tinham o direito à estabilidade, no emprego nos termos do Capítulo V do Título IV da CLT.

§ 1º O tempo do trabalhador não optante do FGTS, anterior a 5 de outubro de 1988, em caso de rescisão sem justa causa pelo empregador, reger-se-á pelos dispositivos constantes dos arts. 477, 478 e 497 da CLT.

§ 2º O tempo de serviço anterior à atual Constituição poderá ser transacionado entre empregador e empregado, respeitado o limite mínimo de sessenta por cento da indenização prevista.

§ 3º É facultado ao empregador desobrigar-se da responsabilidade da indenização relativa ao tempo de serviço anterior à opção, depositando na conta vinculada do trabalhador, até o último dia útil do mês previsto em lei para o pagamento de salário, o valor correspondente à indenização, aplicando-se ao depósito, no que couber, todas as disposições desta Lei.

§ 4º Os trabalhadores poderão a qualquer momento optar pelo FGTS com efeito retroativo a 1º de janeiro de 1967 ou à data de sua admissão, quando posterior àquela.

Art. 15. Para os fins previstos nesta lei, todos os empregadores ficam obrigados a depositar, até o dia 7 (sete) de cada mês, em conta bancária vinculada, a importância correspondente a 8 (oito) por cento da remuneração paga ou devida, no mês anterior, a cada trabalhador, incluídas na remuneração as parcelas de que tratam os arts. 457 e 458 da CLT e a gratificação de Natal a que se refere a Lei n. 4.090, de 13 de julho de 1962, com as modificações da Lei n. 4.749, de 12 de agosto de 1965.

§ 1º Entende-se por empregador a pessoa física ou a pessoa jurídica de direito privado ou de direito público, da administração pública direta, indireta ou fundacional de qualquer dos Poderes, da União, dos Estados, do Distrito Federal e dos Municípios, que admitir trabalhadores a seu serviço, bem assim aquele que, regido por legislação especial, encontrar-se nessa condição ou figurar como fornecedor ou tomador de mão de obra, independente da responsabilidade solidária e/ou subsidiária a que eventualmente venha obrigar-se.

§ 2º Considera-se trabalhador toda pessoa física que prestar serviços a empregador, a locador ou tomador de mão de obra, excluídos os eventuais, os autônomos e os servidores públicos civis e militares sujeitos a regime jurídico próprio.

§ 3º Os trabalhadores domésticos poderão ter acesso ao regime do FGTS, na forma que vier a ser prevista em lei.

§ 4º Considera-se remuneração as retiradas de diretores não empregados, quando haja deliberação da empresa, garantindo-lhes os direitos decorrentes do contrato de trabalho de que trata o art. 16.*(Acrescentado pela Lei n. 9.711, de 20.11.98, DOU 21.11.98)*

§ 5º O depósito de que trata o *caput* deste artigo é obrigatório nos casos de afastamento para prestação do serviço militar obrigatório e licença por acidente do trabalho.*(Acrescentado pela Lei n. 9.711, de 20.11.98, DOU 21.11.98)*

§ 6º Não se incluem na remuneração, para os fins desta Lei, as parcelas elencadas no § 9º do art. 28 da Lei n. 8.212, de 24 de julho de 1991. (NR)*(Acrescentado pela Lei n. 9.711, de 20.11.98, DOU 21.11.98)*

§ 7º Os contratos de aprendizagem terão a alíquota a que se refere o *caput* deste artigo reduzida para dois por cento. (AC) *(Parágrafo acrescentado pela Lei n. 10.097, de 19.12.00, DOU 20.12.00)*

Art. 16. Para efeito desta Lei, as empresas sujeitas ao regime da legislação trabalhista poderão equiparar seus diretores não empregados aos demais trabalhadores sujeitos ao regime do FGTS. Considera-se diretor aquele que exerça cargo de administração previsto em lei, estatuto ou contrato social independente da denominação do cargo.

Art. 17. Os empregadores se obrigam a comunicar mensalmente aos trabalhadores os valores recolhidos ao FGTS e repassar-lhes todas as informações sobre suas contas vinculadas recebidas da Caixa Econômica Federal ou dos bancos depositários.

Art. 18. Ocorrendo rescisão do contrato de trabalho, por parte do empregador, ficará este obrigado a depositar na conta vinculada do trabalhador no FGTS os valores relativos aos depósitos referentes ao mês da rescisão e ao imediatamente anterior, que ainda não houver sido recolhido, sem prejuízo das cominações legais.

§ 1º Na hipótese de despedida pelo empregador sem justa causa, depositará este, na conta vinculada do trabalhador no FGTS, importância igual a quarenta por cento do montante de todos os depósitos realizados na conta vinculada durante a vigência do contrato de trabalho, atualizados monetariamente e acrescidos dos respectivos juros. *(Redação dada pela L. n. 9.491, de 9.9.97, DOU 11.9.97)*

§ 2º Quando ocorrer despedida por culpa recíproca ou força maior, reconhecida pela Justiça do Trabalho, o percentual de que trata o § 1º será de vinte por cento.

§ 3º As importâncias de que trata este artigo deverão constar da documentação comprobatória do recolhimento dos valores devidos a título de rescisão do contrato de trabalho, observado o disposto no art. 477 da CLT, eximindo o empregador, exclusivamente, quanto aos valores discriminados. *(Redação dada pela L. n. 9.491, de 9.9.97, DOU 11.9.97)*

Art. 19. No caso de extinção do contrato de trabalho prevista no art. 14 desta Lei, serão observados os seguintes critérios:

I — havendo indenização a ser paga, o empregador, mediante comprovação do pagamento daquela, poderá sacar o saldo dos valores por ele depositados na conta individualizada do trabalhador;

II — não havendo indenização a ser paga, ou decorrido o prazo prescricional para a reclamação de direitos por parte do trabalhador, o empregador poderá levantar em seu favor o saldo da respectiva conta individualizada, mediante comprovação perante o órgão competente do Ministério do Trabalho e da Previdência Social.

Art. 19-A. É devido o depósito do FGTS na conta vinculada do trabalhador cujo contrato de trabalho seja declarado nulo nas hipóteses previstas no art. 37, § 2º, da Constituição Federal, quando mantido o direito ao salário.

Parágrafo único. O saldo existente em conta vinculada, oriundo de contrato declarado nulo até 28 de julho de 2001, nas condições do *caput*, que não tenha sido levantado até essa data, será liberado ao trabalhador a partir do mês de agosto de 2002. (NR) *(Artigo e parágrafo único acrescentados pela MP n. 2.164-41, de 24.8.01, DOU 27.8.01)*

Art. 20. A conta vinculada do trabalhador no FGTS poderá ser movimentada nas seguintes situações:

I — despedida sem justa causa, inclusive a indireta, de culpa recíproca e de força maior; *(Alterado pela MP n. 2.197-43, de 24.8.01, DOU 27.8.01)*

II — extinção total da empresa, fechamento de quaisquer de seus estabelecimentos, filiais ou agências, supressão de parte de suas atividades, declaração de nulidade do contrato de trabalho nas condições do art. 19-A, ou ainda falecimento do empregador individual sempre que qualquer dessas ocorrências implique rescisão de contrato de trabalho, comprovada por declaração escrita da empresa, suprida, quando for o caso por decisão judicial transitada em julgado; *(Redação dada pela MP n. 2.164-41, de 24.8.01, DOU 27.8.01)*

III — aposentadoria concedida pela Previdência Social;

IV — falecimento do trabalhador, sendo o saldo pago a seus dependentes, para esse fim habilitados perante a Previdência Social, segundo o critério adotado para a concessão de pensões por morte. Na falta de dependentes, farão jus ao recebimento do saldo da conta vinculada os seus sucessores previstos na lei civil, indicados em alvará judicial, expedido a requerimento do interessado, independente de inventário ou arrolamento;

V — pagamento de parte das prestações decorrentes de financiamento habitacional concedido no âmbito do Sistema Financeiro da Habitação — SFH, desde que:

a) o mutuário conte com o mínimo de três anos de trabalho sob o regime do FGTS, na mesma empresa ou em empresas diferentes;

b) o valor bloqueado seja utilizado, no mínimo, durante o prazo de doze meses;

LEGISLAÇÃO COMPLEMENTAR

c) o valor do abatimento atinja, no máximo, oitenta por cento do montante da prestação;

VI — liquidação ou amortização extraordinária do saldo devedor de financiamento imobiliário, observadas as condições estabelecidas pelo Conselho Curador, dentre elas a de que o financiamento seja concedido no âmbito do SFH e haja interstício mínimo de dois anos para cada movimentação;

VII — pagamento total ou parcial do preço de aquisição de moradia própria, ou lote urbanizado de interesse social não construído, observadas as seguintes condições: (NR) *(Redação dada pela Lei n. 11.977, de 7.7.09, DOU 8.7.09)*

a) o mutuário deverá contar com o mínimo de três anos de trabalho sob o regime do FGTS, na mesma empresa ou empresas diferentes;

b) seja a operação financiável nas condições vigentes para o SFH;

VIII — quando o trabalhador permanecer três anos ininterruptos, a partir de 1º de junho de 1990, fora do regime do FGTS, podendo o saque, neste caso, ser efetuado a partir do mês de aniversário do titular da conta. *(Redação dada pela Lei n. 8.678/93)*

IX — extinção normal do contrato a termo, inclusive o dos trabalhadores temporários regidos pela Lei n. 6.019, de 3 de janeiro de 1974;

X — suspensão total do trabalho avulso por período igual ou superior a noventa dias, comprovada por declaração do sindicato representativo da categoria profissional.

XI — quando o trabalhador ou qualquer de seus dependentes for acometido de neoplasia maligna. *(Inclusão pela L. n. 8.922, de 25.7.94)*

XII — aplicação em quotas de Fundos Mútuos de Privatização, regidos pela Lei n. 6.385, de 7 de dezembro de 1976, permitida a utilização máxima de 50% (cinquenta por cento) do saldo existente e disponível em sua conta vinculada do Fundo de Garantia do Tempo de Serviço, na data em que exercer a opção. *(Inciso acrescentado pela Lei n. 9.491, de 9.9.97)*

XIII — quando o trabalhador ou qualquer de seus dependentes for portador do vírus HIV;

XIV — quando o trabalhador ou qualquer de seus dependentes estiver em estágio terminal, em razão de doença grave, nos termos do regulamento;

XV — quando o trabalhador tiver idade igual ou superior a setenta anos. *(Incisos XIII a XV acrescentados pela MP n. 2.164-41, de 24.8.01, DOU 27.8.01)*

XVI — necessidade pessoal, cuja urgência e gravidade decorra de desastre natural, conforme disposto em regulamento, observadas as seguintes condições:

a) o trabalhador deverá ser residente em áreas comprovadamente atingidas de Município ou do Distrito Federal em situação de emergência ou em estado de calamidade pública, formalmente reconhecidos pelo Governo Federal;

b) a solicitação de movimentação da conta vinculada será admitida até 90 (noventa) dias após a publicação do ato de reconhecimento, pelo Governo Federal, da situação de emergência ou de estado de calamidade pública; e

c) o valor máximo do saque da conta vinculada será definido na forma do regulamento. *(NR: inciso acrescentado pela Lei n. 10.878, de 8.6.04, DOU 9.6.04)*

XVII — integralização de cotas do FI-FGTS, respeitado o disposto na alínea h do inciso XIII do art. 5º desta Lei, permitida a utilização máxima de 30% (trinta por cento) do saldo existente e disponível na data em que exercer a opção. *(Redação dada pela Lei n. 12.087, de 11.11.09, DOU 12.11.09)*

XVIII — quando o trabalhador com deficiência, por prescrição, necessite adquirir órtese ou prótese para promoção de acessibilidade e de inclusão social. *(Acrescentado pela Lei n. 13.146, de 6.7.5, DOU 7.7.15, com vigência após decorridos 180 dias de sua publicação oficial)*

§ 1º A regulamentação das situações previstas nos incisos I e II assegurará que a retirada a que faz jus o trabalhador corresponda aos depósitos efetuados na conta vinculada durante o período de vigência do último contrato de trabalho, acrescida de juros e atualização monetária, deduzidos os saques.

§ 2º O Conselho Curador disciplinará o disposto no inciso V, visando a beneficiar os trabalhadores de baixa renda e preservar o equilíbrio financeiro do FGTS.

§ 3º O direito de adquirir moradia com recursos do FGTS, pelo trabalhador, só poderá ser exercido para um único imóvel.

§ 4º O imóvel objeto de utilização do FGTS somente poderá ser objeto de outra transação com recursos do Fundo, na forma que vier a ser regulamentada pelo Conselho Curador.

§ 5º O pagamento da retirada após o período previsto em regulamento, implicará atualização monetária dos valores devidos.

§ 6º Os recursos aplicados em cotas de fundos Mútuos de Privatização, referidos no inciso XII, serão destinados, nas condições aprovadas pelo CND, a aquisições de valores mobiliários, no âmbito do Programa Nacional de Desestatização, de que trata a Lei n. 9.491, de 1997, e de programas estaduais de desestatização, desde que, em ambos os casos, tais destinações sejam aprovadas pelo CND. *(Redação dada ao parágrafo pela Lei n. 9.635, de 15.5.98)*

§ 7º Ressalvadas as alienações decorrentes das hipóteses de que trata o § 8º, os valores mobiliários a que se refere o parágrafo anterior só poderão ser integralmente vendidos, pelos respectivos Fundos, seis meses após sua aquisição, podendo ser alienada em prazo inferior parcela equivalente a 10% (dez por cento) do valor adquirido, autorizada a livre aplicação do produto dessa alienação, nos termos da Lei n. 6.385, de 7 de dezembro de 1976. *(Redação dada ao parágrafo pela Lei n. 9.635, de 15.5.98)*

§ 8º As aplicações em Fundos Mútuos de Privatização e no FI-FGTS são nominativas, impenhoráveis e, salvo as hipóteses previstas nos incisos I a XI e XIII a XVI do *caput* deste artigo, indisponíveis por seus titulares. *(Redação dada pela Lei n. 11.491, de 20.6.07, DOU 21.6.07, retificada no DOU 22.6.07)*

§ 9º Decorrido o prazo mínimo de doze meses, contados da efetiva transferência das cotas para os Fundos Mútuos de Privatização, os titulares poderão optar pelo retorno para sua conta vinculada no Fundo de Garantia do Tempo de Serviço. *(Parágrafo acrescentado pela Lei n. 9.491, de 9.9.97)*

§ 10. A cada período de seis meses, os titulares das aplicações em Fundos Mútuos de Privatização poderão transferi-las para outro fundo de mesma natureza. *(Parágrafo acrescentado pela Lei n. 9.491, de 9.9.97)*

§ 11. O montante das aplicações de que trata o § 6º deste artigo ficará limitado ao valor dos créditos contra o Tesouro Nacional de que seja titular o Fundo de Garantia do Tempo de Serviço. *(Parágrafo acrescentado pela Lei n. 9.491, de 9.9.97)*

§ 12. Desde que preservada a participação individual dos cotistas, será permitida a constituição de clubes de investimento, visando a aplicação em quotas de Fundos Mútuos de Privatização. *(Parágrafo acrescentado pela Lei n. 9.491, de 9.9.97)*

§ 13. A garantia a que alude o § 4º do art. 13 desta Lei não compreende as aplicações a que se referem os incisos XII e XVII do *caput* deste artigo. *(Redação dada pela Lei n. 11.491, de 20.6.07, DOU 21.6.07, retificada no DOU 22.6.07)*

§ 14 Ficam isentos do imposto de renda:

I — a parcela dos ganhos nos Fundos Mútuos de Privatização até o limite da remuneração das contas vinculadas de que trata o art. 13 desta Lei, no mesmo período; e

II — os ganhos do FI-FGTS e do Fundo de Investimento em Cotas — FIC, de que trata o § 19 deste artigo. *(Redação dada pela Lei n. 11.491, de 20.6.07, DOU 21.6.07, retificada no DOU 22.6.07)*

§ 15 A transferência de recursos da conta do titular no Fundo de Garantia do Tempo de Serviço em razão da aquisição de ações, nos termos do inciso XII do *caput* deste artigo, ou de cotas do FI-FGTS não afetará a base de cálculo da multa rescisória de que tratam os §§ 1º e 2º do art. 18 desta Lei *(Redação dada pela Lei n. 11.491, de 20.6.07, DOU 21.6.07, retificada no DOU 22.6.07)*

§ 16. Os clubes de Investimento a que se refere o § 12 poderão resgatar, durante os seis primeiros meses da sua constituição, parcela equivalente a 5% (cinco por cento) das cotas adquiridas, para atendimento de seus desembolsos, autorizada a livre aplicação do produto dessa venda, nos termos da Lei n. 6.385, de 7 de dezembro de 1976. *(Red. L. n. 9.635/98)*

§ 17. Fica vedada a movimentação da conta vinculada do FGTS nas modalidades previstas nos incisos V, VI e VII deste artigo, nas operações firmadas, a partir de 25 de junho de 1998, no caso em que o adquirente já seja proprietário ou promitente comprador de imóvel localizado no Município onde resida, bem como no caso em que o adquirente já detenha, em qualquer parte do País, pelo menos um financiamento nas condições do SFH (NR). *(Acrescentado pela MP n. 2.197-43, de 24.8.01, DOU 27.8.01)*

§ 18. É indispensável o comparecimento pessoal do titular da conta vinculada para o pagamento da retirada nas hipóteses previstas nos incisos I, II, III, VIII, IX e X deste artigo, salvo em caso de grave moléstia comprovada por perícia médica, quando será paga a procurador especialmente constituído para esse fim. (NR) *(Parágrafo acrescentado pela MP n. 2.197-43, de 24.8.01, DOU 27.8.01)*

§ 19 A integralização das cotas previstas no inciso XVII do *caput* deste artigo será realizada por meio de Fundo de Investimento em Cotas — FIC, constituído pela Caixa Econômica Federal especificamente para essa finalidade. *(Acrescentado pela Lei n. 11.491, de 20.6.07, DOU 21.6.07, retificada no DOU 22.6.07)*

§ 20. A Comissão de Valores Mobiliários estabelecerá os requisitos para a integralização das cotas referidas no § 19 deste artigo, devendo condicioná-la pelo menos ao atendimento das seguintes exigências:

I — elaboração e entrega de prospecto ao trabalhador; e

II — declaração por escrito, individual e específica, pelo trabalhador de sua ciência quanto aos riscos do investimento que está realizando. (NR) *(Acrescentado pela Lei n. 11.491, de 20.6.07, DOU 21.6.07, retificada no DOU 22.6.07)*

§ 21. As movimentações autorizadas nos incisos V e VI do *caput* serão estendidas aos contratos de participação de grupo de consórcio para aquisição de imóvel residencial,

cujo bem já tenha sido adquirido pelo consorciado, na forma a ser regulamentada pelo Conselho Curador do FGTS. (NR) *(Acrescentado pela Lei n. 12.058, de 13.10.09, DOU 14.10.09)*

Art. 21. Os saldos das contas não individualizadas e das contas vinculadas que se conservem ininterruptamente sem créditos de depósitos por mais de cinco anos, a partir de 1º de junho de 1990, em razão de o seu titular ter estado fora do regime do FGTS, serão incorporados ao patrimônio do Fundo, resguardado o direito do beneficiário reclamar, a qualquer tempo, a reposição do valor transferido. *(Redação dada pela Lei n. 8.678/93).*

Parágrafo único. O valor, quando reclamado, será pago ao trabalhador acrescido da remuneração prevista no § 2º do artigo 13 desta Lei. *(Redação dada pela Lei n. 8.678/93 in LTr 57-08/1.024)*

Art. 22. O empregador que não realizar os depósitos previstos nesta Lei, no prazo fixado no art. 15, responderá pela incidência da Taxa Referencial — TR sobre a importância correspondente. (NR)

§ 1º Sobre o valor dos depósitos, acrescido da TR, incidirão, ainda, juros de mora de 0,5% a.m. (cinco décimos por cento ao mês) ou fração e multa, sujeitando-se, também, às obrigações e sanções previstas no Decreto-lei n. 368, de 19 de dezembro de 1968. (NR)

§ 2º A incidência da TR de que trata o *caput* deste artigo será cobrada por dia de atraso, tomando-se por base o índice de atualização das contas vinculadas do FGTS. (NR)

§ 2º-A A multa referida no § 1º deste artigo será cobrada nas condições que se seguem: (AC)

I — 5% (cinco por cento), no mês de vencimento da obrigação; (AC)

II — 10% (dez por cento), a partir do mês seguinte ao do vencimento da obrigação. (AC)

§ 3º Para efeito de levantamento de débito para com o FGTS, o percentual de 8% (oito por cento) incidirá sobre o valor acrescido da TR até a data da respectiva operação. (NR) *(Redação dada pela Lei n. 9.964, de 10.4.00, DOU 11.4.00)*

Art. 23. Competirá ao Ministério do Trabalho e da Previdência Social a verificação em nome da Caixa Econômica Federal, do cumprimento do disposto nesta Lei, especialmente quanto à apuração dos débitos e das infrações praticadas pelos empregadores ou tomadores de serviço, notificando-os para efetuarem e comprovarem os depósitos correspondentes e cumprirem as demais determinações legais, podendo, para tanto, contar com o concurso de outros órgãos do Governo Federal, na forma que vier a ser regulamentada.

§ 1º Constituem infrações para efeito desta Lei:

I — não depositar mensalmente o percentual referente ao FGTS, bem como os valores previstos no art. 18 desta Lei, nos prazos de que trata o § 6º do art. 477 da Consolidação das Leis do Trabalho — CLT. *(Alterado pela MP n. 2.197-43, de 24.8.01, DOU 27.8.01)*

II — omitir as informações sobre a conta vinculada do trabalhador;

III — apresentar as informações ao Cadastro Nacional do Trabalhador, dos trabalhadores beneficiários, com erros ou omissões;

IV — deixar de computar, para efeito de cálculo dos depósitos do FGTS, parcela componente da remuneração;

V — deixar de efetuar os depósitos e os acréscimos legais, após notificado pela fiscalização.

§ 2º Pela infração do disposto no § 1º deste artigo, o infrator estará sujeito às seguintes multas por trabalhador prejudicado:

a) de dois a cinco BTNs, no caso dos incisos II e III;

b) de dez a cem BTNs, no caso dos incisos I, IV e V.

§ 3º Nos casos de fraude, simulação, artifício, ardil, resistência, embaraço ou desacato à fiscalização, assim como na reincidência, a multa especificada no parágrafo anterior será duplicada, sem prejuízo das demais cominações legais.

§ 4º Os valores das multas, quando não recolhidas no prazo legal, serão atualizados monetariamente até a data de seu efetivo pagamento, através de sua conversão pelo BTN Fiscal.

§ 5º O processo de fiscalização, de autuação e de imposição de multas reger-se-á pelo disposto no Título VII da CLT, respeitado o privilégio do FGTS à prescrição trintenária.

§ 6º Quando julgado procedente o recurso interposto na forma do Título VII da CLT, os depósitos efetuados para garantia de instância serão restituídos com os valores atualizados na forma da lei.

§ 7º A rede arrecadadora e a Caixa Econômica Federal deverão prestar ao Ministério do Trabalho e da Previdência Social as informações necessárias à fiscalização.

Art. 24. Por descumprimento ou inobservância de quaisquer das obrigações que lhe compete como agente arrecadador, pagador e mantenedor do cadastro de contas vinculadas, na forma que vier a ser regulamentada pelo Conselho Curador, fica o banco depositário sujeito ao pagamento de multa equivalente a dez por cento do montante da conta do empregado, independentemente das demais cominações legais.

Art. 25. Poderá o próprio trabalhador, seus dependentes e sucessores, ou ainda o Sindicato a que estiver vinculado, acionar diretamente a empresa por intermédio da Justiça do Trabalho, para compeli-la a efetuar o depósito das importâncias devidas nos termos desta Lei.

Parágrafo único. A Caixa Econômica Federal e o Ministério do Trabalho e da Previdência Social deverão ser notificados da propositura da reclamação.

Art. 26. É competente a Justiça do Trabalho para julgar os dissídios entre os trabalhadores e os empregadores decorrentes de aplicação desta Lei, mesmo quando a Caixa Econômica Federal e o Ministério do Trabalho e da Previdência Social figurarem como litisconsortes.

Parágrafo único. Nas reclamatórias trabalhistas que objetivam o ressarcimento de parcelas relativas ao FGTS, ou que, direta ou indiretamente, impliquem essa obrigação de fazer, o juiz determinará que a empresa sucumbente proceda ao recolhimento imediato das importâncias devidas a tal título.

Art. 27. A apresentação do Certificado de Regularidade do FGTS, fornecido pela Caixa Econômica Federal, é obrigatória nas seguintes situações:

a) habilitação e licitação promovida por órgão da Administração Federal, Estadual e Municipal, Direta, Indireta ou Fundacional ou por entidade controlada direta ou indiretamente pela União, Estado e Município;

b) obtenção, por parte da União, Estados e Municípios, ou por órgãos da Administração Federal, Estadual e Municipal, Direta, Indireta ou Fundacional, ou indiretamente pela União, Estados ou Municípios, de empréstimos ou financiamentos junto a quaisquer entidades financeiras oficiais;

c) obtenção de favores creditícios, isenções, subsídios, auxílios, outorga ou concessão de serviços ou quaisquer outros benefícios concedidos por órgão da Administração Federal, Estadual e Municipal, salvo quando destinados a saldar débitos para com o FGTS;

d) transferência de domicílio para o exterior;

e) registro ou arquivamento, nos órgãos competentes, e alteração ou distrato de contrato social, de estatuto, ou de qualquer documento que implique modificação na estrutura jurídica do empregador ou na sua extinção.

Art. 28. São isentos de tributos federais os atos e operações necessários à aplicação desta Lei, quando praticados pela Caixa Econômica Federal, pelos trabalhadores e seus dependentes ou sucessores, pelos empregadores e pelos estabelecimentos bancários.

Parágrafo único. Aplica-se o disposto neste artigo às importâncias devidas, nos termos desta Lei, aos trabalhadores e seus dependentes ou sucessores.

Art. 29. Os depósitos em conta vinculada, efetuados nos termos desta Lei, constituirão despesas dedutíveis do lucro operacional dos empregadores e as importâncias levantadas a seu favor implicarão receita tributável.

Art. 29-A. Quaisquer créditos relativos à correção dos saldos das contas vinculadas do FGTS serão liquidados mediante lançamento pelo agente operador na respectiva conta do trabalhador. (NR) *(Artigo acrescentado pela MP n. 2.197-43, de 24.8.01, DOU 27.8.01)*

Art. 29-B. Não será cabível medida liminar em mandado de segurança, no procedimento cautelar ou em quaisquer outras ações de natureza cautelar ou preventiva, nem a tutela antecipada prevista nos arts. 273 e 461 do Código de Processo Civil que impliquem saque ou movimentação da conta vinculada do trabalhador no FGTS. (NR) *(Artigo acrescentado pela MP n. 2.197-43, de 24.8.01, DOU 27.8.01)*

Art. 29-C. Nas ações entre o FGTS e os titulares de contas vinculadas, bem como naquelas em que figurem os respectivos representantes ou substitutos processuais, não haverá condenação em honorários advocatícios. (NR) *(Artigo acrescentado pela MP n. 2.164-41, de 24.8.01, DOU 27.8.01)*

Art. 29-D. A penhora em dinheiro, na execução fundada em título judicial em que se determine crédito complementar de saldo de conta vinculada do FGTS, será feita mediante depósito de recursos do Fundo em conta vinculada em nome do exequente, à disposição do juízo.

Parágrafo único. O valor do depósito só poderá ser movimentado, após liberação judicial, nas hipóteses previstas no art. 20 ou para reversão ao Fundo. (NR) *(Artigo acrescentado pela MP n. 2.164-41, de 24.8.01, DOU 27.8.01)*

Art. 30. Fica reduzida para um e meio por cento a contribuição devida pelas empresas ao Serviço Social do Comércio e ao Serviço Social da Indústria e dispensadas estas entidades da subscrição compulsória a que alude o art. 21 da Lei n. 4.380, de 21 de agosto de 1964.

Art. 31. O Poder Executivo expedirá o Regulamento desta Lei no prazo de sessenta dias a contar da data de sua promulgação.

Art. 32. Esta Lei entra em vigor na data de sua publicação, revogada a Lei n. 7.839, de 12 de outubro de 1989, e as demais disposições em contrário.

LEGISLAÇÃO COMPLEMENTAR

Brasília, em 11 de maio de 1990; 169º da Independência e 102º da República.

FERNANDO COLLOR
ZÉLIA M. CARDOSO DE MELLO
ANTONIO MAGRI
MARGARIDA PROCÓPIO
DOU 14.5.1990, Retif. 15.5.1990

REGULAMENTO DO FUNDO DE GARANTIA DO TEMPO DE SERVIÇO — FGTS

Decreto n. 99.684, de 8 de novembro de 1990

Consolida as normas regulamentares do Fundo de Garantia do Tempo de Serviço — FGTS

O PRESIDENTE DA REPÚBLICA, no uso da atribuição que lhe confere o art. 84, inciso IV, da Constituição, decreta:

Art. 1º Fica aprovado o Regulamento Consolidado do Fundo de Garantia do Tempo de Serviço, que com este baixa.

Art. 2º Este Decreto entra em vigor na data de sua publicação.

Art. 3º Revogam-se as disposições em contrário, em especial os Decretos ns.:

I — 59.820, de 20 de dezembro de 1966;
II — 61.405, de 28 de setembro de 1967;
III — 66.619, de 21 de maio de 1970;
IV — 66.819, de 1º de julho de 1970;
V — 66.867, de 13 de julho de 1970;
VI — 66.939, de 22 de julho de 1970;
VII — 69.265, de 22 de setembro de 1971;
VIII — 71.636, de 29 de dezembro de 1972;
IX — 72.141, de 26 de abril de 1973;
X — 73.423, de 7 de janeiro de 1974;
XI — 76.218, de 9 de setembro de 1975;
XII — 76.750, de 5 de dezembro de 1975;
XIII — 77.357, de 1º de abril de 1976;
XIV — 79.891, de 29 de junho de 1977;
XV — 84.509, de 25 de fevereiro de 1980;
XVI — 87.567, de 16 de setembro de 1982;
XVII — 90.408, de 7 de novembro de 1984;
XVIII — 92.366, de 4 de fevereiro de 1986;
XIX — 97.848, de 20 de junho de 1989; e
XX — 98.813, de 10 de janeiro de 1990.

Brasília, 8 de novembro de 1990; 169º da Independência e 102º da República.

FERNANDO COLLOR
ANTONIO MAGRI
DOU 12.11.1990

Capítulo I
Das Disposições Preliminares

Art. 1º Nas relações jurídicas pertinentes ao Fundo de Garantia do Tempo de Serviço — FGTS será observado o disposto neste Regulamento.

Art. 2º Para os efeitos deste Regulamento considera-se:

I — empregador, a pessoa natural ou jurídica de direito, público ou privado, da Administração Pública direta, indireta ou fundacional de qualquer dos Poderes, da União, dos Estados, do Distrito Federal e dos Municípios, que admitir trabalhadores a seu serviço, bem assim aquele que, regido por legislação especial, encontrar-se nessa condição ou figurar como fornecedor ou tomador de mão de obra;

II — trabalhador, a pessoa natural que prestar serviços a empregador, excluídos os eventuais, os autônomos e os servidores públicos civis e militares sujeitos a regime jurídico próprio.

Capítulo II
Do Direito ao FGTS

Art. 3º A partir de 5 de outubro de 1988, o direito ao regime do FGTS é assegurado aos trabalhadores urbanos e rurais, exceto aos domésticos, independentemente de opção.

Parágrafo único. Os trabalhadores domésticos poderão ter acesso ao regime do FGTS, na forma que vier a ser prevista em lei.

Art. 4º A opção pelo regime de que trata este Regulamento somente é admitida para o tempo de serviço anterior a 5 de outubro de 1988, podendo os trabalhadores, a qualquer tempo, optar pelo FGTS com efeito retroativo a 1º de janeiro de 1967, ou à data de sua admissão, quando posterior.

Parágrafo único. O disposto neste artigo não se aplica ao trabalhador rural (Lei n. 5.889, de 8 de junho de 1973), bem assim àquele:

a) que tenha transacionado com o empregador o direito à indenização, quanto ao período que foi objeto da transação; ou

b) cuja indenização pelo tempo anterior à opção já tenha sido depositada na sua conta vinculada.

Art. 5º A opção com efeito retroativo será feita mediante declaração escrita do trabalhador, com indicação do período de retroação.

§ 1º O empregador, no prazo de quarenta e oito horas, fará as devidas anotações na Carteira de Trabalho e Previdência Social e no registro do trabalhador, comunicando ao banco depositário.

§ 2º O valor da conta vinculada em nome do empregador e individualizada em relação ao trabalhador, relativo ao período abrangido pela retroação, será transferido pelo banco depositário para conta vinculada em nome do trabalhador.

Art. 6º O tempo de serviço anterior à opção ou a 5 de outubro de 1988 poderá ser transacionado entre empregador e empregado, respeitado o limite mínimo de sessenta por cento da indenização simples ou em dobro, conforme o caso.

Parágrafo único. Na hipótese de que trata este artigo, a transação deverá ser homologada pelo sindicato da categoria profissional, mesmo quando não houver extinção do contrato de trabalho.

Art. 7º O direito ao FGTS se estende aos diretores não empregados de empresas públicas e sociedades controladas direta ou indiretamente pela União. (Lei n. 6.919, de 2 de junho de 1981)

Art. 8º As empresas sujeitas ao regime da legislação trabalhista poderão equiparar seus diretores não empregados aos demais trabalhadores sujeitos ao regime do FGTS.

Parágrafo único. Considera-se diretor aquele que exerça cargo de administração previsto em lei, estatuto ou contrato social, independentemente da denominação do cargo.

Capítulo III
Dos Efeitos da Rescisão ou Extinção do Contrato de Trabalho

Art. 9º Ocorrendo despedida sem justa causa, ainda que indireta, com culpa recíproca, por força maior ou extinção normal do contrato de trabalho a termo, inclusive a do trabalhador temporário, deverá o empregador depositar, na conta vinculada do trabalhador no FGTS, os valores relativos aos depósitos referentes ao mês da rescisão e ao imediatamente anterior, que ainda não houver sido recolhido, sem prejuízo das cominações legais cabíveis.

§ 1º No caso de despedida sem justa causa, ainda que indireta, o empregador depositará, na conta vinculada do trabalhador no FGTS, importância igual a quarenta por cento do montante de todos os depósitos realizados na conta vinculada durante a vigência do contrato de trabalho, atualizados monetariamente e acrescidos dos respectivos juros, não sendo permitida, para este fim, a dedução dos saques ocorridos.

§ 2º Ocorrendo despedida por culpa recíproca ou força maior, reconhecida pela Justiça do Trabalho, o percentual de que trata o parágrafo precedente será de vinte por cento.

§ 3º Na determinação da base de cálculo para a aplicação dos percentuais de que tratam os parágrafos precedentes, serão computados os valores dos depósitos relativos aos meses da rescisão e o imediatamente anterior, recolhidos na forma do *caput* deste artigo.

§ 4º O recolhimento das importâncias de que trata este artigo deverá ser comprovada quando da homologação das rescisões contratuais que exijam o pagamento da multa rescisória bem como quando da habilitação ao saque, sempre que não for devida a homologação da rescisão, observado o disposto no art. 477 da Consolidação das Leis do Trabalho — CLT, eximindo o empregador, exclusivamente, quanto aos valores discriminados. (*Caput e parágrafos 1º, 3º e 4º pelo Decreto n. 2.430, de 17.12.97, DOU 18.12.97*)

§ 5º Os depósitos de que tratam o *caput* e os §§ 1º e 2º deste artigo deverão ser efetuados nos seguintes prazos:

a) até o primeiro dia útil imediato ao término do contrato; ou

b) até o décimo dia, contado da data da notificação da demissão, quando da ausência do aviso prévio, indenização do mesmo ou dispensa de seu cumprimento. (*Redação dada pelo Decreto n. 2.582, de 7.5.98*)

§ 6º O empregador que não realizar os depósitos previstos neste artigo, no prazo especificado no parágrafo anterior, sujeitar-se-á às cominações previstas no art. 30.(*)

§ 7º O depósito dos valores previstos neste artigo deverá ser efetuado, obrigatoriamente, na CEF ou, nas localidades onde não existam unidades daquela empresa, nos bancos conveniados aplicando-se a estes depósitos o disposto no art. 32.

§ 8º A CEF terá prazo de dez dias úteis, após o recolhimento, para atender às solicitações de saque destes valores.

§ 9º A CEF, para fins de remuneração como Agente Operador do FGTS, considerará o recolhimento desses depósitos, da multa rescisória e dos saques desses valores como movimentações distintas.(*) (*Parágrafos 6º a 9º, acrescentados pelo Decreto n. 2.430, de 17.12.97, DOU 18.12.97*)

Art. 10. Caberá ao banco depositário e, após a centralização, à Caixa Econômica

Federal — CEF, prestar ao empregador, no prazo máximo de cinco dias úteis da solicitação, as informações necessárias ao cumprimento do disposto nos §§ 1º e 2º do artigo precedente.

§ 1º As informações deverão discriminar os totais de depósitos efetuados pelo empregador, acrescidos dos respectivos juros e correção monetária.

§ 2º Caberá ao empregador comprovar o efetivo depósito dos valores devidos que não tenham ingressado na conta até a data da rescisão do contrato de trabalho.

Art. 11. Fica ressalvado o direito adquirido dos trabalhadores que, em 5 de outubro de 1988, já tinham o direito à estabilidade no emprego, nos termos do Capítulo V do Título IV da CLT.

Art. 12. Ocorrendo rescisão do contrato de trabalho, para a qual não tenha o trabalhador dado causa, fica assegurado, na forma do disposto nos arts. 477 a 486 e 497 da CLT, o direito à indenização relativa ao tempo de serviço anterior a 5 de outubro de 1988, que não tenha sido objeto de opção.

Art. 13. No caso de rescisão ou extinção do contrato de trabalho de empregado que conte tempo de serviço anterior a 5 de outubro de 1988 na qualidade de não optante, o empregador poderá levantar o saldo da respectiva conta individualizada, mediante:

I — comprovação do pagamento da indenização devida, quando for o caso; ou

II — autorização do Instituto Nacional do Seguro Social — INSS, quando não houver indenização a ser paga ou houver decorrido o prazo prescricional para reclamação de direitos por parte do trabalhador.

Parágrafo único. Nas hipóteses previstas neste artigo, os recursos serão liberados no prazo de cinco dias úteis, contado da apresentação do comprovante de pagamento da indenização ou da autorização conferida pelo INSS.

Art. 14. No caso de contrato a termo, a rescisão antecipada, sem justa causa ou com culpa recíproca, equipara-se às hipóteses previstas nos § § 1º e 2º do art. 9º, respectivamente, sem prejuízo do disposto no art. 479 da CLT.

Art. 15. Ocorrendo rescisão do contrato de trabalho, pelo empregador, por justa causa, o trabalhador demitido somente terá direito ao saque de sua conta vinculada nas hipóteses previstas nos incisos III a VIII do art. 35.

Art. 16. Equipara-se a extinção normal do contrato a termo o término do mandato do diretor não empregado (arts. 7º e 8º) não reconduzido.

Capítulo IV
Das Contas

Art. 17. As importâncias creditadas nas contas vinculadas em nome dos trabalhadores são impenhoráveis.

Art. 18. O saldo das contas vinculadas é garantido pelo Governo Federal, podendo ser instituído seguro especial para esse fim.

Art. 19. Os depósitos efetuados nas contas vinculadas serão corrigidos monetariamente com base nos parâmetros fixados para atualização dos saldos dos depósitos de poupança e capitalizarão juros de três por cento ao ano.

§ 1º A correção monetária e os juros correrão à conta do FGTS.

§ 2º Para as contas vinculadas dos trabalhadores optantes, existentes em 22 de setembro de 1971, a capitalização dos juros dos depósitos continuará a ser feita levando-se em conta o período de permanência na mesma empresa, na seguinte progressão:

a) três por cento, durante os dois primeiros anos;

b) quatro por cento, do terceiro ao quinto ano;

c) cinco por cento, do sexto ao décimo ano;

d) seis por cento, a partir do décimo primeiro ano.

§ 3º O disposto no parágrafo precedente deixará de ser aplicado quando o trabalhador mudar de empresa, hipótese em que a capitalização dos juros passará a ser feita à taxa de três por cento ao ano.

Art. 20. O crédito da atualização monetária e dos juros será efetuado na conta do trabalhador:

I — no primeiro dia útil de cada mês, com base no saldo existente no primeiro dia útil do mês anterior, até que ocorra a centralização das contas na CEF; e

II — no dia 10 de cada mês, com base no saldo existente no dia 10 do mês anterior, após a centralização prevista neste artigo.

§ 1º O saldo existente no mês anterior será utilizado como base para o cálculo dos juros e da atualização monetária após a dedução dos saques ocorridos no período, exceto os efetuados no dia do crédito.

§ 2º Caso no dia 10 não haja expediente bancário, considerar-se-á o primeiro dia útil subsequente, tanto para a realização do crédito quanto para a definição do saldo-base.

Art. 21. Até o dia 14 de maio de 1991, a CEF assumirá o controle de todas as contas vinculadas, passando os demais estabelecimentos bancários, findo esse prazo, à condição de agentes recebedores e pagadores do FGTS, mediante recebimento de tarifa a ser fixada pelo Conselho Curador.

§ 1º Até que a CEF implemente as disposições deste artigo, a conta vinculada continuará sendo aberta em nome do trabalhador, em estabelecimento bancário escolhido pelo empregador.

§ 2º Verificando-se mudança de emprego, a conta vinculada será transferida para o estabelecimento bancário da escolha do novo empregador.

Art. 22. A partir do segundo mês após a centralização das contas na CEF, fica assegurado ao trabalhador o direito de receber, bimestralmente, extrato informativo da conta vinculada.

Parágrafo único. A qualquer tempo a CEF, mediante solicitação, fornecerá ao trabalhador informações sobre sua conta vinculada.

Art. 23. O banco depositário é responsável pelos lançamentos efetuados nas contas vinculadas durante o período em que estiveram sob sua administração.

Art. 24. Por ocasião da centralização na CEF, caberá ao banco depositário emitir o último extrato das contas vinculadas sob sua responsabilidade, que deverá conter, inclusive, o registro dos valores transferidos e a discriminação dos depósitos efetuados na vigência do último contrato de trabalho.

Art. 25. Após a centralização das contas na CEF o saldo de conta não individualizada e de conta vinculada sem depósito há mais de cinco anos será incorporado ao patrimônio do FGTS, resguardado o direito do beneficiário de reclamar, a qualquer tempo, a reposição do valor transferido, mediante comprovação de ter a conta existido.

Art. 26. A empresa anotará na Carteira de Trabalho e Previdência Social o nome e endereço da agência do banco depositário.

Parágrafo único. Após a centralização das contas na CEF, a empresa ficará desobrigada da anotação de que trata este artigo.

Capítulo V
Dos Depósitos

Art. 27. O empregador, ainda que entidade filantrópica, é obrigado a depositar, até o dia 7 de cada mês, em conta bancária vinculada, a importância correspondente a oito por cento da remuneração paga ou devida no mês anterior, a cada trabalhador, incluídas as parcelas de que tratam os arts. 457 e 458 da CLT e a gratificação de Natal a que se refere a Lei n. 4.090, de 13 de julho de 1962, com as modificações da Lei n. 4.749, de 12 de agosto de 1965.

Parágrafo único. Não integram a base de cálculo para incidência do percentual de que trata este artigo:

a) a contribuição do empregador para o Vale-Transporte (Decreto n. 95.247, de 17 de novembro de 1987); e

b) os gastos efetuados com bolsas de aprendizagem (Lei n. 8.069, de 13 de julho de 1990, art. 64).

Art. 28. O depósito na conta vinculada do FGTS é obrigatório também nos casos de interrupção do contrato de trabalho prevista em lei, tais como:

I — prestação de serviço militar;

II — licença para tratamento de saúde de até quinze dias;

III — licença por acidente de trabalho;

IV — licença à gestante; e

V — licença-paternidade.

Parágrafo único. Na hipótese deste artigo, a base de cálculo será revista sempre que ocorrer aumento geral na empresa ou na categoria profissional a que pertencer o trabalhador.

Art. 29. O depósito a que se refere o art. 27 é devido, ainda, quando o empregado passar a exercer cargo de diretoria, gerência ou outro de confiança imediata do empregador.

Art. 30. O empregador que não realizar os depósitos previstos no prazo fixado no art. 27 sujeitar-se-á às obrigações e sanções previstas nos arts. 50 a 52 e responderá:

I — pela atualização monetária da importância correspondente;

II — pelos juros de mora de um por cento ao mês e multa de vinte por cento, incidentes sobre o valor atualizado.

§ 1º A atualização monetária será cobrada por dia de atraso, tomando-se por base os índices de variação do Bônus do Tesouro Nacional Fiscal (BTN Fiscal) ou, na falta deste, do título a que vier a sucedê-lo, ou ainda, a critério do Conselho Curador, por outro indicador da inflação diária.

§ 2º Se o débito for pago até o último dia útil do mês em que o depósito deveria ter sido efetuado, a multa será reduzida para dez por cento.

§ 3º O disposto neste artigo se aplica aos depósitos decorrentes de determinação judicial.

Art. 31. Até a centralização das contas na CEF, a apropriação na conta vinculada, para fins de atualização monetária e capitalização de juros, será feita:

I — no primeiro dia útil do mês subsequente, quando o depósito ocorrer no próprio mês em que se tornou devido;

II — no primeiro dia útil do mês do depósito, quando este ocorrer no mês subsequente àquele em que se tornou devido; e

III — no primeiro dia útil do mês do depósito, quando este ocorrer a partir do segundo mês subsequente ao em que se tornou devido, atualizado monetariamente e acrescido de juros, contados da data em que a apropriação deveria ter sido feita.

Art. 32. Os depósitos relativos ao FGTS, efetuados na rede bancária, serão transferidos à CEF no segundo dia útil subsequente à data em que tenham sido efetuados.

Art. 33. Os empregadores deverão comunicar mensalmente aos trabalhadores os valores recolhidos ao FGTS e repassar-lhes todas as informações, recebidas da CEF ou dos bancos depositários, sobre as respectivas contas vinculadas.

Art. 34. Os depósitos em conta vinculada constituirão despesas dedutíveis do lucro operacional dos empregadores e as importâncias levantadas a seu favor, receita tributável (Lei n. 8.036, de 11 de maio de 1990).

Capítulo VI
Dos Saques

Art. 35. A conta vinculada do trabalhador no FGTS poderá ser movimentada nas seguintes situações:

I — despedida sem justa causa, inclusive a indireta, de culpa recíproca e por força maior, comprovada com o depósito dos valores de que tratam os §§ 1º e 2º do art. 9º;

II — extinção da empresa, fechamento de quaisquer de seus estabelecimentos, filiais ou agências, supressão de parte de suas atividades, ou, ainda, falecimento do empregador individual, sempre que qualquer dessas ocorrências implique rescisão do contrato de trabalho, comprovada por declaração escrita da empresa, suprida, quando for o caso, por decisão judicial transitada em julgado;

III — aposentadoria concedida pela Previdência Social;

IV — falecimento do trabalhador;

V — pagamento de parte das prestações decorrentes de financiamento habitacional concedido no âmbito do Sistema Financeiro da Habitação — SFH, desde que:

a) o mutuário conte com o mínimo de três anos de trabalho sob o regime do FGTS, na mesma empresa ou em empresas diferentes;

b) o valor bloqueado seja utilizado, no mínimo, durante o prazo de doze meses; e

c) o valor de cada parcela a ser movimentada não exceda a oitenta por cento do montante da prestação;

VI — liquidação ou amortização extraordinária da dívida devedor de financiamento imobiliário concedido no âmbito do SFH, desde que haja interstício mínimo de dois anos para cada movimentação, sem prejuízo de outras condições estabelecidas pelo Conselho Curador;

VII — pagamento total ou parcial do preço de aquisição de moradia própria, observadas as seguintes condições:

a) conte o mutuário com o mínimo de três anos de trabalho sob o regime do FGTS, na mesma empresa ou empresas diferentes; e

b) seja a operação financiada pelo SFH ou, se realizada fora do Sistema, preencha os requisitos para ser por ele financiada;

VIII — quando permanecer três anos ininterruptos, a partir de 14 de maio de 1990, sem crédito de depósitos;

IX — extinção normal do contrato a termo, inclusive o dos trabalhadores temporários regidos pela Lei n. 6.019, de 1974; *(Redação dada pelo Decreto n. 5.860, de 26.7.06, DOU 27.7.06)*

X — suspensão do trabalho avulso por período igual ou superior a noventa dias; *(Redação dada pelo Decreto n. 5.860, de 26.7.06, DOU 27.7.06)*

XI — quando o trabalhador ou qualquer de seus dependentes for acometido de neoplasia maligna; *(Acrescentado pelo Decreto n. 5.860, de 26.7.06, DOU 27.7.06)*

XII — aplicação, na forma individual ou por intermédio de Clubes de Investimento — CI-FGTS, em cotas de Fundos Mútuos de Privatização — FMP-FGTS, conforme disposto no inciso XII do art. 20 da Lei n. 8.036, de 11 de maio de 1990; *(Redação dada pelo Decreto n. 5.860, de 26.7.06, DOU 27.7.06)*

XIII — quando o trabalhador ou qualquer de seus dependentes for portador do vírus HIV; *(Acrescentado pelo Decreto n. 5.860, de 26.7.06, DOU 27.7.06)* e

XIV — quando o trabalhador ou qualquer de seus dependentes estiver em estágio terminal, em razão de doença grave. *(Acrescentado pelo Decreto n. 5.860, de 26.7.06, DOU 27.7.06)*

§ 1º Os depósitos em conta vinculada em nome de aposentado, em razão de novo vínculo empregatício, poderão ser sacados também no caso de rescisão do contrato de trabalho a seu pedido.

§ 2º Nas hipóteses previstas nos incisos I e II, o trabalhador somente poderá sacar os valores relativos ao último contrato de trabalho.

§ 3º O Conselho Curador disciplinará o disposto no inciso V, visando a beneficiar os trabalhadores de baixa renda e a preservar o equilíbrio financeiro do FGTS.

§ 4º A garantia a que alude o art. 18 deste Regulamento não compreende as aplicações a que se refere o inciso XII deste artigo.

§ 5º Os recursos automaticamente transferidos da conta do titular no FGTS em razão da aquisição de ações, bem como os ganhos ou perdas dela decorrentes, observado o disposto na parte final do § 1º do art. 9º, não afetarão a base de cálculo da indenização de que tratam os §§ 1º e 2º do art. 9º deste Regulamento.

§ 6º Os resgates de cotas dos FMP-FGTS e dos CI-FGTS, para os casos previstos nos incisos I a IV e VI a X deste artigo, somente poderão ocorrer com autorização prévia do Agente Operador do FGTS. (NR) *(Redação dada pelo Decreto n. 5.860, de 26.7.06, DOU 27.7.06)*

§ 7º Nos casos previstos nos incisos IV, VI e VII, o resgate de cotas implicará retorno à conta vinculada do trabalhador do valor resultante da aplicação.

§ 8º O limite de cinquenta por cento a que se refere o inciso XII deste artigo será observado a cada aplicação e após deduzidas as utilizações anteriores que não tenham retornado ao FGTS, de modo que o somatório dos saques da espécie, atualizados, não poderá ser superior à metade do saldo atual da respectiva conta.

Art. 36. O saque poderá ser efetuado mediante:

I — apresentação do recibo de quitação das verbas rescisórias, nos casos dos incisos I e II do artigo precedente;

II — apresentação de documento expedido pelo Instituto Nacional do Seguro Social — INSS que:

a) declare a condição de inativo, no caso de aposentadoria; ou

b) contenha a identificação e a data de nascimento de cada dependente, no caso de falecimento do trabalhador;

III — requerimento dirigido ao agente financeiro, nas hipóteses dos incisos V e VI, ou ao banco arrecadador, nos casos dos incisos VII e VIII, todos do artigo anterior;

IV — apresentação de cópia do instrumento contratual, no caso de contrato a termo;

V — declaração do sindicato representativo da categoria profissional, no caso de suspensão do trabalho avulso por período igual ou superior a noventa dias; *(Redação dada pelo Decreto n. 5.860, de 26.7.06, DOU 27.7.06)*

VI — comprovação da rescisão e da sua condição de aposentado, no caso do § 1º do art. 35; *(Redação dada pelo Decreto n. 5.860, de 26.7.06, DOU 27.7.06)*

VII — requerimento formal do trabalhador ao Administrador do FMP-FGTS, ou do CI-FGTS, ou por meio de outra forma estabelecida pelo Agente Operador do FGTS, no caso previsto no inciso XII do art. 35, garantida, sempre, a aquiescência do titular da conta vinculada; e *(Redação dada pelo Decreto n. 5.860, de 26.7.06, DOU 27.7.06)*

VIII — atestado de diagnóstico assinado por médico, devidamente identificado por seu registro profissional, emitido na conformidade das normas dos Conselhos Federal e Regional de Medicina, com identificação de patologia consignada no Código Internacional de Doenças — CID, e descritivo dos sintomas ou do histórico patológico pelo qual se identifique que o trabalhador ou dependente seu é portador de neoplasia maligna, do vírus HIV ou que caracterize estágio terminal de vida em razão de doença grave, nos casos dos incisos XI, XIII e XIV do art. 35. *(Acrescentado pelo Decreto n. 5.860, de 26.7.06, DOU 27.7.06)*

Parágrafo único. A apresentação dos documentos de que tratam os incisos I e IV do *caput* deste artigo poderá ser suprida pela comunicação para fins de autorização da movimentação da conta vinculada do trabalhador, realizada com uso de certificação digital e em conformidade com os critérios estabelecidos pelo Agente Operador do FGTS. (NR)

Art. 37. O saque de recursos na conta vinculada incluirá, obrigatoriamente, os valores nela depositados no mês do evento, mesmo que ainda não tenham sido creditados.

Art. 38. O saldo da conta vinculada do trabalhador que vier a falecer será pago a seu dependente, para esse fim habilitado perante a Previdência Social, independentemente de autorização judicial.

§ 1º Havendo mais de um dependente habilitado, o pagamento será feito de acordo com os critérios adotados pela Previdência Social para a concessão de pensão por morte.

§ 2º As cotas atribuídas a menores ficarão depositadas em caderneta de poupança e, salvo autorização judicial, só serão disponíveis após o menor completar dezoito anos.

§ 3º Na falta de dependentes, farão jus ao recebimento do saldo da conta vinculada os sucessores do trabalhador, na forma prevista no Código Civil, indicados em alvará judicial, expedido a requerimento do interessado, independentemente de inventário ou arrolamento.

Art. 39. O direito de utilizar os recursos creditados em conta vinculada em nome do trabalhador não poderá ser exercido simultaneamente para a aquisição de mais de um imóvel.

Art. 40. O imóvel, adquirido com a utilização do FGTS, somente poderá ser objeto de outra operação com recursos do Fundo na forma que vier a ser disciplinada pelo Conselho Curador.

Art. 41. A solicitação de saque da conta vinculada será atendida no prazo de cinco dias úteis, quando o documento hábil for entregue na agência onde o empregador tenha efetuado o depósito do FGTS.

§ 1º Compete à CEF expedir instruções fixando prazo para os casos em que a entrega do documento não ocorra na agência mantenedora da conta ou quando o sacador solicitar que o saque seja liberado em outra agência, ou, ainda, quando o sacador optar pelo saque após o crédito de juros e atualização monetária relativos ao mês em que se verificar o pedido.

§ 2º Decorrido o prazo, sobre o valor do saque incidirá atualização monetária com base nos índices de variação do BTN Fiscal, ou outro que vier a sucedê-lo, ou, ainda, a critério do Conselho Curador, por outro indicador da inflação diária.

§ 3º No caso de valor aplicado em FMP-FGTS, e para os fins previstos nos incisos IV, VI e VII do art. 35, o prazo de cinco dias contar-se-á a partir do retorno do valor resultante da aplicação à conta vinculada e não da data da solicitação. *(Acrescentado pelo Dec. n. 2.430, de 17.12.97, DOU 18.12.97)*

Art. 42. A movimentação da conta vinculada do FGTS por menor de dezoito anos dependerá da assistência do responsável legal.

Capítulo VII
Do Certificado de Regularidade

Art. 43. A regularidade da situação do empregador perante o FGTS será comprovada pelo Certificado de Regularidade do FGTS, com validade em todo o território nacional, a ser fornecido pela CEF, mediante solicitação.

Art. 44. A apresentação do Certificado de Regularidade do FGTS é obrigatória para:

I — habilitação em licitação promovida por órgãos da Administração Pública direta, indireta ou fundacional e por empresas controladas direta ou indiretamente pela União, pelos Estados, pelo Distrito Federal e pelos Municípios;

II — obtenção de empréstimos ou financiamentos junto a quaisquer instituições financeiras públicas, por parte de órgãos e entidades da Administração Pública direta, indireta ou fundacional, bem assim empresas controladas direta ou indiretamente pela União, pelos Estados, pelo Distrito Federal e pelos Municípios;

III — obtenção de favores creditícios, isenções, subsídios, auxílios, outorga ou concessão de serviços ou quaisquer outros benefícios concedidos por órgão da Administração Pública Federal, dos Estados, do Distrito Federal e dos Municípios, salvo quando destinados a saldar débitos para com o FGTS;

IV — transferência de domicílio para o exterior; e

V — registro ou arquivamento, nos órgãos competentes, de alteração ou distrato de contrato social, de estatuto, ou de qualquer documento que implique modificação na estrutura jurídica do empregador ou na extinção da empresa.

Art. 45. Para obter o Certificado de Regularidade, o empregador deverá satisfazer as seguintes condições:

I — estar em dia com as obrigações para com o FGTS; e

II — estar em dia com o pagamento de prestação de empréstimos lastreados em recursos do FGTS.

Art. 46. O Certificado de Regularidade terá validade de até seis meses contados da data da sua emissão.

§ 1º No caso de parcelamento de débito, a validade será de trinta dias.

§ 2º Havendo antecipação no pagamento de parcelas, o Certificado terá validade igual ao período correspondente às prestações antecipadas, observado o prazo máximo de seis meses.

Capítulo VIII
Das Infrações e das Penalidades

Art. 47. Constituem infrações à Lei n. 8.036, de 1990:

I — não depositar mensalmente a parcela referente ao FGTS;

II — omitir informações sobre a conta vinculada do trabalhador;

III — apresentar informações ao Cadastro Nacional do Trabalhador, dos trabalhadores beneficiários, com erros ou omissões;

IV — deixar de computar, para efeito de cálculo dos depósitos do FGTS, parcela componente da remuneração;

V — deixar de efetuar os depósitos com os acréscimos legais, após notificado pela fiscalização.

Parágrafo único. Por trabalhador prejudicado o infrator estará sujeito às seguintes multas:

a) de dois a cinco BTNs, nos casos dos incisos II e III; e

b) de dez a cem BTNs, nos casos dos incisos I, IV e V.

Art. 48. Nos casos de fraude, simulação, artifício, ardil, resistência, embaraço ou desacato à fiscalização, assim como na reincidência, a multa especificada no artigo anterior será duplicada, sem prejuízo das demais cominações legais.

Art. 49. Os valores das multas, quando não recolhidas no prazo legal, serão atualizadas monetariamente pelo BTN Fiscal até a data de seu efetivo pagamento.

Art. 50. O empregador em mora para com o FGTS não poderá, sem prejuízo de outras disposições legais (Decreto-lei n. 368, de 14 de dezembro de 1968, art. 1º):

I — pagar honorário, gratificação, *pro labore*, ou qualquer tipo de retribuição ou retirada a seus diretores, sócios, gerentes ou titulares de firma individual; e

II — distribuir quaisquer lucros, bonificações, dividendos ou interesses a seus sócios, titulares, acionistas, ou membros de órgãos dirigentes, fiscais ou consultivos.

Art. 51. O empregador em mora contumaz com o FGTS não poderá receber qualquer benefício de natureza fiscal, tributária ou financeira, por parte de órgão da União, dos Estados, do Distrito Federal ou dos Municípios, ou de que estes participem (Decreto-lei n. 368, de 1968, art. 2º).

§ 1º Considera-se mora contumaz o não pagamento de valores devidos ao FGTS por período igual ou superior a três meses, sem motivo grave ou relevante, excluídas as causas pertinentes ao risco do empreendimento.

§ 2º Não se incluem na proibição deste artigo as operações destinadas à liquidação dos débitos existentes para com o FGTS, o que deverá ser expressamente consignado em documento firmado pelo responsável legal da empresa, como justificação do crédito.

Art. 52. Pela infração ao disposto nos incisos I e II do art. 50, os diretores, sócios, gerentes, membros de órgãos fiscais ou consultivos, titulares de firma individual ou quaisquer outros dirigentes de empresa estão sujeitos à pena de detenção de um mês a um ano (Decreto-lei n. 368, de 1968, art. 4º).

Parágrafo único. Apurada a infração prevista neste artigo, a autoridade competente do INSS representará, sob pena de responsabilidade, ao Ministério Público, para a instauração da competente ação penal.

Art. 53. Por descumprimento ou inobservância de qualquer das obrigações que lhe compete como agente arrecadador, pagador ou mantenedor do cadastro de contas vinculadas, na forma que vier a ser disciplinada pelo Conselho Curador, fica o banco depositário sujeito ao pagamento de multa equivalente a dez por cento do montante da conta do empregado, independentemente das demais cominações legais.

Capítulo IX
Da Fiscalização

Art. 54. Compete ao Ministério do Trabalho e da Previdência Social — MTPS, por intermédio do INSS, exercer a fiscalização do cumprimento do disposto na Lei n. 8.036, de 1990, de acordo com este regulamento e os arts. 626 a 642 da CLT, especialmente quanto à apuração dos débitos e das infrações praticadas pelos empregadores.

Art. 55. O processo de fiscalização, de autuação e de imposição de multas reger-se-á pelo disposto no Título VII da CLT, respeitado o privilégio do FGTS à prescrição trintenária.

Art. 56. A penalidade de multa será aplicada pelo Gerente de Atendimento de Relações de Emprego, do INSS, mediante decisão fundamentada, lançada em processo administrativo, assegurada ampla defesa ao autuado.

Parágrafo único. Na fixação da penalidade a autoridade administrativa levará em conta as circunstâncias e consequências da infração, bem como ser o infrator primário ou reincidente, a sua situação econômico-financeira e os meios ao seu alcance para cumprir a lei.

Art. 57. Quando julgado procedente o recurso interposto na forma do art. 636 da CLT, os depósitos efetuados para garantia de instância serão restituídos com os valores atualizados na forma da Lei.

Art. 58. A rede arrecadadora e a CEF deverão prestar ao MTPS as informações necessárias à fiscalização.

Capítulo X
Do Fundo e do seu Exercício Financeiro

Art. 59. O FGTS é constituído pelos saldos das contas vinculadas e outros recursos a ele incorporados.

Parágrafo único. Constituem recursos incorporados ao FGTS:

a) eventuais saldos apurados nos termos do art. 68;

b) dotações orçamentárias específicas;

c) resultados de aplicações;

d) multas, correção monetária e juros moratórios auferidos; e

e) outras receitas patrimoniais e financeiras.

Art. 60. O exercício financeiro do FGTS será de 1º de janeiro a 31 de dezembro.

§ 1º No final de cada exercício financeiro será realizado balanço anual do FGTS.

§ 2º As contas do FGTS serão escrituradas em registros contábeis próprios.

Capítulo XI
Da Aplicação dos Recursos

Art. 61. As aplicações com recursos do FGTS poderão ser realizadas diretamente pela CEF, pelos demais órgãos integrantes

do SFH e pelas entidades para esse fim credenciadas pelo Banco Central do Brasil como agentes financeiros, exclusivamente segundo critérios fixados pelo Conselho Curador, mediante operações em que sejam assegurados:

I — garantia real;

II — correção monetária igual à das contas vinculadas;

III — taxa de juros média mínima, por projeto, de três por cento ao ano; e

IV — prazo máximo de retorno de vinte e cinco anos.

§ 1º A rentabilidade média das aplicações deverá ser suficiente à cobertura de todos os custos incorridos pelo Fundo e ainda à formação de reserva técnica para o atendimento de gastos eventuais não previstos, sendo da CEF o risco de crédito.

§ 2º Os recursos do FGTS deverão ser aplicados em habitação, saneamento básico e infraestrutura urbana, sem prejuízo das disponibilidades financeiras que deverão ser mantidas em volume que satisfaça às condições de liquidez e à remuneração mínima necessária à preservação do poder aquisitivo da moeda.

§ 3º O programa de aplicações deverá destinar, no mínimo, sessenta por cento para investimentos em habitação popular.

§ 4º O Conselho Curador definirá o conceito de habitação popular considerando, em especial, a renda das famílias a serem atendidas.

§ 5º Os projetos de saneamento básico e infraestrutura urbana, financiados com recursos do FGTS, deverão ser complementares aos programas habitacionais.

§ 6º Nos financiamentos concedidos à pessoa jurídica de direito público será exigida garantia real ou vinculação de receitas.

Art. 62. O Conselho Curador fixará diretrizes e estabelecerá critérios técnicos para as aplicações dos recursos do FGTS, de forma que sejam:

I — exigida a participação dos contratantes de financiamentos nos investimentos a serem realizados;

II — assegurado o cumprimento, por parte dos contratantes, das obrigações decorrentes dos financiamentos obtidos; e

III — evitadas distorções na aplicação entre as regiões do País, considerando para tanto a demanda habitacional, a população e outros indicadores sociais.

Capítulo XII
Do Conselho Curador do FGTS

Art. 63. O FGTS será regido segundo normas e diretrizes estabelecidas por um Conselho Curador.

Art. 64. Ao Conselho Curador compete:

I — estabelecer as diretrizes e os programas de alocação de todos os recursos do FGTS, de acordo com os critérios definidos na Lei n. 8.036, de 1990, em consonância com a política nacional de desenvolvimento urbano e as políticas setoriais de habitação popular, saneamento básico e infraestrutura urbana estabelecidas pelo Governo Federal;

II — apreciar e aprovar os programas anuais e plurianuais do FGTS;

III — acompanhar e avaliar a gestão econômica e financeira dos recursos, bem como os ganhos sociais e o desempenho dos programas aprovados;

IV — pronunciar-se sobre as contas do FGTS, antes do seu encaminhamento aos órgãos de controle interno;

V — adotar as providências cabíveis para a correção de atos do MAS e da CEF, que prejudiquem o desempenho e o cumprimento das finalidades a que se destinam os recursos do FGTS;

VI — dirimir dúvidas quanto à aplicação das normas regulamentares, relativas ao FGTS, nas matérias de sua competência;

VII — fixar as normas e valores de remuneração do Agente Operador e dos agentes financeiros;

VIII — fixar critérios para o parcelamento de recolhimentos em atraso;

IX — fixar critérios e valor de remuneração da entidade ou órgão encarregado da fiscalização;

X — divulgar, no Diário Oficial da União, todas as decisões proferidas pelo Conselho, bem como as contas do FGTS e os respectivos pareceres emitidos; e

XI — aprovar seu regimento interno.

Art. 65. O Conselho Curador do FGTS, presidido pelo Ministro de Estado do Trabalho e da Previdência Social, tem a seguinte composição:

I — Ministro de Estado da Economia, Fazenda e Planejamento;

II — Ministro de Estado da Ação Social;

III — Presidente do Banco Central do Brasil;

IV — Presidente da Caixa Econômica Federal;

V — três representantes dos trabalhadores; e

VI — três representantes dos empregadores.

§ 1º Os representantes dos trabalhadores e dos empregadores, bem como os seus suplentes, serão indicados pelas respectivas centrais sindicais e confederações nacionais e nomeados pelo Ministro de Estado do Trabalho e da Previdência Social, com mandato de dois anos, permitida a recondução uma vez.

§ 2º Os presidentes das entidades referidas nos incisos III e IV indicarão seus suplentes ao Presidente do Conselho Curador, que os nomeará.

§ 3º O Conselho Curador reunir-se-á ordinariamente, a cada bimestre, mediante convocação de seu Presidente. Esgotado esse período, não tendo ocorrido convocação, qualquer de seus membros poderá fazê-la, no prazo de quinze dias. Havendo necessidade, qualquer membro poderá convocar reunião extraordinária, na forma do Regimento Interno.

§ 4º As decisões do Conselho Curador serão tomadas por maioria simples, com a presença de, no mínimo, sete de seus membros, tendo o Presidente voto de qualidade.

§ 5º As despesas necessárias para o comparecimento às reuniões do Conselho Curador constituirão ônus das respectivas entidades representadas.

§ 6º As ausências ao trabalho dos representantes dos trabalhadores no Conselho Curador, decorrentes das atividades desse órgão, serão abonadas, computando-se como jornada efetivamente trabalhada para todos os fins e efeitos legais.

§ 7º Competirá ao MTPS proporcionar, ao Conselho Curador, os meios necessários ao exercício de sua competência, para o que contará com uma Secretaria Executiva do Conselho Curador do FGTS.

§ 8º Aos membros efetivos do Conselho Curador e aos seus suplentes, enquanto representantes dos trabalhadores, é assegurada a estabilidade no emprego, da nomeação até um ano após o término do mandato, somente podendo ser demitidos por motivo de falta grave, regularmente comprovada.

§ 9º As funções de membro do Conselho Curador não serão remuneradas, sendo o seu exercício considerado serviço relevante.

Capítulo XIII
Do Gestor da Aplicação do FGTS

Art. 66. Ao Ministério do Planejamento e Orçamento, na qualidade de Gestor da aplicação dos recursos do FGTS, compete:

I — praticar todos os atos necessários à gestão da aplicação do FGTS, de acordo com as diretrizes e programas estabelecidos pelo Conselho Curador;

II — expedir atos normativos relativos à alocação dos recursos para implementação dos programas aprovados pelo Conselho Curador;

III — definir as metas a serem alcançadas pelos programas de habitação popular, saneamento básico e infraestrutura urbana;

IV — estabelecer os critérios, procedimentos e parâmetros básicos para análise, seleção, contratação, acompanhamento e avaliação dos projetos a serem financiados com recursos do FGTS, com observância dos objetivos da política nacional de desenvolvimento urbano e das políticas setoriais de habitação popular, saneamento básico e infraestrutura urbana, estabelecidas pelo Governo Federal;

V — definir as prioridades, a metodologia e os parâmetros básicos que nortearão a elaboração dos orçamentos e planos plurianuais de aplicação dos recursos do FGTS;

VI — elaborar orçamentos anuais e planos plurianuais de aplicação dos recursos, discriminando-os por unidade da Federação e submetendo-os, até 31 de julho de cada ano, ao Conselho Curador;

VII — acompanhar a execução dos programas de habitação popular, saneamento básico e infraestrutura urbana, decorrentes da aplicação dos recursos do FGTS, implementadas pelo Agente Operador;

VIII — subsidiar o Conselho Curador com estudos técnicos necessários ao aprimoramento dos programas de habitação popular, saneamento e infraestrutura urbana;

IX — submeter ao Conselho Curador as contas do FGTS.

Parágrafo único. O Gestor da aplicação poderá firmar convênios com os Governos dos Estados e do Distrito Federal para, por intermédio de instâncias colegiadas constituídas de representantes do governo estadual, dos governos municipais, quando houver, e da sociedade civil, em igual número, enquadrar, hierarquizar os pleitos de operações de crédito com recursos do FGTS. *(Redação dada pelo Dec. n. 1.522, de 13.6.95, DOU 14.6.95)*

Capítulo XIV
Do Agente Operador do FGTS

Art. 67. Cabe à CEF, na qualidade de Agente Operador do FGTS:

I — centralizar os recursos do FGTS, participar da rede incumbida de sua arrecadação, manter e controlar as contas vinculadas e emitir regularmente os extratos individuais correspondentes;

II — definir os procedimentos operacionais necessários à execução dos programas de habitação popular, saneamento básico e infraestrutura urbana e ao cumprimento das resoluções do Conselho Curador e dos atos normativos do Gestor da aplicação do FGTS;

III — expedir atos normativos referentes aos procedimentos administrativos e operacionais dos bancos depositários, dos agentes financeiros e promotores, dos tomadores dos recursos, dos empregadores e dos trabalhadores, integrantes do sistema do FGTS;

IV — analisar, sob os aspectos jurídico e de viabilidade técnica, econômica e financeira, os projetos de habitação popular, infraestrutura urbana e saneamento básico a serem financiados com recursos do FGTS;

V — avaliar o desempenho e a capacidade econômico-financeira dos agentes envolvidos nas operações de crédito com recursos do FGTS;

VI — conceder os créditos para as operações previamente selecionadas e hierarquizadas, desde que consideradas viáveis, de acordo com o disposto no inciso IV deste artigo, responsabilizando-se pelo acompanhamento de sua execução e zelando pela correta aplicação dos recursos;

VII — formalizar convênios com a rede bancária para recebimento e pagamento do FGTS, em conformidade com o disposto pelo Conselho Curador;

VIII — celebrar convênios e contratos, visando à aplicação de recursos do FGTS, em conformidade com o disposto pelo Conselho Curador;

IX — elaborar as contas do FGTS, encaminhando-as ao Gestor da aplicação;

X — implementar os atos do Gestor relativos à alocação e à aplicação dos recursos do FGTS, de acordo com as diretrizes estabelecidas pelo Conselho Curador;

XI — emitir Certificado de Regularidade do FGTS;

XII — apresentar relatórios gerenciais periódicos e, sempre que solicitadas, outras informações, com a finalidade de proporcionar ao Gestor da aplicação e ao Conselho Curador meios para avaliar o desempenho dos programas, nos seus aspectos físico, econômico-financeiro, social e institucional, e sua conformidade com as diretrizes governamentais; *(Este artigo foi alterado pelo Dec. n. 1.522, de 13.6.95, DOU 14.6.95)*

XIII — expedir atos normativos referentes aos procedimentos administrativo-operacionais a serem observados pelos agentes administradores dos FMP-FGTS e dos CI-FGTS, no que se refere às questões relacionadas ao cadastramento, ao fluxo de informações das movimentações e a resgates de cotas;

XIV — determinar aos administradores dos FMP-FGTS e dos CI-FGTS o retorno das aplicações ao FGTS, nos casos de falecimento do titular, de aquisição de casa própria, de amortização ou liquidação de saldo devedor de financiamento do SFH e para o cumprimento de ordem judicial. *(Acrescentados pelo Dec. n. 2.430, de 17.12.97, DOU 18.12.97)*

Art. 68. Os resultados financeiros auferidos pela CEF, no período entre o repasse dos bancos e o depósito nas contas vinculadas dos trabalhadores, destinar-se-ão à cobertura das despesas de administração do FGTS e ao pagamento da tarifa aos bancos depositários, devendo os eventuais saldos ser incorporados ao patrimônio do Fundo, nos termos do art. 59, parágrafo único, alínea a.

Capítulo XV
Das Disposições Gerais

Art. 69. É competente a Justiça do Trabalho para julgar os dissídios entre os trabalhadores e os empregadores, decorrentes da aplicação da Lei n. 8.036, de 1990, mesmo quando a União e a CEF figurarem como litisconsortes.

Parágrafo único. Nas reclamatórias trabalhistas que objetivem o ressarcimento de parcelas relativas ao FGTS, ou que, direta ou indiretamente, impliquem essa obrigação, o juiz determinará que a empresa sucumbente proceda ao recolhimento imediato das importâncias devidas a tal título.

Art. 70. Poderá o próprio trabalhador, seus dependentes e sucessores, ou, ainda, o sindicato a que estiver vinculado, acionar diretamente a empresa para compeli-la a efetuar o depósito das importâncias devidas nos termos da Lei n. 8.036, de 1990.

Parágrafo único. A União e a CEF deverão ser notificadas da propositura da reclamação.

Art. 71. São isentos de tributos federais os atos e operações necessários à aplicação da Lei n. 8.036, de 1990, quando praticados pela CEF, pelos trabalhadores e seus dependentes ou sucessores, pelos empregadores e pelos estabelecimentos bancários.

Parágrafo único. Aplica-se o disposto neste artigo às importâncias devidas, nos termos da Lei n. 8.036, de 1990, aos trabalhadores e seus dependentes ou sucessores.

Art. 72. É facultado à entidade sindical representar os trabalhadores junto ao empregador, ao banco depositário ou à CEF, para obtenção de informações relativas ao FGTS.

Art. 73. É facultado ao empregador desobrigar-se da responsabilidade da indenização relativa ao tempo de serviço anterior à opção, depositado na conta vinculada do trabalhador, até o último dia útil do mês previsto em lei para o pagamento de salário, o valor correspondente à indenização, aplicando-se ao depósito, no que couber, as disposições da Lei n. 8.036, de 1990, e deste Regulamento.

Capítulo XVI
Das Disposições Finais e Transitórias

Art. 74. O MAS, a CEF e o Conselho Curador serão responsáveis pelo fiel cumprimento e observância dos critérios estabelecidos na Lei n. 8.036, de 1990, e neste regulamento.

Art. 75. O Conselho Curador expedirá os atos necessários para que seja resguardada a integridade dos direitos do trabalhador, notadamente no que se refere à atualização dos respectivos créditos e à exata informação, quando da centralização das contas do FGTS na CEF.

Art. 76. Os trabalhadores admitidos a termo e os temporários, cujos contratos se extinguiram durante a vigência da Lei n. 7.839, de 12 de outubro de 1989, poderão movimentar suas contas vinculadas relativas a esses contratos, cabendo aos então empregadores fornecer os documentos necessários para o levantamento dos respectivos valores.

Art. 77. O disposto no art. 7º se aplica aos diretores não empregados das autarquias em regime especial e fundações sob supervisão ministerial (Lei n. 6.919, de 1981).

Art. 78. O MAS e a CEF deverão dar pleno cumprimento aos programas anuais em andamento, aprovados pelo Conselho Curador, sendo que eventuais alterações somente poderão ser processadas mediante prévia anuência daquele colegiado.

Art. 79. Até que se cumpra o disposto no art. 29 do Ato das Disposições Constitucionais Transitórias, cabe à Procuradoria-Geral da Fazenda Nacional promover a execução judicial dos créditos da União decorrentes da aplicação de penalidades previstas na Lei n. 8.036, de 1990.

Lei n. 8.069, de 13 de Julho de 1990
Dispõe sobre o Estatuto da Criança e do Adolescente, e dá outras providências.

O PRESIDENTE DA REPÚBLICA:

Faço saber que o Congresso Nacional decreta e eu sanciono a seguinte Lei:

TÍTULO I
Das Disposições Preliminares

Art. 1º Esta Lei dispõe sobre a proteção integral à criança e ao adolescente.

Art. 2º Considera-se criança, para os efeitos desta Lei, a pessoa até doze anos de idade incompletos, e adolescente aquela entre doze e dezoito anos de idade.

Parágrafo único. Nos casos expressos em lei, aplica-se excepcionalmente este Estatuto às pessoas entre dezoito e vinte e um anos de idade.

Art. 3º A criança e o adolescente gozam de todos os direitos fundamentais inerentes à pessoa humana, sem prejuízo da proteção integral de que trata esta Lei, assegurando-se-lhes, por lei ou por outros meios, todas as oportunidades e facilidades, a fim de lhes facultar o desenvolvimento físico, mental, moral, espiritual e social, em condições de liberdade e de dignidade.

Parágrafo único. Os direitos enunciados nesta Lei aplicam-se a todas as crianças e adolescentes, sem discriminação de nascimento, situação familiar, idade, sexo, raça, etnia ou cor, religião ou crença, deficiência, condição pessoal de desenvolvimento e aprendizagem, condição econômica, ambiente social, região e local de moradia ou outra condição que diferencie as pessoas, as famílias ou a comunidade em que vivem. *(Incluído pela Lei n. 13.257, de 8.3.2016, DOU 9.3.2016)*

Art. 4º É dever da família, da comunidade, da sociedade em geral e do poder público assegurar, com absoluta prioridade, a efetivação dos direitos referentes à vida, à saúde, à alimentação, à educação, ao esporte, ao lazer, à profissionalização, à cultura, à dignidade, ao respeito, à liberdade e à convivência familiar e comunitária.

Parágrafo único. A garantia de prioridade compreende:

a) primazia de receber proteção e socorro em quaisquer circunstâncias;

b) precedência de atendimento nos serviços públicos ou de relevância pública;

c) preferência na formulação e na execução das políticas sociais públicas;

d) destinação privilegiada de recursos públicos nas áreas relacionadas com a proteção à infância e à juventude.

Art. 5º Nenhuma criança ou adolescente será objeto de qualquer forma de negligência, discriminação, exploração, violência, crueldade e opressão, punido na forma da lei qualquer atentado, por ação ou omissão, aos seus direitos fundamentais.

Art. 6º Na interpretação desta Lei levar-se-ão em conta os fins sociais a que ela se dirige, as exigências do bem comum, os direitos e deveres individuais e coletivos, e a condição peculiar da criança e do adolescente como pessoas em desenvolvimento.

LEGISLAÇÃO COMPLEMENTAR

TÍTULO II
Dos Direitos Fundamentais

CAPÍTULO I
Do Direito à Vida e à Saúde

Art. 7º A criança e o adolescente têm direito a proteção à vida e à saúde, mediante a efetivação de políticas sociais públicas que permitam o nascimento e o desenvolvimento sadio e harmonioso, em condições dignas de existência.

Art. 8º É assegurado a todas as mulheres o acesso aos programas e às políticas de saúde da mulher e de planejamento reprodutivo e, às gestantes, nutrição adequada, atenção humanizada à gravidez, ao parto e ao puerpério e atendimento pré-natal, perinatal e pós-natal integral no âmbito do Sistema Único de Saúde. *(Redação dada pela Lei n. 13.257, de 8.3.2016, DOU 9.3.2016)*

§ 1º O atendimento pré-natal será realizado por profissionais da atenção primária. *(Redação dada pela Lei n. 13.257, de 8.3.2016, DOU 9.3.2016)*

§ 2º Os profissionais de saúde de referência da gestante garantirão sua vinculação, no último trimestre da gestação, ao estabelecimento em que será realizado o parto, garantido o direito de opção da mulher. *(Redação dada pela Lei n. 13.257, de 8.3.2016, DOU 9.3.2016)*

§ 3º Os serviços de saúde onde o parto for realizado assegurarão às mulheres e aos seus filhos recém-nascidos alta hospitalar responsável e contrarreferência na atenção primária, bem como o acesso a outros serviços e a grupos de apoio à amamentação. *(Redação dada pela Lei n. 13.257, de 8.3.2016, DOU 9.3.2016)*

§ 4º Incumbe ao poder público proporcionar assistência psicológica à gestante e à mãe, no período pré e pós-natal, inclusive como forma de prevenir ou minorar as consequências do estado puerperal. *(Incluído pela Lei n. 12.010, de 2009)*

§ 5º A assistência referida no § 4º deste artigo deverá ser prestada também a gestantes e mães que manifestem interesse em entregar seus filhos para adoção, bem como a gestantes e mães que se encontrem em situação de privação de liberdade. *(Redação dada pela Lei n. 13.257, de 8.3.20146, DOU 9.3.2016)*

§ 6º A gestante e a parturiente têm direito a 1 (um) acompanhante de sua preferência durante o período do pré-natal, do trabalho de parto e do pós-parto imediato. *(Incluído pela Lei n. 13.257, de 8.3.2016, DOU 9.3.2016)*

§ 7º A gestante deverá receber orientação sobre aleitamento materno, alimentação complementar saudável e crescimento e desenvolvimento infantil, bem como sobre formas de favorecer a criação de vínculos afetivos e de estimular o desenvolvimento integral da criança. *(Incluído pela Lei n. 13.257, de 8.3.2016, DOU 9.3.2016)*

§ 8º A gestante tem direito a acompanhamento saudável durante toda a gestação e a parto natural cuidadoso, estabelecendo-se a aplicação de cesariana e outras intervenções cirúrgicas por motivos médicos. *(Incluído pela Lei n. 13.257, de 8.3.2016, DOU 9.3.2016)*

§ 9º A atenção primária à saúde fará a busca ativa da gestante que não iniciar ou que abandonar as consultas de pré-natal, bem como da puérpera que não comparecer às consultas pós-parto. *(Incluído pela Lei n. 13.257, de 8.3.2016, DOU 9.3.2016)*

§ 10. Incumbe ao poder público garantir, à gestante e à mulher com filho na primeira infância que se encontrem sob custódia em unidade de privação de liberdade, ambiência que atenda às normas sanitárias e assistenciais do Sistema Único de Saúde para o acolhimento do filho, em articulação com o sistema de ensino competente, visando ao desenvolvimento integral da criança. *(Incluído pela Lei n. 13.257, de 8.3.2016, DOU 9.3.2016)*

Art. 9º O poder público, as instituições e os empregadores propiciarão condições adequadas ao aleitamento materno, inclusive aos filhos de mães submetidas a medida privativa de liberdade.

§ 1º Os profissionais das unidades primárias de saúde desenvolverão ações sistemáticas, individuais ou coletivas, visando ao planejamento, à implementação e à avaliação de ações de promoção, proteção e apoio ao aleitamento materno e à alimentação complementar saudável, de forma contínua. *(Incluído pela Lei n. 13.257, de 8.3.2016, DOU 9.3.2016)*

§ 2º Os serviços de unidades de terapia intensiva neonatal deverão dispor de banco de leite humano ou unidade de coleta de leite humano. *(Incluído pela Lei n. 13.257, de 8.3.2016, DOU 9.3.2016)*

Art. 10. Os hospitais e demais estabelecimentos de atenção à saúde de gestantes, públicos e particulares, são obrigados a:

I — manter registro das atividades desenvolvidas, através de prontuários individuais, pelo prazo de dezoito anos;

II — identificar o recém-nascido mediante o registro de sua impressão plantar e digital e da impressão digital da mãe, sem prejuízo de outras formas normatizadas pela autoridade administrativa competente;

III — proceder a exames visando ao diagnóstico e terapêutica de anormalidades no metabolismo do recém-nascido, bem como prestar orientação aos pais;

IV — fornecer declaração de nascimento onde constem necessariamente as intercorrências do parto e do desenvolvimento do neonato;

V — manter alojamento conjunto, possibilitando ao neonato a permanência junto à mãe.

Art. 11. É assegurado acesso integral às linhas de cuidado voltadas à saúde da criança e do adolescente, por intermédio do Sistema Único de Saúde, observado o princípio da equidade no acesso a ações e serviços para promoção, proteção e recuperação da saúde. *(Redação dada pela Lei n. 13.257, de 8.3.2016, DOU 9.3.2016)*

§ 1º A criança e o adolescente com deficiência serão atendidos, sem discriminação ou segregação, em suas necessidades gerais de saúde e específicas de habilitação e reabilitação. *(Redação dada pela Lei n. 13.257, de 8.3.2016, DOU 9.3.2016)*

§ 2º Incumbe ao poder público fornecer gratuitamente, àqueles que necessitarem, medicamentos, órteses, próteses e outras tecnologias assistivas relativas ao tratamento, habilitação ou reabilitação para crianças e adolescentes, de acordo com as linhas de cuidado voltadas às suas necessidades específicas. *(Redação dada pela Lei n. 13.257, de 8.3.2016, DOU 9.3.2016)*

§ 3º Os profissionais que atuam no cuidado diário ou frequente de crianças na primeira infância receberão formação específica e permanente para a detecção de sinais de risco para o desenvolvimento psíquico, bem como para o acompanhamento que se fizer necessário. *(Incluído pela Lei n. 13.257, de 8.3.2016, DOU 9.3.2016)*

Art. 12. Os estabelecimentos de atendimento à saúde, inclusive as unidades neonatais, de terapia intensiva e de cuidados intermediários, deverão proporcionar condições para a permanência em tempo integral de um dos pais ou responsável, nos casos de internação de criança ou adolescente. *(Redação dada pela Lei n. 13.257, de 8.3.2016)*

Art. 13. Os casos de suspeita ou confirmação de castigo físico, de tratamento cruel ou degradante e de maus-tratos contra criança ou adolescente serão obrigatoriamente comunicados ao Conselho Tutelar da respectiva localidade, sem prejuízo de outras providências legais. *(Redação dada pela Lei n. 13.257, de 8.3.2016, DOU 9.3.2016)*

§ 1º As gestantes ou mães que manifestem interesse em entregar seus filhos para adoção serão obrigatoriamente encaminhadas, sem constrangimento, à Justiça da Infância e da Juventude. *(Incluído pela Lei n. 13.257, de 8.3.2016, DOU 9.3.2016)*

§ 2º Os serviços de saúde em suas diferentes portas de entrada, os serviços de assistência social em seu componente especializado, o Centro de Referência Especializado de Assistência Social (Creas) e os demais órgãos do Sistema de Garantia de Direitos da Criança e do Adolescente deverão conferir máxima prioridade ao atendimento das crianças na faixa etária da primeira infância com suspeita ou confirmação de violência de qualquer natureza, formulando projeto terapêutico singular que inclua intervenção em rede e, se necessário, acompanhamento domiciliar. *(Incluído pela Lei n. 13.257, de 8.3.2016, DOU 9.3.2016)*

Art. 14. O Sistema Único de Saúde promoverá programas de assistência médica e odontológica para a prevenção das enfermidades que ordinariamente afetam a população infantil, e campanhas de educação sanitária para pais, educadores e alunos.

§ 1º É obrigatória a vacinação das crianças nos casos recomendados pelas autoridades sanitárias. *(Renumerado do parágrafo único pela Lei n. 13.257, de 8.3.2016, DOU 9.3.2016)*

§ 2º O Sistema Único de Saúde promoverá a atenção à saúde bucal das crianças e das gestantes, de forma transversal, integral e intersetorial com as demais linhas de cuidado direcionadas à mulher e à criança. *(Incluído pela Lei n. 13.257, de 8.3.2016, DOU 9.3.2016)*

§ 3º A atenção odontológica à criança terá função educativa protetiva e será prestada, inicialmente, antes de o bebê nascer, por meio de aconselhamento pré-natal, e, posteriormente, no sexto e no décimo segundo anos de vida, com orientações sobre saúde bucal. *(Incluído pela Lei n. 13.257, de 8.3.2016, DOU 9.3.2016)*

§ 4º A criança com necessidade de cuidados odontológicos especiais será atendida pelo Sistema Único de Saúde. *(Incluído pela Lei n. 13.257, de 8.3.2016, DOU 9.3.2016)*

CAPÍTULO II
Do Direito à Liberdade, ao Respeito e à Dignidade

Art. 15. A criança e o adolescente têm direito à liberdade, ao respeito e à dignidade como pessoas humanas em processo de desenvolvimento e como sujeitos de direitos civis, humanos e sociais garantidos na Constituição e nas leis.

Art. 16. O direito à liberdade compreende os seguintes aspectos:

I — ir, vir e estar nos logradouros públicos e espaços comunitários, ressalvadas as restrições legais;

II — opinião e expressão;

III — crença e culto religioso;

IV — brincar, praticar esportes e divertir-se;

V — participar da vida familiar e comunitária, sem discriminação;

VI — participar da vida política, na forma da lei;

VII — buscar refúgio, auxílio e orientação.

Art. 17. O direito ao respeito consiste na inviolabilidade da integridade física, psíquica e moral da criança e do adolescente, abrangendo a preservação da imagem, da identidade, da autonomia, dos valores, ideias e crenças, dos espaços e objetos pessoais.

Art. 18. É dever de todos velar pela dignidade da criança e do adolescente, pondo-os a salvo de qualquer tratamento desumano, violento, aterrorizante, vexatório ou constrangedor.

Art. 18-A. A criança e o adolescente têm o direito de ser educados e cuidados sem o uso de castigo físico ou de tratamento cruel ou degradante, como formas de correção, disciplina, educação ou qualquer outro pretexto, pelos pais, pelos integrantes da família ampliada, pelos responsáveis, pelos agentes públicos executores de medidas socioeducativas ou por qualquer pessoa encarregada de cuidar deles, tratá-los, educá-los ou protegê-los. *(Incluído pela Lei n. 13.010, de 2014)*

Parágrafo único. Para os fins desta Lei, considera-se: *(Incluído pela Lei n. 13.010, de 2014)*

I — castigo físico: ação de natureza disciplinar ou punitiva aplicada com o uso da força física sobre a criança ou o adolescente que resulte em: *(Incluído pela Lei n. 13.010, de 2014)*

a) sofrimento físico; ou *(Incluído pela Lei n. 13.010, de 2014)*

b) lesão; *(Incluído pela Lei n. 13.010, de 2014)*

II — tratamento cruel ou degradante: conduta ou forma cruel de tratamento em relação à criança ou ao adolescente que: *(Incluído pela Lei n. 13.010, de 2014)*

a) humilhe; ou *(Incluído pela Lei n. 13.010, de 2014)*

b) ameace gravemente; ou *(Incluído pela Lei n. 13.010, de 2014)*

c) ridicularize. *(Incluído pela Lei n. 13.010, de 2014)*

Art. 18-B. Os pais, os integrantes da família ampliada, os responsáveis, os agentes públicos executores de medidas socioeducativas ou qualquer pessoa encarregada de cuidar de crianças e de adolescentes, tratá-los, educá-los ou protegê-los que utilizarem castigo físico ou tratamento cruel ou degradante como formas de correção, disciplina, educação ou qualquer outro pretexto estarão sujeitos, sem prejuízo de outras sanções cabíveis, às seguintes medidas, que serão aplicadas de acordo com a gravidade do caso: *(Incluído pela Lei n. 13.010, de 2014)*

I — encaminhamento a programa oficial ou comunitário de proteção à família; *(Incluído pela Lei n. 13.010, de 2014)*

II — encaminhamento a tratamento psicológico ou psiquiátrico; *(Incluído pela Lei n. 13.010, de 2014)*

III — encaminhamento a cursos ou programas de orientação; *(Incluído pela Lei n. 13.010, de 2014)*

IV — obrigação de encaminhar a criança a tratamento especializado; *(Incluído pela Lei n. 13.010, de 2014)*

V — advertência. *(Incluído pela Lei n. 13.010, de 2014)*

Parágrafo único. As medidas previstas neste artigo serão aplicadas pelo Conselho Tutelar, sem prejuízo de outras providências legais. *(Incluído pela Lei n. 13.010, de 2014)*

CAPÍTULO III
Do Direito à Convivência Familiar e Comunitária

Seção I
Disposições Gerais

Art. 19. É direito da criança e do adolescente ser criado e educado no seio de sua família e, excepcionalmente, em família substituta, assegurada a convivência familiar e comunitária, em ambiente que garanta seu desenvolvimento integral. *(Redação dada pela Lei n. 13.257, de 8.3.2016, DOU 9.3.2016)*

§ 1º Toda criança ou adolescente que estiver inserido em programa de acolhimento familiar ou institucional terá sua situação reavaliada, no máximo, a cada 6 (seis) meses, devendo a autoridade judiciária competente, com base em relatório elaborado por equipe interprofissional ou multidisciplinar, decidir de forma fundamentada pela possibilidade de reintegração familiar ou colocação em família substituta, em quaisquer das modalidades previstas no art. 28 desta Lei. *(Incluído pela Lei n. 12.010, de 2009)*

§ 2º A permanência da criança e do adolescente em programa de acolhimento institucional não se prolongará por mais de 2 (dois) anos, salvo comprovada necessidade que atenda ao seu superior interesse, devidamente fundamentada pela autoridade judiciária. *(Incluído pela Lei n. 12.010, de 2009)*

§ 3º A manutenção ou a reintegração de criança ou adolescente à sua família terá preferência em relação a qualquer outra providência, caso em que será esta incluída em serviços e programas de proteção, apoio e promoção, nos termos do § 1º do art. 23, dos incisos I e IV do *caput* do art. 101 e dos incisos I a IV do *caput* do art. 129 desta Lei. *(Redação dada pela Lei n. 13.257, de 8.3.2016, DOU 9.3.2016)*

§ 4º Será garantida a convivência da criança e do adolescente com a mãe ou o pai privado de liberdade, por meio de visitas periódicas promovidas pelo responsável ou, nas hipóteses de acolhimento institucional, pela entidade responsável, independentemente de autorização judicial. *(Incluído pela Lei n. 12.962, de 2014)*

Art. 20. Os filhos, havidos ou não da relação do casamento, ou por adoção, terão os mesmos direitos e qualificações, proibidas quaisquer designações discriminatórias relativas à filiação.

Art. 21. O poder familiar será exercido, em igualdade de condições, pelo pai e pela mãe, na forma do que dispuser a legislação civil, assegurado a qualquer deles o direito de, em caso de discordância, recorrer à autoridade judiciária competente para a solução da divergência. *(Expressão substituída pela Lei n. 12.010, de 2009)*

Art. 22. Aos pais incumbe o dever de sustento, guarda e educação dos filhos menores, cabendo-lhes ainda, no interesse destes, a obrigação de cumprir e fazer cumprir as determinações judiciais.

Parágrafo único. A mãe e o pai, ou os responsáveis, têm direitos iguais e deveres e responsabilidades compartilhados no cuidado e na educação da criança, devendo ser resguardado o direito de transmissão familiar de suas crenças e culturas, assegurados os direitos da criança estabelecidos nesta Lei. *(Incluído pela Lei n. 13.257, de 8.3.2016, DOU 9.3.2016)*

Art. 23. A falta ou a carência de recursos materiais não constitui motivo suficiente para a perda ou a suspensão do poder familiar. *(Expressão substituída pela Lei n. 12.010, de 2009)*

§ 1º Não existindo outro motivo que por si só autorize a decretação da medida, a criança ou o adolescente será mantido em sua família de origem, a qual deverá obrigatoriamente ser incluída em serviços e programas oficiais de proteção, apoio e promoção. *(Redação dada pela Lei n. 13.257, de 8.3.2016, DOU 9.3.2016)*

§ 2º A condenação criminal do pai ou da mãe não implicará a destituição do poder familiar, exceto na hipótese de condenação por crime doloso, sujeito à pena de reclusão, contra o próprio filho ou filha. *(Incluído pela Lei n. 12.962, de 2014)*

Art. 24. A perda e a suspensão do poder familiar serão decretadas judicialmente, em procedimento contraditório, nos casos previstos na legislação civil, bem como na hipótese de descumprimento injustificado dos deveres e obrigações a que alude o art. 22. *(Expressão substituída pela Lei n. 12.010, de 2009)*

Seção II
Da Família Natural

Art. 25. Entende-se por família natural a comunidade formada pelos pais ou qualquer deles e seus descendentes. *(Vide Lei n. 12.010, de 2009)*

Parágrafo único. Entende-se por família extensa ou ampliada aquela que se estende para além da unidade pais e filhos ou da unidade do casal, formada por parentes próximos com os quais a criança ou adolescente convive e mantém vínculos de afinidade e afetividade. *(Incluído pela Lei n. 12.010, de 2009)*

Art. 26. Os filhos havidos fora do casamento poderão ser reconhecidos pelos pais, conjunta ou separadamente, no próprio termo de nascimento, por testamento, mediante escritura ou outro documento público, qualquer que seja a origem da filiação.

Parágrafo único. O reconhecimento pode preceder o nascimento do filho ou suceder-lhe ao falecimento, se deixar descendentes.

Art. 27. O reconhecimento do estado de filiação é direito personalíssimo, indisponível e imprescritível, podendo ser exercitado contra os pais ou seus herdeiros, sem qualquer restrição, observado o segredo de Justiça.

Seção III
Da Família Substituta

Subseção I
Disposições Gerais

Art. 28. A colocação em família substituta far-se-á mediante guarda, tutela ou adoção, independentemente da situação jurídica da criança ou adolescente, nos termos desta Lei.

§ 1º Sempre que possível, a criança ou o adolescente será previamente ouvido por equipe interprofissional, respeitado seu estágio de desenvolvimento e grau de compreensão sobre as implicações da medida, e terá sua opinião devidamente considerada. *(Redação dada pela Lei n. 12.010, de 2009)*

§ 2º Tratando-se de maior de 12 (doze) anos de idade, será necessário seu consentimento, colhido em audiência. *(Redação dada pela Lei n. 12.010, de 2009)*

§ 3º Na apreciação do pedido levar-se-á em conta o grau de parentesco e a relação de afinidade ou de afetividade, a fim de evitar

ou minorar as consequências decorrentes da medida. *(Incluído pela Lei n. 12.010, de 2009)*

§ 4º Os grupos de irmãos serão colocados sob adoção, tutela ou guarda da mesma família substituta, ressalvada a comprovada existência de risco de abuso ou outra situação que justifique plenamente a excepcionalidade de solução diversa, procurando-se, em qualquer caso, evitar o rompimento definitivo dos vínculos fraternais. *(Incluído pela Lei n. 12.010, de 2009)*

§ 5º A colocação da criança ou adolescente em família substituta será precedida de sua preparação gradativa e acompanhamento posterior, realizados pela equipe interprofissional a serviço da Justiça da Infância e da Juventude, preferencialmente com o apoio dos técnicos responsáveis pela execução da política municipal de garantia do direito à convivência familiar. *(Incluído pela Lei n. 12.010, de 2009)*

§ 6º Em se tratando de criança ou adolescente indígena ou proveniente de comunidade remanescente de quilombo, é ainda obrigatório: *(Incluído pela Lei n. 12.010, de 2009)*

I — que sejam consideradas e respeitadas sua identidade social e cultural, os seus costumes e tradições, bem como suas instituições, desde que não sejam incompatíveis com os direitos fundamentais reconhecidos por esta Lei e pela Constituição Federal; *(Incluído pela Lei n. 12.010, de 2009)*

II — que a colocação familiar ocorra prioritariamente no seio de sua comunidade ou junto a membros da mesma etnia; *(Incluído pela Lei n. 12.010, de 2009)*

III — a intervenção e oitiva de representantes do órgão federal responsável pela política indigenista, no caso de crianças e adolescentes indígenas, e de antropólogos, perante a equipe interprofissional ou multidisciplinar que irá acompanhar o caso. *(Incluído pela Lei n. 12.010, de 2009)*

Art. 29. Não se deferirá colocação em família substituta a pessoa que revele, por qualquer modo, incompatibilidade com a natureza da medida ou não ofereça ambiente familiar adequado.

Art. 30. A colocação em família substituta não admitirá transferência da criança ou adolescente a terceiros ou a entidades governamentais ou não-governamentais, sem autorização judicial.

Art. 31. A colocação em família substituta estrangeira constitui medida excepcional, somente admissível na modalidade de adoção.

Art. 32. Ao assumir a guarda ou a tutela, o responsável prestará compromisso de bem e fielmente desempenhar o encargo, mediante termo nos autos.

Subseção II
Da Guarda

Art. 33. A guarda obriga a prestação de assistência material, moral e educacional à criança ou adolescente, conferindo a seu detentor o direito de opor-se a terceiros, inclusive aos pais. *(Vide Lei n. 12.010, de 2009)*

§ 1º A guarda destina-se a regularizar a posse de fato, podendo ser deferida, liminar ou incidentalmente, nos procedimentos de tutela e adoção, exceto no de adoção por estrangeiros.

§ 2º Excepcionalmente, deferir-se-á a guarda, fora dos casos de tutela e adoção, para atender a situações peculiares ou suprir a falta eventual dos pais ou responsável, podendo ser deferido o direito de representação para a prática de atos determinados.

§ 3º A guarda confere à criança ou adolescente a condição de dependente, para todos os fins e efeitos de direito, inclusive previdenciários.

§ 4º Salvo expressa e fundamentada determinação em contrário, da autoridade judiciária competente, ou quando a medida for aplicada em preparação para adoção, o deferimento da guarda de criança ou adolescente a terceiros não impede o exercício do direito de visitas pelos pais, assim como o dever de prestar alimentos, que serão objeto de regulamentação específica, a pedido do interessado ou do Ministério Público. *(Incluído pela Lei n. 12.010, de 2009)*

Art. 34. O poder público estimulará, por meio de assistência jurídica, incentivos fiscais e subsídios, o acolhimento, sob a forma de guarda, de criança ou adolescente afastado do convívio familiar. *(Redação dada pela Lei n. 12.010, de 2009)*

§ 1º A inclusão da criança ou adolescente em programas de acolhimento familiar terá preferência a seu acolhimento institucional, observado, em qualquer caso, o caráter temporário e excepcional da medida, nos termos desta Lei. *(Incluído pela Lei n. 12.010, de 2009)*

§ 2º Na hipótese do § 1º deste artigo a pessoa ou casal cadastrado no programa de acolhimento familiar poderá receber a criança ou adolescente mediante guarda, observado o disposto nos arts. 28 a 33 desta Lei. *(Incluído pela Lei n. 12.010, de 2009)*

§ 3º A União apoiará a implementação de serviços de acolhimento em família acolhedora como política pública, os quais deverão dispor de equipe que organize o acolhimento temporário de crianças e de adolescentes em residências de famílias selecionadas, capacitadas e acompanhadas que não estejam no cadastro de adoção. *(Incluído pela Lei n. 13.257, de 8.3.2016, DOU 9.3.2016)*

§ 4º Poderão ser utilizados recursos federais, estaduais, distritais e municipais para a manutenção dos serviços de acolhimento em família acolhedora, facultando-se o repasse de recursos para a própria família acolhedora. *(Incluído pela Lei n. 13.257, de 8.3.2016, DOU 9.3.2016)*

Art. 35. A guarda poderá ser revogada a qualquer tempo, mediante ato judicial fundamentado, ouvido o Ministério Público.

Subseção III
Da Tutela

Art. 36. A tutela será deferida, nos termos da lei civil, a pessoa de até 18 (dezoito) anos incompletos. *(Redação dada pela Lei n. 12.010, de 2009)*

Parágrafo único. O deferimento da tutela pressupõe a prévia decretação da perda ou suspensão do poder familiar e implica necessariamente o dever de guarda. *(Expressão substituída pela Lei n. 12.010, de 2009)*

Art. 37. O tutor nomeado por testamento ou qualquer documento autêntico, conforme previsto no parágrafo único do art. 1.729 da Lei n. 10.406, de 10 de janeiro de 2002 — Código Civil, deverá, no prazo de 30 (trinta) dias após a abertura da sucessão, ingressar com pedido destinado ao controle judicial do ato, observando o procedimento previsto nos arts. 165 a 170 desta Lei. *(Redação dada pela Lei n. 12.010, de 2009)*

Parágrafo único. Na apreciação do pedido, serão observados os requisitos previstos nos arts. 28 e 29 desta Lei, somente sendo deferida a tutela à pessoa indicada na disposição de última vontade, se restar comprovado que a medida é vantajosa ao tutelando e que não existe outra pessoa em melhores condições de assumi-la. *(Redação dada pela Lei n. 12.010, de 2009)*

Art. 38. Aplica-se à destituição da tutela o disposto no art. 24.

Subseção IV
Da Adoção

Art. 39. A adoção de criança e de adolescente reger-se-á segundo o disposto nesta Lei.

§ 1º A adoção é medida excepcional e irrevogável, à qual se deve recorrer apenas quando esgotados os recursos de manutenção da criança ou adolescente na família natural ou extensa, na forma do parágrafo único do art. 25 desta Lei. *(Incluído pela Lei n. 12.010, de 2009)*

§ 2º É vedada a adoção por procuração. *(Incluído pela Lei n. 12.010, de 2009)*

Art. 40. O adotando deve contar com, no máximo, dezoito anos à data do pedido, salvo se já estiver sob a guarda ou tutela dos adotantes.

Art. 41. A adoção atribui a condição de filho ao adotado, com os mesmos direitos e deveres, inclusive sucessórios, desligando-o de qualquer vínculo com pais e parentes, salvo os impedimentos matrimoniais.

§ 1º Se um dos cônjuges ou concubinos adota o filho do outro, mantêm-se os vínculos de filiação entre o adotado e o cônjuge ou concubino do adotante e os respectivos parentes.

§ 2º É recíproco o direito sucessório entre o adotado, seus descendentes, o adotante, seus ascendentes, descendentes e colaterais até o 4º grau, observada a ordem de vocação hereditária.

Art. 42. Podem adotar os maiores de 18 (dezoito) anos, independentemente do estado civil. *(Redação dada pela Lei n. 12.010, de 2009)*

§ 1º Não podem adotar os ascendentes e os irmãos do adotando.

§ 2º Para adoção conjunta, é indispensável que os adotantes sejam casados civilmente ou mantenham união estável, comprovada a estabilidade da família. *(Redação dada pela Lei n. 12.010, de 2009)*

§ 3º O adotante há de ser, pelo menos, dezesseis anos mais velho do que o adotando.

§ 4º Os divorciados, os judicialmente separados e os ex-companheiros podem adotar conjuntamente, contanto que acordem sobre a guarda e o regime de visitas e desde que o estágio de convivência tenha sido iniciado na constância do período de convivência e que seja comprovada a existência de vínculos de afinidade e afetividade com aquele não detentor da guarda, que justifiquem a excepcionalidade da concessão. *(Redação dada pela Lei n. 12.010, de 2009)*

§ 5º Nos casos do § 4º deste artigo, desde que demonstrado efetivo benefício ao adotando, será assegurada a guarda compartilhada, conforme previsto no art. 1.584 da Lei n. 10.406, de 10 de janeiro de 2002 — Código Civil. *(Redação dada pela Lei n. 12.010, de 2009)*

§ 6º A adoção poderá ser deferida ao adotante que, após inequívoca manifestação de vontade, vier a falecer no curso do pro-

cedimento, antes de prolatada a sentença. *(Incluído pela Lei n. 12.010, de 2009)*

Art. 43. A adoção será deferida quando apresentar reais vantagens para o adotando e fundar-se em motivos legítimos.

Art. 44. Enquanto não der conta de sua administração e saldar o seu alcance, não pode o tutor ou o curador adotar o pupilo ou o curatelado.

Art. 45. A adoção depende do consentimento dos pais ou do representante legal do adotando.

§ 1º. O consentimento será dispensado em relação à criança ou adolescente cujos pais sejam desconhecidos ou tenham sido destituídos do poder familiar. *(Expressão substituída pela Lei n. 12.010, de 2009)*

§ 2º. Em se tratando de adotando maior de doze anos de idade, será também necessário o seu consentimento.

Art. 46. A adoção será precedida de estágio de convivência com a criança ou adolescente, pelo prazo que a autoridade judiciária fixar, observadas as peculiaridades do caso.

§ 1º O estágio de convivência poderá ser dispensado se o adotando já estiver sob a tutela ou guarda legal do adotante durante tempo suficiente para que seja possível avaliar a conveniência da constituição do vínculo. *(Redação dada pela Lei n. 12.010, de 2009)*

§ 2º A simples guarda de fato não autoriza, por si só, a dispensa da realização do estágio de convivência. *(Redação dada pela Lei n. 12.010, de 2009)*

§ 3º Em caso de adoção por pessoa ou casal residente ou domiciliado fora do País, o estágio de convivência, cumprido no território nacional, será de, no mínimo, 30 (trinta) dias. *(Incluído pela Lei n. 12.010, de 2009)*

§ 4º O estágio de convivência será acompanhado pela equipe interprofissional a serviço da Justiça da Infância e da Juventude, preferencialmente com apoio dos técnicos responsáveis pela execução da política de garantia do direito à convivência familiar, que apresentarão relatório minucioso acerca da conveniência do deferimento da medida. *(Incluído pela Lei n. 12.010, de 2009)*

Art. 47. O vínculo da adoção constitui-se por sentença judicial, que será inscrita no registro civil mediante mandado do qual não se fornecerá certidão.

§ 1º A inscrição consignará o nome dos adotantes como pais, bem como o nome de seus ascendentes.

§ 2º O mandado judicial, que será arquivado, cancelará o registro original do adotado.

§ 3º A pedido do adotante, o novo registro poderá ser lavrado no Cartório do Registro Civil do Município de sua residência. *(Redação dada pela Lei n. 12.010, de 2009)*

§ 4º Nenhuma observação sobre a origem do ato poderá constar nas certidões do registro. *(Redação dada pela Lei n. 12.010, de 2009)*

§ 5º A sentença conferirá ao adotado o nome do adotante e, a pedido de qualquer deles, poderá determinar a modificação do prenome. *(Redação dada pela Lei n. 12.010, de 2009)*

§ 6º Caso a modificação de prenome seja requerida pelo adotante, é obrigatória a oitiva do adotando, observado o disposto nos §§ 1º e 2º do art. 28 desta Lei. *(Redação dada pela Lei n. 12.010, de 2009)*

§ 7º A adoção produz seus efeitos a partir do trânsito em julgado da sentença constitutiva, exceto na hipótese prevista no § 6º do art. 42 desta Lei, caso em que terá força retroativa à data do óbito. *(Incluído pela Lei n. 12.010, de 2009)*

§ 8º O processo relativo à adoção assim como outros a ele relacionados serão mantidos em arquivo, admitindo-se seu armazenamento em microfilme ou por outros meios, garantida a sua conservação para consulta a qualquer tempo. *(Incluído pela Lei n. 12.010, de 2009)*

§ 9º Terão prioridade de tramitação os processos de adoção em que o adotando for criança ou adolescente com deficiência ou com doença crônica. *(Incluído pela Lei n. 12.955, de 2014)*

Art. 48. O adotado tem direito de conhecer sua origem biológica, bem como de obter acesso irrestrito ao processo no qual a medida foi aplicada e seus eventuais incidentes, após completar 18 (dezoito) anos. *(Redação dada pela Lei n. 12.010, de 2009)*

Parágrafo único. O acesso ao processo de adoção poderá ser também deferido ao adotado menor de 18 (dezoito) anos, a seu pedido, assegurada orientação e assistência jurídica e psicológica. *(Incluído pela Lei n. 12.010, de 2009)*

Art. 49. A morte dos adotantes não restabelece o poder familiar dos pais naturais. *(Expressão substituída pela Lei n. 12.010, de 2009)*

Art. 50. A autoridade judiciária manterá, em cada comarca ou foro regional, um registro de crianças e adolescentes em condições de serem adotados e outro de pessoas interessadas na adoção. *(Vide Lei n. 12.010, de 2009)*

§ 1º O deferimento da inscrição dar-se-á após prévia consulta aos órgãos técnicos do juizado, ouvido o Ministério Público.

§ 2º Não será deferida a inscrição se o interessado não satisfazer os requisitos legais, ou verificada qualquer das hipóteses previstas no art. 29.

§ 3º A inscrição de postulantes à adoção será precedida de um período de preparação psicossocial e jurídica, orientado pela equipe técnica da Justiça da Infância e da Juventude, preferencialmente com apoio dos técnicos responsáveis pela execução da política municipal de garantia do direito à convivência familiar. *(Incluído pela Lei n. 12.010, de 2009)*

§ 4º Sempre que possível e recomendável, a preparação referida no § 3º deste artigo incluirá o contato com crianças e adolescentes em acolhimento familiar ou institucional em condições de serem adotados, a ser realizado sob a orientação, supervisão e avaliação da equipe técnica da Justiça da Infância e da Juventude, com apoio dos técnicos responsáveis pelo programa de acolhimento e pela execução da política municipal de garantia do direito à convivência familiar. *(Incluído pela Lei n. 12.010, de 2009)*

§ 5º Serão criados e implementados cadastros estaduais e nacional de crianças e adolescentes em condições de serem adotados e de pessoas ou casais habilitados à adoção. *(Incluído pela Lei n. 12.010, de 2009)*

§ 6º Haverá cadastros distintos para pessoas ou casais residentes fora do País, que somente serão consultados na inexistência de postulantes nacionais habilitados nos cadastros mencionados no § 5º deste artigo. *(Incluído pela Lei n. 12.010, de 2009)*

§ 7º As autoridades estaduais e federais em matéria de adoção terão acesso integral aos cadastros, incumbindo-lhes a troca de informações e a cooperação mútua, para melhoria do sistema. *(Incluído pela Lei n. 12.010, de 2009)*

§ 8º A autoridade judiciária providenciará, no prazo de 48 (quarenta e oito) horas, a inscrição das crianças e adolescentes em condições de serem adotados que não tiveram colocação familiar na comarca de origem, e das pessoas ou casais que tiveram deferida sua habilitação à adoção nos cadastros estadual e nacional referidos no § 5º deste artigo, sob pena de responsabilidade. *(Incluído pela Lei n. 12.010, de 2009)*

§ 9º Compete à Autoridade Central Estadual zelar pela manutenção e correta alimentação dos cadastros, com posterior comunicação à Autoridade Central Federal Brasileira. *(Incluído pela Lei n. 12.010, de 2009)*

§ 10. A adoção internacional somente será deferida se, após consulta ao cadastro de pessoas ou casais habilitados à adoção, mantido pela Justiça da Infância e da Juventude na comarca, bem como aos cadastros estadual e nacional referidos no § 5º deste artigo, não for encontrado interessado com residência permanente no Brasil. *(Incluído pela Lei n. 12.010, de 2009)*

§ 11. Enquanto não localizada pessoa ou casal interessado em sua adoção, a criança ou o adolescente, sempre que possível e recomendável, será colocado sob guarda de família cadastrada em programa de acolhimento familiar. *(Incluído pela Lei n. 12.010, de 2009)*

§ 12. A alimentação do cadastro e a convocação criteriosa dos postulantes à adoção serão fiscalizadas pelo Ministério Público. *(Incluído pela Lei n. 12.010, de 2009)*

§ 13. Somente poderá ser deferida adoção em favor de candidato domiciliado no Brasil não cadastrado previamente nos termos desta Lei quando: *(Incluído pela Lei n. 12.010, de 2009)*

I — se tratar de pedido de adoção unilateral; *(Incluído pela Lei n. 12.010, de 2009)*

II — for formulada por parente com o qual a criança ou adolescente mantenha vínculos de afinidade e afetividade; *(Incluído pela Lei n. 12.010, de 2009)*

III — oriundo o pedido de quem detém a tutela ou guarda legal de criança maior de 3 (três) anos ou adolescente, desde que o lapso de tempo de convivência comprove a fixação de laços de afinidade e afetividade, e não seja constatada a ocorrência de má-fé ou qualquer das situações previstas nos arts. 237 ou 238 desta Lei. *(Incluído pela Lei n. 12.010, de 2009)*

§ 14. Nas hipóteses previstas no § 13 deste artigo, o candidato deverá comprovar, no curso do procedimento, que preenche os requisitos necessários à adoção, conforme previsto nesta Lei. *(Incluído pela Lei n. 12.010, de 2009)*

Art. 51. Considera-se adoção internacional aquela na qual a pessoa ou casal postulante é residente ou domiciliado fora do Brasil, conforme previsto no art. 2 da Convenção de Haia, de 29 de maio de 1993, Relativa à Proteção das Crianças e à Cooperação em Matéria de Adoção Internacional, aprovada pelo Decreto Legislativo n. 1, de 14 de janeiro de 1999, e promulgada pelo Decreto n. 3.087, de 21 de junho de 1999. *(Redação dada pela Lei n. 12.010, de 2009)*

§ 1º A adoção internacional de criança ou adolescente brasileiro ou domiciliado no Brasil somente terá lugar quando restar comprovado: *(Redação dada pela Lei n. 12.010, de 2009)*

I — que a colocação em família substituta é a solução adequada ao caso concreto; *(Incluído pela Lei n. 12.010, de 2009)*

II — que foram esgotadas todas as possibilidades de colocação da criança ou adolescente em família substituta brasileira, após consulta aos cadastros mencionados no art. 50 desta Lei; *(Incluído pela Lei n. 12.010, de 2009)*

III — que, em se tratando de adoção de adolescente, este foi consultado, por meios adequados ao seu estágio de desenvolvimento, e que se encontra preparado para a medida, mediante parecer elaborado por equipe interprofissional, observado o disposto nos §§ 1º e 2º do art. 28 desta Lei. *(Incluído pela Lei n. 12.010, de 2009)*

§ 2º Os brasileiros residentes no exterior terão preferência aos estrangeiros, nos casos de adoção internacional de criança ou adolescente brasileiro. *(Redação dada pela Lei n. 12.010, de 2009)*

§ 3º A adoção internacional pressupõe a intervenção das Autoridades Centrais Estaduais e Federal em matéria de adoção internacional. *(Redação dada pela Lei n. 12.010, de 2009)*

Art. 52. A adoção internacional observará o procedimento previsto nos arts. 165 a 170 desta Lei, com as seguintes adaptações: *(Redação dada pela Lei n. 12.010, de 2009)*

I — a pessoa ou casal estrangeiro, interessado em adotar criança ou adolescente brasileiro, deverá formular pedido de habilitação à adoção perante a Autoridade Central em matéria de adoção internacional no país de acolhida, assim entendido aquele onde está situada sua residência habitual; *(Incluído pela Lei n. 12.010, de 2009)*

II — se a Autoridade Central do país de acolhida considerar que os solicitantes estão habilitados e aptos para adotar, emitirá um relatório que contenha informações sobre a identidade, a capacidade jurídica e adequação dos solicitantes para adotar, sua situação pessoal, familiar e médica, seu meio social, os motivos que os animam e sua aptidão para assumir uma adoção internacional; *(Incluído pela Lei n. 12.010, de 2009)*

III — a Autoridade Central do país de acolhida enviará o relatório à Autoridade Central Estadual, com cópia para a Autoridade Central Federal Brasileira; *(Incluído pela Lei n. 12.010, de 2009)*

IV — o relatório será instruído com toda a documentação necessária, incluindo estudo psicossocial elaborado por equipe interprofissional habilitada e cópia autenticada da legislação pertinente, acompanhada da respectiva prova de vigência; *(Incluído pela Lei n. 12.010, de 2009)*

V — os documentos em língua estrangeira serão devidamente autenticados pela autoridade consular, observados os tratados e convenções internacionais, e acompanhados da respectiva tradução, por tradutor público juramentado; *(Incluído pela Lei n. 12.010, de 2009)*

VI — a Autoridade Central Estadual poderá fazer exigências e solicitar complementação sobre o estudo psicossocial do postulante estrangeiro à adoção, já realizado no país de acolhida; *(Incluído pela Lei n. 12.010, de 2009)*

VII — verificada, após estudo realizado pela Autoridade Central Estadual, a compatibilidade da legislação estrangeira com a nacional, além do preenchimento por parte dos postulantes à medida dos requisitos objetivos e subjetivos necessários ao seu deferimento, tanto à luz do que dispõe esta Lei como da legislação do país de acolhida, será expedido laudo de habilitação à adoção internacional, que terá validade por, no máximo, 1 (um) ano; *(Incluído pela Lei n. 12.010, de 2009)*

VIII — de posse do laudo de habilitação, o interessado será autorizado a formalizar pedido de adoção perante o Juízo da Infância e da Juventude do local em que se encontra a criança ou adolescente, conforme indicação efetuada pela Autoridade Central Estadual. *(Incluído pela Lei n. 12.010, de 2009)*

§ 1º Se a legislação do país de acolhida assim o autorizar, admite-se que os pedidos de habilitação à adoção internacional sejam intermediados por organismos credenciados. *(Incluído pela Lei n. 12.010, de 2009)*

§ 2º Incumbe à Autoridade Central Federal Brasileira o credenciamento de organismos nacionais e estrangeiros encarregados de intermediar pedidos de habilitação à adoção internacional, com posterior comunicação às Autoridades Centrais Estaduais e publicação nos órgãos oficiais de imprensa e em sítio próprio da Internet. *(Incluído pela Lei n. 12.010, de 2009)*

§ 3º Somente será admissível o credenciamento de organismos que: *(Incluído pela Lei n. 12.010, de 2009)*

I — sejam oriundos de países que ratificaram a Convenção de Haia e estejam devidamente credenciados pela Autoridade Central do país onde estiverem sediados e no país de acolhida do adotando para atuar em adoção internacional no Brasil; *(Incluído pela Lei n. 12.010, de 2009)*

II — satisfizerem as condições de integridade moral, competência profissional, experiência e responsabilidade exigidas pelos países respectivos e pela Autoridade Central Federal Brasileira; *(Incluído pela Lei n. 12.010, de 2009)*

III — forem qualificados por seus padrões éticos e sua formação e experiência para atuar na área de adoção internacional; *(Incluído pela Lei n. 12.010, de 2009)*

IV — cumprirem os requisitos exigidos pelo ordenamento jurídico brasileiro e pelas normas estabelecidas pela Autoridade Central Federal Brasileira. *(Incluído pela Lei n. 12.010, de 2009)*

§ 4º Os organismos credenciados deverão ainda: *(Incluído pela Lei n. 12.010, de 2009)*

I — perseguir unicamente fins não lucrativos, nas condições e dentro dos limites fixados pelas autoridades competentes do país onde estiverem sediados, do país de acolhida e pela Autoridade Central Federal Brasileira; *(Incluído pela Lei n. 12.010, de 2009)*

II — ser dirigidos e administrados por pessoas qualificadas e de reconhecida idoneidade moral, com comprovada formação ou experiência para atuar na área de adoção internacional, cadastradas pelo Departamento de Polícia Federal e aprovadas pela Autoridade Central Federal Brasileira, mediante publicação de portaria do órgão federal competente; *(Incluída pela Lei n. 12.010, de 2009)*

III — estar submetidos à supervisão das autoridades competentes do país onde estiverem sediados e no país de acolhida, inclusive quanto à sua composição, funcionamento e situação financeira; *(Incluído pela Lei n. 12.010, de 2009)*

IV — apresentar à Autoridade Central Federal Brasileira, a cada ano, relatório geral das atividades desenvolvidas, bem como relatório de acompanhamento das adoções internacionais efetuadas no período, cuja cópia será encaminhada ao Departamento de Polícia Federal; *(Incluído pela Lei n. 12.010, de 2009)*

V — enviar relatório pós-adotivo semestral para a Autoridade Central Estadual, com cópia para a Autoridade Central Federal Brasileira, pelo período mínimo de 2 (dois) anos. O envio do relatório será mantido até a juntada de cópia autenticada do registro civil, estabelecendo a cidadania do país de acolhida para o adotado; *(Incluído pela Lei n. 12.010, de 2009)*

VI — tomar as medidas necessárias para garantir que os adotantes encaminhem à Autoridade Central Federal Brasileira cópia da certidão de registro de nascimento estrangeira e do certificado de nacionalidade tão logo lhes sejam concedidos. *(Incluído pela Lei n. 12.010, de 2009)*

§ 5º A não apresentação dos relatórios referidos no § 4º deste artigo pelo organismo credenciado poderá acarretar a suspensão do seu credenciamento. *(Incluído pela Lei n. 12.010, de 2009)*

§ 6º O credenciamento de organismo nacional ou estrangeiro encarregado de intermediar pedidos de adoção internacional terá validade de 2 (dois) anos. *(Incluído pela Lei n. 12.010, de 2009)*

§ 7º A renovação do credenciamento poderá ser concedida mediante requerimento protocolado na Autoridade Central Federal Brasileira nos 60 (sessenta) dias anteriores ao término do respectivo prazo de validade. *(Incluído pela Lei n. 12.010, de 2009)*

§ 8º Antes de transitada em julgado a decisão que concedeu a adoção internacional, não será permitida a saída do adotando do território nacional. *(Incluído pela Lei n. 12.010, de 2009)*

§ 9º Transitada em julgado a decisão, a autoridade judiciária determinará a expedição de alvará com autorização de viagem, bem como para obtenção de passaporte, constando, obrigatoriamente, as características da criança ou adolescente adotado, como idade, cor, sexo, eventuais sinais ou traços peculiares, assim como foto recente e a aposição da impressão digital do seu polegar direito, instruindo o documento com cópia autenticada da decisão e certidão de trânsito em julgado. *(Incluído pela Lei n. 12.010, de 2009)*

§ 10. A Autoridade Central Federal Brasileira poderá, a qualquer momento, solicitar informações sobre a situação das crianças e adolescentes adotados. *(Incluído pela Lei n. 12.010, de 2009)*

§ 11. A cobrança de valores por parte dos organismos credenciados, que sejam considerados abusivos pela Autoridade Central Federal Brasileira e que não estejam devidamente comprovados, é causa de seu descredenciamento. *(Incluído pela Lei n. 12.010, de 2009)*

§ 12. Uma mesma pessoa ou seu cônjuge não podem ser representados por mais de uma entidade credenciada para atuar na cooperação em adoção internacional. *(Incluído pela Lei n. 12.010, de 2009)*

§ 13. A habilitação de postulante estrangeiro ou domiciliado fora do Brasil terá validade máxima de 1 (um) ano, podendo ser renovada. *(Incluído pela Lei n. 12.010, de 2009)*

§ 14. É vedado o contato direto de representantes de organismos de adoção, nacionais ou estrangeiros, com dirigentes de programas de acolhimento institucional ou familiar, assim como com crianças e adolescentes em condições de serem adotados, sem a devida autorização judicial. *(Incluído pela Lei n. 12.010, de 2009)*

§ 15. A Autoridade Central Federal Brasileira poderá limitar ou suspender a concessão de novos credenciamentos sempre que julgar necessário, mediante ato administrativo fundamentado. *(Incluído pela Lei n. 12.010, de 2009)*

Art. 52-A. É vedado, sob pena de responsabilidade e descredenciamento, o repasse de recursos provenientes de organismos estrangeiros encarregados de intermediar pedidos de adoção internacional a organismos nacionais ou a pessoas físicas. *(Incluído pela Lei n. 12.010, de 2009)*

Parágrafo único. Eventuais repasses somente poderão ser efetuados via Fundo dos Direitos da Criança e do Adolescente e estarão sujeitos às deliberações do respectivo Conselho de Direitos da Criança e do Adolescente. *(Incluído pela Lei n. 12.010, de 2009)*

Art. 52-B. A adoção por brasileiro residente no exterior em país ratificante da Convenção de Haia, cujo processo de adoção tenha sido processado em conformidade com a legislação vigente no país de residência e atendido o disposto na Alínea "c" do art. 17 da referida Convenção, será automaticamente recepcionada com o reingresso no Brasil. *(Incluído pela Lei n. 12.010, de 2009)*

§ 1º Caso não tenha sido atendido o disposto na Alínea "c" do Artigo 17 da Convenção de Haia, deverá a sentença ser homologada pelo Superior Tribunal de Justiça. *(Incluído pela Lei n. 12.010, de 2009)*

§ 2º O pretendente brasileiro residente no exterior em país não ratificante da Convenção de Haia, uma vez reingressado no Brasil, deverá requerer a homologação da sentença estrangeira pelo Superior Tribunal de Justiça. *(Incluído pela Lei n. 12.010, de 2009)*

Art. 52-C. Nas adoções internacionais, quando o Brasil for o país de acolhida, a decisão da autoridade competente do país de origem da criança ou do adolescente será conhecida pela Autoridade Central Estadual que tiver processado o pedido de habilitação dos pais adotivos, que comunicará o fato à Autoridade Central Federal e determinará as providências necessárias à expedição do Certificado de Naturalização Provisório. *(Incluído pela Lei n. 12.010, de 2009)*

§ 1º A Autoridade Central Estadual, ouvido o Ministério Público, somente deixará de reconhecer os efeitos daquela decisão se restar demonstrado que a adoção é manifestamente contrária à ordem pública ou não atende ao interesse superior da criança ou do adolescente. *(Incluído pela Lei n. 12.010, de 2009)*

§ 2º Na hipótese de não reconhecimento da adoção, prevista no § 1º deste artigo, o Ministério Público deverá imediatamente requerer o que for de direito para resguardar os interesses da criança ou do adolescente, comunicando-se as providências à Autoridade Central Estadual, que fará a comunicação à Autoridade Central Federal Brasileira e à Autoridade Central do país de origem. *(Incluído pela Lei n. 12.010, de 2009)*

Art. 52-D. Nas adoções internacionais, quando o Brasil for o país de acolhida e a adoção não tenha sido deferida no país de origem porque a sua legislação a delega ao país de acolhida, ou, ainda, na hipótese de, mesmo com decisão, a criança ou o adolescente ser oriundo de país que não tenha aderido à Convenção referida, o processo de adoção seguirá as regras da adoção nacional. *(Incluído pela Lei n. 12.010, de 2009)*

CAPÍTULO IV
Do Direito à Educação, à Cultura, ao Esporte e ao Lazer

Art. 53. A criança e o adolescente têm direito à educação, visando ao pleno desenvolvimento de sua pessoa, preparo para o exercício da cidadania e qualificação para o trabalho, assegurando-se-lhes:

I — igualdade de condições para o acesso e permanência na escola;

II — direito de ser respeitado por seus educadores;

III — direito de contestar critérios avaliativos, podendo recorrer às instâncias escolares superiores;

IV — direito de organização e participação em entidades estudantis;

V — acesso à escola pública e gratuita próxima de sua residência.

Parágrafo único. É direito dos pais ou responsáveis ter ciência do processo pedagógico, bem como participar da definição das propostas educacionais.

Art. 54. É dever do Estado assegurar à criança e ao adolescente:

I — ensino fundamental, obrigatório e gratuito, inclusive para os que a ele não tiveram acesso na idade própria;

II — progressiva extensão da obrigatoriedade e gratuidade ao ensino médio;

III — atendimento educacional especializado aos portadores de deficiência, preferencialmente na rede regular de ensino;

IV — atendimento em creche e pré-escola às crianças de zero a cinco anos de idade;

V — acesso aos níveis mais elevados do ensino, da pesquisa e da criação artística, segundo a capacidade de cada um;

VI — oferta de ensino noturno regular, adequado às condições do adolescente trabalhador;

VII — atendimento no ensino fundamental, através de programas suplementares de material didático-escolar, transporte, alimentação e assistência à saúde.

§ 1º O acesso ao ensino obrigatório e gratuito é direito público subjetivo.

§ 2º O não oferecimento do ensino obrigatório pelo poder público ou sua oferta irregular importa responsabilidade da autoridade competente.

§ 3º Compete ao poder público recensear os educandos no ensino fundamental, fazer-lhes a chamada e zelar, junto aos pais ou responsável, pela frequência à escola.

Art. 55. Os pais ou responsável têm a obrigação de matricular seus filhos ou pupilos na rede regular de ensino.

Art. 56. Os dirigentes de estabelecimentos de ensino fundamental comunicarão ao Conselho Tutelar os casos de:

I — maus-tratos envolvendo seus alunos;

II — reiteração de faltas injustificadas e de evasão escolar, esgotados os recursos escolares;

III — elevados níveis de repetência.

Art. 57. O poder público estimulará pesquisas, experiências e novas propostas relativas a calendário, seriação, currículo, metodologia, didática e avaliação, com vistas à inserção de crianças e adolescentes excluídos do ensino fundamental obrigatório.

Art. 58. No processo educacional respeitar-se-ão os valores culturais, artísticos e históricos próprios do contexto social da criança e do adolescente, garantindo-se a estes a liberdade da criação e o acesso às fontes de cultura.

Art. 59. Os municípios, com apoio dos estados e da União, estimularão e facilitarão a destinação de recursos e espaços para programações culturais, esportivas e de lazer voltadas para a infância e a juventude.

CAPÍTULO V
Do Direito à Profissionalização e à Proteção no Trabalho

Art. 60. É proibido qualquer trabalho a menores de quatorze anos de idade, salvo na condição de aprendiz. *(Vide Constituição Federal)*

Art. 61. A proteção ao trabalho dos adolescentes é regulada por legislação especial, sem prejuízo do disposto nesta Lei.

Art. 62. Considera-se aprendizagem a formação técnico-profissional ministrada segundo as diretrizes e bases da legislação de educação em vigor.

Art. 63. A formação técnico-profissional obedecerá aos seguintes princípios:

I — garantia de acesso e frequência obrigatória ao ensino regular;

II — atividade compatível com o desenvolvimento do adolescente;

III — horário especial para o exercício das atividades.

Art. 64. Ao adolescente até quatorze anos de idade é assegurada bolsa de aprendizagem.

Art. 65. Ao adolescente aprendiz, maior de quatorze anos, são assegurados os direitos trabalhistas e previdenciários.

Art. 66. Ao adolescente portador de deficiência é assegurado trabalho protegido.

Art. 67. Ao adolescente empregado, aprendiz, em regime familiar de trabalho, aluno de escola técnica, assistido em entidade governamental ou não-governamental, é vedado trabalho:

I — noturno, realizado entre as vinte e duas horas de um dia e as cinco horas do dia seguinte;

II — perigoso, insalubre ou penoso;

III — realizado em locais prejudiciais à sua formação e ao seu desenvolvimento físico, psíquico, moral e social;

IV — realizado em horários e locais que não permitam a frequência à escola.

Art. 68. O programa social que tenha por base o trabalho educativo, sob responsabilidade de entidade governamental ou não-governamental sem fins lucrativos, deverá assegurar ao adolescente que dele participe condições de capacitação para o exercício de atividade regular remunerada.

§ 1º Entende-se por trabalho educativo a atividade laboral em que as exigências pedagógicas relativas ao desenvolvimento pessoal e social do educando prevalecem sobre o aspecto produtivo.

§ 2º A remuneração que o adolescente recebe pelo trabalho efetuado ou a participação na venda dos produtos de seu trabalho não desfigura o caráter educativo.

Art. 69. O adolescente tem direito à profissionalização e à proteção no trabalho, observados os seguintes aspectos, entre outros:

I — respeito à condição peculiar de pessoa em desenvolvimento;

II — capacitação profissional adequada ao mercado de trabalho.

TÍTULO III
Da Prevenção

CAPÍTULO I
Disposições Gerais

Art. 70. É dever de todos prevenir a ocorrência de ameaça ou violação dos direitos da criança e do adolescente.

Art. 70-A. A União, os Estados, o Distrito Federal e os Municípios deverão atuar de forma articulada na elaboração de políticas públicas e na execução de ações destinadas a coibir o uso de castigo físico ou de tratamento cruel ou degradante e difundir formas não violentas de educação de crianças e de adolescentes, tendo como principais ações: *(Incluído pela Lei n. 13.010, de 2014)*

I — a promoção de campanhas educativas permanentes para a divulgação do direito da criança e do adolescente de serem educados e cuidados com o uso de castigo físico ou de tratamento cruel ou degradante e dos instrumentos de proteção aos direitos humanos; *(Incluído pela Lei n. 13.010, de 2014)*

II — a integração com os órgãos do Poder Judiciário, do Ministério Público e da Defensoria Pública, com o Conselho Tutelar, com os Conselhos de Direitos da Criança e do Adolescente e com as entidades não governamentais que atuam na promoção, proteção e defesa dos direitos da criança e do adolescente; *(Incluído pela Lei n. 13.010, de 2014)*

III — a formação continuada e a capacitação dos profissionais de saúde, educação e assistência social e dos demais agentes que atuam na promoção, proteção e defesa dos direitos da criança e do adolescente para o desenvolvimento das competências necessárias à prevenção, à identificação de evidências, ao diagnóstico e ao enfrentamento de todas as formas de violência contra a criança e o adolescente; *(Incluído pela Lei n. 13.010, de 2014)*

IV — o apoio e o incentivo às práticas de resolução pacífica de conflitos que envolvam violência contra a criança e o adolescente; *(Incluído pela Lei n. 13.010, de 2014)*

V — a inclusão, nas políticas públicas, de ações que visem a garantir os direitos da criança e do adolescente, desde a atenção pré-natal, e de atividades junto aos pais e responsáveis com o objetivo de promover a informação, a reflexão, o debate e a orientação sobre alternativas ao uso de castigo físico ou de tratamento cruel ou degradante no processo educativo; *(Incluído pela Lei n. 13.010, de 2014)*

VI — a promoção de espaços intersetoriais locais para a articulação de ações e a elaboração de planos de atuação conjunta focados nas famílias em situação de violência, com participação de profissionais de saúde, de assistência social e de educação e de órgãos de promoção, proteção e defesa dos direitos da criança e do adolescente. *(Incluído pela Lei n. 13.010, de 2014)*

Parágrafo único. As famílias com crianças e adolescentes com deficiência terão prioridade de atendimento nas ações e políticas públicas de prevenção e proteção. *(Incluído pela Lei n. 13.010, de 2014)*

Art. 70-B. As entidades, públicas e privadas, que atuem nas áreas a que se refere o art. 71, dentre outras, devem contar, em seus quadros, com pessoas capacitadas a reconhecer e comunicar ao Conselho Tutelar suspeitas ou casos de maus-tratos praticados contra crianças e adolescentes. *(Incluído pela Lei n. 13.046, de 2014)*

Parágrafo único. São igualmente responsáveis pela comunicação de que trata este artigo, as pessoas encarregadas, por razão de cargo, função, ofício, ministério, profissão ou ocupação, do cuidado, assistência ou guarda de crianças e adolescentes, punível, na forma deste Estatuto, o injustificado retardamento ou omissão, culposos ou dolosos. *(Incluído pela Lei n. 13.046, de 2014)*

Art. 71. A criança e o adolescente têm direito a informação, cultura, lazer, esportes, diversões, espetáculos e produtos e serviços que respeitem sua condição peculiar de pessoa em desenvolvimento.

Art. 72. As obrigações previstas nesta Lei não excluem da prevenção especial outras decorrentes dos princípios por ela adotados.

Art. 73. A inobservância das normas de prevenção importará em responsabilidade da pessoa física ou jurídica, nos termos desta Lei.

CAPÍTULO II
Da Prevenção Especial

Seção I
Da informação, Cultura, Lazer, Esportes, Diversões e Espetáculos

Art. 74. O poder público, através do órgão competente, regulará as diversões e espetáculos públicos, informando sobre a natureza deles, as faixas etárias a que não se recomendem, locais e horários em que sua apresentação se mostre inadequada.

Parágrafo único. Os responsáveis pelas diversões e espetáculos públicos deverão afixar, em lugar visível e de fácil acesso, à entrada do local de exibição, informação destacada sobre a natureza do espetáculo e a faixa etária especificada no certificado de classificação.

Art. 75. Toda criança ou adolescente terá acesso às diversões e espetáculos públicos classificados como adequados à sua faixa etária.

Parágrafo único. As crianças menores de dez anos somente poderão ingressar e permanecer nos locais de apresentação ou exibição quando acompanhadas dos pais ou responsável.

Art. 76. As emissoras de rádio e televisão somente exibirão, no horário recomendado para o público infanto juvenil, programas com finalidades educativas, artísticas, culturais e informativas.

Parágrafo único. Nenhum espetáculo será apresentado ou anunciado sem aviso de sua classificação, antes de sua transmissão, apresentação ou exibição.

Art. 77. Os proprietários, diretores, gerentes e funcionários de empresas que explorem a venda ou aluguel de fitas de programação em vídeo cuidarão para que não haja venda ou locação em desacordo com a classificação atribuída pelo órgão competente.

Parágrafo único. As fitas a que alude este artigo deverão exibir, no invólucro, informação sobre a natureza da obra e a faixa etária a que se destinam.

Art. 78. As revistas e publicações contendo material impróprio ou inadequado a crianças e adolescentes deverão ser comercializadas em embalagem lacrada, com a advertência de seu conteúdo.

Parágrafo único. As editoras cuidarão para que as capas que contenham mensagens pornográficas ou obscenas sejam protegidas com embalagem opaca.

Art. 79. As revistas e publicações destinadas ao público infanto-juvenil não poderão conter ilustrações, fotografias, legendas, crônicas ou anúncios de bebidas alcoólicas, tabaco, armas e munições, e deverão respeitar os valores éticos e sociais da pessoa e da família.

Art. 80. Os responsáveis por estabelecimentos que explorem comercialmente bilhar, sinuca ou congênere ou por casas de jogos, assim entendidas as que realizem apostas, ainda que eventualmente, cuidarão para que não seja permitida a entrada e a permanência de crianças e adolescentes no local, afixando aviso para orientação do público.

Seção II
Dos Produtos e Serviços

Art. 81. É proibida a venda à criança ou ao adolescente de:

I — armas, munições e explosivos;

II — bebidas alcoólicas;

III — produtos cujos componentes possam causar dependência física ou psíquica ainda que por utilização indevida;

IV — fogos de estampido e de artifício, exceto aqueles que pelo seu reduzido potencial sejam incapazes de provocar qualquer dano físico em caso de utilização indevida;

V — revistas e publicações a que alude o art. 78;

VI — bilhetes lotéricos e equivalentes.

Art. 82. É proibida a hospedagem de criança ou adolescente em hotel, motel, pensão ou estabelecimento congênere, salvo se autorizado ou acompanhado pelos pais ou responsável.

Seção III
Da Autorização para Viajar

Art. 83. Nenhuma criança poderá viajar para fora da comarca onde reside, desacompanhada dos pais ou responsável, sem expressa autorização judicial.

§ 1º A autorização não será exigida quando:

a) tratar-se de comarca contígua à da residência da criança, se na mesma unidade da Federação, ou incluída na mesma região metropolitana;

b) a criança estiver acompanhada:

1) de ascendente ou colateral maior, até o terceiro grau, comprovado documentalmente o parentesco;

2) de pessoa maior, expressamente autorizada pelo pai, mãe ou responsável.

§ 2º A autoridade judiciária poderá, a pedido dos pais ou responsável, conceder autorização válida por dois anos.

Art. 84. Quando se tratar de viagem ao exterior, a autorização é dispensável, se a criança ou adolescente:

I — estiver acompanhado de ambos os pais ou responsável;

II — viajar na companhia de um dos pais, autorizado expressamente pelo outro através de documento com firma reconhecida.

Art. 85. Sem prévia e expressa autorização judicial, nenhuma criança ou adolescente nascido em território nacional poderá sair do País em companhia de estrangeiro residente ou domiciliado no exterior.

LIVRO II
Parte Especial

TÍTULO I
Da Política de Atendimento

CAPÍTULO I
Disposições Gerais

Art. 86. A política de atendimento dos direitos da criança e do adolescente far-se-á através de um conjunto articulado de ações governamentais e não-governamentais, da União, dos estados, do Distrito Federal e dos municípios.

Art. 87. São linhas de ação da política de atendimento: *(Vide Lei n. 12.010, de 2009)*

I — políticas sociais básicas;

II — serviços, programas, projetos e benefícios de assistência social de garantia de proteção social e de prevenção e redução de violações de direitos, seus agravamentos ou reincidências; *(Redação dada pela Lei n. 13.257, de 8.3.2016, DOU 9.3.2016)*

III — serviços especiais de prevenção e atendimento médico e psicossocial às vítimas de negligência, maus-tratos, exploração, abuso, crueldade e opressão;

IV — serviço de identificação e localização de pais, responsável, crianças e adolescentes desaparecidos;

V — proteção jurídico-social por entidades de defesa dos direitos da criança e do adolescente.

VI — políticas e programas destinados a prevenir ou abreviar o período de afastamento do convívio familiar e a garantir o efetivo exercício do direito à convivência familiar de crianças e adolescentes; *(Incluído pela Lei n. 12.010, de 2009)*

VII — campanhas de estímulo ao acolhimento sob forma de guarda de crianças e adolescentes afastados do convívio familiar e à adoção, especificamente inter-racial, de crianças maiores ou de adolescentes, com necessidades específicas de saúde ou com deficiências e de grupos de irmãos. *(Incluído pela Lei n. 12.010, de 2009)*

Art. 88. São diretrizes da política de atendimento:

I — municipalização do atendimento;

II — criação de conselhos municipais, estaduais e nacional dos direitos da criança e do adolescente, órgãos deliberativos e controladores das ações em todos os níveis, assegurada a participação popular paritária por meio de organizações representativas, segundo leis federal, estaduais e municipais;

III — criação e manutenção de programas específicos, observada a descentralização político-administrativa;

IV — manutenção de fundos nacional, estaduais e municipais vinculados aos respectivos conselhos dos direitos da criança e do adolescente;

V — integração operacional de órgãos do Judiciário, Ministério Público, Defensoria, Segurança Pública e Assistência Social, preferencialmente em um mesmo local, para efeito de agilização do atendimento inicial a adolescente a quem se atribua autoria de ato infracional;

VI — integração operacional de órgãos do Judiciário, Ministério Público, Defensoria, Conselho Tutelar e encarregados da execução das políticas sociais básicas e de assistência social, para efeito de agilização do atendimento de crianças e de adolescentes inseridos em programas de acolhimento familiar ou institucional, com vista na sua rápida reintegração à família de origem ou, se tal solução se mostrar comprovadamente inviável, sua colocação em família substituta, em quaisquer das modalidades previstas no art. 28 desta Lei; *(Redação dada pela Lei n. 12.010, de 2009)*

VII — mobilização da opinião pública para a indispensável participação dos diversos segmentos da sociedade. *(Incluído pela Lei n. 12.010, de 2009)*

VIII — especialização e formação continuada dos profissionais que trabalham nas diferentes áreas da atenção à primeira infância, incluindo os conhecimentos sobre direitos da criança e sobre desenvolvimento infantil; *(Incluído pela Lei n. 13.257, de 8.3.2016, DOU 9.3.2016)*

IX — formação profissional com abrangência dos diversos direitos da criança e do adolescente que favoreça a intersetorialidade no atendimento da criança e do adolescente e seu desenvolvimento integral; *(Incluído pela Lei n. 13.257, de 8.3.2016, DOU 9.3.2016)*

X — realização e divulgação de pesquisas sobre desenvolvimento infantil e sobre prevenção da violência. *(Incluído pela Lei n. 13.257, de 8.3.2016, DOU 9.3.2016)*

Art. 89. A função de membro do conselho nacional e dos conselhos estaduais e municipais dos direitos da criança e do adolescente é considerada de interesse público relevante e não será remunerada.

CAPÍTULO II
Das Entidades de Atendimento

Seção I
Disposições Gerais

Art. 90. As entidades de atendimento são responsáveis pela manutenção das próprias unidades, assim como pelo planejamento e execução de programas de proteção e socioeducativos destinados a crianças e adolescentes, em regime de:

I — orientação e apoio sócio-familiar;

II — apoio sócio-educativo em meio aberto;

III — colocação familiar;

IV — acolhimento institucional; *(Redação dada pela Lei n. 12.010, de 2009)*

V — prestação de serviços à comunidade; *(Redação dada pela Lei n. 12.594, de 2012) (Vide)*

VI — liberdade assistida; *(Redação dada pela Lei n. 12.594, de 2012) (Vide)*

VII — semiliberdade; e *(Redação dada pela Lei n. 12.594, de 2012) (Vide)*

VIII — internação. *(Incluído pela Lei n. 12.594, de 2012) (Vide)*

§ 1º As entidades governamentais e não governamentais deverão proceder à inscrição de seus programas, especificando os regimes de atendimento, na forma definida neste artigo, no Conselho Municipal dos Direitos da Criança e do Adolescente, o qual manterá registro das inscrições e de suas alterações, do que fará comunicação ao Conselho Tutelar e à autoridade judiciária. *(Incluído pela Lei n. 12.010, de 2009)*

§ 2º Os recursos destinados à implementação e manutenção dos programas relacionados neste artigo serão previstos nas dotações orçamentárias dos órgãos públicos encarregados das áreas de Educação, Saúde e Assistência Social, dentre outros, observando-se o princípio da prioridade absoluta à criança e ao adolescente preconizado pelo *caput* do *art. 227 da Constituição Federal* e pelo *caput* e parágrafo único do art. 4º desta Lei. *(Incluído pela Lei n. 12.010, de 2009)*

§ 3º Os programas em execução serão reavaliados pelo Conselho Municipal dos Direitos da Criança e do Adolescente, no máximo, a cada 2 (dois) anos, constituindo-se critérios para renovação da autorização de funcionamento: *(Incluído pela Lei n. 12.010, de 2009)*

I — o efetivo respeito às regras e princípios desta Lei, bem como às resoluções relativas à modalidade de atendimento prestado expedidas pelos Conselhos de Direitos da Criança e do Adolescente, em todos os níveis; *(Incluído pela Lei n. 12.010, de 2009)*

II — a qualidade e eficiência do trabalho desenvolvido, atestadas pelo Conselho Tutelar, pelo Ministério Público e pela Justiça da Infância e da Juventude; *(Incluído pela Lei n. 12.010, de 2009)*

III — em se tratando de programas de acolhimento institucional ou familiar, serão considerados os índices de sucesso na reintegração familiar ou de adaptação à família substituta, conforme o caso. *(Incluído pela Lei n. 12.010, de 2009)*

Art. 91. As entidades não-governamentais somente poderão funcionar depois de registradas no Conselho Municipal dos Direitos da Criança e do Adolescente, o qual comunicará o registro ao Conselho Tutelar e à autoridade judiciária da respectiva localidade.

§ 1º Será negado o registro à entidade que: *(Incluído pela Lei n. 12.010, de 2009)*

a) não ofereça instalações físicas em condições adequadas de habitabilidade, higiene, salubridade e segurança;

b) não apresente plano de trabalho compatível com os princípios desta Lei;

c) esteja irregularmente constituída;

d) tenha em seus quadros pessoas inidôneas.

e) não se adeque ou deixar de cumprir as resoluções e deliberações relativas à modalidade de atendimento prestado expedidas pelos Conselhos de Direitos da Criança e do Adolescente, em todos os níveis. *(Incluída pela Lei n. 12.010, de 2009)*

§ 2º O registro terá validade máxima de 4 (quatro) anos, cabendo ao Conselho Municipal dos Direitos da Criança e do Adolescente, periodicamente, reavaliar o cabimento de sua renovação, observado o disposto no § 1º deste artigo. *(Incluído pela Lei n. 12.010, de 2009)*

Art. 92. As entidades que desenvolvam programas de acolhimento familiar ou institucional deverão adotar os seguintes princípios: *(Redação dada pela Lei n. 12.010, de 2009)*

I — preservação dos vínculos familiares e promoção da reintegração familiar; *(Redação dada pela Lei n. 12.010, de 2009)*

II — integração em família substituta, quando esgotados os recursos de manutenção na família natural ou extensa; *(Redação dada pela Lei n. 12.010, de 2009)*

III — atendimento personalizado e em pequenos grupos;

IV — desenvolvimento de atividades em regime de co-educação;

V — não desmembramento de grupos de irmãos;

VI — evitar, sempre que possível, a transferência para outras entidades de crianças e adolescentes abrigados;

VII — participação na vida da comunidade local;

VIII — preparação gradativa para o desligamento;

IX — participação de pessoas da comunidade no processo educativo.

§ 1º O dirigente de entidade que desenvolve programa de acolhimento institucional é equiparado ao guardião, para todos os efeitos de direito. *(Incluído pela Lei n. 12.010, de 2009)*

§ 2º Os dirigentes de entidades que desenvolvem programas de acolhimento familiar ou institucional remeterão à autoridade judiciária, no máximo a cada 6 (seis) meses, relatório circunstanciado acerca da situação de cada criança ou adolescente acolhido e sua família, para fins da reavaliação prevista no § 1º do art. 19 desta Lei. *(Incluído pela Lei n. 12.010, de 2009)*

§ 3º Os entes federados, por intermédio dos Poderes Executivo e Judiciário, promoverão conjuntamente a permanente qualificação dos profissionais que atuam direta ou indiretamente em programas de acolhimento institucional e destinados à colocação familiar de crianças e adolescentes, incluindo membros do Poder Judiciário, Ministério Público e Conselho Tutelar. *(Incluído pela Lei n. 12.010, de 2009)*

§ 4º Salvo determinação em contrário da autoridade judiciária competente, as entidades que desenvolvem programas de acolhimento familiar ou institucional, se necessário com o auxílio do Conselho Tutelar e dos órgãos de assistência social, estimularão o contato da criança ou adolescente com seus pais e parentes, em cumprimento ao disposto nos incisos I e VIII do *caput* deste artigo. *(Incluído pela Lei n. 12.010, de 2009)*

§ 5º As entidades que desenvolvem programas de acolhimento familiar ou institucional somente poderão receber recursos públicos se comprovado o atendimento dos princípios, exigências e finalidades desta Lei. *(Incluído pela Lei n. 12.010, de 2009)*

§ 6º O descumprimento das disposições desta Lei pelo dirigente de entidade que desenvolva programas de acolhimento familiar ou institucional é causa de sua destituição, sem prejuízo da apuração de sua responsabilidade administrativa, civil e criminal. *(Incluído pela Lei n. 12.010, de 2009)*

§ 7º Quando se tratar de criança de 0 (zero) a 3 (três) anos em acolhimento institucional, dar-se-á especial atenção à atuação de educadores de referência estáveis e qualitativamente significativos, às rotinas específicas e ao atendimento das necessidades básicas, incluindo as de afeto como prioritárias. *(Incluído pela Lei n. 13.257, de 8.3.2016, DOU 9.3.2016)*

Art. 93. As entidades que mantenham programa de acolhimento institucional poderão, em caráter excepcional e de urgência, acolher crianças e adolescentes sem prévia determinação da autoridade competente, fazendo comunicação do fato em até 24 (vinte e quatro) horas ao Juiz da Infância e da Juventude, sob pena de responsabilidade. *(Redação dada pela Lei n. 12.010, de 2009)*

Parágrafo único. Recebida a comunicação, a autoridade judiciária, ouvido o Ministério Público e se necessário com o apoio do Conselho Tutelar local, tomará as medidas necessárias para promover a imediata reintegração familiar da criança ou do adolescente ou, se por qualquer razão não for isso possível ou recomendável, para seu encaminhamento a programa de acolhimento familiar, institucional ou a família substituta, observado o disposto no § 2º do art. 101 desta Lei. *(Incluído pela Lei n. 12.010, de 2009)*

Art. 94. As entidades que desenvolvem programas de internação têm as seguintes obrigações, entre outras:

I — observar os direitos e garantias de que são titulares os adolescentes;

II — não restringir nenhum direito que não tenha sido objeto de restrição na decisão de internação;

III — oferecer atendimento personalizado, em pequenas unidades e grupos reduzidos;

IV — preservar a identidade e oferecer ambiente de respeito e dignidade ao adolescente;

V — diligenciar no sentido do restabelecimento e da preservação dos vínculos familiares;

VI — comunicar à autoridade judiciária, periodicamente, os casos em que se mostre inviável ou impossível o reatamento dos vínculos familiares;

VII — oferecer instalações físicas em condições adequadas de habitabilidade, higiene, salubridade e segurança e os objetos necessários à higiene pessoal;

VIII — oferecer vestuário e alimentação suficientes e adequados à faixa etária dos adolescentes atendidos;

IX — oferecer cuidados médicos, psicológicos, odontológicos e farmacêuticos;

X — propiciar escolarização e profissionalização;

XI — propiciar atividades culturais, esportivas e de lazer;

XII — propiciar assistência religiosa àqueles que desejarem, de acordo com suas crenças;

XIII — proceder a estudo social e pessoal de cada caso;

XIV — reavaliar periodicamente cada caso, com intervalo máximo de seis meses, dando ciência dos resultados à autoridade competente;

XV — informar, periodicamente, o adolescente internado sobre sua situação processual;

XVI — comunicar às autoridades competentes todos os casos de adolescentes portadores de moléstias infecto-contagiosas;

XVII — fornecer comprovante de depósito dos pertences dos adolescentes;

XVIII — manter programas destinados ao apoio e acompanhamento de egressos;

XIX — providenciar os documentos necessários ao exercício da cidadania àqueles que não os tiverem;

XX — manter arquivo de anotações onde constem data e circunstâncias do atendimento, nome do adolescente, seus pais ou responsável, parentes, endereços, sexo, idade, acompanhamento da sua formação, relação de seus pertences e demais dados que possibilitem sua identificação e a individualização do atendimento.

§ 1º Aplicam-se, no que couber, as obrigações constantes deste artigo às entidades que mantêm programas de acolhimento institucional e familiar. *(Redação dada pela Lei n. 12.010, de 2009)*

§ 2º No cumprimento das obrigações a que alude este artigo as entidades utilizarão preferencialmente os recursos da comunidade.

Art. 94-A. As entidades, públicas ou privadas, que abriguem ou recepcionem crianças e adolescentes, ainda que em caráter temporário, devem ter, em seus quadros, profissionais capacitados a reconhecer e reportar ao Conselho Tutelar suspeitas ou ocorrências de maus-tratos. *(Incluído pela Lei n. 13.046, de 2014)*

Seção II
Da Fiscalização das Entidades

Art. 95. As entidades governamentais e não-governamentais referidas no art. 90 serão fiscalizadas pelo Judiciário, pelo Ministério Público e pelos Conselhos Tutelares.

Art. 96. Os planos de aplicação e as prestações de contas serão apresentados ao estado ou ao município, conforme a origem das dotações orçamentárias.

Art. 97. São medidas aplicáveis às entidades de atendimento que descumprirem obrigação constante do art. 94, sem prejuízo da responsabilidade civil e criminal de seus dirigentes ou prepostos: *(Vide Lei n. 12.010, de 2009)*

I — às entidades governamentais:

a) advertência;

b) afastamento provisório de seus dirigentes;

c) afastamento definitivo de seus dirigentes;

d) fechamento de unidade ou interdição de programa.

II — às entidades não-governamentais:

a) advertência;

b) suspensão total ou parcial do repasse de verbas públicas;

c) interdição de unidades ou suspensão de programa;

d) cassação do registro.

§ 1º Em caso de reiteradas infrações cometidas por entidades de atendimento, que coloquem em risco os direitos assegurados nesta Lei, deverá ser o fato comunicado ao Ministério Público ou representado perante autoridade judiciária competente para as providências cabíveis, inclusive suspensão das atividades ou dissolução da entidade. *(Redação dada pela Lei n. 12.010, de 2009)*

§ 2º As pessoas jurídicas de direito público e as organizações não governamentais responderão pelos danos que seus agentes causarem às crianças e aos adolescentes, caracterizado o descumprimento dos princípios norteadores das atividades de proteção específica. *(Redação dada pela Lei n. 12.010, de 2009)*

TÍTULO II
Das Medidas de Proteção

CAPÍTULO I
Disposições Gerais

Art. 98. As medidas de proteção à criança e ao adolescente são aplicáveis sempre que os direitos reconhecidos nesta Lei forem ameaçados ou violados:

I — por ação ou omissão da sociedade ou do Estado;

II — por falta, omissão ou abuso dos pais ou responsável;

III — em razão de sua conduta.

CAPÍTULO II
Das Medidas Específicas de Proteção

Art. 99. As medidas previstas neste Capítulo poderão ser aplicadas isolada ou

cumulativamente, bem como substituídas a qualquer tempo.

Art. 100. Na aplicação das medidas levar-se-ão em conta as necessidades pedagógicas, preferindo-se aquelas que visem ao fortalecimento dos vínculos familiares e comunitários.

Parágrafo único. São também princípios que regem a aplicação das medidas: *(Incluído pela Lei n. 12.010, de 2009)*

I — condição da criança e do adolescente como sujeitos de direitos: crianças e adolescentes são os titulares dos direitos previstos nesta e em outras Leis, bem como na Constituição Federal; *(Incluído pela Lei n. 12.010, de 2009)*

II — proteção integral e prioritária: a interpretação e aplicação de toda e qualquer norma contida nesta Lei deve ser voltada à proteção integral e prioritária dos direitos de que crianças e adolescentes são titulares; *(Incluído pela Lei n. 12.010, de 2009)*

III — responsabilidade primária e solidária do poder público: a plena efetivação dos direitos assegurados a crianças e a adolescentes por esta Lei e pela Constituição Federal, nos casos por esta expressamente ressalvados, é de responsabilidade primária e solidária das 3 (três) esferas de governo, sem prejuízo da municipalização do atendimento e da possibilidade da execução de programas por entidades não governamentais; *(Incluído pela Lei n. 12.010, de 2009)*

IV — interesse superior da criança e do adolescente: a intervenção deve atender prioritariamente aos interesses e direitos da criança e do adolescente, sem prejuízo da consideração que for devida a outros interesses legítimos no âmbito da pluralidade dos interesses presentes no caso concreto; *(Incluído pela Lei n. 12.010, de 2009)*

V — privacidade: a promoção dos direitos e proteção da criança e do adolescente deve ser efetuada no respeito pela intimidade, direito à imagem e reserva da sua vida privada; *(Incluído pela Lei n. 12.010, de 2009)*

VI — intervenção precoce: a intervenção das autoridades competentes deve ser efetuada logo que a situação de perigo seja conhecida; *(Incluído pela Lei n. 12.010, de 2009)*

VII — intervenção mínima: a intervenção deve ser exercida exclusivamente pelas autoridades e instituições cuja ação seja indispensável à efetiva promoção dos direitos e à proteção da criança e do adolescente; *(Incluído pela Lei n. 12.010, de 2009)*

VIII — proporcionalidade e atualidade: a intervenção deve ser a necessária e adequada à situação de perigo em que a criança ou o adolescente se encontram no momento em que a decisão é tomada; *(Incluído pela Lei n. 12.010, de 2009)*

IX — responsabilidade parental: a intervenção deve ser efetuada de modo que os pais assumam os seus deveres para com a criança e o adolescente; *(Incluído pela Lei n. 12.010, de 2009)*

X — prevalência da família: na promoção de direitos e na proteção da criança e do adolescente deve ser dada prevalência às medidas que os mantenham ou reintegrem na sua família natural ou extensa ou, se isto não for possível, que promovam a sua integração em família substituta; *(Incluído pela Lei n. 12.010, de 2009)*

XI — obrigatoriedade da informação: a criança e o adolescente, respeitado seu estágio de desenvolvimento e capacidade de compreensão, seus pais ou responsável devem ser informados dos seus direitos, dos motivos que determinaram a intervenção e da forma como esta se processa; *(Incluído pela Lei n. 12.010, de 2009)*

XII — oitiva obrigatória e participação: a criança e o adolescente, em separado ou na companhia dos pais, de responsável ou de pessoa por si indicada, bem como os seus pais ou responsável, têm direito a ser ouvidos e a participar nos atos e na definição da medida de promoção dos direitos e de proteção, sendo sua opinião devidamente considerada pela autoridade judiciária competente, observado o disposto nos §§ 1º e 2º do art. 28 desta Lei. *(Incluído pela Lei n. 12.010, de 2009)*

Art. 101. Verificada qualquer das hipóteses previstas no art. 98, a autoridade competente poderá determinar, dentre outras, as seguintes medidas:

I — encaminhamento aos pais ou responsável, mediante termo de responsabilidade;

II — orientação, apoio e acompanhamento temporários;

III — matrícula e frequência obrigatórias em estabelecimento oficial de ensino fundamental;

IV — inclusão em serviços e programas oficiais ou comunitários de proteção, apoio e promoção da família, da criança e do adolescente; *(Redação dada pela Lei n. 13.257, de 8.3.2016, DOU 9.3.2016)*

V — requisição de tratamento médico, psicológico ou psiquiátrico, em regime hospitalar ou ambulatorial;

VI — inclusão em programa oficial ou comunitário de auxílio, orientação e tratamento a alcoólatras e toxicômanos;

VII — acolhimento institucional; *(Redação dada pela Lei n. 12.010, de 2009)*

VIII — inclusão em programa de acolhimento familiar; *(Redação dada pela Lei n. 12.010, de 2009)*

IX — colocação em família substituta. *(Incluído pela Lei n. 12.010, de 2009)*

§ 1º O acolhimento institucional e o acolhimento familiar são medidas provisórias e excepcionais, utilizáveis como forma de transição para reintegração familiar ou, não sendo esta possível, para colocação em família substituta, não implicando privação de liberdade. *(Incluído pela Lei n. 12.010, de 2009)*

§ 2º Sem prejuízo da tomada de medidas emergenciais para proteção de vítimas de violência ou abuso sexual e das providências a que alude o art. 130 desta Lei, o afastamento da criança ou adolescente do convívio familiar é de competência exclusiva da autoridade judiciária e importará na deflagração, a pedido do Ministério Público ou de quem tenha legítimo interesse, de procedimento judicial contencioso, no qual se garanta aos pais ou ao responsável legal o exercício do contraditório e da ampla defesa. *(Incluído pela Lei n. 12.010, de 2009)*

§ 3º Crianças e adolescentes somente poderão ser encaminhados às instituições que executam programas de acolhimento institucional, governamentais ou não, por meio de uma Guia de Acolhimento, expedida pela autoridade judiciária, na qual obrigatoriamente constará, dentre outros: *(Incluído pela Lei n. 12.010, de 2009)*

I — sua identificação e a qualificação completa de seus pais ou de seu responsável, se conhecidos; *(Incluído pela Lei n. 12.010, de 2009)*

II — o endereço de residência dos pais ou do responsável, com pontos de referência; *(Incluído pela Lei n. 12.010, de 2009)*

III — os nomes de parentes ou de terceiros interessados em tê-los sob sua guarda; *(Incluído pela Lei n. 12.010, de 2009)*

IV — os motivos da retirada ou da não reintegração ao convívio familiar. *(Incluído pela Lei n. 12.010, de 2009)*

§ 4º Imediatamente após o acolhimento da criança ou do adolescente, a entidade responsável pelo programa de acolhimento institucional ou familiar elaborará um plano individual de atendimento, visando à reintegração familiar, ressalvada a existência de ordem escrita e fundamentada em contrário de autoridade judiciária competente, caso em que também deverá contemplar sua colocação em família substituta, observadas as regras e princípios desta Lei. *(Incluído pela Lei n. 12.010, de 2009)*

§ 5º O plano individual será elaborado sob a responsabilidade da equipe técnica do respectivo programa de atendimento e levará em consideração a opinião da criança ou do adolescente e a oitiva dos pais ou do responsável. *(Incluído pela Lei n. 12.010, de 2009)*

§ 6º Constarão do plano individual, dentre outros: *(Incluído pela Lei n. 12.010, de 2009)*

I — os resultados da avaliação interdisciplinar; *(Incluído pela Lei n. 12.010, de 2009)*

II — os compromissos assumidos pelos pais ou responsável; e *(Incluído pela Lei n. 12.010, de 2009)*

III — a previsão das atividades a serem desenvolvidas com a criança ou com o adolescente acolhido e seus pais ou responsável, com vista na reintegração familiar ou, caso seja esta vedada por expressa e fundamentada determinação judicial, as providências a serem tomadas para sua colocação em família substituta, sob direta supervisão da autoridade judiciária. *(Incluído pela Lei n. 12.010, de 2009)*

§ 7º O acolhimento familiar ou institucional ocorrerá no local mais próximo à residência dos pais ou do responsável e, como parte do processo de reintegração familiar, sempre que identificada a necessidade, a família de origem será incluída em programas oficiais de orientação, de apoio e de promoção social, sendo facilitado e estimulado o contato com a criança ou com o adolescente acolhido. *(Incluído pela Lei n. 12.010, de 2009)*

§ 8º Verificada a possibilidade de reintegração familiar, o responsável pelo programa de acolhimento familiar ou institucional fará imediata comunicação à autoridade judiciária, que dará vista ao Ministério Público, pelo prazo de 5 (cinco) dias, decidindo em igual prazo. *(Incluído pela Lei n. 12.010, de 2009)*

§ 9º Em sendo constatada a impossibilidade de reintegração da criança ou do adolescente à família de origem, após seu encaminhamento a programas oficiais ou comunitários de orientação, apoio e promoção social, será enviado relatório fundamentado ao Ministério Público, no qual conste a descrição pormenorizada das providências tomadas e a expressa recomendação, subscrita pelos técnicos da entidade ou responsáveis pela execução da política municipal de garantia do direito à convivência familiar, para a destituição do poder familiar, ou destituição de tutela ou guarda. *(Incluído pela Lei n. 12.010, de 2009)*

§ 10. Recebido o relatório, o Ministério Público terá o prazo de 30 (trinta) dias para o

LEGISLAÇÃO COMPLEMENTAR

ingresso com a ação de destituição do poder familiar, salvo se entender necessária a realização de estudos complementares ou outras providências que entender indispensáveis ao ajuizamento da demanda. *(Incluído pela Lei n. 12.010, de 2009)*

§ 11. A autoridade judiciária manterá, em cada comarca ou foro regional, um cadastro contendo informações atualizadas sobre as crianças e adolescentes em regime de acolhimento familiar e institucional sob sua responsabilidade, com informações pormenorizadas sobre a situação jurídica de cada um, bem como as providências tomadas para sua reintegração familiar ou colocação em família substituta, em qualquer das modalidades previstas no art. 28 desta Lei. *(Incluído pela Lei n. 12.010, de 2009)*

§ 12. Terão acesso ao cadastro o Ministério Público, o Conselho Tutelar, o órgão gestor da Assistência Social e os Conselhos Municipais dos Direitos da Criança e do Adolescente e da Assistência Social, aos quais incumbe deliberar sobre a implementação de políticas públicas que permitam reduzir o número de crianças e adolescentes afastados do convívio familiar e abreviar o período de permanência em programa de acolhimento. *(Incluído pela Lei n. 12.010, de 2009)*

Art. 102. As medidas de proteção de que trata este Capítulo serão acompanhadas da regularização do registro civil. *(Vide Lei n. 12.010, de 2009)*

§ 1º Verificada a inexistência de registro anterior, o assento de nascimento da criança ou adolescente será feito à vista dos elementos disponíveis, mediante requisição da autoridade judiciária.

§ 2º Os registros e certidões necessários à regularização de que trata este artigo são isentos de multas, custas e emolumentos, gozando de absoluta prioridade.

§ 3º Caso ainda não definida a paternidade, será deflagrado procedimento específico destinado à sua averiguação, conforme previsto pela Lei n. 8.560, de 29 de dezembro de 1992. *(Incluído pela Lei n. 12.010, de 2009)*

§ 4º Nas hipóteses previstas no § 3º deste artigo, é dispensável o ajuizamento de ação de investigação de paternidade pelo Ministério Público se, após o não comparecimento ou a recusa do suposto pai em assumir a paternidade a ele atribuída, a criança for encaminhada para adoção. *(Incluído pela Lei n. 12.010, de 2009)*

§ 5º Os registros e certidões necessários à inclusão, a qualquer tempo, do nome do pai no assento de nascimento são isentos de multas, custas e emolumentos, gozando de absoluta prioridade. *(Incluído dada pela Lei n. 13.257, de 8.3.2016, DOU 9.3.2016)*

§ 6º São gratuitas, a qualquer tempo, a averbação requerida do reconhecimento de paternidade no assento de nascimento e a certidão correspondente. *(Incluído dada pela Lei n. 13.257, de 8.3.2016, DOU 9.3.2016)*

TÍTULO III
Da Prática de Ato Infracional

CAPÍTULO I
Disposições Gerais

Art. 103. Considera-se ato infracional a conduta descrita como crime ou contravenção penal.

Art. 104. São penalmente inimputáveis os menores de dezoito anos, sujeitos às medidas previstas nesta Lei.

Parágrafo único. Para os efeitos desta Lei, deve ser considerada a idade do adolescente à data do fato.

Art. 105. Ao ato infracional praticado por criança corresponderão as medidas previstas no art. 101.

CAPÍTULO II
Dos Direitos Individuais

Art. 106. Nenhum adolescente será privado de sua liberdade senão em flagrante de ato infracional ou por ordem escrita e fundamentada da autoridade judiciária competente.

Parágrafo único. O adolescente tem direito à identificação dos responsáveis pela sua apreensão, devendo ser informado acerca de seus direitos.

Art. 107. A apreensão de qualquer adolescente e o local onde se encontra recolhido serão incontinenti comunicados à autoridade judiciária competente e à família do apreendido ou à pessoa por ele indicada.

Parágrafo único. Examinar-se-á, desde logo e sob pena de responsabilidade, a possibilidade de liberação imediata.

Art. 108. A internação, antes da sentença, pode ser determinada pelo prazo máximo de quarenta e cinco dias.

Parágrafo único. A decisão deverá ser fundamentada e basear-se em indícios suficientes de autoria e materialidade, demonstrada a necessidade imperiosa da medida.

Art. 109. O adolescente civilmente identificado não será submetido à identificação compulsória pelos órgãos policiais, de proteção e judiciais, salvo para efeito de confrontação, havendo dúvida fundada.

CAPÍTULO III
Das Garantias Processuais

Art. 110. Nenhum adolescente será privado de sua liberdade sem o devido processo legal.

Art. 111. São asseguradas ao adolescente, entre outras, as seguintes garantias:

I — pleno e formal conhecimento da atribuição de ato infracional, mediante citação ou meio equivalente;

II — igualdade na relação processual, podendo confrontar-se com vítimas e testemunhas e produzir todas as provas necessárias à sua defesa;

III — defesa técnica por advogado;

IV — assistência judiciária gratuita e integral aos necessitados, na forma da lei;

V — direito de ser ouvido pessoalmente pela autoridade competente;

VI — direito de solicitar a presença de seus pais ou responsável em qualquer fase do procedimento.

CAPÍTULO IV
Das Medidas Sócio-Educativas

Seção I
Disposições Gerais

Art. 112. Verificada a prática de ato infracional, a autoridade competente poderá aplicar ao adolescente as seguintes medidas:

I — advertência;

II — obrigação de reparar o dano;

III — prestação de serviços à comunidade;

IV — liberdade assistida;

V — inserção em regime de semi-liberdade;

VI — internação em estabelecimento educacional;

VII — qualquer uma das previstas no art. 101, I a VI.

§ 1º A medida aplicada ao adolescente levará em conta a sua capacidade de cumpri-la, as circunstâncias e a gravidade da infração.

§ 2º Em hipótese alguma e sob pretexto algum, será admitida a prestação de trabalho forçado.

§ 3º Os adolescentes portadores de doença ou deficiência mental receberão tratamento individual e especializado, em local adequado às suas condições.

Art. 113. Aplica-se a este Capítulo o disposto nos arts. 99 e 100.

Art. 114. A imposição das medidas previstas nos incisos II a VI do art. 112 pressupõe a existência de provas suficientes da autoria e da materialidade da infração, ressalvada a hipótese de remissão, nos termos do art. 127.

Parágrafo único. A advertência poderá ser aplicada sempre que houver prova da materialidade e indícios suficientes da autoria.

Seção II
Da Advertência

Art. 115. A advertência consistirá em admoestação verbal, que será reduzida a termo e assinada.

Seção III
Da Obrigação de Reparar o Dano

Art. 116. Em se tratando de ato infracional com reflexos patrimoniais, a autoridade poderá determinar, se for o caso, que o adolescente restitua a coisa, promova o ressarcimento do dano, ou, por outra forma, compense o prejuízo da vítima.

Parágrafo único. Havendo manifesta impossibilidade, a medida poderá ser substituída por outra adequada.

Seção IV
Da Prestação de Serviços à Comunidade

Art. 117. A prestação de serviços comunitários consiste na realização de tarefas gratuitas de interesse geral, por período não excedente a seis meses, junto a entidades assistenciais, hospitais, escolas e outros estabelecimentos congêneres, bem como em programas comunitários ou governamentais.

Parágrafo único. As tarefas serão atribuídas conforme as aptidões do adolescente, devendo ser cumpridas durante jornada máxima de oito horas semanais, aos sábados, domingos e feriados ou em dias úteis, de modo a não prejudicar a frequência à escola ou à jornada normal de trabalho.

Seção V
Da Liberdade Assistida

Art. 118. A liberdade assistida será adotada sempre que se afigurar a medida mais adequada para o fim de acompanhar, auxiliar e orientar o adolescente.

§ 1º A autoridade designará pessoa capacitada para acompanhar o caso, a qual poderá ser recomendada por entidade ou programa de atendimento.

§ 2º A liberdade assistida será fixada pelo prazo mínimo de seis meses, podendo a qualquer tempo ser prorrogada, revogada ou substituída por outra medida, ouvido o orientador, o Ministério Público e o defensor.

Art. 119. Incumbe ao orientador, com o apoio e a supervisão da autoridade competente, a realização dos seguintes encargos, entre outros:

I — promover socialmente o adolescente e sua família, fornecendo-lhes orientação e

inserindo-os, se necessário, em programa oficial ou comunitário de auxílio e assistência social;

II — supervisionar a frequência e o aproveitamento escolar do adolescente, promovendo, inclusive, sua matrícula;

III — diligenciar no sentido da profissionalização do adolescente e de sua inserção no mercado de trabalho;

IV — apresentar relatório do caso.

Seção VI
Do Regime de Semi-liberdade

Art. 120. O regime de semi-liberdade pode ser determinado desde o início, ou como forma de transição para o meio aberto, possibilitada a realização de atividades externas, independentemente de autorização judicial.

§ 1º São obrigatórias a escolarização e a profissionalização, devendo, sempre que possível, ser utilizados os recursos existentes na comunidade.

§ 2º A medida não comporta prazo determinado aplicando-se, no que couber, as disposições relativas à internação.

Seção VII
Da Internação

Art. 121. A internação constitui medida privativa da liberdade, sujeita aos princípios de brevidade, excepcionalidade e respeito à condição peculiar de pessoa em desenvolvimento.

§ 1º Será permitida a realização de atividades externas, a critério da equipe técnica da entidade, salvo expressa determinação judicial em contrário.

§ 2º A medida não comporta prazo determinado, devendo sua manutenção ser reavaliada, mediante decisão fundamentada, no máximo a cada seis meses.

§ 3º Em nenhuma hipótese o período máximo de internação excederá a três anos.

§ 4º Atingido o limite estabelecido no parágrafo anterior, o adolescente deverá ser liberado, colocado em regime de semi-liberdade ou de liberdade assistida.

§ 5º A liberação será compulsória aos vinte e um anos de idade.

§ 6º Em qualquer hipótese a desinternação será precedida de autorização judicial, ouvido o Ministério Público.

§ 7º A determinação judicial mencionada no § 1º poderá ser revista a qualquer tempo pela autoridade judiciária. *(Incluído pela Lei n. 12.594, de 2012) (Vide)*

Art. 122. A medida de internação só poderá ser aplicada quando:

I — tratar-se de ato infracional cometido mediante grave ameaça ou violência a pessoa;

II — por reiteração no cometimento de outras infrações graves;

III — por descumprimento reiterado e injustificável da medida anteriormente imposta.

§ 1º O prazo de internação na hipótese do inciso III deste artigo não poderá ser superior a 3 (três) meses, devendo ser decretada judicialmente após o devido processo legal. *(Redação dada pela Lei n. 12.594, de 2012) (Vide)*

§ 2º Em nenhuma hipótese será aplicada a internação, havendo outra medida adequada.

Art. 123. A internação deverá ser cumprida em entidade exclusiva para adolescentes, em local distinto daquele destinado ao abrigo, obedecida rigorosa separação por critérios de idade, compleição física e gravidade da infração.

Parágrafo único. Durante o período de internação, inclusive provisória, serão obrigatórias atividades pedagógicas.

Art. 124. São direitos do adolescente privado de liberdade, entre outros, os seguintes:

I — entrevistar-se pessoalmente com o representante do Ministério Público;

II — peticionar diretamente a qualquer autoridade;

III — avistar-se reservadamente com seu defensor;

IV — ser informado de sua situação processual, sempre que solicitada;

V — ser tratado com respeito e dignidade;

VI — permanecer internado na mesma localidade ou naquela mais próxima ao domicílio de seus pais ou responsável;

VII — receber visitas, ao menos, semanalmente;

VIII — corresponder-se com seus familiares e amigos;

IX — ter acesso aos objetos necessários à higiene e asseio pessoal;

X — habitar alojamento em condições adequadas de higiene e salubridade;

XI — receber escolarização e profissionalização;

XII — realizar atividades culturais, esportivas e de lazer:

XIII — ter acesso aos meios de comunicação social;

XIV — receber assistência religiosa, segundo a sua crença, e desde que assim o deseje;

XV — manter a posse de seus objetos pessoais e dispor de local seguro para guardá-los, recebendo comprovante daqueles porventura depositados em poder da entidade;

XVI — receber, quando de sua desinternação, os documentos pessoais indispensáveis à vida em sociedade.

§ 1º Em nenhum caso haverá incomunicabilidade.

§ 2º A autoridade judiciária poderá suspender temporariamente a visita, inclusive de pais ou responsável, se existirem motivos sérios e fundados de sua prejudicialidade aos interesses do adolescente.

Art. 125. É dever do Estado zelar pela integridade física e mental dos internos, cabendo-lhe adotar as medidas adequadas de contenção e segurança.

CAPÍTULO V
Da Remissão

Art. 126. Antes de iniciado o procedimento judicial para apuração de ato infracional, o representante do Ministério Público poderá conceder a remissão, como forma de exclusão do processo, atendendo às circunstâncias e consequências do fato, ao contexto social, bem como à personalidade do adolescente e sua maior ou menor participação no ato infracional.

Parágrafo único. Iniciado o procedimento, a concessão da remissão pela autoridade judiciária importará na suspensão ou extinção do processo.

Art. 127. A remissão não implica necessariamente o reconhecimento ou comprovação da responsabilidade, nem prevalece para efeito de antecedentes, podendo incluir eventualmente a aplicação de qualquer das medidas previstas em lei, exceto a colocação em regime de semi-liberdade e a internação.

Art. 128. A medida aplicada por força da remissão poderá ser revista judicialmente, a qualquer tempo, mediante pedido expresso do adolescente ou de seu representante legal, ou do Ministério Público.

TÍTULO IV
Das Medidas Pertinentes aos Pais ou Responsável

Art. 129. São medidas aplicáveis aos pais ou responsável:

I — encaminhamento a serviços e programas oficiais ou comunitários de proteção, apoio e promoção da família; *(Redação dada pela Lei n. 13.257, de 8.3.2016, DOU 9.3.2016)*

II — inclusão em programa oficial ou comunitário de auxílio, orientação e tratamento a alcoólatras e toxicômanos;

III — encaminhamento a tratamento psicológico ou psiquiátrico;

IV — encaminhamento a cursos ou programas de orientação;

V — obrigação de matricular o filho ou pupilo e acompanhar sua frequência e aproveitamento escolar;

VI — obrigação de encaminhar a criança ou adolescente a tratamento especializado;

VII — advertência;

VIII — perda da guarda;

IX — destituição da tutela;

X — suspensão ou destituição do poder familiar. *(Expressão substituída pela Lei n. 12.010, de 2009)*

Parágrafo único. Na aplicação das medidas previstas nos incisos IX e X deste artigo, observar-se-á o disposto nos arts. 23 e 24.

Art. 130. Verificada a hipótese de maus-tratos, opressão ou abuso sexual impostos pelos pais ou responsável, a autoridade judiciária poderá determinar, como medida cautelar, o afastamento do agressor da moradia comum.

Parágrafo único. Da medida cautelar constará, ainda, a fixação provisória dos alimentos de que necessitem a criança ou o adolescente dependentes do agressor. *(Incluído pela Lei n. 12.415, de 2011)*

TÍTULO V
Do Conselho Tutelar

CAPÍTULO I
Disposições Gerais

Art. 131. O Conselho Tutelar é órgão permanente e autônomo, não jurisdicional, encarregado pela sociedade de zelar pelo cumprimento dos direitos da criança e do adolescente, definidos nesta Lei.

Art. 132. Em cada Município e em cada Região Administrativa do Distrito Federal haverá, no mínimo, 1 (um) Conselho Tutelar como órgão integrante da administração pública local, composto de 5 (cinco) membros, escolhidos pela população local para mandato de 4 (quatro) anos, permitida 1 (uma) recondução, mediante novo processo de escolha. *(Redação dada pela Lei n. 12.696, de 2012)*

Art. 133. Para a candidatura a membro do Conselho Tutelar, serão exigidos os seguintes requisitos:

I — reconhecida idoneidade moral;

II — idade superior a vinte e um anos;

III — residir no município.

Art. 134. Lei municipal ou distrital disporá sobre o local, dia e horário de funcionamento do Conselho Tutelar, inclusive quanto à remuneração dos respectivos membros, aos quais é assegurado o direito a: *(Redação dada pela Lei n. 12.696, de 2012)*

I — cobertura previdenciária; *(Incluído pela Lei n. 12.696, de 2012)*

II — gozo de férias anuais remuneradas, acrescidas de 1/3 (um terço) do valor da remuneração mensal; *(Incluído pela Lei n. 12.696, de 2012)*

III — licença-maternidade; *(Incluído pela Lei n. 12.696, de 2012)*

IV — licença-paternidade; *(Incluído pela Lei n. 12.696, de 2012)*

V — gratificação natalina. *(Incluído pela Lei n. 12.696, de 2012)*

Parágrafo único. Constará da lei orçamentária municipal e da do Distrito Federal previsão dos recursos necessários ao funcionamento do Conselho Tutelar e à remuneração e formação continuada dos conselheiros tutelares. *(Redação dada pela Lei n. 12.696, de 2012)*

Art. 135. O exercício efetivo da função de conselheiro constituirá serviço público relevante e estabelecerá presunção de idoneidade moral. *(Redação dada pela Lei n. 12.696, de 2012)*

CAPÍTULO II
Das Atribuições do Conselho

Art. 136. São atribuições do Conselho Tutelar:

I — atender as crianças e adolescentes nas hipóteses previstas nos arts. 98 e 105, aplicando as medidas previstas no art. 101, I a VII;

II — atender e aconselhar os pais ou responsável, aplicando as medidas previstas no art. 129, I a VII;

III — promover a execução de suas decisões, podendo para tanto:

a) requisitar serviços públicos nas áreas de saúde, educação, serviço social, previdência, trabalho e segurança;

b) representar junto à autoridade judiciária nos casos de descumprimento injustificado de suas deliberações.

IV — encaminhar ao Ministério Público notícia de fato que constitua infração administrativa ou penal contra os direitos da criança ou adolescente;

V — encaminhar à autoridade judiciária os casos de sua competência;

VI — providenciar a medida estabelecida pela autoridade judiciária, dentre as previstas no art. 101, de I a VI, para o adolescente autor de ato infracional;

VII — expedir notificações;

VIII — requisitar certidões de nascimento e de óbito de criança ou adolescente quando necessário;

IX — assessorar o Poder Executivo local na elaboração da proposta orçamentária para planos e programas de atendimento dos direitos da criança e do adolescente;

X — representar, em nome da pessoa e da família, contra a violação dos direitos previstos no art. 220, § 3º, inciso II, da Constituição Federal;

XI — representar ao Ministério Público para efeito das ações de perda ou suspensão do poder familiar, após esgotadas as possibilidades de manutenção da criança ou do adolescente junto à família natural. *(Redação dada pela Lei n. 12.010, de 2009)*

XII — promover e incentivar, na comunidade e nos grupos profissionais, ações de divulgação e treinamento para o reconhecimento de sintomas de maus-tratos em crianças e adolescentes. *(Incluído pela Lei n. 13.046, de 2014)*

Parágrafo único. Se, no exercício de suas atribuições, o Conselho Tutelar entender necessário o afastamento do convívio familiar, comunicará incontinenti o fato ao Ministério Público, prestando-lhe informações sobre os motivos de tal entendimento e as providências tomadas para a orientação, o apoio e a promoção social da família. *(Incluído pela Lei n. 12.010, de 2012)*

Art. 137. As decisões do Conselho Tutelar somente poderão ser revistas pela autoridade judiciária a pedido de quem tenha legítimo interesse.

CAPÍTULO III
Da Competência

Art. 138. Aplica-se ao Conselho Tutelar a regra de competência constante do art. 147.

CAPÍTULO IV
Da Escolha dos Conselheiros

Art. 139. O processo para a escolha dos membros do Conselho Tutelar será estabelecido em lei municipal e realizado sob a responsabilidade do Conselho Municipal dos Direitos da Criança e do Adolescente, e a fiscalização do Ministério Público. *(Redação dada pela Lei n. 8.242, de 12.10.1991)*

§ 1º O processo de escolha dos membros do Conselho Tutelar ocorrerá em data unificada em todo o território nacional a cada 4 (quatro) anos, no primeiro domingo do mês de outubro do ano subsequente ao da eleição presidencial. *(Incluído pela Lei n. 12.696, de 2012)*

§ 2º A posse dos conselheiros tutelares ocorrerá no dia 10 de janeiro do ano subsequente ao processo de escolha. *(Incluído pela Lei n. 12.696, de 2012)*

§ 3º No processo de escolha dos membros do Conselho Tutelar, é vedado ao candidato doar, oferecer, prometer ou entregar ao eleitor bem ou vantagem pessoal de qualquer natureza, inclusive brindes de pequeno valor. *(Incluído pela Lei n. 12.696, de 2012)*

CAPÍTULO V
Dos Impedimentos

Art. 140. São impedidos de servir no mesmo Conselho marido e mulher, ascendentes e descendentes, sogro e genro ou nora, irmãos, cunhados, durante o cunhadio, tio e sobrinho, padrasto ou madrasta e enteado.

Parágrafo único. Estende-se o impedimento do conselheiro, na forma deste artigo, em relação à autoridade judiciária e ao representante do Ministério Público com atuação na Justiça da Infância e da Juventude, em exercício na comarca, foro regional ou distrital.

TÍTULO VI
Do Acesso à Justiça

CAPÍTULO I
Disposições Gerais

Art. 141. É garantido o acesso de toda criança ou adolescente à Defensoria Pública, ao Ministério Público e ao Poder Judiciário, por qualquer de seus órgãos.

§ 1º A assistência judiciária gratuita será prestada aos que dela necessitarem, através de defensor público ou advogado nomeado.

§ 2º As ações judiciais da competência da Justiça da Infância e da Juventude são isentas de custas e emolumentos, ressalvada a hipótese de litigância de má-fé.

Art. 142. Os menores de dezesseis anos serão representados e os maiores de dezesseis e menores de vinte e um anos assistidos por seus pais, tutores ou curadores, na forma da legislação civil ou processual.

Parágrafo único. A autoridade judiciária dará curador especial à criança ou adolescente, sempre que os interesses destes colidirem com os de seus pais ou responsável, ou quando carecer de representação ou assistência legal ainda que eventual.

Art. 143. É vedada a divulgação de atos judiciais, policiais e administrativos que digam respeito a crianças e adolescentes a que se atribua autoria de ato infracional.

Parágrafo único. Qualquer notícia a respeito do fato não poderá identificar a criança ou adolescente, vedando-se fotografia, referência a nome, apelido, filiação, parentesco, residência e, inclusive, iniciais do nome e sobrenome. *(Redação dada pela Lei n. 10.764, de 12.11.2003)*

Art. 144. A expedição de cópia ou certidão de atos a que se refere o artigo anterior somente será deferida pela autoridade judiciária competente, se demonstrado o interesse e justificada a finalidade.

CAPÍTULO II
Da Justiça da Infância e da Juventude

Seção I
Disposições Gerais

Art. 145. Os estados e o Distrito Federal poderão criar varas especializadas e exclusivas da infância e da juventude, cabendo ao Poder Judiciário estabelecer sua proporcionalidade por número de habitantes, dotá-las de infra-estrutura e dispor sobre o atendimento, inclusive em plantões.

Seção II
Do Juiz

Art. 146. A autoridade a que se refere esta Lei é o Juiz da Infância e da Juventude, ou o juiz que exerce essa função, na forma da lei de organização judiciária local.

Art. 147. A competência será determinada:

I — pelo domicílio dos pais ou responsável;

II — pelo lugar onde se encontre a criança ou adolescente, à falta dos pais ou responsável.

§ 1º. Nos casos de ato infracional, será competente a autoridade do lugar da ação ou omissão, observadas as regras de conexão, continência e prevenção.

§ 2º A execução das medidas poderá ser delegada à autoridade competente da residência dos pais ou responsável, ou do local onde sediar-se a entidade que abrigar a criança ou adolescente.

§ 3º Em caso de infração cometida através de transmissão simultânea de rádio ou televisão, que atinja mais de uma comarca, será competente, para aplicação da penalidade, a autoridade judiciária do local da sede estadual da emissora ou rede, tendo a sentença eficácia para todas as transmissoras ou retransmissoras do respectivo estado.

Art. 148. A Justiça da Infância e da Juventude é competente para:

I — conhecer de representações promovidas pelo Ministério Público, para apuração de ato infracional atribuído a adolescente, aplicando as medidas cabíveis;

II — conceder a remissão, como forma de suspensão ou extinção do processo;

III — conhecer de pedidos de adoção e seus incidentes;

IV — conhecer de ações civis fundadas em interesses individuais, difusos ou coletivos afetos à criança e ao adolescente, observado o disposto no art. 209;

V — conhecer de ações decorrentes de irregularidades em entidades de atendimento, aplicando as medidas cabíveis;

VI — aplicar penalidades administrativas nos casos de infrações contra norma de proteção à criança ou adolescente;

VII — conhecer de casos encaminhados pelo Conselho Tutelar, aplicando as medidas cabíveis.

Parágrafo único. Quando se tratar de criança ou adolescente nas hipóteses do art. 98, é também competente a Justiça da Infância e da Juventude para o fim de:

a) conhecer de pedidos de guarda e tutela;

b) conhecer de ações de destituição do poder familiar, perda ou modificação da tutela ou guarda; *(Expressão substituída pela Lei n. 12.010, de 2009)*

c) suprir a capacidade ou o consentimento para o casamento;

d) conhecer de pedidos baseados em discordância paterna ou materna, em relação ao exercício do poder familiar; *(Expressão substituída pela Lei n. 12.010, de 2009)*

e) conceder a emancipação, nos termos da lei civil, quando faltarem os pais;

f) designar curador especial em casos de apresentação de queixa ou representação, ou de outros procedimentos judiciais ou extrajudiciais em que haja interesses de criança ou adolescente;

g) conhecer de ações de alimentos;

h) determinar o cancelamento, a retificação e o suprimento dos registros de nascimento e óbito.

Art. 149. Compete à autoridade judiciária disciplinar, através de portaria, ou autorizar, mediante alvará:

I — a entrada e permanência de criança ou adolescente, desacompanhado dos pais ou responsável, em:

a) estádio, ginásio e campo desportivo;

b) bailes ou promoções dançantes;

c) boate ou congêneres;

d) casa que explore comercialmente diversões eletrônicas;

e) estúdios cinematográficos, de teatro, rádio e televisão.

II — a participação de criança e adolescente em:

a) espetáculos públicos e seus ensaios;

b) certames de beleza.

§ 1º Para os fins do disposto neste artigo, a autoridade judiciária levará em conta, dentre outros fatores:

a) os princípios desta Lei;

b) as peculiaridades locais;

c) a existência de instalações adequadas;

d) o tipo de frequência habitual ao local;

e) a adequação do ambiente a eventual participação ou frequência de crianças e adolescentes;

f) a natureza do espetáculo.

§ 2º As medidas adotadas na conformidade deste artigo deverão ser fundamentadas, caso a caso, vedadas as determinações de caráter geral.

Seção III
Dos Serviços Auxiliares

Art. 150. Cabe ao Poder Judiciário, na elaboração de sua proposta orçamentária, prever recursos para manutenção de equipe interprofissional, destinada a assessorar a Justiça da Infância e da Juventude.

Art. 151. Compete à equipe interprofissional dentre outras atribuições que lhe forem reservadas pela legislação local, fornecer subsídios por escrito, mediante laudos, ou verbalmente, na audiência, e bem assim desenvolver trabalhos de aconselhamento, orientação, encaminhamento, prevenção e outros, tudo sob a imediata subordinação à autoridade judiciária, assegurada a livre manifestação do ponto de vista técnico.

CAPÍTULO III
Dos Procedimentos

Seção I
Disposições Gerais

Art. 152. Aos procedimentos regulados nesta Lei aplicam-se subsidiariamente as normas gerais previstas na legislação processual pertinente.

Parágrafo único. É assegurada, sob pena de responsabilidade, prioridade absoluta na tramitação dos processos e procedimentos previstos nesta Lei, assim como na execução dos atos e diligências judiciais a eles referentes. *(Incluído pela Lei n. 12.010, de 2009)Vigência*

Art. 153. Se a medida judicial a ser adotada não corresponder a procedimento previsto nesta ou em outra lei, a autoridade judiciária poderá investigar os fatos e ordenar de ofício as providências necessárias, ouvido o Ministério Público.

Parágrafo único. O disposto neste artigo não se aplica para o fim de afastamento da criança ou do adolescente de sua família de origem e em outros procedimentos necessariamente contenciosos. *(Incluído pela Lei n. 12.010, de 2009)*

Art. 154. Aplica-se às multas o disposto no art. 214.

Seção II
Da Perda e da Suspensão do Poder Familiar
(Expressão substituída pela Lei n. 12.010, de 2009)

Art. 155. O procedimento para a perda ou a suspensão do poder familiar terá início por provocação do Ministério Público ou de quem tenha legítimo interesse. *(Expressão substituída pela Lei n. 12.010, de 2009)*

Art. 156. A petição inicial indicará:

I — a autoridade judiciária a que for dirigida;

II — o nome, o estado civil, a profissão e a residência do requerente e do requerido, dispensada a qualificação em se tratando de pedido formulado por representante do Ministério Público;

III — a exposição sumária do fato e o pedido;

IV — as provas que serão produzidas, oferecendo, desde logo, o rol de testemunhas e documentos.

Art. 157. Havendo motivo grave, poderá a autoridade judiciária, ouvido o Ministério Público, decretar a suspensão do poder familiar, liminar ou incidentalmente, até o julgamento definitivo da causa, ficando a criança ou adolescente confiado a pessoa idônea, mediante termo de responsabilidade. *(Expressão substituída pela Lei n. 12.010, de 2009)*

Art. 158. O requerido será citado para, no prazo de dez dias, oferecer resposta escrita, indicando as provas a serem produzidas e oferecendo desde logo o rol de testemunhas e documentos.

§ 1º A citação será pessoal, salvo se esgotados todos os meios para sua realização. *(Incluído pela Lei n. 12.962, de 2014)*

§ 2º O requerido privado de liberdade deverá ser citado pessoalmente. *(Incluído pela Lei n. 12.962, de 2014)*

Art. 159. Se o requerido não tiver possibilidade de constituir advogado, sem prejuízo do próprio sustento e de sua família, poderá requerer, em cartório, que lhe seja nomeado dativo, ao qual incumbirá a apresentação de resposta, contando-se o prazo a partir da intimação do despacho de nomeação.

Parágrafo único. Na hipótese de requerido privado de liberdade, o oficial de justiça deverá perguntar, no momento da citação pessoal, se deseja que lhe seja nomeado defensor. *(Incluído pela Lei n. 12.962, de 2014)*

Art. 160. Sendo necessário, a autoridade judiciária requisitará de qualquer repartição ou órgão público a apresentação de documento que interesse à causa, de ofício ou a requerimento das partes ou do Ministério Público.

Art. 161. Não sendo contestado o pedido, a autoridade judiciária dará vista dos autos ao Ministério Público, por cinco dias, salvo quando este for o requerente, decidindo em igual prazo.

§ 1º A autoridade judiciária, de ofício ou a requerimento das partes ou do Ministério Público, determinará a realização de estudo social ou perícia por equipe interprofissional ou multidisciplinar, bem como a oitiva de testemunhas que comprovem a presença de uma das causas de suspensão ou destituição do poder familiar previstas nos arts. 1.637 e 1.638 da Lei n. 10.406, de 10 de janeiro de 2002 — Código Civil, ou no art. 24 desta Lei. *(Redação dada pela Lei n. 12.010, de 2009)*

§ 2º Em sendo os pais oriundos de comunidades indígenas, é ainda obrigatória a intervenção, junto à equipe profissional ou multidisciplinar referida no § 1º deste artigo, de representantes do órgão federal responsável pela política indigenista, observado o disposto no § 6º do art. 28 desta Lei. *(Redação dada pela Lei n. 12.010, de 2009)*

§ 3º Se o pedido importar em modificação de guarda, será obrigatória, desde que possível e razoável, a oitiva da criança ou adolescente, respeitado seu estágio de desenvolvimento e grau de compreensão sobre as implicações da medida. *(Incluído pela Lei n. 12.010, de 2009)*

§ 4º É obrigatória a oitiva dos pais sempre que esses forem identificados e estiverem em local conhecido. *(Incluído pela Lei n. 12.010, de 2009)*

§ 5º Se o pai ou a mãe estiverem privados de liberdade, a autoridade judicial requisitará sua apresentação para a oitiva. *(Incluído pela Lei n. 12.962, de 2014)*

Art. 162. Apresentada a resposta, a autoridade judiciária dará vista dos autos ao Ministério Público, por cinco dias, salvo quando este for o requerente, designando, desde logo, audiência de instrução e julgamento.

§ 1º A requerimento de qualquer das partes, do Ministério Público, ou de ofício, a autoridade judiciária poderá determinar a realização de estudo social ou, se possível, de perícia por equipe interprofissional.

§ 2º Na audiência, presentes as partes e o Ministério Público, serão ouvidas as testemunhas, colhendo-se oralmente o parecer técnico, salvo quando apresentado por escrito, manifestando-se sucessivamente o requerente, o requerido e o Ministério Público, pelo tempo de vinte minutos cada um, prorrogável por mais dez. A decisão será proferida na audiência, podendo a autoridade judiciária, excepcionalmente, designar data para sua leitura no prazo máximo de cinco dias.

LEGISLAÇÃO COMPLEMENTAR

Art. 163. O prazo máximo para conclusão do procedimento será de 120 (cento e vinte) dias. *(Redação dada pela Lei n. 12.010, de 2009)*

Parágrafo único. A sentença que decretar a perda ou a suspensão do poder familiar será averbada à margem do registro de nascimento da criança ou do adolescente. *(Incluído pela Lei n. 12.010, de 2009)*

Seção III
Da Destituição da Tutela

Art. 164. Na destituição da tutela, observar-se-á o procedimento para a remoção de tutor previsto na lei processual civil e, no que couber, o disposto na seção anterior.

Seção IV
Da Colocação em Família Substituta

Art. 165. São requisitos para a concessão de pedidos de colocação em família substituta:

I — qualificação completa do requerente e de seu eventual cônjuge, ou companheiro, com expressa anuência deste;

II — indicação de eventual parentesco do requerente e de seu cônjuge, ou companheiro, com a criança ou adolescente, especificando se tem ou não parente vivo;

III — qualificação completa da criança ou adolescente e de seus pais, se conhecidos;

IV — indicação do cartório onde foi inscrito nascimento, anexando, se possível, uma cópia da respectiva certidão;

V — declaração sobre a existência de bens, direitos ou rendimentos relativos à criança ou ao adolescente.

Parágrafo único. Em se tratando de adoção, observar-se-ão também os requisitos específicos.

Art. 166. Se os pais forem falecidos, tiverem sido destituídos ou suspensos do poder familiar, ou houverem aderido expressamente ao pedido de colocação em família substituta, este poderá ser formulado diretamente em cartório, em petição assinada pelos próprios requerentes, dispensada a assistência de advogado. *(Redação dada pela Lei n. 12.010, de 2009)*

§ 1º Na hipótese de concordância dos pais, esses serão ouvidos pela autoridade judiciária e pelo representante do Ministério Público, tomando-se por termo as declarações. *(Incluído pela Lei n. 12.010, de 2009)*

§ 2º O consentimento dos titulares do poder familiar será precedido de orientações e esclarecimentos prestados pela equipe interprofissional da Justiça da Infância e da Juventude, em especial, no caso de adoção, sobre a irrevogabilidade da medida. *(Incluído pela Lei n. 12.010, de 2009)*

§ 3º O consentimento dos titulares do poder familiar será colhido pela autoridade judiciária competente em audiência, presente o Ministério Público, garantida a livre manifestação de vontade e esgotados os esforços para manutenção da criança ou do adolescente na família natural ou extensa. *(Incluído pela Lei n. 12.010, de 2009)*

§ 4º O consentimento prestado por escrito não terá validade se não for ratificado na audiência a que se refere o § 3º deste artigo. *(Incluído pela Lei n. 12.010, de 2009)*

§ 5º O consentimento é retratável até a data da publicação da sentença constitutiva da adoção. *(Incluído pela Lei n. 12.010, de 2009)*

§ 6º O consentimento somente terá valor se for dado após o nascimento da criança. *(Incluído pela Lei n. 12.010, de 2009)*

§ 7º A família substituta receberá a devida orientação por intermédio de equipe técnica interprofissional a serviço do Poder Judiciário, preferencialmente com apoio dos técnicos responsáveis pela execução da política municipal de garantia do direito à convivência familiar. *(Incluído pela Lei n. 12.010, de 2009)*

Art. 167. A autoridade judiciária, de ofício ou a requerimento das partes ou do Ministério Público, determinará a realização de estudo social ou, se possível, perícia por equipe interprofissional, decidindo sobre a concessão de guarda provisória, bem como, no caso de adoção, sobre o estágio de convivência.

Parágrafo único. Deferida a concessão da guarda provisória ou do estágio de convivência, a criança ou o adolescente será entregue ao interessado, mediante termo de responsabilidade. *(Incluído pela Lei n. 12.010, de 2009)*

Art. 168. Apresentado o relatório social ou o laudo pericial, e ouvida, sempre que possível, a criança ou o adolescente, dar-se-á vista dos autos ao Ministério Público, pelo prazo de cinco dias, decidindo a autoridade judiciária em igual prazo.

Art. 169. Nas hipóteses em que a destituição da tutela, a perda ou a suspensão do poder familiar constituir pressuposto lógico da medida principal de colocação em família substituta, será observado o procedimento contraditório previsto nas Seções II e III deste Capítulo. *(Expressão substituída pela Lei n. 12.010, de 2009)*

Parágrafo único. A perda ou a modificação da guarda poderá ser decretada nos mesmos autos do procedimento, observado o disposto no art. 35.

Art. 170. Concedida a guarda ou a tutela, observar-se-á o disposto no art. 32, e, quanto à adoção, o contido no art. 47.

Parágrafo único. A colocação de criança ou adolescente sob a guarda de pessoa inscrita em programa de acolhimento familiar será comunicada pela autoridade judiciária à entidade por este responsável no prazo máximo de 5 (cinco) dias. *(Incluído pela Lei n. 12.010, de 2009)*

Seção V
Da Apuração de Ato Infracional Atribuído a Adolescente

Art. 171. O adolescente apreendido por força de ordem judicial será, desde logo, encaminhado à autoridade judiciária.

Art. 172. O adolescente apreendido em flagrante de ato infracional será, desde logo, encaminhado à autoridade policial competente.

Parágrafo único. Havendo repartição policial especializada para atendimento de adolescente e em se tratando de ato infracional praticado em co-autoria com maior, prevalecerá a atribuição da repartição especializada, que, após as providências necessárias e conforme o caso, encaminhará o adulto à repartição policial própria.

Art. 173. Em caso de flagrante de ato infracional cometido mediante violência ou grave ameaça a pessoa, a autoridade policial, sem prejuízo do disposto nos arts. 106, parágrafo único, e 107, deverá:

I — lavrar auto de apreensão, ouvidos as testemunhas e o adolescente;

II — apreender o produto e os instrumentos da infração;

III — requisitar os exames ou perícias necessários à comprovação da materialidade e autoria da infração.

Parágrafo único. Nas demais hipóteses de flagrante, a lavratura do auto poderá ser substituída por boletim de ocorrência circunstanciada.

Art. 174. Comparecendo qualquer dos pais ou responsável, o adolescente será prontamente liberado pela autoridade policial, sob termo de compromisso e responsabilidade de sua apresentação ao representante do Ministério Público, no mesmo dia ou, sendo impossível, no primeiro dia útil imediato, exceto quando, pela gravidade do ato infracional e sua repercussão social, deva o adolescente permanecer sob internação para garantia de sua segurança pessoal ou manutenção da ordem pública.

Art. 175. Em caso de não liberação, a autoridade policial encaminhará, desde logo, o adolescente ao representante do Ministério Público, juntamente com cópia do auto de apreensão ou boletim de ocorrência.

§ 1º Sendo impossível a apresentação imediata, a autoridade policial encaminhará o adolescente à entidade de atendimento, que fará a apresentação ao representante do Ministério Público no prazo de vinte e quatro horas.

§ 2º Nas localidades onde não houver entidade de atendimento, a apresentação far-se-á pela autoridade policial. À falta de repartição policial especializada, o adolescente aguardará a apresentação em dependência separada da destinada a maiores, não podendo, em qualquer hipótese, exceder o prazo referido no parágrafo anterior.

Art. 176. Sendo o adolescente liberado, a autoridade policial encaminhará imediatamente ao representante do Ministério Público cópia do auto de apreensão ou boletim de ocorrência.

Art. 177. Se, afastada a hipótese de flagrante, houver indícios de participação de adolescente na prática de ato infracional, a autoridade policial encaminhará ao representante do Ministério Público relatório das investigações e demais documentos.

Art. 178. O adolescente a quem se atribua autoria de ato infracional não poderá ser conduzido ou transportado em compartimento fechado de veículo policial, em condições atentatórias à sua dignidade, ou que impliquem risco à sua integridade física ou mental, sob pena de responsabilidade.

Art. 179. Apresentado o adolescente, o representante do Ministério Público, no mesmo dia e à vista do auto de apreensão, boletim de ocorrência ou relatório policial, devidamente autuados pelo cartório judicial e com informação sobre os antecedentes do adolescente, procederá imediata e informalmente à sua oitiva e, em sendo possível, de seus pais ou responsável, vítima e testemunhas.

Parágrafo único. Em caso de não apresentação, o representante do Ministério Público notificará os pais ou responsável para apresentação do adolescente, podendo requisitar o concurso das polícias civil e militar.

Art. 180. Adotadas as providências a que alude o artigo anterior, o representante do Ministério Público poderá:

I — promover o arquivamento dos autos;

II — conceder a remissão;

III — representar à autoridade judiciária para aplicação de medida sócio-educativa.

Art. 181. Promovido o arquivamento dos autos ou concedida a remissão pelo repre-

sentante do Ministério Público, mediante termo fundamentado, que conterá o resumo dos fatos, os autos serão conclusos à autoridade judiciária para homologação.

§ 1º Homologado o arquivamento ou a remissão, a autoridade judiciária determinará, conforme o caso, o cumprimento da medida.

§ 2º Discordando, a autoridade judiciária fará remessa dos autos ao Procurador-Geral de Justiça, mediante despacho fundamentado, e este oferecerá representação, designará outro membro do Ministério Público para apresentá-la, ou ratificará o arquivamento ou a remissão, que só então estará a autoridade judiciária obrigada a homologar.

Art. 182. Se, por qualquer razão, o representante do Ministério Público não promover o arquivamento ou conceder a remissão, oferecerá representação à autoridade judiciária, propondo a instauração de procedimento para aplicação da medida sócio-educativa que se afigurar a mais adequada.

§ 1º A representação será oferecida por petição, que conterá o breve resumo dos fatos e a classificação do ato infracional e, quando necessário, o rol de testemunhas, podendo ser deduzida oralmente, em sessão diária instalada pela autoridade judiciária.

§ 2º A representação independe de prova pré-constituída da autoria e materialidade.

Art. 183. O prazo máximo e improrrogável para a conclusão do procedimento, estando o adolescente internado provisoriamente, será de quarenta e cinco dias.

Art. 184. Oferecida a representação, a autoridade judiciária designará audiência de apresentação do adolescente, decidindo, desde logo, sobre a decretação ou manutenção da internação, observado o disposto no art. 108 e parágrafo.

§ 1º O adolescente e seus pais ou responsável serão cientificados do teor da representação, e notificados a comparecer à audiência, acompanhados de advogado.

§ 2º Se os pais ou responsável não forem localizados, a autoridade judiciária dará curador especial ao adolescente.

§ 3º Não sendo localizado o adolescente, a autoridade judiciária expedirá mandado de busca e apreensão, determinando o sobrestamento do feito, até a efetiva apresentação.

§ 4º Estando o adolescente internado, será requisitada a sua apresentação, sem prejuízo da notificação dos pais ou responsável.

Art. 185. A internação, decretada ou mantida pela autoridade judiciária, não poderá ser cumprida em estabelecimento prisional.

§ 1º Inexistindo na comarca entidade com as características definidas no art. 123, o adolescente deverá ser imediatamente transferido para a localidade mais próxima.

§ 2º Sendo impossível a pronta transferência, o adolescente aguardará sua remoção em repartição policial, desde que em seção isolada dos adultos e com instalações apropriadas, não podendo ultrapassar o prazo máximo de cinco dias, sob pena de responsabilidade.

Art. 186. Comparecendo o adolescente, seus pais ou responsável, a autoridade judiciária procederá à oitiva dos mesmos, podendo solicitar opinião de profissional qualificado.

§ 1º Se a autoridade judiciária entender adequada a remissão, ouvirá o representante do Ministério Público, proferindo decisão.

§ 2º Sendo o fato grave, passível de aplicação de medida de internação ou colocação em regime de semi-liberdade, a autoridade judiciária, verificando que o adolescente não possui advogado constituído, nomeará defensor, designando, desde logo, audiência em continuação, podendo determinar a realização de diligências e estudo do caso.

§ 3º O advogado constituído ou o defensor nomeado, no prazo de três dias contado da audiência de apresentação, oferecerá defesa prévia e rol de testemunhas.

§ 4º Na audiência em continuação, ouvidas as testemunhas arroladas na representação e na defesa prévia, cumpridas as diligências e juntado o relatório da equipe interprofissional, será dada a palavra ao representante do Ministério Público e ao defensor, sucessivamente, pelo tempo de vinte minutos para cada um, prorrogável por mais dez, a critério da autoridade judiciária, que em seguida proferirá decisão.

Art. 187. Se o adolescente, devidamente notificado, não comparecer, injustificadamente à audiência de apresentação, a autoridade judiciária designará nova data, determinando sua condução coercitiva.

Art. 188. A remissão, como forma de extinção ou suspensão do processo, poderá ser aplicada em qualquer fase do procedimento, antes da sentença.

Art. 189. A autoridade judiciária não aplicará qualquer medida, desde que reconheça na sentença:

I — estar provada a inexistência do fato;
II — não haver prova da existência do fato;
III — não constituir o fato ato infracional;
IV — não existir prova de ter o adolescente concorrido para o ato infracional.

Parágrafo único. Na hipótese deste artigo, estando o adolescente internado, será imediatamente colocado em liberdade.

Art. 190. A intimação da sentença que aplicar medida de internação ou regime de semi-liberdade será feita:

I — ao adolescente e ao seu defensor;
II — quando não for encontrado o adolescente, a seus pais ou responsável, sem prejuízo do defensor.

§ 1º Sendo outra a medida aplicada, a intimação far-se-á unicamente na pessoa do defensor.

§ 2º Recaindo a intimação na pessoa do adolescente, deverá este manifestar se deseja ou não recorrer da sentença.

Seção VI
Da Apuração de Irregularidades em Entidade de Atendimento

Art. 191. O procedimento de apuração de irregularidades em entidade governamental e não-governamental terá início mediante portaria da autoridade judiciária ou representação do Ministério Público ou do Conselho Tutelar, onde conste, necessariamente, resumo dos fatos.

Parágrafo único. Havendo motivo grave, poderá a autoridade judiciária, ouvido o Ministério Público, decretar liminarmente o afastamento provisório do dirigente da entidade, mediante decisão fundamentada.

Art. 192. O dirigente da entidade será citado para, no prazo de dez dias, oferecer resposta escrita, podendo juntar documentos e indicar as provas a produzir.

Art. 193. Apresentada ou não a resposta, sendo necessário, a autoridade judiciária designará audiência de instrução e julgamento, intimando as partes.

§ 1º Salvo manifestação em audiência, as partes e o Ministério Público terão cinco dias para oferecer alegações finais, decidindo a autoridade judiciária em igual prazo.

§ 2º Em se tratando de afastamento provisório ou definitivo de dirigente de entidade governamental, a autoridade judiciária oficiará à autoridade administrativa imediatamente superior ao afastado, marcando prazo para a substituição.

§ 3º Antes de aplicar qualquer das medidas, a autoridade judiciária poderá fixar prazo para a remoção das irregularidades verificadas. Satisfeitas as exigências, o processo será extinto, sem julgamento de mérito.

§ 4º A multa e a advertência serão impostas ao dirigente da entidade ou programa de atendimento.

Seção VII
Da Apuração de Infração Administrativa às Normas de Proteção à Criança e ao Adolescente

Art. 194. O procedimento para imposição de penalidade administrativa por infração às normas de proteção à criança e ao adolescente terá início por representação do Ministério Público, ou do Conselho Tutelar, ou auto de infração elaborado por servidor efetivo ou voluntário credenciado, e assinado por duas testemunhas, se possível.

§ 1º No procedimento iniciado com o auto de infração, poderão ser usadas fórmulas impressas, especificando-se a natureza e as circunstâncias da infração.

§ 2º Sempre que possível, à verificação da infração seguir-se-á a lavratura do auto, certificando-se, em caso contrário, dos motivos do retardamento.

Art. 195. O requerido terá prazo de dez dias para apresentação de defesa, contado da data da intimação, que será feita:

I — pelo autuante, no próprio auto, quando este for lavrado na presença do requerido;
II — por oficial de justiça ou funcionário legalmente habilitado, que entregará cópia do auto ou da representação ao requerido, ou a seu representante legal, lavrando certidão;
III — por via postal, com aviso de recebimento, se não for encontrado o requerido ou seu representante legal;
IV — por edital, com prazo de trinta dias, se incerto ou não sabido o paradeiro do requerido ou de seu representante legal.

Art. 196. Não sendo apresentada a defesa no prazo legal, a autoridade judiciária dará vista dos autos do Ministério Público, por cinco dias, decidindo em igual prazo.

Art. 197. Apresentada a defesa, a autoridade judiciária procederá na conformidade do artigo anterior, ou, sendo necessário, designará audiência de instrução e julgamento. *(Vide Lei n. 12.010, de 2009)*

Parágrafo único. Colhida a prova oral, manifestar-se-ão sucessivamente o Ministério Público e o procurador do requerido, pelo tempo de vinte minutos para cada um, prorrogável por mais dez, a critério da autoridade judiciária, que em seguida proferirá sentença.

Seção VIII
Da Habilitação de Pretendentes à Adoção
(Incluída pela Lei n. 12.010, de 2009)

Art. 197-A. Os postulantes à adoção, domiciliados no Brasil, apresentarão petição inicial na qual conste: *(Incluído pela Lei n. 12.010, de 2009)*

I — qualificação completa; *(Incluído pela Lei n. 12.010, de 2009)*

II — dados familiares; *(Incluído pela Lei n. 12.010, de 2009)*

III — cópias autenticadas de certidão de nascimento ou casamento, ou declaração relativa ao período de união estável; *(Incluído pela Lei n. 12.010, de 2009)*

IV — cópias da cédula de identidade e inscrição no Cadastro de Pessoas Físicas; *(Incluído pela Lei n. 12.010, de 2009)*

V — comprovante de renda e domicílio; *(Incluído pela Lei n. 12.010, de 2009)*

VI — atestados de sanidade física e mental; *(Incluído pela Lei n. 12.010, de 2009)*

VII — certidão de antecedentes criminais; *(Incluído pela Lei n. 12.010, de 2009)*

VIII — certidão negativa de distribuição cível. *(Incluído pela Lei n. 12.010, de 2009)*

Art. 197-B. A autoridade judiciária, no prazo de 48 (quarenta e oito) horas, dará vista dos autos ao Ministério Público, que no prazo de 5 (cinco) dias poderá: *(Incluído pela Lei n. 12.010, de 2009)*

I — apresentar quesitos a serem respondidos pela equipe interprofissional encarregada de elaborar o estudo técnico a que se refere o art. 197-C desta Lei; *(Incluído pela Lei n. 12.010, de 2009)*

II — requerer a designação de audiência para oitiva dos postulantes em juízo e testemunhas; *(Incluído pela Lei n. 12.010, de 2009)*

III — requerer a juntada de documentos complementares e a realização de outras diligências que entender necessárias. *(Incluído pela Lei n. 12.010, de 2009)*

Art. 197-C. Intervirá no feito, obrigatoriamente, equipe interprofissional a serviço da Justiça da Infância e da Juventude, que deverá elaborar estudo psicossocial, que conterá subsídios que permitam aferir a capacidade e o preparo dos postulantes para o exercício de uma paternidade ou maternidade responsável, à luz dos requisitos e princípios desta Lei. *(Incluído pela Lei n. 12.010, de 2009)*

§ 1º É obrigatória a participação dos postulantes em programa oferecido pela Justiça da Infância e da Juventude preferencialmente com apoio dos técnicos responsáveis pela execução da política municipal de garantia do direito à convivência familiar, que inclua preparação psicológica, orientação e estímulo à adoção inter-racial, de crianças maiores ou de adolescentes, com necessidades específicas de saúde ou com deficiências e de grupos de irmãos. *(Incluído pela Lei n. 12.010, de 2009)*

§ 2º Sempre que possível e recomendável, a etapa obrigatória da preparação referida no § 1º deste artigo incluirá o contato com crianças e adolescentes em regime de acolhimento familiar ou institucional em condições de serem adotados, a ser realizado sob a orientação, supervisão e avaliação da equipe técnica da Justiça da Infância e da Juventude, com o apoio dos técnicos responsáveis pelo programa de acolhimento familiar ou institucional e pela execução da política municipal de garantia do direito à convivência familiar. *(Incluído pela Lei n. 12.010, de 2009)*

Art. 197-D. Certificada nos autos a conclusão da participação no programa referido no art. 197-C desta Lei, a autoridade judiciária, no prazo de 48 (quarenta e oito) horas, decidirá acerca das diligências requeridas pelo Ministério Público e determinará a juntada do estudo psicossocial, designando, conforme o caso, audiência de instrução e julgamento. *(Incluído pela Lei n. 12.010, de 2009)*

Parágrafo único. Caso não sejam requeridas diligências, ou sendo essas indeferidas, a autoridade judiciária determinará a juntada do estudo psicossocial, abrindo a seguir vista dos autos ao Ministério Público, por 5 (cinco) dias, decidindo em igual prazo. *(Incluído pela Lei n. 12.010, de 2009)*

Art. 197-E. Deferida a habilitação, o postulante será inscrito nos cadastros referidos no art. 50 desta Lei, sendo a sua convocação para a adoção feita de acordo com ordem cronológica de habilitação e conforme a disponibilidade de crianças ou adolescentes adotáveis. *(Incluído pela Lei n. 12.010, de 2009)*

§ 1º A ordem cronológica das habilitações somente poderá deixar de ser observada pela autoridade judiciária nas hipóteses previstas no § 13 do art. 50 desta Lei, quando comprovado ser essa a melhor solução no interesse do adotando. *(Incluído pela Lei n. 12.010, de 2009)*

§ 2º A recusa sistemática na adoção das crianças ou adolescentes indicados importará na reavaliação da habilitação concedida. *(Incluído pela Lei n. 12.010, de 2009)*

CAPÍTULO IV
Dos Recursos

Art. 198. Nos procedimentos afetos à Justiça da Infância e da Juventude, inclusive os relativos à execução das medidas socioeducativas, adotar-se-á o sistema recursal da *Lei n. 5.869, de 11 de janeiro de 1973 (Código de Processo Civil)*, com as seguintes adaptações: *(Redação dada pela Lei n. 12.594, de 2012) (Vide)*

I — os recursos serão interpostos independentemente de preparo;

II — em todos os recursos, salvo nos embargos de declaração, o prazo para o Ministério Público e para a defesa será sempre de 10 (dez) dias; *(Redação dada pela Lei n. 12.594, de 2012) (Vide)*

III — os recursos terão preferência de julgamento e dispensarão revisor;

IV — *(Revogado pela Lei n. 12.010, de 2009)*

V — *(Revogado pela Lei n. 12.010, de 2009)*

VI — *(Revogado pela Lei n. 12.010, de 2009)*

VII — antes de determinar a remessa dos autos à superior instância, no caso de apelação, ou do instrumento, no caso de agravo, a autoridade judiciária proferirá despacho fundamentado, mantendo ou reformando a decisão, no prazo de cinco dias;

VIII — mantida a decisão apelada ou agravada, o escrivão remeterá os autos ou o instrumento à superior instância dentro de vinte e quatro horas, independentemente de novo pedido do recorrente; se a reformar, a remessa dos autos dependerá de pedido expresso da parte interessada ou do Ministério Público, no prazo de cinco dias, contados da intimação.

Art. 199. Contra as decisões proferidas com base no art. 149 caberá recurso de apelação.

Art. 199-A. A sentença que deferir a adoção produz efeito desde logo, embora sujeita a apelação, que será recebida exclusivamente no efeito devolutivo, salvo se se tratar de adoção internacional ou se houver perigo de dano irreparável ou de difícil reparação ao adotando. *(Incluído pela Lei n. 12.010, de 2009)*

Art. 199-B. A sentença que destituir ambos ou qualquer dos genitores do poder familiar fica sujeita a apelação, que deverá ser recebida apenas no efeito devolutivo. *(Incluído pela Lei n. 12.010, de 2009)*

Art. 199-C. Os recursos nos procedimentos de adoção e de destituição de poder familiar, em face da relevância das questões, serão processados com prioridade absoluta, devendo ser imediatamente distribuídos, ficando vedado que aguardem, em qualquer situação, oportuna distribuição, e serão colocados em mesa para julgamento sem revisão e com parecer urgente do Ministério Público. *(Incluído pela Lei n. 12.010, de 2009)*

Art. 199-D. O relator deverá colocar o processo em mesa para julgamento no prazo máximo de 60 (sessenta) dias, contado da sua conclusão. *(Incluído pela Lei n. 12.010, de 2009)*

Parágrafo único. O Ministério Público será intimado da data do julgamento e poderá na sessão, se entender necessário, apresentar oralmente seu parecer. *(Incluído pela Lei n. 12.010, de 2009)*

Art. 199-E. O Ministério Público poderá requerer a instauração de procedimento para apuração de responsabilidades se constatar o descumprimento das providências e do prazo previstos nos artigos anteriores. *(Incluído pela Lei n. 12.010, de 2009)*

CAPÍTULO V
Do Ministério Público

Art. 200. As funções do Ministério Público previstas nesta Lei serão exercidas nos termos da respectiva lei orgânica.

Art. 201. Compete ao Ministério Público:

I — conceder a remissão como forma de exclusão do processo;

II — promover e acompanhar os procedimentos relativos às infrações atribuídas a adolescentes;

III — promover e acompanhar as ações de alimentos e os procedimentos de suspensão e destituição do poder familiar, nomeação e remoção de tutores, curadores e guardiães, bem como oficiar em todos os demais procedimentos da competência da Justiça da Infância e da Juventude; *(Expressão substituída pela Lei n. 12.010, de 2009)*

IV — promover, de ofício ou por solicitação dos interessados, a especialização e a inscrição de hipoteca legal e a prestação de contas dos tutores, curadores e quaisquer administradores de bens de crianças e adolescentes nas hipóteses do art. 98;

V — promover o inquérito civil e a ação civil pública para a proteção dos interesses individuais, difusos ou coletivos relativos à infância e à adolescência, inclusive os definidos no art. 220, § 3º inciso II, da Constituição Federal;

VI — instaurar procedimentos administrativos e, para instruí-los:

a) expedir notificações para colher depoimentos ou esclarecimentos e, em caso de não comparecimento injustificado, requisitar condução coercitiva, inclusive pela polícia civil ou militar;

b) requisitar informações, exames, perícias e documentos de autoridades municipais, estaduais e federais, da administração direta ou indireta, bem como promover inspeções e diligências investigatórias;

c) requisitar informações e documentos a particulares e instituições privadas;

VII — instaurar sindicâncias, requisitar diligências investigatórias e determinar a instauração de inquérito policial, para apuração de ilícitos ou infrações às normas de proteção à infância e à juventude;

VIII — zelar pelo efetivo respeito aos direitos e garantias legais assegurados às crianças e adolescentes, promovendo as medidas judiciais e extrajudiciais cabíveis;

IX — impetrar mandado de segurança, de injunção e habeas corpus, em qualquer juízo, instância ou tribunal, na defesa dos interesses sociais e individuais indisponíveis afetos à criança e ao adolescente;

X — representar ao juízo visando à aplicação de penalidade por infrações cometidas contra as normas de proteção à infância e à juventude, sem prejuízo da promoção da responsabilidade civil e penal do infrator, quando cabível;

XI — inspecionar as entidades públicas e particulares de atendimento e os programas de que trata esta Lei, adotando de pronto as medidas administrativas ou judiciais necessárias à remoção de irregularidades porventura verificadas;

XII — requisitar força policial, bem como a colaboração dos serviços médicos, hospitalares, educacionais e de assistência social, públicos ou privados, para o desempenho de suas atribuições.

§ 1º A legitimação do Ministério Público para as ações cíveis previstas neste artigo não impede a de terceiros, nas mesmas hipóteses, segundo dispuserem a Constituição e esta Lei.

§ 2º As atribuições constantes deste artigo não excluem outras, desde que compatíveis com a finalidade do Ministério Público.

§ 3º O representante do Ministério Público, no exercício de suas funções, terá livre acesso a todo local onde se encontre criança ou adolescente.

§ 4º O representante do Ministério Público será responsável pelo uso indevido das informações e documentos que requisitar, nas hipóteses legais de sigilo.

§ 5º Para o exercício da atribuição de que trata o inciso VIII deste artigo, poderá o representante do Ministério Público:

a) reduzir a termo as declarações do reclamante, instaurando o competente procedimento, sob sua presidência;

b) entender-se diretamente com a pessoa ou autoridade reclamada, em dia, local e horário previamente notificados ou acertados;

c) efetuar recomendações visando à melhoria dos serviços públicos e de relevância pública afetos à criança e ao adolescente, fixando prazo razoável para sua perfeita adequação.

Art. 202. Nos processos e procedimentos em que não for parte, atuará obrigatoriamente o Ministério Público na defesa dos direitos e interesses de que cuida esta Lei, hipótese em que terá vista dos autos depois das partes, podendo juntar documentos e requerer diligências, usando os recursos cabíveis.

Art. 203. A intimação do Ministério Público, em qualquer caso, será feita pessoalmente.

Art. 204. A falta de intervenção do Ministério Público acarreta a nulidade do feito, que será declarada de ofício pelo juiz ou a requerimento de qualquer interessado.

Art. 205. As manifestações processuais do representante do Ministério Público deverão ser fundamentadas.

CAPÍTULO VI
Do Advogado

Art. 206. A criança ou o adolescente, seus pais ou responsável, e qualquer pessoa que tenha legítimo interesse na solução da lide poderão intervir nos procedimentos de que trata esta Lei, através de advogado, o qual será intimado para todos os atos, pessoalmente ou por publicação oficial, respeitado o segredo de justiça.

Parágrafo único. Será prestada assistência judiciária integral e gratuita àqueles que dela necessitarem.

Art. 207. Nenhum adolescente a quem se atribua a prática de ato infracional, ainda que ausente ou foragido, será processado sem defensor.

§ 1º Se o adolescente não tiver defensor, ser-lhe-á nomeado pelo juiz, ressalvado o direito de, a todo tempo, constituir outro de sua preferência.

§ 2º A ausência do defensor não determinará o adiamento de nenhum ato do processo, devendo o juiz nomear substituto, ainda que provisoriamente, ou para o só efeito do ato.

§ 3º Será dispensada a outorga de mandato, quando se tratar de defensor nomeado ou, sido constituído, tiver sido indicado por ocasião de ato formal com a presença da autoridade judiciária.

CAPÍTULO VII
Da Proteção Judicial dos Interesses Individuais, Difusos e Coletivos

Art. 208. Regem-se pelas disposições desta Lei as ações de responsabilidade por ofensa aos direitos assegurados à criança e ao adolescente, referentes ao não oferecimento ou oferta irregular: *(Vide Lei n. 12.010, de 2009)*

I — do ensino obrigatório;

II — de atendimento educacional especializado aos portadores de deficiência;

III — de atendimento em creche e pré-escola às crianças de zero a cinco anos de idade;

IV — de ensino noturno regular, adequado às condições do educando;

V — de programas suplementares de oferta de material didático-escolar, transporte e assistência à saúde do educando do ensino fundamental;

VI — de serviço de assistência social visando à proteção à família, à maternidade, à infância e à adolescência, bem como ao amparo às crianças e adolescentes que dele necessitem;

VII — de acesso às ações e serviços de saúde;

VIII — de escolarização e profissionalização dos adolescentes privados de liberdade.

IX — de ações, serviços e programas de orientação, apoio e promoção social de famílias e destinados ao pleno exercício do direito à convivência familiar por crianças e adolescentes. *(Incluído pela Lei n. 12.010, de 2009)*

X — de programas de atendimento para a execução das medidas socioeducativas e aplicação de medidas de proteção. *(Incluído pela Lei n. 12.594, de 2012) (Vide)*

§ 1º As hipóteses previstas neste artigo não excluem da proteção judicial outros interesses individuais, difusos ou coletivos, próprios da infância e da adolescência, protegidos pela Constituição e pela Lei. *(Renumerado do Parágrafo único pela Lei n. 11.259, de 2005)*

§ 2º A investigação do desaparecimento de crianças ou adolescentes será realizada imediatamente após notificação aos órgãos competentes, que deverão comunicar o fato aos portos, aeroportos, Polícia Rodoviária e companhias de transporte interestaduais e internacionais, fornecendo-lhes todos os dados necessários à identificação do desaparecido. *(Incluído pela Lei n. 11.259, de 2005)*

Art. 209. As ações previstas neste Capítulo serão propostas no foro do local onde ocorreu ou deva ocorrer a ação ou omissão, cujo juízo terá competência absoluta para processar a causa, ressalvadas a competência da Justiça Federal e a competência originária dos tribunais superiores.

Art. 210. Para as ações cíveis fundadas em interesses coletivos ou difusos, consideram-se legitimados concorrentemente:

I — o Ministério Público;

II — a União, os estados, os municípios, o Distrito Federal e os territórios;

III — as associações legalmente constituídas há pelo menos um ano e que incluam entre seus fins institucionais a defesa dos interesses e direitos protegidos por esta Lei, dispensada a autorização da assembléia, se houver prévia autorização estatutária.

§ 1º Admitir-se-á litisconsórcio facultativo entre os Ministérios Públicos da União e dos estados na defesa dos interesses e direitos de que cuida esta Lei.

§ 2º Em caso de desistência ou abandono da ação por associação legitimada, o Ministério Público ou outro legitimado poderá assumir a titularidade ativa.

Art. 211. Os órgãos públicos legitimados poderão tomar dos interessados compromisso de ajustamento de sua conduta às exigências legais, o qual terá eficácia de título executivo extrajudicial.

Art. 212. Para defesa dos direitos e interesses protegidos por esta Lei, são admissíveis todas as espécies de ações pertinentes.

§ 1º Aplicam-se às ações previstas neste Capítulo as normas do Código de Processo Civil.

§ 2º Contra atos ilegais ou abusivos de autoridade pública ou agente de pessoa jurídica no exercício de atribuições do poder público, que lesem direito líquido e certo previsto nesta Lei, caberá ação mandamental, que se regerá pelas normas da lei do mandado de segurança.

Art. 213. Na ação que tenha por objeto o cumprimento de obrigação de fazer ou não fazer, o juiz concederá a tutela específica da obrigação ou determinará providências que assegurem o resultado prático equivalente ao do adimplemento.

§ 1º Sendo relevante o fundamento da demanda e havendo justificado receio de ineficácia do provimento final, é lícito ao juiz conceder a tutela liminarmente ou após justificação prévia, citando o réu.

§ 2º O juiz poderá, na hipótese do parágrafo anterior ou na sentença, impor multa diária ao réu, independentemente de pedido do autor, se for suficiente ou compatível com a obrigação, fixando prazo razoável para o cumprimento do preceito.

§ 3º A multa só será exigível do réu após o trânsito em julgado da sentença favorável ao autor, mas será devida desde o dia em que se houver configurado o descumprimento.

Art. 214. Os valores das multas reverterão ao fundo gerido pelo Conselho dos Direitos da Criança e do Adolescente do respectivo município.

§ 1º As multas não recolhidas até trinta dias após o trânsito em julgado da decisão serão exigidas através de execução promovida pelo Ministério Público, nos mesmos autos, facultada igual iniciativa aos demais legitimados.

§ 2º Enquanto o fundo não for regulamentado, o dinheiro ficará depositado em estabelecimento oficial de crédito, em conta com correção monetária.

Art. 215. O juiz poderá conferir efeito suspensivo aos recursos, para evitar dano irreparável à parte.

Art. 216. Transitada em julgado a sentença que impuser condenação ao poder público, o juiz determinará a remessa de peças à autoridade competente, para apuração da responsabilidade civil e administrativa do agente a que se atribua a ação ou omissão.

Art. 217. Decorridos sessenta dias do trânsito em julgado da sentença condenatória sem que a associação autora lhe promova a execução, deverá fazê-lo o Ministério Público, facultada igual iniciativa aos demais legitimados.

Art. 218. O juiz condenará a associação autora a pagar ao réu os honorários advocatícios arbitrados na conformidade do § 4º do art. 20 da Lei n. 5.869, de 11 de janeiro de 1973 (Código de Processo Civil), quando reconhecer que a pretensão é manifestamente infundada.

Parágrafo único. Em caso de litigância de má-fé, a associação autora e os diretores responsáveis pela propositura da ação serão solidariamente condenados ao décuplo das custas, sem prejuízo de responsabilidade por perdas e danos.

Art. 219. Nas ações de que trata este Capítulo, não haverá adiantamento de custas, emolumentos, honorários periciais e quaisquer outras despesas.

Art. 220. Qualquer pessoa poderá e o servidor público deverá provocar a iniciativa do Ministério Público, prestando-lhe informações sobre fatos que constituam objeto de ação civil, e indicando-lhe os elementos de convicção.

Art. 221. Se, no exercício de suas funções, os juízos e tribunais tiverem conhecimento de fatos que possam ensejar a propositura de ação civil, remeterão peças ao Ministério Público para as providências cabíveis.

Art. 222. Para instruir a petição inicial, o interessado poderá requerer às autoridades competentes as certidões e informações que julgar necessárias, que serão fornecidas no prazo de quinze dias.

Art. 223. O Ministério Público poderá instaurar, sob sua presidência, inquérito civil, ou requisitar, de qualquer pessoa, organismo público ou particular, certidões, informações, exames ou perícias, no prazo que assinalar, o qual não poderá ser inferior a dez dias úteis.

§ 1º Se o órgão do Ministério Público, esgotadas todas as diligências, se convencer da inexistência de fundamento para a propositura da ação cível, promoverá o arquivamento dos autos do inquérito civil ou das peças informativas, fazendo-o fundamentadamente.

§ 2º Os autos do inquérito civil ou as peças de informação arquivados serão remetidos, sob pena de se incorrer em falta grave, no prazo de três dias, ao Conselho Superior do Ministério Público.

§ 3º Até que seja homologada ou rejeitada a promoção de arquivamento, em sessão do Conselho Superior do Ministério público, poderão as associações legitimadas apresentar razões escritas ou documentos, que serão juntados aos autos do inquérito ou anexados às peças de informação.

§ 4º A promoção de arquivamento será submetida a exame e deliberação do Conselho Superior do Ministério Público, conforme dispuser o seu regimento.

§ 5º Deixando o Conselho Superior de homologar a promoção de arquivamento, designará, desde logo, outro órgão do Ministério Público para o ajuizamento da ação.

Art. 224. Aplicam-se subsidiariamente, no que couber, as disposições da Lei n. 7.347, de 24 de julho de 1985.

TÍTULO VII
Dos Crimes e Das Infrações Administrativas

CAPÍTULO I
Dos Crimes

Seção I
Disposições Gerais

Art. 225. Este Capítulo dispõe sobre crimes praticados contra a criança e o adolescente, por ação ou omissão, sem prejuízo do disposto na legislação penal.

Art. 226. Aplicam-se aos crimes definidos nesta Lei as normas da Parte Geral do Código Penal e, quanto ao processo, as pertinentes ao Código de Processo Penal.

Art. 227. Os crimes definidos nesta Lei são de ação pública incondicionada.

Seção II
Dos Crimes em Espécie

Art. 228. Deixar o encarregado de serviço ou o dirigente de estabelecimento de atenção à saúde de gestante de manter registro das atividades desenvolvidas, na forma e prazo referidos no art. 10 desta Lei, bem como de fornecer à parturiente ou a seu responsável, por ocasião da alta médica, declaração de nascimento, onde constem as intercorrências do parto e do desenvolvimento do neonato:

Pena: detenção de seis meses a dois anos.

Parágrafo único. Se o crime é culposo:

Pena: detenção de dois a seis meses, ou multa.

Art. 229. Deixar o médico, enfermeiro ou dirigente de estabelecimento de atenção à saúde de gestante de identificar corretamente o neonato e a parturiente, por ocasião do parto, bem como deixar de proceder aos exames referidos no art. 10 desta Lei:

Pena: detenção de seis meses a dois anos.

Parágrafo único. Se o crime é culposo:

Pena: detenção de dois a seis meses, ou multa.

Art. 230. Privar a criança ou o adolescente de sua liberdade, procedendo à sua apreensão sem estar em flagrante de ato infracional ou inexistindo ordem escrita da autoridade judiciária competente:

Pena: detenção de seis meses a dois anos.

Parágrafo único. Incide na mesma pena aquele que procede à apreensão sem observância das formalidades legais.

Art. 231. Deixar a autoridade policial responsável pela apreensão de criança ou adolescente de fazer imediata comunicação à autoridade judiciária competente e à família do apreendido ou à pessoa por ele indicada:

Pena: detenção de seis meses a dois anos.

Art. 232. Submeter criança ou adolescente sob sua autoridade, guarda ou vigilância a vexame ou a constrangimento:

Pena: detenção de seis meses a dois anos.

Art. 233. (Revogado pela Lei n. 9.455, de 7.4.1997)

Art. 234. Deixar a autoridade competente, sem justa causa, de ordenar a imediata liberação de criança ou adolescente, tão logo tenha conhecimento da ilegalidade da apreensão:

Pena: detenção de seis meses a dois anos.

Art. 235. Descumprir, injustificadamente, prazo fixado nesta Lei em benefício de adolescente privado de liberdade:

Pena: detenção de seis meses a dois anos.

Art. 236. Impedir ou embaraçar a ação de autoridade judiciária, membro do Conselho Tutelar ou representante do Ministério Público no exercício de função prevista nesta Lei:

Pena: detenção de seis meses a dois anos.

Art. 237. Subtrair criança ou adolescente ao poder de quem o tem sob sua guarda em virtude de lei ou ordem judicial, com o fim de colocação em lar substituto:

Pena: reclusão de dois a seis anos, e multa.

Art. 238. Prometer ou efetivar a entrega de filho ou pupilo a terceiro, mediante paga ou recompensa:

Pena: reclusão de um a quatro anos, e multa.

Parágrafo único. Incide nas mesmas penas quem oferece ou efetiva a paga ou recompensa.

Art. 239. Promover ou auxiliar a efetivação de ato destinado ao envio de criança ou adolescente para o exterior com inobservância das formalidades legais ou com o fito de obter lucro:

Pena: reclusão de quatro a seis anos, e multa.

Parágrafo único. Se há emprego de violência, grave ameaça ou fraude: *(Incluído pela Lei n. 10.764, de 12.11.2003)*

Pena: reclusão, de 6 (seis) a 8 (oito) anos, além da pena correspondente à violência.

Art. 240. Produzir, reproduzir, dirigir, fotografar, filmar ou registrar, por qualquer meio, cena de sexo explícito ou pornográfica, envolvendo criança ou adolescente: *(Redação dada pela Lei n. 11.829, de 2008)*

Pena: reclusão, de 4 (quatro) a 8 (oito) anos, e multa. *(Redação dada pela Lei n. 11.829, de 2008)*

§ 1º Incorre nas mesmas penas quem agencia, facilita, recruta, coage, ou de qualquer modo intermedeia a participação de criança ou adolescente nas cenas referidas no *caput* deste artigo, ou ainda quem com esses contracena. *(Redação dada pela Lei n. 11.829, de 2008)*

§ 2º Aumenta-se a pena de 1/3 (um terço) se o agente comete o crime: *(Redação dada pela Lei n. 11.829, de 2008)*

I — no exercício de cargo ou função pública ou a pretexto de exercê-la; *(Redação dada pela Lei n. 11.829, de 2008)*

II — prevalecendo-se de relações domésticas, de coabitação ou de hospitalidade; ou *(Redação dada pela Lei n. 11.829, de 2008)*

III — prevalecendo-se de relações de parentesco consanguíneo ou afim até o terceiro grau, ou por adoção, de tutor, curador, preceptor, empregador da vítima ou de quem, a qualquer outro título, tenha autoridade sobre ela, ou com seu consentimento. *(Incluído pela Lei n. 11.829, de 2008)*

Art. 241. Vender ou expor à venda fotografia, vídeo ou outro registro que contenha cena de sexo explícito ou pornográfica envolvendo criança ou adolescente: *(Redação dada pela Lei n. 11.829, de 2008)*

Pena: reclusão, de 4 (quatro) a 8 (oito) anos, e multa. *(Redação dada pela Lei n. 11.829, de 2008)*

Art. 241-A. Oferecer, trocar, disponibilizar, transmitir, distribuir, publicar ou divulgar por qualquer meio, inclusive por meio de sistema de informática ou telemático, fotografia, vídeo ou outro registro que contenha cena de sexo explícito ou pornográfica envolvendo criança ou adolescente: *(Incluído pela Lei n. 11.829, de 2008)*

Pena: reclusão, de 3 (três) a 6 (seis) anos, e multa. *(Incluído pela Lei n. 11.829, de 2008)*

§ 1º Nas mesmas penas incorre quem: *(Incluído pela Lei n. 11.829, de 2008)*

I — assegura os meios ou serviços para o armazenamento das fotografias, cenas ou imagens de que trata o *caput* deste artigo; *(Incluído pela Lei n. 11.829, de 2008)*

II — assegura, por qualquer meio, o acesso por rede de computadores às fotografias, cenas ou imagens de que trata o *caput* deste artigo. *(Incluído pela Lei n. 11.829, de 2008)*

§ 2º As condutas tipificadas nos incisos I e II do § 1º deste artigo são puníveis quando o responsável legal pela prestação do serviço, oficialmente notificado, deixa de desabilitar o acesso ao conteúdo ilícito de que trata o *caput* deste artigo. *(Incluído pela Lei n. 11.829, de 2008)*

Art. 241-B. Adquirir, possuir ou armazenar, por qualquer meio, fotografia, vídeo ou outra forma de registro que contenha cena de sexo explícito ou pornográfica envolvendo criança ou adolescente: *(Incluído pela Lei n. 11.829, de 2008)*

Pena: reclusão, de 1 (um) a 4 (quatro) anos, e multa. *(Incluído pela Lei n. 11.829, de 2008)*

§ 1º A pena é diminuída de 1 (um) a 2/3 (dois terços) se de pequena quantidade o material a que se refere o *caput* deste artigo. *(Incluído pela Lei n. 11.829, de 2008)*

§ 2º Não há crime se a posse ou o armazenamento tem a finalidade de comunicar às autoridades competentes a ocorrência das condutas descritas nos arts. 240, 241, 241-A e 241-C desta Lei, quando a comunicação for feita por: *(Incluído pela Lei n. 11.829, de 2008)*

I — agente público no exercício de suas funções; *(Incluído pela Lei n. 11.829, de 2008)*

II — membro de entidade, legalmente constituída, que inclua, entre suas finalidades institucionais, o recebimento, o processamento e o encaminhamento de notícia dos crimes referidos neste parágrafo; *(Incluído pela Lei n. 11.829, de 2008)*

III — representante legal e funcionários responsáveis de provedor de acesso ou serviço prestado por meio de rede de computadores, até o recebimento do material relativo à notícia feita à autoridade policial, ao Ministério Público ou ao Poder Judiciário. *(Incluído pela Lei n. 11.829, de 2008)*

§ 3º As pessoas referidas no § 2º deste artigo deverão manter sob sigilo o material ilícito referido. *(Incluído pela Lei n. 11.829, de 2008)*

Art. 241-C. Simular a participação de criança ou adolescente em cena de sexo explícito ou pornográfica por meio de adulteração, montagem ou modificação de fotografia, vídeo ou qualquer outra forma de representação visual: *(Incluído pela Lei n. 11.829, de 2008)*

Pena: reclusão, de 1 (um) a 3 (três) anos, e multa. *(Incluído pela Lei n. 11.829, de 2008)*

Parágrafo único. Incorre nas mesmas penas quem vende, expõe à venda, disponibiliza, distribui, publica ou divulga por qualquer meio, adquire, possui ou armazena o material produzido na forma do *caput* deste artigo. *(Incluído pela Lei n. 11.829, de 2008)*

Art. 241-D. Aliciar, assediar, instigar ou constranger, por qualquer meio de comunicação, criança, com o fim de com ela praticar ato libidinoso: *(Incluído pela Lei n. 11.829, de 2008)*

Pena: reclusão, de 1 (um) a 3 (três) anos, e multa. *(Incluído pela Lei n. 11.829, de 2008)*

Parágrafo único. Nas mesmas penas incorre quem: *(Incluído pela Lei n. 11.829, de 2008)*

I — facilita ou induz o acesso à criança de material contendo cena de sexo explícito ou pornográfica com o fim de com ela praticar ato libidinoso; *(Incluído pela Lei n. 11.829, de 2008)*

II — pratica as condutas descritas no *caput* deste artigo com o fim de induzir criança a se exibir de forma pornográfica ou sexualmente explícita. *(Incluído pela Lei n. 11.829, de 2008)*

Art. 241-E. Para efeito dos crimes previstos nesta Lei, a expressão "cena de sexo explícito ou pornográfica" compreende qualquer situação que envolva criança ou adolescente em atividades sexuais explícitas, reais ou simuladas, ou exibição dos órgãos genitais de uma criança ou adolescente para fins primordialmente sexuais. *(Incluído pela Lei n. 11.829, de 2008)*

Art. 242. Vender, fornecer ainda que gratuitamente ou entregar, de qualquer forma, a criança ou adolescente arma, munição ou explosivo:

Pena: reclusão, de 3 (três) a 6 (seis) anos. *(Redação dada pela Lei n. 10.764, de 12.11.2003)*

Art. 243. Vender, fornecer, servir, ministrar ou entregar, ainda que gratuitamente, de qualquer forma, a criança ou a adolescente, bebida alcoólica ou, sem justa causa, outros produtos cujos componentes possam causar dependência física ou psíquica: *(Redação dada pela Lei n. 13.106, de 2015)*

Pena: detenção de 2 (dois) a 4 (quatro) anos, e multa, se o fato não constitui crime mais grave. *(Redação dada pela Lei n. 13.106, de 2015)*

Art. 244. Vender, fornecer ainda que gratuitamente ou entregar, de qualquer forma, a criança ou adolescente fogos de estampido ou de artifício, exceto aqueles que, pelo seu reduzido potencial, sejam incapazes de provocar qualquer dano físico em caso de utilização indevida:

Pena: detenção de seis meses a dois anos, e multa.

Art. 244-A. Submeter criança ou adolescente, como tais definidos no *caput* do art. 2º desta Lei, à prostituição ou à exploração sexual: *(Incluído pela Lei n. 9.975, de 23.6.2000)*

Pena: reclusão de quatro a dez anos, e multa.

§ 1º Incorrem nas mesmas penas o proprietário, o gerente ou o responsável pelo local em que se verifique a submissão de criança ou adolescente às práticas referidas no *caput* deste artigo. *(Incluído pela Lei n. 9.975, de 23.6.2000)*

§ 2º Constitui efeito obrigatório da condenação a cassação da licença de localização e de funcionamento do estabelecimento. *(Incluído pela Lei n. 9.975, de 23.6.2000)*

Art. 244-B. Corromper ou facilitar a corrupção de menor de 18 (dezoito) anos, com ele praticando infração penal ou induzindo-o a praticá-la: *(Incluído pela Lei n. 12.015, de 2009)*

Pena: reclusão, de 1 (um) a 4 (quatro) anos. *(Incluído pela Lei n. 12.015, de 2009)*

§ 1º Incorre nas penas previstas no *caput* deste artigo quem pratica as condutas ali tipificadas utilizando-se de quaisquer meios eletrônicos, inclusive salas de bate-papo da internet. *(Incluído pela Lei n. 12.015, de 2009)*

§ 2º As penas previstas no *caput* deste artigo são aumentadas de um terço no caso de a infração cometida ou induzida estar incluída no rol do *art. 1º da Lei n.8.072, de 25 de julho de 1990.* *(Incluído pela Lei n. 12.015, de 2009)*

CAPÍTULO II
Das Infrações Administrativas

Art. 245. Deixar o médico, professor ou responsável por estabelecimento de atenção à saúde e de ensino fundamental, pré-escola ou creche, de comunicar à autoridade competente os casos de que tenha conhecimento, envolvendo suspeita ou confirmação de maus-tratos contra criança ou adolescente:

Pena: multa de três a vinte salários de referência, aplicando-se o dobro em caso de reincidência.

Art. 246. Impedir o responsável ou funcionário de entidade de atendimento o exercício dos direitos constantes nos incisos II, III, VII, VIII e XI do art. 124 desta Lei:

Pena: multa de três a vinte salários de referência, aplicando-se o dobro em caso de reincidência.

Art. 247. Divulgar, total ou parcialmente, sem autorização devida, por qualquer meio de comunicação, nome, ato ou documento de procedimento policial, administrativo ou judicial relativo a criança ou adolescente a que se atribua ato infracional:

Pena: multa de três a vinte salários de referência, aplicando-se o dobro em caso de reincidência.

§ 1º Incorre na mesma pena quem exibe, total ou parcialmente, fotografia de criança ou adolescente envolvido em ato infracional, ou qualquer ilustração que lhe diga respeito ou se refira a atos que lhe sejam atribuídos, de forma a permitir sua identificação, direta ou indiretamente.

§ 2º Se o fato for praticado por órgão de imprensa ou emissora de rádio ou televisão, além da pena prevista neste artigo, a autoridade judiciária poderá determinar a apreensão da publicação. *(Expressão declara inconstitucional pela ADIN 869-2)*

Art. 248. Deixar de apresentar à autoridade judiciária de seu domicílio, no prazo de cinco dias, com o fim de regularizar a guarda, adolescente trazido de outra comarca para a prestação de serviço doméstico, mesmo que autorizado pelos pais ou responsável:

Pena: multa de três a vinte salários de referência, aplicando-se o dobro em caso de reincidência, independentemente das despesas de retorno do adolescente, se for o caso.

Art. 249. Descumprir, dolosa ou culposamente, os deveres inerentes ao poder familiar ou decorrente de tutela ou guarda, bem assim determinação da autoridade judiciária ou Conselho Tutelar: *(Expressão substituída pela Lei n. 12.010, de 2009)*

Pena: multa de três a vinte salários de referência, aplicando-se o dobro em caso de reincidência.

Art. 250. Hospedar criança ou adolescente desacompanhado dos pais ou responsável, ou sem autorização escrita desses ou da autoridade judiciária, em hotel, pensão, motel ou congênere: *(Redação dada pela Lei n. 12.038, de 2009)*

Pena: multa. *(Redação dada pela Lei n. 12.038, de 2009)*

§ 1º Em caso de reincidência, sem prejuízo da pena de multa, a autoridade judiciária poderá determinar o fechamento do estabelecimento por até 15 (quinze) dias. *(Incluído pela Lei n. 12.038, de 2009)*

§ 2º Se comprovada a reincidência em período inferior a 30 (trinta) dias, o estabelecimento será definitivamente fechado e terá sua licença cassada. *(Incluído pela Lei n. 12.038, de 2009)*

Art. 251. Transportar criança ou adolescente, por qualquer meio, com inobservância do disposto nos arts. 83, 84 e 85 desta Lei:

Pena: multa de três a vinte salários de referência, aplicando-se o dobro em caso de reincidência.

Art. 252. Deixar o responsável por diversão ou espetáculo público de afixar, em lugar visível e de fácil acesso, à entrada do local de exibição, informação destacada sobre a natureza da diversão ou espetáculo e a faixa etária especificada no certificado de classificação:

Pena: multa de três a vinte salários de referência, aplicando-se o dobro em caso de reincidência.

Art. 253. Anunciar peças teatrais, filmes ou quaisquer representações ou espetáculos, sem indicar os limites de idade a que não se recomendem:

Pena: multa de três a vinte salários de referência, duplicada em caso de reincidência, aplicável, separadamente, à casa de espetáculo e aos órgãos de divulgação ou publicidade.

Art. 254. Transmitir, através de rádio ou televisão, espetáculo em horário diverso do autorizado ou sem aviso de sua classificação:

Pena: multa de vinte a cem salários de referência; duplicada em caso de reincidência a autoridade judiciária poderá determinar a suspensão da programação da emissora por até dois dias.

Art. 255. Exibir filme, trailer, peça, amostra ou congênere classificado pelo órgão competente como inadequado às crianças ou adolescentes admitidos ao espetáculo:

Pena: multa de vinte a cem salários de referência; na reincidência, a autoridade poderá determinar a suspensão do espetáculo ou o fechamento do estabelecimento por até quinze dias.

Art. 256. Vender ou locar a criança ou adolescente fita de programação em vídeo, em desacordo com a classificação atribuída pelo órgão competente:

Pena: multa de três a vinte salários de referência; em caso de reincidência, a autoridade judiciária poderá determinar o fechamento do estabelecimento por até quinze dias.

Art. 257. Descumprir obrigação constante dos arts. 78 e 79 desta Lei:

Pena: multa de três a vinte salários de referência, duplicando-se a pena em caso de reincidência, sem prejuízo de apreensão da revista ou publicação.

Art. 258. Deixar o responsável pelo estabelecimento ou o empresário de observar o que dispõe esta Lei sobre o acesso de criança ou adolescente aos locais de diversão, ou sobre sua participação no espetáculo: *(Vide Lei n. 12.010, de 2009)*

Pena: multa de três a vinte salários de referência; em caso de reincidência, a autoridade judiciária poderá determinar o fechamento do estabelecimento por até quinze dias.

Art. 258-A. Deixar a autoridade competente de providenciar a instalação e operacionalização dos cadastros previstos no art. 50 e no § 11 do art. 101 desta Lei: *(Incluído pela Lei n. 12.010, de 2009)*

Pena: multa de R$ 1.000,00 (mil reais) a R$ 3.000,00 (três mil reais). *(Incluído pela Lei n. 12.010, de 2009)*

Parágrafo único. Incorre nas mesmas penas a autoridade que deixa de efetuar o cadastramento de crianças e de adolescentes em condições de serem adotadas, de pessoas ou casais habilitados à adoção e de crianças e adolescentes em regime de acolhimento institucional ou familiar. *(Incluído pela Lei n. 12.010, de 2009)*

Art. 258-B. Deixar o médico, enfermeiro ou dirigente de estabelecimento de atenção à saúde de gestante de efetuar imediato encaminhamento à autoridade judiciária de caso de que tenha conhecimento de mãe ou gestante interessada em entregar seu filho para adoção: *(Incluído pela Lei n. 12.010, de 2009)*

Pena: multa de R$ 1.000,00 (mil reais) a R$ 3.000,00 (três mil reais). *(Incluído pela Lei n. 12.010, de 2009)*

Parágrafo único. Incorre na mesma pena o funcionário de programa oficial ou comunitário destinado à garantia do direito à convivência familiar que deixa de efetuar a comunicação referida no *caput* deste artigo. *(Incluído pela Lei n. 12.010, de 2009)*

Art. 258-C. Descumprir a proibição estabelecida no inciso II do art. 81: *(Redação dada pela Lei n. 13.106, de 2015)*

Pena: multa de R$ 3.000,00 (três mil reais) a R$ 10.000,00 (dez mil reais); *(Redação dada pela Lei n. 13.106, de 2015)*

Medida Administrativa — interdição do estabelecimento comercial até o recolhimento da multa aplicada. *(Redação dada pela Lei n. 13.106, de 2015)*

Disposições Finais e Transitórias

Art. 259. A União, no prazo de noventa dias contados da publicação deste Estatuto, elaborará projeto de lei dispondo sobre a criação ou adaptação de seus órgãos às diretrizes da política de atendimento fixadas no art. 88 e ao que estabelece o Título V do Livro II.

Parágrafo único. Compete aos estados e municípios promoverem a adaptação de seus órgãos e programas às diretrizes e princípios estabelecidos nesta Lei.

Art. 260. Os contribuintes poderão efetuar doações aos Fundos dos Direitos da Criança e do Adolescente nacional, distrital, estaduais ou municipais, devidamente comprovadas, sendo essas integralmente deduzidas do imposto de renda, obedecidos os seguintes limites: *(Redação dada pela Lei n. 12.594, de 2012) (Vide)*

I — 1% (um por cento) do imposto sobre a renda devido apurado pelas pessoas jurídicas tributadas com base no lucro real; e *(Redação dada pela Lei n. 12.594, de 2012) (Vide)*

II — 6% (seis por cento) do imposto sobre a renda apurado pelas pessoas físicas na Declaração de Ajuste Anual, observado o disposto no *art. 22 da Lei n. 9.532, de 10 de dezembro de 1997.* *(Redação dada pela Lei n. 12.594, de 2012) (Vide)*

§ 1º *(Revogado pela Lei n. 9.532, de 10.12.1997)*

§ 1º-A. Na definição das prioridades a serem atendidas com os recursos captados pelos fundos nacional, estaduais e municipais dos direitos da criança e do adolescente, serão consideradas as disposições do Plano Nacional de Promoção, Proteção e Defesa do Direito de Crianças e Adolescentes à Convivência Familiar e Comunitária e as do Plano Nacional pela Primeira Infância. *(Redação dada pela Lei n. 13.257, de 8.3.2016, DOU 9.3.2016)*

§ 2º Os conselhos nacional, estaduais e municipais dos direitos da criança e do adolescente fixarão critérios de utilização, por meio de planos de aplicação, das dotações subsidiadas e demais receitas, aplicando necessariamente percentual para incentivo ao acolhimento, sob a forma de guarda, de crianças e adolescentes e para programas de atenção integral à primeira infância em áreas de maior carência socioeconômica e em situações de calamidade. *(Redação dada pela Lei n. 13.257, de 8.3.2016, DOU 9.3.2016)*

§ 3º O Departamento da Receita Federal, do Ministério da Economia, Fazenda e Planejamento, regulamentará a comprovação das doações feitas aos fundos, nos termos deste artigo. *(Incluído pela Lei n. 8.242, de 12.10.1991)*

§ 4º O Ministério Público determinará em cada comarca a forma de fiscalização da aplicação, pelo Fundo Municipal dos Direitos da Criança e do Adolescente, dos incentivos fiscais referidos neste artigo. *(Incluído pela Lei n. 8.242, de 12.10.1991)*

§ 5º Observado o disposto no *§ 4º do art. 3º da Lei n. 9.249, de 26 de dezembro de 1995*, a dedução de que trata o inciso I do *caput*: *(Redação dada pela Lei n. 12.594, de 2012) (Vide)*

I — será considerada isoladamente, não se submetendo a limite em conjunto com outras deduções do imposto; e *(Incluído pela Lei n. 12.594, de 2012) (Vide)*

II — não poderá ser computada como despesa operacional na apuração do lucro real. *(Incluído pela Lei n. 12.594, de 2012) (Vide)*

Art. 260-A. A partir do exercício de 2010, ano-calendário de 2009, a pessoa física poderá optar pela dedução de que trata o inciso II do *caput* do art. 260 diretamente em sua Declaração de Ajuste Anual. *(Incluído pela Lei n. 12.594, de 2012) (Vide)*

§ 1º A doação de que trata o *caput* poderá ser deduzida até os seguintes percentuais aplicados sobre o imposto apurado na declaração: *(Incluído pela Lei n. 12.594, de 2012) (Vide)*

I — (VETADO); *(Incluído pela Lei n. 12.594, de 2012) (Vide)*

II — (VETADO); *(Incluído pela Lei n. 12.594, de 2012) (Vide)*

III — 3% (três por cento) a partir do exercício de 2012. *(Incluído pela Lei n. 12.594, de 2012) (Vide)*

§ 2º A dedução de que trata o *caput*: *(Incluído pela Lei n. 12.594, de 2012) (Vide)*

I — está sujeita ao limite de 6% (seis por cento) do imposto sobre a renda apurado na declaração de que trata o inciso II do *caput* do art. 260; *(Incluído pela Lei n. 12.594, de 2012) (Vide)*

II — não se aplica à pessoa física que: *(Incluído pela Lei n. 12.594, de 2012) (Vide)*

a) utilizar o desconto simplificado; *(Incluído pela Lei n. 12.594, de 2012) (Vide)*

b) apresentar declaração em formulário; ou *(Incluído pela Lei n. 12.594, de 2012) (Vide)*

c) entregar a declaração fora do prazo; *(Incluído pela Lei n. 12.594, de 2012) (Vide)*

III — só se aplica às doações em espécie; e *(Incluído pela Lei n. 12.594, de 2012) (Vide)*

IV — não exclui ou reduz outros benefícios ou deduções em vigor. *(Incluído pela Lei n. 12.594, de 2012) (Vide)*

§ 3º O pagamento da doação deve ser efetuado até a data de vencimento da primeira quota ou quota única do imposto, observadas as instruções específicas da Secretaria da Receita Federal do Brasil. *(Incluído pela Lei n. 12.594, de 2012) (Vide)*

§ 4º O não pagamento da doação no prazo estabelecido no § 3º implica a glosa definitiva desta parcela de dedução, ficando a pessoa física obrigada ao recolhimento da diferença de imposto devido apurado na Declaração de Ajuste Anual com os acréscimos legais previstos na legislação. *(Incluído pela Lei n. 12.594, de 2012) (Vide)*

§ 5º A pessoa física poderá deduzir do imposto apurado na Declaração de Ajuste Anual as doações feitas, no respectivo ano-calendário, aos fundos controlados pelos Conselhos dos Direitos da Criança e do Adolescente municipais, distrital, estaduais e nacional concomitantemente com a opção de que trata o *caput*, respeitado o limite previsto no inciso II do art. 260. *(Incluído pela Lei n. 12.594, de 2012) (Vide)*

Art. 260-B. A doação de que trata o inciso I do art. 260 poderá ser deduzida: *(Incluído pela Lei n. 12.594, de 2012) (Vide)*

I — do imposto devido no trimestre, para as pessoas jurídicas que apuram o imposto trimestralmente; e *(Incluído pela Lei n. 12.594, de 2012) (Vide)*

II — do imposto devido mensalmente e no ajuste anual, para as pessoas jurídicas que apuram o imposto anualmente. *(Incluído pela Lei n. 12.594, de 2012) (Vide)*

Parágrafo único. A doação deverá ser efetuada dentro do período a que se refere a apuração do imposto. *(Incluído pela Lei n. 12.594, de 2012) (Vide)*

Art. 260-C. As doações de que trata o art. 260 desta Lei podem ser efetuadas em espécie ou em bens. *(Incluído pela Lei n. 12.594, de 2012) (Vide)*

Parágrafo único. As doações efetuadas em espécie devem ser depositadas em conta específica, em instituição financeira pública, vinculadas aos respectivos fundos de que trata o art. 260. *(Incluído pela Lei n. 12.594, de 2012) (Vide)*

Art. 260-D. Os órgãos responsáveis pela administração das contas dos Fundos dos Direitos da Criança e do Adolescente nacional, estaduais, distrital e municipais devem emitir recibo em favor do doador, assinado por pessoa competente e pelo presidente do Conselho correspondente, especificando: *(Incluído pela Lei n. 12.594, de 2012) (Vide)*

I — número de ordem; *(Incluído pela Lei n. 12.594, de 2012) (Vide)*

II — nome, Cadastro Nacional da Pessoa Jurídica (CNPJ) e endereço do emitente; *(Incluído pela Lei n. 12.594, de 2012) (Vide)*

III — nome, CNPJ ou Cadastro de Pessoas Físicas (CPF) do doador; *(Incluído pela Lei n. 12.594, de 2012) (Vide)*

IV — data da doação e valor efetivamente recebido; e *(Incluído pela Lei n. 12.594, de 2012) (Vide)*

V — ano-calendário a que se refere a doação. *(Incluído pela Lei n. 12.594, de 2012) (Vide)*

§ 1º O comprovante de que trata o *caput* deste artigo pode ser emitido anualmente, desde que discrimine os valores doados mês a mês. *(Incluído pela Lei n. 12.594, de 2012) (Vide)*

§ 2º No caso de doação em bens, o comprovante deve conter a identificação dos bens, mediante descrição em campo próprio ou em relação anexa ao comprovante, informando também se houve avaliação, o nome, CPF ou CNPJ e endereço dos avaliadores. *(Incluído pela Lei n. 12.594, de 2012) (Vide)*

Art. 260-E. Na hipótese da doação em bens, o doador deverá: *(Incluído pela Lei n. 12.594, de 2012) (Vide)*

I — comprovar a propriedade dos bens, mediante documentação hábil; *(Incluído pela Lei n. 12.594, de 2012) (Vide)*

II — baixar os bens doados na declaração de bens e direitos, quando se tratar de pessoa física, e na escrituração, no caso de pessoa jurídica; e *(Incluído pela Lei n. 12.594, de 2012) (Vide)*

III — considerar como valor dos bens doados: *(Incluído pela Lei n. 12.594, de 2012) (Vide)*

a) para as pessoas físicas, o valor constante da última declaração do imposto de renda, desde que não exceda o valor de mercado; *(Incluído pela Lei n. 12.594, de 2012) (Vide)*

b) para as pessoas jurídicas, o valor contábil dos bens. *(Incluído pela Lei n. 12.594, de 2012) (Vide)*

Parágrafo único. O preço obtido em caso de leilão não será considerado na determinação do valor dos bens doados, exceto se o leilão for determinado por autoridade judiciária. *(Incluído pela Lei n. 12.594, de 2012) (Vide)*

Art. 260-F. Os documentos a que se referem os arts. 260-D e 260-E devem ser mantidos pelo contribuinte por um prazo de 5 (cinco) anos para fins de comprovação da dedução perante a Receita Federal do Brasil. *(Incluído pela Lei n. 12.594, de 2012) (Vide)*

Art. 260-G. Os órgãos responsáveis pela administração das contas dos Fundos dos Direitos da Criança e do Adolescente nacional, estaduais, distrital e municipais devem: *(Incluído pela Lei n. 12.594, de 2012) (Vide)*

I — manter conta bancária específica destinada exclusivamente a gerir os recursos do Fundo; *(Incluído pela Lei n. 12.594, de 2012) (Vide)*

II — manter controle das doações recebidas; e *(Incluído pela Lei n. 12.594, de 2012) (Vide)*

III — informar anualmente à Secretaria da Receita Federal do Brasil as doações recebidas mês a mês, identificando os seguintes dados por doador: *(Incluído pela Lei n. 12.594, de 2012) (Vide)*

a) nome, CNPJ ou CPF; *(Incluído pela Lei n. 12.594, de 2012) (Vide)*

b) valor doado, especificando se a doação foi em espécie ou em bens. *(Incluído pela Lei n. 12.594, de 2012) (Vide)*

Art. 260-H. Em caso de descumprimento das obrigações previstas no art. 260-G, a Secretaria da Receita Federal do Brasil dará conhecimento do fato ao Ministério Público. *(Incluído pela Lei n. 12.594, de 2012) (Vide)*

Art. 260-I. Os Conselhos dos Direitos da Criança e do Adolescente nacional, estaduais, distrital e municipais divulgarão amplamente à comunidade: *(Incluído pela Lei n. 12.594, de 2012) (Vide)*

I — o calendário de suas reuniões; *(Incluído pela Lei n. 12.594, de 2012) (Vide)*

II — as ações prioritárias para aplicação das políticas de atendimento à criança e ao adolescente; *(Incluído pela Lei n. 12.594, de 2012) (Vide)*

III — os requisitos para a apresentação de projetos a serem beneficiados com recursos dos Fundos dos Direitos da Criança e do Adolescente nacional, estaduais, distrital ou municipais; *(Incluído pela Lei n. 12.594, de 2012) (Vide)*

IV — a relação dos projetos aprovados em cada ano-calendário e o valor dos recursos previstos para implementação das ações, por projeto; *(Incluído pela Lei n. 12.594, de 2012) (Vide)*

V — o total dos recursos recebidos e a respectiva destinação, por projeto atendido, inclusive com cadastramento na base de dados do Sistema de Informações sobre a Infância e a Adolescência; e *(Incluído pela Lei n. 12.594, de 2012) (Vide)*

VI — a avaliação dos resultados dos projetos beneficiados com recursos dos Fundos dos Direitos da Criança e do Adolescente nacional, estaduais, distrital e municipais. *(Incluído pela Lei n. 12.594, de 2012) (Vide)*

Art. 260-J. O Ministério Público determinará, em cada Comarca, a forma de fiscalização da aplicação dos incentivos fiscais referidos no art. 260 desta Lei. *(Incluído pela Lei n. 12.594, de 2012) (Vide)*

Parágrafo único. O descumprimento do disposto nos arts. 260-G e 260-I sujeitará os infratores a responder por ação judicial proposta pelo Ministério Público, que poderá atuar de ofício, a requerimento ou representação de qualquer cidadão. *(Incluído pela Lei n. 12.594, de 2012) (Vide)*

Art. 260-K. A Secretaria de Direitos Humanos da Presidência da República (SDH/PR) encaminhará à Secretaria da Receita Federal do Brasil, até 31 de outubro de cada ano, arquivo eletrônico contendo a relação atualizada dos Fundos dos Direitos da Criança e do Adolescente nacional, distrital, estaduais e municipais, com a indicação dos respectivos números de inscrição no CNPJ e das contas bancárias específicas mantidas em instituições financeiras públicas, destinadas exclusivamente a gerir os recursos dos Fundos. *(Incluído pela Lei n. 12.594, de 2012) (Vide)*

Art. 260-L. A Secretaria da Receita Federal do Brasil expedirá as instruções necessárias à aplicação do disposto nos arts. 260 a 260-K. *(Incluído pela Lei n. 12.594, de 2012) (Vide)*

Art. 261. A falta dos conselhos municipais dos direitos da criança e do adolescente, os registros, inscrições e alterações a que se referem os arts. 90, parágrafo único, e 91 desta Lei serão efetuados perante a autoridade judiciária da comarca a que pertencer a entidade.

Parágrafo único. A União fica autorizada a repassar aos estados e municípios, e os estados aos municípios, os recursos referentes aos programas e atividades previstos nesta Lei, tão logo estejam criados os conselhos dos direitos da criança e do adolescente nos seus respectivos níveis.

Art. 262. Enquanto não instalados os Conselhos Tutelares, as atribuições a eles conferidas serão exercidas pela autoridade judiciária.

Art. 263. O Decreto-Lei n. 2.848, de 7 de dezembro de 1940 (Código Penal), passa a vigorar com as seguintes alterações:

Art. 121.

§ 4º No homicídio culposo, a pena é aumentada de um terço, se o crime resulta de inobservância de regra técnica de profissão, arte ou ofício, ou se o agente deixa de prestar imediato socorro à vítima, não procura diminuir as consequências do seu ato, ou foge para evitar prisão em flagrante. Sendo doloso o homicídio, a pena é aumentada de um terço, se o crime é praticado contra pessoa menor de catorze anos.

Art. 129.

§ 7º Aumenta-se a pena de um terço, se ocorrer qualquer das hipóteses do art. 121, § 4º.

§ 8º Aplica-se à lesão culposa o disposto no § 5º do art. 121.

Art. 136.

§ 3º Aumenta-se a pena de um terço, se o crime é praticado contra pessoa menor de catorze anos.

Art. 213.

Parágrafo único. Se a ofendida é menor de catorze anos:

Pena: reclusão de quatro a dez anos.

Art. 214.

Parágrafo único. Se o ofendido é menor de catorze anos:

Pena: reclusão de três a nove anos.

Art. 264. O art. 102 da Lei n. 6.015, de 31 de dezembro de 1973, fica acrescido do seguinte item:

Art. 102.

§ 6º a perda e a suspensão do pátrio poder.

Art. 265. A Imprensa Nacional e demais gráficas da União, da administração direta ou indireta, inclusive fundações instituídas e mantidas pelo poder público federal promoverão edição popular do texto integral deste Estatuto, que será posto à disposição das escolas e das entidades de atendimento e de defesa dos direitos da criança e do adolescente.

Art. 265-A. O poder público fará periodicamente ampla divulgação dos direitos da criança e do adolescente nos meios de comunicação social. *(Redação dada pela Lei n. 13.257, de 8.3.2016, DOU 9.3.2016)*

Parágrafo único. A divulgação a que se refere o caput será veiculada em linguagem clara, compreensível e adequada a crianças e adolescentes, especialmente às crianças com idade inferior a 6 (seis) anos. *(Incluído pela Lei n. 13.257, de 8.3.2016, DOU 9.3.2016)*

Art. 266. Esta Lei entra em vigor noventa dias após sua publicação.

Parágrafo único. Durante o período de vacância deverão ser promovidas atividades e

campanhas de divulgação e esclarecimentos acerca do disposto nesta Lei.

Art. 267. Revogam-se as Leis n. 4.513, de 1964, e 6.697, de 10 de outubro de 1979 (Código de Menores), e as demais disposições em contrário.

Brasília, 13 de julho de 1990; 169º da Independência e 102º da República.

Fernando Collor
Bernardo Cabral
Carlos Chiarelli
Antônio Magri
Margarida Procópio

DOU 16.7.1990 e retificado DOU 27.9.1990

Lei n. 8.073, de 30 de julho de 1990

Substituição processual estabelece a política nacional de salários e dá outras providências

O PRESIDENTE DA REPÚBLICA,

Faço saber que o Congresso Nacional decreta e eu sanciono a seguinte Lei:

Art. 1º *(Vetado).*

Art. 2º *(Votado).*

Art. 3º As entidades sindicais poderão atuar como substitutos processuais dos integrantes da categoria.

Parágrafo único. *(Vetado).*

Art. 4º Esta Lei entra em vigor na data de sua publicação.

Art. 5º Revogam-se as disposições em contrário.

Brasília, em 30 de julho de 1990; 169º da Independência e 102º da República.

Fernando Collor
Zélia M. Cardoso de Mello
Antônio Magri

DOU 31.7.1990

Lei n. 8.078, de 11 de setembro de 1990

Dispõe sobre a proteção do consumidor e dá outras providências.

O PRESIDENTE DA REPÚBLICA, faço saber que o Congresso Nacional decreta e eu sanciono a seguinte lei:

TÍTULO I
Dos Direitos do Consumidor

Capítulo I
DISPOSIÇÕES GERAIS

Art. 1º O presente código estabelece normas de proteção e defesa do consumidor, de ordem pública e interesse social, nos termos dos arts. 5º, inciso XXXII, 170, inciso V, da Constituição Federal e art. 48 de suas Disposições Transitórias.

Art. 2º Consumidor é toda pessoa física ou jurídica que adquire ou utiliza produto ou serviço como destinatário final.

Parágrafo único. Equipara-se a consumidor a coletividade de pessoas, ainda que indetermináveis, que haja intervindo nas relações de consumo.

Art. 3º Fornecedor é toda pessoa física ou jurídica, pública ou privada, nacional ou estrangeira, bem como os entes despersonalizados, que desenvolvem atividade de produção, montagem, criação, construção, transformação, importação, exportação, distribuição ou comercialização de produtos ou prestação de serviços.

§ 1º Produto é qualquer bem, móvel ou imóvel, material ou imaterial.

§ 2º Serviço é qualquer atividade fornecida no mercado de consumo, mediante remuneração, inclusive as de natureza bancária, financeira, de crédito e securitária, salvo as decorrentes das relações de caráter trabalhista.

Capítulo II
DA POLÍTICA NACIONAL DE RELAÇÕES DE CONSUMO

Art. 4º A Política Nacional das Relações de Consumo tem por objetivo o atendimento das necessidades dos consumidores, o respeito à sua dignidade, saúde e segurança, a proteção de seus interesses econômicos, a melhoria da sua qualidade de vida, bem como a transparência e harmonia das relações de consumo, atendidos os seguintes princípios: *(Redação dada pela Lei n. 9.008, de 21.3.1995)*

I — reconhecimento da vulnerabilidade do consumidor no mercado de consumo;

II — ação governamental no sentido de proteger efetivamente o consumidor:

a) por iniciativa direta;

b) por incentivos à criação e desenvolvimento de associações representativas;

c) pela presença do Estado no mercado de consumo;

d) pela garantia dos produtos e serviços com padrões adequados de qualidade, segurança, durabilidade e desempenho.

III — harmonização dos interesses dos participantes das relações de consumo e compatibilização da proteção do consumidor com a necessidade de desenvolvimento econômico e tecnológico, de modo a viabilizar os princípios nos quais se funda a ordem econômica (art. 170, da Constituição Federal), sempre com base na boa-fé e equilíbrio nas relações entre consumidores e fornecedores;

IV — educação e informação de fornecedores e consumidores, quanto aos seus direitos e deveres, com vistas à melhoria do mercado de consumo;

V — incentivo à criação pelos fornecedores de meios eficientes de controle de qualidade e segurança de produtos e serviços, assim como de mecanismos alternativos de solução de conflitos de consumo;

VI — coibição e repressão eficientes de todos os abusos praticados no mercado de consumo, inclusive a concorrência desleal e utilização indevida de inventos e criações industriais das marcas e nomes comerciais e signos distintivos, que possam causar prejuízos aos consumidores;

VII — racionalização e melhoria dos serviços públicos;

VIII — estudo constante das modificações do mercado de consumo.

Art. 5º Para a execução da Política Nacional das Relações de Consumo, contará o poder público com os seguintes instrumentos, entre outros:

I — manutenção de assistência jurídica, integral e gratuita para o consumidor carente;

II — instituição de Promotorias de Justiça de Defesa do Consumidor, no âmbito do Ministério Público;

III — criação de delegacias de polícia especializadas no atendimento de consumidores vítimas de infrações penais de consumo;

IV — criação de Juizados Especiais de Pequenas Causas e Varas Especializadas para a solução de litígios de consumo;

V — concessão de estímulos à criação e desenvolvimento das Associações de Defesa do Consumidor.

§ 1º (Vetado).

§ 2º (Vetado).

Capítulo III
DOS DIREITOS BÁSICOS DO CONSUMIDOR

Art. 6º São direitos básicos do consumidor:

I — a proteção da vida, saúde e segurança contra os riscos provocados por práticas no fornecimento de produtos e serviços considerados perigosos ou nocivos;

II — a educação e divulgação sobre o consumo adequado dos produtos e serviços, asseguradas a liberdade de escolha e a igualdade nas contratações;

III — a informação adequada e clara sobre os diferentes produtos e serviços, com especificação correta de quantidade, características, composição, qualidade, tributos incidentes e preço, bem como sobre os riscos que apresentem; *(Redação dada pela Lei n. 12.741, de 2012)*

IV — a proteção contra a publicidade enganosa e abusiva, métodos comerciais coercitivos ou desleais, bem como contra práticas e cláusulas abusivas ou impostas no fornecimento de produtos e serviços;

V — a modificação das cláusulas contratuais que estabeleçam prestações desproporcionais ou sua revisão em razão de fatos supervenientes que as tornem excessivamente onerosas;

VI — a efetiva prevenção e reparação de danos patrimoniais e morais, individuais, coletivos e difusos;

VII — o acesso aos órgãos judiciários e administrativos com vistas à prevenção ou reparação de danos patrimoniais e morais, individuais, coletivos ou difusos, assegurada a proteção Jurídica, administrativa e técnica aos necessitados;

VIII — a facilitação da defesa de seus direitos, inclusive com a inversão do ônus da prova, a seu favor, no processo civil, quando, a critério do juiz, for verossímil a alegação ou quando for ele hipossuficiente, segundo as regras ordinárias de experiências;

IX — (Vetado);

X — a adequada e eficaz prestação dos serviços públicos em geral.

Parágrafo único. *(Vide Lei n. 13.146, de 2015) (Vigência)*

Art. 7º Os direitos previstos neste código não excluem outros decorrentes de tratados ou convenções internacionais de que o Brasil seja signatário, da legislação interna ordinária, de regulamentos expedidos pelas autoridades administrativas competentes, bem como dos que derivem dos princípios gerais do direito, analogia, costumes e eqüidade.

Parágrafo único. Tendo mais de um autor a ofensa, todos responderão solidariamente

pela reparação dos danos previstos nas normas de consumo.

Capítulo IV
DA QUALIDADE DE PRODUTOS E SERVIÇOS, DA PREVENÇÃO E DA REPARAÇÃO DOS DANOS

Seção I
Da Proteção à Saúde e Segurança

Art. 8º Os produtos e serviços colocados no mercado de consumo não acarretarão riscos à saúde ou segurança dos consumidores, exceto os considerados normais e previsíveis em decorrência de sua natureza e fruição, obrigando-se os fornecedores, em qualquer hipótese, a dar as informações necessárias e adequadas a seu respeito.

Parágrafo único. Em se tratando de produto industrial, ao fabricante cabe prestar as informações a que se refere este artigo, através de impressos apropriados que devam acompanhar o produto.

Art. 9º O fornecedor de produtos e serviços potencialmente nocivos ou perigosos à saúde ou segurança deverá informar, de maneira ostensiva e adequada, a respeito da sua nocividade ou periculosidade, sem prejuízo da adoção de outras medidas cabíveis em cada caso concreto.

Art. 10. O fornecedor não poderá colocar no mercado de consumo produto ou serviço que sabe ou deveria saber apresentar alto grau de nocividade ou periculosidade à saúde ou segurança.

§ 1º O fornecedor de produtos e serviços que, posteriormente à sua introdução no mercado de consumo, tiver conhecimento da periculosidade que apresentem, deverá comunicar o fato imediatamente às autoridades competentes e aos consumidores, mediante anúncios publicitários.

§ 2º Os anúncios publicitários a que se refere o parágrafo anterior serão veiculados na imprensa, rádio e televisão, às expensas do fornecedor do produto ou serviço.

§ 3º Sempre que tiverem conhecimento de periculosidade de produtos ou serviços à saúde ou segurança dos consumidores, a União, os Estados, o Distrito Federal e os Municípios deverão informá-los a respeito.

Art. 11. (Vetado).

Seção II
Da Responsabilidade pelo Fato do Produto e do Serviço

Art. 12. O fabricante, o produtor, o construtor, nacional ou estrangeiro, e o importador respondem, independentemente da existência de culpa, pela reparação dos danos causados aos consumidores por defeitos decorrentes de projeto, fabricação, construção, montagem, fórmulas, manipulação, apresentação ou acondicionamento de seus produtos, bem como por informações insuficientes ou inadequadas sobre sua utilização e riscos.

§ 1º O produto é defeituoso quando não oferece a segurança que dele legitimamente se espera, levando-se em consideração as circunstâncias relevantes, entre as quais:

I — sua apresentação;

II — o uso e os riscos que razoavelmente dele se esperam;

III — a época em que foi colocado em circulação.

§ 2º O produto não é considerado defeituoso pelo fato de outro de melhor qualidade ter sido colocado no mercado.

§ 3º O fabricante, o construtor, o produtor ou importador só não será responsabilizado quando provar:

I — que não colocou o produto no mercado;

II — que, embora haja colocado o produto no mercado, o defeito inexiste;

III — a culpa exclusiva do consumidor ou de terceiro.

Art. 13. O comerciante é igualmente responsável, nos termos do artigo anterior, quando:

I — o fabricante, o construtor, o produtor ou o importador não puderem ser identificados;

II — o produto for fornecido sem identificação clara do seu fabricante, produtor, construtor ou importador;

III — não conservar adequadamente os produtos perecíveis.

Parágrafo único. Aquele que efetivar o pagamento ao prejudicado poderá exercer o direito de regresso contra os demais responsáveis, segundo sua participação na causação do evento danoso.

Art. 14. O fornecedor de serviços responde, independentemente da existência de culpa, pela reparação dos danos causados aos consumidores por defeitos relativos à prestação dos serviços, bem como por informações insuficientes ou inadequadas sobre sua fruição e riscos.

§ 1º O serviço é defeituoso quando não fornece a segurança que o consumidor dele pode esperar, levando-se em consideração as circunstâncias relevantes, entre as quais:

I — o modo de seu fornecimento;

II — o resultado e os riscos que razoavelmente dele se esperam;

III — a época em que foi fornecido.

§ 2º O serviço não é considerado defeituoso pela adoção de novas técnicas.

§ 3º O fornecedor de serviços só não será responsabilizado quando provar:

I — que, tendo prestado o serviço, o defeito inexiste;

II — a culpa exclusiva do consumidor ou de terceiro.

§ 4º A responsabilidade pessoal dos profissionais liberais será apurada mediante a verificação de culpa.

Art. 15. (Vetado).

Art. 16. (Vetado).

Art. 17. Para os efeitos desta Seção, equiparam-se aos consumidores todas as vítimas do evento.

Seção III
Da Responsabilidade por Vício do Produto e do Serviço

Art. 18. Os fornecedores de produtos de consumo duráveis ou não duráveis respondem solidariamente pelos vícios de qualidade ou quantidade que os tornem impróprios ou inadequados ao consumo a que se destinam ou lhes diminuam o valor, assim como por aqueles decorrentes da disparidade, com a indicações constantes do recipiente, da embalagem, rotulagem ou mensagem publicitária, respeitadas as variações decorrentes de sua natureza, podendo o consumidor exigir a substituição das partes viciadas.

§ 1º Não sendo o vício sanado no prazo máximo de trinta dias, pode o consumidor exigir, alternativamente e à sua escolha:

I — a substituição do produto por outro da mesma espécie, em perfeitas condições de uso;

II — a restituição imediata da quantia paga, monetariamente atualizada, sem prejuízo de eventuais perdas e danos;

III — o abatimento proporcional do preço.

§ 2º Poderão as partes convencionar a redução ou ampliação do prazo previsto no parágrafo anterior, não podendo ser inferior a sete nem superior a cento e oitenta dias. Nos contratos de adesão, a cláusula de prazo deverá ser convencionada em separado, por meio de manifestação expressa do consumidor.

§ 3º O consumidor poderá fazer uso imediato das alternativas do § 1º deste artigo sempre que, em razão da extensão do vício, a substituição das partes viciadas puder comprometer a qualidade ou características do produto, diminuir-lhe o valor ou se tratar de produto essencial.

§ 4º Tendo o consumidor optado pela alternativa do inciso I do § 1º deste artigo, e não sendo possível a substituição do bem, poderá haver substituição por outro de espécie, marca ou modelo diversos, mediante complementação ou restituição de eventual diferença de preço, sem prejuízo do disposto nos incisos II e III do § 1º deste artigo.

§ 5º No caso de fornecimento de produtos in natura, será responsável perante o consumidor o fornecedor imediato, exceto quando identificado claramente seu produtor.

§ 6º São impróprios ao uso e consumo:

I — os produtos cujos prazos de validade estejam vencidos;

II — os produtos deteriorados, alterados, adulterados, avariados, falsificados, corrompidos, fraudados, nocivos à vida ou à saúde, perigosos ou, ainda, aqueles em desacordo com as normas regulamentares de fabricação, distribuição ou apresentação;

III — os produtos que, por qualquer motivo, se revelem inadequados ao fim a que se destinam.

Art. 19. Os fornecedores respondem solidariamente pelos vícios de quantidade do produto sempre que, respeitadas as variações decorrentes de sua natureza, seu conteúdo líquido for inferior às indicações constantes do recipiente, da embalagem, rotulagem ou da mensagem publicitária, podendo o consumidor exigir, alternativamente e à sua escolha:

I — o abatimento proporcional do preço;

II — complementação do peso ou medida;

III — a substituição do produto por outro da mesma espécie, marca ou modelo, sem os aludidos vícios;

IV — a restituição imediata da quantia paga, monetariamente atualizada, sem prejuízo de eventuais perdas e danos.

§ 1º Aplica-se a este artigo o disposto no § 4º do artigo anterior.

§ 2º O fornecedor imediato será responsável quando fizer a pesagem ou a medição e o instrumento utilizado não estiver aferido segundo os padrões oficiais.

Art. 20. O fornecedor de serviços responde pelos vícios de qualidade que os tornem impróprios ao consumo ou lhes diminuam o valor, assim como por aqueles decorrentes da disparidade com as indicações constantes da oferta ou mensagem publicitária, podendo o consumidor exigir, alternativamente e à sua escolha:

I — a reexecução dos serviços, sem custo adicional e quando cabível;

II — a restituição imediata da quantia paga, monetariamente atualizada, sem prejuízo de eventuais perdas e danos;

III — o abatimento proporcional do preço.

§ 1º A reexecução dos serviços poderá ser confiada a terceiros devidamente capacitados, por conta e risco do fornecedor.

§ 2º São impróprios os serviços que se mostrem inadequados para os fins que razoavelmente deles se esperam, bem como aqueles que não atendam as normas regulamentares de prestabilidade.

Art. 21. No fornecimento de serviços que tenham por objetivo a reparação de qualquer produto considerar-se-á implícita a obrigação do fornecedor de empregar componentes de reposição originais adequados e novos, ou que mantenham as especificações técnicas do fabricante, salvo, quanto a estes últimos, autorização em contrário do consumidor.

Art. 22. Os órgãos públicos, por si ou suas empresas, concessionárias, permissionárias ou sob qualquer outra forma de empreendimento, são obrigados a fornecer serviços adequados, eficientes, seguros e, quanto aos essenciais, contínuos.

Parágrafo único. Nos casos de descumprimento, total ou parcial, das obrigações referidas neste artigo, serão as pessoas jurídicas compelidas a cumpri-las e a reparar os danos causados, na forma prevista neste código.

Art. 23. A ignorância do fornecedor sobre os vícios de qualidade por inadequação dos produtos e serviços não o exime de responsabilidade.

Art. 24. A garantia legal de adequação do produto ou serviço independe de termo expresso, vedada a exoneração contratual do fornecedor.

Art. 25. É vedada a estipulação contratual de cláusula que impossibilite, exonere ou atenue a obrigação de indenizar prevista nesta e nas seções anteriores.

§ 1º Havendo mais de um responsável pela causação do dano, todos responderão solidariamente pela reparação prevista nesta e nas seções anteriores.

§ 2º Sendo o dano causado por componente ou peça incorporada ao produto ou serviço, são responsáveis solidários seu fabricante, construtor ou importador e o que realizou a incorporação.

Seção IV
Da Decadência e da Prescrição

Art. 26. O direito de reclamar pelos vícios aparentes ou de fácil constatação caduca em:

I — trinta dias, tratando-se de fornecimento de serviço e de produtos não duráveis;

II — noventa dias, tratando-se de fornecimento de serviço e de produtos duráveis.

§ 1º Inicia-se a contagem do prazo decadencial a partir da entrega efetiva do produto ou do término da execução dos serviços.

§ 2º Obstam a decadência:

I — a reclamação comprovadamente formulada pelo consumidor perante o fornecedor de produtos e serviços até a resposta negativa correspondente, que deve ser transmitida de forma inequívoca;

II — (Vetado).

III — a instauração de inquérito civil, até seu encerramento.

§ 3º Tratando-se de vício oculto, o prazo decadencial inicia-se no momento em que ficar evidenciado o defeito.

Art. 27. Prescreve em cinco anos a pretensão à reparação pelos danos causados por fato do produto ou do serviço prevista na Seção II deste Capítulo, iniciando-se a contagem do prazo a partir do conhecimento do dano e de sua autoria.

Parágrafo único. (Vetado).

Seção V
Da Desconsideração da Personalidade Jurídica

Art. 28. O juiz poderá desconsiderar a personalidade jurídica da sociedade quando, em detrimento do consumidor, houver abuso de direito, excesso de poder, infração da lei, fato ou ato ilícito ou violação dos estatutos ou contrato social. A desconsideração também será efetivada quando houver falência, estado de insolvência, encerramento ou inatividade da pessoa jurídica provocados por má administração.

§ 1º (Vetado).

§ 2º As sociedades integrantes dos grupos societários e as sociedades controladas, são subsidiariamente responsáveis pelas obrigações decorrentes deste código.

§ 3º As sociedades consorciadas são solidariamente responsáveis pelas obrigações decorrentes deste código.

§ 4º As sociedades coligadas só responderão por culpa.

§ 5º Também poderá ser desconsiderada a pessoa jurídica sempre que sua personalidade for, de alguma forma, obstáculo ao ressarcimento de prejuízos causados aos consumidores.

Capítulo V
DAS PRÁTICAS COMERCIAIS

Seção I
Das Disposições Gerais

Art. 29. Para os fins deste Capítulo e do seguinte, equiparam-se aos consumidores todas as pessoas determináveis ou não, expostas às práticas nele previstas.

Seção II
Da Oferta

Art. 30. Toda informação ou publicidade, suficientemente precisa, veiculada por qualquer forma ou meio de comunicação com relação a produtos e serviços oferecidos ou apresentados, obriga o fornecedor que a fizer veicular ou dela se utilizar e integra o contrato que vier a ser celebrado.

Art. 31. A oferta e apresentação de produtos ou serviços devem assegurar informações corretas, claras, precisas, ostensivas e em língua portuguesa sobre suas características, qualidades, quantidade, composição, preço, garantia, prazos de validade e origem, entre outros dados, bem como sobre os riscos que apresentam à saúde e segurança dos consumidores.

Parágrafo único. As informações de que trata este artigo, nos produtos refrigerados oferecidos ao consumidor, serão gravadas de forma indelével. *(Incluído pela Lei n. 11.989, de 2009)*

Art. 32. Os fabricantes e importadores deverão assegurar a oferta de componentes e peças de reposição enquanto não cessar a fabricação ou importação do produto.

Parágrafo único. Cessadas a produção ou importação, a oferta deverá ser mantida por período razoável de tempo, na forma da lei.

Art. 33. Em caso de oferta ou venda por telefone ou reembolso postal, deve constar o nome do fabricante e endereço na embalagem, publicidade e em todos os impressos utilizados na transação comercial.

Parágrafo único. É proibida a publicidade de bens e serviços por telefone, quando a chamada for onerosa ao consumidor que a origina. *(Incluído pela Lei n. 11.800, de 2008)*

Art. 34. O fornecedor do produto ou serviço é solidariamente responsável pelos atos de seus prepostos ou representantes autônomos.

Art. 35. Se o fornecedor de produtos ou serviços recusar cumprimento à oferta, apresentação ou publicidade, o consumidor poderá, alternativamente e à sua livre escolha:

I — exigir o cumprimento forçado da obrigação, nos termos da oferta, apresentação ou publicidade;

II — aceitar outro produto ou prestação de serviço equivalente;

III — rescindir o contrato, com direito à restituição de quantia eventualmente antecipada, monetariamente atualizada, e a perdas e danos.

Seção III
Da Publicidade

Art. 36. A publicidade deve ser veiculada de tal forma que o consumidor, fácil e imediatamente, a identifique como tal.

Parágrafo único. O fornecedor, na publicidade de seus produtos ou serviços, manterá, em seu poder, para informação dos legítimos interessados, os dados fáticos, técnicos e científicos que dão sustentação à mensagem.

Art. 37. É proibida toda publicidade enganosa ou abusiva.

§ 1º É enganosa qualquer modalidade de informação ou comunicação de caráter publicitário, inteira ou parcialmente falsa, ou, por qualquer outro modo, mesmo por omissão, capaz de induzir em erro o consumidor a respeito da natureza, características, qualidade, quantidade, propriedades, origem, preço e quaisquer outros dados sobre produtos e serviços.

§ 2º É abusiva, dentre outras a publicidade discriminatória de qualquer natureza, a que incite à violência, explore o medo ou a superstição, se aproveite da deficiência de julgamento e experiência da criança, desrespeita valores ambientais, ou que seja capaz de induzir o consumidor a se comportar de forma prejudicial ou perigosa à sua saúde ou segurança.

§ 3º Para os efeitos deste código, a publicidade é enganosa por omissão quando deixar de informar sobre dado essencial do produto ou serviço.

§ 4º (Vetado).

Art. 38. O ônus da prova da veracidade e correção da informação ou comunicação publicitária cabe a quem as patrocina.

Seção IV
Das Práticas Abusivas

Art. 39. É vedado ao fornecedor de produtos ou serviços, dentre outras práticas abusivas: *(Redação dada pela Lei n. 8.884, de 11.6.1994)*

I — condicionar o fornecimento de produto ou de serviço ao fornecimento de outro produto ou serviço, bem como, sem justa causa, a limites quantitativos;

II — recusar atendimento às demandas dos consumidores, na exata medida de suas

disponibilidades de estoque, e, ainda, de conformidade com os usos e costumes;

III — enviar ou entregar ao consumidor, sem solicitação prévia, qualquer produto, ou fornecer qualquer serviço;

IV — prevalecer-se da fraqueza ou ignorância do consumidor, tendo em vista sua idade, saúde, conhecimento ou condição social, para impingir-lhe seus produtos ou serviços;

V — exigir do consumidor vantagem manifestamente excessiva;

VI — executar serviços sem a prévia elaboração de orçamento e autorização expressa do consumidor, ressalvadas as decorrentes de práticas anteriores entre as partes;

VII — repassar informação depreciativa, referente a ato praticado pelo consumidor no exercício de seus direitos;

VIII — colocar, no mercado de consumo, qualquer produto ou serviço em desacordo com as normas expedidas pelos órgãos oficiais competentes ou, se normas específicas não existirem, pela Associação Brasileira de Normas Técnicas ou outra entidade credenciada pelo Conselho Nacional de Metrologia, Normalização e Qualidade Industrial (Conmetro);

IX — recusar a venda de bens ou a prestação de serviços, diretamente a quem se disponha a adquiri-los mediante pronto pagamento, ressalvados os casos de intermediação regulados em leis especiais; *(Redação dada pela Lei n. 8.884, de 11.6.1994)*

X — elevar sem justa causa o preço de produtos ou serviços. *(Incluído pela Lei n. 8.884, de 11.6.1994)*

XI — Dispositivo incluído pela MPV n. 1.890-67, de 22.10.1999, transformado em inciso XIII, quando da conversão na Lei n. 9.870, de 23.11.1999.

XII — deixar de estipular prazo para o cumprimento de sua obrigação ou deixar a fixação de seu termo inicial a seu exclusivo critério. *(Incluído pela Lei n. 9.008, de 21.3.1995)*

XIII — aplicar fórmula ou índice de reajuste diverso do legal ou contratualmente estabelecido. *(Incluído pela Lei n. 9.870, de 23.11.1999)*

Parágrafo único. Os serviços prestados e os produtos remetidos ou entregues ao consumidor, na hipótese prevista no inciso III, equiparam-se às amostras grátis, inexistindo obrigação de pagamento.

Art. 40. O fornecedor de serviço será obrigado a entregar ao consumidor orçamento prévio discriminando o valor da mão de obra, dos materiais e equipamentos a serem empregados, as condições de pagamento, bem como as datas de início e término dos serviços.

§ 1º Salvo estipulação em contrário, o valor orçado terá validade pelo prazo de dez dias, contado de seu recebimento pelo consumidor.

§ 2º Uma vez aprovado pelo consumidor, o orçamento obriga os contraentes e somente pode ser alterado mediante livre negociação das partes.

§ 3º O consumidor não responde por quaisquer ônus ou acréscimos decorrentes da contratação de serviços de terceiros não previstos no orçamento prévio.

Art. 41. No caso de fornecimento de produtos ou de serviços sujeitos ao regime de controle ou de tabelamento de preços, os fornecedores deverão respeitar os limites oficiais sob pena de não o fazendo, responderem pela restituição da quantia recebida em excesso, monetariamente atualizada, podendo o consumidor exigir à sua escolha, o desfazimento do negócio, sem prejuízo de outras sanções cabíveis.

Seção V
Da Cobrança de Dívidas

Art. 42. Na cobrança de débitos, o consumidor inadimplente não será exposto a ridículo, nem será submetido a qualquer tipo de constrangimento ou ameaça.

Parágrafo único. O consumidor cobrado em quantia indevida tem direito à repetição do indébito, por valor igual ao dobro do que pagou em excesso, acrescido de correção monetária e juros legais, salvo hipótese de engano justificável.

Art. 42-A. Em todos os documentos de cobrança de débitos apresentados ao consumidor, deverão constar o nome, o endereço e o número de inscrição no Cadastro de Pessoas Físicas – CPF ou no Cadastro Nacional de Pessoa Jurídica — CNPJ do fornecedor do produto ou serviço correspondente. *(Incluído pela Lei n. 12.039, de 2009)*

Seção VI
Dos Bancos de Dados e Cadastros de Consumidores

Art. 43. O consumidor, sem prejuízo do disposto no art. 86, terá acesso às informações existentes em cadastros, fichas, registros e dados pessoais e de consumo arquivados sobre ele, bem como sobre as suas respectivas fontes.

§ 1º Os cadastros e dados de consumidores devem ser objetivos, claros, verdadeiros e em linguagem de fácil compreensão, não podendo conter informações negativas referentes a período superior a cinco anos.

§ 2º A abertura de cadastro, ficha, registro e dados pessoais e de consumo deverá ser comunicada por escrito ao consumidor, quando não solicitada por ele.

§ 3º O consumidor, sempre que encontrar inexatidão nos seus dados e cadastros, poderá exigir sua imediata correção, devendo o arquivista, no prazo de cinco dias úteis, comunicar a alteração aos eventuais destinatários das informações incorretas.

§ 4º Os bancos de dados e cadastros relativos a consumidores, os serviços de proteção ao crédito e congêneres são considerados entidades de caráter público.

§ 5º Consumada a prescrição relativa à cobrança de débitos do consumidor, não serão fornecidas, pelos respectivos Sistemas de Proteção ao Crédito, quaisquer informações que possam impedir ou dificultar novo acesso ao crédito junto aos fornecedores.

§ 6º *(Vide Lei n. 13.146, de 2015) (Vigência)*

Art. 44. Os órgãos públicos de defesa do consumidor manterão cadastros atualizados de reclamações fundamentadas contra fornecedores de produtos e serviços, devendo divulgá-lo pública e anualmente. A divulgação indicará se a reclamação foi atendida ou não pelo fornecedor.

§ 1º É facultado o acesso às informações lá constantes para orientação e consulta por qualquer interessado.

§ 2º Aplicam-se a este artigo, no que couber, as mesmas regras enunciadas no artigo anterior e as do parágrafo único do art. 22 deste código.

Art. 45. (Vetado).

Capítulo VI
DA PROTEÇÃO CONTRATUAL

Seção I
Disposições Gerais

Art. 46. Os contratos que regulam as relações de consumo não obrigarão os consumidores, se não lhes for dada a oportunidade de tomar conhecimento prévio de seu conteúdo, ou se os respectivos instrumentos forem redigidos de modo a dificultar a compreensão de seu sentido e alcance.

Art. 47. As cláusulas contratuais serão interpretadas de maneira mais favorável ao consumidor.

Art. 48. As declarações de vontade constantes de escritos particulares, recibos e pré-contratos relativos às relações de consumo vinculam o fornecedor, ensejando inclusive execução específica, nos termos do art. 84 e parágrafos.

Art. 49. O consumidor pode desistir do contrato, no prazo de 7 dias a contar de sua assinatura ou do ato de recebimento do produto ou serviço, sempre que a contratação de fornecimento de produtos e serviços ocorrer fora do estabelecimento comercial, especialmente por telefone ou a domicílio.

Parágrafo único. Se o consumidor exercitar o direito de arrependimento previsto neste artigo, os valores eventualmente pagos, a qualquer título, durante o prazo de reflexão, serão devolvidos, de imediato, monetariamente atualizados.

Art. 50. A garantia contratual é complementar à legal e será conferida mediante termo escrito.

Parágrafo único. O termo de garantia ou equivalente deve ser padronizado e esclarecer, de maneira adequada em que consiste a mesma garantia, bem como a forma, o prazo e o lugar em que pode ser exercitada e os ônus a cargo do consumidor, devendo ser-lhe entregue, devidamente preenchido pelo fornecedor, no ato do fornecimento, acompanhado de manual de instrução, de instalação e uso do produto em linguagem didática, com ilustrações.

Seção II
Das Cláusulas Abusivas

Art. 51. São nulas de pleno direito, entre outras, as cláusulas contratuais relativas ao fornecimento de produtos e serviços que:

I — impossibilitem, exonerem ou atenuem a responsabilidade do fornecedor por vícios de qualquer natureza dos produtos e serviços ou impliquem renúncia ou disposição de direitos. Nas relações de consumo entre o fornecedor e o consumidor pessoa jurídica, a indenização poderá ser limitada, em situações justificáveis;

II — subtraiam ao consumidor a opção de reembolso da quantia já paga, nos casos previstos neste código;

III — transfiram responsabilidades a terceiros;

IV — estabeleçam obrigações consideradas iníquas, abusivas, que coloquem o consumidor em desvantagem exagerada, ou sejam incompatíveis com a boa-fé ou a eqüidade;

V — (Vetado);

VI — estabeleçam inversão do ônus da prova em prejuízo do consumidor;

VII — determinem a utilização compulsória de arbitragem;

VIII — imponham representante para concluir ou realizar outro negócio jurídico pelo consumidor;
IX — deixem ao fornecedor a opção de concluir ou não o contrato, embora obrigando o consumidor;
X — permitam ao fornecedor, direta ou indiretamente, variação do preço de maneira unilateral;
XI — autorizem o fornecedor a cancelar o contrato unilateralmente, sem que igual direito seja conferido ao consumidor;
XII — obriguem o consumidor a ressarcir os custos de cobrança de sua obrigação, sem que igual direito lhe seja conferido contra o fornecedor;
XIII — autorizem o fornecedor a modificar unilateralmente o conteúdo ou a qualidade do contrato, após sua celebração;
XIV — infrinjam ou possibilitem a violação de normas ambientais;
XV — estejam em desacordo com o sistema de proteção ao consumidor;
XVI — possibilitem a renúncia do direito de indenização por benfeitorias necessárias.
§ 1º Presume-se exagerada, entre outros casos, a vantagem que:
I — ofende os princípios fundamentais do sistema jurídico a que pertence;
II — restringe direitos ou obrigações fundamentais inerentes à natureza do contrato, de tal modo a ameaçar seu objeto ou equilíbrio contratual;
III — se mostra excessivamente onerosa para o consumidor, considerando-se a natureza e conteúdo do contrato, o interesse das partes e outras circunstâncias peculiares ao caso.
§ 2º A nulidade de uma cláusula contratual abusiva não invalida o contrato, exceto quando de sua ausência, apesar dos esforços de integração, decorrer ônus excessivo a qualquer das partes.
§ 3º (Vetado).
§ 4º É facultado a qualquer consumidor ou entidade que o represente requerer ao Ministério Público que ajuíze a competente ação para ser declarada a nulidade de cláusula contratual que contrarie o disposto neste código ou de qualquer forma não assegure o justo equilíbrio entre direitos e obrigações das partes.
Art. 52. No fornecimento de produtos ou serviços que envolva outorga de crédito ou concessão de financiamento ao consumidor, o fornecedor deverá, entre outros requisitos, informá-lo prévia e adequadamente sobre:
I — preço do produto ou serviço em moeda corrente nacional;
II — montante dos juros de mora e da taxa efetiva anual de juros;
III — acréscimos legalmente previstos;
IV — número e periodicidade das prestações;
V — soma total a pagar, com e sem financiamento.
§ 1º As multas de mora decorrentes do inadimplemento de obrigações no seu termo não poderão ser superiores a dois por cento do valor da prestação. *(Redação dada pela Lei n. 9.298, de 1º.8.1996)*
§ 2º É assegurado ao consumidor a liquidação antecipada do débito, total ou parcialmente, mediante redução proporcional dos juros e demais acréscimos.
§ 3º (Vetado).
Art. 53. Nos contratos de compra e venda de móveis ou imóveis mediante pagamento em prestações, bem como nas alienações fiduciárias em garantia, consideram-se nulas de pleno direito as cláusulas que estabeleçam a perda total das prestações pagas em benefício do credor que, em razão do inadimplemento, pleitear a resolução do contrato e a retomada do produto alienado.
§ 1º (Vetado).
§ 2º Nos contratos do sistema de consórcio de produtos duráveis, a compensação ou a restituição das parcelas quitadas, na forma deste artigo, terá descontada, além da vantagem econômica auferida com a fruição, os prejuízos que o desistente ou inadimplente causar ao grupo.
§ 3º Os contratos de que trata o *caput* deste artigo serão expressos em moeda corrente nacional.

Seção III
Dos Contratos de Adesão

Art. 54. Contrato de adesão é aquele cujas cláusulas tenham sido aprovadas pela autoridade competente ou estabelecidas unilateralmente pelo fornecedor de produtos ou serviços, sem que o consumidor possa discutir ou modificar substancialmente seu conteúdo.
§ 1º A inserção de cláusula no formulário não desfigura a natureza de adesão do contrato.
§ 2º Nos contratos de adesão admite-se cláusula resolutória, desde que a alternativa, cabendo a escolha ao consumidor, ressalvando-se o disposto no § 2º do artigo anterior.
§ 3º Os contratos de adesão escritos serão redigidos em termos claros e com caracteres ostensivos e legíveis, cujo tamanho da fonte não será inferior ao corpo doze, de modo a facilitar sua compreensão pelo consumidor. *(Redação dada pela n. 11.785, de 2008)*
§ 4º As cláusulas que implicarem limitação de direito do consumidor deverão ser redigidas com destaque, permitindo sua imediata e fácil compreensão.
§ 5º (Vetado)

Capítulo VII
DAS SANÇÕES ADMINISTRATIVAS

Art. 55. A União, os Estados e o Distrito Federal, em caráter concorrente e nas suas respectivas áreas de atuação administrativa, baixarão normas relativas à produção, industrialização, distribuição e consumo de produtos e serviços.
§ 1º A União, os Estados, o Distrito Federal e os Municípios fiscalizarão e controlarão a produção, industrialização, distribuição, a publicidade de produtos e serviços e o mercado de consumo, no interesse da preservação da vida, da saúde, da segurança, da informação e do bem-estar do consumidor, baixando as normas que se fizerem necessárias.
§ 2º (Vetado).
§ 3º Os órgãos federais, estaduais, do Distrito Federal e municipais com atribuições para fiscalizar e controlar o mercado de consumo manterão comissões permanentes para elaboração, revisão e atualização das normas referidas no § 1º, sendo obrigatória a participação dos consumidores e fornecedores.
§ 4º Os órgãos oficiais poderão expedir notificações aos fornecedores para que, sob pena de desobediência, prestem informações sobre questões de interesse do consumidor, resguardado o segredo industrial.
Art. 56. As infrações das normas de defesa do consumidor ficam sujeitas, conforme o caso, às seguintes sanções administrativas, sem prejuízo das de natureza civil, penal e das definidas em normas específicas:
I — multa;
II — apreensão do produto;
III — inutilização do produto;
IV — cassação do registro do produto junto ao órgão competente;
V — proibição de fabricação do produto;
VI — suspensão de fornecimento de produtos ou serviço;
VII — suspensão temporária de atividade;
VIII — revogação de concessão ou permissão de uso;
IX — cassação de licença do estabelecimento ou de atividade;
X — interdição, total ou parcial, de estabelecimento, de obra ou de atividade;
XI — intervenção administrativa;
XII — imposição de contrapropaganda.
Parágrafo único. As sanções previstas neste artigo serão aplicadas pela autoridade administrativa, no âmbito de sua atribuição, podendo ser aplicadas cumulativamente, inclusive por medida cautelar, antecedente ou incidente de procedimento administrativo.
Art. 57. A pena de multa, graduada de acordo com a gravidade da infração, a vantagem auferida e a condição econômica do fornecedor, será aplicada mediante procedimento administrativo, revertendo para o Fundo de que trata a Lei n. 7.347, de 24 de julho de 1985, os valores cabíveis à União, ou para os Fundos estaduais ou municípios de proteção ao consumidor nos demais casos. *(Redação dada pela Lei n. 8.656, de 21.5.1993)*
Parágrafo único. A multa será em montante não inferior a duzentas e não superior a três milhões de vezes o valor da Unidade Fiscal de Referência (Ufir), ou índice equivalente que venha a substituí-lo. *(Parágrafo acrescentado pela Lei n. 8.703, de 6.9.1993)*
Art. 58. As penas de apreensão, de inutilização de produtos, de proibição de fabricação de produtos, de suspensão do fornecimento de produto ou serviço, de cassação do registro do produto e revogação da concessão ou permissão de uso serão aplicadas pela administração, mediante procedimento administrativo, assegurada ampla defesa, quando forem constatados vícios de quantidade ou de qualidade por inadequação ou insegurança do produto ou serviço.
Art. 59. As penas de cassação de alvará de licença, de interdição e de suspensão temporária da atividade, bem como a de intervenção administrativa, serão aplicadas mediante procedimento administrativo, assegurada ampla defesa, quando o fornecedor reincidir na prática das infrações de maior gravidade previstas neste código e na legislação de consumo.
§ 1º A pena de cassação da concessão será aplicada à concessionária de serviço público, quando violar obrigação legal ou contratual.
§ 2º A pena de intervenção administrativa será aplicada sempre que as circunstâncias de fato desaconselharem a cassação de licença, a interdição ou suspensão da atividade.
§ 3º Pendendo ação judicial na qual se discuta a imposição de penalidade administrativa, não haverá reincidência até o trânsito em julgado da sentença.
Art. 60. A imposição de contrapropaganda será cominada quando o fornecedor incorrer na prática de publicidade enganosa ou abusiva, nos termos do art. 36 e seus parágrafos, sempre às expensas do infrator.
§ 1º A contrapropaganda será divulgada pelo responsável da mesma forma, freqüência

e dimensão e, preferencialmente no mesmo veículo, local, espaço e horário, de forma capaz de desfazer o malefício da publicidade enganosa ou abusiva.

§ 2º (Vetado)

§ 3º (Vetado).

TÍTULO II
Das Infrações Penais

Art. 61. Constituem crimes contra as relações de consumo previstas neste código, sem prejuízo do disposto no Código Penal e leis especiais, as condutas tipificadas nos artigos seguintes.

Art. 62. (Vetado).

Art. 63. Omitir dizeres ou sinais ostensivos sobre a nocividade ou periculosidade de produtos, nas embalagens, nos invólucros, recipientes ou publicidade:

Pena: Detenção de seis meses a dois anos e multa.

§ 1º Incorrerá nas mesmas penas quem deixar de alertar, mediante recomendações escritas ostensivas, sobre a periculosidade do serviço a ser prestado.

§ 2º Se o crime é culposo:

Pena: Detenção de um a seis meses ou multa.

Art. 64. Deixar de comunicar à autoridade competente e aos consumidores a nocividade ou periculosidade de produtos cujo conhecimento seja posterior à sua colocação no mercado:

Pena: Detenção de seis meses a dois anos e multa.

Parágrafo único. Incorrerá nas mesmas penas quem deixar de retirar do mercado, imediatamente quando determinado pela autoridade competente, os produtos nocivos ou perigosos, na forma deste artigo.

Art. 65. Executar serviço de alto grau de periculosidade, contrariando determinação de autoridade competente:

Pena: Detenção de seis meses a dois anos e multa.

Parágrafo único. As penas deste artigo são aplicáveis sem prejuízo das correspondentes à lesão corporal e à morte.

Art. 66. Fazer afirmação falsa ou enganosa, ou omitir informação relevante sobre a natureza, característica, qualidade, quantidade, segurança, desempenho, durabilidade, preço ou garantia de produtos ou serviços:

Pena: Detenção de três meses a um ano e multa.

§ 1º Incorrerá nas mesmas penas quem patrocinar a oferta.

§ 2º Se o crime é culposo;

Pena: Detenção de um a seis meses ou multa.

Art. 67. Fazer ou promover publicidade que sabe ou deveria saber ser enganosa ou abusiva:

Pena: Detenção de três meses a um ano e multa.

Parágrafo único. (Vetado).

Art. 68. Fazer ou promover publicidade que sabe ou deveria saber ser capaz de induzir o consumidor a se comportar de forma prejudicial ou perigosa a sua saúde ou segurança:

Pena: Detenção de seis meses a dois anos e multa:

Parágrafo único. (Vetado).

Art. 69. Deixar de organizar dados fáticos, técnicos e científicos que dão base à publicidade:

Pena: Detenção de um a seis meses ou multa.

Art. 70. Empregar na reparação de produtos, peça ou componentes de reposição usados, sem autorização do consumidor:

Pena: Detenção de três meses a um ano e multa.

Art. 71. Utilizar, na cobrança de dívidas, de ameaça, coação, constrangimento físico ou moral, afirmações falsas incorretas ou enganosas ou de qualquer outro procedimento que exponha o consumidor, injustificadamente, a ridículo ou interfira com seu trabalho, descanso ou lazer:

Pena: Detenção de três meses a um ano e multa.

Art. 72. Impedir ou dificultar o acesso do consumidor às informações que sobre ele constem em cadastros, banco de dados, fichas e registros:

Pena: Detenção de seis meses a um ano ou multa.

Art. 73. Deixar de corrigir imediatamente informação sobre consumidor constante de cadastro, banco de dados, fichas ou registros que sabe ou deveria saber ser inexata:

Pena: Detenção de um a seis meses ou multa.

Art. 74. Deixar de entregar ao consumidor o termo de garantia adequadamente preenchido e com especificação clara de seu conteúdo:

Pena: Detenção de um a seis meses ou multa.

Art. 75. Quem, de qualquer forma, concorrer para os crimes referidos neste código, incide as penas a esses cominadas na medida de sua culpabilidade, bem como o diretor, administrador ou gerente da pessoa jurídica que promover, permitir ou por qualquer modo aprovar o fornecimento, oferta, exposição à venda ou manutenção em depósito de produtos ou a oferta e prestação de serviços nas condições por ele proibidas.

Art. 76. São circunstâncias agravantes dos crimes tipificados neste código:

I — serem cometidos em época de grave crise econômica ou por ocasião de calamidade;

II — ocasionarem grave dano individual ou coletivo;

III — dissimular-se a natureza ilícita do procedimento;

IV — quando cometidos:

a) por servidor público, ou por pessoa cuja condição econômico-social seja manifestamente superior à da vítima;

b) em detrimento de operário ou rurícola; de menor de dezoito ou maior de sessenta anos ou de pessoas portadoras de deficiência mental interditadas ou não;

V — serem praticados em operações que envolvam alimentos, medicamentos ou quaisquer outros produtos ou serviços essenciais.

Art. 77. A pena pecuniária prevista nesta Seção será fixada em dias-multa, correspondente ao mínimo e ao máximo de dias de duração da pena privativa da liberdade cominada ao crime. Na individualização desta multa, o juiz observará o disposto no art. 60, § 1º do Código Penal.

Art. 78. Além das penas privativas de liberdade e de multa, podem ser impostas, cumulativa ou alternadamente, observado o disposto nos arts. 44 a 47, do Código Penal:

I — a interdição temporária de direitos;

II — a publicação em órgãos de comunicação de grande circulação ou audiência, às expensas do condenado, de notícia sobre os fatos e a condenação;

III — a prestação de serviços à comunidade.

Art. 79. O valor da fiança, nas infrações de que trata este código, será fixado pelo juiz, ou pela autoridade que presidir o inquérito, entre cem e duzentas mil vezes o valor do Bônus do Tesouro Nacional (BTN), ou índice equivalente que venha a substituí-lo.

Parágrafo único. Se assim recomendar a situação econômica do indiciado ou réu, a fiança poderá ser:

a) reduzida até a metade do seu valor mínimo;

b) aumentada pelo juiz até vinte vezes.

Art. 80. No processo penal atinente aos crimes previstos neste código, bem como a outros crimes e contravenções que envolvam relações de consumo, poderão intervir, como assistentes do Ministério Público, os legitimados indicados no art. 82, inciso III e IV, aos quais também é facultado propor ação penal subsidiária, se a denúncia não for oferecida no prazo legal.

TÍTULO III
Da Defesa do Consumidor em Juízo

Capítulo I
DISPOSIÇÕES GERAIS

Art. 81. A defesa dos interesses e direitos dos consumidores e das vítimas poderá ser exercida em juízo individualmente, ou a título coletivo.

Parágrafo único. A defesa coletiva será exercida quando se tratar de:

I — interesses ou direitos difusos, assim entendidos, para efeitos deste código, os transindividuais, de natureza indivisível, de que sejam titulares pessoas indeterminadas e ligadas por circunstâncias de fato;

II — interesses ou direitos coletivos, assim entendidos, para efeitos deste código, os transindividuais, de natureza indivisível de que seja titulargrupo, categoria ou classe de pessoas ligadas entre si ou com a parte contrária por uma relação jurídica base;

III — interesses ou direitos individuais homogêneos, assim entendidos os decorrentes de origem comum.

Art. 82. Para os fins do art. 81, parágrafo único, são legitimados concorrentemente: *(Redação dada pela Lei n. 9.008, de 21.3.1995)*

I — o Ministério Público;

II — a União, os Estados, os Municípios e o Distrito Federal;

III — as entidades e órgãos da Administração Pública, direta ou indireta, ainda que sem personalidade jurídica, especificamente destinados à defesa dos interesses e direitos protegidos por este código;

IV — as associações legalmente constituídas há pelo menos um ano e que incluam entre seus fins institucionais a defesa dos interesses e direitos protegidos por este código, dispensada a autorização assemblear.

§ 1º O requisito da pré-constituição pode ser dispensado pelo juiz, nas ações previstas nos arts. 91 e seguintes, quando haja manifesto interesse social evidenciado pela dimensão ou característica do dano, ou pela relevância do bem jurídico a ser protegido.

§ 2º (Vetado).

§ 3º (Vetado).

Art. 83. Para a defesa dos direitos e interesses protegidos por este código são admissíveis todas as espécies de ações capazes de propiciar sua adequada e efetiva tutela.

Parágrafo único. (Vetado).

Art. 84. Na ação que tenha por objeto o cumprimento da obrigação de fazer ou não fazer, o juiz concederá a tutela específica da obrigação ou determinará providências que assegurem o resultado prático equivalente ao do adimplemento.

§ 1º A conversão da obrigação em perdas e danos somente será admissível se por elas optar o autor ou se impossível a tutela específica ou a obtenção do resultado prático correspondente.

§ 2º A indenização por perdas e danos se fará sem prejuízo da multa (art. 287, do Código de Processo Civil).

§ 3º Sendo relevante o fundamento da demanda e havendo justificado receio de ineficácia do provimento final, é lícito ao juiz conceder a tutela liminarmente ou após justificação prévia, citado o réu.

§ 4º O juiz poderá, na hipótese do § 3º ou na sentença, impor multa diária ao réu, independentemente de pedido do autor, se for suficiente ou compatível com a obrigação, fixando prazo razoável para o cumprimento do preceito.

§ 5º Para a tutela específica ou para a obtenção do resultado prático equivalente, poderá o juiz determinar as medidas necessárias, tais como busca e apreensão, remoção de coisas e pessoas, desfazimento de obra, impedimento de atividade nociva, além de requisição de força policial.

Art. 85. (Vetado).

Art. 86. (Vetado).

Art. 87. Nas ações coletivas de que trata este código não haverá adiantamento de custas, emolumentos, honorários periciais e quaisquer outras despesas, nem condenação da associação autora, salvo comprovada má-fé, em honorários de advogados, custas e despesas processuais.

Parágrafo único. Em caso de litigância de má-fé, a associação autora e os diretores responsáveis pela propositura da ação serão solidariamente condenados em honorários advocatícios e ao décuplo das custas, sem prejuízo da responsabilidade por perdas e danos.

Art. 88. Na hipótese do art. 13, parágrafo único deste código, a ação de regresso poderá ser ajuizada em processo autônomo, facultada a possibilidade de prosseguir-se nos mesmos autos, vedada a denunciação da lide.

Art. 89. (Vetado).

Art. 90. Aplicam-se às ações previstas neste título as normas do Código de Processo Civil e da Lei n. 7.347, de 24 de julho de 1985, inclusive no que respeita ao inquérito civil, naquilo que não contrariar suas disposições.

Capítulo II
DAS AÇÕES COLETIVAS PARA A DEFESA DE INTERESSES INDIVIDUAIS HOMOGÊNEOS

Art. 91. Os legitimados de que trata o art. 82 poderão propor, em nome próprio e no interesse das vítimas ou seus sucessores, ação civil coletiva de responsabilidade pelos danos individualmente sofridos, de acordo com o disposto nos artigos seguintes. *(Redação dada pela Lei n. 9.008, de 21.3.1995)*

Art. 92. O Ministério Público, se não ajuizar a ação, atuará sempre como fiscal da lei.

Parágrafo único. (Vetado).

Art. 93. Ressalvada a competência da Justiça Federal, é competente para a causa a justiça local:

I — no foro do lugar onde ocorreu ou deva ocorrer o dano, quando de âmbito local;

II — no foro da Capital do Estado ou no do Distrito Federal, para os danos de âmbito nacional ou regional, aplicando-se as regras do Código de Processo Civil aos casos de competência concorrente.

Art. 94. Proposta a ação, será publicado edital no órgão oficial, a fim de que os interessados possam intervir no processo como litisconsortes, sem prejuízo de ampla divulgação pelos meios de comunicação social por parte dos órgãos de defesa do consumidor.

Art. 95. Em caso de procedência do pedido, a condenação será genérica, fixando a responsabilidade do réu pelos danos causados.

Art. 96. (Vetado).

Art. 97. A liquidação e a execução de sentença poderão ser promovidas pela vítima e seus sucessores, assim como pelos legitimados de que trata o art. 82.

Parágrafo único. (Vetado).

Art. 98. A execução poderá ser coletiva, sendo promovida pelos legitimados de que trata o art. 82, abrangendo as vítimas cujas indenizações já tiveram sido fixadas em sentença de liquidação, sem prejuízo do ajuizamento de outras execuções. *(Redação dada pela Lei n. 9.008, de 21.3.1995)*

§ 1º A execução coletiva far-se-á com base em certidão das sentenças de liquidação, da qual deverá constar a ocorrência ou não do trânsito em julgado.

§ 2º É competente para a execução o juízo:

I — da liquidação da sentença ou da ação condenatória, no caso de execução individual;

II — da ação condenatória, quando coletiva a execução.

Art. 99. Em caso de concurso de créditos decorrentes de condenação prevista na Lei n. 7.347, de 24 de julho de 1985 e de indenizações pelos prejuízos individuais resultantes do mesmo evento danoso, estas terão preferência no pagamento.

Parágrafo único. Para efeito do disposto neste artigo, a destinação da importância recolhida ao fundo criado pela Lei n. 7.347 de 24 de julho de 1985, ficará sustada enquanto pendentes de decisão de segundo grau as ações de indenização pelos danos individuais, salvo na hipótese de o patrimônio do devedor ser manifestamente suficiente para responder pela integralidade das dívidas.

Art. 100. Decorrido o prazo de um ano sem habilitação de interessados em número compatível com a gravidade do dano, poderão os legitimados do art. 82 promover a liquidação e execução da indenização devida.

Parágrafo único. O produto da indenização devida reverterá para o fundo criado pela Lei n. 7.347, de 24 de julho de 1985.

Capítulo III
DAS AÇÕES DE RESPONSABILIDADE DO FORNECEDOR DE PRODUTOS E SERVIÇOS

Art. 101. Na ação de responsabilidade civil do fornecedor de produtos e serviços, sem prejuízo do disposto nos Capítulos I e II deste título, serão observadas as seguintes normas:

I — a ação pode ser proposta no domicílio do autor;

II — o réu que houver contratado seguro de responsabilidade poderá chamar ao processo o segurador, vedada a integração do contraditório pelo Instituto de Resseguros do Brasil. Nesta hipótese, a sentença que julgar procedente o pedido condenará o réu nos termos do art. 80 do Código de Processo Civil. Se o réu houver sido declarado falido, o síndico será intimado a informar a existência de seguro de responsabilidade, facultando-se, em caso afirmativo, o ajuizamento de ação de indenização diretamente contra o segurador, vedada a denunciação da lide ao Instituto de Resseguros do Brasil e dispensado o litisconsórcio obrigatório com este.

Art. 102. Os legitimados a agir na forma deste código poderão propor ação visando compelir o Poder Público competente a proibir, em todo o território nacional, a produção, divulgação distribuição ou venda, ou a determinar a alteração na composição, estrutura, fórmula ou acondicionamento de produto, cujo uso ou consumo regular se revele nocivo ou perigoso à saúde pública e à incolumidade pessoal.

§ 1º (Vetado).

§ 2º (Vetado).

Capítulo IV
DA COISA JULGADA

Art. 103. Nas ações coletivas de que trata este código, a sentença fará coisa julgada:

I — *erga omnes*, exceto se o pedido for julgado improcedente por insuficiência de provas, hipótese em que qualquer legitimado poderá intentar outra ação, com idêntico fundamento valendo-se de nova prova, na hipótese do inciso I do parágrafo único do art. 81;

II — ultra partes, mas limitadamente ao grupo, categoria ou classe, salvo improcedência por insuficiência de provas, nos termos do inciso anterior, quando se tratar da hipótese prevista no inciso II do parágrafo único do art. 81;

III — *erga omnes*, apenas no caso de procedência do pedido, para beneficiar todas as vítimas e seus sucessores, na hipótese do inciso III do parágrafo único do art. 81.

§ 1º Os efeitos da coisa julgada previstos nos incisos I e II não prejudicarão interesses e direitos individuais dos integrantes da coletividade, do grupo, categoria ou classe.

§ 2º Na hipótese prevista no inciso III, em caso de improcedência do pedido, os interessados que não tiverem intervindo no processo como litisconsortes poderão propor ação de indenização a título individual.

§ 3º Os efeitos da coisa julgada de que cuida o art. 16, combinado com o art. 13 da Lei n. 7.347, de 24 de julho de 1985, não prejudicarão as ações de indenização por danos pessoalmente sofridos, propostas individualmente ou na forma prevista neste código, mas, se procedente o pedido, beneficiarão as vítimas e seus sucessores, que poderão proceder à liquidação e à execução, nos termos dos arts. 96 a 99.

§ 4º Aplica-se o disposto no parágrafo anterior à sentença penal condenatória.

Art. 104. As ações coletivas, previstas nos incisos I e II e do parágrafo único do art. 81, não induzem litispendência para as ações individuais, mas os efeitos da coisa julgada *erga omnes* ou ultra partes a que aludem os incisos II e III do artigo anterior não beneficiarão os autores das ações individuais, se não for requerida sua suspensão no prazo de trinta dias, a contar da ciência nos autos do ajuizamento da ação coletiva.

TÍTULO IV
Do Sistema Nacional de Defesa do Consumidor

Art. 105. Integram o Sistema Nacional de Defesa do Consumidor (SNDC), os órgãos federais, estaduais, do Distrito Federal e municipais e as entidades privadas de defesa do consumidor.

Art. 106. O Departamento Nacional de Defesa do Consumidor, da Secretaria Nacional de Direito Econômico (MJ), ou órgão federal que venha substituí-lo, é organismo de coordenação da política do Sistema Nacional de Defesa do Consumidor, cabendo-lhe:

I — planejar, elaborar, propor, coordenar e executar a política nacional de proteção ao consumidor;

II — receber, analisar, avaliar e encaminhar consultas, denúncias ou sugestões apresentadas por entidades representativas ou pessoas jurídicas de direito público ou privado;

III — prestar aos consumidores orientação permanente sobre seus direitos e garantias;

IV — informar, conscientizar e motivar o consumidor através dos diferentes meios de comunicação;

V — solicitar à polícia judiciária a instauração de inquérito policial para a apreciação de delito contra os consumidores, nos termos da legislação vigente;

VI — representar ao Ministério Público competente para fins de adoção de medidas processuais no âmbito de suas atribuições;

VII — levar ao conhecimento dos órgãos competentes as infrações de ordem administrativa que violarem os interesses difusos, coletivos, ou individuais dos consumidores;

VIII — solicitar o concurso de órgãos e entidades da União, Estados, do Distrito Federal e Municípios, bem como auxiliar a fiscalização de preços, abastecimento, quantidade e segurança de bens e serviços;

IX — incentivar, inclusive com recursos financeiros e outros programas especiais, a formação de entidades de defesa do consumidor pela população e pelos órgãos públicos estaduais e municipais;

X — (Vetado).

XI — (Vetado).

XII — (Vetado).

XIII — desenvolver outras atividades compatíveis com suas finalidades.

Parágrafo único. Para a consecução de seus objetivos, o Departamento Nacional de Defesa do Consumidor poderá solicitar o concurso de órgãos e entidades de notória especialização técnico-científica.

TÍTULO V
Da Convenção Coletiva de Consumo

Art. 107. As entidades civis de consumidores e as associações de fornecedores ou sindicatos de categoria econômica podem regular, por convenção escrita, relações de consumo que tenham por objeto estabelecer condições relativas ao preço, à qualidade, à quantidade, à garantia e características de produtos e serviços, bem como à reclamação e composição do conflito de consumo.

§ 1º A convenção tornar-se-á obrigatória a partir do registro do instrumento no cartório de títulos e documentos.

§ 2º A convenção somente obrigará os filiados às entidades signatárias.

§ 3º Não se exime de cumprir a convenção o fornecedor que se desligar da entidade em data posterior ao registro do instrumento.

Art. 108. (Vetado).

TÍTULO VI
Disposições Finais

Art. 109. (Vetado).

Art. 110. Acrescente-se o seguinte inciso IV ao art. 1º da Lei n. 7.347, de 24 de julho de 1985:

"IV — a qualquer outro interesse difuso ou coletivo".

Art. 111. O inciso II do art. 5º da Lei n. 7.347, de 24 de julho de 1985, passa a ter a seguinte redação:

"II — inclua, entre suas finalidades institucionais, a proteção ao meio ambiente, ao consumidor, ao patrimônio artístico, estético, histórico, turístico e paisagístico, ou a qualquer outro interesse difuso ou coletivo".

Art. 112. O § 3º do art. 5º da Lei n. 7.347, de 24 de julho de 1985, passa a ter a seguinte redação:

"§ 3º Em caso de desistência infundada ou abandono da ação por associação legitimada, o Ministério Público ou outro legitimado assumirá a titularidade ativa".

Art. 113. Acrescente-se os seguintes §§ 4º, 5º e 6º ao art. 5º da Lei n. 7.347, de 24 de julho de 1985:

"§ 4º O requisito da pré-constituição poderá ser dispensado pelo juiz, quando haja manifesto interesse social evidenciado pela dimensão ou característica do dano, ou pela relevância do bem jurídico a ser protegido.

§ 5º Admitir-se-á o litisconsórcio facultativo entre os Ministérios Públicos da União, do Distrito Federal e dos Estados na defesa dos interesses e direitos de que cuida esta lei. *(Vide Mensagem de veto) (Vide REsp 222582 /MG — STJ)*

§ 6º Os órgãos públicos legitimados poderão tomar dos interessados compromisso de ajustamento de sua conduta às exigências legais, mediante combinações, que terá eficácia de título executivo extrajudicial". *(Vide Mensagem de veto) (Vide REsp222582 /MG — STJ)*

Art. 114. O art. 15 da Lei n. 7.347, de 24 de julho de 1985, passa a ter a seguinte redação:

"Art. 15. Decorridos sessenta dias do trânsito em julgado da sentença condenatória, sem que a associação autora lhe promova a execução, deverá fazê-lo o Ministério Público, facultada igual iniciativa aos demais legitimados".

Art. 115. Suprima-se o *caput* do art. 17 da Lei n. 7.347, de 24 de julho de 1985, passando o parágrafo único a constituir o *caput*, com a seguinte redação:

"Art. 17. Em caso de litigância de má-fé, a associação autora e os diretores responsáveis pela propositura da ação serão solidariamente condenados em honorários advocatícios e ao décuplo das custas, sem prejuízo da responsabilidade por perdas e danos".

Art. 116. Dê-se a seguinte redação ao art. 18 da Lei n. 7.347, de 24 de julho de 1985:

"Art. 18. Nas ações de que trata esta lei, não haverá adiantamento de custas, emolumentos, honorários periciais e quaisquer outras despesas, nem condenação da associação autora, salvo comprovada má-fé, em honorários de advogado, custas e despesas processuais".

Art. 117. Acrescente-se à Lei n. 7.347, de 24 de julho de 1985, o seguinte dispositivo, renumerando-se os seguintes:

"Art. 21. Aplicam-se à defesa dos direitos e interesses difusos, coletivos e individuais, no que for cabível, os dispositivos do Título III da lei que instituiu o Código de Defesa do Consumidor".

Art. 118. Este código entrará em vigor dentro de cento e oitenta dias a contar de sua publicação.

Art. 119. Revogam-se as disposições em contrário.

Brasília, 11 de setembro de 1990; 169º da Independência e 102º da República.

Fernando Collor
Bernardo Cabral
Zélia M. Cardoso de Mello
Ozires Silva

DOU 12.9.1990 e retif. DOU 10.1.2007

Lei n. 8.112, de 11 de dezembro de 1990

Dispõe sobre o regime jurídico dos servidores públicos civis da união, das autarquias e das fundações públicas federais

O PRESIDENTE DA REPÚBLICA,

Faço saber que o Congresso Nacional decreta e eu sanciono a seguinte Lei:

TÍTULO I

CAPÍTULO ÚNICO
Das Disposições Preliminares

Art. 1º Esta Lei institui o regime jurídico dos servidores públicos civis da União, das autarquias, inclusive as em regime especial, e das fundações públicas federais.

Art. 2º Para os efeitos desta Lei, servidor é a pessoa legalmente investida em cargo público.

Art. 3º Cargo público é o conjunto de atribuições e responsabilidades previstas na estrutura organizacional que devem ser cometidas a um servidor.

Parágrafo único. Os cargos públicos, acessíveis a todos os brasileiros, são criados por lei, com denominação própria e vencimento pago pelos cofres públicos, para provimento em caráter efetivo ou em comissão.

Art. 4º É proibida a prestação de serviços gratuitos, salvo os casos previstos em lei.

TÍTULO II
Do Provimento, Vacância, Remoção, Redistribuição e Substituição

CAPÍTULO I
Do Provimento

Seção I
Disposições Gerais

Art. 5º São requisitos básicos para investidura em cargo público:

I — a nacionalidade brasileira;

II — o gozo dos direitos políticos;

III — a quitação com as obrigações militares e eleitorais;

IV — o nível de escolaridade exigido para o exercício do cargo;

V — a idade mínima de dezoito anos;

VI — aptidão física e mental.

§ 1º As atribuições do cargo podem justificar a exigência de outros requisitos estabelecidos em lei.

§ 2º Às pessoas portadoras de deficiência é assegurado o direito de se inscrever em concurso público para provimento de cargo cujas atribuições sejam compatíveis com a deficiência de que são portadoras; para tais pessoas serão reservadas até 20% (vinte por cento) das vagas oferecidas no concurso.

§ 3º As universidades e instituições de pesquisa científica e tecnológica federais poderão prover seus cargos com professores, técnicos e cientistas estrangeiros, de acordo com as normas e os procedimentos desta Lei. *(Acrescentado pela L. n. 9.515, de 20.11.1997, DOU 21.11.1997).*

Art. 6º O provimento dos cargos públicos far-se-á mediante ato da autoridade competente de cada Poder.

Art. 7º A investidura em cargo público ocorrerá com a posse.

Art. 8º São formas de provimento de cargo público:
I — nomeação;
II — promoção;
III — ascensão; *(Revogados pela Lei n. 9.527, de 10.12.1997, DOU de 11.12.1997)*
IV — transferência; *(Revogados pela Lei n. 9.527, de 10.12.1997, DOU de 11.12.1997)*
V — readaptação;
VI — reversão;
VII — aproveitamento;
VIII — reintegração;
IX — recondução.

Seção II
Da Nomeação

Art. 9º A nomeação far-se-á:
I — em caráter efetivo, quando se tratar de cargo isolado de provimento efetivo ou de carreira;
II — em comissão, inclusive na condição de interino, para cargos de confiança vagos.

Parágrafo único. O servidor ocupante de cargo em comissão ou de natureza especial poderá ser nomeado para ter exercício, interinamente, em outro cargo de confiança, sem prejuízo das atribuições do que atualmente ocupa, hipótese em que deverá optar pela remuneração de um deles durante o período da interinidade.

Art. 10. A nomeação para cargo de carreira ou cargo isolado de provimento efetivo depende de prévia habilitação em concurso público de provas ou de provas e títulos, obedecidos a ordem de classificação e o prazo de sua validade.

Parágrafo único. Os demais requisitos para o ingresso e o desenvolvimento do servidor na carreira, mediante promoção, serão estabelecidos pela lei que fixar as diretrizes do sistema de carreira na Administração Pública Federal e seus regulamentos. *(Alterado pela L. n. 9.527, de 10.12.1997, DOU 11.12.1997).*

Seção III
Do Concurso Público

Art. 11. O concurso será de provas ou de provas e títulos, podendo ser realizado em duas etapas, conforme dispuserem a lei e o regulamento do respectivo plano de carreira, condicionada a inscrição do candidato ao pagamento do valor fixado no edital, quando indispensável ao seu custeio, e ressalvadas as hipóteses de isenção nele expressamente previstas. *(Alterado pela L. n. 9.527, de 10.12.1997, DOU 11.12.1997).*

Art. 12. O concurso público terá validade de até 2 (dois) anos, podendo ser prorrogada uma única vez, por igual período.

§ 1º O prazo de validade do concurso e as condições de sua realização serão fixados em edital, que será publicado no Diário Oficial da União e em jornal diário de grande circulação.

§ 2º Não se abrirá novo concurso enquanto houver candidato aprovado em concurso anterior com prazo de validade não expirado.

Seção IV
Da Posse e do Exercício

Art. 13. A posse dar-se-á pela assinatura do respectivo termo, no qual deverão constar as atribuições, os deveres, as responsabilidades e os direitos inerentes ao cargo ocupado, que não poderão ser alterados unilateralmente, por qualquer das partes, ressalvados os atos de ofício previstos em lei.

§ 1º A posse ocorrerá no prazo de trinta dias contados da publicação do ato de provimento. *(Redação dada pela Lei n. 9.527, de 10.12.1997, DOU 11.12.2007)*

§ 2º Em se tratando de servidor, que esteja na data da publicação do ato de provimento, em licença prevista nos incisos I, III e V do art. 81, ou afastado nas hipóteses dos incisos I, IV, VI, VIII, alíneas a, b, d, e e f, IX e X do art. 102, o prazo será contado do término do impedimento. *(Redação dada pela Lei n. 9.527, de 10.12.1997, DOU 11.12.2007)*

§ 3º A posse poderá dar-se mediante procuração específica.

§ 4º Só haverá posse nos casos de provimento de cargo por nomeação. *(Redação dada pela Lei n. 9.527, de 10.12.1997, DOU 11.12.2007)*

§ 5º No ato da posse, o servidor apresentará declaração de bens e valores que constituem seu patrimônio e declaração quanto ao exercício ou não de outro cargo, emprego ou função pública.

§ 6º Será tornado sem efeito o ato de provimento se a posse não ocorrer no prazo previsto no § 1º deste artigo.
(Redação dos §§ 1º, 2º e 4º dada pela Lei n. 9.527, de 10.12.1997, DOU 11.12.2007)

Art. 14. A posse em cargo público dependerá de prévia inspeção médica oficial.

Parágrafo único. Só poderá ser empossado aquele que for julgado apto física e mentalmente para o exercício do cargo.

Art. 15. Exercício é o efetivo desempenho das atribuições do cargo público ou da função de confiança.

§ 1º É de quinze dias o prazo para o servidor empossado em cargo público entrar em exercício, contados da data da posse.

§ 2º O servidor será exonerado do cargo ou será tornado sem efeito o ato de sua designação para função de confiança, se não entrar em exercício nos prazos previstos neste artigo, observado o disposto no art. 18.

§ 3º À autoridade competente do órgão ou entidade para onde for nomeado ou designado o servidor compete dar-lhe exercício.

§ 4º O início do exercício de função de confiança coincidirá com a data de publicação do ato de designação, salvo quando o servidor estiver em licença ou afastado por qualquer outro motivo legal, hipótese em que recairá no primeiro dia útil após o término do impedimento, que não poderá exceder a trinta dias da publicação.

Art. 16. O início, a suspensão, a interrupção e o reinício do exercício serão registrados no assentamento individual do servidor.

Parágrafo único. Ao entrar em exercício, o servidor apresentará ao órgão competente os elementos necessários ao seu assentamento individual.

Art. 17. A promoção não interrompe o tempo de exercício, que é contado no novo posicionamento na carreira a partir da data de publicação do ato que promover o servidor. *(Redação dada pela Lei n. 9.527, de 10.12.1997, DOU 11.12.2007).*

Art. 18. O servidor que deva ter exercício em outro Município em razão de ter sido removido, redistribuído, requisitado, cedido ou posto em exercício provisório terá, no mínimo, dez e, no máximo, trinta dias de prazo contados da publicação do ato, para a retomada do efetivo desempenho das atribuições do cargo, incluído nesse prazo o tempo necessário para o deslocamento para a nova sede.

§ 1º Na hipótese de o servidor encontrar-se em licença ou afastado legalmente, o prazo a que se refere este artigo será contado a partir do término do impedimento.

§ 2º É facultado ao servidor declinar dos prazos estabelecidos no *caput.*

Art. 19. Os servidores cumprirão jornada de trabalho fixada em razão das atribuições pertinentes aos respectivos cargos, respeitada a duração máxima do trabalho semanal de quarenta horas e observados os limites mínimo e máximo de seis horas e oito horas diárias, respectivamente.

§ 1º O ocupante de cargo em comissão ou função de confiança submete-se a regime de integral dedicação ao serviço, observado o disposto no art. 120, podendo ser convocado sempre que houver interesse da Administração. *(Alterado pela L. n. 9.527, de 10.12.1997, DOU 11.12.1997).*

§ 2º O disposto neste artigo não se aplica à duração de trabalho estabelecida em leis especiais. *(Redação do caput do art. 19 e § 2º dada pela Lei n. 8.270, de 17.12.1991, DOU 19.12.1991, LTr 56-01/126).*

Art. 20. Ao entrar em exercício, o servidor nomeado para cargo de provimento efetivo ficará sujeito a estágio probatório por período de 24 (vinte e quatro) meses, durante o qual a sua aptidão e capacidade serão objeto de avaliação para o desempenho do cargo, observados os seguintes fatores: *(período de 36 meses — Vide EC n. 19, de 4.6.1998)*
I — assiduidade;
II — disciplina;
III — capacidade de iniciativa;
IV — produtividade;
V — responsabilidade.

§ 1º 4 (quatro) meses antes de findo o período do estágio probatório, será submetida à homologação da autoridade competente a avaliação do desempenho do servidor, realizada por comissão constituída para essa finalidade, de acordo com o que dispuser a lei ou o regulamento da respectiva carreira ou cargo, sem prejuízo da continuidade de apuração dos fatores enumerados nos incisos I a V do *caput* deste artigo. NR. *(Redação dada pela Lei n. 11.784, de 22.9.2008, DOU 23.9.2008, Ret. DOU de 2.10.2008 e 31.10.2008)*

§ 2º O servidor não aprovado no estágio probatório será exonerado ou, se estável, reconduzido ao cargo anteriormente ocupado, observado o disposto no parágrafo único do art. 29.

§ 3º O servidor em estágio probatório poderá exercer quaisquer cargos de provimento em comissão ou funções de direção, chefia ou assessoramento no órgão ou entidade de lotação, e somente poderá ser cedido a outro órgão ou entidade para ocupar cargos de Natureza Especial, cargos de provimento em comissão do Grupo-Direção e Assessoramento Superiores — DAS, de níveis 6, 5 e 4,

ou equivalentes. *(Acrescentado pela Lei n. 9.527, de 10.12.1997, DOU 11.12.1997)*

§ 4º Ao servidor em estágio probatório somente poderão ser concedidas as licenças e os afastamentos previstos nos arts. 81, incisos I a IV, 94, 95 e 96, bem assim afastamento para participar de curso de formação decorrente de aprovação em concurso para outro cargo na Administração Pública Federal. *(Acrescentado pela Lei n. 9.527, de 10.12.1997, DOU 11.12.1997)*

§ 5º O estágio probatório ficará suspenso durante as licenças e os afastamentos previstos nos arts. 83, 84, § 1º, 86 e 96, bem assim na hipótese de participação em curso de formação, e será retomado a partir do término do impedimento. *(Acrescentado pela Lei n. 9.527, de 10.12.1997, DOU 11.12.1997)*

Seção V
Da Estabilidade

Art. 21. O servidor habilitado em concurso público e empossado em cargo de provimento efetivo adquirirá estabilidade no serviço público ao completar 2 (dois) anos de efetivo exercício. *(Vide art. 41, da CF/88). (O prazo passou a ser de 3 anos pela EC n. 19).*

Art. 22. O servidor estável só perderá o cargo em virtude de sentença judicial transitada em julgado ou de processo administrativo disciplinar no qual lhe seja assegurada ampla defesa. *(Vide art. 41, da CF/88).*

Seção VI
Da Transferência

Art. 23. *(Revogado pela Lei n. 9.527, de 10.12.1997, DOU 11.12.1997)*

Seção VII
Da Readaptação

Art. 24. Readaptação é a investidura do servidor em cargo de atribuições e responsabilidades compatíveis com a limitação que tenha sofrido em sua capacidade física ou mental verificada em inspeção médica.

§ 1º Se julgado incapaz para o serviço público, o readaptando será aposentado.

§ 2º A readaptação será efetivada em cargo de atribuições afins, respeitada a habilitação exigida, nível de escolaridade e equivalência de vencimentos e, na hipótese de inexistência de cargo vago, o servidor exercerá suas atribuições como excedente, até a ocorrência de vaga. *(Alterado pela Lei n. 9.527, de 10.12.1997, DOU 11.12.1997)*

Seção VIII
Da Reversão

Art. 25. Reversão é o retorno à atividade de servidor aposentado:

I — por invalidez, quando junta médica oficial declarar insubsistentes os motivos da aposentadoria; ou

II — no interesse da administração, desde que:

a) tenha solicitado a reversão;
b) a aposentadoria tenha sido voluntária;
c) estável quando na atividade;
d) a aposentadoria tenha ocorrido nos cinco anos anteriores à solicitação;
e) haja cargo vago.

§ 1º A reversão far-se-á no mesmo cargo ou no cargo resultante de sua transformação.

§ 2º O tempo em que o servidor estiver em exercício será considerado para concessão da aposentadoria.

§ 3º No caso do inciso I, encontrando-se provido o cargo, o servidor exercerá suas atribuições como excedente, até a ocorrência de vaga.

§ 4º O servidor que retornar à atividade por interesse da administração perceberá, em substituição aos proventos da aposentadoria, a remuneração do cargo que voltar a exercer, inclusive com as vantagens de natureza pessoal que percebia anteriormente à aposentadoria.

§ 5º O servidor de que trata o inciso II somente terá os proventos calculados com base nas regras atuais se permanecer pelo menos cinco anos no cargo.

§ 6º O Poder Executivo regulamentará o disposto neste artigo. (NR) *(Redação dada pela MP n. 2.225, de 4.9.2001, DOU 5.9.2001).*

Art. 26. *(Revogado pela MP n. 2.225, de 4.9.2001, DOU 5.9.2001)*

Art. 27. Não poderá reverter o aposentado que já tiver completado 70 (setenta) anos de idade.

Seção IX
Da Reintegração

Art. 28. A reintegração é a reinvestidura do servidor estável no cargo anteriormente ocupado, ou no cargo resultante de sua transformação, quando invalidada a sua demissão por decisão administrativa ou judicial, com ressarcimento de todas as vantagens.

§ 1º Na hipótese de cargo ter sido extinto, o servidor ficará em disponibilidade, observado o disposto nos arts. 30 e 31.

§ 2º Encontrando-se provido o cargo, o seu eventual ocupante será reconduzido ao cargo de origem, sem direito à indenização ou aproveitado em outro cargo, ou, ainda, posto em disponibilidade.

Seção X
Da Recondução

Art. 29. Recondução é o retorno do servidor estável ao cargo anteriormente ocupado e decorrerá de:

I — inabilitação em estágio probatório relativo a outro cargo;

II — reintegração do anterior ocupante.

Parágrafo único. Encontrando-se provido o cargo de origem, o servidor será aproveitado em outro, observado o disposto no art. 30.

Seção XI
Da Disponibilidade e do Aproveitamento

Art. 30. O retorno à atividade de servidor em disponibilidade far-se-á mediante aproveitamento obrigatório em cargo de atribuições e vencimentos compatíveis com o anteriormente ocupado.

Art. 31. O órgão Central do Sistema de Pessoal Civil determinará o imediato aproveitamento de servidor em disponibilidade em vaga que vier a ocorrer nos órgãos ou entidades da administração pública federal.

Parágrafo único. Na hipótese prevista no § 3º do art. 37, o servidor posto em disponibilidade poderá ser mantido sob responsabilidade do órgão central do Sistema de Pessoal Civil da Administração Federal — SIPEC, até o seu adequado aproveitamento em outro órgão ou entidade. *(Acrescentado pela Lei n. 9.527, de 10.12.1997, DOU 11.12.1997)*

Art. 32. Será tornado sem efeito o aproveitamento e cassada a disponibilidade se o servidor não entrar em exercício no prazo legal, salvo doença comprovada por junta médica oficial.

CAPÍTULO II
Da Vacância

Art. 33. A vacância do cargo público decorrerá de:

I — exoneração;
II — demissão;
III — promoção;
IV — ascensão; *(Revogados pela Lei n. 9.527, de 10.12.1997, DOU de 11.12.1997)*
V — transferência; *(Revogados pela Lei n. 9.527, de 10.12.1997, DOU de 11.12.1997)*
VI — readaptação;
VII — aposentadoria;
VIII — posse em outro cargo inacumulável;
IX — falecimento.

Art. 34. A exoneração de cargo efetivo dar-se-á a pedido do servidor, ou de ofício.

Parágrafo único. A exoneração de ofício dar-se-á:

I — quando não satisfeitas as condições do estágio probatório;

II — quando, tendo tomado posse, o servidor não entrar em exercício no prazo estabelecido.

Art. 35. A exoneração de cargo em comissão e a dispensa de função de confiança dar-se-á:

I — a juízo da autoridade competente;
II — a pedido do próprio servidor.

CAPÍTULO III
Da Remoção e da Redistribuição

Seção I
Da Remoção

Art. 36. Remoção é o deslocamento do servidor, a pedido ou de ofício, no âmbito do mesmo quadro, com ou sem mudança de sede.

Parágrafo único. Para fins do disposto neste artigo, entende-se por modalidades de remoção:

I — de ofício, no interesse da Administração;

II — a pedido, a critério da Administração;

III — a pedido, para outra localidade, independentemente do interesse da Administração:

a) para acompanhar cônjuge ou companheiro, também servidor público civil ou militar, de qualquer dos Poderes da União, dos Estados, do Distrito Federal e dos Municípios, que foi deslocado no interesse da Administração;

b) por motivo de saúde do servidor, cônjuge, companheiro ou dependente que viva às suas expensas e conste do seu assentamento funcional, condicionada à comprovação por junta médica oficial;

c) em virtude de processo seletivo promovido, na hipótese em que o número de interessados for superior ao número de vagas, de acordo com normas preestabelecidas pelo órgão ou entidade em que aqueles estejam lotados.

Seção II
Da Redistribuição

Art. 37. Redistribuição é o deslocamento de cargo de provimento efetivo, ocupado ou vago no âmbito do quadro geral de pessoal, para outro órgão ou entidade do mesmo Poder, com prévia apreciação do órgão central do SIPEC, observados os seguintes preceitos:

I — interesse da administração;
II — equivalência de vencimentos;
III — manutenção da essência das atribuições do cargo;
IV — vinculação entre os graus de responsabilidade e complexidade das atividades;

V — mesmo nível de escolaridade, especialidade ou habilitação profissional;

VI — compatibilidade entre as atribuições do cargo e as finalidades institucionais do órgão ou entidade.

§ 1º A redistribuição ocorrerá *ex officio* para ajustamento de lotação e da força de trabalho às necessidades dos serviços, inclusive nos casos de reorganização, extinção ou criação de órgão ou entidade.

§ 2º A redistribuição de cargos efetivos vagos se dará mediante ato conjunto entre o órgão central do SIPEC e os órgãos e entidades da Administração Pública Federal envolvidos.

§ 3º Nos casos de reorganização ou extinção de órgão ou entidade, extinto o cargo ou declarada sua desnecessidade no órgão ou entidade, o servidor estável que não for redistribuído será colocado em disponibilidade, até seu aproveitamento na forma dos arts. 30 e 31.

§ 4º O servidor que não for redistribuído ou colocado em disponibilidade poderá ser mantido sob responsabilidade do órgão central do SIPEC, e ter exercício provisório, em outro órgão ou entidade, até seu adequado aproveitamento.

CAPÍTULO IV
Da Substituição

Art. 38. Os servidores investidos em cargo ou função de direção ou chefia e os ocupantes de cargo de Natureza Especial terão substitutos indicados no regimento interno ou, no caso de omissão, previamente designados pelo dirigente máximo do órgão ou entidade.

§ 1º O substituto assumirá automática e cumulativamente, sem prejuízo do cargo que ocupa, o exercício do cargo ou função de direção ou chefia e os de Natureza Especial, nos afastamentos, impedimentos legais ou regulamentares do titular e na vacância do cargo, hipóteses em que deverá optar pela remuneração de um deles durante o respectivo período.

§ 2º O substituto fará jus à retribuição pelo exercício do cargo ou função de direção ou chefia ou de cargo de Natureza Especial, nos casos de afastamentos ou impedimentos legais do titular, superiores a trinta dias consecutivos, paga na proporção dos dias de efetiva substituição, que excederem o referido período.

Art. 39. O disposto no artigo anterior aplica-se aos titulares de unidades administrativas organizadas em nível de assessoria.

TÍTULO III
Os Direitos e Vantagens

CAPÍTULO I
Do Vencimento e da Remuneração

Art. 40. Vencimento é a retribuição pecuniária pelo exercício de cargo público, com valor fixado em lei.

Parágrafo único. *(Revogado a partir de 14.5.08 pela Lei n. 11.784, 22.9.2008, DOU 23.9.2008, retificada nos DOU 2.10.2008 e 31.10.2008)*

Art. 41. Remuneração é o vencimento do cargo efetivo, acrescido das vantagens pecuniárias permanentes estabelecidas em lei.

§ 1º A remuneração do servidor investido em função ou cargo em comissão será paga na forma prevista no art. 62.

§ 2º O servidor investido em cargo em comissão de órgão ou entidade diversa da de sua lotação receberá a remuneração de acordo com o estabelecido no § 1º do art. 93.

§ 3º O vencimento do cargo efetivo, acrescido das vantagens de caráter permanente, é irredutível.

§ 4º É assegurada a isonomia de vencimentos para cargos de atribuições iguais ou assemelhadas do mesmo Poder, ou entre servidores dos três Poderes, ressalvadas as vantagens de caráter individual e as relativas à natureza ou ao local de trabalho.

§ 5º Nenhum servidor receberá remuneração inferior ao salário mínimo. (NR) *(Acrescentado pela Lei n. 11.784, de 22.9.2008, DOU 23.9.2008, Ret. DOU de 2.10.2008 e 31.10.2008)*

Art. 42. Nenhum servidor poderá perceber, mensalmente, a título de remuneração, importância superior à soma dos valores percebidos como remuneração, em espécie, a qualquer título, no âmbito dos respectivos Poderes, pelos Ministros de Estado, por membros do Congresso Nacional e Ministros do Supremo Tribunal Federal.

Parágrafo único. Excluem-se do teto de remuneração as vantagens previstas nos incisos II a VII do art. 61.

Art. 43. *(Revogado pela Lei n. 9.624, de 2.4.98)*

Art. 44. O servidor perderá:

I — a remuneração do dia em que faltar ao serviço, sem motivo justificado;

II — a parcela de remuneração diária, proporcional aos atrasos, ausências justificadas, ressalvadas as concessões de que trata o art. 97, e saídas antecipadas, salvo na hipótese de compensação de horário, até o mês subsequente ao da ocorrência, a ser estabelecida pela chefia imediata.

Parágrafo único. As faltas justificadas decorrentes de caso fortuito ou de força maior poderão ser compensadas a critério da chefia imediata, sendo assim consideradas como efetivo exercício.

Art. 45. Salvo por imposição legal, ou mandado judicial, nenhum desconto incidirá sobre a remuneração ou provento.

§ 1º Mediante autorização do servidor, poderá haver consignação em folha de pagamento em favor de terceiros, a critério da administração e com reposição de custos, na forma definida em regulamento. *(Redação dada pela Lei n. 13.172, de 21.10.2015, DOU 22.10.15)*

§ 2º O total de consignações facultativas de que trata o § 1º não excederá a 35% (trinta e cinco por cento) da remuneração mensal, sendo 5% (cinco por cento) reservados exclusivamente para: *(Redação dada pela Lei n. 13.172, de 21.10.2015, DOU 22.10.15)*

I — a amortização de despesas contraídas por meio de cartão de crédito; ou *(Redação dada pela Lei n. 13.172, de 21.10.2015, DOU 22.10.15)*

II — a utilização com a finalidade de saque por meio de cartão de crédito. *(Redação dada pela Lei n. 13.172, de 21.10.2015, DOU 22.10.15)*

Art. 46. As reposições e indenizações ao erário, atualizadas até 30 de junho de 1994, serão previamente comunicadas ao servidor ativo, aposentado ou ao pensionista, para pagamento, no prazo máximo de trinta dias, podendo ser parceladas, a pedido do interessado.

§ 1º O valor de cada parcela não poderá ser inferior ao correspondente a dez por cento da remuneração, provento ou pensão.

§ 2º Quando o pagamento indevido houver ocorrido no mês anterior ao do processamento da folha, a reposição será feita imediatamente, em uma única parcela.

§ 3º Na hipótese de valores recebidos em decorrência de cumprimento a decisão liminar, a tutela antecipada ou a sentença que venha a ser revogada ou rescindida, serão eles atualizados até a data da reposição. (NR) *(Redação dada ao caput e parágrafos pela MP n. 2.225, de 4.9.2001, DOU 5.9.2001).*

Art. 47. O servidor em débito com o erário, que for demitido, exonerado ou que tiver sua aposentadoria ou disponibilidade cassada, terá o prazo de sessenta dias para quitar o débito.

Parágrafo único. A não quitação do débito no prazo previsto implicará sua inscrição em dívida ativa. (NR) *(Artigo alterado pela MP n. 2.225, de 4.9.2001, DOU 5.9.2001).*

Art. 48. O vencimento, a remuneração e o provento não serão objeto de arresto, sequestro ou penhora, exceto nos casos de prestação de alimentos resultante de decisão judicial.

CAPÍTULO II
Das Vantagens

Art. 49. Além do vencimento, poderão ser pagas ao servidor as seguintes vantagens:

I — indenizações;

II — gratificações;

III — adicionais.

§ 1º As indenizações não se incorporam ao vencimento ou provento para qualquer efeito.

§ 2º As gratificações e os adicionais incorporam-se ao vencimento ou provento, nos casos e condições indicados em lei.

Art. 50. As vantagens pecuniárias não serão computadas, nem acumuladas, para efeito de concessão de quaisquer outros acréscimos pecuniários ulteriores, sob o mesmo título ou idêntico fundamento.

Seção I
Das Indenizações

Art. 51. Constituem indenizações ao servidor:

I — ajuda de custo;

II — diárias;

III — transporte.

IV — Auxílio-moradia. (NR) *(Inciso acrescentado pela Lei n. 11.355, de 19.10.2006, DOU 20.10.2006)*

Art. 52. Os valores das indenizações, estabelecidas nos incisos I e III do art. 51 desta Lei, assim como as condições para a sua concessão, serão estabelecidos em regulamento (NR) *(Redação dada Lei n. 11.355, de 19.10.2006, DOU 20.10.2006)*

Subseção I
Da Ajuda de Custo

Art. 53. A ajuda de custo destina-se a compensar as despesas de instalação do servidor que, no interesse do serviço, passar a ter exercício em nova sede, com mudança de domicílio em caráter permanente, vedado o duplo pagamento de indenização, a qualquer tempo, no caso de o cônjuge ou companheiro que detenha também a condição de servidor vier a ter exercício na mesma sede. *(Alterado pela L. n. 9.527, de 10.12.1997, DOU 11.12.1997).*

§ 1º Correm por conta da administração as despesas de transporte de servidor e de sua família, compreendendo passagem, bagagem e bens pessoais.

§ 2º À família do servidor que falecer na nova sede são assegurados ajuda de custo e transporte para a localidade de origem, dentro do prazo de 1 (um) ano, contado do óbito.

§ 3º Não será concedida ajuda de custo nas hipóteses de remoção previstas nos incisos

II e III do parágrafo único do art. 36. (NR). *(Redação dada pela Lei n. 12.998, de 18.6.14, DOU 20.6.14)*

Art. 54. A ajuda de custo é calculada sobre a remuneração do servidor, conforme se dispuser em regulamento, não podendo exceder a importância correspondente a 3 (três) meses.

Art. 55. Não será concedida ajuda de custo ao servidor que se afastar do cargo, ou reassumi-lo, em virtude de mandato eletivo.

Art. 56. Será concedida ajuda de custo àquele que, não sendo servidor da União, for nomeado para cargo em comissão, com mudança de domicílio.

Parágrafo único. No afastamento previsto no inciso I do art. 93, a ajuda de custo será paga pelo órgão cessionário, quando cabível.

Art. 57. O servidor ficará obrigado a restituir a ajuda de custo quando, injustificadamente, não se apresentar na nova sede no prazo de 30 (trinta) dias.

Subseção II
Das Diárias

Art. 58. O servidor que, a serviço, afastar-se da sede em caráter eventual ou transitório para outro ponto do Território Nacional ou para o exterior, fará jus a passagens e diárias destinadas a indenizar as parcelas de despesas extraordinárias com pousada, alimentação e locomoção urbana, conforme dispuser o regulamento.

§ 1º A diária será concedida por dia de afastamento, sendo devida pela metade quando o deslocamento não exigir pernoite fora da sede, ou quando a União custear, por meio diverso, as despesas extraordinárias cobertas por diárias. *(Alterado pela L. n. 9.527, de 10.12.1997, DOU 11.12.1997)*

§ 2º Nos casos em que o deslocamento da sede constituir exigência permanente do cargo, o servidor não fará jus a diárias.

§ 3º Também não fará jus a diárias o servidor que se deslocar dentro da mesma região metropolitana, aglomeração urbana ou microrregião, constituídas por Municípios limítrofes e regularmente instituídas, ou em áreas de controle integrado mantidas com países limítrofes, cuja jurisdição e competência dos órgãos, entidades e servidores brasileiros considera-se estendida, salvo se houver pernoite fora da sede, hipóteses em que as diárias pagas serão sempre as fixadas para os afastamentos dentro do Território Nacional. *(Alterado pela L. n. 9.527, de 10.12.1997, DOU 11.12.1997)*

Art. 59. O servidor que receber diárias e não se afastar da sede, por qualquer motivo, fica obrigado a restituí-las integralmente, no prazo de 5 (cinco) dias.

Parágrafo único. Na hipótese de o servidor retornar à sede em prazo menor do que o previsto para o seu afastamento, restituirá as diárias recebidas em excesso, no prazo previsto no *caput*.

Subseção III
Da Indenização de Transporte

Art. 60. Conceder-se-á indenização de transporte ao servidor que realizar despesas com a utilização de meio próprio de locomoção para a execução de serviços externos, por força das atribuições próprias do cargo, conforme se dispuser em regulamento.

Subseção IV
Do Auxílio-Moradia

Art. 60-A. O auxílio-moradia consiste no ressarcimento das despesas comprovadamente realizadas pelo servidor com aluguel de moradia ou com meio de hospedagem administrativo por empresa hoteleira, no prazo de 1 (um) mês após a comprovação da despesa pelo servidor.

Art. 60-B. Conceder-se-á auxílio-moradia ao servidor se atendidos os seguintes requisitos:

I — não exista imóvel funcional disponível para uso pelo servidor;

II — o cônjuge ou companheiro do servidor não ocupe imóvel;

III — o servidor ou seu cônjuge ou companheiro não seja ou tenha sido proprietário, promitente comprador, cessionário de imóvel no Município aonde for exercer o cargo, incluída a hipótese de lote edificado sem averbação de construção, nos 12 (doze) meses que antecederem a sua nomeação;

IV — nenhuma outra pessoa que resida com o servidor receba auxílio-moradia;

V — o servidor tenha se mudado do local de residência para ocupar cargo em comissão ou função de confiança do Grupo-direção e Assessoramento Superiores — DAS, níveis 4, 5 e 6, de Natureza Especial, de Ministro de Estado ou equivalentes;

VI — o Município no qual assuma o cargo em comissão ou função de confiança não se enquadre nas hipóteses previstas no § 3º do art. 58 desta Lei, em relação ao local de residência ou domicílio do servidor;

VII — o servidor não tenha sido domiciliado ou tenha residido no Município, nos últimos 12 (doze) meses, aonde for exercer o cargo em comissão ou função de confiança, desconsiderando-se prazo inferior a 60 (sessenta) dias dentro desse período; e

VIII — o deslocamento não tenha sido por força de alteração de lotação ou nomeação para cargo efetivo.

IX — o deslocamento tenha ocorrido após 30 de junho de 2006 *(Acrescentado pela Lei n. 11.490, de 20.6.2007, DOU 21.6.2007)*.

Parágrafo único. Para fins do disposto no inciso VII do *caput* deste artigo, não será considerado o prazo no qual o servidor estava ocupando outro cargo em comissão relacionado no inciso V *(Acrescentado pela Lei n. 11.355 de 19.10.2006, DOU 20.10.2006)*

Art. 60-C. O auxílio-moradia não será concedido por prazo superior a 8 (oito) anos dentro de cada período de 12 (doze) anos. *(Revogado pela Lei n. 12.998, de 18.6.2014, DOU 20.6.2014)*

Parágrafo único. Transcorrido o prazo de 8 (oito) anos dentro de cada período de 12 (doze) anos, o pagamento somente será retomado se observados, além do disposto no *caput* deste artigo, os requisitos do *caput* do art. 60-B desta Lei, não se aplicando, no caso, o parágrafo único do citado art. 60-B. *(Revogado pela Lei n. 12.998, de 18.6.2014, DOU 20.6.2014)*

Art. 60-D. O valor mensal do auxílio-moradia é limitado a 25% (vinte e cinco por cento) do valor do cargo em comissão, função comissionada ou cargo de Ministro de Estado ocupado. *(Redação dada pela Lei n. 11.784, de 22.9.2008, DOU 23.9.2008, Ret. DOU 2.10.2008 e 31.10.2008)*

§ 1º O valor do auxílio-moradia não poderá superar 25% (vinte e cinco por cento) da remuneração de Ministro de Estado. *(Acrescentado pela Lei n. 11.784, de 22.9.2008, DOU 23.9.2008, Ret. DOU 2.10.2008 e 31.10.2008)*

§ 2º Independentemente do valor do cargo em comissão ou função comissionada, fica garantido a todos os que preencherem os requisitos o ressarcimento até o valor de R$ 1.800,00 (hum mil e oitocentos reais) *(Acrescentado pela Lei n. 11.784, de 22.9.2008, DOU 23.9.2008, Ret. DOU 2.10.2008 e 31.10.2008)*

Art. 60-E. No caso de falecimento, exoneração, colocação de imóvel funcional à disposição do servidor ou aquisição de imóvel, o auxílio-moradia continuará sendo pago por um mês. *(Subseção e Artigo acrescentado pela Lei n. 11.355, de 19.10.2006, DOU 20.10.2006)*

Seção II
Das Gratificações e Adicionais

Art. 61. Além do vencimento e das vantagens previstas nesta Lei, serão deferidos aos servidores as seguintes retribuições, gratificações e adicionais:

I — retribuição pelo exercício de função de direção, chefia e assessoramento;

II — gratificação natalina;

III — adicional por tempo de serviço; *(Inciso revogado pela MP n. 2.225, de 4.9.2001, DOU 5.9.2001)*

IV — adicional pelo exercício de atividades insalubres, perigosas ou penosas;

V — adicional pela prestação de serviço extraordinário;

VI — adicional noturno;

VII — adicional de férias;

VIII — outros, relativos ao local ou à natureza do trabalho.

IX — gratificação por encargo de curso ou concurso. (NR) *(Acrescentado pela Lei n. 11.314, de 3.7.2006, DOU 4.7.2006)*

Subseção I
Da Retribuição pelo Exercício de Função de Direção, Chefia e/ou Assessoramento

Art. 62. Ao servidor ocupante de cargo efetivo investido em função de direção, chefia ou assessoramento, cargo de provimento em comissão ou de Natureza Especial é devida retribuição pelo seu exercício.

Parágrafo único. Lei específica estabelecerá a remuneração dos cargos em comissão de que trata o inciso II do art. 9º.

Art. 62-A. Fica transformada em Vantagem Pessoal Nominalmente Identificada — VPNI a incorporação da retribuição pelo exercício de função de direção, chefia ou assessoramento, cargo de provimento em comissão ou de Natureza Especial a que se referem os arts. 3º e 10 da Lei n. 8.911, de 11 de julho de 1994, e o art. 3º da Lei n. 9.624, de 2 de abril de 1998.

Parágrafo único. A VPNI de que trata o *caput* deste artigo somente estará sujeita às revisões gerais de remuneração dos servidores públicos federais. (NR) *(Artigo e parágrafo acrescentado pela MP n. 2.225, de 4.9.2001, DOU 5.9.2001).*

Subseção II
Da Gratificação Natalina

Art. 63. A gratificação natalina corresponde a 1/12 (um doze avos) da remuneração a que o servidor fizer jus no mês de dezembro, por mês de exercício no respectivo ano.

Parágrafo único. A fração igual ou superior a 15 (quinze) dias será considerada como mês integral.

Art. 64. A gratificação será paga até o dia 20 (vinte) do mês de dezembro de cada ano.

Parágrafo único. (VETADO).

Art. 65. O servidor exonerado perceberá sua gratificação natalina, proporcionalmente aos meses de exercício, calculada sobre a remuneração do mês da exoneração.

Art. 66. A gratificação natalina não será considerada para cálculo de qualquer vantagem pecuniária.

LEGISLAÇÃO COMPLEMENTAR

Subseção III
Do Adicional por Tempo de Serviço

Art. 67. O adicional por tempo de serviço é devido à razão de cinco por cento a cada cinco anos de serviço público efetivo prestado à União, às autarquias e às fundações públicas federais, observado o limite máximo de 35% incidente exclusivamente sobre o vencimento básico do cargo efetivo, ainda que investido o servidor em função ou cargo de confiança.

Parágrafo único. O servidor fará jus ao adicional a partir do mês em que completar o quinquênio.

Subseção IV
Dos Adicionais de Insalubridade, Periculosidade ou Atividades Penosas

Art. 68. Os servidores que trabalhem com habitualidade em locais insalubres, perigosos ou em contato permanente com substâncias tóxicas, radioativas, ou com risco de vida, fazem jus a um adicional, conforme os valores abaixo:

I — grau de exposição mínimo de insalubridade: R$ 100,00;

II — grau de exposição médio de insalubridade: R$ 180,00;

III — grau de exposição máximo de insalubridade: R$ 260,00; e

IV — periculosidade: R$ 180,00

.." (NR)
(Alterado pela Medida Provisória n. 568, de 11 de maio de 2012, DOU 14.5.2012)

§ 1º O servidor que fizer jus aos adicionais de insalubridade e de periculosidade deverá optar por um deles.

§ 2º O direito ao adicional de insalubridade ou periculosidade cessa com a eliminação das condições ou dos riscos que deram causa a sua concessão.

Art. 69. Haverá permanente controle da atividade de servidores em operações ou locais considerados penosos, insalubres ou perigosos.

Parágrafo único. A servidora gestante ou lactante será afastada, enquanto durar a gestação e a lactação, das operações e locais previstos neste artigo, exercendo suas atividades em local salubre e em serviço não penoso e não perigoso.

Art. 70. Na concessão dos adicionais de atividades penosas, de insalubridade e de periculosidade, serão observadas as situações estabelecidas em legislação específica.

Art. 71. O adicional de atividade penosa será devido aos servidores em exercício em zonas de fronteira ou em localidades cujas condições de vida o justifiquem, nos termos, condições e limites fixados em regulamento.

Art. 72. Os locais de trabalho e os servidores que operam com Raios X ou substâncias radioativas serão mantidos sob controle permanente, de modo que as doses de radiação ionizante não ultrapassem o nível máximo previsto na legislação própria.

Parágrafo único. Os servidores a que se refere este artigo serão submetidos a exames médicos a cada 6 (seis) meses.

Subseção V
Do Adicional por Serviço Extraordinário

Art. 73. O serviço extraordinário será remunerado com acréscimo de 50% (cinquenta por cento) em relação à hora normal de trabalho.

Art. 74. Somente será permitido serviço extraordinário para atender a situações excepcionais e temporárias, respeitado o limite máximo de 2 (duas) horas por jornada.

Subseção VI
Do Adicional Noturno

Art. 75. O serviço noturno, prestado em horário compreendido entre 22 (vinte e duas) horas de um dia e 5 (cinco) horas do dia seguinte, terá o valor-hora acrescido de 25% (vinte e cinco por cento), computando-se cada hora como cinquenta e dois minutos e trinta segundos.

Parágrafo único. Em se tratando de serviço extraordinário, o acréscimo de que trata este artigo incidirá sobre a remuneração prevista no art. 73.

Subseção VII
Do Adicional de Férias

Art. 76. Independentemente de solicitação, será pago ao servidor, por ocasião das férias, um adicional correspondente a 1/3 (um terço) da remuneração do período das férias.

Parágrafo único. No caso de o servidor exercer função de direção, chefia ou assessoramento, ou ocupar cargo em comissão, a respectiva vantagem será considerada no cálculo do adicional de que trata este artigo.

Subseção VIII
Da Gratificação por Encargo de Curso ou Concurso (Subseção acrescentada pela Lei n. 11.314, de 3.7.2006, dou 4.7.2006)

Art. 76-A. A Gratificação por Encargo de Curso ou Concurso é devida ao servidor que, em caráter eventual:

I — atuar como instrutor em curso de formação, de desenvolvimento ou de treinamento regularmente instituído no âmbito da administração pública federal;

II — participar de banca examinadora ou de comissão para exames orais, para análise curricular, para correção de provas discursivas, para elaboração de questões de provas ou para julgamento de recursos intentados por candidatos;

III — participar da logística de preparação e de realização de concurso público envolvendo atividades de planejamento, coordenação, supervisão, execução e avaliação de resultado, quando tais atividades não estiverem incluídas entre as suas atribuições permanentes;

IV — participar da aplicação, fiscalizar ou avaliar provas de exame vestibular ou de concurso público ou supervisionar essas atividades.

§ 1º Os critérios de concessão e os limites da gratificação de que trata este artigo serão fixados em regulamento, observados os seguintes parâmetros:

I — o valor da gratificação será calculado em horas, observadas a natureza e a complexidade da atividade exercida;

II — a retribuição não poderá ser superior ao equivalente a 120 (cento e vinte) horas de trabalho anuais, ressalvada situação de excepcionalidade, devidamente justificada e previamente aprovada pela autoridade máxima do órgão ou entidade, que poderá autorizar o acréscimo de até 120 (cento e vinte) horas de trabalho anuais;

III — o valor máximo da hora trabalhada corresponderá aos seguintes percentuais, incidentes sobre o maior vencimento básico da administração pública federal:

a) 2,2% (dois inteiros e dois décimos por cento), em se tratando de atividades previstas nos incisos I e II do *caput* deste artigo; *(Redação dada pela Lei n. 11.501, de 11.7.2007, DOU 12.7.2007)*

b) 1,2% (um inteiro e dois décimos por cento), em se tratando de atividade prevista nos incisos III e IV do *caput* deste artigo. *(Redação dada pela Lei n. 11.501, de 11.7.2007, DOU 12.7.2007)*

§ 2º A Gratificação por Encargo de Curso ou Concurso somente será paga se as atividades referidas nos incisos do *caput* deste artigo forem exercidas sem prejuízo das atribuições do cargo de que o servidor for titular, devendo ser objeto de compensação de carga horária quando desempenhadas durante a jornada de trabalho, na forma do § 4º do art. 98 desta Lei.

§ 3º A Gratificação por Encargo de Curso ou Concurso não se incorpora ao vencimento ou salário do servidor para qualquer efeito e não poderá ser utilizada como base de cálculo para quaisquer outras vantagens, inclusive para fins de cálculo dos proventos da aposentadoria e das pensões. *(Artigo acrescentado pela Lei n. 11.314, de 3.7.2006, DOU 4.7.2006)*

CAPÍTULO III
Das Férias

Art. 77. O servidor fará jus a trinta dias de férias, que podem ser acumuladas, até o máximo de dois períodos, no caso de necessidade do serviço, ressalvadas as hipóteses em que haja legislação específica.

§ 1º Para o primeiro período aquisitivo de férias serão exigidos 12 (doze) meses de exercício.

§ 2º É vedado levar à conta de férias qualquer falta ao serviço.

§ 3º As férias poderão ser parceladas em até três etapas, desde que assim requeridas pelo servidor, e no interesse da administração pública.

Art. 78. O pagamento da remuneração das férias será efetuado até 2 (dois) dias antes do início do respectivo período, observando-se o disposto no § 1º deste artigo.

§ 3º O servidor exonerado do cargo efetivo, ou em comissão, perceberá indenização relativa ao período das férias a que tiver direito e ao incompleto, na proporção de um doze avos por mês de efetivo exercício, ou fração superior a quatorze dias. *(Redação da L. n. 8.216, de 13.8.1991)*

§ 4º A indenização será calculada com base na remuneração do mês em que for publicado o ato exoneratório. *(Redação da L. n. 8.216, de 13.8.1991)*

§ 5º Em caso de parcelamento, o servidor receberá o valor adicional previsto no inciso XVII, do art. 7º da Constituição Federal quando da utilização do primeiro período.

Art. 79. O servidor que opera direta e permanentemente com Raios X ou substâncias radioativas gozará 20 (vinte) dias consecutivos de férias, por semestre de atividade profissional, proibida em qualquer hipótese a acumulação.

Art. 80. As férias somente poderão ser interrompidas por motivo de calamidade pública, comoção interna, convocação para júri, serviço militar ou eleitoral, ou por necessidade do serviço declarada pela autoridade máxima do órgão ou entidade.

Parágrafo único. O restante do período interrompido será gozado de uma só vez, observado o disposto no art. 77.

CAPÍTULO IV
Das Licenças

Seção I
Disposições Gerais

Art. 81. Conceder-se-á ao servidor licença:
I — por motivo de doença em pessoa da família;

II — por motivo de afastamento do cônjuge ou companheiro;
III — para o serviço militar;
IV — para atividade política;
V — para capacitação; *(Alterado pela L. n. 9.527, de 10.12.1997, DOU 11.12.1997);*
VI — para tratar de interesses particulares;
VII — para desempenho de mandato classista.

§ 1º A licença prevista no inciso I do *caput* deste artigo bem como cada uma de suas prorrogações serão precedidas de exame por perícia médica oficial, observado o disposto no art. 204 desta Lei. *(Redação dada pela Lei n. 11.907, de 2.2.2009, DOU 3.2.2009)*

§ 2º O servidor não poderá permanecer em licença da mesma espécie por período superior a 24 (vinte e quatro) meses, salvo nos casos dos incisos II, III, IV e VII. *(Revogado pela Lei n. 9.527, de 10.12.1997, DOU 11.12.1997)*

§ 3º É vedado o exercício de atividade remunerada durante o período da licença prevista no inciso I deste artigo.

Art. 82. A licença concedida dentro de 60 (sessenta) dias do término de outra da mesma espécie será considerada como prorrogação.

Seção II
Da Licença por Motivo de Doença em Pessoa da Família

Art. 83. Poderá ser concedida licença ao servidor por motivo de doença do cônjuge ou companheiro, dos pais, dos filhos, do padrasto ou madrasta e enteado, ou dependente que viva a suas expensas e conste do seu assentamento funcional, mediante comprovação por perícia médica oficial. *(Redação dada pela Lei n. 11.907, de 2.2.2009, DOU 3.2.2009)*

§ 1º A licença somente será deferida se a assistência direta do servidor for indispensável e não puder ser prestada simultaneamente com o exercício do cargo ou mediante compensação de horário, na forma do disposto no inciso II do art. 44. *(Alterado pela L. n. 9.527, de 10.12.1997, DOU 11.12.1997)*

§ 2º A licença de que trata o *caput*, incluídas as prorrogações, poderá ser concedida a cada período de doze meses nas seguintes condições:
I — por até 60 (sessenta) dias, consecutivos ou não, mantida a remuneração do servidor; e *(Redação dada pela Lei n. 12.269, de 21.6.2010, DOU 22.6.2010)*
II — por até 90 (noventa) dias, consecutivos ou não, sem remuneração. *(Redação dada pela Lei n. 12.269, de 21.6.2010, DOU 22.6.2010)*

§ 3º O início do interstício de 12 (doze) meses será contado a partir da data do deferimento da primeira licença concedida. *(Redação dada pela Lei n. 12.269, de 21.6.2010, DOU 22.6.2010)*

§ 4º A soma das licenças remuneradas e das licenças não remuneradas, incluídas as respectivas prorrogações, concedidas em um mesmo período de 12 (doze) meses, observado o disposto no § 3º, não poderá ultrapassar os limites estabelecidos nos incisos I e II do § 2º. (NR) *(Acrescentado pela Lei n. 12.269, de 21.6.2010, DOU 22.6.2010)*

Seção III
Da Licença por Motivo de Afastamento do Cônjuge

Art. 84. Poderá ser concedida licença ao servidor para acompanhar cônjuge ou companheiro que foi deslocado para outro ponto do território nacional, para o exterior ou para o exercício de mandato eletivo dos Poderes Executivo e Legislativo.

§ 1º A licença será por prazo indeterminado e sem remuneração.

§ 2º No deslocamento de servidor cujo cônjuge ou companheiro também seja servidor público, civil ou militar, de qualquer dos Poderes da União, dos Estados, do Distrito Federal e dos Municípios, poderá haver exercício provisório em órgão ou entidade da Administração Federal direta, autárquica ou fundacional, desde que para o exercício de atividade compatível com o seu cargo. *(Alterado pela L. 9.527, de 10.12.1997, DOU 11.12.1997).*

Seção IV
Da Licença para o Serviço Militar

Art. 85. Ao servidor convocado para o serviço militar será concedida licença, na forma e condições previstas na legislação específica.

Parágrafo único. Concluído o serviço militar, o servidor terá até 30 (trinta) dias sem remuneração para reassumir o exercício do cargo.

Seção V
Da Licença para Atividade Política

Art. 86. O servidor terá direito à licença, sem remuneração, durante o período que mediar entre a sua escolha em convenção partidária, como candidato a cargo eletivo, e a véspera do registro de sua candidatura perante a Justiça Eleitoral.

§ 1º O servidor candidato a cargo eletivo na localidade onde desempenha suas funções e que exerça cargo de direção, chefia, assessoramento, arrecadação ou fiscalização, dele será afastado, a partir do dia imediato ao do registro de sua candidatura perante a Justiça Eleitoral, até o décimo dia seguinte ao do pleito.

§ 2º A partir do registro da candidatura e até o décimo dia seguinte ao da eleição, o servidor fará jus à licença, assegurados os vencimentos do cargo efetivo, somente pelo período de três meses.

Seção VI
Da Licença para Capacitação

Art. 87. Após cada quinquênio de efetivo exercício, o servidor poderá, no interesse da Administração, afastar-se do exercício do cargo efetivo, com a respectiva remuneração, por até três meses, para participar de curso de capacitação profissional.

Parágrafo único. Os períodos de licença de que trata o *caput* não são acumuláveis.

Arts. 88. e 89. *(Revogados pela Lei n. 9.527, de 10.12.1997, DOU de 12.12.1997)*

Art. 90. (VETADO).

Seção VII
Da Licença para tratar de Interesses Particulares

Art. 91. A critério da Administração, poderão ser concedidas ao servidor ocupante de cargo efetivo, desde que não esteja em estágio probatório, licenças para o trato de assuntos particulares pelo prazo de até três anos consecutivos, sem remuneração.

Parágrafo único. A licença poderá ser interrompida, a qualquer tempo, a pedido do servidor ou no interesse do serviço. (NR) *(Alterado pela Medida Provisória n. 2.225, de 4.9.2001, DOU 5.9.2001).*

Seção VIII
Da Licença para o Desempenho de Mandato Classista

Art. 92. É assegurado ao servidor o direito à licença sem remuneração para o desempenho de mandato em confederação, federação, associação de classe de âmbito nacional, sindicato representativo da categoria ou entidade fiscalizadora da profissão ou, ainda, para participar de gerência ou administração em sociedade cooperativa constituída por servidores públicos para prestar serviços a seus membros, observado o disposto na alínea c do inciso VIII do art. 102 desta Lei, conforme disposto em regulamento e observados os seguintes limites: *(Redação dada pela Lei n. 11.094, de 13.1.2005, DOU 14.1.2005 e retificada DOU 17.201.05)*

I — para entidades com até 5.000 (cinco mil) associados, 2 (dois) servidores;
II — para entidades com 5.001 (cinco mil e um) a 30.000 (trinta mil) associados, 4 (quatro) servidores;
III — para entidades com mais de 30.000 (trinta mil) associados, 8 (oito) servidores.

§ 1º Somente poderão ser licenciados os servidores eleitos para cargos de direção ou de representação nas referidas entidades, desde que cadastradas no órgão competente.

§ 2º A licença terá duração igual à do mandato, podendo ser renovada, no caso de reeleição. (NR) *(Alteração dada pela Lei n. 12.998, de 18.6.14, DOU 20.6.14)*

CAPÍTULO V
Dos Afastamentos

Seção I
Do Afastamento para servir a Outro Órgão ou Entidade

Art. 93. O servidor poderá ser cedido para ter exercício em outro órgão ou órgão ou entidade dos Poderes da União, dos Estados, ou do Distrito Federal e dos Municípios, nas seguintes hipóteses:
I — para exercício de cargo em comissão ou função de confiança;
II — em casos previstos em leis específicas.

§ 1º Na hipótese do inciso I, sendo a cessão para órgãos ou entidades dos Estados, do Distrito Federal ou dos Municípios, o ônus da remuneração será do órgão ou entidade cessionária, mantido o ônus para o cedente nos demais casos.

§ 2º Na hipótese de o servidor cedido à empresa pública ou sociedade de economia mista, nos termos das respectivas normas, optar pela remuneração do cargo efetivo ou pela remuneração do cargo efetivo acrescida de percentual da retribuição do cargo em comissão, a entidade cessionária efetuará o reembolso das despesas realizadas pelo órgão ou entidade de origem. *(Redação dada pela Lei n. 11.355, de 19.10.2006, DOU 20.10.2006)*

§ 3º A cessão far-se-á mediante Portaria publicada no Diário Oficial da União.

§ 4º Mediante autorização expressa do Presidente da República, o servidor do Poder Executivo poderá ter exercício em outro órgão da Administração Federal direta que não tenha quadro próprio de pessoal, para fim determinado e a prazo certo. *(Redação do art. 93, incisos e §§ 3º e 4º dada pela L. n. 8.270, de 17.12.1991, DOU 19.12.1991, LTr 56-01/126).*

§ 5º Aplica-se à União, em se tratando de empregado ou servidor por ela requisitado, as disposições dos §§ 1º e 2º deste artigo.

§ 6º As cessões de empregados de empresa pública ou de sociedade de economia mista, que receba recursos de Tesouro Nacional para o custeio total ou parcial da sua folha de pagamento de pessoal, independem das disposições contidas nos incisos I e II e §§ 1º e 2º deste artigo, ficando o exercício do empregado cedido condicionado a autorização específica do Ministério do Pla-

nejamento, Orçamento e Gestão, exceto nos casos de ocupação de cargo em comissão ou função gratificada. *(Acrescentado pela Lei n. 9.527, de 10.12.1997, DOU 11.12.1997)*

§ 7º O Ministério do Planejamento, Orçamento e Gestão, com a finalidade de promover a composição da força de trabalho dos órgãos e entidades da Administração Pública Federal, poderá determinar a lotação ou o exercício de empregado ou servidor, independentemente da observância do constante no inciso I e nos §§ 1º e 2º deste artigo. (NR)*(Acrescentado pela Lei n. 9.527, de 10.12.1997, DOU 11.12.1997) (Redação do § 5º e inclusão dos §§ 6º e 7º pela Lei n. 10.470, de 25.6.2002, DOU 26.6.2002).*

Seção II
Do Afastamento para Exercício de Mandato Eletivo

Art. 94. Ao servidor investido em mandato eletivo aplicam-se as seguintes disposições:

I — tratando-se de mandato federal, estadual ou distrital, ficará afastado do cargo;

II — investido no mandato de Prefeito, será afastado do cargo, sendo-lhe facultado optar pela sua remuneração;

III — investido no mandato de vereador:

a) havendo compatibilidade de horário, perceberá as vantagens de seu cargo, sem prejuízo da remuneração do cargo eletivo;

b) não havendo compatibilidade de horário, será afastado do cargo, sendo-lhe facultado optar pela sua remuneração.

§ 1º No caso de afastamento do cargo, o servidor contribuirá para a seguridade social como se em exercício estivesse.

§ 2º O servidor investido em mandato eletivo ou classista não poderá ser removido ou redistribuído de ofício para localidade diversa daquela onde exerce o mandato.

Seção III
Do Afastamento para Estudo ou Missão no Exterior

Art. 95. O servidor não poderá ausentar-se do País para estudo ou missão oficial, sem autorização do Presidente da República, Presidente dos Órgãos do Poder Legislativo e Presidente do Supremo Tribunal Federal.

§ 1º A ausência não excederá a 4 (quatro) anos, e finda a missão ou estudo, somente decorrido igual período, será permitida nova ausência.

§ 2º Ao servidor beneficiado pelo disposto neste artigo não será concedida exoneração ou licença para tratar de interesse particular antes de decorrido período igual ao do afastamento, ressalvada a hipótese de ressarcimento da despesa havida com seu afastamento.

§ 3º O disposto neste artigo não se aplica aos servidores da carreira diplomática.

§ 4º As hipóteses, condições e formas para a autorização de que trata este artigo, inclusive no que se refere à remuneração do servidor, serão disciplinadas em regulamento.

Art. 96. O afastamento de servidor para servir em organismo internacional de que o Brasil participe ou com o qual coopere dar-se-á com perda total da remuneração.

Seção IV
Do Afastamento para Participação em Programa de Pós-Graduação Stricto Sensu no país *(Seção acrescida pela Lei n. 11.907, de 2.2.2009, DOU 3.2.2009)*

Art. 96-A. O servidor poderá, no interesse da Administração, e desde que a participação não possa ocorrer simultaneamente com o exercício do cargo ou mediante compensação de horário, afastar-se do exercício do cargo efetivo, com a respectiva remuneração, para participar em programa de pós-graduação *stricto sensu* em instituição de ensino superior no País.

§ 1º Ato do dirigente máximo do órgão ou entidade definirá, em conformidade com a legislação vigente, os programas de capacitação e os critérios para participação em programas de pós-graduação no País, com ou sem afastamento do servidor, que serão avaliados por um comitê constituído para este fim.

§ 2º Os afastamentos para realização de programas de mestrado e doutorado somente serão concedidos aos servidores titulares de cargos efetivos no respectivo órgão ou entidade há pelo menos 3 (três) anos para mestrado e 4 (quatro) anos para doutorado, incluído o período de estágio probatório, que não tenham se afastado por licença para tratar de assuntos particulares para gozo de licença capacitação ou com fundamento neste artigo nos 2 (dois) anos anteriores à data da solicitação de afastamento.

§ 3º Os afastamentos para realização de programas de pós-doutorado somente serão concedidos aos servidores titulares de cargos efetivo no respectivo órgão ou entidade há pelo menos quatro anos, incluído o período de estágio probatório, e que não tenham se afastado por licença para tratar de assuntos particulares ou com fundamento neste artigo, nos quatro anos anteriores à data da solicitação de afastamento. (NR) *(Redação dada pela Lei n. 12.269, de 21.6.2010, DOU 22.6.2010)*

§ 4º Os servidores beneficiados pelos afastamentos previstos nos §§ 1º, 2º e 3º deste artigo terão que permanecer no exercício de suas funções após o seu retorno por um período igual ao do afastamento concedido.

§ 5º Caso o servidor venha a solicitar exoneração do cargo ou aposentadoria, antes de cumprido o período de permanência previsto no § 4º deste artigo, deverá ressarcir o órgão ou entidade, na forma do art. 47 da Lei n. 8.112, de 11 de dezembro de 1990, dos gastos com seu aperfeiçoamento.

§ 6º Caso o servidor não obtenha o título ou grau que justificou seu afastamento no período previsto, aplica-se o disposto no § 5º deste artigo, salvo na hipótese comprovada de força maior ou de caso fortuito, a critério do dirigente máximo do órgão ou entidade.

§ 7º Aplica-se à participação em programa de pós-graduação no Exterior, autorizado nos termos do art. 95 desta Lei, o disposto nos §§ 1º a 6º deste artigo. *(Acrescentado pela Lei n. 11.907, de 2.2.2009, DOU 3.2.2009)*

CAPÍTULO VI
Das Concessões

Art. 97. Sem qualquer prejuízo, poderá o servidor ausentar-se do serviço: *(Redação dada pela MP n. 632, de 24.12.2013, DOU 26.12.2013)*

I — por 1 (um) dia, para doação de sangue;

II — pelo período comprovadamente necessário para alistamento ou recadastramento eleitoral, limitado, em qualquer caso, a 2 (dois) dias; e (NR). *(Alteração dada pela Lei n. 12.998, de 18.6.14, DOU 20.6.14)*

III — por 8 (oito) dias consecutivos em razão de:

a) casamento;

b) falecimento do cônjuge, companheiro, pais, madrasta ou padrasto, filhos, enteados, menor sob guarda ou tutela e irmãos.

Art. 98. Será concedido horário especial ao servidor estudante, quando comprovada a incompatibilidade entre o horário escolar e o da repartição, sem prejuízo do exercício do cargo.

§ 1º Para efeito do disposto neste artigo, será exigida a compensação de horário no órgão ou entidade que tiver exercício, respeitada a duração semanal do trabalho. *(Alterado pela Lei n. 9.527, de 10.12.1997, DOU 11.12.1997)*

§ 2º Também será concedido horário especial ao servidor portador de deficiência, quando comprovada a necessidade por junta médica oficial, independentemente de compensação de horário. *(Redação dada pela Lei n. 9.527, de 10.12.1997, DOU 11.12.1997)*

§ 3º As disposições do parágrafo anterior são extensivas ao servidor que tenha cônjuge, filho ou dependente portador de deficiência física, exigindo-se, porém, neste caso, compensação de horário na forma do inciso II do art. 44. *(Redação dada pela Lei n. 9.527, de 10.12.1997, DOU 11.12.1997)*

§ 4º Será igualmente concedido horário especial, vinculado à compensação de horário a ser efetivada no prazo de até 1 (um) ano, ao servidor que desempenhe atividade prevista nos incisos I e II do *caput* do art. 76-A desta Lei. (NR) *(Redação dada pela Lei n. 11.501, de 11.7.2007, DOU 12.7.2007)*

Art. 99. Ao servidor estudante que mudar de sede no interesse da administração é assegurada, na localidade da nova residência ou na mais próxima, matrícula em instituição de ensino congênere, em qualquer época, independentemente de vaga.

Parágrafo único. O disposto neste artigo estende-se ao cônjuge ou companheiro, aos filhos, ou enteados do servidor que vivam na sua companhia, bem como aos menores sob sua guarda, com autorização judicial.

CAPÍTULO VII
Do Tempo de Serviço

Art. 100. É contado para todos os efeitos o tempo de serviço público federal, inclusive o prestado às Forças Armadas.

Art. 101. A apuração do tempo de serviço será feita em dias, que serão convertidos em anos, considerado o ano como de trezentos e sessenta e cinco dias.

Art. 102. Além das ausências ao serviço previstas no art. 97, são considerados como de efetivo exercício os afastamentos em virtude de:

I — férias;

II — exercício de cargo em comissão ou equivalente, em órgão ou entidade dos Poderes da União, dos Estados, Municípios e Distrito Federal;

III — exercício de cargo ou função de governo ou administração, em qualquer parte do território nacional, por nomeação do Presidente da República;

IV — participação em programa de treinamento regularmente instituído ou em programa de pós-graduação *stricto sensu* no País, conforme dispuser o regulamento; *(Redação dada pela Lei n. 11.907, de 2.2.2009, DOU 3.2.2009)*

V — desempenho de mandato eletivo federal, estadual, municipal ou do Distrito Federal, exceto para promoção por merecimento;

VI — júri e outros serviços obrigatórios por lei;

VII — missão ou estudo no exterior, quando autorizado o afastamento, conforme dispuser o regulamento; *(Alterado pela L. n. 9.527, de 10.12.1997, DOU 11.12.1997)*

VIII — licença:

a) à gestante, à adotante e à paternidade;

b) para tratamento da própria saúde, até o limite de vinte e quatro meses, cumulativo ao longo do tempo de serviço público prestado à União, em cargo de provimento efetivo; *(Alterado pela L. n. 9.527, de 10.12.1997, DOU 11.12.1997)*

c) para o desempenho de mandato classista ou participação de gerência ou administração em sociedade cooperativa constituída por servidores para prestar serviços a seus membros, exceto para efeito de promoção por merecimento; *(Redação dada pela Lei n. 11.094, de 13.1.2005, DOU 14.1.2005, retificada no DOU 17.1.2005)*

d) por motivo de acidente em serviço ou doença profissional;

e) para capacitação, conforme dispuser o regulamento; *(Alterado pela L. n. 9.527, de 10.12.1997, DOU 11.12.1997)*

f) por convocação para o serviço militar;

IX — deslocamento para a nova sede de que trata o art. 18;

X — participação em competição desportiva nacional ou convocação para integrar representação desportiva nacional, no País ou no exterior, conforme disposto em lei específica.

XI — afastamento para servir em organismo internacional de que o Brasil participe ou com o qual coopere. *(Alterado pela L. n. 9.527, de 10.12.1997, DOU 11.12.1997)*

Art. 103. Contar-se-á apenas para efeito de aposentadoria e disponibilidade:

I — o tempo de serviço público prestado aos Estados, Municípios e Distrito Federal;

II — a licença para tratamento de saúde de pessoal da família do servidor, com remuneração, que exceder a 30 (trinta) dias em período de 12 (doze) meses. (NR) *(Redação dada pela Lei n. 12.269, de 21.6.2010, DOU 22.6.2010)*

III — a licença para atividade política, no caso do art. 86, § 2º;

IV — o tempo correspondente ao desempenho de mandato eletivo federal, estadual, municipal ou distrital, anterior ao ingresso no serviço público federal;

V — o tempo de serviço em atividade privada, vinculada à Previdência Social;

VI — o tempo de serviço relativo a tiro de guerra;

VII — o tempo de licença para tratamento da própria saúde que exceder o prazo a que se refere a alínea b do inciso VIII do art. 102. *(Alterado pela L. n. 9.527, de 10.12.1997, DOU 11.12.1997)*

§ 1º O tempo em que o servidor esteve aposentado será contado apenas para nova aposentadoria.

§ 2º Será contado em dobro o tempo de serviço prestado às Forças Armadas em operações de guerra.

§ 3º É vedada a contagem cumulativa de tempo de serviço prestado concomitantemente em mais de um cargo ou função de órgão ou entidades dos Poderes da União, Estado, Distrito Federal e Município, autarquia, fundação pública, sociedade de economia mista e empresa pública.

CAPÍTULO VIII
Do Direito de Petição

Art. 104. É assegurado ao servidor o direito de requerer aos Poderes Públicos, em defesa de direito ou interesse legítimo.

Art. 105. O requerimento será dirigido à autoridade competente para decidi-lo e encaminhado por intermédio daquela a que estiver imediatamente subordinado o requerente.

Art. 106. Cabe pedido de reconsideração à autoridade que houver expedido o ato ou proferido a primeira decisão, não podendo ser renovado.

Parágrafo único. O requerimento e o pedido de reconsideração de que tratam os artigos anteriores deverão ser despachados no prazo de 5 (cinco) dias e decididos dentro de 30 (trinta) dias.

Art. 107. Caberá recurso:

I — do indeferimento do pedido de reconsideração;

II — das decisões sobre os recursos sucessivamente interpostos.

§ 1º O recurso será dirigido à autoridade imediatamente superior à que tiver expedido o ato ou proferido a decisão, e, sucessivamente, em escala ascendente, às demais autoridades.

§ 2º O recurso será encaminhado por intermédio da autoridade a que estiver imediatamente subordinado o requerente.

Art. 108. O prazo para interposição de pedido de reconsideração ou de recurso é de 30 (trinta) dias, a contar da publicação ou da ciência, pelo interessado, da decisão recorrida.

Art. 109. O recurso poderá ser recebido com efeito suspensivo, a juízo da autoridade competente.

Parágrafo único. Em caso de provimento do pedido de reconsideração ou do recurso, os efeitos da decisão retroagirão à data do ato impugnado.

Art. 110. O direito de requerer prescreve:

I — em 5 (cinco) anos, quanto aos atos de demissão e de cassação de aposentadoria ou disponibilidade, ou que afetem interesse patrimonial e créditos resultantes das relações de trabalho;

II — em 120 (cento e vinte) dias, nos demais casos, salvo quando outro prazo for fixado em lei.

Parágrafo único. O prazo de prescrição será contado da data da publicação do ato impugnado ou da data da ciência pelo interessado, quando o ato não for publicado.

Art. 111. O pedido de reconsideração e o recurso, quando cabíveis, interrompem a prescrição.

Art. 112. A prescrição é de ordem pública, não podendo ser relevada pela administração.

Art. 113. Para o exercício do direito de petição, é assegurada vista do processo ou documento, na repartição, ao servidor ou a procurador por ele constituído.

Art. 114. A administração deverá rever seus atos, a qualquer tempo, quando eivados de ilegalidade.

Art. 115. São fatais e improrrogáveis os prazos estabelecidos neste Capítulo, salvo motivo de força maior.

TÍTULO IV
Do Regime Disciplinar

CAPÍTULO I
Dos Deveres

Art. 116. São deveres do servidor:

I — exercer com zelo e dedicação as atribuições do cargo;

II — ser leal às instituições a que servir;

III — observar as normas legais e regulamentares;

IV — cumprir as ordens superiores, exceto quando manifestamente ilegais;

V — atender com presteza:

a) ao público em geral, prestando as informações requeridas, ressalvadas as protegidas por sigilo;

b) à expedição de certidões requeridas para defesa de direito ou esclarecimento de situações de interesse pessoal;

c) às requisições para a defesa da Fazenda Pública;

VI — levar as irregularidades de que tiver ciência em razão do cargo ao conhecimento da autoridade superior ou, quando houver suspeita de envolvimento desta, ao conhecimento de outra autoridade competente para apuração. (NR); *(Redação dada pela Lei n. 12.527, de 18.11.2011, DOU 18.11.2011 Ed. Extra).*

VII — zelar pela economia do material e a conservação do patrimônio público;

VIII — guardar sigilo sobre assunto da repartição;

IX — manter conduta compatível com a moralidade administrativa;

X — ser assíduo e pontual ao serviço;

XI — tratar com urbanidade as pessoas;

XII — representar contra ilegalidade, omissão ou abuso de poder.

Parágrafo único. A representação de que trata o inciso XII será encaminhada pela via hierárquica e apreciada pela autoridade superior àquela contra a qual é formulada, assegurando-se ao representando ampla defesa.

CAPÍTULO II
Das Proibições

Art. 117. Ao servidor é proibido:

I — ausentar-se do serviço durante o expediente, sem prévia autorização do chefe imediato;

II — retirar, sem prévia anuência da autoridade competente, qualquer documento ou objeto da repartição;

III — recusar fé a documentos públicos;

IV — opor resistência injustificada ao andamento de documento e processo ou execução de serviço;

V — promover manifestação de apreço ou desapreço no recinto da repartição;

VI — cometer a pessoa estranha à repartição, fora dos casos previstos em lei, o desempenho de atribuição que seja de sua responsabilidade ou de seu subordinado;

VII — coagir ou aliciar subordinados no sentido de filiarem-se à associação profissional ou sindical, ou a partido político;

VIII — manter sob sua chefia imediata, em cargo ou função de confiança, cônjuge, companheiro ou parente até o segundo grau civil;

IX — valer-se do cargo para lograr proveito pessoal ou de outrem, em detrimento da dignidade da função pública;

X — participar de gerência ou administração de sociedade privada, personificada ou não personificada, exercer o comércio, exceto na qualidade de acionista, cotista ou comanditário; *(Redação dada pela Lei n. 11.784, de 22.9.2008, DOU 23.9.2008, Ret. DOU 2.10.2008 e 31.10.2008)*

XI — atuar, como procurador ou intermediário, junto a repartições públicas, salvo quando se tratar de benefícios previdenciários ou assistenciais de parentes até o segundo grau, e de cônjuge ou companheiro;

XII — receber propina, comissão, presente ou vantagem de qualquer espécie, em razão de suas atribuições;

XIII — aceitar comissão, emprego ou pensão de estado estrangeiro;

XIV — praticar usura sob qualquer de suas formas;

XV — proceder de forma desidiosa;

XVI — utilizar pessoal ou recursos materiais da repartição em serviços ou atividades particulares.

XVII — cometer a outro servidor atribuições estranhas ao cargo que ocupa, exceto em situações de emergência e transitórias;

XVIII — exercer quaisquer atividades que sejam incompatíveis com o exercício do cargo ou função e com o horário de trabalho.

XIX — recusar-se a atualizar seus dados cadastrais quando solicitado. *(Acrescentado pela L. n. 9.527, de 10.12.1997, DOU 11.12.1997)*

Parágrafo único. A vedação de que trata o inciso X do *caput* deste artigo não se aplica nos seguintes casos: *(Acrescentado pela Lei n. 11.784, de 22.9.2008, DOU 23.9.2008, Ret. DOU 2.10.2008 e 31.10.2008)*

I — participação nos conselhos de administração e fiscal de empresas ou entidades em que a União detenha, direta ou indiretamente, participação no capital social ou em sociedade cooperativa constituída para prestar serviços a seus membros; e *(Acrescentado pela Lei n. 11.784, de 22.9.2008, DOU 23.9.2008, Ret. DOU de 2.10.2008 e 31.10.2008)*

II — gozo de licença para o trato de interesses particulares, na forma do art. 91 desta Lei, observada a legislação sobre conflito de interesses." (NR) *(Acrescentado pela Lei n. 11.784, de 22.9.2008, DOU 23.9.2008, Ret. DOU de 2.10.2008 e 31.10.2008)*

CAPÍTULO III
Da Acumulação

Art. 118. Ressalvados os casos previstos na Constituição, é vedada a acumulação remunerada de cargos públicos.

§ 1º A proibição de acumular estende-se a cargos, empregos e funções em autarquias, fundações públicas, empresas públicas, sociedades de economia mista da União, do Distrito Federal, dos Estados, dos Territórios e dos Municípios.

§ 2º A acumulação de cargos, ainda que lícita, fica condicionada à comprovação da compatibilidade de horários.

§ 3º Considera-se acumulação proibida a percepção de vencimento de cargo ou emprego público efetivo com proventos da inatividade, salvo quando os cargos de que decorram essas remunerações forem acumuláveis na atividade. *(Acrescentado pela L. 9.527, de 10.12.1997, DOU 11.12.1997)*

Art. 119. O servidor não poderá exercer mais de um cargo em comissão, exceto no caso previsto no parágrafo único do art. 9º, nem ser remunerado pela participação em órgão de deliberação coletiva. *(Alterado pela L. n. 9.527, de 10.12.1997, DOU 11.12.1997)*

Parágrafo único. O disposto neste artigo não se aplica à remuneração devida pela participação em conselhos de administração e fiscal das empresas públicas e sociedades de economia mista, suas subsidiárias e controladas, bem como quaisquer empresas ou entidades em que a União, direta ou indiretamente, detenha participação no capital social, observado o que, a respeito, dispuser legislação específica. (NR) *(Alterado pela Medida Provisória n. 2.225, de 4.9.2001, DOU 5.9.2001).*

Art. 120. O servidor vinculado ao regime desta lei, que acumular licitamente dois cargos efetivos, quando investido em cargo de provimento em comissão, ficará afastado de ambos os cargos efetivos, salvo na hipótese em que houver compatibilidade de horário e local com o exercício de um deles, declarada pelas autoridades máximas dos órgãos ou entidades envolvidos. *(Alterado pela L. n. 9.527, de 10.12.1997, DOU 11.12.1997)*

CAPÍTULO IV
Das Responsabilidades

Art. 121. O servidor responde civil, penal e administrativamente pelo exercício irregular de suas atribuições.

Art. 122. A responsabilidade civil decorre de ato omissivo ou comissivo, doloso ou culposo, que resulte em prejuízo ao erário ou a terceiros.

§ 1º A indenização de prejuízo dolosamente causado ao erário somente será liquidada na forma prevista no art. 46, na falta de outros bens que assegurem a execução do débito pela via judicial.

§ 2º Tratando-se de dano causado a terceiros, responderá o servidor perante a Fazenda Pública, em ação regressiva.

§ 3º A obrigação de reparar o dano estende-se aos sucessores e contra eles será executada, até o limite do valor da herança recebida.

Art. 123. A responsabilidade penal abrange os crimes e contravenções imputadas ao servidor, nessa qualidade.

Art. 124. A responsabilidade civil-administrativa resulta de ato omissivo ou comissivo praticado no desempenho do cargo ou função.

Art. 125. As sanções civis, penais e administrativas poderão cumular-se, sendo independentes entre si.

Art. 126. A responsabilidade administrativa do servidor será afastada no caso de absolvição criminal que negue a existência do fato ou sua autoria.

Art. 126-A. Nenhum servidor poderá ser responsabilizado civil, penal ou administrativamente por dar ciência à autoridade superior ou, quando houver suspeita de envolvimento desta, a outra autoridade competente para apuração de informação concernente à prática de crimes ou improbidade de que tenha conhecimento, ainda que em decorrência do exercício de cargo, emprego ou função pública. *(Acrescentado pela Lei n. 12.527, de 18.11.2011, DOU 18.11.2011, Edição Extra)*

CAPÍTULO V
Das Penalidades

Art. 127. São penalidades disciplinares:
I — advertência;
II — suspensão;
III — demissão;
IV — cassação de aposentadoria ou disponibilidade;
V — destituição de cargo em comissão;
VI — destituição de função comissionada.

Art. 128. Na aplicação das penalidades serão consideradas a natureza e a gravidade da infração cometida, os danos que dela provierem para o serviço público, as circunstâncias agravantes ou atenuantes e os antecedentes funcionais.

Parágrafo único. O ato de imposição da penalidade mencionará sempre o fundamento legal e a causa da sanção disciplinar. *(Acrescentado pela L. n. 9.527, de 10.12.1997, DOU 11.12.1997)*

Art. 129. A advertência será aplicada por escrito, nos casos de violação de proibição constante do art. 117, incisos I a VIII e XIX, de inobservância de dever funcional previsto em lei, regulamentação ou norma interna, que não justifique imposição de penalidade mais grave. *(Alterado pela L. n. 9.527, de 10.12.1997, DOU 11.12.1997)*

Art. 130. A suspensão será aplicada em caso de reincidência das faltas punidas com advertência e de violação das demais proibições que não tipifiquem infração sujeita à penalidade de demissão, não podendo exceder de 90 (noventa) dias.

§ 1º Será punido com suspensão de até 15 (quinze) dias o servidor que, injustificadamente, recusar-se a ser submetido à inspeção médica determinada pela autoridade competente, cessando os efeitos da penalidade uma vez cumprida a determinação.

§ 2º Quando houver conveniência para o serviço, a penalidade de suspensão poderá ser convertida em multa, na base de 50% (cinquenta por cento) por dia de vencimento ou remuneração, ficando o servidor obrigado a permanecer em serviço.

Art. 131. As penalidades de advertência e de suspensão terão seus registros cancelados, após o decurso de 3 (três) e 5 (cinco) anos de efetivo exercício, respectivamente, se o servidor não houver, nesse período, praticado nova infração disciplinar.

Parágrafo único. O cancelamento da penalidade não surtirá efeitos retroativos.

Art. 132. A demissão será aplicada nos seguintes casos:
I — crime contra a administração pública;
II — abandono de cargo;
III — inassiduidade habitual;
IV — improbidade administrativa;
V — incontinência pública e conduta escandalosa, na repartição;
VI — insubordinação grave em serviço;
VII — ofensa física, em serviço, a servidor ou a particular, salvo em legítima defesa própria ou de outrem;
VIII — aplicação irregular de dinheiros públicos;
IX — revelação de segredo do qual se apropriou em razão do cargo;
X — lesão aos cofres públicos e dilapidação do patrimônio nacional;
XI — corrupção;
XII — acumulação ilegal de cargos, empregos ou funções públicas;
XIII — transgressão dos incisos IX a XVI do art. 117.

Art. 133. Detectada a qualquer tempo a cumulação ilegal de cargos, empregos ou funções públicas, a autoridade a que se refere o art. 143 notificará o servidor, por intermédio de sua chefia imediata, para apresentar opção no prazo improrrogável de dez dias, contados da data da ciência e, na hipótese de omissão, adotará procedimento sumário para a sua apuração e regularização imediata, cujo processo administrativo disciplinar se desenvolverá nas seguintes fases: *(Alterado pela L. n. 9.527, de 10.12.1997, DOU 11.12.1997)*

I — instauração, com a publicação do ato que constituir a comissão, a ser composta por dois servidores estáveis, e simultaneamente indicar a autoria e a materialidade da transgressão objeto da apuração; *(Alterado pela L. n. 9.527, de 10.12.1997, DOU 11.12.1997)*

II — instrução sumária, que compreende indiciação, defesa e relatório; *(Alterado pela L. n. 9.527, de 10.12.1997, DOU 11.12.1997)*

III — julgamento. *(Alterado pela L. n. 9.527, de 10.12.1997, DOU 11.12.1997)*

§ 1º A indicação da autoria de que trata o inciso I dar-se-á pelo nome e matrícula do servidor, e a materialidade pela descrição dos cargos, empregos ou funções públicas em situação de acumulação ilegal, dos órgãos ou entidades de vinculação, das datas de ingresso, do horário de trabalho e do cor-

respondente regime jurídico. *(Alterado pela L. n. 9.527, de 10.12.1997, DOU 11.12.1997)*

§ 2º A comissão lavrará, até três dias após a publicação do ato que a constituiu, termo de indiciação em que serão transcritas as informações de que trata o parágrafo anterior, bem como promoverá a citação pessoal do servidor indiciado, ou por intermédio de sua chefia imediata, para, no prazo de cinco dias, apresentar defesa escrita, assegurando-se-lhe vista do processo na repartição, observado o disposto nos arts. 163 e 164. *(Alterado pela Lei n. 9.527, de 10.12.1997, DOU 11.12.1997)*

§ 3º Apresentada a defesa, a comissão elaborará relatório conclusivo quanto à inocência ou à responsabilidade do servidor, em que resumirá as peças principais dos autos, opinará sobre a licitude da acumulação em exame, indicará o respectivo dispositivo legal e remeterá o processo à autoridade instauradora, para julgamento. *(Alterado pela L. n. 9.527, de 10.12.1997, DOU 11.12.1997)*

§ 4º No prazo de cinco dias, contados do recebimento do processo, a autoridade julgadora proferirá a sua decisão, aplicando-se, quando for o caso, o disposto no § 3º do art. 167. *(Alterado pela L. n. 9.527, de 10.12.1997, DOU 11.12.1997)*

§ 5º A opção pelo servidor até o último dia de prazo para defesa configurará sua boa-fé, hipótese em que se converterá automaticamente em pedido de exoneração do outro cargo. *(Alterado pela L. n. 9.527, de 10.12.1997, DOU 11.12.1997)*

§ 6º Caracterizada a acumulação ilegal e provada a má-fé, aplicar-se-á a pena de demissão, destituição ou cassação de aposentadoria ou disponibilidade em relação aos cargos, empregos ou funções públicas em regime de acumulação ilegal, hipótese em que os órgãos ou entidades de vinculação serão comunicados. *(Alterado pela L. n. 9.527, de 10.12.1997, DOU 11.12.1997)*

§ 7º O prazo para a conclusão do processo administrativo disciplinar submetido ao rito sumário não excederá trinta dias, contados da data de publicação do ato que constituir a comissão, admitida a sua prorrogação por até quinze dias, quando as circunstâncias o exigirem. *(Alterado pela L. n. 9.527, de 10.12.1997, DOU 11.12.1997)*

§ 8º O procedimento sumário rege-se pelas disposições deste artigo, observando-se, no que lhe for aplicável, subsidiariamente, as disposições dos Títulos IV e V desta Lei.

Art. 134. Será cassada a aposentadoria ou a disponibilidade do inativo que houver praticado, na atividade, falta punível com a demissão.

Art. 135. A destituição de cargo em comissão exercido por não ocupante de cargo efetivo será aplicada nos casos de infração sujeita às penalidades de suspensão e de demissão.

Parágrafo único. Constatada a hipótese de que trata este artigo, a exoneração efetuada nos termos do art. 35 será convertida em destituição de cargo em comissão.

Art. 136. A demissão, ou a destituição de cargo em comissão, nos casos dos incisos IV, VIII, X e XI do art. 132, implica a indisponibilidade dos bens e o ressarcimento ao erário, sem prejuízo da ação penal cabível.

Art. 137. A demissão, ou a destituição de cargo em comissão, por infringência do art. 117, incisos IX e XI, incompatibiliza o ex-servidor para nova investidura em cargo público federal, pelo prazo de 5 (cinco) anos.

Parágrafo único. Não poderá retornar ao serviço público federal o servidor que for demitido ou destituído do cargo em comissão por infringência do art. 132, incisos I, IV, VIII, X e XI.

Art. 138. Configura abandono de cargo a ausência intencional do servidor ao serviço por mais de trinta dias consecutivos.

Art. 139. Entende-se por inassiduidade habitual a falta ao serviço, sem causa justificada, por sessenta dias, interpoladamente, durante o período de doze meses.

Art. 140. Na apuração de abandono de cargo ou inassiduidade habitual, também será adotado o procedimento sumário a que se refere o art. 133, observando-se especialmente que:

I — a indicação da materialidade dar-se-á:

a) na hipótese de abandono de cargo, pela indicação precisa do período de ausência intencional do servidor ao serviço superior a trinta dias;

b) no caso de inassiduidade habitual, pela indicação dos dias de falta ao serviço sem causa justificada, por período igual ou superior a sessenta dias interpoladamente, durante o período de doze meses.

II — após a apresentação da defesa a comissão elaborará relatório conclusivo quanto à inocência ou à responsabilidade do servidor, em que resumirá as peças principais dos autos, indicará o respectivo dispositivo legal, opinará, na hipótese de abandono de cargo, sobre a intencionalidade da ausência ao serviço superior a trinta dias e remeterá o processo à autoridade instauradora para julgamento. *(Alterado pela Lei n. 9.527, de 10.12.1997, DOU 11.12.1997)*

Art. 141. As penalidades disciplinares serão aplicadas:

I — pelo Presidente da República, pelos Presidentes das Casas do Poder Legislativo e dos Tribunais Federais e pelo Procurador-Geral da República, quando se tratar de demissão e cassação de aposentadoria ou disponibilidade de servidor vinculado ao respectivo Poder, órgão, ou entidade;

II — pelas autoridades administrativas de hierarquia imediatamente inferior àquelas mencionadas no inciso anterior quando se tratar de suspensão superior a 30 (trinta) dias;

III — pelo chefe da repartição e outras autoridades na forma dos respectivos regimentos ou regulamentos, nos casos de advertência ou de suspensão de até 30 (trinta) dias;

IV — pela autoridade que houver feito a nomeação, quando se tratar de destituição de cargo em comissão.

Art. 142. A ação disciplinar prescreverá:

I — em 5 (cinco) anos, quanto às infrações puníveis com demissão, cassação de aposentadoria ou disponibilidade e destituição de cargo em comissão;

II — em 2 (dois) anos, quanto à suspensão;

III — em 180 (cento e oitenta) dias, quanto à advertência.

§ 1º O prazo de prescrição começa a correr da data em que o fato se tornou conhecido.

§ 2º Os prazos de prescrição previstos na lei penal aplicam-se às infrações disciplinares capituladas também como crime.

§ 3º A abertura de sindicância ou a instauração de processo disciplinar interrompe a prescrição, até a decisão final proferida por autoridade competente.

§ 4º Interrompido o curso da prescrição, o prazo começará a correr a partir do dia em que cessar a interrupção.

TÍTULO V
Do Processo Administrativo Disciplinar

CAPÍTULO I
Disposições Gerais

Art. 143. A autoridade que tiver ciência de irregularidade no serviço público é obrigada a promover a sua apuração imediata, mediante sindicância ou processo administrativo disciplinar, assegurada ao acusado ampla defesa.

§ 1º Compete ao órgão central do SIPEC supervisionar e fiscalizar o cumprimento do disposto neste artigo. *(Alterado pela L. n. 9.527, de 10.12.1997, DOU 11.12.1997) Revogado pela Lei n. 11.204, de 5.12.2005, DOU 6.12.2005.*

§ 2º Constatada a omissão no cumprimento da obrigação a que se refere o *caput* deste artigo, o titular do órgão central do SIPEC designará a comissão de que trata o art. 149. *(Alterado pela L. n. 9.527, de 10.12.1997, DOU 11.12.1997) Revogado pela Lei n. 11.204, de 5.12.2005, DOU 6.12.2005.*

§ 3º A apuração de que trata o *caput*, por solicitação da autoridade a que se refere, poderá ser promovida por autoridade de órgão ou entidade diverso daquele em que tenha ocorrido a irregularidade, mediante competência específica para tal finalidade, delegada em caráter permanente ou temporário pelo Presidente da República, pelos presidentes das Casas do Poder Legislativo e dos Tribunais Federais e pelo Procurador-Geral da República, no âmbito do respectivo Poder, órgão ou entidade, preservadas as competências para o julgamento que se seguir à apuração. *(Acrescentado pela Lei n. 9.527, de 10.12.1997, DOU 11.12.1997).*

Art. 144. As denúncias sobre irregularidades serão objeto de apuração, desde que contenham a identificação e o endereço do denunciante e sejam formuladas por escrito, confirmada a autenticidade.

Parágrafo único. Quando o fato narrado não configurar evidente infração disciplinar ou ilícito penal, a denúncia será arquivada, por falta de objeto.

Art. 145. Da sindicância poderá resultar:

I — arquivamento do processo;

II — aplicação de penalidade de advertência ou suspensão de até 30 (trinta) dias;

III — instauração de processo disciplinar.

Parágrafo único. O prazo para conclusão da sindicância não excederá 30 (trinta) dias, podendo ser prorrogado por igual período, a critério da autoridade superior.

Art. 146. Sempre que o ilícito praticado pelo servidor ensejar a imposição de penalidade de suspensão por mais de 30 (trinta) dias, de demissão, cassação de aposentadoria ou disponibilidade, ou destituição de cargo em comissão, será obrigatória a instauração de processo disciplinar.

CAPÍTULO II
Do Afastamento Preventivo

Art. 147. Como medida cautelar e a fim de que o servidor não venha a influir na apuração da irregularidade, a autoridade instauradora do processo disciplinar poderá determinar o seu afastamento do exercício do cargo, pelo prazo de até 60 (sessenta) dias, sem prejuízo da remuneração.

Parágrafo único. O afastamento poderá ser prorrogado por igual prazo, findo o qual cessarão os seus efeitos, ainda que não concluído o processo.

CAPÍTULO III
Do Processo Disciplinar

Art. 148. O processo disciplinar é o instrumento destinado a apurar responsabilidade de servidor por infração praticada no exercício de suas atribuições, ou que tenha relação com as atribuições do cargo em que se encontre investido.

Art. 149. O processo disciplinar será conduzido por comissão composta de três servidores estáveis designados pela autoridade competente, que indicará, dentre eles, o seu presidente, que deverá ser ocupante de cargo efetivo superior ou de mesmo nível, ou ter nível de escolaridade igual ou superior ao do indiciado. *(Alterado pela L. n. 9.527, de 10.12.1997, DOU 11.12.1997)*

§ 1º A Comissão terá como secretário servidor designado pelo seu presidente, podendo a indicação recair em um de seus membros.

§ 2º Não poderá participar de comissão de sindicância ou de inquérito, cônjuge, companheiro ou parente do acusado, consanguíneo ou afim, em linha reta ou colateral, até o terceiro grau.

Art. 150. A Comissão exercerá suas atividades com independência e imparcialidade, assegurado o sigilo necessário à elucidação do fato ou exigido pelo interesse da administração.

Parágrafo único. As reuniões e as audiências das comissões terão caráter reservado.

Art. 151. O processo disciplinar se desenvolve nas seguintes fases:

I — instauração, com a publicação do ato que constituir a comissão;

II — inquérito administrativo, que compreende instrução, defesa e relatório;

III — julgamento.

Art. 152. O prazo para a conclusão do processo disciplinar não excederá 60 (sessenta) dias, contados da data de publicação do ato que constituir a comissão, admitida a sua prorrogação por igual prazo, quando as circunstâncias o exigirem.

§ 1º Sempre que necessário, a comissão dedicará tempo integral aos seus trabalhos, ficando seus membros dispensados do ponto, até a entrega do relatório final.

§ 2º As reuniões da comissão serão registradas em atas que deverão detalhar as deliberações adotadas.

Seção I
Do Inquérito

Art. 153. O inquérito administrativo obedecerá ao princípio do contraditório, assegurada ao acusado ampla defesa, com a utilização dos meios e recursos admitidos em direito.

Art. 154. Os autos da sindicância integrarão o processo disciplinar, como peça informativa da instrução.

Parágrafo único. Na hipótese de o relatório da sindicância concluir que a infração está capitulada como ilícito penal, a autoridade competente encaminhará cópia dos autos ao Ministério Público, independentemente da imediata instauração do processo disciplinar.

Art. 155. Na fase do inquérito, a comissão promoverá a tomada de depoimentos, acareações, investigações e diligências cabíveis, objetivando a coleta de prova, recorrendo, quando necessário, a técnicos e peritos, de modo a permitir a completa elucidação dos fatos.

Art. 156. É assegurado ao servidor o direito de acompanhar o processo pessoalmente ou por intermédio de procurador, arrolar e reinquirir testemunhas, produzir provas e contraprovas e formular quesitos, quando se tratar de prova pericial.

§ 1º O presidente da comissão poderá denegar pedidos considerados impertinentes, meramente protelatórios, ou de nenhum interesse para o esclarecimento dos fatos.

§ 2º Será indeferido o pedido de prova pericial, quando a comprovação do fato independer de conhecimento especial de perito.

Art. 157. As testemunhas serão intimadas a depor mediante mandado expedido pelo presidente da comissão, devendo a segunda via, com o ciente do interessado, ser anexada aos autos.

Parágrafo único. Se a testemunha for servidor público, a expedição do mandado será imediatamente comunicada ao chefe da repartição onde serve, com a indicação do dia e hora marcados para inquirição.

Art. 158. O depoimento será prestado oralmente e reduzido a termo, não sendo lícito à testemunha trazê-lo por escrito.

§ 1º As testemunhas serão inquiridas separadamente.

§ 2º Na hipótese de depoimentos contraditórios ou que se infirmem, proceder-se-á à acareação entre os depoentes.

Art. 159. Concluída a inquirição das testemunhas, a comissão promoverá o interrogatório do acusado, observados os procedimentos previstos nos arts. 157 e 158.

§ 1º No caso de mais de um acusado, cada um deles será ouvido separadamente, e sempre que divergirem em suas declarações sobre fatos ou circunstâncias, será promovida a acareação entre eles.

§ 2º O procurador do acusado poderá assistir ao interrogatório, bem como à inquirição das testemunhas, sendo-lhe vedado interferir nas perguntas e respostas, facultando-se-lhe, porém, reinquiri-las, por intermédio do presidente da comissão.

Art. 160. Quando houver dúvida sobre a sanidade mental do acusado, a comissão proporá à autoridade competente que ele seja submetido a exame por junta médica oficial, da qual participe pelo menos um médico psiquiatra.

Parágrafo único. O incidente de sanidade mental será processado em auto apartado e apenso ao processo principal, após a expedição do laudo pericial.

Art. 161. Tipificada a infração disciplinar, será formulada a indiciação do servidor, com a especificação dos fatos a ele imputados e das respectivas provas.

§ 1º O indiciado será citado por mandado expedido pelo presidente da comissão para apresentar defesa escrita, no prazo de 10 (dez) dias, assegurando-se-lhe vista do processo na repartição.

§ 2º Havendo dois ou mais indiciados, o prazo será comum e de 20 (vinte) dias.

§ 3º O prazo de defesa poderá ser prorrogado pelo dobro, para diligências reputadas indispensáveis.

§ 4º No caso de recusa do indiciado em apor o ciente na cópia da citação, o prazo para defesa contar-se-á da data declarada, em termo próprio, pelo membro da comissão que fez a citação, com a assinatura de 2 (duas) testemunhas.

Art. 162. O indiciado que mudar de residência fica obrigado a comunicar à comissão o lugar onde poderá ser encontrado.

Art. 163. Achando-se o indiciado em lugar incerto e não sabido, será citado por edital, publicado no Diário Oficial da União e em jornal de grande circulação na localidade do último domicílio conhecido, para apresentar defesa.

Parágrafo único. Na hipótese deste artigo, o prazo para defesa será de 15 (quinze) dias a partir da última publicação do edital.

Art. 164. Considerar-se-á revel o indiciado que, regularmente citado, não apresentar defesa no prazo legal.

§ 1º A revelia será declarada, por termo, nos autos do processo e devolverá o prazo para a defesa.

§ 2º Para defender o indiciado revel, a autoridade instauradora do processo designará um servidor como defensor dativo, que deverá ser ocupante de cargo efetivo superior ou de mesmo nível, ou ter nível de escolaridade igual ou superior ao do indiciado. *(Redação dada Lei n. 9.527, de 10.12.1997, DOU 11.12.1997)*

Art. 165. Apreciada a defesa, a comissão elaborará relatório minucioso, onde resumirá as peças principais dos autos e mencionará as provas em que se baseou para formar a sua convicção.

§ 1º O relatório será sempre conclusivo quanto à inocência ou à responsabilidade do servidor.

§ 2º Reconhecida a responsabilidade do servidor, a comissão indicará o dispositivo legal ou regulamentar transgredido, bem como as circunstâncias agravantes ou atenuantes.

Art. 166. O processo disciplinar, com o relatório da comissão, será remetido à autoridade que determinou a sua instauração, para julgamento.

Seção II
Do Julgamento

Art. 167. No prazo de 20 (vinte) dias, contados do recebimento do processo, a autoridade julgadora proferirá a sua decisão.

§ 1º Se a penalidade a ser aplicada exceder a alçada da autoridade instauradora do processo, este será encaminhado à autoridade competente, que decidirá em igual prazo.

§ 2º Havendo mais de um indiciado e diversidade de sanções, o julgamento caberá à autoridade competente para a imposição da pena mais grave.

§ 3º Se a penalidade prevista for a demissão ou cassação de aposentadoria ou disponibilidade, o julgamento caberá às autoridades de que trata o inciso I do art. 141.

§ 4º Reconhecida pela comissão a inocência do servidor, a autoridade instauradora do processo determinará o seu arquivamento, salvo se flagrantemente contrária à prova dos autos. *(Acrescentado pela L. n. 9.527, de 10.12.1997, DOU 11.12.1997)*

Art. 168. O julgamento acatará o relatório da comissão, salvo quando contrário às provas dos autos.

Parágrafo único. Quando o relatório da comissão contrariar as provas dos autos, a autoridade julgadora poderá, motivadamente, agravar a penalidade proposta, abrandá-la ou isentar o servidor de responsabilidade.

Art. 169. Verificada a ocorrência de vício insanável, a autoridade que determinou a instauração do processo ou outra de hierarquia superior declarará a sua nulidade, total ou parcial, e ordenará, no mesmo ato, a constituição de outra comissão para instauração de novo processo. *(Alterado pela Lei n. 9.527, de 10.12.1997, DOU 11.12.1997)*

§ 1º O julgamento fora do prazo legal não implica nulidade do processo.

§ 2º A autoridade julgadora que der causa à prescrição de que trata o art. 142, § 2º, será responsabilizada na forma do Capítulo IV do Título IV.

Art. 170. Extinta a punibilidade pela prescrição, a autoridade julgadora determinará o registro do fato nos assentamentos individuais do servidor.

Art. 171. Quando a infração estiver capitulada como crime, o processo disciplinar será remetido ao Ministério Público para instauração da ação penal, ficando trasladado na repartição.

Art. 172. O servidor que responder a processo disciplinar só poderá ser exonerado a pedido, ou aposentado voluntariamente, após a conclusão do processo e o cumprimento da penalidade, acaso aplicada.

Parágrafo único. Ocorrida a exoneração de que trata o parágrafo único, inciso I do art. 34, o ato será convertido em demissão, se for o caso.

Art. 173. Serão assegurados transporte e diárias:

I — ao servidor convocado para prestar depoimento fora da sede de sua repartição, na condição de testemunha, denunciado ou indiciado;

II — aos membros da comissão e ao secretário, quando obrigados a se deslocarem da sede dos trabalhos para a realização de missão essencial ao esclarecimento dos fatos.

Seção III
Da Revisão do Processo

Art. 174. O processo disciplinar poderá ser revisto, a qualquer tempo, a pedido ou de ofício, quando se aduzirem fatos novos ou circunstâncias susceptíveis de justificar a inocência do punido ou a inadequação da penalidade aplicada.

§ 1º Em caso de falecimento, ausência ou desaparecimento do servidor, qualquer pessoa da família poderá requerer a revisão do processo.

§ 2º No caso de incapacidade mental do servidor, a revisão será requerida pelo respectivo curador.

Art. 175. No processo revisional, o ônus da prova cabe ao requerente.

Art. 176. A simples alegação de injustiça da penalidade não constitui fundamento para a revisão, que requer elementos novos, ainda não apreciados no processo originário.

Art. 177. O requerimento de revisão do processo será dirigido ao Ministro do Estado ou autoridade equivalente, que, se autorizar a revisão, encaminhará o pedido ao dirigente do órgão ou entidade onde se originou o processo disciplinar.

Parágrafo único. Deferida a petição, a autoridade competente providenciará a constituição de comissão, na forma do art. 149.

Art. 178. A revisão correrá em apenso ao processo originário.

Parágrafo único. Na petição inicial, o requerente pedirá dia e hora para a produção de provas e inquirição das testemunhas que arrolar.

Art. 179. A comissão revisora terá 60 (sessenta) dias para a conclusão dos trabalhos.

Art. 180. Aplicam-se aos trabalhos da comissão revisora, no que couber, as normas e procedimentos próprios da comissão do processo disciplinar.

Art. 181. O julgamento caberá à autoridade que aplicou a penalidade, nos termos do art. 141.

Parágrafo único. O prazo para julgamento será de 20 (vinte) dias, contados do recebimento do processo, no curso do qual a autoridade julgadora poderá determinar diligências.

Art. 182. Julgada procedente a revisão, será declarada sem efeito a penalidade aplicada, restabelecendo-se todos os direitos do servidor, exceto em relação à destituição de cargo em comissão, que será convertida em exoneração.

Parágrafo único. Da revisão do processo não poderá resultar agravamento de penalidade.

TÍTULO VI
Da Seguridade Social do Servidor

CAPÍTULO I
Disposições Gerais

Art. 183. A União manterá Plano de Seguridade Social para o servidor e sua família.

§ 1º O servidor ocupante de cargo em comissão que não seja, simultaneamente, ocupante de cargo ou emprego efetivo na administração pública direta, autárquica e fundacional não terá direito aos benefícios do Plano de Seguridade Social, com exceção da assistência à saúde. *(Redação dada pela Lei n. 10.667, de 14.5.2003, DOU 15.5.2003)*

§ 2º O servidor afastado ou licenciado do cargo efetivo, sem direito à remuneração, inclusive para servir em organismo oficial internacional do qual o Brasil seja membro efetivo ou com o qual coopere, ainda que contribua para regime de previdência social no exterior, terá suspenso o seu vínculo com o regime do Plano de Seguridade Social do Servidor Público enquanto durar o afastamento ou a licença, não lhes assistindo, neste período, os benefícios do mencionado regime de previdência. *(Incluído pela Lei n. 10.667, de 14.5.2003)*

§ 3º Será assegurada ao servidor licenciado ou afastado sem remuneração a manutenção da vinculação ao regime do Plano de Seguridade Social do Servidor Público, mediante o recolhimento mensal da respectiva contribuição, no mesmo percentual devido pelos servidores em atividade, incidente sobre a remuneração total do cargo a que faz jus no exercício de suas atribuições, computando-se, para esse efeito, inclusive, as vantagens pessoais. *(Incluído pela Lei n. 10.667, de 14.5.2003)*

§ 4º O recolhimento de que trata o § 3º deve ser efetuado até o segundo dia útil após a data do pagamento das remunerações dos servidores públicos, aplicando-se os procedimentos de cobrança e execução dos tributos federais quando não recolhidos até a data do vencimento. (NR) *(Acrescentado pela Lei n. 10.667, de 14.5.2003, DOU 15.5.2003)*

Art. 184. O Plano de Seguridade Social visa a dar cobertura aos riscos a que estão sujeitos o servidor e sua família, e compreende um conjunto de benefícios e ações que atendam às seguintes finalidades:

I — garantir meios de subsistência nos eventos de doença, invalidez, velhice, acidente em serviço, inatividade, falecimento e reclusão;

II — proteção à maternidade, à adoção e à paternidade;

III — assistência à saúde.

Parágrafo único. Os benefícios serão concedidos nos termos e condições definidos em regulamento, observadas as disposições desta Lei.

Art. 185. Os benefícios do Plano de Seguridade Social do servidor compreendem:

I — quanto ao servidor:

a) aposentadoria;

b) auxílio-natalidade;

c) salário-família;

d) licença para tratamento de saúde;

e) licença à gestante, à adotante e licença-paternidade;

f) licença por acidente em serviço;

g) assistência à saúde;

h) garantia de condições individuais e ambientais de trabalho satisfatórias;

II — quanto ao dependente:

a) pensão vitalícia e temporária;

b) auxílio-funeral;

c) auxílio-reclusão;

d) assistência à saúde.

§ 1º As aposentadorias e pensões serão concedidas e mantidas pelos órgãos ou entidades aos quais se encontram vinculados os servidores, observado o disposto nos arts. 189 e 224.

§ 2º O recebimento indevido de benefícios havidos por fraude, dolo ou má-fé, implicará devolução ao erário do total auferido, sem prejuízo da ação penal cabível.

CAPÍTULO II
Dos Benefícios

Seção I
Da Aposentadoria

Art. 186. O servidor será aposentado:

I — por invalidez permanente, sendo os proventos integrais quando decorrente de acidente em serviço, moléstia profissional ou doença grave, contagiosa ou incurável, especificada em lei, e proporcionais nos demais casos;

II — compulsoriamente, aos setenta anos de idade, com proventos proporcionais ao tempo de serviço;

III — voluntariamente:

a) aos 35 (trinta e cinco) anos de serviço, se homem, e aos 30 (trinta) se mulher, com proventos integrais;

b) aos 30 (trinta) anos de efetivo exercício em funções de magistério, se professor, e 25 (vinte e cinco) se professora, com proventos integrais;

c) aos 30 (trinta) anos de serviço, se homem, e aos 25 (vinte e cinco) se mulher, com proventos, proporcionais a esse tempo;

d) aos 65 (sessenta e cinco) anos de idade, se homem e aos 60 (sessenta) se mulher, com proventos proporcionais ao tempo de serviço.

§ 1º Consideram-se doenças graves, contagiosas ou incuráveis, a que se refere o inciso I deste artigo, tuberculose ativa, alienação mental, esclerose múltipla, neoplasia maligna, cegueira posterior ao ingresso no serviço público, hanseníase, cardiopatia grave, doença de Parkinson, paralisia irreversível e incapacitante, espondiloartrose anquilosante, nefropatia grave, estados avançados do mal de Paget (osteíte deformante), Síndrome da Imunodeficiência Adquirida — AIDS, e outras que a lei indicar, com base na medicina especializada.

§ 2º Nos casos de exercício de atividades consideradas insalubres ou perigosas, bem como nas hipóteses previstas no art. 71, a aposentadoria de que trata o inciso III, "a" e "c", observará o disposto em lei específica.

§ 3º Na hipótese do inciso I, o servidor será submetido à junta médica oficial, que atestará a invalidez quando caracterizada a incapacidade para o desempenho das atribuições do cargo ou a impossibilidade de se aplicar o disposto no art. 24. *(Acrescentado pela L. n. 9.527, de 10.12.1997, DOU 11.12.1997)*

LEGISLAÇÃO COMPLEMENTAR

Art. 187. A aposentadoria compulsória será automática, e declarada por ato, com vigência a partir do dia imediato àquele em que o servidor atingir a idade-limite de permanência no serviço ativo.

Art. 188. A aposentadoria voluntária ou por invalidez vigorará a partir da data da publicação do respectivo ato.

§ 1º A aposentadoria por invalidez será precedida de licença para tratamento de saúde, por período não excedente a 24 (vinte e quatro) meses.

§ 2º Expirado o período de licença e não estando em condições de reassumir o cargo ou de ser readaptado, o servidor será aposentado.

§ 3º O lapso de tempo compreendido entre o término da licença e a publicação do ato da aposentadoria será considerado como de prorrogação da licença.

§ 4º Para os fins do disposto no § 1º deste artigo, serão consideradas apenas as licenças motivadas pela enfermidade ensejadora da invalidez ou doenças correlacionadas. *(Acrescentado pela Lei n. 11.907, de 2.2.2009, DOU 3.2.2009)*

§ 5º A critério da Administração, o servidor em licença para tratamento de saúde ou aposentado por invalidez poderá ser convocado a qualquer momento, para avaliação das condições que ensejaram o afastamento ou a aposentadoria. (NR) *(Acrescentado pela Lei n. 11.907, de 2.2.2009, DOU 3.2.2009)*

Art. 189. O provento da aposentadoria será calculado com observância do disposto no § 3º do art. 41, e revisto na mesma data e proporção, sempre que se modificar a remuneração dos servidores em atividade.

PARÁGRAFO ÚNICO. São estendidos aos inativos quaisquer benefícios ou vantagens posteriormente concedidas aos servidores em atividade, inclusive quando decorrentes de transformação ou reclassificação do cargo ou função em que se deu a aposentadoria.

Art. 190. O servidor aposentado com provento proporcional ao tempo de serviço se acometido de qualquer das moléstias especificadas no § 1º do art. 186 desta Lei e, por esse motivo, for considerado inválido por junta médica oficial passará a perceber provento integral, calculado com base no fundamento legal de concessão da aposentadoria. (NR) *(Redação dada pela Lei n. 11.907, de 2.2.2009, DOU 3.2.2009)*

Art. 191. Quando proporcional ao tempo de serviço, o provento não será inferior a 1/3 (um terço) da remuneração da atividade.

Art. 192. *(Revogado pela Lei n. 9.527, de 10.12.1997, DOU de 11.12.1997)*

Art. 193. *(Revogado pela Lei n. 9.527, de 10.12.1997, DOU de 11.12.1997)*

Art. 194. Ao servidor aposentado será paga a gratificação natalina, até o dia vinte do mês de dezembro, em valor equivalente ao respectivo provento, deduzido o adiantamento recebido.

Art. 195. Ao ex-combatente que tenha efetivamente participado de operações bélicas, durante a Segunda Guerra Mundial, nos termos da Lei n. 5.315, de 12 de setembro de 1967, será concedida aposentadoria com provento integral, aos 25 (vinte e cinco) anos de serviço efetivo.

Seção II
Do Auxílio-Natalidade

Art. 196. O auxílio-natalidade é devido à servidora por motivo de nascimento de filho, em quantia equivalente ao menor vencimento do serviço público, inclusive no caso de natimorto.

§ 1º Na hipótese de parto múltiplo, o valor será acrescido de 50% (cinquenta por cento), por nascituro.

§ 2º O auxílio será pago ao cônjuge ou companheiro servidor público, quando a parturiente não for servidora.

Seção III
Do Salário-Família

Art. 197. O salário-família é devido ao servidor ativo ou ao inativo, por dependente econômico.

Parágrafo único. Consideram-se dependentes econômicos para efeito de percepção do salário-família:

I — o cônjuge ou companheiro e os filhos, inclusive os enteados até 21 (vinte e um) anos de idade ou, se estudante, até 24 (vinte e quatro) anos ou, se inválido, de qualquer idade;

II — o menor de 21 (vinte e um) anos que, mediante autorização judicial, viver na companhia e às expensas do servidor, ou do inativo;

III — a mãe e o pai sem economia própria.

Art. 198. Não se configura a dependência econômica quando o beneficiário do salário-família perceber rendimento do trabalho ou de qualquer outra fonte, inclusive pensão ou provento da aposentadoria, em valor igual ou superior ao salário mínimo.

Art. 199. Quando o pai e mãe forem servidores públicos e viverem em comum, o salário-família será pago a um deles; quando separados, será pago a um e outro, de acordo com a distribuição dos dependentes.

Parágrafo único. Ao pai e à mãe equiparam-se o padrasto, a madrasta e, na falta destes, os representantes legais dos incapazes.

Art. 200. O salário-família não está sujeito a qualquer tributo, nem servirá de base para qualquer contribuição, inclusive para a Previdência Social.

Art. 201. O afastamento do cargo efetivo, sem remuneração, não acarreta a suspensão do pagamento do salário-família.

Seção IV
Da Licença para Tratamento de Saúde

Art. 202. Será concedida ao servidor licença para tratamento de saúde, a pedido ou de ofício, com base em perícia médica, sem prejuízo da remuneração a que fizer jus.

Art. 203. A licença de que trata o art. 202 desta Lei será concedida com base em perícia oficial. *(Redação dada pela Lei n. 11.907, de 2.2.2009, DOU 3.2.2009)*

§ 1º Sempre que necessário, a inspeção médica será realizada na residência do servidor ou no estabelecimento hospitalar onde se encontrar internado. *(Redação dada pela L. n. 9.527, de 10.12.1997, DOU 11.12.1997)*

§ 2º Inexistindo médico no órgão ou entidade no local onde se encontra ou tenha exercício em caráter permanente o servidor, e não se configurando as hipóteses previstas nos parágrafos do art. 230, será aceito atestado passado por médico particular. *(Redação dada pela Lei n. 9.527, de 10.12.1997, DOU 11.12.1997)*

§ 3º No caso do § 2º deste artigo, o atestado somente produzirá efeitos depois de recepcionado pela unidade de recursos humanos do órgão ou entidade. *(Redação dada pela Lei n. 11.907, de 2.2.2009, DOU 3.2.2009)*

§ 4º A licença que exceder o prazo de 120 (cento e vinte) dias no período de 12 (doze) meses a contar do primeiro dia de afastamento será concedida mediante avaliação por junta médica oficial. *(Redação dada pela Lei n. 11.907, de 2.2.2009, DOU 3.2.2009)*

§ 5º A perícia oficial para concessão da licença de que trata o *caput* deste artigo, bem como nos demais casos de perícia oficial previstos nesta Lei, será efetuada por cirurgiões-dentistas, nas hipóteses em que abranger o campo de atuação da odontologia. (NR) *(Acrescentado pela Lei n. 11.907, de 2.2.2009, DOU 3.2.2009)*

Art. 204. A licença para tratamento de saúde inferior a 15 (quinze) dias, dentro de 1 (um) ano, poderá ser dispensada de perícia oficial, na forma definida em regulamento. (NR) *(Redação dada pela Lei n. 11.907, de 2.2.2009, DOU 3.2.2009)*

Art. 205. O atestado e o laudo da junta médica não se referirão ao nome ou natureza da doença, salvo quando se tratar de lesões produzidas por acidente em serviço, doença profissional ou qualquer das doenças especificadas no art. 186, § 1º.

Art. 206. O servidor que apresentar indícios de lesões orgânicas ou funcionais será submetido à inspeção médica.

Art. 206-A. O servidor será submetido a exames médicos periódicos, nos termos e condições definidos em regulamento. *(Acrescentado pela Lei n. 11.907, de 2.2.2009, DOU 3.2.2009).*

Parágrafo único. Para os fins do disposto no *caput*, a União e suas entidades autárquicas e fundacionais poderão:

I — prestar os exames médicos periódicos diretamente pelo órgão ou entidade à qual se encontra vinculado o servidor;

II — celebrar convênio ou instrumento de cooperação ou parceria com os órgãos e entidades da administração direta, suas autarquias e fundações;

III — celebrar convênios com operadoras de plano de assistência à saúde, organizadas na modalidade de autogestão, que possuam autorização de funcionamento do órgão regulador, na forma do art. 230; ou

IV — prestar os exames médicos periódicos mediante contrato administrativo, observado o disposto na Lei n. 8.666, de 21 de junho de 1993, e demais normas pertinentes. (NR) *(Redação do parágrafo único e incisos I a IV dada pela Lei n. 12.998, de 18.6.14, DOU 20.6.14)*

Seção V
Da Licença à Gestante, à Adotante e da Licença-Paternidade

Art. 207. Será concedida licença à servidora gestante por 120 (cento e vinte) dias consecutivos, sem prejuízo da remuneração.

§ 1º A licença poderá ter início no primeiro dia do nono mês de gestação, salvo antecipação por prescrição médica.

§ 2º No caso de nascimento prematuro, a licença terá início a partir do parto.

§ 3º No caso de natimorto, decorridos 30 (trinta) dias do evento, a servidora será submetida a exame médico, e se julgada apta, reassumirá o exercício.

§ 4º No caso de aborto atestado por médico oficial, a servidora terá direito a 30 (trinta) dias de repouso remunerado.

Art. 208. Pelo nascimento ou adoção de filhos, o servidor terá direito à licença-paternidade de 5 (cinco) dias consecutivos.

Art. 209. Para amamentar o próprio filho, até a idade de seis meses, a servidora lactante terá direito, durante a jornada de trabalho, a uma hora de descanso, que poderá ser parcelada em dois períodos de meia hora.

Art. 210. À servidora que adotar ou obtiver guarda judicial de criança até 1 (um) ano de idade, serão concedidos 90 (noventa) dias de licença remunerada.

Parágrafo único. No caso de adoção ou guarda judicial de criança com mais de 1 (um) ano de idade, o prazo de que trata este artigo será de 30 (trinta) dias.

Seção VI
Da Licença por Acidente em Serviço

Art. 211. Será licenciado, com remuneração integral, o servidor acidentado em serviço.

Art. 212. Configura acidente em serviço o dano físico ou mental sofrido pelo servidor, que se relacione, mediata ou imediatamente, com as atribuições do cargo exercido.

Parágrafo único. Equipara-se ao acidente em serviço o dano:

I — decorrente de agressão sofrida e não provocada pelo servidor no exercício do cargo;

II — sofrido no percurso da residência para o trabalho e vice-versa.

Art. 213. O servidor acidentado em serviço que necessite de tratamento especializado poderá ser tratado em instituição privada, à conta de recursos públicos.

Parágrafo único. O tratamento recomendado por junta médica oficial constitui medida de exceção e somente será admissível quando inexistirem meios e recursos adequados em instituição pública.

Art. 214. A prova do acidente será feita no prazo de 10 (dez) dias, prorrogável quando as circunstâncias o exigirem.

Seção VII
Da Pensão

Art. 215. Por morte do servidor, os dependentes, nas hipóteses legais, fazem jus à pensão a partir da data de óbito, observado o limite estabelecido no inciso XI do *caput* do art. 37 da Constituição Federal e no art. 2º da Lei n. 10.887, de 18 de junho de 2004. (NR) *(Redação dada pela Lei n. 13.135, de 17.6.15, DOU 18.6.15)*

Art. 216. As pensões distinguem-se quanto à natureza, em vitalícias e temporárias. *(Revogado pela Lei n. 13.135, de 17.6.15, DOU 18.6.15)*

§ 1º A pensão vitalícia é composta de cota ou cotas permanentes, que somente se extinguem ou revertem com a morte de seus beneficiários. *(Revogado pela Lei n. 13.135, de 17.6.15, DOU 18.6.15)*

§ 2º A pensão temporária é composta de cota ou cotas que podem se extinguir ou reverter por motivo de morte, cessação de invalidez ou maioridade do beneficiário. *(Revogado pela Lei n. 13.135, de 17.6.15, DOU 18.6.15)*

Art. 217. São beneficiários das pensões:

I — o cônjuge;
a) (Revogada);
b) (Revogada);
c) (Revogada);
d) (Revogada);
e) (Revogada); *(Lei n. 13.135, de 17.6.15, DOU 18.6.15)*

II — o cônjuge divorciado ou separado judicialmente ou de fato, com percepção de pensão alimentícia estabelecida judicialmente; *(Redação dada pela Lei n. 13.135, de 17.6.15, DOU 18.6.15)*
a) (Revogada);
b) (Revogada);
c) (Revogada);
d) (Revogada); *(Lei n. 13.135, de 17.6.15, DOU 18.6.15)*

III — o companheiro ou companheira que comprove união estável como entidade familiar; *(Redação dada pela Lei n. 13.135, de 17.6.15, DOU 18.6.15)*

IV — o filho de qualquer condição que atenda a um dos seguintes requisitos:

a) seja menor de 21 (vinte e um) anos; *(Redação dada pela Lei n. 13.135, de 17.6.15, DOU 18.6.15)*

b) seja inválido; *(Redação dada pela Lei n. 13.135, de 17.6.15, DOU 18.6.15)*

c) tenha deficiência grave; ou *(Redação dada pela Lei n. 13.135, de 17.6.15, DOU 18.6.15)*

d) tenha deficiência intelectual ou mental, nos termos do regulamento; *(Redação dada pela Lei n. 13.135, de 17.6.15, DOU 18.6.15)*

V — a mãe e o pai que comprovem dependência econômica do servidor; e *(Redação dada pela Lei n. 13.135, de 17.6.15, DOU 18.6.15)*

VI — o irmão de qualquer condição que comprove dependência econômica do servidor e atenda a um dos requisitos previstos no inciso IV. *(Redação dada pela Lei n. 13.135, de 17.6.15, DOU 18.6.15)*

§ 1º A concessão de pensão aos beneficiários de que tratam os incisos I a IV do *caput* exclui os beneficiários referidos nos incisos V e VI. *(Redação dada pela Lei n. 13.135, de 17.6.15, DOU 18.6.15)*

§ 2º A concessão de pensão aos beneficiários de que trata o inciso V do *caput* exclui o beneficiário referido no inciso VI. *(Redação dada pela Lei n. 13.135, de 17.6.15, DOU 18.6.15)*

§ 3º O enteado e o menor tutelado equiparam-se a filho mediante declaração do servidor e desde que comprovada dependência econômica, na forma estabelecida em regulamento. (NR) *(Redação dada pela Lei n. 13.135, de 17.6.15, DOU 18.6.15)*

Art. 218. Ocorrendo habilitação de vários titulares à pensão, o seu valor será distribuído em partes iguais entre os beneficiários habilitados. *(Redação dada pela Lei n. 13.135, de 17.6.15, DOU 18.6.15)*

§ 1º (Revogado). *(Lei n. 13.135, de 17.6.15, DOU 18.6.15)*

§ 2º (Revogado). *(Lei n. 13.135, de 17.6.15, DOU 18.6.15)*

§ 3º (Revogado). (NR) *(Lei n. 13.135, de 17.6.15, DOU 18.6.15)*

Art. 219. A pensão poderá ser requerida a qualquer tempo, prescrevendo tão somente as prestações exigíveis há mais de 5 (cinco) anos.

Parágrafo único. Concedida a pensão, qualquer prova posterior ou habilitação tardia que implique exclusão de beneficiário ou redução de pensão só produzirá efeitos a partir da data em que for oferecida.

Art. 220. Perde o direito à pensão por morte: *(Redação dada pela Lei n. 13.135, de 17.6.15, DOU 18.6.15)*

I — após o trânsito em julgado, o beneficiário condenado pela prática de crime de que tenha dolosamente resultado a morte do servidor; *(Redação dada pela Lei n. 13.135, de 17.6.15, DOU 18.6.15)*

II — o cônjuge, o companheiro ou a companheira se comprovada, a qualquer tempo, simulação ou fraude no casamento ou na união estável, ou a formalização desses com o fim exclusivo de constituir benefício previdenciário, apuradas em processo judicial no qual será assegurado o direito ao contraditório e à ampla defesa. (NR) *(Redação dada pela Lei n. 13.135, de 17.6.15, DOU 18.6.15)*

Art. 221. Será concedida pensão provisória por morte presumida do servidor, nos seguintes casos:

I — declaração de ausência, pela autoridade judiciária competente;

II — desaparecimento em desabamento, inundação, incêndio ou acidente não caracterizado como em serviço;

III — desaparecimento no desempenho das atribuições do cargo ou em missão de segurança.

Parágrafo único. A pensão provisória será transformada em vitalícia ou temporária, conforme o caso, decorridos 5 (cinco) anos de sua vigência, ressalvado o eventual reaparecimento do servidor, hipótese em que o benefício será automaticamente cancelado.

Art. 222. Acarreta perda da qualidade de beneficiário:

I — o seu falecimento;

II — a anulação do casamento, quando a decisão ocorrer após a concessão da pensão ao cônjuge;

III — a cessação da invalidez, em se tratando de beneficiário inválido, o afastamento da deficiência, em se tratando de beneficiário com deficiência, ou o levantamento da interdição, em se tratando de beneficiário com deficiência intelectual ou mental que o torne absoluta ou relativamente incapaz, respeitados os períodos mínimos decorrentes da aplicação das alíneas "a" e "b" do inciso VII; *(Redação dada pela Lei n. 13.135, de 17.6.15, DOU 18.6.15)*

IV — o implemento da idade de 21 (vinte e um) anos, pelo filho ou irmão; *(Redação dada pela Lei n. 13.135, de 17.6.15, DOU 18.6.15)*

V — a acumulação de pensão na forma do art. 225.

VI — a renúncia expressa; e *(Redação dada pela Lei n. 13.135, de 17.6.15, DOU 18.6.15)*

VII — em relação aos beneficiários de que tratam os incisos I a III do *caput* do art. 217: *(Redação dada pela Lei n. 13.135, de 17.6.15, DOU 18.6.15)*

a) o decurso de 4 (quatro) meses, se o óbito ocorrer sem que o servidor tenha vertido 18 (dezoito) contribuições mensais ou se o casamento ou a união estável tiverem sido iniciados em menos de 2 (dois) anos antes do óbito do servidor; *(Redação dada pela Lei n. 13.135, de 17.6.15, DOU 18.6.15)*

b) o decurso dos seguintes períodos, estabelecidos de acordo com a idade do pensionista na data de óbito do servidor, depois de vertidas 18 (dezoito) contribuições mensais e pelo menos 2 (dois) anos após o início do casamento ou da união estável: *(Redação dada pela Lei n. 13.135, de 17.6.15, DOU 18.6.15)*

1) 3 (três) anos, com menos de 21 (vinte e um) anos de idade;

2) 6 (seis) anos, entre 21 (vinte e um) e 26 (vinte e seis) anos de idade;

3) 10 (dez) anos, entre 27 (vinte e sete) e 29 (vinte e nove) anos de idade;

4) 15 (quinze) anos, entre 30 (trinta) e 40 (quarenta) anos de idade;

5) 20 (vinte) anos, entre 41 (quarenta e um) e 43 (quarenta e três) anos de idade;

6) vitalícia, com 44 (quarenta e quatro) ou mais anos de idade. *(Redação dada pela Lei n. 13.135, de 17.6.15, DOU 18.6.15)*

§ 1º A critério da administração, o beneficiário de pensão cuja preservação seja motivada por invalidez, por incapacidade ou por deficiência poderá ser convocado a qualquer momento para avaliação das referidas condições. *(Redação dada pela Lei n. 13.135, de 17.6.15, DOU 18.6.15)*

§ 2º Serão aplicados, conforme o caso, a regra contida no inciso III ou os prazos previstos na alínea "b" do inciso VII, ambos do *caput*, se o óbito do servidor decorrer

de acidente de qualquer natureza ou de doença profissional ou do trabalho, independentemente do recolhimento de 18 (dezoito) contribuições mensais ou da comprovação de 2 (dois) anos de casamento ou de união estável. *(Redação dada pela Lei n. 13.135, de 17.6.15, DOU 18.6.15)*

§ 3º Após o transcurso de pelo menos 3 (três) anos e desde que nesse período se verifique o incremento mínimo de um ano inteiro na média nacional única, para ambos os sexos, correspondente à expectativa de sobrevida da população brasileira ao nascer, poderão ser fixadas, em números inteiros, novas idades para os fins previstos na alínea "b" do inciso VII do *caput*, em ato do Ministro de Estado do Planejamento, Orçamento e Gestão, limitado o acréscimo na comparação com as idades anteriores ao referido incremento. *(Redação dada pela Lei n. 13.135, de 17.6.15, DOU 18.6.15)*

§ 4º O tempo de contribuição a Regime Próprio de Previdência Social (RPPS) ou ao Regime Geral de Previdência Social (RGPS) será considerado na contagem das 18 (dezoito) contribuições mensais referidas nas alíneas "a" e "b" do inciso VII do *caput*. (NR) *(Redação dada pela Lei n. 13.135, de 17.6.15, DOU 18.6.15)*

Art. 223. Por morte ou perda da qualidade de beneficiário, a respectiva cota reverterá para os cobeneficiários. *(Redação dada pela Lei n. 13.135, de 17.6.15, DOU 18.6.15)*

I — (Revogado); *(Lei n. 13.135, de 17.6.15, DOU 18.6.15)*

II — (Revogado). (NR) *(Redação dada pela Lei n. 13.135, de 17.6.15, DOU 18.6.15)*

Art. 224. As pensões serão automaticamente atualizadas na mesma data e na mesma proporção dos reajustes dos vencimentos dos servidores, aplicando-se o disposto no parágrafo único do art. 189.

Art. 225. Ressalvado o direito de opção, é vedada a percepção cumulativa de pensão deixada por mais de um cônjuge ou companheiro ou companheira e de mais de 2 (duas) pensões. (NR) *(Redação dada pela Lei n. 13.135, de 17.6.15, DOU 18.6.15)*

Seção VIII
Do Auxílio-Funeral

Art. 226. O auxílio-funeral é devido à família do servidor falecido na atividade ou aposentado, em valor equivalente a um mês da remuneração ou provento.

§ 1º No caso de acumulação legal de cargos, o auxílio será pago somente em razão do cargo de maior remuneração.

§ 2º (VETADO)

§ 3º O auxílio será pago no prazo de 48 (quarenta e oito) horas, por meio de procedimento sumaríssimo, à pessoa da família que houver custeado o funeral.

Art. 227. Se o funeral for custeado por terceiro, este será indenizado, observado o disposto no artigo anterior.

Art. 228. Em caso de falecimento de servidor em serviço fora do local de trabalho, inclusive no exterior, as despesas de transporte do corpo correrão à conta de recursos da União, autarquia ou fundação pública.

Seção IX
Do Auxílio-Reclusão

Art. 229. À família do servidor ativo é devido o auxílio-reclusão, nos seguintes valores:

I — dois terços da remuneração, quando afastado por motivo de prisão, em flagrante ou preventiva, determinada pela autoridade competente, enquanto perdurar a prisão;

II — metade da remuneração, durante o afastamento, em virtude de condenação, por sentença definitiva, à pena que não determine a perda de cargo.

§ 1º Nos casos previstos no inciso I deste artigo, o servidor terá direito à integralização de remuneração, desde que absolvido.

§ 2º O pagamento do auxílio-reclusão cessará a partir do dia imediato àquele em que o servidor for posto em liberdade, ainda que condicional.

CAPÍTULO III
Da Assistência à Saúde

Art. 230. A assistência à saúde do servidor, ativo ou inativo, e de sua família, compreende assistência médica, hospitalar, odontológica, psicológica e farmacêutica, terá como diretriz básica o implemento de ações preventivas voltadas para a promoção da saúde e será prestada pelo Sistema Único de Saúde — SUS, diretamente pelo órgão ou entidade ao qual estiver vinculado o servidor, ou mediante convênio ou contrato, ou ainda na forma de auxílio, mediante ressarcimento parcial do valor despendido pelo servidor, ativo ou inativo, e seus dependentes ou pensionistas com planos ou seguros privados de assistência à saúde, na forma estabelecida em regulamento. *(Redação dada pela Lei n. 11.302, de 10.5.2006, DOU 11.5.2006)*

§ 1º Nas hipóteses previstas nesta lei em que seja exigida perícia, avaliação ou inspeção médica, na ausência de médico ou junta médica oficial, para a sua realização o órgão ou entidade celebrará, preferencialmente, convênio com unidades de atendimento do sistema público de saúde, entidades sem fins lucrativos declaradas de utilidade pública, ou com o Instituto Nacional do Seguro Social — INSS. *(Parágrafo acrescentado pela Lei n. 9.527, de 10.12.1997, DOU 11.12.1997)*

§ 2º Na impossibilidade, devidamente justificada, da aplicação do disposto no parágrafo anterior, o órgão ou entidade promoverá a contratação da prestação de serviços por pessoa jurídica, que constituirá junta médica especificamente para esses fins, indicando os nomes e especialidades dos seus integrantes, com a comprovação de suas habilitações e de que não estejam respondendo a processo disciplinar junto à entidade fiscalizadora da profissão. *(Parágrafo acrescentado pela Lei n. 9.527, de 10.12.1997, DOU 11.12.1997)*

§ 3º Para os fins do disposto no *caput* deste artigo, ficam a União e suas entidades autárquicas e fundacionais autorizadas a:

I — celebrar convênios exclusivamente para a prestação de serviços de assistência à saúde para os seus servidores ou empregados ativos, aposentados, pensionistas, bem como para seus respectivos grupos familiares definidos, com entidades de autogestão por elas patrocinadas por meio de instrumentos jurídicos efetivamente celebrados e publicados até 12 de fevereiro de 2006 e que possuam autorização de funcionamento do órgão regulador, sendo certo que os convênios celebrados depois dessa data somente poderão sê-lo na forma da regulamentação específica sobre patrocínio de autogestões, a ser publicada pelo mesmo órgão regulador, no prazo de 180 (cento e oitenta) dias da vigência desta Lei, normas essas também aplicáveis aos convênios existentes até 12 de fevereiro de 2006;

II — contratar, mediante licitação, na forma da Lei n. 8.666, de 21 de junho de 1993, operadoras de planos e seguros privados de assistência à saúde que possuam autorização de funcionamento do órgão regulador; *(Parágrafo acrescentado pela Lei n. 11.302, de 10.5.2006, DOU 11.5.2006)*

III — (VETADO)

§ 4º (VETADO)

§ 5º O valor do ressarcimento fica limitado ao total despendido pelo servidor ou pensionista civil com plano ou seguro privado de assistência à saúde. (NR) *(Parágrafo acrescentado pela Lei n. 11.302, de 10.5.2006, DOU 11.5.2006)*

CAPÍTULO IV
Do Custeio

Art. 231. *(Revogado pela Lei n. 9.783, de 28.1.99, DOU 29.1.99)*

TÍTULO VII

CAPÍTULO ÚNICO
Da Contratação Temporária de Excepcional Interesse Público

Art. 232. a 235. *(Revogados pela L. n. 8.745, de 9.12.93, p. 836)*

TÍTULO VIII

CAPÍTULO ÚNICO
Das Disposições Gerais

Art. 236. O Dia do Servidor Público será comemorado a vinte e oito de outubro.

Art. 237. Poderão ser instituídos, no âmbito dos Poderes Executivo, Legislativo e Judiciário, os seguintes incentivos funcionais, além daqueles já previstos nos respectivos planos de carreira:

I — prêmios pela apresentação de ideias, inventos ou trabalhos que favoreçam o aumento de produtividade e a redução dos custos operacionais;

II — concessão de medalhas, diplomas de honra ao mérito, condecoração e elogio.

Art. 238. Os prazos previstos nesta Lei serão contados em dias corridos, excluindo-se o dia do começo e incluindo-se o do vencimento, ficando prorrogado, para o primeiro dia útil seguinte, o prazo vencido em dia em que não haja expediente.

Art. 239. Por motivo de crença religiosa ou de convicção filosófica ou política, o servidor não poderá ser privado de quaisquer dos seus direitos, sofrer discriminação em sua vida funcional, nem eximir-se do cumprimento de seus deveres.

Art. 240. Ao servidor público civil é assegurado, nos termos da Constituição Federal, o direito à livre associação sindical e os seguintes direitos, entre outros, dela decorrentes:

a) de ser representado pelo sindicato, inclusive como substituto processual;

b) de inamovibilidade do dirigente sindical, até um ano após o final do mandato, exceto se a pedido;

c) de descontar em folha, sem ônus para a entidade sindical a que for filiado, o valor das mensalidades e contribuições definidas em assembleia geral da categoria;

Art. 241. Consideram-se da família do servidor, além do cônjuge e filhos, quaisquer pessoas que vivam às suas expensas e constem do seu assentamento individual.

Parágrafo único. Equipara-se ao cônjuge a companheira ou companheiro, que comprove união estável como entidade familiar.

Art. 242. Para os fins desta Lei, considera-se sede o município onde a repartição estiver

instalada e onde o servidor tiver exercício, em caráter permanente.

TÍTULO IX

CAPÍTULO ÚNICO
Das Disposições Transitórias e Finais

Art. 243. Ficam submetidos ao regime jurídico instituído por esta Lei, na qualidade de servidores públicos os servidores dos Poderes da União, dos ex-Territórios, das autarquias, inclusive as em regime especial, e das fundações públicas, regidos pela Lei n. 1.711, de 28 de outubro de 1952 — Estatuto dos Funcionários Públicos Civis da União, ou pela Consolidação das Leis do Trabalho, aprovada pelo Decreto-Lei n. 5.452, de 1º de maio de 1943, exceto os contratados por prazo determinado, cujos contratos não poderão ser prorrogados após o vencimento do prazo de prorrogação.

§ 1º Os empregos ocupados pelos servidores incluídos no regime instituído por esta Lei ficam transformados em cargos, na data de sua publicação.

§ 2º As funções de confiança exercidas por pessoas não integrantes de tabela permanente do órgão ou entidade onde têm exercício ficam transformadas em cargos em comissão, e mantidas enquanto não for implantado o plano de cargos dos órgãos ou entidades na forma da lei.

§ 3º As Funções de Assessoramento Superior — FAS, exercidas por servidor integrante de quadro ou tabela de pessoal, ficam extintas na data da vigência desta Lei.

§ 4º (VETADO).

§ 5º O regime jurídico desta Lei é extensivo aos serventuários da Justiça, remunerados com recursos da União, no que couber.

§ 6º Os empregos dos servidores estrangeiros com estabilidade no serviço público, enquanto não adquirirem a nacionalidade brasileira, passarão a integrar tabela em extinção, do respectivo órgão ou entidade, sem prejuízo dos direitos inerentes aos planos de carreira aos quais se encontrem vinculados os empregos.

§ 7º Os servidores públicos de que trata o *caput* deste artigo, não amparados pelo art. 19 do Ato das Disposições Constitucionais Transitórias, poderão, no interesse da Administração e conforme critérios estabelecidos em regulamento, ser exonerados mediante indenização de um mês de remuneração por ano de efetivo exercício no serviço público federal. *(Acrescentado pela Lei n. 9.527, de 10.12.1997, DOU 11.12.1997)*

§ 8º Para fins de incidência do imposto de renda na fonte e na declaração de rendimentos, serão considerados como indenizações isentas os pagamentos efetuados a título de indenização prevista no parágrafo anterior. *(Acrescentado pela Lei n. 9.527, de 10.12.1997, DOU 11.12.1997)*

§ 9º Os cargos vagos em decorrência da aplicação do disposto no § 7º poderão ser extintos pelo Poder Executivo quando considerados desnecessários. *(Acrescentado pela Lei n. 9.527, de 10.12.1997, DOU 11.12.1997)*

Art. 244. Os adicionais por tempo de serviço, já concedidos aos servidores abrangidos por esta Lei, ficam transformados em anuênio.

Art. 245. A licença especial disciplinada pelo art. 116 da Lei n. 1.711, de 1952, ou por outro diploma legal, fica transformada em licença-prêmio por assiduidade, na forma prevista nos arts. 87 a 90.

Art. 246. (VETADO).

Art. 247. Para efeito do disposto no Título VI desta Lei, haverá ajuste de contas com a Previdência Social, correspondente ao período de contribuição por parte dos servidores celetistas abrangidos pelo art. 243. *(Redação dada pela Lei n. 8.162/91)*.

Art. 248. As pensões estatutárias, concedidas até a vigência desta Lei, passam a ser mantidas pelo órgão ou entidade de origem do servidor.

Art. 249. Até a edição da lei prevista no § 1º do art. 231, os servidores abrangidos por esta Lei contribuirão na forma e nos percentuais atualmente estabelecidos para o servidor civil da União, conforme regulamento próprio.

Art. 250. O servidor que já tiver satisfeito ou vier a satisfazer, dentro de 1 (um) ano, as condições necessárias para a aposentadoria nos termos do inciso II do art. 184 do antigo Estatuto dos Funcionários Públicos Civis da União, Lei n. 1.711, de 28 de outubro de 1952, aposentar-se-á com a vantagem prevista naquele dispositivo. (Mantido pelo Congresso Nacional)

Art. 251. *(Revogado pela Lei n. 9.527, de 10.12.1997, DOU de 11.12.1997)*

Art. 252. Esta Lei entra em vigor na data de sua publicação, com efeitos financeiros a partir do primeiro dia do mês subsequente.

Art. 253. Ficam revogadas a Lei n. 1.711, de 28 de outubro de 1952, e respectiva legislação complementar, bem como as demais disposições em contrário.

Brasília, em 11 de dezembro de 1990; 169º da Independência e 102º da República.

FERNANDO COLLOR
JARBAS PASSARINHO
DOU 12.12.1990

Decreto n. 1.171, de 22 de junho de 1994

Aprova o Código de Ética Profissional do Servidor Público Civil do Poder Executivo Federal

O PRESIDENTE DA REPÚBLICA, no uso das atribuições que lhe confere o art. 84, incisos IV e VI, e ainda tendo em vista o disposto no art. 37 da Constituição, bem como nos arts. 116 e 117 da Lei n. 8.112, de 11 de dezembro de 1990, e nos arts. 10, 11 e 12 da Lei n. 8.429, de 2 de junho de 1992, decreta:

Art. 1º Fica aprovado o Código de Ética Profissional do Servidor Público Civil do Poder Executivo Federal, que com este baixa.

Art. 2º Os órgãos e entidades da Administração Pública Federal direta e indireta implementarão, em sessenta dias, as providências necessárias à plena vigência do Código de Ética, inclusive mediante a Constituição da respectiva Comissão de Ética, integrada por três servidores ou empregados titulares de cargo efetivo ou emprego permanente.

Parágrafo único. A constituição da Comissão de Ética será comunicada à Secretaria da Administração Federal da Presidência da República, com a indicação dos respectivos membros titulares e suplentes.

Art. 3º Este Decreto entra em vigor na data de sua publicação.

ITAMAR FRANCO
Presidente da República
ROMILDO CANHIM
DOU 23.6.1994

ANEXO AO DECRETO N. 1.171, DE 22 DE JUNHO DE 1994

Código de Ética Profissional do Servidor Público Civil do Poder Executivo Federal

CAPÍTULO I

Seção I
Das Regras Deontológicas

I — A dignidade, o decoro, o zelo, a eficácia e a consciência dos princípios morais são primados maiores que devem nortear o servidor público, seja no exercício do cargo ou função, ou fora dele, já que refletirá o exercício da vocação do próprio poder estatal. Seus atos, comportamentos e atitudes serão direcionados para a preservação da honra e da tradição dos serviços públicos.

II — O servidor público não poderá jamais desprezar o elemento ético de sua conduta. Assim, não terá que decidir somente entre o legal e o ilegal, o justo e o injusto, o conveniente e o inconveniente, o oportuno e o inoportuno, mas principalmente entre o honesto e o desonesto, consoante as regras contidas no art. 37, *caput* e § 4º, da Constituição Federal.

III — A moralidade da Administração Pública não se limita à distinção entre o bem e o mal, devendo ser acrescida da ideia de que o fim é sempre o bem comum. O equilíbrio entre a legalidade e a finalidade, na conduta do servidor público, é que poderá consolidar a moralidade do ato administrativo.

IV — A remuneração do servidor público é custeada pelos tributos pagos direta ou indiretamente por todos, até por ele próprio, e por isso se exige, como contrapartida, que a moralidade administrativa se integre no Direito como elemento indissociável de sua aplicação e de sua finalidade, erigindo-se, como consequência, em fator de legalidade.

V — O trabalho desenvolvido pelo servidor público perante a comunidade deve ser entendido como acréscimo ao seu próprio bem-estar, já que, como cidadão, integrante da sociedade, o êxito desse trabalho pode ser considerado como seu maior patrimônio.

VI — A função pública deve ser tida como exercício profissional e, portanto, se integra na vida particular de cada servidor público. Assim, os fatos e atos verificados na conduta do dia a dia em sua vida privada poderão acrescer ou diminuir o seu bom conceito na vida funcional.

VII — Salvo os casos de segurança nacional, investigações policiais ou interesse superior do Estado e da Administração Pública, a serem preservados em processo previamente declarado sigiloso, nos termos da lei, a publicidade de qualquer ato administrativo constitui requisito de eficácia e moralidade, ensejando sua omissão, comprometimento ético contra o bem comum, imputável a quem a negar.

VIII — Toda pessoa tem direito à verdade. O servidor não pode omiti-la ou falseá-la, ainda que contrária aos interesses da própria pessoa interessada ou da Administração Pública. Nenhum Estado pode crescer ou estabilizar-se sobre o poder corruptivo do hábito do erro, da opressão ou da mentira, que sempre aniquilam até mesmo a dignidade humana quanto mais a de uma Nação.

IX — A cortesia, a boa vontade, o cuidado e o tempo dedicados ao serviço público caracterizam o esforço pela disciplina. Tratar mal uma pessoa que paga seus tributos

direta ou indiretamente significa causar-lhe dano moral. Da mesma forma, causar dano a qualquer bem pertencente ao patrimônio público, deteriorando-o, por descuido ou má vontade, não constitui apenas uma ofensa ao equipamento e às instalações ou ao Estado, mas a todos os homens de boa vontade que dedicaram sua inteligência, seu tempo, suas esperanças e seus esforços para construí-los.

X — Deixar o servidor público, qualquer pessoa à espera de solução que compete ao setor em que exerça suas funções, permitindo a formação de longas filas, ou qualquer outra espécie de atraso na prestação do serviço, não caracteriza apenas atitude contra a ética ou ato de desumanidade, mas principalmente grave dano moral aos usuários dos serviços públicos.

XI — O servidor deve prestar toda a sua atenção às ordens legais de seus superiores, velando atentamente por seu cumprimento, e, assim, evitando a conduta negligente. Os repetidos erros, o descaso e o acúmulo de desvios tornam-se, às vezes, difíceis de corrigir e caracterizam até mesmo imprudência no desempenho da função pública.

XII — Toda ausência injustificada do servidor de seu local de trabalho é fator de desmoralização do serviço público, o que quase sempre conduz à desordem nas relações humanas.

XIII — O servidor que trabalha em harmonia com a estrutura organizacional, respeitando seus colegas e cada concidadão, colabora e de todos pode receber colaboração, pois sua atividade pública é a grande oportunidade para o crescimento e o engrandecimento da Nação.

Seção II
Dos Principais Deveres do Servidor Público

XIV — São deveres fundamentais do servidor público:

a) desempenhar, a tempo, as atribuições do cargo, função ou emprego público de que seja titular;

b) exercer suas atribuições com rapidez, perfeição e rendimento, pondo fim ou procurando prioritariamente resolver situações procrastinatórias, principalmente diante de filas ou de qualquer outra espécie de atraso na prestação dos serviços pelo setor em que exerça suas atribuições, com o fim de evitar dano moral ao usuário;

c) ser probo, reto, leal e justo, demonstrando toda a integridade do seu caráter, escolhendo sempre, quando estiver diante de duas opções, a melhor e a mais vantajosa para o bem comum;

d) jamais retardar qualquer prestação de contas, condição essencial da gestão dos bens, direitos e serviços da coletividade a seu cargo;

e) tratar cuidadosamente os usuários dos serviços aperfeiçoando o processo de comunicação e contato com o público;

f) ter consciência de que seu trabalho é regido por princípios éticos que se materializam na adequada prestação dos serviços públicos;

g) ser cortês, ter urbanidade, disponibilidade e atenção, respeitando a capacidade e as limitações individuais de todos os usuários do serviço público, sem qualquer espécie de preconceito ou distinção de raça, sexo, nacionalidade, cor, idade, religião, cunho político e posição social, abstendo-se, dessa forma, de causar-lhes dano moral;

h) ter respeito à hierarquia, porém, sem nenhum temor de representar contra qualquer comprometimento indevido da estrutura em que se funda o Poder Estatal;

i) resistir a todas as pressões de superiores hierárquicos, de contratantes, interessados e outros que visem obter quaisquer favores, benesses ou vantagens indevidas em decorrência de ações imorais, ilegais ou aéticas e denunciá-las;

j) zelar, no exercício do direito de greve, pelas exigências específicas da defesa da vida e da segurança coletiva;

l) ser assíduo e frequente ao serviço, na certeza de que sua ausência provoca danos ao trabalho ordenado, refletindo negativamente em todo o sistema;

m) comunicar imediatamente a seus superiores todo e qualquer ato ou fato contrário ao interesse público, exigindo as providências cabíveis;

n) manter limpo e em perfeita ordem o local de trabalho, seguindo os métodos mais adequados à sua organização e distribuição;

o) participar dos movimentos e estudos que se relacionem com a melhoria do exercício de suas funções, tendo por escopo a realização do bem comum;

p) apresentar-se ao trabalho com vestimentas adequadas ao exercício da função;

q) manter-se atualizado com as instruções, as normas de serviço e a legislação pertinentes ao órgão onde exerce suas funções;

r) cumprir, de acordo com as normas do serviço e as instruções superiores, as tarefas de seu cargo ou função, tanto quanto possível, com critério, segurança e rapidez, mantendo tudo sempre em boa ordem;

s) facilitar a fiscalização de todos os atos ou serviços por quem de direito;

t) exercer com estrita moderação as prerrogativas funcionais que lhe sejam atribuídas, abstendo-se de fazê-lo contrariamente aos legítimos interesses dos usuários ao serviço público e dos jurisdicionados administrativos;

u) abster-se, de forma absoluta, de exercer sua função, poder ou autoridade com finalidade estranha ao interesse público, mesmo que observando as formalidades legais e não cometendo qualquer violação expressa à lei;

v) divulgar e informar a todos os integrantes da sua classe sobre a existência deste Código de Ética, estimulando o seu integral cumprimento.

Seção III
Das Vedações ao Servidor Público

XV — É vedado ao servidor público:

a) o uso do cargo ou função, facilidades, amizades, tempo, posição e influências, para obter qualquer favorecimento, para si ou para outrem;

b) prejudicar deliberadamente a reputação de outros servidores ou de cidadãos que deles dependam;

c) ser, em função de seu espírito de solidariedade, conivente com erro ou infração a este Código de Ética ou ao Código de Ética de sua profissão;

d) usar de artifícios para procrastinar ou dificultar o exercício regular de direito por qualquer pessoa, causando-lhe dano moral ou material;

e) deixar de utilizar os avanços técnicos e científicos ao seu alcance ou do seu conhecimento para atendimento do seu mister;

f) permitir que perseguições, simpatias, antipatias, caprichos, paixões ou interesses de ordem pessoal interfiram no trato com o público, com os jurisdicionados administrativos ou com colegas hierarquicamente superiores ou inferiores;

g) pleitear, solicitar, provocar, sugerir ou receber qualquer tipo de ajuda financeira, gratificação, prêmio, comissão, doação ou vantagem de qualquer espécie, para si, familiares ou qualquer pessoa, para o cumprimento da sua missão ou para influenciar outro servidor para o mesmo fim;

h) alterar ou deturpar o teor de documentos que deva encaminhar para providências;

i) iludir ou tentar iludir qualquer pessoa que necessite do atendimento em serviços públicos;

j) desviar servidor público para atendimento a interesse particular;

l) retirar da repartição pública, sem estar legalmente autorizado, qualquer documento, livro ou bem pertencente ao patrimônio público;

m) fazer uso de informações privilegiadas obtidas no âmbito interno de seu serviço, em benefício próprio, de parentes, de amigos ou de terceiros;

n) apresentar-se embriagado no serviço ou fora dele habitualmente;

o) dar o seu concurso a qualquer instituição que atente contra a moral, a honestidade ou a dignidade da pessoa humana;

p) exercer atividade profissional aética ou ligar o seu nome a empreendimentos de cunho duvidoso.

CAPÍTULO II
Das Comissões de Ética

XVI — Em todos os órgãos e entidades da Administração Pública Federal direta, indireta, autárquica e fundacional, ou em qualquer órgão ou entidade que exerça atribuições delegadas pelo poder público, deverá ser criada uma Comissão de Ética, encarregada de orientar e aconselhar sobre a ética profissional do servidor, no tratamento com as pessoas e com o patrimônio público, competindo-lhe conhecer concretamente de imputação ou de procedimento susceptível de censura.

XVII — *(Revogado pelo Decreto n. 6.029, de 1º.2.2007 (DOU 2.2.2007)*

XVIII — À Comissão de Ética incumbe fornecer, aos organismos encarregados da execução do quadro de carreira dos servidores, os registros sobre sua conduta ética, para o efeito de instruir e fundamentar promoções e para todos os demais procedimentos próprios da carreira do servidor público.

XIX — *(Revogado pelo Decreto n. 6.029, de 1º.2.2007 (DOU 2.2.2007)*

XX — *(Revogado pelo Decreto n. 6.029, de 1º.2.2007 (DOU 2.2.2007)*

XXI — *(Revogado pelo Decreto n. 6.029, de 1º.2.2007 (DOU 2.2.2007)*

XXII — A pena aplicável ao servidor público pela Comissão de Ética é a de censura e sua fundamentação constará do respectivo parecer, assinado por todos os seus integrantes, com ciência do faltoso.

XXIII — *(Revogado pelo Decreto n. 6.029, de 1º.2.2007 (DOU 2.2.2007)*

XXIV — Para fins de apuração do comprometimento ético, entende-se por servidor público todo aquele que, por força de lei,

contrato ou de qualquer ato jurídico, preste serviços de natureza permanente, temporária ou excepcional, ainda que sem retribuição financeira, desde que ligado direta ou indiretamente a qualquer órgão do poder estatal, como as autarquias, as fundações públicas, as entidades paraestatais, as empresas públicas e as sociedades de economia mista, ou em qualquer setor onde prevaleça o interesse do Estado.

XXV — *(Revogado pelo Decreto n. 6.029, de 1º.2.2007 (DOU 2.2.2007)*

Decreto n. 8.737, de 3 de maio de 2016

Institui o Programa de Prorrogação da Licença-Paternidade para os servidores regidos pela Lei n. 8.112, de 11 de dezembro de 1990

A PRESIDENTA DA REPÚBLICA, no uso da atribuição que lhe confere o art. 84, *caput*, inciso IV, da Constituição, e tendo em vista o disposto na Lei n. 11.770, de 9 de setembro de 2008,

DECRETA:

Art. 1º Fica instituído o Programa de Prorrogação da Licença-Paternidade para os servidores regidos pela Lei n. 8.112, de 11 de dezembro de 1990.

Art. 2º A prorrogação da licença-paternidade será concedida ao servidor público que requeira o benefício no prazo de dois dias úteis após o nascimento ou a adoção e terá duração de quinze dias, além dos cinco dias concedidos pelo art. 208 da Lei n. 8.112, de 1990.

§ 1º A prorrogação se iniciará no dia subsequente ao término da licença de que trata o art. 208 da Lei n. 8.112, de 1990.

§ 2º O disposto neste Decreto é aplicável a quem adotar ou obtiver guarda judicial para fins de adoção de criança.

§ 3º Para os fins do disposto no § 2º, considera-se criança a pessoa de até doze anos de idade incompletos.

Art. 3º O beneficiado pela prorrogação da licença-paternidade não poderá exercer qualquer atividade remunerada durante a prorrogação da licença-paternidade.

Parágrafo único. O descumprimento do disposto neste artigo implicará o cancelamento da prorrogação da licença e o registro da ausência como falta ao serviço.

Art. 4º O servidor em gozo de licença-paternidade na data de entrada em vigor deste Decreto poderá solicitar a prorrogação da licença, desde que requerida até o último dia da licença ordinária de cinco dias.

Art. 5º O Ministério do Planejamento, Orçamento e Gestão poderá expedir normas complementares para execução deste Decreto.

Art. 6º Este Decreto entra em vigor na data de sua publicação.

Brasília, 3 de maio de 2016; 195º da Independência e 128º da República.

DILMA ROUSSEFF
VALDIR MOYSÉS SIMÃO
DOU 4.5.2016

Lei n. 8.162, de 8 de janeiro de 1991

Dispõe sobre a revisão dos vencimentos, salários, proventos e demais retribuições dos servidores civis e a fixação dos soldos dos militares do poder executivo, na administração direta, autárquica e fundacional, e dá outras providências (considera extintos, a partir de 12 de dezembro de 1990, os contratos individuais de trabalho dos servidores que passaram ao regime da Lei n. 8.112/90. ver art. 7º)

O PRESIDENTE DA REPÚBLICA,
Faço saber que o Congresso Nacional decreta e eu sanciono a seguinte Lei:

Art. 1º A partir de 1º de janeiro de 1991, os vencimentos, salários, proventos e demais retribuições dos servidores civis do Poder Executivo, Autarquias e Fundações Públicas serão reajustados em oitenta e um por cento, e o soldo do Almirante-de-Esquadra ficará fixado em Cr$ 129.899,40 (cento e vinte e nove mil, oitocentos e noventa e nove cruzeiros e quarenta centavos).

Parágrafo único. O disposto neste artigo abrange as parcelas percebidas em caráter permanente a título de indenização, os auxílios e abonos, e o salário-família dos servidores regidos pela Lei n. 8.112, de 11 de dezembro de 1990, o abono e o salário-família dos militares, e a remuneração dos cargos de natureza especial de que trata o art. 26 da Lei n. 8.028, de 12 de abril de 1990, alterado pelo art. 2º desta Lei.

Art. 2º O art. 26 da Lei n. 8.028, de 12 de abril de 1990, passa a vigorar com as seguintes modificações:

"Art. 26. ..

V — sete cargos do Secretário da Presidência da República, sendo um em cada Secretaria de que trata a alínea *c* do parágrafo único do art. 1º;

VI — oito cargos de Secretário-Executivo, sendo um em cada Ministério de que tratam os incisos I, V e VII a XII do art. 17, três cargos de Secretário-Geral, no Ministério de que trata o inciso IV do mesmo artigo e um cargo de Subsecretário-Geral da Secretaria-Geral da Presidência da República.

§ 1º Os titulares dos cargos especificados neste artigo perceberão vencimento mensal de:

a) Cr$ 127.530,00 (cento e vinte e sete mil, quinhentos e trinta cruzeiros), os referidos nos incisos I a IV;

b) Cr$ 117.878,00 (cento e dezessete mil, oitocentos e setenta e oito cruzeiros), os mencionados no inciso V, bem assim o de Consultor-Geral da República;

c) Cr$ 108.225,00 (cento e oito mil, duzentos e vinte e cinco cruzeiros), os de que trata o inciso VI.

§ 2º Aos vencimentos fixados no parágrafo anterior será acrescida representação mensal equivalente a cem por cento do respectivo valor.

§ 3º Os vencimentos fixados no § 1º serão atualizados nas mesmas datas e índices em que forem reajustados os vencimentos dos servidores públicos federais.

§ 4º Os servidores federais, estaduais, do Distrito Federal e dos Municípios, investidos nos cargos especificados neste artigo, poderão optar pela remuneração a que façam jus nos seus órgãos ou entidades de origem, com direito a perceber a importância correspondente a cinquenta e cinco por cento do vencimento fixado no § 1º, acrescida da representação mensal.

Art. 3º Aos ocupantes dos cargos de Ministro de Estado é facultado optar pela remuneração:

I — do mandato, em se tratando de Deputado Federal ou Senador;

II — do cargo ou emprego efetivo de que seja titular na União, Estado, Distrito Federal, Município, autarquia, fundação pública, sociedade de economia mista ou em empresa pública.

Parágrafo único. Na hipótese do inciso I, o Ministro de Estado perceberá a vantagem pecuniária instituída pela Lei n. 7.374, de 30 de setembro de 1985; e, na do inciso II, a representação mensal do respectivo cargo, acrescida da mesma vantagem pecuniária.

Art. 4º Correção à conta das dotações orçamentárias próprias dos órgãos interessados, consoante se dispuser em regulamento, as despesas de deslocamento, de alimentação e de pousada dos colaboradores eventuais, inclusive membros de colegiado integrantes de estrutura regimental de Ministério e das Secretarias da Presidência da República, quando em viagem de serviço. *(Redação dada pela Lei n. 8.216, de 13.8.1991).*

Art. 5º *(Revogado pela Lei n. 9.527, de 10.12.1997, DOU de 11.12.1997)*

Art. 6º O saldo da conta vinculada ao Fundo de Garantia do Tempo de Serviço — FGTS, do servidor a que se aplique o regime da Lei n. 8.112, de 1990, poderá ser sacado nas hipóteses previstas nos incisos III a VII do art. 20 da Lei n. 8.036, de 11 de maio de 1990.

§ 1º *(Revogado pela Lei n. 8.678 de 13.7.1993) (LTr-57-08/1024)*

§ 2º O saldo da conta individualizada do FGTS, de servidor não optante, reverterá em favor da União ou da entidade depositante.

Art. 7º São considerados extintos, a partir de 12 de dezembro de 1990, os contratos individuais de trabalho dos servidores que passaram ao regime jurídico instituído pela Lei n. 8.112, de 1990, ficando-lhe assegurada a contagem de tempo anterior de serviço público federal para todos os fins, exceto:

I — anuênio;[(*)]

II — incorporação da gratificação de que trata o art. 62 da citada lei; *(Revogado pela Lei n. 8.911, de 11.7.1994)*

III — licença-prêmio por assiduidade.[(*)]

Parágrafo único. No caso do inciso III, o tempo anterior de serviço será contado para efeito da aplicação do disposto no art. 5º.

Art. 8º A partir de 1º de abril de 1991, os servidores qualificados no art. 243 da Lei n. 8.112, de 1990, passam a contribuir mensalmente para o Plano de Seguridade Social do Servidor, instituído pelo art. 183 da mesma lei.

Art. 9º *(Revogado pela Lei n. 8.688, de 21.7.1993)*

Art. 10. *(Revogado pela Lei n. 8.688, de 21.7.1993)*

Art. 11. O art. 247 da Lei n. 8.112, de 1990, passa a vigorar com a seguinte redação:

Art. 12. É declarada extinta a Gratificação Especial instituída pela Lei n. 4.341, de 13 de junho de 1964, em decorrência da incorporação aos vencimentos dos servidores que faziam jus à sua percepção.

Art. 13. Aplicam-se no que couber à Tabela de Vencimentos de que trata o Anexo desta Lei, os percentuais estabelecidos no § 5º do art. 2º da Lei n. 7.923, de 1989.

Parágrafo único. É assegurada, como vantagem pessoal nominalmente identificável, a diferença porventura resultante da aplicação do disposto neste artigo aos servidores que percebiam as referidas vantagens nos termos da legislação anterior.

Art. 14. O disposto no inciso II do § 5º do art. 2º da Lei n. 7.923, de 12 de dezembro de 1989, aplica-se aos Cursos de Formação e de Aperfeiçoamento, respectivamente, ministrados pelo Centro de Formação e Aperfeiçoamento de Recursos Humanos — CEFARH, ou equivalente, instituído através do inciso V do art. 16 da Lei n. 8.028, de 1990, conforme dispuser o regulamento.

Art. 15. Fica instituída Gratificação por Operações Especiais, devida aos servido-

(*) A Resolução n. 35, de 2.9.1999 do Senado Federal suspendeu a execução dos incisos I e III do art. 7º desta Lei, nos termos do art. 48, item 28, do seu Regulamento Interno, DOU 3.9.1999, p. 1.

res pertencentes às Categorias Funcionais dos Grupos Polícia Federal e Polícia Civil do Distrito Federal, pelas peculiaridades de exercício decorrentes da integral e exclusiva dedicação às atividades do cargo e riscos a que estão sujeitos.

§ 1º O valor da gratificação corresponde a noventa por cento do vencimento do cargo efetivo.

§ 2º A gratificação não se incorpora ao vencimento, nem será computada ou acumulada para fins de concessão de acréscimos ulteriores, sob o mesmo título ou idêntico fundamento.

§ 3º (VETADO).

Art. 16. Na aplicação do disposto nesta Lei observar-se-á o limite estabelecido no *caput* do art. 1º do Decreto-Lei n. 2.355, de 27 de agosto de 1987, com a redação dada pelo art. 14 da Lei n. 7.923, de 12 de dezembro de 1989.

Art. 17. Os efeitos financeiros decorrentes do disposto nesta Lei vigoram a partir de 1º de janeiro de 1991.

Art. 18. *(Revogado pela Lei n. 8.688, de 21.7.1993)*

Art. 19. Esta Lei entra em vigor na data de sua publicação.

Art. 20. Revogam-se as disposições em contrário.

Brasília, em 8 de janeiro de 1991; 170º da Independência e 103º da República.

Fernando Collor
Jarbas Passarinho
Zélia M. Cardoso de Mello
DOU 9.1.1991

Lei n. 8.177, de 1º de março de 1991

Estabelece regras para a desindexação da economia e dá outras providências

O PRESIDENTE DA REPÚBLICA,

Faço saber que o Congresso Nacional decreta e eu sanciono a seguinte Lei:

Art. 1º O Banco Central do Brasil divulgará Taxa Referencial — TR, calculada a partir da remuneração mensal média líquida de impostos, dos depósitos a prazo fixo captados nos bancos comerciais, bancos de investimentos, bancos múltiplos com carteira comercial ou de investimentos, caixas econômicas, ou dos títulos públicos federais, estaduais e municipais, de acordo com metodologia a ser aprovada pelo Conselho Monetário Nacional, no prazo de sessenta dias, e enviada ao conhecimento do Senado Federal.

§ 1º A TR será mensalmente divulgada pelo Banco Central do Brasil, no máximo até o oitavo dia útil do mês de referência. *(Revogado pela Lei n. 8.660, de 28.5.1993).*

§ 2º As instituições que venham a ser utilizadas como bancos de referência, dentre elas, necessariamente, as dez maiores do País, classificadas pelo volume de depósitos a prazo fixo, estão obrigadas a fornecer as informações de que trata este artigo, segundo normas estabelecidas pelo Conselho Monetário Nacional, sujeitando-se a instituição e seus administradores, no caso de infração às referidas normas, às penas estabelecidas no art. 44 da Lei n. 4.595, de 31 de dezembro de 1964.

§ 3º Enquanto não aprovada a metodologia de cálculo de que trata este artigo, o Banco Central do Brasil fixará a TR.

Art. 2º O Banco Central do Brasil divulgará, para cada dia útil, a Taxa Referencial Diária TRD, correspondendo seu valor diário à distribuição *pro rata die* da TR fixada para o mês corrente.

§ 1º Enquanto não divulgada a TR relativa ao mês corrente, o valor da TRD será fixado pelo Banco Central do Brasil com base em estimativa daquela taxa.

§ 2º Divulgada a TR, a fixação da TRD nos dias úteis restantes do mês deve ser realizada de forma tal que a TRD acumulada entre o 1º dia útil do mês e o 1º dia útil do mês subsequente seja igual à TR do mês corrente.

Art. 3º Ficam extintos a partir de 1º de fevereiro de 1991:

I — o BTN fiscal instituído pela Lei n. 7.799, de 10 de julho de 1989;

II — o Bônus do Tesouro Nacional (BTN) de que trata o art. 5º da Lei n. 7.777, de 19 de junho de 1989, assegurada a liquidação dos títulos em circulação, nos seus respectivos vencimentos;

III — o Maior Valor de Referência (MVR) e as demais unidades de conta assemelhadas que são atualizadas, direta ou indiretamente, por índice de preços.

Parágrafo único. O valor do BTN e do BTN Fiscal destinado à conversão para cruzeiros dos contratos existentes na data de publicação da Medida Provisória que deu origem a esta Lei, assim como para efeitos fiscais, é de Cr$ 126,8621.

Art. 4º A partir da vigência da Medida Provisória que deu origem a esta Lei, a Fundação Instituto Brasileiro de Geografia e Estatística deixará de calcular o Índice de Reajustes de Valores Fiscais (IRVF) e o Índice da Cesta Básica (ICB), mantido o cálculo do Índice Nacional de Preços ao Consumidor (INPC).

Art. 9º A partir de fevereiro de 1991, incidirão juros de mora equivalentes à TRD sobre os débitos de qualquer natureza para com a Fazenda Nacional, com a Seguridade Social, com o Fundo de Participação PIS/PASEP, com o Fundo de Garantia do Tempo de Serviço — FGTS, e sobre os passivos de empresas concordatárias, em falência, e de instituições em regime de liquidação extrajudicial, intervenção e administração especial temporária. *(Redação dada pela Lei n. 8.218, de 29.8.1991, DOU 30.8.1991)*

Art. 12. Em cada período de rendimento, os depósitos de poupança serão remunerados:

I — como remuneração básica, por taxa correspondente à acumulação das TRD, no período transcorrido entre o dia do último crédito de rendimento, inclusive, e o dia do crédito de rendimento, exclusive;

II — como remuneração adicional, por juros de:

a) 0,5% (cinco décimos por cento) ao mês, enquanto a meta da taxa Selic ao ano, definida pelo Banco Central do Brasil, for superior a 8,5% (oito inteiros e cinco décimos por cento); ou

b) 70% (setenta por cento) da meta da taxa Selic ao ano, definida pelo Banco Central do Brasil, mensalizada, vigente na data de início do período de rendimento, nos demais casos. *(Inciso II com a redação dada pela Lei n. 12.703, de 7.8.2012, DOU 8.8.2012)*

§ 1º A remuneração será calculada sobre o menor saldo apresentado em cada período de rendimento.

§ 2º Para os efeitos do disposto neste artigo, considera-se período de rendimento:

I — para os depósitos de pessoas físicas e entidades sem fins lucrativos, o mês corrido, a partir da data de aniversário da conta de depósito de poupança;

II — para os demais depósitos, o trimestre corrido a partir da data de aniversário da conta de depósito de poupança.

§ 3º A data de aniversário da conta de depósito de poupança será o dia do mês de sua abertura, considerando-se a data de aniversário das contas abertas nos dias 29, 30 e 31 como o dia 1º do mês seguinte.

§ 4º O crédito dos rendimentos será efetuado:

I — mensalmente, na data de aniversário da conta, para os depósitos de pessoa física e de entidades sem fins lucrativos; e

II — trimestralmente, na data de aniversário no último mês do trimestre, para os demais depósitos.

§ 5º O Banco Central do Brasil divulgará as taxas resultantes da aplicação do contido nas alíneas *a* e *b* do inciso II do *caput* deste artigo. (NR) *(Redação dada pela 12.703, de 7.8.2012, DOU 8.8.2012)*

Art. 17. A partir de fevereiro de 1991, os saldos das contas do Fundo de Garantia do Tempo de Serviço (FGTS) passam a ser remunerados pela taxa aplicável à remuneração básica dos depósitos de poupança, com data de aniversário no dia 1º, observada a periodicidade mensal para remuneração.

Parágrafo único. As taxas de juros previstas na legislação em vigor do FGTS são mantidas e consideradas como adicionais à remuneração prevista neste artigo.

Art. 25. *(Revogado pela Lei n. 9.365, de 16.12.1996, DOU 18.12.1996)*

Art. 38. Os saldos das contas do Fundo de Participação PIS/PASEP e as obrigações emitidas pelo Fundo Nacional de Desenvolvimento — FND serão reajustados pela TR nas épocas estabelecidas na legislação pertinente.

Art. 39. Os débitos trabalhistas de qualquer natureza, quando não satisfeitos pelo empregador nas épocas próprias assim definidas em lei, acordo ou convenção coletiva, sentença normativa ou cláusula contratual sofrerão juros de mora equivalentes à TRD acumulada no período compreendido entre a data de vencimento da obrigação e o seu efetivo pagamento.

§ 1º Aos débitos trabalhistas constantes de condenação pela Justiça do Trabalho ou decorrentes dos acordos feitos em reclamatória trabalhista, quando não cumpridos nas condições homologadas ou constantes do termo de conciliação, serão acrescidos, nos juros de mora previstos no *caput*, juros de um por cento ao mês, contados do ajuizamento da reclamatória e aplicados *pro rata die*, ainda que não explicitados na sentença ou no termo de conciliação.

§ 2º Na hipótese de a data de vencimento das obrigações de que trata este artigo ser anterior a 1º de fevereiro de 1991, os juros de mora serão calculados pela composição entre a variação acumulada do BTN Fiscal no período compreendido entre a data de vencimento da obrigação e 31 janeiro de 1991, e a TRD acumulada entre 1º de fevereiro de 1991 e seu efetivo pagamento.

Art. 40. O depósito recursal de que trata o art. 889 da Consolidação das Leis do Trabalho fica limitado a Cr$ 20.000.000,00 (vinte milhões de cruzeiros), nos casos de

interposição de recurso ordinário, e de Cr$ 40.000.000,00 (quarenta milhões de cruzeiros), em se tratando de recurso de revista, embargos infringentes e recursos extraordinários, sendo devida a cada novo recurso interposto no decorrer do processo.

§ 1º Em se tratando de condenação imposta em ação rescisória, o depósito recursal terá, como limite máximo, qualquer que seja o recurso, o valor de Cr$ 40.000.000,00 (quarenta milhões de cruzeiros).

§ 2º A exigência de depósito aplica-se, igualmente aos embargos, à execução e a qualquer recurso subsequente do devedor.

§ 3º O valor do recurso ordinário, quando interposto em dissídio coletivo, será equivalente ao quádruplo do previsto no caput deste artigo.

§ 4º Os valores previstos neste artigo serão reajustados bimestralmente pela variação acumulada do INPC do IBGE dos dois meses imediatamente anteriores. *(Redação do art. 40, §§ dada pela Lei n. 8.542, de 23.12.1992, DOU 24.12.1992, LTr 57-01/118).*

Art. 41. *(Revogado pela Lei n. 9.126, de 10.11.1995, DOU 13.11.1995)*

Art. 42. O Poder Executivo enviará ao Congresso Nacional, até 31 de março de 1991, projeto de lei dispondo sobre a atualização das demonstrações financeiras das pessoas jurídicas de que trata a Lei n. 7.799, de 10 de julho de 1989, em virtude da extinção do BTN e do BTN Fiscal.

Art. 43. Esta Lei entra em vigor na data de sua publicação.

Art. 44. Revogam-se o Decreto-Lei n. 75, de 21 de novembro de 1966, e demais disposições em contrário.

Brasília, em 1 de março de 1991; 170º da Independência e 103º da República.

Fernando Collor
Zélia M. Cardoso de Mello

DOU 4.3.1991

Lei n. 8.178, de 1º de março de 1991
Estabelece regras sobre preços e salários e dá outras providências

O PRESIDENTE DA REPÚBLICA,
Faço saber que o Congresso Nacional decreta e eu sanciono a seguinte Lei:

Art. 1º Os preços de bens e serviços efetivamente praticados em 30 de janeiro de 1991 somente poderão ser majorados mediante prévia e expressa autorização do Ministério da Economia, Fazenda e Planejamento.

..

Art. 6º No mês de fevereiro de 1991, os salários serão reajustados e terão seus valores determinados de acordo com o disposto neste artigo.

§ 1º Os salários de fevereiro de 1991, exceto os vencimentos, soldos e demais remunerações e vantagens pecuniárias de servidores públicos civis e militares da Administração Pública Federal direta, autárquica e fundacional, e as rendas mensais de benefícios pagos pela Previdência Social ou pelo Tesouro Nacional, respeitado o princípio da irredutibilidade salarial, serão calculados na forma deste artigo, ficando, com esse reajustamento e com os decorrentes dos atos a que se refere o art. 25 desta Lei, atualizados até 1º de março de 1991:

a) multiplicando-se o valor do salário recebido nos últimos doze meses pelo índice de remuneração, constante do Anexo desta Lei, correspondente ao dia do efetivo pagamento;

b) somando-se os valores obtidos na forma da alínea anterior e dividindo-se o resultado por doze.

§ 2º Nos casos em que o efetivo pagamento do salário tiver ocorrido após o quinto dia útil do mês subsequente ao da competência do salário, considerar-se-á esta data para efeito do disposto neste artigo.

§ 3º Na hipótese de adiantamento de salário, no todo ou em parte, far-se-á a multiplicação de que trata a alínea *a* do § 1º, utilizando-se o valor do índice de remuneração correspondente ao dia do efetivo pagamento de cada parcela adiantada.

§ 4º Sem prejuízo do direito do empregado à respectiva percepção, não serão computados, no cálculo do salário de fevereiro de 1991:

a) o décimo terceiro salário ou gratificação equivalente;

b) as parcelas de natureza não habitual;

c) o abono de férias;

d) as parcelas percentuais incidentes sobre o salário.

§ 5º As parcelas percentuais referidas na alínea *d* do parágrafo anterior serão aplicadas após o cálculo do valor do salário de fevereiro de 1991, na forma do § 1º deste artigo.

Art. 7º Os vencimentos, soldos e demais remunerações e vantagens pecuniárias de servidores públicos civis e militares da Administração Pública Federal, direta, autárquica e fundacional, bem como as rendas mensais de benefícios pagos pelo Tesouro Nacional, serão reajustados em nove vírgula trinta e seis por cento no mês de fevereiro de 1991.

Art. 8º Respeitado o princípio da irredutibilidade salarial, o empregador poderá efetuar, em fevereiro de 1991, ajustes nos salários de seus empregados, de modo a preservar a organização do pessoal em quadro de carreira.

Art. 9º A Política Salarial, no período de 1º de março de 1991 a 31 de agosto de 1991, compreenderá exclusivamente a concessão dos seguintes abonos, os quais não serão extensivos aos vencimentos, soldos e demais remunerações e vantagens pecuniárias de servidores públicos civis e militares da Administração Pública Federal, direta, autárquica e fundacional, e às rendas de benefícios pagos pela Previdência Social ou pelo Tesouro Nacional, ressalvado o disposto no § 6º deste artigo:

I — no mês de abril de 1991, Cr$ 3.000,00 (três mil cruzeiros);

II — nos meses de maio, junho e julho de 1991, a variação, em cruzeiros, do custo da cesta básica entre os meses de março e maio de 1991, acrescida de Cr$ 3.000,00 (três mil cruzeiros);

III — no mês de agosto de 1991, a variação, em cruzeiros, do custo da cesta básica entre os meses de março e agosto de 1991, acrescida de Cr$ 3.000,00 (três mil cruzeiros).

§ 1º Da aplicação do disposto neste artigo, da parcela do salário de março de 1991 que não exceder a Cr$ 170.000,00 (cento e setenta mil cruzeiros), não poderá resultar abono inferior aos seguintes percentuais:

a) dez por cento não cumulativos, em maio, junho e julho; e

b) vinte e um por cento em agosto.

§ 2º O valor da cesta básica, a que se referem os incisos II e III deste artigo, será de Cr$ 29.600,00 (vinte e nove mil e seiscentos cruzeiros), e a metodologia de aferição da variação de seu custo será definida pelo Ministério da Economia, Fazenda e Planejamento, que considerará a superveniência de variações na oferta de produtos em geral.

§ 3º O Ministério da Economia, Fazenda e Planejamento dará, previamente, conhecimento da metodologia de cálculo de aferição da variação do custo da cesta básica às entidades sindicais e ao Congresso Nacional.

§ 4º Os abonos de que trata este artigo poderão ser pagos até o dia 15 do mês subsequente ao mês em que eles são devidos.

§ 5º Os abonos-horas serão iguais ao quociente dos valores dos abonos mensais de que trata este artigo por duzentos e vinte, e os abonos diários, por trinta.

§ 6º No caso dos aposentados e pensionistas da Previdência Social, são assegurados os seguintes abonos:

a) nos meses de maio, junho e julho de 1991, para os benefícios não inferiores a Cr$ 17.000,00 (dezessete mil cruzeiros), o valor obtido pela aplicação do percentual da variação do índice do custo da cesta básica entre os meses de março e maio de 1991, sobre o valor do benefício em março de 1991; e para os benefícios inferiores a Cr$ 17.000,00 (dezessete mil cruzeiros), a variação, em cruzeiros, do custo da cesta básica entre os meses de março e maio de 1991, não podendo a soma do benefício e do abono ultrapassar o valor correspondente à soma do benefício de Cr$ 17.000,00 (dezessete mil cruzeiros) e do abono referente a esse benefício.

b) no mês de agosto de 1991, para os benefícios não inferiores a Cr$ 17.000,00 (dezessete mil cruzeiros), o valor obtido pela aplicação do percentual da variação do índice do custo da cesta básica entre os meses de março e agosto de 1991, sobre o valor do benefício em março de 1991; e para os benefícios inferiores a Cr$ 17.000,00 (dezessete mil cruzeiros), a variação, em cruzeiros, do custo da cesta básica, entre os meses de março e agosto de 1991, não podendo a soma do benefício e do abono ultrapassar o valor correspondente à soma do benefício de Cr$ 17.000,00 (dezessete mil cruzeiros) e do abono referente a esse benefício.

§ 7º Os abonos referidos neste artigo não serão incorporados, a qualquer título, aos salários, nem às rendas mensais de benefícios da Previdência Social, nem estarão sujeitos a quaisquer incidências de caráter tributário ou previdenciário.

Art. 10. *(Revogado pela Lei n. 11.321, de 7.7.2006, DOU 10.7.2006)*

Art. 11. É devido aos trabalhadores, no mês de agosto de 1990, um abono no valor de Cr$ 3.000,00 (três mil cruzeiros), desde que o valor do salário referente ao mês de agosto de 1990, somado ao valor do abono concedido, não ultrapasse a Cr$ 26.017,30 (vinte e seis mil, dezessete cruzeiros e trinta centavos).

§ 1º Se a soma referida neste artigo ultrapassar a Cr$ 26.017,30 (vinte e seis mil, dezessete cruzeiros e trinta centavos), o abono será reduzido de forma a garantir a condição estabelecida.

§ 2º Ao abono a que se refere este artigo aplica-se o disposto no § 7º do art. 9º.

§ 3º O abono de que trata este artigo não se aplica aos trabalhadores que o tenham recebido de acordo com o disposto no art. 9º da Medida Provisória n. 199, de 26 de julho de 1990.

Art. 12. É devido aos trabalhadores, no mês de janeiro de 1991, um abono que será calculado nos seguintes termos:

I — excepcionalmente, no mês de janeiro de 1991, nenhum empregado receberá, entre remuneração e abono, uma quantia in-

LEGISLAÇÃO COMPLEMENTAR

ferior a Cr$ 12.500,00 (doze mil e quinhentos cruzeiros);

II — deverá ser calculado para cada empregado e será o resultado da soma das seguintes parcelas:

a) cinco por cento da parcela da remuneração que exceder a Cr$ 60.000,00 (sessenta mil cruzeiros);

b) sete por cento da parcela da remuneração que exceder a Cr$ 36.000,00 (trinta e seis mil cruzeiros) e não exceda a Cr$ 60.000,00 (sessenta mil cruzeiros);

c) nove por cento da parcela da remuneração que exceder a Cr$ 12.000,00 (doze mil cruzeiros) e não exceda a Cr$ 36.000,00 (trinta e seis mil cruzeiros);

d) doze por cento da parcela da remuneração que não exceder a Cr$ 12.000,00 (doze mil cruzeiros);

III — a soma da remuneração e o abono não poderão exceder o valor equivalente a Cr$ 120.000,00 (cento e vinte mil cruzeiros);

IV — será pago, no máximo até o quinto dia útil do mês subsequente ao da publicação desta Lei;

V — não será incorporado aos salários, a qualquer título;

VI — não estará sujeito a quaisquer incidências de caráter tributário ou previdenciário;

VII — não se aplica aos trabalhadores que o tenham recebido de acordo com o disposto no art. 10 da Medida Provisória n. 292, de 3 de janeiro de 1991.

...

Art. 18. O Índice de Salários Nominais Médios deverá ser calculado pela Fundação Instituto Brasileiro de Geografia e Estatística, com metodologia amplamente divulgada.

Art. 19. O disposto nesta Lei não se aplica:

I — à exceção do estipulado nos arts. 7º e 11, aos vencimentos, soldos e demais remunerações e vantagens pecuniárias de servidores públicos civis e militares da Administração Pública Federal, direta, autárquica e fundacional, e às rendas mensais de benefícios pagos pelo Tesouro Nacional; e

II — à exceção do estipulado nos arts. 9º, § 6º, e 11, às rendas mensais de benefícios pagos pela Previdência Social.

Art. 20. A inobservância dos preceitos contidos nesta Lei sujeitará o infrator à aplicação das sanções previstas na legislação relativa à defesa econômica, no que couber, em particular na Lei Delegada n. 4, de 26 de setembro de 1962, na Lei n. 8.137, de 27 de dezembro de 1990 e na Lei n. 8.158, de 8 de janeiro de 1991, sem prejuízo das demais cominações legais.

Art. 21. Os valores constantes na legislação em vigor expressos ou referenciados:

I — ao BTN ou BTN Fiscal, são convertidos pelo valor de Cr$ 126,8621;

II — ao MVR, são convertidos pelos valores fixados na tabela abaixo:

Valores (Cr$)	Regiões e Sub-Regiões (Tais como definidas pelo Decreto n. 75.679, de 29 de abril de 1975)
1.599,75	4ª, 5ª, 6ª, 7ª, 8ª, 9ª — 2ª sub-região, 10ª, 11ª, 12ª — 2ª sub-região
1.772,35	1ª, 2ª, 3ª, 9ª — 1ª sub-região, 12ª — 1ª sub-região, 20ª e 21ª
1.930,76	14ª, 17ª — 2ª sub-região, 18ª — 2ª sub-região
2.107,02	17ª — 1ª sub-região, 18ª — 1ª sub-região, 19ª
2.266,17	13ª, 15ª, 16ª, 22ª

III — aos índices de que trata o art. 4º da Lei n. 8.177, de 1º de março de 1991, são atualizados, de acordo com a variação correspondente ao mês de janeiro de 1991.

Art. 22. Nas operações realizadas no mercado de capitais é admitida a utilização da TR e da TRD como base para a remuneração dos respectivos contratos somente quando não tenham prazo ou período de repactuação inferior a noventa dias.

Art. 23. Serão constituídas, no prazo de trinta dias, câmaras setoriais destinadas a analisar a estrutura de custos e preços em setores e cadeias produtivas específicas para assessorar o Ministro da Economia, Fazenda e Planejamento no monitoramento da flexibilização de preços.

§ 1º As competências e a abrangência das câmaras setoriais serão definidas pelo Ministro da Economia, Fazenda e Planejamento.

§ 2º As Câmaras serão compostas por membros designados por portaria do Ministro da Economia, Fazenda e Planejamento, representantes:

a) do Ministério da Economia, Fazenda e Planejamento;

b) dos empregadores dos respectivos setores produtivos;

c) dos trabalhadores dos respectivos setores produtivos ou das entidades sindicais nacionais.

Art. 24. O Ministro da Economia, Fazenda e Planejamento expedirá as instruções necessárias à execução do disposto nesta Lei.

Art. 25. São convalidados os atos praticados com base nas Medidas Provisórias ns. 193, de 25 de junho de 1990; 199, de 26 de julho de 1990; 211, de 24 de agosto de 1990, alterada pela Medida Provisória n. 219, de 4 de setembro de 1990; 234, de 26 de setembro de 1990; 256, de 26 de outubro de 1990; 273, de 28 de novembro de 1990, e 292, de 3 de janeiro de 1991.

Art. 26. O Poder Executivo, para efeito do pagamento do seguro-desemprego, de que trata a Lei n. 7.998, de 11 de janeiro de 1990, fica autorizado a suspender, total ou parcialmente, por tempo determinado:

I — a exigência de comprovação de emprego, durante pelo menos quinze meses nos últimos vinte e quatro meses, prevista no inciso II do art. 3º da Lei n. 7.998, de 1990;

II — o período de carência de que trata o art. 4º daquela lei.

Parágrafo único. O disposto neste artigo aplica-se às demissões, sem justa causa, ocorridas ou que venham a ocorrer entre 15 de março de 1990 e 15 de setembro de 1991.

Art. 27. É acrescido o parágrafo único ao art. 10 da Lei n. 8.177, de 1º de março de 1991, com a seguinte redação:

Parágrafo único. Quando o contrato for celebrado por prazo superior a noventa dias é admitida a utilização da TR ou da TRD para remuneração dos valores das obrigações dele decorrentes.

Art. 28. O Poder Executivo, dentro de sessenta dias, encaminhará ao Congresso Nacional projeto de lei dispondo sobre a proteção do valor real dos vencimentos, soldos e demais remunerações e vantagens pecuniárias dos servidores públicos civis e militares, da Administração Pública Federal, direta, autárquica e fundacional.

Art. 29. Esta Lei entra em vigor na data de sua publicação.

Art. 30. Revogam-se as disposições em contrário, especialmente a Lei n. 8.030, de 12 de abril de 1990.

Brasília, em 1 de março de 1991; 170º da Independência e 103º da República.

Fernando Collor
Zélia M. Cardoso de Mello

DOU 4.3.1991, RETIF. 20.3.1991

Anexo à Lei n. 8.178, de 1º de março de 1991

Dia	1990											1991	
	Fev.	Mar.	Abr.	Maio	Jun.	Jul.	Ago.	Set.	Out.	Nov.	Dez.	Jan.	Fev.
1	10.1927	5.5299	3.8190	3.5404	3.2317	2.8629	2.5546	2.2656	1.9838	1.7164	1.4509	1.2100	1.0000
2	9.9725	5.4642	3.8094	3.5300	3.2187	2.8515	2.5448	2.2555	1.9746	1.7068	1.4424	1.2026	1.0000
3	9.7571	5.3994	3.7997	3.5196	3.2057	2.8411	2.5349	2.2456	1.9654	1.6973	1.4340	1.1952	1.0000
4	9.5483	5.3353	3.7902	3.5092	3.1927	2.8307	2.5251	2.2357	1.9562	1.6878	1.4256	1.1879	1.0000
5	9.3401	5.2720	3.7806	3.4989	3.1798	3.8203	2.5154	2.2258	1.9471	1.6784	1.4173	1.1806	1.0000
6	9.1383	5.2094	3.7711	3.4887	3.1669	2.8100	2.5056	2.2160	1.9381	1.6691	1.4090	1.1734	1.0000
7	8.9409	5.1475	3.7616	3.4784	3.1541	2.7997	2.4959	2.2062	1.9290	1.6597	1.4008	1.1662	1.0000
8	8.7477	5.0864	3.7521	3.4682	3.1414	2.7895	2.4863	2.1964	1.9200	1.6504	1.3926	1.1590	1.0000
9	8.5588	5.0261	3.7426	3.4580	3.1287	2.7793	2.4767	2.1867	1.9111	1.6412	1.3845	1.1519	1.0000
10	8.3739	4.9664	3.7332	3.4478	3.1160	2.7691	2.4671	2.1771	1.9022	1.6320	1.3764	1.1449	1.0000
11	8.1930	4.9074	3.7238	3.4377	3.1034	2.7590	2.4576	2.1675	1.8933	1.6229	1.3684	1.1378	1.0000
12	8.0160	4.8492	3.7144	3.4276	3.0909	2.7489	2.4481	2.1579	1.8845	1.6139	1.3604	1.1309	1.0000
13	7.8428	4.7916	3.7050	3.4175	3.0784	2.7388	2.4386	2.1484	1.8757	1.6048	1.3524	1.1239	1.0000
14	7.6734	4.7348	3.6956	3.4075	3.0660	2.7288	2.4292	2.1389	1.8670	1.5959	1.3445	1.1170	1.0000
15	7.5076	4.6785	3.6863	3.3975	3.0536	2.7188	2.4198	2.1294	1.8583	1.5870	1.3367	1.1102	1.0000
16	7.3454	4.6230	3.6770	3.3875	3.0412	2.7089	2.4104	2.1200	1.8496	1.5781	1.3289	1.1034	1.0000
17	7.1868	4.5681	3.6678	3.3776	3.0289	2.6990	2.4011	2.1107	1.8410	1.5693	1.3211	1.0966	1.0000
18	7.0315	4.5139	3.6585	3.3676	3.0167	2.6891	2.3918	2.1013	1.8324	1.5605	1.3134	1.0899	1.0000

	1990											1991	
Dia	Fev.	Mar.	Abr.	Maio	Jun.	Jul.	Ago.	Set.	Out.	Nov.	Dez.	Jan.	Fev.
19	6.8796	4.4603	3.6493	3.3577	3.0045	2.6793	2.3826	2.0921	1.8239	1.5518	1.3057	1.0832	1.0000
20	6.7310	4.4074	3.6401	3.3479	2.9924	2.6695	2.3734	2.0828	1.8154	1.5431	1.2981	1.0766	1.0000
21	6.5856	4.3551	3.6309	3.3380	2.9803	2.6597	2.3642	2.0736	1.8069	1.5345	1.2905	1.0700	1.0000
22	6.4433	4.3034	3.6217	3.3282	2.9682	2.6500	2.3550	2.0645	1.7985	1.5259	1.2830	1.0634	1.0000
23	6.3041	4.2523	3.6126	3.3184	2.9562	2.6403	2.3459	2.0554	1.7901	1.5174	1.2755	1.0569	1.0000
24	6.1679	4.2018	3.6035	3.3087	2.9443	2.6306	2.3369	2.0463	1.7818	1.5089	1.2680	1.0504	1.0000
25	6.0347	4.1519	3.5944	3.2990	2.9324	2.6210	2.3278	2.0372	1.7735	1.5005	1.2606	1.0440	1.0000
26	5.9043	4.1026	3.5853	3.2893	2.9205	2.6114	2.3188	2.0282	1.7652	1.4921	1.2533	1.0376	1.0000
27	5.7768	4.0539	3.5763	3.2796	2.9087	2.6019	2.3099	2.0193	1.7570	1.4838	1.2460	1.0312	1.0000
28	5.6520	4.0058	3.5673	3.2700	2.8969	2.5924	2.3009	2.0104	1.7488	1.4755	1.2387	1.0249	1.0000
29	—	3.9583	3.5583	3.2604	2.8852	2.5829	2.2920	2.0015	1.7406	1.4673	1.2314	1.0186	—
30	—	3.9113	3.5493	3.2508	2.8736	2.5734	2.2832	1.9926	1.7325	1.4591	1.2243	1.0124	—
31	—	3.8649	—	3.2412	—	2.5640	2.2743	—	1.7245	—	1.2171	1.0062	—

Lei n. 8.212, de 24 de julho de 1991

EXCERTOS PERTINENTES À ÁREA TRABALHISTA

Dispõe sobre a Organização da Seguridade Social, institui plano de custeio, e dá outras providências

DA LEI ORGÂNICA DA SEGURIDADE SOCIAL

TÍTULO I
Conceituação e Princípios Constitucionais

Art. 1º A Seguridade Social compreende um conjunto integrado de ações de iniciativa dos poderes públicos e da sociedade, destinado a assegurar o direito relativo à saúde, à previdência e à assistência social.

Parágrafo único. A Seguridade Social obedecerá aos seguintes princípios e diretrizes:

a) universalidade da cobertura e do atendimento;

b) uniformidade e equivalência dos benefícios e serviços às populações urbanas e rurais;

c) seletividade e distributividade na prestação dos benefícios e serviços;

d) irredutibilidade do valor dos benefícios;

e) equidade na forma de participação no custeio;

f) diversidade da base de financiamento;

g) caráter democrático e descentralizado da gestão administrativa com a participação da comunidade, em especial de trabalhadores, empresários e aposentados.

TÍTULO II
Da Saúde

Art. 2º A Saúde é direito de todos e dever do Estado, garantido mediante políticas sociais e econômicas que visem à redução do risco de doença e de outros agravos e ao acesso universal e igualitário às ações e serviços para sua promoção, proteção e recuperação.

Parágrafo único. As atividades de saúde são de relevância pública e sua organização obedecerá aos seguintes princípios e diretrizes:

a) acesso universal e igualitário;

b) provimento das ações e serviços através de rede regionalizada e hierarquizada, integrados em sistema único;

c) descentralização, com direção única em cada esfera de governo;

d) atendimento integral, com prioridade para as atividades preventivas;

e) participação da comunidade na gestão, fiscalização e acompanhamento das ações e serviços de saúde;

f) participação da iniciativa privada na assistência à saúde, obedecidos os preceitos constitucionais.

TÍTULO III
Da Previdência Social

Art. 3º A Previdência Social tem por fim assegurar aos seus beneficiários meios indispensáveis de manutenção, por motivo de incapacidade, idade avançada, tempo de serviço, desemprego involuntário, encargos de família e reclusão ou morte daqueles de quem dependiam economicamente.

Parágrafo único. A organização da Previdência Social obedecerá aos seguintes princípios e diretrizes:

a) universalidade de participação nos planos previdenciários, mediante contribuição;

b) valor da renda mensal dos benefícios, substitutos do salário de contribuição ou do rendimento do trabalho do segurado, não inferior ao do salário mínimo;

c) cálculo dos benefícios considerando-se os salários de contribuição, corrigidos monetariamente;

d) preservação do valor real dos benefícios;

e) previdência complementar facultativa, custeada por contribuição adicional.

TÍTULO IV
Da Assistência Social

Art. 4º A Assistência Social é a política social que provê o atendimento das necessidades básicas, traduzidas em proteção à família, à maternidade, à infância, à adolescência, à velhice e à pessoa portadora de deficiência, independentemente de contribuição à Seguridade Social.

Parágrafo único. A organização da Assistência Social obedecerá às seguintes diretrizes:

a) descentralização político-administrativa;

b) participação da população na formulação e controle das ações em todos os níveis.

TÍTULO VI
Do Financiamento da Seguridade Social

Introdução

Art. 10. A Seguridade Social será financiada por toda sociedade, de forma direta e indireta, nos termos do art. 195 da Constituição Federal e desta Lei, mediante recursos provenientes da União, dos Estados, do Distrito Federal, dos Municípios e de contribuições sociais.

Art. 11. No âmbito federal, o orçamento da Seguridade Social é composto das seguintes receitas:

I — receitas da União;

II — receitas das contribuições sociais;

III — receitas de outras fontes.

Parágrafo único. Constituem contribuições sociais:

a) as das empresas, incidentes sobre a remuneração paga ou creditada aos segurados a seu serviço; *(Vide art. 104 da lei n. 11.196, de 21.11.05, DOU 22.11.05)*

b) as dos empregadores domésticos;

c) as dos trabalhadores, incidentes sobre o seu salário de contribuição; *(art. 104 da Lei n. 11.196, de 21.11.05, DOU 22.11.05)*

d) as das empresas, incidentes sobre faturamento e lucro;

e) as incidentes sobre a receita de concursos de prognósticos.

Capítulo I
Dos Contribuintes

Seção I
Dos Segurados

Art. 12. São segurados obrigatórios da Previdência Social as seguintes pessoas físicas:

I — como empregado:

a) aquele que presta serviço de natureza urbana ou rural à empresa, em caráter não eventual, sob sua subordinação e mediante remuneração, inclusive como diretor empregado;

b) aquele que, contratado por empresa de trabalho temporário, definida em legislação específica, presta serviço para atender a necessidade transitória de substituição de pessoal regular e permanente ou a acréscimo extraordinário de serviços de outras empresas;

c) o brasileiro ou estrangeiro domiciliado e contratado no Brasil para trabalhar como empregado em sucursal ou agência de empresa nacional no exterior;

d) aquele que presta serviço no Brasil a missão diplomática ou a repartição consular de carreira estrangeira e a órgãos a ela subordinados, ou a membros dessas missões e repartições, excluídos o não brasileiro sem residência permanente no Brasil e o brasileiro

amparado pela legislação previdenciária do país da respectiva missão diplomática ou repartição consular;

e) o brasileiro civil que trabalha para a União, no exterior, em organismos oficiais brasileiros ou internacionais dos quais o Brasil seja membro efetivo, ainda que lá domiciliado e contratado, salvo se segurado na forma da legislação vigente do país do domicílio;

f) o brasileiro ou estrangeiro domiciliado e contratado no Brasil para trabalhar como empregado em empresa domiciliada no exterior, cuja maioria do capital votante pertença a empresa brasileira de capital nacional;

g) o servidor público ocupante de cargo em comissão, sem vínculo efetivo com a União, Autarquias, inclusive em regime especial, e Fundações Públicas Federais; *(Alínea acrescentada pela Lei n. 8.647, de 13.4.93, DOU 14.4.93)*

h) *(Execução suspensa pela Resolução do Senado Federal n. 26, de 2005)*

i) o empregado de organismo oficial internacional ou estrangeiro em funcionamento no Brasil, salvo quando coberto por regime próprio de previdência social; *(Acrescentado pela Lei n. 9.876, de 26.11.99, DOU 29.11.99, ed. extra)*

j) o exercente de mandato eletivo federal, estadual ou municipal, desde que não vinculado a regime próprio de previdência social; *(Acrescentado pela Lei n. 10.887, de 18.6.04, DOU 21.6.04)*

II — como empregado doméstico: aquele que presta serviço de natureza contínua a pessoa ou família, no âmbito residencial desta, em atividades sem fins lucrativos;

III — *(Revogado pela Lei n. 9.876, de 26.11.99, DOU 29.11.99, ed. extra).*

IV — *(Revogado pela Lei n. 9.876, de 26.11.99, DOU 29.11.99, ed. extra).*

V — como contribuinte individual: *(Redação dada pela Lei n. 9.876, de 26.11.99, DOU 29.11.99, ed. extra)*

a) a pessoa física, proprietária ou não, que explora atividade agropecuária, a qualquer título, em caráter permanente ou temporário, em área superior a 4 (quatro) módulos fiscais; ou, quando em área igual ou inferior a 4 (quatro) módulos fiscais ou atividade pesqueira, com auxílio de empregados ou por intermédio de prepostos; ou ainda nas hipóteses dos §§ 10 e 11 deste artigo; *(Redação dada pela Lei n. 11.718, de 20.6.08, DOU 23.6.08).*

b) a pessoa física, proprietária ou não, que explora atividade de extração mineral — garimpo, em caráter permanente ou temporário, diretamente ou por intermédio de prepostos, com ou sem o auxílio de empregados, utilizados a qualquer título, ainda que de forma não contínua; *(Redação dada pela Lei n. 9.876, de 26.11.99, DOU 29.11.99, ed. extra)*

c) o ministro de confissão religiosa e o membro de instituto de vida consagrada, de congregação ou de ordem religiosa; *(Redação dada pela Lei n. 10.403, de 8.1.02, DOU 9.1.02)*

d) revogada; *(Redação dada pela Lei n. 9.876, de 26.11.99, DOU 29.11.99, ed. extra)*

e) o brasileiro civil que trabalha no exterior para organismo oficial internacional do qual o Brasil é membro efetivo, ainda que lá domiciliado e contratado, salvo quando coberto por regime próprio de previdência social; *(Redação dada pela Lei n. 9.876, de 26.11.99, DOU 29.11.99, ed. extra)*

f) o titular de firma individual urbana ou rural, o diretor não empregado e o membro de conselho de administração de sociedade anônima, o sócio solidário, o sócio de indústria, o sócio gerente e o sócio cotista que recebam remuneração decorrente de seu trabalho em empresa urbana ou rural, e o associado eleito para cargo de direção em cooperativa, associação ou entidade de qualquer natureza ou finalidade, bem como o síndico ou administrador eleito para exercer atividade de direção condominial, desde que recebam remuneração; *(Acrescentado pela Lei n. 9.876, de 26.11.99, DOU 29.11.99, ed. extra)*

g) quem presta serviço de natureza urbana ou rural, em caráter eventual, a uma ou mais empresas, sem relação de emprego; *(Acrescentado pela Lei n. 9.876, de 26.11.99, DOU 29.11.99, ed. extra)*

h) a pessoa física que exerce, por conta própria, atividade econômica de natureza urbana, com fins lucrativos ou não; *(Acrescentado pela Lei n. 9.876, de 26.11.99, DOU 29.11.99, ed. extra)*

VI — como trabalhador avulso: quem presta, a diversas empresas, sem vínculo empregatício, serviços de natureza urbana ou rural definidos no regulamento;

VII — como segurado especial: a pessoa física residente no imóvel rural ou em aglomerado urbano ou rural próximo a ele que, individualmente ou em regime de economia familiar, ainda que com o auxílio eventual de terceiros a título de mútua colaboração, na condição de: *(Redação dada pela Lei n. 11.718, de 20.6.08, DOU 23.6.08)*

a) produtor, seja proprietário, usufrutuário, possuidor, assentado, parceiro ou meeiro outorgados, comodatário ou arrendatário rurais, que explore atividade: *(Acrescentado pela Lei n. 11.718, de 20.6.08, DOU 23.6.08)*

1. agropecuária em área de até 4 (quatro) módulos fiscais; ou *(Acrescentado pela Lei n. 11.718, de 20.6.08, DOU 23.6.08)*

2. de seringueiro ou extrativista vegetal que exerça suas atividades nos termos do inciso XII do *caput* do art. 2º da Lei n. 9.985, de 18 de julho de 2000, e faça dessas atividades o principal meio de vida; *(Acrescentado pela Lei n. 11.718, de 20.6.08, DOU 23.6.08)*

b) pescador artesanal ou a este assemelhado, que faça da pesca profissão habitual ou principal meio de vida; e *(Acrescentado pela Lei n. 11.718, de 20.6.08, DOU 23.6.08)*

c) cônjuge ou companheiro, bem como filho maior de 16 (dezesseis) anos de idade ou a este equiparado, do segurado de que tratam as alíneas *a* e *b* deste inciso, que, comprovadamente, trabalhem com o grupo familiar respectivo. *(Acrescentado pela Lei n. 11.718, de 20.6.08, DOU 23.6.08)*

§ 1º Entende-se como regime de economia familiar a atividade em que o trabalho dos membros da família é indispensável à própria subsistência e ao desenvolvimento socioeconômico do núcleo familiar e é exercido em condições de mútua dependência e colaboração, sem a utilização de empregados permanentes. *(Redação dada pela Lei n. 11.718, de 20.6.08, DOU 23.6.08)*

§ 2º Todo aquele que exercer, concomitantemente, mais de uma atividade remunerada sujeita ao Regime Geral de Previdência Social é obrigatoriamente filiado em relação a cada uma delas.

§ 3º (Revogado): *(Redação dada pela Lei n. 11.718, de 20.6.08, DOU 23.6.08)*

I — (revogado); *(Redação dada pela Lei n. 11.718, de 20.6.08, DOU 23.6.08)*

II — (revogado). *(Redação dada pela Lei n. 11.718, de 20.6.08, DOU 23.6.08)*

§ 4º O aposentado pelo Regime Geral de Previdência Social — RGPS que estiver exercendo ou que voltar a exercer atividade abrangida por este Regime é segurado obrigatório em relação a essa atividade, ficando sujeito às contribuições de que trata esta Lei, para fins de custeio da Seguridade Social. *(Parágrafo acrescentado pela Lei n. 9.032, de 28.4.95, DOU 29.4.95)*

§ 5º O dirigente sindical mantém, durante o exercício do mandato eletivo, o mesmo enquadramento no Regime Geral de Previdência Social — RGPS de antes da investidura. *(Parágrafo acrescentado pela Lei n. 9.528, de 10.12.97, DOU 11.12.97)*

§ 6º Aplica-se o disposto na alínea *g* do inciso I do *caput* ao ocupante de cargo de Ministro de Estado, de Secretário Estadual, Distrital ou Municipal, sem vínculo efetivo com a União, Estados, Distrito Federal e Municípios, suas autarquias, ainda que em regime especial, e fundações. *(Acrescentado pela Lei n. 9.876, de 26.11.99, DOU 29.11.99, ed. extra)*

§ 7º Para serem considerados segurados especiais, o cônjuge ou companheiro e os filhos maiores de 16 (dezesseis) anos ou os a estes equiparados deverão ter participação ativa nas atividades rurais do grupo familiar. *(Acrescentado pela Lei n. 11.718, de 20.6.08, DOU 23.6.08)*

§ 8º O grupo familiar poderá utilizar-se de empregados contratados por prazo determinado ou trabalhador de que trata a alínea *g* do inciso V do *caput* deste artigo, à razão de no máximo 120 (cento e vinte) pessoas por dia no ano civil, em períodos corridos ou intercalados ou, ainda, por tempo equivalente em horas de trabalho, não sendo computado nesse prazo o período de afastamento em decorrência da percepção de auxílio-doença. *(Redação dada pela Lei n. 12.873, de 24.10.13, DOU 25.10.13)*

§ 9º Não descaracteriza a condição de segurado especial: *(Acrescentado pela Lei n. 11.718, de 20.6.08, DOU 23.6.08)*

I — a outorga, por meio de contrato escrito de parceria, meação ou comodato, de até 50% (cinquenta por cento) do imóvel rural cuja área total não seja superior a 4 (quatro) módulos fiscais, desde que outorgante e outorgado continuem a exercer a respectiva atividade, individualmente ou em regime de economia familiar; *(Incluído pela Lei n. 11.718, de 20.6.08, DOU 23.6.08))*

II — a exploração da atividade turística da propriedade rural, inclusive com hospedagem, por não mais de 120 (cento e vinte) dias ao ano; *(Incluído pela Lei n. 11.718, de 20.6.08, DOU 23.6.08)*

III — a participação em plano de previdência complementar instituído por entidade classista a que seja associado, em razão da condição de trabalhador rural ou de produtor rural em regime de economia familiar; *(Acrescentado pela Lei n. 11.718, de 20.6.08, DOU 23.6.08)*

IV — ser beneficiário ou fazer parte de grupo familiar que tem algum componente que seja beneficiário de programa assistencial oficial de governo; *(Acrescentado pela Lei n. 11.718, de 20.6.08, DOU 23.6.08)*

V — a utilização pelo próprio grupo familiar, na exploração da atividade, de processo de beneficiamento ou industrialização artesanal, na forma do § 11 do art. 25 desta Lei; e *(Acrescentado pela Lei n. 11.718, de 20.6.08, DOU 23.6.08)*

VI — a associação em cooperativa agropecuária ou de crédito rural; e *(Redação dada pela Lei n. 13.183, de 4.11.15, DOU 5.11.15)*

VII — a incidência do Imposto Sobre Produtos Industrializados — IPI sobre o produto das atividades desenvolvidas nos termos do § 14 deste artigo. *(Incluído pela Lei n. 12.873, de 24.10.13, DOU 25.10.2013) (Produção de efeito)*

§ 10. Não é segurado especial o membro de grupo familiar que possuir outra fonte de rendimento, exceto se decorrente de: *(Acrescentado pela Lei n. 11.718, de 20.6.08, DOU 23.6.08)*

I — benefício de pensão por morte, auxílio-acidente ou auxílio-reclusão, cujo valor não supere o do menor benefício de prestação continuada da Previdência Social; *(Acrescentado pela Lei n. 11.718, de 20.6.08, DOU 23.6.08)*

II — benefício previdenciário pela participação em plano de previdência complementar instituído nos termos do inciso IV do § 9º deste artigo; *(Acrescentado pela Lei n. 11.718, de 20.6.08, DOU 23.6.08)*

III — exercício de atividade remunerada em período não superior a 120 (cento e vinte) dias, corridos ou intercalados, no ano civil, observado o disposto no § 13 deste artigo; *(Redação dada pela Lei n. 12.873, de 24.10.13, DOU 25.10.13)*

IV — exercício de mandato eletivo de dirigente sindical de organização da categoria de trabalhadores rurais; *(Acrescentado pela Lei n. 11.718, de 20.6.08, DOU 23.6.08.)*

V — exercício de mandato de vereador do município onde desenvolva a atividade rural, ou de dirigente de cooperativa rural constituída exclusivamente por segurados especiais, observado o disposto no § 13 deste artigo; *(Acrescentado pela Lei n. 11.718, de 20.6.08, DOU 23.6.08)*

VI — parceria ou meação outorgada na forma e condições estabelecidas no inciso I do § 9º deste artigo; *(Acrescentado pela Lei n. 11.718, de 20.6.08, DOU 23.6.08)*

VII — atividade artesanal desenvolvida com matéria-prima produzida pelo respectivo grupo familiar, podendo ser utilizada matéria-prima de outra origem, desde que a renda mensal obtida na atividade não exceda ao menor benefício de prestação continuada da Previdência Social; e *(Acrescentado pela Lei n. 11.718, de 20.6.08, DOU 23.6.08)*

VIII — atividade artística, desde que em valor mensal inferior ao menor benefício de prestação continuada da Previdência Social. *(Acrescentado pela Lei n. 11.718, de 20.6.08, DOU 23.6.08)*

§ 11. O segurado especial fica excluído dessa categoria: *(Acrescentado pela Lei n. 11.718, de 20.6.08, DOU 23.6.08)*

I — a contar do primeiro dia do mês em que: *(Acrescentado pela Lei n. 11.718, de 20.6.08, DOU 23.6.08)*

a) deixar de satisfazer as condições estabelecidas no inciso VII do *caput* deste artigo, sem prejuízo do disposto no art. 15 da Lei n. 8.213, de 24 de julho de 1991, ou exceder qualquer dos limites estabelecidos no inciso I do § 9º deste artigo; *(Acrescentado pela Lei n. 11.718, de 20.6.08, DOU 23.6.08)*

b) enquadrar-se em qualquer outra categoria de segurado obrigatório do Regime Geral de Previdência Social, ressalvado o disposto nos incisos III, V, VII e VIII do § 10 e no § 14 deste artigo, sem prejuízo do disposto no art. 15 da Lei n. 8.213, de 24 de julho de 1991; *(Redação dada pela Lei n. 12.873, de 24.10.13, DOU 25.10.13)*

c) tornar-se segurado obrigatório de outro regime previdenciário; e *(Redação dada pela Lei n. 12.873, de 24.10.13, DOU 25.10.13)*

d) participar de sociedade empresária, de sociedade simples, como empresário individual ou como titular de empresa individual de responsabilidade limitada em desacordo com as limitações impostas pelo § 14 deste artigo; *(Acrescentado pela Lei n. 12.873, de 24.10.13, DOU 25.10.13)*

II — a contar do primeiro dia do mês subsequente ao da ocorrência, quando o grupo familiar a que pertence exceder o limite de: *(Acrescentado pela Lei n. 11.718, de 20.6.08, DOU 23.6.08)*

a) utilização de trabalhadores nos termos do § 8º deste artigo; *(Incluído pela Lei n. 11.718, de 20.6.08, DOU 23.6.08)*

b) dias em atividade remunerada estabelecidos no inciso III do § 10 deste artigo; e *(Acrescentado pela Lei n. 11.718, de 20.6.08, DOU 23.6.08)*

c) dias de hospedagem a que se refere o inciso II do § 9º deste artigo. *(Acrescentado pela Lei n. 11.718, de 20.6.08, DOU 23.6.08)*

§ 12. Aplica-se o disposto na alínea *a* do inciso V do *caput* deste artigo ao cônjuge ou companheiro do produtor que participe da atividade rural por este explorada. *(Acrescentado pela Lei n. 11.718, de 20.6.08, DOU 23.6.08)*

§ 13. O disposto nos incisos III e V do § 10 e no § 14 deste artigo não dispensa o recolhimento da contribuição devida em relação ao exercício das atividades de que tratam os referidos dispositivos. *(Redação dada pela Lei n. 12.873, de 24.10.13, DOU 25.10.13)*

§ 14. A participação do segurado especial em sociedade empresária, em sociedade simples, como empresário individual ou como titular de empresa individual de responsabilidade limitada de objeto ou âmbito agrícola, agroindustrial ou agroturístico, considerada microempresa nos termos da Lei Complementar n. 123, de 14 de dezembro de 2006, não o exclui de tal categoria previdenciária, desde que, mantido o exercício da sua atividade rural na forma do inciso VII do *caput* e do § 1º, a pessoa jurídica componha-se apenas de segurados de igual natureza e sedie-se no mesmo Município ou em Município limítrofe àquele em que eles desenvolvam suas atividades. *(Acrescentado pela Lei n. 12.873, de 24.10.13, DOU 25.10.13)*

§ 15. (VETADO). *(Incluído pela Lei n. 12.873, de 24.10.13, DOU 25.10.13)*

Art. 13. O servidor civil ocupante de cargo efetivo ou o militar da União, dos Estados, do Distrito Federal ou dos Municípios, bem como o das respectivas autarquias e fundações, são excluídos do Regime Geral de Previdência Social consubstanciado nesta Lei, desde que amparados por regime próprio de previdência social. *(Redação dada pela Lei n. 9.876, de 26.11.99, DOU 29.11.99, ed. extra)*

§ 1º Caso o servidor ou o militar venham a exercer, concomitantemente, uma ou mais atividades abrangidas pelo Regime Geral de Previdência Social, tornar-se-ão segurados obrigatórios em relação a essas atividades. *(Acrescentado pela Lei n. 9.876, de 26.11.99, DOU 29.11.99, ed. extra)*

§ 2º Caso o servidor ou o militar, amparados por regime próprio de previdência social, sejam requisitados para outro órgão ou entidade cujo regime previdenciário não permita a filiação nessa condição, permanecerão vinculados ao regime de origem, obedecidas as regras que cada ente estabeleça acerca de sua contribuição. *(Acrescentado pela Lei n. 9.876, de 26.11.99, DOU 29.11.99, ed. extra)*

Art. 14. É segurado facultativo o maior de 14 (quatorze) anos de idade que se filiar ao Regime Geral de Previdência Social, mediante contribuição, na forma do art. 21, desde que não incluído nas disposições do art. 12.

Seção II
Da Empresa e do Empregador Doméstico

Art. 15. Considera-se:

I — empresa — a firma individual ou sociedade que assume o risco de atividade econômica urbana ou rural, com fins lucrativos ou não, bem como os órgãos e entidades da administração pública direta, indireta e fundacional;

II — empregador doméstico — a pessoa ou família que admite a seu serviço, sem finalidade lucrativa, empregado doméstico.

Parágrafo único. Equiparam-se a empresa, para os efeitos desta Lei, o contribuinte individual e a pessoa física na condição de proprietário ou dono de obra de construção civil, em relação a segurado que lhe presta serviço, bem como a cooperativa, a associação ou a entidade de qualquer natureza ou finalidade, a missão diplomática e a repartição consular de carreira estrangeiras. (NR) *(Redação dada pela Lei n. 13.202, de 8.12.15, DOU 9.12.15)*

Capítulo II
Da Contribuição da União

Art. 16. A contribuição da União é constituída de recursos adicionais do Orçamento Fiscal, fixados obrigatoriamente na lei orçamentária anual.

Parágrafo único. A União é responsável pela cobertura de eventuais insuficiências financeiras da Seguridade Social, quando decorrentes do pagamento de benefícios de prestação continuada da Previdência Social, na forma da Lei Orçamentária Anual.

Art. 17. Para pagamento dos encargos previdenciários da União, poderão contribuir os recursos da Seguridade Social referidos na alínea *d* do Parágrafo único do art. 11 desta Lei, na forma da Lei Orçamentária anual, assegurada a destinação de recursos para as ações desta Lei de Saúde e Assistência Social. *(Redação dada pela Lei n. 9.711, de 20.11.98, DOU 21.11.98)*

Art. 18. Os recursos da Seguridade Social referidos nas alíneas *a, b, c* e *d* do Parágrafo único do art. 11 desta Lei poderão contribuir, a partir do exercício de 1992, para o financiamento das despesas com pessoal e administração geral apenas do Instituto Nacional do Seguro Social — INSS, do Instituto Nacional de Assistência Médica da Previdência Social — INAMPS, da Fundação Legião Brasileira de Assistência — LBA e da Fundação Centro Brasileira para Infância e Adolescência.

Art. 19. O Tesouro Nacional repassará mensalmente recursos referentes às contribuições mencionadas nas alíneas *d* e *e* do Parágrafo único do art. 11 desta Lei, destinados à execução do Orçamento da Seguridade Social. *(Redação dada pela Lei n. 9.711, de 20.11.98, DOU 21.11.98)*

§ 1º Decorridos os prazos referidos no *caput* deste artigo, as dotações a serem repassadas sujeitar-se-ão a atualização monetária segundo os mesmos índices utilizados para efeito de correção dos tributos da União.

§ 2º Os recursos oriundos da majoração das contribuições previstas nesta Lei ou da criação de novas contribuições destinadas à Seguridade Social somente poderão ser utilizados para atender as ações nas áreas de saúde, previdência e assistência social.

Capítulo III
Da Contribuição do Segurado

Seção I
Da Contribuição dos Segurados Empregado, Empregado Doméstico e Trabalhador Avulso

Art. 20. A contribuição do empregado, inclusive o doméstico, e a do trabalhador avulso é calculada mediante a aplicação da correspondente alíquota sobre o seu salário de

LEGISLAÇÃO COMPLEMENTAR

contribuição mensal, de forma não cumulativa, observado o disposto no art. 28, de acordo com a seguinte tabela: *(Redação dada pela Lei n. 9.032, de 28.4.95, DOU 29.4.95)*

Salário de contribuição	Alíquota em %
até 249,80	8,00
de 249,81 até 416,33	9,00
de 416,34 até 832,66	11,00

(Valores e alíquotas dados pela Lei n. 9.129, de 20.11.95)

§ 1º Os valores do salário de contribuição serão reajustados, a partir da data de entrada em vigor desta Lei, na mesma época e com os mesmos índices que os do reajustamento dos benefícios de prestação continuada da Previdência Social. *(Redação dada pela Lei n. 8.620, de 5.1.93, DOU 6.1.93)*

§ 2º O disposto neste artigo aplica-se também aos segurados empregados e trabalhadores avulsos que prestem serviços a microempresas. *(Parágrafo acrescentado pela Lei n. 8.620, de 5.1.93, DOU 6.1.93)*

Seção II
Da Contribuição dos Segurados Contribuinte Individual e Facultativo

(Redação dada pela Lei n. 9.876, de 26.11.99, DOU 29.11.99, ed. extra)

Art. 21. A alíquota de contribuição dos segurados, contribuinte individual e facultativo será de vinte por cento sobre o respectivo salário de contribuição.

I — revogado;

II — revogado.

§ 1º Os valores do salário de contribuição serão reajustados, a partir da data de entrada em vigor desta Lei, na mesma época e com os mesmos índices que os do reajustamento dos benefícios de prestação continuada da Previdência Social. *(Redação dada pela Lei n. 9.711, de 20.11.98, DOU 21.11.98) (Renumerado pela Lei Complementar n. 123, de 14.12.06, DOU 15.12.06)*

§ 2º No caso de opção pela exclusão do direito ao benefício de aposentadoria por tempo de contribuição, a alíquota de contribuição incidente sobre o limite mínimo mensal do salário de contribuição será de: *(Redação dada pela Lei n. 12.470, de 31.8.11, DOU 1º.9.11)*

I — 11% (onze por cento), no caso do segurado contribuinte individual, ressalvado o disposto no inciso II, que trabalhe por conta própria, sem relação de trabalho com empresa ou equiparado e do segurado facultativo, observado o disposto na alínea b do inciso II deste parágrafo; *(Acrescentado pela Lei n. 12.470, de 31.8.11, DOU 1º.9.11)*

II — 5% (cinco por cento): *(Acrescentado pela Lei n. 12.470, de 31.8.11, DOU 1º.9.11)*

a) no caso do microempreendedor individual, do que trata o art. 10-A da Lei Complementar n. 123, de 14 de dezembro de 2006; e *(Acrescentado pela Lei n. 12.470, de 31.8.11, DOU 1º.9.11)*

b) do segurado facultativo sem renda própria que se dedique exclusivamente ao trabalho doméstico no âmbito de sua residência, desde que pertencente a família de baixa renda. *(Incluído pela Lei n. 12.470, de 31.8.11, DOU 1º.9.11)*

§ 3º O segurado que tenha contribuído na forma do § 2º deste artigo e pretenda contar o tempo de contribuição correspondente para fins de obtenção da aposentadoria por tempo de contribuição ou da contagem recíproca do tempo de contribuição a que se refere o *art. 94 da Lei n. 8.213, de 24 de julho de 1991*, deverá complementar a contribuição mensal mediante recolhimento, sobre o valor correspondente ao limite mínimo mensal do salário de contribuição em vigor na competência a ser complementada, da diferença entre o percentual pago e o de 20% (vinte por cento), acrescido dos juros moratórios de que trata o § 3º do art. 5º da Lei n. 9.430, de 27 de dezembro de 1996. *(Redação dada pela Lei n. 12.470, de 31.8.11, DOU 1º.9.11)*

§ 4º Considera-se de baixa renda, para os fins do disposto na alínea b do inciso II do § 2º deste artigo, a família inscrita no Cadastro Único para Programas Sociais do Governo Federal — CadÚnico cuja renda mensal seja de até 2 (dois) salários mínimos. *(Redação dada pela Lei n. 12.470, de 31.8.11, DOU 1º.9.11)*

§ 5º A contribuição complementar a que se refere o § 3º deste artigo será exigida a qualquer tempo, sob pena de indeferimento do benefício. *(Incluído pela Lei n. 12.507, de 11.10.11, DOU 13.10.11)*

Capítulo IV
Da Contribuição da Empresa

Art. 22. A contribuição a cargo da empresa, destinada à Seguridade Social, além do disposto no art. 23, é de:

I — vinte por cento sobre o total das remunerações pagas, devidas ou creditadas a qualquer título, durante o mês, aos segurados empregados e trabalhadores avulsos que lhe prestem serviços, destinadas a retribuir o trabalho, qualquer que seja a sua forma, inclusive as gorjetas, os ganhos habituais sob a forma de utilidades e os adiantamentos decorrentes de reajuste salarial, quer pelos serviços efetivamente prestados, quer pelo tempo à disposição do empregador ou tomador de serviços, nos termos da lei ou do contrato ou, ainda, de convenção ou acordo coletivo de trabalho ou sentença normativa. *(Redação dada pela Lei n. 9.876, de 1999) (vide Lei n. 13.189, de 13.11.15)*

II — para o financiamento do benefício previsto nos arts. 57 e 58 da Lei n. 8.213, de 24 de julho de 1991, e daqueles concedidos em razão do grau de incidência de incapacidade laborativa decorrente dos riscos ambientais do trabalho, sobre o total das remunerações pagas ou creditadas, no decorrer do mês, aos segurados empregados e trabalhadores avulsos: *(Redação dada pela Lei n. 9.732, de 1.12.98, DOU 14.12.98)*

a) 1% (um por cento) para as empresas em cuja atividade preponderante o risco de acidentes do trabalho seja considerado leve;

b) 2% (dois por cento) para as empresas em cuja atividade preponderante esse risco seja considerado médio;

c) 3% (três por cento) para as empresas em cuja atividade preponderante esse risco seja considerado grave.

III — vinte por cento sobre o total das remunerações pagas ou creditadas a qualquer título, no decorrer do mês, aos segurados contribuintes individuais que lhe prestem serviços; *(Acrescentado pela Lei n. 9.876, e 26.11.99, DOU 29.11.99, ed. extra)*

IV — quinze por cento sobre o valor bruto da nota fiscal ou fatura de prestação de serviços, relativamente a serviços que lhe são prestados por cooperados por intermédio de cooperativas de trabalho. *(Acrescentado pela Lei n. 9.876, de 26.11.99, DOU 29.11.99, ed. extra)*

§ 1º No caso de bancos comerciais, bancos de investimentos, bancos de desenvolvimento, caixas econômicas, sociedades de crédito, financiamento e investimento, sociedades de crédito imobiliário, sociedades corretoras, distribuidoras de títulos e valores mobiliários, empresas de arrendamento mercantil, cooperativas de crédito, empresas de seguros privados e de capitalização, agentes autônomos de seguros privados e de crédito e entidades de previdência privada abertas e fechadas, além das contribuições referidas neste artigo e no art. 23, é devida a contribuição adicional de dois vírgula cinco por cento sobre a base de cálculo definida nos incisos I e III deste artigo. *(Redação dada pela Lei n. 9.876, de 26.11.99, DOU 29.11.99) (Vide Medida Provisória n. 2.158-35, de 2001)*

§ 2º Não integram a remuneração as parcelas de que trata o § 9º do art. 28.

§ 3º O Ministério do Trabalho e da Previdência Social poderá alterar, com base nas estatísticas de acidentes do trabalho, apuradas em inspeção, o enquadramento de empresas para efeito da contribuição a que se refere o inciso II deste artigo, a fim de estimular investimentos em prevenção de acidentes.

§ 4º O Poder Executivo estabelecerá, na forma da lei, ouvido o Conselho Nacional da Seguridade Social, mecanismos de estímulo às empresas que se utilizem de empregados portadores de deficiência física, sensorial e/ou mental com desvio do padrão médio.

§ 5º *(Revogado pela Lei n. 10.256, de 9.7.01, DOU 10.7.01)*

§ 6º A contribuição empresarial da associação desportiva que mantém equipe de futebol profissional destinada à Seguridade Social, em substituição à prevista nos incisos I e II deste artigo, corresponde a cinco por cento da receita bruta, decorrente dos espetáculos desportivos de que participem em todo território nacional em qualquer modalidade desportiva, inclusive jogos internacionais, e de qualquer forma de patrocínio, licenciamento de uso de marcas e símbolos, publicidade, propaganda e de transmissão de espetáculos desportivos. *(Parágrafo acrescentado pela Lei n. 9.528, de 10.12.97, 11.12.97)*

§ 7º Caberá à entidade promotora do espetáculo a responsabilidade de efetuar o desconto de cinco por cento da receita bruta decorrente dos espetáculos desportivos e o respectivo recolhimento ao Instituto Nacional do Seguro Social, no prazo de até dois dias úteis após a realização do evento. *(Parágrafo acrescentado pela Lei n. 9.528, de 10.12.97, DOU 11.12.97)*

§ 8º Caberá à associação desportiva que mantém equipe de futebol profissional informar à entidade promotora do espetáculo desportivo todas as receitas auferidas no evento, discriminando-as detalhadamente. *(Parágrafo acrescentado pela Lei n. 9.528, de 10.12.97, DOU 11.12.97)*

§ 9º No caso de a associação desportiva que mantém equipe de futebol profissional receber recursos de empresa ou entidade, a título de patrocínio, licenciamento de uso de marcas e símbolos, publicidade, propaganda e transmissão de espetáculos, esta última ficará com a responsabilidade de reter e recolher o percentual de cinco por cento da receita bruta decorrente do evento, inadmitida qualquer dedução, no prazo estabelecido na alínea b, inciso I, do art. 30 desta Lei. *(Parágrafo acrescentado pela Lei n. 9.528, de 10.12.97, DOU 11.12.97)*

§ 10. Não se aplica o disposto nos §§ 6º ao 9º às demais associações desportivas, que devem contribuir na forma dos incisos I e II deste artigo e do art. 23 desta Lei. *(Parágrafo acrescentado pela Lei n. 9.528, de 10.12.97, DOU 11.12.97)*

§ 11. O disposto nos §§ 6º ao 9º deste artigo aplica-se à associação desportiva que mantenha equipe de futebol profissional e atividade econômica organizada para a produção e circulação de bens e serviços e que se organize regularmente, segundo um dos tipos regulados nos arts. 1.039 a 1.092 da Lei n. 10.406, de 10 de janeiro de 2002 — Código Civil. *(Redação dada pela Lei n. 11.345, de 14.9.06, DOU 15.9.06)*

§ 11-A. O disposto no § 11 deste artigo aplica-se apenas às atividades diretamente relacionadas com a manutenção e administração de equipe profissional de futebol, não se estendendo às outras atividades econômicas exercidas pelas referidas sociedades empresariais beneficiárias. *(Incluído pela Lei n. 11.505, de 18.7.07, DOU 19.7.07)*

§ 12. (VETADO) *(Incluído pela Lei n. 10.170, de 29.12.00, DOU 30.12.00, ed. extra)*

§ 13. Não se considera como remuneração direta ou indireta, para os efeitos desta Lei, os valores despendidos pelas entidades religiosas e instituições de ensino vocacional com ministro de confissão religiosa, membros de instituto de vida consagrada, de congregação ou de ordem religiosa em face do seu mister religioso ou para sua subsistência desde que fornecidos em condições que independam da natureza e da quantidade do trabalho executado. *(Acrescentado pela Lei n. 10.170, de 29.12.00, DOU 30.12.00, ed. extra)*

§ 14. Para efeito de interpretação do § 13 deste artigo: *(Acrescentado pela Lei n. 13.137, de 19.6.2015, DOU ed. extra de 22.6.05)*.

I — os critérios informadores dos valores despendidos pelas entidades religiosas e instituições de ensino vocacional aos ministros de confissão religiosa, membros de vida consagrada, de congregação ou de ordem religiosa não são taxativos e sim exemplificativos; *(Acrescentado pela Lei n. 13.137, de 19.6.2015, DOU ed. extra de 22.6.05)*.

II — os valores despendidos, ainda que pagos de forma e montante diferenciados, em pecúnia ou a título de ajuda de custo de moradia, transporte, formação educacional, vinculados exclusivamente à atividade religiosa não configuram remuneração direta ou indireta. (NR) *(Acrescentado pela Lei n. 13.137, de 19.6.2015, DOU ed. extra de 22.6.05)*.

§ 15. Na contratação de serviços de transporte rodoviário de carga ou de passageiro, de serviços prestados com a utilização de trator, máquina de terraplenagem, colheitadeira e assemelhados, a base de cálculo da contribuição da empresa corresponde a 20% (vinte por cento) do valor da nota fiscal, fatura ou recibo, quando esses serviços forem prestados por condutor autônomo de veículo rodoviário, auxiliar de condutor autônomo de veículo rodoviário, bem como por operador de máquinas. (NR) *(Redação dada pela Lei n. 13.202, de 8.12.15, DOU 9.12.15)*

Art. 22-A. A contribuição devida pela agroindústria, definida, para os efeitos desta Lei, como sendo o produtor rural pessoa jurídica cuja atividade econômica seja a industrialização de produção própria ou de produção própria e adquirida de terceiros, incidente sobre o valor da receita bruta proveniente da comercialização da produção, em substituição às previstas nos incisos I e II do art. 22 desta Lei, é de: *(Acrescentado pela Lei n. 10.256, de 9.7.01, DOU 10.7.01)*

I — dois vírgula cinco por cento destinados à Seguridade Social; *(Acrescentado pela Lei n. 10.256, de 9.7.01, DOU 10.7.01)*

II — zero vírgula um por cento para o financiamento do benefício previsto nos arts. 57 e 58 da Lei n. 8.213, de 24 de julho de 1991,

e daqueles concedidos em razão do grau de incidência de incapacidade para o trabalho decorrente dos riscos ambientais da atividade. *(Acrescentado pela Lei n. 10.256, de 9.7.01, DOU 10.7.01)*

§ 1º (VETADO) *(Acrescentado pela Lei n. 10.256, de 9.7.01, DOU 10.7.01)*

§ 2º O disposto neste artigo não se aplica às operações relativas à prestação de serviços a terceiros, cujas contribuições previdenciárias continuam sendo devidas na forma do art. 22 desta Lei. *(Acrescentado pela Lei n. 10.256, de 9.7.01, DOU 10.7.01)*

§ 3º Na hipótese do § 2º, a receita bruta correspondente aos serviços prestados a terceiros será excluída da base de cálculo da contribuição de que trata o *caput*. *(Acrescentado pela Lei n. 10.256, de 9.7.01, DOU 9.7.01)*

§ 4º O disposto neste artigo não se aplica às sociedades cooperativas e às agroindústrias de piscicultura, carcinicultura, suinocultura e avicultura. *(Acrescentado pela Lei n. 10.256, de 9.7.01, DOU 10.7.01)*

§ 5º O disposto no inciso I do art. 3º da Lei n. 8.315, de 23 de dezembro de 1991, não se aplica ao empregador de que trata este artigo, que contribuirá com o adicional de zero vírgula vinte e cinco por cento da receita bruta proveniente da comercialização da produção, destinado ao Serviço Nacional de Aprendizagem Rural (SENAR). *(Acrescentado pela Lei n. 10.256, de 9.7.01, DOU 10.7.01)*

§ 6º Não se aplica o regime substitutivo de que trata este artigo à pessoa jurídica que, relativamente à atividade rural, se dedique apenas ao florestamento e reflorestamento como fonte de matéria-prima para industrialização própria mediante a utilização de processo industrial que modifique a natureza química da madeira ou a transforme em pasta celulósica. *(Acrescentado pela Lei n. 10.684, de 30.5.03, DOU 31.5.03, ed. extra)*

§ 7º Aplica-se o disposto no § 6º ainda que a pessoa jurídica comercialize resíduos vegetais ou sobras ou partes da produção, desde que a receita bruta decorrente dessa comercialização represente menos de um por cento de sua receita bruta proveniente da comercialização da produção. *(Acrescentado pela Lei n. 10.684, de 30.5.03, DOU 31.5.03, ed. extra)*

Art. 22-B. As contribuições de que tratam os incisos I e II do art. 22 desta Lei são substituídas, em relação à remuneração paga, devida ou creditada ao trabalhador rural contratado pelo consórcio simplificado de produtores rurais de que trata o art. 25-A, pela contribuição dos respectivos produtores rurais, calculada na forma do art. 25 desta Lei. *(Acrescentado pela Lei n. 10.256, de 9.7.01, DOU 10.7.01)*

Art. 23. As contribuições a cargo da empresa provenientes do faturamento e do lucro, destinadas à Seguridade Social, além do disposto no art. 22, são calculadas mediante a aplicação das seguintes alíquotas:

I — 2% (dois por cento) sobre sua receita bruta, estabelecida segundo o disposto no § 1º do art. 1º do Decreto-Lei n. 1.940, de 25 de maio de 1982, com a redação dada pelo art. 22, do Decreto-Lei n. 2.397, de 21 de dezembro de 1987, e alterações posteriores;

II — 10% (dez por cento) sobre o lucro líquido do período-base, antes da provisão para o Imposto de Renda, ajustado na forma do art. 2º da Lei n. 8.034, de 12 de abril de 1990.

§ 1º No caso das instituições citadas no § 1º do art. 22 desta Lei, a alíquota da contribuição prevista no inciso II é de 15% (quinze por cento).

§ 2º O disposto neste artigo não se aplica às pessoas de que trata o art. 25.

Capítulo V
Da Contribuição do Empregador Doméstico

Art. 24. A contribuição do empregador doméstico incidente sobre o salário de contribuição do empregado doméstico a seu serviço é de:

I — 8% (oito por cento); e

II — 0,8% (oito décimos por cento) para o financiamento do seguro contra acidentes de trabalho. (NR) *(Redação do caput e incisos dada pela Lei n. 13.202, de 8.12.15, DOU 9.12.15)*

Parágrafo único. Presentes os elementos da relação de emprego doméstico, o empregador doméstico não poderá contratar microempreendedor individual de que trata o art. 18-A da Lei Complementar n. 123, de 14 de dezembro de 2006, sob pena de ficar sujeito a todas as obrigações dela decorrentes, inclusive trabalhistas, tributárias e previdenciárias. *(Incluído pela Lei n. 12.470, de 31.8.11, DOU 1.9.11)*

Capítulo VI
Da Contribuição do Produtor Rural e do Pescador

(Alterado pela Lei n. 8.398, de 7.1.92)

Art. 25. A contribuição do empregador rural pessoa física, em substituição à contribuição de que tratam os incisos I e II do art. 22, e a do segurado especial, referidos, respectivamente, na alínea a do inciso V e no inciso VII do art. 12 desta Lei, destinada à Seguridade Social, é de: *(Redação dada pela Lei n. 10.256, de 9.7.01, DOU 10.7.01)*

I — 2% da receita bruta proveniente da comercialização da sua produção; *(Redação dada pela Lei n. 9.528, de 10.12.97, DOU 11.12.97)*

II — 0,1% da receita bruta proveniente da comercialização da sua produção para financiamento das prestações por acidente do trabalho. *(Redação dada pela Lei n. 9.528, de 10.12.97, DOU 11.12.97)*

§ 1º O segurado especial de que trata este artigo, além da contribuição obrigatória referida no *caput*, poderá contribuir, facultativamente, na forma do art. 21 desta Lei. *(Redação dada pela Lei n. 8.540, de 22.12.92, de 23.12.92)*

§ 2º A pessoa física de que trata a alínea a do inciso V do art. 12 contribui, também, obrigatoriamente, na forma do art. 21 desta Lei. *(Redação dada pela Lei n. 8.540, de 22.12.92, DOU 23.12.92)*

§ 3º Integram a produção, para os efeitos deste artigo, os produtos de origem animal ou vegetal, em estado natural ou submetidos a processos de beneficiamento ou industrialização rudimentar, assim compreendidos, entre outros, os processos de lavagem, limpeza, descaroçamento, pilagem, descascamento, lenhamento, pasteurização, resfriamento, secagem, fermentação, embalagem, cristalização, fundição, carvoejamento, cozimento, destilação, moagem, torrefação, bem como os subprodutos e os resíduos obtidos através desses processos. *(Parágrafo acrescentado pela Lei n. 8.540, de 22.12.92, DOU 23.12.92)*

§ 4º (Revogado). *(Redação dada pela Lei n. 11.718, de 20.6.08, DOU 23.6.08)*

§ 5º (VETADO na Lei n. 8.540, de 22.12.92, DOU 23.12.92)

§ 6º (Revogado pela Lei n. 10.256, de 9.7.01, DOU 10.7.01)

§ 7º *(Revogado pela Lei n. 10.256, de 9.7.01, DOU 10.7.01)*

§ 8º *(Revogado pela Lei n. 10.256, de 9.7.01, DOU 10.7.01)*

§ 9º (VETADO) *(Incluído pela Lei n. 10.256, de 9.7.01, DOU 10.7.01)*

§ 10. Integra a receita bruta de que trata este artigo, além dos valores decorrentes da comercialização da produção relativa aos produtos a que se refere o § 3º deste artigo, a receita proveniente: *(Acrescentado pela Lei n. 11.718, de 20.6.08, DOU 23.6.08)*

I — da comercialização da produção obtida em razão de contrato de parceria ou meação de parte do imóvel rural; *(Acrescentado pela Lei n. 11.718, de 20.6.08, DOU 23.6.08)*

II — da comercialização de artigos de artesanato de que trata o inciso VII do § 10 do art. 12 desta Lei; *(Acrescentado pela Lei n. 11.718, de 20.6.08, DOU 23.6.08)*

III — de serviços prestados, de equipamentos utilizados e de produtos comercializados no imóvel rural, desde que em atividades turística e de entretenimento desenvolvidas no próprio imóvel, inclusive hospedagem, alimentação, recepção, recreação e atividades pedagógicas, bem como taxa de visitação e serviços especiais; *(Acrescentado pela Lei n. 11.718, de 20.6.08, DOU 33.6.08)*

IV — do valor de mercado da produção rural dada em pagamento ou que tiver sido trocada por outra, qualquer que seja o motivo ou finalidade; e *(Acrescentado pela Lei n. 11.718, de 20.6.08, DOU 23.6.08)*

V — de atividade artística de que trata o inciso VIII do § 10 do art. 12 desta Lei. *(Acrescentado pela Lei n. 11.718, de 20.6.08, DOU 23.6.08)*

§ 11. Considera-se processo de beneficiamento ou industrialização artesanal aquele realizado diretamente pelo próprio produtor rural pessoa física, desde que não esteja sujeito à incidência do Imposto Sobre Produtos Industrializados — IPI. *(Acrescentado pela Lei n. 11.718, de 20.6.08, DOU 23.6.08)*

Art. 25-A. Equipara-se ao empregador rural pessoa física o consórcio simplificado de produtores rurais, formado pela união de produtores rurais pessoas físicas, que outorgar a um deles poderes para contratar, gerir e demitir trabalhadores para prestação de serviços, exclusivamente, aos seus integrantes, mediante documento registrado em cartório de títulos e documentos. *(Acrescentado pela Lei n. 10.256, de 9.7.01, DOU 10.7.01)*

§ 1º O documento de que trata o *caput* deverá conter a identificação de cada produtor, seu endereço pessoal e o de sua propriedade rural, bem como o respectivo registro no Instituto Nacional de Colonização e Reforma Agrária — INCRA ou informações relativas a parceria, arrendamento ou equivalente e a matrícula no Instituto Nacional do Seguro Social — INSS de cada um dos produtores rurais. *(Acrescentado pela Lei n. 10.256, de 9.7.01, DOU 10.7.01)*

§ 2º O consórcio deverá ser matriculado no INSS em nome do empregador a quem hajam sido outorgados os poderes, na forma do regulamento. *(Acrescentado pela Lei n. 10.256, de 9.7.01, DOU 10.7.01)*

§ 3º Os produtores rurais integrantes do consórcio de que trata o *caput* serão responsáveis solidários em relação às obrigações previdenciárias. *(Acrescentado pela Lei n. 10.256, de 9.7.01, DOU 10.7.01)*

§ 4º (VETADO) *(Incluído pela Lei n. 10.256, de 9.7.01, DOU 10.7.01)*

Capítulo IX
Do Salário de Contribuição

Art. 28. Entende-se por salário de contribuição:

I — para o empregado e trabalhador avulso: a remuneração auferida em uma ou mais empresas, assim entendida a totalidade dos rendimentos pagos, devidos ou creditados a qualquer título, durante o mês, destinados a retribuir o trabalho, qualquer que seja a sua forma, inclusive as gorjetas, os ganhos habituais sob a forma de utilidades e os adiantamentos decorrentes de reajuste salarial, quer pelos serviços efetivamente prestados, quer pelo tempo à disposição do empregador ou tomador de serviços nos termos da lei ou do contrato ou, ainda, de convenção ou acordo coletivo de trabalho ou sentença normativa; *(Redação dada pela Lei n. 9.528, de 10.12.97, DOU 11.12.97)*

II — para o empregado doméstico: a remuneração registrada na Carteira de Trabalho e Previdência Social, observadas as normas a serem estabelecidas em regulamento para comprovação do vínculo empregatício e do valor da remuneração;

III — para o contribuinte individual: a remuneração auferida em uma ou mais empresas ou pelo exercício de sua atividade por conta própria, durante o mês, observado o limite máximo a que se refere o § 5º; *(Redação dada pela Lei n. 9.876, de 26.9.99, DOU 29.9.99, ed. extra)*

IV — para o segurado facultativo: o valor por ele declarado, observado o limite máximo a que se refere o § 5º. *(Acrescentado pela Lei n. 9.876, de 26.9.99, DOU 29.9.99, ed. extra)*

§ 1º Quando a admissão, a dispensa, o afastamento ou a falta do empregado ocorrer no curso do mês, o salário de contribuição será proporcional ao número de dias de trabalho efetivo, na forma estabelecida em regulamento.

§ 2º O salário-maternidade é considerado salário de contribuição.

§ 3º O limite mínimo do salário de contribuição corresponde ao piso salarial, legal ou normativo, da categoria ou, inexistindo este, ao salário mínimo, tomado no seu valor mensal, diário ou horário, conforme o ajustado e o tempo de trabalho efetivo durante o mês. *(Redação dada pela Lei n. 9.528, de 10.12.97, DOU 11.12.97)*

§ 4º O limite mínimo do salário de contribuição do menor aprendiz corresponde à sua remuneração mínima definida em lei.

§ 5º O limite máximo do salário de contribuição é de Cr$ 170.000,00 (cento e setenta mil cruzeiros), reajustado a partir da data da entrada em vigor desta Lei, na mesma época e com os mesmos índices que os do reajustamento dos benefícios de prestação continuada da Previdência Social.

§ 6º No prazo de 180 (cento e oitenta) dias, a contar da data de publicação desta Lei, o Poder Executivo encaminhará ao Congresso Nacional projeto de lei estabelecendo a previdência complementar, pública e privada, em especial para os que possam contribuir acima do limite máximo estipulado no parágrafo anterior deste artigo.

§ 7º O décimo terceiro salário (gratificação natalina) integra o salário de contribuição, exceto para o cálculo de benefício, na forma estabelecida em regulamento. *(Redação dada pela Lei n. 8.870, de 15.4.94, DOU 16.4.94)*

§ 8º Integram o salário de contribuição pelo seu valor total: *(Redação dada pela Lei n. 9.528, de 10.12.97, DOU 11.12.97)*

a) o total das diárias pagas, quando excedente a cinquenta por cento da remuneração mensal; *(Alínea acrescentada pela Lei n. 9.528, de 10.12.97, DOU 11.12.97)*

b) (VETADA na Lei n. 9.528, de 10.12.97, DOU 11.12.97)

c) *(Revogado pela Lei n. 9.711, de 20.11.98, DOU 21.11.98)*

§ 9º Não integram o salário de contribuição para os fins desta Lei, exclusivamente: *(Redação dada pela Lei n. 9.528, de 10.12.97, DOU 11.12.97)*

a) os benefícios da previdência social, nos termos e limites legais, salvo o salário-maternidade; *(Redação dada pela Lei n. 9.528, de 10.12.97, DOU 11.12.97)*

b) as ajudas de custo e o adicional mensal recebidos pelo aeronauta nos termos da Lei n. 5.929, de 30 de outubro de 1973;

c) a parcela *in natura* recebida de acordo com os programas de alimentação aprovados pelo Ministério do Trabalho e da Previdência Social, nos termos da Lei n. 6.321, de 14 de abril de 1976;

d) as importâncias recebidas a título de férias indenizadas e respectivo adicional constitucional, inclusive o valor correspondente à dobra da remuneração de férias de que trata o art. 137 da Consolidação das Leis do Trabalho — CLT; *(Redação dada pela Lei n. 9.528, de 10.12.97, DOU 11.12.97)*

e) as importâncias: *(Alínea alterada e itens de 1 a 5 acrescentados pela Lei n. 9.528, de 10.12.97, DOU 11.12.97)*

1. previstas no inciso I do art. 10 do Ato das Disposições Constitucionais Transitórias;

2. relativas à indenização por tempo de serviço, anterior a 5 de outubro de 1988, do empregado não optante pelo Fundo de Garantia do Tempo de Serviço — FGTS;

3. recebidas a título da indenização de que trata o art. 479 da CLT;

4. recebidas a título da indenização de que trata o art. 14 da Lei n. 5.889, de 8 de junho de 1973;

5. recebidas a título de incentivo à demissão;

6. recebidas a título de abono de férias na forma dos arts. 143 e 144 da CLT; *(Redação dada pela Lei n. 9.711, de 20.11.98, DOU 21.11.98)*

7. recebidas a título de ganhos eventuais e os abonos expressamente desvinculados do salário; *(Redação dada pela Lei n. 9.711, de 20.11.98, DOU 21.11.98)*

8. recebidas a título de licença-prêmio indenizada; *(Redação dada pela Lei n. 9.711, de 20.11.98, DOU 21.11.98)*

9. recebidas a título da indenização de que trata o art. 9º da Lei n. 7.238, de 29 de outubro de 1984; *(Redação dada pela Lei n. 9.711, de 20.11.98, DOU 21.11.98, ed. extra)*

f) a parcela recebida a título de vale-transporte, na forma da legislação própria;

g) a ajuda de custo, em parcela única, recebida exclusivamente em decorrência de mudança de local de trabalho do empregado, na forma do art. 470 da CLT; *(Redação dada pela Lei n. 9.528, de 10.12.97, DOU 11.12.97)*

h) as diárias para viagens, desde que não excedam a 50% (cinquenta por cento) da remuneração mensal;

i) a importância recebida a título de bolsa de complementação educacional de estagiário, quando paga nos termos da Lei n. 6.494, de 7 de dezembro de 1977;

j) a participação nos lucros ou resultados da empresa, quando paga ou creditada de acordo com lei específica;

l) o abono do Programa de Integração Social-PIS e do Programa de Assistência ao

Servidor Público-PASEP; *(Alínea acrescentada pela Lei n. 9.528, de 10.12.97, de DOU 11.12.97)*

m) os valores correspondentes a transporte, alimentação e habitação fornecidos pela empresa ao empregado contratado para trabalhar em localidade distante da de sua residência, em canteiro de obras ou local que, por força da atividade, exija deslocamento e estada, observadas as normas de proteção estabelecidas pelo Ministério do Trabalho; *(Alínea acrescentada pela Lei n. 9.528, de 10.12.97, de 11.12.97)*

n) a importância paga ao empregado a título de complementação ao valor do auxílio-doença, desde que este direito seja extensivo à totalidade dos empregados da empresa; *(Alínea acrescentada pela Lei n. 9.528, de 10.12.97, DOU 11.12.97)*

o) as parcelas destinadas à assistência ao trabalhador da agroindústria canavieira, de que trata o art. 36 da Lei n. 4.870, de 1º de dezembro de 1965; *(Alínea acrescentada pela Lei n. 9.528, de 10.12.97, DOU de 11.12.97)*

p) o valor das contribuições efetivamente pago pela pessoa jurídica relativo a programa de previdência complementar, aberto ou fechado, desde que disponível à totalidade de seus empregados e dirigentes, observados, no que couber, os arts. 9º e 468 da CLT; *(Alínea acrescentada pela Lei n. 9.528, de 10.12.97, DOU 11.12.97)*

q) o valor relativo à assistência prestada por serviço médico ou odontológico, próprio da empresa ou por ela conveniado, inclusive o reembolso de despesas com medicamentos, óculos, aparelhos ortopédicos, despesas médico-hospitalares e outras similares, desde que a cobertura abranja a totalidade dos empregados e dirigentes da empresa; *(Alínea acrescentada pela Lei n. 9.528, de 10.12.97, DOU 11.12.97)*

r) o valor correspondente a vestuários, equipamentos e outros acessórios fornecidos ao empregado e utilizados no local do trabalho para prestação dos respectivos serviços; *(Alínea acrescentada pela Lei n. 9.528, de 10.12.97, DOU 11.12.97)*

s) o ressarcimento de despesas pelo uso de veículo do empregado e o reembolso creche pago em conformidade com a legislação trabalhista, observado o limite máximo de seis anos de idade, quando devidamente comprovadas as despesas realizadas; *(Alínea acrescentada pela Lei n. 9.528, de 10.12.97, DOU 11.12.97)*

t) o valor relativo a plano educacional, ou bolsa de estudo, que vise à educação básica de empregados e seus dependentes e, desde que vinculada às atividades desenvolvidas pela empresa, à educação profissional e tecnológica de empregados, nos termos da Lei n. 9.394, de 20 de dezembro de 1996, e: *(Redação dada pela Lei n. 12.513, de 26.10.11, DOU 27.11.11)*

1. não seja utilizado em substituição de parcela salarial; e *(Incluído pela Lei n. 12.513, de 26.10.11, DOU 27.10.11)*

2. o valor mensal do plano educacional ou bolsa de estudo, considerado individualmente, não ultrapasse 5% (cinco por cento) da remuneração do segurado a que se destina ou o valor correspondente a uma vez e meia o valor do limite mínimo mensal do salário de contribuição, o que for maior; *(Incluído pela Lei n. 12.513, de 26.10.11, DOU 27.10.11)*

u) a importância recebida a título de bolsa de aprendizagem garantida ao adolescente até quatorze anos de idade, de acordo com o disposto no art. 64 da Lei n. 8.069, de 13 de julho de 1990; *(Alínea acrescentada pela Lei n. 9.528, de 10.12.97, DOU 11.12.97)*

v) os valores recebidos em decorrência da cessão de direitos autorais; *(Alínea acrescentada pela Lei n. 9.528, de 10.12.97, DOU 11.12.97)*

x) o valor da multa prevista no § 8º do art. 477 da CLT. *(Alínea acrescentada pela Lei n. 9.528, de 10.12.97, DOU 11.12.97)*

y) o valor correspondente ao vale-cultura. *(Incluído pela Lei n. 12.761, de 27.12.12, DOU 27.12.12)*

§ 10. Considera-se salário de contribuição, para o segurado empregado e trabalhador avulso, na condição prevista no § 5º do art. 12, a remuneração efetivamente auferida na entidade sindical ou empresa de origem. *(Parágrafo acrescentado pela Lei n. 9.528, de 10.12.97, DOU 11.12.97)*

§ 11. Considera-se remuneração do contribuinte individual que trabalha como condutor autônomo de veículo rodoviário, como auxiliar de condutor autônomo de veículo rodoviário, em automóvel cedido em regime de colaboração, nos termos da Lei n. 6.094, de 30 de agosto de 1974, como operador de trator, máquina de terraplenagem, colheitadeira e assemelhados, o montante correspondente a 20% (vinte por cento) do valor bruto do frete, carreto, transporte de passageiros ou do serviço prestado, observado o limite máximo a que se refere o § 5º. (NR) *(Acrescentado pela Lei n. 13.203, de 8.12.15, DOU 9.12.15)*

Art. 29. *(Revogado pela Lei n. 9.876, de 26.9.99, DOU 26.9.99)*

Capítulo X
Da Arrecadação e Recolhimento das Contribuições

Art. 30. A arrecadação e o recolhimento das contribuições ou de outras importâncias devidas à Seguridade Social obedecem às seguintes normas: *(Redação dada pela Lei n. 8.620, de 5.1.93, DOU 6.1.93)*

I — a empresa é obrigada a:

a) arrecadar as contribuições dos segurados empregados e trabalhadores avulsos a seu serviço, descontando-as da respectiva remuneração;

b) recolher os valores arrecadados na forma da alínea *a* deste inciso, a contribuição a que se refere o inciso IV do art. 22 desta Lei, assim como as contribuições a seu cargo incidentes sobre as remunerações pagas, devidas ou creditadas, a qualquer título, aos segurados empregados, trabalhadores avulsos e contribuintes individuais a seu serviço até o dia 20 (vinte) do mês subsequente ao da competência; *(Redação dada pela Lei n. 11.933, de 28.4.99, DOU 29.4.09)*

c) recolher as contribuições de que tratam os incisos I e II do art. 23, na forma e prazos definidos pela legislação tributária federal vigente;

II — os segurados contribuinte individual e facultativo estão obrigados a recolher sua contribuição por iniciativa própria, até o dia quinze do mês seguinte ao da competência; *(Redação dada pela Lei n. 9.876, de 26.1999, DOU 26.9.11)*

III — a empresa adquirente, consumidora ou consignatária ou a cooperativa são obrigadas a recolher a contribuição de que trata o art. 25 até o dia 20 (vinte) do mês subsequente ao da operação de venda ou consignação da produção, independentemente de essas operações terem sido realizadas diretamente com o produtor ou com intermediário pessoa física, na forma estabelecida em regulamento; *(Redação dada pela Lei n. 11.933, de 28.4.99, DOU 29.4.99)* .

IV — a empresa adquirente, consumidora ou consignatária ou a cooperativa ficam sub-rogadas nas obrigações da pessoa física de que trata a alínea *a* do inciso V do art. 12 e do segurado especial pelo cumprimento das obrigações do art. 25 desta Lei, independentemente de as operações de venda ou consignação terem sido realizadas diretamente com o produtor ou com intermediário pessoa física, exceto no caso do inciso X deste artigo, na forma estabelecida em regulamento; *(Redação dada pela Lei n. 9.528, de 10.12.97, DOU 11.12.97)*

V — o empregador doméstico é obrigado a arrecadar e a recolher a contribuição do segurado empregado a seu serviço, assim como a parcela a seu cargo, até o dia 7 do mês seguinte ao da competência; *(Redação dada pela Lei Complementar n. 150, de 1.6.15, DOU 2.6.15)*

VI — o proprietário, o incorporador definido na Lei n. 4.591, de 16 de dezembro de 1964, o dono da obra ou condômino da unidade imobiliária, qualquer que seja a forma de contratação da construção, reforma ou acréscimo, são solidários com o construtor, e estes com a subempreiteira, pelo cumprimento das obrigações para com a Seguridade Social, ressalvado o seu direito regressivo contra o executor ou contratante da obra e admitida a retenção de importância a este devida para garantia do cumprimento dessas obrigações, não se aplicando, em qualquer hipótese, o benefício de ordem; *(Redação dada pela Lei n. 9.528, de 10.12.97, DOU 11.12.97)*

VII — exclui-se da responsabilidade solidária perante a Seguridade Social o adquirente de prédio ou unidade imobiliária que realizar a operação com empresa de comercialização ou incorporador de imóveis, ficando estes solidariamente responsáveis com o construtor;

VIII — nenhuma contribuição à Seguridade Social é devida se a construção residencial unifamiliar, destinada ao uso próprio, de tipo econômico, for executada sem mão de obra assalariada, observadas as exigências do regulamento;

IX — as empresas que integram grupo econômico de qualquer natureza respondem entre si, solidariamente, pelas obrigações decorrentes desta Lei;

X — a pessoa física de que trata a alínea *a* do inciso V do art. 12 e o segurado especial são obrigados a recolher a contribuição de que trata o art. 25 desta Lei no prazo estabelecido no inciso III deste artigo, caso comercializem a sua produção: *(Inciso alterado e alíneas acrescentadas pela Lei n. 9.528, de 10.12.97, DOU 11.12.97)*

a) no exterior;

b) diretamente, no varejo, ao consumidor pessoa física;

c) à pessoa física de que trata a alínea *a* do inciso V do art. 12;

d) ao segurado especial;

XI — aplica-se o disposto nos incisos III e IV deste artigo à pessoa física não produtor rural que adquire produção para venda no varejo a consumidor pessoa física. *(Inciso acrescentado pela Lei n. 9.528, de 10.12.97, DOU 11.12.97)*

XII — sem prejuízo do disposto no inciso X do *caput* deste artigo, o produtor rural pessoa física e o segurado especial são obrigados a recolher, diretamente, a contribuição incidente sobre a receita bruta proveniente: *(Incluído pela Lei n. 11.718, de 20.6.08, DOU 23.6.08)*

a) da comercialização de artigos de artesanato elaborados com matéria-prima produzida pelo respectivo grupo familiar; *(Incluído pela Lei n. 11.718, de 20.6.08, DOU 23.6.08)*

b) de comercialização de artesanato ou do exercício de atividade artística, observado o disposto nos incisos VII e VIII do § 10 do art. 12 desta Lei; e *(Acrescentado pela Lei n. 11.718, de 20.6.08, DOU 23.6.08)*

c) de serviços prestados, de equipamentos utilizados e de produtos comercializados no imóvel rural, desde que em atividades turística e de entretenimento desenvolvidas no próprio imóvel, inclusive hospedagem, alimentação, recepção, recreação e atividades pedagógicas, bem como taxa de visitação e serviços especiais; *(Acrescentado pela Lei n. 11.718, de 20.6.08, DOU 23.6.08)*

XIII — o segurado especial é obrigado a arrecadar a contribuição dos trabalhadores a seu serviço e a recolhê-la no prazo referido na alínea *b* do inciso I do *caput* deste artigo. *(Acrescentado pela Lei n. 11.718, de 20.6.08, DOU 23.6. 08)*

§ 1º *(Revogado pela Lei n. 9.032, de 28.4.95, DOU 29.4.95).*

§ 2º Se não houver expediente bancário nas datas indicadas: *(Redação dada pela Lei n. 11.933, 28.4.09, DOU 29.4.09)*

I — no inciso II do *caput*, o recolhimento deverá ser efetuado até o dia útil imediatamente posterior; e *(Redação dada pela Lei n. 13.203, de 8.12.15, DOU 9.12.15)*

II — na alínea *b* do inciso I e nos incisos III, V, X e XIII do *caput*, até o dia útil imediatamente anterior. *(Redação dada pela Lei n. 13.203, de 8.12.15, DOU 9.12.15)*

§ 3º Aplica-se à entidade sindical e à empresa de origem o disposto nas alíneas *a* e *b* do inciso I, relativamente à remuneração do segurado referido no § 5º do art. 12. *(Parágrafo acrescentado pela Lei n. 9.528, de 10.12.97, DOU 11.12.97)*

§ 4º Na hipótese de o contribuinte individual prestar serviço a uma ou mais empresas, poderá deduzir, da sua contribuição mensal, quarenta e cinco por cento da contribuição da empresa, efetivamente recolhida ou declarada, incidente sobre a remuneração que esta lhe tenha pago ou creditado, limitada a dedução a nove por cento do respectivo salário de contribuição. *(Acrescentado pela Lei n. 9.876, de 26.11.99, DOU 29.11.99, ed. extra)*

§ 5º Aplica-se o disposto no § 4º ao cooperado que prestar serviço a empresa por intermédio de cooperativa de trabalho. *(Acrescentado pela Lei n. 9.876, de 26.11.99, DOU 29.11.99)*

§ 6º *(Revogado pela Lei n. 13.202, de 8.12.15, DOU 9.12.15)*

§ 7º A empresa ou cooperativa adquirente, consumidora ou consignatária da produção fica obrigada a fornecer ao segurado especial cópia do documento fiscal de entrada da mercadoria, para fins de comprovação da operação e da respectiva contribuição previdenciária. *(Acrescentado pela Lei n. 11.718, de 20.6.08, DOU 23.6.08)*

§ 8º Quando o grupo familiar a que o segurado especial estiver vinculado não tiver obtido, no ano, por qualquer motivo, receita proveniente da comercialização de produção deverá comunicar a ocorrência à Previdência Social, na forma do regulamento. *(Acrescentado pela Lei n. 11.718, de 20.6.08, DOU 23.6.08)*

§ 9º Quando o segurado especial tiver comercializado sua produção do ano anterior exclusivamente com empresa adquirente, consignatária ou cooperativa, tal fato deverá ser comunicado à Previdência Social pelo respectivo grupo familiar. *(Incluído pela Lei n. 11.718, de 20.6.08, DOU 23.6.08)*

Art. 31. A empresa contratante de serviços executados mediante cessão de mão de obra, inclusive em regime de trabalho temporário, deverá reter 11% (onze por cento) do valor bruto da nota fiscal ou fatura de prestação de serviços e recolher, em nome da empresa cedente da mão de obra, a importância retida até o dia 20 (vinte) do mês subsequente ao da emissão da respectiva nota fiscal ou fatura, ou até o dia útil imediatamente anterior se não houver expediente bancário naquele dia, observado o disposto no § 5º do art. 33 desta Lei. *(Redação dada pela Lei n. 11.933, de 28.4.99, DOU 29.4.09) (Produção de efeitos)*

§ 1º O valor retido de que trata o *caput* deste artigo, que deverá ser destacado na nota fiscal ou fatura de prestação de serviços, poderá ser compensado por qualquer estabelecimento da empresa cedente da mão de obra, por ocasião do recolhimento das contribuições destinadas à Seguridade Social devidas sobre a folha de pagamento dos seus segurados. *(Redação dada pela Lei n. 11.941, de 27.5.09, DOU 28.5.09)*

§ 2º Na impossibilidade de haver compensação integral na forma do parágrafo anterior, o saldo remanescente será objeto de restituição. *(Redação dada pela Lei n. 9.711, de 20.1198, DOU 21.11.98)*

§ 3º Para os fins desta Lei, entende-se como cessão de mão de obra a colocação à disposição do contratante, em suas dependências ou nas de terceiros, de segurados que realizem serviços contínuos, relacionados ou não com a atividade-fim da empresa, quaisquer que sejam a natureza e a forma de contratação. *(Redação dada pela Lei n. 9.711, de 20.11.98, DOU 21.11.98)*

§ 4º Enquadram-se na situação prevista no parágrafo anterior, além de outros estabelecidos em regulamento, os seguintes serviços: *(Redação dada pela Lei n. 9.711, de 20.11.98, DOU 21.11.98)*

I — limpeza, conservação e zeladoria; *(Acrescentado pela Lei n. 9.711, de 20.11.98, DOU 21.11.98)*

II — vigilância e segurança; *(Acrescentado pela Lei n. 9.711, de 20.11.98, DOU 21.11.98)*

III — empreitada de mão de obra; *(Acrescentado pela Lei n. 9.711, de 20.11.98, DOU 21.11.98).*

IV — contratação de trabalho temporário na forma da Lei n. 6.019, de 3 de janeiro de 1974. *(Acrescentado pela Lei n. 9.711, de 20.11.98, DOU 21.11.98)*

§ 5º O cedente da mão de obra deverá elaborar folhas de pagamento distintas para cada contratante. *(Acrescentado pela Lei n. 9.711, de 20.11.98, DOU 21.11.98)*

§ 6º Em se tratando de retenção e recolhimento realizados na forma do *caput* deste artigo, em nome de consórcio, de que tratam os arts. 278 e 279 da Lei n. 6.404, de 15 de dezembro de 1976, aplica-se o disposto em todo este artigo, observada a participação de cada uma das empresas consorciadas, na forma do respectivo ato constitutivo. *(Incluído pela Lei n. 11.941, de 27.5.09, DOU 28.5.09)*

Art. 32. A empresa é também obrigada a:

I — preparar folhas de pagamento das remunerações pagas ou creditadas a todos os segurados a seu serviço, de acordo com os padrões e normas estabelecidos pelo órgão competente da Seguridade Social;

II — lançar mensalmente em títulos próprios de sua contabilidade, de forma discriminada, os fatos geradores de todas as contribuições, o montante das quantias descontadas, as contribuições da empresa e os totais recolhidos;

III — prestar à Secretaria da Receita Federal do Brasil todas as informações cadastrais, financeiras e contábeis de seu interesse, na forma por ela estabelecida, bem como os esclarecimentos necessários à fiscalização; *(Redação dada pela Lei n. 11.941, de 27.5.09, DOU 28.5.09)*

IV — declarar à Secretaria da Receita Federal do Brasil e ao Conselho Curador do Fundo de Garantia do Tempo de Serviço — FGTS, na forma, prazo e condições estabelecidos por esses órgãos, dados relacionados a fatos geradores, base de cálculo e valores devidos da contribuição previdenciária e outras informações de interesse do INSS ou do Conselho Curador do FGTS; *(Redação dada pela Lei n. 11.941, de 27.5.09, DOU 28.5.09)*

V — (VETADO) *(Incluído pela Lei n. 10.403, de 8.1.02, DOU 9.1.02)*

VI — comunicar, mensalmente, aos empregados, por intermédio de documento a ser definido em regulamento, os valores recolhidos sobre o total de sua remuneração ao INSS. *(Incluído pela Lei n. 12.692, de 24.7.12, DOU 25.7.12)*

§ 1º (Revogado). *(Redação dada pela Lei n. 11.941, de 27.5.09, DOU 28.5.09)*

§ 2º A declaração de que trata o inciso IV do *caput* deste artigo constitui instrumento hábil e suficiente para a exigência do crédito tributário, e suas informações comporão a base de dados para fins de cálculo e concessão dos benefícios previdenciários. *(Redação dada pela Lei n. 11.941, de 27.5.09, DOU 28.5.09)*

§ 3º (Revogado). *(Redação dada pela Lei n. 11.941, 27.5.09, DOU 28.5.09)*

§ 4º (Revogado). *(Redação dada pela Lei n. 11.941, de 27.5.09, DOU 28.5.09)*

§ 5º (Revogado). *(Redação dada pela Lei n. 11.941, de 27.5.09, DOU 28.5.09)*

§ 6º (Revogado). *(Redação dada pela Lei n. 11.941, de 27.5.09, DOU 28.5.09)*

§ 7º (Revogado). *(Redação dada pela Lei n. 11.941, de 27.5.09, DOU 28.5.09)*

§ 8º (Revogado). *(Redação dada pela Lei n. 11.941, de 27.5.09, DOU 28.5.09)*

§ 9º A empresa deverá apresentar o documento a que se refere o inciso IV do *caput* deste artigo ainda que não ocorram fatos geradores de contribuição previdenciária, aplicando-se, quando couber, a penalidade prevista no art. 32-A desta Lei.

§ 10. O descumprimento do disposto no inciso IV do *caput* deste artigo impede a expedição da certidão de prova de regularidade fiscal perante a Fazenda Nacional. *(Redação dada pela Lei n. 11.941, de 27.5.09, DOU 28.5.09)*

§ 11. Em relação aos créditos tributários, os documentos comprobatórios do cumprimento das obrigações de que trata este artigo devem ficar arquivados na empresa até que ocorra a prescrição relativa aos créditos decorrentes das operações a que se refiram. *(Redação dada pela Lei n. 11.941, de 27.5.09, DOU 28.5.09)*

§ 12. (VETADO). *(Incluído pela Lei n. 12.692, de 24.7.12, DOU 25.7.12)*

Art. 32-A. O contribuinte que deixar de apresentar a declaração de que trata o inciso IV do *caput* do art. 32 desta Lei no prazo fixado ou que a apresentar com incorreções ou omissões será intimado a apresentá-la ou a prestar esclarecimentos e sujeitar-se-á às seguintes multas: *(Acrescentado pela Lei n. 11.941, de 27.5.09, DOU 28.5.09)*

I — de R$ 20,00 (vinte reais) para cada grupo de 10 (dez) informações incorretas ou omitidas; e *(Acrescentado pela Lei n. 11.941, de 27.5.09, DOU 28.5.09)*

II — de 2% (dois por cento) ao mês calendário ou fração, incidentes sobre o montante das contribuições informadas, ainda que integralmente pagas, no caso de falta de entrega da declaração ou entrega após o prazo, limitada a 20% (vinte por cento), observado o disposto no § 3º deste artigo. *(Acrescentado pela Lei n. 11.941, de 27.5.09, DOU 28.5.09)*

§ 1º Para efeito de aplicação da multa prevista no inciso II do *caput* deste artigo, será considerado como termo inicial o dia seguinte ao término do prazo fixado para entrega da declaração e como termo final a data da efetiva entrega ou, no caso de não apresentação, a data da lavratura do auto de infração ou da notificação de lançamento. *(Acrescentado pela Lei n. 11.941, de 27.5.09, DOU 28.5.09)*

§ 2º Observado o disposto no § 3º deste artigo, as multas serão reduzidas: *(Acrescentado pela Lei n. 11.941, de 27.5.09, DOU 28.5.09)*

I — à metade, quando a declaração for apresentada após o prazo, mas antes de qualquer procedimento de ofício; ou *(Acrescentado pela Lei n. 11.941, de 27.5.09, DOU 28.5.09)*

II — a 75% (setenta e cinco por cento), se houver apresentação da declaração no prazo fixado em intimação. *(Acrescentado pela Lei n. 11.941, de 27.5.09, DOU 28.5.09)*

§ 3º A multa mínima a ser aplicada será de: *(Acrescentado pela Lei n. 11.941, de 27.5.09, DOU 28.5.09)*

I — R$ 200,00 (duzentos reais), tratando-se de omissão de declaração sem ocorrência de fatos geradores de contribuição previdenciária; e *(Acrescentado pela Lei n. 11.941, de 27.5.09, DOU 28.5.09)*

II — R$ 500,00 (quinhentos reais), nos demais casos. *(Acrescentado pela Lei n. 11.941, 27.5.09, DOU 28.5.09)*

Art. 32-B. Os órgãos da administração direta, as autarquias, as fundações e as empresas públicas da União, dos Estados, do Distrito Federal e dos Municípios, cujas Normas Gerais de Direito Financeiro para elaboração e controle dos orçamentos estão definidas pela Lei n. 4.320, de 17 de março de 1964, e pela Lei Complementar n. 101, de 4 de maio de 2000, ficam obrigados, na forma estabelecida pela Secretaria da Receita Federal do Brasil do Ministério da Fazenda, a apresentar: *(Incluído pela Lei n. 12.810, de 15.5.13, DOU 16.5.13)*

I — a contabilidade entregue ao Tribunal de Controle Externo; e *(Incluído pela Lei n. 12.810, de 15.5.13, DOU 16.5.13)*

II — a folha de pagamento. *(Incluído pela Lei n. 12.810, de 15.5.13, DOU 16.5.13)*

Parágrafo único. As informações de que trata o *caput* deverão ser apresentadas até o dia 30 de abril do ano seguinte ao encerramento do exercício. *(Incluído pela Lei n. 12.810, de 15.5.13, DOU 16.5.13)*

Art. 32-C. *(Vide Lei n. 12.873, de 24.10.13, DOU 25.10.13) (Vigência)*

Art. 33. À Secretaria da Receita Federal do Brasil compete planejar, executar, acompanhar e avaliar as atividades relativas à tributação, à fiscalização, à arrecadação, à cobrança e ao recolhimento das contribuições sociais previstas no parágrafo único do art. 11 desta Lei, das contribuições incidentes a título de substituição e das devidas a outras entidades e fundos. *(Redação dada pela Lei n. 11.941, de 27.5.09, DOU 28.5.09)*

§ 1º É prerrogativa da Secretaria da Receita Federal do Brasil, por intermédio dos Auditores Fiscais da Receita Federal do Brasil, o exame da contabilidade das empresas, ficando obrigados a prestar todos os esclarecimentos e informações solicitados o segurado e os terceiros responsáveis pelo recolhimento das contribuições previdenciárias e das contribuições devidas a outras entidades e fundos. *(Redação dada pela Lei n. 11.941, de 27.5.09, DOU 28.5.09)*

§ 2º A empresa, o segurado da Previdência Social, o serventuário da Justiça, o síndico ou seu representante, o comissário e o liquidante de empresa em liquidação judicial ou extrajudicial são obrigados a exibir todos os documentos e livros relacionados com as contribuições previstas nesta Lei. *(Redação dada pela Lei n. 11.941, de 27.5.09, DOU 28.5.09)*

§ 3º Ocorrendo recusa ou sonegação de qualquer documento ou informação, ou sua apresentação deficiente, a Secretaria da Receita Federal do Brasil pode, sem prejuízo da penalidade cabível, lançar de ofício a importância devida. *(Redação dada pela Lei n. 11.941, de 27.5.09, DOU 28.5.09)*

§ 4º Na falta de prova regular e formalizada pelo sujeito passivo, o montante dos salários pagos pela execução de obra de construção civil pode ser obtido mediante cálculo da mão de obra empregada, proporcional à área construída, de acordo com critérios estabelecidos pela Secretaria da Receita Federal do Brasil, cabendo ao proprietário, dono da obra, condômino da unidade imobiliária ou da empresa corresponsável o ônus da prova em contrário. *(Redação dada pela Lei n. 11.941, de 27.5.09, DOU 28.5.09)*

§ 5º O desconto de contribuição e de consignação legalmente autorizadas sempre se presume feito oportuna e regularmente pela empresa a isso obrigada, não lhe sendo lícito alegar omissão para se eximir do recolhimento, ficando diretamente responsável pela importância que deixou de receber ou arrecadou em desacordo com o disposto nesta Lei.

§ 6º Se, no exame da escrituração contábil e de qualquer outro documento da empresa, a fiscalização constatar que a contabilidade não registra o movimento real de remuneração dos segurados a seu serviço, do faturamento e do lucro, serão apuradas, por aferição indireta, as contribuições efetivamente devidas, cabendo à empresa o ônus da prova em contrário.

§ 7º O crédito da seguridade social é constituído por meio de notificação de lançamento, de auto de infração e de confissão de valores devidos e não recolhidos pelo contribuinte. *(Redação dada pela Lei n. 11.941, de 27.5.09, DOU 28.5.09)*

§ 8º Aplicam-se às contribuições sociais mencionadas neste artigo as presunções legais de omissão de receita previstas nos §§ 2º e 3º do art. 12 do Decreto-Lei n. 1.598, de 26 de dezembro de 1977, e nos arts. 40, 41 e 42 da Lei n. 9.430, de 27 de dezembro de 1996. *(Acrescentado pela Lei n. 11.941, 27.5.09, DOU 28.5.09)*

Art. 34. *(Revogado pela Lei n. 11.941, de 27.5.09, DOU 28.5.09)*

Art. 35. Os débitos com a União decorrentes das contribuições sociais previstas nas alíneas *a*, *b* e *c* do parágrafo único do art. 11 desta Lei, das contribuições instituídas a título de substituição e das contribuições devidas a terceiros, assim entendidas outras entidades e fundos, não pagos nos prazos previstos em legislação, serão acrescidos de multa de mora e juros de mora, nos termos do art. 61 da Lei n. 9.430, de 27 de dezembro de 1996. *(Redação dada pela Lei n. 11.941, 27.5.09, DOU 28.5.09)*

I — (revogado): *(Redação dada pela Lei n. 11.941, de 27.5.09, DOU 28.5.09)*

a) (revogada); *(Redação dada pela Lei n. 11.941, de 27.5.09, DOU 28.5.09)*

b) (revogada); *(Redação dada pela Lei n. 11.941, de 27.5.09, DOU 28.5.09)*

c) (revogada); *(Redação dada pela Lei n. 11.941, de 27.5.09, DOU 28.5.09)*

II — (revogado): *(Redação dada pela Lei n. 11.941, de 27.5.09, DOU 28.5.09)*

a) (revogada); *(Redação dada pela Lei n. 11.941, de 27.5.09, DOU 28.5.09)*

b) (revogada); *(Redação dada pela Lei n. 11.941, de 27.5.09, DOU 28.5.09)*

c) (revogada); *(Redação dada pela Lei n. 11.941, de 27.5.09, DOU 28.5.09)*

d) (revogada); *(Redação dada pela Lei n. 11.941, de 27.5.09, DOU 28.5.09)*

III — (revogado): *(Redação dada pela Lei n. 11.941, de 27.5.09, DOU 28.5.09)*

a) (revogada); *(Redação dada pela Lei n. 11.941, de 27.5.09, DOU 28.5.09)*

b) (revogada); *(Redação dada pela Lei n. 11.941, de 27.5.09, DOU 28.5.09)*

c) (revogada); *(Redação dada pela Lei n. 11.941, de 27.5.09, DOU 28.5.09)*

d) (revogada). *(Redação dada pela Lei n. 11.941, de 27.5.09, DOU 28.5.09)*

§ 1º (Revogado). *(Redação dada pela Lei n. 11.941, de 27.5.09, DOU 28.5.09)*

§ 2º (Revogado). *(Redação dada pela Lei n. 11.941, de 27.5.09, DOU 28.5.09)*

§ 3º (Revogado). *(Redação dada pela Lei n. 11.941, de 27.5.09, DOU 28.5.09)*

§ 4º (Revogado). *(Redação dada pela Lei n. 11.941, de 27.5.09, DOU 28.5.09)*

Art. 35-A. Nos casos de lançamento de ofício relativos às contribuições referidas no art. 35 desta Lei, aplica-se o disposto no art. 44 da Lei n. 9.430, de 27 de dezembro de 1996. *(Acrescentada pela Lei n. 11.941, de 27.5.09, DOU 28.5.09)*

Art. 36. *(Revogado pela Lei n. 8.218, de 29.8.91, 30.8.91)*

Art. 37. Constatado o não recolhimento total ou parcial das contribuições tratadas nesta Lei, não declaradas na forma do art. 32 desta Lei, a falta de pagamento de benefício reembolsado ou o descumprimento de obrigação acessória, será lavrado auto de infração ou notificação de lançamento. *(Redação dada pela Lei n. 11.941, de 27.5.09, DOU 28.5.09)*

§ 1º (Revogado). *(Redação dada pela Lei n. 11.941, de 27.5.09, DOU 28.5.09)*

§ 2º (Revogado) *(Redação dada pela Lei n. 11.941, de 27.5.09, DOU 28.5.09)*

Art. 38. *(Revogado pela Lei n. 11.941, de 27.5.09, DOU 28.5.09)*

Art. 39. O débito original e seus acréscimos legais, bem como outras multas previstas em lei, constituem dívida ativa da União, promovendo-se a inscrição em livro próprio daquela resultante das contribuições de que tratam as alíneas *a*, *b* e *c* do parágrafo único do art. 11 desta Lei. *(Redação dada pela Lei n. 11.457, de 16.3.07, DOU 19.3.07)*

§ 1º *(Revogado pela Lei n. 11.501, de 11.7.07, DOU 12.7.07)*

§ 2º É facultado aos órgãos competentes, antes de ajuizar a cobrança da dívida ativa de que trata o *caput* deste artigo, promover o protesto de título dado em garantia, que será recebido pro solvendo. *(Redação dada pela Lei n. 11.457, de 16.3.07, DOU 19.3.07)*

§ 3º Serão inscritas como dívida ativa da União as contribuições que não tenham sido recolhidas ou parceladas resultantes das informações prestadas no documento a que se

refere o inciso IV do art. 32 desta Lei. *(Redação dada pela Lei n. 11.457, de 16.3.07, DOU 19.3.07)*

Art. 40. (VETADO).

Art. 41. *(Revogado pela Lei n. 11.941, de 27.5.09, DOU 28.5.09)*

Art. 42. Os administradores de autarquias e fundações públicas, criadas e mantidas pelo Poder Público, de empresas públicas e de sociedades de economia mista sujeitas ao controle da União, dos Estados, do Distrito Federal ou dos Municípios, que se encontrarem em mora, por mais de 30 (trinta) dias, no recolhimento das contribuições previstas nesta Lei, tornam-se solidariamente responsáveis pelo respectivo pagamento, ficando ainda sujeitos às proibições do art. 1º e às sanções dos arts. 4º e 7º do Decreto-Lei n. 368, de 19 de dezembro de 1968.

Art. 43. Nas ações trabalhistas de que resultar o pagamento de direitos sujeitos à incidência de contribuição previdenciária, o juiz, sob pena de responsabilidade, determinará o imediato recolhimento das importâncias devidas à Seguridade Social. *(Redação dada pela Lei n. 8.620, de 5.1.93, DOU 6.1.93)*

§ 1º Nas sentenças judiciais ou nos acordos homologados em que não figurarem, discriminadamente, as parcelas legais relativas à contribuições sociais, estas incidirão sobre o valor total apurado em liquidação de sentença ou sobre o valor do acordo homologado. *(Incluído pela Lei n. 11.941, de 27.5.09, DOU 28.5.09)*

§ 2º Considera-se ocorrido o fato gerador das contribuições sociais na data da prestação do serviço. *(Incluído pela Lei n. 11.941, de 27.5.09, DOU 28.5.09)*

§ 3º As contribuições sociais serão apuradas mês a mês, com referência ao período da prestação de serviços, mediante a aplicação de alíquotas, limites máximos do salário de contribuição e acréscimos legais moratórios vigentes relativamente a cada uma das competências abrangidas, devendo o recolhimento ser efetuado no mesmo prazo em que devam ser pagos os créditos encontrados em liquidação de sentença ou em acordo homologado, sendo que nesse último caso o recolhimento será feito em tantas parcelas quantas as previstas no acordo, nas mesmas datas em que sejam exigíveis e proporcionalmente a cada uma delas. *(Incluído pela Lei n. 11.941, de 27.5.09, DOU 28.5.09)*

§ 4º No caso de reconhecimento judicial da prestação de serviços em condições que permitam a aposentadoria especial após 15 (quinze), 20 (vinte) ou 25 (vinte e cinco) anos de contribuição, serão devidos os acréscimos de contribuição de que trata o § 6º do art. 57 da Lei n. 8.213, de 24 de julho de 1991. *(Acrescentado pela Lei n. 11.941, de 27.5.09, DOU 28.5.09)*

§ 5º Na hipótese de acordo celebrado após ter sido proferida decisão de mérito, a contribuição será calculada com base no valor do acordo. *(Acrescentado pela Lei n. 11.941, de 27.5.09, DOU 28.5.09)*

§ 6º Aplica-se o disposto neste artigo aos valores devidos ou pagos nas Comissões de Conciliação Prévia de que trata a Lei n. 9.958, de 12 de janeiro de 2000. *(Acrescentado pela Lei n. 11.941, de 27.5.09, DOU 28.5.09)*

Art. 44. *(Revogado pela Lei n. 11.501, de 11.7.07, DOU 12.7.07)*

Art. 45. *(Revogado pela Lei Complementar n. 128, de 19.12.08, DOU 22.12.08)*

Art. 45-A. O contribuinte individual que pretenda contar tempo de contribuição, para fins de obtenção de benefício no Regime Geral de Previdência Social ou de contagem recíproca do tempo de contribuição, período de atividade remunerada alcançada pela decadência deverá indenizar o INSS. *(Incluído pela Lei Complementar n. 128, de 19.12.08, DOU 22.12.08)*

§ 1º O valor da indenização a que se refere o *caput* deste artigo e o § 1º do art. 55 da Lei n. 8.213, de 24 de julho de 1991, corresponderá a 20% (vinte por cento): *(Incluído pela Lei Complementar n. 128, de 19.12.08, DOU 22.12.08)*

I — da média aritmética simples dos maiores salários de contribuição, reajustados, correspondentes a 80% (oitenta por cento) de todo o período contributivo decorrido desde a competência julho de 1994; ou *(Incluído pela Lei Complementar n. 128, de 19.12.08, DOU 22.12.08)*

II — da remuneração sobre a qual incidem as contribuições para o regime próprio de previdência social a que estiver filiado o interessado, no caso de indenização para fins da contagem recíproca de que tratam os arts. 94 a 99 da Lei n. 8.213, de 24 de julho de 1991, observados o limite máximo previsto no art. 28 e o disposto em regulamento. *(Incluído pela Lei Complementar n. 128, de 19.12.08, DOU 22.12.08)*

§ 2º Sobre os valores apurados na forma do § 1º deste artigo incidirão juros moratórios de 0,5% (cinco décimos por cento) ao mês, capitalizados anualmente, limitados ao percentual máximo de 50% (cinquenta por cento), e multa de 10% (dez por cento). *(Incluído pela Lei Complementar n. 128, de 19.12.08, DOU 22.12.08)*

§ 3º O disposto no § 1º deste artigo não se aplica aos casos de contribuições em atraso não alcançadas pela decadência do direito de a Previdência constituir o respectivo crédito, obedecendo-se, em relação a elas, as disposições aplicadas às empresas em geral. *(Incluído pela Lei Complementar n. 128, de 19.12.08, DOU 22.12.08)*

Art. 46. *(Revogado pela Lei Complementar n. 128, de 19.12.08, DOU 22.12.08)*

Art. 80. Fica o Instituto Nacional do Seguro Social — INSS obrigado a:

I — enviar às empresas e aos seus segurados, quando solicitado, extrato relativo ao recolhimento das suas contribuições; *(Redação pela Lei n. 12.692, de 24.7.12, DOU 25.7.12)*

II — *(Revogado pela Lei n. 11.941, de 27.5.09, DOU 28.5.09)*

III — emitir e enviar aos beneficiários o Aviso de Concessão de Benefício, além da memória de cálculo do valor dos benefícios concedidos;

IV — reeditar versão atualizada, nos termos do Plano de Benefícios, da Carta dos Direitos dos Segurados;

V — divulgar, com a devida antecedência, através dos meios de comunicação, alterações porventura realizadas na forma de contribuição das empresas e segurados em geral;

VI — descentralizar, progressivamente, o processamento eletrônico das informações, mediante extensão dos programas de informatização de postos de atendimento e de Regiões Fiscais.

VII — disponibilizará ao público, inclusive por meio de rede pública de transmissão de dados, informações atualizadas sobre as receitas e despesas do regime geral de previdência social, bem como os critérios e parâmetros adotados para garantir o equilíbrio financeiro e atuarial do regime. *(Incluído pela Lei n. 10.887, de 18.6.04, DOU 21.6.04)*

Art. 91. Mediante requisição da Seguridade Social, a empresa é obrigada a descontar, da remuneração paga aos segurados a seu serviço, a importância proveniente de dívida ou responsabilidade por eles contraída junto à Seguridade Social, relativa a benefícios pagos indevidamente.

Art. 104. Esta Lei entrará em vigor na data de sua publicação.

Art. 105. Revogam-se as disposições em contrário.

Brasília, em 24 de julho de 1991; 170º da Independência e 103º da República.

FERNANDO COLLOR
ANTONIO MAGRI

DOU 25.7.1991 E REPUB. DOU 11.4.1996 e 14.8.1998

Lei n. 8.213, de 24 de julho de 1991

EXCERTOS PERTINENTES À ÀREA TRABALHISTA

Dispõe sobre os planos de benefícios da Previdência Social e dá outras providências

Art. 1º A Previdência Social, mediante contribuição, tem por fim assegurar aos seus beneficiários meios indispensáveis de manutenção, por motivo de incapacidade, desemprego involuntário, idade avançada, tempo de serviço, encargos familiares e prisão ou morte daqueles de quem dependiam economicamente.

Art. 2º A Previdência Social rege-se pelos seguintes princípios e objetivos:

I — universalidade de participação nos planos previdenciários;

II — uniformidade e equivalência dos benefícios e serviços às populações urbanas e rurais;

III — seletividade e distributividade na prestação dos benefícios;

IV — cálculo dos benefícios considerando-se os salários de contribuição corrigidos monetariamente;

V — irredutibilidade do valor dos benefícios de forma a preservar-lhes o poder aquisitivo;

VI — valor da renda mensal dos benefícios substitutos do salário de contribuição ou do rendimento do trabalho do segurado não inferior ao do salário mínimo;

VII — previdência complementar facultativa, custeada por contribuição adicional;

VIII — caráter democrático e descentralizado da gestão administrativa, com a participação do governo e da comunidade, em especial de trabalhadores em atividade, empregadores e aposentados.

Parágrafo único. A participação referida no inciso VIII deste artigo será efetivada a nível federal, estadual e municipal.

DO REGIME GERAL DE PREVIDÊNCIA SOCIAL

Capítulo I
Dos Beneficiários

Art. 10. Os beneficiários do Regime Geral de Previdência Social classificam-se como segurados e dependentes, nos termos das Seções I e II deste capítulo.

Seção I
Dos Segurados

Art. 11. São segurados obrigatórios da Previdência Social as seguintes pessoas fí-

sicas: *(Redação dada pela Lei n. 8.647, de 13.4.93, DOU 14.4.93)*

I — como empregado: *(Redação dada pela Lei n. 8.647, de 13.4.93, DOU 14.4.93)*

a) aquele que presta serviço de natureza urbana ou rural à empresa, em caráter não eventual, sob sua subordinação e mediante remuneração, inclusive como diretor empregado;

b) aquele que, contratado por empresa de trabalho temporário, definida em legislação específica, presta serviço para atender a necessidade transitória de substituição de pessoal regular e permanente ou a acréscimo extraordinário de serviços de outras empresas;

c) o brasileiro ou o estrangeiro domiciliado e contratado no Brasil para trabalhar como empregado em sucursal ou agência de empresa nacional no exterior;

d) aquele que presta serviço no Brasil a missão diplomática ou a repartição consular de carreira estrangeira e a órgãos a elas subordinados, ou a membros dessas missões e repartições, excluídos o não brasileiro sem residência permanente no Brasil e o brasileiro amparado pela legislação previdenciária do país da respectiva missão diplomática ou repartição consular;

e) o brasileiro civil que trabalha para a União, no exterior, em organismos oficiais brasileiros ou internacionais dos quais o Brasil seja membro efetivo, ainda que lá domiciliado e contratado, salvo se segurado na forma da legislação vigente do país do domicílio;

f) o brasileiro ou estrangeiro domiciliado e contratado no Brasil para trabalhar como empregado em empresa domiciliada no exterior, cuja maioria do capital votante pertença a empresa brasileira de capital nacional;

g) o servidor público ocupante de cargo em comissão, sem vínculo efetivo com a União, Autarquias, inclusive em regime especial, e Fundações Públicas Federais. *(Incluída pela Lei n. 8.647, de 13.4.93, DOU 14.4.93)*

h) o exercente de mandato eletivo federal, estadual ou municipal, desde que não vinculado a regime próprio de previdência social; *(Incluída pela Lei n. 9.506, de 30.10.97, DOU 31.10.97)*

i) o empregado de organismo oficial internacional ou estrangeiro em funcionamento no Brasil, salvo quando coberto por regime próprio de previdência social; *(Incluída pela Lei n. 9.876, de 26.11.99, DOU 29.11.99 e Retif. DOU 16.12.99)*

j) o exercente de mandato eletivo federal, estadual ou municipal, desde que não vinculado a regime próprio de previdência social; *(Incluído pela Lei n. 10.887, de 8.6.04, DOU 21.6.04)*

II — como empregado doméstico: aquele que presta serviço de natureza contínua a pessoa ou família, no âmbito residencial desta, em atividades sem fins lucrativos;

III — *(revogado pela Lei n. 9.876, de 26.11.99 e Retif. DOU 16.12.99)*

IV — *(revogado pela Lei n. 9.876, de 26.11.99, DOU 29.11.99 e Retif. DOU 16.12.99)*

a) *(revogado pela Lei n. 9.876, de 26.11.99 e Retif. DOU 16.12.99)*

b) *(revogado pela Lei n. 9.876, de 26.11.99 e Retif. DOU 16.12.99)*

V — como contribuinte individual: *(Redação dada pela Lei n. 9.876, de 26.11.1999)*

a) a pessoa física, proprietária ou não, que explora atividade agropecuária, a qualquer título, em caráter permanente ou temporário, em área superior a 4 (quatro) módulos fiscais; ou, quando em área igual ou inferior a 4 (quatro) módulos fiscais ou atividade pesqueira, com auxílio de empregados ou por intermédio de prepostos; ou ainda nas hipóteses dos §§ 9º e 10 deste artigo; *(Redação dada pela Lei n. 11.718, de 20.6.08, DOU 23.6.08)*

b) a pessoa física, proprietária ou não, que explora atividade de extração mineral — garimpo, em caráter permanente ou temporário, diretamente ou por intermédio de prepostos, com ou sem o auxílio de empregados, utilizados a qualquer título, ainda que de forma não contínua; *(Redação dada pela Lei n. 9.876, de 26.11.99, DOU 29.11.99 e Retif. DOU 16.12.99)*

c) o ministro de confissão religiosa e o membro de instituto de vida consagrada, de congregação ou de ordem religiosa; *(Redação dada pela Lei n. 10.403, de 8.1.02, DOU 9.1.02)*

d) *(Revogado pela Lei n. 9.876, de 26.11.99, DOU 29.11.99 e Retif. DOU 16.12.99))*

e) o brasileiro civil que trabalha no exterior para organismo oficial internacional do qual o Brasil é membro efetivo, ainda que lá domiciliado e contratado, salvo quando coberto por regime próprio de previdência social; *(Redação dada pela Lei n. 9.876, de 26.11.99, DOU 29.11.99 e Retif. DOU 16.12.99)*

f) o titular de firma individual urbana ou rural, o diretor não empregado e o membro de conselho de administração de sociedade anônima, o sócio solidário, o sócio de indústria, o sócio gerente e o sócio cotista que recebam remuneração decorrente de seu trabalho em empresa urbana ou rural, e o associado eleito para cargo de direção em cooperativa, associação ou entidade de qualquer natureza ou finalidade, bem como o síndico ou administrador eleito para exercer atividade de direção condominial, desde que recebam remuneração; *(Incluído pela Lei n. 9.876, de 26.11.99, DOU 29.11.99 e Retif. DOU 6.12.99)*

g) quem presta serviço de natureza urbana ou rural, em caráter eventual, a uma ou mais empresas, sem relação de emprego; *(Incluído pela Lei n. 9.876, de 26.11.99, DOU 29.11.99 e Retif. DOU 6.12.99)*

h) a pessoa física que exerce, por conta própria, atividade econômica de natureza urbana, com fins lucrativos ou não; *(Incluído pela Lei n. 9.876, de 26.11.99, DOU 29.11.99 e Retif. DOU 6.12.99)*

VI — como trabalhador avulso: quem presta, a diversas empresas, sem vínculo empregatício, serviço de natureza urbana ou rural definidos no Regulamento;

VII — como segurado especial: a pessoa física residente no imóvel rural ou em aglomerado urbano ou rural próximo a ele que, individualmente ou em regime de economia familiar, ainda que com o auxílio eventual de terceiros, na condição de: *(Redação dada pela Lei n. 11.718, de 19.6.08, DOU 20.6.08)*

a) produtor, seja proprietário, usufrutuário, possuidor, assentado, parceiro ou meeiro outorgados, comodatário ou arrendatário rurais, que explore atividade: *(Incluído pela Lei n. 11.718, de 19.6.08, DOU 20.6.08)*

1. agropecuária em área de até 4 (quatro) módulos fiscais; *(Incluído pela Lei n. 11.718, de 19.6.08, DOU 20.6.08)*

2. de seringueiro ou extrativista vegetal que exerça suas atividades nos termos do inciso XII do caput do art. 2º da Lei n. 9.985, de 18 de julho de 2000, e faça dessas atividades o principal meio de vida; *(Incluído pela Lei n. 11.718, de 19.6.08, DOU 20.6.08)*

b) pescador artesanal ou a este assemelhado que faça da pesca profissão habitual ou principal meio de vida; e *(Incluído pela Lei n. 11.718, de 19.6.08, DOU 20.6.08)*

c) cônjuge ou companheiro, bem como filho maior de 16 (dezesseis) anos de idade ou a este equiparado, do segurado de que tratam as alíneas *a* e *b* deste inciso, que, comprovadamente, trabalhem com o grupo familiar respectivo. *(Incluído pela Lei n. 11.718, de 19.6.08, DOU 20.6.08)*

§ 1º Entende-se como regime de economia familiar a atividade em que o trabalho dos membros da família é indispensável à própria subsistência e ao desenvolvimento socioeconômico do núcleo familiar e é exercido em condições de mútua dependência e colaboração, sem a utilização de empregados permanentes. *(Redação dada pela Lei n. 11.718, de 19.6.08, DOU 20.6.08)*

§ 2º Todo aquele que exercer, concomitantemente, mais de uma atividade remunerada sujeita ao Regime Geral de Previdência Social é obrigatoriamente filiado em relação a cada uma delas.

§ 3º O aposentado pelo Regime Geral de Previdência Social — RGPS que estiver exercendo ou que voltar a exercer atividade abrangida por este Regime é segurado obrigatório em relação a essa atividade, ficando sujeito às contribuições de que trata a Lei n. 8.212, de 24 de julho de 1991, para fins de custeio da Seguridade Social. *(Incluído pela Lei n. 9.032, de 28.4.95, DOU 29.4.95)*

§ 4º O dirigente sindical mantém, durante o exercício do mandato eletivo, o mesmo enquadramento no Regime Geral de Previdência Social — RGPS de antes da investidura. *(Incluído pela Lei n. 9.528, de 10.12.97, DOU 11.12.97)*

§ 5º Aplica-se o disposto na alínea *g* do inciso I do *caput* ao ocupante de cargo de Ministro de Estado, de Secretário Estadual, Distrital ou Municipal, sem vínculo efetivo com a União, Estados, Distrito Federal e Municípios, suas autarquias, ainda que em regime especial, e fundações. *(Incluído pela Lei n. 9.876, de 26.11.99, DOU 29.11.99 e Retif. DOU 6.12.99)*

§ 6º Para serem considerados segurados especiais, o cônjuge ou companheiro e os filhos maiores de 16 (dezesseis) anos ou os a estes equiparados deverão ter participação ativa nas atividades rurais do grupo familiar. *(Incluído pela Lei n. 11.718, de 19.6.08, DOU 20.6.08)*

§ 7º O grupo familiar poderá utilizar-se de empregados contratados por prazo determinado ou de trabalhador de que trata a alínea *g* do inciso V do *caput*, à razão de no máximo 120 (cento e vinte) pessoas por dia no ano civil, em períodos corridos ou intercalados ou, ainda, por tempo equivalente em horas de trabalho, não sendo computado nesse prazo o período de afastamento em decorrência da percepção de auxílio-doença. *(Redação dada pela Lei n. 12.873, 24.10.13, DOU 25.10.13)*

§ 8º Não descaracteriza a condição de segurado especial: *(Incluído pela Lei n. 11.718, de 19.6.08, DOU 20.6.08)*

I — a outorga, por meio de contrato escrito de parceria, meação ou comodato, de até 50% (cinquenta por cento) de imóvel rural cuja área total não seja superior a 4 (quatro) módulos fiscais, desde que outorgante e outorgado continuem a exercer a respectiva atividade, individualmente ou em regime de economia familiar; *(Incluído pela Lei n. 11.718, de 19.6.08, DOU 20.6.08)*

II — a exploração da atividade turística da propriedade rural, inclusive com hospedagem, por não mais de 120 (cento e vinte) dias ao ano; *(Incluído pela Lei n. 11.718, de 19.6.08, DOU 20.6.08)*

III — a participação em plano de previdência complementar instituído por entidade classista a que seja associado em razão da

condição de trabalhador rural ou de produtor rural em regime de economia familiar; e *(Incluído pela Lei n. 11.718, de 19.6.08, DOU 20.6.08)*

IV — ser beneficiário ou fazer parte de grupo familiar que tem algum componente que seja beneficiário de programa assistencial oficial de governo; *(Incluído pela Lei n. 11.718, de 19.6.08, DOU 20.6.08)*

V — a utilização pelo próprio grupo familiar, na exploração da atividade, de processo de beneficiamento ou industrialização artesanal, na forma do § 11 do art. 25 da Lei n. 8.212, de 24 de julho de 1991; e *(Incluído pela Lei n. 11.718, de 19.6.08, DOU 20.6.08)*

VI — a associação em cooperativa agropecuária ou de crédito rural; e *(Redação dada pela Lei n. 13.183, de 4.11.15, DOU 5.11.15)*

VII — a incidência do Imposto Sobre Produtos Industrializados — IPI sobre o produto das atividades desenvolvidas nos termos do § 12. *(Incluído pela Lei n. 12.873, de 24.10.13, DOU 25.10.13)*

§ 9º Não é segurado especial o membro de grupo familiar que possuir outra fonte de rendimento, exceto se decorrente de: *(Incluído pela Lei n. 11.718, de 19.6.08, DOU 20.6.08)*

I — benefício de pensão por morte, auxílio-acidente ou auxílio-reclusão, cujo valor não supere o do menor benefício de prestação continuada da Previdência Social; *(Incluído pela Lei n. 11.718, de 19.6.08, DOU 20.6.08)*

II — benefício previdenciário pela participação em plano de previdência complementar instituído nos termos do inciso IV do § 8º deste artigo; *(Incluído pela Lei n. 11.718, de 19.6.08, DOU 20.6.08)*

III — exercício de atividade remunerada em período não superior a 120 (cento e vinte) dias, corridos ou intercalados, no ano civil, observado o disposto no § 13 do art. 12 da Lei n. 8.212, de 24 de julho de 1991; *(Redação dada pela Lei n. 12.873, de 24.10.13, DOU 25.10.13)*

IV — exercício de mandato eletivo de dirigente sindical de organização da categoria de trabalhadores rurais; *(Incluído pela Lei n. 11.718, de 19.6.08, DOU 20.6.08)*

V — exercício de mandato de vereador do Município em que desenvolve a atividade rural ou de dirigente de cooperativa rural constituída, exclusivamente, por segurados especiais, observado o disposto no § 13 do art. 12 da Lei n. 8.212, de 24 de julho de 1991; *(Incluído pela Lei n. 11.718, de 19.6.08, DOU 20.6.08)*

VI — parceria ou meação outorgada na forma e condições estabelecidas no inciso I do § 8º deste artigo; *(Incluído pela Lei n. 11.718, de 19.6.08, DOU 20.6.08)*

VII — atividade artesanal desenvolvida com matéria-prima produzida pelo respectivo grupo familiar, podendo ser utilizada matéria-prima de outra origem, desde que a renda mensal obtida na atividade não exceda ao menor benefício de prestação continuada da Previdência Social; e *(Incluído pela Lei n. 11.718, de 19.6.08, DOU 20.6.08)*

VIII — atividade artística, desde que em valor mensal inferior ao menor benefício de prestação continuada da Previdência Social. *(Incluído pela Lei n. 11.718, de 19.6.08, DOU 20.6.08)*

§ 10. O segurado especial fica excluído dessa categoria: *(Incluído pela Lei n. 11.718, de 19.6.08, DOU 20.6.08)*

I — a contar do primeiro dia do mês em que: *(Incluído pela Lei n. 11.718, de 19.6.08, DOU 20.6.08)*

a) deixar de satisfazer as condições estabelecidas no inciso VII do *caput* deste artigo, sem prejuízo do disposto no art. 15 desta Lei, ou exceder qualquer dos limites estabelecidos no inciso I do § 8º deste artigo; *(Incluído pela Lei n. 11.718, de 19.6.08, DOU 20.6.08)*

b) enquadrar-se em qualquer outra categoria de segurado obrigatório do Regime Geral de Previdência Social, ressalvado o disposto nos incisos III, V, VII e VIII do § 9º e no § 12, sem prejuízo do disposto no art. 15; *(Redação dada pela Lei n. 12.873, de 24.10.13, DOU 25.10.13)*

c) tornar-se segurado obrigatório de outro regime previdenciário; e *(Redação dada pela Lei n. 12.873, de 24.10.13, DOU 25.10.13)*

d) participar de sociedade empresária, de sociedade simples, como empresário individual ou como titular de empresa individual de responsabilidade limitada em desacordo com as limitações impostas pelo § 12; *(Incluído pela Lei n. 12.873, de 24.10.13, DOU 25.10.13) (Produção de efeito)*

II — a contar do primeiro dia do mês subsequente ao da ocorrência, quando o grupo familiar a que pertence exceder o limite de: *(Incluído pela Lei n. 11.718, de 19.6.08, DOU 20.6.08)*

a) utilização de terceiros na exploração da atividade a que se refere o § 7º deste artigo; *(Incluído pela Lei n. 11.718, de 19.6.08, DOU 20.6.08)*

b) dias em atividade remunerada estabelecidos no inciso III do § 9º deste artigo; e *(Incluído pela Lei n. 11.710, de 19.6.08, DOU 20.6.08)*

c) dias de hospedagem a que se refere o inciso II do § 8º deste artigo. *(Incluído pela Lei n. 11.718, de 19.6.08, DOU 20.6.08)*

§ 11. Aplica-se o disposto na alínea *a* do inciso V do *caput* deste artigo ao cônjuge ou companheiro do produtor que participe da atividade rural por este explorada. *(Incluído pela Lei n. 11.718, de 19.6.08, DOU 20.6.08)*

§ 12. A participação do segurado especial em sociedade empresária, em sociedade simples, como empresário individual ou como titular de empresa individual de responsabilidade limitada de objeto ou âmbito agrícola, agroindustrial ou agroturístico, considerada microempresa nos termos da Lei Complementar n. 123, de 14 de dezembro de 2006, não o exclui de tal categoria previdenciária, desde que, mantido o exercício da sua atividade rural na forma do inciso VII do *caput* e do § 1º, a pessoa jurídica componha-se apenas de segurados de igual natureza e sedie-se no mesmo Município ou em Município limítrofe àquele em que eles desenvolvam suas atividades. *(Incluído pela Lei n. 12.873, de 24.10.13, DOU 25.10.13) (Produção de efeito)*

§ 13. (VETADO). *(Incluído pela Lei n. 12.873, de 24.10.13, DOU 25.10.13) (Produção de efeito)*

Art. 12. O servidor civil ocupante de cargo efetivo ou o militar da União, dos Estados, do Distrito Federal ou dos Municípios, bem como o das respectivas autarquias e fundações, são excluídos do Regime Geral de Previdência Social consubstanciado nesta Lei, desde que amparados por regime próprio de previdência social. *(Redação dada pela Lei n. 9.876, de 26.11.99, DOU 29.11.99 e Retif. DOU 16.12.99)*

§ 1º Caso o servidor ou o militar venham a exercer, concomitantemente, uma ou mais atividades abrangidas pelo Regime Geral de Previdência Social, tornar-se-ão segurados obrigatórios em relação a essas atividades. *(Incluído pela Lei n. 9.876, de 26.11.99, DOU 29.11.99 e Retif. DOU 6.12.99)*

§ 2º Caso o servidor ou o militar, amparados por regime próprio de previdência social, sejam requisitados para outro órgão ou entidade cujo regime previdenciário não permita a filiação, nessa condição, permanecerão vinculados ao regime de origem, obedecidas as regras que cada ente estabeleça acerca de sua contribuição. *(Incluído pela Lei n. 9.876, de 26.11.99, DOU 29.11.99 e Retif. DOU 6.12.99)*

Art. 13. É segurado facultativo o maior de 14 (quatorze) anos que se filiar ao Regime Geral de Previdência Social, mediante contribuição, desde que não incluído nas disposições do art. 11.

Art. 14. Consideram-se:

I — empresa — a firma individual ou sociedade que assume o risco de atividade econômica urbana ou rural, com fins lucrativos ou não, bem como os órgãos e entidades da administração pública direta, indireta ou fundacional;

II — empregador doméstico — a pessoa ou família que admite a seu serviço, sem finalidade lucrativa, empregado doméstico.

Parágrafo único. Equiparam-se a empresa, para os efeitos desta Lei, o contribuinte individual e a pessoa física na condição de proprietário ou dono de obra de construção civil, em relação a segurado que lhe presta serviço, bem como a cooperativa, a associação ou entidade de qualquer natureza ou finalidade, a missão diplomática e a repartição consular de carreira estrangeiras. (NR) *(Redação dada pela Lei n. 13.202, de 8.12.15, DOU 9.12.15)*

Art. 15. Mantém a qualidade de segurado, independentemente de contribuições:

I — sem limite de prazo, quem está em gozo de benefício;

II — até 12 (doze) meses após a cessação das contribuições, o segurado que deixar de exercer atividade remunerada abrangida pela Previdência Social ou estiver suspenso ou licenciado sem remuneração;

III — até 12 (doze) meses após cessar a segregação, o segurado acometido de doença de segregação compulsória;

IV — até 12 (doze) meses após o livramento, o segurado retido ou recluso;

V — até 3 (três) meses após o licenciamento, o segurado incorporado às Forças Armadas para prestar serviço militar;

VI — até 6 (seis) meses após a cessação das contribuições, o segurado facultativo.

§ 1º O prazo do inciso II será prorrogado para até 24 (vinte e quatro) meses se o segurado já tiver pago mais de 120 (cento e vinte) contribuições mensais sem interrupção que acarrete a perda da qualidade de segurado.

§ 2º Os prazos do inciso II ou do § 1º serão acrescidos de 12 (doze) meses para o segurado desempregado, desde que comprovada essa situação pelo registro no órgão próprio do Ministério do Trabalho e da Previdência Social.

§ 3º Durante os prazos deste artigo, o segurado conserva todos os seus direitos perante a Previdência Social.

§ 4º A perda da qualidade de segurado ocorrerá no dia seguinte ao do término do prazo fixado no Plano de Custeio da Seguridade Social para recolhimento da contribuição referente ao mês imediatamente posterior ao do final dos prazos fixados neste artigo e seus parágrafos.

Seção II
Dos Dependentes

Art. 16. São beneficiários do Regime Geral de Previdência Social, na condição de dependentes do segurado:

I — o cônjuge, a companheira, o companheiro e o filho não emancipado, de qualquer condição, menor de 21 (vinte e um) anos ou inválido ou que tenha deficiência intelectual

ou mental ou deficiência grave; *(Redação dada pela Lei n. 13.146, de 6.7.15, DOU 7.7.15, com vigência após decorridos 180 dias de sua publicação oficial)*

II — os pais;

III — o irmão não emancipado, de qualquer condição, menor de 21 (vinte e um) anos ou inválido ou que tenha deficiência intelectual ou mental ou deficiência grave; *(Redação dada pela Lei n. 13.146, de 6.7.15, DOU 7.7.15, com vigência após decorridos 180 dias de sua publicação oficial)*

IV — *(Revogada pela Lei n. 9.032, de 28.4.95, DOU 29.4.95)*

§ 1º A existência de dependente de qualquer das classes deste artigo exclui do direito às prestações os das classes seguintes.

§ 2º O enteado e o menor tutelado equiparam-se a filho mediante declaração do segurado e desde que comprovada a dependência econômica na forma estabelecida no Regulamento. *(Redação dada pela Lei n. 9.528, de 10.12.97, DOU 11.12.97)*

§ 3º Considera-se companheira ou companheiro a pessoa que, sem ser casada, mantém união estável com o segurado ou com a segurada, de acordo com o § 3º do art. 226 da Constituição Federal.

§ 4º A dependência econômica das pessoas indicadas no inciso I é presumida e a das demais deve ser comprovada.

Seção III
Das Inscrições

Art. 17. O Regulamento disciplinará a forma de inscrição do segurado e dos dependentes.

§ 1º Incumbe ao dependente promover a sua inscrição quando do requerimento do benefício a que estiver habilitado. *(Redação dada pela Lei n. 10.403, de 8.1.2002)*

§ 2º *(Revogado pela Lei n. 13.135, de 17.6.15, DOU 18.6.15)*

§ 3º *(Revogado pela Lei n. 11.718, de 20.8.08, DOU 23.6.08)*

§ 4º A inscrição do segurado especial será feita de forma a vinculá-lo ao respectivo grupo familiar e conterá, além das informações pessoais, a identificação da propriedade em que desenvolve a atividade e a que título, se nela reside ou o Município onde reside e, quando for o caso, a identificação e inscrição da pessoa responsável pelo grupo familiar. *(Redação dada pela Lei n. 12.873, de 2013)*

§ 5º O segurado especial integrante de grupo familiar que não seja proprietário ou dono do imóvel rural em que desenvolve sua atividade deverá informar, no ato da inscrição, conforme o caso, o nome do parceiro ou meeiro outorgante, arrendador, comodante ou assemelhado. *(Incluído Lei n. 11.718, de 2008)*

§ 6º *(Revogado pela Lei n. 12.873, de 2013)*

Capítulo II
Das Prestações em Geral

Seção I
Das Espécies de Prestações

Art. 18. O Regime Geral de Previdência Social compreende as seguintes prestações, devidas inclusive em razão de eventos decorrentes de acidente do trabalho, expressas em benefícios e serviços:

I — quanto ao segurado:

a) aposentadoria por invalidez;
b) aposentadoria por idade;
c) aposentadoria por tempo de contribuição; *(Redação dada pela Lei Complementar n. 123, de 14.12.06, DOU 15.12.06)*
d) aposentadoria especial;
e) auxílio-doença;
f) salário-família;
g) salário-maternidade;
h) auxílio-acidente;
i) *(Revogada pela Lei n. 8.870, de 15.4.94, DOU 16.4.94)*

II — quanto ao dependente:

a) pensão por morte;
b) auxílio-reclusão;

III — quanto ao segurado e dependente:

a) *(Revogada pela Lei n. 9.032, de 28.4.95, DOU 29.4.95)*
b) serviço social;
c) reabilitação profissional.

§ 1º Somente poderão beneficiar-se do auxílio-acidente os segurados incluídos nos incisos I, II, VI e VII do art. 11 desta Lei. *(Redação dada pela Lei Complementar n. 150, de 1.6.15, DOU 2.6.15)*

§ 2º O aposentado pelo Regime Geral de Previdência Social — RGPS que permanecer em atividade sujeita a este Regime, ou a ele retornar, não fará jus a prestação alguma da Previdência Social em decorrência do exercício dessa atividade, exceto ao salário-família e à reabilitação profissional, quando empregado. *(Redação dada pela Lei n. 9.528, de 10.12.97, DOU 11.12.97)*

§ 3º O segurado contribuinte individual, que trabalhe por conta própria, sem relação de trabalho com empresa ou equiparado, e o segurado facultativo que contribuam na forma do § 2º do art. 21 da Lei n. 8.212, de 24 de julho de 1991, não farão jus à aposentadoria por tempo de contribuição. *(Incluído pela Lei Complementar n. 123, de 14.12.06, DOU 15.12.06)*

Art. 19. Acidente do trabalho é o que ocorre pelo exercício do trabalho a serviço de empresa ou de empregador doméstico ou pelo exercício do trabalho dos segurados referidos no inciso VII do art. 11 desta Lei, provocando lesão corporal ou perturbação funcional que cause a morte ou a perda ou redução, permanente ou temporária, da capacidade para o trabalho. *(Redação dada pela Lei Complementar n. 150, de 1.6.15, DOU 2.6.15)*

§ 1º A empresa é responsável pela adoção e uso das medidas coletivas e individuais de proteção e segurança da saúde do trabalhador.

§ 2º Constitui contravenção penal, punível com multa, deixar a empresa de cumprir as normas de segurança e higiene do trabalho.

§ 3º É dever da empresa prestar informações pormenorizadas sobre os riscos da operação a executar e do produto a manipular.

§ 4º O Ministério do Trabalho e da Previdência Social fiscalizará e os sindicatos e entidades representativas de classe acompanharão o fiel cumprimento do disposto nos parágrafos anteriores, conforme dispuser o Regulamento.

Art. 20. Consideram-se acidente do trabalho, nos termos do artigo anterior, as seguintes entidades mórbidas:

I — doença profissional, assim entendida a produzida ou desencadeada pelo exercício do trabalho peculiar a determinada atividade e constante da respectiva relação elaborada pelo Ministério do Trabalho e da Previdência Social;

II — doença do trabalho, assim entendida a adquirida ou desencadeada em função de condições especiais em que o trabalho é realizado e com ele se relacione diretamente, constante da relação mencionada no inciso I.

§ 1º Não são consideradas como doença do trabalho:

a) a doença degenerativa;
b) a inerente a grupo etário;
c) a que não produza incapacidade laborativa;
d) a doença endêmica adquirida por segurado habitante de região em que ela se desenvolva, salvo comprovação de que é resultante de exposição ou contato direto determinado pela natureza do trabalho.

§ 2º Em caso excepcional, constatando-se que a doença não incluída na relação prevista nos incisos I e II deste artigo resultou das condições especiais em que o trabalho é executado e com ele se relaciona diretamente, a Previdência Social deve considerá-la acidente do trabalho.

Art. 21. Equiparam-se também ao acidente do trabalho, para efeitos desta Lei:

I — o acidente ligado ao trabalho que, embora não tenha sido a causa única, haja contribuído diretamente para a morte do segurado, para redução ou perda da sua capacidade para o trabalho, ou produzido lesão que exija atenção médica para a sua recuperação;

II — o acidente sofrido pelo segurado no local e no horário do trabalho, em consequência de:

a) ato de agressão, sabotagem ou terrorismo praticado por terceiro ou companheiro de trabalho;
b) ofensa física intencional, inclusive de terceiro, por motivo de disputa relacionada ao trabalho;
c) ato de imprudência, de negligência ou de imperícia de terceiro ou de companheiro de trabalho;
d) ato de pessoa privada do uso da razão;
e) desabamento, inundação, incêndio e outros casos fortuitos ou decorrentes de força maior;

III — a doença proveniente de contaminação acidental do empregado no exercício de sua atividade;

IV — o acidente sofrido pelo segurado ainda que fora do local e horário de trabalho:

a) na execução de ordem ou na realização de serviço sob a autoridade da empresa;
b) na prestação espontânea de qualquer serviço à empresa para lhe evitar prejuízo ou proporcionar proveito;
c) em viagem a serviço da empresa, inclusive para estudo quando financiado por esta dentro de seus planos para melhor capacitação da mão de obra, independentemente do meio de locomoção utilizado, inclusive veículo de propriedade do segurado;
d) no percurso da residência para o local de trabalho ou deste para aquela, qualquer que seja o meio de locomoção, inclusive veículo de propriedade do segurado.

§ 1º Nos períodos destinados a refeição ou descanso, ou por ocasião da satisfação de outras necessidades fisiológicas, no local do trabalho ou durante este, o empregado é considerado no exercício do trabalho.

§ 2º Não é considerada agravação ou complicação de acidente do trabalho a lesão que, resultante de acidente de outra origem, se associe ou se superponha às consequências do anterior.

Art. 21-A. A perícia médica do Instituto Nacional do Seguro Social (INSS) considerará caracterizada a natureza acidentária da incapacidade quando constatar ocorrência de nexo técnico epidemiológico entre o trabalho e o agravo, decorrente da relação entre a atividade da empresa ou do empregado

doméstico e a entidade mórbida motivadora da incapacidade elencada na Classificação Internacional de Doenças (CID), em conformidade com o que dispuser o regulamento. *(Redação dada pela Lei Complementar n. 150, de 1.6.15, DOU 2.6.15)*

§ 1º A perícia médica do INSS deixará de aplicar o disposto neste artigo quando demonstrada a inexistência do nexo de que trata o *caput* deste artigo. *(Incluído pela Lei n. 11.430, de 26.12.06, DOU 27.12.06)*

§ 2º A empresa ou o empregador doméstico poderão requerer a não aplicação do nexo técnico epidemiológico, de cuja decisão caberá recurso, com efeito suspensivo, da empresa, do empregador doméstico ou do segurado ao Conselho de Recursos da Previdência Social. (NR) *(Redação dada pela Lei Complementar n. 150, de 1.6.15, DOU 2.6.15)*

Art. 22. A empresa ou o empregador doméstico deverão comunicar o acidente do trabalho à Previdência Social até o primeiro dia útil seguinte ao da ocorrência e, em caso de morte, de imediato, à autoridade competente, sob pena de multa variável entre o limite mínimo e o limite máximo do salário de contribuição, sucessivamente aumentada nas reincidências, aplicada e cobrada pela Previdência Social. *(Redação dada pela Lei Complementar n. 150, de 1.6.15, DOU 2.6.15)*

§ 1º Da comunicação a que se refere este artigo receberão cópia fiel o acidentado ou seus dependentes, bem como o sindicato a que corresponda a sua categoria.

§ 2º Na falta de comunicação por parte da empresa, podem formalizá-la o próprio acidentado, seus dependentes, a entidade sindical competente, o médico que o assistiu ou qualquer autoridade pública, não prevalecendo nestes casos o prazo previsto neste artigo.

§ 3º A comunicação a que se refere o § 2º não exime a empresa de responsabilidade pela falta do cumprimento do disposto neste artigo.

§ 4º Os sindicatos e entidades representativas de classe poderão acompanhar a cobrança, pela Previdência Social, das multas previstas neste artigo.

§ 5º A multa de que trata este artigo não se aplica na hipótese do *caput* do art. 21-A. *(Incluído pela Lei n. 11.430, de 26.12.06, DOU 27.12.06)*

Art. 23. Considera-se como dia do acidente, no caso de doença profissional ou do trabalho, a data do início da incapacidade laborativa para o exercício da atividade habitual, ou o dia da segregação compulsória, ou o dia em que for realizado o diagnóstico, valendo para este efeito o que ocorrer primeiro.

Seção II
Dos Períodos de Carência

Art. 24. Período de carência é o número mínimo de contribuições mensais indispensáveis para que o beneficiário faça jus ao benefício, consideradas a partir do transcurso do primeiro dia dos meses de suas competências.

Parágrafo único. Havendo perda da qualidade de segurado, as contribuições anteriores a essa data só serão computadas para efeito de carência depois que o segurado contar, a partir da nova filiação à Previdência Social, com, no mínimo, 1/3 (um terço) do número de contribuições exigidas para o cumprimento da carência definida para o benefício a ser requerido.

Art. 25. A concessão das prestações pecuniárias do Regime Geral de Previdência Social depende dos seguintes períodos de carência, ressalvado o disposto no art. 26:

I — auxílio-doença e aposentadoria por invalidez: 12 (doze) contribuições mensais;

II — aposentadoria por idade, aposentadoria por tempo de serviço e aposentadoria especial: 180 contribuições mensais. *(Redação dada pela Lei n. 8.870, de 15.4.94, DOU 16.4.94)*

III — salário-maternidade para as seguradas de que tratam os incisos V e VII do art. 11 e o art. 13: dez contribuições mensais, respeitado o disposto no parágrafo único do art. 39 desta Lei. *(Incluído pela Lei n. 9.876, de 26.11.99, DOU 29.11.99 e Retif. DOU 6.12.99)*

Parágrafo único. Em caso de parto antecipado, o período de carência a que se refere o inciso III será reduzido em número de contribuições equivalente ao número de meses em que o parto foi antecipado. *(Incluído pela Lei n. 9.876, de 26.11.99, DOU 29.11.99 e Retif. DOU 6.12.99)*

Art. 26. Independe de carência a concessão das seguintes prestações:

I — salário-família e auxílio-acidente;

II — auxílio-doença e aposentadoria por invalidez nos casos de acidente de qualquer natureza ou causa e de doença profissional ou do trabalho, bem como nos casos de segurado que, após filiar-se ao RGPS, for acometido de alguma das doenças e afecções especificadas em lista elaborada pelos Ministérios da Saúde e da Previdência Social, atualizada a cada 3 (três) anos, de acordo com os critérios de estigma, deformação, mutilação, deficiência ou outro fator que lhe confira especificidade e gravidade que mereçam tratamento particularizado; *(Redação dada pela Lei n. 13.135, de 17.6.15, DOU 18.6.15)*

III — os benefícios concedidos na forma do inciso I do art. 39, aos segurados especiais referidos no inciso VII do art. 11 desta Lei;

IV — serviço social;

V — reabilitação profissional.

VI — salário-maternidade para as seguradas empregada, trabalhadora avulsa e empregada doméstica. *(Incluído pela Lei n. 9.876, de 26.11.99, DOU 29.11.99 e Retif. DOU 6.12.99)*

Art. 27. Para cômputo do período de carência, serão consideradas as contribuições: *(Redação dada pela Lei Complementar n. 150, de 1.6.15, DOU 2.6.15)*

I — referentes ao período a partir da data de filiação ao Regime Geral de Previdência Social (RGPS), no caso dos segurados empregados, inclusive os domésticos, e dos trabalhadores avulsos; *(Redação dada pela Lei Complementar n. 150, de 1.6.15, DOU 2.6.15)*

II — realizadas a contar da data de efetivo pagamento da primeira contribuição sem atraso, não sendo consideradas para este fim as contribuições recolhidas com atraso referentes a competências anteriores, no caso dos segurados contribuinte individual, especial e facultativo, referidos, respectivamente, nos incisos V e VII do art. 11 e no art. 13. (NR) *(Redação dada pela Lei Complementar n. 150, de 1.6.15, DOU 2.6.15)*

Seção III
Do Cálculo do Valor dos Benefícios

Subseção I

Art. 28. O valor do benefício de prestação continuada, inclusive o regido por norma especial e o decorrente de acidente do trabalho, exceto o salário-família e o salário-maternidade, será calculado com base no salário de benefício. *(Redação dada pela Lei n. 9.032, de 28.4.1995, DOU 29.4.1995)*

§ 1º *(Revogado pela Lei n. 9.032, de 28.4.1995, DOU 29.4.1995)*

§ 2º *(Revogado pela Lei n. 9.032, de 28.4.1995, DOU 29.4.1995)*

§ 3º *(Revogado pela Lei n. 9.032, de 28.4.1995, DOU 29.4.1995)*

§ 4º *(Revogado pela Lei n. 9.032, de 28.4.1995, DOU 29.4.1995)*

Art. 29. O salário de benefício consiste: *(Redação dada pela Lei n. 9.876, 26.11.1999, DOU 29.11.1999, Ed. Extra)*

I — para os benefícios de que tratam as alíneas *b* e *c* do inciso I do art. 18, na média aritmética simples dos maiores salários de contribuição correspondentes a oitenta por cento de todo o período contributivo, multiplicada pelo fator previdenciário; *(Incluído pela Lei n. 9.876, 26.11.1999, DOU 29.11.1999, Ed. Extra)*

II — para os benefícios de que tratam as alíneas *a, d, e* e *h* do inciso I do art. 18, na média aritmética simples dos maiores salários de contribuição correspondentes a oitenta por cento de todo o período contributivo. *(Incluído pela Lei n. 9.876, 26.11.1999, DOU 29.11.1999, Ed. Extra)*

§ 1º *(Revogado pela Lei n. 9.876, de 26.11.1999, DOU 29.11.1999, Ed. Extra)*

§ 2º O valor do salário do benefício não será inferior ao de um salário mínimo, nem superior ao do limite máximo do salário de contribuição na data do início do benefício.

§ 3º Serão considerados para cálculo do salário de benefício os ganhos habituais do segurado empregado, a qualquer título, sob forma de moeda corrente ou de utilidades, sobre os quais tenha incidido contribuições previdenciárias, exceto o décimo terceiro salário (gratificação natalina). *(Redação dada pela Lei n. 8.870, de 15.4.1994, DOU 16.4.1994)*

§ 4º Não será considerado, para o cálculo do salário de benefício, o aumento dos salários de contribuição que exceder o limite legal, inclusive o voluntariamente concedido nos 36 (trinta e seis) meses imediatamente anteriores ao início do benefício, salvo se homologado pela Justiça do Trabalho, resultante de promoção regulada por normas gerais da empresa, admitida pela legislação do trabalho, de sentença normativa ou de reajustamento salarial obtido pela categoria respectiva.

§ 5º Se, no período básico de cálculo, o segurado tiver recebido benefícios por incapacidade, sua duração será contada, considerando-se como salário de contribuição, no período, o salário de benefício que serviu de base para o cálculo da renda mensal, reajustado nas mesmas épocas e bases dos benefícios em geral, não podendo ser inferior ao valor de 1 (um) salário mínimo.

§ 6º O salário de benefício do segurado especial consiste no valor equivalente ao salário-mínimo, ressalvado o disposto no inciso II do art. 39 e nos §§ 3º e 4º do art. 48 desta Lei. *(Redação dada pela Lei n. 11.718, de 20.6.2008, DOU 23.6.2008)*

I — *(revogado pela Lei n. 11.718, de 20.6.2008, DOU 23.6.2008)*

II — *(revogado pela Lei n. 11.718, de 20.6.2008, DOU 23.6.2008)*

§ 7º O fator previdenciário será calculado considerando-se a idade, a expectativa de sobrevida e o tempo de contribuição do segurado ao se aposentar, segundo a fórmula constante do *Anexo* desta Lei. *(Incluído pela Lei n. 9.876, 26.11.1999, DOU 29.11.1999, Ed. Extra)*

§ 8º Para efeito do disposto no § 7º, a expectativa de sobrevida do segurado na idade da aposentadoria será obtida a partir da tábua completa de mortalidade construída pela

Fundação Instituto Brasileiro de Geografia e Estatística — IBGE, considerando-se a média nacional única para ambos os sexos. *(Incluído pela Lei n. 9.876, 26.11.1999, DOU 29.11.1999, Ed. Extra)*

§ 9º Para efeito da aplicação do fator previdenciário, ao tempo de contribuição do segurado serão adicionados: *(Incluído pela Lei n. 9.876, 26.11.1999, DOU 29.11.1999, Ed. Extra)*

I — cinco anos, quando se tratar de mulher; *(Incluído pela Lei n. 9.876, 26.11.1999, DOU 29.11.1999, Ed. Extra)*

II — cinco anos, quando se tratar de professor que comprove exclusivamente tempo de efetivo exercício das funções de magistério na educação infantil e no ensino fundamental e médio; *(Incluído pela Lei n. 9.876, 26.11.1999, DOU 29.11.1999, Ed. Extra)*

III — dez anos, quando se tratar de professora que comprove exclusivamente tempo de efetivo exercício das funções de magistério na educação infantil e no ensino fundamental e médio. *(Incluído pela Lei n. 9.876, 26.11.1999, DOU 29.11.1999, Ed. Extra)*

§ 10. O auxílio-doença não poderá exceder a média aritmética simples dos últimos 12 (doze) salários de contribuição, inclusive em caso de remuneração variável, ou, se não alcançado o número de 12 (doze), a média aritmética simples dos salários de contribuição existentes. *(Redação dada pela Lei n. 13.135, de 17.6.15, DOU 18.6.15)*

§ 11. (VETADO). *(Lei n. 13.135, de 17.6.15, DOU 18.6.15)*

§ 12. (VETADO). *(Lei n. 13.135, de 17.6.15, DOU 18.6.15)*

§ 13. (VETADO). (NR) *(Lei n. 13.135, de 17.6.15, DOU 18.6.15)*

Art. 29-A. O INSS utilizará as informações constantes no Cadastro Nacional de Informações Sociais — CNIS sobre os vínculos e as remunerações dos segurados, para fins de cálculo do salário de benefício, comprovação de filiação ao Regime Geral de Previdência Social, tempo de contribuição e relação de emprego. *(Redação dada pela Lei Complementar n. 128, de 19.12.2008, DOU 22.12.2008)*

§ 1º O INSS terá até 180 (cento e oitenta) dias, contados a partir da solicitação do pedido, para fornecer ao segurado as informações previstas no *caput* deste artigo. *(Incluído pela Lei n. 10.403, de 8.1.2002, DOU 9.1.2002)*

§ 2º O segurado poderá solicitar, a qualquer momento, a inclusão, exclusão ou retificação de informações constantes do CNIS, com a apresentação de documentos comprobatórios dos dados divergentes, conforme critérios definidos pelo INSS. *(Redação dada pela Lei Complementar n. 128, de 19.12.2008, DOU 22.12.2008)*

§ 3º A aceitação de informações relativas a vínculos e remunerações inseridas extemporaneamente no CNIS, inclusive retificações de informações anteriormente inseridas, fica condicionada à comprovação dos dados ou das divergências apontadas, conforme critérios definidos em regulamento. *(Incluído pela Lei Complementar n. 128, de 19.12.2008, DOU 22.12.2008)*

§ 4º Considera-se extemporânea a inserção de dados decorrentes de documento inicial ou de retificação de dados anteriormente informados, quando o documento ou a retificação, ou a informação retificadora, forem apresentados após os prazos estabelecidos em regulamento. *(Incluído pela Lei Complementar n. 128, de 19.12.2008, DOU 22.12.2008)*

§ 5º Havendo dúvida sobre a regularidade do vínculo incluído no CNIS e inexistência de informações sobre remunerações e contribuições, o INSS exigirá a apresentação dos documentos que serviram de base à anotação, sob pena de exclusão do período. *(Incluído pela Lei Complementar n. 128, de 19.12.2008, DOU 22.12.2008)*

Art. 29-B. Os salários de contribuição considerados no cálculo do valor do benefício serão corrigidos mês a mês de acordo com a variação integral do Índice Nacional de Preços ao Consumidor — INPC, calculado pela Fundação Instituto Brasileiro de Geografia e Estatística — IBGE. *(Incluído pela Lei n. 10.877, de 4.6.2004, DOU 7.6.2004)*

Art. 29-C. O segurado que preencher o requisito para a aposentadoria por tempo de contribuição poderá optar pela não incidência do fator previdenciário no cálculo de sua aposentadoria, quando o total resultante da soma de sua idade e de seu tempo de contribuição, incluídas as frações, na data de requerimento da aposentadoria, for: *(Redação dada pela Lei n. 13.183, de 4.11.15, DOU 5.11.15)*

I — igual ou superior a noventa e cinco pontos, se homem, observando o tempo mínimo de contribuição de trinta e cinco anos; ou *(Redação dada pela Lei n. 13.183, de 4.11.15, DOU 5.11.15)*

II — igual ou superior a oitenta e cinco pontos, se mulher, observado o tempo mínimo de contribuição de trinta anos. *(Redação dada pela Lei n. 13.183, de 4.11.15, DOU 5.11.15)*

§ 1º Para os fins do disposto no *caput*, serão somadas as frações em meses completos de tempo de contribuição e idade. *(Redação dada pela Lei n. 13.183, de 4.11.15, DOU 5.11.15)*

§ 2º As somas de idade e de tempo de contribuição previstas no *caput* serão majoradas em um ponto em:

I — 31 de dezembro de 2018;

II — 31 de dezembro de 2020;

III — 31 de dezembro de 2022;

IV — 31 de dezembro de 2024; e

V — 31 de dezembro de 2026. *(Redação do parágrafo e incisos dada pela Lei n. 13.183, de 4.11.15, DOU 5.11.15)*

§ 3º Para efeito de aplicação do disposto no *caput* e no § 2º, o tempo mínimo de contribuição do professor e da professora que comprovarem exclusivamente tempo de efetivo exercício de magistério na educação infantil e no ensino fundamental e médio será de, respectivamente, trinta e vinte e cinco anos, e serão acrescidos cinco pontos à soma da idade com o tempo de contribuição. *(Redação dada pela Lei n. 13.183, de 4.11.15, DOU 5.11.15)*

§ 4º Ao segurado que alcançar o requisito necessário ao exercício da opção de que trata o *caput* e deixar de requerer aposentadoria será assegurado o direito à opção com a aplicação da pontuação exigida na data do cumprimento do requisito nos termos deste artigo. *(Redação dada pela Lei n. 13.183, de 4.11.15, DOU 5.11.15)*

§ 5º (VETADO). *(Lei n. 13.183, de 4.11.15, DOU 5.11.15)*

Art. 29-D. (VETADO). *(Lei n. 13.183, de 4.11.15, DOU 5.11.15)*

Art. 30. *(Revogado pela Lei n. 9.032, de 28.4.1995, DOU 29.4.1995)*

Art. 31. O valor mensal do auxílio-acidente integra o salário de contribuição, para fins de cálculo do salário de benefício de qualquer aposentadoria, observado, no que couber, o disposto no art. 29 e no art. 86, § 5º. *(Restabelecido com nova redação pela Lei n. 9.528, de 10.12.1997, DOU 11.12.1997)*

Art. 32. O salário de benefício do segurado que contribuir em razão de atividades concomitantes será calculado com base na soma dos salários de contribuição das atividades exercidas na data do requerimento ou do óbito, ou no período básico de cálculo, observado o disposto no art. 29 e as normas seguintes:

I — quando o segurado satisfizer, em relação a cada atividade, as condições do benefício requerido, o salário de benefício será calculado com base na soma dos respectivos salários de contribuição;

II — quando não se verificar a hipótese do inciso anterior, o salário de benefício corresponde à soma das seguintes parcelas:

a) o salário de benefício calculado com base nos salários de contribuição das atividades em relação às quais são atendidas as condições do benefício requerido;

b) um percentual da média do salário de contribuição de cada uma das demais atividades, equivalente à relação entre o número de meses completo de contribuição e os do período de carência do benefício requerido;

III — quando se tratar de benefício por tempo de serviço, o percentual da alínea *b* do inciso II será o resultante da relação entre os anos completos de atividade e o número de anos de serviço considerado para a concessão do benefício.

§ 1º O disposto neste artigo não se aplica ao segurado que, em obediência ao limite máximo do salário de contribuição, contribuiu apenas por uma das atividades concomitantes.

§ 2º Não se aplica o disposto neste artigo ao segurado que tenha sofrido redução do salário de contribuição das atividades concomitantes em respeito ao limite máximo desse salário.

Subseção II
Da Renda Mensal do Benefício

Art. 33. A renda mensal do benefício de prestação continuada que substituir o salário de contribuição ou o rendimento do trabalho do segurado não terá valor inferior ao do salário-mínimo, nem superior ao do limite máximo do salário de contribuição, ressalvado o disposto no art. 45 desta Lei.

Art. 34. No cálculo do valor da renda mensal do benefício, inclusive o decorrente de acidente do trabalho, serão computados: *(Redação dada pela Lei Complementar n. 150, de 1.6.15, DOU 2.6.15)*

I — para o segurado empregado, inclusive o doméstico, e o trabalhador avulso, os salários de contribuição referentes aos meses de contribuições devidas, ainda que não recolhidas pela empresa ou pelo empregador doméstico, sem prejuízo da respectiva cobrança e da aplicação das penalidades cabíveis, observado o disposto no § 5º do art. 29-A; *(Redação dada pela Lei Complementar n. 150, de 1.6.15, DOU 2.6.15)*

II — para o segurado empregado, inclusive o doméstico, o trabalhador avulso e o segurado especial, o valor mensal do auxílio-acidente, considerado como salário de contribuição para fins de concessão de qualquer aposentadoria, nos termos do art. 31; *(Redação dada pela Lei Complementar n. 150, de 1.6.15, DOU 2.6.15)*

III — para os demais segurados, os salários de contribuição referentes aos meses de contribuições efetivamente recolhidas. *(Incluído pela Lei n. 9.528, de 10.12.1997, DOU 11.12.1997)*

Art. 35. Ao segurado empregado, inclusive o doméstico, e ao trabalhador avulso que tenham cumprido todas as condições para a concessão do benefício pleiteado, mas não possam comprovar o valor de seus salários

de contribuição no período básico de cálculo, será concedido o benefício de valor mínimo, devendo esta renda ser recalculada quando da apresentação de prova dos salários de contribuição. (NR) *(Redação dada pela Lei Complementar n. 150, de 1.6.15, DOU 2.6.15)*

Art. 36. Para o segurado empregado doméstico que, tendo satisfeito as condições exigidas para a concessão do benefício requerido, não comprovar o efetivo recolhimento das contribuições devidas, será concedido o benefício de valor mínimo, devendo sua renda ser recalculada quando da apresentação da prova do recolhimento das contribuições.

Art. 37. A renda mensal inicial, recalculada de acordo com o disposto no art. 35, deve ser reajustada como a dos benefícios correspondentes com igual data de início e substituirá, a partir da data do requerimento de revisão do valor do benefício, a renda mensal que prevalecia até então. (NR) *(Redação dada pela Lei Complementar n. 150, de 1.6.15, DOU 2.6.15)*

Art. 38. Sem prejuízo do disposto no art. 35, cabe à Previdência Social manter cadastro dos segurados com todos os informes necessários para o cálculo da renda mensal dos benefícios. (NR) *(Redação dada pela Lei Complementar n. 150, de 1.6.15, DOU 2.6.15)*

Art. 38-A. O Ministério da Previdência Social desenvolverá programa de cadastramento dos segurados especiais, observado o disposto nos §§ 4º e 5º do art. 17 desta Lei, podendo para tanto firmar convênio com órgãos federais, estaduais ou do Distrito Federal e dos Municípios, bem como com entidades de classe, em especial as respectivas confederações ou federações. *(Incluído pela Lei n. 11.718, de 20.6.2008, DOU 23.6.2008)*

§ 1º O programa de que trata o *caput* deste artigo deverá prever a manutenção e a atualização anual do cadastro e conter todas as informações necessárias à caracterização da condição de segurado especial. *(Redação dada pela Lei n. 13.134, de 16.6.15, DOU 17.6.15)*

§ 2º Da aplicação do disposto neste artigo não poderá resultar nenhum ônus para os segurados, sejam eles filiados ou não às entidades conveniadas. *(Incluído pela Lei n. 11.718, de 20.6.2008, DOU 23.6.2008)*

§ 3º O INSS, no ato de habilitação ou de concessão de benefício, deverá verificar a condição de segurado especial e, se for o caso, o pagamento da contribuição previdenciária, nos termos da Lei n. 8.212, de 24 de julho de 1991, considerando, dentre outros, o que consta do Cadastro Nacional de Informações Sociais (CNIS) de que trata o art. 29-A desta Lei. (NR) *(Redação dada pela Lei n. 13.134, de 16.6.15, DOU 17.6.15)*

Art. 38-B. O INSS utilizará as informações constantes do cadastro de que trata o art. 38-A para fins de comprovação do exercício da atividade e da condição do segurado especial e do respectivo grupo familiar. *(Redação dada pela Lei n. 13.134, de 16.6.15, DOU 17.6.15)*

Parágrafo único. Havendo divergências de informações, para fins de reconhecimento de direito com vistas à concessão de benefício, o INSS poderá exigir a apresentação dos documentos previstos no art. 106 desta Lei. *(Redação dada pela Lei n. 13.134, de 16.6.15, DOU 17.6.15)*

Art. 39. Para os segurados especiais, referidos no inciso VII do art. 11 desta Lei, fica garantida a concessão:

I — de aposentadoria por idade ou por invalidez, de auxílio-doença, de auxílio-reclusão ou de pensão, no valor de 1 (um) salário mínimo, e de auxílio-acidente, conforme disposto no art. 86, desde que comprove o exercício de atividade rural, ainda que de forma descontínua, no período, imediatamente anterior ao requerimento do benefício, igual ao número de meses correspondentes à carência do benefício requerido; ou *(Redação dada pela Lei n. 12.873, de 24.10.2013, DOU 25.10.2013)*

II — dos benefícios especificados nesta Lei, observados os critérios e a forma de cálculo estabelecidos, desde que contribuam facultativamente para a Previdência Social, na forma estipulada no Plano de Custeio da Seguridade Social.

Parágrafo único. Para a segurada especial fica garantida a concessão do salário-maternidade no valor de 1 (um) salário mínimo, desde que comprove o exercício de atividade rural, ainda que de forma descontínua, nos 12 (doze) meses imediatamente anteriores ao do início do benefício. *(Incluído pela Lei n. 8.861, de 25.3.1994, DOU 28.3.1994)*

Art. 40. É devido abono anual ao segurado e ao dependente da Previdência Social que, durante o ano, recebeu auxílio-doença, auxílio-acidente ou aposentadoria, pensão por morte ou auxílio-reclusão. *(Vide Decreto n. 6.927, de 2009) (Vide Decreto n. 7.782, de 2012) (Vide Decreto n. 8.064, de 2013)*

Parágrafo único. O abono anual será calculado, no que couber, da mesma forma que a Gratificação de Natal dos trabalhadores, tendo por base o valor da renda mensal do benefício do mês de dezembro de cada ano.

Seção IV
Do Reajustamento do Valor dos Benefícios

Art. 41. *(Revogado pela lei n. 11.430, de 26.12.2006, DOU 27.12.2006)*

Art. 41-A. O valor dos benefícios em manutenção será reajustado, anualmente, na mesma data do reajuste do salário mínimo, pro rata, de acordo com suas respectivas datas de início ou do último reajustamento, com base no Índice Nacional de Preços ao Consumidor — INPC, apurado pela Fundação Instituto Brasileiro de Geografia e Estatística — IBGE. *(Incluído pela Lei n. 11.430, de 26.12.2006, DOU 27.12.2006)*

§ 1º Nenhum benefício reajustado poderá exceder o limite máximo do salário de benefício na data do reajustamento, respeitados os direitos adquiridos. *(Incluído pela Lei n. 11.430, de 26.12.2006, DOU 27.12.2006)*

§ 2º Os benefícios com renda mensal superior a um salário mínimo serão pagos do primeiro ao quinto dia útil do mês subsequente ao de sua competência, observada a distribuição proporcional do número de beneficiários por dia de pagamento. *(Redação dada pelo Lei n. 11.665, de 29.4.2008, DOU 30.4.2008)*

§ 3º Os benefícios com renda mensal no valor de até um salário mínimo serão pagos no período compreendido entre o quinto dia útil que antecader o final do mês de sua competência e o quinto dia útil do mês subsequente, observada a distribuição proporcional dos beneficiários por dia de pagamento. *(Redação dada pelo Lei n. 11.665, de 29.4.2008, DOU 30.4.2008)*

§ 4º Para os efeitos dos §§ 2º e 3º deste artigo, considera-se dia útil aquele de expediente bancário com horário normal de atendimento. *(Redação dada pela Lei n. 11.665, de 29.4.2008, DOU 30.4.2008)*

§ 5º O primeiro pagamento do benefício será efetuado até quarenta e cinco dias após a data da apresentação, pelo segurado, da documentação necessária a sua concessão. *(Incluído pelo Lei n. 11.665, de 29.4.2008, DOU 30.4.2008)*

§ 6º Para os benefícios que tenham sido majorados devido à elevação do salário mínimo, o referido aumento deverá ser compensado no momento da aplicação do disposto no *caput* deste artigo, de acordo com normas a serem baixadas pelo Ministério da Previdência Social. *(Incluído pelo Lei n. 11.665, de 29.4.2008, DOU 30.4.2008)*

Seção V
Dos Benefícios

Subseção I
Da Aposentadoria por Invalidez

Art. 42. A aposentadoria por invalidez, uma vez cumprida, quando for o caso, a carência exigida, será devida ao segurado que, estando ou não em gozo de auxílio-doença, for considerado incapaz e insusceptível de reabilitação para o exercício de atividade que lhe garanta a subsistência, e ser-lhe-á paga enquanto permanecer nesta condição.

§ 1º A concessão de aposentadoria por invalidez dependerá da verificação da condição de incapacidade mediante exame médico-pericial a cargo da Previdência Social, podendo o segurado, às suas expensas, fazer-se acompanhar de médico de sua confiança.

§ 2º A doença ou lesão de que o segurado já era portador ao filiar-se ao Regime Geral de Previdência Social não lhe conferirá direito a aposentadoria por invalidez, salvo quando a incapacidade sobrevier por motivo de progressão ou agravamento dessa doença ou lesão.

Art. 43. A aposentadoria por invalidez será devida a partir do dia imediato ao da cessação do auxílio-doença, ressalvado o disposto nos §§ 1º, 2º e 3º deste artigo.

§ 1º Concluindo a perícia médica inicial pela existência de incapacidade total e definitiva para o trabalho, a aposentadoria por invalidez será devida: *(Redação dada pela Lei n. 9.032, de 28.4.1995, DOU 29.4.1995)*

a) ao segurado empregado, a contar do décimo sexto dia do afastamento da atividade ou a partir da entrada do requerimento, se entre o afastamento e a entrada do requerimento decorrerem mais de trinta dias; *(Redação dada pela Lei n. 9.876, de 26.11.99, DOU 29.11.99 e rep. DOU 6.12.99)*

b) ao segurado empregado doméstico, trabalhador avulso, contribuinte individual, especial e facultativo, a contar da data do início da incapacidade ou da data da entrada do requerimento, se entre essas datas decorrerem mais de trinta dias. *(Redação dada pela Lei n. 9.876, 26.11.1999, DOU 29.11.1999, Ed. Extra)*

§ 2º Durante os primeiros quinze dias de afastamento da atividade por motivo de invalidez, caberá à empresa pagar ao segurado empregado o salário. *(Redação dada pela Lei n. 9.876, 26.11.1999, DOU 29.11.1999, Ed. Extra)*

§ 3º *(Revogado pela Lei n. 9.032, de 28.4.1995, DOU 29.4.1995)*

§ 4º O segurado aposentado por invalidez poderá ser convocado a qualquer momento para avaliação das condições que ensejaram o afastamento ou a aposentadoria, concedida judicial ou administrativamente, observado o disposto no art. 101. (NR) *(Incluído pela Medida Provisória n. 739, de 7.7.16, DOU 8.7.16)*

Art. 44. A aposentadoria por invalidez, inclusive a decorrente de acidente do trabalho, consistirá numa renda mensal correspondente a 100% (cem por cento) do salário de benefício, observado o disposto na Seção III, especialmente no art. 33 desta Lei. *(Redação dada pela Lei n. 9.032, de 28.4.1995, DOU 29.4.1995)*

§ 1º (Revogado pela Lei n. 9.528, de 10.12.1997, DOU 11.12.1997)

§ 2º Quando o acidentado do trabalho estiver em gozo de auxílio-doença, o valor da aposentadoria por invalidez será igual ao do auxílio-doença se este, por força de reajustamento, for superior ao previsto neste artigo.

Art. 45. O valor da aposentadoria por invalidez do segurado que necessitar da assistência permanente de outra pessoa será acrescido de 25% (vinte e cinco por cento).

Parágrafo único. O acréscimo de que trata este artigo:

a) será devido ainda que o valor da aposentadoria atinja o limite máximo legal;

b) será recalculado quando o benefício que lhe deu origem for reajustado;

c) cessará com a morte do aposentado, não sendo incorporável ao valor da pensão.

Art. 46. O aposentado por invalidez que retornar voluntariamente à atividade terá sua aposentadoria automaticamente cancelada, a partir da data do retorno.

Art. 47. Verificada a recuperação da capacidade de trabalho do aposentado por invalidez, será observado o seguinte procedimento:

I — quando a recuperação ocorrer dentro de 5 (cinco) anos, contados da data do início da aposentadoria por invalidez ou do auxílio-doença que a antecedeu sem interrupção, o benefício cessará:

a) de imediato, para o segurado empregado que tiver direito a retornar à função que desempenhava na empresa quando se aposentou, na forma da legislação trabalhista, valendo como documento, para tal fim, o certificado de capacidade fornecido pela Previdência Social; ou

b) após tantos meses quantos forem os anos de duração do auxílio-doença ou da aposentadoria por invalidez, para os demais segurados;

II — quando a recuperação for parcial, ou ocorrer após o período do inciso I, ou ainda quando o segurado for declarado apto para o exercício de trabalho diverso do qual habitualmente exerce, a aposentadoria será mantida, sem prejuízo da volta à atividade:

a) no seu valor integral, durante 6 (seis) meses contados da data em que for verificada a recuperação da capacidade;

b) com redução de 50% (cinquenta por cento), no período seguinte de 6 (seis) meses;

c) com redução de 75% (setenta e cinco por cento), também por igual período de 6 (seis) meses, ao término do qual cessará definitivamente.

Subseção II
Da Aposentadoria por Idade

Art. 48. A aposentadoria por idade será devida ao segurado que, cumprida a carência exigida nesta Lei, completar 65 (sessenta e cinco) anos de idade, se homem, e 60 (sessenta), se mulher. *(Redação dada pela Lei n. 9.032, de 28.4.1995, DOU 29.4.1995)*

§ 1º Os limites fixados no *caput* são reduzidos para sessenta e cinquenta e cinco anos no caso de trabalhadores rurais, respectivamente homens e mulheres, referidos na alínea *a* do inciso I, na alínea *g* do inciso V e nos incisos VI e VII do art. 11. *(Redação dada pela Lei n. 9.876, 26.11.1999, DOU 29.11.1999, Ed. Extra)*

§ 2º Para os efeitos do disposto no § 1º deste artigo, o trabalhador rural deve comprovar o efetivo exercício de atividade rural, ainda que de forma descontínua, no período imediatamente anterior ao requerimento do benefício, por tempo igual ao número de meses de contribuição correspondente à carência do benefício pretendido, computado o período a que se referem os incisos III a VIII do § 9º do art. 11 desta Lei. *(Redação dada pela Lei n. 11.718, de 20.6.2008, DOU 23.6.2008)*

§ 3º Os trabalhadores rurais de que trata o § 1º deste artigo que não atendam ao disposto no § 2º deste artigo, mas que satisfaçam essa condição, se forem considerados períodos de contribuição sob outras categorias do segurado, farão jus ao benefício ao completarem 65 (sessenta e cinco) anos de idade, se homem, e 60 (sessenta) anos, se mulher. *(Incluído pela Lei n. 11.718, de 20.6.2008, DOU 23.6.2008)*

§ 4º Para efeito do § 3º deste artigo, o cálculo da renda mensal do benefício será apurado de acordo com o disposto no inciso II do *caput* do art. 29 desta Lei, considerando-se como salário de contribuição mensal do período como segurado especial o limite mínimo de salário de contribuição da Previdência Social. *(Incluído pela Lei n. 11.718, de 20.6.2008, DOU 23.6.2008)*

Art. 49. A aposentadoria por idade será devida:

I — ao segurado empregado, inclusive o doméstico, a partir:

a) da data do desligamento do emprego, quando requerida até essa data ou até 90 (noventa) dias depois dela; ou

b) da data do requerimento, quando não houver desligamento do emprego ou quando for requerida após o prazo previsto na alínea "a";

II — para os demais segurados, da data da entrada do requerimento.

Art. 50. A aposentadoria por idade, observado o disposto na Seção III deste Capítulo, especialmente no art. 33, consistirá numa renda mensal de 70% (setenta por cento) do salário de benefício, mais 1% (um por cento) deste, por grupo de 12 (doze) contribuições, não podendo ultrapassar 100% (cem por cento) do salário de benefício.

Art. 51. A aposentadoria por idade pode ser requerida pela empresa, desde que o segurado empregado tenha cumprido o período de carência e completado 70 (setenta) anos de idade, se do sexo masculino, ou 65 (sessenta e cinco) anos, se do sexo feminino, sendo compulsória, caso em que será garantida ao empregado a indenização prevista na legislação trabalhista, considerada como data da rescisão do contrato de trabalho a imediatamente anterior à do início da aposentadoria.

Subseção III
Da Aposentadoria por Tempo de Serviço

Art. 52. A aposentadoria por tempo de serviço será devida, cumprida a carência exigida nesta Lei, ao segurado que completar 25 (vinte e cinco) anos de serviço, se do sexo feminino, ou 30 (trinta) anos, se do sexo masculino.

Art. 53. A aposentadoria por tempo de serviço, observado o disposto na Seção III deste Capítulo, especialmente no art. 33, consistirá numa renda mensal de:

I — para a mulher: 70% (setenta por cento) do salário de benefício aos 25 (vinte e cinco) anos de serviço, mais 6% (seis por cento) deste, para cada novo ano completo de atividade, até o máximo de 100% (cem por cento) do salário de benefício aos 30 (trinta) anos de serviço;

II — para o homem: 70% (setenta por cento) do salário de benefício aos 30 (trinta) anos de serviço, mais 6% (seis por cento) deste, para cada novo ano completo de atividade, até o máximo de 100% (cem por cento) do salário de benefício aos 35 (trinta e cinco) anos de serviço.

Art. 54. A data do início da aposentadoria por tempo de serviço será fixada da mesma forma que a da aposentadoria por idade, conforme o disposto no art. 49.

Art. 55. O tempo de serviço será comprovado na forma estabelecida no Regulamento, compreendendo, além do correspondente às atividades de qualquer das categorias de segurados de que trata o art. 11 desta Lei, mesmo que anterior à perda da qualidade de segurado:

I — o tempo de serviço militar, inclusive o voluntário, e o previsto no § 1º do art. 143 da Constituição Federal, ainda que anterior à filiação ao Regime Geral de Previdência Social, desde que não tenha sido contado para inatividade remunerada nas Forças Armadas ou aposentadoria no serviço público;

II — o tempo intercalado em que esteve em gozo de auxílio-doença ou aposentadoria por invalidez;

III — o tempo de contribuição efetuada como segurado facultativo; *(Redação dada pela Lei n. 9.032, de 28.4.1995, DOU 29.4.1995)*

IV — o tempo de serviço referente ao exercício de mandato eletivo federal, estadual ou municipal, desde que não tenha sido contado para efeito de aposentadoria por outro regime de previdência social; *(Redação dada pela Lei n. 9.506, de 30.10.1997, DOU 31.10.1997)*

V — o tempo de contribuição efetuado por segurado depois de ter deixado de exercer atividade remunerada que o enquadrava no art. 11 desta Lei;

VI — o tempo de contribuição efetuado com base nos arts. 8º e 9º da Lei n. 8.162, de 8 de janeiro de 1991, pelo segurado definido no artigo 11, inciso I, alínea *g*, desta Lei, sendo tais contribuições computadas para efeito de carência. *(Incluído pela Lei n. 8.647, de 13.4.1993, DOU 14.4.1993)*

§ 1º A averbação de tempo de serviço durante o qual o exercício da atividade não determinava filiação obrigatória ao anterior Regime de Previdência Social Urbana só será admitida mediante o recolhimento das contribuições correspondentes, conforme dispuser o Regulamento, observado o disposto no § 2º.

§ 2º O tempo de serviço do segurado trabalhador rural, anterior à data de início de vigência desta Lei, será computado independentemente do recolhimento das contribuições a ele correspondentes, exceto para efeito de carência, conforme dispuser o Regulamento.

§ 3º A comprovação do tempo de serviço para os efeitos desta Lei, inclusive mediante justificação administrativa ou judicial, conforme o disposto no art. 108, só produzirá efeito quando baseada em início de prova material, não sendo admitida prova exclusivamente testemunhal, salvo na ocorrência de motivo de força maior ou caso fortuito, conforme disposto no Regulamento.

§ 4º Não será computado como tempo de contribuição, para efeito de concessão do benefício de que trata esta subseção, o período em que o segurado contribuinte individual ou facultativo tiver contribuído na forma do § 2º do art. 21 da Lei n. 8.212, de 24 de julho de 1991, salvo se tiver comple-

mentado as contribuições na forma do § 3º do mesmo artigo. *(Incluído pela Lei Complementar n. 123, de 14.12.2006, DOU 15.12.2006)*

Art. 56. O professor, após 30 (trinta) anos, e a professora, após 25 (vinte e cinco) anos de efetivo exercício em funções de magistério poderão aposentar-se por tempo de serviço, com renda mensal correspondente a 100% (cem por cento) do salário de benefício, observado o disposto na Seção III deste Capítulo.

Subseção IV
Da Aposentadoria Especial

Art. 57. A aposentadoria especial será devida, uma vez cumprida a carência exigida nesta Lei, ao segurado que tiver trabalhado sujeito a condições especiais que prejudiquem a saúde ou a integridade física, durante 15 (quinze), 20 (vinte) ou 25 (vinte e cinco) anos, conforme dispuser a lei. *(Redação dada pela Lei n. 9.032, de 28.4.1995, DOU 29.4.1995)*

§ 1º A aposentadoria especial, observado o disposto no art. 33 desta Lei, consistirá numa renda mensal equivalente a 100% (cem por cento) do salário de benefício. *(Redação dada pela Lei n. 9.032, de 28.4.1995, DOU 29.4.1995)*

§ 2º A data de início do benefício será fixada da mesma forma que a da aposentadoria por idade, conforme o disposto no art. 49.

§ 3º A concessão da aposentadoria especial dependerá de comprovação pelo segurado, perante o Instituto Nacional do Seguro Social — INSS, do tempo de trabalho permanente, não ocasional nem intermitente, em condições especiais que prejudiquem a saúde ou a integridade física, durante o período mínimo fixado. *(Redação dada pela Lei n. 9.032, de 28.4.1995, DOU 29.4.1995)*

§ 4º O segurado deverá comprovar, além do tempo de trabalho, exposição aos agentes nocivos químicos, físicos, biológicos ou associação de agentes prejudiciais à saúde ou à integridade física, pelo período equivalente ao exigido para a concessão do benefício. *(Redação dada pela Lei n. 9.032, de 28.4.1995, DOU 29.4.1995)*

§ 5º O tempo de trabalho exercido sob condições especiais que sejam ou venham a ser consideradas prejudiciais à saúde ou à integridade física será somado, após a respectiva conversão ao tempo de trabalho exercido em atividade comum, segundo critérios estabelecidos pelo Ministério da Previdência e Assistência Social, para efeito de concessão de qualquer benefício. *(Incluído pela Lei n. 9.032, de 28.4.1995, DOU 29.4.1995)*

§ 6º O benefício previsto neste artigo será financiado com os recursos provenientes da contribuição de que trata o inciso II do art. 22 da Lei n. 8.212, de 24 de julho de 1991, cujas alíquotas serão acrescidas de doze, nove ou seis pontos percentuais, conforme a atividade exercida pelo segurado a serviço da empresa permita a concessão de aposentadoria especial após quinze, vinte ou vinte e cinco anos de contribuição, respectivamente. *(Redação dada pela Lei n. 9.732, de 11.12.98) (Vide Lei n. 9.732, de 11.12.1998, DOU 14.12.1998)*

§ 7º O acréscimo de que trata o parágrafo anterior incide exclusivamente sobre a remuneração do segurado sujeito às condições especiais referidas no *caput*. *(Incluído pela Lei n. 9.732, de 11.12.1998, DOU 14.12.1998)*

§ 8º Aplica-se o disposto no art. 46 ao segurado aposentado nos termos deste artigo que continuar no exercício de atividade ou operação que o sujeite aos agentes nocivos constantes da relação referida no art. 58 desta Lei. *(Incluído pela Lei n. 9.732, de 11.12.1998, DOU 14.12.1998)*

Art. 58. A relação dos agentes nocivos químicos, físicos e biológicos ou associação de agentes prejudiciais à saúde ou à integridade física considerados para fins de concessão da aposentadoria especial de que trata o artigo anterior será definida pelo Poder Executivo. *(Redação dada pela Lei n. 9.528, de 10.12.1997, DOU 11.12.1997)*

§ 1º A comprovação da efetiva exposição do segurado aos agentes nocivos será feita mediante formulário, na forma estabelecida pelo Instituto Nacional do Seguro Social — INSS, emitido pela empresa ou seu preposto, com base em laudo técnico de condições ambientais do trabalho expedido por médico do trabalho ou engenheiro de segurança do trabalho nos termos da legislação trabalhista. *(Redação dada pela Lei n. 9.732, de 11.12.1998, DOU 14.12.1998)*

§ 2º Do laudo técnico referido no parágrafo anterior deverão constar informação sobre a existência de tecnologia de proteção coletiva ou individual que diminua a intensidade do agente agressivo a limites de tolerância e recomendação sobre a sua adoção pelo estabelecimento respectivo. *(Redação dada pela Lei n. 9.732, de 11.12.1998, 14.12.1998)*

§ 3º A empresa que não mantiver laudo técnico atualizado com referência aos agentes nocivos existentes no ambiente de trabalho de seus trabalhadores ou que emitir documento de comprovação de efetiva exposição em desacordo com o respectivo laudo estará sujeita à penalidade prevista no art. 133 desta Lei. *(Incluído pela Lei n. 9.528, de 10.12.1997, DOU 11.12.1997)*

§ 4º A empresa deverá elaborar e manter atualizado perfil profissiográfico abrangendo as atividades desenvolvidas pelo trabalhador e fornecer a este, quando da rescisão do contrato de trabalho, cópia autêntica desse documento. *(Incluído pela Lei n. 9.528, de 10.12.1997, DOU 11.12.1997)*

Subseção V
Do Auxílio-Doença

Art. 59. O auxílio-doença será devido ao segurado que, havendo cumprido, quando for o caso, o período de carência exigido nesta Lei, ficar incapacitado para o seu trabalho ou para a sua atividade habitual por mais de 15 (quinze) dias consecutivos.

Parágrafo único. Não será devido auxílio-doença ao segurado que se filiar ao Regime Geral de Previdência Social já portador da doença ou da lesão invocada como causa para o benefício, salvo quando a incapacidade sobrevier por motivo de progressão ou agravamento dessa doença ou lesão.

Art. 60. O auxílio-doença será devido ao segurado empregado a contar do décimo sexto dia do afastamento da atividade, e, no caso dos demais segurados, a contar da data do início da incapacidade e enquanto ele permanecer incapaz. *(Redação dada pela Lei n. 9.876, de 26.11.99, DOU 29.11.99 e ret. no DOU 6.12.99)*

§ 1º Quando requerido por segurado afastado da atividade por mais de 30 (trinta) dias, o auxílio-doença será devido a contar da data da entrada do requerimento.

§ 2º *(Revogado pela Lei n. 9.032, de 28.4.95, DOU 29.4.95)*

§ 3º Durante os primeiros quinze dias consecutivos ao do afastamento da atividade por motivo de doença, incumbirá à empresa pagar ao segurado empregado o seu salário integral. *(Redação dada pela Lei n. 9.876, de 26.11.99, DOU 29.11.99 e ret. no DOU 6.12.99)*

§ 4º A empresa que dispuser de serviço médico, próprio ou em convênio, terá a seu cargo o exame médico e o abono das faltas correspondentes ao período referido no § 3º, somente devendo encaminhar o segurado à perícia médica da Previdência Social quando a incapacidade ultrapassar 15 (quinze) dias.

§ 5º Nos casos de impossibilidade de realização de perícia médica pelo órgão ou setor próprio competente, assim como de efetiva incapacidade física ou técnica de implementação das atividades e de atendimento adequado à clientela da previdência social, o INSS poderá, sem ônus para os segurados, celebrar, nos termos do regulamento, convênios, termos de execução descentralizada, termos de fomento ou de colaboração, contratos não onerosos ou acordos de cooperação técnica para realização de perícia médica, por delegação ou simples cooperação técnica, sob sua coordenação e supervisão, com: *(Redação dada pela Lei n. 13.135, de 17.6.15, DOU 18.6.15)*

I — órgãos e entidades públicos ou que integrem o Sistema Único de Saúde (SUS); *(Redação dada pela Lei n. 13.135, de 17.6.15, DOU 18.6.15)*

II — (VETADO); *(Lei n. 13.135, de 17.6.15, DOU 18.6.15)*

III — (VETADO). *(Lei n. 13.135, de 17.6.15, DOU 18.6.15)*

§ 6º O segurado que durante o gozo do auxílio-doença vier a exercer atividade que lhe garanta subsistência poderá ter o benefício cancelado a partir do retorno à atividade. *(Redação dada pela Lei n. 13.135, de 17.6.15, DOU 18.6.15)*

§ 7º Na hipótese do § 6º, caso o segurado, durante o gozo do auxílio-doença, venha a exercer atividade diversa daquela que gerou o benefício, deverá ser verificada a incapacidade para cada uma das atividades exercidas. (NR) *(Redação dada pela Lei n. 13.135, de 17.6.15, DOU 18.6.15)*

§ 8º Sempre que possível, o ato de concessão ou de reativação de auxílio-doença, judicial ou administrativo, deverá fixar o prazo estimado para a duração do benefício. *(Incluído pela Medida Provisória n. 739, de 7.7.16, DOU 8.7.16)*

§ 9º Na ausência de fixação do prazo de que trata o § 8º, o benefício cessará após o prazo de cento e vinte dias, contado da data de concessão ou de reativação, exceto se o segurado requerer a sua prorrogação junto ao INSS, na forma do regulamento, observado o disposto no art. 62. *(Incluído pela Medida Provisória n. 739, de 7.7.16, DOU 8.7.16)*

§ 10. O segurado em gozo de auxílio-doença, concedido judicial ou administrativamente, poderá ser convocado a qualquer momento, para avaliação das condições que ensejaram a sua concessão e a sua manutenção, observado o disposto no art. 101. (NR) *(Incluído pela Medida Provisória n. 739, de 7.7.16, DOU 8.7.16)*

Art. 61. O auxílio-doença, inclusive o decorrente de acidente do trabalho, consistirá numa renda mensal correspondente a 91% (noventa e um por cento) do salário de benefício, observado o disposto na Seção III, especialmente no art. 33 desta Lei. *(Redação dada pela Lei n. 9.032, de 28.4.95, DOU 29.4.95)*

Art. 62. O segurado em gozo de auxílio-doença, insusceptível de recuperação para sua atividade habitual, deverá submeter-se a processo de reabilitação profissional para o exercício de outra atividade. Não cessará o benefício até que seja dado como habilitado

para o desempenho de nova atividade que lhe garanta a subsistência ou, quando considerado não recuperável, for aposentado por invalidez.

Art. 63. O segurado empregado, inclusive o doméstico, em gozo de auxílio-doença será considerado pela empresa e pelo empregador doméstico como licenciado. *(Redação dada pela Lei Complementar n. 150, de 1.6.15, DOU 2.6.15)*

Parágrafo único. A empresa que garantir ao segurado licença remunerada ficará obrigada a pagar-lhe durante o período de auxílio-doença a eventual diferença entre o valor deste e a importância garantida pela licença.

Art. 64. *(Revogado pela Lei n. 9.032, de 28.4.95, DOU 29.4.95)*

Subseção VI
Do Salário-Família

Art. 65. O salário-família será devido, mensalmente, ao segurado empregado, inclusive o doméstico, e ao segurado trabalhador avulso, na proporção do respectivo número de filhos ou equiparados nos termos do § 2º do art. 16 desta Lei, observado o disposto no art. 66. *(Redação dada pela Lei Complementar n. 150, de 1.6.15, DOU 2.6.15)*

Parágrafo único. O aposentado por invalidez ou por idade e os demais aposentados com 65 (sessenta e cinco) anos ou mais de idade, se do sexo masculino, ou 60 (sessenta) anos ou mais, se do feminino, terão direito ao salário-família, pago juntamente com a aposentadoria.

Art. 66. O valor da cota do salário-família por filho ou equiparado de qualquer condição, até 14 (quatorze) anos de idade ou inválido de qualquer idade é de:

I — Cr$ 1.360,00 (um mil trezentos e sessenta cruzeiros), para o segurado com remuneração mensal não superior a Cr$ 51.000,00 (cinquenta e um mil cruzeiros);

II — Cr$ 170,00 (cento e setenta cruzeiros), para o segurado com remuneração mensal superior a Cr$ 51.000,00 (cinquenta e um mil cruzeiros).

Art. 67. O pagamento do salário-família é condiciocionado à apresentação da certidão de nascimento do filho ou da documentação relativa ao equiparado ou ao inválido, e à apresentação anual de atestado de vacinação obrigatória e de comprovação de frequência à escola do filho ou equiparado, nos termos do regulamento. *(Redação dada pela Lei n. 9.876, de 26.11.99, DOU 29.11.99 e Retif. DOU 6.12.99)*

Parágrafo único. O empregado doméstico deve apresentar apenas a certidão de nascimento referida no caput. (NR) *(Redação dada pela Lei Complementar n. 150, de 1.6.15, DOU 2.6.15)*

Art. 68. As cotas do salário-família serão pagas pela empresa ou pelo empregador doméstico, mensalmente, junto com o salário, efetivando-se a compensação quando do recolhimento das contribuições, conforme dispuser o Regulamento. *(Redação dada pela Lei Complementar n. 150, de 1.6.15, DOU 2.6.15)*

§ 1º A empresa ou o empregador doméstico conservarão durante 10 (dez) anos os comprovantes de pagamento e as cópias das certidões correspondentes, para fiscalização da Previdência Social. *(Redação dada pela Lei Complementar n. 150, de 1.6.15, DOU 2.6.15)*

§ 2º Quando o pagamento do salário não for mensal, o salário-família será pago juntamente com o último pagamento relativo ao mês.

Art. 69. O salário-família devido ao trabalhador avulso poderá ser recebido pelo sindicato de classe respectivo, que se incumbirá de elaborar as folhas correspondentes e de distribuí-lo.

Art. 70. A cota do salário-família não será incorporada, para qualquer efeito, ao salário ou ao benefício.

Subseção VII
Do Salário-Maternidade

Art. 71. O salário-maternidade é devido à segurada da Previdência Social, durante 120 (cento e vinte) dias, com início no período entre 28 (vinte e oito) dias antes do parto e a data de ocorrência deste, observadas as situações e condições previstas na legislação no que concerne à proteção à maternidade. *(Redação dada pala Lei n. 10.710, de 5.8.2003, DOU 6.8.03)*

Parágrafo único. *(Revogado pela Lei n. 9.528, de 10.12.97, DOU 11.12.97)*

Art. 71-A. Ao segurado ou segurada da Previdência Social que adotar ou obtiver guarda judicial para fins de adoção de criança é devido salário-maternidade pelo período de 120 (cento e vinte) dias.

§ 1º O salário-maternidade de que trata este artigo será pago diretamente pela Previdência Social.

§ 2º Ressalvado o pagamento do salário-maternidade à mãe biológica e o disposto no art. 71-B, não poderá ser concedido o benefício a mais de um segurado, decorrente do mesmo processo de adoção ou guarda, ainda que os cônjuges ou companheiros estejam submetidos a Regime Próprio de Previdência Social. (NR) *(Redação do caput e parágrafos dada pela Lei n. 12.873, de 24.10.13, DOU 25.10.13)*

Art. 71-B. No caso de falecimento da segurada ou segurado que fizer jus ao recebimento do salário-maternidade, o benefício será pago, por todo o período ou pelo tempo restante a que teria direito, ao cônjuge ou companheiro sobrevivente que tenha a qualidade de segurado, exceto no caso do falecimento do filho ou de seu abandono, observadas as normas aplicáveis ao salário-maternidade.

§ 1º O pagamento do benefício de que trata o caput deverá ser requerido até o último dia do prazo previsto para o término do salário-maternidade originário.

§ 2º O benefício de que trata o caput será pago diretamente pela Previdência Social durante o período entre a data do óbito e o último dia do término do salário-maternidade originário e será calculado sobre:

I — a remuneração integral, para o empregado e trabalhador avulso;

II — o último salário de contribuição, para o empregado doméstico;

III — 1/12 (um doze avos) da soma dos 12 (doze) últimos salários de contribuição, apurados em um período não superior a 15 (quinze) meses, para o contribuinte individual, facultativo e desempregado; e

IV — o valor do salário mínimo, para o segurado especial.

§ 3º Aplica-se o disposto neste artigo ao segurado que adotar ou obtiver guarda judicial para fins de adoção. *(Redação do caput, parágrafos e incisos dada pela Lei n. 12.873, de 24.10.13, DOU 25.10.13)*

Art. 71-C. A percepção do salário-maternidade, inclusive o previsto no art. 71-B, está condicionada ao afastamento do segurado do trabalho ou da atividade desempenhada, sob pena de suspensão do benefício. *(Redação dada pela Lei n. 12.873, de 24.10.13, DOU 25.10.13)*

Art. 72. O salário-maternidade para a segurada empregada ou trabalhadora avulsa consistirá numa renda mensal igual a sua remuneração integral. *(Redação dada pela Lei n. 9.876, de 26.11.99, DOU 29.11.99 e Retif. DOU 6.12.99)*

§ 1º Cabe à empresa pagar o salário-maternidade devido à respectiva empregada gestante, efetivando-se a compensação, observado o disposto no art. 248 da Constituição Federal, quando do recolhimento das contribuições incidentes sobre a folha de salários e demais rendimentos pagos ou creditados, a qualquer título, à pessoa física que lhe preste serviço. *(Incluído pela Lei n. 10.710, de 5.8.2003)*

§ 2º A empresa deverá conservar durante 10 (dez) anos os comprovantes dos pagamentos e os atestados correspondentes para exame pela fiscalização da Previdência Social. *(Incluído pela Lei n. 10.710, de 5.8.2003)*

§ 3º O salário-maternidade devido à trabalhadora avulsa e à empregada do microempreendedor individual de que trata o art. 18-A da Lei Complementar n. 123, de 14 de dezembro de 2006, será pago diretamente pela Previdência Social. *(Redação dada pela Lei n. 12.470, de 31.8.11, DOU 1.9.11)*

Art. 73. Assegurado o valor de um salário-mínimo, o salário-maternidade para as demais seguradas, pago diretamente pela Previdência Social, consistirá: *(Redação dada pela Lei n. 10.710, de 5.8.2003)*

I — em um valor correspondente ao do seu último salário de contribuição, para a segurada empregada doméstica; *(Incluído pela Lei n. 9.876, de 26.11.99, DOU 29.11.99 e Retif. DOU 6.12.99)*

II — em um doze avos do valor sobre o qual incidiu sua última contribuição anual, para a segurada especial; *(Incluído pela Lei n. 9.876, de 26.11.99, DOU 29.11.99 e Retif. DOU 6.12.99)*

III — em um doze avos da soma dos doze últimos salários de contribuição, apurados em um período não superior a quinze meses, para as demais seguradas. *(Acrescentado pela Lei n. 9.876, de 26.11.99, DOU 29.11.99 e Retif. DOU 6.12.99)*

Subseção VIII
Da Pensão por Morte

Art. 74. A pensão por morte será devida ao conjunto dos dependentes do segurado que falecer, aposentado ou não, a contar da data: *(Redação dada pela Lei n. 9.528, de 10.12.1997, DOU 11.12.1997)*

I — do óbito, quando requerida até noventa dias depois deste; (NR) *(Redação dada pela Lei n. 13.183, de 4.11.15, DOU 5.11.15)*

II — do requerimento, quando requerida após o prazo previsto no inciso anterior; *(Incluído pela Lei n. 9.528, de 10.12.1997, DOU 11.12.1997)*

III — da decisão judicial, no caso de morte presumida. *(Incluído pela Lei n. 9.528, de 10.12.1997, DOU 11.12.1997)*

§ 1º Perde o direito à pensão por morte, após o trânsito em julgado, o condenado pela prática de crime de que tenha dolosamente resultado a morte do segurado. *(Redação dada pela Lei n. 13.135, de 17.6.15, DOU 18.6.15)*

§ 2º Perde o direito à pensão por morte o cônjuge, o companheiro ou a companheira se comprovada, a qualquer tempo, simulação ou fraude no casamento ou na união estável, ou a formalização desses com o fim exclusivo de constituir benefício previdenciário, apuradas em processo judicial no qual será assegurado o direito ao contraditório e à ampla defesa. (NR) *(Redação dada pela Lei n. 13.135, de 17.6.15, DOU 18.6.15)*

Art. 75. O valor mensal da pensão por morte será de cem por cento do valor da aposentadoria que o segurado recebia ou daquela a

que teria direito se estivesse aposentado por invalidez na data de seu falecimento, observado o disposto no art. 33 desta lei. *(Redação dada pela Lei n. 9.528, de 10.12.1997, DOU 11.12.1997)*

Art. 76. A concessão da pensão por morte não será protelada pela falta de habilitação de outro possível dependente, e qualquer inscrição ou habilitação posterior que importe em exclusão ou inclusão de dependente só produzirá efeito a contar da data da inscrição ou habilitação.

§ 1º O cônjuge ausente não exclui do direito à pensão por morte o companheiro ou a companheira, que somente fará jus ao benefício a partir da data de sua habilitação e mediante prova de dependência econômica.

§ 2º O cônjuge divorciado ou separado judicialmente ou de fato que recebia pensão de alimentos concorrerá em igualdade de condições com os dependentes referidos no inciso I do art. 16 desta Lei.

Art. 77. A pensão por morte, havendo mais de um pensionista, será rateada entre todos em parte iguais. *(Redação dada pela Lei n. 9.032, de 28.4.1995, DOU 29.4.1995)*

§ 1º Reverterá em favor dos demais a parte daquele cujo direito à pensão cessar. *(Redação dada pela Lei n. 9.032, de 28.4.1995, DOU 29.4.1995)*

§ 2º O direito à percepção de cada cota individual cessará: *(Redação dada pela Lei n. 13.135, de 17.6.15, DOU 18.6.15)*

I — pela morte do pensionista; *(Incluído pela Lei n. 9.032, de 28.4.1995, DOU 29.4.1995)*

II — para o filho, a pessoa a ele equiparada ou o irmão, de ambos os sexos, ao completar vinte e um anos de idade, salvo se for inválido ou tiver deficiência intelectual ou mental ou deficiência grave; *[Redação dada pela Lei n. 13.183, de 4.11.15, DOU 5.11.15, com vigência a partir de 3.1.16 (art. 8º da Lei)]*

III — para filho ou irmão inválido, pela cessação da invalidez; *(Redação dada pela Lei n. 13.135, de 17.6.15, DOU 18.6.15)*

IV — para filho ou irmão que tenha deficiência intelectual ou mental ou deficiência grave, pelo afastamento da deficiência, nos termos do regulamento; *(Redação dada pela Lei n. 13.135, de 17.6.15, DOU 18.6.15)*

V — para cônjuge ou companheiro:

a) se inválido ou com deficiência, pela cessação da invalidez ou pelo afastamento da deficiência, respeitados os períodos mínimos decorrentes da aplicação das alíneas "b" e "c"; *(Redação dada pela Lei n. 13.135, de 17.6.15, DOU 18.6.15)*

b) em 4 (quatro) meses, se o óbito ocorrer sem que o segurado tenha vertido 18 (dezoito) contribuições mensais ou se o casamento ou a união estável tiverem sido iniciados em menos de 2 (dois) anos antes do óbito do segurado; *(Redação dada pela Lei n. 13.135, de 17.6.15, DOU 18.6.15)*

c) transcorridos os seguintes períodos, estabelecidos de acordo com a idade do beneficiário na data de óbito do segurado, se o óbito ocorrer depois de vertidas 18 (dezoito) contribuições mensais e pelo menos 2 (dois) anos após o início do casamento ou da união estável: *(Redação dada pela Lei n. 13.135, de 17.6.15, DOU 18.6.15)*

1) 3 (três) anos, com menos de 21 (vinte e um) anos de idade;

2) 6 (seis) anos, entre 21 (vinte e um) e 26 (vinte e seis) anos de idade;

3) 10 (dez) anos, entre 27 (vinte e sete) e 29 (vinte e nove) anos de idade;

4) 15 (quinze) anos, entre 30 (trinta) e 40 (quarenta) anos de idade;

5) 20 (vinte) anos, entre 41 (quarenta e um) e 43 (quarenta e três) anos de idade;

6) vitalícia, com 44 (quarenta e quatro) ou mais anos de idade. *(Redação dada pela Lei n. 13.135, de 17.6.15, DOU 18.6.15)*

§ 2º-A. Serão aplicados, conforme o caso, a regra contida na alínea "a" ou os prazos previstos na alínea "c", ambas do inciso V do § 2º, se o óbito do segurado decorrer de acidente de qualquer natureza ou de doença profissional ou do trabalho, independentemente do recolhimento de 18 (dezoito) contribuições mensais ou da comprovação de 2 (dois) anos de casamento ou de união estável. *(Redação dada pela Lei n. 13.135, de 17.6.15, DOU 18.6.15)*

§ 2º-B. Após o transcurso de pelo menos 3 (três) anos e desde que nesse período se verifique o incremento mínimo de um ano inteiro na média nacional única, para ambos os sexos, correspondente à expectativa de sobrevida da população brasileira ao nascer, poderão ser fixadas, em números inteiros, novas idades para os fins previstos na alínea "c" do inciso V do § 2º, em ato do Ministro de Estado da Previdência Social, limitado o acréscimo na comparação com as idades anteriores ao referido incremento. *(Redação dada pela Lei n. 13.135, de 17.6.15, DOU 18.6.15)*

§ 3º Com a extinção da parte do último pensionista a pensão extinguir-se-á. *(Incluído pela Lei n. 9.032, de 28.4.1995, DOU 29.4.1995)*

§ 4º (Vetado). *(Lei n. 13.146, de 6.7.15, DOU 7.7.15)*

§ 5º O tempo de contribuição a Regime Próprio de Previdência Social (RPPS) será considerado na contagem das 18 (dezoito) contribuições mensais de que tratam as alíneas "b" e "c" do inciso V do § 2º. (NR) *(Redação dada pela Lei n. 13.135, de 17.6.15, DOU 18.6.15)*

§ 6º O exercício de atividade remunerada, inclusive na condição de microempreendedor individual, não impede a concessão ou manutenção da parte individual da pensão do dependente com deficiência intelectual ou mental ou com deficiência grave. *(Incluído pela Lei n. 13.183, de 4.11.15, DOU 5.11.15)*

Art. 78. Por morte presumida do segurado, declarada pela autoridade judicial competente, depois de 6 (seis) meses de ausência, será concedida pensão provisória, na forma desta Subseção.

§ 1º Mediante prova do desaparecimento do segurado em consequência de acidente, desastre ou catástrofe, seus dependentes farão jus à pensão provisória independentemente da declaração e do prazo deste artigo.

§ 2º Verificado o reaparecimento do segurado, o pagamento da pensão cessará imediatamente, desobrigados os dependentes da reposição dos valores recebidos, salvo má-fé.

Art. 79. Não se aplica o disposto no art. 103 desta Lei ao pensionista menor, incapaz ou ausente, na forma da lei.

Subseção IX
Do Auxílio-Reclusão

Art. 80. O auxílio-reclusão será devido, nas mesmas condições da pensão por morte, aos dependentes do segurado recolhido à prisão, que não receber remuneração da empresa nem estiver em gozo de auxílio-doença, de aposentadoria ou de abono de permanência em serviço.

Parágrafo único. O requerimento do auxílio-reclusão deverá ser instruído com certidão do efetivo recolhimento à prisão, sendo obrigatória, para a manutenção do benefício, a apresentação de declaração de permanência na condição de presidiário.

Subseção X
Dos Pecúlios

Art. 81. ..

I — *(Revogado dada pela Lei n. 9.129, de 20.11.95, DOU 21.11.95)*

II — *(Revogado pela Lei n. 8.870, de 15.4.1994, DOU 16.4.1994)*

III — *(Revogado dada pela Lei n. 9.129, de 20.11.95, DOU 21.11.95)*

Art. 82. *(Revogado pela Lei n. 9.032, de 28.4.1995, DOU 29.4.1995)*

Art. 83. *(Revogado pela Lei n. 9.032, de 28.4.1995, DOU 29.4.1995)*

Art. 84. *(Revogado pela Lei n. 8.870, de 15.4.1994, DOU 16.4.1994)*

Art. 85. *(Revogado pela Lei n. 9.032, de 28.4.1995, DOU 29.4.1995)*

Subseção XI
Do Auxílio-Acidente

Art. 86. O auxílio-acidente será concedido, como indenização, ao segurado quando, após consolidação das lesões decorrentes de acidente de qualquer natureza, resultarem sequelas que impliquem redução da capacidade para o trabalho que habitualmente exercia. *(Redação dada pela Lei n. 9.528, de 10.12.1997, DOU 11.12.1997)*

§ 1º O auxílio-acidente mensal corresponderá a cinquenta por cento do salário de benefício e será devido, observado o disposto no § 5º, até a véspera do início de qualquer aposentadoria ou até a data do óbito do segurado. *(Redação dada pela Lei n. 9.528, de 10.12.1997, DOU 11.12.1997)*

§ 2º O auxílio-acidente será devido a partir do dia seguinte ao da cessação do auxílio-doença, independentemente de qualquer remuneração ou rendimento auferido pelo acidentado, vedada sua acumulação com qualquer aposentadoria. *(Redação dada pela Lei n. 9.528, de 10.12.1997, DOU 11.12.1997)*

§ 3º O recebimento de salário ou concessão de outro benefício, exceto de aposentadoria, observado o disposto no § 5º, não prejudicará a continuidade do recebimento do auxílio-acidente. *(Redação dada pela Lei n. 9.528, de 10.12.1997, DOU 11.12.1997)*

§ 4º A perda da audição, em qualquer grau, somente proporcionará a concessão do auxílio-acidente, quando, além do reconhecimento de causalidade entre o trabalho e a doença, resultar, comprovadamente, na redução ou perda da capacidade para o trabalho que habitualmente exercia. *(Restabelecido com nova redação pela Lei n. 9.528, de 10.12.1997, DOU 11.12.1997)*

§ 4º *(Revogado pela Lei n. 9.032, de 28.4.1995, DOU 29.4.1995)*

§ 5º *(Revogado pela Lei n. 9.032, de 28.4.1995, DOU 29.4.1995)*

§ 6º O exercício de atividade remunerada, inclusive na condição de microempreendedor individual, não impede a concessão ou manutenção da parte individual da pensão do dependente com deficiência intelectual ou mental ou com deficiência grave. (NR) *(Incluído pela Lei n. 13.183, de 4.11.15, DOU 5.11.15)*

Subseção XII
Do Abono de Permanência em Serviço

Art. 87. *(Revogado pela Lei n. 8.870, de 15.4.1994, DOU 16.4.1994)*

Parágrafo único. *(Revogado pela Lei n. 8.870, de 15.4.1994, DOU 16.4.1994)*

Seção VI
Dos Serviços

Subseção I
Do Serviço Social

Art. 88. Compete ao Serviço Social esclarecer junto aos beneficiários seus direitos sociais e os meios de exercê-los e estabelecer conjuntamente com eles o processo de solução dos problemas que emergirem da sua relação com a Previdência Social, tanto no âmbito interno da instituição como na dinâmica da sociedade.

§ 1º Será dada prioridade aos segurados em benefício por incapacidade temporária e atenção especial aos aposentados e pensionistas.

§ 2º Para assegurar o efetivo atendimento dos usuários serão utilizadas intervenção técnica, assistência de natureza jurídica, ajuda material, recursos sociais, intercâmbio com empresas e pesquisa social, inclusive mediante celebração de convênios, acordos ou contratos.

§ 3º O Serviço Social terá como diretriz a participação do beneficiário na implementação e no fortalecimento da política previdenciária, em articulação com as associações e entidades de classe.

§ 4º O Serviço Social, considerando a universalização da Previdência Social, prestará assessoramento técnico aos Estados e Municípios na elaboração e implantação de suas propostas de trabalho.

Subseção II
Da Habilitação e da Reabilitação Profissional

Art. 89. A habilitação e a reabilitação profissional e social deverão proporcionar ao beneficiário incapacitado parcial ou totalmente para o trabalho, e às pessoas portadoras de deficiência, os meios para a (re) educação e de (re)adaptação profissional e social indicados para participar do mercado de trabalho e do contexto em que vive.

Parágrafo único. A reabilitação profissional compreende:

a) o fornecimento de aparelho de prótese, órtese e instrumentos de auxílio para locomoção quando a perda ou redução da capacidade funcional puder ser atenuada por seu uso e dos equipamentos necessários à habilitação e reabilitação social e profissional;

b) a reparação ou a substituição dos aparelhos mencionados no inciso anterior, desgastados pelo uso normal ou por ocorrência estranha à vontade do beneficiário;

c) o transporte do acidentado do trabalho, quando necessário.

Art. 90. A prestação de que trata o artigo anterior é devida em caráter obrigatório aos segurados, inclusive aposentados e, na medida das possibilidades do órgão da Previdência Social, aos seus dependentes.

Art. 91. Será concedido, no caso de habilitação e reabilitação profissional, auxílio para tratamento ou exame fora do domicílio do beneficiário, conforme dispuser o Regulamento.

Art. 92. Concluído o processo de habilitação ou reabilitação social e profissional, a Previdência Social emitirá certificado individual, indicando as atividades que poderão ser exercidas pelo beneficiário, nada impedindo que este exerça outra atividade para a qual se capacitar.

Art. 93. A empresa com 100 (cem) ou mais empregados está obrigada a preencher de 2% (dois por cento) a 5% (cinco por cento) dos seus cargos com beneficiários reabilitados ou pessoas portadoras de deficiência, habilitadas, na seguinte proporção:

I — até 200 empregados.........................2%;
II — de 201 a 500....................................3%;
III — de 501 a 1.000.................................4%;
IV — de 1.001 em diante..........................5%.

§ 1º A dispensa de pessoa com deficiência ou de beneficiário reabilitado da Previdência Social ao final de contrato por prazo determinado de mais de 90 (noventa) dias e a dispensa imotivada em contrato por prazo indeterminado somente poderão ocorrer após a contratação de outro trabalhador com deficiência ou beneficiário reabilitado da Previdência Social. *(Redação dada pela Lei n. 13.146, de 6.7.15, DOU 7.7.15, com vigência após decorridos 180 dias de sua publicação oficial)*

§ 2º Ao Ministério do Trabalho e Emprego incumbe estabelecer a sistemática de fiscalização, bem como gerar dados e estatísticas sobre o total de empregados e as vagas preenchidas por pessoas com deficiência e por beneficiários reabilitados da Previdência Social, fornecendo-os, quando solicitados, aos sindicatos, às entidades representativas dos empregados ou aos cidadãos interessados. *(Redação dada pela Lei n. 13.146, de 6.7.15, DOU 7.7.15, com vigência após decorridos 180 dias de sua publicação oficial)*

§ 3º Para a reserva de cargos será considerada somente a contratação direta de pessoa com deficiência, excluído o aprendiz com deficiência de que trata a Consolidação das Leis do Trabalho (CLT), aprovada pelo Decreto-Lei n. 5.452, de 1º de maio de 1943. *(Redação dada pela Lei n. 13.146, de 6.7.15, DOU 7.7.15, com vigência após decorridos 180 dias de sua publicação oficial)*

§ 4º (VETADO). (NR) *(Lei n. 13.146, de 6.7.15, DOU 7.7.15)*

Art. 103. É de dez anos o prazo de decadência de todo e qualquer direito ou ação do segurado ou beneficiário para a revisão do ato de concessão de benefício, a contar do dia primeiro do mês seguinte ao do recebimento da primeira prestação ou, quando for o caso, do dia em que tomar conhecimento da decisão indeferitória definitiva no âmbito administrativo. *(Redação dada pela Lei n. 10.839, de 5.2.04, DOU 6.2.04)*

Parágrafo único. Prescreve em cinco anos, a contar da data em que deveriam ter sido pagas, toda e qualquer ação para haver prestações vencidas ou quaisquer restituições ou diferenças devidas pela Previdência Social, salvo o direito dos menores, incapazes e ausentes, na forma do Código Civil. *(Incluído pela Lei n. 9.528, de 10.12.97, DOU 11.12.97)*

Art. 103-A. O direito da Previdência Social de anular os atos administrativos de que decorram efeitos favoráveis para os seus beneficiários decai em dez anos, contados da data em que foram praticados, salvo comprovada má-fé. *(Incluído pela Lei n. 10.839, de 5.2.04, DOU 6.2.04)*

§ 1º No caso de efeitos patrimoniais contínuos, o prazo decadencial contar-se-á da percepção do primeiro pagamento. *(Incluído pela Lei n. 10.839, de 5.2.04, DOU 6.2.04)*

§ 2º Considera-se exercício do direito de anular qualquer medida de autoridade administrativa que importe impugnação à validade do ato. *(Incluído pela Lei n. 10.839, de 5.2.04, DOU 6.2.04)*

Art. 104. As ações referentes à prestação por acidente do trabalho prescrevem em 5 (cinco) anos, observado o disposto no art. 103 desta Lei, contados da data:

I — do acidente, quando dele resultar a morte ou a incapacidade temporária, verificada esta em perícia médica a cargo da Previdência Social; ou

II — em que for reconhecida pela Previdência Social, a incapacidade permanente ou o agravamento das sequelas do acidente.

Art. 110-A. No ato de requerimento de benefícios operacionalizados pelo INSS, não será exigida apresentação de termo de curatela de titular ou de beneficiário com deficiência, observados os procedimentos a serem estabelecidos em regulamento. *(Redação dada pela Lei n. 13.146, de 6.7.15, DOU 7.7.15, com vigência após decorridos 180 dias de sua publicação oficial)*

Art. 115. Podem ser descontados dos benefícios:

VI — pagamento de empréstimos, financiamentos, cartões de crédito e operações de arrendamento mercantil concedidos por instituições financeiras e sociedades de arrendamento mercantil, ou por entidades fechadas ou abertas de previdência complementar, públicas e privadas, quando expressamente autorizado pelo beneficiário, até o limite de 35% (trinta e cinco por cento) do valor do benefício, sendo 5% (cinco por cento) destinados exclusivamente para: *(Redação dada pela Lei n. 13.183, de 4.11.151, DOU 5.11.15)*

a) amortização de despesas contraídas por meio de cartão de crédito; ou *(Redação dada pela Lei n. 13.183, de 4.11.151, DOU 5.11.15)*

b) utilização com a finalidade de saque por meio do cartão de crédito. (NR) *(Redação dada pela Lei n. 13.183, de 4.11.151, DOU 5.11.15)*

Art. 118. O segurado que sofreu acidente do trabalho tem garantida, pelo prazo mínimo de doze meses, a manutenção do seu contrato de trabalho na empresa, após a cessação do auxílio-doença acidentário, independentemente de percepção de auxílio-acidente.

Art. 120. Nos casos de negligência quanto às normas padrão de segurança e higiene do trabalho indicados para a proteção individual e coletiva, a Previdência Social proporá ação regressiva contra os responsáveis.

Art. 151. Até que seja elaborada a lista de doenças mencionada no inciso II do art. 26, independe de carência a concessão de auxílio-doença e de aposentadoria por invalidez ao segurado que, após filiar-se ao RGPS, for acometido das seguintes doenças: tuberculose ativa, hanseníase, alienação mental, esclerose múltipla, hepatopatia grave, neoplasia maligna, cegueira, paralisia irreversível e incapacitante, cardiopatia grave, doença de Parkinson, espondiloartrose anquilosante, nefropatia grave, estado avançado da doença de Paget (osteíte deformante), síndrome da deficiência imunológica adquirida (aids) ou contaminação por radiação, com base em conclusão da medicina especializada. (NR) *(Redação dada pela Lei n. 13.135, de 17.6.15, DOU 18.6.15)*

Brasília, em 24 de julho de 1991; 170º da Independência e 103º da República.

Fernando Collor
Antonio Magri

DOU 25.7.1991 — Reeditada em 11.4.1996

Lei n. 8.406, de 9 de janeiro de 1992

Dispõe sobre a publicação de informações relativas ao Fundo de Garantia do Tempo de Serviço — FGTS pelo Ministério do Trabalho e da Previdência Social e pela Caixa Econômica Federal

O PRESIDENTE DA REPÚBLICA,
Faço saber que o Congresso Nacional decreta e eu sanciono a seguinte Lei:

Art. 1º O Ministério do Trabalho e da Previdência Social — MTPS elaborará e imprimirá, após aprovação pelo Conselho Curador do Fundo de Garantia do Tempo de Serviço — FGTS, manual com as informações básicas acerca do Fundo, discriminando especialmente:

I — definição dos objetivos do Fundo;

II — possibilidades de utilização dos recursos depositados;

III — responsáveis pela administração do Fundo e pelas informações a ele relativas;

IV — faculdade que tem o trabalhador, ou seus dependentes e sucessores, ou ainda o sindicato de sua categoria profissional para denunciar:

a) o empregador omisso no cumprimento da legislação relativa ao Fundo;

b) o estabelecimento bancário pela omissão na liberação dos recursos e na prestação das informações devidas na forma da legislação pertinente.

V — faculdade para acionar judicialmente a empresa ou o banco omisso;

VI — documentos de que dispõe o trabalhador para acompanhar e fiscalizar os pagamentos das contribuições devidas ao Fundo.

Parágrafo único. O manual a que se refere este artigo será distribuído pelo Ministério do Trabalho e da Previdência Social no momento da emissão da Carteira de Trabalho e Previdência Social

Art. 2º O verso do extrato do Fundo de Garantia do Tempo de Serviço, fornecido pela Caixa Econômica Federal a cada trabalhador por força da Lei n. 8.036, de 11 de maio de 1990, deverá conter informações atualizadas, especialmente quanto:

I — às hipóteses de saques;

II — aos critérios para atualização dos recursos;

III — aos procedimentos para o levantamento dos depósitos.

Parágrafo único. Até que seja concluída a centralização das contas do FGTS na Caixa Econômica Federal, os extratos contendo as informações atualizadas serão fornecidos pelos respectivos bancos depositários.

Art. 3º Esta Lei entra em vigor na data de sua publicação.

Art. 4º Revogam-se disposições em contrário.

Brasília, 9 de janeiro de 1992; 171º da Independência e 104º da República.

FERNANDO COLLOR
MARCÍLIO MARQUES MOREIRA
ANTÔNIO MAGRI
DOU 10.1.1992

Lei n. 8.429, de 2 de junho de 1992

Dispõe sobre as sanções aplicáveis aos agentes públicos nos casos de enriquecimento ilícito no exercício de mandato, cargo, emprego ou função na administração pública direta, indireta ou fundacional e dá outras providências

O PRESIDENTE DA REPÚBLICA,
Faço saber que o Congresso Nacional decreta e eu sanciono a seguinte Lei:

CAPÍTULO I
Das Disposições Gerais

Art. 1º Os atos de improbidade praticados por qualquer agente público, servidor ou não, contra a administração direta, indireta ou fundacional de qualquer dos Poderes da União, dos Estados, do Distrito Federal, dos Municípios, de Território, de empresa incorporada ao patrimônio público ou de entidade para cuja criação ou custeio o erário haja concorrido ou concorra com mais de cinquenta por cento do patrimônio ou da receita anual, serão punidos na forma desta Lei.

Parágrafo único. Estão também sujeitos às penalidades desta Lei os atos de improbidade praticados contra o patrimônio de entidade que receba subvenção, benefício ou incentivo, fiscal ou creditício, de órgão público bem como daquelas para cuja criação ou custeio o erário haja concorrido ou concorra com menos de cinquenta por cento do patrimônio ou da receita anual, limitando-se, nestes casos, a sanção patrimonial à repercussão do ilícito sobre a contribuição dos cofres públicos.

Art. 2º Reputa-se agente público, para os efeitos desta Lei, todo aquele que exerce, ainda que transitoriamente ou sem remuneração, por eleição, nomeação, designação, contratação ou qualquer outra forma de investidura ou vínculo, mandato, cargo, emprego ou função nas entidades mencionadas no artigo anterior.

Art. 3º As disposições desta Lei são aplicáveis, no que couber, àquele que, mesmo não sendo agente público, induza ou concorra para a prática do ato de improbidade ou dele se beneficie sob qualquer forma direta ou indireta.

Art. 4º Os agentes públicos de qualquer nível ou hierarquia são obrigados a velar pela estrita observância dos princípios de legalidade, impessoalidade, moralidade e publicidade no trato dos assuntos que lhe são afetos.

Art. 5º Ocorrendo lesão ao patrimônio público por ação ou omissão, dolosa ou culposa, do agente ou de terceiro, dar-se-á o integral ressarcimento do dano.

Art. 6º No caso do enriquecimento ilícito, perderá o agente público ou terceiro beneficiário os bens ou valores acrescidos ao seu patrimônio.

Art. 7º Quando o ato de improbidade causar lesão ao patrimônio público ou ensejar enriquecimento ilícito, caberá a autoridade administrativa responsável pelo inquérito representar ao Ministério Público, para a indisponibilidade dos bens do indiciado.

Parágrafo único. A indisponibilidade a que se refere o *caput* deste artigo recairá sobre bens que assegurem o integral ressarcimento do dano, ou sobre o acréscimo patrimonial resultante do enriquecimento ilícito.

Art. 8º O sucessor daquele que causar lesão ao patrimônio público ou se enriquecer ilicitamente está sujeito às cominações desta Lei até o limite do valor da herança.

CAPÍTULO II
Dos Atos de Improbidade Administrativa

Seção I
Dos Atos de Improbidade Administrativa que Importam Enriquecimento Ilícito

Art. 9º Constitui ato de improbidade administrativa importando enriquecimento ilícito auferir qualquer tipo de vantagem patrimonial indevida em razão do exercício de cargo, mandato, função, emprego ou atividade nas entidades mencionadas no art. 1º desta Lei, e notadamente:

I — receber, para si ou para outrem, dinheiro, bem móvel ou imóvel, ou qualquer outra vantagem econômica, direta ou indireta, a título de comissão, percentagem, gratificação ou presente de quem tenha interesse, direto ou indireto, que possa ser atingido ou amparado por ação ou omissão decorrente das atribuições do agente público;

II — perceber vantagem econômica, direta ou indireta, para facilitar a aquisição, permuta ou locação de bem móvel ou imóvel, ou a contratação de serviços pelas entidades referidas no art. 1º por preço superior ao valor de mercado;

III — perceber vantagem econômica, direta ou indireta, para facilitar a alienação, permuta ou locação de bem público ou o fornecimento de serviço por ente estatal por preço inferior ao valor de mercado;

IV — utilizar, em obra ou serviço particular, veículos, máquinas, equipamentos ou material de qualquer natureza, de propriedade ou à disposição de qualquer das entidades mencionadas no art. 1º desta Lei, bem como o trabalho de servidores públicos, empregados ou terceiros contratados por essas entidades;

V — receber vantagem econômica de qualquer natureza, direta ou indireta, para tolerar a exploração ou a prática de jogos de azar, de lenocínio, de narcotráfico, de contrabando, de usura ou de qualquer outra atividade ilícita, ou aceitar promessa de tal vantagem;

VI — receber vantagem econômica de qualquer natureza, direta ou indireta, para fazer declaração falsa sobre medição ou avaliação em obras públicas ou qualquer outro serviço, ou sobre quantidade, peso, medida, qualidade ou característica de mercadorias ou bens fornecidos a qualquer das entidades mencionadas no art. 1º desta Lei;

VII — adquirir, para si ou para outrem, no exercício de mandato, cargo, emprego ou função pública, bens de qualquer natureza cujo valor seja desproporcional à evolução do patrimônio ou à renda do agente público;

VIII — aceitar emprego, comissão ou exercer atividade de consultoria ou assessoramento para pessoa física ou jurídica que tenha interesse suscetível de ser atingido ou amparado por ação ou omissão decorrente das atribuições do agente público, durante a atividade;

IX — perceber vantagem econômica para intermediar a liberação ou aplicação de verba pública de qualquer natureza;

X — receber vantagem econômica de qualquer natureza, direta ou indiretamente, para omitir ato de ofício, providência ou declaração a que esteja obrigado;

XI — incorporar, por qualquer forma, ao seu patrimônio bens, rendas, verbas ou valores integrantes do acervo patrimonial das entidades mencionadas no art. 1º desta Lei;

XII — usar, em proveito próprio, bens, rendas, verbas ou valores integrantes do acervo patrimonial das entidades mencionadas no art. 1º desta Lei.

Seção II
Dos Atos de Improbidade Administrativa que causam Prejuízo ao Erário

Art. 10. Constitui ato de improbidade administrativa que causa lesão ao erário qualquer ação ou omissão, dolosa ou culposa, que enseje perda patrimonial, desvio, apropriação, malbaratamento ou dilapidação dos bens ou haveres das entidades referidas no art. 1º desta Lei, e notadamente:

I — facilitar ou concorrer por qualquer forma para a incorporação ao patrimônio particular, de pessoa física ou jurídica, de bens, rendas, verbas ou valores integrantes do acervo patrimonial das entidades mencionadas no art. 1º desta Lei;

II — permitir ou concorrer para que pessoa física ou jurídica privada utilize bens, rendas, verbas ou valores integrantes do acervo patrimonial das entidades mencionadas no art. 1º desta Lei, sem a observância das formalidades legais ou regulamentares aplicáveis à espécie;

III — doar à pessoa física ou jurídica bem como ao ente despersonalizado, ainda que de fins educativos ou assistenciais, bens, rendas, verbas ou valores do patrimônio de qualquer das entidades mencionadas no art. 1º desta Lei, sem observância das formalidades legais e regulamentares aplicáveis à espécie;

IV — permitir ou facilitar a alienação, permuta ou locação de bem integrante do patrimônio de qualquer das entidades referidas no art. 1º desta Lei, ou ainda a prestação de serviço por parte delas, por preço inferior ao de mercado;

V — permitir ou facilitar a aquisição, permuta ou locação de bem ou serviço por preço superior ao de mercado;

VI — realizar operação financeira sem observância das normas legais e regulamentares ou aceitar garantia insuficiente ou inidônea;

VII — conceder benefício administrativo ou fiscal sem a observância das formalidades legais ou regulamentares aplicáveis à espécie;

VIII — frustrar a licitude de processo licitatório ou de processo seletivo para celebração de parcerias com entidades sem fins lucrativos, ou dispensá-los indevidamente; *(Redação dada pela Lei n. 13.019, de 31.7.2014, DOU 1.8.2014)*

IX — ordenar ou permitir a realização de despesas não autorizadas em lei ou regulamento;

X — agir negligentemente na arrecadação de tributo ou renda, bem como no que diz respeito à conservação do patrimônio público;

XI — liberar verba pública sem a estrita observância das normas pertinentes ou influir de qualquer forma para a sua aplicação irregular;

XII — permitir, facilitar ou concorrer para que terceiro se enriqueça ilicitamente;

XIII — permitir que se utilize, em obra ou serviço particular, veículos, máquinas, equipamentos ou material de qualquer natureza, de propriedade ou à disposição de qualquer das entidades mencionadas no art. 1º desta Lei, bem como o trabalho de servidor público, empregados ou terceiros contratados por essas entidades.

XIV — celebrar contrato ou outro instrumento que tenha por objeto a prestação de serviços públicos por meio da gestão associada sem observar as formalidades previstas na lei; *(Acrescentado pela Lei n. 11.107, de 6.4.2005, DOU 7.4.2005)*

XV — celebrar contrato de rateio de consórcio público sem suficiente e prévia dotação orçamentária, ou sem observar as formalidades previstas na lei. (NR). *(Acrescentado pela Lei n. 11.107, de 6.4.2005, DOU 7.4.2005)*

XVI — facilitar ou concorrer, por qualquer forma, para a incorporação, ao patrimônio particular de pessoa física ou jurídica, de bens, rendas, verbas ou valores públicos transferidos pela administração pública a entidades privadas mediante celebração de parcerias, sem a observância das formalidades legais ou regulamentares aplicáveis à espécie; *(Acrescentado pela Lei n. 13.019, de 31.7.2014, DOU 1.8.2014)*

XVII — permitir ou concorrer para que pessoa física ou jurídica privada utilize bens, rendas, verbas ou valores públicos transferidos pela administração pública a entidade privada mediante celebração de parcerias, sem a observância das formalidades legais ou regulamentares aplicáveis à espécie; *(Acrescentado pela Lei n. 13.019, de 31.7.2014, DOU 1.8.2014)*

XVIII — celebrar parcerias da administração pública com entidades privadas sem a observância das formalidades legais ou regulamentares aplicáveis à espécie; *(Acrescentado pela Lei n. 13.019, de 31.7.2014, DOU 1.8.2014)*

XIX — frustrar a licitude de processo seletivo para celebração de parcerias da administração pública com entidades privadas ou dispensá-lo indevidamente; *(Acrescentado pela Lei n. 13.019, de 31.7.2014, DOU 1.8.2014)*

XX — agir negligentemente na celebração, fiscalização e análise das prestações de contas de parcerias firmadas pela administração pública com entidades privadas; *(Acrescentado pela Lei n. 13.019, de 31.7.2014, DOU 1.8.2014)*

XXI — liberar recursos de parcerias firmadas pela administração pública com entidades privadas sem a estrita observância das normas pertinentes ou influir de qualquer forma para a sua aplicação irregular. (NR) *(Acrescentado pela Lei n. 13.019, de 31.7.2014, DOU 1.8.2014)*

Seção III
Dos Atos de Improbidade Administrativa que Atentam contra os Princípios da Administração Pública

Art. 11. Constitui ato de improbidade administrativa que atenta contra os princípios da administração pública qualquer ação ou omissão que viole os deveres de honestidade, imparcialidade, legalidade, e lealdade às instituições, e notadamente:

I — praticar ato visando fim proibido em lei ou regulamento ou diverso daquele previsto, na regra de competência;

II — retardar ou deixar de praticar, indevidamente, ato de ofício;

III — revelar fato ou circunstância de que tem ciência em razão das atribuições e que deva permanecer em segredo;

IV — negar publicidade aos atos oficiais;

V — frustrar a licitude de concurso público;

VI — deixar de prestar contas quando esteja obrigado a fazê-lo;

VII — revelar ou permitir que chegue ao conhecimento de terceiro, antes da respectiva divulgação oficial, teor de medida política ou econômica capaz de afetar o preço de mercadoria, bem ou serviço.

VIII — descumprir as normas relativas à celebração, fiscalização e aprovação de contas de parcerias firmadas pela administração pública com entidades privadas. (NR) *(Acrescentado pela Lei n. 13.019, de 31.7.2014, DOU 1.8.2014)*

IX — deixar de cumprir a exigência de requisitos de acessibilidade previstos na legislação. (NR) *(Acrescentado pela Lei n. 13.146, de 6.7.15, DOU 7.7.15, com vigência após decorridos 180 dias de sua publicação oficial)*

CAPÍTULO III
Das Penas

Art. 12. Independentemente das sanções penais, civis e administrativas, previstas na legislação específica, está o responsável pelo ato de improbidade sujeito às seguintes cominações, que podem ser aplicadas isolada ou cumulativamente, de acordo com a gravidade do fato: *(Redação dada pela Lei n. 12.120, de 15.12.2009, DOU 16.12.2009)*

I — na hipótese do art. 9º, perda dos bens ou valores acrescidos ilicitamente ao patrimônio, ressarcimento integral do dano, quando houver, perda da função pública, suspensão dos direitos políticos de oito a dez anos, pagamento de multa civil de até três vezes o valor do acréscimo patrimonial e proibição de contratar com o Poder Público ou receber benefícios ou incentivos fiscais ou creditícios, direta ou indiretamente, ainda que por intermédio de pessoa jurídica da qual seja sócio majoritário, pelo prazo de dez anos;

II — na hipótese do art. 10, ressarcimento integral do dano, perda dos bens ou valores acrescidos ilicitamente ao patrimônio, se concorrer esta circunstância, perda da função pública, suspensão dos direitos políticos de cinco a oito anos, pagamento de multa civil de até duas vezes o valor do dano e proibição de contratar com o Poder Público ou receber benefícios ou incentivos fiscais ou creditícios, direta ou indiretamente, ainda que por intermédio de pessoa jurídica da qual seja sócio majoritário, pelo prazo de cinco anos;

III — na hipótese do art. 11, ressarcimento integral do dano, se houver, perda da função pública, suspensão dos direitos políticos de três a cinco anos, pagamento de multa civil de até cem vezes o valor da remuneração percebida pelo agente e proibição de contratar com o Poder Público ou receber benefícios ou incentivos fiscais ou creditícios, direta ou indiretamente, ainda que por intermédio de pessoa jurídica da qual seja sócio majoritário, pelo prazo de três anos.

Parágrafo único. Na fixação das penas previstas nesta Lei o juiz levará em conta a extensão do dano causado, assim como o proveito patrimonial obtido pelo agente.

CAPÍTULO IV
Da Declaração de Bens

Art. 13. A posse e o exercício de agente público ficam condicionados à apresentação de declaração dos bens e valores que compõem o seu patrimônio privado, a fim de ser arquivada no Serviço de Pessoal competente.

§ 1º A declaração compreenderá imóveis, móveis, semoventes, dinheiro, títulos, ações, e qualquer outra espécie de bens e valores patrimoniais, localizados no País ou no exterior, e, quando for o caso, abrangerá os bens e valores patrimoniais do cônjuge ou companheiro, dos filhos e de outras pessoas que vivam sob a dependência econômica do declarante, excluídos apenas os objetos e utensílios de uso doméstico.

§ 2º A declaração de bens será anualmente atualizada e na data em que o agente público deixar o exercício do mandato, cargo, emprego ou função.

§ 3º Será punido com a pena de demissão, a bem do serviço público, sem prejuízo de outras sanções cabíveis, o agente público que se recusar a prestar declaração dos bens, dentro do prazo determinado, ou que a prestar falsa.

§ 4º O declarante, a seu critério, poderá entregar cópia da declaração anual de bens apresentada à Delegacia da Receita Federal na conformidade da legislação do Imposto sobre a Renda e proventos de qualquer natureza, com as necessárias atualizações, para suprir a exigência contida no caput e no § 2º deste artigo.

CAPÍTULO V
Do Procedimento Administrativo e do Processo Judicial

Art. 14. Qualquer pessoa poderá representar à autoridade administrativa competente para que seja instaurada investigação destinada a apurar a prática de ato de improbidade.

§ 1º A representação, que será escrita ou reduzida a termo e assinada, conterá a qualificação do representante, as informações sobre o fato e sua autoria e a indicação das provas de que tenha conhecimento.

§ 2º A autoridade administrativa rejeitará a representação, em despacho fundamentado, se esta não contiver as formalidades estabelecidas no § 1º deste artigo. A rejeição não impede a representação ao Ministério Público, nos termos do art. 22 desta Lei.

§ 3º Atendidos os requisitos da representação, a autoridade determinará a imediata apuração dos fatos que, em se tratando de servidores federais, será processada na forma prevista nos arts. 148 a 182 da Lei n. 8.112, de 11 de dezembro de 1990 e, em se tratando de servidor militar, de acordo com os respectivos regulamentos disciplinares.

Art. 15. A comissão processante dará conhecimento ao Ministério Público e ao Tribunal ou Conselho de Contas da existência de procedimento administrativo para apurar a prática de ato de improbidade.

Parágrafo único. O Ministério Público ou Tribunal ou Conselho de Contas poderá, a requerimento, designar representante para acompanhar o procedimento administrativo.

Art. 16. Havendo fundados indícios de responsabilidade, a comissão representará ao Ministério Público ou à Procuradoria do órgão para que requeira ao juízo competente a decretação do sequestro dos bens do agente ou terceiro que tenha enriquecido ilicitamente ou causado dano ao patrimônio público.

§ 1º O pedido de sequestro será processado de acordo com o disposto nos arts. 822 e 825 do Código de Processo Civil.

§ 2º Quando for o caso, o pedido incluirá a investigação, o exame e o bloqueio de bens, contas bancárias e aplicações financeiras mantidas pelo indiciado no exterior, nos termos da lei e dos tratados internacionais.

Art. 17. A ação principal, que terá o rito ordinário, será proposta pelo Ministério Público ou pela pessoa jurídica interessada, dentro de trinta dias da efetivação da medida cautelar.

§ 1º É vedada a transação, acordo ou conciliação nas ações de que trata o caput. *(Revogado pela MP n. 703, de 18.12.2015, DOU 21.12.2015)*

§ 2º A Fazenda Pública, quando for o caso, promoverá as ações necessárias à complementação do ressarcimento do patrimônio público.

§ 3º No caso de a ação principal ter sido proposta pelo Ministério Público, aplica-se no que couber, o disposto no § 3º do art. 6º da Lei n. 4.717, de 29.6.65. *(Redação dada pela Lei n. 9.366, de 16.12.1996, DOU 18.12.1996).*

§ 4º O Ministério Público, se não intervier no processo como parte, atuará obrigatoriamente, como fiscal da lei, sob pena de nulidade.

§ 5º A propositura da ação prevenirá a jurisdição do juízo para todas as ações posteriormente intentadas que possuam a mesma causa de pedir ou o mesmo objeto. (NR) *(Parágrafo acrescentado pela MP 2.180-35, de 24.8.2001, DOU 27.8.2001).*

§ 6º A ação será instruída com documentos ou justificação que contenham indícios suficientes da existência do ato de improbidade ou com razões fundamentadas da impossibilidade de apresentação de qualquer dessas provas, observada a legislação vigente, inclusive as disposições inscritas nos arts. 16 a 18 do Código de Processo Civil.

§ 7º Estando a inicial em devida forma, o juiz mandará autuá-la e ordenará a notificação do requerido, para oferecer manifestação por escrito, que poderá ser instruída com documentos e justificações, dentro do prazo de quinze dias.

§ 8º Recebida a manifestação, o juiz, no prazo de trinta dias, em decisão fundamentada, rejeitará a ação, se se convencido da inexistência do ato de improbidade, da improcedência da ação ou da inadequação da via eleita.

§ 9º Recebida a petição inicial, será o réu citado para apresentar contestação.

§ 10. Da decisão que receber a petição inicial, caberá agravo de instrumento.

§ 11. Em qualquer fase do processo, reconhecida a inadequação da ação de improbidade, o juiz extinguirá o processo sem julgamento do mérito.

§ 12. Aplica-se aos depoimentos ou inquirições realizadas nos processos regidos por esta Lei o disposto no art. 221, caput e § 1º, do Código de Processo Penal. (NR) *(Parágrafos 6º a 12º, acrescentados pela MP n. 2.225, de 4.9.2001, DOU 5.9.2001).*

Art. 18. A sentença que julgar procedente ação civil de reparação de dano ou decretar a perda dos bens havidos ilicitamente determinará o pagamento ou a reversão dos bens, conforme o caso, em favor da pessoa jurídica prejudicada pelo ilícito.

CAPÍTULO VI
Das Disposições Penais

Art. 19. Constitui crime a representação por ato de improbidade contra agente público ou terceiro beneficiário quando o autor da denúncia o sabe inocente.

Pena: detenção de seis a dez meses e multa.

Parágrafo único. Além da sanção penal, o denunciante está sujeito a indenizar o denunciado pelos danos materiais, morais ou à imagem que houver provocado.

Art. 20. A perda da função pública e a suspensão dos direitos políticos só se efetivam com o trânsito em julgado da sentença condenatória.

Parágrafo único. A autoridade judicial ou administrativa competente poderá determinar o afastamento do agente público do exercício do cargo, emprego ou função, sem prejuízo da remuneração, quando a medida se fizer necessária à instrução processual.

Art. 21. A aplicação das sanções previstas nesta Lei independe:

I — da efetiva ocorrência de dano ao patrimônio público, salvo quanto à pena de ressarcimento; *(Redação dada pela Lei n. 12.120, de 15.12.2009, DOU 16.12.2009)*

II — da aprovação ou rejeição das contas pelo órgão de controle interno ou pelo Tribunal ou Conselho de Contas.

Art. 22. Para apurar qualquer ilícito previsto nesta Lei, o Ministério Público, de ofício, a requerimento de autoridade administrativa ou mediante representação formulada de acordo com o disposto no art. 14, poderá requisitar a instauração de inquérito policial ou procedimento administrativo.

CAPÍTULO VII
Da Prescrição

Art. 23. As ações destinadas a levar a efeito as sanções previstas nesta Lei podem ser propostas:

I — até cinco anos após o término do exercício de mandato, de cargo em comissão ou de função de confiança;

II — dentro do prazo prescricional previsto em lei específica para faltas disciplinares puníveis com demissão a bem do serviço público, nos casos de exercício de cargo efetivo ou emprego;

III — até cinco anos da data da apresentação à administração pública da prestação de contas final pelas entidades referidas no parágrafo único do art. 1º desta Lei. (NR) *(Redação dada pela Lei n. 13.204, de 14.12.2015, DOU 15.12.2015)*

CAPÍTULO VIII
Das Disposições Finais

Art. 24. Esta Lei entra em vigor na data de sua publicação.

Art. 25. Ficam revogadas as Leis ns. 3.164, de 1º de junho de 1957, e 3.502, de 21 de dezembro de 1958 e demais disposições em contrário.

Fernando Collor
Célio Borja
DOU 3.6.1992

Lei n. 8.437, de 30 de junho de 1992

Dispõe sobre a concessão de medidas cautelares contra atos do poder público e dá outras providências

O PRESIDENTE DA REPÚBLICA,

Faço saber que o Congresso Nacional decreta e eu sanciono a seguinte Lei:

Art. 1º Não será cabível medida liminar contra atos do Poder Público, no procedimento cautelar ou em quaisquer outras ações de natureza cautelar ou preventiva, toda vez que providência semelhante não

puder ser concedida em ações de mandado de segurança, em virtude de vedação legal.

§ 1º Não será cabível, no juízo de primeiro grau, medida cautelar inominada ou a sua liminar, quando impugnado ato de autoridade sujeita, na via de mandado de segurança, à competência originária de tribunal.

§ 2º O disposto no parágrafo anterior não se aplica aos processos de ação popular e de ação civil pública.

§ 3º Não será cabível medida liminar que esgote, no todo ou em parte, o objeto da ação.

§ 4º Nos casos em que cabível medida liminar, sem prejuízo da comunicação ao dirigente do órgão ou entidade, o respectivo representante judicial dela será imediatamente intimado.

§ 5º Não será cabível medida liminar que defira compensação de créditos tributários ou previdenciários. (NR) *(Redação dos §§ 4º e 5º dada pela MP n. 2.180-35, de 24.8.2001, DOU 27.8.2001)*

Art. 2º No mandado de segurança coletivo e na ação civil pública, a liminar será concedida, quando cabível, após a audiência do representante judicial da pessoa jurídica de direito público, que deverá se pronunciar no prazo de setenta e duas horas.

Art. 3º O recurso voluntário ou *ex officio*, interposto contra sentença em processo cautelar, proferida contra pessoa jurídica de direito público ou seus agentes, que importe em outorga ou adição de vencimentos ou de reclassificação funcional, terá efeito suspensivo.

Art. 4º Compete ao presidente do tribunal, ao qual couber o conhecimento do respectivo recurso, suspender, em despacho fundamentado, a execução da liminar nas ações movidas contra o Poder Público ou seus agentes, a requerimento do Ministério Público ou da pessoa jurídica de direito público interessada, em caso de manifesto interesse público ou de flagrante ilegitimidade, e para evitar grave lesão à ordem, à saúde, à segurança e à economia públicas.

§ 1º Aplica-se o disposto neste artigo à sentença proferida em processo de ação cautelar inominada, no processo de ação popular e na ação civil pública, enquanto não transitada em julgado.

§ 2º O Presidente do Tribunal poderá ouvir o autor e o Ministério Público, em setenta e duas horas. *(Redação dada pela MP n. 2.180-35, de 24.8.2001, DOU 27.8.2001)*

§ 3º Do despacho que conceder ou negar a suspensão, caberá agravo, no prazo de cinco dias, que será levado a julgamento na sessão seguinte a sua interposição. *(Acrescentado pela MP n. 2.180-35, de 24.8.2001, DOU 27.8.2001)*

§ 4º Se do julgamento do agravo de que trata o § 3º resultar a manutenção ou o restabelecimento da decisão que se pretende suspender, caberá novo pedido de suspensão ao Presidente do Tribunal competente para conhecer de eventual recurso especial ou extraordinário. *(Acrescentado pela MP n. 2.180-35, de 24.8.2001, DOU 27.8.2001)*

§ 5º É cabível também o pedido de suspensão a que se refere o § 4º, quando negado provimento a agravo de instrumento interposto contra a liminar a que se refere este artigo. *(Acrescentado pela MP n. 2.180-35, de 24.8.2001, DOU 27.8.2001)*

§ 6º A interposição do agravo de instrumento contra liminar concedida nas ações movidas contra o Poder Público e seus agentes não prejudica nem condiciona o julgamento do pedido de suspensão a que se refere este artigo.

§ 7º O Presidente do Tribunal poderá conferir ao pedido efeito suspensivo liminar, se constatar, em juízo prévio, a plausibilidade do direito invocado e a urgência na concessão da medida. *(Acrescentado pela MP n. 2.180-35, de 24.8.2001, DOU 27.8.2001)*

§ 8º As liminares cujo objeto seja idêntico poderão ser suspensas em uma única decisão, podendo o Presidente do Tribunal estender os efeitos da suspensão a liminares supervenientes, mediante simples aditamento do pedido original. (NR) *(Acrescentado pela MP n. 2.180-35, de 24.8.2001, DOU 27.8.2001)*

§ 9º A suspensão deferida pelo Presidente do Tribunal vigorará até o trânsito em julgado da decisão de mérito na ação principal. (NR) *(Acrescentado pela MP n. 2.180-35, de 24.8.2001, DOU 27.8.2001)*

Art. 5º Esta Lei entra em vigor na data de sua publicação.

Art. 6º Revogam-se as disposições em contrário.

Brasília, 30 de junho de 1992; 171º da Independência e 104º da República.

Fernando Collor
Célio Borja
Marcílio Marques Moreira
DOU 1º.7.1992

Lei n. 8.542, de 23 de dezembro de 1992

Dispõe sobre a política nacional de salários e dá outras providências

O VICE-PRESIDENTE DA REPÚBLICA no exercício do cargo de Presidente da República,

Faço saber que o Congresso Nacional decreta e eu sanciono a seguinte Lei:

Art. 1º A política nacional de salários, respeitado o princípio da irredutibilidade, tem por fundamento a livre negociação coletiva e reger-se-á pelas normas estabelecidas nesta Lei.

§ 1º As cláusulas dos acordos, convenções ou contratos coletivos de trabalho integram os contratos individuais de trabalho e somente poderão ser reduzidas ou suprimidas por posterior acordo, convenção ou contrato coletivo de trabalho. *(Revogado pela Lei n. 10.192, de 14.2.2001, DOU 16.2.2001).*

§ 2º As condições de trabalho bem como as cláusulas salariais, inclusive os aumentos reais ganhos de produtividade do trabalho e pisos salariais proporcionais à extensão e à complexidade do trabalho, serão fixados em contrato, convenção ou acordo coletivo de trabalho, laudo arbitral ou sentença normativa, observadas dentre outros fatores, a produtividade e a lucratividade do setor ou da empresa. *(Revogado pela Lei n. 10.192, de 14.2.2001, DOU 16.2.2001).*

Art. 2º *(Revogado pela L. n. 8.800, de 27.5.1994)*
Art. 3º *(Revogado pela L. n. 8.800, de 27.5.1994)*
Art. 4º *(Revogado pela L. n. 8.800, de 27.5.1994)*
Art. 5º *(Revogado pela L. n. 8.800, de 27.5.1994)*

Art. 6º Salário mínimo é a contraprestação mínima devida e paga diretamente pelo empregador a todo trabalhador, por jornada normal de trabalho, capaz de satisfazer, em qualquer região do País, às suas necessidades vitais básicas e às de sua família com moradia, alimentação, educação, saúde, lazer, vestuário, higiene, transporte e previdência social.

§ 1º O salário mínimo diário corresponderá a um trinta avos do salário mínimo mensal, e o salário mínimo horário a um duzentos e vinte avos do salário mínimo.

§ 2º Para os trabalhadores que tenham por disposição legal a jornada máxima diária de trabalho inferior a oito horas, o salário mínimo será igual ao definido no parágrafo anterior multiplicado por oito e dividido pelo máximo legal.

Art. 7º *(Revogado pela L. n. 8.800, de 27.5.1994)*

Art. 8º O art. 40 da Lei n. 8.177, de 1º de março de 1991, passa a vigorar com a seguinte redação:

"Art. 40. O depósito recursal de que trata o art. 889 da Consolidação das Leis do Trabalho fica limitado a Cr$ 20.000.000,00 (vinte milhões de cruzeiros), nos casos de interposição de recurso ordinário, e de Cr$ 40.000.000,00 (quarenta milhões de cruzeiros), em se tratando de recurso de revista, embargos infringentes e recursos extraordinários, sendo devida a cada novo recurso interposto no decorrer do processo.

§ 1º Em se tratando de condenação imposta em ação rescisória, o depósito recursal terá, como limite máximo, qualquer que seja o recurso, o valor de Cr$ 40.000.000,00 (quarenta milhões de cruzeiros).

§ 2º A exigência de depósito aplica-se, igualmente aos embargos à execução e a qualquer recurso subsequente do devedor.

§ 3º O valor do recurso ordinário, quando interposto em dissídio coletivo, será equivalente ao quádruplo do previsto no caput deste artigo.

§ 4º Os valores previstos neste artigo serão reajustados bimestralmente pela variação acumulada do INPC do IBGE dos dois meses imediatamente anteriores."

Art. 9º *(Revogado pela L. n. 8.800, de 27.5.1994)*
Art. 10. *(Revogado pela L. n. 8.700/93)*

Art. 11. Esta Lei entra em vigor na data de sua publicação.

Art. 12. Revogam-se as disposições em contrário, especialmente a Lei n. 8.419, de 7 de maio de 1992, e o inciso II do art. 41 da Lei n. 8.213, de 24 de julho de 1991, mantidos os efeitos financeiros quanto ao reajuste dos benefícios em janeiro.

Brasília, 23 de dezembro de 1992; 171º da Independência e 104º da República.

Itamar Franco
Walter Barelli
DOU 24.12.1992

Lei n. 8.632, de 4 de março de 1993

Concede anistia a dirigentes ou representantes sindicais punidos por motivação política

O PRESIDENTE DA REPÚBLICA,

Faço saber que o Congresso Nacional decreta e eu sanciono a seguinte Lei:

Art. 1º É concedida anistia aos dirigentes ou representantes sindicais que, no período compreendido entre 5 de outubro de 1988 e a publicação desta Lei, sofreram punições em virtude de motivação política, de participação em movimento reivindicatório ou outra modalidade de exercício do mandato ou representação sindical, assegurado o pagamento dos salários do período da suspensão disciplinar e, aos demitidos, a reintegração ao emprego com todos os direitos.

Art. 2º (VETADO).

Art. 3º Esta Lei entra em vigor na data de sua publicação.

Art. 4º Revogam-se as disposições em contrário.

Brasília, 4 de março de 1993; 172º da Independência e 105º da República.

Itamar Franco
Walter Barelli
DOU 5.3.1993

Lei n. 8.650, de 22 de abril de 1993

Treinador profissional de futebol — Relação de trabalho. Dispõe sobre as relações de trabalho do treinador profissional de futebol e dá outras providências

O PRESIDENTE DA REPÚBLICA,

Faço saber que o Congresso Nacional decreta e eu sanciono a seguinte Lei:

Art. 1º A associação desportiva ou clube de futebol é considerado empregador quando, mediante qualquer modalidade de remuneração, utiliza os serviços de Treinador Profissional de Futebol, na forma definida nesta Lei.

Art. 2º O Treinador Profissional de Futebol é considerado empregado quando especificamente contratado por clube de futebol ou associação desportiva, com a finalidade de treinar atletas de futebol profissional ou amador, ministrando-lhes técnicas e regras de futebol, com o objetivo de assegurar-lhes conhecimentos táticos e técnicos suficientes para a prática desse esporte.

Art. 3º O exercício da profissão de Treinador Profissional de Futebol ficará assegurado preferencialmente:

I — aos portadores de diploma expedido por Escolas de Educação Física ou entidades análogas, reconhecidas na forma da lei;

II — aos profissionais que, até a data do início da vigência desta Lei, hajam, comprovadamente, exercido cargos ou funções de treinador de futebol por prazo não inferior a seis meses, como empregado ou autônomo, em clubes ou associações filiadas às Ligas ou Federações, em todo o território nacional.

Art. 4º São direitos do Treinador Profissional de Futebol:

I — ampla e total liberdade na orientação técnica e tática da equipe de futebol;

II — apoio e assistência moral e material assegurada pelo empregador, para que possa bem desempenhar suas atividades;

III — exigir do empregador o cumprimento das determinações dos órgãos desportivos atinente ao futebol profissional.

Art. 5º São deveres do Treinador Profissional de Futebol:

I — zelar pela disciplina dos atletas sob sua orientação, acatando e fazendo acatar as determinações dos órgãos técnicos do empregador;

II — manter o sigilo profissional.

Art. 6º Na anotação do contrato de trabalho na Carteira Profissional deverá, obrigatoriamente, constar:

I — o prazo de vigência, em nenhuma hipótese, poderá ser superior a dois anos;

II — o salário, as gratificações, os prêmios, as bonificações, o valor das luvas, caso ajustadas, bem como a forma, tempo e lugar de pagamento.

Parágrafo único. O contrato de trabalho será registrado, no prazo improrrogável de dez dias, no Conselho Regional de Desportos e na Federação ou Liga à qual o clube ou associação for filiado.

Art. 7º Aplicam-se ao Treinador Profissional de Futebol as legislações do trabalho e da previdência social, ressalvadas as incompatibilidades com as disposições desta Lei.

Art. 8º Esta Lei entra em vigor na data de sua publicação.

Art. 9º Revogam-se as disposições em contrário.

Brasília, 22 de abril de 1993; 172º da Independência e 105º da República.

ITAMAR FRANCO
WALTER BARELLI
DOU 23.4.1993

Lei n. 8.662, de 7 de junho de 1993

Dispõe sobre a profissão de assistente social e dá outras providências

O PRESIDENTE DA REPÚBLICA,

Faço saber que o Congresso Nacional decreta e eu sanciono a seguinte Lei:

Art. 1º É livre o exercício da profissão de Assistente Social em todo o território nacional, observadas as condições estabelecidas nesta Lei.

Art. 2º Somente poderão exercer a profissão de Assistente Social:

I — os possuidores de diploma em curso de graduação em Serviço Social, oficialmente reconhecido, expedido por estabelecimento de ensino superior existente no País, devidamente registrado no órgão competente;

II — os possuidores de diploma de curso superior em Serviço Social, em nível de graduação ou equivalente, expedido por estabelecimento de ensino sediado em países estrangeiros, conveniado ou não com o governo brasileiro, desde que devidamente revalidado e registrado em órgão competente no Brasil;

III — os agentes sociais, qualquer que seja sua denominação com funções nos vários órgãos públicos, segundo o disposto no art. 14 e seu parágrafo único da Lei n. 1.889, de 13 de junho de 1953.

Parágrafo único. O exercício da profissão de Assistente Social requer prévio registro nos Conselhos Regionais que tenham jurisdição sobre a área de atuação do interessado nos termos desta Lei.

Art. 3º A designação profissional de Assistente Social é privativa dos habilitados na forma da legislação vigente.

Art. 4º Constituem competências do Assistente Social:

I — elaborar, implementar, executar e avaliar políticas sociais junto a órgãos da administração pública, direta ou indireta, empresas, entidades e organizações populares;

II — elaborar, coordenar, executar e avaliar planos, programas e projetos que sejam do âmbito de atuação do Serviço Social com participação da sociedade civil;

III — encaminhar providências, e prestar orientação social a indivíduos, grupos e à população;

IV — (vetado);

V — orientar indivíduos e grupos de diferentes segmentos sociais no sentido de identificar recursos e de fazer uso dos mesmos no atendimento e na defesa de seus direitos;

VI — planejar, organizar e administrar benefícios e Serviços Sociais;

VII — planejar, executar e avaliar pesquisas que possam contribuir para a análise da realidade social e para subsidiar ações profissionais;

VIII — prestar assessoria e consultoria a órgãos da administração pública direta e indireta, empresas privadas e outras entidades, com relação às matérias relacionadas no inciso II deste artigo;

IX — prestar assessoria e apoio aos movimentos sociais em matéria relacionada às políticas sociais, no exercício e na defesa dos direitos civis, políticos e sociais da coletividade;

X — planejamento, organização e administração de Serviços Sociais e de Unidade de Serviço Social;

XI — realizar estudos socioeconômicos com os usuários para fins de benefícios e serviços sociais junto a órgãos da administração pública direta e indireta, empresas privadas e outras entidades;

Art. 5º Constituem atribuições privativas do Assistente Social:

I — coordenar, elaborar, executar, supervisionar e avaliar estudos, pesquisas, planos, programas e projetos na área de Serviço Social;

II — planejar, organizar e administrar programas e projetos em Unidade de Serviço Social;

III — assessoria e consultoria e órgãos da administração pública direta e indireta, empresas privadas e outras entidades, em matéria de Serviço Social;

IV — realizar vistorias, perícias técnicas, laudos periciais, informações e pareceres sobre a matéria de Serviço Social;

V — assumir, no magistério de Serviço Social, tanto em nível de graduação como de pós-graduação, disciplinas e funções que exijam conhecimentos próprios e adquiridos em curso de formação regular;

VI — treinamento, avaliação e supervisão direta de estagiários de Serviço Social;

VII — dirigir e coordenar Unidades de Ensino e Cursos de Serviço Social, de graduação e pós-graduação;

VIII — dirigir e coordenar associações, núcleos, centros de estudo e de pesquisa em Serviço Social;

IX — elaborar provas, presidir e compor bancas de exames e comissões julgadoras de concursos ou outras formas de seleção para Assistentes Sociais, ou onde sejam aferidos conhecimentos inerentes ao Serviço Social.

X — coordenar seminários, encontros, congressos e eventos assemelhados sobre assuntos de Serviço Social;

XI — fiscalizar o exercício profissional através dos Conselhos Federal e Regionais;

XII — dirigir serviços técnicos de Serviço Social em entidades públicas ou privadas;

XIII — ocupar cargos e funções de direção e fiscalização da gestão financeira em órgãos e entidades representativas da categoria profissional.

Art. 5º-A. A duração do trabalho do Assistente Social é de 30 (trinta) horas semanais. *(Acrescentado pela Lei n. 12.317, de 26.8.10, DOU 27.8.10).*

Art. 6º São alteradas as denominações do atual Conselho Federal de Assistentes Sociais — CFAS e dos Conselhos Regionais de Assistentes Sociais — CRAS, para, respectivamente, Conselho Federal de Serviço Social — CFESS e Conselhos Regionais de Serviço Social — CRESS.

Art. 7º O Conselho Federal de Serviço Social — CFESS e os Conselhos Regionais de Serviço Social — CRESS constituem em seu conjunto uma entidade com personalidade jurídica e forma federativa, com o objetivo básico de disciplinar e defender o exercício da profissão de Assistente Social em todo o território nacional.

§ 1º Os Conselhos Regionais de Serviço Social — CRESS são dotados de autonomia administrativa e financeira, sem prejuízo de sua vinculação ao Conselho Federal, nos termos da legislação em vigor.

§ 2º Cabe ao Conselho Federal de Serviço Social — CFESS e aos Conselhos Regionais de Serviço Social — CRESS, representar, em juízo e fora dele, os interesses gerais e

individuais dos Assistentes Sociais, no cumprimento desta Lei.

Art. 8º Compete ao Conselho Federal de Serviço Social — CFESS, na qualidade de órgão normativo de grau superior, o exercício das seguintes atribuições:

I — orientar, disciplinar, normatizar, fiscalizar e defender o exercício da profissão de Assistente Social, em conjunto com o CRESS;

II — assessorar os CRESS sempre que se fizer necessário;

III — aprovar os Regimentos Internos dos CRESS no fórum máximo de deliberação do conjunto CFESS/ CRESS;

IV — aprovar o Código de Ética Profissional dos Assistentes Sociais juntamente com os CRESS, no fórum máximo de deliberação do conjunto CFESS/CRESS;

V — funcionar como Tribunal Superior de Ética Profissional;

VI — julgar, em última instância, os recursos contra as sanções impostas pelos CRESS;

VII — estabelecer os sistemas de registro dos profissionais habilitados;

VIII — prestar assessoria técnico-consultiva aos organismos públicos ou privados, em matéria de Serviço Social;

IX — (VETADO).

Art. 9º O fórum máximo de deliberação da profissão para os fins desta Lei dar-se-á nas reuniões conjuntas dos Conselhos Federal e Regionais que inclusive fixarão os limites de sua competência e sua forma de convocação.

Art. 10. Compete aos CRESS, em suas respectivas áreas de jurisdição, na qualidade de órgão executivo e de primeira instância, o exercício das seguintes atribuições:

I — organizar e manter o registro profissional dos Assistentes Sociais e o cadastro das instituições e obras sociais públicas e privadas, ou de fins filantrópicos;

II — fiscalizar e disciplinar o exercício da profissão de Assistente Social na respectiva região;

III — expedir carteiras profissionais de Assistentes Sociais, fixando a respectiva taxa;

IV — zelar pela observância do Código de Ética Profissional, funcionando como Tribunais Regionais de Ética Profissional;

V — aplicar as sanções previstas no Código de Ética Profissional;

VI — fixar, em assembleia da categoria, as anuidades que devem ser pagas pelos Assistentes Sociais;

VII — elaborar o respectivo Regimento Interno e submetê-lo a exame e aprovação do fórum máximo de deliberação do conjunto CFESS/CRESS.

Art. 11. O Conselho Federal de Serviço Social — CFESS terá sede e foro no Distrito Federal.

Art. 12. Em cada capital de Estado, de Território e no Distrito Federal, haverá um Conselho Regional de Serviço Social — CRESS denominado segundo a sua jurisdição, a qual alcançará, respectivamente, a do Estado, e do Território e a do Distrito Federal.

§ 1º Nos Estados ou Territórios em que os profissionais que neles atuam não tenham possibilidade de instalar um Conselho Regional, deverá ser constituída uma delegacia subordinada ao Conselho Regional que oferecer melhores condições de comunicação, fiscalização e orientação, ouvido o órgão regional e com homologação do Conselho Federal.

§ 2º Os Conselhos Regionais poderão constituir, dentro de sua própria área de jurisdição, delegacias seccionais para desempenho de suas atribuições executivas e de primeira instância nas regiões em que forem instaladas, desde que a arrecadação proveniente dos profissionais nelas atuantes seja suficiente para sua própria manutenção.

Art. 13. A inscrição nos Conselhos Regionais sujeita os Assistentes Sociais ao pagamento das contribuições compulsórias (anuidades), taxas e demais emolumentos que forem estabelecidos em regulamentação baixada pelo Conselho Federal, em deliberação conjunta com os Conselhos Regionais.

Art. 14. Cabe às Unidades de Ensino credenciar e comunicar aos Conselhos Regionais de sua jurisdição os campos de estágio de seus alunos e designar os Assistentes Sociais responsáveis por sua supervisão.

Parágrafo único. Somente os estudantes de Serviço Social, sob supervisão direta de Assistente Social em pleno gozo de seus direitos profissionais, poderão realizar estágio de Serviço Social.

Art. 15. É vedado o uso da expressão "Serviço Social" por quaisquer pessoas de direito público ou privado que não desenvolvam atividades previstas nos arts. 4º e 5º desta Lei.

Parágrafo único. As pessoas de direito público ou privado que se encontrem na situação mencionada neste artigo terão o prazo de noventa dias, a contar da data da vigência desta Lei, para processarem as modificações que se fizerem necessárias a seu integral cumprimento, sob pena das medidas judiciais cabíveis.

Art. 16. Os CRESS aplicarão as seguintes penalidades aos infratores dos dispositivos desta Lei:

I — multa no valor de uma a cinco vezes a anuidade vigente;

II — suspensão de um a dois anos de exercício da profissão ao Assistente Social que, no âmbito de sua atuação, deixar de cumprir disposições do Código de Ética, tendo em vista a gravidade da falta;

III — cancelamento definitivo do registro, nos casos de extrema gravidade ou de reincidência contumaz.

§ 1º Provada a participação ativa ou conivência de empresas, entidades, instituições ou firmas individuais nas infrações a dispositivos desta Lei pelos profissionais delas dependentes, serão estas também passíveis das multas aqui estabelecidas, na proporção de sua responsabilidade, sob pena das medidas judiciais cabíveis.

§ 2º No caso de reincidência na mesma infração no prazo de dois anos, a multa cabível será elevada ao dobro.

Art. 17. A Carteira de Identificação Profissional expedida pelos Conselhos Regionais de Serviço Social — CRESS, servirá de prova para fins de exercício profissional e de Carteira de Identidade Pessoal, e terá fé pública em todo o território nacional.

Art. 18. As organizações que se registrarem nos CRESS receberão um certificado que as habilitará a atuar na área de Serviço Social.

Art. 19. O Conselho Federal de Serviço Social — CFESS será mantido:

I — por contribuições, taxas e emolumentos arrecadados pelos CRESS, em percentual a ser definido pelo fórum máximo instituído pelo art. 9º desta Lei;

II — por doações e legados;

III — por outras rendas.

Art. 20. O Conselho Federal de Serviço Social — CFESS e os Conselhos Regionais de Serviço Social — CRESS contarão cada um com nove membros efetivos: Presidente, Vice-Presidente, dois Secretários, dois Tesoureiros e três membros do Conselho Fiscal, e nove suplentes, eleitos dentre os Assistentes Sociais, por via direta, para um mandato de três anos, de acordo com as normas estabelecidas em Código Eleitoral aprovado pelo fórum instituído pelo art. 9º desta Lei.

Parágrafo único. As delegacias seccionais contarão com três membros efetivos: um Delegado, um Secretário e um Tesoureiro, e três suplentes, eleitos dentre os Assistentes Sociais da área de sua jurisdição, nas condições previstas neste artigo.

Art. 21. (VETADO).

Art. 22. O Conselho Federal e os Conselhos Regionais terão legitimidade para agir contra qualquer pessoa que infringir as disposições que digam respeito às prerrogativas, à dignidade e ao prestígio da profissão de Assistente Social.

Art. 23. Esta Lei entra em vigor na data de sua publicação.

Art. 24. Revogam-se as disposições em contrário e, em especial, a Lei n. 3.252, de 27 de agosto de 1957.

Brasília, 7 de junho de 1993, 172º da Independência e 105º da República.

Itamar Franco
Walter Barelli
DOU 8.6.1993

Lei n. 8.666, de 21 de junho de 1993

Regulamenta o art. 37, inciso XXI, da Constituição Federal, institui normas para licitações e contratos da administração pública e dá outras providências

Art. 3º..

§ 2º..

V — produzidos ou prestados por empresas que comprovem cumprimento de reserva de cargos prevista em lei para pessoa com deficiência ou para reabilitado da Previdência Social e que atendam às regras de acessibilidade previstas na legislação. *(Redação dada pela Lei n. 13.146, de 6.7.15, DOU 7.7.15, com vigência após decorridos 180 dias de sua publicação oficial)*

..

§ 5º Nos processos de licitação, poderá ser estabelecida margem de preferência para: *(Redação dada pela Lei n. 13.146, de 6.7.15, DOU 7.7.15, com vigência após decorridos 180 dias de sua publicação oficial)*

I — produtos manufaturados e para serviços nacionais que atendam a normas técnicas brasileiras; e *(Redação dada pela Lei n. 13.146, de 6.7.15, DOU 7.7.15, com vigência após decorridos 180 dias de sua publicação oficial)*

II — bens e serviços produzidos ou prestados por empresas que comprovem cumprimento de reserva de cargos prevista em lei para pessoa com deficiência ou reabilitado da Previdência Social e que atendam às regras de acessibilidade previstas na legislação. (NR) *(Redação dada pela Lei n. 13.146, de 6.7.15, DOU 7.7.15, com vigência após decorridos 180 dias de sua publicação oficial)*

Art. 27. Para a habilitação nas licitações exigir-se-á dos interessados, exclusivamente, documentação relativa a:

I — habilitação jurídica;

LEGISLAÇÃO COMPLEMENTAR

II — qualificação técnica;
III — qualificação econômico-financeira;
IV — regularidade fiscal e trabalhista; *(Redação dada pela Lei n. 12.440, de 7.7.2011, DOU 8.7.2011)*
V — cumprimento do disposto no inciso XXXIII do art. 7º da Constituição Federal. *(Acrescentado pela Lei n. 9.854, de 27.10.1999, DOU 28.10.1999)*

Art. 28. A documentação relativa à habilitação jurídica, conforme o caso, consistirá em:
I — cédula de identidade;
II — registro comercial, no caso de empresa individual;
III — ato constitutivo, estatuto ou contrato social em vigor, devidamente registrado, em se tratando de sociedades comerciais, e, no caso de sociedades por ações, acompanhado de documentos de eleição de seus administradores;
IV — inscrição do ato constitutivo, no caso de sociedades civis, acompanhada de prova de diretoria em exercício;
V — decreto de autorização, em se tratando de empresa ou sociedade estrangeira em funcionamento no País, e ato de registro ou autorização para funcionamento expedido pelo órgão competente, quando a atividade assim o exigir.

Art. 29. A documentação relativa à regularidade fiscal e trabalhista, conforme o caso, consistirá em: *(Redação dada pela Lei n. 12.440, de 7.7.2011, DOU 8.7.2011)*
I — prova de inscrição no Cadastro de Pessoas Físicas (CPF) ou no Cadastro Geral de Contribuintes (CGC);
II — prova de inscrição no cadastro de contribuintes estadual ou municipal, se houver, relativo ao domicílio ou sede do licitante, pertinente ao seu ramo de atividade e compatível com o objeto contratual;
III — prova de regularidade para com a Fazenda Federal, Estadual e Municipal do domicílio ou sede do licitante, ou outra equivalente, na forma da lei;
IV — prova de regularidade relativa à Seguridade Social e ao Fundo de Garantia por Tempo de Serviço (FGTS), demonstrando situação regular no cumprimento dos encargos sociais instituídos por lei. *(Redação dada pela Lei n. 8.883, de 8.6.1994, DOU 9.6.1994 e Retificada DOU de 24.6.1994)*
V — prova de inexistência de débitos inadimplidos perante a Justiça do Trabalho, mediante a apresentação de certidão negativa, nos termos do Título VII-A da Consolidação das Leis do Trabalho, aprovada pelo Decreto-Lei n. 5.452, de 1º de maio de 1943. *(Acrescentado pela Lei n. 12.440, de 7.7.2011, DOU 8.7.2011)*

Seção IV
Da Execução dos Contratos

Art. 66. O contrato deverá ser executado fielmente pelas partes, de acordo com as cláusulas avençadas e as normas desta Lei, respondendo cada uma pelas consequências de sua inexecução total ou parcial.

Art. 66-A. As empresas enquadradas no inciso V do § 2º e no inciso II do § 5º do art. 3º desta Lei deverão cumprir, durante todo o período de execução do contrato, a reserva de cargos prevista em lei para pessoa com deficiência ou para reabilitado da Previdência Social, bem como as regras de acessibilidade previstas na legislação. *(Redação dada pela Lei n. 13.146, de 6.7.15, DOU 7.7.15, com vigência após decorridos 180 dias de sua publicação oficial)*

Parágrafo único. Cabe à administração fiscalizar o cumprimento dos requisitos de acessibilidade nos serviços e nos ambientes de trabalho. *(Redação dada pela Lei n. 13.146, de 6.7.15, DOU 7.7.15, com vigência após decorridos 180 dias de sua publicação oficial)*

Art. 67. A execução do contrato deverá ser acompanhada e fiscalizada por um representante da Administração especialmente designado, permitida a contratação de terceiros para assisti-lo e subsidiá-lo de informações pertinentes a essa atribuição.

§ 1º O representante da Administração anotará em registro próprio todas as ocorrências relacionadas com a execução do contrato, determinando o que for necessário à regularização das faltas ou defeitos observados.

§ 2º As decisões e providências que ultrapassarem a competência do representante deverão ser solicitadas a seus superiores em tempo hábil para a adoção das medidas convenientes.

Art. 68. O contratado deverá manter preposto, aceito pela Administração, no local da obra ou serviço, para representá-lo na execução do contrato.

Art. 69. O contratado é obrigado a reparar, corrigir, remover, reconstruir ou substituir, às suas expensas, no total ou em parte, o objeto do contrato em que se verificarem vícios, defeitos ou incorreções resultantes da execução ou de materiais empregados.

Art. 70. O contratado é responsável pelos danos causados diretamente à Administração ou a terceiros, decorrentes de sua culpa ou dolo na execução do contrato, não excluindo ou reduzindo essa responsabilidade a fiscalização ou o acompanhamento pelo órgão interessado.

Art. 71. O contratado é responsável pelos encargos trabalhistas, previdenciários, fiscais e comerciais resultantes da execução do contrato.

§ 1º A inadimplência do contratado, com referência aos encargos trabalhistas, fiscais e comerciais não transfere à Administração Pública a responsabilidade por seu pagamento, nem poderá onerar o objeto do contrato ou restringir a regularização e o uso das obras e edificações, inclusive perante o Registro de Imóveis. *(Redação dada pela Lei n. 9.032, de 28.4.1995, DOU 29.4.1995)*

§ 2º A Administração Pública responde solidariamente com o contratado pelos encargos previdenciários resultantes da execução do contrato, nos termos do art. 31 da Lei n. 8.212, de 24 de julho de 1991. *(Redação dada pela Lei n. 9.032, de 28.4.1995, DOU 29.4.1995)*

§ 3º (VETADO). *(Acrescentado pela Lei n. 8.883, de 8.6.1994, DOU 9.6.1994 e retificada no DOU de 24.6.1994)*

Art. 72. O contratado, na execução do contrato, sem prejuízo das responsabilidades contratuais e legais, poderá subcontratar partes da obra, serviço ou fornecimento, até o limite admitido, em cada caso, pela Administração.

Art. 73. Executado o contrato, o seu objeto será recebido:
I — em se tratando de obras e serviços:
a) provisoriamente, pelo responsável por seu acompanhamento e fiscalização, mediante termo circunstanciado, assinado pelas partes em até 15 (quinze) dias da comunicação escrita do contratado;
b) definitivamente, por servidor ou comissão designada pela autoridade competente, mediante termo circunstanciado, assinado pelas partes, após o decurso do prazo de observação, ou vistoria que comprove a adequação do objeto aos termos contratuais, observado o disposto no art. 69 desta Lei;
II — em se tratando de compras ou de locação de equipamentos:
a) provisoriamente, para efeito de posterior verificação da conformidade do material com a especificação;
b) definitivamente, após a verificação da qualidade e quantidade do material e consequente aceitação.

§ 1º Nos casos de aquisição de equipamentos de grande vulto, o recebimento far-se-á mediante termo circunstanciado e, nos demais, mediante recibo.

§ 2º O recebimento provisório ou definitivo não exclui a responsabilidade civil pela solidez e segurança da obra ou do serviço, nem ético-profissional pela perfeita execução do contrato, dentro dos limites estabelecidos pela lei ou pelo contrato.

§ 3º O prazo a que se refere a alínea "b" do inciso I deste artigo não poderá ser superior a 90 (noventa) dias, salvo em casos excepcionais, devidamente justificados e previstos no edital.

§ 4º Na hipótese de o termo circunstanciado ou a verificação a que se refere este artigo não serem, respectivamente, lavrado ou procedida dentro dos prazos fixados, reputar-se-ão como realizados, desde que comunicados à Administração nos 15 (quinze) dias anteriores à exaustão dos mesmos.

Art. 74. Poderá ser dispensado o recebimento provisório nos seguintes casos:
I — gêneros perecíveis e alimentação preparada;
II — serviços profissionais;
III — obras e serviços de valor até o previsto no art. 23, inciso II, alínea "a", desta Lei, desde que não se componham de aparelhos, equipamentos e instalações sujeitos à verificação de funcionamento e produtividade.

Parágrafo único. Nos casos deste artigo, o recebimento será feito mediante recibo.

Art. 75. Salvo disposições em contrário constantes do edital, do convite ou de ato normativo, os ensaios, testes e demais provas exigidos por normas técnicas oficiais para a boa execução do objeto do contrato correm por conta do contratado.

Art. 76. A Administração rejeitará, no todo ou em parte, obra, serviço ou fornecimento executado em desacordo com o contrato.

DOU 22.6.1993 e republicado em 6.7.1994 e retificado em 6.7.1994

Lei n. 8.678, de 13 de julho de 1993

Dispõe sobre a concessão de benefício no pagamento da modalidade de saque do Fundo de Garantia do Tempo de Serviço — FGTS, prevista no art. 20, inciso VIII, da Lei n. 8.036, de 11 de maio de 1990, e dá outras providências.

O PRESIDENTE DA REPÚBLICA,
Faço saber que o Congresso Nacional decreta e eu sanciono a seguinte Lei:

Art. 1º Fica instituída, a título de bonificação, taxa adicional de juros de 3% (três por cento) ao ano à remuneração dos valores disponíveis nas contas vinculadas do Fundo de Garantia do Tempo de Serviço — FGTS que hajam permanecido sem crédito de depósito por 3 (três) anos ininterruptos, a vigorar no período de 17 de maio de 1993 até 30 (trinta) dias após o término do cronograma de pagamento, instituído pelo Conselho Curador do FGTS para essas contas.

Art. 2º Os recursos necessários ao cumprimento do estabelecido no artigo anterior serão obtidos pela Caixa Econômica Federal através do incremento compensatório

da taxa de juros cobrada nas operações de crédito financiadas com recursos do FGTS.

Art. 3º O Conselho Curador do FGTS baixará as instruções complementares necessárias ao cumprimento desta Lei, inclusive quanto aos critérios de cálculo da remuneração *pro rata*, quando for o caso.

Art. 4º O inciso VIII do art. 20, e o art. 21 da Lei n. 8.036, de 11 de maio de 1990, passam a vigorar com a seguinte redação: *(Já incluído na Lei n. 8.036/90).*

Art. 5º Fica o Poder Executivo autorizado a publicar a versão consolidada da Lei n. 8.036, de 1990.

Art. 6º Esta Lei entra em vigor na data de sua publicação.

Art. 7º Revogam-se o § 1º do art. 6º da Lei n. 8.162, de 8 de janeiro de 1991, e demais disposições em contrário.

Brasília, 13 de julho de 1993, 172º da Independência e 105º da República.

ITAMAR FRANCO
DOU 14.7.1993

Lei n. 8.716, de 11 de outubro de 1993

Dispõe sobre a garantia do salário mínimo e dá outras providências

O PRESIDENTE DA REPÚBLICA,
Faço saber que o Congresso Nacional decreta e eu sanciono a seguinte Lei:

Art. 1º Aos trabalhadores que perceberem remuneração variável, fixado por comissão, peça, tarefa ou outras modalidades, será garantido um salário mensal nunca inferior ao salário mínimo.

Art. 2º A garantia assegurada pelo artigo anterior estende-se também aos trabalhadores que perceberem salário misto, integrado por parte fixa e parte variável.

Art. 3º É vedado ao empregador fazer qualquer tipo de desconto em mês subsequente a título de compensação de eventuais complementações feitas em meses anteriores para cumprimento do disposto nos arts. 1º e 2º.

Art. 4º Esta Lei entra em vigor na data de sua publicação.

Art. 5º Revogam-se as disposições em contrário.

Brasília, 11 de outubro de 1993, 172º da Independência e 105º da República.

ITAMAR FRANCO
WALTER BARELLI
DOU 13.10.1993

Lei n. 8.742, de 7 de dezembro de 1993

Dispõe sobre a organização da assistência social e dá outras providências

O PRESIDENTE DA REPÚBLICA, faço saber que o Congresso Nacional decreta e eu sanciono a seguinte lei:

LEI ORGÂNICA DA ASSISTÊNCIA SOCIAL

Capítulo I
Das Definições e dos Objetivos

Art. 1º A assistência social, direito do cidadão e dever do Estado, é Política de Seguridade Social não contributiva, que provê os mínimos sociais, realizada através de um conjunto integrado de ações de iniciativa pública e da sociedade, para garantir o atendimento às necessidades básicas.

Art. 2º A assistência social tem por objetivos: *(Redação dada pela Lei n. 12.435, de 6.7.11, DOU 7.7.11)*

I — a proteção social, que visa à garantia da vida, à redução de danos e à prevenção da incidência de riscos, especialmente: *(Redação dada pela Lei n. 12.435, de 6.7.11, DOU 7.7.11)*

a) a proteção à família, à maternidade, à infância, à adolescência e à velhice; *(Acrescentado pela Lei n. 12.435, 6.7.11, DOU 7.7.11)*

b) o amparo às crianças e aos adolescentes carentes; *(Acrescentado pela Lei n. 12.435, de 6.7.11, DOU 7.7.11)*

c) a promoção da integração ao mercado de trabalho; *(Acrescentado pela Lei n. 12.435, de 6.7.11, DOU 7.7.11)*

d) a habilitação e reabilitação das pessoas com deficiência e a promoção de sua integração à vida comunitária; e *(Acrescentado pela Lei n. 12.435, de 6.7.2011, DU 7.7.2011)*

e) a garantia de 1 (um) salário mínimo de benefício mensal à pessoa com deficiência e ao idoso que comprovem não possuir meios de prover a própria manutenção ou de tê-la provida por sua família; (*Acrescentado pela Lei n. 12.435, de 6.7.11, DOU 7.7.11)*

II — a vigilância socioassistencial, que visa a analisar territorialmente a capacidade protetiva das famílias e nela a ocorrência de vulnerabilidades, de ameaças, de vitimizações e danos; *(Redação dada pela Lei n. 12.435, de 6.7.11, DOU 7.7.11)*

III — a defesa de direitos, que visa a garantir o pleno acesso aos direitos no conjunto das provisões socioassistenciais. *(Redação dada pela Lei n. 12.435, de 6.7.11, DOU 7.7.11)*

Parágrafo único. Para o enfrentamento da pobreza, a assistência social realiza-se de forma integrada às políticas setoriais, garantindo mínimos sociais e provimento de condições para atender contingências sociais e promovendo a universalização dos direitos sociais. *(Redação dada pela Lei n. 12.435, de 6.7.11, DOU 7.7.11)*

Art. 3º Consideram-se entidades e organizações de assistência social aquelas sem fins lucrativos que, isolada ou cumulativamente, prestam atendimento e assessoramento aos beneficiários abrangidos por esta Lei, bem como as que atuam na defesa e garantia de direitos. *(Redação dada pela Lei n. 12.435, de 6.7.11, DOU 7.7.11)*

§ 1º São de atendimento aquelas entidades que, de forma continuada, permanente e planejada, prestam serviços, executam programas ou projetos e concedem benefícios de prestação social básica ou especial, dirigidos às famílias e indivíduos em situações de vulnerabilidade ou risco social e pessoal, nos termos desta Lei, e respeitadas as deliberações do Conselho Nacional de Assistência Social (CNAS), de que tratam os incisos I e II do art. 18. *(Acrescentado pela Lei n. 12.435, de 6.7.11, DOU 7.7.11)*

§ 2º São de assessoramento aquelas que, de forma continuada, permanente e planejada, prestam serviços e executam programas ou projetos voltados prioritariamente para o fortalecimento dos movimentos sociais e das organizações de usuários, formação e capacitação de lideranças, dirigidos ao público da política de assistência social, nos termos desta Lei, e respeitadas as deliberações do CNAS, de que tratam os incisos I e II do art. 18. *(Acrescentado pela Lei n. 12.435, de 6.7.11, DOU 7.7.11)*

§ 3º São de defesa e garantia de direitos aquelas que, de forma continuada, permanente e planejada, prestam serviços e executam programas e projetos voltados prioritariamente para a defesa e efetivação dos direitos socioassistenciais, construção de novos direitos, promoção da cidadania, enfrentamento das desigualdades sociais, articulação com órgãos públicos de defesa de direitos, dirigidos ao público da política de assistência social, nos termos desta Lei, e respeitadas as deliberações do CNAS, de que tratam os incisos I e II do art. 18. *(Acrescentado pela Lei n. 12.435, de 6.7.11, DOU 7.7.11)*

Capítulo II
Dos Princípios e das Diretrizes

Seção I
Dos Princípios

Art. 4º A assistência social rege-se pelos seguintes princípios:

I — supremacia do atendimento às necessidades sociais sobre as exigências de rentabilidade econômica;

II — universalização dos direitos sociais, a fim de tornar o destinatário da ação assistencial alcançável pelas demais políticas públicas;

III — respeito à dignidade do cidadão, à sua autonomia e ao seu direito a benefícios e serviços de qualidade, bem como à convivência familiar e comunitária, vedando-se qualquer comprovação vexatória de necessidade;

IV — igualdade de direitos no acesso ao atendimento, sem discriminação de qualquer natureza, garantindo-se equivalência às populações urbanas e rurais;

V — divulgação ampla dos benefícios, serviços, programas e projetos assistenciais, bem como dos recursos oferecidos pelo Poder Público e dos critérios para sua concessão.

Seção II
Das Diretrizes

Art. 5º A organização da assistência social tem como base as seguintes diretrizes:

I — descentralização político-administrativa para os Estados, o Distrito Federal e os Municípios, e comando único das ações em cada esfera de governo;

II — participação da população, por meio de organizações representativas, na formulação das políticas e no controle das ações em todos os níveis;

III — primazia da responsabilidade do Estado na condução da política de assistência social em cada esfera de governo.

Capítulo IV
Dos Benefícios, dos Serviços, dos Programas e dos Projetos de Assistência Social

Seção I
Do Benefício de Prestação Continuada

Art. 20. O benefício de prestação continuada é a garantia de um salário mínimo mensal à pessoa com deficiência e ao idoso com 65 (sessenta e cinco) anos ou mais que comprovem não possuir meios de prover a própria manutenção nem de tê-la provida por sua família. *(Redação dada pela Lei n. 12.435, de 6.7.11, DOU 7.7.11)*

§ 1º Para os efeitos do disposto no *caput*, a família é composta pelo requerente, o cônjuge ou companheiro, os pais e, na ausência

de um deles, a madrasta ou o padrasto, os irmãos solteiros, os filhos e enteados solteiros e os menores tutelados, desde que vivam sob o mesmo teto. *(Redação dada pela Lei n. 12.435, de 6.7.11, DOU 7.7.11)*

§ 2º Para efeito de concessão do benefício de prestação continuada, considera-se pessoa com deficiência aquela que tem impedimento de longo prazo de natureza física, mental, intelectual ou sensorial, o qual, em interação com uma ou mais barreiras, pode obstruir sua participação plena e efetiva na sociedade em igualdade de condições com as demais pessoas. *(Redação dada pela Lei n. 13.146, de 6.7.15, DOU 7.7.15, com vigência após decorridos 180 dias de sua publicação oficial)*

§ 3º Considera-se incapaz de prover a manutenção da pessoa com deficiência ou idosa a família cuja renda mensal *per capita* seja inferior a 1/4 (um quarto) do salário mínimo. *(Redação dada pela Lei n. 12.435, de 6.7.11, DOU 7.7.11)*

§ 4º O benefício de que trata este artigo não pode ser acumulado pelo beneficiário com qualquer outro no âmbito da seguridade social ou de outro regime, salvo os da assistência médica e da pensão especial de natureza indenizatória. *(Redação dada pela Lei n. 12.435, de 6.7.11, DOU 7.7.11)*

§ 5º A condição de acolhimento em instituições de longa permanência não prejudica o direito do idoso ou da pessoa com deficiência ao benefício de prestação continuada. *(Redação dada pela Lei n. 12.435, de 6.7.11, DOU 7.7.11)*

§ 6º A concessão do benefício ficará sujeita à avaliação da deficiência e do grau de impedimento de que trata o § 2º, composta por avaliação médica e avaliação social realizadas por médicos peritos e por assistentes sociais do Instituto Nacional de Seguro Social — INSS. *(Redação dada pela Lei n. 12.470, de 31.8.11, DOU 1º.9.11)*

§ 7º Na hipótese de não existirem serviços no município de residência do beneficiário, fica assegurado, na forma prevista em regulamento, o seu encaminhamento ao município mais próximo que contar com tal estrutura. *(Acrescentado pela Lei n. 9.720, de 30.11.98, DOU 1.12.98)*

§ 8º A renda familiar mensal a que se refere o § 3º deverá ser declarada pelo requerente ou seu representante legal, sujeitando-se aos demais procedimentos previstos no regulamento para o deferimento do pedido. *(Acrescentado pela Lei n. 9.720, de 30.11.98, DOU 1.12.98)*

§ 9º Os rendimentos decorrentes de estágio supervisionado e de aprendizagem não serão computados para os fins de cálculo da renda familiar per capita a que se refere o § 3º deste artigo. *(Redação dada pela Lei n. 13.146, de 6.7.15, DOU 7.7.15, com vigência após decorridos 180 dias de sua publicação oficial)*

§ 10. Considera-se impedimento de longo prazo, para os fins do § 2º deste artigo, aquele que produza efeitos pelo prazo mínimo de 2 (dois) anos. *(Acrescentado pela Lei n. 12.470, de 31.8.11, DOU 1º.9.11)*

§ 11. Para concessão do benefício de que trata o *caput* deste artigo, poderão ser utilizados outros elementos probatórios da condição de miserabilidade do grupo familiar e da situação de vulnerabilidade, conforme regulamento. (NR) *(Acrescentado dada pela Lei n. 13.146, de 6.7.15, DOU 7.7.15, com vigência após decorridos 180 dias de sua publicação oficial)*

Art. 21. O benefício de prestação continuada deve ser revisto a cada 2 (dois) anos para avaliação da continuidade das condições que lhe deram origem. *(Vide Lei n. 9.720, de 30.11.98)*

§ 1º O pagamento do benefício cessa no momento em que forem superadas as condições referidas no *caput*, ou em caso de morte do beneficiário.

§ 2º O benefício será cancelado quando se constatar irregularidade na sua concessão ou utilização.

§ 3º O desenvolvimento das capacidades cognitivas, motoras ou educacionais e a realização de atividades não remuneradas de habilitação e reabilitação, entre outras, não constituem motivo de suspensão ou cessação do benefício da pessoa com deficiência. *(Acrescentado pela Lei n. 12.435, de 6.7.11, DOU 7.7.11)*

§ 4º A cessação do benefício de prestação continuada concedido à pessoa com deficiência não impede nova concessão do benefício, desde que atendidos os requisitos definidos em regulamento. *(Redação dada pela Lei n. 12.470, de 31.8.11, DOU 1º.9.11)*

Art. 21-A. O benefício de prestação continuada será suspenso pelo órgão concedente quando a pessoa com deficiência exercer atividade remunerada, inclusive na condição de microempreendedor individual. *(Acrescentado pela Lei n. 12.470, de 31.8.11, DOU 1º.9.11)*

§ 1º Extinta a relação trabalhista ou a atividade empreendedora de que trata o *caput* deste artigo e, quando for o caso, encerrado o prazo de pagamento do seguro-desemprego e não tendo o beneficiário adquirido direito a qualquer benefício previdenciário, poderá ser requerida a continuidade do pagamento do benefício suspenso, sem necessidade de realização de perícia médica ou reavaliação da deficiência e do grau de incapacidade para esse fim, respeitado o período de revisão previsto no *caput* do art. 21. *(Acrescentado pela Lei n. 12.470, de 31.8.11, DOU 1º.9.11)*

§ 2º A contratação de pessoa com deficiência como aprendiz não acarreta a suspensão do benefício de prestação continuada, limitado a 2 (dois) anos o recebimento concomitante da remuneração e do benefício. *(Acrescentado pela Lei n. 12.470, de 31.8.11, DOU 1º.9.11)*

Seção II
Dos Benefícios Eventuais

Art. 22. Entendem-se por benefícios eventuais as provisões suplementares e provisórias que integram organicamente as garantias do Suas e são prestadas aos cidadãos e às famílias em virtude de nascimento, morte, situações de vulnerabilidade temporária e de calamidade pública. *(Redação dada pela Lei n. 12.435, de 6.7.11, DOU 7.7.11)*

§ 1º A concessão e o valor dos benefícios de que trata este artigo serão definidos pelos Estados, Distrito Federal e Municípios e previstos nas respectivas leis orçamentárias anuais, com base em critérios e prazos definidos pelos respectivos Conselhos de Assistência Social. *(Redação dada pela Lei n. 12.435, de 6.7.11, DOU 7.7.11)*

§ 2º O CNAS, ouvidas as respectivas representações de Estados e Municípios dele participantes, poderá propor, na medida das disponibilidades orçamentárias das 3 (três) esferas de governo, a instituição de benefícios subsidiários no valor de até 25% (vinte e cinco por cento) do salário mínimo para cada criança de até 6 (seis) anos de idade. *(Redação dada pela Lei n. 12.435, de 6.7.11, DOU 7.7.11)*

§ 3º Os benefícios eventuais subsidiários não poderão ser cumulados com aqueles instituídos pelas Leis n. 10.954, de 29 de setembro de 2004, e n. 10.458, de 14 de maio de 2002. *(Redação dada pela Lei n. 12.435, de 6.7.11, DOU 7.7.11)*

Seção III
Dos Serviços

Art. 23. Entendem-se por serviços socioassistenciais as atividades continuadas que visem à melhoria de vida da população e cujas ações, voltadas para as necessidades básicas, observem os objetivos, princípios e diretrizes estabelecidos nesta Lei. *(Redação dada pela Lei n. 12.435, de 6.7.11, DOU 7.7.11)*

§ 1º O regulamento instituirá os serviços socio-assistenciais. *(Acrescentado pela Lei n. 12.435, de 6.7.11, DOU 7.7.11)*

§ 2º Na organização dos serviços da assistência social serão criados programas de amparo, entre outros: *(Acrescentado pela Lei n. 12.435, de 2011)*

I — às crianças e adolescentes em situação de risco pessoal e social, em cumprimento ao disposto no art. 227 da Constituição Federal e na Lei n. 8.069, de 13 de julho de 1990 (Estatuto da Criança e do Adolescente); *(Acrescentado pela Lei n. 12.435, de 6.7.11, DOU 7.7.11)*

II — às pessoas que vivem em situação de rua. *(Acrescentado pela Lei n. 12.435, de 6.7.11, DOU 7.7.11)*

Seção IV
Dos Programas de Assistência Social

Art. 24. Os programas de assistência social compreendem ações integradas e complementares com objetivos, tempo e área de abrangência definidos para qualificar, incentivar e melhorar os benefícios e os serviços assistenciais.

§ 1º Os programas de que trata este artigo serão definidos pelos respectivos Conselhos de Assistência Social, obedecidos os objetivos e princípios que regem esta lei, com prioridade para a inserção profissional e social.

§ 2º Os programas voltados para o idoso e a integração da pessoa com deficiência serão devidamente articulados com o benefício de prestação continuada estabelecido no art. 20 desta Lei. *(Redação dada pela Lei n. 12.435, de 6.7.11, DOU 7.7.11)*

Art. 24-A. Fica instituído o Serviço de Proteção e Atendimento Integral à Família (Paif), que integra a proteção social básica e consiste na oferta de ações e serviços socioassistenciais de prestação continuada, nos Cras, por meio do trabalho social com famílias em situação de vulnerabilidade social, com o objetivo de prevenir o rompimento dos vínculos familiares e a violência no âmbito de suas relações, garantindo o direito à convivência familiar e comunitária. *(Acrescentado pela Lei n. 12.435, de 6.7.11, DOU 7.7.11)*

Parágrafo único. Regulamento definirá as diretrizes e os procedimentos do Paif. *(Acrescentado pela Lei n. 12.435, de 6.7.11, DOU 7.7.11)*

Art. 24-B. Fica instituído o Serviço de Proteção e Atendimento Especializado a Famílias e Indivíduos (Paefi), que integra a proteção social especial e consiste no apoio, orientação e acompanhamento a famílias e indivíduos em situação de ameaça ou violação de direitos, articulando os serviços socioassistenciais com as diversas políticas públicas e com órgãos do sistema de garantia de direitos. *(Acrescentado pela Lei n. 12.435, de 6.7.11, DOU 7.7.11)*

Parágrafo único. Regulamento definirá as diretrizes e os procedimentos do Paefi. *(Acrescentado pela Lei n. 12.435, de 6.7.11, DOU 7.7.11)*

Art. 24-C. Fica instituído o Programa de Erradicação do Trabalho Infantil (Peti), de caráter intersetorial, integrante da Política Nacional de Assistência Social, que, no âmbito do Suas, compreende transferências de renda, trabalho social com famílias e oferta de serviços socioeducativos para crianças e adolescentes que se encontrem em situação de trabalho. *(Acrescentado pela Lei n. 12.435, de 6.7.11, DOU 7.7.11)*

§ 1º O Peti tem abrangência nacional e será desenvolvido de forma articulada pelos entes federados, com a participação da sociedade civil, e tem como objetivo contribuir para a re-

tirada de crianças e adolescentes com idade inferior a 16 (dezesseis) anos em situação de trabalho, ressalvada a condição de aprendiz, a partir de 14 (quatorze) anos. *(Acrescentado pela Lei n. 12.435, de 6.7.11, DOU 7.7.11)*

§ 2º As crianças e os adolescentes em situação de trabalho deverão ser identificados e ter os seus dados inseridos no Cadastro Único para Programas Sociais do Governo Federal (CadÚnico), com a devida identificação das situações de trabalho infantil. *(Acrescentado pela Lei n. 12.435, de 6.7.11, DOU 7.7.11)*

Seção V
Dos Projetos de Enfrentamento da Pobreza

Art. 25. Os projetos de enfrentamento da pobreza compreendem a instituição de investimento econômico-social nos grupos populares, buscando subsidiar, financeira e tecnicamente, iniciativas que lhes garantam meios, capacidade produtiva e de gestão para melhoria das condições gerais de subsistência, elevação do padrão da qualidade de vida, a preservação do meio ambiente e sua organização social.

Art. 26. O incentivo a projetos de enfrentamento da pobreza assentar-se-á em mecanismos de articulação e de participação de diferentes áreas governamentais e em sistema de cooperação entre organismos governamentais, não governamentais e da sociedade civil.

Capítulo VI
Das Disposições Gerais e Transitórias

Art. 40. Com a implantação dos benefícios previstos nos arts. 20 e 22 desta lei, extinguem-se a renda mensal vitalícia, o auxílio-natalidade e o auxílio-funeral existentes no âmbito da Previdência Social, conforme o disposto na Lei n. 8.213, de 24 de julho de 1991.

§ 1º A transferência dos beneficiários do sistema previdenciário para a assistência social deve ser estabelecida de forma que o atendimento à população não sofra solução de continuidade. *(Redação dada pela Lei n. 9.711, de 20.11.98, DOU 21.11.98)*

§ 2º É assegurado ao maior de setenta anos e ao inválido o direito de requerer a renda mensal vitalícia junto ao INSS até 31 de dezembro de 1995, desde que atenda, alternativamente, aos requisitos estabelecidos nos incisos I, II ou III do § 1º do art. 139 da Lei n. 8.213, de 24 de julho de 1991. *(Redação dada pela Lei n. 9.711, de 20.11.98, DOU 21.11.98)*

Art. 41. Esta lei entra em vigor na data da sua publicação.

Art. 42. Revogam-se as disposições em contrário.

Brasília, 7 de dezembro de 1993, 172º da Independência e 105º da República.

ITAMAR FRANCO
DOU 8.12.1993

Lei n. 8.745, de 9 de dezembro de 1993

Dispõe sobre a contratação por tempo determinado para atender a necessidade temporária de excepcional interesse público, nos termos do inciso IX do art. 37 da Constituição Federal, e dá outras providências

O PRESIDENTE DA REPÚBLICA,

Faço saber que o Congresso Nacional decreta e eu sanciono a seguinte Lei:

Art. 1º Para atender a necessidade temporária de excepcional interesse público, os órgãos da Administração Federal direta, as autarquias e as fundações públicas poderão efetuar contratação de pessoal por tempo determinado, nas condições e prazos previstos nesta Lei.

Art. 2º Considera-se necessidade temporária de excepcional interesse público:

I — assistência a situações de calamidade pública;

II — assistência a emergências em saúde pública; *(Redação dada pela Lei n. 12.314, de 19.8.2010, DOU 20.8.2010)*

III — realização de recenseamentos e outras pesquisas de natureza estatística efetuadas pela Fundação Instituto Brasileiro de Geografia e Estatística — IBGE; *(Redação dada pela Lei n. 9.849, de 26.10.1999, DOU 27.10.1999. Ed. extra)*

IV — admissão de professor substituto e professor visitante;

V — admissão de professor e pesquisador visitante estrangeiro;

VI — atividades: *(Redação dada pela Lei n. 9.849, de 26.10.1999, DOU 27.10.1999)*

a) especiais nas organizações das Forças Armadas para atender à área industrial ou a encargos temporários de obras e serviços de engenharia;

b) de identificação e demarcação territorial; *(Redação dada pela Lei n. 11.784, de 22.9.2008, DOU 23.9.2008, Ret. DOU 2.10.2008 e 31.10.2008) (Redação dada pela Lei n. 9.849, de 26.10.1999, DOU 27.10.2009. Ed. extra)*

c) Revogado pela Lei n. 10.667, de 14.5.2003, DOU 15.5.2003.

d) finalísticas do Hospital das Forças Armadas; *(V. art. 173, da Lei n. 11.784, de 22.9.2008, DOU 23.9.2008, ret. 2.10 e 31.10.2008)*

e) de pesquisa e desenvolvimento de produtos destinados à segurança de sistemas de informações, sob responsabilidade do Centro de Pesquisa e Desenvolvimento para a Segurança das Comunicações — CEPESC; *(Redação dada pela Lei n. 9.849, de 26.10.1999, DOU 27.10.1999. Ed. extra)*

f) de vigilância e inspeção, relacionadas à defesa agropecuária, no âmbito do Ministério da Agricultura e do Abastecimento, para atendimento de situações emergenciais ligadas ao comércio internacional de produtos de origem animal ou vegetal ou de iminente risco à saúde animal, vegetal ou humana; *(Redação dada pela Lei n. 9.849, de 26.10.1999, DOU 27.10.1999. Ed. extra)*

g) desenvolvidas no âmbito dos projetos do Sistema de Vigilância da Amazônia — SIVAM e do Sistema de Proteção da Amazônia — SIPAM.

h) técnicas especializadas, no âmbito de projetos de cooperação com prazo determinado, implementados mediante acordos internacionais, desde que haja, em seu desempenho, subordinação do contratado ao órgão ou entidade pública. *(Acrescentado pela Lei n. 10.667, de 14.5.2003, DOU 15.5.2003)*

i) técnicas especializadas necessárias à implantação de órgãos ou entidades ou de novas atribuições definidas para organizações existentes ou as decorrentes de aumento transitório no volume de trabalho que não possam ser atendidas mediante a aplicação do art. 74 da Lei n. 8.112, de 11 de dezembro de 1990; *(Acrescentado pela Lei n. 11.784, de 22.9.2008, DOU 23.9.2008, Ret. DOU 2.10.2008 e 31.10.2008)*

j) técnicas especializadas de tecnologia da informação, de comunicação e de revisão de processos de trabalho, não alcançadas pela alínea *i* e que não se caracterizem como atividades permanentes do órgão ou entidade; *(Acrescentado pela Lei n. 11.784, de 22.9.2008, DOU 23.9.2008, Ret. DOU 2.10.2008 e 31.10.2008)*

l) didático-pedagógicas em escolas de governo; e *(Acrescentado pela Lei n. 11.784, de 22.9.2008, DOU 23.9.2008, Ret. DOU 2.10.2008 e 31.10.2008)*

m) de assistência à saúde para comunidades indígenas; e *(Acrescentado pela Lei n. 11.784, de 22.9.2008, DOU 23.9.2008, Ret. DOU 2.10.2008 e 31.10.2008)*

VII — admissão de professor, pesquisador e tecnólogo substitutos para suprir a falta de professor, pesquisador ou tecnólogo ocupante de cargo efetivo, decorrente de licença para exercer atividade empresarial relativa à inovação. *(Acrescentado pela Lei n. 10.973, 2.12.2004, DOU 3.12.2004, retificada no DOU 16.3.2005)*

VIII — admissão de pesquisador, de técnico com formação em área tecnológica de nível intermediário ou de tecnólogo, nacionais ou estrangeiros, para projeto de pesquisa com prazo determinado, em instituição destinada à pesquisa, ao desenvolvimento e à inovação; *(Redação dada pela Lei n. 13.243, de 11.1.16, DOU 12.1.16)*

IX — combate a emergências ambientais, na hipótese de declaração, pelo Ministro de Estado do Meio Ambiente, da existência de emergência ambiental na região específica. *(Acrescentado pela Lei n. 11.784, de 22.9.2008, DOU 23.9.2008, Ret. DOU 2.10.2008 e 31.10.2008)*

X — admissão de professor para suprir demandas decorrentes da expansão das instituições federais de ensino, respeitados os limites e as condições fixados em ato conjunto dos Ministérios do Planejamento, Orçamento e Gestão e da Educação. *(Incluído pela Lei n. 12.425, de 17.6.2011, DOU 20.6.2011)*

XI — admissão de professor para suprir demandas excepcionais decorrentes de programas e projetos de aperfeiçoamento de médicos na área de atenção básica em saúde em regiões prioritárias para o Sistema Único de Saúde — SUS, mediante integração ensino-serviço, respeitados os limites e as condições fixados em ato conjunto dos Ministros de Estado do Planejamento, Orçamento e Gestão, da Saúde e da Educação. (NR) *(Redação dada pela Lei n. 12.871, de 22.10.2013, DOU 23.10.2013)*

§ 1º A contratação de professor substituto de que trata o inciso IV do *caput* poderá ocorrer para suprir a falta de professor efetivo em razão de: *(Incluído pela Lei n. 12.425, de 17.6.2011, DOU 20.6.2011)*

I — vacância do cargo; *(Incluído pela Lei n. 12.425, de 17.6.2011, DOU 20.6.2011)*

II — afastamento ou licença, na forma do regulamento; ou *(Incluído pela Lei n. 12.425, de 17.6.2011, DOU 20.6.2011)*

III — nomeação para ocupar cargo de direção de reitor, vice-reitor, pró-reitor e diretor de *campus*. *(Incluído pela Lei n. 12.425, de 17.6.2011, DOU 20.6.2011)*

§ 2º O número total de professores de que trata o inciso IV do *caput* não poderá ultrapassar 20% (vinte por cento) do total de docentes efetivos em exercício na instituição federal de ensino. *(Incluído pela Lei n. 12.425, de 17.6.2011, DOU 20.6.2011)*

§ 3º As contratações a que se refere a alínea *h* do inciso VI serão feitas exclusivamente por projeto, vedado o aproveitamento dos contratados em qualquer área da administração pública. *(Incluído pela Lei n. 10.667, de 14.5.2003)*

§ 4º Ato do Poder Executivo disporá, para efeitos desta Lei, sobre a declaração de

emergências em saúde pública. *(Incluído pela Lei n. 12.314, de 19.8.2010, DOU 20.8.2010)*

§ 5º A contratação de professor visitante e de professor visitante estrangeiro, de que tratam os incisos IV e V do *caput*, tem por objetivo:

I — apoiar a execução dos programas de pós-graduação *stricto sensu*;

II — contribuir para o aprimoramento de programas de ensino, pesquisa e extensão;

III — contribuir para a execução de programas de capacitação docente; ou

IV — viabilizar o intercâmbio científico e tecnológico.

§ 6º A contratação de professor visitante e o professor visitante estrangeiro, de que tratam os incisos IV e V do *caput*, deverão:

I — atender a requisitos de titulação e competência profissional; ou

II — ter reconhecido renome em sua área profissional, atestado por deliberação do Conselho Superior da instituição contratante.

§ 7º São requisitos mínimos de titulação e competência profissional para a contratação de professor visitante ou de professor visitante estrangeiro, de que tratam os incisos IV e V do *caput*:

I — ser portador do título de doutor, no mínimo, há 2 (dois) anos;

II — ser docente ou pesquisador de reconhecida competência em sua área; e

III — ter produção científica relevante, preferencialmente nos últimos 5 (cinco) anos.

§ 8º Excepcionalmente, no âmbito das Instituições da Rede Federal de Educação Profissional, Científica e Tecnológica, poderão ser contratados professor visitante ou professor visitante estrangeiro, sem o título de doutor, desde que possuam comprovada competência em ensino, pesquisa e extensão tecnológicos ou reconhecimento da qualificação profissional pelo mercado de trabalho, na forma prevista pelo Conselho Superior da instituição contratante.

§ 9º A contratação de professores substitutos, professores visitantes e professores visitantes estrangeiros poderá ser autorizada pelo dirigente da instituição, condicionada à existência de recursos orçamentários e financeiros para fazer frente às despesas decorrentes da contratação e ao quantitativo máximo de contratos estabelecido para a IFE.

§ 10. A contratação dos professores substitutos fica limitada ao regime de trabalho de 20 (vinte) horas ou 40 (quarenta) horas. (NR) *(Redação dos §§ 5º ao 10 dada pela Lei n. 12.772, de 28.12.2012, DOU 31.12.2012)*

Art. 3º O recrutamento do pessoal a ser contratado, nos termos desta Lei, será feito mediante processo seletivo simplificado sujeito à ampla divulgação, inclusive através do "Diário Oficial" da União, prescindindo de concurso público.

§ 1º A contratação para atender às necessidades decorrentes de calamidade pública, de emergência ambiental e de emergências em saúde pública prescindirá de processo seletivo. *(Alteração dada pela Lei n. 12.314, de 19.8.2010, DOU 20.8.2010)*

§ 2º A contratação de pessoal, nos casos do professor visitante referido nos incisos IV e V e nos casos das alíneas *a, d, e, g, l e m* do inciso VI e do inciso VIII do *caput* do art. 2º desta Lei, poderá ser efetivada em vista de notória capacidade técnica ou científica do profissional, mediante análise do curriculum vitae. *(Redação dada pela Lei n. 11.784, de 22.9.2008, DOU 23.9.2008, Ret. DOU 2.10.2008 e 31.10.2008)*

§ 3º As contratações de pessoal no caso das alíneas *h e i* do inciso VI do art. 2º desta Lei serão feitas mediante processo seletivo simplificado, observados os critérios e condições estabelecidos pelo Poder Executivo. (NR) *(Redação dada pela Lei n. 11.784, de 22.9.2008, DOU 23.9.2008, Ret. DOU 2.10.2008 e 31.10.2008)*

Art. 4º As contratações serão feitas por tempo determinado, observados os seguintes prazos máximos:

I — 6 (seis) meses, nos casos dos incisos I, II e IX do *caput* do art. 2º desta Lei; *(Redação dada pela Lei n. 11.784, de 22.9.2008, DOU 23.9.2008, Retif. DOU 2.10.2008 e 31.10.2008)*

II — 1 (um) ano, nos casos dos incisos III e IV, das alíneas *d e f* do inciso VI e do inciso X do *caput* do art. 2º; *(Incluído pela Lei n. 12.425, de 17.6.2011, DOU 20.6.2011)*

III — 2 (dois) anos, nos casos das alíneas *b, e e m* do inciso VI do art. 2º; *(Redação dada pela Lei n. 12.314, de 19.8.2010, DOU 20.8.2010)*

IV — 3 (três) anos, nos casos das alíneas *h e l* do inciso VI e dos incisos VII, VIII e XI do *caput* do art. 2º desta Lei; *(Redação dada pela Lei n. 12.871, de 22.10.2013, DOU 23.10.2013)*

V — 4 (quatro) anos, nos casos do inciso V e das alíneas *a, g, i e j* do inciso VI do *caput* do art. 2º, desta Lei. *(Redação dada pela Lei n. 11.784, de 2008)*

Parágrafo único. É admitida a prorrogação dos contratos:

I — no caso do inciso IV, das alíneas "b", "d" e "f" do inciso VI e do inciso X do *caput* do art. 2º, desde que o prazo total não exceda a dois anos; *(Redação dada pela MP n. 632, de 24.12.2013, DOU 26.12.2013)*

II — no caso do inciso III e da alínea *e* do inciso VI do *caput* do art. 2º, desde que o prazo total não exceda a 3 (três) anos; (NR) *(Alteração dada pela Lei n. 12.998, de 18.6.2014, DOU 20.6.2014)*

III — nos casos do inciso V, das alíneas *a, h, l e "m"* do inciso VI e do inciso VIII do *caput* do art. 2º desta Lei, desde que o prazo total não exceda a 4 (quatro) anos; *(Redação dada pela Lei n. 12.314, de 19.8.2010, DOU 20.8.2010)*

IV — no caso das alíneas *g, i e j* do inciso VI do *caput* do art. 2º desta Lei, desde que o prazo total não exceda a 5 (cinco) anos; *(Redação dada pela Lei n. 11.784, de 22.9.2008, DOU 23.9.2008, Ret. DOU 2.10.2008 e 31.10.2008)*

V — no caso do inciso VII e XI do *caput* do art. 2º, desde que o prazo total não exceda 6 (seis) anos. *(Redação dada pela Lei n. 12.871, de 22.10.2013, DOU 23.10.2013)*

VI — nos casos dos incisos I e II do *caput* do art. 2º desta Lei, pelo prazo necessário à superação da situação de calamidade pública ou das situações de emergências em saúde pública, desde que não exceda a 2 (dois) anos." (NR) *(Redação dada pela Lei n. 12.314, de 19.8.2010, DOU 20.8.2010)*

Art. 5º As contratações somente poderão ser feitas com observância da dotação orçamentária específica e mediante prévia autorização do Ministro de Estado do Planejamento, Orçamento e Gestão e do Ministro de Estado sob cuja supervisão se encontrar o órgão ou entidade contratante, conforme estabelecido em regulamento. (NR) *(Redação dada pela Lei n. 9.849, de 26.10.1999, DOU, Seção 1, de 28.10.1999)*

Art. 5º-A. Os órgãos e entidades contratantes encaminharão à Secretaria de Recursos Humanos do Ministério do Planejamento, Orçamento e Gestão, para controle do disposto nesta Lei, síntese dos contratos efetivados. (NR) *(Acrescentado pela Lei n. 10.667, de 14.5.2003, DOU 15.5.2003)*

Art. 6º É proibida a contratação, nos termos desta Lei, de servidores da Administração direta ou indireta da União, dos Estados, do Distrito Federal e dos Municípios, bem como de empregados ou servidores de suas subsidiárias e controladas.

§ 1º Excetua-se do disposto no *caput* deste artigo, condicionada à formal comprovação da compatibilidade de horários, a contratação de: *(Redação dada pela Lei n. 11.123, de 7.6.2005, DOU 8.6.2005)*

I — professor substituto nas instituições federais de ensino, desde que o contratado não ocupe cargo efetivo integrante das carreiras de magistério de que trata a Lei n. 7.596, de 10 de abril de 1987; *(Acrescentado pela Lei n. 11.123, 7.6.2005, DOU 8.6.2005)*

II — profissionais de saúde em unidades hospitalares, quando administradas pelo Governo Federal e para atender às necessidades decorrentes de calamidade pública, desde que o contratado não ocupe cargo efetivo ou emprego permanente em órgão ou entidade da administração pública federal direta e indireta. *(Acrescentado pela Lei n. 11.123, de 7.6.2005, DOU 8.6.2005)*

§ 2º Sem prejuízo da nulidade do contrato, a infração do disposto neste artigo importará responsabilidade administrativa da autoridade contratante e do contratado, inclusive, se for o caso, solidariedade quanto à devolução dos valores pagos ao contratado. (NR) *(Alterações introduzidas pela Lei n. 9.849, de 26.10.1999, DOU, Seção 1, de 28.10.1999)*

Art. 7º A remuneração do pessoal contratado nos termos desta Lei será fixada:

I — nos casos dos incisos IV, X e XI do *caput* do art. 2º, em importância não superior ao valor da remuneração fixada para os servidores de final de Carreira das mesmas categorias, nos planos de retribuição ou nos quadros de cargos e salários do órgão ou entidade contratante; *(Alteração dada pela Lei n. 12.998, de 18.6.2014, DOU 20.6.2014)*

II — nos casos dos incisos I a III, V, VI e VIII do *caput* do art. 2º, em importância não superior ao valor da remuneração constantes dos planos de retribuição ou dos quadros de cargos e salários do serviço público, para servidores que desempenhem função semelhante, ou, não existindo a semelhança, às condições do mercado de trabalho; e *(Alteração dada pela Lei n. 12.998, de 18.6.2014, DOU 20.6.2014)*

III — no caso do inciso III do art. 2º, quando se tratar de coleta de dados, o valor da remuneração poderá ser formado por unidade produzida, desde que obedecido ao disposto no inciso II deste artigo. *(Redação dada pela Lei n. 9.849, de 26.10.1999, DOU, Seção 1, de 28.10.1999)*

§ 1º Para os efeitos deste artigo, não se consideram as vantagens de natureza individual dos servidores ocupantes de cargos tomados como paradigma. *(Renumerado pela Lei n. 10.667, de 14.5.2003, DOU 15.5.2003)*

§ 2º Caberá ao Poder Executivo fixar as tabelas de remuneração para as hipóteses de contratações previstas nas alíneas *h, i, j, l e m* do inciso VI do *caput* do art. 2º. (NR) *(Redação dada pela Lei n. 12.314, de 19.8.2010, DOU 20.8.2010)*

Art. 8º Ao pessoal contratado nos termos desta Lei aplica-se o disposto na Lei n. 8.647, de 13 de abril de 1993.

Art. 9º O pessoal contratado nos termos desta Lei não poderá:

I — receber atribuições, funções ou encargos não previstos no respectivo contrato;

II — ser nomeado ou designado, ainda que a título precário ou em substituição, para o exercício de cargo em comissão ou função de confiança;

III — ser novamente contratado, com fundamento nesta Lei, antes de decorridos 24 (vinte e quatro) meses do encerramento de

seu contrato anterior, salvo nas hipóteses dos incisos I e IX do art. 2º desta Lei, mediante prévia autorização, conforme determina o art. 5º desta Lei. *(Redação dada pela Lei n. 11.784, de 22.9.2008, DOU 23.9.2008, Ret. DOU 2.10.2008 e 31.10.2008)*

Parágrafo único. *(Revogado. Lei n. 11.784, de 22.9.2008, DOU 23.9.2008, Ret. DOU de 2.10.2008 e 31.10.2008)* (NR)

Art. 10. As infrações disciplinares atribuídas ao pessoal contratado nos termos desta Lei serão apuradas mediante sindicância, concluída no prazo de trinta dias e assegurada ampla defesa.

Art. 11. Aplica-se ao pessoal contratado nos termos desta Lei o disposto nos arts. 53 e 54; 57 a 59; 63 a 80; 97; 104 a 109; 110, incisos I, *in fine*, e II, parágrafo único, a 115; 116, incisos I a V, alíneas *a* e *c*, VI a XII e parágrafo único; 117, incisos I a VI e IX a XVIII; 118 a 126; 127, incisos I, II e III, a 132, incisos I a VII, e IX a XIII; 136 a 142, incisos I, primeira parte, a III, e §§ 1º a 4º; 236; 238 a 242, da Lei n. 8.112, de 11 de dezembro de 1990.

Art. 12. O contrato firmado de acordo com esta Lei extinguir-se-á, sem direito a indenizações:

I — pelo término do prazo contratual;

II — por iniciativa do contratado.

III — pela extinção ou conclusão do projeto, definidos pelo contratante, nos casos da alínea *h* do inciso VI do art. 2º. *(Inciso acrescentado pela Lei n. 10.667, de 14.5.2003, DOU 15.5.2003)*

§ 1º A extinção do contrato, nos casos dos incisos II e III, será comunicada com a antecedência mínima de trinta dias. *(Redação dada pela Lei n. 10.667, de 14.5.2003, DOU 15.5.2003)*

§ 2º A extinção do contrato, por iniciativa do órgão ou entidade contratante, decorrente de conveniência administrativa, importará no pagamento ao contratado de indenização correspondente à metade do que lhe caberia referente ao restante do contrato.

Arts. 13, 14 e 15. *(Revogados pela Lei n. 11.440, de 29.12.2006, DOU 29.12.2006, ed. extra)*

Art. 16. O tempo de serviço prestado em virtude de contratação nos termos desta Lei será contado para todos os efeitos.

Art. 17. Esta Lei entra em vigor na data de sua publicação.

Art. 18. Revogam-se as disposições em contrário, especialmente os arts. 232 a 235 da Lei n. 8.112, de 11 de dezembro de 1990.

Itamar Franco
Romildo Canhim
Arnaldo Leite Pereira
DOU 10.12.1993

Lei n. 8.852, de 4 de fevereiro de 1994

Dispõe sobre a aplicação dos arts. 37, incisos XI e XII, e 39, § 1º, da Constituição Federal (ter presente as modificações introduzidas nos arts. 37 e 39 da Constituição Federal pela Emenda Constitucional n. 19, de 4.6.1998, DOU 5.6.1998 e Emenda Constitucional n. 47 de 5.7.2005, DOU 6.7.2005)

O PRESIDENTE DA REPÚBLICA,
Faço saber que o Congresso Nacional decreta e eu sanciono a seguinte Lei:

Art. 1º Para os efeitos desta Lei, a retribuição pecuniária devida na administração pública direta, indireta e fundacional de qualquer dos Poderes da União compreende:

I — como vencimento básico:

a) a retribuição a que se refere o art. 40 da Lei n. 8.112, de 11 de dezembro de 1990, devida pelo efetivo exercício do cargo, para os servidores civis por ela regidos; *(V. Lei n. 9.367, de 16.12.1996, DOU 18.12.1996)*

b) o soldo definido nos termos do art. 6º da Lei n. 8.237, de 30 de setembro de 1991, para os servidores militares; *(Revogado pela Medida Provisória n. 2.215-10, de 31.8.2001, DOU 1º.9.2001)*

c) o salário básico estipulado em planos ou tabelas de retribuição ou nos contratos de trabalho, convenções, acordos ou dissídios coletivos, para os empregados de empresas públicas, de sociedade de economia mista, de suas subsidiárias, controladas ou coligadas, ou de quaisquer empresas ou entidades de cujo capital ou patrimônio o poder público tenha o controle direto ou indireto, inclusive em virtude de incorporação ao patrimônio público;

II — como vencimentos, a soma do vencimento básico com as vantagens permanentes relativas ao cargo, emprego, posto ou graduação;

III — como remuneração, a soma dos vencimentos com os adicionais de caráter individual e demais vantagens, nestas compreendidas as relativas à natureza ou ao local de trabalho e a prevista no art. 62 da Lei n. 8.112, de 1990, ou outra paga sob o mesmo fundamento, sendo excluídas:

a) diárias;

b) ajuda de custo em razão de mudança de sede ou indenização de transporte;

c) auxílio-fardamento;

d) gratificação de compensação orgânica, a que se refere o art. 18 da Lei n. 8.237, de 1991;

e) salário-família;

f) gratificação ou adicional natalino, ou décimo terceiro salário;

g) abono pecuniário resultante da conversão de até 1/3 (um terço) das férias;

h) adicional ou auxílio-natalidade;

i) adicional ou auxílio-funeral;

j) adicional de férias, até o limite de 1/3 (um terço) sobre a retribuição habitual;

l) adicional pela prestação de serviço extraordinário, para atender situações excepcionais e temporárias, obedecidos os limites de duração previstos em lei, contratos, regulamentos, convenções, acordos ou dissídios coletivos e desde que o valor pago não exceda em mais de 50% (cinquenta por cento) o estipulado para a hora de trabalho na jornada normal;

m) adicional noturno, enquanto o serviço permanecer sendo prestado em horário que fundamente sua concessão;

n) adicional por tempo de serviço;

o) conversão de licença-prêmio em pecúnia facultada para os empregados de empresa pública ou sociedade de economia mista por ato normativo, estatutário ou regulamentar anterior a 1º de fevereiro de 1994;

p) adicional de insalubridade, de periculosidade ou pelo exercício de atividades penosas percebido durante o período em que o beneficiário estiver sujeito às condições ou aos riscos que deram causa à sua concessão;

q) hora repouso e alimentação e adicional de sobreaviso, a que se referem, respectivamente, o inciso II do art. 3º e o inciso II do art. 6º da Lei n. 5.811, de 11 de outubro de 1972;

r) outras parcelas cujo caráter indenizatório esteja definido em lei, ou seja reconhecido, no âmbito das empresas públicas e sociedades de economia mista, por ato do Poder Executivo. *(parte mantida pelo Congresso Nacional, DOU de 5.4.1994)*

§ 1º O disposto no inciso III abrange adiantamentos desprovidos de natureza indenizatória.

§ 2º As parcelas de retribuição excluídas do alcance do inciso III não poderão ser calculadas sobre base superior ao limite estabelecido no art. 3º.

Art. 2º Para os fins do inciso XII do art. 37 da Constituição Federal, o maior valor de vencimentos corresponderá, no Poder Executivo, a no máximo 90% (noventa por cento) da remuneração devida ao Ministro de Estado.

Art. 3º O limite máximo da remuneração, para os efeitos do inciso XI do art. 37 da Constituição Federal, corresponde aos valores percebidos, em espécie, a qualquer título, por membros do Congresso Nacional, Ministros de Estado e Ministros do Supremo Tribunal Federal.

Parágrafo único. (VETADO).

Art. 4º O disposto nos arts. 1º a 3º aplica-se também:

I — ao somatório das retribuições pecuniárias percebidas por servidores ou empregados cedidos ou requisitados provenientes de todas as fontes;

II — à retribuição pecuniária dos dirigentes dos órgãos e entidades da administração direta e indireta;

III — à retribuição pecuniária dos servidores do Distrito Federal, quando oficiais ou praças da Polícia Militar e do Corpo de Bombeiros Militar ou ocupantes de cargos da Polícia Civil;

IV — aos proventos da inatividade e às pensões decorrentes do falecimento de servidor público federal.

Art. 5º O Poder Legislativo, o Poder Judiciário e, no âmbito do Poder Executivo, os dirigentes de órgãos da administração direta e os responsáveis pela direção ou presidência de entidade integrante da administração federal indireta, bem como o Ministério Público da União, adotarão as medidas indispensáveis à adequação das situações que se encontrem em desacordo com o disposto nos arts. 2º e 3º, procedendo:

I — ao ajuste dos planos ou tabelas de retribuição a que se refere a alínea *c* do inciso I do art. 1º, ou das normas que disciplinam a concessão de vantagem permanente relativa ao cargo, emprego, posto ou graduação;

II — à transformação em vantagem pessoal, nominalmente identificada, sujeita ao limite previsto no art. 3º, das parcelas que excederem o montante a que se refere o art. 2º, aplicando-se a essa vantagem os mesmos percentuais de reajuste por ocasião das revisões ou antecipações de vencimento, soldo ou salário básico, observado o disposto no § 3º do art. 6º *(parte mantida pelo Congresso Nacional, DOU 5.4.1994)*

III — à redução das remunerações ou dos proventos de aposentadoria que ultrapassarem o limite estabelecido no art. 3º, atendendo-se ao que determinam o *caput* do art. 37 da Constituição Federal e o art. 17 do Ato das Disposições Constitucionais Transitórias.

§ 1º Cumpre ao órgão ou entidade cessionário ou requisitante a adoção das providências a que se refere este artigo para

os servidores ou empregados incluídos na hipótese do inciso I do art. 4º.

§ 2º As providências necessárias ao cumprimento do disposto neste artigo serão adotadas no prazo máximo de 60 (sessenta) dias, contados da publicação desta Lei, com efeitos financeiros a partir de 1º de fevereiro de 1994, ficando os responsáveis por sua execução sujeitos às sanções previstas na legislação.

Art. 6º Fica instituída Comissão com a finalidade de propor definições e especificações das atribuições dos cargos efetivos e comissionados, inclusive os de livre nomeação e exoneração, na Administração Pública Federal, no âmbito de cada Poder, visando criar condições para que seja alcançada a isonomia de vencimentos.

§ 1º A Comissão, além do presidente, será composta por 11 (onze) membros e sua composição respeitará a autonomia e a harmonia entre os Poderes da União, mediante indicação de representantes do Executivo (dois), do Legislativo (dois), do Judiciário (dois), do Tribunal de Contas da União (um), do Ministério Público da União (um) e dos servidores (três), sendo cada um destes representantes de entidade sindical dos servidores do respectivo Poder.

§ 2º A Comissão será presidida pelo Ministro de Estado Chefe da Secretaria da Administração Federal, a quem serão feitas as indicações para sua composição.

§ 3º Sem prejuízo do que determina no *caput*, cumpre à comissão de que cuida este artigo examinar as situações decorrentes da aplicação do inciso II do art. 5º e propor soluções de caráter definitivo para seu equacionamento. *(parte mantida pelo Congresso Nacional, DOU 5.4.1994).*

§ 4º A Comissão iniciará suas atividades no prazo de 10 (dez) dias, contados da publicação desta Lei, e concluirá os trabalhos em 90 (noventa) dias, contados do início de suas atividades.

Art. 7º No âmbito da administração direta e indireta do Poder Executivo, as Secretarias de Planejamento, Coordenação e Orçamento e da Administração Federal da Presidência da República, e o Estado Maior das Forças Armadas emitirão instruções para o cumprimento do estabelecido no art. 5º e exercerão a coordenação e fiscalização das providências necessárias à execução do disposto nesta Lei.

Art. 8º Esta Lei entra em vigor na data de sua publicação.

Brasília, 4 de fevereiro de 1994; 173º da Independência e 106º da República.

ITAMAR FRANCO
FERNANDO HENRIQUE CARDOSO
ALEXIS STEPANENKO
ARNALDO LEITE PEREIRA
ROMILDO CANHIM
DOU 7.2.1994

Lei n. 8.856, de 1º de março de 1994

Fixa a jornada de trabalho dos profissionais fisioterapeuta e terapeuta ocupacional

O PRESIDENTE DA REPÚBLICA,
Faço saber que o Congresso Nacional decreta e eu sanciono a seguinte Lei:

Art. 1º Os profissionais Fisioterapeuta e Terapeuta Ocupacional ficarão sujeitos à prestação máxima de 30 horas semanais de trabalho.

Art. 2º Esta Lei entra em vigor na data de sua publicação.

Art. 3º Revogam-se as disposições em contrário.

Brasília, 1º de março de 1994. 173º da Independência e 106º da República.

ITAMAR FRANCO
WALTER BARELLI
DOU 2.3.1994

Lei n. 8.880, de 27 de maio de 1994

Dispõe sobre o programa de estabilização econômica e o sistema monetário nacional, institui a Unidade Real de Valor — URV e dá outras providências

O PRESIDENTE DA REPÚBLICA,
Faço saber que o Congresso Nacional decreta e eu sanciono a seguinte Lei:

Art. 1º Fica instituída a Unidade Real de Valor — URV, dotada de curso legal para servir exclusivamente como padrão de valor monetário, de acordo com o disposto nesta Lei.

§ 1º A URV, juntamente com o Cruzeiro Real, integra o Sistema Monetário Nacional, continuando o Cruzeiro Real a ser utilizado como meio de pagamento dotado de poder liberatório, de conformidade com o disposto no art. 3º.

§ 2º A URV, no dia 1º de março de 1994, corresponde a CR$ 647,50 (seiscentos e quarenta e sete cruzeiros reais e cinquenta centavos).

..

Art. 17. A partir da primeira emissão do Real, o Instituto Brasileiro de Geografia e Estatística — IBGE calculará e divulgará, até o último dia útil de cada mês, o Índice de Preços ao Consumidor, série r — IPC-r, que refletirá a variação mensal do custo de vida em Real para uma população objeto composta por famílias com renda até oito salários mínimos.

§ 1º O Ministério da Fazenda e a Secretaria de Planejamento, Orçamento e Coordenação da Presidência da República regulamentarão o disposto neste artigo, observado que a abrangência geográfica do IPC-r não seja menor que a dos índices atualmente calculados pelo IBGE, e que o período de coleta seja compatível com a divulgação no prazo estabelecido no *caput*.

§ 2º Interrompida a apuração ou divulgação do IPC-r, caberá ao Ministro de Estado da Fazenda fixá-lo com base nos indicadores disponíveis, observada precedência em relação àqueles apurados por instituições oficiais de pesquisa.

§ 3º No caso do parágrafo anterior, o Ministro da Fazenda divulgará a metodologia adotada para a determinação do IPC-r.

§ 4º O IBGE calculará e divulgará o Índice de Reajuste do Salário Mínimo — IRSM, para os meses de março, abril, maio e junho de 1994, exclusivamente para os efeitos do disposto nos §§ 3º, 4º e 5º do art. 27.

§ 5º A partir de 1º de julho de 1994, o IBGE deixará de calcular e divulgar o IRSM. *(§§ 2º e 3º acima foram acrescentados pela Lei n. 9.069, de 29.6.1995, que renumerou os anteriores §§ 2º e 3º para §§ 4º e 5º).*

Art. 18. O salário mínimo é convertido em URV em 1º de março de 1994, observado o seguinte:

I — dividindo-se o valor nominal, vigente nos meses de novembro e dezembro de 1993 e janeiro e fevereiro de 1994, pelo valor em cruzeiros reais do equivalente em URV do último dia desses meses, respectivamente, de acordo com o Anexo I desta Lei; e

II — extraindo-se a média aritmética dos valores resultantes do inciso anterior.

Parágrafo único. Da aplicação do disposto neste artigo não poderá resultar pagamento de salário inferior ao efetivamente pago ou devido, relativamente ao mês de fevereiro de 1994, em cruzeiros reais, de acordo com o art. 7º, inciso VI, da Constituição.

Art. 19. Os salários dos trabalhadores em geral serão convertidos em URV no dia 1º de março de 1994, observado o seguinte:

I — dividindo-se o valor nominal vigente nos meses de novembro e dezembro de 1993 e janeiro e fevereiro de 1994, pelo valor em cruzeiros reais do equivalente em URV, na data do efetivo pagamento, de acordo com o Anexo I desta Lei; e

II — extraindo-se a média aritmética dos valores resultantes do inciso anterior.

§ 1º Sem prejuízo do direito do trabalhador à respectiva percepção, não serão computados para fins do disposto nos incisos I e II do *caput* deste artigo:

a) o décimo terceiro salário ou gratificação equivalente;

b) as parcelas de natureza não habitual;

c) o abono de férias;

d) as parcelas percentuais incidentes sobre o salário;

e) as parcelas remuneratórias decorrentes de comissão, cuja base de cálculo não esteja convertida em URV.

§ 2º As parcelas percentuais referidas na alínea *d* do parágrafo anterior serão aplicadas após a conversão do salário em URV.

§ 3º As parcelas referidas na alínea *e* do § 1º serão apuradas de acordo com as normas aplicáveis e convertidas mensalmente em URV pelo valor desta na data do pagamento.

§ 4º Para os trabalhadores que receberam antecipação de parte do salário, à exceção de férias e décimo terceiro salário, cada parcela será computada na data de seu efetivo pagamento.

§ 5º Para os trabalhadores contratados há menos de quatro meses da data da conversão, a média de que trata este artigo será feita de modo a ser observado o salário atribuído ao cargo ou emprego ocupado pelo trabalhador na empresa, inclusive nos meses anteriores à contratação.

§ 6º Na impossibilidade da aplicação do disposto no § 5º, a média de que trata este artigo levará em conta apenas os salários referentes aos meses a partir da contratação.

§ 7º Nas empresas onde houver plano de cargos e salários, as regras de conversão constantes deste artigo, no que couber, serão aplicadas ao salário do cargo.

§ 8º Da aplicação do disposto neste artigo não poderá resultar pagamento de salário inferior ao efetivamente pago ou devido, relativamente ao mês de fevereiro de 1994, em cruzeiros reais, de acordo com o art. 7º, inciso VI, da Constituição.

§ 9º Convertido o salário em URV, na forma deste artigo, observado o disposto nos arts. 26 e 27 desta Lei, a periodicidade de correção ou reajuste passa a ser anual.

§ 10. O Poder Executivo reduzirá a periodicidade prevista no parágrafo anterior quando houver redução dos prazos de suspensão de que trata o art. 11 desta Lei.

Art. 20. Os benefícios mantidos pela Previdência Social são convertidos em URV em 1º de março de 1994, observado o seguinte:

I — dividindo-se o valor nominal, vigente nos meses de novembro e dezembro de 1993 e janeiro e fevereiro de 1994, pelo valor em cruzeiros reais do equivalente em URV do último dia desses meses, respectivamente, de acordo com o Anexo I desta Lei; e

II — extraindo-se a média aritmética dos valores resultantes do inciso anterior.

§ 1º Os valores expressos em cruzeiros reais nas Leis n. 8.212 e n. 8.213, ambas de 24 de julho de 1991, com os reajustes posteriores, são convertidos em URV, a partir de 1º de março de 1994, nos termos dos incisos I e II do *caput* deste artigo.

§ 2º Os benefícios de que trata o *caput* deste artigo, com data de início posterior a 30 de novembro de 1993, são convertidos em URV em 1º de março de 1994, mantendo-se constante a relação verificada entre o seu valor no mês de competência de fevereiro de 1994 e o teto do salário de contribuição, de que trata o art. 20 da Lei n. 8.212/91, no mesmo mês.

§ 3º Da aplicação do disposto neste artigo não poderá resultar pagamento de benefício inferior ao efetivamente pago, em cruzeiros reais, na competência de fevereiro de 1994.

§ 4º As contribuições para a Seguridade Social, de que tratam os arts. 20, 21, 22 e 24 da Lei n. 8.212/91, serão calculadas em URV e convertidas em UFIR nos termos do art. 53 da Lei n. 8.383, de 30 de dezembro de 1991, ou em cruzeiros reais na data do recolhimento, caso este ocorra antes do primeiro dia útil do mês subsequente ao de competência.

§ 5º Os valores das parcelas referentes a benefícios pagos com atraso pela Previdência Social, por sua responsabilidade, serão corrigidos monetariamente pelos índices previstos no art. 41, § 7º, da Lei n. 8.213/91, com as alterações da Lei n. 8.542, de 23 de dezembro de 1992, até o mês de fevereiro de 1994, e convertidas em URV, pelo valor em cruzeiros reais do equivalente em URV no dia 28 de fevereiro de 1994.

§ 6º A partir da primeira emissão do Real, os valores mencionados no parágrafo anterior serão corrigidos monetariamente pela variação acumulada do IPC-r entre o mês da competência a que refiram e o mês imediatamente anterior à competência em que for incluído o pagamento.

Art. 21. Nos benefícios concedidos com base na Lei n. 8.213/91, com data de início a partir de 1º de março de 1994, o salário de benefício será calculado nos termos do art. 29 da referida lei, tomando-se os salários de contribuição expressos em URV.

§ 1º Para os fins do disposto neste artigo, os salários de contribuição referentes às competências anteriores a março de 1994 serão corrigidos monetariamente até o mês de fevereiro de 1994 pelos índices previstos no art. 31 da Lei n. 8.213/91, com as alterações da Lei n. 8.542/92 e convertidos em URV, pelo valor em cruzeiros reais do equivalente em URV no dia 28 de fevereiro de 1994.

§ 2º A partir da primeira emissão do Real, os salários de contribuição computados no cálculo do salário de benefício, inclusive os convertidos nos termos do § 1º, serão corrigidos monetariamente mês a mês pela variação integral do IPC-r.

§ 3º Na hipótese da média apurada nos termos deste artigo resultar superior ao limite máximo do salário de contribuição vigente no mês de início do benefício, a diferença percentual entre esta média e o referido limite será incorporada ao valor do benefício juntamente com o primeiro reajuste do mesmo após a concessão, observado que nenhum benefício assim reajustado poderá superar o limite máximo do salário de contribuição vigente na competência em que ocorrer o reajuste.

Art. 22. Os valores das tabelas de vencimentos, soldos e salários e das tabelas de funções de confiança e gratificadas dos servidores civis e militares, são convertidos em URV em 1º de março de 1994, considerando o que determinam os arts. 37, XII, e 39, § 1º, da Constituição, observado o seguinte:

I — dividindo-se o valor nominal, vigente nos meses de novembro e dezembro de 1993 e janeiro e fevereiro de 1994, pelo valor em cruzeiros reais do equivalente em URV do último dia desses meses, respectivamente, de acordo com o Anexo I desta Lei, independentemente da data do pagamento;

II — extraindo-se a média aritmética dos valores resultantes do inciso anterior.

§ 1º O abono especial a que se refere a Medida Provisória n. 433, de 26 de fevereiro de 1994, será pago em cruzeiros reais e integrará, em fevereiro de 1994, o cálculo da média de que trata este artigo.

§ 2º Da aplicação do disposto neste artigo não poderá resultar pagamento de vencimentos, soldos ou salários inferiores aos efetivamente pagos ou devidos, relativamente ao mês de fevereiro de 1994, em cruzeiros reais, em obediência ao disposto nos arts. 37, inciso XV, e 95, inciso III, da Constituição.

§ 3º O disposto nos incisos I e II aplica-se ao salário-família e às vantagens pessoais nominalmente identificadas, de valor certo e determinado, percebidas pelos servidores e que não são calculadas com base no vencimento, soldo ou salário.

§ 4º As vantagens remuneratórias que tenham por base o estímulo à produtividade e ao desempenho, pagas conforme critérios específicos de apuração e cálculo estabelecidos em legislação específica, terão seus valores em cruzeiros reais convertidos em URV a cada mês com base no valor em URV do dia do pagamento.

§ 5º O disposto neste artigo aplica-se também aos servidores de todas as autarquias e fundações, qualquer que seja o regime jurídico de seu pessoal.

§ 6º Os servidores cuja remuneração não é fixada em tabela terão seus salários convertidos em URV nos termos dos incisos I e II do *caput* deste artigo.

§ 7º Observados, estritamente, os critérios fixados neste artigo, as tabelas de vencimentos e soldos dos servidores públicos civis e militares expressas em URV serão publicadas:

a) pelos Ministros de Estado Chefes da Secretaria da Administração Federal e do Estado Maior das Forças Armadas, cada qual em conjunto com o Ministro de Estado da Fazenda, para os servidores do Poder Executivo;

b) pelos dirigentes máximos dos respectivos órgãos, para os servidores dos Poderes Legislativo e Judiciário e do Ministério Público da União.

Art. 23. O disposto no art. 22 aplica-se aos proventos da inatividade e às pensões decorrentes do falecimento de servidor público civil e militar.

Art. 24. Nas deduções de antecipação de férias ou de parcela do décimo terceiro salário ou da gratificação natalina, será considerado o valor da antecipação, em URV ou equivalente em URV, na data do efetivo pagamento, ressalvado que o saldo a receber do décimo terceiro salário ou da gratificação natalina não poderá ser inferior à metade em URV.

Art. 25. Serão obrigatoriamente expressos em URV os demonstrativos de pagamento de salários em geral, vencimentos, soldos, proventos, pensões decorrentes do falecimento de servidor público civil e militar e benefícios previdenciários, efetuando-se a conversão para cruzeiros reais na data do crédito ou da disponibilidade dos recursos em favor dos credores daquelas obrigações.

§ 1º Quando, em razão de dificuldades operacionais não for possível realizar o pagamento em cruzeiros reais pelo valor da URV na data do crédito dos recursos, será adotado o seguinte procedimento:

I — a conversão para cruzeiros reais será feita pelo valor da URV do dia da emissão da ordem de pagamento, o qual não poderá ultrapassar os três dias úteis anteriores à data do crédito;

II — a diferença entre o valor, em cruzeiros reais, recebido na forma do inciso anterior e o valor, em cruzeiros reais, a ser pago nos termos deste artigo, será convertida em URV pelo valor desta na data do crédito ou da disponibilidade dos recursos, sendo paga na folha salarial subsequente.

§ 2º Os valores dos demonstrativos referidos neste artigo, relativamente ao mês de competência de fevereiro de 1994, serão expressos em cruzeiros reais.

Art. 26. Após a conversão dos salários para URV de conformidade com os arts. 19 e 27 desta Lei, continuam asseguradas a livre negociação e a negociação coletiva dos salários, observado o disposto nos §§ 1º e 2º do art. 1º da Lei n. 8.542, de 1992.

Art. 27. É assegurado aos trabalhadores, observado o disposto no art. 26, no mês da respectiva data-base, a revisão do salário resultante da aplicação do art. 19, observado o seguinte:

I — calculando-se o valor dos salários referentes a cada um dos doze meses imediatamente anteriores à data-base, em URV ou equivalente em URV, de acordo com a data da disponibilidade do crédito ou de efetivo pagamento; e

II — extraindo-se a média aritmética dos valores resultantes do inciso anterior.

§ 1º Na aplicação do disposto neste artigo, será observado o disposto nos §§ 1º e 2º do art. 19.

§ 2º Na hipótese de o valor decorrente da aplicação do disposto neste artigo resultar inferior ao salário vigente no mês anterior à data-base, será mantido o maior dos dois valores.

§ 3º Sem o prejuízo do disposto neste artigo é assegurada aos trabalhadores, no mês da primeira data-base de cada categoria, após 1º de julho de 1994, inclusive, reposição das perdas decorrentes da conversão dos salários para URV, apuradas da seguinte forma:

I — calculando-se os valores hipotéticos dos salários em cruzeiros reais nos meses de março, abril, maio e junho de 1994, decorrentes da aplicação dos reajustes e antecipações previstos na Lei n. 8.700, de 27 de agosto de 1993; e

II — convertendo-se os valores hipotéticos dos salários, calculados nos termos do inciso anterior, em URV, consideradas as datas habitualmente previstas para o efetivo pagamento, desconsiderando-se eventuais alterações de data de pagamento introduzidas a partir de março de 1994.

LEGISLAÇÃO COMPLEMENTAR

§ 4º O índice da reposição salarial de que trata o parágrafo anterior corresponderá à diferença percentual, se positiva, entre a soma dos quatro valores hipotéticos dos salários apurados na forma dos incisos I e II do parágrafo anterior e a soma dos salários efetivamente pagos em URV referentes aos meses correspondentes.

§ 5º Para os trabalhadores amparados por contratos, acordos ou convenções coletivas de trabalho e sentenças normativas que prevejam reajustes superiores aos assegurados pela Lei n. 8.700/93, os valores hipotéticos dos salários de que tratam os incisos I e II do § 3º serão apurados de acordo com as cláusulas dos instrumentos coletivos referidos neste parágrafo.

Art. 28. Os valores das tabelas de vencimentos, soldos e salários e as tabelas de funções de confiança e gratificadas dos servidores públicos civis e militares da União serão revistos em 1º de janeiro de 1995, observado o seguinte:

I — calculando-se o valor dos vencimentos, soldos e salários referentes a cada um dos doze meses de 1994, em URV ou equivalente em URV, dividindo-se os valores expressos em cruzeiros reais pelo equivalente em URV do último dia desses meses, respectivamente; e

II — extraindo-se a média aritmética dos valores resultantes do inciso anterior.

§ 1º Na aplicação do preceituado neste artigo, será observado o disposto nos §§ 2º a 7º do art. 22 e no art. 23 desta Lei.

§ 2º Na hipótese de o valor decorrente da aplicação do disposto neste artigo resultar inferior ao vencimento, soldo ou salário vigente no mês de dezembro de 1994, será mantido o maior dos dois valores.

§ 3º Fica o Poder Executivo autorizado a antecipar a data da revisão prevista no *caput* deste artigo, quando houver redução dos prazos de suspensão de que trata o art. 11 desta Lei.

Art. 29. (Revogado pela Lei n. 9.711, de 29.11.1998, DOU 21.11.1998)

§§ 1º ao 6º (Revogado pela Lei n. 9.711, de 20.11.1998, DOU 21.11.1998)

Art. 30. Nas contratações efetuadas a partir de 28 de fevereiro de 1994, o salário será, obrigatoriamente, expresso em URV.

Art. 31. Na hipótese de ocorrência de demissões sem justa causa, durante a vigência da URV prevista nesta Lei, as verbas rescisórias serão acrescidas de uma indenização adicional equivalente a cinquenta por cento da última remuneração recebida.

Art. 32. Até a primeira emissão do Real, de que trata o *caput* do art. 2º, os valores das contribuições do Fundo de Garantia do Tempo de Serviço — FGTS, referidos no art. 15 da Lei n. 8.036, de 11 de maio de 1990, a partir da competência março de 94, serão apurados em URV no dia do pagamento do salário e convertidos em cruzeiros reais com base na URV do dia cinco do mês seguinte ao de competência.

Parágrafo único. As contribuições que não forem recolhidas na data prevista no art. 15 da Lei n. 8.036, de 1990, serão convertidas em cruzeiros reais com base na URV do dia sete do mês subsequente ao da competência e o valor resultante será acrescido de atualização monetária, *pro rata die*, calculada até o dia do efetivo recolhimento pelos critérios constantes da legislação pertinente e com base no mesmo índice de atualização monetária aplicável aos depósitos de poupança, sem prejuízo das demais cominações legais.

Art. 43. Observado o disposto nos §§ 3º e 4º do art. 17, no § 5º do art. 20, no § 1º do art. 21 e nos §§ 3º, 4º e 5º do art. 27 desta Lei, ficam revogados o art. 31 e o § 7º do art. 41 da Lei n. 8.213, de 24 de julho de 1991, os arts. 2º, 3º, 4º, 5º, 7º e 9º da Lei n. 8.542, de 23 de dezembro de 1992, a Lei n. 8.700, de 27 de agosto de 1993, os arts. 1º e 2º da Lei n. 8.676, de 13 de julho de 1993, e demais disposições em contrário.

Art. 44. Esta Lei entra em vigor na data de sua publicação.

Brasília, 27 de maio de 1994; 173º da Independência e 106º da República.

ITAMAR FRANCO
SÉRGIO CUTOLO DOS SANTOS
ALEXANDRE DE PAULA DUPEYRAT MARTINS
BENI VERAS
RUBENS RICUPERO
ARNALDO LEITE PEREIRA
MARCELO PIMENTEL
ROMILDO CANHIM

DOU 28.5.1994

ANEXO
UNIDADE REAL DE VALOR — URV

Comportamento no período de 1º de janeiro de 1993 a 1º de março de 1994
Metodologia de cálculo

As tabelas anexas apresentam o comportamento da Unidade Real de Valor em cruzeiros reais no período de 1º de janeiro de 1993 a 1º de março de 1994. Os valores diários mostrados nas tabelas foram calculados mediante a seguinte metodologia:

a) a Taxa de Variação Mensal da URV é determinada pela média aritmética das variações dos seguintes índices de preços:

I — Índice de Preços ao Consumidor — IPC da Fundação Instituto de Pesquisas Econômicas — FIPE da Universidade de São Paulo, apurado para a terceira quadrissemana;

II — Índice Nacional de Preços ao Consumidor Amplo — IPCA-E da Fundação Instituto Brasileiro de Geografia e Estatística — IBGE; e

III — Índice Geral de Preços do Mercado — IGP-M da Fundação Getúlio Vargas.

b) o valor da URV no último dia útil do mês em referência é o valor da URV no último dia útil do mês anterior corrigido pela Taxa de Variação mensal da URV conforme cálculo indicado no item *a*;

c) o valor da URV é corrigido a cada dia útil do mês em referência pelo Fator Diário equivalente à Taxa de Variação Mensal da URV. O valor da URV de um determinado dia é aquele obtido multiplicando-se o valor da URV do dia útil imediatamente anterior pelo Fator Diário;

d) o Fator Diário referido na alínea anterior é definido como a raiz de ordem *n* da soma de uma unidade à taxa de variação mensal da URV dividida por cem, onde *n* é o número de dias úteis do mês;

e) os valores da URV aos sábados, domingos e feriados se referem à cotação do primeiro dia útil imediatamente posterior.

URV calculada pela variação média do IPCA-E, FIPE (3 quad) e IGP-M (em cruzeiros reais)

URV em 1º de março de 1994: 647,50

Mês/Dia	Jan/93	Fev	Mar	Abr	Maio	Jun	Jul/93	Ago/93	Set/93	Out/93	Nov/93	Dez/93	Jan/94	Fev/94
1	13.01	16.63	21.01	26.49	33.88	43.78	56.81	74,30	98,51	132,65	178,97	241,65	333,17	466,66
2	13.01	16.85	21.22	26.84	33.88	44.33	57.51	74,30	99,91	134,65	181,68	245,02	333,17	475,31
3	13.01	17.07	21.43	27.19	33.88	44.88	58.21	75,26	101,33	134,65	181,68	248,45	333,17	484,11
4	13.01	17.30	21.64	27.19	34.30	45.44	58.21	76,22	102,77	134,65	184,44	251,92	338,52	493,09
5	13.17	17.53	21.86	27.19	34.72	46.01	58.21	77,20	102,77	136,68	187,24	251,92	343,95	502,23
6	13.33	17.76	22.08	27.55	35.14	46.01	58.92	78,19	102,77	138,75	190,09	251,92	349,47	502,23
7	13.49	17.76	22.08	27.91	35.58	46.01	59.65	79,19	104,24	140,84	190,09	255,44	355,09	502,23
8	13.66	17.76	22.08	28.27	36.01	46.59	60.38	79,19	104,24	142,96	190,09	259,01	360,79	511,53
9	13.83	18.00	22.30	28.27	36.01	47.17	61.12	79,19	105,72	145,12	192,98	262,62	360,79	521,01
10	13.83	18.23	22.52	28.27	36.01	47.76	61.87	80,21	107,22	145,12	195,91	266,29	360,79	530,67
11	13.83	18.48	22.75	28.27	36.45	47.76	61.87	81,24	108,75	145,12	198,85	270,01	366,58	540,51
12	14.00	18.72	22.98	28.27	36.90	48.35	61.87	82,28	108,75	147,31	201,90	270,01	372,47	550,52
13	14.17	18.97	23.21	28.64	37.35	48.35	62.62	83,34	108,75	147,31	204,97	270,01	378,45	550,52
14	14.35	18.97	23.21	29.02	37.81	48.35	63.39	84,41	110,30	149,53	204,97	273,79	384,2	550,52
15	14.52	18.97	23.21	29.39	38.28	48.96	64.17	84,41	111,87	151,78	204,97	277,61	390,70	550,52
16	14.70	19.22	23.44	29.78	38.28	49.57	64.95	84,41	113,46	154,07	204,97	281,49	390,70	550,52
17	14.70	19.47	23.67	30.17	38.28	50.19	65.75	85,49	115,07	154,07	208,08	285,42	390,70	560,73
18	14.70	19.73	23.91	30.17	38.75	50.82	65.75	86,59	116,71	154,07	211,24	289,41	396,97	571,12
19	14.88	19.99	24.15	30.17	39.22	51.45	65.75	87,70	116,71	156,39	214,45	289,41	403,35	581,70
20	15.06	20.26	24.39	30.56	39.70	51.45	66.55	88,83	116,71	158,75	217,71	289,41	409,82	581,70
21	15.25	20.26	24.39	30.96	40.19	51.45	67.37	88,97	118,37	161,15	217,71	293,45	416,40	581,70
22	15.44	20.26	24.39	30.96	40.68	52.09	68.19	89,97	120,06	163,58	217,71	297,55	423,09	592,48
23	15.63	20.26	24.64	31.37	40.68	52.75	69.03	89,97	121,77	166,04	221,02	301,71	423,09	603,46
24	15.63	20.26	24.88	31.78	40.68	53.40	69.87	91,12	123,50	166,04	224,37	305,92	423,09	614,65
25	15.63	20.53	25.13	31.78	41.18	54.07	69.87	92,29	125,26	166,04	227,78	310,20	429,88	626,04
26	15.82	20.80	25.38	31.78	41.69	54.75	69.87	93,48	125,26	168,55	231,24	310,20	436,78	637,64

Mês/Dia	Jan/93	Fev	Mar	Abr	Maio	Jun	Jul/93	Ago/93	Set/93	Out/93	Nov/93	Dez/93	Jan/94	Fev/94
27	16.01	21.01	25.64	32.19	42.20	54.75	70.73	94,68	125,26	171,09	234,75	310,20	443,80	637,64
28	16.21	21.01	25.64	32.61	42.72	54.75	71.60	95,89	127,04	173,67	234,75	314,53	450,92	637,64
29	16.41	–	25.64	33.04	43.24	55.43	72.47	95,89	128,85	176,29	234,75	318,93	458,6	–
30	16.63	–	25.89	33.47	43.24	56.12	73.36	95,89	130,68	178,97	238,32	323,38	458,16	–
31	16.63	–	26.15	–	43.24	–	74.30	97,12	–	178,97	–	327,90	458,16	–

Cotações em Cruzeiros Reais.

— Cotações para sábados, domingos e feriados referem-se à cotação do 1º dia útil posterior.

Lei n. 8.906, de 4 de Julho de 1994

Dispõe sobre o Estatuto da Advocacia e a Ordem dos Advogados do Brasil (OAB).

O PRESIDENTE DA REPÚBLICA, faço saber que o Congresso Nacional decreta e eu sanciono a seguinte lei:

TÍTULO I
Da Advocacia

CAPÍTULO I
Da Atividade de Advocacia

Art. 1º São atividades privativas de advocacia:

I — a postulação a órgão do Poder Judiciário e aos juizados especiais; *(Vide ADIN 1.127-8)*

II — as atividades de consultoria, assessoria e direção jurídicas.

§ 1º Não se inclui na atividade privativa de advocacia a impetração de habeas corpus em qualquer instância ou tribunal.

§ 2º Os atos e contratos constitutivos de pessoas jurídicas, sob pena de nulidade, só podem ser admitidos a registro, nos órgãos competentes, quando visados por advogados.

§ 3º É vedada a divulgação de advocacia em conjunto com outra atividade.

Art. 2º O advogado é indispensável à administração da justiça.

§ 1º No seu ministério privado, o advogado presta serviço público e exerce função social.

§ 2º No processo judicial, o advogado contribui, na postulação de decisão favorável ao seu constituinte, ao convencimento do julgador, e seus atos constituem múnus público.

§ 3º No exercício da profissão, o advogado é inviolável por seus atos e manifestações, nos limites desta lei.

Art. 3º O exercício da atividade de advocacia no território brasileiro e a denominação de advogado são privativos dos inscritos na Ordem dos Advogados do Brasil (OAB).

§ 1º Exercem atividade de advocacia, sujeitando-se ao regime desta lei, além do regime próprio a que se subordinem, os integrantes da Advocacia-Geral da União, da Procuradoria da Fazenda Nacional, da Defensoria Pública e das Procuradorias e Consultorias Jurídicas dos Estados, do Distrito Federal, dos Municípios e das respectivas entidades de administração indireta e fundacional.

§ 2º O estagiário de advocacia, regularmente inscrito, pode praticar os atos previstos no art. 1º, na forma do regimento geral, em conjunto com advogado e sob responsabilidade deste.

Art. 4º São nulos os atos privativos de advogado praticados por pessoa não inscrita na OAB, sem prejuízo das sanções civis, penais e administrativas.

Parágrafo único. São também nulos os atos praticados por advogado impedido — no âmbito do impedimento — suspenso, licenciado ou que passar a exercer atividade incompatível com a advocacia.

Art. 5º O advogado postula, em juízo ou fora dele, fazendo prova do mandato.

§ 1º O advogado, afirmando urgência, pode atuar sem procuração, obrigando-se a apresentá-la no prazo de quinze dias, prorrogável por igual período.

§ 2º A procuração para o foro em geral habilita o advogado a praticar todos os atos judiciais, em qualquer juízo ou instância, salvo os que exijam poderes especiais.

§ 3º O advogado que renunciar ao mandato continuará, durante os dez dias seguintes à notificação da renúncia, a representar o mandante, salvo se for substituído antes do término desse prazo.

CAPÍTULO II
Dos Direitos do Advogado

Art. 6º Não há hierarquia nem subordinação entre advogados, magistrados e membros do Ministério Público, devendo todos tratar-se com consideração e respeito recíprocos.

Parágrafo único. As autoridades, os servidores públicos e os serventuários da justiça devem dispensar ao advogado, no exercício da profissão, tratamento compatível com a dignidade da advocacia e condições adequadas a seu desempenho.

Art. 7º São direitos do advogado:

I — exercer, com liberdade, a profissão em todo o território nacional;

II — a inviolabilidade de seu escritório ou local de trabalho, bem como de seus instrumentos de trabalho, de sua correspondência escrita, eletrônica, telefônica e telemática, desde que relativas ao exercício da advocacia; *(Redação dada pela Lei n. 11.767, de 2008)*

III — comunicar-se com seus clientes, pessoal e reservadamente, mesmo sem procuração, quando estes se acharem presos, detidos ou recolhidos em estabelecimentos civis ou militares, ainda que considerados incomunicáveis;

IV — ter a presença de representante da OAB, quando preso em flagrante, por motivo ligado ao exercício da advocacia, para lavratura do auto respectivo, sob pena de nulidade e, nos demais casos, a comunicação expressa à seccional da OAB;

V — não ser recolhido preso, antes de sentença transitada em julgado, senão em sala de Estado Maior, com instalações e comodidades condignas, e, na sua falta, em prisão domiciliar; *(Vide ADIN 1.127-8)*

VI — ingressar livremente:

a) nas salas de sessões dos tribunais, mesmo além dos cancelos que separam a parte reservada aos magistrados;

b) nas salas e dependências de audiências, secretarias, cartórios, ofícios de justiça, serviços notariais e de registro, e, no caso de delegacias e prisões, mesmo fora da hora de expediente e independentemente da presença de seus titulares;

c) em qualquer edifício ou recinto em que funcione repartição judicial ou outro serviço público onde o advogado deva praticar ato ou colher prova ou informação útil ao exercício da atividade profissional, dentro do expediente ou fora dele, e ser atendido, desde que se ache presente qualquer servidor ou empregado;

d) em qualquer assembleia ou reunião de que participe ou possa participar o seu cliente, ou perante a qual este deva comparecer, desde que munido de poderes especiais;

VII — permanecer sentado ou em pé e retirar-se de quaisquer locais indicados no inciso anterior, independentemente de licença;

VIII — dirigir-se diretamente aos magistrados nas salas e gabinetes de trabalho, independentemente de horário previamente marcado ou outra condição, observando-se a ordem de chegada;

IX — *(Vide ADIN 1.127-8) (Vide ADIN 1.105-7)*

X — usar da palavra, pela ordem, em qualquer juízo ou tribunal, mediante intervenção sumária, para esclarecer equívoco ou dúvida surgida em relação a fatos, documentos ou afirmações que influam no julgamento, bem como para replicar acusação ou censura que lhe forem feitas;

XI — reclamar, verbalmente ou por escrito, perante qualquer juízo, tribunal ou autoridade, contra a inobservância de preceito de lei, regulamento ou regimento;

XII — falar, sentado ou em pé, em juízo, tribunal ou órgão de deliberação coletiva da Administração Pública ou do Poder Legislativo;

XIII — examinar, em qualquer órgão dos Poderes Judiciário e Legislativo, ou da Administração Pública em geral, autos de processos findos ou em andamento, mesmo sem procuração, quando não estejam sujeitos a sigilo, assegurada a obtenção de cópias, podendo tomar apontamentos;

XIV — examinar, em qualquer instituição responsável por conduzir investigação, mesmo sem procuração, autos de flagrante e de investigações de qualquer natureza, findos ou em andamento, ainda que conclusos à autoridade, podendo copiar peças e tomar apontamentos, em meio físico ou digital; *(Redação dada pela Lei n. 13.245, de 2016)*

XV — ter vista dos processos judiciais ou administrativos de qualquer natureza, em cartório ou na repartição competente, ou retirá-los pelos prazos legais;

XVI — retirar autos de processos findos, mesmo sem procuração, pelo prazo de dez dias;

XVII — ser publicamente desagravado, quando ofendido no exercício da profissão ou em razão dela;

XVIII — usar os símbolos privativos da profissão de advogado;

XIX — recusar-se a depor como testemunha em processo no qual funcionou ou deva funcionar, ou sobre fato relacionado com pessoa de quem seja ou foi advogado, mesmo quando autorizado ou solicitado pelo constituinte, bem como sobre fato que constitua sigilo profissional;

XX — retirar-se do recinto onde se encontre aguardando pregão para ato judicial, após trinta minutos do horário designado e ao qual ainda não tenha comparecido a autoridade que deva presidir a ele, mediante comunicação protocolizada em juízo.

XXI — assistir a seus clientes investigados durante a apuração de infrações, sob pena de nulidade absoluta do respectivo interrogatório ou depoimento e, subsequentemente, de todos os elementos investigatórios e proba-

tórios dele decorrentes ou derivados, direta ou indiretamente, podendo, inclusive, no curso da respectiva apuração: *(Incluído pela Lei n. 13.245, de 2016)*

a) apresentar razões e quesitos; *(Incluído pela Lei n. 13.245, de 2016)*

b) (VETADO). *(Incluído pela Lei n. 13.245, de 2016)*

§ 1º Não se aplica o disposto nos incisos XV e XVI:

1) aos processos sob regime de segredo de justiça;

2) quando existirem nos autos documentos originais de difícil restauração ou ocorrer circunstância relevante que justifique a permanência dos autos no cartório, secretaria ou repartição, reconhecida pela autoridade em despacho motivado, proferido de ofício, mediante representação ou a requerimento da parte interessada;

3) até o encerramento do processo, ao advogado que houver deixado de devolver os respectivos autos no prazo legal, e só o fizer depois de intimado.

§ 2º O advogado tem imunidade profissional, não constituindo injúria, difamação puníveis qualquer manifestação de sua parte, no exercício de sua atividade, em juízo ou fora dele, sem prejuízo das sanções disciplinares perante a OAB, pelos excessos que cometer. *(Vide ADIN 1.127-8)*

§ 3º O advogado somente poderá ser preso em flagrante, por motivo de exercício da profissão, em caso de crime inafiançável, observado o disposto no inciso IV deste artigo.

§ 4º O Poder Judiciário e o Poder Executivo devem instalar, em todos os juizados, fóruns, tribunais, delegacias de polícia e presídios, salas especiais permanentes para os advogados, com uso assegurados à OAB. *(Vide ADIN 1.127-8)*

§ 5º No caso de ofensa a inscrito na OAB, no exercício da profissão ou de cargo ou função de órgão da OAB, o conselho competente deve promover o desagravo público do ofendido, sem prejuízo da responsabilidade criminal em que incorrer o infrator.

§ 6º Presentes indícios de autoria e materialidade da prática de crime por parte de advogado, a autoridade judiciária competente poderá decretar a quebra da inviolabilidade de que trata o inciso II do *caput* deste artigo, em decisão motivada, expedindo mandado de busca e apreensão, específico e pormenorizado, a ser cumprido na presença de representante da OAB, sendo, em qualquer hipótese, vedada a utilização dos documentos, das mídias e dos objetos pertencentes a clientes do advogado averiguado, bem como dos demais instrumentos de trabalho que contenham informações sobre clientes. *(Incluído pela Lei n. 11.767, de 2008)*

§ 7º A ressalva constante do § 6º deste artigo não se estende a clientes do advogado averiguado que estejam sendo formalmente investigados como seus partícipes ou co-autores pela prática do mesmo crime que deu causa à quebra da inviolabilidade. *(Incluído pela Lei n. 11.767, de 2008)*

§ 8º (VETADO). *(Incluído pela Lei n. 11.767, de 2008)*

§ 9º (VETADO). *(Incluído pela Lei n. 11.767, de 2008)*

§ 10. Nos autos sujeitos a sigilo, deve o advogado apresentar procuração para o exercício dos direitos de que trata o inciso XIV. *(Incluído pela Lei n. 13.245, de 2016)*

§ 11. No caso previsto no inciso XIV, a autoridade competente poderá delimitar o acesso do advogado aos elementos de prova relacionados a diligências em andamento e ainda não documentados nos autos, quando houver risco de comprometimento da eficiência, da eficácia ou da finalidade das diligências. *(Incluído pela Lei n. 13.245, de 2016)*

§ 12. A inobservância aos direitos estabelecidos no inciso XIV, o fornecimento incompleto de autos ou o fornecimento de autos em que houve a retirada de peças já incluídas no caderno investigativo implicará responsabilização criminal e funcional por abuso de autoridade do responsável que impedir o acesso do advogado com o intuito de prejudicar o exercício da defesa, sem prejuízo do direito subjetivo do advogado de requerer acesso aos autos ao juiz competente. *(Incluído pela Lei n. 13.245, de 2016)*

CAPÍTULO III
Da Inscrição

Art. 8º Para inscrição como advogado é necessário:

I — capacidade civil;

II — diploma ou certidão de graduação em direito, obtido em instituição de ensino oficialmente autorizada e credenciada;

III — título de eleitor e quitação do serviço militar, se brasileiro;

IV — aprovação em Exame de Ordem;

V — não exercer atividade incompatível com a advocacia;

VI — idoneidade moral;

VII — prestar compromisso perante o conselho.

§ 1º O Exame da Ordem é regulamentado em provimento do Conselho Federal da OAB.

§ 2º O estrangeiro ou brasileiro, quando não graduado em direito no Brasil, deve fazer prova do título de graduação, obtido em instituição estrangeira, devidamente revalidado, além de atender aos demais requisitos previstos neste artigo.

§ 3º A inidoneidade moral, suscitada por qualquer pessoa, deve ser declarada mediante decisão que obtenha no mínimo dois terços dos votos de todos os membros do conselho competente, em procedimento que observe os termos do processo disciplinar.

§ 4º Não atende ao requisito de idoneidade moral aquele que tiver sido condenado por crime infamante, salvo reabilitação judicial.

Art. 9º Para inscrição como estagiário é necessário:

I — preencher os requisitos mencionados nos incisos I, III, V, VI e VII do art. 8º;

II — ter sido admitido em estágio profissional de advocacia.

§ 1º O estágio profissional de advocacia, com duração de dois anos, realizado nos últimos anos do curso jurídico, pode ser mantido pelas respectivas instituições de ensino superior, pelos Conselhos da OAB, ou por setores, órgãos jurídicos e escritórios de advocacia credenciados pela OAB, sendo obrigatório o estudo deste Estatuto e do Código de Ética e Disciplina.

§ 2º A inscrição do estagiário é feita no Conselho Seccional em cujo território se localize seu curso jurídico.

§ 3º O aluno de curso jurídico que exerça atividade incompatível com a advocacia pode frequentar o estágio ministrado pela respectiva instituição de ensino superior, para fins de aprendizagem, vedada a inscrição na OAB.

§ 4º O estágio profissional poderá ser cumprido por bacharel em Direito que queira se inscrever na Ordem.

Art. 10. A inscrição principal do advogado deve ser feita no Conselho Seccional em cujo território pretende estabelecer o seu domicílio profissional, na forma do regulamento geral.

§ 1º Considera-se domicílio profissional a sede principal da atividade de advocacia, prevalecendo, na dúvida, o domicílio da pessoa física do advogado.

§ 2º Além da principal, o advogado deve promover a inscrição suplementar nos Conselhos Seccionais em cujos territórios passar a exercer habitualmente a profissão considerando-se habitualidade a intervenção judicial que exceder de cinco causas por ano.

§ 3º No caso de mudança efetiva de domicílio profissional para outra unidade federativa, deve o advogado requerer a transferência de sua inscrição para o Conselho Seccional correspondente.

§ 4º O Conselho Seccional deve suspender o pedido de transferência ou de inscrição suplementar, ao verificar a existência de vício ou ilegalidade na inscrição principal, contra ela representando ao Conselho Federal.

Art. 11. Cancela-se a inscrição do profissional que:

I — assim o requerer;

II — sofrer penalidade de exclusão;

III — falecer;

IV — passar a exercer, em caráter definitivo, atividade incompatível com a advocacia;

V — perder qualquer um dos requisitos necessários para inscrição.

§ 1º Ocorrendo uma das hipóteses dos incisos II, III e IV, o cancelamento deve ser promovido, de ofício, pelo conselho competente ou em virtude de comunicação por qualquer pessoa.

§ 2º Na hipótese de novo pedido de inscrição — que não restaura o número de inscrição anterior — deve o interessado fazer prova dos requisitos dos incisos I, V, VI e VII do art. 8º.

§ 3º Na hipótese do inciso II deste artigo, o novo pedido de inscrição também deve ser acompanhado de provas de reabilitação.

Art. 12. Licencia-se o profissional que:

I — assim o requerer, por motivo justificado;

II — passar a exercer, em caráter temporário, atividade incompatível com o exercício da advocacia;

III — sofrer doença mental considerada curável.

Art. 13. O documento de identidade profissional, na forma prevista no regulamento geral, é de uso obrigatório no exercício da atividade de advogado ou de estagiário e constitui prova de identidade civil para todos os fins legais.

Art. 14. É obrigatória a indicação do nome e do número de inscrição em todos os documentos assinados pelo advogado, no exercício de sua atividade.

Parágrafo único. É vedado anunciar ou divulgar qualquer atividade relacionada com o exercício da advocacia ou o uso da expressão escritório de advocacia, sem indicação expressa do nome e do número de inscrição dos advogados que o integrem ou o número de registro da sociedade de advogados na OAB.

CAPÍTULO IV
Da Sociedade de Advogados

Art. 15. Os advogados podem reunir-se em sociedade simples de prestação de serviços de advocacia ou constituir sociedade unipessoal de advocacia, na forma disciplinada nesta Lei e no regulamento geral. *(Redação dada pela Lei n. 13.247, de 2016)*

§ 1º A sociedade de advogados e a sociedade unipessoal de advocacia adquirem personalidade jurídica com o registro aprovado dos seus atos constitutivos no Conselho Seccional da OAB em cuja base territorial tiver sede. *(Redação dada pela Lei n. 13.247, de 2016)*

§ 2º Aplica-se à sociedade de advogados e à sociedade unipessoal de advocacia o Código de Ética e Disciplina, no que couber. *(Redação dada pela Lei n. 13.247, de 2016)*

§ 3º As procurações devem ser outorgadas individualmente aos advogados e indicar a sociedade de que façam parte.

§ 4º Nenhum advogado pode integrar mais de uma sociedade de advogados, constituir mais de uma sociedade unipessoal de advocacia, ou integrar, simultaneamente, uma sociedade de advogados e uma sociedade unipessoal de advocacia, com sede ou filial na mesma área territorial do respectivo Conselho Seccional. *(Redação dada pela Lei n. 13.247, de 2016)*

§ 5º O ato de constituição de filial deve ser averbado no registro da sociedade e arquivado no Conselho Seccional onde se instalar, ficando os sócios, inclusive o titular da sociedade unipessoal de advocacia, obrigados à inscrição suplementar. *(Redação dada pela Lei n. 13.247, de 2016)*

§ 6º Os advogados sócios de uma mesma sociedade profissional não podem representar em juízo clientes de interesses opostos.

§ 7º A sociedade unipessoal de advocacia pode resultar da concentração por um advogado das quotas de uma sociedade de advogados, independentemente das razões que motivaram tal concentração. *(Incluído pela Lei n. 13.247, de 2016)*

Art. 16. Não são admitidas a registro nem podem funcionar todas as espécies de sociedades de advogados que apresentem forma ou características de sociedade empresária, que adotem denominação de fantasia, que realizem atividades estranhas à advocacia, que incluam como sócio ou titular de sociedade unipessoal de advocacia pessoa não inscrita como advogado ou totalmente proibida de advogar. *(Redação dada pela Lei n. 13.247, de 2016)*

§ 1º A razão social deve ter, obrigatoriamente, o nome de, pelo menos, um advogado responsável pela sociedade, podendo permanecer o de sócio falecido, desde que prevista tal possibilidade no ato constitutivo.

§ 2º O licenciamento do sócio para exercer atividade incompatível com a advocacia em caráter temporário deve ser averbado no registro da sociedade, não alterando sua constituição.

§ 3º É proibido o registro, nos cartórios de registro civil de pessoas jurídicas e nas juntas comerciais, de sociedade que inclua, entre outras finalidades, a atividade de advocacia.

§ 4º A denominação da sociedade unipessoal de advocacia deve ser obrigatoriamente formada pelo nome do seu titular, completo ou parcial, com a expressão 'Sociedade Individual de Advocacia'. *(Incluído pela Lei n. 13.247, de 2016)*

Art. 17. Além da sociedade, o sócio e o titular da sociedade individual de advocacia respondem subsidiária e ilimitadamente pelos danos causados aos clientes por ação ou omissão no exercício da advocacia, sem prejuízo da responsabilidade disciplinar em que possam incorrer. *(Redação dada pela Lei n. 13.247, de 2016)*

CAPÍTULO V
Do Advogado Empregado

Art. 18. A relação de emprego, na qualidade de advogado, não retira a isenção técnica nem reduz a independência profissional inerentes à advocacia.

Parágrafo único. O advogado empregado não está obrigado à prestação de serviços profissionais de interesse pessoal dos empregadores, fora da relação de emprego.

Art. 19. O salário mínimo profissional do advogado será fixado em sentença normativa, salvo se ajustado em acordo ou convenção coletiva de trabalho.

Art. 20. A jornada de trabalho do advogado empregado, no exercício da profissão, não poderá exceder a duração diária de quatro horas contínuas e a de vinte horas semanais, salvo acordo ou convenção coletiva ou em caso de dedicação exclusiva.

§ 1º Para efeitos deste artigo, considera-se como período de trabalho o tempo em que o advogado estiver à disposição do empregador, aguardando ou executando ordens, no seu escritório ou em atividades externas, sendo-lhe reembolsadas as despesas feitas com transporte, hospedagem e alimentação.

§ 2º As horas trabalhadas que excederem a jornada normal são remuneradas por um adicional não inferior a cem por cento sobre o valor da hora normal, mesmo havendo contrato escrito.

§ 3º As horas trabalhadas no período das vinte horas de um dia até as cinco horas do dia seguinte são remuneradas como noturnas, acrescidas do adicional de vinte e cinco por cento.

Art. 21. Nas causas em que for parte o empregador, ou pessoa por este representada, os honorários de sucumbência são devidos aos advogados empregados.

Parágrafo único. Os honorários de sucumbência, percebidos por advogado empregado de sociedade de advogados são partilhados entre ele e a empregadora, na forma estabelecida em acordo.

CAPÍTULO VI
Dos Honorários Advocatícios

Art. 22. A prestação de serviço profissional assegura aos inscritos na OAB o direito aos honorários convencionados, aos fixados por arbitramento judicial e aos de sucumbência.

§ 1º O advogado, quando indicado para patrocinar causa de juridicamente necessitado, no caso de impossibilidade da Defensoria Pública no local da prestação de serviço, tem direito aos honorários fixados pelo juiz, segundo tabela organizada pelo Conselho Seccional da OAB, e pagos pelo Estado.

§ 2º Na falta de estipulação ou de acordo, os honorários são fixados por arbitramento judicial, em remuneração compatível com o trabalho e o valor econômico da questão, não podendo ser inferiores aos estabelecidos na tabela organizada pelo Conselho Seccional da OAB.

§ 3º Salvo estipulação em contrário, um terço dos honorários é devido no início do serviço, outro terço até a decisão de primeira instância e o restante no final.

§ 4º Se o advogado fizer juntar aos autos o seu contrato de honorários antes de expedir-se o mandado de levantamento ou precatório, o juiz deve determinar que lhe sejam pagos diretamente, por dedução da quantia a ser recebida pelo constituinte, salvo se este provar que já os pagou.

§ 5º O disposto neste artigo não se aplica quando se tratar de mandato outorgado por advogado para defesa em processo oriundo de ato ou omissão praticada no exercício da profissão.

Art. 23. Os honorários incluídos na condenação, por arbitramento ou sucumbência, pertencem ao advogado, tendo este direito autônomo para executar a sentença nesta parte, podendo requerer que o precatório, quando necessário, seja expedido em seu favor.

Art. 24. A decisão judicial que fixar ou arbitrar honorários e o contrato escrito que os estipular são títulos executivos e constituem crédito privilegiado na falência, concordata, concurso de credores, insolvência civil e liquidação extrajudicial.

§ 1º A execução dos honorários pode ser promovida nos mesmos autos da ação em que tenha atuado o advogado, se assim lhe convier.

§ 2º Na hipótese de falecimento ou incapacidade civil do advogado, os honorários de sucumbência, proporcionais ao trabalho realizado, são recebidos por seus sucessores ou representantes legais.

§ 3º É nula qualquer disposição, cláusula, regulamento ou convenção individual ou coletiva que retire do advogado o direito ao recebimento dos honorários de sucumbência.

§ 4º O acordo feito pelo cliente do advogado e a parte contrária, salvo aquiescência do profissional, não lhe prejudica os honorários, quer os convencionados, quer os concedidos por sentença.

Art. 25. Prescreve em cinco anos a ação de cobrança de honorários de advogado, contado o prazo:

I — do vencimento do contrato, se houver;

II — do trânsito em julgado da decisão que os fixar;

III — da ultimação do serviço extrajudicial;

IV — da desistência ou transação;

V — da renúncia ou revogação do mandato.

Art. 25-A. Prescreve em cinco anos a ação de prestação de contas pelas quantias recebidas pelo advogado de seu cliente, ou de terceiros por conta dele (art. 34, XXI). *(Incluído pela Lei n. 11.902, de 2009)*

Art. 26. O advogado substabelecido, com reserva de poderes, não pode cobrar honorários sem a intervenção daquele que lhe conferiu o substabelecimento.

CAPÍTULO VII
Das Incompatibilidades e Impedimentos

Art. 27. A incompatibilidade determina a proibição total, e o impedimento, a proibição parcial do exercício da advocacia.

Art. 28. A advocacia é incompatível, mesmo em causa própria, com as seguintes atividades:

I — chefe do Poder Executivo e membros da Mesa do Poder Legislativo e seus substitutos legais;

II — membros de órgãos do Poder Judiciário, do Ministério Público, dos tribunais e conselhos de contas, dos juizados especiais, da justiça de paz, juízes classistas, bem como de todos os que exerçam função de julgamento em órgãos de deliberação coletiva da administração pública direta e indireta; *(Vide ADIN 1127-8)*

III — ocupantes de cargos ou funções de direção em Órgãos da Administração Pública direta ou indireta, em suas fundações e em suas empresas controladas ou concessionárias de serviço público;

IV — ocupantes de cargos ou funções vinculados direta ou indiretamente a qualquer órgão do Poder Judiciário e os que exercem serviços notariais e de registro;

V — ocupantes de cargos ou funções vinculados direta ou indiretamente a atividade policial de qualquer natureza;

VI — militares de qualquer natureza, na ativa;

VII — ocupantes de cargos ou funções que tenham competência de lançamento, arrecadação ou fiscalização de tributos e contribuições parafiscais;

VIII — ocupantes de funções de direção e gerência em instituições financeiras, inclusive privadas.

§ 1º A incompatibilidade permanece mesmo que o ocupante do cargo ou função deixe de exercê-lo temporariamente.

§ 2º Não se incluem nas hipóteses do inciso III os que não detenham poder de decisão relevante sobre interesses de terceiro, a juízo do conselho competente da OAB, bem como a administração acadêmica diretamente relacionada ao magistério jurídico.

Art. 29. Os Procuradores Gerais, Advogados Gerais, Defensores Gerais e dirigentes de órgãos jurídicos da Administração Pública direta, indireta e fundacional são exclusivamente legitimados para o exercício da advocacia vinculada à função que exerçam, durante o período da investidura.

Art. 30. São impedidos de exercer a advocacia:

I — os servidores da administração direta, indireta e fundacional, contra a Fazenda Pública que os remunere ou à qual seja vinculada a entidade empregadora;

II — os membros do Poder Legislativo, em seus diferentes níveis, contra ou a favor das pessoas jurídicas de direito público, empresas públicas, sociedades de economia mista, fundações públicas, entidades paraestatais ou empresas concessionárias ou permissionárias de serviço público.

Parágrafo único. Não se incluem nas hipóteses do inciso I os docentes dos cursos jurídicos.

CAPÍTULO VIII
Da Ética do Advogado

Art. 31. O advogado deve proceder de forma que o torne merecedor de respeito e que contribua para o prestígio da classe e da advocacia.

§ 1º O advogado, no exercício da profissão, deve manter independência em qualquer circunstância.

§ 2º Nenhum receio de desagradar a magistrado ou a qualquer autoridade, nem de incorrer em impopularidade, deve deter o advogado no exercício da profissão.

Art. 32. O advogado é responsável pelos atos que, no exercício profissional, praticar com dolo ou culpa.

Parágrafo único. Em caso de lide temerária, o advogado será solidariamente responsável com seu cliente, desde que coligado com este para lesar a parte contrária, o que será apurado em ação própria.

Art. 33. O advogado obriga-se a cumprir rigorosamente os deveres consignados no Código de Ética e Disciplina.

Parágrafo único. O Código de Ética e Disciplina regula os deveres do advogado para com a comunidade, o cliente, o outro profissional e, ainda, a publicidade, a recusa do patrocínio, o dever de assistência jurídica, o dever geral de urbanidade e os respectivos procedimentos disciplinares.

CAPÍTULO IX
Das Infrações e Sanções Disciplinares

Art. 34. Constitui infração disciplinar:

I — exercer a profissão, quando impedido de fazê-lo, ou facilitar, por qualquer meio, o seu exercício aos não inscritos, proibidos ou impedidos;

II — manter sociedade profissional fora das normas e preceitos estabelecidos nesta lei;

III — valer-se de agenciador de causas, mediante participação nos honorários a receber;

IV — angariar ou captar causas, com ou sem a intervenção de terceiros;

V — assinar qualquer escrito destinado a processo judicial ou para fim extrajudicial que não tenha feito, ou em que não tenha colaborado;

VI — advogar contra literal disposição de lei, presumindo-se a boa-fé quando fundamentada na inconstitucionalidade, na injustiça da lei ou em pronunciamento judicial anterior;

VII — violar, sem justa causa, sigilo profissional;

VIII — estabelecer entendimento com a parte adversa sem autorização do cliente ou ciência do advogado contrário;

IX — prejudicar, por culpa grave, interesse confiado ao seu patrocínio;

X — acarretar, conscientemente, por ato próprio, a anulação ou a nulidade do processo em que funcione;

XI — abandonar a causa sem justo motivo ou antes de decorridos dez dias da comunicação da renúncia;

XII — recusar-se a prestar, sem justo motivo, assistência jurídica, quando nomeado em virtude de impossibilidade da Defensoria Pública;

XIII — fazer publicar na imprensa, desnecessária e habitualmente, alegações forenses ou relativas a causas pendentes;

XIV — deturpar o teor de dispositivo de lei, de citação doutrinária ou de julgado, bem como de depoimentos, documentos e alegações da parte contrária, para confundir o adversário ou iludir o juiz da causa;

XV — fazer, em nome do constituinte, sem autorização escrita deste, imputação a terceiro de fato definido como crime;

XVI — deixar de cumprir, no prazo estabelecido, determinação emanada do órgão ou de autoridade da Ordem, em matéria da competência desta, depois de regularmente notificado;

XVII — prestar concurso a clientes ou a terceiros para realização de ato contrário à lei ou destinado a fraudá-la;

XVIII — solicitar ou receber de constituinte qualquer importância para aplicação ilícita ou desonesta;

XIX — receber valores, da parte contrária ou de terceiro, relacionados com o objeto do mandato, sem expressa autorização do constituinte;

XX — locupletar-se, por qualquer forma, à custa do cliente ou da parte adversa, por si ou interposta pessoa;

XXI — recusar-se, injustificadamente, a prestar contas ao cliente de quantias recebidas dele ou de terceiros por conta dele;

XXII — reter, abusivamente, ou extraviar autos recebidos com vista ou em confiança;

XXIII — deixar de pagar as contribuições, multas e preços de serviços devidos à OAB, depois de regularmente notificado a fazê-lo;

XXIV — incidir em erros reiterados que evidenciem inépcia profissional;

XXV — manter conduta incompatível com a advocacia;

XXVI — fazer falsa prova de qualquer dos requisitos para inscrição na OAB;

XXVII — tornar-se moralmente inidôneo para o exercício da advocacia;

XXVIII — praticar crime infamante;

XXIX — praticar, o estagiário, ato excedente de sua habilitação.

Parágrafo único. Inclui-se na conduta incompatível:

a) prática reiterada de jogo de azar, não autorizado por lei;

b) incontinência pública e escandalosa;

c) embriaguez ou toxicomania habituais.

Art. 35. As sanções disciplinares consistem em:

I — censura;

II — suspensão;

III — exclusão;

IV — multa.

Parágrafo único. As sanções devem constar dos assentamentos do inscrito, após o trânsito em julgado da decisão, não podendo ser objeto de publicidade a de censura.

Art. 36. A censura é aplicável nos casos de:

I — infrações definidas nos incisos I a XVI e XXIX do art. 34;

II — violação a preceito do Código de Ética e Disciplina;

III — violação a preceito desta lei, quando para a infração não se tenha estabelecido sanção mais grave.

Parágrafo único. A censura pode ser convertida em advertência, em ofício reservado, sem registro nos assentamentos do inscrito, quando presente circunstância atenuante.

Art. 37. A suspensão é aplicável nos casos de:

I — infrações definidas nos incisos XVII a XXV do art. 34;

II — reincidência em infração disciplinar.

§ 1º A suspensão acarreta ao infrator a interdição do exercício profissional, em todo o território nacional, pelo prazo de trinta dias a doze meses, de acordo com os critérios de individualização previstos neste capítulo.

§ 2º Nas hipóteses dos incisos XXI e XXIII do art. 34, a suspensão perdura até que satisfaça integralmente a dívida, inclusive com correção monetária.

§ 3º Na hipótese do inciso XXIV do art. 34, a suspensão perdura até que preste novas provas de habilitação.

Art. 38. A exclusão é aplicável nos casos de:

I — aplicação, por três vezes, de suspensão;

II — infrações definidas nos incisos XXVI a XXVIII do art. 34.

Parágrafo único. Para a aplicação da sanção disciplinar de exclusão, é necessária a manifestação favorável de dois terços dos membros do Conselho Seccional competente.

Art. 39. A multa, variável entre o mínimo correspondente ao valor de uma anuidade e o máximo de seu décuplo, é aplicável cumulativamente com a censura ou suspensão, em havendo circunstâncias agravantes.

Art. 40. Na aplicação das sanções disciplinares, são consideradas, para fins de atenuação, as seguintes circunstâncias, entre outras:

I — falta cometida na defesa de prerrogativa profissional;

II — ausência de punição disciplinar anterior;

III — exercício assíduo e proficiente de mandato ou cargo em qualquer órgão da OAB;

IV — prestação de relevantes serviços à advocacia ou à causa pública.

Parágrafo único. Os antecedentes profissionais do inscrito, as atenuantes, o grau de culpa por ele revelada, as circunstâncias e as consequências da infração são considerados para o fim de decidir:

a) sobre a conveniência da aplicação cumulativa da multa e de outra sanção disciplinar;

b) sobre o tempo de suspensão e o valor da multa aplicáveis.

Art. 41. É permitido ao que tenha sofrido qualquer sanção disciplinar requerer, um ano após seu cumprimento, a reabilitação, em face de provas efetivas de bom comportamento.

Parágrafo único. Quando a sanção disciplinar resultar da prática de crime, o pedido de reabilitação depende também da correspondente reabilitação criminal.

Art. 42. Fica impedido de exercer o mandato o profissional a quem forem aplicadas as sanções disciplinares de suspensão ou exclusão.

Art. 43. A pretensão à punibilidade das infrações disciplinares prescreve em cinco anos, contados da data da constatação oficial do fato.

§ 1º Aplica-se a prescrição a todo processo disciplinar paralisado por mais de três anos, pendente de despacho ou julgamento, devendo ser arquivado de ofício, ou a requerimento da parte interessada, sem prejuízo de serem apuradas as responsabilidades pela paralisação.

§ 2º A prescrição interrompe-se:

I — pela instauração de processo disciplinar ou pela notificação válida feita diretamente ao representado;

II — pela decisão condenatória recorrível de qualquer órgão julgador da OAB.

TÍTULO II
Da Ordem dos Advogados do Brasil

CAPÍTULO I
Dos Fins e da Organização

Art. 44. A Ordem dos Advogados do Brasil (OAB), serviço público, dotada de personalidade jurídica e forma federativa, tem por finalidade:

I — defender a Constituição, a ordem jurídica do Estado democrático de direito, os direitos humanos, a justiça social, e pugnar pela boa aplicação das leis, pela rápida administração da justiça e pelo aperfeiçoamento da cultura e das instituições jurídicas;

II — promover, com exclusividade, a representação, a defesa, a seleção e a disciplina dos advogados em toda a República Federativa do Brasil.

§ 1º A OAB não mantém com órgãos da Administração Pública qualquer vínculo funcional ou hierárquico.

§ 2º O uso da sigla OAB é privativo da Ordem dos Advogados do Brasil.

Art. 45. São órgãos da OAB:

I — o Conselho Federal;

II — os Conselhos Seccionais;

III — as Subseções;

IV — as Caixas de Assistência dos Advogados.

§ 1º O Conselho Federal, dotado de personalidade jurídica própria, com sede na capital da República, é o órgão supremo da OAB.

§ 2º Os Conselhos Seccionais, dotados de personalidade jurídica própria, têm jurisdição sobre os respectivos territórios dos Estados-membros, do Distrito Federal e dos Territórios.

§ 3º As Subseções são partes autônomas do Conselho Seccional, na forma desta lei e de seu ato constitutivo.

§ 4º As Caixas de Assistência dos Advogados, dotadas de personalidade jurídica própria, são criadas pelos Conselhos Seccionais, quando estes contarem com mais de mil e quinhentos inscritos.

§ 5º A OAB, por constituir serviço público, goza de imunidade tributária total em relação a seus bens, rendas e serviços.

§ 6º Os atos conclusivos dos órgãos da OAB, salvo quando reservados ou de administração interna, devem ser publicados na imprensa oficial ou afixados no fórum, na íntegra ou em resumo.

Art. 46. Compete à OAB fixar e cobrar, de seus inscritos, contribuições, preços de serviços e multas.

Parágrafo único. Constitui título executivo extrajudicial a certidão passada pela diretoria do Conselho competente, relativa a crédito previsto neste artigo.

Art. 47. O pagamento da contribuição anual à OAB isenta os inscritos nos seus quadros do pagamento obrigatório da contribuição sindical.

Art. 48. O cargo de conselheiro ou de membro de diretoria de órgão da OAB é de exercício gratuito e obrigatório, considerado serviço público relevante, inclusive para fins de disponibilidade e aposentadoria.

Art. 49. Os Presidentes dos Conselhos e das Subseções da OAB têm legitimidade para agir, judicial e extrajudicialmente, contra qualquer pessoa que infringir as disposições ou os fins desta lei.

Parágrafo único. As autoridades mencionadas no caput deste artigo têm, ainda, legitimidade para intervir, inclusive como assistentes, nos inquéritos e processos em que sejam indiciados, acusados ou ofendidos os inscritos na OAB.

Art. 50. Para os fins desta lei, os Presidentes dos Conselhos da OAB e das Subseções podem requisitar cópias de peças de autos e documentos a qualquer tribunal, magistrado, cartório e órgão da Administração Pública direta, indireta e fundacional. *(Vide ADIN 1127-8)*

CAPÍTULO II
Do Conselho Federal

Art. 51. O Conselho Federal compõe-se:

I — dos conselheiros federais, integrantes das delegações de cada unidade federativa;

II — dos seus ex-presidentes, na qualidade de membros honorários vitalícios.

§ 1º Cada delegação é formada por três conselheiros federais.

§ 2º Os ex-presidentes têm direito apenas a voz nas sessões.

Art. 52. Os presidentes dos Conselhos Seccionais, nas sessões do Conselho Federal, têm lugar reservado junto à delegação respectiva e direito somente a voz.

Art. 53. O Conselho Federal tem sua estrutura e funcionamento definidos no Regulamento Geral da OAB.

§ 1º O Presidente, nas deliberações do Conselho, tem apenas o voto de qualidade.

§ 2º O voto é tomado por delegação, e não pode ser exercido nas matérias de interesse da unidade que representa.

§ 3º Na eleição para a escolha da Diretoria do Conselho Federal, cada membro da delegação terá direito a 1 (um) voto, vedado aos membros honorários vitalícios. *(Incluído pela Lei n. 11.179, de 2005)*

Art. 54. Compete ao Conselho Federal:

I — dar cumprimento efetivo às finalidades da OAB;

II — representar, em juízo ou fora dele, os interesses coletivos ou individuais dos advogados;

III — velar pela dignidade, independência, prerrogativas e valorização da advocacia;

IV — representar, com exclusividade, os advogados brasileiros nos órgãos e eventos internacionais da advocacia;

V — editar e alterar o Regulamento Geral, o Código de Ética e Disciplina, e os Provimentos que julgar necessários;

VI — adotar medidas para assegurar o regular funcionamento dos Conselhos Seccionais;

VII — intervir nos Conselhos Seccionais, onde e quando constatar grave violação desta lei ou do regulamento geral;

VIII — cassar ou modificar, de ofício ou mediante representação, qualquer ato, de órgão ou autoridade da OAB, contrário a esta lei, ao regulamento geral, ao Código de Ética e Disciplina, e aos Provimentos, ouvida a autoridade ou o órgão em causa;

IX — julgar, em grau de recurso, as questões decididas pelos Conselhos Seccionais, nos casos previstos neste estatuto e no regulamento geral;

X — dispor sobre a identificação dos inscritos na OAB e sobre os respectivos símbolos privativos;

XI — apreciar o relatório anual e deliberar sobre o balanço e as contas de sua diretoria;

XII — homologar ou mandar suprir relatório anual, o balanço e as contas dos Conselhos Seccionais;

XIII — elaborar as listas constitucionalmente previstas, para o preenchimento dos cargos nos tribunais judiciários de âmbito nacional ou interestadual, com advogados que estejam em pleno exercício da profissão, vedada a inclusão de nome de membro do próprio Conselho ou de outro órgão da OAB;

XIV — ajuizar ação direta de inconstitucionalidade de normas legais e atos normativos, ação civil pública, mandado de segurança coletivo, mandado de injunção e demais ações cuja legitimação lhe seja outorgada por lei;

XV — colaborar com o aperfeiçoamento dos cursos jurídicos, e opinar, previamente, nos pedidos apresentados aos órgãos competentes para criação, reconhecimento ou credenciamento desses cursos;

XVI — autorizar, pela maioria absoluta das delegações, a oneração ou alienação de seus bens imóveis;

XVII — participar de concursos públicos, nos casos previstos na Constituição e na lei, em todas as suas fases, quando tiverem abrangência nacional ou interestadual;

XVIII — resolver os casos omissos neste estatuto.

Parágrafo único. A intervenção referida no inciso VII deste artigo depende de prévia aprovação por dois terços das delegações, garantido o amplo direito de defesa do Conselho Seccional respectivo, nomeando-se diretoria provisória para o prazo que se fixar.

Art. 55. A diretoria do Conselho Federal é composta de um Presidente, de um Vice-Presidente, de um Secretário-Geral, de um Secretário-Geral Adjunto e de um Tesoureiro.

§ 1º O Presidente exerce a representação nacional e internacional da OAB, competindo-lhe convocar o Conselho Federal, presidi-lo, representá-lo ativa e passivamente, em juízo ou fora dele, promover-lhe a administração patrimonial e dar execução às suas decisões.

§ 2º O regulamento geral define as atribuições dos membros da diretoria e a ordem de substituição em caso de vacância, licença, falta ou impedimento.

§ 3º Nas deliberações do Conselho Federal, os membros da diretoria votam como

membros de suas delegações, cabendo ao Presidente, apenas, o voto de qualidade e o direito de embargar a decisão, se esta não for unânime.

CAPÍTULO III
Do Conselho Seccional

Art. 56. O Conselho Seccional compõe-se de conselheiros em número proporcional ao de seus inscritos, segundo critérios estabelecidos no regulamento geral.

§ 1º São membros honorários vitalícios os seus ex-presidentes, somente com direito a voz em suas sessões.

§ 2º O Presidente do Instituto dos Advogados local é membro honorário, somente com direito a voz nas sessões do Conselho.

§ 3º Quando presentes às sessões do Conselho Seccional, o Presidente do Conselho Federal, os Conselheiros Federais integrantes da respectiva delegação, o Presidente da Caixa de Assistência dos Advogados e os Presidentes das Subseções, têm direito a voz.

Art. 57. O Conselho Seccional exerce e observa, no respectivo território, as competências, vedações e funções atribuídas ao Conselho Federal, no que couber e no âmbito de sua competência material e territorial, e as normas gerais estabelecidas nesta lei, no regulamento geral, no Código de Ética e Disciplina, e nos Provimentos.

Art. 58. Compete privativamente ao Conselho Seccional:

I — editar seu regimento interno e resoluções;

II — criar as Subseções e a Caixa de Assistência dos Advogados;

III — julgar, em grau de recurso, as questões decididas por seu Presidente, por sua diretoria, pelo Tribunal de Ética e Disciplina, pelas diretorias das Subseções e da Caixa de Assistência dos Advogados;

IV — fiscalizar a aplicação da receita, apreciar o relatório anual e deliberar sobre o balanço e as contas de sua diretoria, das diretorias das Subseções e da Caixa de Assistência dos Advogados;

V — fixar a tabela de honorários, válida para todo o território estadual;

VI — realizar o Exame de Ordem;

VII — decidir os pedidos de inscrição nos quadros de advogados e estagiários;

VIII — manter cadastro de seus inscritos;

IX — fixar, alterar e receber contribuições obrigatórias, preços de serviços e multas;

X — participar da elaboração dos concursos públicos, em todas as suas fases, nos casos previstos na Constituição e nas leis, no âmbito do seu território;

XI — determinar, com exclusividade, critérios para o traje dos advogados, no exercício profissional;

XII — aprovar e modificar seu orçamento anual;

XIII — definir a composição e o funcionamento do Tribunal de Ética e Disciplina, e escolher seus membros;

XIV — eleger as listas, constitucionalmente previstas, para preenchimento dos cargos nos tribunais judiciários, no âmbito de sua competência e na forma do Provimento do Conselho Federal, vedada a inclusão de membros do próprio Conselho e de qualquer órgão da OAB;

XV — intervir nas Subseções e na Caixa de Assistência dos Advogados;

XVI — desempenhar outras atribuições previstas no regulamento geral.

Art. 59. A diretoria do Conselho Seccional tem composição idêntica e atribuições equivalentes às do Conselho Federal, na forma do regimento interno daquele.

CAPÍTULO IV
Da Subseção

Art. 60. A Subseção pode ser criada pelo Conselho Seccional, que fixa sua área territorial e seus limites de competência e autonomia.

§ 1º A área territorial da Subseção pode abranger um ou mais municípios, ou parte de município, inclusive a capital do Estado, contando com um mínimo de quinze advogados, nela profissionalmente domiciliados.

§ 2º A Subseção é administrada por uma diretoria, com atribuições e composição equivalentes às da diretoria do Conselho Seccional.

§ 3º Havendo mais de cem advogados, a Subseção pode ser integrada, também, por um conselho em número de membros fixado pelo Conselho Seccional.

§ 4º Os quantitativos referidos nos §§ 1º e 3º deste artigo podem ser ampliados, na forma do regimento interno do Conselho Seccional.

§ 5º Cabe ao Conselho Seccional fixar, em seu orçamento, dotações específicas destinadas à manutenção das Subseções.

§ 6º O Conselho Seccional, mediante o voto de dois terços de seus membros, pode intervir nas Subseções, onde constatar grave violação desta lei ou do regimento interno daquela.

Art. 61. Compete à Subseção, no âmbito de seu território:

I — dar cumprimento efetivo às finalidades da OAB;

II — velar pela dignidade, independência e valorização da advocacia, e fazer valer as prerrogativas do advogado;

III — representar a OAB perante os poderes constituídos;

IV — desempenhar as atribuições previstas no regulamento geral ou por delegação de competência do Conselho Seccional.

Parágrafo único. Ao Conselho da Subseção, quando houver, compete exercer as funções e atribuições do Conselho Seccional, na forma do regimento interno deste, e ainda:

a) editar seu regimento interno, a ser referendado pelo Conselho Seccional;

b) editar resoluções, no âmbito de sua competência;

c) instaurar e instruir processos disciplinares, para julgamento pelo Tribunal de Ética e Disciplina;

d) receber pedido de inscrição nos quadros de advogado e estagiário, instruindo e emitindo parecer prévio, para decisão do Conselho Seccional.

CAPÍTULO V
Da Caixa de Assistência dos Advogados

Art. 62. A Caixa de Assistência dos Advogados, com personalidade jurídica própria, destina-se a prestar assistência aos inscritos no Conselho Seccional a que se vincule.

§ 1º A Caixa é criada e adquire personalidade jurídica com a aprovação e registro de seu estatuto pelo respectivo Conselho Seccional da OAB, na forma do regulamento geral.

§ 2º A Caixa pode, em benefício dos advogados, promover a seguridade complementar.

§ 3º Compete ao Conselho Seccional fixar contribuição obrigatória devida por seus inscritos, destinada à manutenção do disposto no parágrafo anterior, incidente sobre atos decorrentes do efetivo exercício da advocacia.

§ 4º A diretoria da Caixa é composta de cinco membros, com atribuições definidas no seu regimento interno.

§ 5º Cabe à Caixa a metade da receita das anuidades recebidas pelo Conselho Seccional, considerado o valor resultante após as deduções regulamentares obrigatórias.

§ 6º Em caso de extinção ou desativação da Caixa, seu patrimônio se incorpora ao do Conselho Seccional respectivo.

§ 7º O Conselho Seccional, mediante voto de dois terços de seus membros, pode intervir na Caixa de Assistência dos Advogados, no caso de descumprimento de suas finalidades, designando diretoria provisória, enquanto durar a intervenção.

CAPÍTULO VI
Das Eleições e dos Mandatos

Art. 63. A eleição dos membros de todos os órgãos da OAB será realizada na segunda quinzena do mês de novembro, do último ano do mandato, mediante cédula única e votação direta dos advogados regularmente inscritos.

§ 1º A eleição, na forma e segundo os critérios e procedimentos estabelecidos no regulamento geral, é de comparecimento obrigatório para todos os advogados inscritos na OAB.

§ 2º O candidato deve comprovar situação regular junto à OAB, não ocupar cargo exonerável ad nutum, não ter sido condenado por infração disciplinar, salvo reabilitação, e exercer efetivamente a profissão há mais de cinco anos.

Art. 64. Consideram-se eleitos os candidatos integrantes da chapa que obtiver a maioria dos votos válidos.

§ 1º A chapa para o Conselho Seccional deve ser composta dos candidatos ao conselho e à sua diretoria e, ainda, à delegação ao Conselho Federal e à Diretoria da Caixa de Assistência dos Advogados para eleição conjunta.

§ 2º A chapa para a Subseção deve ser composta com os candidatos à diretoria, e de seu conselho quando houver.

Art. 65. O mandato em qualquer órgão da OAB é de três anos, iniciando-se em primeiro de janeiro do ano seguinte ao da eleição, salvo o Conselho Federal.

Parágrafo único. Os conselheiros federais eleitos iniciam seus mandatos em primeiro de fevereiro do ano seguinte ao da eleição.

Art. 66. Extingue-se o mandato automaticamente, antes do seu término, quando:

I — ocorrer qualquer hipótese de cancelamento de inscrição ou de licenciamento do profissional;

II — o titular sofrer condenação disciplinar;

III — o titular faltar, sem motivo justificado, a três reuniões ordinárias consecutivas de cada órgão deliberativo do conselho ou da diretoria da Subseção ou da Caixa de Assistência dos Advogados, não podendo ser reconduzido no mesmo período de mandato.

Parágrafo único. Extinto qualquer mandato, nas hipóteses deste artigo, cabe ao Conselho Seccional escolher o substituto, caso não haja suplente.

Art. 67. A eleição da Diretoria do Conselho Federal, que tomará posse no dia 1º de fevereiro, obedecerá às seguintes regras:

I — será admitido registro, junto ao Conselho Federal, de candidatura à presidência, desde seis meses até um mês antes da eleição;

II — o requerimento de registro deverá vir acompanhado do apoiamento de, no mínimo, seis Conselhos Seccionais;

III — até um mês antes das eleições, deverá ser requerido o registro da chapa completa, sob pena de cancelamento da candidatura respectiva;

IV — no dia 31 de janeiro do ano seguinte ao da eleição, o Conselho Federal elegerá, em reunião presidida pelo conselheiro mais antigo, por voto secreto e para mandato de 3 (três) anos, sua diretoria, que tomará posse no dia seguinte; *(Redação dada pela Lei n. 11.179, de 2005)*

V — será considerada eleita a chapa que obtiver maioria simples dos votos dos Conselheiros Federais, presente a metade mais 1 (um) de seus membros. *(Redação dada pela Lei n. 11.179, de 2005)*

Parágrafo único. Com exceção do candidato a Presidente, os demais integrantes da chapa deverão ser conselheiros federais eleitos.

TÍTULO III
Do Processo na OAB

CAPÍTULO I
Disposições Gerais

Art. 68. Salvo disposição em contrário, aplicam-se subsidiariamente ao processo disciplinar as regras da legislação processual penal comum e, aos demais processos, as regras gerais do procedimento administrativo comum e da legislação processual civil, nessa ordem.

Art. 69. Todos os prazos necessários à manifestação de advogados, estagiários e terceiros, nos processos em geral da OAB, são de quinze dias, inclusive para interposição de recursos.

§ 1º Nos casos de comunicação por ofício reservado, ou de notificação pessoal, o prazo se conta a partir do dia útil imediato ao da notificação do recebimento.

§ 2º Nos casos de publicação na imprensa oficial do ato ou da decisão, o prazo inicia-se no primeiro dia útil seguinte.

CAPÍTULO II
Do Processo Disciplinar

Art. 70. O poder de punir disciplinarmente os inscritos na OAB compete exclusivamente ao Conselho Seccional em cuja base territorial tenha ocorrido a infração, salvo se a falta for cometida perante o Conselho Federal.

§ 1º Cabe ao Tribunal de Ética e Disciplina, do Conselho Seccional competente, julgar os processos disciplinares, instruídos pelas Subseções ou por relatores do próprio conselho.

§ 2º A decisão condenatória irrecorrível deve ser imediatamente comunicada ao Conselho Seccional onde o representado tenha inscrição principal, para constar dos respectivos assentamentos.

§ 3º O Tribunal de Ética e Disciplina do Conselho onde o acusado tenha inscrição principal pode suspendê-lo preventivamente, em caso de repercussão prejudicial à dignidade da advocacia, depois de ouvi-lo em sessão especial para a qual deve ser notificado a comparecer, salvo se não atender à notificação. Neste caso, o processo disciplinar deve ser concluído no prazo máximo de noventa dias.

Art. 71. A jurisdição disciplinar não exclui a comum e, quando o fato constituir crime ou contravenção, deve ser comunicado às autoridades competentes.

Art. 72. O processo disciplinar instaura-se de ofício ou mediante representação de qualquer autoridade ou pessoa interessada.

§ 1º O Código de Ética e Disciplina estabelece os critérios de admissibilidade da representação e os procedimentos disciplinares.

§ 2º O processo disciplinar tramita em sigilo, até o seu término, só tendo acesso às suas informações as partes, seus defensores e a autoridade judiciária competente.

Art. 73. Recebida a representação, o Presidente deve designar relator, a quem compete a instrução do processo e o oferecimento de parecer preliminar a ser submetido ao Tribunal de Ética e Disciplina.

§ 1º Ao representado deve ser assegurado amplo direito de defesa, podendo acompanhar o processo em todos os termos, pessoalmente ou por intermédio de procurador, oferecendo defesa prévia após ser notificado, razões finais após a instrução e defesa oral perante o Tribunal de Ética e Disciplina, por ocasião do julgamento.

§ 2º Se, após a defesa prévia, o relator se manifestar pelo indeferimento liminar da representação, este deve ser decidido pelo Presidente do Conselho Seccional, para determinar seu arquivamento.

§ 3º O prazo para defesa prévia pode ser prorrogado por motivo relevante, a juízo do relator.

§ 4º Se o representado não for encontrado, ou for revel, o Presidente do Conselho ou da Subseção deve designar-lhe defensor dativo;

§ 5º É também permitida a revisão do processo disciplinar, por erro de julgamento ou por condenação baseada em falsa prova.

Art. 74. O Conselho Seccional pode adotar as medidas administrativas e judiciais pertinentes, objetivando a que o profissional suspenso ou excluído devolva os documentos de identificação.

CAPÍTULO III
Dos Recursos

Art. 75. Cabe recurso ao Conselho Federal de todas as decisões definitivas proferidas pelo Conselho Seccional, quando não tenham sido unânimes ou, sendo unânimes, contrariem esta lei, decisão do Conselho Federal ou de outro Conselho Seccional e, ainda, o regulamento geral, o Código de Ética e Disciplina e os Provimentos.

Parágrafo único. Além dos interessados, o Presidente do Conselho Seccional é legitimado a interpor o recurso referido neste artigo.

Art. 76. Cabe recurso ao Conselho Seccional de todas as decisões proferidas por seu Presidente, pelo Tribunal de Ética e Disciplina, ou pela diretoria da Subseção ou da Caixa de Assistência dos Advogados.

Art. 77. Todos os recursos têm efeito suspensivo, exceto quando tratarem de eleições (arts. 63 e seguintes), de suspensão preventiva decidida pelo Tribunal de Ética e Disciplina, e de cancelamento da inscrição obtida com falsa prova.

Parágrafo único. O regulamento geral disciplina o cabimento de recursos específicos, no âmbito de cada órgão julgador.

TÍTULO IV
Das Disposições Gerais e Transitórias

Art. 78. Cabe ao Conselho Federal da OAB, por deliberação de dois terços, pelo menos, das delegações, editar o regulamento geral deste estatuto, no prazo de seis meses, contados da publicação desta lei.

Art. 79. Aos servidores da OAB, aplica-se o regime trabalhista. *(Vide ADIN 3026-4)*

§ 1º Aos servidores da OAB, sujeitos ao regime da *Lei n. 8.112, de 11 de dezembro de 1990*, é concedido o direito de opção pelo regime trabalhista, no prazo de noventa dias a partir da vigência desta lei, sendo assegurado aos optantes o pagamento de indenização, quando da aposentadoria, correspondente a cinco vezes o valor da última remuneração.

§ 2º Os servidores que não optarem pelo regime trabalhista serão posicionados no quadro em extinção, assegurado o direito adquirido ao regime legal anterior.

Art. 80. Os Conselhos Federal e Seccionais devem promover trienalmente as respectivas Conferências, em data não coincidente com o ano eleitoral, e, periodicamente, reunião do colégio de presidentes a eles vinculados, com finalidade consultiva.

Art. 81. Não se aplicam aos que tenham assumido originariamente o cargo de Presidente do Conselho Federal ou dos Conselhos Seccionais, até a data da publicação desta lei, as normas contidas no Título II, acerca da composição desses Conselhos, ficando assegurado o pleno direito de voz e voto em suas sessões.

Art. 82. Aplicam-se as alterações previstas nesta lei, quanto a mandatos, eleições, composição e atribuições dos órgãos da OAB, a partir do término do mandato dos atuais membros, devendo os Conselhos Federal e Seccionais disciplinarem os respectivos procedimentos de adaptação.

Parágrafo único. Os mandatos dos membros dos órgãos da OAB, eleitos na primeira eleição sob a vigência desta lei, e na forma do Capítulo VI do Título II, terão início no dia seguinte ao término dos atuais mandatos, encerrando-se em 31 de dezembro do terceiro ano do mandato e em 31 de janeiro do terceiro ano do mandato, neste caso com relação ao Conselho Federal.

Art. 83. Não se aplica o disposto no art. 28, inciso II, desta lei, aos membros do Ministério Público que, na data de promulgação da Constituição, se incluam na previsão do *art. 29, § 3º, do seu Ato das Disposições Constitucionais Transitórias.*

Art. 84. O estagiário, inscrito no respectivo quadro, fica dispensado do Exame de Ordem, desde que comprove, em até dois anos da promulgação desta lei, o exercício e resultado do estágio profissional ou a conclusão, com aproveitamento, do estágio de Prática Forense e Organização Judiciária, realizado junto à respectiva faculdade, na forma da legislação em vigor.

Art. 85. O Instituto dos Advogados Brasileiros e as instituições a ele filiadas têm qualidade para promover perante a OAB o que julgarem do interesse dos advogados em geral ou de qualquer dos seus membros.

Art. 86. Esta lei entra em vigor na data de sua publicação.

Art. 87. Revogam-se as disposições em contrário, especialmente *a Lei n. 4.215, de 27 de abril de 1963, a Lei n. 5.390, de 23 de fevereiro de 1968, o Decreto-Lei n. 505, de 18 de março de 1969, a Lei n. 5.681, de 20 de ju-*

lho de 1971, a Lei n. 5.842, de 6 de dezembro de 1972, a Lei n. 5.960, de 10 de dezembro de 1973, a Lei n. 6.743, de 5 de dezembro de 1979, a Lei n. 6.884, de 9 de dezembro de 1980, a Lei n. 6.994, de 26 de maio de 1982, mantidos os efeitos da Lei n. 7.346, de 22 de julho de 1985.

Brasília, 4 de julho de 1994; 173º da Independência e 106º da República.

<div align="right">
ITAMAR FRANCO
ALEXANDRE DE PAULA DUPEYRAT MARTINS
DOU 5.7.1994
</div>

Lei n. 8.984, de 7 de fevereiro de 1995

Estende a competência da Justiça do Trabalho

O Presidente da República,

Faço saber que o Congresso Nacional decreta e eu sanciono a seguinte Lei:

Art. 1º Compete à Justiça do Trabalho conciliar o julgar os dissídios que tenham origem no cumprimento de convenções coletivas de trabalho ou acordos coletivos de trabalho mesmo quando ocorram entre sindicatos ou entre sindicato de trabalhadores e empregador.

Art. 2º Esta Lei entra em vigor na data de sua publicação.

Art. 3º Revogam-se as disposições em contrário.

Brasília, 7 de fevereiro de 1995; 174º da Independência e 107º da República.

<div align="right">
FERNANDO HENRIQUE CARDOSO
NELSON JOBIM
DOU 8.2.1995
</div>

Lei n. 9.029, de 13 de abril de 1995

Proíbe a exigência de atestado de gravidez e esterilização e outras práticas discriminatórias, para efeitos admissionais ou de permanência da relação jurídica de trabalho, e dá outras providências

O PRESIDENTE DA REPÚBLICA,

Faço saber que o Congresso Nacional decreta e eu sanciono a seguinte lei:

Art. 1º É proibida a adoção de qualquer prática discriminatória e limitativa para efeito de acesso à relação de trabalho, ou de sua manutenção, por motivo de sexo, origem, raça, cor, estado civil, situação familiar, deficiência, reabilitação profissional, idade, entre outros, ressalvadas, nesse caso, as hipóteses de proteção à criança e ao adolescente previstas no inciso XXXIII do art. 7º da Constituição Federal. (NR) *(Redação dada pela Lei n. 13.146, de 6.7.15, DOU 7.7.15, com vigência após decorridos 180 dias de sua publicação oficial)*

Art. 2º Constituem crimes as seguintes práticas discriminatórias:

I — a exigência de teste, exame, perícia, laudo, atestado, declaração ou qualquer outro procedimento relativo à esterilização ou a estado de gravidez;

II — a adoção de quaisquer medidas, de iniciativa do empregador, que configurem:

a) indução ou instigamento à esterilização genética;

b) promoção do controle de natalidade, assim não considerado o oferecimento de serviços e de aconselhamento ou planejamento familiar, realizados através de instituições públicas ou privadas, submetidas às normas do Sistema Único de Saúde — SUS.

Pena: detenção de um a dois anos e multa.

Parágrafo único. São sujeitos ativos dos crimes a que se refere este artigo:

I — a pessoa física empregadora;

II — o representante legal do empregador, como definido na legislação trabalhista;

III — o dirigente, direto ou por delegação, de órgãos públicos e entidades das administrações públicas direta, indireta e fundacional de qualquer dos Poderes da União, dos Estados, do Distrito Federal e dos Municípios.

Art. 3º Sem prejuízo do prescrito no art. 2º desta Lei e nos dispositivos legais que tipificam os crimes resultantes de preconceito de etnia, raça, cor ou deficiência, as infrações ao disposto nesta Lei são passíveis das seguintes cominações: *(Redação dada pela Lei n. 13.146, de 6.7.15, DOU 7.7.15, com vigência após decorridos 180 dias de sua publicação oficial)*

I — multa administrativa de dez vezes o valor do maior salário pago pelo empregador, elevado em cinquenta por cento em caso de reincidência;

II — proibição de obter empréstimo ou financiamento junto a instituições financeiras oficiais.

Art. 4º O rompimento da relação de trabalho por ato discriminatório, nos moldes desta Lei, além do direito à reparação pelo dano moral, faculta ao empregado optar entre: *(Alterado pela Lei n. 12.288, de 20.7.10, DOU 21.7.10)*

I — a reintegração com ressarcimento integral de todo o período de afastamento, mediante pagamento das remunerações devidas, corrigidas monetariamente e acrescidas de juros legais; *(Redação dada pela Lei n. 13.146, de 6.7.15, DOU 7.7.15, com vigência após decorridos 180 dias de sua publicação oficial)*

II — a percepção, em dobro, da remuneração do período de afastamento, corrigida monetariamente e acrescida dos juros legais.

Art. 5º Esta Lei entra em vigor na data de sua publicação.

Art. 6º Revogam-se as disposições em contrário.

Brasília, 13 de abril de 1995; 174º da Independência e 107º da República.

<div align="right">
FERNANDO HENRIQUE CARDOSO
PAULO PAIVA
DOU 17.4.1995
</div>

Lei n. 9.093, de 12.9.1995

Dispõe sobre feriados

O Presidente da República.

Faço saber que o Congresso Nacional decreta e eu sanciono a seguinte Lei:

Art. 1º São feriados civis:

I — os declarados em lei federal;

II — a data magna do Estado fixada em lei estadual.

III — os dias do início e do término do ano do centenário de fundação do Município, fixados em lei municipal. *(Inciso acrescentado pela Lei n. 9.335, 10.12.1996, DOU 11.12.1996)*

Art. 2º São feriados religiosos os dias de guarda, declarados em lei municipal, de acordo com a tradição local e em número não superior a quatro, neste incluída a Sexta-Feira da Paixão.

Art. 3º Esta Lei entra em vigor na data de sua publicação.

Art. 4º Revogam-se as disposições em contrário, especialmente o art. 11 da Lei n. 605, de 5 de janeiro de 1949.

Brasília, 12 de setembro de 1995; 174º da Independência e 107º da República.

<div align="right">
FERNANDO HENRIQUE CARDOSO
NELSON A. JOBIM
DOU 13.9.1995
</div>

Lei n. 9.099, de 26 de setembro de 1995

Dispõe sobre os Juizados Especiais Cíveis e criminais e dá outras providências

..

Art. 9º ..

§ 4º O réu, sendo pessoa jurídica ou titular de firma individual, poderá ser representado por preposto credenciado, munido de carta de preposição com poderes para transigir, sem haver necessidade de vínculo empregatício. (NR) *(Redação dada pela Lei n. 12.137, de 18.12.09, DOU 21.12.09).*

<div align="right">
DOU 27.9.1995
</div>

Lei n. 9.254, de 3 de janeiro de 1996

Altera a redação do art. 12 da Lei n. 7.520, de 15 de julho de 1986

O PRESIDENTE DA REPÚBLICA,

Faço saber que o Congresso Nacional decreta e eu sanciono a seguinte Lei:

Art. 1º O art. 12 da Lei n. 7.520, de 15 de julho de 1986, passa a vigorar com a seguinte redação:

> "Art. 12. Compete exclusivamente ao Tribunal Regional do Trabalho da 2ª Região processar, conciliar e julgar os dissídios coletivos nos quais a decisão a ser proferida deva produzir efeitos em área territorial alcançada, em parte, pela jurisdição desse mesmo Tribunal e, em parte, pela jurisdição do Tribunal Regional do Trabalho da 15ª Região."

Art. 2º Esta lei entra em vigor na data de sua publicação.

Art. 3º Revogam-se as disposições em contrário.

Brasília, 3 de janeiro de 1996; 175º da Independência e 108º da República.

<div align="right">
FERNANDO HENRIQUE CARDOSO,
NELSON A. JOBIM
DOU 4.1.1996
</div>

Índice da Consolidação dos Provimentos da Corregedoria-Geral da Justiça do Trabalho — CPCGJT

TÍTULO I — DISPOSIÇÃO INICIAL
TÍTULO II — DISPOSIÇÕES GERAIS
CAPÍTULO I — MAGISTRADO
Seção I — Vitaliciamento
Seção II — Local de Residência do Juiz
Seção III — Impedimentos e Suspeições
Seção IV — Dever de Comunicação à OAB de Incompatibilidade ou Impedimento ao Exercício da Advocacia
CAPÍTULO II — CORREGEDOR REGIONAL
Seção I — Deveres e Vedações
Seção II — Correições Ordinárias nas Varas do Trabalho
CAPÍTULO III — MINISTÉRIO PÚBLICO DO TRABALHO
CAPÍTULO IV — NORMAS PROCEDIMENTAIS DO PROCESSO
Seção I — Autuação

Subseção I — Numeração Única
Subseção II — Tabelas Processuais Unificadas
Subseção III — Registro do Nome das Partes e Advogados
Subseção IV — Identificação das Partes
Subseção V — Tramitação Preferencial
Subseção VI — Segredo de Justiça
Seção II — Procedimentos em Autos Físicos
Subseção I — Juntada de Documento de Tamanho Irregular
Subseção II — Numeração das Folhas
Subseção III — Folhas em Branco
Subseção IV — Abertura de Novos Volumes
Subseção V — Autenticação de Cópias de Peças
Subseção VI — Da Distribuição
Subseção VII — Carga dos Autos — Prazo Comum
Subseção VIII — Aposição de Assinatura e Rubrica
Seção III — Notificação de Entes Públicos, Estado Estrangeiro ou Organismo Internacional
Seção IV — Audiências — Normas Procedimentais no Dissídio Individual
Seção V — Prova Pericial
Seção VI — Anotação na Carteira de Trabalho e Previdência Social
Seção VII — Termos e Certidões
Seção VIII — Normas Procedimentais no Dissídio Coletivo
Subseção I — Lavratura de Acórdão
Subseção II — Cláusulas Conciliadas — Remissão à Norma Anterior
Seção IX — Custas Processuais
Seção X — Depósito Judicial Trabalhista — Guias
Seção XI — Recurso de Revista
Seção XII — Execução
Subseção I — Normas Procedimentais na Fase de Execução
Subseção II — Desconsideração da Personalidade Jurídica
Subseção III — Normas Procedimentais Referentes à Execução contra Empresas em Recuperação Judicial
Subseção IV — Arquivamento Provisório ou Definitivo do Processo de Execução
Subseção V — Certidão de Crédito Trabalhista
Subseção VI — Conversão de Autos Físicos de Processos de Execução Arquivados Provisoriamente em Certidões de Créditos Trabalhistas
Subseção VII — BACEN JUD — Bloqueio, Desbloqueio e Transferência de Valores
Subseção VIII — BACEN JUD — Cadastramento e Conta Única
Subseção IX — BACEN JUD — Descadastramento, Recadastramento e Alteração de Conta Única
Seção XIII — Execução Provisória — Digitalização de Processos com Recurso para o Tribunal Superior do Trabalho — Tramitação das Ações pelo Sistema do PJe-JT
Subseção I — Da Execução Provisória em Autos Físicos
Subseção II — Da Execução Provisória em Autos Físicos Convertidos em Eletrônicos
Subseção III — Da Execução Provisória em Autos Originariamente Eletrônicos
Seção XIV — Contribuições Sociais — Reclamação Trabalhista ajuizada contra Massa Falida
Seção XV — Intervenção nos Estados-Membros e Municípios
CAPÍTULO V — NORMAS PROCEDIMENTAIS ADMINISTRATIVAS
Seção I — Disponibilização dos Despachos e Decisões na Internet
Seção II — Informações Estatísticas (Sistema de Gerenciamento de Informações Administrativas e Judiciárias da Justiça do Trabalho — e-Gestão)

TÍTULO III — DISPOSIÇÕES FINAIS

Consolidação dos Provimentos da Corregedoria-Geral da Justiça do Trabalho (DJE/TST n. 1923/16, p. 2 a 19)

O Ministro Corregedor-Geral da Justiça do Trabalho, no uso das atribuições que lhe confere o art. 6º, inciso V, do Regimento Interno da Corregedoria-Geral da Justiça do Trabalho, Considerando que a Consolidação dos Provimentos da Corregedoria-Geral da Justiça do Trabalho destina-se ao disciplinamento de normas procedimentais aplicáveis no âmbito das Varas do Trabalho e dos Tribunais Regionais do Trabalho; Considerando ser imperativa a compatibilização da atual Consolidação com a dinâmica legislativa e a própria mudança de práticas procedimentais; Considerando a necessidade de inserção e sistematização de atos esparsos editados, bem como a atualização da Consolidação dos Provimentos da Corregedoria-Geral da Justiça do Trabalho;
RESOLVE:
Atualizar e sistematizar a Consolidação dos Provimentos da Corregedoria-Geral da Justiça do Trabalho, que passará a vigorar com a seguinte redação:

CONSOLIDAÇÃO DOS PROVIMENTOS DA CORREGEDORIA-GERAL DA JUSTIÇA DO TRABALHO

TÍTULO I
Disposição Inicial

Art. 1º A Consolidação dos Provimentos da Corregedoria-Geral da Justiça do Trabalho tem por finalidade o disciplinamento sistematizado de regras procedimentais a serem observadas no âmbito da Justiça do Trabalho de 1º e 2º graus de jurisdição.

TÍTULO II
Disposições Gerais

CAPÍTULO I
Magistrado

Seção I
Vitaliciamento

Art. 2º Os Tribunais Regionais do Trabalho regulamentarão o procedimento de vitaliciamento dos juízes do trabalho substitutos, devendo, para tanto, constituir Comissão de Vitaliciamento para os juízes substitutos vitaliciandos.
§ 1º A Comissão de Vitaliciamento será composta por, no mínimo, três desembargadores do trabalho, eleitos pelo Pleno ou Órgão Especial do respectivo Tribunal, um dos quais integrante da direção ou do Conselho da Escola Judicial.
§ 2º O mandato dos membros da Comissão de Vitaliciamento coincidirá com o mandato dos desembargadores integrantes da administração do Tribunal Regional do Trabalho.
Art. 3º O procedimento de vitaliciamento, sob a condução e responsabilidade do desembargador corregedor regional, será iniciado a partir do exercício na magistratura.
Parágrafo único. A corregedoria regional, para esse fim, formará autos de procedimento administrativo individualizado referente a cada juiz.
Art. 4º Constituem requisitos para o vitaliciamento:
I — a frequência e o aproveitamento no Curso de Formação Inicial, Módulo Nacional, ministrado pela Escola Nacional de Formação e Aperfeiçoamento de Magistrados do Trabalho — ENAMAT;
II — a frequência e o aproveitamento no Curso de Formação Inicial, Módulo Regional, ministrado por Escola Judicial;
III — a permanência, no mínimo, de sessenta dias à disposição da Escola Judicial, com aulas teórico-práticas intercaladas e integradas com prática jurisdicional;
IV — a submissão à carga semestral e anual de horas-aula de atividades de formação inicial nacionalmente definida pela ENAMAT, conjugadas com aulas teóricas e práticas, sob a supervisão da Escola Judicial.
Art. 5º Compete ao desembargador corregedor regional avaliar permanentemente o juiz vitaliciando com relação ao desempenho, à idoneidade moral e à adaptação para o exercício do cargo.
Parágrafo único. A avaliação de desempenho será realizada mediante a análise dos dados colhidos pela secretaria da corregedoria regional, cabendo ao desembargador corregedor regional determinar as providências necessárias junto aos diversos setores do tribunal para instrução do expediente.
Art. 6º O desembargador do trabalho corregedor regional e o diretor da Escola Judicial avaliarão o desempenho do juiz vitaliciando, com fundamento em critérios objetivos de caráter qualitativo e quantitativo do trabalho desenvolvido.
§ 1º O diretor da Escola Judicial avaliará:
I — o cumprimento dos requisitos constantes do art. 4º deste Ato Conjunto;
II — a frequência e/ou o aproveitamento nos demais cursos de que participou o magistrado para aperfeiçoamento profissional;
III — a estrutura lógico-jurídica dos pronunciamentos decisórios emitidos.
§ 2º O desembargador corregedor regional avaliará, como critério qualitativo:
I — a presteza e a segurança no exercício da função jurisdicional;
II — a solução de correições parciais e pedidos de providências contra o magistrado;
III — os elogios recebidos e as penalidades sofridas.
§ 3º Somente deverá ser deflagrada a abertura de procedimento administrativo para verificação de descumprimento do prazo de lei para a prolação de sentenças ou decisões interlocutórias pelos juízes de 1º grau quando excedido em 20 (vinte) dias o lapso temporal a que se referem os incs. II e III do art. 226 do Código de Processo Civil.
§ 4º O desembargador corregedor regional avaliará, como critério quantitativo, com base nos dados estatísticos referentes à produtividade:
I — o número de audiências presididas pelo juiz em cada mês, bem como o daquelas a que não compareceu sem causa justificada;
II — o prazo médio para julgamento de processos depois de encerrada a audiência de instrução;
III — o número de sentenças proferidas em cada mês;
IV — o número de decisões em liquidação de sentença que não sejam meramente homologatórias de cálculo e o número de decisões proferidas em embargos à execução, embargos à arrematação, embargos de terceiro e embargos à adjudicação;
V — o uso efetivo e constante dos Sistemas BACEN JUD, INFOJUD e RENAJUD e de outras ferramentas tecnológicas que vierem a ser disponibilizadas pelo tribunal.
§ 5º Os prazos para a prática de atos decisórios estarão suspensos nos períodos em que os magistrados estiverem em atividades presenciais de Formação Inicial, Continuada ou de Formadores a cargo da ENAMAT ou das Escolas Judiciais.
Art. 7º No momento em que o juiz do trabalho substituto completar um ano e seis meses de exercício da magistratura, incumbe ao desembargador corregedor regional e ao desembargador diretor da Escola Judicial do Tribunal Regional do Trabalho emitir pareceres, no prazo comum de sessenta dias, sobre o vitaliciamento, submetendo-os prontamente à apreciação do Pleno ou do Órgão Especial do tribunal.
Parágrafo único. Faculta-se ao desembargador corregedor regional e ao desembargador diretor da Escola Judicial a emissão conjunta do parecer a que se refere o *caput* deste parágrafo.
Art. 8º O tribunal, antes de o juiz do trabalho substituto completar dois anos de exercício, deliberará sobre o vitaliciamento.
Art. 9º A Comissão de Vitaliciamento poderá solicitar:

I — por iniciativa própria ou a requerimento de qualquer dos desembargadores do Tribunal Regional do Trabalho, informações sobre juiz vitaliciando à Ordem dos Advogados do Brasil, ao Ministério Público e a outros órgãos ou entidades correlatas;

II — à Escola Judicial a formação de quadro de juízes orientadores, composto por magistrados ativos que contem com tempo de judicatura na Região não inferior a cinco anos e que demonstrem aptidão para a formação e o acompanhamento dos juízes vitaliciandos.

§ 1º Está impedido de atuar como juiz orientador o magistrado que for cônjuge, companheiro, parente consanguíneo ou afim, em linha reta ou colateral, até o 3º grau, amigo íntimo ou inimigo do juiz vitaliciando.

§ 2º Ao juiz orientador, sem prejuízo de outras atribuições que lhe forem delegadas, compete:

I — acompanhar e orientar o juiz vitaliciando;

II — propor à Escola Judicial a realização de atividades formativas para aprimoramento do juiz em processo de vitaliciamento, se identificadas eventuais dificuldades no exercício da judicatura.

Art. 10. O juiz do trabalho substituto deverá encaminhar à Comissão de Vitaliciamento, trimestralmente, relatório circunstanciado em que descreva o método de trabalho funcional adotado e a unidade judiciária de sua atuação.

Art. 11. A secretaria da corregedoria regional prestará apoio administrativo à Comissão de Vitaliciamento, mantendo, para isso, assentamentos individuais em que serão reunidas as informações relativas aos juízes vitaliciandos.

Art. 12. O afastamento do juiz vitaliciando do efetivo exercício de suas atividades funcionais por mais de noventa dias implicará a prorrogação, por igual período, do processo de vitaliciamento.

Art. 13. Aos juízes em vitaliciamento será assegurada vista dos relatórios elaborados pela Comissão de Vitaliciamento e das demais informações constantes de seu processo de vitaliciedade, sendo-lhes garantido o prazo de dez dias para manifestação.

Art. 14. Caso o Tribunal Regional do Trabalho não promova a instauração do processo de vitaliciamento antes de encerrado o período de avaliação, o juiz vitaliciando será considerado vitalício, sem prejuízo da abertura e prosseguimento de eventual processo administrativo disciplinar, para apuração de fatos relevantes e graves que lhe hajam sido imputados, preservando-se o direito ao contraditório e à ampla defesa.

Art. 15. Devidamente instruído o processo de vitaliciamento, será ele incluído, para deliberação, na data da primeira sessão subsequente do Pleno ou do Órgão Especial do Tribunal Regional do Trabalho.

Art. 16. A declaração de vitaliciamento do magistrado pelo Pleno ou Órgão Especial do Tribunal Regional do Trabalho possui efeitos imediatos, concomitantes à implementação dos dois anos de exercício no cargo, afastada qualquer graduação entre os juízes que adquirirem essa prerrogativa.

Seção II
Local de Residência do Juiz

Art. 17. O juiz titular residirá na sede em que se encontra instalada a vara do trabalho, salvo autorização do Tribunal.

Art. 18. Os tribunais regionais do trabalho, em casos excepcionais, poderão conceder aos magistrados autorização para fixar residência fora da sede da vara do trabalho, desde que não haja prejuízo à efetiva prestação jurisdicional.

Parágrafo único. As autorizações serão concedidas caso a caso.

Art. 19. Os tribunais regionais do trabalho disciplinarão os critérios objetivos de autorização, em caráter excepcional, para que o juiz titular resida fora da sede da respectiva vara (Resolução n. 37/2007 do CNJ), contemplando os seguintes requisitos mínimos:

I — cumprimento dos prazos legais;

II — assiduidade do magistrado, compatível com o movimento processual da vara do trabalho, estando à disposição das partes e advogados ou realizando audiências por, pelo menos, três dias úteis na semana, determinando, ainda, sejam afixadas nas Secretarias dos órgãos judicantes as datas em que os magistrados prestarão atendimento nas varas, bem assim aquelas em que se encontrarão fora da sede do juízo, mas no exercício de suas respectivas funções.

Seção III
Impedimentos e Suspeições

Art. 20. Se o juiz de 1º grau não reconhecer o impedimento ou a suspeição alegada, será aplicado o procedimento previsto no art. 146 do Código de Processo Civil, exceto, quanto a este último, na parte relativa à condenação às custas ao magistrado.

Parágrafo único. Acolhido o impedimento ou a suspeição do juiz, será designado outro magistrado para dar prosseguimento ao processo, incluindo-o em pauta de julgamento, se for o caso, no prazo máximo de 10 (dez) dias.

Art. 21. Na hipótese de impedimento ou suspeição de desembargador do trabalho, contemporânea ao julgamento do processo, este será mantido em pauta com a convocação de outro desembargador para compor o quorum do julgamento.

Seção IV
Dever de Comunicação à OAB de Incompatibilidade ou Impedimento ao Exercício da Advocacia

Art. 22. O magistrado que tiver conhecimento de incompatibilidade ou impedimento para o exercício da advocacia, nos termos dos arts. 27 a 30 da Lei n. 8.906/1994, comunicará à Ordem dos Advogados do Brasil — OAB.

Parágrafo único. A comunicação será limitada à descrição dos fatos ensejadores da incompatibilidade ou do impedimento, sendo vedado ao magistrado externar sobre eles juízo de valor.

CAPÍTULO II
Corregedor Regional

Seção I
Deveres e Vedações

Art. 23. É dever do desembargador corregedor regional:

I — realizar correição ordinária anual presencial nas varas do trabalho e demais unidades judiciárias da região, sem prejuízo de correição extraordinária;

II — apurar e controlar a regularidade na utilização do Sistema BACEN JUD pelos juízes titulares de vara do trabalho e substitutos, em especial nas correições ordinárias, verificando se há casos em que, injustificadamente, o magistrado não emitiu ordem eletrônica de transferência de valores bloqueados ou de desbloqueio em tempo razoável, cumprindo-lhe adotar, se for o caso, as providências administrativas para orientação dos juízes e coibição de irregularidades detectadas;

III — promover a apuração de responsabilidade funcional de juízes de vara do trabalho da região, titulares e substitutos, em caso de infração disciplinar, observadas as disposições normativas a respeito;

IV — velar pela observância dos prazos para prolação de sentença.

Art. 24. É lícito aos presidentes, vice-presidentes e corregedores dos tribunais regionais do trabalho procederem à convocação de juízes de 1º grau em auxílio às atribuições inerentes à Presidência, à Vice-Presidência e à Corregedoria Regional (Resolução n. 72/2009 do CNJ).

Parágrafo único. É dado, também, ao presidente do tribunal convocar um juiz auxiliar para atuação exclusiva na gestão e supervisão dos procedimentos relacionados aos precatórios e requisições de pequeno valor (Resolução n. 72/2009 do CNJ).

Art. 25. É vedado ao desembargador corregedor regional:

I — convocar juiz titular de vara do trabalho ou juiz do trabalho substituto para auxiliar nas correições;

II — permitir que magistrado de 1º grau, estranho à vara do trabalho sob correição, acompanhe a atividade correicional ou manipule processos em trâmite na vara corrigenda;

III — delegar atribuições instrutórias a juiz auxiliar da Corregedoria, em procedimento, de qualquer natureza, instaurado contra magistrado de 1º grau.

Seção II
Correições Ordinárias nas Varas do Trabalho

Art. 26. Por ocasião da correição ordinária anual em cada vara do trabalho, são aspectos de exame e registro obrigatório em ata:

I — a averiguação da existência de pronunciamento explícito sobre a admissibilidade dos recursos ordinários e agravos de petição interpostos, não se reputando atendida a exigência em caso de despacho nos quais haja referência às locuções "Processe-se o recurso, na forma da lei" ou "Admito o recurso, na forma da lei";

II — a assiduidade na vara do trabalho do juiz titular ou substituto;

III — a quantidade de dias da semana em que se realizam audiências;

IV — os principais prazos da vara do trabalho (inicial, instrução e julgamento) e o número de processos aguardando sentença na fase de conhecimento e incidentais à fase de execução;

V — a análise de processos, por amostragem, na fase de execução, em especial para averiguar-se:

a) o exaurimento das iniciativas do juiz objetivando tornar exitosa a execução mediante a utilização do BACEN JUD, INFOJUD, RENAJUD, SIMBA — Sistema de Investigação de Movimentações Bancárias e a aplicação subsidiária dos arts. 772 a 777 do CPC;

b) o registro, no sistema informatizado, de todos os atos processuais relevantes praticados, mormente liquidação de sentença, quitação, oposição de embargos e data de

conclusão ao juiz para sentença em processos incidentais;

c) a fiscalização do uso regular dos sistemas BACEN JUD e INFOJUD;

d) se o juiz, imediatamente após a liquidação da sentença, em que se apure crédito de valor inequivocamente superior ao do depósito recursal, haja ordenado a pronta liberação deste em favor do credor, de ofício ou a seu requerimento;

e) se há inclusão em pauta de processos na fase de execução;

f) se há registro fidedigno, no sistema informatizado, dos atos processuais praticados;

g) se foi determinada pelo juiz a citação do sócio em caso de desconsideração da personalidade jurídica da empresa executada, por meio de decisão fundamentada, para que, no prazo de 48 (quarenta e oito) horas, indique bens da sociedade (art. 795 do CPC) ou, não os havendo, garanta a execução, sob pena de penhora, com o fim de habilitá-lo à via dos embargos à execução para imprimir, inclusive, discussão sobre a existência da sua responsabilidade executiva secundária.

CAPÍTULO III
Ministério Público do Trabalho

Art. 27. Os membros do Ministério Público do Trabalho serão cientificados pessoalmente das decisões proferidas pela Justiça do Trabalho nas causas em que o órgão haja atuado como parte ou como fiscal da lei.

Parágrafo único. As intimações serão pessoais, mediante o envio dos autos às respectivas sedes das procuradorias regionais do trabalho, ou da forma como for ajustado entre o Presidente do Tribunal e o Procurador-Chefe Regional.

Art. 28. Às Procuradorias Regionais do Trabalho serão enviados processos para parecer nas seguintes hipóteses:

I — obrigatoriamente, quando for parte pessoa jurídica de direito público, Estado estrangeiro ou organismo internacional;

II — facultativamente, e de forma seletiva, por iniciativa do relator, quando a matéria, por sua relevância, recomendar a prévia manifestação do Ministério Público;

III — por iniciativa do Ministério Público do Trabalho, quando este reputar presente interesse público que justifique a sua intervenção;

IV — por determinação legal, os mandados de segurança, de competência originária ou em grau recursal, as ações civis coletivas, os dissídios coletivos, caso não haja sido emitido parecer na instrução, e os processos em que forem parte indígena ou respectivas comunidades e organizações.

Parágrafo único. Os processos nos quais figure como parte pessoa jurídica de direito público, Estado estrangeiro ou organismo internacional serão encaminhados às Procuradorias Regionais do Trabalho imediatamente após os registros de autuação, salvo se houver necessidade de pronta manifestação do desembargador do trabalho relator.

Art. 29. É permitida a presença dos membros do Ministério Público do Trabalho em sessão convertida em conselho pelos Tribunais Regionais do Trabalho.

Art. 30. Será assegurado aos membros do Ministério Público do Trabalho assento à direita da presidência no julgamento de qualquer processo, judicial ou administrativo, em curso perante Tribunais Regionais do Trabalho.

PARÁGRAFO ÚNICO. Igual prerrogativa será assegurada nas audiências das varas do trabalho a que comparecer o membro do Ministério Público do Trabalho, na condição de parte ou na de fiscal da lei, desde que haja disponibilidade de espaço ou possibilidade de adaptação das unidades judiciárias (Resolução n. 7/2005 do CSJT).

CAPÍTULO IV
Normas Procedimentais do Processo

Seção I
Autuação

Art. 31. Constarão dos registros de autuação dos processos judiciais da Justiça do Trabalho de 1º e 2º graus os seguintes dados, exceto se a informação não estiver disponível nos autos ou nos sistemas informatizados do tribunal:

I — Cadastro geral do processo:
a) classe do processo;
b) número do processo, na forma instituída pelas disposições normativas vigentes;
c) data de autuação;
d) número do processo de referência, se houver;
e) assuntos;
f) valor da causa;
g) tribunal regional do trabalho de origem;
h) vara do trabalho de origem;
i) comarca de origem;
j) quantidade de volumes, se for o caso;
l) quantidade de apensos, se for o caso;
m) quantidade de volume de documentos, se for o caso;
n) data de ajuizamento da ação;
o) data de envio do processo;
p) segredo de justiça, menor, falência, idoso, portador de doença grave, deficiente físico, procedimento sumaríssimo, Resolução Administrativa n. 874/2002 do TST e acidente de trabalho.

II — Registro das partes:
a) nome completo e endereço;
b) RG (e órgão expedidor);
c) CNPJ ou CPF;
d) CEI (número da matrícula do empregador pessoa física perante o INSS);
e) NIT (número de inscrição do trabalhador perante o INSS);
f) PIS ou PASEP;
g) CTPS;
h) pessoa física ou pessoa jurídica;
i) empregado ou empregador;
j) ente público (União/estado-membro/Distrito Federal/município);
l) código do ramo de atividade do empregador;
m) situação das partes no processo (ativa/não ativa).

III — Registro de advogados e estagiários:
a) nome completo;
b) endereço;
c) número de registro na OAB, letra, unidade da federação;
d) situação no processo (ativo/não ativo, registro suspenso, data de início da suspensão, data do término da suspensão, registro cassado).

IV — Cadastro relativo às partes e advogados:
a) endereço;
b) complemento (sala, bloco, apartamento etc.);
c) bairro;
d) cidade;
e) unidade da federação;
f) CEP;
g) telefone;
h) fac-símile;
i) correio eletrônico.

Parágrafo único. Os códigos das atividades econômicas constam do Anexo I e os dados contidos nos incs. I, II, III e IV do *caput* deste artigo bem como o tamanho dos campos correspondentes constam do Anexo II, ambos desta Consolidação.

Art. 32. Os tribunais regionais do trabalho e as varas do trabalho manterão em suas bases de dados o histórico relativo aos registros das partes e advogados, sendo obrigatório o envio dessas informações ao órgão de destino do processo.

Parágrafo único. A transferência de dados entre os órgãos da Justiça do Trabalho ocorrerá em meio digital, obedecendo aos critérios definidos pela Corregedoria-Geral da Justiça do Trabalho.

Subseção I
Numeração Única

Art. 33. Os processos judiciais receberão numeração única, na forma das disposições normativas vigentes, vedando-se o registro e a publicidade de número diverso.

Subseção II
Tabelas Processuais Unificadas

Art. 34. O registro de classes, movimentos e assuntos observará as tabelas processuais unificadas aprovadas pelo CNJ e pela Corregedoria-Geral da Justiça do Trabalho.

Parágrafo único. As tabelas unificadas serão disponibilizadas aos tribunais regionais do trabalho e às varas do trabalho, pela Corregedoria-Geral da Justiça do Trabalho, na página do Tribunal Superior do Trabalho na Internet.

Art. 35. É vedada a utilização de classes processuais não aprovadas pelo CNJ.

Art. 36. Na ausência de classe processual específica na respectiva tabela unificada, o processo será classificado pelo gênero da ação, quando possível, caso em que cópia da petição inicial será imediatamente remetida ao Grupo Gestor Regional das Tabelas Processuais Unificadas, para exame da necessidade de se criar nova classe processual.

Parágrafo único. O Grupo Gestor Regional, na hipótese de emitir parecer favorável, encaminhará ao Grupo Gestor Nacional a proposta de criação da nova classe processual.

Art. 37. Os tribunais regionais do trabalho, por intermédio dos respectivos Grupos Gestores Regionais, poderão propor ao Grupo Gestor Nacional o aperfeiçoamento das Tabelas Processuais Unificadas.

§ 1º A proposta de aperfeiçoamento a ser enviada ao Grupo Gestor Nacional deverá ser acompanhada de parecer favorável do Grupo Gestor Regional, fundamentando a necessidade da inclusão, exclusão ou alteração de itens das tabelas.

§ 2º A proposta de alteração da tabela de classes processuais, aprovada pelo Grupo Gestor Nacional da Justiça do Trabalho, será encaminhada ao Comitê Gestor Nacional do CNJ.

Subseção III
Registro do Nome das Partes e Advogados

Art. 38. No registro do nome de partes e advogados, serão observados os seguintes padrões:

I — o cadastramento de partes no processo deverá ser realizado, prioritariamente, pelo nome ou razão social constante do cadastro de pessoas físicas ou jurídicas perante

LEGISLAÇÃO COMPLEMENTAR

a Secretaria da Receita Federal do Brasil, mediante alimentação automática, observados os convênios e condições tecnológicas disponíveis, vedado o uso dos tipos itálico e negrito;

II — as abreviaturas de palavras são vedadas, salvo se impossível identificar sua escrita completa ou fizerem parte do nome fantasia ou da razão social do empregador;

III — as seguintes siglas serão adotadas como padrão: S.A., Ltda., S/C, Cia. e ME;

IV — as siglas que não fazem parte da razão social serão grafadas após o nome da empresa, em letras maiúsculas e precedidas de hífen;

V — os registros complementares ao nome da parte serão grafados da seguinte forma, exemplificativamente: José da Silva (Espólio de), União (Extinto INAMPS), Banco do Estado do Rio de Janeiro S.A. — BANERJ (em Liquidação Extrajudicial), José da Silva e Outro;

VI — na grafia do nome de autoridades, não se utilizará pronome de tratamento.

Art. 39. O nome do sócio constará da autuação do processo sempre que incluído pelo juiz no polo passivo da execução.

Subseção IV
Identificação das Partes

Art. 40. O juiz zelará pela precisa identificação das partes no processo, a fim de propiciar o cumprimento das obrigações fiscais e previdenciárias, o levantamento dos depósitos de FGTS, o bloqueio eletrônico de numerário em instituições financeiras e o preenchimento da guia de depósito judicial trabalhista.

Art. 41. Salvo impossibilidade que comprometa o acesso à justiça, o juiz do trabalho determinará às partes a apresentação das seguintes informações:

a) no caso de pessoa física, o número da CTPS, RG e órgão expedidor, CPF e PIS/PASEP ou NIT (Número de Inscrição do Trabalhador);

b) no caso de pessoa jurídica, o número do CNPJ e do CEI (Cadastro Específico do INSS), bem como cópia do contrato social ou da última alteração feita no contrato original, constando o número do CPF do(s) proprietário(s) e do(s) sócio(s) da empresa demandada.

Parágrafo único. Não sendo possível obter das partes o número do PIS/PASEP ou do NIT, no caso de trabalhador, e o número da matrícula no Cadastro Específico do INSS — CEI, relativamente ao empregador pessoa física, o juiz determinará à parte que forneça o número da CTPS, a data de seu nascimento e o nome da genitora.

Art. 42. À parte será assegurado prazo para apresentar as informações, sem prejuízo da continuidade da audiência.

Subseção V
Tramitação Preferencial

Art. 43. Os tribunais regionais do trabalho e as varas do trabalho, nos processos com tramitação preferencial, registrarão, na capa dos autos, em letras destacadas, os seguintes dizeres, conforme o caso:

a) "TRAMITAÇÃO PREFERENCIAL — Lei n. 12.008/2009";

b) "TRAMITAÇÃO PREFERENCIAL — Recuperação Judicial ou Falência";

c) "TRAMITAÇÃO PREFERENCIAL — Rito Sumaríssimo";

d) "TRAMITAÇÃO PREFERENCIAL — Resolução Administrativa n. 874/2002 do TST";

e) "TRAMITAÇÃO PREFERENCIAL — Acidente de Trabalho" (Recomendação Conjunta n. 1/GP.CGJT, de 3 de maio de 2011).

Subseção VI
Segredo de Justiça

Art. 44. Os processos protegidos pelo segredo de justiça receberão na capa dos autos a seguinte identificação: "SEGREDO DE JUSTIÇA".

Parágrafo único. A informação de que o processo está protegido pelo segredo de justiça constará, também, dos sistemas informatizados de acompanhamento processual das varas do trabalho e do tribunal.

Seção II
Procedimentos em Autos Físicos

Subseção I
Juntada de Documento de Tamanho Irregular

Art. 45. Para que todas as folhas dos autos do processo apresentem a mesma dimensão, os documentos de tamanho irregular serão previamente afixados em folha de papel proporcional aos autos.

Subseção II
Numeração das Folhas

Art. 46. As folhas serão numeradas em sequência, vedando-se a prática de repetir o número da folha anterior acrescido de letra do alfabeto.

Subseção III
Folhas em Branco

Art. 47. As folhas em branco de autos do processo serão inutilizadas mediante o registro dos dizeres "EM BRANCO", provendo-se a identificação do serventuário que o tiver lançado.

Subseção IV
Abertura de Novos Volumes

Art. 48. Sempre que os autos do processo atingirem cerca de 200 (duzentas) folhas, será aberto novo volume.

PARÁGRAFO ÚNICO. Na abertura do novo volume, não haverá desmembramento de petição nem de atos processuais.

Art. 49. A capa do volume de autos do processo não será numerada, iniciando-se a numeração das folhas do volume recém-aberto a partir da última folha do volume imediatamente anterior.

Subseção V
Autenticação de Cópias de Peças

Art. 50. As fotocópias de acórdãos expedidas pelos serviços competentes dos tribunais regionais do trabalho conterão a indispensável autenticação.

§ 1º Autenticada a cópia, a fotocópia que se extrair dessa peça também deverá estar autenticada.

§ 2º As cópias reprográficas, xerográficas e similares de peças processuais poderão ser autenticadas por chancela mecânica, indicativa do órgão emitente, servidor responsável, cargo e data, sendo desnecessária a existência de rubrica nas referidas peças processuais.

Art. 51. O documento em cópia oferecido para prova poderá ser declarado autêntico pelo patrono da parte, sob sua responsabilidade pessoal, na forma do art. 830 da CLT.

Art. 52. Os tribunais regionais do trabalho disponibilizarão em local de destaque, nos respectivos sítios na rede mundial de computadores, acesso à consulta pública do PJe-JT, para verificar a autenticidade de documentos extraídos dos autos digitais, na forma expressa na Resolução n. 136/2014 do CSJT.

Subseção VI
Da Distribuição

Art. 53. Devem os tribunais regionais do trabalho desenvolver esforços no sentido de proceder à distribuição imediata dos processos no 1º e no 2º graus de jurisdição.

Parágrafo único. É vedada a suspensão e a limitação da distribuição dos feitos no âmbito dos tribunais regionais do trabalho.

Subseção VII
Carga dos Autos — Prazo Comum

Art. 54. Os autos dos processos que não tramitem em segredo de justiça poderão ser confiados em carga temporária de até 45 (quarenta e cinco) minutos a advogado, mesmo sem procuração, para exame e obtenção de cópias, mediante exibição de documento de identificação profissional e registro no livro de carga (art. 7º, inc. XIII, da Lei n. 8.906/94).

Parágrafo único. Idêntica providência poderá ser adotada em favor de advogado regularmente constituído nos autos, no caso de prazo comum.

Subseção VIII
Aposição de Assinatura e Rubrica

Art. 55. A assinatura e rubrica apostas nas decisões, termos, despachos, atos e documentos judiciais de autos físicos serão seguidas da repetição completa do nome do signatário e da indicação do respectivo cargo ou função.

Seção III
Notificação de Entes Públicos, Estado Estrangeiro ou Organismo Internacional

Art. 56. As secretarias das varas do trabalho velarão para que nas ações ajuizadas em desfavor de entes públicos (Decreto-Lei n. 779/69), inclusive Estado estrangeiro ou organismo internacional, observe-se lapso temporal para preparação da defesa de, no mínimo, 20 (vinte) dias entre o recebimento da notificação citatória e a realização da audiência.

Seção IV
Audiências — Normas Procedimentais no Dissídio Individual

Art. 57. Constarão da ata ou termo de audiência:

I — o motivo determinante do adiamento da audiência na vara do trabalho, inclusive daquele requerido de comum acordo pelas partes;

II — o registro da outorga, pela parte, em audiência, de poderes de representação ao advogado que a esteja acompanhando.

Parágrafo único. As secretarias dos tribunais regionais do trabalho e das varas do trabalho, quando solicitadas, fornecerão às partes certidão da outorga de procuração *apud acta*.

Seção V
Prova Pericial

Art. 58. Aplica-se à prova pericial o disposto no art. 464, § 1º, incs. I a III, do CPC (art. 769 da CLT).

Parágrafo único. Sempre que ordenada a realização de perícia, o diretor de secretaria registrará o respectivo objeto no sistema.

Art. 59. Em caso de concessão do benefício da justiça gratuita, os honorários periciais a cargo do reclamante sucumbente arbitrados pelo juiz poderão ser suportados por recursos do orçamento dos tribunais regionais do trabalho, nos limites e condições estabelecidos nas normas regulamentares vigentes.

Seção VI
Anotação na Carteira de Trabalho e Previdência Social

Art. 60. Na falta de registros obrigatórios na Carteira de Trabalho e Previdência Social do empregado ou nos casos de retificação de dados, o juiz determinará à secretaria da vara do trabalho, na sentença ou no termo de homologação de acordo, que proceda às anotações ausentes.

Art. 61. Na hipótese de anotação de verba com repercussão no cálculo da contribuição previdenciária, a vara do trabalho comunicará o fato à Secretaria da Receita Federal do Brasil, no prazo de 48 (quarenta e oito) horas, mediante o preenchimento do formulário constante do Anexo III desta Consolidação.

Parágrafo único. Em caso de anotação decorrente de sentença judicial, a comunicação será feita apenas após o trânsito em julgado da decisão.

Seção VII
Termos e Certidões

Art. 62. Constarão dos termos e certidões a data e a assinatura do servidor que os tenha firmado.

Art. 63. Constarão da certidão de julgamento em 2º grau de jurisdição:

I — número do processo;

II — nome das partes e dos advogados que sustentaram oralmente;

III — nome do desembargador do trabalho que presidiu a sessão;

IV — nome do relator e do revisor, se for o caso, e dos desembargadores do trabalho que participaram da sessão;

V — situação do juiz, desde que convocado, apontando-se o dispositivo da Lei Orgânica da Magistratura Nacional que autorizou a convocação;

VI — nome do representante do Ministério Público do Trabalho presente à sessão;

VII — conclusão do julgamento, com a indicação dos votos vencidos, se houver;

VIII — registro da suspensão do julgamento em decorrência de pedido de vista regimental e dos votos já proferidos em sessão;

IX — designação do redator do acórdão, se for o caso;

X — impedimentos e suspeições declarados pelos desembargadores do trabalho;

XI — data da realização da sessão.

Seção VIII
Normas Procedimentais no Dissídio Coletivo

Subseção I
Lavratura de Acórdão

Art. 64. No dissídio coletivo, constará do acórdão o inteiro teor das cláusulas deferidas, bem como os fundamentos do deferimento ou indeferimento.

Parágrafo único. Modificada a redação da cláusula pelo Tribunal, o novo texto constará do acórdão.

Art. 65. A certidão de julgamento será publicada de imediato, independentemente da redação da ata final dos trabalhos e da lavratura do acórdão.

Art. 66. Do acórdão constará o valor das custas processuais.

Subseção II
Cláusulas Conciliadas — Remissão à Norma Anterior

Art. 67. Na hipótese de acordo submetido à homologação do tribunal em que conste apenas remissão a normas anteriores, o relator ordenará às partes que explicitem o teor das cláusulas conciliadas.

Seção IX
Custas Processuais

Art. 68. Constará das decisões proferidas pela Justiça do Trabalho de 1º e 2º graus de jurisdição, nos dissídios individuais, o valor das custas processuais, a ser calculado, no caso de improcedência da reclamação, sobre o valor dado à causa, e, no caso de procedência sobre o valor arbitrado à condenação, a cargo do reclamante ou do reclamado, dependendo de quem tenha sucumbido na ação.

§ 1º A isenção quanto ao pagamento de custas não exime o magistrado de fixar na decisão o respectivo valor.

§ 2º Nos acordos, o rateio das custas processuais será proporcional entre as partes, se de outra forma não for convencionado.

Art. 69. Nos dissídios coletivos, as partes vencidas responderão solidariamente pelo pagamento das custas.

Art. 70. Nos dissídios coletivos de natureza econômica em que for instituída norma ou condição de trabalho em favor da categoria profissional, o pagamento integral das custas processuais caberá à empresa ou à entidade sindical patronal que integrou a relação processual.

Seção X
Depósito Judicial Trabalhista — Guias

Art. 71. As guias de depósito judicial para pagamentos, garantia de execução, encargos processuais e levantamento de valores, excetuados os depósitos recursais, seguirão o modelo único padrão estabelecido na Instrução Normativa 36 do Tribunal Superior do Trabalho, ou outra que venha a substituí-la.

§ 1º Os valores relativos à atualização dos créditos exequendos serão recolhidos por meio da guia de depósito judicial.

§ 2º As guias de depósito judicial baixadas da Internet serão impressas em papel tamanho A4 com orientação no modo paisagem.

Art. 72. As vias destinadas ao alvará deverão ser preenchidas após a autorização judicial para o levantamento do depósito realizado.

§ 1º O juiz deverá dar ciência ao devedor-executado ou ao seu sucessor da decisão ou despacho que autorizar a liberação total ou parcial do depósito judicial a favor da parte vencedora.

§ 2º A decisão ou despacho que autorizar o levantamento, total ou parcial, do depósito judicial, deverá também autorizar o recolhimento, pela fonte pagadora, dos valores apurados a título de imposto de renda, de responsabilidade da parte vencedora, a serem deduzidos do seu crédito, destinados ao recolhimento na forma da lei.

Seção XI
Recurso de Revista

Art. 73. As decisões de admissibilidade do recurso de revista contemplarão a identificação da especificidade ou da inespecificidade dos arestos paradigmas e/ou a vulneração de dispositivo de lei e/ou da Constituição da República, em atenção aos lindes do juízo de prelibação dos recursos, delineados no art. 896, § 1º, da CLT, tudo de tal modo que elas não se mostrem excessivamente concisas nem excessivamente elásticas.

Art. 74. Para efeito de intimação das decisões de admissibilidade dos recursos de revista, basta sua divulgação no órgão oficial.

Art. 75. Ao presidente do tribunal regional do trabalho caberá avaliar a conveniência e a oportunidade de implantação de juízo conciliatório em recurso de revista.

Seção XII
Execução

Subseção I
Normas Procedimentais na Fase de Execução

Art. 76. Cabe ao juiz na fase de execução:

I — ordenar a pronta liberação do depósito recursal, em favor do reclamante, de ofício ou a requerimento do interessado, após o trânsito em julgado da sentença condenatória, desde que o valor do crédito trabalhista seja inequivocamente superior ao do depósito recursal, prosseguindo a execução depois pela diferença;

II — promover a realização semanal de audiências de conciliação em processos na fase de execução, independentemente de requerimento das partes, selecionando-se aqueles com maior possibilidade de êxito na composição;

III — determinar a revisão periódica dos processos em execução que se encontrem em arquivo provisório, com a execução suspensa, a fim de renovar providências coercitivas, por meio da utilização dos Sistemas BACEN JUD, INFOJUD, RENAJUD e SIMBA, valendo-se, se for o caso, da aplicação subsidiária dos arts. 772 a 777 do CPC;

Art. 77. Exauridas em vão as referidas medidas coercitivas, ultimadas de ofício pelo magistrado, a remessa ao arquivo provisório de autos de processo em execução será precedida de lavratura de certidão do diretor de secretaria, da qual constará o insucesso dessas medidas complementares e a inexistência de depósito judicial ou recursal, que deverá ser publicada.

Subseção II
Desconsideração da Personalidade Jurídica

Art. 78. Ao aplicar a teoria da desconsideração da personalidade jurídica, por meio de decisão fundamentada, cumpre ao juiz que preside a execução trabalhista adotar as seguintes providências: *(Revogado pelo Ato CGJT n. 5, de 29.3.2016, DEJT 29.6)16)*

I — determinar a reautuação do processo, a fim de fazer constar dos registros informatizados e da capa dos autos o nome da pessoa física que responderá pelo débito trabalhista;

II — comunicar imediatamente ao setor responsável pela expedição de certidões na Justiça do Trabalho a inclusão do sócio no polo passivo da execução, para inscrição no cadastro das pessoas com reclamações ou execuções trabalhistas em curso;

III — determinar a citação do sócio para que, no prazo de 48 (quarenta e oito) horas, indique bens da sociedade (art. 795 do CPC) ou, não os havendo, garanta a execução,

LEGISLAÇÃO COMPLEMENTAR

sob pena de penhora, com o fim de habilitá-lo à via dos embargos à execução para imprimir, inclusive, discussão sobre a existência da sua responsabilidade executiva secundária. *(Incisos revogados pelo Ato CGJT n. 5, de 29.3.2016, DEJT 29.616)*

Art. 79. Comprovada a inexistência de responsabilidade patrimonial do sócio por dívida da sociedade, mediante decisão transitada em julgado, o juiz que preside a execução determinará ao setor competente, imediatamente, o cancelamento da inscrição no cadastro das pessoas com reclamações ou execuções trabalhistas em curso. *(Revogado pelo Ato CGJT n. 5, de 29.3.2016, DEJT 29.616)*

Subseção III
Normas Procedimentais Referentes à Execução contra Empresas em Recuperação Judicial

Art. 80. Deferida a recuperação judicial, caberá ao juiz do trabalho, que entender pela cessação da competência para prosseguimento da execução trabalhista, determinar a expedição de Certidão de Habilitação de Crédito para ser submetida à apreciação do administrador judicial.

Parágrafo único. Da Certidão de Habilitação de Crédito deverá constar:

I — nome do exequente, data da distribuição da reclamação trabalhista, da sentença condenatória e a de seu trânsito em julgado;

II — a especificação dos títulos e valores integrantes da sanção jurídica, das multas, dos encargos fiscais e sociais (imposto de renda e contribuição previdenciária), dos honorários advocatícios e periciais, se houver, e demais despesas processuais;

III — data da decisão homologatória dos cálculos e do seu trânsito em julgado;

IV — o nome do advogado que o exequente tiver constituído, seu endereço, para eventual intimação, e número de telefone a fim de facilitar possível contato direto pelo administrador judicial.

Art. 81. Expedida a Certidão de Habilitação de Crédito, os juízes do trabalho deverão se abster de encaminhar diretamente às secretarias dos juízes de direito ou dos juízes das varas especializadas em recuperações judiciais e falências ou mesmo ao administrador judicial os autos das execuções trabalhistas e/ou Certidões de Créditos Trabalhistas.

Art. 82. Os juízes do trabalho manterão em seus arquivos os autos das execuções trabalhistas que tenham sido suspensas em decorrência do deferimento da recuperação judicial, de modo que, com o seu encerramento ou com o encerramento da quebra em que ela tenha sido convolada (art. 156 e seguintes da Lei n. 11.101/2005), seja retomado o seu prosseguimento, para cobrança dos créditos que não tenham sido totalmente satisfeitos.

Art. 83. O juiz do trabalho contrário à cessação da competência para prosseguimento da execução trabalhista contra a empresa recuperanda, deverá proferir decisão fundamentada, da qual dará ciência aos juízes de direito das comarcas ou aos juízes das varas especializadas, que tenham deferido o pedido de recuperação judicial, para adoção de medida judicial pertinente.

Art. 84. As disposições desta Subseção não se aplicam no caso de o juiz do trabalho determinar o direcionamento da execução contra sócio ou sócios da empresa, na esteira da teoria da desconsideração da personalidade jurídica, ou determinar o seu direcionamento à empresa que integre grupo econômico do qual faça parte a empresa recuperanda.

Subseção IV
Arquivamento Provisório ou Definitivo do Processo de Execução

Art. 85. O arquivamento provisório do processo de execução, no âmbito da Justiça do Trabalho, por não ter sido localizado o devedor nem encontrados bens penhoráveis, corresponde à suspensão da execução de que tratam os arts. 40 da Lei n. 6.830/80 e 921, inc. III, do CPC.

Parágrafo único. É assegurado ao credor requerer, nos termos do § 3º do art. 40 da Lei n. 6.830/80, ou ao juiz o determinar de ofício, na conformidade do art. 878 da CLT, o desarquivamento do processo com vistas a dar seguimento à execução.

Art. 86. O arquivamento definitivo do processo de execução, no âmbito da Justiça do Trabalho, decorre da declaração, por sentença, da extinção da execução, pela verificação de uma das hipóteses contempladas nos incs. II, III e IV do art. 924 do CPC, por se achar exaurida a prestação jurisdicional.

Subseção V
Certidão de Crédito Trabalhista

Art. 87. Exauridos em vão os meios de coerção do devedor, deverá ser providenciada a atualização dos dados cadastrais das partes tanto quanto a situação do devedor no Banco Nacional de Devedores Trabalhistas, nos termos da Resolução Administrativa n. 1.470/2011 do TST, e, em seguida, expedida Certidão de Crédito Trabalhista.

Art. 88. A Certidão de Crédito Trabalhista observará o modelo constante do Anexo V e deverá conter:

I — o nome e o endereço das partes, incluídos eventuais corresponsáveis pelo débito, bem como o número do respectivo processo;

II — o número de inscrição do credor e do devedor no Cadastro de Pessoas Físicas (CPF) e no Cadastro Nacional de Pessoas Jurídicas (CNPJ) da Receita Federal do Brasil;

III — os títulos e os valores integrantes da sanção jurídica, imposta em sentença condenatória transitada em julgado, e os valores dos recolhimentos previdenciários, fiscais, dos honorários, advocatícios e/ou periciais, se houver, das custas e demais despesas processuais;

IV — cópia da decisão exequenda e da decisão homologatória da conta de liquidação, já transitada em julgado, para posterior incidência de juros e atualização monetária.

Art. 89. O credor será comunicado sobre a obrigatoriedade de comparecimento à secretaria da vara do trabalho para, no prazo de 30 (trinta) dias, retirar a Certidão de Crédito Trabalhista e os documentos de seu interesse.

Parágrafo único. A secretaria da vara do trabalho deverá criar arquivo, preferencialmente digital, para manutenção permanente das Certidões de Créditos Trabalhistas originais não entregues aos exequentes e das demais certidões expedidas.

Subseção VI
Conversão de Autos Físicos de Processos de Execução Arquivados Provisoriamente em Certidões de Créditos Trabalhistas

Art. 90. A localização do devedor ou de bens passíveis de penhora, por meio de requerimento do credor ou por iniciativa do juiz da execução, implicará, a qualquer tempo, o prosseguimento da execução (art. 40, § 3º, da Lei n. 6.830/80).

Art. 91. Para prevenir possível colapso organizacional das varas do trabalho, com a manutenção de processos físicos arquivados provisoriamente, o juiz do trabalho procederá a sua convolação em Certidões de Créditos Trabalhistas, preservada a numeração original, com base na qual se dará continuidade à execução.

Parágrafo único. Os autos físicos do processo de execução que não tenham sido arquivados provisoriamente, mas que estejam em via de o serem, expedida a certidão de que trata o art. 78 desta Consolidação, deverão também ser convertidos em Certidões de Créditos Trabalhistas.

Art. 92. Para fins de estatística, haverá, com a conversão de autos físicos arquivados provisoriamente em Certidões de Créditos Trabalhistas, um único processo em execução.

Art. 93. Os autos físicos de processos de execução que tenham sido arquivados provisoriamente ou que estejam prestes a sê-lo, quando reautuados em Certidões de Créditos Trabalhistas, terão movimentação regular, incumbindo ao juiz do trabalho os conduzir a partir das referidas certidões, permitido o encaminhamento dos autos físicos pretéritos a arquivo morto, inclusive para os fins da Lei n. 7.787/87.

Art. 94. Após a convolação dos autos físicos de processos arquivados provisoriamente em Certidões de Créditos Trabalhistas, as execuções passarão a tramitar com base naquelas certidões, mediante nova autuação, mantida a numeração do processo de execução original.

Parágrafo único. No prosseguimento das execuções, por meio das Certidões de Créditos Trabalhistas, caberá ao juiz do trabalho, de ofício ou a requerimento do exequente, se a tanto ainda for necessário, utilizar periodicamente os Sistemas BACENJUD, RENAJUD e INFOJUD, sem distinção dos créditos dos exequentes e de terceiros, tampouco das despesas processuais, valendo-se da aplicação subsidiária dos arts. 772 a 777 do CPC.

Subseção VII
BACEN JUD — Bloqueio, Desbloqueio e Transferência de Valores

Art. 95. Em execução definitiva por quantia certa, se o executado, regularmente citado, não efetuar o pagamento do débito nem garantir a execução, conforme dispõe o art. 880 da CLT, o juiz deverá, de ofício ou a requerimento da parte, emitir ordem judicial de bloqueio mediante o Sistema BACEN JUD, com precedência sobre outras modalidades de constrição judicial.

Art. 96. Relativamente ao Sistema BACEN JUD, cabe ao juiz do trabalho:

I — abster-se de emitir ordem judicial de bloqueio promovida em face de Estado estrangeiro ou organismo internacional;

II — não encaminhar às instituições financeiras, por intermédio de ofício-papel, solicitação de informações e ordens judiciais de bloqueio, desbloqueio e transferência de valores quando for possível a prática do ato por meio do Sistema BACEN JUD;

III — velar diariamente para que, em caso de bloqueio efetivado, haja pronta emissão de ordem de transferência dos valores para uma conta em banco oficial ou emissão de ordem de desbloqueio;

IV — proceder à correta identificação dos executados quando da expedição das or-

dens de bloqueio de numerário em contas bancárias mediante o Sistema BACEN JUD, informando o registro do número de inscrição no CPF ou CNPJ, a fim de evitar a indevida constrição de valores de titularidade de pessoas físicas ou jurídicas homônimas.

Art. 97. O acesso do juiz ao Sistema BACEN JUD ocorrerá por meio de senhas pessoais e intransferíveis, após o cadastramento realizado pelo gerente setorial de segurança da informação do respectivo tribunal, denominado Máster.

Parágrafo único. As operações de bloqueio, desbloqueio, transferência de valores e solicitação de informações são restritas às senhas dos juízes.

Art. 98. O presidente do tribunal regional do trabalho indicará dois Másteres, no mínimo, ao Banco Central do Brasil.

§ 1º Os Másteres do Sistema manterão atualizados os dados dos juízes cadastrados junto ao Banco Central do Brasil.

§ 2º O descredenciamento de Máster ou de qualquer usuário do Sistema BACEN JUD será imediatamente comunicado, pelo presidente do tribunal regional do trabalho, ao Banco Central do Brasil.

Art. 99. O juiz, ao receber as respostas das instituições financeiras, emitirá ordem judicial eletrônica de transferência do valor da condenação para conta judicial, em estabelecimento oficial de crédito, ou providenciará o desbloqueio do valor.

Parágrafo único. O termo inicial do prazo para oposição de embargos à execução é a data da intimação da parte, pelo juiz, de que se efetivou bloqueio de numerário em sua conta.

Art. 100. É obrigatória a observância pelos juízes das normas sobre o BACEN JUD estabelecidas no regulamento que integra o convênio firmado entre o Banco Central do Brasil e os tribunais do trabalho.

Subseção VIII
BACEN JUD — Cadastramento e Conta Única

Art. 101. As pessoas físicas e jurídicas poderão requerer, por si ou por seus representantes estatutários, ou mesmo por advogado devidamente constituído, mediante exibição de instrumento de procuração, o cadastramento de conta única apta a acolher bloqueios eletrônicos realizados por meio do sistema BACEN JUD.

Art. 102. O requerimento será dirigido ao Corregedor-Geral da Justiça do Trabalho, conforme formulário eletrônico disponibilizado pela Corregedoria-Geral da Justiça do Trabalho, na página do Tribunal Superior do Trabalho na Internet, do qual constará declaração expressa de ciência e concordância do requerente com as normas relativas ao cadastramento de contas previstas na presente Consolidação e na Resolução n. 61/2008 do CNJ.

§ 1º O requerimento de cadastramento de conta única será instruído com:

I — cópia do cartão do CNPJ ou do CPF;

II — comprovante da conta bancária indicada para acolher o bloqueio, expedido pela instituição financeira, contendo, obrigatoriamente:

a) titularidade (nome da empresa e número do CNPJ ou do CPF);

b) nome do banco;

c) código da agência (com quatro dígitos, sem o dígito verificador;

d) número da conta corrente (com o dígito verificador);

III — instrumento de procuração que habilite o subscritor do pedido a atuar, ainda que administrativamente, em nome da empresa requerente, ou cópia do contrato social do qual constem os dados do representante legal da empresa.

§ 2º As instituições integrantes do Sistema Financeiro Nacional que solicitarem cadastramento de conta única não estão obrigadas a fornecer o número da conta indicada para o bloqueio, podendo informar apenas o nome do Banco ou o número da agência que cumprirá a ordem.

Art. 103. Tratando-se de grupo econômico, empresa com filiais e situações análogas, faculta-se o cadastramento de uma conta única para mais de uma pessoa jurídica ou natural.

§ 1º Nessa hipótese, o titular da conta indicada apresentará:

I — cópias dos cartões do CNPJ ou do CPF;

II — declaração de plena concordância com a efetivação de bloqueio de valores decorrente de ordem judicial expedida contra as pessoas por ele relacionadas;

III — declaração dos representantes legais das pessoas jurídicas e das pessoas naturais de plena concordância com o direcionamento das ordens judiciais de bloqueio para a conta especificada;

IV — declaração de instituição financeira de que está ciente e apta a direcionar, para a conta especificada, as ordens judiciais de bloqueio expedidas contra as pessoas arroladas.

§ 2º No caso de grupo econômico, a empresa titular da conta deverá também apresentar:

I — requerimento explicitando se a conta única indicada, de sua própria titularidade, é extensiva às empresas relacionadas na declaração do banco;

II — documentação que comprove a existência do alegado grupo econômico em relação ao universo das empresas noticiadas na declaração apresentada

Art. 104. O deferimento do cadastramento de conta única no Sistema BACEN JUD valerá para todos os órgãos da Justiça Comum dos Estados e Distrito Federal, Justiça Federal, Justiça Militar da União e Justiça do Trabalho.

Art. 105. A pessoa física ou jurídica obriga-se a manter na conta indicada numerário suficiente para o cumprimento da ordem judicial.

Subseção IX
BACEN JUD — Descadastramento, Recadastramento e Alteração de Conta Única

Art. 106. Caberá Pedido de Providências de iniciativa do juiz que preside a execução ao constatar que a pessoa física ou jurídica não mantém numerário suficiente na conta única cadastrada no sistema BACEN JUD para o atendimento à ordem judicial de bloqueio.

§ 1º Em ofício dirigido ao Ministro Corregedor-Geral da Justiça do Trabalho, o juiz indicará os dados do executado que possui conta única cadastrada no Sistema BACEN JUD (nome e CNPJ ou CPF) e anexará cópia do Detalhamento da Ordem Judicial de Bloqueio de Valores que obteve resposta negativa da instituição financeira.

§ 2º Autuado o Pedido de Providências, será aberto o prazo de 15 (quinze) dias para apresentação de justificativa para a ausência de numerário.

Art. 107. Não cabe Pedido de Providências na hipótese de suposta recusa da instituição financeira em acatar a ordem judicial de transferência do numerário bloqueado.

Art. 108. Na ausência de numerário bastante para atender à ordem judicial de bloqueio, a ordem será direcionada às demais instituições financeiras e a conta única poderá ser descadastrada.

Parágrafo único. Ao responder à intimação para se manifestar no Pedido de Providências apresentado a Corregedoria-Geral da Justiça do Trabalho, nos termos do § 2º do art. 96 desta Consolidação, a parte interessada apresentará as justificativas que entender cabíveis.

Art. 109. Na hipótese de a solicitação de cadastramento ter sido efetivada por outro Tribunal, o Corregedor-Geral comunicará a desabilitação da conta única ao respectivo Tribunal.

Art. 110. O executado poderá requerer o recadastramento da conta ou indicar outra para o bloqueio após 6 (seis) meses da data de publicação da decisão de descredenciamento no Diário Eletrônico da Justiça do Trabalho.

Art. 111. A reincidência quanto à ausência de fundos para o atendimento das ordens judiciais de bloqueio implicará novo descadastramento, desta vez pelo prazo de 1 (um) ano.

§ 1º O executado, após o prazo referido no caput, poderá postular novo recadastramento.

§ 2º Em caso de nova reincidência, o descadastramento será definitivo.

Art. 112. A inatividade da instituição financeira mantenedora da conta única cadastrada implicará a desabilitação automática do cadastramento.

Art. 113. Os pedidos de recadastramento, bem como os de alteração da conta cadastrada, serão dirigidos ao Corregedor-Geral da Justiça do Trabalho, instruindo-se a petição com os mesmos documentos exigidos para o cadastramento originário da conta.

Parágrafo único. No caso de pedido de alteração de conta única cadastrada em outro local, o interessado deverá dirigir-se ao órgão onde foi efetuado o cadastro originário.

Art. 114. O cadastramento poderá ser cancelado mediante requerimento do titular da conta única à autoridade que o tenha deferido, a qual determinará seu cancelamento em até 30 dias contados a partir da data do respectivo protocolo.

Art. 115. Constitui ônus da pessoa física ou jurídica titular de conta única cadastrada no Sistema BACEN JUD zelar pela regularidade dos dados cadastrados, requerendo em tempo oportuno as alterações que se fizerem necessárias, de forma a manter a conta apta ao recebimento de ordens judiciais de bloqueios eletrônicos.

Seção XIII
Execução Provisória — Digitalização de Processos com Recurso para o Tribunal Superior do Trabalho Tramitação das Ações pelo Sistema do PJe-JT

Subseção I
Da Execução Provisória em Autos Físicos

Art. 116. A execução provisória, em meio físico, correrá nos autos principais e receberá numeração própria e independente, de acordo com a sua classe (ExProvAS), com registro do processo principal de referência.

Art. 117. A folha de rosto da classe ExProvAS será sobreposta à da classe dos autos principais, para fins de continuidade da tramitação processual.

Art. 118. Após o trânsito em julgado, a execução provisória será convertida em definitiva, com o lançamento do movimento processual correspondente, efetuando-se a baixa definitiva da classe ExProvAS no sistema. A folha de rosto da classe dos autos principais deverá ser restabelecida, para fins de tramitação da execução definitiva.

Subseção II
Da Execução Provisória Em Autos Físicos Convertidos Em Eletrônicos

Art. 119. Fica facultada, a requerimento da parte ou de ofício, a tramitação de execução provisória no Sistema PJe-JT, em classe própria (ExProvAS), mediante digitalização das peças necessárias à formação dos autos eletrônicos.

Art. 120. A tramitação de execução provisória em meio eletrônico no Sistema PJe-JT será precedida de intimação das partes e de seus advogados, para adoção das providências necessárias à aquisição de certificação digital e para prévio cadastramento no sistema.

§ 1º O termo de abertura para cadastramento da classe ExProvAS servirá de certidão.

§ 2º As partes poderão peticionar no Sistema PJe-JT, anexando as peças complementares que entenderem necessárias ao processamento da execução provisória em autos eletrônicos.

Art. 121. Efetivado o trânsito em julgado da decisão exequenda, com a conversão da execução provisória em definitiva, os autos da execução provisória (ExProvAS) deverão ser baixados, com o lançamento do movimento processual correspondente.

Parágrafo único. A Secretaria da Vara providenciará a formação dos autos eletrônicos para processamento da execução definitiva no Sistema PJe-JT, com a utilização do Cadastramento da Liquidação e Execução — CLE, na forma disciplinada pela Resolução n. 136/2014 do CSJT.

Subseção III
Da Execução Provisória em Autos Originariamente Eletrônicos

Art. 122. Até que seja desenvolvido fluxo específico no Sistema PJe-JT, a execução provisória tramitará em classe própria (ExProvAS), aplicando-se, no que couber, as disposições da Subseção II.

Art. 123. Transitada em julgado a decisão exequenda, a Secretaria da Vara anexará aos autos principais os arquivos eletrônicos das peças inéditas dos autos da classe ExProvAS para processamento da execução definitiva, sendo vedada a utilização do Cadastramento da Liquidação e Execução — CLE.

Seção XIV
Contribuições Sociais — Reclamação Trabalhista ajuizada Contra Massa Falida

Art. 124. Nas reclamações trabalhistas ajuizadas contra massa falida, apurados os valores devidos a título de contribuições sociais, será expedida certidão de habilitação de crédito previdenciário, que deverá conter:

I — indicação da vara do trabalho;
II — número do processo;
III — identificação das partes, com a informação dos números do CPF e CNPJ;
IV — valores devidos a título de contribuições sociais, discriminando-se os relativos à cota do empregado e do empregador;
V — data de atualização dos cálculos;
VI — indicação da vara em que tramita o processo alimentar;
VII — número do processo falimentar;
VIII — identificação e endereço do síndico ou administrador judicial.

Art. 125. À certidão de que trata o artigo anterior será anexada cópia dos seguintes documentos:

I — petição inicial;
II — acordo ou sentença e decisão proferida pelo tribunal regional do trabalho ou pelo Tribunal Superior do Trabalho;
III — certidão de trânsito em julgado ou do decurso do prazo para recurso;
IV — cálculos de liquidação da sentença homologados pelo juiz do trabalho;
V — decisão homologatória dos cálculos de liquidação da sentença;
VI — outros que o juiz do trabalho considerar necessários.

Parágrafo único. As cópias serão autenticadas elas secretarias das varas do trabalho, sem prejuízo do que autoriza o art. 830 da CLT.

Art. 126. A certidão de habilitação de crédito previdenciário e os documentos que a instruem serão enviados, por ofício, ao administrador judicial do processo de falência, dando-se ciência do ato ao representante judicial da União.

Seção XV
Intervenção nos Estados-Membros e Municípios

Art. 127. Os presidentes dos tribunais regionais do trabalho fundamentarão os pedidos de intervenção dirigidos ao Supremo Tribunal Federal e aos tribunais de justiça dos estados, justificando a necessidade da adoção da medida excepcional.

Parágrafo único. A intervenção deverá ser requerida pelo credor do estado-membro ou do município.

Art. 128. O pedido de intervenção em estado-membro será encaminhado ao Supremo Tribunal Federal por intermédio da Corregedoria-Geral da Justiça do Trabalho, enquanto o requerimento de intervenção em município será remetido diretamente ao tribunal de justiça local pelo presidente do tribunal regional do trabalho.

Art. 129. O pedido de intervenção em estado-membro ou em município será instruído com as seguintes peças:

I — petição do credor, dirigida ao presidente do tribunal regional do trabalho, requerendo o encaminhamento do pedido de intervenção ao Supremo Tribunal Federal ou ao tribunal de justiça local, conforme o caso;
II — impugnação do ente público, quando houver;
III — manifestação do órgão do Ministério Público que atua perante o tribunal regional do trabalho;
IV — decisão fundamentada do presidente do tribunal regional do trabalho admitindo o encaminhamento do pedido de intervenção;
V — ofício requisitório que possibilite a verificação da data de expedição do precatório e o ano de sua inclusão no orçamento.

CAPÍTULO V
Normas Procedimentais Administrativas

Seção I
Disponibilização dos Despachos e Decisões na Internet

Art. 130. Juntamente com o andamento do processo, os tribunais regionais do trabalho disponibilizarão, na Internet, o inteiro teor dos despachos, decisões e sentenças proferidas nos autos e as datas em que foram divulgados na imprensa oficial.

Parágrafo único. Os tribunais regionais do trabalho observarão, no mais, as disposições contidas nas Resoluções ns. 121/2010 e 143/2011 do CNJ.

Seção II
Informações Estatísticas Sistema de Gerenciamento de Informações Administrativas e Judiciárias da Justiça do Trabalho — e-Gestão

Art. 131. O Sistema de Gerenciamento de Informações Administrativas e Judiciárias da Justiça do Trabalho — e-Gestão é ferramenta eletrônica de apoio destinada a disponibilizar aos usuários acesso às informações relativas à estrutura administrativa e ao exercício da atividade judiciária dos órgãos do Judiciário do Trabalho de 1º e 2º graus.

Art. 132. O controle estatístico-processual do movimento judiciário e da atuação jurisdicional dos 1º e 2º graus da Justiça do Trabalho, por seus órgãos e juízes, de interesse da Corregedoria-Geral da Justiça do Trabalho, será realizado mediante as informações disponibilizadas no Sistema e-Gestão.

Art. 133. O Sistema e-Gestão é regido pelos princípios da obrigatoriedade e da presunção da veracidade das informações disponibilizadas.

Parágrafo único. É de responsabilidade dos presidentes dos tribunais regionais do trabalho a fidedignidade das informações estatísticas disponibilizadas no Sistema e-Gestão.

Art. 134. O Sistema e-Gestão será administrado pela Corregedoria-Geral da Justiça do Trabalho, assessorada pelo Comitê Gestor Nacional.

§ 1º As atribuições e composição do Comitê Gestor Nacional serão instituídas por ato da Corregedoria-Geral da Justiça do Trabalho.

§ 2º As comunicações com o Comitê Gestor Nacional deverão ser feitas por meio do software Jira, mantido pelo Tribunal Superior do Trabalho. *(Redação dada pelo Ato CGJT n. 8, de 24.6.2016, DEJT 24.6.2016)*

Art. 135. Os presidentes dos tribunais regionais do trabalho deverão instituir comitês gestores regionais para receberem as orientações do Comitê Gestor Nacional quanto às regras para a coleta e disponibilização das informações, as quais serão repassadas aos respectivos tribunais regionais do trabalho e varas do trabalho da região.

§ 1º O comitê gestor regional do sistema e-Gestão será coordenado preferencialmente por desembargador e deverá ter composição multidisciplinar, contando com pelo menos um juiz de 1º grau e por servidores afeitos às áreas de tecnologia da informação, de estatística, de pessoal e de negócio judicial de 1º e 2º graus.

§ 2º O Comitê Regional reunir-se-á mensalmente para, entre outras ações, corrigir eventuais inconsistências nos dados remetidos ao TST, retratadas nos relatórios da

pasta denominada "Relatórios de Detalhamento de Erros" do Sistema e-Gestão, e encaminhará ao Comitê Gestor Nacional do Sistema e-Gestão a respectiva ata.

Art. 136. As informações disponibilizadas no Sistema e-Gestão pelos tribunais regionais do trabalho e as varas do trabalho deverão observar os modelos previamente aprovados pelo Ministro Corregedor-Geral da Justiça do Trabalho.

§ 1º As informações contidas nos manuais de orientação de 1º e 2º graus do Sistema e-Gestão deverão ser disponibilizadas, semanalmente, às sextas-feiras, e, mensalmente, até o dia 15 (quinze) do mês seguinte ao da realização das atividades.

§ 2º Os erros materiais porventura existentes nas informações disponibilizadas mensalmente no Sistema e-Gestão poderão ser corrigidos até 1º de março do ano subsequente ao ano de referência das informações.

Art. 137. O Manual do Usuário com o detalhamento das funcionalidades do Sistema e-Gestão e os Manuais de Orientações dos 1º e 2º graus serão disponibilizados na página de acesso ao sistema.

Art. 138. São usuários do Sistema e-Gestão os magistrados e servidores da Justiça do Trabalho.

§ 1º O acesso ao sistema será feito pela Internet para usuários credenciados.

§ 2º A autorização será concedida mediante solicitação de credenciamento à Corregedoria-Geral ou ao Coordenador do Comitê Gestor Regional, conforme o caso.

Art. 139. A Coordenadoria de Estatística e Pesquisa do Tribunal Superior do Trabalho terá a atribuição de elaborar e disponibilizar os relatórios estatísticos oficiais, para fins de inspeção e correição permanentes, conforme modelos previamente estabelecidos pelo Ministro Corregedor-Geral da Justiça do Trabalho.

Parágrafo único. O Comitê Gestor Nacional definirá os relatórios a serem disponibilizados para consulta aos usuários do sistema.

Art. 140. Os presidentes dos tribunais regionais do trabalho, para os efeitos do art. 37 da Lei Complementar n. 35/79 — Loman — publicarão, mensalmente, até o dia 20 (vinte) do mês subsequente ao da apuração, os dados estatísticos sobre os trabalhos do tribunal no mês anterior, de acordo com modelo previamente aprovado pelo Ministro Corregedor-Geral da Justiça do Trabalho.

Art. 141. Os tribunais regionais do trabalho divulgarão, em local de destaque de seus respectivos sites na internet, os relatórios de produção mensal dos órgãos judiciais e magistrados de 1º e de 2º graus.

§ 1º Os relatórios, em formato pdf, serão extraídos do sistema e-Gestão e disponibilizados mediante links a partir de banner próprio de cada tribunal regional, intitulado "Produção dos Magistrados".

§ 2º Os relatórios de que trata o parágrafo anterior serão os disponíveis nas subpastas "Transparência" e "Produção" do sistema e-Gestão, sendo:

I — Para o 1º grau:
a) Varas do trabalho — conhecimento;
b) Varas do trabalho — execução;
c) Juízes — conhecimento;
d) Juízes — execução.
II — Para o 2º grau:
a) Tribunal;
b) Magistrados.

§ 3º Os relatórios deverão estar disponíveis, mensalmente, no decorrer do mês subsequente àquele em referência, devendo ser mantidos os anteriores, organizados por ano e mês.

TÍTULO III
Disposições Finais

Art. 142. Esta Consolidação dos Provimentos entrará em vigor no dia 16 de março de 2016.

Art. 143. Ficam revogadas as disposições em contrário, inclusive a Recomendação n. 1/2013 da Corregedoria-Geral da Justiça do Trabalho.

Brasília, 23 de fevereiro de 2016.

Ministro João Batista Brito Pereira
Corregedor-Geral da Justiça do Trabalho

Lei n. 9.424, de 24 de dezembro de 1996

Dispõe sobre o fundo de manutenção e desenvolvimento do ensino fundamental e de valorização do magistério, na forma prevista no art. 60, § 7º, do Ato das Disposições Constitucionais Transitórias, e dá outras providências

Art. 15. O Salário-Educação, previsto no art. 212, § 5º, da Constituição Federal e devido pelas empresas, na forma em que vier a ser disposto em regulamento, é calculado com base na alíquota de 2,5% (dois e meio por cento) sobre o total de remunerações pagas ou creditadas, a qualquer título, aos segurados empregados, assim definidos no art. 12, inciso I, da Lei n. 8.212, de 24 de julho de 1991.

§ 1º O montante da arrecadação do Salário-Educação, após a dedução de 1% (um por cento) em favor do Instituto Nacional do Seguro Social — INSS, calculado sobre o valor por ele arrecadado, será distribuído pelo Fundo Nacional de Desenvolvimento da Educação — FNDE, observada, em 90% (noventa por cento) de seu valor, a arrecadação realizada em cada Estado e no Distrito Federal, em quotas, da seguinte forma: (...) (Redação dada pela Lei n. 10.832, de 29.12.03, DOU 30.12.03)

I — Quota Federal, correspondente a um terço do montante de recursos, que será destinada ao FNDE e aplicada no financiamento de programas e projetos voltados para a universalização do ensino fundamental, de forma a propiciar a redução dos desníveis socioeducacionais existentes entre Municípios, Estados, Distrito Federal e regiões brasileiras;

II — Quota Estadual e Municipal, correspondente a 2/3 (dois terços) do montante de recursos, que será creditada mensal e automaticamente em favor das Secretarias de Educação dos Estados, do Distrito Federal e dos Municípios para financiamento de programas, projetos e ações do ensino fundamental. (...) (NR) (Redação dada pela Lei n. 10.832, de 29.12.03, DOU 30.12.03)

§ 2º (Vetado).

§ 3º Os alunos regularmente atendidos, na data da edição desta Lei, como beneficiários da aplicação realizada pelas empresas contribuintes, no ensino fundamental dos seus empregados e dependentes, à conta de deduções da contribuição social do Salário-Educação, na forma da legislação em vigor, terão, a partir de 1º de janeiro de 1997, o benefício assegurado, respeitadas as condições em que foi concedido, e vedados novos ingressos nos termos do art. 212, § 5º, da Constituição Federal.

Brasília, 24 de dezembro de 1996; 175º da Independência e 108º da República.

Fernando Henrique Cardoso
Paulo Renato Souza
DOU 26.12.1996

Decreto n. 6.003, de 28 de dezembro de 2006

Regulamenta a arrecadação, a fiscalização e a cobrança da contribuição social do salário-educação, a que se referem o art. 212, § 5º, da Constituição, e as Leis ns. 9.424, de 24 de dezembro de 1996, e 9.766, de 18 de dezembro de 1998, e dá outras providências

O PRESIDENTE DA REPÚBLICA, no uso da atribuição que lhe confere o art. 84, inciso IV, da Constituição, e tendo em vista o disposto no art. 9º da Lei n. 9.766, de 18 de dezembro de 1998,

DECRETA:

Disposições Gerais

Art. 1º A contribuição social do salário-educação obedecerá aos mesmos prazos, condições, sanções e privilégios relativos às contribuições sociais e demais importâncias devidas à Seguridade Social, aplicando-se-lhe, no que for cabível, as disposições legais e demais atos normativos atinentes às contribuições previdenciárias, ressalvada a competência do Fundo Nacional de Desenvolvimento da Educação — FNDE, sobre a matéria.

§ 1º A contribuição a que se refere este artigo será calculada com base na alíquota de dois inteiros e cinco décimos por cento, incidente sobre o total da remuneração paga ou creditada, a qualquer título, aos segurados empregados, ressalvadas as exceções legais, e será arrecadada, fiscalizada e cobrada pela Secretaria da Receita Previdenciária.

§ 2º Entende-se por empregado, para fins do disposto neste Decreto, as pessoas físicas a que se refere o art. 12, inciso I, da Lei n. 8.212, de 24 de julho de 1991.

§ 3º Para os fins previstos no art. 3º da Lei n. 11.098, de 13 de janeiro de 2005, o FNDE é tratado como terceiro, equiparando-se às demais entidades e fundos para os quais a Secretaria da Receita Previdenciária realiza atividades de arrecadação, fiscalização e cobrança de contribuições.

Art. 2º São contribuintes do salário-educação as empresas em geral e as entidades públicas e privadas vinculadas ao Regime Geral da Previdência Social, entendendo-se como tais, para fins desta incidência, qualquer firma individual ou sociedade que assuma o risco de atividade econômica, urbana ou rural, com fins lucrativos ou não, bem assim a sociedade de economia mista, a empresa pública e demais sociedades instituídas e mantidas pelo Poder Público, nos termos do art. 173, § 2º, da Constituição.

Parágrafo único. São isentos do recolhimento da contribuição social do salário-educação:

I — a União, os Estados, o Distrito Federal, os Municípios e suas respectivas autarquias e fundações;

LEGISLAÇÃO COMPLEMENTAR

II — as instituições públicas de ensino de qualquer grau;

III — as escolas comunitárias, confessionais ou filantrópicas, devidamente registradas e reconhecidas pelo competente órgão de educação, e que atendam ao disposto no inciso II do art. 55 da Lei n. 8.212, de 1991;

IV — as organizações de fins culturais que, para este fim, vierem a ser definidas em regulamento;

V — as organizações hospitalares e de assistência social, desde que atendam, cumulativamente, aos requisitos estabelecidos nos incisos I a V do art. 55 da Lei n. 8.212, de 1991;

Art. 3º Cabe à Procuradoria-Geral Federal a representação judicial e extrajudicial do FNDE, inclusive a inscrição dos respectivos créditos em dívida ativa.

Art. 4º Integram a receita da contribuição social do salário-educação os acréscimos legais a que estão sujeitos os contribuintes em atraso.

Art. 5º A contribuição social do salário-educação não tem caráter remuneratório na relação de emprego e não se vincula, para nenhum efeito, ao salário ou à remuneração percebida pelos empregados das empresas contribuintes.

Art. 6º Do montante arrecadado na forma do art. 1º deste Decreto será deduzida a remuneração da Secretaria da Receita Previdenciária, correspondente a um por cento, conforme previsto no art. 15, § 1º, da Lei n. 9.424, de 24 de dezembro de 1996.

Art. 7º A Secretaria da Receita Previdenciária enviará ao FNDE as informações necessárias ao acompanhamento da arrecadação, fiscalização e repasse da contribuição social do salário-educação, inclusive quanto à sua participação nos parcelamentos e nos créditos inscritos em dívida ativa.

§ 1º Para fins do disposto no *caput* deste artigo, deverão ser encaminhados ao FNDE, em meio magnético ou eletrônico, os arquivos contendo as informações da Guia de Recolhimento do FGTS e Informações à Previdência Social — GFIP e Guia da Previdência Social — GPS, bem assim outras informações necessárias ao efetivo controle da arrecadação.

§ 2º Além das informações previstas no § 1º, deverão ser encaminhados mensalmente ao FNDE dados consolidados da arrecadação do salário-educação, discriminados por natureza de receita e por unidade da federação.

§ 3º A Secretaria da Receita Previdenciária prestará contas, anualmente, ao Conselho Deliberativo do FNDE, dos resultados da arrecadação da contribuição social do salário-educação, nos termos do art. 58 da Lei Complementar n. 101, de 4 de maio de 2000.

Art. 8º A Secretaria da Receita Previdenciária disponibilizará ao FNDE, na Conta Única do Tesouro Nacional, o valor total arrecadado a título de salário-educação, na forma do art. 1º, deduzindo a remuneração a que se refere o art. 6º.

§ 1º A apuração de todos os valores arrecadados a título de salário-educação, inclusive os provenientes de créditos constituídos, incluídos ou não em parcelamentos, será feita a partir do primeiro dia útil do mês subsequente ao da arrecadação, devendo o montante apurado ser disponibilizado ao FNDE até o dia 10 do mesmo mês.

§ 2º O valor devido a título de salário-educação, arrecadado em decorrência do Programa de Recuperação Fiscal REFIS, deverá ser disponibilizado ao FNDE até o dia 20 do mês subsequente ao da arrecadação.

Art. 9º O montante recebido na forma do art. 8º será distribuído pelo FNDE, observada, em noventa por cento de seu valor, a arrecadação realizada em cada Estado e no Distrito Federal, em quotas, da seguinte forma:

I — quota federal, correspondente a um terço do montante dos recursos, será destinada ao FNDE e aplicada no financiamento de programas e projetos voltados para a universalização da educação básica, de forma a propiciar a redução dos desníveis socioeducacionais existentes entre Municípios, Estados, Distrito Federal e regiões brasileiras;

II — quota estadual e municipal, correspondente a dois terços do montante dos recursos, será creditada mensal e automaticamente em favor das Secretarias de Educação dos Estados, do Distrito Federal e em favor dos Municípios para financiamento de programas, projetos e ações voltadas para a educação básica.

§ 1º A quota estadual e municipal da contribuição social do salário-educação será integralmente redistribuída entre o Estado e seus Municípios de forma proporcional ao número de alunos matriculados na educação básica das respectivas redes de ensino no exercício anterior ao da distribuição, conforme apurado pelo censo educacional realizado pelo Ministério da Educação.

§ 2º O repasse da quota a que se refere o inciso II, decorrente da arrecadação recebida pelo FNDE até o dia 10 de cada mês, será efetuado até o vigésimo dia do mês do recebimento.

§ 3º O repasse da quota a que se refere o inciso II, decorrente da arrecadação recebida no FNDE após o dia 10 de cada mês, será efetuado até o vigésimo dia do mês subsequente ao do recebimento.

§ 4º Os dez por cento restantes do montante da arrecadação do salário-educação serão aplicados pelo FNDE em programas, projetos e ações voltadas para a universalização da educação básica, nos termos do § 5º do art. 212 da Constituição.

Art. 10. As ações fiscais e demais procedimentos tendentes à verificação da regularidade fiscal relativa ao salário-educação, inclusive para fins de expedição da certidão negativa de débito a que se refere o art. 257 do Decreto n. 3.048, de 6 de maio de 1999, serão realizados pela Secretaria da Receita Previdenciária, à qual competirá a expedição do documento.

§ 1º Sem prejuízo da competência prevista no art. 1º, § 1º, o FNDE poderá monitorar e fiscalizar o cumprimento das obrigações relativas ao salário-educação e, constatada a inobservância de qualquer dispositivo, representará a Secretaria da Receita Previdenciária para as devidas providências.

§ 2º A partir da vigência deste Decreto, os contribuintes com mais de um estabelecimento e que estavam, até então, obrigados ao recolhimento direto do salário-educação por força do Decreto n. 4.943, de 30 de dezembro de 2003, deverão eleger como estabelecimento centralizador o mesmo que já houver sido informado para esse fim à Secretaria da Receita Previdenciária e manter nele toda a documentação de interesse da fiscalização, inclusive a relativa ao Sistema de Manutenção do Ensino Fundamental — SME.

§ 3º Os Auditores Fiscais da Secretaria da Receita Previdenciária e os técnicos do FNDE têm livre acesso à documentação necessária à consecução dos objetivos previstos neste artigo, não se aplicando para estes fins as disposições legais excludentes ou limitativas do direito de examinar livros, arquivos, documentos, papéis e efeitos comerciais ou fiscais dos comerciantes, empresários, industriais ou produtores, ou da obrigação destes de exibi-los.

Disposições Transitórias

Art. 11. O recolhimento da contribuição social do salário-educação será feito da seguinte forma:

I — os créditos relativos a competências de 01/2007 em diante, exclusivamente à Secretaria da Receita Previdenciária, por meio da GPS, juntamente com as contribuições previdenciárias e demais contribuições devidas a terceiros;

II — os créditos relativos a competências anteriores a 01/2007, não recolhidos no prazo regulamentar e pendentes de constituição, exclusivamente à Secretaria da Receita Previdenciária, por GPS com código de pagamento específico para o salário-educação;

III — os créditos relativos a competências anteriores a 01/2007, já constituídos pelo FNDE, exclusivamente por meio do Comprovante de Arrecadação Direta CAD, até que se complete o processo de migração para a Secretaria da Receita Previdenciária, das bases necessárias à apropriação dos respectivos recebimentos, na forma que vier a ser estabelecida no ato de que trata o art. 12.

§ 1º Fica mantida a competência do FNDE sobre os créditos por ele constituídos, incluídos ou não em parcelamentos, relativos a competências anteriores a 01/2007, até que ocorra a migração para a Secretaria da Receita Previdenciária das bases de que trata o inciso III.

§ 2º Depois de concluída a migração a que se refere o inciso III, os créditos já constituídos pelo FNDE, incluídos ou não em parcelamentos, relativos a competências anteriores a 01/2007, serão recolhidos exclusivamente à Secretaria da Receita Previdenciária, por GPS, com código de pagamento específico para o salário-educação.

§ 3º Para o cumprimento do disposto no inciso I, o contribuinte informará na GFIP código de terceiros ímpar, cuja composição inclui o salário-educação, e para cumprimento do disposto nos incisos II e III e no § 2º não fará qualquer alteração nas GFIP já entregues, relativas àquelas competências, uma vez que as informações nelas contidas serviram de base para o repasse a terceiros da contribuição correspondente.

§ 4º Nos lançamentos de créditos de salário-educação relativos a competências anteriores a 01/2007 observar-se-á o disposto no art. 144 do Código Tributário Nacional, inclusive quanto ao preenchimento da GFIP, que deverá consignar código de terceiros par, que exclui o salário-educação de sua composição.

§ 5º O código de pagamento específico para o salário-educação a que se referem o inciso II e o § 2º será divulgado, com a devida antecedência, pelo FNDE, aos contribuintes sujeitos ao recolhimento direto daquela contribuição.

Art. 12. Os processos administrativo-fiscais decorrentes dos créditos a que se refere o inciso III do art. 11 serão transferidos para a Secretaria da Receita Previdenciária, na forma e prazo que vierem a ser definidos em ato conjunto a ser baixado pelo FNDE e por aquela Secretaria.

Disposições Finais

Art. 13. A Secretaria da Receita Previdenciária e a Procuradoria-Geral Federal

ficam autorizadas, observada a área de competência, a baixar ato normativo para operacionalização das ações decorrentes deste Decreto.

Art. 14. Este Decreto entra em vigor na data de sua publicação.

Art. 15. Ficam revogados os Decretos ns. 3.142, de 16 de agosto de 1999, e 4.943, de 30 de dezembro de 2003.

Brasília, 28 de dezembro de 2006; 185º da Independência e 118º da República.

<div align="right">
LUIZ INÁCIO LULA DA SILVA

FERNANDO HADDAD

NELSON MACHADO

DOU 29.12.2006
</div>

Lei n. 9.469, de 10 de julho de 1997

Regulamenta o disposto no inciso VI do art. 4º da Lei Complementar n. 73, de 10 de fevereiro de 1993; dispõe sobre a intervenção da União nas causas em que figurarem, como autores ou réus, entes da administração indireta; regula os pagamentos devidos pela fazenda pública em virtude de sentença judiciária; revoga a Lei n. 8.197, de 27 de junho de 1991, e a Lei n. 9.081, de 19 de julho de 1995, e dá outras providências

Faço saber que o PRESIDENTE DA REPÚBLICA adotou a Medida Provisória n. 1.561-6, de 12 de junho de 1997, que o Congresso Nacional aprovou, e eu, Antonio Carlos Magalhães, Presidente, para os efeitos do disposto no parágrafo único do art. 62 da Constituição Federal, promulgo a seguinte Lei:

Art. 1º O Advogado-Geral da União, diretamente ou mediante delegação, e os dirigentes máximos das empresas públicas federais, em conjunto com o dirigente estatutário da área afeta ao assunto, poderão autorizar a realização de acordos ou transações para prevenir ou terminar litígios, inclusive os judiciais.

§ 1º Poderão ser criadas câmaras especializadas, compostas por servidores públicos ou empregados públicos efetivos, com o objetivo de analisar e formular propostas de acordos ou transações.

§ 2º Não se aplica o disposto neste artigo às causas relativas ao patrimônio imobiliário da União. *(Revogado pela Lei n. 12.348, de 15.12.2010, DOU 16.12.2010)*

§ 3º Regulamento disporá sobre a forma de composição das câmaras de que trata o § 1º, que deverão ter como integrante pelo menos um membro efetivo da Advocacia-Geral da União ou, no caso das empresas públicas, um assistente jurídico ou ocupante de função equivalente.

§ 4º Quando o litígio envolver valores superiores aos fixados em regulamento, o acordo ou a transação, sob pena de nulidade, dependerá de prévia e expressa autorização do Advogado-Geral da União e do Ministro de Estado a cuja área de competência estiver afeto o assunto, ou ainda do Presidente da Câmara dos Deputados, do Senado Federal, do Tribunal de Contas da União, de Tribunal ou Conselho, ou do Procurador-Geral da República, no caso de interesse dos órgãos dos Poderes Legislativo e Judiciário ou do Ministério Público da União, excluídas as empresas públicas federais não dependentes, que necessitarão apenas de prévia e expressa autorização dos dirigentes de que trata o *caput*.

§ 5º Na transação ou acordo celebrado diretamente pela parte ou por intermédio de procurador para extinguir ou encerrar processo judicial, inclusive os casos de extensão administrativa de pagamentos postulados em juízo, as partes poderão definir a responsabilidade de cada uma pelo pagamento dos honorários dos respectivos advogados. (NR) *(Redação do caput e §§ 1º, 3º a 5º dada pela Lei n. 13.140, de 26 6 2015, DOU 29.6.15, com vigência após decorridos cento e oitenta dias da publicação da mesma lei — art. 47)*

Art. 1º-A O Advogado-Geral da União poderá dispensar a inscrição de crédito, autorizar o não ajuizamento de ações e a não interposição de recursos, assim como o requerimento de extinção das ações em curso ou de desistência dos respectivos recursos judiciais, para cobrança de créditos da União e das autarquias e fundações públicas federais, observados os critérios de custos de administração e cobrança. *(Acrescentado pela Lei n. 11.941, de 27.5.2009, DOU 28.5.2009)*

Parágrafo único. O disposto neste artigo não se aplica à Dívida Ativa da União e aos processos em que a União seja autora, ré, assistente ou oponente cuja representação judicial seja atribuída à Procuradoria-Geral da Fazenda Nacional. *(Acrescentado pela Lei n. 11.941, de 27.5.2009, DOU 28.5.2009)*

Art. 1º-B. Os dirigentes máximos das empresas públicas federais poderão autorizar a não propositura de ações e a não interposição de recursos, assim como o requerimento de extinção das ações em curso ou de desistência dos respectivos recursos judiciais, para cobrança de créditos, atualizados, de valor igual ou inferior a R$ 10.000,00 (dez mil reais), em que interessadas essas entidades na qualidade de autoras, rés, assistentes ou oponentes, nas condições aqui estabelecidas. *(Acrescentado pela Lei n. 11.941, de 27.5.2009, DOU 28.5.2009)*

Parágrafo único. Quando a causa envolver valores superiores ao limite fixado neste artigo, o disposto no *caput*, sob pena de nulidade, dependerá de prévia e expressa autorização do Ministro de Estado ou do titular da Secretaria da Presidência da República a cuja área de competência estiver afeto o assunto, excluído o caso das empresas públicas não dependentes que necessitarão apenas de prévia e expressa autorização de seu dirigente máximo. *(Acrescentado pela Lei n. 11.941, de 27.5.2009, DOU 28.5.2009)*

Art. 1º-C. Verificada a prescrição do crédito, o representante judicial da União, das autarquias e fundações públicas federais não efetivará a inscrição em dívida ativa dos créditos, não procederá ao ajuizamento, não recorrerá e desistirá dos recursos já interpostos. *(Acrescentado pela Lei n. 11.941, de 27.5.2009, DOU 28.5.2009)*

Art. 2º O Procurador-Geral da União, o Procurador-Geral Federal, o Procurador-Geral do Banco Central do Brasil e os dirigentes das empresas públicas federais mencionadas no *caput* do art. 1º poderão autorizar, diretamente ou mediante delegação, a realização de acordos para prevenir ou terminar, judicial ou extrajudicialmente, litígio que envolver valores inferiores aos fixados em regulamento.

§ 1º No caso das empresas públicas federais, a delegação é restrita a órgão colegiado formalmente constituído, composto por pelo menos um dirigente estatutário.

§ 2º O acordo de que trata o *caput* poderá consistir no pagamento do débito em parcelas mensais e sucessivas, até o limite máximo de sessenta.

§ 3º O valor de cada prestação mensal, por ocasião do pagamento, será acrescido de juros equivalentes à taxa referencial do Sistema Especial de Liquidação e de Custódia — SELIC para títulos federais, acumulada mensalmente, calculados a partir do mês subsequente ao da consolidação até o mês anterior ao do pagamento e de um por cento relativamente ao mês em que o pagamento estiver sendo efetuado.

§ 4º Inadimplida qualquer parcela, após trinta dias, instaurar-se-á o processo de execução ou nele prosseguir-se-á, pelo saldo. (NR) *(Redação do caput e §§ dada pela Lei n. 13.140, de 26.6.2015, DOU 29.6.15, com vigência após decorridos cento e oitenta dias da publicação da mesma lei — art. 47)*

Art. 3º As autoridades indicadas no *caput* do art. 1º poderão concordar com pedido de desistência da ação, nas causas de quaisquer valores, desde que o autor renuncie expressamente ao direito sobre que se funda a ação (art. 269, inciso V, do Código de Processo Civil).

Parágrafo único. Quando a desistência de que trata este artigo decorrer de prévio requerimento do autor dirigido à administração pública federal para apreciação de pedido administrativo com o mesmo objeto da ação, esta não poderá negar o seu deferimento exclusivamente em razão da renúncia prevista no *caput* deste artigo. (NR) *(Acrescentado pela Lei n. 11.941, de 27.5.2009, DOU 28.5.2009)*

Art. 4º Não havendo Súmula da Advocacia Geral da União (arts. 4º, inciso XII, e 43, da Lei Complementar n. 73/93), o Advogado-Geral da União poderá dispensar a propositura de ações ou a interposição de recursos judiciais, quando a controvérsia jurídica estiver sendo iterativamente decidida pelo Supremo Tribunal Federal ou pelos Tribunais Superiores.

Art. 4º-A. O termo de ajustamento de conduta, para prevenir ou terminar litígios, nas hipóteses que envolvam interesse público da União, suas autarquias e fundações, firmado pela Advocacia-Geral da União, deverá conter:

I — a descrição das obrigações assumidas;

II — o prazo e o modo para o cumprimento das obrigações;

III — a forma de fiscalização da sua observância;

IV — os fundamentos de fato e de direito; e

V — a previsão de multa ou de sanção administrativa, no caso de seu descumprimento.

Parágrafo único. A Advocacia-Geral da União poderá solicitar aos órgãos e entidades públicas federais manifestação sobre a viabilidade técnica, operacional e financeira das obrigações a serem assumidas em termo de ajustamento de conduta, cabendo ao Advogado-Geral da União a decisão final quanto à sua celebração. *(Acrescentado pela Lei n. 12.249, de 11.6.2010, DOU 14.6.2010)*

Art. 5º A União poderá intervir nas causas em que figurarem, como autoras ou rés, autarquias, fundações públicas, sociedades de economia mista e empresas públicas federais.

Parágrafo único. As pessoas jurídicas de direito público poderão, nas causas cuja decisão possa ter reflexos, ainda que indiretos, de natureza econômica, intervir, independentemente da demonstração de interesse jurídico, para esclarecer questões de fato e de direito, podendo juntar documentos e memoriais reputados úteis ao exame da matéria e, se for o caso, recorrer, hipótese em que, para fins de deslocamento de competência, serão consideradas partes.

Art. 6º Os pagamentos devidos pela Fazenda Pública federal, estadual ou municipal e pelas autarquias e fundações públicas, em virtude de sentença judiciária, far-se-ão, exclusivamente, na ordem cronológica da apresentação dos precatórios judiciários e à conta do respectivo crédito.

§ 1º É assegurado o direito de preferência aos credores de obrigação de natureza alimentícia, obedecida, entre eles, a ordem cronológica de apresentação dos respectivos precatórios judiciários. *(Renumerado como parágrafo primeiro pela MP n. 2.226, de 4.9.2001, DOU 5.9.2001).*

§ 2º O acordo ou a transação celebrada diretamente pela parte ou por intermédio de procurador para extinguir ou encerrar processo judicial, inclusive nos casos de extensão administrativa de pagamentos postulados em juízo, implicará sempre a responsabilidade de cada uma das partes pelo pagamento dos honorários de seus respectivos advogados, mesmo que tenham sido objeto de condenação transitada em julgado. (NR) *(Acrescentado pela MP n. 2.226, de 4.9.2001, DOU 5.9.2001). (Vide ADIN n. 2.527-9, STF) (Revogado pela Lei n. 13.140, de 26.6.2015, DOU 29.6.2015)*

Art. 7º As disposições desta Lei não se aplicam às autarquias, às fundações e às empresas públicas federais quando contrariarem as normas em vigor que lhes sejam específicas. *(Revogado pela Lei n. 11.941, de 27.5.2009, DOU 28.5.2009)*

Art. 7º-A. As competências previstas nesta Lei aplicam-se concorrentemente àquelas específicas existentes na legislação em vigor em relação às autarquias, às fundações e às empresas públicas federais não dependentes. *(Acrescentado pela Lei n. 11.941, de 27.5.2009, DOU 28.5.2009)*

Art. 8º Aplicam-se às disposições desta Lei, no que couber, as ações propostas e os recursos interpostos pelas entidades legalmente sucedidas pela União.

Art. 9º A representação judicial das autarquias e fundações públicas por seus procuradores ou advogados, ocupantes de cargos efetivos dos respectivos quadros, independe da apresentação do instrumento de mandato.

Art. 10. Aplica-se às autarquias e fundações públicas o disposto nos arts. 188 e 475, *caput*, e no seu inciso II, do Código de Processo Civil.

Art. 10-A. Ficam convalidados os acordos ou transações, em juízo, para terminar o litígio, realizados pela União ou pelas autarquias, fundações ou empresas públicas federais não dependentes durante o período de vigência da Medida Provisória n. 449, de 3 de dezembro de 2008, que estejam de acordo com o disposto nesta Lei. *(Acrescentado pela Lei n. 11.941, de 27.5.2009, DOU 28.5.2009)*

Art. 11. Ficam convalidados os atos praticados com base na Medida Provisória n. 1.561-5, de 15 de maio de 1997.

Art. 12. Revogam-se a Lei n. 8.197, de 27 de junho de 1991, e a Lei n. 9.081, de 19 de julho de 1995.

Art. 13. Esta Lei entra em vigor na data de sua publicação.

Congresso Nacional, em 10 de julho de 1997, 176º da Independência e 109º da República.

ANTÔNIO CARLOS MAGALHÃES
Presidente do Congresso Nacional
DOU 11.7.1997

Lei n. 9.504, de 30 de setembro de 1997

Estabelece normas para as eleições o Vice-presidente da República no exercício do cargo de Presidente da República

Faço saber que o Congresso Nacional decreta e eu sanciono a seguinte Lei:

..

Das Condutas Vedadas aos Agentes Públicos em Campanhas Eleitorais

Art. 73. São proibidas aos agentes públicos, servidores ou não, as seguintes condutas tendentes a afetar a igualdade de oportunidades entre candidatos nos pleitos eleitorais:

I — ceder ou usar, em benefício de candidato, partido político ou coligação, bens móveis ou imóveis pertencentes à administração direta ou indireta da União, dos Estados, do Distrito Federal, dos Territórios e dos Municípios, ressalvada a realização de convenção partidária;

II — usar materiais ou serviços, custeados pelos Governos ou Casas Legislativas, que excedam as prerrogativas consignadas nos regimentos e normas dos órgãos que integram;

III — ceder servidor público ou empregado da administração direta ou indireta federal, estadual ou municipal do Poder Executivo, ou usar de seus serviços, para comitês de campanha eleitoral de candidato, partido político ou coligação, durante o horário de expediente normal, salvo se o servidor ou empregado estiver licenciado;

IV — fazer ou permitir uso promocional em favor de candidato, partido político ou coligação, de distribuição gratuita de bens e serviços de caráter social custeados ou subvencionados pelo Poder Público;

V — nomear, contratar ou de qualquer forma admitir, demitir sem justa causa, suprimir ou readaptar vantagens ou por outros meios dificultar ou impedir o exercício funcional e, ainda, *ex officio*, remover, transferir ou exonerar servidor público, na circunscrição do pleito, nos três meses que o antecedem e até a posse dos eleitos, sob pena de nulidade de pleno direito, ressalvados:

a) a nomeação ou exoneração de cargos em comissão e designação ou dispensa de funções de confiança;

b) a nomeação para cargos do Poder Judiciário, do Ministério Público, dos Tribunais ou Conselhos de Contas e dos órgãos da Presidência da República;

c) a nomeação dos aprovados em concursos públicos homologados até o início daquele prazo;

d) a nomeação ou contratação necessária à instalação ou ao funcionamento inadiável de serviços públicos essenciais, com prévia e expressa autorização do Chefe do Poder Executivo;

e) a transferência ou remoção *ex officio* de militares, policiais civis e de agentes penitenciários;

VI — nos três meses que antecedem o pleito:

..

§ 1º Reputa-se agente público, para os efeitos deste artigo, quem exerce, ainda que transitoriamente ou sem remuneração, por eleição, nomeação, designação, contratação ou qualquer outra forma de investidura ou vínculo, mandato, cargo, emprego ou função nos órgãos ou entidades da administração pública direta, indireta, ou fundacional.

§ 4º O descumprimento do disposto neste artigo acarretará a suspensão imediata da conduta vedada, quando for o caso, e sujeitará os responsáveis a multa no valor de cinco a cem mil UFIR.

§ 5º Nos casos de descumprimento do disposto nos incisos do *caput* e no § 10, sem prejuízo do disposto no § 4º, o candidato beneficiado, agente público ou não, ficará sujeito à cassação do registro ou do diploma. *(Redação dada pela Lei n. 12.034, de 29.9.09, DOU 30.9.09)*

§ 6º As multas de que trata este artigo serão duplicadas a cada reincidência.

§ 7º As condutas enumeradas no *caput* caracterizam, ainda, atos de improbidade administrativa, a que se refere o art. 11, inciso I, da Lei n. 8.429, de 2 de junho de 1992, e sujeitam-se às disposições daquele diploma legal, em especial às cominações do art. 12, inciso III.

§ 8º Aplicam-se as sanções do § 4º aos agentes públicos responsáveis pelas condutas vedadas e aos partidos, coligações e candidatos que delas se beneficiarem.

..

Art. 100. A contratação de pessoal para prestação de serviços nas campanhas eleitorais não gera vínculo empregatício com o candidato ou partido contratantes.

..

DOU 1.10.1997

Lei n. 9.601, de 21 de janeiro de 1998

Dispõe sobre o contrato de trabalho por prazo determinado e dá outras providências

O PRESIDENTE DA REPÚBLICA,

Faço saber que o Congresso Nacional decreta e eu sanciono a seguinte lei:

Art. 1º As convenções e os acordos coletivos de trabalho poderão instituir contrato de trabalho por prazo determinado, de que trata o art. 443 da Consolidação das Leis do Trabalho — CLT, independentemente das condições estabelecidas em seu § 2º, em qualquer atividade desenvolvida pela empresa ou estabelecimento, para admissões que representem acréscimo no número de empregados.

§ 1º As partes estabelecerão, na convenção ou acordo coletivo referido neste artigo:

I — a indenização para as hipóteses de rescisão antecipada do contrato de que trata este artigo, por iniciativa do empregador ou do empregado, não se aplicando o disposto nos arts. 479 e 480 da CLT;

II — as multas pelo descumprimento de suas cláusulas.

§ 2º Não se aplica ao contrato de trabalho previsto neste artigo o disposto no art. 451 da CLT.

§ 3º (VETADO).

§ 4º São garantidas as estabilidades provisórias da gestante; do dirigente sindical, ainda que suplente; do empregado eleito para cargo de direção de comissões internas de prevenção de acidentes; do empregado acidentado, nos termos do art. 118 da Lei n. 8.213, de 24 de julho de 1991, durante a vigência do contrato por prazo determinado, que não poderá ser rescindido antes do prazo estipulado pelas partes.

Art. 2º Para os contratos previstos no art. 1º, são reduzidas, por sessenta meses, a contar da data de publicação desta lei. (NR) *(Redação alterada pela MP n. 2.164-41, 24.8.2001, DOU 27.8.2001).*

I — a cinquenta por cento de seu valor vigente em 1º de janeiro de 1996, as alíquotas das contribuições sociais destinadas ao Serviço Social da Indústria — SESI, Serviço

Social do Comércio — SESC, Serviço Social de Transporte — SEST, Serviço Nacional de Aprendizagem Industrial — SENAI, Serviço Nacional de Aprendizagem Comercial — SENAC, Serviço Nacional de Aprendizagem do Transporte — SENAT, Serviço Brasileiro de Apoio às Micro e Pequenas Empresas — SEBRAE e Instituto Nacional de Colonização e Reforma Agrária — INCRA, bem como ao salário educação e para o financiamento do seguro de acidente do trabalho;

II — para dois por cento, a alíquota da contribuição para o Fundo de Garantia do Tempo de Serviço — FGTS, de que trata a Lei n. 8.036, de 11 de maio de 1990.

Parágrafo único. As partes estabelecerão, na convenção ou acordo coletivo, obrigação de o empregador efetuar, sem prejuízo do disposto no inciso II deste artigo, depósitos mensais vinculados, a favor do empregado, em estabelecimento bancário, com periodicidade determinada de saque.

Art. 3º O número de empregados contratados nos termos do art. 1º desta lei observará o limite estabelecido no instrumento decorrente da negociação coletiva, não podendo ultrapassar os seguintes percentuais, que serão aplicados cumulativamente:

I — cinquenta por cento do número de trabalhadores, para a parcela inferior a cinquenta empregados;

II — trinta e cinco por cento do número de trabalhadores, para a parcela entre cinquenta e cento e noventa e nove empregados; e

III — vinte por cento do número de trabalhadores, para a parcela acima de duzentos empregados.

Parágrafo único. As parcelas referidas nos incisos deste artigo serão calculadas sobre a média aritmética mensal do número de empregados contratados por prazo indeterminado do estabelecimento, nos seis meses imediatamente anteriores ao da data de publicação desta lei.

Art. 4º As reduções previstas no art. 2º serão asseguradas desde que, no momento da contratação:

I — o empregador esteja adimplente junto ao Instituto Nacional do Seguro Social — INSS e ao Fundo de Garantia do Tempo de Serviço — FGTS.

II — o contrato de trabalho por prazo determinado e a relação mencionada no § 3º deste artigo tenham sido depositados no Ministério do Trabalho.

§ 1º As reduções referidas neste artigo subsistirão enquanto:

I — o quadro de empregados e a respectiva folha salarial, da empresa ou estabelecimento, forem superiores às respectivas médias mensais dos seis meses imediatamente anteriores ao da data de publicação desta lei; e

II — o número de empregados contratados por prazo indeterminado for, no mínimo, igual à média referida no parágrafo único do art. 3º.

§ 2º O Ministério do Trabalho tornará disponíveis ao INSS e ao Agente Operador do FGTS as informações constantes da convenção ou acordo coletivo de que trata o art. 1º e do contrato de trabalho depositado, necessárias ao controle do recolhimento das contribuições mencionadas, respectivamente, nos incisos I e II do art. 2º desta Lei.

§ 3º O empregador deverá afixar, no quadro de avisos da empresa, cópias do instrumento normativo mencionado no art. 1º e da relação dos contratados, que conterá, dentre outras informações, o nome do empregado, o número da Carteira de Trabalho e Previdência Social, o número de inscrição do trabalhador no Programa de Integração Social — PIS e as datas de início e de término do contrato por prazo determinado.

§ 4º O Ministro do Trabalho disporá sobre as variáveis a serem consideradas e a metodologia de cálculo das médias aritméticas mensais de que trata o § 1º deste artigo.

Art. 5º As empresas que, a partir da data de publicação desta lei, aumentarem seu quadro de pessoal em relação à média mensal do número de empregos no período de referência mencionado no artigo anterior terão preferência na obtenção de recursos no âmbito dos programas executados pelos estabelecimentos federais de crédito, especialmente junto ao Banco Nacional de Desenvolvimento Econômico e Social — BNDES.

Art. 6º O art. 59 da Consolidação das Leis do Trabalho — CLT passa a vigorar com a seguinte redação:

Art. 7º O descumprimento, pelo empregador, do disposto nos arts. 3º e 4º desta lei sujeita-o à multa de quinhentas Unidades Fiscais de Referência — UFIRs, por trabalhador contratado nos moldes do art. 1º, que se constituirá receita adicional do Fundo de Amparo ao Trabalhador — FAT de que trata a Lei n. 7.998, de 11 de janeiro de 1990.

Art. 8º O Poder Executivo regulamentará esta lei no prazo de trinta dias, contado a partir da data de sua publicação.

Art. 9º Esta Lei entra em vigor na data de sua publicação.

Art. 10. Revogam-se as disposições em contrário.

Brasília, 21 de janeiro de 1998; 177º da Independência e 110º da República.

FERNANDO HENRIQUE CARDOSO
PAULO PAIVA
DOU 22.1.1998

Decreto n. 2.490, de 4 de fevereiro de 1998

Regulamenta a Lei n. 9.601, de 21 de janeiro de 1998, que dispõe sobre o contrato de trabalho por prazo determinado, e dá outras providências

O PRESIDENTE DA REPÚBLICA, no uso da atribuição que lhe confere o art. 84, inciso IV, da Constituição, e tendo em vista o disposto na Lei n. 9.601, de 21 de janeiro de 1998,

Decreta:

Art. 1º As convenções e os acordos coletivos de trabalho poderão instituir contrato de trabalho por prazo determinado, de que trata o art. 443 da Consolidação das Leis do Trabalho — CLT, independentemente das condições estabelecidas em seu § 2º, em qualquer atividade desenvolvida pela empresa ou estabelecimento, para admissões que representem acréscimo no número de empregados.

Parágrafo único. É vedada a contratação de empregados por prazo determinado, na forma do *caput*, para substituição de pessoal regular e permanente contratado por prazo indeterminado.

Art. 2º Fica o empregador obrigado a anotar na Carteira de Trabalho e Previdência Social — CTPS do empregado a sua condição de contratado por prazo determinado, com indicação do número da lei de regência, e a discriminar em separado na folha de pagamento tais empregados.

Art. 3º Em relação ao mesmo empregado, o contrato por prazo determinado na forma da Lei n. 9.601, de 21 de janeiro de 1998, será de no máximo dois anos, permitindo-se, dentro deste período, sofrer sucessivas prorrogações, sem acarretar o efeito previsto no art. 451 da CLT.

Parágrafo único. O contrato por prazo determinado poderá ser sucedido por outro por prazo indeterminado.

Art. 4º Os depósitos mensais vinculados previstos no art. 2º, parágrafo único, da Lei n. 9.601/98, serão estipulados pelas partes nas convenções ou acordos coletivos.

§ 1º As partes deverão pactuar sobre o valor dos depósitos mensais vinculados, o estabelecimento bancário receptor, a periodicidade de saque e as demais condições inerentes.

§ 2º O pacto acerca dos depósitos mensais vinculados não desonera o empregador de efetuar os depósitos para o Fundo de Garantia do Tempo de Serviço — FGTS.

§ 3º Os depósitos de que trata o *caput* deste artigo não têm natureza salarial.

Art. 5º A média aritmética prevista no art. 3º, parágrafo único, da Lei n. 9.601/98, abrangerá o período de 1º de julho a 31 de dezembro de 1997.

§ 1º Para se alcançar a média aritmética, adotar-se-ão os seguintes procedimentos:

a) apurar-se-á a média mensal, somando-se o número de empregados com vínculo empregatício por prazo indeterminado de cada dia do mês e dividindo-se o seu somatório pelo número de dias do mês respectivo;

b) apurar-se-á a média semestral pela soma das médias mensais dividida por seis.

§ 2º Os estabelecimentos instalados ou os que não possuem empregados contratados por prazo indeterminado a partir de 1º de julho de 1997 terão sua média aritmética aferida contando-se o prazo de seis meses a começar do primeiro dia do mês subsequente a data da primeira contratação por prazo indeterminado.

Art. 6º Fixada a média semestral, para se alcançar o número máximo de empregados que poderão ser contratados na modalidade do contrato por prazo determinado nos termos da Lei n. 9.601/98, proceder-se-á da seguinte forma:

I — para estabelecimentos com média semestral até 49 empregados, aplicar-se-á o percentual de cinquenta por cento;

II — para estabelecimentos com média semestral de 50 a 199 empregados, subtrair-se-á 49 empregados, aplicando-se o percentual de 35% sobre o remanescente, somando-se ao resultado 24,5 empregados;

III — para estabelecimentos com média semestral igual ou superior a duzentos empregados, subtrair-se-á 199 empregados e aplicar-se-á o percentual de vinte por cento sobre o remanescente, somando-se ao resultado 77 empregados.

Parágrafo único. No resultado obtido nos termos deste artigo, as frações decimais até quatro décimos serão desprezadas, considerando-se o número inteiro, e para as frações decimais iguais ou superiores a cinco décimos considerar-se-á o número inteiro imediatamente superior.

Art. 7º A redução de alíquotas prevista no art. 2º da Lei n. 9.601/98, será assegurada mediante depósito no órgão regional do Ministério do Trabalho do contrato escrito firmado entre empregado e empregador.

§ 1º Para efetuar o depósito, o interessado apresentará os seguintes documentos:

FERNANDO HENRIQUE CARDOSO
DOU 5.2.1998

Lei n. 9.608, de 18 de fevereiro de 1998

Dispõe sobre o serviço voluntário e dá outras providências

O PRESIDENTE DA REPÚBLICA,

Faço saber que o Congresso Nacional decreta e eu sanciono a seguinte Lei:

Art. 1º Considera-se serviço voluntário, para fins desta Lei, a atividade não remunerada, prestada por pessoa física à entidade pública de qualquer natureza, ou à instituição privada de fins não lucrativos, que tenha objetivos cívicos, culturais, educacionais, científicos, recreativos ou de assistência à pessoa. *(Redação dada pela Lei n. 13.297/2016)*

Parágrafo único. O serviço voluntário não gera vínculo empregatício, nem obrigação de natureza trabalhista, previdenciária ou afim.

Art. 2º O serviço voluntário será exercido mediante a celebração de termo de adesão entre a entidade, pública ou privada, e o prestador do serviço voluntário, dele devendo constar o objeto e as condições de seu exercício.

Art. 3º O prestador do serviço voluntário poderá ser ressarcido pelas despesas que comprovadamente realizar no desempenho das atividades voluntárias.

Parágrafo único. As despesas a serem ressarcidas deverão estar expressamente autorizadas pela entidade a que for prestado o serviço voluntário.

Art. 3º-A. Revogado pela Lei n. 11.692, de 10.6.2008, DOU 11.6.2008, a partir de 1º de janeiro de 2008.

Art. 4º Esta Lei entra em vigor na data de sua publicação.

Art. 5º Revogam-se as disposições em contrário.

FERNANDO HENRIQUE CARDOSO
PAULO PAIVA
DOU 19.2.1998

Lei n. 9.615, de 24 de março de 1998

Institui normas gerais sobre desporto e dá outras providências

O PRESIDENTE DA REPÚBLICA

Faço saber que o Congresso Nacional decreta e eu sanciono a seguinte Lei:

Capítulo I
Disposições Iniciais

Art. 1º O desporto brasileiro abrange práticas formais e não formais e obedece às normas gerais desta Lei, inspirado nos fundamentos constitucionais do Estado Democrático de Direito.

§ 1º A prática desportiva formal é regulada por normas nacionais e internacionais e pelas regras de prática desportiva de cada modalidade, aceitas pelas respectivas entidades nacionais de administração do desporto.

§ 2º A prática desportiva não formal é caracterizada pela liberdade lúdica de seus praticantes.

§ 3º Os direitos e as garantias estabelecidos nesta Lei e decorrentes dos princípios constitucionais do esporte não excluem outros oriundos de tratados e acordos internacionais firmados pela República Federativa do Brasil. *(Incluído pela Lei n. 13.322, de 28.6.16, DOU 29.7.16)*

Capítulo II
Dos Princípios Fundamentais

Art. 2º O desporto, como direito individual, tem como base os princípios:

I — da soberania, caracterizado pela supremacia nacional na organização da prática desportiva;

II — da autonomia, definido pela faculdade e liberdade de pessoas físicas e jurídicas organizarem-se para a prática desportiva;

III — da democratização, garantido em condições de acesso às atividades desportivas sem quaisquer distinções ou formas de discriminação;

IV — da liberdade, expresso pela livre prática do desporto, de acordo com a capacidade e interesse de cada um, associando-se ou não a entidade do setor;

V — do direito social, caracterizado pelo dever do Estado em fomentar as práticas desportivas formais e não formais;

VI — da diferenciação, consubstanciado no tratamento específico dado ao desporto profissional e não profissional;

VII — da identidade nacional, refletido na proteção e incentivo às manifestações desportivas de criação nacional;

VIII — da educação, voltado para o desenvolvimento integral do homem como ser autônomo e participante, e fomentado por meio da prioridade dos recursos públicos ao desporto educacional;

IX — da qualidade, assegurado pela valorização dos resultados desportivos, educativos e dos relacionados à cidadania e ao desenvolvimento físico e moral;

X — da descentralização, consubstanciado na organização e funcionamento harmônicos de sistemas desportivos diferenciados e autônomos para os níveis federal, estadual, distrital e municipal;

XI — da segurança, propiciado ao praticante de qualquer modalidade desportiva, quanto a sua integridade física, mental ou sensorial;

XII — da eficiência, obtido por meio do estímulo à competência desportiva e administrativa.

Parágrafo único. A exploração e a gestão do desporto profissional constituem exercício de atividade econômica sujeitando-se, especificamente, à observância dos princípios: *(Parágrafo único e incisos acrescentados pela Lei n. 10.672, de 15.5.03, DOU 16.5.03)*

I — da transparência financeira e administrativa; *(Parágrafo único e incisos acrescentados pela Lei n. 10.672, de 15.5.03, DOU 16.5.03)*

II — da moralidade na gestão desportiva; *(Parágrafo único e incisos acrescentados pela Lei n. 10.672, de 15.5.03, DOU 16.5.03)*

III — da responsabilidade social de seus dirigentes; *(Parágrafo único e incisos acrescentados pela Lei n. 10.672, de 15.5.03, DOU 16.5.03)*

IV — do tratamento diferenciado em relação ao desporto não profissional; e *(Parágrafo único e incisos acrescentados pela Lei n. 10.672, de 15.5.03, DOU 16.5.03)*

V — da participação na organização desportiva do País. *(Parágrafo único e incisos acrescentados pela Lei n. 10.672, de 15.5.03, DOU 16.5.03)*

Capítulo III
Da Natureza e das Finalidades do Desporto

Art. 3º O desporto pode ser reconhecido em qualquer das seguintes manifestações:

I — desporto educacional, praticado nos sistemas de ensino e em formas assistemáticas de educação, evitando-se a seletividade, a hipercompetitividade de seus praticantes, com a finalidade de alcançar o desenvolvimento integral do indivíduo e a sua formação para o exercício da cidadania e a prática do lazer;

II — desporto de participação, de modo voluntário, compreendendo as modalidades desportivas praticadas com a finalidade de contribuir para a integração dos praticantes na plenitude da vida social, na promoção da saúde e educação e na preservação do meio ambiente;

III — desporto de rendimento, praticado segundo normas gerais desta Lei e regras de prática desportiva, nacionais e internacionais, com a finalidade de obter resultados e integrar pessoas e comunidades do País e estas com as de outras nações.

IV — desporto de formação, caracterizado pelo fomento e aquisição inicial dos conhecimentos desportivos que garantam competência técnica na intervenção desportiva, com o objetivo de promover o aperfeiçoamento qualitativo e quantitativo da prática desportiva em termos recreativos, competitivos ou de alta competição. *(Incluído pela Lei n. 13.155, de 4.8.15, DOU ed. extra 5.8.15)*

§ 1º O desporto de rendimento pode ser organizado e praticado: *(Renumerado do parágrafo único pela Lei n. 13.155, de 4.8.15, DOU ed. extra 5.8.15)*

I — de modo profissional, caracterizado pela remuneração pactuada em contrato formal de trabalho entre o atleta e a entidade de prática desportiva;

II — de modo não profissional, identificado pela liberdade de prática e pela inexistência de contrato de trabalho, sendo permitido o recebimento de incentivos materiais e de patrocínio. *(Redação dada pela Lei n. 9.981, 14.7.00, DOU 17.7.00)*

a) (revogada). *(Redação dada pela Lei n. 9.981, de 14.7.00, DOU 17.7.00)*

b) (revogada). *(Redação dada pela Lei n. 9.981, de 14.7.00, DOU 17.7.00)*

§ 2º (VETADO). *(Incluído pela Lei n. 13.155, de 4.8.15, DOU ed. extra 5.8.15)*

Capítulo V
Da Prática Desportiva Profissional

Art. 26. Atletas e entidades de prática desportiva são livres para organizar a atividade profissional, qualquer que seja sua modalidade, respeitados os termos desta Lei.

Parágrafo único. Considera-se competição profissional para os efeitos desta Lei aquela promovida para obter renda e disputada por atletas profissionais cuja remuneração decorra de contrato de trabalho desportivo. *(Incluído pela Lei n. 10.672, de 15.5.03, DOU 16.5.03)*

Art. 27. As entidades de prática desportiva participantes de competições profissionais e as entidades de administração de desporto ou ligas em que se organizarem, independentemente da forma jurídica adotada, sujeitam os bens particulares de seus dirigentes ao disposto no art. 50 da Lei n. 10.406, de 10 de janeiro de 2002, além das sanções e responsabilidades previstas no *caput* do art. 1.017 da Lei n. 10.406, de 10 de janeiro de 2002, na hipótese de aplicarem créditos ou bens sociais da entidade desportiva em proveito

próprio ou de terceiros. *(Redação dada pela Lei n. 10.672, de 15.5.03, DOU 16.5.03)*

§ 1º *(Revogado pela Lei n. 9.981, de 14.7.00, DOU 17.7.00).*

§ 2º A entidade a que se refere este artigo não poderá utilizar seus bens patrimoniais, desportivos ou sociais para integralizar sua parcela de capital ou oferecê-los como garantia, salvo com a concordância da maioria absoluta da assembleia geral dos associados ou sócios e na conformidade do respectivo estatuto ou contrato social. *(Redação dada pela Lei n. 13.155, de 4.8.15, DOU ed. extra 5.8.15)*

§ 3º *(Revogado pela Lei n. 10.672, de 15.5.03, DOU 16.5.03)*

§ 4º *(Revogado pela Lei n. 10.672, de 15.5.03, DOU 16.5.03)*

§ 5º O disposto no art. 23 aplica-se, no que couber, às entidades a que se refere o *caput* deste artigo. *(Incluído pela Lei n. 10.672, de 15.5.03, DOU 16.5.0303)*

§ 6º Sem prejuízo de outros requisitos previstos em lei, as entidades de que trata o *caput* deste artigo somente poderão obter financiamento com recursos públicos ou fazer jus a programas de recuperação econômico-financeiros se, cumulativamente, atenderem às seguintes condições: *(Redação dada pela Lei n. 12.395, de 16.3.11, DOU 17.3.11)*

I — realizar todos os atos necessários para permitir a identificação exata de sua situação financeira; *(Incluído pela Lei n. 10.672, de 15.5.03, DOU 16.5.03)*

II — apresentar plano de resgate e plano de investimento; *(Incluído pela Lei n. 10.672, de 15.5.03, DOU 16.5.03)*

III — garantir a independência de seus conselhos de fiscalização e administração, quando houver; *(Incluído pela Lei n. 10.672, de 15.5.03, DOU 16.5.03)*

IV — adotar modelo profissional e transparente; e *(Incluído pela Lei n. 10.672, de 15.503, DOU 16.5.03)*

V — apresentar suas demonstrações financeiras, juntamente com os respectivos relatórios de auditoria, nos termos definidos no inciso I do art. 46-A desta Lei. *(Redação dada pela Lei n. 12.395, de 16.3.11, DOU 17.3.11)*

§ 7º Os recursos do financiamento voltados à implementação do plano de resgate serão utilizados: *(Incluído pela Lei n. 10.672, de 15.5.03, DOU 16.5.03)*

I — prioritariamente, para quitação de débitos fiscais, previdenciários e trabalhistas; e *(Incluído pela Lei n. 10.672, de 15.5.03, DOU 16.5.03)*

II — subsidiariamente, para construção ou melhoria de estádio próprio ou de que se utilizam para mando de seus jogos, com a finalidade de atender a critérios de segurança, saúde e bem estar do torcedor. *(Incluído pela Lei n. 10.672, de 15.5.03, DOU 16.5.03)*

§ 8º Na hipótese do inciso II do § 7º, a entidade de prática desportiva deverá apresentar à instituição financiadora o orçamento das obras pretendidas. *(Incluído pela Lei n. 10.672, de 15.5.03, DOU 16.5.03)*

§ 9º É facultado às entidades desportivas profissionais constituírem-se regularmente em sociedade empresária, segundo um dos tipos regulados nos arts. 1.039 a 1.092 da Lei n. 10.406, de 10 de janeiro de 2002 — Código Civil. *(Incluído pela Lei n. 10.672, de 15.5.03, DOU 16.5.03)*

§ 10. Considera-se entidade desportiva profissional, para fins desta Lei, as entidades de prática desportiva envolvidas em competições de atletas profissionais, as ligas em que se organizarem e as entidades de administração de desporto profissional. *(Incluído pela Lei n. 10.672, de 15.5.03, DOU 16.5.03)*

§ 11. Os administradores de entidades desportivas profissionais respondem solidária e ilimitadamente pelos atos ilícitos praticados, de gestão temerária ou contrários ao previsto no contrato social ou estatuto, nos termos da Lei n. 10.406, de 10 de janeiro de 2002 — Código Civil. *(Redação dada pela Lei n 12.395, de 16.3.11, DOU 17.3.11)*

§ 12. (VETADO) *(Incluído pela Lei n. 10.672, de 15.5.03, DOU 16.5.03)*

§ 13. Para os fins de fiscalização e controle do disposto nesta Lei, as atividades profissionais das entidades de que trata o *caput* deste artigo, independentemente da forma jurídica sob a qual estejam constituídas, equiparam-se às das sociedades empresárias. *(Redação dada pela Lei n 12.395, de 16.3.11, DOU 17.3.11)*

Art. 27-A. Nenhuma pessoa física ou jurídica que, direta ou indiretamente, seja detentora de parcela do capital com direito a voto ou, de qualquer forma, participe da administração de qualquer entidade de prática desportiva poderá ter participação simultânea no capital social ou na gestão de outra entidade de prática desportiva disputante da mesma competição profissional. *(Incluído pela Lei n. 9.981, de 14.7.00, DOU 17.7.00)*

§ 1º É vedado que duas ou mais entidades de prática desportiva disputem a mesma competição profissional das primeiras séries ou divisões das diversas modalidades desportivas quando: *(Incluído pela Lei n. 9.981, de 14.7.00, DOU 17.7.00)*

a) uma mesma pessoa física ou jurídica, direta ou indiretamente, através de relação contratual, explore, controle ou administre direitos que integrem seus patrimônios; ou, *(Incluído pela Lei n. 9.981, de 14.7.00, DOU 17.7.00)*

b) uma mesma pessoa física ou jurídica, direta ou indiretamente, seja detentora de parcela do capital com direito a voto ou, de qualquer forma, participe da administração de mais de uma sociedade ou associação que explore, controle ou administre direitos que integrem os seus patrimônios. *(Incluído pela Lei n. 9.981, de 14.7.00, DOU 17.7.00)*

§ 2º A vedação de que trata este artigo aplica-se: *(Incluído pela Lei n. 9.981, de 14.7.00, DOU 17.7.00)*

a) ao cônjuge e aos parentes até o segundo grau das pessoas físicas; e *(Incluído pela Lei n. 9.981, de 14.7.00, DOU 17.7.00)*

b) às sociedades controladoras, controladas e coligadas das mencionadas pessoas jurídicas, bem como a fundo de investimento, condomínio de investidores ou outra forma assemelhada que resulte na participação concomitante vedada neste artigo. *(Incluído pela Lei n. 9.981, de 14.7.00, DOU 17.7.00)*

§ 3º Excluem-se da vedação de que trata este artigo os contratos de administração e investimentos em estádios, ginásios e praças desportivas, de patrocínio, de licenciamento de uso de marcas e símbolos, de publicidade e de propaganda, desde que não importem na administração direta ou na cogestão das atividades desportivas profissionais das entidades de prática desportiva, assim como os contratos individuais ou coletivos que sejam celebrados entre as detentoras de concessão, permissão ou autorização para exploração de serviços de radiodifusão sonora e de sons e imagens, bem como de televisão por assinatura, e entidades de prática desportiva para fins de transmissão de eventos desportivos. *(Incluído pela Lei n. 9.981, de 14.7.00, DOU 17.7.00)*

§ 4º A infringência a este artigo implicará a inabilitação da entidade de prática desportiva para percepção dos benefícios de que trata o art. 18 desta Lei. *(Redação dada pela Lei n. 10.672, de 15.5.03, DOU 16.5.03)*

§ 5º As empresas detentoras de concessão, permissão ou autorização para exploração de serviço de radiodifusão sonora e de sons e imagens, bem como de televisão por assinatura, ficam impedidas de patrocinar ou veicular sua própria marca, bem como a de seus canais e dos títulos de seus programas, nos uniformes de competições das entidades desportivas. *(Redação dada pela Lei n. 10.672, de 15.5.03, DOU 16.5.03)*

§ 6º A violação do disposto no § 5º implicará a eliminação da entidade de prática desportiva que lhe deu causa da competição ou do torneio em que aquela se verificou, sem prejuízo das penalidades que venham a ser aplicadas pela Justiça Desportiva. *(Incluído pela Lei n. 10.672, de 15.5.03, DOU 16.5.03)*

Art. 27-B. São nulas de pleno direito as cláusulas de contratos firmados entre as entidades de prática desportiva e terceiros, ou entre estes e atletas, que possam intervir ou influenciar nas transferências de atletas ou, ainda, que interfiram no desempenho do atleta ou da entidade de prática desportiva, exceto quando objeto de acordo ou convenção coletiva de trabalho. *(Incluído pela Lei n. 12.395, de 16.3.11, DOU 17.3.11)*

Art. 27-C. São nulos de pleno direito os contratos firmados pelo atleta ou por seu representante legal com agente desportivo, pessoa física ou jurídica, bem como as cláusulas contratuais ou de instrumentos procuratórios que: *(Incluído pela Lei n. 12.395, de 16.3.11, DOU 17.3.11)*

I — resultem vínculo desportivo; *(Incluído pela Lei n. 12.395, de 16.3.11, DOU 17.3.11)*

II — impliquem vinculação ou exigência de receita total ou parcial exclusiva da entidade de prática desportiva, decorrente de transferência nacional ou internacional de atleta, em vista da exclusividade de que trata o inciso I do art. 28; *(Incluído pela Lei n. 12.395, de 16.3.11, DOU 17.3.11)*

III — restrinjam a liberdade de trabalho desportivo; *(Incluído pela Lei n 12.395, de 16.3.11, DOU 17.3.11)*

IV — estabeleçam obrigações consideradas abusivas ou desproporcionais; *(Incluído pela Lei n. 12.395, de 16.3.11, DOU 17.3.11)*

V — infrinjam os princípios da boa-fé objetiva ou do fim social do contrato; ou *(Incluído pela Lei n. 12.395, de 16.3.11, DOU 17.3.11)*

VI — versem sobre o gerenciamento de carreira de atleta em formação com idade inferior a 18 (dezoito) anos. *(Incluído pela Lei n. 12.395, de 16.3.11, DOU 17.3.11)*

Art. 27-D. (VETADO) *(Lei n. 13.155, de 4.8.15, DOU ed. extra 5.8.15)*

Art. 28. A atividade do atleta profissional é caracterizada por remuneração pactuada em contrato especial de trabalho desportivo, firmado com entidade de prática desportiva, no qual deverá constar, obrigatoriamente: *(Redação dada pela Lei n 12.395, de 16.3.11, DOU 17.3.11)*

I — cláusula indenizatória desportiva, devida exclusivamente à entidade de prática desportiva à qual está vinculado o atleta, nas seguintes hipóteses: *(Incluído pela Lei n. 12.395, de 16.3.11, DOU 17.3.11)*

a) transferência do atleta para outra entidade, nacional ou estrangeira, durante a vigência do contrato especial de trabalho desportivo; ou *(Incluído pela Lei n. 12.395, de 16.3.11, DOU 17.3.11)*

b) por ocasião do retorno do atleta às atividades profissionais em outra entidade de prática desportiva, no prazo de até 30 (trinta)

meses; e *(Incluído pela Lei n. 12.395, de 16.3.11, DOU 17.3.11)*

II — cláusula compensatória desportiva, devida pela entidade de prática desportiva ao atleta, nas hipóteses dos incisos III a V do § 5º; *(Incluído pela Lei n. 12.395, de 16.3.11, DOU 17.3.11)*

§ 1º O valor da cláusula indenizatória desportiva a que se refere o inciso I do *caput* deste artigo será livremente pactuado pelas partes e expressamente quantificado no instrumento contratual: *(Redação dada pela Lei n. 12.395, de 16.3.11, DOU 17.3.11)*

I — até o limite máximo de 2.000 (duas mil) vezes o valor médio do salário contratual, para as transferências nacionais; e *(Incluído pela Lei n. 12.395, de 16.3.11, DOU 17.3.11)*

II — sem qualquer limitação, para as transferências internacionais. *(Incluído pela Lei n. 12.395, de 16.3.11, DOU 17.3.11)*

§ 2º São solidariamente responsáveis pelo pagamento da cláusula indenizatória desportiva de que trata o inciso I do *caput* deste artigo o atleta e a nova entidade de prática desportiva empregadora. *(Redação dada pela Lei n. 12.395, de 16.3.11, DOU 17.3.11)*

I — *(Revogado pela Lei n. 12.395, de 16.3.11, DOU 17.3.11)*.

II — *(Revogado pela Lei n. 12.395, de 16.3.11, DOU 17.3.11)*.

III — *(Revogado pela Lei n. 12.395, de 16.3.11, DOU 17.3.11)*.

§ 3º O valor da cláusula compensatória desportiva a que se refere o inciso II do *caput* deste artigo será livremente pactuado entre as partes e formalizado no contrato especial de trabalho desportivo, observando-se, como limite máximo, 400 (quatrocentas) vezes o valor do salário mensal no momento da rescisão e, como limite mínimo, o valor total de salários mensais a que teria direito o atleta até o término do referido contrato. *(Redação dada pela Lei n. 12.395, de 16.3.11, DOU 17.3.11)*.

§ 4º Aplicam-se ao atleta profissional as normas gerais da legislação trabalhista e da Seguridade Social, ressalvadas as peculiaridades constantes desta Lei, especialmente as seguintes: *(Redação dada pela Lei n. 12.395, de 16.3.11, DOU 17.3.11)*

I — se conveniente à entidade de prática desportiva, a concentração não poderá ser superior a 3 (três) dias consecutivos por semana, desde que esteja programada qualquer partida, prova ou equivalente, amistosa ou oficial, devendo o atleta ficar à disposição do empregador por ocasião da realização de competição fora da localidade onde tenha sua sede; *(Redação dada pela Lei n. 12.395, de 16.3.11, DOU 17.3.11)*

II — o prazo de concentração poderá ser ampliado, independentemente de qualquer pagamento adicional, quando o atleta estiver à disposição da entidade de administração do desporto; *(Redação dada pela Lei n. 12.395, de 16.3.11, DOU 17.3.11)*

III — acréscimos remuneratórios em razão de períodos de concentração, viagens, pré-temporada e participação do atleta em partida, prova ou equivalente, conforme previsão contratual; *(Redação dada pela Lei n. 12.395, de 16.3.11, DOU 17.3.11)*

IV — repouso semanal remunerado de 24 (vinte e quatro) horas ininterruptas, preferentemente em dia subsequente à participação do atleta na partida, prova ou equivalente, quando realizada no final de semana; *(Redação dada pela Lei n. 12.395, de 16.3.11, DOU 17.3.11)*

V — férias anuais remuneradas de 30 (trinta) dias, acrescidas do abono de férias, coincidentes com o recesso das atividades desportivas; *(Incluído pela Lei n. 12.395, de 16.3.11, DOU 17.3.11)*

VI — jornada de trabalho desportiva normal de 44 (quarenta e quatro) horas semanais. *(Incluído pela Lei n. 12.395, de 16.3.11, DOU 17.3.11)*

§ 5º O vínculo desportivo do atleta com a entidade de prática desportiva contratante constitui-se com o registro do contrato especial de trabalho desportivo na entidade de administração do desporto, tendo natureza acessória ao respectivo vínculo empregatício, dissolvendo-se, para todos os efeitos legais: *(Redação dada pela Lei n. 12.395, de 16.3.11, DOU 17.3.11)*

I — com o término da vigência do contrato ou o seu distrato; *(Incluído pela Lei n. 12.395, de 16.3.11, DOU 17.3.11)*

II — com o pagamento da cláusula indenizatória desportiva ou da cláusula compensatória desportiva; *(Incluído pela Lei n. 12.395, de 16.3.11, DOU 17.3.11)*

III — com a rescisão decorrente do inadimplemento salarial, de responsabilidade da entidade de prática desportiva empregadora, nos termos desta Lei; *(Incluído pela Lei n. 12.395, de 16.3.11, DOU 17.3.11)*

IV — com a rescisão indireta, nas demais hipóteses previstas na legislação trabalhista; e *(Incluído pela Lei n. 12.395, de 16.3.11, DOU 17.3.11)*

V — com a dispensa imotivada do atleta. *(Incluído pela Lei n. 12.395, de 16.3.11, DOU 17.3.11)*

§ 6º *(Revogado pela Lei n. 10.672, de 2003)*.

§ 7º A entidade de prática desportiva poderá suspender o contrato especial de trabalho desportivo do atleta profissional, ficando dispensada do pagamento da remuneração nesse período, quando o atleta for impedido de atuar, por prazo ininterrupto superior a 90 (noventa) dias, em decorrência de ato ou evento de sua exclusiva responsabilidade, desvinculado da atividade profissional, conforme previsto no referido contrato. *(Redação dada pela Lei n. 12.395, de 16.3.11, DOU 17.3.11)*

§ 8º O contrato especial de trabalho desportivo deverá conter cláusula expressa reguladora de sua prorrogação automática na ocorrência da hipótese prevista no § 7º deste artigo. *(Incluído pela Lei n. 12.395, de 16.3.11, DOU 17.3.11)*

§ 9º Quando o contrato especial de trabalho desportivo for por prazo inferior a 12 (doze) meses, o atleta profissional terá direito, por ocasião da rescisão contratual por culpa da entidade de prática desportiva empregadora, a tantos doze avos da remuneração mensal quantos forem os meses da vigência do contrato, referentes a férias, abono de férias e 13º (décimo terceiro) salário. *(Incluído pela Lei n. 12.395, de 16.3.11, DOU 17.3.11)*

§ 10. Não se aplicam ao contrato especial de trabalho desportivo os arts. 479 e 480 da Consolidação das Leis do Trabalho — CLT, aprovada pelo Decreto-Lei n. 5.452, de 1º de maio de 1943. *(Incluído pela Lei n. 12.395, de 16.3.11, DOU 17.3.11)*

Art. 28-A. Caracteriza-se como autônomo o atleta maior de 16 (dezesseis) anos que não mantém relação empregatícia com entidade de prática desportiva, auferindo rendimentos por conta e por meio de contrato de natureza civil. *(Incluído pela Lei n. 12.395, de 16.3.11, DOU 17.3.11)*

§ 1º O vínculo desportivo do atleta autônomo com a entidade de prática desportiva resulta da inscrição para participar de competição e não implica reconhecimento de relação empregatícia. *(Incluído pela Lei n. 12.395, de 16.3.11, DOU 17.3.11)*

§ 2º A filiação ou a vinculação de atleta autônomo a entidade de administração ou a sua integração a delegações brasileiras partícipes de competições internacionais não caracteriza vínculo empregatício. *(Incluído pela Lei n. 12.395, de 16.3.11, DOU 17.3.11)*

§ 3º O disposto neste artigo não se aplica às modalidades desportivas coletivas. *(Incluído pela Lei n. 12.395, de 16.3.11, DOU 17.3.11)*

Art. 29. A entidade de prática desportiva formadora do atleta terá o direito de assinar com ele, a partir de 16 (dezesseis) anos de idade, o primeiro contrato especial de trabalho desportivo, cujo prazo não poderá ser superior a 5 (cinco) anos. *(Redação dada pela Lei n. 12.395, de 16.3.11, DOU 17.3.11)*

Parágrafo único. (VETADO)

§ 2º É considerada formadora de atleta a entidade de prática desportiva que: *(Redação dada pela Lei n. 12.395, de 16.3.11, DOU 17.3.11)*

I — forneça aos atletas programas de treinamento nas categorias de base e complementação educacional; e *(Incluído pela Lei n. 12.395, de 16.3.11, DOU 17.3.11)*

II — satisfaça cumulativamente os seguintes requisitos: *(Incluído pela Lei n. 12.395, de 16.3.11, DOU 17.3.11)*

a) estar o atleta em formação inscrito por ela na respectiva entidade regional de administração do desporto há, pelo menos, 1 (um) ano; *(Incluído pela Lei n. 12.395, de 16.3.11, DOU 17.3.11)*

b) comprovar que, efetivamente, o atleta em formação está inscrito em competições oficiais; *(Incluído pela Lei n. 12.395, de 16.3.11, DOU 17.3.11)*

c) garantir assistência educacional, psicológica, médica e odontológica, assim como alimentação, transporte e convivência familiar; *(Incluído pela Lei n. 12.395, de 16.3.11, DOU 17.3.11)*

d) manter alojamento e instalações desportivas adequados, sobretudo em matéria de alimentação, higiene, segurança e salubridade; *(Incluído pela Lei n. 12.395, de 16.3.11, DOU 17.3.11)*

e) manter corpo de profissionais especializados em formação técnico desportiva; *(Incluído pela Lei n. 12.395, de 16.3.11, DOU 17.3.11)*

f) ajustar o tempo destinado à efetiva atividade de formação do atleta, não superior a 4 (quatro) horas por dia, aos horários do currículo escolar ou de curso profissionalizante, além de propiciar-lhe a matrícula escolar, com exigência de frequência e satisfatório aproveitamento; *(Incluído pela Lei n. 12.395, de 16.3.11, DOU 17.3.11)*

g) ser a formação do atleta gratuita e a expensas da entidade de prática desportiva; *(Incluído pela Lei n. 12.395, de 16.3.11, DOU 17.3.11)*

h) comprovar que participa anualmente de competições organizadas por entidade de administração do desporto em, pelo menos, 2 (duas) categorias da respectiva modalidade desportiva; e *(Incluído pela Lei n. 12.395, de 16.3.11, DOU 17.3.11)*

i) garantir que o período de seleção não coincida com os horários escolares. *(Incluído pela Lei n. 12.395, de 16.3.11, DOU 17.3.11)*

§ 3º A entidade nacional de administração do desporto certificará como entidade de prática desportiva formadora aquela que comprovadamente preencha os requisitos estabelecidos nesta Lei. *(Redação dada pela Lei n. 12.395, de 16.3.11, DOU 17.3.11)*

§ 4º O atleta não profissional em formação, maior de quatorze e menor de vinte anos de idade, poderá receber auxílio financeiro da entidade de prática desportiva formadora, sob a forma de bolsa de aprendizagem livremente pactuada mediante contrato formal, sem que seja gerado vínculo empregatício

entre as partes. *(Incluído pela Lei n. 10.672, de 15.5.03, DOU 16.5.03)*

§ 5º A entidade de prática desportiva formadora fará jus a valor indenizatório se ficar impossibilitada de assinar o primeiro contrato especial de trabalho desportivo por oposição do atleta, ou quando ele se vincular, sob qualquer forma, a outra entidade de prática desportiva, sem autorização expressa da entidade de prática desportiva formadora, atendidas as seguintes condições: *(Redação dada pela Lei n. 12.395, de 16.3.11, DOU 17.3.11)*

I — o atleta deverá estar regularmente registrado e não pode ter sido desligado da entidade de prática desportiva formadora; *(Incluído pela Lei n. 12.395, de 16.3.11, DOU 17.3.11)*

II — a indenização será limitada ao montante correspondente a 200 (duzentas) vezes os gastos comprovadamente efetuados com a formação do atleta, especificados no contrato de que trata o § 4º deste artigo; *(Incluído pela Lei n. 12.395, de 16.3.11, DOU 17.3.11)*

III — o pagamento do valor indenizatório somente poderá ser efetuado por outra entidade de prática desportiva e deverá ser efetivado diretamente à entidade de prática desportiva formadora no prazo máximo de 15 (quinze) dias, contados da data da vinculação do atleta à nova entidade de prática desportiva, para efeito de permitir novo registro em entidade de administração do desporto. *(Incluído pela Lei n. 12.395, de 16.3.11, DOU 17.3.11)*

§ 6º O contrato de formação desportiva a que se refere o § 4º deste artigo deverá incluir obrigatoriamente: *(Redação dada pela Lei n. 12.395, de 16.3.11, DOU 17.3.11)*

I — identificação das partes e dos seus representantes legais; *(Redação dada pela Lei n. 12.395, de 16.3.11, DOU 17.3.11)*

II — duração do contrato; *(Redação dada pela Lei n. 12.395, de 16.3.11, DOU 17.3.11)*

III — direitos e deveres das partes contratantes, inclusive garantia de seguro de vida e de acidentes pessoais para cobrir as atividades do atleta contratado; e *(Redação dada pela Lei n. 12.395, de 16.3.11, DOU 17.3.11)*

IV — especificação dos itens de gasto para fins de cálculo da indenização com a formação desportiva. *(Redação dada pela Lei n. 12.395, de 16.3.11, DOU 17.3.11)*

§ 7º A entidade de prática desportiva formadora e detentora do primeiro contrato especial de trabalho desportivo com o atleta por ela profissionalizado terá o direito de preferência para a primeira renovação deste contrato, cujo prazo não poderá ser superior a 3 (três) anos, salvo se para equiparação de proposta de terceiro. *(Redação dada pela Lei n. 12.395, de 16.3.11, DOU 17.3.11)*

I — *(Revogado pela Lei n. 12.395, de 16.3.11, DOU 17.3.11)*

II — *(Revogado pela Lei n. 12.395, de 16.3.11, DOU 17.3.11)*

III — *(Revogado pela Lei n. 12.395, de 16.3.11, DOU 17.3.11)*

IV — *(Revogado pela Lei n. 12.395, de 16.3.11, DOU 17.3.11)*

V — *(Revogado pela Lei n. 12.395, de 16.3.11, DOU 17.3.11)*

§ 8º Para assegurar seu direito de preferência, a entidade de prática desportiva formadora e detentora do primeiro contrato especial de trabalho desportivo deverá apresentar, até 45 (quarenta e cinco) dias antes do término do contrato em curso, proposta ao atleta, de cujo teor deverá ser cientificada a correspondente entidade regional de administração do desporto, indicando as novas condições contratuais e os salários ofertados, devendo o atleta apresentar resposta à entidade de prática desportiva formadora, de cujo teor deverá ser notificada a referida entidade de administração, no prazo de 15 (quinze) dias contados da data do recebimento da proposta, sob pena de aceitação tácita. *(Incluído pela Lei n. 12.395, de 16.3.11, DOU 17.3.11)*

§ 9º Na hipótese de outra entidade de prática desportiva resolver oferecer proposta mais vantajosa a atleta vinculado à entidade de prática desportiva que o formou, deve-se observar o seguinte: *(Incluído pela Lei n. 12.395, de 16.3.11, DOU 17.3.11)*

I — a entidade proponente deverá apresentar à entidade de prática desportiva formadora proposta, fazendo dela constar todas as condições remuneratórias; *(Incluído pela Lei n. 12.395, de 16.3.11, DOU 17.3.11)*

II — a entidade proponente deverá dar conhecimento da proposta à correspondente entidade regional de administração; e *(Incluído pela Lei n. 12.395, de 16.3.11, DOU 17.3.11)*

III — a entidade de prática desportiva formadora poderá, no prazo máximo de 15 (quinze) dias, a contar do recebimento da proposta, comunicar se exercerá o direito de preferência de que trata o § 7º, nas mesmas condições oferecidas. *(Incluído pela Lei n. 12.395, de 16.3.11, DOU 17.3.11)*

§ 10. A entidade de administração do desporto deverá publicar o recebimento das propostas de que tratam os §§ 7º e 8º, nos seus meios oficiais de divulgação, no prazo de 5 (cinco) dias contados da data do recebimento. *(Incluído pela Lei n. 12.395, de 16.3.11, DOU 17.3.11)*

§ 11. Caso a entidade de prática desportiva formadora oferte as mesmas condições, e, ainda assim, o atleta se oponha à renovação do primeiro contrato especial de trabalho desportivo, ela poderá exigir da nova entidade de prática desportiva contratante o valor indenizatório correspondente a, no máximo, 200 (duzentas) vezes o valor do salário mensal constante da proposta. *(Incluído pela Lei n. 12.395, de 16.3.11, DOU 17.3.11)*

§ 12. A contratação do atleta em formação será feita diretamente pela entidade de prática desportiva formadora, sendo vedada a sua realização por meio de terceiros. *(Incluído pela Lei n. 12.395, de 16.3.11, DOU 17.3.11)*

§ 13. A entidade de prática desportiva formadora deverá registrar o contrato de formação desportiva do atleta em formação na entidade de administração da respectiva modalidade desportiva. *(Incluído pela Lei n. 12.395, de 16.3.11, DOU 17.3.11)*

Art. 29-A. Sempre que ocorrer transferência nacional, definitiva ou temporária, de atleta profissional, até 5% (cinco por cento) do valor pago pela nova entidade de prática desportiva serão obrigatoriamente distribuídos entre as entidades de práticas desportivas que contribuíram para a formação do atleta, na proporção de: *(Incluído pela Lei n. 12.395, de 16.3.11, DOU 17.3.11)*

I — 1% (um por cento) para cada ano de formação do atleta, dos 14 (quatorze) aos 17 (dezessete) anos de idade, inclusive; e *(Incluído pela Lei n. 12.395, de 16.3.11, DOU 17.3.11)*

II — 0,5% (meio por cento) para cada ano de formação, dos 18 (dezoito) aos 19 (dezenove) anos de idade, inclusive. *(Incluído pela Lei n. 12.395, de 16.3.11, DOU 17.3.11)*

§ 1º Caberá à entidade de prática desportiva cessionária do atleta reter do valor a ser pago à entidade de prática desportiva cedente 5% (cinco por cento) do valor acordado para a transferência, distribuindo-os às entidades de prática desportiva que contribuíram para a formação do atleta. *(Incluído pela Lei n. 12.395, de 16.3.11, DOU 17.3.11)*

§ 2º Como exceção à regra estabelecida no § 1º deste artigo, caso o atleta se desvincule da entidade de prática desportiva de forma unilateral, mediante pagamento da cláusula indenizatória desportiva prevista no inciso I do art. 28 desta Lei, caberá à entidade de prática desportiva que recebeu a cláusula indenizatória desportiva distribuir 5% (cinco por cento) de tal montante às entidades de prática desportiva responsáveis pela formação do atleta. *(Incluído pela Lei n. 12.395, de 16.3.11, DOU 17.3.11)*

§ 3º O percentual devido às entidades de prática desportiva formadoras do atleta deverá ser calculado sempre de acordo com certidão a ser fornecida pela entidade nacional de administração do desporto, e os valores distribuídos proporcionalmente em até 30 (trinta) dias da efetiva transferência, cabendo-lhe exigir o cumprimento do que dispõe este parágrafo. *(Incluído pela Lei n. 12.395, de 16.3.11, DOU 17.3.11)*

Art. 30. O contrato de trabalho do atleta profissional terá prazo determinado, com vigência nunca inferior a três meses nem superior a cinco anos. *(Redação dada pela Lei n. 9.981, de 14.7.00, DOU 17.7.00)*

Parágrafo único. Não se aplica ao contrato especial de trabalho desportivo do atleta profissional o disposto nos arts. 445 e 451 da Consolidação das Leis do Trabalho — CLT, aprovada pelo Decreto-Lei n. 5.452, de 1º de maio de 1943. *(Redação dada pela Lei n. 12.395, de 16.3.11, DOU 17.3.11)*

Art. 31. A entidade de prática desportiva empregadora que estiver com pagamento de salário ou de contrato de direito de imagem de atleta profissional em atraso, no todo ou em parte, por período igual ou superior a três meses, terá o contrato especial de trabalho desportivo daquele atleta rescindido, ficando o atleta livre para transferir-se para qualquer outra entidade de prática desportiva de mesma modalidade, nacional ou internacional, e exigir a cláusula compensatória desportiva e os haveres devidos. *(Redação dada pela Lei n. 13.155, de 4.8.15, DOU ed. extra 5.8.15)*

§ 1º São entendidos como salário, para efeitos do previsto no *caput*, o abono de férias, o décimo terceiro salário, as gratificações, os prêmios e demais verbas inclusas no contrato de trabalho.

§ 2º A mora contumaz será considerada também pelo não recolhimento do FGTS e das contribuições previdenciárias.

§ 3º *(Revogado pela Lei n. 12.395, de 16.3.11, DOU 17.3.11)*

§ 4º *(Incluído e vetado pela Lei n. 10.672, de 15.5.03, DOU 16.5.03)*

§ 5º O atleta com contrato especial de trabalho desportivo rescindido na forma do *caput* fica autorizado a transferir-se para outra entidade de prática desportiva, inclusive da mesma divisão, independentemente do número de partidas das quais tenha participado na competição, bem como a disputar a competição que estiver em andamento por ocasião da rescisão contratual. *(Incluído pela Lei n. 13.155, de 4.8.15, DOU ed. extra 5.8.15)*

Art. 32. É lícito ao atleta profissional recusar competir por entidade de prática desportiva quando seus salários, no todo ou em parte, estiverem atrasados em dois ou mais meses;

Art. 33. *(Revogado pela Lei n. 12.395, de 16.3.11, DOU 17.3.11)*

Art. 34. São deveres da entidade de prática desportiva empregadora, em especial: *(Redação dada pela Lei n. 9.981, de 14.7.00, DOU 17.7.00)*

I — registrar o contrato especial de trabalho desportivo do atleta profissional na entidade de administração da respectiva modalidade desportiva; *(Redação dada pela Lei n. 12.395, de 16.3.11, DOU 17.3.11)*

II — proporcionar aos atletas profissionais as condições necessárias à participação nas competições desportivas, treinos e outras atividades preparatórias ou instrumentais; *(Incluído pela Lei n. 9.981, de 14.7.00, DOU 17.7.00)*

III — submeter os atletas profissionais aos exames médicos e clínicos necessários à prática desportiva. *(Incluído pela Lei n. 9.981, de 14.7.00, DOU 17.7.00)*

Art. 35. São deveres do atleta profissional, em especial: *(Redação dada pela Lei n. 9.981, de 14.7.00, DOU 17.7.00)*

I — participar dos jogos, treinos, estágios e outras sessões preparatórias de competições com a aplicação e dedicação correspondentes às suas condições psicofísicas e técnicas; *(Incluído pela Lei n. 9.981, de 14.7.00, DOU 17.7.00)*

II — preservar as condições físicas que lhes permitam participar das competições desportivas, submetendo-se aos exames médicos e tratamentos clínicos necessários à prática desportiva; *(Incluído pela Lei n. 9.981, de 14.7.00, DOU 17.7.00)*

III — exercitar a atividade desportiva profissional de acordo com as regras da respectiva modalidade desportiva e as normas que regem a disciplina e a ética desportivas. *(Incluído pela Lei n. 9.981, de 14.7.00, DOU 17.7.00)*

Art. 36. *(Revogado pela Lei n. 9.981, de 14.7.00, DOU 17.7.00)*.

Art. 37. *(Revogado pela Lei n. 9.981, de 14.7.00, DOU 17.7.00)*.

Art. 38. Qualquer cessão ou transferência de atleta profissional ou não profissional depende de sua formal e expressa anuência. *(Redação dada pela Lei n. 9.981, de 14.7.00, DOU 17.7.00)*

Art. 39. O atleta cedido temporariamente a outra entidade de prática desportiva que tiver os salários em atraso, no todo ou em parte, por mais de 2 (dois) meses, notificará a entidade de prática desportiva cedente para, querendo, purgar a mora, no prazo de 15 (quinze) dias, não se aplicando, nesse caso, o disposto no *caput* do art. 31 desta Lei. *(Redação dada pela Lei n. 12.395, de 16.3.11, DOU 17.3.11)*

§ 1º O não pagamento ao atleta de salário e contribuições previstas em lei por parte da entidade de prática desportiva cessionária, por 2 (dois) meses, implicará a rescisão do contrato de empréstimo e a incidência da cláusula compensatória desportiva nele prevista, a ser paga ao atleta pela entidade de prática desportiva cessionária. *(Incluído pela Lei n. 12.395, 16.3.11, DOU 17.3.11)*

§ 2º Ocorrendo a rescisão mencionada no § 1º deste artigo, o atleta deverá retornar à entidade de prática desportiva cedente para cumprir o antigo contrato especial de trabalho desportivo. *(Incluído pela Lei n. 12.395, 16.3.11, DOU 17.3.11)*

Art. 40. Na cessão ou transferência de atleta profissional para entidade de prática desportiva estrangeira observar-se-ão as instruções expedidas pela entidade nacional de título.

§ 1º As condições para transferência do atleta profissional para o exterior deverão integrar obrigatoriamente os contratos de trabalho entre o atleta e a entidade de prática desportiva brasileira que o contratou. *(Renumerado do Parágrafo Único para § 1º pela Lei n. 10.672, de 15.5.03, DOU 16.5.03)*

§ 2º O valor da cláusula indenizatória desportiva internacional originariamente pactuada entre o atleta e a entidade de prática desportiva cedente, independentemente do pagamento da cláusula indenizatória desportiva nacional, será devido a esta pela entidade de prática desportiva cessionária caso esta venha a concretizar transferência internacional do mesmo atleta, em prazo inferior a 3 (três) meses, caracterizando o conluio com a entidade de prática desportiva estrangeira. *(Redação dada pela Lei n. 12.395, 16.3.11, DOU 17.3.11)*

Art. 41. A participação de atletas profissionais em seleções será estabelecida na forma como acordarem a entidade de administração convocante e a entidade de prática desportiva cedente.

§ 1º A entidade convocadora indenizará a cedente dos encargos previstos no contrato de trabalho, pelo período em que durar a convocação do atleta, sem prejuízo de eventuais ajustes celebrados entre este e a entidade convocadora.

§ 2º O período de convocação estender-se-á até a reintegração do atleta à entidade que o cedeu, apto a exercer sua atividade.

Art. 42. Pertence às entidades de prática desportiva o direito de arena, consistente na prerrogativa exclusiva de negociar, autorizar ou proibir a captação, a fixação, a emissão, a transmissão, a retransmissão ou a reprodução de imagens, por qualquer meio ou processo, de espetáculo desportivo de que participem. *(Redação dada pela Lei n. 12.395, 16.3.11, DOU 17.3.11)*

§ 1º Salvo convenção coletiva de trabalho em contrário, 5% (cinco por cento) da receita proveniente da exploração de direitos desportivos audiovisuais serão repassados aos sindicatos de atletas profissionais, e estes distribuirão, em partes iguais, aos atletas profissionais participantes do espetáculo, como parcela de natureza civil. *(Redação dada pela Lei n. 12.395, 16.3.11, DOU 17.3.11)*

§ 1º-A. (VETADO). *(Lei n. 13.155, de 4.8.15, DOU ed. extra 5.8.15)*

§ 2º O disposto neste artigo não se aplica à exibição de flagrantes de espetáculo ou evento desportivo para fins exclusivamente jornalísticos, desportivos ou educativos ou para a captação de apostas legalmente autorizadas, respeitadas as seguintes condições: *(Redação dada pela Lei n. 13.155, de 4.8.15, DOU ed. extra 5.8.15)*

I — a captação das imagens para a exibição de flagrante de espetáculo ou evento desportivo dar-se-á em locais reservados, nos estádios e ginásios, para não detentores de direitos ou, caso não disponíveis, mediante o fornecimento das imagens pelo detentor de direitos locais para a respectiva mídia; *(Incluído pela Lei n. 12.395, 16.3.11, DOU 17.3.11)*

II — a duração de todas as imagens do flagrante do espetáculo ou evento desportivo exibidas não poderá exceder 3% (três por cento) do total do tempo de espetáculo ou evento; *(Incluído pela Lei n. 12.395, 16.3.11, DOU 17.3.11)*

III — é proibida a associação das imagens exibidas com base neste artigo a qualquer forma de patrocínio, propaganda ou promoção comercial. *(Incluído pela Lei n. 12.395, 16.3.11, DOU 17.3.11)*

§ 3º O espectador pagante, por qualquer meio, de espetáculo ou evento desportivo equipara-se, para todos os efeitos legais, ao consumidor, nos termos do art. 2º da Lei n. 8.078, de 11 de setembro de 1990.

Art. 43. É vedada a participação em competições desportivas profissionais de atletas não profissionais com idade superior a vinte anos. *(Redação dada pela Lei n. 9.981, de 14.7.00, DOU 17.7.00)*

Art. 44. É vedada a prática do profissionalismo, em qualquer modalidade, quando se tratar de:

I — desporto educacional, seja nos estabelecimentos escolares de 1º e 2º graus ou superiores;

II — desporto militar;

III — menores até a idade de dezesseis anos completos.

Art. 45. As entidades de prática desportiva são obrigadas a contratar seguro de vida e de acidentes pessoais, vinculado à atividade desportiva, para os atletas profissionais, com o objetivo de cobrir os riscos a que eles estão sujeitos. *(Redação dada pela Lei n 12.395, de 16.3.11, DOU 17.3.11)*

§ 1º A importância segurada deve garantir ao atleta profissional, ou ao beneficiário por ele indicado no contrato de seguro, o direito a indenização mínima correspondente ao valor anual da remuneração pactuada. *(Incluído pela Lei n. 12.395, de 16.3.11, DOU 17.3.11)*

§ 2º A entidade de prática desportiva é responsável pelas despesas médico-hospitalares e de medicamentos necessários ao restabelecimento do atleta enquanto a seguradora não fizer o pagamento da indenização a que se refere o § 1º deste artigo. *(Incluído pela Lei n. 12.395, de 16.3.11, DOU 17.3.11)*

Art. 46. Ao estrangeiro atleta profissional de modalidade desportiva, referido no inciso V do art. 13 da Lei n. 6.815, de 19 de agosto de 1980, poderá ser concedido visto, observadas as exigências da legislação específica, por prazo não excedente a 5 (cinco) anos e correspondente à duração fixada no respectivo contrato especial de trabalho desportivo, permitida uma única renovação. *(Redação dada pela Lei n. 12.395, de 16.3.11, DOU 17.3.11)*

§ 1º É vedada a participação de atleta de nacionalidade estrangeira como integrante de equipe de competição de entidade de prática desportiva nacional nos campeonatos oficiais quando o visto de trabalho temporário recair na hipótese do inciso III do art. 13 da Lei n. 6.815, de 19 de agosto de 1980. *(Redação dada pela Lei n. 12.395, de 16.3.11, DOU 17.3.11)*

§ 2º A entidade de administração do desporto será obrigada a exigir da entidade de prática desportiva o comprovante do visto de trabalho do atleta de nacionalidade estrangeira fornecido pelo Ministério do Trabalho e Emprego, sob pena de cancelamento da inscrição desportiva. *(Redação dada pela Lei n. 12.395, de 16.3.11, DOU 17.3.11)*

Art. 46-A. As ligas desportivas, as entidades de administração de desporto e as de prática desportiva envolvidas em qualquer competição de atletas profissionais, independentemente da forma jurídica adotada, ficam obrigadas a: *(Incluído pela Lei n. 10.672, de 15.5.03, DOU 16.5.03)*

I — elaborar suas demonstrações financeiras, separadamente por atividade econômica, de modo distinto das atividades recreativas e sociais, nos termos da lei e de acordo com os padrões e critérios estabelecidos pelo Conselho Federal de Contabilidade, e, após terem sido submetidas a auditoria independente, providenciar sua publicação, até o último dia útil do mês de abril do ano subsequente, por período não inferior a 3 (três) meses, em sítio eletrônico próprio e

da respectiva entidade de administração ou liga desportiva; *(Redação dada pela Lei n. 12.395, de 16.3.11, DOU 17.3.11)*

II — apresentar suas contas juntamente com os relatórios da auditoria de que trata o inciso I ao Conselho Nacional do Esporte — CNE, sempre que forem beneficiárias de recursos públicos, na forma do regulamento. *(Incluído pela Lei n. 10.672, de 15.5.03, DOU 16.5.03)*

§ 1º Sem prejuízo da aplicação das penalidades previstas na legislação tributária, trabalhista, previdenciária, cambial, e das consequentes responsabilidades civil e penal, a infringência a este artigo implicará: *(Incluído pela Lei n. 10.672, de 15.5.03, DOU 16.5.03)*

I — para as entidades de administração do desporto e ligas desportivas, a inelegibilidade, por dez anos, de seus dirigentes para o desempenho de cargos ou funções eletivas ou de livre nomeação, em quaisquer das entidades ou órgãos referidos no parágrafo único do art. 13 desta Lei; *(Incluído pela Lei n. 10.672, de 15.5.03, DOU 16.5.03)*

II — para as entidades de prática desportiva, a inelegibilidade, por cinco anos, de seus dirigentes para cargos ou funções eletivas ou de livre nomeação em qualquer entidade ou empresa direta ou indiretamente vinculada às competições profissionais da respectiva modalidade desportiva. *(Incluído pela Lei n. 10.672, de 15.5.03, DOU 16.5.03)*

§ 2º As entidades que violarem o disposto neste artigo ficam ainda sujeitas: *(Incluído pela Lei n. 10.672, de 15.5.03, DOU 16.5.03)*

I — ao afastamento de seus dirigentes; e *(Incluído pela Lei n. 10.672, de 15.5.03, DOU 16.5.03)*

II — à nulidade de todos os atos praticados por seus dirigentes em nome da entidade, após a prática da infração, respeitado o direito de terceiros de boa-fé. *(Redação dada pela Lei n. 12.395, de 16.3.11, DOU 17.3.11)*

§ 3º Os dirigentes de que trata o § 2º serão sempre: *(Incluído pela Lei n. 10.672, de 15.5.03, DOU 16.5.03)*

I — o presidente da entidade, ou aquele que lhe faça as vezes; e *(Incluído pela Lei n. 10.672, de 15.5.03, DOU 16.5.03)*

II — o dirigente que praticou a infração ainda que por omissão. *(Incluído pela Lei n. 10.672, de 15.5.03, DOU 16.5.03)*

§ 4º *(Incluído e vetado pela Lei n. 10.672, de 15.5.03, DOU 16.5.03)*

Capítulo VI
Da Ordem Desportiva

Art. 47. No âmbito de suas atribuições, os Comitês Olímpico e Paraolímpico Brasileiros e as entidades nacionais de administração do desporto têm competência para decidir, de ofício ou quando lhes forem submetidas pelos seus filiados, as questões relativas ao cumprimento das normas e regras de prática desportiva.

Art. 48. Com o objetivo de manter a ordem desportiva, o respeito aos atos emanados de seus poderes internos, poderão ser aplicadas, pelas entidades de administração do desporto e de prática desportiva, as seguintes sanções:

I — advertência;
II — censura escrita;
III — multa;
IV — suspensão;
V — desfiliação ou desvinculação.

§ 1º A aplicação das sanções previstas neste artigo não prescinde do processo administrativo no qual sejam assegurados o contraditório e a ampla defesa.

§ 2º As penalidades de que tratam os incisos IV e V deste artigo somente poderão ser aplicadas após decisão definitiva da Justiça Desportiva.

Capítulo VI-A
Do controle de dopagem
Capítulo incluído pela Lei n. 13.322, de 28.07.2016, DOU 29.07.2016

Art. 48-A. O controle de dopagem tem por objetivo garantir o direito dos atletas e das entidades de participarem de competições livres de dopagem, promover a conservação da saúde, preservar a justiça e a igualdade entre os competidores.

§ 1º O controle de dopagem será realizado por meio de programas harmonizados, coordenados e eficazes em nível nacional e internacional no âmbito da detecção, da punição e da prevenção da dopagem.

§ 2º Considera-se como dopagem no esporte a violação de regra antidopagem cometida por atleta, por terceiro ou por entidade.

Art. 48-B. A ABCD, órgão vinculado ao Ministério do Esporte, é a organização nacional antidopagem, a qual compete, privativamente:

I — estabelecer a política nacional de prevenção e de combate à dopagem;

II — coordenar nacionalmente o combate de dopagem no esporte, respeitadas as diretrizes estabelecidas pelo CNE;

III — conduzir os testes de controle de dopagem, a gestão de resultados, de investigações e outras atividades relacionadas a antidopagem, respeitadas as atribuições de entidades internacionais previstas no Código Mundial de Antidopagem;

IV — expedir autorizações de uso terapêutico, respeitadas as atribuições de entidades internacionais previstas no Código Mundial de Antidopagem;

V — certificar e identificar profissionais, órgãos e entidades para atuar no controle de dopagem;

VI — editar resoluções sobre os procedimentos técnicos de controle de dopagem, observadas as normas previstas no Código Mundial Antidopagem e a legislação correlata;

VII — manter interlocução com os organismos internacionais envolvidos com matérias relacionadas à antidopagem, respeitadas as competências dos demais órgãos da União;

VIII — divulgar e adotar as normas técnicas internacionais relacionadas ao controle de dopagem e a lista de substâncias e métodos proibidos no esporte, editada pela Agência Mundial Antidopagem; e

IX — informar à Justiça Desportiva Antidopagem as violações às regras de dopagem, participando do processo na qualidade de fiscal da legislação antidopagem.

§ 1º A ABCD poderá delegar a competência para coleta de amostras e prática de demais atos materiais relacionados ao controle de dopagem.

§ 2º No exercício das competências previstas no *caput*, a ABCD observará o disposto nos incisos VII e VIII do *caput* do art. 11.

§ 3º A ABCD poderá propor ao CNE a edição e as alterações de normas antidopagem.

§ 4º Os atos normativos da ABCD deverão ser submetidos à prévia análise da Advocacia-Geral da União.

Art. 48-C. Às demais entidades componentes do Sistema Brasileiro do Desporto incumbe a adoção, a implementação e a aplicação de regras antidopagem, nos termos estabelecidos nesta Lei e nas demais normas regulamentares expedidas pelo CNE e pela ABCD.

Capítulo VII
Da Justiça Desportiva

Art. 49. A Justiça Desportiva a que se referem os §§ 1º e 2º do art. 217 da Constituição Federal e o art. 33 da Lei n. 8.028, de 12 de abril de 1990, regula-se pelas disposições deste Capítulo.

Art. 50. A organização, o funcionamento e as atribuições da Justiça Desportiva, limitadas ao processo e julgamento das infrações disciplinares e às competições desportivas, serão definidos nos Códigos de Justiça Desportiva, facultando-se às ligas constituir seus próprios órgãos judicantes desportivos, com atuação restrita às suas competições. *(Redação dada pela Lei n. 12.395, de 16.3.11, DOU 17.3.11)*

§ 1º As transgressões relativas à disciplina e às competições desportivas sujeitam o infrator a:

I — advertência;
II — eliminação;
III — exclusão de campeonato ou torneio;
IV — indenização;
V — interdição de praça de desportos;
VI — multa;
VII — perda do mando do campo;
VIII — perda de pontos;
IX — perda de renda;
X — suspensão por partida;
XI — suspensão por prazo.

§ 2º As penas disciplinares não serão aplicadas aos menores de quatorze anos.

§ 3º As penas pecuniárias não serão aplicadas a atletas não profissionais.

§ 4º Compete às entidades de administração do desporto promover o custeio do funcionamento dos órgãos da Justiça Desportiva que funcionem junto a si. *(Incluído pela Lei n. 9.981, de 14.7.00, DOU 17.7.00)*

§ 5º A pena de suspensão de que trata o inciso XI do § 1º deste artigo não poderá ser superior a trinta anos. (NR)

Art. 50-A. Além das sanções previstas nos incisos do I a XI do § 1º do art. 50, as violações às regras antidopagem podem, ainda, sujeitar o infrator às seguintes penalidades:

I — nulidade de títulos, premiações, pontuações, recordes e resultados desportivos obtidos pelo infrator; e

II — devolução de prêmios, troféus, medalhas e outras vantagens obtidas pelo infrator que sejam relacionadas à prática desportiva.

§ 1º Na hipótese de condenação de que trata o inciso XI do § 1º do art. 50, a Justiça Desportiva Antidopagem comunicará aos órgãos da administração pública para obter ressarcimento de eventuais recursos públicos despendidos com o atleta.

§ 2º O disposto nos §§ 2º e 3º do art. 50 aplica-se às violações às regras antidopagem.

Art. 51. O disposto nesta Lei sobre Justiça Desportiva não se aplica aos Comitês Olímpico e Paraolímpico Brasileiros.

Art. 52. Os órgãos integrantes da Justiça Desportiva são autônomos e independentes das entidades de administração do desporto de cada sistema, compondo-se do Superior Tribunal de Justiça Desportiva, funcionando junto às entidades nacionais de administração do desporto; dos Tribunais de Justiça Desportiva, funcionando junto às entidades regionais da administração do desporto, e das Comissões Disciplinares, com competência para processar e julgar as questões

previstas nos Códigos de Justiça Desportiva, sempre assegurados a ampla defesa e o contraditório. *(Redação dada pela Lei n. 9.981, de 14.7.00, DOU 17.7.00)*

§ 1º Sem prejuízo do disposto neste artigo, as decisões finais dos Tribunais de Justiça Desportiva são impugnáveis nos termos gerais do direito, respeitados os pressupostos processuais estabelecidos nos §§ 1º e 2º do art. 217 da Constituição Federal.

§ 2º O recurso ao Poder Judiciário não prejudicará os efeitos desportivos validamente produzidos em consequência da decisão proferida pelos Tribunais de Justiça Desportiva.

Art. 53. No Superior Tribunal de Justiça Desportiva, para julgamento envolvendo competições interestaduais ou nacionais, e nos Tribunais de Justiça Desportiva, funcionarão tantas Comissões Disciplinares quantas se fizerem necessárias, compostas cada qual de 5 (cinco) membros que não pertençam aos referidos órgãos judicantes, mas sejam por estes escolhidos. *(Redação dada pela Lei n. 12.395, de 16.3.11, DOU 17.3.11)*

§ 1º (VETADO)

§ 2º A Comissão Disciplinar aplicará sanções em procedimento sumário, assegurados a ampla defesa e o contraditório.

§ 3º Das decisões da Comissão Disciplinar caberá recurso ao Tribunal de Justiça Desportiva e deste ao Superior Tribunal de Justiça Desportiva, nas hipóteses previstas nos respectivos Códigos de Justiça Desportiva. *(Redação dada pela Lei n. 9.981, de 14.7.00, DOU 17.7.00)*

§ 4º O recurso ao qual se refere o parágrafo anterior será recebido e processado com efeito suspensivo quando a penalidade exceder de duas partidas consecutivas ou quinze dias.

Art. 54. O membro do Tribunal de Justiça Desportiva exerce função considerada de relevante interesse público e, sendo servidor público, terá abonadas suas faltas, computando-se como de efetivo exercício a participação nas respectivas sessões.

Art. 55. O Superior Tribunal de Justiça Desportiva e os Tribunais de Justiça Desportiva serão compostos por nove membros, sendo: *(Redação dada pela Lei n. 9.981, de 14.7.00, DOU 17.7.00)*

I — dois indicados pela entidade de administração do desporto; *(Redação dada pela Lei n. 9.981, de 14.7.00, DOU 17.7.00)*

II — dois indicados pelas entidades de prática desportiva que participem de competições oficiais da divisão principal; *(Redação dada pela Lei n. 9.981, de 14.7.00, DOU 17.7.00)*

III — dois advogados com notório saber jurídico desportivo, indicados pela Ordem dos Advogados do Brasil; *(Redação dada pela Lei n. 9.981, de 14.7.00, DOU 17.7.00)*

IV — 1 (um) representante dos árbitros, indicado pela respectiva entidade de classe; *(Redação dada pela Lei n. 12.395, de 16.3.11, DOU 17.3.11)*

V — 2 (dois) representantes dos atletas, indicados pelas respectivas entidades sindicais. *(Redação dada pela Lei n. 12.395, de 16.3.11, DOU 17.3.11)*

§ 1º (Revogado). *(Redação dada pela Lei n. 9.981, de 14.7.00, DOU 17.7.00)*

§ 2º O mandato dos membros dos Tribunais de Justiça Desportiva terá duração máxima de quatro anos, permitida apenas uma recondução. *(Redação dada pela Lei n. 9.981, de 14.7.00, DOU 17.7.00)*

§ 3º É vedado aos dirigentes desportivos das entidades de administração e das entidades de prática o exercício de cargo ou função na Justiça Desportiva, exceção feita aos membros dos conselhos deliberativos das entidades de prática desportiva. *(Redação dada pela Lei n. 9.981, de 14.7.00, DOU 17.7.00)*

§ 4º Os membros dos Tribunais de Justiça Desportiva poderão ser bacharéis em Direito ou pessoas de notório saber jurídico, e de conduta ilibada. *(Redação dada pela Lei n. 9.981, de 14.7.00, DOU 17.7.00)*

§ 5º (VETADO). *(Incluído pela Lei n. 12.395, de 16.3.11, DOU 17.3.11)*

Art. 55-A. Fica criada a Justiça Desportiva Antidopagem — JAD, composta por um Tribunal e por uma Procuradoria, dotados de autonomia e independência, e com competência para: *(Incluído pela Lei n. 13.322, de 28.07.16, DOU 29.07.16)*

I — julgar violações a regras antidopagem e aplicar as infrações a elas conexas; e *(Incluído pela Lei n. 13.322, de 28.07.16, DOU 29.07.16)*

II — homologar decisões proferidas por organismos internacionais, decorrentes ou relacionadas a violações às regras antidopagem. *(Incluído pela Lei n. 13.322, de 28.07.16, DOU 29.07.16)*

§ 1º A JAD funcionará junto ao CNE e será composta de forma paritária por representantes de entidades de administração do desporto, de entidades sindicais dos atletas e do Poder Executivo. *(Incluído pela Lei n. 13.322, de 28.07.16, DOU 29.07.16)*

§ 2º A escolha dos membros da JAD buscará assegurar a paridade entre homens e mulheres na sua composição. *(Redação dada pela Lei n. 13.322, de 28.07.16, DOU 29.07.16)*

§ 3º Os membros da JAD serão auxiliados em suas decisões por equipe de peritos técnicos das áreas relacionadas ao controle de dopagem. *(Redação dada pela Lei n. 13.322, de 28.07.16, DOU 29.07.16)*

§ 4º A competência da JAD abrangerá as modalidades e as competições desportivas de âmbito profissional e não profissional. *(Redação dada pela Lei n. 13.322, de 28.07.16, DOU 29.07.16)*

§ 5º Incumbe ao CNE regulamentar a atuação da JAD. *(Redação dada pela Lei n. 13.322, de 28.07.16, DOU 29.07.16)*

§ 6º O mandato dos membros da JAD terá duração de três anos, permitida uma recondução por igual período. *(Redação dada pela Lei n. 13.322, de 28.07.16, DOU 29.07.16)*

§ 7º Não poderão compor a JAD membros que estejam no exercício de mandato em outros órgãos da Justiça Desportiva de que trata o art. 50, independentemente da modalidade. *(Redação dada pela Lei n. 13.322, de 28.07.16, DOU 29.07.16)*

§ 8º É vedado aos membros da JAD atuar perante esta pelo período de um ano após o término dos respectivos mandatos. *(Redação dada pela Lei n. 13.322, de 28.07.16, DOU 29.07.16)*

§ 9º As atividades da JAD serão custeadas pelo Ministério do Esporte.

§ 10. Poderá ser estabelecida a cobrança de custas e emolumentos para a realização de atos processuais. *(Redação dada pela Lei n. 13.322, de 28.07.16, DOU 29.07.16)*

§ 11. As custas e os emolumentos de que trata o § 10 deverão ser fixadas entre R$ 100,00 (cem reais) e R$ 100.000,00 (cem mil reais), conforme a complexidade da causa, na forma da tabela aprovada pelo CNE para este fim. *(Redação dada pela Lei n. 13.322, de 28.07.16, DOU 29.07.16)*

§ 12. O Código Brasileiro Antidopagem — CBA e os regimentos internos do Tribunal e da Procuradoria disporão sobre a organização, o funcionamento e as atribuições da JAD. *(Redação dada pela Lei n. 13.322, de 28.07.16, DOU 29.07.16)*

§ 13. O disposto no § 3º do art. 55 aplica-se aos membros da JAD. *(Redação dada pela Lei n. 13.322, de 28.07.16, DOU 29.07.16)*

Art. 55-B. Até a entrada em funcionamento da JAD, o processo e o julgamento de infrações relativas à dopagem no esporte permanecerão sob a responsabilidade da Justiça Desportiva de que tratam os arts. 49 a 55. *(Redação dada pela Lei n. 13.322, de 28.07.16, DOU 29.07.16)*

Parágrafo único. Os processos instaurados e em trâmite na Justiça Desportiva quando da instalação da JAD permanecerão sob responsabilidade daquela até o seu trânsito em julgado, competindo-lhe a execução dos respectivos julgados. *(Redação dada pela Lei n. 13.322, de 28.07.16, DOU 29.07.16)*

Art. 55-C. Compete à JAD decidir sobre a existência de matéria atinente ao controle de dopagem que atraia sua competência para o processo e o julgamento da demanda. *(Redação dada pela Lei n. 13.322, de 28.07.16, DOU 29.07.16)*

Parágrafo único. Não caberá recurso da decisão proferida na forma do caput. *(Redação dada pela Lei n. 13.322, de 28.07.16, DOU 29.07.16)*

Capítulo X
Disposições Gerais

Art. 82. Os dirigentes, unidades ou órgãos de entidades de administração do desporto, inscritas ou não no registro de comércio, não exercem função delegada pelo Poder Público, nem são consideradas autoridades públicas para os efeitos desta Lei.

Art. 82-A. As entidades de prática desportiva de participação ou de rendimento, profissional ou não profissional, promoverão obrigatoriamente exames periódicos para avaliar a saúde dos atletas, nos termos da regulamentação. *(Incluído pela Lei n. 12.346, de 9.2.10, DOU 10.12.10)* (Vigência)

Art. 82-B. São obrigadas a contratar seguro de vida e de acidentes pessoais, vinculado à atividade desportiva, com o objetivo de cobrir os riscos a que os atletas estão sujeitos: *(Incluído pela Lei n. 13.155, de 4.8.15, DOU ed. extra 5.8.15)*

I — as entidades de prática desportiva que mantenham equipes de treinamento de atletas não profissionais de modalidades olímpicas ou paraolímpicas, para os atletas não profissionais a ela vinculados; *(Incluído pela Lei n. 13.155, de 4.8.15, DOU ed. extra 5.8.15)*

II — as entidades de administração do desporto nacionais, no caso de: *(Incluído pela Lei n. 13.155, de 4.8.15, DOU ed. extra 5.8.15)*

a) competições ou partidas internacionais em que atletas não profissionais de modalidades olímpicas ou paraolímpicas estejam representando selecionado nacional; *(Incluído pela Lei n. 13.155, de 4.8.15, DOU ed. extra 5.8.15)*

b) competições nacionais de modalidades olímpicas ou paraolímpicas, para os atletas não profissionais não vinculados a nenhuma entidade de prática desportiva. *(Incluído pela Lei n. 13.155, de 4.8.15, DOU ed. extra 5.8.15)*

§ 1º A importância segurada deve garantir ao atleta não profissional, ou ao beneficiário por ele indicado no contrato de seguro, o direito a indenização mínima correspondente a doze vezes o valor do salário mínimo vigente ou a doze vezes o valor de contrato de imagem ou de patrocínio referentes a sua

atividade desportiva, o que for maior. *(Incluído pela Lei n. 13.155, de 4.8.15, DOU ed. extra 5.8.15)*

§ 2º A entidade de prática desportiva é responsável pelas despesas médico-hospitalares e de medicamentos necessários ao restabelecimento do atleta enquanto a seguradora não fizer o pagamento da indenização a que se refere o § 1º deste artigo. *(Incluído pela Lei n. 13.155, de 4.8.15, DOU ed. extra 5.8.15)*

§ 3º As despesas com o seguro estabelecido no inciso II do *caput* deste artigo serão custeadas com os recursos previstos no inciso VI do art. 56 desta Lei. *(Incluído pela Lei n. 13.155, de 4.8.15, DOU ed. extra 5.8.15)*

Art. 83. As entidades desportivas internacionais com sede permanente ou temporária no País receberão dos poderes públicos o mesmo tratamento dispensado às entidades nacionais de administração do desporto.

Art. 84. Será considerado como efetivo exercício, para todos os efeitos legais, o período em que o atleta servidor público civil ou militar, da Administração Pública direta, indireta, autárquica ou fundacional, estiver convocado para integrar representação nacional em treinamento ou competição desportiva no País ou no exterior. *(Redação dada pela Lei n. 9.981, de 14.7.00, DOU 17.7.00)*

§ 1º O período de convocação será definido pela entidade nacional de administração da respectiva modalidade desportiva, cabendo a esta ou aos Comitês Olímpico ou Paraolímpico Brasileiros fazer a devida comunicação e solicitar ao Ministério do Esporte a competente liberação do afastamento do atleta, árbitro e assistente, cabendo ao referido Ministério comunicar a ocorrência ao órgão de origem do servidor ou militar. *(Redação dada pela Lei n. 12.395, de 16.3.11, DOU 17.3.11)*

§ 2º O disposto neste artigo aplica-se, também, aos profissionais especializados e dirigentes, quando indispensáveis à composição da delegação.

Art. 84-A. Todos os jogos das seleções brasileiras de futebol, em competições oficiais, deverão ser exibidos, pelo menos, em uma rede nacional de televisão aberta, com transmissão ao vivo, inclusive para as cidades brasileiras nas quais os mesmos estejam sendo realizados. *(Incluído pela Lei n. 9.981, de 14.7.00, DOU 17.7.00)*

Parágrafo único. As empresas de televisão de comum acordo, ou por rodízio, ou por arbitramento, resolverão como cumprir o disposto neste artigo, caso nenhuma delas se interesse pela transmissão. O órgão competente fará o arbitramento. *(Incluído pela Lei n. 9.981, de 14.7.00, DOU 17.7.00)*

Art. 85. Os sistemas de ensino da União, dos Estados, do Distrito Federal e dos Municípios, bem como as instituições de ensino superior, definirão normas específicas para verificação do rendimento e o controle de frequência dos estudantes que integrarem representação desportiva nacional, de forma a harmonizar a atividade desportiva com os interesses relacionados ao aproveitamento e à promoção escolar.

Art. 86. É instituído o Dia do Desporto, a ser comemorado no dia 23 de junho, Dia Mundial do Desporto Olímpico.

Art. 87. A denominação e os símbolos de entidade de administração do desporto ou prática desportiva, bem como o nome ou apelido desportivo do atleta profissional, são de propriedade exclusiva dos mesmos, contando com a proteção legal, válida para todo o território nacional, por tempo indeterminado, sem necessidade de registro ou averbação no órgão competente.

Parágrafo único. A garantia legal outorgada às entidades e aos atletas referidos neste artigo permite-lhes o uso comercial de sua denominação, símbolos, nomes e apelidos.

Art. 87-A. O direito ao uso da imagem do atleta pode ser por ele cedido ou explorado, mediante ajuste contratual de natureza civil e com fixação de direitos, deveres e condições inconfundíveis com o contrato especial de trabalho desportivo. *(Incluído pela Lei n. 12.395, de 16.3.11, DOU 17.3.11)*

Parágrafo único. Quando houver, por parte do atleta, a cessão de direitos ao uso de sua imagem para a entidade de prática desportiva detentora do contrato especial de trabalho desportivo, o valor correspondente ao uso da imagem não poderá ultrapassar 40% (quarenta por cento) da remuneração total paga ao atleta, composta pela soma do salário e dos valores pagos pelo direito ao uso da imagem. *(Incluído pela Lei n. 13.155, de 4.8.15, DOU ed. extra 5.8.15)*

Art. 88. Os árbitros e auxiliares de arbitragem poderão constituir entidades nacionais, estaduais e do Distrito Federal, por modalidade desportiva ou grupo de modalidades, objetivando o recrutamento, a formação e a prestação de serviços às entidades de administração do desporto. *(Redação dada pela Lei n. 12.395, de 16.3.11, DOU 17.3.11)*

Parágrafo único. Independentemente da constituição de sociedade ou entidades, os árbitros e seus auxiliares não terão qualquer vínculo empregatício com as entidades desportivas diretivas onde atuarem, e sua remuneração como autônomos exonera tais entidades de quaisquer outras responsabilidades trabalhistas, securitárias e previdenciárias.

Art. 89. Em campeonatos ou torneios regulares com mais de uma divisão, as entidades de administração do desporto determinarão em seus regulamentos o princípio do acesso e do descenso, observado sempre o critério técnico.

Parágrafo único. Não configura ofensa ao disposto no *caput* a imposição de sanções decorrentes de irregularidades na responsabilidade financeira esportiva e na gestão transparente e democrática previstas na Medida Provisória n. 671, de 19 de março de 2015. (NR) *(Redação dada pela Lei n. 13.155, de 4.8.15, DOU ed. extra 5.8.15)*

Art. 89-A. As entidades responsáveis pela organização de competições desportivas profissionais deverão disponibilizar equipes para atendimento de emergências entre árbitros e atletas, nos termos da regulamentação. *(Incluído pela Lei n. 12.346, de 9.12.10, DOU 10.12.10) (Vigência)*

Art. 90. É vedado aos administradores e membros de conselho fiscal de entidade de prática desportiva o exercício de cargo ou função em entidade de administração do desporto.

Art. 90-A. *(Incluído e vetado pela Lei n. 10.672, de 15.5.03, DOU 16.5.03).*

Art. 90-B. *(Incluído e vetado pela Lei n. 10.672, de 15.5.03, DOU 16.5.03).*

Art. 90-C. As partes interessadas poderão valer-se da arbitragem para dirimir litígios relativos a direitos patrimoniais disponíveis, vedada a apreciação de matéria referente à disciplina e à competição desportiva. *(Incluído pela Lei n. 12.395, de 16.3.11, DOU 17.3.11)*

Parágrafo único. A arbitragem deverá estar prevista em acordo ou convenção coletiva de trabalho e só poderá ser instituída após a concordância expressa de ambas as partes, mediante cláusula compromissória ou compromisso arbitral. *(Incluído pela Lei n. 12.395, de 16.3.11, DOU 17.3.11)*

Art. 90-D. Os atletas profissionais poderão ser representados em juízo por suas entidades sindicais em ações relativas aos contratos especiais de trabalho desportivo mantidos com as entidades de prática desportiva. *(Incluído pela Lei n. 12.395, de 16.3.11, DOU 17.3.11)*

Art. 90-E. O disposto no § 4º do art. 28 quando houver vínculo empregatício aplica-se aos integrantes da comissão técnica e da área de saúde. *(Incluído pela Lei n. 12.395, de 16.3.11, DOU 17.3.11)*

Art. 90-F. Os profissionais credenciados pelas Associações de Cronistas Esportivos quando em serviço têm acesso a praças, estádios e ginásios desportivos em todo o território nacional, obrigando-se a ocupar locais a eles reservados pelas respectivas entidades de administração do desporto. *(Incluído pela Lei n. 12.395, de 16.3.11, DOU 17.3.11)*

Capítulo XI
Disposições Transitórias

Art. 91. (VETADO) *(Lei n. 12.395, de 16.3.11, DOU 17.3.11)*

Art. 92. Os atuais atletas profissionais de futebol, de qualquer idade, que, na data de entrada em vigor desta Lei, estiverem com passe livre, permanecerão nesta situação, e a rescisão de seus contratos de trabalho dar-se-á nos termos dos arts. 479 e 480 da CLT.

Art. 93. O disposto no art. 28, § 2º, desta Lei somente produzirá efeitos jurídicos a partir de 26 de março de 2001, respeitados os direitos adquiridos decorrentes dos contratos de trabalho e vínculos desportivos de atletas profissionais pactuados com base na legislação anterior. *(Redação dada pela Lei n. 9.981, de 14.7.00, DOU 17.7.00)*

Parágrafo único. (VETADO) *(Incluído e vetado pela Lei n. 9.981, de 14.7.00, DOU 17.7.00)*

Art. 94. O disposto nos arts. 27, 27-A, 28, 29, 29-A, 30, 39, 43, 45 e no § 1º do art. 41 desta Lei será obrigatório exclusivamente para atletas e entidades de prática profissional da modalidade de futebol. *(Redação dada pela Lei n. 12.395, de 16.3.11, DOU 17.3.11)*

Parágrafo único. É facultado às demais modalidades desportivas adotar os preceitos constantes dos dispositivos referidos no *caput* deste artigo. *(Incluído pela Lei n. 9.981, de 14.7.00, DOU 17.7.00)*

Art. 94-A. O Poder Executivo regulamentará o disposto nesta Lei, inclusive a distribuição dos recursos, gradação das multas e os procedimentos de sua aplicação. *(Incluído pela Lei n. 9.981, de 14.7.00, DOU 17.7.00)*

Art. 95. Esta Lei entra em vigor na data de sua publicação.

Art. 96. São revogados, a partir da vigência do disposto no § 2º do art. 28 desta Lei, os incisos II e V e os §§ 1º e 3º do art. 3º, os arts. 4º, 6º, 11 e 13, o § 2º do art. 15, o parágrafo único do art. 16 e os arts. 23 e 26 da Lei n. 6.354, de 2 de setembro de 1976; são revogadas, a partir da data de publicação desta Lei, as Leis ns. 8.672, de 6 de julho de 1993, e 8.946, de 5 de dezembro de 1994.

Brasília, 24 de março de 1998; 177º da Independência e 110º da República.

Fernando Henrique Cardoso
Iris Rezende
Pedro Malan
Paulo Renato Souza
Paulo Paiva
Reinhold Stephanes
Edson Arantes do Nascimento

DOU 25.3.1998

LEGISLAÇÃO COMPLEMENTAR

Decreto n. 7.984, de 8 de abril de 2013

Regulamenta a Lei n. 9.615, de 24 de março de 1998, que institui normas gerais sobre desporto

A PRESIDENTA DA REPÚBLICA, no uso da atribuição que lhe confere o art. 84, *caput*, inciso IV, da Constituição, e tendo em vista o disposto na Lei n. 9.615, de 24 de março de 1998,
DECRETA:

Art. 1º Este Decreto regulamenta a Lei n. 9.615, de 24 de março de 1998, que institui normas gerais sobre desporto.

Capítulo I
Disposições Preliminares

Art. 2º O desporto brasileiro abrange práticas formais e não formais e tem como base os princípios dispostos no art. 2º da Lei n. 9.615, de 1998.

§ 1º A prática desportiva formal é regulada por normas nacionais e internacionais e pelas regras de prática desportiva de cada modalidade, aceitas pelas respectivas entidades nacionais de administração do desporto.

§ 2º A prática desportiva não formal é caracterizada pela liberdade lúdica de seus praticantes.

Art. 3º O desporto pode ser reconhecido nas seguintes manifestações:

I — desporto educacional ou esporte-educação, praticado na educação básica e superior e em formas assistemáticas de educação, evitando-se a seletividade, a competitividade excessiva de seus praticantes, com a finalidade de alcançar o desenvolvimento integral do indivíduo e a sua formação para o exercício da cidadania e a prática do lazer;

II — desporto de participação, praticado de modo voluntário, caracterizado pela liberdade lúdica, com a finalidade de contribuir para a integração dos praticantes na plenitude da vida social, a promoção da saúde e da educação, e a preservação do meio ambiente; e

III — desporto de rendimento, praticado segundo as disposições da Lei n. 9.615, de 1998, e das regras de prática desportiva, nacionais e internacionais, com a finalidade de obter resultados de superação ou de performance relacionados aos esportes e de integrar pessoas e comunidades do País e de outras nações.

§ 1º O desporto educacional pode constituir-se em:

I — esporte educacional, ou esporte formação, com atividades em estabelecimentos escolares e não escolares, referenciado em princípios socioeducativos como inclusão, participação, cooperação, promoção à saúde, coeducação e responsabilidade; e

II — esporte escolar, praticado pelos estudantes com talento esportivo no ambiente escolar, visando à formação cidadã, referenciado nos princípios do desenvolvimento esportivo e do desenvolvimento do espírito esportivo, podendo contribuir para ampliar as potencialidades para a prática do esporte de rendimento e promoção da saúde.

§ 2º O esporte escolar pode ser praticado em competições, eventos, programas de formação, treinamento, complementação educacional, integração cívica e cidadã, realizados por:

I — Confederação Brasileira de Desporto Escolar — CBDE, Confederação Brasileira de Desporto Universitário — CBDU, ou entidades vinculadas, e instituições públicas ou privadas que desenvolvem programas educacionais; e

II — instituições de educação de qualquer nível.

Art. 4º O desporto de rendimento pode ser organizado e praticado:

I — de modo profissional, caracterizado pela remuneração pactuada em contrato especial de trabalho desportivo entre o atleta e a entidade de prática desportiva empregadora; e

II — de modo não profissional, identificado pela liberdade de prática e pela inexistência de contrato especial de trabalho desportivo, sendo permitido o recebimento de incentivos materiais e de patrocínio.

Parágrafo único. Consideram-se incentivos materiais, na forma disposta no inciso II do *caput*, entre outros:

I — benefícios ou auxílios financeiros concedidos a atletas na forma de bolsa de aprendizagem, prevista no § 4º do art. 29 da Lei n. 9.615, de 1998;

II — Bolsa-Atleta, prevista na Lei n. 10.891, de 9 de julho de 2004;

III — bolsa paga a atleta por meio de recursos dos incentivos previstos na Lei n. 11.438, de 29 de dezembro de 2006, ressalvado o disposto em seu art. 2º, § 2º; e

IV — benefícios ou auxílios financeiros similares previstos em normas editadas pelos demais entes federativos.

Capítulo II
Dos Sistemas do Desporto

Seção I
Do Sistema Brasileiro do Desporto

Art. 5º O Sistema Brasileiro do Desporto compreende:

I — o Ministério do Esporte;

II — o Conselho Nacional do Esporte — CNE; e

III — o Sistema Nacional do Desporto e os sistemas de desporto dos Estados, do Distrito Federal e dos Municípios, organizados de forma autônoma e em regime de colaboração, integrados por vínculos de natureza técnica específicos de cada modalidade desportiva.

§ 1º O Sistema Brasileiro do Desporto tem por objetivo garantir a prática desportiva regular e melhorar o seu padrão de qualidade.

§ 2º Poderão ser incluídas no Sistema Brasileiro de Desporto as pessoas jurídicas que desenvolvam práticas não formais, promovam a cultura e as ciências do desporto e formem e aprimorem especialistas, consultado o Conselho Nacional do Esporte.

Seção II
Do Sistema Nacional do Desporto

Art. 6º O Sistema Nacional do Desporto tem por finalidade promover e aprimorar as práticas desportivas de rendimento, e é composto pelas entidades indicadas no parágrafo único do art. 13 da Lei n. 9.615, de 1998.

Parágrafo único. O Comitê Olímpico Brasileiro — COB, o Comitê Paraolímpico Brasileiro — CPB, a Confederação Brasileira de Clubes — CBC e as entidades nacionais de administração do desporto a eles filiadas ou vinculadas constituem subsistema específico do Sistema Nacional do Desporto.

Seção III
Dos Sistemas de Desporto dos Estados, do Distrito Federal e dos Municípios

Art. 7º Os sistemas de desporto constituídos pelos Estados e pelo Distrito Federal observarão o disposto na Lei n. 9.615, de 1998, e neste Decreto.

Parágrafo único. A constituição de sistemas próprios de desporto pelos Municípios é facultativa e deve observar o disposto na Lei n. 9.615, de 1998, neste Decreto e, no que couber, na legislação estadual.

Art. 8º A relação entre o Sistema Brasileiro do Desporto e os sistemas de desporto dos Estados, do Distrito Federal e dos Municípios observará o princípio da descentralização, com organização e funcionamento harmônicos de sistemas desportivos diferenciados e autônomos de cada ente federativo.

Capítulo III
Do Conselho Nacional do Esporte

Art. 9º O Conselho Nacional do Esporte — CNE é órgão colegiado de deliberação, normatização e assessoramento, diretamente vinculado ao Ministro de Estado do Esporte e parte integrante do Sistema Brasileiro de Desporto.

Parágrafo único. O CNE tem por objetivo buscar o desenvolvimento de programas que promovam a massificação planejada da atividade física para toda a população e a melhoria do padrão de organização, gestão, qualidade e transparência do desporto nacional.

Art. 10. O CNE será composto por vinte e dois membros indicados pelo Ministro de Estado do Esporte, que o presidirá.

§ 1º Na escolha dos membros do CNE deverão ser observados os critérios de representatividade dos componentes do Sistema Brasileiro do Desporto e de capacidade de formulação de políticas públicas na área do esporte.

§ 2º São membros natos do CNE o Ministro de Estado do Esporte, o Secretário-Executivo e os Secretários Nacionais do Ministério do Esporte.

§ 3º Caberá ao Ministro de Estado do Esporte expedir ato normativo próprio para especificar a composição do CNE.

§ 4º À exceção dos membros natos, os membros do CNE e seus suplentes serão designados para um mandato de dois anos, permitida uma recondução consecutiva.

§ 5º O Presidente do CNE poderá convidar outras entidades de prática desportiva a participarem do colegiado, sem direito a voto.

§ 6º A atividade de membro do CNE é considerada prestação de serviço público relevante, não remunerada.

§ 7º O Ministro de Estado do Esporte poderá adotar providências que dependam de deliberação do CNE, que serão posteriormente submetidas à homologação pelo colegiado.

Art. 11. Compete ao CNE:

I — zelar pela aplicação dos princípios constantes da Lei n. 9.615, de 1998;

II — oferecer subsídios técnicos à elaboração do Plano Nacional do Desporto e contribuir para a implementação de suas diretrizes e estratégias;

III — estabelecer diretrizes, apreciar e aprovar os programas de inclusão social através do esporte;

IV — propor diretrizes para a integração entre o esporte e outros setores socioeconômicos;

V — emitir pareceres e recomendações sobre questões desportivas nacionais;

VI — aprovar os Códigos de Justiça Desportiva e suas alterações, com as peculiaridades de cada modalidade;

VII — expedir diretrizes para o controle de substâncias e métodos proibidos na prática desportiva;

VIII — propor mecanismos para prevenção de atividades que visem fraudar resultados de competições desportivas;

IX — propor ações para incentivar boas práticas de gestão corporativa, de equilíbrio financeiro, de competitividade desportiva e de transparência na administração do desporto nacional;

X — apoiar projetos que democratizem o acesso da população à atividade física e às práticas desportivas;

XI — propor seu regimento interno, para aprovação do Ministro de Estado do Esporte; e

XII — exercer outras atribuições previstas na legislação.

§ 1º O Ministério do Esporte prestará apoio técnico e administrativo ao CNE.

§ 2º Para o atendimento ao disposto no inciso VII do *caput*, o CNE aprovará o Código Brasileiro de Justiça Desportiva para o Desporto de Rendimento — CBJD e o Código Brasileiro de Justiça Desportiva para o Desporto Educacional — CBJDE.

Capítulo IV
Das Ligas Desportivas

Art. 12. As ligas desportivas nacionais e regionais de que trata o art. 20 da Lei n. 9.615, de 1998, são pessoas jurídicas de direito privado, com ou sem fins lucrativos, dotadas de autonomia de organização e funcionamento, com competências definidas em estatutos.

Parágrafo único. As ligas desportivas constituídas na forma da lei integram o Sistema Nacional do Desporto.

Art. 13. As ligas constituídas com finalidade de organizar, promover ou regulamentar competições nacionais ou regionais, envolvendo atletas profissionais, equiparam-se, nos termos do § 6º do art. 20 da Lei n. 9.615, de 1998, às entidades de administração do desporto, devendo em seus estatutos observar as mesmas exigências a estas previstas.

§ 1º Os estatutos das ligas, independente da circunstância de equiparação às entidades de administração do desporto, deverão prever a inelegibilidade de seus dirigentes para o desempenho de cargos ou funções eletivas de livre nomeação, conforme o art. 23, *caput*, inciso II, da Lei n. 9.615, de 1998.

§ 2º As ligas, as entidades a elas filiadas ou vinculadas, independente da equiparação às entidades de administração do desporto, e os atletas que participam das competições por elas organizadas subordinam-se às regras de proteção à saúde e à segurança dos praticantes, inclusive as estabelecidas pelos organismos intergovernamentais e entidades internacionais de administração do desporto.

Art. 14. São requisitos mínimos para a admissão e a permanência de entidade de prática desportiva como filiada à liga desportiva:

I — fornecer cópia atualizada de seus estatutos com certidão do Cartório de Registro Civil das Pessoas Jurídicas;

II — apresentar ata da eleição dos dirigentes e dos integrantes da Diretoria ou do Conselho de Administração, comunicando imediatamente à liga qualquer alteração promovida nas suas instâncias diretivas;

III — comunicar imediatamente à liga quaisquer modificações estatutárias ou sociais;

IV — fornecer à liga as informações por ela solicitadas, conforme prazo estabelecido;

V — depositar, se exigido pela liga, aval ou fiança bancária no prazo e na forma estabelecidos, para assegurar o cumprimento das resoluções e dos acordos econômicos da liga;

VI — permitir auditorias externas determinadas pela liga, realizadas por pessoas físicas ou jurídicas;

VII — remeter para ciência da liga cópias dos contratos com repercussão econômico-desportiva no relacionamento com a liga, informando os direitos cedidos, transferidos ou dados em garantia; e

VIII — manter seu estatuto atualizado, na forma registrada em Cartório, disponível para conhecimento público em sítio eletrônico, atualizado.

Capítulo V
Do Plano Nacional do Desporto

Art. 15. Cumpre ao Ministério do Esporte propor à Presidência da República o Plano Nacional do Desporto — PND, decenal, ouvido o CNE e observado o disposto no art. 217 da Constituição.

Art. 16. O PND deverá:

I — conter análise da situação nacional do desenvolvimento do desporto;

II — definir diretrizes para sua aplicação;

III — consolidar programas e ações relacionados às diretrizes e indicar as prioridades, metas e requisitos para sua execução;

IV — explicitar as responsabilidades dos órgãos e entidades da União e os mecanismos de integração e coordenação com os integrantes do Sistema Brasileiro do Desporto; e

V — definir mecanismos de monitoramento e de avaliação.

Parágrafo único. A elaboração do PND contará com a participação de outros ministérios em suas respectivas áreas de competência.

Capítulo VI
Dos Recursos do Desporto

Seção I
Das Condições Gerais para Repasses de Recursos Públicos

Art. 17. Os recursos do Ministério do Esporte serão aplicados conforme o Plano Nacional do Desporto — PND, observado o disposto na Lei n. 9.615, de 1998, neste Decreto e em outras normas aplicáveis à espécie.

Parágrafo único. Enquanto não instituído o PND, o Ministério do Esporte destinará os recursos conforme as leis orçamentárias vigentes.

Art. 18. As transferências voluntárias da União aos entes federativos serão precedidas da análise quanto ao cumprimento, por estes, do disposto na Lei n. 9.615, de 1998.

Art. 19. Somente serão beneficiadas com recursos oriundos de isenções e benefícios fiscais e repasses de outros recursos da administração federal direta e indireta, nos termos do inciso II do *caput* do art. 217 da Constituição, as entidades do Sistema Nacional do Desporto que preencherem os requisitos estabelecidos nos art. 18, 22, 23 e 24 da Lei n. 9.615, de 1998, e neste Decreto.

Parágrafo único. A verificação do cumprimento das exigências contidas nos incisos I a V do *caput* do art. 18 da Lei n. 9.615, de 1998, será de responsabilidade do Ministério do Esporte, que analisará a documentação fornecida pela entidade.

Art. 20. A aplicação dos recursos financeiros de que tratam o art. 9º e o inciso VI do *caput* do art. 56 da Lei n. 9.615, de 1998, destinados ao Comitê Olímpico Brasileiro — COB e ao Comitê Paralímpico Brasileiro — CPB, sujeita-se aos princípios gerais da administração pública mencionados no *caput* do art. 37 da Constituição.

§ 1º A observância dos princípios gerais da administração pública estende-se à aplicação, pela Confederação Brasileira de Clubes — CBC, dos recursos previstos no art. 56, *caput*, inciso VIII, da Lei n. 9.615, de 1998.

§ 2º Os recursos citados no *caput* e § 1º serão repassados diretamente pela Caixa Econômica Federal ao COB, ao CPB e à CBC.

§ 3º Os recursos poderão ser geridos diretamente ou de forma descentralizada, total ou parcialmente, por meio de ajustes com outras entidades, que deverão apresentar plano de trabalho e observar os princípios gerais da administração pública.

§ 4º A descentralização prevista no § 3º não poderá beneficiar entidades em situação irregular perante a União, os Estados, o Distrito Federal e os Municípios.

§ 5º A comprovação de regularidade no âmbito federal será feita mediante apresentação pela entidade de certidão negativa ou certidão positiva com efeito de negativa de débitos relativos aos tributos administrados pela Secretaria da Receita Federal do Brasil e à dívida ativa da União, certificado de regularidade do Fundo de Garantia do Tempo de Serviço — FGTS e de regularidade em face do Cadastro Informativo de Créditos não Quitados do Setor Público Federal — CADIN; e

§ 6º A comprovação da situação de regularidade referida no § 5º, será exigida periodicamente, em intervalos que serão estabelecidos por ato do Ministro de Estado do Esporte, sem prejuízo da observância das normas legais e regulamentares aplicáveis

Art. 21. Os recursos a que se referem o *caput* e o § 1º do art. 20 serão aplicados em programas e projetos de:

I — fomento, desenvolvimento e manutenção do desporto;

II — formação de recursos humanos;

III — preparação técnica, manutenção e locomoção de atletas; e

IV — participação em eventos esportivos.

Parágrafo único. Para efeito do disposto neste Decreto, considera-se:

I — fomento, desenvolvimento e manutenção do desporto — promoção das práticas desportivas a que se refere o art. 217 da Constituição;

II — formação de recursos humanos — capacitação, instrução, educação, treinamento e habilitação na área do desporto, por cursos, palestras, congressos, seminários, exposições e outras formas de difusão de conhecimento, além de pesquisas e desenvolvimento de técnicas e práticas técnico-científicas ligadas ao esporte olímpico e paralímpico, em manifestações desportivas previstas no art. 3º da Lei n. 9.615, de 1998;

III — preparação técnica, manutenção e locomoção de atletas — preparo, sustentação e transporte de atletas, além de:

a) aquisição e locação de equipamentos desportivos para atletas, técnicos e outros profissionais;

b) serviços de profissionais de saúde para atletas, técnicos e outros profissionais;

c) alimentação e nutrição para atletas, técnicos e outros profissionais;

d) moradia e hospedagem para atletas, técnicos e outros profissionais, e

e) custos com serviços administrativos referentes às atividades de preparação técnica, manutenção e locomoção de atletas; e

IV — participação de atletas em eventos esportivos — efetivação do deslocamento, da alimentação e da acomodação de atletas, técnicos, pessoal de apoio e dirigentes, inclusive gastos com premiações.

Art. 22. Ato do Ministro de Estado do Esporte definirá limite de utilização dos recursos a que se referem o *caput* e o § 1º do art. 20 para realização de despesas administrativas necessárias ao cumprimento das metas pactuadas pelas entidades.

Parágrafo único. Os instrumentos de repasse de recursos para as entidades ou para as descentralizações deverão observar o limite referido no *caput*.

Seção II
Do Acompanhamento da Aplicação dos Recursos Repassados ao COB, CPB e à CBC

Art. 23. Serão publicados no Diário Oficial da União no prazo máximo de cento e vinte dias, pelo COB, pelo CPB e pela CBC, contado da data de publicação deste Decreto, atos disciplinando:

I — procedimentos para a descentralização dos recursos e a respectiva prestação de contas; e

II — critérios e limites para despesas administrativas necessárias ao cumprimento do objeto pactuado a serem realizadas com recursos descentralizados pelas entidades beneficiadas e daqueles referentes a passagens, hospedagem, transporte e alimentação dos dirigentes e funcionários das entidades mencionadas no *caput* e das conveniadas, observado o disposto no art. 22.

Art. 24. Os atos sobre procedimentos de que trata o inciso I do art. 23 deverão estabelecer que as despesas realizadas com recursos oriundos da Lei n. 9.615 de 1998, estejam de acordo com plano de trabalho previamente aprovado, que deverá conter, no mínimo:

I — razões que justifiquem o repasse dos recursos;

II — descrição detalhada do objeto a ser executado, com especificação completa do bem a ser produzido ou adquirido e, no caso de obras, instalações ou serviços, o projeto básico, com elementos necessários e suficientes para caracterizar, de modo preciso, a obra, instalação ou serviço objeto do convênio, sua viabilidade técnica, custo, fases ou etapas, e prazos de execução;

III — descrição das metas a serem atingidas, qualitativas e quantitativas;

IV — etapas ou fases da execução do objeto, com previsões de início e de fim;

V — plano de aplicação dos recursos a serem desembolsados pelo COB, pelo CPB e pela CBC, para cada atividade, projeto ou evento;

VI — cronograma de desembolso; e

VII — declaração expressa do proponente, sob as penas do art. 299 do Código Penal, de que não se encontra em mora e nem em débito junto a qualquer órgão ou entidade da administração pública federal.

§ 1º Os atos de que trata o *caput* deverão definir, expressa e obrigatoriamente, cláusulas que constarão dos instrumentos de formalização de repasse dos recursos, estabelecendo:

I — objeto e seus elementos característicos, com descrição detalhada, objetiva e precisa do que se pretende realizar ou obter, em consonância com o plano de trabalho;

II — obrigação de cada um dos partícipes;

III — vigência, fixada de acordo com o prazo previsto para a execução do objeto e em função das metas estabelecidas;

IV — prerrogativa, por parte do COB, do CPB e da CBC, de exercer o controle e a fiscalização sobre a execução do objeto;

V — prerrogativa, por parte do COB, do CPB e da CBC, de assumir ou transferir a responsabilidade pela gestão dos recursos para outra entidade, no caso de paralisação ou de fato relevante superveniente, de modo a evitar a descontinuidade das ações;

VI — sistemática de liberação de recursos, conforme cronograma de desembolso constante do plano de trabalho, com previsão de aguardar a ordem de início;

VII — obrigatoriedade, por parte das entidades beneficiadas com os recursos descentralizados pelo COB, pelo CPB e pela CBC, de observar o regulamento de compras e contratações de que trata o art. 28;

VIII — apresentação de relatórios de execução físico-financeira e de prestação de contas dos recursos recebidos, no prazo máximo de sessenta dias, contado da data do término da vigência prevista no plano de trabalho;

IX — definição, na data do término da vigência prevista no plano de trabalho, do direito de propriedade dos bens remanescentes adquiridos, produzidos, transformados ou construídos;

X — faculdade aos partícipes para denunciar ou rescindir, a qualquer tempo, os ajustes celebrados, com responsabilidade pelas obrigações decorrentes do período em que vigoraram os instrumentos, e reconhecimento dos benefícios adquiridos, quando for o caso;

XI — obrigatoriedade de restituição, ao final do prazo de vigência dos ajustes, de eventual saldo de recursos para as contas bancárias específicas do COB, do CPB e da CBC, inclusive rendimentos de aplicações financeiras;

XII — obrigatoriedade de restituição ao COB, ao CPB e à CBC dos valores transferidos, atualizados monetariamente e acrescidos de juros legais desde a data do recebimento, na forma da legislação aplicável aos débitos com a Fazenda Nacional, nos seguintes casos:

a) quando não for executado o objeto pactuado;

b) quando não forem apresentadas, nos prazos exigidos, as prestações de contas; ou

c) quando os recursos forem utilizados em finalidade diversa da estabelecida no plano de trabalho;

XIII — obrigatoriedade de recolher à conta do COB, do CPB e da CBC os rendimentos de aplicações financeiras referentes ao período entre a liberação do recurso e a sua utilização, quando não comprovar o seu emprego na execução do objeto; e

XIV — obrigatoriedade de movimentar os valores em conta bancária específica vinculada ao rajuste *(acreditamos que há erro material no texto publicado, pois tudo indica que a expressão correta é ajuste)*

§ 2º Os atos de que trata o *caput* deverão consignar a vedação de inclusão, tolerância ou admissão, nos ajustes, sob pena de nulidade e responsabilidade dos envolvidos, de cláusulas ou condições que prevejam ou permitam:

I — despesas a título de taxa de administração, de gerência ou similar;

II — pagamento, a qualquer título, a servidor ou empregado público;

III — utilização dos recursos em finalidade diversa da estabelecida no respectivo instrumento, ainda que em caráter de emergência;

IV — realização de despesas em data anterior ou posterior à vigência do ajuste;

V — atribuição de vigência ou de efeitos financeiros retroativos;

VI — realização de despesas com multa, juros ou correção monetária, inclusive referente a pagamentos ou recolhimentos fora dos prazos;

VII — transferência de recursos para associações de servidores ou quaisquer entidades congêneres;

VIII — realização de despesas com publicidade, salvo as de caráter educativo ou de orientação social, e nas quais não constem nomes, símbolos ou imagens que caracterizem promoção pessoal de autoridades ou servidores públicos;

IX — descentralização de recursos para entidades cujo objeto social não se relacione com as características do plano estratégico de aplicação de recursos; e

X — descentralização de recursos para entidades que não disponham de condições técnicas para executar o objeto ajustado

Art. 25. Para o acompanhamento da aplicação dos recursos nos programas e projetos referidos no § 3º do art. 56 da Lei n. 9.615, de 1998, o COB, o CPB e a CBC disponibilizarão ao Tribunal de Contas da União, ao Ministério do Esporte e ao Ministério da Educação, por meio físico e eletrônico, quadro-resumo da receita e da utilização dos recursos, subdivididos por exercício financeiro, discriminando:

I — valores mensais arrecadados;

II — aplicações diretas, com a discriminação dos recursos aplicados por projetos e programas contemplados; e

III — valores despendidos pelo COB, pelo CPB e pelas entidades beneficiadas com os recursos descentralizados, por grupos de despesa, consolidados conforme disciplinado em ato do Ministro de Estado do Esporte.

Art. 26. O COB, o CPB e a CBC deverão encaminhar ao Ministério do Esporte cópia da documentação remetida em atendimento às normas do Tribunal de Contas da União, em relação à aplicação dos recursos a eles repassados.

Art. 27. Nas hipóteses em que haja opção pela gestão descentralizada dos recursos recebidos, a entidade beneficiada prestará contas e o concedente responderá de forma subsidiária pelas omissões, irregularidades e utilização dos recursos por parte da entidade beneficiada, competindo a esta a obrigação de prestar contas.

Art. 28. O COB, o CPB e a CBC disponibilizarão, em seus sítios eletrônicos o regulamento próprio de compras e contratações, para fins de aplicação direta e indireta dos recursos para obras, serviços, inclusive de publicidade, compras, alienações e locações, conforme o disposto no art. 56-A, § 2º, inciso V, da Lei n. 9.615, de 1998.

Parágrafo único. O regulamento a que se refere o *caput* deverá atender aos princípios da legalidade, impessoalidade, moralidade, publicidade, eficiência, igualdade, e do julgamento objetivo e dos que lhes são correlatos, tendo por finalidade apara seleção da proposta mais vantajosa.

Art. 29. Dos totais dos recursos correspondentes ao COB, ao CPB e à CBC:

I — dez por cento serão destinados ao desporto escolar, em programação definida conjuntamente com a Confederação Brasileira do Desporto Escolar — CBDE; e

II — cinco por cento serão destinados ao desporto universitário, em programação definida conjuntamente com a Confederação Brasileira do Desporto Universitário — CBDU.

§ 1º Para os fins deste Decreto, considera-se desporto escolar aquele praticado por estudantes regularmente matriculados nos ensinos fundamental ou médio, e desporto universitário aquele praticado por estudantes regularmente matriculados em cursos de educação superior.

§ 2º Consideram-se despesas com desporto escolar e desporto universitário aquelas decorrentes das ações de que trata o parágrafo único do art. 21.

§ 3º O COB, o CPB e a CBC poderão gerir, diretamente e em conjunto com a CBDE ou a CBDU, ou de forma descentralizada, por meio de ajuste, os percentuais de que tratam os incisos I e II do *caput*.

§ 4º Do total dos valores destinados ao desporto escolar e ao desporto universitário ao menos cinquenta por cento serão efetivamente empregados nas principais competições nacionais realizadas diretamente pela CBDE e pela CBDU, respectivamente.

§ 5º Não se aplica ao CPB o disposto no § 4º.

§ 6º As competições nacionais paraolímpicas de desporto escolar e de desporto universitário poderão ser promovidas conjuntamente em um único evento, caso impossível a realização em separado.

Art. 30. A CBC observará a aplicação em atividades paradesportivas de quantidade mínima de quinze por cento dos recursos repassados nos termos do § 1º do art. 20.

Seção III
Do Contrato de Desempenho

Art. 31. É condição para o recebimento dos recursos públicos federais que o COB, o CPB e as entidades nacionais de administração do desporto celebrem contrato de desempenho com o Ministério do Esporte.

§ 1º Contrato de desempenho é o instrumento firmado entre o Ministério do Esporte e as entidades de que trata o *caput*, para o fomento público e a execução de atividades relacionadas ao Plano Nacional do Desporto, mediante o cumprimento de metas e de resultados fixados no correspondente contrato.

§ 2º O contrato de desempenho terá as seguintes cláusulas essenciais:

I — a do objeto, que conterá a especificação do programa de trabalho proposto pela entidade;

II — a de estipulação das metas e dos resultados a serem atingidos prazos de execução ou cronograma;

III — a de critérios objetivos de avaliação de desempenho, com indicadores de resultado;

IV — a que estabelece as obrigações da entidade, entre as quais:

a) apresentar ao Ministério do Esporte, ao término de cada exercício, relatório sobre a execução do objeto, contendo comparativo específico das metas propostas com os resultados alcançados, e prestação de contas dos gastos e receitas; e

b) elaborar regulamento próprio para a contratação de obras, serviços e compras com recursos públicos, observados os princípios da legalidade, impessoalidade, moralidade, publicidade, economicidade e eficiência; e

V — a de obrigatoriedade de publicação, pelo Ministério do Esporte, no Diário Oficial da União, de seu extrato e de demonstrativo da sua execução física e financeira, conforme modelo simplificado contendo os dados principais da documentação obrigatória referida no inciso IV do *caput*, sob pena de não liberação dos recursos.

§ 3º A celebração do contrato de desempenho condiciona-se à aprovação pelo Ministério do Esporte:

I — de programa de trabalho, apresentado pela entidade na forma definida em ato do Ministro de Estado do Esporte, quanto à compatibilidade com o PND; e

II — de plano estratégico de aplicação de recursos, apresentado pela entidade considerando o ciclo olímpico ou paraolímpico de quatro anos, em que deverão constar a estratégia de base, as diretrizes, os objetivos, os indicadores e as metas.

§ 4º O plano estratégico de aplicação de recursos referido no § 3º, suas revisões e avaliações integrarão o contrato de desempenho.

§ 5º O ciclo olímpico e paraolímpico é o período de quatro anos compreendido entre a realização de dois Jogos Olímpicos ou dois Jogos Paraolímpicos, de verão ou de inverno, ou o que restar até a realização dos próximos Jogos Olímpicos ou Jogos Paraolímpicos.

§ 6º A verificação do cumprimento do contrato de desempenho será de responsabilidade do Ministério do Esporte, conforme indicadores mínimos para considerar satisfatória a sua execução, previstos no próprio instrumento contratual.

§ 7º O Ministério do Esporte poderá designar comissão técnica temática de acompanhamento e avaliação do cumprimento do contrato de desempenho e do plano estratégico de aplicação de recursos, que emitirá parecer sobre os resultados alcançados, em subsídio aos processos de fiscalização e prestação de contas sob sua responsabilidade perante os órgãos de controle interno e externo do Poder Executivo.

§ 8º O descumprimento injustificado de cláusulas do contrato de desempenho ou a inadmissão, pelo Ministério do Esporte, da justificativa apresentada pela entidade que o descumpriu constituem causas para rescisão, sem prejuízo de outras medidas administrativas.

§ 9º O contrato de desempenho especificará cláusulas cujo descumprimento acarretará rescisão do ajuste, de forma isolada ou não, estabelecidos critérios objetivos que permitam a aferição quanto ao cumprimento.

§ 10. O conteúdo integral dos contratos de desempenho será disponibilizado no sítio eletrônico do Ministério do Esporte, sem prejuízo de que a entidade os disponibilize em seu sítio eletrônico.

§ 11. É facultado a entidades não referidas no *caput* propor ao Ministério do Esporte firmar o contrato de desempenho.

Art. 32. Para a celebração do contrato de desempenho será exigido das entidades que sejam regidas por estatutos que disponham expressamente sobre:

I — observância dos princípios da legalidade, impessoalidade, moralidade, publicidade, economicidade e eficiência;

II — adoção de práticas de gestão administrativa necessárias e suficientes a coibir a obtenção, de forma individual ou coletiva, de benefícios ou vantagens pessoais em decorrência da participação no processo decisório;

III — constituição de conselho fiscal ou órgão equivalente, dotado de competência para opinar sobre os relatórios de desempenho financeiro e contábil e sobre as operações patrimoniais realizadas, emitindo pareceres para os órgãos superiores da entidade;

IV — funcionamento autônomo e regular dos órgãos de Justiça Desportiva referentes à respectiva modalidade, inclusive quanto à não existência de aplicação de sanções disciplinares através de mecanismos estranhos a esses órgãos, ressalvado o disposto no art. 51 da Lei n. 9.615, de 1998;

V — prestação de contas, com a observância, no mínimo:

a) dos princípios fundamentais de contabilidade, de acordo com os critérios estabelecidos pelo Conselho Federal de Contabilidade;

b) da publicidade, no encerramento do exercício fiscal, do relatório de atividades e das demonstrações financeiras da entidade, incluindo-se as certidões negativas de débitos com o Instituto Nacional do Seguro Social — INSS e com o FGTS, além da Certidão Negativa de Débitos Trabalhistas — CNDT, à disposição para exame de qualquer cidadão.

Parágrafo único. O Ministério do Esporte verificará, previamente, o regular funcionamento da entidade e a compatibilidade do seu estatuto com o disposto neste Decreto.

Art. 33. O requerimento para celebração de contrato de desempenho observará modelo disponibilizado no sítio eletrônico do Ministério do Esporte e será instruído com cópias autenticadas dos seguintes documentos das entidades:

I — estatuto atualizado, com a certidão do Cartório de Registro Civil das Pessoas Jurídicas;

II — ata da eleição dos dirigentes, integrantes da Diretoria ou do Conselho de Administração;

III — balanço patrimonial e demonstração do resultado do exercício;

IV — comprovante de inscrição no Cadastro Geral de Contribuintes — CGC/Cadastro Nacional da Pessoa Jurídica — CNPJ; e

V — comprovantes da regularidade jurídica e fiscal perante a Receita Federal do Brasil e o FGTS, além da CNDT.

Parágrafo único. O Ministério do Esporte deverá verificar a regularidade dos documentos citados no *caput*.

Art. 34. O Ministério do Esporte, no prazo de trinta dias contado do recebimento do requerimento, se manifestará sobre a celebração do contrato de desempenho.

§ 1º A decisão será publicada em sítio eletrônico, no prazo máximo de dez dias.

§ 2º No caso de indeferimento, o Ministério do Esporte notificará a entidade proponente das razões da negativa.

§ 3º A entidade com requerimento indeferido poderá reapresentá-lo a qualquer tempo, desde que suprida a causa da negativa

Art. 35. A alteração nos estatutos que implique descumprimento de exigência elencada

no art. 32, ou fato que implique mudança nas condições estabelecidas no ato da contratação, darão causa à rescisão do contrato de desempenho por parte do Ministério do Esporte, salvo se, sob consulta, aceitar a alteração.

§ 1º O contratante deverá comunicar ao Ministério do Esporte a respeito da alteração de que trata o *caput* no prazo de dez dias, contado da data em que registrada em cartório ou da ocorrência do fato que houver implicado mudança das condições.

§ 2º O Ministério do Esporte deverá decidir a respeito da rescisão do contrato no prazo de trinta dias, contado da data em que recebida a comunicação de que trata o § 1º, período em que repasses de recursos referentes ao contrato de desempenho ficarão suspensos.

Seção IV
Da Destinação dos Recursos aos Entes Federados

Art. 36. Um terço dos recursos previstos no inciso II do *caput* do art. 6º da Lei n. 9.615, de 1998, será repassado às Secretarias de Esporte dos Estados e do Distrito Federal ou, se inexistentes, a órgãos ou entidades com atribuições semelhantes.

§ 1º Os recursos previstos no *caput* serão repassados proporcionalmente ao montante das apostas efetuadas em cada unidade da Federação e pelo menos cinquenta por cento do montante recebido será destinado a projetos apresentados pelos Municípios ou, na falta de projetos, em ações governamentais em benefício dos Municípios.

§ 2º Os recursos do repasse serão aplicados em atividades finalísticas do esporte, com prioridade para jogos escolares de esportes olímpicos e paraolímpicos, admitida também sua aplicação em outras áreas do desporto educacional e no o apoio ao desporto para pessoas com deficiência, observado o disposto no PND.

§ 3º Os jogos escolares mencionados no § 2º visarão à preparação e à classificação de atletas para competição nacional de desporto educacional.

§ 4º A destinação aos Municípios de que trata o § 1º será regulamentada por cada Estado, observando:

I — a distribuição dos recursos entre as diversas regiões de cada Estado;

II — a adequação dos projetos apresentados ao PND e

III — a publicação de edital ou outro meio que proporcione a ciência de todas as administrações municipais quanto ao prazo para apresentação de projetos.

Art. 37. Além das atividades voltadas ao desporto de participação, são consideradas atividades finalísticas do esporte, para fins do disposto no art. 36, § 2º:

I — subvenção direta ao estudante que atue em competições voltadas ao esporte escolar, assim como à comissão técnica responsável por sua preparação;

II — custeio de transporte e de hospedagem de atletas, árbitros e comissão técnica de equipes de esporte escolar para atividades e eventos de treinamento e de competições nacionais e internacionais;

III — aquisição de equipamentos e uniformes para treinamento e competição de esporte escolar;

IV — custeio de profissionais, equipamentos, suplementos e medicamentos utilizados na recuperação e prevenção de lesões de atletas de esporte escolar; e

V — construção, ampliação, manutenção e recuperação de instalações esportivas destinadas ao desporto educacional e de participação.

§ 1º A comissão técnica de equipes desportivas inclui treinador, assistentes técnicos, preparadores físicos, profissionais de saúde e quaisquer outros membros cuja atuação contribua diretamente na preparação, aperfeiçoamento, manutenção e recuperação técnica e física dos atletas de esporte escolar.

§ 2º As despesas observarão critérios de economicidade e as necessidades de conforto indispensáveis à manutenção de boas condições físicas dos atletas do desporto educacional ou de maior eficiência na logística de treinamento e de competição.

§ 3º Não será permitida a destinação de recursos para obrigações do ente federado referentes a pessoal e encargos sociais, ou qualquer despesa com a folha de pagamento.

Capítulo VII
Da Ordem Desportiva

Art. 38. A aplicação de qualquer penalidade prevista nos incisos IV ou V do *caput* do art. 48 da Lei n. 9.615, de 1998, exige decisão definitiva da Justiça Desportiva, limitada às questões que envolvam infrações disciplinares e competições desportivas, em observância ao disposto no § 1º do art. 217 da Constituição.

Art. 39. Na aplicação das penalidades por violação da ordem desportiva, previstas no art. 48 da Lei n. 9.615, de 1998, além da garantia do contraditório e ampla defesa, devem ser observados os princípios da proporcionalidade e da razoabilidade.

Capítulo VIII
Da Justiça Desportiva

Art. 40. A Justiça Desportiva regula-se pela Lei n. 9.615, de 1998, por este Decreto e pelo disposto no CBJD ou CBJDE, respectivamente observados os seguintes princípios:

I — ampla defesa;
II — celeridade;
III — contraditório;
IV — economia processual;
V — impessoalidade;
VI — independência;
VII — legalidade;
VIII — moralidade;
IX — motivação;
X — oficialidade;
XI — oralidade;
XII — proporcionalidade;
XIII — publicidade;
XIV — razoabilidade;
XV — devido processo legal;
XVI — tipicidade desportiva;
XVII — prevalência, continuidade e estabilidade das competições; e
XVIII — espírito desportivo

Art. 41. Os órgãos integrantes da Justiça Desportiva, autônomos e independentes das entidades de administração do desporto de cada sistema, são os Superiores Tribunais de Justiça Desportiva — STJD, perante as entidades nacionais de administração do desporto; os Tribunais de Justiça Desportiva — TJD, perante as entidades regionais da administração do desporto, e as Comissões Disciplinares, com competência para processar e julgar questões previstas nos Códigos de Justiça Desportiva, assegurados a ampla defesa e o contraditório.

§ 1º Os tribunais plenos dos STJD e dos TJD serão compostos por nove membros:

I — dois indicados pela entidade de administração do desporto;

II — dois indicados pelas entidades de prática desportiva que participem de competições oficiais da divisão principal, por decisão em reunião convocada pela entidade de administração do desporto para esse fim;

III — dois advogados com notório saber jurídico desportivo, indicados pela Ordem dos Advogados do Brasil;

IV — um representante dos árbitros, indicado pela entidade de classe;

V — dois representantes dos atletas, indicados pelas entidades sindicais.

§ 2º Para os fins dispostos nos incisos IV e V do § 1º na hipótese de inexistência de entidade regional, caberá à entidade nacional a indicação.

Capítulo IX
Da Prática Desportiva Profissional

Seção I
Da Atividade Profissional

Art. 42. É facultado às entidades desportivas profissionais, inclusive às de prática de futebol profissional, constituírem-se como sociedade empresária, segundo um dos tipos regulados pelos arts. 1.039 a 1.092 da Lei n. 10.406, de 10 de janeiro de 2002 — Código Civil.

Seção II
Da Competição Profissional

Art. 43. Considera-se competição profissional aquela promovida para obter renda e disputada por atletas profissionais cuja remuneração decorra de contrato especial de trabalho desportivo.

Parágrafo único. Entende-se como renda a receita auferida pelas entidades previstas no § 10 do art. 27 da Lei n. 9.615, de 1998, na organização e realização de competição desportiva com a venda de ingressos, patrocínio e negociação dos direitos audiovisuais do evento desportivo, entre outros.

Seção III
Do Atleta Profissional

Art. 44. A atividade do atleta profissional é caracterizada por remuneração pactuada em contrato especial de trabalho desportivo, firmado com entidade de prática desportiva, na forma da Lei n. 9.615, de 1998, e, de forma complementar e no que for compatível, pelas das normas gerais da legislação trabalhista e da seguridade social.

§ 1º O contrato especial de trabalho desportivo fixará as condições e os valores para as hipóteses de aplicação da cláusula indenizatória desportiva ou da cláusula compensatória desportiva, previstas no art. 28 da Lei n. 9.615, de 1998.

§ 2º O vínculo desportivo do atleta com a entidade de prática desportiva previsto no § 5º do art. 28 da Lei n. 9.615, de 1998, não se confunde com o vínculo empregatício e não é condição para a caracterização da atividade de atleta profissional.

Seção IV
Do Direito de Imagem do Atleta

Art. 45. O direito ao uso da imagem do atleta, disposto no art. 87-A da Lei n. 9.615,

de 1998, pode ser por ele cedido ou explorado, por ajuste contratual de natureza civil e com fixação de direitos, deveres e condições inconfundíveis com o contrato especial de trabalho desportivo.

§ 1º O ajuste de natureza civil referente ao uso da imagem do atleta não substitui o vínculo trabalhista entre ele e a entidade de prática desportiva e não depende de registro em entidade de administração do desporto.

§ 2º Serão nulos de pleno direito os atos praticados através de contrato civil de cessão da imagem com o objetivo de desvirtuar, impedir ou fraudar as garantias e direitos trabalhistas do atleta.

Seção V
Direito de Arena

Art. 46. Para fins do disposto no § 1º do art. 42 da Lei n. 9.615, de 1998, a respeito do direito de arena, o percentual de cinco por cento devido aos atletas profissionais será repassado pela emissora detentora dos direitos de transmissão diretamente às entidades sindicais de âmbito nacional da modalidade, regularmente constituídas.

Parágrafo único. O repasse pela entidade sindical aos atletas profissionais participantes do espetáculo deverá ocorrer no prazo de sessenta dias.

Seção VI
Do Atleta Autônomo

Art. 47. Caracteriza-se como autônomo o atleta maior de dezesseis anos sem relação empregatícia com entidade de prática desportiva que se dedica à prática desportiva de modalidade individual, com objetivo econômico e por meio de contrato de natureza civil.

§ 1º A atividade econômica do atleta autônomo é caracterizada quando há:

I — remuneração decorrente de contrato de natureza civil firmado entre o atleta e a entidade de prática desportiva;

II — premiação recebida pela participação em competição desportiva; ou

III — incentivo financeiro proveniente de divulgação de marcas ou produtos do patrocinador.

§ 2º O atleta autônomo enquadra-se como contribuinte individual no Regime Geral de Previdência Social — RGPS.

Seção VII
Do Contrato de Formação Desportiva

Art. 48. O atleta não profissional em formação, maior de quatorze e menor de vinte anos de idade, poderá receber auxílio financeiro da entidade de prática desportiva formadora, sob a forma de bolsa de aprendizagem livremente pactuada por contrato de formação desportiva, a que se refere o § 4º do art. 29 da Lei n. 9.615, de 1998, sem vínculo empregatício entre as partes.

Art. 49. Caracteriza-se como entidade de prática desportiva formadora, certificada pela entidade nacional de administração da modalidade, aquela que assegure gratuitamente ao atleta em formação, sem prejuízo das demais exigências dispostas na Lei n. 9.615, de 1998, o direito a:

I — programas de treinamento nas categorias de base e formação educacional exigível e adequada, enquadrando-o na equipe da categoria correspondente a sua idade;

II — alojamento em instalações desportivas apropriadas à sua capacitação técnica na modalidade, quanto a alimentação, higiene, segurança e saúde;

III — conhecimentos teóricos e práticos de educação física, condicionamento e motricidade, por meio de um corpo de profissionais habilitados e especializados, norteados por programa de formação técnico-desportiva, compatível com o desenvolvimento físico, moral e psicológico do atleta;

IV — matrícula escolar e presença às aulas da educação básica ou de formação técnica em que estiver matriculado, ajustando o tempo destinado à efetiva atividade de formação do atleta, não superior a quatro horas diárias, aos horários estabelecidos pela instituição educacional, e exigindo do atleta satisfatório aproveitamento escolar;

V — assistência educacional e integral à saúde;

VI — alimentação com acompanhamento de nutricionista, assistência de fisioterapeuta e demais profissionais qualificados na formação física e motora, além da convivência familiar adequada;

VII — pagamento da bolsa de aprendizagem até o décimo dia útil do mês subsequente ao vencido;

VIII — apólice de seguro de vida e de acidentes pessoais para cobrir as atividades de formação desportiva, durante toda a vigência do contrato, incluindo como beneficiários da apólice de seguro os indicados pelo atleta em formação;

IX — período de descanso de trinta dias consecutivos e ininterruptos, com a garantia de recebimento dos incentivos previstos na Lei coincidente com as férias escolares regulares;

X — registro do atleta em formação na entidade de administração do desporto e inscrição do atleta em formação nas competições oficiais de sua faixa etária promovidas pela entidade; e

XI — transporte.

Art. 50. O contrato de formação desportiva deve conter os elementos mínimos previstos no § 6º do art. 29 da Lei n. 9.615, de 1998, e visa propiciar ao atleta:

I — capacitação técnico-educacional específica para sua modalidade desportiva;

II — conhecimentos teóricos e práticos de atividade física, condicionamento e motricidade;

III — conhecimentos específicos de regras, legislação, fundamentos e comportamento do atleta de sua modalidade;

IV — conhecimentos sobre civismo, ética, comportamento e demais informações necessárias à futura formação de atleta desportivo profissional; e

V — preparação para firmar o primeiro contrato especial de trabalho desportivo, norteado pelo programa de formação técnico profissional, compatível com o desenvolvimento físico e psicológico.

Art. 51. O contrato de formação desportiva poderá conter as seguintes obrigações do atleta:

I — observar as cláusulas do contrato de formação desportiva;

II — cumprir o programa de treinamento e o horário de capacitação determinados pela entidade formadora;

III — assistir às aulas teóricas e práticas programadas pela entidade formadora, com satisfatório aproveitamento;

IV — apresentar-se nas competições desportivas preparatórias e oficiais, nas condições, horários e locais estabelecidos pela entidade de prática desportiva contratante;

V — permanecer, sempre que necessário, em regime de concentração, observado o limite semanal de três dias consecutivos;

VI — assistir às aulas da instituição educacional em que matriculado e apresentar frequência e aproveitamento satisfatórios; e

VII — respeitar as normas internas da entidade formadora.

Art. 52. Caberá à entidade de administração do desporto responsável pela certificação de entidade de prática desportiva formadora:

I — fixar as normas e requisitos para a outorga da certificação;

II — estabelecer tipologias e prazos de validade da certificação;

III — uniformizar um modelo de contrato de formação desportiva; e

IV — padronizar as bases de cálculo dos custos diretos ou indiretos das entidades formadoras.

Parágrafo único. Atendidos os requisitos, a entidade de administração do desporto não negará a certificação da entidade de prática desportiva formadora, assim como do registro do contrato de formação desportiva.

Capítulo X
Assistência Social e Educacional a Atletas Profissionais, ex-Atletas e Atletas em Formação

Art. 53. Assistência social e educacional será prestada pela Federação das Associações de Atletas Profissionais — FAAP, ou pela Federação Nacional dos Atletas Profissionais de Futebol — FENAPAF, na forma do art. 57 da Lei n. 9.615, de 1998, com a concessão dos seguintes benefícios:

I — aos atletas profissionais: assistência financeira, para os casos de atletas desempregados ou que tenham deixado de receber regularmente seus salários por um período igual ou superior a quatro meses;

II — aos ex-atletas:

a) assistência financeira mensal ao incapacitado para o trabalho, desde que a restrição decorra de lesões ou atividades ocorridas quando ainda era atleta; e

b) assistência financeira mensal em caso de comprovada ausência de fonte de renda que garanta a sobrevivência ao ex-atleta; e

III — aos atletas em formação, aos atletas profissionais e aos ex-atletas: custeio total ou parcial dos gastos com educação formal.

§ 1º A FAAP e a FENAPAF deverão elaborar demonstrações financeiras dos recursos cuja fonte seja a prevista no art. 57 da Lei n. 9.615, de 1998, referentes a cada exercício fiscal, de acordo com padrões e critérios estabelecidos pelo Conselho Federal de Contabilidade, e, após submetidas à auditoria independente, publicarão as demonstrações em seu sítio eletrônico, até o último dia útil do mês de abril do ano subsequente.

§ 2º Qualquer pessoa poderá requerer, por escrito, a prestação de contas referente aos valores recebidos e empregados na assistência social e educacional aos atletas profissionais, aos ex-atletas e aos atletas em formação, cujos documentos serão disponibilizados no prazo de dez dias úteis.

Art. 54. As contribuições devidas à FAAP e à FENAPAF, na forma do art. 57 da Lei n. 9.615, de 1998, se não recolhidas nos prazos fixados, sujeitam-se à cobrança administrativa e judicial, com atualização dos valores devidos até a data do efetivo recolhimento.

LEGISLAÇÃO COMPLEMENTAR

Art. 55. As entidades de prática desportiva e de administração do desporto responsáveis pela arrecadação, pelo recolhimento dos valores referidos no art. 57 da Lei n. 9.615, de 1998, e pelo registro dos contratos desportivos deverão prestar à FAAP e à FENAPAF todas as informações financeiras, cadastrais e de registro necessárias à verificação, controle e fiscalização das contribuições devidas.

Art. 56. A entidade responsável pelo registro do contrato de trabalho do atleta profissional e pelo registro de transferência de atleta profissional a outra entidade desportiva deverá exigir, quando de sua efetivação, o comprovante do recolhimento das contribuições fixadas no art. 57 da Lei n. 9.615, de 1998.

Parágrafo único. As entidades nacionais de administração do desporto deverão informar à FAAP e à FENAPAF a relação dos atletas e das entidades de prática desportiva que não atenderem ao disposto no caput.

Capítulo XI
Disposições Finais e Transitórias

Art. 57. Ato conjunto dos Ministros de Estado do Esporte, da Defesa e do Planejamento, Orçamento e Gestão estabelecerá normas e prazos para efetivar a liberação de servidores públicos que atuam como atletas, árbitros, assistentes, profissionais especializados e dirigentes integrantes de representação nacional convocados para treinamento ou para competição desportiva no País ou no exterior.

Art. 58. O Ministério da Defesa deverá ser previamente consultado nas questões de desporto militar ou programas governamentais cujas atividades esportivas incluam a participação das Forças Armadas.

Art. 59. Para os efeitos do art. 84-A da Lei n. 9.615, de 1998, a obrigatoriedade de transmissão de jogo envolve partida disputada em competição oficial por ambas seleções principais brasileiras de futebol, masculina e feminina, da categoria principal.

Art. 60. No prazo de cento e oitenta dias da data da entrada em vigor deste Decreto, o Conselho Nacional do Esporte — CNE aprovará o Código Brasileiro de Justiça Desportiva para o Desporto Educacional — CBJDE, ouvidas a CBDE e a CBDU.

Art. 61. O atleta não profissional que perceba incentivos materiais na forma de bolsa, conforme disposto no art. 4º, parágrafo único, não será considerado contribuinte obrigatório do RGPS.

Art. 62. A participação de árbitros e auxiliares de arbitragem em competições, partidas, provas ou equivalente, de qualquer modalidade desportiva, obedecerá às regras e aos regulamentos da entidade de administração, a qual, no exercício de sua autonomia, fará inclusão ou exclusão de nomes nas relações regionais, nacionais ou internacionais.

Art. 63. A exclusividade prevista no art. 15, § 2º, da Lei n. 9.615, de 1998, implica proibição à imitação e à reprodução, no todo, em parte ou com acréscimo, de signos graficamente distintivos, bandeiras, lemas, emblemas e hinos utilizados pelo Comitê Olímpico Internacional — COI, pelo Comitê Paralímpico Internacional — IPC, pelo COB e pelo CPB.

§ 1º As proibições referidas no caput abrangem abreviações e variações e ainda aquelas igualmente relacionadas que, porventura, venham a ser criadas dentro dos mesmos objetivos.

§ 2º Em relação ao COI e ao IPC, a exclusividade de que trata o caput deverá observar o disposto no inciso I do parágrafo único do art. 6º e no art. 16 da Lei n. 12.035, de 1º de outubro de 2009.

§ 3º Excetuam-se do disposto neste artigo os usos formalmente autorizados pelo COB, CPB, COI ou IPC.

Art. 64. Ao COB e ao CPB aplicam-se as disposições constantes do inciso I do caput do art. 23 da Lei n. 9.615, de 1998, acerca da instituição do Tribunal de Justiça Desportiva, quando estiverem atuando na administração de modalidade desportiva em substituição a entidade nacional de administração do desporto.

Art. 65. Para fins do disposto no § 1º do art. 9º da Lei n. 9.615, de 1998, entende-se por Jogos Olímpicos os jogos de verão e os jogos de inverno, organizados pelo COI ou pelo IPC.

Art. 66. As normas e os procedimentos complementares necessários à execução deste Decreto serão definidos em ato do Ministro de Estado do Esporte.

Art. 67. Este Decreto entra em vigor trinta dias após a data de sua publicação.

Art. 68. Revogam-se:
I — o Decreto n. 3.659, de 14 de novembro de 2000;
II — o Decreto n. 3.944, de 28 de setembro de 2001;
III — o Decreto n. 4.201, de 18 de abril de 2002;
IV — o Decreto n. 5.139, de 12 de julho de 2004; e
V — o Decreto n. 6.297, de 11 de dezembro de 2007.

Brasília, 8 de abril de 2013; 192º da Independência e 125º da República.

Dilma Rousseff
Aldo Rebelo
DOU 9.4.2013

Lei n. 9.674, de 25 de junho de 1998
Dispõe sobre o exercício da profissão de bibliotecário e determina outras providências

O PRESIDENTE DA REPÚBLICA,
Faço saber que o Congresso Nacional decreta e eu sanciono a seguinte Lei:

Capítulo I
Da Profissão de Bibliotecário

Art. 1º O exercício da profissão de Bibliotecário, em todo o território nacional, somente é permitido quando atendidas as qualificações estabelecidas nesta Lei.

Parágrafo único. A designação "Bibliotecário", incluída no Quadro das Profissões Liberais, Grupo 19, da Consolidação das Leis do Trabalho, é privativa dos Bacharéis em Biblioteconomia.

Art. 2º (VETADO).

Art. 3º O exercício da profissão de Bibliotecário é privativo:
I — dos portadores de diploma de Bacharel em Biblioteconomia, expedido por instituições de ensino superior oficialmente reconhecidas, registradas nos órgãos competentes, de acordo com a legislação em vigor;
II — dos portadores de diploma de graduação em Biblioteconomia, conferido por instituições estrangeiras de ensino superior, reconhecidas pelas leis do país de origem, e revalidados no Brasil, de acordo com a legislação vigente;
III — dos amparados pela Lei n. 7.504, de 2 de julho de 1986.

Capítulo II
Das Atividades Profissionais

Art. 4º O exercício da profissão de Bibliotecário, no âmbito das pessoas jurídicas de direito público e privado, é privativo dos Bacharéis em Biblioteconomia.

Art. 5º (VETADO).

Capítulo III
Dos Conselhos de Biblioteconomia

Art. 6º (VETADO).
Art. 7º (VETADO).
Art. 8º (VETADO).
Art. 9º (VETADO).
Art. 10. (VETADO).
Art. 11. (VETADO).
Art. 12. (VETADO).
Art. 13. (VETADO).
Art. 14. (VETADO).
Art. 15. (VETADO).
Art. 16. (VETADO).
Art. 17. (VETADO).
Art. 18. (VETADO).
Art. 19. (VETADO).
Art. 20. (VETADO).
Art. 21. (VETADO).
Art. 22. (VETADO).
Art. 23. (VETADO).

Capítulo IV
Da Finalidade e Competência do Conselho Federal de Biblioteconomia

Art. 24. (VETADO).
Art. 25. (VETADO).

Capítulo V
Da Finalidade e Competência dos Conselhos Regionais de Biblioteconomia

Art. 26. (VETADO).
Art. 27. (VETADO).
Art. 28. (VETADO).

Capítulo VI
Do Registro de Bibliotecários

Art. 29. O exercício da função de Bibliotecário é privativo dos Bibliotecários inscritos nos quadros do Conselho Regional da respectiva jurisdição, nos termos desta Lei.

§ 1º É obrigatória a citação do número de registros no Conselho Regional, em todos os documentos de responsabilidade profissional.

§ 2º (VETADO).

Art. 30. Ao profissional devidamente registrado no Conselho Regional serão fornecidas a carteira de identidade profissional e a cédula de identidade de Bibliotecário, que terão fé pública, nos termos da Lei.

Capítulo VII
Do Registro das Pessoas Jurídicas

Art. 31. (VETADO).
Art. 32. (VETADO).

Capítulo VIII
Do Cadastro das Pessoas Jurídicas

Art. 33. (VETADO).
§ 1º (VETADO).
§ 2º (VETADO).
§ 3º As Bibliotecas Públicas localizadas em Municípios com até dez mil habitantes e cujo acervo não ultrapasse a duzentos exemplares catalogados poderão funcionar sob a supervisão de um Técnico em Biblioteconomia, devidamente registrado perante o Conselho e, neste caso, deverão comunicar ao respectivo Conselho Regional de Biblioteconomia a criação, o funcionamento e a responsabilidade técnica da Biblioteca, para fins de anotação e controle, sendo isentas de qualquer taxa ou contribuição.
Art. 34. (VETADO).

Capítulo IX
Das Anuidades, Taxas, Emolumentos, Multas e Renda

Art. 35. (VETADO).
Art. 36. (VETADO).
Art. 37. (VETADO).

Capítulo X
Das Infrações, Penalidades e Recursos

Art. 38. A falta do competente registro, bem como do pagamento da anuidade, caracterizará o exercício ilegal da profissão de Bibliotecário.
Art. 39. Constituem infrações disciplinares:
I — exercer a profissão quando impedido de fazê-lo ou facilitar, por qualquer modo, o seu exercício a não registrados;
II — praticar, no exercício profissional, ato que a lei defina como crime ou contravenção penal;
III — não cumprir, no prazo estipulado, determinação emanada do Conselho Regional em matéria de competência deste, após regularmente notificado;
IV — deixar de pagar ao Conselho Regional, nos prazos previstos, as contribuições a que está obrigado;
V — faltar a qualquer dever profissional previsto nesta Lei;
VI — transgredir preceitos do Código de Ética Profissional.
Parágrafo único. As infrações serão apuradas levando-se em conta a natureza do ato e as circunstâncias de cada caso.
Art. 40. As penas disciplinares, consideradas a gravidade da infração cometida e a reincidência das mesmas, consistem em:
I — multa de uma a cinquenta vezes o valor atualizado da anuidade;
II — advertência reservada;
III — censura pública;
IV — suspensão do exercício profissional de até três anos;
V — cassação do exercício profissional com a apreensão da carteira profissional.
§ 1º A pena de multa poderá ser combinada com qualquer das penalidades enumeradas neste artigo, podendo ser aplicada em dobro em caso de reincidência da mesma infração.
§ 2º A falta de pagamento da multa prevista neste Capítulo no prazo estipulado determinará a suspensão do exercício profissional, sem prejuízo da cobrança por via executiva.
§ 3º A suspensão por falta de pagamento de anuidades, taxas e multas somente cessará com o recolhimento da dívida, podendo estender-se a até três anos, decorridos os quais o profissional terá, automaticamente, cancelado seu registro, se não resgatar o débito, sem prejuízo da cobrança executiva.
§ 4º A pena de cassação do exercício profissional acarretará ao infrator a perda do direito de exercer a profissão, em todo o território nacional, com apreensão da carteira de identidade profissional.
§ 5º Ao infrator suspenso por débitos será admitida a reabilitação profissional mediante novo registro, satisfeitos, além das anuidades em débito, as multas e demais emolumentos e taxas cabíveis.
Art. 41. (VETADO).
Art. 42. Nenhuma penalidade será aplicada sem que tenha sido assegurado ao infrator amplo direito de defesa.
Art. 43. (VETADO).
Art. 44. Não caberá ao infrator outro recurso por via administrativa.
Art. 45. As denúncias só serão recebidas quando assinadas com a qualificação do denunciante e acompanhadas dos elementos comprobatórios do alegado, tramitando em caráter reservado, vedada a divulgação do nome do denunciante.
Art. 46. As pessoas não habilitadas que exercerem a profissão regulamentada nesta Lei estão sujeitas às penalidades previstas na Lei de Contravenções Penais e ao pagamento de multa, a ser definida pelo Conselho Federal.

Capítulo XI
Das Disposições Gerais e Transitórias

Art. 47. São equivalentes, para todos os efeitos, os diplomas de Bibliotecário, de Bacharel em Biblioteconomia e de Bacharel em Biblioteconomia e Documentação, expedidos até a data desta Lei por escolas oficialmente reconhecidas e registradas nos órgãos competentes, de acordo com a legislação em vigor.
Art. 48. As pessoas não portadoras de diploma, que tenham exercido a atividade até 30 de janeiro de 1987, e que já estão devidamente registradas nos quadros dos Conselhos Regionais de Biblioteconomia, estão habilitadas no exercício da profissão.
Art. 49. (VETADO).
Art. 50. (VETADO).
Art. 51. (VETADO).
Art. 52. Esta Lei entra em vigor na data de sua publicação.
Art. 53. (VETADO).
Brasília, 25 de junho de 1998; 177º da Independência e 110º da República.

Fernando Henrique Cardoso
Renan Calheiros
Edward Amadeo
DOU 26.6.1998

Lei n. 9.696, de 1º de setembro de 1998

Dispõe sobre a regulamentação da profissão de educação física e cria os respectivos conselho federal e conselhos regionais de educação física

O PRESIDENTE DA REPÚBLICA,
Faço saber que o Congresso Nacional decreta e eu sanciono a seguinte lei:
Art. 1º O exercício das atividades de Educação Física e a designação de Profissional de Educação Física é prerrogativa dos profissionais regularmente registrados nos Conselhos Regionais de Educação Física.
Art. 2º Apenas serão inscritos nos quadros dos Conselhos Regionais de Educação Física os seguintes profissionais:
I — os possuidores de diploma obtido em curso de Educação Física, oficialmente autorizado ou reconhecido;
II — os possuidores de diploma em Educação Física expedido por instituição de ensino superior estrangeira, revalidado na forma da legislação em vigor;
III — os que, até a data do início da vigência desta Lei, tenham comprovadamente exercido atividades próprias dos Profissionais de Educação Física, nos termos a serem estabelecidos pelo Conselho Federal de Educação Física.
Art. 3º Compete ao Profissional de Educação Física coordenar, planejar, programar, supervisionar, dinamizar, dirigir, organizar, avaliar e executar trabalhos, programas, planos e projetos, bem como prestar serviços de auditoria, consultoria e assessoria, realizar treinamentos especializados, participar de equipes multidisciplinares e interdisciplinares e elaborar informes técnicos, científicos e pedagógicos, todos nas áreas de atividades físicas e do desporto.
Art. 4º São criados o Conselho Federal e os Conselhos Regionais de Educação Física.
Art. 5º Os primeiros membros efetivos e suplentes do Conselho Federal de Educação Física serão eleitos para um mandato tampão de dois anos, em reunião das associações representativas de Profissionais de Educação Física, criadas nos termos da Constituição Federal, com personalidade jurídica própria, e das instituições superiores de ensino de Educação Física, oficialmente autorizadas ou reconhecidas, que serão convocadas pela Federação Brasileira das Associações dos Profissionais de Educação Física — FBAPEF, no prazo de até noventa dias após a promulgação desta Lei.
Art. 6º Esta Lei entra em vigor na data de sua publicação.

Fernando Henrique Cardoso
Edward Amadeo
DOU 2.9.1998

Lei n. 9.715, de 25 de novembro de 1998

Dispõe sobre as contribuições para os Programas de Integração Social e de formação do Patrimônio do Servidor Público — PIS/PASEP, e dá outras providências

Faço saber que o PRESIDENTE DA REPÚBLICA adotou a Medida Provisória n. 1.676-38, de 22 de outubro de 1998, que o Congresso Nacional aprovou, e eu, Antonio Carlos Magalhães, Presidente, para os efeitos do disposto no parágrafo único do art. 62 da Constituição Federal, promulgo a seguinte lei:
Art. 1º Esta Lei dispõe sobre as contribuições para os Programas de Integração Social e de Formação do Patrimônio do Servidor Público — PIS/PASEP, de que tratam o art. 239 da Constituição e as Leis Complementares n. 7, de 7 de setembro de 1970, e n. 8, de 3 de dezembro de 1970.
Art. 2º A contribuição para o PIS/PASEP será apurada mensalmente:
I — pelas pessoas jurídicas de direito privado e as que lhes são equiparadas pela legislação do imposto de renda, inclusive as

empresas públicas e as sociedades de economia mista e suas subsidiárias, com base no faturamento do mês;

II — pelas entidades sem fins lucrativos definidas como empregadoras pela legislação trabalhista e as fundações, com base na folha de salários; *(Inciso revogado a partir de 28 de setembro de 1999 pela Medida Provisória n. 2.158-35, de 24.8.2001 DOU 27.8.2001).*

III — pelas pessoas jurídicas de direito público interno, com base no valor mensal das receitas correntes arrecadadas e das transferências correntes e de capital recebidas.

§ 1º As sociedades cooperativas, além da contribuição sobre a folha de pagamento mensal, pagarão, também, a contribuição calculada na forma do inciso I, em relação às receitas decorrentes de operações praticadas com não associados.

§ 2º Excluem-se do disposto no inciso II deste artigo os valores correspondentes à folha de pagamento das instituições ali referidas, custeadas com recursos originários dos Orçamentos Fiscal e da Seguridade Social.

§ 3º Para determinação da base de cálculo, não se incluem, entre as receitas das autarquias, os recursos classificados como receitas do Tesouro Nacional nos Orçamentos Fiscal e da Seguridade Social da União.

§ 4º Não se incluem, igualmente, na base de cálculo da contribuição das empresas públicas e das sociedades de economia mista, os recursos recebidos a título de repasse, oriundos do Orçamento Geral da União. *(Parágrafo revogado pela Medida Provisória n. 2.158-35, de 24.8.2001, DOU 27.8.2001).*

§ 5º O disposto nos §§ 2º, 3º e 4º somente se aplica a partir de 1º de novembro de 1996.

§ 6º A Secretaria do Tesouro Nacional efetuará a retenção da contribuição para o PIS/PASEP, devida sobre o valor das transferências de que trata o inciso III. (NR) *(Parágrafo acrescentado pela Medida Provisória n. 2.158-35, de 24.8.2001, DOU 27.8.2001).*

§ 7º Excluem-se do disposto no inciso III do *caput* deste artigo os valores de transferências decorrentes de convênio, contrato de repasse ou instrumento congênere com objeto definido. (NR) *(Parágrafo acrescentado pela Lei n. 12.810, de 15.5.2013, DOU 16.5.2013)*

Art. 3º Para os efeitos do inciso I do artigo anterior considera-se faturamento a receita bruta, como definida pela legislação do imposto de renda, proveniente da venda de bens nas operações de conta própria, do preço dos serviços prestados e do resultado auferido nas operações de conta alheia.

Parágrafo único. Na receita bruta não se incluem as vendas de bens e serviços canceladas, os descontos incondicionais concedidos, o Imposto sobre Produtos Industrializados — IPI, e o Imposto sobre Operações Relativas à Circulação de Mercadorias — ICMS, retido pelo vendedor dos bens ou prestador dos serviços na condição de substituto tributário.

Art. 4º Observado o disposto na Lei n. 9.004, de 16 de março de 1995, na determinação da base de cálculo da contribuição serão também excluídas as receitas correspondentes:

I — aos serviços prestados a pessoa jurídica domiciliada no exterior, desde que não autorizada a funcionar no Brasil, cujo pagamento represente ingresso de divisas;

II — ao fornecimento de mercadorias ou serviços para uso ou consumo de bordo em embarcações e aeronaves em tráfego internacional, quando o pagamento for efetuado em moeda conversível;

III — ao transporte internacional de cargas ou passageiros. *(Artigos e incisos revogados pela Medida Provisória n. 2.158-35, de 24.8.2001, DOU 27.8.2001).*

Art. 5º A contribuição mensal devida pelos fabricantes de cigarros, na condição de contribuintes e de substitutos dos comerciantes varejistas, será calculada sobre o preço fixado para venda do produto no varejo, multiplicado por um vírgula trinta e oito.

Parágrafo único. O Poder Executivo poderá alterar o coeficiente a que se refere este artigo.

Art. 6º A contribuição mensal devida pelos distribuidores de derivados de petróleo e álcool etílico hidratado para fins carburantes, na condição de substitutos dos comerciantes varejistas, será calculada sobre o menor valor, no País, constante da tabela de preços máximos fixados para venda a varejo, sem prejuízo da contribuição incidente sobre suas próprias vendas.

Art. 7º Para os efeitos do inciso III do art. 2º, nas receitas correntes serão incluídas quaisquer receitas tributárias, ainda que arrecadadas, no todo ou em parte, por outra entidade da Administração Pública, e deduzidas as transferências efetuadas a outras entidades públicas.

Art. 8º A contribuição será calculada mediante a aplicação, conforme o caso, das seguintes alíquotas:

I — zero vírgula sessenta e cinco por cento sobre o faturamento;

II — um por cento sobre a folha de salários;

III — um por cento sobre o valor das receitas correntes arrecadadas e das transferências correntes e de capital recebidas.

Art. 9º À contribuição para o PIS/PASEP aplicam-se as penalidades e demais acréscimos previstos na legislação do imposto sobre a renda.

Art. 10. A administração e fiscalização da contribuição para o PIS/PASEP compete à Secretaria da Receita Federal.

Art. 11. O processo administrativo de determinação e exigência das contribuições para o PIS/PASEP, bem como o de consulta sobre a aplicação da respectiva legislação, serão regidos pelas normas do processo administrativo de determinação e exigência dos créditos tributários da União.

Art. 12. O disposto nesta Lei não se aplica às pessoas jurídicas de que trata o § 1º do art. 22 da Lei n. 8.212, de 24 de julho de 1991, que para fins de determinação da contribuição para o PIS/PASEP observarão legislação específica.

Art. 13. Às pessoas jurídicas que auferam receita bruta exclusivamente da prestação de serviços, o disposto no inciso I do art. 2º somente se aplica a partir de 1º de março de 1996.

Art 14. O disposto no inciso III do art. 8º aplica-se às autarquias somente a partir de 1º de março de 1996.

Art. 15. A contribuição do Banco Central do Brasil para o PASEP terá como base de cálculo o total das receitas correntes arrecadadas e consideradas como fonte para atender às suas dotações constantes do Orçamento Fiscal da União.

Parágrafo único. O disposto neste artigo somente se aplica a partir de 1º de novembro de 1996.

Art. 16. O art. 7º da Lei n. 9.138, de 29 de novembro de 1995, passa a vigorar com as seguintes alterações:

"Art. 7º Os contratos de repasse de recursos do Fundo de Participação PIS/PASEP, do Fundo de Amparo ao Trabalhador — FAT, do Fundo de Defesa da Economia Cafeeira — FUNCAFÉ, dos Fundos Constitucionais de Financiamento do Norte, do Nordeste e do Centro-Oeste (FNO, FNE e FCO) e de outros fundos ou instituições oficiais federais, quando lastrearem dívidas de financiamentos rurais objeto do alongamento de que trata o art. 5º, terão seus prazos de retorno e encargos financeiros devidamente ajustados às respectivas operações de alongamento.

Parágrafo único. O custo da equalização nessas operações de alongamento correrá à conta do respectivo fundo, excetuados os casos lastreados com recursos do Fundo de Participação PIS/PASEP e do Fundo de Amparo ao Trabalhador — FAT, em observância ao disposto no art. 239, § 1º, da Constituição, para os quais o ônus da equalização será assumido pelo Tesouro Nacional." (NR)

Art. 17. Ficam convalidados os atos praticados com base na Medida Provisória n. 1.676-37, de 25 de setembro de 1998.

Art. 18. Esta Lei entra em vigor na data de sua publicação, aplicando-se aos fatos geradores ocorridos a partir de 1º de outubro de 1995.

Congresso Nacional, 25 de novembro de 1998. 177ª da Independência e 110ª da República.

Antonio Carlos Magalhães
DOU 26.11.1998

Lei n. 9.717, de 27 de novembro de 1998

Dispõe sobre regras gerais para a organização e o funcionamento dos regimes próprios de previdência social dos servidores públicos da União, dos Estados, do Distrito Federal e dos Municípios, dos Militares dos Estados e do Distrito Federal, e dá outras providências

O PRESIDENTE DA REPÚBLICA,

Faço saber que o Congresso Nacional decreta e eu sanciono a seguinte lei:

Art. 1º Os regimes próprios de previdência social dos servidores públicos da União, dos Estados, do Distrito Federal e dos Municípios, dos militares dos Estados e do Distrito Federal deverão ser organizados, baseados em normas gerais de contabilidade e atuária, de modo a garantir o seu equilíbrio financeiro e atuarial, observados os seguintes critérios:

I — realização de avaliação atuarial inicial e em cada balanço, utilizando-se parâmetros gerais, para a organização e revisão do plano de custeio e benefícios; *(Redação dada pela MP n. 2.187-13, de 24.8.2001, DOU 27.8.2001)*

II — financiamento mediante recursos provenientes da União, dos Estados, do Distrito Federal e dos Municípios e das contribuições do pessoal civil e militar, ativo, inativo e dos pensionistas, para os seus respectivos regimes;

III — as contribuições e os Recursos vinculados ao Fundo Previdenciário da União, dos Estados, do Distrito Federal e dos Municípios e as contribuições do pessoal civil e militar, ativo, inativo, e dos pensionistas, somente poderão ser utilizadas para pagamento de benefícios previdenciários dos respectivos regimes, ressalvadas as despesas administrativas estabelecidas no art. 6º, inciso VIII, desta Lei, observado os limites de gastos estabelecidos em parâmetros gerais; *(Alterado pela MP n. 2.187-13, de 24.8.2001, DOU 27.8.2001)*

IV — cobertura de um número mínimo de segurados, de modo que os regimes possam garantir diretamente a totalidade dos riscos cobertos no plano de benefícios, preservando o equilíbrio atuarial sem necessidade de resseguro, conforme parâmetros gerais;

V — cobertura exclusiva a servidores públicos titulares de cargos efetivos e a militares, e a seus respectivos dependentes, de cada ente estatal, vedado o pagamento de be-

nefícios, mediante convênios ou consórcios entre Estados, entre Estados e Municípios e entre Municípios;

VI — pleno acesso dos segurados às informações relativas à gestão do regime e participação de representantes dos servidores públicos e dos militares, ativos e inativos, nos colegiados e instâncias de decisão em que os seus interesses sejam objeto de discussão e deliberação;

VII — registro contábil individualizado das contribuições de cada servidor e dos entes estatais, conforme diretrizes gerais;

VIII — identificação e consolidação em demonstrativos financeiros e orçamentários de todas as despesas fixas e variáveis com pessoal inativo civil, militar e pensionistas, bem como dos encargos incidentes sobre os proventos e pensões pagos;

IX — sujeição às inspeções e auditorias de natureza atuarial, contábil, financeira, orçamentária e patrimonial dos órgãos de controle interno e externo.

X — vedação de inclusão nos benefícios, para efeito de percepção destes, de parcelas remuneratórias pagas em decorrência de local de trabalho, de função de confiança ou de cargo em comissão, exceto quando tais parcelas integrarem a remuneração de contribuição do servidor que se aposentar com fundamento no art. 40 da Constituição Federal, respeitado, em qualquer hipótese, o limite previsto no § 2º do citado artigo; *(Acrescentado pela Lei n. 10.887, de 18.6.2004, DOU 21.6.2004)*

XI — vedação de inclusão nos benefícios, para efeito de percepção destes, do abono de permanência de que tratam o § 19 do art. 40 da Constituição Federal, o § 5º do art. 2º e o § 1º do art. 3º da Emenda Constitucional n. 41, de 19 de dezembro de 2003. *(Acrescentado pela Lei n. 10.887, de 18.6.2004, DOU 21.6.2004)*

Parágrafo único. Aplicam-se, adicionalmente, aos regimes próprios de previdência social dos entes da Federação os incisos II, IV a IX do art. 6º. (NR) *(Parágrafo acrescentado pela MP n. 2.187-13, de 24.8.2001, DOU 27.8.2001).*

Art. 1º-A O servidor público titular de cargo efetivo da União, dos Estados, do Distrito Federal e dos Municípios ou o militar dos Estados e do Distrito Federal filiado a regime próprio de previdência social, quando cedido a órgão ou entidade de outro ente da federação, com ou sem ônus para o cessionário, permanecerá vinculado ao regime de origem. (NR) *(Acrescentado pela MP n. 2.187-13 de 24.8.2001, DOU 27.8.2001).*

Art. 2º A contribuição da União, dos Estados, do Distrito Federal e dos Municípios, incluídas suas autarquias e fundações, aos regimes próprios de previdência social a que estejam vinculados seus servidores não poderá ser inferior ao valor da contribuição do servidor ativo, nem superior ao dobro desta contribuição.

§ 1º A União, os Estados, o Distrito Federal e os Municípios são responsáveis pela cobertura de eventuais insuficiências financeiras do respectivo regime próprio, decorrentes do pagamento de benefícios previdenciários.

§ 2º A União, os Estados, o Distrito Federal e os Municípios publicarão, até 30 (trinta) dias após o encerramento de cada bimestre, demonstrativo financeiro e orçamentário da receita e despesa previdenciárias acumuladas no exercício financeiro em curso. *(Art. 2º e §§ 1º e 2º com a redação dada pela Lei n. 10.887, de 18.6.2004, DOU 21.6.2004).*

Art. 2º-A. *(Revogado pela Lei n. 10.887, de 18.6.2004, DOU 21.6.2004).*

Art. 3º As alíquotas de contribuição dos servidores ativos dos Estados, do Distrito Federal e dos Municípios para os respectivos regimes próprios de previdência social não serão inferiores às dos servidores titulares de cargos efetivos da União, devendo ainda ser observadas, no caso das contribuições sobre os proventos dos inativos e sobre as pensões, as mesmas alíquotas aplicadas às remunerações dos servidores em atividade do respectivo ente estatal. *(Redação dada pela Lei n. 10.887, de 18.6.2004, DOU 21.6.2004)*

Art. 4º *(Revogado pela Lei n. 10.887, de 18.6.2004, DOU 21.6.2004)*

Art. 5º Os regimes próprios de previdência social dos servidores públicos da União, dos Estados, do Distrito Federal e dos Municípios, dos militares dos Estados e do Distrito Federal não poderão conceder benefícios distintos dos previstos no Regime Geral de Previdência Social, de que trata a Lei n. 8.213, de 24 de julho de 1991, salvo disposição em contrário da Constituição Federal.

Parágrafo único. Fica vedada a concessão de aposentadoria especial, nos termos do § 4º do art. 40 da Constituição Federal, até que lei complementar federal discipline a matéria. (NR) *(Parágrafo acrescentado pela MP n. 2.187-13, de 24.8.2001, DOU 27.8.2001).*

Art. 6º Fica facultada à União, aos Estados, ao Distrito Federal e aos Municípios, a constituição de fundos integrados de bens, direitos e ativos, com finalidade previdenciária, desde que observados os critérios de que trata o art. 1º e, adicionalmente, os seguintes preceitos:

I — estabelecimento de estrutura técnico-administrativa, com conselhos de administração e fiscal e autonomia financeira; *(Inciso revogado pela MP n. 2.187-13, de 24.8.2001, DOU 27.8.2001)*

II — existência de conta do fundo distinta da conta do Tesouro da unidade federativa;

III — aporte de capital inicial em valor a ser definido conforme diretrizes gerais; *(Inciso revogado pela MP n. 2.187-13, de 24.8.2001, DOU 27.8.2001)*

IV — aplicação de recursos, conforme estabelecido pelo Conselho Monetário Nacional;

V — vedação da utilização de recursos do fundo de bens, direitos e ativos para empréstimos de qualquer natureza, inclusive à União, aos Estados, ao Distrito Federal e aos Municípios, a entidades da administração indireta e aos respectivos segurados;

VI — vedação à aplicação de recursos em títulos públicos, com exceção de títulos do Governo Federal;

VII — avaliação de bens, direitos e ativos de qualquer natureza integrados ao fundo, em conformidade com a Lei n. 4.320, de 17 de março de 1964 e alterações subsequentes;

VIII — estabelecimento de limites para a taxa de administração, conforme parâmetros gerais;

IX — constituição e extinção do fundo mediante lei.

Art. 7º O descumprimento do disposto nesta Lei pelos Estados, Distrito Federal e Municípios e pelos respectivos fundos, implicará, a partir de 1º de julho de 1999:

I — suspensão das transferências voluntárias de recursos pela União;

II — impedimento para celebrar acordos, contratos, convênios ou ajustes, bem como receber empréstimos, financiamentos, avais e subvenções em geral de órgãos ou entidades da Administração direta e indireta da União;

III — suspensão de empréstimos e financiamentos por instituições financeiras federais.

IV — suspensão do pagamento dos valores devidos pelo Regime Geral de Previdência Social em razão da Lei n. 9.796, de 5 de maio de 1999. (NR) *(Parágrafo acrescentado pela MP n. 2.187-13, de 24.8.2001, DOU 27.8.2001).*

Art. 8º Os dirigentes do órgão ou da entidade gestora do regime próprio de previdência social dos entes estatais, bem como os membros dos conselhos administrativo e fiscal dos fundos de que trata o art. 6º, respondem diretamente por infração ao disposto nesta Lei, sujeitando-se, no que couber, ao regime repressivo da Lei n. 6.435, de 15 de julho de 1977, e alterações subsequentes, conforme diretrizes gerais.

Parágrafo único. As infrações serão apuradas mediante processo administrativo que tenha por base o auto, a representação ou a denúncia positiva dos fatos irregulares, em que se assegure ao acusado o contraditório e a ampla defesa, em conformidade com diretrizes gerais.

Art. 9º Compete à União, por intermédio do Ministério da Previdência e Assistência Social:

I — a orientação, supervisão e o acompanhamento dos regimes próprios de previdência social dos servidores públicos e dos militares da União, dos Estados, do Distrito Federal e dos Municípios, e dos fundos a que se refere o art. 6º, para o fiel cumprimento dos dispositivos desta Lei;

II — o estabelecimento e a publicação dos parâmetros e das diretrizes gerais previstos nesta Lei.

III — a apuração de infrações, por servidor credenciado, e a aplicação de penalidades, por órgão próprio, nos casos previstos no art. 8º desta Lei. *(Alterado pela MP n. 2.187-13, de 24.8.2001, DOU 27.8.2001)*

Parágrafo único. A União, os Estados, o Distrito Federal e os Municípios prestarão ao Ministério da Previdência e Assistência Social, quando solicitados, informações sobre regime próprio de previdência social e fundo previdenciário previsto no art. 6º desta Lei. (NR) *(Alterado pela MP n. 2.187-13, de 24.8.2001, DOU 27.8.2001)*

Art. 10. No caso de extinção de regime próprio de previdência social, a União, o Estado, o Distrito Federal e os Municípios assumirão integralmente a responsabilidade pelo pagamento dos benefícios concedidos durante a sua vigência, bem como daqueles benefícios cujos requisitos necessários a sua concessão foram implementados anteriormente à extinção do regime próprio de previdência social.

Art. 11. Esta Lei entra em vigor na data de sua publicação.

Fernando Henrique Cardoso
Waldeck Ornélas

DOU 28.11.1998

Lei n. 9.719, de 27 de novembro de 1998

Dispõe sobre normas e condições gerais de proteção ao trabalho portuário, institui multas pela inobservância de seus preceitos, e dá outras providências

Faço saber que o PRESIDENTE DA REPÚBLICA adotou a Medida Provisória n. 1.728-19, de 11 de novembro de 1998, que o Congresso Nacional aprovou, e eu,

Antonio Carlos Magalhães, Presidente, para os efeitos do disposto no parágrafo único do art. 62 da Constituição Federal, promulgo a seguinte lei:

Art. 1º Observado o disposto nos arts. 18 e seu parágrafo único, 19 e seus parágrafos, 20, 21, 22, 25 e 27 e seus parágrafos, 29, 47, 49 e 56 e seu parágrafo único, da Lei n. 8.630, de 25 de fevereiro de 1993, a mão de obra do trabalho portuário avulso deverá ser requisitada ao órgão gestor de mão de obra.

Art. 2º Para os fins previstos no art. 1º desta Lei:

I — cabe ao operador portuário recolher ao órgão gestor de mão de obra os valores devidos pelos serviços executados, referentes à remuneração por navio, acrescidos dos percentuais relativos a décimo terceiro salário, férias, Fundo de Garantia do Tempo de Serviço — FGTS, encargos fiscais e previdenciários, no prazo de vinte e quatro horas da realização do serviço, para viabilizar o pagamento ao trabalhador portuário avulso;

II — cabe ao órgão gestor de mão de obra efetuar o pagamento da remuneração pelos serviços executados e das parcelas referentes a décimo terceiro salário e férias, diretamente ao trabalhador portuário avulso.

§ 1º O pagamento da remuneração pelos serviços executados será feito no prazo de quarenta e oito horas após o término do serviço.

§ 2º Para efeito do disposto no inciso II, o órgão gestor de mão de obra depositará as parcelas referentes às férias e ao décimo terceiro salário, separada e respectivamente, em contas individuais vinculadas, a serem abertas e movimentadas às suas expensas, especialmente para este fim, em instituição bancária de sua livre escolha, sobre as quais deverão incidir rendimentos mensais com base nos parâmetros fixados para atualização dos saldos dos depósitos de poupança.

§ 3º Os depósitos a que se refere o parágrafo anterior serão efetuados no dia 2 do mês seguinte ao da prestação do serviço, prorrogado o prazo para o primeiro dia útil subsequente se o vencimento cair em dia em que não haja expediente bancário.

§ 4º O operador portuário e o órgão gestor de mão de obra são solidariamente responsáveis pelo pagamento dos encargos trabalhistas, das contribuições previdenciárias e demais obrigações, inclusive acessórias, devidas à Seguridade Social, arrecadadas pelo Instituto Nacional do Seguro Social — INSS, vedada a invocação do benefício de ordem.

§ 5º Os prazos previstos neste artigo podem ser alterados mediante convenção coletiva firmada entre entidades sindicais representativas dos trabalhadores e operadores portuários, observado o prazo legal para recolhimento dos encargos fiscais, trabalhistas e previdenciários.

§ 6º A liberação das parcelas referentes à décimo terceiro salário e férias, depositadas nas contas individuais vinculadas, e o recolhimento do FGTS e dos encargos fiscais e previdenciários serão efetuados conforme regulamentação do Poder Executivo.

Art. 3º O órgão gestor de mão de obra manterá o registro do trabalhador portuário avulso que:

I — for cedido ao operador portuário para trabalhar em caráter permanente;

II — constituir ou se associar a cooperativa formada para se estabelecer como operador portuário, na forma do art. 17 da Lei n. 8.630, de 1993.

§ 1º Enquanto durar a cessão ou a associação de que tratam os incisos I e II deste artigo, o trabalhador deixará de concorrer à escala como avulso.

§ 2º É vedado ao órgão gestor de mão de obra ceder trabalhador portuário avulso cadastrado a operador portuário, em caráter permanente.

Art. 4º É assegurado ao trabalhador portuário avulso cadastrado no órgão gestor de mão de obra o direito de concorrer à escala diária complementando a equipe de trabalho do quadro dos registrados.

Art. 5º A escalação do trabalhador portuário avulso, em sistema de rodízio, será feita pelo órgão gestor de mão de obra.

Art. 6º Cabe ao operador portuário e ao órgão gestor de mão de obra verificar a presença, no local de trabalho, dos trabalhadores constantes da escala diária.

Parágrafo único. Somente fará jus à remuneração o trabalhador avulso que, constante da escala diária, estiver em efetivo serviço.

Art. 7º O órgão gestor de mão de obra deverá, quando exigido pela fiscalização do Ministério do Trabalho e do INSS, exibir as listas de escalação diária dos trabalhadores portuários avulsos, por operador portuário e por navio.

Parágrafo único. Caberá exclusivamente ao órgão gestor de mão de obra a responsabilidade pela exatidão dos dados lançados nas listas diárias referidas no *caput* deste artigo, assegurando que não haja preterição do trabalhador regularmente registrado e simultaneidade na escalação.

Art. 8º Na escalação diária do trabalhador portuário avulso deverá sempre ser observado um intervalo mínimo de onze horas consecutivas entre duas jornadas, salvo em situações excepcionais, constantes de acordo ou convenção coletiva de trabalho.

Art. 9º Compete ao órgão gestor de mão de obra, ao operador portuário e ao empregador, conforme o caso, cumprir e fazer cumprir as normas concernentes a saúde e segurança do trabalho portuário.

Parágrafo único. O Ministério do Trabalho estabelecerá as normas regulamentadoras de que trata o *caput* deste artigo.

Art. 10. O descumprimento do disposto nesta Lei sujeitará o infrator às seguintes multas:

I — de R$ 173,00 (cento e setenta e três reais) a R$ 1.730,00 (um mil, setecentos e trinta reais), por infração ao *caput* do art. 7º;

II — de R$ 575,00 (quinhentos e setenta e cinco reais) a R$ 5.750,00 (cinco mil, setecentos e cinquenta reais), por infração às normas de segurança do trabalho portuário, e de R$ 345,00 (trezentos e quarenta e cinco reais) a R$ 3.450,00 (três mil, quatrocentos e cinquenta reais), por infração às normas de saúde do trabalho, nos termos do art. 9º;

III — de R$ 345,00 (trezentos e quarenta e cinco reais) a R$ 3.450,00 (três mil, quatrocentos e cinquenta reais), por trabalhador em situação irregular, por infração ao parágrafo único do art. 7º e aos demais artigos.

Parágrafo único. As multas previstas neste artigo serão graduadas segundo a natureza da infração, sua extensão e a intenção de quem a praticou, e aplicadas em dobro em caso de reincidência, oposição à fiscalização e desacato à autoridade, sem prejuízo das penalidades previstas na legislação previdenciária.

Art. 10-A. É assegurado, na forma do regulamento, benefício assistencial mensal, de até 1 (um) salário mínimo, aos trabalhadores portuários avulsos, com mais de 60 (sessenta) anos, que não cumprirem os requisitos para a aquisição das modalidades de aposentadoria previstas nos arts. 42, 48, 52 e 57 da Lei n. 8.213, de 24 de julho de 1991, e que não possuam meios para prover a sua subsistência. *(Artigo acrescentado pela Lei n. 12.815, de 5.6.2013, DOU 5.6.213 ed. extra)*

Parágrafo único. O benefício de que trata este artigo não pode ser acumulado pelo beneficiário com qualquer outro no âmbito da seguridade social ou de outro regime, salvo os da assistência médica e da pensão especial de natureza indenizatória. *(Parágrafo acrescentado pela Lei n. 12.815, de 5.6.2013, DOU 5.6.213 ed. extra)*

Art. 11. *(Revogado pela Lei n. 12.815, de 5.6.2013, DOU 5.6.2013, ed. extra.)*

Art. 12. O processo de autuação e imposição das multas previsto nesta Lei obedecerá ao disposto no Título VII da Consolidação das Leis do Trabalho ou na legislação previdenciária, conforme o caso.

Art. 13. Esta Lei também se aplica aos requisitantes de mão de obra de trabalhador portuário avulso junto ao órgão gestor de mão de obra que não sejam operadores portuários.

Art. 14. Compete ao Ministério do Trabalho e ao INSS a fiscalização da observância das disposições contidas nesta Lei, devendo as autoridades de que trata o art. 3º da Lei n. 8.630, de 1993, colaborar com os Agentes da Inspeção do Trabalho e Fiscais do INSS em sua ação fiscalizadora, nas instalações portuárias ou a bordo de navios.

Art. 15. Ficam convalidados os atos praticados com base na Medida Provisória n. 1.679-18, de 26 de outubro de 1998.

Art. 16. Esta Lei entra em vigor na data de sua publicação.

Art. 17. *(Revoga-se a Medida Provisória n. 1.679-18, de 26 de outubro de 1998)*

Congresso Nacional, em 27 de novembro de 1998; 177º da Independência e 110º da República.

Antonio Carlos Magalhães
DOU 30.11.1998

Lei n. 9.766, de 18 de dezembro de 1998

Altera a legislação que rege o salário-educação, e dá outras providências

O PRESIDENTE DA REPÚBLICA.

Faço saber que o Congresso Nacional decreta e eu sanciono a seguinte Lei:

Art. 1º A contribuição social do Salário-Educação, a que se refere o art. 15 da Lei n. 9.424, de 24 de dezembro de 1996, obedecerá aos mesmos prazos e condições, e sujeitar-se-á às mesmas sanções administrativas ou penais e outras normas relativas às contribuições sociais e demais importâncias devidas à Seguridade Social, ressalvada a competência do Fundo Nacional de Desenvolvimento da Educação (FNDE), sobre a matéria.

§ 1º Estão isentas do recolhimento da contribuição social do Salário-Educação:

I — a União, os Estados, o Distrito Federal e os Municípios, bem como suas respectivas autarquias e fundações;

II — as instituições públicas de ensino de qualquer grau;

III — as escolas comunitárias, confessionais ou filantrópicas, devidamente registradas e reconhecidas pelo competente órgão de

educação, que atendam ao disposto no inciso II do art. 55 da Lei n. 8.212, de 24 de julho de 1991;

IV — as organizações de fins culturais que, para este fim, vierem a ser definidas em regulamento;

V — as organizações hospitalares e de assistência social, desde que atendam, cumulativamente, aos requisitos estabelecidos nos incisos I a V do art. 55 da Lei n. 8.212, de 1991.

§ 2º Integram a receita do Salário-Educação os acréscimos legais a que estão sujeitos os contribuintes em atraso.

§ 3º Entende-se por empresa, para fins de incidência da contribuição social do Salário-Educação, qualquer firma individual ou sociedade que assume o risco de atividade econômica, urbana ou rural, com fins lucrativos ou não, bem como as empresas e demais entidades públicas ou privadas, vinculadas à Seguridade Social.

Art. 2º A Quota Estadual e Municipal do Salário-Educação, de que trata o § 1º e seu inciso II do art. 15 da Lei n. 9.424, de 24 de dezembro de 1996, será integralmente redistribuída entre o Estado e seus Municípios de forma proporcional ao número de alunos matriculados no ensino fundamental nas respectivas redes de ensino, conforme apurado pelo censo educacional realizado pelo Ministério da Educação. (NR) (Redação dada pela Lei n. 10.832, de 29.12.03, DOU 30.12.03)

Art. 3º O Salário-Educação não tem caráter remuneratório na relação de emprego e não se vincula, para nenhum efeito, ao salário ou à remuneração percebida pelos empregados das empresas contribuintes.

Art. 4º A contribuição do Salário-Educação será recolhida ao Instituto Nacional do Seguro Social (INSS) ou ao FNDE.

Parágrafo único. O INSS reterá, do montante por ele arrecadado, a importância equivalente a um por cento, a título de taxa de administração, creditando o restante no Banco do Brasil S.A., em favor do FNDE, para os fins previstos no art. 15, § 1º, da Lei n. 9.424, de 1996.

Art. 5º A fiscalização da arrecadação do Salário-Educação será realizada pelo INSS, ressalvada a competência do FNDE sobre a matéria.

Parágrafo único. Para efeito da fiscalização prevista neste artigo, seja por parte do INSS, seja por parte do FNDE, não se aplicam as disposições legais excludentes ou limitativas do direito de examinar livros, arquivos, documentos, papéis e efeitos comerciais ou fiscais, dos comerciantes, empresários, industriais ou produtores, ou da obrigação destes de exibi-los.

Art. 6º As disponibilidades financeiras dos recursos gerenciados pelo FNDE, inclusive os arrecadados à conta do Salário-Educação, poderão ser aplicadas por intermédio de instituição financeira pública federal, na forma que vier a ser estabelecida pelo seu Conselho Deliberativo.

Art. 7º O Ministério da Educação e do Desporto fiscalizará, por intermédio do FNDE, a aplicação dos recursos provenientes do Salário-Educação, na forma do regulamento e das instruções que para este fim forem baixadas por aquela Autarquia, vedada sua destinação ao pagamento de pessoal.

Art. 8º Os recursos do Salário-Educação podem ser aplicados na educação especial, desde que vinculada ao ensino fundamental público.

Art. 9º O Poder Executivo regulamentará esta Lei, no prazo de sessenta dias da data de sua publicação.

Art. 10. Ficam convalidados os atos praticados com base na Medida Provisória n. 1.607-24, de 19 de novembro de 1998.

Art. 11. Esta Lei entra em vigor na data de sua publicação.

Art. 12. Revoga-se a Lei n. 8.150, de 28 de dezembro de 1990.

Brasília, 18 de dezembro de 1998; 177º da Independência e 110º da República.

FERNANDO HENRIQUE CARDOSO
PAULO RENATO SOUZA

DOU 19.12.1998

Lei n. 9.800, de 26 de maio de 1999

Permite às partes a utilização de sistema de transmissão de dados para a prática de atos processuais

O Presidente da República,

Faço saber que o Congresso Nacional decreta e eu sanciono a seguinte Lei:

Art. 1º É permitida às partes a utilização de sistema de transmissão de dados e imagens tipo fac-símile ou outro similar, para a prática de atos processuais que dependam de petição escrita.

Art. 2º A utilização de sistema de transmissão de dados e imagens não prejudica o cumprimento dos prazos, devendo os originais ser entregues em juízo, necessariamente, até cinco dias da data de seu término.

Parágrafo único. Nos atos não sujeitos a prazo, os originais deverão ser entregues, necessariamente, até cinco dias da data da recepção do material.

Art. 3º Os juízes poderão praticar atos de sua competência à vista de transmissões efetuadas na forma desta Lei, sem prejuízo do disposto no artigo anterior.

Art. 4º Quem fizer uso de sistema de transmissão torna-se responsável pela qualidade e fidelidade do material transmitido, e por sua entrega ao órgão judiciário.

Parágrafo único. Sem prejuízo de outras sanções, o usuário do sistema será considerado litigante de má-fé se não houver perfeita concordância entre o original remetido pelo fac-símile e o original entregue em juízo.

Art. 5º O disposto nesta Lei não obriga a que os órgãos judiciários disponham de equipamentos para recepção.

Art. 6º Esta Lei entra em vigor trinta dias após a data de sua publicação.

Brasília, 26 de maio de 1999; 178º da Independência e 111º da República.

FERNANDO HENRIQUE CARDOSO
RENAN CALHEIROS

DOU 27.5.1999

Lei n. 9.867, de 10 de novembro de 1999

Dispõe sobre a criação e o funcionamento de cooperativas sociais, visando à integração social dos cidadãos, conforme especifica

O PRESIDENTE DA REPÚBLICA.

Faço saber que o Congresso Nacional decreta e eu sanciono a seguinte Lei:

Art. 1º As Cooperativas Sociais, constituídas com a finalidade de inserir as pessoas em desvantagem no mercado econômico, por meio do trabalho, fundamentam-se no interesse geral da comunidade em promover a pessoa humana e a integração social dos cidadãos, e incluem entre suas atividades:

I — a organização e gestão de serviços sociossanitários e educativos; e

II — o desenvolvimento de atividades agrícolas, industriais, comerciais e de serviços.

Art. 2º Na denominação e razão social das entidades a que se refere o artigo anterior, é obrigatório o uso da expressão "Cooperativa Social", aplicando-se-lhes todas as normas relativas ao setor em que operarem, desde que compatíveis com os objetivos desta Lei.

Art. 3º Consideram-se pessoas em desvantagem, para os efeitos desta Lei:

I — os deficientes físicos e sensoriais;

II — os deficientes psíquicos e mentais, as pessoas dependentes de acompanhamento psiquiátrico permanente, e os egressos de hospitais psiquiátricos;

III — os dependentes químicos;

IV — os egressos de prisões;

V — *(vetado)*;

VI — os condenados a penas alternativas à detenção;

VII — os adolescentes em idade adequada ao trabalho e situação familiar difícil do ponto de vista econômico, social ou afetivo.

§ 1º *(Vetado)*.

§ 2º As Cooperativas Sociais organizarão seu trabalho, especialmente no que diz respeito a instalações, horários e jornadas, de maneira a levar em conta e minimizar as dificuldades gerais e individuais das pessoas em desvantagem que nelas trabalharem, e desenvolverão e executarão programas especiais de treinamento com o objetivo de aumentar-lhes a produtividade e a independência econômica e social.

§ 3º A condição de pessoa em desvantagem deve ser atestada por documentação proveniente de órgãos da administração pública, ressalvando-se o direito à privacidade.

Art. 4º O estatuto da Cooperativa Social poderá prever uma ou mais categorias de sócios voluntários, que lhe prestem serviços gratuitamente, e não estejam incluídos na definição de pessoas em desvantagem.

Art. 5º (VETADO).

Parágrafo único. (VETADO).

Art. 6º Esta Lei entra em vigor na data de sua publicação.

FERNANDO HENRIQUE CARDOSO
JOSÉ CARLOS DIAS
FRANCISCO DORNELLES
WALDECK ORNÉLAS

DOU 11.11.1999

Lei n. 9.872, de 23 de novembro de 1999

Cria o Fundo de Aval para a Geração de Emprego e Renda — FUNPROGER, altera o art. 11 da Lei n. 9.365, de 16 de dezembro de 1996, e dá outras providências

Faço saber que o PRESIDENTE DA REPÚBLICA adotou a Medida Provisória n.

1.922-1, de 4 de novembro de 1999, que o Congresso Nacional aprovou, e eu, Antonio Carlos Magalhães, Presidente, para os efeitos do disposto no parágrafo único do art. 62 da Constituição Federal, promulgo a seguinte Lei:

..................

Art. 9º É concedida anistia das multas já aplicadas, por infração à legislação trabalhista, de valor consolidado igual ou inferior a R$ 1.000,00 (mil reais).

§ 1º Entende-se por valor consolidado o resultante da atualização do respectivo valor originário, mais os encargos e acréscimos legais vencidos, até a data da apuração.

§ 2º Não se aplica o disposto no *caput* quando o valor total dos débitos de um mesmo devedor for superior ao limite estabelecido neste artigo.

Art. 10. Ficam convalidados os atos praticados com base na Medida Provisória n. 1.922, de 5 de outubro de 1999.

Art. 11. Esta Lei entra em vigor na data de sua publicação.

Congresso Nacional, em 23 de novembro de 1999; 178º da Independência e 111º da República.

Senador Antonio Carlos Magalhães,
Presidente.
DOU 24.11.1999

Lei n. 9.873, de 23 de novembro de 1999

Estabelece prazo de prescrição para o exercício de ação punitiva pela administração pública federal, direta e indireta, e dá outras providências

Faço saber que o PRESIDENTE DA REPÚBLICA adotou a Medida Provisória n. 1.859-17, de 1999, que o Congresso Nacional aprovou, e eu, Antonio Carlos Magalhães, Presidente, para os efeitos do disposto no parágrafo único do art. 62 da Constituição Federal, promulgo a seguinte Lei:

Art. 1º Prescreve em cinco anos a ação punitiva da Administração Pública Federal, direta e indireta, no exercício do poder de polícia, objetivando apurar infração à legislação em vigor, contados da data da prática do ato ou, no caso de infração permanente ou continuada, do dia em que tiver cessado.

§ 1º Incide a prescrição no procedimento administrativo paralisado por mais de três anos, pendente de julgamento ou despacho, cujos autos serão arquivados de ofício ou mediante requerimento da parte interessada, sem prejuízo da apuração da responsabilidade funcional decorrente da paralisação, se for o caso.

§ 2º Quando o fato objeto da ação punitiva da Administração também constituir crime, a prescrição reger-se-á pelo prazo previsto na lei penal.

Art. 1º-A Constituído definitivamente o crédito não tributário, após o término regular do processo administrativo, prescreve em 5 (cinco) anos a ação de execução da administração pública federal relativa a crédito decorrente da aplicação de multa por infração à legislação em vigor. *(Acrescentado pela Lei n. 11.941, de 27.5.2009, DOU 28.5.2009)*

Art. 2º Interrompe-se a prescrição da ação punitiva: *(Redação dada Lei n. 11.941, de 27.5.2009, DOU 28.5.2009)*

I — pela notificação ou citação do indiciado ou acusado, inclusive por meio de edital; *(Redação dada Lei n. 11.941, de 27.5.2009, DOU 28.5.2009)*

II — por qualquer ato inequívoco, que importe apuração do fato;

III — pela decisão condenatória recorrível.

IV — por qualquer ato inequívoco que importe em manifestação expressa de tentativa de solução conciliatória no âmbito interno da administração pública federal. (NR) *(Redação dada Lei n. 11.941, de 27.5.2009, DOU 28.5.2009)*

Art. 2º-A Interrompe-se o prazo prescricional da ação executória: *(Redação dada Lei n. 11.941, de 27.5.2009, DOU 28.5.2009)*

I — pelo despacho do juiz que ordenar a citação em execução fiscal; *(Redação dada Lei n. 11.941, de 27.5.2009, DOU 28.5.2009)*

II — pelo protesto judicial; *(Redação dada Lei n. 11.941, de 27.5.2009, DOU 28.5.2009)*

III — por qualquer ato judicial que constitua em mora o devedor; *(Redação dada Lei n. 11.941, de 27.5.2009, DOU 28.5.2009)*

IV — por qualquer ato inequívoco, ainda que extrajudicial, que importe em reconhecimento do débito pelo devedor; *(Redação dada Lei n. 11.941, de 27.5.2009, DOU 28.5.2009)*

V — por qualquer ato inequívoco que importe em manifestação expressa de tentativa de solução conciliatória no âmbito interno da administração pública federal. *(Redação dada Lei n. 11.941, de 27.5.2009, DOU 28.5.2009)*

Art. 3º Suspende-se a prescrição durante a vigência:

I — dos compromissos de cessação ou de desempenho, respectivamente, previstos nos arts. 53 e 58 da Lei n. 8.884, de 11 de junho de 1994;

II — do termo de compromisso de que trata o § 5º do art. 11 da Lei n. 6.385, de 7 de dezembro de 1976, com a redação dada pela Lei n. 9.457, de 5 de maio de 1997.

Art. 4º Ressalvadas as hipóteses de interrupção previstas no art. 2º, para as infrações ocorridas há mais de três anos, contados do dia 1º de julho de 1998, a prescrição operará em dois anos, a partir dessa data.

Art. 5º O disposto nesta Lei não se aplica às infrações de natureza funcional e aos processos e procedimentos de natureza tributária.

Art. 6º Ficam convalidados os atos praticados com base na Medida Provisória n. 1.859-16, de 24 de setembro de 1999.

Art. 7º Esta Lei entra em vigor na data de sua publicação.

Art. 8º Ficam revogados o art. 33 da Lei n. 6.385, de 1976, com a redação dada pela Lei n. 9.457, de 1997, o art. 28 da Lei n. 8.884, de 1994, e demais disposições em contrário, ainda que constantes de lei especial.

Congresso Nacional, em 23 de novembro de 1999; 178º da Independência e 111º da República.

Senador Antônio Carlos Magalhães
Presidente
DOU 24.11.1999, ED. EXTRA

Lei n. 9.962, de 22 de fevereiro de 2000

Disciplina o regime de emprego público do pessoal da administração federal direta, autárquica e fundacional, e dá outras providências

O PRESIDENTE DA REPÚBLICA,

Faço saber que o Congresso Nacional decreta e eu sanciono a seguinte lei:

Art. 1º O pessoal admitido para emprego público na Administração federal direta, autárquica e fundacional terá sua relação de trabalho regida pela Consolidação das Leis do Trabalho, aprovada pelo Decreto-Lei n. 5.452, de 1º de maio de 1943, e legislação trabalhista correlata, naquilo que a lei não dispuser em contrário.

§ 1º Leis específicas disporão sobre a criação dos empregos de que trata esta Lei no âmbito da Administração direta, autárquica e fundacional do Poder Executivo, bem como sobre a transformação dos atuais cargos em empregos.

§ 2º É vedado:

I — submeter ao regime de que trata esta lei:
a) (VETADO);
b) cargos públicos de provimento em comissão;

II — alcançar, nas leis a que se refere o § 1º, servidores regidos pela Lei n. 8.112, de 11 de dezembro de 1990, às datas das respectivas publicações.

§ 3º Estende-se o disposto no § 2º a criação de empregos ou à transformação de cargos em empregos não abrangidas pelo § 1º.

§ 4º (VETADO).

Art. 2º A contratação de pessoal para emprego público deverá ser precedida de concurso público de provas ou de provas e títulos, conforme a natureza e a complexidade do emprego.

Art. 3º O contrato de trabalho por prazo indeterminado somente será rescindido por ato unilateral da Administração pública nas seguintes hipóteses:

I — prática de falta grave, dentre as enumeradas no art. 482 da Consolidação das Leis do Trabalho — CLT;

II — acumulação ilegal de cargos, empregos ou funções públicas;

III — necessidade de redução de quadro de pessoal, por excesso de despesa, nos termos da lei complementar a que se refere o art. 169 da Constituição Federal;

IV — insuficiência de desempenho, apurada em procedimento no qual se assegurem pelo menos um recurso hierárquico dotado de efeito suspensivo, que será apreciado em trinta dias, e o prévio conhecimento dos padrões mínimos exigidos para continuidade da relação de emprego, obrigatoriamente estabelecido de acordo com as peculiaridades das atividades exercidas.

Parágrafo único. Excluem-se da obrigatoriedade dos procedimentos previstos no *caput* as contratações de pessoal decorrentes da autonomia de gestão de que trata o § 8º do art. 37 da Constituição Federal.

Art. 4º Aplica-se às leis a que se refere o parágrafo 1º do art. 1º desta lei o disposto no art. 246 da Constituição Federal.

Art. 5º Esta lei entra em vigor na data de sua publicação.

Brasília, 22 de fevereiro de 2000; 179º da Independência e 112º da República.

Fernando Henrique Cardoso
Martus Tavares
DOU 23.2.2000

Lei n. 9.983, de 14 de julho de 2000

Altera o Decreto-Lei n. 2.848, de 7 de dezembro de 1940 — Código Penal, e dá outras providências (crime contra a previdência social)

O PRESIDENTE DA REPÚBLICA,

Faço saber que o Congresso Nacional decreta e eu sanciono a seguinte Lei:

Art. 1º São acrescidos à Parte Especial do Decreto-Lei n. 2.848, de 7 de dezembro de 1940 — Código Penal, os seguintes dispositivos:

"Apropriação indébita previdenciária"

"Art. 168-A. Deixar de repassar à previdência social as contribuições recolhidas dos contribuintes, no prazo e forma legal ou convencional:"

"Pena — reclusão, de 2 (dois) a 5 (cinco) anos, e multa."

"§ 1º Nas mesmas penas incorre quem deixar de:"

"I — recolher, no prazo legal, contribuição ou outra importância destinada à previdência social que tenha sido descontada de pagamento efetuado a segurados, a terceiros ou arrecadada do público;"

"II — recolher contribuições devidas à previdência social que tenham integrado despesas contábeis ou custos relativos à venda de produtos ou à prestação de serviços;"

"III — pagar benefício devido a segurado, quando as respectivas cotas ou valores já tiverem sido reembolsados à empresa pela previdência social."

"§ 2º É extinta a punibilidade se o agente, espontaneamente, declara, confessa e efetua o pagamento das contribuições, importâncias ou valores e presta as informações devidas à previdência social, na forma definida em lei ou regulamento, antes do início da ação fiscal."

"§ 3º É facultado ao juiz deixar de aplicar a pena ou aplicar somente a de multa se o agente for primário e de bons antecedentes, desde que:"

"I — tenha promovido, após o início da ação fiscal e antes de oferecida a denúncia, o pagamento da contribuição social previdenciária, inclusive acessórios; ou"

"II — o valor das contribuições devidas, inclusive acessórios, seja igual ou inferior àquele estabelecido pela previdência social, administrativamente, como sendo o mínimo para o ajuizamento de suas execuções fiscais."

"Inserção de dados falsos em sistema de informações"

"Art. 313-A. Inserir ou facilitar, o funcionário autorizado, a inserção de dados falsos, alterar ou excluir indevidamente dados corretos nos sistemas informatizados ou bancos de dados da Administração Pública com o fim de obter vantagem indevida para si ou para outrem ou para causar dano:"

"Pena — reclusão, de 2 (dois) a 12 (doze) anos, e multa."

"Modificação ou alteração não autorizada de sistema de informações"

"Art. 313-B. Modificar ou alterar, o funcionário, sistema de informações ou programa de informática sem autorização ou solicitação de autoridade competente:"

"Pena — detenção, de 3 (três) meses a 2 (dois) anos, e multa."

"Parágrafo único. As penas são aumentadas de um terço até a metade se da modificação ou alteração resulta dano para a Administração Pública ou para o administrado."

"Sonegação de contribuição previdenciária"

"Art. 337-A. Suprimir ou reduzir contribuição social previdenciária e qualquer acessório, mediante as seguintes condutas:"

"I — omitir de folha de pagamento da empresa ou de documento de informações previsto pela legislação previdenciária segurados empregado, empresário, trabalhador avulso ou trabalhador autônomo ou a este equiparado que lhe prestem serviços;"

"II — deixar de lançar mensalmente nos títulos próprios da contabilidade da empresa as quantias descontadas dos segurados ou as devidas pelo empregador ou pelo tomador de serviços;"

"III — omitir, total ou parcialmente, receitas ou lucros auferidos, remunerações pagas ou creditadas e demais fatos geradores de contribuições sociais previdenciárias."

"Pena — reclusão, de 2 (dois) a 5 (cinco) anos, e multa."

"§ 1º É extinta a punibilidade se o agente, espontaneamente, declara e confessa as contribuições, importâncias ou valores e presta as informações devidas à previdência social, na forma definida em lei ou regulamento, antes do início da ação fiscal."

"§ 2º É facultado ao juiz deixar de aplicar a pena ou aplicar somente a de multa se o agente for primário e de bons antecedentes, desde que:"

"I — (vetado);"

"II — o valor das contribuições devidas, inclusive acessórios, seja igual ou inferior àquele estabelecido pela previdência social, administrativamente, como sendo o mínimo para o ajuizamento de suas execuções fiscais."

"§ 3º Se o empregador não é pessoa jurídica e sua folha de pagamento mensal não ultrapassa R$ 1.510,00 (um mil, quinhentos e dez reais), o juiz poderá reduzir a pena de um terço até a metade ou aplicar apenas a de multa."

"§ 4º O valor a que se refere o parágrafo anterior será reajustado nas mesmas datas e nos mesmos índices do reajuste dos benefícios da previdência social."

Art. 2º Os arts. 153, 296, 297, 325 e 327 do Decreto-Lei n. 2.848, de 1940, passam a vigorar com as seguintes alterações:

"Art. 153.."

"§ 1º A. Divulgar, sem justa causa, informações sigilosas ou reservadas, assim definidas em lei, contidas ou não nos sistemas de informações ou banco de dados da Administração Pública:"

"Pena — detenção, de 1 (um) a 4 (quatro) anos, e multa."

"§ 1º (parágrafo único original)."

"§ 2º Quando resultar prejuízo para a Administração Pública, a ação penal será incondicionada."

"Art. 296.."

"§ 1º.."

"III — quem altera, falsifica ou faz uso indevido de marcas, logotipos, siglas ou quaisquer outros símbolos utilizados ou identificadores de órgãos ou entidades da Administração Pública."

"Art. 297.."

"§ 3º Nas mesmas penas incorre quem insere ou faz inserir:"

"I — na folha de pagamento ou em documento de informações que seja destinado a fazer prova perante a previdência social, pessoa que não possua a qualidade de segurado obrigatório;"

"II — na Carteira de Trabalho e Previdência Social do empregado ou em documento que deva produzir efeito perante a previdência social, declaração falsa ou diversa da que deveria ter sido escrita;"

"III — em documento contábil ou em qualquer outro documento relacionado com as obrigações da empresa perante a previdência social, declaração falsa ou diversa da que deveria ter constado."

"§ 4º Nas mesmas penas incorre quem omite, nos documentos mencionados no § 3º, nome do segurado e seus dados pessoais, a remuneração, a vigência do contrato de trabalho ou de prestação de serviços."

"Art. 325.."

"§ 1º Nas mesmas penas deste artigo incorre quem:"

"I — permite ou facilita, mediante atribuição, fornecimento e empréstimo de senha ou qualquer outra forma, o acesso de pessoas não autorizadas a sistemas de informações ou banco de dados da Administração Pública;"

"II — se utiliza, indevidamente, do acesso restrito."

"§ 2º Se da ação ou omissão resulta dano à Administração Pública ou a outrem:"

"Pena — reclusão, de 2 (dois) a 6 (seis) anos, e multa."

"Art. 327.."

"§ 1º Equipara-se a funcionário público quem exerce cargo, emprego ou função em entidade paraestatal, e quem trabalha para empresa prestadora de serviço contratada ou conveniada para a execução de atividade típica da Administração Pública."

Art. 3º O art. 95 da Lei n. 8.212, de 24 de julho de 1991, passa a vigorar com a seguinte redação:

"Art. 95. *Caput.* Revogado."

"a) (revogada);"
"b) (revogada);"
"c) (revogada);"
"d) (revogada);"
"e) (revogada);"
"f) (revogada);"
"g) (revogada);"
"h)(revogada);"
"i) (revogada);"
"j) (revogada);"

"§ 1º (revogado)"

"§ 2º.."

"a).."
"b).."
"c).."
"d).."
"e).."
"f).."

"§ 3º (Revogado) "
"§ 4º (Revogado) "
"§ 5º (Revogado) "

Art. 4º Esta Lei entra em vigor noventa dias após a data de sua publicação.

Brasília, 14 de julho de 2000; 179º da Independência e 112º da República.

FERNANDO HENRIQUE CARDOSO
JOSÉ GREGORI
WALDECK ORNÉLAS

DOU 17.7.2000

Lei n. 10.101, de 19 de dezembro de 2000

Dispõe sobre a participação dos trabalhadores nos lucros ou resultados da empresa e dá outras providências

Faço saber que o PRESIDENTE DA REPÚBLICA adotou a Medida Provisória n. 1.982-77, de 2000, que o Congresso Nacional aprovou, e eu, Antonio Carlos Magalhães, Presidente, para os efeitos do disposto no parágrafo único do art. 62 da Constituição Federal, promulgo a seguinte Lei:

Art. 1º Esta Lei regula a participação dos trabalhadores nos lucros ou resultados da empresa como instrumento de integração entre o capital e o trabalho e como incentivo à produtividade, nos termos do art. 7º, inciso XI, da Constituição.

Art. 2º A participação nos lucros ou resultados será objeto de negociação entre a empresa e seus empregados, mediante um dos procedimentos a seguir descritos, escolhidos pelas partes de comum acordo:

I — comissão paritária escolhida pelas partes, integrada, também, por um representante indicado pelo sindicato da respectiva categoria; *(Redação dada pela Lei n. 12.832, de 20 de junho de 2013, DOU 21.6.2013)*

II — convenção ou acordo coletivo.

§ 1º Dos instrumentos decorrentes da negociação deverão constar regras claras e objetivas quanto à fixação dos direitos substantivos da participação e das regras adjetivas, inclusive mecanismos de aferição das informações pertinentes ao cumprimento do acordado, periodicidade da distribuição, período de vigência e prazos para revisão do acordo podendo ser considerados, entre outros, os seguintes critérios e condições:

I — índices de produtividade, qualidade ou lucratividade da empresa;

II — programas de metas, resultados e prazos, pactuados previamente.

§ 2º O instrumento de acordo celebrado será arquivado na entidade sindical dos trabalhadores.

§ 3º Não se equipara a empresa, para os fins desta Lei:

I — a pessoa física;

II — a entidade sem fins lucrativos que, cumulativamente:

a) não distribua resultados, a qualquer título, ainda que indiretamente, a dirigentes, administradores ou empresas vinculadas;

b) aplique integralmente os seus recursos em sua atividade institucional e no País;

c) destine o seu patrimônio à entidade congênere ou ao poder público, em caso de encerramento de suas atividades;

d) mantenha escrituração contábil capaz de comprovar a observância dos demais requisitos deste inciso, e das normas fiscais, comerciais e de direito econômico que lhe sejam aplicáveis.

§ 4º Quando forem considerados os critérios e condições definidos nos incisos I e II do § 1º deste artigo:

I — a empresa deverá prestar aos representantes dos trabalhadores na comissão paritária informações que colaborem para a negociação;

II — não se aplicam as metas referentes à saúde e segurança no trabalho. (NR) *(Redação do parágrafo dada pela Lei n. 12.832, de 20 de junho de 2013, DOU 21.6.2013)*

Art. 3º A participação de que trata o art. 2º não substitui ou complementa a remuneração devida a qualquer empregado, nem constitui base de incidência de qualquer encargo trabalhista, não se lhe aplicando o princípio da habitualidade.

§ 1º Para efeito de apuração do lucro real, a pessoa jurídica poderá deduzir como despesa operacional as participações atribuídas aos empregados nos lucros ou resultados, nos termos da presente Lei, dentro do próprio exercício de sua constituição.

§ 2º É vedado o pagamento de qualquer antecipação ou distribuição de valores a tí-

tulo de participação nos lucros ou resultados da empresa em mais de 2 (duas) vezes no mesmo ano civil e em periodicidade inferior a 1 (um) trimestre civil. *(Redação dada pela Lei n. 12.832, de 20 de junho de 2013, DOU 21.6.2013)*

§ 3º Todos os pagamentos efetuados em decorrência de planos de participação nos lucros ou resultados, mantidos espontaneamente pela empresa, poderão ser compensados com as obrigações decorrentes de acordos ou convenções coletivas de trabalho atinentes à participação nos lucros ou resultados.

§ 4º A periodicidade semestral mínima referida no § 2º poderá ser alterada pelo Poder Executivo, até 31 de dezembro de 2000, em função de eventuais impactos nas receitas tributárias.

§ 5º A participação de que trata este artigo será tributada pelo imposto sobre a renda exclusivamente na fonte, em separado dos demais rendimentos recebidos, no ano do recebimento ou crédito, com base na tabela progressiva anual constante do Anexo e não integrará a base de cálculo do imposto devido pelo beneficiário na Declaração de Ajuste Anual. *(Redação dada pela Lei n. 12.832, de 20 de junho de 2013, DOU 21.6.2013)*

§ 6º Para efeito da apuração do imposto sobre a renda, a participação dos trabalhadores nos lucros ou resultados da empresa será integralmente tributada com base na tabela progressiva constante do Anexo. *(Redação dada pela Lei n. 12.832, de 20 de junho de 2013, DOU 21.6.2013)*

§ 7º Na hipótese de pagamento de mais de 1 (uma) parcela referente a um mesmo ano calendário, o imposto deve ser recalculado, com base no total da participação nos lucros recebida no ano calendário, mediante a utilização da tabela constante do Anexo, deduzindo-se do imposto assim apurado o valor retido anteriormente. *(Redação dada pela Lei n. 12.832, de 20 de junho de 2013, DOU 21.6.2013)*

§ 8º Os rendimentos pagos acumuladamente a título de participação dos trabalhadores nos lucros ou resultados da empresa serão tributados exclusivamente na fonte, em separado dos demais rendimentos recebidos, sujeitando-se, também de forma acumulada, ao imposto sobre a renda com base na tabela progressiva constante do Anexo. *(Redação dada pela Lei n. 12.832, de 20 de junho de 2013, DOU 21.6.2013)*

§ 9º Considera-se pagamento acumulado, para fins do § 8º, o pagamento da participação nos lucros relativa a mais de um ano-calendário. *(Redação dada pela Lei n. 12.832, de 20 de junho de 2013, DOU 21.6.2013)*

§ 10. Na determinação da base de cálculo da participação dos trabalhadores nos lucros ou resultados, poderão ser deduzidas as importâncias pagas em dinheiro a título de pensão alimentícia em face das normas do Direito de Família, quando em cumprimento de decisão judicial, de acordo homologado judicialmente ou de separação ou divórcio consensual realizado por escritura pública, desde que correspondentes a esse rendimento, não podendo ser utilizada a mesma parcela para a determinação da base de cálculo dos demais rendimentos. *(Redação dada pela Lei n. 12.832, de 20 de junho de 2013, DOU 21.6.2013)*

§ 11. A partir do ano calendário de 2014, inclusive, os valores da tabela progressiva anual constante do Anexo serão reajustados no mesmo percentual de reajuste da Tabela Progressiva Mensal do imposto de renda incidente sobre os rendimentos das pessoas físicas. (NR) *(Redação dada pela Lei n. 12.832, de 20 de junho de 2013, DOU 21.6.2013)*

Art. 4º Caso a negociação visando à participação nos lucros ou resultados da empresa resulte em impasse, as partes poderão utilizar-se dos seguintes mecanismos de solução de litígio:

I — mediação;

II — arbitragem de ofertas finais, utilizando-se, no que couber, os termos da Lei n. 9.307, de 23 de setembro de 1996. (NR) *(Redação dada pela Lei n. 12.832, de 20 de junho de 2013, DOU 21.6.2013)*

Art. 5º A participação de que trata o art. 1º desta Lei, relativamente aos trabalhadores em empresas estatais, observará diretrizes específicas fixadas pelo Poder Executivo.

Parágrafo único. Consideram-se empresas estatais as empresas públicas, sociedades de economia mista, suas subsidiárias e controladas e demais empresas em que a União, direta ou indiretamente, detenha a maioria do capital social com direito a voto.

Art. 6º. Fica autorizado o trabalho aos domingos nas atividades do comércio em geral, observada a legislação municipal, nos termos do art. 30, inciso I, da Constituição. *(Redação dada pela Lei n. 11.603, de 5.12.2007, DOU 6.12.2007)*

Parágrafo único. O repouso semanal remunerado deverá coincidir, pelo menos 1 (uma) vez no período máximo de 3 (três) semanas, com o domingo, respeitadas as demais normas de proteção ao trabalho e outras a serem estipuladas em negociação coletiva. (NR) *(Redação dada pela Lei n. 11.603, de 5.12.2007, DOU 6.12.2007)*

Art. 6º-A. É permitido o trabalho em feriados nas atividades do comércio em geral, desde que autorizado em convenção coletiva de trabalho e observada a legislação municipal, nos termos do art. 30, inciso I da Constituição Federal. *(Acrescentado pela Lei n. 11.603, de 5.12.2007, DOU 6.12.2007)*

Art. 6º-B. As infrações ao disposto nos arts. 6º e 6º-A desta Lei serão punidas com a multa prevista no art. 75 da Consolidação das Leis do Trabalho, aprovada pelo Decreto-Lei n. 5.452, de 1º de maio de 1943. *(Acrescentado pela Lei n. 11.603, de 5.12.2007, DOU 6.12.2007)*

Parágrafo único. O processo de fiscalização, de autuação e de imposição de multas reger-se-á pelo disposto no Título VII da Consolidação das Leis do Trabalho. *(Acrescentado pela Lei n. 11.603, de 5.12.2007, DOU 6.12.2007)*

Art. 7º Ficam convalidados os atos praticados com base na Medida Provisória n. 1.982-76, de 26 de outubro de 2000.

Art. 8º Esta Lei entra em vigor na data de sua publicação.

Congresso Nacional, em 19 de dezembro de 2000; 179º da Independência e 112º da República.

SENADOR ANTONIO CARLOS MAGALHÃES,
Presidente

DOU 20.12.2000

ANEXO
(Alterado pela Lei n. 12.832, de 20.6.2013, DOU 21.6.2013)

PARTICIPAÇÃO NOS LUCROS — TABELA DE TRIBUTAÇÃO EXCLUSIVA NA FONTE

VALOR DO PLR ANUAL (EM R$)	ALÍQUOTA	PARCELA A DEDUZIR DO IR (EM R$)
de 0,00 a 6.000,00	0%	—
de 6.000,01 a 9.000,00	7,5%	450,00
de 9.000,01 a 12.000,00	15%	1.125,00
de 12.000,01 a 15.000,00	22,5%	2.025,00
acima de 15.000,00	27,5%	2.775,00

Lei n. 10.173, de 9 de janeiro de 2001

Altera a Lei n. 5.869, de 11 de janeiro de 1973 — Código de Processo Civil, para dar prioridade de tramitação aos procedimentos judiciais em que figure como parte pessoa com idade igual ou superior a sessenta e cinco anos

O PRESIDENTE DA REPÚBLICA,

Faço saber que o Congresso Nacional decreta e eu sanciono a seguinte Lei:

Art. 1º A Lei n. 5.869, de 11 de janeiro de 1973 — Código de Processo Civil, passa a vigorar acrescida dos seguintes artigos:

Art. 1.211-A. Os procedimentos judiciais em que figure como parte ou interessado pessoa com idade igual ou superior a 60 (sessenta) anos, ou portadora de doença grave, terão prioridade na tramitação em todas as instâncias. (NR)

Parágrafo único. Vetado *(Alterado pela Lei n. 12.008, de 29.7.09, DOU 30.7.09)*

Art. 1.211-B. A pessoa interessada na obtenção do benefício, juntando prova de sua condição, deverá requerê-lo à autoridade judiciária competente para decidir o feito, que determinará ao cartório do juízo as providências a serem cumpridas.

§ 1º Deferida a prioridade, os autos receberão identificação própria que evidencie o regime de tramitação prioritária. *(Alterado pela Lei n. 12.008, de 29.7.09, DOU 30.7.09)*

§§ 2º e 3º — (Vetados)

Art. 1.211-C. Concedida a prioridade, essa não cessará com a morte do beneficiado, estendendo-se em favor do cônjuge supérstite, companheiro ou companheira, em união estável. (NR) *(Alterado pela Lei n. 12.008, de 29.7.09, DOU 30.7.09)*

Art. 2º Esta Lei entra em vigor no prazo de sessenta dias a partir da data de sua publicação.

Brasília, 9 de janeiro de 2001; 180º da Independência e 113º da República.

FERNANDO HENRIQUE CARDOSO
JOSÉ GREGORI

DOU 10.1.2001

Lei n. 10.192, de 14 de fevereiro de 2001

Dispõe sobre medidas complementares ao plano real e dá outras providências (reajuste de salário, negociação coletiva e dissídio coletivo)

Art. 6º A Unidade Fiscal de Referência — UFIR, criada pela Lei n. 8.383, de 30 de dezembro de 1991, será reajustada:

I — semestralmente, durante o ano calendário de 1996;

II — anualmente, a partir de 1º de janeiro de 1997.

Parágrafo único. A reconversão, para Real, dos valores expressos em UFIR, extinta em 27 de outubro de 2000, será efetuada com base no valor dessa Unidade fixado para o exercício de 2000.

Art. 7º Observado o disposto no artigo anterior, ficam extintas, a partir de 1º de julho de 1995, as unidades monetárias de conta criadas ou reguladas pelo Poder Público, exceto as unidades monetárias de conta fiscais estaduais, municipais e do Distrito Federal, que serão extintas a partir de 1º de janeiro de 1996.

§ 1º Em 1º de julho de 1995 e em 1º de janeiro de 1996, os valores expressos, respectivamente, nas unidades monetárias de conta extintas na forma do *caput* deste artigo serão convertidos em Real, com observância do disposto no art. 44 da Lei n. 9.069, de 1995, no que couber.

§ 2º Os Estados, o Distrito Federal e os Municípios poderão utilizar a UFIR nas mesmas condições e periodicidade adotadas pela União, em substituição às respectivas unidades monetárias de conta fiscais extintas.

Art. 8º A partir de 1º de julho de 1995, a Fundação Instituto Brasileiro de Geografia e Estatística — IBGE deixará de calcular e divulgar o IPC-r.

§ 1º Nas obrigações e contratos em que haja estipulação de reajuste pelo IPC-r, este será substituído, a partir de 1º de julho de 1995, pelo índice previsto contratualmente para este fim.

§ 2º Na hipótese de não existir previsão de índice de preços substituto, e caso não haja acordo entre as partes, deverá ser utilizada média de índices de preços de abrangência nacional, na forma de regulamentação a ser baixada pelo Poder Executivo.

Art. 9º É assegurado aos trabalhadores, na primeira data-base da respectiva categoria após julho de 1995, o pagamento de reajuste relativo à variação acumulada do IPC-r entre a última data-base, anterior a julho de 1995, e junho de 1995, inclusive.

Art. 10. Os salários e as demais condições referentes ao trabalho continuam a ser fixados e revistos, na respectiva data-base anual, por intermédio da livre negociação coletiva.

Art. 11. Frustrada a negociação entre as partes, promovida diretamente ou através de mediador, poderá ser ajuizada a ação de dissídio coletivo.

§ 1º O mediador será designado de comum acordo pelas partes ou, a pedido destas, pelo Ministério do Trabalho e Emprego na forma da regulamentação de que trata o § 5º deste artigo.

§ 2º A parte que se considerar sem as condições adequadas para, em situação de equilíbrio, participar da negociação direta, poderá, desde logo, solicitar ao Ministério do Trabalho e Emprego a designação de mediador, que convocará a outra parte.

§ 3º O mediador designado terá prazo de até trinta dias para a conclusão do processo de negociação, salvo acordo expresso com as partes interessadas.

§ 4º Não alcançado o entendimento entre as partes, ou recusando-se qualquer delas à mediação, lavrar-se-á ata contendo as causas motivadoras do conflito e as reivindicações de natureza econômica, documento que instruirá a representação para o ajuizamento do dissídio coletivo.

§ 5º O Poder Executivo regulamentará o disposto neste artigo.

Art. 12. No ajuizamento do dissídio coletivo, as partes deverão apresentar, fundamentadamente, suas propostas finais, que serão objeto de conciliação ou deliberação do Tribunal, na sentença normativa.

§ 1º A decisão que puser fim ao dissídio será fundamentada, sob pena de nulidade, deverá traduzir, em seu conjunto, a justa composição do conflito de interesse das partes, e guardar adequação com o interesse da coletividade.

§ 2º A sentença normativa deverá ser publicada no prazo de quinze dias da decisão do Tribunal.

Art. 13. No acordo ou convenção e no dissídio, coletivos, é vedada a estipulação ou fixação de cláusula de reajuste ou correção salarial automática vinculada a índice de preços.

§ 1º Nas revisões salariais na data-base anual, serão deduzidas as antecipações concedidas no período anterior à revisão.

§ 2º Qualquer concessão de aumento salarial a título de produtividade deverá estar amparada em indicadores objetivos.

Art. 14. O recurso interposto de decisão normativa da Justiça do Trabalho terá efeito suspensivo, na medida e extensão conferidas em despacho do Presidente do Tribunal Superior do Trabalho.

Art. 15. Permanecem em vigor as disposições legais relativas à correção monetária de débitos trabalhistas, de débitos resultantes de decisão judicial, de débitos relativos a ressarcimento em virtude de inadimplemento de obrigações contratuais e do passivo de empresas e instituições sob os regimes de concordata, falência, intervenção e liquidação extrajudicial.

DOU 16.2.2001

Lei n. 10.220, de 11 de abril de 2001

Institui normas gerais relativas à atividade de peão de rodeio, equiparando-o a atleta profissional

O PRESIDENTE DA REPÚBLICA,

Faço saber que o Congresso Nacional decreta e eu sanciono a seguinte Lei:

Art. 1º Considera-se atleta profissional o peão de rodeio cuja atividade consiste na participação, mediante remuneração pactuada em contrato próprio, em provas de destreza no dorso de animais equinos ou bovinos, em torneios patrocinados por entidades públicas ou privadas.

Parágrafo único. Entendem-se como provas de rodeios as montarias em bovinos e equinos, as vaquejadas e provas de laço, promovidas por entidades públicas ou privadas, além de outras atividades profissionais da modalidade organizados pelos atletas e entidades dessa prática esportiva.

Art. 2º O contrato celebrado entre a entidade promotora das provas de rodeios e o peão, obrigatoriamente por escrito, deve conter:

I — a qualificação das partes contratantes;

II — o prazo de vigência, que será, no mínimo, de quatro dias e, no máximo, de dois anos;

III — o modo e a forma de remuneração, especificados o valor básico, os prêmios, as gratificações, e, quando houver, as bonificações, bem como o valor das luvas, se previamente convencionadas;

IV — cláusula penal para as hipóteses de descumprimento ou rompimento unilateral do contrato.

§ 1º É obrigatória a contratação, pelas entidades promotoras, de seguro de vida e de acidentes em favor do peão de rodeio, compreendendo indenizações por morte ou invalidez permanente no valor mínimo de cem mil reais, devendo este valor ser atualizado a cada período de doze meses contados da publicação desta Lei, com base na Taxa Referencial de Juros — TR.

§ 2º A entidade promotora que estiver com o pagamento da remuneração de seus atletas em atraso, por período superior a três meses, não poderá participar de qualquer competição, oficial ou amistosa.

§ 3º A apólice de seguro à qual se refere o § 1º deverá, também, compreender o ressarcimento de todas as despesas médicas e hospitalares decorrentes de eventuais acidentes que o peão vier a sofrer no interstício de sua jornada normal de trabalho, independentemente da duração da eventual internação, dos medicamentos e das terapias que assim se fizerem necessários.

Art. 3º O contrato estipulará, conforme os usos e costumes de cada região, o início e o término normal da jornada de trabalho, que não poderá exceder a oito horas por dia.

Art. 4º A celebração de contrato com maiores de dezesseis anos e menores de vinte e um anos deve ser precedida de expresso assentimento de seu responsável legal.

Parágrafo único. Após dezoito anos completos de idade, na falta ou negativa do assentimento do responsável legal, o contrato poderá ser celebrado diretamente pelas partes mediante suprimento judicial do assentimento.

Art. 5º (VETADO).

Art. 6º (VETADO).

Art. 7º Esta Lei entra em vigor na data de sua publicação.

Brasília, 11 de abril de 2001; 180º da Independência e 113º da República.

FERNANDO HENRIQUE CARDOSO
JOSÉ GREGORI
FRANCISCO DORNELLES
JOSÉ CECHIN
CARLOS MELLES

DOU 12.4.2001

Lei n. 10.224, de 15 de maio de 2001

Altera o Decreto-Lei n. 2.848, de 7 de dezembro de 1940 — Código Penal, para dispor sobre o crime de assédio sexual e dá outras providências

O PRESIDENTE DA REPÚBLICA,

Faço saber que o Congresso Nacional decreta e eu sanciono a seguinte Lei:

LEGISLAÇÃO COMPLEMENTAR

Art. 1º O Decreto-Lei n. 2.848, de 7 de dezembro de 1940 — Código Penal, passa a vigorar acrescido do seguinte art. 216-A:

"Assédio sexual" (AC)[*]

"Art. 216-A. Constranger alguém com o intuito de obter vantagem ou favorecimento sexual, prevalecendo-se o agente da sua condição de superior hierárquico ou ascendência inerentes ao exercício de emprego, cargo ou função." (AC)

"Pena — detenção, de 1 (um) a 2 (dois) anos." (AC)

"Parágrafo único. (VETADO)."

"§ 2º A pena é aumentada em até um terço se a vítima é menor de 18 (dezoito) anos." (NR) (Acrescentado pela Lei n. 12.015, de 7.8.2009, DOU 10.8.2009)

Art. 2º Esta lei entra em vigor na data de sua publicação.

Brasília, 15 de maio de 2001; 180º da Independência e 113º da República.

Fernando Henrique Cardoso
José Gregori
DOU 16.5.2001

Lei n. 10.522, de 19 de julho de 2002

Dispõe sobre o cadastro informativo dos créditos não quitados de órgãos e entidades federais e dá outras

Art. 10-A. O empresário ou a sociedade empresária que pleitear ou tiver deferido o processamento da recuperação judicial, nos termos dos arts. 51, 52 e 70 da Lei n. 11.101, de 9 de fevereiro de 2005, poderão parcelar seus débitos com a Fazenda Nacional, em 84 (oitenta e quatro) parcelas mensais e consecutivas, calculadas observando-se os seguintes percentuais mínimos, aplicados sobre o valor da dívida consolidada:

I — da 1ª à 12ª prestação: 0,666% (seiscentos e sessenta e seis milésimos por cento);

II — da 13ª à 24ª prestação: 1% (um por cento);

III — da 25ª à 83ª prestação: 1,333% (um inteiro e trezentos e trinta e três milésimos por cento); e

IV — 84ª prestação: saldo devedor remanescente.

§ 1º O disposto neste artigo aplica-se à totalidade dos débitos do empresário ou da sociedade empresária constituídos ou não, inscritos ou não em Dívida Ativa da União, mesmo que discutidos judicialmente em ação proposta pelo sujeito passivo ou em fase de execução fiscal já ajuizada, ressalvados exclusivamente os débitos incluídos em parcelamentos regidos por outras leis.

§ 2º No caso dos débitos que se encontrarem sob discussão administrativa ou judicial, submetidos ou não à causa legal de suspensão de exigibilidade, o sujeito passivo deverá comprovar que desistiu expressamente e de forma irrevogável da impugnação ou do recurso interposto, ou da ação judicial, e, cumulativamente, renunciou a quaisquer alegações de direito sobre as quais se fundem a ação judicial e o recurso administrativo.

§ 3º O empresário ou a sociedade empresária poderá, a seu critério, desistir dos parcelamentos em curso, independentemente da modalidade, e solicitar que eles sejam parcelados nos termos deste artigo.

§ 4º Além das hipóteses previstas no art. 14-B, é causa de rescisão do parcelamento a não concessão da recuperação judicial de que trata o art. 58 da Lei n. 11.101, de 9 de fevereiro de 2005, bem como a decretação da falência da pessoa jurídica.

§ 5º O empresário ou a sociedade empresária poderá ter apenas um parcelamento de que trata o *caput*, cujos débitos constituídos, inscritos ou não em Dívida Ativa da União, poderão ser incluídos até a data do pedido de parcelamento.

§ 6º A concessão do parcelamento não implica a liberação dos bens e direitos do devedor ou de seus responsáveis que tenham sido constituídos em garantia dos respectivos créditos.

§ 7º O parcelamento referido no *caput* observará as demais condições previstas nesta Lei, ressalvado o disposto no § 1º do art. 11, no inciso II do § 1º do art. 12, nos incisos I, II e VIII do art. 14 e no § 2º do art. 14-A. *(Redação do caput, incisos, e parágrafos dada pela Lei n. 13.043, de 13.11.14, DOU 14.11.14)*

Art. 19. Fica a Procuradoria-Geral da Fazenda Nacional autorizada a não contestar, a não interpor recurso ou a desistir do que tenha sido interposto, desde que inexista outro fundamento relevante, na hipótese de a decisão versar sobre: *(Redação dada pela Lei n. 11.033, de 21.12.2004, DOU 22.12.2004)*

II — matérias que, em virtude de jurisprudência pacífica do Supremo Tribunal Federal, do Superior Tribunal de Justiça, do Tribunal Superior do Trabalho e do Tribunal Superior Eleitoral, sejam objeto de ato declaratório do Procurador-Geral da Fazenda Nacional, aprovado pelo Ministro de Estado da Fazenda; *(Redação dada pela Lei n. 12.844, de 19.7.2013, DOU 19.7.2013, Ed. Extra)*

DOU 22.7.2002

Lei n. 10.555, de 13 de novembro de 2002

Autoriza condições especiais para o crédito de valores iguais ou inferiores a R$ 100,00, de que trata a Lei Complementar n. 110, de 29 de junho de 2001, e dá outras providências

Faço saber que o Presidente da República adotou a Medida Provisória n. 55, de 2002, que o Congresso Nacional aprovou, e eu, Ramez Tebet, Presidente da Mesa do Congresso Nacional, para os efeitos do disposto no art. 62 da Constituição Federal, com a redação dada pela Emenda Constitucional n. 32, de 2001, promulgo a seguinte Lei:

Art. 1º Fica a Caixa Econômica Federal autorizada a creditar em contas vinculadas específicas do Fundo de Garantia do Tempo de Serviço — FGTS, a expensas do próprio Fundo, os valores do complemento de atualização monetária de que trata o art. 4º da Lei Complementar n. 110, de 29 de junho de 2001, cuja importância, em 10 de julho de 2001, seja igual ou inferior a R$ 100,00 (cem reais).

§ 1º A adesão de que trata o art. 4º da Lei Complementar n. 110, de 2001, em relação às contas a que se refere o *caput*, será caracterizada no ato de recebimento do valor creditado na conta vinculada, dispensada a comprovação das condições de saque previstas no art. 20 da Lei n. 8.036, de 11 de maio de 1990.

§ 2º Caso a adesão não se realize até o final do prazo regulamentar para o seu exercício, o crédito será imediatamente revertido ao FGTS.

Art. 2º O titular de conta vinculada do FGTS, com idade igual ou superior a sessenta anos ou que vier a completar essa idade a qualquer tempo, fará jus ao crédito do complemento de atualização monetária de que trata a Lei Complementar n. 110, de 2001, com a redução nela prevista, em parcela única, desde que tenha firmado o termo de adesão de que trata o art. 6º da mencionada Lei Complementar. *(NR) (Redação dada pela Lei n. 10.936, de 12.8.04, DOU 13.8.04)*

Art. 2º-A. O beneficiário de titular de conta vinculada do FGTS, falecido, terá direito ao crédito do complemento de atualização monetária de que trata a Lei Complementar n. 110, de 2001, com a redução nela prevista, em parcela única, desde que tenha sido firmado pelo beneficiário ou pelo próprio titular o termo de adesão de que trata o art. 6º da mencionada Lei Complementar. *(NR) — (Acrescentado pela Lei n 10.936, de 12.8.04, DOU 13.8.04)*

Art. 3º Esta Lei entra em vigor na data de sua publicação.

Congresso Nacional, em 13 de novembro de 2002; 181º da Independência e 114º da República.

Senador Ramez Tebet
Presidente da Mesa do Congresso Nacional
DOU 14.11.2002

Lei n. 10.556, de 13 de novembro de 2002

Dispõe sobre a inclusão dos cargos que especifica no plano de classificação de cargos, instituído pela Lei n. 5.645, de 10 de dezembro de 1970, altera as Leis ns. 10.486, de 4 de julho de 2002, e 5.662, de 21 de junho de 1971, e dá outras providências

Faço saber que o Presidente da República adotou a Medida Provisória n. 56, de 2002, que o Congresso Nacional aprovou, e eu, Ramez Tebet, Presidente da Mesa do Congresso Nacional, para os efeitos do disposto no art. 62 da Constituição Federal, com a redação dada pela Emenda Constitucional n. 32, do 2001, promulgo a seguinte Lei:

Art. 7º A Lei n. 5.662, de 21 de junho de 1971, passa a vigorar acrescida do seguinte art. 4º A:

"Art. 4º O disposto no art. 224 da Consolidação das Leis do Trabalho — CLT, aprovada pelo Decreto-Lei n. 5.452, de 1º de maio de 1943, não se aplica aos empregados do Banco Nacional de Desenvolvimento Econômico e Social — BNDES e aos de suas subsidiárias.

Parágrafo único. A jornada de trabalho dos empregados do BNDES e de suas subsidiárias será de sete horas diárias, perfazendo um total de trinta e cinco horas de trabalho semanais, não podendo ser reduzida em qualquer hipótese." (NR)

Art. 8º O disposto na Seção I do Capítulo I do Título III da Consolidação das Leis do Trabalho — CLT, aprovada pelo Decreto-Lei n. 5.452, de 1º de maio de 1943, não se aplica aos empregados da Financiadora de Estudos e Projetos — FINEP.

Parágrafo único. A jornada de trabalho dos empregados da FINEP será de oito horas diárias, perfazendo um total de quarenta horas de trabalho semanais, não podendo ser reduzida em qualquer hipótese.

Art. 9º Esta Lei entra em vigor na data de sua publicação.

(*) AC = Acréscimo

Congresso Nacional, em 13 de novembro de 2002; 181º da Independência e 114º da República.

SENADOR RAMEZ TEBET
Presidente da Mesa do Congresso Nacional
DOU 14.11.2002

Lei n. 10.741, de 1º de outubro de 2003

Dispõe sobre o Estatuto do Idoso e dá outras providências.

O PRESIDENTE DA REPÚBLICA Faço saber que o Congresso Nacional decreta e eu sanciono a seguinte Lei:

TÍTULO I
Disposições Preliminares

Art. 1º É instituído o Estatuto do Idoso, destinado a regular os direitos assegurados às pessoas com idade igual ou superior a 60 (sessenta) anos.

Art. 2º O idoso goza de todos os direitos fundamentais inerentes à pessoa humana, sem prejuízo da proteção integral de que trata esta Lei, assegurando-se-lhe, por lei ou por outros meios, todas as oportunidades e facilidades, para preservação de sua saúde física e mental e seu aperfeiçoamento moral, intelectual, espiritual e social, em condições de liberdade e dignidade.

Art. 3º É obrigação da família, da comunidade, da sociedade e do Poder Público assegurar ao idoso, com absoluta prioridade, a efetivação do direito à vida, à saúde, à alimentação, à educação, à cultura, ao esporte, ao lazer, ao trabalho, à cidadania, à liberdade, à dignidade, ao respeito e à convivência familiar e comunitária.

Parágrafo único. A garantia de prioridade compreende:

I — atendimento preferencial imediato e individualizado junto aos órgãos públicos e privados prestadores de serviços à população;

II — preferência na formulação e na execução de políticas sociais públicas específicas;

III — destinação privilegiada de recursos públicos nas áreas relacionadas com a proteção ao idoso;

IV — viabilização de formas alternativas de participação, ocupação e convívio do idoso com as demais gerações;

V — priorização do atendimento do idoso por sua própria família, em detrimento do atendimento asilar, exceto dos que não a possuam ou careçam de condições de manutenção da própria sobrevivência;

VI — capacitação e reciclagem dos recursos humanos nas áreas de geriatria e gerontologia e na prestação de serviços aos idosos;

VII — estabelecimento de mecanismos que favoreçam a divulgação de informações de caráter educativo sobre os aspectos biopsicossociais de envelhecimento;

VIII — garantia de acesso à rede de serviços de saúde e de assistência social locais.

IX — prioridade no recebimento da restituição do Imposto de Renda. *(Incluído pela Lei n. 11.765, de 2008)*

Art. 4º Nenhum idoso será objeto de qualquer tipo de negligência, discriminação, violência, crueldade ou opressão, e todo atentado aos seus direitos, por ação ou omissão, será punido na forma da lei.

§ 1º É dever de todos prevenir a ameaça ou violação aos direitos do idoso.

§ 2º As obrigações previstas nesta Lei não excluem da prevenção outras decorrentes dos princípios por ela adotados.

Art. 5º A inobservância das normas de prevenção importará em responsabilidade à pessoa física ou jurídica nos termos da lei.

Art. 6º Todo cidadão tem o dever de comunicar à autoridade competente qualquer forma de violação a esta Lei que tenha testemunhado ou de que tenha conhecimento.

Art. 7º Os Conselhos Nacional, Estaduais, do Distrito Federal e Municipais do Idoso, previstos na Lei n. 8.842, de 4 de janeiro de 1994, zelarão pelo cumprimento dos direitos do idoso, definidos nesta Lei.

TÍTULO II
Dos Direitos Fundamentais

CAPÍTULO I
Do Direito à Vida

Art. 8º O envelhecimento é um direito personalíssimo e a sua proteção um direito social, nos termos desta Lei e da legislação vigente.

Art. 9º É obrigação do Estado, garantir à pessoa idosa a proteção à vida e à saúde, mediante efetivação de políticas sociais públicas que permitam um envelhecimento saudável e em condições de dignidade.

CAPÍTULO II
Do Direito à Liberdade, ao Respeito e à Dignidade

Art. 10. É obrigação do Estado e da sociedade, assegurar à pessoa idosa a liberdade, o respeito e a dignidade, como pessoa humana e sujeito de direitos civis, políticos, individuais e sociais, garantidos na Constituição e nas leis.

§ 1º O direito à liberdade compreende, entre outros, os seguintes aspectos:

I — faculdade de ir, vir e estar nos logradouros públicos e espaços comunitários, ressalvadas as restrições legais;

II — opinião e expressão;

III — crença e culto religioso;

IV — prática de esportes e de diversões;

V — participação na vida familiar e comunitária;

VI — participação na vida política, na forma da lei;

VII — faculdade de buscar refúgio, auxílio e orientação.

§ 2º O direito ao respeito consiste na inviolabilidade da integridade física, psíquica e moral, abrangendo a preservação da imagem, da identidade, da autonomia, de valores, idéias e crenças, dos espaços e dos objetos pessoais.

§ 3º É dever de todos zelar pela dignidade do idoso, colocando-o a salvo de qualquer tratamento desumano, violento, aterrorizante, vexatório ou constrangedor.

CAPÍTULO III
Dos Alimentos

Art. 11. Os alimentos serão prestados ao idoso na forma da lei civil.

Art. 12. A obrigação alimentar é solidária, podendo o idoso optar entre os prestadores.

Art. 13. As transações relativas a alimentos poderão ser celebradas perante o Promotor de Justiça ou Defensor Público, que as referendará, e passarão a ter efeito de título executivo extrajudicial nos termos da lei processual civil. *(Redação dada pela Lei n. 11.737, de 2008)*

Art. 14. Se o idoso ou seus familiares não possuírem condições econômicas de prover o seu sustento, impõe-se ao Poder Público esse provimento, no âmbito da assistência social.

CAPÍTULO IV
Do Direito à Saúde

Art. 15. É assegurada a atenção integral à saúde do idoso, por intermédio do Sistema Único de Saúde — SUS, garantindo-lhe o acesso universal e igualitário, em conjunto articulado e contínuo das ações e serviços, para a prevenção, promoção, proteção e recuperação da saúde, incluindo a atenção especial às doenças que afetam preferencialmente os idosos.

§ 1º A prevenção e a manutenção da saúde do idoso serão efetivadas por meio de:

I — cadastramento da população idosa em base territorial;

II — atendimento geriátrico e gerontológico em ambulatórios;

III — unidades geriátricas de referência, com pessoal especializado nas áreas de geriatria e gerontologia social;

IV — atendimento domiciliar, incluindo a internação, para a população que dele necessitar e esteja impossibilitada de se locomover, inclusive para idosos abrigados e acolhidos por instituições públicas, filantrópicas ou sem fins lucrativos e eventualmente conveniadas com o Poder Público, nos meios urbano e rural;

V — reabilitação orientada pela geriatria e gerontologia, para redução das seqüelas decorrentes do agravo da saúde.

§ 2º Incumbe ao Poder Público fornecer aos idosos, gratuitamente, medicamentos, especialmente os de uso continuado, assim como próteses, órteses e outros recursos relativos ao tratamento, habilitação ou reabilitação.

§ 3º É vedada a discriminação do idoso nos planos de saúde pela cobrança de valores diferenciados em razão da idade.

§ 4º Os idosos portadores de deficiência ou com limitação incapacitante terão atendimento especializado, nos termos da lei.

§ 5º É vedado exigir o comparecimento do idoso enfermo perante os órgãos públicos, hipótese na qual será admitido o seguinte procedimento: *(Incluído pela Lei n. 12.896, de 2013)*

I — quando de interesse do poder público, o agente promoverá o contato necessário com o idoso em sua residência; ou *(Incluído pela Lei n. 12.896, de 2013)*

II — quando de interesse do próprio idoso, este se fará representar por procurador legalmente constituído. *(Incluído pela Lei n. 12.896, de 2013)*

§ 6º É assegurado ao idoso enfermo o atendimento domiciliar pela perícia médica do Instituto Nacional do Seguro Social — INSS, pelo serviço público de saúde ou pelo serviço privado de saúde, contratado ou conveniado, que integre o Sistema Único de Saúde — SUS, para expedição do laudo de saúde necessário ao exercício de seus direitos sociais e de isenção tributária. *(Incluído pela Lei n. 12.896, de 2013)*

Art. 16. Ao idoso internado ou em observação é assegurado o direito a acompanhante,

devendo o órgão de saúde proporcionar as condições adequadas para a sua permanência em tempo integral, segundo o critério médico.

Parágrafo único. Caberá ao profissional de saúde responsável pelo tratamento conceder autorização para o acompanhamento do idoso ou, no caso de impossibilidade, justificá-la por escrito.

Art. 17. Ao idoso que esteja no domínio de suas faculdades mentais é assegurado o direito de optar pelo tratamento de saúde que lhe for reputado mais favorável.

Parágrafo único. Não estando o idoso em condições de proceder à opção, esta será feita:

I — pelo curador, quando o idoso for interditado;

II — pelos familiares, quando o idoso não tiver curador ou este não puder ser contactado em tempo hábil;

III — pelo médico, quando ocorrer iminente risco de vida e não houver tempo hábil para consulta a curador ou familiar;

IV — pelo próprio médico, quando não houver curador ou familiar conhecido, caso em que deverá comunicar o fato ao Ministério Público.

Art. 18. As instituições de saúde devem atender aos critérios mínimos para o atendimento às necessidades do idoso, promovendo o treinamento e a capacitação dos profissionais, assim como orientação a cuidadores familiares e grupos de auto-ajuda.

Art. 19. Os casos de suspeita ou confirmação de violência praticada contra idosos serão objeto de notificação compulsória pelos serviços de saúde públicos e privados à autoridade sanitária, bem como serão obrigatoriamente comunicados por eles a quaisquer dos seguintes órgãos: *(Redação dada pela Lei n. 12.461, de 2011)*

I — autoridade policial;

II — Ministério Público;

III — Conselho Municipal do Idoso;

IV — Conselho Estadual do Idoso;

V — Conselho Nacional do Idoso.

§ 1º Para os efeitos desta Lei, considera-se violência contra o idoso qualquer ação ou omissão praticada em local público ou privado que lhe cause morte, dano ou sofrimento físico ou psicológico. *(Incluído pela Lei n. 12.461, de 2011)*

§ 2º Aplica-se, no que couber, à notificação compulsória prevista no *caput* deste artigo, o disposto na Lei n. 6.259, de 30 de outubro de 1975. *(Incluído pela Lei n. 12.461, de 2011)*

CAPÍTULO V
Da Educação, Cultura, Esporte e Lazer

Art. 20. O idoso tem direito a educação, cultura, esporte, lazer, diversões, espetáculos, produtos e serviços que respeitem sua peculiar condição de idade.

Art. 21. O Poder Público criará oportunidades de acesso do idoso à educação, adequando currículos, metodologias e material didático aos programas educacionais a ele destinados.

§ 1º Os cursos especiais para idosos incluirão conteúdo relativo às técnicas de comunicação, computação e demais avanços tecnológicos, para sua integração à vida moderna.

§ 2º Os idosos participarão das comemorações de caráter cívico ou cultural, para transmissão de conhecimentos e vivências às demais gerações, no sentido da preservação da memória e da identidade culturais.

Art. 22. Nos currículos mínimos dos diversos níveis de ensino formal serão inseridos conteúdos voltados ao processo de envelhecimento, ao respeito e à valorização do idoso, de forma a eliminar o preconceito e a produzir conhecimentos sobre a matéria.

Art. 23. A participação dos idosos em atividades culturais e de lazer será proporcionada mediante descontos de pelo menos 50% (cinquenta por cento) nos ingressos para eventos artísticos, culturais, esportivos e de lazer, bem como o acesso preferencial aos respectivos locais.

Art. 24. Os meios de comunicação manterão espaços ou horários especiais voltados aos idosos, com finalidade informativa, educativa, artística e cultural, e ao público sobre o processo de envelhecimento.

Art. 25. O Poder Público apoiará a criação de universidade aberta para as pessoas idosas e incentivará a publicação de livros e periódicos, de conteúdo e padrão editorial adequados ao idoso, que facilitem a leitura, considerada a natural redução da capacidade visual.

CAPÍTULO VI
Da Profissionalização e do Trabalho

Art. 26. O idoso tem direito ao exercício de atividade profissional, respeitadas suas condições físicas, intelectuais e psíquicas.

Art. 27. Na admissão do idoso em qualquer trabalho ou emprego, é vedada a discriminação e a fixação de limite máximo de idade, inclusive para concursos, ressalvados os casos em que a natureza do cargo o exigir.

Parágrafo único. O primeiro critério de desempate em concurso público será a idade, dando-se preferência ao de idade mais elevada.

Art. 28. O Poder Público criará e estimulará programas de:

I — profissionalização especializada para os idosos, aproveitando seus potenciais e habilidades para atividades regulares e remuneradas;

II — preparação dos trabalhadores para a aposentadoria, com antecedência mínima de 1 (um) ano, por meio de estímulo a novos projetos sociais, conforme seus interesses, e de esclarecimento sobre os direitos sociais e de cidadania;

III — estímulo às empresas privadas para admissão de idosos ao trabalho.

CAPÍTULO VII
Da Previdência Social

Art. 29. Os benefícios de aposentadoria e pensão do Regime Geral da Previdência Social observarão, na sua concessão, critérios de cálculo que preservem o valor real dos salários sobre os quais incidiram contribuição, nos termos da legislação vigente.

Parágrafo único. Os valores dos benefícios em manutenção serão reajustados na mesma data de reajuste do salário-mínimo, *pro rata*, de acordo com suas respectivas datas de início ou do seu último reajustamento, com base em percentual definido em regulamento, observados os critérios estabelecidos pela Lei n. 8.213, de 24 de julho de 1991.

Art. 30. A perda da condição de segurado não será considerada para a concessão da aposentadoria por idade, desde que a pessoa conte com, no mínimo, o tempo de contribuição correspondente ao exigido para efeito de carência na data de requerimento do benefício.

Parágrafo único. O cálculo do valor do benefício previsto no *caput* observará o disposto no *caput* e § 2º do art. 3º da Lei n. 9.876, de 26 de novembro de 1999, ou, não havendo salários-de-contribuição recolhidos a partir da competência de julho de 1994, o disposto no art. 35 da Lei n. 8.213, de 1991.

Art. 31. O pagamento de parcelas relativas a benefícios, efetuado com atraso por responsabilidade da Previdência Social, será atualizado pelo mesmo índice utilizado para os reajustamentos dos benefícios do Regime Geral de Previdência Social, verificado no período compreendido entre o mês que deveria ter sido pago e o mês do efetivo pagamento.

Art. 32. O Dia Mundial do Trabalho, 1º de Maio, é a data-base dos aposentados e pensionistas.

CAPÍTULO VIII
Da Assistência Social

Art. 33. A assistência social aos idosos será prestada, de forma articulada, conforme os princípios e diretrizes previstos na Lei Orgânica da Assistência Social, na Política Nacional do Idoso, no Sistema Único de Saúde e demais normas pertinentes.

Art. 34. Aos idosos, a partir de 65 (sessenta e cinco) anos, que não possuam meios para prover sua subsistência, nem de tê-la provida por sua família, é assegurado o benefício mensal de 1 (um) salário-mínimo, nos termos da Lei Orgânica da Assistência Social — Loas. *(Vide Decreto n. 6.214, de 2007)*

Parágrafo único. O benefício já concedido a qualquer membro da família nos termos do *caput* não será computado para os fins do cálculo da renda familiar *per capita* a que se refere a Loas.

Art. 35. Todas as entidades de longa permanência, ou casa-lar, são obrigadas a firmar contrato de prestação de serviços com a pessoa idosa abrigada.

§ 1º No caso de entidades filantrópicas, ou casa-lar, é facultada a cobrança de participação do idoso no custeio da entidade.

§ 2º O Conselho Municipal do Idoso ou o Conselho Municipal da Assistência Social estabelecerá a forma de participação prevista no § 1º, que não poderá exceder a 70% (setenta por cento) de qualquer benefício previdenciário ou de assistência social percebido pelo idoso.

§ 3º Se a pessoa idosa for incapaz, caberá a seu representante legal firmar o contrato a que se refere o *caput* deste artigo.

Art. 36. O acolhimento de idosos em situação de risco social, por adulto ou núcleo familiar, caracteriza a dependência econômica, para os efeitos legais. (Vigência)

CAPÍTULO IX
Da Habitação

Art. 37. O idoso tem direito a moradia digna, no seio da família natural ou substituta, ou desacompanhado de seus familiares, quando assim o desejar, ou, ainda, em instituição pública ou privada.

§ 1º A assistência integral na modalidade de entidade de longa permanência será prestada quando verificada inexistência de grupo familiar, casa-lar, abandono ou carência de recursos financeiros próprios ou da família.

§ 2º Toda instituição dedicada ao atendimento ao idoso fica obrigada a manter identificação externa visível, sob pena de interdição, além de atender toda a legislação pertinente.

§ 3º As instituições que abrigarem idosos são obrigadas a manter padrões de habitação compatíveis com as necessidades deles, bem como provê-los com alimentação regular e higiene indispensáveis às normas sanitárias e com estas condizentes, sob as penas da lei.

Art. 38. Nos programas habitacionais, públicos ou subsidiados com recursos públicos, o idoso goza de prioridade na aquisição de imóvel para moradia própria, observado o seguinte:

I — reserva de pelo menos 3% (três por cento) das unidades habitacionais residenciais para atendimento aos idosos; *(Redação dada pela Lei n. 12.418, de 2011)*

II — implantação de equipamentos urbanos comunitários voltados ao idoso;

III — eliminação de barreiras arquitetônicas e urbanísticas, para garantia de acessibilidade ao idoso;

IV — critérios de financiamento compatíveis com os rendimentos de aposentadoria e pensão.

Parágrafo único. As unidades residenciais reservadas para atendimento a idosos devem situar-se, preferencialmente, no pavimento térreo. *(Incluído pela Lei n. 12.419, de 2011)*

CAPÍTULO X
Do Transporte

Art. 39. Aos maiores de 65 (sessenta e cinco) anos fica assegurada a gratuidade dos transportes coletivos públicos urbanos e semi-urbanos, exceto nos serviços seletivos e especiais, quando prestados paralelamente aos serviços regulares.

§ 1º Para ter acesso à gratuidade, basta que o idoso apresente qualquer documento pessoal que faça prova de sua idade.

§ 2º Nos veículos de transporte coletivo de que trata este artigo, serão reservados 10% (dez por cento) dos assentos para os idosos, devidamente identificados com a placa de reservado preferencialmente para idosos.

§ 3º No caso das pessoas compreendidas na faixa etária entre 60 (sessenta) e 65 (sessenta e cinco) anos, ficará a critério da legislação local dispor sobre as condições para exercício da gratuidade nos meios de transporte previstos no *caput* deste artigo.

Art. 40. No sistema de transporte coletivo interestadual observar-se-á, nos termos da legislação específica: (Regulamento) (Vide Decreto n. 5.934, de 2006)

I — a reserva de 2 (duas) vagas gratuitas por veículo para idosos com renda igual ou inferior a 2 (dois) salários-mínimos;

II — desconto de 50% (cinqüenta por cento), no mínimo, no valor das passagens, para os idosos que excederem as vagas gratuitas, com renda igual ou inferior a 2 (dois) salários-mínimos.

Parágrafo único. Caberá aos órgãos competentes definir os mecanismos e os critérios para o exercício dos direitos previstos nos incisos I e II.

Art. 41. É assegurada a reserva, para os idosos, nos termos da lei local, de 5% (cinco por cento) das vagas nos estacionamentos públicos e privados, as quais deverão ser posicionadas de forma a garantir a melhor comodidade ao idoso.

Art. 42. São asseguradas a prioridade e a segurança do idoso nos procedimentos de embarque e desembarque nos veículos do sistema de transporte coletivo. *(Redação dada pela Lei n. 12.899, de 2013)*

TÍTULO III
Das Medidas de Proteção

CAPÍTULO I
Das Disposições Gerais

Art. 43. As medidas de proteção ao idoso são aplicáveis sempre que os direitos reconhecidos nesta Lei forem ameaçados ou violados:

I — por ação ou omissão da sociedade ou do Estado;

II — por falta, omissão ou abuso da família, curador ou entidade de atendimento;

III — em razão de sua condição pessoal.

CAPÍTULO II
Das Medidas Específicas de Proteção

Art. 44. As medidas de proteção ao idoso previstas nesta Lei poderão ser aplicadas, isolada ou cumulativamente, e levarão em conta os fins sociais a que se destinam e o fortalecimento dos vínculos familiares e comunitários.

Art. 45. Verificada qualquer das hipóteses previstas no art. 43, o Ministério Público ou o Poder Judiciário, a requerimento daquele, poderá determinar, dentre outras, as seguintes medidas:

I — encaminhamento à família ou curador, mediante termo de responsabilidade;

II — orientação, apoio e acompanhamento temporários;

III — requisição para tratamento de sua saúde, em regime ambulatorial, hospitalar ou domiciliar;

IV — inclusão em programa oficial ou comunitário de auxílio, orientação e tratamento a usuários dependentes de drogas lícitas ou ilícitas, ao próprio idoso ou à pessoa de sua convivência que lhe cause perturbação;

V — abrigo em entidade;

VI — abrigo temporário.

TÍTULO IV
Da Política de Atendimento ao Idoso

CAPÍTULO I
Disposições Gerais

Art. 46. A política de atendimento ao idoso far-se-á por meio do conjunto articulado de ações governamentais e não-governamentais da União, dos Estados, do Distrito Federal e dos Municípios.

Art. 47. São linhas de ação da política de atendimento:

I — políticas sociais básicas, previstas na *Lei n. 8.842, de 4 de janeiro de 1994*;

II — políticas e programas de assistência social, em caráter supletivo, para aqueles que necessitarem;

III — serviços especiais de prevenção e atendimento às vítimas de negligência, maus-tratos, exploração, abuso, crueldade e opressão;

IV — serviço de identificação e localização de parentes ou responsáveis por idosos abandonados em hospitais e instituições de longa permanência;

V — proteção jurídico-social por entidades de defesa dos direitos dos idosos;

VI — mobilização da opinião pública no sentido da participação dos diversos segmentos da sociedade no atendimento do idoso.

CAPÍTULO II
Das Entidades de Atendimento ao Idoso

Art. 48. As entidades de atendimento são responsáveis pela manutenção das próprias unidades, observadas as normas de planejamento e execução emanadas do órgão competente da Política Nacional do Idoso, conforme a *Lei n. 8.842, de 1994*.

Parágrafo único. As entidades governamentais e não-governamentais de assistência ao idoso ficam sujeitas à inscrição de seus programas, junto ao órgão competente da Vigilância Sanitária e Conselho Municipal da Pessoa Idosa, e em sua falta, junto ao Conselho Estadual ou Nacional da Pessoa Idosa, especificando os regimes de atendimento, observados os seguintes requisitos:

I — oferecer instalações físicas em condições adequadas de habitabilidade, higiene, salubridade e segurança;

II — apresentar objetivos estatutários e plano de trabalho compatíveis com os princípios desta Lei;

III — estar regularmente constituída;

IV — demonstrar a idoneidade de seus dirigentes.

Art. 49. As entidades que desenvolvam programas de institucionalização de longa permanência adotarão os seguintes princípios:

I — preservação dos vínculos familiares;

II — atendimento personalizado e em pequenos grupos;

III — manutenção do idoso na mesma instituição, salvo em caso de força maior;

IV — participação do idoso nas atividades comunitárias, de caráter interno e externo;

V — observância dos direitos e garantias dos idosos;

VI — preservação da identidade do idoso e oferecimento de ambiente de respeito e dignidade.

Parágrafo único. O dirigente de instituição prestadora de atendimento ao idoso responderá civil e criminalmente pelos atos que praticar em detrimento do idoso, sem prejuízo das sanções administrativas.

Art. 50. Constituem obrigações das entidades de atendimento:

I — celebrar contrato escrito de prestação de serviço com o idoso, especificando o tipo de atendimento, as obrigações da entidade e prestações decorrentes do contrato, com os respectivos preços, se for o caso;

II — observar os direitos e as garantias de que são titulares os idosos;

III — fornecer vestuário adequado, se for pública, e alimentação suficiente;

IV — oferecer instalações físicas em condições adequadas de habitabilidade;

V — oferecer atendimento personalizado;

VI — diligenciar no sentido da preservação dos vínculos familiares;

VII — oferecer acomodações apropriadas para recebimento de visitas;

VIII — proporcionar cuidados à saúde, conforme a necessidade do idoso;

IX — promover atividades educacionais, esportivas, culturais e de lazer;

X — propiciar assistência religiosa àqueles que desejarem, de acordo com suas crenças;

XI — proceder a estudo social e pessoal de cada caso;

XII — comunicar à autoridade competente de saúde toda ocorrência de idoso portador de doenças infecto-contagiosas;

XIII — providenciar ou solicitar que o Ministério Público requisite os documentos necessários ao exercício da cidadania àqueles que não os tiverem, na forma da lei;

XIV — fornecer comprovante de depósito dos bens móveis que receberem dos idosos;

XV — manter arquivo de anotações onde constem data e circunstâncias do atendimento, nome do idoso, responsável, parentes, endereços, cidade, relação de seus pertences, bem como o valor de contribuições, e suas alterações, se houver, e demais dados que possibilitem sua identificação e a individualização do atendimento;

XVI — comunicar ao Ministério Público, para as providências cabíveis, a situação de abandono moral ou material por parte dos familiares;

XVII — manter no quadro de pessoal profissionais com formação específica.

Art. 51. As instituições filantrópicas ou sem fins lucrativos prestadoras de serviço ao idoso terão direito à assistência judiciária gratuita.

CAPÍTULO III
Da Fiscalização das Entidades de Atendimento

Art. 52. As entidades governamentais e não-governamentais de atendimento ao idoso serão fiscalizadas pelos Conselhos do Idoso, Ministério Público, Vigilância Sanitária e outros previstos em lei.

Art. 53. O art. 7º da *Lei n. 8.842, de 1994*, passa a vigorar com a seguinte redação:
"Art. 7º Compete aos Conselhos de que trata o art. 6º desta Lei a supervisão, o acompanhamento, a fiscalização e a avaliação da política nacional do idoso, no âmbito das respectivas instâncias político-administrativas." (NR)

Art. 54. Será dada publicidade das prestações de contas dos recursos públicos e privados recebidos pelas entidades de atendimento.

Art. 55. As entidades de atendimento que descumprirem as determinações desta Lei ficarão sujeitas, sem prejuízo da responsabilidade civil e criminal de seus dirigentes ou prepostos, às seguintes penalidades, observado o devido processo legal:

I — as entidades governamentais:

a) advertência;

b) afastamento provisório de seus dirigentes;

c) afastamento definitivo de seus dirigentes;

d) fechamento de unidade ou interdição de programa;

II — as entidades não-governamentais:

a) advertência;

b) multa;

c) suspensão parcial ou total do repasse de verbas públicas;

d) interdição de unidade ou suspensão de programa;

e) proibição de atendimento a idosos a bem do interesse público.

§ 1º Havendo danos aos idosos abrigados ou qualquer tipo de fraude em relação ao programa, caberá o afastamento provisório dos dirigentes ou a interdição da unidade e a suspensão do programa.

§ 2º A suspensão parcial ou total do repasse de verbas públicas ocorrerá quando verificada a má aplicação ou desvio de finalidade dos recursos.

§ 3º Na ocorrência de infração por entidade de atendimento, que coloque em risco os direitos assegurados nesta Lei, será o fato comunicado ao Ministério Público, para as providências cabíveis, inclusive para promover a suspensão das atividades ou dissolução da entidade, com a proibição de atendimento a idosos a bem do interesse público, sem prejuízo das providências a serem tomadas pela Vigilância Sanitária.

§ 4º Na aplicação das penalidades, serão consideradas a natureza e a gravidade da infração cometida, os danos que dela provierem para o idoso, as circunstâncias agravantes ou atenuantes e os antecedentes da entidade.

CAPÍTULO IV
Das Infrações Administrativas

Art. 56. Deixar a entidade de atendimento de cumprir as determinações do *art. 50 desta Lei*:

Pena — multa de R$ 500,00 (quinhentos reais) a R$ 3.000,00 (três mil reais), se o fato não for caracterizado como crime, podendo haver a interdição do estabelecimento até que sejam cumpridas as exigências legais.

Parágrafo único. No caso de interdição do estabelecimento de longa permanência, os idosos abrigados serão transferidos para outra instituição, a expensas do estabelecimento interditado, enquanto durar a interdição.

Art. 57. Deixar o profissional de saúde ou o responsável por estabelecimento de saúde ou instituição de longa permanência de comunicar à autoridade competente os casos de crimes contra idoso de que tiver conhecimento:

Pena — multa de R$ 500,00 (quinhentos reais) a R$ 3.000,00 (três mil reais), aplicada em dobro no caso de reincidência.

Art. 58. Deixar de cumprir as determinações desta Lei sobre a prioridade no atendimento ao idoso:

Pena — multa de R$ 500,00 (quinhentos reais) a R$ 1.000,00 (um mil reais) e multa civil a ser estipulada pelo juiz, conforme o dano sofrido pelo idoso.

CAPÍTULO V
Da Apuração Administrativa de Infração às Normas de Proteção ao Idoso

Art. 59. Os valores monetários expressos no Capítulo IV serão atualizados anualmente, na forma da lei.

Art. 60. O procedimento para a imposição de penalidade administrativa por infração às normas de proteção ao idoso terá início com requisição do Ministério Público ou auto de infração elaborado por servidor efetivo e assinado, se possível, por duas testemunhas.

§ 1º No procedimento iniciado com o auto de infração poderão ser usadas fórmulas impressas, especificando-se a natureza e as circunstâncias da infração.

§ 2º Sempre que possível, à verificação da infração seguir-se-á a lavratura do auto, ou este será lavrado dentro de 24 (vinte e quatro) horas, por motivo justificado.

Art. 61. O autuado terá prazo de 10 (dez) dias para a apresentação da defesa, contado da data da intimação, que será feita:

I — pelo autuante, no instrumento de autuação, quando for lavrado na presença do infrator;

II — por via postal, com aviso de recebimento.

Art. 62. Havendo risco para a vida ou a saúde do idoso, a autoridade competente aplicará à entidade de atendimento as sanções regulamentares, sem prejuízo da iniciativa e das providências que vierem a ser adotadas pelo Ministério Público ou pelas demais instituições legitimadas para a fiscalização.

Art. 63. Nos casos em que não houver risco para a vida ou a saúde da pessoa idosa abrigada, a autoridade competente aplicará à entidade de atendimento as sanções regulamentares, sem prejuízo da iniciativa e das providências que vierem a ser adotadas pelo Ministério Público ou pelas demais instituições legitimadas para a fiscalização.

CAPÍTULO VI
Da Apuração Judicial de Irregularidades em Entidade de Atendimento

Art. 64. Aplicam-se, subsidiariamente, ao procedimento administrativo de que trata este Capítulo as disposições das *Leis ns. 6.437, de 20 de agosto de 1977*, e *9.784, de 29 de janeiro de 1999*.

Art. 65. O procedimento de apuração de irregularidade em entidade governamental e não-governamental de atendimento ao idoso terá início mediante petição fundamentada de pessoa interessada ou iniciativa do Ministério Público.

Art. 66. Havendo motivo grave, poderá a autoridade judiciária, ouvido o Ministério Público, decretar liminarmente o afastamento provisório do dirigente da entidade ou outras medidas que julgar adequadas, para evitar lesão aos direitos do idoso, mediante decisão fundamentada.

Art. 67. O dirigente da entidade será citado para, no prazo de 10 (dez) dias, oferecer resposta escrita, podendo juntar documentos e indicar as provas a produzir.

Art. 68. Apresentada a defesa, o juiz procederá na conformidade do art. 69 ou, se necessário, designará audiência de instrução e julgamento, deliberando sobre a necessidade de produção de outras provas.

§ 1º Salvo manifestação em audiência, as partes e o Ministério Público terão 5 (cinco) dias para oferecer alegações finais, decidindo a autoridade judiciária em igual prazo.

§ 2º Em se tratando de afastamento provisório ou definitivo de dirigente de entidade governamental, a autoridade judiciária oficiará a autoridade administrativa imediatamente superior ao afastado, fixando-lhe prazo de 24 (vinte e quatro) horas para proceder à substituição.

§ 3º Antes de aplicar qualquer das medidas, a autoridade judiciária poderá fixar prazo para a remoção das irregularidades verificadas. Satisfeitas as exigências, o processo será extinto, sem julgamento do mérito.

§ 4º A multa e a advertência serão impostas ao dirigente da entidade ou ao responsável pelo programa de atendimento.

TÍTULO V
Do Acesso à Justiça

CAPÍTULO I
Disposições Gerais

Art. 69. Aplica-se, subsidiariamente, às disposições deste Capítulo, o procedimento sumário previsto no Código de Processo Civil, naquilo que não contrarie os prazos previstos nesta Lei.

Art. 70. O Poder Público poderá criar varas especializadas e exclusivas do idoso.

Art. 71. É assegurada prioridade na tramitação dos processos e procedimentos e na execução dos atos e diligências judiciais em que figure como parte ou interveniente pessoa com idade igual ou superior a 60 (sessenta) anos, em qualquer instância.

§ 1º O interessado na obtenção da prioridade a que alude este artigo, fazendo prova de sua idade, requererá o benefício à autoridade judiciária competente para decidir o feito, que determinará as providências a serem cumpridas, anotando-se essa circunstância em local visível nos autos do processo.

§ 2º A prioridade não cessará com a morte do beneficiado, estendendo-se em favor do cônjuge supérstite, companheiro ou companheira, com união estável, maior de 60 (sessenta) anos.

§ 3º A prioridade se estende aos processos e procedimentos na Administração Pública, empresas prestadoras de serviços públicos e instituições financeiras, ao atendimento preferencial junto à Defensoria Pública da União, dos Estados e do Distrito Federal em relação aos Serviços de Assistência Judiciária.

§ 4º Para o atendimento prioritário será garantido ao idoso o fácil acesso aos assentos e caixas, identificados com a destinação a idosos em local visível e caracteres legíveis.

CAPÍTULO II
Do Ministério Público

Art. 72. (VETADO)

Art. 73. As funções do Ministério Público, previstas nesta Lei, serão exercidas nos termos da respectiva Lei Orgânica.

Art. 74. Compete ao Ministério Público:

I — instaurar o inquérito civil e a ação civil pública para a proteção dos direitos e interesses difusos ou coletivos, individuais indisponíveis e individuais homogêneos do idoso;

II — promover e acompanhar as ações de alimentos, de interdição total ou parcial, de designação de curador especial, em circunstâncias que justifiquem a medida e oficiar em todos os feitos em que se discutam os direitos de idosos em condições de risco;

III — atuar como substituto processual do idoso em situação de risco, conforme o disposto no art. 43 desta Lei;

IV — promover a revogação de instrumento procuratório do idoso, nas hipóteses previstas no art. 43 desta Lei, quando necessário ou o interesse público justificar;

V — instaurar procedimento administrativo e, para instruí-lo:

a) expedir notificações, colher depoimentos ou esclarecimentos e, em caso de não comparecimento injustificado da pessoa notificada, requisitar condução coercitiva, inclusive pela Polícia Civil ou Militar;

b) requisitar informações, exames, perícias e documentos de autoridades municipais, estaduais e federais, da administração direta e indireta, bem como promover inspeções e diligências investigatórias;

c) requisitar informações e documentos particulares de instituições privadas;

VI — instaurar sindicâncias, requisitar diligências investigatórias e a instauração de inquérito policial, para a apuração de ilícitos ou infrações às normas de proteção ao idoso;

VII — zelar pelo efetivo respeito aos direitos e garantias legais asseguradas ao idoso, promovendo as medidas judiciais e extrajudiciais cabíveis;

VIII — inspecionar as entidades públicas e particulares de atendimento e os programas de que trata esta Lei, adotando de pronto as medidas administrativas ou judiciais necessárias à remoção de irregularidades porventura verificadas;

IX — requisitar força policial, bem como a colaboração dos serviços de saúde, educacionais e de assistência social, públicos, para o desempenho de suas atribuições;

X — referendar transações envolvendo interesses e direitos dos idosos previstos nesta Lei.

§ 1º A legitimação do Ministério Público para as ações cíveis previstas neste artigo não impede a de terceiros, nas mesmas hipóteses, segundo dispuser a lei.

§ 2º As atribuições constantes deste artigo não excluem outras, desde que compatíveis com a finalidade e atribuições do Ministério Público.

§ 3º O representante do Ministério Público, no exercício de suas funções, terá livre acesso a toda entidade de atendimento ao idoso.

Art. 75. Nos processos e procedimentos em que não for parte, atuará obrigatoriamente o Ministério Público na defesa dos direitos e interesses de que cuida esta Lei, hipóteses em que terá vista dos autos depois das partes, podendo juntar documentos, requerer diligências e produção de outras provas, usando os recursos cabíveis.

Art. 76. A intimação do Ministério Público, em qualquer caso, será feita pessoalmente.

Art. 77. A falta de intervenção do Ministério Público acarreta a nulidade do feito, que será declarada de ofício pelo juiz ou a requerimento de qualquer interessado.

CAPÍTULO III
Da Proteção Judicial dos Interesses Difusos, Coletivos e Individuais Indisponíveis ou Homogêneos

Art. 78. As manifestações processuais do representante do Ministério Público deverão ser fundamentadas.

Art. 79. Regem-se pelas disposições desta Lei as ações de responsabilidade por ofensa aos direitos assegurados ao idoso, referentes à omissão ou ao oferecimento insatisfatório de:

I — acesso às ações e serviços de saúde;

II — atendimento especializado ao idoso portador de deficiência ou com limitação incapacitante;

III — atendimento especializado ao idoso portador de doença infecto-contagiosa;

IV — serviço de assistência social visando ao amparo do idoso.

Parágrafo único. As hipóteses previstas neste artigo não excluem da proteção judicial outros interesses difusos, coletivos, individuais indisponíveis ou homogêneos, próprios do idoso, protegidos em lei.

Art. 80. As ações previstas neste Capítulo serão propostas no foro do domicílio do idoso, cujo juízo terá competência absoluta para processar a causa, ressalvadas as competências da Justiça Federal e a competência originária dos Tribunais Superiores.

Art. 81. Para as ações cíveis fundadas em interesses difusos, coletivos, individuais indisponíveis ou homogêneos, consideram-se legitimados, concorrentemente:

I — o Ministério Público;

II — a União, os Estados, o Distrito Federal e os Municípios;

III — a Ordem dos Advogados do Brasil;

IV — as associações legalmente constituídas há pelo menos 1 (um) ano e que incluam entre os fins institucionais a defesa dos interesses e direitos da pessoa idosa, dispensada a autorização da assembléia, se houver prévia autorização estatutária.

§ 1º Admitir-se-á litisconsórcio facultativo entre os Ministérios Públicos da União e dos Estados na defesa dos interesses e direitos de que cuida esta Lei.

§ 2º Em caso de desistência ou abandono da ação por associação legitimada, o Ministério Público ou outro legitimado deverá assumir a titularidade ativa.

Art. 82. Para defesa dos interesses e direitos protegidos por esta Lei, são admissíveis todas as espécies de ação pertinentes.

Parágrafo único. Contra atos ilegais ou abusivos de autoridade pública ou agente de pessoa jurídica no exercício de atribuições de Poder Público, que lesem direito líquido e certo previsto nesta Lei, caberá ação mandamental, que se regerá pelas normas da lei do mandado de segurança.

Art. 83. Na ação que tenha por objeto o cumprimento de obrigação de fazer ou não-fazer, o juiz concederá a tutela específica da obrigação ou determinará providências que assegurem o resultado prático equivalente ao adimplemento.

§ 1º Sendo relevante o fundamento da demanda e havendo justificado receio de ineficácia do provimento final, é lícito ao juiz conceder a tutela liminarmente ou após justificação prévia, na forma do art. 273 do Código de Processo Civil.

§ 2º O juiz poderá, na hipótese do § 1º ou na sentença, impor multa diária ao réu, independentemente do pedido do autor, se for suficiente ou compatível com a obrigação, fixando prazo razoável para o cumprimento do preceito.

§ 3º A multa só será exigível do réu após o trânsito em julgado da sentença favorável ao autor, mas será devida desde o dia em que se houver configurado.

Art. 84. Os valores das multas previstas nesta Lei reverterão ao Fundo do Idoso, onde houver, ou, na falta deste, ao Fundo Municipal de Assistência Social, ficando vinculados ao atendimento ao idoso.

Parágrafo único. As multas não recolhidas até 30 (trinta) dias após o trânsito em julgado da decisão serão exigidas por meio de execução promovida pelo Ministério Público, nos mesmos autos, facultada igual iniciativa aos demais legitimados em caso de inércia daquele.

Art. 85. O juiz poderá conferir efeito suspensivo aos recursos, para evitar dano irreparável à parte.

Art. 86. Transitada em julgado a sentença que impuser condenação ao Poder Público, o juiz determinará a remessa de peças à autoridade competente, para apuração da responsabilidade civil e administrativa do agente a que se atribua a ação ou omissão.

Art. 87. Decorridos 60 (sessenta) dias do trânsito em julgado da sentença condenatória favorável ao idoso sem que o autor lhe promova a execução, deverá fazê-lo o Ministério Público, facultada igual iniciativa aos demais legitimados, como assistentes ou assumindo o pólo ativo, em caso de inércia desse órgão.

Art. 88. Nas ações de que trata este Capítulo, não haverá adiantamento de custas, emolumentos, honorários periciais e quaisquer outras despesas.

Parágrafo único. Não se imporá sucumbência ao Ministério Público.

LEGISLAÇÃO COMPLEMENTAR

Art. 89. Qualquer pessoa poderá, e o servidor deverá, provocar a iniciativa do Ministério Público, prestando-lhe informações sobre os fatos que constituam objeto de ação civil e indicando-lhe os elementos de convicção.

Art. 90. Os agentes públicos em geral, os juízes e tribunais, no exercício de suas funções, quando tiverem conhecimento de fatos que possam configurar crime de ação pública contra idoso ou ensejar a propositura de ação para sua defesa, devem encaminhar as peças pertinentes ao Ministério Público, para as providências cabíveis.

Art. 91. Para instruir a petição inicial, o interessado poderá requerer às autoridades competentes as certidões e informações que julgar necessárias, que serão fornecidas no prazo de 10 (dez) dias.

Art. 92. O Ministério Público poderá instaurar sob sua presidência, inquérito civil, ou requisitar, de qualquer pessoa, organismo público ou particular, certidões, informações, exames ou perícias, no prazo que assinalar, o qual não poderá ser inferior a 10 (dez) dias.

§ 1º Se o órgão do Ministério Público, esgotadas todas as diligências, se convencer da inexistência de fundamento para a propositura da ação civil ou de peças informativas, determinará o seu arquivamento, fazendo-o fundamentadamente.

§ 2º Os autos do inquérito civil ou as peças de informação arquivadas serão remetidos, sob pena de se incorrer em falta grave, no prazo de 3 (três) dias, ao Conselho Superior do Ministério Público ou à Câmara de Coordenação e Revisão do Ministério Público.

§ 3º Até que seja homologado ou rejeitado o arquivamento, pelo Conselho Superior do Ministério Público ou por Câmara de Coordenação e Revisão do Ministério Público, as associações legitimadas poderão apresentar razões escritas ou documentos, que serão juntados ou anexados às peças de informação.

§ 4º Deixando o Conselho Superior ou a Câmara de Coordenação e Revisão do Ministério Público de homologar a promoção de arquivamento, será designado outro membro do Ministério Público para o ajuizamento da ação.

TÍTULO VI
Dos Crimes

CAPÍTULO I
Disposições Gerais

Art. 93. Aplicam-se subsidiariamente, no que couber, as disposições da Lei n. 7.347, de 24 de julho de 1985.

Art. 94. Aos crimes previstos nesta Lei, cuja pena máxima privativa de liberdade não ultrapasse 4 (quatro) anos, aplica-se o procedimento previsto na Lei n. 9.099, de 26 de setembro de 1995, e, subsidiariamente, no que couber, as disposições do Código Penal e do Código de Processo Penal. *(Vide ADI 3.096-5 — STF)*

CAPÍTULO II
Dos Crimes em Espécie

Art. 95. Os crimes definidos nesta Lei são de ação penal pública incondicionada, não se lhes aplicando os *arts. 181 e 182 do Código Penal.*

Art. 96. Discriminar pessoa idosa, impedindo ou dificultando seu acesso a operações bancárias, aos meios de transporte, ao direito de contratar ou por qualquer outro meio ou instrumento necessário ao exercício da cidadania, por motivo de idade:

Pena — reclusão de 6 (seis) meses a 1 (um) ano e multa.

§ 1º Na mesma pena incorre quem desdenhar, humilhar, menosprezar ou discriminar pessoa idosa, por qualquer motivo.

§ 2º A pena será aumentada de 1/3 (um terço) se a vítima se encontrar sob os cuidados ou responsabilidade do agente.

Art. 97. Deixar de prestar assistência ao idoso, quando possível fazê-lo sem risco pessoal, em situação de iminente perigo, ou recusar, retardar ou dificultar sua assistência à saúde, sem justa causa, ou não pedir, nesses casos, o socorro de autoridade pública:

Pena — detenção de 6 (seis) meses a 1 (um) ano e multa.

Parágrafo único. A pena é aumentada de metade, se da omissão resulta lesão corporal de natureza grave, e triplicada, se resulta a morte.

Art. 98. Abandonar o idoso em hospitais, casas de saúde, entidades de longa permanência, ou congêneres, ou não prover suas necessidades básicas, quando obrigado por lei ou mandado:

Pena — detenção de 6 (seis) meses a 3 (três) anos e multa.

Art. 99. Expor a perigo a integridade e a saúde, física ou psíquica, do idoso, submetendo-o a condições desumanas ou degradantes ou privando-o de alimentos e cuidados indispensáveis, quando obrigado a fazê-lo, ou sujeitando-o a trabalho excessivo ou inadequado:

Pena — detenção de 2 (dois) meses a 1 (um) ano e multa.

§ 1º Se do fato resulta lesão corporal de natureza grave:

Pena — reclusão de 1 (um) a 4 (quatro) anos.

§ 2º Se resulta a morte:

Pena — reclusão de 4 (quatro) a 12 (doze) anos.

Art. 100. Constitui crime punível com reclusão de 6 (seis) meses a 1 (um) ano e multa:

I — obstar o acesso de alguém a qualquer cargo público por motivo de idade;

II — negar a alguém, por motivo de idade, emprego ou trabalho;

III — recusar, retardar ou dificultar atendimento ou deixar de prestar assistência à saúde, sem justa causa, a pessoa idosa;

IV — deixar de cumprir, retardar ou frustrar, sem justo motivo, a execução de ordem judicial expedida na ação civil a que alude esta Lei;

V — recusar, retardar ou omitir dados técnicos indispensáveis à propositura da ação civil objeto desta Lei, quando requisitados pelo Ministério Público.

Art. 101. Deixar de cumprir, retardar ou frustrar, sem justo motivo, a execução de ordem judicial expedida nas ações em que for parte ou interveniente o idoso:

Pena — detenção de 6 (seis) meses a 1 (um) ano e multa.

Art. 102. Apropriar-se de ou desviar bens, proventos, pensão ou qualquer outro rendimento do idoso, dando-lhes aplicação diversa da de sua finalidade:

Pena — reclusão de 1 (um) a 4 (quatro) anos e multa.

Art. 103. Negar o acolhimento ou a permanência do idoso, como abrigado, por recusa deste em outorgar procuração à entidade de atendimento:

Pena — detenção de 6 (seis) meses a 1 (um) ano e multa.

Art. 104. Reter o cartão magnético de conta bancária relativa a benefícios, proventos ou pensão do idoso, bem como qualquer outro documento com objetivo de assegurar recebimento ou ressarcimento de dívida:

Pena — detenção de 6 (seis) meses a 2 (dois) anos e multa.

Art. 105. Exibir ou veicular, por qualquer meio de comunicação, informações ou imagens depreciativas ou injuriosas à pessoa do idoso:

Pena — detenção de 1 (um) a 3 (três) anos e multa.

Art. 106. Induzir pessoa idosa sem discernimento de seus atos a outorgar procuração para fins de administração de bens ou deles dispor livremente:

Pena — reclusão de 2 (dois) a 4 (quatro) anos.

Art. 107. Coagir, de qualquer modo, o idoso a doar, contratar, testar ou outorgar procuração:

Pena — reclusão de 2 (dois) a 5 (cinco) anos.

Art. 108. Lavrar ato notarial que envolva pessoa idosa sem discernimento de seus atos, sem a devida representação legal:

Pena — reclusão de 2 (dois) a 4 (quatro) anos.

TÍTULO VII
Disposições Finais e Transitórias

Art. 109. Impedir ou embaraçar ato do representante do Ministério Público ou de qualquer outro agente fiscalizador:

Pena — reclusão de 6 (seis) meses a 1 (um) ano e multa.

Art. 110. O Decreto-Lei n. 2.848, de 7 de dezembro de 1940, Código Penal, passa a vigorar com as seguintes alterações:

"Art. 61. ..

II — ..

h) contra criança, maior de 60 (sessenta) anos, enfermo ou mulher grávida;

..." (NR)

"Art. 121. ..

§ 4º No homicídio culposo, a pena é aumentada de 1/3 (um terço), se o crime resulta de inobservância de regra técnica de profissão, arte ou ofício, ou se o agente deixa de prestar imediato socorro à vítima, não procura diminuir as conseqüências do seu ato, ou foge para evitar prisão em flagrante. Sendo doloso o homicídio, a pena é aumentada de 1/3 (um terço) se o crime é praticado contra pessoa menor de 14 (quatorze) ou maior de 60 (sessenta) anos.

..." (NR)

"Art. 133. ..

§ 3º ...

III — se a vítima é maior de 60 (sessenta) anos." (NR)

"Art. 140. ..

§ 3º Se a injúria consiste na utilização de elementos referentes a raça, cor, etnia, religião, origem ou a condição de pessoa idosa ou portadora de deficiência:

..." (NR)

"Art. 141. ..

IV — contra pessoa maior de 60 (sessenta) anos ou portadora de deficiência, exceto no caso de injúria.

..." (NR)

"Art. 148. ..

§ 1º ...

I — se a vítima é ascendente, descendente, cônjuge do agente ou maior de 60 (sessenta) anos.

..." (NR)

"Art. 159. ..

§ 1º Se o seqüestro dura mais de 24 (vinte e quatro) horas, se o seqüestrado é menor de 18 (dezoito) ou maior de 60 (sessenta) anos, ou se o crime é cometido por bando ou quadrilha.

..." (NR)

"Art. 183. ..

III — se o crime é praticado contra pessoa com idade igual ou superior a 60 (sessenta) anos." (NR)

"Art. 244. Deixar, sem justa causa, de prover a subsistência do cônjuge, ou de filho menor de 18 (dezoito) anos ou inapto para o trabalho, ou de ascendente inválido ou maior de 60 (sessenta) anos, não lhes proporcionando os recursos necessários ou faltando ao pagamento de pensão alimentícia judicialmente acordada, fixada ou majorada; deixar, sem justa causa, de socorrer descendente ou ascendente, gravemente enfermo:

..." (NR)

Art. 111. O O art. 21 do Decreto-Lei n. 3.688, de 3 de outubro de 1941, Lei das Contravenções Penais, passa a vigorar acrescido do seguinte parágrafo único:

"Art. 21. ...
Parágrafo único. Aumenta-se a pena de 1/3 (um terço) até a metade se a vítima é maior de 60 (sessenta) anos." (NR)

Art. 112. O inciso II do § 4º do art. 1º da Lei n. 9.455, de 7 de abril de 1997, passa a vigorar com a seguinte redação:

"Art. 1º ...
§ 4º ...
II — se o crime é cometido contra criança, gestante, portador de deficiência, adolescente ou maior de 60 (sessenta) anos;
..." (NR)

Art. 113. O inciso III do art. 18 da Lei n. 6.368, de 21 de outubro de 1976, passa a vigorar com a seguinte redação:

"Art. 18. ...
III — se qualquer deles decorrer de associação ou visar a menores de 21 (vinte e um) anos ou a pessoa com idade igual ou superior a 60 (sessenta) anos ou a quem tenha, por qualquer causa, diminuída ou suprimida a capacidade de discernimento ou de autodeterminação;
..." (NR)

Art. 114. O art 1º da Lei n. 10.048, de 8 de novembro de 2000, passa a vigorar com a seguinte redação:

"Art. 1º As pessoas portadoras de deficiência, os idosos com idade igual ou superior a 60 (sessenta) anos, as gestantes, as lactantes e as pessoas acompanhadas por crianças de colo terão atendimento prioritário, nos termos desta Lei." (NR)

Art. 115. O Orçamento da Seguridade Social destinará ao Fundo Nacional de Assistência Social, até que o Fundo Nacional do Idoso seja criado, os recursos necessários, em cada exercício financeiro, para aplicação em programas e ações relativos ao idoso.

Art. 116. Serão incluídos nos censos demográficos dados relativos à população idosa do País.

Art. 117. O Poder Executivo encaminhará ao Congresso Nacional projeto de lei revendo os critérios de concessão do Benefício de Prestação Continuada previsto na Lei Orgânica da Assistência Social, de forma a garantir que o acesso ao direito seja condizente com o estágio de desenvolvimento sócio-econômico alcançado pelo País.

Art. 118. Esta Lei entra em vigor decorridos 90 (noventa) dias da sua publicação, ressalvado o disposto no caput do art. 36, que vigorará a partir de 1º de janeiro de 2004.

Brasília, 1º de outubro de 2003; 182º da Independência e 115º da República.

Luiz Inácio Lula da Silva
Márcio Thomaz Bastos
Antonio Palocci Filho
Rubem Fonseca Filho
Humberto Sérgio Costa Lima
Guido Mantega
Ricardo José Ribeiro Berzoini
Benedita Souza da Silva Sampaio
Álvaro Augusto Ribeiro Costa

Lei n. 10.770, de 21 de novembro de 2003

Dispõe sobre a criação de Varas do trabalho nas regiões da justiça do trabalho, define jurisdições e dá outras providências

..

Art. 28. Cabe a cada Tribunal Regional do Trabalho, no âmbito de sua Região, mediante ato próprio, alterar e estabelecer a jurisdição das Varas do Trabalho, bem como transferir-lhes a sede de um Município para outro, de acordo com a necessidade de agilização da prestação jurisdicional trabalhista.

..

Art. 31. Esta Lei entra em vigor na data de sua publicação.

Brasília, 21 de novembro de 2003; 182º da Independência e 115º da República.

Luiz Inácio Lula da Silva
Márcio Thomaz Bastos
Antonio Palocci Filho
Eva Maria Cella Dal Chiavon
Guido Mantega

D.OU 24.11.2003

Lei n. 10.778, de 24 de novembro de 2003

Estabelece a notificação compulsória, no território nacional, do caso de violência contra a mulher que for atendida em serviços de saúde públicos ou privados

O PRESIDENTE DA REPÚBLICA,

Faço saber que o Congresso Nacional decreta e eu sanciono a seguinte Lei:

Art. 1º Constitui objeto de notificação compulsória, em todo o território nacional, a violência contra a mulher atendida em serviços de saúde públicos e privados.

§ 1º Para os efeitos desta Lei, entende-se por violência contra a mulher qualquer ação ou conduta, baseada no gênero, inclusive decorrente de discriminação ou desigualdade étnica, que cause morte, dano ou sofrimento físico, sexual ou psicológico à mulher, tanto no âmbito público quanto no privado. *(Redação dada pela Lei n. 12.288, de 20.7.2010, DOU 21.7.2010).*

§ 2º Entender-se-á que violência contra a mulher inclui violência física, sexual e psicológica e que:

I — tenha ocorrido dentro da família ou unidade doméstica ou em qualquer outra relação interpessoal, em que o agressor conviva ou haja convivido no mesmo domicílio que a mulher e que compreende, entre outros, estupro, violação, maus-tratos e abuso sexual;

II — tenha ocorrido na comunidade e seja perpetrada por qualquer pessoa e que compreende, entre outros, violação, abuso sexual, tortura, maus-tratos de pessoas, tráfico de mulheres, prostituição forçada, sequestro e assédio sexual no lugar de trabalho, bem como em instituições educacionais, estabelecimentos de saúde ou qualquer outro lugar; e

III — seja perpetrada ou tolerada pelo Estado ou seus agentes, onde quer que ocorra.

§ 3º Para efeito da definição serão observados também as convenções e acordos internacionais assinados pelo Brasil, que disponham sobre prevenção, punição e erradicação da violência contra a mulher.

Art. 2º A autoridade sanitária proporcionará as facilidades ao processo de notificação compulsória, para o fiel cumprimento desta Lei.

Art. 3º A notificação compulsória dos casos de violência de que trata esta Lei tem caráter sigiloso, obrigando nesse sentido as autoridades sanitárias que a tenham recebido.

Parágrafo único. A identificação da vítima de violência referida nesta Lei, fora do âmbito dos serviços de saúde, somente poderá efetivar-se, em caráter excepcional, em caso de risco à comunidade ou à vítima, a juízo da autoridade sanitária e com conhecimento prévio da vítima ou do seu responsável.

Art. 4º As pessoas físicas e as entidades, públicas ou privadas, abrangidas ficam sujeitas às obrigações previstas nesta Lei.

Art. 5º A inobservância das obrigações estabelecidas nesta Lei constitui infração da legislação referente à saúde pública, sem prejuízo das sanções penais cabíveis.

Art. 6º Aplica-se, no que couber, à notificação compulsória prevista nesta Lei, o disposto na Lei n. 6.259, de 30 de outubro de 1975.

Art. 7º O Poder Executivo, por iniciativa do Ministério da Saúde, expedirá a regulamentação desta Lei.

Art. 8º Esta Lei entrará em vigor 120 (cento e vinte) dias após a sua publicação.

Brasília, 24 de novembro de 2003; 182º da Independência e 115º da República.

Luiz Inácio Lula da Silva
Humberto Sérgio Costa Lima
José Dirceu de Oliveira e Silva

DOU 25.11.2003

Lei n. 10.779, de 25 de novembro de 2003

Dispõe sobre a concessão do benefício de seguro-desemprego, durante o período de defeso, ao pescador profissional que exerce a atividade pesqueira de forma artesanal

O PRESIDENTE DA REPÚBLICA,

Faço saber que o Congresso Nacional decreta e eu sanciono a seguinte Lei:

Art. 1º O pescador artesanal de que tratam a alínea "b" do inciso VII do art. 12 da Lei n. 8.212, de 24 de julho de 1991, e a alínea "b" do inciso VII do art. 11 da Lei n. 8.213, de 24 de julho de 1991, desde que exerça sua atividade profissional ininterruptamente, de forma artesanal e individualmente ou em regime de economia familiar, fará jus ao benefício do seguro-desemprego, no valor de 1 (um) salário-mínimo mensal, durante o período de defeso de atividade pesqueira para a preservação da espécie. *(Redação dada pela Lei n. 13.134, de 16.6.15, DOU 17.6.15)*

§ 1º Considera-se profissão habitual ou principal meio de vida a atividade exercida durante o período compreendido entre o defeso anterior e o em curso, ou nos 12 (doze) meses imediatamente anteriores ao do defeso em curso, o que for menor. *(Redação dada pela Lei n. 13.134, de 16.6.15, DOU 17.6.15)*

§ 2º O período de defeso de atividade pesqueira é o fixado pelo Instituto Brasileiro do Meio Ambiente e dos Recursos Naturais Renováveis — IBAMA, em relação à espécie marinha, fluvial ou lacustre a cuja captura o pescador se dedique.

§ 3º Considera-se ininterrupta a atividade exercida durante o período compreendido entre o defeso anterior e o em curso, ou nos 12 (doze) meses imediatamente anteriores ao do defeso em curso, o que for menor. *(Redação dada pela Lei n. 13.134, de 16.6.15, DOU 17.6.15)*

§ 4º Somente terá direito ao seguro-desemprego o segurado especial pescador artesanal que não disponha de outra fonte de renda diversa da decorrente da atividade pesqueira. *(Redação dada pela Lei n. 13.134, de 16.6.15, DOU 17.6.15)*

§ 5º O pescador profissional artesanal não fará jus, no mesmo ano, a mais de um be-

nefício de seguro-desemprego decorrente de defesos relativos a espécies distintas. *(Redação dada pela Lei n. 13.134, de 16.6.15, DOU 17.6.15)*

§ 6º A concessão do benefício não será extensível às atividades de apoio à pesca nem aos familiares do pescador profissional que não satisfaçam os requisitos e as condições estabelecidos nesta Lei. *(Redação dada pela Lei n. 13.134, de 16.6.15, DOU 17.6.15)*

§ 7º O benefício do seguro-desemprego é pessoal e intransferível. *(Redação dada pela Lei n. 13.134, de 16.6.15, DOU 17.6.15)*

§ 8º O período de recebimento do benefício não poderá exceder o limite máximo variável de que trata o caput do art. 4º da Lei n. 7.998, de 11 de janeiro de 1990, ressalvado o disposto nos §§ 4º e 5º do referido artigo. (NR) *(Redação dada pela Lei n. 13.134, de 16.6.15, DOU 17.6.15)*

Art. 2º Cabe ao Instituto Nacional do Seguro Social (INSS) receber e processar os requerimentos e habilitar os beneficiários, nos termos do regulamento. *(Redação dada pela Lei n. 13.134, de 16.6.15, DOU 17.6.15)*

I — (Revogado);
II — (Revogado);
III — (Revogado);
IV — (Revogado):
a) (Revogada);
b) (Revogada);
c) (Revogada).

§ 1º Para fazer jus ao benefício, o pescador não poderá estar em gozo de nenhum benefício decorrente de benefício previdenciário ou assistencial de natureza continuada, exceto pensão por morte e auxílio-acidente. *(Redação dada pela Lei n. 13.134, de 16.6.15, DOU 17.6.15)*

§ 2º Para se habilitar ao benefício, o pescador deverá apresentar ao INSS os seguintes documentos: *(Redação dada pela Lei n. 13.134, de 16.6.15, DOU 17.6.15)*

I — registro como pescador profissional, categoria artesanal, devidamente atualizado no Registro Geral da Atividade Pesqueira (RGP), emitido pelo Ministério da Pesca e Aquicultura com antecedência mínima de 1 (um) ano, contado da data de requerimento do benefício; *(Redação dada pela Lei n. 13.134, de 16.6.15, DOU 17.6.15)*

II — cópia do documento fiscal de venda do pescado a empresa adquirente, consumidora ou consignatária da produção, em que conste, além do registro da operação realizada, o valor da respectiva contribuição previdenciária de que trata o § 7º do art. 30 da Lei n. 8.212, de 24 de julho de 1991, ou comprovante de recolhimento da contribuição previdenciária, caso tenha comercializado sua produção a pessoa física; e *(Redação dada pela Lei n. 13.134, de 16.6.15, DOU 17.6.15)*

III — outros estabelecidos em ato do Ministério da Previdência Social que comprovem:

a) o exercício da profissão, na forma do art. 1º desta Lei;

b) que se dedicou à pesca durante o período definido no § 3º do art. 1º desta Lei;

c) que não dispõe de outra fonte de renda diversa da decorrente da atividade pesqueira.

§ 3º O INSS, no ato de habilitação ao benefício, deverá verificar a condição de segurado pescador artesanal e o pagamento da contribuição previdenciária, nos termos da Lei n. 8.212, de 24 de julho de 1991, nos últimos 12 (doze) meses imediatamente anteriores ao requerimento do benefício ou desde o último período de defeso até o requerimento do benefício, o que for menor, observado, quando for o caso, o disposto no inciso II do § 2º. *(Redação dada pela Lei n. 13.134, de 16.6.15, DOU 17.6.15)*

§ 4º O Ministério da Previdência Social e o Ministério da Pesca e Aquicultura desenvolverão atividades que garantam ao INSS acesso às informações cadastrais disponíveis no RGP, de que trata o art. 24 da Lei n. 11.959, de 29 de junho de 2009, necessárias para a concessão do seguro-desemprego. *(Redação dada pela Lei n. 13.134, de 16.6.15, DOU 17.6.15)*

§ 5º Da aplicação do disposto no § 4º deste artigo não poderá resultar nenhum ônus para os segurados. *(Redação dada pela Lei n. 13.134, de 16.6.15, DOU 17.6.15)*

§ 6º O Ministério da Previdência Social poderá, quando julgar necessário, exigir outros documentos para a habilitação do benefício. *(Redação dada pela Lei n. 13.134, de 16.6.15, DOU 17.6.15)*

§ 7º O INSS deverá divulgar mensalmente lista com todos os beneficiários que estão em gozo do seguro-desemprego no período de defeso, detalhados por localidade, nome, endereço e número e data de inscrição no RGP. *(Redação dada pela Lei n. 13.134, de 16.6.15, DOU 17.6.15)*

§ 8º Desde que atendidos os demais requisitos previstos neste artigo, o benefício de seguro-desemprego será concedido ao pescador profissional artesanal cuja família seja beneficiária de programa de transferência de renda com condicionalidades, e caberá ao órgão ou à entidade da administração pública federal responsável pela manutenção do programa a suspensão do pagamento pelo mesmo período da percepção do benefício de seguro-desemprego. *(Redação dada pela Lei n. 13.134, de 16.6.15, DOU 17.6.15)*

§ 9º Para fins do disposto no § 8º, o INSS disponibilizará aos órgãos ou às entidades da administração pública federal responsáveis pela manutenção de programas de transferência de renda com condicionalidades as informações necessárias para identificação dos beneficiários e dos benefícios de seguro-desemprego concedidos, inclusive as relativas à duração, à suspensão ou à cessação do benefício. (NR) *(Redação dada pela Lei n. 13.134, de 16.6.15, DOU 17.6.15)*

Art. 3º Sem prejuízo das sanções civis e penais cabíveis, todo aquele que fornecer ou beneficiar-se de atestado falso para o fim de obtenção do benefício de que trata esta Lei estará sujeito:

I — a demissão do cargo que ocupa, se servidor público;

II — a suspensão de sua atividade, com cancelamento do seu registro, por dois anos, se pescador profissional.

Art. 4º O benefício de que trata esta Lei será cancelado nas seguintes hipóteses:

I — início de atividade remunerada;
II — início de percepção de outra renda;
III — morte do beneficiário;
IV — desrespeito ao período de defeso; ou
V — comprovação de falsidade nas informações prestadas para a obtenção do benefício.

Art. 5º O benefício do seguro-desemprego a que se refere esta Lei será pago à conta do Fundo de Amparo ao Trabalhador — FAT, instituído pela Lei n. 7.998, de 11 de janeiro de 1990.

Art. 6º Esta Lei entra em vigor na data de sua publicação.

Art. 7º Fica revogada a Lei n. 8.287, de 20 de dezembro de 1991.

Brasília, 25 de novembro de 2003; 182ª da Independência e 115ª da República.

Luiz Inácio Lula da Silva
Jaques Wagner

DOU 26.11.2003

Decreto n. 8.424, de 31 de março de 2015

Regulamenta a Lei n. 10.779, de 25 de novembro de 2003, para dispor sobre a concessão do benefício de seguro-desemprego, durante o período de defeso, ao pescador profissional artesanal que exerce sua atividade exclusiva e ininterruptamente

A PRESIDENTA DA REPÚBLICA, no uso das atribuições que lhe confere o art. 84, caput, incisos IV e VI, alínea "a", da Constituição, e tendo em vista o disposto na Lei n. 10.779, de 25 de novembro de 2003,

DECRETA:

Art. 1º Este Decreto regulamenta a concessão do benefício de seguro-desemprego ao pescador profissional que exerça sua atividade, exclusiva e ininterruptamente, de forma artesanal, individualmente ou em regime de economia familiar, durante o período de defeso da atividade pesqueira para a preservação da espécie, de que trata a Lei n. 10.779, de 25 de novembro de 2003.

§ 1º Considera-se ininterrupta a atividade exercida durante o período compreendido entre o término do defeso anterior e o início do defeso em curso ou nos doze meses imediatamente anteriores ao início do defeso em curso, o que for menor.

§ 2º Entende-se como regime de economia familiar o trabalho dos membros da mesma família, indispensável à própria subsistência e exercido em condições de mútua dependência e colaboração, sem a utilização de empregados.

§ 3º Entende-se como período de defeso, para fins de concessão do benefício, a paralisação temporária da pesca para preservação da espécie, nos termos e prazos fixados pelos órgãos competentes.

§ 4º O benefício será devido ao pescador profissional artesanal inscrito no Registro Geral da Atividade Pesqueira — RGP e com licença de pesca concedida que exerça a pesca como atividade exclusiva, nos termos da legislação.

§ 5º O pescador profissional artesanal não fará jus a mais de um benefício de seguro-desemprego no mesmo ano decorrente de defesos relativos a espécies distintas.

§ 6º A concessão do benefício não será extensível aos trabalhadores de apoio à pesca artesanal, assim definidos em legislação específica, e nem aos componentes do grupo familiar do pescador profissional artesanal que não satisfaçam, individualmente, os requisitos e as condições estabelecidos neste Decreto.

§ 7º O benefício do seguro-desemprego é direito pessoal e intransferível.

Art. 2º Terá direito ao benefício do seguro-desemprego o pescador profissional artesanal que preencher os seguintes requisitos:

I — ter registro no RGP, com situação cadastral ativa decorrente de licença concedida, emitido pelo Ministério da Pesca e Aquicultura, na condição de pescador profissional artesanal que exerce a pesca como atividade exclusiva, observada a antecedência mínima prevista no art. 2º da Lei n. 10.779, de 2003;

II — possuir a condição de segurado especial unicamente na categoria de pescador profissional artesanal;

III — ter realizado o pagamento da contribuição previdenciária, nos termos da Lei n. 8.212, de 24 de julho de 1991, nos últimos doze meses imediatamente anteriores ao requerimento do benefício ou desde o último período de defeso até o requerimento do benefício, o que for menor, observado, quando for o caso, o disposto no inciso IV do *caput* do art. 5º;

IV — não estar em gozo de nenhum benefício decorrente de programa federal de transferência de renda com condicionalidades ou de benefício de prestação continuada da Assistência Social ou da Previdência Social, exceto auxílio-acidente ou pensão por morte; e

V — não ter vínculo de emprego, ou outra relação de trabalho, ou outra fonte de renda diversa da decorrente da pesca.

§ 1º A comprovação da contribuição do segurado especial de que trata o inciso III do *caput* deverá ser feita nos termos do art. 25 da Lei n. 8.212, de 1991, e do inciso IV do *caput* do art. 216 do Regulamento da Previdência Social, aprovado pelo Decreto n. 3.048, de 6 de maio 1999, excluído o período de defeso, desde que não tenha havido comercialização de espécie alternativa não contemplada no ato que fixar o período de defeso.

§ 2º Desde que atendidos os demais requisitos previstos neste artigo, o benefício de seguro-desemprego será concedido ao pescador profissional artesanal cuja família seja beneficiária de programa de transferência de renda com condicionalidades, e caberá ao órgão ou entidade da administração pública federal responsável pela manutenção do programa a suspensão do pagamento pelo mesmo período da percepção do benefício de seguro-desemprego.

§ 3º Para fins do disposto no § 2º, o Instituto Nacional do Seguro Social — INSS disponibilizará aos órgãos ou entidades da administração pública federal responsáveis pela manutenção de programas de transferência de renda com condicionalidades as informações necessárias para identificação dos beneficiários e dos benefícios de seguro-desemprego concedidos, inclusive as relativas à duração, suspensão ou cessação do benefício.

Art. 3º Cabe ao INSS receber e processar os requerimentos, habilitar os beneficiários e decidir quanto à concessão do benefício de seguro-desemprego de que trata o art. 1º.

Parágrafo único. O interessado poderá requerer o benefício de seguro-desemprego em qualquer Unidade da Federação, independentemente de seu domicílio.

Art. 4º O prazo para requerer o benefício do seguro-desemprego do pescador profissional artesanal se iniciará trinta dias antes da data de início do período de defeso e terminará no último dia do referido período.

Parágrafo único. Desde que requerido dentro do prazo previsto no *caput*, o pagamento do benefício será devido desde o início do período de defeso, independentemente da data do requerimento.

Art. 5º Para requerer o benefício de seguro-desemprego, o pescador deverá apresentar ao INSS:

I — documento de identificação oficial;

II — comprovante de inscrição no Cadastro de Pessoa Física — CPF;

III — inscrição no RGP, com licença de pesca, emitida pelo Ministério da Pesca e Aquicultura, na condição de pescador profissional artesanal que exerce a pesca como atividade exclusiva, observada a antecedência mínima prevista no art. 2º da Lei n. 10.779, de 2003;

IV — cópia do documento fiscal de venda do pescado a empresa adquirente, consumidora ou consignatária da produção, em que conste, além do registro da operação realizada, o valor da respectiva contribuição previdenciária de que trata o § 7º do art. 30 da Lei n. 8.212, de 1991, ou cópia do comprovante de recolhimento da contribuição previdenciária, caso tenha comercializado sua produção a pessoa física; e

V — comprovante de residência.

§ 1º Além de apresentar os documentos previstos no *caput*, o pescador profissional artesanal assinará declaração de que:

I — não dispõe de outra fonte de renda;

II — se dedicou à pesca das espécies e nas localidades atingidas pelo defeso, em caráter exclusivo e ininterrupto, durante o período compreendido entre o término do defeso anterior e o início do defeso em curso ou nos doze meses imediatamente anteriores ao início do defeso em curso, o que for menor; e

III — assume responsabilidade civil e criminal por todas as informações prestadas para fins da concessão do benefício.

§ 2º O Ministério da Pesca e Aquicultura disponibilizará ao INSS informações que demonstrem:

I — o exercício ininterrupto e exclusivo da atividade de pesca pelo pescador profissional artesanal, com a indicação das localidades em que a atividade foi exercida e das espécies pescadas; e

II — os municípios abrangidos pelo período de defeso e os municípios limítrofes.

§ 3º Ato do Ministério da Previdência Social poderá exigir outros documentos para a habilitação do benefício.

§ 4º O INSS poderá expedir atos complementares relativos ao reconhecimento e à manutenção do direito ao benefício, observado o disposto neste Decreto e no ato de que trata o § 3º.

Art. 6º O INSS cessará o benefício de seguro-desemprego nas seguintes hipóteses:

I — início de atividade remunerada ou de percepção de outra renda que seja incompatível com a percepção do benefício;

II — desrespeito ao período de defeso ou a quaisquer proibições estabelecidas em normas de defeso;

III — obtenção de renda proveniente da pesca de espécie alternativa não contemplada no ato que fixar o período de defeso;

IV — suspensão do período de defeso;

V — morte do beneficiário, exceto em relação às parcelas vencidas;

VI — início de percepção de renda proveniente de benefício previdenciário ou assistencial de natureza continuada, exceto auxílio-acidente ou pensão por morte;

VII — prestação de declaração falsa; ou

VIII — comprovação de fraude.

Parágrafo único. O INSS cessará o benefício quando constatar a ocorrência de hipótese prevista no *caput* ou quando for informado sobre sua ocorrência pelo órgão ou entidade pública competente.

Art. 7º No caso de indeferimento do requerimento de concessão de benefício ou no caso de cessação do benefício, o pescador profissional artesanal poderá interpor recurso ao Conselho de Recursos da Previdência Social — CRPS.

§ 1º O prazo para interposição de recurso e para oferecimento de contrarrazões será de trinta dias, contado da ciência da decisão e da interposição do recurso, respectivamente.

§ 2º O processamento e o julgamento dos recursos seguirão o disposto no Regulamento da Previdência Social, aprovado pelo Decreto n. 3.048, de 1999, e no regimento interno do CRPS.

Art. 8º Os recursos financeiros para o pagamento do benefício de seguro-desemprego ao pescador profissional artesanal serão provenientes do Fundo de Amparo ao Trabalhador — FAT.

§ 1º Compete ao Conselho Deliberativo do Fundo de Amparo ao Trabalhador — Codefat a gestão do pagamento dos benefícios e ao Ministério do Trabalho e Emprego a sua operacionalização, cabendo aos referidos órgãos a edição dos atos necessários a essas atividades.

§ 2º O INSS disponibilizará ao Ministério do Trabalho e Emprego as informações necessárias para a efetivação do pagamento.

§ 3º O Ministério do Trabalho e Emprego disponibilizará ao INSS e aos órgãos de que trata o § 3º do art. 2º as informações referentes à realização dos pagamentos aos beneficiários.

§ 4º O Ministério do Trabalho e Emprego e o INSS prestarão aos interessados informações relativas ao pagamento dos benefícios em seus próprios canais de atendimento.

Art. 9º O Regulamento da Previdência Social, aprovado pelo Decreto n. 3.048, de 1999, passa a vigorar com as seguintes alterações:

> "Art. 9º
>
> § 14.
>
> I — não utilize embarcação; ou
>
> II — utilize embarcação de pequeno porte, nos termos da Lei n. 11.959, de 29 de junho de 2009.
>
> § 15.
>
> XI — o pescador que trabalha em regime de parceria, meação ou arrendamento, em embarcação de médio ou grande porte, nos termos da Lei n. 11.959, de 2009;" (NR)

Art. 10. O Decreto n. 5.209, de 17 de setembro de 2004, passa a vigorar com as seguintes alterações:

> "Art. 25.
>
> IX — recebimento do benefício do seguro-desemprego na forma do art. 1º da Lei n. 10.779, de 25 de novembro de 2003, e de seu regulamento, hipótese em que os benefícios financeiros do Programa Bolsa Família, recebidos por sua família, serão suspensos." (NR)

Art. 11. Atos conjuntos dos Ministérios da Previdência Social, do Trabalho e Emprego e da Pesca e Aquicultura e de outros órgãos interessados estabelecerão os procedimentos e prazos para operacionalização das trocas de informações previstas neste Decreto.

Art. 12. Este Decreto aplica-se aos períodos de defeso iniciados a partir de 1º de abril de 2015.

Parágrafo único. Aos períodos de defeso iniciados até 31 de março de 2015, aplica-se o disposto na legislação anterior, inclusive quanto aos prazos, procedimentos e recursos e à competência do Ministério do Trabalho e Emprego para as atividades de recebimento e processamento dos requerimentos, habilitação dos beneficiários e apuração de irregularidades.

Art. 13. Ficam revogados o inciso III do § 14 e o § 17 do art. 9º do Regulamento da Previdência Social, aprovado pelo Decreto n. 3.048, de 6 de maio de 1999.

Art. 14. Este Decreto entra em vigor na data de sua publicação.

Brasília, 31 de março de 2015; 194º da Independência e 127º da República.

Dilma Rousseff
Manoel Dias Carlos
Eduardo Gabas
Tereza Campello
Helder Barbalho

LEGISLAÇÃO COMPLEMENTAR

Lei n. 10.803, de 11 de dezembro de 2003

Altera o art. 149 do Decreto-Lei n. 2.848, de 7 de dezembro de 1940. Código Penal, para estabelecer penas ao crime nele tipificado e indicar as hipóteses em que se configura condição análoga à de escravo

O PRESIDENTE DA REPÚBLICA

Faço saber que o Congresso Nacional decreta e eu sanciono a seguinte Lei:

Art. 1º O art. 149 do Decreto-Lei n. 2.848, de 7 de dezembro de 1940, passa a vigorar com a seguinte redação:

"Art. 149. Reduzir alguém a condição análoga à de escravo, quer submetendo-o a trabalhos forçados ou a jornada exaustiva, quer sujeitando-o a condições degradantes de trabalho, quer restringindo, por qualquer meio, sua locomoção em razão de dívida contraída com o empregador ou preposto:

Pena — reclusão, de dois a oito anos, e multa, além da pena correspondente à violência.

§ 1º Nas mesmas penas incorre quem:

I — cerceia o uso de qualquer meio de transporte por parte do trabalhador, com o fim de retê-lo no local do trabalho;

II — mantém vigilância ostensiva no local de trabalho ou se apodera de documentos ou objetos pessoais do trabalhador, com o fim de retê-lo no local de trabalho.

§ 2º A pena é aumentada de metade, se o crime é cometido:

I — contra criança ou adolescente;

II — por motivo de preconceito de raça, cor, etnia, religião ou origem." (NR)

Art. 2º Esta Lei entra em vigor na data de sua publicação.

Brasília, 11 de dezembro de 2003; 182º da Independência e 115º da República.

LUIZ INÁCIO LULA DA SILVA
MÁRCIO THOMAZ BASTOS
DOU 12.12.2003

Lei n. 10.820, de 17 de dezembro de 2003

Dispõe sobre a autorização para desconto de prestações em folha de pagamento, e dá outras providências

O PRESIDENTE DA REPÚBLICA,

Faço saber que o Congresso Nacional Decreta e eu sanciono a seguinte Lei:

Art. 1º Os empregados regidos pela Consolidação das Leis do Trabalho — CLT, aprovada pelo Decreto-Lei n. 5.452, de 1º de maio de 1943, poderão autorizar, de forma irrevogável e irretratável, o desconto em folha de pagamento ou na sua remuneração disponível dos valores referentes ao pagamento de empréstimos, financiamentos, cartões de crédito e operações de arrendamento mercantil concedidos por instituições financeiras e sociedades de arrendamento mercantil, quando previsto nos respectivos contratos. *(Redação dada pela Lei n. 13.172, de 21.10.15, DOU 22.10.15)*

§ 1º O desconto mencionado neste artigo também poderá incidir sobre verbas rescisórias devidas pelo empregador, se assim previsto no respectivo contrato de empréstimo, financiamento, cartão de crédito ou arrendamento mercantil, até o limite de 35% (trinta e cinco por cento), sendo 5% (cinco por cento) destinados exclusivamente para: *(Redação dada pela Lei n. 13.172, de 21.10.15, DOU 22.10.15)*

I — a amortização de despesas contraídas por meio de cartão de crédito; ou *(Incluído pela Lei n. 13.172, de 21.10.15, DOU 22.10.15)*

II — a utilização com a finalidade de saque por meio do cartão de crédito. *(Incluído pela Lei n. 13.172, de 21.10.15, DOU 22.10.15)*

§ 2º O regulamento disporá sobre os limites de valor do empréstimo, da prestação consignável para os fins do caput e do comprometimento das verbas rescisórias para os fins do § 1º deste artigo.

§ 3º Os empregados de que trata o caput poderão solicitar o bloqueio, a qualquer tempo, de novos descontos. *(Redação dada pela Lei n. 13.097, de 19.1.2015, DOU 20.1.2015)*

§ 4º O disposto no § 3º não se aplica aos descontos autorizados em data anterior à da solicitação do bloqueio. (NR) *(Redação dada pela Lei n. 13.097, de 19.1.2015, DOU 20.1.2015)*

§ 5º Nas operações de crédito consignado de que trata este artigo, o empregado poderá oferecer em garantia, de forma irrevogável e irretratável: *(Redação dada pela Lei n. 13.313, de 2016)*

I — até 10% (dez por cento) do saldo de sua conta vinculada no Fundo de Garantia do Tempo de Serviço — FGTS; *(Redação dada pela Lei n. 13.313, de 2016)*

II — até 100% (cem por cento) do valor da multa paga pelo empregador, em caso de despedida sem justa causa ou de despedida por culpa recíproca ou força maior, nos termos dos §§ 1º e 2º do art. 18 da Lei n. 8.036, de 11 de maio de 1990. *(Redação dada pela Lei n. 13.313, de 2016)*

§ 6º A garantia de que trata o § 5º só poderá ser acionada na ocorrência de despedida sem justa causa, inclusive a indireta, ou de despedida por culpa recíproca ou força maior, não se aplicando, em relação à referida garantia, o disposto no § 2º do art. 2º da Lei n. 8.036, de 11 de maio de 1990. *(Redação dada pela Lei n. 13.313, de 2016)*

§ 7º O Conselho Curador do FGTS poderá definir o número máximo de parcelas e a taxa máxima mensal de juros a ser cobrada pelas instituições consignatárias nas operações de crédito consignado de que trata este artigo. *(Redação dada pela Lei n. 13.313, de 2016)*

§ 8º Cabe ao agente operador do FGTS definir os procedimentos operacionais necessários à execução do disposto nos §§ 5º e 6º deste artigo, nos termos do inciso II do caput do art. 7º da Lei n. 8.036, de 11 de maio de 1990. *(Redação dada pela Lei n. 13.313, de 2016)*

Art. 2º Para os fins desta Lei, considera-se:

I — empregador, a pessoa jurídica assim definida pela legislação trabalhista e o empresário a que se refere o Título I do Livro II da Parte Especial da Lei n. 10.406, de 10 de janeiro de 2002 — Código Civil; *(Redação dada pela Lei n. 13.097, de 19.1.2015, DOU 20.1.2015)*

II — empregado, aquele assim definido pela legislação trabalhista;

III — instituição consignatária, a instituição autorizada a conceder empréstimo ou financiamento ou realizar operação com cartão de crédito ou de arrendamento mercantil mencionada no caput do art. 1º; *(Redação dada pela Lei n. 13.172, de 21.10.15, DOU 22.10.15)*

IV — mutuário, empregado que firma com instituição consignatária contrato de empréstimo, financiamento, cartão de crédito ou arrendamento mercantil regulado por esta Lei; *(Redação dada pela Lei n. 13.172, de 21.10.15, DOU 22.10.15)*

V — verbas rescisórias, as importâncias devidas em dinheiro pelo empregador ao empregado em razão de rescisão do seu contrato de trabalho;

VI — instituição financeira mantenedora, a instituição a que se refere o inciso III do caput e que mantém as contas para crédito da remuneração disponível dos empregados; *(Incluído pela Lei n. 13.097, de 19.1.2015, DOU 20.1.2015)*

VII — desconto, ato de descontar na folha de pagamento ou em momento anterior ao do crédito devido pelo empregador ao empregado como remuneração disponível ou verba rescisória o valor das prestações assumidas em operação de empréstimo, financiamento, cartão de crédito ou arrendamento mercantil; e *(Redação dada pela Lei n. 13.172, de 21.10.15, DOU 22.10.15)*

VIII — remuneração disponível, os vencimentos, subsídios, soldos, salários ou remunerações, descontadas as consignações compulsórias. *(Incluído pela Lei n. 13.097, de 19.1.2015, DOU 20.1.2015)*

§ 1º Para os fins desta Lei, são consideradas consignações voluntárias as autorizadas pelo empregado.

§ 2º No momento da contratação da operação, a autorização para a efetivação dos descontos permitidos nesta Lei observará, para cada mutuário, os seguintes limites:

I — a soma dos descontos referidos no art. 1º não poderá exceder a 35% (trinta e cinco por cento) da remuneração disponível, conforme definido em regulamento, sendo 5% (cinco por cento) destinados exclusivamente para: *(Redação dada pela Lei n. 13.172, de 21.10.15, DOU 22.10.15)*

a) a amortização de despesas contraídas por meio de cartão de crédito; ou *(Incluída pela Lei n. 13.172, de 21.10.15, DOU 22.10.15)*

b) a utilização com a finalidade de saque por meio do cartão de crédito; e *(Incluída pela Lei n. 13.172, de 21.10.15, DOU 22.10.15)*

II — o total das consignações voluntárias, incluindo as referidas no art. 1º, não poderá exceder a quarenta por cento da remuneração disponível, conforme definida em regulamento.

Art. 3º Para os fins desta Lei, são obrigações do empregador:

I — prestar ao empregado e à instituição consignatária, mediante solicitação formal do primeiro, as informações necessárias para a contratação da operação de crédito ou arrendamento mercantil;

II — tornar disponíveis aos empregados, bem como às respectivas entidades sindicais que as solicitem, as informações referentes aos custos referidos no § 2º; e *(Redação dada pela Lei n. 13.097, de 19.1.2015, DOU 20.1.2015)*

III — efetuar os descontos autorizados pelo empregado, inclusive sobre as verbas rescisórias, e repassar o valor à instituição consignatária na forma e no prazo previstos em regulamento. *(Redação dada pela Lei n. 13.097, de 19.1.2015, DOU 20.1.2015)*

§ 1º É vedado ao empregador impor ao mutuário e à instituição consignatária escolhida pelo empregado qualquer condição que não esteja prevista nesta Lei ou em seu regulamento para a efetivação do contrato e a implementação dos descontos autorizados.

§ 2º Observado o disposto em regulamento e nos casos nele admitidos, é facultado ao empregador descontar na folha de pagamento do mutuário os custos operacionais decorrentes da realização da operação objeto desta Lei.

§ 3º Cabe ao empregador informar, no demonstrativo de rendimentos do empregado, de forma discriminada, o valor do desconto mensal decorrente de cada operação de empréstimo, financiamento, cartão de crédito ou arrendamento mercantil e os custos ope-

racionais referidos no § 2º. *(Redação dada pela Lei n. 13.172, de 21.10.15, DOU 22.10.15)*

§ 4º Os descontos autorizados na forma desta Lei e seu regulamento terão preferência sobre outros descontos da mesma natureza que venham a ser autorizados posteriormente.

Art. 4º A concessão de empréstimo, financiamento, cartão de crédito ou arrendamento mercantil será feita a critério da instituição consignatária, sendo os valores e as demais condições objeto de livre negociação entre ela e o mutuário, observadas as demais disposições desta Lei e seu regulamento. *(Redação dada pela Lei n. 13.172, de 21.10.15, DOU 22.10.15)*

§ 1º Poderá o empregador, com a anuência da entidade sindical representativa da maioria dos empregados, sem ônus para estes, firmar, com instituições consignatárias, acordo que defina condições gerais e demais critérios a serem observados nas operações de empréstimo, financiamento, cartão de crédito ou arrendamento mercantil que venham a ser realizadas com seus empregados. *(Redação dada pela Lei n. 13.172, de 21.10.15, DOU 22.10.15)*

§ 2º Poderão as entidades e centrais sindicais, sem ônus para os empregados, firmar, com instituições consignatárias, acordo que defina condições gerais e demais critérios a serem observados nas operações de empréstimo, financiamento, cartão de crédito ou arrendamento mercantil que venham a ser realizadas com seus representados. *(Redação dada pela Lei n. 13.172, de 21.10.15, DOU 22.10.15)*

§ 3º Na hipótese de ser firmado um dos acordos a que se referem os §§ 1º ou 2º e sendo observados e atendidos pelo empregado todos os requisitos e condições nele previstos, inclusive as regras de concessão de crédito, não poderá a instituição consignatária negar-se a celebrar a operação de empréstimo, financiamento, cartão de crédito ou arrendamento mercantil. *(Redação dada pela Lei n. 13.172, de 21.10.15, DOU 22.10.15)*

§ 4º Para a realização das operações referidas nesta Lei é assegurado ao empregado o direito de optar por instituição consignatária que tenha firmado acordo com o empregador, com sua entidade sindical, ou qualquer outra instituição consignatária de sua livre escolha, ficando o empregador obrigado a proceder aos descontos e repasses por ele contratados e autorizados.

§ 5º No caso dos acordos celebrados nos termos do § 2º deste artigo, os custos de que trata o § 2º do art. 3º deverão ser negociados entre o empregador e a entidade sindical, sendo vedada a fixação de custos superiores aos previstos pelo mesmo empregador nos acordos referidos no § 1º deste artigo.

§ 6º Poderá ser prevista nos acordos referidos nos §§ 1º e 2º deste artigo, ou em acordo específico entre a instituição consignatária e o empregador, a absorção dos custos referidos no § 2º do art. 3º pela instituição consignatária.

§ 7º É vedada aos empregadores, entidades e centrais sindicais a cobrança de qualquer taxa ou exigência de contrapartida pela celebração ou pela anuência nos acordos referidos nos §§ 1º e 2º, bem como a inclusão neles de cláusulas que impliquem pagamento em seu favor, a qualquer título, pela realização das operações de que trata esta Lei, ressalvado o disposto no § 2º do art. 3º *(Redação dada pela Lei n. 10.820, de 17.12.2003, DOU 18.12.2003)*

§ 8º Fica o empregador ou a instituição consignatária obrigada a disponibilizar, inclusive em meio eletrônico, a opção de bloqueio de novos descontos. (NR) *(Redação dada pela Lei n. 13.097, de 19.1.2015, DOU 20.1.2015)*

Art. 5º O empregador será o responsável pelas informações prestadas, pelo desconto dos valores devidos e pelo seu repasse às instituições consignatárias, que deverá ser realizado até o quinto dia útil após a data de pagamento ao mutuário de sua remuneração disponível. *(Redação dada pela Lei n. 13.097, de 19.1.2015, DOU 20.1.2015)*

§ 1º O empregador, salvo disposição contratual em contrário, não será corresponsável pelo pagamento dos empréstimos, financiamentos, cartões de crédito e arrendamentos mercantis concedidos aos seus empregados, mas responderá como devedor principal e solidário perante a instituição consignatária por valores a ela devidos em razão de contratações por ele confirmadas na forma desta Lei e de seu regulamento que deixarem, por sua falha ou culpa, de ser retidos ou repassados. *(Redação dada pela Lei n. 13.172, de 21.10.15, DOU 22.10.15)*

§ 2º Na hipótese de comprovação de que o pagamento mensal do empréstimo, financiamento, cartão de crédito ou arrendamento mercantil tenha sido descontado do mutuário e não tenha sido repassado pelo empregador, ou pela instituição financeira mantenedora, na forma do § 5º, à instituição consignatária, fica esta proibida de incluir o nome do mutuário em cadastro de inadimplentes. *(Redação dada pela Lei n. 13.172, de 21.10.15, DOU 22.10.15)*

§ 3º Na hipótese de ocorrência da situação descrita no § 2º, é cabível o ajuizamento de ação de depósito, nos termos do Capítulo II do Título I do Livro IV da Lei n. 5.869, de 11 de janeiro de 1973 — Código de Processo Civil, em face do empregador, ou da instituição financeira mantenedora, se responsável pelo desconto, na forma do § 5º, e de seus representantes legais. *(Redação dada pela Lei n. 13.097, de 19.1.2015, DOU 20.1.2015)*

§ 4º No caso de falência do empregador, antes do repasse das importâncias descontadas dos mutuários, fica assegurado à instituição consignatária o direito de pedir, na forma prevista em lei, a restituição das importâncias retidas.

§ 5º O acordo firmado entre o empregador e a instituição financeira mantenedora poderá prever que a responsabilidade pelo desconto de que trata o *caput* será da instituição financeira mantenedora. (NR) *(Redação dada pela Lei n. 13.097, de 19.1.2015, DOU 20.1.2015)*

Art. 6º Os titulares de benefícios de aposentadoria e pensão do Regime Geral de Previdência Social poderão autorizar o Instituto Nacional do Seguro Social — INSS a proceder aos descontos referidos no art. 1º e autorizar, de forma irrevogável e irretratável, que a instituição financeira na qual recebam seus benefícios retenha, para fins de amortização, valores referentes ao pagamento mensal de empréstimos, financiamentos, cartões de crédito e operações de arrendamento mercantil por ela concedidos, quando previstos em contrato, nas condições estabelecidas em regulamento, observadas as normas editadas pelo INSS. *(Redação dada pela Lei n. 13.172, de 21.10.15, DOU 22.10.15)*

§ 1º Para os fins do *caput*, fica o INSS autorizado a dispor, em ato próprio, sobre:

I — as formalidades para habilitação das instituições e sociedades referidas no art. 1º;

II — os benefícios elegíveis, em função de sua natureza e forma de pagamento;

III — as rotinas a serem observadas para a prestação aos titulares de benefícios em manutenção e às instituições consignatárias das informações necessárias à consecução do disposto nesta Lei;

IV — os prazos para o início dos descontos autorizados e para o repasse das prestações às instituições consignatárias;

V — o valor dos encargos a serem cobrados para ressarcimento dos custos operacionais a ele acarretados pelas operações; e

VI — as demais normas que se fizerem necessárias.

§ 2º Em qualquer circunstância, a responsabilidade do INSS em relação às operações referidas no *caput* deste artigo restringe-se à: *(Redação dada pela Lei n. 10.953, 27.9.2004, DOU 28.9.2004)*

I — retenção dos valores autorizados pelo beneficiário e repasse à instituição consignatária nas operações de desconto, não cabendo à autarquia responsabilidade solidária pelos débitos contratados pelo segurado; e

II — manutenção dos pagamentos do titular do benefício na mesma instituição financeira enquanto houver saldo devedor nas operações em que for autorizada a retenção, não cabendo à autarquia responsabilidade solidária pelos débitos contratados pelo segurado. *(Redação do parágrafo e incisos pela Lei n. 10.953, 27.9.2004, DOU 28.9.2004)*

§ 3º É vedado ao titular de benefício que realizar qualquer das operações referidas nesta Lei solicitar a alteração da instituição financeira pagadora, enquanto houver saldo devedor em amortização. *(Redação dada pela Lei n. 10.953, 27.9.2004, DOU 28.9.2004)*

§ 4º É facultada a transferência da consignação do empréstimo, financiamento ou arrendamento firmado pelo empregado na vigência do seu contrato de trabalho quando da sua aposentadoria, observadas as condições estabelecidas nesta Lei. *(Redação dada pela Lei n. 10.953, 27.9.2004, DOU 28.9.2004)*

§ 5º Os descontos e as retenções mencionados no *caput* não poderão ultrapassar o limite de 35% (trinta e cinco por cento) do valor dos benefícios, sendo 5% (cinco por cento) destinados exclusivamente para: *(Redação dada pela Lei n. 13.172, de 21.10.15, DOU 22.10.15)*

I — a amortização de despesas contraídas por meio de cartão de crédito; ou *(Redação dada pela Lei n. 13.172, de 21.10.15, DOU 22.10.15)*

II — a utilização com a finalidade de saque por meio de cartão de crédito. *(Redação dada pela Lei n. 13.172, de 21.10.15, DOU 22.10.15)*

§ 6º A instituição financeira que proceder à retenção de valor superior ao limite estabelecido no § 5º deste artigo perderá todas as garantias que lhe são conferidas por esta Lei. *(Acrescentado pela Lei n. 10.953, 27.9.2004, DOU 28.9.2004)*

Art. 6º-A. Equiparam-se, para os fins do disposto nos arts. 1º e 6º, às operações neles referidas as que são realizadas com entidades abertas ou fechadas de previdência complementar pelos respectivos participantes ou assistidos. *(Incluído pela Lei n. 13.183, de 4.11.15, DOU 5.11.15)*

Art. 7º O art. 115 da Lei n. 8.213, de 24 de julho de 1991, passa a vigorar com as seguintes alterações:

"Art. 115.

VI — pagamento de empréstimos, financiamentos e operações de arrendamento mercantil concedidos por instituições financeiras e sociedades de arrendamento mercantil, públicas e privadas, quando expressamente autorizado pelo beneficiário, até o limite de trinta por cento do valor do benefício.

§ 1º Na hipótese do inciso II, o desconto será feito em parcelas, conforme dispuser o regulamento, salvo má-fé.

§ 2º Na hipótese dos incisos II e VI, haverá prevalência do desconto do inciso II." (NR)

Art. 8º O Poder Executivo regulamentará o disposto nesta Lei.

Art. 9º Esta Lei entra em vigor na data de sua publicação.

Brasília, 17 de dezembro de 2003; 182º da Independência e 115º da República.

> LUIZ INÁCIO LULA DA SILVA
> ANTÔNIO PALOCCI FILHO
> RICARDO JOSÉ RIBEIRO BERZOINI
>
> DOU 18.12.2003

Lei n. 10.833, de 29 de dezembro de 2003

Altera a legislação tributária federal e dá outras providências

CAPÍTULO II
Das outras disposições relativas à legislação tributária

Art. 28. Cabe à fonte pagadora, no prazo de 15 (quinze) dias da data da retenção de que trata o *caput* do art. 46 da Lei n. 8.541, de 23 de dezembro de 1992, comprovar, nos respectivos autos, o recolhimento do imposto de renda na fonte incidente sobre os rendimentos pagos em cumprimento de decisões da Justiça do Trabalho.

§ 1º Na hipótese de omissão da fonte pagadora relativamente à comprovação de que trata o *caput*, e nos pagamentos de honorários periciais, competirá ao Juízo do Trabalho calcular o imposto de renda na fonte e determinar o seu recolhimento à instituição financeira depositária do crédito.

§ 2º A não indicação pela fonte pagadora da natureza jurídica das parcelas objeto de acordo homologado perante a Justiça do Trabalho acarretará a incidência do imposto de renda na fonte sobre o valor total da avença.

§ 3º A instituição financeira deverá, na forma, prazo e condições estabelecidas pela Secretaria da Receita Federal, fornecer à pessoa física beneficiária o Comprovante de Rendimentos Pagos e de Retenção do Imposto de Renda na Fonte, bem como apresentar à Secretaria da Receita Federal declaração contendo informações sobre:

I — os pagamentos efetuados à reclamante e o respectivo imposto de renda retido na fonte, na hipótese do § 1º;

II — os honorários pagos a perito e o respectivo imposto de renda retido na fonte;

III — as importâncias pagas a título de honorários assistenciais de que trata o art. 16 da Lei n. 5.584, de 26 de junho de 1970;

IV — a indicação do advogado da reclamante.

> DOU 30.12.2003 — Edição Extra

Lei n. 10.887, de 18 de junho de 2004

Dispõe sobre a aplicação de disposições da Emenda Constitucional n. 41, de 19 de dezembro de 2003, altera dispositivos das Leis ns. 9.717, de 27 de novembro de 1998, 8.213, de 24 de julho de 1991 e 9.532, de 10 de dezembro de 1997, e dá outras providências

O PRESIDENTE DA REPÚBLICA,
Faço saber que o Congresso Nacional decreta e eu sanciono a seguinte Lei:

Art. 1º No cálculo dos proventos de aposentadoria dos servidores titulares de cargo efetivo de qualquer dos Poderes da União, dos Estados, do Distrito Federal e dos Municípios, incluídas suas autarquias e fundações, previsto no § 3º do art. 40 da Constituição Federal e no art. 2º da Emenda Constitucional n. 41, de 19 de dezembro de 2003, será considerada a média aritmética simples das maiores remunerações, utilizadas como base para as contribuições do servidor aos regimes de previdência a que esteve vinculado, correspondentes a 80% (oitenta por cento) de todo o período contributivo desde a competência julho de 1994 ou desde a do início da contribuição, se posterior àquela competência.

§ 1º As remunerações consideradas no cálculo do valor inicial dos proventos terão os seus valores atualizados mês a mês de acordo com a variação integral do índice fixado para a atualização dos salários de contribuição considerados no cálculo dos benefícios do regime geral de previdência social.

§ 2º A base de cálculo dos proventos será a remuneração do servidor no cargo efetivo nas competências a partir de julho de 1994 em que não tenha havido contribuição para regime próprio.

§ 3º Os valores das remunerações a serem utilizadas no cálculo de que trata este artigo serão comprovados mediante documento fornecido pelos órgãos e entidades gestoras dos regimes de previdência aos quais o servidor esteve vinculado ou por outro documento público, na forma do regulamento.

§ 4º Para os fins deste artigo, as remunerações consideradas no cálculo da aposentadoria, atualizadas na forma do § 1º deste artigo, não poderão ser:

I — inferiores ao valor do salário mínimo;

II — superiores ao limite máximo do salário de contribuição, quanto aos meses em que o servidor esteve vinculado ao regime geral de previdência social.

§ 5º Os proventos, calculados de acordo com o *caput* deste artigo, por ocasião de sua concessão, não poderão ser inferiores ao valor do salário mínimo nem exceder a remuneração do respectivo servidor no cargo efetivo em que se deu a aposentadoria.

Art. 2º Aos dependentes dos servidores titulares de cargo efetivo e dos aposentados de qualquer dos Poderes da União, dos Estados, do Distrito Federal e dos Municípios, incluídas suas autarquias e fundações, falecidos a partir da data de publicação desta Lei, será concedido o benefício de pensão por morte, que será igual:

I — à totalidade dos proventos percebidos pelo aposentado na data anterior à do óbito, até o limite máximo estabelecido para os benefícios do regime geral de previdência social, acrescida de 70% (setenta por cento) da parcela excedente a este limite; ou

II — à totalidade da remuneração do servidor no cargo efetivo na data anterior à do óbito, até o limite máximo estabelecido para os benefícios do regime geral de previdência social, acrescida de 70% (setenta por cento) da parcela excedente a este limite, se o falecimento ocorrer quando o servidor ainda estiver em atividade.

Parágrafo único. Aplica-se ao valor das pensões o limite previsto no art. 40, § 2º, da Constituição Federal.

Art. 3º Para os fins do disposto no inciso XI do art. 37 da Constituição Federal, a União, os Estados, o Distrito Federal e os Municípios instituirão sistema integrado de dados relativos às remunerações, proventos e pensões pagos aos respectivos servidores e militares, ativos e inativos, e pensionistas, na forma do regulamento.

Art. 4º A contribuição social do servidor público ativo de qualquer dos Poderes da União, incluídas suas autarquias e fundações, para a manutenção do respectivo regime próprio de previdência social, será de 11% (onze por cento), incidentes sobre:

I — a totalidade da base de contribuição, em se tratando de servidor que tiver ingressado no serviço público até a data da publicação do ato de instituição do regime de previdência complementar para os servidores públicos federais titulares de cargo efetivo e não tiver optado por aderir a ele;

II — a parcela da base de contribuição que não exceder ao limite máximo estabelecido para os benefícios do regime geral de previdência social, em se tratando de servidor:

a) que tiver ingressado no serviço público até a data a que se refere o inciso I e tenha optado por aderir ao regime de previdência complementar ali referido; ou

b) que tiver ingressado no serviço público a partir da data a que se refere o inciso I, independentemente de adesão ao regime de previdência complementar ali referido (NR)
(Redação dada pela Lei n. 12.618, de 30.4.2012, DOU 2.5.2012).

§ 1º Entende-se como base de contribuição o vencimento do cargo efetivo, acrescido das vantagens pecuniárias permanentes estabelecidas em lei, os adicionais de caráter individual ou quaisquer outras vantagens, excluídas:

I — as diárias para viagens;

II — a ajuda de custo em razão de mudança de sede;

III — a indenização de transporte;

IV — o salário-família;

V — o auxílio-alimentação;

VI — o auxílio-creche;

VII — as parcelas remuneratórias pagas em decorrência do local de trabalho;

VIII — a parcela percebida em decorrência do exercício de cargo em comissão ou de função comissionada ou gratificada;

IX — o abono de permanência de que tratam o § 19 do art. 40 da Constituição Federal, o § 5º do art. 2º e o § 1º do art. 3º da Emenda Constitucional n. 41, de 19 de dezembro de 2003;

X — o adicional de férias;

XI — o adicional noturno;

XII — o adicional por serviço extraordinário;

XIII — a parcela paga a título de assistência à saúde suplementar;

XIV — a parcela paga a título de assistência pré-escolar;

XV — a parcela paga a servidor público indicado para integrar conselho ou órgão deliberativo, na condição de representante do governo, do órgão ou de entidade da administração pública do qual é servidor;

XVI — o auxílio-moradia;

XVII — a Gratificação por Encargo de Curso ou Concurso, de que trata o art. 76-A da Lei n. 8.112, de 11 de dezembro de 1990;

XVIII — a Gratificação Temporária das Unidades dos Sistemas Estruturadores da Administração Pública Federal (GSISTE), instituída pela Lei n. 11.356, de 19 de outubro de 2006;

XIX — a Gratificação Temporária do Sistema de Administração dos Recursos de Informação e Informática (GSISP), instituída pela Lei no 11.907, de 2 de fevereiro de 2009; *(Redação dada pela Lei n. 13.328, de 2016)*

XX — a Gratificação Temporária de Atividade em Escola de Governo (GAEG), instituída

pela Lei n. 11.907, de 2 de fevereiro de 2009; *(Incluído pela Lei n. 13.328, de 2016)*

XXI — a Gratificação Específica de Produção de Radioisótopos e Radiofármacos (GEPR), instituída pela Lei n. 11.907, de 2 de fevereiro de 2009; *(Incluído pela Lei n. 13.328, de 2016)*

XXII — a Gratificação de Raio X. *(Incluído pela Lei n. 13.328, de 2016)*

§ 2º O servidor ocupante de cargo efetivo poderá optar pela inclusão, na base de cálculo da contribuição, de parcelas remuneratórias percebidas em decorrência de local de trabalho e do exercício de cargo em comissão ou de função comissionada ou gratificada, da Gratificação Temporária das Unidades dos Sistemas Estruturadores da Administração Pública Federal (GSISTE), da Gratificação Temporária do Sistema de Administração dos Recursos de Informação e Informática (GSISP), da Gratificação Temporária de Atividade em Escola de Governo (GAEG), da Gratificação Específica de Produção de Radioisótopos e Radiofármacos (GEPR), da Gratificação de Raio X e daquelas recebidas a título de adicional noturno ou de adicional por serviço extraordinário, para efeito de cálculo do benefício a ser concedido com fundamento no art. 40 da Constituição Federal e no art. 2º da Emenda Constitucional n. 41, de 19 de dezembro de 2003, respeitada, em qualquer hipótese, a limitação estabelecida no § 2º do art. 40 da Constituição Federal. *(Redação dada pela Lei n. 13.328, de 2016)*

Art. 5º Os aposentados e os pensionistas de qualquer dos Poderes da União, incluídas suas autarquias e fundações, contribuirão com 11% (onze por cento), incidentes sobre o valor da parcela dos proventos de aposentadorias e pensões concedidas de acordo com os critérios estabelecidos no art. 40 da Constituição Federal e nos arts. 2º e 6º da Emenda Constitucional n. 41, de 19 de dezembro de 2003, que supere o limite máximo estabelecido para os benefícios do regime geral de previdência social.

Art. 6º Os aposentados e os pensionistas de qualquer dos Poderes da União, incluídas suas autarquias e fundações, em gozo desses benefícios na data de publicação da Emenda Constitucional n. 41, de 19 de dezembro de 2003, contribuirão com 11% (onze por cento), incidentes sobre a parcela dos proventos de aposentadorias e pensões que supere 60% (sessenta por cento) do limite máximo estabelecido para os benefícios do regime geral de previdência social.

Parágrafo único. A contribuição de que trata o *caput* deste artigo incidirá sobre os proventos de aposentadorias e pensões concedidas aos servidores e seus dependentes que tenham cumprido todos os requisitos para obtenção desses benefícios com base nos critérios da legislação vigente até 31 de dezembro de 2003.

Art. 7º O servidor ocupante de cargo efetivo que tenha completado as exigências para aposentadoria voluntária estabelecidas na alínea *a* do inciso III do § 1º do art. 40 da Constituição Federal, no § 5º do art. 2º ou no § 1º do art. 3º da Emenda Constitucional n. 41, de 19 de dezembro de 2003, e que opte por permanecer em atividade fará jus a abono de permanência equivalente ao valor de sua contribuição previdenciária até completar as exigências para aposentadoria compulsória contidas no inciso II do § 1º do art. 40 da Constituição Federal.

Art. 8º A contribuição da União, de suas autarquias e fundações para o custeio do regime de previdência, de que trata o art. 40 da Constituição Federal, será o dobro da contribuição do servidor ativo, devendo o produto de sua arrecadação ser contabilizado em conta específica.

Parágrafo único. A União é responsável pela cobertura de eventuais insuficiências financeiras do regime decorrentes do pagamento de benefícios previdenciários.

Art. 8º-A. A responsabilidade pela retenção e recolhimento das contribuições de que tratam os arts. 4º a 6º e 8º será do dirigente e do ordenador de despesa do órgão ou entidade que efetuar o pagamento da remuneração ou do benefício.

§ 1º O recolhimento das contribuições de que trata este artigo deve ser efetuado:

I — até o dia 15, no caso de pagamentos de remunerações ou benefícios efetuados no primeiro decêndio do mês;

II — até o dia 25, no caso de pagamentos de remunerações ou benefícios efetuados no segundo decêndio do mês; ou

III — até o dia 5 do mês posterior, no caso de pagamentos de remunerações ou benefícios efetuados no último decêndio do mês.

§ 2º O não recolhimento das contribuições nos prazos previstos no § 1º:

I — enseja a aplicação dos acréscimos de mora previstos para os tributos federais; e

II — sujeita o responsável às sanções penais e administrativas cabíveis.(NR) *(Caput e §§ acrescentado pela Lei n. 12.350, de 20.12.2010, DOU 21.12.2010)*

§ 3º A não retenção das contribuições pelo órgão pagador sujeita o responsável às sanções penais e administrativas, cabendo a esse órgão apurar os valores não retidos e proceder ao desconto na folha de pagamento do servidor ativo, do aposentado e do pensionista, em rubrica e classificação contábil específicas, podendo essas contribuições ser parceladas na forma do art. 46 da Lei n. 8.112, de 11 de dezembro de 1990, observado o disposto no art. 56 da Lei n. 9.784, de 29 de janeiro de 1999. *(Incluído pela Lei n. 12.688, de 18.7.2012, DOU 19.7.2012 e texto retificado no DOU 19.7.2012, ed. Extra)*

§ 4º Caso o órgão público não observe o disposto no § 3º, a Secretaria da Receita Federal do Brasil formalizará representações aos órgãos de controle e constituirá o crédito tributário relativo à parcela devida pelo servidor ativo, aposentado ou pensionista. (NR) *(Incluído pela Lei n. 12.688, de 18.7.2012, DOU 19.7.2012 e texto retificado no DOU 19.7.2012, ed. Extra)*

Art. 9º A unidade gestora do regime próprio de previdência dos servidores, prevista no art. 40, § 20, da Constituição Federal:

I — contará com colegiado, com participação paritária de representantes e de servidores dos Poderes da União, cabendo-lhes acompanhar e fiscalizar sua administração, na forma do regulamento;

II — procederá, no mínimo a cada 5 (cinco) anos, a recenseamento previdenciário, abrangendo todos os aposentados e pensionistas do respectivo regime;

III — disponibilizará ao público, inclusive por meio de rede pública de transmissão de dados, informações atualizadas sobre as receitas e despesas do respectivo regime, bem como os critérios e parâmetros adotados para garantir o seu equilíbrio financeiro e atuarial.

Art. 10. A Lei n. 9.717, de 27 de novembro de 1998, com a redação dada pela Medida Provisória n. 2.187-13, de 24 de agosto de 2001, passa a vigorar com as seguintes alterações:

Art. 11. A Lei n. 8.212, de 24 de julho de 1991, passa a vigorar com as seguintes alterações:

"Art. 12. ...
j) o exercente de mandato eletivo federal, estadual ou municipal, desde que não vinculado a regime próprio de previdência social;" (NR)

"Art. 69. ..

§ 4º Para efeito do disposto no *caput* deste artigo, o Ministério da Previdência Social e o Instituto Nacional do Seguro Social — INSS procederão, no mínimo a cada 5 (cinco) anos, ao recenseamento previdenciário, abrangendo todos os aposentados e pensionistas do regime geral de previdência social." (NR)

"Art. 80. ..

VII — disponibilizará ao público, inclusive por meio de rede pública de transmissão de dados, informações atualizadas sobre as receitas e despesas do regime geral de previdência social, bem como os critérios e parâmetros adotados para garantir o equilíbrio financeiro e atuarial do regime." (NR)

Art. 12. A Lei n. 8.213, de 24 de julho de 1991, passa a vigorar com as seguintes alterações:

"Art. 11. ..

I — ..

j) o exercente de mandato eletivo federal, estadual ou municipal, desde que não vinculado a regime próprio de previdência social;

..." (NR)

"Art. 29-B. Os salários de contribuição considerados no cálculo do valor do benefício serão corrigidos mês a mês de acordo com a variação integral do Índice Nacional de Preços ao Consumidor — INPC, calculado pela Fundação Instituto Brasileiro de Geografia e Estatística — IBGE."

Art. 13. O art. 11 da Lei n. 9.532, de 10 de dezembro de 1997, passa a vigorar com a seguinte redação:

"Art. 11. As deduções relativas às contribuições para entidades de previdência privada, a que se refere a alínea *e* do inciso II do art. 8º da Lei n. 9.250, de 26 de dezembro de 1995, e às contribuições para o Fundo de Aposentadoria Programada Individual — Fapi, a que se refere a Lei n. 9.477, de 24 de julho de 1997, cujo ônus seja da própria pessoa física, ficam condicionadas ao recolhimento, também, de contribuições para o regime geral de previdência social ou, quando for o caso, para regime próprio de previdência social dos servidores titulares de cargo efetivo da União, dos Estados, do Distrito Federal ou dos Municípios, observada a contribuição mínima, e limitadas a 12% (doze por cento) do total dos rendimentos computados na determinação da base de cálculo do imposto devido na declaração de rendimentos.

§ 1º Aos resgates efetuados pelos quotistas de Fundo de Aposentadoria Programada Individual — Fapi aplicam-se, também, as normas de incidência do imposto de renda de que trata o art. 33 da Lei n. 9.250, de 26 de dezembro de 1995.

§ 2º Na determinação do lucro real e da base de cálculo da contribuição social sobre o lucro líquido, o valor das despesas com contribuições para a previdência privada, a que se refere o inciso V do art. 13 da Lei n. 9.249, de 26 de dezembro de 1995, e para os Fundos de Aposentadoria Programada Individual — Fapi, a que se refere a Lei n. 9.477, de 24 de julho de 1997, cujo ônus seja da pessoa jurídica, não poderá exceder, em cada período de apuração, a 20% (vinte por cento) do total dos salários dos empregados e da remuneração dos dirigentes da empresa, vinculados ao referido plano.

§ 3º O somatório das contribuições que exceder o valor a que se refere o § 2º deste artigo deverá ser adicionado ao lucro líquido para efeito de determinação do lucro real e da base de cálculo da contribuição social sobre o lucro líquido.

§ 4º O disposto neste artigo não elide a observância das normas do art. 7º da Lei n. 9.477, de 24 de julho de 1997.

§ 5º Excetuam-se da condição de que trata o *caput* deste artigo os beneficiários de aposentadoria ou pensão concedidas por regime próprio de previdência ou pelo regime geral de previdência social." (NR)

Art. 14. O art. 12 da Lei n. 10.666, de 8 de maio de 2003, passa a vigorar com a seguinte redação:

"Art. 12. Para fins de compensação financeira entre o regime geral de previdência social e os regimes próprios de previdência social dos servidores da União, dos Estados, do Distrito Federal e dos Municípios, os regimes instituidores apresentarão aos regimes de origem até o mês de maio de 2007 os dados relativos aos benefícios em manutenção em 5 de maio de 1999 concedidos a partir da promulgação da Constituição Federal." (NR)

Art. 15. Os proventos de aposentadoria e as pensões de que tratam os arts. 1º e 2º desta Lei serão reajustados, a partir de janeiro de 2008, na mesma data e índice em que se der o reajuste dos benefícios do regime geral de previdência social, ressalvados os beneficiados pela garantia de paridade de revisão de proventos de aposentadoria e pensões de acordo com a legislação vigente *(Redação dada pela Lei n. 11.784, de 22.9.2008, DOU 23.9.2008, Ret. DOU 2.10.2008 e 31.10.2008)*

Art. 16. As contribuições a que se referem os arts. 4º, 5º e 6º desta Lei serão exigíveis a partir de 20 de maio de 2004.

§ 1º Decorrido o prazo estabelecido no *caput* deste artigo, os servidores abrangidos pela isenção de contribuição referida no § 1º do art. 3º e no § 5º do art. 8º da Emenda Constitucional n. 20, de 15 de dezembro de 1998, passarão a recolher contribuição previdenciária correspondente, fazendo jus ao abono a que se refere o art. 7º desta Lei.

§ 2º A contribuição de que trata o art. 1º da Lei n. 9.783, de 28 de janeiro de 1999, fica mantida até o início do recolhimento da contribuição a que se refere o *caput* deste artigo, para os servidores ativos.

Art. 16-A. A contribuição do Plano de Seguridade do Servidor Público (PSS), decorrente de valores pagos em cumprimento de decisão judicial, ainda que derivada de homologação de acordo, será retida na fonte, no momento do pagamento ao beneficiário ou seu representante legal, pela instituição financeira responsável pelo pagamento, por intermédio da quitação da guia de recolhimento remetida pelo setor de precatórios do Tribunal respectivo, no caso de pagamento de precatório ou requisição de pequeno valor, ou pela fonte pagadora, no caso de implantação de rubrica específica em folha, mediante a aplicação da alíquota de 11% (onze por cento) sobre o valor pago. *(Redação dada pela Lei n. 12.350, de 20.12.2010, DOU 21.12.2010).*

Parágrafo único. O recolhimento da contribuição deverá ser efetuado nos mesmos prazos previstos no § 1º do art. 8º-A, de acordo com a data do pagamento. (NR) *(Redação dada pela Lei n. 12.688, de 18.7.2012, DOU 19.7.2012 e texto retificado no DOU 19.7.2012, ed. Extra)*

Art. 17. Esta Lei entra em vigor na data de sua publicação.

Art. 18. Ficam revogados os §§ 3º, 4º, 5º, 6º e 7º do art. 2º, o art. 2º-A e o art. 4º da Lei n. 9.717, de 27 de novembro de 1998, o art. 8º da Medida Provisória n. 2.187-13, de 24 de agosto de 2001, na parte em que dá nova redação ao inciso X do art. 1º, ao art. 2º e ao art. 2º-A da Lei n. 9.717, de 27 de novembro de 1998, e a Lei n. 9.783, de 28 de janeiro de 1999.

Brasília, 18 de junho de 2004; 183º da Independência e 116º da República.

Luiz Inácio Lula da Silva
Guido Mantega
Amir Lando
DOU 21.6.2004

Lei n. 11.101, de 9 de fevereiro de 2005

Regula a recuperação judicial, a extrajudicial e a falência do empresário e da sociedade empresária os artigos desta lei aqui relacionados dizem respeito aos créditos decorrentes da legislação trabalhista e de acidentes do trabalho

O PRESIDENTE DA REPÚBLICA,

Faço saber que o Congresso Nacional decreta e eu sanciono a seguinte Lei:

CAPÍTULO I
Disposições Preliminares

Art. 1º Esta Lei disciplina a recuperação judicial, a recuperação extrajudicial e a falência do empresário e da sociedade empresária, doravante referidos simplesmente como devedor.

Art. 2º Esta Lei não se aplica a:
I — empresa pública e sociedade de economia mista;
II — instituição financeira pública ou privada, cooperativa de crédito, consórcio, entidade de previdência complementar, sociedade operadora de plano de assistência à saúde, sociedade seguradora, sociedade de capitalização e outras entidades legalmente equiparadas às anteriores.

Art. 3º É competente para homologar o plano de recuperação extrajudicial, deferir a recuperação judicial ou decretar a falência o juízo do local do principal estabelecimento do devedor ou da filial de empresa que tenha sede fora do Brasil.

Art. 4º (VETADO)

CAPÍTULO II
Disposições Comuns à Recuperação Judicial e a Falência

Seção I
Disposições Gerais

Art. 5º Não são exigíveis do devedor, na recuperação judicial ou na falência:
I — as obrigações a título gratuito;
II — as despesas que os credores fizerem para tomar parte na recuperação judicial ou na falência, salvo as custas judiciais decorrentes de litígio com o devedor.

Art. 6º A decretação da falência ou o deferimento do processamento da recuperação judicial suspende o curso da prescrição e de todas as ações e execuções em face do devedor, inclusive aquelas dos credores particulares do sócio solidário.

§ 2º É permitido pleitear, perante o administrador judicial, habilitação, exclusão ou modificação de créditos derivados da relação de trabalho, mas as ações de natureza trabalhista, inclusive as impugnações a que se refere o art. 8º desta Lei, serão processadas perante a justiça especializada até a apuração do respectivo crédito, que será inscrito no quadro geral de credores pelo valor determinado em sentença.

§ 8º A distribuição do pedido de falência ou de recuperação judicial previne a jurisdição para qualquer outro pedido de recuperação judicial ou de falência, relativo ao mesmo devedor.

Seção II
Da Verificação e da Habilitação de Créditos

Art. 7º A verificação dos créditos será realizada pelo administrador judicial, com base nos livros contábeis e documentos comerciais e fiscais do devedor e nos documentos que lhe forem apresentados pelos credores, podendo contar com o auxílio de profissionais ou empresas especializadas.

§ 1º Publicado o edital previsto no art. 52, § 1º, ou no parágrafo único do art. 99 desta Lei, os credores terão o prazo de 15 (quinze) dias para apresentar ao administrador judicial suas habilitações ou suas divergências quanto aos créditos relacionados.

§ 2º O administrador judicial, com base nas informações e documentos colhidos na forma do *caput* e do § 1º deste artigo, fará publicar edital contendo a relação de credores no prazo de 45 (quarenta e cinco) dias, contado do fim do prazo do § 1º deste artigo, devendo indicar o local, o horário e o prazo comum em que as pessoas indicadas no art. 8º desta Lei terão acesso aos documentos que fundamentaram a elaboração dessa relação.

Art. 8º No prazo de 10 (dez) dias, contado da publicação da relação referida no art. 7º, § 2º, desta Lei, o Comitê, qualquer credor, o devedor ou seus sócios ou o Ministério Público podem apresentar ao juiz impugnação contra a relação de credores, apontando a ausência de qualquer crédito ou manifestando-se contra a legitimidade, importância ou classificação de crédito relacionado.

Parágrafo único. Autuada em separado, a impugnação será processada nos termos dos arts. 13 a 15 desta Lei.

Art. 9º A habilitação de crédito realizada pelo credor nos termos do art. 7º, § 1º, desta Lei deverá conter:
I — o nome, o endereço do credor e o endereço em que receberá comunicação de qualquer ato do processo;
II — o valor do crédito, atualizado até a data da decretação da falência ou do pedido de recuperação judicial, sua origem e classificação;
III — os documentos comprobatórios do crédito e a indicação das demais provas a serem produzidas;
IV — a indicação da garantia prestada pelo devedor, se houver, e o respectivo instrumento;
V — a especificação do objeto da garantia que estiver na posse do credor.

Parágrafo único. Os títulos e documentos que legitimam os créditos deverão ser exibidos no original ou por cópias autenticadas se estiverem juntados em outro processo.

Art. 10. Não observado o prazo estipulado no art. 7º, § 1º, desta Lei, as habilitações de crédito serão recebidas como retardatárias.

§ 1º Na recuperação judicial, os titulares de créditos retardatários, excetuados os titulares de créditos derivados da relação de trabalho, não terão direito a voto nas deliberações da assembleia geral de credores.

Art. 19. O administrador judicial, o Comitê, qualquer credor ou o representante do Ministério Público poderá, até o encerramento da recuperação judicial ou da falência, observado, no que couber, o procedimento ordinário previsto no Código de Processo Civil, pedir a exclusão, outra classificação ou a retificação de qualquer crédito, nos casos de descoberta de falsidade, dolo, simulação, fraude, erro essencial ou, ainda, documentos ignorados na época do julgamento do crédito ou da inclusão no quadro-geral de credores.

§ 1º A ação prevista neste artigo será proposta exclusivamente perante o juízo da recuperação judicial ou da falência ou, nas hipóteses previstas no art. 6º, §§ 1º e 2º, desta Lei, perante o juízo que tenha originariamente reconhecido o crédito.

§ 2º Proposta a ação de que trata este artigo, o pagamento ao titular do crédito por ela atingido somente poderá ser realizado mediante a prestação de caução no mesmo valor do crédito questionado.

Seção III
Do Administrador Judicial e do Comitê de Credores

Art. 22. Ao administrador judicial compete, sob a fiscalização do juiz e do Comitê, além de outros deveres que esta Lei lhe impõe:

§ 3º Na falência, o administrador judicial não poderá, sem autorização judicial, após ouvidos o Comitê e o devedor no prazo comum de 2 (dois) dias, transigir sobre obri-

gações e direitos da massa falida e conceder abatimento de dívidas, ainda que sejam consideradas de difícil recebimento.

Art. 26. O Comitê de Credores será constituído por deliberação de qualquer das classes de credores na assembleia geral e terá a seguinte composição:

I — 1 (um) representante indicado pela classe de credores trabalhistas, com 2 (dois) suplentes;

Seção IV
Da Assembleia geral de Credores

Art. 37. A assembleia será presidida pelo administrador judicial, que designará 1 (um) secretário dentre os credores presentes.

§ 5º Os sindicatos de trabalhadores poderão representar seus associados titulares de créditos derivados da legislação do trabalho ou decorrentes de acidente de trabalho que não comparecerem, pessoalmente ou por procurador, à assembleia.

§ 6º Para exercer a prerrogativa prevista no § 5º deste artigo, o sindicato deverá:

I — apresentar ao administrador judicial, até 10 (dez) dias antes da assembleia, a relação dos associados que pretende representar, e o trabalhador que conste da relação de mais de um sindicato deverá esclarecer, até 24 (vinte e quatro) horas antes da assembleia, qual sindicato o representa, sob pena de não ser representado em assembleia por nenhum deles; e

II — VETADO.

Art. 39. Terão direito a voto na assembleia geral as pessoas arroladas no quadro-geral de credores ou, na sua falta, na relação de credores apresentada pelo administrador judicial na forma do art. 7º, § 2º, desta Lei, ou, ainda, na falta desta, na relação apresentada pelo próprio devedor nos termos dos arts. 51, incisos III e IV do caput, 99, inciso III do caput, ou 105, inciso II do caput, desta Lei, acrescidas, em qualquer caso, das que estejam habilitadas na data da realização da assembleia ou que tenham crédito admitido ou alterado por decisão judicial, inclusive as que tenham obtido reserva de importâncias, observado o disposto nos §§ 1º e 2º do art. 10 desta Lei.

§ 1º Não terão direito a voto e não serão considerados para fins de verificação do quorum de instalação e de deliberação os titulares de créditos exceptuados na forma dos §§ 3º e 4º do art. 49 desta Lei.

Art. 41. A assembleia geral será composta pelas seguintes classes de credores:

I — titulares de créditos derivados da legislação do trabalho ou decorrentes de acidentes de trabalho;

II — titulares de créditos com garantia real;

III — titulares de créditos quirografários, com privilégio especial, com privilégio geral ou subordinados.

IV — titulares de créditos enquadrados como microempresa ou empresa de pequeno porte. *(Redação dada pela Lei Complementar n. 147, de 7.8.2014, DOU 8.8.2014)*

§ 1º Os titulares de créditos derivados da legislação do trabalho votam com a classe prevista no inciso I do caput deste artigo com o total de seu crédito, independentemente do valor.

§ 2º Os titulares de créditos com garantia real votam com a classe prevista no inciso II do caput deste artigo até o limite do valor do bem gravado e com a classe prevista no inciso III do caput deste artigo pelo restante do valor de seu crédito.

Art. 42. Considerar-se-á aprovada a proposta que obtiver votos favoráveis de credores que representem mais da metade do valor total dos créditos presentes à assembleia geral, exceto nas deliberações sobre o plano de recuperação judicial nos termos da alínea a do inciso I do caput do art. 35 desta Lei, a composição do Comitê de Credores ou forma alternativa de realização do ativo nos termos do art. 145 desta Lei.

Art. 43. Os sócios do devedor, bem como as sociedades coligadas, controladoras, controladas ou as que tenham sócio ou acionista com participação superior a 10% (dez por cento) do capital social do devedor ou em que o devedor ou algum de seus sócios detenham participação superior a 10% (dez por cento) do capital social, poderão participar da assembleia geral de credores, sem ter direito a voto e não serão considerados para fins de verificação do quorum de instalação e de deliberação.

Parágrafo único. O disposto neste artigo também se aplica ao cônjuge ou parente, consanguíneo ou afim, colateral até o 2º (segundo) grau, ascendente ou descendente do devedor, de administrador, do sócio controlador, de membro dos conselhos consultivo, fiscal ou semelhantes da sociedade devedora e à sociedade em que quaisquer dessas pessoas exerçam essas funções.

Art. 44. Na escolha dos representantes de cada classe no Comitê de Credores, somente os respectivos membros poderão votar.

Art. 45. Nas deliberações sobre o plano de recuperação judicial, todas as classes de credores referidas no art. 41 desta Lei deverão aprovar a proposta.

§ 1º Em cada uma das classes referidas nos incisos II e III do art. 41 desta Lei, a proposta deverá ser aprovada por credores que representem mais da metade do valor total dos créditos presentes à assembleia e, cumulativamente, pela maioria simples dos credores presentes.

§ 2º Nas classes previstas nos incisos I e IV do art. 41 desta Lei, a proposta deverá ser aprovada pela maioria simples dos credores presentes, independentemente do valor de seu crédito. *(Redação dada pela Lei Complementar n. 147, de 7.8.2014, DOU 8.8.2014)*

CAPÍTULO III
Da Recuperação Judicial

Seção I
Disposições Gerais

Art. 47. A recuperação judicial tem por objetivo viabilizar a superação da situação de crise econômico-financeira do devedor, a fim de permitir a manutenção da fonte produtora, do emprego dos trabalhadores e dos interesses dos credores, promovendo, assim, a preservação da empresa, sua função social e o estímulo à atividade econômica.

Art. 48. Poderá requerer recuperação judicial o devedor que, no momento do pedido, exerça regularmente suas atividades há mais de 2 (dois) anos e que atenda aos seguintes requisitos, cumulativamente:

I — não ser falido e, se o foi, estejam declaradas extintas, por sentença transitada em julgado, as responsabilidades daí decorrentes;

II — não ter, há menos de 5 (cinco) anos, obtido concessão de recuperação judicial;

III — não ter, há menos de 5 (cinco) anos, obtido concessão de recuperação judicial com base no plano especial de que trata a Seção V deste Capítulo; *(Redação dada pela Lei Complementar n. 147, de 7.8.2014, DOU 8.8.2014)*

IV — não ter sido condenado ou não ter, como administrador ou sócio controlador, pessoa condenada por qualquer dos crimes previstos nesta Lei;

§ 1º A recuperação judicial também poderá ser requerida pelo cônjuge sobrevivente, herdeiros do devedor, inventariante ou sócio remanescente. *(Remunerado pela Lei n. 12.873, de 24.10.2013, DOU 25.10.2013)*

§ 2º Tratando-se de exercício de atividade rural por pessoa jurídica, admite-se a comprovação do prazo estabelecido no caput deste artigo por meio da Declaração de Informações Econômico-fiscais da Pessoa Jurídica — DIPJ que tenha sido entregue tempestivamente. (NR) *(Redação dada pela Lei n. 12.873, de 24.10.2013, DOU 25.10.2013)*

Art. 49. Estão sujeitos à recuperação judicial todos os créditos existentes na data do pedido, ainda que não vencidos.

§ 1º Os credores do devedor em recuperação judicial conservam seus direitos e privilégios contra os coobrigados, fiadores e obrigados de regresso.

§ 2º As obrigações anteriores à recuperação judicial observarão as condições originalmente contratadas ou definidas em lei, inclusive no que diz respeito aos encargos, salvo se de modo diverso ficar estabelecido no plano de recuperação judicial.

Art. 50. Constituem meios de recuperação judicial, observada a legislação pertinente a cada caso, dentre outros:

VII — trespasse ou arrendamento de estabelecimento, inclusive à sociedade constituída pelos próprios empregados;

VIII — redução salarial, compensação de horários e redução da jornada, mediante acordo ou convenção coletiva;

Seção II
Do Pedido e do Processamento da Recuperação Judicial

Art. 51. A petição inicial de recuperação judicial será instruída com:

III — a relação nominal completa dos credores, inclusive aqueles por obrigação de fazer ou de dar, com a indicação do endereço de cada um, a natureza, a classificação e o valor atualizado do crédito, discriminando sua origem, o regime dos respectivos vencimentos e a indicação dos registros contábeis de cada transação pendente;

IV — a relação integral dos empregados, em que constem as respectivas funções, salários, indenizações e outras parcelas a que têm direito, com o correspondente mês de competência, e a discriminação dos valores pendentes de pagamento;

IX — a relação, subscrita pelo devedor, de todas as ações judiciais em que este figure como parte, inclusive as de natureza tra-

balhista, com a estimativa dos respectivos valores demandados.

Seção III
Do Plano de Recuperação Judicial

Art. 54. O plano de recuperação judicial não poderá prever prazo superior a 1 (um) ano para pagamento dos créditos derivados da legislação do trabalho ou decorrentes de acidentes de trabalho vencidos até a data do pedido de recuperação judicial.

Parágrafo único. O plano não poderá, ainda, prever prazo superior a 30 (trinta) dias para o pagamento, até o limite de 5 (cinco) salários mínimos por trabalhador, dos créditos de natureza estritamente salarial vencidos nos 3 (três) meses anteriores ao pedido de recuperação judicial.

Seção IV
Do Procedimento de Recuperação Judicial

Art. 56. Havendo objeção de qualquer credor ao plano de recuperação judicial, o juiz convocará a assembleia geral de credores para deliberar sobre o plano de recuperação.

§ 1º A data designada para a realização da assembleia geral não excederá 150 (cento e cinquenta) dias contados do deferimento do processamento da recuperação judicial.

§ 2º A assembleia geral que aprovar o plano de recuperação judicial poderá indicar os membros do Comitê de Credores, na forma do art. 26 desta Lei, se já não estiver constituído.

§ 3º O plano de recuperação judicial poderá sofrer alterações na assembleia geral, desde que haja expressa concordância do devedor e em termos que não impliquem diminuição dos direitos exclusivamente dos credores ausentes.

§ 4º Rejeitado o plano de recuperação pela assembleia geral de credores, o juiz decretará a falência do devedor.

Seção V
Do Plano de Recuperação Judicial para Microempresas e Empresas de Pequeno Porte

Art. 70. As pessoas de que trata o art. 1º desta Lei e que se incluam nos conceitos de microempresa ou empresa de pequeno porte, nos termos da legislação vigente, sujeitam-se às normas deste Capítulo.

§ 1º As microempresas e as empresas de pequeno porte, conforme definidas em lei, poderão apresentar plano especial de recuperação judicial, desde que afirmem sua intenção de fazê-lo na petição inicial de que trata o art. 51 desta Lei.

§ 2º Os credores não atingidos pelo plano especial não terão seus créditos habilitados na recuperação judicial.

CAPÍTULO V
Da Falência

Seção I
Disposições Gerais

Art. 75. A falência, ao promover o afastamento do devedor de suas atividades, visa a preservar e otimizar a utilização produtiva dos bens, ativos e recursos produtivos, inclusive os intangíveis, da empresa.

Parágrafo único. O processo de falência atenderá aos princípios da celeridade e da economia processual.

Art. 76. O juízo da falência é indivisível e competente para conhecer todas as ações sobre bens, interesses e negócios do falido, ressalvadas as causas trabalhistas, fiscais e aquelas não reguladas nesta Lei em que o falido figurar como autor ou litisconsorte ativo.

Parágrafo único. Todas as ações, inclusive as excetuadas no *caput* deste artigo, terão prosseguimento com o administrador judicial, que deverá ser intimado para representar a massa falida, sob pena de nulidade do processo.

Art. 77. A decretação da falência determina o vencimento antecipado das dívidas do devedor e dos sócios ilimitada e solidariamente responsáveis, com o abatimento proporcional dos juros, e converte todos os créditos em moeda estrangeira para a moeda do País, pelo câmbio do dia da decisão judicial, para todos os efeitos desta Lei.

Art. 81. A decisão que decreta a falência da sociedade com sócios ilimitadamente responsáveis também acarreta a falência destes, que ficam sujeitos aos mesmos efeitos jurídicos produzidos em relação à sociedade falida e, por isso, deverão ser citados para apresentar contestação, se assim o desejarem.

§ 1º O disposto no *caput* deste artigo aplica-se ao sócio que tenha se retirado voluntariamente ou que tenha sido excluído da sociedade, há menos de 2 (dois) anos, quanto às dívidas existentes na data do arquivamento da alteração do contrato, no caso de não terem sido solvidas até a data da decretação da falência.

§ 2º As sociedades falidas serão representadas na falência por seus administradores ou liquidantes, os quais terão os mesmos direitos e, sob as mesmas penas, ficarão sujeitos às obrigações que cabem ao falido.

Art. 82. A responsabilidade pessoal dos sócios de responsabilidade limitada, dos controladores e dos administradores da sociedade falida, estabelecida nas respectivas leis, será apurada no próprio juízo da falência, independentemente da realização do ativo e da prova da sua insuficiência para cobrir o passivo, observado o procedimento ordinário previsto no Código de Processo Civil.

§ 1º Prescreverá em 2 (dois) anos, contados do trânsito em julgado da sentença de encerramento da falência, a ação de responsabilização prevista no *caput* deste artigo.

§ 2º O juiz poderá, de ofício ou mediante requerimento das partes interessadas, ordenar a indisponibilidade de bens particulares dos réus, em quantidade compatível com o dano provocado, até o julgamento da ação de responsabilização.

Seção II
Da Classificação dos Créditos

Art. 83. A classificação dos créditos na falência obedece à seguinte ordem:

I — os créditos derivados da legislação do trabalho, limitados a 150 (cento e cinquenta) salários mínimos por credor, e os decorrentes de acidentes de trabalho;

VI — créditos quirografários, a saber:

a) aqueles não previstos nos demais incisos deste artigo;

c) os saldos dos créditos derivados da legislação do trabalho que excederem o limite estabelecido no inciso I do *caput* deste artigo;

VIII — créditos subordinados, a saber:

§ 4º Os créditos trabalhistas cedidos a terceiros serão considerados quirografários.

Art. 84. Serão considerados créditos extraconcursais e serão pagos com precedência sobre os mencionados no art. 83 desta Lei, na ordem a seguir, os relativos a:

I — remunerações devidas ao administrador judicial e seus auxiliares, e créditos derivados da legislação do trabalho ou decorrentes de acidentes de trabalho relativos a serviços prestados após a decretação da falência;

Art. 93. Nos casos em que não couber pedido de restituição, fica resguardado o direito dos credores de propor embargos de terceiros, observada a legislação processual civil.

Seção IX
Da Ineficácia e da Revogação de Atos Praticados antes da Falência

Art. 130. São revogáveis os atos praticados com a intenção de prejudicar credores, provando-se o conluio fraudulento entre o devedor e o terceiro que com ele contratar e o efetivo prejuízo sofrido pela massa falida.

Seção X
Da Realização do Ativo

Art. 141. Na alienação conjunta ou separada de ativos, inclusive da empresa ou de suas filiais, promovida sob qualquer das modalidades de que trata este artigo:

I — todos os credores, observada a ordem de preferência definida no art. 83 desta Lei, sub-rogam-se no produto da realização do ativo;

II — o objeto da alienação estará livre de qualquer ônus e não haverá sucessão do arrematante nas obrigações do devedor, inclusive as de natureza tributária, as derivadas da legislação do trabalho e as decorrentes de acidentes de trabalho.

§ 1º O disposto no inciso II do *caput* deste artigo não se aplica quando o arrematante for:

I — sócio da sociedade falida, ou sociedade controlada pelo falido;

II — parente, em linha reta ou colateral até o 4º (quarto) grau, consanguíneo ou afim, do falido ou de sócio da sociedade falida; ou

III — identificado como agente do falido com o objetivo de fraudar a sucessão.

§ 2º Empregados do devedor contratados pelo arrematante serão admitidos mediante novos contratos de trabalho e o arrematante não responde por obrigações decorrentes do contrato anterior.

Art. 145. O juiz homologará qualquer outra modalidade de realização do ativo, desde que aprovada pela assembleia geral de credores, inclusive com a constituição de sociedade de credores ou dos empregados do próprio devedor, com a participação, se necessária, dos atuais sócios ou de terceiros.

§ 1º Aplica-se à sociedade mencionada neste artigo o disposto no art. 141 desta Lei.

§ 2º No caso de constituição de sociedade formada por empregados do próprio devedor, estes poderão utilizar créditos derivados da legislação do trabalho para a aquisição ou arrendamento da empresa.

Seção XI
Do Pagamento aos Credores

Art. 151. Os créditos trabalhistas de natureza estritamente salarial vencidos nos 3 (três) meses anteriores à decretação da falência, até o limite de 5 (cinco) salários mínimos por trabalhador, serão pagos tão logo haja disponibilidade em caixa.

Art. 152. Os credores restituirão em dobro as quantias recebidas, acrescidas dos juros legais, se ficar evidenciado dolo ou má-fé na constituição do crédito ou da garantia.

Art. 153. Pagos todos os credores, o saldo, se houver, será entregue ao falido.

CAPÍTULO VI
Da Recuperação Extrajudicial

Art. 161. O devedor que preencher os requisitos do art. 48 desta Lei poderá propor e negociar com credores plano de recuperação extrajudicial.

§ 1º Não se aplica o disposto neste capítulo a titulares de créditos de natureza tributária, derivados da legislação do trabalho ou decorrentes de acidente de trabalho, assim como àqueles previstos nos arts. 49, § 3º, e 86, inciso II do *caput*, desta Lei.

CAPÍTULO VII
Disposições Penais

Seção II
Disposições Comuns

Art. 179. Na falência, na recuperação judicial e na recuperação extrajudicial de sociedades, os seus sócios, diretores, gerentes, administradores e conselheiros, de fato ou de direito, bem como o administrador judicial, equiparam-se ao devedor ou falido para todos os efeitos penais decorrentes desta Lei, na medida de sua culpabilidade.

Art. 180. A sentença que decreta a falência, concede a recuperação judicial ou concede a recuperação extrajudicial de que trata o art. 163 desta Lei é condição objetiva de punibilidade das infrações penais descritas nesta Lei.

Art. 181. São efeitos da condenação por crime previsto nesta Lei:

I — a inabilitação para o exercício de atividade empresarial;

II — o impedimento para o exercício de cargo ou função em conselho de administração, diretoria ou gerência das sociedades sujeitas a esta Lei;

III — a impossibilidade de gerir empresa por mandato ou por gestão de negócio.

§ 1º Os efeitos de que trata este artigo não são automáticos, devendo ser motivadamente declarados na sentença, e perdurarão até 5 (cinco) anos após a extinção da punibilidade, podendo, contudo, cessar antes pela reabilitação penal.

§ 2º Transitada em julgado a sentença penal condenatória, será notificado o Registro Público de Empresas para que tome as medidas necessárias para impedir novo registro em nome dos inabilitados.

CAPÍTULO VIII
Disposições Finais e Transitórias

Art. 189. Aplica-se a Lei n. 5.869, de 11 de janeiro de 1973 — Código de Processo Civil, no que couber, aos procedimentos previstos nesta Lei.

Art. 190. Todas as vezes que esta Lei se referir a devedor ou falido, compreender-se--á que a disposição também se aplica aos sócios ilimitadamente responsáveis.

Art. 201. Esta Lei entra em vigor 120 (cento e vinte) dias após sua publicação.

Brasília, 9 de fevereiro de 2005; 184º da Independência e 117º da República.

LUIZ INÁCIO LULA DA SILVA
MÁRCIO THOMAZ BASTOS
ANTONIO PALOCCI FILHO
RICARDO JOSÉ RIBEIRO BERZOINI
LUIZ FERNANDO FURLAN
DOU 9.2.2005

Lei n. 11.340, de 7 de agosto de 2006

Cria mecanismos para coibir a violência doméstica e familiar contra a mulher, nos termos do § 8º do art. 226 da Constituição Federal, da Convenção sobre a Eliminação de Todas as Formas de Discriminação contra as Mulheres e da Convenção Interamericana para Prevenir, Punir e Erradicar a Violência contra a Mulher; dispõe sobre a criação dos Juizados de Violência Doméstica e Familiar contra a Mulher; altera o Código de Processo Penal, o Código Penal e a Lei de Execução Penal e dá outras providências

TÍTULO I
Disposições Preliminares

Art. 1º Esta Lei cria mecanismos para coibir e prevenir a violência doméstica e familiar contra a mulher, nos termos do § 8º do art. 226 da Constituição Federal, da Convenção sobre a Eliminação de Todas as Formas de Violência contra a Mulher, da Convenção Interamericana para Prevenir, Punir e Erradicar a Violência contra a Mulher e de outros tratados internacionais ratificados pela República Federativa do Brasil; dispõe sobre a criação dos Juizados de Violência Doméstica e Familiar contra a Mulher; e estabelece medidas de assistência e proteção às mulheres em situação de violência doméstica e familiar.

Art. 2º Toda mulher, independentemente de classe, raça, etnia, orientação sexual, renda, cultura, nível educacional, idade e religião, goza dos direitos fundamentais inerentes à pessoa humana, sendo-lhe asseguradas as oportunidades e facilidades para viver sem violência, preservar sua saúde física e mental e seu aperfeiçoamento moral, intelectual e social.

Art. 3º Serão asseguradas às mulheres as condições para o exercício efetivo dos direitos à vida, à segurança, à saúde, à alimentação, à educação, à cultura, à moradia, ao acesso à justiça, ao esporte, ao lazer, ao trabalho, à cidadania, à liberdade, à dignidade, ao respeito e à convivência familiar e comunitária.

§ 1º O poder público desenvolverá políticas que visem garantir os direitos humanos das mulheres no âmbito das relações domésticas e familiares no sentido de resguardá-las de toda forma de negligência, discriminação, exploração, violência, crueldade e opressão.

§ 2º Cabe à família, à sociedade e ao poder público criar as condições necessárias para o efetivo exercício dos direitos enunciados no *caput*.

Art. 7º São formas de violência doméstica e familiar contra a mulher, entre outras:

I — a violência física, entendida como qualquer conduta que ofenda sua integridade ou saúde corporal;

II — a violência psicológica, entendida como qualquer conduta que lhe cause dano emocional e diminuição da autoestima ou que lhe prejudique e perturbe o pleno desenvolvimento ou que vise degradar ou controlar suas ações, comportamentos, crenças e decisões, mediante ameaça, constrangimento, humilhação, manipulação, isolamento, vigilância constante, perseguição contumaz, insulto, chantagem, ridicularização, exploração e limitação do direito de ir e vir ou qualquer outro meio que lhe cause prejuízo à saúde psicológica e à autodeterminação;

III — a violência sexual, entendida como qualquer conduta que a constranja a presenciar, a manter ou a participar de relação sexual não desejada, mediante intimidação, ameaça, coação ou uso da força; que a induza a comercializar ou a utilizar, de qualquer modo, a sua sexualidade, que a impeça de usar qualquer método contraceptivo ou que a force ao matrimônio, à gravidez, ao aborto ou à prostituição, mediante coação, chantagem, suborno ou manipulação; ou que limite ou anule o exercício de seus direitos sexuais e reprodutivos;

IV — a violência patrimonial, entendida como qualquer conduta que configure retenção, subtração, destruição parcial ou total de seus objetos, instrumentos de trabalho, documentos pessoais, bens, valores e direitos ou recursos econômicos, incluindo os destinados a satisfazer suas necessidades;

V — a violência moral, entendida como qualquer conduta que configure calúnia, difamação ou injúria.

Capítulo II
Da Assistência à Mulher em Situação de Violência Doméstica e Familiar

Art. 9º A assistência à mulher em situação de violência doméstica e familiar será prestada de forma articulada e conforme os princípios e as diretrizes previstos na Lei Orgânica da Assistência Social, no Sistema Único de Saúde, no Sistema Único de Segurança Pública, entre outras normas e políticas públicas de proteção, e emergencialmente quando for o caso.

§ 2º O juiz assegurará à mulher em situação de violência doméstica e familiar, para preservar sua integridade física e psicológica:

II — manutenção do vínculo trabalhista, quando necessário o afastamento do local de trabalho, por até seis meses.

DOU 8.8.2006

Lei n. 11.350, de 5 de outubro de 2006

Regulamenta o § 5º do art. 198 da Constituição, dispõe sobre o aproveitamento de pessoal amparado pelo parágrafo único do art. 2º da Emenda Constitucional n. 51, de 14 de fevereiro de 2006, e dá outras providências

Faço saber que o PRESIDENTE DA REPÚBLICA adotou a Medida Provisória n. 297, de

LEGISLAÇÃO COMPLEMENTAR

2006, que o Congresso Nacional aprovou, e eu, Renan Calheiros, Presidente da Mesa do Congresso Nacional, para os efeitos do disposto no art. 62 da Constituição Federal, com a redação dada pela Emenda Constitucional n. 32, combinado com o art. 12 da Resolução n. 1, de 2002-CN, promulgo a seguinte Lei:

Art. 1º As atividades de Agente Comunitário de Saúde e de Agente de Combate às Endemias, passam a reger-se pelo disposto nesta Lei.

Art. 2º O exercício das atividades de Agente Comunitário de Saúde e de Agente de Combate às Endemias, nos termos desta Lei, dar-se-á exclusivamente no âmbito do Sistema Único de Saúde — SUS, na execução das atividades de responsabilidade dos entes federados, mediante vínculo direto entre os referidos Agentes e órgão ou entidade da administração direta, autárquica ou fundacional.

Art. 3º O Agente Comunitário de Saúde tem como atribuição o exercício de atividades de prevenção de doenças e promoção da saúde, mediante ações domiciliares ou comunitárias, individuais ou coletivas, desenvolvidas em conformidade com as diretrizes do SUS e sob supervisão do gestor municipal, distrital, estadual ou federal.

Parágrafo único. São consideradas atividades do Agente Comunitário de Saúde, na sua área de atuação:

I — a utilização de instrumentos para diagnóstico demográfico e sociocultural da comunidade;

II — a promoção de ações de educação para a saúde individual e coletiva;

III — o registro, para fins exclusivos de controle e planejamento das ações de saúde, de nascimentos, óbitos, doenças e outros agravos à saúde;

IV — o estímulo à participação da comunidade nas políticas públicas voltadas para a área da saúde;

V — a realização de visitas domiciliares periódicas para monitoramento de situações de risco à família; e

VI — a participação em ações que fortaleçam os elos entre o setor saúde e outras políticas que promovam a qualidade de vida.

Art. 4º O Agente de Combate às Endemias tem como atribuição o exercício de atividades de vigilância, prevenção e controle de doenças e promoção da saúde, desenvolvidas em conformidade com as diretrizes do SUS e sob supervisão do gestor de cada ente federado.

Art. 5º O Ministério da Saúde disciplinará as atividades de prevenção de doenças, de promoção da saúde, de controle e de vigilância a que se referem os arts. 3º e 4º e estabelecerá os parâmetros dos cursos previstos nos incisos II do art. 6º e I do art. 7º, observadas as diretrizes curriculares nacionais definidas pelo Conselho Nacional de Educação.

Art. 6º O Agente Comunitário de Saúde deverá preencher os seguintes requisitos para o exercício da atividade:

I — residir na área da comunidade em que atuar, desde a data da publicação do edital do processo seletivo público;

II — haver concluído, com aproveitamento, curso introdutório de formação inicial e continuada; e

III — haver concluído o ensino fundamental.

§ 1º Não se aplica a exigência a que se refere o inciso III ao que, na data de publicação desta Lei, estejam exercendo atividades próprias de Agente Comunitário de Saúde.

§ 2º Compete ao ente federativo responsável pela execução dos programas a definição da área geográfica a que se refere o inciso I, observados os parâmetros estabelecidos pelo Ministério da Saúde.

Art. 7º O Agente de Combate às Endemias deverá preencher os seguintes requisitos para o exercício da atividade:

I — haver concluído, com aproveitamento, curso introdutório de formação inicial e continuada; e

II — haver concluído o ensino fundamental.

Parágrafo único. Não se aplica a exigência a que se refere o inciso II aos que, na data de publicação desta Lei, estejam exercendo atividades próprias de Agente de Combate às Endemias.

Art. 8º Os Agentes Comunitários de Saúde e os Agentes de Combate às Endemias admitidos pelos gestores locais do SUS e pela Fundação Nacional de Saúde — FUNASA, na forma do disposto no § 4º do art. 198 da Constituição, submetem-se ao regime jurídico estabelecido pela Consolidação das Leis do Trabalho — CLT, salvo se, no caso dos Estados, do Distrito Federal e dos Municípios, lei local dispuser de forma diversa.

Art. 9º A contratação de Agentes Comunitários de Saúde e de Agentes de Combate às Endemias deverá ser precedida de processo seletivo público de provas ou de provas e títulos, de acordo com a natureza e a complexidade de suas atribuições e requisitos específicos para o exercício das atividades, que atenda aos princípios de legalidade, impessoalidade, moralidade, publicidade e eficiência.

Parágrafo único. Caberá aos órgãos ou entes da administração direta dos Estados, do Distrito Federal ou dos Municípios certificar, em cada caso, a existência de anterior processo de seleção pública, para efeito da dispensa referida no parágrafo único do art. 2º da Emenda Constitucional n. 51, de 14 de fevereiro de 2006, considerando-se como tal aquele que tenha sido realizado com observância dos princípios referidos no caput.

Art. 9º-A. O piso salarial profissional nacional é o valor abaixo do qual a União, os Estados, o Distrito Federal e os Municípios não poderão fixar o vencimento inicial das Carreiras de Agente Comunitário de Saúde e de Agente de Combate às Endemias para a jornada de 40 (quarenta) horas semanais. *(Redação dada pela Lei n. 12.994, de 17.6.2014, DOU 18.6.14)*

§ 1º O piso salarial profissional nacional dos Agentes Comunitários de Saúde e dos Agentes de Combate às Endemias é fixado no valor de R$ 1.014,00 (mil e quatorze reais) mensais. *(Redação dada pela Lei n. 12.994, de 17.6.2014, DOU 18.6.14)*

§ 2º A jornada de trabalho de 40 (quarenta) horas exigida para garantia do piso salarial previsto nesta Lei deverá ser integralmente dedicada a ações e serviços de promoção da saúde, vigilância epidemiológica e combate a endemias em prol das famílias e comunidades assistidas, dentro dos respectivos territórios de atuação, segundo as atribuições previstas nesta Lei. *(Redação dada pela Lei n. 12.994, de 17.6.2014, DOU 18.6.14)*

Art. 9º-B. (VETADO). *(Lei n. 12.994, de 17.6.2014, DOU 18.6.14)*

Art. 9º-C. Nos termos do § 5º do art. 198 da Constituição Federal, compete à União prestar assistência financeira complementar aos Estados, ao Distrito Federal e aos Municípios, para o cumprimento do piso salarial de que trata o art. 9º-A desta Lei. *(Redação dada pela Lei n. 12.994, de 17.6.2014, DOU 18.6.14)*

§ 1º Para fins do disposto no caput deste artigo, é o Poder Executivo federal autorizado a fixar em decreto os parâmetros referentes à quantidade máxima de agentes passível de contratação, em função da população e das peculiaridades locais, com o auxílio da assistência financeira complementar da União. *(Redação dada pela Lei n. 12.994, de 17.6.2014, DOU 18.6.14)*

§ 2º A quantidade máxima de que trata o § 1º deste artigo considerará tão somente os agentes efetivamente registrados no mês anterior à respectiva competência financeira que se encontrem no estrito desempenho de suas atribuições e submetidos à jornada de trabalho fixada para a concessão do piso salarial. *(Redação dada pela Lei n. 12.994, de 17.6.2014, DOU 18.6.14)*

§ 3º O valor da assistência financeira complementar da União é fixado em 95% (noventa e cinco por cento) do piso salarial de que trata o art. 9º-A desta Lei. *(Redação dada pela Lei n. 12.994, de 17.6.2014, DOU 18.6.14)*

§ 4º A assistência financeira complementar de que trata o caput deste artigo será devida em 12 (doze) parcelas consecutivas em cada exercício e 1 (uma) parcela adicional no último trimestre. *(Redação dada pela Lei n. 12.994, de 17.6.2014, DOU 18.6.14)*

§ 5º Até a edição do decreto de que trata o § 1º deste artigo, aplicar-se-ão as normas vigentes para os repasses de incentivos financeiros pelo Ministério da Saúde. *(Redação dada pela Lei n. 12.994, de 17.6.2014, DOU 18.6.14)*

§ 6º Para efeito da prestação de assistência financeira complementar de que trata este artigo, a União exigirá dos gestores locais do SUS a comprovação do vínculo direto dos Agentes Comunitários de Saúde e dos Agentes de Combate às Endemias com o respectivo ente federativo, regularmente formalizado, conforme o regime jurídico que vier a ser adotado na forma do art. 8º desta Lei. *(Redação dada pela Lei n. 12.994, de 17.6.2014, DOU 18.6.14)*

Art. 9º-D. É criado incentivo financeiro para fortalecimento de políticas afetas à atuação de agentes comunitários de saúde e de combate às endemias. *(Redação dada pela Lei n. 12.994, de 17.6.2014, DOU 18.6.14)*

§ 1º Para fins do disposto no caput deste artigo, é o Poder Executivo federal autorizado a fixar em decreto: *(Redação dada pela Lei n. 12.994, de 17.6.2014, DOU 18.6.14)*

I — parâmetros para concessão do incentivo; e *(Redação dada pela Lei n. 12.994, de 17.6.2014, DOU 18.6.14)*

II — valor mensal do incentivo por ente federativo. *(Redação dada pela Lei n. 12.994, de 17.6.2014, DOU 18.6.14)*

§ 2º Os parâmetros para concessão do incentivo considerarão, sempre que possível, as peculiaridades do Município. *(Redação dada pela Lei n. 12.994, de 17.6.2014, DOU 18.6.14)*

§ 3º (VETADO). *(Lei n. 12.994, de 17.6.2014, DOU 18.6.14)*

§ 4º (VETADO). *(Lei n. 12.994, de 17.6.2014, DOU 18.6.14)*

§ 5º (VETADO). *(Lei n. 12.994, de 17.6.2014, DOU 18.6.14)*

Art. 9º-E. Atendidas as disposições desta Lei e as respectivas normas regulamentadoras, os recursos de que tratam os arts. 9º-C e 9º-D serão repassados pelo Fundo Nacional de Saúde (Funasa) aos fundos de saúde dos

Municípios, Estados e Distrito Federal como transferências correntes, regulares, automáticas e obrigatórias, nos termos do disposto no art. 3º da Lei n. 8.142, de 28 de dezembro de 1990. *(Redação dada pela Lei n. 12.994, de 17.6.2014, DOU 18.6.14)*

Art. 9º-F. Para fins de apuração dos limites com pessoal de que trata a Lei Complementar n. 101, de 4 de maio de 2000, a assistência financeira complementar obrigatória prestada pela União e a parcela repassada como incentivo financeiro que venha a ser utilizada no pagamento de pessoal serão computadas como gasto de pessoal do ente federativo beneficiado pelas transferências. *(Redação dada pela Lei n. 12.994, de 17.6.2014, DOU 18.6.14)*

Art. 9º-G. Os planos de carreira dos Agentes Comunitários de Saúde e dos Agentes de Combate às Endemias deverão obedecer às seguintes diretrizes: *(Redação dada pela Lei n. 12.994, de 17.6.2014, DOU 18.6.14)*

I — remuneração paritária dos Agentes Comunitários de Saúde e dos Agentes de Combate às Endemias; *(Redação dada pela Lei n. 12.994, de 17.6.2014, DOU 18.6.14)*

II — definição de metas dos serviços e das equipes; *(Redação dada pela Lei n. 12.994, de 17.6.2014, DOU 18.6.14)*

III — estabelecimento de critérios de progressão e promoção; *(Redação dada pela Lei n. 12.994, de 17.6.2014, DOU 18.6.14)*

IV — adoção de modelos e instrumentos de avaliação que atendam à natureza das atividades, assegurados os seguintes princípios: *(Redação dada pela Lei n. 12.994, de 17.6.2014, DOU 18.6.14)*

a) transparência do processo de avaliação, assegurando-se ao avaliado o conhecimento sobre todas as etapas do processo e sobre o seu resultado final; *(Redação dada pela Lei n. 12.994, de 17.6.2014, DOU 18.6.14)*

b) periodicidade da avaliação; *(Redação dada pela Lei n. 12.994, de 17.6.2014, DOU 18.6.14)*

c) contribuição do servidor para a consecução dos objetivos do serviço; *(Redação dada pela Lei n. 12.994, de 17.6.2014, DOU 18.6.14)*

d) adequação aos conteúdos ocupacionais e às condições reais de trabalho, de forma que eventuais condições precárias ou adversas de trabalho não prejudiquem a avaliação; *(Redação dada pela Lei n. 12.994, de 17.6.2014, DOU 18.6.14)*

e) direito de recurso às instâncias hierárquicas superiores. *(Redação dos artigos dada pela Lei n. 12.994, de 17.6.2014, DOU 18.6.14)*

Art. 10. A administração pública somente poderá rescindir unilateralmente o contrato do Agente Comunitário de Saúde ou do Agente de Combate às Endemias, de acordo com o regime jurídico de trabalho adotado, na ocorrência de uma das seguintes hipóteses:

I — prática de falta grave, dentre as enumeradas no art. 482 da Consolidação das Leis do Trabalho — CLT;

II — acumulação ilegal de cargos, empregos ou funções públicas;

III — necessidade de redução de quadro de pessoal, por excesso de despesa, nos termos da Lei n. 9.801, de 14 de junho de 1999; ou

IV — insuficiência de desempenho, apurada em procedimento no qual se assegurem pelo menos um recurso hierárquico dotado de efeito suspensivo, que será apreciado em trinta dias, e o prévio conhecimento dos padrões mínimos exigidos para a continuidade da relação de emprego, obrigatoriamente estabelecidos de acordo com as peculiaridades das atividades exercidas.

Parágrafo único. No caso do Agente Comunitário de Saúde, o contrato também poderá ser rescindido unilateralmente na hipótese de não atendimento ao disposto no inciso I do art. 6º, ou em função de apresentação de declaração falsa de residência.

Art. 11. Fica criado, no Quadro de Pessoal da Fundação Nacional de Saúde — FUNASA, Quadro Suplementar de Combate às Endemias, destinado a promover, no âmbito do SUS, ações complementares de vigilância epidemiológica e combate a endemias, nos termos do inciso VI e parágrafo único do art. 16 da Lei n. 8.080, de 19 de setembro de 1990.

Parágrafo único. Ao Quadro Suplementar de que trata o *caput* aplica-se, no que couber, além do disposto nesta Lei, o disposto na Lei n. 9.962, de 22 de fevereiro de 2000, cumprindo-se jornada de trabalho de quarenta horas semanais.

Art. 12. Aos profissionais não ocupantes de cargo efetivo em órgão ou entidade da administração pública federal que, em 14 de fevereiro de 2006, a qualquer título, se achavam no desempenho de atividades de combate a endemias no âmbito da FUNASA é assegurada a dispensa de se submeterem ao processo seletivo público a que se refere o § 4º do art. 198 da Constituição, desde que tenham sido contratados a partir de anterior processo de seleção pública efetuado pela FUNASA, ou por outra instituição, sob a efetiva supervisão da FUNASA e mediante a observância dos princípios a que se refere o *caput* do art. 9º.

§ 1º Ato conjunto dos Ministros de Estado da Saúde e do Controle e da Transparência instituirá comissão com a finalidade de atestar a regularidade do processo seletivo para fins da dispensa prevista no *caput*.

§ 2º A comissão será integrada por três representantes da Secretaria Federal de Controle Interno da Controladoria-Geral da União, um dos quais a presidirá, pelo Assessor Especial de Controle Interno do Ministério da Saúde e pelo Chefe da Auditoria Interna da FUNASA.

Art. 13. Os Agentes de Combate às Endemias integrantes do Quadro Suplementar a que se refere o art. 11 poderão ser colocados à disposição dos Estados, do Distrito Federal e dos Municípios, no âmbito do SUS, mediante convênio, ou para gestão associada de serviços públicos, mediante contrato de consórcio público, nos termos da Lei n. 11.107, de 6 de abril de 2005, mantida a vinculação à FUNASA e sem prejuízo dos respectivos direitos e vantagens.

Art. 14. O gestor local do SUS responsável pela contratação dos profissionais de que trata esta Lei disporá sobre a criação dos cargos ou empregos públicos e demais aspectos inerentes à atividade, observadas as especificidades locais.

Art. 15. Ficam criados cinco mil, trezentos e sessenta e cinco empregos públicos de Agente de Combate às Endemias, no âmbito do Quadro Suplementar referido no art. 11, com retribuição mensal estabelecida na forma do Anexo desta Lei, cuja despesa não excederá o valor atualmente despendido pela FUNASA com a contratação desses profissionais.

§ 1º A FUNASA, em até trinta dias, promoverá o enquadramento do pessoal de que trata o art. 12 na tabela salarial constante do Anexo desta Lei, em classes e níveis com salários iguais aos pagos atualmente, sem aumento de despesa.

§ 2º Aplica-se aos ocupantes dos empregos referidos no *caput* a indenização de campo de que trata o art. 16 da Lei n. 8.216, de 13 de agosto de 1991.

§ 3º Caberá à Secretaria de Recursos Humanos do Ministério do Planejamento, Orçamento e Gestão disciplinar o desenvolvimento dos ocupantes dos empregos públicos referidos no *caput* na tabela salarial constante do Anexo desta Lei.

Art. 16. É vedada a contratação temporária ou terceirizada de Agentes Comunitários de Saúde e de Agentes de Combate às Endemias, salvo na hipótese de combate a surtos epidêmicos, na forma da lei aplicável. (NR) *(Redação dada pela Lei n. 12.994, de 17.6.14 DOU 18.6.14)*

Art. 17. Os profissionais que, na data de publicação desta Lei, exerçam atividades próprias de Agente Comunitário de Saúde e Agente de Combate às Endemias, vinculados diretamente aos gestores locais do SUS ou a entidades de administração indireta, não investidos em cargo ou emprego público, e não alcançados pelo disposto no parágrafo único do art. 9º, poderão permanecer no exercício destas atividades, até que seja concluída a realização de processo seletivo público pelo ente federativo, com vistas ao cumprimento do disposto nesta Lei.

Art. 18. Os empregos públicos criados no âmbito da FUNASA, conforme disposto no art. 15 e preenchidos nos termos desta Lei, serão extintos, quando vagos.

Art. 19. As despesas decorrentes da criação dos empregos públicos a que se refere o art. 15 correrão à conta das dotações destinadas à FUNASA, consignadas no Orçamento Geral da União.

Art. 20. Esta Lei entra em vigor na data de sua publicação.

Art. 21. Fica revogada a Lei n. 10.507, de 10 de julho de 2002.

Brasília, 9 de junho de 2006; 185º da Independência e 118º da República.

LUIZ INÁCIO LULA DA SILVA
JOSÉ AGENOR ÁLVARES DA SILVA
PAULO BERNARDO SILVA

DOU 6.10.2006

LEGISLAÇÃO COMPLEMENTAR

ANEXO II

TABELA DE VENCIMENTO BÁSICO DOS CARGOS DE QUE TRATA O ART. 3º DESTA LEI

Em R$

CLASSE	PADRÃO	VENCIMENTO BÁSICO	
		EFEITOS FINANCEIROS A PARTIR	
		do ingresso no Cargo público, nos termos do § 2º do art. 3º	de 1º de janeiro de 2015
ESPECIAL	V	3.233,91	3.492,24
	IV	3.205,54	3.463,88
	III	3.178,17	3.436,50
	II	3.139,12	3.397,45
	I	3.112,13	3.370,46
C	V	3.085,29	3.343,62
	IV	3.059,43	3.317,75
	III	3.033,71	3.292,05
	II	3.008,16	3.266,49
	I	2.972,22	3.230,56
B	V	2.947,03	3.205,36
	IV	2.922,80	3.181,13
	III	2.898,72	3.157,05
	II	2.874,78	3.133,11
	I	2.850,97	3.109,30
A	V	2.818,06	3.076,40
	IV	2.795,43	3.053,77
	III	2.772,93	3.031,27
	II	2.750,57	3.008,90
	I	2.729,87	2.988,15

(Anexo alterado pela Lei n. 13.026, de 3.9.14, DOU 4.9.14)

Lei n. 11.417, de 19 de dezembro de 2006

Regulamenta o art. 103-A da Constituição Federal e altera a Lei n. 9.784, de 29 de janeiro de 1999, disciplinando a edição, a revisão e o cancelamento de enunciado de súmula vinculante pelo Supremo Tribunal Federal, e dá outras providências.

O PRESIDENTE DA REPÚBLICA,

Faço saber que o Congresso Nacional decreta e eu sanciono a seguinte Lei:

Art. 1º Esta Lei disciplina a edição, a revisão e o cancelamento de enunciado de súmula vinculante pelo Supremo Tribunal Federal e dá outras providências.

Art. 2º O Supremo Tribunal Federal poderá, de ofício ou por provocação, após reiteradas decisões sobre matéria constitucional, editar enunciado de súmula que, a partir de sua publicação na imprensa oficial, terá efeito vinculante em relação aos demais órgãos do Poder Judiciário e à administração pública direta e indireta, nas esferas federal, estadual e municipal, bem como proceder à sua revisão ou cancelamento, na forma prevista nesta Lei.

§ 1º O enunciado da súmula terá por objeto a validade, a interpretação e a eficácia de normas determinadas, acerca das quais haja, entre órgãos judiciários ou entre esses e a administração pública, controvérsia atual que acarrete grave insegurança jurídica e relevante multiplicação de processos sobre idêntica questão.

§ 2º O Procurador-Geral da República, nas propostas que não houver formulado, manifestar-se-á previamente à edição, revisão ou cancelamento de enunciado de súmula vinculante.

§ 3º A edição, a revisão e o cancelamento de enunciado de súmula com efeito vinculante dependerão de decisão tomada por 2/3 (dois terços) dos membros do Supremo Tribunal Federal, em sessão plenária.

§ 4º No prazo de 10 (dez) dias após a sessão em que editar, rever ou cancelar enunciado de súmula com efeito vinculante, o Supremo Tribunal Federal fará publicar, em seção especial do Diário da Justiça e do Diário Oficial da União, o enunciado respectivo.

Art. 3º São legitimados a propor a edição, a revisão ou o cancelamento de enunciado de súmula vinculante:

I — o Presidente da República;

II — a Mesa do Senado Federal;

III — a Mesa da Câmara dos Deputados;

IV — o Procurador-Geral da República;

V — o Conselho Federal da Ordem dos Advogados do Brasil;

VI — o Defensor Público-Geral da União;

VII — partido político com representação no Congresso Nacional;

VIII — confederação sindical ou entidade de classe de âmbito nacional;

IX — a Mesa de Assembleia Legislativa ou da Câmara Legislativa do Distrito Federal;

X — o Governador de Estado ou do Distrito Federal;

XI — os Tribunais Superiores, os Tribunais de Justiça de Estados ou do Distrito Federal e Territórios, os Tribunais Regionais Federais, os Tribunais Regionais do Trabalho, os Tribunais Regionais Eleitorais e os Tribunais Militares.

§ 1º O Município poderá propor, incidentalmente ao curso de processo em que seja parte, a edição, a revisão ou o cancelamento de enunciado de súmula vinculante, o que não autoriza a suspensão do processo.

§ 2º No procedimento de edição, revisão ou cancelamento de enunciado da súmula vinculante, o relator poderá admitir, por decisão irrecorrível, a manifestação de terceiros na questão, nos termos do Regimento Interno do Supremo Tribunal Federal.

Art. 4º A súmula com efeito vinculante tem eficácia imediata, mas o Supremo Tribunal Federal, por decisão de 2/3 (dois terços) dos seus membros, poderá restringir os efeitos vinculantes ou decidir que só tenha eficácia a partir de outro momento, tendo em vista razões de segurança jurídica ou de excepcional interesse público.

Art. 5º Revogada ou modificada a lei em que se fundou a edição de enunciado de súmula vinculante, o Supremo Tribunal Federal, de ofício ou por provocação, procederá à sua revisão ou cancelamento, conforme o caso.

Art. 6º A proposta de edição, revisão ou cancelamento de enunciado de súmula vinculante não autoriza a suspensão dos processos em que se discuta a mesma questão.

Art. 7º Da decisão judicial ou do ato administrativo que contrariar enunciado de súmula vinculante, negar-lhe vigência ou aplicá-lo indevidamente caberá reclamação ao Supremo Tribunal Federal, sem prejuízo dos recursos ou outros meios admissíveis de impugnação.

§ 1º Contra omissão ou ato da administração pública, o uso da reclamação só será admitido após esgotamento das vias administrativas.

§ 2º Ao julgar procedente a reclamação, o Supremo Tribunal Federal anulará o ato administrativo ou cassará a decisão judicial impugnada, determinando que outra seja proferida com ou sem aplicação da súmula, conforme o caso.

Art. 8º O art. 56 da Lei n. 9.784, de 29 de janeiro de 1999, passa a vigorar acrescido do seguinte § 3º:

> "Art. 56. ..
>
> § 3º Se o recorrente alegar que a decisão administrativa contraria enunciado da súmula vinculante, caberá à autoridade prolatora da decisão impugnada, se não a reconsiderar, explicitar, antes de encaminhar o recurso à autoridade superior, as razões da aplicabilidade ou inaplicabilidade da súmula, conforme o caso." (NR)

Art. 9º A Lei n. 9.784, de 29 de janeiro de 1999, passa a vigorar acrescida dos seguintes arts. 64-A e 64-B:

> "Art. 64-A. Se o recorrente alegar violação de enunciado da súmula vinculante, o órgão competente para decidir o recurso explicitará as razões da aplicabilidade ou inaplicabilidade da súmula, conforme o caso."
>
> "Art. 64-B. Acolhida pelo Supremo Tribunal Federal a reclamação fundada em violação de enunciado da súmula vinculante, dar-se-á ciência à autoridade prolatora e ao órgão competente para o julgamento do recurso, que deverão adequar as futuras decisões administrativas em casos semelhantes, sob pena de responsabilização pessoal nas esferas cível, administrativa e penal."

Art. 10. O procedimento de edição, revisão ou cancelamento de enunciado de súmula com efeito vinculante obedecerá, subsidiariamente, ao disposto no Regimento Interno do Supremo Tribunal Federal.

Art. 11. Esta Lei entra em vigor 3 (três) meses após a sua publicação.

Brasília, 19 de dezembro de 2006; 185º da Independência e 118º da República.

<div align="right">

LUIZ INÁCIO LULA DA SILVA
MÁRCIO THOMAZ BASTOS

DOU 20.12.2006

</div>

Lei n. 11.419, de 19 de dezembro de 2006

Dispõe sobre a informatização do Processo Judicial; altera a Lei n. 5.869, de 11 de janeiro de 1973 — Código de Processo Civil; e dá outras providências

O PRESIDENTE DA REPÚBLICA,

Faço saber que o Congresso Nacional decreta e eu sanciono a seguinte Lei:

CAPÍTULO I
Da Informatização do Processo Judicial

Art. 1º O uso de meio eletrônico na tramitação de processos judiciais, comunicação de atos e transmissão de peças processuais será admitido nos termos desta Lei.

§ 1º Aplica-se o disposto nesta Lei, indistintamente, aos processos civil, penal e trabalhista, bem como aos juizados especiais, em qualquer grau de jurisdição.

§ 2º Para o disposto nesta Lei, considera-se:

I — meio eletrônico qualquer forma de armazenamento ou tráfego de documentos e arquivos digitais;

II — transmissão eletrônica toda forma de comunicação a distância com a utilização de redes de comunicação, preferencialmente a rede mundial de computadores;

III — assinatura eletrônica as seguintes formas de identificação inequívoca do signatário:

a) assinatura digital baseada em certificado digital emitido por Autoridade Certificadora credenciada, na forma de lei específica;

b) mediante cadastro de usuário no Poder Judiciário, conforme disciplinado pelos órgãos respectivos.

Art. 2º O envio de petições, de recursos e a prática de atos processuais em geral por meio eletrônico serão admitidos mediante uso de assinatura eletrônica, na forma do art. 1º desta Lei, sendo obrigatório o credenciamento prévio no Poder Judiciário, conforme disciplinado pelos órgãos respectivos.

§ 1º O credenciamento no Poder Judiciário será realizado mediante procedimento no qual esteja assegurada a adequada identificação presencial do interessado.

§ 2º Ao credenciado será atribuído registro e meio de acesso ao sistema, de modo a preservar o sigilo, a identificação e a autenticidade de suas comunicações.

§ 3º Os órgãos do Poder Judiciário poderão criar um cadastro único para o credenciamento previsto neste artigo.

Art. 3º Consideram-se realizados os atos processuais por meio eletrônico no dia e hora do seu envio ao sistema do Poder Judiciário, do que deverá ser fornecido protocolo eletrônico.

Parágrafo único. Quando a petição eletrônica for enviada para atender prazo processual, serão consideradas tempestivas as transmitidas até as 24 (vinte e quatro) horas do seu último dia.

CAPÍTULO II
Da Comunicação Eletrônica dos Atos Processuais

Art. 4º Os tribunais poderão criar Diário da Justiça eletrônico, disponibilizado em sítio da rede mundial de computadores, para publicação de atos judiciais e administrativos próprios e dos órgãos a eles subordinados, bem como comunicações em geral.

§ 1º O sítio e o conteúdo das publicações de que trata este artigo deverão ser assinados digitalmente com base em certificado emitido por Autoridade Certificadora credenciada na forma da lei específica.

§ 2º A publicação eletrônica na forma deste artigo substitui qualquer outro meio e publicação oficial, para quaisquer efeitos legais, à exceção dos casos que, por lei, exigem intimação ou vista pessoal.

§ 3º Considera-se como data da publicação o primeiro dia útil seguinte ao da disponibilização da informação no Diário da Justiça eletrônico.

§ 4º Os prazos processuais terão início no primeiro dia útil que seguir ao considerado como data da publicação.

§ 5º A criação do Diário da Justiça eletrônico deverá ser acompanhada de ampla divulgação, e o ato administrativo correspondente será publicado durante 30 (trinta) dias no diário oficial em uso.

Art. 5º As intimações serão feitas por meio eletrônico em portal próprio aos que se cadastrarem na forma do art. 2º desta Lei, dispensando-se a publicação no órgão oficial, inclusive eletrônico.

§ 1º Considerar-se-á realizada a intimação no dia em que o intimando efetivar a consulta eletrônica ao teor da intimação, certificando-se nos autos a sua realização.

§ 2º Na hipótese do § 1º deste artigo, nos casos em que a consulta se dê em dia não útil, a intimação será considerada como realizada no primeiro dia útil seguinte.

§ 3º A consulta referida nos §§ 1º e 2º deste artigo deverá ser feita em até 10 (dez) dias corridos contados da data do envio da intimação, sob pena de considerar-se a intimação automaticamente realizada na data do término desse prazo.

§ 4º Em caráter informativo, poderá ser efetivada remessa de correspondência eletrônica, comunicando o envio da intimação e a abertura automática do prazo processual nos termos do § 3º deste artigo, aos que manifestarem interesse por esse serviço.

§ 5º Nos casos urgentes em que a intimação feita na forma deste artigo possa causar prejuízo a quaisquer das partes ou nos casos em que for evidenciada qualquer tentativa de burla ao sistema, o ato processual deverá ser realizado por outro meio que atinja a sua finalidade, conforme determinado pelo juiz.

§ 6º As intimações feitas na forma deste artigo, inclusive da Fazenda Pública, serão consideradas pessoais para todos os efeitos legais.

Art. 6º Observadas as formas e as cautelas do art. 5º desta Lei, as citações, inclusive da Fazenda Pública, excetuadas as dos Direitos Processuais Criminal e Infracional, poderão ser feitas por meio eletrônico, desde que a íntegra dos autos seja acessível ao citando.

Art. 7º As cartas precatórias, rogatórias, de ordem e, de um modo geral, todas as comunicações oficiais que transitem entre órgãos do Poder Judiciário, bem como entre os deste e os dos demais Poderes, serão feitas preferencialmente por meio eletrônico.

CAPÍTULO III
Do Processo Eletrônico

Art. 8º Os órgãos do Poder Judiciário poderão desenvolver sistemas eletrônicos de processamento de ações judiciais por meio de autos total ou parcialmente digitais, utilizando, preferencialmente, a rede mundial de computadores e acesso por meio de redes internas e externas.

Parágrafo único. Todos os atos processuais do processo eletrônico serão assinados eletronicamente na forma estabelecida nesta Lei.

Art. 9º No processo eletrônico, todas as citações, intimações e notificações, inclusive da Fazenda Pública, serão feitas por meio eletrônico, na forma desta Lei.

§ 1º As citações, intimações, notificações e remessas que viabilizem o acesso à íntegra do processo correspondente serão consideradas vista pessoal do interessado para todos os efeitos legais.

§ 2º Quando, por motivo técnico, for inviável o uso do meio eletrônico para a realização de citação, intimação ou notificação, esses atos processuais poderão ser praticados segundo as regras ordinárias, digitalizando-se o documento físico, que deverá ser posteriormente destruído.

Art. 10. A distribuição da petição inicial e a juntada da contestação, dos recursos e das petições em geral, todos em formato digital, nos autos de processo eletrônico, podem ser feitas diretamente pelos advogados públicos e privados, sem necessidade da intervenção do cartório ou secretaria judicial, situação em que a autuação deverá se dar de forma automática, fornecendo-se recibo eletrônico de protocolo.

§ 1º Quando o ato processual tiver que ser praticado em determinado prazo, por meio de petição eletrônica, serão considerados tempestivos os efetivados até as 24 (vinte e quatro) horas do último dia.

§ 2º No caso do § 1º deste artigo, se o Sistema do Poder Judiciário se tornar indisponível por motivo técnico, o prazo fica

automaticamente prorrogado para o primeiro dia útil seguinte à resolução do problema.

§ 3º Os órgãos do Poder Judiciário deverão manter equipamentos de digitalização e de acesso à rede mundial de computadores à disposição dos interessados para distribuição de peças processuais.

Art. 11. Os documentos produzidos eletronicamente e juntados aos processos eletrônicos com garantia da origem e de seu signatário, na forma estabelecida nesta Lei, serão considerados originais para todos os efeitos legais.

§ 1º Os extratos digitais e os documentos digitalizados e juntados aos autos pelos órgãos da Justiça e seus auxiliares, pelo Ministério Público e seus auxiliares, pelas procuradorias, pelas autoridades policiais, pelas repartições públicas em geral e por advogados públicos e privados têm a mesma força probante dos originais, ressalvada a alegação motivada e fundamentada de adulteração antes ou durante o processo de digitalização.

§ 2º A arguição de falsidade do documento original será processada eletronicamente na forma da lei processual em vigor.

§ 3º Os originais dos documentos digitalizados, mencionados no § 2º deste artigo, deverão ser preservados pelo seu detentor até o trânsito em julgado da sentença ou, quando admitida, até o final do prazo para interposição de ação rescisória.

§ 4º (VETADO)

§ 5º Os documentos cuja digitalização seja tecnicamente inviável devido ao grande volume ou por motivo de ilegibilidade deverão ser apresentados ao cartório ou secretaria no prazo de 10 (dez) dias contados do envio de petição eletrônica comunicando o fato, os quais serão devolvidos à parte após o trânsito em julgado.

§ 6º Os documentos digitalizados juntados em processo eletrônico somente estarão disponíveis para acesso por meio da rede externa para suas respectivas partes processuais e para o Ministério Público, respeitado o disposto em lei para as situações de sigilo e de segredo de justiça.

Art. 12. A conservação dos autos do processo poderá ser efetuada total ou parcialmente por meio eletrônico.

§ 1º Os autos dos processos eletrônicos deverão ser protegidos por meio de sistemas de segurança de acesso e armazenados em meio que garanta a preservação e integridade dos dados, sendo dispensada a formação de autos suplementares.

§ 2º Os autos de processos eletrônicos que tiverem de ser remetidos a outro juízo ou instância superior que não disponham de sistema compatível deverão ser impressos em papel, autuados na forma dos arts. 166 a 168 da Lei n. 5.869, de 11 de janeiro de 1973 — Código de Processo Civil, ainda que de natureza criminal ou trabalhista, ou pertinentes a juizado especial.

§ 3º No caso do § 2º deste artigo, o escrivão ou o chefe de secretaria certificará os autores ou a origem dos documentos produzidos nos autos, acrescentando, ressalvada a hipótese de existir segredo de justiça, a forma pela qual o banco de dados poderá ser acessado para aferir a autenticidade das peças e das respectivas assinaturas digitais.

§ 4º Feita a autuação na forma estabelecida no § 2º deste artigo, o processo seguirá a tramitação legalmente estabelecida para os processos físicos.

§ 5º A digitalização de autos em mídia não digital, em tramitação ou já arquivados, será precedida de publicação de editais de intimações ou da intimação pessoal das partes e de seus procuradores, para que, no prazo preclusivo de 30 (trinta) dias, se manifestem sobre o desejo de manterem pessoalmente a guarda de algum dos documentos originais.

Art. 13. O magistrado poderá determinar que sejam realizados por meio eletrônico a exibição e o envio de dados e de documentos necessários à instrução do processo.

§ 1º Consideram-se cadastros públicos, para os efeitos deste artigo, dentre outros existentes ou que venham a ser criados, ainda que mantidos por concessionárias de serviço público ou empresas privadas, os que contenham informações indispensáveis ao exercício da função judicante.

§ 2º O acesso de que trata este artigo dar-se-á por qualquer meio tecnológico disponível, preferencialmente o de menor custo, considerada sua eficiência.

§ 3º (VETADO)

CAPÍTULO IV
Disposições Gerais e Finais

Art. 14. Os sistemas a serem desenvolvidos pelos órgãos do Poder Judiciário deverão usar, preferencialmente, programas com código aberto, acessíveis ininterruptamente por meio da rede mundial de computadores, priorizando-se a sua padronização.

Parágrafo único. Os sistemas devem buscar identificar os casos de ocorrência de prevenção, litispendência e coisa julgada.

Art. 15. Salvo impossibilidade que comprometa o acesso à justiça, a parte deverá informar, ao distribuir a petição inicial de qualquer ação judicial, o número no cadastro de pessoas físicas ou jurídicas, conforme o caso, perante a Secretaria da Receita Federal.

Parágrafo único. Da mesma forma, as peças de acusação criminais deverão ser instruídas pelos membros do Ministério Público ou pelas autoridades policiais com os números de registros dos acusados no Instituto Nacional de Identificação do Ministério da Justiça, se houver.

Art. 16. Os livros cartorários e demais repositórios dos órgãos do Poder Judiciário poderão ser gerados e armazenados em meio totalmente eletrônico.

Art. 17. (VETADO)

Art. 18. Os órgãos do Poder Judiciário regulamentarão esta Lei, no que couber, no âmbito de suas respectivas competências.

Art. 19. Ficam convalidados os atos processuais praticados por meio eletrônico até a data de publicação desta Lei, desde que tenham atingido sua finalidade e não tenha havido prejuízo para as partes.

Art. 20. A Lei n. 5.869, de 11 de janeiro de 1973 — Código de Processo Civil, passa a vigorar com as seguintes alterações:

"Art. 38. ..
Parágrafo único. A procuração pode ser assinada digitalmente com base em certificado emitido por Autoridade Certificadora credenciada, na forma da lei específica." (NR)

"Art. 154. ..
Parágrafo único. Os tribunais, no âmbito da respectiva jurisdição, poderão disciplinar a prática e a comunicação oficial dos atos processuais por meios eletrônicos, atendidos os requisitos de autenticidade, integridade, validade jurídica e interoperabilidade da Infraestrutura de Chaves Públicas Brasileira — ICP — Brasil. (Incluído pela Lei n. 11.280, de 16.2.2006, DOU 17.2.2006)

§ 2º Todos os atos e termos do processo podem ser produzidos, transmitidos, armazenados e assinados por meio eletrônico, na forma da lei." (NR)

"Art. 164. ..
Parágrafo único. A assinatura dos juízes, em todos os graus de jurisdição, pode ser feita eletronicamente, na forma da lei." (NR)

"Art. 169. ..
§ 1º É vedado usar abreviaturas.
§ 2º Quando se tratar de processo total ou parcialmente eletrônico, os atos processuais praticados na presença do juiz poderão ser produzidos e armazenados de modo integralmente digital em arquivo eletrônico inviolável, na forma da lei, mediante registro em termo que será assinado digitalmente pelo juiz e pelo escrivão ou chefe de secretaria, bem como pelos advogados das partes.

§ 3º No caso do § 2º deste artigo, eventuais contradições na transcrição deverão ser suscitadas oralmente no momento da realização do ato, sob pena de preclusão, devendo o juiz decidir de plano, registrando-se a alegação e a decisão no termo." (NR)

"Art. 202. § 3º A carta de ordem, carta precatória ou carta rogatória pode ser expedida por meio eletrônico, situação em que a assinatura do juiz deverá ser eletrônica, na forma da lei." (NR)

"Art. 221. ..
IV — por meio eletrônico, conforme regulado em lei própria." (NR)

"Art. 237. ..
Parágrafo único. As intimações podem ser feitas de forma eletrônica, conforme regulado em lei própria." (NR)

"Art. 365. ..
V — os extratos digitais de bancos de dados, públicos e privados, desde que atestado pelo seu emitente, sob as penas da lei, que as informações conferem com o que consta na origem;
VI — as reproduções digitalizadas de qualquer documento, público ou particular, quando juntados aos autos pelos órgãos da Justiça e seus auxiliares, pelo Ministério Público e seus auxiliares, pelas procuradorias, pelas repartições públicas em geral e por advogados públicos ou privados, ressalvada a alegação motivada e fundamentada de adulteração antes ou durante o processo de digitalização.

§ 1º Os originais dos documentos digitalizados, mencionados no inciso VI do caput deste artigo, deverão ser preservados pelo seu detentor até o final do prazo para interposição de ação rescisória.

§ 2º Tratando-se de cópia digital de título executivo extrajudicial ou outro documento relevante à instrução do processo, o juiz poderá determinar o seu depósito em cartório ou secretaria." (NR)

"Art. 399. ..
§ 1º Recebidos os autos, o juiz mandará extrair, no prazo máximo e improrrogável de 30 (trinta) dias, certidões ou reproduções fotográficas das peças indicadas pelas partes ou de ofício; findo o prazo, devolverá os autos à repartição de origem.

§ 2º As repartições públicas poderão fornecer todos os documentos em meio eletrônico conforme disposto em lei, certificando, pelo mesmo meio, que se trata de extrato fiel do que consta em seu banco de dados ou do documento digitalizado." (NR)

"Art. 417. ..
§ 1º O depoimento será passado para a versão datilográfica quando houver recurso da sentença ou noutros casos, quando o juiz o determinar, de ofício ou a requerimento da parte.

§ 2º Tratando-se de processo eletrônico, observar-se-á o disposto no §§ 2º e 3º do art. 169 desta Lei." (NR)

"Art. 457. ..
§ 4º Tratando-se de processo eletrônico, observar-se-á o disposto no §§ 2º e 3º do art. 169 desta Lei." (NR)

"Art. 556. ..
Parágrafo único. Os votos, acórdãos e demais atos processuais podem ser registrados em arquivo eletrônico inviolável e assinados eletronicamente, na forma da lei, devendo ser impressos para juntada aos autos do processo quando este não for eletrônico." (NR)

Art. 21. (VETADO)

Art. 22. Esta Lei entra em vigor 90 (noventa) dias depois de sua publicação.

Brasília, 19 de dezembro de 2006; 185º da Independência e 118º da República.

Luiz Inácio Lula da Silva
Márcio Thomaz Bastos
DOU 20.12.2006

Lei n. 11.457, de 16 de março de 2007

Dispõe sobre a administração tributária federal; altera as Leis ns. 10.593, de 6 de dezembro de 2002, 10.683, de 28 de maio de 2003, 8.212, de 24 de julho de 1991, 10.910, de 15 de julho de 2004, o Decreto-Lei n. 5.452, de 1º de maio de 1943, e o Decreto n. 70.235, de 6 de março de 1972; revoga dispositivos das Leis ns. 8.212, de 24 de julho de 1991, 10.593, de 6 de dezembro de 2002, 10.910, de 15 de julho de 2004, 11.098, de 13 de janeiro de 2005, e 9.317, de 5 de dezembro de 1996; e dá outras providências

Acrescenta o art. 20-A na Lei n. 10.593, de 6.12.2002, como segue:

Art. 20-A. O Poder Executivo regulamentará a forma de transferência de informações entre a Secretaria da Receita Federal do Brasil e a Secretaria de Inspeção do Trabalho para o desenvolvimento coordenado das atribuições a que se referem os arts. 6º e 11 desta Lei.

DOU 19.3.2007

Lei n. 11.476, de 29 de maio de 2007

Dispõe sobre a regulamentação das profissões de enólogo e técnico em enologia

O PRESIDENTE DA REPÚBLICA,

Faço saber que o Congresso Nacional decreta e eu sanciono a seguinte Lei:

Art. 1º É livre, em todo o território nacional, o exercício das atividades ligadas à Enologia e à Viticultura, observadas as disposições desta Lei.

Art. 2º Poderão exercer a profissão de Enólogo:

I — os possuidores de diplomas de nível superior em Enologia expedidos no Brasil por escolas oficiais ou reconhecidas pelo Governo Federal;

II — os possuidores de diplomas expedidos por escolas estrangeiras reconhecidas pelas leis de seu país e que forem revalidados no Brasil, de acordo com a legislação em vigor;

III — os possuidores de diploma de nível médio em Enologia e os alunos que ingressaram em curso deste nível até 29 de maio de 2007, desde que sejam diplomados em escolas oficiais, públicas ou privadas, reconhecidas ou credenciadas pelo poder público." (NR) *(Redação dada pela Lei n. 12.719 de 26.9.2012, DOU 27.9.2012)*

Art. 3º Poderão exercer a profissão de Técnico em Enologia:

I — os possuidores de diplomas de nível médio em Enologia expedidos no Brasil por escolas oficiais ou reconhecidas na forma da lei;

II — os possuidores de diplomas de nível médio em Enologia expedidos por escolas estrangeiras e que forem revalidados no Brasil de acordo com a legislação em vigor.

Art. 4º São atribuições do Enólogo e do Técnico em Enologia:

I — analisar as características físicas, químicas, botânicas, organolépticas e sanitárias da uva;

II — executar as diferentes etapas e os procedimentos do cultivo da videira;

III — manipular os equipamentos e materiais empregados nos procedimentos vitivinícolas;

IV — analisar os processos físicos, químicos, bioquímicos e microbiológicos inerentes à moderna tecnologia de vinificação;

V — aplicar a legislação vigente das atividades e dos produtos vitivinícolas;

VI — decidir e formular recomendações para o desdobramento satisfatório de todas as atividades técnicas na área de vitivinicultura;

VII — planejar e racionalizar operações agrícolas e industriais correspondentes na área vitivinícola;

VIII — prestar assistência técnica e promover atividades de extensão na área vitivinícola;

IX — executar a determinação analítica dos produtos vitivinícolas;

X — organizar e assessorar estabelecimentos vitivinícolas;

XI — organizar, dirigir e assessorar departamentos de controle de qualidade, de pesquisa e de fiscalização na área da vitivinicultura;

XII — identificar, avaliar e qualificar uvas, vinhos e derivados da uva e do vinho;

XIII — orientar e desenvolver projetos de produção e comercialização de produtos enológicos;

XIV — exercer atividades na área mercadológica da vitivinicultura;

XV — desenvolver e coordenar projetos, pesquisas e experimentações vitivinícolas;

XVI — desenvolver as empresas vitivinícolas, contribuindo para a modernização das técnicas de elaboração de vinhos;

XVII — atuar nas cantinas de vinificação, órgãos de pesquisa enológica e indústrias de bebidas, no controle e na fiscalização de vinhos e derivados da uva e do vinho;

XVIII — orientar os viticultores quanto aos aspectos técnicos para formar vinhedos de melhor produtividade e qualidade;

XIX — prestar assistência técnica na utilização e na comercialização de produtos e equipamentos técnicos enológicos;

XX — orientar os vitivinicultores quanto ao aproveitamento das variedades de uvas para elaboração de vinhos de melhor qualidade;

XXI — controlar e avaliar as características organolépticas da produção vinícola;

XXII — exercer magistério em curso superior na área de enologia e viticultura.

Art. 5º São atribuições exclusivas do Enólogo:

I — exercer a responsabilidade técnica pela empresa vinícola, seus produtos e pelos laboratórios de análise enológica;

II — executar perícias exigidas em processos judiciais a título de prova e contraprova.

Art. 6º As denominações de Enólogo e de Técnico em Enologia são reservadas exclusivamente aos profissionais referidos nesta Lei, ficando também incluídos os portadores de diplomas de Tecnólogo em Viticultura e Enologia, Técnico em Viticultura e Enologia e Técnico em Enologia.

Art. 7º O exercício das atividades em nível profissional nas áreas de Enologia por pessoas não habilitadas nos termos desta Lei caracteriza exercício ilegal da profissão.

Art. 8º É permitida a um Enólogo a responsabilidade técnica por estabelecimentos cujo termo de contrato estabeleça a elaboração de produtos enquadrados dentro dos Padrões de Identidade e Qualidade — PIQs determinados pelo órgão oficial.

Art. 9º O Poder Executivo regulamentará esta Lei no prazo de 90 (noventa) dias, a contar da data de sua publicação.

Art. 10. Esta Lei entra em vigor na data de sua publicação.

Brasília, 29 de maio de 2007; 186º da Independência e 119º da República.

Luiz Inácio Lula da Silva
Reinold Stephanes
Carlos Lupi

DOU 30.5.2007

Lei n. 11.491, de 20 de junho de 2007

Institui o Fundo de Investimento do Fundo de Garantia do Tempo de Serviço — FI-FGTS, altera a Lei n. 8.036, de 11 de maio de 1990, e dá outras providências

O PRESIDENTE DA REPÚBLICA,

Faço saber que o Congresso Nacional decreta e eu sanciono a seguinte Lei:

Art. 1º Fica criado o Fundo de Investimento do Fundo de Garantia do Tempo de Serviço — FI-FGTS, caracterizado pela aplicação de recursos do FGTS, destinado a investimentos em empreendimentos dos setores de aeroportos, energia, rodovia, ferrovia, hidrovia, porto e saneamento, de acordo com as diretrizes, critérios e condições que dispuser o Conselho Curador do FGTS. (NR) *(Redação dada pela Lei n. 12.873, de 24.10.13, DOU 25.10.13)*

§ 1º O FI-FGTS terá patrimônio próprio, segregado do patrimônio do FGTS, e será disciplinado por instrução da Comissão de Valores Mobiliários — CVM.

§ 2º A administração e a gestão do FI-FGTS serão da Caixa Econômica Federal, na qualidade de Agente Operador do FGTS, cabendo ao Comitê de Investimento — CI, a ser constituído pelo Conselho Curador do FGTS, a aprovação dos investimentos.

§ 3º Na hipótese de extinção do FI-FGTS, o seu patrimônio total será distribuído aos cotistas na proporção de suas participações, observado o disposto no inciso VIII do *caput* do art. 7º e no § 8º do art. 20, ambos da Lei n. 8.036, de 11 de maio de 1990, com a redação dada por esta Lei.

Art. 2º Fica autorizada a aplicação de R$ (5.000.000.000,00 cinco bilhões de reais) do patrimônio líquido do FGTS para integralização de cotas do FI-FGTS.

Parágrafo único. Após a aplicação integral dos recursos de que trata o *caput* deste artigo, poderá a Caixa Econômica Federal propor ao Conselho Curador do FGTS a aplicação sucessiva de parcelas adicionais de até R$ 5.000.000.000,00 (cinco bilhões de reais) cada, até ser atingido o valor limite equivalente a 80% (oitenta por cento) do patrimônio líquido do FGTS registrado em 31 de dezembro do exercício anterior àquele em que se der a autorização para a integralização das cotas. *(Redação dada pela Lei n. 12.087, de 11.11.09, DOU 12.11.09)*

Art. 3º A Lei n. 8.036, de 11 de maio de 1990, passa a vigorar com as seguintes alterações: *(As alterações já foram inseridas no texto da respectiva lei)*

Art. 4º (VETADO)

Art. 5º Esta Lei entra em vigor na data de sua publicação.

Brasília, 20 de junho de 2007; 186º da Independência e 119º da República.

Luiz Inácio Lula da Silva,
Tarso Genro,
Guido Mantega,
Fernando Haddad e
José Antonio Dias Toffoli

DOU 21.6.2007 e Retificada DOU 22.6.2007

Lei n. 11.648, de 31 de março de 2008

Dispõe sobre o reconhecimento formal das centrais sindicais para os fins que especifica, altera a Consolidação das Leis do Trabalho — CLT, aprovada pelo Decreto-lei n. 5.452, de 1º de maio de 1943, e dá outras providências

O PRESIDENTE DA REPÚBLICA,

Faço saber que o Congresso Nacional decreta e eu sanciono a seguinte Lei:

Art. 1º A central sindical, entidade de representação geral dos trabalhadores, constituída em âmbito nacional, terá as seguintes atribuições e prerrogativas:

I — coordenar a representação dos trabalhadores por meio das organizações sindicais a ela filiadas; e

II — participar de negociações em fóruns, colegiados de órgãos públicos e demais espaços de diálogo social que possuam composição tripartite, nos quais estejam em discussão assuntos de interesse geral dos trabalhadores.

Parágrafo único. Considera-se central sindical, para os efeitos do disposto nesta Lei, a entidade associativa de direito privado composta por organizações sindicais de trabalhadores.

Art. 2º Para o exercício das atribuições e prerrogativas a que se refere o inciso II do *caput* do art. 1º desta Lei, a central sindical deverá cumprir os seguintes requisitos:

I — filiação de, no mínimo, 100 (cem) sindicatos distribuídos nas 5 (cinco) regiões do País;

II — filiação em pelo menos 3 (três) regiões do País de, no mínimo, 20 (vinte) sindicatos em cada uma;

III — filiação de sindicatos em, no mínimo, 5 (cinco) setores de atividade econômica; e

IV — filiação de sindicatos que representem, no mínimo, 7% (sete por cento) do total de empregados sindicalizados em âmbito nacional.

Parágrafo único. O índice previsto no inciso IV do *caput* deste artigo será de 5% (cinco por cento) do total de empregados sindicalizados em âmbito nacional no período de 24 (vinte e quatro) meses a contar da publicação desta Lei.

Art. 3º A indicação pela central sindical de representantes nos fóruns tripartites, conselhos e colegiados de órgãos públicos a que se refere o inciso II do *caput* do art. 1º desta Lei será em número proporcional ao índice de representatividade previsto no inciso IV do *caput* do art. 2º desta Lei, salvo acordo entre centrais sindicais.

§ 1º O critério de proporcionalidade, bem como a possibilidade de acordo entre as centrais, previsto no *caput* deste artigo não poderá prejudicar a participação de outras centrais sindicais que atenderem aos requisitos estabelecidos no art. 2º desta Lei.

§ 2º A aplicação do disposto no *caput* deste artigo deverá preservar a paridade de representação de trabalhadores e empregadores em qualquer organismo mediante o qual sejam levadas a cabo as consultas.

Art. 4º A aferição dos requisitos de representatividade de que trata o art. 2º desta Lei será realizada pelo Ministério do Trabalho e Emprego.

§ 1º O Ministro de Estado do Trabalho e Emprego, mediante consulta às centrais sindicais, poderá baixar instruções para disciplinar os procedimentos necessários à aferição dos requisitos de representatividade, bem como para alterá-los com base na análise dos índices de sindicalização dos sindicatos filiados às centrais sindicais.

§ 2º Ato do Ministro de Estado do Trabalho e Emprego divulgará, anualmente, relação das centrais sindicais que atendem aos requisitos de que trata o art. 2º desta Lei, indicando seus índices de representatividade.

Art. 5º Os arts. 589, 590, 591 e 593 da Consolidação das Leis do Trabalho — CLT, aprovada pelo Decreto-lei n. 5.452, de 1º de maio de 1943, passam a vigorar com a seguinte redação:

Art. 6º (VETADO)

Art. 7º Os arts. 578 a 610 da Consolidação das Leis do Trabalho — CLT, aprovada pelo Decreto-lei n. 5.452, de 1º de maio de 1943, vigorarão até que a lei venha a disciplinar a contribuição negocial, vinculada ao exercício efetivo da negociação coletiva e à aprovação em assembleia geral da categoria.

Art. 8º Esta Lei entra em vigor na data de sua publicação.

Brasília, 31 de março de 2008; 187º da Independência e 120º da República.

Luiz Inácio Lula da Silva
Tarso Genro
Carlos Lupi
DOU 31.3.2008

Lei n. 11.685, de 2 de junho de 2008

Institui o estatuto do garimpeiro e dá outras providências

O VICE-PRESIDENTE DA REPÚBLICA, no exercício do cargo de Presidente da República,

Faço saber que o Congresso Nacional decreta e eu sanciono a seguinte Lei:

Capítulo I
Disposições Preliminares

Art. 1º Fica instituído o Estatuto do Garimpeiro, destinado a disciplinar os direitos e deveres assegurados aos garimpeiros.

Art. 2º Para os fins previstos nesta Lei entende-se por:

I — garimpeiro: toda pessoa física de nacionalidade brasileira que, individualmente ou em forma associativa, atue diretamente no processo da extração de substâncias minerais garimpáveis;

II — garimpo: a localidade onde é desenvolvida a atividade de extração de substâncias minerais garimpáveis, com aproveitamento imediato do jazimento mineral, que, por sua natureza, dimensão, localização e utilização econômica, possam ser lavradas, independentemente de prévios trabalhos de pesquisa, segundo critérios técnicos do Departamento Nacional de Produção Mineral — DNPM; e

III — minerais garimpáveis: ouro, diamante, cassiterita, columbita, tantalita, wolframita, nas formas aluvionar, eluvional e coluvial, scheelita, demais gemas, rutilo, quartzo, berilo, muscovita, espodumênio, lepidolita, feldspato, mica e outros, em tipos de ocorrência que vierem a ser indicados, a critério do DNPM.

Art. 3º O exercício da atividade de garimpagem só poderá ocorrer após a outorga do competente título minerário, expedido nos termos do Decreto-Lei n. 227, de 28 de fevereiro de 1967, e da Lei n. 7.805, de 18 de julho de 1989, sendo o referido título indispensável para a lavra e a primeira comercialização dos minerais garimpáveis extraídos.

Capítulo II
Das Modalidades de Trabalho

Art. 4º Os garimpeiros realizarão as atividades de extração de substâncias minerais garimpáveis sob as seguintes modalidades de trabalho:

I — autônomo;

II — em regime de economia familiar;

III — individual, com formação de relação de emprego;

IV — mediante Contrato de Parceria, por Instrumento Particular registrado em cartório; e

V — em Cooperativa ou outra forma de associativismo.

Capítulo III
Dos Direitos e Deveres do Garimpeiro

Seção I
Dos Direitos

Art. 5º As cooperativas de garimpeiros terão prioridade na obtenção da permissão de lavra garimpeira nas áreas nas quais estejam atuando, desde que a ocupação tenha ocorrido nos seguintes casos:

I — em áreas consideradas livres, nos termos do Decreto-Lei n. 227, de 28 de fevereiro de 1967;

II — em áreas requeridas com prioridade, até a data de 20 de julho de 1989; e

III — em áreas onde sejam titulares de permissão de lavra garimpeira.

Parágrafo único. É facultado ao garimpeiro associar-se a mais de uma cooperativa que tenha atuação em áreas distintas.

Art. 6º As jazidas cujo título minerário esteja em processo de baixa no DNPM e que, comprovadamente, contenham, nos seus rejeitos, minerais garimpáveis que possam ser objeto de exploração garimpeira poderão ser tornadas disponíveis, por meio de edital, às cooperativas de garimpeiros, mediante a manifestação de interesse destas, conforme dispuser portaria do Diretor-Geral do DNPM.

Art. 7º As jazidas vinculadas a títulos minerários declarados caducos em conformidade com o art. 65 do Decreto-Lei n. 227, de 28 de fevereiro de 1967, relativos a substâncias minerais garimpáveis que possam ser objeto de atividade garimpeira, poderão ser tornadas disponíveis, por meio de edital, às cooperativas de garimpeiros, mediante a manifestação de interesse destas, conforme dispuser portaria do Diretor-Geral do DNPM.

Art. 8º A critério do DNPM, será admitido o aproveitamento de substâncias minerais garimpáveis por cooperativas de garimpeiros em áreas de manifesto de mina e em áreas oneradas por alvarás de pesquisa e portarias de lavra, com autorização do titular, quando houver exequibilidade da lavra por ambos os regimes.

Art. 9º Fica assegurado ao garimpeiro, em qualquer das modalidades de trabalho, o direito de comercialização da sua produção diretamente com o consumidor final, desde que se comprove a titularidade da área de origem do minério extraído.

Art. 10. A atividade de garimpagem será objeto de elaboração de políticas públicas pelo Ministério de Minas e Energia destinadas a promover o seu desenvolvimento sustentável.

Art. 11. Fica assegurado o registro do exercício da atividade de garimpagem nas carteiras expedidas pelas cooperativas de garimpeiros.

Seção II
Dos Deveres do Garimpeiro

Art. 12. O garimpeiro, a cooperativa de garimpeiros e a pessoa que tenha celebrado Contrato de Parceria com garimpeiros, em qualquer modalidade de trabalho, ficam obrigados a:

I — recuperar as áreas degradadas por suas atividades;

II — atender ao disposto no Código de Mineração no que lhe couber; e

III — cumprir a legislação vigente em relação à segurança e à saúde no trabalho.

Art. 13. É proibido o trabalho do menor de 18 (dezoito) anos na atividade de garimpagem.

Capítulo IV
Das Entidades de Garimpeiros

Art. 14. É livre a filiação do garimpeiro a associações, confederações, sindicatos, cooperativas ou outras formas associativas, devidamente registradas, conforme legislação específica.

Art. 15. As cooperativas, legalmente constituídas, titulares de direitos minerários deverão informar ao DNPM, anualmente, a relação dos garimpeiros cooperados, exclusivamente para fins de registro.

§ 1º A apresentação intempestiva ou que contenha informações inverídicas implicará multa de R$ 2.000,00 (dois mil reais), a ser aplicada pelo DNPM.

§ 2º No caso de reincidência, a multa será aplicada em dobro, podendo, no caso de não pagamento ou nova ocorrência, ensejar a caducidade do título.

Capítulo V
Disposições Finais

Art. 16. O garimpeiro que tenha Contrato de Parceria com o titular de direito minerário deverá comprovar a regularidade de sua atividade na área titulada mediante apresentação de cópias autenticadas do contrato e do respectivo título minerário.

Parágrafo único. O contrato referido no *caput* deste artigo não será objeto de averbação no DNPM.

Art. 17. Fica o titular de direito minerário obrigado a enviar, anualmente, ao DNPM a relação dos garimpeiros que atuam em sua área, sob a modalidade de Contrato de Parceria, com as respectivas cópias desses contratos.

§ 1º A apresentação intempestiva ou que contenha informações inverídicas implicará multa de R$ 1.000,00 (mil reais), a ser aplicada pelo DNPM.

§ 2º No caso de reincidência, a multa será aplicada em dobro, podendo, no caso de não pagamento ou nova ocorrência, ensejar a caducidade do título.

Art. 18. É instituído o Dia Nacional do Garimpeiro a ser comemorado em 21 de julho.

Art. 19. Fica intitulado Patrono dos Garimpeiros o Bandeirante Fernão Dias Paes Leme.

Art. 20. Esta Lei entra em vigor na data de sua publicação.

Brasília, 2 de junho de 2008; 187º da Independência e 120º da República.

JOSÉ ALENCAR GOMES DA SILVA
CARLOS LUPI
EDISON LOBÃO

DOU 3.6.2008

Lei n. 11.692, de 10 de junho de 2008

Dispõe sobre o Programa Nacional de Inclusão de Jovens — Projovem, instituído pela Lei n. 11.129, de 30 de junho de 2005; altera a Lei n. 10.836, de 9 de janeiro de 2004; revoga dispositivos das Leis ns. 9.608, de 18 de fevereiro de 1998, 10.748, de 22 de outubro de 2003, 10.940, de 27 de agosto de 2004, 11.129, de 30 de junho de 2005, e 11.180, de 23 de setembro de 2005; e dá outras providências

O PRESIDENTE DA REPÚBLICA, Faço saber que o Congresso Nacional decreta e eu sanciono a seguinte Lei:

Art. 1º O Programa Nacional de Inclusão de Jovens — Projovem, instituído pela Lei n. 11.129, de 30 de junho de 2005, passa a reger-se, a partir de 1º de janeiro de 2008, pelo disposto nesta Lei.

Art. 2º O Projovem, destinado a jovens de 15 (quinze) a 29 (vinte e nove) anos, com o objetivo de promover sua reintegração ao processo educacional, sua qualificação profissional e seu desenvolvimento humano, será desenvolvido por meio das seguintes modalidades:

I — Projovem Adolescente — Serviço Socioeducativo;

II — Projovem Urbano;

III — Projovem Campo — Saberes da Terra; e

IV — Projovem Trabalhador.

Art. 3º A execução e a gestão do Projovem dar-se-ão por meio da conjugação de esforços da Secretaria-Geral da Presidência da República e dos Ministérios da Educação, do Trabalho e Emprego e do Desenvolvimento Social e Combate à Fome, observada a intersetorialidade, sem prejuízo da participação de outros órgãos e entidades da administração pública federal.

§ 1º Fica instituído o Conselho Gestor do Projovem, coordenado pela Secretaria Nacional de Juventude da Secretaria-Geral da Presidência da República e composto pelos Secretários-Executivos dos Ministérios referidos no *caput* deste artigo e por 1 (um) Secretário Nacional representante de cada um desses Ministérios, a ser indicado pelo respectivo Ministro de Estado.

§ 2º O Projovem Adolescente — Serviço Socioeducativo será coordenado pelo Ministério do Desenvolvimento Social e Combate à Fome; o Projovem Urbano, pela Secretaria-Geral da Presidência da República; o Projovem Campo — Saberes da Terra, pelo Ministério da Educação; e o Projovem Trabalhador, pelo Ministério do Trabalho e Emprego.

§ 3º Cada modalidade do Projovem contará com 1 (um) comitê gestor, a ser instituído pelo órgão responsável por sua coordenação, assegurada nele a participação de representantes dos 3 (três) outros órgãos a que se refere o *caput* deste artigo.

Art. 4º Para a execução das modalidades tratadas no art. 2º desta Lei, a União fica autorizada a transferir recursos aos Estados, ao Distrito Federal e aos Municípios, sem a necessidade de convênio, acordo, contrato, ajuste ou instrumento congênere, mediante depósito em conta-corrente específica, sem prejuízo da devida prestação de contas da aplicação dos recursos.

§ 1º O montante dos recursos financeiros a que se refere esta Lei será repassado em parcelas e calculado com base no número de jovens atendidos, conforme previsto em regulamentação, e destina-se à promoção de ações de elevação da escolaridade e qualificação profissional dos jovens, bem como à contratação, remuneração e formação de profissionais.

§ 2º Os profissionais de que trata o § 1º deste artigo deverão ser contratados em âmbito local.

§ 3º Os órgãos responsáveis pela coordenação das modalidades do Projovem definirão, a cada exercício financeiro, a forma de cálculo, o número e o valor das parcelas a serem repassadas aos Estados, ao Distrito Federal e aos Municípios, bem como as orientações e instruções necessárias à sua execução, observado o montante de recursos disponíveis para este fim, constante da Lei Orçamentária Anual.

§ 4º Nas modalidades previstas nos incisos II e III do *caput* do art. 2º desta Lei, a transferência de recursos financeiros será executada pelo Fundo Nacional de Desenvolvimento da Educação — FNDE, vinculado ao Ministério da Educação, observada a necessária descentralização dos recursos orçamentários pelos órgãos de que trata o *caput* do art. 3º desta Lei.

§ 5º A modalidade de que trata o inciso I do *caput* do art. 2º desta Lei será ofertada pelo Município que a ela aderir, nos termos do regulamento, e cofinanciada pela União, Estados, Distrito Federal e Municípios por intermédio dos respectivos Fundos de Assistência Social, respeitado o limite orçamentário da União e os critérios de partilha estabelecidos pelo Conselho Nacional de Assistência Social, de acordo com o inciso IX do *caput* do art. 18 da Lei n. 8.742, de 7 de dezembro de 1993.

§ 6º Os saldos dos recursos financeiros recebidos pelos órgãos e entidades da administração pública federal, estadual, municipal e do Distrito Federal à conta do Projovem, existentes na conta-corrente específica a que se refere o *caput* deste artigo em 31 de dezembro de cada ano deverão ser aplicados no exercício subsequente, com estrita observância ao objeto de sua transferência, nos termos da legislação vigente.

Art. 5º Os Estados, o Distrito Federal, os Municípios e as entidades de direito público e privado sem fins lucrativos prestarão conta dos recursos recebidos do Projovem, na forma e prazo definidos em regulamento e nas demais disposições aplicáveis.

Art. 6º Fica a União autorizada a conceder auxílio financeiro, no valor de R$ 100,00 (cem reais) mensais, aos beneficiários do Projovem, nas modalidades previstas nos incisos II, III e IV do *caput* do art. 2º desta Lei, a partir do exercício de 2008.

§ 1º Na modalidade Projovem Urbano, poderão ser pagos até 20 (vinte) auxílios financeiros.

§ 2º Na modalidade Projovem Campo — Saberes da Terra, poderão ser pagos até 12 (doze) auxílios financeiros.

§ 3º Na modalidade Projovem Trabalhador, poderão ser pagos até 6 (seis) auxílios financeiros.

§ 4º É vedada a cumulatividade da percepção do auxílio financeiro a que se refere o *caput* deste artigo com benefícios de natureza semelhante recebidos em decorrência de outros programas federais, permitida a opção por um deles.

Art. 7º O órgão responsável pelas modalidades do Projovem definirá o agente pagador entre uma instituição financeira oficial.

Art. 8º As despesas com a execução do Projovem observarão os limites de movimentação, de empenho e de pagamento da programação orçamentária e financeira anual.

Parágrafo único. O Poder Executivo deverá compatibilizar a quantidade de beneficiários de cada modalidade do Projovem com as dotações orçamentárias existentes.

Art. 9º O Projovem Adolescente — Serviço Socioeducativo, compreendido entre os serviços de que trata o art. 23 da Lei n. 8.742, de 7 de dezembro de 1993, tem como objetivos:

I — complementar a proteção social básica à família, criando mecanismos para garantir a convivência familiar e comunitária; e

II — criar condições para a inserção, reinserção e permanência do jovem no sistema educacional.

LEGISLAÇÃO COMPLEMENTAR

Art. 10. O Projovem Adolescente — Serviço Socioeducativo destina-se aos jovens de 15 (quinze) a 17 (dezessete) anos:

I — pertencentes a família beneficiária do Programa Bolsa Família — PBF;

II — egressos de medida socioeducativa de internação ou em cumprimento de outras medidas socioeducativas em meio aberto, conforme disposto na Lei n. 8.069, de 13 de julho de 1990 — Estatuto da Criança e do Adolescente;

III — em cumprimento ou egressos de medida de proteção, conforme disposto na Lei n. 8.069, de 13 de julho de 1990;

IV — egressos do Programa de Erradicação do Trabalho Infantil — PETI; ou

V — egressos ou vinculados a programas de combate ao abuso e à exploração sexual.

Parágrafo único. Os jovens a que se referem os incisos II a V do *caput* deste artigo devem ser encaminhados ao Projovem Adolescente — Serviço Socioeducativo pelos programas e serviços especializados de assistência social do Município ou do Distrito Federal ou pelo gestor de assistência social, quando demandado oficialmente pelo Conselho Tutelar, pela Defensoria Pública, pelo Ministério Público ou pelo Poder Judiciário.

Art. 11. O Projovem Urbano tem como objetivo elevar a escolaridade visando à conclusão do ensino fundamental, à qualificação profissional e ao desenvolvimento de ações comunitárias com exercício da cidadania, na forma de curso, conforme previsto no art. 81 da Lei n. 9.394, de 20 de dezembro de 1996.

Art. 12. O Projovem Urbano atenderá a jovens com idade entre 18 (dezoito) e 29 (vinte e nove) anos, que saibam ler e escrever e não tenham concluído o ensino fundamental.

Art. 13. Poderão ser realizadas parcerias com o Ministério da Justiça e com a Secretaria Especial dos Direitos Humanos da Presidência da República para implantação do Projovem Urbano nas unidades prisionais e nas unidades socioeducativas de privação de liberdade, respectivamente.

§ 1º O disposto no art. 4º desta Lei não será aplicado no caso das parcerias citadas no *caput* deste artigo, podendo ser realizado convênio, acordo, contrato, ajuste ou instrumento congênere.

§ 2º No caso das unidades socioeducativas de privação de liberdade, poderão participar do Projovem Urbano adolescentes em cumprimento de medidas socioeducativas de privação de liberdade que tenham idade mínima de 15 (quinze) anos.

§ 3º É assegurada aos jovens que iniciaram o Projovem Urbano nas unidades do sistema prisional ou nas unidades socioeducativas de privação de liberdade a continuidade do curso nas localidades onde existir o Programa.

Art. 14. O Projovem Campo — Saberes da Terra tem como objetivo elevar a escolaridade dos jovens da agricultura familiar, integrando a qualificação social e formação profissional, na forma do art. 81 da Lei n. 9.394, de 20 de dezembro de 1996, estimulando a conclusão do ensino fundamental e proporcionando a formação integral do jovem, na modalidade educação de jovens e adultos, em regime de alternância, nos termos do regulamento.

Art. 15. O Projovem Campo — Saberes da Terra atenderá a jovens com idade entre 18 (dezoito) e 29 (vinte e nove) anos, residentes no campo, que saibam ler e escrever, que não tenham concluído o ensino fundamental e que cumpram os requisitos previstos no art. 3º da Lei n. 11.326, de 24 de julho de 2006.

Art. 16. O Projovem Trabalhador tem como objetivo preparar o jovem para o mercado de trabalho e ocupações alternativas geradoras de renda, por meio da qualificação social e profissional e do estímulo à sua inserção.

Art. 17. O Projovem Trabalhador atenderá a jovens com idade entre 18 (dezoito) e 29 (vinte e nove) anos, em situação de desemprego e que sejam membros de famílias com renda mensal *per capita* de até 1 (um) salário mínimo, nos termos do regulamento.

Art. 18. Nas unidades da Federação e nos Municípios onde existirem programas similares e congêneres ao previsto no Projovem Trabalhador, o Ministério do Trabalho e Emprego buscará promover a articulação e a integração das ações dos respectivos Programas.

Art. 19. Na execução do Projovem Trabalhador, o Ministério do Trabalho e Emprego fica autorizado, mediante convênio, a efetuar transferências de contribuições corrente e de capital aos órgãos e entidades da administração pública federal, estadual e municipal, bem como a entidades de direito público e privado sem fins lucrativos, observada a legislação pertinente.

§ 1º O regulamento disporá sobre critérios objetivos de habilitação e seleção de entidades privadas sem fins lucrativos para serem executoras do Projovem.

§ 2º A habilitação e seleção das entidades referidas no § 1º deste artigo serão processadas em estrita conformidade com os princípios básicos da legalidade, da impessoalidade, da moralidade, da igualdade, da publicidade e do julgamento objetivo.

Art. 20. Os arts. 2º e 3º da Lei n. 10.836, de 9 de janeiro de 2004, passam a vigorar com a seguinte redação:

"Art. 2º..

II — o benefício variável, destinado a unidades familiares que se encontrem em situação de pobreza e extrema pobreza e que tenham em sua composição gestantes, nutrizes, crianças entre 0 (zero) e 12 (doze) anos ou adolescentes até 15 (quinze) anos, sendo pago até o limite de 3 (três) benefícios por família;

III — o benefício variável, vinculado ao adolescente, destinado a unidades familiares que se encontrem em situação de pobreza ou extrema pobreza e que tenham em sua composição adolescentes com idade entre 16 (dezesseis) e 17 (dezessete) anos, sendo pago até o limite de 2 (dois) benefícios por família.

..

§ 2º O valor do benefício básico será de R$ 58,00 (cinquenta e oito reais) por mês, concedido a famílias com renda familiar mensal *per capita* de até R$ 60,00 (sessenta reais).

§ 3º Serão concedidos a famílias com renda familiar mensal *per capita* de até R$ 120,00 (cento e vinte reais), dependendo de sua composição:

I — o benefício variável no valor de R$ 18,00 (dezoito reais); e

II — o benefício variável, vinculado ao adolescente, no valor de R$ 30,00 (trinta reais).

§ 4º Os benefícios financeiros previstos nos incisos I, II e III do *caput* deste artigo poderão ser pagos cumulativamente às famílias beneficiárias, observados os limites fixados nos citados incisos II e III.

§ 5º A família cuja renda familiar mensal *per capita* esteja compreendida entre os valores estabelecidos no § 2º e no § 3º deste artigo receberá exclusivamente os benefícios a que se referem os incisos II e III do *caput* deste artigo, respeitados os limites fixados nesses incisos.

..

§ 11. Os benefícios a que se referem os incisos I, II e III do *caput* deste artigo serão pagos, mensalmente, por meio de cartão magnético bancário fornecido pela Caixa Econômica Federal, com a respectiva identificação do responsável, mediante o Número de Identificação Social — NIS, de uso do Governo Federal.

§ 12. Os benefícios poderão ser pagos por meio das seguintes modalidades de contas, nos termos de resoluções adotadas pelo Banco Central do Brasil:

I – contas-correntes de depósito à vista;

II — contas especiais de depósito à vista;

III — contas contábeis; e

IV — outras espécies de contas que venham a ser criadas.

..." (NR)

"Art. 3º..

Parágrafo único. O acompanhamento da frequência escolar relacionado ao benefício previsto no inciso III do *caput* do art. 2º desta Lei considerará 75% (setenta e cinco por cento) de frequência, em conformidade com o previsto no inciso VI do *caput* do art. 24 da Lei n. 9.394, de 20 de dezembro de 1996." (NR)

Art. 21. Ato do Poder Executivo disporá sobre as demais regras de funcionamento de cada modalidade do Projovem, inclusive no que se refere ao estabelecimento de metas, à avaliação, ao monitoramento e ao controle social, e sobre os critérios adicionais a serem observados para o ingresso no Programa, bem como para a concessão, a manutenção e a suspensão do auxílio a que se refere o art. 6º desta Lei.

§ 1º Cumpridos os requisitos estabelecidos nesta Lei e na sua regulamentação, ficam asseguradas aos jovens com deficiência as condições que lhes possibilitem a efetiva participação no Projovem.

§ 2º Nos currículos dos cursos oferecidos nas modalidades de que trata o art. 2º desta Lei deverão ser incluídas noções básicas de comunicação oral e escrita em língua portuguesa, de matemática, de informática, de cidadania e de língua estrangeira.

Art. 22. O Poder Executivo deverá veicular dados e informações detalhados sobre a execução orçamentária e financeira dos Programas Projovem e Bolsa Família, tratados nesta Lei.

Art. 23. Esta Lei entra em vigor na data de sua publicação.

Parágrafo único. Aos beneficiários e executores dos Programas disciplinados nas Leis n. 10.748, de 22 de outubro de 2003, 11.129, de 30 de junho de 2005, e 11.180, de 23 de setembro de 2005, ficam assegurados, no âmbito do Projovem, os seus direitos, bem como o cumprimento dos seus deveres, nos termos dos convênios, acordos ou instrumentos congêneres firmados até 31 de dezembro de 2007.

Art. 24. Ficam revogados, a partir de 1º de janeiro de 2008:

I — o art. 3º-A da Lei n. 9.608, de 18 de fevereiro de 1998;

II — a Lei n. 10.748, de 22 de outubro de 2003;

III — os arts. 1º, 2º e 3º da Lei n. 10.940, de 27 de agosto de 2004;

IV — os arts. 1º a 8º da Lei n. 11.129, de 30 de junho de 2005; e

V – os arts. 1º a 10 da Lei n. 11.180, de 23 de setembro de 2005.

Brasília, 10 de junho de 2008; 187º da Independência e 120º da República.

LUIZ INÁCIO LULA DA SILVA
TARSO GENRO
GUIDO MANTEGA
FERNANDO HADDAD
ANDRÉ PEIXOTO FIGUEIREDO LIMA
PAULO BERNARDO SILVA
PATRUS ANANIAS
DILMA ROUSSEFF
LUIZ SOARES DULCI

DOU 11.6.2008

Lei n. 11.699, de 13 de junho de 2008

Dispõe sobre as colônias, federações e confederação nacional dos pescadores, regulamentando o parágrafo único do art. 8º da Constituição Federal e revoga dispositivo do Decreto-lei n. 221, de 28 de fevereiro de 1967

O PRESIDENTE DA REPÚBLICA,

Faço saber que o Congresso Nacional decreta e eu sanciono a seguinte Lei:

LEGISLAÇÃO COMPLEMENTAR

Art. 1º As Colônias de Pescadores, as Federações Estaduais e a Confederação Nacional dos Pescadores ficam reconhecidas como órgãos de classe dos trabalhadores do setor artesanal da pesca, com forma e natureza jurídica próprias, obedecendo ao princípio da livre organização previsto no art. 8º da Constituição Federal.

Parágrafo único. (VETADO)

Art. 2º Cabe às Colônias, às Federações Estaduais e à Confederação Nacional dos Pescadores a defesa dos direitos e interesses da categoria, em juízo ou fora dele, dentro de sua jurisdição.

Art. 3º Às Colônias de Pescadores regularmente constituídas serão assegurados os seguintes direitos:

I — plena autonomia e soberania de suas Assembleias Gerais;

II — (VETADO)

III — (VETADO)

IV — representar, perante os órgãos públicos, contra quaisquer ações de pesca predatória e de degradação do meio ambiente;

V — (VETADO)

VI — (VETADO)

VII — faculdade de montagem de bens e serviços para o desenvolvimento profissional, econômico e social das comunidades pesqueiras.

Art. 4º É livre a associação dos trabalhadores no setor artesanal da pesca no seu órgão de classe, comprovando os interessados sua condição no ato da admissão.

Art. 5º As Colônias de Pescadores são autônomas, sendo expressamente vedado ao Poder Público, bem como às Federações e à Confederação a interferência e a intervenção na sua organização.

Parágrafo único. São vedadas à Confederação Nacional dos Pescadores a interferência e a intervenção na organização das Federações Estaduais de Pescadores.

Art. 6º As Colônias de Pescadores são criadas em assembleias de fundação convocadas para esse fim pelos trabalhadores do setor pesqueiro artesanal da sua base territorial.

Art. 7º As Colônias de Pescadores, constituídas na forma da legislação vigente após feita a respectiva publicação e registrados os documentos no cartório de títulos e documentos, adquirem personalidade jurídica, tornando-se aptas a funcionar.

Art. 8º As Federações têm por atribuição representar os trabalhadores no setor artesanal de pesca, em âmbito estadual, e a Confederação, em âmbito nacional.

Art. 9º As Colônias de Pescadores, as Federações Estaduais e a Confederação Nacional dos Pescadores providenciarão e aprovarão os estatutos, nos termos desta Lei.

Art. 10. Esta Lei entra em vigor na data de sua publicação.

Art. 11. Revoga-se o art. 94 do Decreto-lei n. 221, de 28 de fevereiro de 1967.

Brasília, 13 de junho de 2008; 187º da Independência e 120º da República.

Luiz Inácio Lula da Silva
Luiz Paulo Teles Ferreira Barreto
André Peixoto Figueiredo Lima
Paulo Bernardo Silva
Carlos Minc

DOU 16.6.2008

Lei n. 11.760, de 31 de julho de 2008

Dispõe sobre o exercício da profissão de oceanógrafo

O PRESIDENTE DA REPÚBLICA,

Faço saber que o Congresso Nacional decreta e eu sanciono a seguinte Lei:

Art. 1º É livre o exercício da profissão de Oceanógrafo aos portadores de diploma:

I — devidamente registrado de bacharel em curso de Oceanografia, expedido por instituição brasileira de ensino superior oficialmente reconhecida;

II — expedido por instituição estrangeira de ensino superior, revalidado na forma da lei, cujos cursos foram considerados equivalentes aos mencionados no inciso I do *caput* deste artigo.

Parágrafo único. É livre também o exercício da profissão de Oceanógrafo aos portadores de diploma de bacharel, devidamente registrado, em curso de Oceanologia expedido pela Fundação Universidade do Rio Grande.

Art. 2º É igualmente assegurado o livre exercício da profissão de Oceanógrafo aos que, embora não habilitados na forma do art. 1º desta Lei, sejam possuidores de diplomas registrados em curso superior de graduação em outras áreas de conhecimento ligadas às geociências, ciências exatas, naturais ou do mar, inclusive os diplomados pela Escola Naval, com aperfeiçoamento em hidrografia e que tenham exercido ou estejam exercendo atividades oceanográficas por um período de 5 (cinco) anos, em entidade pública ou privada, devidamente comprovadas perante o órgão competente do Ministério do Trabalho e Emprego.

Parágrafo único. Nas condições estabelecidas no *caput* deste artigo, o registro deve ser requerido no prazo máximo de 5 (cinco) anos, a contar da data de vigência desta Lei.

Art. 3º Os Oceanógrafos, sem prejuízo do exercício das mesmas atividades por outros profissionais, igualmente habilitados na forma da legislação vigente, poderão:

I — formular, elaborar, executar, fiscalizar e dirigir estudos, planejamento, projetos e/ou pesquisas científicas básicas e aplicadas, interdisciplinares ou não, que visem ao conhecimento e à utilização racional do meio marinho, em todos os seus domínios, realizando, direta ou indiretamente:

a) levantamento, processamento e interpretação das condições físicas, químicas, biológicas e geológicas do meio marinho, suas interações, bem como a previsão do comportamento desses parâmetros e dos fenômenos a eles relacionados;

b) desenvolvimento e aplicação de métodos, processos e técnicas de exploração, explotação, beneficiamento e controle dos recursos marinhos;

c) desenvolvimento e aplicação de métodos, processos e técnicas de preservação, monitoramento e gerenciamento do meio marinho;

d) desenvolvimento e aplicação de métodos, processos e técnicas oceanográficas relacionadas às obras, instalações, estruturas e quaisquer empreendimentos na área marinha;

II — orientar, dirigir, assessorar e prestar consultoria a empresas, fundações, sociedades e associações de classe, entidades autárquicas, privadas ou do poder público;

III — realizar perícias, emitir e assinar pareceres e laudos técnicos;

IV — dirigir órgãos, serviços, seções, grupos ou setores de oceanografia em entidades autárquicas, privadas ou do poder público.

Parágrafo único. Compete igualmente aos Oceanógrafos, ainda que não privativo ou exclusivo, o exercício de atividades ligadas à limnologia, aquicultura, processamento e inspeção dos recursos naturais de águas interiores.

Art. 4º Esta Lei entra em vigor na data de sua publicação.

Brasília, 31 de julho de 2008; 187º da Independência e 120º da República.

Luiz Inácio Lula da Silva
Carlos Lupi
Fernando Haddad
Altemir Gregolin

DOU 1.8.2008

Lei n. 11.770, de 9 de setembro de 2008

Cria o programa empresa cidadã, destinado à prorrogação da licença-maternidade mediante concessão de incentivo fiscal, e altera a Lei n. 8.212, de 24 de julho de 1991

O PRESIDENTE DA REPÚBLICA,

Faço saber que o Congresso Nacional decreta e eu sanciono a seguinte Lei:

Art. 1º É instituído o Programa Empresa Cidadã, destinado a prorrogar: *(Redação dada pela Lei n. 13.257, de 8.3.16, DOU 9.3.16)*

I — por 60 (sessenta) dias a duração da licença-maternidade prevista no inciso XVIII do *caput* do art. 7º da Constituição Federal; *(Incluído pela Lei n. 13.257, de 8.3.16, DOU 9.3.16)*

II — por 15 (quinze) dias a duração da licença-paternidade, nos termos desta Lei, além dos 5 (cinco) dias estabelecidos no § 1º do art. 10 do Ato das Disposições Constitucionais Transitórias. *(Incluído pela Lei n. 13.257, de 8.3.16, DOU 9.3.16)*

§ 1º A prorrogação de que trata este artigo: *(Redação dada pela Lei n. 13.257, de 8.3.16, DOU 9.3.16)*

I — será garantida à empregada da pessoa jurídica que aderir ao Programa, desde que a empregada a requeira até o final do primeiro mês após o parto, e será concedida imediatamente após a fruição da licença-maternidade de que trata o inciso XVIII do *caput* do art. 7º da Constituição Federal; *(Incluído pela Lei n. 13.257, de 8.3.16, DOU 9.3.16)*

II — será garantida ao empregado da pessoa jurídica que aderir ao Programa, desde que o empregado a requeira no prazo de 2 (dois) dias úteis após o parto e comprove participação em programa ou atividade de orientação sobre paternidade responsável. *(Incluído pela Lei n. 13.257, de 8.3.16, DOU 9.3.16)*

§ 2º A prorrogação será garantida, na mesma proporção, à empregada e ao empregado que adotar ou obtiver guarda judicial para fins de adoção de criança. *(Redação dada pela Lei n. 13.257, de 8.3.16, DOU 9.3.16)*

Art. 2º É a administração pública, direta, indireta e fundacional, autorizada a instituir programa que garanta prorrogação da licença-maternidade para suas servidoras, nos termos do que prevê o art. 1º desta Lei.

Art. 3º Durante o período de prorrogação da licença-maternidade e da licença-paternidade: *(Redação dada pela Lei n. 13.257, de 8.3.16, DOU 9.3.16)*

I — a empregada terá direito à remuneração integral, nos mesmos moldes devidos no período de percepção do salário-maternidade pago pelo Regime Geral de Previdência Social (RGPS); *(Incluído pela Lei n. 13.257, de 8.3.16, DOU 9.3.16)*

II — o empregado terá direito à remuneração integral. *(Incluído pela Lei n. 13.257, de 8.3.16, DOU 9.3.16)*

Art. 4º No período de prorrogação da licença-maternidade e da licença-paternidade de que trata esta Lei, a empregada e o empregado não poderão exercer nenhuma atividade remunerada, e a criança deverá ser mantida sob seus cuidados. *(Redação dada pela Lei n. 13.257, de 8.3.16, DOU 9.3.16)*

Parágrafo único. Em caso de descumprimento do disposto no *caput* deste artigo, a empregada e o empregado perderão o direito à prorrogação. *(Redação dada pela Lei n. 13.257, de 8.3.16, DOU 9.3.16)*

Art. 5º A pessoa jurídica tributada com base no lucro real poderá deduzir do imposto devido, em cada período de apuração, o total da remuneração integral da empregada e do empregado pago nos dias de prorrogação de sua licença-maternidade e de sua licença-paternidade, vedada a dedução como despesa operacional. *(Redação dada pela Lei n. 13.257, de 8.3.16, DOU 9.3.16)*

Parágrafo único. (VETADO)

Art. 6º (VETADO)

Art. 7º O Poder Executivo, com vistas no cumprimento do disposto no inciso II do *caput* do art. 5º e nos arts. 12 e 14 da Lei Complementar n. 101, de 4 de maio de 2000, estimará o montante da renúncia fiscal decorrente do disposto nesta Lei e o incluirá no demonstrativo a que se refere o § 6º do art. 165 da Constituição Federal, que acompanhará o projeto de lei orçamentária cuja apresentação se der após decorridos 60 (sessenta) dias da publicação desta Lei.

Art. 8º Esta Lei entra em vigor na data de sua publicação, produzindo efeitos a partir do primeiro dia do exercício subsequente àquele em que for implementado o disposto no seu art. 7º.

Brasília, 9 de setembro de 2008; 187º da Independência e 120º da República.

Luiz Inácio Lula da Silva
Guido Mantega
Carlos Lupi
José Pimentel
DOU 10.9.2008

Decreto n. 7.052, de 23 de dezembro de 2009

Regulamenta a Lei n. 11.770, de 9 de setembro de 2008, que cria o Programa Empresa Cidadã, destinado à prorrogação da licença-maternidade, no tocante a empregadas de pessoas jurídicas

O PRESIDENTE DA REPÚBLICA, no uso da atribuição que lhe confere o art. 84, inciso IV, da Constituição, e tendo em vista o disposto na Lei n. 11.770, de 9 de setembro de 2008, DECRETA:

Art. 1º Fica instituído o Programa Empresa Cidadã, destinado a prorrogar por sessenta dias a duração da licença-maternidade prevista no inciso XVIII do *caput* do art. 7º da Constituição e o correspondente período do salário-maternidade de que trata os arts. 71 e 71-A da Lei n. 8.213, de 24 de julho de 1991.

§ 1º Será beneficiada pelo Programa Empresa Cidadã a empregada da pessoa jurídica que aderir ao Programa, desde que a empregada requeira a prorrogação do salário-maternidade até o final do primeiro mês após o parto.

§ 2º A prorrogação a que se refere o § 1º iniciar-se-á no dia subsequente ao término da vigência do benefício de que tratam os arts. 71 e 71-A da Lei n. 8.213, de 1991.

§ 3º A prorrogação de que trata este artigo será devida, inclusive, no caso de parto antecipado.

Art. 2º O disposto no art. 1º aplica-se à empregada de pessoa jurídica que adotar ou obtiver guarda judicial para fins de adoção de criança, pelos seguintes períodos:

I — por sessenta dias, quando se tratar de criança de até um ano de idade;

II — por trinta dias, quando se tratar de criança a partir de um ano até quatro anos de idade completos; e

III — por quinze dias, quando se tratar de criança a partir de quatro anos até completar oito anos de idade.

Art. 3º As pessoas jurídicas poderão aderir ao Programa Empresa Cidadã, mediante requerimento dirigido à Secretaria da Receita Federal do Brasil.

Art. 4º Observadas as normas complementares a serem editadas pela Secretaria da Receita Federal do Brasil, a pessoa jurídica tributada com base no lucro real poderá deduzir do imposto devido, em cada período de apuração, o total da remuneração da empregada pago no período de prorrogação de sua licença-maternidade, vedada a dedução como despesa operacional.

Parágrafo único. A dedução de que trata o *caput* fica limitada ao valor do imposto devido em cada período de apuração.

Art. 5º No período de licença-maternidade e de licença à adotante de que trata este Decreto, a empregada não poderá exercer qualquer atividade remunerada, salvo nos casos de contrato de trabalho simultâneo firmado previamente, e a criança não poderá ser mantida em creche ou organização similar.

Parágrafo único. Em caso de ocorrência de quaisquer das situações previstas no *caput*, a beneficiária perderá o direito à prorrogação.

Art. 6º A empregada em gozo de salário-maternidade na data de publicação deste Decreto poderá solicitar a prorrogação da licença, desde que requeira no prazo de até trinta dias.

Art. 7º A Secretaria da Receita Federal do Brasil e o Instituto Nacional do Seguro Social — INSS poderão expedir, no âmbito de suas competências, normas complementares para execução deste Decreto.

Art. 8º Este Decreto entra em vigor na data de sua publicação, produzindo efeitos a partir de 1º de janeiro de 2010.

Brasília, 23 de dezembro de 2009; 189º da Independência e 121º da República.

Luiz Inácio Lula da Silva
Guido Mantega
José Pimentel
DOU 24.12.2009

Lei n. 11.788, de 25 de setembro de 2008

Dispõe sobre o estágio de estudantes; altera a redação do art. 428 da Consolidação das Leis do Trabalho — CLT, aprovada pelo Decreto-lei n. 5.452, de 10 de maio de 1943, e a Lei n. 9.394, de 20 de dezembro de 1996; revoga as Leis ns. 6.494, de 7 de dezembro de 1977, e 8.859, de 23 de março de 1994, o parágrafo único do art. 82 da Lei n. 9.394, de 20 de dezembro de 1996, e o art. 60 da Medida Provisória n. 2.164-41, de 24 de agosto de 2001; e dá outras providências

O PRESIDENTE DA REPÚBLICA,

Faço saber que o Congresso Nacional decreta e eu sanciono a seguinte Lei:

Capítulo I
Da Definição, Classificação e Relações de Estágio

Art. 1º Estágio é ato educativo escolar supervisionado, desenvolvido no ambiente de trabalho, que visa à preparação para o trabalho produtivo de educandos que estejam frequentando o ensino regular em instituições de educação superior, de educação profissional, de ensino médio, da educação especial e dos anos finais do ensino fundamental, na modalidade profissional da educação de jovens e adultos.

§ 1º O estágio faz parte do projeto pedagógico do curso, além de integrar o itinerário formativo do educando.

§ 2º O estágio visa ao aprendizado de competências próprias da atividade profissional e à contextualização curricular, objetivando o desenvolvimento do educando para a vida cidadã e para o trabalho.

Art. 2º O estágio poderá ser obrigatório ou não obrigatório, conforme determinação das diretrizes curriculares da etapa, modalidade e área de ensino e do projeto pedagógico do curso.

§ 1º Estágio obrigatório é aquele definido como tal no projeto do curso, cuja carga horária é requisito para aprovação e obtenção de diploma.

§ 2º Estágio não obrigatório é aquele desenvolvido como atividade opcional, acrescida à carga horária regular e obrigatória.

§ 3º As atividades de extensão, de monitorias e de iniciação científica na educação superior, desenvolvidas pelo estudante, somente poderão ser equiparadas ao estágio em caso de previsão no projeto pedagógico do curso.

Art. 3º O estágio, tanto na hipótese do § 1º do art. 2º desta Lei quanto na prevista no § 2º do mesmo dispositivo, não cria vínculo empregatício de qualquer natureza, observados os seguintes requisitos:

I — matrícula e frequência regular do educando em curso de educação superior, de educação profissional, de ensino médio, da educação especial e nos anos finais do ensino fundamental, na modalidade profissional da educação de jovens e adultos e atestados pela instituição de ensino;

II — celebração de termo de compromisso entre o educando, a parte concedente do estágio e a instituição de ensino;

III — compatibilidade entre as atividades desenvolvidas no estágio e aquelas previstas no termo de compromisso.

§ 1º O estágio, como ato educativo escolar supervisionado, deverá ter acompanhamento efetivo pelo professor orientador

da instituição de ensino e por supervisor da parte concedente, comprovado por vistos nos relatórios referidos no inciso IV do *caput* do art. 7º desta Lei e por menção de aprovação final.

§ 2º O descumprimento de qualquer dos incisos deste artigo ou de qualquer obrigação contida no termo de compromisso caracteriza vínculo de emprego do educando com a parte concedente do estágio para todos os fins da legislação trabalhista e previdenciária.

Art. 4º A realização de estágios, nos termos desta Lei, aplica-se aos estudantes estrangeiros regularmente matriculados em cursos superiores no País, autorizados ou reconhecidos, observado o prazo do visto temporário de estudante, na forma da legislação aplicável.

Art. 5º As instituições de ensino e as partes cedentes de estágio podem, a seu critério, recorrer a serviços de agentes de integração públicos e privados, mediante condições acordadas em instrumento jurídico apropriado, devendo ser observada, no caso de contratação com recursos públicos, a legislação que estabelece as normas gerais de licitação.

§ 1º Cabe aos agentes de integração, como auxiliares no processo de aperfeiçoamento do instituto do estágio:

I — identificar oportunidades de estágio;

II — ajustar suas condições de realização;

III — fazer o acompanhamento administrativo;

IV — encaminhar negociação de seguros contra acidentes pessoais;

V — cadastrar os estudantes.

§ 2º É vedada a cobrança de qualquer valor dos estudantes, a título de remuneração pelos serviços referidos nos incisos deste artigo.

§ 3º Os agentes de integração serão responsabilizados civilmente se indicarem estagiários para a realização de atividades não compatíveis com a programação curricular estabelecida para cada curso, assim como estagiários matriculados em cursos ou instituições para as quais não há previsão de estágio curricular.

Art. 6º O local de estágio pode ser selecionado a partir de cadastro de partes cedentes, organizado pelas instituições de ensino ou pelos agentes de integração.

Capítulo II
Da Instituição de Ensino

Art. 7º São obrigações das instituições de ensino, em relação aos estágios de seus educandos:

I — celebrar termo de compromisso com o educando ou com seu representante ou assistente legal, quando ele for absoluta ou relativamente incapaz, e com a parte concedente, indicando as condições de adequação do estágio à proposta pedagógica do curso, à etapa e modalidade da formação escolar do estudante e ao horário e calendário escolar;

II — avaliar as instalações da parte concedente do estágio e sua adequação à formação cultural e profissional do educando;

III — indicar professor orientador, da área a ser desenvolvida no estágio, como responsável pelo acompanhamento e avaliação das atividades do estagiário;

IV — exigir do educando a apresentação periódica, em prazo não superior a 6 (seis) meses, de relatório das atividades;

V — zelar pelo cumprimento do termo de compromisso, reorientando o estagiário para outro local em caso de descumprimento de suas normas;

VI — elaborar normas complementares e instrumentos de avaliação dos estágios de seus educandos;

VII — comunicar à parte concedente do estágio, no início do período letivo, as datas de realização de avaliações escolares ou acadêmicas.

Parágrafo único. O plano de atividades do estagiário, elaborado em acordo das 3 (três) partes a que se refere o inciso II do *caput* do art. 3º desta Lei, será incorporado ao termo de compromisso por meio de aditivos à medida que for avaliado, progressivamente, o desempenho do estudante.

Art. 8º É facultado às instituições de ensino celebrar com entes públicos e privados convênio de concessão de estágio, nos quais se explicitem o processo educativo compreendido nas atividades programadas para seus educandos e as condições de que tratam os arts. 6º a 14 desta Lei.

Parágrafo único. A celebração de convênio de concessão de estágio entre a instituição de ensino e a parte concedente não dispensa a celebração do termo de compromisso de que trata o inciso II do *caput* do art. 3º desta Lei.

Capítulo III
Da Parte Concedente

Art. 9º As pessoas jurídicas de direito privado e os órgãos da administração pública direta, autárquica e fundacional de qualquer dos Poderes da União, dos Estados, do Distrito Federal e dos Municípios, bem como profissionais liberais de nível superior devidamente registrados em seus respectivos conselhos de fiscalização profissional, podem oferecer estágio, observadas as seguintes obrigações:

I — celebrar termo de compromisso com a instituição de ensino e o educando, zelando por seu cumprimento;

II — ofertar instalações que tenham condições de proporcionar ao educando atividades de aprendizagem social, profissional e cultural;

III — indicar funcionário de seu quadro de pessoal, com formação ou experiência profissional na área de conhecimento desenvolvida no curso do estagiário, para orientar e supervisionar até 10 (dez) estagiários simultaneamente;

IV — contratar em favor do estagiário seguro contra acidentes pessoais, cuja apólice seja compatível com valores de mercado, conforme fique estabelecido no termo de compromisso;

V — por ocasião do desligamento do estagiário, entregar termo de realização do estágio com indicação resumida das atividades desenvolvidas, dos períodos e da avaliação de desempenho;

VI — manter à disposição da fiscalização documentos que comprovem a relação de estágio;

VII — enviar à instituição de ensino, com periodicidade mínima de 6 (seis) meses, relatório de atividades, com vista obrigatória ao estagiário.

Parágrafo único. No caso de estágio obrigatório, a responsabilidade pela contratação do seguro de que trata o inciso IV do *caput* deste artigo poderá, alternativamente, ser assumida pela instituição de ensino.

Capítulo IV
Do Estagiário

Art. 10. A jornada de atividade em estágio será definida de comum acordo entre a instituição de ensino, a parte concedente e o aluno estagiário ou seu representante legal, devendo constar do termo de compromisso ser compatível com as atividades escolares e não ultrapassar:

I — 4 (quatro) horas diárias e 20 (vinte) horas semanais, no caso de estudantes de educação especial e dos anos finais do ensino fundamental, na modalidade profissional de educação de jovens e adultos;

II — 6 (seis) horas diárias e 30 (trinta) horas semanais, no caso de estudantes do ensino superior, da educação profissional de nível médio e do ensino médio regular.

§ 1º O estágio relativo a cursos que alternam teoria e prática, nos períodos em que não estão programadas aulas presenciais, poderá ter jornada de até 40 (quarenta) horas semanais, desde que isso esteja previsto no projeto pedagógico do curso e da instituição de ensino.

§ 2º Se a instituição de ensino adotar verificações de aprendizagem periódicas ou finais, nos períodos de avaliação, a carga horária do estágio será reduzida pelo menos à metade, segundo estipulado no termo de compromisso, para garantir o bom desempenho do estudante.

Art. 11. A duração do estágio, na mesma parte concedente, não poderá exceder 2 (dois) anos, exceto quando se tratar de estagiário portador de deficiência.

Art. 12. O estagiário poderá receber bolsa ou outra forma de contraprestação que venha a ser acordada, sendo compulsória a sua concessão, bem como a do auxílio-transporte, na hipótese de estágio não obrigatório.

§ 1º A eventual concessão de benefícios relacionados a transporte, alimentação e saúde, entre outros, não caracteriza vínculo empregatício.

§ 2º Poderá o educando inscrever-se e contribuir como segurado facultativo do Regime Geral de Previdência Social.

Art. 13. É assegurado ao estagiário, sempre que o estágio tenha duração igual ou superior a 1 (um) ano, período de recesso de 30 (trinta) dias, a ser gozado preferencialmente durante suas férias escolares.

§ 1º O recesso de que trata este artigo deverá ser remunerado quando o estagiário receber bolsa ou outra forma de contraprestação.

§ 2º Os dias de recesso previstos neste artigo serão concedidos de maneira proporcional, nos casos de o estágio ter duração inferior a 1 (um) ano.

Art. 14. Aplica-se ao estagiário a legislação relacionada à saúde e segurança no trabalho, sendo sua implementação de responsabilidade da parte concedente do estágio.

Capítulo V
Da Fiscalização

Art. 15. A manutenção de estagiários em desconformidade com esta Lei caracteriza vínculo de emprego do educando com a parte concedente do estágio para todos os fins da legislação trabalhista e previdenciária.

§ 1º A instituição privada ou pública que reincidir na irregularidade de que trata este artigo ficará impedida de receber estagiários por 2 (dois) anos, contados da data da decisão

LEGISLAÇÃO COMPLEMENTAR

definitiva do processo administrativo correspondente.

§ 2º A penalidade de que trata o § 1º deste artigo limita-se à filial ou agência em que for cometida a irregularidade.

Capítulo VI
Das Disposições Gerais

Art. 16. O termo de compromisso deverá ser firmado pelo estagiário ou com seu representante ou assistente legal e pelos representantes legais da parte concedente e da instituição de ensino, vedada a atuação dos agentes de integração a que se refere o art. 5º desta Lei como representante de qualquer das partes.

Art. 17. O número máximo de estagiários em relação ao quadro de pessoal das entidades concedentes de estágio deverá atender às seguintes proporções:

I — de 1 (um) a 5 (cinco) empregados: 1 (um) estagiário;

II — de 6 (seis) a 10 (dez) empregados: até 2 (dois) estagiários;

III — de 11 (onze) a 25 (vinte e cinco) empregados: até 5 (cinco) estagiários;

IV — acima de 25 (vinte e cinco) empregados: até 20% (vinte por cento) de estagiários.

§ 1º Para efeito desta Lei, considera-se quadro de pessoal o conjunto de trabalhadores empregados existentes no estabelecimento do estágio.

§ 2º Na hipótese de a parte concedente contar com várias filiais ou estabelecimentos, os quantitativos previstos nos incisos deste artigo serão aplicados a cada um deles.

§ 3º Quando o cálculo do percentual disposto no inciso IV do *caput* deste artigo resultar em fração, poderá ser arredondado para o número inteiro imediatamente superior.

§ 4º Não se aplica o disposto no *caput* deste artigo aos estágios de nível superior e de nível médio profissional.

§ 5º Fica assegurado às pessoas portadoras de deficiência o percentual de 10% (dez por cento) das vagas oferecidas pela parte concedente do estágio.

Art. 18. A prorrogação dos estágios contratados antes do início da vigência desta Lei apenas poderá ocorrer se ajustada às suas disposições.

Art. 19. O art. 428 da Consolidação das Leis do Trabalho — CLT, aprovada pelo Decreto-lei n. 5.452, de 1º de maio de 1943, passa a vigorar com as seguintes alterações: (já incluso no respectivo artigo)

Art. 20. O art. 82 da Lei n. 9.394, de 20 de dezembro de 1996, passa a vigorar com a seguinte redação:

> "Art. 82. Os sistemas de ensino estabelecerão as normas de realização de estágio em sua jurisdição, observada a lei federal sobre a matéria.
> Parágrafo único. (REVOGADO)." (NR)

Art. 21. Esta Lei entra em vigor na data de sua publicação.

Art. 22. Revogam-se as Leis ns. 6.494, de 7 de dezembro de 1977, e 8.859, de 23 de março de 1994, o parágrafo único do art. 82 da Lei n. 9.394, de 20 de dezembro de 1996, e o art. 6º da Medida Provisória n. 2.164-41, de 24 de agosto de 2001.

Brasília, 25 de setembro de 2008; 187º da Independência e 120º da República.

LUIZ INÁCIO LULA DA SILVA
FERNANDO HADDAD
ANDRÉ PEIXOTO FIGUEIREDO LIMA
DOU 26.9.2008

Lei n. 11.889, de 24 de dezembro de 2008

Regulamenta o exercício das profissões de Técnico em Saúde Bucal — TSB e de Auxiliar em Saúde Bucal — ASB

O PRESIDENTE DA REPÚBLICA Faço saber que o Congresso Nacional decreta e eu sanciono a seguinte Lei:

Art. 1º (VETADO)

Art. 2º (VETADO)

Art. 3º O Técnico em Saúde Bucal e o Auxiliar em Saúde Bucal estão obrigados a se registrar no Conselho Federal de Odontologia e a se inscrever no Conselho Regional de Odontologia em cuja jurisdição exerçam suas atividades.

§ 1º (VETADO)
§ 2º (VETADO)
§ 3º (VETADO)
§ 4º (VETADO)

§ 5º Os valores das anuidades devidas aos Conselhos Regionais pelo Técnico em Saúde Bucal e pelo Auxiliar em Saúde Bucal e das taxas correspondentes aos serviços e atos indispensáveis ao exercício das profissões não podem ultrapassar, respectivamente, 1/4 (um quarto) e 1/10 (um décimo) daqueles cobrados ao cirurgião-dentista.

Art. 4º (VETADO)

Parágrafo único. A supervisão direta será obrigatória em todas as atividades clínicas, podendo as atividades extraclínicas ter supervisão indireta.

Art. 5º Competem ao Técnico em Saúde Bucal, sempre sob a supervisão do cirurgião-dentista, as seguintes atividades, além das estabelecidas para os auxiliares em saúde bucal:

I — participar do treinamento e capacitação de Auxiliar em Saúde Bucal e de agentes multiplicadores das ações de promoção à saúde;

II — participar das ações educativas atuando na promoção da saúde e na prevenção das doenças bucais;

III — participar na realização de levantamentos e estudos epidemiológicos, exceto na categoria de examinador;

IV — ensinar técnicas de higiene bucal e realizar a prevenção das doenças bucais por meio da aplicação tópica do flúor, conforme orientação do cirurgião-dentista;

V — fazer a remoção do biofilme, de acordo com a indicação técnica definida pelo cirurgião-dentista;

VI — supervisionar, sob delegação do cirurgião-dentista, o trabalho dos auxiliares de saúde bucal;

VII — realizar fotografias e tomadas de uso odontológicos exclusivamente em consultórios ou clínicas odontológicas;

VIII — inserir e distribuir no preparo cavitário materiais odontológicos na restauração dentária direta, vedado o uso de materiais e instrumentos não indicados pelo cirurgião-dentista;

IX — proceder à limpeza e à antissepsia do campo operatório, antes e após atos cirúrgicos, inclusive em ambientes hospitalares;

X — remover suturas;

XI — aplicar medidas de biossegurança no armazenamento, manuseio e descarte de produtos e resíduos odontológicos;

XII — realizar isolamento do campo operatório;

XIII — exercer todas as competências no âmbito hospitalar, bem como instrumentar o cirurgião-dentista em ambientes clínicos e hospitalares.

§ 1º Dada a sua formação, o Técnico em Saúde Bucal é credenciado a compor a equipe de saúde, desenvolver atividades auxiliares em Odontologia e colaborar em pesquisas.

§ 2º (VETADO)

Art. 6º É vedado ao Técnico em Saúde Bucal:

I — exercer a atividade de forma autônoma;

II — prestar assistência direta ou indireta ao paciente, sem a indispensável supervisão do cirurgião-dentista;

III — realizar, na cavidade bucal do paciente, procedimentos não discriminados no art. 5º desta Lei; e

IV — fazer propaganda de seus serviços, exceto em revistas, jornais e folhetos especializados da área odontológica.

Art. 7º (VETADO)

Art. 8º (VETADO)

Parágrafo único. A supervisão direta se dará em todas as atividades clínicas, podendo as atividades extraclínicas ter supervisão indireta.

Art. 9º Compete ao Auxiliar em Saúde Bucal, sempre sob a supervisão do cirurgião-dentista ou do Técnico em Saúde Bucal:

I — organizar e executar atividades de higiene bucal;

II — processar filme radiográfico;

III — preparar o paciente para o atendimento;

IV — auxiliar e instrumentar os profissionais nas intervenções clínicas, inclusive em ambientes hospitalares;

V — manipular materiais de uso odontológico;

VI — selecionar moldeiras;

VII — preparar modelos em gesso;

VIII — registrar dados e participar da análise das informações relacionadas ao controle administrativo em saúde bucal;

IX — executar limpeza, assepsia, desinfecção e esterilização do instrumental, equipamentos odontológicos e do ambiente de trabalho;

X — realizar o acolhimento do paciente nos serviços de saúde bucal;

XI — aplicar medidas de biossegurança no armazenamento, transporte, manuseio e descarte de produtos e resíduos odontológicos;

XII — desenvolver ações de promoção da saúde e prevenção de riscos ambientais e sanitários;

XIII — realizar em equipe levantamento de necessidades em saúde bucal; e

XIV — adotar medidas de biossegurança visando ao controle de infecção.

Art. 10. É vedado ao Auxiliar em Saúde Bucal:

I — exercer a atividade de forma autônoma;

II — prestar assistência, direta ou indiretamente, a paciente, sem a indispensável supervisão do cirurgião-dentista ou do Técnico em Saúde Bucal;

III — realizar, na cavidade bucal do paciente, procedimentos não discriminados no art. 9º desta Lei; e

IV — fazer propaganda de seus serviços, mesmo em revistas, jornais ou folhetos especializados da área odontológica.

Art. 11. O cirurgião-dentista que, tendo Técnico em Saúde Bucal ou Auxiliar em Saúde Bucal sob sua supervisão e responsabilidade, permitir que esses, sob qualquer forma, extrapolem suas funções específicas responderá perante os Conselhos Regionais de Odontologia, conforme a legislação em vigor.

Art. 12. Esta Lei entra em vigor na data de sua publicação.

Brasília, 24 de dezembro de 2008; 187º da Independência e 120º da República.

LUIZ INÁCIO LULA DA SILVA
CARLOS LUPI
JOSÉ GOMES TEMPORÃO
DOU 26.12.2008

Lei n. 11.901, de 12 de janeiro de 2009

Dispõe sobre a profissão de bombeiro civil e dá outras providências

O PRESIDENTE DA REPÚBLICA,

Faço saber que o Congresso Nacional decreta e eu sanciono a seguinte Lei:

Art. 1º O exercício da profissão de Bombeiro Civil reger-se-á pelo disposto nesta Lei.

Art. 2º Considera-se Bombeiro Civil aquele que, habilitado nos termos desta Lei, exerça, em caráter habitual, função remunerada e exclusiva de prevenção e combate a incêndio, como empregado contratado diretamente por empresas privadas ou públicas, sociedades de economia mista, ou empresas especializadas em prestação de serviços de prevenção e combate a incêndio.

§ 1º (VETADO)

§ 2º No atendimento a sinistros em que atuem, em conjunto, os Bombeiros Civis e o Corpo de Bombeiros Militar, a coordenação e a direção das ações caberão, com exclusividade e em qualquer hipótese, à corporação militar.

Art. 3º (VETADO)

Art. 4º As funções de Bombeiro Civil são assim classificadas:

I — Bombeiro Civil, nível básico, combatente direto ou não do fogo;

II — Bombeiro Civil Líder, o formado como técnico em prevenção e combate a incêndio, em nível de ensino médio, comandante de guarnição em seu horário de trabalho;

III — Bombeiro Civil Mestre, o formado em engenharia com especialização em prevenção e combate a incêndio, responsável pelo Departamento de Prevenção e Combate a Incêndio.

Art. 5º A jornada do Bombeiro Civil é de 12 (doze) horas de trabalho por 36 (trinta e seis) horas de descanso, num total de 36 (trinta e seis) horas semanais.

Art. 6º É assegurado ao Bombeiro Civil:

I — uniforme especial a expensas do empregador;

II — seguro de vida em grupo, estipulado pelo empregador;

III — adicional de periculosidade de 30% (trinta por cento) do salário mensal sem os acréscimos resultantes de gratificações, prêmios ou participações nos lucros da empresa;

IV — o direito à reciclagem periódica.

Art. 7º (VETADO)

Art. 8º As empresas especializadas e os cursos de formação de Bombeiro Civil, bem como os cursos técnicos de segundo grau de prevenção e combate a incêndio que infringirem as disposições desta Lei, ficarão sujeitos às seguintes penalidades:

I — advertência;

II — (VETADO)

III — proibição temporária de funcionamento;

IV — cancelamento da autorização e registro para funcionar.

Art. 9º As empresas e demais entidades que se utilizem do serviço de Bombeiro Civil poderão firmar convênios com os Corpos de Bombeiros Militares dos Estados, dos Territórios e do Distrito Federal, para assistência técnica a seus profissionais.

Art. 10. (VETADO)

Art. 11. Esta Lei entra em vigor na data de sua publicação.

Brasília, 12 de janeiro de 2009; 188º da Independência e 121º da República.

LUIZ INÁCIO LULA DA SILVA
TARSO GENRO
CARLOS LUPI
JOÃO BERNARDO DE AZEVEDO BRINGEL
JOSÉ ANTONIO DIAS TOFFOLI
DOU 13.1.2009

Lei n. 11.959, de 29 de junho de 2009

Dispõe sobre a política nacional de desenvolvimento sustentável da aquicultura e da pesca, regula as atividades pesqueiras, revoga a Lei n. 7.679, de 23 de novembro de 1988, e dispositivos do Decreto-Lei n. 221, de 28 de fevereiro de 1967, e dá outras providências

O PRESIDENTE DA REPÚBLICA,

Faço saber que o Congresso Nacional decreta e eu sanciono a seguinte Lei:

Capítulo I
Normas Gerais da Política Nacional de Desenvolvimento Sustentável da Aquicultura e da Pesca

Art. 1º Esta Lei dispõe sobre a Política Nacional de Desenvolvimento Sustentável da Aquicultura e da Pesca, formulada, coordenada e executada com o objetivo de promover:

I — o desenvolvimento sustentável da pesca e da aquicultura como fonte de alimentação, emprego, renda e lazer, garantindo-se o uso sustentável dos recursos pesqueiros, bem como a otimização dos benefícios econômicos decorrentes, em harmonia com a preservação e a conservação do meio ambiente e da biodiversidade;

II — o ordenamento, o fomento e a fiscalização da atividade pesqueira;

III — a preservação, a conservação e a recuperação dos recursos pesqueiros e dos ecossistemas aquáticos;

IV — o desenvolvimento socioeconômico, cultural e profissional dos que exercem a atividade pesqueira, bem como de suas comunidades.

Capítulo II
Definições

Art. 2º Para os efeitos desta Lei, consideram-se:

I — recursos pesqueiros: os animais e os vegetais hidróbios passíveis de exploração, estudo ou pesquisa pela pesca amadora, de subsistência, científica, comercial e pela aquicultura;

II — aquicultura: a atividade de cultivo de organismos cujo ciclo de vida em condições naturais se dá total ou parcialmente em meio aquático, implicando a propriedade do estoque sob cultivo, equiparada à atividade agropecuária e classificada nos termos do art. 20 desta Lei;

III — pesca: toda operação, ação ou ato tendente a extrair, colher, apanhar, apreender ou capturar recursos pesqueiros;

IV — aquicultor: a pessoa física ou jurídica que, registrada e licenciada pelas autoridades competentes, exerce a aquicultura com fins comerciais;

V — armador de pesca: a pessoa física ou jurídica que, registrada e licenciada pelas autoridades competentes, apresta, em seu nome ou sob sua responsabilidade, embarcação para ser utilizada na atividade pesqueira pondo-a ou não a operar por sua conta;

VI — empresa pesqueira: a pessoa jurídica que, constituída de acordo com a legislação e devidamente registrada e licenciada pelas autoridades competentes, dedica-se, com fins comerciais, ao exercício da atividade pesqueira prevista nesta Lei;

VII — embarcação brasileira de pesca: a pertencente a pessoa natural residente e domiciliada no Brasil ou a pessoa jurídica constituída segundo as leis brasileiras, com sede e administração no País, bem como aquela sob contrato de arrendamento por empresa pesqueira brasileira;

VIII — embarcação estrangeira de pesca: a pertencente a pessoa natural residente e domiciliada no exterior ou a pessoa jurídica constituída segundo as leis de outro país, em que tenha sede e administração, ou, ainda, as embarcações brasileiras arrendadas a pessoa física ou jurídica estrangeira;

IX — transbordo do produto da pesca: fase da atividade pesqueira destinada à transferência do pescado e dos seus derivados de embarcação de pesca para outra embarcação;

X — áreas de exercício da atividade pesqueira: as águas continentais, interiores, o mar territorial, a plataforma continental, a zona econômica exclusiva brasileira, o alto-mar e outras áreas de pesca, conforme acordos e tratados internacionais firmados pelo Brasil, excetuando-se as áreas demarcadas como unidades de conservação da natureza de proteção integral ou como patrimônio histórico e aquelas definidas como áreas de exclusão para a segurança nacional e para o tráfego aquaviário;

XI — processamento: fase da atividade pesqueira destinada ao aproveitamento do pescado e de seus derivados, provenientes da pesca e da aquicultura;

XII — ordenamento pesqueiro: o conjunto de normas e ações que permitem administrar a atividade pesqueira, com base no conhecimento atualizado dos seus componentes biológico-pesqueiros, ecossistêmico, econômicos e sociais;

XIII — águas interiores: as baías, lagunas, braços de mar, canais, estuários, portos, angras, enseadas, ecossistemas de manguezais, ainda que a comunicação com o mar seja sazonal, e as águas compreendidas entre a costa e a linha de base reta, ressalvado o disposto em acordos e tratados de que o Brasil seja parte;

XIV — águas continentais: os rios, bacias, ribeirões, lagos, lagoas, açudes ou quaisquer depósitos de água não marinha, naturais ou artificiais, e os canais que não tenham ligação com o mar;

XV — alto-mar: a porção de água do mar não incluída na zona econômica exclusiva, no mar territorial ou nas águas interiores e continentais de outro Estado, nem nas águas arquipelágicas de Estado arquipélago;

XVI — mar territorial: faixa de 12 (doze) milhas marítimas de largura, medida a partir da linha de baixa-mar do litoral continental e insular brasileiro, tal como indicada nas cartas náuticas de grande escala, reconhecidas oficialmente pelo Brasil;

XVII — zona econômica exclusiva: faixa que se estende das 12 (doze) às 200 (duzentas) milhas marítimas, contadas a partir das linhas de base que servem para medir a largura do mar territorial;

LEGISLAÇÃO COMPLEMENTAR

XVIII — plataforma continental: o leito e o subsolo das áreas submarinas que se estendem além do mar territorial, em toda a extensão do prolongamento natural do território terrestre, até o bordo exterior da margem continental, ou até uma distância de 200 (duzentas) milhas marítimas das linhas de base, a partir das quais se mede a largura do mar territorial, nos casos em que o bordo exterior da margem continental não atinja essa distância;

XIX — defeso: a paralisação temporária da pesca para a preservação da espécie, tendo como motivação a reprodução e/ou recrutamento, bem como paralisações causadas por fenômenos naturais ou acidentes;

XX — (VETADO);

XXI — pescador amador: a pessoa física, brasileira ou estrangeira, que, licenciada pela autoridade competente, pratica a pesca sem fins econômicos;

XXII — pescador profissional: a pessoa física, brasileira ou estrangeira residente no País que, licenciada pelo órgão público competente, exerce a pesca com fins comerciais, atendidos os critérios estabelecidos em legislação específica.

Capítulo III
Da Sustentabilidade do Uso dos Recursos Pesqueiros e da Atividade de Pesca

Seção I
Da Sustentabilidade do Uso dos Recursos Pesqueiros

Art. 3º Compete ao poder público a regulamentação da Política Nacional de Desenvolvimento Sustentável da Atividade Pesqueira, conciliando o equilíbrio entre o princípio da sustentabilidade dos recursos pesqueiros e a obtenção de melhores resultados econômicos e sociais, calculando, autorizando ou estabelecendo, em cada caso:

I — os regimes de acesso;
II — a captura total permissível;
III — o esforço de pesca sustentável;
IV — os períodos de defeso;
V — as temporadas de pesca;
VI — os tamanhos de captura;
VII — as áreas interditadas ou de reservas;
VIII — as artes, os aparelhos, os métodos e os sistemas de pesca e cultivo;
IX — a capacidade de suporte dos ambientes;
X — as necessárias ações de monitoramento, controle e fiscalização da atividade;
XI — a proteção de indivíduos em processo de reprodução ou recomposição de estoques.

§ 1º O ordenamento pesqueiro deve considerar as peculiaridades e as necessidades dos pescadores artesanais, de subsistência e da aquicultura familiar, visando a garantir sua permanência e sua continuidade.

§ 2º Compete aos Estados e ao Distrito Federal o ordenamento da pesca nas águas continentais de suas respectivas jurisdições, observada a legislação aplicável, podendo o exercício da atividade ser restrita a uma determinada bacia hidrográfica.

Seção II
Da Atividade Pesqueira

Art. 4º A atividade pesqueira compreende todos os processos de pesca, explotação e exploração, cultivo, conservação, processamento, transporte, comercialização e pesquisa dos recursos pesqueiros.

Parágrafo único. Consideram-se atividade pesqueira artesanal, para os efeitos desta Lei, os trabalhos de confecção e de reparos de artes e petrechos de pesca, os reparos realizados em embarcações de pequeno porte e o processamento do produto da pesca artesanal.

Art. 5º O exercício da atividade pesqueira somente poderá ser realizado mediante prévio ato autorizativo emitido pela autoridade competente, asseguradas:

I — a proteção dos ecossistemas e a manutenção do equilíbrio ecológico, observados os princípios de preservação da biodiversidade e o uso sustentável dos recursos naturais;

II — a busca de mecanismos para a garantia da proteção e da seguridade do trabalhador e das populações com saberes tradicionais;

III — a busca da segurança alimentar e a sanidade dos alimentos produzidos.

Art. 6º O exercício da atividade pesqueira poderá ser proibido transitória, periódica ou permanentemente, nos termos das normas específicas, para proteção:

I — de espécies, áreas ou ecossistemas ameaçados;
II — do processo reprodutivo das espécies e de outros processos vitais para a manutenção e a recuperação dos estoques pesqueiros;
III — da saúde pública;
IV — do trabalhador.

§ 1º Sem prejuízo do disposto no *caput* deste artigo, o exercício da atividade pesqueira é proibido:

I — em épocas e nos locais definidos pelo órgão competente;
II — em relação às espécies que devam ser preservadas ou espécimes com tamanhos não permitidos pelo órgão competente;
III — sem licença, permissão, concessão, autorização ou registro expedido pelo órgão competente;
IV — em quantidade superior à permitida pelo órgão competente;
V — em locais próximos às áreas de lançamento de esgoto nas águas, com distância estabelecida em norma específica;
VI — em locais que causem embaraço à navegação;
VII — mediante a utilização de:
a) explosivos;
b) processos, técnicas ou substâncias que, em contato com a água, produzam efeito semelhante ao de explosivos;
c) substâncias tóxicas ou químicas que alterem as condições naturais da água;
d) petrechos, técnicas e métodos não permitidos ou predatórios.

§ 2º São vedados o transporte, a comercialização, o processamento e a industrialização de espécimes provenientes da atividade pesqueira proibida.

Art. 7º O desenvolvimento sustentável da atividade pesqueira dar-se-á mediante:

I — a gestão do acesso e uso dos recursos pesqueiros;
II — a determinação de áreas especialmente protegidas;
III — a participação social;
IV — a capacitação da mão de obra do setor pesqueiro;
V — a educação ambiental;
VI — a construção e a modernização da infraestrutura portuária de terminais portuários, bem como a melhoria dos serviços portuários;

VII — a pesquisa dos recursos, técnicas e métodos pertinentes à atividade pesqueira;
VIII — o sistema de informações sobre a atividade pesqueira;
IX — o controle e a fiscalização da atividade pesqueira;
X — o crédito para fomento ao setor pesqueiro.

Capítulo IV
Da Pesca

Seção I
Da Natureza da Pesca

Art. 8º Pesca, para os efeitos desta Lei, classifica-se como:

I — comercial:
a) artesanal: quando praticada diretamente por pescador profissional, de forma autônoma ou em regime de economia familiar, com meios de produção próprios ou mediante contrato de parceria, desembarcado, podendo utilizar embarcações de pequeno porte;
b) industrial: quando praticada por pessoa física ou jurídica e envolver pescadores profissionais, empregados ou em regime de parceria por cotas-partes, utilizando embarcações de pequeno, médio ou grande porte, com finalidade comercial;

II — não comercial:
a) científica: quando praticada por pessoa física ou jurídica, com a finalidade de pesquisa científica;
b) amadora: quando praticada por brasileiro ou estrangeiro, com equipamentos ou petrechos previstos em legislação específica, tendo por finalidade o lazer ou o desporto;
c) de subsistência: quando praticada com fins de consumo doméstico ou escambo sem fins de lucro e utilizando petrechos previstos em legislação específica.

Seção II
Das Embarcações de Pesca

Art. 9º Podem exercer a atividade pesqueira em áreas sob jurisdição brasileira:

I — as embarcações brasileiras de pesca;
II — as embarcações estrangeiras de pesca cobertas por acordos ou tratados internacionais firmados pelo Brasil, nas condições neles estabelecidas e na legislação específica;
III — as embarcações estrangeiras de pesca arrendadas por empresas, armadores e cooperativas brasileiras de produção de pesca, nos termos e condições estabelecidos em legislação específica.

§ 1º Para os efeitos desta Lei, consideram-se equiparadas às embarcações brasileiras de pesca as embarcações estrangeiras de pesca arrendadas por pessoa física ou jurídica brasileira.

§ 2º A pesca amadora ou esportiva somente poderá utilizar embarcações classificadas pela autoridade marítima na categoria de esporte e recreio.

Art. 10. Embarcação de pesca, para os fins desta Lei, é aquela que, permissionada e registrada perante as autoridades competentes, na forma da legislação específica, opera, com exclusividade, em uma ou mais das seguintes atividades:

I — na pesca;
II — na aquicultura;
III — na conservação do pescado;
IV — no processamento do pescado;

V — no transporte do pescado;

VI — na pesquisa de recursos pesqueiros.

§ 1º As embarcações que operam na pesca comercial se classificam em:

I — de pequeno porte: quando possui arqueação bruta — AB igual ou menor que 20 (vinte);

II — de médio porte: quando possui arqueação bruta — AB maior que 20 (vinte) e menor que 100 (cem);

III — de grande porte: quando possui arqueação bruta — AB igual ou maior que 100 (cem).

§ 2º Para fins creditícios, são considerados bens de produção as embarcações, as redes e os demais petrechos utilizados na pesca ou na aquicultura comercial.

§ 3º Para fins creditícios, são considerados instrumentos de trabalho as embarcações, as redes e os demais petrechos e equipamentos utilizados na pesca artesanal.

§ 4º A embarcação utilizada na pesca artesanal, quando não estiver envolvida na atividade pesqueira, poderá transportar as famílias dos pescadores, os produtos da pequena lavoura e da indústria doméstica, observadas as normas da autoridade marítima aplicáveis ao tipo de embarcação.

§ 5º É permitida a admissão, em embarcações pesqueiras, de menores a partir de 14 (catorze) anos de idade, na condição de aprendizes de pesca, observadas as legislações trabalhista, previdenciária e de proteção à criança e ao adolescente, bem como as normas da autoridade marítima.

Art. 11. As embarcações brasileiras de pesca terão, no curso normal de suas atividades, prioridades no acesso aos portos e aos terminais pesqueiros nacionais, sem prejuízo da exigência de prévia autorização, podendo a descarga de pescado ser feita pela tripulação da embarcação de pesca.

Parágrafo único. Não se aplicam à embarcação brasileira de pesca ou estrangeira de pesca arrendada por empresa brasileira as normas reguladoras do tráfego de cabotagem e as referentes à praticagem.

Art. 12. O transbordo do produto da pesca, desde que previamente autorizado, poderá ser feito nos termos da regulamentação específica.

§ 1º O transbordo será permitido, independentemente de autorização, em caso de acidente ou defeito mecânico que implique o risco de perda do produto da pesca ou seu derivado.

§ 2º O transbordo de pescado em área portuária, para embarcação de transporte, poderá ser realizado mediante autorização da autoridade competente, nas condições nela estabelecidas.

§ 3º As embarcações pesqueiras brasileiras poderão desembarcar o produto da pesca em portos de países que mantenham acordo com o Brasil e que permitam tais operações na forma do regulamento desta Lei.

§ 4º O produto pesqueiro ou seu derivado oriundo de embarcação brasileira ou de embarcação estrangeira de pesca arrendada à pessoa jurídica brasileira é considerado produto brasileiro.

Art. 13. A construção e a transformação de embarcação brasileira de pesca, assim como a importação ou arrendamento de embarcação estrangeira de pesca, dependem de autorização prévia das autoridades competentes, observados os critérios definidos na regulamentação pertinente.

§ 1º A autoridade competente poderá dispensar, nos termos da legislação específica, a exigência de que trata o *caput* deste artigo para a construção e transformação de embarcação utilizada nas pescas artesanal e de subsistência, atendidas as diretrizes relativas à gestão dos recursos pesqueiros.

§ 2º A licença de construção, de alteração ou de reclassificação da embarcação de pesca expedida pela autoridade marítima está condicionada à apresentação da Permissão Prévia de Pesca expedida pelo órgão federal competente, conforme parâmetros mínimos definidos em regulamento conjunto desses órgãos.

Seção III
Dos Pescadores

Art. 14. (VETADO)

Art. 15. (VETADO)

Art. 16. (VETADO)

Art. 17. (VETADO)

Capítulo V
Da Aquicultura

Art. 18. O aquicultor poderá coletar, capturar e transportar organismos aquáticos silvestres, com finalidade técnico-científica ou comercial, desde que previamente autorizado pelo órgão competente, nos seguintes casos:

I — reposição de plantel de reprodutores;

II — cultivo de moluscos aquáticos e de macroalgas disciplinado em legislação específica.

Art. 19. A aquicultura é classificada como:

I — comercial: quando praticada com finalidade econômica, por pessoa física ou jurídica;

II — científica ou demonstrativa: quando praticada unicamente com fins de pesquisa, estudos ou demonstração por pessoa jurídica legalmente habilitada para essas finalidades;

III — recomposição ambiental: quando praticada sem finalidade econômica, com o objetivo de repovoamento, por pessoa física ou jurídica legalmente habilitada;

IV — familiar: quando praticada por unidade unifamiliar, nos termos da Lei n. 11.326, de 24 de julho de 2006;

V — ornamental: quando praticada para fins de aquariofilia ou de exposição pública, com fins comerciais ou não.

Art. 20. O regulamento desta Lei disporá sobre a classificação das modalidades de aquicultura a que se refere o art. 19, consideradas:

I — a forma do cultivo;

II — a dimensão da área explorada;

III — a prática de manejo;

IV — a finalidade do empreendimento.

Parágrafo único. As empresas de aquicultura são consideradas empresas pesqueiras.

Art. 21. O Estado concederá o direito de uso de águas e terrenos públicos para o exercício da aquicultura.

Art. 22. Na criação de espécies exóticas, é responsabilidade do aquicultor assegurar a contenção dos espécimes no âmbito do cativeiro, impedindo seu acesso às águas de drenagem de bacia hidrográfica brasileira.

Parágrafo único. Fica proibida a soltura, no ambiente natural, de organismos geneticamente modificados, cuja caracterização esteja em conformidade com os termos da legislação específica.

Art. 23. São instrumentos de ordenamento da aquicultura os planos de desenvolvimento da aquicultura, os parques e áreas aquícolas e o Sistema Nacional de Autorização de Uso de Águas da União para fins de aquicultura, conforme definidos em regulamentação específica.

Parágrafo único. A implantação de empreendimentos aquícolas em áreas de salinas, salgados, apicuns, restingas, bem como em todas e quaisquer áreas adjacentes a rios, lagoas, lagos, açudes, deverá observar o contido na Lei n. 4.771, de 15 de setembro de 1965 — Código Florestal, na Medida Provisória n. 2.166-67, de 24 de agosto de 2001, e nas demais legislações pertinentes que dispõem sobre as Áreas de Preservação Permanente — APP.

Capítulo VI
Do Acesso aos Recursos Pesqueiros

Art. 24. Toda pessoa, física ou jurídica, que exerça atividade pesqueira bem como a embarcação de pesca devem ser previamente inscritas no Registro Geral da Atividade Pesqueira — RGP, bem como no Cadastro Técnico Federal — CTF na forma da legislação específica.

Parágrafo único. Os critérios para a efetivação do Registro Geral da Atividade Pesqueira serão estabelecidos no regulamento desta Lei.

Art. 25. A autoridade competente adotará, para o exercício da atividade pesqueira, os seguintes atos administrativos:

I — concessão: para exploração por particular de infraestrutura e de terrenos públicos destinados à exploração de recursos pesqueiros;

II — permissão: para transferência de permissão; para importação de espécies aquáticas para fins ornamentais e de aquicultura, em qualquer fase do ciclo vital; para construção, transformação e importação de embarcações de pesca; para arrendamento de embarcação estrangeira de pesca; para pesquisa; para o exercício da aquicultura em águas públicas; para instalação de armadilhas fixas em águas de domínio da União;

III — autorização: para operação de embarcação de pesca e para operação de embarcação de esporte e recreio, quando utilizada na pesca esportiva; e para a realização de torneios ou gincanas de pesca amadora;

IV — licença: para o pescador profissional e amador ou esportivo; para o aquicultor; para o armador de pesca; para a instalação e operação de empresa pesqueira;

V — cessão: para uso de espaços físicos em corpos d'água sob jurisdição da União, dos Estados e do Distrito Federal, para fins de aquicultura.

§ 1º Os critérios para a efetivação do Registro Geral da Atividade Pesqueira serão estabelecidos no regulamento desta Lei.

§ 2º A inscrição no RGP é condição prévia para a obtenção de concessão, permissão, autorização e licença em matéria relacionada ao exercício da atividade pesqueira.

Art. 26. Toda embarcação nacional ou estrangeira que se dedique à pesca comercial, além do cumprimento das exigências da autoridade marítima, deverá estar inscrita e autorizada pelo órgão público federal competente.

Parágrafo único. A inobservância do disposto no *caput* deste artigo implicará a interdição do barco até a satisfação das exigências impostas pelas autoridades competentes.

LEGISLAÇÃO COMPLEMENTAR

Capítulo VII
Do Estímulo à Atividade Pesqueira

Art. 27. São considerados produtores rurais e beneficiários da política agrícola de que trata o art. 187 da Constituição Federal as pessoas físicas e jurídicas que desenvolvam atividade pesqueira de captura e criação de pescado nos termos desta Lei.

§ 1º Podem ser beneficiários do crédito rural de comercialização os agentes que desenvolvem atividades de transformação, processamento e industrialização de pescado, desde que atendido o disposto no § 1º do art. 49 da Lei n. 8.171, de 17 de janeiro de 1991.

§ 2º Fica o Poder Executivo autorizado a criar sistema nacional de informações sobre a pesca e a aquicultura, com o objetivo de coletar, agregar, intercambiar e disseminar informações sobre o setor pesqueiro e aquícola nacional.

Art. 28. As colônias de pescadores poderão organizar a comercialização dos produtos pesqueiros de seus associados, diretamente ou por intermédio de cooperativas ou outras entidades constituídas especificamente para esse fim.

Art. 29. A capacitação da mão de obra será orientada para o desenvolvimento sustentável da atividade pesqueira.

Parágrafo único. Cabe ao poder público e à iniciativa privada a promoção e o incentivo da pesquisa e capacitação da mão de obra pesqueira.

Art. 30. A pesquisa pesqueira será destinada a obter e proporcionar, de forma permanente, informações e bases científicas que permitam o desenvolvimento sustentável da atividade pesqueira.

§ 1º Não se aplicam à pesquisa científica as proibições estabelecidas para a atividade pesqueira comercial.

§ 2º A coleta e o cultivo de recursos pesqueiros com finalidade científica deverão ser autorizados pelo órgão ambiental competente.

§ 3º O resultado das pesquisas deve ser difundido para todo o setor pesqueiro.

Capítulo VIII
Da Fiscalização e das Sanções

Art. 31. A fiscalização da atividade pesqueira abrangerá as fases de pesca, cultivo, desembarque, conservação, transporte, processamento, armazenamento e comercialização dos recursos pesqueiros, bem como o monitoramento ambiental dos ecossistemas aquáticos.

Parágrafo único. A fiscalização prevista no caput deste artigo é de competência do poder público federal, observadas as competências estadual, distrital e municipal pertinentes.

Art. 32. A autoridade competente poderá determinar a utilização de mapa de bordo e dispositivo de rastreamento por satélite, bem como de qualquer outro dispositivo ou procedimento que possibilite o monitoramento a distância e permita o acompanhamento, de forma automática e em tempo real, da posição geográfica e da profundidade do local de pesca da embarcação, nos termos de regulamento específico.

Art. 33. As condutas e atividades lesivas aos recursos pesqueiros e ao meio ambiente serão punidas na forma da Lei n. 9.605, de 12 de fevereiro de 1998, e de seu regulamento.

Capítulo IX
Disposições Gerais

Art. 34. O órgão responsável pela gestão do uso dos recursos pesqueiros poderá solicitar amostra de material biológico oriundo da atividade pesqueira, sem ônus para o solicitante, com a finalidade de geração de dados e informações científicas, podendo ceder o material a instituições de pesquisa.

Art. 35. A autoridade competente, nos termos da legislação específica e sem comprometer os aspectos relacionados à segurança da navegação, à salvaguarda da vida humana e às condições de habitabilidade da embarcação, poderá determinar que os proprietários, armadores ou arrendatários das embarcações pesqueiras mantenham a bordo da embarcação, sem ônus para a referida autoridade, acomodações e alimentação para servir a:

I — observador de bordo, que procederá à coleta de dados, material para pesquisa e informações de interesse do setor pesqueiro, assim como ao monitoramento ambiental;

II — cientista brasileiro que esteja realizando pesquisa de interesse do Sistema Nacional de Informações da Pesca e Aquicultura.

Art. 36. A atividade de processamento do produto resultante da pesca e da aquicultura será exercida de acordo com as normas de sanidade, higiene e segurança, qualidade e preservação do meio ambiente e estará sujeita à observância da legislação específica e à fiscalização dos órgãos competentes.

Parágrafo único. (VETADO)

Art. 37. Esta Lei entra em vigor após decorridos 60 (sessenta) dias de sua publicação oficial.

Art. 38. Ficam revogados a Lei n. 7.679, de 23 de novembro de 1988, e os arts. 1º a 5º, 7º a 18, 20 a 28, 30 a 50, 53 a 92 e 94 a 99 do Decreto-Lei n. 221, de 28 de fevereiro de 1967.

Brasília, 29 de junho de 2009; 188º da Independência e 121º da República.

Luiz Inácio Lula da Silva
Tarso Genro
Guido Mantega
Reinhold Stephanes
Carlos Lupi
Izabela Mônica Vieira Teixeira e
Altemir Gregolin

DOU 30.6.2009 E RETIF. DOU 7.7.2009

Decreto n. 8.425, de 31 de março de 2015

Regulamenta o parágrafo único do art. 24 e o art. 25 da Lei n. 11.959, de 29 de junho de 2009, para dispor sobre os critérios para inscrição no Registro Geral da Atividade Pesqueira e para a concessão de autorização, permissão ou licença para o exercício da atividade pesqueira.

A PRESIDENTA DA REPÚBLICA, no uso das atribuições que lhe confere o art. 84, caput, incisos IV e VI, alínea "a", da Constituição, e tendo em vista o disposto no Decreto-Lei n. 221, de 28 de fevereiro de 1967, no parágrafo único do art. 24 e no art. 25 da Lei n. 11.959, de 29 de junho de 2009,

DECRETA:

Art. 1º Este Decreto dispõe sobre os critérios para inscrição no Registro Geral da Atividade Pesqueira — RGP e para a concessão de autorização, permissão ou licença para o exercício da atividade pesqueira, nos termos do parágrafo único do art. 24 e do art. 25 da Lei n. 11.959, de 29 de junho de 2009.

§ 1º O RGP é o instrumento prévio que habilita a pessoa física ou jurídica e a embarcação de pesca ao exercício da atividade pesqueira no Brasil.

§ 2º A atividade pesqueira no Brasil só poderá ser exercida por pessoa física, jurídica e embarcação de pesca inscrita no RGP e que detenha autorização, permissão ou licença para o exercício da atividade pesqueira.

§ 3º Compete ao Ministério da Pesca e Aquicultura as ações previstas no caput.

Art. 2º São categorias de inscrição no RGP:

I — pescador e pescadora profissional artesanal — pessoa física, brasileira ou estrangeira, residente no País, que exerce a pesca com fins comerciais de forma autônoma ou em regime de economia familiar, com meios de produção próprios ou mediante contrato de parceria, podendo atuar de forma desembarcada ou utilizar embarcação de pesca com arqueação bruta menor ou igual a vinte;

II — pescador e pescadora profissional industrial — pessoa física, brasileira ou estrangeira, residente no País, que exerce a pesca com fins comerciais, na condição de empregado ou empregada ou em regime de parceria por cotas-partes em embarcação de pesca com qualquer arqueação bruta;

III — armador e armadora de pesca — pessoa física ou jurídica que apresta embarcação própria ou de terceiros para ser utilizada na atividade pesqueira, pondo-a ou não a operar por sua conta;

IV — embarcação de pesca — aquela pertencente a pessoa física ou jurídica, brasileira ou estrangeira, que opera, com exclusividade, em uma ou mais das seguintes atividades:

a) pesca;

b) aquicultura;

c) conservação do pescado;

d) processamento do pescado;

e) transporte do pescado; e

f) pesquisa de recursos pesqueiros;

V — pescador amador ou esportivo e pescadora amadora ou esportiva — pessoa física, brasileira ou estrangeira, que pratica a pesca com finalidade de lazer ou desporto, com equipamentos ou petrechos previstos em legislação específica, sem fins comerciais;

VI — aquicultor e aquicultora — pessoa física ou jurídica que exerce a aquicultura com fins comerciais;

VII — empresa pesqueira — pessoa jurídica, constituída de acordo com a legislação, que se dedica, com fins comerciais, ao exercício da atividade pesqueira;

VIII — trabalhador e trabalhadora de apoio à pesca artesanal — pessoa física que, de forma autônoma ou em regime de economia familiar, com meios de produção próprios ou mediante contrato de parceria, exerce trabalhos de confecção e de reparos de artes e petrechos de pesca, de reparos em embarcações de pesca de pequeno porte ou atua no processamento do produto da pesca artesanal; e

IX — aprendiz de pesca — pessoa física com mais de quatorze e menos de dezoito anos que atua de forma desembarcada ou embarcada como tripulante em embarcação de pesca, observadas as legislações trabalhista, previdenciária, de proteção à criança e ao adolescente e as normas da autoridade marítima.

Parágrafo único. A pessoa jurídica registrada nas categorias de aquicultor ou de armador de pesca estará automaticamente inscrita na categoria empresa pesqueira.

Art. 3º As pessoas físicas ou jurídicas, nacionais ou estrangeiras, e os proprietários ou responsáveis pelas embarcações de pesca deverão solicitar, ao Ministério da Pesca e Aquicultura, a inscrição no RGP em uma das categorias previstas no art. 2º e a concessão de autorização, permissão ou licença para exercer atividade pesqueira no Brasil.

Parágrafo único. Ficam dispensados da inscrição de que trata o *caput*:

I — pescadores e pescadoras de subsistência que praticam da atividade de pesca com fins de consumo doméstico ou escambo sem fins de lucro e utilizando petrechos previstos em legislação específica;

II — pescadores amadores e pescadoras amadoras que utilizam linha de mão ou caniço simples; e

III — índios e índias que praticam a atividade pesqueira para subsistência.

Art. 4º O pedido de inscrição no RGP será dirigido às Superintendências Federais da Pesca e Aquicultura — SFPA ou aos Escritórios Regionais do Ministério da Pesca e Aquicultura da unidade da federação em que o interessado ou interessada reside ou possui domicílio.

Parágrafo único. O pescador e a pescadora profissional artesanal deverão informar, em seu pedido de inscrição no RGP, se exercem a pesca como atividade exclusiva, principal ou subsidiária, na forma de ato conjunto do Ministério da Pesca e Aquicultura e do Ministério da Previdência Social.

Art. 5º Para o exercício da atividade pesqueira, observadas as regras de ordenamento e do uso sustentável dos recursos pesqueiros, o Ministério da Pesca e Aquicultura poderá conceder:

I — permissão de atividade pesqueira, para:
a) transferência de propriedade da embarcação ou de modalidade de pesca;
b) construção, transformação e importação de embarcações de pesca; e
c) arrendamento de embarcação estrangeira de pesca;

II — autorização de atividade pesqueira, para:
a) operação de embarcação de pesca;
b) realização de torneios ou gincanas de pesca amadora; e
c) coleta, captura e transporte, por aquicultor e aquicultora, de organismos aquáticos silvestres com finalidade de reposição de plantel de reprodutores e de cultivo de moluscos aquáticos e macroalgas; e

III — licença de atividade pesqueira, para:
a) pescador e pescadora profissional artesanal;
b) pescador e pescadora profissional industrial;
c) pescador amador ou esportivo e pescadora amadora ou esportiva;
d) aquicultor e aquicultora;
e) armador e armadora de pesca;
f) instalação e operação de empresa pesqueira;
g) trabalhador e trabalhadora de apoio à pesca artesanal; e
h) aprendiz de pesca.

Art. 6º Para obtenção de autorização, permissão ou licença de atividade pesqueira, o interessado ou interessada deverá entregar no pedido de inscrição no RGP:

I — formulário preenchido;

II — documentos definidos em ato do Ministério da Pesca e Aquicultura; e

III — comprovante do pagamento de taxa prevista no Decreto-Lei n. 221, de 28 de fevereiro de 1967.

§ 1º A obtenção de autorização, permissão ou licença não exime o interessado ou a interessada do cumprimento das demais normas aplicáveis ao exercício da atividade a ser realizada.

§ 2º No ato da concessão de autorização, permissão ou licença, o Ministério da Pesca e Aquicultura orientará os interessados e as interessadas sobre os procedimentos adicionais que deverão adotar, inclusive junto aos demais órgãos de fiscalização, visando ao exercício regular de suas atividades.

§ 3º Os documentos a serem exigidos no pedido de renovação de autorização, permissão ou licença de atividade pesqueira serão definidos em ato do Ministério da Pesca e Aquicultura.

§ 4º Para fins de comprovação das sub- categorias dispostas no parágrafo único do art. 4º, o Ministério da Pesca e Aquicultura poderá, a qualquer tempo, solicitar documentos complementares para comprovar o exercício da atividade pesqueira do pescador ou pescadora profissional artesanal.

Art. 7º Caso o pedido de inscrição no RGP seja deferido e a autorização, permissão ou licença seja concedida, o interessado ou interessada receberá carteira de pescador ou pescadora profissional ou certificado de registro referente à autorização, à licença ou à permissão de atividade pesqueira.

Parágrafo único. Os documentos comprobatórios da inscrição no RGP e da obtenção de autorização, permissão ou licença para o exercício da atividade pesqueira referidos no *caput* terão validade em todo o território nacional.

Art. 8º Os documentos comprobatórios da inscrição no RGP e da obtenção de autorização, permissão ou licença para o exercício da atividade pesqueira referidos no *caput* do art. 7º terão validade:

I — de até dois anos para permissão, contados da data de expedição;

II — de um ano para autorização, contado da data de expedição; e

III — de acordo com cada categoria para licença, desde que comprovado o cumprimento das obrigações e o exercício da atividade pesqueira no prazo definido em ato do Ministério da Pesca e Aquicultura.

§ 1º Os pedidos de prorrogação de permissão e de autorização deverão ser apresentados ao Ministério da Pesca e Aqui- cultura até trinta dias antes do final do prazo de vigência.

§ 2º A autorização concedida para realização de torneios ou gincanas de pesca amadora terá validade equivalente ao período de duração do evento informado no pedido.

§ 3º A licença de pescador profissional estrangeiro ou pescadora profissional estrangeira terá validade equivalente ao período concedido na autorização de trabalho no País, respeitado o prazo previsto para cada categoria de licença.

§ 4º A licença de pescador amador ou pescadora amadora terá validade máxima de um ano.

Art. 9º Qualquer modificação ou alteração das condições ou dados constantes de autorização, permissão ou licença de atividade pesqueira concedida deverá ser comunicada pelo interessado ou interessada, no prazo máximo de sessenta dias de sua ocorrência, ao SFPA ou ao Escritório Regional do Ministério da Pesca e Aquicultura da unidade da federação que o concedeu, por meio de requerimento instruído com documentação comprobatória.

Parágrafo único. O não atendimento do disposto no *caput* poderá acarretar o cancelamento do ato administrativo concedido.

Art. 10. A não comprovação do exercício da atividade pesqueira ou o descumprimento das obrigações definidas em ato do Ministério da Pesca e Aquicultura poderá ensejar o cancelamento da autorização, permissão ou licença de atividade pesqueira.

Art. 11. Este Decreto não se aplica às seguintes hipóteses previstas no art. 25 da Lei n. 11.959, de 2009:

I — concessão para exploração por particular de infraestrutura e de terrenos públicos destinados à exploração de recursos pesqueiros;

II — permissão:
a) para o exercício de aquicultura em águas públicas;
b) para importação de espécies aquáticas para fins ornamentais e de aquicultura, em qualquer fase do ciclo vital; e
c) para instalação de armadilhas fixas em águas de domínio da União;

III — autorização para operação de embarcação de esporte e recreio, quando utilizada na pesca esportiva; e

IV — cessão para uso de espaços físicos em corpos d'água sob jurisdição da União, dos Estados e do Distrito Federal, para fins de aquicultura.

Art. 12. A pesquisa pesqueira será objeto de portaria conjunta do Ministério da Pesca e Aquicultura e do Ministério do Meio Ambiente, sem prejuízo do disposto no art. 30 da Lei n. 11.959, de 2009.

Art. 13. O Ministério da Pesca e Aquicultura poderá expedir atos complementares necessários à aplicação deste Decreto.

Art. 14. A inscrição no RGP não isenta o interessado de:

I — estar regularmente cadastrado no Cadastro Técnico Federal para a realização da atividade pesqueira;

II — possuir habilitação certificada pela autoridade marítima, caso opere embarcação em caráter profissional;

III — ter autorização para o exercício de atividade profissional no País, no caso de pessoas físicas estrangeiras; e

IV — observar a legislação referente a povos e terras indígenas.

Art. 15. Este Decreto entra em vigor quarenta e cinco dias após a data de sua publicação.

Brasília, 31 de março de 2015; 194º da Independência e 127º da República.

Dilma Rousseff
Izabella Mônica Vieira Teixeira
Helder Barbalho
DOU 01.04.2015

Lei n. 12.009, de 29 de julho de 2009

Regulamenta o exercício das atividades dos profissionais em transporte de passageiros, "mototaxista", em entrega de mercadorias e em serviço comunitário de rua, e "motoboy", com o uso de motocicleta, altera a Lei n. 9.503, de 23 de setembro de 1997, para dispor sobre regras de segurança dos serviços de transporte remunerado de mercadorias em motocicletas e motonetas — moto-frete —, estabelece regras gerais para a regulação deste serviço e dá outras providências

O PRESIDENTE DA REPÚBLICA,

Faço saber que o Congresso Nacional decreta e eu sanciono a seguinte Lei:

LEGISLAÇÃO COMPLEMENTAR

Art. 1º Esta Lei regulamenta o exercício das atividades dos profissionais em transportes de passageiros, "mototaxista", em entrega de mercadorias e em serviço comunitário de rua, e "motoboy", com o uso de motocicleta, dispõe sobre regras de segurança dos serviços de transporte remunerado de mercadorias em motocicletas e motonetas — moto-frete —, estabelece regras gerais para a regulação deste serviço e dá outras providências.

Art. 2º Para o exercício das atividades previstas no art. 1º, é necessário:

I — ter completado 21 (vinte e um) anos;

II — possuir habilitação, por pelo menos 2 (dois) anos, na categoria;

III — ser aprovado em curso especializado, nos termos da regulamentação do Contran;

IV — estar vestido com colete de segurança dotado de dispositivos retrorrefletivos, nos termos da regulamentação do Contran.

Parágrafo único. Do profissional de serviço comunitário de rua serão exigidos ainda os seguintes documentos:

I — carteira de identidade;

II — título de eleitor;

III — cédula de identificação do contribuinte — CIC;

IV — atestado de residência;

V — certidões negativas das varas criminais;

VI — identificação da motocicleta utilizada em serviço.

Art. 3º São atividades específicas dos profissionais de que trata o art. 1º:

I — transporte de mercadorias de volume compatível com a capacidade do veículo;

II — transporte de passageiros.

Parágrafo único. (VETADO)

Art. 4º A Lei n. 9.503, de 23 de setembro de 1997, passa a vigorar acrescida do seguinte Capítulo XIII-A:

> "Capítulo XIII-A
> DA CONDUÇÃO DE MOTO-FRETE
>
> Art. 139-A. As motocicletas e motonetas destinadas ao transporte remunerado de mercadorias — moto-frete — somente poderão circular nas vias com autorização emitida pelo órgão ou entidade executivo de trânsito dos Estados e do Distrito Federal, exigindo-se, para tanto:
>
> I — registro como veículo da categoria de aluguel;
>
> II — instalação de protetor de motor mata-cachorro, fixado no chassi do veículo, destinado a proteger o motor e a perna do condutor em caso de tombamento, nos termos de regulamentação do Conselho Nacional de Trânsito — Contran;
>
> III — instalação de aparador de linha antena corta-pipas, nos termos de regulamentação do Contran;
>
> IV — inspeção semestral para verificação dos equipamentos obrigatórios e de segurança.
>
> § 1º A instalação ou incorporação de dispositivos para transporte de cargas deve estar de acordo com a regulamentação do Contran.
>
> § 2º É proibido o transporte de combustíveis, produtos inflamáveis ou tóxicos e de galões nos veículos de que trata este artigo, com exceção do gás de cozinha e de galões contendo água mineral, desde que com o auxílio de side-car, nos termos de regulamentação do Contran.
>
> Art. 139-B. O disposto neste Capítulo não exclui a competência municipal ou estadual de aplicar as exigências previstas em seus regulamentos para as atividades de moto-frete no âmbito de suas circunscrições."

Art. 5º O art. 244 da Lei n. 9.503, de 23 de setembro de 1997, passa a vigorar com a seguinte redação:

> "Art. 244.
>
> VIII — transportando carga incompatível com suas especificações ou em desacordo com o previsto no § 2º do art. 139-A desta Lei;
>
> IX — efetuando transporte remunerado de mercadorias em desacordo com o previsto no art. 139-A desta Lei ou com as normas que regem a atividade profissional dos mototaxistas:
>
> Infração — grave;
>
> Penalidade — multa;
>
> Medida administrativa — apreensão do veículo para regularização.
>
> § 1ºNR.

Art. 6º A pessoa natural ou jurídica que empregar ou firmar contrato de prestação continuada de serviço com condutor de motofrete é responsável solidária por danos cíveis advindos do descumprimento das normas relativas ao exercício da atividade, previstas no art. 139-A da Lei n. 9.503, de 23 de setembro de 1997, e ao exercício da profissão, previstas no art. 2º desta Lei.

Art. 7º Constitui infração a esta Lei:

I — empregar ou manter contrato de prestação continuada de serviço com condutor de moto-frete inabilitado legalmente;

II — fornecer ou admitir o uso de motocicleta ou motoneta para o transporte remunerado de mercadorias, que esteja em desconformidade com as exigências legais.

Parágrafo único. Responde pelas infrações previstas neste artigo o empregador ou aquele que contrata serviço continuado de moto-frete, sujeitando-se à sanção relativa à segurança do trabalho prevista no art. 201 da Consolidação das Leis do Trabalho — CLT, aprovada pelo Decreto-Lei n. 5.452, de 1º de maio de 1943.

Art. 8º Os condutores que atuam na prestação do serviço de moto-frete, assim como os veículos empregados nessa atividade, deverão estar adequados às exigências previstas nesta Lei no prazo de até 365 (trezentos e sessenta e cinco) dias, contado da regulamentação pelo Contran dos dispositivos previstos no art. 139-A da Lei n. 9.503, de 23 de setembro de 1997, e no art. 2º desta Lei.

Art. 9º Esta Lei entra em vigor na data de sua publicação.

Brasília, 29 de julho de 2009; 188º da Independência e 121º da República.

Luiz Inácio Lula da Silva
Tarso Genro
Marcio Fortes de Almeida
DOU 30.7.2009

Lei n. 12.016, de 7 de agosto de 2009

Disciplina o mandado de segurança individual e coletivo e dá outras providências.

O PRESIDENTE DA REPÚBLICA,

Faço saber que o Congresso Nacional decreta e eu sanciono a seguinte Lei:

Art. 1º Conceder-se-á mandado de segurança para proteger direito líquido e certo, não amparado por *habeas corpus* ou *habeas data*, sempre que, ilegalmente ou com abuso de poder, qualquer pessoa física ou jurídica sofrer violação ou houver justo receio de sofrê-la por parte de autoridade, seja de que categoria for e sejam quais forem as funções que exerça.

§ 1º Equiparam-se às autoridades, para os efeitos desta Lei, os representantes ou órgãos de partidos políticos e os administradores de entidades autárquicas, bem como os dirigentes de pessoas jurídicas ou as pessoas naturais no exercício de atribuições do poder público, somente no que disser respeito a essas atribuições.

§ 2º Não cabe mandado de segurança contra os atos de gestão comercial praticados pelos administradores de empresas públicas, de sociedade de economia mista e de concessionárias de serviço público.

§ 3º Quando o direito ameaçado ou violado couber a várias pessoas, qualquer delas poderá requerer o mandado de segurança.

Art. 2º Considerar-se-á federal a autoridade coatora se as consequências de ordem patrimonial do ato contra o qual se requer o mandado houverem de ser suportadas pela União ou entidade por ela controlada.

Art. 3º O titular de direito líquido e certo decorrente de direito, em condições idênticas, de terceiro poderá impetrar mandado de segurança a favor do direito originário, se o seu titular não o fizer, no prazo de 30 (trinta) dias, quando notificado judicialmente.

Parágrafo único. O exercício do direito previsto no *caput* deste artigo submete-se ao prazo fixado no art. 23 desta Lei, contado da notificação.

Art. 4º Em caso de urgência, é permitido, observados os requisitos legais, impetrar mandado de segurança por telegrama, radiograma, fax ou outro meio eletrônico de autenticidade comprovada.

§ 1º Poderá o juiz, em caso de urgência, notificar a autoridade por telegrama, radiograma ou outro meio que assegure a autenticidade do documento e a imediata ciência pela autoridade.

§ 2º O texto original da petição deverá ser apresentado nos 5 (cinco) dias úteis seguintes.

§ 3º Para os fins deste artigo, em se tratando de documento eletrônico, serão observadas as regras da Infraestrutura de Chaves Públicas Brasileira — ICP-Brasil.

Art. 5º Não se concederá mandado de segurança quando se tratar:

I — de ato do qual caiba recurso administrativo com efeito suspensivo, independentemente de caução;

II — de decisão judicial da qual caiba recurso com efeito suspensivo;

III — de decisão judicial transitada em julgado.

Parágrafo único. (VETADO)

Art. 6º A petição inicial, que deverá preencher os requisitos estabelecidos pela lei processual, será apresentada em 2 (duas) vias com os documentos que instruírem a primeira reproduzidos na segunda e indicará, além da autoridade coatora, a pessoa jurídica que esta integra, à qual se acha vinculada ou da qual exerce atribuições.

§ 1º No caso em que o documento necessário à prova do alegado se ache em repartição ou estabelecimento público ou em poder de autoridade que se recuse a fornecê-lo por certidão ou de terceiro, o juiz ordenará, preliminarmente, por ofício, a exibição desse documento em original ou em cópia autêntica e marcará, para o cumprimento da ordem, o prazo de 10 (dez) dias. O escrivão extrairá cópias do documento para juntá-las à segunda via da petição.

§ 2º Se a autoridade que tiver procedido dessa maneira for a própria coatora, a ordem far-se-á no próprio instrumento da notificação.

§ 3º Considera-se autoridade coatora aquela que tenha praticado o ato impugnado ou da qual emane a ordem para a sua prática.

§ 4º (VETADO)

§ 5º Denega-se o mandado de segurança nos casos previstos pelo art. 267 da Lei n. 5.869, de 11 de janeiro de 1973 — Código de Processo Civil.

§ 6º O pedido de mandado de segurança poderá ser renovado dentro do prazo decadencial, se a decisão denegatória não lhe houver apreciado o mérito.

Art. 7º Ao despachar a inicial, o juiz ordenará:

I — que se notifique o coator do conteúdo da petição inicial, enviando-lhe a segunda via apresentada com as cópias dos documentos, a fim de que, no prazo de 10 (dez) dias, preste as informações;

II — que se dê ciência do feito ao órgão de representação judicial da pessoa jurídica interessada, enviando-lhe cópia da inicial sem documentos, para que, querendo, ingresse no feito;

III — que se suspenda o ato que deu motivo ao pedido, quando houver fundamento relevante e do ato impugnado puder resultar a ineficácia da medida, caso seja finalmente deferida, sendo facultado exigir do impetrante caução, fiança ou depósito, com o objetivo de assegurar o ressarcimento à pessoa jurídica.

§ 1º Da decisão do juiz de primeiro grau que conceder ou denegar a liminar caberá agravo de instrumento, observado o disposto na Lei n. 5.869, de 11 de janeiro de 1973 — Código de Processo Civil.

§ 2º Não será concedida medida liminar que tenha por objeto a compensação de créditos tributários, a entrega de mercadorias e bens provenientes do exterior, a reclassificação ou equiparação de servidores públicos e a concessão de aumento ou a extensão de vantagens ou pagamento de qualquer natureza.

§ 3º Os efeitos da medida liminar, salvo se revogada ou cassada, persistirão até a prolação da sentença.

§ 4º Deferida a medida liminar, o processo terá prioridade para julgamento.

§ 5º As vedações relacionadas com a concessão de liminares previstas neste artigo se estendem à tutela antecipada a que se referem os arts. 273 e 461 da Lei n. 5.869, de 11 de janeiro de 1973 — Código de Processo Civil.

Art. 8º Será decretada a perempção ou caducidade da medida liminar *ex officio* ou a requerimento do Ministério Público quando, concedida a medida, o impetrante criar obstáculo ao normal andamento do processo ou deixar de promover, por mais de 3 (três) dias úteis, os atos e as diligências que lhe cumprirem.

Art. 9º As autoridades administrativas, no prazo de 48 (quarenta e oito) horas da notificação da medida liminar, remeterão ao Ministério ou órgão a que se acham subordinadas e ao Advogado-Geral da União ou a quem tiver a representação judicial da União, do Estado, do Município ou da entidade apontada como coatora cópia autenticada do mandado notificatório, assim como indicações e elementos outros necessários às providências a serem tomadas para a eventual suspensão da medida e defesa do ato apontado como ilegal ou abusivo de poder.

Art. 10. A inicial será desde logo indeferida, por decisão motivada, quando não for o caso de mandado de segurança ou lhe faltar algum dos requisitos legais ou quando decorrido o prazo legal para a impetração.

§ 1º Do indeferimento da inicial pelo juiz de primeiro grau caberá apelação e, quando a competência para o julgamento do mandado de segurança couber originariamente a um dos tribunais, do ato do relator caberá agravo para o órgão competente do tribunal que integre.

§ 2º O ingresso de litisconsorte ativo não será admitido após o despacho da petição inicial.

Art. 11. Feitas as notificações, o serventuário em cujo cartório corra o feito juntará aos autos cópia autêntica dos ofícios endereçados ao coator e ao órgão de representação judicial da pessoa jurídica interessada, bem como a prova da entrega a estes ou da sua recusa em aceitá-los ou dar recibo e, no caso do art. 4º desta Lei, a comprovação da remessa.

Art. 12. Findo o prazo a que se refere o inciso I do *caput* do art. 7º desta Lei, o juiz ouvirá o representante do Ministério Público, que opinará, dentro do prazo improrrogável de 10 (dez) dias.

Parágrafo único. Com ou sem o parecer do Ministério Público, os autos serão conclusos ao juiz, para a decisão, a qual deverá ser necessariamente proferida em 30 (trinta) dias.

Art. 13. Concedido o mandado, o juiz transmitirá em ofício, por intermédio do oficial do juízo, ou pelo correio, mediante correspondência com aviso de recebimento, o inteiro teor da sentença à autoridade coatora e à pessoa jurídica interessada.

Parágrafo único. Em caso de urgência, poderá o juiz observar o disposto no art. 4º desta Lei.

Art. 14. Da sentença, denegando ou concedendo o mandado, cabe apelação.

§ 1º Concedida a segurança, a sentença estará sujeita obrigatoriamente ao duplo grau de jurisdição.

§ 2º Estende-se à autoridade coatora o direito de recorrer.

§ 3º A sentença que conceder o mandado de segurança pode ser executada provisoriamente, salvo nos casos em que for vedada a concessão da medida liminar.

§ 4º O pagamento de vencimentos e vantagens pecuniárias assegurados em sentença concessiva de mandado de segurança a servidor público da administração direta ou autárquica federal, estadual e municipal somente será efetuado relativamente às prestações que se vencerem a contar da data do ajuizamento da inicial.

Art. 15. Quando, a requerimento de pessoa jurídica de direito público interessada ou do Ministério Público e para evitar grave lesão à ordem, à saúde, à segurança e à economia públicas, o presidente do tribunal ao qual couber o conhecimento do respectivo recurso suspender, em decisão fundamentada, a execução da liminar e da sentença, dessa decisão caberá agravo, sem efeito suspensivo, no prazo de 5 (cinco) dias, que será levado a julgamento na sessão seguinte à sua interposição.

§ 1º Indeferido o pedido de suspensão ou provido o agravo a que se refere o *caput* deste artigo, caberá novo pedido de suspensão ao presidente do tribunal competente para conhecer de eventual recurso especial ou extraordinário.

§ 2º É cabível também o pedido de suspensão a que se refere o § 1º deste artigo, quando negado provimento a agravo de instrumento interposto contra a liminar a que se refere este artigo.

§ 3º A interposição de agravo de instrumento contra liminar concedida nas ações movidas contra o poder público e seus agentes não prejudica nem condiciona o julgamento do pedido de suspensão a que se refere este artigo.

§ 4º O presidente do tribunal poderá conferir ao pedido efeito suspensivo liminar se constatar, em juízo prévio, a plausibilidade do direito invocado e a urgência na concessão da medida.

§ 5º As liminares cujo objeto seja idêntico poderão ser suspensas em uma única decisão, podendo o presidente do tribunal estender os efeitos da suspensão a liminares supervenientes, mediante simples aditamento do pedido original.

Art. 16. Nos casos de competência originária dos tribunais, caberá ao relator a instrução do processo, sendo assegurada a defesa oral na sessão do julgamento.

Parágrafo único. Da decisão do relator que conceder ou denegar a medida liminar caberá agravo ao órgão competente do tribunal que integre.

Art. 17. Nas decisões proferidas em mandado de segurança e nos respectivos recursos, quando não publicado, no prazo de 30 (trinta) dias, contado da data do julgamento, o acórdão será substituído pelas respectivas notas taquigráficas, independentemente de revisão.

Art. 18. Das decisões em mandado de segurança proferidas em única instância pelos tribunais cabe recurso especial e extraordinário, nos casos legalmente previstos, e recurso ordinário, quando a ordem for denegada.

Art. 19. A sentença ou o acórdão que denegar mandado de segurança, sem decidir o mérito, não impedirá que o requerente, por ação própria, pleiteie os seus direitos e os respectivos efeitos patrimoniais.

Art. 20. Os processos de mandado de segurança e os respectivos recursos terão prioridade sobre todos os atos judiciais, salvo *habeas corpus*.

§ 1º Na instância superior, deverão ser levados a julgamento na primeira sessão que se seguir à data em que forem conclusos ao relator.

§ 2º O prazo para a conclusão dos autos não poderá exceder de 5 (cinco) dias.

Art. 21. O mandado de segurança coletivo pode ser impetrado por partido político com representação no Congresso Nacional, na defesa de seus interesses legítimos relativos a seus integrantes ou à finalidade partidária, ou por organização sindical, entidade de classe ou associação legalmente constituída e em funcionamento há, pelo menos, 1 (um) ano, em defesa de direitos líquidos e certos da totalidade, ou de parte, dos seus membros ou associados, na forma dos seus estatutos e desde que pertinentes às suas finalidades, dispensada, para tanto, autorização especial.

Parágrafo único. Os direitos protegidos pelo mandado de segurança coletivo podem ser:

I — coletivos, assim entendidos, para efeito desta Lei, os transindividuais, de natureza indivisível, de que seja titular grupo ou categoria de pessoas ligadas entre si ou com a parte contrária por uma relação jurídica básica;

II — individuais homogêneos, assim entendidos, para efeito desta Lei, os decorrentes de origem comum e da atividade ou situação específica da totalidade ou de parte dos associados ou membros do impetrante.

Art. 22. No mandado de segurança coletivo, a sentença fará coisa julgada limitadamente aos membros do grupo ou categoria substituídos pelo impetrante.

§ 1º O mandado de segurança coletivo não induz litispendência para as ações individuais, mas os efeitos da coisa julgada não beneficiarão o impetrante a título individual se não requerer a desistência de seu mandado de segurança no prazo de 30 (trinta) dias

LEGISLAÇÃO COMPLEMENTAR

a contar da ciência comprovada da impetração da segurança coletiva.

§ 2º No mandado de segurança coletivo, a liminar só poderá ser concedida após a audiência do representante judicial da pessoa jurídica de direito público, que deverá se pronunciar no prazo de 72 (setenta e duas) horas.

Art. 23. O direito de requerer mandado de segurança extinguir-se-á decorridos 120 (cento e vinte) dias, contados da ciência, pelo interessado, do ato impugnado.

Art. 24. Aplicam-se ao mandado de segurança os arts. 46 a 49 da Lei n. 5.869, de 11 de janeiro de 1973 — Código de Processo Civil.

Art. 25. Não cabem, no processo de mandado de segurança, a interposição de embargos infringentes e a condenação ao pagamento dos honorários advocatícios, sem prejuízo da aplicação de sanções no caso de litigância de má-fé.

Art. 26. Constitui crime de desobediência, nos termos do art. 330 do Decreto-lei n. 2.848, de 7 de dezembro de 1940, o não cumprimento das decisões proferidas em mandado de segurança, sem prejuízo das sanções administrativas e da aplicação da Lei n. 1.079, de 10 de abril de 1950, quando cabíveis.

Art. 27. Os regimentos dos tribunais e, no que couber, as leis de organização judiciária deverão ser adaptados às disposições desta Lei no prazo de 180 (cento e oitenta) dias, contado da sua publicação.

Art. 28. Esta Lei entra em vigor na data de sua publicação.

Art. 29. Revogam-se as Leis ns. 1.533, de 31 de dezembro de 1951, 4.166, de 4 de dezembro de 1962, 4.348, de 26 de junho de 1964, 5.021, de 9 de junho de 1966; o art. 3º da Lei n. 6.014, de 27 de dezembro de 1973, o art. 1º da Lei n. 6.071, de 3 de julho de 1974, o art. 12 da Lei n. 6.978, de 19 de janeiro de 1982, e o art. 2º da Lei n. 9.259, de 9 de janeiro de 1996.

Brasília, 7 de agosto de 2009; 188º da Independência e 121º da República.

Luiz Inácio Lula da Silva
Tarso Genro
José Antonio Dias Toffoli
DOU 10.8.2009

Lei n. 12.023, de 27 de agosto de 2009

Dispõe sobre as atividades de movimentação de mercadorias em geral e sobre o trabalho avulso

O PRESIDENTE DA REPÚBLICA,

Faço saber que o Congresso Nacional decreta e eu sanciono a seguinte Lei:

Art. 1º As atividades de movimentação de mercadorias em geral exercidas por trabalhadores avulsos, para os fins desta Lei, são aquelas desenvolvidas em áreas urbanas ou rurais sem vínculo empregatício, mediante intermediação obrigatória do sindicato da categoria, por meio de Acordo ou Convenção Coletiva de Trabalho para execução das atividades.

Parágrafo único. A remuneração, a definição das funções, a composição de equipes e as demais condições de trabalho serão objeto de negociação entre as entidades representativas dos trabalhadores avulsos e dos tomadores de serviços.

Art. 2º São atividades da movimentação de mercadorias em geral:

I — cargas e descargas de mercadorias a granel e ensacados, costura, pesagem, embalagem, enlonamento, ensaque, arrasto, posicionamento, acomodação, reordenamento, reparação da carga, amostragem, arrumação, remoção, classificação, empilhamento, transporte com empilhadeiras, paletização, ova e desova de vagões, carga e descarga em feiras livres e abastecimento de lenha em secadores e caldeiras;

II — operações de equipamentos de carga e descarga;

III — pré-limpeza e limpeza em locais necessários à viabilidade das operações ou à sua continuidade.

Parágrafo único. (VETADO)

Art. 3º As atividades de que trata esta Lei serão exercidas por trabalhadores com vínculo empregatício ou em regime de trabalho avulso nas empresas tomadoras do serviço.

Art. 4º O sindicato elaborará a escala de trabalho e as folhas de pagamento dos trabalhadores avulsos, com a indicação do tomador do serviço e dos trabalhadores que participaram da operação, devendo prestar, com relação a estes, as seguintes informações:

I — os respectivos números de registros ou cadastro no sindicato;

II — o serviço prestado e os turnos trabalhados;

III — as remunerações pagas, devidas ou creditadas a cada um dos trabalhadores, registrando-se as parcelas referentes a:

a) repouso remunerado;
b) Fundo de Garantia por Tempo de Serviço;
c) 13º salário;
d) férias remuneradas mais 1/3 (um terço) constitucional;
e) adicional de trabalho noturno;
f) adicional de trabalho extraordinário.

Art. 5º São deveres do sindicato intermediador:

I — divulgar amplamente as escalas de trabalho dos avulsos, com a observância do rodízio entre os trabalhadores;

II — proporcionar equilíbrio na distribuição das equipes e funções, visando à remuneração em igualdade de condições de trabalho para todos e a efetiva participação dos trabalhadores não sindicalizados;

III — repassar aos respectivos beneficiários, no prazo máximo de 72 (setenta e duas) horas úteis, contadas a partir do seu arrecadamento, os valores devidos e pagos pelos tomadores do serviço, relativos à remuneração do trabalhador avulso;

IV — exibir para os tomadores da mão de obra avulsa e para as fiscalizações competentes os documentos que comprovem o efetivo pagamento das remunerações devidas aos trabalhadores avulsos;

V — zelar pela observância das normas de segurança, higiene e saúde no trabalho;

VI — firmar Acordo ou Convenção Coletiva de Trabalho para normatização das condições de trabalho.

§ 1º Em caso de descumprimento do disposto no inciso III deste artigo, serão responsáveis, pessoal e solidariamente, os dirigentes da entidade sindical.

§ 2º A identidade de cadastro para a escalação não será a carteira do sindicato e não assumirá nenhuma outra forma que possa dar ensejo à distinção entre trabalhadores sindicalizados e não sindicalizados para efeito de acesso ao trabalho.

Art. 6º São deveres do tomador de serviços:

I — pagar ao sindicato os valores devidos pelos serviços prestados ou dias trabalhados, acrescidos dos percentuais relativos a repouso remunerado, 13º salário e férias acrescidas de 1/3 (um terço), para viabilizar o pagamento do trabalhador avulso, bem como os percentuais referentes aos adicionais extraordinários e noturnos;

II — efetuar o pagamento a que se refere o inciso I, no prazo máximo de 72 (setenta e duas) horas úteis, contadas a partir do encerramento do trabalho requisitado;

III — recolher os valores devidos ao Fundo de Garantia por Tempo de Serviço, acrescido dos percentuais relativos ao 13º salário, férias, encargos fiscais, sociais e previdenciários, observando o prazo legal.

Art. 7º A liberação das parcelas referentes ao 13º salário e às férias, depositadas nas contas individuais vinculadas e o recolhimento do FGTS e dos encargos fiscais e previdenciários serão efetuados conforme regulamentação do Poder Executivo.

Art. 8º As empresas tomadoras do trabalho avulso respondem solidariamente pela efetiva remuneração do trabalho contratado e são responsáveis pelo recolhimento dos encargos fiscais e sociais, bem como das contribuições ou de outras importâncias devidas à Seguridade Social, no limite do uso que fizerem do trabalho avulso intermediado pelo sindicato.

Art. 9º As empresas tomadoras do trabalho avulso são responsáveis pelo fornecimento dos Equipamentos de Proteção Individual e por zelar pelo cumprimento das normas de segurança no trabalho.

Art. 10. A inobservância dos deveres estipulados nos arts. 5º e 6º sujeita os respectivos infratores à multa administrativa no valor de R$ 500,00 (quinhentos reais) por trabalhador avulso prejudicado.

Parágrafo único. O processo de fiscalização, notificação, autuação e imposição de multas reger-se-á pelo disposto no Título VII da Consolidação das Leis do Trabalho — CLT, aprovada pelo Decreto-Lei n. 5.452, de 1º de maio de 1943.

Art. 11. Esta Lei não se aplica às relações de trabalho regidas pela Lei n. 8.630, de 25 de fevereiro de 1993, e pela Lei n. 9.719, de 27 de novembro de 1998.

Art. 12. Esta Lei entra em vigor 30 (trinta) dias após sua publicação.

Brasília, 27 de agosto de 2009; 188º da Independência e 121º da República.

Luiz Inácio Lula da Silva
Tarso Genro
José Antonio Dias Toffoli
DOU 28.8.2009

Lei n. 12.198, de 14 de janeiro de 2010

Dispõe sobre o exercício da profissão de repentista

O PRESIDENTE DA REPÚBLICA

Faço saber que o Congresso Nacional decreta e eu sanciono a seguinte Lei:

Art. 1º Fica reconhecida a atividade de Repentista como profissão artística.

Art. 2º Repentista é o profissional que utiliza o improviso rimado como meio de expressão artística cantada, falada ou escrita,

compondo de imediato ou recolhendo composições de origem anônima ou da tradição popular.

Art. 3º Consideram-se repentistas, além de outros que as entidades de classe possam reconhecer, os seguintes profissionais:

I — cantadores e violeiros improvisadores;

II — os emboladores e cantadores de Coco;

III — poetas repentistas e os contadores e declamadores de causos da cultura popular;

IV — escritores da literatura de cordel.

Art. 4º Aos repentistas são aplicadas, conforme as especifidades da atividade, as disposições previstas nos arts. 41 a 48 da Lei n. 3.857, de 22 de dezembro de 1960, que dispõem sobre a duração do trabalho dos músicos.

Art. 5º A profissão de Repentista passa a integrar o quadro de atividades a que se refere o art. 577 da Consolidação das Leis do Trabalho — CLT, aprovada pelo Decreto-Lei n. 5.452, de 1º de maio de 1943.

Art. 6º Esta Lei entra em vigor na data de sua publicação.

Brasília, 14 de janeiro de 2010; 189º da Independência e 122º da República.

LUIZ INÁCIO LULA DA SILVA
CARLOS LUPI

DOU 15.1.2010

Lei n. 12.288, de 20 de Julho de 2010

Institui o Estatuto da Igualdade Racial; altera as Leis ns. 7.716, de 5 de janeiro de 1989, 9.029, de 13 de abril de 1995, 7.347, de 24 de julho de 1985, e 10.778, de 24 de novembro de 2003

O Presidente da República, faço saber que o Congresso Nacional decreta e eu sanciono a seguinte Lei:

TÍTULO I
Disposições Preliminares

Art. 1º Esta Lei institui o Estatuto da Igualdade Racial, destinado a garantir à população negra a efetivação da igualdade de oportunidades, a defesa dos direitos étnicos individuais, coletivos e difusos e o combate à discriminação e às demais formas de intolerância étnica.

Parágrafo único. Para efeito deste Estatuto, considera-se:

I — discriminação racial ou étnico-racial: toda distinção, exclusão, restrição ou preferência baseada em raça, cor, descendência ou origem nacional ou étnica que tenha por objeto anular ou restringir o reconhecimento, gozo ou exercício, em igualdade de condições, de direitos humanos e liberdades fundamentais nos campos político, econômico, social, cultural ou em qualquer outro campo da vida pública ou privada;

II — desigualdade racial: toda situação injustificada de diferenciação de acesso e fruição de bens, serviços e oportunidades, nas esferas pública e privada, em virtude de raça, cor, descendência ou origem nacional ou étnica;

III — desigualdade de gênero e raça: assimetria existente no âmbito da sociedade que acentua a distância social entre mulheres negras e os demais segmentos sociais;

IV — população negra: o conjunto de pessoas que se autodeclaram pretas e pardas, conforme o quesito cor ou raça usado pela Fundação Instituto Brasileiro de Geografia e Estatística (IBGE), ou que adotam autodefinição análoga;

V — políticas públicas: as ações, iniciativas e programas adotados pelo Estado no cumprimento de suas atribuições institucionais;

VI — ações afirmativas: os programas e medidas especiais adotados pelo Estado e pela iniciativa privada para a correção das desigualdades raciais e para a promoção da igualdade de oportunidades.

Art. 2º É dever do Estado e da sociedade garantir a igualdade de oportunidades, reconhecendo a todo cidadão brasileiro, independentemente da etnia ou da cor da pele, o direito à participação na comunidade, especialmente nas atividades políticas, econômicas, empresariais, educacionais, culturais e esportivas, defendendo sua dignidade e seus valores religiosos e culturais.

Art. 3º Além das normas constitucionais relativas aos princípios fundamentais, aos direitos e garantias fundamentais e aos direitos sociais, econômicos e culturais, o Estatuto da Igualdade Racial adota como diretriz político jurídica a inclusão das vítimas de desigualdade étnico-racial, a valorização da igualdade étnica e o fortalecimento da identidade nacional brasileira.

Art. 4º A participação da população negra, em condição de igualdade de oportunidade, na vida econômica, social, política e cultural do País será promovida, prioritariamente, por meio de:

I — inclusão nas políticas públicas de desenvolvimento econômico e social;

II — adoção de medidas, programas e políticas de ação afirmativa;

III — modificação das estruturas institucionais do Estado para o adequado enfrentamento e a superação das desigualdades étnicas decorrentes do preconceito e da discriminação étnica;

IV — promoção de ajustes normativos para aperfeiçoar o combate à discriminação étnica e às desigualdades étnicas em todas as suas manifestações individuais, institucionais e estruturais;

V — eliminação dos obstáculos históricos, socioculturais e institucionais que impedem a representação da diversidade étnica nas esferas pública e privada;

VI — estímulo, apoio e fortalecimento de iniciativas oriundas da sociedade civil direcionadas à promoção da igualdade de oportunidades e ao combate às desigualdades étnicas, inclusive mediante a implementação de incentivos e critérios de condicionamento e prioridade no acesso aos recursos públicos;

VII — implementação de programas de ação afirmativa destinados ao enfrentamento das desigualdades étnicas no tocante à educação, cultura, esporte e lazer, saúde, segurança, trabalho, moradia, meios de comunicação de massa, financiamentos públicos, acesso à terra, à Justiça, e outros.

Parágrafo único. Os programas de ação afirmativa constituir-se-ão em políticas públicas destinadas a reparar as distorções e desigualdades sociais e demais práticas discriminatórias adotadas, nas esferas pública e privada, durante o processo de formação social do País.

Art. 5º Para a consecução dos objetivos desta Lei, é instituído o Sistema Nacional de Promoção da Igualdade Racial (Sinapir), conforme estabelecido no Título III.

TÍTULO II
Dos Direitos Fundamentais

CAPÍTULO I
Do Direito à Saúde

Art. 6º O direito à saúde da população negra será garantido pelo poder público mediante políticas universais, sociais e econômicas destinadas à redução do risco de doenças e de outros agravos.

§ 1º O acesso universal e igualitário ao Sistema Único de Saúde (SUS) para promoção, proteção e recuperação da saúde da população negra será de responsabilidade dos órgãos e instituições públicas federais, estaduais, distritais e municipais, da administração direta e indireta.

§ 2º O poder público garantirá que o segmento da população negra vinculado aos seguros privados de saúde seja tratado sem discriminação.

Art. 7º O conjunto de ações de saúde voltadas à população negra constitui a Política Nacional de Saúde Integral da População Negra, organizada de acordo com as diretrizes abaixo especificadas:

I — ampliação e fortalecimento da participação de lideranças dos movimentos sociais em defesa da saúde da população negra nas instâncias de participação e controle social do SUS;

II — produção de conhecimento científico e tecnológico em saúde da população negra;

III — desenvolvimento de processos de informação, comunicação e educação para contribuir com a redução das vulnerabilidades da população negra.

Art. 8º Constituem objetivos da Política Nacional de Saúde Integral da População Negra:

I — a promoção da saúde integral da população negra, priorizando a redução das desigualdades étnicas e o combate à discriminação nas instituições e serviços do SUS;

II — a melhoria da qualidade dos sistemas de informação do SUS no que tange à coleta, ao processamento e à análise dos dados desagregados por cor, etnia e gênero;

III — o fomento à realização de estudos e pesquisas sobre racismo e saúde da população negra;

IV — a inclusão do conteúdo da saúde da população negra nos processos de formação e educação permanente dos trabalhadores da saúde;

V — a inclusão da temática saúde da população negra nos processos de formação política das lideranças de movimentos sociais para o exercício da participação e controle social no SUS.

Parágrafo único. Os moradores das comunidades de remanescentes de quilombos serão beneficiários de incentivos específicos para a garantia do direito à saúde, incluindo melhorias nas condições ambientais, no saneamento básico, na segurança alimentar e nutricional e na atenção integral à saúde.

CAPÍTULO II
Do Direito à Educação, à Cultura, ao Esporte e ao Lazer

Seção I
Disposições Gerais

Art. 9º A população negra tem direito a participar de atividades educacionais, culturais,

esportivas e de lazer adequadas a seus interesses e condições, de modo a contribuir para o patrimônio cultural de sua comunidade e da sociedade brasileira.

Art. 10. Para o cumprimento do disposto no art. 9º, os governos federal, estaduais, distrital e municipais adotarão as seguintes providências:

I — promoção de ações para viabilizar e ampliar o acesso da população negra ao ensino gratuito e às atividades esportivas e de lazer;

II — apoio à iniciativa de entidades que mantenham espaço para promoção social e cultural da população negra;

III — desenvolvimento de campanhas educativas, inclusive nas escolas, para que a solidariedade aos membros da população negra faça parte da cultura de toda a sociedade;

IV — implementação de políticas públicas para o fortalecimento da juventude negra brasileira.

Seção II
Da Educação

Art. 11. Nos estabelecimentos de ensino fundamental e de ensino médio, públicos e privados, é obrigatório o estudo da história geral da África e da história da população negra no Brasil, observado o disposto na Lei n. 9.394, de 20 de dezembro de 1996.

§ 1º Os conteúdos referentes à história da população negra no Brasil serão ministrados no âmbito de todo o currículo escolar, resgatando sua contribuição decisiva para o desenvolvimento social, econômico, político e cultural do País.

§ 2º O órgão competente do Poder Executivo fomentará a formação inicial e continuada de professores e a elaboração de material didático específico para o cumprimento do disposto no *caput* deste artigo.

§ 3º Nas datas comemorativas de caráter cívico, os órgãos responsáveis pela educação incentivarão a participação de intelectuais e representantes do movimento negro para debater com os estudantes suas vivências relativas ao tema em comemoração.

Art. 12. Os órgãos federais, distritais e estaduais de fomento à pesquisa e à pós-graduação poderão criar incentivos a pesquisas e a programas de estudo voltados para temas referentes às relações étnicas, aos quilombos e às questões pertinentes à população negra.

Art. 13. O Poder Executivo federal, por meio dos órgãos competentes, incentivará as instituições de ensino superior públicas e privadas, sem prejuízo da legislação em vigor, a:

I — resguardar os princípios da ética em pesquisa e apoiar grupos, núcleos e centros de pesquisa, nos diversos programas de pós-graduação que desenvolvam temáticas de interesse da população negra;

II — incorporar nas matrizes curriculares dos cursos de formação de professores temas que incluam valores concernentes à pluralidade étnica e cultural da sociedade brasileira;

III — desenvolver programas de extensão universitária destinados a aproximar jovens negros de tecnologias avançadas, assegurado o princípio da proporcionalidade de gênero entre os beneficiários;

IV — estabelecer programas de cooperação técnica, nos estabelecimentos de ensino públicos, privados e comunitários, com as escolas de educação infantil, ensino fundamental, ensino médio e ensino técnico, para a formação docente baseada em princípios de equidade, de tolerância e de respeito às diferenças étnicas.

Art. 14. O poder público estimulará e apoiará ações socioeducacionais realizadas por entidades do movimento negro que desenvolvam atividades voltadas para a inclusão social, mediante cooperação técnica, intercâmbios, convênios e incentivos, entre outros mecanismos.

Art. 15. O poder público adotará programas de ação afirmativa.

Art. 16. O Poder Executivo federal, por meio dos órgãos responsáveis pelas políticas de promoção da igualdade e de educação, acompanhará e avaliará os programas de que trata esta Seção.

Seção III
Da Cultura

Art. 17. O poder público garantirá o reconhecimento das sociedades negras, clubes e outras formas de manifestação coletiva da população negra, com trajetória histórica comprovada, como patrimônio histórico e cultural, nos termos dos arts. 215 e 216 da Constituição Federal.

Art. 18. É assegurado aos remanescentes das comunidades dos quilombos o direito à preservação de seus usos, costumes, tradições e manifestos religiosos, sob a proteção do Estado.

Parágrafo único. A preservação dos documentos e dos sítios detentores de reminiscências históricas dos antigos quilombos, tombados nos termos do § 5º do art. 216 da Constituição Federal, receberá especial atenção do poder público.

Art. 19. O poder público incentivará a celebração das personalidades e das datas comemorativas relacionadas à trajetória do samba e de outras manifestações culturais de matriz africana, bem como sua comemoração nas instituições de ensino públicas e privadas.

Art. 20. O poder público garantirá o registro e a proteção da capoeira, em todas as suas modalidades, como bem de natureza imaterial e de formação da identidade cultural brasileira, nos termos do art. 216 da Constituição Federal.

Parágrafo único. O poder público buscará garantir, por meio dos atos normativos necessários, a preservação dos elementos formadores tradicionais da capoeira nas suas relações internacionais.

Seção IV
Do Esporte e Lazer

Art. 21. O poder público fomentará o pleno acesso da população negra às práticas desportivas, consolidando o esporte e o lazer como direitos sociais.

Art. 22. A capoeira é reconhecida como desporto de criação nacional, nos termos do art. 217 da Constituição Federal.

§ 1º A atividade de capoeirista será reconhecida em todas as modalidades em que a capoeira se manifesta, seja como esporte, luta, dança ou música, sendo livre o exercício em todo o território nacional.

§ 2º É facultado o ensino da capoeira nas instituições públicas e privadas pelos capoeiristas e mestres tradicionais, pública e formalmente reconhecidos.

CAPÍTULO III
Do Direito à Liberdade de Consciência e de Crença e ao Livre Exercício dos Cultos Religiosos

Art. 23. É inviolável a liberdade de consciência e de crença, sendo assegurado o livre exercício dos cultos religiosos e garantida, na forma da lei, a proteção aos locais de culto e a suas liturgias.

Art. 24. O direito à liberdade de consciência e de crença e ao livre exercício dos cultos religiosos de matriz africana compreende:

I — a prática de cultos, a celebração de reuniões relacionadas à religiosidade e a fundação e manutenção, por iniciativa privada, de lugares reservados para tais fins;

II — a celebração de festividades e cerimônias de acordo com preceitos das respectivas religiões;

III — a fundação e a manutenção, por iniciativa privada, de instituições beneficentes ligadas às respectivas convicções religiosas;

IV — a produção, a comercialização, a aquisição e o uso de artigos e materiais religiosos adequados aos costumes e às práticas fundadas na respectiva religiosidade, ressalvadas as condutas vedadas por legislação específica;

V — a produção e a divulgação de publicações relacionadas ao exercício e à difusão das religiões de matriz africana;

VI — a coleta de contribuições financeiras de pessoas naturais e jurídicas de natureza privada para a manutenção das atividades religiosas e sociais das respectivas religiões;

VII — o acesso aos órgãos e aos meios de comunicação para divulgação das respectivas religiões;

VIII — a comunicação ao Ministério Público para abertura de ação penal em face de atitudes e práticas de intolerância religiosa nos meios de comunicação e em quaisquer outros locais.

Art. 25. É assegurada a assistência religiosa aos praticantes de religiões de matrizes africanas internados em hospitais ou em outras instituições de internação coletiva, inclusive àqueles submetidos a pena privativa de liberdade.

Art. 26. O poder público adotará as medidas necessárias para o combate à intolerância com as religiões de matrizes africanas e à discriminação de seus seguidores, especialmente com o objetivo de:

I — coibir a utilização dos meios de comunicação social para a difusão de proposições, imagens ou abordagens que exponham pessoa ou grupo ao ódio ou ao desprezo por motivos fundados na religiosidade de matrizes africanas;

II — inventariar, restaurar e proteger os documentos, obras e outros bens de valor artístico e cultural, os monumentos, mananciais, flora e sítios arqueológicos vinculados às religiões de matrizes africanas;

III — assegurar a participação proporcional de representantes das religiões de matrizes africanas, ao lado da representação das demais religiões, em comissões, conselhos, órgãos e outras instâncias de deliberação vinculadas ao poder público.

CAPÍTULO IV
Do Acesso à Terra e à Moradia Adequada

Seção I
Do Acesso à Terra

Art. 27. O poder público elaborará e implementará políticas públicas capazes de promover o acesso da população negra à terra e às atividades produtivas no campo.

Art. 28. Para incentivar o desenvolvimento das atividades produtivas da população ne-

gra no campo, o poder público promoverá ações para viabilizar e ampliar o seu acesso ao financiamento agrícola.

Art. 29. Serão assegurados à população negra a assistência técnica rural, a simplificação do acesso ao crédito agrícola e o fortalecimento da infraestrutura de logística para a comercialização da produção.

Art. 30. O poder público promoverá a educação e a orientação profissional agrícola para os trabalhadores negros e as comunidades negras rurais.

Art. 31. Aos remanescentes das comunidades dos quilombos que estejam ocupando suas terras é reconhecida a propriedade definitiva, devendo o Estado emitir-lhes os títulos respectivos.

Art. 32. O Poder Executivo federal elaborará e desenvolverá políticas públicas especiais voltadas para o desenvolvimento sustentável dos remanescentes das comunidades dos quilombos, respeitando as tradições de proteção ambiental das comunidades.

Art. 33. Para fins de política agrícola, os remanescentes das comunidades dos quilombos receberão dos órgãos competentes tratamento especial diferenciado, assistência técnica e linhas especiais de financiamento público, destinados à realização de suas atividades produtivas e de infraestrutura.

Art. 34. Os remanescentes das comunidades dos quilombos se beneficiarão de todas as iniciativas previstas nesta e em outras leis para a promoção da igualdade étnica.

Seção II
Da Moradia

Art. 35. O poder público garantirá a implementação de políticas públicas para assegurar o direito à moradia adequada da população negra que vive em favelas, cortiços, áreas urbanas subutilizadas, degradadas ou em processo de degradação, a fim de reintegrá-las à dinâmica urbana e promover melhorias no ambiente e na qualidade de vida.

Parágrafo único. O direito à moradia adequada, para os efeitos desta Lei, inclui não apenas o provimento habitacional, mas também a garantia da infraestrutura urbana e dos equipamentos comunitários associados à função habitacional, bem como a assistência técnica e jurídica para a construção, a reforma ou a regularização fundiária da habitação em área urbana.

Art. 36. Os programas, projetos e outras ações governamentais realizadas no âmbito do Sistema Nacional de Habitação de Interesse Social (SNHIS), regulado pela Lei n. 11.124, de 16 de junho de 2005, devem considerar as peculiaridades sociais, econômicas e culturais da população negra.

Parágrafo único. Os Estados, o Distrito Federal e os Municípios estimularão e facilitarão a participação de organizações e movimentos representativos da população negra na composição dos conselhos constituídos para fins de aplicação do Fundo Nacional de Habitação de Interesse Social (FNHIS).

Art. 37. Os agentes financeiros, públicos ou privados, promoverão ações para viabilizar o acesso da população negra aos financiamentos habitacionais.

CAPÍTULO V
Do Trabalho

Art. 38. A implementação de políticas voltadas para a inclusão da população negra no mercado de trabalho será de responsabilidade do poder público, observando-se:

I — o instituído neste Estatuto;

II — os compromissos assumidos pelo Brasil ao ratificar a Convenção Internacional sobre a Eliminação de Todas as Formas de Discriminação Racial, de 1965;

III — os compromissos assumidos pelo Brasil ao ratificar a Convenção n. 111, de 1958, da Organização Internacional do Trabalho (OIT), que trata da discriminação no emprego e na profissão;

IV — os demais compromissos formalmente assumidos pelo Brasil perante a comunidade internacional.

Art. 39. O poder público promoverá ações que assegurem a igualdade de oportunidades no mercado de trabalho para a população negra, inclusive mediante a implementação de medidas visando à promoção da igualdade nas contratações do setor público e o incentivo à adoção de medidas similares nas empresas e organizações privadas.

§ 1º A igualdade de oportunidades será lograda mediante a adoção de políticas e programas de formação profissional, de emprego e de geração de renda voltados para a população negra.

§ 2º As ações visando a promover a igualdade de oportunidades na esfera da administração pública far-se-ão por meio de normas estabelecidas ou a serem estabelecidas em legislação específica e em seus regulamentos.

§ 3º O poder público estimulará, por meio de incentivos, a adoção de iguais medidas pelo setor privado.

§ 4º As ações de que trata o *caput* deste artigo assegurarão o princípio da proporcionalidade de gênero entre os beneficiários.

§ 5º Será assegurado o acesso ao crédito para a pequena produção, nos meios rural e urbano, com ações afirmativas para mulheres negras.

§ 6º O poder público promoverá campanhas de sensibilização contra a marginalização da mulher negra no trabalho artístico e cultural.

§ 7º O poder público promoverá ações com o objetivo de elevar a escolaridade e a qualificação profissional nos setores da economia que contém com alto índice de ocupação por trabalhadores negros de baixa escolarização.

Art. 40. O Conselho Deliberativo do Fundo de Amparo ao Trabalhador (Codefat) formulará políticas, programas e projetos voltados para a inclusão da população negra no mercado de trabalho e orientará a destinação de recursos para seu financiamento.

Art. 41. As ações de emprego e renda, promovidas por meio de financiamento para constituição e ampliação de pequenas e médias empresas e de programas de geração de renda, contemplarão o estímulo à promoção de empresários negros.

Parágrafo único. O poder público estimulará as atividades voltadas ao turismo étnico com enfoque nos locais, monumentos e cidades que retratem a cultura, os usos e os costumes da população negra.

Art. 42. O Poder Executivo federal poderá implementar critérios para provimento de cargos em comissão e funções de confiança destinados a ampliar a participação de negros, buscando reproduzir a estrutura da distribuição étnica nacional ou, quando for o caso, estadual, observados os dados demográficos oficiais.

CAPÍTULO VI
Dos Meios de Comunicação

Art. 43. A produção veiculada pelos órgãos de comunicação valorizará a herança cultural e a participação da população negra na história do País.

Art. 44. Na produção de filmes e programas destinados à veiculação pelas emissoras de televisão e em salas cinematográficas, deverá ser adotada a prática de conferir oportunidades de emprego para atores, figurantes e técnicos negros, sendo vedada toda e qualquer discriminação de natureza política, ideológica, étnica ou artística.

Parágrafo único. A exigência disposta no *caput* não se aplica aos filmes e programas que abordem especificidades de grupos étnicos determinados.

Art. 45. Aplica-se à produção de peças publicitárias destinadas à veiculação pelas emissoras de televisão e em salas cinematográficas o disposto no art. 44.

Art. 46. Os órgãos e entidades da administração pública federal direta, autárquica ou fundacional, as empresas públicas e as sociedades de economia mista federais deverão incluir cláusulas de participação de artistas negros nos contratos de realização de filmes, programas ou quaisquer outras peças de caráter publicitário.

§ 1º Os órgãos e entidades de que trata este artigo incluirão, nas especificações para contratação de serviços de consultoria, conceituação, produção e realização de filmes, programas ou peças publicitárias, a obrigatoriedade da prática de iguais oportunidades de emprego para as pessoas relacionadas com o projeto ou serviço contratado.

§ 2º Entende-se por prática de iguais oportunidades de emprego o conjunto de medidas sistemáticas executadas com a finalidade de garantir a diversidade étnica, de sexo e de idade na equipe vinculada ao projeto ou serviço contratado.

§ 3º A autoridade contratante poderá, se considerar necessário para garantir a prática de iguais oportunidades de emprego, requerer auditoria por órgão do poder público federal.

§ 4º A exigência disposta no *caput* não se aplica às produções publicitárias quando abordarem especificidades de grupos étnicos determinados.

TÍTULO III
Do Sistema Nacional de Promoção da Igualdade Racial (Sinapir)

CAPÍTULO I
Disposição Preliminar

Art. 47. É instituído o Sistema Nacional de Promoção da Igualdade Racial (Sinapir) como forma de organização e de articulação voltadas à implementação do conjunto de políticas e serviços destinados a superar as desigualdades étnicas existentes no País, prestados pelo poder público federal.

§ 1º Os Estados, o Distrito Federal e os Municípios poderão participar do Sinapir mediante adesão.

§ 2º O poder público federal incentivará a sociedade e a iniciativa privada a participar do Sinapir.

CAPÍTULO II
Dos Objetivos

Art. 48. São objetivos do Sinapir:

I — promover a igualdade étnica e o combate às desigualdades sociais resultantes do racismo, inclusive mediante adoção de ações afirmativas;

II — formular políticas destinadas a combater os fatores de marginalização e a promover a integração social da população negra;
III — descentralizar a implementação de ações afirmativas pelos governos estaduais, distrital e municipais;
IV — articular planos, ações e mecanismos voltados à promoção da igualdade étnica;
V — garantir a eficácia dos meios e dos instrumentos criados para a implementação das ações afirmativas e o cumprimento das metas a serem estabelecidas.

CAPÍTULO III
Da Organização e Competência

Art. 49. O Poder Executivo federal elaborará plano nacional de promoção da igualdade racial contendo as metas, princípios e diretrizes para a implementação da Política Nacional de Promoção da Igualdade Racial (PNPIR).

§ 1º A elaboração, implementação, coordenação, avaliação e acompanhamento da PNPIR, bem como a organização, articulação e coordenação do Sinapir, serão efetivados pelo órgão responsável pela política de promoção da igualdade étnica em âmbito nacional.

§ 2º É o Poder Executivo federal autorizado a instituir fórum intergovernamental de promoção da igualdade étnica, a ser coordenado pelo órgão responsável pelas políticas de promoção da igualdade étnica, com o objetivo de implementar estratégias que visem à incorporação da política nacional de promoção da igualdade étnica nas ações governamentais de Estados e Municípios.

§ 3º As diretrizes das políticas nacional e regional de promoção da igualdade étnica serão elaboradas por órgão colegiado que assegure a participação da sociedade civil.

Art. 50. Os Poderes Executivos estaduais, distrital e municipais, no âmbito das respectivas esferas de competência, poderão instituir conselhos de promoção da igualdade étnica, de caráter permanente e consultivo, compostos por igual número de representantes de órgãos e entidades públicas e de organizações da sociedade civil representativas da população negra.

Parágrafo único. O Poder Executivo priorizará o repasse dos recursos referentes aos programas e atividades previstos nesta Lei aos Estados, Distrito Federal e Municípios que tenham criado conselhos de promoção da igualdade étnica.

CAPÍTULO IV
Das Ouvidorias Permanentes e do Acesso à Justiça e à Segurança

Art. 51. O poder público federal instituirá, na forma da lei e no âmbito dos Poderes Legislativo e Executivo, Ouvidorias Permanentes em Defesa da Igualdade Racial, para receber e encaminhar denúncias de preconceito e discriminação com base em etnia ou cor e acompanhar a implementação de medidas para a promoção da igualdade.

Art. 52. É assegurado às vítimas de discriminação étnica o acesso aos órgãos de Ouvidoria Permanente, à Defensoria Pública, ao Ministério Público e ao Poder Judiciário, em todas as suas instâncias, para a garantia do cumprimento de seus direitos.

Parágrafo único. O Estado assegurará atenção às mulheres negras em situação de violência, garantida a assistência física, psíquica, social e jurídica.

Art. 53. O Estado adotará medidas especiais para coibir a violência policial incidente sobre a população negra.

Parágrafo único. O Estado implementará ações de ressocialização e proteção da juventude negra em conflito com a lei e exposta a experiências de exclusão social.

Art. 54. O Estado adotará medidas para coibir atos de discriminação e preconceito praticados por servidores públicos em detrimento da população negra, observado, no que couber, o disposto na Lei n. 7.716, de 5 de janeiro de 1989.

Art. 55. Para a apreciação judicial das lesões e das ameaças de lesão aos interesses da população negra decorrentes de situações de desigualdade étnica, recorrer-se-á, entre outros instrumentos, à ação civil pública, disciplinada na Lei n. 7.347, de 24 de julho de 1985.

CAPÍTULO V
Do Financiamento das Iniciativas de Promoção da Igualdade Racial

Art. 56. Na implementação dos programas e das ações constantes dos planos plurianuais e dos orçamentos anuais da União, deverão ser observadas as políticas de ação afirmativa a que se refere o inciso VII do art. 4º desta Lei e outras políticas públicas que tenham como objetivo promover a igualdade de oportunidades e a inclusão social da população negra, especialmente no que tange a:

I — promoção da igualdade de oportunidades em educação, emprego e moradia;
II — financiamento de pesquisas, nas áreas de educação, saúde e emprego, voltadas para a melhoria da qualidade de vida da população negra;
III — incentivo à criação de programas e veículos de comunicação destinados à divulgação de matérias relacionadas aos interesses da população negra;
IV — incentivo à criação e à manutenção de microempresas administradas por pessoas autodeclaradas negras;
V — iniciativas que incrementem o acesso e a permanência das pessoas negras na educação fundamental, média, técnica e superior;
VI — apoio a programas e projetos dos governos estaduais, distrital e municipais e de entidades da sociedade civil voltados para a promoção da igualdade de oportunidades para a população negra;
VII — apoio a iniciativas em defesa da cultura, da memória e das tradições africanas e brasileiras.

§ 1º O Poder Executivo federal é autorizado a adotar medidas que garantam, em cada exercício, a transparência na alocação e na execução dos recursos necessários ao financiamento das ações previstas neste Estatuto, explicitando, entre outros, a proporção dos recursos orçamentários destinados aos programas de promoção da igualdade, especialmente nas áreas de educação, saúde, emprego e renda, desenvolvimento agrário, habitação popular, desenvolvimento regional, cultura, esporte e lazer.

§ 2º Durante os 5 (cinco) primeiros anos, a contar do exercício subsequente à publicação deste Estatuto, os órgãos do Poder Executivo federal que desenvolvem políticas e programas nas áreas referidas no § 1º deste artigo discriminarão em seus orçamentos anuais a participação nos programas de ação afirmativa referidos no inciso VII do art. 4º desta Lei.

§ 3º O Poder Executivo é autorizado a adotar as medidas necessárias para a adequada implementação do disposto neste artigo, podendo estabelecer patamares de participação crescente dos programas de ação afirmativa nos orçamentos anuais a que se refere o § 2º deste artigo.

§ 4º O órgão colegiado do Poder Executivo federal responsável pela promoção da igualdade racial acompanhará e avaliará a programação das ações referidas neste artigo nas propostas orçamentárias da União.

Art. 57. Sem prejuízo da destinação de recursos ordinários, poderão ser consignados nos orçamentos fiscal e da seguridade social para financiamento das ações de que trata o art. 56:

I — transferências voluntárias dos Estados, do Distrito Federal e dos Municípios;
II — doações voluntárias de particulares;
III — doações de empresas privadas e organizações não governamentais, nacionais ou internacionais;
IV — doações voluntárias de fundos nacionais ou internacionais;
V — doações de Estados estrangeiros, por meio de convênios, tratados e acordos internacionais.

TÍTULO IV
Disposições Finais

Art. 58. As medidas instituídas nesta Lei não excluem outras em prol da população negra que tenham sido ou venham a ser adotadas no âmbito da União, dos Estados, do Distrito Federal ou dos Municípios.

Art. 59. O Poder Executivo federal criará instrumentos para aferir a eficácia social das medidas previstas nesta Lei e efetuará seu monitoramento constante, com a emissão e a divulgação de relatórios periódicos, inclusive pela rede mundial de computadores.

Art. 60. Os arts. 3º e 4º da Lei n. 7.716, de 1989, passam a vigorar com a seguinte redação:
"Art. 3º..
(texto inserido na respectiva lei)

Art. 61. Os arts. 3º e 4º da Lei n. 9.029, de 13 de abril de 1995, passam a vigorar com a seguinte redação: *(texto inserido na respectiva lei)*

Art. 62. O art. 13 da Lei n. 7.347, de 1985, passa a vigorar acrescido do seguinte § 2º, renumerando-se o atual parágrafo único como § 1º: *(texto inserido na respectiva lei)*

Art. 63. O § 1º do art. 1º da Lei n. 10.778, de 24 de novembro de 2003, passa a vigorar com a seguinte redação: *(texto inserido na respectiva lei)*

Art. 64. O § 3º do art. 20 da Lei n. 7.716, de 1989, passa a vigorar acrescido do seguinte inciso III: *(texto inserido na respectiva lei)*

Art. 65. Esta Lei entra em vigor 90 (noventa) dias após a data de sua publicação.

Brasília, 20 de julho de 2010; 189º da Independência e 122º da República.

Luiz Inácio Lula da Silva
Eloi Ferreira de Araújo

DOU 21.7.2010

SISTEMA NACIONAL DE PROMOÇÃO DA IGUALDADE RACIAL — SINAPIR — REGULAMENTAÇÃO

Decreto n. 8.136, de 5 de novembro de 2013

Aprova o regulamento do sistema nacional de promoção da igualdade racial — Sinapir,

instituído pela Lei n. 12.288, de 20 de julho de 2010

A PRESIDENTA DA REPÚBLICA, no uso da atribuição que lhe confere o art. 84, *caput*, inciso VI, da Constituição, e tendo em vista o disposto no art. 47 da Lei n. 12.288, de 20 de julho de 2010,

DECRETA:

Art. 1º Fica aprovado o regulamento do Sistema Nacional de Promoção da Igualdade Racial — Sinapir, na forma do Anexo.

Art. 2º Este Decreto entra em vigor na data de sua publicação.

Brasília, 5 de novembro de 2013; 192º da Independência e 125º da República.

DILMA ROUSSEFF
LUIZA HELENA DE BAIRROS

ANEXO

REGULAMENTO DO SISTEMA NACIONAL DE PROMOÇÃO DA IGUALDADE RACIAL

CAPÍTULO I
Da Definição e dos Marcos Regulatórios

Seção I
Da Definição

Art. 1º O Sistema Nacional de Promoção da Igualdade Racial — Sinapir, instituído pela Lei n. 12.288, de 20 de julho de 2010, constitui forma de organização e de articulação voltadas à implementação do conjunto de políticas e serviços destinados a superar as desigualdades raciais existentes no País, prestado pelo Poder Executivo federal.

§ 1º O Sinapir é um sistema integrado que visa a descentralizar e tornar efetivas as políticas públicas para o enfrentamento ao racismo e para a promoção da igualdade racial no País.

§ 2º O Sistema tem a função precípua de organizar e promover políticas de igualdade racial, compreendidas como conjunto de diretrizes, ações e práticas a serem observadas na atuação do Poder Público e nas relações entre o Estado e a sociedade.

Art. 2º O Sinapir será organizado por meio da definição de competências e responsabilidades específicas para a União e para os demais entes federados que aderirem ao Sistema.

§ 1º O funcionamento do Sistema deve assegurar que a ação de cada parte integrante observe a finalidade comum, garantida a participação da sociedade civil e o controle social das políticas públicas.

§ 2º Deverão ser adotadas estratégias para assegurar à política de igualdade racial prioridade no planejamento e no orçamento dos entes federados que aderirem ao Sinapir de modo a garantir o desenvolvimento de programas com impacto efetivo na superação das desigualdades raciais.

§ 3º O Sinapir deve garantir que a igualdade racial seja contemplada na formulação, implementação, monitoramento e avaliação de políticas públicas, em todas as esferas de governo.

Seção II
Dos Fundamentos Legais

Art. 3º São fundamentos legais do Sinapir:

I — Lei n. 12.288, de 20 de julho de 2010, que institui o Estatuto da Igualdade Racial, em cujo Título III (Capítulos I, II e III) foi instituído o Sinapir;

II — Convenção Internacional sobre a Eliminação de todas as Formas de Discriminação Racial, aprovada pelo Decreto Legislativo n. 23, de 21 de junho de 1967, ratificada pela República Federativa do Brasil em 27 de março de 1968 e promulgada pelo Decreto n. 65.810, de 8 de dezembro de 1969;

III — Política Nacional de Promoção da Igualdade Racial, instituída pelo Decreto n. 4.886, de 20 de novembro de 2003; e

IV — Plano Nacional de Promoção da Igualdade Racial — Planapir, aprovado pelo Decreto n. 6.872, de 4 de junho de 2009.

CAPÍTULO II
Dos Princípios e dos Objetivos

Seção I
Dos Princípios

Art. 4º São princípios do Sinapir:

I — desconcentração, que consiste no compartilhamento, entre os órgãos e entidades da administração púbica federal, das responsabilidades pela execução e pelo monitoramento das políticas setoriais de igualdade racial;

II — descentralização, que se realiza na definição de competências e responsabilidades dos Estados, Distrito Federal e Municípios, de modo a permitir que as políticas de igualdade racial atendam as necessidades da população;

III — gestão democrática, que envolve a participação da sociedade civil na proposição, acompanhamento e realização de iniciativas, por meio dos conselhos e das conferências de Promoção da Igualdade Racial; e

IV — estímulo à adoção de medidas que favoreçam a promoção da igualdade racial pelos Poderes Legislativo e Judiciário, Ministério Público, Defensorias Públicas e iniciativa privada.

Seção II
Dos Objetivos

Art. 5º São objetivos do Sinapir, de acordo com o art. 48 da Lei n. 12.288, de 2010:

I — promover a igualdade étnica e o combate às desigualdades sociais resultantes do racismo, inclusive mediante a adoção de ações afirmativas;

II — formular políticas destinadas a combater os fatores de marginalização e a promover a integração social da população negra;

III — descentralizar a implementação de ações afirmativas pelos governos estaduais, distrital e municipais;

IV — articular planos, ações e mecanismos para promoção da igualdade étnica; e

V — garantir a eficácia dos meios e dos instrumentos criados para a implementação das ações afirmativas e o cumprimento das metas a serem estabelecidas.

CAPÍTULO III
Dos Instrumentos Gerenciais

Art. 6º Constituem instrumentos de gestão do Sinapir:

I — o Plano Nacional de Promoção da Igualdade Racial — Planapir, e os planos estaduais, distrital e municipais;

II — o Plano Plurianual de Governo; e

III — a Rede-Sinapir, a ser criada com o fim de promover:

a) a gestão de informação;

b) as condições para o monitoramento;

c) a avaliação do Sinapir; e

d) o acesso e o controle social.

Art. 7º A atuação da Rede-Sinapir deverá ser precedida de:

I — formação de cadastro nacional dos órgãos de políticas de promoção da igualdade racial, nas esferas estadual, distrital e municipal; e

II — desenvolvimento de portal na internet, com acesso diferenciado e voltado para a divulgação das ações dos diversos órgãos e entidades que compõem o Sinapir.

Parágrafo único. Simultaneamente ao funcionamento do Sistema, ocorrerão o aperfeiçoamento e a disseminação dos instrumentos e técnicas de avaliação e monitoramento das ações dos órgãos e entidades que compõe o Sinapir e a análise do impacto dessas ações nas condições de vida das populações negra, indígena e cigana.

CAPÍTULO IV
Da Estrutura do SINAPIR

Seção I
Da Estrutura

Art. 8º Integram a estrutura do Sinapir:

I — conferências de Promoção da Igualdade Racial — nacional, estaduais, distrital e municipais, que constituem instâncias formais de diálogo entre o setor público e a sociedade civil, visando a garantir a participação social na proposição, implementação e monitoramento das políticas públicas;

II — Conselho Nacional de Promoção da Igualdade Racial — CNPIR, de natureza consultiva, ao qual compete exercer o controle social, por meio do acompanhamento da implementação das políticas de promoção da igualdade racial, e contribuir para que sua execução esteja em conformidade com as diretrizes da Conferência Nacional de Promoção da Igualdade Racial;

III — Secretaria de Políticas de Promoção da Igualdade Racial da Presidência da República — SEPPIR-PR, responsável pela articulação ministerial e pela coordenação central do Sistema;

IV — Fórum Intergovernamental de Promoção da Igualdade Racial — Fipir, espaço de formação de pactos no âmbito do Sistema, constituído pela Secretaria de Políticas de Promoção da Igualdade Racial da Presidência da República e pelos órgãos de promoção da igualdade racial estaduais, distrital e municipais, responsáveis pela articulação da política nas suas esferas de governo; e

V — Ouvidoria Permanente em Defesa da Igualdade Racial do Poder Executivo, responsável pela interlocução imediata entre cidadãos e o Poder Público, a qual cabe funcionar como canal para o recebimento de opiniões e reclamações, a mediação de conflitos e o encaminhamento de denúncias de racismo e discriminação racial.

Parágrafo único. A implementação do Sistema em âmbito federal será feita pela Secretaria de Políticas de Promoção da Igualdade Racial da Presidência da República em conjunto com os Ministérios responsáveis pela execução de políticas setoriais de promoção igualdade racial.

Art. 9º As conferências devem ser realizadas a cada quatro anos, conforme cronograma a ser definido pela Secretaria de Políticas de Promoção da Igualdade Racial da Presidência da República, ouvido o Conselho Nacional de Promoção da Igualdade Racial.

Art. 10. Os órgãos estaduais de promoção da igualdade racial dos entes que aderirem

ao Sinapir são responsáveis pela criação de fóruns estaduais de gestores municipais e pelo apoio ao seu funcionamento, a fim de assegurar a descentralização da política de promoção da igualdade racial e possibilitar a representação dos Municípios na instância de formação de pactos do Sinapir.

Art. 11. Fica instituído, no âmbito do Sinapir, o Fórum Intergovernamental de Promoção da Igualdade Racial — Fipir, com o objetivo de implementar estratégias para a incorporação da política nacional de promoção da igualdade étnico-racial às ações governamentais de Estados e Municípios.

§ 1º Ao Fipir competirá atuar como instância de formação de pactos entre os entes federados, com o fim de promover a igualdade racial e o enfrentamento ao racismo.

§ 2º O Fipir será composto por dirigentes responsáveis pela articulação e pela coordenação da política de promoção da igualdade racial da União, dos Estados, do Distrito Federal e da representação dos Municípios em cada Estado, escolhida no fórum estadual de gestores municipais.

§ 3º O regimento interno provisório do Fipir e as orientações gerais para o funcionamento dos fóruns estaduais de gestores municipais serão definidas em ato do Ministro de Estado Chefe da Secretaria de Políticas de Promoção da Igualdade Racial da Presidência da República.

§ 4º Uma vez que o Fipir e os fóruns estaduais de gestores municipais estejam compostos, respectivamente, por cinquenta por cento dos Estados e por cinquenta por cento dos Municípios com órgãos de promoção da igualdade racial, será elaborado o regimento interno de ambas as instâncias.

§ 5º Para a votação do regimento interno do Fipir, cada esfera da federação representada no fórum terá direito a um voto.

§ 6º Para fins do disposto no § 5º, considera-se o Distrito Federal incluído na esfera estadual.

§ 7º A coordenação do Fipir compete à Secretaria de Políticas de Promoção da Igualdade Racial da Presidência da República, que proverá o apoio administrativo e os meios necessários ao seu funcionamento.

CAPÍTULO V
Da Adesão, Participação, Competências e Responsabilidades

Seção I
Da Adesão ao Sistema

Art. 12. São requisitos para adesão de Estados, Distrito Federal e Municípios ao Sinapir:

I — instituição e funcionamento de conselho voltado para a promoção da igualdade racial, composto por igual número de representantes de órgãos e entidades públicas e de organizações da sociedade civil; e

II — instituição e funcionamento de órgão de promoção da igualdade racial na estrutura administrativa.

Parágrafo único. Os Municípios poderão satisfazer as condições previstas nos incisos I e II do caput por meio de consórcios públicos, nos termos do art. 26.

Seção II
Das Condições para a Participação de Estados, Distrito Federal e Municípios no Sinapir

Art. 13. Participam do Sinapir a União, representada pela Secretaria de Políticas de Promoção da Igualdade Racial da Presidência da República e pelos órgãos responsáveis pela execução de políticas setoriais de promoção da igualdade racial, e os Estados, Distrito Federal e os Municípios que tenham aderido ao Sistema.

Parágrafo único. Ato do Ministro de Estado Chefe da Secretaria de Políticas de Promoção da Igualdade Racial da Presidência da República disciplinará os procedimentos a serem seguidos no processo de adesão ao Sinapir pelos entes federados, no prazo de noventa dias, contado da data de publicação deste Decreto.

Art. 14. São condições para a participação de Estados e Distrito Federal no Sinapir:

I — instituir e apoiar administrativa e financeiramente os conselhos estaduais e distrital voltados para a promoção da igualdade racial;

II — assegurar o funcionamento dos órgãos estaduais e distrital de promoção da igualdade racial, oferecendo condições administrativas e financeiras, observados os requisitos e as formas de gestão do Sinapir, nos termos do art. 14;

III — participar do Fórum Intergovernamental de Promoção da Igualdade Racial;

IV — organizar e coordenar fóruns estaduais de gestores municipais de promoção da igualdade racial;

V — elaborar e executar os planos estaduais e distrital de promoção da igualdade racial;

VI — apoiar os Municípios na criação de órgãos de promoção da igualdade racial e na elaboração e execução de seus planos;

VII — realizar conferências estaduais e distrital de promoção da igualdade racial e apoiar a realização de conferências municipais;

VIII — fortalecer os planos e programas decorrentes da Política Nacional de Promoção da Igualdade Racial; e

IX — executar a política estadual e distrital de promoção da igualdade racial, em conformidade com o que for pactuado no Sinapir.

PARÁGRAFO ÚNICO. Salvo as condições previstas nos incisos I e II do caput, as demais poderão ser satisfeitas concomitantemente à participação do Estado ou Distrito Federal no Sinapir.

Art. 15. São condições para participação dos Municípios no Sinapir:

I — instituir e apoiar administrativa e financeiramente os conselhos municipais voltados para a promoção da igualdade racial;

II — assegurar o funcionamento dos órgãos municipais de promoção da igualdade racial, oferecendo condições administrativas e financeiras, observados os requisitos e as formas de gestão do Sinapir, nos termos do art. 14;

III — participar e contribuir para o fortalecimento dos fóruns estaduais de gestores municipais de promoção da igualdade racial;

IV — participar do Fórum Intergovernamental de Promoção da Igualdade Racial, por meio de representação do respectivo fórum estadual de gestores municipais;

V — elaborar e executar os planos municipais de promoção da igualdade racial;

VI — realizar as conferências municipais de promoção da igualdade racial; e municipal, em conformidade com o que for pactuado no Sinapir.

§ 1º Salvo as condições previstas nos incisos I e II do caput, as demais poderão ser satisfeitas concomitantemente à participação dos Municípios ao Sinapir.

§ 2º Os Municípios poderão satisfazer as condições para a participação no Sistema por meio de consórcios públicos, nos termos do art. 26.

Art. 16. Ato do Ministro de Estado Chefe da Secretaria de Políticas de Promoção da Igualdade Racial da Presidência da República, no prazo de noventa dias, contado da data de publicação deste Decreto, definirá as modalidades de gestão do Sistema.

Parágrafo único. A qualquer momento os entes federados poderão retirar-se do Sistema.

Seção III
Da Participação da Sociedade Civil no Sinapir

Art. 17. A sociedade civil participará do Sistema por meio dos conselhos voltados para a promoção da igualdade racial em âmbito nacional, estadual, distrital e municipal e das conferências de Promoção da Igualdade Racial.

Art. 18. A composição de grupos de trabalho, comitês ou outras instâncias para as quais a sociedade civil tenha representantes devidamente designados será considerada forma de participação no Sistema.

Art. 19. A execução pela sociedade civil de projetos específicos de promoção da igualdade racial e de enfrentamento ao racismo, de interesse da coletividade, financiados pelo Poder Público, também constitui forma de participação no Sinapir.

Seção IV
Das Competências e Responsabilidades da União

Art. 20. Compete à União coordenar o Sinapir e exercer as seguintes funções:

I — adotar políticas de fomento para a participação de Estados, Distrito Federal e Municípios no Sistema;

II — articular planos e programas a serem pactuados no âmbito do Sinapir e executados sob a coordenação dos órgãos de promoção da igualdade racial integrantes do Sistema;

III — fortalecer os planos e programas decorrentes da Política Nacional de Promoção da Igualdade Racial;

IV — apoiar os Estados, o Distrito Federal e os Municípios na criação de órgãos de promoção da igualdade racial e na implementação das políticas de promoção da igualdade racial;

V — executar a política de promoção da igualdade racial em âmbito federal, monitorá-la e criar instrumentos para aferir a sua eficácia;

VI — implementar o Plano Nacional de Promoção da Igualdade Racial — Planapir;

VII — realizar conferências nacionais de promoção da igualdade racial e apoiar a realização das conferências estaduais e distrital; e

VIII — apoiar o funcionamento da Ouvidoria Permanente de Promoção da Igualdade Racial no Poder Público federal.

CAPÍTULO VI
Do Mecanismo de Financiamento

Art. 21. Os entes que aderirem ao Sinapir devem assegurar, em seus orçamentos, recursos para a implementação das políticas de igualdade racial e promover medidas de transparência quanto à alocação desses recursos.

Art. 22. As políticas de promoção da igualdade racial e de enfrentamento ao racismo pactuadas no âmbito do Sistema serão cofinanciadas pela União e os Estados, Distrito Federal e Municípios que aderirem ao Sinapir.

Art. 23. O mecanismo de financiamento do Sinapir, em âmbito federal, compreende recursos oriundos:

I — do orçamento da Secretaria de Políticas de Promoção da Igualdade Racial da Presidência da República;

II — das ações orçamentárias previstas na lei orçamentária anual direcionadas à promoção da igualdade racial e enfrentamento ao racismo;

III — de doações voluntárias de particulares, de empresas privadas e de organizações não governamentais;

IV — de doações voluntárias de fundos nacionais e internacionais; e

V — de doações de Estados estrangeiros, por meio de convênios, tratados e acordos internacionais.

Art. 24. As transferências voluntárias de recursos federais para apoio à promoção da igualdade racial deverão priorizar os entes estaduais, distrital e municipais que tiverem aderido ao Sinapir.

PARÁGRAFO ÚNICO. A Secretaria de Políticas de Promoção da Igualdade Racial da Presidência da República poderá selecionar projetos de Estados, Distrito Federal e Municípios por editais, priorizados aqueles apresentados por entes que tiverem aderido ao Sinapir.

Art. 25. O apoio a iniciativas de organizações da sociedade civil será feito por meio de parcerias com entidades selecionadas mediante editais de chamamento público.

CAPÍTULO VII
Disposições Gerais

Art. 26. Os entes que quiserem aderir ao Sinapir poderão formar consórcios públicos para a implementação conjunta das políticas de promoção da igualdade racial.

Art. 27. A participação nas atividades do Fipir é considerada prestação de serviço público relevante, não remunerada.

Art. 28. Ato do Ministro de Estado Chefe da Secretaria de Políticas de Promoção da Igualdade Racial da Presidência da República disciplinará normas adicionais necessárias ao cumprimento do disposto neste Decreto.

Art. 29. Será criado no âmbito do Governo federal o Disque Igualdade Racial, sob responsabilidade da Secretaria de Políticas de Promoção da Igualdade Racial da Presidência da República, para receber denúncias de racismo e discriminação racial, em especial, as relacionadas à juventude negra, comunidades tradicionais de matriz africana, comunidades quilombolas e povos de cultura cigana.

Parágrafo único. Poderão ser celebradas com os Estados, Distrito Federal e Municípios integrantes do Sinapir parcerias para formação de rede nacional de atendimento às vítimas de discriminação racial.

DOU 6.11.2013

Lei n. 12.302, de 2 de agosto de 2010

Regulamenta o exercício da profissão de instrutor de trânsito

O PRESIDENTE DA REPÚBLICA, Faço saber que o Congresso Nacional decreta e eu sanciono a seguinte Lei:

Art. 1º Esta Lei regulamenta o exercício da profissão de Instrutor de Trânsito.

Art. 2º Considera-se instrutor de trânsito o profissional responsável pela formação de condutores de veículos automotores e elétricos com registro no órgão executivo de trânsito dos Estados e do Distrito Federal.

Art. 3º Compete ao instrutor de trânsito:

I — instruir os alunos acerca dos conhecimentos teóricos e das habilidades necessárias à obtenção, alteração, renovação da permissão para dirigir e da autorização para conduzir ciclomotores;

II — ministrar cursos de especialização e similares definidos em resoluções do Conselho Nacional de Trânsito — CONTRAN;

III — respeitar os horários preestabelecidos para as aulas e exames;

IV — frequentar os cursos de aperfeiçoamento ou de reciclagem promovidos pelos órgãos executivos de trânsito dos Estados ou do Distrito Federal;

V — orientar o aluno com segurança na aprendizagem de direção veicular.

Parágrafo único. Nas aulas práticas de direção veicular, o instrutor de trânsito somente poderá instruir candidatos à habilitação para a categoria igual ou inferior àquela em que esteja habilitado.

Art. 4º São requisitos para o exercício da atividade de instrutor de trânsito:

I — ter, no mínimo, 21 (vinte e um) anos de idade;

II — ter, pelo menos, 2 (dois) anos de efetiva habilitação legal para a condução de veículo e, no mínimo, 1 (um) ano na categoria D;

III — não ter cometido nenhuma infração de trânsito de natureza gravíssima nos últimos 60 (sessenta) dias;

IV — ter concluído o ensino médio;

V — possuir certificado de curso específico realizado pelo órgão executivo de trânsito;

VI — não ter sofrido penalidade de cassação da Carteira Nacional de Habilitação — CNH;

VII — ter participado de curso de direção defensiva e primeiros socorros.

Parágrafo único. É assegurado o direito ao exercício da profissão aos instrutores de trânsito que já estejam credenciados nos órgãos executivos de trânsito estaduais e do Distrito Federal na data de entrada em vigor desta Lei.

Art. 5º São deveres do instrutor de trânsito:

I — desempenhar com zelo e presteza as atividades de seu cargo;

II — portar, sempre, o crachá ou carteira de identificação profissional.

Parágrafo único. O crachá de que trata o inciso II do *caput* deste artigo será fornecido pelo órgão executivo de trânsito estadual ou do Distrito Federal.

Art. 6º É vedado ao instrutor de trânsito:

I — realizar propaganda contrária à ética profissional;

II — obstar ou dificultar a fiscalização do órgão executivo de trânsito estadual ou do Distrito Federal.

Art. 7º São direitos do instrutor de trânsito:

I — exercer com liberdade suas prerrogativas;

II — não ser punido sem prévia sindicância, sendo-lhe assegurado amplo direito de defesa;

III — denunciar às autoridades competentes, na forma cabível à espécie, o exercício ilegal da atividade;

IV — representar, perante as autoridades superiores, contra servidores públicos que, no desempenho dos cargos ou funções, praticarem atos que excedam seus deveres decorrentes da inobservância de dispositivos desta Lei;

V — apresentar às autoridades responsáveis pela instituição de normas e atos legais relativos a serviços e atribuições dos instrutores de trânsito sugestões, pareceres, opiniões e críticas que visem à simplificação e ao aperfeiçoamento do sistema de trânsito.

Art. 8º As penalidades aplicadas aos instrutores de trânsito obedecerão aos ditames previstos na Lei n. 9.503, de 23 de setembro de 1997 — Código de Trânsito Brasileiro.

Art. 9º Esta Lei entra em vigor na data de sua publicação.

Brasília, 2 de agosto de 2010; 189º da Independência e 122º da República.

LUIZ INÁCIO LULA DA SILVA
PAULO ROBERTO DOS SANTOS PINTO
DOU 3.8.2010

Lei n. 12.319, de 1º de setembro de 2010

Regulamenta a profissão de tradutor e intérprete da Língua Brasileira de Sinais — LIBRAS

O PRESIDENTE DA REPÚBLICA, faço saber que o Congresso Nacional decreta e eu sanciono a seguinte Lei:

Art. 1º Esta Lei regulamenta o exercício da profissão de Tradutor e Intérprete da Língua Brasileira de Sinais — LIBRAS.

Art. 2º O tradutor e intérprete terá competência para realizar interpretação das 2 (duas) línguas de maneira simultânea ou consecutiva e proficiência em tradução e interpretação da Libras e da Língua Portuguesa.

Art. 3º (VETADO)

Art. 4º A formação profissional do tradutor e intérprete de Libras — Língua Portuguesa, em nível médio, deve ser realizada por meio de:

I — cursos de educação profissional reconhecidos pelo Sistema que os credenciou;

II — cursos de extensão universitária; e

III — cursos de formação continuada promovidos por instituições de ensino superior e instituições credenciadas por Secretarias de Educação.

Parágrafo único. A formação de tradutor e intérprete de Libras pode ser realizada por organizações da sociedade civil representativas da comunidade surda, desde que o certificado seja convalidado por uma das instituições referidas no inciso III.

Art. 5º Até o dia 22 de dezembro de 2015, a União, diretamente ou por intermédio de credenciadas, promoverá, anualmente, exame nacional de proficiência em Tradução e Interpretação de Libras — Língua Portuguesa.

Parágrafo único. O exame de proficiência em Tradução e Interpretação de Libras — Língua Portuguesa deve ser realizado por banca examinadora de amplo conhecimento dessa função, constituída por docentes surdos, linguistas e tradutores e intérpretes de Libras de instituições de educação superior.

Art. 6º São atribuições do tradutor e intérprete, no exercício de suas competências:

I — efetuar comunicação entre surdos e ouvintes, surdos e surdos, surdos e surdos-

-cegos, surdos-cegos e ouvintes, por meio da Libras para a língua oral e vice-versa;

II — interpretar, em Língua Brasileira de Sinais — Língua Portuguesa, as atividades didático-pedagógicas e culturais desenvolvidas nas instituições de ensino nos níveis fundamental, médio e superior, de forma a viabilizar o acesso aos conteúdos curriculares;

III — atuar nos processos seletivos para cursos na instituição de ensino e nos concursos públicos;

IV — atuar no apoio à acessibilidade aos serviços e às atividades-fim das instituições de ensino e repartições públicas; e

V — prestar seus serviços em depoimentos em juízo, em órgãos administrativos ou policiais.

Art. 7º O intérprete deve exercer sua profissão com rigor técnico, zelando pelos valores éticos a ela inerentes, pelo respeito à pessoa humana e à cultura do surdo e, em especial:

I — pela honestidade e discrição, protegendo o direito de sigilo da informação recebida;

II — pela atuação livre de preconceito de origem, raça, credo religioso, idade, sexo ou orientação sexual ou gênero;

III — pela imparcialidade e fidelidade aos conteúdos que lhe couber traduzir;

IV — pelas postura e conduta adequadas aos ambientes que frequentar por causa do exercício profissional;

V — pela solidariedade e consciência de que o direito de expressão é um direito social, independentemente da condição social e econômica daqueles que dele necessitem;

VI — pelo conhecimento das especificidades da comunidade surda.

Art. 8º (VETADO)

Art. 9º (VETADO)

Art. 10. Esta Lei entra em vigor na data de sua publicação.

Brasília, 1º de setembro de 2010; 189º da Independência e 122º da República.

Luiz Inácio Lula da Silva
Luiz Paulo Teles Ferreira Barreto
Fernando Haddad
Carlos Lupi
Paulo de Tarso Vanucchi

DOU 2.9.2010

Lei n. 12.378, de 31 de dezembro de 2010

Regulamenta o exercício da Arquitetura e Urbanismo; cria o Conselho de Arquitetura e Urbanismo do Brasil — CAU/BR e os Conselhos de Arquitetura e Urbanismo dos Estados e do Distrito Federal — CAUs; e dá outras providências

O PRESIDENTE DA REPÚBLICA, faço saber que o Congresso Nacional decreta e eu sanciono a seguinte Lei:

Âmbito de Abrangência

Art. 1º O exercício da profissão de arquiteto e urbanista passa a ser regulado por esta Lei.

Atribuições de Arquitetos e Urbanistas

Art. 2º As atividades e atribuições do arquiteto e urbanista consistem em:

I — supervisão, coordenação, gestão e orientação técnica;

II — coleta de dados, estudo, planejamento, projeto e especificação;

III — estudo de viabilidade técnica e ambiental;

IV — assistência técnica, assessoria e consultoria;

V — direção de obras e de serviço técnico;

VI — vistoria, perícia, avaliação, monitoramento, laudo, parecer técnico, auditoria e arbitragem;

VII — desempenho de cargo e função técnica;

VIII — treinamento, ensino, pesquisa e extensão universitária;

IX — desenvolvimento, análise, experimentação, ensaio, padronização, mensuração e controle de qualidade;

X — elaboração de orçamento;

XI — produção e divulgação técnica especializada; e

XII — execução, fiscalização e condução de obra, instalação e serviço técnico.

Parágrafo único. As atividades de que trata este artigo aplicam-se aos seguintes campos de atuação no setor:

I — da Arquitetura e Urbanismo, concepção e execução de projetos;

II — da Arquitetura de Interiores, concepção e execução de projetos de ambientes;

III — da Arquitetura Paisagística, concepção e execução de projetos para espaços externos, livres e abertos, privados ou públicos, como parques e praças, considerados isoladamente ou em sistemas, dentro de várias escalas, inclusive a territorial;

IV — do Patrimônio Histórico Cultural e Artístico, arquitetônico, urbanístico, paisagístico, monumentos, restauro, práticas de projeto e soluções tecnológicas para reutilização, reabilitação, reconstrução, preservação, conservação, restauro e valorização de edificações, conjuntos e cidades;

V — do Planejamento Urbano e Regional, planejamento físico-territorial, planos de intervenção no espaço urbano, metropolitano e regional fundamentados nos sistemas de infraestrutura, saneamento básico e ambiental, sistema viário, sinalização, tráfego e trânsito urbano e rural, acessibilidade, gestão territorial e ambiental, parcelamento do solo, loteamento, desmembramento, remembramento, arruamento, planejamento urbano, plano diretor, traçado de cidades, desenho urbano, sistema viário, tráfego e trânsito urbano e rural, inventário urbano e regional, assentamentos humanos e requalificação em áreas urbanas e rurais;

VI — da Topografia, elaboração e interpretação de levantamentos topográficos cadastrais para a realização de projetos de arquitetura, de urbanismo e de paisagismo, foto-interpretação, leitura, interpretação e análise de dados e informações topográficas e sensoriamento remoto;

VII — da Tecnologia e resistência dos materiais, dos elementos e produtos de construção, patologias e recuperações;

VIII — dos sistemas construtivos e estruturais, estruturas, desenvolvimento de estruturas e aplicação tecnológica de estruturas;

IX — de instalações e equipamentos referentes à arquitetura e urbanismo;

X — do Conforto Ambiental, técnicas referentes ao estabelecimento de condições climáticas, acústicas, lumínicas e ergonômicas, para a concepção, organização e construção dos espaços;

XI — do Meio Ambiente, Estudo e Avaliação dos Impactos Ambientais, Licenciamento Ambiental, Utilização Racional dos Recursos Disponíveis e Desenvolvimento Sustentável.

Art. 3º Os campos da atuação profissional para o exercício da arquitetura e urbanismo são definidos a partir das diretrizes curriculares nacionais que dispõem sobre a formação do profissional arquiteto e urbanista nas quais os núcleos de conhecimentos de fundamentação e de conhecimentos profissionais caracterizam a unidade de atuação profissional.

§ 1º O Conselho de Arquitetura e Urbanismo do Brasil — CAU/BR especificará, atentando para o disposto no *caput*, as áreas de atuação privativas dos arquitetos e urbanistas e as áreas de atuação compartilhadas com outras profissões regulamentadas.

§ 2º Serão consideradas privativas de profissional especializado as áreas de atuação nas quais a ausência de formação superior exponha o usuário do serviço a qualquer risco ou danos materiais à segurança, à saúde ou ao meio ambiente.

§ 3º No exercício de atividades em áreas de atuação compartilhadas com outras áreas profissionais, o Conselho de Arquitetura e Urbanismo — CAU do Estado ou do Distrito Federal fiscalizará o exercício profissional da Arquitetura e Urbanismo.

§ 4º Na hipótese de as normas do CAU/BR sobre o campo de atuação de arquitetos e urbanistas contradizerem normas de outro Conselho profissional, a controvérsia será resolvida por meio de resolução conjunta de ambos os conselhos.

§ 5º Enquanto não editada a resolução conjunta de que trata o § 4º ou, em caso de impasse, até que seja resolvida a controvérsia, por arbitragem ou judicialmente, será aplicada a norma do Conselho que garanta ao profissional a maior margem de atuação.

Art. 4º O CAU/BR organizará e manterá atualizado cadastro nacional das escolas e faculdades de arquitetura e urbanismo, incluindo o currículo de todos os cursos oferecidos e os projetos pedagógicos.

Registro do arquiteto e urbanista no Conselho

Art. 5º Para uso do título de arquiteto e urbanista e para o exercício das atividades profissionais privativas correspondentes, é obrigatório o registro do profissional no CAU do Estado ou do Distrito Federal.

Parágrafo único. O registro habilita o profissional a atuar em todo o território nacional.

Art. 6º São requisitos para o registro:

I — capacidade civil; e

II — diploma de graduação em arquitetura e urbanismo, obtido em instituição de ensino superior oficialmente reconhecida pelo poder público.

§ 1º Poderão obter registro no CAU dos Estados e do Distrito Federal os portadores de diploma de graduação em Arquitetura e Urbanismo ou de diploma de arquiteto ou arquiteto e urbanista, obtido em instituição estrangeira de ensino superior reconhecida no respectivo país e devidamente revalidado por instituição nacional credenciada.

§ 2º Cumpridos os requisitos previstos nos incisos I e II do *caput*, poderão obter registro no CAU dos Estados ou do Distrito Federal, em caráter excepcional e por tempo determinado, profissionais estrangeiros sem domicílio no País.

§ 3º A concessão do registro de que trata o § 2º é condicionada à efetiva participação de arquiteto e urbanista ou sociedade de arquitetos, com registro no CAU Estadual ou no Distrito Federal e com domicílio no País, no acompanhamento em todas as fases das atividades a serem desenvolvidas pelos profissionais estrangeiros.

Art. 7º Exerce ilegalmente a profissão de arquiteto e urbanista a pessoa física ou jurídica que realizar atos ou prestar serviços, públicos ou privados, privativos dos profissionais de que trata esta Lei ou, ainda, que, mesmo não realizando atos privativos, se apresenta como arquiteto e urbanista ou como pessoa jurídica que atue na área de arquitetura e urbanismo sem registro no CAU.

Art. 8º A carteira profissional de arquiteto e urbanista possui fé pública e constitui prova de identidade civil para todos os fins legais.

Da Interrupção e do Cancelamento do Registro Profissional

Art. 9º É facultada ao profissional e à pessoa jurídica, que não estiver no exercício de suas atividades, a interrupção de seu registro profissional no CAU por tempo indeterminado, desde que atenda as condições regulamentadas pelo CAU/BR.

Sociedade de Arquitetos e Urbanistas

Art. 10. Os arquitetos e urbanistas, juntamente com outros profissionais, poder-se-ão reunir em sociedade de prestação de serviços de arquitetura e urbanismo, nos termos das normas de direito privado, desta Lei e do Regimento Geral do CAU/BR.

Parágrafo único. Sem prejuízo do registro e aprovação pelo órgão competente, a sociedade que preste serviços de arquitetura e urbanismo dever-se-á cadastrar no CAU da sua sede, o qual enviará as informações ao CAU/BR para fins de composição de cadastro unificado nacionalmente.

Art. 11. É vedado o uso das expressões "arquitetura" ou "urbanismo" ou designação similar na razão social ou no nome fantasia de sociedade que não possuir arquiteto e urbanista entre os sócios com poder de gestão ou entre os empregados permanentes.

Dos Acervos Técnicos

Art. 12. O acervo técnico constitui propriedade do profissional arquiteto e urbanista e é composto por todas as atividades por ele desenvolvidas, conforme discriminado nos arts. 2º e 3º, resguardando-se a legislação do Direito Autoral.

Art. 13. Para fins de comprovação de autoria ou de participação e de formação de acervo técnico, o arquiteto e urbanista deverá registrar seus projetos e demais trabalhos técnicos ou de criação no CAU do ente da Federação onde atue.

Parágrafo único. A qualificação técnica de sociedade com atuação nos campos da arquitetura e do urbanismo será demonstrada por meio dos acervos técnicos dos arquitetos e urbanistas comprovadamente a ela vinculados.

Art. 14. É dever do arquiteto e urbanista ou da sociedade de prestação de serviços de arquitetura e urbanismo indicar em documentos, peças publicitárias, placas ou outro elemento de comunicação dirigido a cliente, ao público em geral e ao CAU local:

I — o nome civil ou razão social do(s) autor(es) e executante(s) do serviço, completo ou abreviado, ou pseudônimo ou nome fantasia, a critério do profissional ou da sociedade de prestação de serviços de arquitetura e urbanismo, conforme o caso;

II — o número do registro no CAU local; e

III — a atividade a ser desenvolvida.

Parágrafo único. Quando se tratar de atividade desenvolvida por mais de um arquiteto e urbanista ou por mais de uma sociedade de prestação de serviços de arquitetura e urbanismo e não sendo especificados diferentes níveis de responsabilidade, todos serão considerados indistintamente coautores e corresponsáveis.

Art. 15. Aquele que implantar ou executar projeto ou qualquer trabalho técnico de criação ou de autoria de arquiteto e urbanista deve fazê-lo de acordo com as especificações e o detalhamento constantes do trabalho, salvo autorização em contrário, por escrito, do autor.

Parágrafo único. Ao arquiteto e urbanista é facultado acompanhar a implantação ou execução de projeto ou trabalho de sua autoria, pessoalmente ou por meio de preposto especialmente designado com a finalidade de averiguar a adequação da execução ao projeto ou concepção original.

Art. 16. Alterações em trabalho de autoria de arquiteto e urbanista, tanto em projeto como em obra dele resultante, somente poderão ser feitas mediante consentimento por escrito da pessoa natural titular dos direitos autorais, salvo pactuação em contrário.

§ 1º No caso de existência de coautoria, salvo pactuação em contrário, será necessária a concordância de todos os coautores.

§ 2º Em caso de falecimento ou de incapacidade civil do autor do projeto original, as alterações ou modificações poderão ser feitas pelo coautor ou, em não havendo coautor, por outro profissional habilitado, independentemente de autorização, que assumirá a responsabilidade pelo projeto modificado.

§ 3º Ao arquiteto e urbanista que não participar de alteração em obra ou trabalho de sua autoria é permitido o registro de laudo no CAU de seu domicílio, com o objetivo de garantir a autoria e determinar os limites de sua responsabilidade.

§ 4º Na hipótese de a alteração não ter sido concebida pelo autor do projeto original, o resultado final terá como coautores o arquiteto e urbanista autor do projeto original e o autor do projeto de alteração, salvo decisão expressa em contrário do primeiro, caso em que a autoria da obra passa a ser apenas do profissional que houver efetuado as alterações.

Ética

Art. 17. No exercício da profissão, o arquiteto e urbanista deve pautar sua conduta pelos parâmetros a serem definidos no Código de Ética e Disciplina do CAU/BR.

Parágrafo único. O Código de Ética e Disciplina deverá regular também os deveres do arquiteto e urbanista para com a comunidade, a sua relação com os demais profissionais, o dever geral de urbanidade e, ainda, os respectivos procedimentos disciplinares, observado o disposto nesta Lei.

Art. 18. Constituem infrações disciplinares, além de outras definidas pelo Código de Ética e Disciplina:

I — registrar projeto ou trabalho técnico ou de criação no CAU, para fins de comprovação de direitos autorais e formação de acervo técnico, que não haja sido efetivamente concebido, desenvolvido ou elaborado por quem requerer o registro;

II — reproduzir projeto ou trabalho técnico ou de criação, de autoria de terceiros, sem a devida autorização do detentor dos direitos autorais;

III — fazer falsa prova de quaisquer documentos exigidos para o registro no CAU;

IV — delegar a quem não seja arquiteto e urbanista a execução de atividade privativa de arquiteto e urbanista;

V — integrar sociedade de prestação de serviços de arquitetura e urbanismo sem nela atuar, efetivamente, com objetivo de viabilizar o registro da empresa no CAU, de utilizar o nome "arquitetura" ou "urbanismo" na razão jurídica ou nome fantasia ou ainda de simular para os usuários dos serviços de arquitetura e urbanismo a existência de profissional do ramo atuando;

VI — locupletar-se ilicitamente, por qualquer meio, às custas de cliente, diretamente ou por intermédio de terceiros;

VII — recusar-se, injustificadamente, a prestar contas a cliente de quantias que houver recebido dele, diretamente ou por intermédio de terceiros;

VIII — deixar de informar, em documento ou peça de comunicação dirigida a cliente, ao público em geral, ao CAU/BR ou aos CAUs, os dados exigidos nos termos desta Lei;

IX — deixar de observar as normas legais e técnicas pertinentes na execução de atividades de arquitetura e urbanismo;

X — ser desidioso na execução do trabalho contratado;

XI — deixar de pagar a anuidade, taxas, preços de serviços e multas devidos ao CAU/BR ou aos CAUs, quando devidamente notificado;

XII — não efetuar Registro de Responsabilidade Técnica quando for obrigatório.

Art. 19. São sanções disciplinares:

I — advertência;

II — suspensão entre 30 (trinta) dias e 1 (um) ano do exercício da atividade de arquitetura e urbanismo em todo o território nacional;

III — cancelamento do registro; e

IV — multa no valor entre 1 (uma) a 10 (dez) anuidades.

§ 1º As sanções deste artigo são aplicáveis à pessoa natural dos arquitetos e urbanistas.

§ 2º As sanções poderão ser aplicadas às sociedades de prestação de serviços com atuação nos campos da arquitetura e do urbanismo, sem prejuízo da responsabilização da pessoa natural do arquiteto e urbanista.

§ 3º No caso em que o profissional ou sociedade de arquitetos e urbanistas deixar de pagar a anuidade, taxas, preços de serviços e multas devidos ao CAU/BR ou aos CAUs, quando devidamente notificado, será aplicada suspensão até a regularização da dívida.

§ 4º A sanção prevista no inciso IV pode incidir cumulativamente com as demais.

§ 5º Caso constatado que a infração disciplinar teve participação de profissional vinculado ao conselho de outra profissão, será comunicado ao conselho responsável.

Art. 20. Os processos disciplinares do CAU/BR e dos CAUs seguirão as regras constantes da Lei n. 9.784, de 29 de janeiro de 1999, desta Lei e, de forma complementar, das resoluções do CAU/BR.

Art. 21. O processo disciplinar instaura-se de ofício ou mediante representação de qualquer autoridade ou pessoa interessada.

§ 1º A pedido do acusado ou do acusador, o processo disciplinar poderá tramitar em sigilo, só tendo acesso às informações e documentos nele contidos o acusado, o eventual acusador e os respectivos procuradores constituídos.

§ 2º Após a decisão final, o processo tornar-se-á público.

Art. 22. Caberá recurso ao CAU/BR de todas as decisões definitivas proferidas pelos CAUs, que decidirá em última instância administrativa.

LEGISLAÇÃO COMPLEMENTAR

Parágrafo único. Além do acusado e do acusador, o Presidente e os Conselheiros do CAU são legitimados para interpor o recurso previsto neste artigo.

Art. 23. Prescreve em 5 (cinco) anos a pretensão de punição das sanções disciplinares, a contar da data do fato.

Parágrafo único. A prescrição interrompe-se pela intimação do acusado para apresentar defesa.

Criação e Organização do CAU/BR e dos CAUs

Art. 24. Ficam criados o Conselho de Arquitetura e Urbanismo do Brasil — CAU/BR e os Conselhos de Arquitetura e Urbanismo dos Estados e do Distrito Federal — CAUs, como autarquias dotadas de personalidade jurídica de direito público, com autonomia administrativa e financeira e estrutura federativa, cujas atividades serão custeadas exclusivamente pelas próprias rendas.

§ 1º O CAU/BR e os CAUs têm como função orientar, disciplinar e fiscalizar o exercício da profissão de arquitetura e urbanismo, zelar pela fiel observância dos princípios de ética e disciplina da classe em todo o território nacional, bem como pugnar pelo aperfeiçoamento do exercício da arquitetura e urbanismo.

§ 2º O CAU/BR e o CAU do Distrito Federal terão sede e foro em Brasília.

§ 3º Cada CAU terá sede e foro na capital do Estado, ou de um dos Estados de sua área de atuação, a critério do CAU/BR.

Art. 25. O CAU/BR e os CAUs gozam de imunidade a impostos (art. 150, inciso VI, alínea a, da Constituição Federal).

Art. 26. O Plenário do Conselho do CAU/BR será constituído por:

I — 1 (um) Conselheiro representante de cada Estado e do Distrito Federal;

II — 1 (um) Conselheiro representante das instituições de ensino de arquitetura e urbanismo.

§ 1º Cada membro do CAU/BR terá 1 (um) suplente.

§ 2º Os Conselheiros do CAU/BR serão eleitos pelo voto direto e obrigatório dos profissionais do Estado que representam ou do Distrito Federal.

§ 3º O Presidente será eleito entre seus pares por maioria de votos dos conselheiros, em votação secreta, e terá direito apenas a voto de qualidade nas deliberações do CAU/BR.

§ 4º As instituições de ensino de arquitetura e urbanismo oficialmente reconhecidas serão representadas por 1 (um) conselheiro, por elas indicado, na forma do Regimento Geral do CAU/BR.

Art. 27. O CAU/BR tem sua estrutura e funcionamento definidos pelo seu Regimento Geral, aprovado pela maioria absoluta dos conselheiros federais.

Parágrafo único. A prerrogativa de que trata o caput será exercida com estrita observância às possibilidades efetivas de seu custeio com os recursos próprios do Conselho Federal de Arquitetura e Urbanismo, considerados ainda seus efeitos nos exercícios subsequentes.

Art. 28. Compete ao CAU/BR:

I — zelar pela dignidade, independência, prerrogativas e valorização da arquitetura e do urbanismo;

II — editar, alterar o Regimento Geral, o Código de Ética, as Normas Eleitorais e os provimentos que julgar necessários;

III — adotar medidas para assegurar o funcionamento regular dos CAUs;

IV — intervir nos CAUs quando constatada violação desta Lei ou do Regimento Geral;

V — homologar os regimentos internos e as prestações de contas dos CAUs;

VI — firmar convênios com entidades públicas e privadas, observada a legislação aplicável;

VII — autorizar a oneração ou a alienação de bens imóveis de sua propriedade;

VIII — julgar, em grau de recurso, as questões decididas pelos CAUs;

IX — inscrever empresas ou profissionais estrangeiros de arquitetura e urbanismo sem domicílio no País;

X — criar órgãos colegiados com finalidades e funções específicas;

XI — deliberar sobre assuntos administrativos e financeiros, elaborando programas de trabalho e orçamento;

XII — manter relatórios públicos de suas atividades;

XIII — representar os arquitetos e urbanistas em colegiados de órgãos públicos federais que tratem de questões de exercício profissional referentes à arquitetura e ao urbanismo;

XIV — aprovar e divulgar tabelas indicativas de honorários dos arquitetos e urbanistas;

XV — contratar empresa de auditoria para auditar o CAU/BR e os CAUs, conforme dispuser o Regimento Geral.

§ 1º O quorum necessário para a deliberação e aprovação das diferentes matérias será definido no Regimento.

§ 2º O exercício das competências enumeradas nos incisos V, VI, VII, X, XI e XV do caput terá como limite para seu efetivo custeio os recursos próprios do Conselho Federal de Arquitetura e Urbanismo, considerados os seus efeitos nos exercícios subsequentes, observadas as normas de ordem pública quanto à alienação de bens patrimoniais e à contratação de serviços.

Art. 29. Compete ao Presidente do CAU/BR, entre outras questões que lhe forem atribuídas pelo Regimento Geral do CAU/BR:

I — representar judicialmente e extrajudicialmente o CAU/BR;

II — presidir as reuniões do Conselho do CAU/BR, podendo exercer o voto de desempate;

III — cuidar das questões administrativas do CAU/BR, ouvindo previamente o Conselho quando exigido pelo Regimento Geral.

Art. 30. Constituem recursos do Conselho Federal de Arquitetura e Urbanismo — CAU/BR:

I — 20% (vinte por cento) da arrecadação prevista no inciso I do art. 37;

II — doações, legados, juros e receitas patrimoniais;

III — subvenções;

IV — resultados de convênios;

V — outros rendimentos eventuais.

Parágrafo único. A alienação de bens e a destinação de recursos provenientes de receitas patrimoniais serão aprovadas previamente pelo Plenário do Conselho Federal de Arquitetura e Urbanismo — CAU/BR.

Art. 31. Será constituído um CAU em cada Estado da Federação e no Distrito Federal.

§ 1º A existência de CAU compartilhado por mais de um Estado da Federação somente será admitida na hipótese em que o número limitado de inscritos inviabilize a instalação de CAU próprio para o Estado.

§ 2º A existência de CAU compartilhado depende de autorização do CAU/BR em decisão que será reavaliada, no máximo, a cada 6 (seis) anos.

Art. 32. O Plenário do CAU de cada Estado da Federação e do Distrito Federal é constituído de 1 (um) presidente e de conselheiros.

§ 1º Os conselheiros, e respectivos suplentes, serão eleitos na seguinte proporção:

I — até 499 (quatrocentos e noventa e nove) profissionais inscritos: 5 (cinco) conselheiros;

II — de 500 (quinhentos) a 1.000 (mil) profissionais inscritos: 7 (sete) conselheiros;

III — de 1.001 (mil e um) a 3.000 (três mil) profissionais inscritos: 9 (nove) conselheiros;

IV — acima de 3.000 (três mil) profissionais inscritos: 9 (nove) conselheiros mais 1 (um) para cada 1.000 (mil) inscritos ou fração, descontados os 3.000 (três mil) iniciais.

§ 2º O Presidente será eleito entre seus pares em Plenário pelo voto direto por maioria de votos dos conselheiros e terá direito apenas a voto de qualidade nas deliberações dos CAUs.

§ 3º Na hipótese de compartilhamento de CAU, nos termos do § 2º do art. 31:

I — as eleições serão realizadas em âmbito estadual;

II — o número de membros do conselho será definido na forma do § 1º; e

III — a divisão das vagas por Estado do Conselho compartilhado será feita segundo o número de profissionais inscritos no Estado, garantido o número mínimo de 1 (um) conselheiro por Estado.

Art. 33. Os CAUs terão sua estrutura e funcionamento definidos pelos respectivos Regimentos Internos, aprovados pela maioria absoluta dos conselheiros.

Art. 34. Compete aos CAUs:

I — elaborar e alterar os respectivos Regimentos Internos e demais atos administrativos;

II — cumprir e fazer cumprir o disposto nesta Lei, no Regimento Geral do CAU/BR, nos demais atos normativos do CAU/BR e nos próprios atos, no âmbito de sua competência;

III — criar representações e escritórios descentralizados no território de sua jurisdição, na forma do Regimento Geral do CAU/BR;

IV — criar colegiados com finalidades e funções específicas;

V — realizar as inscrições e expedir as carteiras de identificação de profissionais e pessoas jurídicas habilitadas, na forma desta Lei, para exercerem atividades de arquitetura e urbanismo, mantendo o cadastro atualizado;

VI — cobrar as anuidades, as multas e os Registros de Responsabilidade Técnica;

VII — fazer e manter atualizados os registros de direitos autorais, de responsabilidade e os acervos técnicos;

VIII — fiscalizar o exercício das atividades profissionais de arquitetura e urbanismo;

IX — julgar em primeira instância os processos disciplinares, na forma que determinar o Regimento Geral do CAU/BR;

X — deliberar sobre assuntos administrativos e financeiros, elaborando programas de trabalho e orçamento;

XI — sugerir ao CAU/BR medidas destinadas a aperfeiçoar a aplicação desta Lei e a promover o cumprimento de suas finalidades e a observância aos princípios estabelecidos;

XII — representar os arquitetos e urbanistas em colegiados de órgãos públicos estaduais e municipais que tratem de questões de exercício profissional referentes à arquitetura e ao urbanismo, assim como em órgãos não governamentais da área de sua competência;

XIII — manter relatórios públicos de suas atividades; e

XIV — firmar convênios com entidades públicas e privadas.

§ 1º O exercício das competências enumeradas nos incisos III, IV, X e XIV do caput terá como limite para seu efetivo custeio os recursos próprios do respectivo Conselho

Regional de Arquitetura e Urbanismo, considerados os seus efeitos nos exercícios subsequentes, observadas as normas de ordem pública relativas à contratação de serviços e à celebração de convênios.

§ 2º Excepcionalmente, serão considerados recursos próprios os repasses recebidos do Conselho Federal de Arquitetura e Urbanismo pelo Conselho Regional de Arquitetura e Urbanismo, a conta do fundo especial a que se refere o art. 60.

Art. 35. Compete ao presidente do CAU, entre outras questões que lhe forem atribuídas pelo Regimento Geral do CAU/BR e pelo Regimento Interno do CAU respectivo:

I — representar judicialmente e extrajudicialmente o CAU;

II — presidir as reuniões do Conselho do CAU, podendo exercer o voto de desempate;

III — cuidar das questões administrativas do CAU, ouvindo previamente o Conselho quando exigido pelo Regimento Geral do CAU/BR ou pelo Regimento Interno do CAU respectivo.

Art. 36. É de 3 (três) anos o mandato dos conselheiros do CAU/BR e dos CAUs sendo permitida apenas uma recondução.

§ 1º O mandato do presidente será coincidente com o mandato do conselheiro.

§ 2º Perderá o mandato o conselheiro que:

I — sofrer sanção disciplinar;

II — for condenado em decisão transitada em julgado por crime relacionado com o exercício do mandato ou da profissão; ou

III — ausentar-se, sem justificativa, a 3 (três) reuniões do Conselho, no período de 1 (um) ano.

§ 3º O presidente do CAU/BR e os presidentes dos CAUs serão destituídos pela perda do mandato como conselheiro, nos termos do § 2º ou pelo voto de 3/5 (três quintos) dos conselheiros.

Art. 37. Constituem recursos dos Conselhos Regionais de Arquitetura e Urbanismo — CAUs:

I — receitas com anuidades, contribuições, multas, taxas e tarifas de serviços;

II — doações, legados, juros e rendimentos patrimoniais;

III — subvenções;

IV — resultados de convênios;

V — outros rendimentos eventuais.

Art. 38. Os presidentes do CAU/BR e dos CAUs prestarão, anualmente, suas contas ao Tribunal de Contas da União.

§ 1º Após aprovação pelo respectivo Plenário, as contas dos CAUs serão submetidas ao CAU/BR para homologação.

§ 2º As contas do CAU/BR, devidamente homologadas, e as dos CAUs serão submetidas à apreciação do Tribunal de Contas da União.

§ 3º Cabe aos presidentes do CAU/BR e de cada CAU a responsabilidade pela prestação de contas.

Art. 39. Cabe ao CAU/BR dirimir as questões divergentes entre os CAUs baixando normas complementares que unifiquem os procedimentos.

Art. 40. O exercício das funções de presidente e de conselheiro do CAU/BR e dos CAUs não será remunerado.

Art. 41. Os empregados do CAU/BR e dos demais CAUs Estaduais e do Distrito Federal serão contratados mediante aprovação em concurso público, sob o regime da Consolidação das Leis do Trabalho.

Anuidade devida para os CAUs

Art. 42. Os profissionais e as pessoas jurídicas inscritas no CAU pagarão anuidade no valor de R$ 350,00 (trezentos e cinquenta reais).

§ 1º Os valores das anuidades serão reajustados de acordo com a variação integral do Índice Nacional de Preços ao Consumidor — INPC, calculado pela Fundação Instituto Brasileiro de Geografia e Estatística — IBGE, nos termos de ato do CAU/BR.

§ 2º A data de vencimento, as regras de parcelamento e o desconto para pagamento à vista serão estabelecidos pelo CAU/BR.

§ 3º Os profissionais formados há menos de 2 (dois) anos e acima de 30 (trinta) anos de formados, pagarão metade do valor da anuidade.

§ 4º A anuidade deixará de ser devida após 40 (quarenta) anos de contribuição da pessoa natural.

Art. 43. A inscrição do profissional ou da pessoa jurídica no CAU não está sujeita ao pagamento de nenhum valor além da anuidade, proporcionalmente ao número de meses restantes no ano.

Art. 44. O não pagamento de anuidade no prazo, sem prejuízo da responsabilização pessoal pela violação ética, sujeita o infrator ao pagamento de multa de 20% (vinte por cento) sobre o valor devido e à incidência de correção com base na variação da Taxa Referencial do Sistema Especial de Liquidação e de Custódia — SELIC até o efetivo pagamento.

Registro de Responsabilidade Técnica — RRT

Art. 45. Toda realização de trabalho de competência privativa ou de atuação compartilhadas com outras profissões regulamentadas será objeto de Registro de Responsabilidade Técnica — RRT.

§ 1º Ato do CAU/BR detalhará as hipóteses de obrigatoriedade da RRT.

§ 2º O arquiteto e urbanista poderá realizar RRT, mesmo fora das hipóteses de obrigatoriedade, como meio de comprovação da autoria e registro de acervo.

Art. 46. O RRT define os responsáveis técnicos pelo empreendimento de arquitetura e urbanismo, a partir da definição da autoria e da coautoria dos serviços.

Art. 47. O RRT será efetuado pelo profissional ou pela pessoa jurídica responsável, por intermédio de seu profissional habilitado legalmente no CAU.

Art. 48. Não será efetuado RRT sem o prévio recolhimento da Taxa de RRT pela pessoa física do profissional ou pela pessoa jurídica responsável.

Art. 49. O valor da Taxa de RRT é, em todas as hipóteses, de R$ 60,00 (sessenta reais).

Parágrafo único. O valor referido no *caput* será atualizado, anualmente, de acordo com a variação integral do Índice Nacional de Preços ao Consumidor — INPC, calculado pela Fundação Instituto Brasileiro de Geografia e Estatística — IBGE, nos termos de ato do CAU/BR.

Art. 50. A falta do RRT sujeitará o profissional ou a empresa responsável, sem prejuízo da responsabilização pessoal pela violação ética e da obrigatoriedade da paralisação do trabalho até a regularização da situação, à multa de 300% (trezentos por cento) sobre o valor da Taxa de RRT não paga corrigida, a partir da autuação, com base na variação da Taxa Referencial do Sistema Especial de Liquidação e de Custódia — SELIC, acumulada mensalmente, até o último dia do mês anterior ao da devolução dos recursos, acrescido este montante de 1% (um por cento) no mês de efetivação do pagamento.

Parágrafo único. Não se aplica o disposto no *caput* no caso de trabalho realizado em resposta a situação de emergência se o profissional ou a pessoa jurídica diligenciar, assim que possível, na regularização da situação.

Da Cobrança de Valores pelos CAUs

Art. 51. A declaração do CAU de não pagamento de multas por violação da ética ou pela não realização de RRT, após o regular processo administrativo, constitui título executivo extrajudicial.

Parágrafo único. Na hipótese do *caput*, os valores serão executados na forma da Lei n. 5.869, de 11 de janeiro de 1973 — Código de Processo Civil.

Art. 52. O atraso no pagamento de anuidade sujeita o responsável à suspensão do exercício profissional ou, no caso de pessoa jurídica, à proibição de prestar trabalhos na área da arquitetura e do urbanismo, mas não haverá cobrança judicial dos valores em atraso, protesto de dívida ou comunicação aos órgãos de proteção ao crédito.

Art. 53. A existência de dívidas pendentes não obsta o desligamento do CAU.

Art. 54. Os valores devidos aos CAUs referentes a multa por violação da ética, multa pela não realização de RRT ou anuidades em atraso, prescrevem no prazo de 5 (cinco) anos.

Instalação do CAU/BR e dos CAUs

Art. 55. Os profissionais com título de arquitetos e urbanistas, arquitetos e engenheiro arquiteto, com registro nos atuais Conselhos Regionais de Engenharia, Arquitetura e Agronomia — CREAs terão, automaticamente, registro nos CAUs com o título único de arquiteto e urbanista.

Parágrafo único. Os CREAs enviarão aos CAUs a relação dos arquitetos e urbanistas, arquitetos e engenheiro arquiteto inscritos, no prazo de 30 (trinta) dias da instalação do CAU, bem como os prontuários, dados profissionais, registros e acervo de todas as ARTs emitidas pelos profissionais e todos os processos em tramitação.

Art. 56. As Coordenadorias das Câmaras de Arquitetura dos atuais CREAs e a Coordenadoria Nacional das Câmaras de Arquitetura do atual CONFEA gerenciarão o processo de transição e organizarão o primeiro processo eleitoral para o CAU/BR e para os CAUs dos Estados e do Distrito Federal.

§ 1º Na primeira eleição para o CAU/BR o representante das instituições de ensino será estabelecido pela Coordenadoria Nacional das Câmaras de Arquitetura.

§ 2º A eleição para os conselheiros do CAU/BR e dos CAUs dar-se-á entre 3 (três) meses e 1 (um) ano da publicação desta Lei.

§ 3º Realizada a eleição e instalado o CAU/BR, caberá a ele decidir os CAUs que serão instalados no próprio Estado e os Estados que compartilharão CAU por insuficiência de inscritos.

§ 4º As entidades nacionais dos arquitetos e urbanistas participarão do processo de transição e organização do primeiro processo eleitoral.

Art. 57. Os atuais Conselhos Regionais de Engenharia, Arquitetura e Agronomia a contar da publicação desta Lei, passarão a depositar mensalmente em conta específica, 90% (noventa por cento) do valor das anuidades, das anotações de responsabilidade técnicas e de multas recebidas das pessoas físicas e jurídicas de arquitetos e urbanistas, arquitetos e engenheiros arquitetos até que ocorra a instalação do CAU/BR.

Parágrafo único. A quantia a que se refere o *caput* deverá ser usada no custeio do processo eleitoral de que trata o art. 56, sendo repassado o restante para o CAU/BR utilizar no custeio da sua instalação e da instalação dos CAUs.

LEGISLAÇÃO COMPLEMENTAR

Art. 58. (VETADO)

Art. 59. O CAU/BR e os CAUs poderão manter convênio com o CONFEA e com os CREAs, para compartilhamento de imóveis, de infraestrutura administrativa e de pessoal, inclusive da estrutura de fiscalização profissional.

Art. 60. O CAU/BR instituirá fundo especial destinado a equilibrar as receitas e despesas dos CAUs, exclusivamente daqueles que não conseguirem arrecadação suficiente para a manutenção de suas estruturas administrativas, sendo obrigatória a publicação dos dados de balanço e do planejamento de cada CAU para fins de acompanhamento e controle dos profissionais.

Parágrafo único. Resolução do CAU/BR, elaborada com a participação de todos os presidentes dos CAUs, regulamentará este artigo.

Art. 61. Em cumprimento ao disposto no inciso X do art. 28 e no inciso IV do art. 34, o CAU/BR instituirá colegiado permanente com participação das entidades nacionais dos arquitetos e urbanistas, para tratar das questões do ensino e do exercício profissional.

§ 1º No âmbito das unidades da federação os CAUs instituirão colegiados similares com participação das entidades regionais dos arquitetos e urbanistas.

§ 2º Fica instituída a Comissão Permanente de Ensino e Formação, no âmbito dos CAUs em todas as Unidades da Federação que se articulará com o CAU/BR por intermédio do conselheiro federal representante das instituições de ensino superior.

Art. 62. O CAU/BR e os CAUs serão fiscalizados pelo Tribunal de Contas da União e auditados, anualmente, por auditoria independente e os resultados divulgados para conhecimento público.

Mútuas de Assistência dos Profissionais Vinculados aos CAUs

Art. 63. Os arquitetos e urbanistas que por ocasião da publicação desta Lei se encontravam vinculados à Mútua de que trata a Lei n. 6.496, de 7 de dezembro de 1977, poder-se-ão se manter associados.

Adaptação do CONFEA e dos CREAs

Art. 64. O Conselho Federal de Engenharia, Arquitetura e Agronomia — CONFEA passa a se denominar Conselho Federal de Engenharia e Agronomia — CONFEA.

Art. 65. Os Conselhos Regionais de Engenharia, Arquitetura e Agronomia — CREAs passam a se denominar Conselhos Regionais de Engenharia e Agronomia — CREAs.

Adaptação das Leis ns. 5.194, de 1966, 6.496, de 1977

Art. 66. As questões relativas a arquitetos e urbanistas constantes das Leis ns. 5.194, de 24 de dezembro de 1966 e 6.496, de 7 de dezembro de 1977, passam a ser reguladas por esta Lei.

Parágrafo único. (VETADO)

Art. 67. (VETADO)

Vigência

Art. 68. Esta Lei entra em vigor:

I — quanto aos arts. 56 e 57, na data de sua publicação; e

II — quanto aos demais dispositivos, após a posse do Presidente e dos Conselheiros do CAU/BR.

Brasília, 31 de dezembro de 2010; 189º da Independência e 122º da República.

Luiz Inácio Lula da Silva
Luiz Paulo Teles Ferreira Barreto
Fernando Haddad
Carlos Lupi
Paulo Bernardo Silva

DOU 31.12.2010, ED. EXTRA

Lei n. 12.382, de 25 de fevereiro de 2011

Dispõe sobre o valor do salário mínimo em 2011 e a sua política de valorização de longo prazo; disciplina a representação fiscal para fins penais nos casos em que houve parcelamento do crédito tributário; altera a Lei n. 9.430, de 27 de dezembro de 1996; e revoga a Lei n. 12.255, de 15 de junho de 2010

A PRESIDENTA DA REPÚBLICA,

Faço saber que o Congresso Nacional decreta e eu sanciono a seguinte Lei:

Art. 1º O salário mínimo passa a corresponder ao valor de R$ 545,00 (quinhentos e quarenta e cinco reais).

Parágrafo único. Em virtude do disposto no *caput*, o valor diário do salário mínimo corresponderá a R$ 18,17 (dezoito reais e dezessete centavos) e o valor horário, a R$ 2,48 (dois reais e quarenta e oito centavos).

Art. 2º Ficam estabelecidas as diretrizes para a política de valorização do salário mínimo a vigorar entre 2012 e 2015, inclusive, a serem aplicadas em 1º de janeiro do respectivo ano.

§ 1º Os reajustes para a preservação do poder aquisitivo do salário mínimo corresponderão à variação do Índice Nacional de Preços ao Consumidor — INPC, calculado e divulgado pela Fundação Instituto Brasileiro de Geografia e Estatística — IBGE, acumulada nos doze meses anteriores ao mês do reajuste.

§ 2º Na hipótese de não divulgação do INPC referente a um ou mais meses compreendidos no período do cálculo até o último dia útil imediatamente anterior à vigência do reajuste, o Poder Executivo estimará os índices dos meses não disponíveis.

§ 3º Verificada a hipótese de que trata o § 2º, os índices estimados permanecerão válidos para os fins desta Lei, sem qualquer revisão, sendo os eventuais resíduos compensados no reajuste subsequente, sem retroatividade.

§ 4º A título de aumento real, serão aplicados os seguintes percentuais:

I — em 2012, será aplicado o percentual equivalente à taxa de crescimento real do Produto Interno Bruto — PIB, apurada pelo IBGE, para o ano de 2010;

II — em 2013, será aplicado o percentual equivalente à taxa de crescimento real do PIB, apurada pelo IBGE, para o ano de 2011;

III — em 2014, será aplicado o percentual equivalente à taxa de crescimento real do PIB, apurada pelo IBGE, para o ano de 2012; e

IV — em 2015, será aplicado o percentual equivalente à taxa de crescimento real do PIB, apurada pelo IBGE, para o ano de 2013.

§ 5º Para fins do disposto no § 4º, será utilizada a taxa de crescimento real do PIB para o ano de referência, divulgada pelo IBGE até o último dia útil do ano imediatamente anterior ao de aplicação do respectivo aumento real.

Art. 3º Os reajustes e aumentos fixados na forma do art. 2º serão estabelecidos pelo Poder Executivo, por meio de decreto, nos termos desta Lei.

Parágrafo único. O decreto do Poder Executivo a que se refere o *caput* divulgará a cada ano os valores mensal, diário e horário do salário mínimo decorrentes do disposto neste artigo, correspondendo o valor diário a um trinta avos e o valor horário a um duzentos e vinte avos do valor mensal.

Art. 4º Até 31 de dezembro de 2015, o Poder Executivo encaminhará ao Congresso Nacional projeto de lei dispondo sobre a política de valorização do salário mínimo para o período compreendido entre 2016 e 2019, inclusive.

Art. 5º O Poder Executivo constituirá grupo interministerial, sob coordenação do Ministério do Trabalho e Emprego, encarregado de definir e implementar sistemática de monitoramento e avaliação da política de valorização do salário mínimo.

Parágrafo único. O grupo a que se refere o *caput* identificará a cesta básica dos produtos adquiridos pelo salário mínimo e suas projeções futuras decorrentes do aumento de seu poder de compra, nos termos definidos em decreto.

...

Art. 7º Esta Lei entra em vigor no primeiro dia do mês subsequente à data de sua publicação.

Art. 8º Fica revogada a Lei n. 12.255, de 15 de junho de 2010.

Brasília, 25 de fevereiro de 2011; 190º da Independência e 123º da República.

Dilma Roussef
Guido Mantega
Carlos Lupi
Miriam Belchior
Garibaldi Alves Filho

DOU 28.2.2011

Decreto n. 8.381, de 29 de dezembro de 2014

Regulamenta a Lei n. 12.382, de 25 de fevereiro de 2011, que dispõe sobre o valor do salário mínimo e a sua política de valorização de longo prazo

A PRESIDENTA DA REPÚBLICA, no uso da atribuição que lhe confere o art. 84, *caput*, inciso IV, da Constituição, e tendo em vista o disposto no art. 3º da Lei n. 12.382, de 25 de fevereiro de 2011,

DECRETA:

Art. 1º A partir de 1º de janeiro de 2015, o salário mínimo será de R$ 788,00 (setecentos e oitenta e oito reais).

Parágrafo único. Em virtude do disposto no *caput*, o valor diário do salário mínimo corresponderá a R$ 26,27 (vinte e seis reais e vinte e sete centavos) e o valor horário, a R$ 3,58 (três reais e cinquenta e oito centavos).

Art. 2º Este Decreto entra em vigor a partir de 1º de janeiro de 2015.

Brasília, 29 de dezembro de 2014; 193º da Independência e 126º da República.

Dilma Rousseff
Guido Mantega
Manoel Dias
Miriam Belchior
Garibaldi Alves Filho

DOU 30.12.2014

Lei n. 12.436, de 6 de julho de 2011

Veda o emprego de práticas que estimulem o aumento de velocidade por motociclistas profissionais

A PRESIDENTA DA REPÚBLICA, faço saber que o Congresso Nacional decreta e eu sanciono a seguinte Lei:

Art. 1º É vedado às empresas e pessoas físicas empregadoras ou tomadoras de serviços prestados por motociclistas estabelecer práticas que estimulem o aumento de velocidade, tais como:

I — oferecer prêmios por cumprimento de metas por números de entregas ou prestação de serviço;

II — prometer dispensa de pagamento ao consumidor, no caso de fornecimento de produto ou prestação de serviço fora do prazo ofertado para a sua entrega ou realização;

III — estabelecer competição entre motociclistas, com o objetivo de elevar o número de entregas ou de prestação de serviço.

Art. 2º Pela infração de qualquer dispositivo desta Lei, ao empregador ou ao tomador de serviço será imposta a multa de R$ 300,00 (trezentos reais) a R$ 3.000,00 (três mil reais).

Parágrafo único. A penalidade será sempre aplicada no grau máximo:

I — se ficar apurado o emprego de artifício ou simulação para fraudar a aplicação dos dispositivos desta Lei;

II — nos casos de reincidência.

Art. 3º Esta Lei entra em vigor na data de sua publicação.

Brasília, 6 de julho de 2011; 190º da Independência e 123º da República.

DILMA ROUSSEFF
CARLOS LUPI
DOU 7.7.2011

Lei n. 12.467, de 26 de agosto de 2011

Dispõe sobre a regulamentação do exercício da profissão de sommelier

A PRESIDENTA DA REPÚBLICA, faço saber que o Congresso Nacional decreta e eu sanciono a seguinte Lei:

Art. 1º Considera-se *sommelier*, para efeitos desta Lei, aquele que executa o serviço especializado de vinhos em empresas de eventos gastronômicos, hotelaria, restaurantes, supermercados e enotecas e em comissariaria de companhias aéreas e marítimas.

Parágrafo único. (VETADO).

Art. 2º (VETADO).

Art. 3º São atividades específicas do *sommelier*:

I — participar no planejamento e na organização do serviço de vinhos nos estabelecimentos referidos no art. 1º desta Lei;

II — assegurar a gestão do aprovisionamento e armazenagem dos produtos relacionados ao serviço de vinhos;

III — preparar e executar o serviço de vinhos;

IV — atender e resolver reclamações de clientes, aconselhando e informando sobre as características do produto;

V — ensinar em cursos básicos e avançados de profissionais *sommelier*.

Art. 4º Esta Lei entra em vigor na data de sua publicação.

Brasília, 26 de agosto de 2011; 190º da Independência e 123º da República.

DILMA ROUSSEFF
JOSÉ EDUARDO CARDOZO
FERNANDO HADDAD
LUÍS INÁCIO LUCENA ADAMS
DOU 29.8.2011

Lei n. 12.468, de 26 de agosto de 2011

Regulamenta a profissão de taxista; altera a Lei n. 6.094, de 30 de agosto de 1974; e dá outras providências

A PRESIDENTA DA REPÚBLICA, faço saber que o Congresso Nacional decreta e eu sanciono a seguinte Lei:

Art. 1º Fica reconhecida, em todo o território nacional, a profissão de taxista, observados os preceitos desta Lei.

Art. 2º É atividade privativa dos profissionais taxistas a utilização de veículo automotor, próprio ou de terceiros, para o transporte público individual remunerado de passageiros, cuja capacidade será de, no máximo, 7 (sete) passageiros.

Art. 3º A atividade profissional de que trata o art. 1º somente será exercida por profissional que atenda integralmente aos requisitos e às condições abaixo estabelecidos:

I — habilitação para conduzir veículo automotor, em uma das categorias B, C, D ou E, assim definidas no art. 143 da Lei n. 9.503, de 23 de setembro de 1997;

II — curso de relações humanas, direção defensiva, primeiros socorros, mecânica e elétrica básica de veículos, promovido por entidade reconhecida pelo respectivo órgão autorizatário;

III — veículo com as características exigidas pela autoridade de trânsito;

IV — certificação específica para exercer a profissão, emitida pelo órgão competente da localidade da prestação do serviço;

V — inscrição como segurado do Instituto Nacional de Seguridade Social — INSS, ainda que exerça a profissão na condição de taxista autônomo, taxista auxiliar de condutor autônomo ou taxista locatário; e

VI — Carteira de Trabalho e Previdência Social — CTPS, para o profissional taxista empregado.

Art. 4º (VETADO).

Art. 5º São deveres dos profissionais taxistas:

I — atender ao cliente com presteza e polidez;

II — trajar-se adequadamente para a função;

III — manter o veículo em boas condições de funcionamento e higiene;

IV — manter em dia a documentação do veículo exigida pelas autoridades competentes;

V — obedecer à Lei n. 9.503, de 23 de setembro de 1997 — Código de Trânsito Brasileiro, bem como à legislação da localidade da prestação do serviço.

Art. 6º São direitos do profissional taxista empregado:

I — piso remuneratório ajustado entre os sindicatos da categoria;

II — aplicação, no que couber, da legislação que regula o direito trabalhista e da do regime geral da previdência social.

Art. 7º (VETADO).

Art. 8º Em Municípios com mais de 50.000 (cinquenta mil) habitantes é obrigatório o uso de taxímetro, anualmente auferido pelo órgão metrológico competente, conforme legislação em vigor.

Art. 9º Os profissionais taxistas poderão constituir entidades nacionais, estaduais ou municipais que os representem, as quais poderão cobrar taxa de contribuição de seus associados.

Parágrafo único. (VETADO).

Art. 10. (VETADO).
Art. 11. (VETADO).
Art. 12. (VETADO).
Art. 13. (VETADO).
Art. 14. (VETADO).
Art. 15. (VETADO).

Brasília, 26 de agosto de 2011; 190º da Independência e 123º da República.

DILMA ROUSSEFF
JOSÉ EDUARDO CARDOZO
GUIDO MANTEGA
GARIBALDI ALVES FILHO
LUÍS INÁCIO LUCENA ADAMS
DOU 29.8.2011

Lei n. 12.591, de 18 de janeiro de 2012

Reconhece a profissão de turismólogo e disciplina o seu exercício

A PRESIDENTA DA REPÚBLICA

Faço saber que o Congresso Nacional decreta e eu sanciono a seguinte Lei:

Art. 1º (VETADO).

Art. 2º Consideram-se atividades do Turismólogo:

I — planejar, organizar, dirigir, controlar, gerir e operacionalizar instituições e estabelecimentos ligados ao turismo;

II — coordenar e orientar trabalhos de seleção e classificação de locais e áreas de interesse turístico, visando ao adequado aproveitamento dos recursos naturais e culturais, de acordo com sua natureza geográfica, histórica, artística e cultural, bem como realizar estudos de viabilidade econômica ou técnica;

III — atuar como responsável técnico em empreendimentos que tenham o turismo e o lazer como seu objetivo social ou estatutário;

IV — diagnosticar as potencialidades e as deficiências para o desenvolvimento do turismo nos Municípios, regiões e Estados da Federação;

V — formular e implantar prognósticos e proposições para o desenvolvimento do turismo nos Municípios, regiões e Estados da Federação;

VI — criar e implantar roteiros e rotas turísticas;

VII — desenvolver e comercializar novos produtos turísticos;

VIII — analisar estudos relativos a levantamentos socioeconômicos e culturais, na área de turismo ou em outras áreas que tenham influência sobre as atividades e serviços de turismo;

IX — pesquisar, sistematizar, atualizar e divulgar informações sobre a demanda turística;

X — coordenar, orientar e elaborar planos e projetos de *marketing* turístico;

XI — identificar, desenvolver e operacionalizar formas de divulgação dos produtos turísticos existentes;

XII — formular programas e projetos que viabilizem a permanência de turistas nos centros receptivos;

XIII — organizar eventos de âmbito público e privado, em diferentes escalas e tipologias;

XIV — planejar, organizar, controlar, implantar, gerir e operacionalizar empresas turísticas de todas as esferas, em conjunto com outros profissionais afins, como agências de viagens e turismo, transportadoras e terminais turísticos, organizadoras de eventos, serviços de animação, parques temáticos, hotelaria e demais empreendimentos do setor;

XV — planejar, organizar e aplicar programas de qualidade dos produtos e empreendimentos turísticos, conforme normas estabelecidas pelos órgãos competentes;

XVI — emitir laudos e pareceres técnicos referentes à capacitação ou não de locais e estabelecimentos voltados ao atendimento do turismo receptivo, conforme normas estabelecidas pelos órgãos competentes;

XVII — lecionar em estabelecimentos de ensino técnico ou superior;

LEGISLAÇÃO COMPLEMENTAR

XVIII — coordenar e orientar levantamentos, estudos e pesquisas relativamente a instituições, empresas e estabelecimentos privados que atendam ao setor turístico.

Art. 3º (VETADO).

Art. 4º (VETADO).

Art. 5º Esta Lei entra em vigor na data de sua publicação.

Brasília, 18 de janeiro de 2012; 191º da Independência e 124º da República.

DILMA ROUSSEFF
JOSÉ EDUARDO CARDOZO
PAULO ROBERTO DOS SANTOS PINTO
GASTÃO VIEIRA
LUÍZ INÁCIO LUCENA ADAMS
DOU 19.1.2012

Lei n. 12.592, de 18 de janeiro de 2012

Dispõe sobre o exercício das atividades profissionais de Cabeleireiro, Barbeiro, Esteticista, Manicure, Pedicure, Depilador e Maquiador

A PRESIDENTA DA REPÚBLICA

Faço saber que o Congresso Nacional decreta e eu sanciono a seguinte Lei:

Art. 1º É reconhecido, em todo o território nacional, o exercício das atividades profissionais de Cabeleireiro, Barbeiro, Esteticista, Manicure, Pedicure, Depilador e Maquiador, nos termos desta Lei.

Parágrafo único. Cabeleireiro, Barbeiro, Esteticista, Manicure, Pedicure, Depilador e Maquiador são profissionais que exercem atividades de higiene e embelezamento capilar, estético, facial e corporal dos indivíduos.

Art. 2º (VETADO).

Art. 3º (VETADO).

Art. 4º Os profissionais de que trata esta Lei deverão obedecer às normas sanitárias, efetuando a esterilização de materiais e utensílios utilizados no atendimento a seus clientes.

Art. 5º É instituído o Dia Nacional do Cabeleireiro, Barbeiro, Esteticista, Manicure, Pedicure, Depilador e Maquiador, a ser comemorado em todo o País, a cada ano, no dia e mês coincidente com a data da promulgação desta Lei.

Art. 6º Esta Lei entra em vigor na data de sua publicação.

Brasília, 18 de janeiro de 2012; 191º da Independência e 124º da República.

DILMA ROUSSEFF
JOSÉ EDUARDO CARDOZO
PAULO ROBERTO DOS SANTOS PINTO
ALEXANDRE ROCHA SANTOS PADILHA
ROGÉRIO SOTTILI
LUIZ INÁCIO LUCENA ADAMS
DOU 19.1.2012

Lei n. 12.618, de 30 de abril de 2012

Institui o regime de previdência complementar para os servidores públicos federais titulares de cargo efetivo, inclusive os membros dos órgãos que menciona; fixa o limite máximo para a concessão de aposentadorias e pensões pelo regime de previdência de que trata o art. 40 da Constituição Federal; autoriza a criação de 3 (três) entidades fechadas de previdência complementar, denominadas Fundação de Previdência Complementar do Servidor Público Federal do Poder Executivo (Funpresp-Exe), Fundação de Previdência Complementar do Servidor Público Federal do Poder Legislativo (FUNPRESP-LEG) e Fundação de Previdência Complementar do Servidor Público Federal do Poder Judiciário (Funpresp-Jud); altera dispositivos da Lei n. 10.887, de 18 de junho de 2004; e dá outras providências

A PRESIDENTA DA REPÚBLICA

Faço saber que o Congresso Nacional decreta e eu sanciono a seguinte Lei:

CAPÍTULO I
Do Regime de Previdência Complementar

Art. 1º É instituído, nos termos desta Lei, o regime de previdência complementar a que se referem os §§ 14, 15 e 16 do art. 40 da Constituição Federal para os servidores públicos titulares de cargo efetivo da União, suas autarquias e fundações, inclusive para os membros do Poder Judiciário, do Ministério Público da União e do Tribunal de Contas da União.

§ 1º Os servidores e os membros referidos no *caput* deste artigo que tenham ingressado no serviço público até a data anterior ao início da vigência do regime de previdência complementar poderão, mediante prévia e expressa opção, aderir ao regime de que trata este artigo, observado o disposto no art. 3º desta Lei. *(Parágrafo único renumerado como § 1º pela Lei n. 13.183, de 4.11.15, DOU 5.11.15)*

§ 2º Os servidores e os membros referidos no *caput* deste artigo com remuneração superior ao limite máximo estabelecido para os benefícios do Regime Geral de Previdência Social, que venham a ingressar no serviço público a partir do início da vigência do regime de previdência complementar de que trata esta Lei, serão automaticamente inscritos no respectivo plano de previdência complementar desde a data de entrada em exercício. *(Incluído pela Lei n. 13.183, de 4.11.2015, DOU 5.11.2015)*

§ 3º Fica assegurado ao participante o direito de requerer, a qualquer tempo, o cancelamento de sua inscrição, nos termos do regulamento do plano de benefícios. *(Incluído pela Lei n. 13.183, de 4.11.2015, DOU 5.11.2015)*

§ 4º Na hipótese do cancelamento ser requerido no prazo de até noventa dias da data da inscrição, fica assegurado o direito à restituição integral das contribuições vertidas, a ser paga em até sessenta dias do pedido de cancelamento, corrigidas monetariamente. *(Incluído pela Lei n. 13.183, de 4.11.2015, DOU 5.11.2015)*

§ 5º O cancelamento da inscrição previsto no § 4º não constitui resgate. *(Incluído pela Lei n. 13.183, de 4.11.2015, DOU 5.11.2015)*

§ 6º A contribuição aportada pelo patrocinador será devolvida a respectiva fonte pagadora no mesmo prazo da devolução da contribuição aportada pelo participante. (NR). *(Incluído pela Lei n. 13.183, de 4.11.2015, DOU 5.11.2015)*

Art. 2º Para os efeitos desta Lei, entende-se por:

I — patrocinador: a União, suas autarquias e fundações, em decorrência da aplicação desta Lei;

II — participante: o servidor público titular de cargo efetivo da União, inclusive o membro do Poder Judiciário, do Ministério Público e do Tribunal de Contas da União, que aderir aos planos de benefícios administrados pelas entidades a que se refere o art. 4º desta Lei;

III — assistido: o participante ou o seu beneficiário em gozo de benefício de prestação continuada.

Art. 3º Aplica-se o limite máximo estabelecido para os benefícios do regime geral de previdência social às aposentadorias e pensões a serem concedidas pelo regime de previdência da União de que trata o art. 40 da Constituição Federal, observado o disposto na Lei n. 10.887, de 18 de junho de 2004, aos servidores e membros referidos no *caput* do art. 1º desta Lei que tiverem ingressado no serviço público:

I — a partir do início da vigência do regime de previdência complementar de que trata o art. 1º desta Lei, independentemente de sua adesão ao plano de benefícios; e

II — até a data anterior ao início da vigência do regime de previdência complementar de que trata o art. 1º desta Lei, e nele tenham permanecido sem perda do vínculo efetivo, e que exerçam a opção prevista no § 16 do art. 40 da Constituição Federal.

§ 1º É assegurado aos servidores e membros referidos no inciso II do *caput* deste artigo o direito a um benefício especial calculado com base nas contribuições recolhidas ao regime de previdência da União, dos Estados, do Distrito Federal ou dos Municípios de que trata o art. 40 da Constituição Federal, observada a sistemática estabelecida nos §§ 2º a 3º deste artigo e o direito à compensação financeira de que trata o § 9º do art. 201 da Constituição Federal, nos termos da lei.

§ 2º O benefício especial será equivalente à diferença entre a média aritmética simples das maiores remunerações anteriores à data de mudança do regime, utilizadas como base para as contribuições do servidor ao regime de previdência da União, dos Estados, do Distrito Federal ou dos Municípios, atualizadas pelo Índice Nacional de Preços ao Consumidor Amplo (IPCA), divulgado pela Fundação Instituto Brasileiro de Geografia e Estatística (IBGE), ou outro índice que venha a substituí-lo, correspondentes a 80% (oitenta por cento) de todo o período contributivo desde a competência julho de 1994 ou desde a do início da contribuição, se posterior àquela competência, e o limite máximo a que se refere o *caput* deste artigo, na forma regulamentada pelo Poder Executivo, multiplicada pelo fator de conversão.

§ 3º O fator de conversão de que trata o § 2º deste artigo, cujo resultado é limitado ao máximo de 1 (um), será calculado mediante a aplicação da seguinte fórmula:

$$FC = Tc/Tt$$

Onde: FC = fator de conversão;

Tc = quantidade de contribuições mensais efetuadas para o regime de previdência da União de que trata o art. 40 da Constituição Federal, efetivamente pagas pelo servidor titular de cargo efetivo da União ou por membro do Poder Judiciário, do Tribunal de Contas e do Ministério Público da União até a data da opção;

Tt = 455, quando servidor titular de cargo efetivo da União ou membro do Poder Judiciário, do Tribunal de Contas e do Ministério Público da União, se homem, nos termos da alínea "a" do inciso III do art. 40 da Constituição Federal;

Tt = 390, quando servidor titular de cargo efetivo da União ou membro do Poder Judiciário, do Tribunal de Contas e do Ministério Público da União, se mulher, ou professor de educação infantil e do ensino fundamental, nos termos do § 5º do art. 40 da Constituição Federal, se homem;

Tt = 325, quando servidor titular de cargo efetivo da União de professor de educação infantil e do ensino fundamental, nos termos do § 5º do art. 40 da Constituição Federal, se mulher.

§ 4º O fator de conversão será ajustado pelo órgão competente para a concessão do benefício quando, nos termos das res-

pectivas leis complementares, o tempo de contribuição exigido para concessão da aposentadoria de servidor com deficiência, ou que exerça atividade de risco, ou cujas atividades sejam exercidas sob condições especiais que prejudiquem a saúde ou a integridade física, for inferior ao Tt de que trata o § 3º.

§ 5º O benefício especial será pago pelo órgão competente da União, por ocasião da concessão de aposentadoria, inclusive por invalidez, ou pensão por morte pelo regime próprio de previdência da União, de que trata o art. 40 da Constituição Federal, enquanto perdurar o benefício pago por esse regime, inclusive junto com a gratificação natalina.

§ 6º O benefício especial calculado será atualizado pelo mesmo índice aplicável ao benefício de aposentadoria ou pensão mantido pelo regime geral de previdência social.

§ 7º O prazo para a opção de que trata o inciso II do *caput* deste artigo será de 24 (vinte e quatro) meses, contados a partir do início da vigência do regime de previdência complementar instituído no *caput* do art. 1º desta Lei.

§ 8º O exercício da opção a que se refere o inciso II do *caput* é irrevogável e irretratável, não sendo devida pela União e suas autarquias e fundações públicas qualquer contrapartida referente ao valor dos descontos já efetuados sobre a base de contribuição acima do limite previsto no *caput* deste artigo.

CAPÍTULO II
Das Entidades Fechadas de Previdência Complementar

Seção I
Da Criação das Entidades

Art. 4º É a União autorizada a criar, observado o disposto no art. 26 e no art. 31, as seguintes entidades fechadas de previdência complementar, com a finalidade de administrar e executar planos de benefícios de caráter previdenciário nos termos das Leis Complementares ns. 108 e 109, de 29 de maio de 2001:

I — a Fundação de Previdência Complementar do Servidor Público Federal do Poder Executivo (Funpresp-Exe), para os servidores públicos titulares de cargo efetivo do Poder Executivo, por meio de ato do Presidente da República;

II — a Fundação de Previdência Complementar do Servidor Público Federal do Poder Legislativo (Funpresp-Leg), para os servidores públicos titulares de cargo efetivo do Poder Legislativo e do Tribunal de Contas da União e para os membros deste Tribunal, por meio de ato conjunto dos Presidentes da Câmara dos Deputados e do Senado Federal; e

III — a Fundação de Previdência Complementar do Servidor Público Federal do Poder Judiciário (Funpresp-Jud), para os servidores públicos titulares de cargo efetivo e para os membros do Poder Judiciário, por meio de ato do Presidente do Supremo Tribunal Federal.

§ 1º A Funpresp-Exe, a Funpresp-Leg e a Funpresp-Jud serão estruturadas na forma de fundação, de natureza pública, com personalidade jurídica de direito privado, gozarão de autonomia administrativa, financeira e gerencial e terão sede e foro no Distrito Federal.

§ 2º Por ato conjunto das autoridades competentes para a criação das fundações previstas nos incisos I a III, poderá ser criada fundação que contemple os servidores públicos de 2 (dois) ou dos 3 (três) Poderes.

§ 3º Consideram-se membros do Tribunal de Contas da União, para os efeitos desta Lei, os Ministros, os Auditores de que trata o § 4º do art. 73 da Constituição Federal e os Subprocuradores-Gerais e Procuradores do Ministério Público junto ao Tribunal de Contas da União.

Seção II
Da Organização das Entidades

Art. 5º A estrutura organizacional das entidades de que trata esta Lei será constituída de conselho deliberativo, conselho fiscal e diretoria executiva, observadas as disposições da Lei Complementar n. 108, de 29 de maio de 2001.

§ 1º Os Conselhos Deliberativos terão composição paritária e cada um será integrado por 6 (seis) membros.

§ 2º Os Conselhos Fiscais terão composição paritária e cada um deles será integrado por 4 (quatro) membros.

§ 3º Os membros dos conselhos deliberativos e dos conselhos fiscais das entidades fechadas serão designados pelos Presidentes da República e do Supremo Tribunal Federal e por ato conjunto dos Presidentes da Câmara dos Deputados e do Senado Federal, respectivamente.

§ 4º A presidência dos conselhos deliberativos será exercida pelos membros indicados pelos patrocinadores, na forma prevista no estatuto das entidades fechadas de previdência complementar.

§ 5º A presidência dos conselhos fiscais será exercida pelos membros indicados pelos participantes e assistidos, na forma prevista no estatuto das entidades fechadas de previdência complementar.

§ 6º As diretorias executivas serão compostas, no máximo, por 4 (quatro) membros, nomeados pelos conselhos deliberativos das entidades fechadas de previdência complementar.

§ 7º VETADO.

§ 8º A remuneração e as vantagens de qualquer natureza dos membros das diretorias executivas das entidades fechadas de previdência complementar serão fixadas pelos seus conselhos deliberativos em valores compatíveis com os níveis prevalecentes no mercado de trabalho para profissionais de graus equivalentes de formação profissional e de especialização, observado o disposto no inciso XI do art. 37 da Constituição Federal.

§ 9º A remuneração dos membros dos conselhos deliberativo e fiscal é limitada a 10% (dez por cento) do valor da remuneração dos membros da diretoria executiva.

§ 10. Os requisitos previstos nos incisos I a IV do art. 20 da Lei Complementar n. 108, de 29 de maio de 2001, estendem-se aos membros dos conselhos deliberativos e fiscais das entidades fechadas de previdência complementar.

§ 11. As entidades fechadas de previdência complementar poderão criar, observado o disposto no estatuto e regimento interno, comitês de assessoramento técnico, de caráter consultivo, para cada plano de benefícios por elas administrado, com representação paritária entre os patrocinadores e os participantes e assistidos, sendo estes eleitos pelos seus pares, com as atribuições de apresentar propostas e sugestões quanto à gestão da entidade e sua política de investimentos e à situação financeira e atuarial dos respectivos planos de benefícios e de formular recomendações prudenciais a elas relacionadas.

§ 12. VETADO.

Seção III
Disposições Gerais

Art. 6º É exigida a instituição de código de ética e de conduta, inclusive com regras para prevenir conflito de interesses e proibir operações dos dirigentes com partes relacionadas, que terá ampla divulgação, especialmente entre os participantes e assistidos e as partes relacionadas, cabendo aos conselhos fiscais das entidades fechadas de previdência complementar assegurar o seu cumprimento.

Parágrafo único. Compete ao órgão fiscalizador das entidades fechadas de previdência complementar definir o universo das partes relacionadas a que se refere o *caput* deste artigo.

Art. 7º O regime jurídico de pessoal das entidades fechadas de previdência complementar referidas no art. 4º desta Lei será o previsto na legislação trabalhista.

Art. 8º Além da sujeição às normas de direito público que decorram de sua instituição pela União como fundação de direito privado, integrante da sua administração indireta, a natureza pública das entidades fechadas a que se refere o § 15 do art. 40 da Constituição Federal consistirá na:

I — submissão à legislação federal sobre licitação e contratos administrativos;

II — realização de concurso público para a contratação de pessoal, no caso de empregos permanentes, ou de processo seletivo, em se tratando de contrato temporário, conforme a Lei n. 8.745, de 9 de dezembro de 1993;

III — publicação anual, na imprensa oficial ou em sítio oficial da administração pública certificado digitalmente por autoridade para esse fim credenciada no âmbito da Infraestrutura de Chaves Públicas Brasileira (ICP-Brasil), de seus demonstrativos contábeis, atuariais, financeiros e de benefícios, sem prejuízo do fornecimento de informações aos participantes e assistidos dos planos de benefícios e ao órgão fiscalizador das entidades fechadas de previdência complementar, na forma das Leis Complementares ns. 108 e 109, de 29 de maio de 2001.

Art. 9º A administração das entidades fechadas de previdência complementar referidas no art. 4º desta Lei observará os princípios que regem a administração pública, especialmente os da eficiência e da economicidade, devendo adotar mecanismos de gestão operacional que maximizem a utilização de recursos, de forma a otimizar o atendimento aos participantes e assistidos e diminuir as despesas administrativas.

§ 1º As despesas administrativas referidas no *caput* deste artigo serão custeadas na forma dos regulamentos dos planos de benefícios, observado o disposto no *caput* do art. 7º da Lei Complementar n. 108, de 29 de maio de 2001, e ficarão limitadas aos valores estritamente necessários à sustentabilidade do funcionamento das entidades fechadas de previdência complementar.

§ 2º O montante de recursos destinados à cobertura das despesas administrativas será revisto ao final de cada ano, com vistas ao atendimento do disposto neste artigo.

Art. 10. As entidades fechadas de previdência complementar referidas no art. 4º desta Lei serão mantidas integralmente por suas receitas, oriundas das contribuições de patrocinadores, participantes e assistidos, dos resultados financeiros de suas aplicações e de doações e legados de qualquer natureza, observado o disposto no § 3º do art. 202 da Constituição Federal.

LEGISLAÇÃO COMPLEMENTAR

Art. 11. A União, suas autarquias e fundações são responsáveis, na qualidade de patrocinadores, pelo aporte de contribuições e pelas transferências às entidades fechadas de previdência complementar das contribuições descontadas dos seus servidores, observado o disposto nesta Lei e nos estatutos respectivos das entidades.

§ 1º As contribuições devidas pelos patrocinadores deverão ser pagas de forma centralizada pelos respectivos Poderes da União, pelo Ministério Público da União e pelo Tribunal de Contas da União.

§ 2º O pagamento ou a transferência das contribuições após o dia 10 (dez) do mês seguinte ao da competência:

I — enseja a aplicação dos acréscimos de mora previstos para os tributos federais; e

II — sujeita o responsável às sanções penais e administrativas cabíveis.

CAPÍTULO III
Dos Planos de Benefícios

Seção I
Das Linhas Gerais dos Planos de Benefícios

Art. 12. Os planos de benefícios da Funpresp-Exe, da Funpresp-Leg e da Funpresp-Jud serão estruturados na modalidade de contribuição definida, nos termos da regulamentação estabelecida pelo órgão regulador das entidades fechadas de previdência complementar, e financiados de acordo com os planos de custeio definidos nos termos do art. 18 da Lei Complementar n. 109, de 29 de maio de 2001, observadas as demais disposições da Lei Complementar n. 108, de 29 de maio de 2001.

§ 1º A distribuição das contribuições nos planos de benefícios e nos planos de custeio será revista sempre que necessário, para manter o equilíbrio permanente dos planos de benefícios.

§ 2º Sem prejuízo do disposto no § 3º do art. 18 da Lei Complementar n. 109, de 29 de maio de 2001, o valor do benefício programado será calculado de acordo com o montante do saldo da conta acumulado pelo participante, devendo o valor do benefício estar permanentemente ajustado ao referido saldo.

§ 3º Os benefícios não programados serão definidos nos regulamentos dos planos, observado o seguinte:

I — devem ser assegurados, pelo menos, os benefícios decorrentes dos eventos invalidez e morte, se for o caso, a cobertura de outros riscos atuariais; e

II — terão custeio específico para sua cobertura.

§ 4º Na gestão dos benefícios de que trata o § 3º deste artigo, as entidades fechadas de previdência complementar referidas no art. 4º desta Lei poderão contratá-los externamente ou administrá-los em seus próprios planos de benefícios.

§ 5º A concessão dos benefícios de que trata o § 3º aos participantes ou assistidos pela entidade fechada de previdência social é condicionada à concessão do benefício pelo regime próprio de previdência social.

Art. 13. Os requisitos para aquisição, manutenção e perda da qualidade de participante, assim como os requisitos de elegibilidade e a forma de concessão, cálculo e pagamento dos benefícios, deverão constar dos regulamentos dos planos de benefícios, observadas as disposições das Leis Complementares ns. 108 e 109, de 29 de maio de 2001, e a regulamentação do órgão regulador das entidades fechadas de previdência complementar.

Parágrafo único. O servidor com remuneração inferior ao limite máximo estabelecido para os benefícios do regime geral de previdência social poderá aderir aos planos de benefícios administrados pelas entidades fechadas de previdência complementar de que trata esta Lei, sem contrapartida do patrocinador, cuja base de cálculo será definida nos regulamentos.

Art. 14. Poderá permanecer filiado aos respectivos planos de benefícios o participante:

I — cedido a outro órgão ou entidade da administração pública direta ou indireta da União, Estados, Distrito Federal e Municípios, inclusive suas empresas públicas e sociedades de economia mista;

II — afastado ou licenciado do cargo efetivo temporariamente, com ou sem recebimento de remuneração;

III — que optar pelo benefício proporcional diferido ou autopatrocínio, na forma do regulamento do plano de benefícios.

§ 1º Os regulamentos dos planos de benefícios disciplinarão as regras para a manutenção do custeio do plano de benefícios, observada a legislação aplicável.

§ 2º Os patrocinadores arcarão com as suas contribuições somente quando a cessão, o afastamento ou a licença do cargo efetivo implicar ônus para a União, suas autarquias e fundações.

§ 3º Havendo cessão com ônus para o cessionário, este deverá recolher às entidades fechadas de previdência complementar referidas no art. 4º desta Lei a contribuição aos planos de benefícios, nos mesmos níveis e condições que seria devida pelos patrocinadores, na forma definida nos regulamentos dos planos.

Seção II
Dos Recursos Garantidores

Art. 15. A aplicação dos recursos garantidores correspondentes às reservas, às provisões e aos fundos dos planos de benefícios da Funpresp-Exe, da Funpresp-Leg e da Funpresp-Jud obedecerá às diretrizes e aos limites prudenciais estabelecidos pelo Conselho Monetário Nacional (CMN).

§ 1º A gestão dos recursos garantidores dos planos de benefícios administrados pelas entidades referidas no caput poderá ser realizada por meio de carteira própria, carteira administrada ou fundos de investimento.

§ 2º As entidades referidas no caput contratarão, para a gestão dos recursos garantidores prevista neste artigo, somente instituições, administradores de carteiras ou fundos de investimento que estejam autorizados e registrados na Comissão de Valores Mobiliários (CVM).

§ 3º A contratação das instituições a que se refere o § 2º deste artigo será feita mediante licitação, cujos contratos terão prazo total máximo de execução de 5 (cinco) anos.

§ 4º O edital da licitação prevista no § 3º estabelecerá, entre outras, disposições relativas aos limites de taxa de administração e de custos que poderão ser imputados aos fundos, bem como, no que concerne aos administradores, a solidez, o porte e a experiência em gestão de recursos.

§ 5º Cada instituição contratada na forma deste artigo poderá administrar, no máximo, 20% (vinte por cento) dos recursos garantidores correspondentes às reservas técnicas, aos fundos e às provisões.

§ 6 As instituições referidas no § 5º deste artigo não poderão ter qualquer ligação societária com outra instituição que esteja concorrendo na mesma licitação ou que já administre reservas, provisões e fundos da mesma entidade fechada de previdência complementar.

Seção III
Das Contribuições

Art. 16. As contribuições do patrocinador e do participante incidirão sobre a parcela da base de contribuição que exceder o limite máximo a que se refere o art. 3º desta Lei, observado o disposto no inciso XI do art. 37 da Constituição Federal.

§ 1º Para efeitos desta Lei, considera-se base de contribuição aquela definida pelo § 1º do art. 4º da Lei n. 10.887, de 18 de junho de 2004, podendo o participante optar pela inclusão de parcelas remuneratórias percebidas em decorrência do local de trabalho e do exercício de cargo em comissão ou função de confiança.

§ 2º A alíquota da contribuição do participante será por ele definida anualmente, observado o disposto no regulamento do plano de benefícios.

§ 3º A alíquota da contribuição do patrocinador será igual à do participante, observado o disposto no regulamento do plano de benefícios, e não poderá exceder o percentual de 8,5% (oito inteiros e cinco décimos por cento).

§ 4º Além da contribuição normal, o participante poderá contribuir facultativamente, sem contrapartida do patrocinador, na forma do regulamento do plano.

§ 5º A remuneração do servidor, quando devida durante afastamentos considerados por lei como de efetivo exercício, será integralmente coberta pelo ente público, continuando a incidir a contribuição para o regime instituído por esta Lei.

Seção IV
Disposições Especiais

Art. 17. O plano de custeio previsto no art. 18 da Lei Complementar n. 109, de 29 de maio de 2001, discriminará o percentual da contribuição do participante e do patrocinador, conforme o caso, para cada um dos benefícios previstos no plano de benefícios, observado o disposto no art. 6º da Lei Complementar n. 108, de 29 de maio de 2001.

§ 1º O plano de custeio referido no caput deverá prever parcela da contribuição do participante e do patrocinador com o objetivo de compor o Fundo de Cobertura de Benefícios Extraordinários (FCBE), do qual serão vertidos montantes, a título de contribuições extraordinárias, à conta mantida em favor do participante, nas hipóteses e na forma prevista nesta Lei.

§ 2º As contribuições extraordinárias a que se refere o § 1º serão vertidas nas seguintes hipóteses:

I — morte do participante;

II — invalidez do participante;

III — aposentadoria nas hipóteses dos §§ 4º e 5º do art. 40 da Constituição Federal;

IV — aposentadoria das mulheres, na hipótese da alínea "a" do inciso III do § 1º do art. 40 da Constituição Federal; e

V — sobrevivência do assistido.

§ 3º O montante do aporte extraordinário de que tratam os incisos III e IV do § 2º será equivalente à diferença entre a reserva acumulada pelo participante e o produto desta mesma reserva multiplicado pela razão entre 35 (trinta e cinco) e o número de anos de contribuição exigido para a concessão do benefício pelo regime próprio de previdência social de que trata o art. 40 da Constituição Federal.

Art. 18. As entidades fechadas de previdência complementar referidas no art. 4º desta Lei manterão controles das reservas constituídas em nome do participante, registrando contabilmente as contribuições deste e as dos patrocinadores.

CAPÍTULO IV
Do Controle e da Fiscalização

Art. 19. A constituição, o funcionamento e a extinção da Funpresp-Exe, da Funpresp-Leg e da Funpresp-Jud, a aplicação de seus estatutos, regulamentos dos planos de benefícios, convênios de adesão e suas respectivas alterações, assim como as retiradas de patrocínios, dependerão de prévia e expressa autorização do órgão fiscalizador das entidades fechadas de previdência complementar.

§ 1º Serão submetidas ao órgão fiscalizador das entidades fechadas de previdência complementar:

I — as propostas de aprovação do estatuto e de instituição de planos de benefícios da entidade fechada de previdência complementar, bem como suas alterações; e

II — a proposta de adesão de novos patrocinadores a planos de benefícios em operação na entidade fechada de previdência complementar.

§ 2º No caso da Funpresp-Exe, as propostas de aprovação do estatuto, de adesão de novos patrocinadores e de instituição de planos devem estar acompanhadas de manifestação favorável do Ministério do Planejamento, Orçamento e Gestão e do Ministério da Fazenda.

§ 3º No caso da Funpresp-Leg, as propostas de aprovação do estatuto, de adesão de novos patrocinadores e de instituição de planos devem estar acompanhadas de manifestação favorável das Mesas Diretoras da Câmara dos Deputados e do Senado Federal.

§ 4º No caso da Funpresp-Jud, as propostas de aprovação do estatuto, de adesão de novos patrocinadores e de instituição de planos devem estar acompanhadas de manifestação favorável:

I — do Supremo Tribunal Federal;

II — VETADO.

Art. 20. A supervisão e a fiscalização da Funpresp-Exe, da Funpresp-Leg e da Funpresp-Jud e dos seus planos de benefícios competem ao órgão fiscalizador das entidades fechadas de previdência complementar.

§ 1º A competência exercida pelo órgão referido no caput deste artigo não exime os patrocinadores da responsabilidade pela supervisão e fiscalização sistemática das atividades das entidades fechadas de previdência complementar.

§ 2º Os resultados da supervisão e da fiscalização exercidos pelos patrocinadores serão encaminhados ao órgão mencionado no caput deste artigo.

Art. 21. Aplica-se, no âmbito da Funpresp-Exe, da Funpresp-Leg e da Funpresp-Jud, o regime disciplinar previsto no Capítulo VII da Lei Complementar n. 109, de 29 de maio de 2001.

CAPÍTULO V
Disposições Finais e Transitórias

Art. 22. Aplica-se o benefício especial de que tratam os §§ 1º a 8º do art. 3º ao servidor público titular de cargo efetivo da União, inclusive ao membro do Poder Judiciário, do Ministério Público e do Tribunal de Contas da União, oriundo, sem quebra de continuidade, de cargo público estatutário de outro ente da federação que não tenha instituído o respectivo regime de previdência complementar e que ingresse em cargo público efetivo federal a partir da instituição do regime de previdência complementar de que trata esta Lei, considerando-se, para esse fim, o tempo de contribuição estadual, distrital ou municipal, assegurada a compensação financeira de que trata o § 9º do art. 201 da Constituição Federal.

Art. 23. Após a autorização de funcionamento da Funpresp-Exe, da Funpresp-Jud e da Funpresp-Leg, nos termos desta Lei, os servidores que deverão compor provisoriamente os conselhos deliberativos e os conselhos fiscais, dispensados da exigência da condição de participante ou assistido dos planos de benefícios das entidades fechadas de previdência complementar, serão nomeados, respectivamente, pelo Presidente da República, pelo Presidente do Supremo Tribunal Federal e por ato conjunto dos Presidentes da Câmara dos Deputados e do Senado Federal.

Parágrafo único. O mandato dos conselheiros de que trata o caput deste artigo será de 2 (dois) anos, durante os quais será realizada eleição direta para que os participantes e assistidos escolham os seus representantes, e os patrocinadores indicarão os seus representantes.

Art. 24. Para fins de implantação, ficam a Funpresp-Exe, a Funpresp-Leg e a Funpresp-Jud equiparadas às pessoas jurídicas a que se refere o art. 1º da Lei n. 8.745, de 9 de dezembro de 1993, com vistas à contratação de pessoal técnico e administrativo por tempo determinado.

§ 1º Considera-se como necessidade temporária de excepcional interesse público, para os efeitos da Lei n. 8.745, de 9 de dezembro de 1993, a contratação de pessoal técnico e administrativo, por tempo determinado, imprescindível ao funcionamento inicial da Funpresp-Exe, da Funpresp-Leg e da Funpresp-Jud.

§ 2º As contratações observarão o disposto no caput do art. 3º, no art. 6º, no inciso II do art. 7º e nos arts. 9º e 12 da Lei n. 8.745, de 9 de dezembro de 1993, e não poderão exceder o prazo de 24 (vinte e quatro) meses.

Art. 25. É a União autorizada, em caráter excepcional, no ato de criação das entidades fechadas de previdência complementar referidas no art. 4º, a promover aporte a título de adiantamento de contribuições futuras, necessário ao regular funcionamento inicial, no valor de:

I — Funpresp-Exe: até R$ 50.000.000,00 (cinquenta milhões de reais);

II — Funpresp-Leg: até R$ 25.000.000,00 (vinte e cinco milhões de reais); e

III — Funpresp-Jud: até R$ 25.000.000,00 (vinte e cinco milhões de reais).

Art. 26. A Funpresp-Exe, a Funpresp-Leg e a Funpresp-Jud deverão entrar em funcionamento em até 240 (duzentos e quarenta) dias após a publicação da autorização de funcionamento concedida pelo órgão fiscalizador das entidades fechadas de previdência complementar.

Art. 27. Aplicam-se ao regime de previdência complementar a que se referem os §§ 14, 15 e 16 do art. 40 da Constituição Federal as disposições das Leis Complementares ns. 108 e 109, de 29 de maio de 2001.

Art. 28. Até que seja promovida a contratação na forma prevista no § 3º do art. 15 desta Lei, a totalidade dos recursos garantidores correspondentes às reservas técnicas, aos fundos e às provisões dos planos de benefícios da Funpresp-Exe, da Funpresp-Leg e da Funpresp-Jud será administrada por instituição financeira federal, mediante taxa de administração praticada a preço de mercado, vedada a cobrança de taxas de performance.

Art. 29. O caput do art. 4º da Lei n. 10.887, de 18 de junho de 2004, passa a vigorar com a seguinte redação:

"Art. 4º A contribuição social do servidor público ativo de qualquer dos Poderes da União, incluídas suas autarquias e fundações, para a manutenção do respectivo regime próprio de previdência social, será de 11% (onze por cento), incidentes sobre:

I — a totalidade da base de contribuição, em se tratando de servidor que tiver ingressado no serviço público até a data da publicação do ato de instituição do regime de previdência complementar para os servidores públicos federais titulares de cargo efetivo e não tiver optado por aderir a ele;

II — a parcela da base de contribuição que não exceder ao limite máximo estabelecido para os benefícios do regime geral de previdência social, em se tratando de servidor:

a) que tiver ingressado no serviço público até a data a que se refere o inciso I e tenha optado por aderir ao regime de previdência complementar ali referido; ou b) que tiver ingressado no serviço público a partir da data a que se refere o inciso I, independentemente de adesão ao regime de previdência complementar ali referido." (NR)

Art. 30. Para os fins do exercício do direito de opção de que trata o parágrafo único do art. 1º, considera-se instituído o regime de previdência complementar de que trata esta Lei a partir da data da publicação pelo órgão fiscalizador da autorização de aplicação dos regulamentos dos planos de benefícios de qualquer das entidades de que trata o art. 4º desta Lei.

Art. 31. A Funpresp-Exe, a Funpresp-Leg e a Funpresp-Jud deverão ser criadas pela União no prazo de 180 (cento e oitenta) dias, contado da publicação desta Lei, e iniciar o seu funcionamento nos termos do art. 26.

§ 1º Ultrapassados os prazos de que trata o caput, considera-se vigente, para todos os fins, o regime de previdência complementar de que trata esta Lei.

§ 2º Ultrapassados os prazos de que trata o caput sem o início do funcionamento de alguma das entidades referidas no art. 4º, os servidores e membros do respectivo Poder poderão aderir ao plano de benefícios da entidade que primeiro entrou em funcionamento até a regularização da situação.

Art. 32. Considera-se ato de improbidade, nos termos do art. 10 da Lei n. 8.429, de 2 de junho de 1992, o descumprimento injustificado dos prazos de que trata o art. 31.

Art. 33. Esta Lei entra em vigor:

I — quanto ao disposto no Capítulo I, na data em que forem criadas quaisquer das entidades de que trata o art. 4º, observado o disposto no art. 31; e

II — quanto aos demais dispositivos, na data de sua publicação.

Brasília, 30 de abril de 2012; 191º da Independência e 124º da República.

Dilma Rousseff
Guido Mantega
Miriam Belchior
Garibaldi Alves Filho
Luís Inácio Lucena Adams

DOU 2.5.2012

Lei n. 12.619, de 30 de abril de 2012

Dispõe sobre o exercício da profissão de motorista; altera a Consolidação das Leis do Trabalho — CLT, aprovada pelo Decreto-Lei n. 5.452, de 1º de maio de 1943, e as Leis ns. 9.503, de 23 de setembro de 1997, 10.233, de 5 de junho de 2001, 11.079, de 30 de dezembro de 2004, e 12.023, de 27 de agosto de 2009, para regular e disciplinar a jornada de trabalho e o tempo de direção do motorista profissional; e dá outras providências

A PRESIDENTA DA REPÚBLICA

Faço saber que o Congresso Nacional decreta e eu sanciono a seguinte Lei:

LEGISLAÇÃO COMPLEMENTAR

Art. 1º É livre o exercício da profissão de motorista profissional, atendidas as condições e qualificações profissionais estabelecidas nesta Lei. *(Revogado pela Lei n. 13.103, de 2.3.15, DOU 3.3.15)*

Parágrafo único. Integram a categoria profissional de que trata esta Lei os motoristas profissionais de veículos automotores cuja condução exija formação profissional e que exerçam a atividade mediante vínculo empregatício, nas seguintes atividades ou categorias econômicas: *(Revogado pela Lei n. 13.103, de 2.3.15, DOU 3.3.15)*

I — transporte rodoviário de passageiros; *(Revogado pela Lei n. 13.103, de 2.3.15, DOU 3.3.15)*

II — transporte rodoviário de cargas; *(Revogado pela Lei n. 13.103, de 2.3.15, DOU 3.3.15)*

III — (VETADO);

IV — (VETADO).

Art. 2º São direitos dos motoristas profissionais, além daqueles previstos no Capítulo II do Título II e no Capítulo II do Título VIII da Constituição Federal: *(Revogado pela Lei n. 13.103, de 2.3.15, DOU 3.3.15)*

I — ter acesso gratuito a programas de formação e aperfeiçoamento profissional, em cooperação com o poder público; *(Revogado pela Lei n. 13.103, de 2.3.15, DOU 3.3.15)*

II — contar, por intermédio do Sistema Único de Saúde — SUS, com atendimento profilático, terapêutico e reabilitador, especialmente em relação às enfermidades que mais os acometam, consoante levantamento oficial, respeitado o disposto no art. 162 da Consolidação das Leis do Trabalho — CLT, aprovada pelo Decreto-Lei n. 5.452, de 1º de maio de 1943; *(Revogado pela Lei n. 13.103, de 2.3.15, DOU 3.3.15)*

III — não responder perante o empregador por prejuízo patrimonial decorrente da ação de terceiro, ressalvado o dolo ou a desídia do motorista, nesses casos mediante comprovação, no cumprimento de suas funções; *(Revogado pela Lei n. 13.103, de 2.3.15, DOU 3.3.15)*

IV — receber proteção do Estado contra ações criminosas que lhes sejam dirigidas no efetivo exercício da profissão; *(Revogado pela Lei n. 13.103, de 2.3.15, DOU 3.3.15)*

V — jornada de trabalho e tempo de direção controlados de maneira fidedigna pelo empregador, que poderá valer-se de anotação em diário de bordo, papeleta ou ficha de trabalho externo, nos termos do § 3º do art. 74 da Consolidação das Leis do Trabalho — CLT, aprovada pelo Decreto-Lei n. 5.452, de 1º de maio de 1943, ou de meios eletrônicos idôneos instalados nos veículos, a critério do empregador. *(Revogado pela Lei n. 13.103, de 2.3.15, DOU 3.3.15)*

Parágrafo único. Aos profissionais motoristas empregados referidos nesta Lei é assegurado o benefício de seguro obrigatório, custeado pelo empregador, destinado à cobertura dos riscos pessoais inerentes às suas atividades, no valor mínimo correspondente a 10 (dez) vezes o piso salarial de sua categoria ou em valor superior fixado em convenção ou acordo coletivo de trabalho. *(Revogado pela Lei n. 13.103, de 2.3.15, DOU 3.3.15)*

Art. 3º O Capítulo I do Título III da Consolidação das Leis do Trabalho — CLT, aprovada pelo Decreto-Lei n. 5.452, de 1º de maio de 1943, passa a vigorar acrescido da seguinte Seção IV-A:

"TÍTULO III

..

Capítulo I

..

Seção IV-A

Do Serviço do Motorista Profissional

Os arts. 235-A a 235-H constantes da Seção IV-A já foram incluídos no texto da CLT."

Art. 4º O art. 71 da Consolidação das Leis do Trabalho — CLT, aprovada pelo Decreto-Lei n. 5.452, de 1º de maio de 1943, passa a vigorar acrescido do seguinte § 5º: *(Já incluído no texto da CLT)*

Art. 5º A Lei n. 9.503, de 23 de setembro de 1997 — Código de Trânsito Brasileiro, passa a vigorar acrescida do seguinte Capítulo III-A:

"Capítulo III-A

Da Condução de Veículos por Motoristas Profissionais

Art. 67-A. O disposto neste Capítulo aplica-se aos motoristas profissionais:

I — de transporte rodoviário coletivo de passageiros;

II — de transporte rodoviário de cargas. *(Redação do caput e incisos dada pela Lei n. 13.103, de 2.3.15, DOU 3.3.15)*

§ 1º (Revogado)

§ 2º (Revogado)

§ 3º (Revogado)

§ 4º (Revogado)

§ 5º (Revogado)

§ 6º (Revogado)

§ 7º (Revogado). (NR)

§ 8º (VETADO)

Art. 67-B (VETADO)

Art. 67-C. É vedado ao motorista profissional dirigir por mais de 5 (cinco) horas e meia ininterruptas veículos de transporte rodoviário coletivo de passageiros ou de transporte rodoviário de cargas. *(Redação dada pela Lei n. 13.103, de 2.3.15, DOU 3.3.15)*

§ 1º Serão observados 30 (trinta) minutos para descanso dentro de cada 6 (seis) horas na condução de veículo de transporte de carga, sendo facultado o seu fracionamento e o tempo de direção desde que não ultrapassadas 5 (cinco) horas e meia contínuas no exercício da condução. *(Redação dada pela Lei n. 13.103, de 2.3.15, DOU 3.3.15)*

§ 1º-A. Serão observados 30 (trinta) minutos para descanso a cada 4 (quatro) horas na condução de veículo rodoviário de passageiros, sendo facultado o seu fracionamento e o do tempo de direção. *(Redação dada pela Lei n. 13.103, de 2.3.15, DOU 3.3.15)*

§ 2º Em situações excepcionais de inobservância justificada do tempo de direção, devidamente registradas, o tempo de direção poderá ser elevado pelo período necessário para que o condutor, o veículo e a carga cheguem a um lugar que ofereça a segurança e o atendimento demandados, desde que não haja comprometimento da segurança rodoviária. *(Redação dada pela Lei n. 13.103, de 2.3.15, DOU 3.3.15)*

§ 3º O condutor é obrigado, dentro do período de 24 (vinte e quatro) horas, a observar o mínimo de 11 (onze) horas de descanso, que podem ser fracionadas, usufruídas no veículo e coincidir com os intervalos mencionados no § 1º, observadas no primeiro período 8 (oito) horas ininterruptas de descanso. *(Redação dada pela Lei n. 13.103, de 2.3.15, DOU 3.3.15)*

§ 4º Entende-se como tempo de direção ou condução apenas o período em que o condutor estiver efetivamente ao volante, em curso entre a origem e o destino. *(Redação dada pela Lei n. 13.103, de 2.3.15, DOU 3.3.15)*

§ 5º Entende-se como início de viagem a partida do veículo na ida ou no retorno, com ou sem carga, considerando-se como sua continuação as partidas nos dias subsequentes até o destino. *(Redação dada pela Lei n. 13.103, de 2.3.15, DOU 3.3.15)*

§ 6º O condutor somente iniciará uma viagem após o cumprimento integral do intervalo de descanso previsto no § 1º deste artigo. *(Redação dada pela Lei n. 13.103, de 2.3.15, DOU 3.3.15)*

§ 7º Nenhum transportador de cargas ou coletivo de passageiros, embarcador, consignatário de cargas, operador de terminais de carga, operador de transporte multimodal de cargas ou agente de cargas ordenará a qualquer motorista a seu serviço, ainda que subcontratado, que conduza veículo referido no caput sem a observância do disposto no § 6º. (NR) *(Redação dada pela Lei n. 13.103, de 2.3.15, DOU 3.3.15)*

Art. 67-D. (VETADO)

Art. 67-E. O motorista profissional é responsável por controlar e registrar o tempo de condução estipulado no art. 67-C, com vistas à sua estrita observância. *(Redação dada pela Lei n. 13.103, de 2.3.15, DOU 3.3.15)*

§ 1º A não observância dos períodos de descanso estabelecidos no art. 67-C sujeitará o motorista profissional às penalidades daí decorrentes, previstas neste Código. *(Redação dada pela Lei n. 13.103, de 2.3.15, DOU 3.3.15)*

§ 2º O tempo de direção será controlado mediante registrador instantâneo inalterável de velocidade e tempo e, ou por meio de anotação em diário de bordo, papeleta ou ficha de trabalho externo, ou por meios eletrônicos instalados no veículo, conforme norma do Contran. *(Redação dada pela Lei n. 13.103, de 2.3.15, DOU 3.3.15)*

§ 3º O equipamento eletrônico ou registrador deverá funcionar de forma independente de qualquer interferência do condutor, quanto aos dados registrados. *(Redação dada pela Lei n. 13.103, de 2.3.15, DOU 3.3.15)*

§ 4º A guarda, a preservação e a exatidão das informações contidas no equipamento registrador instantâneo inalterável de velocidade e de tempo são de responsabilidade do condutor. *(Redação dada pela Lei n. 13.103, de 2.3.15, DOU 3.3.15)*

Art. 148-A. Os condutores das categorias C, D e E deverão submeter-se a exames toxicológicos para a habilitação e renovação da Carteira Nacional de Habilitação. *(Redação dada pela Lei n. 13.103, de 2.3.15, DOU 3.3.15)*

§ 6º O resultado do exame somente será divulgado para o interessado e não poderá ser utilizado para fins estranhos ao disposto neste artigo ou no § 6º do art. 168 da Consolidação das Leis do Trabalho — CLT, aprovada pelo Decreto-Lei n. 5.452, de 1º de maio de 1943. *(Redação dada pela Lei n. 13.103, de 2.3.15, DOU 3.3.15)*

..

Art. 230. ..

XXIII — em desacordo com as condições estabelecidas no art. 67-C, relativamente ao tempo de permanência do condutor ao volante e aos intervalos para descanso, quando se tratar de veículo de transporte de carga ou coletivo de passageiros: *(Redação dada pela Lei n. 13.103, de 2.3.15, DOU 3.3.15)*

Infração — média;

Penalidade — multa;

Medida administrativa — retenção do veículo para cumprimento do tempo de descanso aplicável.

(...)

§ 1º Se o condutor cometeu infração igual nos últimos 12 (doze) meses, será convertida, automaticamente, a penalidade disposta no inciso XXIII em infração grave. *(Redação dada pela Lei n. 13.103, de 2.3.15, DOU 3.3.15)*

§ 2º Em se tratando de condutor estrangeiro, a liberação do veículo fica condicionada ao pagamento ou ao depósito, judicial ou administrativo, da multa. (NR)

..

Art. 259. ..

§ 4º Ao condutor identificado no ato da infração será atribuída a pontuação pelas infrações de sua responsabilidade, nos termos previstos no § 3º do art. 257, excetuando-se aquelas praticadas por passageiros usuários do serviço de transporte rodoviário de passageiros em viagens de longa distância transitando em rodovias com a utilização de ônibus, em linhas regulares intermunicipal, interestadual, internacional e aquelas em viagem de longa distância por fretamento e turismo ou de qualquer modalidade, excetuadas as situações regulamentadas pelo Contran a teor do art. 65 da Lei n. 9.503, de 23 de setembro de 1997 — Código de Trânsito Brasileiro. (NR) *(Redação dada pela Lei n. 13.103, de 2.3.15, DOU 3.3.15)*

Art. 6º A Lei n. 9.503, de 23 de setembro de 1997 — Código de Trânsito Brasileiro, passa a vigorar com as seguintes alterações:

"Art. 145.

Parágrafo único. A participação em curso especializado previsto no inciso IV independe da observância do disposto no inciso III." (NR)

..

"Art. 230. ..

XXIII — em desacordo com as condições estabelecidas no art. 67-C, relativamente ao tempo de permanência do condutor ao volante e aos intervalos para descanso, quando se tratar de veículo de transporte de carga ou de passageiros: *(Redação dada pela Lei n. 13.103, de 2.3.15, DOU 3.3.15)*

Infração — média; Penalidade — multa; Medida administrativa — retenção do veículo para cumprimento do tempo de descanso aplicável; *(Redação dada pela Lei n. 13.103, de 2.3.15, DOU 3.3.15)*

XXIV — (VETADO)." (NR)

"Art. 259. ..

§ 3º (VETADO)." (NR)

"Art. 261.

§ 3º A imposição da penalidade de suspensão do direito de dirigir elimina os 20 (vinte) pontos computados para fins de contagem subsequente. *(Incluído pela Lei n. 12.547, de 14.12.2011, DOU 15.12.2011)*

§ 4º (VETADO)." (NR)

§ 5º O condutor que exerce atividade remunerada em veículo, habilitado na categoria C, D ou E, será convocado pelo órgão executivo de trânsito estadual a participar de curso preventivo de reciclagem sempre que, no período de um ano, atingir quatorze pontos, conforme regulamentação do Contran. *(Redação dada pela Lei n. 13.154, de 30.7.15, DOU 31.7.15)*

§ 6º Concluído o curso de reciclagem previsto no § 5º, o condutor terá eliminados os pontos que lhe tiverem sido atribuídos, para fins de contagem subsequente. *(Redação dada pela Lei n. 13.154, de 30.7.15, DOU 31.7.15)*

§ 7º Após o término do curso de reciclagem, na forma do § 5º, o condutor não poderá ser novamente convocado antes de transcorrido o período de um ano. *(Redação dada pela Lei n. 13.154, de 30.7.15, DOU 31.7.15)*

§ 8º A pessoa jurídica concessionária ou permissionária de serviço público tem o direito de ser informada dos pontos atribuídos, na forma do art. 259, aos motoristas que integrem seu quadro funcional, exercendo atividade remunerada ao volante, na forma que dispuser o Contran." (NR) *(Redação dada pela Lei n. 13.154, de 30.7.15, DOU 31.7.15)*

"Art. 310-A. (VETADO)."

Art. 7º (VETADO).

Art. 8º (VETADO).

Art. 9º As condições sanitárias e de conforto nos locais de espera dos motoristas de transporte de cargas em pátios do transportador de carga, embarcador, consignatário de cargas, operador de terminais de carga, operador intermodal de cargas ou agente de cargas, aduanas, portos marítimos, fluviais e secos e locais para repouso e descanso, para os motoristas de transporte de passageiros em rodoviárias, pontos de parada, de apoio, alojamentos, refeitórios das empresas ou de terceiros terão que

obedecer ao disposto nas Normas Regulamentadoras do Ministério do Trabalho e Emprego, dentre outras. *(Revogado pela Lei n. 13.103, de 2.3.15, DOU 3.3.15)*
Art. 10. (VETADO).
Art. 11. (VETADO).
Art. 12. (VETADO).
Brasília, 30 de abril de 2012; 191º da Independência e 124º da República.

DILMA ROUSSEFF
JOSÉ EDUARDO CARDOZO
GUIDO MANTEGA
PAULO SÉRGIO OLIVEIRA PASSOS
PAULO ROBERTO DOS SANTOS PINTO
MIRIAM BELCHIOR
AGUINALDO RIBEIRO
GILBERTO CARVALHO
LUÍS INÁCIO LUCENA ADAMS

DOU 2.5.2012

Lei n. 12.690, de 19 de julho de 2012

Dispõe sobre a organização e o funcionamento das cooperativas de trabalho; institui o Programa Nacional de Fomento às Cooperativas de Trabalho — PRONACOOP; e revoga o parágrafo único do art. 442 da Consolidação das Leis do Trabalho — CLT, aprovada pelo Decreto-Lei n. 5.452, de 1º de maio de 1943

A PRESIDENTA DA REPÚBLICA
Faço saber que o Congresso Nacional decreta e eu sanciono a seguinte Lei:

CAPÍTULO I
Das Cooperativas de Trabalho

Art. 1º A Cooperativa de Trabalho é regulada por esta Lei e, no que com ela não colidir, pelas Leis ns. 5.764, de 16 de dezembro de 1971, e 10.406, de 10 de janeiro de 2002 — Código Civil.
Parágrafo único. Estão excluídas do âmbito desta Lei:
I — as cooperativas de assistência à saúde na forma da legislação de saúde suplementar;
II — as cooperativas que atuam no setor de transporte regulamentado pelo poder público e que detenham, por si ou por seus sócios, a qualquer título, os meios de trabalho;
III — as cooperativas de profissionais liberais cujos sócios exerçam as atividades em seus próprios estabelecimentos; e
IV — as cooperativas de médicos cujos honorários sejam pagos por procedimento.
Art. 2º Considera-se Cooperativa de Trabalho a sociedade constituída por trabalhadores para o exercício de suas atividades laborativas ou profissionais com proveito comum, autonomia e autogestão para obterem melhor qualificação, renda, situação socioeconômica e condições gerais de trabalho.
§ 1º A autonomia de que trata o *caput* deste artigo deve ser exercida de forma coletiva e coordenada, mediante a fixação, em Assembleia Geral, das regras de funcionamento da cooperativa e da forma de execução dos trabalhos, nos termos desta Lei.
§ 2º Considera-se autogestão o processo democrático no qual a Assembleia Geral define as diretrizes para o funcionamento e as operações da cooperativa, e os sócios decidem sobre a forma de execução dos trabalhos, nos termos da lei.
Art. 3º A Cooperativa de Trabalho rege-se pelos seguintes princípios e valores:

I — adesão voluntária e livre;
II — gestão democrática;
III — participação econômica dos membros;
IV — autonomia e independência;
V — educação, formação e informação;
VI — intercooperação;
VII — interesse pela comunidade;
VIII — preservação dos direitos sociais, do valor social do trabalho e da livre-iniciativa;
IX — não precarização do trabalho;
X — respeito às decisões de assembleia, observado o disposto nesta Lei;
XI — participação na gestão em todos os níveis de decisão de acordo com o previsto em lei e no Estatuto Social.
Art. 4º A Cooperativa de Trabalho pode ser:
I — de produção, quando constituída por sócios que contribuem com trabalho para a produção em comum de bens e a cooperativa detém, a qualquer título, os meios de produção; e
II — de serviço, quando constituída por sócios para a prestação de serviços especializados a terceiros, sem a presença dos pressupostos da relação de emprego.
Parágrafo único. (VETADO).
Art. 5º A Cooperativa de Trabalho não pode ser utilizada para intermediação de mão de obra subordinada.
Parágrafo único. (VETADO).
Art. 6º A Cooperativa de Trabalho poderá ser constituída com número mínimo de 7 (sete) sócios.
Art. 7º A Cooperativa de Trabalho deve garantir aos sócios os seguintes direitos, além de outros que a Assembleia Geral venha a instituir:
I — retiradas não inferiores ao piso da categoria profissional e, na ausência deste, não inferiores ao salário mínimo, calculadas de forma proporcional às horas trabalhadas ou às atividades desenvolvidas;
II — duração do trabalho normal não superior a 8 (oito) horas diárias e 44 (quarenta e quatro) horas semanais, exceto quando a atividade, por sua natureza, demandar a prestação de trabalho por meio de plantões ou escalas, facultada a compensação de horários;
III — repouso semanal remunerado, preferencialmente aos domingos;
IV — repouso anual remunerado;
V — retirada para o trabalho noturno superior à do diurno;
VI — adicional sobre a retirada para as atividades insalubres ou perigosas;
VII — seguro de acidente de trabalho.
§ 1º Não se aplica o disposto nos incisos III e IV do *caput* deste artigo nos casos em que as operações entre o sócio e a cooperativa sejam eventuais, salvo decisão assemblear em contrário.
§ 2º A Cooperativa de Trabalho buscará meios, inclusive mediante provisionamento de recursos, com base em critérios que devem ser aprovados em Assembleia Geral, para assegurar os direitos previstos nos incisos I, III, IV, V, VI e VII do *caput* deste artigo e outros que a Assembleia Geral venha a instituir.
§ 3º A Cooperativa de Trabalho, além dos fundos obrigatórios previstos em lei, poderá criar, em Assembleia Geral, outros fundos, inclusive rotativos, com recursos destinados a fins específicos, fixando o modo de formação, custeio, aplicação e liquidação.
§ 4º (VETADO).
§ 5º A Cooperativa de Trabalho constituída nos termos do inciso I do *caput* do art. 4º desta Lei poderá, em Assembleia Geral Extraordinária, estabelecer carência na fruição dos direitos previstos nos incisos I e VII do *caput* deste artigo.
§ 6º As atividades identificadas com o objeto social da Cooperativa de Trabalho prevista no inciso II do *caput* do art. 4º desta Lei, quando prestadas fora do estabelecimento da cooperativa, deverão ser submetidas a uma coordenação com mandato nunca superior a 1 (um) ano ou ao prazo estipulado para a realização dessas atividades, eleita em reunião específica pelos sócios que se disponham a realizá-las, em que serão expostos os requisitos para sua consecução, os valores contratados e a retribuição pecuniária de cada sócio partícipe.
Art. 8º As Cooperativas de Trabalho devem observar as normas de saúde e segurança do trabalho previstas na legislação em vigor e em atos normativos expedidos pelas autoridades competentes.
Art. 9º O contratante da Cooperativa de Trabalho prevista no inciso II do *caput* do art. 4º desta Lei responde solidariamente pelo cumprimento das normas de saúde e segurança do trabalho quando os serviços forem prestados no seu estabelecimento ou em local por ele determinado.

CAPÍTULO II
Do Funcionamento das Cooperativas de Trabalho

Art. 10. A Cooperativa de Trabalho poderá adotar por objeto social qualquer gênero de serviço, operação ou atividade, desde que previsto no seu Estatuto Social.
§ 1º É obrigatório o uso da expressão "Cooperativa de Trabalho" na denominação social da cooperativa.
§ 2º A Cooperativa de Trabalho não poderá ser impedida de participar de procedimentos de licitação pública que tenham por escopo os mesmos serviços, operações e atividades previstas em seu objeto social.
§ 3º A admissão de sócios na cooperativa estará limitada consoante as possibilidades de reunião, abrangência das operações, controle e prestação de serviços e congruente com o objeto estatuído.
§ 4º Para o cumprimento dos seus objetivos sociais, o sócio poderá exercer qualquer atividade da cooperativa, conforme deliberado em Assembleia Geral.
Art. 11. Além da realização da Assembleia Geral Ordinária e Extraordinária para deliberar nos termos dos e sobre os assuntos previstos na Lei n. 5.764, de 16 de dezembro de 1971, e no Estatuto Social, a Cooperativa de Trabalho deverá realizar anualmente, no mínimo, mais uma Assembleia Geral Especial para deliberar, entre outros assuntos especificados no edital de convocação, sobre gestão da cooperativa, disciplina, direitos e deveres dos sócios, planejamento e resultado econômico dos projetos e contratos firmados e organização do trabalho.
§ 1º O destino das sobras líquidas ou o rateio dos prejuízos será decidido em Assembleia Geral Ordinária.
§ 2º As Cooperativas de Trabalho deverão estabelecer, em Estatuto Social ou Regimento Interno, incentivos à participação efetiva dos sócios na Assembleia Geral e eventuais sanções em caso de ausências injustificadas.
§ 3º O quorum mínimo de instalação das Assembleias Gerais será de:
I — 2/3 (dois terços) do número de sócios, em primeira convocação;

II — metade mais 1 (um) dos sócios, em segunda convocação;

III — 50 (cinquenta) sócios ou, no mínimo, 20% (vinte por cento) do total de sócios, prevalecendo o menor número, em terceira convocação, exigida a presença de, no mínimo, 4 (quatro) sócios para as cooperativas que possuam até 19 (dezenove) sócios matriculados.

§ 4º As decisões das assembleias serão consideradas válidas quando contarem com a aprovação da maioria absoluta dos sócios presentes.

§ 5º Comprovada fraude ou vício nas decisões das assembleias, serão elas nulas de pleno direito, aplicando-se, conforme o caso, a legislação civil e penal.

§ 6º A Assembleia Geral Especial de que trata este artigo deverá ser realizada no segundo semestre do ano.

Art. 12. A notificação dos sócios para participação das assembleias será pessoal e ocorrerá com antecedência mínima de 10 (dez) dias de sua realização.

§ 1º Na impossibilidade de notificação pessoal, a notificação dar-se-á por via postal, respeitada a antecedência prevista no caput deste artigo.

§ 2º Na impossibilidade de realização das notificações pessoal e postal, os sócios serão notificados mediante edital afixado na sede e em outros locais previstos nos estatutos e publicado em jornal de grande circulação na região da sede da cooperativa ou na região onde ela exerça suas atividades, respeitada a antecedência prevista no caput deste artigo.

Art. 13. É vedado à Cooperativa de Trabalho distribuir verbas de qualquer natureza entre os sócios, exceto a retirada devida em razão do exercício de sua atividade como sócio ou retribuição por conta de reembolso de despesas comprovadamente realizadas em proveito da Cooperativa.

Art. 14. A Cooperativa de Trabalho deverá deliberar, anualmente, na Assembleia Geral Ordinária, sobre a adoção ou não de diferentes faixas de retirada dos sócios.

Parágrafo único. No caso de fixação de faixas de retirada, a diferença entre as de maior e as de menor valor deverá ser fixada na Assembleia.

Art. 15. O Conselho de Administração será composto por, no mínimo, 3 (três) sócios, eleitos pela Assembleia Geral, para um prazo de gestão não superior a 4 (quatro) anos, sendo obrigatória a renovação de, no mínimo, 1/3 (um terço) do colegiado, ressalvada a hipótese do art. 16 desta Lei.

Art. 16. A Cooperativa de Trabalho constituída por até 19 (dezenove) sócios poderá estabelecer, em Estatuto Social, composição para o Conselho de Administração e para o Conselho Fiscal distinta da prevista nesta Lei e no art. 56 da Lei n. 5.764, de 16 de dezembro de 1971, assegurados, no mínimo, 3 (três) conselheiros fiscais.

CAPÍTULO III
Da Fiscalização e das Penalidades

Art. 17. Cabe ao Ministério do Trabalho e Emprego, no âmbito de sua competência, a fiscalização do cumprimento do disposto nesta Lei.

§ 1º A Cooperativa de Trabalho que intermediar mão de obra subordinada e os contratantes de seus serviços estarão sujeitos à multa de R$ 500,00 (quinhentos reais) por trabalhador prejudicado, dobrada na reincidência, a ser revertida em favor do Fundo de Amparo ao Trabalhador — FAT.

§ 2º Presumir-se-á intermediação de mão de obra subordinada a relação contratual estabelecida entre a empresa contratante e as Cooperativas de Trabalho que não cumprirem o disposto no § 6º do art. 7º desta Lei.

§ 3º As penalidades serão aplicadas pela autoridade competente do Ministério do Trabalho e Emprego, de acordo com o estabelecido no Título VII da Consolidação das Leis do Trabalho — CLT, aprovada pelo Decreto-Lei n. 5.452, de 1º de maio de 1943.

Art. 18. A constituição ou utilização de Cooperativa de Trabalho para fraudar deliberadamente a legislação trabalhista, previdenciária e o disposto nesta Lei acarretará aos responsáveis as sanções penais, cíveis e administrativas cabíveis, sem prejuízo da ação judicial visando à dissolução da Cooperativa.

§ 1º (VETADO).

§ 2º Fica inelegível para qualquer cargo em Cooperativa de Trabalho, pelo período de até 5 (cinco) anos, contado a partir da sentença transitada em julgado, o sócio, dirigente ou o administrador condenado pela prática das fraudes elencadas no caput deste artigo.

CAPÍTULO IV
Do Programa Nacional de Fomento às Cooperativas de Trabalho — PRONACOOP

Art. 19. É instituído, no âmbito do Ministério do Trabalho e Emprego, o Programa Nacional de Fomento às Cooperativas de Trabalho — PRONACOOP, com a finalidade de promover o desenvolvimento e a melhoria do desempenho econômico e social da Cooperativa de Trabalho.

Parágrafo único. O Pronacoop tem como finalidade apoiar:

I — a produção de diagnóstico e plano de desenvolvimento institucional para as Cooperativas de Trabalho dele participantes;

II — a realização de acompanhamento técnico visando ao fortalecimento financeiro, de gestão, de organização do processo produtivo ou de trabalho, bem como à qualificação dos recursos humanos;

III — a viabilização de linhas de crédito;

IV — o acesso a mercados e à comercialização da produção;

V — o fortalecimento institucional, a educação cooperativista e a constituição de cooperativas centrais, federações e confederações de cooperativas;

VI — outras ações que venham a ser definidas por seu Comitê Gestor no cumprimento da finalidade estabelecida no caput deste artigo.

Art. 20. É criado o Comitê Gestor do Pronacoop, com as seguintes atribuições:

I — acompanhar a implementação das ações previstas nesta Lei;

II — estabelecer as diretrizes e metas para o Pronacoop;

III — definir as normas operacionais para o Pronacoop;

IV — propor o orçamento anual do Pronacoop;

V — (VETADO);

VI — (VETADO).

§ 1º O Comitê Gestor terá composição paritária entre o governo e entidades representativas do cooperativismo de trabalho.

§ 2º O número de membros, a organização e o funcionamento do Comitê Gestor serão estabelecidos em regulamento.

Art. 21. O Ministério do Trabalho e Emprego poderá celebrar convênios, acordos, ajustes e outros instrumentos que objetivem a cooperação técnico-científica com órgãos do setor público e entidades privadas sem fins lucrativos, no âmbito do Pronacoop.

Art. 22. As despesas decorrentes da implementação do Pronacoop correrão à conta das dotações orçamentárias consignadas anualmente ao Ministério do Trabalho e Emprego.

Art. 23. Os recursos destinados às linhas de crédito do Pronacoop serão provenientes:

I — do Fundo de Amparo ao Trabalhador — FAT;

II — de recursos orçamentários da União; e

III — de outros recursos que venham a ser alocados pelo poder público.

Parágrafo único. O Conselho Deliberativo do Fundo de Amparo ao Trabalhador — CODEFAT definirá as diretrizes para a aplicação, no âmbito do Pronacoop, dos recursos oriundos do Fundo de Amparo ao Trabalhador — FAT

Art. 24. As instituições financeiras autorizadas a operar com os recursos do Pronacoop poderão realizar operações de crédito destinadas a empreendimentos inscritos no Programa sem a exigência de garantias reais, que poderão ser substituídas por garantias alternativas, observadas as condições estabelecidas em regulamento.

Parágrafo único. (VETADO).

Art. 25. (VETADO).

CAPÍTULO V
Disposições Finais

Art. 26. É instituída a Relação Anual de Informações das Cooperativas de Trabalho — RAICT, a ser preenchida pelas Cooperativas de Trabalho, anualmente, com informações relativas ao ano-base anterior.

Parágrafo único. O Poder Executivo regulamentará o modelo de formulário da RAICT, os critérios para entrega das informações e as responsabilidades institucionais sobre a coleta, processamento, acesso e divulgação das informações.

Art. 27. A Cooperativa de Trabalho constituída antes da vigência desta Lei terá prazo de 12 (doze) meses, contado de sua publicação, para adequar seus estatutos às disposições nela previstas.

Art. 28. A Cooperativa de Trabalho prevista no inciso II do caput do art. 4º desta Lei constituída antes da vigência desta Lei terá prazo de 12 (doze) meses, contado de sua publicação, para assegurar aos sócios as garantias previstas nos incisos I, IV, V, VI e VII do caput do art. 7º desta Lei, conforme deliberado em Assembleia Geral.

Art. 29. Esta Lei entra em vigor na data de sua publicação.

Art. 30. (VETADO).

Brasília, 19 de julho de 2012; 191º da Independência e 124º da República.

Dilma Rousseff
José Eduardo Cardozo
Nelson Henrique Barbosa Filho
Carlos Daudt Brizola
Miriam Belchior
Luís Inácio Lucena Adams

DOU 20.7.2012

LEGISLAÇÃO COMPLEMENTAR

Lei n. 12.737, de 30 de novembro de 2012

Dispõe sobre a tipificação criminal de delitos informáticos; altera o Decreto-Lei n. 2.848, de 7 de dezembro de 1940 — Código Penal; e dá outras providências

A PRESIDENTA DA REPÚBLICA,

Faço saber que o Congresso Nacional decreta e eu sanciono a seguinte Lei:

Art. 1º Esta Lei dispõe sobre a tipificação criminal de delitos informáticos e dá outras providências.

Art. 2º O Decreto-Lei n. 2.848, de 7 de dezembro de 1940 — Código Penal, fica acrescido dos seguintes arts. 154-A e 154-B:

"Invasão de dispositivo informático

Art. 154-A. Invadir dispositivo informático alheio, conectado ou não à rede de computadores, mediante violação indevida de mecanismo de segurança e com o fim de obter, adulterar ou destruir dados ou informações sem autorização expressa ou tácita do titular do dispositivo ou instalar vulnerabilidades para obter vantagem ilícita:

Pena — detenção, de 3 (três) meses a 1 (um) ano, e multa.

§ 1º Na mesma pena incorre quem produz, oferece, distribui, vende ou difunde dispositivo ou programa de computador com o intuito de permitir a prática da conduta definida no caput.

§ 2º Aumenta-se a pena de um sexto a um terço se da invasão resulta prejuízo econômico.

§ 3º Se da invasão resultar a obtenção de conteúdo de comunicações eletrônicas privadas, segredos comerciais ou industriais, informações sigilosas, assim definidas em lei, ou o controle remoto não autorizado do dispositivo invadido:

Pena — reclusão, de 6 (seis) meses a 2 (dois) anos, e multa, se a conduta não constitui crime mais grave.

§ 4º Na hipótese do § 3º, aumenta-se a pena de um a dois terços se houver divulgação, comercialização ou transmissão a terceiro, a qualquer título, dos dados ou informações obtidos.

§ 5º Aumenta-se a pena de um terço à metade se o crime for praticado contra:

I — Presidente da República, governadores e prefeitos;

II — Presidente do Supremo Tribunal Federal;

III — Presidente da Câmara dos Deputados, do Senado Federal, de Assembleia Legislativa de Estado, da Câmara Legislativa do Distrito Federal ou de Câmara Municipal; ou

IV — dirigente máximo da administração direta e indireta federal, estadual, municipal ou do Distrito Federal."

"Ação penal

Art. 154-B. Nos crimes definidos no art. 154-A, somente se procede mediante representação, salvo se o crime é cometido contra a administração pública direta ou indireta de qualquer dos Poderes da União, Estados, Distrito Federal ou Municípios ou contra empresas concessionárias de serviços públicos."

Art. 3º Os arts. 266 e 298 do Decreto-Lei n. 2.848, de 7 de dezembro de 1940 — Código Penal, passam a vigorar com a seguinte redação:

"Interrupção ou perturbação de serviço telegráfico, telefônico, informático, telemático ou de informação de utilidade pública

Art. 266. ...

§ 1º Incorre na mesma pena quem interrompe serviço telemático ou de informação de utilidade pública, ou impede ou dificulta-lhe o restabelecimento.

§ 2º Aplicam-se as penas em dobro se o crime é cometido por ocasião de calamidade pública." (NR)

"Falsificação de documento particular

Art. 298. ...

Falsificação de cartão

Parágrafo único. Para fins do disposto no caput, equipara-se a documento particular o cartão de crédito ou débito." (NR)

Art. 4º Esta Lei entra em vigor após decorridos 120 (cento e vinte) dias de sua publicação oficial.

Brasília, 30 de novembro de 2012; 191º da Independência e 124º da República.

DILMA ROUSSEFF
JOSÉ EDUARDO CARDOZO
DOU 3.12.2012

Lei n. 12.761, de 27 de dezembro de 2012

Institui o programa de cultura do trabalhador; cria o vale-cultura; altera as Leis ns. 8.212, de 24 de julho de 1991, e 7.713, de 22 de dezembro de 1988, e a Consolidação das Leis do Trabalho — CLT, aprovada pelo Decreto-Lei n. 5.452, de 1º de maio de 1943; e dá outras providências

A PRESIDENTA DA REPÚBLICA,

Faço saber que o Congresso Nacional decreta e eu sanciono a seguinte Lei:

Art. 1º Fica instituído, sob a gestão do Ministério da Cultura, o Programa de Cultura do Trabalhador, destinado a fornecer aos trabalhadores meios para o exercício dos direitos culturais e acesso às fontes da cultura.

Art. 2º O Programa de Cultura do Trabalhador tem os seguintes objetivos:

I — possibilitar o acesso e a fruição dos produtos e serviços culturais;

II — estimular a visitação a estabelecimentos culturais e artísticos; e

III — incentivar o acesso a eventos e espetáculos culturais e artísticos.

§ 1º Para os fins deste Programa, são definidos os serviços e produtos culturais da seguinte forma:

I — serviços culturais: atividades de cunho artístico e cultural fornecidas por pessoas jurídicas, cujas características se enquadram nas áreas culturais previstas no § 2º; e

II — produtos culturais: materiais de cunho artístico, cultural e informativo, produzidos em qualquer formato ou mídia por pessoas físicas ou jurídicas, cujas características se enquadrem nas áreas culturais previstas no § 2º.

§ 2º Consideram-se áreas culturais para fins do disposto nos incisos I e II do § 1º:

I — artes visuais;

II — artes cênicas;

III — audiovisual;

IV — literatura, humanidades e informação;

V — música; e

VI — patrimônio cultural.

§ 3º O Poder Executivo poderá ampliar as áreas culturais previstas no § 2º.

Art. 3º Fica criado o vale-cultura, de caráter pessoal e intransferível, válido em todo o território nacional, para acesso e fruição de produtos e serviços culturais, no âmbito do Programa de Cultura do Trabalhador.

Art. 4º O vale-cultura será confeccionado e comercializado por empresas operadoras e disponibilizado aos usuários pelas empresas beneficiárias para ser utilizado nas empresas recebedoras.

Art. 5º Para os efeitos desta Lei, entende-se por:

I — empresa operadora: pessoa jurídica cadastrada no Ministério da Cultura, possuidora do Certificado de Inscrição no Programa de Cultura do Trabalhador e autorizada a produzir e comercializar o vale-cultura;

II — empresa beneficiária: pessoa jurídica optante pelo Programa de Cultura do Trabalhador e autorizada a distribuir o vale-cultura a seus trabalhadores com vínculo empregatício, *(Redação dada pela Lei n. 12.868, de 15.10.2013, DOU 16.10.2013)*

III — usuário: trabalhador com vínculo empregatício com a empresa beneficiária;

IV — empresa recebedora: pessoa jurídica habilitada pela empresa operadora para receber o vale-cultura como forma de pagamento de serviço ou produto cultural.

Art. 6º O vale-cultura será fornecido aos usuários pelas empresas beneficiárias e disponibilizado preferencialmente por meio magnético, com o seu valor expresso em moeda corrente, na forma do regulamento.

Parágrafo único. Somente será admitido o fornecimento do vale-cultura impresso quando comprovadamente inviável a adoção do meio magnético.

Art. 7º O vale-cultura deverá ser fornecido ao trabalhador que perceba até 5 (cinco) salários mínimos mensais.

Parágrafo único. Os trabalhadores com renda superior a 5 (cinco) salários mínimos poderão receber o vale-cultura, desde que garantido o atendimento à totalidade dos empregados com a remuneração prevista no caput, na forma que dispuser o regulamento.

Art. 8º O valor mensal do vale-cultura, por usuário, será de R$ 50,00 (cinquenta reais).

§ 1º O trabalhador de que trata o caput do art. 7º poderá ter descontado de sua remuneração o percentual máximo de 10% (dez por cento) do valor do vale-cultura, na forma definida em regulamento.

§ 2º Os trabalhadores que percebem mais de 5 (cinco) salários mínimos poderão ter descontados de sua remuneração, em percentuais entre 20% (vinte por cento) e 90% (noventa por cento) do valor do vale-cultura, de acordo com a respectiva faixa salarial, obedecido o disposto no parágrafo único do art. 7º e na forma que dispuser o regulamento.

§ 3º É vedada, em qualquer hipótese, a reversão do valor do vale-cultura em pecúnia.

§ 4º O trabalhador de que trata o art. 7º poderá optar pelo não recebimento do vale-cultura, mediante procedimento a ser definido em regulamento.

Art. 9º Os prazos de validade e condições de utilização do vale-cultura serão definidos em regulamento.

Art. 10. Até o exercício de 2017, ano calendário de 2016, o valor despendido a título de aquisição do vale-cultura poderá ser deduzido do imposto sobre a renda devido pela pessoa jurídica beneficiária tributada com base no lucro real.

§ 1º A dedução de que trata o caput fica limitada a 1% (um por cento) do imposto sobre a renda devido, observado o disposto no § 4º do art. 3º da Lei n. 9.249, de 26 de dezembro de 1995.

§ 2º A pessoa jurídica inscrita no Programa de Cultura do Trabalhador como beneficiária, de que trata o inciso II do art. 5º, poderá deduzir o valor despendido a título de aquisição do vale-cultura como despesa operacional para fins de apuração do imposto sobre a renda, desde que tributada com base no lucro real.

§ 3º A pessoa jurídica deverá adicionar o valor deduzido como despesa operacional, de que trata o § 2º, para fins de apuração da base de cálculo da Contribuição Social sobre o Lucro Líquido — CSLL.

§ 4º As deduções de que tratam os §§ 1º e 2º somente se aplicam em relação ao valor do vale-cultura distribuído ao usuário.

§ 5º *(Revogado pela Lei n. 12.872, de 24.10.2013, DOU 24.10.2013, Ed. extra)*

Art. 11. A parcela do valor do vale-cultura cujo ônus seja da empresa beneficiária:

I — não tem natureza salarial nem se incorpora à remuneração para quaisquer efeitos;

II — não constitui base de incidência de contribuição previdenciária ou do Fundo de Garantia do Tempo de Serviço — FGTS; e

III — não se configura como rendimento tributável do trabalhador.

Art. 12. A execução inadequada do Programa de Cultura do Trabalhador ou qualquer ação que acarrete desvio de suas finalidades pela empresa operadora ou pela empresa beneficiária acarretará cumulativamente:

I — cancelamento do Certificado de Inscrição no Programa de Cultura do Trabalhador;

II — pagamento do valor que deixou de ser recolhido relativo ao imposto sobre a renda, à contribuição previdenciária e ao depósito para o FGTS;

III — aplicação de multa correspondente a 2 (duas) vezes o valor da vantagem recebida indevidamente no caso de dolo, fraude ou simulação;

IV — perda ou suspensão de participação em linhas de financiamento em estabelecimentos oficiais de crédito pelo período de 2 (dois) anos;

V — proibição de contratar com a administração pública pelo período de até 2 (dois) anos; e

VI — suspensão ou proibição de usufruir de benefícios fiscais pelo período de até 2 (dois) anos.

Art. 13. O § 9º do art. 28 da Lei n. 8.212, de 24 de julho de 1991, passa a vigorar acrescido da seguinte alínea y:

"Art. 28..
§ 9º..
y) o valor correspondente ao vale-cultura................." (NR)

Art. 14. O § 2º do art. 458 da Consolidação das Leis do Trabalho — CLT, aprovada pelo Decreto-Lei n. 5.452, de 1º de maio de 1943, passa a vigorar acrescido do seguinte inciso VIII:

"Art. 458..
§ 2º..
VIII — o valor correspondente ao vale-cultura..............." (NR)

Art. 15. O art. 6º da Lei n. 7.713, de 22 de dezembro de 1988, passa a vigorar acrescido do seguinte inciso XXIII:

"Art. 6º...
XXIII — o valor recebido a título de vale-cultura........." (NR)

Art. 16. O Poder Executivo regulamentará esta Lei no prazo de 60 (sessenta) dias, contados da data de sua publicação.

Art. 17. Esta Lei entra em vigor na data de sua publicação.

Brasília, 27 de dezembro de 2012; 191º da Independência e 124º da República.

DILMA ROUSSEFF
GUIDO MANTEGA
CARLOS DAUDT BRIZOLA
MARTA SUPLICY

DOU 27.12.2012

Decreto n. 8.084, de 26 de agosto de 2013

Regulamenta a Lei n. 12.761, de 27 de dezembro de 2012, que institui o programa de cultura do trabalhador e cria o vale-cultura

A PRESIDENTA DA REPÚBLICA, no uso da atribuição que lhe confere o art. 84, *caput*, inciso IV, da Constituição, e tendo em vista o disposto na Lei n. 12.761, de 27 de dezembro de 2012,
DECRETA:

CAPÍTULO I
Disposições Gerais

Art. 1º Este Decreto regulamenta a Lei n. 12.761, de 27 de dezembro de 2012, que institui o Programa de Cultura do Trabalhador e cria o vale-cultura.

Art. 2º Para os efeitos deste Decreto, considera-se:

I — empresa operadora — pessoa jurídica cadastrada no Ministério da Cultura, possuidora do Certificado de Inscrição no Programa de Cultura do Trabalhador e autorizada a produzir e comercializar o vale-cultura;

II — empresa beneficiária — pessoa jurídica optante pelo Programa de Cultura do Trabalhador e autorizada a distribuir o vale-cultura a seus trabalhadores com vínculo empregatício;

III — empresa recebedora — pessoa jurídica habilitada pela empresa operadora para receber o vale-cultura como forma de pagamento de serviço ou produto cultural;

IV — usuário — trabalhador com vínculo empregatício com a empresa beneficiária que recebe o vale-cultura; e

V — taxa de administração — remuneração total cobrada das empresas beneficiárias e recebedoras pela empresa operadora como contrapartida pela produção e comercialização do vale-cultura, inclusive quanto a custos de operação e de reembolso.

Parágrafo único. Apenas fará jus aos incentivos fiscais previstos no art. 10 da Lei n. 12.761, de 2012, a empresa beneficiária cuja tributação do imposto sobre a renda seja feita com base no lucro real.

CAPÍTULO II
Da Gestão do Programa de Cultura do Trabalhador

Art. 3º Compete ao Ministério da Cultura, em articulação com os demais órgãos e entidades do Poder Executivo, a gestão do Programa de Cultura do Trabalhador, nos termos deste Decreto.

Art. 4º O cadastramento, a habilitação e a inscrição das empresas no Programa de Cultura do Trabalhador estão sujeitos às regras deste Capítulo.

Art. 5º O cadastramento da empresa operadora será feito no Ministério da Cultura e deverá observar, entre outros, aos seguintes requisitos:

I — inscrição regular no Cadastro Nacional da Pessoa Jurídica — CNPJ; e

II — qualificação técnica para produzir e comercializar o vale-cultura, observado o disposto no art. 6º da Lei n. 12.761, de 2012.

Parágrafo único. O Ministério da Cultura emitirá o Certificado de Inscrição no Programa de Cultura do Trabalhador à empresa regularmente cadastrada, e autorizará a produção e a comercialização do vale-cultura.

Art. 6º São deveres da empresa operadora:

I — observar limites de cobrança de taxa de administração;

II — apresentar ao Ministério da Cultura relatórios periódicos relativos a acesso e fruição de produtos e serviços culturais; e

III — tomar providências para que empresas recebedoras cumpram os deveres previstos no art. 9º, e inabilitá-las em caso de descumprimento.

Art. 7º A perda de quaisquer dos requisitos de que trata o art. 5º, posterior ao cadastramento, ou o descumprimento de quaisquer dos deveres previstos no art. 6º implica a perda da certificação da empresa operadora.

Art. 8º A habilitação da empresa recebedora será feita perante a empresa operadora e dependerá da comprovação de exercício de atividade econômica admitida, para fins do vale-cultura, pelo Ministério da Cultura.

Art. 9º São deveres da empresa recebedora:

I — receber o vale-cultura, exclusivamente para a comercialização de produtos e serviços culturais; e

II — disponibilizar as informações necessárias à elaboração dos relatórios de que trata o inciso II do *caput* do art. 6º.

Art. 10. A inscrição da empresa beneficiária será feita no Ministério da Cultura e deverá observar, entre outros, aos seguintes requisitos:

I — inscrição regular no CNPJ;

II — indicação de empresa operadora possuidora de Certificado de Inscrição no Programa de Cultura do Trabalhador; e

III — indicação do número de trabalhadores com vínculo empregatício, conforme a faixa de renda mensal.

Art. 11. São deveres da empresa beneficiária:

I — oferecer o vale-cultura nos termos do Capítulo III;

II — prestar ao Ministério da Cultura as informações referentes aos usuários, conforme faixa de renda mensal, e mantê-las atualizadas; e

III — divulgar e incentivar o acesso e a fruição de produtos e serviços culturais pelos usuários.

CAPÍTULO III
Da Oferta do Vale-Cultura

Art. 12. O vale-cultura deverá ser oferecido ao trabalhador com vínculo empregatício e que perceba até cinco salários mínimos mensais.

Art. 13. O fornecimento do vale-cultura aos trabalhadores com vínculo empregatício e renda superior a cinco salários mínimos mensais depende da comprovação da sua oferta a todos os trabalhadores de que trata o art. 12.

§ 1º A fiscalização do disposto no *caput* será feita pelo Ministério do Trabalho e Emprego quando de suas inspeções, conforme disposições estabelecidas pelas autoridades integrantes do Sistema Federal de Inspeção do Trabalho.

§ 2º Verificado o descumprimento do disposto no *caput*, o Ministério do Trabalho e Emprego comunicará o fato aos Ministérios da Cultura e da Fazenda, sem prejuízo da aplicação das sanções legais decorrentes de outras infrações trabalhistas.

Art. 14. O valor mensal do vale-cultura, por usuário, será de R$ 50,00 (cinquenta reais).

Art. 15. O trabalhador de que trata o art. 12 poderá ter descontado de sua remuneração os seguintes percentuais do valor do vale-cultura:

I — até um salário mínimo — dois por cento;

II — acima de um salário mínimo e até dois salários mínimos — quatro por cento;

III — acima de dois salários mínimos e até três salários mínimos — seis por cento;

IV — acima de três salários mínimos e até quatro salários mínimos — oito por cento; e

V — acima de quatro salários mínimos e até cinco salários mínimos — dez por cento.

Art. 16. O trabalhador de que trata o art. 13 terá descontado de sua remuneração os seguintes percentuais do valor do vale-cultura:

I — acima de cinco salários mínimos e até seis salários mínimos — vinte por cento;

II — acima de seis salários mínimos e até oito salários mínimos — trinta e cinco por cento;

III — acima de oito salários mínimos e até dez salários mínimos — cinquenta e cinco por cento;

IV — acima de dez salários mínimos e até doze salários mínimos — setenta por cento; e

V — acima de doze salários mínimos: noventa por cento.

Art. 17. O fornecimento do vale-cultura dependerá de prévia aceitação pelo trabalhador.

Parágrafo único. O trabalhador poderá reconsiderar, a qualquer tempo, a sua decisão sobre o recebimento do vale-cultura.

Art. 18. É vedada a reversão do valor do vale-cultura em dinheiro.

Parágrafo único. A vedação de que trata o *caput* compreende a entrega do valor do vale-cultura em dinheiro, a qualquer título, pelas empresas beneficiária, operadora e recebedora, ou a troca do vale-cultura em dinheiro pelo próprio trabalhador.

CAPÍTULO IV
Das Condições de Utilização do Vale-Cultura

Art. 19. Os créditos inseridos no cartão magnético do vale-cultura não possuem prazo de validade.

Art. 20. O vale-cultura deverá ser utilizado exclusivamente na aquisição de produtos e serviços culturais previstos no ato de que trata o inciso V do *caput* do art. 24.

CAPÍTULO V
Do Incentivo Fiscal

Art. 21. Até o exercício de 2017, ano calendário de 2016, o valor despendido a título de aquisição do vale-cultura poderá ser deduzido do Imposto sobre a Renda da Pessoa Jurídica — IRPJ devido pela pessoa jurídica beneficiária tributada com base no lucro real.

§ 1º Observado o disposto no § 4º do art. 3º da Lei n. 9.249, de 26 de dezembro de 1995, a dedução de que trata o *caput* fica limitada a um por cento do IRPJ devido com base:

I — no lucro real trimestral; ou

II — no lucro real apurado no ajuste anual.

§ 2º O limite de dedução no percentual de um por cento do IRPJ devido de que trata o § 1º será considerado isoladamente e não se submeterá a limite conjunto com outras deduções do IRPJ a título de incentivo.

§ 3º O valor excedente ao limite de dedução de que tratam os §§ 1º e 2º não poderá ser deduzido do IRPJ devido em períodos de apuração posteriores.

§ 4º A pessoa jurídica beneficiária tributada com base no lucro real:

I — poderá deduzir o valor despendido a título de aquisição do vale-cultura como despesa operacional para fins de apuração do IRPJ; e

II — deverá adicionar o valor deduzido como despesa operacional, de que trata o inciso I, para fins de apuração da base de cálculo da Contribuição Social sobre o Lucro Líquido — CSLL.

§ 5º As deduções de que trata o *caput* e os §§ 1º a 4º:

I — somente se aplicam em relação ao valor do vale-cultura distribuído ao usuário no período de apuração do IRPJ; e

II — não abrangem a parcela descontada da remuneração do empregado, nos percentuais de que tratam os arts. 15 e 16, a título de vale-cultura.

Art. 22. O valor correspondente ao vale-cultura:

I — não integra o salário de contribuição de que trata o art. 28 da Lei n. 8.212, de 24 de julho de 1991; e

II — é isento do imposto sobre a renda das pessoas físicas.

Parágrafo único. A parcela do valor correspondente ao vale-cultura, cujo ônus seja da empresa beneficiária, não constitui base de incidência de contribuição previdenciária ou do Fundo de Garantia do Tempo de Serviço — FGTS.

CAPÍTULO VI
Das Penalidades

Art. 23. A execução inadequada do Programa de Cultura do Trabalhador ou a ação que acarrete o desvio ou desvirtuamento de suas finalidades resultarão na aplicação das penalidades previstas no art. 12 da Lei n. 12.761, de 2012.

Parágrafo único. Compete aos Ministérios da Cultura, do Trabalho e Emprego e da Fazenda a aplicação das penalidades cabíveis, no âmbito de suas competências, sem prejuízo de outras sanções previstas na legislação.

CAPÍTULO VII
Disposições Finais

Art. 24. Ato do Ministro de Estado da Cultura disporá sobre:

I — forma e procedimento de cadastramento de empresas operadoras e de emissão do Certificado de Inscrição no Programa de Cultura do Trabalhador previsto no art. 5º;

II — limites da taxa de administração prevista no inciso I do *caput* do art. 6º;

III — forma e conteúdo dos relatórios previstos no inciso II do *caput* do art. 6º e no inciso II do *caput* do art. 11;

IV — atividades econômicas admitidas previstas no art. 8º;

V — produtos e serviços culturais a que se referem o inciso I do *caput* do art. 9º e o art. 20; e

VI — modelos do cartão magnético e do impresso de que trata o art. 6º da Lei n. 12.761, de 2012.

Art. 25. Fica o Ministério da Cultura autorizado a ampliar as áreas culturais previstas no § 2º do art. 2º da Lei n. 12.761, de 2012.

Art. 26. Ato conjunto dos Ministros de Estado da Cultura, do Trabalho e Emprego e da Fazenda estabelecerá o compartilhamento das informações necessárias à implementação deste Decreto, respeitadas as hipóteses de sigilo legalmente previstas.

§ 1º O Ministério da Cultura deverá informar aos demais órgãos e entidades envolvidos sobre a execução inadequada, os desvios ou os desvirtuamentos das finalidades do Programa de Cultura do Trabalhador, para que sejam tomadas providências cabíveis em seus âmbitos de competência.

§ 2º O Ministério da Cultura deverá ser informado sobre a execução inadequada, os desvios ou os desvirtuamentos das finalidades do Programa, aferidos pelos demais órgãos e entidades durante suas respectivas atividades de fiscalização, para que sejam tomadas as providências cabíveis em seu âmbito de competência.

Art. 27. Este Decreto entra em vigor na data de sua publicação.

Brasília, 26 de agosto de 2013; 192º da Independência e 125º da República.

DILMA ROUSSEFF
GUIDO MANTEGA
MANOEL DIAS
MARTA SUPLICY
DOU 27.8.2013

Lei n. 12.764, de 27 de dezembro 2012

Institui a política nacional de proteção dos direitos da pessoa com transtorno do espectro autista; e altera o § 3º do art. 98 da Lei n. 8.112, de 11 de dezembro de 1990

A PRESIDENTA DA REPÚBLICA

Faço saber que o Congresso Nacional decreta e eu sanciono a seguinte Lei:

Art. 1º Esta Lei institui a Política Nacional de Proteção dos Direitos da Pessoa com Transtorno do Espectro Autista e estabelece diretrizes para sua consecução.

§ 1º Para os efeitos desta Lei, é considerada pessoa com transtorno do espectro autista aquela portadora de síndrome clínica caracterizada na forma dos seguintes incisos I ou II:

I — deficiência persistente e clinicamente significativa da comunicação e da interação sociais, manifestada por deficiência marcada de comunicação verbal e não verbal usada para interação social; ausência de reciprocidade social; falência em desenvolver e manter relações apropriadas ao seu nível de desenvolvimento;

II — padrões restritivos e repetitivos de comportamentos, interesses e atividades, manifestados por comportamentos motores ou verbais estereotipados ou por comportamentos sensoriais incomuns; excessiva aderência a rotinas e padrões de comportamento ritualizados; interesses restritos e fixos.

§ 2º A pessoa com transtorno do espectro autista é considerada pessoa com deficiência, para todos os efeitos legais.

Art. 2º São diretrizes da Política Nacional de Proteção dos Direitos da Pessoa com Transtorno do Espectro Autista:

I — a intersetorialidade no desenvolvimento das ações e das políticas e no atendimento à pessoa com transtorno do espectro autista;

II — a participação da comunidade na formulação de políticas públicas voltadas para as pessoas com transtorno do espectro autista e o controle social da sua implantação, acompanhamento e avaliação;

III — a atenção integral às necessidades de saúde da pessoa com transtorno do espectro autista, objetivando o diagnóstico precoce, o atendimento multiprofissional e o acesso a medicamentos e nutrientes;

IV — (VETADO);

V — o estímulo à inserção da pessoa com transtorno do espectro autista no mercado de trabalho, observadas as peculiaridades da deficiência e as disposições da Lei n. 8.069, de 13 de julho de 1990 (Estatuto da Criança e do Adolescente);

VI — a responsabilidade do poder público quanto à informação pública relativa ao transtorno e suas implicações;

VII — o incentivo à formação e à capacitação de profissionais especializados no atendimento à pessoa com transtorno do espectro autista, bem como a pais e responsáveis;

VIII — o estímulo à pesquisa científica, com prioridade para estudos epidemiológicos tendentes a dimensionar a magnitude e as características do problema relativo ao transtorno do espectro autista no País.

Parágrafo único. Para cumprimento das diretrizes de que trata este artigo, o poder público poderá firmar contrato de direito público ou convênio com pessoas jurídicas de direito privado.

Art. 3º São direitos da pessoa com transtorno do espectro autista:

I — a vida digna, a integridade física e moral, o livre desenvolvimento da personalidade, a segurança e o lazer;

II — a proteção contra qualquer forma de abuso e exploração;

III — o acesso a ações e serviços de saúde, com vistas à atenção integral às suas necessidades de saúde, incluindo:

a) o diagnóstico precoce, ainda que não definitivo;

b) o atendimento multiprofissional;

c) a nutrição adequada e a terapia nutricional;

d) os medicamentos;

e) informações que auxiliem no diagnóstico e no tratamento;

IV — o acesso:

a) à educação e ao ensino profissionalizante;

b) à moradia, inclusive à residência protegida;

c) ao mercado de trabalho;

d) à previdência social e à assistência social.

Parágrafo único. Em casos de comprovada necessidade, a pessoa com transtorno do espectro autista incluída nas classes comuns de ensino regular, nos termos do inciso IV do art. 2º, terá direito a acompanhante especializado.

Art. 4º A pessoa com transtorno do espectro autista não será submetida a tratamento desumano ou degradante, não será privada de sua liberdade ou do convívio familiar nem sofrerá discriminação por motivo da deficiência.

Parágrafo único. Nos casos de necessidade de internação médica em unidades especializadas, observar-se-á o que dispõe o art. 4º da Lei n. 10.216, de 6 de abril de 2001.

Art. 5º A pessoa com transtorno do espectro autista não será impedida de participar de planos privados de assistência à saúde em razão de sua condição de pessoa com deficiência, conforme dispõe o art. 14 da Lei n. 9.656, de 3 de junho de 1998.

Art. 6º (VETADO).

Art. 7º O gestor escolar, ou autoridade competente, que recusar a matrícula de aluno com transtorno do espectro autista, ou qualquer outro tipo de deficiência, será punido com multa de 3 (três) a 20 (vinte) salários-mínimos.

§ 1º Em caso de reincidência, apurada por processo administrativo, assegurado o contraditório e a ampla defesa, haverá a perda do cargo.

§ 2º (VETADO).

Art. 8º Esta Lei entra em vigor na data de sua publicação.

Brasília, 27 de dezembro de 2012; 191º da Independência e 124º da República.

DILMA ROUSSEFF
JOSÉ HENRIQUE PAIM FERNANDES
MIRIAM BELCHIOR
DOU 28.12.2012

Decreto n. 8.368, de 2 de dezembro de 2014

Regulamenta a Lei n. 12.764, de 27 de dezembro de 2012, que institui a Política Nacional de Proteção dos Direitos da Pessoa com Transtorno do Espectro Autista

A PRESIDENTA DA REPÚBLICA, no uso da atribuição que lhe confere o art. 84, *caput*, inciso IV, da Constituição, e tendo em vista o disposto na Lei n. 12.764, de 27 de dezembro de 2012,

DECRETA:

Art. 1º A pessoa com transtorno do espectro autista é considerada pessoa com deficiência, para todos os efeitos legais.

Parágrafo único. Aplicam-se às pessoas com transtorno do espectro autista os direitos e obrigações previstos na Convenção Internacional sobre os Direitos da Pessoa com Deficiência e seu Protocolo Facultativo, promulgados pelo Decreto n. 6.949, de 25 de agosto de 2009, e na legislação pertinente às pessoas com deficiência.

Art. 2º É garantido à pessoa com transtorno do espectro autista o direito à saúde no âmbito do Sistema Único de Saúde — SUS, respeitadas as suas especificidades.

§ 1º Ao Ministério da Saúde compete:

I — promover a qualificação e a articulação das ações e dos serviços da Rede de Atenção à Saúde para assistência à saúde adequada das pessoas com transtorno do espectro autista, para garantir:

a) o cuidado integral no âmbito da atenção básica, especializada e hospitalar;

b) a ampliação e o fortalecimento da oferta de serviços de cuidados em saúde bucal das pessoas com espectro autista na atenção básica, especializada e hospitalar; e

c) a qualificação e o fortalecimento da rede de atenção psicossocial e da rede de cuidados de saúde da pessoa com deficiência no atendimento das pessoas com o transtorno do espectro autista, que envolva diagnóstico diferencial, estimulação precoce, habilitação, reabilitação e outros procedimentos definidos pelo projeto terapêutico singular;

II — garantir a disponibilidade de medicamentos incorporados ao SUS necessários ao tratamento de pessoas com transtorno do espectro autista;

III — apoiar e promover processos de educação permanente e de qualificação técnica dos profissionais da Rede de Atenção à Saúde quanto ao atendimento das pessoas com o transtorno do espectro autista;

IV — apoiar pesquisas que visem ao aprimoramento da atenção à saúde e à melhoria da qualidade de vida das pessoas com transtorno do espectro autista; e

V — adotar diretrizes clínicas e terapêuticas com orientações referentes ao cuidado à saúde das pessoas com transtorno do espectro autista, observando suas especificidades de acessibilidade, de comunicação e atendimento.

§ 2º A atenção à saúde à pessoa com transtorno do espectro autista tomará como base a Classificação Internacional de Funcionalidade, Incapacidade e Saúde — CIF e a Classificação Internacional de Doenças — CID-10.

Art. 3º É garantida proteção social à pessoa com transtorno do espectro autista em situações de vulnerabilidade ou risco social ou pessoal, nos termos da Lei n. 8.742, de 7 de dezembro de 1993.

Art. 4º É dever do Estado, da família, da comunidade escolar e da sociedade assegurar o direito da pessoa com transtorno do espectro autista à educação, em sistema educacional inclusivo, garantida a transversalidade da educação especial desde a educação infantil até a educação superior.

§ 1º O direito de que trata o *caput* será assegurado nas políticas de educação, sem discriminação e com base na igualdade de oportunidades, de acordo com os preceitos da Convenção Internacional sobre os Direitos da Pessoa com Deficiência.

§ 2º Caso seja comprovada a necessidade de apoio às atividades de comunicação, interação social, locomoção, alimentação e cuidados pessoais, a instituição de ensino em que a pessoa com transtorno do espectro autista ou com outra deficiência estiver matriculada disponibilizará acompanhante especializado no contexto escolar, nos termos do parágrafo único do art. 3º da Lei n. 12.764, de 2012.

Art. 5º Ao tomar conhecimento da recusa de matrícula, o órgão competente ouvirá o gestor escolar e decidirá pela aplicação da multa de que trata o *caput* do art. 7º da Lei n. 12.764, de 2012.

§ 1º Caberá ao Ministério da Educação a aplicação da multa de que trata o *caput*, no âmbito dos estabelecimentos de ensino a ele vinculados e das instituições de educação superior privadas, observado o procedimento previsto na Lei n. 9.784, de 29 de janeiro de 1999.

§ 2º O Ministério da Educação dará ciência da Instauração do processo administrativo para aplicação da multa ao Ministério Público e ao Conselho Nacional dos Direitos da Pessoa com Deficiência — Conade.

§ 3º O valor da multa será calculado tomando-se por base o número de matrículas recusadas pelo gestor, as justificativas apresentadas e a reincidência.

Art. 6º Qualquer interessado poderá denunciar a recusa da matrícula de estudantes com deficiência ao órgão administrativo competente.

Art. 7º O órgão público federal que tomar conhecimento da recusa de matrícula de pessoas com deficiência em instituições de ensino vinculadas aos sistemas de ensino estadual, distrital ou municipal deverá comunicar a recusa aos órgãos competentes pelos respectivos sistemas de ensino e ao Ministério Público.

Art. 8º A Secretaria de Direitos Humanos da Presidência da República, juntamente ao Conade, promoverá campanhas de conscientização sobre os direitos das pessoas com transtorno do espectro autista e suas famílias.

Art. 9º Este Decreto entra em vigor na data de sua publicação.

Brasília, 2 de dezembro de 2014; 193º da Independência e 126º da República.

DILMA ROUSSEFF
JOSÉ HENRIQUE PAIM FERNANDES
ARTHUR CHIORO
IDELI SALVATTI
DOU 3.12.2014

Lei n. 12.772, de 28 de dezembro de 2012

Dispõe sobre a estruturação do plano de carreiras e cargos de magistério federal; sobre a carreira do magistério superior, de que trata a Lei n. 7.596, de 10 de abril de 1987; sobre o plano de carreira e cargos de magistério do ensino básico, técnico e tecnológico e sobre o plano de carreiras de magistério do ensino básico federal, de que trata a Lei n. 11.784, de 22 de setembro de 2008; sobre a contratação de professores substitutos, visitantes e estrangeiros, de que trata a Lei n. 8.745 de 9 de dezembro de 1993; sobre a remuneração das carreiras e planos especiais do instituto nacional de estudos e pesquisas educacionais Anísio Teixeira e do fundo nacional de desenvolvimento da educação, de que trata a Lei n. 11.357, de 19 de outubro de 2006; altera remuneração do plano de cargos técnico-administrativos em educação; altera as Leis ns. 8.745, de 9 de dezembro de 1993, 11.784, de 22 de setembro de 2008, 11.091, de 12 de janeiro de 2005, 11.892, de 29 de dezembro de 2008, 11.357, de 19 de outubro de 2006, 11.344, de 8 de setembro de 2006, 12.702, de 7 de agosto de 2012, e 8.168, de 16 de janeiro de 1991; revoga o art. 4º da Lei n. 12.677, de 25 de junho de 2012; e dá outras providências

A PRESIDENTA DA REPÚBLICA

Faço saber que o Congresso Nacional decreta e eu sanciono a seguinte Lei:

CAPÍTULO I
Do Plano de Carreiras e Cargos de Magistério Federal

Art. 1º Fica estruturado, a partir de 1º de março de 2013, o Plano de Carreiras e Cargos de Magistério Federal, composto pelas seguintes Carreiras e cargos:

I — Carreira de Magistério Superior, composta pelos cargos, de nível superior, de provimento efetivo de Professor do Magistério Superior, de que trata a Lei n. 7.596, de 10 de abril de 1987;

II — Cargo Isolado de provimento efetivo, de nível superior, de Professor Titular-Livre do Magistério Superior;

III — Carreira de Magistério do Ensino Básico, Técnico e Tecnológico, composta pelos cargos de provimento efetivo de Professor do Ensino Básico, Técnico e Tecnológico, de que trata a Lei n. 11.784, de 22 de setembro de 2008; e

IV — Cargo Isolado de provimento efetivo, de nível superior, de Professor Titular-Livre do Ensino Básico, Técnico e Tecnológico.

§ 1º A Carreira de Magistério Superior é estruturada em classes A, B, C, D e E e respectivos níveis de vencimento na forma do Anexo I. *(Redação dada pela Lei n. 12.863, de 24.9.2013, DOU 25.9.2013)*

§ 2º As classes da Carreira de Magistério Superior receberão as seguintes denominações de acordo com a titulação do ocupante do cargo: *(Redação dada pela Lei n. 12.863, de 24.9.2013, DOU 25.9.2013)*

I — Classe A, com as denominações de: *(Redação dada pela Lei n. 12.863, de 24.9.2013, DOU 25.9.2013)*

a) Professor Adjunto A, se portador do título de doutor; *(Incluído pela Lei n. 12.863, de 24.9.2013, DOU 25.9.2013)*

b) Professor Assistente A, se portador do título de mestre; ou *(Incluído pela Lei n. 12.863, de 24.9.2013, DOU 25.9.2013)*

c) Professor Auxiliar, se graduado ou portador de título de especialista; *(Incluído pela Lei n. 12.863, de 24.9.2013, DOU 25.9.2013)*

II — Classe B, com a denominação de Professor Assistente; *(Redação dada pela Lei n. 12.863, de 24.9.2013, DOU 25.9.2013)*

III — Classe C, com a denominação de Professor Adjunto; *(Redação dada pela Lei n. 12.863, de 24.9.2013, DOU 25.9.2013)*

IV — Classe D, com a denominação de Professor Associado; e *(Redação dada pela Lei n. 12.863, de 24.9.2013, DOU 25.9.2013)*

V — Classe E, com a denominação de Professor Titular. *(Redação dada pela Lei n. 12.863, de 24.9.2013, DOU 25.9.2013)*

§ 3º A Carreira de Magistério do Ensino Básico, Técnico e Tecnológico é composta das seguintes classes, observado o Anexo I: *(Redação dada pela Lei n. 12.863, de 24.9.2013, DOU 25.9.2013)*

I — D I; *(Incluído pela Lei n. 12.863, de 24.9.2013, DOU 25.9.2013)*

II — D II; *(Incluído pela Lei n. 12.863, de 24.9.2013, DOU 25.9.2013)*

III — D III; *(Incluído pela Lei n. 12.863, de 24.9.2013, DOU 25.9.2013)*

IV — D IV; e *(Incluído pela Lei n. 12.863, de 24.9.2013, DOU 25.9.2013)*

V — Titular. *(Incluído pela Lei n. 12.863, de 24.9.2013, DOU 25.9.2013)*

§ 4º Os Cargos Isolados do Plano de Carreiras e Cargos de Magistério Federal são estruturados em uma única classe e nível de vencimento. *(Redação dada pela Lei n. 12.863, de 24.9.2013, DOU 25.9.2013)*

§ 5º O regime jurídico dos cargos do Plano de Carreiras e Cargos de Magistério Federal é o instituído pela Lei n. 8.112, de 11 de dezembro de 1990, observadas as disposições desta Lei. *(Redação dada pela Lei n. 12.863, de 24.9.2013, DOU 25.9.2013)*

§ 6º Os cargos efetivos das Carreiras e Cargos Isolados de que trata o caput integram os Quadros de Pessoal das Instituições Federais de Ensino subordinadas ou vinculadas ao Ministério da Educação e ao Ministério da Defesa que tenham por atividade-fim o desenvolvimento e aperfeiçoamento do ensino, pesquisa e extensão, ressalvados os cargos de que trata o § 11 do art. 108-A da Lei n. 11.784, de 22 de setembro de 2008, que integram o Quadro de Pessoal do Ministério do Planejamento, Orçamento e Gestão. *(Incluído pela Lei n. 12.863, de 24.9.2013, DOU 25.9.2013)*

Art. 2º São atividades das Carreiras e Cargos Isolados do Plano de Carreiras e Cargos de Magistério Federal aquelas relacionadas ao ensino, pesquisa e extensão e as inerentes ao exercício de direção, assessoramento, chefia, coordenação e assistência na própria instituição, além daquelas previstas em legislação específica.

§ 1º A Carreira de Magistério Superior destina-se a profissionais habilitados em atividades acadêmicas próprias do pessoal docente no âmbito da educação superior.

§ 2º A Carreira de Magistério do Ensino Básico, Técnico e Tecnológico destina-se a profissionais habilitados em atividades acadêmicas próprias do pessoal docente no âmbito da educação básica e da educação profissional e tecnológica, conforme disposto na Lei n. 9.394, de 20 de dezembro de 1996, e na Lei n. 11.892, de 29 de dezembro de 2008.

§ 3º Os Cargos Isolados de provimento efetivo objetivam contribuir para o desenvolvimento e fortalecimento de competências e alcance da excelência no ensino e na pesquisa nas Instituições Federais de Ensino — IFE.

Art. 3º A partir de 1º de março de 2013, a Carreira de Magistério do Ensino Básico, Técnico e Tecnológico e o Cargo Isolado de Professor Titular do Ensino Básico, Técnico e Tecnológico, de que tratam os incisos I e II do caput do art. 106 da Lei n. 11.784, de 2008, passam a pertencer ao Plano de Carreiras e Cargos de Magistério Federal, na forma desta Lei, observada a Tabela de Correlação constante do Anexo II, deixando de pertencer ao Plano de Carreiras de que trata o art. 105 da Lei n. 11.784, de 2008.

Parágrafo único. O Cargo Isolado de que trata o caput passa a denominar-se Professor Titular-Livre do Ensino Básico, Técnico e Tecnológico.

Art. 4º A partir de 1º de março de 2013, a Carreira de Magistério Superior do Plano Único de Classificação e Retribuição de Cargos e Empregos — PUCRCE, de que trata a Lei n. 7.596, de 1987, passa a pertencer ao Plano de Carreiras e Cargos de Magistério Federal de que trata esta Lei, observada a Tabela de Correlação constante do Anexo II.

Parágrafo único. Os cargos vagos da Carreira de que trata o caput passam a integrar o Plano de Carreiras e Cargos de Magistério Federal, e o ingresso nos cargos deverá ocorrer na forma e condições dispostas nesta Lei. *(Incluído pela Lei n. 12.863, de 24.9.2013, DOU 25.9.2013)*

Art. 5º A partir de 1º de março de 2013, os cargos de Professor Titular da Carreira de Magistério Superior do PUCRCE passam a integrar a Classe de Professor Titular da Carreira de Magistério Superior do Plano de Carreiras e Cargos de Magistério Federal de que trata esta Lei.

Art. 6º O enquadramento no Plano de Carreiras e Cargos de Magistério Federal não representa, para qualquer efeito legal, inclusive para efeito de aposentadoria, descontinuidade em relação à Carreira, ao cargo e às atribuições atuais desenvolvidas pelos seus ocupantes.

Art. 7º O disposto neste Capítulo aplica-se, no que couber, aos aposentados e pensionistas.

CAPÍTULO II
Do Ingresso nas Carreiras e Cargos Isolados do Plano de Carreiras e Cargos de Magistério Federal

Seção I
Da Carreira de Magistério Superior e do cargo isolado de Professor Titular-Livre do Magistério Superior

Art. 8º O ingresso na Carreira de Magistério Superior ocorrerá sempre no primeiro nível de vencimento da Classe A, mediante aprovação em concurso público de provas e títulos. *(Redação dada pela Lei n. 12.863, de 24.9.2013, DOU 25.9.2013)*

§ 1º O concurso público de que trata o caput tem como requisito de ingresso o título de doutor na área exigida no concurso. *(Redação dada pela Lei n. 12.863, de 24.9.2013, DOU 25.9.2013)*

§ 2º O concurso público referido no caput poderá ser organizado em etapas, conforme dispuser o edital de abertura do certame, que estabelecerá as características de cada etapa e os critérios eliminatórios e classificatórios.

§ 3º A IFE poderá dispensar, no edital do concurso, a exigência de título de doutor, substituindo-a pela de título de mestre, de especialista ou por diploma de graduação, quando se tratar de provimento para área de conhecimento ou em localidade com grave carência de detentores da titulação acadêmica de doutor, conforme decisão fundamentada de seu Conselho Superior. *(Incluído pela Lei n. 12.863, de 24.9.2013, DOU 25.9.2013)*

§ 4º (VETADO). *(Incluído pela Lei n. 12.863, de 24.9.2013, DOU 25.9.2013)*

Art. 9º O ingresso no Cargo Isolado de Professor Titular-Livre do Magistério Superior ocorrerá na classe e nível únicos, mediante aprovação em concurso público de provas e títulos, no qual serão exigidos:

I — título de doutor; e

II — 10 (dez) anos de experiência ou de obtenção do título de doutor, ambos na área de conhecimento exigida no concurso, conforme disciplinado pelo Conselho Superior de cada IFE. *(Redação dada pela Lei n. 12.863, de 24.9.2013, DOU 25.9.2013)*

§ 1º O concurso público referido no *caput* será organizado em etapas, conforme dispuser o edital de abertura do certame, e consistirá de prova escrita, prova oral e defesa de memorial.

§ 2º O edital do concurso público de que trata este artigo estabelecerá as características de cada etapa e os critérios eliminatórios e classificatórios do certame.

§ 3º O concurso para o cargo isolado de Titular-Livre será realizado por comissão especial composta, no mínimo, por 75% (setenta e cinco por cento) de profissionais externos à IFE, nos termos de ato do Ministro de Estado da Educação. *(Incluído pela Lei n. 12.863, de 24.9.2013, DOU 22.9.2013)*

Seção II
Da Carreira de Magistério do Ensino Básico, Técnico e Tecnológico e do Cargo Isolado de Professor Titular-Livre do Ensino Básico, Técnico e Tecnológico

Art. 10. O ingresso nos cargos de provimento efetivo de Professor da Carreira de Magistério do Ensino Básico, Técnico e Tecnológico e da Carreira do Magistério do Ensino Básico Federal ocorrerá sempre no Nível 1 da Classe D I, mediante aprovação em concurso público de provas ou de provas e títulos.

§ 1º No concurso público de que trata o *caput*, será exigido diploma de curso superior em nível de graduação.

§ 2º O concurso público referido no *caput* poderá ser organizado em etapas, conforme dispuser o edital de abertura do certame.

§ 3º O edital do concurso público de que trata este artigo estabelecerá as características de cada etapa do concurso público e os critérios eliminatórios e classificatórios do certame.

§ 4º (VETADO). *(Incluído pela Lei n. 12.863, de 24.9.2013, DOU 25.9.2013)*

Art. 11. O ingresso no Cargo Isolado de Professor Titular-Livre do Ensino Básico, Técnico e Tecnológico ocorrerá na classe e nível únicos, mediante aprovação em concurso público de provas e títulos, no qual serão exigidos:

I — título de doutor; e

II — 10 (dez) anos de experiência ou de obtenção do título de doutor, ambos na área de conhecimento exigida no concurso, conforme disciplinado pelo Conselho Superior de cada IFE. *(Redação dada pela Lei n. 12.863, de 24.9.2013, DOU 25.9.2013)*

§ 1º O concurso público referido no *caput* será organizado em etapas, conforme dispuser o edital de abertura do certame, e consistirá de prova escrita, prova oral e defesa de memorial.

§ 2º O edital do concurso público de que trata este artigo estabelecerá as características de cada etapa e os critérios eliminatórios e classificatórios do certame.

§ 3º O concurso para o cargo isolado de Titular-Livre será realizado por comissão especial composta, no mínimo, por 75% (setenta e cinco por cento) de profissionais externos à IFE, nos termos de ato do Ministro de Estado da Educação. *(Incluído pela Lei n. 12.863, de 24.9.2013, DOU 25.9.2013)*

CAPÍTULO III
Do Desenvolvimento nas Carreiras do Plano de Carreiras e Cargos de Magistério Federal

Seção I
Da Carreira de Magistério Superior

Art. 12. O desenvolvimento na Carreira de Magistério Superior ocorrerá mediante progressão funcional e promoção.

§ 1º Para os fins do disposto no *caput*, progressão é a passagem do servidor para o nível de vencimento imediatamente superior dentro de uma mesma classe, e promoção, a passagem do servidor de uma classe para outra subsequente, na forma desta Lei.

§ 2º A progressão na Carreira de Magistério Superior ocorrerá com base nos critérios gerais estabelecidos nesta Lei e observará, cumulativamente:

I — o cumprimento do interstício de 24 (vinte e quatro) meses de efetivo exercício em cada nível; e

II — aprovação em avaliação de desempenho.

§ 3º A promoção ocorrerá observados o interstício mínimo de 24 (vinte e quatro) meses no último nível de cada Classe antecedente àquela para a qual se dará a promoção e, ainda, as seguintes condições:

I — para a Classe B, com denominação de Professor Assistente, ser aprovado em processo de avaliação de desempenho; *(Redação dada pela Lei n. 12.863, de 24.9.2013, DOU 25.9.2013)*

II — para a Classe C, com denominação de Professor Adjunto, ser aprovado em processo de avaliação de desempenho; *(Redação dada pela Lei n. 12.863, de 24.9.2013, DOU 25.9.2013)*

III — para a Classe D, com denominação de Professor Associado: *(Redação dada pela Lei n. 12.863, de 24.9.2013, DOU 25.9.2013)*

a) possuir o título de doutor; e

b) ser aprovado em processo de avaliação de desempenho; e

IV — para a Classe E, com denominação de Professor Titular: *(Redação dada pela Lei n. 12.863, de 24.9.2013, DOU 25.9.2013)*

a) possuir o título de doutor;

b) ser aprovado em processo de avaliação de desempenho; e

c) lograr aprovação de memorial que deverá considerar as atividades de ensino, pesquisa, extensão, gestão acadêmica e produção profissional relevante, ou defesa de tese acadêmica inédita.

§ 4º As diretrizes gerais para o processo de avaliação de desempenho para fins de progressão e de promoção serão estabelecidas em ato do Ministério da Educação e do Ministério da Defesa, conforme a subordinação ou vinculação das respectivas IFE e deverão contemplar as atividades de ensino, pesquisa, extensão e gestão, cabendo aos conselhos competentes no âmbito de cada Instituição Federal de Ensino regulamentar os procedimentos do referido processo.

§ 5º O processo de avaliação para acesso à Classe E, com denominação de Titular, será realizado por comissão especial composta por, no mínimo, 75% (setenta e cinco por cento) de profissionais externos à IFE, nos termos de ato do Ministro de Estado da Educação. *(Redação dada pela Lei n. 12.863, de 24.9.2013, DOU 25.9.2013)*

§ 6º Os cursos de mestrado e doutorado, para os fins previstos neste artigo, serão considerados somente se credenciados pelo Conselho Nacional de Educação e, quando realizados no exterior, revalidados por instituição nacional competente.

Art. 13. Os docentes aprovados no estágio probatório do respectivo cargo que atenderem os seguintes requisitos de titulação farão jus a processo de aceleração da promoção: *(Redação dada pela Lei n. 12.863, de 24.9.2013, DOU 25.9.2013)*

I — para o nível inicial da Classe B, com denominação de Professor Assistente, pela apresentação de titulação de mestre; e *(Redação dada pela Lei n. 12.863, de 24.9.2013, DOU 25.9.2013)*

II — para o nível inicial da Classe C, com denominação de Professor Adjunto, pela apresentação de titulação de doutor. *(Redação dada pela Lei n. 12.863, de 24.9.2013, DOU 25.9.2013)*

Parágrafo único. Aos servidores ocupantes de cargos da Carreira de Magistério Superior em 1º de março de 2013 ou na data de publicação desta Lei, se posterior, é permitida a aceleração da promoção de que trata este artigo ainda que se encontrem em estágio probatório no cargo.

Art. 13-A. O efeito financeiro da progressão e da promoção a que se refere o caput do art. 12 ocorrerá a partir da data em que o docente cumprir o interstício e os requisitos estabelecidos em lei para o desenvolvimento na carreira. *(Redação dada pela Lei n. 13.325, de 2016)*

Seção II
Da Carreira do Magistério do Ensino Básico, Técnico e Tecnológico

Art. 14. A partir da instituição do Plano de Carreiras e Cargos de Magistério Federal, o desenvolvimento na Carreira de Magistério do Ensino Básico, Técnico e Tecnológico ocorrerá mediante progressão funcional e promoção, na forma disposta nesta Lei.

§ 1º Para os fins do disposto no *caput*, progressão é a passagem do servidor para o nível de vencimento imediatamente superior dentro de uma mesma classe, e promoção, a passagem do servidor de uma classe para outra subsequente, na forma desta Lei.

§ 2º A progressão na Carreira de Magistério do Ensino Básico, Técnico e Tecnológico ocorrerá com base nos critérios gerais estabelecidos nesta Lei e observará, cumulativamente:

I — o cumprimento do interstício de 24 (vinte e quatro) meses de efetivo exercício em cada nível; e

II — aprovação em avaliação de desempenho individual.

§ 3º A promoção ocorrerá observados o interstício mínimo de 24 (vinte e quatro) meses no último nível de cada Classe antecedente àquela para a qual se dará a promoção e, ainda, as seguintes condições:

I — para a Classe D II: ser aprovado em processo de avaliação de desempenho;

II — para a Classe D III: ser aprovado em processo de avaliação de desempenho;

III — para a Classe D IV: ser aprovado em processo de avaliação de desempenho;

IV — para a Classe Titular:

a) possuir o título de doutor;

b) ser aprovado em processo de avaliação de desempenho; e

c) lograr aprovação de memorial que deverá considerar as atividades de ensino, pesquisa, extensão, gestão acadêmica e produção profissional relevante, ou de defesa de tese acadêmica inédita.

§ 4º As diretrizes gerais para o processo de avaliação de desempenho para fins de progressão e de promoção serão estabelecidas em ato do Ministério da Educação e do Ministério da Defesa, conforme a subordinação ou vinculação das respectivas IFE e deverão contemplar as atividades de ensino, pesquisa, extensão e gestão, cabendo aos conselhos competentes no âmbito de cada Instituição Federal de Ensino regulamentar os procedimentos do referido processo.

§ 5º O processo de avaliação para acesso à Classe Titular será realizado por comissão especial composta, no mínimo, por 75% (setenta e cinco por cento) de profissionais externos à IFE, e será objeto de regulamentação por ato do Ministro de Estado da Educação.

§ 6º Os cursos de mestrado e doutorado, para os fins previstos neste artigo, serão considerados somente se credenciados pelo Conselho Federal de Educação e, quando realizados no exterior, revalidados por instituição nacional competente.

Art. 15. Os docentes aprovados no estágio probatório do respectivo cargo que atenderem os seguintes requisitos de titulação farão jus a processo de aceleração da promoção: *(Redação dada pela Lei n. 12.863, de 24.9.2013, DOU 25.9.2013)*

I — de qualquer nível da Classe D I para o nível 1 da classe D II, pela apresentação de título de especialista; e

II — de qualquer nível das Classes D I e D II para o nível 1 da Classe D III, pela apresentação de título de mestre ou doutor.

Parágrafo único. Aos servidores ocupantes de cargos da Carreira de Magistério do Ensino Básico, Técnico e Tecnológico em 1º de março de 2013 ou na data de publicação desta Lei, se posterior, é permitida a aceleração da promoção de que trata este artigo ainda que se encontrem em estágio probatório no cargo.

Art. 15-A. O efeito financeiro da progressão e da promoção a que se refere o caput do art. 14 ocorrerá a partir da data em que o docente cumprir o interstício e os requisitos estabelecidos em lei para o desenvolvimento na carreira. *(Redação dada pela Lei n. 13.325, de 2016)*

CAPÍTULO IV
Da Remuneração do Plano de Carreiras e Cargos de Magistério Federal

Art. 16. A estrutura remuneratória do Plano de Carreiras e Cargos de Magistério Federal possui a seguinte composição:

I — Vencimento Básico, conforme valores e vigências estabelecidos no Anexo III, para cada Carreira, cargo, classe e nível; e

II — Retribuição por Titulação — RT, conforme disposto no art. 17.

Parágrafo único. Fica divulgada, na forma do Anexo III-A, a variação dos padrões de remuneração, estabelecidos em lei, dos cargos do Plano de Carreiras e Cargos de Magistério Federal. *(Redação pela Lei n. 13.325, de 2016)*

Art. 17. Fica instituída a RT, devida ao docente integrante do Plano de Carreiras e Cargos de Magistério Federal em conformidade com a Carreira, cargo, classe, nível e titulação comprovada, nos valores e vigência estabelecidos no Anexo IV.

§ 1º A RT será considerada no cálculo dos proventos e das pensões, na forma dos regramentos de regime previdenciário aplicável a cada caso, desde que o certificado ou o título tenham sido obtidos anteriormente à data da inativação.

§ 2º Os valores referentes à RT não serão percebidos cumulativamente para diferentes titulações ou com quaisquer outras Retribuições por Titulação, adicionais ou gratificações de mesma natureza.

Art. 18. No caso dos ocupantes de cargos da Carreira de Magistério do Ensino Básico, Técnico e Tecnológico, para fins de percepção da RT, será considerada a equivalência da titulação exigida com o Reconhecimento de Saberes e Competências — RSC.

§ 1º O RSC de que trata o *caput* poderá ser concedido pela respectiva IFE de lotação do servidor em 3 (três) níveis:

I — RSC-I;

II — RSC-II; e

III — RSC-III.

§ 2º A equivalência do RSC com a titulação acadêmica, exclusivamente para fins de percepção da RT, ocorrerá da seguinte forma:

I — diploma de graduação somado ao RSC-I equivalerá à titulação de especialização;

II — certificado de pós-graduação lato sensu somado ao RSC-II equivalerá a mestrado; e

III — titulação de mestre somada ao RSC-III equivalerá a doutorado.

§ 3º Será criado o Conselho Permanente para Reconhecimento de Saberes e Competências no âmbito do Ministério da Educação, com a finalidade de estabelecer os procedimentos para a concessão do RSC.

§ 4º A composição do Conselho e suas competências serão estabelecidas em ato do Ministério da Educação.

§ 5º O Ministério da Defesa possuirá representação no Conselho de que trata o § 3º, na forma do ato previsto no § 4º.

Art. 19. Em nenhuma hipótese, o RSC poderá ser utilizado para fins de equiparação de titulação para cumprimento de requisitos para a promoção na Carreira.

CAPÍTULO V
Do Regime de Trabalho do Plano de Carreiras e Cargos de Magistério Federal

Art. 20. O Professor das IFE, ocupante de cargo efetivo do Plano de Carreiras e Cargos de Magistério Federal, será submetido a um dos seguintes regimes de trabalho:

I — 40 (quarenta) horas semanais de trabalho, em tempo integral, com dedicação exclusiva às atividades de ensino, pesquisa, extensão e gestão institucional; ou

II — tempo parcial de 20 (vinte) horas semanais de trabalho.

§ 1º Excepcionalmente, a IFE poderá, mediante aprovação de órgão colegiado superior competente, admitir a adoção do regime de 40 (quarenta) horas semanais de trabalho, em tempo integral, observando 2 (dois) turnos diários completos, sem dedicação exclusiva, para áreas com características específicas.

§ 2º O regime de 40 (quarenta) horas com dedicação exclusiva implica o impedimento do exercício de outra atividade remunerada, pública ou privada, com as exceções previstas nesta Lei.

§ 3º Os docentes em regime de 20 (vinte) horas poderão ser temporariamente vinculados ao regime de 40 (quarenta) horas sem dedicação exclusiva após a verificação de inexistência de acúmulo de cargos e da existência de recursos orçamentários e financeiros para as despesas decorrentes da alteração do regime, considerando-se o caráter especial da atribuição do regime de 40 (quarenta) horas sem dedicação exclusiva, conforme disposto no § 1º, nas seguintes hipóteses:

I — ocupação de cargo de direção, função gratificada ou função de coordenação de cursos; ou

II — participação em outras ações de interesse institucional definidas pelo conselho superior da IFE.

§ 4º O professor, inclusive em regime de dedicação exclusiva, desde que não investido em cargo em comissão ou função de confiança, poderá: *(Incluído pela Lei n. 12.863, de 24.9.2013, DOU 25.9.2013)*

I — participar dos órgãos de direção de fundação de apoio de que trata a Lei n. 8.958, de 20 de dezembro de 1994, nos termos definidos pelo Conselho Superior da IFE, observado o cumprimento de sua jornada de trabalho e vedada a percepção de remuneração paga pela fundação de apoio; e *(Incluído pela Lei n. 12.863, de 24.9.2013, DOU 25.9.2013)*

II — ocupar cargo de dirigente máximo de fundação de apoio de que trata a Lei n. 8.958, de 20 de dezembro de 1994, mediante deliberação do Conselho Superior da IFE. (NR) *(Redação dada pela Lei n. 13.243, de 11.1.16, DOU 12.1.16)*

Art. 20-A. Sem prejuízo da isenção ou imunidade previstas na legislação vigente, as fundações de apoio às Instituições de Ensino Superior e as Instituições Científica, Tecnológica e de Inovação (ICTs) poderão remunerar o seu dirigente máximo que: *(Incluído pela Lei n. 13.243, de 11.1.16, DOU 12.1.16)*

I — seja não estatutário e tenha vínculo empregatício com a instituição; *(Incluído pela Lei n. 13.243, de 11.1.16, DOU 12.1.16)*

II — seja estatutário, desde que receba remuneração inferior, em seu valor bruto, a 70% (setenta por cento) do limite estabelecido para a remuneração de servidores do Poder Executivo federal. *(Incluído pela Lei n. 13.243, de 11.1.16, DOU 12.1.16)*

Art. 21. No regime de dedicação exclusiva, será admitida, observadas as condições da regulamentação própria de cada IFE, a percepção de:

I — remuneração de cargos de direção ou funções de confiança;

II — retribuição por participação em comissões julgadoras ou verificadoras relacionadas ao ensino, pesquisa ou extensão, quando for o caso;

III — bolsa de ensino, pesquisa, extensão ou estímulo à inovação paga por agência oficial de fomento, por fundação de apoio devidamente credenciada por IFE ou por organismo internacional amparado por ato, tratado ou convenção internacional; *(Redação dada pela Lei n. 13.243, de 11.1.16, DOU 12.1.16)*

IV — bolsa pelo desempenho de atividades de formação de professores da educação básica, no âmbito da Universidade Aberta do Brasil ou de outros programas oficiais de formação de professores;

V — bolsa para qualificação docente, paga por agências oficiais de fomento ou organismos nacionais e internacionais congêneres;

VI — direitos autorais ou direitos de propriedade intelectual, nos termos da legislação própria, e ganhos econômicos resultantes de projetos de inovação tecnológica, nos termos do art. 13 da Lei n. 10.973, de 2 de dezembro de 2004;

VII — outras hipóteses de bolsas de ensino, pesquisa e extensão, pagas pelas IFE, nos termos de regulamentação de seus órgãos colegiados superiores;

VIII — retribuição pecuniária, na forma de pro labore ou cachê pago diretamente ao docente por ente distinto da IFE, pela participação esporádica em palestras, conferências, atividades artísticas e culturais relacionadas à área de atuação do docente;

IX — Gratificação por Encargo de Curso ou Concurso, de que trata o art. 76-A da Lei n. 8.112, de 1990;

X — Função Comissionada de Coordenação de Curso — FCC, de que trata o art. 7º da Lei n. 12.677, de 25 de junho de 2012; *(Redação dada pela Lei n. 12.863, de 24.9.2013, DOU 25.9.2013)*

XI — retribuição pecuniária, em caráter eventual, por trabalho prestado no âmbito de projetos institucionais de ensino, pesquisa e extensão, na forma da Lei n. 8.958, de 20 de dezembro de 1994; e *(Redação dada pela Lei n. 12.863, de 24.9.2013, DOU 25.9.2013)*

XII — retribuição pecuniária por colaboração esporádica de natureza científica ou tecnológica em assuntos de especialidade do docente, inclusive em polos de inovação tecnológica, devidamente autorizada pela IFE de acordo com suas regras. *(Incluído pela Lei n. 12.863, de 24.9.2013, DOU 25.9.2013)*

§ 1º Considera-se esporádica a participação remunerada nas atividades descritas no inciso VIII do *caput*, autorizada pela IFE, que, no total, não exceda 30 (trinta) horas anuais.

§ 2º Os limites de valor e condições de pagamento das bolsas e remunerações referidas neste artigo, na ausência de disposição específica na legislação própria, serão fixados em normas da IFE.

§ 3º O pagamento da retribuição pecuniária de que trata o inciso XI do *caput* será divulgado na forma do art. 4º-A da Lei n. 8.958, de 20 de dezembro de 1994.

§ 4º As atividades de que tratam os incisos XI e XII do *caput* não excederão, computadas isoladamente ou em conjunto, a 8 (oito) horas semanais ou a 416 (quatrocentas e dezesseis) horas anuais. (NR) *(Redação dada pela Lei n. 13.243, de 11.1.16, DOU 12.1.16)*

Art. 22. O Professor poderá solicitar a alteração de seu regime de trabalho, mediante proposta que será submetida a sua unidade de lotação.

§ 1º A solicitação de mudança de regime de trabalho, aprovada na unidade referida no *caput*, será encaminhada ao dirigente máximo, no caso das IFE vinculadas ao Ministério da Defesa, ou à Comissão Permanente de Pessoal Docente — CPPD de que trata o art. 26, no caso das IFE vinculadas ao Ministério da Educação, para análise e parecer, e posteriormente à decisão final da autoridade ou Conselho Superior competente.

§ 2º É vedada a mudança de regime de trabalho aos docentes em estágio probatório. *(Revogado pela Lei n. 13.325/16)*

§ 3º Na hipótese de concessão de afastamento sem prejuízo de vencimentos, as solicitações de alteração de regime só serão autorizadas após o decurso de prazo igual ao do afastamento concedido.

CAPÍTULO VI
Do Estágio Probatório dos Servidores do Plano de Carreiras e Cargos de Magistério Federal

Art. 23. A avaliação especial de desempenho do servidor em estágio probatório, ocupante de cargo pertencente ao Plano de Carreiras e Cargos de Magistério Federal, será realizada por Comissão de Avaliação de Desempenho designada no âmbito de cada IFE.

Parágrafo único. A Comissão de Avaliação de Desempenho deverá ser composta de docentes estáveis, com representações da unidade acadêmica de exercício do docente avaliado e do Colegiado do Curso no qual o docente ministra o maior número de aulas.

Art. 24. Além dos fatores previstos no art. 20 da Lei n. 8.112, de 1990, a avaliação especial de desempenho do docente em estágio probatório deverá considerar:

I — adaptação do professor ao trabalho, verificada por meio de avaliação da capacidade e qualidade no desempenho das atribuições do cargo;

II — cumprimento dos deveres e obrigações do servidor público, com estrita observância da ética profissional;

III — análise dos relatórios que documentam as atividades científico-acadêmicas e administrativas programadas no plano de trabalho da unidade de exercício e apresentadas pelo docente, em cada etapa de avaliação;

IV — a assiduidade, a disciplina, o desempenho didático-pedagógico, a capacidade de iniciativa, produtividade e responsabilidade;

V — participação no Programa de Recepção de Docentes instituído pela IFE; e

VI — avaliação pelos discentes, conforme normatização própria da IFE.

Art. 25. A avaliação de desempenho do servidor ocupante de cargo do Plano de Carreiras e Cargos de Magistério Federal em estágio probatório será realizada obedecendo:

I — o conhecimento, por parte do avaliado, do instrumento de avaliação e dos resultados de todos os relatórios emitidos pela Comissão de Avaliação de Desempenho, resguardando-se o direito ao contraditório; e

II — a realização de reuniões de avaliação com a presença de maioria simples dos membros da Comissão de Avaliação de Desempenho.

CAPÍTULO VII
Da Comissão Permanente de Pessoal Docente

Art. 26. Será instituída uma Comissão Permanente de Pessoal Docente — CPPD, eleita pelos seus pares, em cada IFE, que possua, em seus quadros, pessoal integrante do Plano de Carreiras e Cargos de Magistério Federal. *(Redação dada pela Lei n. 12.863, de 24.9.2013, DOU 25.9.2013)*

§ 1º À CPPD caberá prestar assessoramento ao colegiado competente ou dirigente máximo na instituição de ensino, para formulação e acompanhamento da execução da política de pessoal docente, no que diz respeito a:

I — dimensionamento da alocação de vagas docentes nas unidades acadêmicas;

II — contratação e admissão de professores efetivos e substitutos;

III — alteração do regime de trabalho docente;

IV — avaliação do desempenho para fins de progressão e promoção funcional;

V — solicitação de afastamento de docentes para aperfeiçoamento, especialização, mestrado, doutorado ou pós-doutorado; e

VI — liberação de professores para programas de cooperação com outras instituições, universitárias ou não.

§ 2º Demais atribuições e forma de funcionamento da CPPD serão objeto de regulamentação pelo colegiado superior ou dirigente máximo das instituições de ensino, conforme o caso.

§ 3º No caso das IFE subordinadas ao Ministério da Defesa, a instituição da CPPD é opcional e ficará a critério do dirigente máximo de cada IFE.

CAPÍTULO VIII
Do Corpo Docente

Art. 27. O corpo docente das IFE será constituído pelos cargos efetivos integrantes do Plano de Carreiras e Cargos de que trata esta Lei e pelos Professores Visitantes, Professores Visitantes Estrangeiros e Professores Substitutos.

Art. 28. A contratação temporária de Professores Substitutos, de Professores Visitantes e de Professores Visitantes Estrangeiros será feita de acordo com o que dispõe a Lei n. 8.745, de 1993.

Art. 29. O art. 2º da Lei n. 8.745, de 1993, passa a vigorar com a seguinte redação:

"Art. 2º ..

§ 5º A contratação de professor visitante e de professor visitante estrangeiro, de que tratam os incisos IV e V do *caput*, tem por objetivo:

I — apoiar a execução dos programas de pós-graduação *stricto sensu*;

II — contribuir para o aprimoramento de programas de ensino, pesquisa e extensão;

III — contribuir para a execução de programas de capacitação docente; ou

IV — viabilizar o intercâmbio científico e tecnológico.

§ 6º A contratação de professor visitante e o professor visitante estrangeiro, de que tratam os incisos IV e V do *caput*, deverão:

I — atender a requisitos de titulação e competência profissional; ou

II — ter reconhecido renome em sua área profissional, atestado por deliberação do Conselho Superior da instituição contratante.

§ 7º São requisitos mínimos de titulação e competência profissional para a contratação de professor visitante ou de professor visitante estrangeiro, de que tratam os incisos IV e V do *caput*:

I — ser portador do título de doutor, no mínimo, há 2 (dois) anos;

II — ser docente ou pesquisador de reconhecida competência em sua área; e

III — ter produção científica relevante, preferencialmente nos últimos 5 (cinco) anos.

§ 8º Excepcionalmente, no âmbito das Instituições da Rede Federal de Educação Profissional, Científica e Tecnológica, poderão ser contratados professor visitante ou professor visitante estrangeiro, sem o título de doutor, desde que possuam comprovada competência em ensino, pesquisa e extensão tecnológicos ou reconhecimento da qualificação profissional pelo mercado de trabalho, na forma prevista pelo Conselho Superior da instituição contratante.

§ 9º A contratação de professores substitutos, professores visitantes e professores visitantes estrangeiros poderá ser autorizada pelo dirigente da instituição, condicionada à existência de recursos orçamentários e financeiros para fazer frente às despesas decorrentes da contratação e ao quantitativo máximo de contratos estabelecido para a IFE.

§ 10. A contratação dos professores substitutos fica limitada ao regime de trabalho de 20 (vinte) horas ou 40 (quarenta) horas." (NR)

CAPÍTULO IX
Dos Afastamentos

Art. 30. O ocupante de cargos do Plano de Carreiras e Cargos do Magistério Federal, sem prejuízo dos afastamentos previstos na Lei n. 8.112, de 1990, poderá afastar-se de suas funções, assegurados todos os direitos e vantagens a que fizer jus, para:

I — participar de programa de pós-graduação stricto sensu ou de pós-doutorado,

independentemente do tempo ocupado no cargo ou na instituição; *(Redação dada pela Lei n. 12.863, de 24.9.2013, DOU 25.9.2013)*

II — prestar colaboração a outra instituição federal de ensino ou de pesquisa, por período de até 4 (quatro) anos, com ônus para a instituição de origem; e

III — prestar colaboração técnica ao Ministério da Educação, por período não superior a 1 (um) ano e com ônus para a instituição de origem, visando ao apoio ao desenvolvimento de programas e projetos de relevância.

§ 1º Os afastamentos de que tratam os incisos II e III do *caput* somente serão concedidos a servidores aprovados no estágio probatório do respectivo cargo e se autorizado pelo dirigente máximo da IFE, devendo estar vinculados a projeto ou convênio com prazos e finalidades objetivamente definidos.

§ 2º Aos servidores de que trata o *caput* poderá ser concedido o afastamento para realização de programas de mestrado ou doutorado independentemente do tempo de ocupação do cargo.

§ 3º Ato do dirigente máximo ou Conselho Superior da IFE definirá, observada a legislação vigente, os programas de capacitação e os critérios para participação em programas de pós-graduação, com ou sem afastamento do servidor de suas funções.

CAPÍTULO X
Do Enquadramento dos Servidores da Carreira de Magistério do Ensino Básico Federal

Art. 31. A partir de 1º de março de 2013 ou, se posterior, a partir da data de publicação desta Lei, os servidores ocupantes dos cargos da Carreira de Magistério do Ensino Básico Federal, de que trata o inciso I do art. 122 da Lei n. 11.784, de 2008, poderão ser enquadrados na Carreira de Magistério do Ensino Básico, Técnico e Tecnológico, de que trata esta Lei, de acordo com as respectivas atribuições, requisitos de formação profissional e posição relativa na Tabela de Correlação constante do Anexo V.

§ 1º Para fins do disposto no *caput*, os servidores ocupantes dos cargos da Carreira de Magistério do Ensino Básico Federal, de que trata a Lei n. 11.784, de 2008, deverão solicitar o enquadramento à respectiva IFE de lotação até 31 de julho de 2013 ou em até 90 (noventa) dias da publicação desta Lei, se esta ocorrer posteriormente àquela data, na forma do Termo de Solicitação de Enquadramento constante do Anexo VI.

§ 2º Os servidores de que trata o *caput* somente poderão formalizar a solicitação referida no § 1º se atendiam, no momento do ingresso na Carreira de Magistério do Ensino Básico Federal, aos requisitos de titulação estabelecidos para ingresso na Carreira de Magistério do Ensino Básico, Técnico e Tecnológico, conforme disposto no § 1º do art. 10.

§ 3º O enquadramento de que trata o *caput* dependerá de aprovação do Ministério da Defesa, que será responsável pela avaliação das solicitações formalizadas, observando o disposto nos §§ 1º e 2º.

§ 4º O Ministério da Defesa deliberará sobre o deferimento ou indeferimento da solicitação de enquadramento de que trata o § 1º em até 120 (cento e vinte) dias.

§ 5º No caso de deferimento, ao servidor enquadrado serão aplicadas as regras da Carreira de Magistério do Ensino Básico, Técnico e Tecnológico do Plano de Carreiras e Cargos de Magistério Federal, de que trata esta Lei, com efeitos financeiros, se houver, a partir da data de publicação do deferimento, vedados, em qualquer hipótese, efeitos financeiros retroativos.

§ 6º O servidor que não obtiver o deferimento para o enquadramento na Carreira de Magistério do Ensino Básico, Técnico e Tecnológico permanecerá na situação em que se encontrava antes da publicação desta Lei.

§ 7º Os cargos a que se refere o *caput*, enquadrados na Carreira de Magistério do Ensino Básico, Técnico e Tecnológico do Plano de Carreiras e Cargos de Magistério Federal, passam a denominar-se Professor do Magistério do Ensino Básico, Técnico e Tecnológico.

§ 8º O prazo para exercer a solicitação referida no § 1º, no caso de servidores em gozo de licença ou afastamento previstos nos arts. 81 e 102 da Lei n. 8.112, de 1990, será estendido em 30 (trinta) dias contados a partir do término do afastamento.

§ 9º Ao servidor titular de cargo efetivo do Plano de Carreiras de Magistério do Ensino Básico Federal cedido para órgão ou entidade no âmbito do Poder Executivo Federal aplica-se, quanto ao prazo de solicitação de enquadramento, o disposto no § 1º, podendo o servidor permanecer na condição de cedido.

§ 10. Os cargos de provimento efetivo da Carreira de Magistério do Ensino Básico Federal cujos ocupantes forem enquadrados na Carreira de Magistério do Ensino Básico, Técnico e Tecnológico permanecerão integrando o Quadro de Pessoal das Instituições Federais de Ensino subordinadas ou vinculadas ao Ministério da Defesa.

§ 11. Os cargos vagos e os que vierem a vagar da Carreira de Magistério do Ensino Básico Federal de que trata a Lei n. 11.784, de 2008, pertencentes aos Quadros de Pessoal das Instituições Federais de Ensino, subordinadas ou vinculadas ao Ministério da Defesa, passam a integrar a Carreira do Magistério do Ensino Básico, Técnico e Tecnológico e a denominar-se Professor do Ensino Básico, Técnico e Tecnológico, nos respectivos Quadros de Pessoal a que pertencem.

§ 12. O enquadramento e a mudança de denominação dos cargos a que se refere este artigo não representam, para qualquer efeito legal, inclusive para efeito de aposentadoria, descontinuidade em relação à Carreira, ao cargo e às atribuições atuais desenvolvidas pelos seus titulares.

CAPÍTULO XI
Da Estrutura Remuneratória do Plano de Carreiras de Magistério do Ensino Básico Federal

Art. 32. O art. 137 da Lei n. 11.784, de 2008, passa a vigorar com a seguinte redação:

"Art. 137. O posicionamento dos aposentados e dos pensionistas nas tabelas remuneratórias constantes dos Anexos LXXVII, LXXVIII, LXXIX, LXXXIII, LXXXIV, LXXXV, LXXVII-A, LXXXIII-A, LXXIX-A e LXXXV-A desta Lei, respectivamente, será referenciado à situação em que o servidor se encontrava na data da aposentadoria ou em que se originou a pensão, respeitadas as alterações relativas a posicionamentos decorrentes de legislação específica." (NR)

Art. 33. A Lei n. 11.784, de 2008, passa a vigorar acrescida dos seguintes dispositivos:

"Art. 124-A. A partir de 1º de março de 2013, os cargos do Plano de Carreiras do Magistério do Ensino Básico Federal ficam estruturados na forma dos Anexos LXXIV-A e LXXX-A, conforme correlação estabelecida nos Anexos LXXV-A e LXXXI-A desta Lei."

"Art. 132-A. A partir de 1º de março de 2013, a estrutura remuneratória dos titulares de cargos integrantes do Plano de Carreiras de Magistério do Ensino Básico Federal será composta de:

I — Vencimento Básico, conforme valores e vigências constantes dos Anexos LXXVII-A e LXXXIII-A; e

II — Retribuição por Titulação, conforme valores e vigência constantes dos Anexos LXXIX-A e LXXXV-A.

Parágrafo único. A partir da data de 1º de março de 2013, ficam extintas a Gratificação Específica de Atividade Docente do Ensino Básico Federal — GEDBF e a Gratificação Específica de Atividade Docente dos Ex-Territórios — GEBEXT."

"Art. 133-A. A partir de 1º de março de 2013, os níveis de Vencimento Básico dos cargos integrantes das Carreiras do Plano de Carreiras do Magistério do Ensino Básico Federal são os constantes dos Anexos LXXVII-A e LXXXIII-A desta Lei."

"Art. 135-A. A partir de 1º de março de 2013, os valores referentes à RT são aqueles fixados nos Anexos LXXIX-A e LXXXV-A desta Lei, observada a nova estrutura das Carreiras do Plano de Carreiras de Magistério do Ensino Básico Federal de que trata o art. 124-A."

"Art. 136-A. A partir de 1º de março de 2013, os integrantes do Plano de Carreiras do Magistério do Ensino Básico Federal deixam de fazer jus à percepção das seguintes gratificações e vantagens:

I — Gratificação Específica de Atividade Docente do Ensino Básico Federal — GEDBF; e

II — Gratificação Específica de Atividade Docente dos Ex-Territórios — GEBEXT, de que trata esta Lei."

CAPÍTULO XII
Disposições Finais e Transitórias

Art. 34. Aos servidores ocupantes de cargos da Carreira de Magistério do Ensino Básico, Técnico e Tecnológico do Plano de Carreiras e Cargos de Magistério Federal na data de 1º de março de 2013, será aplicado, para a primeira progressão a ser realizada, observando os critérios de desenvolvimento na Carreira estabelecidos nesta Lei, o interstício de dezoito meses. *(Redação dada pela Lei n. 13.325/16)*

Parágrafo único. O interstício de que trata o *caput* não será, em nenhuma hipótese, utilizado para outras progressões ou para servidores ingressos na Carreira após a data de 1º de março de 2013.

Art. 35. Anteriormente à aplicação da Tabela de Correlação do Anexo II, o titular de cargo de provimento efetivo da Carreira do Magistério Superior do PUCRCE, em 31 de dezembro de 2012, posicionado na Classe de Professor Associado daquela Carreira, será reposicionado, satisfeitos os requisitos, da seguinte forma:

I — ao Professor de que trata o *caput* que contar com no mínimo 17 (dezessete) anos de obtenção do título de doutor será concedido reposicionamento para a Classe D, com denominação de Professor Associado, nível 2; *(Redação dada pela Lei n. 12.863, de 2013)*

II — ao Professor de que trata o *caput* que contar com no mínimo 19 (dezenove) anos de obtenção do título de doutor será concedido reposicionamento para a Classe D, com denominação de Professor Associado, nível 3; e *(Redação dada pela Lei n. 12.863, de 24.9.2013, DOU 25.9.2013)*

III — ao Professor de que trata o *caput* que contar com no mínimo 21 (vinte e um) anos de obtenção do título de doutor será concedido reposicionamento para a Classe D, com denominação de Professor Associado, nível 4. *(Redação dada pela Lei n. 12.863, de 24.9.2013, DOU 25.9.2013)*

§ 1º O reposicionamento de que trata este artigo será efetuado mediante requerimento do servidor à respectiva IFE, no prazo de até 90 (noventa) dias a partir da publicação desta Lei, com a apresentação da devida comprovação do tempo de obtenção do título de doutor.

§ 2º O reposicionamento de que trata o *caput* será supervisionado pelo Ministério da Educação e pelo Ministério da Defesa, conforme a vinculação ou subordinação da IFE.

§ 3º Os efeitos do reposicionamento de que trata este artigo serão considerados por oca-

são da aplicação da Tabela de Correlação do Anexo II.

§ 4º O reposicionamento de que trata este artigo não gera efeitos financeiros retroativos anteriores a 1º de março de 2013.

§ 5º O reposicionamento de que trata este artigo não se aplica aos servidores que já se encontrem no respectivo nível ou em nível superior ao qual fariam jus a serem reposicionados.

Art. 36. Aos servidores ocupantes de cargos efetivos pertencentes ao Plano de Carreiras e Cargos de Magistério Federal serão concedidos 45 (quarenta e cinco) dias de férias anuais que poderão ser gozadas parceladamente.

Art. 37. Aos servidores de que trata esta Lei, pertencentes ao Plano de Carreiras e Cargos de Magistério Federal, não se aplicam as disposições do Decreto n. 94.664, de 23 de julho de 1987.

Art. 38. O quantitativo de cargos de que trata o art. 110 da Lei n. 11.784, de 2008, vagos na data de publicação desta Lei ficam transformados em cargos de Professor Titular-Livre do Ensino Básico, Técnico e Tecnológico.

Art. 39. Ficam criados 1.200 (mil e duzentos) cargos de Professor Titular-Livre do Magistério Superior, para provimento gradual condicionado à comprovação da disponibilidade orçamentária e autorização pelo Ministério do Planejamento, Orçamento e Gestão.

Art. 40. Ficam criados 526 (quinhentos e vinte e seis) cargos de Professor Titular-Livre do Ensino Básico, Técnico e Tecnológico, para provimento gradual condicionado à comprovação da disponibilidade orçamentária e autorização do Ministério do Planejamento, Orçamento e Gestão.

Art. 41. A Lei n. 11.091, de 12 de janeiro de 2005, passa a vigorar com as seguintes alterações:

"Art. 10.
..........................
§ 4º No cumprimento dos critérios estabelecidos no Anexo III, é permitido o somatório de cargas horárias de cursos realizados pelo servidor durante a permanência no nível de capacitação em que se encontra e da carga horária que excedeu à exigência para progressão no interstício do nível anterior, vedado o aproveitamento de cursos com carga horária inferior a 20 (vinte) horas-aula." (NR)

"Art. 12.
..........................
§ 4º A partir de 1º de janeiro de 2013, o Incentivo à Qualificação de que trata o caput será concedido aos servidores que possuírem certificado, diploma ou titulação que exceda a exigência de escolaridade mínima para ingresso no cargo do qual é titular, independentemente do nível de classificação em que esteja posicionado, na forma do Anexo IV." (NR)

Art. 42. A Lei n. 11.892, de 29 de dezembro de 2008, passa a vigorar com as seguintes alterações:

"Art. 11..........................
§ 1º Poderão ser nomeados Pró-Reitores os servidores ocupantes de cargo efetivo da Carreira docente ou de cargo efetivo com nível superior da Carreira dos técnico-administrativos do Plano de Carreira dos Cargos Técnico-Administrativos em Educação, desde que possuam o mínimo de 5 (cinco) anos de efetivo exercício em instituição federal de educação profissional e tecnológica." (NR)

Art. 43. A parcela complementar de que tratam os §§ 2º e 3º do art. 15 da Lei n. 11.091, de 12 de janeiro de 2005, não será absorvida por força dos aumentos remuneratórios com efeitos financeiros no período de 2013 a 2017." *(Redação dada pela Lei n. 13.325/16)*

Art. 44. Os Anexos I-C, III e IV da Lei n. 11.091, de 2005, passam a vigorar na forma dos Anexos XV, XVI e XVII desta Lei.

Art. 45. O Anexo XLVII da Lei n. 12.702, de 7 de agosto de 2012, passa a vigorar na forma do Anexo XVIII desta Lei.

Art. 46. Os Anexos XX-A, XX-B, XXV-B e XXV-C da Lei n. 11.357, de 19 de outubro de 2006, passam a vigorar na forma dos Anexos XIX, XX, XXI e XXII desta Lei.

Art. 47. A Lei n. 11.784, de 22 de setembro de 2008, passa a vigorar acrescida dos Anexos LXXIV-A, LXXX-A, LXXV-A, LXXXI-A, LXXVII-A, LXXXIII-A, LXXIX-A e LXXXV-A, respectivamente na forma dos Anexos VII, VIII, IX, X, XI, XII, XIII e XIV desta Lei.

Art. 48. O § 3º do art. 1º da Lei n. 8.168, de 16 de janeiro de 1991, passa a vigorar com a seguinte redação:

"Art. 1º
§ 3º Poderão ser nomeados para cargo de direção ou designados para função gratificada servidores públicos federais da administração direta, autárquica ou fundacional não pertencentes ao quadro permanente da instituição de ensino, respeitado o limite de 10% (dez por cento) do total dos cargos e funções da instituição, admitindo-se, quanto aos cargos de direção, a nomeação de servidores já aposentados." (NR)

Art. 49. Esta Lei entra em vigor na data de sua publicação.

Art. 50. Ficam revogados, a partir de 1º de março de 2013, ou a partir da publicação desta Lei, se posterior àquela data:

I — os arts. 106, 107, 111, 112, 113, 114, 114-A, 115, 116, 117, 120 e os Anexos LXVIII, I XXI, I XXII, LXXIII, LXXIV, LXXVII, LXXVIII, LXXIX, LXXX, LXXXIII, LXXXIV e LXXXV da Lei n. 11.784, de 22 de setembro de 2008;

II — os arts. 4º, 5º, 6º-A, 7º-A, 10 e os Anexos III, IV, IV-A, V.-A e V-B da Lei n. 11.344, de 8 de setembro de 2006; e

III — o art. 4º da Lei n. 12.677, de 25 de junho de 2012.

Brasília, 28 de dezembro de 2012; 191º da Independência e 124º da República.

DILMA ROUSSEFF
MIRIAM BELCHIOR
DOU 31.12.2012

Lei n. 12.790, de 14 de março de 2013

Dispõe sobre a regulamentação do exercício da profissão de comerciário

A PRESIDENTA DA REPÚBLICA
Faço saber que o Congresso Nacional decreta e eu sanciono a seguinte Lei:

Art. 1º Aos comerciários, integrantes da categoria profissional de empregados no comércio, conforme o quadro de atividades e profissões do art. 577, combinado com o art. 511, ambos da Consolidação das Leis do Trabalho (CLT), aprovada pelo Decreto-Lei n. 5.452, de 1º de maio de 1943, aplicam-se os dispositivos da presente Lei, sem prejuízo das demais normas trabalhistas que lhes sejam aplicáveis.

Art. 2º Na Carteira de Trabalho e Previdência Social (CTPS), a atividade ou função desempenhada pelos empregados do comércio deverá ser especificada, desde que inexista a possibilidade de classificação por similaridade.

Art. 3º A jornada normal de trabalho dos empregados no comércio é de 8 (oito) horas diárias e 44 (quarenta e quatro) semanais.

§ 1º Somente mediante convenção coletiva ou acordo coletivo de trabalho poderá ser alterada a jornada normal de trabalho estabelecida no *caput* deste artigo.

§ 2º É admitida jornada de 6 (seis) horas para o trabalho realizado em turnos de revezamento, sendo vedada a utilização do mesmo empregado em mais de 1 (um) turno de trabalho, salvo negociação coletiva de trabalho.

Art. 4º O piso salarial será fixado em convenção ou acordo coletivo de trabalho, nos termos do inciso V do art. 7º da Constituição Federal.

Art. 5º (VETADO).

Art. 6º As entidades representativas das categorias econômica e profissional poderão, no âmbito da negociação coletiva, negociar a inclusão, no instrumento normativo, de cláusulas que instituam programas e ações de educação, formação e qualificação profissional.

Art. 7º É instituído o Dia do Comerciário, a ser comemorado no dia 30 de outubro de cada ano.

Art. 8º Esta Lei entra em vigor na data de sua publicação.

Brasília, 14 de março de 2013; 192º da Independência e 125º da República.

DILMA ROUSSEFF
JOSÉ EDUARDO CARDOZO
GUIDO MANTEGA
CARLOS DAUDT BRIZOLA GILBERTO CARVALHO
LUÍS INÁCIO LUCENA ADAMS
DOU 15.3.2013

Lei n. 12.800, de 23 de abril de 2013

Dispõe sobre as tabelas de salários, vencimentos, soldos e demais vantagens aplicáveis aos servidores civis, aos militares e aos empregados oriundos do ex-território federal de Rondônia integrantes do quadro em extinção de que trata o art. 85 da Lei n. 12.249, de 11 de junho de 2010, e dá outras providências

A PRESIDENTA DA REPÚBLICA
Faço saber que o Congresso Nacional decreta e eu sanciono a seguinte Lei:

CAPÍTULO I
Âmbito de Aplicação

Art. 1º Esta Lei dispõe sobre a remuneração dos servidores, os soldos dos militares e os salários dos empregados do ex-Território Federal de Rondônia e Municípios abrangidos pela Emenda Constitucional n. 60, de 11 de novembro de 2009, e integrantes do quadro em extinção de que trata o art. 85 da Lei n. 12.249, de 11 de junho de 2010.

Parágrafo único. Esta Lei também dispõe sobre a situação dos abrangidos pela Emenda Constitucional n. 79, de 27 de maio de 2014. (NR) *(Incluído pela Medida Provisória n. 660, de 24.11.2014, DOU ed. Extra 24.11.2014)*

CAPÍTULO II
Dos Servidores e dos Militares

Art. 2º Nos casos da opção para a inclusão em quadro em extinção da União de que tratam a Emenda Constitucional n. 60, de 2009, e a Emenda Constitucional n. 79, de 2014: *(Redação dada pela Medida Provisória n. 660, de 24.11.2014, DOU ed. Extra 24.11.2014)*

I — aplica-se aos policiais e bombeiros militares optantes o disposto nos arts. 3º, 4º e 5º;

II — aplica-se aos policiais civis optantes a tabela de subsídios de que trata o Anexo VI da Lei n. 11.358, de 19 de outubro de 2006; *(Redação dada pela Medida Provisória n. 660, de 24.11.2014, DOU ed. Extra 24.11.2014)*

III — aplicam-se aos integrantes das Carreiras de magistério optantes as tabelas de vencimento básico e retribuição por titulação de que trata o Anexo II; e

IV — aplicam-se aos demais servidores optantes as tabelas de vencimento básico e gratificação de desempenho do Plano de Classificação de Cargos dos ex-Territórios Federais — PCC-Ext, nos termos desta Lei. *(Redação dada pela Medida Provisória n. 660, de 24.11.2014, DOU ed. Extra 24.11.2014)*

§ 1º O posicionamento dos servidores optantes de que tratam os incisos I a IV do *caput* nas classes e padrões das tabelas remuneratórias ocorrerá da seguinte forma:

I — no caso dos policiais e bombeiros militares optantes de que trata o inciso I do *caput*, será observada a correlação direta do posto ou graduação ocupado em 1º de janeiro de 2014 ou na data da publicação do deferimento da opção de que trata o *caput*, se esta for posterior;

II — no caso dos policiais civis optantes de que trata o inciso II do *caput*, será considerada uma classe para cada 5 (cinco) anos de serviço prestado no cargo, contados em 1º de janeiro de 2014 ou na data da publicação do deferimento da opção de que trata o *caput*, se esta for posterior;

III — no caso dos servidores docentes do magistério optantes de que trata o inciso III do *caput*, será considerado um padrão para cada 18 (dezoito) meses de serviço prestado no cargo, contados em 1º de março de 2014 ou na data da publicação do deferimento da opção de que trata o *caput*, se esta for posterior, observado para a Classe "Titular" o requisito obrigatório de titulação de doutor; e

IV — no caso dos demais servidores optantes de que trata o inciso IV do *caput*, será considerado um padrão para cada 12 (doze) meses de serviço prestado no cargo, contados em 1º de janeiro de 2014 ou na data da publicação do deferimento da opção de que trata o *caput*, se esta for posterior.

§ 2º Os posicionamentos de que tratam os incisos II, III e IV do § 1º ocorrerão a partir do padrão inicial da tabela remuneratória aplicável ao servidor.

§ 3º Os servidores e os militares mencionados nos incisos I a IV do *caput*, sem prejuízo dos demais requisitos constitucionais, legais e regulamentares para ingresso no quadro em extinção de que trata o art. 85 da Lei n. 12.249, de 11 de junho de 2010, somente poderão optar pelo ingresso no referido quadro se ainda mantiverem o mesmo vínculo funcional efetivo com o Estado de Rondônia existente em 15 de março de 1987, ou, no caso dos servidores municipais, se mantiverem o mesmo vínculo funcional efetivo existente em 23 de dezembro de 1981, ressalvadas, em ambos os casos, as promoções e progressões obtidas em conformidade com a Constituição Federal.

§ 4º Aplica-se aos servidores e aos militares mencionados nos incisos I, II e III do *caput* o disposto no parágrafo único do art. 7º.

§ 5º O disposto nos incisos do *caput* será aplicado a partir da data de publicação do deferimento da opção de que trata o art. 86 da Lei n. 12.249, de 11 de junho de 2010, caso esta seja posterior à data respectiva prevista no *caput*.

§ 6º Sem prejuízo dos demais requisitos constitucionais, legais e regulamentares, somente poderão optar pelo ingresso em quadro em extinção da União: *(Incluído pela Medida Provisória n. 660, de 24.11.2014, DOU ed. Extra 24.11.2014)*

I — os servidores públicos federais da administração direta, autárquica e fundacional, os servidores municipais e os integrantes da carreira policial militar dos ex-Territórios Federais do Amapá e de Roraima que mantenham o mesmo vínculo funcional efetivo com os Estados de Roraima e do Amapá existente em 5 de outubro de 1988; *(Incluído pela Medida Provisória n. 660, de 24.11.2014, DOU ed. Extra 24.11.2014)*

II — os servidores e os policiais militares admitidos regularmente pelos governos dos Estados do Amapá e de Roraima no período entre 5 de outubro de 1988 e 4 de outubro de 1993 que mantenham o mesmo vínculo funcional efetivo com os Estados de Roraima e do Amapá; e *(Incluído pela Medida Provisória n. 660, de 24.11.2014, DOU ed. Extra 24.11.2014)*

III — os servidores nos Estados do Amapá e de Roraima com vínculo funcional reconhecido pela União. *(Incluído pela Medida Provisória n. 660, de 24.11.2014, DOU ed. Extra 24.11.2014)*

§ 7º A opção de que trata a Emenda Constitucional n. 79, de 2014, será exercida na forma do regulamento. (NR) *(Incluído pela Medida Provisória n. 660, de 24.11.2014, DOU ed. Extra 24.11.2014)*

Art. 3º A partir da data da publicação do deferimento da opção para a inclusão em quadro em extinção da União, a remuneração dos militares e bombeiros militares optantes de que trata o inciso I do *caput* do art. 2º compõe-se de: *(Redação dada pela Medida Provisória n. 660, de 24.11.2014, DOU ed. Extra 24.11.2014)*

I — soldo;
II — adicionais:
a) de Posto ou Graduação;
b) de Certificação Profissional;
c) de Operações Militares; e
d) de Tempo de Serviço, referente aos anuênios a que fizer jus o militar até o limite de 15% (quinze por cento) incidente sobre o soldo; e

III — gratificações:
a) Gratificação Especial de Função Militar — GEFM, de que trata o Anexo XVII da Lei n. 11.356, de 19 de outubro de 2006;
b) Gratificação de Incentivo à Função Militar dos antigos Territórios Federais de Rondônia, Roraima e Amapá e do antigo Distrito Federal — GFM, de que trata o Anexo XXXI da Lei n. 11.907, de 2 de fevereiro de 2009;
c) de Representação;
d) de função de Natureza Especial; e
e) de Serviço Voluntário.

§ 1º Aos policiais e bombeiros militares optantes aplicam-se as tabelas do Anexo I-A à Lei n. 10.486, de 4 de julho de 2002. *(Redação dada pela Medida Provisória n. 660, de 24.11.2014, DOU ed. extra 24.11.2014)*

§ 2º As gratificações e adicionais de que trata este artigo incidem sobre as tabelas de soldo de que trata o Anexo I-A à Lei n. 10.486, de 4 de julho de 2002, na forma e percentuais previstos nos Anexos II e III da Lei n. 10.486, de 2002. (NR) *(Redação dada pela Medida Provisória n. 660, de 24.11.2014, DOU ed. extra 24.11.2014)*

Art. 4º As vantagens instituídas pela Lei n. 10.486, de 4 de julho de 2002, estendem-se aos militares da ativa dos ex-Territórios Federais de Rondônia, do Amapá e de Roraima no que esta Lei não dispuser de forma diversa. (NR) *(Redação dada pela Medida Provisória n. 660, de 24.11.2014, DOU ed. extra 24.11.2014)*

Art. 5º Fica criado o Plano de Classificação de Cargos dos Ex-Territórios Federais — PCC-Ext, composto dos cargos efetivos de nível superior, intermediário e auxiliar dos ex-Territórios Federais de Rondônia, do Amapá e de Roraima e Municípios, integrantes do quadro em extinção da União, cujos ocupantes tenham obtido o deferimento da opção de que tratam a Emenda Constitucional n. 60, de 2009, e a Emenda Constitucional n. 79, de 2014. *(Redação dada pela Medida Provisória n. 660, de 24.11.2014, DOU ed. extra 24.11.2014)*

§ 1º Os cargos de níveis superior, intermediário e auxiliar dos optantes de que trata o *caput* serão enquadrados no PCC-Ext de acordo com as respectivas denominações, atribuições e requisitos de formação profissional. *(Redação dada pela Medida Provisória n. 660, de 24.11.2014, DOU ed. extra 24.11.2014)*

§ 2º Os cargos efetivos do PCC-Ext estão estruturados em classes e padrões, na forma do Anexo IV, observado o nível de escolaridade do cargo. (NR) *(Redação dada pela Medida Provisória n. 660, de 24.11.2014, DOU ed. extra 24.11.2014)*

§ 3º É vedada a mudança de nível de escolaridade do cargo ocupado pelo servidor em decorrência do disposto nesta Lei.

Art. 6º O desenvolvimento do PCC-Ext na estrutura de classes e padrões do Anexo IV ocorrerá por meio de progressão e promoção. *(Redação dada pela Medida Provisória n. 660, de 24.11.2014, DOU ed. extra 24.11.2014)*

§ 1º Para fins do disposto no *caput*, progressão é a passagem do servidor de um padrão para outro imediatamente superior, dentro de uma mesma classe, e promoção é a passagem do servidor do último padrão de uma classe para o padrão inicial da classe imediatamente superior.

§ 2º A progressão e a promoção do servidor do PCC-Ext observarão os seguintes requisitos: (NR) *(Redação dada pela Medida Provisória n. 660, de 24.11.2014, DOU ed. extra 24.11.2014)*

I — cumprimento de interstício mínimo de 12 (doze) meses em cada padrão, contados a partir do posicionamento de que trata o inciso IV do § 1º do art. 2º; e

II — avaliação de desempenho com resultado igual ou superior a 70% (setenta por cento) do seu valor máximo, para fins de progressão, e 80% (oitenta por cento) do seu valor máximo, para fins de promoção.

§ 3º A contagem de 12 (doze) meses de efetivo exercício para a progressão e para a promoção, conforme estabelecido no § 2º, será realizada em dias, descontados:

I — os afastamentos remunerados que não forem legalmente considerados de efetivo exercício; e

II — os afastamentos sem remuneração.

§ 4º A avaliação de desempenho de que trata o inciso II do § 2º será realizada pela chefia imediata do servidor e poderá ser a mesma utilizada para fins de pagamento da gratificação de desempenho de que trata o art. 7º.

§ 5º O disposto neste artigo não se aplica aos servidores que se encontrem no último padrão da última classe após o posicionamento de que trata o inciso IV do § 1º do art. 2º.

Art. 7º A estrutura remuneratória do PCC-Ext possui a seguinte composição: *(Redação dada pela Medida Provisória n. 660, de 24.11.2014, DOU ed. extra 24.11.2014)*

I — Vencimento Básico, conforme valores estabelecidos no Anexo V;

II — Gratificação de Desempenho do Plano de Cargos dos Ex-Territórios Federais — GDExt, observado o disposto no art. 8º e no Anexo VI; e *(Redação dada pela Medida Provisória n. 660, de 24.11.2014, DOU ed. extra 24.11.2014)*

III — Gratificação Específica de Atividades Auxiliares do PCC-Ext — GEAAPCC-Ext, devida exclusivamente aos integrantes dos cargos de nível auxiliar do PCC-Ext, nos valores constantes do Anexo V. *(Redação dada pela Medida Provisória n. 660, de 24.11.14, DOU ed. extra 24.11.14)*

Parágrafo único. O ingresso no quadro em extinção da União sujeita o servidor, a partir da data da publicação do deferimento da opção, à supressão das seguintes espécies remuneratórias percebidas em decorrência de legislação estadual ou municipal ou por decisão administrativa ou judicial: *(Redação dada pela Medida Provisória n. 660, de 24.11.2014, DOU ed. extra 24.11.2014)*

I — Vantagens Pessoais e Vantagens Pessoais Nominalmente Identificadas — VPNI, de qualquer origem e natureza, ressalvada a vantagem de que trata o § 1º do art. 12;

II — diferenças individuais e resíduos, de qualquer origem e natureza;

III — valores incorporados à remuneração decorrentes do exercício de função de direção, chefia ou assessoramento ou de cargo em comissão;

IV — valores incorporados à remuneração referentes a quintos ou décimos;

V — valores incorporados à remuneração referentes a adicional por tempo de serviço;

VI — abonos;

VII — valores pagos como representação;

VIII — adicional pelo exercício de atividades insalubres, perigosas ou penosas;

IX — adicional noturno;

X — adicional pela prestação de serviço extraordinário; e

XI — outras gratificações e adicionais, de qualquer origem e natureza, que não estejam explicitamente mencionados nos incisos I, II e III do *caput*.

Art. 8º Fica instituída a Gratificação de Desempenho do Plano de Classificação de Cargos dos Ex-Territórios Federais — GDExt, devida aos titulares dos cargos de provimento efetivo de níveis superior, intermediário e auxiliar do PCC-Ext. *(Redação dada pela Medida Provisória n. 660, de 24.11.2014, DOU ed. extra 24.11.2014)*

§ 1º A GDExt será paga observado o limite máximo de cem pontos e o mínimo de trinta pontos por servidor, correspondendo cada ponto, em seus respectivos níveis, classes e padrões, ao valor estabelecido no Anexo VI, produzindo efeitos financeiros a partir da data da publicação do deferimento da opção para a inclusão em quadro em extinção da União. *(Redação dada pela Medida Provisória n. 660, de 24.11.2014, DOU ed. extra 24.11.2014)*

§ 2º A pontuação referente ao pagamento da GDExt será obtida por meio de avaliação de desempenho individual realizada pela chefia imediata do servidor, que considerará critérios e fatores que reflitam as competências do servidor aferidas no desempenho individual das tarefas e atividades. *(Redação dada pela Medida Provisória n. 660, de 24.11.2014, DOU ed. extra 24.11.2014)*

§ 3º No caso de impossibilidade de realização de avaliação de desempenho, ou até que seja processado o resultado da primeira avaliação, o servidor de que trata o *caput* fará jus à percepção da GDExt no valor de oitenta pontos. *(Redação dada pela Medida Provisória n. 660, de 24.11.2014, DOU ed. extra 24.11.2014)*

§ 4º Para fins de incorporação da GDExt aos proventos da aposentadoria ou às pensões, serão adotados os seguintes critérios: *(Redação dada pela Medida Provisória n. 660, de 24.11.2014, DOU ed. extra 24.11.2014)*

I — o valor equivalente à média dos pontos recebidos nos últimos 60 (sessenta) meses, quando percebida a gratificação por período igual ou superior a 60 (sessenta) meses, aos servidores que tenham por fundamento de aposentadoria o disposto nos arts. 3º e 6º da Emenda Constitucional n. 41, de 19 de dezembro de 2003, no art. 3º da Emenda Constitucional n. 47, de 5 de julho de 2005, e aos abrangidos pelo art. 6º-A da Emenda Constitucional n. 41, de 19 de dezembro de 2003;

II — o valor equivalente a 50 (cinquenta) pontos, quando percebida a gratificação por período inferior a 60 (sessenta) meses, aos servidores que tenham por fundamento de aposentadoria o disposto nos art. 3º e 6º da Emenda Constitucional n. 41, de 19 de dezembro de 2003, no art. 3º da Emenda Constitucional n. 47, de 5 de julho de 2005, e aos abrangidos pelo art. 6º-A da Emenda Constitucional n. 41, de 19 de dezembro de 2003;

III — aos beneficiários de pensão amparados pelo parágrafo único do art. 3º da Emenda Constitucional n. 47, de 5 de julho de 2005, e pelo art. 6º-A da Emenda Constitucional n. 41, de 19 de dezembro de 2003, aplica-se o disposto nos incisos I e II, conforme interstício cumprido pelo instituidor; e

IV — aos demais servidores e pensionistas aplica-se o disposto na Lei n. 10.887, de 18 de junho de 2004, ou na Lei n 12.618, de 30 de abril de 2012, conforme o regramento previdenciário aplicável.

§ 5º Os critérios e procedimentos específicos de avaliação de desempenho serão estabelecidos em ato do Poder Executivo federal.

§ 6º O resultado da primeira avaliação gerará efeitos financeiros a partir da data da publicação do ato regulamentar de que trata o § 5º, devendo ser compensadas eventuais diferenças pagas a maior ou a menor até aquela data.

§ 7º A GDExt não poderá ser paga cumulativamente com qualquer outra gratificação de desempenho ou produtividade, independentemente da sua denominação ou base de cálculo. (NR) *(Redação dada pela Medida Provisória n. 660, de 24.11.2014, DOU ed. extra 24.11.2014)*

CAPÍTULO III
Dos Empregados

Art. 9º O reconhecimento de vínculo do empregado da administração direta, autárquica e fundacional ocorrerá exclusivamente no emprego ocupado na data de entrega do requerimento de opção para a inclusão em quadro em extinção da União. *(Redação dada pela Medida Provisória n. 660, de 24.11.2014, DOU ed. extra 24.11.2014)*

§ 1º No caso do ex-Território Federal de Rondônia, sem prejuízo dos demais requisitos constitucionais, legais e regulamentares para ingresso no quadro em extinção de que trata o art. 85 da Lei n. 12.249, de 11 de junho de 2010, o direito de opção aplica-se apenas: *(Redação dada pela Medida Provisória n. 660, de 24.11.2014, DOU ed. extra 24.11.2014)*

I — aos empregados estaduais que tenham mantido vínculo empregatício amparado pelo mesmo contrato de trabalho em vigor em 15 de março de 1987; e *(Redação dada pela Medida Provisória n. 660, de 24.11.2014, DOU ed. extra 24.11.2014)*

II — aos empregados municipais que tenham mantido vínculo empregatício amparado pelo mesmo contrato de trabalho em vigor em 23 de dezembro de 1981.

§ 2º No caso dos ex-Territórios Federais de Roraima e do Amapá, sem prejuízo dos demais requisitos constitucionais, legais e regulamentares para ingresso em quadro em extinção da União, o direito de opção aplica-se apenas:

I — aos empregados que tenham mantido vínculo empregatício amparado pelo mesmo contrato de trabalho em vigor em 5 de outubro de 1988; e *(Redação dada pela Medida Provisória n. 660, de 24.11.2014, DOU ed. extra 24.11.2014)*

II — aos empregados admitidos pelos Estados de Roraima e do Amapá no período entre 5 de outubro de 1988 e 4 de outubro de 1993 que tenham mantido vínculo empregatício amparado pelo mesmo contrato de trabalho, observado o disposto no § 1º do art. 31 da Emenda Constitucional n. 19, de 4 de junho de 1998. *(Redação dada pela Medida Provisória n. 660, de 24.11.2014, DOU ed. extra 24.11.2014)*

§ 3º Os empregados de que trata este artigo permanecerão vinculados ao Regime Geral de Previdência Social de que trata o art. 201 da Constituição. (NR) *(Redação dada pela Medida Provisória n. 660, de 24.11.2014, DOU ed. extra 24.11.2014)*

Art. 10. A partir da data da publicação do deferimento da opção para a inclusão em quadro em extinção da União, aplica-se aos empregados públicos optantes a tabela de salários de que trata o Anexo VII. *(Redação dada pela Medida Provisória n. 660, de 24.11.2014, DOU ed. extra 24.11.2014)*

§ 1º O posicionamento dos empregados nas tabelas de que trata o Anexo VII observará:

I — o nível de escolaridade do emprego ocupado na data da entrega do requerimento da opção, observado os §§ 1º e 2º do art. 9º; e *(Redação dada pela Medida Provisória n. 660, de 24.11.2014, DOU ed. extra 24.11.2014)*

II — a contagem de um padrão para cada doze meses de serviço prestado no emprego, contados da data da publicação do deferimento da opção para a inclusão em quadro em extinção da União. *(Redação dada pela Medida Provisória n. 660, de 24.11.2014, DOU ed. extra 24.11.2014)*

§ 2º Para a progressão e a promoção do empregado será observado o cumprimento de interstício mínimo de 12 (doze) meses em cada padrão, contados a partir do posicionamento de que trata o § 1º.

§ 3º A contagem de 12 (doze) meses de exercício para a progressão e a promoção, conforme estabelecido no § 2º, será realizada em dias, descontados os períodos de suspensão do contrato de trabalho.

§ 4º Para os fins do disposto no § 3º, as situações reconhecidas pela Lei n. 8.112, de 11 de dezembro de 1990, como licença remunerada de efetivo exercício não ensejarão desconto na contagem para a progressão e a promoção.

§ 5º O ingresso em quadro em extinção da União sujeita o empregado, a partir da data da publicação do deferimento da opção, à supressão de quaisquer valores ou vantagens concedidos por decisão administrativa, judicial ou extensão administrativa de decisão judicial, de natureza geral ou individual, ainda que decorrentes de sentença judicial transitada em julgado, observado o disposto no § 2º do art. 12. (NR) *(Redação dada pela Medida Provisória n. 660, de 24.11.2014, DOU ed. extra 24.11.2014)*

Art. 11. Aos empregados de que trata o art. 9º serão devidos os auxílios transporte e alimentação, observadas as normas e regulamentos aplicáveis aos servidores públicos federais.

CAPÍTULO IV
Disposições Finais

Art. 12. A aplicação das disposições relativas ao salário dos empregados e à estrutura

remuneratória dos servidores e dos militares abrangidos por esta Lei não poderá implicar redução de remuneração.

§ 1º Na hipótese de redução da remuneração de servidores ou militares em decorrência do disposto nesta Lei, eventual diferença será paga como VPNI, de natureza provisória, que será gradativamente absorvida por ocasião do desenvolvimento por progressão ou promoção, da reorganização ou da reestruturação dos cargos ou das remunerações previstas nesta Lei, ou da concessão de reajuste ou vantagem de qualquer natureza.

§ 2º Na hipótese de redução do salário dos empregados de que trata o art. 9º em decorrência do disposto nesta Lei, eventual diferença será paga como complementação salarial de natureza provisória, que será gradativamente absorvida por ocasião do desenvolvimento por progressão ou promoção, da reestruturação da tabela remuneratória referida no art. 10 ou da concessão de reajuste ou vantagem de qualquer natureza.

§ 3º A VPNI e a complementação salarial provisória de que tratam os §§ 1º e 2º estarão sujeitas exclusivamente à atualização decorrente de revisão geral da remuneração dos servidores públicos federais.

Art. 13. Os servidores, os militares e os empregados optantes de que trata esta Lei continuarão prestando serviço aos respectivos Estados ou Municípios, na condição de cedidos, sem ônus para o cessionário, até que sejam aproveitados em órgão ou entidade da administração federal direta, autárquica ou fundacional. (NR) *(Redação dada pela Medida Provisória n. 660, de 24.11.2014, DOU ed. extra 24.11.2014)*

Parágrafo único. O aproveitamento será regulamentado por ato do Poder Executivo federal.

Art. 14. Fica a União, por meio do Ministro de Estado do Planejamento, Orçamento e Gestão, autorizada a celebrar convênio de cooperação com os Estados de Rondônia, do Amapá e de Roraima e seus Municípios, para a delegação da prática de atos referentes à promoção, movimentação, reforma, licenciamento, exclusão, exoneração e outros atos disciplinares, inclusive a aplicação de penalidades, e administrativos, previstos nos regulamentos das corporações e nesta Lei, referentes aos policiais e bombeiros militares, aos policiais civis, aos servidores de que tratam os incisos III e IV do *caput* do art. 2º e aos empregados de que trata o art. 9º. (NR) *(Redação dada pela Medida Provisória n. 660, de 24.11.2014, DOU ed. extra 24.11.2014)*

Parágrafo único. O convênio estabelecerá, para cada exercício financeiro, os limites de aumento da despesa decorrentes do desempenho das competências nele referidas, observadas as dotações orçamentárias consignadas na lei orçamentária anual.

Art. 15. A autoridade do ente cessionário que tiver ciência de irregularidade no serviço público praticada por servidor oriundo dos ex-Territórios Federais de Rondônia, do Amapá e de Roraima e seus Municípios, de que trata esta Lei, promoverá sua apuração imediata, inclusive sobre fatos pretéritos, nos termos da Lei n. 8.112, de 11 de dezembro de 1990.(NR) *(Redação dada pela Medida Provisória n. 660, de 24.11.2014, DOU ed. extra 24.11.2014)*

Art. 16. Os servidores integrantes do PCC-Ext e os referidos nos incisos II e III do *caput* do art. 2º ficam submetidos ao regime jurídico instituído pela Lei n. 8.112, de 11 de dezembro de 1990. (NR) *(Redação dada pela Medida Provisória n. 660, de 24.11.2014, DOU ed. extra 24.11.2014)*

Art. 17. Os empregados de que trata o art. 9º ficam submetidos ao regime jurídico disciplinado pela Consolidação das Leis do Trabalho — CLT, aprovada pelo Decreto-Lei n. 5.452, de 1º de maio de 1943.

Art. 18. Os cargos de que trata esta Lei serão automaticamente extintos quando ocorrer a sua vacância.

Art. 19. Os empregos de que trata esta Lei serão automaticamente extintos em qualquer hipótese de rescisão do contrato de trabalho.

Art. 20. Ressalvado o disposto no § 1º do art. 2º, o tempo de serviço público estadual e municipal anterior à publicação desta Lei somente será contado para fins de aposentadoria e disponibilidade.

Art. 21. A aplicação das determinações desta Lei não representa, para efeito de aposentadoria, descontinuidade em relação às Carreiras, aos cargos e às atribuições atuais desenvolvidas pelos servidores ocupantes de cargos efetivos.

Art. 22. Na hipótese de realização de serviço extraordinário ou em período noturno pelos integrantes do quadro em extinção da União, enquanto permanecerem a serviço dos Estados de Rondônia, do Amapá e de Roraima ou de seus Municípios, eventual ônus financeiro caberá ao ente cessionário. (NR) *(Redação dada pela Medida Provisória n. 660, de 24.11.2014, DOU ed. extra 24.11.2014)*

Art. 23. Fica estabelecido o prazo de 90 (noventa) dias, a contar da data da publicação desta Lei, para o exercício da opção de que trata o art. 86 da Lei n. 12.249, de 11 de junho de 2010, pelos servidores civis, militares e empregados do ex-Território Federal de Rondônia e Municípios abrangidos pela Emenda Constitucional n. 60, de 11 de novembro de 2009.

Parágrafo único. O prazo poderá ser prorrogado 1 (uma) única vez, por igual período, por ato do Ministro de Estado do Planejamento, Orçamento e Gestão.

Art. 23-A. Os servidores que integram o Plano de Classificação de Cargos do Quadro em Extinção do ex-Território Federal de Rondônia — PCC-RO passam a integrar o PCC-Ext. (NR) *(Acrescentado pela Medida Provisória n. 660, de 24.11.2014, DOU ed. extra 24.11.2014)*

Art. 24. Esta Lei entra em vigor na data de sua publicação.

Brasília, 23 de abril de 2013; 192º da Independência e 125º da República.

DILMA ROUSSEFF
MIRIAM BELCHIOR
DOU 24.4.2013

Lei n. 12.813, de 16 de maio de 2013

Dispõe sobre o conflito de interesses no exercício de cargo ou emprego do poder executivo federal e impedimentos posteriores ao exercício do cargo ou emprego; e revoga dispositivos da Lei n. 9.986, de 18 de julho de 2000, e das Medidas Provisórias ns. 2.216-37, de 31 de agosto de 2001, e 2.225-45, de 4 de setembro de 2001

A PRESIDENTA DA REPÚBLICA
Faço saber que o Congresso Nacional decreta e eu sanciono a seguinte Lei:

CAPÍTULO I
Disposições Gerais

Art. 1º As situações que configuram conflito de interesses envolvendo ocupantes de cargo ou emprego no âmbito do Poder Executivo federal, os requisitos e restrições a ocupantes de cargo ou emprego que tenham acesso a informações privilegiadas, os impedimentos posteriores ao exercício do cargo ou emprego e as competências para fiscalização, avaliação e prevenção de conflitos de interesses regulam-se pelo disposto nesta Lei.

Art. 2º Submetem-se ao regime desta Lei os ocupantes dos seguintes cargos e empregos:

I — de ministro de Estado;

II — de natureza especial ou equivalentes;

III — de presidente, vice-presidente e diretor, ou equivalentes, de autarquias, fundações públicas, empresas públicas ou sociedades de economia mista; e

IV — do Grupo-Direção e Assessoramento Superiores — DAS, níveis 6 e 5 ou equivalentes.

PARÁGRAFO ÚNICO. Além dos agentes públicos mencionados nos incisos I a IV, sujeitam-se ao disposto nesta Lei os ocupantes de cargos ou empregos cujo exercício proporcione acesso a informação privilegiada capaz de trazer vantagem econômica ou financeira para o agente público ou para terceiro, conforme definido em regulamento.

Art. 3º Para os fins desta Lei, considera-se:

I — conflito de interesses: a situação gerada pelo confronto entre interesses públicos e privados, que possa comprometer o interesse coletivo ou influenciar, de maneira imprópria, o desempenho da função pública; e

II — informação privilegiada: a que diz respeito a assuntos sigilosos ou aquela relevante ao processo de decisão no âmbito do Poder Executivo federal que tenha repercussão econômica ou financeira e que não seja de amplo conhecimento público.

Art. 4º O ocupante de cargo ou emprego no Poder Executivo federal deve agir de modo a prevenir ou a impedir possível conflito de interesses e a resguardar informação privilegiada.

§ 1º No caso de dúvida sobre como prevenir ou impedir situações que configurem conflito de interesses, o agente público deverá consultar a Comissão de Ética Pública, criada no âmbito do Poder Executivo federal, ou a Controladoria-Geral da União, conforme o disposto no parágrafo único do art. 8º desta Lei.

§ 2º A ocorrência de conflito de interesses independe da existência de lesão ao patrimônio público, bem como do recebimento de qualquer vantagem ou ganho pelo agente público ou por terceiro.

CAPÍTULO II
Das Situações que Configuram Conflito de Interesses no Exercício do Cargo ou Emprego

Art. 5º Configura conflito de interesses no exercício de cargo ou emprego no âmbito do Poder Executivo federal:

I — divulgar ou fazer uso de informação privilegiada, em proveito próprio ou de terceiro, obtida em razão das atividades exercidas;

II — exercer atividade que implique a prestação de serviços ou a manutenção de relação de negócio com pessoa física ou jurídica que tenha interesse em decisão do agente público ou de colegiado do qual este participe;

§ 3º O disposto nos incisos IX e X do § 1º não se aplica à embarcação militar que não esteja praticando comércio.

§ 4º A autoridade marítima responsável pela segurança do tráfego pode intervir para assegurar aos navios da Marinha do Brasil a prioridade para atracação no porto.

§ 5º (VETADO).

Art. 18. Dentro dos limites da área do porto organizado, compete à administração do porto:

I — sob coordenação da autoridade marítima:

a) estabelecer, manter e operar o balizamento do canal de acesso e da bacia de evolução do porto;

b) delimitar as áreas de fundeadouro, de fundeio para carga e descarga, de inspeção sanitária e de polícia marítima;

c) delimitar as áreas destinadas a navios de guerra e submarinos, plataformas e demais embarcações especiais, navios em reparo ou aguardando atracação e navios com cargas inflamáveis ou explosivas;

d) estabelecer e divulgar o calado máximo de operação dos navios, em função dos levantamentos batimétricos efetuados sob sua responsabilidade; e

e) estabelecer e divulgar o porte bruto máximo e as dimensões máximas dos navios que trafegarão, em função das limitações e características físicas do cais do porto;

II — sob coordenação da autoridade aduaneira:

a) delimitar a área de alfandegamento; e

b) organizar e sinalizar os fluxos de mercadorias, veículos, unidades de cargas e de pessoas.

Art. 19. A administração do porto poderá, a critério do poder concedente, explorar direta ou indiretamente áreas não afetas às operações portuárias, observado o disposto no respectivo Plano de Desenvolvimento e Zoneamento do Porto.

Parágrafo único. O disposto no *caput* não afasta a aplicação das normas de licitação e contratação pública quando a administração do porto for exercida por órgão ou entidade sob controle estatal.

Art. 20. Será instituído em cada porto organizado um conselho de autoridade portuária, órgão consultivo da administração do porto.

§ 1º O regulamento disporá sobre as atribuições, o funcionamento e a composição dos conselhos de autoridade portuária, assegurada a participação de representantes da classe empresarial, dos trabalhadores portuários e do Poder Público.

§ 2º A representação da classe empresarial e dos trabalhadores no conselho a que alude o *caput* será paritária.

§ 3º A distribuição das vagas no conselho a que alude o *caput* observará a seguinte proporção:

I — 50% (cinquenta por cento) de representantes do poder público;

II — 25% (vinte e cinco por cento) de representantes da classe empresarial; e

III — 25% (vinte e cinco por cento) de representantes da classe trabalhadora.

Art. 21. Fica assegurada a participação de um representante da classe empresarial e outro da classe trabalhadora no conselho de administração ou órgão equivalente da administração do porto, quando se tratar de entidade sob controle estatal, na forma do regulamento.

Parágrafo único. A indicação dos representantes das classes empresarial e trabalhadora a que alude o *caput* será feita pelos respectivos representantes no conselho de autoridade portuária.

Art. 22. A Secretaria de Portos da Presidência da República coordenará a atuação integrada dos órgãos e entidades públicos nos portos organizados e instalações portuárias, com a finalidade de garantir a eficiência e a qualidade de suas atividades, nos termos do regulamento.

Seção II
Da Administração Aduaneira nos Portos Organizados e nas Instalações Portuárias Alfandegadas

Art. 23. A entrada ou saída de mercadorias procedentes do exterior ou a ele destinadas somente poderá efetuar-se em portos ou instalações portuárias alfandegados.

Parágrafo único. O alfandegamento de portos organizados e instalações portuárias destinados à movimentação e armazenagem de mercadorias importadas ou à exportação será efetuado após cumpridos os requisitos previstos na legislação específica.

Art. 24. Compete ao Ministério da Fazenda, por intermédio das repartições aduaneiras:

I — cumprir e fazer cumprir a legislação que regula a entrada, a permanência e a saída de quaisquer bens ou mercadorias do País;

II — fiscalizar a entrada, a permanência, a movimentação e a saída de pessoas, veículos, unidades de carga e mercadorias, sem prejuízo das atribuições das outras autoridades no porto;

III — exercer a vigilância aduaneira e reprimir o contrabando e o descaminho, sem prejuízo das atribuições de outros órgãos;

IV — arrecadar os tributos incidentes sobre o comércio exterior;

V — proceder ao despacho aduaneiro na importação e na exportação;

VI — proceder à apreensão de mercadoria em situação irregular, nos termos da legislação fiscal;

VII — autorizar a remoção de mercadorias da área portuária para outros locais, alfandegados ou não, nos casos e na forma prevista na legislação aduaneira;

VIII — administrar a aplicação de regimes suspensivos, exonerativos ou devolutivos de tributos às mercadorias importadas ou a exportar;

IX — assegurar o cumprimento de tratados, acordos ou convenções internacionais no plano aduaneiro; e

X — zelar pela observância da legislação aduaneira e pela defesa dos interesses fazendários nacionais.

§ 1º No exercício de suas atribuições, a autoridade aduaneira terá livre acesso a quaisquer dependências do porto ou instalação portuária, às embarcações atracadas ou não e aos locais onde se encontrem mercadorias procedentes do exterior ou a ele destinadas.

§ 2º No exercício de suas atribuições, a autoridade aduaneira poderá, sempre que julgar necessário, requisitar documentos e informações e o apoio de força pública federal, estadual ou municipal.

CAPÍTULO V
Da Operação Portuária

Art. 25. A pré-qualificação do operador portuário será efetuada perante a administração do porto, conforme normas estabelecidas pelo poder concedente.

§ 1º As normas de pré-qualificação devem obedecer aos princípios da legalidade, impessoalidade, moralidade, publicidade e eficiência.

§ 2º A administração do porto terá prazo de 30 (trinta) dias, contado do pedido do interessado, para decidir sobre a pré-qualificação.

§ 3º Em caso de indeferimento do pedido mencionado no § 2º, caberá recurso, no prazo de 15 (quinze) dias, dirigido à Secretaria de Portos da Presidência da República, que deverá apreciá-lo no prazo de 30 (trinta) dias, nos termos do regulamento.

§ 4º Considera-se pré-qualificada como operador portuário a administração do porto.

Art. 26. O operador portuário responderá perante:

I — a administração do porto pelos danos culposamente causados à infraestrutura, às instalações e ao equipamento de que a administração do porto seja titular, que se encontre a seu serviço ou sob sua guarda;

II — o proprietário ou consignatário da mercadoria, pelas perdas e danos que ocorrerem durante as operações que realizar ou em decorrência delas;

III — o armador pelas avarias ocorridas na embarcação ou na mercadoria dada a transporte;

IV — o trabalhador portuário pela remuneração dos serviços prestados e respectivos encargos;

V — o órgão local de gestão de mão de obra do trabalho avulso pelas contribuições não recolhidas;

VI — os órgãos competentes pelo recolhimento dos tributos incidentes sobre o trabalho portuário avulso;

VII — a autoridade aduaneira pelas mercadorias sujeitas a controle aduaneiro, no período em que lhe estejam confiadas ou quando tenha controle ou uso exclusivo de área onde se encontrem depositadas ou devam transitar.

Parágrafo único. Compete à administração do porto responder pelas mercadorias a que se referem os incisos II e VII do *caput* quando estiverem em área por ela controlada e após o seu recebimento, conforme definido pelo regulamento de exploração do porto.

Art. 27. As atividades do operador portuário estão sujeitas às normas estabelecidas pela ANTAQ.

§ 1º O operador portuário é titular e responsável pela coordenação das operações portuárias que efetuar.

§ 2º A atividade de movimentação de carga a bordo da embarcação deve ser executada de acordo com a instrução de seu comandante ou de seus prepostos, responsáveis pela segurança da embarcação nas atividades de arrumação ou retirada da carga, quanto à segurança da embarcação.

Art. 28. É dispensável a intervenção de operadores portuários em operações:

I — que, por seus métodos de manipulação, suas características de automação ou mecanização, não requeiram a utilização de mão de obra ou possam ser executadas exclusivamente pela tripulação das embarcações;

II — de embarcações empregadas:

a) em obras de serviços públicos nas vias aquáticas do País, executadas direta ou indiretamente pelo Poder Público;

b) no transporte de gêneros de pequena lavoura e da pesca, para abastecer mercados de âmbito municipal;

V — (VETADO).

§ 1º A autorização será formalizada por meio de contrato de adesão, que conterá as cláusulas essenciais previstas no *caput* do art. 5º, com exceção daquelas previstas em seus incisos IV e VIII.

§ 2º A autorização de instalação portuária terá prazo de até 25 (vinte e cinco) anos, prorrogável por períodos sucessivos, desde que:

I — a atividade portuária seja mantida; e

II — o autorizatário promova os investimentos necessários para a expansão e modernização das instalações portuárias, na forma do regulamento.

§ 3º A ANTAQ adotará as medidas para assegurar o cumprimento dos cronogramas de investimento previstos nas autorizações e poderá exigir garantias ou aplicar sanções, inclusive a cassação da autorização.

§ 4º (VETADO).

Art. 9º Os interessados em obter a autorização de instalação portuária poderão requerê-la à ANTAQ a qualquer tempo, na forma do regulamento.

§ 1º Recebido o requerimento de autorização de instalação portuária, a ANTAQ deverá:

I — publicar o extrato do requerimento, inclusive na internet; e

II — promover a abertura de processo de anúncio público, com prazo de 30 (trinta) dias, para identificar a existência de outros interessados na obtenção de autorização de instalação portuária na mesma região e com características semelhantes.

§ 2º (VETADO).

§ 3º (VETADO).

Art. 10. O poder concedente poderá determinar à ANTAQ, a qualquer momento e em consonância com as diretrizes do planejamento e das políticas do setor portuário, a abertura de processo de chamada pública para identificar a existência de interessados na obtenção de autorização de instalação portuária, na forma do regulamento e observado o prazo previsto no inciso II do § 1º do art. 9º.

Art. 11. O instrumento da abertura de chamada ou anúncio público indicará obrigatoriamente os seguintes parâmetros:

I — a região geográfica na qual será implantada a instalação portuária;

II — o perfil das cargas a serem movimentadas; e

III — a estimativa do volume de cargas ou de passageiros a ser movimentado nas instalações portuárias.

Parágrafo único. O interessado em autorização de instalação portuária deverá apresentar título de propriedade, inscrição de ocupação, certidão de aforamento, cessão de direito real ou outro instrumento jurídico que assegure o direito de uso e fruição do respectivo terreno, além de outros documentos previstos no instrumento de abertura.

Art. 12. Encerrado o processo de chamada ou anúncio público, o poder concedente deverá analisar a viabilidade locacional das propostas e sua adequação às diretrizes do planejamento e das políticas do setor portuário.

§ 1º Observado o disposto no regulamento, poderão ser expedidas diretamente as autorizações de instalação portuária quando:

I — o processo de chamada ou anúncio público seja concluído com a participação de um único interessado; ou

II — havendo mais de uma proposta, não haja impedimento locacional à implantação de todas elas de maneira concomitante.

§ 2º Havendo mais de uma proposta e impedimento locacional que inviabilize sua implantação de maneira concomitante, a ANTAQ deverá promover processo seletivo público, observados os princípios da legalidade, impessoalidade, moralidade, publicidade e eficiência.

§ 3º O processo seletivo público de que trata o § 2º atenderá ao disposto no regulamento e considerará como critério de julgamento, de forma isolada ou combinada, a maior capacidade de movimentação, a menor tarifa ou o menor tempo de movimentação de carga, e outros estabelecidos no edital.

§ 4º Em qualquer caso, somente poderão ser autorizadas as instalações portuárias compatíveis com as diretrizes do planejamento e das políticas do setor portuário, na forma do *caput*.

Art. 13. A ANTAQ poderá disciplinar as condições de acesso, por qualquer interessado, em caráter excepcional, às instalações portuárias autorizadas, assegurada remuneração adequada ao titular da autorização.

Seção III
Dos Requisitos para a Instalação dos Portos e Instalações Portuárias

Art. 14. A celebração do contrato de concessão ou arrendamento e a expedição de autorização serão precedidas de:

I — consulta à autoridade aduaneira;

II — consulta ao respectivo Poder Público municipal; e

III — emissão, pelo órgão licenciador, do termo de referência para os estudos ambientais com vistas ao licenciamento.

Seção IV
Da Definição da Área de Porto Organizado

Art. 15. Ato do Presidente da República disporá sobre a definição da área dos portos organizados, a partir de proposta da Secretaria de Portos da Presidência da República.

Parágrafo único. A delimitação da área deverá considerar a adequação dos acessos marítimos e terrestres, os ganhos de eficiência e competitividade decorrente da escala das operações e as instalações portuárias já existentes.

CAPÍTULO III
Do Poder Concedente

Art. 16. Ao poder concedente compete:

I — elaborar o planejamento setorial em conformidade com as políticas e diretrizes de logística integrada;

II — definir as diretrizes para a realização dos procedimentos licitatórios, das chamadas públicas e dos processos seletivos de que trata esta Lei, inclusive para os respectivos editais e instrumentos convocatórios;

III — celebrar os contratos de concessão e arrendamento e expedir as autorizações de instalação portuária, devendo a ANTAQ fiscalizá-los em conformidade com o disposto na Lei n. 10.233, de 5 de junho de 2001; e

IV — estabelecer as normas, os critérios e os procedimentos para a pré-qualificação dos operadores portuários.

§ 1º Para os fins do disposto nesta Lei, o poder concedente poderá celebrar convênios ou instrumentos congêneres de cooperação técnica e administrativa com órgãos e entidades da administração pública federal, dos Estados, do Distrito Federal e dos Municípios, inclusive com repasse de recursos.

§ 2º No exercício da competência prevista no inciso II do *caput*, o poder concedente deverá ouvir previamente a Agência Nacional do Petróleo, Gás Natural e Biocombustíveis sempre que a licitação, a chamada pública ou o processo seletivo envolver instalações portuárias voltadas à movimentação de petróleo, gás natural, seus derivados e biocombustíveis.

CAPÍTULO IV
Da Administração do Porto Organizado

Seção I
Das Competências

Art. 17. A administração do porto é exercida diretamente pela União, pela delegatária ou pela entidade concessionária do porto organizado.

§ 1º Compete à administração do porto organizado, denominada autoridade portuária:

I — cumprir e fazer cumprir as leis, os regulamentos e os contratos de concessão;

II — assegurar o gozo das vantagens decorrentes do melhoramento e aparelhamento do porto ao comércio e à navegação;

III — pré-qualificar os operadores portuários, de acordo com as normas estabelecidas pelo poder concedente;

IV — arrecadar os valores das tarifas relativas às suas atividades;

V — fiscalizar ou executar as obras de construção, reforma, ampliação, melhoramento e conservação das instalações portuárias;

VI — fiscalizar a operação portuária, zelando pela realização das atividades com regularidade, eficiência, segurança e respeito ao meio ambiente;

VII — promover a remoção de embarcações ou cascos de embarcações que possam prejudicar o acesso ao porto;

VIII — autorizar a entrada e saída, inclusive atracação e desatracação, o fundeio e o tráfego de embarcação na área do porto, ouvidas as demais autoridades do porto;

IX — autorizar a movimentação de carga das embarcações, ressalvada a competência da autoridade marítima em situações de assistência e salvamento de embarcação, ouvidas as demais autoridades do porto;

X — suspender operações portuárias que prejudiquem o funcionamento do porto, ressalvados os aspectos de interesse da autoridade marítima responsável pela segurança do tráfego aquaviário;

XI — reportar infrações e representar perante a ANTAQ, visando à instauração de processo administrativo e aplicação das penalidades previstas em lei, em regulamento e nos contratos;

XII — adotar as medidas solicitadas pelas demais autoridades no porto;

XIII — prestar apoio técnico e administrativo ao conselho de autoridade portuária e ao órgão de gestão de mão de obra;

XIV — estabelecer o horário de funcionamento do porto, observadas as diretrizes da Secretaria de Portos da Presidência da República, e as jornadas de trabalho no cais de uso público; e

XV — organizar a guarda portuária, em conformidade com a regulamentação expedida pelo poder concedente.

§ 2º A autoridade portuária elaborará e submeterá à aprovação da Secretaria de Portos da Presidência da República o respectivo Plano de Desenvolvimento e Zoneamento do Porto.

§ 2º A exploração indireta das instalações portuárias localizadas fora da área do porto organizado ocorrerá mediante autorização, nos termos desta Lei.

§ 3º As concessões, os arrendamentos e as autorizações de que trata esta Lei serão outorgados a pessoa jurídica que demonstre capacidade para seu desempenho, por sua conta e risco.

Art. 2º Para fins desta Lei, consideram-se:

I — porto organizado: bem público construído e aparelhado para atender a necessidades de navegação, de movimentação de passageiros ou de movimentação e armazenagem de mercadorias, e cujo tráfego e operações portuárias estejam sob jurisdição de autoridade portuária;

II — área do porto organizado: área delimitada por ato do Poder Executivo, que compreende as instalações portuárias e a infraestrutura de proteção e de acesso ao porto organizado;

III — instalação portuária: instalação localizada dentro ou fora da área do porto organizado e utilizada em movimentação de passageiros, em movimentação ou armazenagem de mercadorias, destinadas ou provenientes de transporte aquaviário;

IV — terminal de uso privado: instalação portuária explorada mediante autorização e localizada fora da área do porto organizado;

V — estação de transbordo de cargas: instalação portuária explorada mediante autorização, localizada fora da área do porto organizado e utilizada exclusivamente para operação de transbordo de mercadorias em embarcações de navegação interior ou cabotagem;

VI — instalação portuária pública de pequeno porte: instalação portuária explorada mediante autorização, localizada fora do porto organizado e utilizada em movimentação de passageiros ou mercadorias em embarcações de navegação interior;

VII — instalação portuária de turismo: instalação portuária explorada mediante arrendamento ou autorização e utilizada em embarque, desembarque e trânsito de passageiros, tripulantes e bagagens, e de insumos para o provimento e abastecimento de embarcações de turismo;

VIII — (VETADO):
a) (VETADO);
b) (VETADO); e
c) (VETADO);

IX — concessão: cessão onerosa do porto organizado, com vistas à administração e à exploração de sua infraestrutura por prazo determinado;

X — delegação: transferência, mediante convênio, da administração e da exploração do porto organizado para Municípios ou Estados, ou a consórcio público, nos termos da Lei nº 9.277, de 10 de maio de 1996;

XI — arrendamento: cessão onerosa de área e infraestrutura públicas localizadas dentro do porto organizado, para exploração por prazo determinado;

XII — autorização: outorga de direito a exploração de instalação portuária localizada fora da área do porto organizado e formalizada mediante contrato de adesão; e

XIII — operador portuário: pessoa jurídica pré-qualificada para exercer as atividades de movimentação de passageiros ou movimentação e armazenagem de mercadorias, destinadas ou provenientes de transporte aquaviário, dentro da área do porto organizado.

Art. 3º A exploração dos portos organizados e instalações portuárias, com o objetivo de aumentar a competitividade e o desenvolvimento do País, deve seguir as seguintes diretrizes:

I — expansão, modernização e otimização da infraestrutura e da superestrutura que integram os portos organizados e instalações portuárias;

II — garantia da modicidade e da publicidade das tarifas e preços praticados no setor, da qualidade da atividade prestada e da efetividade dos direitos dos usuários;

III — estímulo à modernização e ao aprimoramento da gestão dos portos organizados e instalações portuárias, à valorização e à qualificação da mão de obra portuária, e à eficiência das atividades prestadas;

IV — promoção da segurança da navegação na entrada e saída das embarcações dos portos; e

V — estímulo à concorrência, incentivando a participação do setor privado e assegurando o amplo acesso aos portos organizados, instalações e atividades portuárias.

CAPÍTULO II
Da Exploração dos Portos e Instalações Portuárias

Seção I
Da Concessão de Porto Organizado e do Arrendamento de Instalação Portuária

Art. 4º A concessão e o arrendamento de bem público destinado à atividade portuária serão realizados mediante a celebração de contrato, sempre precedida de licitação, em conformidade com o disposto nesta Lei e no seu regulamento.

Art. 5º São essenciais aos contratos de concessão e arrendamento as cláusulas relativas:

I — ao objeto, à área e ao prazo;

II — ao modo, forma e condições da exploração do porto organizado ou instalação portuária;

III — aos critérios, indicadores, fórmulas e parâmetros definidores da qualidade da atividade prestada, assim como às metas e prazos para o alcance de determinados níveis de serviço;

IV — ao valor do contrato, às tarifas praticadas e aos critérios e procedimentos de revisão e reajuste;

V — aos investimentos de responsabilidade do contratado;

VI — aos direitos e deveres dos usuários, com as obrigações correlatas do contratado e as sanções respectivas;

VII — às responsabilidades das partes;

VIII — à reversão de bens;

IX — aos direitos, garantias e obrigações do contratante e do contratado, inclusive os relacionados a necessidades futuras de suplementação, alteração e expansão da atividade e consequente modernização, aperfeiçoamento e ampliação das instalações;

X — à forma de fiscalização das instalações, dos equipamentos e dos métodos e práticas de execução das atividades, bem como à indicação dos órgãos ou entidades competentes para exercê-las;

XI — às garantias para adequada execução do contrato;

XII — à responsabilidade do titular da instalação portuária pela inexecução ou deficiente execução das atividades;

XIII — às hipóteses de extinção do contrato;

XIV — à obrigatoriedade da prestação de informações de interesse do poder concedente, da Agência Nacional de Transportes Aquaviários — ANTAQ e das demais autoridades que atuam no setor portuário, inclusive as de interesse específico da Defesa Nacional, para efeitos de mobilização;

XV — à adoção e ao cumprimento das medidas de fiscalização aduaneira de mercadorias, veículos e pessoas;

XVI — ao acesso ao porto organizado ou à instalação portuária pelo poder concedente, pela ANTAQ e pelas demais autoridades que atuam no setor portuário;

XVII — às penalidades e sua forma de aplicação; e

XVIII — ao foro.

§ 1º (VETADO).

§ 2º Findo o prazo dos contratos, os bens vinculados à concessão ou ao arrendamento reverterão ao patrimônio da União, na forma prevista no contrato.

Art. 6º Nas licitações dos contratos de concessão e arrendamento, serão considerados como critérios para julgamento, de forma isolada ou combinada, a maior capacidade de movimentação, a menor tarifa ou o menor tempo de movimentação de carga, e outros estabelecidos no edital, na forma do regulamento.

§ 1º As licitações de que trata este artigo poderão ser realizadas na modalidade leilão, conforme regulamento.

§ 2º Compete à ANTAQ, com base nas diretrizes do poder concedente, realizar os procedimentos licitatórios de que trata este artigo.

§ 3º Os editais das licitações de que trata este artigo serão elaborados pela ANTAQ, observadas as diretrizes do poder concedente.

§ 4º (VETADO).

§ 5º Sem prejuízo das diretrizes previstas no art. 3º, o poder concedente poderá determinar a transferência das competências de elaboração do edital e a realização dos procedimentos licitatórios de que trata este artigo à Administração do Porto, delegado ou não.

§ 6º O poder concedente poderá autorizar, mediante requerimento do arrendatário, na forma do regulamento, expansão da área arrendada para área contígua dentro da poligonal do porto organizado, sempre que a medida trouxer comprovadamente eficiência na operação portuária.

Art. 7º A ANTAQ poderá disciplinar a utilização em caráter excepcional, por qualquer interessado, de instalações portuárias arrendadas ou exploradas pela concessionária, assegurada a remuneração adequada ao titular do contrato.

Seção II
Da Autorização de Instalações Portuárias

Art. 8º Serão exploradas mediante autorização, precedida de chamada ou anúncio público e, quando for o caso, processo seletivo público, as instalações portuárias localizadas fora da área do porto organizado, compreendendo as seguintes modalidades:

I — terminal de uso privado;

II — estação de transbordo de carga;

III — instalação portuária pública de pequeno porte;

IV — instalação portuária de turismo;

III — exercer, direta ou indiretamente, atividade que em razão da sua natureza seja incompatível com as atribuições do cargo ou emprego, considerando-se como tal, inclusive, a atividade desenvolvida em áreas ou matérias correlatas;

IV — atuar, ainda que informalmente, como procurador, consultor, assessor ou intermediário de interesses privados nos órgãos ou entidades da administração pública direta ou indireta de qualquer dos Poderes da União, dos Estados, do Distrito Federal e dos Municípios;

V — praticar ato em benefício de interesse de pessoa jurídica de que participe o agente público, seu cônjuge, companheiro ou parentes, consanguíneos ou afins, em linha reta ou colateral, até o terceiro grau, e que possa ser por ele beneficiada ou influir em seus atos de gestão;

VI — receber presente de quem tenha interesse em decisão do agente público ou de colegiado do qual este participe fora dos limites e condições estabelecidos em regulamento; e

VII — prestar serviços, ainda que eventuais, a empresa cuja atividade seja controlada, fiscalizada ou regulada pelo ente ao qual o agente público está vinculado.

Parágrafo único. As situações que configuram conflito de interesses estabelecidas neste artigo aplicam-se aos ocupantes dos cargos ou empregos mencionados no art. 2º ainda que em gozo de licença ou em período de afastamento.

CAPÍTULO III
Das Situações que Configuram Conflito de Interesses após o Exercício do Cargo ou Emprego

Art. 6º Configura conflito de interesses após o exercício de cargo ou emprego no âmbito do Poder Executivo federal:

I — a qualquer tempo, divulgar ou fazer uso de informação privilegiada obtida em razão das atividades exercidas; e

II — no período de 6 (seis) meses, contado da data da dispensa, exoneração, destituição, demissão ou aposentadoria, salvo quando expressamente autorizado, conforme o caso, pela Comissão de Ética Pública ou pela Controladoria-Geral da União:

a) prestar, direta ou indiretamente, qualquer tipo de serviço a pessoa física ou jurídica com quem tenha estabelecido relacionamento relevante em razão do exercício do cargo ou emprego;

b) aceitar cargo de administrador ou conselheiro ou estabelecer vínculo profissional com pessoa física ou jurídica que desempenhe atividade relacionada à área de competência do cargo ou emprego ocupado;

c) celebrar com órgãos ou entidades do Poder Executivo federal contratos de serviço, consultoria, assessoramento ou atividades similares, vinculados, ainda que indiretamente, ao órgão ou entidade em que tenha ocupado o cargo ou emprego; ou

d) intervir, direta ou indiretamente, em favor de interesse privado perante órgão ou entidade em que haja ocupado cargo ou emprego ou com o qual tenha estabelecido relacionamento relevante em razão do exercício do cargo ou emprego.

Art. 7º (VETADO).

CAPÍTULO IV
Da Fiscalização e da Avaliação do Conflito de Interesses

Art. 8º Sem prejuízo de suas competências institucionais, compete à Comissão de Ética Pública, instituída no âmbito do Poder Executivo federal, e à Controladoria-Geral da União, conforme o caso:

I — estabelecer normas, procedimentos e mecanismos que objetivem prevenir ou impedir eventual conflito de interesses;

II — avaliar e fiscalizar a ocorrência de situações que configuram conflito de interesses e determinar medidas para a prevenção ou eliminação do conflito;

III — orientar e dirimir dúvidas e controvérsias acerca da interpretação das normas que regulam o conflito de interesses, inclusive as estabelecidas nesta Lei;

IV — manifestar-se sobre a existência ou não de conflito de interesses nas consultas a elas submetidas;

V — autorizar o ocupante de cargo ou emprego no âmbito do Poder Executivo federal a exercer atividade privada, quando verificada a inexistência de conflito de interesses ou sua irrelevância;

VI — dispensar a quem haja ocupado cargo ou emprego no âmbito do Poder Executivo federal de cumprir o período de impedimento a que se refere o inciso II do art. 6º, quando verificada a inexistência de conflito de interesses ou sua irrelevância;

VII — dispor, em conjunto com o Ministério do Planejamento, Orçamento e Gestão, sobre a comunicação pelos ocupantes de cargo ou emprego no âmbito do Poder Executivo federal de alterações patrimoniais relevantes, exercício de atividade privada ou recebimento de propostas de trabalho, contrato ou negócio no setor privado; e

VIII — fiscalizar a divulgação da agenda de compromissos públicos, conforme prevista no art. 11.

Parágrafo único. A Comissão de Ética Pública atuará nos casos que envolvam os agentes públicos mencionados nos incisos I a IV do art. 2º e a Controladoria-Geral da União, nos casos que envolvam os demais agentes, observado o disposto em regulamento.

Art. 9º Os agentes públicos mencionados no art. 2º desta Lei, inclusive aqueles que se encontram em gozo de licença ou em período de afastamento, deverão:

I — enviar à Comissão de Ética Pública ou à Controladoria-Geral da União, conforme o caso, anualmente, declaração com informações sobre situação patrimonial, participações societárias, atividades econômicas ou profissionais e indicação sobre a existência de cônjuge, companheiro ou parente, por consanguinidade ou afinidade, em linha reta ou colateral, até o terceiro grau, no exercício de atividades que possam suscitar conflito de interesses; e

II — comunicar por escrito à Comissão de Ética Pública ou à unidade de recursos humanos do órgão ou entidade respectivo, conforme o caso, o exercício de atividade privada ou o recebimento de propostas de trabalho que pretende aceitar, contrato ou negócio no setor privado, ainda que não vedadas pelas normas vigentes, estendendo-se esta obrigação ao período a que se refere o inciso II do art. 6º.

Parágrafo único. As unidades de recursos humanos, ao receber a comunicação de exercício de atividade privada ou de recebimento de propostas de trabalho, contrato ou negócio no setor privado, deverão informar ao servidor e à Controladoria-Geral da União as situações que suscitem potencial conflito de interesses entre a atividade pública e a atividade privada do agente.

CAPÍTULO V
Disposições Finais

Art. 10. As disposições contidas nos arts. 4º e 5º e no inciso I do art. 6º estendem-se a todos os agentes públicos no âmbito do Poder Executivo federal.

Art. 11. Os agentes públicos mencionados nos incisos I a IV do art. 2º deverão, ainda, divulgar, diariamente, por meio da rede mundial de computadores — internet, sua agenda de compromissos públicos.

Art. 12. O agente público que praticar os atos previstos nos arts. 5º e 6º desta Lei incorre em improbidade administrativa, na forma do art. 11 da Lei n. 8.429, de 2 de junho de 1992, quando não caracterizada qualquer das condutas descritas nos arts. 9º e 10 daquela Lei.

Parágrafo único. Sem prejuízo do disposto no *caput* e da aplicação das demais sanções cabíveis, fica o agente público que se encontrar em situação de conflito de interesses sujeito à aplicação da penalidade disciplinar de demissão, prevista no inciso III do art. 127 e no art. 132 da Lei n. 8.112, de 11 de dezembro de 1990, ou medida equivalente.

Art. 13. O disposto nesta Lei não afasta a aplicabilidade da Lei n. 8.112, de 11 de dezembro de 1990, especialmente no que se refere à apuração das responsabilidades e possível aplicação de sanção em razão de prática de ato que configure conflito de interesses ou ato de improbidade nela previstos.

Art. 14. (VETADO).
Art. 15. (VETADO).

Brasília, 16 de maio de 2013; 192º da Independência e 125 da República.

Dilma Rousseff
Miriam Belchior
Jorge Hage Sobrinho

DOU 17.5.2013

Lei n. 12.815, de 5 de junho de 2013

Dispõe sobre a exploração direta e indireta pela união de portos e instalações portuárias e sobre as atividades desempenhadas pelos operadores portuários; altera as Leis ns. 5.025, de 10 de junho de 1966, 10.233, de 5 de junho de 2001, 10.683, de 28 de maio de 2003, 9.719, de 27 de novembro de 1998, e 8.213, de 24 de julho de 1991; revoga as Leis ns. 8.630, de 25 de fevereiro de 1993, e 11.610, de 12 de dezembro de 2007, e dispositivos das Leis ns. 11.314, de 3 de julho de 2006, e 11.518, de 5 de setembro de 2007; e dá outras providências

A PRESIDENTA DA REPÚBLICA

Faço saber que o Congresso Nacional decreta e eu sanciono a seguinte Lei:

CAPÍTULO I
Definições e Objetivos

Art. 1º Esta Lei regula a exploração pela União, direta ou indiretamente, dos portos e instalações portuárias, e as atividades desempenhadas pelos operadores portuários.

§ 1º A exploração indireta do porto organizado e das instalações portuárias nele localizadas ocorrerá mediante concessão e arrendamento de bem público.

c) na navegação interior e auxiliar;
d) no transporte de mercadorias líquidas a granel; e
e) no transporte de mercadorias sólidas a granel, quando a carga ou descarga for feita por aparelhos mecânicos automáticos, salvo quanto às atividades de rechego;

III — relativas à movimentação de:
a) cargas em área sob controle militar, quando realizadas por pessoal militar ou vinculado a organização militar;
b) materiais por estaleiros de construção e reparação naval; e
c) peças sobressalentes, material de bordo, mantimentos e abastecimento de embarcações; e

IV — relativas ao abastecimento de aguada, combustíveis e lubrificantes para a navegação.

Parágrafo único. (VETADO).

Art. 29. As cooperativas formadas por trabalhadores portuários avulsos, registrados de acordo com esta Lei, poderão estabelecer-se como operadores portuários.

Art. 30. A operação portuária em instalações localizadas fora da área do porto organizado será disciplinada pelo titular da respectiva autorização, observadas as normas estabelecidas pelas autoridades marítima, aduaneira, sanitária, de saúde e de polícia marítima.

Art. 31. O disposto nesta Lei não prejudica a aplicação das demais normas referentes ao transporte marítimo, inclusive as decorrentes de convenções internacionais ratificadas, enquanto vincularem internacionalmente o País.

CAPÍTULO VI
Do Trabalho Portuário

Art. 32. Os operadores portuários devem constituir em cada porto organizado um órgão de gestão de mão de obra do trabalho portuário, destinado a:

I — administrar o fornecimento da mão de obra do trabalhador portuário e do trabalhador portuário avulso;

II — manter, com exclusividade, o cadastro do trabalhador portuário e o registro do trabalhador portuário avulso;

III — treinar e habilitar profissionalmente o trabalhador portuário, inscrevendo-o no cadastro;

IV — selecionar e registrar o trabalhador portuário avulso;

V — estabelecer o número de vagas, a forma e a periodicidade para acesso ao registro do trabalhador portuário avulso;

VI — expedir os documentos de identificação do trabalhador portuário; e

VII — arrecadar e repassar aos beneficiários os valores devidos pelos operadores portuários relativos à remuneração do trabalhador portuário avulso e aos correspondentes encargos fiscais, sociais e previdenciários.

Parágrafo único. Caso celebrado contrato, acordo ou convenção coletiva de trabalho entre trabalhadores e tomadores de serviços, o disposto no instrumento precederá o órgão gestor e dispensará sua intervenção nas relações entre capital e trabalho no porto.

Art. 33. Compete ao órgão de gestão de mão de obra do trabalho portuário avulso:

I — aplicar, quando couber, normas disciplinares previstas em lei, contrato, convenção ou acordo coletivo de trabalho, no caso de transgressão disciplinar, as seguintes penalidades:

a) repreensão verbal ou por escrito;
b) suspensão do registro pelo período de 10 (dez) a 30 (trinta) dias; ou
c) cancelamento do registro;

II — promover:
a) a formação profissional do trabalhador portuário e do trabalhador portuário avulso, adequando-a aos modernos processos de movimentação de carga e de operação de aparelhos e equipamentos portuários;
b) o treinamento multifuncional do trabalhador portuário e do trabalhador portuário avulso; e
c) a criação de programas de realocação e de cancelamento do registro, sem ônus para o trabalhador;

III — arrecadar e repassar aos beneficiários contribuições destinadas a incentivar o cancelamento do registro e a aposentadoria voluntária;

IV — arrecadar as contribuições destinadas ao custeio do órgão;

V — zelar pelas normas de saúde, higiene e segurança no trabalho portuário avulso; e

VI — submeter à administração do porto propostas para aprimoramento da operação portuária e valorização econômica do porto.

§ 1º O órgão não responde por prejuízos causados pelos trabalhadores portuários avulsos aos tomadores dos seus serviços ou a terceiros.

§ 2º O órgão responde, solidariamente com os operadores portuários, pela remuneração devida ao trabalhador portuário avulso e pelas indenizações decorrentes de acidente de trabalho.

§ 3º O órgão pode exigir dos operadores portuários garantia prévia dos respectivos pagamentos, para atender a requisição de trabalhadores portuários avulsos.

§ 4º As matérias constantes nas alíneas *a* e *b* do inciso II deste artigo serão discutidas em fórum permanente, composto, em caráter paritário, por representantes do governo e da sociedade civil.

§ 5º A representação da sociedade civil no fórum previsto no § 4º será paritária entre trabalhadores e empresários.

Art. 34. O exercício das atribuições previstas nos arts. 32 e 33 pelo órgão de gestão de mão de obra do trabalho portuário avulso não implica vínculo empregatício com trabalhador portuário avulso.

Art. 35. O órgão de gestão de mão de obra pode ceder trabalhador portuário avulso, em caráter permanente, ao operador portuário.

Art. 36. A gestão da mão de obra do trabalho portuário avulso deve observar as normas do contrato, convenção ou acordo coletivo de trabalho.

Art. 37. Deve ser constituída, no âmbito do órgão de gestão de mão de obra, comissão paritária para solucionar litígios decorrentes da aplicação do disposto nos arts. 32, 33 e 35.

§ 1º Em caso de impasse, as partes devem recorrer à arbitragem de ofertas finais.

§ 2º Firmado o compromisso arbitral, não será admitida a desistência de qualquer das partes.

§ 3º Os árbitros devem ser escolhidos de comum acordo entre as partes e o laudo arbitral proferido para solução da pendência constitui título executivo extrajudicial.

§ 4º As ações relativas aos créditos decorrentes da relação de trabalho avulso prescrevem em 5 (cinco) anos até o limite de 2 (dois) anos após o cancelamento do registro ou do cadastro no órgão gestor de mão de obra.

Art. 38. O órgão de gestão de mão de obra terá obrigatoriamente 1 (um) conselho de supervisão e 1 (uma) diretoria-executiva.

§ 1º O conselho de supervisão será composto por 3 (três) membros titulares e seus suplentes, indicados na forma do regulamento, e terá como competência:

I — deliberar sobre a matéria contida no inciso V do *caput* do art. 32;

II — editar as normas a que se refere o art. 42; e

III — fiscalizar a gestão dos diretores, examinar, a qualquer tempo, os livros e papéis do órgão, e solicitar informações sobre quaisquer atos praticados pelos diretores ou seus prepostos.

§ 2º A diretoria executiva será composta por 1 (um) ou mais diretores, designados e destituíveis na forma do regulamento, cujo prazo de gestão será de 3 (três) anos, permitida a redesignação.

§ 3º Até 1/3 (um terço) dos membros do conselho de supervisão poderá ser designado para cargos de diretores.

§ 4º No silêncio do estatuto ou contrato social, competirá a qualquer diretor a representação do órgão e a prática dos atos necessários ao seu funcionamento regular.

Art. 39. O órgão de gestão de mão de obra é reputado de utilidade pública, sendo-lhe vedado ter fins lucrativos, prestar serviços a terceiros ou exercer qualquer atividade não vinculada à gestão de mão de obra.

Art. 40. O trabalho portuário de capatazia, estiva, conferência de carga, conserto de carga, bloco e vigilância de embarcações, nos portos organizados, será realizado por trabalhadores portuários com vínculo empregatício por prazo indeterminado e por trabalhadores portuários avulsos.

§ 1º Para os fins desta Lei, consideram-se:

I — capatazia: atividade de movimentação de mercadorias nas instalações dentro do porto, compreendendo o recebimento, conferência, transporte interno, abertura de volumes para a conferência aduaneira, manipulação, arrumação e entrega, bem como o carregamento e descarga de embarcações, quando efetuados por aparelhamento portuário;

II — estiva: atividade de movimentação de mercadorias nos conveses ou nos porões das embarcações principais ou auxiliares, incluindo o transbordo, arrumação, peação e despeação, bem como o carregamento e a descarga, quando realizados com equipamentos de bordo;

III — conferência de carga: contagem de volumes, anotação de suas características, procedência ou destino, verificação do estado das mercadorias, assistência à pesagem, conferência do manifesto, e demais serviços correlatos, nas operações de carregamento e descarga de embarcações;

IV — conserto de carga: reparo e restauração das embalagens de mercadorias, nas operações de carregamento e descarga de embarcações, reembalagem, marcação, remarcação, carimbagem, etiquetagem, abertura de volumes para vistoria e posterior recomposição;

V — vigilância de embarcações: atividade de fiscalização da entrada e saída de pessoas a bordo das embarcações atracadas ou fundeadas ao largo, bem como da movimentação de mercadorias nos portalós, rampas, porões, conveses, plataformas e em outros locais da embarcação; e

VI — bloco: atividade de limpeza e conservação de embarcações mercantes e de seus

tanques, incluindo batimento de ferrugem, pintura, reparos de pequena monta e serviços correlatos.

§ 2º A contratação de trabalhadores portuários de capatazia, bloco, estiva, conferência de carga, conserto de carga e vigilância de embarcações com vínculo empregatício por prazo indeterminado será feita exclusivamente dentre trabalhadores portuários avulsos registrados.

§ 3º O operador portuário, nas atividades a que alude o *caput*, não poderá locar ou tomar mão de obra sob o regime de trabalho temporário de que trata a Lei n. 6.019, de 3 de janeiro de 1974.

§ 4º As categorias previstas no *caput* constituem categorias profissionais diferenciadas.

Art. 41. O órgão de gestão de mão de obra:

I — organizará e manterá cadastro de trabalhadores portuários habilitados ao desempenho das atividades referidas no § 1º do art. 40; e

II — organizará e manterá o registro dos trabalhadores portuários avulsos.

§ 1º A inscrição no cadastro do trabalhador portuário dependerá exclusivamente de prévia habilitação profissional do trabalhador interessado, mediante treinamento realizado em entidade indicada pelo órgão de gestão de mão de obra.

§ 2º O ingresso no registro do trabalhador portuário avulso depende de prévia seleção e inscrição no cadastro de que trata o inciso I do *caput*, obedecidas a disponibilidade de vagas e a ordem cronológica de inscrição no cadastro.

§ 3º A inscrição no cadastro e o registro do trabalhador portuário extinguem-se por morte ou cancelamento.

Art. 42. A seleção e o registro do trabalhador portuário avulso serão feitos pelo órgão de gestão de mão de obra avulsa, de acordo com as normas estabelecidas em contrato, convenção ou acordo coletivo de trabalho.

Art. 43. A remuneração, a definição das funções, a composição dos ternos, a multifuncionalidade e as demais condições do trabalho avulso serão objeto de negociação entre as entidades representativas dos trabalhadores portuários avulsos e dos operadores portuários.

Parágrafo único. A negociação prevista no *caput* contemplará a garantia de renda mínima inserida no item 2 do art. 2 da Convenção n. 137 da Organização Internacional do Trabalho — OIT.

Art. 44. É facultada aos titulares de instalações portuárias sujeitas a regime de autorização a contratação de trabalhadores a prazo indeterminado, observado o disposto no contrato, convenção ou acordo coletivo de trabalho.

Art. 45. (VETADO).

CAPÍTULO VII
Das Infrações e Penalidades

Art. 46. Constitui infração toda ação ou omissão, voluntária ou involuntária, que importe em:

I — realização de operações portuárias com infringência ao disposto nesta Lei ou com inobservância dos regulamentos do porto;

II — recusa injustificada, por parte do órgão de gestão de mão de obra, da distribuição de trabalhadores a qualquer operador portuário; ou

III — utilização de terrenos, área, equipamentos e instalações portuárias, dentro ou fora do porto organizado, com desvio de finalidade ou com desrespeito à lei ou aos regulamentos.

Parágrafo único. Responde pela infração, conjunta ou isoladamente, qualquer pessoa física ou jurídica que, intervindo na operação portuária, concorra para sua prática ou dela se beneficie.

Art. 47. As infrações estão sujeitas às seguintes penas, aplicáveis separada ou cumulativamente, de acordo com a gravidade da falta:

I — advertência;

II — multa;

III — proibição de ingresso na área do porto por período de 30 (trinta) a 180 (cento e oitenta) dias;

IV — suspensão da atividade de operador portuário, pelo período de 30 (trinta) a 180 (cento e oitenta) dias; ou

V — cancelamento do credenciamento do operador portuário.

Parágrafo único. Sem prejuízo do disposto nesta Lei, aplicam-se subsidiariamente às infrações previstas no art. 46 as penalidades estabelecidas na Lei n. 10.233, de 5 de junho de 2001, separada ou cumulativamente, de acordo com a gravidade da falta.

Art. 48. Apurada, no mesmo processo, a prática de 2 (duas) ou mais infrações pela mesma pessoa física ou jurídica, aplicam-se cumulativamente as penas a elas cominadas, se as infrações não forem idênticas.

§ 1º Serão reunidos em um único processo os diversos autos ou representações de infração continuada, para aplicação da pena.

§ 2º Serão consideradas continuadas as infrações quando se tratar de repetição de falta ainda não apurada ou objeto do processo, de cuja instauração o infrator não tenha conhecimento, por meio de intimação.

Art. 49. Na falta de pagamento de multa no prazo de 30 (trinta) dias, contado da ciência pelo infrator da decisão final que impuser a penalidade, será realizado processo de execução.

Art. 50. As importâncias pecuniárias resultantes da aplicação das multas previstas nesta Lei reverterão para a ANTAQ, na forma do inciso V do *caput* do art. 77 da Lei n. 10.233, de 5 de junho de 2001.

Art. 51. O descumprimento do disposto nos arts. 36, 39 e 42 desta Lei sujeitará o infrator à multa prevista no inciso I do art. 10 da Lei n. 9.719, de 27 de novembro de 1998, sem prejuízo das demais sanções cabíveis.

Art. 52. O descumprimento do disposto no *caput* e no § 3º do art. 40 desta Lei sujeitará o infrator à multa prevista no inciso III do art. 10 da Lei n. 9.719, de 27 de novembro de 1998, sem prejuízo das demais sanções cabíveis.

CAPÍTULO VIII
Do Programa Nacional de Dragagem Portuária e Hidroviária II

Art. 53. Fica instituído o Programa Nacional de Dragagem Portuária e Hidroviária II, a ser implantado pela Secretaria de Portos da Presidência da República e pelo Ministério dos Transportes, nas respectivas áreas de atuação.

§ 1º O Programa de que trata o *caput* abrange, dentre outras atividades:

I — as obras e serviços de engenharia de dragagem para manutenção ou ampliação de áreas portuárias e de hidrovias, inclusive canais de navegação, bacias de evolução e de fundeio, e berços de atracação, compreendendo a remoção do material submerso e a escavação ou derrocamento do leito;

II — o serviço de sinalização e balizamento, incluindo a aquisição, instalação, reposição, manutenção e modernização de sinais náuticos e equipamentos necessários às hidrovias e ao acesso aos portos e terminais portuários;

III — o monitoramento ambiental; e

IV — o gerenciamento da execução dos serviços e obras.

§ 2º Para fins do Programa de que trata o *caput*, consideram-se:

I — dragagem: obra ou serviço de engenharia que consiste na limpeza, desobstrução, remoção, derrocamento ou escavação de material do fundo de rios, lagos, mares, baías e canais;

II — draga: equipamento especializado acoplado à embarcação ou à plataforma fixa, móvel ou flutuante, utilizado para execução de obras ou serviços de dragagem;

III — material dragado: material retirado ou deslocado do leito dos corpos d'água decorrente da atividade de dragagem e transferido para local de despejo autorizado pelo órgão competente;

IV — empresa de dragagem: pessoa jurídica que tenha por objeto a realização de obra ou serviço de dragagem com a utilização ou não de embarcação; e

V — sinalização e balizamento: sinais náuticos para o auxílio à navegação e à transmissão de informações ao navegante, de forma a possibilitar posicionamento seguro de acesso e tráfego.

Art. 54. A dragagem por resultado compreende a contratação de obras de engenharia destinadas ao aprofundamento, alargamento ou expansão de áreas portuárias e de hidrovias, inclusive canais de navegação, bacias de evolução e de fundeio e berços de atracação, bem como os serviços de sinalização, balizamento, monitoramento ambiental e outros com o objetivo de manter as condições de profundidade e segurança estabelecidas no projeto implantado.

§ 1º As obras ou serviços de dragagem por resultado poderão contemplar mais de um porto, num mesmo contrato, quando essa medida for mais vantajosa para a administração pública.

§ 2º Na contratação de dragagem por resultado, é obrigatória a prestação de garantia pelo contratado.

§ 3º A duração dos contratos de que trata este artigo será de até 10 (dez) anos, improrrogável.

§ 4º As contratações das obras e serviços no âmbito do Programa Nacional de Dragagem Portuária e Hidroviária II poderão ser feitas por meio de licitações internacionais e utilizar o Regime Diferenciado de Contratações Públicas, de que trata a Lei n. 12.462, de 4 de agosto de 2011.

§ 5º A administração pública poderá contratar empresa para gerenciar e auditar os serviços e obras contratados na forma do *caput*.

Art. 55. As embarcações destinadas à dragagem sujeitam-se às normas específicas de segurança da navegação estabelecidas pela autoridade marítima e não se submetem ao disposto na Lei n. 9.432, de 8 de janeiro de 1997.

CAPÍTULO IX
Disposições Finais e Transitórias

Art. 56. (VETADO).

Parágrafo único. (VETADO).

LEGISLAÇÃO COMPLEMENTAR

Art. 57. Os contratos de arrendamento em vigor firmados sob a Lei n. 8.630, de 25 de fevereiro de 1993, que possuam previsão expressa de prorrogação ainda não realizada, poderão ter sua prorrogação antecipada, a critério do poder concedente.

§ 1º A prorrogação antecipada de que trata o *caput* dependerá da aceitação expressa de obrigação de realizar investimentos, segundo plano elaborado pelo arrendatário e aprovado pelo poder concedente em até 60 (sessenta) dias.

§ 2º (VETADO).

§ 3º Caso, a critério do poder concedente, a antecipação das prorrogações de que trata o *caput* não seja efetivada, tal decisão não implica obrigatoriamente na recusa da prorrogação contratual prevista originalmente.

§ 4º (VETADO).

§ 5º O Poder Executivo deverá encaminhar ao Congresso Nacional, até o último dia útil do mês de março de cada ano, relatório detalhado sobre a implementação das iniciativas tomadas com base nesta Lei, incluindo, pelo menos, as seguintes informações:

I — relação dos contratos de arrendamento e concessão em vigor até 31 de dezembro do ano anterior, por porto organizado, indicando data dos contratos, empresa detentora, objeto detalhado, área, prazo de vigência e situação de adimplemento com relação às cláusulas contratuais;

II — relação das instalações portuárias exploradas mediante autorizações em vigor até 31 de dezembro do ano anterior, segundo a localização, se dentro ou fora do porto organizado, indicando data da autorização, empresa detentora, objeto detalhado, área, prazo de vigência e situação de adimplemento com relação às cláusulas dos termos de adesão e autorização;

III — relação dos contratos licitados no ano anterior com base no disposto no art. 56 desta Lei, por porto organizado, indicando data do contrato, modalidade da licitação, empresa detentora, objeto, área, prazo de vigência e valor dos investimentos realizados e previstos nos contratos de concessão ou arrendamento;

IV — relação dos termos de autorização e os contratos de adesão adaptados no ano anterior, com base no disposto nos arts. 58 e 59 desta Lei, indicando data do contrato de autorização, empresa detentora, objeto, área, prazo de vigência e valor dos investimentos realizados e previstos nos termos de adesão e autorização;

V — relação das instalações portuárias operadas no ano anterior com base no previsto no art. 7º desta Lei, indicando empresa concessionária, empresa que utiliza efetivamente a instalação portuária, motivo e justificativa da utilização por interessado não detentor do arrendamento ou concessão e prazo de utilização.

Art. 58. Os termos de autorização e os contratos de adesão em vigor deverão ser adaptados ao disposto nesta Lei, em especial ao previsto nos §§ 1º a 4º do art. 8º, independentemente de chamada pública ou processo seletivo.

Parágrafo único. A ANTAQ deverá promover a adaptação de que trata o *caput* no prazo de 1 (um) ano, contado da data de publicação desta Lei.

Art. 59. As instalações portuárias enumeradas nos incisos I a IV do *caput* do art. 8º, localizadas dentro da área do porto organizado, terão assegurada a continuidade das suas atividades, desde que realizada a adaptação nos termos do art. 58.

Parágrafo único. Os pedidos de autorização para exploração de instalações portuárias enumeradas nos incisos I a IV do art. 8º, localizadas dentro da área do porto organizado, protocolados na ANTAQ até dezembro de 2012, poderão ser deferidos pelo poder concedente, desde que tenha sido comprovado até a referida data o domínio útil da área.

Art. 60. Os procedimentos licitatórios para contratação de dragagem homologados e os contratos de dragagem em vigor na data da publicação desta Lei permanecem regidos pelo disposto na Lei n. 11.610, de 12 de dezembro de 2007.

Art. 61. Até a publicação do regulamento previsto nesta Lei, ficam mantidas as regras para composição dos conselhos da autoridade portuária e dos conselhos de supervisão e diretorias executivas dos órgãos de gestão de mão de obra.

Art. 62. O inadimplemento, pelas concessionárias, arrendatárias, autorizatárias e operadoras portuárias, no recolhimento de tarifas portuárias e outras obrigações financeiras perante a administração do porto e a ANTAQ, assim declarado em decisão final, impossibilita a inadimplente de celebrar ou prorrogar contratos de concessão e arrendamento, bem como obter novas autorizações.

§ 1º Para dirimir litígios relativos aos débitos a que se refere o *caput*, poderá ser utilizada a arbitragem, nos termos da Lei n. 9.307, de 23 de setembro de 1996.

§ 2º O impedimento previsto no *caput* também se aplica às pessoas jurídicas, direta ou indiretamente, controladoras, controladas, coligadas, ou de controlador comum com a inadimplente.

Art. 63. As Companhias Docas observarão regulamento simplificado para contratação de serviços e aquisição de bens, observados os princípios constitucionais da publicidade, impessoalidade, moralidade, economicidade e eficiência.

Art. 64. As Companhias Docas firmarão com a Secretaria de Portos da Presidência da República compromissos de metas e desempenho empresarial que estabelecerão, nos termos do regulamento:

I — objetivos, metas e resultados a serem atingidos, e prazos para sua consecução;

II — indicadores e critérios de avaliação de desempenho;

III — retribuição adicional em virtude do seu cumprimento; e

IV — critérios para a profissionalização da gestão das Docas.

Art. 65. Ficam transferidas à Secretaria de Portos da Presidência da República as competências atribuídas ao Ministério dos Transportes e ao Departamento Nacional de Infraestrutura de Transportes — DNIT em leis gerais e específicas relativas a portos fluviais e lacustres, exceto as competências relativas a instalações portuárias públicas de pequeno porte.

Art. 66. Aplica-se subsidiariamente às licitações de concessão de porto organizado e de arrendamento de instalação portuária o disposto nas Leis ns. 12.462, de 4 de agosto de 2011, 8.987, de 13 de fevereiro de 1995, e 8.666, de 21 de junho de 1993.

Art. 67. Aplica-se subsidiariamente a esta Lei o disposto na Lei n. 10.233, de 5 de junho de 2001, em especial no que se refere às competências e atribuições da ANTAQ.

Art. 68. As poligonais de áreas de portos organizados que não atendam ao disposto no art. 15 deverão ser adaptadas no prazo de 1 (um) ano.

Art. 69. (VETADO).

Art. 70. O art. 29 da Lei n. 5.025, de 10 de junho de 1966, passa a vigorar com a seguinte redação:

"Art. 29. Os serviços públicos necessários à importação e exportação deverão ser centralizados pela administração pública em todos os portos organizados.

§ 1º Os serviços de que trata o *caput* serão prestados em horário corrido e coincidente com a operação de cada porto, em turnos, inclusive aos domingos e feriados.

§ 2º O horário previsto no § 1º poderá ser reduzido por ato do Poder Executivo, desde que não haja prejuízo à segurança nacional e à operação portuária. (NR)

Art. 71. A Lei n. 10.233, de 5 de junho de 2001, passa a vigorar com as seguintes alterações:

"Art. 13. Ressalvado o disposto em legislação específica, as outorgas a que se refere o inciso I do *caput* do art. 12 serão realizadas sob a forma de:

.." (NR)

"Art. 14. Ressalvado o disposto em legislação específica, o disposto no art. 13 aplica-se conforme as seguintes diretrizes:

..

III — depende de autorização:

..

c) a construção e a exploração das instalações portuárias de que trata o art. 8º da Lei na qual foi convertida a Medida Provisória n. 595, de 6 de dezembro de 2012;

..

g) (revogada);

h) (revogada);

.." (NR)

"Art. 20. ..

I — implementar, nas respectivas esferas de atuação, as políticas formuladas pelo Conselho Nacional de Integração de Políticas de Transporte, pelo Ministério dos Transportes e pela Secretaria de Portos da Presidência da República, nas respectivas áreas de competência, segundo os princípios e diretrizes estabelecidos nesta Lei;

.." (NR)

"Art. 21. Ficam instituídas a Agência Nacional de Transportes Terrestres — ANTT e a Agência Nacional de Transportes Aquaviários — ANTAQ, entidades integrantes da administração federal indireta, submetidas ao regime autárquico especial e vinculadas, respectivamente, ao Ministério dos Transportes e à Secretaria de Portos da Presidência da República, nos termos desta Lei.

.." (NR)

"Art. 23. Constituem a esfera de atuação da ANTAQ:

..

II — os portos organizados e as instalações portuárias neles localizadas;

III — as instalações portuárias de que trata o art. 8º da Lei na qual foi convertida a Medida Provisória n. 595, de 6 de dezembro de 2012;

..

§ 1º A ANTAQ articular-se-á com órgãos e entidades da administração, para resolução das interfaces do transporte aquaviário com as outras modalidades de transporte, com a finalidade de promover a movimentação intermodal mais econômica e segura de pessoas e bens.

.." (NR)

"Art. 27. ..

I — promover estudos específicos de demanda de transporte aquaviário e de atividades portuárias;

..

III — propor ao Ministério dos Transportes o plano geral de outorgas de exploração da infraestrutura aquaviária e de prestação de serviços de transporte aquaviário;

a) (revogada);

b) (revogada);

..

VII — promover as revisões e os reajustes das tarifas portuárias, assegurada a comunicação prévia, com antecedência mínima de 15 (quinze) dias úteis, ao poder concedente e ao Ministério da Fazenda;

..

XIV — estabelecer normas e padrões a serem observados pelas administrações portuárias, concessionárias, arrendatários, autorizatários e operadores portuários, nos termos da Lei na qual foi convertida a Medida Provisória n. 595, de 6 de dezembro de 2012;

XV — elaborar editais e instrumentos de convocação e promover os procedimentos de licitação e seleção para concessão, arrendamento ou autorização da exploração de portos organizados ou instalações portuárias, de acordo com as diretrizes do poder concedente, em obediência ao disposto na Lei na qual foi convertida a Medida Provisória n. 595, de 6 de dezembro de 2012;

XVI — cumprir e fazer cumprir as cláusulas e condições dos contratos de concessão de porto organizado ou dos contratos de arrendamento de instalações portuárias quanto à manutenção e reposição dos bens e equipamentos reversíveis à União de que trata o inciso VIII do *caput* do

art. 5º da Lei na qual foi convertida a Medida Provisória n. 595, de 6 de dezembro de 2012;

XXII — fiscalizar a execução dos contratos de adesão das autorizações de instalação portuária de que trata o art. 8º da Lei na qual foi convertida a Medida Provisória n. 595, de 6 de dezembro de 2012;

XXV — celebrar atos de outorga de concessão para a exploração da infraestrutura aquaviária, gerindo e fiscalizando os respectivos contratos e demais instrumentos administrativos;

XXVI — fiscalizar a execução dos contratos de concessão de porto organizado e de arrendamento de instalação portuária, em conformidade com o disposto na Lei na qual foi convertida a Medida Provisória n. 595, de 6 de dezembro de 2012.

XXVII — (revogado).

§ 1º ..

II — participar de foros internacionais, sob a coordenação do Poder Executivo; e

..

§ 3º (revogado).

§ 4º (revogado)" (NR)

"Art. 33. Ressalvado o disposto em legislação específica, os atos de outorga de autorização, concessão ou permissão editados e celebrados pela ANTT e pela ANTAQ obedecerão ao disposto na Lei n. 8.987, de 13 de fevereiro de 1995, nas Subseções II, III, IV e V desta Seção e nas regulamentações complementares editadas pelas Agências." (NR)

"Art. 34-A. ..

§ 2º O edital de licitação indicará obrigatoriamente, ressalvado o disposto em legislação específica:

..." (NR)

"Art. 35. O contrato de concessão deverá refletir fielmente as condições do edital e da proposta vencedora e terá como cláusulas essenciais, ressalvado o disposto em legislação específica, as relativas a:

..." (NR)

"Art. 43. A autorização, ressalvado o disposto em legislação específica, será outorgada segundo as diretrizes estabelecidas nos arts. 13 e 14 e apresenta as seguintes características.

..." (NR)

"Art. 44. A autorização, ressalvado o disposto em legislação específica, será disciplinada em regulamento próprio e será outorgada mediante termo que indicará:

..." (NR)

"Art. 51-A. Fica atribuída à ANTAQ a competência de fiscalização das atividades desenvolvidas pelas administrações de portos organizados, pelos operadores portuários e pelas arrendatárias ou autorizatárias de instalações portuárias, observado o disposto na Lei na qual foi convertida a Medida Provisória n. 595, de 6 de dezembro de 2012.

§ 1º Na atribuição citada no caput incluem-se as administrações dos portos objeto de convênios de delegação celebrados nos termos da Lei n. 9.277, de 10 de maio de 1996.

§ 2º A ANTAQ prestará ao Ministério dos Transportes ou à Secretaria de Portos da Presidência da República todo apoio necessário à celebração dos convênios de delegação." (NR)

"Art. 56. ...

Parágrafo único. Cabe ao Ministro de Estado dos Transportes ou ao Ministro de Estado Chefe da Secretaria de Portos da Presidência da República, conforme o caso, instaurar o processo administrativo disciplinar, competindo ao Presidente da República determinar o afastamento preventivo, quando for o caso, e proferir o julgamento." (NR)

"Art. 67. As decisões das Diretorias serão tomadas pelo voto da maioria absoluta de seus membros, cabendo ao Diretor-Geral o voto de qualidade, e serão registradas em atas.

Parágrafo único. As datas, as pautas e as atas das reuniões de Diretoria, assim como os documentos que as instruam, deverão ser objeto de ampla publicidade, inclusive por meio da internet, na forma do regulamento." (NR)

"Art. 78. A ANTT e a ANTAQ submeterão ao Ministério dos Transportes e à Secretaria de Portos da Presidência da República, respectivamente, suas propostas orçamentárias anuais, nos termos da legislação em vigor.

..." (NR)

"Art. 78-A. § 1º Na aplicação das sanções referidas no caput, a ANTAQ observará o disposto na Lei na qual foi convertida a Medida Provisória n. 595, de 6 de dezembro de 2012.

§ 2º A aplicação da sanção prevista no inciso IV do caput, quando se tratar de concessão de porto organizado ou arrendamento e autorização de instalação portuária, caberá ao poder concedente, mediante proposta da ANTAQ." (NR)

"Art. 81. ..

III — instalações e vias de transbordo e de interface intermodal, exceto as portuárias;

IV — (revogado)." (NR)

"Art. 82. ...

§ 2º No exercício das atribuições previstas neste artigo e relativas a vias navegáveis, o DNIT observará as prerrogativas específicas da autoridade marítima.

..." (NR)

Art. 72. A Lei n. 10.683, de 28 de maio de 2003, passa a vigorar com as seguintes alterações:

"Art. 24-A. À Secretaria de Portos compete assessorar direta e imediatamente o Presidente da República na formulação de políticas e diretrizes para o desenvolvimento e o fomento do setor de portos e instalações portuárias marítimos, fluviais e lacustres e, especialmente, promover a execução e a avaliação de medidas, programas e projetos de apoio ao desenvolvimento da infraestrutura e da superestrutura dos portos e instalações portuárias marítimos, fluviais e lacustres.

§ 2º ...

III — a elaboração dos planos gerais de outorgas;

V — o desenvolvimento da infraestrutura e da superestrutura aquaviária dos portos e instalações portuárias sob sua esfera de atuação, com a finalidade de promover a segurança e a eficiência do transporte aquaviário de cargas e de passageiros.

..." (NR)

"Art. 27. ..

XXII — ...

a) política nacional de transportes ferroviário, rodoviário e aquaviário;

b) marinha mercante e vias navegáveis; e

c) participação na coordenação dos transportes aeroviários.

..." (NR)

Art. 73. A Lei n. 9.719, de 27 de novembro de 1998, passa a vigorar acrescida do seguinte art. 10-A:

"Art. 10-A. É assegurado, na forma do regulamento, benefício assistencial mensal, de até 1 (um) salário mínimo, aos trabalhadores portuários avulsos, com mais de 60 (sessenta) anos, que não cumprirem os requisitos para a aquisição das modalidades de aposentadoria previstas nos arts. 42, 48, 52 e 57 da Lei n. 8.213, de 24 de julho de 1991, e que não possuam meios para prover a sua subsistência.

Parágrafo único. O benefício de que trata este artigo não pode ser acumulado pelo beneficiário com qualquer outro no âmbito da seguridade social ou de outro regime, salvo os da assistência médica e da pensão especial de natureza indenizatória."

Art. 74. (VETADO).

Art. 75. Esta Lei entra em vigor na data de sua publicação.

Art. 76. Ficam revogados:

I — a Lei n. 8.630, de 25 de fevereiro de 1993;

II — a Lei n. 11.610, de 12 de dezembro de 2007;

III — o art. 21 da Lei n. 11.314, de 3 de julho de 2006;

IV — o art. 14 da Lei n. 11.518, de 5 de setembro de 2007; e

V — os seguintes dispositivos da Lei n. 10.233, de 5 de junho de 2001:

a) as alíneas g e h do inciso III do caput do art. 14;

b) as alíneas a e b do inciso III do caput do art. 27;

c) o inciso XXVII do caput do art. 27;

d) os § 3º e § 4º do art. 27; e

e) o inciso IV do caput do art. 81.

VI — o art. 11 da Lei n. 9.719, de 27 de novembro de 1998.

Brasília, 5 de junho de 2013; 192º da Independência e 125º da República.

Dilma Rousseff
José Eduardo Cardozo
Guido Mantega
César Borges
Manoel Dias
Miriam Belchior
Garibaldi Alves Filho
Luís Inácio Lucena Adams
Mário Lima Júnior

DOU ED. EXTRA 5.6.2013

Decreto n. 1.035, de 30 de dezembro de 1993

Dispõe sobre o recolhimento do adicional de indenização do trabalhador portuário avulso, e dá outras providências

O PRESIDENTE DA REPÚBLICA, no uso da atribuição que lhe confere o art. 84, inciso IV, da Constituição, e tendo em vista o disposto nos arts. 61 a 67 da Lei n. 8.630, de 25 de fevereiro de 1993, Decreta:

Art. 1º O recolhimento do Adicional de Indenização do Trabalhador Portuário Avulso — AITP será efetuado pelos operadores portuários responsáveis pelas cargas e descargas das mercadorias importadas ou a exportar, objeto do comércio na navegação de longo curso, à razão de:

I — 0,7 (sete décimos) de UFIR, por tonelada de granel sólido, ou fração;

II — 1 (uma) UFIR, por tonelada de granel líquido, ou fração;

III — 0,6 (seis décimos) de UFIR, por tonelada de carga geral, solta ou unitizada, ou fração.

§ 1º O AITP será recolhido até 10 (dez) dias após a entrada da embarcação no porto de carga ou descarga, em agência do Banco do Brasil S/A., na praça de localização do porto.

§ 2º Os operadores portuários, no prazo estabelecido no parágrafo anterior, deverão apresentar à Secretaria da Receita Federal o comprovante do recolhimento do AITP.

§ 3º As unidades da Secretaria da Receita Federal não darão seguimento a despachos de mercadorias importadas ou a exportar, sem a comprovação do pagamento do AITP.

Art. 2º É facultado aos operadores portuários, para antecipar e agilizar o despacho aduaneiro das mercadorias, recolherem o AITP:

I — na importação, antes do registro da Declaração de Importação ou da Declaração de Trânsito Aduaneiro;

II — na exportação, antes da apresentação, à Secretaria da Receita Federal, dos documentos que instruem o despacho.

Parágrafo único. Nos casos de mercadorias destinadas à exportação, em trânsito aduaneiro até o porto de embarque, o recolhimento do AITP poderá ser efetuado até a conclusão do trânsito.

Art. 3º Para os fins previstos neste Decreto ficam equiparados aos operadores portuários os importadores, exportadores ou consignatários das mercadorias importadas ou a exportar.

Art. 4º O AITP será recolhido por intermédio de guia própria, conforme modelo anexo a este Decreto.

§ 1º Cada guia deverá corresponder a um único despacho de importação ou de exportação.

§ 2º Fica o Ministro dos Transportes autorizado a alterar o modelo de guia de que trata este artigo.

Art. 5º Observado o disposto no § 2º do art. 67 da Lei n. 8.630, de 25 de fevereiro de 1993, o Ministro da Fazenda estabelecerá diretrizes para a aplicação dos recursos do Fundo de Indenização do Trabalhador Portuário Avulso — FITP.

§ 1º O Banco Central do Brasil fixará, em favor do Banco do Brasil S/A, taxa de remuneração pela gestão do Fundo.

§ 2º A taxa a que se refere este artigo deverá corresponder aos custos operacionais do Banco do Brasil S/A., podendo ser revista semestralmente, para mais ou para menos, caso se verifique variação dos referidos custos.

Art. 6º O FITP fica sujeito à auditoria da Secretaria de Controle Interno do Ministério dos Transportes.

Art. 7º Este Decreto entra em vigor na data de sua publicação.

Brasília, 30 de dezembro de 1993; 172º da Independência e 105º da República.

Itamar Franco

DOU 3.1.1994

LEGISLAÇÃO COMPLEMENTAR

Decreto n. 1.596, de 17 de agosto de 1995

Autoriza a realização de levantamento dos trabalhadores portuários em atividade, e dá outras providências

O PRESIDENTE DA REPÚBLICA, no uso da atribuição que lhe confere o art. 84, inciso IV da Constituição, decreta:

Art. 1º Fica autorizada a realização de levantamento dos trabalhadores portuários em atividade, com a finalidade de:

I — apoiar o planejamento do treinamento e da habilitação profissional do trabalhador portuário, com vínculo empregatício e avulso;

II — fornecer subsídios à tomada de medidas que contribuam para o equilíbrio social nas relações capital-trabalho, previstas na Lei n. 8.630, de 25 de fevereiro de 1993, e em face da modernização do processamento de cargas e do aumento da produtividade nos portos;

III — fornecer elementos que possibilitem a fiscalização da atuação dos órgãos de gestão de mão de obra;

IV — atender a outras necessidades consideradas essenciais ao planejamento econômico e social;

V — identificar os trabalhadores portuários com vínculo empregatício e avulsos em atividade, com vistas à divulgação das informações pertinentes ao preenchimento das condições estabelecidas nos arts. 54, 55, 70 e 71 da Lei n. 8.630, de 1993.

Art. 2º O levantamento a que se refere o artigo anterior terá início no dia 26 de setembro de 1995, e deverá estar concluído até o dia 29 de dezembro de 1995.

Art. 3º O levantamento será coordenado pelo Grupo Executivo de Modernização dos Portos (GEMPO), criado pelo Decreto n. 1.467, de 27 de abril de 1995, com apoio dos Ministérios dos Transportes, do Trabalho e da Marinha, e abrangerá os trabalhadores portuários com vínculo empregatício e avulsos em atividade, conforme definidos pela Lei n. 8.630, de 1993.

§ 1º Para fins de dimensionamento do contingente total de mão de obra com vínculo empregatício com as administrações dos portos, serão levantados os trabalhadores em capatazia e todos os demais com vínculo empregatício direto com as administrações dos portos.

§ 2º Não serão levantados os empregados de terceiros que, por força de contrato de trabalho, prestem serviços às administrações dos portos organizados.

Art. 4º Para execução do levantamento a que se refere o art. 1º deste Decreto, ficam criadas a Comissão Nacional de Levantamento e as Comissões Locais de Levantamento, sendo estas uma em cada porto organizado marítimo ou fluvial.

§ 1º A Comissão Nacional de Levantamento será presidida por um membro do GEMPO, e nela terá direito à participação um representante de cada federação de trabalhadores e operadores portuários.

§ 2º A Comissão Nacional de Levantamento será apoiada por equipe de técnicos dos Ministérios dos Transportes, do Trabalho e da Marinha.

§ 3º Cada Comissão Local de Levantamento será presidida por um membro do órgão local do Ministério do Trabalho, e nela terá direito à participação um representante do sindicato dos trabalhadores que estiverem sendo levantados e um representante do sindicato dos operadores portuários.

§ 4º A Comissão Local de Levantamento contará com equipe de levantamento, fornecida pelo Ministério da Marinha.

§ 5º Os membros das Comissões Nacional e Locais de Levantamento serão designados pelo Ministro de Estado Chefe da Casa Civil da Presidência da República, observadas as indicações a que se refere o *caput* do art. 5º.

Art. 5º As federações e sindicatos de trabalhadores e operadores portuários poderão indicar ao GEMPO, no prazo de vinte dias, contados da data de publicação deste Decreto, os seus representantes e respectivos suplentes nas Comissões Nacional e Locais de Levantamento.

§ 1º As federações e sindicatos que não indicarem seus representantes na forma do *caput* deste artigo perderão o direito de acompanhar os trabalhos do levantamento.

§ 2º As funções de membros das Comissões Nacional e Locais de Levantamento serão consideradas serviço relevante e não serão remuneradas.

Art. 6º Os trabalhadores mencionados no *caput* e no § 1º do art. 3º deste Decreto serão levantados por meio do Boletim de Atualização, que será preenchido no ato do levantamento e assinado pelo presidente da Comissão Local de Levantamento com o testemunho dos demais membros.

§ 1º As informações registradas no Boletim de Atualização deverão refletir fielmente a situação do levantado em 31 de dezembro de 1990, em 25 de fevereiro de 1993 e na data do levantamento.

§ 2º O GEMPO deverá providenciar a publicação no Diário Oficial da União, até 29 de janeiro de 1996, a relação dos trabalhadores portuários que comprovaram o preenchimento dos requisitos estabelecidos na Lei n. 8.630, de 1993.

§ 3º Uma via dos Boletins de Atualização, as atas, relações e demais documentos relativos ao levantamento serão encaminhados, até 29 de janeiro de 1996, ao órgão local do Ministério do Trabalho para arquivo.

Art. 7º Os trabalhadores portuários que se sentirem prejudicados terão o direito de, individualmente ou por intermédio do respectivo sindicato, interpor recurso administrativo ao órgão local do Ministério do Trabalho, no prazo de trinta dias após a divulgação do resultado do levantamento no Diário Oficial da União.

Parágrafo único. Os recursos que eventualmente forem interpostos na forma do *caput* deste artigo não terão efeito suspensivo quanto às disposições deste Decreto.

Art. 8º A regularização da situação dos trabalhadores portuários avulsos levantados e não contemplados pelas disposições do § 2º do art. 6º deste Decreto será objeto de negociação coletiva entre as entidades representativas dos trabalhadores portuários avulsos e dos operadores portuários.

Parágrafo único. Na hipótese de impasse nas negociações, o assunto será decidido por árbitro ou mediador, escolhido de comum acordo pelas partes ou, a pedido destas, pelo Ministério do Trabalho.

Art. 9º Decorrido o prazo de noventa dias da data da divulgação dos resultados do levantamento no Diário Oficial da União, fica vedado o exercício do trabalho portuário avulso para trabalhadores não cadastrados e registrados no órgão gestor de mão de obra.

Parágrafo único. Ficam excluídos da proibição de que trata o *caput* deste artigo os trabalhadores selecionados, cadastrados e registrados de conformidade com as condições pactuadas em contrato, acordo ou convenção coletiva de trabalho, celebrado entre as entidades sindicais representativas dos trabalhadores e dos tomadores de serviço.

Art. 10. São documentos hábeis para comprovar as condições de matrícula, registro, credenciamento e exercício das atividades previstas nos arts. 54, 55, 70 e 71 da Lei n. 8.630, de 1993:

I — Carteira da Delegacia do Trabalho Marítimo;

II — Carteira de Identificação e Registro do Ministério da Marinha;

III — Carteira de Avulso expedida pela Delegacia Regional do Trabalho;

IV — Carteira de Trabalho e Previdência Social;

V — comprovante do sindicato quanto à data e ao número de cadastramento na força supletiva;

VI — comprovante do sindicato quanto à data e ao número de registro no quadro efetivo do sindicato;

VII — outros documentos comprobatórios.

Art. 11. São documentos hábeis para comprovar a situação do trabalhador, no que se refere ao exercício do trabalho portuário, três extratos do Fundo de Garantia do Tempo de Serviço — FGTS ou Relação de Trabalhadores Avulsos (RTA), em cada ano do período de 1991 a 1995.

Art. 12. Será entregue ao trabalhador, a título de comprovante de comparecimento ao levantamento, uma via do Boletim de Atualização devidamente certificado.

Art. 13. Compete ao Ministério da Marinha apoiar as equipes de levantamento, referidas no § 4º do art. 4º, bem como processar os dados coletados e fornecer os relatórios correspondentes.

Parágrafo único. As Comissões Locais de Levantamento funcionarão em dependências das Administrações dos Portos Organizados, ou de outros órgãos da Administração Pública Federal, conforme indicação do Ministério da Marinha.

Art. 14. As Comissões Nacional e Locais de Levantamento, no desempenho de suas atribuições, poderão solicitar a colaboração de outros órgãos da Administração Pública Federal e de entidades públicas privadas.

Art. 15. Os Ministros de Estado Chefe da Casa Civil da Presidência da República, da Marinha, do Trabalho e dos Transportes, mediante portaria interministerial, baixarão as instruções complementares para execução do levantamento a que se refere o art. 1º.

Art. 16. Este Decreto entra em vigor na data de sua publicação.

Brasília, 17 de agosto de 1995; 174º da Independência e 107º da República.

Fernando Henrique Cardoso
Mauro César Rodrigues Pereira
Odacir Klein
Paulo Paiva
Clóvis de Barros Carvalho

DOU 18.8.1995

Decreto n. 8.033, de 27 de junho de 2013

Regulamenta o disposto na Lei n. 12.815, de 5 de junho de 2013, e as demais disposições legais que regulam a exploração de portos organizados e de instalações portuárias

A PRESIDENTA DA REPÚBLICA, no uso das atribuições que lhe conferem os arts. 84,

caput, incisos IV e VI, alínea "a", e 21, *caput*, inciso XII, alínea "f", da Constituição, e tendo em vista o disposto nas Leis n. 12.815, de 5 de junho de 2013, n. 10.233, de 5 de junho de 2001, e n. 10.683, de 28 de maio de 2003,
DECRETA:

CAPÍTULO I
Disposições Preliminares

Art. 1º Este Decreto regulamenta o disposto na Lei n. 12.815, de 5 de junho de 2013, e as demais disposições legais que regulam a exploração de portos organizados e de instalações portuárias.

Parágrafo único. O poder concedente será exercido por intermédio da Secretaria de Portos da Presidência da República.

Art. 2º Sem prejuízo de outras atribuições previstas na legislação específica, compete ao poder concedente:

I — elaborar o plano geral de outorgas do setor portuário;

II — disciplinar conteúdo, forma e periodicidade de atualização dos planos de desenvolvimento e zoneamento dos portos;

III — definir diretrizes para a elaboração dos regulamentos de exploração dos portos;

IV — aprovar a transferência de controle societário ou de titularidade de contratos de concessão ou de arrendamento, previamente analisados pela Agência Nacional de Transportes Aquaviários — ANTAQ;

V — aprovar a realização de investimentos não previstos nos contratos de concessão ou de arrendamento, previamente analisados pela ANTAQ;

VI — conduzir e aprovar, sempre que necessários, os estudos de viabilidade técnica, econômica e ambiental do objeto da concessão ou do arrendamento; e

VII — aprovar e encaminhar ao Congresso Nacional o relatório de que trata o § 5º do art. 57 da Lei n. 12.815, de 2013.

Art. 3º Sem prejuízo de outras atribuições previstas na legislação específica, compete à ANTAQ:

I — analisar a transferência de controle societário ou de titularidade de contratos de concessão ou de arrendamento;

II — analisar as propostas de realização de investimentos não previstos nos contratos de concessão ou de arrendamento;

III — arbitrar, na esfera administrativa, os conflitos de interesses e as controvérsias sobre os contratos não solucionados entre a administração do porto e a arrendatária;

IV — arbitrar, em grau de recurso, os conflitos entre agentes que atuem no porto organizado, ressalvadas as competências das demais autoridades públicas;

V — apurar, de ofício ou mediante provocação, práticas abusivas ou tratamentos discriminatórios, ressalvadas as competências previstas na Lei n. 12.529, de 30 de novembro de 2011; e

VI — elaborar o relatório de que trata o § 5º do art. 57 da Lei n. 12.815, de 2013, e encaminhá-lo ao poder concedente.

Parágrafo único. A ANTAQ deverá cumprir o disposto no plano geral de outorgas para a realização das licitações de concessão e de arrendamento e das chamadas públicas para autorização de instalações portuárias.

Art. 4º Sem prejuízo de outras atribuições previstas na legislação específica, compete à administração do porto:

I — estabelecer o regulamento de exploração do porto, observadas as diretrizes do poder concedente; e

II — decidir sobre conflitos que envolvam agentes que atuam no porto organizado, ressalvadas as competências das demais autoridades públicas.

Parágrafo único. Nas concessões de porto organizado, o contrato disciplinará a extensão e a forma do exercício das competências da administração do porto.

CAPÍTULO II
Da Exploração dos Portos e das Instalações Portuárias Localizadas dentro da Área do Porto Organizado

Seção I
Das Disposições Gerais sobre a Licitação da Concessão e do Arrendamento

Art. 5º A licitação para a concessão e para o arrendamento de bem público destinado à atividade portuária será regida pelo disposto na Lei n. 12.815, de 2013, na Lei n. 12.462, de 4 de agosto de 2011, neste Decreto e, subsidiariamente, no Decreto n. 7.581, de 11 de outubro de 2011.

Parágrafo único. Na hipótese de transferência das competências para a elaboração do edital ou para a realização dos procedimentos licitatórios de que trata o § 5º do art. 6º da Lei n. 12.815, de 2013, a administração do porto deverá observar o disposto neste Decreto, sem prejuízo do acompanhamento dos atos e procedimentos pela ANTAQ.

Art. 6º A realização dos estudos prévios de viabilidade técnica, econômica e ambiental do objeto do arrendamento ou da concessão, quando necessária, deverá observar as diretrizes do planejamento do setor portuário.

§ 1º Os estudos de que trata o *caput* poderão ser realizados em versão simplificada, conforme disciplinado pela ANTAQ, sempre que:

I — não haja alteração substancial da destinação da área objeto da concessão ou do arrendamento;

II — não haja alteração substancial das atividades desempenhadas pela concessionária ou arrendatária; ou

III — o objeto e as condições da concessão ou do arrendamento permitam, conforme estabelecido pelo poder concedente.

§ 2º As administrações dos portos encaminharão ao poder concedente e à ANTAQ todos os documentos e informações necessários ao desenvolvimento dos estudos previstos neste artigo.

§ 3º O poder concedente poderá autorizar a elaboração, por qualquer interessado, dos estudos de que trata o *caput* e, caso esses sejam utilizados para a licitação, deverá assegurar o ressarcimento dos dispêndios correspondentes.

Art. 7º Definido o objeto da licitação, a ANTAQ deverá adotar as providências previstas no art. 14 da Lei n. 12.815, de 2013.

Seção II
Do Edital da Licitação

Art. 8º O edital definirá os critérios objetivos para o julgamento da licitação e disporá sobre:

I — o objeto, a área, o prazo e a possibilidade de prorrogação do contrato;

II — os prazos, os locais, os horários e as formas de recebimento da documentação exigida para a habilitação e das propostas, do julgamento da licitação e da assinatura dos contratos;

III — os prazos, os locais e os horários em que serão fornecidos aos interessados os dados, estudos e projetos necessários à elaboração dos orçamentos e à apresentação das propostas;

IV — os critérios e a relação dos documentos exigidos para aferição da capacidade técnica e econômico-financeira, da regularidade jurídica e fiscal dos licitantes e da garantia da proposta e da execução do contrato;

V — a relação dos bens afetos ao arrendamento ou à concessão;

VI — as regras para pedido de esclarecimento, impugnação administrativa e interposição de recursos; e

VII — a minuta do contrato de arrendamento ou de concessão e seus anexos.

Parágrafo único. O edital de licitação poderá impor ao vencedor a obrigação de indenizar o antigo titular pela parcela não amortizada dos investimentos realizados em bens afetos ao arrendamento ou à concessão, desde que tenham sido aprovados pelo poder concedente.

Art. 9º Nas licitações de concessão e de arrendamento, serão utilizados, de forma combinada ou isolada, os seguintes critérios para julgamento: *(Redação dada pelo Decreto n. 8.464, de 8.6.15, DOU 9.6.15)*

§ 1º O edital poderá prever ainda a utilização de um dos seguintes critérios para julgamento, associado com um ou mais dos critérios previstos no *caput*: *(Revogado pelo Decreto n. 8.464, de 8.6.15, DOU 9.6.15)*

I — maior capacidade de movimentação;

II — menor tarifa;

III — menor tempo de movimentação de carga;

IV — maior valor de investimento;

V — menor contraprestação do poder concedente;

VI — melhor proposta técnica, conforme critérios objetivos estabelecidos pelo poder concedente; ou

VII — maior valor de outorga. *(Redação dos incisos dada pelo Decreto n. 8.464, de 8.6.15, DOU 9.6.15)*

§ 2º A capacidade de movimentação poderá ser definida como:

I — capacidade estática, entendida como a quantidade máxima de carga que pode ser armazenada na instalação portuária a qualquer tempo;

II — capacidade dinâmica, entendida como a quantidade máxima de carga que pode ser movimentada na instalação portuária durante certo período de tempo e em nível adequado de serviço; ou

III — capacidade efetiva, entendida como a quantidade de carga movimentada na instalação portuária, durante certo período de tempo e em nível adequado de serviço.

§ 3º O menor tempo de movimentação poderá corresponder:

I — ao menor tempo médio de movimentação de determinadas cargas;

II — ao menor tempo médio de atendimento de uma embarcação de referência; ou

III — a outros critérios de aferição da eficiência do terminal na movimentação de cargas, conforme fixado no edital.

Art. 10. Na fase de habilitação das licitações previstas neste Decreto, será aplicado, no que couber, o disposto nos arts. 27 a 33 da Lei n. 8.666, de 21 de junho de 1993.

Parágrafo único. Para a qualificação técnica nas licitações de arrendamento, o edital poderá estabelecer que o licitante assuma o compromisso de:

I — obter sua pré-qualificação como operador portuário perante a administração do porto; ou

II — contratar um operador portuário pré-qualificado perante a administração do porto para o desempenho das operações portuárias, sem prejuízo do integral cumprimento das metas de qualidade e de outras obrigações estabelecidas no contrato.

Art. 11. Deverá ser adotado o prazo mínimo de trinta dias para a apresentação de propostas, contado da data de publicação do edital.

§ 1º Será conferida publicidade ao edital mediante:

I — publicação de extrato do edital no Diário Oficial da União; e

II — divulgação em sítio eletrônico oficial da Secretaria de Portos da Presidência da República e da ANTAQ.

§ 2º As eventuais modificações no edital serão divulgadas no mesmo prazo dos atos e procedimentos originais, exceto quando a alteração não comprometer a formulação das propostas.

§ 3º A ANTAQ deverá convocar, com antecedência mínima de dez dias úteis de sua realização, audiência pública que deverá ocorrer com antecedência mínima de quinze dias úteis da data prevista para a publicação do edital.

Seção III
Do Procedimento Licitatório

Art. 12. O procedimento licitatório observará as fases e a ordem previstas no art. 12 da Lei n. 12.462, de 2011.

Parágrafo único. As licitações adotarão preferencialmente os modos de disputa aberto ou combinado.

Art. 13. Após o encerramento da fase de apresentação de propostas, a comissão de licitação classificará as propostas em ordem decrescente, observadas as particularidades dos critérios de julgamento adotados.

§ 1º A comissão de licitação poderá negociar condições mais vantajosas com os licitantes.

§ 2º A negociação de que trata o § 1º será promovida segundo a ordem de classificação das propostas, assegurada a publicidade sobre seus termos e condições.

§ 3º Encerrada a sessão de julgamento, será dada publicidade à respectiva ata, com a ordem de classificação das propostas.

Art. 14. O procedimento licitatório terá fase recursal única, que se seguirá à habilitação do vencedor, exceto na hipótese de inversão de fases.

§ 1º Na fase recursal, serão analisados os recursos referentes ao julgamento das propostas ou lances e à habilitação do vencedor.

§ 2º Os licitantes que desejarem recorrer em face dos atos do julgamento da proposta ou da habilitação deverão manifestar, imediatamente após o término de cada sessão, sua intenção de recorrer, sob pena de preclusão.

Art. 15. O recurso será dirigido à Diretoria da ANTAQ, por intermédio da comissão de licitação, que apreciará sua admissibilidade.

§ 1º A comissão de licitação poderá, de ofício ou mediante provocação, reconsiderar sua decisão em até cinco dias úteis ou, nesse mesmo prazo, encaminhar o recurso à ANTAQ devidamente instruído.

§ 2º A ANTAQ deverá proferir sua decisão no prazo de cinco dias úteis, contado da data de seu recebimento.

Art. 16. Exauridos os recursos administrativos, o procedimento licitatório será encerrado e encaminhado ao poder concedente, que poderá:

I — determinar o retorno dos autos para saneamento de irregularidades que forem supríveis;

II — anular o procedimento, no todo ou em parte, por vício insanável;

III — revogar o procedimento por motivo de conveniência e oportunidade; ou

IV — adjudicar o objeto.

§ 1º As normas referentes à anulação e à revogação de licitações previstas no art. 49 da Lei n. 8.666, de 1993, aplicam-se às contratações regidas por este Decreto.

§ 2º Caberá recurso da anulação ou da revogação da licitação no prazo de cinco dias úteis, contado da data da decisão.

Art. 17. Convocado para assinar o contrato, o interessado deverá observar os prazos e as condições estabelecidos no edital, sob pena de decadência do direito à contratação, sem prejuízo das sanções previstas na Lei n. 12.462, de 2011, e na Lei n. 8.666, de 1993.

§ 1º É facultado ao poder concedente, quando o convocado não assinar o contrato no prazo e nas condições estabelecidos:

I — determinar à ANTAQ que revogue a licitação, sem prejuízo da aplicação das cominações previstas na Lei n. 8.666, de 1993; ou

II — determinar à ANTAQ que convoque os licitantes remanescentes, na ordem de classificação, para a celebração do contrato nas condições ofertadas pelo licitante vencedor.

§ 2º Na hipótese de nenhum dos licitantes aceitar a contratação nos termos do inciso II do § 1º, o poder concedente poderá determinar à ANTAQ que convoque os licitantes remanescentes, na ordem de classificação, para a celebração do contrato nas condições por eles ofertadas, desde que a proposta apresente condições melhores que o mínimo estipulado no edital.

Art. 18. Nos procedimentos licitatórios regidos por este Decreto, caberão:

I — pedidos de esclarecimento e impugnações ao edital, com antecedência mínima de cinco dias úteis da data de abertura das propostas; e

II — representações, no prazo de cinco dias úteis, contado da data da intimação, relativamente a atos de que não caiba recurso hierárquico.

§ 1º O prazo para apresentação de contrarrazões será o mesmo do recurso e começará imediatamente após o encerramento do prazo recursal.

§ 2º É assegurado aos licitantes vista dos documentos indispensáveis à defesa de seus interesses.

Seção IV
Dos Contratos de Concessão e de Arrendamento

Art. 19. Os contratos de concessão e de arrendamento terão prazo de até vinte e cinco anos, prorrogável uma única vez, por período não superior ao originalmente contratado, a critério do poder concedente.

Art. 20. O objeto do contrato de concessão poderá abranger:

I — o desempenho das funções da administração do porto e a exploração direta e indireta das instalações portuárias;

II — o desempenho das funções da administração do porto e a exploração indireta das instalações portuárias, vedada a sua exploração direta; ou

III — o desempenho, total ou parcial, das funções de administração do porto, vedada a exploração das instalações portuárias.

Art. 21. Os contratos celebrados entre a concessionária e terceiros serão regidos pelas normas de direito privado, não se estabelecendo qualquer relação jurídica entre os terceiros e o poder concedente, sem prejuízo das atividades regulatória e fiscalizatória da ANTAQ.

§ 1º A execução das atividades contratadas com terceiros pressupõe o cumprimento:

I — do plano de desenvolvimento e zoneamento do porto;

II — das normas aplicáveis aos serviços concedidos e contratados; e

III — das condições estabelecidas no edital de licitação e no contrato de concessão, inclusive quanto às tarifas e aos preços praticados.

§ 2º Os contratos celebrados entre a concessionária e terceiros terão sua vigência máxima limitada ao prazo previsto para a concessão.

Art. 22. Os contratos de arrendamento e demais instrumentos voltados à exploração de áreas nos portos organizados vigentes no momento da celebração do contrato de concessão poderão ter sua titularidade transferida à concessionária, conforme previsto no edital de licitação.

§ 1º A concessionária deverá respeitar os termos contratuais originalmente pactuados.

§ 2º A transferência da titularidade afasta a aplicação das normas de direito público sobre os contratos.

Art. 23. Os contratos de concessão e arrendamento deverão resguardar o direito de passagem de infraestrutura de terceiros na área objeto dos contratos, conforme disciplinado pela ANTAQ e mediante justa indenização.

Art. 24. A aplicação do disposto no § 6º do art. 6º da Lei n. 12.815, de 2013, só será permitida quando comprovada a inviabilidade técnica, operacional ou econômica de realização de licitação de novo arrendamento. *(Redação dada pelo Decreto n. 8.464, de 8.6.15, DOU 9.6.15)*

Parágrafo único. A expansão da área do arrendamento ensejará a revisão de metas, tarifas e outros parâmetros contratuais, de forma a incorporar ao contrato os ganhos de eficiência referidos no § 6º do art. 6º da Lei n. 12.815, de 2013.

Seção V
Da Exploração Direta ou Indireta de Áreas não Afetas às Operações Portuárias

Art. 25. As áreas não afetas às operações portuárias e suas destinações serão previstas no plano de desenvolvimento e zoneamento do porto.

Parágrafo único. Para a exploração indireta das áreas referidas no *caput*, a administração do porto submeterá à aprovação do poder concedente a proposta de uso da área.

CAPÍTULO III
Da Autorização de Instalações Portuárias

Art. 26. Serão exploradas mediante autorização, formalizada por meio da celebração de contrato de adesão, as instalações portuárias localizadas fora da área do porto organizado, compreendendo as seguintes modalidades:

I — terminal de uso privado;

II — estação de transbordo de carga;
III — instalação portuária pública de pequeno porte; e
IV — instalação portuária de turismo.

§ 1º O início da operação da instalação portuária deverá ocorrer no prazo de três anos, contado da data de celebração do contrato de adesão, prorrogável uma única vez, por igual período, a critério do poder concedente.

§ 2º O pedido de prorrogação do prazo para o início da operação deverá ser justificado e acompanhado de documentação que comprove a exequibilidade do novo cronograma.

Art. 27. Os interessados em obter a autorização de instalação portuária poderão requerê-la à ANTAQ, a qualquer tempo, mediante a apresentação dos seguintes documentos, entre outros que poderão ser exigidos pela ANTAQ:

I — memorial descritivo das instalações, com as especificações estabelecidas pela ANTAQ, que conterá, no mínimo:

a) descrição da poligonal das áreas por meio de coordenadas georreferenciadas, discriminando separadamente a área pretendida em terra, a área pretendida para instalação de estrutura física sobre a água, a área pretendida para berços de atracação e a área necessária para a bacia de evolução e para o canal de acesso;

b) descrição dos acessos terrestres e aquaviários existentes e a serem construídos;

c) descrição do terminal, inclusive quanto às instalações de acostagem e armazenagem, seus berços de atracação e finalidades;

d) especificação da embarcação-tipo por berço;

e) descrição dos principais equipamentos de carga e descarga das embarcações e de movimentação das cargas nas instalações de armazenagem, informando a quantidade existente, capacidade e utilização;

f) cronograma físico e financeiro para a implantação da instalação portuária;

g) estimativa da movimentação de cargas ou passageiros; e

h) valor global do investimento; e

II — título de propriedade, inscrição de ocupação, certidão de aforamento ou contrato de cessão sob regime de direito real, ou outro instrumento jurídico que assegure o direito de uso e fruição do da área.

Parágrafo único. Recebido o requerimento de autorização, a ANTAQ deverá:

I — publicar em seu sítio eletrônico, em até cinco dias, a íntegra do conteúdo do requerimento e seus anexos; e

II — desde que a documentação esteja em conformidade com o disposto no *caput*, promover, em até dez dias, a abertura de processo de anúncio público, com prazo de trinta dias, a fim de identificar a existência de outros interessados em autorização de instalação portuária na mesma região e com características semelhantes.

Art. 28. O poder concedente poderá determinar à ANTAQ, a qualquer momento e em consonância com as diretrizes do planejamento e das políticas do setor portuário, a abertura de processo de chamada pública para identificar a existência de interessados na obtenção de autorização de instalação portuária.

Art. 29. O instrumento da abertura de chamada ou de anúncio públicos, cujos extratos serão publicados no Diário Oficial da União e no sítio eletrônico da ANTAQ, indicará obrigatoriamente os seguintes parâmetros:

I — a região geográfica na qual será implantada a instalação portuária;

II — o perfil das cargas a serem movimentadas; e

III — a estimativa do volume de cargas ou de passageiros a ser movimentado nas instalações portuárias.

§ 1º O perfil de cargas a serem movimentadas será classificado conforme uma ou mais das seguintes modalidades:

I — granel sólido;
II — granel líquido e gasoso;
III — carga geral; ou
IV — carga conteinerizada.

§ 2º Todas as propostas apresentadas durante o prazo de chamada ou de anúncio públicos, que se encontrem na mesma região geográfica, deverão ser reunidas em um mesmo procedimento e analisadas conjuntamente, independentemente do tipo de carga.

§ 3º Para participar de chamada ou de anúncio públicos, os demais interessados deverão apresentar a documentação exigida no *caput* do art. 27.

Art. 30. Encerrado o processo de chamada ou de anúncio públicos, o poder concedente deverá analisar a viabilidade locacional das propostas e sua adequação às diretrizes do planejamento e das políticas do setor portuário.

Parágrafo único. Para os fins deste Decreto, considera-se viabilidade locacional a possibilidade da implantação física de duas ou mais instalações portuárias na mesma região geográfica que não gere impedimento operacional a qualquer uma delas.

Art. 31. Poderão ser expedidas diretamente, independente da realização de processo seletivo público, as autorizações de instalação portuária quando:

I — o processo de chamada ou anúncio públicos for concluído com a participação de um único interessado; ou

II — não existir impedimento locacional à implantação concomitante de todas as instalações portuárias solicitadas.

Parágrafo único. Em qualquer caso, somente poderão ser autorizadas as instalações portuárias compatíveis com as diretrizes do planejamento e das políticas do setor portuário.

Art. 32. Nos casos de inviabilidade locacional à implantação concomitante das instalações portuárias solicitadas, a ANTAQ deverá:

I — definir os critérios de julgamento a serem utilizados no processo seletivo público; e

II — conferir prazo de trinta dias para que os interessados reformulem suas propostas, adaptando-as à participação no processo seletivo público.

§ 1º Eliminado o impedimento locacional após a reformulação prevista no inciso II do *caput*, as propostas deverão ser novamente submetidas à aprovação do poder concedente, que poderá autorizar as instalações portuárias na forma do art. 31.

§ 2º Mantido o impedimento locacional após a reformulação prevista no inciso II do *caput*, caberá à ANTAQ promover processo seletivo público para seleção da melhor proposta.

§ 3º A ANTAQ disciplinará os procedimentos e prazos para realização do processo seletivo público de que trata este artigo.

Art. 33. Encerrada a chamada ou anúncio públicos na forma do art. 31 ou encerrado o processo seletivo público na forma do art. 32, os interessados terão o prazo de noventa dias, contado da data de publicação da decisão, para apresentar à ANTAQ os seguintes documentos, além de outros que venham a ser exigidos por norma específica:

I — comprovação de atendimento do disposto no art. 14 da Lei n. 12.815, de 2013;

II — as garantias de execução a serem firmadas no momento de emissão da autorização, nos termos estabelecidos pela ANTAQ;

III — a documentação comprobatória de sua regularidade perante as Fazendas federal, estadual e municipal da sede da pessoa jurídica e o Fundo de Garantia do Tempo de Serviço — FGTS; e

IV — parecer favorável da autoridade marítima, que deverá responder à consulta em prazo não superior a quinze dias.

Parágrafo único. O descumprimento do prazo a que se refere o *caput* ou a apresentação de documentação em desconformidade com o disposto neste Decreto ou nas normas da ANTAQ ensejará a desclassificação da proposta e a convocação dos demais interessados na ordem de classificação no processo seletivo público.

Art. 34. Encerrados os procedimentos para autorização, a ANTAQ enviará a documentação ao poder concedente que deverá, no prazo de quinze dias, contado da data do recebimento, analisar e deliberar sobre o resultado do processo e a celebração dos contratos de adesão.

Parágrafo único. Celebrados os contratos de adesão, os processos serão restituídos à ANTAQ para acompanhamento.

Art. 35. Não dependerão da celebração de novo contrato de adesão, bastando a aprovação pelo poder concedente:

I — a transferência de titularidade da autorização, desde que preservadas as condições estabelecidas no contrato de adesão original; ou

II — o aumento da capacidade de movimentação ou de armazenagem da instalação portuária, desde que não haja expansão de área original.

Parágrafo único. Sem prejuízo do disposto no *caput*, o poder concedente poderá, conforme disciplinado em ato do Ministro de Estado Chefe da Secretaria de Portos da Presidência da República, dispensar a emissão de nova autorização nas hipóteses de:

I — a alteração do tipo de carga movimentada; ou

II — a ampliação da área da instalação portuária, localizada fora do porto organizado, que não exceda a vinte e cinco por cento da área original, desde que haja viabilidade locacional.

CAPÍTULO IV
Do Conselho de Autoridade Portuária

Art. 36. Será instituído em cada porto organizado um conselho de autoridade portuária, órgão consultivo da administração do porto.

§ 1º Compete ao conselho de autoridade portuária sugerir:

I — alterações do regulamento de exploração do porto;

II — alterações no plano de desenvolvimento e zoneamento do porto;

III — ações para promover a racionalização e a otimização do uso das instalações portuárias;

IV — medidas para fomentar a ação industrial e comercial do porto;

V — ações com objetivo de desenvolver mecanismos para atração de cargas;

VI — medidas que visem estimular a competitividade; e

VII — outras medidas e ações de interesse do porto.

§ 2º Compete ao conselho de autoridade portuária aprovar o seu regimento interno.

Art. 37. Cada conselho de autoridade portuária será constituído pelos membros titulares e seus suplentes:

I — do Poder Público, sendo:

a) quatro representantes da União, dentre os quais será escolhido o presidente do conselho;

b) um representante da autoridade marítima;

c) um representante da administração do porto;

d) um representante do Estado onde se localiza o porto; e

e) um representante dos Municípios onde se localizam o porto ou os portos organizados abrangidos pela concessão;

II — da classe empresarial, sendo:

a) dois representantes dos titulares de arrendamentos de instalações portuárias;

b) um representante dos operadores portuários; e

c) um representante dos usuários; e

III — da classe dos trabalhadores portuários, sendo:

a) dois representantes dos trabalhadores portuários avulsos; e

b) dois representante dos demais trabalhadores portuários.

§ 1º Para os efeitos do disposto neste artigo, os membros e seus suplentes do conselho serão indicados:

I — pelo Ministro de Estado Chefe da Secretaria de Portos da Presidência da República; pelo Comandante da Marinha; pela administração do porto; pelo Governador de Estado e pelo Prefeito do Município, respectivamente, no caso do inciso I do *caput*; e

II — pelas entidades de classe local das respectivas categorias profissionais e econômicas, nos casos dos incisos II e III do *caput*.

§ 2º Ato do Ministro de Estado Chefe da Secretaria de Portos definirá as entidades responsáveis pela indicação de que trata o inciso II do § 1º e os procedimentos a serem adotados para as indicações.

§ 3º Os membros do conselho serão designados por ato do Ministro de Estado Chefe da Secretaria de Portos da Presidência da República para um mandato de dois anos, admitida a recondução uma única vez, por igual período.

§ 4º A participação no conselho de autoridade portuária será considerada prestação de serviço público relevante, não remunerada.

§ 5º As deliberações do conselho serão tomadas de acordo com as seguintes regras:

I — cada representante terá direito a um voto; e

II — o presidente do conselho terá voto de qualidade.

§ 6º Perderá o mandato o membro do conselho que faltar, injustificadamente, a três reuniões consecutivas ou seis alternadas, assumindo a vaga o seu suplente até a efetivação de nova indicação.

CAPÍTULO V
Do Órgão Gestor de Mão de Obra

Art. 38. O órgão de gestão de mão de obra terá, obrigatoriamente, um conselho de supervisão e uma diretoria-executiva.

§ 1º O conselho de supervisão será composto por três membros titulares e seus suplentes, sendo:

I — dois indicados pelas entidades de classe local das respectivas categorias econômicas; e

II — um indicado pelas entidades de classe local das categorias profissionais relativas às atividades previstas no § 1º do art. 40 da Lei n. 12.815, de 2013.

§ 2º Ato do Ministro de Estado Chefe da Secretaria de Portos definirá as entidades responsáveis pela indicação de que trata o § 1º e os procedimentos a serem adotados para as indicações.

§ 3º A Diretoria-Executiva será composta por um ou mais diretores, designados e destituíveis, a qualquer tempo, pelos operadores portuários que atuam no respectivo porto organizado, cujo prazo de gestão será de três anos, permitida a redesignação.

§ 4º Caso a Diretoria-Executiva seja composta por dois membros ou mais, um deles poderá ser indicado pelas respectivas entidades de classe das categorias profissionais relativas às atividades previstas no § 1º do art. 40 da Lei n. 12.815, de 2013, conforme definido em convenção coletiva.

§ 5º Até um terço dos membros do conselho de supervisão poderá ser designado para exercício de cargos de diretores.

CAPÍTULO VI
Do Fórum Permanente para Qualificação do Trabalhador Portuário e do Sine-Porto

Art. 39. Fica instituído o Fórum Nacional Permanente para Qualificação do Trabalhador Portuário, com a finalidade de discutir as questões relacionadas a formação, qualificação e certificação profissional do trabalhador portuário e do trabalhador portuário avulso, em especial:

I — sua adequação aos modernos processos de movimentação de carga e de operação de aparelhos e equipamentos portuários;

II — o treinamento multifuncional do trabalhador portuário e do trabalhador portuário avulso.

§ 1º Integrarão o Fórum Nacional Permanente para Qualificação do Trabalhador Portuário:

I — um representante de cada um dos seguintes órgãos e entidades:

a) Ministério do Trabalho e Emprego, que o coordenará;

b) Secretaria de Portos da Presidência da República;

c) Ministério do Planejamento, Orçamento e Gestão;

d) Ministério da Educação;

e) Secretaria-Geral da Presidência da República; e

f) Comando da Marinha;

II — três representantes de entidades empresariais, sendo:

a) um representante dos titulares de arrendamentos de instalações portuárias;

b) um representante dos operadores portuários; e

c) um representante dos usuários; e

III — três representantes da classe trabalhadora, sendo:

a) dois representantes dos trabalhadores portuários avulsos; e

b) um representante dos demais trabalhadores portuários.

§ 2º Os representantes de que tratam os incisos II e III do § 1º cumprirão mandatos de dois anos, permitida a recondução.

§ 3º Perderá o mandato o membro do Fórum de que tratam os incisos II e III do § 1º que faltar, injustificadamente, a três reuniões consecutivas ou seis alternadas, assumindo a vaga o seu suplente até a efetivação de nova indicação.

§ 4º Ato do Ministro de Estado Chefe da Secretaria de Portos definirá as entidades responsáveis pela indicação de que trata os incisos II e III do § 1º e os procedimentos a serem adotados para as indicações.

§ 5º A participação no Fórum será considerada prestação de serviço público relevante, não remunerada.

Art. 40. O Ministério do Trabalho e Emprego instituirá, no âmbito do Sistema Nacional de Emprego — SINE, banco de dados específico com o objetivo de organizar a identificação e a oferta de mão de obra qualificada para o setor portuário, intitulado SINE-PORTO.

§ 1º Constarão do SINE-PORTO, no mínimo, as seguintes informações:

I — identificação do trabalhador;

II — qualificação profissional obtida para o exercício das funções; e

III — registro ou cadastramento em órgão de gestão de mão de obra, quando couber.

§ 2º Os trabalhadores portuários avulsos inscritos no respectivo órgão de gestão de mão de obra, constantes no SINE-PORTO, terão preferência no acesso a programas de formação ou qualificação profissional oferecidos no âmbito do SINE ou do Programa Nacional de Acesso ao Ensino Técnico e Emprego — Pronatec, de que trata a Lei n. 12.513, de 26 de outubro de 2011. (NR)

CAPÍTULO VII
Disposições Finais

Art. 41. A participação de um representante da classe empresarial e outro da classe trabalhadora no conselho de administração ou órgão equivalente da administração do porto, quando se tratar de entidade sob controle estatal, deverá estar prevista nos estatutos sociais das empresas públicas e sociedades de economia mista.

§ 1º A indicação dos representantes das classes empresarial e trabalhadora de que trata o *caput* será feita pelos respectivos representantes no conselho de autoridade portuária.

§ 2º A indicação do representante da classe trabalhadora e seu suplente recairá obrigatoriamente sobre empregado da entidade sob controle estatal.

§ 3º Os representantes da classe empresarial e da classe trabalhadora estão sujeitos aos critérios e exigências para o cargo de conselheiro de administração previstos em lei e no estatuto da respectiva entidade.

§ 4º Serão observadas, quanto aos requisitos e impedimentos para a participação nos conselhos de que trata o art. 21 da Lei n. 12.815, de 2013, as disposições constantes da legislação sobre conflitos de interesse no âmbito da administração pública federal e, subsidiariamente, da Lei n. 6.404, de 15 de dezembro de 1976.

Art. 42. A realização de investimentos não previstos nos contratos deverá ser precedida:

I — de comunicação à ANTAQ, no caso das instalações portuárias autorizadas; e

II — de análise da ANTAQ e de aprovação pelo poder concedente, no caso das concessões e arrendamentos.

Art. 43. Os requerimentos de autorização de instalação portuária apresentados à ANTAQ até a data de publicação deste Decreto e que atendam ao disposto na Lei n. 12.815, de 2013, poderão ensejar a abertura imediata de processo de anúncio público.

Parágrafo único. Na hipótese de os requerimentos de que trata o *caput* não atenderem integralmente ao disposto no inciso I do *caput* do art. 27, os interessados poderão apresentar à ANTAQ a documentação faltante durante o prazo de trinta dias, a que se refere o inciso II do parágrafo único do art. 27.

Art. 44. A ANTAQ disciplinará, após consulta pública, as condições de acesso por qualquer interessado, em caráter excepcional, às instalações portuárias arrendadas, autorizadas ou exploradas pela concessionária, assegurada remuneração adequada a seu titular.

Art. 45. Ato conjunto dos Ministros de Estado da Fazenda, do Planejamento, Orçamento e Gestão, da Previdência Social, do Desenvolvimento Social e Combate à Fome e Chefe da Secretaria de Portos da Presidência da República disporá sobre a concessão do benefício assistencial de que trata o art. 10-A da Lei n. 9.719, de 27 de novembro de 1998, e disciplinará:

I — o valor do benefício;

II — os critérios para a comprovação pelo trabalhador portuário avulso da insuficiência de meios para prover a sua subsistência;

III — os procedimentos para o requerimento e a concessão do benefício; e

IV — as hipóteses de perda ou cassação do benefício.

Parágrafo único. Para fins de habilitação ao benefício será exigida, cumulativamente, a comprovação de:

I — no mínimo quinze anos de registro ou cadastro como trabalhador portuário avulso;

II — comparecimento a, no mínimo, oitenta por cento das chamadas realizadas pelo respectivo órgão de gestão de mão de obra; e

III — comparecimento a, no mínimo, oitenta por cento dos turnos de trabalho para os quais tenha sido escalado no período.

Art. 46. Ato conjunto dos Ministros de Estado do Planejamento, Orçamento e Gestão e Chefe da Secretaria de Portos da Presidência da República estabelecerá os procedimentos para cessão de áreas públicas da União, com vistas à implantação de instalações portuárias.

Art. 47. Deverão ser publicados em até cento e oitenta dias, contados da data de publicação deste Decreto, os atos a que se referem os seguintes dispositivos:

I — § 2º do art. 37;

II — § 2º do art. 38;

III — § 4º do art. 39;

IV — art. 44;

V — art. 45; e

VI — art. 46.

Art. 48. Ficam revogados:

I — o Decreto n. 4.391, de 26 de setembro de 2002; e

II — o Decreto n. 6.620, de 29 de outubro de 2008.

Art. 49. Este Decreto entra em vigor na data de sua publicação.

Brasília, 27 de junho de 2013; 192º da Independência e 125º da República.

Dilma Rousseff
Guido Mantega
César Borges
Miriam Belchior
Garibaldi Alves Filho
Tereza Campello
Gilberto Carvalho
Luís Inácio Lucena Adams
Leônidas Cristino

DOU 28.6.2013

Lei n. 12.842, de 10 de julho de 2013

Dispõe sobre o exercício da medicina

A PRESIDENTA DA REPÚBLICA

Faço saber que o Congresso Nacional decreta e eu sanciono a seguinte Lei:

Art. 1º O exercício da Medicina é regido pelas disposições desta Lei.

Art. 2º O objeto da atuação do médico é a saúde do ser humano e das coletividades humanas, em benefício da qual deverá agir com o máximo de zelo, com o melhor de sua capacidade profissional e sem discriminação de qualquer natureza.

Parágrafo único. O médico desenvolverá suas ações profissionais no campo da atenção à saúde para:

I — a promoção, a proteção e a recuperação da saúde;

II — a prevenção, o diagnóstico e o tratamento das doenças;

III — a reabilitação dos enfermos e portadores de deficiências.

Art. 3º O médico integrante da equipe de saúde que assiste o indivíduo ou a coletividade atuará em mútua colaboração com os demais profissionais de saúde que a compõem.

Art. 4º São atividades privativas do médico:

I — (VETADO);

II — indicação e execução da intervenção cirúrgica e prescrição dos cuidados médicos pré e pós-operatórios;

III — indicação da execução e execução de procedimentos invasivos, sejam diagnósticos, terapêuticos ou estéticos, incluindo os acessos vasculares profundos, as biópsias e as endoscopias;

IV — intubação traqueal;

V — coordenação da estratégia ventilatória inicial para a ventilação mecânica invasiva, bem como das mudanças necessárias diante das intercorrências clínicas, e do programa de interrupção da ventilação mecânica invasiva, incluindo a desintubação traqueal;

VI — execução de sedação profunda, bloqueios anestésicos e anestesia geral;

VII — emissão de laudo dos exames endoscópicos e de imagem, dos procedimentos diagnósticos invasivos e dos exames anatomopatológicos;

VIII — (VETADO);

IX — (VETADO);

X — determinação do prognóstico relativo ao diagnóstico nosológico;

XI — indicação de internação e alta médica nos serviços de atenção à saúde;

XII — realização de perícia médica e exames médico-legais, excetuados os exames laboratoriais de análises clínicas, toxicológicas, genéticas e de biologia molecular;

XIII — atestação médica de condições de saúde, doenças e possíveis sequelas;

XIV — atestação do óbito, exceto em casos de morte natural em localidade em que não haja médico.

§ 1º Diagnóstico nosológico é a determinação da doença que acomete o ser humano, aqui definida como interrupção, cessação ou distúrbio da função do corpo, sistema ou órgão, caracterizada por, no mínimo, 2 (dois) dos seguintes critérios:

I — agente etiológico reconhecido;

II — grupo identificável de sinais ou sintomas;

III — alterações anatômicas ou psicopatológicas.

§ 2º (VETADO).

§ 3º As doenças, para os efeitos desta Lei, encontram-se referenciadas na versão atualizada da Classificação Estatística Internacional de Doenças e Problemas Relacionados à Saúde.

§ 4º Procedimentos invasivos, para os efeitos desta Lei, são os caracterizados por quaisquer das seguintes situações:

I — (VETADO);

II — (VETADO);

III — invasão dos orifícios naturais do corpo, atingindo órgãos internos.

§ 5º Excetuam-se do rol de atividades privativas do médico:

I — (VETADO);

II — (VETADO);

III — aspiração nasofaringeana ou orotraqueal;

IV — (VETADO);

V — realização de curativo com desbridamento até o limite do tecido subcutâneo, sem a necessidade de tratamento cirúrgico;

VI — atendimento à pessoa sob risco de morte iminente;

VII — realização de exames citopatológicos e seus respectivos laudos;

VIII — coleta de material biológico para realização de análises clínico-laboratoriais;

IX — procedimentos realizados através de orifícios naturais em estruturas anatômicas visando à recuperação físico-funcional e não comprometendo a estrutura celular e tecidual.

§ 6º O disposto neste artigo não se aplica ao exercício da Odontologia, no âmbito de sua área de atuação.

§ 7º O disposto neste artigo será aplicado de forma que sejam resguardadas as competências próprias das profissões de assistente social, biólogo, biomédico, enfermeiro, farmacêutico, fisioterapeuta, fonoaudiólogo, nutricionista, profissional de educação física, psicólogo, terapeuta ocupacional e técnico e tecnólogo de radiologia.

Art. 5º São privativos de médico:

I — (VETADO);

II — perícia e auditoria médicas; coordenação e supervisão vinculadas, de forma imediata e direta, às atividades privativas de médico;

III — ensino de disciplinas especificamente médicas;

IV — coordenação dos cursos de graduação em Medicina, dos programas de residência médica e dos cursos de pós-graduação específicos para médicos.

Parágrafo único. A direção administrativa de serviços de saúde não constitui função privativa de médico.

Art. 6º A denominação 'médico' é privativa do graduado em curso superior de Medicina reconhecido e deverá constar obrigatoriamente dos diplomas emitidos por instituições de educação superior credenciadas na forma do art. 46 da Lei n. 9.394, de 20 de dezembro de 1996 (Lei de Diretrizes e Bases da Educação Nacional), vedada a denominação 'bacharel em Medicina. *(Redação dada pela Lei n. 13.270, de 13.4.16, DOU 14.4.16)*

Art. 7º Compreende-se entre as competências do Conselho Federal de Medicina editar normas para definir o caráter experimental de procedimentos em Medicina, autorizando ou vedando a sua prática pelos médicos.

Parágrafo único. A competência fiscalizadora dos Conselhos Regionais de Medicina abrange a fiscalização e o controle dos pro-

cedimentos especificados no *caput*, bem como a aplicação das sanções pertinentes em caso de inobservância das normas determinadas pelo Conselho Federal.

Art. 8º Esta Lei entra em vigor 60 (sessenta) dias após a data de sua publicação.

Brasília, 10 de julho de 2013; 192º da Independência e 125º da República.

> DILMA ROUSSEFF
> GUIDO MANTEGA
> MANOEL DIAS
> ALEXANDRE ROCHA SANTOS PADILHA
> MIRIAM BELCHIOR
> GILBERTO CARVALHO
> DOU 11.7..2013

Lei n. 12.846, de 1º de agosto de 2013

Dispõe sobre a responsabilização administrativa e civil de pessoas jurídicas pela prática de atos contra a Administração Pública, Nacional ou Estrangeira, e dá outras providências

A PRESIDENTA DA REPÚBLICA

Faço saber que o Congresso Nacional decreta e eu sanciono a seguinte Lei:

CAPÍTULO I
Disposições Gerais

Art. 1º Esta Lei dispõe sobre a responsabilização objetiva administrativa e civil de pessoas jurídicas pela prática de atos contra a administração pública, nacional ou estrangeira.

Parágrafo único. Aplica-se o disposto nesta Lei às sociedades empresárias e às sociedades simples, personificadas ou não, independentemente da forma de organização ou modelo societário adotado, bem como a quaisquer fundações, associações de entidades ou pessoas, ou sociedades estrangeiras, que tenham sede, filial ou representação no território brasileiro, constituídas de fato ou de direito, ainda que temporariamente.

Art. 2º As pessoas jurídicas serão responsabilizadas objetivamente, nos âmbitos administrativo e civil, pelos atos lesivos previstos nesta Lei praticados em seu interesse ou benefício, exclusivo ou não.

Art. 3º A responsabilização da pessoa jurídica não exclui a responsabilidade individual de seus dirigentes ou administradores ou de qualquer pessoa natural, autora, coautora ou partícipe do ato ilícito.

§ 1º A pessoa jurídica será responsabilizada independentemente da responsabilização individual das pessoas naturais referidas no *caput*.

§ 2º Os dirigentes ou administradores somente serão responsabilizados por atos ilícitos na medida da sua culpabilidade.

Art. 4º Subsiste a responsabilidade da pessoa jurídica na hipótese de alteração contratual, transformação, incorporação, fusão ou cisão societária.

§ 1º Nas hipóteses de fusão e incorporação, a responsabilidade da sucessora será restrita à obrigação de pagamento de multa e reparação integral do dano causado, até o limite do patrimônio transferido, não lhe sendo aplicáveis as demais sanções previstas nesta Lei decorrentes de atos e fatos ocorridos antes da data da fusão ou incorporação, exceto no caso de simulação ou evidente intuito de fraude, devidamente comprovados.

§ 2º As sociedades controladoras, controladas, coligadas ou, no âmbito do respectivo contrato, as consorciadas serão solidariamente responsáveis pela prática dos atos previstos nesta Lei, restringindo-se tal responsabilidade à obrigação de pagamento de multa e reparação integral do dano causado.

CAPÍTULO II
Dos Atos Lesivos à Administração Pública Nacional ou Estrangeira

Art. 5º Constituem atos lesivos à administração pública, nacional ou estrangeira, para os fins desta Lei, todos aqueles praticados pelas pessoas jurídicas mencionadas no parágrafo único do art. 1º, que atentem contra o patrimônio público nacional ou estrangeiro, contra princípios da administração pública ou contra os compromissos internacionais assumidos pelo Brasil, assim definidos:

I — prometer, oferecer ou dar, direta ou indiretamente, vantagem indevida a agente público, ou a terceira pessoa a ele relacionada;

II — comprovadamente, financiar, custear, patrocinar ou de qualquer modo subvencionar a prática dos atos ilícitos previstos nesta Lei;

III — comprovadamente, utilizar-se de interposta pessoa física ou jurídica para ocultar ou dissimular seus reais interesses ou a identidade dos beneficiários dos atos praticados;

IV — no tocante a licitações e contratos:

a) frustrar ou fraudar, mediante ajuste, combinação ou qualquer outro expediente, o caráter competitivo de procedimento licitatório público;

b) impedir, perturbar ou fraudar a realização de qualquer ato de procedimento licitatório público;

c) afastar ou procurar afastar licitante, por meio de fraude ou oferecimento de vantagem de qualquer tipo;

d) fraudar licitação pública ou contrato dela decorrente;

e) criar, de modo fraudulento ou irregular, pessoa jurídica para participar de licitação pública ou celebrar contrato administrativo;

f) obter vantagem ou benefício indevido, de modo fraudulento, de modificações ou prorrogações de contratos celebrados com a administração pública, sem autorização em lei, no ato convocatório da licitação pública ou nos respectivos instrumentos contratuais; ou

g) manipular ou fraudar o equilíbrio econômico-financeiro dos contratos celebrados com a administração pública;

V — dificultar atividade de investigação ou fiscalização de órgãos, entidades ou agentes públicos, ou intervir em sua atuação, inclusive no âmbito das agências reguladoras e dos órgãos de fiscalização do sistema financeiro nacional.

§ 1º Considera-se administração pública estrangeira os órgãos e entidades estatais ou representações diplomáticas de país estrangeiro, de qualquer nível ou esfera de governo, bem como as pessoas jurídicas controladas, direta ou indiretamente, pelo poder público de país estrangeiro.

§ 2º Para os efeitos desta Lei, equiparam-se à administração pública estrangeira as organizações públicas internacionais.

§ 3º Considera-se agente público estrangeiro, para os fins desta Lei, quem, ainda que transitoriamente ou sem remuneração, exerça cargo, emprego ou função pública em órgãos, entidades estatais ou em representações diplomáticas de país estrangeiro, assim como em pessoas jurídicas controladas, direta ou indiretamente, pelo poder público de país estrangeiro ou em organizações públicas internacionais.

CAPÍTULO III
Da Responsabilização Administrativa

Art. 6º Na esfera administrativa, serão aplicadas às pessoas jurídicas consideradas responsáveis pelos atos lesivos previstos nesta Lei as seguintes sanções:

I — multa, no valor de 0,1% (um décimo por cento) a 20% (vinte por cento) do faturamento bruto do último exercício anterior ao da instauração do processo administrativo, excluídos os tributos, a qual nunca será inferior à vantagem auferida, quando for possível sua estimação; e

II — publicação extraordinária da decisão condenatória.

§ 1º As sanções serão aplicadas fundamentalmente, isolada ou cumulativamente, de acordo com as peculiaridades do caso concreto e com a gravidade e natureza das infrações.

§ 2º A aplicação das sanções previstas neste artigo será precedida da manifestação jurídica elaborada pela Advocacia Pública ou pelo órgão de assistência jurídica, ou equivalente, do ente público.

§ 3º A aplicação das sanções previstas neste artigo não exclui, em qualquer hipótese, a obrigação da reparação integral do dano causado.

§ 4º Na hipótese do inciso I do *caput*, caso não seja possível utilizar o critério do valor do faturamento bruto da pessoa jurídica, a multa será de R$ 6.000,00 (seis mil reais) a R$ 60.000.000,00 (sessenta milhões de reais).

§ 5º A publicação extraordinária da decisão condenatória ocorrerá na forma de extrato de sentença, a expensas da pessoa jurídica, em meios de comunicação de grande circulação na área da prática da infração e de atuação da pessoa jurídica ou, na sua falta, em publicação de circulação nacional, bem como por meio de afixação de edital, pelo prazo mínimo de 30 (trinta) dias, no próprio estabelecimento ou no local de exercício da atividade, de modo visível ao público, e no sítio eletrônico na rede mundial de computadores.

§ 6º (VETADO).

Art. 7º Serão levados em consideração na aplicação das sanções:

I — a gravidade da infração;

II — a vantagem auferida ou pretendida pelo infrator;

III — a consumação ou não da infração;

IV — o grau de lesão ou perigo de lesão;

V — o efeito negativo produzido pela infração;

VI — a situação econômica do infrator;

VII — a cooperação da pessoa jurídica para a apuração das infrações;

VIII — a existência de mecanismos e procedimentos internos de integridade, auditoria e incentivo à denúncia de irregularidades e a aplicação efetiva de códigos de ética e de conduta no âmbito da pessoa jurídica;

IX — o valor dos contratos mantidos pela pessoa jurídica com o órgão ou entidade pública lesados; e

X — (VETADO).

Parágrafo único. Os parâmetros de avaliação de mecanismos e procedimentos previstos no

inciso VIII do *caput* serão estabelecidos em regulamento do Poder Executivo federal.

CAPÍTULO IV
Do Processo Administrativo de Responsabilização

Art. 8º A instauração e o julgamento de processo administrativo para apuração da responsabilidade de pessoa jurídica cabem à autoridade máxima de cada órgão ou entidade dos Poderes Executivo, Legislativo e Judiciário, que agirá de ofício ou mediante provocação, observados o contraditório e a ampla defesa.

§ 1º A competência para a instauração e o julgamento do processo administrativo de apuração de responsabilidade da pessoa jurídica poderá ser delegada, vedada a subdelegação.

§ 2º No âmbito do Poder Executivo federal, a Controladoria-Geral da União — CGU terá competência concorrente para instaurar processos administrativos de responsabilização de pessoas jurídicas ou para avocar os processos instaurados com fundamento nesta Lei, para exame de sua regularidade ou para corrigir-lhes o andamento.

Art. 9º Competem à Controladoria-Geral da União — CGU a apuração, o processo e o julgamento dos atos ilícitos previstos nesta Lei, praticados contra a administração pública estrangeira, observado o disposto no Artigo 4 da Convenção sobre o Combate da Corrupção de Funcionários Públicos Estrangeiros em Transações Comerciais Internacionais, promulgada pelo Decreto n. 3.678, de 30 de novembro de 2000.

Art. 10. O processo administrativo para apuração da responsabilidade de pessoa jurídica será conduzido por comissão designada pela autoridade instauradora e composta por 2 (dois) ou mais servidores estáveis.

§ 1º O ente público, por meio do seu órgão de representação judicial, ou equivalente, a pedido da comissão a que se refere o *caput*, poderá requerer as medidas judiciais necessárias para a investigação e o processamento das infrações, inclusive de busca e apreensão.

§ 2º A comissão poderá, cautelarmente, propor à autoridade instauradora que suspenda os efeitos do ato ou processo objeto da investigação.

§ 3º A comissão deverá concluir o processo no prazo de 180 (cento e oitenta) dias contados da data da publicação do ato que a instituir e, ao final, apresentar relatórios sobre os fatos apurados e eventual responsabilidade da pessoa jurídica, sugerindo de forma motivada as sanções a serem aplicadas.

§ 4º O prazo previsto no § 3º poderá ser prorrogado, mediante ato fundamentado da autoridade instauradora.

Art. 11. No processo administrativo para apuração de responsabilidade, será concedido à pessoa jurídica prazo de 30 (trinta) dias para defesa, contados a partir da intimação.

Art. 12. O processo administrativo, com o relatório da comissão, será remetido à autoridade instauradora, na forma do art. 10, para julgamento.

Art. 13. A instauração de processo administrativo específico de reparação integral do dano não prejudica a aplicação imediata das sanções estabelecidas nesta Lei.

Parágrafo único. Concluído o processo e não havendo pagamento, o crédito apurado será inscrito em dívida ativa da fazenda pública.

Art. 14. A personalidade jurídica poderá ser desconsiderada sempre que utilizada com abuso do direito para facilitar, encobrir ou dissimular a prática dos atos ilícitos previstos nesta Lei ou para provocar confusão patrimonial, sendo estendidos todos os efeitos das sanções aplicadas à pessoa jurídica aos seus administradores e sócios com poderes de administração, observados o contraditório e a ampla defesa.

Art. 15. A comissão designada para apuração da responsabilidade de pessoa jurídica, após a instauração do processo administrativo, dará conhecimento ao Ministério Público de sua existência, para apuração de eventuais delitos. (NR) *(Redação dada pela MP n. 703, de 18.12.2015, DOU 21.12.2015)*

CAPÍTULO V
Do Acordo de Leniência

Art. 16. A União, os Estados, o Distrito Federal e os Municípios poderão, no âmbito de suas competências, por meio de seus órgãos de controle interno, de forma isolada ou em conjunto com o Ministério Público ou com a Advocacia Pública, celebrar acordo de leniência com as pessoas jurídicas responsáveis pela prática dos atos e pelos fatos investigados e previstos nesta Lei que colaborem efetivamente com as investigações e com o processo administrativo, de forma que dessa colaboração resulte: *(Redação dada pela MP n. 703, de 18.12.2015, DOU 21.12.2015)*

I — a identificação dos demais envolvidos na infração, quando couber; *(Redação dada pela MP n. 703, de 18.12.2015, DOU 21.12.2015)*

II — a obtenção de informações e documentos que comprovem a infração noticiada ou sob investigação; *(Redação dada pela MP n. 703, de 18.12.2015, DOU 21.12.2015)*

III — a cooperação da pessoa jurídica com as investigações, em face de sua responsabilidade objetiva; e *(Redação dada pela MP n. 703, de 18.12.2015, DOU 21.12.2015)*

IV — o comprometimento da pessoa jurídica na implementação ou na melhoria de mecanismos internos de integridade. *(Redação dada pela MP n. 703, de 18.12.2015, DOU 21.12.2015)*

§ 1º O acordo de que trata o *caput* somente poderá ser celebrado se preenchidos, cumulativamente, os seguintes requisitos:

I — a pessoa jurídica seja a primeira a se manifestar sobre seu interesse em cooperar para a apuração do ato ilícito; *(Revogado pela MP n. 703, de 18.12.2015, DOU 21.12.2015)*

II — a pessoa jurídica cesse completamente seu envolvimento na infração investigada a partir da data de propositura do acordo;

III — a pessoa jurídica, em face de sua responsabilidade objetiva, coopere com as investigações e com o processo administrativo, comparecendo, sob suas expensas, sempre que solicitada, a todos os atos processuais, até seu encerramento; e *(Redação dada pela MP n. 703, de 18.12.2015, DOU 21.12.2015)*

IV — a pessoa jurídica se comprometa a implementar ou a melhorar os mecanismos internos de integridade, auditoria, incentivo às denúncias de irregularidades e à aplicação efetiva de código de ética e de conduta. *(Redação dada pela MP n. 703, de 18.12.2015, DOU 21.12.2015)*

§ 2º O acordo de leniência celebrado pela autoridade administrativa:

I — isentará a pessoa jurídica das sanções previstas no inciso II do *caput* do art. 6º e das sanções restritivas ao direito de licitar e contratar previstas na Lei n. 8.666, de 21 de junho de 1993, e em outras normas que tratam de licitações e contratos;

II — poderá reduzir a multa prevista no inciso I do *caput* do art. 6º em até dois terços, não sendo aplicável à pessoa jurídica qualquer outra sanção de natureza pecuniária decorrente das infrações especificadas no acordo; e

III — no caso de a pessoa jurídica ser a primeira a firmar o acordo de leniência sobre os atos e fatos investigados, a redução poderá chegar até a sua completa remissão, não sendo aplicável à pessoa jurídica qualquer outra sanção de natureza pecuniária decorrente das infrações especificadas no acordo. *(Redação do parágrafo e incisos dada pela MP n. 703, de 18.12.2015, DOU 21.12.2015)*

§ 3º O acordo de leniência não exime a pessoa jurídica da obrigação de reparar integralmente o dano causado.

§ 4º O acordo de leniência estipulará as condições necessárias para assegurar a efetividade da colaboração e o resultado útil do processo administrativo e quando estipular a obrigatoriedade de reparação do dano poderá conter cláusulas sobre a forma de amortização, que considerem a capacidade econômica da pessoa jurídica. *(Redação dada pela MP n. 703, de 18.12.2015, DOU 21.12.2015)*

§ 5º Os efeitos do acordo de leniência serão estendidos às pessoas jurídicas que integram o mesmo grupo econômico, de fato e de direito, desde que firmem o acordo em conjunto, respeitadas as condições nele estabelecidas.

§ 6º A proposta de acordo de leniência somente se tornará pública após a efetivação do respectivo acordo, salvo no interesse das investigações e do processo administrativo.

§ 7º Não importará em reconhecimento da prática do ato ilícito investigado a proposta de acordo de leniência rejeitada.

§ 8º Em caso de descumprimento do acordo de leniência, a pessoa jurídica ficará impedida de celebrar novo acordo pelo prazo de 3 (três) anos contados do conhecimento pela administração pública do referido descumprimento.

§ 9º A formalização da proposta de acordo de leniência suspende o prazo prescricional em relação aos atos e fatos objetos de apuração previstos nesta Lei e sua celebração o interrompe. *(Redação dada pela MP n. 703, de 18.12.2015, DOU 21.12.2015)*

§ 10. A Controladoria-Geral da União — CGU é o órgão competente para celebrar os acordos de leniência no âmbito do Poder Executivo federal, bem como no caso de atos lesivos praticados contra a administração pública estrangeira.

§ 11. O acordo de leniência celebrado com a participação das respectivas Advocacias Públicas impede que os entes celebrantes ajuízem ou prossigam com as ações de que tratam o art. 19 desta Lei e o art. 17 da Lei n. 8.429, de 2 de junho de 1992, ou de ações de natureza civil. *(Redação dada pela MP n. 703, de 18.12.2015, DOU 21.12.2015)*

§ 12. O acordo de leniência celebrado com a participação da Advocacia Pública e em conjunto com o Ministério Público impede o ajuizamento ou o prosseguimento da ação já ajuizada por qualquer dos legitimados às ações mencionadas no § 11. *(Redação dada pela MP n. 703, de 18.12.2015, DOU 21.12.2015)*

§ 13. Na ausência de órgão de controle interno no Estado, no Distrito Federal ou no Município, o acordo de leniência previsto no *caput* somente será celebrado pelo chefe do respectivo Poder em conjunto com o Ministério Público. *(Redação dada pela MP n. 703, de 18.12.2015, DOU 21.12.2015)*

§ 14. O acordo de leniência depois de assinado será encaminhado ao respectivo Tribunal de Contas, que poderá, nos termos do inciso II do art. 71 da Constituição Federal, instaurar procedimento administrativo contra a pessoa jurídica celebrante, para apurar prejuízo ao erário, quando entender que o valor constante do acordo não atende o disposto no § 3º. (NR) *(Redação dada pela MP n. 703, de 18.12.2015, DOU 21.12.2015)*

Art. 17. A administração pública poderá também celebrar acordo de leniência com a pessoa jurídica responsável por atos e fatos investigados previstos em normas de licitações e contratos administrativos com vistas à isenção ou à atenuação das sanções restritivas ou impeditivas ao direito de licitar e contratar. (NR) *(Redação dada pela MP n. 703, de 18.12.2015, DOU 21.12.2015)*

Art. 17-A. Os processos administrativos referentes a licitações e contratos em curso em outros órgãos ou entidades que versem sobre o mesmo objeto do acordo de leniência deverão, com a celebração deste, ser sobrestados e, posteriormente, arquivados, em caso de cumprimento integral do acordo pela pessoa jurídica. (NR) *(incluído pela MP n. 703, de 18.12.2015, DOU 21.12.2015)*

Art. 17-B. Os documentos porventura juntados durante o processo para elaboração do acordo de leniência deverão ser devolvidos à pessoa jurídica quando não ocorrer a celebração do acordo, não permanecendo cópias em poder dos órgãos celebrantes. (NR) *(Redação dada pela MP n. 703, de 18.12.2015, DOU 21.12.2015)*

CAPÍTULO VI
Da Responsabilização Judicial

Art. 18. Na esfera administrativa, a responsabilidade da pessoa jurídica não afasta a possibilidade de sua responsabilização na esfera judicial, exceto quando expressamente previsto na celebração de acordo de leniência, observado o disposto no § 11, no § 12 e no § 13 do art. 16. (NR) *(Redação dada pela MP n. 703, de 18.12.2015, DOU 21.12.2015)*

Art. 19. Em razão da prática de atos previstos no art. 5º desta Lei, a União, os Estados, o Distrito Federal e os Municípios, por meio das respectivas Advocacias Públicas ou órgãos de representação judicial, ou equivalentes, e o Ministério Público, poderão ajuizar ação com vistas à aplicação das seguintes sanções às pessoas jurídicas infratoras:

I — perdimento dos bens, direitos ou valores que representem vantagem ou proveito direta ou indiretamente obtidos da infração, ressalvado o direito do lesado ou de terceiro de boa-fé;

II — suspensão ou interdição parcial de suas atividades;

III — dissolução compulsória da pessoa jurídica;

IV — proibição de receber incentivos, subsídios, subvenções, doações ou empréstimos de órgãos ou entidades públicas e de instituições financeiras públicas ou controladas pelo poder público, pelo prazo mínimo de 1 (um) e máximo de 5 (cinco) anos.

§ 1º A dissolução compulsória da pessoa jurídica será determinada quando comprovado:

I — ter sido a personalidade jurídica utilizada de forma habitual para facilitar ou promover a prática de atos ilícitos; ou

II — ter sido constituída para ocultar ou dissimular interesses ilícitos ou a identidade dos beneficiários dos atos praticados.

§ 2º (VETADO).

§ 3º As sanções poderão ser aplicadas de forma isolada ou cumulativa.

§ 4º O Ministério Público ou a Advocacia Pública ou órgão de representação judicial, ou equivalente, do ente público poderá requerer a indisponibilidade de bens, direitos ou valores necessários à garantia do pagamento da multa ou da reparação integral do dano causado, conforme previsto no art. 7º, ressalvado o direito do terceiro de boa-fé.

Art. 20. Nas ações ajuizadas pelo Ministério Público, poderão ser aplicadas as sanções previstas no art. 6º, sem prejuízo daquelas previstas neste Capítulo, desde que constatada a omissão das autoridades competentes para promover a responsabilização administrativa.

Parágrafo único. A proposta do acordo de leniência poderá ser feita mesmo após eventual ajuizamento das ações cabíveis. (NR) *(Incluído pela MP n. 703, de 18.12.2015, DOU 21.12.2015)*

Art. 21. Nas ações de responsabilização judicial, será adotado o rito previsto na Lei n. 7.347, de 24 de julho de 1985.

Parágrafo único. A condenação torna certa a obrigação de reparar, integralmente, o dano causado pelo ilícito, cujo valor será apurado em posterior liquidação, se não constar expressamente da sentença.

CAPÍTULO VII
Disposições Finais

Art. 22. Fica criado no âmbito do Poder Executivo federal o Cadastro Nacional de Empresas Punidas — CNEP, que reunirá e dará publicidade às sanções aplicadas pelos órgãos ou entidades dos Poderes Executivo, Legislativo e Judiciário de todas as esferas de governo com base nesta Lei.

§ 1º Os órgãos e entidades referidos no *caput* deverão informar e manter atualizados, no Cnep, os dados relativos às sanções por eles aplicadas.

§ 2º O CNEP conterá, entre outras, as seguintes informações acerca das sanções aplicadas:

I — razão social e número de inscrição da pessoa jurídica ou entidade no Cadastro Nacional da Pessoa Jurídica — CNPJ;

II — tipo de sanção; e

III — data de aplicação e data final da vigência do efeito limitador ou impeditivo da sanção, quando for o caso.

§ 3º As autoridades competentes, para celebrarem acordos de leniência previstos nesta Lei, também deverão prestar e manter atualizadas no CNEP, após a efetivação do respectivo acordo, as informações acerca do acordo de leniência celebrado, salvo se esse procedimento vier a causar prejuízo às investigações e ao processo administrativo.

§ 4º Caso a pessoa jurídica não cumpra os termos do acordo de leniência, além das informações previstas no § 3º, deverá ser incluída no CNEP referência ao respectivo descumprimento.

§ 5º Os registros das sanções e acordos de leniência serão excluídos depois de decorrido o prazo previamente estabelecido no ato sancionador ou do cumprimento integral do acordo de leniência e da reparação do eventual dano causado, mediante solicitação do órgão ou entidade sancionadora.

Art. 23. Os órgãos ou entidades dos Poderes Executivo, Legislativo e Judiciário de todas as esferas de governo deverão informar e manter atualizados, para fins de publicidade, no Cadastro Nacional de Empresas Inidôneas e Suspensas — CEIS, de caráter público, instituído no âmbito do Poder Executivo federal, os dados relativos às sanções por eles aplicadas, nos termos do disposto nos arts. 87 e 88 da Lei n. 8.666, de 21 de junho de 1993.

Art. 24. A multa e o perdimento de bens, direitos ou valores aplicados com fundamento nesta Lei serão destinados preferencialmente aos órgãos ou entidades públicas lesadas.

Art. 25. Prescrevem em 5 (cinco) anos as infrações previstas nesta Lei, contados da data da ciência da infração ou, no caso de infração permanente ou continuada, do dia em que tiver cessado.

§ 1º Na esfera administrativa ou judicial, a prescrição será interrompida com a instauração de processo que tenha por objeto a apuração da infração. *(Redação dada pela MP n. 703, de 18.12.2015, DOU 21.12.2015)*

§ 2º Aplica-se o disposto no *caput* e no § 1º aos ilícitos previstos em normas de licitações e contratos administrativos. (NR) *(Redação dada pela MP n. 703, de 18.12.2015, DOU 21.12.2015)*

Art. 26. A pessoa jurídica será representada no processo administrativo na forma do seu estatuto ou contrato social.

§ 1º As sociedades sem personalidade jurídica serão representadas pela pessoa a quem couber a administração de seus bens.

§ 2º A pessoa jurídica estrangeira será representada pelo gerente, representante ou administrador de sua filial, agência ou sucursal aberta ou instalada no Brasil.

Art. 27. A autoridade competente que, tendo conhecimento das infrações previstas nesta Lei, não adotar providências para a apuração dos fatos será responsabilizada penal, civil e administrativamente nos termos da legislação específica aplicável.

Art. 28. Esta Lei aplica-se aos atos lesivos praticados por pessoa jurídica brasileira contra a administração pública estrangeira, ainda que cometidos no exterior.

Art. 29. O disposto nesta Lei não exclui as competências do Conselho Administrativo de Defesa Econômica, do Ministério da Justiça e do Ministério da Fazenda para processar e julgar fato que constitua infração à ordem econômica.

§ 1º Os acordos de leniência celebrados pelos órgãos de controle interno da União, dos Estados, do Distrito Federal e dos Municípios contarão com a colaboração dos órgãos a que se refere o *caput* quando os atos e fatos apurados acarretarem simultaneamente a infração ali prevista. *(Incluído pela MP n. 703, de 18.12.2015, DOU 21.12.2015)*

§ 2º Se não houver concurso material entre a infração prevista no *caput* e os ilícitos contemplados nesta Lei, a competência e o procedimento para celebração de acordos de leniência observarão o previsto na Lei n. 12.529, de 30 de novembro de 2011, e a referida competência contará com a participação do Ministério Público. (NR) *(Incluído pela MP n. 703, de 18.12.2015, DOU 21.12.2015)*

Art. 30. Ressalvada a hipótese de acordo de leniência que expressamente as inclua, a aplicação das sanções previstas nesta Lei não afeta os processos de responsabilização e aplicação de penalidades decorrentes de: *(Redação dada pela MP n. 703, de 18.12.2015, DOU 21.12.2015)*

I — ato de improbidade administrativa nos termos da Lei n. 8.429, de 1992; *(Redação dada pela MP n. 703, de 18.12.2015, DOU 21.12.2015)*

II — atos ilícitos alcançados pela Lei n. 8.666, de 1993, ou por outras normas de licitações e contratos da administração pública, inclusive no que se refere ao Regime Diferenciado de Contratações Públicas — RDC, instituído pela Lei n. 12.462, de 2011; e *(Redação dada pela MP n. 703, de 18.12.2015, DOU 21.12.2015)*

III — infrações contra a ordem econômica nos termos da Lei n. 12.529, de 2011. (NR) *(Incluído pela MP n. 703, de 18.12.2015, DOU 21.12.2015)*

Art. 31. Esta Lei entra em vigor 180 (cento e oitenta) dias após a data de sua publicação.

Brasília, 1º de agosto de 2013; 192º da Independência e 125º da República.

DILMA ROUSSEFF
JOSÉ EDUARDO CARDOZO
LUÍS INÁCIO LUCENA ADAMS
JORGE HAGE SOBRINHO

DOU 2.8.2013

Lei n. 12.852, de 5 de agosto de 2013

Institui o Estatuto da Juventude e dispõe sobre os direitos dos jovens, os princípios e diretrizes das políticas públicas de juventude e o Sistema Nacional de Juventude — Sinajuve

A PRESIDENTA DA REPÚBLICA,

Faço saber que o Congresso Nacional decreta e eu sanciono a seguinte Lei:

TÍTULO I
Dos Direitos e das Políticas Públicas de Juventude

CAPÍTULO I
Dos Princípios e Diretrizes das Políticas Públicas de Juventude

Art. 1º Esta Lei institui o Estatuto da Juventude e dispõe sobre os direitos dos jovens, os princípios e diretrizes das políticas públicas de juventude e o Sistema Nacional de Juventude — SINAJUVE.

§ 1º Para os efeitos desta Lei, são consideradas jovens as pessoas com idade entre 15 (quinze) e 29 (vinte e nove) anos de idade.

§ 2º Aos adolescentes com idade entre 15 (quinze) e 18 (dezoito) anos aplica-se a Lei n. 8.069, de 13 de julho de 1990 — Estatuto da Criança e do Adolescente, e, excepcionalmente, este Estatuto, quando não conflitar com as normas de proteção integral do adolescente.

Seção I
Dos Princípios

Art. 2º O disposto nesta Lei e as políticas públicas de juventude são regidos pelos seguintes princípios:

I — promoção da autonomia e emancipação dos jovens;

II — valorização e promoção da participação social e política, de forma direta e por meio de suas representações;

III — promoção da criatividade e da participação no desenvolvimento do País;

IV — reconhecimento do jovem como sujeito de direitos universais, geracionais e singulares;

V — promoção do bem-estar, da experimentação e do desenvolvimento integral do jovem;

VI — respeito à identidade e à diversidade individual e coletiva da juventude;

VII — promoção da vida segura, da cultura da paz, da solidariedade e da não discriminação; e

VIII — valorização do diálogo e convívio do jovem com as demais gerações.

PARÁGRAFO ÚNICO. A emancipação dos jovens a que se refere o inciso I do *caput* refere-se à trajetória de inclusão, liberdade e participação do jovem na vida em sociedade, e não ao instituto da emancipação disciplinado pela Lei n. 10.406, de 10 de janeiro de 2002 — Código Civil.

Seção II
Diretrizes Gerais

Art. 3º Os agentes públicos ou privados envolvidos com políticas públicas de juventude devem observar as seguintes diretrizes:

I — desenvolver a intersetorialidade das políticas estruturais, programas e ações;

II — incentivar a ampla participação juvenil em sua formulação, implementação e avaliação;

III — ampliar as alternativas de inserção social do jovem, promovendo programas que priorizem o seu desenvolvimento integral e participação ativa nos espaços decisórios;

IV — proporcionar atendimento de acordo com suas especificidades perante os órgãos públicos e privados prestadores de serviços à população, visando ao gozo de direitos simultaneamente nos campos da saúde, educacional, político, econômico, social, cultural e ambiental;

V — garantir meios e equipamentos públicos que promovam o acesso à produção cultural, à prática esportiva, à mobilidade territorial e à fruição do tempo livre;

VI — promover o território como espaço de integração;

VII — fortalecer as relações institucionais com os entes federados e as redes de órgãos, gestores e conselhos de juventude;

VIII — estabelecer mecanismos que ampliem a gestão de informação e produção de conhecimento sobre juventude;

IX — promover a integração internacional entre os jovens, preferencialmente no âmbito da América Latina e da África, e a cooperação internacional;

X — garantir a integração das políticas de juventude com os Poderes Legislativo e Judiciário, com o Ministério Público e com a Defensoria Pública; e

XI — zelar pelos direitos dos jovens com idade entre 18 (dezoito) e 29 (vinte e nove) anos privados de liberdade e egressos do sistema prisional, formulando políticas de educação e trabalho, incluindo estímulos à sua reinserção social e laboral, bem como criando e estimulando oportunidades de estudo e trabalho que favoreçam o cumprimento do regime semiaberto.

CAPÍTULO II
Dos Direitos dos Jovens

Seção I
Do Direito à Cidadania, à Participação Social e Política e à Representação Juvenil

Art. 4º O jovem tem direito à participação social e política e na formulação, execução e avaliação das políticas públicas de juventude.

Parágrafo único. Entende-se por participação juvenil:

I — a inclusão do jovem nos espaços públicos e comunitários a partir da sua concepção como pessoa ativa, livre, responsável e digna de ocupar uma posição central nos processos políticos e sociais;

II — o envolvimento ativo dos jovens em ações de políticas públicas que tenham por objetivo o próprio benefício, o de suas comunidades, cidades e regiões e o do País;

III — a participação individual e coletiva do jovem em ações que contemplem a defesa dos direitos da juventude ou de temas afetos aos jovens; e

IV — a efetiva inclusão dos jovens nos espaços públicos de decisão com direito a voz e voto.

Art. 5º A interlocução da juventude com o poder público pode realizar-se por intermédio de associações, redes, movimentos e organizações juvenis.

Parágrafo único. É dever do poder público incentivar a livre associação dos jovens.

Art. 6º São diretrizes da interlocução institucional juvenil:

I — a definição de órgão governamental específico para a gestão das políticas públicas de juventude;

II — o incentivo à criação de conselhos de juventude em todos os entes da Federação.

Parágrafo único. Sem prejuízo das atribuições do órgão governamental específico para a gestão das políticas públicas de juventude e dos conselhos de juventude com relação aos direitos previstos neste Estatuto, cabe ao órgão governamental de gestão e aos conselhos dos direitos da criança e do adolescente a interlocução institucional com adolescentes de idade entre 15 (quinze) e 18 (dezoito) anos.

Seção II
Do Direito à Educação

Art. 7º O jovem tem direito à educação de qualidade, com a garantia de educação básica, obrigatória e gratuita, inclusive para os que a ela não tiveram acesso na idade adequada.

§ 1º A educação básica será ministrada em língua portuguesa, assegurada aos jovens indígenas e de povos e comunidades tradicionais a utilização de suas línguas maternas e de processos próprios de aprendizagem.

§ 2º É dever do Estado oferecer aos jovens que não concluíram a educação básica programas na modalidade da educação de jovens e adultos, adaptados às necessidades e especificidades da juventude, inclusive no período noturno, ressalvada a legislação educacional específica.

§ 3º São assegurados aos jovens com surdez o uso e o ensino da Língua Brasileira de Sinais — LIBRAS, em todas as etapas e modalidades educacionais.

§ 4º É assegurada aos jovens com deficiência a inclusão no ensino regular em todos os níveis e modalidades educacionais, incluindo o atendimento educacional especializado, observada a acessibilidade a edificações, transportes, espaços, mobiliários, equipamentos, sistemas e meios de comunicação e assegurados os recursos de tecnologia assistiva e adaptações necessárias a cada pessoa.

§ 5º A Política Nacional de Educação no Campo contemplará a ampliação da oferta de educação para os jovens do campo, em todos os níveis e modalidades educacionais.

Art. 8º O jovem tem direito à educação superior, em instituições públicas ou privadas, com variados graus de abrangência do saber ou especialização do conhecimento, observadas as regras de acesso de cada instituição.

§ 1º É assegurado aos jovens negros, indígenas e alunos oriundos da escola pública

o acesso ao ensino superior nas instituições públicas por meio de políticas afirmativas, nos termos da lei.

§ 2º O poder público promoverá programas de expansão da oferta de educação superior nas instituições públicas, de financiamento estudantil e de bolsas de estudos nas instituições privadas, em especial para jovens com deficiência, negros, indígenas e alunos oriundos da escola pública.

Art. 9º O jovem tem direito à educação profissional e tecnológica, articulada com os diferentes níveis e modalidades de educação, ao trabalho, à ciência e à tecnologia, observada a legislação vigente.

Art. 10. É dever do Estado assegurar ao jovem com deficiência o atendimento educacional especializado gratuito, preferencialmente, na rede regular de ensino.

Art. 11. O direito ao programa suplementar de transporte escolar de que trata o art. 4º da Lei n. 9.394, de 20 de dezembro de 1996, será progressivamente estendido ao jovem estudante do ensino fundamental, do ensino médio e da educação superior, no campo e na cidade.

§ 1º (VETADO).
§ 2º (VETADO).

Art. 12. É garantida a participação efetiva do segmento juvenil, respeitada sua liberdade de organização, nos conselhos e instâncias deliberativas de gestão democrática das escolas e universidades.

Art. 13. As escolas e as universidades deverão formular e implantar medidas de democratização do acesso e permanência, inclusive programas de assistência estudantil, ação afirmativa e inclusão social para os jovens estudantes.

Seção III
Do Direito à Profissionalização, ao Trabalho e à Renda

Art. 14. O jovem tem direito à profissionalização, ao trabalho e à renda, exercido em condições de liberdade, equidade e segurança, adequadamente remunerado e com proteção social.

Art. 15. A ação do poder público na efetivação do direito do jovem à profissionalização, ao trabalho e à renda contempla a adoção das seguintes medidas:

I — promoção de formas coletivas de organização para o trabalho, de redes de economia solidária e da livre associação;

II — oferta de condições especiais de jornada de trabalho por meio de:

a) compatibilização entre os horários de trabalho e de estudo;

b) oferta dos níveis, formas e modalidades de ensino em horários que permitam a compatibilização da frequência escolar com o trabalho regular;

III — criação de linha de crédito especial destinada aos jovens empreendedores;

IV — atuação estatal preventiva e repressiva quanto à exploração e precarização do trabalho juvenil;

V — adoção de políticas públicas voltadas para a promoção do estágio, aprendizagem e trabalho para a juventude;

VI — apoio ao jovem trabalhador rural na organização da produção da agricultura familiar e dos empreendimentos familiares rurais, por meio das seguintes ações:

a) estímulo à produção e à diversificação de produtos;

b) fomento à produção sustentável baseada na agroecologia, nas agroindústrias familiares, na integração entre lavoura, pecuária e floresta e no extrativismo sustentável;

c) investimento em pesquisa de tecnologias apropriadas à agricultura familiar e aos empreendimentos familiares rurais;

d) estímulo à comercialização direta da produção da agricultura familiar, aos empreendimentos familiares rurais e à formação de cooperativas;

e) garantia de projetos de infraestrutura básica de acesso e escoamento de produção, priorizando a melhoria das estradas e do transporte;

f) promoção de programas que favoreçam o acesso ao crédito, à terra e à assistência técnica rural;

VII — apoio ao jovem trabalhador com deficiência, por meio das seguintes ações:

a) estímulo à formação e à qualificação profissional em ambiente inclusivo;

b) oferta de condições especiais de jornada de trabalho;

c) estímulo à inserção no mercado de trabalho por meio da condição de aprendiz.

Art. 16. O direito à profissionalização e à proteção no trabalho dos adolescentes com idade entre 15 (quinze) e 18 (dezoito) anos de idade será regido pelo disposto na Lei n. 8.069, de 13 de julho de 1990 — Estatuto da Criança e do Adolescente, e em leis específicas, não se aplicando o previsto nesta Seção.

Seção IV
Do Direito à Diversidade e à Igualdade

Art. 17. O jovem tem direito à diversidade e à igualdade de direitos e de oportunidades e não será discriminado por motivo de:

I — etnia, raça, cor da pele, cultura, origem, idade e sexo;

II — orientação sexual, idioma ou religião;

III — opinião, deficiência e condição social ou econômica.

Art. 18. A ação do poder público na efetivação do direito do jovem à diversidade e à igualdade contempla a adoção das seguintes medidas:

I — adoção, nos âmbitos federal, estadual, municipal e do Distrito Federal, de programas governamentais destinados a assegurar a igualdade de direitos aos jovens de todas as raças e etnias, independentemente de sua origem, relativamente à educação, à profissionalização, ao trabalho e renda, à cultura, à saúde, à segurança, à cidadania e ao acesso à justiça;

II — capacitação dos professores dos ensinos fundamental e médio para a aplicação das diretrizes curriculares nacionais no que se refere ao enfrentamento de todas as formas de discriminação;

III — inclusão de temas sobre questões étnicas, raciais, de deficiência, de orientação sexual, de gênero e de violência doméstica e sexual praticada contra a mulher na formação dos profissionais de educação, de saúde e de segurança pública e dos operadores do direito;

IV — observância das diretrizes curriculares para a educação indígena como forma de preservação dessa cultura;

V — inclusão, nos conteúdos curriculares, de informações sobre a discriminação na sociedade brasileira e sobre o direito de todos os grupos e indivíduos a tratamento igualitário perante a lei; e

VI — inclusão, nos conteúdos curriculares, de temas relacionados à sexualidade, respeitando a diversidade de valores e crenças.

Seção V
Do Direito à Saúde

Art. 19. O jovem tem direito à saúde e à qualidade de vida, considerando suas especificidades na dimensão da prevenção, promoção, proteção e recuperação da saúde de forma integral.

Art. 20. A política pública de atenção à saúde do jovem será desenvolvida em consonância com as seguintes diretrizes:

I — acesso universal e gratuito ao Sistema Único de Saúde — SUS e a serviços de saúde humanizados e de qualidade, que respeitem as especificidades do jovem;

II — atenção integral à saúde, com especial ênfase ao atendimento e à prevenção dos agravos mais prevalentes nos jovens;

III — desenvolvimento de ações articuladas entre os serviços de saúde e os estabelecimentos de ensino, a sociedade e a família, com vistas à prevenção de agravos;

IV — garantia da inclusão de temas relativos ao consumo de álcool, tabaco e outras drogas, à saúde sexual e reprodutiva, com enfoque de gênero e dos direitos sexuais e reprodutivos nos projetos pedagógicos dos diversos níveis de ensino;

V — reconhecimento do impacto da gravidez planejada ou não, sob os aspectos médico, psicológico, social e econômico;

VI — capacitação dos profissionais de saúde, em uma perspectiva multiprofissional, para lidar com temas relativos à saúde sexual e reprodutiva dos jovens, inclusive com deficiência, e ao abuso de álcool, tabaco e outras drogas pelos jovens;

VII — habilitação dos professores e profissionais de saúde e de assistência social para a identificação dos problemas relacionados ao uso abusivo e à dependência de álcool, tabaco e outras drogas e o devido encaminhamento aos serviços assistenciais e de saúde;

VIII — valorização das parcerias com instituições da sociedade civil na abordagem das questões de prevenção, tratamento e reinserção social dos usuários e dependentes de álcool, tabaco e outras drogas;

IX — proibição de propagandas de bebidas contendo qualquer teor alcoólico com a participação de pessoa com menos de 18 (dezoito) anos de idade;

X — veiculação de campanhas educativas relativas ao álcool, ao tabaco e a outras drogas como causadores de dependência; e

XI — articulação das instâncias de saúde e justiça na prevenção do uso e abuso de álcool, tabaco e outras drogas, inclusive esteróides anabolizantes e, especialmente, *crack*.

Seção VI
Do Direito à Cultura

Art. 21. O jovem tem direito à cultura, incluindo a livre criação, o acesso aos bens e serviços culturais e a participação nas decisões de política cultural, à identidade e diversidade cultural e à memória social.

Art. 22. Na consecução dos direitos culturais da juventude, compete ao poder público:

I — garantir ao jovem a participação no processo de produção, reelaboração e fruição dos bens culturais;

II — propiciar ao jovem o acesso aos locais e eventos culturais, mediante preços reduzidos, em âmbito nacional;

III — incentivar os movimentos de jovens a desenvolver atividades artístico-culturais e ações voltadas à preservação do patrimônio histórico;

IV — valorizar a capacidade criativa do jovem, mediante o desenvolvimento de programas e projetos culturais;

V — propiciar ao jovem o conhecimento da diversidade cultural, regional e étnica do País;

VI — promover programas educativos e culturais voltados para a problemática do jovem nas emissoras de rádio e televisão e nos demais meios de comunicação de massa;

VII — promover a inclusão digital dos jovens, por meio do acesso às novas tecnologias da informação e comunicação;

VIII — assegurar ao jovem do campo o direito à produção e à fruição cultural e aos equipamentos públicos que valorizem a cultura camponesa; e

IX — garantir ao jovem com deficiência acessibilidade e adaptações razoáveis.

Parágrafo único. A aplicação dos incisos I, III e VIII do *caput* deve observar a legislação específica sobre o direito à profissionalização e à proteção no trabalho dos adolescentes.

Art. 23. É assegurado aos jovens de até 29 (vinte e nove) anos pertencentes a famílias de baixa renda e aos estudantes, na forma do regulamento, o acesso a salas de cinema, cineclubes, teatros, espetáculos musicais e circenses, eventos educativos, esportivos, de lazer e entretenimento, em todo o território nacional, promovidos por quaisquer entidades e realizados em estabelecimentos públicos ou particulares, mediante pagamento da metade do preço do ingresso cobrado do público em geral.

§ 1º Terão direito ao benefício previsto no *caput* os estudantes regularmente matriculados nos níveis e modalidades de educação e ensino previstos no Título V da Lei n. 9.394, de 20 de dezembro de 1996 — Lei de Diretrizes e Bases da Educação Nacional, que comprovem sua condição de discente, mediante apresentação, no momento da aquisição do ingresso e na portaria do local de realização o evento, da Carteira de Identificação Estudantil — CIE.

§ 2º A CIE será expedida preferencialmente pela Associação Nacional de Pós-Graduandos, pela União Nacional dos Estudantes, pela União Brasileira dos Estudantes Secundaristas e por entidades estudantis estaduais e municipais a elas filiadas.

§ 3º É garantida a gratuidade na expedição da CIE para estudantes pertencentes a famílias de baixa renda, nos termos do regulamento.

§ 4º As entidades mencionadas no § 2º deste artigo deverão tornar disponível, para eventuais consultas pelo poder público e pelos estabelecimentos referidos no *caput*, banco de dados com o nome e o número de registro dos estudantes portadores da Carteira de Identificação Estudantil, expedida nos termos do § 3º deste artigo.

§ 5º A CIE terá validade até o dia 31 de março do ano subsequente à data de sua expedição.

§ 6º As entidades mencionadas no § 2º deste artigo são obrigadas a manter o documento comprobatório do vínculo do aluno com o estabelecimento escolar, pelo mesmo prazo de validade da respectiva Carteira de Identificação Estudantil.

§ 7º Caberá aos órgãos públicos competentes federais, estaduais, municipais e do Distrito Federal a fiscalização do cumprimento do disposto neste artigo e a aplicação das sanções cabíveis, nos termos do regulamento.

§ 8º Os benefícios previstos neste artigo não incidirão sobre os eventos esportivos de que tratam as Leis ns. 12.663, de 5 de junho de 2012, e 12.780, de 9 de janeiro de 2013.

§ 9º Considera-se de baixa renda, para os fins do disposto no *caput*, a família inscrita no Cadastro Único para Programas Sociais do Governo Federal — CadÚnico cuja renda mensal seja de até 2 (dois) salários mínimos.

§ 10. A concessão do benefício da meia-entrada de que trata o *caput* é limitada a 40% (quarenta por cento) do total de ingressos disponíveis para cada evento.

Art. 24. O poder público destinará, no âmbito dos respectivos orçamentos, recursos financeiros para o fomento dos projetos culturais destinados aos jovens e por eles produzidos.

Art. 25. Na destinação dos recursos do Fundo Nacional da Cultura — FNC, de que trata a Lei n. 8.313, de 23 de dezembro de 1991, serão consideradas as necessidades específicas dos jovens em relação à ampliação do acesso à cultura e à melhoria das condições para o exercício do protagonismo no campo da produção cultural.

Parágrafo único. As pessoas físicas ou jurídicas poderão optar pela aplicação de parcelas do imposto sobre a renda a título de doações ou patrocínios, de que trata a Lei n. 8.313, de 23 de dezembro de 1991, no apoio a projetos culturais apresentados por entidades juvenis legalmente constituídas há, pelo menos, 1 (um) ano.

Seção VII
Do Direito à Comunicação e à Liberdade de Expressão

Art. 26. O jovem tem direito à comunicação e à livre expressão, à produção de conteúdo, individual e colaborativo, e ao acesso às tecnologias de informação e comunicação.

Art. 27. A ação do poder público na efetivação do direito do jovem à comunicação e à liberdade de expressão contempla a adoção das seguintes medidas:

I — incentivar programas educativos e culturais voltados para os jovens nas emissoras de rádio e televisão e nos demais meios de comunicação de massa;

II — promover a inclusão digital dos jovens, por meio do acesso às novas tecnologias de informação e comunicação;

III — promover as redes e plataformas de comunicação dos jovens, considerando a acessibilidade para os jovens com deficiência;

IV — incentivar a criação e manutenção de equipamentos públicos voltados para a promoção do direito do jovem à comunicação; e

V — garantir a acessibilidade à comunicação por meio de tecnologias assistivas e adaptações razoáveis para os jovens com deficiência.

Seção VIII
Do Direito ao Desporto e ao Lazer

Art. 28. O jovem tem direito à prática desportiva destinada a seu pleno desenvolvimento, com prioridade para o desporto de participação.

Parágrafo único. O direito à prática desportiva dos adolescentes deverá considerar sua condição peculiar de pessoa em desenvolvimento.

Art. 29. A política pública de desporto e lazer destinada ao jovem deverá considerar:

I — a realização de diagnóstico e estudos estatísticos oficiais acerca da educação física e dos desportos e dos equipamentos de lazer no Brasil;

II — a adoção de lei de incentivo fiscal para o esporte, com critérios que priorizem a juventude e promovam a equidade;

III — a valorização do desporto e do paradesporto educacional;

IV — a oferta de equipamentos comunitários que permitam a prática desportiva, cultural e de lazer.

Art. 30. Todas as escolas deverão buscar pelo menos um local apropriado para a prática de atividades poliesportivas.

Seção IX
Do Direito ao Território e à Mobilidade

Art. 31. O jovem tem direito ao território e à mobilidade, incluindo a promoção de políticas públicas de moradia, circulação e equipamentos públicos, no campo e na cidade.

Parágrafo único. Ao jovem com deficiência devem ser garantidas a acessibilidade e as adaptações necessárias.

Art. 32. No sistema de transporte coletivo interestadual, observar-se-á, nos termos da legislação específica:

I — a reserva de 2 (duas) vagas gratuitas por veículo para jovens de baixa renda;

II — a reserva de 2 (duas) vagas por veículo com desconto de 50% (cinquenta por cento), no mínimo, no valor das passagens, para os jovens de baixa renda, a serem utilizadas após esgotadas as vagas previstas no inciso I.

Parágrafo único. Os procedimentos e os critérios para o exercício dos direitos previstos nos incisos I e II serão definidos em regulamento.

Art. 33. A União envidará esforços, em articulação com os Estados, o Distrito Federal e os Municípios, para promover a oferta de transporte público subsidiado para os jovens, com prioridade para os jovens em situação de pobreza e vulnerabilidade, na forma do regulamento.

Seção X
Do Direito à Sustentabilidade e ao Meio Ambiente

Art. 34. O jovem tem direito à sustentabilidade e ao meio ambiente ecologicamente equilibrado, bem de uso comum do povo, essencial à sadia qualidade de vida, e o dever de defendê-lo e preservá-lo para a presente e as futuras gerações.

Art. 35. O Estado promoverá, em todos os níveis de ensino, a educação ambiental voltada para a preservação do meio ambiente e a sustentabilidade, de acordo com a Política Nacional do Meio Ambiente.

Art. 36. Na elaboração, na execução e na avaliação de políticas públicas que incorporem a dimensão ambiental, o poder público deverá considerar:

I — o estímulo e o fortalecimento de organizações, movimentos, redes e outros coletivos de juventude que atuam no âmbito das questões ambientais e em prol do desenvolvimento sustentável;

II — o incentivo à participação dos jovens na elaboração das políticas públicas de meio ambiente;

III — a criação de programas de educação ambiental destinados aos jovens; e

IV — o incentivo à participação dos jovens em projetos de geração de trabalho e renda que visem ao desenvolvimento sustentável nos âmbitos rural e urbano.

PARÁGRAFO ÚNICO. A aplicação do disposto no inciso IV do *caput* deve observar a legislação específica sobre o direito à profissionalização e à proteção no trabalho dos adolescentes.

Seção XI
Do Direito à Segurança Pública e ao Acesso à Justiça

Art. 37. Todos os jovens têm direito de viver em um ambiente seguro, sem violência, com garantia da sua incolumidade física e mental, sendo-lhes asseguradas a igualdade de oportunidades e facilidades para seu aperfeiçoamento intelectual, cultural e social.

Art. 38. As políticas de segurança pública voltadas para os jovens deverão articular ações da União, dos Estados, do Distrito

Federal e dos Municípios e ações não governamentais, tendo por diretrizes:

I — a integração com as demais políticas voltadas à juventude;

II — a prevenção e enfrentamento da violência;

III — a promoção de estudos e pesquisas e a obtenção de estatísticas e informações relevantes para subsidiar as ações de segurança pública e permitir a avaliação periódica dos impactos das políticas públicas quanto às causas, às consequências e à frequência da violência contra os jovens;

IV — a priorização de ações voltadas para os jovens em situação de risco, vulnerabilidade social e egressos do sistema penitenciário nacional;

V — a promoção do acesso efetivo dos jovens à Defensoria Pública, considerando as especificidades da condição juvenil; e

VI — a promoção do efetivo acesso dos jovens com deficiência à justiça em igualdade de condições com as demais pessoas, inclusive mediante a provisão de adaptações processuais adequadas a sua idade.

TÍTULO II
Do Sistema Nacional de Juventude

CAPÍTULO I
Do Sistema Nacional de Juventude — SINAJUVE

Art. 39. É instituído o Sistema Nacional de Juventude — SINAJUVE, cujos composição, organização, competência e funcionamento serão definidos em regulamento.

Art. 40. O financiamento das ações e atividades realizadas no âmbito do Sinajuve será definido em regulamento.

CAPÍTULO II
Das Competências

Art. 41. Compete à União:

I — formular e coordenar a execução da Política Nacional de Juventude;

II — coordenar e manter o Sinajuve;

III — estabelecer diretrizes sobre a organização e o funcionamento do Sinajuve;

IV — elaborar o Plano Nacional de Políticas de Juventude, em parceria com os Estados, o Distrito Federal, os Municípios e a sociedade, em especial a juventude;

V — convocar e realizar, em conjunto com o Conselho Nacional de Juventude, as Conferências Nacionais de Juventude, com intervalo máximo de 4 (quatro) anos;

VI — prestar assistência técnica e suplementação financeira aos Estados, ao Distrito Federal e aos Municípios para o desenvolvimento de seus sistemas de juventude;

VII — contribuir para a qualificação e ação em rede do Sinajuve em todos os entes da Federação;

VIII — financiar, com os demais entes federados, a execução das políticas públicas de juventude;

IX — estabelecer formas de colaboração com os Estados, o Distrito Federal e os Municípios para a execução das políticas públicas de juventude;

X — garantir a publicidade de informações sobre repasses de recursos para financiamento das políticas públicas de juventude aos conselhos e gestores estaduais, do Distrito Federal e municipais.

Art. 42. Compete aos Estados:

I — coordenar, em âmbito estadual, o Sinajuve;

II — elaborar os respectivos planos estaduais de juventude, em conformidade com o Plano Nacional, com a participação da sociedade, em especial da juventude;

III — criar, desenvolver e manter programas, ações e projetos para a execução das políticas públicas de juventude;

IV — convocar e realizar, em conjunto com o Conselho Estadual de Juventude, as Conferências Estaduais de Juventude, com intervalo máximo de 4 (quatro) anos;

V — editar normas complementares para a organização e o funcionamento do Sinajuve, em âmbito estadual e municipal;

VI — estabelecer com a União e os Municípios formas de colaboração para a execução das políticas públicas de juventude; e

VII — cofinanciar, com os demais entes federados, a execução de programas, ações e projetos das políticas públicas de juventude.

Parágrafo único. Serão incluídos nos censos demográficos dados relativos à população jovem do País.

Art. 43. Compete aos Municípios:

I — coordenar, em âmbito municipal, o Sinajuve;

II — elaborar os respectivos planos municipais de juventude, em conformidade com os respectivos Planos Nacional e Estadual, com a participação da sociedade, em especial da juventude;

III — criar, desenvolver e manter programas, ações e projetos para a execução das políticas públicas de juventude;

IV — convocar e realizar, em conjunto com o Conselho Municipal de Juventude, as Conferências Municipais de Juventude, com intervalo máximo de 4 (quatro) anos;

V — editar normas complementares para a organização e funcionamento do Sinajuve, em âmbito municipal;

VI — cofinanciar, com os demais entes federados, a execução de programas, ações e projetos das políticas públicas de juventude; e

VII — estabelecer mecanismos de cooperação com os Estados e a União para a execução das políticas públicas de juventude.

Parágrafo único. Para garantir a articulação federativa com vistas ao efetivo cumprimento das políticas públicas de juventude, os Municípios podem instituir os consórcios de que trata a Lei n. 11.107, de 6 de abril de 2005, ou qualquer outro instrumento jurídico adequado, como forma de compartilhar responsabilidades.

Art. 44. As competências dos Estados e Municípios são atribuídas, cumulativamente, ao Distrito Federal.

CAPÍTULO III
Dos Conselhos de Juventude

Art. 45. Os conselhos de juventude são órgãos permanentes e autônomos, não jurisdicionais, encarregados de tratar das políticas públicas de juventude e da garantia do exercício dos direitos do jovem, com os seguintes objetivos:

I — auxiliar na elaboração de políticas públicas de juventude que promovam o amplo exercício dos direitos dos jovens estabelecidos nesta Lei;

II — utilizar instrumentos de forma a buscar que o Estado garanta aos jovens o exercício dos seus direitos;

III — colaborar com os órgãos da administração no planejamento e na implementação das políticas de juventude;

IV — estudar, analisar, elaborar, discutir e propor a celebração de instrumentos de cooperação, visando à elaboração de programas, projetos e ações voltados para a juventude;

V — promover a realização de estudos relativos à juventude, objetivando subsidiar o planejamento das políticas públicas de juventude;

VI — estudar, analisar, elaborar, discutir e propor políticas públicas que permitam e garantam a integração e a participação do jovem nos processos social, econômico, político e cultural no respectivo ente federado;

VII — propor a criação de formas de participação da juventude nos órgãos da administração pública;

VIII — promover e participar de seminários, cursos, congressos e eventos correlatos para o debate de temas relativos à juventude;

IX — desenvolver outras atividades relacionadas às políticas públicas de juventude.

§ 1º A lei, em âmbito federal, estadual, do Distrito Federal e municipal, disporá sobre a organização, o funcionamento e a composição dos conselhos de juventude, observada a participação da sociedade civil mediante critério, no mínimo, paritário com os representantes do poder público.

§ 2º (VETADO).

Art. 46. São atribuições dos conselhos de juventude:

I — encaminhar ao Ministério Público notícia de fato que constitua infração administrativa ou penal contra os direitos do jovem garantidos na legislação;

II — encaminhar à autoridade judiciária os casos de sua competência;

III — expedir notificações;

IV — solicitar informações das autoridades públicas;

V — assessorar o Poder Executivo local na elaboração dos planos, programas, projetos, ações e proposta orçamentária das políticas públicas de juventude.

Art. 47. Sem prejuízo das atribuições dos conselhos de juventude com relação aos direitos previstos neste Estatuto, cabe aos conselhos de direitos da criança e do adolescente deliberar e controlar as ações em todos os níveis relativas aos adolescentes com idade entre 15 (quinze) e 18 (dezoito) anos.

Art. 48. Esta Lei entra em vigor após decorridos 180 (cento e oitenta) dias de sua publicação oficial.

Brasília, 5 de agosto de 2013; 192º da Independência e 125º da República.

Dilma Rousseff
José Eduardo Cardozo
Antonio de Aguiar Patriota
Guido Mantega
César Borges
Aloizio Mercadante
Manoel Dias
Alexandre Rocha Santos Padilha
Miriam Belchior
Paulo Bernardo Silva
Tereza Campello
Marta Suplicy
Izabella Mônica Vieira Teixeira
Aldo Rebelo
Gilberto José Spier Vargas
Aguinaldo Ribeiro
Gilberto Carvalho
Luís Inácio Lucena Adams
Luiza Helena de Barros
Eleonora Menicucci de Oliveira
Maria do Rosário Nunes

DOU 6.8.2013

Decreto n. 8.537, de 5 de outubro de 2015

Regulamenta a Lei n. 12.852, de 5 de agosto de 2013, e a Lei n. 12.933, de 26 de dezembro de 2013, para dispor sobre o benefício da meia-entrada para acesso a eventos artístico-culturais e esportivos e para estabelecer os procedimentos e os critérios para a reserva de vagas a jovens de baixa renda nos veículos do sistema de transporte coletivo interestadual

A PRESIDENTA DA REPÚBLICA, no uso das atribuições que lhe conferem o art. 84,

caput, incisos IV e VI, alínea "a", da Constituição, e tendo em vista o disposto no art. 23 e no art. 32 da Lei n. 12.852, de 5 de agosto de 2013, e na Lei n. 12.933, de 26 de dezembro de 2013,

DECRETA:

Art. 1º Este Decreto regulamenta o benefício da meia-entrada para acesso a eventos artístico-culturais e esportivos por jovens de baixa renda, por estudantes e por pessoas com deficiência e estabelece os procedimentos e os critérios para a reserva de vagas a jovens de baixa renda nos veículos do sistema de transporte coletivo interestadual.

Art. 2º Para os efeitos deste Decreto, considera-se:

I — jovem de baixa renda — pessoa com idade entre quinze e vinte e nove anos que pertence à família com renda mensal de até dois salários mínimos, inscrita no Cadastro Único para Programas Sociais do Governo Federal — CadÚnico;

II — estudante — pessoa regularmente matriculada em instituição de ensino, pública ou privada, nos níveis e modalidades previstos no Título V da Lei n. 9.394, de 20 de dezembro de 1996 — Lei de Diretrizes e Bases da Educação Nacional;

III — pessoa com deficiência — pessoa que possui impedimento de longo prazo de natureza física, mental, intelectual ou sensorial, o qual, em interação com uma ou mais barreiras, pode obstruir sua participação plena e efetiva na sociedade em igualdade de condições com outras pessoas;

IV — acompanhante — aquele que acompanha a pessoa com deficiência, o qual pode ou não desempenhar as funções de atendente pessoal;

V — Identidade Jovem — documento que comprova a condição de jovem de baixa renda;

VI — Carteira de Identificação Estudantil — CIE — documento que comprova a condição de estudante regularmente matriculado nos níveis e modalidades de educação e ensino previstos no Título V da Lei n. 9.394, de 1996, conforme modelo único nacionalmente padronizado, com certificação digital e que pode ter cinquenta por cento de características locais;

VII — eventos artístico-culturais e esportivos — exibições em cinemas, cineclubes e teatros, espetáculos musicais, de artes cênicas e circenses, eventos educativos, esportivos, de lazer e de entretenimento, promovidos por quaisquer entidades e realizados em estabelecimentos públicos ou particulares mediante cobrança de ingresso;

VIII — ingresso — documento, físico ou eletrônico, que possibilita o acesso individual e pessoal a eventos artístico-culturais e esportivos, vendido por estabelecimentos ou entidades produtoras ou promotoras do evento;

IX — venda ao público em geral — venda acessível a qualquer interessado indiscriminadamente, mediante pagamento do valor cobrado;

X — transporte interestadual de passageiros — transporte que atende mercados com origem e destino em Estados distintos, ou entre Estados e o Distrito Federal;

XI — serviço de transporte regular — serviço público delegado para execução de transporte interestadual de passageiros, operado por veículos do tipo rodoviário, ferroviário ou aquaviário, entre dois pontos terminais, aberto ao público em geral, com esquema operacional aprovado pela Agência Nacional de Transportes Terrestres — ANTT ou pela Agência Nacional de Transportes Aquaviários — Antaq;

XII — serviço do tipo rodoviário — serviço de transporte que transita por estrada ou por rodovia municipal, estadual, distrital ou federal e que permite o transporte de bagagem em compartimento específico;

XIII — serviço do tipo aquaviário — serviço de transporte que transita por rios, lagos, lagoas e baías e que opera linhas regulares, inclusive travessias;

XIV — serviço do tipo ferroviário — serviço de transporte que transita por ferrovias municipais, estaduais, distrital ou federal em linhas regulares;

XV — linha regular — serviço de transporte coletivo de passageiros executado em uma ligação de dois pontos terminais, aberto ao público em geral, de natureza regular e permanente, com itinerário definido no ato de sua delegação ou outorga;

XVI — seção — serviço realizado em trecho do itinerário de linha do serviço de transporte, com fracionamento do preço de passagem; e

XVII — bilhete de viagem do jovem — documento, físico ou eletrônico, que comprove o contrato de transporte gratuito ou com desconto de cinquenta por cento ao jovem de baixa renda, fornecido pela empresa prestadora do serviço de transporte, para possibilitar o ingresso do beneficiário no veículo, observado o disposto em Resolução da ANTT e da Antaq.

Seção I
Da meia-entrada para acesso a eventos artístico-culturais e esportivos

Art. 3º Os estudantes terão direito ao benefício da meia-entrada mediante a apresentação da CIE no momento da aquisição do ingresso e na portaria ou na entrada do local de realização do evento.

§ 1º A CIE será expedida por:

I — Associação Nacional de Pós-Graduandos — ANPG;

II — União Nacional dos Estudantes — UNE;

III — União Brasileira dos Estudantes Secundaristas — Ubes;

IV — entidades estaduais e municipais filiadas às entidades previstas nos incisos I a III;

V — Diretórios Centrais dos Estudantes — DCE; e

VI — Centros e Diretórios Acadêmicos, de nível médio e superior.

§ 2º Observado o disposto no § 2º do art. 1º da Lei n. 12.933, de 2013, deverão constar os seguintes elementos na CIE:

I — nome completo e data de nascimento do estudante;

II — foto recente do estudante;

III — nome da instituição de ensino na qual o estudante esteja Matriculado;

IV — grau de escolaridade; e

V — data de validade até o dia 31 de março do ano subsequente ao de sua expedição.

§ 3º No ato de solicitação da CIE, o estudante deverá apresentar documento de identificação com foto expedido por órgão público e válido em todo território nacional e comprovante de matrícula correspondente ao ano letivo a que se refere o pedido.

§ 4º É vedada a cobrança de taxa de expedição da CIE para jovens estudantes de baixa renda, mediante comprovação dos requisitos estabelecidos no inciso I do *caput* do art. 2º.

§ 5º Os custos da expedição da CIE para jovens estudantes de baixa renda serão arcados pela instituição que a expedir.

§ 6º A CIE gratuita será idêntica à emitida a título oneroso e deverá ser expedida no mesmo prazo e por todos os locais credenciados para a sua expedição.

Art. 4º As entidades mencionadas nos incisos do § 1º do art. 3º deverão manter o documento comprobatório do vínculo do aluno com a instituição de ensino e disponibilizar banco de dados com o nome e o número de registro dos estudantes portadores da CIE, pelo mesmo prazo de validade da CIE, para eventuais consultas pelo Poder Público, estabelecimentos, produtoras e promotoras de eventos.

§ 1º É vedada a guarda de dados pessoais, após o vencimento do prazo de validade da CIE.

§ 2º Ficam assegurados o sigilo e a proteção de dados pessoais apurados no banco de dados referido no *caput*, sob responsabilidade das entidades mencionadas, vedada sua utilização para fins estranhos aos previstos neste Decreto.

Art. 5º Os jovens de baixa renda terão direito ao benefício da meia-entrada mediante a apresentação, no momento da aquisição do ingresso e na portaria ou na entrada do local de realização do evento, da Identidade Jovem acompanhada de documento de identificação com foto expedido por órgão público e válido em todo o território nacional.

§ 1º A Secretaria-Geral da Presidência da República, por meio da Secretaria Nacional de Juventude, emitirá a Identidade Jovem, conforme ato do Ministro de Estado Chefe da Secretaria-Geral da Presidência da República.

§ 2º A emissão de que trata o § 1º contará com o apoio do Ministério do Desenvolvimento Social e Combate à Fome.

Art. 6º As pessoas com deficiência terão direito ao benefício da meia-entrada mediante a apresentação, no momento da aquisição do ingresso e na portaria ou na entrada do local de realização do evento:

I — do cartão de Benefício de Prestação Continuada da Assistência Social da pessoa com deficiência; ou

II — de documento emitido pelo Instituto Nacional do Seguro Social — INSS que ateste a aposentadoria de acordo com os critérios estabelecidos na Lei Complementar n. 142, de 8 de maio de 2013.

§ 1º Os documentos de que tratam os incisos I e II do *caput* deverão estar acompanhados de documento de identificação com foto expedido por órgão público e válido em todo o território nacional.

§ 2º Os documentos previstos nos incisos I e II do *caput* serão substituídos, conforme regulamento, quando for instituída a avaliação da deficiência prevista no § 1º do art. 2º da Lei n. 13.146, de 6 de julho de 2015, para fins da meia-entrada.

§ 3º Quando a pessoa com deficiência necessitar de acompanhamento, ao seu acompanhante também se aplica o direito ao benefício previsto no *caput*.

§ 4º Enquanto não for instituída a avaliação de que trata o § 2º, com a identificação da necessidade ou não de acompanhante para cada caso, o benefício de que trata o § 3º será concedido mediante declaração da necessidade de acompanhamento pela pessoa com deficiência, ou, na sua impossibilidade, por seu acompanhante, no momento da aquisição do ingresso e na portaria ou na entrada do local de realização do evento.

LEGISLAÇÃO COMPLEMENTAR

Art. 7º O valor do ingresso de meia-entrada deve equivaler à metade do preço do ingresso cobrado para a venda ao público em geral.

§ 1º O benefício previsto no *caput* não é cumulativo com outras promoções e convênios.

§ 2º O benefício previsto no *caput* não é cumulativo com vantagens vinculadas à aquisição do ingresso por associado de entidade de prática desportiva, como sócio torcedor ou equivalente e com a oferta de ingressos de que trata o inciso X do *caput* do art. 4º da Lei n. 13.155, de 4 de agosto de 2015.

Art. 8º A concessão do benefício da meia-entrada aplica-se a todas as categorias de ingressos disponíveis para venda ao público em geral.

§ 1º A regra estabelecida no *caput* aplica-se a ingressos para camarotes, áreas e cadeiras especiais, se vendidos de forma individual e pessoal.

§ 2º O benefício previsto no *caput* não se aplica ao valor dos serviços adicionais eventualmente oferecidos em camarotes, áreas e cadeiras especiais.

Art. 9º A concessão do benefício da meia-entrada aos beneficiários fica assegurada em quarenta por cento do total de ingressos disponíveis para venda ao público em geral, em cada evento.

Parágrafo único. Os ingressos destinados exclusivamente à venda para associados de entidades de prática desportiva, como sócio torcedor ou equivalente, não serão considerados para cálculo do percentual de que trata o *caput*.

Art. 10. Os ingressos de meia-entrada, no percentual de que trata o *caput* do art. 9º, deverão ser reservados aos beneficiários a partir do início das vendas até quarenta e oito horas antes de cada evento, com disponibilidade em todos os pontos de venda de ingresso, sejam eles físicos ou virtuais.

§ 1º Após o prazo estipulado no *caput*, a venda deverá ser realizada conforme demanda, contemplando o público em geral e os beneficiários da meia-entrada, até limite de que trata o art. 9º.

§ 2º A venda de ingressos iniciada após o prazo estipulado no *caput* seguirá a regra do § 1º.

§ 3º No caso de eventos realizados em estabelecimentos com capacidade superior a dez mil pessoas, o prazo de que trata o *caput* será de setenta e duas horas.

Art. 11. Os estabelecimentos, as produtoras e as promotoras de eventos disponibilizarão, de forma clara, precisa e ostensiva, as seguintes informações:

I — em todos os pontos de venda de ingressos, sejam eles físicos ou virtuais, e na portaria ou na entrada do local de realização do evento:

a) as condições estabelecidas para o gozo da meia-entrada, com a transcrição do art. 1º da Lei n. 12.933, de 2013; e

b) os telefones dos órgãos de fiscalização; e

II — em todos os pontos de venda de ingresso, sejam eles físicos ou virtuais:

a) o número total de ingressos e o número de ingressos disponíveis aos beneficiários da meia-entrada de que trata este Decreto e, se for o caso, com a especificação por categoria de ingresso; e

b) o aviso de que houve o esgotamento dos ingressos disponíveis aos beneficiários da meia-entrada de que trata este Decreto, incluindo formatos acessíveis a pessoas com deficiência sensoriais.

Parágrafo único. Na ausência das informações previstas no inciso II do *caput*, será garantido ao jovem de baixa renda, aos estudantes, às pessoas com deficiência e ao seu acompanhante, quando necessário, o benefício da meia-entrada, independentemente do percentual referido no *caput* do art. 9º.

Art. 12. Os estabelecimentos, as produtoras e as promotoras de eventos deverão elaborar relatório da venda de ingressos após o encerramento das vendas, com indicação dos ingressos vendidos como meia-entrada.

Parágrafo único. O relatório de que trata o *caput* deverá ser mantido pelo prazo de trinta dias, contado da data da realização de cada evento, em sítio eletrônico ou em meio físico.

Seção II
Reserva de vagas a jovens de baixa renda nos veículos do sistema de transporte coletivo interestadual

Art. 13. Na forma definida no art. 32 da Lei n. 12.852, de 5 de agosto de 2013, ao jovem de baixa renda serão reservadas duas vagas gratuitas em cada veículo, comboio ferroviário ou embarcação do serviço convencional de transporte interestadual de passageiros e duas vagas com desconto de cinquenta por cento, no mínimo, no valor das passagens, a serem utilizadas depois de esgotadas as vagas gratuitas.

§ 1º Para fins do disposto no *caput*, incluem-se na condição de serviço de transporte convencional:

I — os serviços de transporte rodoviário interestadual de passageiros, prestado em veículo de características básicas, com ou sem sanitários, em linhas regulares;

II — os serviços de transporte ferroviário interestadual de passageiros, em linhas regulares; e

III — os serviços de transporte aquaviário interestadual, abertos ao público, realizados em rios, lagos, lagoas e baías, que operam linhas regulares, inclusive travessias.

§ 2º Para fazer uso das vagas gratuitas ou com desconto de cinquenta por cento previstas no *caput*, o beneficiário deverá solicitar um único bilhete de viagem do jovem, nos pontos de venda da transportadora, com antecedência mínima de três horas em relação ao horário de partida do ponto inicial da linha do serviço de transporte, podendo solicitar a emissão do bilhete de viagem de retorno, observados os procedimentos da venda de bilhete de passagem.

§ 3º Na existência de seções, nos pontos de seção devidamente autorizados para embarque de passageiros, a reserva de assentos deverá estar disponível até o horário definido para o ponto inicial da linha, conforme previsto no § 2º.

§ 4º Após o prazo estipulado no § 2º, caso os assentos reservados não tenham sido objeto de concessão do benefício de que trata este Decreto, as empresas prestadoras dos serviços poderão colocá-los à venda.

§ 5º Enquanto os bilhetes dos assentos referidos no § 4º não forem comercializados, continuarão disponíveis para o exercício do benefício da gratuidade e da meia-passagem.

§ 6º O jovem deverá comparecer ao terminal de embarque até trinta minutos antes da hora marcada para o início da viagem, sob pena de perda do benefício.

§ 7º O bilhete de viagem do jovem é nominal e intransferível e deverá conter referência ao benefício obtido, seja a gratuidade, seja o desconto de cinquenta por cento do valor da passagem.

Art. 14. No ato da solicitação do bilhete de viagem do jovem, o interessado deverá apresentar a Identidade Jovem acompanhada de documento de identificação com foto expedido por órgão público e válido em todo território nacional.

Parágrafo único. Quando o benefício não for concedido, as empresas prestadoras dos serviços de transporte deverão emitir ao solicitante documento que indicará a data, a hora, o local e o motivo da recusa.

Art. 15. O beneficiário não poderá fazer reserva em mais de um horário para o mesmo dia e mesmo destino ou para horários e dias cuja realização da viagem se demonstre impraticável e caracterize domínio de reserva de lugares, em detrimento de outros beneficiários.

Art. 16. O bilhete de viagem do jovem será emitido pela empresa prestadora do serviço, em conformidade com a legislação tributária e com os regulamentos da ANTT e da Antaq.

Parágrafo único. As empresas prestadoras dos serviços de transporte deverão informar à ANTT e à Antaq a movimentação de usuários titulares do benefício, por seção e por situação, na periodicidade e na forma definida por estas Agências em regulamento.

Art. 17. O jovem de baixa renda titular do benefício a que se refere o art. 13 terá assegurado os mesmos direitos garantidos aos demais passageiros.

Parágrafo único. Não estão incluídas no benefício as tarifas de utilização dos terminais, de pedágio e as despesas com alimentação.

Art. 18. O jovem de baixa renda está sujeito aos procedimentos de identificação de passageiros ao se apresentar para embarque, de acordo com o estabelecido pela ANTT e pela Antaq.

Art. 19. Além dos benefícios previstos no art. 13, fica facultada às empresas prestadoras de serviços de transporte a concessão ao jovem de baixa renda do desconto mínimo de cinquenta por cento do valor da passagem para os demais assentos disponíveis do veículo, comboio ferroviário ou da embarcação do serviço de transporte interestadual de passageiros.

Art. 20. As empresas prestadoras dos serviços de transporte disponibilizarão em todos os pontos de venda de passagens, sejam eles físicos ou virtuais, cópia do art. 32 da Lei n. 12.852, de 2013, e deste Decreto.

Art. 21. O benefício de que trata o art. 13 será disciplinado em resolução específica pela ANTT e pela Antaq, assegurada a disponibilização de relatório de vagas gratuitas e vagas com desconto concedidas.

Seção III
Disposições Finais

Art. 22. O descumprimento das disposições previstas no art. 23 e no art. 32 da Lei n. 12.852, de 2013, na Lei n. 12.933, de 2013, e neste Decreto sujeita os estabelecimentos, produtoras e promotoras responsáveis pelos eventos culturais e esportivos e as empresas prestadoras dos serviços de transporte às sanções administrativas estabelecidas no Capítulo VII do Título I da Lei n. 8.078, de 11 de setembro de 1990, e no art. 78-A e seguintes da Lei n. 10.233, de 5 de junho

de 2001, sem prejuízo das demais sanções previstas em lei.

Art. 23. A emissão irregular ou fraudulenta de carteiras estudantis sujeita a entidade emissora às sanções previstas no parágrafo único do art. 3º da Lei n. 12.933, de 2013, sem prejuízo das demais sanções previstas em lei ou das sanções aplicáveis aos responsáveis pela irregularidade ou fraude.

Art. 24. A fiscalização do cumprimento do disposto na Lei n. 12.933, de 2013, e neste Decreto será exercida em todo território nacional pelos órgãos públicos competentes federais, estaduais, municipais e distrital, conforme área de atuação.

Art. 25. Aplicam-se as seguintes regras transitórias aos eventos realizados após a entrada em vigor deste Decreto, mas que tiveram ingressos vendidos, total ou parcialmente, antes da referida vigência:

I — os meios de comprovação aceitos pelos estabelecimentos, produtoras e promotoras para compra de ingresso com benefício da meia-entrada, antes da vigência deste Decreto, não podem ser recusados para acesso aos eventos, na portaria ou no local de entrada; e

II — o percentual de quarenta por cento de que trata o art. 9º poderá ser calculado sobre o total de ingressos disponibilizados para venda ao público em geral ou apenas sobre o número restante de ingressos disponíveis após a entrada em vigor deste Decreto, o que for mais benéfico aos estabelecimentos, produtoras e promotoras.

Art. 26. Os relatórios de que tratam o art. 12 e o art. 21 devem ser disponibilizados apenas para os eventos e viagens que forem realizados após a entrada em vigor deste Decreto.

Art. 27. Os órgãos competentes deverão adotar as medidas necessárias para disponibilizar, a partir de 31 de março de 2016, a Identidade Jovem e o bilhete de viagem do jovem, para fins de percepção do benefício de que tratam os art. 5º e art. 13.

Art. 28. Este Decreto entra em vigor no dia 1º de dezembro de 2015.

Brasília, 5 de outubro de 2015; 194º da Independência e 127º da República.

DILMA ROUSSEFF
ANTÔNIO CARLOS RODRIGUES
JOÃO LUIZ SILVA FERREIRA
GEORGE HILTON
DOU 6.10.2015

Lei n. 12.867, de 10 de outubro de 2013

Regula a profissão de árbitro de futebol e dá outras providências

A PRESIDENTA DA REPÚBLICA
Faço saber que o Congresso Nacional decreta e eu sanciono a seguinte Lei:

Art. 1º A profissão de árbitro de futebol é reconhecida e regulada por esta Lei, sem prejuízo das disposições não colidentes contidas na legislação vigente.

Art. 2º O árbitro de futebol exercerá atribuições relacionadas às atividades esportivas disciplinadas pela Lei n. 9.615, de 24 de março de 1998, destacando-se aquelas inerentes ao árbitro de partidas de futebol e as de seus auxiliares.

Art. 3º (VETADO).

Art. 4º É facultado aos árbitros de futebol organizar-se em associações profissionais e sindicatos.

Art. 5º É facultado aos árbitros de futebol prestar serviços às entidades de administração, às ligas e às entidades de prática da modalidade desportiva futebol.

Art. 6º Esta Lei entra em vigor na data de sua publicação.

Brasília, 10 de outubro de 2013; 192º da Independência e 125º da República.

DILMA ROUSSEFF
MANUEL DIAS
ALDO REBELO
LUÍS INÁCIO LUCENA ADAMS
DOU 11.10.2013

Lei n. 12.869, de 15 de outubro de 2013

Dispõe sobre o exercício da atividade e a remuneração do permissionário lotérico e dá outras providências

A PRESIDENTA DA REPÚBLICA
Faço saber que o Congresso Nacional decreta e eu sanciono a seguinte Lei:

Art. 1º Esta Lei estabelece critérios para a contratação e remuneração de permissionários lotéricos nesse regime e fixa outras providências relativamente às atividades econômicas complementares que vierem a ser por eles exercidas.

Art. 2º Para os fins desta Lei, considera-se:

I — permissão lotérica: a outorga, a título precário, mediante licitação, da prestação de serviços públicos feita pelo poder outorgante à pessoa física ou jurídica que demonstre capacidade para seu desempenho, por sua conta e risco, para comercializar todas as loterias federais e os produtos autorizados, bem como para atuar na prestação de serviços delegados pela outorgante, nos termos e condições definidos pela legislação e normas reguladoras vigentes;

II — outorgante de serviços lotéricos: a Caixa Econômica Federal (CEF) na forma da lei.

Art. 3º Os editais de licitação e os contratos firmados pela outorgante com os permissionários referidos no *caput* do art. 1º observarão, obrigatoriamente, as seguintes diretrizes operacionais e critérios de remuneração:

I — é admitida a conjugação da atividade do permissionário lotérico com outra atividade comercial quando prévia e expressamente autorizada pela outorgante, em função da aderência aos produtos de loterias, produtos conveniados e serviços;

II — a outorgante pode exigir que os permissionários atuem em atividades acessórias com exclusividade como forma de oferecer à sociedade serviços padronizados em todo o território nacional, incluindo a prestação de serviços como correspondente, de forma a não assumir idênticas obrigações com qualquer outra instituição financeira, sendo-lhes vedado prestar serviços que não aqueles previamente autorizados pela outorgante;

III — pela comercialização das modalidades de loterias, os permissionários farão jus a comissão estipulada pela outorgante, a qual incidirá sobre o preço de venda das apostas, deduzidos os repasses previstos em lei e respeitado o equilíbrio econômico-financeiro do produto lotérico;

IV — (VETADO);

V — a mudança de endereço e novas permissões ou credenciamentos sujeitar-se-ão à autorização da outorgante, que deverá observar o potencial para a venda das loterias federais e a demanda para atendimento da população local, comprovados por estudos técnicos;

VI — os contratos de permissão serão firmados pelo prazo de 20 (vinte) anos, com renovação automática por idêntico período, ressalvadas a rescisão ou a declaração de caducidade fundada em comprovado descumprimento das cláusulas contratuais, ou a extinção, nas situações previstas em lei.

Parágrafo único. Em caso de permissão de serviços lotéricos, o prazo de renovação referido no inciso VI deste artigo contar-se-á a partir do término do prazo de permissão, independentemente do termo inicial desta.

Art. 4º O exercício da atividade de permissionário lotérico não obsta o exercício de atividades complementares impostas ou autorizadas pela outorgante, nos termos e condições definidos pela legislação e normas reguladoras vigentes.

Art. 5º A Caixa Econômica Federal, como outorgante da permissão de serviços lotéricos e quando se enquadrar na condição de contratante de serviços de correspondente bancário:

I — prestará assistência e consultoria, fornecerá orientações e ministrará treinamentos e todas as demais instruções necessárias ao início e à manutenção das atividades do permissionário, bem como à implementação de inovações operacionais indispensáveis ao exercício da atividade e à melhoria na gestão e desempenho empresarial, ficando por conta do permissionário as despesas com transporte, alimentação, hospedagem e outras que não estiverem ligadas ao objeto do treinamento ou curso necessário;

II — (VETADO).

Art. 5º-A São válidas as outorgas de permissão lotérica e seus aditivos contratuais celebrados até 15 de outubro de 2013 perante a Caixa Econômica Federal, por meio de termos de responsabilidade e compromisso, que concederam prazo de permissão adicional de duzentos e quarenta meses, aos quais serão aplicadas as renovações automáticas previstas no inciso VI e parágrafo único do art. 3º. *(Redação dada pela Lei n. 13.177, de 22.10.15.15, DOU 23.10.15)*

Parágrafo único. Não se aplica o disposto no *caput* quando tiver havido rescisão contratual por comprovado descumprimento das cláusulas contratuais pelo permissionário lotérico. *(Redação dada pela Lei n. 13.177, de 22.10.15.15, DOU 23.10.15)*

Art. 5º-B Aplica-se a renovação automática prevista no art. 5º-A às demais permissões lotéricas celebradas até a data de publicação desta Lei após a data final de vigência, inclusive quando decorrente de renovação automática prevista no respectivo contrato. *(Redação dada pela Lei n. 13.177, de 22.10.15.15, DOU 23.10.15)*

Art. 6º Esta Lei entra em vigor na data de sua publicação.

Brasília, 15 de outubro de 2013; 192º da Independência e 125º da República.

DILMA ROUSSEFF
GUIDO MANTEGA
MIRIAM BELCHIOR
LUÍS INÁCIO LUCENA ADAMS
DOU 16.10.2013

LEGISLAÇÃO COMPLEMENTAR

Lei n. 12.870, de 15 de outubro de 2013

Dispõe sobre o exercício da atividade profissional de vaqueiro

A PRESIDENTA DA REPÚBLICA

Faço saber que o Congresso Nacional decreta e eu sanciono a seguinte Lei:

Art. 1º Fica reconhecida a atividade de vaqueiro como profissão.

Art. 2º Considera-se vaqueiro o profissional apto a realizar práticas relacionadas ao trato, manejo e condução de espécies animais do tipo bovino, bubalino, equino, muar, caprino e ovino.

Art. 3º Constituem atribuições do vaqueiro:

I — realizar tratos culturais em forrageiras, pastos e outras plantações para ração animal;

II — alimentar os animais sob seus cuidados;

III — realizar ordenha;

IV — cuidar da saúde dos animais sob sua responsabilidade;

V — auxiliar nos cuidados necessários para a reprodução das espécies, sob a orientação de veterinários e técnicos qualificados;

VI — treinar e preparar animais para eventos culturais e socioesportivos, garantindo que não sejam submetidos a atos de violência;

VII — efetuar manutenção nas instalações dos animais sob seus cuidados.

Art. 4º A contratação pelos serviços de vaqueiro é de responsabilidade do administrador, proprietário ou não, do estabelecimento agropecuário de exploração de animais de grande e médio porte, de pecuária de leite, de corte e de criação.

Parágrafo único. (VETADO).

Art. 5º Esta Lei entra em vigor na data de sua publicação.

Brasília, 15 de outubro de 2013; 192º da Independência e 125º da República.

DILMA ROUSSEFF
GUIDO MANTEGA
ANTÔNIO ANDRADE
MANOEL DIAS
GILBERTO CARVALHO

DOU 16.10.2013

Lei n. 12.871, de 22 de outubro de 2013

Institui o programa mais médicos, altera as Leis n. 8.745, de 9 de dezembro de 1993, e n. 6.932, de 7 de julho de 1981, e dá outras providências

A PRESIDENTA DA REPÚBLICA

Faço saber que o Congresso Nacional decreta e eu sanciono a seguinte Lei:

Capítulo I
Disposições Gerais

Art. 1º É instituído o Programa Mais Médicos, com a finalidade de formar recursos humanos na área médica para o Sistema Único de Saúde (SUS) e com os seguintes objetivos:

I — diminuir a carência de médicos nas regiões prioritárias para o SUS, a fim de reduzir as desigualdades regionais na área da saúde;

II — fortalecer a prestação de serviços de atenção básica em saúde no País;

III — aprimorar a formação médica no País e proporcionar maior experiência no campo de prática médica durante o processo de formação;

IV — ampliar a inserção do médico em formação nas unidades de atendimento do SUS, desenvolvendo seu conhecimento sobre a realidade da saúde da população brasileira;

V — fortalecer a política de educação permanente com a integração ensino-serviço, por meio da atuação das instituições de educação superior na supervisão acadêmica das atividades desempenhadas pelos médicos;

VI — promover a troca de conhecimentos e experiências entre profissionais da saúde brasileiros e médicos formados em instituições estrangeiras;

VII — aperfeiçoar médicos para atuação nas políticas públicas de saúde do País e na organização e no funcionamento do SUS; e

VIII — estimular a realização de pesquisas aplicadas ao SUS.

Art. 2º Para a consecução dos objetivos do Programa Mais Médicos, serão adotadas, entre outras, as seguintes ações:

I — reordenação da oferta de cursos de Medicina e de vagas para residência médica, priorizando regiões de saúde com menor relação de vagas e médicos por habitante e com estrutura de serviços de saúde em condições de ofertar campo de prática suficiente e de qualidade para os alunos;

II — estabelecimento de novos parâmetros para a formação médica no País; e

III — promoção, nas regiões prioritárias do SUS, de aperfeiçoamento de médicos na área de atenção básica em saúde, mediante integração ensino-serviço, inclusive por meio de intercâmbio internacional.

Capítulo II
Da Autorização para o Funcionamento de Cursos de Medicina

Art. 3º A autorização para o funcionamento de curso de graduação em Medicina, por instituição de educação superior privada, será precedida de chamamento público, e caberá ao Ministro de Estado da Educação dispor sobre:

I — pré-seleção dos Municípios para a autorização de funcionamento de cursos de Medicina, ouvido o Ministério da Saúde;

II — procedimentos para a celebração do termo de adesão ao chamamento público pelos gestores locais do SUS;

III — critérios para a autorização de funcionamento de instituição de educação superior privada especializada em cursos na área de saúde;

IV — critérios do edital de seleção de propostas para obtenção de autorização de funcionamento de curso de Medicina; e

V — periodicidade e metodologia dos procedimentos avaliatórios necessários ao acompanhamento e monitoramento da execução da proposta vencedora do chamamento público.

§ 1º Na pré-seleção dos Municípios de que trata o inciso I do *caput* deste artigo, deverão ser consideradas, no âmbito da região de saúde:

I — a relevância e a necessidade social da oferta de curso de Medicina; e

II — a existência, nas redes de atenção à saúde do SUS, de equipamentos públicos adequados e suficientes para a oferta do curso de Medicina, incluindo, no mínimo, os seguintes serviços, ações e programas:

a) atenção básica;

b) urgência e emergência;

c) atenção psicossocial;

d) atenção ambulatorial especializada e hospitalar; e

e) vigilância em saúde.

§ 2º Por meio do termo de adesão de que trata o inciso II do *caput* deste artigo, o gestor local do SUS compromete-se a oferecer à instituição de educação superior vencedora do chamamento público, mediante contrapartida a ser disciplinada por ato do Ministro de Estado da Educação, a estrutura de serviços, ações e programas de saúde necessários para a implantação e para o funcionamento do curso de graduação em Medicina.

§ 3º O edital previsto no inciso IV do *caput* deste artigo observará, no que couber, a legislação sobre licitações e contratos administrativos e exigirá garantia de proposta do participante e multa por inexecução total ou parcial do contrato, conforme previsto, respectivamente, no art. 56 e no inciso II do *caput* do art. 87 da Lei n. 8.666, de 21 de junho de 1993.

§ 4º O disposto neste artigo não se aplica aos pedidos de autorização para funcionamento de curso de Medicina protocolados no Ministério da Educação até a data de publicação desta Lei.

§ 5º O Ministério da Educação, sem prejuízo do atendimento aos requisitos previstos no inciso II do § 1º deste artigo, disporá sobre o processo de autorização de cursos de Medicina em unidades hospitalares que:

I — possuam certificação como hospitais de ensino;

II — possuam residência médica em no mínimo 10 (dez) especialidades; ou

III — mantenham processo permanente de avaliação e certificação da qualidade de seus serviços.

§ 6º O Ministério da Educação, conforme regulamentação própria, poderá aplicar o procedimento de chamamento público de que trata este artigo aos outros cursos de graduação na área de saúde.

§ 7º A autorização e a renovação de autorização para funcionamento de cursos de graduação em Medicina deverão considerar, sem prejuízo de outras exigências estabelecidas no Sistema Nacional de Avaliação da Educação Superior (Sinaes):

I — os seguintes critérios de qualidade:

a) exigência de infraestrutura adequada, incluindo bibliotecas, laboratórios, ambulatórios, salas de aula dotadas de recursos didático-pedagógicos e técnicos especializados, equipamentos especiais e de informática e outras instalações indispensáveis à formação dos estudantes de Medicina;

b) acesso a serviços de saúde, clínicas ou hospitais com as especialidades básicas indispensáveis à formação dos alunos;

c) possuir metas para corpo docente em regime de tempo integral e para corpo docente com titulação acadêmica de mestrado ou doutorado;

d) possuir corpo docente e técnico com capacidade para desenvolver pesquisa de boa qualidade, nas áreas curriculares em questão, aferida por publicações científicas;

II — a necessidade social do curso para a cidade e para a região em que se localiza, demonstrada por indicadores demográficos, sociais, econômicos e concernentes à oferta de serviços de saúde, incluindo dados relativos à:

a) relação número de habitantes por número de profissionais no Município em que

é ministrado o curso e nos Municípios de seu entorno;

b) descrição da rede de cursos análogos de nível superior, públicos e privados, de serviços de saúde, ambulatoriais e hospitalares e de programas de residência em funcionamento na região;

c) inserção do curso em programa de extensão que atenda a população carente da cidade e da região em que a instituição se localiza.

Capítulo III
Da Formação Médica no Brasil

Art. 4º O funcionamento dos cursos de Medicina é sujeito à efetiva implantação das diretrizes curriculares nacionais definidas pelo Conselho Nacional de Educação (CNE).

§ 1º Ao menos 30% (trinta por cento) da carga horária do internato médico na graduação serão desenvolvidos na Atenção Básica e em Serviço de Urgência e Emergência do SUS, respeitando-se o tempo mínimo de 2 (dois) anos de internato, a ser disciplinado nas diretrizes curriculares nacionais.

§ 2º As atividades de internato na Atenção Básica e em Serviço de Urgência e Emergência do SUS e as atividades de Residência Médica serão realizadas sob acompanhamento acadêmico e técnico, observado o art. 27 desta Lei.

§ 3º O cumprimento do disposto no *caput* e nos §§ 1º e 2º deste artigo constitui ponto de auditoria nos processos avaliativos do Sinaes.

Art. 5º Os Programas de Residência Médica de que trata a Lei n. 6.932, de 7 de julho de 1981, ofertarão anualmente vagas equivalentes ao número de egressos dos cursos de graduação em Medicina do ano anterior.

Parágrafo único. A regra de que trata o *caput* é meta a ser implantada progressivamente até 31 de dezembro de 2018.

Art. 6º Para fins de cumprimento da meta de que trata o art. 5º, será considerada a oferta de vagas de Programas de Residência Médica nas seguintes modalidades:

I — Programas de Residência em Medicina Geral de Família e Comunidade; e

II — Programas de Residência Médica de acesso direto, nas seguintes especialidades:

a) Genética Médica;
b) Medicina do Tráfego;
c) Medicina do Trabalho;
d) Medicina Esportiva;
e) Medicina Física e Reabilitação;
f) Medicina Legal;
g) Medicina Nuclear;
h) Patologia; e
i) Radioterapia.

Art. 7º O Programa de Residência em Medicina Geral de Família e Comunidade terá duração mínima de 2 (dois) anos.

§ 1º O primeiro ano do Programa de Residência em Medicina Geral de Família e Comunidade será obrigatório para o ingresso nos seguintes Programas de Residência Médica:

I — Medicina Interna (Clínica Médica);
II — Pediatria;
III — Ginecologia e Obstetrícia;
IV — Cirurgia Geral;
V — Psiquiatria;
VI — Medicina Preventiva e Social.

§ 2º Será necessária a realização de 1 (um) a 2 (dois) anos do Programa de Residência em Medicina Geral de Família e Comunidade para os demais Programas de Residência Médica, conforme disciplinado pela Comissão Nacional de Residência Médica (CNRM), excetuando-se os Programas de Residência Médica de acesso direto.

§ 3º O pré-requisito de que trata este artigo apenas será exigido quando for alcançada a meta prevista no parágrafo único do art. 5º, na forma do regulamento.

§ 4º Os Programas de Residência Médica estabelecerão processos de transição para implementação, integração e consolidação das mudanças curriculares, com o objetivo de viabilizar a carga horária e os conteúdos oferecidos no currículo novo e permitir o fluxo na formação de especialistas, evitando atrasos curriculares, repetições desnecessárias e dispersão de recursos.

§ 5º O processo de transição previsto no § 4º deverá ser registrado por meio de avaliação do currículo novo, envolvendo discentes de diversas turmas e docentes.

§ 6º Os Programas de Residência em Medicina Geral de Família e Comunidade deverão contemplar especificidades do SUS, como as atuações na área de Urgência e Emergência, Atenção Domiciliar, Saúde Mental, Educação Popular em Saúde, Saúde Coletiva e Clínica Geral Integral em todos os ciclos de vida.

§ 7º O Ministério da Saúde coordenará as atividades da Residência em Medicina Geral de Família e Comunidade no âmbito da rede saúde-escola.

Art. 8º As bolsas de Residência em Medicina Geral de Família e Comunidade poderão receber complementação financeira a ser estabelecida e custeada pelos Ministérios da Saúde e da Educação.

Art. 9º É instituída a avaliação específica para curso de graduação em Medicina, a cada 2 (dois) anos, com instrumentos e métodos que avaliem conhecimentos, habilidades e atitudes, a ser implementado no prazo de 2 (dois) anos, conforme ato do Ministro de Estado da Educação.

§ 1º É instituída avaliação específica anual para os Programas de Residência Médica, a ser implementado no prazo de 2 (dois) anos, pela CNRM.

§ 2º As avaliações de que trata este artigo serão implementadas pelo Instituto Nacional de Estudos e Pesquisas Educacionais Anísio Teixeira (Inep), no âmbito do sistema federal de ensino.

Art. 10. Os cursos de graduação em Medicina promoverão a adequação da matriz curricular para atendimento ao disposto nesta Lei, nos prazos e na forma definidos em resolução do CNE, aprovada pelo Ministro de Estado da Educação.

Parágrafo único. O CNE terá o prazo de 180 (cento e oitenta) dias, contado da data de publicação desta Lei, para submeter a resolução de que trata o *caput* ao Ministro de Estado da Educação.

Art. 11. A regulamentação das mudanças curriculares dos diversos programas de residência médica será realizada por meio de ato do Ministério da Educação, ouvidos a CNRM e o Ministério da Saúde.

Seção Única
Do Contrato Organizativo da Ação Pública Ensino-Saúde

Art. 12. As instituições de educação superior responsáveis pela oferta dos cursos de Medicina e dos Programas de Residência Médica poderão firmar Contrato Organizativo da Ação Pública Ensino-Saúde com os Secretários Municipais e Estaduais de Saúde, na qualidade de gestores, com a finalidade de viabilizar a reordenação da oferta de cursos de Medicina e de vagas de Residência Médica e a estrutura de serviços de saúde em condições de ofertar campo de prática suficiente e de qualidade, além de permitir a integração ensino-serviço na área da Atenção Básica.

§ 1º O Contrato Organizativo poderá estabelecer:

I — garantia de acesso a todos os estabelecimentos assistenciais sob a responsabilidade do gestor da área de saúde como cenário de práticas para a formação no âmbito da graduação e da residência médica; e

II — outras obrigações mútuas entre as partes relacionadas ao funcionamento da integração ensino-serviço, cujos termos serão levados à deliberação das Comissões Intergestores Regionais, Comissões Intergestores Bipartite e Comissão Intergestores Tripartite, ouvidas as Comissões de Integração Ensino-Serviço.

§ 2º No âmbito do Contrato Organizativo, caberão às autoridades mencionadas no *caput*, em acordo com a instituição de educação superior e os Programas de Residência Médica, designar médicos preceptores da rede de serviços de saúde e regulamentar a sua relação com a instituição responsável pelo curso de Medicina ou pelo Programa de Residência Médica.

§ 3º Os Ministérios da Educação e da Saúde coordenarão as ações necessárias para assegurar a pactuação de Contratos Organizativos da Ação Pública Ensino-Saúde.

Capítulo IV
Do Projeto mais Médicos para o Brasil

Art. 13. É instituído, no âmbito do Programa Mais Médicos, o Projeto Mais Médicos para o Brasil, que será oferecido:

I — aos médicos formados em instituições de educação superior brasileiras ou com diploma revalidado no País; e

II — aos médicos formados em instituições de educação superior estrangeiras, por meio de intercâmbio médico internacional.

§ 1º A seleção e a ocupação das vagas ofertadas no âmbito do Projeto Mais Médicos para o Brasil observarão a seguinte ordem de prioridade:

I — médicos formados em instituições de educação superior brasileiras ou com diploma revalidado no País, inclusive os aposentados;

II — médicos brasileiros formados em instituições estrangeiras com habilitação para exercício da Medicina no exterior; e

III — médicos estrangeiros com habilitação para exercício da Medicina no exterior.

§ 2º Para fins do Projeto Mais Médicos para o Brasil, considera-se:

I — médico participante: médico intercambista ou médico formado em instituição de educação superior brasileira ou com diploma revalidado; e

II — médico intercambista: médico formado em instituição de educação superior estrangeira com habilitação para exercício da Medicina no exterior.

§ 3º A coordenação do Projeto Mais Médicos para o Brasil ficará a cargo dos Ministérios da Educação e da Saúde, que disciplinarão, por meio de ato conjunto dos Ministros de Estado da Educação e da Saúde, a forma de participação das instituições

LEGISLAÇÃO COMPLEMENTAR

públicas de educação superior e as regras de funcionamento do Projeto, incluindo a carga horária, as hipóteses de afastamento e os recessos.

Art. 14. O aperfeiçoamento dos médicos participantes ocorrerá mediante oferta de curso de especialização por instituição pública de educação superior e envolverá atividades de ensino, pesquisa e extensão que terão componente assistencial mediante integração ensino-serviço.

§ 1º O aperfeiçoamento de que trata o *caput* terá prazo de até 3 (três) anos, prorrogável por igual período caso ofertadas outras modalidades de formação, conforme definido em ato conjunto dos Ministros de Estado da Educação e da Saúde.

§ 2º A aprovação do médico participante no curso de especialização será condicionada ao cumprimento de todos os requisitos do Projeto Mais Médicos para o Brasil e à sua aprovação nas avaliações periódicas.

§ 3º O primeiro módulo, designado acolhimento, terá duração de 4 (quatro) semanas, será executado na modalidade presencial, com carga horária mínima de 160 (cento e sessenta) horas, e contemplará conteúdo relacionado à legislação referente ao sistema de saúde brasileiro, ao funcionamento e às atribuições do SUS, notadamente da Atenção Básica em saúde, aos protocolos clínicos de atendimentos definidos pelo Ministério da Saúde, à língua portuguesa e ao código de ética médica.

§ 4º As avaliações serão periódicas, realizadas ao final de cada módulo, e compreenderão o conteúdo específico do respectivo módulo, visando a identificar se o médico participante está apto ou não a continuar no Projeto.

§ 5º A coordenação do Projeto Mais Médicos para o Brasil, responsável pelas avaliações de que tratam os §§ 1º a 4º, disciplinará, acompanhará e fiscalizará a programação em módulos de aperfeiçoamento dos médicos participantes, a adoção de métodos transparentes para designação dos avaliadores e os resultados e índices de aprovação e reprovação da avaliação, zelando pelo equilíbrio científico, pedagógico e profissional.

Art. 15. Integram o Projeto Mais Médicos para o Brasil:

I – o médico participante, que será submetido ao aperfeiçoamento profissional supervisionado;

II – o supervisor, profissional médico responsável pela supervisão profissional contínua e permanente do médico; e

III – o tutor acadêmico, docente médico que será responsável pela orientação acadêmica.

§ 1º São condições para a participação do médico intercambista no Projeto Mais Médicos para o Brasil, conforme disciplinado em ato conjunto dos Ministros de Estado da Educação e da Saúde:

I – apresentar diploma expedido por instituição de educação superior estrangeira;

II – apresentar habilitação para o exercício da Medicina no país de sua formação; e

III – possuir conhecimento em língua portuguesa, regras de organização do SUS e protocolos e diretrizes clínicas no âmbito da Atenção Básica.

§ 2º Os documentos previstos nos incisos I e II do § 1º sujeitam-se à legalização consular gratuita, dispensada a tradução juramentada, nos termos de ato conjunto dos Ministros de Estado da Educação e da Saúde.

§ 3º A atuação e a responsabilidade do médico supervisor e do tutor acadêmico, para todos os efeitos de direito, são limitadas, respectiva e exclusivamente, à atividade de supervisão médica e à tutoria acadêmica.

Art. 16. O médico intercambista exercerá a Medicina exclusivamente no âmbito das atividades de ensino, pesquisa e extensão do Projeto Mais Médicos para o Brasil, dispensada, para tal fim, nos 3 (três) primeiros anos de participação, a revalidação de seu diploma nos termos do § 2º do art. 48 da Lei n. 9.394, de 20 de dezembro de 1996.

§ 1º (VETADO).

§ 2º A participação do médico intercambista no Projeto Mais Médicos para o Brasil, atestada pela coordenação do Projeto, é condição necessária e suficiente para o exercício da Medicina no âmbito do Projeto Mais Médicos para o Brasil, não sendo aplicável o art. 17 da Lei n. 3.268, de 30 de setembro de 1957.

§ 3º O Ministério da Saúde emitirá número de registro único para cada médico intercambista participante do Projeto Mais Médicos para o Brasil e a respectiva carteira de identificação, que o habilitará para o exercício da Medicina nos termos do § 2º.

§ 4º A coordenação do Projeto comunicará ao Conselho Regional de Medicina (CRM) que jurisdicionar na área de atuação a relação de médicos intercambistas participantes do Projeto Mais Médicos para o Brasil e os respectivos números de registro único.

§ 5º O médico intercambista estará sujeito à fiscalização pelo CRM.

Art. 17. As atividades desempenhadas no âmbito do Projeto Mais Médicos para o Brasil não criam vínculo empregatício de qualquer natureza.

Art. 18. O médico intercambista estrangeiro inscrito no Projeto Mais Médicos para o Brasil fará jus ao visto temporário de aperfeiçoamento médico pelo prazo de 3 (três) anos, prorrogável por igual período em razão do disposto no § 1º do art. 14, mediante declaração da coordenação do Projeto.

§ 1º O Ministério das Relações Exteriores poderá conceder o visto temporário de que trata o *caput* aos dependentes legais do médico intercambista estrangeiro, incluindo companheiro ou companheira, pelo prazo de validade do visto do titular.

§ 2º Os dependentes legais do médico intercambista estrangeiro poderão exercer atividades remuneradas, com emissão de Carteira de Trabalho e Previdência Social (CTPS) pelo Ministério do Trabalho e Emprego.

§ 3º É vedada a transformação do visto temporário previsto neste artigo em permanente.

§ 4º Aplicam-se os arts. 30, 31 e 33 da Lei n. 6.815, de 19 de agosto de 1980, ao disposto neste artigo.

Art. 19. Os médicos integrantes do Projeto Mais Médicos para o Brasil poderão perceber bolsas nas seguintes modalidades:

I – bolsa-formação;

II – bolsa-supervisão; e

III – bolsa-tutoria.

§ 1º Além do disposto no *caput*, a União concederá ajuda de custo destinada a compensar as despesas de instalação do médico participante, que não poderá exceder a importância correspondente ao valor de 3 (três) bolsas-formação.

§ 2º É a União autorizada a custear despesas com deslocamento dos médicos participantes e seus dependentes legais, conforme dispuser ato conjunto dos Ministros de Estado do Planejamento, Orçamento e Gestão e da Saúde.

§ 3º Os valores das bolsas e da ajuda de custo a serem concedidas e suas condições de pagamento serão definidos em ato conjunto dos Ministros de Estado da Educação e da Saúde.

Art. 20. O médico participante enquadra-se como segurado obrigatório do Regime Geral de Previdência Social (RGPS), na condição de contribuinte individual, na forma da Lei n. 8.212, de 24 de julho de 1991.

Parágrafo único. São ressalvados da obrigatoriedade de que trata o *caput* os médicos intercambistas:

I – selecionados por meio de instrumentos de cooperação com organismos internacionais que prevejam cobertura securitária específica; ou

II – filiados a regime de seguridade social em seu país de origem, o qual mantenha acordo internacional de seguridade social com a República Federativa do Brasil.

Art. 21. Poderão ser aplicadas as seguintes penalidades aos médicos participantes do Projeto Mais Médicos para o Brasil que descumprirem o disposto nesta Lei e nas normas complementares:

I – advertência;

II – suspensão; e

III – desligamento das ações de aperfeiçoamento.

§ 1º Na hipótese do inciso III do *caput*, poderá ser exigida a restituição dos valores recebidos a título de bolsa, ajuda de custo e aquisição de passagens, acrescidos de atualização monetária, conforme definido em ato conjunto dos Ministros de Estado da Educação e da Saúde.

§ 2º Na aplicação das penalidades previstas neste artigo, serão consideradas a natureza e a gravidade da infração cometida, assegurados o contraditório e a ampla defesa.

§ 3º No caso de médico intercambista, o desligamento do Programa implicará o cancelamento do registro único no Ministério da Saúde e do registro de estrangeiro.

§ 4º Para fins do disposto no § 3º, a coordenação do Projeto Mais Médicos para o Brasil comunicará o desligamento do médico participante ao CRM e ao Ministério da Justiça.

Art. 22. As demais ações de aperfeiçoamento na área de Atenção Básica em saúde em regiões prioritárias para o SUS, voltadas especificamente para os médicos formados em instituições de educação superior brasileiras ou com diploma revalidado, serão desenvolvidas por meio de projetos e programas dos Ministérios da Saúde e da Educação.

§ 1º As ações de aperfeiçoamento de que trata o *caput* serão realizadas por meio de instrumentos de incentivo e mecanismos de integração ensino-serviço.

§ 2º O candidato que tiver participado das ações previstas no *caput* deste artigo e tiver cumprido integralmente aquelas ações, desde que realizado o programa em 1 (um) ano, receberá pontuação adicional de 10% (dez por cento) na nota de todas as fases ou da fase única do processo de seleção pública dos Programas de Residência Médica a que se refere o art. 2º da Lei n. 6.932, de 1981.

§ 3º A pontuação adicional de que trata o § 2º não poderá elevar a nota final do candidato para além da nota máxima prevista no edital do processo seletivo referido no § 2º deste artigo.

§ 4º O disposto nos §§ 2º e 3º terá validade até a implantação do disposto no parágrafo único do art. 5º desta Lei.

§ 5º Aplica-se o disposto nos arts. 17, 19, 20 e 21 aos projetos e programas de que trata o *caput*.

Capítulo V
Disposições Finais

Art. 23. Para execução das ações previstas nesta Lei, os Ministérios da Educação e da Saúde poderão firmar acordos e outros instrumentos de cooperação com organismos internacionais, instituições de educação superior nacionais e estrangeiras, órgãos e entidades da administração pública direta e indireta da União, dos Estados, do Distrito Federal e dos Municípios, consórcios públicos e entidades privadas, inclusive com transferência de recursos.

Art. 24. São transformadas, no âmbito do Poder Executivo, sem aumento de despesa, 117 (cento e dezessete) Funções Comissionadas Técnicas (FCTs), criadas pelo art. 58 da Medida Provisória n. 2.229-43, de 6 de setembro de 2001, do nível FCT-13, em 10 (dez) cargos em comissão do Grupo-Direção e Assessoramento Superiores (DAS), sendo 2 (dois) DAS-5 e 8 (oito) DAS-4.

Art. 25. São os Ministérios da Saúde e da Educação autorizados a contratar, mediante dispensa de licitação, instituição financeira oficial federal para realizar atividades relacionadas aos pagamentos das bolsas de que trata esta Lei.

Art. 26. São a Empresa Brasileira de Serviços Hospitalares (EBSERH) e o Hospital de Clínicas de Porto Alegre (HCPA) autorizados a conceder bolsas para ações de saúde, a ressarcir despesas, a adotar outros mecanismos de incentivo a suas atividades institucionais e a promover as ações necessárias ao desenvolvimento do Programa Mais Médicos, observada a Lei n. 12.550, de 15 de dezembro de 2011.

Art. 27. Será concedida bolsa para atividades de preceptoria nas ações de formação em serviço nos cursos de graduação e residência médica ofertados pelas instituições federais de educação superior ou pelo Ministério da Saúde.

§ 1º Integram as diretrizes gerais para o processo de avaliação de desempenho para fins de progressão e de promoção de que trata o § 4º do art. 12 da Lei n. 12.772, de 28 de dezembro de 2012, a serem estabelecidas em ato do Ministério da Educação, o exercício profissional no SUS, na área de docência do professor, a preceptoria de que trata esta Lei e o exercício de atividade nos programas definidos como prioritários pelo Ministério da Saúde.

§ 2º Com vistas a assegurar a universalização dos programas de residência médica prevista no art. 5º desta Lei, poderão ser adotadas medidas que ampliem a formação de preceptores de residência médica.

Art. 28. Os médicos participantes e seus dependentes legais são isentos do pagamento das taxas e dos emolumentos previstos nos arts. 20, 33 e 131 da Lei n. 6.815, de 19 de agosto de 1980, e no Decreto-Lei n. 2.236, de 23 de janeiro de 1985.

Art. 29. Para os efeitos do art. 26 da Lei n. 9.250, de 26 de dezembro de 1995, os valores percebidos a título de bolsa previstos nesta Lei e na Lei n. 11.129, de 30 de junho de 2005, não caracterizam contraprestação de serviços.

Art. 30. O quantitativo dos integrantes dos projetos e programas de aperfeiçoamento de que trata esta Lei observará os limites dos recursos orçamentários disponíveis.

§ 1º O quantitativo de médicos estrangeiros no Projeto Mais Médicos para o Brasil não poderá exceder o patamar máximo de 10% (dez por cento) do número de médicos brasileiros com inscrição definitiva nos CRMs.

§ 2º O SUS terá o prazo de 5 (cinco) anos para dotar as unidades básicas de saúde com qualidade de equipamentos e infraestrutura, a serem definidas nos planos plurianuais.

§ 3º As despesas decorrentes da execução dos projetos e programas previstos nesta Lei correrão à conta de dotações orçamentárias destinadas aos Ministérios da Educação, da Defesa e da Saúde, consignadas no orçamento geral da União.

Art. 31. Os Ministros de Estado da Educação e da Saúde poderão editar normas complementares para o cumprimento do disposto nesta Lei.

Art. 32. A Advocacia-Geral da União atuará, nos termos do art. 22 da Lei n. 9.028, de 12 de abril de 1995, na representação judicial e extrajudicial dos profissionais designados para a função de supervisor médico e de tutor acadêmico prevista nos incisos II e III do art. 15.

Art. 33. A Lei n. 8.745, de 9 de dezembro de 1993, passa a vigorar com as seguintes alterações:

As alterações já constam da respectiva lei. (NR)

Art. 34. O art. 1º da Lei n. 6.932, de 7 de julho de 1981, passa a vigorar acrescido dos seguintes §§ 3º, 4º e 5º:

"Art. 1º...
§ 3º A Residência Médica constitui modalidade de certificação das especialidades médicas no Brasil.
§ 4º As certificações de especialidades médicas concedidas pelos Programas de Residência Médica ou pelas associações médicas submetem-se às necessidades do Sistema Único de Saúde (SUS).
§ 5º As instituições de que tratam os §§ 1º a 4º deste artigo deverão encaminhar, anualmente, o número de médicos certificados como especialistas, com vistas a possibilitar o Ministério da Saúde a formar o Cadastro Nacional de Especialistas e parametrizar as ações de saúde pública." (NR)

Art. 35. As entidades ou as associações médicas que até a data de publicação desta Lei ofertam cursos de especialização não caracterizados como Residência Médica encaminharão as relações de registros de títulos de especialistas para o Ministério da Saúde, para os fins previstos no § 5º do art. 1º da Lei n. 6.932, de 1981.

Art. 36. Esta Lei entra em vigor na data de sua publicação.

Brasília, 22 de outubro de 2013; 192º da Independência e 125º da República.

<div align="right">
DILMA ROUSSEFF

ALOIZIO MERCADANTE

ALEXANDRE ROCHA SANTOS PADILHA

MIRIAM BELCHIOR

LUÍS INÁCIO LUCENA ADAMS

DOU 23.10.2013
</div>

Decreto n. 8.126, de 22 de outubro de 2013

Dispõe sobre a emissão do registro único e da carteira de identificação para os médicos intercambistas participantes do projeto mais médicos para o Brasil, de que trata a Lei n. 12.871, de 22 de outubro de 2013

A PRESIDENTA DA REPÚBLICA, no uso da atribuição que lhe confere o art. 84, *caput*, inciso IV, da Constituição, e tendo em vista o disposto no art. 16 da Lei n. 12.871, de 22 de outubro de 2013,

DECRETA:

Art. 1º A inscrição do médico intercambista participante do Projeto Mais Médicos para o Brasil será realizada no Ministério da Saúde, nos termos do art. 16 da Lei n. 12.871, de 22 de outubro de 2013.

§ 1º O Ministério da Saúde emitirá número de registro único para cada médico intercambista e a respectiva carteira de identificação, que o habilitará para o exercício da medicina no âmbito do Projeto Mais Médicos para o Brasil.

§ 2º Ato do Ministro de Estado da Saúde disporá sobre os procedimentos para a emissão do registro único e da carteira de identificação previstos no § 1º, observados os requisitos previstos na Lei n. 12.871, de 2013.

§ 3º O Ministério da Saúde publicará o número de registro único de cada médico intercambista no Diário Oficial da União.

Art. 2º O médico intercambista exercerá a medicina exclusivamente no âmbito do Projeto Mais Médicos para o Brasil, na forma do disposto no art. 16 da Lei n. 12.871, de 2013.

Parágrafo único. A carteira de identificação do médico intercambista conterá mensagem expressa sobre a vedação do exercício da medicina fora das atividades do Projeto Mais Médicos para o Brasil.

Art. 3º O médico intercambista estará sujeito à fiscalização pelo Conselho Regional de Medicina — CRM que jurisdicionar em sua área de atuação.

Art. 4º A Coordenação do Projeto Mais Médicos para o Brasil comunicará ao Conselho Regional de Medicina — CRM que jurisdicionar na área de atuação a relação de médicos intercambistas participantes do Projeto e os respectivos números de registro único.

§ 1º A comunicação de que trata o *caput* será acompanhada das seguintes informações:

I — dados pessoais do médico intercambista:

a) nome;

b) nacionalidade;

c) data de nascimento;

d) registro nacional de estrangeiro ou documento de identidade; e

e) Cadastro de Pessoa Física — CPF;

II — país em que o médico intercambista obteve o diploma expedido por instituição de educação superior estrangeira;

III — país em que o médico intercambista possui habilitação para o exercício da Medicina;

IV — data de validade do registro único; e

V — local de atuação do médico intercambista.

§ 2º A Coordenação do Projeto Mais Médicos para o Brasil comunicará ao CRM envolvido qualquer alteração relacionada ao local de atuação do médico intercambista.

Art. 5º A Coordenação do Projeto Mais Médicos para o Brasil comunicará ao Ministério da Saúde o desligamento do médico intercambista do Projeto para o imediato cancelamento de seu registro único e de sua carteira de identificação.

Parágrafo único. O desligamento de que trata o *caput* também deverá ser comunicado pela Coordenação do Projeto Mais Médicos para o Brasil ao CRM que jurisdicionar na área de atuação.

LEGISLAÇÃO COMPLEMENTAR

Art. 6º Ficam revogados os arts. 6º e 7º do Decreto n. 8.040, de 8 de julho de 2013.

Art. 7º Este Decreto entra em vigor na data de sua publicação.

Brasília, 22 de outubro de 2013; 192º da Independência e 125º da República.

DILMA ROUSSEFF
ALEXANDRE ROCHA SANTOS PADILHA
DOU 23.10.2013

Lei n. 12.965, de 23 de abril de 2014

Estabelece princípios, garantias, direitos e deveres para o uso da Internet no Brasil

A PRESIDENTA DA REPÚBLICA

Faço saber que o Congresso Nacional decreta e eu sanciono a seguinte Lei:

CAPÍTULO I
Disposições Preliminares

Art. 1º Esta Lei estabelece princípios, garantias, direitos e deveres para o uso da internet no Brasil e determina as diretrizes para atuação da União, dos Estados, do Distrito Federal e dos Municípios em relação à matéria.

Art. 2º A disciplina do uso da internet no Brasil tem como fundamento o respeito à liberdade de expressão, bem como:

I — o reconhecimento da escala mundial da rede;

II — os direitos humanos, o desenvolvimento da personalidade e o exercício da cidadania em meios digitais;

III — a pluralidade e a diversidade;

IV — a abertura e a colaboração;

V — a livre-iniciativa, a livre concorrência e a defesa do consumidor; e

VI — a finalidade social da rede.

Art. 3º A disciplina do uso da internet no Brasil tem os seguintes princípios:

I — garantia da liberdade de expressão, comunicação e manifestação de pensamento, nos termos da Constituição Federal;

II — proteção da privacidade;

III — proteção dos dados pessoais, na forma da lei;

IV — preservação e garantia da neutralidade de rede;

V — preservação da estabilidade, segurança e funcionalidade da rede, por meio de medidas técnicas compatíveis com os padrões internacionais e pelo estímulo ao uso de boas práticas;

VI — responsabilização dos agentes de acordo com suas atividades, nos termos da lei;

VII — preservação da natureza participativa da rede;

VIII — liberdade dos modelos de negócios promovidos na internet, desde que não conflitem com os demais princípios estabelecidos nesta Lei.

publicação.. Os princípios expressos nesta Lei não excluem outros previstos no ordenamento jurídico pátrio relacionados à matéria ou nos tratados internacionais em que a República Federativa do Brasil seja parte.

Art. 4º A disciplina do uso da internet no Brasil tem por objetivo a promoção:

I — do direito de acesso à internet a todos;

II — do acesso à informação, ao conhecimento e à participação na vida cultural e na condução dos assuntos públicos;

III — da inovação e do fomento à ampla difusão de novas tecnologias e modelos de uso e acesso; e

IV — da adesão a padrões tecnológicos abertos que permitam a comunicação, a acessibilidade e a interoperabilidade entre aplicações e bases de dados.

Art. 5º Para os efeitos desta Lei, considera-se:

I — internet: o sistema constituído do conjunto de protocolos lógicos, estruturado em escala mundial para uso público e irrestrito, com a finalidade de possibilitar a comunicação de dados entre terminais por meio de diferentes redes;

II — terminal: o computador ou qualquer dispositivo que se conecte à internet;

III — endereço de protocolo de internet (endereço IP): o código atribuído a um terminal de uma rede para permitir sua identificação, definido segundo parâmetros internacionais;

IV — administrador de sistema autônomo: a pessoa física ou jurídica que administra blocos de endereço IP específicos e o respectivo sistema autônomo de roteamento, devidamente cadastrada no ente nacional responsável pelo registro e distribuição de endereços IP geograficamente referentes ao País;

V — conexão à internet: a habilitação de um terminal para envio e recebimento de pacotes de dados pela internet, mediante a atribuição ou autenticação de um endereço IP;

VI — registro de conexão: o conjunto de informações referentes à data e hora de início e término de uma conexão à internet, sua duração e o endereço IP utilizado pelo terminal para o envio e recebimento de pacotes de dados;

VII — aplicações de internet: o conjunto de funcionalidades que podem ser acessadas por meio de um terminal conectado à internet; e

VIII — registros de acesso a aplicações de internet: o conjunto de informações referentes à data e hora de uso de uma determinada aplicação de internet a partir de um determinado endereço IP.

Art. 6º Na interpretação desta Lei serão levados em conta, além dos fundamentos, princípios e objetivos previstos, a natureza da internet, seus usos e costumes particulares e sua importância para a promoção do desenvolvimento humano, econômico, social e cultural.

CAPÍTULO II
Dos Direitos e Garantias dos Usuários

Art. 7º O acesso à internet é essencial ao exercício da cidadania, e ao usuário são assegurados os seguintes direitos:

I — inviolabilidade da intimidade e da vida privada, sua proteção e indenização pelo dano material ou moral decorrente de sua violação;

II — inviolabilidade e sigilo do fluxo de suas comunicações pela internet, salvo por ordem judicial, na forma da lei;

III — inviolabilidade e sigilo de suas comunicações privadas armazenadas, salvo por ordem judicial;

IV — não suspensão da conexão à internet, salvo por débito diretamente decorrente de sua utilização;

V — manutenção da qualidade contratada da conexão à internet;

VI — informações claras e completas constantes dos contratos de prestação de serviços, com detalhamento sobre o regime de proteção aos registros de conexão e aos registros de acesso a aplicações de internet, bem como sobre práticas de gerenciamento da rede que possam afetar sua qualidade;

VII — não fornecimento a terceiros de seus dados pessoais, inclusive registros de conexão, e de acesso a aplicações de internet, salvo mediante consentimento livre, expresso e informado ou nas hipóteses previstas em lei;

VIII — informações claras e completas sobre coleta, uso, armazenamento, tratamento e proteção de seus dados pessoais, que somente poderão ser utilizados para finalidades que:

a) justifiquem sua coleta;

b) não sejam vedadas pela legislação; e

c) estejam especificadas nos contratos de prestação de serviços ou em termos de uso de aplicações de internet;

IX — consentimento expresso sobre coleta, uso, armazenamento e tratamento de dados pessoais, que deverá ocorrer de forma destacada das demais cláusulas contratuais;

X — exclusão definitiva dos dados pessoais que tiver fornecido a determinada aplicação de internet, a seu requerimento, ao término da relação entre as partes, ressalvadas as hipóteses de guarda obrigatória de registros previstas nesta Lei;

XI — publicidade e clareza de eventuais políticas de uso dos provedores de conexão à internet e de aplicações de internet;

XII — acessibilidade, consideradas as características físicomotoras, perceptivas, sensoriais, intelectuais e mentais do usuário, nos termos da lei; e

XIII — aplicação das normas de proteção e defesa do consumidor nas relações de consumo realizadas na internet.

Art. 8º A garantia do direito à privacidade e à liberdade de expressão nas comunicações é condição para o pleno exercício do direito de acesso à internet.

Parágrafo único. São nulas de pleno direito as cláusulas contratuais que violem o disposto no *caput*, tais como aquelas que:

I — impliquem ofensa à inviolabilidade e ao sigilo das comunicações privadas, pela internet; ou

II — em contrato de adesão, não ofereçam como alternativa ao contratante a adoção do foro brasileiro para solução de controvérsias decorrentes de serviços prestados no Brasil.

CAPÍTULO III
Da Provisão de Conexão e de Aplicações de Internet

Seção I
Da Neutralidade de Rede

Art. 9º O responsável pela transmissão, comutação ou roteamento tem o dever de tratar de forma isonômica quaisquer pacotes de dados, sem distinção por conteúdo, origem e destino, serviço, terminal ou aplicação.

§ 1º A discriminação ou degradação do tráfego será regulamentada nos termos das atribuições privativas do Presidente da República previstas no inciso IV do art. 84 da Constituição Federal, para a fiel execução desta Lei, ouvidos o Comitê Gestor da Internet e a Agência Nacional de Telecomunicações, e somente poderá decorrer de:

I — requisitos técnicos indispensáveis à prestação adequada dos serviços e aplicações; e

II — priorização de serviços de emergência.

§ 2º Na hipótese de discriminação ou degradação do tráfego prevista no § 1º, o responsável mencionado no *caput* deve:

I — abster-se de causar dano aos usuários, na forma do art. 927 da Lei n. 10.406, de 10 de janeiro de 2002 — Código Civil;

II — agir com proporcionalidade, transparência e isonomia;

III — informar previamente de modo transparente, claro e suficientemente descritivo aos seus usuários sobre as práticas de gerenciamento e mitigação de tráfego adotadas, inclusive as relacionadas à segurança da rede; e

IV — oferecer serviços em condições comerciais não discriminatórias e abster-se de praticar condutas anticoncorrenciais.

§ 3º Na provisão de conexão à internet, onerosa ou gratuita, bem como na transmissão, comutação ou roteamento, é vedado bloquear, monitorar, filtrar ou analisar o conteúdo dos pacotes de dados, respeitado o disposto neste artigo.

Seção II
Da Proteção aos Registros, aos Dados Pessoais e às Comunicações Privadas

Art. 10. A guarda e a disponibilização dos registros de conexão e de acesso a aplicações de internet de que trata esta Lei, bem como de dados pessoais e do conteúdo de comunicações privadas, devem atender à preservação da intimidade, da vida privada, da honra e da imagem das partes direta ou indiretamente envolvidas.

§ 1º O provedor responsável pela guarda somente será obrigado a disponibilizar os registros mencionados no *caput*, de forma autônoma ou associados a dados pessoais ou a outras informações que possam contribuir para a identificação do usuário ou do terminal, mediante ordem judicial, na forma do disposto na Seção IV deste Capítulo, respeitado o disposto no art. 7º.

§ 2º O conteúdo das comunicações privadas somente poderá ser disponibilizado mediante ordem judicial, nas hipóteses e na forma que a lei estabelecer, respeitado o disposto nos incisos II e III do art. 7º.

§ 3º O disposto no *caput* não impede o acesso aos dados cadastrais que informem qualificação pessoal, filiação e endereço, na forma da lei, pelas autoridades administrativas que detenham competência legal para a sua requisição.

§ 4º As medidas e os procedimentos de segurança e de sigilo devem ser informados pelo responsável pela provisão de serviços de forma clara e atender a padrões definidos em regulamento, respeitado seu direito de confidencialidade quanto a segredos empresariais.

Art. 11. Em qualquer operação de coleta, armazenamento, guarda e tratamento de registros, de dados pessoais ou de comunicações por provedores de conexão e de aplicações de internet em que pelo menos um desses atos ocorra em território nacional, deverão ser obrigatoriamente respeitados a legislação brasileira e os direitos à privacidade, à proteção dos dados pessoais e ao sigilo das comunicações privadas e dos registros.

§ 1º O disposto no *caput* aplica-se aos dados coletados em território nacional e ao conteúdo das comunicações, desde que pelo menos um dos terminais esteja localizado no Brasil.

§ 2º O disposto no *caput* aplica-se mesmo que as atividades sejam realizadas por pessoa jurídica sediada no exterior, desde que oferte serviço ao público brasileiro ou pelo menos uma integrante do mesmo grupo econômico possua estabelecimento no Brasil.

§ 3º Os provedores de conexão e de aplicações de internet deverão prestar, na forma da regulamentação, informações que permitam a verificação quanto ao cumprimento da legislação brasileira referente à coleta, à guarda, ao armazenamento ou ao tratamento de dados, bem como quanto ao respeito à privacidade e ao sigilo de comunicações.

§ 4º Decreto regulamentará o procedimento para apuração de infrações ao disposto neste artigo.

Art. 12. Sem prejuízo das demais sanções cíveis, criminais ou administrativas, as infrações às normas previstas nos arts. 10 e 11 ficam sujeitas, conforme o caso, às seguintes sanções, aplicadas de forma isolada ou cumulativa:

I — advertência, com indicação de prazo para adoção de medidas corretivas;

II — multa de até 10% (dez por cento) do faturamento do grupo econômico no Brasil no seu último exercício, excluídos os tributos, considerados a condição econômica do infrator e o princípio da proporcionalidade entre a gravidade da falta e a intensidade da sanção;

III — suspensão temporária das atividades que envolvam os atos previstos no art. 11; ou

IV — proibição de exercício das atividades que envolvam os atos previstos no art. 11.

PARÁGRAFO ÚNICO. Tratando-se de empresa estrangeira, responde solidariamente pelo pagamento da multa de que trata o *caput* sua filial, sucursal, escritório ou estabelecimento situado no País.

Subseção I
Da Guarda de Registros de Conexão

Art. 13. Na provisão de conexão à internet, cabe ao administrador de sistema autônomo respectivo o dever de manter os registros de conexão, sob sigilo, em ambiente controlado e de segurança, pelo prazo de 1 (um) ano, nos termos do regulamento.

§ 1º A responsabilidade pela manutenção dos registros de conexão não poderá ser transferida a terceiros.

§ 2º A autoridade policial ou administrativa ou o Ministério Público poderá requerer cautelarmente que os registros de conexão sejam guardados por prazo superior ao previsto no *caput*.

§ 3º Na hipótese do § 2º, a autoridade requerente terá o prazo de 60 (sessenta) dias, contados a partir do requerimento, para ingressar com o pedido de autorização judicial de acesso aos registros previstos no *caput*.

§ 4º O provedor responsável pela guarda dos registros deverá manter sigilo em relação ao requerimento previsto no § 2º, que perderá sua eficácia caso o pedido de autorização judicial seja indeferido ou não tenha sido protocolado no prazo previsto no § 3º.

§ 5º Em qualquer hipótese, a disponibilização ao requerente dos registros de que trata este artigo deverá ser precedida de autorização judicial, conforme disposto na Seção IV deste Capítulo.

§ 6º Na aplicação de sanções pelo descumprimento ao disposto neste artigo, serão considerados a natureza e a gravidade da infração, os danos dela resultantes, eventual vantagem auferida pelo infrator, as circunstâncias agravantes, os antecedentes do infrator e a reincidência.

Subseção II
Da Guarda de Registros de Acesso a Aplicações de Internet na Provisão de Conexão

Art. 14. Na provisão de conexão, onerosa ou gratuita, é vedado guardar os registros de acesso a aplicações de internet.

Subseção III
Da Guarda de Registros de Acesso a Aplicações de Internet na Provisão de Aplicações

Art. 15. O provedor de aplicações de internet constituído na forma de pessoa jurídica e que exerça essa atividade de forma organizada, profissionalmente e com fins econômicos deverá manter os respectivos registros de acesso a aplicações de internet, sob sigilo, em ambiente controlado e de segurança, pelo prazo de 6 (seis) meses, nos termos do regulamento.

§ 1º Ordem judicial poderá obrigar, por tempo certo, os provedores de aplicações de internet que não estão sujeitos ao disposto no *caput* a guardarem registros de acesso a aplicações de internet, desde que se trate de registros relativos a fatos específicos em período determinado.

§ 2º A autoridade policial ou administrativa ou o Ministério Público poderão requerer cautelarmente a qualquer provedor de aplicações de internet que os registros de acesso a aplicações de internet sejam guardados, inclusive por prazo superior ao previsto no *caput*, observado o disposto nos §§ 3º e 4º do art. 13.

§ 3º Em qualquer hipótese, a disponibilização ao requerente dos registros de que trata este artigo deverá ser precedida de autorização judicial, conforme disposto na Seção IV deste Capítulo.

§ 4º Na aplicação de sanções pelo descumprimento ao disposto neste artigo, serão considerados a natureza e a gravidade da infração, os danos dela resultantes, eventual vantagem auferida pelo infrator, as circunstâncias agravantes, os antecedentes do infrator e a reincidência.

Art. 16. Na provisão de aplicações de internet, onerosa ou gratuita, é vedada a guarda:

I — dos registros de acesso a outras aplicações de internet sem que o titular dos dados tenha consentido previamente, respeitado o disposto no art. 7º; ou

II — de dados pessoais que sejam excessivos em relação à finalidade para a qual foi dado consentimento pelo seu titular.

Art. 17. Ressalvadas as hipóteses previstas nesta Lei, a opção por não guardar os registros de acesso a aplicações de internet não implica responsabilidade sobre danos decorrentes do uso desses serviços por terceiros.

Seção III
Da Responsabilidade por Danos Decorrentes de Conteúdo Gerado por Terceiros

Art. 18. O provedor de conexão à internet não será responsabilizado civilmente por danos decorrentes de conteúdo gerado por terceiros.

Art. 19. Com o intuito de assegurar a liberdade de expressão e impedir a censura, o provedor de aplicações de internet somente

poderá ser responsabilizado civilmente por danos decorrentes de conteúdo gerado por terceiros se, após ordem judicial específica, não tomar as providências para, no âmbito e nos limites técnicos do seu serviço e dentro do prazo assinalado, tornar indisponível o conteúdo apontado como infringente, ressalvadas as disposições legais em contrário.

§ 1º A ordem judicial de que trata o *caput* deverá conter, sob pena de nulidade, identificação clara e específica do conteúdo apontado como infringente, que permita a localização inequívoca do material.

§ 2º A aplicação do disposto neste artigo para infrações a direitos de autor ou a direitos conexos depende de previsão legal específica, que deverá respeitar a liberdade de expressão e demais garantias previstas no art. 5º da Constituição Federal.

§ 3º As causas que versem sobre ressarcimento por danos decorrentes de conteúdos disponibilizados na internet relacionados à honra, à reputação ou a direitos de personalidade, bem como sobre a indisponibilização desses conteúdos por provedores de aplicações de internet, poderão ser apresentadas perante os juizados especiais.

§ 4º O juiz, inclusive no procedimento previsto no § 3º, poderá antecipar, total ou parcialmente, os efeitos da tutela pretendida no pedido inicial, existindo prova inequívoca do fato e considerado o interesse da coletividade na disponibilização do conteúdo na internet, desde que presentes os requisitos de verossimilhança da alegação do autor e de fundado receio de dano irreparável ou de difícil reparação.

Art. 20. Sempre que tiver informações de contato do usuário diretamente responsável pelo conteúdo a que se refere o art. 19, caberá ao provedor de aplicações de internet comunicar-lhe os motivos e informações relativos à indisponibilização de conteúdo, com informações que permitam o contraditório e a ampla defesa em juízo, salvo expressa previsão legal ou expressa determinação judicial fundamentada em contrário.

Parágrafo único. Quando solicitado pelo usuário que disponibilizou o conteúdo tornado indisponível, o provedor de aplicações de internet que exerce essa atividade de forma organizada, profissionalmente e com fins econômicos substituirá o conteúdo tornado indisponível pela motivação ou pela ordem judicial que deu fundamento à indisponibilização.

Art. 21. O provedor de aplicações de internet que disponibilize conteúdo gerado por terceiros será responsabilizado subsidiariamente pela violação da intimidade decorrente da divulgação, sem autorização de seus participantes, de imagens, de vídeos ou de outros materiais contendo cenas de nudez ou de atos sexuais de caráter privado quando, após o recebimento de notificação pelo participante ou seu representante legal, deixar de promover, de forma diligente, no âmbito e nos limites técnicos do seu serviço, a indisponibilização desse conteúdo.

Parágrafo único. A notificação prevista no *caput* deverá conter, sob pena de nulidade, elementos que permitam a identificação específica do material apontado como violador da intimidade do participante e a verificação da legitimidade para apresentação do pedido.

Seção IV
Da Requisição Judicial de Registros

Art. 22. A parte interessada poderá, com o propósito de formar conjunto probatório em processo judicial cível ou penal, em caráter incidental ou autônomo, requerer ao juiz que ordene ao responsável pela guarda o fornecimento de registros de conexão ou de registros de acesso a aplicações de internet.

Parágrafo único. Sem prejuízo dos demais requisitos legais, o requerimento deverá conter, sob pena de inadmissibilidade:

I — fundados indícios da ocorrência do ilícito;

II — justificativa motivada da utilidade dos registros solicitados para fins de investigação ou instrução probatória; e

III — período ao qual se referem os registros.

Art. 23. Cabe ao juiz tomar as providências necessárias à garantia do sigilo das informações recebidas e à preservação da intimidade, da vida privada, da honra e da imagem do usuário, podendo determinar segredo de justiça, inclusive quanto aos pedidos de guarda de registro.

CAPÍTULO IV
Da Atuação do Poder Público

Art. 24. Constituem diretrizes para a atuação da União, dos Estados, do Distrito Federal e dos Municípios no desenvolvimento da internet no Brasil:

I — estabelecimento de mecanismos de governança multiparticipativa, transparente, colaborativa e democrática, com a participação do governo, do setor empresarial, da sociedade civil e da comunidade acadêmica;

II — promoção da racionalização da gestão, expansão e uso da internet, com participação do Comitê Gestor da internet no Brasil;

III — promoção da racionalização e da interoperabilidade tecnológica dos serviços de governo eletrônico, entre os diferentes Poderes e âmbitos da Federação, para permitir o intercâmbio de informações e a celeridade de procedimentos;

IV — promoção da interoperabilidade entre sistemas e terminais diversos, inclusive entre os diferentes âmbitos federativos e diversos setores da sociedade;

V — adoção preferencial de tecnologias, padrões e formatos abertos e livres;

VI — publicidade e disseminação de dados e informações públicos, de forma aberta e estruturada;

VII — otimização da infraestrutura das redes e estímulo à implantação de centros de armazenamento, gerenciamento e disseminação de dados no País, promovendo a qualidade técnica, a inovação e a difusão das aplicações de internet, sem prejuízo à abertura, à neutralidade e à natureza participativa;

VIII — desenvolvimento de ações e programas de capacitação para uso da internet;

IX — promoção da cultura e da cidadania; e

X — prestação de serviços públicos de atendimento ao cidadão de forma integrada, eficiente, simplificada e por múltiplos canais de acesso, inclusive remotos.

Art. 25. As aplicações de internet de entes do poder público devem buscar:

I — compatibilidade dos serviços de governo eletrônico com diversos terminais, sistemas operacionais e aplicativos para seu acesso;

II — acessibilidade a todos os interessados, independentemente de suas capacidades físico-motoras, perceptivas, sensoriais, intelectuais, mentais, culturais e sociais, resguardados os aspectos de sigilo e restrições administrativas e legais;

III — compatibilidade tanto com a leitura humana quanto com o tratamento automatizado das informações;

IV — facilidade de uso dos serviços de governo eletrônico; e

V — fortalecimento da participação social nas políticas públicas.

Art. 26. O cumprimento do dever constitucional do Estado na prestação da educação, em todos os níveis de ensino, inclui a capacitação, integrada a outras práticas educacionais, para o uso seguro, consciente e responsável da internet como ferramenta para o exercício da cidadania, a promoção da cultura e o desenvolvimento tecnológico.

Art. 27. As iniciativas públicas de fomento à cultura digital e de promoção da internet como ferramenta social devem:

I — promover a inclusão digital;

II — buscar reduzir as desigualdades, sobretudo entre as diferentes regiões do País, no acesso às tecnologias da informação e comunicação e no seu uso; e

III — fomentar a produção e circulação de conteúdo nacional.

Art. 28. O Estado deve, periodicamente, formular e fomentar estudos, bem como fixar metas, estratégias, planos e cronogramas, referentes ao uso e desenvolvimento da internet no País.

CAPÍTULO V
Disposições Finais

Art. 29. O usuário terá a opção de livre escolha na utilização de programa de computador em seu terminal para exercício do controle parental de conteúdo entendido por ele como impróprio a seus filhos menores, desde que respeitados os princípios desta Lei e da Lei n. 8.069, de 13 de julho de 1990 — Estatuto da Criança e do Adolescente.

Parágrafo único. Cabe ao poder público, em conjunto com os provedores de conexão e de aplicações de internet e a sociedade civil, promover a educação e fornecer informações sobre o uso dos programas de computador previstos no *caput*, bem como para a definição do boas práticas para a inclusão digital de crianças e adolescentes.

Art. 30. A defesa dos interesses e dos direitos estabelecidos nesta Lei poderá ser exercida em juízo, individual ou coletivamente, na forma da lei.

Art. 31. Até a entrada em vigor da lei específica prevista no § 2º do art. 19, a responsabilidade do provedor de aplicações de internet por danos decorrentes de conteúdo gerado por terceiros, quando se tratar de infração a direitos de autor ou a direitos conexos, continuará a ser disciplinada pela legislação autoral vigente aplicável na data da entrada em vigor desta Lei.

Art. 32. Esta Lei entra em vigor após decorridos 60 (sessenta) dias de sua publicação oficial.

Brasília, 23 de abril de 2014; 193º da Independência e 126º da República.

DILMA ROUSSEFF
JOSÉ EDUARDO CARDOZO
MIRIAM BELCHIOR
PAULO BERNARDO SILVA
CLÉLIO CAMPOLINA DINIZ

DOU 24.4.2014

Decreto n. 8.771, de 11 de maio de 2016

Regulamenta a Lei n. 12.965, de 23 de abril de 2014, para tratar das hipóteses admitidas de discriminação de pacotes de dados na internet e de degradação de tráfego, indicar procedimentos para guarda e proteção de dados por provedores de conexão e de aplicações, apontar medidas de transparência na requisição de dados cadastrais pela administração pública e estabelecer parâmetros para fiscalização e apuração de infrações

A PRESIDENTA DA REPÚBLICA, no uso da atribuição que lhe confere o art. 84, caput, inciso IV, da Constituição, e tendo em vista o disposto na Lei n. 12.965, de 23 de abril de 2014,
DECRETA:

CAPÍTULO I
Disposições Gerais

Art. 1º Este Decreto trata das hipóteses admitidas de discriminação de pacotes de dados na internet e de degradação de tráfego, indica procedimentos para guarda e proteção de dados por provedores de conexão e de aplicações, aponta medidas de transparência na requisição de dados cadastrais pela administração pública e estabelece parâmetros para fiscalização e apuração de infrações contidas na Lei n. 12.965, de 23 de abril de 2014.

Art. 2º O disposto neste Decreto se destina aos responsáveis pela transmissão, pela comutação ou pelo roteamento e aos provedores de conexão e de aplicações de internet, definida nos termos do inciso I do caput do art. 5º da Lei n. 12.965, de 2014.

Parágrafo único. O disposto neste Decreto não se aplica:

I — aos serviços de telecomunicações que não se destinem ao provimento de conexão de internet; e

II — aos serviços especializados, entendidos como serviços otimizados por sua qualidade assegurada de serviço, de velocidade ou de segurança, ainda que utilizem protocolos lógicos TCP/IP ou equivalentes, desde que:

a) não configurem substituto à internet em seu caráter público e irrestrito; e

b) sejam destinados a grupos específicos de usuários com controle estrito de admissão.

CAPÍTULO II
Da Neutralidade de Rede

Art. 3º A exigência de tratamento isonômico de que trata o art. 9º da Lei n. 12.965, de 2014, deve garantir a preservação do caráter público e irrestrito do acesso à internet e os fundamentos, princípios e objetivos do uso da internet no País, conforme previsto na Lei n. 12.965, de 2014.

Art. 4º A discriminação ou a degradação de tráfego são medidas excepcionais, na medida em que somente poderão decorrer de requisitos técnicos indispensáveis à prestação adequada de serviços e aplicações ou da priorização de serviços de emergência, sendo necessário o cumprimento de todos os requisitos dispostos no art. 9º, § 2º, da Lei n. 12.965, de 2014.

Art. 5º Os requisitos técnicos indispensáveis à prestação adequada de serviços e aplicações devem ser observados pelo responsável de atividades de transmissão, de comutação ou de roteamento, no âmbito de sua respectiva rede, e têm como objetivo manter sua estabilidade, segurança, integridade e funcionalidade.

§ 1º Os requisitos técnicos indispensáveis apontados no caput são aqueles decorrentes de:

I — tratamento de questões de segurança de redes, tais como restrição ao envio de mensagens em massa (**spam**) e controle de ataques de negação de serviço; e

II — tratamento de situações excepcionais de congestionamento de redes, tais como rotas alternativas em casos de interrupções da rota principal e em situações de emergência.

§ 2º A Agência Nacional de Telecomunicações — Anatel atuará na fiscalização e na apuração de infrações quanto aos requisitos técnicos elencados neste artigo, consideradas as diretrizes estabelecidas pelo Comitê Gestor da Internet — CGIbr.

Art. 6º Para a adequada prestação de serviços e aplicações na internet, é permitido o gerenciamento de redes com o objetivo de preservar sua estabilidade, segurança e funcionalidade, utilizando-se apenas de medidas técnicas compatíveis com os padrões internacionais, desenvolvidos para o bom funcionamento da internet, e observados os parâmetros regulatórios expedidos pela Anatel e consideradas as diretrizes estabelecidas pelo CGIbr.

Art. 7º O responsável pela transmissão, pela comutação ou pelo roteamento deverá adotar medidas de transparência para explicitar ao usuário os motivos do gerenciamento que implique a discriminação ou a degradação de que trata o art. 4º, tais como:

I — a indicação nos contratos de prestação de serviço firmado com usuários finais ou provedores de aplicação; e

II — a divulgação de informações referentes às práticas de gerenciamento adotadas em seus sítios eletrônicos, por meio de linguagem de fácil compreensão.

Parágrafo único. As informações de que trata esse artigo deverão conter, no mínimo:

I — a descrição dessas práticas;

II — os efeitos de sua adoção para a qualidade de experiência dos usuários; e

III — os motivos e a necessidade da adoção dessas práticas.

Art. 8º A degradação ou a discriminação decorrente da priorização de serviços de emergência somente poderá decorrer de:

I — comunicações destinadas aos prestadores dos serviços de emergência, ou comunicação entre eles, conforme previsto na regulamentação da Agência Nacional de Telecomunicações — Anatel; ou

II — comunicações necessárias para informar a população em situações de risco de desastre, de emergência ou de estado de calamidade pública.

Parágrafo único. A transmissão de dados nos casos elencados neste artigo será gratuita.

Art. 9º Ficam vedadas condutas unilaterais ou acordos entre o responsável pela transmissão, pela comutação ou pelo roteamento e os provedores de aplicação que:

I — comprometam o caráter público e irrestrito do acesso à internet e os fundamentos, os princípios e os objetivos do uso da internet no País;

II — priorizem pacotes de dados em razão de arranjos comerciais; ou

III — privilegiem aplicações ofertadas pelo próprio responsável pela transmissão, pela comutação ou pelo roteamento ou por empresas integrantes de seu grupo econômico.

Art. 10. As ofertas comerciais e os modelos de cobrança de acesso à internet devem preservar uma internet única, de natureza aberta, plural e diversa, compreendida como um meio para a promoção do desenvolvimento humano, econômico, social e cultural, contribuindo para a construção de uma sociedade inclusiva e não discriminatória.

CAPÍTULO III
Da Proteção aos Registros, aos Dados Pessoais e às Comunicações Privadas

Seção I
Da requisição de dados cadastrais

Art. 11. As autoridades administrativas a que se refere o art. 10, § 3º, da Lei n. 12.965, de 2014, indicarão o fundamento legal de competência expressa para o acesso e a motivação para o pedido de acesso aos dados cadastrais.

§ 1º O provedor que não coletar dados cadastrais deverá informar tal fato à autoridade solicitante, ficando desobrigado de fornecer tais dados.

§ 2º São considerados dados cadastrais:

I — a filiação;

II — o endereço; e

III — a qualificação pessoal, entendida como nome, prenome, estado civil e profissão do usuário.

§ 3º Os pedidos de que trata o caput devem especificar os indivíduos cujos dados estão sendo requeridos e as informações desejadas, sendo vedados pedidos coletivos que sejam genéricos ou inespecíficos.

Art. 12. A autoridade máxima de cada órgão da administração pública federal publicará anualmente em seu sítio na internet relatórios estatísticos de requisição de dados cadastrais, contendo:

I — o número de pedidos realizados;

II — a listagem dos provedores de conexão ou de acesso a aplicações aos quais os dados foram requeridos;

III — o número de pedidos deferidos e indeferidos pelos provedores de conexão e de acesso a aplicações; e

IV — o número de usuários afetados por tais solicitações.

Seção II
Padrões de segurança e sigilo dos registros, dados pessoais e comunicações privadas

Art. 13. Os provedores de conexão e de aplicações devem, na guarda, armazenamento e tratamento de dados pessoais e comunicações privadas, observar as seguintes diretrizes sobre padrões de segurança:

I — o estabelecimento de controle estrito sobre o acesso aos dados mediante a definição de responsabilidades das pessoas que terão possibilidade de acesso e de privilégios de acesso exclusivo para determinados usuários;

II — a previsão de mecanismos de autenticação de acesso aos registros, usando, por exemplo, sistemas de autenticação dupla para assegurar a individualização do responsável pelo tratamento dos registros;

III — a criação de inventário detalhado dos acessos aos registros de conexão e de acesso a aplicações, contendo o momento, a duração, a identidade do funcionário ou do responsável pelo acesso designado pela empresa e o arquivo acessado, inclusive para cumprimento do disposto no art. 11, § 3º, da Lei n. 12.965, de 2014; e

IV — o uso de soluções de gestão dos registros por meio de técnicas que garantam a

inviolabilidade dos dados, como encriptação ou medidas de proteção equivalentes.

§ 1º Cabe ao CGIbr promover estudos e recomendar procedimentos, normas e padrões técnicos e operacionais para o disposto nesse artigo, de acordo com as especificidades e o porte dos provedores de conexão e de aplicação.

§ 2º Tendo em vista o disposto nos incisos VII a X do *caput* do art. 7º da Lei n. 12.965, de 2014, os provedores de conexão e aplicações devem reter a menor quantidade possível de dados pessoais, comunicações privadas e registros de conexão e acesso a aplicações, os quais deverão ser excluídos:

I — tão logo atingida a finalidade de seu uso; ou

II — se encerrado o prazo determinado por obrigação legal.

Art. 14. Para os fins do disposto neste Decreto, considera-se:

I — dado pessoal — dado relacionado à pessoa natural identificada ou identificável, inclusive números identificativos, dados locacionais ou identificadores eletrônicos, quando estes estiverem relacionados a uma pessoa; e

II — tratamento de dados pessoais — toda operação realizada com dados pessoais, como as que se referem a coleta, produção, recepção, classificação, utilização, acesso, reprodução, transmissão, distribuição, processamento, arquivamento, armazenamento, eliminação, avaliação ou controle da informação, modificação, comunicação, transferência, difusão ou extração.

Art. 15. Os dados de que trata o art. 11 da Lei n. 12.965, de 2014, deverão ser mantidos em formato interoperável e estruturado, para facilitar o acesso decorrente de decisão judicial ou determinação legal, respeitadas as diretrizes elencadas no art. 13 deste Decreto.

Art. 16. As informações sobre os padrões de segurança adotados pelos provedores de aplicação e provedores de conexão devem ser divulgadas de forma clara e acessível a qualquer interessado, preferencialmente por meio de seus sítios na internet, respeitado o direito de confidencialidade quanto aos segredos empresariais.

CAPÍTULO IV
Da Fiscalização e da Transparência

Art. 17. A Anatel atuará na regulação, na fiscalização e na apuração de infrações, nos termos da Lei n. 9.472, de 16 de julho de 1997.

Art. 18. A Secretaria Nacional do Consumidor atuará na fiscalização e na apuração de infrações, nos termos da Lei n. 8.078, de 11 de setembro de 1990.

Art. 19. A apuração de infrações à ordem econômica ficará a cargo do Sistema Brasileiro de Defesa da Concorrência, nos termos da Lei n. 12.529, de 30 de novembro de 2011.

Art. 20. Os órgãos e as entidades da administração pública federal com competências específicas quanto aos assuntos relacionados a este Decreto atuarão de forma colaborativa, consideradas as diretrizes do CGIbr, e deverão zelar pelo cumprimento da legislação brasileira, inclusive quanto à aplicação das sanções cabíveis, mesmo que as atividades sejam realizadas por pessoa jurídica sediada no exterior, nos termos do art. 11 da Lei n. 12.965, de 2014.

Art. 21. A apuração de infrações à Lei n. 12.965, de 2014, e a este Decreto atenderá aos procedimentos internos de cada um dos órgãos fiscalizatórios e poderá ser iniciada de ofício ou mediante requerimento de qualquer interessado.

Art. 22. Este Decreto entra em vigor trinta dias após a data de sua publicação.

Brasília, 11 de maio de 2016; 195ª da Independência e 128ª da República.

Dilma Rousseff
Eugênio José Guilherme de Aragão
André Peixoto Figueiredo Lima
João Luiz Silva Ferreira
Emília Maria Silva Ribeiro Curi

DOU 11.5.2016, ED. EXTRA

Lei n. 12.984, de 2 de junho de 2014

Define o crime de discriminação dos portadores do vírus da imunodeficiência humana (HIV) e doentes de AIDS

A PRESIDENTA DA REPÚBLICA

Faço saber que o Congresso Nacional decreta e eu sanciono a seguinte Lei:

Art. 1º Constitui crime punível com reclusão, de 1 (um) a 4 (quatro) anos, e multa, as seguintes condutas discriminatórias contra o portador do HIV e o doente de AIDS, em razão da sua condição de portador ou de doente:

I — recusar, procrastinar, cancelar ou segregar a inscrição ou impedir que permaneça como aluno em creche ou estabelecimento de ensino de qualquer curso ou grau, público ou privado;

II — negar emprego ou trabalho;

III — exonerar ou demitir de seu cargo ou emprego;

IV — segregar no ambiente de trabalho ou escolar;

V — divulgar a condição do portador do HIV ou do doente de AIDS, com intuito de ofender-lhe a dignidade;

VI — recusar ou retardar atendimento de saúde.

Art. 2º Esta Lei entra em vigor na data de sua publicação.

Brasília, 2 de junho de 2014; 193º da Independência e 126º da República.

DOU 3.6.2014

Lei n. 12.998, de 18 de junho de 2014

Capítulo XX
Dos Condutores De Ambulâncias

Art. 28. Assegura-se aos condutores de ambulâncias o direito de associação sindical na forma do § 3º do art. 511 da Consolidação das Leis do Trabalho — CLT, aprovada pelo Decreto-lei n. 5.452, de 1º de maio de 1943.

DOU 20.6.2014

Lei n. 13.043, de 13 de novembro de 2014

Dispõe sobre os fundos de índice de renda fixa, sobre a responsabilidade tributária na integralização de cotas de fundos ou clubes de investimento por meio da entrega de ativos financeiros, sobre a tributação das operações de empréstimos de ativos financeiros e sobre a isenção de imposto sobre a renda na alienação de ações de empresas pequenas e médias; prorroga o prazo de que trata a Lei n. 12.431, de 24 de junho de 2011; altera as Leis ns. 10.179, de 6 de fevereiro de 2001, 12.431, de 24 de junho de 2011, 9.718, de 27 de novembro de 1998, 10.637, de 30 de dezembro de 2002, 10.833, de 29 de dezembro de 2003, 12.996, de 18 de junho de 2014, 11.941, de 27 de maio de 2009, 12.249, de 11 de junho de 2010, 10.522, de 19 de julho de 2002, 12.546, de 14 de dezembro de 2011, 11.774, de 17 de setembro de 2008, 12.350, de 20 de dezembro de 2010, 9.430, de 27 de dezembro de 1996, 11.977, de 7 de julho de 2009, 12.409, de 25 de maio de 2011, 5.895, de 19 de junho de 1973, 11.948, de 16 de junho de 2009, 12.380, de 10 de janeiro de 2011, 12.087, de 11 de novembro de 2009, 12.712, de 30 de agosto de 2012, 12.096, de 24 de novembro de 2009, 11.079, de 30 de dezembro de 2004, 11.488, de 15 de junho de 2007, 6.830, de 22 de setembro de 1980, 9.532, de 10 de dezembro de 1997, 11.196, de 21 de novembro de 2005, 10.147, de 21 de dezembro de 2000, 12.860, de 11 de setembro de 2013, 9.393, de 19 de dezembro de 1996, 9.250, de 26 de dezembro de 1995, 12.598, de 21 de março de 2012, 12.715, de 17 de setembro de 2012, 11.371, de 28 de novembro de 2006, 9.481, de 13 de agosto de 1997, 12.688, de 18 de julho de 2012, 12.101, de 27 de novembro de 2009, 11.438, de 29 de dezembro de 2006, 11.478, de 29 de maio de 2007, 12.973, de 13 de maio de 2014, 11.033, de 21 de dezembro de 2004, 9.782, de 26 de janeiro de 1999, 11.972, de 6 de julho de 2009, 5.991, de 17 de dezembro de 1973, 10.406, de 10 de janeiro de 2002, 9.514, de 20 de novembro de 1997, 11.775, de 17 de setembro de 2008, 10.150, de 21 de dezembro de 2000, e 10.865, de 30 de abril de 2004, e o Decreto-lei n. 911, de 1º de outubro de 1969; revoga dispositivos do Decreto-lei n. 1.569, de 8 de agosto de 1977, das Leis ns. 5.010, de 30 de maio de 1966, e 8.666, de 21 de junho de 1993, da Medida Provisória n. 2.158-35, de 24 de agosto de 2001, e do Decreto-lei n. 1.598, de 26 de dezembro de 1977; e dá outras providências

Seção IX
Do Fundo de Garantia do Tempo de Serviço — FGTS

Art. 45. Não serão inscritos em Dívida Ativa os débitos de um mesmo devedor com o Fundo de Garantia do Tempo de Serviço — FGTS cujo valor consolidado seja igual ou inferior a R$ 1.000,00 (mil reais).

Art. 46. Não serão ajuizadas execuções fiscais para a cobrança de débitos de um mesmo devedor com o FGTS cujo valor consolidado seja igual ou inferior a R$ 20.000,00 (vinte mil reais).

Parágrafo único. Entende-se por valor consolidado o resultante da atualização do débito originário, somado aos encargos e acréscimos legais ou contratuais, vencidos até a data da apuração.

Art. 47. Ficam cancelados os débitos com o FGTS inscritos em Dívida Ativa de valor consolidado igual ou inferior a R$ 100,00 (cem reais).

Art. 48. O Procurador da Fazenda Nacional requererá o arquivamento, sem baixa na distribuição, das execuções fiscais de débitos com o FGTS, cujo valor consolidado seja igual ou inferior a R$ 20.000,00 (vinte mil reais), desde que não conste dos autos garantia, integral ou parcial, útil à satisfação do crédito.

Art. 49. O disposto nesta Seção não prejudica o direito conferido ao trabalhador de buscar a satisfação do crédito fundiário de que é titular, qualquer que seja o valor, mediante o ajuizamento de reclamação trabalhista, nos termos do art. 25 da Lei n. 8.036, de 11 de maio de 1990.

DOU 14.11.2014

Lei n. 13.109, de 25 de março de 2015

Dispõe sobre a licença à gestante e à adotante, as medidas de proteção à maternidade para militares grávidas e a licença-paternidade, no âmbito das Forças Armadas

A PRESIDENTA DA REPÚBLICA

Faço saber que o Congresso Nacional decreta e eu sanciono a seguinte Lei:

Art. 1º Será concedida licença à gestante, no âmbito das Forças Armadas, conforme o previsto no inciso XVIII do art. 7º da Constituição Federal, para as militares, inclusive as temporárias, que ficarem grávidas durante a prestação do Serviço Militar.

§ 1º A licença será de 120 (cento e vinte) dias e terá início *ex officio* na data do parto ou durante o 9º (nono) mês de gestação, mediante requerimento da interessada, salvo em casos de antecipação por prescrição médica.

§ 2º A licença à gestante poderá ser prorrogada por 60 (sessenta) dias, nos termos de programa instituído pelo Poder Executivo federal.

§ 3º No caso de nascimento prematuro, a licença terá início a partir do parto.

§ 4º No caso de natimorto, decorridos 30 (trinta) dias do parto, a militar será submetida a inspeção de saúde e, se julgada apta, reassumirá o exercício de suas funções.

§ 5º No caso de aborto, atestado pela Junta de Inspeção de Saúde das Forças Armadas, a militar terá direito a 30 (trinta) dias de licença para tratamento de saúde própria.

Art. 2º Fica assegurado o direito à mudança de função quando as condições de saúde da militar gestante, atestadas pela Junta de Inspeção de Saúde das Forças Armadas, o exigirem, bem como o retorno à função anteriormente exercida, logo após o término da licença à gestante.

Art. 3º À militar que adotar ou obtiver a guarda judicial de criança de até 1 (um) ano de idade serão concedidos 90 (noventa) dias de licença remunerada.

§ 1º No caso de adoção ou guarda judicial de criança com mais de 1 (um) ano de idade, o prazo de que trata o *caput* deste artigo será de 30 (trinta) dias.

§ 2º Poderá ser concedida prorrogação de 45 (quarenta e cinco) dias à militar de que trata o *caput* e de 15 (quinze) dias à militar de que trata o § 1º deste artigo, nos termos de programa instituído pelo Poder Executivo federal que garanta a prorrogação.

Art. 4º Durante o período de amamentação do próprio filho, até que este complete 6 (seis) meses de idade, a militar terá direito, durante a jornada de trabalho, a uma hora de descanso, que poderá ser parcelada em 2 (dois) períodos de meia hora.

§ 1º No caso de a gestante optar pela prorrogação da licença, de acordo com o § 2º do art. 1º desta Lei, não fará jus, durante o gozo da prorrogação, ao período de amamentação citado no *caput* deste artigo.

§ 2º A Junta de Inspeção de Saúde das Forças Armadas poderá propor a prorrogação do período de 6 (seis) meses, em razão da saúde do filho da militar.

Art. 5º Se o tempo de serviço da militar temporária for concluído durante a licença à gestante ou à adotante, a militar deverá ser licenciada ao término da referida licença e após ser julgada apta em inspeção de saúde para fins de licenciamento.

Parágrafo único. O tempo de serviço adicional cumprido pela militar temporária em função do disposto no *caput* deste artigo contará para todos os fins de direito, exceto para fins de caracterização de estabilidade conforme previsto na alínea a do inciso IV do art. 50 da Lei n. 6.880, de 9 de dezembro de 1980.

Art. 6º Pelo nascimento ou adoção de filhos, o militar terá direito à licença-paternidade de 5 (cinco) dias consecutivos.

Art. 7º Ato do Poder Executivo disciplinará a concessão da licença à militar gestante e à militar adotante, da licença por motivo de gravidez de risco e da licença-paternidade e indicará as atividades vedadas às militares gestantes.

Art. 8º Esta Lei entra em vigor na data de sua publicação.

Brasília, 25 de março de 2015; 194º da Independência e 127º da República.

DILMA ROUSSEFF
JAQUES WAGNER
DOU 26.3.2015

Lei n. 13.140, de 26 de junho de 2015

Dispõe sobre a mediação entre particulares como meio de solução de controvérsias e sobre a autocomposição de conflitos no âmbito da administração pública; altera a Lei n. 9.469, de 10 de julho de 1997, e o Decreto n. 70.235, de 6 de março de 1972; e revoga o § 2º do art. 6º da Lei n. 9.469, de 10 de julho de 1997

Capítulo III
DISPOSIÇÕES FINAIS

Art. 41. A Escola Nacional de Mediação e Conciliação, no âmbito do Ministério da Justiça, poderá criar banco de dados sobre boas práticas em mediação, bem como manter relação de mediadores e de instituições de mediação.

Art. 42. Aplica-se esta Lei, no que couber, às outras formas consensuais de resolução de conflitos, tais como mediações comunitárias e escolares, e àquelas levadas a efeito nas serventias extrajudiciais, desde que no âmbito de suas competências.

Parágrafo único. A mediação nas relações de trabalho será regulada por lei própria.

Art. 48. Revoga-se o § 2º do art. 6º da Lei n. 9.469, de 10 de julho de 1997.

DILMA ROUSSEFF
DOU 29.6.2015

Lei n. 13.146, de 6 de julho de 2015

Institui a Lei Brasileira de Inclusão da Pessoa com Deficiência (Estatuto da Pessoa com Deficiência).

A PRESIDENTA DA REPÚBLICA

Faço saber que o Congresso Nacional decreta e eu sanciono a seguinte Lei:

LIVRO I
Parte Geral

TÍTULO I
Disposições Preliminares

CAPÍTULO I
Disposições Gerais

Art. 1º É instituída a Lei Brasileira de Inclusão da Pessoa com Deficiência (Estatuto da Pessoa com Deficiência), destinada a assegurar e a promover, em condições de igualdade, o exercício dos direitos e das liberdades fundamentais por pessoa com deficiência, visando à sua inclusão social e cidadania.

Parágrafo único. Esta Lei tem como base a Convenção sobre os Direitos das Pessoas com Deficiência e seu Protocolo Facultativo, ratificados pelo Congresso Nacional por meio do Decreto Legislativo n. 186, de 9 de julho de 2008, em conformidade com o procedimento previsto no § 3º do art. 5º da Constituição da República Federativa do Brasil, em vigor para o Brasil, no plano jurídico externo, desde 31 de agosto de 2008, e promulgados pelo Decreto n. 6.949, de 25 de agosto de 2009, data de início de sua vigência no plano interno.

Art. 2º Considera-se pessoa com deficiência aquela que tem impedimento de longo prazo de natureza física, mental, intelectual ou sensorial, o qual, em interação com uma ou mais barreiras, pode obstruir sua participação plena e efetiva na sociedade em igualdade de condições com as demais pessoas.

§ 1º A avaliação da deficiência, quando necessária, será biopsicossocial, realizada por equipe multiprofissional e interdisciplinar e considerará: *(Este dispositivo deverá entrar em vigor em até 2 (dois) anos, contados da entrada em vigor desta Lei).*

I — os impedimentos nas funções e nas estruturas do corpo;

II — os fatores socioambientais, psicológicos e pessoais;

III — a limitação no desempenho de atividades; e

IV — a restrição de participação.

§ 2º O Poder Executivo criará instrumentos para avaliação da deficiência.

Art. 3º Para fins de aplicação desta Lei, consideram-se:

I — acessibilidade: possibilidade e condição de alcance para utilização, com segurança e

autonomia, de espaços, mobiliários, equipamentos urbanos, edificações, transportes, informação e comunicação, inclusive seus sistemas e tecnologias, bem como de outros serviços e instalações abertos ao público, de uso público ou privados de uso coletivo, tanto na zona urbana como na rural, por pessoa com deficiência ou com mobilidade reduzida;

II — desenho universal: concepção de produtos, ambientes, programas e serviços a serem usados por todas as pessoas, sem necessidade de adaptação ou de projeto específico, incluindo os recursos de tecnologia assistiva;

III — tecnologia assistiva ou ajuda técnica: produtos, equipamentos, dispositivos, recursos, metodologias, estratégias, práticas e serviços que objetivem promover a funcionalidade, relacionada à atividade e à participação da pessoa com deficiência ou com mobilidade reduzida, visando à sua autonomia, independência, qualidade de vida e inclusão social;

IV — barreiras: qualquer entrave, obstáculo, atitude ou comportamento que limite ou impeça a participação social da pessoa, bem como o gozo, a fruição e o exercício de seus direitos à acessibilidade, à liberdade de movimento e de expressão, à comunicação, ao acesso à informação, à compreensão, à circulação com segurança, entre outros, classificadas em:

a) barreiras urbanísticas: as existentes nas vias e nos espaços públicos e privados abertos ao público ou de uso coletivo;

b) barreiras arquitetônicas: as existentes nos edifícios públicos e privados;

c) barreiras nos transportes: as existentes nos sistemas e meios de transportes;

d) barreiras nas comunicações e na informação: qualquer entrave, obstáculo, atitude ou comportamento que dificulte ou impossibilite a expressão ou o recebimento de mensagens e de informações por intermédio de sistemas de comunicação e de tecnologia da informação;

e) barreiras atitudinais: atitudes ou comportamentos que impeçam ou prejudiquem a participação social da pessoa com deficiência em igualdade de condições e oportunidades com as demais pessoas;

f) barreiras tecnológicas: as que dificultam ou impedem o acesso da pessoa com deficiência às tecnologias;

V — comunicação: forma de interação dos cidadãos que abrange, entre outras opções, as línguas, inclusive a Língua Brasileira de Sinais (Libras), a visualização de textos, o Braille, o sistema de sinalização ou de comunicação tátil, os caracteres ampliados, os dispositivos multimídia, assim como a linguagem simples, escrita e oral, os sistemas auditivos e os meios de voz digitalizados e os modos, meios e formatos aumentativos e alternativos de comunicação, incluindo as tecnologias da informação e das comunicações;

VI — adaptações razoáveis: adaptações, modificações e ajustes necessários e adequados que não acarretem ônus desproporcional e indevido, quando requeridos em cada caso, a fim de assegurar que a pessoa com deficiência possa gozar ou exercer, em igualdade de condições e oportunidades com as demais pessoas, todos os direitos e liberdades fundamentais;

VII — elemento de urbanização: quaisquer componentes de obras de urbanização, tais como os referentes a pavimentação, saneamento, encanamento para esgotos, distribuição de energia elétrica e de gás, iluminação pública, serviços de comunicação, abastecimento e distribuição de água, paisagismo e os que materializam as indicações do planejamento urbanístico;

VIII — mobiliário urbano: conjunto de objetos existentes nas vias e nos espaços públicos, superpostos ou adicionados aos elementos de urbanização ou de edificação, de forma que sua modificação ou seu traslado não provoque alterações substanciais nesses elementos, tais como semáforos, postes de sinalização e similares, terminais e pontos de acesso coletivo às telecomunicações, fontes de água, lixeiras, toldos, marquises, bancos, quiosques e quaisquer outros de natureza análoga;

IX — pessoa com mobilidade reduzida: aquela que tenha, por qualquer motivo, dificuldade de movimentação, permanente ou temporária, gerando redução efetiva da mobilidade, da flexibilidade, da coordenação motora ou da percepção, incluindo idoso, gestante, lactante, pessoa com criança de colo e obeso;

X — residências inclusivas: unidades de oferta do Serviço de Acolhimento do Sistema Único de Assistência Social (SUAS) localizadas em áreas residenciais da comunidade, com estruturas adequadas, que possam contar com apoio psicossocial para o atendimento das necessidades da pessoa acolhida, destinadas a jovens e adultos com deficiência, em situação de dependência, que não dispõem de condições de autossustentabilidade e com vínculos familiares fragilizados ou rompidos;

XI — moradia para a vida independente da pessoa com deficiência: moradia com estruturas adequadas capazes de proporcionar serviços de apoio coletivos e individualizados que respeitem e ampliem o grau de autonomia de jovens e adultos com deficiência;

XII — atendente pessoal: pessoa, membro ou não da família, que, com ou sem remuneração, assiste ou presta cuidados básicos e essenciais à pessoa com deficiência no exercício de suas atividades diárias, excluídas as técnicas ou os procedimentos identificados com profissões legalmente estabelecidas;

XIII — profissional de apoio escolar: pessoa que exerce atividades de alimentação, higiene e locomoção do estudante com deficiência e atua em todas as atividades escolares nas quais se fizer necessária, em todos os níveis e modalidades de ensino, em instituições públicas e privadas, excluídas as técnicas ou os procedimentos identificados com profissões legalmente estabelecidas;

XIV — acompanhante: aquele que acompanha a pessoa com deficiência, podendo ou não desempenhar as funções de atendente pessoal.

CAPÍTULO II
Da Igualdade e da não Discriminação

Art. 4º Toda pessoa com deficiência tem direito à igualdade de oportunidades com as demais pessoas e não sofrerá nenhuma espécie de discriminação.

§ 1º Considera-se discriminação em razão da deficiência toda forma de distinção, restrição ou exclusão, por ação ou omissão, que tenha o propósito ou o efeito de prejudicar, impedir ou anular o reconhecimento ou o exercício dos direitos e das liberdades fundamentais de pessoa com deficiência, incluindo a recusa de adaptações razoáveis e de fornecimento de tecnologias assistivas.

§ 2º A pessoa com deficiência não está obrigada à fruição de benefícios decorrentes de ação afirmativa.

Art. 5º A pessoa com deficiência será protegida de toda forma de negligência, discriminação, exploração, violência, tortura, crueldade, opressão e tratamento desumano ou degradante.

Parágrafo único. Para os fins da proteção mencionada no *caput* deste artigo, são considerados especialmente vulneráveis a criança, o adolescente, a mulher e o idoso, com deficiência.

Art. 6º A deficiência não afeta a plena capacidade civil da pessoa, inclusive para:

I — casar-se e constituir união estável;

II — exercer direitos sexuais e reprodutivos;

III — exercer o direito de decidir sobre o número de filhos e de ter acesso a informações adequadas sobre reprodução e planejamento familiar;

IV — conservar sua fertilidade, sendo vedada a esterilização compulsória;

V — exercer o direito à família e à convivência familiar e comunitária; e

VI — exercer o direito à guarda, à tutela, à curatela e à adoção, como adotante ou adotando, em igualdade de oportunidades com as demais pessoas.

Art. 7º É dever de todos comunicar à autoridade competente qualquer forma de ameaça ou de violação aos direitos da pessoa com deficiência.

Parágrafo único. Se, no exercício de suas funções, os juízes e os tribunais tiverem conhecimento de fatos que caracterizem as violações previstas nesta Lei, devem remeter peças ao Ministério Público para as providências cabíveis.

Art. 8º É dever do Estado, da sociedade e da família assegurar à pessoa com deficiência, com prioridade, a efetivação dos direitos referentes à vida, à saúde, à sexualidade, à paternidade e à maternidade, à alimentação, à habitação, à educação, à profissionalização, ao trabalho, à previdência social, à habilitação e à reabilitação, ao transporte, à acessibilidade, à cultura, ao desporto, ao turismo, ao lazer, à informação, à comunicação, aos avanços científicos e tecnológicos, à dignidade, ao respeito, à liberdade, à convivência familiar e comunitária, entre outros decorrentes da Constituição Federal, da Convenção sobre os Direitos das Pessoas com Deficiência e seu Protocolo Facultativo e das leis e de outras normas que garantam seu bem-estar pessoal, social e econômico.

Seção Única
Do Atendimento Prioritário

Art. 9º A pessoa com deficiência tem direito a receber atendimento prioritário, sobretudo com a finalidade de:

I — proteção e socorro em quaisquer circunstâncias;

II — atendimento em todas as instituições e serviços de atendimento ao público;

III — disponibilização de recursos, tanto humanos quanto tecnológicos, que garantam atendimento em igualdade de condições com as demais pessoas;

IV — disponibilização de pontos de parada, estações e terminais acessíveis de transporte coletivo de passageiros e garantia de segurança no embarque e no desembarque;

V — acesso a informações e disponibilização de recursos de comunicação acessíveis;

VI — recebimento de restituição de imposto de renda;

VII — tramitação processual e procedimentos judiciais e administrativos em que for parte ou interessada, em todos os atos e diligências.

§ 1º Os direitos previstos neste artigo são extensivos ao acompanhante da pessoa com deficiência ou ao seu atendente pessoal, exceto quanto ao disposto nos incisos VI e VII deste artigo.

§ 2º Nos serviços de emergência públicos e privados, a prioridade conferida por esta Lei é condicionada aos protocolos de atendimento médico.

TÍTULO II
Dos Direitos Fundamentais

CAPÍTULO I
Do Direito à Vida

Art. 10. Compete ao poder público garantir a dignidade da pessoa com deficiência ao longo de toda a vida.

Parágrafo único. Em situações de risco, emergência ou estado de calamidade pública, a pessoa com deficiência será considerada vulnerável, devendo o poder público adotar medidas para sua proteção e segurança.

Art. 11. A pessoa com deficiência não poderá ser obrigada a se submeter a intervenção clínica ou cirúrgica, a tratamento ou a institucionalização forçada.

Parágrafo único. O consentimento da pessoa com deficiência em situação de curatela poderá ser suprido, na forma da lei.

Art. 12. O consentimento prévio, livre e esclarecido da pessoa com deficiência é indispensável para a realização de tratamento, procedimento, hospitalização e pesquisa científica.

§ 1º Em caso de pessoa com deficiência em situação de curatela, deve ser assegurada sua participação, no maior grau possível, para a obtenção de consentimento.

§ 2º A pesquisa científica envolvendo pessoa com deficiência em situação de tutela ou de curatela deve ser realizada, em caráter excepcional, apenas quando houver indícios de benefício direto para sua saúde ou para a saúde de outras pessoas com deficiência e desde que não haja outra opção de pesquisa de eficácia comparável com participantes não tutelados ou curatelados.

Art. 13. A pessoa com deficiência somente será atendida sem seu consentimento prévio, livre e esclarecido em casos de risco de morte e de emergência em saúde, resguardado seu superior interesse e adotadas as salvaguardas legais cabíveis.

CAPÍTULO II
Do Direito à Habilitação e à Reabilitação

Art. 14. O processo de habilitação e de reabilitação é um direito da pessoa com deficiência.

Parágrafo único. O processo de habilitação e de reabilitação tem por objetivo o desenvolvimento de potencialidades, talentos, habilidades e aptidões físicas, cognitivas, sensoriais, psicossociais, atitudinais, profissionais e artísticas que contribuam para a conquista da autonomia da pessoa com deficiência e de sua participação social em igualdade de condições e oportunidades com as demais pessoas.

Art. 15. O processo mencionado no art. 14 desta Lei baseia-se em avaliação multidisciplinar das necessidades, habilidades e potencialidades de cada pessoa, observadas as seguintes diretrizes:

I — diagnóstico e intervenção precoces;

II — adoção de medidas para compensar perda ou limitação funcional, buscando o desenvolvimento de aptidões;

III — atuação permanente, integrada e articulada de políticas públicas que possibilitem a plena participação social da pessoa com deficiência;

IV — oferta de rede de serviços articulados, com atuação intersetorial, nos diferentes níveis de complexidade, para atender às necessidades específicas da pessoa com deficiência;

V — prestação de serviços próximo ao domicílio da pessoa com deficiência, inclusive na zona rural, respeitadas a organização das Redes de Atenção à Saúde (RAS) nos territórios locais e as normas do Sistema Único de Saúde (SUS).

Art. 16. Nos programas e serviços de habilitação e de reabilitação para a pessoa com deficiência, são garantidos:

I — organização, serviços, métodos, técnicas e recursos para atender às características de cada pessoa com deficiência;

II — acessibilidade em todos os ambientes e serviços;

III — tecnologia assistiva, tecnologia de reabilitação, materiais e equipamentos adequados e apoio técnico profissional, de acordo com as especificidades de cada pessoa com deficiência;

IV — capacitação continuada de todos os profissionais que participem dos programas e serviços.

Art. 17. Os serviços do SUS e do Suas deverão promover ações articuladas para garantir à pessoa com deficiência e sua família a aquisição de informações, orientações e formas de acesso às políticas públicas disponíveis, com a finalidade de propiciar sua plena participação social.

Parágrafo único. Os serviços de que trata o *caput* deste artigo podem fornecer informações e orientações nas áreas de saúde, de educação, de cultura, de esporte, de lazer, de transporte, de previdência social, de assistência social, de habitação, de trabalho, de empreendedorismo, de acesso ao crédito, de promoção, proteção e defesa de direitos e nas demais áreas que possibilitem à pessoa com deficiência exercer sua cidadania.

CAPÍTULO III
Do Direito à Saúde

Art. 18. É assegurada atenção integral à saúde da pessoa com deficiência em todos os níveis de complexidade, por intermédio do SUS, garantido acesso universal e igualitário.

§ 1º É assegurada a participação da pessoa com deficiência na elaboração das políticas de saúde a ela destinadas.

§ 2º É assegurado atendimento segundo normas éticas e técnicas, que regulamentarão a atuação dos profissionais de saúde e contemplarão aspectos relacionados aos direitos e às especificidades da pessoa com deficiência, incluindo temas como sua dignidade e autonomia.

§ 3º Aos profissionais que prestam assistência à pessoa com deficiência, especialmente em serviços de habilitação e de reabilitação, deve ser garantida capacitação inicial e continuada.

§ 4º As ações e os serviços de saúde pública destinados à pessoa com deficiência devem assegurar:

I — diagnóstico e intervenção precoces, realizados por equipe multidisciplinar;

II — serviços de habilitação e de reabilitação sempre que necessários, para qualquer tipo de deficiência, inclusive para a manutenção da melhor condição de saúde e qualidade de vida;

III — atendimento domiciliar multidisciplinar, tratamento ambulatorial e internação;

IV — campanhas de vacinação;

V — atendimento psicológico, inclusive para seus familiares e atendentes pessoais;

VI — respeito à especificidade, à identidade de gênero e à orientação sexual da pessoa com deficiência;

VII — atenção sexual e reprodutiva, incluindo o direito à fertilização assistida;

VIII — informação adequada e acessível à pessoa com deficiência e a seus familiares sobre sua condição de saúde;

IX — serviços projetados para prevenir a ocorrência e o desenvolvimento de deficiências e agravos adicionais;

X — promoção de estratégias de capacitação permanente das equipes que atuam no SUS, em todos os níveis de atenção, no atendimento à pessoa com deficiência, bem como orientação a seus atendentes pessoais;

XI — oferta de órteses, próteses, meios auxiliares de locomoção, medicamentos, insumos e fórmulas nutricionais, conforme as normas vigentes do Ministério da Saúde.

§ 5º As diretrizes deste artigo aplicam-se também às instituições privadas que participem de forma complementar do SUS ou que recebam recursos públicos para sua manutenção.

Art. 19. Compete ao SUS desenvolver ações destinadas à prevenção de deficiências por causas evitáveis, inclusive por meio de:

I — acompanhamento da gravidez, do parto e do puerpério, com garantia de parto humanizado e seguro;

II — promoção de práticas alimentares adequadas e saudáveis, vigilância alimentar e nutricional, prevenção e cuidado integral dos agravos relacionados à alimentação e nutrição da mulher e da criança;

III — aprimoramento e expansão dos programas de imunização e de triagem neonatal;

IV — identificação e controle da gestante de alto risco.

Art. 20. As operadoras de planos e seguros privados de saúde são obrigadas a garantir à pessoa com deficiência, no mínimo, todos os serviços e produtos ofertados aos demais clientes.

Art. 21. Quando esgotados os meios de atenção à saúde da pessoa com deficiência no local de residência, será prestado atendimento fora de domicílio, para fins de diagnóstico e de tratamento, garantidos o transporte e a acomodação da pessoa com deficiência e de seu acompanhante.

Art. 22. À pessoa com deficiência internada ou em observação é assegurado o direito a acompanhante ou a atendente pessoal, devendo o órgão ou a instituição de saúde proporcionar condições adequadas para sua permanência em tempo integral.

§ 1º Na impossibilidade de permanência do acompanhante ou do atendente pessoal junto à pessoa com deficiência, cabe ao profissional de saúde responsável pelo tratamento justificá-la por escrito.

§ 2º Na ocorrência da impossibilidade prevista no § 1º deste artigo, o órgão ou a instituição de saúde deve adotar as providências cabíveis para suprir a ausência do acompanhante ou do atendente pessoal.

Art. 23. São vedadas todas as formas de discriminação contra a pessoa com deficiên-

cia, inclusive por meio de cobrança de valores diferenciados por planos e seguros privados de saúde, em razão de sua condição.

Art. 24. É assegurado à pessoa com deficiência o acesso aos serviços de saúde, tanto públicos como privados, e às informações prestadas e recebidas, por meio de recursos de tecnologia assistiva e de todas as formas de comunicação previstas no inciso V do art. 3º desta Lei.

Art. 25. Os espaços dos serviços de saúde, tanto públicos quanto privados, devem assegurar o acesso da pessoa com deficiência, em conformidade com a legislação em vigor, mediante a remoção de barreiras, por meio de projetos arquitetônico, de ambientação de interior e de comunicação que atendam às especificidades das pessoas com deficiência física, sensorial, intelectual e mental.

Art. 26. Os casos de suspeita ou de confirmação de violência praticada contra a pessoa com deficiência serão objeto de notificação compulsória pelos serviços de saúde públicos e privados à autoridade policial e ao Ministério Público, além dos Conselhos dos Direitos da Pessoa com Deficiência.

Parágrafo único. Para os efeitos desta Lei, considera-se violência contra a pessoa com deficiência qualquer ação ou omissão, praticada em local público ou privado, que lhe cause morte ou dano ou sofrimento físico ou psicológico.

CAPÍTULO IV
Do Direito à Educação

Art. 27. A educação constitui direito da pessoa com deficiência, assegurados sistema educacional inclusivo em todos os níveis e aprendizado ao longo de toda a vida, de forma a alcançar o máximo desenvolvimento possível de seus talentos e habilidades físicas, sensoriais, intelectuais e sociais, segundo suas características, interesses e necessidades de aprendizagem.

Parágrafo único. É dever do Estado, da família, da comunidade escolar e da sociedade assegurar educação de qualidade à pessoa com deficiência, colocando-a a salvo de toda forma de violência, negligência e discriminação.

Art. 28. Incumbe ao poder público assegurar, criar, desenvolver, implementar, incentivar, acompanhar e avaliar:

I — sistema educacional inclusivo em todos os níveis e modalidades, bem como o aprendizado ao longo de toda a vida;

II — aprimoramento dos sistemas educacionais, visando a garantir condições de acesso, permanência, participação e aprendizagem, por meio da oferta de serviços e de recursos de acessibilidade que eliminem as barreiras e promovam a inclusão plena;

III — projeto pedagógico que institucionalize o atendimento educacional especializado, assim como os demais serviços e adaptações razoáveis, para atender às características dos estudantes com deficiência e garantir o seu pleno acesso ao currículo em condições de igualdade, promovendo a conquista e o exercício de sua autonomia;

IV — oferta de educação bilíngue, em Libras como primeira língua e na modalidade escrita da língua portuguesa como segunda língua, em escolas e classes bilíngues e em escolas inclusivas;

V — adoção de medidas individualizadas e coletivas em ambientes que maximizem o desenvolvimento acadêmico e social dos estudantes com deficiência, favorecendo o acesso, a permanência, a participação e a aprendizagem em instituições de ensino;

VI — pesquisas voltadas para o desenvolvimento de novos métodos e técnicas pedagógicas, de materiais didáticos, de equipamentos e de recursos de tecnologia assistiva;

VII — planejamento de estudo de caso, de elaboração de plano de atendimento educacional especializado, de organização de recursos e serviços de acessibilidade e de disponibilização e usabilidade pedagógica de recursos de tecnologia assistiva;

VIII — participação dos estudantes com deficiência e de suas famílias nas diversas instâncias de atuação da comunidade escolar;

IX — adoção de medidas de apoio que favoreçam o desenvolvimento dos aspectos linguísticos, culturais, vocacionais e profissionais, levando-se em conta o talento, a criatividade, as habilidades e os interesses do estudante com deficiência;

X — adoção de práticas pedagógicas inclusivas pelos programas de formação inicial e continuada de professores e oferta de formação continuada para o atendimento educacional especializado;

XI — formação e disponibilização de professores para o atendimento educacional especializado, de tradutores e intérpretes da Libras, de guias intérpretes e de profissionais de apoio;

XII — oferta de ensino da Libras, do Sistema Braille e de uso de recursos de tecnologia assistiva, de forma a ampliar habilidades funcionais dos estudantes, promovendo sua autonomia e participação;

XIII — acesso à educação superior e à educação profissional e tecnológica em igualdade de oportunidades e condições com as demais pessoas;

XIV — inclusão em conteúdos curriculares, em cursos de nível superior e de educação profissional técnica e tecnológica, de temas relacionados à pessoa com deficiência nos respectivos campos de conhecimento;

XV — acesso da pessoa com deficiência, em igualdade de condições, a jogos e a atividades recreativas, esportivas e de lazer, no sistema escolar;

XVI — acessibilidade para todos os estudantes, trabalhadores da educação e demais integrantes da comunidade escolar às edificações, aos ambientes e às atividades concernentes a todas as modalidades, etapas e níveis de ensino;

XVII — oferta de profissionais de apoio escolar;

XVIII — articulação intersetorial na implementação de políticas públicas.

§ 1º Às instituições privadas, de qualquer nível e modalidade de ensino, aplica-se obrigatoriamente o disposto nos incisos I, II, III, V, VII, VIII, IX, X, XI, XII, XIII, XIV, XV, XVI, XVII e XVIII do *caput* deste artigo, sendo vedada a cobrança de valores adicionais de qualquer natureza em suas mensalidades, anuidades e matrículas no cumprimento dessas determinações.

§ 2º Na disponibilização de tradutores e intérpretes da Libras a que se refere o inciso XI do *caput* deste artigo, deve-se observar o seguinte:

I — os tradutores e intérpretes da Libras atuantes na educação básica devem, no mínimo, possuir ensino médio completo e certificado de proficiência na Libras;

II — os tradutores e intérpretes da Libras, quando direcionados à tarefa de interpretar nas salas de aula dos cursos de graduação e pós-graduação, devem possuir nível superior, com habilitação, prioritariamente, em Tradução e Interpretação em Libras.

Art. 29. (VETADO).

Art. 30. Nos processos seletivos para ingresso e permanência nos cursos oferecidos pelas instituições de ensino superior e de educação profissional e tecnológica, públicas e privadas, devem ser adotadas as seguintes medidas:

I — atendimento preferencial à pessoa com deficiência nas dependências das Instituições de Ensino Superior (IES) e nos serviços;

II — disponibilização de formulário de inscrição de exames com campos específicos para que o candidato com deficiência informe os recursos de acessibilidade e de tecnologia assistiva necessários para sua participação;

III — disponibilização de provas em formatos acessíveis para atendimento às necessidades específicas do candidato com deficiência;

IV — disponibilização de recursos de acessibilidade e de tecnologia assistiva adequados, previamente solicitados e escolhidos pelo candidato com deficiência;

V — dilação de tempo, conforme demanda apresentada pelo candidato com deficiência, tanto na realização de exame para seleção quanto nas atividades acadêmicas, mediante prévia solicitação e comprovação da necessidade;

VI — adoção de critérios de avaliação das provas escritas, discursivas ou de redação que considerem a singularidade linguística da pessoa com deficiência, no domínio da modalidade escrita da língua portuguesa;

VII — tradução completa do edital e de suas retificações em Libras.

CAPÍTULO V
Do Direito à Moradia

Art. 31. A pessoa com deficiência tem direito à moradia digna, no seio da família natural ou substituta, com seu cônjuge ou companheiro ou desacompanhada, ou em moradia para a vida independente da pessoa com deficiência, ou, ainda, em residência inclusiva.

§ 1º O poder público adotará programas e ações estratégicas para apoiar a criação e a manutenção de moradia para a vida independente da pessoa com deficiência.

§ 2º A proteção integral na modalidade de residência inclusiva será prestada no âmbito do Suas à pessoa com deficiência em situação de dependência que não disponha de condições de autossustentabilidade, com vínculos familiares fragilizados ou rompidos.

Art. 32. Nos programas habitacionais, públicos ou subsidiados com recursos públicos, a pessoa com deficiência ou seu responsável goza de prioridade na aquisição de imóvel para moradia própria, observado o seguinte:

I — reserva de, no mínimo, 3% (três por cento) das unidades habitacionais para pessoa com deficiência;

II — (VETADO);

III — em caso de edificação multifamiliar, garantia de acessibilidade nas áreas de uso comum e nas unidades habitacionais no piso térreo e de acessibilidade ou de adaptação razoável nos demais pisos;

IV — disponibilização de equipamentos urbanos comunitários acessíveis;

V — elaboração de especificações técnicas no projeto que permitam a instalação de elevadores.

§ 1º O direito à prioridade, previsto no *caput* deste artigo, será reconhecido à pessoa com deficiência beneficiária apenas uma vez.

§ 2º Nos programas habitacionais públicos, os critérios de financiamento devem ser compatíveis com os rendimentos da pessoa com deficiência ou de sua família.

§ 3º Caso não haja pessoa com deficiência interessada nas unidades habitacionais reservadas por força do disposto no inciso I do *caput* deste artigo, as unidades não utilizadas serão disponibilizadas às demais pessoas.

Art. 33. Ao poder público compete:

I — adotar as providências necessárias para o cumprimento do disposto nos arts. 31 e 32 desta Lei; e

II — divulgar, para os agentes interessados e beneficiários, a política habitacional prevista nas legislações federal, estaduais, distrital e municipais, com ênfase nos dispositivos sobre acessibilidade.

CAPÍTULO VI
Do Direito ao Trabalho

Seção I
Disposições Gerais

Art. 34. A pessoa com deficiência tem direito ao trabalho de sua livre escolha e aceitação, em ambiente acessível e inclusivo, em igualdade de oportunidades com as demais pessoas.

§ 1º As pessoas jurídicas de direito público, privado ou de qualquer natureza são obrigadas a garantir ambientes de trabalho acessíveis e inclusivos.

§ 2º A pessoa com deficiência tem direito, em igualdade de oportunidades com as demais pessoas, a condições justas e favoráveis de trabalho, incluindo igual remuneração por trabalho de igual valor.

§ 3º É vedada restrição ao trabalho da pessoa com deficiência e qualquer discriminação em razão de sua condição, inclusive nas etapas de recrutamento, seleção, contratação, admissão, exames admissional e periódico, permanência no emprego, ascensão profissional e reabilitação profissional, bem como exigência de aptidão plena.

§ 4º A pessoa com deficiência tem direito à participação e ao acesso a cursos, treinamentos, educação continuada, planos de carreira, promoções, bonificações e incentivos profissionais oferecidos pelo empregador, em igualdade de oportunidades com os demais empregados.

§ 5º É garantida aos trabalhadores com deficiência acessibilidade em cursos de formação e de capacitação.

Art. 35. É finalidade primordial das políticas públicas de trabalho e emprego promover e garantir condições de acesso e de permanência da pessoa com deficiência no campo de trabalho.

Parágrafo único. Os programas de estímulo ao empreendedorismo e ao trabalho autônomo, incluídos o cooperativismo e o associativismo, devem prever a participação da pessoa com deficiência e a disponibilização de linhas de crédito, quando necessárias.

Seção II
Da Habilitação Profissional e Reabilitação Profissional

Art. 36. O poder público deve implementar serviços e programas completos de habilitação profissional e de reabilitação profissional para que a pessoa com deficiência possa ingressar, continuar ou retornar ao campo do trabalho, respeitados sua livre escolha, sua vocação e seu interesse.

§ 1º Equipe multidisciplinar indicará, com base em critérios previstos no § 1º do art. 2º desta Lei, programa de habilitação ou de reabilitação que possibilite à pessoa com deficiência restaurar sua capacidade e habilidade profissional ou adquirir novas capacidades e habilidades de trabalho.

§ 2º A habilitação profissional corresponde ao processo destinado a propiciar à pessoa com deficiência aquisição de conhecimentos, habilidades e aptidões para exercício de profissão ou de ocupação, permitindo nível suficiente de desenvolvimento profissional para ingresso no campo de trabalho.

§ 3º Os serviços de habilitação profissional, de reabilitação profissional e de educação profissional devem ser dotados de recursos necessários para atender a toda pessoa com deficiência, independentemente de sua característica específica, a fim de que ela possa ser capacitada para trabalho que lhe seja adequado e ter perspectivas de obtê-lo, de conservá-lo e de nele progredir.

§ 4º Os serviços de habilitação profissional, de reabilitação profissional e de educação profissional deverão ser oferecidos em ambientes acessíveis e inclusivos.

§ 5º A habilitação profissional e a reabilitação profissional devem ocorrer articuladas com as redes públicas e privadas, especialmente de saúde, de ensino e de assistência social, em todos os níveis e modalidades, em entidades de formação profissional ou diretamente com o empregador.

§ 6º A habilitação profissional pode ocorrer em empresas por meio de prévia formalização do contrato de emprego da pessoa com deficiência, que será considerada para o cumprimento da reserva de vagas prevista em lei, desde que por tempo determinado e concomitante com a inclusão profissional na empresa, observado o disposto em regulamento.

§ 7º A habilitação profissional e a reabilitação profissional atenderão à pessoa com deficiência.

Seção III
Da Inclusão da Pessoa com Deficiência no Trabalho

Art. 37. Constitui modo de inclusão da pessoa com deficiência no trabalho a colocação competitiva, em igualdade de oportunidades com as demais pessoas, nos termos da legislação trabalhista e previdenciária, na qual devem ser atendidas as regras de acessibilidade, o fornecimento de recursos de tecnologia assistiva e a adaptação razoável no ambiente de trabalho.

Parágrafo único. A colocação competitiva da pessoa com deficiência pode ocorrer por meio de trabalho com apoio, observadas as seguintes diretrizes:

I — prioridade no atendimento à pessoa com deficiência com maior dificuldade de inserção no campo de trabalho;

II — provisão de suportes individualizados que atendam a necessidades específicas da pessoa com deficiência, inclusive a disponibilização de recursos de tecnologia assistiva, de agente facilitador e de apoio no ambiente de trabalho;

III — respeito ao perfil vocacional e ao interesse da pessoa com deficiência apoiada;

IV — oferta de aconselhamento e de apoio aos empregadores, com vistas à definição de estratégias de inclusão e de superação de barreiras, inclusive atitudinais;

V — realização de avaliações periódicas;

VI — articulação intersetorial das políticas públicas;

VII — possibilidade de participação de organizações da sociedade civil.

Art. 38. A entidade contratada para a realização de processo seletivo público ou privado para cargo, função ou emprego está obrigada à observância do disposto nesta Lei e em outras normas de acessibilidade vigentes.

CAPÍTULO VII
Do Direito à Assistência Social

Art. 39. Os serviços, os programas, os projetos e os benefícios no âmbito da política pública de assistência social à pessoa com deficiência e sua família têm como objetivo a garantia da segurança de renda, da acolhida, da habilitação e da reabilitação, do desenvolvimento da autonomia e da convivência familiar e comunitária, para a promoção do acesso a direitos e da plena participação social.

§ 1º A assistência social à pessoa com deficiência, nos termos do *caput* deste artigo, deve envolver conjunto articulado de serviços do âmbito da Proteção Social Básica e da Proteção Social Especial, ofertados pelo Suas, para a garantia de seguranças fundamentais no enfrentamento de situações de vulnerabilidade e de risco, por fragilização de vínculos e ameaça ou violação de direitos.

§ 2º Os serviços socioassistenciais destinados à pessoa com deficiência em situação de dependência deverão contar com cuidadores sociais para prestar-lhe cuidados básicos e instrumentais.

Art. 40. É assegurado à pessoa com deficiência que não possua meios para prover sua subsistência nem de tê-la provida por sua família o benefício mensal de 1 (um) salário-mínimo, nos termos da Lei n. 8.742, de 7 de dezembro de 1993.

CAPÍTULO VIII
Do Direito à Previdência Social

Art. 41. A pessoa com deficiência segurada do Regime Geral de Previdência Social (RGPS) tem direito à aposentadoria nos termos da Lei Complementar n. 142, de 8 de maio de 2013.

CAPÍTULO IX
Do Direito à Cultura, ao Esporte, ao Turismo e ao Lazer

Art. 42. A pessoa com deficiência tem direito à cultura, ao esporte, ao turismo e ao lazer em igualdade de oportunidades com as demais pessoas, sendo-lhe garantido o acesso:

I — a bens culturais em formato acessível;

II — a programas de televisão, cinema, teatro e outras atividades culturais e desportivas em formato acessível; e

III — a monumentos e locais de importância cultural e a espaços que ofereçam serviços ou eventos culturais e esportivos.

§ 1º É vedada a recusa de oferta de obra intelectual em formato acessível à pessoa com deficiência, sob qualquer argumento, inclusive sob a alegação de proteção dos direitos de propriedade intelectual.

§ 2º O poder público deve adotar soluções destinadas à eliminação, à redução ou à superação de barreiras para a promoção do acesso a todo patrimônio cultural, observa-

das as normas de acessibilidade, ambientais e de proteção do patrimônio histórico e artístico nacional.

Art. 43. O poder público deve promover a participação da pessoa com deficiência em atividades artísticas, intelectuais, culturais, esportivas e recreativas, com vistas ao seu protagonismo, devendo:

I — incentivar a provisão de instrução, de treinamento e de recursos adequados, em igualdade de oportunidades com as demais pessoas;

II — assegurar acessibilidade nos locais de eventos e nos serviços prestados por pessoa ou entidade envolvida na organização das atividades de que trata este artigo; e

III — assegurar a participação da pessoa com deficiência em jogos e atividades recreativas, esportivas, de lazer, culturais e artísticas, inclusive no sistema escolar, em igualdade de condições com as demais pessoas.

Art. 44. Nos teatros, cinemas, auditórios, estádios, ginásios de esporte, locais de espetáculos e de conferências e similares, serão reservados espaços livres e assentos para a pessoa com deficiência, de acordo com a capacidade de lotação da edificação, observado o disposto em regulamento.

§ 1º Os espaços e assentos a que se refere este artigo devem ser distribuídos pelo recinto em locais diversos, de boa visibilidade, em todos os setores, próximos aos corredores, devidamente sinalizados, evitando-se áreas segregadas de público e obstrução das saídas, em conformidade com as normas de acessibilidade.

§ 2º No caso de não haver comprovada procura pelos assentos reservados, esses podem, excepcionalmente, ser ocupados por pessoas sem deficiência ou que não tenham mobilidade reduzida, observado o disposto em regulamento.

§ 3º Os espaços e assentos a que se refere este artigo devem situar-se em locais que garantam a acomodação de, no mínimo, 1 (um) acompanhante da pessoa com deficiência ou com mobilidade reduzida, resguardado o direito de se acomodar proximamente a grupo familiar e comunitário.

§ 4º Nos locais referidos no *caput* deste artigo, deve haver, obrigatoriamente, rotas de fuga e saídas de emergência acessíveis, conforme padrões das normas de acessibilidade, a fim de permitir a saída segura da pessoa com deficiência ou com mobilidade reduzida, em caso de emergência.

§ 5º Todos os espaços das edificações previstas no *caput* deste artigo devem atender às normas de acessibilidade em vigor.

§ 6º As salas de cinema devem oferecer, em todas as sessões, recursos de acessibilidade para a pessoa com deficiência.

§ 7º O valor do ingresso da pessoa com deficiência não poderá ser superior ao valor cobrado das demais pessoas.

Art. 45. Os hotéis, pousadas e similares devem ser construídos observando-se os princípios do desenho universal, além de adotar todos os meios de acessibilidade, conforme legislação em vigor.

§ 1º Os estabelecimentos já existentes deverão disponibilizar, pelo menos, 10% (dez por cento) de seus dormitórios acessíveis, garantida, no mínimo, 1 (uma) unidade acessível.

§ 2º Os dormitórios mencionados no § 1º deste artigo deverão ser localizados em rotas acessíveis.

CAPÍTULO X
Do Direito ao Transporte e à Mobilidade

Art. 46. O direito ao transporte e à mobilidade da pessoa com deficiência ou com mobilidade reduzida será assegurado em igualdade de oportunidades com as demais pessoas, por meio de identificação e de eliminação de todos os obstáculos e barreiras ao seu acesso.

§ 1º Para fins de acessibilidade aos serviços de transporte coletivo terrestre, aquaviário e aéreo, em todas as jurisdições, consideram-se como integrantes desses serviços os veículos, os terminais, as estações, os pontos de parada, o sistema viário e a prestação do serviço.

§ 2º São sujeitas ao cumprimento das disposições desta Lei, sempre que houver interação com a matéria nela regulada, a outorga, a concessão, a permissão, a autorização, a renovação ou a habilitação de linhas e de serviços de transporte coletivo.

§ 3º Para colocação do símbolo internacional de acesso nos veículos, as empresas de transporte coletivo de passageiros dependem da certificação de acessibilidade emitida pelo gestor público responsável pela prestação do serviço.

Art. 47. Em todas as áreas de estacionamento aberto ao público, de uso público ou privado de uso coletivo e em vias públicas, devem ser reservadas vagas próximas aos acessos de circulação de pedestres, devidamente sinalizadas, para veículos que transportem pessoa com deficiência com comprometimento de mobilidade, desde que devidamente identificados.

§ 1º As vagas a que se refere o *caput* deste artigo devem equivaler a 2% (dois por cento) do total, garantida, no mínimo, 1 (uma) vaga devidamente sinalizada e com as especificações de desenho e traçado de acordo com as normas técnicas vigentes de acessibilidade.

§ 2º Os veículos estacionados nas vagas reservadas devem exibir, em local de ampla visibilidade, a credencial de beneficiário, a ser confeccionada e fornecida pelos órgãos de trânsito, que disciplinarão suas características e condições de uso.

§ 3º A utilização indevida das vagas de que trata este artigo sujeita os infratores às sanções previstas no inciso XVII do art. 181 da Lei n. 9.503, de 23 de setembro de 1997 (Código de Trânsito Brasileiro). *(Redação dada pela Lei n. 13.281, de 4.5.16, DOU 5.5.16)*

§ 4º A credencial a que se refere o § 2º deste artigo é vinculada à pessoa com deficiência que possui comprometimento de mobilidade e é válida em todo o território nacional.

Art. 48. Os veículos de transporte coletivo terrestre, aquaviário e aéreo, as instalações, as estações, os portos e os terminais em operação no País devem ser acessíveis, de forma a garantir o seu uso por todas as pessoas.

§ 1º Os veículos e as estruturas de que trata o *caput* deste artigo devem dispor de sistema de comunicação acessível que disponibilize informações sobre todos os pontos do itinerário.

§ 2º São asseguradas à pessoa com deficiência prioridade e segurança nos procedimentos de embarque e de desembarque nos veículos de transporte coletivo, de acordo com as normas técnicas.

§ 3º Para colocação do símbolo internacional de acesso nos veículos, as empresas de transporte coletivo de passageiros dependem da certificação de acessibilidade emitida pelo gestor público responsável pela prestação do serviço.

Art. 49. As empresas de transporte de fretamento e de turismo, na renovação de suas frotas, são obrigadas ao cumprimento do disposto nos arts. 46 e 48 desta Lei.

Art. 50. O poder público incentivará a fabricação de veículos acessíveis e a sua utilização como táxis e vans, de forma a garantir o seu uso por todas as pessoas.

Art. 51. As frotas de empresas de táxi devem reservar 10% (dez por cento) de seus veículos acessíveis à pessoa com deficiência.

§ 1º É proibida a cobrança diferenciada de tarifas ou de valores adicionais pelo serviço de táxi prestado à pessoa com deficiência.

§ 2º O poder público é autorizado a instituir incentivos fiscais com vistas a possibilitar a acessibilidade dos veículos a que se refere o *caput* deste artigo.

Art. 52. As locadoras de veículos são obrigadas a oferecer 1 (um) veículo adaptado para uso de pessoa com deficiência, a cada conjunto de 20 (vinte) veículos de sua frota.

Parágrafo único. O veículo adaptado deverá ter, no mínimo, câmbio automático, direção hidráulica, vidros elétricos e comandos manuais de freio e de embreagem.

TÍTULO III
Da Acessibilidade

CAPÍTULO I
Disposições Gerais

Art. 53. A acessibilidade é direito que garante à pessoa com deficiência ou com mobilidade reduzida viver de forma independente e exercer seus direitos de cidadania e de participação social.

Art. 54. São sujeitas ao cumprimento das disposições desta Lei e de outras normas relativas à acessibilidade, sempre que houver interação com a matéria nela regulada:

I — a aprovação de projeto arquitetônico e urbanístico ou de comunicação e informação, a fabricação de veículos de transporte coletivo, a prestação do respectivo serviço e a execução de qualquer tipo de obra, quando tenham destinação pública ou coletiva;

II — a outorga ou a renovação de concessão, permissão, autorização ou habilitação de qualquer natureza;

III — a aprovação de financiamento de projeto com utilização de recursos públicos, por meio de renúncia ou de incentivo fiscal, contrato, convênio ou instrumento congênere; e

IV — a concessão de aval da União para obtenção de empréstimo e de financiamento internacionais por entes públicos ou privados.

Art. 55. A concepção e a implantação de projetos que tratem do meio físico, de transporte, de informação e comunicação, inclusive de sistemas e tecnologias da informação e comunicação, e de outros serviços, equipamentos e instalações abertos ao público, de uso público ou privado de uso coletivo, tanto na zona urbana como na rural, devem atender aos princípios do desenho universal, tendo como referência as normas de acessibilidade.

§ 1º O desenho universal será sempre tomado como regra de caráter geral.

§ 2º Nas hipóteses em que comprovadamente o desenho universal não possa ser empreendido, deve ser adotada adaptação razoável.

§ 3º Caberá ao poder público promover a inclusão de conteúdos temáticos referentes ao desenho universal nas diretrizes curriculares da educação profissional e tecnológica e do ensino superior e na formação das carreiras de Estado.

§ 4º Os programas, os projetos e as linhas de pesquisa a serem desenvolvidos com o apoio de organismos públicos de auxílio à pesquisa e de agências de fomento deverão incluir temas voltados para o desenho universal.

§ 5º Desde a etapa de concepção, as políticas públicas deverão considerar a adoção do desenho universal.

Art. 56. A construção, a reforma, a ampliação ou a mudança de uso de edificações abertas ao público, de uso público ou privadas de uso coletivo deverão ser executadas de modo a serem acessíveis.

§ 1º As entidades de fiscalização profissional das atividades de Engenharia, de Arquitetura e correlatas, ao anotarem a responsabilidade técnica de projetos, devem exigir a responsabilidade profissional declarada de atendimento às regras de acessibilidade previstas em legislação e em normas técnicas pertinentes.

§ 2º Para a aprovação, o licenciamento ou a emissão de certificado de projeto executivo arquitetônico, urbanístico e de instalações e equipamentos temporários ou permanentes e para o licenciamento ou a emissão de certificado de conclusão de obra ou de serviço, deve ser atestado o atendimento às regras de acessibilidade.

§ 3º O poder público, após certificar a acessibilidade de edificação ou de serviço, determinará a colocação, em espaços ou em locais de ampla visibilidade, do símbolo internacional de acesso, na forma prevista em legislação e em normas técnicas correlatas.

Art. 57. As edificações públicas e privadas de uso coletivo já existentes devem garantir acessibilidade à pessoa com deficiência em todas as suas dependências e serviços, tendo como referência as normas de acessibilidade vigentes.

Art. 58. O projeto e a construção de edificação de uso privado multifamiliar devem atender aos preceitos de acessibilidade, na forma regulamentar.

§ 1º As construtoras e incorporadoras responsáveis pelo projeto e pela construção das edificações a que se refere o *caput* deste artigo devem assegurar percentual mínimo de suas unidades internamente acessíveis, na forma regulamentar.

§ 2º É vedada a cobrança de valores adicionais para a aquisição de unidades internamente acessíveis a que se refere o § 1º deste artigo.

Art. 59. Em qualquer intervenção nas vias e nos espaços públicos, o poder público e as empresas concessionárias responsáveis pela execução das obras e dos serviços devem garantir, de forma segura, a fluidez do trânsito e a livre circulação e acessibilidade das pessoas, durante e após sua execução.

Art. 60. Orientam-se, no que couber, pelas regras de acessibilidade previstas em legislação e em normas técnicas, observado o disposto na Lei n. 10.098, de 19 de dezembro de 2000, n. 10.257, de 10 de julho de 2001, e n. 12.587, de 3 de janeiro de 2012:

I — os planos diretores municipais, os planos diretores de transporte e trânsito, os planos de mobilidade urbana e os planos de preservação de sítios históricos elaborados ou atualizados a partir da publicação desta Lei;

II — os códigos de obras, os códigos de postura, as leis de uso e ocupação do solo e as leis do sistema viário;

III — os estudos prévios de impacto de vizinhança;

IV — as atividades de fiscalização e a imposição de sanções; e

V — a legislação referente à prevenção contra incêndio e pânico.

§ 1º A concessão e a renovação de alvará de funcionamento para qualquer atividade são condicionadas à observação e à certificação das regras de acessibilidade.

§ 2º A emissão de carta de habite-se ou de habilitação equivalente e sua renovação, quando esta tiver sido emitida anteriormente às exigências de acessibilidade, é condicionada à observação e à certificação das regras de acessibilidade.

Art. 61. A formulação, a implementação e a manutenção das ações de acessibilidade atenderão às seguintes premissas básicas:

I — eleição de prioridades, elaboração de cronograma e reserva de recursos para implementação das ações; e

II — planejamento contínuo e articulado entre os setores envolvidos.

Art. 62. É assegurado à pessoa com deficiência, mediante solicitação, o recebimento de contas, boletos, recibos, extratos e cobranças de tributos em formato acessível.

CAPÍTULO II
Do Acesso à Informação e à Comunicação

Art. 63. É obrigatória a acessibilidade nos sítios da internet mantidos por empresas com sede ou representação comercial no País ou por órgãos de governo, para uso da pessoa com deficiência, garantindo-lhe acesso às informações disponíveis, conforme as melhores práticas e diretrizes de acessibilidade adotadas internacionalmente.

§ 1º Os sítios devem conter símbolo de acessibilidade em destaque.

§ 2º Telecentros comunitários que receberem recursos públicos federais para seu custeio ou sua instalação e *lan houses* devem possuir equipamentos e instalações acessíveis.

§ 3º Os telecentros e as *lan houses* de que trata o § 2º deste artigo devem garantir, no mínimo, 10% (dez por cento) de seus computadores com recursos de acessibilidade para pessoa com deficiência visual, sendo assegurado pelo menos 1 (um) equipamento, quando o resultado percentual for inferior a 1 (um).

Art. 64. A acessibilidade nos sítios da internet de que trata o art. 63 desta Lei deve ser observada para obtenção do financiamento de que trata o inciso III do art. 54 desta Lei.

Art. 65. As empresas prestadoras de serviços de telecomunicações deverão garantir pleno acesso à pessoa com deficiência, conforme regulamentação específica.

Art. 66. Cabe ao poder público incentivar a oferta de aparelhos de telefonia fixa e móvel celular com acessibilidade que, entre outras tecnologias assistivas, possuam possibilidade de indicação e de ampliação sonoras de todas as operações e funções disponíveis.

Art. 67. Os serviços de radiodifusão de sons e imagens devem permitir o uso dos seguintes recursos, entre outros:

I — subtitulação por meio de legenda oculta;
II — janela com intérprete da Libras;
III — audiodescrição.

Art. 68. O poder público deve adotar mecanismos de incentivo à produção, à edição, à difusão, à distribuição e à comercialização de livros em formatos acessíveis, inclusive em publicações da administração pública ou financiadas com recursos públicos, com vistas a garantir à pessoa com deficiência o direito de acesso à leitura, à informação e à comunicação.

§ 1º Nos editais de compras de livros, inclusive para o abastecimento ou a atualização de acervos de bibliotecas em todos os níveis e modalidades de educação e de bibliotecas públicas, o poder público deverá adotar cláusulas de impedimento à participação de editoras que não ofertem sua produção também em formatos acessíveis.

§ 2º Consideram-se formatos acessíveis os arquivos digitais que possam ser reconhecidos e acessados por *softwares* leitores de telas ou outras tecnologias assistivas que vierem a substituí-los, permitindo leitura com voz sintetizada, ampliação de caracteres, diferentes contrastes e impressão em Braille.

§ 3º O poder público deve estimular e apoiar a adaptação e a produção de artigos científicos em formato acessível, inclusive em Libras.

Art. 69. O poder público deve assegurar a disponibilidade de informações corretas e claras sobre os diferentes produtos e serviços ofertados, por quaisquer meios de comunicação empregados, inclusive em ambiente virtual, contendo a especificação correta de quantidade, qualidade, características, composição e preço, bem como sobre os eventuais riscos à saúde e à segurança do consumidor com deficiência, em caso de sua utilização, aplicando-se, no que couber, os arts. 30 a 41 da Lei n. 8.078, de 11 de setembro de 1990.

§ 1º Os canais de comercialização virtual e os anúncios publicitários veiculados na imprensa escrita, na internet, no rádio, na televisão e nos demais veículos de comunicação abertos ou por assinatura devem disponibilizar, conforme a compatibilidade do meio, os recursos de acessibilidade de que trata o art. 67 desta Lei, a expensas do fornecedor do produto ou do serviço, sem prejuízo da observância do disposto nos arts. 36 a 38 da Lei n. 8.078, de 11 de setembro de 1990.

§ 2º Os fornecedores devem disponibilizar, mediante solicitação, exemplares de bulas, prospectos, textos ou qualquer outro tipo de material de divulgação em formato acessível.

Art. 70. As instituições promotoras de congressos, seminários, oficinas e demais eventos de natureza científico-cultural devem oferecer à pessoa com deficiência, no mínimo, os recursos de tecnologia assistiva previstos no art. 67 desta Lei.

Art. 71. Os congressos, os seminários, as oficinas e os demais eventos de natureza científico-cultural promovidos ou financiados pelo poder público devem garantir as condições de acessibilidade e os recursos de tecnologia assistiva.

Art. 72. Os programas, as linhas de pesquisa e os projetos a serem desenvolvidos com o apoio de agências de financiamento e de órgãos e entidades integrantes da administração pública que atuem no auxílio à pesquisa devem contemplar temas voltados à tecnologia assistiva.

Art. 73. Caberá ao poder público, diretamente ou em parceria com organizações da socieda-

de civil, promover a capacitação de tradutores e intérpretes da Libras, de guias intérpretes e de profissionais habilitados em Braille, audiodescrição, estenotipia e legendagem.

CAPÍTULO III
Da Tecnologia Assistiva

Art. 74. É garantido à pessoa com deficiência acesso a produtos, recursos, estratégias, práticas, processos, métodos e serviços de tecnologia assistiva que maximizem sua autonomia, mobilidade pessoal e qualidade de vida.

Art. 75. O poder público desenvolverá plano específico de medidas, a ser renovado em cada período de 4 (quatro) anos, com a finalidade de:

I — facilitar o acesso a crédito especializado, inclusive com oferta de linhas de crédito subsidiadas, específicas para aquisição de tecnologia assistiva;

II — agilizar, simplificar e priorizar procedimentos de importação de tecnologia assistiva, especialmente as questões atinentes a procedimentos alfandegários e sanitários;

III — criar mecanismos de fomento à pesquisa e à produção nacional de tecnologia assistiva, inclusive por meio de concessão de linhas de crédito subsidiado e de parcerias com institutos de pesquisa oficiais;

IV — eliminar ou reduzir a tributação da cadeia produtiva e de importação de tecnologia assistiva;

V — facilitar e agilizar o processo de inclusão de novos recursos de tecnologia assistiva no rol de produtos distribuídos no âmbito do SUS e por outros órgãos governamentais.

Parágrafo único. Para fazer cumprir o disposto neste artigo, os procedimentos constantes do plano específico de medidas deverão ser avaliados, pelo menos, a cada 2 (dois) anos.

CAPÍTULO IV
Do Direito à Participação na Vida Pública e Política

Art. 76. O poder público deve garantir à pessoa com deficiência todos os direitos políticos e a oportunidade de exercê-los em igualdade de condições com as demais pessoas.

§ 1º À pessoa com deficiência será assegurado o direito de votar e de ser votada, inclusive por meio das seguintes ações:

I — garantia de que os procedimentos, as instalações, os materiais e os equipamentos para votação sejam apropriados, acessíveis a todas as pessoas e de fácil compreensão e uso, sendo vedada a instalação de seções eleitorais exclusivas para a pessoa com deficiência;

II — incentivo à pessoa com deficiência a candidatar-se e a desempenhar quaisquer funções públicas em todos os níveis de governo, inclusive por meio do uso de novas tecnologias assistivas, quando apropriado;

III — garantia de que os pronunciamentos oficiais, a propaganda eleitoral obrigatória e os debates transmitidos pelas emissoras de televisão possuam, pelo menos, os recursos elencados no art. 67 desta Lei;

IV — garantia do livre exercício do direito ao voto e, para tanto, sempre que necessário e a seu pedido, permissão para que a pessoa com deficiência seja auxiliada na votação por pessoa de sua escolha.

§ 2º O poder público promoverá a participação da pessoa com deficiência, inclusive quando institucionalizada, na condução das questões públicas, sem discriminação e em igualdade de oportunidades, observado o seguinte:

I — participação em organizações não governamentais relacionadas à vida pública e à política do País e em atividades e administração de partidos políticos;

II — formação de organizações para representar a pessoa com deficiência em todos os níveis;

III — participação da pessoa com deficiência em organizações que a representem.

TÍTULO IV
Da Ciência e Tecnologia

Art. 77. O poder público deve fomentar o desenvolvimento científico, a pesquisa e a inovação e a capacitação tecnológicas, voltados à melhoria da qualidade de vida e ao trabalho da pessoa com deficiência e sua inclusão social.

§ 1º O fomento pelo poder público deve priorizar a geração de conhecimentos e técnicas que visem à prevenção e ao tratamento de deficiências e ao desenvolvimento de tecnologias assistiva e social.

§ 2º A acessibilidade e as tecnologias assistiva e social devem ser fomentadas mediante a criação de cursos de pós-graduação, a formação de recursos humanos e a inclusão do tema nas diretrizes de áreas do conhecimento.

§ 3º Deve ser fomentada a capacitação tecnológica de instituições públicas e privadas para o desenvolvimento de tecnologias assistiva e social que sejam voltadas para melhoria da funcionalidade e da participação social da pessoa com deficiência.

§ 4º As medidas previstas neste artigo devem ser reavaliadas periodicamente pelo poder público, com vistas ao seu aperfeiçoamento.

Art. 78. Devem ser estimulados a pesquisa, o desenvolvimento, a inovação e a difusão de tecnologias voltadas para ampliar o acesso da pessoa com deficiência às tecnologias da informação e comunicação e às tecnologias sociais.

Parágrafo único. Serão estimulados, em especial:

I — o emprego de tecnologias da informação e comunicação como instrumento de superação de limitações funcionais e de barreiras à comunicação, à informação, à educação e ao entretenimento da pessoa com deficiência;

II — a adoção de soluções e a difusão de normas que visem a ampliar a acessibilidade da pessoa com deficiência à computação e aos sítios da internet, em especial aos serviços de governo eletrônico.

LIVRO II
Parte Especial

TÍTULO I
Do Acesso à Justiça

CAPÍTULO I
Disposições Gerais

Art. 79. O poder público deve assegurar o acesso da pessoa com deficiência à justiça, em igualdade de oportunidades com as demais pessoas, garantindo, sempre que requeridos, adaptações e recursos de tecnologia assistiva.

§ 1º A fim de garantir a atuação da pessoa com deficiência em todo o processo judicial, o poder público deve capacitar os membros e os servidores que atuam no Poder Judiciário, no Ministério Público, na Defensoria Pública, nos órgãos de segurança pública e no sistema penitenciário quanto aos direitos da pessoa com deficiência.

§ 2º Devem ser assegurados à pessoa com deficiência submetida a medida restritiva de liberdade todos os direitos e garantias a que fazem jus os apenados sem deficiência, garantida a acessibilidade.

§ 3º A Defensoria Pública e o Ministério Público tomarão as medidas necessárias à garantia dos direitos previstos nesta Lei.

Art. 80. Devem ser oferecidos todos os recursos de tecnologia assistiva disponíveis para que a pessoa com deficiência tenha garantido o acesso à justiça, sempre que figure em um dos polos da ação ou atue como testemunha, partícipe da lide posta em juízo, advogado, defensor público, magistrado ou membro do Ministério Público.

Parágrafo único. A pessoa com deficiência tem garantido o acesso ao conteúdo de todos os atos processuais de seu interesse, inclusive no exercício da advocacia.

Art. 81. Os direitos da pessoa com deficiência serão garantidos por ocasião da aplicação de sanções penais.

Art. 82. (VETADO).

Art. 83. Os serviços notariais e de registro não podem negar ou criar óbices ou condições diferenciadas à prestação de seus serviços em razão de deficiência do solicitante, devendo reconhecer sua capacidade legal plena, garantida a acessibilidade.

Parágrafo único. O descumprimento do disposto no caput deste artigo constitui discriminação em razão de deficiência.

CAPÍTULO II
Do Reconhecimento Igual Perante a Lei

Art. 84. A pessoa com deficiência tem assegurado o direito ao exercício de sua capacidade legal em igualdade de condições com as demais pessoas.

§ 1º Quando necessário, a pessoa com deficiência será submetida à curatela, conforme a lei.

§ 2º É facultado à pessoa com deficiência a adoção de processo de tomada de decisão apoiada.

§ 3º A definição de curatela de pessoa com deficiência constitui medida protetiva extraordinária, proporcional às necessidades e às circunstâncias de cada caso, e durará o menor tempo possível.

§ 4º Os curadores são obrigados a prestar, anualmente, contas de sua administração ao juiz, apresentando o balanço do respectivo ano.

Art. 85. A curatela afetará tão somente os atos relacionados aos direitos de natureza patrimonial e negocial.

§ 1º A definição da curatela não alcança o direito ao próprio corpo, à sexualidade, ao matrimônio, à privacidade, à educação, à saúde, ao trabalho e ao voto.

§ 2º A curatela constitui medida extraordinária, devendo constar da sentença as razões e motivações de sua definição, preservados os interesses do curatelado.

§ 3º No caso de pessoa em situação de institucionalização, ao nomear curador, o juiz deve dar preferência a pessoa que tenha vínculo de natureza familiar, afetiva ou comunitária com o curatelado.

Art. 86. Para emissão de documentos oficiais, não será exigida a situação de curatela da pessoa com deficiência.

Art. 87. Em casos de relevância e urgência e a fim de proteger os interesses da pessoa com deficiência em situação de curatela, será lícito ao juiz, ouvido o Ministério Público, de ofício ou a requerimento do interessado, nomear, desde logo, curador provisório, o qual estará sujeito, no que couber, às disposições do Código de Processo Civil.

TÍTULO II
Dos Crimes e das Infrações Administrativas

Art. 88. Praticar, induzir ou incitar discriminação de pessoa em razão de sua deficiência:

Pena — reclusão, de 1 (um) a 3 (três) anos, e multa.

§ 1º Aumenta-se a pena em 1/3 (um terço) se a vítima encontrar-se sob cuidado e responsabilidade do agente.

§ 2º Se qualquer dos crimes previstos no *caput* deste artigo é cometido por intermédio de meios de comunicação social ou de publicação de qualquer natureza:

Pena — reclusão, de 2 (dois) a 5 (cinco) anos, e multa.

§ 3º Na hipótese do § 2º deste artigo, o juiz poderá determinar, ouvido o Ministério Público ou a pedido deste, ainda antes do inquérito policial, sob pena de desobediência:

I — recolhimento ou busca e apreensão dos exemplares do material discriminatório;

II — interdição das respectivas mensagens ou páginas de informação na internet.

§ 4º Na hipótese do § 2º deste artigo, constitui efeito da condenação, após o trânsito em julgado da decisão, a destruição do material apreendido.

Art. 89. Apropriar-se de ou desviar bens, proventos, pensão, benefícios, remuneração ou qualquer outro rendimento de pessoa com deficiência:

Pena — reclusão, de 1 (um) a 4 (quatro) anos, e multa.

Parágrafo único. Aumenta-se a pena em 1/3 (um terço) se o crime é cometido:

I — por tutor, curador, síndico, liquidatário, inventariante, testamenteiro ou depositário judicial; ou

II — por aquele que se apropriou em razão de ofício ou de profissão.

Art. 90. Abandonar pessoa com deficiência em hospitais, casas de saúde, entidades de abrigamento ou congêneres:

Pena — reclusão, de 6 (seis) meses a 3 (três) anos, e multa.

Parágrafo único. Na mesma pena incorre quem não prover as necessidades básicas de pessoa com deficiência quando obrigado por lei ou mandado.

Art. 91. Reter ou utilizar cartão magnético, qualquer meio eletrônico ou documento de pessoa com deficiência destinados ao recebimento de benefícios, proventos, pensões ou remuneração ou à realização de operações financeiras, com o fim de obter vantagem indevida para si ou para outrem:

Pena — detenção, de 6 (seis) meses a 2 (dois) anos, e multa.

Parágrafo único. Aumenta-se a pena em 1/3 (um terço) se o crime é cometido por tutor ou curador.

TÍTULO III
Disposições Finais e Transitórias

Art. 92. É criado o Cadastro Nacional de Inclusão da Pessoa com Deficiência (Cadastro-Inclusão), registro público eletrônico com a finalidade de coletar, processar, sistematizar e disseminar informações georreferenciadas que permitam a identificação e a caracterização socioeconômica da pessoa com deficiência, bem como das barreiras que impedem a realização de seus direitos.

§ 1º O Cadastro-Inclusão será administrado pelo Poder Executivo federal e constituído por base de dados, instrumentos, procedimentos e sistemas eletrônicos.

§ 2º Os dados constituintes do Cadastro-Inclusão serão obtidos pela integração dos sistemas de informação e da base de dados de todas as políticas públicas relacionadas aos direitos da pessoa com deficiência, bem como por informações coletadas, inclusive em censos nacionais e nas demais pesquisas realizadas no País, de acordo com os parâmetros estabelecidos pela Convenção sobre os Direitos das Pessoas com Deficiência e seu Protocolo Facultativo.

§ 3º Para coleta, transmissão e sistematização de dados, é facultada a celebração de convênios, acordos, termos de parceria ou contratos com instituições públicas e privadas, observados os requisitos e procedimentos previstos em legislação específica.

§ 4º Para assegurar a confidencialidade, a privacidade e as liberdades fundamentais da pessoa com deficiência e os princípios éticos que regem a utilização de informações, devem ser observadas as salvaguardas estabelecidas em lei.

§ 5º Os dados do Cadastro-Inclusão somente poderão ser utilizados para as seguintes finalidades:

I — formulação, gestão, monitoramento e avaliação das políticas públicas para a pessoa com deficiência e para identificar as barreiras que impedem a realização de seus direitos;

II — realização de estudos e pesquisas.

§ 6º As informações a que se refere este artigo devem ser disseminadas em formatos acessíveis.

Art. 93. Na realização de inspeções e de auditorias pelos órgãos de controle interno e externo, deve ser observado o cumprimento da legislação relativa à pessoa com deficiência e das normas de acessibilidade vigentes.

Art. 94. Terá direito a auxílio-inclusão, nos termos da lei, a pessoa com deficiência moderada ou grave que:

I — receba o benefício de prestação continuada previsto no art. 20 da Lei n. 8.742, de 7 de dezembro de 1993, e que passe a exercer atividade remunerada que a enquadre como segurado obrigatório do RGPS;

II — tenha recebido, nos últimos 5 (cinco) anos, o benefício de prestação continuada previsto no art. 20 da Lei n. 8.742, de 7 de dezembro de 1993, e que exerça atividade remunerada que a enquadre como segurado obrigatório do RGPS.

Art. 95. É vedado exigir o comparecimento de pessoa com deficiência perante os órgãos públicos quando seu deslocamento, em razão de sua limitação funcional e de condições de acessibilidade, imponha-lhe ônus desproporcional e indevido, hipótese na qual serão observados os seguintes procedimentos:

I — quando for de interesse do poder público, o agente promoverá o contato necessário com a pessoa com deficiência em sua residência;

II — quando for de interesse da pessoa com deficiência, ela apresentará solicitação de atendimento domiciliar ou fará representar-se por procurador constituído para essa finalidade.

Parágrafo único. É assegurado à pessoa com deficiência atendimento domiciliar pela perícia médica e social do Instituto Nacional do Seguro Social (INSS), pelo serviço público de saúde ou pelo serviço privado de saúde, contratado ou conveniado, que integre o SUS e pelas entidades da rede socioassistencial integrantes do SUAS, quando seu deslocamento, em razão de sua limitação funcional e de condições de acessibilidade, imponha-lhe ônus desproporcional e indevido.

Art. 96. O § 6º-A do art. 135 da Lei n. 4.737, de 15 de julho de 1965 (Código Eleitoral), passa a vigorar com a seguinte redação:

"Art. 135. ...

§ 6º-A. Os Tribunais Regionais Eleitorais deverão, a cada eleição, expedir instruções aos Juízes Eleitorais para orientá-los na escolha dos locais de votação, de maneira a garantir acessibilidade para o eleitor com deficiência ou com mobilidade reduzida, inclusive em seu entorno e nos sistemas de transporte que lhe dão acesso.
.." (NR)

Art. 97. A Consolidação das Leis do Trabalho (CLT), aprovada pelo Decreto-Lei n. 5.452, de 1º de maio de 1943, passa a vigorar com as seguintes alterações:

"Art. 428. ..

§ 6º Para os fins do contrato de aprendizagem, a comprovação da escolaridade de aprendiz com deficiência deve considerar, sobretudo, as habilidades e competências relacionadas com a profissionalização.

§ 8º Para o aprendiz com deficiência com 18 (dezoito) anos ou mais, a validade do contrato de aprendizagem pressupõe anotação na CTPS e matrícula e frequência em programa de aprendizagem desenvolvido sob orientação de entidade qualificada em formação técnico-profissional metódica." (NR)

"Art. 433. ..

I — desempenho insuficiente ou inadaptação do aprendiz, salvo para o aprendiz com deficiência quando desprovido de recursos de acessibilidade, de tecnologias assistivas e de apoio necessário ao desempenho de suas atividades;
.." (NR)

Art. 98. A Lei n. 7.853, de 24 de outubro de 1989, passa a vigorar com as seguintes alterações:

"Art. 3º As medidas judiciais destinadas à proteção de interesses coletivos, difusos, individuais homogêneos e individuais indisponíveis da pessoa com deficiência poderão ser propostas pelo Ministério Público, pela Defensoria Pública, pela União, pelos Estados, pelos Municípios, pelo Distrito Federal, por associação constituída há mais de 1 (um) ano, nos termos da lei civil, por autarquia, por empresa pública e por fundação ou sociedade de economia mista que inclua, entre suas finalidades institucionais, a proteção dos interesses e a promoção de direitos da pessoa com deficiência.
.." (NR)

"Art. 8º Constitui crime punível com reclusão de 2 (dois) a 5 (cinco) anos e multa:

I — recusar, cobrar valores adicionais, suspender, procrastinar, cancelar ou fazer cessar inscrição de aluno em estabelecimento de ensino de qualquer curso ou grau, público ou privado, em razão de sua deficiência;

II — obstar inscrição em concurso público ou acesso de alguém a qualquer cargo ou emprego público, em razão de sua deficiência;

III — negar ou obstar emprego, trabalho ou promoção à pessoa em razão de sua deficiência;

IV — recusar, retardar ou dificultar internação ou deixar de prestar assistência médico-hospitalar e ambulatorial à pessoa com deficiência;

V — deixar de cumprir, retardar ou frustrar execução de ordem judicial expedida na ação civil a que alude esta Lei;

VI — recusar, retardar ou omitir dados técnicos indispensáveis à propositura da ação civil pública objeto desta Lei, quando requisitados.

§ 1º Se o crime for praticado contra pessoa com deficiência menor de 18 (dezoito) anos, a pena é agravada em 1/3 (um terço).

§ 2º A pena pela adoção deliberada de critérios subjetivos para indeferimento de inscrição, de aprovação e de cumprimento de estágio probatório em concursos públicos não exclui a responsabilidade patrimonial pessoal do administrador público pelos danos causados.

§ 3º Incorre nas mesmas penas quem impede ou dificulta o ingresso de pessoa com deficiência em planos privados de assistência à saúde, inclusive com cobrança de valores diferenciados.

§ 4º Se o crime for praticado em atendimento de urgência e emergência, a pena é agravada em 1/3 (um terço)." (NR)

Art. 99. O art. 20 da Lei n. 8.036, de 11 de maio de 1990, passa a vigorar acrescido do seguinte inciso XVIII:

LEGISLAÇÃO COMPLEMENTAR

"Art. 20. ...

XVIII — quando o trabalhador com deficiência, por prescrição, necessite adquirir órtese ou prótese para promoção de acessibilidade e de inclusão social.

..." (NR)

Art. 100. A Lei n. 8.078, de 11 de setembro de 1990 (Código de Defesa do Consumidor), passa a vigorar com as seguintes alterações:
"Art. 6º...

Parágrafo único. A informação de que trata o inciso III do *caput* deste artigo deve ser acessível à pessoa com deficiência, observado o disposto em regulamento." (NR)

"Art. 43. ...

§ 6º Todas as informações de que trata o *caput* deste artigo devem ser disponibilizadas em formatos acessíveis, inclusive para a pessoa com deficiência, mediante solicitação do consumidor." (NR)

Art. 101. A Lei n. 8.213, de 24 de julho de 1991, passa a vigorar com as seguintes alterações:
"Art. 16. ...

I — o cônjuge, a companheira, o companheiro e o filho não emancipado, de qualquer condição, menor de 21 (vinte e um) anos ou inválido ou que tenha deficiência intelectual ou mental ou deficiência grave;

III — o irmão não emancipado, de qualquer condição, menor de 21 (vinte e um) anos ou inválido ou que tenha deficiência intelectual ou mental ou deficiência grave;

..." (NR)

"Art. 77. ...

§ 2º ...

II — para o filho, a pessoa a ele equiparada ou o irmão, de ambos os sexos, pela emancipação ou ao completar 21 (vinte e um) anos de idade, salvo se for inválido ou tiver deficiência intelectual ou mental ou deficiência grave;

§ 4º (VETADO).

..." (NR)

"Art. 93. (VETADO):

I — (VETADO);

II — (VETADO);

III — (VETADO);

IV — (VETADO);

V — (VETADO).

§ 1º A dispensa de pessoa com deficiência ou de beneficiário reabilitado da Previdência Social ao final de contrato por prazo determinado de mais de 90 (noventa) dias e a dispensa imotivada em contrato por prazo indeterminado somente poderão ocorrer após a contratação de outro trabalhador com deficiência ou beneficiário reabilitado da Previdência Social.

§ 2º Ao Ministério do Trabalho e Emprego incumbe estabelecer a sistemática de fiscalização, bem como gerar dados e estatísticas sobre o total de empregados e as vagas preenchidas por pessoas com deficiência e por beneficiários reabilitados da Previdência Social, fornecendo-os, quando solicitados, aos sindicatos, às entidades representativas dos empregados ou aos cidadãos interessados.

§ 3º Para a reserva de cargos será considerada somente a contratação direta de pessoa com deficiência, excluído o aprendiz com deficiência de que trata a Consolidação das Leis do Trabalho (CLT), aprovada pelo Decreto-Lei n. 5.452, de 1º de maio de 1943.

§ 4º (VETADO). (NR)

"Art. 110-A. No ato de requerimento de benefícios operacionalizados pelo INSS, não será exigida apresentação de termo de curatela de titular ou de beneficiário com deficiência, observados os procedimentos a serem estabelecidos em regulamento." (NR)

Art. 102. O art. 2º da Lei n. 8.313, de 23 de dezembro de 1991, passa a vigorar acrescido do seguinte § 3º:
"Art. 2º ...

§ 3º Os incentivos criados por esta Lei somente serão concedidos a projetos culturais que forem disponibilizados, sempre que tecnicamente possível, também em formato acessível à pessoa com deficiência, observado o disposto em regulamento." (NR)

Art. 103. O art. 11 da Lei n. 8.429, de 2 de junho de 1992, passa a vigorar acrescido do seguinte inciso IX:
"Art. 11. ...

IX — deixar de cumprir a exigência de requisitos de acessibilidade previstos na legislação." (NR)

Art. 104. A Lei n. 8.666, de 21 de junho de 1993, passa a vigorar com as seguintes alterações:
"Art. 3º ...

§ 2º ...

V — produzidos ou prestados por empresas que comprovem cumprimento de reserva de cargos prevista em lei para pessoa com deficiência ou para reabilitado da Previdência Social e que atendam às regras de acessibilidade previstas na legislação.

§ 5º Nos processos de licitação, poderá ser estabelecida margem de preferência para:

I — produtos manufaturados e para serviços nacionais que atendam a normas técnicas brasileiras; e

II — bens e serviços produzidos ou prestados por empresas que comprovem cumprimento de reserva de cargos prevista em lei para pessoa com deficiência ou para reabilitado da Previdência Social e que atendam às regras de acessibilidade previstas na legislação.

..." (NR)

"Art. 66-A. As empresas enquadradas no inciso V do § 2º e no inciso II do § 5º do art. 3º desta Lei deverão cumprir, durante todo o período de execução do contrato, a reserva de cargos prevista em lei para pessoa com deficiência ou para reabilitado da Previdência Social, bem como as regras de acessibilidade previstas na legislação.

Parágrafo único. Cabe à administração fiscalizar o cumprimento dos requisitos de acessibilidade nos serviços e nos ambientes de trabalho."

Art. 105. O art. 20 da Lei n. 8.742, de 7 de dezembro de 1993, passa a vigorar com as seguintes alterações:
"Art. 20. ...

§ 2º Para efeito de concessão do benefício de prestação continuada, considera-se pessoa com deficiência aquela que tem impedimento de longo prazo de natureza física, mental, intelectual ou sensorial, o qual, em interação com uma ou mais barreiras, pode obstruir sua participação plena e efetiva na sociedade em igualdade de condições com as demais pessoas.

§ 9º Os rendimentos decorrentes de estágio supervisionado e de aprendizagem não serão computados para os fins de cálculo da renda familiar *per capita* a que se refere o § 3º deste artigo.

§ 11. Para concessão do benefício de que trata o *caput* deste artigo, poderão ser utilizados outros elementos probatórios da condição de miserabilidade do grupo familiar e da situação de vulnerabilidade, conforme regulamento." (NR)

Art. 106. (VETADO).

Art. 107. A Lei n. 9.029, de 13 de abril de 1995, passa a vigorar com as seguintes alterações:
"Art. 1º É proibida a adoção de qualquer prática discriminatória e limitativa para efeito de acesso à relação de trabalho, ou de sua manutenção, por motivo de sexo, origem, raça, cor, estado civil, situação familiar, deficiência, reabilitação profissional, idade, entre outros, ressalvadas, nesse caso, as hipóteses de proteção à criança e ao adolescente previstas no inciso XXXIII do art. 7º da Constituição Federal."

"Art. 3º Sem prejuízo do prescrito no art. 2º desta Lei e nos dispositivos legais que tipificam os crimes resultantes de preconceito de etnia, raça, cor ou deficiência, as infrações ao disposto nesta Lei são passíveis das seguintes cominações:

..." (NR)

"Art. 4º ...

I — a reintegração com ressarcimento integral de todo o período de afastamento, mediante pagamento das remunerações devidas, corrigidas monetariamente e acrescidas de juros legais;

..." (NR)

Art. 108. O art. 35 da Lei n. 9.250, de 26 de dezembro de 1995, passa a vigorar acrescido do seguinte § 5º:
"Art. 35. ...

§ 5º Sem prejuízo do disposto no inciso IX do parágrafo único do art. 3º da Lei n. 10.741, de 1º de outubro de 2003, a pessoa com deficiência, ou o contribuinte que a tenha dependente nessa condição, tem preferência na restituição referida no inciso III do art. 4º e na alínea "c" do inciso II do art. 8º." (NR)

Art. 109. A Lei n. 9.503, de 23 de setembro de 1997 (Código de Trânsito Brasileiro), passa a vigorar com as seguintes alterações:
"Art. 2º ...

Parágrafo único. Para os efeitos deste Código, são consideradas vias terrestres as praias abertas à circulação pública, as vias internas pertencentes aos condomínios constituídos por unidades autônomas e as vias e áreas de estacionamento de estabelecimentos privados de uso coletivo." (NR)

"Art. 86-A. As vagas de estacionamento regulamentado de que trata o inciso XVII do art. 181 desta Lei deverão ser sinalizadas com as respectivas placas indicativas de destinação e com placas informando os dados sobre a infração por estacionamento indevido."

"Art. 147-A. Ao candidato com deficiência auditiva é assegurada acessibilidade de comunicação, mediante emprego de tecnologias assistivas ou de ajudas técnicas em todas as etapas do processo de habilitação.

§ 1º O material didático audiovisual utilizado em aulas teóricas dos cursos que precedem os exames previstos no art. 147 desta Lei deve ser acessível, por meio de subtitulação com legenda oculta associada à tradução simultânea em Libras.

§ 2º É assegurado também ao candidato com deficiência auditiva requerer, no ato de sua inscrição, os serviços de intérprete de Libras, para acompanhamento em aulas práticas e teóricas.

"Art. 154. (VETADO)."

"Art. 181. ...

XVII — Infração — grave;

..." (NR)

Art. 110. O inciso VI e o § 1º do art. 56 da Lei n. 9.615, de 24 de março de 1998, passam a vigorar com a seguinte redação:
"Art. 56. ...

VI — 2,7% (dois inteiros e sete décimos por cento) da arrecadação bruta dos concursos de prognósticos e loterias federais e similares cuja realização estiver sujeita a autorização federal, deduzindo-se esse valor do montante destinado aos prêmios.

§ 1º Do total de recursos financeiros resultantes do percentual de que trata o inciso VI do *caput*, 62,96% (sessenta e dois inteiros e noventa e seis centésimos por cento) serão destinados ao Comitê Olímpico Brasileiro (COB) e 37,04% (trinta e sete inteiros e quatro centésimos por cento) ao Comitê Paralímpico Brasileiro (CPB), devendo ser observado, em ambos os casos, o conjunto de normas aplicáveis à celebração de convênios pela União.

..." (NR)

Art. 111. O art. 1º da Lei n. 10.048, de 8 de novembro de 2000, passa a vigorar com a seguinte redação:
"Art. 1º As pessoas com deficiência, os idosos com idade igual ou superior a 60 (sessenta) anos, as gestantes, as lactantes, as pessoas com crianças de colo e os obesos terão atendimento prioritário, nos termos desta Lei." (NR)

Art. 112. A Lei n. 10.098, de 19 de dezembro de 2000, passa a vigorar com as seguintes alterações:
"Art. 2º ...

I — acessibilidade: possibilidade e condição de alcance para utilização, com segurança e autonomia, de espaços, mobiliários, equipamentos urbanos, edificações, transportes, informação e comunicação, inclusive seus sistemas e tecnologias, bem como de outros serviços e instalações abertos ao público, de uso público ou privados de uso coletivo, tanto na zona urbana como na rural, por pessoa com deficiência ou com mobilidade reduzida;

II — barreiras: qualquer entrave, obstáculo, atitude ou comportamento que limite ou impeça a participação social da pessoa, bem como o gozo, a fruição e o exercício de seus direitos à acessibilidade, à liberdade de movimento e de expressão, à comunicação, ao acesso à informação, à compreensão, à circulação com segurança, entre outros, classificados em:

a) barreiras urbanísticas: as existentes nas vias e nos espaços públicos e privados abertos ao público ou de uso coletivo;

b) barreiras arquitetônicas: as existentes nos edifícios públicos e privados;

c) barreiras nos transportes: as existentes nos sistemas e meios de transportes;

d) barreiras nas comunicações e na informação: qualquer entrave, obstáculo, atitude ou comportamento que dificulte ou impossibilite a expressão ou o recebimento de mensagens e de informações por intermédio de sistemas de comunicação e de tecnologia da informação;

III — pessoa com deficiência: aquela que tem impedimento de longo prazo de natureza física, mental, intelectual ou sensorial, o qual, em interação com uma ou mais barreiras, pode obstruir sua participação plena e efetiva na sociedade em igualdade de condições com as demais pessoas;

IV — pessoa com mobilidade reduzida: aquela que tenha, por qualquer motivo, dificuldade de movimentação, permanente ou temporária, gerando redução efetiva da mobilidade, da flexibilidade, da coordenação motora ou da percepção, incluindo idoso, gestante, lactante, pessoa com criança de colo e obeso;

V — acompanhante: aquele que acompanha a pessoa com deficiência, podendo ou não desempenhar as funções de atendente pessoal;

VI — elemento de urbanização: quaisquer componentes de obras de urbanização, tais como os referentes a pavimentação, saneamento, encanamento para esgotos, distribuição de energia elétrica e de gás, iluminação pública, serviços de comunicação, abastecimento e distribuição de água, paisagismo e os que materializam as indicações do planejamento urbanístico;

VII — mobiliário urbano: conjunto de objetos existentes nas vias e nos espaços públicos, superpostos ou adicionados aos elementos de urbanização ou de edificação, de forma que sua modificação ou seu traslado não provoque alterações substanciais nesses elementos, tais como semáforos, postes de sinalização e similares, terminais e pontos de acesso coletivo às telecomunicações, fontes de água, lixeiras, toldos, marquises, bancos, quiosques e quaisquer outros de natureza análoga;

VIII — tecnologia assistiva ou ajuda técnica: produtos, equipamentos, dispositivos, recursos, metodologias, estratégias, práticas e serviços que objetivem promover a funcionalidade, relacionada à atividade e à participação da pessoa com deficiência ou com mobilidade reduzida, visando à sua autonomia, independência, qualidade de vida e inclusão social;

IX — comunicação: forma de interação dos cidadãos que abrange, entre outras opções, as línguas, inclusive a Língua Brasileira de Sinais (Libras), a visualização de textos, o Braille, o sistema de sinalização ou de comunicação tátil, os caracteres ampliados, os dispositivos multimídia, assim como a linguagem simples, escrita e oral, os sistemas auditivos e os meios de voz digitalizados e os modos, meios e

formatos aumentativos e alternativos de comunicação, incluindo as tecnologias da informação e das comunicações;

X — desenho universal: concepção de produtos, ambientes, programas e serviços a serem usados por todas as pessoas, sem necessidade de adaptação ou de projeto específico, incluindo os recursos de tecnologia assistiva." (NR)

"Art. 3º O planejamento e a urbanização das vias públicas, dos parques e dos demais espaços de uso público deverão ser concebidos e executados de forma a torná-los acessíveis para todas as pessoas, inclusive para aquelas com deficiência ou com mobilidade reduzida.

Parágrafo único. O passeio público, elemento obrigatório de urbanização e parte da via pública, normalmente segregado e em nível diferente, destina-se somente à circulação de pedestres e, quando possível, à implantação de mobiliário urbano e de vegetação."

"Art. 9º ..

Parágrafo único. Os semáforos para pedestres instalados em vias públicas de grande circulação, ou que deem acesso aos serviços de reabilitação, devem obrigatoriamente estar equipados com mecanismo que emita sinal sonoro suave para orientação do pedestre." (NR)

"Art. 10-A. A instalação de qualquer mobiliário urbano em área de circulação comum para pedestre que ofereça risco de acidente à pessoa com deficiência deverá ser indicada mediante sinalização tátil de alerta no piso, de acordo com as normas técnicas pertinentes."

"Art. 12-A. Os centros comerciais e os estabelecimentos congêneres devem fornecer carros e cadeiras de rodas, motorizados ou não, para o atendimento da pessoa com deficiência ou com mobilidade reduzida."

Art. 113. A Lei n. 10.257, de 10 de julho de 2001 (Estatuto da Cidade), passa a vigorar com as seguintes alterações:

"Art. 3º..

III — promover, por iniciativa própria e em conjunto com os Estados, o Distrito Federal e os Municípios, programas de construção de moradias e melhoria das condições habitacionais, de saneamento básico, das calçadas, dos passeios públicos, do mobiliário urbano e dos demais espaços de uso público;

IV — instituir diretrizes para desenvolvimento urbano, inclusive habitação, saneamento básico, transporte e mobilidade urbana, que incluam regras de acessibilidade aos locais de uso público;

.." (NR)

"Art. 41..

§ 3º As cidades de que trata o *caput* deste artigo devem elaborar plano de rotas acessíveis, compatível com o plano diretor no qual está inserido, que disponha sobre os passeios públicos a serem implantados ou reformados pelo poder público, com vistas a garantir acessibilidade da pessoa com deficiência ou com mobilidade reduzida a todas as rotas e vias existentes, inclusive as que concentrem os focos geradores de maior circulação de pedestres, como os órgãos públicos e os locais de prestação de serviços públicos e privados de saúde, educação, assistência social, esporte, cultura, correios e telégrafos, bancos, entre outros, sempre que possível de maneira integrada com os sistemas de transporte coletivo de passageiros." (NR)

Art. 114. A Lei n. 10.406, de 10 de janeiro de 2002 (Código Civil), passa a vigorar com as seguintes alterações:

"Art. 3º São absolutamente incapazes de exercer pessoalmente os atos da vida civil os menores de 16 (dezesseis) anos.

I — (Revogado);

II — (Revogado);

III — (Revogado)." (NR)

"Art. 4º São incapazes, relativamente a certos atos ou à maneira de os exercer:

II — os ébrios habituais e os viciados em tóxico;

III — aqueles que, por causa transitória ou permanente, não puderem exprimir sua vontade;

Parágrafo único. A capacidade dos indígenas será regulada por legislação especial." (NR)

"Art. 228..

II — (Revogado);

III — (Revogado);

§ 1º ...

§ 2º A pessoa com deficiência poderá testemunhar em igualdade de condições com as demais pessoas, sendo-lhe assegurados todos os recursos de tecnologia assistiva." (NR)

"Art. 1.518. Até a celebração do casamento podem os pais ou tutores revogar a autorização." (NR)

"Art. 1.548. ..

I — (Revogado);

.." (NR)

"Art. 1.550...

§ 1º ...

§ 2º A pessoa com deficiência mental ou intelectual em idade núbia poderá contrair matrimônio, expressando sua vontade diretamente ou por meio de seu responsável ou curador." (NR)

"Art. 1.557...

III — a ignorância, anterior ao casamento, de defeito físico irremediável que não caracterize deficiência ou de moléstia grave e transmissível, por contágio ou por herança, capaz de pôr em risco a saúde do outro cônjuge ou de sua descendência;

IV — (Revogado)." (NR)

"Art. 1.767. ..

I — aqueles que, por causa transitória ou permanente, não puderem exprimir sua vontade;

II — (Revogado);

III — os ébrios habituais e os viciados em tóxico;

IV — (Revogado);

.." (NR)

"Art. 1.768. O processo que define os termos da curatela deve ser promovido:

IV — pela própria pessoa." (NR)

"Art. 1.769. O Ministério Público somente promoverá o processo que define os termos da curatela:

I — nos casos de deficiência mental ou intelectual;

III — se, existindo, forem menores ou incapazes as pessoas mencionadas no inciso II." (NR)

"Art. 1.771. Antes de se pronunciar acerca dos termos da curatela, o juiz, que deverá ser assistido por equipe multidisciplinar, entrevistará pessoalmente o interditando." (NR)

"Art. 1.772. O juiz determinará, segundo as potencialidades da pessoa, os limites da curatela, circunscritos às restrições constantes do art. 1.782, e indicará curador.

Parágrafo único. Para a escolha do curador, o juiz levará em conta a vontade e as preferências do interditando, a ausência de conflito de interesses e de influência indevida, a proporcionalidade e a adequação às circunstâncias da pessoa." (NR)

"Art. 1.775-A. Na nomeação de curador para a pessoa com deficiência, o juiz poderá estabelecer curatela compartilhada a mais de uma pessoa."

"Art. 1.777. As pessoas referidas no inciso I do art. 1.767 receberão todo o apoio necessário para ter preservado o direito à convivência familiar e comunitária, sendo evitado o seu recolhimento em estabelecimento que os afaste desse convívio." (NR)

Art. 115. O Título IV do Livro IV da Parte Especial da Lei n. 10.406, de 10 de janeiro de 2002 (Código Civil), passa a vigorar com a seguinte redação:

TÍTULO IV
Da Tutela, da Curatela e da Tomada de Decisão Apoiada

Art. 116. O Título IV do Livro IV da Parte Especial da Lei n. 10.406, de 10 de janeiro de 2002 (Código Civil), passa a vigorar acrescido do seguinte Capítulo III:

CAPÍTULO III
Da Tomada de Decisão Apoiada

Art. 1.783-A. A tomada de decisão apoiada é o processo pelo qual a pessoa com deficiência elege pelo menos 2 (duas) pessoas idôneas, com as quais mantenha vínculos e que gozem de sua confiança, para prestar-lhe apoio na tomada de decisão sobre atos da vida civil, fornecendo-lhes os elementos e informações necessários para que possa exercer sua capacidade.

§ 1º Para formular pedido de tomada de decisão apoiada, a pessoa com deficiência e os apoiadores devem apresentar termo em que constem os limites do apoio a ser oferecido e os compromissos dos apoiadores, inclusive o prazo de vigência do acordo e o respeito à vontade, aos direitos e aos interesses da pessoa que devem apoiar.

§ 2º O pedido de tomada de decisão apoiada será requerido pela pessoa a ser apoiada, com indicação expressa das pessoas aptas a prestarem o apoio previsto no *caput* deste artigo.

§ 3º Antes de se pronunciar sobre o pedido de tomada de decisão apoiada, o juiz, assistido por equipe multidisciplinar, após oitiva do Ministério Público, ouvirá pessoalmente o requerente e as pessoas que lhe prestarão apoio.

§ 4º A decisão tomada por pessoa apoiada terá validade e efeitos sobre terceiros, sem restrições, desde que esteja inserida nos limites do apoio acordado.

§ 5º Terceiro com quem a pessoa apoiada mantenha relação negocial pode solicitar que os apoiadores contra-assinem o contrato ou acordo, especificando, por escrito, sua função em relação ao apoiado.

§ 6º Em caso de negócio jurídico que possa trazer risco ou prejuízo relevante, havendo divergência de opiniões entre a pessoa apoiada e um dos apoiadores, deverá o juiz, ouvido o Ministério Público, decidir sobre a questão.

§ 7º Se o apoiador agir com negligência, exercer pressão indevida ou não adimplir as obrigações assumidas, poderá a pessoa apoiada ou qualquer pessoa apresentar denúncia ao Ministério Público ou ao juiz.

§ 8º Se procedente a denúncia, o juiz destituirá o apoiador e nomeará, ouvida a pessoa apoiada e se for de seu interesse, outra pessoa para prestação de apoio.

§ 9º A pessoa apoiada pode, a qualquer tempo, solicitar o término de acordo firmado em processo de tomada de decisão apoiada.

§ 10. O apoiador pode solicitar ao juiz a exclusão de sua participação do processo de tomada de decisão apoiada, sendo seu desligamento condicionado à manifestação do juiz sobre a matéria.

§ 11. Aplicam-se à tomada de decisão apoiada, no que couber, as disposições referentes à prestação de contas na curatela."

Art. 117. O art. 1º da Lei n. 11.126, de 27 de junho de 2005, passa a vigorar com a seguinte redação:

"Art. 1º É assegurado à pessoa com deficiência visual acompanhada de cão-guia o direito de ingressar e de permanecer com o animal em todos os meios de transporte e em estabelecimentos abertos ao público, de uso público e privados de uso coletivo, desde que observadas as condições impostas por esta Lei.

§ 2º O disposto no *caput* deste artigo aplica-se a todas as modalidades e jurisdições do serviço de transporte coletivo de passageiros, inclusive em esfera internacional com origem no território brasileiro." (NR)

Art. 118. O inciso IV do art. 46 da Lei n. 11.904, de 14 de janeiro de 2009, passa a vigorar acrescido da seguinte alínea "k":

"Art. 46. ...

IV — ..

k) de acessibilidade a todas as pessoas.

.." (NR)

Art. 119. A Lei n. 12.587, de 3 de janeiro de 2012, passa a vigorar acrescida do seguinte art. 12-B:

"Art. 12-B. Na outorga de exploração de serviço de táxi, reservar-se-ão 10% (dez por cento) das vagas para condutores com deficiência.

§ 1º Para concorrer às vagas reservadas na forma do *caput* deste artigo, o condutor com deficiência deverá observar os seguintes requisitos quanto ao veículo utilizado:

I — ser de sua propriedade e por ele conduzido; e

II — estar adaptado às suas necessidades, nos termos da legislação vigente.

§ 2º No caso de não preenchimento das vagas na forma estabelecida no *caput* deste artigo, as remanescentes devem ser disponibilizadas para os demais concorrentes."

Art. 120. Cabe aos órgãos competentes, em cada esfera de governo, a elaboração de relatórios circunstanciados sobre o cumprimento dos prazos estabelecidos por força das Leis n. 10.048, de 8 de novembro de 2000, e n. 10.098, de 19 de dezembro de 2000, bem como o seu encaminhamento ao Ministério Público e aos órgãos de regulação para adoção das providências cabíveis.

Parágrafo único. Os relatórios a que se refere o *caput* deste artigo deverão ser apresentados no prazo de 1 (um) ano a contar da entrada em vigor desta Lei.

Art. 121. Os direitos, os prazos e as obrigações previstos nesta Lei não excluem os já estabelecidos em outras legislações, inclusive em pactos, tratados, convenções e declarações internacionais aprovados e promulgados pelo Congresso Nacional, e devem ser aplicados em conformidade com as demais normas internas e acordos internacionais vinculantes sobre a matéria.

Parágrafo único. Prevalecerá a norma mais benéfica à pessoa com deficiência.

Art. 122. Regulamento disporá sobre a adequação do disposto nesta Lei ao tratamento diferenciado, simplificado e favorecido a ser dispensado às microempresas e às empresas de pequeno porte, previsto no § 3º do art. 1º da Lei Complementar n. 123, de 14 de dezembro de 2006.

Art. 123. Revogam-se os seguintes dispositivos:

I — o inciso II do § 2º do art. 1º da Lei n. 9.008, de 21 de março de 1995;

II — os incisos I, II e III do art. 3º da Lei n. 10.406, de 10 de janeiro de 2002 (Código Civil);

III — os incisos II e III do art. 228 da Lei n. 10.406, de 10 de janeiro de 2002 (Código Civil);

IV — o inciso I do art. 1.548 da Lei n. 10.406, de 10 de janeiro de 2002 (Código Civil);

V — o inciso IV do art. 1.557 da Lei n. 10.406, de 10 de janeiro de 2002 (Código Civil);

VI — os incisos II e IV do art. 1.767 da Lei n. 10.406, de 10 de janeiro de 2002 (Código Civil);

VII — os arts. 1.776 e 1.780 da Lei n. 10.406, de 10 de janeiro de 2002 (Código Civil).

Art. 124. O § 1º do art. 2º desta Lei deverá entrar em vigor em até 2 (dois) anos, contados da entrada em vigor desta Lei.

Art. 125. Devem ser observados os prazos a seguir discriminados, a partir da entrada em vigor desta Lei, para o cumprimento dos seguintes dispositivos:

I — incisos I e II do § 2º do art. 28, 48 (quarenta e oito) meses;

II — § 6º do art. 44, 48 (quarenta e oito) meses;

III — art. 45, 24 (vinte e quatro) meses;

IV — art. 49, 48 (quarenta e oito) meses.

Art. 126. Prorroga-se até 31 de dezembro de 2021 a vigência da Lei n. 8.989, de 24 de fevereiro de 1995.

Art. 127. Esta Lei entra em vigor após decorridos 180 (cento e oitenta) dias de sua publicação oficial.

Brasília, 6 de julho de 2015; 194º da Independência e 127º da República.

Dilma Rousseff
Marivaldo de Castro Pereira
Joaquim Vieira Ferreira Levy
Renato Janine Ribeiro
Armando Monteiro
Nelson Barbosa
Gilberto Kassab
Luis Inácio Lucena Adams
Gilberto José Spier Vargas
Guilherme Afif Domingos

DOU 7.7.15

Lei n. 13.152, de 29 de julho de 2015

Dispõe sobre a política de valorização do salário-mínimo e dos benefícios pagos pelo Regime Geral de Previdência Social (RGPS) para o período de 2016 a 2019

A PRESIDENTA DA REPÚBLICA

Faço saber que o Congresso Nacional decreta e eu sanciono a seguinte Lei:

Art. 1º São estabelecidas as diretrizes a vigorar entre 2016 e 2019, inclusive, a serem aplicadas em 1º de janeiro do respectivo ano, para:

I — a política de valorização do salário-mínimo; e

II — (VETADO).

§ 1º Os reajustes para a preservação do poder aquisitivo do salário-mínimo corresponderão à variação do Índice Nacional de Preços ao Consumidor (INPC), calculado e divulgado pela Fundação Instituto Brasileiro de Geografia e Estatística (IBGE), acumulada nos 12 (doze) meses anteriores ao mês do reajuste.

§ 2º Na hipótese de não divulgação do INPC referente a um ou mais meses compreendidos no período do cálculo até o último dia útil imediatamente anterior à vigência do reajuste, o Poder Executivo estimará os índices dos meses não disponíveis.

§ 3º Verificada a hipótese de que trata o § 2º, os índices estimados permanecerão válidos para os fins desta Lei, sem qualquer revisão, sendo os eventuais resíduos compensados no reajuste subsequente, sem retroatividade.

§ 4º A título de aumento real, serão aplicados os seguintes percentuais:

I — em 2016, será aplicado o percentual equivalente à taxa de crescimento real do Produto Interno Bruto (PIB), apurada pelo IBGE, para o ano de 2014;

II — em 2017, será aplicado o percentual equivalente à taxa de crescimento real do PIB, apurada pelo IBGE, para o ano de 2015;

III — em 2018, será aplicado o percentual equivalente à taxa de crescimento real do PIB, apurada pelo IBGE, para o ano de 2016; e

IV — em 2019, será aplicado o percentual equivalente à taxa de crescimento real do PIB, apurada pelo IBGE, para o ano de 2017.

§ 5º Para fins do disposto no § 4º, será utilizada a taxa de crescimento real do PIB para o ano de referência, divulgada pelo IBGE até o último dia útil do ano imediatamente anterior ao de aplicação do respectivo aumento real.

§ 6º (VETADO).

Art. 2º Os reajustes e os aumentos fixados na forma do art. 1º serão estabelecidos pelo Poder Executivo, por meio de decreto, nos termos desta Lei.

Parágrafo único. O decreto do Poder Executivo a que se refere o *caput* divulgará a cada ano os valores mensal, diário e horário do salário-mínimo decorrentes do disposto neste artigo, correspondendo o valor diário a 1/30 (um trinta avos) e o valor horário a 1/220 (um duzentos e vinte avos) do valor mensal.

Art. 3º (VETADO).

Art. 4º Esta Lei entra em vigor na data de sua publicação.

Brasília, 29 de julho de 2015; 194º da Independência e 127º da República.

Dilma Rousseff
José Eduardo Cardozo
Joaquim Vieira Ferreira Levy
Nelson Barbosa
Carlos Eduardo Gabas
Luís Inácio Lucena Adams

DOU 30.7.2015

Decreto n. 8.618, de 29 de dezembro de 2015

Regulamenta a Lei n. 13.152, de 29 de julho de 2015, que dispõe sobre o valor do salário mínimo e a sua política de valorização de longo prazo

A PRESIDENTA DA REPÚBLICA, no uso da atribuição que lhe confere o art. 84, *caput*, inciso IV, da Constituição, e tendo em vista o disposto no art. 2º da Lei n. 13.152, de 29 de julho de 2015,

DECRETA:

Art. 1º A partir de 1º de janeiro de 2016, o salário mínimo será de R$ 880,00 (oitocentos e oitenta reais).

Parágrafo único. Em virtude do disposto no *caput*, o valor diário do salário mínimo corresponderá a R$ 29,33 (vinte e nove reais e trinta e três centavos) e o valor horário, a R$ 4,00 (quatro reais).

Art. 2º Este Decreto entra em vigor a partir de 1º de janeiro.

DOU 30.12.2015

Lei n. 13.180, de 22 de outubro de 2015

Dispõe sobre a profissão de artesão e dá outras providências

A PRESIDENTA DA REPÚBLICA Faço saber que o Congresso Nacional decreta e eu sanciono a seguinte Lei:

Art. 1º Artesão é toda pessoa física que desempenha suas atividades profissionais de forma individual, associada ou cooperativada.

Parágrafo único. A profissão de artesão presume o exercício de atividade predominantemente manual, que pode contar com o auxílio de ferramentas e outros equipamentos, desde que visem a assegurar qualidade, segurança e, quando couber, observância às normas oficiais aplicáveis ao produto.

Art. 2º O artesanato será objeto de política específica no âmbito da União, que terá como diretrizes básicas:

I — a valorização da identidade e cultura nacionais;

II — a destinação de linha de crédito especial para o financiamento da comercialização da produção artesanal e para a aquisição de matéria-prima e de equipamentos imprescindíveis ao trabalho artesanal;

III — a integração da atividade artesanal com outros setores e programas de desenvolvimento econômico e social;

IV — a qualificação permanente dos artesãos e o estímulo ao aperfeiçoamento dos métodos e processos de produção;

V — o apoio comercial, com identificação de novos mercados em âmbito local, nacional e internacional;

VI — a certificação da qualidade do artesanato, agregando valor aos produtos e às técnicas artesanais;

VII — a divulgação do artesanato.

Art. 3º O artesão será identificado pela Carteira Nacional do Artesão, válida em todo o território nacional por, no mínimo, um ano, a qual somente será renovada com a comprovação das contribuições sociais vertidas para a Previdência Social, na forma do regulamento.

Art. 4º O Poder Executivo é autorizado a criar a Escola Técnica Federal do Artesanato, dedicada exclusivamente ao desenvolvimento de programas de formação do artesão.

Art. 5º Esta Lei entra em vigor na data de sua publicação.

Brasília, 22 de outubro de 2015; 194º da Independência e 127º da República.

Dilma Rousseff
Miguel Rossetto

Lei n. 13.185, de 6 de novembro de 2015

Institui o Programa de Combate à Intimidação Sistemática (Bullying)

A PRESIDENTA DA REPÚBLICA

Faço saber que o Congresso Nacional decreta e eu sanciono a seguinte Lei:

Art. 1º Fica instituído o Programa de Combate à Intimidação Sistemática (*bullying*) em todo o território nacional.

§ 1º No contexto e para os fins desta Lei, considera-se intimidação sistemática (*bullying*)

todo ato de violência física ou psicológica, intencional e repetitivo que ocorre sem motivação evidente, praticado por indivíduo ou grupo, contra uma ou mais pessoas, com o objetivo de intimidá-la ou agredi-la, causando dor e angústia à vítima, em uma relação de desequilíbrio de poder entre as partes envolvidas.

§ 2º O Programa instituído no *caput* poderá fundamentar as ações do Ministério da Educação e das Secretarias Estaduais e Municipais de Educação, bem como de outros órgãos, aos quais a matéria diz respeito.

Art. 2º Caracteriza-se a intimidação sistemática (*bullying*) quando há violência física ou psicológica em atos de intimidação, humilhação ou discriminação e, ainda:

I — ataques físicos;

II — insultos pessoais;

III — comentários sistemáticos e apelidos pejorativos;

IV — ameaças por quaisquer meios;

V — grafites depreciativos;

VI — expressões preconceituosas;

VII — isolamento social consciente e premeditado;

VIII — pilhérias.

Parágrafo único. Há intimidação sistemática na rede mundial de computadores (*cyberbullying*), quando se usarem os instrumentos que lhe são próprios para depreciar, incitar a violência, adulterar fotos e dados pessoais com o intuito de criar meios de constrangimento psicossocial.

Art. 3º A intimidação sistemática (*bullying*) pode ser classificada, conforme as ações praticadas, como:

I — verbal: insultar, xingar e apelidar pejorativamente;

II — moral: difamar, caluniar, disseminar rumores;

III — sexual: assediar, induzir e/ou abusar;

IV — social: ignorar, isolar e excluir;

V — psicológica: perseguir, amedrontar, aterrorizar, intimidar, dominar, manipular, chantagear e inferiorizar;

VI — físico: socar, chutar, bater;

VII — material: furtar, roubar, destruir pertences de outrem;

VIII — virtual: depreciar, enviar mensagens intrusivas da intimidade, enviar ou adulterar fotos e dados pessoais que resultem em sofrimento ou com o intuito de criar meios de constrangimento psicológico e social.

Art. 4º Constituem objetivos do Programa referido no *caput* do art. 1º:

I — prevenir e combater a prática da intimidação sistemática (*bullying*) em toda a sociedade;

II — capacitar docentes e equipes pedagógicas para a implementação das ações de discussão, prevenção, orientação e solução do problema;

III — implementar e disseminar campanhas de educação, conscientização e informação;

IV — instituir práticas de conduta e orientação de pais, familiares e responsáveis diante da identificação de vítimas e agressores;

V — dar assistência psicológica, social e jurídica às vítimas e aos agressores;

VI — integrar os meios de comunicação de massa com as escolas e a sociedade, como forma de identificação e conscientização do problema e forma de preveni-lo e combatê-lo;

VII — promover a cidadania, a capacidade empática e o respeito a terceiros, nos marcos de uma cultura de paz e tolerância mútua;

VIII — evitar, tanto quanto possível, a punição dos agressores, privilegiando mecanismos e instrumentos alternativos que promovam a efetiva responsabilização e a mudança de comportamento hostil;

IX — promover medidas de conscientização, prevenção e combate a todos os tipos de violência, com ênfase nas práticas recorrentes de intimidação sistemática (*bullying*), ou constrangimento físico e psicológico, cometidas por alunos, professores e outros profissionais integrantes de escola e de comunidade escolar.

Art. 5º É dever do estabelecimento de ensino, dos clubes e das agremiações recreativas assegurar medidas de conscientização, prevenção, diagnose e combate à violência e à intimidação sistemática (*bullying*).

Art. 6º Serão produzidos e publicados relatórios bimestrais das ocorrências de intimidação sistemática (*bullying*) nos Estados e Municípios para planejamento das ações.

Art. 7º Os entes federados poderão firmar convênios e estabelecer parcerias para a implementação e a correta execução dos objetivos e diretrizes do Programa instituído por esta Lei.

Art. 8º Esta Lei entra em vigor após decorridos 90 (noventa) dias da data de sua publicação oficial.

Brasília, 6 de novembro de 2015; 194º da Independência e 127º da República.

DILMA ROUSSEFF
Luiz Cláudio Costa
Nilma Lino Gomes
DOU 9.11.2015

Lei n. 13.189, de 19 de novembro de 2015

Institui o Programa de Proteção ao Emprego — PPE

A PRESIDENTA DA REPÚBLICA

Faço saber que o Congresso Nacional decreta e eu sanciono a seguinte Lei:

Art. 1º Fica instituído o Programa de Proteção ao Emprego — PPE, com os seguintes objetivos:

I — possibilitar a preservação dos empregos em momentos de retração da atividade econômica;

II — favorecer a recuperação econômico-financeira das empresas;

III — sustentar a demanda agregada durante momentos de adversidade, para facilitar a recuperação da economia;

IV — estimular a produtividade do trabalho por meio do aumento da duração do vínculo empregatício; e

V — fomentar a negociação coletiva e aperfeiçoar as relações de emprego.

Parágrafo único. O PPE consiste em ação para auxiliar os trabalhadores na preservação do emprego, nos termos do inciso II do *caput* do art. 2º da Lei n. 7.998, de 11 de janeiro de 1990.

Art. 2º Podem aderir ao PPE as empresas de todos os setores em situação de dificuldade econômico-financeira que celebrarem acordo coletivo de trabalho específico de redução de jornada e de salário.

§ 1º A adesão ao PPE pode ser feita até 31 de dezembro de 2016, e o prazo máximo de permanência no programa é de vinte e quatro meses, respeitada a data de extinção do programa.

§ 2º Tem prioridade de adesão a empresa que demonstre observar a cota de pessoas com deficiência.

Art. 3º Poderão aderir ao PPE as empresas, independentemente do setor econômico, nas condições estabelecidas em ato do Poder Executivo e que cumprirem os seguintes requisitos:

I — celebrar e apresentar acordo coletivo de trabalho específico, nos termos do art. 5º;

II — apresentar solicitação de adesão ao PPE ao órgão definido pelo Poder Executivo;

III — apresentar a relação dos empregados abrangidos, especificando o salário individual;

IV — ter registro no Cadastro Nacional da Pessoa Jurídica — CNPJ há, no mínimo, dois anos;

V — comprovar a regularidade fiscal, previdenciária e relativa ao Fundo de Garantia do Tempo de Serviço — FGTS; e

VI — comprovar a situação de dificuldade econômico-financeira, fundamentada no Indicador Líquido de Empregos — ILE, considerando-se nesta situação a empresa cujo ILE for igual ou inferior a 1% (um por cento), apurado com base nas informações disponíveis no Cadastro Geral de Empregados e Desempregados — CAGED, sendo que o ILE consiste no percentual representado pela diferença entre admissões e demissões acumuladas nos doze meses anteriores ao da solicitação de adesão ao PPE dividida pelo número de empregados no mês anterior ao início desse período.

§ 1º Para fins do disposto no inciso IV do *caput*, em caso de solicitação de adesão por filial de empresa, pode ser considerado o tempo de registro no CNPJ da matriz.

§ 2º A regularidade de que trata o inciso V do *caput* deve ser observada durante todo o período de adesão ao PPE, como condição para permanência no programa.

Art. 4º Os empregados de empresas que aderirem ao PPE e que tiverem seu salário reduzido, nos termos do art. 5º, fazem jus a uma compensação pecuniária equivalente a 50% (cinquenta por cento) do valor da redução salarial e limitada a 65% (sessenta e cinco por cento) do valor máximo da parcela do seguro-desemprego, enquanto perdurar o período de redução temporária da jornada de trabalho.

§ 1º Ato do Poder Executivo federal deve dispor sobre a forma de pagamento da compensação pecuniária de que trata o *caput*, custeada pelo Fundo de Amparo ao Trabalhador — FAT.

§ 2º O valor do salário pago pelo empregador, após a redução de que trata o *caput* do art. 5º, não pode ser inferior ao valor do salário mínimo.

Art. 5º O acordo coletivo de trabalho específico para adesão ao PPE, celebrado entre a empresa e o sindicato de trabalhadores representativo da categoria da atividade econômica preponderante da empresa, pode reduzir em até 30% (trinta por cento) a jornada e o salário.

§ 1º O acordo deve ser aprovado em assembleia dos trabalhadores abrangidos pelo programa e deve dispor sobre:

I — número total de empregados abrangidos pela redução e sua identificação;

II — estabelecimentos ou setores específicos da empresa abrangidos;

III — percentual de redução da jornada e redução proporcional ou menor do salário;

IV — período pretendido de adesão ao PPE e de redução temporária da jornada de trabalho, que deve ter duração de até seis meses, podendo ser prorrogado por períodos de seis meses, desde que o período total não ultrapasse vinte e quatro meses;

V — período de garantia no emprego, que deve ser equivalente, no mínimo, ao período de redução de jornada acrescido de um terço;

VI — constituição de comissão paritária, composta por representantes do empregador e dos empregados abrangidos pelo PPE, para acompanhar e fiscalizar o cumprimento do acordo e do programa, exceto nas microempresas e empresas de pequeno porte.

§ 2º O acordo coletivo de trabalho específico de que trata este artigo não disporá sobre outras condições de trabalho.

§ 3º A empresa deve demonstrar ao sindicato que foram esgotados os bancos de horas, além de fornecer as informações econômico-financeiras.

§ 4º É facultada a celebração de acordo coletivo múltiplo de trabalho específico a grupo de microempresas e empresas de pequeno porte, do mesmo setor econômico, com o sindicato de trabalhadores representativo da categoria da atividade econômica preponderante.

§ 5º Na hipótese do § 4º, a comissão paritária de que trata o inciso VI do § 1º será composta por representantes do empregador e do sindicato de trabalhadores que celebrar o acordo coletivo múltiplo de trabalho específico.

§ 6º Para fins dos incisos I e II do § 1º, o acordo deve abranger todos os empregados da empresa ou, no mínimo, os empregados de setor ou estabelecimento específico.

§ 7º Para fins do disposto no § 4º, cada microempresa ou empresa de pequeno porte deverá demonstrar individualmente o cumprimento dos requisitos exigidos para adesão ao PPE.

§ 8º A redução de que trata o *caput* está condicionada à celebração de acordo coletivo de trabalho específico com o sindicato de trabalhadores representativo da categoria, observado o disposto no art. 511 da Consolidação das Leis do Trabalho — CLT, aprovada pelo Decreto-Lei n. 5.452, de 1º de maio de 1943.

Art. 6º A empresa que aderir ao PPE fica proibida de:

I — dispensar arbitrariamente ou sem justa causa os empregados que tiverem sua jornada de trabalho temporariamente reduzida enquanto vigorar a adesão ao PPE e, após o seu término, durante o prazo equivalente a um terço do período de adesão;

II — contratar empregado para executar, total ou parcialmente, as mesmas atividades exercidas por empregado abrangido pelo programa, exceto nas hipóteses de:

a) reposição;

b) aproveitamento de concluinte de curso de aprendizagem na empresa, nos termos do art. 429 da Consolidação das Leis do Trabalho — CLT, aprovada pelo Decreto-Lei n. 5.452, de 1º de maio de 1943.

§ 1º Nas hipóteses de contratação previstas nas alíneas a e b do inciso II do *caput*, o empregado deve ser abrangido pelo acordo coletivo de trabalho específico.

§ 2º Durante o período de adesão, é proibida a realização de horas extraordinárias pelos empregados abrangidos pelo programa.

Art. 7º A empresa pode denunciar o PPE a qualquer momento desde que comunique o ato ao sindicato que celebrou o acordo coletivo de trabalho específico, aos seus trabalhadores e ao Poder Executivo, com antecedência mínima de trinta dias, demonstrando as razões e a superação da situação de dificuldade econômico-financeira.

§ 1º Somente após o prazo de trinta dias, pode a empresa exigir o cumprimento da jornada integral de trabalho.

§ 2º Deve ser mantida a garantia de emprego, nos termos da adesão original ao PPE e seus acréscimos.

§ 3º Somente após seis meses da denúncia, pode a empresa aderir novamente ao PPE, caso demonstre que enfrenta nova situação de dificuldade econômico-financeira.

Art. 8º Fica excluída do PPE e impedida de aderir ao programa novamente a empresa que:

I — descumprir os termos do acordo coletivo de trabalho específico relativo à redução temporária da jornada de trabalho ou qualquer outro dispositivo desta Lei ou de sua regulamentação;

II — cometer fraude no âmbito do PPE; ou

III — for condenada por decisão judicial transitada em julgado ou autuada administrativamente após decisão final no processo administrativo por prática de trabalho análogo ao de escravo, trabalho infantil ou degradante.

§ 1º A empresa que descumprir o acordo coletivo ou as normas relativas ao PPE fica obrigada a restituir ao FAT os recursos recebidos, devidamente corrigidos, e a pagar multa administrativa correspondente a 100% (cem por cento) desse valor, calculada em dobro no caso de fraude, a ser aplicada conforme o Título VII da Consolidação das Leis do Trabalho — CLT, aprovada pelo Decreto-Lei n. 5.452, de 1º de maio de 1943, e revertida ao FAT.

§ 2º Para fins do disposto no inciso I do *caput*, a denúncia de que trata o art. 7º não é considerada descumprimento dos termos do acordo coletivo de trabalho específico.

Art. 9º A compensação pecuniária integra as parcelas remuneratórias para efeito do disposto no inciso I do art. 22 e no § 8º do art. 28 da Lei n. 8.212, de 24 de julho de 1991, e do disposto no art. 15 da Lei n. 8.036, de 11 de maio de 1990.

Art. 10. Permanecem regidas pela Medida Provisória n. 680, de 6 de julho de 2015, as adesões ao PPE já aprovadas, aplicando-se esta Lei às solicitações de adesão ou de prorrogação em tramitação na data de sua publicação ou protocoladas a partir dessa data, sendo facultadas às empresas a prorrogação dos prazos e a adoção das demais condições previstas nesta Lei mediante aditivo ao acordo coletivo de trabalho específico.

Art. 11. O PPE extingue-se em 31 de dezembro de 2017.

Art. 12. Esta Lei entra em vigor na data de sua publicação, com exceção do disposto no art. 9º, quanto a Lei n. 8.212, de 24 de julho de 1991, que entra em vigor no dia 1º de novembro de 2015.

Brasília, 19 de novembro de 2015; 194º da Independência e 127º da República.

DILMA ROUSSEFF
NELSON BARBOSA
MIGUEL ROSSETTO
DOU 20.11.2015

Decreto n. 8.479, de 6 de julho de 2015

Regulamenta o disposto na Medida Provisória n. 680, de 6 de julho de 2015, que institui o Programa de Proteção ao Emprego

A PRESIDENTA DA REPÚBLICA, no uso das atribuições que lhe confere o art. 84, *caput*, incisos IV e VI, alínea "a", da Constituição, e tendo em vista o disposto na Medida Provisória n. 680, de 6 de julho de 2015,

DECRETA:

Art. 1º Este Decreto regulamenta o Programa de Proteção ao Emprego — PPE, de que trata a Medida Provisória n. 680, de 6 de julho de 2015.

Art. 2º Fica criado o Comitê do Programa de Proteção ao Emprego — CPPE, com a finalidade de estabelecer as regras e os procedimentos para a adesão e o funcionamento deste Programa.

§ 1º O CPPE será composto pelos seguintes Ministros de Estado:

I — do Trabalho e Emprego, que o coordenará;

II — do Planejamento, Orçamento e Gestão;

III — da Fazenda;

IV — do Desenvolvimento, Indústria e Comércio Exterior; e

V — Chefe da Secretária-Geral da Presidência da República.

§ 2º Os Ministros de Estado a que se refere o § 1º poderão ser representados pelos seus Secretários-Executivos.

§ 3º A Secretaria-Executiva do CPPE será exercida pela Secretaria de Políticas Públicas de Emprego do Ministério do Trabalho e Emprego.

Art. 3º Compete ao CPPE definir:

I — as condições de elegibilidade para adesão ao PPE, observado o disposto no art. 6º;

II — a forma de adesão ao PPE;

III — as condições de permanência no PPE, observado o disposto no art. 7º;

IV — as regras de funcionamento do PPE; e

V — as possibilidades de suspensão e interrupção da adesão ao PPE.

§ 2º O CPPE editará as regras e os procedimentos de que trata o *caput* no prazo de quinze dias, contado da data de publicação deste Decreto.

§ 3º O CPPE poderá criar grupos de acompanhamento setorial, de caráter consultivo, com a participação equitativa de empresários e trabalhadores, para acompanhar o Programa e propor o seu aperfeiçoamento.

Art. 4º Compete à Secretaria-Executiva do CPPE:

I — receber, analisar e deferir as solicitações de adesão ao PPE; e

II — fornecer o apoio técnico e administrativo necessário ao CPPE.

Art. 5º Compete ao Ministério do Trabalho e Emprego dispor sobre a forma de pagamento da compensação pecuniária de que trata o art. 4º da Medida Provisória n. 680, de 2015.

Art. 6º Para aderir ao PPE, a empresa deverá comprovar, além de outras condições definidas pelo CPPE:

I — registro no Cadastro Nacional da Pessoa Jurídica — CNPJ há, pelo menos, dois anos;

II — regularidade fiscal, previdenciária e relativa ao Fundo de Garantia do Tempo de Serviço — FGTS;

III — sua situação de dificuldade econômico-financeira, a partir de informações definidas pelo CPPE; e

IV — existência de acordo coletivo de trabalho específico, registrado no Ministério do Trabalho e Emprego, nos termos do art. 614 do Decreto-Lei n. 5.452, de 1º de maio de 1943 — Consolidação das Leis do Trabalho.

Parágrafo único. Para fins do disposto no inciso I do *caput*, em caso de solicitação de

adesão por filial de empresa, poderá ser considerado o tempo de registro no CNPJ da matriz.

Art. 7º No período de adesão ao PPE, a empresa não poderá contratar empregados para executar, total ou parcialmente, as mesmas atividades exercidas pelos trabalhadores abrangidos pelo Programa, exceto nos casos de:

I — reposição; ou

II — aproveitamento de concluinte de curso de aprendizagem na empresa, nos termos do art. 429 da Consolidação das Leis do Trabalho, desde que o novo empregado também seja abrangido pela adesão.

Art. 8º O acordo coletivo de trabalho específico a que se refere o § 1º do art. 3º da Medida Provisória n. 680, de 2015, deverá ser celebrado entre a empresa solicitante da adesão ao PPE e o sindicato de trabalhadores representativo da categoria de sua atividade econômica preponderante e deverá conter, no mínimo:

I — o período pretendido de adesão ao PPE;

II — os percentuais de redução da jornada de trabalho e de redução da remuneração;

III — os estabelecimentos ou os setores da empresa a serem abrangidos pelo PPE;

IV — a relação dos trabalhadores abrangidos, identificados por nome, números de inscrição no Cadastro de Pessoas Físicas — CPF e no Programa de Integração Social — PIS; e

V — a previsão de constituição de comissão paritária composta por representantes do empregador e dos empregados abrangidos pelo PPE para acompanhamento e fiscalização do Programa e do acordo.

§ 1º O acordo coletivo de trabalho específico deverá ser aprovado em assembleia dos trabalhadores abrangidos pelo Programa.

§ 2º Para a pactuação do acordo coletivo de trabalho específico, a empresa demonstrará ao sindicato que foram esgotados os períodos de férias, inclusive coletivas, e os bancos de horas.

§ 3º A empresa fornecerá previamente ao sindicato as informações econômico-financeiras a serem apresentadas para adesão ao PPE.

§ 4º As alterações no acordo coletivo de trabalho específico deverão ser submetidas à Secretaria-Executiva do CPPE.

Art. 9º Este Decreto entra em vigor na data de sua publicação.

Brasília, 6 de julho de 2015; 194º da Independência e 127º da República

DILMA ROUSSEFF
MANOEL DIAS
NELSON BARBOSA
DOU 7.7.2015

Lei n. 13.271, de 15 de abril de 2016

Dispõe sobre a proibição de revista íntima de funcionárias nos locais de trabalho e tratada revista íntima em ambientes prisionais.

A PRESIDENTA DA REPÚBLICA

Faço saber que o Congresso Nacional decreta e eu sanciono a seguinte Lei:

Art. 1º As empresas privadas, os órgãos e entidades da administração pública, direta e indireta, ficam proibidos de adotar qualquer prática de revista íntima de suas funcionárias e de clientes do sexo feminino.

Art. 2º Pelo não cumprimento do art. 1º, ficam os infratores sujeitos a:

I — multa de R$ 20.000,00 (vinte mil reais) ao empregador, revertidos aos órgãos de proteção dos direitos da mulher;

II — multa em dobro do valor estipulado no inciso I, em caso de reincidência, independentemente da indenização por danos morais e materiais e sanções de ordem penal.

Art. 3º (VETADO).

Art. 4º Esta Lei entra em vigor na data de sua publicação.

Brasília, 15 de abril de 2016; 195º da Independência e 128º da República.

DILMA ROUSSEFF
EUGÊNIO JOSÉ GUILHERME DE ARAGÃO
DOU 18.4.16

Lei n. 13.297, de 16 de junho de 2016

Altera o art. 1º da Lei n. 9.608, de 18 de fevereiro de 1998, para incluir aassistência à pessoa como objetivo de atividade não remunerada reconhecidacomo serviço voluntário.

O VICE-PRESIDENTE DA REPÚBLICA, no exercício do cargo de **PRESIDENTE DA REPÚBLICA.** Faço saber que o Congresso Nacional decreta e eu sanciono a seguinte Lei:

Art. 1º O *caput* do art. 1º da Lei n. 9.608, de 18 de fevereiro de 1998, passa a vigorar com a seguinte redação:

"Art. 1º Considera-se serviço voluntário, para os fins desta Lei, a atividade não remunerada prestada por pessoa física a entidade pública de qualquer natureza ou a instituição privada de fins não lucrativos que tenha objetivos cívicos, culturais, educacionais, científicos, recreativos ou de assistência à pessoa.

.." (NR)

Art. 2º Esta Lei entra em vigor na data de sua publicação.

Brasília, 16 de junho de 2016; 195º da Independência e 128º da República.

MICHEL TEMER
ALEXANDRE DE MORAES
MAURÍCIO QUINTELLA
DOU 17.6.16

Lei n. 13.300, de 23 de junho de 2016

Disciplina o processo e o julgamento dos mandados de injunção individual e coletivo e dá outras providências.

O VICE-PRESIDENTE DA REPÚBLICA, no exercício do cargo de PRESIDENTE DA REPÚBLICA

Faço saber que o Congresso Nacional decreta e eu sanciono a seguinte Lei:

Art. 1º Esta Lei disciplina o processo e o julgamento dos mandados de injunção individual e coletivo, nos termos do inciso LXXI do art. 5º da Constituição Federal.

Art. 2º Conceder-se-á mandado de injunção sempre que a falta total ou parcial de norma regulamentadora torne inviável o exercício dos direitos e liberdades constitucionais e das prerrogativas inerentes à nacionalidade, à soberania e à cidadania.

Parágrafo único. Considera-se parcial a regulamentação quando forem insuficientes as normas editadas pelo órgão legislador competente.

Art. 3º São legitimados para o mandado de injunção, como impetrantes, as pessoas naturais ou jurídicas que se afirmam titulares dos direitos, das liberdades ou das prerrogativas referidos no art. 2º e, como impetrado, o Poder, o órgão ou a autoridade com atribuição para editar a norma regulamentadora.

Art. 4º A petição inicial deverá preencher os requisitos estabelecidos pela lei processual e indicará, além do órgão impetrado, a pessoa jurídica que ele integra ou aquela a que está vinculado.

§ 1º Quando não for transmitida por meio eletrônico, a petição inicial e os documentos que a instruem serão acompanhados de tantas vias quantos forem os impetrados.

§ 2º Quando o documento necessário à prova do alegado encontrar-se em repartição ou estabelecimento público, em poder de autoridade ou de terceiro, havendo recusa em fornecê-lo por certidão, no original, ou em cópia autêntica, será ordenada, a pedido do impetrante, a exibição do documento no prazo de 10 (dez) dias, devendo, nesse caso, ser juntada cópia à segunda via da petição.

§ 3º Se a recusa em fornecer o documento for do impetrado, a ordem será feita no próprio instrumento da notificação.

Art. 5º Recebida a petição inicial, será ordenada:

I — a notificação do impetrado sobre o conteúdo da petição inicial, devendo-lhe ser enviada a segunda via apresentada com as cópias dos documentos, a fim de que, no prazo de 10 (dez) dias, preste informações;

II — a ciência do ajuizamento da ação ao órgão de representação judicial da pessoa jurídica interessada, devendo-lhe ser enviada cópia da petição inicial, para que, querendo, ingresse no feito.

Art. 6º A petição inicial será desde logo indeferida quando a impetração for manifestamente incabível ou manifestamente improcedente.

Parágrafo único. Da decisão de relator que indeferir a petição inicial, caberá agravo, em 5 (cinco) dias, para o órgão colegiado competente para o julgamento da impetração.

Art. 7º Findo o prazo para apresentação das informações, será ouvido o Ministério Público, que opinará em 10 (dez) dias, após o que, com ou sem parecer, os autos serão conclusos para decisão.

Art. 8º Reconhecido o estado de mora legislativa, será deferida a injunção para:

I — determinar prazo razoável para que o impetrado promova a edição da norma regulamentadora;

II — estabelecer as condições em que se dará o exercício dos direitos, das liberdades ou das prerrogativas reclamados ou, se for o caso, as condições em que poderá o interessado promover ação própria visando a exercê-los, caso não seja suprida a mora legislativa no prazo determinado.

Parágrafo único. Será dispensada a determinação a que se refere o inciso I do *caput* quando comprovado que o impetrado deixou de atender, em mandado de injunção anterior, ao prazo estabelecido para a edição da norma.

Art. 9º A decisão terá eficácia subjetiva limitada às partes e produzirá efeitos até o advento da norma regulamentadora.

§ 1º Poderá ser conferida eficácia ultra partes ou erga omnes à decisão, quando isso for inerente ou indispensável ao exercício do direito, da liberdade ou da prerrogativa objeto da impetração.

§ 2º Transitada em julgado a decisão, seus efeitos poderão ser estendidos aos casos análogos por decisão monocrática do relator.

§ 3º O indeferimento do pedido por insuficiência de prova não impede a renovação da impetração fundada em outros elementos probatórios.

Art. 10. Sem prejuízo dos efeitos já produzidos, a decisão poderá ser revista, a pedido de qualquer interessado, quando sobrevierem relevantes modificações das circunstâncias de fato ou de direito.

Parágrafo único. A ação de revisão observará, no que couber, o procedimento estabelecido nesta Lei.

Art. 11. A norma regulamentadora superveniente produzirá efeitos ex nunc em relação aos beneficiados por decisão transitada em julgado, salvo se a aplicação da norma editada lhes for mais favorável.

Parágrafo único. Estará prejudicada a impetração se a norma regulamentadora for editada antes da decisão, caso em que o processo será extinto sem resolução de mérito.

Art. 12. O mandado de injunção coletivo pode ser promovido:

I — pelo Ministério Público, quando a tutela requerida for especialmente relevante para a defesa da ordem jurídica, do regime democrático ou dos interesses sociais ou individuais indisponíveis;

II — por partido político com representação no Congresso Nacional, para assegurar o exercício de direitos, liberdades e prerrogativas de seus integrantes ou relacionados com a finalidade partidária;

III — por organização sindical, entidade de classe ou associação legalmente constituída e em funcionamento há pelo menos 1 (um) ano, para assegurar o exercício de direitos, liberdades e prerrogativas em favor da totalidade ou de parte de seus membros ou associados, na forma de seus estatutos e desde que pertinentes a suas finalidades, dispensada, para tanto, autorização especial;

IV — pela Defensoria Pública, quando a tutela requerida for especialmente relevante para a promoção dos direitos humanos e a defesa dos direitos individuais e coletivos dos necessitados, na forma do inciso LXXIV do art. 5º da Constituição Federal.

Parágrafo único. Os direitos, as liberdades e as prerrogativas protegidos por mandado de injunção coletivo são os pertencentes, indistintamente, a uma coletividade indeterminada de pessoas ou determinada por grupo, classe ou categoria.

Art. 13. No mandado de injunção coletivo, a sentença fará coisa julgada limitadamente às pessoas integrantes da coletividade, do grupo, da classe ou da categoria substituídos pelo impetrante, sem prejuízo do disposto nos §§ 1º e 2º do art. 9º.

Parágrafo único. O mandado de injunção coletivo não induz litispendência em relação aos individuais, mas os efeitos da coisa julgada não beneficiarão o impetrante que não requerer a desistência da demanda individual no prazo de 30 (trinta) dias a contar da ciência comprovada da impetração coletiva.

Art. 14. Aplicam-se subsidiariamente ao mandado de injunção as normas do mandado de segurança, disciplinado pela Lei n. 12.016, de 7 de agosto de 2009, e do Código de Processo Civil, instituído pela Lei n. 5.869, de 11 de janeiro de 1973, e pela Lei n. 13.105, de 16 de março de 2015, observado o disposto em seus arts. 1.045 e 1.046.

Art. 15. Esta Lei entra em vigor na data de sua publicação.

Brasília, 23 de junho de 2016; 195º da Independência e 128º da República.

MICHEL TEMER
ALEXANDRE DE MORAES
FÁBIO MEDINA OSÓRIO

DOU 24.6.16

Lei n.13.303, de 30 de junho de 2016

Dispõe sobre o estatuto jurídico da empresa pública, da sociedade de economia mista e de suas subsidiárias, no âmbito da União, dos Estados, do Distrito Federal e dos Municípios.

O VICE-PRESIDENTE DA REPÚBLICA, no exercício do cargo de PRESIDENTE DA REPÚBLICA

Faço saber que o Congresso Nacional decreta e eu sanciono a seguinte Lei:

TÍTULO I
Disposições Aplicáveis às Empresas Públicas e às Sociedades de Economia Mista

CAPÍTULO I
Disposições Preliminares

Art. 1º Esta Lei dispõe sobre o estatuto jurídico da empresa pública, da sociedade de economia mista e de suas subsidiárias, abrangendo toda e qualquer empresa pública e sociedade de economia mista da União, dos Estados, do Distrito Federal e dos Municípios que explore atividade econômica de produção ou comercialização de bens ou de prestação de serviços, ainda que a atividade econômica esteja sujeita ao regime de monopólio da União ou seja de prestação de serviços públicos.

§ 1º O Título I desta Lei, exceto o disposto nos arts. 2º, 3º, 4º, 5º, 6º, 7º, 8º, 11, 12 e 27, não se aplica à empresa pública e à sociedade de economia mista que tiver, em conjunto com suas respectivas subsidiárias, no exercício social anterior, receita operacional bruta inferior a R$ 90.000.000,00 (noventa milhões de reais).

§ 2º O disposto nos Capítulos I e II do Título II desta Lei aplica-se inclusive à empresa pública dependente, definida nos termos do inciso III do art. 2º da Lei Complementar n. 101, de 4 de maio de 2000, que explore atividade econômica, ainda que a atividade econômica esteja sujeita ao regime de monopólio da União ou seja de prestação de serviços públicos.

§ 3º Os Poderes Executivos poderão editar atos que estabeleçam regras de governança destinadas às suas respectivas empresas públicas e sociedades de economia mista que se enquadrem na hipótese do § 1º, observadas as diretrizes gerais desta Lei.

§ 4º A não edição dos atos de que trata o § 3º no prazo de 180 (cento e oitenta) dias a partir da publicação desta Lei submete as respectivas empresas públicas e sociedades de economia mista às regras de governança previstas no Título I desta Lei.

§ 5º Submetem-se ao regime previsto nesta Lei a empresa pública e a sociedade de economia mista que participem de consórcio, conforme disposto no art. 279 da Lei n. 6.404, de 15 de dezembro de 1976, na condição de operadora.

§ 6º Submete-se ao regime previsto nesta Lei a sociedade, inclusive a de propósito específico, que seja controlada por empresa pública ou sociedade de economia mista abrangidas no *caput*.

§ 7º Na participação em sociedade empresarial em que a empresa pública, a sociedade de economia mista e suas subsidiárias não detenham o controle acionário, essas deverão adotar, no dever de fiscalizar, práticas de governança e controle proporcionais à relevância, à materialidade e aos riscos do negócio do qual são partícipes, considerando, para esse fim:

I — documentos e informações estratégicos do negócio e demais relatórios e informações produzidos por força de acordo de acionistas e de Lei considerados essenciais para a defesa de seus interesses na sociedade empresarial investida;

II — relatório de execução do orçamento e de realização de investimentos programados pela sociedade, inclusive quanto ao alinhamento dos custos orçados e dos realizados com os custos de mercado;

III — informe sobre execução da política de transações com partes relacionadas;

IV — análise das condições de alavancagem financeira da sociedade;

V — avaliação de inversões financeiras e de processos relevantes de alienação de bens móveis e imóveis da sociedade;

VI — relatório de risco das contratações para execução de obras, fornecimento de bens e prestação de serviços relevantes para os interesses da investidora;

VII — informe sobre execução de projetos relevantes para os interesses da investidora;

VIII — relatório de cumprimento, nos negócios da sociedade, de condicionantes socioambientais estabelecidas pelos órgãos ambientais;

IX — avaliação das necessidades de novos aportes na sociedade e dos possíveis riscos de redução da rentabilidade esperada do negócio;

X — qualquer outro relatório, documento ou informação produzido pela sociedade empresarial investida considerado relevante para o cumprimento do comando constante do *caput*.

Art. 2º A exploração de atividade econômica pelo Estado será exercida por meio de empresa pública, de sociedade de economia mista e de suas subsidiárias.

§ 1º A constituição de empresa pública ou de sociedade de economia mista dependerá de prévia autorização legal que indique, de forma clara, relevante interesse coletivo ou imperativo de segurança nacional, nos termos do *caput* do art. 173 da Constituição Federal.

§ 2º Depende de autorização legislativa a criação de subsidiárias de empresa pública

e de sociedade de economia mista, assim como a participação de qualquer delas em empresa privada, cujo objeto social deve estar relacionado ao da investidora, nos termos do inciso XX do art. 37 da Constituição Federal.

§ 3º A autorização para participação em empresa privada prevista no § 2º não se aplica a operações de tesouraria, adjudicação de ações em garantia e participações autorizadas pelo Conselho de Administração em linha com o plano de negócios da empresa pública, da sociedade de economia mista e de suas respectivas subsidiárias.

Art. 3º Empresa pública é a entidade dotada de personalidade jurídica de direito privado, com criação autorizada por lei e com patrimônio próprio, cujo capital social é integralmente detido pela União, pelos Estados, pelo Distrito Federal ou pelos Municípios.

Parágrafo único. Desde que a maioria do capital votante permaneça em propriedade da União, do Estado, do Distrito Federal ou do Município, será admitida, no capital da empresa pública, a participação de outras pessoas jurídicas de direito público interno, bem como de entidades da administração indireta da União, dos Estados, do Distrito Federal e dos Municípios.

Art. 4º Sociedade de economia mista é a entidade dotada de personalidade jurídica de direito privado, com criação autorizada por lei, sob a forma de sociedade anônima, cujas ações com direito a voto pertençam em sua maioria à União, aos Estados, ao Distrito Federal, aos Municípios ou a entidade da administração indireta.

§ 1º A pessoa jurídica que controla a sociedade de economia mista tem os deveres e as responsabilidades do acionista controlador, estabelecidos na Lei n. 6.404, de 15 de dezembro de 1976, e deverá exercer o poder de controle no interesse da companhia, respeitado o interesse público que justificou sua criação.

§ 2º Além das normas previstas nesta Lei, a sociedade de economia mista com registro na Comissão de Valores Mobiliários sujeita-se às disposições da Lei n. 6.385, de 7 de dezembro de 1976.

CAPÍTULO II
Do Regime Societário da Empresa Pública e da Sociedade de Economia Mista

Seção I
Das Normas Gerais

Art. 5º A sociedade de economia mista será constituída sob a forma de sociedade anônima e, ressalvado o disposto nesta Lei, estará sujeita ao regime previsto na Lei n. 6.404, de 15 de dezembro de 1976.

Art. 6º O estatuto da empresa pública, da sociedade de economia mista e de suas subsidiárias deverá observar regras de governança corporativa, de transparência e de estruturas, práticas de gestão de riscos e de controle interno, composição da administração e, havendo acionistas, mecanismos para sua proteção, todos constantes desta Lei.

Art. 7º Aplicam-se a todas as empresas públicas, as sociedades de economia mista de capital fechado e as suas subsidiárias as disposições da Lei n. 6.404, de 15 de dezembro de 1976, e as normas da Comissão de Valores Mobiliários sobre escrituração e elaboração de demonstrações financeiras, inclusive a obrigatoriedade de auditoria independente por auditor registrado nesse órgão.

Art. 8º As empresas públicas e as sociedades de economia mista deverão observar, no mínimo, os seguintes requisitos de transparência:

I — elaboração de carta anual, subscrita pelos membros do Conselho de Administração, com a explicitação dos compromissos de consecução de objetivos de políticas públicas pela empresa pública, pela sociedade de economia mista e por suas subsidiárias, em atendimento ao interesse coletivo ou ao imperativo de segurança nacional que justificou a autorização para suas respectivas criações, com definição clara dos recursos a serem empregados para esse fim, bem como dos impactos econômico-financeiros da consecução desses objetivos, mensuráveis por meio de indicadores objetivos;

II — adequação de seu estatuto social à autorização legislativa de sua criação;

III — divulgação tempestiva e atualizada de informações relevantes, em especial as relativas a atividades desenvolvidas, estrutura de controle, fatores de risco, dados econômico-financeiros, comentários dos administradores sobre o desempenho, políticas e práticas de governança corporativa e descrição da composição e da remuneração da administração;

IV — elaboração e divulgação de política de divulgação de informações, em conformidade com a legislação em vigor e com as melhores práticas;

V — elaboração de política de distribuição de dividendos, à luz do interesse público que justificou a criação da empresa pública ou da sociedade de economia mista;

VI — divulgação, em nota explicativa às demonstrações financeiras, dos dados operacionais e financeiros das atividades relacionadas à consecução dos fins de interesse coletivo ou de segurança nacional;

VII — elaboração e divulgação da política de transações com partes relacionadas, em conformidade com os requisitos de competitividade, conformidade, transparência, equidade e comutatividade, que deverá ser revista, no mínimo, anualmente e aprovada pelo Conselho de Administração;

VIII — ampla divulgação, ao público em geral, de carta anual de governança corporativa, que consolide em um único documento escrito, em linguagem clara e direta, as informações de que trata o inciso III;

IX — divulgação anual de relatório integrado ou de sustentabilidade.

§ 1º O interesse público da empresa pública e da sociedade de economia mista, respeitadas as razões que motivaram a autorização legislativa, manifesta-se por meio do alinhamento entre seus objetivos e aqueles de políticas públicas, na forma explicitada na carta anual a que se refere o inciso I do caput.

§ 2º Quaisquer obrigações e responsabilidades que a empresa pública e a sociedade de economia mista que explorem atividade econômica assumam em condições distintas às de qualquer outra empresa do setor privado em que atuam deverão:

I — estar claramente definidas em lei ou regulamento, bem como previstas em contrato, convênio ou ajuste celebrado com o ente público competente para estabelecê-las, observada a ampla publicidade desses instrumentos;

II — ter seu custo e suas receitas discriminados e divulgados de forma transparente, inclusive no plano contábil.

§ 3º Além das obrigações contidas neste artigo, as sociedades de economia mista com registro na Comissão de Valores Mobiliários sujeitam-se ao regime informacional estabelecido por essa autarquia e devem divulgar as informações previstas neste artigo na forma fixada em suas normas.

§ 4º Os documentos resultantes do cumprimento dos requisitos de transparência constantes dos incisos I a IX do caput deverão ser publicamente divulgados na internet de forma permanente e cumulativa.

Art. 9º A empresa pública e a sociedade de economia mista adotarão regras de estruturas e práticas de gestão de riscos e controle interno que abranjam:

I — ação dos administradores e empregados, por meio da implementação cotidiana de práticas de controle interno;

II — área responsável pela verificação de cumprimento de obrigações e de gestão de riscos;

III — auditoria interna e Comitê de Auditoria Estatutário.

§ 1º Deverá ser elaborado e divulgado Código de Conduta e Integridade, que disponha sobre:

I — princípios, valores e missão da empresa pública e da sociedade de economia mista, bem como orientações sobre a prevenção de conflito de interesses e vedação de atos de corrupção e fraude;

II — instâncias internas responsáveis pela atualização e aplicação do Código de Conduta e Integridade;

III — canal de denúncias que possibilite o recebimento de denúncias internas e externas relativas ao descumprimento do Código de Conduta e Integridade e das demais normas internas de ética e obrigacionais;

IV — mecanismos de proteção que impeçam qualquer espécie de retaliação a pessoa que utilize o canal de denúncias;

V — sanções aplicáveis em caso de violação às regras do Código de Conduta e Integridade;

VI — previsão de treinamento periódico, no mínimo anual, sobre Código de Conduta e Integridade, a empregados e administradores, e sobre a política de gestão de riscos, a administradores.

§ 2º A área responsável pela verificação de cumprimento de obrigações e de gestão de riscos deverá ser vinculada ao diretor-presidente e liderada por diretor estatutário, devendo o estatuto social prever as atribuições da área, bem como estabelecer mecanismos que assegurem atuação independente.

§ 3º A auditoria interna deverá:

I — ser vinculada ao Conselho de Administração, diretamente ou por meio do Comitê de Auditoria Estatutário;

II — ser responsável por aferir a adequação do controle interno, a efetividade do gerenciamento dos riscos e dos processos de governança e a confiabilidade do processo de coleta, mensuração, classificação, acumulação, registro e divulgação de eventos e transações, visando ao preparo de demonstrações financeiras.

§ 4º O estatuto social deverá prever, ainda, a possibilidade de que a área de compliance se reporte diretamente ao Conselho de Administração em situações em que se suspeite do envolvimento do diretor-presidente em irregularidades ou quando este se furtar à obrigação de adotar medidas necessárias em relação à situação a ele relatada.

Art. 10. A empresa pública e a sociedade de economia mista deverão criar comitê estatutário para verificar a conformidade do

processo de indicação e de avaliação de membros para o Conselho de Administração e para o Conselho Fiscal, com competência para auxiliar o acionista controlador na indicação desses membros.

Parágrafo único. Devem ser divulgadas as atas das reuniões do comitê estatutário referido no *caput* realizadas com o fim de verificar o cumprimento, pelos membros indicados, dos requisitos definidos na política de indicação, devendo ser registradas as eventuais manifestações divergentes de conselheiros.

Art. 11. A empresa pública não poderá:
I — lançar debêntures ou outros títulos ou valores mobiliários, conversíveis em ações;
II — emitir partes beneficiárias.

Art. 12. A empresa pública e a sociedade de economia mista deverão:
I — divulgar toda e qualquer forma de remuneração dos administradores;
II — adequar constantemente suas práticas ao Código de Conduta e Integridade e a outras regras de boa prática de governança corporativa, na forma estabelecida na regulamentação desta Lei.

Parágrafo único. A sociedade de economia mista poderá solucionar, mediante arbitragem, as divergências entre acionistas e a sociedade, ou entre acionistas controladores e acionistas minoritários, nos termos previstos em seu estatuto social.

Art. 13. A lei que autorizar a criação da empresa pública e da sociedade de economia mista deverá dispor sobre as diretrizes e restrições a serem consideradas na elaboração do estatuto da companhia, em especial sobre:
I — constituição e funcionamento do Conselho de Administração, observados o número mínimo de 7 (sete) e o número máximo de 11 (onze) membros;
II — requisitos específicos para o exercício do cargo de diretor, observado o número mínimo de 3 (três) diretores;
III — avaliação de desempenho, individual e coletiva, de periodicidade anual, dos administradores e dos membros de comitês, observados os seguintes quesitos mínimos:
a) exposição dos atos de gestão praticados, quanto à licitude e à eficácia da ação administrativa;
b) contribuição para o resultado do exercício;
c) consecução dos objetivos estabelecidos no plano de negócios e atendimento à estratégia de longo prazo;
IV — constituição e funcionamento do Conselho Fiscal, que exercerá suas atribuições de modo permanente;
V — constituição e funcionamento do Comitê de Auditoria Estatutário;
VI — prazo de gestão dos membros do Conselho de Administração e dos indicados para o cargo de diretor, que será unificado e não superior a 2 (dois) anos, sendo permitidas, no máximo, 3 (três) reconduções consecutivas;
VII — (VETADO);
VIII — prazo de gestão dos membros do Conselho Fiscal não superior a 2 (dois) anos, permitidas 2 (duas) reconduções consecutivas.

Seção II
Do Acionista Controlador

Art. 14. O acionista controlador da empresa pública e da sociedade de economia mista deverá:
I — fazer constar do Código de Conduta e Integridade, aplicável à alta administração, a vedação à divulgação, sem autorização do órgão competente da empresa pública ou da sociedade de economia mista, de informação que possa causar impacto na cotação dos títulos da empresa pública ou da sociedade de economia mista e em suas relações com o mercado ou com consumidores e fornecedores;
II — preservar a independência do Conselho de Administração no exercício de suas funções;
III — observar a política de indicação na escolha dos administradores e membros do Conselho Fiscal.

Art. 15. O acionista controlador da empresa pública e da sociedade de economia mista responderá pelos atos praticados com abuso de poder, nos termos da Lei n. 6.404, de 15 de dezembro de 1976.

§ 1º A ação de reparação poderá ser proposta pela sociedade, nos termos do art. 246 da Lei no 6.404, de 15 de dezembro de 1976, pelo terceiro prejudicado ou pelos demais sócios, independentemente de autorização da assembleia-geral de acionistas.

§ 2º Prescreve em 6 (seis) anos, contados da data da prática do ato abusivo, a ação a que se refere o § 1º.

Seção III
Do Administrador

Art. 16. Sem prejuízo do disposto nesta Lei, o administrador de empresa pública e de sociedade de economia mista é submetido às normas previstas na Lei n. 6.404, de 15 de dezembro de 1976.

Parágrafo único. Consideram-se administradores da empresa pública e da sociedade de economia mista os membros do Conselho de Administração e da diretoria.

Art. 17. Os membros do Conselho de Administração e os indicados para os cargos de diretor, inclusive presidente, diretor-geral e diretor-presidente, serão escolhidos entre cidadãos de reputação ilibada e de notório conhecimento, devendo ser atendidos, alternativamente, um dos requisitos das alíneas "a", "b" e "c" do inciso I e, cumulativamente, os requisitos dos incisos II e III:
I — ter experiência profissional de, no mínimo:
a) 10 (dez) anos, no setor público ou privado, na área de atuação da empresa pública ou da sociedade de economia mista ou em área conexa aquela para a qual forem indicados em função de direção superior; ou
b) 4 (quatro) anos ocupando pelo menos um dos seguintes cargos:
1. cargo de direção ou de chefia superior em empresa de porte ou objeto social semelhante ao da empresa pública ou da sociedade de economia mista, entendendo-se como cargo de chefia superior aquele situado nos 2 (dois) níveis hierárquicos não estatutários mais altos da empresa;
2. cargo em comissão ou função de confiança equivalente a DAS-4 ou superior, no setor público;
3. cargo de docente ou de pesquisador em áreas de atuação da empresa pública ou da sociedade de economia mista;
c) 4 (quatro) anos de experiência como profissional liberal em atividade direta ou indiretamente vinculada à área de atuação da empresa pública ou sociedade de economia mista;
II — ter formação acadêmica compatível com o cargo para o qual foi indicado; e
III — não se enquadrar nas hipóteses de inelegibilidade previstas nas alíneas do inciso I do *caput* do art. 1º da Lei Complementar n. 64, de 18 de maio de 1990, com as alterações introduzidas pela Lei Complementar n. 135, de 4 de junho de 2010.

§ 1º O estatuto da empresa pública, da sociedade de economia mista e de suas subsidiárias poderá dispor sobre a contratação de seguro de responsabilidade civil pelos administradores.

§ 2º É vedada a indicação, para o Conselho de Administração e para a diretoria:
I — de representante do órgão regulador ao qual a empresa pública ou a sociedade de economia mista está sujeita, de Ministro de Estado, de Secretário de Estado, de Secretário Municipal, de titular de cargo, sem vínculo permanente com o serviço público, de natureza especial ou de direção e assessoramento superior na administração pública, de dirigente estatutário de partido político e de titular de mandato no Poder Legislativo de qualquer ente da federação, ainda que licenciados do cargo;
II — de pessoa que atuou, nos últimos 36 (trinta e seis) meses, como participante de estrutura decisória de partido político ou em trabalho vinculado a organização, estruturação e realização de campanha eleitoral;
III — de pessoa que exerça cargo em organização sindical;
IV — de pessoa que tenha firmado contrato ou parceria, como fornecedor ou comprador, demandante ou ofertante, de bens ou serviços de qualquer natureza, com a pessoa político-administrativa controladora da empresa pública ou da sociedade de economia mista ou com a própria empresa ou sociedade em período inferior a 3 (três) anos antes da data de nomeação;
V — de pessoa que tenha ou possa ter qualquer forma de conflito de interesse com a pessoa político-administrativa controladora da empresa pública ou da sociedade de economia mista ou com a própria empresa ou sociedade.

§ 3º A vedação prevista no inciso I do § 2º estende-se também aos parentes consanguíneos ou afins até o terceiro grau das pessoas nele mencionadas.

§ 4º Os administradores eleitos devem participar, na posse e anualmente, de treinamentos específicos sobre legislação societária e de mercado de capitais, divulgação de informações, controle interno, código de conduta, a Lei n. 12.846, de 1º de agosto de 2013 (Lei Anticorrupção), e demais temas relacionados às atividades da empresa pública ou da sociedade de economia mista.

§ 5º Os requisitos previstos no inciso I do *caput* poderão ser dispensados no caso de indicação de empregado da empresa pública ou da sociedade de economia mista para cargo de administrador ou como membro de comitê, desde que atendidos os seguintes quesitos mínimos:
I — o empregado tenha ingressado na empresa pública ou na sociedade de economia mista por meio de concurso público de provas ou de provas e títulos;
II — o empregado tenha mais de 10 (dez) anos de trabalho efetivo na empresa pública ou na sociedade de economia mista;
III — o empregado tenha ocupado cargo na gestão superior da empresa pública ou da sociedade de economia mista, comprovando sua capacidade para assumir as responsabilidades dos cargos de que trata o *caput*.

Seção IV
Do Conselho de Administração

Art. 18. Sem prejuízo das competências previstas no art. 142 da Lei n. 6.404, de 15

de dezembro de 1976, e das demais atribuições previstas nesta Lei, compete ao Conselho de Administração:

I — discutir, aprovar e monitorar decisões envolvendo práticas de governança corporativa, relacionamento com partes interessadas, política de gestão de pessoas e código de conduta dos agentes;

II — implementar e supervisionar os sistemas de gestão de riscos e de controle interno estabelecidos para a prevenção e mitigação dos principais riscos a que está exposta a empresa pública ou a sociedade de economia mista, inclusive os riscos relacionados à integridade das informações contábeis e financeiras e os relacionados à ocorrência de corrupção e fraude;

III — estabelecer política de porta-vozes visando a eliminar risco de contradição entre informações de diversas áreas e as dos executivos da empresa pública ou da sociedade de economia mista;

IV — avaliar os diretores da empresa pública ou da sociedade de economia mista, nos termos do inciso III do art. 13, podendo contar com apoio metodológico e procedimental do comitê estatutário referido no art. 10.

Art. 19. É garantida a participação, no Conselho de Administração, de representante dos empregados e dos acionistas minoritários.

§ 1º As normas previstas na Lei n. 12.353, de 28 de dezembro de 2010, aplicam-se à participação de empregados no Conselho de Administração da empresa pública, da sociedade de economia mista e de suas subsidiárias e controladas e das demais empresas em que a União, direta ou indiretamente, detenha a maioria do capital social com direito a voto.

§ 2º É assegurado aos acionistas minoritários o direito de eleger 1 (um) conselheiro, se maior número não lhes couber pelo processo de voto múltiplo previsto na Lei n. 6.404, de 15 de dezembro de 1976.

Art. 20. É vedada a participação remunerada de membros da administração pública, direta ou indireta, em mais de 2 (dois) conselhos, de administração ou fiscal, de empresa pública, de sociedade de economia mista ou de suas subsidiárias.

Art. 21. (VETADO).

Parágrafo único. (VETADO).

Seção V
Do Membro Independente do Conselho de Administração

Art. 22. O Conselho de Administração deve ser composto, no mínimo, por 25% (vinte e cinco por cento) de membros independentes ou por pelo menos 1 (um), caso haja decisão pelo exercício da faculdade do voto múltiplo pelos acionistas minoritários, nos termos do art. 141 da Lei n. 6.404, de 15 de dezembro de 1976.

§ 1º O conselheiro independente caracteriza-se por:

I — não ter qualquer vínculo com a empresa pública ou a sociedade de economia mista, exceto participação de capital;

II — não ser cônjuge ou parente consanguíneo ou afim, até o terceiro grau ou por adoção, de chefe do Poder Executivo, de Ministro de Estado, de Secretário de Estado ou Município ou de administrador da empresa pública ou da sociedade de economia mista;

III — não ter mantido, nos últimos 3 (três) anos, vínculo de qualquer natureza com a empresa pública, a sociedade de economia mista ou seus controladores, que possa vir a comprometer sua independência;

IV — não ser ou não ter sido, nos últimos 3 (três) anos, empregado ou diretor da empresa pública, da sociedade de economia mista ou da sociedade controlada, coligada ou subsidiária da empresa pública ou da sociedade de economia mista, exceto se o vínculo for exclusivamente com instituições públicas de ensino ou pesquisa;

V — não ser fornecedor ou comprador, direto ou indireto, de serviços ou produtos da empresa pública ou da sociedade de economia mista, de modo a implicar perda de independência;

VI — não ser funcionário ou administrador de sociedade ou entidade que esteja oferecendo ou demandando serviços ou produtos à empresa pública ou à sociedade de economia mista, de modo a implicar perda de independência;

VII — não receber outra remuneração da empresa pública ou da sociedade de economia mista além daquela relativa ao cargo de conselheiro, à exceção de proventos em dinheiro oriundos de participação no capital.

§ 2º Quando, em decorrência da observância do percentual mencionado no *caput*, resultar número fracionário de conselheiros, proceder-se-á ao arredondamento para o número inteiro:

I — imediatamente superior, quando a fração for igual ou superior a 0,5 (cinco décimos);

II — imediatamente inferior, quando a fração for inferior a 0,5 (cinco décimos).

§ 3º Não serão consideradas, para o cômputo das vagas destinadas a membros independentes, aquelas ocupadas pelos conselheiros eleitos por empregados, nos termos do § 1º do art. 19.

§ 4º Serão consideradas, para o cômputo das vagas destinadas a membros independentes, aquelas ocupadas pelos conselheiros eleitos por acionistas minoritários, nos termos do § 2º do art. 19.

§ 5º (VETADO).

Seção VI
Da Diretoria

Art. 23. É condição para investidura em cargo de diretoria da empresa pública e da sociedade de economia mista a assunção de compromisso com metas e resultados específicos a serem alcançados, que deverá ser aprovado pelo Conselho de Administração, a quem incumbe fiscalizar seu cumprimento.

§ 1º Sem prejuízo do disposto no *caput*, a diretoria deverá apresentar, até a última reunião ordinária do Conselho de Administração do ano anterior, a quem compete sua aprovação:

I — plano de negócios para o exercício anual seguinte;

II — estratégia de longo prazo atualizada com análise de riscos e oportunidades para, no mínimo, os próximos 5 (cinco) anos.

§ 2º Compete ao Conselho de Administração, sob pena de seus integrantes responderem por omissão, promover anualmente análise de atendimento das metas e resultados na execução do plano de negócios e da estratégia de longo prazo, devendo publicar suas conclusões e informá-las ao Congresso Nacional, às Assembleias Legislativas, à Câmara Legislativa do Distrito Federal ou às Câmaras Municipais e aos respectivos tribunais de contas, quando houver.

§ 3º Excluem-se da obrigação de publicação a que se refere o § 2º as informações de natureza estratégica cuja divulgação possa ser comprovadamente prejudicial ao interesse da empresa pública ou da sociedade de economia mista.

Seção VII
Do Comitê de Auditoria Estatutário

Art. 24. A empresa pública e a sociedade de economia mista deverão possuir em sua estrutura societária Comitê de Auditoria Estatutário como órgão auxiliar do Conselho de Administração, ao qual se reportará diretamente.

§ 1º Competirá ao Comitê de Auditoria Estatutário, sem prejuízo de outras competências previstas no estatuto da empresa pública ou da sociedade de economia mista:

I — opinar sobre a contratação e destituição de auditor independente;

II — supervisionar as atividades dos auditores independentes, avaliando sua independência, a qualidade dos serviços prestados e a adequação de tais serviços às necessidades da empresa pública ou da sociedade de economia mista;

III — supervisionar as atividades desenvolvidas nas áreas de controle interno, de auditoria interna e de elaboração das demonstrações financeiras da empresa pública ou da sociedade de economia mista;

IV — monitorar a qualidade e a integridade dos mecanismos de controle interno, das demonstrações financeiras e das informações e medições divulgadas pela empresa pública ou pela sociedade de economia mista;

V — avaliar e monitorar exposições de risco da empresa pública ou da sociedade de economia mista, podendo requerer, entre outras, informações detalhadas sobre políticas e procedimentos referentes a:

a) remuneração da administração;

b) utilização de ativos da empresa pública ou da sociedade de economia mista;

c) gastos incorridos em nome da empresa pública ou da sociedade de economia mista;

VI — avaliar e monitorar, em conjunto com a administração e a área de auditoria interna, a adequação das transações com partes relacionadas;

VII — elaborar relatório anual com informações sobre as atividades, os resultados, as conclusões e as recomendações do Comitê de Auditoria Estatutário, registrando, se houver, as divergências significativas entre administração, auditoria independente e Comitê de Auditoria Estatutário em relação às demonstrações financeiras;

VIII — avaliar a razoabilidade dos parâmetros em que se fundamentam os cálculos atuariais, bem como o resultado atuarial dos planos de benefícios mantidos pelo fundo de pensão, quando a empresa pública ou a sociedade de economia mista for patrocinadora de entidade fechada de previdência complementar.

§ 2º O Comitê de Auditoria Estatutário deverá possuir meios para receber denúncias, inclusive sigilosas, internas e externas à empresa pública ou à sociedade de economia mista, em matérias relacionadas ao escopo de suas atividades.

§ 3º O Comitê de Auditoria Estatutário deverá se reunir quando necessário, no mínimo bimestralmente, de modo que as informações contábeis sejam sempre apreciadas antes de sua divulgação.

§ 4º A empresa pública e a sociedade de economia mista deverão divulgar as atas das reuniões do Comitê de Auditoria Estatutário.

§ 5º Caso o Conselho de Administração considere que a divulgação da ata possa pôr em risco interesse legítimo da empresa pública ou da sociedade de economia mista, a empresa pública ou a sociedade de economia mista divulgará apenas o extrato das atas.

§ 6º A restrição prevista no § 5º não será oponível aos órgãos de controle, que terão total e irrestrito acesso ao conteúdo das atas do Comitê de Auditoria Estatutário, observada a transferência de sigilo.

§ 7º O Comitê de Auditoria Estatutário deverá possuir autonomia operacional e dotação orçamentária, anual ou por projeto, dentro de limites aprovados pelo Conselho de Administração, para conduzir ou determinar a realização de consultas, avaliações e investigações dentro do escopo de suas atividades, inclusive com a contratação e utilização de especialistas externos independentes.

Art. 25. O Comitê de Auditoria Estatutário será integrado por, no mínimo, 3 (três) e, no máximo, 5 (cinco) membros, em sua maioria independentes.

§ 1º São condições mínimas para integrar o Comitê de Auditoria Estatutário:

I — não ser ou ter sido, nos 12 (doze) meses anteriores à nomeação para o Comitê:

a) diretor, empregado ou membro do conselho fiscal da empresa pública ou sociedade de economia mista ou de sua controladora, controlada, coligada ou sociedade em controle comum, direta ou indireta;

b) responsável técnico, diretor, gerente, supervisor ou qualquer outro integrante com função de gerência de equipe envolvida nos trabalhos de auditoria na empresa pública ou sociedade de economia mista;

II — não ser cônjuge ou parente consanguíneo ou afim, até o segundo grau ou por adoção, das pessoas referidas no inciso I;

III — não receber qualquer outro tipo de remuneração da empresa pública ou sociedade de economia mista ou de sua controladora, controlada, coligada ou sociedade em controle comum, direta ou indireta, que não seja aquela relativa à função de integrante do Comitê de Auditoria Estatutário;

IV — não ser ou ter sido ocupante de cargo público efetivo, ainda que licenciado, ou de cargo em comissão da pessoa jurídica de direito público que exerça o controle acionário da empresa pública ou sociedade de economia mista, nos 12 (doze) meses anteriores à nomeação para o Comitê de Auditoria Estatutário.

§ 2º Ao menos 1 (um) dos membros do Comitê de Auditoria Estatutário deve ter reconhecida experiência em assuntos de contabilidade societária.

§ 3º O atendimento às previsões deste artigo deve ser comprovado por meio de documentação mantida na sede da empresa pública ou sociedade de economia mista pelo prazo mínimo de 5 (cinco) anos, contado a partir do último dia de mandato do membro do Comitê de Auditoria Estatutário.

Seção VIII
Do Conselho Fiscal

Art. 26. Além das normas previstas nesta Lei, aplicam-se aos membros do Conselho Fiscal da empresa pública e da sociedade de economia mista as disposições previstas na Lei n. 6.404, de 15 de dezembro de 1976, relativas a seus poderes, deveres e responsabilidades, a requisitos e impedimentos para investidura e a remuneração, além de outras disposições estabelecidas na referida Lei.

§ 1º Podem ser membros do Conselho Fiscal pessoas naturais, residentes no País, com formação acadêmica compatível com o exercício da função e que tenham exercido, por prazo mínimo de 3 (três) anos, cargo de direção ou assessoramento na administração pública ou cargo de conselheiro fiscal ou administrador em empresa.

§ 2º O Conselho Fiscal contará com pelo menos 1 (um) membro indicado pelo ente controlador, que deverá ser servidor público com vínculo permanente com a administração pública.

CAPÍTULO III
Da Função Social da Empresa Pública e da Sociedade de Economia Mista

Art. 27. A empresa pública e a sociedade de economia mista terão a função social de realização do interesse coletivo ou de atendimento a imperativo da segurança nacional expressa no instrumento de autorização legal para a sua criação.

§ 1º A realização do interesse coletivo de que trata este artigo deverá ser orientada para o alcance do bem-estar econômico e para a alocação socialmente eficiente dos recursos geridos pela empresa pública e pela sociedade de economia mista, bem como para o seguinte:

I — ampliação economicamente sustentada do acesso de consumidores aos produtos e serviços da empresa pública ou da sociedade de economia mista;

II — desenvolvimento ou emprego de tecnologia brasileira para produção e oferta de produtos e serviços da empresa pública ou da sociedade de economia mista, sempre de maneira economicamente justificada.

§ 2º A empresa pública e a sociedade de economia mista deverão, nos termos da lei, adotar práticas de sustentabilidade ambiental e de responsabilidade social corporativa compatíveis com o mercado em que atuam.

§ 3º A empresa pública e a sociedade de economia mista poderão celebrar convênio ou contrato de patrocínio com pessoa física ou com pessoa jurídica para promoção de atividades culturais, sociais, esportivas, educacionais e de inovação tecnológica, desde que comprovadamente vinculadas ao fortalecimento de sua marca, observando-se, no que couber, as normas de licitação e contratos desta Lei.

TÍTULO II
Disposições Aplicáveis às Empresas Públicas, às Sociedades de Economia Mista e às suas Subsidiárias que Explorem Atividade Econômica de Produção ou Comercialização de Bens ou de Prestação de Serviços, ainda que a Atividade Econômica Esteja Sujeita ao Regime de Monopólio da União ou seja de Prestação de Serviços Públicos

CAPÍTULO I
Das Licitações

Seção I
Da Exigência de Licitação e dos Casos de Dispensa e de Inexigibilidade

Art. 28. Os contratos com terceiros destinados à prestação de serviços às empresas públicas e às sociedades de economia mista, inclusive de engenharia e de publicidade, à aquisição e à locação de bens, à alienação de bens e ativos integrantes do respectivo patrimônio ou à execução de obras a serem integradas a esse patrimônio, bem como à implementação de ônus real sobre tais bens, serão precedidos de licitação nos termos desta Lei, ressalvadas as hipóteses previstas nos arts. 29 e 30.

§ 1º Aplicam-se às licitações das empresas públicas e das sociedades de economia mista as disposições constantes dos arts. 42 a 49 da Lei Complementar n. 123, de 14 de dezembro de 2006.

§ 2º O convênio ou contrato de patrocínio celebrado com pessoas físicas ou jurídicas de que trata o § 3º do art. 27 observará, no que couber, as normas de licitação e contratos desta Lei.

§ 3º São as empresas públicas e as sociedades de economia mista dispensadas da observância dos dispositivos deste Capítulo nas seguintes situações:

I — comercialização, prestação ou execução, de forma direta, pelas empresas mencionadas no **caput**, de produtos, serviços ou obras especificamente relacionados com seus respectivos objetos sociais;

II — nos casos em que a escolha do parceiro esteja associada a suas características particulares, vinculada a oportunidades de negócio definidas e específicas, justificada a inviabilidade de procedimento competitivo;

§ 4º Consideram-se oportunidades de negócio a que se refere o inciso II do § 3º a formação e a extinção de parcerias e outras formas associativas, societárias ou contratuais, a aquisição e a alienação de participação em sociedades e outras formas associativas, societárias ou contratuais e as operações realizadas no âmbito do mercado de capitais, respeitada a regulação pelo respectivo órgão competente.

Art. 29. É dispensável a realização de licitação por empresas públicas e sociedades de economia mista:

I — para obras e serviços de engenharia de valor até R$ 100.000,00 (cem mil reais), desde que não se refiram a parcelas de uma mesma obra ou serviço ou ainda a obras e serviços de mesma natureza e no mesmo local que possam ser realizadas conjunta e concomitantemente;

II — para outros serviços e compras de valor até R$ 50.000,00 (cinquenta mil reais) e para alienações, nos casos previstos nesta Lei, desde que não se refiram a parcelas de um mesmo serviço, compra ou alienação de maior vulto que possa ser realizado de uma só vez;

III — quando não acudirem interessados à licitação anterior e essa, justificadamente, não puder ser repetida sem prejuízo para a empresa pública ou a sociedade de economia mista, bem como para suas respectivas subsidiárias, desde que mantidas as condições preestabelecidas;

IV — quando as propostas apresentadas consignarem preços manifestamente superiores aos praticados no mercado nacional ou incompatíveis com os fixados pelos órgãos oficiais competentes;

V — para a compra ou locação de imóvel destinado ao atendimento de suas finalidades precípuas, quando as necessidades de instalação e localização condicionarem a escolha do imóvel, desde que o preço seja compatível com o valor de mercado, segundo avaliação prévia;

VI — na contratação de remanescente de obra, de serviço ou de fornecimento, em consequência de rescisão contratual, desde que atendida a ordem de classificação da licitação anterior e aceitas as mesmas condições

do contrato encerrado por rescisão ou distrato, inclusive quanto ao preço, devidamente corrigido;

VII — na contratação de instituição brasileira incumbida regimental ou estatutariamente da pesquisa, do ensino ou do desenvolvimento institucional ou de instituição dedicada à recuperação social do preso, desde que a contratada detenha inquestionável reputação ético-profissional e não tenha fins lucrativos;

VIII — para a aquisição de componentes ou peças de origem nacional ou estrangeira necessários à manutenção de equipamentos durante o período de garantia técnica, junto ao fornecedor original desses equipamentos, quando tal condição de exclusividade for indispensável para a vigência da garantia;

IX — na contratação de associação de pessoas com deficiência física, sem fins lucrativos e de comprovada idoneidade, para a prestação de serviços ou fornecimento de mão de obra, desde que o preço contratado seja compatível com o praticado no mercado;

X — na contratação de concessionário, permissionário ou autorizado para fornecimento ou suprimento de energia elétrica ou gás natural e de outras prestadoras de serviço público, segundo as normas da legislação específica, desde que o objeto do contrato tenha pertinência com o serviço público.

XI — nas contratações entre empresas públicas ou sociedades de economia mista e suas respectivas subsidiárias, para aquisição ou alienação de bens e prestação ou obtenção de serviços, desde que os preços sejam compatíveis com os praticados no mercado e que o objeto do contrato tenha relação com a atividade da contratada prevista em seu estatuto social;

XII — na contratação de coleta, processamento e comercialização de resíduos sólidos urbanos recicláveis ou reutilizáveis, em áreas com sistema de coleta seletiva de lixo, efetuados por associações ou cooperativas formadas exclusivamente por pessoas físicas de baixa renda que tenham como ocupação econômica a coleta de materiais recicláveis, com o uso de equipamentos compatíveis com as normas técnicas, ambientais e de saúde pública;

XIII — para o fornecimento de bens e serviços, produzidos ou prestados no País, que envolvam, cumulativamente, alta complexidade tecnológica e defesa nacional, mediante parecer de comissão especialmente designada pelo dirigente máximo da empresa pública ou da sociedade de economia mista;

XIV — nas contratações visando ao cumprimento do disposto nos arts. 3º, 4º, 5º e 20 da Lei n. 10.973, de 2 de dezembro de 2004, observados os princípios gerais de contratação dela constantes;

XV — em situações de emergência, quando caracterizada urgência de atendimento de situação que possa ocasionar prejuízo ou comprometer a segurança de pessoas, obras, serviços, equipamentos e outros bens, públicos ou particulares, e somente para os bens necessários ao atendimento da situação emergencial e para as parcelas de obras e serviços que possam ser concluídas no prazo máximo de 180 (cento e oitenta) dias consecutivos e ininterruptos, contado da ocorrência da emergência, vedada a prorrogação dos respectivos contratos, observado o disposto no § 2º;

XVI — na transferência de bens a órgãos e entidades da administração pública, inclusive quando efetivada mediante permuta;

XVII — na doação de bens móveis para fins e usos de interesse social, após avaliação de sua oportunidade e conveniência socioeconômica relativamente à escolha de outra forma de alienação;

XVIII — na compra e venda de ações, de títulos de crédito e de dívida e de bens que produzam ou comercializem.

§ 1º Na hipótese de nenhum dos licitantes aceitar a contratação nos termos do inciso VI do *caput*, a empresa pública e a sociedade de economia mista poderão convocar os licitantes remanescentes, na ordem de classificação, para a celebração do contrato nas condições ofertadas por estes, desde que o respectivo valor seja igual ou inferior ao orçamento estimado para a contratação, inclusive quanto aos preços atualizados nos termos do instrumento convocatório.

§ 2º A contratação direta com base no inciso XV do *caput* não dispensará a responsabilização de quem, por ação ou omissão, tenha dado causa ao motivo ali descrito, inclusive no tocante ao disposto na Lei n. 8.429, de 2 de junho de 1992.

§ 3º Os valores estabelecidos nos incisos I e II do *caput* podem ser alterados, para refletir a variação de custos, por deliberação do Conselho de Administração da empresa pública ou sociedade de economia mista, admitindo-se valores diferenciados para cada sociedade.

Art. 30. A contratação direta será feita quando houver inviabilidade de competição, em especial na hipótese de:

I — aquisição de materiais, equipamentos ou gêneros que só possam ser fornecidos por produtor, empresa ou representante comercial exclusivo;

II — contratação dos seguintes serviços técnicos especializados, com profissionais ou empresas de notória especialização, vedada a inexigibilidade para serviços de publicidade e divulgação:

a) estudos técnicos, planejamentos e projetos básicos ou executivos;

b) pareceres, perícias e avaliações em geral;

c) assessorias ou consultorias técnicas e auditorias financeiras ou tributárias;

d) fiscalização, supervisão ou gerenciamento de obras ou serviços;

e) patrocínio ou defesa de causas judiciais ou administrativas;

f) treinamento e aperfeiçoamento de pessoal;

g) restauração de obras de arte e bens de valor histórico.

§ 1º Considera-se de notória especialização o profissional ou a empresa cujo conceito no campo de sua especialidade, decorrente de desempenho anterior, estudos, experiência, publicações, organização, aparelhamento, equipe técnica ou outros requisitos relacionados com suas atividades, permita inferir que o seu trabalho é essencial e indiscutivelmente o mais adequado à plena satisfação do objeto do contrato.

§ 2º Na hipótese do *caput* e em qualquer dos casos de dispensa, se comprovado, pelo órgão de controle externo, sobrepreço ou superfaturamento, respondem solidariamente pelo dano causado quem houver decidido pela contratação direta e o fornecedor ou o prestador de serviços.

§ 3º O processo de contratação direta será instruído, no que couber, com os seguintes elementos:

I — caracterização da situação emergencial ou calamitosa que justifique a dispensa, quando for o caso;

II — razão da escolha do fornecedor ou do executante;

III — justificativa do preço.

Seção II
Disposições de Caráter Geral sobre Licitações e Contratos

Art. 31. As licitações realizadas e os contratos celebrados por empresas públicas e sociedades de economia mista destinam-se a assegurar a seleção da proposta mais vantajosa, inclusive no que se refere ao ciclo de vida do objeto, e a evitar operações em que se caracterize sobrepreço ou superfaturamento, devendo observar os princípios da impessoalidade, da moralidade, da igualdade, da publicidade, da eficiência, da probidade administrativa, da economicidade, do desenvolvimento nacional sustentável, da vinculação ao instrumento convocatório, da obtenção de competitividade e do julgamento objetivo.

§ 1º Para os fins do disposto no caput, considera-se que há:

I — sobrepreço quando os preços orçados para a licitação ou os preços contratados são expressivamente superiores aos preços referenciais de mercado, podendo referir-se ao valor unitário de um item, se a licitação ou a contratação for por preços unitários de serviço, ou ao valor global do objeto, se a licitação ou a contratação for por preço global ou por empreitada;

II — superfaturamento quando houver dano ao patrimônio da empresa pública ou da sociedade de economia mista caracterizado, por exemplo:

a) pela medição de quantidades superiores às efetivamente executadas ou fornecidas;

b) pela deficiência na execução de obras e serviços de engenharia que resulte em diminuição da qualidade, da vida útil ou da segurança;

c) por alterações no orçamento de obras e de serviços de engenharia que causem o desequilíbrio econômico-financeiro do contrato em favor do contratado;

d) por outras alterações de cláusulas financeiras que gerem recebimentos contratuais antecipados, distorção do cronograma físico-financeiro, prorrogação injustificada do prazo contratual com custos adicionais para a empresa pública ou a sociedade de economia mista ou reajuste irregular de preços.

§ 2º O orçamento de referência do custo global de obras e serviços de engenharia deverá ser obtido a partir de custos unitários de insumos ou serviços menores ou iguais à mediana de seus correspondentes no Sistema Nacional de Pesquisa de Custos e Índices da Construção Civil (Sinapi), no caso de construção civil em geral, ou no Sistema de Custos Referenciais de Obras (Sicro), no caso de obras e serviços rodoviários, devendo ser observadas as peculiaridades geográficas.

§ 3º No caso de inviabilidade da definição dos custos consoante o disposto no § 2º, a estimativa de custo global poderá ser apurada por meio da utilização de dados contidos em tabela de referência formalmente aprovada por órgãos ou entidades da administração pública federal, em publicações técnicas especializadas, em banco de dados e sistema específico instituído para o setor ou em pesquisa de mercado.

§ 4º A empresa pública e a sociedade de economia mista poderão adotar procedimento de manifestação de interesse privado para o recebimento de propostas e projetos de empreendimentos com vistas a atender necessidades previamente identificadas, cabendo a regulamento a definição de suas regras específicas.

§ 5º Na hipótese a que se refere o § 4º, o autor ou financiador do projeto poderá participar da licitação para a execução do empreendimento, podendo ser ressarcido pelos custos aprovados pela empresa pública ou sociedade de economia mista caso não vença o certame, desde que seja promovida a cessão de direitos de que trata o art. 80.

Art. 32. Nas licitações e contratos de que trata esta Lei serão observadas as seguintes diretrizes:

I — padronização do objeto da contratação, dos instrumentos convocatórios e das minutas de contratos, de acordo com normas internas específicas;

II — busca da maior vantagem competitiva para a empresa pública ou sociedade de economia mista, considerando custos e benefícios, diretos e indiretos, de natureza econômica, social ou ambiental, inclusive os relativos à manutenção, ao desfazimento de bens e resíduos, ao índice de depreciação econômica e a outros fatores de igual relevância;

III — parcelamento do objeto, visando a ampliar a participação de licitantes, sem perda de economia de escala, e desde que não atinja valores inferiores aos limites estabelecidos no art. 29, incisos I e II;

IV — adoção preferencial da modalidade de licitação denominada pregão, instituída pela Lei n. 10.520, de 17 de julho de 2002, para a aquisição de bens e serviços comuns, assim considerados aqueles cujos padrões de desempenho e qualidade possam ser objetivamente definidos pelo edital, por meio de especificações usuais no mercado;

V — observação da política de integridade nas transações com partes interessadas.

§ 1º As licitações e os contratos disciplinados por esta Lei devem respeitar, especialmente, as normas relativas à:

I — disposição final ambientalmente adequada dos resíduos sólidos gerados pelas obras contratadas;

II — mitigação dos danos ambientais por meio de medidas condicionantes e de compensação ambiental, que serão definidas no procedimento de licenciamento ambiental;

III — utilização de produtos, equipamentos e serviços que, comprovadamente, reduzam o consumo de energia e de recursos naturais;

IV — avaliação de impactos de vizinhança, na forma da legislação urbanística;

V — proteção do patrimônio cultural, histórico, arqueológico e imaterial, inclusive por meio da avaliação do impacto direto ou indireto causado por investimentos realizados por empresas públicas e sociedades de economia mista;

VI — acessibilidade para pessoas com deficiência ou com mobilidade reduzida.

§ 2º A contratação a ser celebrada por empresa pública ou sociedade de economia mista da qual decorra impacto negativo sobre bens do patrimônio cultural, histórico, arqueológico e imaterial tombados dependerá de autorização da esfera de governo encarregada da proteção do respectivo patrimônio, devendo o impacto ser compensado por meio de medidas determinadas pelo dirigente máximo da empresa pública ou sociedade de economia mista, na forma da legislação aplicável.

§ 3º As licitações na modalidade de pregão, na forma eletrônica, deverão ser realizadas exclusivamente em portais de compras de acesso público na internet.

§ 4º Nas licitações com etapa de lances, a empresa pública ou sociedade de economia mista disponibilizará ferramentas eletrônicas para envio de lances pelos licitantes.

Art. 33. O objeto da licitação e do contrato dela decorrente será definido de forma sucinta e clara no instrumento convocatório.

Art. 34. O valor estimado do contrato a ser celebrado pela empresa pública ou pela sociedade de economia mista será sigiloso, facultando-se à contratante, mediante justificação na fase de preparação prevista no inciso I do art. 51 desta Lei, conferir publicidade ao valor estimado do objeto da licitação, sem prejuízo da divulgação do detalhamento dos quantitativos e das demais informações necessárias para a elaboração das propostas.

§ 1º Na hipótese em que for adotado o critério de julgamento por maior desconto, a informação de que trata o *caput* deste artigo constará do instrumento convocatório.

§ 2º No caso de julgamento por melhor técnica, o valor do prêmio ou da remuneração será incluído no instrumento convocatório.

§ 3º A informação relativa ao valor estimado do objeto da licitação, ainda que tenha caráter sigiloso, será disponibilizada a órgãos de controle externo e interno, devendo a empresa pública ou a sociedade de economia mista registrar em documento formal sua disponibilização aos órgãos de controle, sempre que solicitado.

§ 4º (VETADO).

Art. 35. Observado o disposto no art. 34, o conteúdo da proposta, quando adotado o modo de disputa fechado e até sua abertura, os atos e os procedimentos praticados em decorrência desta Lei submetem-se à legislação que regula o acesso dos cidadãos às informações detidas pela administração pública, particularmente aos termos da Lei n. 12.527, de 18 de novembro de 2011.

Art. 36. A empresa pública e a sociedade de economia mista poderão promover a pré-qualificação de seus fornecedores ou produtos, nos termos do art. 64.

Art. 37. A empresa pública e a sociedade de economia mista deverão informar os dados relativos às sanções por elas aplicadas aos contratados, nos termos definidos no art. 83, de forma a manter atualizado o cadastro de empresas inidôneas de que trata o art. 23 da Lei n. 12.846, de 1º de agosto de 2013.

§ 1º O fornecedor incluído no cadastro referido no *caput* não poderá disputar licitação ou participar, direta ou indiretamente, da execução de contrato.

§ 2º Serão excluídos do cadastro referido no caput, a qualquer tempo, fornecedores que demonstrarem a superação dos motivos que deram causa à restrição contra eles promovida.

Art. 38. Estará impedida de participar de licitações e de ser contratada pela empresa pública ou sociedade de economia mista a empresa:

I — cujo administrador ou sócio detentor de mais de 5% (cinco por cento) do capital social seja diretor ou empregado da empresa pública ou sociedade de economia mista contratante;

II — suspensa pela empresa pública ou sociedade de economia mista;

III — declarada inidônea pela União, por Estado, pelo Distrito Federal ou pela unidade federativa a que está vinculada a empresa pública ou sociedade de economia mista, enquanto perdurarem os efeitos da sanção;

IV — constituída por sócio de empresa que estiver suspensa, impedida ou declarada inidônea;

V — cujo administrador seja sócio de empresa suspensa, impedida ou declarada inidônea;

VI — constituída por sócio que tenha sido sócio ou administrador de empresa suspensa, impedida ou declarada inidônea, no período dos fatos que deram ensejo à sanção;

VII — cujo administrador tenha sido sócio ou administrador de empresa suspensa, impedida ou declarada inidônea, no período dos fatos que deram ensejo à sanção;

VIII — que tiver, nos seus quadros de diretoria, pessoa que participou, em razão de vínculo de mesma natureza, de empresa declarada inidônea.

Parágrafo único. Aplica-se a vedação prevista no *caput*:

I — à contratação do próprio empregado ou dirigente, como pessoa física, bem como à participação dele em procedimentos licitatórios, na condição de licitante;

II — a quem tenha relação de parentesco, até o terceiro grau civil, com:

a) dirigente de empresa pública ou sociedade de economia mista;

b) empregado de empresa pública ou sociedade de economia mista cujas atribuições envolvam a atuação na área responsável pela licitação ou contratação;

c) autoridade do ente público a que a empresa pública ou sociedade de economia mista esteja vinculada;

III — cujo proprietário, mesmo na condição de sócio, tenha terminado seu prazo de gestão ou rompido seu vínculo com a respectiva empresa pública ou sociedade de economia mista promotora da licitação ou contratante há menos de 6 (seis) meses.

Art. 39. Os procedimentos licitatórios, a pré-qualificação e os contratos disciplinados por esta Lei serão divulgados em portal específico mantido pela empresa pública ou sociedade de economia mista na internet, devendo ser adotados os seguintes prazos mínimos para apresentação de propostas ou lances, contados a partir da divulgação do instrumento convocatório:

I — para aquisição de bens:

a) 5 (cinco) dias úteis, quando adotado como critério de julgamento o menor preço ou o maior desconto;

b) 10 (dez) dias úteis, nas demais hipóteses;

II — para contratação de obras e serviços:

a) 15 (quinze) dias úteis, quando adotado como critério de julgamento o menor preço ou o maior desconto;

b) 30 (trinta) dias úteis, nas demais hipóteses;

III — no mínimo 45 (quarenta e cinco) dias úteis para licitação em que se adote como critério de julgamento a melhor técnica ou a melhor combinação de técnica e preço, bem como para licitação em que haja contratação semi-integrada ou integrada.

Parágrafo único. As modificações promovidas no instrumento convocatório serão objeto de divulgação nos mesmos termos e prazos dos atos e procedimentos originais, exceto quando a alteração não afetar a preparação das propostas.

Art. 40. As empresas públicas e as sociedades de economia mista deverão publicar e manter atualizado regulamento interno de licitações e contratos, compatível com o disposto nesta Lei, especialmente quanto a:

I — glossário de expressões técnicas;
II — cadastro de fornecedores;
III — minutas-padrão de editais e contratos;
IV — procedimentos de licitação e contratação direta;
V — tramitação de recursos;
VI — formalização de contratos;
VII — gestão e fiscalização de contratos;
VIII — aplicação de penalidades;
IX — recebimento do objeto do contrato.

Art. 41. Aplicam-se às licitações e contratos regidos por esta Lei as normas de direito penal contidas nos arts. 89 a 99 da Lei n. 8.666, de 21 de junho de 1993.

Seção III
Das Normas Específicas para Obras e Serviços

Art. 42. Na licitação e na contratação de obras e serviços por empresas públicas e sociedades de economia mista, serão observadas as seguintes definições:

I — empreitada por preço unitário: contratação por preço certo de unidades determinadas;
II — empreitada por preço global: contratação por preço certo e total;
III — tarefa: contratação de mão de obra para pequenos trabalhos por preço certo, com ou sem fornecimento de material;
IV — empreitada integral: contratação de empreendimento em sua integralidade, com todas as etapas de obras, serviços e instalações necessárias, sob inteira responsabilidade da contratada até a sua entrega ao contratante em condições de entrada em operação, atendidos os requisitos técnicos e legais para sua utilização em condições de segurança estrutural e operacional e com as características adequadas às finalidades para as quais foi contratada;
V — contratação semi-integrada: contratação que envolve a elaboração e o desenvolvimento do projeto executivo, a execução de obras e serviços de engenharia, a montagem, a realização de testes, a pré-operação e as demais operações necessárias e suficientes para a entrega final do objeto, de acordo com o estabelecido nos §§ 1º e 3º deste artigo;
VI — contratação integrada: contratação que envolve a elaboração e o desenvolvimento dos projetos básico e executivo, a execução de obras e serviços de engenharia, a montagem, a realização de testes, a pré-operação e as demais operações necessárias e suficientes para a entrega final do objeto, de acordo com o estabelecido nos §§ 1º, 2º e 3º deste artigo;
VII — anteprojeto de engenharia: peça técnica com todos os elementos de contornos necessários e fundamentais à elaboração do projeto básico, devendo conter minimamente os seguintes elementos:

a) demonstração e justificativa do programa de necessidades, visão global dos investimentos e definições relacionadas ao nível de serviço desejado;
b) condições de solidez, segurança e durabilidade e prazo de entrega;
c) estética do projeto arquitetônico;
d) parâmetros de adequação ao interesse público, à economia na utilização, à facilidade na execução, aos impactos ambientais e à acessibilidade;
e) concepção da obra ou do serviço de engenharia;
f) projetos anteriores ou estudos preliminares que embasaram a concepção adotada;
g) levantamento topográfico e cadastral;
h) pareceres de sondagem;
i) memorial descritivo dos elementos da edificação, dos componentes construtivos e dos materiais de construção, de forma a estabelecer padrões mínimos para a contratação;

VIII — projeto básico: conjunto de elementos necessários e suficientes, com nível de precisão adequado, para, observado o disposto no § 3º, caracterizar a obra ou o serviço, ou o complexo de obras ou de serviços objeto da licitação, elaborado com base nas indicações dos estudos técnicos preliminares, que assegure a viabilidade técnica e o adequado tratamento do impacto ambiental do empreendimento e que possibilite a avaliação do custo da obra e a definição dos métodos e do prazo de execução, devendo conter os seguintes elementos:

a) desenvolvimento da solução escolhida, de forma a fornecer visão global da obra e a identificar todos os seus elementos constitutivos com clareza;
b) soluções técnicas globais e localizadas, suficientemente detalhadas, de forma a minimizar a necessidade de reformulação ou de variantes durante as fases de elaboração do projeto executivo e de realização das obras e montagem;
c) identificação dos tipos de serviços a executar e de materiais e equipamentos a incorporar à obra, bem como suas especificações, de modo a assegurar os melhores resultados para o empreendimento, sem frustrar o caráter competitivo para a sua execução;
d) informações que possibilitem o estudo e a dedução de métodos construtivos, instalações provisórias e condições organizacionais para a obra, sem frustrar o caráter competitivo para a sua execução;
e) subsídios para montagem do plano de licitação e gestão da obra, compreendendo a sua programação, a estratégia de suprimentos, as normas de fiscalização e outros dados necessários em cada caso;
f) (VETADO);

IX — projeto executivo: conjunto dos elementos necessários e suficientes à execução completa da obra, de acordo com as normas técnicas pertinentes;
X — matriz de riscos: cláusula contratual definidora de riscos e responsabilidades entre as partes e caracterizadora do equilíbrio econômico-financeiro inicial do contrato, em termos de ônus financeiro decorrente de eventos supervenientes à contratação, contendo, no mínimo, as seguintes informações:

a) listagem de possíveis eventos supervenientes à assinatura do contrato, impactantes no equilíbrio econômico-financeiro da avença, e previsão de eventual necessidade de prolação de termo aditivo quando de sua ocorrência;
b) estabelecimento preciso das frações do objeto em que haverá liberdade das contratadas para inovar em soluções metodológicas ou tecnológicas, em obrigações de resultado, em termos de modificação das soluções previamente delineadas no anteprojeto ou no projeto básico da licitação;
c) estabelecimento preciso das frações do objeto em que não haverá liberdade das contratadas para inovar em soluções metodológicas ou tecnológicas, em obrigações de meio, devendo haver obrigação de identidade entre a execução e a solução pré-definida no anteprojeto ou no projeto básico da licitação.

§ 1º As contratações semi-integradas e integradas referidas, respectivamente, nos incisos V e VI do *caput* deste artigo restringir-se-ão a obras e serviços de engenharia e observarão os seguintes requisitos:

I — o instrumento convocatório deverá conter:

a) anteprojeto de engenharia, no caso de contratação integrada, com elementos técnicos que permitam a caracterização da obra ou do serviço e a elaboração e comparação, de forma isonômica, das propostas a serem ofertadas pelos particulares;
b) projeto básico, nos casos de empreitada por preço unitário, de empreitada por preço global, de empreitada integral e de contratação semi-integrada, nos termos definidos neste artigo;
c) documento técnico, com definição precisa das frações do empreendimento em que haverá liberdade de as contratadas inovarem em soluções metodológicas ou tecnológicas, seja em termos de modificação das soluções previamente delineadas no anteprojeto ou no projeto básico da licitação, seja em termos de detalhamento dos sistemas e procedimentos construtivos previstos nessas peças técnicas;
d) matriz de riscos;

II — o valor estimado do objeto a ser licitado será calculado com base em valores de mercado, em valores pagos pela administração pública em serviços e obras similares ou em avaliação do custo global da obra, aferido mediante orçamento sintético ou metodologia expedita ou paramétrica;
III — o critério de julgamento a ser adotado será o de menor preço ou de melhor combinação de técnica e preço, pontuando-se na avaliação técnica as vantagens e os benefícios que eventualmente forem oferecidos para cada produto ou solução;
IV — na contratação semi-integrada, o projeto básico poderá ser alterado, desde que demonstrada a superioridade das inovações em termos de redução de custos, de aumento da qualidade, de redução do prazo de execução e de facilidade de manutenção ou operação.

§ 2º No caso dos orçamentos das contratações integradas:

I — sempre que o anteprojeto da licitação, por seus elementos mínimos, assim o permitir, as estimativas de preço devem se basear em orçamento tão detalhado quanto possível, devendo a utilização de estimativas paramétricas e a avaliação aproximada baseada em outras obras similares ser realizadas somente nas frações do empreendimento não suficientemente detalhadas no anteprojeto da licitação, exigindo-se das contratadas, no mínimo, o mesmo nível de detalhamento em seus demonstrativos de formação de preços;
II — quando utilizada metodologia expedita ou paramétrica para abalizar o valor do empreendimento ou de fração dele, consideradas as disposições do inciso I, entre 2 (duas) ou mais técnicas estimativas possíveis, deve ser utilizada nas estimativas de preço-base a que viabilize a maior precisão orçamentária, exigindo-se das licitantes, no mínimo, o mesmo nível de detalhamento na motivação dos respectivos preços ofertados.

§ 3º Nas contratações integradas ou semi-integradas, os riscos decorrentes de fatos supervenientes à contratação associados à

escolha da solução de projeto básico pela contratante deverão ser alocados como de sua responsabilidade na matriz de riscos.

§ 4º No caso de licitação de obras e serviços de engenharia, as empresas públicas e as sociedades de economia mista abrangidas por esta Lei deverão utilizar a contratação semi-integrada, prevista no inciso V do caput, cabendo a elas a elaboração ou a contratação do projeto básico antes da licitação de que trata este parágrafo, podendo ser utilizadas outras modalidades previstas nos incisos do caput deste artigo, desde que essa opção seja devidamente justificada.

§ 5º Para fins do previsto na parte final do § 4º, não será admitida, por parte da empresa pública ou da sociedade de economia mista, como justificativa para a adoção da modalidade de contratação integrada, a ausência de projeto básico.

Art. 43. Os contratos destinados à execução de obras e serviços de engenharia admitirão os seguintes regimes:

I — empreitada por preço unitário, nos casos em que os objetos, por sua natureza, possuam imprecisão inerente de quantitativos em seus itens orçamentários;

II — empreitada por preço global, quando for possível definir previamente no projeto básico, com boa margem de precisão, as quantidades dos serviços a serem posteriormente executados na fase contratual;

III — contratação por tarefa, em contratações de profissionais autônomos ou de pequenas empresas para realização de serviços técnicos comuns e de curta duração;

IV — empreitada integral, nos casos em que o contratante necessite receber o empreendimento, normalmente de alta complexidade, em condição de operação imediata;

V — contratação semi-integrada, quando for possível definir previamente no projeto básico as quantidades dos serviços a serem posteriormente executados na fase contratual, em obra ou serviço de engenharia que possa ser executado com diferentes metodologias ou tecnologias;

VI — contratação integrada, quando a obra ou o serviço de engenharia for de natureza predominantemente intelectual e de inovação tecnológica do objeto licitado ou puder ser executado com diferentes metodologias ou tecnologias de domínio restrito no mercado.

§ 1º Serão obrigatoriamente precedidas pela elaboração de projeto básico, disponível para exame de qualquer interessado, as licitações para a contratação de obras e serviços, com exceção daquelas em que for adotado o regime previsto no inciso VI do caput deste artigo.

§ 2º É vedada a execução, sem projeto executivo, de obras e serviços de engenharia.

Art. 44. É vedada a participação direta ou indireta nas licitações para obras e serviços de engenharia de que trata esta Lei:

I — de pessoa física ou jurídica que tenha elaborado o anteprojeto ou o projeto básico da licitação;

II — de pessoa jurídica que participar de consórcio responsável pela elaboração do anteprojeto ou do projeto básico da licitação;

III — de pessoa jurídica da qual o autor do anteprojeto ou do projeto básico da licitação seja administrador, controlador, gerente, responsável técnico, subcontratado ou sócio, neste último caso quando a participação superar 5% (cinco por cento) do capital votante.

§ 1º A elaboração do projeto executivo constituirá encargo do contratado, consoante preço previamente fixado pela empresa pública ou pela sociedade de economia mista.

§ 2º É permitida a participação das pessoas jurídicas e da pessoa física de que tratam os incisos II e III do caput deste artigo em licitação ou em execução de contrato, como consultor ou técnico, nas funções de fiscalização, supervisão ou gerenciamento, exclusivamente a serviço da empresa pública e da sociedade de economia mista interessadas.

§ 3º Para fins do disposto no caput, considera-se participação indireta a existência de vínculos de natureza técnica, comercial, econômica, financeira ou trabalhista entre o autor do projeto básico, pessoa física ou jurídica, e o licitante ou responsável pelos serviços, fornecimentos e obras, incluindo-se os fornecimentos de bens e serviços a estes necessários.

§ 4º O disposto no § 3º deste artigo aplica-se a empregados incumbidos de levar a efeito atos e procedimentos realizados pela empresa pública e pela sociedade de economia mista no curso da licitação.

Art. 45. Na contratação de obras e serviços, inclusive de engenharia, poderá ser estabelecida remuneração variável vinculada ao desempenho do contratado, com base em metas, padrões de qualidade, critérios de sustentabilidade ambiental e prazos de entrega definidos no instrumento convocatório e no contrato.

Parágrafo único. A utilização da remuneração variável respeitará o limite orçamentário fixado pela empresa pública ou pela sociedade de economia mista para a respectiva contratação.

Art. 46. Mediante justificativa expressa e desde que não implique perda de economia de escala, poderá ser celebrado mais de um contrato para executar serviço de mesma natureza quando o objeto da contratação puder ser executado de forma concorrente e simultânea por mais de um contratado.

§ 1º Na hipótese prevista no caput deste artigo, será mantido controle individualizado da execução do objeto contratual relativamente a cada um dos contratados.

§ 2º (VETADO).

Seção IV
Das Normas Específicas para Aquisição de Bens

Art. 47. A empresa pública e a sociedade de economia mista, na licitação para aquisição de bens, poderão:

I — indicar marca ou modelo, nas seguintes hipóteses:

a) em decorrência da necessidade de padronização do objeto;

b) quando determinada marca ou modelo comercializado por mais de um fornecedor constituir o único capaz de atender o objeto do contrato;

c) quando for necessária, para compreensão do objeto, a identificação de determinada marca ou modelo apto a servir como referência, situação em que será obrigatório o acréscimo da expressão "ou similar ou de melhor qualidade";

II — exigir amostra do bem no procedimento de pré-qualificação e na fase de julgamento das propostas ou de lances, desde que justificada a necessidade de sua apresentação;

III — solicitar a certificação da qualidade do produto ou do processo de fabricação, inclusive sob o aspecto ambiental, por instituição previamente credenciada.

Parágrafo único. O edital poderá exigir, como condição de aceitabilidade da proposta, a adequação às normas da Associação Brasileira de Normas Técnicas (ABNT) ou a certificação da qualidade do produto por instituição credenciada pelo Sistema Nacional de Metrologia, Normalização e Qualidade Industrial (Sinmetro).

Art. 48. Será dada publicidade, com periodicidade mínima semestral, em sítio eletrônico oficial na internet de acesso irrestrito, à relação das aquisições de bens efetivadas pelas empresas públicas e pelas sociedades de economia mista, compreendidas as seguintes informações:

I — identificação do bem comprado, de seu preço unitário e da quantidade adquirida;

II — nome do fornecedor;

III — valor total de cada aquisição.

Seção V
Das Normas Específicas para Alienação de Bens

Art. 49. A alienação de bens por empresas públicas e por sociedades de economia mista será precedida de:

I — avaliação formal do bem contemplado, ressalvadas as hipóteses previstas nos incisos XVI a XVIII do art. 29;

II — licitação, ressalvado o previsto no § 3º do art. 28.

Art. 50. Estendem-se à atribuição de ônus real a bens integrantes do acervo patrimonial de empresas públicas e de sociedades de economia mista as normas desta Lei aplicáveis à sua alienação, inclusive em relação às hipóteses de dispensa e de inexigibilidade de licitação.

Seção VI
Do Procedimento de Licitação

Art. 51. As licitações de que trata esta Lei observarão a seguinte sequência de fases:

I — preparação;

II — divulgação;

III — apresentação de lances ou propostas, conforme o modo de disputa adotado;

IV — julgamento;

V — verificação de efetividade dos lances ou propostas;

VI — negociação;

VII — habilitação;

VIII — interposição de recursos;

IX — adjudicação do objeto;

X — homologação do resultado ou revogação do procedimento.

§ 1º A fase de que trata o inciso VII do caput poderá, excepcionalmente, anteceder as referidas nos incisos III a VI do caput, desde que expressamente previsto no instrumento convocatório.

§ 2º Os atos e procedimentos decorrentes das fases enumeradas no caput praticados por empresas públicas, por sociedades de economia mista e por licitantes serão efetivados preferencialmente por meio eletrônico, nos termos definidos pelo instrumento convocatório, devendo os avisos contendo os resumos dos editais das licitações e contratos abrangidos por esta Lei ser previamente publicados no Diário Oficial da União, do Estado ou do Município e na internet.

Art. 52. Poderão ser adotados os modos de disputa aberto ou fechado, ou, quando o objeto da licitação puder ser parcelado, a combinação de ambos, observado o disposto no inciso III do art. 32 desta Lei.

§ 1º No modo de disputa aberto, os licitantes apresentarão lances públicos e sucessivos, crescentes ou decrescentes, conforme o critério de julgamento adotado.

§ 2º No modo de disputa fechado, as propostas apresentadas pelos licitantes serão sigilosas até a data e a hora designadas para que sejam divulgadas.

Art. 53. Quando for adotado o modo de disputa aberto, poderão ser admitidos:

I — a apresentação de lances intermediários;

II — o reinício da disputa aberta, após a definição do melhor lance, para definição das demais colocações, quando existir diferença de pelo menos 10% (dez por cento) entre o melhor lance e o subsequente.

Parágrafo único. Consideram-se intermediários os lances:

I — iguais ou inferiores ao maior já ofertado, quando adotado o julgamento pelo critério da maior oferta;

II — iguais ou superiores ao menor já ofertado, quando adotados os demais critérios de julgamento.

Art. 54. Poderão ser utilizados os seguintes critérios de julgamento:

I — menor preço;

II — maior desconto;

III — melhor combinação de técnica e preço;

IV — melhor técnica;

V — melhor conteúdo artístico;

VI — maior oferta de preço;

VII — maior retorno econômico;

VIII — melhor destinação de bens alienados.

§ 1º Os critérios de julgamento serão expressamente identificados no instrumento convocatório e poderão ser combinados na hipótese de parcelamento do objeto, observado o disposto no inciso III do art. 32.

§ 2º Na hipótese de adoção dos critérios referidos nos incisos III, IV, V e VII do *caput* deste artigo, o julgamento das propostas será efetivado mediante o emprego de parâmetros específicos, definidos no instrumento convocatório, destinados a limitar a subjetividade do julgamento.

§ 3º Para efeito de julgamento, não serão consideradas vantagens não previstas no instrumento convocatório.

§ 4º O critério previsto no inciso II do *caput*:

I — terá como referência o preço global fixado no instrumento convocatório, estendendo-se o desconto oferecido nas propostas ou lances vencedores a eventuais termos aditivos;

II — no caso de obras e serviços de engenharia, o desconto incidirá de forma linear sobre a totalidade dos itens constantes do orçamento estimado, que deverá obrigatoriamente integrar o instrumento convocatório.

§ 5º Quando for utilizado o critério referido no inciso III do *caput*, a avaliação das propostas técnicas e de preço considerará o percentual de ponderação mais relevante, limitado a 70% (setenta por cento).

§ 6º Quando for utilizado o critério referido no inciso VII do *caput*, os lances ou propostas terão o objetivo de proporcionar economia à empresa pública ou à sociedade de economia mista, por meio da redução de suas despesas correntes, remunerando-se o licitante vencedor com base em percentual da economia de recursos gerada.

§ 7º Na implementação do critério previsto no inciso VIII do *caput* deste artigo, será obrigatoriamente considerada, nos termos do respectivo instrumento convocatório, a repercussão, no meio social, da finalidade para cujo atendimento o bem será utilizado pelo adquirente.

§ 8º O descumprimento da finalidade a que se refere o § 7º deste artigo resultará na imediata restituição do bem alcançado ao acervo patrimonial da empresa pública ou da sociedade de economia mista, vedado, nessa hipótese, o pagamento de indenização em favor do adquirente.

Art. 55. Em caso de empate entre 2 (duas) propostas, serão utilizados, na ordem em que se encontram enumerados, os seguintes critérios de desempate:

I — disputa final, em que os licitantes empatados poderão apresentar nova proposta fechada, em ato contínuo ao encerramento da etapa de julgamento;

II — avaliação do desempenho contratual prévio dos licitantes, desde que exista sistema objetivo de avaliação instituído;

III — os critérios estabelecidos no art. 3º da Lei n. 8.248, de 23 de outubro de 1991, e no § 2º do art. 3º da Lei n. 8.666, de 21 de junho de 1993;

IV — sorteio.

Art. 56. Efetuado o julgamento dos lances ou propostas, será promovida a verificação de sua efetividade, promovendo-se a desclassificação daqueles que:

I — contenham vícios insanáveis;

II — descumpram especificações técnicas constantes do instrumento convocatório;

III — apresentem preços manifestamente inexequíveis;

IV — se encontrem acima do orçamento estimado para a contratação de que trata o § 1º do art. 57, ressalvada a hipótese prevista no *caput* do art. 34 desta Lei;

V — não tenham sua exequibilidade demonstrada, quando exigido pela empresa pública ou pela sociedade de economia mista;

VI — apresentem desconformidade com outras exigências do instrumento convocatório, salvo se for possível a acomodação a seus termos antes da adjudicação do objeto e sem que se prejudique a atribuição de tratamento isonômico entre os licitantes.

§ 1º A verificação da efetividade dos lances ou propostas poderá ser feita exclusivamente em relação aos lances e propostas mais bem classificados.

§ 2º A empresa pública e a sociedade de economia mista poderão realizar diligências para aferir a exequibilidade das propostas ou exigir dos licitantes que ela seja demonstrada, na forma do inciso V do caput.

§ 3º Nas licitações de obras e serviços de engenharia, consideram-se inexequíveis as propostas com valores globais inferiores a 70% (setenta por cento) do menor dos seguintes valores:

I — média aritmética dos valores das propostas superiores a 50% (cinquenta por cento) do valor do orçamento estimado pela empresa pública ou sociedade de economia mista; ou

II — valor do orçamento estimado pela empresa pública ou sociedade de economia mista.

§ 4º Para os demais objetos, para efeito de avaliação da exequibilidade ou de sobrepreço, deverão ser estabelecidos critérios de aceitabilidade de preços que considerem o preço global, os quantitativos e os preços unitários, assim definidos no instrumento convocatório.

Art. 57. Confirmada a efetividade do lance ou proposta que obteve a primeira colocação na etapa de julgamento, ou que passe a ocupar essa posição em decorrência da desclassificação de outra que tenha obtido colocação superior, a empresa pública e a sociedade de economia mista deverão negociar condições mais vantajosas com quem o apresentou.

§ 1º A negociação deverá ser feita com os demais licitantes, segundo a ordem inicialmente estabelecida, quando o preço do primeiro colocado, mesmo após a negociação, permanecer acima do orçamento estimado.

§ 2º (VETADO).

§ 3º Se depois de adotada a providência referida no § 1º deste artigo não for obtido valor igual ou inferior ao orçamento estimado para a contratação, será revogada a licitação.

Art. 58. A habilitação será apreciada exclusivamente a partir dos seguintes parâmetros:

I — exigência da apresentação de documentos aptos a comprovar a possibilidade da aquisição de direitos e da contração de obrigações por parte do licitante;

II — qualificação técnica, restrita a parcelas do objeto técnica ou economicamente relevantes, de acordo com parâmetros estabelecidos de forma expressa no instrumento convocatório;

III — capacidade econômica e financeira;

IV — recolhimento de quantia a título de adiantamento, tratando-se de licitações em que se utilize como critério de julgamento a maior oferta de preço.

§ 1º Quando o critério de julgamento utilizado for a maior oferta de preço, os requisitos de qualificação técnica e de capacidade econômica e financeira poderão ser dispensados.

§ 2º Na hipótese do § 1º, reverterá a favor da empresa pública ou da sociedade de economia mista o valor de quantia eventualmente exigida no instrumento convocatório a título de adiantamento, caso o licitante não efetue o restante do pagamento devido no prazo para tanto estipulado.

Art. 59. Salvo no caso de inversão de fases, o procedimento licitatório terá fase recursal única.

§ 1º Os recursos serão apresentados no prazo de 5 (cinco) dias úteis após a habilitação e contemplarão, além dos atos praticados nessa fase, aqueles praticados em decorrência do disposto nos incisos IV e V do *caput* do art. 51 desta Lei.

§ 2º Na hipótese de inversão de fases, o prazo referido no § 1º será aberto após a habilitação e após o encerramento da fase prevista no inciso V do *caput* do art. 51, abrangendo o segundo prazo também atos decorrentes da fase referida no inciso IV do *caput* do art. 51 desta Lei.

Art. 60. A homologação do resultado implica a constituição de direito relativo à celebração do contrato em favor do licitante vencedor.

Art. 61. A empresa pública e a sociedade de economia mista não poderão celebrar contrato com preterição da ordem de classificação das propostas ou com terceiros estranhos à licitação.

Art. 62. Além das hipóteses previstas no § 3º do art. 57 desta Lei e no inciso II do § 2º do art. 75 desta Lei, quem dispuser de competência para homologação do resultado poderá revogar a licitação por razões de interesse público decorrentes de fato superveniente que constitua óbice manifesto e incontornável, ou anulá-la por ilegalidade, de ofício ou por provocação de terceiros, salvo quando for viável a convalidação do ato ou do procedimento viciado.

§ 1º A anulação da licitação por motivo de ilegalidade não gera obrigação de indenizar, observado o disposto no § 2º deste artigo.

§ 2º A nulidade da licitação induz à do contrato.

§ 3º Depois de iniciada a fase de apresentação de lances ou propostas, referida no inciso III do *caput* do art. 51 desta Lei, a revogação ou a anulação da licitação somente será efetivada depois de se conceder aos licitantes que manifestem interesse em contestar o respectivo ato prazo apto a lhes assegurar o exercício do direito ao contraditório e à ampla defesa.

§ 4º O disposto no *caput* e nos §§ 1º e 2º deste artigo aplica-se, no que couber, aos atos por meio dos quais se determine a contratação direta.

Seção VII
Dos Procedimentos Auxiliares das Licitações

Art. 63. São procedimentos auxiliares das licitações regidas por esta Lei:

I — pré-qualificação permanente;
II — cadastramento;
III — sistema de registro de preços;
IV — catálogo eletrônico de padronização.

Parágrafo único. Os procedimentos de que trata o *caput* deste artigo obedecerão a critérios claros e objetivos definidos em regulamento.

Art. 64. Considera-se pré-qualificação permanente o procedimento anterior à licitação destinado a identificar:

I — fornecedores que reúnam condições de habilitação exigidas para o fornecimento de bem ou a execução de serviço ou obra nos prazos, locais e condições previamente estabelecidos;

II — bens que atendam às exigências técnicas e de qualidade da administração pública.

§ 1º O procedimento de pré-qualificação será público e permanentemente aberto à inscrição de qualquer interessado.

§ 2º A empresa pública e a sociedade de economia mista poderão restringir a participação em suas licitações a fornecedores ou produtos pré-qualificados, nas condições estabelecidas em regulamento.

§ 3º A pré-qualificação poderá ser efetuada nos grupos ou segmentos, segundo as especialidades dos fornecedores.

§ 4º A pré-qualificação poderá ser parcial ou total, contendo alguns ou todos os requisitos de habilitação ou técnicos necessários à contratação, assegurada, em qualquer hipótese, a igualdade de condições entre os concorrentes.

§ 5º A pré-qualificação terá validade de 1 (um) ano, no máximo, podendo ser atualizada a qualquer tempo.

§ 6º Na pré-qualificação aberta de produtos, poderá ser exigida a comprovação de qualidade.

§ 7º É obrigatória a divulgação dos produtos e dos interessados que forem pré-qualificados.

Art. 65. Os registros cadastrais poderão ser mantidos para efeito de habilitação dos inscritos em procedimentos licitatórios e serão válidos por 1 (um) ano, no máximo, podendo ser atualizados a qualquer tempo.

§ 1º Os registros cadastrais serão amplamente divulgados e ficarão permanentemente abertos para a inscrição de interessados.

§ 2º Os inscritos serão admitidos segundo requisitos previstos em regulamento.

§ 3º A atuação do licitante no cumprimento de obrigações assumidas será anotada no respectivo registro cadastral.

§ 4º A qualquer tempo poderá ser alterado, suspenso ou cancelado o registro do inscrito que deixar de satisfazer as exigências estabelecidas para habilitação ou para admissão cadastral.

Art. 66. O Sistema de Registro de Preços especificamente destinado às licitações de que trata esta Lei reger-se-á pelo disposto em decreto do Poder Executivo e pelas seguintes disposições:

§ 1º Poderá aderir ao sistema referido no *caput* qualquer órgão ou entidade responsável pela execução das atividades contempladas no art. 1º desta Lei.

§ 2º O registro de preços observará, entre outras, as seguintes condições:

I — efetivação prévia de ampla pesquisa de mercado;

II — seleção de acordo com os procedimentos previstos em regulamento;

III — desenvolvimento obrigatório de rotina de controle e atualização periódicos dos preços registrados;

IV — definição da validade do registro;

V — inclusão, na respectiva ata, do registro dos licitantes que aceitarem cotar os bens ou serviços com preços iguais ao do licitante vencedor na sequência da classificação do certame, assim como dos licitantes que mantiverem suas propostas originais.

§ 3º A existência de preços registrados não obriga a administração pública a firmar os contratos que deles poderão advir, sendo facultada a realização de licitação específica, assegurada ao licitante registrado preferência em igualdade de condições.

Art. 67. O catálogo eletrônico de padronização de compras, serviços e obras consiste em sistema informatizado, de gerenciamento centralizado, destinado a permitir a padronização dos itens a serem adquiridos pela empresa pública ou sociedade de economia mista que estarão disponíveis para a realização de licitação.

Parágrafo único. O catálogo referido no *caput* poderá ser utilizado em licitações cujo critério de julgamento seja o menor preço ou o maior desconto e conterá toda a documentação e todos os procedimentos da fase interna da licitação, assim como as especificações dos respectivos objetos, conforme disposto em regulamento.

CAPÍTULO II
Dos Contratos

Seção I
Da Formalização dos Contratos

Art. 68. Os contratos de que trata esta Lei regulam-se pelas suas cláusulas, pelo disposto nesta Lei e pelos preceitos de direito privado.

Art. 69. São cláusulas necessárias nos contratos disciplinados por esta Lei:

I — o objeto e seus elementos característicos;

II — o regime de execução ou a forma de fornecimento;

III — o preço e as condições de pagamento, os critérios, a data-base e a periodicidade do reajustamento de preços e os critérios de atualização monetária entre a data do adimplemento das obrigações e a do efetivo pagamento;

IV — os prazos de início de cada etapa de execução, de conclusão, de entrega, de observação, quando for o caso, e de recebimento;

V — as garantias oferecidas para assegurar a plena execução do objeto contratual, quando exigidas, observado o disposto no art. 68;

VI — os direitos e as responsabilidades das partes, as tipificações das infrações e as respectivas penalidades e valores das multas;

VII — os casos de rescisão do contrato e os mecanismos para alteração de seus termos;

VIII — a vinculação ao instrumento convocatório da respectiva licitação ou ao termo que a dispensou ou a inexigiu, bem como ao lance ou proposta do licitante vencedor;

IX — a obrigação do contratado de manter, durante a execução do contrato, em compatibilidade com as obrigações por ele assumidas, as condições de habilitação e qualificação exigidas no curso do procedimento licitatório;

X — matriz de riscos.

§ 1º (VETADO).

§ 2º Nos contratos decorrentes de licitações de obras ou serviços de engenharia em que tenha sido adotado o modo de disputa aberto, o contratado deverá reelaborar e apresentar à empresa pública ou à sociedade de economia mista e às suas respectivas subsidiárias, por meio eletrônico, as planilhas com indicação dos quantitativos e dos custos unitários, bem como do detalhamento das Bonificações e Despesas Indiretas (BDI) e dos Encargos Sociais (ES), com os respectivos valores adequados ao lance vencedor, para fins do disposto no inciso III do *caput* deste artigo.

Art. 70. Poderá ser exigida prestação de garantia nas contratações de obras, serviços e compras.

§ 1º Caberá ao contratado optar por uma das seguintes modalidades de garantia:

I — caução em dinheiro;
II — seguro-garantia;
III — fiança bancária.

§ 2º A garantia a que se refere o *caput* não excederá a 5% (cinco por cento) do valor do contrato e terá seu valor atualizado nas mesmas condições nele estabelecidas, ressalvado o previsto no § 3º deste artigo.

§ 3º Para obras, serviços e fornecimentos de grande vulto envolvendo complexidade técnica e riscos financeiros elevados, o limite de garantia previsto no § 2º poderá ser elevado para até 10% (dez por cento) do valor do contrato.

§ 4º A garantia prestada pelo contratado será liberada ou restituída após a execução do contrato, devendo ser atualizada monetariamente na hipótese do inciso I do § 1º deste artigo.

Art. 71. A duração dos contratos regidos por esta Lei não excederá a 5 (cinco) anos, contados a partir de sua celebração, exceto:

I — para projetos contemplados no plano de negócios e investimentos da empresa pública ou da sociedade de economia mista;

II — nos casos em que a pactuação por prazo superior a 5 (cinco) anos seja prática rotineira de mercado e a imposição desse prazo inviabilize ou onere excessivamente a realização do negócio.

Parágrafo único. É vedado o contrato por prazo indeterminado.

Art. 72. Os contratos regidos por esta Lei somente poderão ser alterados por acordo

entre as partes, vedando-se ajuste que resulte em violação da obrigação de licitar.

Art. 73. A redução a termo do contrato poderá ser dispensada no caso de pequenas despesas de pronta entrega e pagamento das quais não resultem obrigações futuras por parte da empresa pública ou da sociedade de economia mista.

Parágrafo único. O disposto no *caput* não prejudicará o registro contábil exaustivo dos valores despendidos e a exigência de recibo por parte dos respectivos destinatários.

Art. 74. É permitido a qualquer interessado o conhecimento dos termos do contrato e a obtenção de cópia autenticada de seu inteiro teor ou de qualquer de suas partes, admitida a exigência de ressarcimento dos custos, nos termos previstos na Lei n. 12.527, de 18 de novembro de 2011.

Art. 75. A empresa pública e a sociedade de economia mista convocarão o licitante vencedor ou o destinatário de contratação com dispensa ou inexigibilidade de licitação para assinar o termo de contrato, observados o prazo e as condições estabelecidos, sob pena de decadência do direito à contratação.

§ 1º O prazo de convocação poderá ser prorrogado 1 (uma) vez, por igual período.

§ 2º É facultado à empresa pública ou à sociedade de economia mista, quando o convocado não assinar o termo de contrato no prazo e nas condições estabelecidos:

I — convocar os licitantes remanescentes, na ordem de classificação, para fazê-lo em igual prazo e nas mesmas condições propostas pelo primeiro classificado, inclusive quanto aos preços atualizados em conformidade com o instrumento convocatório;

II — revogar a licitação.

Art. 76. O contratado é obrigado a reparar, corrigir, remover, reconstruir ou substituir, às suas expensas, no total ou em parte, o objeto do contrato em que se verificarem vícios, defeitos ou incorreções resultantes da execução ou de materiais empregados, e responderá por danos causados diretamente a terceiros ou à empresa pública ou sociedade de economia mista, independentemente da comprovação de sua culpa ou dolo na execução do contrato.

Art. 77. O contratado é responsável pelos encargos trabalhistas, fiscais e comerciais resultantes da execução do contrato.

§ 1º A inadimplência do contratado quanto aos encargos trabalhistas, fiscais e comerciais não transfere à empresa pública ou à sociedade de economia mista a responsabilidade por seu pagamento, nem poderá onerar o objeto do contrato ou restringir a regularização e o uso das obras e edificações, inclusive perante o Registro de Imóveis.

§ 2º (VETADO).

Art. 78. O contratado, na execução do contrato, sem prejuízo das responsabilidades contratuais e legais, poderá subcontratar partes da obra, serviço ou fornecimento, até o limite admitido, em cada caso, pela empresa pública ou pela sociedade de economia mista, conforme previsto no edital do certame.

§ 1º A empresa subcontratada deverá atender, em relação ao objeto da subcontratação, as exigências de qualificação técnica impostas ao licitante vencedor.

§ 2º É vedada a subcontratação de empresa ou consórcio que tenha participado:

I — do procedimento licitatório do qual se originou a contratação;

II — direta ou indiretamente, da elaboração de projeto básico ou executivo.

§ 3º As empresas de prestação de serviços técnicos especializados deverão garantir que os integrantes de seu corpo técnico executem pessoal e diretamente as obrigações a eles imputadas, quando a respectiva relação for apresentada em procedimento licitatório ou em contratação direta.

Art. 79. Na hipótese do § 6º do art. 54, quando não for gerada a economia prevista no lance ou proposta, a diferença entre a economia contratada e a efetivamente obtida será descontada da remuneração do contratado.

Parágrafo único. Se a diferença entre a economia contratada e a efetivamente obtida for superior à remuneração do contratado, será aplicada a sanção prevista no contrato, nos termos do inciso VI do *caput* do art. 69 desta Lei.

Art. 80. Os direitos patrimoniais e autorais de projetos ou serviços técnicos especializados desenvolvidos por profissionais autônomos ou por empresas contratadas passam a ser propriedade da empresa pública ou sociedade de economia mista que os tenha contratado, sem prejuízo da preservação da identificação dos respectivos autores e da responsabilidade técnica a eles atribuída.

Seção II
Da Alteração dos Contratos

Art. 81. Os contratos celebrados nos regimes previstos nos incisos I a V do art. 43 contarão com cláusula que estabeleça a possibilidade de alteração, por acordo entre as partes, nos seguintes casos:

I — quando houver modificação do projeto ou das especificações, para melhor adequação técnica aos seus objetivos;

II — quando necessária a modificação do valor contratual em decorrência de acréscimo ou diminuição quantitativa de seu objeto, nos limites permitidos por esta Lei;

III — quando conveniente a substituição da garantia de execução;

IV — quando necessária a modificação do regime de execução da obra ou serviço, bem como do modo de fornecimento, em face de verificação técnica da inaplicabilidade dos termos contratuais originários;

V — quando necessária a modificação da forma de pagamento, por imposição de circunstâncias supervenientes, mantido o valor inicial atualizado, vedada a antecipação do pagamento, com relação ao cronograma financeiro fixado, sem a correspondente contraprestação de fornecimento de bens ou execução de obra ou serviço;

VI — para restabelecer a relação que as partes pactuaram inicialmente entre os encargos do contratado e a retribuição da administração para a justa remuneração da obra, serviço ou fornecimento, objetivando a manutenção do equilíbrio econômico-financeiro inicial do contrato, na hipótese de sobrevirem fatos imprevisíveis, ou previsíveis porém de consequências incalculáveis, retardadores ou impeditivos da execução do ajustado, ou, ainda, em caso de força maior, caso fortuito ou fato do príncipe, configurando álea econômica extraordinária e extracontratual.

§ 1º O contratado poderá aceitar, nas mesmas condições contratuais, os acréscimos ou supressões que se fizerem nas obras, serviços ou compras, até 25% (vinte e cinco por cento) do valor inicial atualizado do contrato, e, no caso particular de reforma de edifício ou de equipamento, até o limite de 50% (cinquenta por cento) para os seus acréscimos.

§ 2º Nenhum acréscimo ou supressão poderá exceder os limites estabelecidos no § 1º, salvo as supressões resultantes de acordo celebrado entre os contratantes.

§ 3º Se no contrato não houverem sido contemplados preços unitários para obras ou serviços, esses serão fixados mediante acordo entre as partes, respeitados os limites estabelecidos no § 1º.

§ 4º No caso de supressão de obras, bens ou serviços, se o contratado já houver adquirido os materiais e posto no local dos trabalhos, esses materiais deverão ser pagos pela empresa pública ou sociedade de economia mista pelos custos de aquisição regularmente comprovados e monetariamente corrigidos, podendo caber indenização por outros danos eventualmente decorrentes da supressão, desde que regularmente comprovados.

§ 5º A criação, a alteração ou a extinção de quaisquer tributos ou encargos legais, bem como a superveniência de disposições legais, quando ocorridas após a data da apresentação da proposta, com comprovada repercussão nos preços contratados, implicarão a revisão destes para mais ou para menos, conforme o caso.

§ 6º Em havendo alteração do contrato que aumente os encargos do contratado, a empresa pública ou a sociedade de economia mista deverá restabelecer, por aditamento, o equilíbrio econômico-financeiro inicial.

§ 7º A variação do valor contratual para fazer face ao reajuste de preços previsto no próprio contrato e as atualizações, compensações ou penalizações financeiras decorrentes das condições de pagamento nele previstas, bem como o empenho de dotações orçamentárias suplementares até o limite do seu valor corrigido, não caracterizam alteração do contrato e podem ser registrados por simples apostila, dispensada a celebração de aditamento.

§ 8º É vedada a celebração de aditivos decorrentes de eventos supervenientes alocados, na matriz de riscos, como de responsabilidade da contratada.

Seção III
Das Sanções Administrativas

Art. 82. Os contratos devem conter cláusulas com sanções administrativas a serem aplicadas em decorrência de atraso injustificado na execução do contrato, sujeitando o contratado a multa de mora, na forma prevista no instrumento convocatório ou no contrato.

§ 1º A multa a que alude este artigo não impede que a empresa pública ou a sociedade de economia mista rescinda o contrato e aplique as outras sanções previstas nesta Lei.

§ 2º A multa, aplicada após regular processo administrativo, será descontada da garantia do respectivo contratado.

§ 3º Se a multa for de valor superior ao valor da garantia prestada, além da perda desta, responderá o contratado pela sua diferença, a qual será descontada dos pagamentos eventualmente devidos pela empresa pública ou pela sociedade de economia mista ou, ainda, quando for o caso, cobrada judicialmente.

Art. 83. Pela inexecução total ou parcial do contrato a empresa pública ou a sociedade de economia mista poderá, garantida a prévia defesa, aplicar ao contratado as seguintes sanções:

I — advertência;

II — multa, na forma prevista no instrumento convocatório ou no contrato;

III — suspensão temporária de participação em licitação e impedimento de contratar com a entidade sancionadora, por prazo não superior a 2 (dois) anos.

§ 1º Se a multa aplicada for superior ao valor da garantia prestada, além da perda desta, responderá o contratado pela sua diferença, que será descontada dos pagamentos eventualmente devidos pela empresa pública ou pela sociedade de economia mista ou cobrada judicialmente.

§ 2º As sanções previstas nos incisos I e III do caput poderão ser aplicadas juntamente com a do inciso II, devendo a defesa prévia do interessado, no respectivo processo, ser apresentada no prazo de 10 (dez) dias úteis.

Art. 84. As sanções previstas no inciso III do art. 83 poderão também ser aplicadas às empresas ou aos profissionais que, em razão dos contratos regidos por esta Lei:

I — tenham sofrido condenação definitiva por praticarem, por meios dolosos, fraude fiscal no recolhimento de quaisquer tributos;

II — tenham praticado atos ilícitos visando a frustrar os objetivos da licitação;

III — demonstrem não possuir idoneidade para contratar com a empresa pública ou a sociedade de economia mista em virtude de atos ilícitos praticados.

CAPÍTULO III
Da Fiscalização pelo Estado e pela Sociedade

Art. 85. Os órgãos de controle externo e interno das 3 (três) esferas de governo fiscalizarão as empresas públicas e as sociedades de economia mista a elas relacionadas, inclusive aquelas domiciliadas no exterior, quanto à legitimidade, à economicidade e à eficácia da aplicação de seus recursos, sob o ponto de vista contábil, financeiro, operacional e patrimonial.

§ 1º Para a realização da atividade fiscalizatória de que trata o caput, os órgãos de controle deverão ter acesso irrestrito aos documentos e às informações necessários à realização dos trabalhos, inclusive aqueles classificados como sigilosos pela empresa pública ou pela sociedade de economia mista, nos termos da Lei n. 12.527, de 18 de novembro de 2011.

§ 2º O grau de confidencialidade será atribuído pelas empresas públicas e sociedades de economia mista no ato de entrega dos documentos e informações solicitados, tornando-se o órgão de controle com o qual foi compartilhada a informação sigilosa corresponsável pela manutenção do seu sigilo.

§ 3º Os atos de fiscalização e controle dispostos neste Capítulo aplicar-se-ão, também, às empresas públicas e às sociedades de economia mista de caráter e constituição transnacional no que se refere aos atos de gestão e aplicação do capital nacional, independentemente de estarem incluídos ou não em seus respectivos atos e acordos constitutivos.

Art. 86. As informações das empresas públicas e das sociedades de economia mista relativas a licitações e contratos, inclusive aqueles referentes a bases de preços, constarão de bancos de dados eletrônicos atualizados e com acesso em tempo real aos órgãos de controle competentes.

§ 1º As demonstrações contábeis auditadas da empresa pública e da sociedade de economia mista serão disponibilizadas no sítio eletrônico da empresa ou da sociedade na internet, inclusive em formato eletrônico editável.

§ 2º As atas e demais expedientes oriundos de reuniões, ordinárias ou extraordinárias, dos conselhos de administração ou fiscal das empresas públicas e das sociedades de economia mista, inclusive gravações e filmagens, quando houver, deverão ser disponibilizados para os órgãos de controle sempre que solicitados, no âmbito dos trabalhos de auditoria.

§ 3º O acesso dos órgãos de controle às informações referidas no caput e no § 2º será restrito e individualizado.

§ 4º As informações que sejam revestidas de sigilo bancário, estratégico, comercial ou industrial serão assim identificadas, respondendo o servidor administrativa, civil e penalmente pelos danos causados à empresa pública ou à sociedade de economia mista e a seus acionistas em razão de eventual divulgação indevida.

§ 5º Os critérios para a definição do que deve ser considerado sigilo estratégico, comercial ou industrial serão estabelecidos em regulamento.

Art. 87. O controle das despesas decorrentes dos contratos e demais instrumentos regidos por esta Lei será feito pelos órgãos do sistema de controle interno e pelo tribunal de contas competente, na forma da legislação pertinente, ficando as empresas públicas e as sociedades de economia mista responsáveis pela demonstração da legalidade e da regularidade da despesa e da execução, nos termos da Constituição.

§ 1º Qualquer cidadão é parte legítima para impugnar edital de licitação por irregularidade na aplicação desta Lei, devendo protocolar o pedido até 5 (cinco) dias úteis antes da data fixada para a ocorrência do certame, devendo a entidade julgar e responder à impugnação em até 3 (três) dias úteis, sem prejuízo da faculdade prevista no § 2º.

§ 2º Qualquer licitante, contratado ou pessoa física ou jurídica poderá representar ao tribunal de contas ou aos órgãos integrantes do sistema de controle interno contra irregularidades na aplicação desta Lei, para os fins do disposto neste artigo.

§ 3º Os tribunais de contas e os órgãos integrantes do sistema de controle interno poderão solicitar para exame, a qualquer tempo, documentos de natureza contábil, financeira, orçamentária, patrimonial e operacional das empresas públicas, das sociedades de economia mista e de suas subsidiárias no Brasil e no exterior, obrigando-se, os jurisdicionados, à adoção das medidas corretivas pertinentes que, em função desse exame, lhes forem determinadas.

Art. 88. As empresas públicas e as sociedades de economia mista deverão disponibilizar para conhecimento público, por meio eletrônico, informação completa mensalmente atualizada sobre a execução de seus contratos e de seu orçamento, admitindo-se retardo de até 2 (dois) meses na divulgação das informações.

§ 1º A disponibilização de informações contratuais referentes a operações de perfil estratégico ou que tenham por objeto segredo industrial receberá proteção mínima necessária para lhes garantir confidencialidade.

§ 2º O disposto no § 1º não será oponível à fiscalização dos órgãos de controle interno e do tribunal de contas, sem prejuízo da responsabilização administrativa, civil e penal do servidor que der causa à eventual divulgação dessas informações.

Art. 89. O exercício da supervisão por vinculação da empresa pública ou da sociedade de economia mista, pelo órgão a que se vincula, não pode ensejar a redução ou a supressão da autonomia conferida pela lei específica que autorizou a criação da entidade supervisionada ou da autonomia inerente a sua natureza, nem autoriza a ingerência do supervisor em sua administração e funcionamento, devendo a supervisão ser exercida nos limites da legislação aplicável.

Art. 90. As ações e deliberações do órgão ou ente de controle não podem implicar interferência na gestão das empresas públicas e das sociedades de economia mista a ele submetidas nem ingerência no exercício de suas competências ou na definição de políticas públicas.

TÍTULO III
Disposições Finais e Transitórias

Art. 91. A empresa pública e a sociedade de economia mista constituídas anteriormente à vigência desta Lei deverão, no prazo de 24 (vinte e quatro) meses, promover as adaptações necessárias à adequação ao disposto nesta Lei.

§ 1º A sociedade de economia mista que tiver capital fechado na data de entrada em vigor desta Lei poderá, observado o prazo estabelecido no caput, ser transformada em empresa pública, mediante resgate, pela empresa, da totalidade das ações do titularidade de acionistas privados, com base no valor de patrimônio líquido constante do último balanço aprovado pela Assembleia-geral.

§ 2º (VETADO).

§ 3º Permanecem regidos pela legislação anterior procedimentos licitatórios e contratos iniciados ou celebrados até o final do prazo previsto no caput.

Art. 92. O Registro Público de Empresas Mercantis e Atividades Afins manterá banco de dados público e gratuito, disponível na internet, contendo a relação de todas as empresas públicas e as sociedades de economia mista.

Parágrafo único. É a União proibida de realizar transferência voluntária de recursos a Estados, ao Distrito Federal e a Municípios que não fornecerem ao Registro Público de Empresas Mercantis e Atividades Afins as informações relativas às empresas públicas e às sociedades de economia mista a eles vinculadas.

Art. 93. As despesas com publicidade e patrocínio da empresa pública e da sociedade de economia mista não ultrapassarão, em cada exercício, o limite de 0,5% (cinco décimos por cento) da receita operacional bruta do exercício anterior.

§ 1º O limite disposto no caput poderá ser ampliado, até o limite de 2% (dois por cento) da receita bruta do exercício anterior, por proposta da diretoria da empresa pública ou da sociedade de economia mista justificada com base em parâmetros de mercado do setor específico de atuação da empresa ou da sociedade e aprovada pelo respectivo Conselho de Administração.

§ 2º É vedado à empresa pública e à sociedade de economia mista realizar, em ano de eleição para cargos do ente federativo a que sejam vinculadas, despesas com publicidade e patrocínio que excedam a média dos gastos nos 3 (três) últimos anos que antecedem o pleito ou no último ano imediatamente anterior à eleição.

Art. 94. Aplicam-se à empresa pública, à sociedade de economia mista e às suas subsidiárias as sanções previstas na Lei n. 12.846, de 1º de agosto de 2013, salvo as previstas nos incisos II, III e IV do caput do art. 19 da referida Lei.

Art. 95. A estratégia de longo prazo prevista no art. 23 deverá ser aprovada em até 180 (cento e oitenta) dias da data de publicação da presente Lei.

Art. 96. Revogam-se:

I — o § 2º do art. 15 da Lei n. 3.890-A, de 25 de abril de 1961, com a redação dada pelo art. 19 da Lei n. 11.943, de 28 de maio de 2009;

II — os arts. 67 e 68 da Lei n. 9.478, de 6 de agosto de 1997.

Art. 97. Esta Lei entra em vigor na data de sua publicação.

Brasília, 30 de junho de 2016; 195º da Independência e 128º da República.

MICHEL TEMER
ALEXANDRE DE MORAES
HENRIQUE MEIRELLES
DYOGO HENRIQUE DE OLIVEIRA

DOU 1º.07.16

Lei n. 13.306, de 4 de julho de 2016

Altera a Lei n. 8.069, de 13 de julho de 1990 — Estatuto da Criança e do Adolescente, a fim de fixar em cinco anos a idade máxima para o atendimento na educação infantil.

O **VICE-PRESIDENTE DA REPÚBLICA**, no exercício do cargo de **PRESIDENTE DA REPÚBLICA**

Faço saber que o Congresso Nacional decreta e eu sanciono a seguinte Lei:

Art. 1º O inciso IV do *caput* do art. 54 da Lei n. 8.069, de 13 de julho de 1990 — Estatuto da Criança e do Adolescente, passa a vigorar com a seguinte redação:

"Art. 54. ...

..

IV — atendimento em creche e pré-escola às crianças de zero a cinco anos de idade;

..." (NR)

Art. 2º O inciso III do *caput* do art. 208 da Lei n. 8.069, 13 de julho de 1990, passa a vigorar com a seguinte redação:

"Art. 208. ...

..

III — de atendimento em creche e pré-escola às crianças de zero a cinco anos de idade;

..." (NR)

Art. 3º Esta Lei entra em vigor na data de sua publicação.

Brasília, 4 de julho de 2016; 195º da Independência e 128º da República.

MICHEL TEMER
ALEXANDRE DE MORAES
JOSÉ MENDONÇA BEZERRA FILHO
FÁBIO MEDINA OSÓRIO

DOU 5.7.16

Lei n. 13.313, de 14 de julho de 2016

Altera as Leis ns. 10.820, de 17 de dezembro de 2003, que dispõe sobre a autorização para desconto de prestações em folha de pagamento; 12.712, de 30 de agosto de 2012; 8.374, de 30 de dezembro de 1991, que dispõe sobre o Seguro Obrigatório de Danos Pessoais causados por embarcações ou por sua carga; e 13.259, de 16 de março de 2016, para dispor sobre a dação em pagamento de bens imóveis como forma de extinção do crédito tributário inscrito em dívida ativa da União.

Faço saber que a **PRESIDENTE DA REPÚBLICA** adotou a Medida Provisória n. 719, de 2016, que o Congresso Nacional aprovou, e eu, Renan Calheiros, Presidente da Mesa do Congresso Federal, com a redação dada pela Emenda Constitucional n. 32, combinado com o art. 12 da Resolução n. 1, de 2002-CN, promulgo a seguinte Lei:

Art. 1º A Lei n. 10.820, de 17 de dezembro de 2003, passa a vigorar com as seguintes alterações:

"Art. 1º ...

..

..

§ 5º Nas operações de crédito consignado de que trata este artigo, o empregado poderá oferecer em garantia, de forma irrevogável e irretratável:

I — até 10% (dez por cento) do saldo de sua conta vinculada no Fundo de Garantia do Tempo de Serviço — FGTS;

II — até 100% (cem por cento) do valor da multa paga pelo empregador, em caso de despedida sem justa causa ou de despedida por culpa recíproca ou força maior, nos termos dos §§ 1º e 2º do art. 18 da Lei n. 8.036, de 11 de maio de 1990.

§ 6º A garantia de que trata o § 5º só poderá ser acionada na ocorrência de despedida sem justa causa, inclusive a indireta, ou de despedida por culpa recíproca ou força maior, não se aplicando, em relação à referida garantia, o disposto no § 2º do art. 2º da Lei n. 8.036, de 11 de maio de 1990.

§ 7º O Conselho Curador do FGTS poderá definir o número máximo de parcelas e a taxa máxima mensal de juros a ser cobrada pelas instituições consignatárias nas operações de crédito consignado de que trata este artigo.

§ 8º Cabe ao agente operador do FGTS definir os procedimentos operacionais necessários à execução do disposto nos §§ 5º e 6º deste artigo, nos termos do inciso II do *caput* do art. 7º da Lei n. 8.036, de 11 de maio de 1990."(NR)

(...)

Art. 5º Esta Lei entra em vigor na data de sua publicação.

Congresso Nacional, em 14 de julho de 2016; 195º da Independência e 128º da República.

SENADOR RENAN CALHEIROS
PRESIDENTE DA MESA DO CONGRESSO NACIONAL

DOU 15.7.16

Lei n. 13.322, de 28 de julho de 2016

Conversão da Medida Provisória n. 718, de 2016

Altera as Leis ns. 9.615, de 24 de março de 1998, que institui normas gerais sobre desporto, para dispor sobre o controle de dopagem, 12.780, de 9 de janeiro de 2013, que dispõe sobre medidas tributárias referentes à realização, no Brasil, dos Jogos Olímpicos de 2016 e dos Jogos Paralímpicos de 2016, 10.973, de 2 de dezembro de 2004, e 8.010, de 29 de março de 1990; e dá outras providências.

O **VICE-PRESIDENTE DA REPÚBLICA**, no exercício do cargo de **PRESIDENTE DA REPÚBLICA**

Faço saber que o Congresso Nacional decreta e eu sanciono a seguinte Lei:

Art. 1º A Lei n. 9.615, de 24 de março de 1998, passa a vigorar com as seguintes alterações:

"Art. 1º ...

§ 3º Os direitos e as garantias estabelecidos nesta Lei e decorrentes dos princípios constitucionais do esporte não excluem outros oriundos de tratados e acordos internacionais firmados pela República Federativa do Brasil." (NR)

"Art. 11. ...

VI — aprovar os Códigos de Justiça Desportiva e suas alterações, com as peculiaridades de cada modalidade;

VII — aprovar o Código Brasileiro Antidopagem — CBA e suas alterações, no qual serão estabelecidos, entre outros:

a) as regras antidopagem e as suas sanções;

b) os critérios para a dosimetria das sanções; e

c) o procedimento a ser seguido para processamento e julgamento das violações às regras antidopagem; e

VIII — estabelecer diretrizes sobre os procedimentos relativos ao controle de dopagem exercidos pela Autoridade Brasileira de Controle de Dopagem — ABCD.

§ 1º O Ministério do Esporte prestará apoio técnico e administrativo ao CNE.

§ 2º No exercício das competências a que se referem os incisos VII e VIII do *caput*, o CNE deverá observar as disposições do Código Mundial Antidopagem editado pela Agência Mundial Antidopagem.

§ 3º Enquanto não for exercida a competência referida no inciso VII do *caput*, competirá à ABCD publicar o CBA, que poderá ser referendado pelo CNE no prazo de cento e oitenta dias, contado da data de publicação da Medida Provisória n. 718, de 16 de março de 2016." (NR)

CAPÍTULO VI-A

Do Controle de Dopagem

'Art. 48-A. O controle de dopagem tem por objetivo garantir o direito de os atletas e as entidades participarem de competições livres de dopagem, promover a conservação da saúde, preservar a justiça e a igualdade entre os competidores.

§ 1º O controle de dopagem será realizado por meio de programas harmonizados, coordenados e eficazes em nível nacional e internacional no âmbito da detecção, da punição e da prevenção da dopagem.

§ 2º Considera-se como dopagem no esporte a violação de regra antidopagem cometida por atleta, por terceiro ou por entidade.'

'Art. 48-B. A ABCD, órgão vinculado ao Ministério do Esporte, é a organização nacional antidopagem, à qual compete, privativamente:

I — estabelecer a política nacional de prevenção e de combate à dopagem;

II — coordenar nacionalmente o combate de dopagem no esporte, respeitadas as diretrizes estabelecidas pelo CNE;

III — conduzir os testes de controle de dopagem, durante os períodos de competição e em seus intervalos, a gestão de resultados, de investigações e outras atividades relacionadas à antidopagem, respeitadas as atribuições de entidades internacionais previstas no Código Mundial Antidopagem;

IV — expedir autorizações de uso terapêutico, respeitadas as atribuições de entidades internacionais previstas no Código Mundial Antidopagem;

V — certificar e identificar profissionais, órgãos e entidades para atuar no controle de dopagem;

VI — editar resoluções sobre os procedimentos técnicos de controle de dopagem, observadas as normas previstas no Código Mundial Antidopagem e a legislação correlata;

VII — manter interlocução com os organismos internacionais envolvidos com matérias relacionadas à antidopagem, respeitadas as competências dos demais órgãos da União;

VIII — divulgar e adotar as normas técnicas internacionais relacionadas ao controle de dopagem e a lista de substâncias e métodos proibidos no esporte, editada pela Agência Mundial Antidopagem; e

IX — informar à Justiça Desportiva Antidopagem as violações às regras de dopagem, participando do processo na qualidade de fiscal da legislação antidopagem.

§ 1º A ABCD poderá delegar a competência para coleta de amostras e prática de demais atos materiais relacionados ao controle de dopagem.

§ 2º No exercício das competências previstas no *caput*, a ABCD observará o disposto nos incisos VII e VIII do *caput* do art. 11.

§ 3º A ABCD poderá propor ao CNE a edição e as alterações de normas antidopagem.

§ 4º Os atos normativos da ABCD deverão ser submetidos à prévia análise da Advocacia-Geral da União.'

'Art. 48-C. Às demais entidades componentes do Sistema Brasileiro do Desporto incumbem a adoção, a implementação e a aplicação de regras antidopagem, nos termos estabelecidos nesta Lei e nas demais normas regulamentares expedidas pelo CNE e pela ABCD.'"

"Art. 50. ...

..

§ 5º A pena de suspensão de que trata o inciso XI do § 1º deste artigo não poderá ser superior a trinta anos." (NR)

"Art. 50-A. Além das sanções previstas nos incisos I a XI do § 1º do art. 50, as violações às regras antidopagem podem, ainda, sujeitar o infrator às seguintes penalidades:

I — nulidade de títulos, premiações, pontuações, recordes e resultados desportivos obtidos pelo infrator;

II — devolução de prêmios, troféus, medalhas e outras vantagens obtidas pelo infrator que sejam relacionadas à prática desportiva.

§ 1º Na hipótese de condenação de que trata o inciso XI do § 1º do art. 50, a Justiça Desportiva Antidopagem comunicará aos órgãos da administração pública para obter ressarcimento de eventuais recursos públicos despendidos com o atleta.

§ 2º O disposto nos §§ 2º e 3º do art. 50 aplica-se às violações das regras antidopagem."

"Art. 55-A. Fica criada a Justiça Desportiva Antidopagem — JAD, composta por um Tribunal e por uma Procuradoria, dotados de autonomia e independência, e com competência para:

I — julgar violações a regras antidopagem e aplicar as infrações a elas conexas; e

II — homologar decisões proferidas por organismos internacionais, decorrentes ou relacionadas a violações às regras antidopagem.

§ 1º A JAD funcionará junto ao CNE e será composta de forma paritária por representantes de entidades de administração do desporto, de entidades sindicais de atletas e do Poder Executivo.

§ 2º A escolha dos membros da JAD buscará assegurar a paridade entre homens e mulheres na sua composição.

§ 3º Os membros da JAD serão auxiliados em suas decisões por equipe de peritos técnicos das áreas relacionadas ao controle de dopagem.

§ 4º A competência da JAD abrangerá as modalidades e as competições desportivas de âmbito profissional e não profissional.

§ 5º Incumbe ao CNE regulamentar a atuação da JAD.

§ 6º O mandato dos membros da JAD terá duração de três anos, permitida uma recondução por igual período.

§ 7º Não poderão compor a JAD membros que estejam no exercício de mandato em outros órgãos da Justiça Desportiva de que trata o art. 50, independentemente da modalidade.

§ 8º É vedado aos membros da JAD atuar perante esta pelo período de um ano após o término dos respectivos mandatos.

§ 9º As atividades da JAD serão custeadas pelo Ministério do Esporte.

§ 10. Poderá ser estabelecida a cobrança de custas e emolumentos para a realização de atos processuais.

§ 11. As custas e os emolumentos de que trata o § 10 deverão ser fixadas entre R$ 100,00 (cem reais) e R$ 100.000,00 (cem mil reais), conforme a complexidade da causa, na forma da tabela aprovada pelo CNE para este fim.

§ 12. O Código Brasileiro Antidopagem — CBA e os regimentos internos do Tribunal e da Procuradoria disporão sobre a organização, o funcionamento e as atribuições da JAD.

§ 13. O disposto no § 3º do art. 55 aplica-se aos membros da JAD."

"Art. 55-B. Até a entrada em funcionamento da JAD, o processo e o julgamento de infrações relativas à dopagem no esporte permanecerão sob a responsabilidade da Justiça Desportiva de que tratam os arts. 49 a 55.

Parágrafo único. Os processos instaurados e em trâmite na Justiça Desportiva à época da instalação da JAD permanecerão sob responsabilidade daquela até o seu trânsito em julgado, competindo-lhe a execução dos respectivos julgados."

"Art. 55-C. Compete à JAD decidir sobre a existência de matéria atinente ao controle de dopagem que atraia sua competência para o processo e o julgamento da demanda.

Parágrafo único. Não caberá recurso da decisão proferida na forma do caput.

Art. 2º É dispensável a licitação para a contratação pela administração pública federal do Laboratório Brasileiro de Controle de Dopagem para realizar as atividades relacionadas ao inciso II do **caput** do art. 48-B da Lei n. 9.615, de 24 de março de 1998.

Art. 3º A Lei n. 12.780, de 9 de janeiro de 2013, passa a vigorar com as seguintes alterações:

"Art. 5º
§ 1º
...............................
V — embarcações destinadas à hospedagem de pessoas diretamente ligadas, contratadas ou convidadas pelo CIO, pelo IPC, pelo RIO 2016, pelos Comitês Olímpicos Nacionais, pelas Federações Desportivas Internacionais, pela WADA, pela CAS ou por patrocinadores dos Jogos e de pessoas que tenham adquirido pacotes turísticos de patrocinadores ou apoiadores oficiais.
...............................
§ 4º Na hipótese do inciso V do § 1º, as embarcações destinadas à hospedagem serão consideradas, para fins de tratamento tributário e de controle aduaneiro, dentre outros fins, navios estrangeiros em viagem de cruzeiro pela costa brasileira." (NR)

"Art. 19.
...............................
§ 4º O CIO ou o RIO 2016 divulgarão em sítio eletrônico as informações referentes às renúncias fiscais individualizadas decorrentes desta Lei, tendo por base os contratos firmados com as pessoas físicas e jurídicas habilitadas na forma do **caput**, de modo a permitir o acompanhamento e transparência ao processo.

§ 5º Para os efeitos do § 4º, os contratos serão agrupados conforme pertençam ao setor de comércio, serviços ou indústria, considerando, no caso de atividades mistas, o setor predominante no objeto do contrato.

§ 6º Os contratos firmados com as pessoas físicas e jurídicas habilitadas na forma do caput serão divulgados no sítio eletrônico a que se refere o § 4º, com a indicação do contratado, contratante e objeto do contrato, vedada a publicação de valores ou quantidades que prejudiquem o direito ao sigilo comercial." (NR)

Art. 4º Durante a realização dos Jogos Olímpicos e Paralímpicos de 2016, a Agência Nacional de Aviação Civil — ANAC poderá autorizar, em coordenação com o Ministério da Defesa, a exploração de serviços aéreos especializados remunerados por operador, aeronave e tripulação estrangeiros, desde que seja relacionada aos referidos eventos.

Art. 5º Serão considerados válidos para o trabalhador estrangeiro com visto temporário para exercer funções relacionadas exclusivamente à organização, ao planejamento e à execução dos Jogos Olímpicos e Paralímpicos Rio 2016, quando ele não tiver relação com empresa chamante no País e nem vínculo empregatício com empresa nacional:

I — as capacitações e os treinamentos em segurança e em saúde no trabalho, realizados no exterior, com conteúdo programático e carga horária compatíveis com os previstos nas normas regulamentadoras; e

II — os exames médicos ocupacionais realizados no exterior, desde que atendidos os requisitos exigidos nas normas regulamentadoras e validados por médico legalmente habilitado no País.

Parágrafo único. A documentação comprobatória de atendimento ao disposto neste artigo deve ser disponibilizada aos órgãos competentes devidamente acompanhada de versão traduzida para língua portuguesa.

Art. 6º O art. 20 da Lei n. 10.973, de 2 de dezembro de 2004, passa a vigorar acrescido do seguinte § 6º:

"Art. 20.
...............................
§ 6º Observadas as diretrizes previstas em regulamento específico, os órgãos e as entidades da administração pública federal competentes para regulação, revisão, aprovação, autorização ou licenciamento atribuído ao poder público, inclusive para fins de vigilância sanitária, preservação ambiental, importação de bens e segurança, estabelecerão normas e procedimentos especiais, simplificados e prioritários que facilitem:

I — a realização das atividades de pesquisa, desenvolvimento ou inovação encomendadas na forma de espetro;

II — a obtenção dos produtos para pesquisa e desenvolvimento necessários à realização das atividades descritas no inciso I deste parágrafo; e

III — a fabricação, a produção e a contratação de produto, serviço ou processo inovador resultante das atividades descritas no inciso I deste parágrafo." (NR)

Art. 7º O art. 1º da Lei n. 8.010, de 29 de março de 1990, passa a vigorar com a seguinte alteração:

"Art. 1º
...............................
§ 2º O disposto neste artigo aplica-se somente às importações realizadas pelo Conselho Nacional de Desenvolvimento Científico e Tecnológico — CNPq, por cientistas, por pesquisadores, por Instituição Científica, Tecnológica e de Inovação — ICT e por entidades sem fins lucrativos ativos no fomento, na coordenação ou na execução de programas de pesquisa científica e tecnológica, de inovação ou de ensino e devidamente credenciados pelo CNPq." (NR)

Art. 8º Esta Lei entra em vigor na data de sua publicação.

Brasília, 28 de julho de 2016; 195º da Independência e 128º da República.

MICHEL TEMER
HENRIQUE MEIRELLES
MAURÍCIO QUINTELLA
RONALDO NOGUEIRA DE OLIVEIRA
GILBERTO KASSAB
LEONARDO PICCIANI

DOU 29.7.2016

Lei Complementar n. 7, de 7 de setembro de 1970

Institui o Programa de Integração Social

O PRESIDENTE DA REPÚBLICA,

Faço saber que o Congresso Nacional decreta e eu sanciono a seguinte Lei Complementar:

Art. 1º É instituído, na forma prevista nesta Lei, o Programa de Integração Social, destinado a promover a integração do empregado na vida e no desenvolvimento das empresas.

§ 1º Para os fins desta Lei, entende-se por empresa a pessoa jurídica, nos termos da legislação do Imposto de Renda, e por empregado todo aquele assim definido pela legislação trabalhista.

§ 2º A participação dos trabalhadores avulsos, assim definidos os que prestam serviços a diversas empresas, sem relação empregatícia, no Programa de Integração Social, far-se-á nos termos do Regulamento a ser baixado, de acordo com o art. 11 desta Lei.

Art. 2º O Programa de que trata o artigo anterior será executado mediante Fundo de Participação, constituído por depósitos efetuados pelas empresas na Caixa Econômica Federal.

Parágrafo único. A Caixa Econômica Federal poderá celebrar convênios com estabelecimentos da rede bancária nacional, para o fim de receber os depósitos a que se refere este artigo.

Art. 3º O Fundo de Participação será constituído por duas parcelas:

a) a primeira, mediante dedução do Imposto de Renda devido, na forma estabelecida no § 1º, deste artigo, processando-se o seu recolhimento ao Fundo juntamente com o pagamento do Imposto de Renda;

b) a segunda, com recursos próprios da empresa, calculados com base no faturamento, como segue:

1) no exercício de 1971, 0,15%;

2) no exercício de 1972, 0,25%;

3) no exercício de 1973, 0,40%;

4) no exercício de 1974 e subsequentes, 0,50%.

De acordo com a Lei Complementar n. 17, de 12.12.1973 (DOU 14.12.1973), foi criado um adicional, como segue.

a) no exercício de 1975, 0,125%;

b) no exercício de 1976 e subsequentes, 0,25% dos incentivos fiscais previstos na legislação em vigor.

§ 1º A dedução a que se refere a alínea *a* deste artigo será feita sem prejuízo do direito de utilização dos incentivos fiscais previstos na legislação em vigor e calculada com base no valor do Imposto de Renda devido, nas seguintes proporções:

a) no exercício de 1971......................> 2%;

b) no exercício de 1972........................3%;

c) no exercício de 1973 e subsequentes..... 5%.

§ 2º As instituições financeiras, sociedades seguradoras e outras empresas que não realizam operações de vendas de mercadorias participarão do Programa de Integração Social com uma contribuição ao Fundo de Participação de recursos próprios de valor idêntico do que for apurado na forma do parágrafo anterior.

§ 3º As empresas que a título de incentivos fiscais estejam isentas, ou venham a ser isentadas, do pagamento do Imposto de Renda, contribuirão para o Fundo de Participação, na base de cálculo como se aquele

tributo fosse devido, obedecidas as percentagens previstas neste artigo.

§ 4º As entidades de fins não lucrativos, que tenham empregados assim definidos pela Legislação Trabalhista, contribuirão para o Fundo na forma da lei.

§ 5º A Caixa Econômica Federal resolverá os casos omissos, de acordo com os critérios fixados pelo Conselho Monetário Nacional.

Art. 4º O Conselho Monetário Nacional poderá alterar até 50% (cinquenta por cento), para mais ou para menos, os percentuais de contribuição de que trata o § 2º do art. 3º, tendo em vista a proporcionalidade das contribuições.

Art. 5º A Caixa Econômica Federal emitirá, em nome de cada empregado, uma Caderneta de Participação — Programa de Integração Social — movimentável na forma dos arts. 8º e 9º desta Lei.

Art. 6º A efetivação dos depósitos no Fundo correspondente à contribuição referida na alínea b do art. 3º será processada mensalmente a partir de 1º de julho de 1971.

Parágrafo único. A contribuição de julho será calculada com base no faturamento de janeiro; a de agosto, com base no faturamento de fevereiro; e assim sucessivamente.

Art. 7º A participação do empregado no Fundo far-se-á mediante depósitos efetuados em contas individuais abertas em nome de cada empregado, obedecidos os seguintes critérios:

a) 50% (cinquenta por cento) do valor destinado ao Fundo será dividido em partes proporcionais ao montante de salários recebidos no período;

b) os 50% (cinquenta por cento) restantes serão divididos em partes proporcionais aos quinquênios de serviços prestados pelo empregado.

§ 1º Para os fins deste artigo, a Caixa Econômica Federal, com base nas informações fornecidas pelas empresas, no prazo de 180 (cento e oitenta) dias, contados da publicação desta Lei, organizará um cadastro geral dos participantes do Fundo, na forma que for estabelecida em regulamento.

§ 2º A omissão dolosa de nome de empregado entre os participantes do Fundo sujeitará a empresa à multa, em benefício do Fundo, no valor de 10 (dez) meses de salários, devidos ao empregado cujo nome houver sido omitido.

§ 3º Igual penalidade será aplicada em caso de declaração falsa sobre o valor do salário e do tempo de serviço do empregado na empresa.

Arts. 8º e 9º Revogados pela Lei Complementar n. 26, de 11.9.1975.

Art. 10. As obrigações das empresas, decorrentes desta Lei, são de caráter exclusivamente fiscal, não gerando direitos de natureza trabalhista nem incidência de qualquer contribuição previdenciária em relação a quaisquer prestações devidas por lei ou por sentença judicial, ao empregado.

Parágrafo único. As importâncias incorporadas ao Fundo não se classificam como rendimento do trabalho, para qualquer efeito de Legislação Trabalhista, de Previdência Social ou Fiscal e não se incorporam aos salários ou gratificações, nem estão sujeitas ao imposto sobre a renda e proventos de qualquer natureza.

Art. 11. Dentro de 120 (cento e vinte) dias, a contar da vigência desta Lei, a Caixa Econômica Federal submeterá à aprovação do Conselho Monetário Nacional o Regulamento do Fundo, fixando as normas para o recolhimento e a distribuição dos recursos, assim como as diretrizes e os critérios para a sua aplicação.

Parágrafo único. O Conselho Monetário Nacional pronunciar-se-á, no prazo de 60 (sessenta) dias, a contar do seu recebimento, sobre o Projeto do Regulamento do Fundo.

Art. 12. As disposições desta Lei não se aplicam a quaisquer entidades integrantes da administração pública federal, estadual ou municipal, dos Territórios e do Distrito Federal, direta ou indireta, adotando-se, em todos os níveis, para efeito de conceituação, como entidades da Administração Indireta, os critérios constantes dos Decretos-leis ns. 200, de 25 de fevereiro de 1967, e 900, de 29 de setembro de 1969.

Art. 13. Esta Lei Complementar entrará em vigor na data de sua publicação.

Art. 14. Revogam-se as disposições em contrário.

Brasília, 7 de setembro de 1970; 149º da Independência e 82º da República.

EMÍLIO G. MÉDICI
ALFREDO BUZAID
ADALBERTO DE BARROS NUNES
ORLANDO GEISEL
MÁRIO GIBSON BARBOZA
ANTÔNIO DELFIM NETTO
MÁRIO DAVID ANDREAZZA
L. F. CIRNE LIMA
JARBAS G. PASSARINHO
JÚLIO BARATA
MÁRCIO DE SOUZA E MELLO
F. ROCHA LAGÔA
MARCUS VINICIUS PRATINI DE MORAES
ANTÔNIO DIAS LEITE JÚNIOR
JOÃO PAULO DOS REIS VELLOSO
JOSÉ COSTA CAVALCANTI
HYGINO C. CORSETTI

DOU 8.9.1970

Lei Complementar n. 8, de 3 de dezembro de 1970

Institui o programa de formação do patrimônio do servidor público e dá outras providências

O PRESIDENTE DA REPÚBLICA,

Faço saber que o Congresso Nacional decreta e eu sanciono a seguinte Lei Complementar:

Art. 1º É instituído, na forma prevista nesta Lei Complementar, o Programa de Formação do Patrimônio do Servidor Público.

Art. 2º A União, os Estados, os Municípios, o Distrito Federal e os Territórios contribuirão para o Programa, mediante recolhimento mensal ao Banco do Brasil, das seguintes parcelas:

I — União:

— 1% (um por cento) das receitas correntes efetivamente arrecadadas, deduzidas as transferências feitas a outras entidades da Administração Pública, a partir de 1º de julho de 1971; 1,5% (um e meio por cento), em 1972; e 2% (dois por cento), no ano de 1973 e subsequentes.

II — Estados, Municípios, Distrito Federal e Territórios:

a) 1% (um por cento) das receitas correntes próprias, deduzidas as transferências feitas a outras entidades da Administração Pública, a partir de 1º de julho de 1971; 1,5% (um e meio por cento), em 1972; e 2% (dois por cento), no ano de 1973 e subsequentes;

b) 2% (dois por cento) das transferências recebidas do Governo da União e dos Estados através do Fundo de Participações dos Estados, Distrito Federal e Municípios, a partir de 1º de julho de 1971.

Parágrafo único. Não recairá, em nenhuma hipótese sobre as transferências de que trata este artigo, mais de uma contribuição.

Art. 3º As autarquias, empresas públicas, sociedades de economia mista e fundações, da União, dos Estados, dos Municípios, do Distrito Federal e dos Territórios contribuirão para o Programa com 0,4% (quatro décimos por cento) da receita orçamentária, inclusive transferências e receita operacional, a partir de 1º de julho de 1971; 0,6% (seis décimos por cento), em 1972; e 0,8% (oito décimos por cento), no ano de 1973 e subsequentes.

Art. 4º As contribuições recebidas pelo Banco do Brasil serão distribuídas entre todos os servidores em atividade, civis e militares, da União, dos Estados, Municípios, Distrito Federal e Territórios, bem como das suas entidades da administração indireta e fundações, observados os seguintes critérios:

a) 50% proporcionais ao montante da remuneração percebida pelo servidor no período;

b) 50% em partes proporcionais aos quinquênios de serviços prestados pelo servidor.

Parágrafo único. A distribuição de que trata este artigo somente beneficiará os titulares, nas entidades mencionadas nesta Lei Complementar, de cargo ou função de provimento efetivo ou que possam adquirir estabilidade, ou de emprego de natureza não eventual, regido pela legislação trabalhista.

Art. 5º O Banco do Brasil S.A., ao qual competirá a administração do Programa, manterá contas individualizadas para cada servidor e cobrará uma comissão de serviço, tudo na forma que for estipulada pelo Conselho Monetário Nacional.

§ 1º Os depósitos a que se refere este artigo não estão sujeitos a imposto de renda ou contribuição previdenciária, nem se incorporam, para qualquer fim, à remuneração do cargo, função ou emprego.

§§ 2º a 5º Revogados pela Lei Complementar n. 26, de 11.9.1975.

§ 6º O Banco do Brasil S.A. organizará o cadastro geral dos beneficiários desta Lei Complementar.

Art. 6º Revogado pela Lei Complementar n. 19, de 25.6.74.

Art. 7º As importâncias creditadas nas contas do Programa de Formação do Patrimônio do Servidor Público e do Programa de Integração Social são inalienáveis e impenhoráveis, e serão obrigatoriamente transferidas de um para outro, no caso de passar o servidor, pela alteração da relação de emprego, do setor público para o privado, e vice-versa.

Art. 8º A aplicação do disposto nesta Lei complementar aos Estados e Municípios, às suas entidades da Administração Indireta e fundações, bem como aos seus servidores, dependerá de norma legislativa estadual ou municipal.

Art. 9º Esta Lei Complementar entrará em vigor na data de sua publicação, revogadas as disposições em contrário.

Brasília, 3 de dezembro de 1970; 149º da Independência e 82º da República.

EMÍLIO G. MÉDICI
ALFREDO BUZAID
ADALBERTO DE BARROS NUNES
ORLANDO GEISEL
JORGE DE CARVALHO E SILVA
ANTÔNIO DELFIM NETTO
MÁRIO DAVID ANDREAZZA
L. F. CIRNE LIMA
JARBAS G. PASSARINHO
JÚLIO BARATA
MÁRCIO DE SOUZA E MELLO
F. ROCHA LAGÔA
MARCUS VINICIUS PRATINI DE MORAES
ANTÔNIO DIAS LEITE JÚNIOR
JOÃO PAULO DOS REIS VELLOSO
JOSÉ COSTA CAVALCANTI
HYGINO C. CORSETTI

DOU 4.12.1970

LEGISLAÇÃO COMPLEMENTAR

Lei Complementar n. 26, de 11 de setembro de 1975

Altera disposições da legislação que regula o Programa de Integração Social (PIS) e o Programa de Formação do Patrimônio do Servidor Público (PASEP)

O PRESIDENTE DA REPÚBLICA,

Faço saber que o Congresso Nacional decreta e eu sanciono a seguinte Lei Complementar:

Art. 1º A partir do exercício financeiro a iniciar-se em 1º de julho de 1976, serão unificados, sob a denominação de PIS-PASEP, os fundos constituídos com os recursos do Programa de Integração Social — PIS e do Programa de Formação do Patrimônio do Servidor Público — PASEP, instituídos pelas Leis Complementares ns. 7 e 8, de 7 de setembro e de 3 de dezembro de 1970, respectivamente.

Parágrafo único. A unificação de que trata este artigo não afetará os saldos das contas individuais existentes em 30 de junho de 1976.

Art. 2º Ressalvado o disposto no parágrafo único deste artigo, são mantidos os critérios de participação dos empregados e servidores estabelecidos nos arts. 7º e 4º, respectivamente, das Leis Complementares ns. 7 e 8, referidas, passando a ser considerado, para efeito do cálculo dos depósitos efetuados nas contas individuais, o valor global dos recursos que passarem a integrar o PIS-PASEP.

Parágrafo único. Aos participantes cadastrados há pelo menos cinco anos e que percebam salário mensal igual ou inferior a 5 (cinco) vezes o respectivo salário mínimo regional, será assegurado, ao final de cada exercício financeiro, depósito mínimo equivalente ao salário mínimo regional mensal, vigente, respeitada a disponibilidade de recursos.

Art. 3º Após a unificação determinada no art. 1º, as contas individuais dos participantes passarão a ser creditadas:

a) pela correção monetária anual do saldo credor, obedecidos os índices aplicáveis às Obrigações Reajustáveis do Tesouro Nacional (ORTN);

b) pelos juros mínimos de 3% (três por cento) calculados anualmente sobre o saldo credor corrigido;

c) pelo resultado líquido adicional das operações realizadas com recursos do PIS-PASEP, deduzidas as despesas administrativas e as provisões de reserva cuja constituição seja indispensável.

Art. 4º As importâncias creditadas nas contas individuais dos participantes do PIS-PASEP são inalienáveis, impenhoráveis e, ressalvado o disposto nos parágrafos deste artigo, indisponíveis por seus titulares.

§ 1º Ocorrendo casamento, aposentadoria, transferência para a reserva remunerada, reforma ou invalidez do titular da conta individual, poderá ele receber o respectivo saldo, o qual, no caso de morte, será pago a seus dependentes, de acordo com a legislação da Previdência Social e com a legislação específica de servidores civis e militares ou, na falta daqueles, aos sucessores do titular, nos termos da lei civil.

§ 2º Será facultada, no final de cada exercício financeiro posterior ao da abertura da conta individual, a retirada das parcelas correspondentes aos créditos de que tratam as alíneas *b* e *c* do art. 3º.

§ 3º Aos participantes cadastrados há pelo menos 5 (cinco) anos e que percebam salário mensal igual ou inferior a 5 (cinco) vezes o respectivo salário mínimo regional, será facultada, ao final de cada exercício financeiro, retirada complementar que permita perfazer valor igual ao do salário mínimo regional mensal vigente, respeitadas as disponibilidades de suas contas individuais.

Art. 5º É mantido, para os recursos do PIS-PASEP, inclusive aqueles a que se refere o art. 1º da Lei Complementar n. 17, de 12 de dezembro de 1973, o sistema de aplicação unificada estabelecido na Lei Complementar n. 19, de 25 de junho de 1974.

Art. 6º O Poder Executivo regulamentará esta Lei Complementar dentro de 120 (cento e vinte) dias, contados de sua publicação.

Art. 7º Esta Lei Complementar entrará em vigor em 1º de julho de 1976, revogados os arts. 8º e seu parágrafo, e 9º, e seus §§ 1º e 2º, da Lei Complementar n. 7, de 7 de setembro de 1970, e os §§ 2º, 3º, 4º e 5º do art. 5º da Lei Complementar n. 8, de 3 de dezembro de 1970, e as demais disposições em contrário.

Brasília, 11 de setembro de 1975; 154º da Independência e 87º da República.

ERNESTO GEISEL
JOSÉ CARLOS SOARES FREIRE
ALYSSON PAULINELLI
NEY BRAGA
ARNALDO PRIETO
PAULO DE ALMEIDA MACHADO
SEVERO FAGUNDES GOMES
JOÃO PAULO DOS REIS VELLOSO
MAURÍCIO RANGEL REIS
L. G. DO NASCIMENTO E SILVA

DOU 12.9.1975

Lei Complementar n. 75, de 20 de maio de 1993

Dispõe sobre a organização, as atribuições e o estatuto do Ministério Público da União capítulo pertinente ao Ministério Público do Trabalho

Capítulo II

Seção I
Da Competência, dos Órgãos e da Carreira

Art. 83. Compete ao Ministério Público do Trabalho o exercício das seguintes atribuições junto aos órgãos da Justiça do Trabalho:

I — promover as ações que lhe sejam atribuídas pela Constituição Federal e pelas leis trabalhistas;

II — manifestar-se em qualquer fase do processo trabalhista, acolhendo solicitação do juiz ou por sua iniciativa, quando entender existente interesse público que justifique a intervenção;

III — promover a ação civil pública no âmbito da Justiça do Trabalho, para defesa de interesses coletivos, quando desrespeitados os direitos sociais constitucionalmente garantidos;

IV — propor as ações cabíveis para declaração de nulidade de cláusula de contrato, acordo coletivo ou convenção coletiva que viole as liberdades individuais ou coletivas ou os direitos individuais indisponíveis dos trabalhadores;

V — propor as ações necessárias à defesa dos direitos e interesses dos menores, incapazes e índios, decorrentes das relações de trabalho;

VI — recorrer das decisões da Justiça do Trabalho, quando entender necessário, tanto nos processos em que for parte, como naqueles em que oficiar como fiscal da lei, bem como pedir revisão dos Enunciados da Súmula de Jurisprudência do Tribunal Superior do Trabalho;

VII — funcionar nas sessões dos Tribunais Trabalhistas, manifestando-se verbalmente sobre a matéria em debate, sempre que entender necessário, sendo-lhe assegurado o direito de vista dos processos em julgamento, podendo solicitar as requisições e diligências que julgar convenientes;

VIII — instaurar instância em caso de greve, quando a defesa da ordem jurídica ou o interesse público assim o exigir;

IX — promover ou participar da instrução e conciliação em dissídios decorrentes da paralisação de serviços de qualquer natureza, oficiando obrigatoriamente nos processos, manifestando sua concordância ou discordância, em eventuais acordos firmados antes da homologação, resguardado o direito de recorrer em caso de violação à lei e à Constituição Federal;

X — promover mandado de injunção, quando a competência for da Justiça do Trabalho;

XI — atuar como árbitro, se assim for solicitado pelas partes, nos dissídios de competência da Justiça do Trabalho;

XII — requerer as diligências que julgar convenientes para o correto andamento dos processos e para a melhor solução das lides trabalhistas;

XIII — intervir obrigatoriamente em todos os feitos nos segundo e terceiro graus de jurisdição da Justiça do Trabalho, quando a parte for pessoa jurídica de Direito Público, Estado estrangeiro ou organismo internacional.

Art. 84. Incumbe ao Ministério Público do Trabalho, no âmbito das suas atribuições, exercer as funções institucionais previstas nos Capítulos I, II, III e IV do Título I, especialmente:

I — integrar os órgãos colegiados previstos no § 1º do art. 6º, que lhes sejam pertinentes;

II — instaurar inquérito civil e outros procedimentos administrativos, sempre que cabíveis, para assegurar a observância dos direitos sociais dos trabalhadores;

III — requisitar à autoridade administrativa federal competente, dos órgãos de proteção ao trabalho, a instauração de procedimentos administrativos, podendo acompanhá-los e produzir provas;

IV — ser cientificado pessoalmente das decisões proferidas pela Justiça do Trabalho, nas causas em que o órgão tenha intervindo ou emitido parecer escrito;

V — exercer outras atribuições que lhe forem conferidas por lei, desde que compatíveis com sua finalidade.

Art. 85. São órgãos do Ministério Público do Trabalho:

I — o Procurador-Geral do Trabalho;

II — o Colégio de Procuradores do Trabalho;

III — o Conselho Superior do Ministério Público do Trabalho;

IV — a Câmara de Coordenação e Revisão do Ministério Público do Trabalho;

V — a Corregedoria do Ministério Público do Trabalho;
VI — os Subprocuradores-Gerais do Trabalho;
VII — os Procuradores Regionais do Trabalho;
VIII — os Procuradores do Trabalho.

Art. 86. A carreira do Ministério Público do Trabalho será constituída pelos cargos de Subprocurador-Geral do Trabalho, Procurador Regional do Trabalho e Procurador do Trabalho.

Parágrafo único. O cargo inicial da carreira é o de Procurador do Trabalho e o do último nível o de Subprocurador-Geral do Trabalho.

Seção II
Do Procurador-Geral do Trabalho

Art. 87. O Procurador-Geral do Trabalho é o Chefe do Ministério Público do Trabalho.

Art. 88. O Procurador-Geral do Trabalho será nomeado pelo Procurador-Geral da República, dentre integrantes da Instituição, com mais de trinta e cinco anos de idade e de cinco anos de carreira, integrantes de lista tríplice escolhida mediante voto plurinominal, facultativo e secreto, pelo Colégio de Procuradores para um mandato de dois anos, permitida uma recondução, observado o mesmo processo. Caso não haja número suficiente de candidatos com mais de cinco anos na carreira, poderá concorrer à lista tríplice quem contar mais de dois anos na carreira.

Parágrafo único. A exoneração do Procurador-Geral do Trabalho, antes do término do mandato, será proposta ao Procurador-Geral da República pelo Conselho Superior, mediante deliberação obtida com base em voto secreto de dois terços de seus integrantes.

Art. 89. O Procurador-Geral do Trabalho designará, dentre os Subprocuradores-Gerais do Trabalho, o Vice-Procurador-Geral do Trabalho, que o substituirá em seus impedimentos. Em caso de vacância, exercerá o cargo o Vice-Presidente do Conselho Superior, até o seu provimento definitivo.

Art. 90. Compete ao Procurador-Geral do Trabalho exercer as funções atribuídas ao Ministério Público do Trabalho junto ao Plenário do Tribunal Superior do Trabalho, propondo as ações cabíveis e manifestando-se nos processos de sua competência.

Art. 91. São atribuições do Procurador-Geral do Trabalho:
I — representar o Ministério Público do Trabalho;
II — integrar, como membro nato, e presidir o Colégio de Procuradores do Trabalho, o Conselho Superior do Ministério Público do Trabalho e a Comissão de Concurso;
III — nomear o Corregedor-Geral do Ministério Público do Trabalho, segundo lista tríplice formada pelo Conselho Superior;
IV — designar um dos membros e o Coordenador da Câmara de Coordenação e Revisão do Ministério Público do Trabalho;
V — designar, observados os critérios da lei e os estabelecidos pelo Conselho Superior, os ofícios em que exercerão suas funções os membros do Ministério Público do Trabalho;
VI — designar o Chefe da Procuradoria Regional do Trabalho dentre os Procuradores Regionais do Trabalho lotados na respectiva Procuradoria Regional;
VII — decidir, em grau de recurso, os conflitos de atribuição entre os órgãos do Ministério Público do Trabalho;
VIII — determinar a abertura de correição, sindicância ou inquérito administrativo;
IX — determinar a instauração de inquérito ou processo administrativo contra servidores dos serviços auxiliares;
X — decidir processo disciplinar contra membro da carreira ou servidor dos serviços auxiliares, aplicando as sanções que sejam de sua competência;
XI — decidir, atendendo a necessidade do serviço, sobre:
a) remoção a pedido ou por permuta;
b) alteração parcial da lista bienal de designações.
XII — autorizar o afastamento de membros do Ministério Público do Trabalho, ouvido o Conselho Superior, nos casos previstos em lei;
XIII — dar posse aos membros do Ministério Público do Trabalho;
XIV — designar membro do Ministério Público do Trabalho para:
a) funcionar nos órgãos em que a participação da Instituição seja legalmente prevista, ouvido o Conselho Superior;
b) integrar comissões técnicas ou científicas, relacionadas às funções da Instituição, ouvido o Conselho Superior;
c) assegurar a continuidade dos serviços, em caso de vacância, afastamento temporário, ausência, impedimento ou suspeição do titular, na inexistência ou falta do substituto designado.
XV — homologar, ouvido o Conselho Superior, o resultado do concurso para ingresso na carreira;
XVI — fazer publicar aviso de existência de vaga, na lotação e na relação bienal de designações;
XVII — propor ao Procurador-Geral da República, ouvido o Conselho Superior, a criação e extinção de cargos da carreira e dos ofícios em que devam ser exercidas suas funções;
XVIII — elaborar a proposta orçamentária do Ministério Público do Trabalho, submetendo-a, para aprovação, ao Conselho Superior;
XIX — encaminhar ao Procurador-Geral da República a proposta orçamentária do Ministério Público do Trabalho, após sua aprovação pelo Conselho Superior;
XX — organizar a prestação de contas do exercício anterior, encaminhando-a ao Procurador-Geral da República;
XXI — praticar atos de gestão administrativa, financeira e de pessoal;
XXII — elaborar o relatório de atividades do Ministério Público do Trabalho;
XXIII — coordenar as atividades do Ministério Público do Trabalho;
XXIV — exercer outras atribuições previstas em lei.

Art. 92. As atribuições do Procurador-Geral do Trabalho, previstas no artigo anterior, poderão ser delegadas:
I — ao Coordenador da Câmara de Coordenação e Revisão, as dos incisos XIV, alínea c, e XXIII;
II — aos Chefes das Procuradorias Regionais do Trabalho nos Estados e no Distrito Federal, as dos incisos I, XIV, alínea c, XXI e XXIII.

Seção III
Do Colégio de Procuradores do Trabalho

Art. 93. O Colégio de Procuradores do Trabalho, presidido pelo Procurador-Geral do Trabalho, é integrado por todos os membros da carreira em atividade no Ministério Público do Trabalho.

Art. 94. São atribuições do Colégio de Procuradores do Trabalho:
I — elaborar, mediante voto plurinominal, facultativo e secreto, a lista tríplice para a escolha do Procurador-Geral do Trabalho;
II — elaborar, mediante voto plurinominal, facultativo e secreto, a lista sêxtupla para a composição do Tribunal Superior do Trabalho, sendo elegíveis os membros do Ministério Público do Trabalho com mais de dez anos na carreira, tendo mais de trinta e cinco e menos de sessenta e cinco anos de idade;
III — elaborar, mediante voto plurinominal, facultativo e secreto, a lista sêxtupla para os Tribunais Regionais do Trabalho, dentre os Procuradores com mais de dez anos de carreira;
IV — eleger, dentre os Subprocuradores-Gerais do Trabalho e mediante voto plurinominal, facultativo e secreto, quatro membros do Conselho Superior do Ministério Público do Trabalho.

§ 1º Para os fins previstos nos incisos deste artigo, prescindir-se-á de reunião do Colégio de Procuradores, procedendo-se segundo dispuser o seu Regimento Interno, exigido o voto da maioria absoluta dos eleitores.

§ 2º Excepcionalmente, em caso de interesse relevante da Instituição, o Colégio de Procuradores reunir-se-á em local designado pelo Procurador-Geral do Trabalho, desde que convocado por ele ou pela maioria de seus membros.

§ 3º O Regimento Interno do Colégio de Procuradores do Trabalho disporá sobre seu funcionamento.

Seção IV
Do Conselho Superior do Ministério Público do Trabalho

Art. 95. O Conselho Superior do Ministério Público do Trabalho, presidido pelo Procurador-Geral do Trabalho, tem a seguinte composição:
I — o Procurador-Geral do Trabalho e o Vice-Procurador Geral do Trabalho, que o integram como membros natos;
II — quatro Subprocuradores-Gerais do Trabalho, eleitos para um mandato de dois anos, pelo Colégio de Procuradores do Trabalho, mediante voto plurinominal, facultativo e secreto, permitida uma reeleição;
III — quatro Subprocuradores-Gerais do Trabalho, eleitos para um mandato de dois anos, por seus pares, mediante voto plurinominal, facultativo e secreto, permitida uma reeleição.

§ 1º Serão suplentes dos membros de que tratam os incisos II e III os demais votados, em ordem decrescente, observados os critérios gerais de desempate.

§ 2º O Conselho Superior elegerá o seu Vice-Presidente, que substituirá o Presidente em seus impedimentos e em caso de vacância.

Art. 96. O Conselho Superior do Ministério Público do Trabalho reunir-se-á ordinariamente, uma vez por mês, em dia previamente fixado e, extraordinariamente, quando convocado pelo Procurador-Geral do Trabalho ou por proposta da maioria absoluta de seus membros.

Art. 97. Salvo disposição em contrário, as deliberações do Conselho Superior serão

tomadas por maioria de votos, presente a maioria absoluta dos seus membros.

§ 1º Em caso de empate, prevalecerá o voto do Presidente, exceto em matéria de sanções, caso em que prevalecerá a solução mais favorável ao acusado.

§ 2º As deliberações do Conselho Superior serão publicadas no Diário da Justiça, exceto quando o Regimento Interno determinar sigilo.

Art. 98. Compete ao Conselho Superior do Ministério Público do Trabalho:

I — exercer o poder normativo no âmbito do Ministério Público do Trabalho, observados os princípios desta Lei Complementar, especialmente para elaborar e aprovar:

a) o seu Regimento Interno, o do Colégio de Procuradores do Trabalho e o da Câmara de Coordenação e Revisão do Ministério Público do Trabalho;

b) as normas e as instruções para o concurso de ingresso na carreira;

c) as normas sobre as designações para os diferentes ofícios do Ministério Público do Trabalho;

d) os critérios para distribuição de procedimentos administrativos e quaisquer outros feitos no Ministério Público do Trabalho;

e) os critérios de promoção por merecimento na carreira;

f) o procedimento para avaliar o cumprimento das condições do estágio probatório.

II — indicar os integrantes da Câmara de Coordenação e Revisão do Ministério Público do Trabalho;

III — propor a exoneração do Procurador-Geral do Trabalho;

IV — destituir, por iniciativa do Procurador-Geral do Trabalho e pelo voto de dois terços de seus membros, antes do término do mandato, o Corregedor-Geral;

V — elaborar a lista tríplice destinada à promoção por merecimento;

VI — elaborar a lista tríplice para Corregedor-Geral do Ministério Público do Trabalho;

VII — aprovar a lista de antiguidade do Ministério Público do Trabalho e decidir sobre as reclamações a ela concernentes;

VIII — indicar o membro do Ministério Público do Trabalho para promoção por antiguidade, observado o disposto no art. 93, II, alínea d, da Constituição Federal;

IX — opinar sobre a designação de membro do Ministério Público do Trabalho para:

a) funcionar nos órgãos em que a participação da Instituição seja legalmente prevista;

b) integrar comissões técnicas ou científicas relacionadas às funções da Instituição.

X — opinar sobre o afastamento temporário de membro do Ministério Público do Trabalho;

XI — autorizar a designação, em caráter excepcional, de membros do Ministério Público do Trabalho, para exercício de atribuições processuais perante juízos, tribunais ou ofícios diferentes dos estabelecidos para cada categoria;

XII — determinar a realização de correições e sindicâncias e apreciar os relatórios correspondentes;

XIII — determinar a instauração de processos administrativos em que o acusado seja membro do Ministério Público do Trabalho, apreciar seus relatórios e propor as medidas cabíveis;

XIV — determinar o afastamento do exercício de suas funções, de membro do Ministério Público do Trabalho, indiciado ou acusado em processo disciplinar, e o seu retorno;

XV — designar a comissão de processo administrativo em que o acusado seja membro do Ministério Público do Trabalho;

XVI — decidir sobre o cumprimento do estágio probatório por membro do Ministério Público do Trabalho, encaminhando cópia da decisão ao Procurador-Geral da República, quando for o caso, para ser efetivada sua exoneração;

XVII — decidir sobre remoção e disponibilidade de membro do Ministério Público do Trabalho, por motivo de interesse público;

XVIII — autorizar, pela maioria absoluta de seus membros, que o Procurador-Geral da República ajuíze a ação de perda de cargo contra membro vitalício do Ministério Público do Trabalho, nos casos previstos em lei;

XIX — opinar sobre os pedidos de reversão de membro da carreira;

XX — aprovar a proposta de lei para o aumento do número de cargos da carreira e dos ofícios;

XXI — deliberar sobre a realização de concurso para o ingresso na carreira, designar os membros da Comissão de Concurso e opinar sobre a homologação dos resultados;

XXII — aprovar a proposta orçamentária que integrará o projeto de orçamento do Ministério Público da União;

XXIII — exercer outras funções atribuídas em lei.

§ 1º Aplicam-se ao Procurador-Geral e aos demais membros do Conselho Superior as normas processuais em geral, pertinentes aos impedimentos e suspeição dos membros do Ministério Público.

§ 2º As deliberações relativas aos incisos I, alíneas a e e, XI, XIII, XIV, XV e XVII somente poderão ser tomadas com o voto favorável de dois terços dos membros do Conselho Superior.

Seção V
Da Câmara de Coordenação e Revisão do Ministério Público do Trabalho

Art. 99. A Câmara de Coordenação e Revisão do Ministério Público do Trabalho é um órgão de coordenação, de integração e de revisão do exercício funcional na Instituição.

Art. 100. A Câmara de Coordenação e Revisão do Ministério Público do Trabalho será organizada por ato normativo, e o Regimento Interno, que disporá sobre seu funcionamento, será elaborado pelo Conselho Superior.

Art. 101. A Câmara de Coordenação e Revisão do Ministério Público do Trabalho será composta por três membros do Ministério Público do Trabalho, sendo um indicado pelo Procurador-Geral do Trabalho e dois pelo Conselho Superior do Ministério Público do Trabalho, juntamente com seus suplentes, para um mandato de dois anos, sempre que possível, dentre integrantes do último grau da carreira.

Art. 102. Dentre os integrantes da Câmara de Coordenação e Revisão, um deles será designado pelo Procurador-Geral para a função executiva de Coordenador.

Art. 103. Compete à Câmara de Coordenação e Revisão do Ministério Público do Trabalho:

I — promover a integração e a coordenação dos órgãos institucionais do Ministério Público do Trabalho, observado o princípio da independência funcional;

II — manter intercâmbio com órgãos ou entidades que atuem em áreas afins;

III — encaminhar informações técnico-jurídicas aos órgãos institucionais do Ministério Público do Trabalho;

IV — resolver sobre a distribuição especial de feitos e procedimentos, quando a matéria, por sua natureza ou relevância, assim o exigir;

V — resolver sobre a distribuição especial de feitos, que por sua contínua reiteração, devam receber tratamento uniforme;

VI — decidir os conflitos de atribuição entre os órgãos do Ministério Público do Trabalho.

Parágrafo único. A competência fixada nos incisos IV e V será exercida segundo critérios objetivos previamente estabelecidos pelo Conselho Superior.

Seção VI
Da Corregedoria do Ministério Público do Trabalho

Art. 104. A Corregedoria do Ministério Público do Trabalho, dirigida pelo Corregedor-Geral, é o órgão fiscalizador das atividades funcionais e da conduta dos membros do Ministério Público.

Art. 105. O Corregedor-Geral será nomeado pelo Procurador-Geral do Trabalho dentre os Subprocuradores Gerais do Trabalho, integrantes de lista tríplice elaborada pelo Conselho Superior, para mandato de dois anos, renovável uma vez.

§ 1º Não poderão integrar a lista tríplice os membros do Conselho Superior.

§ 2º Serão suplentes do Corregedor-Geral os demais integrantes da lista tríplice, na ordem em que os designar o Procurador-Geral.

§ 3º O Corregedor-Geral poderá ser destituído, por iniciativa do Procurador-Geral, antes do término do mandato, pelo voto de dois terços dos membros do Conselho Superior.

Art. 106. Incumbe ao Corregedor-Geral do Ministério Público:

I — participar, sem direito a voto, das reuniões do Conselho Superior;

II — realizar, de ofício ou por determinação do Procurador-Geral ou do Conselho Superior, correições e sindicâncias, apresentando os respectivos relatórios;

III — instaurar inquérito contra integrante da carreira e propor ao Conselho Superior a instauração do processo administrativo consequente;

IV — acompanhar o estágio probatório dos membros do Ministério Público do Trabalho;

V — propor ao Conselho Superior a exoneração de membro do Ministério Público do Trabalho que não cumprir as condições do estágio probatório.

Seção VII
Dos Subprocuradores-Gerais do Trabalho

Art. 107. Os Subprocuradores-Gerais do Trabalho serão designados para oficiar junto ao Tribunal Superior do Trabalho e nos ofícios na Câmara de Coordenação e Revisão.

Parágrafo único. A designação de Subprocurador-Geral do Trabalho para oficiar em órgãos jurisdicionais diferentes do previsto para a categoria dependerá de autorização do Conselho Superior.

Art. 108. Cabe aos Subprocuradores-Gerais do Trabalho, privativamente, o exercício das funções de:

I — Corregedor-Geral do Ministério Público do Trabalho;

II — Coordenador da Câmara de Coordenação e Revisão do Ministério Público do Trabalho;

Art. 109. Os Subprocuradores-Gerais do Trabalho serão lotados nos ofícios na Procuradoria-Geral do Trabalho.

Seção VIII
Dos Procuradores Regionais do Trabalho

Art. 110. Os Procuradores Regionais do Trabalho serão designados para oficiar junto aos Tribunais Regionais do Trabalho.

Parágrafo único. Em caso de vaga ou de afastamento de Subprocurador-Geral do Trabalho por prazo superior a trinta dias, poderá ser convocado pelo Procurador-Geral, mediante aprovação do Conselho Superior, Procurador Regional do Trabalho para substituição.

Art. 111. Os Procuradores Regionais do Trabalho serão lotados nos ofícios nas Procuradorias Regionais do Trabalho nos Estados e no Distrito Federal.

Seção IX
Dos Procuradores do Trabalho

Art. 112. Os Procuradores do Trabalho serão designados para funcionar junto aos Tribunais Regionais do Trabalho e, na forma das leis processuais, nos litígios trabalhistas que envolvam, especialmente, interesses de menores e incapazes.

Parágrafo único. A designação de Procurador do Trabalho para oficiar em órgãos jurisdicionais diferentes dos previstos para a categoria dependerá de autorização do Conselho Superior.

Art. 113. Os Procuradores do Trabalho serão lotados nos ofícios nas Procuradorias Regionais do Trabalho nos Estados e no Distrito Federal.

Seção X
Das Unidades de Lotação e de Administração

Art. 114. Os ofícios na Procuradoria-Geral do Trabalho e nas Procuradorias Regionais do Trabalho nos Estados e no Distrito Federal são unidades de lotação e de administração do Ministério Público do Trabalho.

Art. 115. A estrutura básica das unidades de lotação e de administração será organizada por regulamento, nos termos da lei.

Art. 294. Esta lei complementar entra em vigor na data de sua publicação.

Art. 295. Revogam-se as disposições em contrário.

Brasília, 20 de maio de 1993; 172º da Independência e 105º da República.

Itamar Franco
Maurício Corrêa
DOU 21.5.1993

Lei Complementar n. 101, de 4 de maio de 2000

Estabelece normas de finanças públicas voltadas para a responsabilidade na gestão fiscal e dá outras providências

O PRESIDENTE DA REPÚBLICA,

Faço saber que o Congresso Nacional decreta e eu sanciono a seguinte Lei Complementar:

CAPÍTULO I
Disposições Preliminares

Art. 1º Esta Lei Complementar estabelece normas de finanças públicas voltadas para a responsabilidade na gestão fiscal, com amparo no Capítulo II do Título VI da Constituição.

§ 1º A responsabilidade na gestão fiscal pressupõe a ação planejada e transparente, em que se previnem riscos e corrigem desvios capazes de afetar o equilíbrio das contas públicas, mediante o cumprimento de metas de resultados entre receitas e despesas e a obediência a limites e condições no que tange à renúncia de receita, geração de despesas com pessoal, da seguridade social e outras, dívidas consolidada e mobiliária, operações de crédito, inclusive por antecipação de receita, concessão de garantia e inscrição em Restos a Pagar.

§ 2º As disposições desta Lei Complementar obrigam a União, os Estados, o Distrito Federal e os Municípios.

§ 3º Nas referências:

I — à União, aos Estados, ao Distrito Federal e aos Municípios, estão compreendidos:

a) o Poder Executivo, o Poder Legislativo, neste abrangidos os Tribunais de Contas, o Poder Judiciário e o Ministério Público;

b) as respectivas administrações diretas, fundos, autarquias, fundações e empresas estatais dependentes;

II — a Estados entende-se considerado o Distrito Federal;

III — a Tribunais de Contas estão incluídos: Tribunal de Contas da União, Tribunal de Contas do Estado e, quando houver, Tribunal de Contas dos Municípios e Tribunal de Contas do Município.

Art. 2º Para os efeitos desta Lei Complementar, entende-se como:

I — ente da Federação: a União, cada Estado, o Distrito Federal e cada Município;

II — empresa controlada: sociedade cuja maioria do capital social com direito a voto pertença, direta ou indiretamente, a ente da Federação;

III — empresa estatal dependente: empresa controlada que receba do ente controlador recursos financeiros para pagamento de despesas com pessoal ou de custeio em geral ou de capital, excluídos, no último caso, aqueles provenientes de aumento de participação acionária;

IV — receita corrente líquida: somatório das receitas tributárias, de contribuições, patrimoniais, industriais, agropecuárias, de serviços, transferências correntes e outras receitas também correntes, deduzidos:

a) na União, os valores transferidos aos Estados e Municípios por determinação constitucional ou legal, e as contribuições mencionadas na alínea *a* do inciso I e no inciso II do art. 195, e no art. 239 da Constituição;

b) nos Estados, as parcelas entregues aos Municípios por determinação constitucional;

c) na União, nos Estados e nos Municípios, a contribuição dos servidores para o custeio do seu sistema de previdência e assistência social e as receitas provenientes da compensação financeira citada no § 9º do art. 201 da Constituição.

§ 1º Serão computados no cálculo da receita corrente líquida os valores pagos e recebidos em decorrência da Lei Complementar n. 87, de 13 de setembro de 1996, e do fundo previsto pelo art. 60 do Ato das Disposições Constitucionais Transitórias.

§ 2º Não serão considerados na receita corrente líquida do Distrito Federal e dos Estados do Amapá e de Roraima os recursos recebidos da União para atendimento das despesas de que trata o inciso V do § 1º do art. 19.

§ 3º A receita corrente líquida será apurada somando-se as receitas arrecadadas no mês em referência e nos onze anteriores, excluídas as duplicidades.

CAPÍTULO IV
Da Despesa Pública

Seção I
Da Geração da Despesa

Art. 15. Serão consideradas não autorizadas, irregulares e lesivas ao patrimônio público a geração de despesa ou assunção de obrigação que não atendam o disposto nos arts. 16 e 17.

Art. 16. A criação, expansão ou aperfeiçoamento de ação governamental que acarrete aumento da despesa será acompanhado de:

I — estimativa do impacto orçamentário-financeiro no exercício em que deva entrar em vigor e nos dois subsequentes;

II — declaração do ordenador da despesa de que o aumento tem adequação orçamentária e financeira com a lei orçamentária anual e compatibilidade com o plano plurianual e com a lei de diretrizes orçamentárias.

§ 1º Para os fins desta Lei Complementar, considera-se:

I — adequada com a lei orçamentária anual, a despesa objeto de dotação específica e suficiente, ou que esteja abrangida por crédito genérico, de forma que somadas todas as despesas da mesma espécie, realizadas e a realizar, previstas no programa de trabalho, não sejam ultrapassados os limites estabelecidos para o exercício;

II — compatível com o plano plurianual e a lei de diretrizes orçamentárias, a despesa que se conforme com as diretrizes, objetivos, prioridades e metas previstos nesses instrumentos e não infrinja qualquer de suas disposições.

§ 2º A estimativa de que trata o inciso I do *caput* será acompanhada das premissas e metodologia de cálculo utilizadas.

§ 3º Ressalva-se do disposto neste artigo a despesa considerada irrelevante, nos termos em que dispuser a lei de diretrizes orçamentárias.

§ 4º As normas do *caput* constituem condição prévia para:

I — empenho e licitação de serviços, fornecimento de bens ou execução de obras;

II — desapropriação de imóveis urbanos a que se refere o § 3º do art. 182 da Constituição.

Subseção I
Da Despesa Obrigatória de Caráter Continuado

Art. 17. Considera-se obrigatória de caráter continuado a despesa corrente derivada de lei, medida provisória ou ato administrativo normativo que fixem para o ente a obrigação legal de sua execução por um período superior a dois exercícios.

§ 1º Os atos que criarem ou aumentarem despesa de que trata o *caput* deverão ser instruídos com a estimativa prevista no inci-

so I do art. 16 e demonstrar a origem dos recursos para seu custeio.

§ 2º Para efeito do atendimento do § 1º, o ato será acompanhado de comprovação de que a despesa criada ou aumentada não afetará as metas de resultados fiscais previstas no anexo referido no § 1º do art. 4º, devendo seus efeitos financeiros, nos períodos seguintes, ser compensados pelo aumento permanente de receita ou pela redução permanente de despesa.

§ 3º Para efeito do § 2º, considera-se aumento permanente de receita o proveniente da elevação de alíquotas, ampliação da base de cálculo, majoração ou criação de tributo ou contribuição.

§ 4º A comprovação referida no § 2º, apresentada pelo proponente, conterá as premissas e metodologia de cálculo utilizadas, sem prejuízo do exame de compatibilidade da despesa com as demais normas do plano plurianual e da lei de diretrizes orçamentárias.

§ 5º A despesa de que trata este artigo não será executada antes da implementação das medidas referidas no § 2º, as quais integrarão o instrumento que a criar ou aumentar.

§ 6º O disposto no § 1º não se aplica às despesas destinadas ao serviço da dívida nem ao reajustamento de remuneração de pessoal de que trata o inciso X do art. 37 da Constituição.

§ 7º Considera-se aumento de despesa a prorrogação daquela criada por prazo determinado.

Seção II
Das Despesas com Pessoal

Subseção I
Definições e Limites

Art. 18. Para os efeitos desta Lei Complementar, entende-se como despesa total com pessoal: o somatório dos gastos do ente da Federação com os ativos, os inativos e os pensionistas, relativos a mandatos eletivos, cargos, funções ou empregos, civis, militares e de membros de Poder, com quaisquer espécies remuneratórias, tais como vencimentos e vantagens, fixas e variáveis, subsídios, proventos da aposentadoria, reformas e pensões, inclusive adicionais, gratificações, horas extras e vantagens pessoais de qualquer natureza, bem como encargos sociais e contribuições recolhidas pelo ente às entidades de previdência.

§ 1º Os valores dos contratos de terceirização de mão de obra que se referem à substituição de servidores e empregados públicos serão contabilizados como "Outras Despesas de Pessoal".

§ 2º A despesa total com pessoal será apurada somando-se a realizada no mês em referência com as dos onze imediatamente anteriores, adotando-se o regime de competência.

Art. 19. Para os fins do disposto no *caput* do art. 169 da Constituição, a despesa total com pessoal, em cada período de apuração e em cada ente da Federação, não poderá exceder os percentuais da receita corrente líquida, a seguir discriminados:

I — União: 50% (cinquenta por cento);
II — Estados: 60% (sessenta por cento);
III — Municípios: 60% (sessenta por cento).

§ 1º Na verificação do atendimento dos limites definidos neste artigo, não serão computadas as despesas:

I — de indenização por demissão de servidores ou empregados;

II — relativas a incentivos à demissão voluntária;

III — derivadas da aplicação do disposto no inciso II do § 6º do art. 57 da Constituição;

IV — decorrentes de decisão judicial e da competência de período anterior ao da apuração a que se refere o § 2º do art. 18;

V — com pessoal, do Distrito Federal e dos Estados do Amapá e Roraima, custeadas com recursos transferidos pela União na forma dos incisos XIII e XIV do art. 21 da Constituição e do art. 31 da Emenda Constitucional n. 19;

VI — com inativos, ainda que por intermédio de fundo específico, custeadas por recursos provenientes:

a) da arrecadação de contribuições dos segurados;

b) da compensação financeira de que trata o § 9º do art. 201 da Constituição;

c) das demais receitas diretamente arrecadadas por fundo vinculado a tal finalidade, inclusive o produto da alienação de bens, direitos e ativos, bem como seu superávit financeiro.

§ 2º Observado o disposto no inciso IV do § 1º, as despesas com pessoal decorrentes de sentenças judiciais serão incluídas no limite do respectivo Poder ou órgão referido no art. 20.

Art. 20. A repartição dos limites globais do art. 19 não poderá exceder os seguintes percentuais:

I — na esfera federal:

a) 2,5% (dois inteiros e cinco décimos por cento) para o Legislativo, incluído o Tribunal de Contas da União;

b) 6% (seis por cento) para o Judiciário;

c) 40,9% (quarenta inteiros e nove décimos por cento) para o Executivo, destacando-se 3% (três por cento) para as despesas com pessoal decorrentes do que dispõem os incisos XIII e XIV do art. 21 da Constituição e o art. 31 da Emenda Constitucional n. 19, repartidos de forma proporcional à média das despesas relativas a cada um destes dispositivos, em percentual da receita corrente líquida, verificadas nos três exercícios financeiros imediatamente anteriores ao da publicação desta Lei Complementar;

d) 0,6% (seis décimos por cento) para o Ministério Público da União;

II — na esfera estadual:

a) 3% (três por cento) para o Legislativo, incluído o Tribunal de Contas do Estado;

b) 6% (seis por cento) para o Judiciário;

c) 49% (quarenta e nove por cento) para o Executivo;

d) 2% (dois por cento) para o Ministério Público dos Estados;

III — na esfera municipal:

a) 6% (seis por cento) para o Legislativo, incluído o Tribunal de Contas do Município, quando houver;

b) 54% (cinquenta e quatro por cento) para o Executivo.

§ 1º Nos Poderes Legislativo e Judiciário de cada esfera, os limites serão repartidos entre seus órgãos de forma proporcional à média das despesas com pessoal, em percentual da receita corrente líquida, verificadas nos três exercícios financeiros imediatamente anteriores ao da publicação desta Lei Complementar.

§ 2º Para efeito deste artigo entende-se como órgão:

I — o Ministério Público;

II — no Poder Legislativo:

a) Federal, as respectivas Casas e o Tribunal de Contas da União;

b) Estadual, a Assembleia Legislativa e os Tribunais de Contas;

c) do Distrito Federal, a Câmara Legislativa e o Tribunal de Contas do Distrito Federal;

d) Municipal, a Câmara de Vereadores e o Tribunal de Contas do Município, quando houver;

III — no Poder Judiciário:

a) Federal, os tribunais referidos no art. 92 da Constituição;

b) Estadual, o Tribunal de Justiça e outros, quando houver.

§ 3º Os limites para as despesas com pessoal do Poder Judiciário, a cargo da União por força do inciso XIII do art. 21 da Constituição, serão estabelecidos mediante aplicação da regra do § 1º.

§ 4º Nos Estados em que houver Tribunal de Contas dos Municípios, os percentuais definidos nas alíneas *a* e *c* do inciso II do *caput* serão, respectivamente, acrescidos e reduzidos em 0,4% (quatro décimos por cento).

§ 5º Para os fins previstos no art. 168 da Constituição, a entrega dos recursos financeiros correspondentes à despesa total com pessoal por Poder e órgão será a resultante da aplicação dos percentuais definidos neste artigo, ou aqueles fixados na lei de diretrizes orçamentárias.

§ 6º (VETADO).

Subseção II
Do Controle da Despesa Total com Pessoal

Art. 21. É nulo de pleno direito o ato que provoque aumento da despesa com pessoal e não atenda:

I — as exigências dos arts. 16 e 17 desta Lei Complementar, e o disposto no inciso XIII do art. 37 e no § 1º do art. 169 da Constituição;

II — o limite legal de comprometimento aplicado às despesas com pessoal inativo.

Parágrafo único. Também é nulo de pleno direito o ato de que resulte aumento da despesa com pessoal expedido nos cento e oitenta dias anteriores ao final do mandato do titular do respectivo Poder ou órgão referido no art. 20.

Art. 22. A verificação do cumprimento dos limites estabelecidos nos arts. 19 e 20 será realizada ao final de cada quadrimestre.

Parágrafo único. Se a despesa total com pessoal exceder a 95% (noventa e cinco por cento) do limite, são vedados ao Poder ou órgão referido no art. 20 que houver incorrido no excesso:

I — concessão de vantagem, aumento, reajuste ou adequação de remuneração a qualquer título, salvo os derivados de sentença judicial ou de determinação legal ou contratual, ressalvada a revisão prevista no inciso X do art. 37 da Constituição;

II — criação de cargo, emprego ou função;

III — alteração de estrutura de carreira que implique aumento de despesa;

IV — provimento de cargo público, admissão ou contratação de pessoal a qualquer título, ressalvada a reposição decorrente de aposentadoria ou falecimento de servidores das áreas de educação, saúde e segurança;

V — contratação de hora extra, salvo no caso do disposto no inciso II do § 6º do art. 57 da Constituição e as situações previstas na lei de diretrizes orçamentárias.

Art. 23. Se a despesa total com pessoal, do Poder ou órgão referido no art. 20, ultrapassar os limites definidos no mesmo artigo, sem prejuízo das medidas previstas no art. 22, o percentual excedente terá de ser eli-

minado nos dois quadrimestres seguintes, sendo pelo menos um terço no primeiro, adotando-se, entre outras, as providências previstas nos §§ 3º e 4º do art. 169 da Constituição.

§ 1º No caso do inciso I do § 3º do art. 169 da Constituição, o objetivo poderá ser alcançado tanto pela extinção de cargos e funções quanto pela redução dos valores a eles atribuídos.

§ 2º É facultada a redução temporária da jornada de trabalho com adequação dos vencimentos à nova carga horária.

§ 3º Não alcançada a redução no prazo estabelecido, e enquanto perdurar o excesso, o ente não poderá:

I — receber transferências voluntárias;

II — obter garantia, direta ou indireta, de outro ente;

III — contratar operações de crédito, ressalvadas as destinadas ao refinanciamento da dívida mobiliária e as que visem à redução das despesas com pessoal.

§ 4º As restrições do § 3º aplicam-se imediatamente se a despesa total com pessoal exceder o limite no primeiro quadrimestre do último ano do mandato dos titulares de Poder ou órgão referidos no art. 20.

Seção III
Das Despesas com a Seguridade Social

Art. 24. Nenhum benefício ou serviço relativo à seguridade social poderá ser criado, majorado ou estendido sem a indicação da fonte de custeio total, nos termos do § 5º do art. 195 da Constituição, atendidas ainda as exigências do art. 17.

§ 1º É dispensada da compensação referida no art. 17 o aumento de despesa decorrente de:

I — concessão de benefício a quem satisfaça as condições de habilitação prevista na legislação pertinente;

II — expansão quantitativa do atendimento e dos serviços prestados;

III — reajustamento de valor do benefício ou serviço, a fim de preservar o seu valor real.

§ 2º O disposto neste artigo aplica-se a benefício ou serviço de saúde, previdência e assistência social, inclusive os destinados aos servidores públicos e militares, ativos e inativos, e aos pensionistas.

CAPÍTULO IX
Da Transparência, Controle e Fiscalização

Seção I
Da Transparência da Gestão Fiscal

Art. 48. São instrumentos de transparência da gestão fiscal, aos quais será dada ampla divulgação, inclusive em meios eletrônicos de acesso público: os planos, orçamentos e leis de diretrizes orçamentárias; as prestações de contas e o respectivo parecer prévio; o Relatório Resumido da Execução Orçamentária e o Relatório de Gestão Fiscal; e as versões simplificadas desses documentos.

Parágrafo único. A transparência será assegurada também mediante: *(Redação dada pela Lei Complementar n. 131, de 27.5.2009, DOU 28.5.2009).*

I — incentivo à participação popular e realização de audiências públicas, durante os processos de elaboração e discussão dos planos, lei de diretrizes orçamentárias e orçamentos; *(Acrescentado pela Lei Complementar n. 131, de 27.5.2009, DOU 28.5.2009).*

II — liberação ao pleno conhecimento e acompanhamento da sociedade, em tempo real, de informações pormenorizadas sobre a execução orçamentária e financeira, em meios eletrônicos de acesso público; *(Acrescentado pela Lei Complementar n. 131, de 27.5.2009, DOU 28.5.2009).*

III — adoção de sistema integrado de administração financeira e controle, que atenda a padrão mínimo de qualidade estabelecido pelo Poder Executivo da União e ao disposto no art. 48-A. *(Acrescentado pela Lei Complementar n. 131, de 27.5.2009, DOU 28.5.2009).*

Art. 48-A. Para os fins a que se refere o inciso II do parágrafo único do art. 48, os entes da Federação disponibilizarão a qualquer pessoa física ou jurídica o acesso a informações referentes a: *(Acrescentado pela Lei Complementar n. 131, de 27.5.2009, DOU 28.5.2009).*

I — quanto à despesa: todos os atos praticados pelas unidades gestoras no decorrer da execução da despesa, no momento de sua realização, com a disponibilização mínima dos dados referentes ao número do correspondente processo, ao bem fornecido ou ao serviço prestado, à pessoa física ou jurídica beneficiária do pagamento, e, quando for o caso, ao procedimento licitatório realizado; *(Acrescentado pela Lei Complementar n. 131, de 27.5.2009, DOU 28.5.2009).*

II — quanto à receita: o lançamento e o recebimento de toda a receita das unidades gestoras, inclusive referente a recursos extraordinários. *(Acrescentado pela Lei Complementar n. 131, de 27.5.2009, DOU 28.5.2009).*

CAPÍTULO X
Disposições Finais e Transitórias

Art. 68. Na forma do art. 250 da Constituição, é criado o Fundo do Regime Geral de Previdência Social, vinculado ao Ministério da Previdência e Assistência Social, com a finalidade de prover recursos para o pagamento dos benefícios do regime geral da previdência social.

§ 1º O Fundo será constituído de:

I — bens móveis e imóveis, valores e rendas do Instituto Nacional do Seguro Social não utilizados na operacionalização deste;

II — bens e direitos que, a qualquer título, lhe sejam adjudicados ou que lhe vierem a ser vinculados por força de lei;

III — receita das contribuições sociais para a seguridade social, previstas na alínea a do inciso I e no inciso II do art. 195 da Constituição;

IV — produto da liquidação de bens e ativos de pessoa física ou jurídica em débito com a Previdência Social;

V — resultado da aplicação financeira de seus ativos;

VI — recursos provenientes do orçamento da União.

§ 2º O Fundo será gerido pelo Instituto Nacional do Seguro Social, na forma da lei.

Art. 69. O ente da Federação que mantiver ou vier a instituir regime próprio de previdência social para seus servidores conferir-lhe-á caráter contributivo e o organizará com base em normas de contabilidade e atuária que preservem seu equilíbrio financeiro e atuarial.

Art. 70. O Poder ou órgão referido no art. 20 cuja despesa total com pessoal no exercício anterior ao da publicação desta Lei Complementar estiver acima dos limites estabelecidos nos arts. 19 e 20 deverá enquadrar-se no respectivo limite em até dois exercícios, eliminando o excesso, gradualmente, à razão de, pelo menos, 50% a.a. (cinquenta por cento ao ano), mediante a adoção, entre outras, das medidas previstas nos arts. 22 e 23.

Parágrafo único. A inobservância do disposto no caput, no prazo fixado, sujeita o ente às sanções previstas no § 3º do art. 23.

Art. 71. Ressalvada a hipótese do inciso X do art. 37 da Constituição, até o término do terceiro exercício financeiro seguinte à entrada em vigor desta Lei Complementar, a despesa total com pessoal dos Poderes e órgãos referidos no art. 20 não ultrapassará, em percentual da receita corrente líquida, a despesa verificada no exercício imediatamente anterior, acrescida de até 10% (dez por cento), se esta for inferior ao limite definido na forma do art. 20.

Art. 72. A despesa com serviços de terceiros dos Poderes e órgãos referidos no art. 20 não poderá exceder, em percentual da receita corrente líquida, a do exercício anterior à entrada em vigor desta Lei Complementar, até o término do terceiro exercício seguinte.

Art. 73. As infrações dos dispositivos desta Lei Complementar serão punidas segundo o Decreto-Lei n. 2.848, de 7 de dezembro de 1940 (Código Penal); a Lei n. 1.079, de 10 de abril de 1950; o Decreto-Lei n. 201, de 27 de fevereiro de 1967; a Lei n. 8.429, de 2 de junho de 1992; e demais normas da legislação pertinente.

Art. 73-A. Qualquer cidadão, partido político, associação ou sindicato é parte legítima para denunciar ao respectivo Tribunal de Contas e ao órgão competente do Ministério Público o descumprimento das prescrições estabelecidas nesta Lei Complementar. *(Acrescentado pela Lei Complementar n. 131, de 27.5.2009, DOU 28.5.2009).*

Art. 73-B. Ficam estabelecidos os seguintes prazos para o cumprimento das determinações dispostas nos incisos II e III do parágrafo único do art. 48 e do art. 48-A: *(Acrescentado pela Lei Complementar n. 131, de 27.5.2009, DOU 28.5.2009).*

I — 1 (um) ano para a União, os Estados, o Distrito Federal e os Municípios com mais de 100.000 (cem mil) habitantes; *(Acrescentado pela Lei Complementar n. 131, de 27.5.2009, DOU 28.5.2009).*

II — 2 (dois) anos para os Municípios que tenham entre 50.000 (cinquenta mil) e 100.000 (cem mil) habitantes; *(Acrescentado pela Lei Complementar n. 131, de 27.5.2009, DOU 28.5.2009).*

III — 4 (quatro) anos para os Municípios que tenham até 50.000 (cinquenta mil) habitantes. *(Acrescentado pela Lei Complementar n. 131, de 27.5.2009, DOU 28.5.2009).*

Parágrafo único. Os prazos estabelecidos neste artigo serão contados a partir da data de publicação da lei complementar que introduziu os dispositivos referidos no caput deste artigo. *(Acrescentado pela Lei Complementar n. 131, de 27.5.2009, DOU 28.5.2009).*

Art. 73-C. O não atendimento, até o encerramento dos prazos previstos no art. 73-B, das determinações contidas nos incisos II e III do parágrafo único do art. 48 e no art. 48-A sujeita o ente à sanção prevista no inciso I do § 3º do art. 23. *(Acrescentado pela Lei Complementar n. 131, de 27.5.2009, DOU 28.5.2009).*

Art. 74. Esta Lei Complementar entra em vigor na data da sua publicação.

Art. 75. Revoga-se a Lei Complementar n. 96, de 31 de maio de 1999.

Fernando Henrique Cardoso
Pedro Malan
Martus Tavares

DOU 5.5.2000

LEGISLAÇÃO COMPLEMENTAR

Lei Complementar n. 103, de 14 de julho de 2000

Autoriza os Estados e o Distrito Federal a instituir o piso salarial a que se refere o inciso V do art. 7º da Constituição Federal, por aplicação do disposto no parágrafo único do seu art. 22

O PRESIDENTE DA REPÚBLICA,

Faço saber que o Congresso Nacional decreta e eu sanciono a seguinte Lei Complementar:

Art. 1º Os Estados e o Distrito Federal ficam autorizados a instituir, mediante lei de iniciativa do Poder Executivo, o piso salarial de que trata o inciso V do art. 7º da Constituição Federal para os empregados que não tenham piso salarial definido em lei federal, convenção ou acordo coletivo de trabalho.

§ 1º A autorização de que trata este artigo não poderá ser exercida:

I — no segundo semestre do ano em que se verificar eleição para os cargos de Governador dos Estados e do Distrito Federal e de Deputados Estaduais e Distritais;

II — em relação à remuneração de servidores públicos municipais.

§ 2º O piso salarial a que se refere o *caput* poderá ser estendido aos empregados domésticos.

Art. 2º Esta Lei Complementar entra em vigor na data de sua publicação.

Brasília 14 de julho de 2000; 179º da Independência e 112º da República.

Fernando Henrique Cardoso
Pedro Malan
Francisco Dornelles
Waldeck Ornelas
Martus Tavares

DOU 17.7.2000

Lei Complementar n. 108, de 29 de maio de 2001

Dispõe sobre a relação entre a União, os Estados, o Distrito Federal e os Municípios, suas autarquias, fundações, sociedades de economia mista e outras entidades públicas e suas respectivas entidades fechadas de previdência complementar, e dá outras providências.

O PRESIDENTE DA REPÚBLICA Faço saber que o Congresso Nacional decreta e eu sanciono a seguinte Lei Complementar:

CAPÍTULO I
Introdução

Art. 1º A relação entre a União, os Estados, o Distrito Federal e os Municípios, inclusive suas autarquias, fundações, sociedades de economia mista e empresas controladas direta ou indiretamente, enquanto patrocinadores de entidades fechadas e previdência complementar, e suas respectivas entidades fechadas, a que se referem os §§ 3º, 4º, 5º e 6º do art. 202 da Constituição Federal, será disciplinada pelo disposto nesta Lei Complementar.

Art. 2º As regras e os princípios gerais estabelecidos na Lei Complementar que regula o *caput* do *art. 202 da Constituição Federal* aplicam-se às entidades reguladas por esta Lei Complementar, ressalvadas as disposições específicas.

CAPÍTULO II
Dos Planos de Benefícios

Seção I
Disposições Especiais

Art. 3º Observado o disposto no artigo anterior, os planos de benefícios das entidades de que trata esta Lei Complementar atenderão às seguintes regras:

I — carência mínima de sessenta contribuições mensais a plano de benefícios e cessação do vínculo com o patrocinador, para se tornar elegível a um benefício de prestação que seja programada e continuada; e

II — concessão de benefício pelo regime de previdência ao qual o participante esteja filiado por intermédio de seu patrocinador, quando se tratar de plano na modalidade benefício definido, instituído depois da publicação desta Lei Complementar.

Parágrafo único. Os reajustes dos benefícios em manutenção serão efetuados de acordo com critérios estabelecidos nos regulamentos dos planos de benefícios, vedado o repasse de ganhos de produtividade, abono e vantagens de qualquer natureza para tais benefícios.

Art. 4º Nas sociedades de economia mista e empresas controladas direta ou indiretamente pela União, pelos Estados, pelo Distrito Federal e pelos Municípios, a proposta de instituição de plano de benefícios ou adesão a plano de benefícios em execução será submetida ao órgão fiscalizador, acompanhada de manifestação favorável do órgão responsável pela supervisão, pela coordenação e pelo controle do patrocinador.

Parágrafo único. As alterações no plano de benefícios que implique elevação da contribuição de patrocinadores serão objeto de prévia manifestação do órgão responsável pela supervisão, pela coordenação e pelo controle referido no *caput*.

Art. 5º É vedado à União, aos Estados, ao Distrito Federal e aos Municípios, suas autarquias, fundações, empresas públicas, sociedades de economia mista e outras entidades públicas o aporte de recursos a entidades de previdência privada de caráter complementar, salvo na condição de patrocinador.

Seção II
Do Custeio

Art. 6º O custeio dos planos de benefícios será responsabilidade do patrocinador e dos participantes, inclusive assistidos.

§ 1º A contribuição normal do patrocinador para plano de benefícios, em hipótese alguma, excederá a do participante, observado o disposto no *art. 5º* da Emenda Constitucional n. 20, de 15 de dezembro de 1998, e as regras específicas emanadas do órgão regulador e fiscalizador.

§ 2º Além das contribuições normais, os planos poderão prever o aporte de recursos pelos participantes, a título de contribuição facultativa, sem contrapartida do patrocinador.

§ 3º É vedado ao patrocinador assumir encargos adicionais para o financiamento dos planos de benefícios, além daqueles previstos nos respectivos planos de custeio.

Art. 7º A despesa administrativa da entidade de previdência complementar será custeada pelo patrocinador e pelos participantes e assistidos, atendendo a limites e critérios estabelecidos pelo órgão regulador e fiscalizador.

Parágrafo único. É facultada aos patrocinadores a cessão de pessoal às entidades de previdência complementar que patrocinam, desde que ressarcidos os custos correspondentes.

CAPÍTULO III
Das Entidades de Previdência Complementar Patrocinadas pelo Poder Público e suas Empresas

Seção I
Da Estrutura Organizacional

Art. 8º A administração e execução dos planos de benefícios compete às entidades fechadas de previdência complementar mencionadas no art. 1º desta Lei Complementar.

Parágrafo único. As entidades de que trata o *caput* organizar-se-ão sob a forma de fundação ou sociedade civil, sem fins lucrativos.

Art. 9º A estrutura organizacional das entidades de previdência complementar a que se refere esta Lei Complementar é constituída de conselho deliberativo, conselho fiscal e diretoria-executiva.

Seção II
Do Conselho Deliberativo e do Conselho Fiscal

Art. 10. O conselho deliberativo, órgão máximo da estrutura organizacional, é responsável pela definição da política geral de administração da entidade e de seus planos de benefícios.

Art. 11. A composição do conselho deliberativo, integrado por no máximo seis membros, será paritária entre representantes dos participantes e assistidos e dos patrocinadores, cabendo a estes a indicação do conselheiro presidente, que terá, além do seu, o voto de qualidade.

§ 1º A escolha dos representantes dos participantes e assistidos dar-se-á por meio de eleição direta entre seus pares.

§ 2º Caso o estatuto da entidade fechada, respeitado o número máximo de conselheiros de que trata o *caput* e a participação paritária entre representantes dos participantes e assistidos e dos patrocinadores, preveja outra composição, que tenha sido aprovada na forma prevista no seu estatuto, esta poderá ser aplicada, mediante autorização do órgão regulador e fiscalizador.

Art. 12. O mandato dos membros do conselho deliberativo será de quatro anos, com garantia de estabilidade, permitida uma recondução.

§ 1º O membro do conselho deliberativo somente perderá o mandato em virtude de renúncia, de condenação judicial transitada em julgado ou processo administrativo disciplinar.

§ 2º A instauração de processo administrativo disciplinar, para apuração de irregularidades no âmbito de atuação do conselho deliberativo da entidade fechada, poderá determinar o afastamento do conselheiro até sua conclusão.

§ 3º O afastamento de que trata o parágrafo anterior não implica prorrogação ou permanência no cargo além da data inicialmente prevista para o término do mandato.

§ 4º O estatuto da entidade deverá regulamentar os procedimentos de que tratam os parágrafos anteriores deste artigo.

Art. 13. Ao conselho deliberativo compete a definição das seguintes matérias:

I — política geral de administração da entidade e de seus planos de benefícios;

II — alteração de estatuto e regulamentos dos planos de benefícios, bem como a implantação e a extinção deles e a retirada de patrocinador;

III — gestão de investimentos e plano de aplicação de recursos;

IV — autorizar investimentos que envolvam valores iguais ou superiores a cinco por cento dos recursos garantidores;

V — contratação de auditor independente atuário e avaliador de gestão, observadas as disposições regulamentares aplicáveis;

VI — nomeação e exoneração dos membros da diretoria-executiva; e

VII — exame, em grau de recurso, das decisões da diretoria-executiva.

Parágrafo único. A definição das matérias previstas no inciso II deverá ser aprovada pelo patrocinador.

Art. 14. O conselho fiscal é órgão de controle interno da entidade.

Art. 15. A composição do conselho fiscal, integrado por no máximo quatro membros, será paritária entre representantes de patrocinadores e de participantes e assistidos, cabendo a estes a indicação do conselheiro presidente, que terá, além do seu, o voto de qualidade.

Parágrafo único. Caso o estatuto da entidade fechada, respeitado o número máximo de conselheiros de que trata o *caput* e a participação paritária entre representantes dos participantes e assistidos e dos patrocinadores, preveja outra composição, que tenha sido aprovada na forma prevista no seu estatuto, esta poderá ser aplicada, mediante autorização do órgão regulador e fiscalizador.

Art. 16. O mandato dos membros do conselho fiscal será de quatro anos, vedada a recondução.

Art. 17. A renovação dos mandatos dos conselheiros deverá obedecer ao critério de proporcionalidade, de forma que se processe parcialmente a cada dois anos.

§ 1º Na primeira investidura dos conselhos, após a publicação desta Lei Complementar, os seus membros terão mandato com prazo diferenciado.

§ 2º O conselho deliberativo deverá renovar três de seus membros a cada dois anos e o conselho fiscal dois membros com a mesma periodicidade, observada a regra de transição estabelecida no parágrafo anterior.

Art. 18. Aplicam-se aos membros dos conselhos deliberativo e fiscal os mesmos requisitos previstos nos incisos I a III do art. 20 desta Lei Complementar.

Seção III
Da Diretoria-Executiva

Art. 19. A diretoria-executiva é o órgão responsável pela administração da entidade, em conformidade com a política de administração traçada pelo conselho deliberativo.

§ 1º A diretoria-executiva será composta, no máximo, por seis membros, definidos em função do patrimônio da entidade e do seu número de participantes, inclusive assistidos.

§ 2º O estatuto da entidade fechada, respeitado o número máximo de diretores de que trata o parágrafo anterior, deverá prever a forma de composição e o mandato da diretoria-executiva, aprovado na forma prevista no seu estatuto, observadas as demais disposições desta Lei Complementar.

Art. 20. Os membros da diretoria-executiva deverão atender aos seguintes requisitos mínimos:

I — comprovada experiência no exercício de atividade na área financeira, administrativa, contábil, jurídica, de fiscalização, atuarial ou de auditoria;

II — não ter sofrido condenação criminal transitada em julgado;

III — não ter sofrido penalidade administrativa por infração da legislação da seguridade social, inclusive da previdência complementar ou como servidor público; e

IV — ter formação de nível superior.

Art. 21. Aos membros da diretoria-executiva é vedado:

I — exercer simultaneamente atividade no patrocinador;

II — integrar concomitantemente o conselho deliberativo ou fiscal da entidade e, mesmo depois do término do seu mandato na diretoria-executiva, enquanto não tiver suas contas aprovadas; e

III — ao longo do exercício do mandato prestar serviços a instituições integrantes do sistema financeiro.

Art. 22. A entidade de previdência complementar informará ao órgão regulador e fiscalizador o responsável pelas aplicações dos recursos da entidade, escolhido entre os membros da diretoria-executiva.

Parágrafo único. Os demais membros da diretoria-executiva responderão solidariamente com o dirigente indicado na forma do *caput* pelos danos e prejuízos causados à entidade para os quais tenham concorrido.

Art. 23. Nos doze meses seguintes ao término do exercício do cargo, o ex-diretor estará impedido de prestar, direta ou indiretamente, independentemente da forma ou natureza do contrato, qualquer tipo de serviço às empresas do sistema financeiro que impliquem a utilização das informações a que teve acesso em decorrência do cargo exercido, sob pena de responsabilidade civil e penal.

§ 1º Durante o impedimento, ao ex-diretor que não tiver sido destituído ou que pedir afastamento será assegurada a possibilidade de prestar serviço à entidade, mediante remuneração equivalente à do cargo de direção que exerceu ou em qualquer outro órgão da Administração Pública.

§ 2º Incorre na prática de advocacia administrativa, sujeitando-se às penas da lei, o ex-diretor que violar o impedimento previsto neste artigo, exceto se retornar ao exercício de cargo ou emprego que ocupava junto ao patrocinador, anteriormente à indicação para a respectiva diretoria-executiva, ou se for nomeado para exercício em qualquer órgão da Administração Pública.

CAPÍTULO IV
Da Fiscalização

Art. 24. A fiscalização e controle dos planos de benefícios e das entidades fechadas de previdência complementar de que trata esta Lei Complementar competem ao órgão regulador e fiscalizador das entidades fechadas de previdência complementar.

Art. 25. As ações exercidas pelo órgão referido no artigo anterior não eximem os patrocinadores da responsabilidade pela supervisão e fiscalização sistemática das atividades das suas respectivas entidades de previdência complementar.

Parágrafo único. Os resultados da fiscalização e do controle exercidos pelos patrocinadores serão encaminhados ao órgão mencionado no artigo anterior.

CAPÍTULO V
Disposições Gerais

Art. 26. As entidades fechadas de previdência complementar patrocinadas por empresas privadas permissionárias ou concessionárias de prestação de serviços públicos subordinam-se, no que couber, às disposições desta Lei Complementar, na forma estabelecida pelo órgão regulador e fiscalizador.

Art. 27. As entidades de previdência complementar patrocinadas por entidades públicas, inclusive empresas públicas e sociedades de economia mista, deverão rever, no prazo de dois anos, a contar de 16 de dezembro de 1998, seus planos de benefícios e serviços, de modo a ajustá-los atuarialmente a seus ativos, sob pena de intervenção, sendo seus dirigentes e seus respectivos patrocinadores responsáveis civil e criminalmente pelo descumprimento do disposto neste artigo.

Art. 28. A infração de qualquer disposição desta Lei Complementar ou de seu regulamento, para a qual não haja penalidade expressamente cominada, sujeita a pessoa física ou jurídica responsável, conforme o caso e a gravidade da infração, às penalidades administrativas previstas na Lei Complementar que disciplina o *caput* do art. 202 da Constituição Federal.

Art. 29. As entidades de previdência privada patrocinadas por empresas controladas, direta ou indiretamente, pela União, Estados, Distrito Federal e Municípios, que possuam planos de benefícios definidos com responsabilidade da patrocinadora, não poderão exercer o controle ou participar de acordo de acionistas que tenha por objeto formação de grupo de controle de sociedade anônima, sem prévia e expressa autorização da patrocinadora e do seu respectivo ente controlador.

Parágrafo único. O disposto no *caput* não se aplica às participações acionárias detidas na data de publicação desta Lei Complementar.

Art. 30. As entidades de previdência complementar terão o prazo de um ano para adaptar sua organização estatutária ao disposto nesta Lei Complementar, contados a partir da data de sua publicação.

Art. 31. Esta Lei Complementar entra em vigor na data de sua publicação.

Art. 32. *Revoga-se a Lei n. 8.020, de 12 de abril de 1990.*

Brasília, 29 de maio de 2001; 180º da Independência e 113º da República.

FERNANDO HENRIQUE CARDOSO
JOSÉ GREGORI
PEDRO MALAN
ROBERTO BRANT

DOU 30.5.2001

LEGISLAÇÃO COMPLEMENTAR

Lei Complementar n. 109, de 29 de maio de 2001

Dispõe sobre o Regime de Previdência Complementar e dá outras providências

O PRESIDENTE DA REPÚBLICA Faço saber que o Congresso Nacional decreta e eu sanciono a seguinte Lei Complementar:

CAPÍTULO I
Introdução

Art. 1º O regime de previdência privada, de caráter complementar e organizado de forma autônoma em relação ao regime geral de previdência social, é facultativo, baseado na constituição de reservas que garantam o benefício, nos termos do *caput* do *art. 202 da Constituição Federal*, observado o disposto nesta Lei Complementar.

Art. 2º O regime de previdência complementar é operado por entidades de previdência complementar que têm por objetivo principal instituir e executar planos de benefícios de caráter previdenciário, na forma desta Lei Complementar.

Art. 3º A ação do Estado será exercida com o objetivo de:

I — formular a política de previdência complementar;

II — disciplinar, coordenar e supervisionar as atividades reguladas por esta Lei Complementar, compatibilizando-as com as políticas previdenciária e de desenvolvimento social e econômico-financeiro;

III — determinar padrões mínimos de segurança econômico-financeira e atuarial, com fins específicos de preservar a liquidez, a solvência e o equilíbrio dos planos de benefícios, isoladamente, e de cada entidade de previdência complementar, no conjunto de suas atividades;

IV — assegurar aos participantes e assistidos o pleno acesso às informações relativas à gestão de seus respectivos planos de benefícios;

V — fiscalizar as entidades de previdência complementar, suas operações e aplicar penalidades; e

VI — proteger os interesses dos participantes e assistidos dos planos de benefícios.

Art. 4º As entidades de previdência complementar são classificadas em fechadas e abertas, conforme definido nesta Lei Complementar.

Art. 5º A normatização, coordenação, supervisão, fiscalização e controle das atividades das entidades de previdência complementar serão realizados por órgão ou órgãos regulador e fiscalizador, conforme disposto em lei, observado o disposto no *inciso VI do art. 84 da Constituição Federal*.

CAPÍTULO II
Dos Planos de Benefícios

Seção I
Disposições Comuns

Art. 6º As entidades de previdência complementar somente poderão instituir e operar planos de benefícios para os quais tenham autorização específica, segundo as normas aprovadas pelo órgão regulador e fiscalizador, conforme disposto nesta Lei Complementar.

Art. 7º Os planos de benefícios atenderão a padrões mínimos fixados pelo órgão regulador e fiscalizador, com o objetivo de assegurar transparência, solvência, liquidez e equilíbrio econômico-financeiro e atuarial.

Parágrafo único. O órgão regulador e fiscalizador normatizará planos de benefícios nas modalidades de benefício definido, contribuição definida e contribuição variável, bem como outras formas de planos de benefícios que reflitam a evolução técnica e possibilitem flexibilidade ao regime de previdência complementar.

Art. 8º Para efeito desta Lei Complementar, considera-se:

I — participante, a pessoa física que aderir aos planos de benefícios; e

II — assistido, o participante ou seu beneficiário em gozo de benefício de prestação continuada.

Art. 9º As entidades de previdência complementar constituirão reservas técnicas, provisões e fundos, de conformidade com os critérios e normas fixados pelo órgão regulador e fiscalizador.

§ 1º A aplicação dos recursos correspondentes às reservas, às provisões e aos fundos de que trata o *caput* será feita conforme diretrizes estabelecidas pelo Conselho Monetário Nacional.

§ 2º É vedado o estabelecimento de aplicações compulsórias ou limites mínimos de aplicação.

Art. 10. Deverão constar dos regulamentos dos planos de benefícios, das propostas de inscrição e dos certificados de participantes condições mínimas a serem fixadas pelo órgão regulador e fiscalizador.

§ 1º A todo pretendente será disponibilizado e a todo participante entregue, quando de sua inscrição no plano de benefícios:

I — certificado onde estarão indicados os requisitos que regulam a admissão e a manutenção da qualidade de participante, bem como os requisitos de elegibilidade e forma de cálculo dos benefícios;

II — cópia do regulamento atualizado do plano de benefícios e material explicativo que descreva, em linguagem simples e precisa, as características do plano;

III — cópia do contrato, no caso de plano coletivo de que trata o inciso II do art. 26 desta Lei Complementar; e

IV — outros documentos que vierem a ser especificados pelo órgão regulador e fiscalizador.

§ 2º Na divulgação dos planos de benefícios, não poderão ser incluídas informações diferentes das que figurem nos documentos referidos neste artigo.

Art. 11. Para assegurar compromissos assumidos junto aos participantes e assistidos de planos de benefícios, as entidades de previdência complementar poderão contratar operações de resseguro, por iniciativa própria ou por determinação do órgão regulador e fiscalizador, observados o regulamento do respectivo plano e demais disposições legais e regulamentares.

Parágrafo único. Fica facultada às entidades fechadas a garantia referida no *caput* por meio de fundo de solvência, a ser instituído na forma da lei.

Seção II
Dos Planos de Benefícios de Entidades Fechadas

Art. 12. Os planos de benefícios de entidades fechadas poderão ser instituídos por patrocinadores e instituidores, observado o disposto no art. 31 desta Lei Complementar.

Art. 13. A formalização da condição de patrocinador ou instituidor de um plano de benefício dar-se-á mediante convênio de adesão a ser celebrado entre o patrocinador ou instituidor e a entidade fechada, em relação a cada plano de benefícios por esta administrado e executado, mediante prévia autorização do órgão regulador e fiscalizador, conforme regulamentação do Poder Executivo.

§ 1º Admitir-se-á solidariedade entre patrocinadores ou entre instituidores, com relação aos respectivos planos, desde que expressamente prevista no convênio de adesão.

§ 2º O órgão regulador e fiscalizador, dentre outros requisitos, estabelecerá o número mínimo de participantes admitido para cada modalidade de plano de benefício.

Art. 14. Os planos de benefícios deverão prever os seguintes institutos, observadas as normas estabelecidas pelo órgão regulador e fiscalizador:

I — benefício proporcional diferido, em razão da cessação do vínculo empregatício com o patrocinador ou associativo com o instituidor antes da aquisição do direito ao benefício pleno, a ser concedido quando cumpridos os requisitos de elegibilidade;

II — portabilidade do direito acumulado pelo participante para outro plano;

III — resgate da totalidade das contribuições vertidas ao plano pelo participante, descontadas as parcelas do custeio administrativo, na forma regulamentada; e

IV — faculdade de o participante manter o valor de sua contribuição e a do patrocinador, no caso de perda parcial ou total da remuneração recebida, para assegurar a percepção dos benefícios nos níveis correspondentes àquela remuneração ou em outros definidos em normas regulamentares.

§ 1º Não será admitida a portabilidade na inexistência de cessação do vínculo empregatício do participante com o patrocinador.

§ 2º O órgão regulador e fiscalizador estabelecerá período de carência para o instituto de que trata o inciso II deste artigo.

§ 3º Na regulamentação do instituto previsto no inciso II do *caput* deste artigo, o órgão regulador e fiscalizador observará, entre outros requisitos específicos, os seguintes:

I — se o plano de benefícios foi instituído antes ou depois da publicação desta Lei Complementar;

II — a modalidade do plano de benefícios.

§ 4º O instituto de que trata o inciso II deste artigo, quando efetuado para entidade aberta, somente será admitido quando a integralidade dos recursos financeiros correspondentes ao direito acumulado do participante for utilizada para a contratação de renda mensal vitalícia ou por prazo determinado, cujo prazo mínimo não poderá ser inferior ao período em que a respectiva reserva foi constituída, limitado ao mínimo de quinze anos, observadas as normas estabelecidas pelo órgão regulador e fiscalizador.

Art. 15. Para efeito do disposto no inciso II do *caput* do artigo anterior, fica estabelecido que:

I — a portabilidade não caracteriza resgate; e

II — é vedado que os recursos financeiros correspondentes transitem pelos participantes dos planos de benefícios, sob qualquer forma.

Parágrafo único. O direito acumulado corresponde às reservas constituídas pelo

participante ou à reserva matemática, o que lhe for mais favorável.

Art. 16. Os planos de benefícios devem ser, obrigatoriamente, oferecidos a todos os empregados dos patrocinadores ou associados dos instituidores.

§ 1º Para os efeitos desta Lei Complementar, são equiparáveis aos empregados e associados a que se refere o *caput* os gerentes, diretores, conselheiros ocupantes de cargo eletivo e outros dirigentes de patrocinadores e instituidores.

§ 2º É facultativa a adesão aos planos a que se refere o *caput* deste artigo.

§ 3º O disposto no *caput* deste artigo não se aplica aos planos em extinção, assim considerados aqueles aos quais o acesso de novos participantes esteja vedado.

Art. 17. As alterações processadas nos regulamentos dos planos aplicam-se a todos os participantes das entidades fechadas, a partir de sua aprovação pelo órgão regulador e fiscalizador, observado o direito acumulado de cada participante.

Parágrafo único. Ao participante que tenha cumprido os requisitos para obtenção dos benefícios previstos no plano é assegurada a aplicação das disposições regulamentares vigentes na data em que se tornou elegível a um benefício de aposentadoria.

Art. 18. O plano de custeio, com periodicidade mínima anual, estabelecerá o nível de contribuição necessário à constituição das reservas garantidoras de benefícios, fundos, provisões e à cobertura das demais despesas, em conformidade com os critérios fixados pelo órgão regulador e fiscalizador.

§ 1º O regime financeiro de capitalização é obrigatório para os benefícios de pagamento em prestações que sejam programadas e continuadas.

§ 2º Observados critérios que preservem o equilíbrio financeiro e atuarial, o cálculo das reservas técnicas atenderá às peculiaridades de cada plano de benefícios e deverá estar expresso em nota técnica atuarial, de apresentação obrigatória, incluindo as hipóteses utilizadas, que deverão guardar relação com as características da massa e da atividade desenvolvida pelo patrocinador ou instituidor.

§ 3º As reservas técnicas, provisões e fundos de cada plano de benefícios e os exigíveis a qualquer título deverão atender permanentemente à cobertura integral dos compromissos assumidos pelo plano de benefícios, ressalvadas excepcionalidades definidas pelo órgão regulador e fiscalizador.

Art. 19. As contribuições destinadas à constituição de reservas terão como finalidade prover o pagamento de benefícios de caráter previdenciário, observadas as especificidades previstas nesta Lei Complementar.

Parágrafo único. As contribuições referidas no *caput* classificam-se em:

I — normais, aquelas destinadas ao custeio dos benefícios previstos no respectivo plano; e

II — extraordinárias, aquelas destinadas ao custeio de déficits, serviço passado e outras finalidades não incluídas na contribuição normal.

Art. 20. O resultado superavitário dos planos de benefícios das entidades fechadas, ao final do exercício, satisfeitas as exigências regulamentares relativas aos mencionados planos, será destinado à constituição de reserva de contingência, para garantia de benefícios, até o limite de vinte e cinco por cento do valor das reservas matemáticas.

§ 1º Constituída a reserva de contingência, com os valores excedentes será constituída reserva especial para revisão do plano de benefícios.

§ 2º A não utilização da reserva especial por três exercícios consecutivos determinará a revisão obrigatória do plano de benefícios da entidade.

§ 3º Se a revisão do plano de benefícios implicar redução de contribuições, deverá ser levada em consideração a proporção existente entre as contribuições dos patrocinadores e dos participantes, inclusive dos assistidos.

Art. 21. O resultado deficitário nos planos ou nas entidades fechadas será equacionado por patrocinadores, participantes e assistidos, na proporção existente entre as suas contribuições, sem prejuízo de ação regressiva contra dirigentes ou terceiros que deram causa a dano ou prejuízo à entidade de previdência complementar.

§ 1º O equacionamento referido no *caput* poderá ser feito, dentre outras formas, por meio do aumento do valor das contribuições, instituição de contribuição adicional ou redução do valor dos benefícios a conceder, observadas as normas estabelecidas pelo órgão regulador e fiscalizador.

§ 2º A redução dos valores dos benefícios não se aplica aos assistidos, sendo cabível, nesse caso, a instituição de contribuição adicional para cobertura do acréscimo ocorrido em razão da revisão do plano.

§ 3º Na hipótese de retorno à entidade dos recursos equivalentes ao déficit previsto no *caput* deste artigo, em consequência de apuração de responsabilidade mediante ação judicial ou administrativa, os respectivos valores deverão ser aplicados necessariamente na redução proporcional das contribuições devidas ao plano ou em melhoria dos benefícios.

Art. 22. Ao final de cada exercício, coincidente com o ano civil, as entidades fechadas deverão levantar as demonstrações contábeis e as avaliações atuariais de cada plano de benefícios, por pessoa jurídica ou profissional legalmente habilitado, devendo os resultados ser encaminhados ao órgão regulador e fiscalizador e divulgados aos participantes e aos assistidos.

Art. 23. As entidades fechadas deverão manter atualizada sua contabilidade, de acordo com as instruções do órgão regulador e fiscalizador, consolidando a posição dos planos de benefícios que administram e executam, bem como submetendo suas contas a auditores independentes.

Parágrafo único. Ao final de cada exercício serão elaboradas as demonstrações contábeis e atuariais consolidadas, sem prejuízo dos controles por plano de benefícios.

Art. 24. A divulgação aos participantes, inclusive aos assistidos, das informações pertinentes aos planos de benefícios dar-se-á ao menos uma vez ao ano, na forma, nos prazos e pelos meios estabelecidos pelo órgão regulador e fiscalizador.

Parágrafo único. As informações requeridas formalmente pelo participante ou assistido, para defesa de direitos e esclarecimento de situações de interesse pessoal específico deverão ser atendidas pela entidade no prazo estabelecido pelo órgão regulador e fiscalizador.

Art. 25. O órgão regulador e fiscalizador poderá autorizar a extinção de plano de benefícios ou a retirada de patrocínio, ficando os patrocinadores e instituidores obrigados ao cumprimento da totalidade dos compromissos assumidos com a entidade relativamente aos direitos dos participantes, assistidos e obrigações legais, até a data da retirada ou extinção do plano.

Parágrafo único. Para atendimento do disposto no *caput* deste artigo, a situação de solvência econômico-financeira e atuarial da entidade deverá ser atestada por profissional devidamente habilitado, cujos relatórios serão encaminhados ao órgão regulador e fiscalizador.

Seção III
Dos Planos de Benefícios de Entidades Abertas

Art. 26. Os planos de benefícios instituídos por entidades abertas poderão ser:

I — individuais, quando acessíveis a quaisquer pessoas físicas; ou

II — coletivos, quando tenham por objetivo garantir benefícios previdenciários a pessoas físicas vinculadas, direta ou indiretamente, a uma pessoa jurídica contratante.

§ 1º O plano coletivo poderá ser contratado por uma ou várias pessoas jurídicas.

§ 2º O vínculo indireto de que trata o inciso II deste artigo refere-se aos casos em que uma entidade representativa de pessoas jurídicas contrate plano previdenciário coletivo para grupos de pessoas físicas vinculadas a suas filiadas.

§ 3º Os grupos de pessoas de que trata o parágrafo anterior poderão ser constituídos por uma ou mais categorias específicas de empregados de um mesmo empregador, podendo abranger empresas coligadas, controladas ou subsidiárias, e por membros de associações legalmente constituídas, de caráter profissional ou classista, e seus cônjuges ou companheiros e dependentes econômicos.

§ 4º Para efeito do disposto no parágrafo anterior, são equiparáveis aos empregados e associados os diretores, conselheiros ocupantes de cargos eletivos e outros dirigentes ou gerentes da pessoa jurídica contratante.

§ 5º A implantação de um plano coletivo será celebrada mediante contrato, na forma, nos critérios, nas condições e nos requisitos mínimos a serem estabelecidos pelo órgão regulador.

§ 6º É vedada à entidade aberta a contratação de plano coletivo com pessoa jurídica cujo objetivo principal seja estipular, em nome de terceiros, planos de benefícios coletivos.

Art. 27. Observados os conceitos, a forma, as condições e os critérios fixados pelo órgão regulador, é assegurado aos participantes o direito à portabilidade, inclusive para plano de benefício de entidade fechada, e ao resgate de recursos das reservas técnicas, provisões e fundos, total ou parcialmente.

§ 1º A portabilidade não caracteriza resgate.

§ 2º É vedado, no caso de portabilidade:

I — que os recursos financeiros transitem pelos participantes, sob qualquer forma; e

II — a transferência de recursos entre participantes.

Art. 28. Os ativos garantidores das reservas técnicas, das provisões e dos fundos serão vinculados à ordem do órgão fiscalizador, na forma a ser regulamentada, e poderão ter sua livre movimentação suspensa pelo referido órgão, a partir da qual não poderão ser alienados ou prometidos alienar sem sua prévia e expressa autorização, sendo nulas, de pleno direito, quaisquer operações realizadas com violação daquela suspensão.

§ 1º Sendo imóvel, o vínculo será averbado à margem do respectivo registro no Cartório de Registro Geral de Imóveis competente, mediante comunicação do órgão fiscalizador.

§ 2º Os ativos garantidores a que se refere o caput, bem como os direitos deles decorrentes, não poderão ser gravados, sob qualquer forma, sem prévia e expressa autorização do órgão fiscalizador, sendo nulos os gravames constituídos com infringência do disposto neste parágrafo.

Art. 29. Compete ao órgão regulador, entre outras atribuições que lhe forem conferidas por lei:

I — fixar padrões adequados de segurança atuarial e econômico-financeira, para preservação da liquidez e solvência dos planos de benefícios, isoladamente, e de cada entidade aberta, no conjunto de suas atividades;

II — estabelecer as condições em que o órgão fiscalizador pode determinar a suspensão da comercialização ou a transferência, entre entidades abertas, de planos de benefícios; e

III — fixar condições que assegurem transparência, acesso a informações e fornecimento de dados relativos aos planos de benefícios, inclusive quanto à gestão dos respectivos recursos.

Art. 30. É facultativa a utilização de corretores na venda dos planos de benefícios das entidades abertas.

Parágrafo único. Aos corretores de planos de benefícios aplicam-se a legislação e a regulamentação da profissão de corretor de seguros.

CAPÍTULO III
Das Entidades Fechadas de Previdência Complementar

Art. 31. As entidades fechadas são aquelas acessíveis, na forma regulamentada pelo órgão regulador e fiscalizador, exclusivamente:

I — aos empregados de uma empresa ou grupo de empresas e aos servidores da União, dos Estados, do Distrito Federal e dos Municípios, entes denominados patrocinadores; e

II — aos associados ou membros de pessoas jurídicas de caráter profissional, classista ou setorial, denominadas instituidores.

§ 1º As entidades fechadas organizar-se-ão sob a forma de fundação ou sociedade civil, sem fins lucrativos.

§ 2º As entidades fechadas constituídas por instituidores referidos no inciso II do *caput* deste artigo deverão, cumulativamente:

I — terceirizar a gestão dos recursos garantidores das reservas técnicas e provisões mediante a contratação de instituição especializada autorizada a funcionar pelo Banco Central do Brasil ou outro órgão competente;

II — ofertar exclusivamente planos de benefícios na modalidade contribuição definida, na forma do parágrafo único do art. 7º desta Lei Complementar.

§ 3º Os responsáveis pela gestão dos recursos de que trata o inciso I do parágrafo anterior deverão manter segregados e totalmente isolados o seu patrimônio dos patrimônios do instituidor e da entidade fechada.

§ 4º Na regulamentação de que trata o caput, o órgão regulador e fiscalizador estabelecerá o tempo mínimo de existência do instituidor e o seu número mínimo de associados.

Art. 32. As entidades fechadas têm como objeto a administração e execução de planos de benefícios de natureza previdenciária.

Parágrafo único. É vedada às entidades fechadas a prestação de quaisquer serviços que não estejam no âmbito de seu objeto, observado o disposto no art. 76.

Art. 33. Dependerão de prévia e expressa autorização do órgão regulador e fiscalizador:

I — a constituição e o funcionamento da entidade fechada, bem como a aplicação dos respectivos estatutos, dos regulamentos dos planos de benefícios e suas alterações;

II — as operações de fusão, cisão, incorporação ou qualquer outra forma de reorganização societária, relativas às entidades fechadas;

III — as retiradas de patrocinadores; e

IV — as transferências de patrocínio, de grupo de participantes, de planos e de reservas entre entidades fechadas.

§ 1º Excetuado o disposto no inciso III deste artigo, é vedada a transferência para terceiros de participantes, de assistidos e de reservas constituídas para garantia de benefícios de risco atuarial programado, de acordo com normas estabelecidas pelo órgão regulador e fiscalizador.

§ 2º Para os assistidos de planos de benefícios na modalidade contribuição definida que mantiveram esta característica durante a fase de percepção de renda programada, o órgão regulador e fiscalizador poderá, em caráter excepcional, autorizar a transferência dos recursos garantidores dos benefícios para entidade de previdência complementar ou companhia seguradora autorizada a operar planos de previdência complementar, com o objetivo específico de contratar plano de renda vitalícia, observadas as normas aplicáveis.

Art. 34. As entidades fechadas podem ser qualificadas da seguinte forma, além de outras que possam ser definidas pelo órgão regulador e fiscalizador:

I — de acordo com os planos que administram:

a) de plano comum, quando administrarem plano ou conjunto de planos acessíveis ao universo de participantes; e

b) com multiplano, quando administrarem plano ou conjunto de planos de benefícios para diversos grupos de participantes, com independência patrimonial;

II — de acordo com seus patrocinadores ou instituidores:

a) singulares, quando estiverem vinculadas a apenas um patrocinador ou instituidor; e

b) multipatrocinadas, quando congregarem mais de um patrocinador ou instituidor.

Art. 35. As entidades fechadas deverão manter estrutura mínima composta por conselho deliberativo, conselho fiscal e diretoria-executiva. (*Regulamento*)

§ 1º O estatuto deverá prever representação dos participantes e assistidos nos conselhos deliberativo e fiscal, assegurado a eles no mínimo um terço das vagas.

§ 2º Na composição dos conselhos deliberativo e fiscal das entidades qualificadas como multipatrocinadas, deverá ser considerado o número de participantes vinculados a cada patrocinador ou instituidor, bem como o montante dos respectivos patrimônios.

§ 3º Os membros do conselho deliberativo ou do conselho fiscal deverão atender aos seguintes requisitos mínimos:

I — comprovada experiência no exercício de atividades nas áreas financeira, administrativa, contábil, jurídica, de fiscalização ou de auditoria;

II — não ter sofrido condenação criminal transitada em julgado; e

III — não ter sofrido penalidade administrativa por infração da legislação da seguridade social ou como servidor público.

§ 4º Os membros da diretoria-executiva deverão ter formação de nível superior e atender aos requisitos do parágrafo anterior.

§ 5º Será informado ao órgão regulador e fiscalizador o responsável pelas aplicações dos recursos da entidade, escolhido entre os membros da diretoria-executiva.

§ 6º Os demais membros da diretoria-executiva responderão solidariamente com o dirigente indicado na forma do parágrafo anterior pelos danos e prejuízos causados à entidade para os quais tenham concorrido.

§ 7º Sem prejuízo do disposto no § 1º do art. 31 desta Lei Complementar, os membros da diretoria-executiva e dos conselhos deliberativo e fiscal poderão ser remunerados pelas entidades fechadas, de acordo com a legislação aplicável.

§ 8º Em caráter excepcional, poderão ser ocupados até trinta por cento dos cargos da diretoria-executiva por membros sem formação de nível superior, sendo assegurada a possibilidade de participação neste órgão de pelo menos um membro, quando da aplicação do referido percentual resultar número inferior à unidade.

CAPÍTULO IV
Das Entidades Abertas de Previdência Complementar

Art. 36. As entidades abertas são constituídas unicamente sob a forma de sociedades anônimas e têm por objetivo instituir e operar planos de benefícios de caráter previdenciário concedidos em forma de renda continuada ou pagamento único, acessíveis a quaisquer pessoas físicas.

Parágrafo único. As sociedades seguradoras autorizadas a operar exclusivamente no ramo vida poderão ser autorizadas a operar os planos de benefícios a que se refere o caput, a elas se aplicando as disposições desta Lei Complementar.

Art. 37. Compete ao órgão regulador, entre outras atribuições que lhe forem conferidas por lei, estabelecer:

I — os critérios para a investidura e posse em cargos e funções de órgãos estatutários de entidades abertas, observado que o pretendente não poderá ter sofrido condenação criminal transitada em julgado, penalidade administrativa por infração da legislação da seguridade social ou como servidor público;

II — as normas gerais de contabilidade, auditoria, atuária e estatística a serem observadas pelas entidades abertas, inclusive quanto à padronização dos planos de contas, balanços gerais, balancetes e outras demonstrações financeiras, critérios sobre sua periodicidade, sobre a publicação desses documentos e sua remessa ao órgão fiscalizador;

III — os índices de solvência e liquidez, bem como as relações patrimoniais a serem atendidas pelas entidades abertas, observado que seu patrimônio líquido não poderá ser inferior ao respectivo passivo não operacional; e

IV — as condições que assegurem acesso a informações e fornecimento de dados re-

lativos a quaisquer aspectos das atividades das entidades abertas.

Art. 38. Dependerão de prévia e expressa aprovação do órgão fiscalizador:

I — a constituição e o funcionamento das entidades abertas, bem como as disposições de seus estatutos e as respectivas alterações;

II — a comercialização dos planos de benefícios;

III — os atos relativos à eleição e consequente posse de administradores e membros de conselhos estatutários; e

IV — as operações relativas à transferência do controle acionário, fusão, cisão, incorporação ou qualquer outra forma de reorganização societária.

Parágrafo único. O órgão regulador disciplinará o tratamento administrativo a ser emprestado ao exame dos assuntos constantes deste artigo.

Art. 39. As entidades abertas deverão comunicar ao órgão fiscalizador, no prazo e na forma estabelecidos:

I — os atos relativos às alterações estatutárias e à eleição de administradores e membros de conselhos estatutários; e

II — o responsável pela aplicação dos recursos das reservas técnicas, provisões e fundos, escolhido dentre os membros da diretoria-executiva.

Parágrafo único. Os demais membros da diretoria-executiva responderão solidariamente com o dirigente indicado na forma do inciso II deste artigo pelos danos e prejuízos causados à entidade para os quais tenham concorrido.

Art. 40. As entidades abertas deverão levantar no último dia útil de cada mês e semestre, respectivamente, balancetes mensais e balanços gerais, com observância das regras e dos critérios estabelecidos pelo órgão regulador.

Parágrafo único. As sociedades seguradoras autorizadas a operar planos de benefícios deverão apresentar nas demonstrações financeiras, de forma discriminada, as atividades previdenciárias e as de seguros, de acordo com critérios fixados pelo órgão regulador.

CAPÍTULO V
Da Fiscalização

Art. 41. No desempenho das atividades de fiscalização das entidades de previdência complementar, os servidores do órgão regulador e fiscalizador terão livre acesso às respectivas entidades, delas podendo requisitar e apreender livros, notas técnicas e quaisquer documentos, caracterizando-se embaraço à fiscalização, sujeito às penalidades previstas em lei, qualquer dificuldade oposta à consecução desse objetivo.

§ 1º O órgão regulador e fiscalizador das entidades fechadas poderá solicitar dos patrocinadores e instituidores informações relativas aos aspectos específicos que digam respeito aos compromissos assumidos frente aos respectivos planos de benefícios.

§ 2º A fiscalização a cargo do Estado não exime os patrocinadores e os instituidores da responsabilidade pela supervisão sistemática das atividades das suas respectivas entidades fechadas.

§ 3º As pessoas físicas ou jurídicas submetidas ao regime desta Lei Complementar ficam obrigadas a prestar quaisquer informações ou esclarecimentos solicitados pelo órgão regulador e fiscalizador.

§ 4º O disposto neste artigo aplica-se, sem prejuízo da competência das autoridades fiscais, relativamente ao pleno exercício das atividades de fiscalização tributária.

Art. 42. O órgão regulador e fiscalizador poderá, em relação às entidades fechadas, nomear administrador especial, a expensas da entidade, com poderes próprios de intervenção e de liquidação extrajudicial, com o objetivo de sanear plano de benefícios específico, caso seja constatada na sua administração e execução alguma das hipóteses previstas nos arts. 44 e 48 desta Lei Complementar.

Parágrafo único. O ato de nomeação de que trata o *caput* estabelecerá as condições, os limites e as atribuições do administrador especial.

Art. 43. O órgão fiscalizador poderá, em relação às entidades abertas, desde que se verifique uma das condições previstas no art. 44 desta Lei Complementar, nomear, por prazo determinado, prorrogável a seu critério, e a expensas da respectiva entidade, um diretor-fiscal.

§ 1º O diretor-fiscal, sem poderes de gestão, terá suas atribuições estabelecidas pelo órgão regulador, cabendo ao órgão fiscalizador fixar sua remuneração.

§ 2º Se reconhecer a inviabilidade de recuperação da entidade aberta ou a ausência de qualquer condição para o seu funcionamento, o diretor-fiscal proporá ao órgão fiscalizador a decretação da intervenção ou da liquidação extrajudicial.

§ 3º O diretor-fiscal não está sujeito à indisponibilidade de bens, nem ao demais efeitos decorrentes da decretação da intervenção ou da liquidação extrajudicial da entidade aberta.

CAPÍTULO VI
Da Intervenção e da Liquidação Extrajudicial

Seção I
Da Intervenção

Art. 44. Para resguardar os direitos dos participantes e assistidos poderá ser decretada a intervenção na entidade de previdência complementar, desde que se verifique, isolada ou cumulativamente:

I — irregularidade ou insuficiência na constituição das reservas técnicas, provisões e fundos, ou na sua cobertura por ativos garantidores;

II — aplicação dos recursos das reservas técnicas, provisões e fundos de forma inadequada ou em desacordo com as normas expedidas pelos órgãos competentes;

III — descumprimento de disposições estatutárias ou de obrigações previstas nos regulamentos dos planos de benefícios, convênios de adesão ou contratos dos planos coletivos de que trata o inciso II do art. 26 desta Lei Complementar;

IV — situação econômico-financeira insuficiente à preservação da liquidez e solvência de cada um dos planos de benefícios e da entidade no conjunto de suas atividades;

V — situação atuarial desequilibrada;

VI — outras anormalidades definidas em regulamento.

Art. 45. A intervenção será decretada pelo prazo necessário ao exame da situação da entidade e encaminhamento de plano destinado à sua recuperação.

Parágrafo único. Dependerão de prévia e expressa autorização do órgão competente os atos do interventor que impliquem oneração ou disposição do patrimônio.

Art. 46. A intervenção cessará quando aprovado o plano de recuperação da entidade pelo órgão competente ou se decretada a sua liquidação extrajudicial.

Seção II
Da Liquidação Extrajudicial

Art. 47. As entidades fechadas não poderão solicitar concordata e não estão sujeitas a falência, mas somente a liquidação extrajudicial.

Art. 48. A liquidação extrajudicial será decretada quando reconhecida a inviabilidade de recuperação da entidade de previdência complementar ou pela ausência de condição para seu funcionamento.

Parágrafo único. Para os efeitos desta Lei Complementar, entende-se por ausência de condição para funcionamento de entidade de previdência complementar:

I — (VETADO)

II — (VETADO)

III — o não atendimento às condições mínimas estabelecidas pelo órgão regulador e fiscalizador.

Art. 49. A decretação da liquidação extrajudicial produzirá, de imediato, os seguintes efeitos:

I — suspensão das ações e execuções iniciadas sobre direitos e interesses relativos ao acervo da entidade liquidanda;

II — vencimento antecipado das obrigações da liquidanda;

III — não incidência de penalidades contratuais contra a entidade por obrigações vencidas em decorrência da decretação da liquidação extrajudicial;

IV — não fluência de juros contra a liquidanda enquanto não integralmente pago o passivo;

V — interrupção da prescrição em relação às obrigações da entidade em liquidação;

VI — suspensão de multa e juros em relação às dívidas da entidade;

VII — inexigibilidade de penas pecuniárias por infrações de natureza administrativa;

VIII — interrupção do pagamento à liquidanda das contribuições dos participantes e dos patrocinadores, relativas aos planos de benefícios.

§ 1º As faculdades previstas nos incisos deste artigo aplicam-se, no caso das entidades abertas de previdência complementar, exclusivamente, em relação às suas atividades de natureza previdenciária.

§ 2º O disposto neste artigo não se aplica às ações e aos débitos de natureza tributária.

Art. 50. O liquidante organizará o quadro geral de credores, realizará o ativo e liquidará o passivo.

§ 1º Os participantes, inclusive os assistidos, dos planos de benefícios ficam dispensados de se habilitarem a seus respectivos créditos, estejam estes sendo recebidos ou não.

§ 2º Os participantes, inclusive os assistidos, dos planos de benefícios terão privilégio especial sobre os ativos garantidores das reservas técnicas e, caso estes não sejam suficientes para a cobertura dos direitos respectivos, privilégio geral sobre as demais partes não vinculadas ao ativo.

§ 3º Os participantes que já estiverem recebendo benefícios, ou que já tiverem

LEGISLAÇÃO COMPLEMENTAR

adquirido este direito antes de decretada a liquidação extrajudicial, terão preferência sobre os demais participantes.

§ 4º Os créditos referidos nos parágrafos anteriores deste artigo não têm preferência sobre os créditos de natureza trabalhista ou tributária.

Art. 51. Serão obrigatoriamente levantados, na data da decretação da liquidação extrajudicial de entidade de previdência complementar, o balanço geral de liquidação e as demonstrações contábeis e atuariais necessárias à determinação do valor das reservas individuais.

Art. 52. A liquidação extrajudicial poderá, a qualquer tempo, ser levantada, desde que constatados fatos supervenientes que viabilizem a recuperação da entidade de previdência complementar.

Art. 53. A liquidação extrajudicial das entidades fechadas encerrar-se-á com a aprovação, pelo órgão regulador e fiscalizador, das contas finais do liquidante e com a baixa nos devidos registros.

Parágrafo único. Comprovada pelo liquidante a inexistência de ativos para satisfazer a possíveis créditos reclamados contra a entidade, deverá tal situação ser comunicada ao juízo competente e efetivados os devidos registros, para o encerramento do processo de liquidação.

Seção III
Disposições Especiais

Art. 54. O interventor terá amplos poderes de administração e representação e o liquidante plenos poderes de administração, representação e liquidação.

Art. 55. Compete ao órgão fiscalizador decretar, aprovar e rever os atos de que tratam os arts. 45, 46 e 48 desta Lei Complementar, bem como nomear, por intermédio do seu dirigente máximo, o interventor ou o liquidante.

Art. 56. A intervenção e a liquidação extrajudicial determinam a perda do mandato dos administradores e membros dos conselhos estatutários das entidades, sejam titulares ou suplentes.

Art. 57. Os créditos das entidades de previdência complementar, em caso de liquidação ou falência de patrocinadores, terão privilégio especial sobre a massa, respeitado o privilégio dos créditos trabalhistas e tributários.

Parágrafo único. Os administradores dos respectivos patrocinadores serão responsabilizados pelos danos ou prejuízos causados às entidades de previdência complementar, especialmente pela falta de aporte das contribuições a que estavam obrigados, observado o disposto no parágrafo único do art. 63 desta Lei Complementar.

Art. 58. No caso de liquidação extrajudicial de entidade fechada motivada pela falta de aporte de contribuições de patrocinadores ou pelo não recolhimento de contribuições de participantes, os administradores daqueles também serão responsabilizados pelos danos ou prejuízos causados.

Art. 59. Os administradores, controladores e membros de conselhos estatutários das entidades de previdência complementar sob intervenção ou em liquidação extrajudicial ficarão com todos os seus bens indisponíveis, não podendo, por qualquer forma, direta ou indireta, aliená-los ou onerá-los, até a apuração e liquidação final de suas responsabilidades.

§ 1º A indisponibilidade prevista neste artigo decorre do ato que decretar a intervenção ou liquidação extrajudicial e atinge todos aqueles que tenham estado no exercício das funções nos doze meses anteriores.

§ 2º A indisponibilidade poderá ser estendida aos bens de pessoas que, nos últimos doze meses, os tenham adquirido, a qualquer título, das pessoas referidas no *caput* e no parágrafo anterior, desde que haja seguros elementos de convicção de que se trata de simulada transferência com o fim de evitar os efeitos desta Lei Complementar.

§ 3º Não se incluem nas disposições deste artigo os bens considerados inalienáveis ou impenhoráveis pela legislação em vigor.

§ 4º Não são também atingidos pela indisponibilidade os bens objeto de contrato de alienação, de promessas de compra e venda e de cessão de direitos, desde que os respectivos instrumentos tenham sido levados ao competente registro público até doze meses antes da data de decretação da intervenção ou liquidação extrajudicial.

§ 5º Não se aplica a indisponibilidade de bens das pessoas referidas no *caput* deste artigo no caso de liquidação extrajudicial de entidades fechadas que deixarem de ter condições para funcionar por motivos totalmente desvinculados do exercício das suas atribuições, situação esta que poderá ser revista a qualquer momento, pelo órgão regulador e fiscalizador, desde que constatada a existência de irregularidades ou indícios de crimes por elas praticados.

Art. 60. O interventor ou o liquidante comunicará a indisponibilidade de bens aos órgãos competentes para os devidos registros e publicará edital para conhecimento de terceiros.

Parágrafo único. A autoridade que receber a comunicação ficará, relativamente a esses bens, impedida de:

I — fazer transcrições, inscrições ou averbações de documentos públicos ou particulares;

II — arquivar atos ou contratos que importem em transferência de cotas sociais, ações ou partes beneficiárias;

III — realizar ou registrar operações e títulos de qualquer natureza; e

IV — processar a transferência de propriedade de veículos automotores, aeronaves e embarcações.

Art. 61. A apuração de responsabilidades específicas referida no *caput* do art. 59 desta Lei Complementar será feita mediante inquérito a ser instaurado pelo órgão regulador e fiscalizador, sem prejuízo do disposto nos arts. 63 a 65 desta Lei Complementar.

§ 1º Se o inquérito concluir pela inexistência de prejuízo, será arquivado no órgão fiscalizador.

§ 2º Concluindo o inquérito pela existência de prejuízo, será ele, com o respectivo relatório, remetido pelo órgão regulador e fiscalizador ao Ministério Público, observados os seguintes procedimentos:

I — o interventor ou o liquidante, de ofício ou a requerimento de qualquer interessado que não tenha sido indiciado no inquérito, após aprovação do respectivo relatório pelo órgão fiscalizador, determinará o levantamento da indisponibilidade de que trata o art. 59 desta Lei Complementar;

II — será mantida a indisponibilidade com relação às pessoas indiciadas no inquérito, após aprovação do respectivo relatório pelo órgão fiscalizador.

Art. 62. Aplicam-se à intervenção e à liquidação das entidades de previdência complementar, no que couber, os dispositivos da legislação sobre a intervenção e liquidação extrajudicial das instituições financeiras, cabendo ao órgão regulador e fiscalizador as funções atribuídas ao Banco Central do Brasil.

CAPÍTULO VII
Do Regime Disciplinar

Art. 63. Os administradores de entidade, os procuradores com poderes de gestão, os membros de conselhos estatutários, o interventor e o liquidante responderão civilmente pelos danos ou prejuízos que causarem, por ação ou omissão, às entidades de previdência complementar.

Parágrafo único. São também responsáveis, na forma do caput, os administradores dos patrocinadores ou instituidores, os atuários, os auditores independentes, os avaliadores de gestão e outros profissionais que prestem serviços técnicos à entidade, diretamente ou por intermédio de pessoa jurídica contratada.

Art. 64. O órgão fiscalizador competente, o Banco Central do Brasil, a Comissão de Valores Mobiliários ou a Secretaria da Receita Federal, constatando a existência de práticas irregulares ou indícios de crimes em entidades de previdência complementar, noticiará ao Ministério Público, enviando-lhe os documentos comprobatórios.

Parágrafo único. O sigilo de operações não poderá ser invocado como óbice à troca de informações entre os órgãos mencionados no caput, nem ao fornecimento de informações requisitadas pelo Ministério Público.

Art. 65. A infração de qualquer disposição desta Lei Complementar ou de seu regulamento, para a qual não haja penalidade expressamente cominada, sujeita a pessoa física ou jurídica responsável, conforme o caso e a gravidade da infração, às seguintes penalidades administrativas, observado o disposto em regulamento:

I — advertência;

II — suspensão do exercício de atividades em entidades de previdência complementar pelo prazo de até cento e oitenta dias;

III — inabilitação, pelo prazo de dois a dez anos, para o exercício de cargo ou função em entidades de previdência complementar, sociedades seguradoras, instituições financeiras e no serviço público; e

IV — multa de dois mil reais a um milhão de reais, devendo esses valores, a partir da publicação desta Lei Complementar, ser reajustados de forma a preservar, em caráter permanente, seus valores reais.

§ 1º A penalidade prevista no inciso IV será imputada ao agente responsável, respondendo solidariamente a entidade de previdência complementar, assegurado o direito de regresso, e poderá ser aplicada cumulativamente com as constantes dos incisos I, II ou III deste artigo.

§ 2º Das decisões do órgão fiscalizador caberá recurso, no prazo de quinze dias, com efeito suspensivo, ao órgão competente.

§ 3º O recurso a que se refere o parágrafo anterior, na hipótese do inciso IV deste artigo, somente será conhecido se for comprovado pelo requerente o pagamento antecipado, em favor do órgão fiscalizador, de trinta por cento do valor da multa aplicada. *(Vide Súmula Vinculante n. 21)*

§ 4º Em caso de reincidência, a multa será aplicada em dobro.

Art. 66. As infrações serão apuradas mediante processo administrativo, na forma do regulamento, aplicando-se, no que couber, o disposto na *Lei n. 9.784, de 29 de janeiro de 1999. (Regulamento)*

Art. 67. O exercício de atividade de previdência complementar por qualquer pessoa, física ou jurídica, sem a autorização devida do órgão competente, inclusive a comercialização de planos de benefícios, bem como a captação ou a administração de recursos de terceiros com o objetivo de, direta ou indiretamente, adquirir ou conceder benefícios previdenciários sob qualquer forma, submete o responsável à penalidade de inabilitação pelo prazo de dois a dez anos para o exercício de cargo ou função em entidade de previdência complementar, sociedades seguradoras, instituições financeiras e no serviço público, além de multa aplicável de acordo com o disposto no inciso IV do art. 65 desta Lei Complementar, bem como noticiar ao Ministério Público.

CAPÍTULO VIII
Disposições Gerais

Art. 68. As contribuições do empregador, os benefícios e as condições contratuais previstos nos estatutos, regulamentos e planos de benefícios das entidades de previdência complementar não integram o contrato de trabalho dos participantes, assim como, à exceção dos benefícios concedidos, não integram a remuneração dos participantes.

§ 1º Os benefícios serão considerados direito adquirido do participante quando implementadas todas as condições estabelecidas para elegibilidade consignadas no regulamento do respectivo plano.

§ 2º A concessão de benefício pela previdência complementar não depende da concessão de benefício pelo regime geral de previdência social.

Art. 69. As contribuições vertidas para as entidades de previdência complementar, destinadas ao custeio dos planos de benefícios de natureza previdenciária, são dedutíveis para fins de incidência de imposto sobre a renda, nos limites e nas condições fixadas em lei.

§ 1º Sobre as contribuições de que trata o *caput* não incidem tributação e contribuições de qualquer natureza.

§ 2º Sobre a portabilidade de recursos de reservas técnicas, fundos e provisões entre planos de benefícios de entidades de previdência complementar, titulados pelo mesmo participante, não incidem tributação e contribuições de qualquer natureza.

Art. 70. (VETADO)

Art. 71. É vedado às entidades de previdência complementar realizar quaisquer operações comerciais e financeiras:

I — com seus administradores, membros dos conselhos estatutários e respectivos cônjuges ou companheiros, e com seus parentes até o segundo grau;

II — com empresa de que participem as pessoas a que se refere o inciso anterior, exceto no caso de participação de até cinco por cento como acionista de empresa de capital aberto; e

III — tendo como contraparte, mesmo que indiretamente, pessoas físicas e jurídicas a elas ligadas, na forma definida pelo órgão regulador.

Parágrafo único. A vedação deste artigo não se aplica ao patrocinador, aos participantes e aos assistidos, que, nessa condição, realizarem operações com a entidade de previdência complementar.

Art. 72. Compete privativamente ao órgão regulador e fiscalizador das entidades fechadas zelar pelas sociedades civis e fundações, como definido no art. 31 desta Lei Complementar, não se aplicando a estas o disposto nos arts. 26 e 30 do Código Civil e 1.200 a 1.204 do Código de Processo Civil e demais disposições em contrário.

Art. 73. As entidades abertas serão reguladas também, no que couber, pela legislação aplicável às sociedades seguradoras.

Art. 74. Até que seja publicada a lei de que trata o art. 5º desta Lei Complementar, as funções do órgão regulador e do órgão fiscalizador serão exercidas pelo Ministério da Previdência e Assistência Social, por intermédio, respectivamente, do Conselho de Gestão da Previdência Complementar (CGPC) e da Secretaria de Previdência Complementar (SPC), relativamente às entidades fechadas, e pelo Ministério da Fazenda, por intermédio do Conselho Nacional de Seguros Privados (CNSP) e da Superintendência de Seguros Privados (SUSEP), em relação, respectivamente, à regulação e fiscalização das entidades abertas.

Art. 75. Sem prejuízo do benefício, prescreve em cinco anos o direito às prestações não pagas nem reclamadas na época própria, resguardados os direitos dos menores dependentes, dos incapazes ou dos ausentes, na forma do Código Civil.

Art. 76. As entidades fechadas que, na data da publicação desta Lei Complementar, prestarem a seus participantes e assistidos serviços assistenciais à saúde poderão continuar a fazê-lo, desde que seja estabelecido um custeio específico para os planos assistenciais e que a sua contabilização e o seu patrimônio sejam mantidos em separado em relação ao plano previdenciário.

§ 1º Os programas assistenciais de natureza financeira deverão ser extintos a partir da data de publicação desta Lei Complementar, permanecendo em vigência, até o seu termo, apenas os compromissos já firmados.

§ 2º Consideram-se programas assistenciais de natureza financeira, para os efeitos desta Lei Complementar, aqueles em que o rendimento situa-se abaixo da taxa mínima atuarial do respectivo plano de benefícios.

Art. 77. As entidades abertas sem fins lucrativos e as sociedades seguradoras autorizadas a funcionar em conformidade com a *Lei n. 6.435, de 15 de julho de 1977*, terão o prazo de dois anos para se adaptar ao disposto nesta Lei Complementar.

§ 1º No caso das entidades abertas sem fins lucrativos já autorizadas a funcionar, é permitida a manutenção de sua organização jurídica como sociedade civil, sendo-lhes vedado participar, direta ou indiretamente, de pessoas jurídicas, exceto quando tiverem participação acionária:

I — minoritária, em sociedades anônimas de capital aberto, na forma regulamentada pelo Conselho Monetário Nacional, para aplicação de recursos de reservas técnicas, fundos e provisões;

II — em sociedade seguradora e/ou de capitalização.

§ 2º É vedado à sociedade seguradora e/ou de capitalização referida no inciso II do parágrafo anterior participar majoritariamente de pessoas jurídicas, ressalvadas as empresas de suporte ao seu funcionamento e as sociedades anônimas de capital aberto, nas condições previstas no inciso I do parágrafo anterior.

§ 3º A entidade aberta sem fins lucrativos e a sociedade seguradora e/ou de capitalização por ela controlada devem adaptar-se às condições estabelecidas nos §§ 1º e 2º, no mesmo prazo previsto no *caput* deste artigo.

§ 4º As reservas técnicas de planos já operados por entidades abertas de previdência privada sem fins lucrativos, anteriormente à data de publicação da *Lei n. 6.435, de 15 de julho de 1977*, poderão permanecer garantidas por ativos de propriedade da entidade, existentes à época, dentro de programa gradual de ajuste às normas estabelecidas pelo órgão regulador sobre a matéria, a ser submetido pela entidade ao órgão fiscalizador no prazo máximo de doze meses a contar da data de publicação desta Lei Complementar.

§ 5º O prazo máximo para o término para o programa gradual de ajuste a que se refere o parágrafo anterior não poderá superar cento e vinte meses, contados da data de aprovação do respectivo programa pelo órgão fiscalizador.

§ 6º As entidades abertas sem fins lucrativos que, na data de publicação desta Lei Complementar, já vinham mantendo programas de assistência filantrópica, prévia e expressamente autorizados, poderão, para efeito de cobrança, adicionar às contribuições de seus planos de benefícios valor destinado àqueles programas, observadas as normas estabelecidas pelo órgão regulador.

§ 7º A aplicabilidade do disposto no parágrafo anterior fica sujeita, sob pena de cancelamento da autorização previamente concedida, à prestação anual de contas dos programas filantrópicos e à aprovação pelo órgão competente.

§ 8º O descumprimento de qualquer das obrigações contidas neste artigo sujeita os administradores das entidades abertas sem fins lucrativos e das sociedades seguradora e/ou de capitalização por elas controladas ao Regime Disciplinar previsto nesta Lei Complementar, sem prejuízo da responsabilidade civil por danos ou prejuízos causados, por ação ou omissão, à entidade.

Art. 78. Esta Lei Complementar entra em vigor na data de sua publicação.

Art. 79. *Revogam-se as Leis n. 6.435, de 15 de julho de 1977, e n. 6.462, de 9 de novembro de 1977.*

Brasília, 29 de maio de 2001; 180º da Independência e 113º da República.

FERNANDO HENRIQUE CARDOSO
JOSÉ GREGORI
PEDRO MALAN
ROBERTO BRANT

DOU 30.5.2001

Lei Complementar n. 110, de 29 de junho de 2001

Institui contribuições sociais, autoriza créditos de complementos de atualização monetária em contas vinculadas do Fundo de Garantia do Tempo de Serviço — FGTS e dá outras providências

O PRESIDENTE DA REPÚBLICA,

Faço saber que o Congresso Nacional decreta e eu sanciono a seguinte Lei Complementar:

LEGISLAÇÃO COMPLEMENTAR

Art. 1º Fica instituída contribuição social devida pelos empregadores em caso de despedida de empregado sem justa causa, à alíquota de dez por cento sobre o montante de todos os depósitos devidos, referentes ao Fundo de Garantia do Tempo de Serviço — FGTS, durante a vigência do contrato de trabalho, acrescido das remunerações aplicáveis às contas vinculadas. *(Vide ADIn 2556-2 e ADIn 2.568-6)*

Parágrafo único. Ficam isentos da contribuição social instituída neste artigo os empregadores domésticos.

Art. 2º Fica instituída contribuição social devida pelos empregadores, à alíquota de cinco décimos por cento sobre a remuneração devida, no mês anterior, a cada trabalhador, incluídas as parcelas de que trata o art. 15 da Lei n. 8.036, de 11 de maio de 1990.

§ 1º Ficam isentas da contribuição social instituída neste artigo:

I — as empresas inscritas no Sistema Integrado de Pagamento de Impostos e Contribuições das Microempresas e Empresas de Pequeno Porte — SIMPLES, desde que o faturamento anual não ultrapasse o limite de R$ 1.200.000,00 (um milhão e duzentos mil reais); *(Vide ADIn 2556-2 e ADIn 2.568-6)*

II — as pessoas físicas, em relação à remuneração de empregados domésticos; e

III — as pessoas físicas, em relação à remuneração de empregados rurais, desde que sua receita bruta anual não ultrapasse o limite de R$ 1.200.000,00 (um milhão e duzentos mil reais).

§ 2º A contribuição será devida pelo prazo de sessenta meses, a contar de sua exigibilidade.

Art. 3º Às contribuições sociais de que tratam os arts. 1º e 2º aplicam-se as disposições da Lei n. 8.036, de 11 de maio de 1990, e da Lei n. 8.844, de 20 de janeiro de 1994, inclusive quanto a sujeição passiva e equiparações, prazo de recolhimento, administração, fiscalização, lançamento, consulta, cobrança, garantias, processo administrativo de determinação e exigência de créditos tributários federais. *(Vide ADIn 2556-2 e ADIn 2.568-6)*

§ 1º As contribuições sociais serão recolhidas na rede arrecadadora e transferidas à Caixa Econômica Federal, na forma do art. 11 da Lei n. 8.036, de 11 de maio de 1990, e as respectivas receitas serão incorporadas ao FGTS.

§ 2º A falta de recolhimento ou o recolhimento após o vencimento do prazo sem os acréscimos previstos no art. 22 da Lei n. 8.036, de 11 de maio de 1990, sujeitarão o infrator à multa de setenta e cinco por cento, calculada sobre a totalidade ou a diferença da contribuição devida.

§ 3º A multa será duplicada na ocorrência das hipóteses previstas no art. 23, § 3º, da Lei n. 8.036, de 11 de maio de 1990, sem prejuízo das demais cominações legais.

Art. 4º Fica a Caixa Econômica Federal autorizada a creditar nas contas vinculadas do FGTS, a expensas do próprio Fundo, o complemento de atualização monetária resultante da aplicação, cumulativa, dos percentuais de dezesseis inteiros e sessenta e quatro centésimos por cento e de quarenta e quatro inteiros e oito décimos por cento, sobre os saldos das contas mantidas, respectivamente, no período de 1º de dezembro de 1988 a 28 de fevereiro de 1989, e durante o mês de abril de 1990, desde que:

I — o titular da conta vinculada firme o Termo de Adesão de que trata esta Lei Complementar;

II — até o sexagésimo terceiro mês a partir da data de publicação desta Lei Complementar, estejam em vigor as contribuições sociais de que tratam os arts. 1º e 2º; *(Vide ADIn 2.556-2 e ADIn 2.568-6)* e

III — a partir do sexagésimo quarto mês da publicação desta Lei Complementar, permaneça em vigor a contribuição social de que trata o art. 1º. *(Vide ADIn 2556-2 e ADIn 2.568-6)*

Parágrafo único. O disposto nos arts. 9º, II, e 22, § 2º, da Lei n. 8.036, de 11 de maio de 1990, não se aplica, em qualquer hipótese, como decorrência da efetivação do crédito de complemento de atualização monetária de que trata o *caput* deste artigo.

Art. 5º O complemento de que trata o art. 4º será remunerado até o dia 10 do mês subsequente ao da publicação desta Lei Complementar, com base nos mesmos critérios de remuneração utilizados para as contas vinculadas.

Parágrafo único. O montante apurado na data a que se refere o *caput* será remunerado, a partir do dia 11 do mês subsequente ao da publicação desta Lei Complementar, com base na Taxa Referencial — TR, até que seja creditado na conta vinculada do trabalhador.

Art. 6º O Termo de Adesão a que se refere o inciso I do art. 4º, a ser firmado no prazo e na forma definidos em Regulamento, conterá:

I — a expressa concordância do titular da conta vinculada com a redução do complemento de que trata o art. 4º, acrescido da remuneração prevista no *caput* do art. 5º, nas seguintes proporções:

a) zero por cento sobre o total do complemento de atualização monetária de valor até R$ 2.000,00 (dois mil reais);

b) oito por cento sobre o total do complemento de atualização monetária de valor de R$ 2.000,01 (dois mil reais e um centavo) a R$ 5.000,00 (cinco mil reais);

c) doze por cento sobre o total do complemento de atualização monetária de valor de R$ 5.000,01 (cinco mil reais e um centavo) a R$ 8.000,00 (oito mil reais);

d) quinze por cento sobre o total do complemento de atualização monetária de valor acima de R$ 8.000,00 (oito mil reais);

II — a expressa concordância do titular da conta vinculada com a forma e os prazos do crédito na conta vinculada, especificados a seguir:

a) complemento de atualização monetária no valor total de R$ 1.000,00 (um mil reais), até junho de 2002, em uma única parcela, para os titulares de contas vinculadas que tenham firmado o Termo de Adesão até o último dia útil do mês imediatamente anterior;

b) complemento de atualização monetária no valor total de R$ 1.000,01 (um mil reais e um centavo) a R$ 2.000,00 (dois mil reais), em duas parcelas semestrais, com o primeiro crédito em julho de 2002, sendo a primeira parcela de R$ 1.000,00 (um mil reais), para os titulares de contas vinculadas que tenham firmado o Termo de Adesão até o último dia útil do mês imediatamente anterior;

c) complemento de atualização monetária no valor total de R$ 2.000,01 (dois mil reais e um centavo) a R$ 5.000,00 (cinco mil reais), em cinco parcelas semestrais, com o primeiro crédito em janeiro de 2003, para os titulares de contas vinculadas que tenham firmado o Termo de Adesão até o último dia útil do mês imediatamente anterior;

d) complemento de atualização monetária no valor total de R$ 5.000,01 (cinco mil reais e um centavo) a R$ 8.000,00 (oito mil reais), em sete parcelas semestrais, com o primeiro crédito em julho de 2003, para os titulares de contas vinculadas que tenham firmado o Termo de Adesão até o último dia útil do mês imediatamente anterior;

e) complemento de atualização monetária no valor total acima de R$ 8.000,00 (oito mil reais), em sete parcelas semestrais, com o primeiro crédito em janeiro de 2004, para os titulares de contas vinculadas que tenham firmado o Termo de Adesão até o último dia útil do mês imediatamente anterior; e

III — declaração do titular da conta vinculada, sob as penas da lei, de que não está nem ingressará em juízo discutindo os complementos de atualização monetária relativos a junho de 1987, ao período de 1º de dezembro de 1988 a 28 de fevereiro de 1989, a abril e maio de 1990 e a fevereiro de 1991.

§ 1º No caso da alínea *b* do inciso I, será creditado valor de R$ 2.000,00 (dois mil reais), quando a aplicação do percentual de redução resultar em quantia inferior a este.

§ 2º No caso da alínea *c* do inciso I, será creditado valor de R$ 4.600,00 (quatro mil e seiscentos reais), quando a aplicação do percentual de redução resultar em quantia inferior a este.

§ 3º No caso da alínea *d* do inciso I será creditado valor de R$ 7.040,00 (sete mil e quarenta reais), quando a aplicação do percentual de redução resultar em quantia inferior a este.

§ 4º Para os trabalhadores que vierem a firmar seus termos de adesão após as datas previstas nas alíneas *a* a *d* do inciso II, os créditos em suas contas vinculadas iniciar-se-ão no mês subsequente ao da assinatura do Termo de Adesão, observadas as demais regras constantes nesses dispositivos, quanto a valores, número e periodicidade de pagamento de parcelas.

§ 5º As faixas de valores mencionadas no inciso II do *caput* serão definidas pelos complementos a que se refere o art. 4º, acrescidos da remuneração prevista no *caput* do art. 5º, antes das deduções de que tratam o inciso I do *caput* e os §§ 1º e 2º.

§ 6º O titular da conta vinculada fará jus ao crédito de que trata o inciso II do *caput* deste artigo, em uma única parcela, até junho de 2002, disponível para imediata movimentação a partir desse mês, nas seguintes situações:

I — na hipótese de o titular ou qualquer de seus dependentes for acometido de neoplasia maligna, nos termos do inciso XI do art. 20 da Lei n. 8.036, de 11 de maio de 1990;

II — quando o titular ou qualquer de seus dependentes for portador do vírus HIV;

III — se o trabalhador, com crédito de até R$ 2.000,00 (dois mil reais), for aposentado por invalidez, em função de acidente do trabalho ou doença profissional, ou aposentado maior de sessenta e cinco anos de idade;

IV — quando o titular ou qualquer de seus dependentes for acometido de doença terminal.

§ 7º O complemento de atualização monetária de valor total acima de R$ 2.000,00 (dois mil reais) poderá, a critério do titular da conta vinculada, ser resgatado mediante entrega, em julho de 2002, ou nos seis meses seguintes, no caso de adesões que se efetuarem até dezembro de 2002, de documento de quitação com o FGTS autorizando a compra de título, lastreado nas receitas decorrentes das contribuições instituídas pelos arts. 1º e 2º desta Lei Complementar, de valor de face equivalente ao valor do referido complemento nos termos e condições estabelecidas pelo Conselho Monetário Nacional — CMN.

Art. 7º Ao titular da conta vinculada que se encontre em litígio judicial visando ao pagamento dos complementos de atualização monetária relativos a junho de 1987, dezembro de 1988 a fevereiro de 1989, abril e maio de 1990 e fevereiro de 1991, é facultado receber, na forma do art. 4º, os créditos de que trata o art. 6º, firmando transação a ser homologada no juízo competente.

Art. 8º A movimentação da conta vinculada, no que se refere ao crédito do complemento de atualização monetária, observará as condições previstas no art. 20 da Lei n. 8.036, de 11 de maio de 1990, inclusive nos casos em que o direito do titular à movimentação da conta tenha sido implementado em data anterior à da publicação desta Lei Complementar.

Art. 9º As despesas com as obrigações decorrentes dos montantes creditados na forma do art. 6º poderão ser diferidas contabilmente, para apropriação no resultado do balanço do FGTS, no prazo de até quinze anos, a contar da publicação desta Lei Complementar.

Art. 10. Os bancos que, no período de dezembro de 1988 a março de 1989 e nos meses de abril e maio de 1990, eram depositários das contas vinculadas do FGTS, ou seus sucessores, repassarão à Caixa Econômica Federal, até 31 de janeiro de 2002, as informações cadastrais e financeiras necessárias ao cálculo do complemento de atualização monetária de que trata o art. 4º.

§ 1º A Caixa Econômica Federal estabelecerá a forma e o cronograma dos repasses das informações de que trata o *caput* deste artigo.

§ 2º Pelo descumprimento dos prazos e das demais obrigações estipuladas com base neste artigo, os bancos de que trata o *caput* sujeitam-se ao pagamento de multa equivalente a dez por cento do somatório dos saldos das contas das quais eram depositários, remunerados segundo os mesmos critérios previstos no art. 5º.

§ 3º Os órgãos responsáveis pela auditoria integrada do FGTS examinarão e homologarão, no prazo de sessenta dias, a contar da publicação desta Lei Complementar, o aplicativo a ser utilizado na validação das informações de que trata este artigo.

Art. 11. A Caixa Econômica Federal, até 30 de abril de 2002, divulgará aos titulares de contas vinculadas os respectivos valores dos complementos de atualização monetária a que têm direito, com base nas informações cadastrais e financeiras de que trata o art. 10.

Art. 12. O Tesouro Nacional fica subsidiariamente obrigado à liquidação dos valores a que se refere o art. 4º, nos prazos e nas condições estabelecidos nos arts. 5º e 6º, até o montante da diferença porventura ocorrida entre o valor arrecadado pelas contribuições sociais de que tratam os arts. 1º e 2º e aquele necessário ao resgate dos compromissos assumidos.

Art. 13. As leis orçamentárias anuais referentes aos exercícios de 2001, 2002 e 2003 assegurarão destinação integral ao FGTS de valor equivalente à arrecadação das contribuições de que tratam os arts. 1º e 2º desta Lei Complementar.

Art. 14. Esta Lei Complementar entra em vigor na data de sua publicação, produzindo efeitos:

I — noventa dias a partir da data inicial de sua vigência, relativamente à contribuição social de que trata o art. 1º;

II — a partir do primeiro dia do mês seguinte ao nonagésimo dia da data de início de sua vigência, no tocante à contribuição social de que trata o art. 2º.

Brasília, 29 de junho de 2001; 180º da Independência e 113º da República.

FERNANDO HENRIQUE CARDOSO
PEDRO MALAN
FRANCISCO DORNELLES

DOU 30.6.2001

Lei Complementar n. 118, de 9 de fevereiro de 2005

Altera e acrescenta dispositivos à Lei n. 5.172, de 25 de outubro de 1966 — Código Tributário Nacional, e dispõe sobre a interpretação do inciso I do art. 168 da mesma Lei. Os artigos desta Lei Complementar aqui relacionados referem-se aos créditos decorrentes da legislação do trabalho e de acidentes do trabalho

O PRESIDENTE DA REPÚBLICA,

Faço saber que o Congresso Nacional decreta e eu sanciono a seguinte Lei:

Art. 1º A Lei n. 5.172, de 25 de outubro de 1966 — Código Tributário Nacional, passa a vigorar com as seguintes alterações:

> "Art. 186. O crédito tributário prefere a qualquer outro, seja qual for sua natureza ou o tempo de sua constituição, ressalvados os créditos decorrentes da legislação do trabalho ou do acidente de trabalho.
> Parágrafo único. Na falência:
>
> II — a lei poderá estabelecer limites e condições para a preferência dos créditos decorrentes da legislação do trabalho; e
>

Art. 4º Esta Lei entra em vigor 120 (cento e vinte) dias após sua publicação, observado, quanto ao art. 3º, o disposto no art. 106, inciso I, da Lei n. 5.172, de 25 de outubro de 1966 — Código Tributário Nacional.

Brasília, 9 de fevereiro de 2005; 184º da Independência e 117º da República.

LUIZ INÁCIO LULA DA SILVA
MÁRCIO THOMAZ BASTOS
ANTONIO PALLOCI FILHO
RICARDO JOSÉ RIBEIRO BERZOINI

DOU 9.2.2005

Lei Complementar n. 123, de 14 de dezembro de 2006

(Republicação em atendimento ao disposto no art. 5º da Lei Complementar n. 139, de 10 de novembro de 2011)

Institui o Estatuto Nacional da microempresa e da empresa de pequeno porte; altera dispositivos das Leis n. 8.212 e 8.213, ambas de 24 de julho de 1991, da Consolidação das Leis do Trabalho — CLT, aprovada pelo Decreto-lei n. 5.452, de 1º de maio de 1943, da Lei n. 10.189, de 14 de fevereiro de 2001, da Lei Complementar n. 63, de 11 de janeiro de 1990; e revoga as Leis n. 9.317, de 5 de dezembro de 1996, e 9.841, de 5 de outubro de 1999

O Presidente da República,

Faço saber que o Congresso Nacional decreta e eu sanciono a seguinte Lei Complementar:

Capítulo I
Disposições Preliminares

Art. 1º Esta Lei Complementar estabelece normas gerais relativas ao tratamento diferenciado e favorecido a ser dispensado às microempresas e empresas de pequeno porte no âmbito dos Poderes da União, dos Estados, do Distrito Federal e dos Municípios, especialmente no que se refere:

I — à apuração e recolhimento dos impostos e contribuições da União, dos Estados, do Distrito Federal e dos Municípios, mediante regime único de arrecadação, inclusive obrigações acessórias;

II — ao cumprimento de obrigações trabalhistas e previdenciárias, inclusive obrigações acessórias;

III — ao acesso a crédito e ao mercado, inclusive quanto à preferência nas aquisições de bens e serviços pelos Poderes Públicos, à tecnologia, ao associativismo e às regras de inclusão.

IV — ao cadastro nacional único de contribuintes a que se refere o inciso IV do parágrafo único do art. 146, in fine, da Constituição Federal. (Redação dada pela Lei Complementar n. 147, de 7.8.14, DOU 8.8.14)

§ 1º Cabe ao Comitê Gestor do Simples Nacional (CGSN) apreciar a necessidade de revisão, a partir de 1º de janeiro de 2015, dos valores expressos em moeda nesta Lei Complementar.

§ 2º (VETADO).

§ 3º Ressalvado o disposto no Capítulo IV, toda nova obrigação que atinja as microempresas e empresas de pequeno porte deverá apresentar, no instrumento que a instituiu, especificação do tratamento diferenciado, simplificado e favorecido para cumprimento. (Redação dada pela Lei Complementar n. 147, de 7.8.14, DOU 8.8.14)

§ 4º Na especificação do tratamento diferenciado, simplificado e favorecido de que trata o § 3º, deverá constar prazo máximo, quando forem necessários procedimentos adicionais, para que os órgãos fiscalizadores cumpram as medidas necessárias à emissão de documentos, realização de vistorias e atendimento das demandas realizadas pelas microempresas e empresas de pequeno porte com o objetivo de cumprir a nova obrigação. (Redação dada pela Lei Complementar n. 147, de 7.8.14, DOU 8.8.14)

§ 5º Caso o órgão fiscalizador descumpra os prazos estabelecidos na especificação do tratamento diferenciado e favorecido, conforme o disposto no § 4º, a nova obrigação será inexigível até que seja realizada visita para fiscalização orientadora e seja reiniciado o prazo para regularização. (Redação dada pela Lei Complementar n. 147, de 7.8.14, DOU 8.8.14)

§ 6º A ausência de especificação do tratamento diferenciado, simplificado e favorecido ou da determinação de prazos máximos, de acordo com os §§ 3º e 4º, tornará a nova obrigação inexigível para as microempresas e empresas de pequeno porte. (Redação dada pela Lei Complementar n. 147, de 7.8.14, DOU 8.8.14)

§ 7º A inobservância do disposto nos §§ 3º a 6º resultará em atentado aos direitos e garantias legais assegurados ao exercício profissional da atividade empresarial. (NR) (Redação dada pela Lei Complementar n. 147, de 7.8.14, DOU 8.8.14)

Art. 2º O tratamento diferenciado e favorecido a ser dispensado às microempresas e empresas de pequeno porte de que trata o art. 1º desta Lei Complementar será gerido pelas instâncias a seguir especificadas:

LEGISLAÇÃO COMPLEMENTAR

I — Comitê Gestor do Simples Nacional, vinculado ao Ministério da Fazenda, composto por 4 (quatro) representantes da Secretaria da Receita Federal do Brasil, como representantes da União, 2 (dois) dos Estados e do Distrito Federal e 2 (dois) dos Municípios, para tratar dos aspectos tributários; e

II — Fórum Permanente das Microempresas e Empresas de Pequeno Porte, com a participação dos órgãos federais competentes e das entidades vinculadas ao setor, para tratar dos demais aspectos, ressalvado o disposto no inciso III do *caput* deste artigo;

III — Comitê para Gestão da Rede Nacional para Simplificação do Registro e da Legalização de Empresas e Negócios — CGSIM, vinculado à Secretaria da Micro e Pequena Empresa da Presidência da República, composto por representantes da União, dos Estados e do Distrito Federal, dos Municípios e demais órgãos de apoio e de registro empresarial, na forma definida pelo Poder Executivo, para tratar do processo de registro e de legalização de empresários e de pessoas jurídicas. (Redação dada pela Lei Complementar n. 147, de 7.8.14, DOU 8.8.14)

§ 1º Os Comitês de que tratam os incisos I e III do *caput* deste artigo serão presididos e coordenados por representantes da União.

§ 2º Os representantes dos Estados e do Distrito Federal nos Comitês referidos nos incisos I e III do *caput* deste artigo serão indicados pelo Conselho Nacional de Política Fazendária — CONFAZ e os dos Municípios serão indicados, um pela entidade representativa das Secretarias de Finanças das Capitais e outro pelas entidades de representação nacional dos Municípios brasileiros.

§ 3º As entidades de representação referidas no inciso III do *caput* e no § 2º deste artigo serão aquelas regularmente constituídas há pelo menos 1 (um) ano antes da publicação desta Lei Complementar

§ 4º Os Comitês de que tratam os incisos I e III do *caput* deste artigo elaborarão seus regimentos internos mediante resolução.

§ 5º O Fórum referido no inciso II do *caput* deste artigo tem por finalidade orientar e assessorar a formulação e coordenação da política nacional de desenvolvimento das microempresas e empresas de pequeno porte, bem como acompanhar e avaliar a sua implantação, sendo presidido e coordenado pela Secretaria da Micro e Pequena Empresa da Presidência da República.

§ 6º Ao Comitê de que trata o inciso I do *caput* deste artigo compete regulamentar a opção, exclusão, tributação, fiscalização, arrecadação, cobrança, dívida ativa, recolhimento e demais itens relativos ao regime de que trata o art. 12 desta Lei Complementar, observadas as demais disposições desta Lei Complementar.

§ 7º Ao Comitê de que trata o inciso III do *caput* deste artigo compete, na forma da lei, regulamentar a inscrição, cadastro, abertura, alvará, arquivamento, licenças, permissão, autorização, registros e demais itens relativos à abertura, legalização e funcionamento de empresários e de pessoas jurídicas de qualquer porte, atividade econômica ou composição societária.

§ 8º Os membros dos Comitês de que tratam os incisos I e III do *caput* deste artigo serão designados, respectivamente, pelos Ministros de Estado da Fazenda e da Secretaria da Micro e Pequena Empresa da Presidência da República, mediante indicação dos órgãos e entidades vinculados. (Redação dada pela Lei Complementar n. 147, de 7.8.14, DOU 8.8.14)

§ 9º O CGSN poderá determinar, com relação à microempresa e à empresa de pequeno porte optante pelo Simples Nacional, a forma, a periodicidade e o prazo: (Redação dada pela Lei Complementar n. 147, de 7.8.14, DOU 8.8.14)

I — de entrega à Secretaria da Receita Federal do Brasil — RFB de uma única declaração com dados relacionados a fatos geradores, base de cálculo e valores da contribuição para a Seguridade Social devida sobre a remuneração do trabalho, inclusive a descontada dos trabalhadores a serviço da empresa, do Fundo de Garantia do Tempo de Serviço — FGTS e outras informações de interesse do Ministério do Trabalho e Emprego — MTE, do Instituto Nacional do Seguro Social — INSS e do Conselho Curador do FGTS, observado o disposto no § 7º deste artigo; e (Redação dada pela Lei Complementar n. 147, de 7.8.14, DOU 8.8.14)

II — do recolhimento das contribuições descritas no inciso I e do FGTS. (Redação dada pela Lei Complementar n. 147, de 7.8.14, DOU 8.8.14)

§ 10. O recolhimento de que trata o inciso II do § 9º deste artigo poderá se dar de forma unificada relativamente aos tributos apurados na forma do Simples Nacional. (Redação dada pela Lei Complementar n. 147, de 7.8.14, DOU 8.8.14)

§ 11. A entrega da declaração de que trata o inciso I do § 9º substituirá, na forma regulamentada pelo CGSN, a obrigatoriedade de entrega de todas as informações, formulários e declarações a que estão sujeitas as demais empresas ou equiparados que contratam trabalhadores, inclusive relativamente ao recolhimento do FGTS, à Relação Anual de Informações Sociais e ao Cadastro Geral de Empregados e Desempregados. (Redação dada pela Lei Complementar n. 147, de 7.8.14, DOU 8.8.14)

§ 12. Na hipótese de recolhimento do FGTS na forma do inciso II do § 9º deste artigo, deve-se assegurar a transferência dos recursos e dos elementos identificadores do recolhimento ao gestor desse fundo para crédito na conta vinculada do trabalhador. (Redação dada pela Lei Complementar n. 147, de 7.8.14, DOU 8.8.14)

§ 13. O documento de que trata o inciso I do § 9º tem caráter declaratório, constituindo instrumento hábil e suficiente para a exigência dos tributos, contribuições e dos débitos fundiários que não tenham sido recolhidos resultantes das informações nele prestadas. (NR). (Redação dada pela Lei Complementar n. 147, de 7.8.14, DOU 8.8.14)

Capítulo II
Da Definição de Microempresa e de Empresa de Pequeno Porte

Art. 3º Para os efeitos desta Lei Complementar, consideram-se microempresas ou empresas de pequeno porte a sociedade empresária, a sociedade simples, a empresa individual de responsabilidade limitada e o empresário a que se refere o art. 966 da Lei n. 10.406, de 10 de janeiro de 2002 (Código Civil), devidamente registrados no Registro de Empresas Mercantis ou no Registro Civil de Pessoas Jurídicas, conforme o caso, desde que:

I — no caso da microempresa, aufira, em cada ano calendário, receita bruta igual ou inferior a R$ 360.000,00 (trezentos e sessenta mil reais); e

II — no caso da empresa de pequeno porte, aufira, em cada ano calendário, receita bruta superior a R$ 360.000,00 (trezentos e sessenta mil reais) e igual ou inferior a R$ 3.600.000,00 (três milhões e seiscentos mil reais).

§ 1º Considera-se receita bruta, para fins do disposto no *caput* deste artigo, o produto da venda de bens e serviços nas operações de conta própria, o preço dos serviços prestados e o resultado nas operações em conta alheia, não incluídas as vendas canceladas e os descontos incondicionais concedidos.

§ 2º No caso de início de atividade no próprio ano calendário, o limite a que se refere o *caput* deste artigo será proporcional ao número de meses em que a microempresa ou a empresa de pequeno porte houver exercido atividade, inclusive as frações de meses.

§ 3º O enquadramento do empresário ou da sociedade simples ou empresária como microempresa ou empresa de pequeno porte bem como o seu desenquadramento não implicarão alteração, denúncia ou qualquer restrição em relação a contratos por elas anteriormente firmados.

§ 4º Não poderá se beneficiar do tratamento jurídico diferenciado previsto nesta Lei Complementar, incluído o regime de que trata o art. 12 desta Lei Complementar, para nenhum efeito legal, a pessoa jurídica:

I — de cujo capital participe outra pessoa jurídica;

II — que seja filial, sucursal, agência ou representação, no País, de pessoa jurídica com sede no exterior;

III — de cujo capital participe pessoa física que seja inscrita como empresário ou seja sócia de outra empresa que receba tratamento jurídico diferenciado nos termos desta Lei Complementar, desde que a receita bruta global ultrapasse o limite de que trata o inciso II do *caput* deste artigo;

IV — cujo titular ou sócio participe com mais de 10% (dez por cento) do capital de outra empresa não beneficiada por esta Lei Complementar, desde que a receita bruta global ultrapasse o limite de que trata o inciso II do *caput* deste artigo;

V — cujo sócio ou titular seja administrador ou equiparado de outra pessoa jurídica com fins lucrativos, desde que a receita bruta global ultrapasse o limite de que trata o inciso II do *caput* deste artigo;

VI — constituída sob a forma de cooperativas, salvo as de consumo;

VII — que participe do capital de outra pessoa jurídica;

VIII — que exerça atividade de banco comercial, de investimentos e de desenvolvimento, de caixa econômica, de sociedade de crédito, financiamento e investimento ou de crédito imobiliário, de corretora ou de distribuidora de títulos, valores mobiliários e câmbio, de empresa de arrendamento mercantil, de seguros privados e de capitalização ou de previdência complementar;

IX — resultante ou remanescente de cisão ou qualquer outra forma de desmembramento de pessoa jurídica que tenha ocorrido em um dos 5 (cinco) anos-calendário anteriores;

X — constituída sob a forma de sociedade por ações;

XI — cujos titulares ou sócios guardem, cumulativamente, com o contratante do serviço, relação de pessoalidade, subordinação e habitualidade. (Redação dada pela Lei Complementar n. 147, de 7.8.14, DOU 8.8.14)

§ 5º O disposto nos incisos IV e VII do § 4º deste artigo não se aplica à participação no capital de cooperativas de crédito, bem como em centrais de compras, bolsas de sub- con-

tratação, no consórcio referido no art. 50 desta Lei Complementar e na sociedade de propósito específico prevista no art. 56 desta Lei Complementar, e em associações assemelhadas, sociedades de interesse econômico, sociedades de garantia solidária e outros tipos de sociedade, que tenham como objetivo social a defesa exclusiva dos interesses econômicos das microempresas e empresas de pequeno porte.

§ 6º Na hipótese de a microempresa ou empresa de pequeno porte incorrer em alguma das situações previstas nos incisos do § 4º, será excluída do tratamento jurídico diferenciado previsto nesta Lei Complementar, bem como do regime de que trata o art. 12, com efeitos a partir do mês seguinte ao que incorrida a situação impeditiva.

§ 7º Observado o disposto no § 2º deste artigo, no caso de início de atividades, a microempresa que, no ano calendário, exceder o limite de receita bruta anual previsto no inciso I do *caput* deste artigo passa, no ano calendário seguinte, à condição de empresa de pequeno porte.

§ 8º Observado o disposto no § 2º deste artigo, no caso de início de atividades, a empresa de pequeno porte que, no ano calendário, não ultrapassar o limite de receita bruta anual previsto no inciso I do *caput* deste artigo passa, no ano calendário seguinte, à condição de microempresa.

§ 9º A empresa de pequeno porte que, no ano calendário, exceder o limite de receita bruta anual previsto no inciso II do *caput* fica excluída, no mês subsequente à ocorrência do excesso, do tratamento jurídico diferenciado previsto nesta Lei Complementar, incluído o regime de que trata o art. 12, para todos os efeitos legais, ressalvado o disposto nos §§ 9º-A, 10 e 12.

§ 9º-A. Os efeitos da exclusão prevista no § 9º dar-se-ão no ano calendário subsequente se o excesso verificado em relação à receita bruta não for superior a 20% (vinte por cento) do limite referido no inciso II do *caput*.

§ 10. A empresa de pequeno porte que no decurso do ano calendário de início de atividade ultrapassar o limite proporcional de receita bruta de que trata o § 2º estará excluída do tratamento jurídico diferenciado previsto nesta Lei Complementar, bem como do regime de que trata o art. 12 desta Lei Complementar, com efeitos retroativos ao início de suas atividades.

§ 11. Na hipótese de o Distrito Federal, os Estados e os respectivos Municípios adotarem um dos limites previstos nos incisos I e II do *caput* do art. 19 e no art. 20, caso a receita bruta auferida pela empresa durante o ano calendário de início de atividade ultrapasse 1/12 (um doze avos) do limite estabelecido multiplicado pelo número de meses de funcionamento nesse período, a empresa não poderá recolher o ICMS e o ISS na forma do Simples Nacional, relativos ao estabelecimento localizado na unidade da federação que os houver adotado, com efeitos retroativos ao início de suas atividades.

§ 12. A exclusão de que trata o § 10 não retroagirá ao início das atividades se o excesso verificado em relação à receita bruta não for superior a 20% (vinte por cento) do respectivo limite referido naquele parágrafo, hipótese em que os efeitos da exclusão dar-se-ão no ano calendário subsequente.

§ 13. O impedimento de que trata o § 11 não retroagirá ao início das atividades se o excesso verificado em relação à receita bruta não for superior a 20% (vinte por cento) dos respectivos limites referidos naquele parágrafo, hipótese em que os efeitos do impedimento ocorrerão no ano calendário subsequente.

§ 14. Para fins de enquadramento como microempresa ou empresa de pequeno porte, poderão ser auferidas receitas no mercado interno até o limite previsto no inciso II do *caput* ou no § 2º, conforme o caso, e, adicionalmente, receitas decorrentes da exportação de mercadorias ou serviços, inclusive quando realizada por meio de comercial exportadora ou da sociedade de propósito específico prevista no art. 56 desta Lei Complementar, desde que as receitas de exportação também não excedam os referidos limites de receita bruta anual. (Redação dada pela Lei Complementar n. 147, de 7.8.14, DOU 8.8.14)

§ 15. Na hipótese do § 14, para fins de determinação da alíquota de que trata o § 1º do art. 18, da base de cálculo prevista em seu § 3º e das majorações de alíquotas previstas em seus §§ 16, 16-A, 17 e 17-A, serão consideradas separadamente as receitas brutas auferidas no mercado interno e aquelas decorrentes da exportação. (Redação dada pela Lei Complementar n. 147, de 7.8.14, DOU 8.8.14)

§ 16. O disposto neste artigo será regulamentado por resolução do CGSN. (NR) (Redação dada pela Lei Complementar n. 147, de 7.8.14, DOU 8.8.14)

Art. 3º-A. Aplica-se ao produtor rural pessoa física e ao agricultor familiar conceituado na Lei n. 11.326, de 24 de julho de 2006, com situação regular na Previdência Social e no Município que tenham auferido receita bruta anual até o limite de que trata o inciso II do *caput* do art. 3º o disposto nos arts. 6º e 7º, nos Capítulos V a X, na Seção IV do Capítulo XI e no Capítulo XII desta Lei Complementar, ressalvadas as disposições da Lei n. 11.718, de 20 de junho de 2008. (Redação dada pela Lei Complementar n. 147, de 7.8.14, DOU 8.8.14)

Parágrafo único. A equiparação de que trata o *caput* não se aplica às disposições do Capítulo IV desta Lei Complementar. (Redação dada pela Lei Complementar n. 147, de 7.8.14, DOU 8.8.14)

Art. 3º-B. Os dispositivos desta Lei Complementar, com exceção dos dispostos no Capítulo IV, são aplicáveis a todas as microempresas e empresas de pequeno porte, assim definidas pelos incisos I e II do *caput* e § 4º do art. 3º, ainda que não enquadradas no regime tributário do Simples Nacional, por vedação ou por opção. (Redação dada pela Lei Complementar n. 147, de 7.8.14, DOU 8.8.14)

Capítulo III
Da Inscrição e da Baixa

Art. 4º Na elaboração de normas de sua competência, os órgãos e entidades envolvidos na abertura e fechamento de empresas, dos 3 (três) âmbitos de governo, deverão considerar a unicidade do processo de registro e de legalização de empresários e de pessoas jurídicas, para tanto devendo articular as competências próprias com aquelas dos demais membros, e buscar, em conjunto, compatibilizar e integrar procedimentos, de modo a evitar a duplicidade de exigências e garantir a linearidade do processo, da perspectiva do usuário.

§ 1º O processo de abertura, registro, alteração e baixa da microempresa e empresa de pequeno porte, bem como qualquer exigência para o início de seu funcionamento, deverão ter trâmite especial e simplificado, preferencialmente eletrônico, opcional para o empreendedor, observado o seguinte: (Redação dada pela Lei Complementar n. 147, de 7.8.14, DOU 8.8.14)

I — poderão ser dispensados o uso da firma, com a respectiva assinatura autógrafa, o capital, requerimentos, demais assinaturas, informações relativas ao estado civil e regime de bens, bem como remessa de documentos, na forma estabelecida pelo CGSIM; e

II — (Revogado). (Lei Complementar n. 147, de 7.8.14, DOU 8.8.14)

§ 2º (REVOGADO)

§ 3º Ressalvado o disposto nesta Lei Complementar, ficam reduzidos a 0 (zero) todos os custos, inclusive prévios, relativos à abertura, à inscrição, ao registro, ao funcionamento, ao alvará, à licença, ao cadastro, às alterações e procedimentos de baixa e encerramento e aos demais itens relativos ao Microempreendedor Individual, incluindo os valores referentes a taxas, a emolumentos e a demais contribuições relativas aos órgãos de registro, de licenciamento, sindicais, de regulamentação, de anotação de responsabilidade técnica, de vistoria e de fiscalização do exercício de profissões regulamentadas. (Redação dada pela Lei Complementar n. 147, de 7.8.14, DOU 8.8.14)

§ 3º-A. O agricultor familiar, definido conforme a Lei n. 11.326, de 24 de julho de 2006, e identificado pela Declaração de Aptidão ao Pronaf — DAP física ou jurídica, bem como o MEI e o empreendedor de economia solidária ficam isentos de taxas e outros valores relativos à fiscalização da vigilância sanitária. (Redação dada pela Lei Complementar n. 147, de 7.8.14, DOU 8.8.14)

§ 4º No caso do MEI, de que trata o art. 18-A desta Lei Complementar, a cobrança associativa e/ou oferta de serviços privados relativos aos atos de que trata o § 3º deste artigo somente poderá ser efetuada a partir de demanda prévia do próprio MEI, firmado por meio de contrato com assinatura autógrafa, observando-se que: (Redação dada pela Lei Complementar n. 147, de 7.8.14, DOU 8.8.14)

I — para a emissão de boletos de cobrança, os bancos públicos e privados deverão exigir das instituições sindicais e associativas autorização prévia específica a ser emitida pelo CGSIM; (Redação dada pela Lei Complementar n. 147, de 7.8.14, DOU 8.8.14)

II — o desrespeito ao disposto neste parágrafo configurará vantagem ilícita pelo induzimento ao erro em prejuízo do MEI, aplicando-se as sanções previstas em lei. (Redação dada pela Lei Complementar n. 147, de 7.8.14, DOU 8.8.14)

§ 5º (VETADO). (NR) (Redação dada pela Lei Complementar n. 147, de 7.8.14, DOU 8.8.14)

Art. 5º Os órgãos e entidades envolvidos na abertura e fechamento de empresas, dos 3 (três) âmbitos de governo, no âmbito de suas atribuições, deverão manter à disposição dos usuários, de forma presencial e pela rede mundial de computadores, informações, orientações e instrumentos, de forma integrada e consolidada, que permitam pesquisas prévias às etapas de registro ou inscrição, alteração e baixa de empresários e pessoas jurídicas, de modo a prover ao usuário certeza quanto à documentação exigível e quanto à viabilidade do registro ou inscrição.

Parágrafo único. As pesquisas prévias à elaboração de ato constitutivo ou de sua al-

teração deverão bastar a que o usuário seja informado pelos órgãos e entidades competentes:

I — da descrição oficial do endereço de seu interesse e da possibilidade de exercício da atividade desejada no local escolhido;

II — de todos os requisitos a serem cumpridos para obtenção de licenças de autorização de funcionamento, segundo a atividade pretendida, o porte, o grau de risco e a localização; e

III — da possibilidade de uso do nome empresarial de seu interesse.

Art. 6º Os requisitos de segurança sanitária, metrologia, controle ambiental e prevenção contra incêndios, para os fins de registro e legalização de empresários e pessoas jurídicas, deverão ser simplificados, racionalizados e uniformizados pelos órgãos envolvidos na abertura e fechamento de empresas, no âmbito de suas competências.

§ 1º Os órgãos e entidades envolvidos na abertura e fechamento de empresas que sejam responsáveis pela emissão de licenças e autorizações de funcionamento somente realizarão vistorias após o início de operação do estabelecimento, quando a atividade, por sua natureza, comportar grau de risco compatível com esse procedimento.

§ 2º Os órgãos e entidades competentes definirão, em 6 (seis) meses, contados da publicação desta Lei Complementar, as atividades cujo grau de risco seja considerado alto e que exigirão vistoria prévia.

§ 3º Na falta de legislação estadual, distrital ou municipal específica relativa à definição do grau de risco da atividade aplicar-se-á resolução do CGSIM. *(Redação dada pela Lei Complementar n. 147, de 7.8.14, DOU 8.8.14)*

§ 4º A classificação de baixo grau de risco permite ao empresário ou à pessoa jurídica a obtenção do licenciamento de atividade mediante o simples fornecimento de dados e a substituição da comprovação prévia do cumprimento de exigências e restrições por declarações do titular ou responsável. *(Redação dada pela Lei Complementar n. 147, de 7.8.14, DOU 8.8.14)*

§ 5º O disposto neste artigo não é impeditivo da inscrição fiscal. (NR) *(Redação dada pela Lei Complementar n. 147, de 7.8.14, DOU 8.8.14)*

Art. 7º Exceto nos casos em que o grau de risco da atividade seja considerado alto, os Municípios emitirão Alvará de Funcionamento Provisório, que permitirá o início de operação do estabelecimento imediatamente após o ato de registro.

Parágrafo único. Nos casos referidos no *caput* deste artigo, poderá o Município conceder Alvará de Funcionamento Provisório para o microempreendedor individual, para microempresas e para empresas de pequeno porte:

I — instaladas em área ou edificação desprovidas de regulação fundiária e imobiliária, inclusive habite-se; ou *(Redação dada pela Lei Complementar n. 147, de 7.8.14, DOU 8.8.14)*

II — em residência do microempreendedor individual ou do titular ou sócio da microempresa ou empresa de pequeno porte, na hipótese em que a atividade não gere grande circulação de pessoas.

Art. 8º Será assegurado aos empresários e pessoas jurídicas: *(Redação dada pela Lei Complementar n. 147, de 7.8.14, DOU 8.8.14)*

I — entrada única de dados e documentos; *(Redação dada pela Lei Complementar n. 147, de 7.8.14, DOU 8.8.14)*

II — processo de registro e legalização integrado entre os órgãos e entes envolvidos, por meio de sistema informatizado que garanta: *(Redação dada pela Lei Complementar n. 147, de 7.8.14, DOU 8.8.14)*

a) sequenciamento das seguintes etapas: consulta prévia de nome empresarial e de viabilidade de localização, registro empresarial, inscrições fiscais e licenciamento de atividade; *(Redação dada pela Lei Complementar n. 147, de 7.8.14, DOU 8.8.14)*

b) criação da base nacional cadastral única de empresas;

III — identificação nacional cadastral única que corresponderá ao número de inscrição no Cadastro Nacional de Pessoas Jurídicas — CNPJ. *(Redação dada pela Lei Complementar n. 147, de 7.8.14, DOU 8.8.14)*

§ 1º O sistema de que trata o inciso II do *caput* deve garantir aos órgãos e entidades integrados: *(Redação dada pela Lei Complementar n. 147, de 7.8.14, DOU 8.8.14)*

I — compartilhamento irrestrito dos dados da base nacional única de empresas; *(Redação dada pela Lei Complementar n. 147, de 7.8.14, DOU 8.8.14)*

II — autonomia na definição das regras para comprovação do cumprimento de exigências nas respectivas etapas do processo. *(Redação dada pela Lei Complementar n. 147, de 7.8.14, DOU 8.8.14)*

§ 2º A identificação nacional cadastral única substituirá para todos os efeitos as demais inscrições, sejam elas federais, estaduais ou municipais, após a implantação do sistema a que se refere o inciso II do *caput*, no prazo e na forma estabelecidos pelo CGSIM. *(Redação dada pela Lei Complementar n. 147, de 7.8.14, DOU 8.8.14)*

§ 3º É vedado aos órgãos e entidades integrados ao sistema informatizado de que trata o inciso II do *caput* o estabelecimento de exigências não previstas em lei. *(Redação dada pela Lei Complementar n. 147, de 7.8.14, DOU 8.8.14)*

§ 4º A coordenação do desenvolvimento e da implantação do sistema de que trata o inciso II do *caput* ficará a cargo do CGSIM. (NR) *(Redação dada pela Lei Complementar n. 147, de 7.8.14, DOU 8.8.14)*

Art. 9º O registro dos atos constitutivos, de suas alterações e extinções (baixas), referentes a empresários e pessoas jurídicas em qualquer órgão dos 3 (três) âmbitos de governo ocorrerá independentemente da regularidade de obrigações tributárias, previdenciárias ou trabalhistas, principais ou acessórias, do empresário, da sociedade, dos sócios, dos administradores ou de empresas de que participem, sem prejuízo das responsabilidades do empresário, dos titulares, dos sócios ou dos administradores por tais obrigações, apuradas antes ou após o ato de extinção. *(Redação dada pela Lei Complementar n. 147, de 7.8.14, DOU 8.8.14)*

§ 1º O arquivamento, nos órgãos de registro, dos atos constitutivos de empresários, de sociedades empresárias e de demais equiparados que se enquadrarem como microempresa ou empresa de pequeno porte bem como o arquivamento de suas alterações são dispensados das seguintes exigências:

I — certidão de inexistência de condenação criminal, que será substituída por declaração do titular ou administrador, firmada sob as penas da lei, de não estar impedido de exercer atividade mercantil ou a administração de sociedade, em virtude de condenação criminal;

II — prova de quitação, regularidade ou inexistência de débito referente a tributo ou contribuição de qualquer natureza.

§ 2º Não se aplica às microempresas e às empresas de pequeno porte o disposto no § 2º do art. 1º da Lei n. 8.906, de 4 de julho de 1994.

§ 3º (Revogado). *(Lei Complementar n. 147, de 7.8.14, DOU 8.8.14)*

§ 4º A baixa do empresário ou da pessoa jurídica não impede que, posteriormente, sejam lançados ou cobrados tributos, contribuições e respectivas penalidades, decorrentes da falta do cumprimento de obrigações ou da prática comprovada e apurada em processo administrativo ou judicial de outras irregularidades praticadas pelos empresários, pelas pessoas jurídicas ou por seus titulares, sócios ou administradores. *(Redação dada pela Lei Complementar n. 147, de 7.8.14, DOU 8.8.14)*

§ 5º A solicitação de baixa do empresário ou da pessoa jurídica importa responsabilidade solidária dos empresários, dos titulares, dos sócios e dos administradores no período da ocorrência dos respectivos fatos geradores. *(Redação dada pela Lei Complementar n. 147, de 7.8.14, DOU 8.8.14)*

§ 6º Os órgãos referidos no *caput* deste artigo terão o prazo de 60 (sessenta) dias para efetivar a baixa nos respectivos cadastros.

§ 7º Ultrapassado o prazo previsto no § 6º deste artigo sem manifestação do órgão competente, presumir-se-á a baixa dos registros das microempresas e a das empresas de pequeno porte.

§ 8º (Revogado). *(Lei Complementar n. 147, de 7.8.14, DOU 8.8.14)*

§ 9º (Revogado). *(Lei Complementar n. 147, de 7.8.14, DOU 8.8.14)*

§ 10. (Revogado). *(Lei Complementar n. 147, de 7.8.14, DOU 8.8.14)*

§ 11. (Revogado). *(Lei Complementar n. 147, de 7.8.14, DOU 8.8.14)*

§ 12. (Revogado). (NR) *(Lei Complementar n. 147, de 7.8.14, DOU 8.8.14)*

Art. 10. Não poderão ser exigidos pelos órgãos e entidades envolvidos na abertura e fechamento de empresas, dos 3 (três) âmbitos de governo:

I — excetuados os casos de autorização prévia, quaisquer documentos adicionais aos requeridos pelos órgãos executores do Registro Público de Empresas Mercantis e Atividades Afins e do Registro Civil de Pessoas Jurídicas;

II — documento de propriedade ou contrato de locação do imóvel onde será instalada a sede, filial ou outro estabelecimento, salvo para comprovação do endereço indicado;

III — comprovação de regularidade de prepostos dos empresários ou pessoas jurídicas com seus órgãos de classe, sob qualquer forma, como requisito para deferimento de ato de inscrição, alteração ou baixa de empresa, bem como para autenticação de instrumento de escrituração.

Art. 11. Fica vedada a instituição de qualquer tipo de exigência de natureza documental ou formal, restritiva ou condicionante, pelos órgãos envolvidos na abertura e fechamento de empresas, dos 3 (três) âmbitos de governo, que exceda o estrito limite dos requisitos pertinentes à essência do ato de registro, alteração ou baixa da empresa.

Capítulo IV
Dos Tributos e Contribuições

Seção I
Da Instituição e Abrangência

Art. 12. Fica instituído o Regime Especial Unificado de Arrecadação de Tributos e Contribuições devidos pelas Microempresas e

Empresas de Pequeno Porte — Simples Nacional.

Art. 13. O Simples Nacional implica o recolhimento mensal, mediante documento único de arrecadação, dos seguintes impostos e contribuições:

I — Imposto sobre a Renda da Pessoa Jurídica — IRPJ;

II — Imposto sobre Produtos Industrializados — IPI, observado o disposto no inciso XII do § 1º deste artigo;

III — Contribuição Social sobre o Lucro Líquido — CSLL;

IV — Contribuição para o Financiamento da Seguridade Social — COFINS, observado o disposto no inciso XII do § 1º deste artigo;

V — Contribuição para o PIS/PASEP, observado o disposto no inciso XII do § 1º deste artigo;

VI — Contribuição Patronal Previdenciária — CPP para a Seguridade Social, a cargo da pessoa jurídica, de que trata o art. 22 da Lei n. 8.212, de 24 de julho de 1991, exceto no caso da microempresa e da empresa de pequeno porte que se dediquem às atividades de prestação de serviços referidas no § 5º-C do art. 18 desta Lei Complementar;

VII — Imposto sobre Operações Relativas à Circulação de Mercadorias e Sobre Prestações de Serviços de Transporte Interestadual e Intermunicipal e de Comunicação — ICMS;

VIII — Imposto sobre Serviços de Qualquer Natureza — ISS.

§ 1º O recolhimento na forma deste artigo não exclui a incidência dos seguintes impostos ou contribuições, devidos na qualidade de contribuinte ou responsável, em relação aos quais será observada a legislação aplicável às demais pessoas jurídicas:

I — Imposto sobre Operações de Crédito, Câmbio e Seguro, ou Relativas a Títulos ou Valores Mobiliários — IOF;

II — Imposto sobre a Importação de Produtos Estrangeiros — II;

III — Imposto sobre a Exportação, para o Exterior, de Produtos Nacionais ou Nacionalizados — IE;

IV — Imposto sobre a Propriedade Territorial Rural — ITR;

V — Imposto de Renda, relativo aos rendimentos ou ganhos líquidos auferidos em aplicações de renda fixa ou variável;

VI — Imposto de Renda relativo aos ganhos de capital auferidos na alienação de bens do ativo permanente;

VII — Contribuição Provisória sobre Movimentação ou Transmissão de Valores e de Créditos e Direitos de Natureza Financeira — CPMF;

VIII — Contribuição para o Fundo de Garantia do Tempo de Serviço — FGTS;

IX — Contribuição para manutenção da Seguridade Social, relativa ao trabalhador;

X — Contribuição para a Seguridade Social, relativa à pessoa do empresário, na qualidade de contribuinte individual;

XI — Imposto de Renda relativo aos pagamentos ou créditos efetuados pela pessoa jurídica a pessoas físicas;

XII — Contribuição para o PIS/PASEP, COFINS e IPI incidentes na importação de bens e serviços;

XIII — ICMS devido:

a) nas operações sujeitas ao regime de substituição tributária, tributação concentrada em uma única etapa (monofásica) e sujeitas ao regime de antecipação do recolhimento do imposto com encerramento de tributação, envolvendo combustíveis e lubrificantes; energia elétrica; cigarros e outros produtos derivados do fumo; bebidas; óleos e azeites vegetais comestíveis; farinha de trigo e misturas de farinha de trigo; massas alimentícias; açúcares; produtos lácteos; carnes e suas preparações; preparações à base de cereais; chocolates; produtos de padaria e da indústria de bolachas e biscoitos; sorvetes e preparados para fabricação de sorvetes em máquinas; cafés e mates, seus extratos, essências e concentrados; preparações para molhos e molhos preparados; preparações de produtos vegetais; rações para animais domésticos; veículos automotivos e automotores, suas peças, componentes e acessórios; pneumáticos; câmaras de ar e protetores de borracha; medicamentos e outros produtos farmacêuticos para uso humano ou veterinário; cosméticos; produtos de perfumaria e de higiene pessoal; papéis; plásticos; canetas e malas; cimentos; cal e argamassas; produtos cerâmicos; vidros; obras de metal e plástico para construção; telhas e caixas d'água; tintas e vernizes; produtos eletrônicos, eletroeletrônicos e eletrodomésticos; fios; cabos e outros condutores; transformadores elétricos e reatores; disjuntores; interruptores e tomadas; isoladores; para-raios e lâmpadas; máquinas e aparelhos de ar-condicionado; centrifugadores de uso doméstico; aparelhos e instrumentos de pesagem de uso doméstico; extintores; aparelhos ou máquinas de barbear; máquinas de cortar o cabelo ou de tosquiar; aparelhos de depilar, com motor elétrico incorporado; aquecedores elétricos de água para uso doméstico e termômetros; ferramentas; álcool etílico; sabões em pó e líquidos para roupas; detergentes; alvejantes; esponjas; palhas de aço e amaciantes de roupas; venda de mercadorias pelo sistema porta a porta; nas operações sujeitas ao regime de substituição tributária pelas operações anteriores; e nas prestações de serviços sujeitas aos regimes de substituição tributária e de antecipação de recolhimento do imposto com encerramento de tributação; *(Redação dada pela Lei Complementar n. 147, de 7.8.14, DOU 8.8.14)*

b) por terceiro, a que o contribuinte se ache obrigado, por força da legislação estadual ou distrital vigente;

c) na entrada, no território do Estado ou do Distrito Federal, de petróleo, inclusive lubrificantes e combustíveis líquidos e gasosos dele derivados, bem como energia elétrica, quando não destinados à comercialização ou industrialização;

d) por ocasião do desembaraço aduaneiro;

e) na aquisição ou manutenção em estoque de mercadoria desacobertada de documento fiscal;

f) na operação ou prestação desacobertada de documento fiscal;

g) nas operações com bens ou mercadorias sujeitas ao regime de antecipação do recolhimento do imposto, nas aquisições em outros Estados e Distrito Federal:

1. com encerramento da tributação, observado o disposto no inciso IV do § 4º do art. 18 desta Lei Complementar;

2. sem encerramento da tributação, hipótese em que será cobrada a diferença entre a alíquota interna e a interestadual, sendo vedada a agregação de qualquer valor;

h) nas aquisições em outros Estados e no Distrito Federal de bens ou mercadorias, não sujeitas ao regime de antecipação do recolhimento do imposto, relativo à diferença entre a alíquota interna e a interestadual;

XIV — ISS devido:

a) em relação aos serviços sujeitos à substituição tributária ou retenção na fonte;

b) na importação de serviços;

XV — demais tributos de competência da União, dos Estados, do Distrito Federal ou dos Municípios, não relacionados nos incisos anteriores.

§ 2º Observada a legislação aplicável, a incidência do imposto de renda na fonte, na hipótese do inciso V do § 1º deste artigo, será definitiva.

§ 3º As microempresas e empresas de pequeno porte optantes pelo Simples Nacional ficam dispensadas do pagamento das demais contribuições instituídas pela União, inclusive as contribuições para as entidades privadas de serviço social e de formação profissional vinculadas ao sistema sindical, de que trata o art. 240 da Constituição Federal, e demais entidades de serviço social autônomo.

§ 4º (VETADO).

§ 5º A diferença entre a alíquota interna e a interestadual de que tratam as alíneas g e h do inciso XIII do § 1º deste artigo será calculada tomando-se por base as alíquotas aplicáveis às pessoas jurídicas não optantes pelo Simples Nacional.

§ 6º O Comitê Gestor do Simples Nacional:

I — disciplinará a forma e as condições em que será atribuída à microempresa ou empresa de pequeno porte optante pelo Simples Nacional a qualidade de substituta tributária; e

II — poderá disciplinar a forma e as condições em que será estabelecido o regime de antecipação do ICMS previsto na alínea g do inciso XIII do § 1º deste artigo.

§ 7º O disposto na alínea a do inciso XIII do § 1º será disciplinado por convênio celebrado pelos Estados e pelo Distrito Federal, ouvidos o CGSN e os representantes dos segmentos econômicos envolvidos. *(Redação dada pela Lei Complementar n. 147, de 7.8.14, DOU 8.8.14)*

§ 8º Em relação às bebidas não alcoólicas, massas alimentícias, produtos lácteos, carnes e suas preparações, preparações à base de cereais, chocolates, produtos de padaria e da indústria de bolachas e biscoitos, preparações para molhos e molhos preparados, preparações de produtos vegetais, telhas e outros produtos cerâmicos para construção e detergentes, aplica-se o disposto na alínea a do inciso XIII do § 1º aos fabricados em escala industrial relevante em cada segmento, observado o disposto no § 7º (NR) *(Redação dada pela Lei Complementar n. 147, de 7.8.14, DOU 8.8.14)*

Art. 14. Consideram-se isentos do imposto de renda, na fonte e na declaração de ajuste do beneficiário, os valores efetivamente pagos ou distribuídos ao titular ou sócio da microempresa ou empresa de pequeno porte optante pelo Simples Nacional, salvo os que corresponderem a pro-labore, aluguéis ou serviços prestados.

§ 1º A isenção de que trata o *caput* deste artigo fica limitada ao valor resultante da aplicação dos percentuais de que trata o art. 15 da Lei n. 9.249, de 26 de dezembro de 1995, sobre a receita bruta mensal, no caso de antecipação de fonte, ou da receita bruta total anual, tratando-se de declaração de ajuste, subtraído do valor devido na forma do Simples Nacional no período.

§ 2º O disposto no § 1º deste artigo não se aplica na hipótese de a pessoa jurídica man-

LEGISLAÇÃO COMPLEMENTAR

ter escrituração contábil e evidenciar lucro superior àquele limite.

Art. 15. (VETADO).

Art. 16. A opção pelo Simples Nacional da pessoa jurídica enquadrada na condição de microempresa e empresa de pequeno porte dar-se-á na forma a ser estabelecida em ato do Comitê Gestor, sendo irretratável para todo o ano calendário.

§ 1º Para efeito de enquadramento no Simples Nacional, considerar-se-á microempresa ou empresa de pequeno porte aquela cuja receita bruta no ano calendário anterior ao da opção esteja compreendida dentro dos limites previstos no art. 3º desta Lei Complementar.

§ 1º-A. A opção pelo Simples Nacional implica aceitação de sistema de comunicação eletrônica, destinado, dentre outras finalidades, a:

I — cientificar o sujeito passivo de quaisquer tipos de atos administrativos, incluídos os relativos ao indeferimento de opção, à exclusão do regime e a ações fiscais;

II — encaminhar notificações e intimações; e

III — expedir avisos em geral.

§ 1º-B. O sistema de comunicação eletrônica de que trata o § 1º-A será regulamentado pelo CGSN, observando-se o seguinte:

I — as comunicações serão feitas, por meio eletrônico, em portal próprio, dispensando-se a sua publicação no Diário Oficial e o envio por via postal;

II — a comunicação feita na forma prevista no caput será considerada pessoal para todos os efeitos legais;

III — a ciência por meio do sistema de que trata o § 1º-A com utilização de certificação digital ou de código de acesso possuirá os requisitos de validade;

IV — considerar-se-á realizada a comunicação no dia em que o sujeito passivo efetivar a consulta eletrônica ao teor da comunicação; e

V — na hipótese do inciso IV, nos casos em que a consulta se dê em dia não útil, a comunicação será considerada como realizada no primeiro dia útil seguinte.

§ 1º-C. A consulta referida nos incisos IV e V do § 1º-B deverá ser feita em até 45 (quarenta e cinco) dias contados da data da disponibilização da comunicação no portal a que se refere o inciso I do § 1º-B, ou em prazo superior estipulado pelo CGSN, sob pena de ser considerada automaticamente realizada na data do término desse prazo.

§ 1º-D. Enquanto não editada a regulamentação de que trata o § 1º-B, os entes federativos poderão utilizar sistemas de comunicação eletrônica, com regras próprias, para as finalidades previstas no § 1º-A, podendo a referida regulamentação prever a adoção desses sistemas como meios complementares de comunicação.

§ 2º A opção de que trata o caput deste artigo deverá ser realizada no mês de janeiro, até o seu último dia útil, produzindo efeitos a partir do primeiro dia do ano calendário da opção, ressalvado o disposto no § 3º deste artigo.

§ 3º A opção produzirá efeitos a partir da data do início de atividade, desde que exercida nos termos, prazo e condições a serem estabelecidos no ato do Comitê Gestor a que se refere o caput deste artigo.

§ 4º Serão consideradas inscritas no Simples Nacional, em 1º de julho de 2007, as microempresas e empresas de pequeno porte regularmente optantes pelo regime tributário de que trata a Lei n. 9.317, de 5 de dezembro de 1996, salvo as que estiverem impedidas de optar por alguma vedação imposta por esta Lei Complementar.

§ 5º O Comitê Gestor regulamentará a opção automática prevista no § 4º deste artigo.

§ 6º O indeferimento da opção pelo Simples Nacional será formalizado mediante ato da Administração Tributária segundo regulamentação do Comitê Gestor.

Seção II
Das Vedações ao Ingresso no Simples Nacional

Art. 17. Não poderão recolher os impostos e contribuições na forma do Simples Nacional a microempresa ou a empresa de pequeno porte:

I — que explore atividade de prestação cumulativa e contínua de serviços de assessoria creditícia, gestão de crédito, seleção e riscos, administração de contas a pagar e a receber, gerenciamento de ativos (asset management), compras de direitos creditórios resultantes de vendas mercantis a prazo ou de prestação de serviços (factoring);

II — que tenha sócio domiciliado no exterior;

III — de cujo capital participe entidade da administração pública, direta ou indireta, federal, estadual ou municipal;

IV — (REVOGADO)

V — que possua débito com o Instituto Nacional do Seguro Social — INSS, ou com as Fazendas Públicas Federal, Estadual ou Municipal, cuja exigibilidade não esteja suspensa;

VI — que preste serviço de transporte intermunicipal e interestadual de passageiros, exceto quando na modalidade fluvial ou quando possuir características de transporte urbano ou metropolitano ou realizar-se sob fretamento contínuo em área metropolitana para o transporte de estudantes ou trabalhadores; (Redação dada pela Lei Complementar n. 147, de 7.8.14, DOU 8.8.14)

VII — que seja geradora, transmissora, distribuidora ou comercializadora de energia elétrica;

VIII — que exerça atividade de importação ou fabricação de automóveis e motocicletas;

IX — que exerça atividade de importação de combustíveis;

X — que exerça atividade de produção ou venda no atacado de:

a) cigarros, cigarrilhas, charutos, filtros para cigarros, armas de fogo, munições e pólvoras, explosivos e detonantes;

b) bebidas a seguir descritas:

1 — alcoólicas;

2 — (Revogado); (Lei Complementar n. 147, de 7.8.14, DOU 8.8.14)

3 — (Revogado); (Lei Complementar n. 147, de 7.8.14, DOU 8.8.14)

4 — cervejas sem álcool;

XI — (Revogado); (Lei Complementar n. 147, de 7.8.14, DOU 8.8.14)

XII — que realize cessão ou locação de mão de obra;

XIII — (Revogado); (Lei Complementar n. 147, de 7.8.14, DOU 8.8.14)

XIV — que se dedique ao loteamento e à incorporação de imóveis;

XV — que realize atividade de locação de imóveis próprios, exceto quando se referir a prestação de serviços tributados pelo ISS;

XVI — com ausência de inscrição ou com irregularidade em cadastro fiscal federal, municipal ou estadual, quando exigível.

§ 1º As vedações relativas a exercício de atividades previstas no caput deste artigo não se aplicam às pessoas jurídicas que se dediquem exclusivamente às atividades referidas nos §§ 5º-B a 5º-E do art. 18 desta Lei Complementar, ou as exerçam em conjunto com outras atividades que não tenham sido objeto de vedação no caput deste artigo.

I — (REVOGADO)
II — (REVOGADO)
III — (REVOGADO)
IV — (REVOGADO)
V — (REVOGADO)
VI — (REVOGADO)
VII — (REVOGADO)
VIII — (REVOGADO)
IX — (REVOGADO)
X — (REVOGADO)
XI — (REVOGADO)
XII — (REVOGADO)
XIII — (REVOGADO)
XIV — (REVOGADO)
XV — (REVOGADO)
XVI — (REVOGADO)
XVII — (REVOGADO)
XVIII — (REVOGADO)
XIX — (REVOGADO)
XX — (REVOGADO)
XXI — (REVOGADO)
XXII — (VETADO)
XXIII — (REVOGADO)
XXIV — (REVOGADO)
XXV — (REVOGADO)
XXVI — (REVOGADO)
XXVII — (REVOGADO)
XXVIII — (VETADO)

§ 2º Também poderá optar pelo Simples Nacional a microempresa ou empresa de pequeno porte que se dedique à prestação de outros serviços que não tenham sido objeto de vedação expressa neste artigo, desde que não incorra em nenhuma das hipóteses de vedação previstas nesta Lei Complementar.

§ 3º (VETADO).

§ 4º Na hipótese do inciso XVI do caput, deverá ser observado, para o MEI, o disposto no art. 4º desta Lei Complementar.

Seção III
Das Alíquotas e Base de Cálculo

Art. 18. O valor devido mensalmente pela microempresa ou empresa de pequeno porte, optante pelo Simples Nacional, será determinado mediante aplicação das alíquotas constantes das tabelas dos Anexos I a VI desta Lei Complementar sobre a base de cálculo de que trata o § 3º deste artigo, observado o disposto no § 15 do art. 3º. (Redação dada pela Lei Complementar n. 147, de 7.0.14, DOU 8.8.14)

§ 1º Para efeito de determinação da alíquota, o sujeito passivo utilizará a receita bruta acumulada nos 12 (doze) meses anteriores ao do período de apuração.

§ 2º Em caso de início de atividade, os valores de receita bruta acumulada constantes das tabelas dos Anexos I a VI desta Lei Complementar devem ser proporcionalizados ao número de meses de atividade no período. (Redação dada pela Lei Complementar n. 147, de 7.8.14, DOU 8.8.14)

§ 3º Sobre a receita bruta auferida no mês incidirá a alíquota determinada na forma do caput e dos §§ 1º e 2º deste artigo, podendo tal incidência se dar, à opção do contribuinte, na forma regulamentada pelo Comitê Gestor,

sobre a receita recebida no mês, sendo essa opção irretratável para todo o ano calendário.

§ 4º O contribuinte deverá considerar, destacadamente, para fim de pagamento, as receitas decorrentes da: *(Redação dada pela Lei Complementar n. 147, de 7.8.14, DOU 8.8.14)*

I — revenda de mercadorias, que serão tributadas na forma do Anexo I desta Lei Complementar; *(Redação dada pela Lei Complementar n. 147, de 7.8.14, DOU 8.8.14)*

II — venda de mercadorias industrializadas pelo contribuinte, que serão tributadas na forma do Anexo II desta Lei Complementar; *(Redação dada pela Lei Complementar n. 147, de 7.8.14, DOU 8.8.14)*

III — prestação de serviços de que trata o § 5º-B deste artigo e dos serviços vinculados à locação de bens imóveis e corretagem de imóveis desde que observado o disposto no inciso XV do art. 17, que serão tributados na forma do Anexo III desta Lei Complementar; *(Redação dada pela Lei Complementar n. 147, de 7.8.14, DOU 8.8.14)*

IV — prestação de serviços de que tratam os §§ 5º-C a 5º-F e 5º-I deste artigo, que serão tributadas na forma prevista naqueles parágrafos; *(Redação dada pela Lei Complementar n. 147, de 7.8.14, DOU 8.8.14)*

V — locação de bens móveis, que serão tributadas na forma do Anexo III desta Lei Complementar, deduzida a parcela correspondente ao ISS; *(Redação dada pela Lei Complementar n. 147, de 7.8.14, DOU 8.8.14)*

VI — atividade com incidência simultânea de IPI e de ISS, que serão tributadas na forma do Anexo II desta Lei Complementar, deduzida a parcela correspondente ao ICMS e acrescida a parcela correspondente ao ISS prevista no Anexo III desta Lei Complementar; *(Redação dada pela Lei Complementar n. 147, de 7.8.14, DOU 8.8.14)*

VII — comercialização de medicamentos e produtos magistrais produzidos por manipulação de fórmulas: *(Redação dada pela Lei Complementar n. 147, de 7.8.14, DOU 8.8.14)*

a) sob encomenda para entrega posterior ao adquirente, em caráter pessoal, mediante prescrições de profissionais habilitados ou indicação pelo farmacêutico, produzidos no próprio estabelecimento após o atendimento inicial, que serão tributadas na forma do Anexo III desta Lei Complementar; *(Redação dada pela Lei Complementar n. 147, de 7.8.14, DOU 8.8.14)*

b) nos demais casos, quando serão tributadas na forma do Anexo I desta Lei Complementar. *(Redação dada pela Lei Complementar n. 147, de 7.8.14, DOU 8.8.14)*

§ 4º-A. O contribuinte deverá segregar, também, as receitas: *(Redação dada pela Lei Complementar n. 147, de 7.8.14, DOU 8.8.14)*

I — decorrentes de operações ou prestações sujeitas à tributação concentrada em uma única etapa (monofásica), bem como, em relação ao ICMS, que o imposto já tenha sido recolhido por substituto tributário ou por antecipação tributária com encerramento de tributação; *(Redação dada pela Lei Complementar n. 147, de 7.8.14, DOU 8.8.14)*

II — sobre as quais houve retenção de ISS na forma do § 6º deste artigo e § 4º do art. 21 desta Lei Complementar, ou, na hipótese do § 22-A deste artigo, seja devido em valor fixo ao respectivo município; *(Redação dada pela Lei Complementar n. 147, de 7.8.14, DOU 8.8.14)*

III — sujeitas à tributação em valor fixo ou que tenham sido objeto de isenção ou redução de ISS ou de ICMS na forma prevista nesta Lei Complementar; *(Redação dada pela Lei Complementar n. 147, de 7.8.14, DOU 8.8.14)*

IV — decorrentes da exportação para o exterior, inclusive as vendas realizadas por meio de comercial exportadora ou da sociedade de propósito específico prevista no art. 56 desta Lei Complementar; *(Redação dada pela Lei Complementar n. 147, de 7.8.14, DOU 8.8.14)*

V — sobre as quais o ISS seja devido a Município diverso do estabelecimento prestador, quando será recolhido no Simples Nacional. *(Redação dada pela Lei Complementar n. 147, de 7.8.14, DOU 8.8.14)*

§ 5º As atividades industriais serão tributadas na forma do Anexo II desta Lei Complementar.

I — (REVOGADO)
II — (REVOGADO)
III — (REVOGADO)
IV — (REVOGADO)
V — (REVOGADO)
VI — (REVOGADO)
VII — (REVOGADO)

§ 5º-A. (Revogado). (Lei Complementar n. 147, de 7.8.14, DOU 8.8.14)

§ 5º-B Sem prejuízo do disposto no § 1º do art. 17 desta Lei Complementar, serão tributadas na forma do Anexo III desta Lei Complementar as seguintes atividades de prestação de serviços:

I — creche, pré-escola e estabelecimento de ensino fundamental, escolas técnicas, profissionais e de ensino médio, de línguas estrangeiras, de artes, cursos técnicos de pilotagem, preparatórios para concursos, gerenciais e escolas livres, exceto as previstas nos incisos II e III do § 5º-D deste artigo;

II — agência terceirizada de correios;
III — agência de viagem e turismo;
IV — centro de formação de condutores de veículos automotores de transporte terrestre de passageiros e de carga;
V — agência lotérica;
VI — (REVOGADO)
VII — (REVOGADO)
VIII — (REVOGADO)
IX — serviços de instalação, de reparos e de manutenção em geral, bem como de usinagem, solda, tratamento e revestimento em metais;
X — (REVOGADO)
XI — (REVOGADO)
XII — (REVOGADO)
XIII — transporte municipal de passageiros;
XIV — escritórios de serviços contábeis, observado o disposto nos §§ 22-B e 22-C deste artigo;
XV — produções cinematográficas, audiovisuais, artísticas e culturais, sua exibição ou apresentação, inclusive no caso de música, literatura, artes cênicas, artes visuais, cinematográficas e audiovisuais.
XVI — fisioterapia; *(Redação dada pela Lei Complementar n. 147, de 7.8.14, DOU 8.8.14)*
XVII — corretagem de seguros. *(Redação dada pela Lei Complementar n. 147, de 7.8.14, DOU 8.8.14)*

§ 5º-C Sem prejuízo do disposto no § 1º do art. 17 desta Lei Complementar, as atividades de prestação de serviços seguintes serão tributadas na forma do Anexo IV desta Lei Complementar, hipótese em que não estará incluída no Simples Nacional a contribuição prevista no inciso VI do *caput* do art. 13 desta Lei Complementar, devendo ela ser recolhida segundo a legislação prevista para os demais contribuintes ou responsáveis:

I — construção de imóveis e obras de engenharia em geral, inclusive sob a forma de subempreitada, execução de projetos e serviços de paisagismo, bem como decoração de interiores;
II — (REVOGADO)
III — (REVOGADO)
IV — (REVOGADO)
V — (REVOGADO)
VI — serviço de vigilância, limpeza ou conservação.
VII — serviços advocatícios.

§ 5º-D Sem prejuízo do disposto no § 1º do art. 17 desta Lei Complementar, as atividades de prestação de serviços seguintes serão tributadas na forma do Anexo V desta Lei Complementar:

I — administração e locação de imóveis de terceiros; *(Redação dada pela Lei Complementar n. 147, de 7.8.14, DOU 8.8.14)*
II — academias de dança, de capoeira, de ioga e de artes marciais;
III — academias de atividades físicas, desportivas, de natação e escolas de esportes;
IV — elaboração de programas de computadores, inclusive jogos eletrônicos, desde que desenvolvidos em estabelecimento do optante;
V — licenciamento ou cessão de direito de uso de programas de computação;
VI — planejamento, confecção, manutenção e atualização de páginas eletrônicas, desde que realizados em estabelecimento do optante;
VII — (REVOGADO)
VIII — (REVOGADO)
IX — empresas montadoras de estandes para feiras;
X — (REVOGADO)
XI — (REVOGADO)
XII — laboratórios de análises clínicas ou de patologia clínica;
XIII — serviços de tomografia, diagnósticos médicos por imagem, registros gráficos e métodos óticos, bem como ressonância magnética;
XIV — serviços de prótese em geral.

§ 5º-E. Sem prejuízo do disposto no § 1º do art. 17 desta Lei Complementar, as atividades de prestação de serviços de comunicação e de transportes interestadual e intermunicipal de cargas, e de transportes autorizados no inciso VI do *caput* do art. 17, inclusive na modalidade fluvial, serão tributadas na forma do Anexo III, deduzida a parcela correspondente ao ISS e acrescida a parcela correspondente ao ICMS prevista no Anexo I. *(Redação dada pela Lei Complementar n. 147, de 7.8.14, DOU 8.8.14)*

§ 5º-F. As atividades de prestação de serviços referidas no § 2º do art. 17 desta Lei Complementar serão tributadas na forma do Anexo III desta Lei Complementar, salvo se, para alguma dessas atividades, houver previsão expressa de tributação na forma dos Anexos IV, V ou VI desta Lei Complementar. *(Redação dada pela Lei Complementar n. 147, de 7.8.14, DOU 8.8.14)*

§ 5º-G. (Revogado). (Lei Complementar n. 147, de 7.8.14, DOU 8.8.14)

§ 5º-H. A vedação de que trata o inciso XII do *caput* do art. 17 desta Lei Complementar não se aplica às atividades referidas no § 5º-C deste artigo.

§ 5º-I. Sem prejuízo do disposto no § 1º do art. 17 desta Lei Complementar, as seguintes atividades de prestação de serviços serão tributadas na forma do Anexo VI desta Lei Complementar: *(Redação dada pela Lei Complementar n. 147, de 7.8.14, DOU 8.8.14)*

I — medicina, inclusive laboratorial e enfermagem; *(Redação dada pela Lei Complementar n. 147, de 7.8.14, DOU 8.8.14)*

II — medicina veterinária; *(Redação dada pela Lei Complementar n. 147, de 7.8.14, DOU 8.8.14)*

III — odontologia; *(Redação dada pela Lei Complementar n. 147, de 7.8.14, DOU 8.8.14)*

IV — psicologia, psicanálise, terapia ocupacional, acupuntura, podologia, fonoaudiologia, clínicas de nutrição e de vacinação e bancos de leite; *(Redação dada pela Lei Complementar n. 147, de 7.8.14, DOU 8.8.14)*

V — serviços de comissária, de despachantes, de tradução e de interpretação; *(Redação dada pela Lei Complementar n. 147, de 7.8.14, DOU 8.8.14)*

VI — arquitetura, engenharia, medição, cartografia, topografia, geologia, geodésia, testes, suporte e análises técnicas e tecnológicas, pesquisa, design, desenho e agronomia; *(Redação dada pela Lei Complementar n. 147, de 7.8.14, DOU 8.8.14)*

VII — representação comercial e demais atividades de intermediação de negócios e serviços de terceiros; *(Redação dada pela Lei Complementar n. 147, de 7.8.14, DOU 8.8.14)*

VIII — perícia, leilão e avaliação; *(Redação dada pela Lei Complementar n. 147, de 7.8.14, DOU 8.8.14)*

IX — auditoria, economia, consultoria, gestão, organização, controle e administração; *(Redação dada pela Lei Complementar n. 147, de 7.8.14, DOU 8.8.14)*

X — jornalismo e publicidade; *(Redação dada pela Lei Complementar n. 147, de 7.8.14, DOU 8.8.14)*

XI — agenciamento, exceto de mão de obra; *(Redação dada pela Lei Complementar n. 147, de 7.8.14, DOU 8.8.14)*

XII — outras atividades do setor de serviços que tenham por finalidade a prestação de serviços decorrentes do exercício de atividade intelectual, de natureza técnica, científica, desportiva, artística ou cultural, que constitua profissão regulamentada ou não, desde que não sujeitas à tributação na forma dos Anexos III, IV ou V desta Lei Complementar. *(Redação dada pela Lei Complementar n. 147, de 7.8.14, DOU 8.8.14)*

§ 6º No caso dos serviços previstos no § 2º do art. 6º da Lei Complementar n. 116, de 31 de julho de 2003, prestados pelas microempresas e pelas empresas de pequeno porte, o tomador do serviço deverá reter o montante correspondente na forma da legislação do município onde estiver localizado, observado o disposto no § 4º do art. 21 desta Lei Complementar.

§ 7º A sociedade de propósito específico de que trata o art. 56 desta Lei Complementar que houver adquirido mercadorias de microempresa ou empresa de pequeno porte que seja sua sócia, bem como a empresa comercial exportadora que houver adquirido mercadorias ou serviços de empresa optante pelo Simples Nacional, com o fim específico de exportação para o exterior, que, no prazo de 180 (cento e oitenta) dias, contado da data da emissão da nota fiscal pela vendedora, não comprovar o seu embarque para o exterior ficará sujeita ao pagamento de todos os impostos e contribuições que deixaram de ser pagos pela empresa vendedora, acrescidos de juros de mora e multa, de mora ou de ofício, calculados na forma da legislação relativa à cobrança do tributo não pago, aplicável à sociedade de propósito específico ou à própria comercial exportadora. *(Redação dada pela Lei Complementar n. 147, de 7.8.14, DOU 8.8.14)*

§ 8º Para efeito do disposto no § 7º deste artigo, considera-se vencido o prazo para o pagamento na data em que a empresa vendedora deveria fazê-lo, caso a venda houvesse sido efetuada para o mercado interno.

§ 9º Relativamente à contribuição patronal previdenciária, devida pela vendedora, a sociedade de propósito específico de que trata o art. 56 desta Lei Complementar ou a comercial exportadora deverão recolher, no prazo previsto no § 8º deste artigo, o valor correspondente a 11% (onze por cento) do valor das mercadorias não exportadas nos termos do § 7º deste artigo.

§ 10. Na hipótese do § 7º deste artigo, a sociedade de propósito específico de que trata o art. 56 desta Lei Complementar ou a empresa comercial exportadora não poderão deduzir do montante devido qualquer valor a título de crédito de Imposto sobre Produtos Industrializados — IPI da Contribuição para o PIS/PASEP ou da COFINS, decorrente da aquisição das mercadorias e serviços objeto da incidência.

§ 11. Na hipótese do § 7º deste artigo, a sociedade de propósito específico ou a empresa comercial exportadora deverão pagar, também, os impostos e contribuições devidos nas vendas para o mercado interno, caso, por qualquer forma, tenham alienado ou utilizado as mercadorias.

§ 12. Na apuração do montante devido no mês relativo a cada tributo, para o contribuinte que apure receitas mencionadas nos incisos I a III e V do § 4º-A deste artigo, serão consideradas as reduções relativas aos tributos já recolhidos, ou sobre os quais tenha havido tributação monofásica, isenção, redução ou, no caso do ISS, que o valor tenha sido objeto de retenção ou seja devido diretamente ao Município. *(Redação dada pela Lei Complementar n. 147, de 7.8.14, DOU 8.8.14)*

§ 13. Para efeito de determinação da redução de que trata o § 12 deste artigo, as receitas serão discriminadas em comerciais, industriais ou de prestação de serviços na forma dos Anexos I, II, III, IV, V e VI desta Lei Complementar. *(Redação dada pela Lei Complementar n. 147, de 7.8.14, DOU 8.8.14)*

§ 14. A redução no montante a ser recolhido no Simples Nacional relativo aos valores das receitas decorrentes da exportação de que trata o inciso IV do § 4º-A deste artigo corresponderá tão somente aos percentuais relativos à Cofins, à Contribuição para o PIS/Pasep, ao IPI, ao ICMS e ao ISS, constantes dos Anexos I a VI desta Lei Complementar. *(Redação dada pela Lei Complementar n. 147, de 7.8.14, DOU 8.8.14)*

I — (Revogado); *(Lei Complementar n. 147, do 7.8.14, DOU 8.8.14)*

a) ao percentual que incidiria sobre o montante total de receita, caso não houvesse nenhuma redução, previsto no Anexo I desta Lei Complementar, relativo à COFINS, aplicado sobre a respectiva parcela de receita referida nos incisos IV ou V do § 4º deste artigo, conforme o caso;

b) ao percentual que incidiria sobre o montante total de receita, caso não houvesse nenhuma redução, previsto no Anexo I desta Lei Complementar, relativo à Contribuição para o PIS/PASEP, aplicado sobre a respectiva parcela de receita referida nos incisos IV ou V do § 4º deste artigo, conforme o caso;

c) ao percentual que incidiria sobre o montante total de receita, caso não houvesse nenhuma redução, previsto no Anexo I desta Lei Complementar, relativo ao ICMS, aplicado sobre a respectiva parcela de receita referida nos incisos IV ou V do § 4º deste artigo, conforme o caso;

II — (Revogado). *(Lei Complementar n. 147, de 7.8.14, DOU 8.8.14)*

a) ao percentual que incidiria sobre o montante total de receita, caso não houvesse nenhuma redução, previsto no Anexo II desta Lei Complementar, relativo à COFINS, aplicado sobre a respectiva parcela de receita referida nos incisos IV ou V do § 4º deste artigo, conforme o caso;

b) ao percentual que incidiria sobre o montante total de receita, caso não houvesse nenhuma redução, previsto no Anexo II desta Lei Complementar, relativo à Contribuição para o PIS/PASEP, aplicado sobre a respectiva parcela de receita referida nos incisos IV ou V do § 4º deste artigo, conforme o caso;

c) ao percentual que incidiria sobre o montante total de receita, caso não houvesse nenhuma redução, previsto no Anexo II desta Lei Complementar, relativo ao ICMS, aplicado sobre a respectiva parcela de receita referida nos incisos IV ou V do § 4º deste artigo, conforme o caso;

d) ao percentual que incidiria sobre o montante total de receita, caso não houvesse nenhuma redução, previsto no Anexo II desta Lei Complementar, relativo ao IPI, aplicado sobre a respectiva parcela de receita referida nos incisos IV ou V do § 4º deste artigo, conforme o caso.

§ 15. Será disponibilizado sistema eletrônico para realização do cálculo simplificado do valor mensal devido referente ao Simples Nacional.

§ 15-A. As informações prestadas no sistema eletrônico de cálculo de que trata o § 15:

I — têm caráter declaratório, constituindo confissão de dívida e instrumento hábil e suficiente para a exigência dos tributos e contribuições que não tenham sido recolhidos resultantes das informações nele prestadas; e

II — deverão ser fornecidas à Secretaria da Receita Federal do Brasil até o vencimento do prazo para pagamento dos tributos devidos no Simples Nacional em cada mês, relativamente aos fatos geradores ocorridos no mês anterior.

§ 16. Na hipótese do § 12 do art. 3º, a parcela de receita bruta que exceder o montante determinado no § 10 daquele artigo estará sujeita às alíquotas máximas previstas nos Anexos I a VI desta Lei Complementar, proporcionalmente conforme o caso, acrescidas de 20% (vinte por cento). *(Redação dada pela Lei Complementar n. 147, de 7.8.14, DOU 8.8.14)*

§ 16-A. O disposto no § 16 aplica-se, ainda, às hipóteses de que trata o § 9º do art. 3º, a partir do mês em que ocorrer o excesso do limite da receita bruta anual e até o mês anterior aos efeitos da exclusão.

§ 17. Na hipótese do § 13 do art. 3º, a parcela de receita bruta que exceder os montantes determinados no § 11 daquele artigo estará sujeita, em relação aos percentuais aplicáveis ao ICMS e ao ISS, às alíquotas máximas correspondentes a essas faixas previstas nos Anexos I a VI desta Lei Complementar, proporcionalmente conforme o caso, acrescidas de 20% (vinte por cento). *(Redação dada pela Lei Complementar n. 147, de 7.8.14, DOU 8.8.14)*

§ 17-A. O disposto no § 17 aplica-se, ainda, à hipótese de que trata o § 1º do art. 20, a partir do mês em que ocorrer o excesso do limite da receita bruta anual e até o mês anterior aos efeitos do impedimento.

§ 18. Os Estados, o Distrito Federal e os Municípios, no âmbito das respectivas competências, poderão estabelecer, na forma definida pelo Comitê Gestor, independentemente da receita bruta recebida no mês pelo contribuinte, valores fixos mensais para o recolhimento do ICMS e do ISS devido por microempresa que aufira receita bruta, no ano calendário anterior, de até o limite máximo previsto na segunda faixa de receitas brutas anuais constantes dos Anexos I a VI, ficando a microempresa sujeita a esses valores durante todo o ano calendário, ressalvado o disposto no § 18-A. *(Redação dada pela Lei Complementar n. 147, de 7.8.14, DOU 8.8.14)*

§ 18-A. A microempresa que, no ano calendário, exceder o limite de receita bruta previsto no § 18 fica impedida de recolher o ICMS ou o ISS pela sistemática de valor fixo, a partir do mês subsequente à ocorrência do excesso, sujeitando-se à apuração desses tributos na forma das demais empresas optantes pelo Simples Nacional. *(Redação dada pela Lei Complementar n. 147, de 7.8.14, DOU 8.8.14)*

§ 19. Os valores estabelecidos no § 18 deste artigo não poderão exceder a 50% (cinquenta por cento) do maior recolhimento possível do tributo para a faixa de enquadramento prevista na tabela do *caput* deste artigo, respeitados os acréscimos decorrentes do tipo de atividade da empresa estabelecidos no § 5º deste artigo.

§ 20. Na hipótese em que o Estado, o Município ou o Distrito Federal concedam isenção ou redução do ICMS ou do ISS devido por microempresa ou empresa de pequeno porte, ou ainda determine recolhimento de valor fixo para esses tributos, na forma do § 18 deste artigo, será realizada redução proporcional ou ajuste do valor a ser recolhido, na forma definida em resolução do Comitê Gestor.

§ 20-A. A concessão dos benefícios de que trata o § 20 deste artigo poderá ser realizada:

I — mediante deliberação exclusiva e unilateral do Estado, do Distrito Federal ou do Município concedente;

II — de modo diferenciado para cada ramo de atividade.

§ 20-B. A União, os Estados e o Distrito Federal poderão, em lei específica destinada à ME ou EPP optante pelo Simples Nacional, estabelecer isenção ou redução de COFINS, Contribuição para o PIS/PASEP e ICMS para produtos da cesta básica, discriminando a abrangência da sua concessão. *(Redação dada pela Lei Complementar n. 147, de 7.8.14, DOU 8.8.14)*

§ 21. O valor a ser recolhido na forma do disposto no § 20 deste artigo, exclusivamente na hipótese de isenção, não integrará o montante a ser partilhado com o respectivo Município, Estado ou Distrito Federal.

§ 22. (REVOGADO)

§ 22-A. A atividade constante do inciso XIV do § 5º-B deste artigo recolherá o ISS em valor fixo, na forma da legislação municipal.

§ 22-B. Os escritórios de serviços contábeis, individualmente ou por meio de suas entidades representativas de classe, deverão:

I — promover atendimento gratuito relativo à inscrição, à opção de que trata o art. 18-A desta Lei Complementar e à primeira declaração anual simplificada da microempresa individual, podendo, para tanto, por meio de suas entidades representativas de classe, firmar convênios e acordos com a União, os Estados, o Distrito Federal e os Municípios, por intermédio dos seus órgãos vinculados;

II — fornecer, na forma estabelecida pelo Comitê Gestor, resultados de pesquisas quantitativas e qualitativas relativas às microempresas e empresas de pequeno porte optantes pelo Simples Nacional por eles atendidas;

III — promover eventos de orientação fiscal, contábil e tributária para as microempresas e empresas de pequeno porte optantes pelo Simples Nacional por eles atendidas.

§ 22-C. Na hipótese de descumprimento das obrigações de que trata o § 22-B deste artigo, o escritório será excluído do Simples Nacional, com efeitos a partir do mês subsequente ao do descumprimento, na forma regulamentada pelo Comitê Gestor.

§ 23. Da base de cálculo do ISS será abatido o material fornecido pelo prestador dos serviços previstos nos itens 7.02 e 7.05 da lista de serviços anexa à Lei Complementar n. 116, de 31 de julho de 2003.

§ 24. Para efeito de aplicação dos Anexos V e VI desta Lei Complementar, considera-se folha de salários, incluídos encargos, o montante pago, nos 12 (doze) meses anteriores ao do período de apuração, a título de remunerações a pessoas físicas decorrentes do trabalho, incluídas retiradas de pró-labore, acrescidos do montante efetivamente recolhido a título de contribuição patronal previdenciária e para o FGTS. *(Redação dada pela Lei Complementar n. 147, de 7.8.14, DOU 8.8.14)*

§ 25. Para efeito do disposto no § 24 deste artigo, deverão ser consideradas tão somente as remunerações informadas na forma prevista no inciso IV do *caput* do art. 32 da Lei n. 8.212, de 24 de julho de 1991.

§ 26. Não são considerados, para efeito do disposto no § 24, valores pagos a título de aluguéis e de distribuição de lucros, observado o disposto no § 1º do art. 14.

Art. 18-A. O Microempreendedor Individual — MEI poderá optar pelo recolhimento dos impostos e contribuições abrangidos pelo Simples Nacional em valores fixos mensais, independentemente da receita bruta por ele auferida no mês, na forma prevista neste artigo.

§ 1º Para os efeitos desta Lei Complementar, considera-se MEI o empresário individual a que se refere o art. 966 da Lei n. 10.406, de 10 de janeiro de 2002 (Código Civil), que tenha auferido receita bruta, no ano calendário anterior, de até R$ 60.000,00 (sessenta mil reais), optante pelo Simples Nacional e que não esteja impedido de optar pela sistemática prevista neste artigo.

§ 2º No caso de início de atividades, o limite de que trata o § 1º será de R$ 5.000,00 (cinco mil reais) multiplicados pelo número de meses compreendidos entre o início da atividade e o final do respectivo ano calendário, consideradas as frações de meses como um mês inteiro.

§ 3º Na vigência da opção pela sistemática de recolhimento prevista no *caput* deste artigo:

I — não se aplica o disposto no § 18 do art. 18 desta Lei Complementar;

II — não se aplica a redução prevista no § 20 do art. 18 desta Lei Complementar ou qualquer dedução na base de cálculo;

III — não se aplicam as isenções específicas para as microempresas e empresas de pequeno porte concedidas pelo Estado, Município ou Distrito Federal a partir de 1º de julho de 2007 que abranjam integralmente a faixa de receita bruta anual até o limite previsto no § 1º;

IV — a opção pelo enquadramento como Microempreendedor Individual importa opção pelo recolhimento da contribuição referida no inciso X do § 1º do art. 13 desta Lei Complementar na forma prevista no § 2º do art. 21 da Lei n. 8.212, de 24 de julho de 1991;

V — o Microempreendedor Individual recolherá, na forma regulamentada pelo Comitê Gestor, valor fixo mensal correspondente à soma das seguintes parcelas:

a) R$ 45,65 (quarenta e cinco reais e sessenta e cinco centavos), a título da contribuição prevista no inciso IV deste parágrafo;

b) R$ 1,00 (um real), a título do imposto referido no inciso VII do *caput* do art. 13 desta Lei Complementar, caso seja contribuinte do ICMS; e

c) R$ 5,00 (cinco reais), a título do imposto referido no inciso VIII do *caput* do art. 13 desta Lei Complementar, caso seja contribuinte do ISS;

VI — sem prejuízo do disposto nos §§ 1º a 3º do art. 13, o MEI terá isenção dos tributos referidos nos incisos I a VI do *caput* daquele artigo, ressalvado o disposto no art. 18-C.

§ 4º Não poderá optar pela sistemática de recolhimento prevista no *caput* deste artigo o MEI:

I — cuja atividade seja tributada na forma dos Anexos V ou VI desta Lei Complementar, salvo autorização relativa a exercício de atividade isolada na forma regulamentada pelo CGSN; *(Redação dada pela Lei Complementar n. 147, de 7.8.14, DOU 8.8.14)*

II — que possua mais de um estabelecimento;

III — que participe de outra empresa como titular, sócio ou administrador; ou

IV — que contrate empregado.

§ 4º-A. Observadas as demais condições deste artigo, poderá optar pela sistemática de recolhimento prevista no *caput* o empresário individual que exerça atividade de comercialização e processamento de produtos de natureza extrativista.

§ 4º-B. O CGSN determinará as atividades autorizadas a optar pela sistemática de recolhimento de que trata este artigo, de forma a evitar a fragilização das relações de trabalho, bem como sobre a incidência do ICMS e do ISS.

§ 5º A opção de que trata o *caput* deste artigo dar-se-á na forma a ser estabelecida em ato do Comitê Gestor, observando-se que:

I — será irretratável para todo o ano calendário;

II — deverá ser realizada no início do ano calendário, na forma disciplinada pelo Comitê Gestor, produzindo efeitos a partir do primeiro dia do ano calendário da opção, ressalvado o disposto no inciso III;

III — produzirá efeitos a partir da data do início de atividade desde que exercida nos termos, prazo e condições a serem estabelecidos em ato do Comitê Gestor a que se refere o *caput* deste parágrafo.

§ 6º O desenquadramento da sistemática de que trata o *caput* deste artigo será realizado de ofício ou mediante comunicação do MEI.

§ 7º O desenquadramento mediante comunicação do MEI à Secretaria da Receita Federal do Brasil — RFB dar-se-á:

I — por opção, que deverá ser efetuada no início do ano calendário, na forma disciplinada pelo Comitê Gestor, produzindo efeitos a partir de 1º de janeiro do ano calendário da comunicação;

II — obrigatoriamente, quando o MEI incorrer em alguma das situações previstas no § 4º deste artigo, devendo a comunicação ser efetuada até o último dia útil do mês subsequente àquele em que ocorrida a situação de vedação, produzindo efeitos a partir do mês subsequente ao da ocorrência da situação impeditiva;

III — obrigatoriamente, quando o MEI exceder, no ano calendário, o limite de receita bruta previsto no § 1º deste artigo, devendo a comunicação ser efetuada até o último dia útil do mês subsequente àquele em que ocorrido o excesso, produzindo efeitos:

a) a partir de 1º de janeiro do ano calendário subsequente ao da ocorrência do excesso, na hipótese de não ter ultrapassado o referido limite em mais de 20% (vinte por cento);

b) retroativamente a 1º de janeiro do ano calendário da ocorrência do excesso, na hipótese de ter ultrapassado o referido limite em mais de 20% (vinte por cento);

IV — obrigatoriamente, quando o MEI exceder o limite de receita bruta previsto no § 2º deste artigo, devendo a comunicação ser efetuada até o último dia útil do mês subsequente àquele em que ocorrido o excesso, produzindo efeitos:

a) a partir de 1º de janeiro do ano calendário subsequente ao da ocorrência do excesso, na hipótese de não ter ultrapassado o referido limite em mais de 20% (vinte por cento);

b) retroativamente ao início de atividade, na hipótese de ter ultrapassado o referido limite em mais de 20% (vinte por cento).

§ 8º O desenquadramento de ofício dar-se--á quando verificada a falta de comunicação de que trata o § 7º deste artigo.

§ 9º O Empresário Individual desenquadrado da sistemática de recolhimento prevista no *caput* deste artigo passará a recolher os tributos devidos pela regra geral do Simples Nacional a partir da data de início dos efeitos do desenquadramento, ressalvado o disposto no § 10 deste artigo.

§ 10. Nas hipóteses previstas nas alíneas a dos incisos III e IV do § 7º deste artigo, o MEI deverá recolher a diferença, sem acréscimos, em parcela única, juntamente com a da apuração do mês de janeiro do ano calendário subsequente ao do excesso, na forma a ser estabelecida em ato do Comitê Gestor.

§ 11. O valor referido na alínea a do inciso V do § 3º deste artigo será reajustado, na forma prevista em lei ordinária, na mesma data de reajustamento dos benefícios de que trata a Lei n. 8.213, de 24 de julho de 1991, de forma a manter equivalência com a contribuição de que trata o § 2º do art. 21 da Lei n. 8.212, de 24 de julho de 1991.

§ 12. Aplica-se ao MEI que tenha optado pela contribuição na forma do § 1º deste artigo o disposto no § 4º do art. 55 e no § 2º do art. 94, ambos da Lei n. 8.213, de 24 de julho de 1991, exceto se optar pela complementação da contribuição previdenciária a que se refere o § 3º do art. 21 da Lei n. 8.212, de 24 de julho de 1991.

§ 13. O MEI está dispensado, ressalvado o disposto no art. 18-C desta Lei Complementar, de:

I — atender o disposto no inciso IV do *caput* do art. 32 da Lei n. 8.212, de 24 de julho de 1991;

II — apresentar a Relação Anual de Informações Sociais (Rais); e

III — declarar ausência de fato gerador para a Caixa Econômica Federal para emissão da Certidão de Regularidade Fiscal perante o FGTS.

§ 14. O Comitê Gestor disciplinará o disposto neste artigo.

§ 15. A inadimplência do recolhimento do valor previsto na alínea a do inciso V do § 3º tem como consequência a não contagem da competência em atraso para fins de carência para obtenção dos benefícios previdenciários respectivos.

§ 15-A. Ficam autorizados os Estados, o Distrito Federal e os Municípios a promover a remissão dos débitos decorrentes dos valores previstos nas alíneas b e c do inciso V do § 3º, inadimplidos isolada ou simultaneamente. *(Redação dada pela Lei Complementar n. 147, de 7.8.14, DOU 8.8.14)*

§ 15-B. O MEI poderá ter sua inscrição automaticamente cancelada após período de 12 (doze) meses consecutivos sem recolhimento ou declarações, independentemente de qualquer notificação, devendo a informação ser publicada no Portal do Empreendedor, na forma regulamentada pelo CGSIM. *(Redação dada pela Lei Complementar n. 147, de 7.8.14, DOU 8.8.14)*

§ 16. O CGSN estabelecerá, para o MEI, critérios, procedimentos, prazos e efeitos diferenciados para desenquadramento da sistemática de que trata este artigo, cobrança, inscrição em dívida ativa e exclusão do Simples Nacional.

§ 17. A alteração de dados no CNPJ informada pelo empresário à Secretaria da Receita Federal do Brasil equivalerá à comunicação obrigatória de desenquadramento da sistemática de recolhimento de que trata este artigo, nas seguintes hipóteses:

I — alteração para natureza jurídica distinta de empresário individual a que se refere o art. 966 da Lei n. 10.406, de 10 de janeiro de 2002 (Código Civil);

II — inclusão de atividade econômica não autorizada pelo CGSN;

III — abertura de filial.

§ 18. Os Municípios somente poderão realizar o cancelamento da inscrição do MEI caso tenham regulamentação própria de classificação de risco e o respectivo processo simplificado de inscrição e legalização, em conformidade com esta Lei Complementar e com as resoluções do CGSIM. *(Redação dada pela Lei Complementar n. 147, de 7.8.14, DOU 8.8.14)*

§ 19. Fica vedada aos conselhos representativos de categorias econômicas a exigência de obrigações diversas das estipuladas nesta Lei Complementar para inscrição do MEI em seus quadros, sob pena de responsabilidade. *(Redação dada pela Lei Complementar n. 147, de 7.8.14, DOU 8.8.14)*

§ 20. Os documentos fiscais das microempresas e empresas de pequeno porte poderão ser emitidos diretamente por sistema nacional informatizado e pela internet, sem custos para o empreendedor, na forma regulamentada pelo Comitê Gestor do Simples Nacional. *(Redação dada pela Lei Complementar n. 147, de 7.8.14, DOU 8.8.14)*

§ 21. Assegurar-se-á o registro nos cadastros oficiais ao guia de turismo inscrito como MEI. *(Redação dada pela Lei Complementar n. 147, de 7.8.14, DOU 8.8.14)*

§ 22. Fica vedado às concessionárias de serviço público o aumento das tarifas pagas pelo MEI por conta da modificação da sua condição de pessoa física para pessoa jurídica. *(Redação dada pela Lei Complementar n. 147, de 7.8.14, DOU 8.8.14)*

§ 23. (VETADO). (Lei Complementar n. 147, de 7.8.14, DOU 8.8.14)

§ 24. Aplica-se ao MEI o disposto no inciso XI do § 4º do art. 3º. (NR) *(Redação dada pela Lei Complementar n. 147, de 7.8.14, DOU 8.8.14)*

§ 25. O MEI poderá utilizar sua residência como sede do estabelecimento, quando não for indispensável a existência de local próprio para o exercício da atividade.

Art. 18-B. A empresa contratante de serviços executados por intermédio do MEI mantém, em relação a esta contratação, a obrigatoriedade de recolhimento da contribuição a que se refere o inciso III do *caput* e o § 1º do art. 22 da Lei n. 8.212, de 24 de julho de 1991, e o cumprimento das obrigações acessórias relativas à contratação de contribuinte individual.

§ 1º Aplica-se o disposto neste artigo exclusivamente em relação ao MEI que for contratado para prestar serviços de hidráulica, eletricidade, pintura, alvenaria, carpintaria e de manutenção ou reparo de veículos. *(Redação dada pela Lei Complementar n. 147, de 7.8.14, DOU 8.8.14)*

§ 2º O disposto no *caput* e no § 1º não se aplica quando presentes os elementos da relação de emprego, ficando a contratante sujeita a todas as obrigações dela decorrentes, inclusive trabalhistas, tributárias e previdenciárias.

Art. 18-C. Observado o disposto no art. 18-A, e seus parágrafos, desta Lei Complementar, poderá se enquadrar como MEI o empresário individual que possua um único empregado que receba exclusivamente 1 (um) salário mínimo ou o piso salarial da categoria profissional.

§ 1º Na hipótese referida no *caput*, o MEI:

I — deverá reter e recolher a contribuição previdenciária relativa ao segurado a seu serviço na forma da lei, observados prazo e condições estabelecidos pelo CGSN;

II — é obrigado a prestar informações relativas ao segurado a seu serviço, na forma estabelecida pelo CGSN; e

III — está sujeito ao recolhimento da contribuição de que trata o inciso VI do *caput* do art. 13, calculada à alíquota de 3% (três por cento) sobre o salário de contribuição previsto no *caput*, na forma e prazos estabelecidos pelo CGSN.

§ 2º Para os casos de afastamento legal do único empregado do MEI, será permitida a contratação de outro empregado, inclusive por prazo determinado, até que cessem as condições do afastamento, na forma estabelecida pelo Ministério do Trabalho e Emprego.

§ 3º O CGSN poderá determinar, com relação ao MEI, a forma, a periodicidade e o prazo:

I — de entrega à Secretaria da Receita Federal do Brasil de uma única declaração com dados relacionados a fatos geradores, base de cálculo e valores dos tributos previstos nos arts. 18-A e 18-C, da contribuição para a Seguridade Social descontada do empregado e do Fundo de Garantia do Tempo de Serviço (FGTS), e outras informações de interesse do Ministério do Trabalho e Emprego, do Instituto Nacional do Seguro Social (INSS) e do Conselho Curador do FGTS, observado o disposto no § 7º do art. 26;

II — do recolhimento dos tributos previstos nos arts. 18-A e 18-C, bem como do FGTS e da contribuição para a Seguridade Social descontada do empregado.

§ 4º A entrega da declaração única de que trata o inciso I do § 3º substituirá, na forma

regulamentada pelo CGSN, a obrigatoriedade de entrega de todas as informações, formulários e declarações a que estão sujeitas as demais empresas ou equiparados que contratam empregados, inclusive as relativas ao recolhimento do FGTS, à Relação Anual de Informações Sociais (Rais) e ao Cadastro Geral de Empregados e Desempregados (Caged).

§ 5º Na hipótese de recolhimento do FGTS na forma do inciso II do § 3º, deve-se assegurar a transferência dos recursos e dos elementos identificadores do recolhimento ao gestor desse fundo para crédito na conta vinculada do trabalhador.

§ 6º O documento de que trata o inciso I do § 3º deste artigo tem caráter declaratório, constituindo instrumento hábil e suficiente para a exigência dos tributos e dos débitos fundiários que não tenham sido recolhidos resultantes das informações nele prestadas. (NR) *(Redação dada pela Lei Complementar n. 147, de 7.8.14, DOU 8.8.14)*

Art. 18-D. A tributação municipal do imposto sobre imóveis prediais urbanos deverá assegurar tratamento mais favorecido ao MEI para realização de sua atividade no mesmo local em que residir, mediante aplicação da menor alíquota vigente para aquela localidade, seja residencial ou comercial, nos termos da lei, sem prejuízo de eventual isenção ou imunidade existente. *(Redação dada pela Lei Complementar n. 147, de 7.8.14, DOU 8.8.14)*

Art. 18-E. O instituto do MEI é uma política pública que tem por objetivo a formalização de pequenos empreendimentos e a inclusão social e previdenciária. *(Redação dada pela Lei Complementar n. 147, de 7.8.14, DOU 8.8.14)*

§ 1º A formalização de MEI não tem caráter eminentemente econômico ou fiscal. *(Redação dada pela Lei Complementar n. 147, de 7.8.14, DOU 8.8.14)*

§ 2º Todo benefício previsto nesta Lei Complementar aplicável à microempresa estende-se ao MEI sempre que lhe for mais favorável. *(Redação dada pela Lei Complementar n. 147, de 7.8.14, DOU 8.8.14)*

§ 3º O MEI é modalidade de microempresa. *(Redação dada pela Lei Complementar n. 147, de 7.8.14, DOU 8.8.14)*

§ 4º É vedado impor restrições ao MEI relativamente ao exercício de profissão ou participação em licitações, em função da sua respectiva natureza jurídica. *(Redação dada pela Lei Complementar n. 147, de 7.8.14, DOU 8.8.14)*

Art. 19. Sem prejuízo da possibilidade de adoção de todas as faixas de receita previstas nos Anexos I a VI desta Lei Complementar, os Estados poderão optar pela aplicação de sublimite para efeito de recolhimento do ICMS na forma do Simples Nacional em seus respectivos territórios, da seguinte forma: *(Redação dada pela Lei Complementar n. 147, de 7.8.14, DOU 8.8.14)*

I — os Estados cuja participação no Produto Interno Bruto brasileiro seja de até 1% (um por cento) poderão optar pela aplicação, em seus respectivos territórios, das faixas de receita bruta anual até 35% (trinta e cinco por cento), ou até 50% (cinquenta por cento), ou até 70% (setenta por cento) do limite previsto no inciso II do *caput* do art. 3º;

II — os Estados cuja participação no Produto Interno Bruto brasileiro seja de mais de 1% (um por cento) e de menos de 5% (cinco por cento) poderão optar pela aplicação, em seus respectivos territórios, das faixas de receita bruta anual até 50% (cinquenta por cento) ou até 70% (setenta por cento) do limite previsto no inciso II do *caput* do art. 3º; e

III — os Estados cuja participação no Produto Interno Bruto brasileiro seja igual ou superior a 5% (cinco por cento) ficam obrigados a adotar todas as faixas de receita bruta anual.

§ 1º A participação no Produto Interno Bruto brasileiro será apurada levando em conta o último resultado divulgado pelo Instituto Brasileiro de Geografia e Estatística ou outro órgão que o substitua.

§ 2º A opção prevista nos incisos I e II do *caput*, bem como a obrigatoriedade prevista no inciso III do *caput*, surtirá efeitos somente para o ano calendário subsequente, salvo deliberação do CGSN.

§ 3º O disposto neste artigo aplica-se ao Distrito Federal.

Art. 20. A opção feita na forma do art. 19 desta Lei Complementar pelos Estados importará adoção do mesmo limite de receita bruta anual para efeito de recolhimento na forma do ISS dos Municípios nele localizados, bem como para o do ISS devido no Distrito Federal.

§ 1º A empresa de pequeno porte que ultrapassar os limites a que se referem os incisos I ou II do *caput* do art. 19 estará automaticamente impedida de recolher o ICMS e o ISS na forma do Simples Nacional, a partir do mês subsequente ao que tiver ocorrido o excesso, relativamente aos seus estabelecimentos localizados na unidade da Federação que os houver adotado, ressalvado o disposto nos §§ 11 e 13 do art. 3º.

§ 1º-A Os efeitos do impedimento previsto no § 1º ocorrerão no ano calendário subsequente se o excesso verificado não for superior a 20% (vinte por cento) dos limites referidos.

§ 2º O disposto no § 1º deste artigo não se aplica na hipótese de o Estado ou de o Distrito Federal adotarem, compulsoriamente ou por opção, a aplicação de faixa de receita bruta superior à que vinha sendo utilizada no ano calendário em que ocorreu o excesso da receita bruta.

§ 3º Na hipótese em que o recolhimento do ICMS ou do ISS não esteja sendo efetuado por meio do Simples Nacional por força do disposto neste artigo e no art. 19 desta Lei Complementar, as faixas de receita do Simples Nacional superiores àquela que tenha sido objeto de opção pelos Estados ou pelo Distrito Federal sofrerão, para efeito de recolhimento do Simples Nacional, redução na alíquota equivalente aos percentuais relativos a esses impostos constantes dos Anexos I a VI desta Lei Complementar, conforme o caso. *(Redação dada pela Lei Complementar n. 147, de 7.8.14, DOU 8.8.14)*

§ 4º O Comitê Gestor regulamentará o disposto neste artigo e no art. 19 desta Lei Complementar.

Seção IV
Do Recolhimento dos Tributos Devidos

Art. 21. Os tributos devidos, apurados na forma dos arts. 18 a 20 desta Lei Complementar, deverão ser pagos:

I — por meio de documento único de arrecadação, instituído pelo Comitê Gestor;

II — (REVOGADO)

III — enquanto não regulamentado pelo Comitê Gestor, até o último dia útil da primeira quinzena do mês subsequente àquele a que se referir;

IV — em banco integrante da rede arrecadadora do Simples Nacional, na forma regulamentada pelo Comitê Gestor.

§ 1º Na hipótese de a microempresa ou a empresa de pequeno porte possuir filiais, o recolhimento dos tributos do Simples Nacional dar-se-á por intermédio da matriz.

§ 2º Poderá ser adotado sistema simplificado de arrecadação do Simples Nacional, inclusive sem utilização da rede bancária, mediante requerimento do Estado, Distrito Federal ou Município ao Comitê Gestor.

§ 3º O valor não pago até a data do vencimento sujeitar-se-á à incidência de encargos legais na forma prevista na legislação do imposto sobre a renda.

§ 4º A retenção na fonte de ISS das microempresas ou das empresas de pequeno porte optantes pelo Simples Nacional somente será permitida se observado o disposto no art. 3º da Lei Complementar n. 116, de 31 de julho de 2003, e deverá observar as seguintes normas:

I — a alíquota aplicável na retenção na fonte deverá ser informada no documento fiscal e corresponderá ao percentual de ISS previsto nos Anexos III, IV, V ou VI desta Lei Complementar para a faixa de receita bruta a que a microempresa ou a empresa de pequeno porte estiver sujeita no mês anterior ao da prestação; *(Redação dada pela Lei Complementar n. 147, de 7.8.14, DOU 8.8.14)*

II — na hipótese de o serviço sujeito à retenção ser prestado no mês de início de atividades da microempresa ou empresa de pequeno porte, deverá ser aplicada pelo tomador a alíquota correspondente ao percentual de ISS referente à menor alíquota prevista nos Anexos III, IV, V ou VI desta Lei Complementar; *(Redação dada pela Lei Complementar n. 147, de 7.8.14, DOU 8.8.14)*

III — na hipótese do inciso II deste parágrafo, constatando-se que houve diferença entre a alíquota utilizada e a efetivamente apurada, caberá à microempresa ou empresa de pequeno porte prestadora dos serviços efetuar o recolhimento dessa diferença no mês subsequente ao do início de atividade em guia própria do Município;

IV — na hipótese de a microempresa ou empresa de pequeno porte estar sujeita à tributação do ISS no Simples Nacional por valores fixos mensais, não caberá a retenção a que se refere o *caput* deste parágrafo;

V — na hipótese de a microempresa ou empresa de pequeno porte não informar a alíquota de que tratam os incisos I e II deste parágrafo no documento fiscal, aplicar-se-á a alíquota correspondente ao percentual de ISS referente à maior alíquota prevista nos Anexos III, IV, V ou VI desta Lei Complementar; *(Redação dada pela Lei Complementar n. 147, de 7.8.14, DOU 8.8.14)*

VI — não será eximida a responsabilidade do prestador de serviços quando a alíquota do ISS informada no documento fiscal for inferior à devida, hipótese em que o recolhimento dessa diferença será realizado em guia própria do Município;

VII — o valor retido, devidamente recolhido, será definitivo, não sendo objeto de partilha com os municípios, e sobre a receita de prestação de serviços que sofreu a retenção não haverá incidência de ISS a ser recolhido no Simples Nacional.

§ 4º-A. Na hipótese de que tratam os incisos I e II do § 4º, a falsidade na prestação dessas informações sujeitará o responsável, o titular, os sócios ou os administradores da microempresa e da empresa de pequeno porte, juntamente com as demais pessoas que para ela concorrerem, às penalidades previstas na legislação criminal e tributária.

§ 5º O CGSN regulará a compensação e a restituição dos valores do Simples Nacional recolhidos indevidamente ou em montante superior ao devido.

§ 6º O valor a ser restituído ou compensado será acrescido de juros obtidos pela aplicação da taxa referencial do Sistema Especial de Liquidação e de Custódia (Selic) para títulos federais, acumulada mensalmente, a partir do mês subsequente ao do pagamento indevido ou a maior que o devido até o mês anterior ao da compensação ou restituição, e de 1% (um por cento) relativamente ao mês em que estiver sendo efetuada.

§ 7º Os valores compensados indevidamente serão exigidos com os acréscimos moratórios de que trata o art. 35.

§ 8º Na hipótese de compensação indevida, quando se comprove falsidade de declaração apresentada pelo sujeito passivo, o contribuinte estará sujeito à multa isolada aplicada no percentual previsto no inciso I do *caput* do art. 44 da Lei n. 9.430, de 27 de dezembro de 1996, aplicado em dobro, e terá como base de cálculo o valor total do débito indevidamente compensado.

§ 9º É vedado o aproveitamento de créditos não apurados no Simples Nacional, inclusive de natureza não tributária, para extinção de débitos do Simples Nacional.

§ 10. Os créditos apurados no Simples Nacional não poderão ser utilizados para extinção de outros débitos para com as Fazendas Públicas, salvo por ocasião da compensação de ofício oriunda de deferimento em processo de restituição ou após a exclusão da empresa do Simples Nacional.

§ 11. No Simples Nacional, é permitida a compensação tão somente de créditos para extinção de débitos para com o mesmo ente federado e relativos ao mesmo tributo.

§ 12. Na restituição e compensação no Simples Nacional serão observados os prazos de decadência e prescrição previstos na Lei n. 5.172, de 25 de outubro de 1966 (Código Tributário Nacional).

§ 13. É vedada a cessão de créditos para extinção de débitos no Simples Nacional.

§ 14. Aplica-se aos processos de restituição e de compensação o rito estabelecido pelo CGSN.

§ 15. Compete ao CGSN fixar critérios, condições para rescisão, prazos, valores mínimos de amortização e demais procedimentos para parcelamento dos recolhimentos em atraso dos débitos tributários apurados no Simples Nacional, observado o disposto no § 3º deste artigo e no art. 35 e ressalvado o disposto no § 19 deste artigo.

§ 16. Os débitos de que trata o § 15 poderão ser parcelados em até 60 (sessenta) parcelas mensais, na forma e condições previstas pelo CGSN.

§ 17. O valor de cada prestação mensal, por ocasião do pagamento, será acrescido de juros equivalentes à taxa referencial do Sistema Especial de Liquidação e de Custódia (Selic) para títulos federais, acumulada mensalmente, calculados a partir do mês subsequente ao da consolidação até o mês anterior ao do pagamento, e de 1% (um por cento) relativamente ao mês em que o pagamento estiver sendo efetuado, na forma regulamentada pelo CGSN.

§ 18. Será admitido reparcelamento de débitos constantes de parcelamento em curso ou que tenha sido rescindido, podendo ser incluídos novos débitos, na forma regulamentada pelo CGSN.

§ 19. Os débitos constituídos de forma isolada por parte de Estado, do Distrito Federal ou de Município, em face de ausência de aplicativo para lançamento unificado, relativo a tributo de sua competência, que não estiverem inscritos em Dívida Ativa da União, poderão ser parcelados pelo ente responsável pelo lançamento de acordo com a respectiva legislação, na forma regulamentada pelo CGSN.

§ 20. O pedido de parcelamento deferido importa confissão irretratável do débito e configura confissão extrajudicial.

§ 21. Serão aplicadas na consolidação as reduções das multas de lançamento de ofício previstas na legislação federal, conforme regulamentação do CGSN.

§ 22. O repasse para os entes federados dos valores pagos e da amortização dos débitos parcelados será efetuado proporcionalmente ao valor de cada tributo na composição da dívida consolidada.

§ 23. No caso de parcelamento de débito inscrito em dívida ativa, o devedor pagará custas, emolumentos e demais encargos legais.

§ 24. Implicará imediata rescisão do parcelamento e remessa do débito para inscrição em dívida ativa ou prosseguimento da execução, conforme o caso, até deliberação do CGSN, a falta de pagamento:

I — de 3 (três) parcelas, consecutivas ou não; ou

II — de 1 (uma) parcela, estando pagas todas as demais.

Art. 21-A. A inscrição de microempresa ou empresa de pequeno porte no Cadastro Informativo dos créditos não quitados do setor público federal — CADIN, somente ocorrerá mediante notificação prévia com prazo para contestação. *(Redação dada pela Lei Complementar n. 147, de 7.8.14, DOU 8.8.14)*

Art. 21-B. Os Estados e o Distrito Federal deverão observar, em relação ao ICMS, o prazo mínimo de 60 (sessenta) dias, contado a partir do primeiro dia do mês do fato gerador da obrigação tributária, para estabelecer a data de vencimento do imposto devido por substituição tributária, tributação concentrada em uma única etapa (monofásica) e por antecipação tributária com ou sem encerramento de tributação, nas hipóteses em que a responsabilidade recair sobre operações ou prestações subsequentes, na forma regulamentada pelo Comitê Gestor. *(Redação dada pela Lei Complementar n. 147, de 7.8.14, DOU 8.8.14)*

Seção V
Do Repasse do Produto da Arrecadação

Art. 22. O Comitê Gestor definirá o sistema de repasses do total arrecadado, inclusive encargos legais, para o:

I — Município ou Distrito Federal, do valor correspondente ao ISS;

II — Estado ou Distrito Federal, do valor correspondente ao ICMS;

III — Instituto Nacional do Seguro Social, do valor correspondente à Contribuição para manutenção da Seguridade Social.

Parágrafo único. Enquanto o Comitê Gestor não regulamentar o prazo para o repasse previsto no inciso II do *caput* deste artigo, esse será efetuado nos prazos estabelecidos nos convênios celebrados no âmbito do colegiado a que se refere a alínea g do inciso XII do § 2º do art. 155 da Constituição Federal.

Seção VI
Dos Créditos

Art. 23. As microempresas e as empresas de pequeno porte optantes pelo Simples Nacional não farão jus à apropriação nem transferirão créditos relativos a impostos ou contribuições abrangidos pelo Simples Nacional.

§ 1º As pessoas jurídicas e aquelas a elas equiparadas pela legislação tributária não optantes pelo Simples Nacional terão direito a crédito correspondente ao ICMS incidente sobre as suas aquisições de mercadorias de microempresa ou empresa de pequeno porte optante pelo Simples Nacional, desde que destinadas à comercialização ou industrialização e observado, como limite, o ICMS efetivamente devido pelas optantes pelo Simples Nacional em relação a essas aquisições.

§ 2º A alíquota aplicável ao cálculo do crédito de que trata o § 1º deste artigo deverá ser informada no documento fiscal e corresponderá ao percentual de ICMS previsto nos Anexos I ou II desta Lei Complementar para a faixa de receita bruta a que a microempresa ou a empresa de pequeno porte estiver sujeita no mês anterior ao da operação.

§ 3º Na hipótese de a operação ocorrer no mês de início de atividades da microempresa ou empresa de pequeno porte optante pelo Simples Nacional, a alíquota aplicável ao cálculo do crédito de que trata o § 1º deste artigo corresponderá ao percentual de ICMS referente à menor alíquota prevista nos Anexos I ou II desta Lei Complementar.

§ 4º Não se aplica o disposto nos §§ 1º a 3º deste artigo quando:

I — a microempresa ou empresa de pequeno porte estiver sujeita à tributação do ICMS no Simples Nacional por valores fixos mensais;

II — a microempresa ou a empresa de pequeno porte não informar a alíquota de que trata o § 2º deste artigo no documento fiscal;

III — houver isenção estabelecida pelo Estado ou Distrito Federal que abranja a faixa de receita bruta a que a microempresa ou a empresa de pequeno porte estiver sujeita no mês da operação;

IV — o remetente da operação ou prestação considerar, por opção, que a alíquota determinada na forma do *caput* e dos §§ 1º e 2º do art. 18 desta Lei Complementar deverá incidir sobre a receita recebida no mês.

§ 5º Mediante deliberação exclusiva e unilateral dos Estados e do Distrito Federal, poderá ser concedido às pessoas jurídicas e àquelas a elas equiparadas pela legislação tributária não optantes pelo Simples Nacional crédito correspondente ao ICMS incidente sobre os insumos utilizados nas mercadorias adquiridas de indústria optante pelo Simples Nacional, sendo vedado o estabelecimento de diferenciação no valor do crédito em razão da procedência dessas mercadorias.

§ 6º O Comitê Gestor do Simples Nacional disciplinará o disposto neste artigo.

Art. 24. As microempresas e as empresas de pequeno porte optantes pelo Simples Nacional não poderão utilizar ou destinar qualquer valor a título de incentivo fiscal.

Parágrafo único. Não serão consideradas quaisquer alterações em bases de cálculo, alíquotas e percentuais ou outros fatores que alterem o valor de imposto ou contribuição apurado na forma do Simples Nacional, estabelecidas pela União, Estado, Distrito Federal ou Município, exceto as previstas ou autorizadas nesta Lei Complementar.

Seção VII
Das Obrigações Fiscais Acessórias

Art. 25. A microempresa ou empresa de pequeno porte optante pelo Simples Nacional deverá apresentar anualmente à Secretaria da Receita Federal do Brasil de-

claração única e simplificada de informações socioeconômicas e fiscais, que deverá ser disponibilizada aos órgãos de fiscalização tributária e previdenciária, observados prazo e modelo aprovados pelo CGSN e observado o disposto no § 15-A do art. 18.

§ 1º A declaração de que trata o *caput* deste artigo constitui confissão de dívida e instrumento hábil e suficiente para a exigência dos tributos e contribuições que não tenham sido recolhidos resultantes das informações nela prestadas.

§ 2º A situação de inatividade deverá ser informada na declaração de que trata o *caput* deste artigo, na forma regulamentada pelo Comitê Gestor.

§ 3º Para efeito do disposto no § 2º deste artigo, considera-se em situação de inatividade a microempresa ou a empresa de pequeno porte que não apresente mutação patrimonial e atividade operacional durante todo o ano calendário.

§ 4º A declaração de que trata o *caput* deste artigo, relativa ao MEI definido no art. 18-A desta Lei Complementar, conterá, para efeito do disposto no art. 3º da Lei Complementar n. 63, de 11 de janeiro de 1990, tão somente as informações relativas à receita bruta total sujeita ao ICMS, sendo vedada a instituição de declarações adicionais em decorrência da referida Lei Complementar.

§ 5º A declaração de que trata o *caput*, a partir das informações relativas ao ano calendário de 2012, poderá ser prestada por meio da declaração de que trata o § 15-A do art. 18 desta Lei Complementar, na periodicidade e prazos definidos pelo CGSN. (NR) *(Redação dada pela Lei Complementar n. 147, de 7.8.14, DOU 8.8.14)*

Art. 26. As microempresas e empresas de pequeno porte optantes pelo Simples Nacional ficam obrigadas a:

I — emitir documento fiscal de venda ou prestação de serviço, de acordo com instruções expedidas pelo Comitê Gestor;

II — manter em boa ordem e guarda os documentos que fundamentaram a apuração dos impostos e contribuições devidos e o cumprimento das obrigações acessórias a que se refere o art. 25 desta Lei Complementar enquanto não decorrido o prazo decadencial e não prescritas eventuais ações que lhes sejam pertinentes.

§ 1º O MEI fará a comprovação da receita bruta mediante apresentação do registro de vendas ou de prestação de serviços na forma estabelecida pelo CGSN, ficando dispensado da emissão do documento fiscal previsto no inciso I do *caput*, ressalvadas as hipóteses de emissão obrigatória previstas pelo referido Comitê.

I — (REVOGADO)
II — (REVOGADO)
III — (REVOGADO)

§ 2º As demais microempresas e as empresas de pequeno porte, além do disposto nos incisos I e II do *caput* deste artigo, deverão, ainda, manter o livro-caixa em que será escriturada sua movimentação financeira e bancária.

§ 3º A exigência de declaração única a que se refere o *caput* do art. 25 desta Lei Complementar não desobriga a prestação de informações relativas a terceiros.

§ 4º É vedada a exigência de obrigações tributárias acessórias relativas aos tributos apurados na forma do Simples Nacional além daquelas estipuladas pelo CGSN e atendidas por meio do Portal do Simples Nacional, bem como, o estabelecimento de exigências adicionais e unilaterais pelos entes federativos, exceto os programas de cidadania fiscal. *(Redação dada pela Lei Complementar n. 147, de 7.8.14, DOU 8.8.14)*

§ 4º-A. A escrituração fiscal digital ou obrigação equivalente não poderá ser exigida da microempresa ou empresa de pequeno porte optante pelo Simples Nacional, salvo se, cumulativamente, houver: *(Redação dada pela Lei Complementar n. 147, de 7.8.14, DOU 8.8.14)*

I — autorização específica do CGSN, que estabelecerá as condições para a obrigatoriedade; *(Redação dada pela Lei Complementar n. 147, de 7.8.14, DOU 8.8.14)*

II — disponibilização por parte da administração tributária estipulante de aplicativo gratuito para uso da empresa optante. *(Redação dada pela Lei Complementar n. 147, de 7.8.14, DOU 8.8.14)*

§ 4º-B. A exigência de apresentação de livros fiscais em meio eletrônico aplicar-se-á somente na hipótese de substituição da entrega em meio convencional, cuja obrigatoriedade tenha sido prévia e especificamente estabelecida pelo CGSN. *(Redação dada pela Lei Complementar n. 147, de 7.8.14, DOU 8.8.14)*

§ 4º-C. Até a implantação de sistema nacional uniforme estabelecido pelo CGSN com compartilhamento de informações com os entes federados, permanece válida norma publicada por ente federado até o primeiro trimestre de 2014 que tenha veiculado exigência vigente de a microempresa ou empresa de pequeno porte apresentar escrituração fiscal digital ou obrigação equivalente. *(Redação dada pela Lei Complementar n. 147, de 7.8.14, DOU 8.8.14)*

§ 5º As microempresas e empresas de pequeno porte ficam sujeitas à entrega de declaração eletrônica que deva conter os dados referentes aos serviços prestados ou tomados de terceiros, na conformidade do que dispuser o Comitê Gestor.

§ 6º Na hipótese do § 1º deste artigo:

I — deverão ser anexados ao registro de vendas ou de prestação de serviços, na forma regulamentada pelo Comitê Gestor, os documentos fiscais comprobatórios das entradas de mercadorias e serviços tomados referentes ao período, bem como os documentos fiscais relativos às operações ou prestações realizadas eventualmente emitidos;

II — será obrigatória a emissão de documento fiscal nas vendas e nas prestações de serviços realizadas pelo MEI para destinatário cadastrado no Cadastro Nacional da Pessoa Jurídica (CNPJ), ficando dispensado desta emissão para o consumidor final.

§ 7º Cabe ao CGSN dispor sobre a exigência da certificação digital para o cumprimento de obrigações principais e acessórias por parte da microempresa, inclusive o MEI, ou empresa de pequeno porte optante pelo Simples Nacional, inclusive para o recolhimento do FGTS.

§ 8º O CGSN poderá disciplinar sobre a disponibilização, no portal do SIMPLES Nacional, de documento fiscal eletrônico de venda ou de prestação de serviço para o MEI, microempresa ou empresa de pequeno porte optante pelo Simples Nacional. *(Redação dada pela Lei Complementar n. 147, de 7.8.14, DOU 8.8.14)*

§ 9º O desenvolvimento e a manutenção das soluções de tecnologia, capacitação e orientação aos usuários relativas ao disposto no § 8º, bem como as demais relativas ao Simples Nacional, poderão ser apoiadas pelo Serviço Brasileiro de Apoio às Micro e Pequenas Empresas — SEBRAE. *(Redação dada pela Lei Complementar n. 147, de 7.8.14, DOU 8.8.14)*

§ 10. O ato de emissão ou de recepção de documento fiscal por meio eletrônico estabelecido pelas administrações tributárias, em qualquer modalidade, de entrada, de saída ou de prestação, na forma estabelecida pelo CGSN, representa sua própria escrituração fiscal e elemento suficiente para a fundamentação e a constituição do crédito tributário. *(Redação dada pela Lei Complementar n. 147, de 7.8.14, DOU 8.8.14)*

§ 11. Os dados dos documentos fiscais de qualquer espécie podem ser compartilhados entre as administrações tributárias da União, Estados, Distrito Federal e Municípios e, quando emitidos por meio eletrônico, na forma estabelecida pelo CGSN, a microempresa ou empresa de pequeno porte optante pelo Simples Nacional fica desobrigada de transmitir seus dados às administrações tributárias. *(Redação dada pela Lei Complementar n. 147, de 7.8.14, DOU 8.8.14)*

§ 12. As informações a serem prestadas relativas ao ICMS devido na forma prevista nas alíneas a, g e h do inciso XIII do § 1º do art. 13 serão fornecidas por meio de aplicativo único. *(Redação dada pela Lei Complementar n. 147, de 7.8.14, DOU 8.8.14)*

§ 13. Fica estabelecida a obrigatoriedade de utilização de documentos fiscais eletrônicos estabelecidos pelo Confaz nas operações e prestações relativas ao ICMS efetuadas por microempresas e empresas de pequeno porte nas hipóteses previstas nas alíneas a, g e h do inciso XIII do § 1º do art. 13. *(Redação dada pela Lei Complementar n. 147, de 7.8.14, DOU 8.8.14)*

§ 14. Os aplicativos necessários ao cumprimento do disposto nos §§ 12 e 13 deste artigo serão disponibilizados, de forma gratuita, no portal do Simples Nacional. *(Redação dada pela Lei Complementar n. 147, de 7.8.14, DOU 8.8.14)*

§ 15. O CGSN regulamentará o disposto neste artigo. (NR) *(Redação dada pela Lei Complementar n. 147, de 7.8.14, DOU 8.8.14)*

Art. 27. As microempresas e empresas de pequeno porte optantes pelo Simples Nacional poderão, opcionalmente, adotar contabilidade simplificada para os registros e controles das operações realizadas, conforme regulamentação do Comitê Gestor.

Seção VIII
Da Exclusão do Simples Nacional

Art. 28. A exclusão do Simples Nacional será feita de ofício ou mediante comunicação das empresas optantes.

Parágrafo único. As regras previstas nesta seção e o modo de sua implementação serão regulamentados pelo Comitê Gestor.

Art. 29. A exclusão de ofício das empresas optantes pelo Simples Nacional dar-se-á quando:

I — verificada a falta de comunicação de exclusão obrigatória;

II — for oferecido embaraço à fiscalização, caracterizado pela negativa não justificada de exibição de livros e documentos a que estiverem obrigadas, bem como pelo não fornecimento de informações sobre bens, movimentação financeira, negócio ou atividade que estiverem intimadas a apresentar, e nas demais hipóteses que autorizam a requisição de auxílio da força pública;

III — for oferecida resistência à fiscalização, caracterizada pela negativa de acesso

ao estabelecimento, ao domicílio fiscal ou a qualquer outro local onde desenvolvam suas atividades ou se encontrem bens de sua propriedade;

IV — a sua constituição ocorrer por interpostas pessoas;

V — tiver sido constatada prática reiterada de infração ao disposto nesta Lei Complementar;

VI — a empresa for declarada inapta, na forma dos arts. 81 e 82 da Lei n. 9.430, de 27 de dezembro de 1996, e alterações posteriores;

VII — comercializar mercadorias objeto de contrabando ou descaminho;

VIII — houver falta de escrituração do livro-caixa ou não permitir a identificação da movimentação financeira, inclusive bancária;

IX — for constatado que durante o ano calendário o valor das despesas pagas supera em 20% (vinte por cento) o valor de ingressos de recursos no mesmo período, excluído o ano de início de atividade;

X — for constatado que durante o ano calendário o valor das aquisições de mercadorias para comercialização ou industrialização, ressalvadas hipóteses justificadas de aumento de estoque, for superior a 80% (oitenta por cento) dos ingressos de recursos no mesmo período, excluído o ano de início de atividade;

XI — houver descumprimento reiterado da obrigação contida no inciso I do *caput* do art. 26;

XII — omitir de forma reiterada da folha de pagamento da empresa ou de documento de informações prevista pela legislação previdenciária, trabalhista ou tributária, segurado empregado, trabalhador avulso ou contribuinte individual que lhe preste serviço.

§ 1º Nas hipóteses previstas nos incisos II a XII do *caput* deste artigo, a exclusão produzirá efeitos a partir do próprio mês em que incorridas, impedindo a opção pelo regime diferenciado e favorecido desta Lei Complementar pelos próximos 3 (três) anos calendário seguintes.

§ 2º O prazo de que trata o § 1º deste artigo será elevado para 10 (dez) anos caso seja constatada a utilização de artifício, ardil ou qualquer outro meio fraudulento que induza ou mantenha a fiscalização em erro, com o fim de suprimir ou reduzir o pagamento de tributo apurável segundo o regime especial previsto nesta Lei Complementar.

§ 3º A exclusão de ofício será realizada na forma regulamentada pelo Comitê Gestor, cabendo o lançamento dos tributos e contribuições apurados aos respectivos entes tributantes.

§ 4º (REVOGADO)

§ 5º A competência para exclusão de ofício do Simples Nacional obedece ao disposto no art. 33, e o julgamento administrativo, ao disposto no art. 39, ambos desta Lei Complementar.

§ 6º Nas hipóteses de exclusão previstas no *caput*, a notificação:

I — será efetuada pelo ente federativo que promoveu a exclusão; e

II — poderá ser feita por meio eletrônico, observada a regulamentação do CGSN.

§ 7º (REVOGADO)

§ 8º A notificação de que trata o § 6º aplica-se ao indeferimento da opção pelo Simples Nacional.

§ 9º Considera-se prática reiterada, para fins do disposto nos incisos V, XI e XII do *caput*:

I — a ocorrência, em 2 (dois) ou mais períodos de apuração, consecutivos ou alternados, de idênticas infrações, inclusive de natureza acessória, verificada em relação aos últimos 5 (cinco) anos calendário, formalizadas por intermédio de auto de infração ou notificação de lançamento; ou

II — a segunda ocorrência de idênticas infrações, caso seja constatada a utilização de artifício, ardil ou qualquer outro meio fraudulento que induza ou mantenha a fiscalização em erro, com o fim de suprimir ou reduzir o pagamento de tributo.

Art. 30. A exclusão do Simples Nacional, mediante comunicação das microempresas ou das empresas de pequeno porte, dar-se-á:

I — por opção;

II — obrigatoriamente, quando elas incorrerem em qualquer das situações de vedação previstas nesta Lei Complementar; ou

III — obrigatoriamente, quando ultrapassado, no ano calendário de início de atividade, o limite proporcional de receita bruta de que trata o § 2º do art. 3º;

IV — obrigatoriamente, quando ultrapassado, no ano calendário, o limite de receita bruta previsto no inciso II do *caput* do art. 3º, quando não estiver no ano calendário de início de atividade.

§ 1º A exclusão deverá ser comunicada à Secretaria da Receita Federal:

I — na hipótese do inciso I do *caput* deste artigo, até o último dia útil do mês de janeiro;

II — na hipótese do inciso II do *caput* deste artigo, até o último dia útil do mês subsequente àquele em que ocorrida a situação de vedação;

III — na hipótese do inciso III do *caput*:

a) até o último dia útil do mês seguinte àquele em que tiver ultrapassado em mais de 20% (vinte por cento) o limite proporcional de que trata o § 10 do art. 3º; ou

b) até o último dia útil do mês de janeiro do ano calendário subsequente ao de início de atividades, caso o excesso seja inferior a 20% (vinte por cento) do respectivo limite;

IV — na hipótese do inciso IV do *caput*:

a) até o último dia útil do mês subsequente à ultrapassagem em mais de 20% (vinte por cento) do limite de receita bruta previsto no inciso II do *caput* do art. 3º; ou

b) até o último dia útil do mês de janeiro do ano calendário subsequente, na hipótese de não ter ultrapassado em mais de 20% (vinte por cento) o limite de receita bruta previsto no inciso II do *caput* do art. 3º.

§ 2º A comunicação de que trata o *caput* deste artigo dar-se-á na forma a ser estabelecida pelo Comitê Gestor.

§ 3º A alteração de dados no CNPJ, informada pela ME ou EPP à Secretaria da Receita Federal do Brasil, equivalerá à comunicação obrigatória de exclusão do Simples Nacional nas seguintes hipóteses:

I — alteração de natureza jurídica para Sociedade Anônima, Sociedade Empresária em Comandita por Ações, Sociedade em Conta de Participação ou Estabelecimento, no Brasil, de Sociedade Estrangeira;

II — inclusão de atividade econômica vedada à opção pelo Simples Nacional;

III — inclusão de sócio pessoa jurídica;

IV — inclusão de sócio domiciliado no exterior;

V — cisão parcial; ou

VI — extinção da empresa.

Art. 31. A exclusão das microempresas ou das empresas de pequeno porte do Simples Nacional produzirá efeitos:

I — na hipótese do inciso I do *caput* do art. 30 desta Lei Complementar, a partir de 1º de janeiro do ano calendário subsequente, ressalvado o disposto no § 4º deste artigo;

II — na hipótese do inciso II do *caput* do art. 30 desta Lei Complementar, a partir do mês seguinte da ocorrência da situação impeditiva;

III — na hipótese do inciso III do *caput* do art. 30 desta Lei Complementar:

a) desde o início das atividades;

b) a partir de 1º de janeiro do ano calendário subsequente, na hipótese de não ter ultrapassado em mais de 20% (vinte por cento) o limite proporcional de que trata o § 10 do art. 3º;

IV — na hipótese do inciso V do *caput* do art. 17 desta Lei Complementar, a partir do ano calendário subsequente ao da ciência da comunicação da exclusão;

V — na hipótese do inciso IV do *caput* do art. 30:

a) a partir do mês subsequente à ultrapassagem em mais de 20% (vinte por cento) do limite de receita bruta previsto no inciso II do art. 3º;

b) a partir de 1º de janeiro do ano calendário subsequente, na hipótese de não ter ultrapassado em mais de 20% (vinte por cento) o limite de receita bruta previsto no inciso II do art. 3º.

§ 1º Na hipótese prevista no inciso III do *caput* do art. 30 desta Lei Complementar, a microempresa ou empresa de pequeno porte não poderá optar, no ano calendário subsequente ao do início de atividades, pelo Simples Nacional.

§ 2º Na hipótese dos incisos V e XVI do *caput* do art. 17, será permitida a permanência da pessoa jurídica como optante pelo Simples Nacional mediante a comprovação da regularização do débito ou do cadastro fiscal no prazo de até 30 (trinta) dias contados a partir da ciência da comunicação da exclusão.

§ 3º O CGSN regulamentará os procedimentos relativos ao impedimento de recolher o ICMS e o ISS na forma do Simples Nacional, em face da ultrapassagem dos limites estabelecidos na forma dos incisos I ou II do art. 19 e do art. 20.

§ 4º No caso de a microempresa ou a empresa de pequeno porte ser excluída do Simples Nacional no mês de janeiro, na hipótese do inciso I do *caput* do art. 30 desta Lei Complementar, os efeitos da exclusão dar-se-ão nesse mesmo ano.

§ 5º Na hipótese do inciso II do *caput* deste artigo, uma vez que o motivo da exclusão deixe de existir, havendo a exclusão retroativa de ofício no caso do inciso I do *caput* do art. 29 desta Lei Complementar, o efeito desta dar-se-á a partir do mês seguinte ao da ocorrência da situação impeditiva, limitada, porém, ao último dia do ano calendário em que a referida situação deixou de existir.

Art. 32. As microempresas ou as empresas de pequeno porte excluídas do Simples Nacional sujeitar-se-ão, a partir do período em que se processarem os efeitos da exclusão, às normas de tributação aplicáveis às demais pessoas jurídicas.

§ 1º Para efeitos do disposto no *caput* deste artigo, na hipótese da alínea a do inciso III do *caput* do art. 31 desta Lei Complementar, a microempresa ou a empresa de pequeno porte desenquadrada ficará sujeita ao pagamento da totalidade ou diferença dos respectivos impostos e contribuições, devidos de conformidade com as normas gerais de incidência, acrescidos, tão somente, de juros de mora, quando efetuado antes do início de procedimento de ofício.

§ 2º Para efeito do disposto no *caput* deste artigo, o sujeito passivo poderá optar pelo recolhimento do imposto de renda e da Contribuição Social sobre o Lucro Líquido na forma do lucro presumido, lucro real trimestral ou anual.

§ 3º Aplica-se o disposto no *caput* e no § 1º em relação ao ICMS e ao ISS à empresa impedida de recolher esses impostos na forma do Simples Nacional, em face da ultrapassagem dos limites a que se referem os incisos I e II do *caput* do art. 19, relativamente ao estabelecimento localizado na unidade da Federação que os houver adotado.

Seção IX
Da Fiscalização

Art. 33. A competência para fiscalizar o cumprimento das obrigações principais e acessórias relativas ao Simples Nacional e para verificar a ocorrência das hipóteses previstas no art. 29 desta Lei Complementar é da Secretaria da Receita Federal e das Secretarias de Fazenda ou de Finanças do Estado ou do Distrito Federal, segundo a localização do estabelecimento, e, tratando-se de prestação de serviços incluídos na competência tributária municipal, a competência será também do respectivo Município.

§ 1º As Secretarias de Fazenda ou Finanças dos Estados poderão celebrar convênio com os Municípios de sua jurisdição para atribuir a estes a fiscalização a que se refere o *caput* deste artigo.

§ 1º-A. Dispensa-se o convênio de que trata o § 1º na hipótese de ocorrência de prestação de serviços sujeita ao ISS por estabelecimento localizado no Município.

§ 1º-B. A fiscalização de que trata o *caput*, após iniciada, poderá abranger todos os demais estabelecimentos da microempresa ou da empresa de pequeno porte, independentemente da atividade por eles exercida ou de sua localização, na forma e condições estabelecidas pelo CGSN.

§ 1º-C. As autoridades fiscais de que trata o *caput* têm competência para efetuar o lançamento de todos os tributos previstos nos incisos I a VIII do art. 13, apurados na forma do Simples Nacional, relativamente a todos os estabelecimentos da empresa, independentemente do ente federado instituidor.

§ 1º-D. A competência para autuação por descumprimento de obrigação acessória é privativa da administração tributária perante a qual a obrigação deveria ter sido cumprida.

§ 2º Na hipótese de a microempresa ou empresa de pequeno porte exercer alguma das atividades de prestação de serviços previstas no § 5º-C do art. 18 desta Lei Complementar, caberá à Secretaria da Receita Federal do Brasil a fiscalização da Contribuição para a Seguridade Social, a cargo da empresa, de que trata o art. 22 da Lei n. 8.212, de 24 de julho de 1991.

§ 3º O valor não pago, apurado em procedimento de fiscalização, será exigido em lançamento de ofício pela autoridade competente que realizou a fiscalização.

§ 4º O Comitê Gestor disciplinará o disposto neste artigo.

Seção X
Da Omissão de Receita

Art. 34. Aplicam-se à microempresa e à empresa de pequeno porte optantes pelo Simples Nacional todas as presunções de omissão de receita existentes nas legislações de regência dos impostos e contribuições incluídos no Simples Nacional.

Seção XI
Dos Acréscimos Legais

Art. 35. Aplicam-se aos impostos e contribuições devidos pela microempresa e pela empresa de pequeno porte, inscritas no Simples Nacional, as normas relativas aos juros e multa de mora e de ofício previstas para o imposto de renda, inclusive, quando for o caso, em relação ao ICMS e ao ISS.

Art. 36. A falta de comunicação, quando obrigatória, da exclusão da pessoa jurídica do Simples Nacional, nos prazos determinados no § 1º do art. 30 desta Lei Complementar, sujeitará a pessoa jurídica a multa correspondente a 10% (dez por cento) do total dos impostos e contribuições devidos de conformidade com o Simples Nacional no mês que anteceder o início dos efeitos da exclusão, não inferior a R$ 200,00 (duzentos reais), insuscetível de redução.

Art. 36-A. A falta de comunicação, quando obrigatória, do desenquadramento do microempreendedor individual da sistemática de recolhimento prevista no art. 18-A desta Lei Complementar nos prazos determinados em seu § 7º sujeitará o microempreendedor individual a multa no valor de R$ 50,00 (cinquenta reais), insuscetível de redução.

Art. 37. A imposição das multas de que trata esta Lei Complementar não exclui a aplicação das sanções previstas na legislação penal, inclusive em relação a declaração falsa, adulteração de documentos e emissão de nota fiscal em desacordo com a operação efetivamente praticada, a que estão sujeitos o titular ou sócio da pessoa jurídica.

Art. 38. O sujeito passivo que deixar de apresentar a Declaração Simplificada da Pessoa Jurídica a que se refere o art. 25 desta Lei Complementar, no prazo fixado, ou que a apresentar com incorreções ou omissões, será intimado a apresentar declaração original, no caso de não apresentação, ou a prestar esclarecimentos, nos demais casos, no prazo estipulado pela autoridade fiscal, na forma definida pelo Comitê Gestor, e sujeitar-se-á às seguintes multas:

I — de 2% (dois por cento) ao mês calendário ou fração, incidentes sobre o montante dos tributos e contribuições informados na Declaração Simplificada da Pessoa Jurídica, ainda que integralmente pago, no caso de falta de entrega da declaração ou entrega após o prazo, limitada a 20% (vinte por cento), observado o disposto no § 3º deste artigo;

II — de R$ 100,00 (cem reais) para cada grupo de 10 (dez) informações incorretas ou omitidas.

§ 1º Para efeito de aplicação da multa prevista no inciso I do *caput* deste artigo, será considerado como termo inicial o dia seguinte ao término do prazo originalmente fixado para a entrega da declaração e como termo final a data da efetiva entrega ou, no caso de não apresentação, da lavratura do auto de infração.

§ 2º Observado o disposto no § 3º deste artigo, as multas serão reduzidas:

I — à metade, quando a declaração for apresentada após o prazo, mas antes de qualquer procedimento de ofício;

II — a 75% (setenta e cinco por cento), se houver a apresentação da declaração no prazo fixado em intimação.

§ 3º A multa mínima a ser aplicada será de R$ 200,00 (duzentos reais).

§ 4º Considerar-se-á não entregue a declaração que não atender às especificações técnicas estabelecidas pelo Comitê Gestor.

§ 5º Na hipótese do § 4º deste artigo, o sujeito passivo será intimado a apresentar nova declaração, no prazo de 10 (dez) dias, contados da ciência da intimação, e sujeitar-se-á à multa prevista no inciso I do *caput* deste artigo, observado o disposto nos §§ 1º a 3º deste artigo.

§ 6º A multa mínima de que trata o § 3º deste artigo a ser aplicada ao Microempreendedor Individual na vigência da opção de que trata o art. 18-A desta Lei Complementar será de R$ 50,00 (cinquenta reais).

Art. 38-A. O sujeito passivo que deixar de prestar as informações no sistema eletrônico de cálculo de que trata o § 15 do art. 18, no prazo previsto no § 15-A do mesmo artigo, ou que as prestar com incorreções ou omissões, será intimado a fazê-lo, no caso de não apresentação, ou a prestar esclarecimentos, nos demais casos, no prazo estipulado pela autoridade fiscal, na forma definida pelo CGSN, e sujeitar-se-á às seguintes multas, para cada mês de referência:

I — de 2% (dois por cento) ao mês calendário ou fração, a partir do primeiro dia do quarto mês do ano subsequente à ocorrência dos fatos geradores, incidentes sobre o montante dos impostos e contribuições decorrentes das informações prestadas no sistema eletrônico de cálculo de que trata o § 15 do art. 18, ainda que integralmente pago, no caso de ausência de prestação de informações ou sua efetuação após o prazo, limitada a 20% (vinte por cento), observado o disposto no § 2º deste artigo; e

II — de R$ 20,00 (vinte reais) para cada grupo de 10 (dez) informações incorretas ou omitidas.

§ 1º Para efeito de aplicação da multa prevista no inciso I do *caput*, será considerado como termo inicial o primeiro dia do quarto mês do ano subsequente à ocorrência dos fatos geradores e como termo final a data da efetiva prestação ou, no caso de não prestação, da lavratura do auto de infração.

§ 2º A multa mínima a ser aplicada será de R$ 50,00 (cinquenta reais) para cada mês de referência.

§ 3º Aplica-se ao disposto neste artigo o disposto nos §§ 2º, 4º e 5º do art. 38.

§ 4º O CGSN poderá estabelecer data posterior à prevista no inciso I do *caput* e no § 1º.

Art. 38-B. As multas relativas à falta de prestação ou à incorreção no cumprimento de obrigações acessórias para com os órgãos e entidades federais, estaduais, distritais e municipais, quando em valor fixo ou mínimo, e na ausência de previsão legal de valores específicos e mais favoráveis para MEI, microempresa ou empresa de pequeno porte, terão redução de: *(Redação dada pela Lei Complementar n. 147, de 7.8.14, DOU 8.8.14)*

I — 90% (noventa por cento) para os MEI; *(Redação dada pela Lei Complementar n. 147, de 7.8.14, DOU 8.8.14)*

II — 50% (cinquenta por cento) para as microempresas ou empresas de pequeno porte optantes pelo Simples Nacional. *(Redação dada pela Lei Complementar n. 147, de 7.8.14, DOU 8.8.14)*

Parágrafo único. As reduções de que tratam os incisos I e II do *caput* não se aplicam na: *(Redação dada pela Lei Complementar n. 147, de 7.8.14, DOU 8.8.14)*

I — hipótese de fraude, resistência ou embaraço à fiscalização; *(Redação dada pela Lei Complementar n. 147, de 7.8.14, DOU 8.8.14)*

II — ausência de pagamento da multa no prazo de 30 (trinta) dias após a notificação. *(Redação dada pela Lei Complementar n. 147, de 7.8.14, DOU 8.8.14)*

Seção XII
Do Processo Administrativo Fiscal

Art. 39. O contencioso administrativo relativo ao Simples Nacional será de competência do órgão julgador integrante da estrutura administrativa do ente federativo que efetuar o lançamento, o indeferimento da opção ou a exclusão de ofício, observados os dispositivos legais atinentes aos processos administrativos fiscais desse ente.

§ 1º O Município poderá, mediante convênio, transferir a atribuição de julgamento exclusivamente ao respectivo Estado em que se localiza.

§ 2º No caso em que o contribuinte do Simples Nacional exerça atividades incluídas no campo de incidência do ICMS e do ISS e seja apurada omissão de receita de que não se consiga identificar a origem, a autuação será feita utilizando a maior alíquota prevista nesta Lei Complementar, e a parcela autuada que não seja correspondente aos tributos e contribuições federais será rateada entre Estados e Municípios ou Distrito Federal.

§ 3º Na hipótese referida no § 2º deste artigo, o julgamento caberá ao Estado ou ao Distrito Federal.

§ 4º A intimação eletrônica dos atos do contencioso administrativo observará o disposto nos §§ 1º-A a 1º-D do art. 16.

§ 5º A impugnação relativa ao indeferimento da opção ou à exclusão poderá ser decidida em órgão diverso do previsto no *caput*, na forma estabelecida pela respectiva administração tributária.

§ 6º Na hipótese prevista no § 5º, o CGSN poderá disciplinar procedimentos e prazos, bem como, no processo de exclusão, prever efeito suspensivo na hipótese de apresentação de impugnação, defesa ou recurso.

Art. 40. As consultas relativas ao Simples Nacional serão solucionadas pela Secretaria da Receita Federal, salvo quando se referirem a tributos e contribuições de competência estadual ou municipal, que serão solucionadas conforme a respectiva competência tributária, na forma disciplinada pelo Comitê Gestor.

Seção XIII
Do Processo Judicial

Art. 41. Os processos relativos a impostos e contribuições abrangidos pelo Simples Nacional serão ajuizados em face da União, que será representada em juízo pela Procuradoria-Geral da Fazenda Nacional, observado o disposto no § 5º deste artigo.

§ 1º Os Estados, Distrito Federal e Municípios prestarão auxílio à Procuradoria-Geral da Fazenda Nacional, em relação aos tributos de sua competência, na forma a ser disciplinada por ato do Comitê Gestor.

§ 2º Os créditos tributários oriundos da aplicação desta Lei Complementar serão apurados, inscritos em Dívida Ativa da União e cobrados judicialmente pela Procuradoria-Geral da Fazenda Nacional, observado o disposto no inciso V do § 5º deste artigo.

§ 3º Mediante convênio, a Procuradoria-Geral da Fazenda Nacional poderá delegar aos Estados e Municípios a inscrição em dívida ativa estadual e municipal e a cobrança judicial dos tributos estaduais e municipais a que se refere esta Lei Complementar.

§ 4º Aplica-se o disposto neste artigo aos impostos e contribuições que não tenham sido recolhidos resultantes das informações prestadas:

I — no sistema eletrônico de cálculo dos valores devidos no Simples Nacional de que trata o § 15 do art. 18;

II — na declaração a que se refere o art. 25.

§ 5º Excetuam-se do disposto no *caput* deste artigo:

I — os mandados de segurança nos quais se impugnem atos de autoridade coatora pertencente a Estado, Distrito Federal ou Município;

II — as ações que tratem exclusivamente de tributos de competência dos Estados, do Distrito Federal ou dos Municípios, as quais serão propostas em face desses entes federativos, representados em juízo por suas respectivas procuradorias;

III — as ações promovidas na hipótese de celebração do convênio de que trata o § 3º deste artigo;

IV — o crédito tributário decorrente de auto de infração lavrado exclusivamente em face de descumprimento de obrigação acessória, observado o disposto no § 1º-D do art. 33;

V — o crédito tributário relativo ao ICMS e ao ISS de que tratam as alíneas b e c do inciso V do § 3º do art. 18-A desta Lei Complementar. (NR) *(Redação dada pela Lei Complementar n. 147, de 7.8.14, DOU 8.8.14)*

Capítulo V
Do Acesso aos Mercados

Seção I
Das Aquisições Públicas

Art. 42. Nas licitações públicas, a comprovação de regularidade fiscal das microempresas e empresas de pequeno porte somente será exigida para efeito de assinatura do contrato.

Art. 43. As microempresas e empresas de pequeno porte, por ocasião da participação em certames licitatórios, deverão apresentar toda a documentação exigida para efeito de comprovação de regularidade fiscal, mesmo que esta apresente alguma restrição.

§ 1º Havendo alguma restrição na comprovação da regularidade fiscal, será assegurado o prazo de 5 (cinco) dias úteis, cujo termo inicial corresponderá ao momento em que o proponente for declarado o vencedor do certame, prorrogável por igual período, a critério da administração pública, para a regularização da documentação, pagamento ou parcelamento do débito e emissão de eventuais certidões negativas ou positivas com efeito de certidão negativa. *(Redação dada pela Lei Complementar n. 147, de 7.8.14, DOU 8.8.14)*

§ 2º A não regularização da documentação, no prazo previsto no § 1º deste artigo, implicará decadência do direito à contratação, sem prejuízo das sanções previstas no art. 81 da Lei n. 8.666, de 21 de junho de 1993, sendo facultado à Administração convocar os licitantes remanescentes, na ordem de classificação, para a assinatura do contrato, ou revogar a licitação.

Art. 44. Nas licitações será assegurada, como critério de desempate, preferência de contratação para as microempresas e empresas de pequeno porte.

§ 1º Entende-se por empate aquelas situações em que as propostas apresentadas pelas microempresas e empresas de pequeno porte sejam iguais ou até 10% (dez por cento) superiores à proposta mais bem classificada.

§ 2º Na modalidade de pregão, o intervalo percentual estabelecido no § 1º deste artigo será de até 5% (cinco por cento) superior ao melhor preço.

Art. 45. Para efeito do disposto no art. 44 desta Lei Complementar, ocorrendo o empate, proceder-se-á da seguinte forma:

I — a microempresa ou empresa de pequeno porte mais bem classificada poderá apresentar proposta de preço inferior àquela considerada vencedora do certame, situação em que será adjudicado em seu favor o objeto licitado;

II — não ocorrendo a contratação da microempresa ou empresa de pequeno porte, na forma do inciso I do *caput* deste artigo, serão convocadas as remanescentes que porventura se enquadrem na hipótese dos §§ 1º e 2º do art. 44 desta Lei Complementar, na ordem classificatória, para o exercício do mesmo direito;

III — no caso de equivalência dos valores apresentados pelas microempresas e empresas de pequeno porte que se encontrem nos intervalos estabelecidos nos §§ 1º e 2º do art. 44 desta Lei Complementar, será realizado sorteio entre elas para que se identifique aquela que primeiro poderá apresentar melhor oferta.

§ 1º Na hipótese da não contratação nos termos previstos no *caput* deste artigo, o objeto licitado será adjudicado em favor da proposta originalmente vencedora do certame.

§ 2º O disposto neste artigo somente se aplicará quando a melhor oferta inicial não tiver sido apresentada por microempresa ou empresa de pequeno porte.

§ 3º No caso de pregão, a microempresa ou empresa de pequeno porte mais bem classificada será convocada para apresentar nova proposta no prazo máximo de 5 (cinco) minutos após o encerramento dos lances, sob pena de preclusão.

Art. 46. A microempresa e a empresa de pequeno porte titular de direitos creditórios decorrentes de empenhos liquidados por órgãos e entidades da União, Estados, Distrito Federal e Município não pagos em até 30 (trinta) dias contados da data de liquidação poderão emitir cédula de crédito microempresarial.

Parágrafo único. (Revogado pela Lei Complementar n. 147, de 7.8.14, DOU 8.8.14)

Art. 47. Nas contratações públicas da administração direta e indireta, autárquica e fundacional, federal, estadual e municipal, deverá ser concedido tratamento diferenciado e simplificado para as microempresas e empresas de pequeno porte objetivando a promoção do desenvolvimento econômico e social no âmbito municipal e regional, a ampliação da eficiência das políticas públicas e o incentivo à inovação tecnológica. *(Redação dada pela Lei Complementar n. 147, de 7.8.14, DOU 8.8.14)*

Parágrafo único. No que diz respeito às compras públicas, enquanto não sobrevier legislação estadual, municipal ou regulamento específico de cada órgão mais favorável à microempresa e empresa de pequeno porte, aplica-se a legislação federal. (NR) *(Redação dada pela Lei Complementar n. 147, de 7.8.14, DOU 8.8.14)*

Art. 48. Para o cumprimento do disposto no art. 47 desta Lei Complementar, a administração pública: *(Redação dada pela Lei Complementar n. 147, de 7.8.14, DOU 8.8.14)*

I — deverá realizar processo licitatório destinado exclusivamente à participação de microempresas e empresas de pequeno porte nos itens de contratação cujo valor seja de até R$ 80.000,00 (oitenta mil reais); *(Redação dada pela Lei Complementar n. 147, de 7.8.14, DOU 8.8.14)*

II — poderá, em relação aos processos licitatórios destinados à aquisição de obras e serviços, exigir dos licitantes a subcontratação de microempresa ou empresa de pequeno porte; *(Redação dada pela Lei Complementar n. 147, de 7.8.14, DOU 8.8.14)*

III — deverá estabelecer, em certames para aquisição de bens de natureza divisível, cota de até 25% (vinte e cinco por cento) do objeto para a contratação de microempresas e empresas de pequeno porte. *(Redação dada pela Lei Complementar n. 147, de 7.8.14, DOU 8.8.14)*

§ 1º (Revogado). (Lei Complementar n. 147, de 7.8.14, DOU 8.8.14)

§ 2º Na hipótese do inciso II do *caput* deste artigo, os empenhos e pagamentos do órgão ou entidade da administração pública poderão ser destinados diretamente às microempresas e empresas de pequeno porte subcontratadas.

§ 3º Os benefícios referidos no *caput* deste artigo poderão, justificadamente, estabelecer a prioridade de contratação para as microempresas e empresas de pequeno porte sediadas local ou até o limite de 10% (dez por cento) do melhor preço válido. (NR) *(Redação dada pela Lei Complementar n. 147, de 7.8.14, DOU 8.8.14)*

Art. 49. Não se aplica o disposto nos arts. 47 e 48 desta Lei Complementar quando:

I — (Revogado); (Lei Complementar n. 147, de 7.8.14, DOU 8.8.14)

II — não houver um mínimo de 3 (três) fornecedores competitivos enquadrados como microempresas ou empresas de pequeno porte sediados local ou regionalmente e capazes de cumprir as exigências estabelecidas no instrumento convocatório;

III — o tratamento diferenciado e simplificado para as microempresas e empresas de pequeno porte não for vantajoso para a administração pública ou representar prejuízo ao conjunto ou complexo do objeto a ser contratado;

IV — a licitação for dispensável ou inexigível, nos termos dos arts. 24 e 25 da Lei n. 8.666, de 21 de junho de 1993, excetuando-se as dispensas tratadas pelos incisos I e II do art. 24 da mesma Lei, nas quais a compra deverá ser feita preferencialmente de microempresas e empresas de pequeno porte, aplicando-se o disposto no inciso I do art. 48. (NR) *(Redação dada pela Lei Complementar n. 147, de 7.8.14, DOU 8.8.14)*

Seção II
Acesso ao Mercado Externo

Art. 49-A. A microempresa e a empresa de pequeno porte beneficiárias do SIMPLES usufruirão de regime de exportação que contemplará procedimentos simplificados de habilitação, licenciamento, despacho aduaneiro e câmbio, na forma do regulamento. *(Redação dada pela Lei Complementar n. 147, de 7.8.14, DOU 8.8.14)*

Parágrafo único. As pessoas jurídicas prestadoras de serviço de logística internacional quando contratadas por beneficiários do SIMPLES estão autorizadas a realizar atividades relativas a licenciamento administrativo, despacho aduaneiro, consolidação e desconsolidação de carga, bem como a contratação de seguro, câmbio, transporte e armazenagem de mercadorias, objeto da prestação do serviço, na forma do regulamento. *(Redação dada pela Lei Complementar n. 147, de 7.8.14, DOU 8.8.14)*

Capítulo VI
Da Simplificação das Relações de Trabalho

Seção I
Da Segurança e da Medicina do Trabalho

Art. 50. As microempresas e as empresas de pequeno porte serão estimuladas pelo poder público e pelos Serviços Sociais Autônomos a formar consórcios para acesso a serviços especializados em segurança e medicina do trabalho.

Seção II
Das Obrigações Trabalhistas

Art. 51. As microempresas e as empresas de pequeno porte são dispensadas:

I — da afixação de Quadro de Trabalho em suas dependências;

II — da anotação das férias dos empregados nos respectivos livros ou fichas de registro;

III — de empregar e matricular seus aprendizes nos cursos dos Serviços Nacionais de Aprendizagem;

IV — da posse do livro intitulado "Inspeção do Trabalho"; e

V — de comunicar ao Ministério do Trabalho e Emprego a concessão de férias coletivas.

Art. 52. O disposto no art. 51 desta Lei Complementar não dispensa as microempresas e as empresas de pequeno porte dos seguintes procedimentos:

I — anotações na Carteira de Trabalho e Previdência Social — CTPS;

II — arquivamento dos documentos comprobatórios de cumprimento das obrigações trabalhistas e previdenciárias, enquanto não prescreverem essas obrigações;

III — apresentação da Guia de Recolhimento do Fundo de Garantia do Tempo de Serviço e Informações à Previdência Social — GFIP;

IV — apresentação das Relações Anuais de Empregados e da Relação Anual de Informações Sociais — RAIS e do Cadastro Geral de Empregados e Desempregados — CAGED.

Parágrafo único. (VETADO).

Art. 53. (REVOGADO)

Seção III
Do Acesso à Justiça do Trabalho

Art. 54. É facultado ao empregador de microempresa ou de empresa de pequeno porte fazer-se substituir ou representar perante a Justiça do Trabalho por terceiros que conheçam dos fatos, ainda que não possuam vínculo trabalhista ou societário.

Capítulo VII
Da Fiscalização Orientadora

Art. 55. A fiscalização, no que se refere aos aspectos trabalhista, metrológico, sanitário, ambiental, de segurança e de uso e ocupação do solo das microempresas e empresas de pequeno porte deverá ter natureza prioritariamente orientadora, quando a atividade ou situação, por sua natureza, comportar grau de risco compatível com esse procedimento. *(Redação dada pela Lei Complementar n. 147, de 7.8.14, DOU 8.8.14)*

§ 1º Será observado o critério de dupla visita para lavratura de autos de infração, salvo quando for constatada infração por falta de registro de empregado ou anotação da Carteira de Trabalho e Previdência Social — CTPS, ou, ainda, na ocorrência de reincidência, fraude, resistência ou embaraço à fiscalização.

§ 2º (VETADO).

§ 3º Os órgãos e entidades competentes definirão, em 12 (doze) meses, as atividades e situações cujo grau de risco seja considerado alto, as quais não se sujeitarão ao disposto neste artigo.

§ 4º O disposto neste artigo não se aplica ao processo administrativo fiscal relativo a tributos, que se dará na forma dos arts. 39 e 40 desta Lei Complementar.

§ 5º O disposto no § 1º aplica-se à lavratura de multa pelo descumprimento de obrigações acessórias relativas às matérias do *caput*, inclusive quando previsto seu cumprimento de forma unificada com matéria de outra natureza, exceto a trabalhista. *(Redação dada pela Lei Complementar n. 147, de 7.8.14, DOU 8.8.14)*

§ 6º A inobservância do critério de dupla visita implica nulidade do auto de infração lavrado sem cumprimento ao disposto neste artigo, independentemente da natureza principal ou acessória da obrigação. *(Redação dada pela Lei Complementar n. 147, de 7.8.14, DOU 8.8.14)*

§ 7º Os órgãos e entidades da administração pública federal, estadual, distrital e municipal deverão observar o princípio do tratamento diferenciado, simplificado e favorecido por ocasião da fixação de valores decorrentes de multas e demais sanções administrativas. *(Redação dada pela Lei Complementar n. 147, de 7.8.14, DOU 8.8.14)*

§ 8º A inobservância do disposto no *caput* deste artigo implica atentado aos direitos e garantias legais assegurados ao exercício profissional da atividade empresarial. *(Redação dada pela Lei Complementar n. 147, de 7.8.14, DOU 8.8.14)*

§ 9º O disposto no *caput* deste artigo não se aplica a infrações relativas à ocupação irregular da reserva de faixa não edificável, de área destinada a equipamentos urbanos, de áreas de preservação permanente e nas faixas de domínio público das rodovias, ferrovias e dutovias ou de vias e logradouros públicos. (NR) *(Redação dada pela Lei Complementar n. 147, de 7.8.14, DOU 8.8.14)*

Capítulo VIII
Do Associativismo

Seção Única
Da Sociedade de Propósito Específico formada por Microempresas e Empresas de Pequeno Porte optantes pelo Simples Nacional

Art. 56. As microempresas ou as empresas de pequeno porte poderão realizar negócios de compra e venda de bens e serviços para os mercados nacional e internacional, por meio de sociedade de propósito específico, nos termos e condições estabelecidos pelo Poder Executivo federal. *(Redação dada pela Lei Complementar n. 147, de 7.8.14, DOU 8.8.14)*

§ 1º Não poderão integrar a sociedade de que trata o *caput* deste artigo pessoas jurídicas não optantes pelo Simples Nacional.

§ 2º A sociedade de propósito específico de que trata este artigo:

I — terá seus atos arquivados no Registro Público de Empresas Mercantis;

II — terá por finalidade realizar:

a) operações de compras para revenda às microempresas ou empresas de pequeno porte que sejam suas sócias;

b) operações de venda de bens adquiridos das microempresas e empresas de pequeno porte que sejam suas sócias para pessoas jurídicas que não sejam suas sócias;

III — poderá exercer atividades de promoção dos bens referidos na alínea b do inciso II deste parágrafo;

IV — apurará o imposto de renda das pessoas jurídicas com base no lucro real, devendo manter a escrituração dos livros Diário e Razão;

V — apurará a COFINS e a Contribuição para o PIS/PASEP de modo não cumulativo;

VI — exportará, exclusivamente, bens a ela destinados pelas microempresas e empresas de pequeno porte que dela façam parte;

VII — será constituída como sociedade limitada;

VIII — deverá, nas revendas às microempresas ou empresas de pequeno porte que sejam suas sócias, observar preço no mínimo igual ao das aquisições realizadas para revenda; e

IX — deverá, nas revendas de bens adquiridos de microempresas ou empresas de pequeno porte que sejam suas sócias, observar preço no mínimo igual ao das aquisições desses bens.

§ 3º A aquisição de bens destinados à exportação pela sociedade de propósito específico não gera direito a créditos relativos a impostos ou contribuições abrangidos pelo Simples Nacional.

§ 4º A microempresa ou a empresa de pequeno porte não poderá participar simultaneamente de mais de uma sociedade de propósito específico de que trata este artigo.

§ 5º A sociedade de propósito específico de que trata este artigo não poderá:

I — ser filial, sucursal, agência ou representação, no País, de pessoa jurídica com sede no exterior;

II — ser constituída sob a forma de cooperativas, inclusive de consumo;

III — participar do capital de outra pessoa jurídica;

IV — exercer atividade de banco comercial, de investimentos e de desenvolvimento, de caixa econômica, de sociedade de crédito, financiamento e investimento ou de crédito imobiliário, de corretora ou de distribuidora de títulos, valores mobiliários e câmbio, de empresa de arrendamento mercantil, de seguros privados e de capitalização ou de previdência complementar;

V — ser resultante ou remanescente de cisão ou qualquer outra forma de desmembramento de pessoa jurídica que tenha ocorrido em um dos 5 (cinco) anos-calendário anteriores;

VI — exercer a atividade vedada às microempresas e empresas de pequeno porte optantes pelo Simples Nacional.

§ 6º A inobservância do disposto no § 4º deste artigo acarretará a responsabilidade solidária das microempresas ou empresas de pequeno porte sócias da sociedade de propósito específico de que trata este artigo na hipótese em que seus titulares, sócios ou administradores conhecessem ou devessem conhecer tal inobservância.

§ 7º O Poder Executivo regulamentará o disposto neste artigo até 31 de dezembro de 2008.

Capítulo IX
Do Estímulo ao Crédito
e à Capitalização

Seção I
Disposições Gerais

Art. 57. O Poder Executivo federal proporá, sempre que necessário, medidas no sentido de melhorar o acesso das microempresas e empresas de pequeno porte aos mercados de crédito e de capitais, objetivando a redução do custo de transação, a elevação da eficiência alocativa, o incentivo ao ambiente concorrencial e a qualidade do conjunto informacional, em especial o acesso e portabilidade das informações cadastrais relativas ao crédito.

Art. 58. Os bancos comerciais públicos e os bancos múltiplos públicos com carteira comercial e a Caixa Econômica Federal manterão linhas de crédito específicas para as microempresas e para as empresas de pequeno porte, devendo o montante disponível e suas condições de acesso ser expressos nos respectivos orçamentos e amplamente divulgadas.

§ 1º As instituições mencionadas no *caput* deste artigo deverão publicar, juntamente com os respectivos balanços, relatório circunstanciado dos recursos alocados às linhas de crédito referidas no *caput* deste artigo e aqueles efetivamente utilizados, consignando, obrigatoriamente, as justificativas do desempenho alcançado.

§ 2º O acesso às linhas de crédito específicas previstas no *caput* deste artigo deverá ter tratamento simplificado e ágil, com divulgação ampla das respectivas condições e exigências. (NR) *(Redação dada pela Lei Complementar n. 147, de 7.8.14, DOU 8.8.14)*

Art. 58-A. Os bancos públicos e privados não poderão contabilizar, para cumprimento de metas, empréstimos realizados a pessoas físicas, ainda que sócios de empresas, como disponibilização de crédito para microempresas e empresas de pequeno porte. *(Redação dada pela Lei Complementar n. 147, de 7.8.14, DOU 8.8.14)*

Art. 59. As instituições referidas no *caput* do art. 58 desta Lei Complementar devem se articular com as respectivas entidades de apoio e representação das microempresas e empresas de pequeno porte, no sentido de proporcionar e desenvolver programas de treinamento, desenvolvimento gerencial e capacitação tecnológica.

Art. 60. VETADO).

Art. 60-A. Poderá ser instituído Sistema Nacional de Garantias de Crédito pelo Poder Executivo, com o objetivo de facilitar o acesso das microempresas e empresas de pequeno porte a crédito e demais serviços das instituições financeiras, o qual, na forma de regulamento, proporcionará a elas tratamento diferenciado, favorecido e simplificado, sem prejuízo de atendimento a outros públicos-alvo.

Parágrafo único. O Sistema Nacional de Garantias de Crédito integrará o Sistema Financeiro Nacional.

Art. 60-B. Os fundos garantidores de risco de crédito empresarial que possuam participação da União na composição do seu capital atenderão, sempre que possível, as operações de crédito que envolvam microempresas e empresas de pequeno porte, definidas na forma do art. 3º desta Lei. *(Redação dada pela Lei Complementar n. 147, de 7.8.14, DOU 8.8.14)*

Art. 60-C. (VETADO). (Lei Complementar n. 147, de 7.8.14, DOU 8.8.14)

Art. 61. Para fins de apoio creditício às operações de comércio exterior das microempresas e das empresas de pequeno porte, serão utilizados os parâmetros de enquadramento ou outros instrumentos de alta significância para as microempresas, empresas de pequeno porte exportadoras segundo o porte de empresas, aprovados pelo Mercado Comum do Sul — MERCOSUL.

Seção II
Das Responsabilidades do Banco
Central do Brasil

Art. 62. O Banco Central do Brasil disponibilizará dados e informações das instituições financeiras integrantes do Sistema Financeiro Nacional, inclusive por meio do Sistema de Informações de Crédito — SCR, de modo a ampliar o acesso ao crédito para microempresas e empresas de pequeno porte e fomentar a competição bancária. *(Redação dada pela Lei Complementar n. 147, de 7.8.14, DOU 8.8.14)*

§ 1º O disposto no *caput* deste artigo alcança a disponibilização de dados e informações específicas relativas ao histórico de relacionamento bancário e creditício das microempresas e das empresas de pequeno porte, apenas aos próprios titulares.

§ 2º O Banco Central do Brasil poderá garantir o acesso simplificado, favorecido e diferenciado dos dados e informações constantes no § 1º deste artigo aos seus respectivos interessados, podendo a instituição optar por realizá-lo por meio das instituições financeiras, com as quais o próprio cliente tenha relacionamento.

Seção III
Das Condições de Acesso aos Depósitos
Especiais do Fundo de Amparo ao
Trabalhador — FAT

Art. 63. O CODEFAT poderá disponibilizar recursos financeiros por meio da criação de programa específico para as cooperativas de crédito de cujos quadros de cooperados participem microempreendedores, empreendedores de microempresa e empresa de pequeno porte bem como suas empresas.

Parágrafo único. Os recursos referidos no *caput* deste artigo deverão ser destinados exclusivamente às microempresas e empresas de pequeno porte.

Capítulo X
Do Estímulo à Inovação

Seção I
Disposições Gerais

Art. 64. Para os efeitos desta Lei Complementar considera-se:

I — inovação: a concepção de um novo produto ou processo de fabricação, bem como a agregação de novas funcionalidades ou características ao produto ou processo que implique melhorias incrementais e efetivo ganho de qualidade ou produtividade, resultando em maior competitividade no mercado;

II — agência de fomento: órgão ou instituição de natureza pública ou privada que tenha entre os seus objetivos o financiamento de ações que visem a estimular e promover o desenvolvimento da ciência, da tecnologia e da inovação;

III — Instituição Científica e Tecnológica — ICT: órgão ou entidade da administração pública que tenha por missão institucional,

dentre outras, executar atividades de pesquisa básica ou aplicada de caráter científico ou tecnológico;

IV — núcleo de inovação tecnológica: núcleo ou órgão constituído por uma ou mais ICT com a finalidade de gerir sua política de inovação;

V — instituição de apoio: instituições criadas sob o amparo da Lei n. 8.958, de 20 de dezembro de 1994, com a finalidade de dar apoio a projetos de pesquisa, ensino e extensão e de desenvolvimento institucional, científico e tecnológico.

VI — instrumentos de apoio tecnológico para a inovação: qualquer serviço disponibilizado presencialmente ou na internet que possibilite acesso a informações, orientações, bancos de dados de soluções de informações, respostas técnicas, pesquisas e atividades de apoio complementar desenvolvidas pelas instituições previstas nos incisos II a V deste artigo. (NR) *(Redação dada pela Lei Complementar n. 147, de 7.8.14, DOU 8.8.14)*

Seção II
Do Apoio à Inovação

Art. 65. A União, os Estados, o Distrito Federal e os Municípios, e as respectivas agências de fomento, as ICT, os núcleos de inovação tecnológica e as instituições de apoio manterão programas específicos para as microempresas e para as empresas de pequeno porte, inclusive quando estas revestirem a forma de incubadoras, observando-se o seguinte:

I — as condições de acesso serão diferenciadas, favorecidas e simplificadas;

II — o montante disponível e suas condições de acesso deverão ser expressos nos respectivos orçamentos e amplamente divulgados.

§ 1º As instituições deverão publicar, juntamente com as respectivas prestações de contas, relatório circunstanciado das estratégias para maximização da participação do segmento, assim como dos recursos alocados às ações referidas no *caput* deste artigo e aqueles efetivamente utilizados, consignando, obrigatoriamente, as justificativas do desempenho alcançado no período.

§ 2º As pessoas jurídicas referidas no *caput* deste artigo terão por meta a aplicação de, no mínimo, 20% (vinte por cento) dos recursos destinados à inovação para o desenvolvimento de tal atividade nas microempresas ou nas empresas de pequeno porte.

§ 3º Os órgãos e entidades integrantes da administração pública federal, estadual e municipal atuantes em pesquisa, desenvolvimento ou capacitação tecnológica terão por meta efetivar suas aplicações, no percentual mínimo fixado neste artigo, em programas e projetos de apoio às microempresas ou às empresas de pequeno porte, transmitindo ao Ministério da Ciência, Tecnologia e Inovação, no primeiro trimestre de cada ano, informação relativa aos valores alocados e a respectiva relação percentual em relação ao total dos recursos destinados para esse fim. *(Redação dada pela Lei Complementar n. 147, de 7.8.14, DOU 8.8.14)*

§ 4º Ficam autorizados a reduzir a 0 (zero) as alíquotas dos impostos e contribuições a seguir indicados, incidentes na aquisição, ou importação, de equipamentos, máquinas, aparelhos, instrumentos, acessórios, sobressalentes e ferramentas que os acompanhem, na forma definida em regulamento, quando adquiridos, ou importados, diretamente por microempresas ou empresas de pequeno porte para incorporação ao seu ativo imobilizado:

I — a União, em relação ao IPI, à COFINS, à Contribuição para o PIS/PASEP, à COFINS-Importação e à Contribuição para o PIS/PASEP-Importação; e

II — os Estados e o Distrito Federal, em relação ao ICMS.

§ 5º A microempresa ou empresa de pequeno porte, adquirente de bens com o benefício previsto no § 4º deste artigo, fica obrigada, nas hipóteses previstas em regulamento, a recolher os impostos e contribuições que deixaram de ser pagos, acrescidos de juros e multa, de mora ou de ofício, contados a partir da data da aquisição, no mercado interno, ou do registro da declaração de importação — DI, calculados na forma da legislação que rege a cobrança do tributo não pago.

§ 6º Para efeito da execução do orçamento previsto neste artigo, os órgãos e instituições poderão alocar os recursos destinados à criação e ao custeio de ambientes de inovação, incluindo incubadoras, parques e centros vocacionais tecnológicos, laboratórios metrológicos, de ensaio, de pesquisa ou apoio ao treinamento, bem como custeio de bolsas de extensão e remuneração de professores, pesquisadores e agentes envolvidos nas atividades de apoio tecnológico complementar. (NR) *(Redação dada pela Lei Complementar n. 147, de 7.8.14, DOU 8.8.14)*

Art. 66. No primeiro trimestre do ano subsequente, os órgãos e entidades a que alude o art. 67 desta Lei Complementar transmitirão ao Ministério da Ciência e Tecnologia relatório circunstanciado dos projetos realizados, compreendendo a análise do desempenho alcançado.

Art. 67. Os órgãos congêneres ao Ministério da Ciência e Tecnologia estaduais e municipais deverão elaborar e divulgar relatório anual indicando o valor dos recursos recebidos, inclusive por transferência de terceiros, que foram aplicados diretamente ou por organizações vinculadas, por Fundos Setoriais e outros, no segmento das microempresas e empresas de pequeno porte, retratando e avaliando os resultados obtidos e indicando as previsões de ações e metas para ampliação de sua participação no exercício seguinte.

Capítulo XI
Das Regras Civis e Empresariais

Seção I
Das Regras Civis

Subseção I
Do Pequeno Empresário

Art. 68. Considera-se pequeno empresário, para efeito de aplicação do disposto nos arts. 970 e 1.179 da Lei n. 10.406, de 10 de janeiro de 2002 (Código Civil), o empresário individual caracterizado como microempresa na forma desta Lei Complementar que aufira receita bruta anual até o limite previsto no § 1º do art. 18-A.

Subseção II (VETADO)

Art. 69. (VETADO).

Seção II
Das Deliberações Sociais e da Estrutura Organizacional

Art. 70. As microempresas e as empresas de pequeno porte são desobrigadas da realização de reuniões e assembleias em qualquer das situações previstas na legislação civil, as quais serão substituídas por deliberação representativa do primeiro número inteiro superior à metade do capital social.

§ 1º O disposto no *caput* deste artigo não se aplica caso haja disposição contratual em contrário, caso ocorra hipótese de justa causa que enseje a exclusão de sócio ou caso um ou mais sócios ponham em risco a continuidade da empresa em virtude de atos de inegável gravidade.

§ 2º Nos casos referidos no § 1º deste artigo, realizar-se-á reunião ou assembleia de acordo com a legislação civil.

Art. 71. Os empresários e as sociedades de que trata esta Lei Complementar, nos termos da legislação civil, ficam dispensados da publicação de qualquer ato societário.

Seção III
Do Nome Empresarial

Art. 72. As microempresas e as empresas de pequeno porte, nos termos da legislação civil, acrescentarão à sua firma ou denominação as expressões "Microempresa" ou "Empresa de Pequeno Porte", ou suas respectivas abreviações, "ME" ou "EPP", conforme o caso, sendo facultativa a inclusão do objeto da sociedade.

Seção IV
Do Protesto de Títulos

Art. 73. O protesto de título, quando o devedor for microempresário ou empresa de pequeno porte, é sujeito às seguintes condições:

I — sobre os emolumentos do tabelião não incidirão quaisquer acréscimos a título de taxas, custas e contribuições para o Estado ou Distrito Federal, carteira de previdência, fundo de custeio de atos gratuitos, fundos especiais do Tribunal de Justiça, bem como de associação de classe, criados ou que venham a ser criados sob qualquer título ou denominação, ressalvada a cobrança do devedor das despesas de correio, condução e publicação de edital para realização da intimação;

II — para o pagamento do título em cartório, não poderá ser exigido cheque de emissão de estabelecimento bancário, mas, feito o pagamento por meio de cheque, de emissão de estabelecimento bancário ou não, a quitação dada pelo tabelionato de protesto será condicionada à efetiva liquidação do cheque;

III — o cancelamento do registro de protesto, fundado no pagamento do título, será feito independentemente de declaração de anuência do credor, salvo no caso de impossibilidade de apresentação do original protestado;

IV — para os fins do disposto no *caput* e nos incisos I, II e III do *caput* deste artigo, o devedor deverá provar sua qualidade de microempresa ou de empresa de pequeno porte perante o tabelionato de protestos de títulos, mediante documento expedido pela Junta Comercial ou pelo Registro Civil das Pessoas Jurídicas, conforme o caso;

V — quando o pagamento do título ocorrer com cheque sem a devida provisão de fundos, serão automaticamente suspensos pelos cartórios de protesto, pelo prazo de 1 (um) ano, todos os benefícios previstos para o devedor neste artigo, independentemente da lavratura e registro do respectivo protesto.

LEGISLAÇÃO COMPLEMENTAR

Art. 73-A. São vedadas cláusulas contratuais relativas à limitação da emissão ou circulação de títulos de crédito ou direitos creditórios originados de operações de compra e venda de produtos e serviços por microempresas e empresas de pequeno porte. *(Redação dada pela Lei Complementar n. 147, de 7.8.14, DOU 8.8.14)*

Capítulo XII
Do Acesso à Justiça

Seção I
Do Acesso aos Juizados Especiais

Art. 74. Aplica-se às microempresas e às empresas de pequeno porte de que trata esta Lei Complementar o disposto no § 1º do art. 8º da Lei n. 9.099, de 26 de setembro de 1995, e no inciso I do *caput* do art. 6º da Lei n. 10.259, de 12 de julho de 2001, as quais, assim como as pessoas físicas capazes, passam a ser admitidas como proponentes de ação perante o Juizado Especial, excluídos os cessionários de direito de pessoas jurídicas.

Art. 74-A. O Poder Judiciário, especialmente por meio do Conselho Nacional de Justiça — CNJ, e o Ministério da Justiça implementarão medidas para disseminar o tratamento diferenciado e favorecido às microempresas e empresas de pequeno porte em suas respectivas áreas de competência. *(Redação dada pela Lei Complementar n. 147, de 7.8.14, DOU 8.8.14)*

Seção II
Da Conciliação Prévia, Mediação e Arbitragem

Art. 75. As microempresas e empresas de pequeno porte deverão ser estimuladas a utilizar os institutos de conciliação prévia, mediação e arbitragem para solução dos seus conflitos.

§ 1º Serão reconhecidos de pleno direito os acordos celebrados no âmbito das comissões de conciliação prévia.

§ 2º O estímulo a que se refere o *caput* deste artigo compreenderá campanhas de divulgação, serviços de esclarecimento e tratamento diferenciado, simplificado e favorecido no tocante aos custos administrativos e honorários cobrados.

Seção III
Das Parcerias

Art. 75-A. Para fazer face às demandas originárias do estímulo previsto nos arts. 74 e 75 desta Lei Complementar, entidades privadas, públicas, inclusive o Poder Judiciário, poderão firmar parcerias entre si, objetivando a instalação ou utilização de ambientes propícios para a realização dos procedimentos inerentes a busca da solução de conflitos.

Capítulo XIII
Do Apoio e da Representação

Art. 76. Para o cumprimento do disposto nesta Lei Complementar, bem como para desenvolver e acompanhar políticas públicas voltadas às microempresas e empresas de pequeno porte, o poder público, em consonância com o Fórum Permanente das Microempresas e Empresas de Pequeno Porte, sob a coordenação da Secretaria da Micro e Pequena Empresa da Presidência da República, deverá incentivar e apoiar a criação de fóruns com participação dos órgãos públicos competentes e das entidades vinculadas ao setor.

Parágrafo único. A Secretaria da Micro e Pequena Empresa da Presidência da República coordenará com as entidades representativas das microempresas e empresas de pequeno porte a implementação dos fóruns regionais nas unidades da federação.

Art. 76-A. As instituições de representação e apoio empresarial deverão promover programas de sensibilização, de informação, de orientação e apoio, de educação fiscal, de regularidade dos contratos de trabalho e de adoção de sistemas informatizados e eletrônicos, como forma de estímulo à formalização de empreendimentos, de negócios e empregos, à ampliação da competitividade e à disseminação do associativismo entre as microempresas, os microempreendedores individuais, as empresas de pequeno porte e equiparados. *(Redação dada pela Lei Complementar n. 147, de 7.8.14, DOU 8.8.14)*

Capítulo XIV
Disposições Finais e Transitórias

Art. 77. Promulgada esta Lei Complementar, o Comitê Gestor expedirá, em 30 (trinta) meses, as instruções que se fizerem necessárias à sua execução.

§ 1º O Ministério do Trabalho e Emprego, a Secretaria da Receita Federal, a Secretaria da Receita Previdenciária, os Estados, o Distrito Federal e os Municípios deverão editar, em 1 (um) ano, as leis e demais atos necessários para assegurar o pronto e imediato tratamento jurídico diferenciado, simplificado e favorecido às microempresas e às empresas de pequeno porte.

§ 2º A administração direta e indireta federal, estadual e municipal e as entidades paraestatais acordarão, no prazo previsto no § 1º deste artigo, as providências necessárias à adaptação dos respectivos atos normativos ao disposto nesta Lei Complementar.

§ 3º (VETADO).

§ 4º O Comitê Gestor regulamentará o disposto no inciso I do § 6º do art. 13 desta Lei Complementar até 31 de dezembro de 2008.

§ 5º A partir de 1º de janeiro de 2009, perderão eficácia as substituições tributárias que não atenderem à disciplina estabelecida na forma do § 4º deste artigo.

§ 6º O Comitê de que trata o inciso III do *caput* do art. 2º desta Lei Complementar expedirá, até 31 de dezembro de 2009, as instruções que se fizerem necessárias relativas a sua competência.

Art. 78. (REVOGADO)

Art. 79. Será concedido, para ingresso no Simples Nacional, parcelamento, em até 100 (cem) parcelas mensais e sucessivas, dos débitos com o Instituto Nacional do Seguro Social — INSS, ou com as Fazendas Públicas federal, estadual ou municipal, de responsabilidade da microempresa ou empresa de pequeno porte e de seu titular ou sócio, com vencimento até 30 de junho de 2008.

§ 1º O valor mínimo da parcela mensal será de R$ 100,00 (cem reais), considerados isoladamente os débitos para com a Fazenda Nacional, para com a Seguridade Social, para com a Fazenda dos Estados, dos Municípios ou do Distrito Federal.

§ 2º Esse parcelamento alcança inclusive débitos inscritos em dívida ativa.

§ 3º O parcelamento será requerido à respectiva Fazenda para com a qual o sujeito passivo esteja em débito.

§ 3º-A O parcelamento deverá ser requerido no prazo estabelecido em regulamentação do Comitê Gestor.

§ 4º Aplicam-se ao disposto neste artigo as demais regras vigentes para parcelamento de tributos e contribuições federais, na forma regulamentada pelo Comitê Gestor.

§ 5º (VETADO)

§ 6º (VETADO)

§ 7º (VETADO)

§ 8º (VETADO)

§ 9º O parcelamento de que trata o *caput* deste artigo não se aplica na hipótese de reingresso de microempresa ou empresa de pequeno porte no Simples Nacional.

Art. 79-A. (VETADO)

Art. 79-B. Excepcionalmente para os fatos geradores ocorridos em julho de 2007, os tributos apurados na forma dos arts. 18 a 20 desta Lei Complementar deverão ser pagos até o último dia útil de agosto de 2007.

Art. 79-C. A microempresa e a empresa de pequeno porte que, em 30 de junho de 2007, se enquadravam no regime previsto na Lei n. 9.317, de 5 de dezembro de 1996, e que não ingressaram no regime previsto no art. 12 desta Lei Complementar sujeitar-se-ão, a partir de 1º de julho de 2007, às normas de tributação aplicáveis às demais pessoas jurídicas.

§ 1º Para efeito do disposto no *caput* deste artigo, o sujeito passivo poderá optar pelo recolhimento do Imposto sobre a Renda da Pessoa Jurídica — IRPJ e da Contribuição Social sobre o Lucro Líquido — CSLL na forma do lucro real, trimestral ou anual, ou do lucro presumido.

§ 2º A opção pela tributação com base no lucro presumido dar-se-á pelo pagamento, no vencimento, do IRPJ e da CSLL devidos, correspondente ao 3º (terceiro) trimestre de 2007 e, no caso do lucro real anual, com o pagamento do IRPJ e da CSLL relativos ao mês de julho de 2007 com base na estimativa mensal.

Art. 79-D. Excepcionalmente, para os fatos geradores ocorridos entre 1º de julho de 2007 e 31 de dezembro de 2008, as pessoas jurídicas que exerçam atividade sujeita simultaneamente à incidência do IPI e do ISS deverão recolher o ISS diretamente ao Município em que este imposto é devido até o último dia útil de fevereiro de 2009, aplicando-se, até esta data, o disposto no parágrafo único do art. 100 da Lei n. 5.172, de 25 de outubro de 1966 — Código Tributário Nacional — CTN.

Art. 79-E. A empresa de pequeno porte optante pelo Simples Nacional em 31 de dezembro de 2011 que durante o ano calendário de 2011 auferir receita bruta total anual entre R$ 2.400.000,01 (dois milhões, quatrocentos mil reais e um centavo) e R$ 3.600.000,00 (três milhões e seiscentos mil reais) continuará automaticamente incluída no Simples Nacional com efeitos a partir de 1º de janeiro de 2012, ressalvado o direito de exclusão por comunicação da optante.

Art. 80. O art. 21 da Lei n. 8.212, de 24 de julho de 1991, fica acrescido dos seguintes §§ 2º e 3º, passando o parágrafo único a vigorar como § 1º:

"Art. 21. ..

§ 2º É de 11% (onze por cento) sobre o valor correspondente ao limite mínimo mensal do salário de contribuição a alíquota de contribuição do segurado contribuinte individual que trabalhe por conta própria, sem relação de trabalho com empresa ou equiparado, e do segurado facultativo que optarem pela exclusão do direito ao benefício de aposentadoria por tempo de contribuição.

§ 3º O segurado que tenha contribuído na forma do § 2º deste artigo e pretenda contar o tempo de contribuição correspondente para fins de obtenção da aposentadoria por tempo de contribuição ou da contagem recíproca do tempo

de contribuição a que se refere o art. 94 da Lei n. 8.213, de 24 de julho de 1991, deverá complementar a contribuição mensal mediante o recolhimento de mais 9% (nove por cento), acrescido dos juros moratórios de que trata o disposto no art. 34 desta Lei." (NR)

Art. 81. O art. 45 da Lei n. 8.212, de 24 de julho de 1991, passa a vigorar com as seguintes alterações:

> "Art. 45. ...
>
> § 2º Para apuração e constituição dos créditos a que se refere o § 1º deste artigo, a Seguridade Social utilizará como base de incidência o valor da média aritmética simples dos maiores salários de contribuição, reajustados, correspondentes a 80% (oitenta por cento) de todo o período contributivo decorrido desde a competência julho de 1994.
>
> ..
>
> § 4º Sobre os valores apurados na forma dos §§ 2º e 3º deste artigo incidirão juros moratórios de 0,5% (zero vírgula cinco por cento) ao mês, capitalizados anualmente, limitados ao percentual máximo de 50% (cinquenta por cento), e multa de 10% (dez por cento).
>
> ..
>
> § 7º A contribuição complementar a que se refere o § 3º do art. 21 desta Lei será exigida a qualquer tempo, sob pena de indeferimento do benefício." (NR)

Art. 82. A Lei n. 8.213, de 24 de julho de 1991, passa a vigorar com as seguintes alterações:

> "Art. 9º ..
>
> § 1º O Regime Geral de Previdência Social — RGPS garante a cobertura de todas as situações expressas no art. 1º desta Lei, exceto as de desemprego involuntário, objeto de lei específica, e de aposentadoria por tempo de contribuição para o trabalhador de que trata o § 2º do art. 21 da Lei n. 8.212, de 24 de julho de 1991. ..." (NR)
>
> "Art. ...
>
> I — ..
>
> c) aposentadoria por tempo de contribuição;
>
> § 3º O segurado contribuinte individual, que trabalhe por conta própria, sem relação de trabalho com empresa ou equiparado, e o segurado facultativo que contribuam na forma do § 2º do art. 21 da Lei n. 8.212, de 24 de julho de 1991, não farão jus à aposentadoria por tempo de contribuição." (NR)
>
> "Art. 55. ..
>
> § 4º Não será computado como tempo de contribuição, para efeito de concessão do benefício de que trata esta subseção, o período em que o segurado contribuinte individual ou facultativo tiver contribuído na forma do § 2º do art. 21 da Lei n. 8.212, de 24 de julho de 1991, salvo se tiver complementado as contribuições na forma do § 3º do mesmo artigo." (NR)

Art. 83. O art. 94 da Lei n. 8.213, de 24 de julho de 1991, fica acrescido do seguinte § 2º, passando o parágrafo único a vigorar como § 1º:

> "Art. 94. ..
>
> § 2º Não será computado como tempo de contribuição, para efeito dos benefícios previstos em regimes próprios de previdência social, o período em que o segurado contribuinte individual ou facultativo tiver contribuído na forma do § 2º do art. 21 da Lei n. 8.212, de 24 de julho de 1991, salvo se complementadas as contribuições na forma do § 3º do mesmo artigo." (NR)

Art. 84. O art. 58 da Consolidação das Leis do Trabalho — CLT, aprovada pelo Decreto-lei n. 5.452, de 1º de maio de 1943, passa a vigorar acrescido do seguinte § 3º:

> "Art. 58. ..
>
> § 3º Poderão ser fixados, para as microempresas e empresas de pequeno porte, por meio de acordo ou convenção coletiva, em caso de transporte fornecido pelo empregador, em local de difícil acesso ou não servido por transporte público, o tempo médio despendido pelo empregado, bem como a forma e a natureza da remuneração." (NR)

Art. 85. (VETADO).

Art. 85-A. Caberá ao Poder Público Municipal designar Agente de Desenvolvimento para a efetivação do disposto nesta Lei Complementar, observadas as especificidades locais.

§ 1º A função de Agente de Desenvolvimento caracteriza-se pelo exercício de articulação das ações públicas para a promoção do desenvolvimento local e territorial, mediante ações locais ou comunitárias, individuais ou coletivas, que visem ao cumprimento das disposições e diretrizes contidas nesta Lei Complementar, sob supervisão do órgão gestor local responsável pelas políticas de desenvolvimento.

§ 2º O Agente de Desenvolvimento deverá preencher os seguintes requisitos:

I — residir na área da comunidade em que atuar;

II — haver concluído, com aproveitamento, curso de qualificação básica para a formação de Agente de Desenvolvimento; e

III — possuir formação ou experiência compatível com a função a ser exercida; *(Redação dada pela Lei Complementar n. 147, de 7.8.14, DOU 8.8.14)*

IV — ser preferencialmente servidor efetivo do Município. *(Redação dada pela Lei Complementar n. 147, de 7.8.14, DOU 8.8.14)*

§ 3º A Secretaria da Micro e Pequena Empresa da Presidência da República juntamente com as entidades municipalistas e de apoio e representação empresarial prestarão suporte aos referidos agentes na forma de capacitação, estudos e pesquisas, publicações, promoção de intercâmbio de informações e experiências. (NR)

Art. 86. As matérias tratadas nesta Lei Complementar que não sejam reservadas constitucionalmente a lei complementar poderão ser objeto de alteração por lei ordinária.

Art. 87. O § 1º do art. 3º da Lei Complementar n. 63, de 11 de janeiro de 1990, passa a vigorar com a seguinte redação:

> "Art. 3º ..
>
> § 1º O valor adicionado corresponderá, para cada Município:
>
> I — ao valor das mercadorias saídas, acrescido do valor das prestações de serviços, no seu território, deduzido o valor das mercadorias entradas, em cada ano civil;
>
> II — nas hipóteses de tributação simplificada a que se refere o parágrafo único do art. 146 da Constituição Federal, e, em outras situações, em que se dispensem os controles de entrada, considerar-se-á como valor adicionado o percentual de 32% (trinta e dois por cento) da receita bruta.
>
> .." (NR)

Art. 87-A. Os Poderes Executivos da União, Estados, Distrito Federal e Municípios expedirão, anualmente, até o dia 30 de novembro, cada um, em seus respectivos âmbitos de competência, decretos de consolidação da regulamentação aplicável relativamente às microempresas e empresas de pequeno porte. *(Redação dada pela Lei Complementar n. 147, de 7.8.14, DOU 8.8.14)*

Art. 88. Esta Lei Complementar entra em vigor na data de sua publicação, ressalvado o regime de tributação das microempresas e empresas de pequeno porte, que entra em vigor em 1º de julho de 2007.

Art. 89. Ficam revogadas, a partir de 1º de julho de 2007, a Lei n. 9.317, de 5 de dezembro de 1996, e a Lei n. 9.841, de 5 de outubro de 1999.

Brasília, 14 de dezembro de 2006; 185º da Independência e 118º da República.

Luiz Inácio Lula da Silva
Guido Mantega
Luiz Marinho
Luiz Fernando Furlan
Dilma Rousseff

DOU 6.3.2012

Lei Complementar n. 142, de 8 de maio de 2013

Regulamenta o § 1º do art. 201 da Constituição Federal, no tocante à aposentadoria da pessoa com deficiência segurada do Regime Geral de Previdência Social — RGPS

A PRESIDENTA DA REPÚBLICA

Faço saber que o Congresso Nacional decreta e eu sanciono a seguinte Lei Complementar:

Art. 1º Esta Lei Complementar regulamenta a concessão de aposentadoria da pessoa com deficiência segurada do Regime Geral de Previdência Social — RGPS de que trata o § 1º do art. 201 da Constituição Federal.

Art. 2º Para o reconhecimento do direito à aposentadoria de que trata esta Lei Complementar, considera-se pessoa com deficiência aquela que tem impedimentos de longo prazo de natureza física, mental, intelectual ou sensorial, os quais, em interação com diversas barreiras, podem obstruir sua participação plena e efetiva na sociedade em igualdade de condições com as demais pessoas.

Art. 3º É assegurada a concessão de aposentadoria pelo RGPS ao segurado com deficiência, observadas as seguintes condições:

I — aos 25 (vinte e cinco) anos de tempo de contribuição, se homem, e 20 (vinte) anos, se mulher, no caso de segurado com deficiência grave;

II — aos 29 (vinte e nove) anos de tempo de contribuição, se homem, e 24 (vinte e quatro) anos, se mulher, no caso de segurado com deficiência moderada;

III — aos 33 (trinta e três) anos de tempo de contribuição, se homem, e 28 (vinte e oito) anos, se mulher, no caso de segurado com deficiência leve; ou

IV — aos 60 (sessenta) anos de idade, se homem, e 55 (cinquenta e cinco) anos de idade, se mulher, independentemente do grau de deficiência, desde que cumprido tempo mínimo de contribuição de 15 (quinze) anos e comprovada a existência de deficiência durante igual período.

Parágrafo único. Regulamento do Poder Executivo definirá as deficiências grave, moderada e leve para os fins desta Lei Complementar.

Art. 4º A avaliação da deficiência será médica e funcional, nos termos do Regulamento.

Art. 5º O grau de deficiência será atestado por perícia própria do Instituto Nacional do Seguro Social — INSS, por meio de instrumentos desenvolvidos para esse fim.

Art. 6º A contagem de tempo de contribuição na condição de segurado com deficiência será objeto de comprovação, exclusivamente, na forma desta Lei Complementar.

§ 1º A existência de deficiência anterior à data da vigência desta Lei Complementar deverá ser certificada, inclusive quanto ao seu grau, por ocasião da primeira avaliação, sendo obrigatória a fixação da data provável do início da deficiência.

§ 2º A comprovação de tempo de contribuição na condição de segurado com deficiência em período anterior à entrada em vigor desta Lei Complementar não será admitida por meio de prova exclusivamente testemunhal.

Art. 7º Se o segurado, após a filiação ao RGPS, tornar-se pessoa com deficiência, ou tiver seu grau de deficiência alterado, os parâmetros mencionados no art. 3º serão proporcionalmente ajustados, considerando-se o número de anos em que o segurado exerceu atividade laboral sem deficiência e com deficiência, observado o grau de deficiência correspondente, nos termos do regulamento a que se refere o parágrafo único do art. 3º desta Lei Complementar.

Art. 8º A renda mensal da aposentadoria devida ao segurado com deficiência será calculada aplicando-se sobre o salário de benefício, apurado em conformidade com o disposto no art. 29 da Lei n. 8.213, de 24 de julho de 1991, os seguintes percentuais:

LEGISLAÇÃO COMPLEMENTAR

I — 100% (cem por cento), no caso da aposentadoria de que tratam os incisos I, II e III do art. 3º; ou

II — 70% (setenta por cento) mais 1% (um por cento) do salário de benefício por grupo de 12 (doze) contribuições mensais até o máximo de 30% (trinta por cento), no caso de aposentadoria por idade.

Art. 9º Aplicam-se à pessoa com deficiência de que trata esta Lei Complementar:

I — o fator previdenciário nas aposentadorias, se resultar em renda mensal de valor mais elevado;

II — a contagem recíproca do tempo de contribuição na condição de segurado com deficiência relativo à filiação ao RGPS, ao regime próprio de previdência do servidor público ou a regime de previdência militar, devendo os regimes compensar-se financeiramente;

III — as regras de pagamento e de recolhimento das contribuições previdenciárias contidas na Lei n. 8.212, de 24 de julho de 1991;

IV — as demais normas relativas aos benefícios do RGPS;

V — a percepção de qualquer outra espécie de aposentadoria estabelecida na Lei n. 8.213, de 24 de julho de 1991, que lhe seja mais vantajosa do que as opções apresentadas nesta Lei Complementar.

Art. 10. A redução do tempo de contribuição prevista nesta Lei Complementar não poderá ser acumulada, no tocante ao mesmo período contributivo, com a redução assegurada aos casos de atividades exercidas sob condições especiais que prejudiquem a saúde ou a integridade física.

Art. 11. Esta Lei Complementar entra em vigor após decorridos 6 (seis) meses de sua publicação oficial.

Brasília, 8 de maio de 2013; 192º da Independência e 125º da República.

DILMA ROUSSEFF
MIRIAM BELCHIOR
GARIBALDI ALVES FILHO
MARIA DO ROSÁRIO NUNES
DOU 9.5.2013

Lei Complementar n. 146, de 25 de junho de 2014

Estende a estabilidade provisória prevista na alínea b do inciso II do art. 10 do Ato das Disposições Constitucionais Transitórias à trabalhadora gestante, nos casos de morte desta, a quem detiver a guarda de seu filho

A PRESIDENTA DA REPÚBLICA

Faço saber que o Congresso Nacional decreta e eu sanciono a seguinte Lei Complementar:

Art. 1º O direito prescrito na alínea *b* do inciso II do art. 10 do Ato das Disposições Constitucionais Transitórias, nos casos em que ocorrer o falecimento da genitora, será assegurado a quem detiver a guarda do seu filho.

Art. 2º Esta Lei Complementar entra em vigor na data de sua publicação.

Brasília, 25 de junho de 2014; 193º da Independência e 126º da República.

DILMA ROUSSEFF
JOSÉ EDUARDO CARDOZO
DOU 26.6.2014, ED. extra

Lei Complementar n. 150, de 1º de junho de 2015

Dispõe sobre o contrato de trabalho doméstico; altera as Leis n. 8.212, de 24 de julho de 1991, n. 8.213, de 24 de julho de 1991, e n. 11.196, de 21 de novembro de 2005; revoga o inciso I do art. 3º da Lei n. 8.009, de 29 de março de 1990, o art. 36 da Lei n. 8.213, de 24 de julho de 1991, a Lei n. 5.859, de 11 de dezembro de 1972, e o inciso VII do art. 12 da Lei n. 9.250, de 26 de dezembro 1995; e dá outras providências

A PRESIDENTA DA REPÚBLICA

Faço saber que o Congresso Nacional decreta e eu sanciono a seguinte Lei Complementar:

Capítulo I
Do Contrato de Trabalho Doméstico

Art. 1º Ao empregado doméstico, assim considerado aquele que presta serviços de forma contínua, subordinada, onerosa e pessoal e de finalidade não lucrativa à pessoa ou à família, no âmbito residencial destas, por mais de 2 (dois) dias por semana, aplica-se o disposto nesta Lei.

Parágrafo único. É vedada a contratação de menor de 18 (dezoito) anos para desempenho de trabalho doméstico, de acordo com a Convenção n. 182, de 1999, da Organização Internacional do Trabalho (OIT) e com o Decreto n. 6.481, de 12 de junho de 2008.

Art. 2º A duração normal do trabalho doméstico não excederá 8 (oito) horas diárias e 44 (quarenta e quatro) semanais, observado o disposto nesta Lei.

§ 1º A remuneração da hora extraordinária será, no mínimo, 50% (cinquenta por cento) superior ao valor da hora normal.

§ 2º O salário-hora normal, em caso de empregado mensalista, será obtido dividindo-se o salário mensal por 220 (duzentas e vinte) horas, salvo se o contrato estipular jornada mensal inferior que resulte em divisor diverso.

§ 3º O salário-dia normal, em caso de empregado mensalista, será obtido dividindo-se o salário mensal por 30 (trinta) e servirá de base para pagamento do repouso remunerado e dos feriados trabalhados.

§ 4º Poderá ser dispensado o acréscimo de salário e instituído regime de compensação de horas, mediante acordo escrito entre empregador e empregado, se o excesso de horas de um dia for compensado em outro dia.

§ 5º No regime de compensação previsto no § 4º:

I — será devido o pagamento, como horas extraordinárias, na forma do § 1º, das primeiras 40 (quarenta) horas mensais excedentes ao horário normal de trabalho;

II — das 40 (quarenta) horas referidas no inciso I, poderão ser deduzidas, sem o correspondente pagamento, as horas não trabalhadas, em função de redução do horário normal de trabalho ou de dia útil não trabalhado, durante o mês;

III — o saldo de horas que excederem as 40 (quarenta) primeiras horas mensais de que trata o inciso I, com a dedução prevista no inciso II, quando for o caso, será compensado no período máximo de 1 (um) ano.

§ 6º Na hipótese de rescisão do contrato de trabalho sem que tenha havido a compensação integral da jornada extraordinária, na forma do § 5º, o empregado fará jus ao pagamento das horas extras não compensadas, calculadas sobre o valor da remuneração na data da rescisão.

§ 7º Os intervalos previstos nesta Lei, o tempo de repouso, as horas não trabalhadas, os feriados e os domingos livres em que o empregado que mora no local de trabalho nele permaneça não serão computados como horário de trabalho.

§ 8º O trabalho não compensado prestado em domingos e feriados deve ser pago em dobro, sem prejuízo da remuneração relativa ao repouso semanal.

Art. 3º Considera-se trabalho em regime de tempo parcial aquele cuja duração não exceda 25 (vinte e cinco) horas semanais.

§ 1º O salário a ser pago ao empregado sob regime de tempo parcial será proporcional a sua jornada, em relação ao empregado que cumpre, nas mesmas funções, tempo integral.

§ 2º A duração normal do trabalho do empregado em regime de tempo parcial poderá ser acrescida de horas suplementares, em número não excedente a 1 (uma) hora diária, mediante acordo escrito entre empregador e empregado, aplicando-se-lhe, ainda, o disposto nos §§ 2º e 3º do art. 2º, com o limite máximo de 6 (seis) horas diárias.

§ 3º Na modalidade do regime de tempo parcial, será cada período de 12 (doze) meses de vigência do contrato de trabalho, o empregado terá direito a férias, na seguinte proporção:

I — 18 (dezoito) dias, para a duração do trabalho semanal superior a 22 (vinte e duas) horas, até 25 (vinte e cinco) horas;

II — 16 (dezesseis) dias, para a duração do trabalho semanal superior a 20 (vinte) horas, até 22 (vinte e duas) horas;

III — 14 (quatorze) dias, para a duração do trabalho semanal superior a 15 (quinze) horas, até 20 (vinte) horas;

IV — 12 (doze) dias, para a duração do trabalho semanal superior a 10 (dez) horas, até 15 (quinze) horas;

V — 10 (dez) dias, para a duração do trabalho semanal superior a 5 (cinco) horas, até 10 (dez) horas;

VI — 8 (oito) dias, para a duração do trabalho semanal igual ou inferior a 5 (cinco) horas.

Art. 4º É facultada a contratação, por prazo determinado, do empregado doméstico:

I — mediante contrato de experiência;

II — para atender necessidades familiares de natureza transitória e para substituição temporária de empregado doméstico com contrato de trabalho interrompido ou suspenso.

Parágrafo único. No caso do inciso II deste artigo, a duração do contrato de trabalho é limitada ao término do evento que motivou a contratação, obedecido o limite máximo de 2 (dois) anos.

Art. 5º O contrato de experiência não poderá exceder 90 (noventa) dias.

§ 1º O contrato de experiência poderá ser prorrogado 1 (uma) vez, desde que a soma dos 2 (dois) períodos não ultrapasse 90 (noventa) dias.

§ 2º O contrato de experiência que, havendo continuidade do serviço, não for prorrogado após o decurso de seu prazo previamente estabelecido ou que ultrapassar o período de 90 (noventa) dias passará a vigorar como contrato de trabalho por prazo indeterminado.

Art. 6º Durante a vigência dos contratos previstos nos incisos I e II do art. 4º, o em-

pregador que, sem justa causa, despedir o empregado é obrigado a pagar-lhe, a título de indenização, metade da remuneração a que teria direito até o termo do contrato.

Art. 7º Durante a vigência dos contratos previstos nos incisos I e II do art. 4º, o empregado não poderá se desligar do contrato sem justa causa, sob pena de ser obrigado a indenizar o empregador dos prejuízos que desse fato lhe resultarem.

Parágrafo único. A indenização não poderá exceder aquela a que teria direito o empregado em idênticas condições.

Art. 8º Durante a vigência dos contratos previstos nos incisos I e II do art. 4º, não será exigido aviso prévio.

Art. 9º A Carteira de Trabalho e Previdência Social será obrigatoriamente apresentada, contra recibo, pelo empregado ao empregador que o admitir, o qual terá o prazo de 48 (quarenta e oito) horas para nela anotar, especificamente, a data de admissão, a remuneração e, quando for o caso, os contratos previstos nos incisos I e II do art. 4º.

Art. 10. É facultado às partes, mediante acordo escrito entre essas, estabelecer horário de trabalho de 12 (doze) horas seguidas por 36 (trinta e seis) horas ininterruptas de descanso, observados ou indenizados os intervalos para repouso e alimentação.

§ 1º A remuneração mensal pactuada pelo horário previsto no *caput* deste artigo abrange os pagamentos devidos pelo descanso semanal remunerado e pelo descanso em feriados, e serão considerados compensados os feriados e as prorrogações de trabalho noturno, quando houver, de que tratam o art. 70 e o § 5º do art. 73 da Consolidação das Leis do Trabalho (CLT), aprovada pelo Decreto-Lei n. 5.452, de 1º de maio de 1943, e o art. 9º da Lei n. 605, de 5 de janeiro de 1949.

§ 2º (VETADO).

Art. 11. Em relação ao empregado responsável por acompanhar o empregador prestando serviços em viagem, serão consideradas apenas as horas efetivamente trabalhadas no período, podendo ser compensadas as horas extraordinárias em outro dia, observado o art. 2º.

§ 1º O acompanhamento do empregador pelo empregado em viagem será condicionado à prévia existência de acordo escrito entre as partes.

§ 2º A remuneração-hora do serviço em viagem será, no mínimo, 25% (vinte e cinco por cento) superior ao valor do salário-hora normal.

§ 3º O disposto no § 2º deste artigo poderá ser, mediante acordo, convertido em acréscimo no banco de horas, a ser utilizado a critério do empregado.

Art. 12. É obrigatório o registro do horário de trabalho do empregado doméstico por qualquer meio manual, mecânico ou eletrônico, desde que idôneo.

Art. 13. É obrigatória a concessão de intervalo para repouso ou alimentação pelo período de, no mínimo, 1 (uma) hora e, no máximo, 2 (duas) horas, admitindo-se, mediante prévio acordo escrito entre empregador e empregado, sua redução a 30 (trinta) minutos.

§ 1º Caso o empregado resida no local de trabalho, o período de intervalo poderá ser desmembrado em 2 (dois) períodos, desde que cada um deles tenha, no mínimo, 1 (uma) hora, até o limite de 4 (quatro) horas ao dia.

§ 2º Em caso de modificação do intervalo, na forma do § 1º, é obrigatória a sua anotação no registro diário de horário, vedada sua prenotação.

Art. 14. Considera-se noturno, para os efeitos desta Lei, o trabalho executado entre as 22 horas de um dia e as 5 horas do dia seguinte.

§ 1º A hora de trabalho noturno terá duração de 52 (cinquenta e dois) minutos e 30 (trinta) segundos.

§ 2º A remuneração do trabalho noturno deve ter acréscimo de, no mínimo, 20% (vinte por cento) sobre o valor da hora diurna.

§ 3º Em caso de contratação, pelo empregador, de empregado exclusivamente para desempenhar trabalho noturno, o acréscimo será calculado sobre o salário anotado na Carteira de Trabalho e Previdência Social.

§ 4º Nos horários mistos, assim entendidos os que abrangem períodos diurnos e noturnos, aplica-se às horas de trabalho noturno o disposto neste artigo e seus parágrafos.

Art. 15. Entre 2 (duas) jornadas de trabalho deve haver período mínimo de 11 (onze) horas consecutivas para descanso.

Art. 16. É devido ao empregado doméstico descanso semanal remunerado de, no mínimo, 24 (vinte e quatro) horas consecutivas, preferencialmente aos domingos, além de descanso remunerado em feriados.

Art. 17. O empregado doméstico terá direito a férias anuais remuneradas de 30 (trinta) dias, salvo o disposto no § 3º do art. 3º, com acréscimo de, pelo menos, um terço do salário normal, após cada período de 12 (doze) meses de trabalho prestado à mesma pessoa ou família.

§ 1º Na cessação do contrato de trabalho, o empregado, desde que não tenha sido demitido por justa causa, terá direito à remuneração relativa ao período incompleto de férias, na proporção de um doze avos por mês de serviço ou fração superior a 14 (quatorze) dias.

§ 2º O período de férias poderá, a critério do empregador, ser fracionado em até 2 (dois) períodos, sendo 1 (um) deles de, no mínimo, 14 (quatorze) dias corridos.

§ 3º É facultado ao empregado doméstico converter um terço do período de férias a que tiver direito em abono pecuniário, no valor da remuneração que lhe seria devida nos dias correspondentes.

§ 4º O abono de férias deverá ser requerido até 30 (trinta) dias antes do término do período aquisitivo.

§ 5º É lícito ao empregado que reside no local de trabalho nele permanecer durante as férias.

§ 6º As férias serão concedidas pelo empregador nos 12 (doze) meses subsequentes à data em que o empregado tiver adquirido o direito.

Art. 18. É vedado ao empregador doméstico efetuar descontos no salário do empregado por fornecimento de alimentação, vestuário, higiene ou moradia, bem como por despesas com transporte, hospedagem e alimentação em caso de acompanhamento em viagem.

§ 1º É facultado ao empregador efetuar descontos no salário do empregado em caso de adiantamento salarial e, mediante acordo escrito entre as partes, para a inclusão do empregado em planos de assistência médico-hospitalar e odontológica, de seguro e de previdência privada, não podendo a dedução ultrapassar 20% (vinte por cento) do salário.

§ 2º Poderão ser descontadas as despesas com moradia de que trata o *caput* deste artigo quando essa se referir a local diverso da residência em que ocorrer a prestação de serviço, desde que essa possibilidade tenha sido expressamente acordada entre as partes.

§ 3º As despesas referidas no *caput* deste artigo não têm natureza salarial nem se incorporam à remuneração para quaisquer efeitos.

§ 4º O fornecimento de moradia ao empregado doméstico na própria residência ou em morada anexa, de qualquer natureza, não gera ao empregado qualquer direito de posse ou de propriedade sobre a referida moradia.

Art. 19. Observadas as peculiaridades do trabalho doméstico, a ele também se aplicam as Leis n. 605, de 5 de janeiro de 1949, n. 4.090, de 13 de julho de 1962, n. 4.749, de 12 de agosto de 1965, e n. 7.418, de 16 de dezembro de 1985, e, subsidiariamente, a Consolidação das Leis do Trabalho (CLT), aprovada pelo Decreto-Lei n. 5.452, de 1º de maio de 1943.

Parágrafo único. A obrigação prevista no art. 4º da Lei n. 7.418, de 16 de dezembro de 1985, poderá ser substituída, a critério do empregador, pela concessão, mediante recibo, dos valores para a aquisição das passagens necessárias ao custeio das despesas decorrentes do deslocamento residência-trabalho e vice-versa.

Art. 20. O empregado doméstico é segurado obrigatório da Previdência Social, sendo-lhe devidas, na forma da Lei n. 8.213, de 24 de julho de 1991, as prestações nela arroladas, atendido o disposto nesta Lei e observadas as características especiais do trabalho doméstico.

Art. 21. É devida a inclusão do empregado doméstico no Fundo de Garantia do Tempo de Serviço (FGTS), na forma do regulamento a ser editado pelo Conselho Curador e pelo agente operador do FGTS, no âmbito de suas competências, conforme disposto nos arts. 5º e 7º da Lei n. 8.036, de 11 de maio de 1990, inclusive no que tange aos aspectos técnicos de depósitos, saques, devolução de valores e emissão de extratos, entre outros determinados na forma da lei.

Parágrafo único. O empregador doméstico somente passará a ter obrigação de promover a inscrição e de efetuar os recolhimentos referentes a seu empregado após a entrada em vigor do regulamento referido no *caput*.

Art. 22. O empregador doméstico depositará a importância de 3,2% (três inteiros e dois décimos por cento) sobre a remuneração devida, no mês anterior, a cada empregado, destinada ao pagamento da indenização compensatória da perda do emprego, sem justa causa ou por culpa do empregador, não se aplicando ao empregado doméstico o disposto nos §§ 1º a 3º do art. 18 da Lei n. 8.036, de 11 de maio de 1990.

§ 1º Nas hipóteses de dispensa por justa causa ou a pedido, de término do contrato de trabalho por prazo determinado, de aposentadoria e de falecimento do empregado doméstico, os valores previstos no *caput* serão movimentados pelo empregador.

§ 2º Na hipótese de culpa recíproca, metade dos valores previstos no *caput* será movimentada pelo empregado, enquanto a outra metade será movimentada pelo empregador.

§ 3º Os valores previstos no *caput* serão depositados na conta vinculada do empregado, em variação distinta daquela em que se encontraram os valores oriundos dos depósitos de que trata o inciso IV do art. 34 desta Lei, e somente poderão ser movimentados por ocasião da rescisão contratual.

§ 4º À importância monetária de que trata o *caput*, aplicam-se as disposições da Lei n. 8.036, de 11 de maio de 1990, e da Lei n. 8.844, de 20 de janeiro de 1994, inclusive quanto a sujeição passiva e equiparações, prazo de recolhimento, administração, fiscalização, lançamento, consulta, cobrança, garantias, processo administrativo de determinação e exigência de créditos tributários federais.

Art. 23. Não havendo prazo estipulado no contrato, a parte que, sem justo motivo, quiser rescindi-lo deverá avisar a outra de sua intenção.

§ 1º O aviso prévio será concedido na proporção de 30 (trinta) dias ao empregado que conte com até 1 (um) ano de serviço para o mesmo empregador.

§ 2º Ao aviso prévio previsto neste artigo, devido ao empregado, serão acrescidos 3 (três) dias por ano de serviço prestado para o mesmo empregador, até o máximo de 60 (sessenta) dias, perfazendo um total de até 90 (noventa) dias.

§ 3º A falta de aviso prévio por parte do empregador dá ao empregado o direito aos salários correspondentes ao prazo do aviso, garantida sempre a integração desse período ao seu tempo de serviço.

§ 4º A falta de aviso prévio por parte do empregado dá ao empregador o direito de descontar os salários correspondentes ao prazo respectivo.

§ 5º O valor das horas extraordinárias habituais integra o aviso prévio indenizado.

Art. 24. O horário normal de trabalho do empregado durante o aviso prévio, quando a rescisão tiver sido promovida pelo empregador, será reduzido de 2 (duas) horas diárias, sem prejuízo do salário integral.

Parágrafo único. É facultado ao empregado trabalhar sem a redução das 2 (duas) horas diárias previstas no *caput* deste artigo, caso em que poderá faltar ao serviço, sem prejuízo do salário integral, por 7 (sete) dias corridos, na hipótese dos §§ 1º e 2º do art. 23.

Art. 25. A empregada doméstica gestante tem direito a licença-maternidade de 120 (cento e vinte) dias, sem prejuízo do emprego e do salário, nos termos da Seção V do Capítulo III do Título III da Consolidação das Leis do Trabalho (CLT), aprovada pelo Decreto-Lei n. 5.452, de 1º de maio de 1943.

Parágrafo único. A confirmação do estado de gravidez durante o curso do contrato de trabalho, ainda que durante o prazo do aviso prévio trabalhado ou indenizado, garante à empregada gestante a estabilidade provisória prevista na alínea "b" do inciso II do art. 10 do Ato das Disposições Constitucionais Transitórias.

Art. 26. O empregado doméstico que for dispensado sem justa causa fará jus ao benefício do seguro-desemprego, na forma da Lei n. 7.998, de 11 de janeiro de 1990, no valor de 1 (um) salário-mínimo, por período máximo de 3 (três) meses, de forma contínua ou alternada.

§ 1º O benefício de que trata o *caput* será concedido ao empregado nos termos do regulamento do Conselho Deliberativo do Fundo de Amparo ao Trabalhador (Codefat).

§ 2º O benefício do seguro-desemprego será cancelado, sem prejuízo das demais sanções cíveis e penais cabíveis:

I — pela recusa, por parte do trabalhador desempregado, de outro emprego condizente com sua qualificação registrada ou declarada e com sua remuneração anterior;

II — por comprovação de falsidade na prestação das informações necessárias à habilitação;

III — por comprovação de fraude visando à percepção indevida do benefício do seguro-desemprego; ou

IV — por morte do segurado.

Art. 27. Considera-se justa causa para os efeitos desta Lei:

I — submissão a maus tratos de idoso, de enfermo, de pessoa com deficiência ou de criança sob cuidado direto ou indireto do empregado;

II — prática de ato de improbidade;

III — incontinência de conduta ou mau procedimento;

IV — condenação criminal do empregado transitada em julgado, caso não tenha havido suspensão da execução da pena;

V — desídia no desempenho das respectivas funções;

VI — embriaguez habitual ou em serviço;

VII — (VETADO);

VIII — ato de indisciplina ou de insubordinação;

IX — abandono de emprego, assim considerada a ausência injustificada ao serviço por, pelo menos, 30 (trinta) dias corridos;

X — ato lesivo à honra ou à boa fama ou ofensas físicas praticadas em serviço contra qualquer pessoa, salvo em caso de legítima defesa, própria ou de outrem;

XI — ato lesivo à honra ou à boa fama ou ofensas físicas praticadas contra o empregador doméstico ou sua família, salvo em caso de legítima defesa, própria ou de outrem;

XII — prática constante de jogos de azar.

Parágrafo único. O contrato de trabalho poderá ser rescindido por culpa do empregador quando:

I — o empregador exigir serviços superiores às forças do empregado doméstico, defesos por lei, contrários aos bons costumes ou alheios ao contrato;

II — o empregado doméstico for tratado pelo empregador ou por sua família com rigor excessivo ou de forma degradante;

III — o empregado doméstico correr perigo manifesto de mal considerável;

IV — o empregador não cumprir as obrigações do contrato;

V — o empregador ou sua família praticar, contra o empregado doméstico ou pessoas de sua família, ato lesivo à honra e à boa fama;

VI — o empregador ou sua família ofender o empregado doméstico ou sua família fisicamente, salvo em caso de legítima defesa, própria ou de outrem;

VII — o empregador praticar qualquer das formas de violência doméstica ou familiar contra mulheres de que trata o art. 5º da Lei n. 11.340, de 7 de agosto de 2006.

Art. 28. Para se habilitar ao benefício do seguro-desemprego, o trabalhador doméstico deverá apresentar ao órgão competente do Ministério do Trabalho e Emprego:

I — Carteira de Trabalho e Previdência Social, na qual deverão constar a anotação do contrato de trabalho doméstico e a data de dispensa, de modo a comprovar o vínculo empregatício, como empregado doméstico, durante pelo menos 15 (quinze) meses nos últimos 24 (vinte e quatro) meses;

II — termo de rescisão do contrato de trabalho;

III — declaração de que não está em gozo de benefício de prestação continuada da Previdência Social, exceto auxílio-acidente e pensão por morte; e

IV — declaração de que não possui renda própria de qualquer natureza suficiente à sua manutenção e de sua família.

Art. 29. O seguro-desemprego deverá ser requerido de 7 (sete) a 90 (noventa) dias contados da data de dispensa.

Art. 30. Novo seguro-desemprego só poderá ser requerido após o cumprimento de novo período aquisitivo, cuja duração será definida pelo Codefat.

Capítulo II
Do Simples Doméstico

Art. 31. É instituído o regime unificado de pagamento de tributos, de contribuições e dos demais encargos do empregador doméstico (Simples Doméstico), que deverá ser regulamentado no prazo de 120 (cento e vinte) dias a contar da data de entrada em vigor desta Lei.

Art. 32. A inscrição do empregador e a entrada única de dados cadastrais e de informações trabalhistas, previdenciárias e fiscais no âmbito do Simples Doméstico dar-se-ão mediante registro em sistema eletrônico a ser disponibilizado em portal na internet, conforme regulamento.

Parágrafo único. A impossibilidade de utilização do sistema eletrônico será objeto de regulamento, a ser editado pelo Ministério da Fazenda e pelo agente operador do FGTS.

Art. 33. O Simples Doméstico será disciplinado por ato conjunto dos Ministros de Estado da Fazenda, da Previdência Social e do Trabalho e Emprego que disporá sobre a apuração, o recolhimento e a distribuição dos recursos recolhidos por meio do Simples Doméstico, observadas as disposições do art. 21 desta Lei.

§ 1º O ato conjunto a que se refere o *caput* deverá dispor também sobre o sistema eletrônico de registro das obrigações trabalhistas, previdenciárias e fiscais e sobre o cálculo e o recolhimento dos tributos e encargos trabalhistas vinculados ao Simples Doméstico.

§ 2º As informações prestadas no sistema eletrônico de que trata o § 1º:

I — têm caráter declaratório, constituindo instrumento hábil e suficiente para a exigência dos tributos e encargos trabalhistas delas resultantes e que não tenham sido recolhidos no prazo consignado para pagamento; e

II — deverão ser fornecidas até o vencimento do prazo para pagamento dos tributos e encargos trabalhistas devidos no Simples Doméstico em cada mês, relativamente aos fatos geradores ocorridos no mês anterior.

§ 3º O sistema eletrônico de que trata o § 1º deste artigo e o sistema de que trata o *caput* do art. 32 substituirão, na forma regulamentada pelo ato conjunto previsto no *caput*, a obrigatoriedade de entrega de todas as informações, formulários e declarações a que estão sujeitos os empregadores domésticos, inclusive os relativos ao recolhimento do FGTS.

Art. 34. O Simples Doméstico assegurará o recolhimento mensal, mediante documento único de arrecadação, dos seguintes valores:

I — 8% (oito por cento) a 11% (onze por cento) de contribuição previdenciária, a cargo do segurado empregado doméstico, nos termos do art. 20 da Lei n. 8.212, de 24 de julho de 1991;

II — 8% (oito por cento) de contribuição patronal previdenciária para a seguridade

social, a cargo do empregador doméstico, nos termos do art. 24 da Lei n. 8.212, de 24 de julho de 1991;

III — 0,8% (oito décimos por cento) de contribuição social para financiamento do seguro contra acidentes do trabalho;

IV — 8% (oito por cento) de recolhimento para o FGTS;

V — 3,2% (três inteiros e dois décimos por cento), na forma do art. 22 desta Lei; e

VI — imposto sobre a renda retido na fonte de que trata o inciso I do art. 7º da Lei n. 7.713, de 22 de dezembro de 1988, se incidente.

§ 1º As contribuições, os depósitos e o imposto arrolados nos incisos I a VI incidem sobre a remuneração paga ou devida no mês anterior, a cada empregado, incluída na remuneração a gratificação de Natal a que se refere a Lei n. 4.090, de 13 de julho de 1962, e a Lei n. 4.749, de 12 de agosto de 1965.

§ 2º A contribuição e o imposto previstos nos incisos I e VI do *caput* deste artigo serão descontados da remuneração do empregado pelo empregador, que é responsável por seu recolhimento.

§ 3º O produto da arrecadação das contribuições, dos depósitos e do imposto de que trata o *caput* será centralizado na Caixa Econômica Federal.

§ 4º A Caixa Econômica Federal, com base nos elementos identificadores do recolhimento, disponíveis no sistema de que trata o § 1º do art. 33, transferirá para a Conta Única do Tesouro Nacional o valor arrecadado das contribuições e do imposto previstos nos incisos I, II, III e VI do *caput*.

§ 5º O recolhimento de que trata o *caput* será efetuado em instituições financeiras integrantes da rede arrecadadora de receitas federais.

§ 6º O empregador fornecerá, mensalmente, ao empregado doméstico cópia do documento previsto no *caput*.

§ 7º O recolhimento mensal, mediante documento único de arrecadação, e a exigência das contribuições, dos depósitos e do imposto, nos valores definidos nos incisos I a VI do *caput*, somente serão devidos após 120 (cento e vinte) dias da data de publicação desta Lei.

Art. 35. O empregador doméstico é obrigado a pagar a remuneração devida ao empregado doméstico e a arrecadar e a recolher a contribuição prevista no inciso I do art. 34, assim como a arrecadar e a recolher as contribuições, os depósitos e o imposto a seu cargo discriminados nos incisos II, III, IV, V e VI do *caput* do art. 34, até o dia 7 do mês seguinte ao da competência.

§ 1º Os valores previstos nos incisos I, II, III e VI do *caput* do art. 34 não recolhidos até a data de vencimento sujeitar-se-ão à incidência de encargos legais na forma prevista na legislação do imposto sobre a renda.

§ 2º Os valores previstos nos incisos IV e V, referentes ao FGTS, não recolhidos até a data de vencimento serão corrigidos e terão a incidência da respectiva multa, conforme a Lei n. 8.036, de 11 de maio de 1990.

Capítulo III
Da Legislação Previdenciária e Tributária

Art. 36. O inciso V do art. 30 da Lei n. 8.212, de 24 de julho de 1991, passa a vigorar com a seguinte redação: (Já incluída na Lei)

Art. 37. A Lei n. 8.213, de 24 de julho de 1991, passa a vigorar com as seguintes alterações:(Alterações incluídas na Lei)

Art. 38. O art. 70 da Lei n. 11.196, de 21 de novembro de 2005, passa a vigorar com a seguinte redação:

"Art. 70..
I—..
d) até o dia 7 do mês subsequente ao mês de ocorrência dos fatos geradores, no caso de pagamento de rendimentos provenientes do trabalho assalariado a empregado doméstico; e
e) até o último dia útil do segundo decêndio do mês subsequente ao mês de ocorrência dos fatos geradores, nos demais casos;
.." (NR)

Capítulo IV
Do Programa de Recuperação Previdenciária dos Empregadores Domésticos (Redom)

Art. 39. É instituído o Programa de Recuperação Previdenciária dos Empregadores Domésticos (Redom), nos termos desta Lei.

Art. 40. Será concedido ao empregador doméstico o parcelamento dos débitos com o Instituto Nacional do Seguro Social (INSS) relativos à contribuição de que tratam os arts. 20 e 24 da Lei n. 8.212, de 24 de julho de 1991, com vencimento até 30 de abril de 2013.

§ 1º O parcelamento abrangerá todos os débitos existentes em nome do empregado e do empregador, na condição de contribuinte, inclusive débitos inscritos em dívida ativa, que poderão ser:

I — pagos com redução de 100% (cem por cento) das multas aplicáveis, de 60% (sessenta por cento) dos juros de mora e de 100% (cem por cento) sobre os valores dos encargos legais e advocatícios;

II — parcelados em até 120 (cento e vinte) vezes, com prestação mínima no valor de R$ 100,00 (cem reais).

§ 2º O parcelamento deverá ser requerido no prazo de 120 (cento e vinte) dias após a entrada em vigor desta Lei.

§ 3º A manutenção injustificada em aberto de 3 (três) parcelas implicará, após comunicação ao sujeito passivo, a imediata rescisão do parcelamento e, conforme o caso, o prosseguimento da cobrança.

§ 4º Na hipótese de rescisão do parcelamento com o cancelamento dos benefícios concedidos:

I — será efetuada a apuração do valor original do débito, com a incidência dos acréscimos legais, até a data de rescisão;

II — serão deduzidas do valor referido no inciso I deste parágrafo as parcelas pagas, com a incidência dos acréscimos legais, até a data de rescisão.

Art. 41. A opção pelo Redom sujeita o contribuinte a:

I — confissão irrevogável e irretratável dos débitos referidos no art. 40;

II — aceitação plena e irretratável de todas as condições estabelecidas;

III — pagamento regular das parcelas do débito consolidado, assim como das contribuições com vencimento posterior a 30 de abril de 2013.

Capítulo V
Disposições Gerais

Art. 42. É de responsabilidade do empregador o arquivamento de documentos comprobatórios do cumprimento das obrigações fiscais, trabalhistas e previdenciárias, enquanto essas não prescreverem.

Art. 43. O direito de ação quanto a créditos resultantes das relações de trabalho prescreve em 5 (cinco) anos até o limite de 2 (dois) anos após a extinção do contrato de trabalho.

Art. 44. A Lei n. 10.593, de 6 de dezembro de 2002, passa a vigorar acrescida do seguinte art. 11-A:

"Art. 11-A. A verificação, pelo Auditor Fiscal do Trabalho, do cumprimento das normas que regem o trabalho do empregado doméstico, no âmbito do domicílio do empregador, dependerá de agendamento e de entendimento prévios entre a fiscalização e o empregador.

§ 1º A fiscalização deverá ter natureza prioritariamente orientadora.

§ 2º Será observado o critério de dupla visita para lavratura de auto de infração, salvo quando for constatada infração por falta de anotação na Carteira de Trabalho e Previdência Social ou, ainda, na ocorrência de reincidência, fraude, resistência ou embaraço à fiscalização.

§ 3º Durante a inspeção do trabalho referida no *caput*, o Auditor Fiscal do Trabalho far-se-á acompanhar pelo empregador ou por alguém de sua família por este designado."

Art. 45. As matérias tratadas nesta Lei Complementar que não sejam reservadas constitucionalmente a lei complementar poderão ser objeto de alteração por lei ordinária.

Art. 46. Revogam-se o inciso I do art. 3º da Lei n. 8.009, de 29 de março de 1990, e a Lei n. 5.859, de 11 de dezembro de 1972.

Art. 47. Esta Lei entra em vigor na data de sua publicação.

Brasília, 1º de junho de 2015; 194º da Independência e 127º da República.

Dilma Rousseff
Marivaldo de Castro Pereira
Tarcísio José Massote de Godoy
Manoel Dias
Carlos Eduardo Gabas
Miguel Rossetto
Giovanni Benigno Pierre da Conceição Harvey
Eleonora Menicucci de Oliveira

DOU 2.6.2015

Lei Complementar n. 152, de 3 de dezembro de 2015

Dispõe sobre a aposentadoria compulsória por idade, com proventos proporcionais, nos termos do inciso II do § 1º do art. 40 da Constituição Federal

A PRESIDENTA DA REPÚBLICA

Faço saber que o Congresso Nacional decreta e eu promulgo, nos termos do § 5º do art. 66 da Constituição, a seguinte Lei Complementar:

Art. 1º Esta Lei Complementar dispõe sobre a aposentadoria compulsória por idade, com proventos proporcionais, no âmbito da União, dos Estados, do Distrito Federal e dos Municípios, dos agentes públicos aos quais se aplica o inciso II do § 1º do art. 40 da Constituição Federal.

Art. 2º Serão aposentados compulsoriamente, com proventos proporcionais ao tempo de contribuição, aos 75 (setenta e cinco) anos de idade:

I — os servidores titulares de cargos efetivos da União, dos Estados, do Distrito Federal e dos Municípios, incluídas suas autarquias e fundações;

II — os membros do Poder Judiciário;

III — os membros do Ministério Público;

IV — os membros das Defensorias Públicas;

V — os membros dos Tribunais e dos Conselhos de Contas.

Parágrafo único. Aos servidores do Serviço Exterior Brasileiro, regidos pela Lei n. 11.440,

de 29 de dezembro de 2006, o disposto neste artigo será aplicado progressivamente à razão de 1 (um) ano adicional de limite para aposentadoria compulsória ao fim de cada 2 (dois) anos, a partir da vigência desta Lei Complementar, até o limite de 75 (setenta e cinco) anos previsto no *caput*.

Art. 3º Revoga-se o inciso I do art. 1º da Lei Complementar n. 51, de 20 de dezembro de 1985.

Art. 4º Esta Lei Complementar entra em vigor na data de sua publicação.

Brasília, 3 de dezembro de 2015; 194º da Independência e 127º da República.

DILMA ROUSSEFF
DOU 4.12.2015

Decreto n. 27.048, de 12 de agosto de 1949

Art. 1º Todo empregado tem direito a repouso remunerado, num dia de cada semana, preferentemente aos domingos, nos feriados civis e nos religiosos, de acordo com a tradição local, salvo as exceções previstas neste regulamento.

Art. 2º As disposições do presente regulamento são extensivas:

a) aos trabalhadores rurais, salvo os que trabalhem em regime de parceria agrícola, meação ou forma semelhante de participação na produção;

b) aos trabalhadores que, sob forma autônoma, trabalhem agrupados, por intermédio de sindicato, caixa portuária ou entidade congênere, tais como estivadores, consertadores, conferentes e assemelhados;

c) aos trabalhadores das entidades autárquicas, dos serviços industriais da União, dos Estados, dos Municípios e dos Territórios, e das empresas por estes administradas ou incorporadas, desde que não estejam sujeitos ao regime dos funcionários ou extranumerários ou não tenham regime de proteção ao trabalho, que lhes assegure situação análogas à daqueles servidores públicos.

Art. 3º O presente regulamento não se aplica:

a) aos empregados domésticos, assim considerados os que prestam serviço de natureza não econômica à pessoa ou à família, no âmbito residencial destas;

b) aos funcionários da União, dos Estados, dos Municípios e dos Territórios, bem como aos respectivos extranumerários, em serviço nas próprias repartições.

Art. 4º O repouso semanal remunerado será de vinte e quatro horas consecutivas.

Art. 5º São feriados civis, e como tais obrigam ao repouso remunerado em todo território nacional, aqueles que a lei determinar. *(V. relação dos feriados nacionais inserida na nota ao art. 11 da Lei n. 605/49).*

Parágrafo único. Será também obrigatório o repouso remunerado nos dias feriados locais, até o máximo de quatro, incluída a Sexta-Feira da Paixão, desde que declarados como tais por lei municipal, cabendo à autoridade regional competente em matéria de trabalho expedir os atos necessários à observância do repouso remunerado nesses dias. *(Nota: Este parágrafo foi reproduzido com a alteração decorrente do Dec.-lei n. 86, de 27.12.1966, que deu nova redação ao art. 11 da Lei n. 605/49, reduzindo para quatro o número de feriados municipais).*

Art. 6º Excetuados os casos em que a execução dos serviços for imposta pelas exigências técnicas das empresas, é vedado o trabalho nos dias de repouso a que se refere o art. 1º, garantida, entretanto, a remuneração respectiva.

§ 1º Constituem exigências técnicas, para os efeitos deste regulamento, aquelas que, em razão do interesse público, ou pelas condições peculiares às atividades da empresa ou ao local onde as mesmas se exercitarem, tornem indispensável a continuidade do trabalho, em todos ou alguns dos respectivos serviços.

§ 2º Nos serviços que exijam trabalho em domingo, com exceção dos elencos teatrais e congêneres, será estabelecida escala de revezamento, previamente organizada e de quadro sujeito à fiscalização.

§ 3º Nos serviços em que for permitido o trabalho nos feriados civis e religiosos, a remuneração dos empregados que trabalharem nesses dias será paga em dobro, salvo se a empresa determinar outro dia de folga.

Art. 7º É concedida, em caráter permanente e de acordo com o disposto no § 1º do art. 6º, permissão para o trabalho nos dias de repouso a que se refere o art. 1º, nas atividades constantes da relação anexa ao presente regulamento.

§ 1º Os pedidos de permissão para quaisquer outras atividades, que se enquadrem no § 1º do art. 6º, serão apresentados às autoridades regionais referidas no art. 16, que os encaminharão ao Ministro do Trabalho, Indústria e Comércio, devidamente informados.

§ 2º A permissão dar-se-á por decreto do Poder Executivo.

Art. 8º Fora dos casos previstos no artigo anterior, admitir-se-á, excepcionalmente, o trabalho em dia de repouso:

a) quando ocorrer motivo de força maior, cumprindo à empresa justificar a ocorrência perante a autoridade regional a que se refere o art. 15, no prazo de 10 dias;

b) quando, para atender à realização ou conclusão de serviços inadiáveis ou cuja inexecução possa acarretar prejuízo manifesto, a empresa obtiver da autoridade regional referida no art. 15, autorização prévia, com discriminação do período autorizado, o qual, de cada vez, não excederá de 60 dias, cabendo neste caso a remuneração em dobro, na forma e com a ressalva constante do art. 6º, § 3º.

Art. 9º Nos dias de repouso, em que for permitido o trabalho, é vedada às empresas a execução de serviços que se não enquadrem nos motivos determinantes da permissão.

Art. 10. A remuneração dos dias de repouso obrigatório, tanto o do repouso semanal como aqueles correspondentes aos feriados, integrará o salário para todos os efeitos legais e com ele deverá ser paga.

§ 1º A remuneração do dia de repouso corresponderá, qualquer que seja a forma de pagamento do salário:

a) para os contratados por semana, dia ou hora, à de um dia normal de trabalho, não computadas as horas extraordinárias;

b) para os contratados por tarefa ou peça, ao equivalente ao salário correspondente às tarefas ou peças executadas durante a semana, no horário normal de trabalho, dividido pelos dias de serviço efetivamente prestado ao empregador;

c) para os trabalhadores rurais, que trabalham por tarefa predeterminada, ao quociente da divisão do salário convencionado pelo número de dias fixados para a respectiva execução.

§ 2º A remuneração prevista na alínea "a" será devida aos empregados contratados por mês ou quinzena, cujo cálculo de salário mensal ou quinzenal, ou cujos descontos por faltas ao serviço sejam efetuados em base inferior a 30 (trinta) ou 15 (quinze) dias respectivamente.

Art. 11. Perderá a remuneração do dia de repouso o trabalhador que sem motivo justificado ou em virtude de punição disciplinar, não tiver trabalhado durante toda a semana, cumprindo integralmente o seu horário de trabalho.

§ 1º Nas empresas em que vigorar regime de trabalho reduzido, a frequência exigida corresponderá ao número de dias em que houver trabalho.

§ 2º Não prejudicarão a frequência exigida as ausências decorrentes de férias.

§ 3º Não serão acumuladas a remuneração do repouso semanal e a do feriado civil ou religioso, que recaírem no mesmo dia.

§ 4º Para os efeitos do pagamento da remuneração, entende-se como uma semana o período de segunda-feira a domingo, anterior à semana em que recair o dia de repouso definido no art. 1º.

Art. 12. Constituem motivos justificados:

a) os previstos no art. 473, e seu parágrafo, da Consolidação das Leis do Trabalho;

b) a ausência do empregado, justificada, a critério da administração do estabelecimento, mediante documento por esta fornecido;

c) a paralisação do serviço nos dias em que, por conveniência do empregador, não tenha havido trabalho;

d) a falta ao serviço, com fundamento na Lei de Acidentes do Trabalho;

e) a ausência do empregado, até três dias consecutivos, em virtude de seu casamento;

f) a doença do empregado, devidamente comprovada, até 15 dias, caso em que a remuneração corresponderá a dois terços da fixada no art. 10.

§ 1º A doença será comprovada mediante atestado passado por médico da empresa ou por ela designado e pago.

§ 2º Não dispondo a empresa de médico, da instituição de previdência a que esteja filiado o empregado, por médico do Serviço Social da Indústria ou do Serviço Social do Comércio, por médico de repartição federal, estadual ou municipal, incumbido de assunto de higiene ou saúde, ou, inexistindo na localidade médicos nas condições acima especificados, por médico do sindicato a que pertença o empregado ou por profissional da escolha deste.

§ 3º As entradas no serviço, verificadas com atraso, em decorrência de acidentes de transportes, quando devidamente comprovadas mediante atestado da empresa concessionária, não acarretarão, para o trabalhador, a aplicação do disposto no art. 11.

Art. 13. Para os efeitos da legislação do trabalho e das contribuições e benefícios da previdência social, passará a ser calculado na base de trinta dias ou duzentas e quarenta horas o mês que, anteriormente, o era na base de vinte e cinco dias ou duzentas horas.

Art. 14. As infrações ao disposto na Lei n. 605, de 5 de janeiro de 1949, ou neste regulamento, serão punidas, segundo o caráter e a gravidade, com multa de cem a cinco mil cruzeiros.

Art. 15. São originariamente competentes para a imposição das multas de que trata este regulamento as autoridades regionais do trabalho: no Distrito Federal, o Diretor da Divisão de Fiscalização do Departamento Nacional do Trabalho; nos Estados, os Delegados Regionais do Trabalho; e, nos Estados onde houver delegação de atribuições, a autoridade delegada.

Art. 16. A fiscalização da execução do presente regulamento, bem como o processo de autuação de seus infratores, reger-se-ão pelo disposto no Título VII da Consolidação das Leis do Trabalho.

Art. 17. O presente regulamento entrará em vigor na data de sua publicação.

Rio de Janeiro, 12 de agosto de 1949.

Honório Monteiro

Relação a que se refere o art. 7º com a redação dada pelo Decreto n. 94.591, de 10.7.1987 (DOU 13.7.1987)

I — INDÚSTRIA

1) Laticínios (excluídos os serviços de escritório).
2) Frio industrial, fabricação e distribuição de gelo (excluídos os serviços de escritório).
3) Purificação e distribuição de água (usinas e filtros), (excluídos os serviços de escritório).
4) Produção e distribuição de energia elétrica (excluídos os serviços de escritório).
5) Produção e distribuição de gás (excluídos os serviços de escritório).
6) Serviços de esgotos (excluídos os serviços de escritório).
7) Confecção de coroas de flores naturais.
8) Pastelaria, confeitaria e panificação em geral.
9) Indústria do malte (excluídos os serviços de escritório).
10) Indústria do cobre eletrolítico, de ferro (metalúrgica) e do vidro (excluídos os serviços de escritório).
11) Turmas de emergência nas empresas industriais, instaladoras e conservadoras de elevadores e cabos aéreos.
12) Trabalhos em curtumes (excluídos os serviços de escritório).
13) Alimentação de animais destinados à realização de pesquisas para preparo de soro e outros produtos farmacêuticos.
14) Siderurgia, fundição, forjaria, usinagem (fornos acesos permanentemente) — (excluídos os serviços de escritório).
15) Lubrificação e reparos do aparelhamento industrial (turma de emergência).
16) Indústria moageira (excluídos os serviços de escritório).
17) Usinas de açúcar e de álcool (com exclusão de oficinas mecânicas, almoxarifados e escritórios).
18) Indústria do papel de imprensa (excluídos os serviços de escritório).
19) Indústria de vidro (excluídos os serviços de escritório).
20) Indústria de cimento em geral, excluídos os serviços de escritório. *(Incluído pelo Decreto n. 29.553, de 1951) (Revogado pelo Decreto de 10.5.1991)*
21) Indústria do refino do petróleo. *(Incluído pelo Decreto n. 61.146, de 1967). (Revogado pelo Decreto de 10.5.1991)*
22) Comércio varejista em geral. *(Incluído pelo Decreto n. 91.100, de 1983) (Revogado pelo Decreto n. 91.164, de 1985)*
23) Indústria Petroquímica, excluídos os serviços de escritório. *(Incluído pelo Decreto n. 94.709, de 1987) (Revogado pelo Decreto de 10.5.1991)*

II — COMÉRCIO

1) Varejistas de peixe.
2) Varejistas de carnes frescas e caça.
3) Venda de pão e biscoitos.
4) Varejistas de frutas e verduras.
5) Varejistas de aves e ovos.
6) Varejistas de produtos farmacêuticos (farmácias, inclusive manipulação de receituário).
7) Flores e coroas.
8) Barbearias (quando funcionando em recinto fechado ou fazendo parte do complexo do estabelecimento ou atividade, mediante acordo expresso com os empregados).
9) Entrepostos de combustíveis, lubrificantes e acessórios para automóveis (postos de gasolina).
10) Locadores de bicicletas e similares.
11) Hotéis e similares (restaurantes, pensões, bares, cafés, confeitarias, leiterias, sorveterias e bombonerias).
12) Hospitais, clínicas, casas de saúde e ambulatórios.
13) Casas de diversões (inclusive estabelecimento esportivo em que o ingresso seja pago)
14) Limpeza e alimentação de animais em estabelecimentos de avicultura.
15) Feiras livres e mercados, inclusive os transportes inerentes aos mesmos.
16) Porteiros e cabineiros de edifícios residenciais.
17) Serviço de propaganda dominical.
18) Comércio de artigos regionais nas estâncias hidrominerais.
19) Comércio em portos, aeroportos, estradas, estações rodoviárias e ferroviárias.
20) Comércio em hotéis.
21) Agências de turismo, locadoras de veículos e embarcações.
22) Comércio em postos de combustíveis.
23) Comércio em feiras e exposições.

III — TRANSPORTES

1) Serviços portuários.
2) Navegação (inclusive escritórios unicamente para atender a serviços de navios).
3) Trânsito marítimo de passageiros (exceto serviços de escritório).
4) Serviço propriamente de transportes (excluídos os transportes de carga urbanos e os escritórios e oficinas, salvo as de emergência).
5) Serviços de transportes aéreos (excluídos os departamentos não ligados diretamente ao tráfego aéreo).
6) Transporte interestadual (rodoviário), inclusive limpeza e lubrificação dos veículos.
7) Transporte de passageiros por elevadores e cabos aéreos.

IV — COMUNICAÇÕES E PUBLICIDADE

1) Empresas de comunicações telegráficas, radiotelegráficas e telefônicas (excluídos os serviços de escritório e oficinas, salvo as de emergência).
2) Empresas de radiodifusão, televisão de jornais e revistas (excluídos os escritórios).
3) Distribuidores e vendedores de jornais e revistas (bancas e ambulantes).
4) Anúncios em bondes e outros veículos (turma de emergência).

V — EDUCAÇÃO E CULTURA

1) Estabelecimentos de ensino (internatos, excluídos os serviços de escritório e magistério).
2) Empresas teatrais (excluídos os serviços de escritório).
3) Biblioteca (excluídos os serviços de escritório).
4) Museus (excluídos os serviços de escritório).
5) Empresas exibidoras cinematográficas (excluídos os serviços de escritório).
6) Empresas de orquestras.
7) Cultura física (excluídos os serviços de escritório).
8) Instituições de culto religioso.

VI — SERVIÇOS FUNERÁRIOS

1) Estabelecimentos e entidades que executem serviços funerários.

VII — AGRICULTURA E PECUÁRIA

1) Limpeza e alimentação de animais em propriedades agropecuárias.
2) Execução de serviços especificados nos itens anteriores desta relação.
3) colheita, beneficiamento, lavagem e transporte de hortaliças, legumes e frutas. (NR) *(Acrescentado pelo Decreto n. 7.421, de 31.12.2010, DOU 31.12.2010, ed. Extra)*

Decreto n. 61.799, de 30 de novembro de 1967

Dispõe sobre credenciamento para rubricar e proceder ao registro dos livros ou fichas de empregados de empresas e dá outras providências

O PRESIDENTE DA REPÚBLICA, no uso de suas atribuições constantes do art. 83, II, da Constituição e tendo em vista o disposto no art. 42 da Consolidação das Leis do Trabalho, com a redação introduzida pelo Decreto-Lei n. 229, de 28 de fevereiro de 1967, decreta:

Art. 1º Nas localidades em que estejam instaladas Delegacias Regionais do Trabalho, Seções ou Postos de Fiscalização das mesmas repartições, ou de repartições estaduais autorizadas por convênios a fiscalizarem o cumprimento da legislação trabalhista, ficam credenciados a rubricar e proceder ao registro dos livros ou fichas de empregados das empresas ali sediadas as seguintes autoridades, em ordem preferencial:

a) autoridade local da Previdência Social;

b) exator federal do respectivo Município;

c) agente do IBGE junto à Prefeitura local.

Parágrafo único. Os serviços a que se referem este artigo serão gratuitos, considerando-se falta grave a cobrança de qualquer taxa ou emolumento para sua prestação.

Art. 2º Qualquer autoridade que proceda ao registro e rubrica de livro ou fichas de emprega dos deverá enviar, até o dia 15 (quinze) do mês subsequente, ao Departamento Nacional de Mão de Obra, para fins estatísticos, uma relação dos registros efetuados no mês anterior.

Parágrafo único. Para os efeitos deste artigo o Departamento Nacional de Mão de Obra remeterá às autoridades citadas nas alíneas "a", "b" e "c" do art. 1º, que o solicitarem, material de expediente e de correspondência, além de lhes prestar todos os esclarecimentos necessários ao bom desempenho da tarefa.

Art. 3º O presente decreto entrará em vigor 30 (trinta) dias após a sua publicação.

Brasília, 30 de novembro de 1967; 146º da Independência e 79º da República.

A. COSTA E SILVA
JARBAS G. PASSARINHO
FERNANDO RIBEIRO DO VAL
HÉLIO BELTRÃO

DOU 5.12.1967

Decreto n. 76.900, de 23 de dezembro de 1975

Institui a Relação Anual de Informações Sociais — RAIS e dá outras providências

O PRESIDENTE DA REPÚBLICA, usando das atribuições que lhe confere o art. 81, itens III e V, da Constituição,

Decreta:

Art. 1º Fica instituída a Relação Anual de Informações Sociais — RAIS, a ser preenchida pelas empresas, contendo elementos destinados a suprir as necessidades de controle, estatística e informações das entidades governamentais da área social.

Parágrafo único. A RAIS deverá conter as informações periodicamente solicitadas pelas instituições vinculadas aos Ministérios da Fazenda, Trabalho, Interior e Previdência e Assistência Social, especialmente no tocante:

a) ao cumprimento da legislação relativa ao Programa de Integração Social (PIS) e ao Programa de Formação do Patrimônio do Servidor Público (PASEP), sob a supervisão da Caixa Econômica Federal;

b) às exigências da legislação de nacionalização do trabalho;

c) ao fornecimento de subsídios para controle dos registros relativos ao Fundo de Garantia do Tempo de Serviço (FGTS);

d) ao estabelecimento de um sistema de controle central da arrecadação e da concessão de benefícios por parte do Instituto Nacional de Previdência Social (INPS);

e) à coleta de dados indispensáveis aos estudos técnicos, de natureza estatística e atuarial, dos serviços especializados dos Ministérios citados.

Art. 2º A RAIS identificará: a empresa, pelo número de inscrição no Cadastro Geral de Contribuintes (CGC) do Ministério da Fazenda; e o empregado, pelo número de inscrição no Programa de Integração Social (PIS).

Parágrafo único. O INPS promoverá diretamente o cadastramento dos empregadores não sujeitos à inscrição no CGC, bem como dos trabalhadores autônomos, utilizando para estes a mesma sistemática de numeração usada no cadastro do PIS/PASEP.

Art. 3º As contribuições destinadas ao INPS e ao PIS, bem como os depósitos relativos ao FGTS, serão recolhidos mediante instrumento único, respeitadas as peculiaridades de cada sistema.

§ 1º O instrumento único será constituído pelas guias de recolhimento dos sistemas que o integram, podendo ser recolhidas separada ou conjuntamente, até o último dia previsto na legislação específica.

§ 2º Os valores recebidos pelo banco arrecadador serão registrados separadamente, observadas as instruções baixadas pelas entidades em favor das quais forem eles creditados.

Art. 4º A RAIS substituirá a Relação Anual de Salários (RAS), já em utilização pela Caixa Econômica Federal e pelo INPS, para o cumprimento do previsto nas alíneas a e d, do parágrafo único, do art. 1º.

§ 1º O processamento da RAIS será executado pelo Serviço Federal de Processamento de Dados (SERPRO), mediante convênios com os órgãos usuários, até a fase de geração do cadastro final, cabendo a estes a responsabilidade no processamento subsequente para suas finalidades específicas.

§ 2º Definidas as informações adicionais necessárias ao atendimento das alíneas b, c e e do parágrafo único do art. 1º, caberá à Caixa Econômica Federal e à Empresa de Processamento de Dados da Previdência Social (DATAPREV), ouvido o SERPRO, determinar as alterações do sistema, de modo a preservar sua operacionalidade.

Art. 5º Será criada uma Comissão Interministerial, encarregada de elaborar codificação para o preenchimento dos claros da RAIS, em conformidade com as normas estabelecidas pela Fundação Instituto Brasileiro de Geografia e Estatística (IBGE).

Art. 6º Até dezembro de 1976 os Ministérios da área social deverão:

a) promover estudos no sentido de adaptar seus serviços à sistemática estabelecida neste Decreto, propondo as medidas que se tornarem necessárias à maior rapidez e eficiência no controle das operações a seu cargo; e

b) baixar, após a implantação do sistema os atos necessários à dispensa do fornecimento por parte das empresas, dos elementos atualmente exigidos por força de atos normativos ou outros expedidos pelos órgãos interessados, valendo a apresentação da RAIS para o cumprimento das obrigações previstas no inciso III do art. 80 da Lei n. 3.807, de 26 de agosto de 1960, com a redação dada pelo Decreto-Lei n. 66, de 21 de dezembro de 1966.

Parágrafo único. O disposto neste artigo não se aplica às informações que devam ser prestadas pelas empresas, necessárias à individualização dos depósitos mensais para o FGTS.

Art. 7º A RAIS será obrigatória, para as empresas a partir do exercício de 1977, e sempre relativa ao ano-base anterior.

Art. 8º Este Decreto entrará em vigor na data de sua publicação, revogadas as disposições em contrário.

Brasília, 23 de dezembro de 1975; 145º da Independência e 87º da República.

ERNESTO GEISEL
MÁRIO HENRIQUE SIMONSEN
ARNALDO PRIETO
JOÃO PAULO DOS REIS VELLOSO
MAURÍCIO RANGEL REIS
L. G. DO NASCIMENTO E SILVA

DOU 24.12.1975

Decreto n. 84.134, de 30 de outubro de 1979

Regulamenta a Lei n. 6.615, de 16 de dezembro de 1978

O PRESIDENTE DA REPÚBLICA, usando da atribuição que lhe confere o art. 81, item III, da Constituição, e tendo em vista o disposto no art. 32 da Lei n. 6.615, de 16 de dezembro de 1978,

DECRETA:

Art. 1º O exercício da profissão de Radialista é regulado pela Lei n. 6.615, de 16 de dezembro de 1978, na forma deste Regulamento.

Art. 2º Considera-se Radialista o empregado de empresa de radiodifusão que exerça função estabelecida no anexo deste Regulamento.

Art. 3º Considera-se empresa de radiodifusão, para os efeitos deste Regulamento, aquela que explora serviços de transmissão de programas e mensagens, destinada a ser recebida livre e gratuitamente pelo público em geral, compreendendo a radiodifusão sonora (rádio) e radiodifusão de sons e imagens (televisão).

Parágrafo único. Considera-se, igualmente, para os efeitos deste Regulamento, empresa de radiodifusão:

a) a que explore serviço de música funcional ou ambiental e outras que executem, por quaisquer processos, transmissão de rádio ou de televisão;

b) a que se dedique, exclusivamente, à produção de programas para empresas de radiodifusão;

c) a entidade que execute serviços de repetição ou de retransmissão de radiodifusão;

d) a entidade privada e a fundação mantenedora que executem serviços de radiodifusão, inclusive em circuito fechado de qualquer natureza;

e) as empresas ou agências de qualquer natureza destinadas, em sua finalidade, à produção de programas, filmes e dublagens, comerciais ou não, para serem divulgados através das empresas de radiodifusão.

Art. 4º A profissão de Radialista compreende as seguintes atividades:

I — Administração;
II — Produção;
III — Técnica.

§ 1º As atividades de administração compreendem as especializadas, peculiares às empresas de radiodifusão.

§ 2º As atividades de produção se subdividem nos seguintes setores:

a) autoria;
b) direção;
c) produção;
d) interpretação;
e) dublagem;
f) locução;
g) caracterização;
h) cenografia.

§ 3º As atividades técnicas se subdividem nos seguintes setores:

a) direção;
b) tratamento e registros sonoros;
c) tratamento e registros, visuais;
d) montagem e arquivamento;
e) transmissão de sons e imagens;
f) revelação e copiagem de filmes;
g) artes plásticas e animação de desenhos e objetos;
h) manutenção técnica.

§ 4º As denominações e descrições das funções em que se desdobram as atividades e os setores mencionados nos parágrafos anteriores, constam do Quadro anexo a este Regulamento.

Art. 5º Não se incluem no disposto neste Regulamento os Atores e Figurantes que prestam serviços a empresas de radiodifusão.

Art. 6º O exercício da profissão de Radialista requer prévio registro na Delegacia Regional do Trabalho do Ministério do Trabalho, o qual terá validade em todo o território nacional.

Parágrafo único. O pedido de registro de que trata este artigo poderá ser encaminhado através do sindicato representativo da categoria profissional ou da federação respectiva.

Art. 7º Para registro do Radialista é necessária a apresentação de:

I — diploma de curso superior, quando existente, para as funções em que se desdobram as atividades de Radialista, fornecido por escola reconhecida na forma da lei; ou

II — diploma ou certificado correspondente às habilitações profissionais ou básicas de 2º Grau, quando existente para as funções em que se desdobram as atividades de Radialista, fornecido por escola reconhecida na forma da lei; ou

III — atestado de capacitação profissional.

Art. 8º O atestado mencionado no inciso III do artigo anterior será emitido pela Delegacia Regional do Trabalho, a requerimento do interessado, instruído com certificado de conclusão de treinamento para função constante do quadro anexo a este regulamento. O certificado deverá ser fornecido por unidade integrante do Sistema Nacional de Formação de Mão de obra, credenciada pelo Conselho Federal de Mão de obra ou por entidade da Administração Pública, direta ou indireta, que tenha por objetivo, previsto em lei, promover e estimular a formação e o treinamento de pessoal especializado, necessário às atividades de radiodifusão. *(Redação dada pelo Decreto n. 95.684, de 28.1.88, DOU 29.1.88)*

§ 1º Comprovada a impossibilidade do treinamento por falta ou insuficiência, no município, de curso especializado em formação para as funções em que se desdobram as atividades de radialista, em número que atenda às necessidades de mão de obra das empresas de radiodifusão, a Delegacia Regional do Trabalho emitirá o atestado de capacitação profissional (art. 7º, III), mediante apresentação de certificado de aptidão profissional, fornecido por uma das entidades abaixo, na seguinte ordem: *(Redação dada pelo Decreto n. 95.684, de 28.1.88, DOU 29.1.88)*

a) sindicato representativo da categoria profissional; *(Acrescentado pelo Decreto n. 95.684, de 28.1.88, DOU 29.1.88)*

b) sindicato representativo de empresas de radiodifusão; *(Acrescentado pelo Decreto n. 95.684, de 28.1.88, DOU 29.1.88)*

c) empresa de radiodifusão. *(Acrescentado pelo Decreto n. 95.684, de 28.1.88, DOU 29.1.88)*

§ 2º Para efeito do parágrafo anterior, o interessado será admitido na empresa como empregado-iniciante, para um período de capacitação, de até seis meses. *(Redação dada pelo Decreto n. 95.684, de 28.1.88, DOU 29.1.88)*

§ 3º Se o treinamento for concluído com aproveitamento, a empresa encaminhará o empregado à Delegacia Regional do Trabalho, com o respectivo certificado de aptidão profissional, para o fim previsto no § 1º. *(Redação dada pelo Decreto n. 95.684, de 28.1.88, DOU 29.1.88)*

Art. 9º O registro de Radialista será efetuado pela Delegacia Regional do Trabalho do Ministério do Trabalho, a requerimento do interessado, instruído com os seguintes documentos:

I — diploma, certificado ou atestado mencionados no art. 7º;

II — Carteira de Trabalho e Previdência Social.

Parágrafo único. *(Revogado pelo Decreto n. 94.447, de 16.6.87, DOU 17.6.87)*

Art. 10. O Contrato de Trabalho, quando por prazo determinado, deverá ser registrado, a requerimento do empregador, no órgão regional do Ministério do Trabalho, até a véspera do início da sua vigência, e conterá, obrigatoriamente:

I — a qualificação completa das partes contratantes;

II — o prazo de vigência;

III — a natureza do serviço;

IV — o local em que será prestado o serviço;

V — cláusula relativa a exclusividade e transferibilidade;

VI — a jornada de trabalho, com especificação do horário e intervalo de repouso;

VII — a remuneração e sua forma de pagamento;

VIII — especificação quanto à categoria de transporte e hospedagem assegurada em caso de prestação de serviços fora do local onde foi contratado;

IX — dia de folga semanal;

X — número da Carteira de Trabalho e Previdência Social;

XI — condições especiais, se houver.

§ 1º O contrato de trabalho de que trata este artigo será visado pelo Sindicato representativo da categoria profissional ou pela federação respectiva, como condição para registro no Ministério do Trabalho.

§ 2º A entidade sindical visará ou não o contrato, no prazo máximo de 2 (dois) dias úteis, findos os quais poderá ser registrado, independentemente de manifestação da entidade sindical, se não estiver em desacordo com a Lei ou com este Regulamento.

§ 3º Da decisão da entidade sindical que negar o visto caberá recurso para o Ministério do Trabalho.

Art. 11. O requerimento do registro deverá ser instruído com 2 (duas) vias do instrumento do contrato de trabalho, visadas pelo Sindicato representativo da categoria profissional e, subsidiariamente, pela Federação respectiva.

Art. 12. No caso de se tratar de rede de radiodifusão de propriedade ou controle de um mesmo grupo, deverá ser indicada na Carteira de Trabalho e Previdência Social a emissora na qual será prestado o serviço.

Parágrafo único. Quando se tratar de emissora de Onda Tropical pertencente a mesma concessionária e que transmita simultânea, integral e permanentemente a programação de emissora de Onda Média, far-se-á no mencionado documento a indicação das emissoras.

Art. 13. Para contratação de estrangeiro, domiciliado no exterior, exigir-se-á prévio recolhimento à Caixa Econômica Federal, de importância equivalente a 10% (dez por cento) do valor total do ajuste, a título de contribuição sindical, em nome da entidade da categoria profissional.

Art. 14. A utilização de profissional contratado por agência de locação de mão de obra obrigará o tomador de serviço, solidariamente, pelo cumprimento das obrigações legais e contratuais, se se caracterizar a tentativa, pelo tomador de serviço, de utilizar a agência para fugir às responsabilidades e obrigações decorrentes da Lei, deste Regulamento ou do contrato de trabalho.

Art. 15. Nos contratos de trabalho por prazo determinado, para produção de mensagens publicitárias, feitas para rádio e televisão, constará obrigatoriamente:

I — o nome do produtor, do anunciante e, se houver, da agência de publicidade para a qual a mensagem é produzida;

II — o tempo de exploração comercial da mensagem;

III — o produto a ser promovido;

IV — os meios de comunicação através dos quais a mensagem será exibida;

V — o tempo de duração da mensagem e suas características.

Art. 16. Na hipótese de acumulação de funções dentro de um mesmo Setor em que se desdobram as atividades mencionadas no art. 4º, será assegurado ao Radialista um adicional mínimo de:

I — 40% (quarenta por cento), pela função acumulada, tomando-se por base a função melhor remunerada, nas emissoras de potência igual ou superior a 10 (dez) quilowatts bem como nas empresas discriminadas no parágrafo único do art. 3º;

II — 20% (vinte por cento), pela função acumulada, tomando-se por base a função melhor remunerada, nas emissoras de potência inferior a 10 (dez) quilowatts e superior a 1 (um) quilowatt;

III — 10% (dez por cento), pela função acumulada, tomando-se por base a função melhor remunerada, nas emissoras de potência Igual ou Inferior a 1 (um) quilowatt.

Parágrafo único. Não será permitido, por força de um só contrato de trabalho, o exercício para diferentes setores dentre os mencionados no art. 4º.

Art. 17. Quando o exercício de qualquer função for acumulado com responsabilidade de chefia, o Radialista fará jus a um acréscimo de 40% (quarenta por cento) sobre o salário.

Parágrafo único. Cessada a responsabilidade de chefia, automaticamente deixará de ser devido o acréscimo salarial.

Art. 18. Na hipótese de trabalho executado fora do local mencionado no contrato de trabalho, correrão à conta do empregador, além do salário, as despesas de transporte, de alimentação e de hospedagem, até o respectivo retorno.

Art. 19. Não será permitida a cessão ou promessa de cessão dos direitos de autor e dos que lhes são conexos, de que trata a Lei n. 5.988, de 14 de dezembro de 1973, decorrentes da prestação de serviços profissionais.

Parágrafo único. Os direitos autorais e conexos dos profissionais serão devidos em decorrência de cada exibição da obra.

Art. 20. A duração normal do trabalho do Radialista é de:

I — 5 (cinco) horas para os setores de autoria e de locução;

II — 6 (seis) horas para os setores de produção, interpretação, dublagem, tratamento e registros sonoros, tratamento e registros visuais, montagem e arquivamento, transmissão de sons e imagens, revelação e copiagem de filmes, artes plásticas e animação de desenhos e objetos e manutenção técnica;

III — 7 (sete) horas para os setores de cenografia e caracterização, deduzindo-se desse tempo 20 (vinte) minutos para descanso, sempre que se verificar um esforço contínuo de mais de 3 (três) horas;

IV — 8 (oito) horas para os demais setores.

Parágrafo único. O trabalho prestado além das limitações diárias previstas nos itens acima será considerado extraordinário, aplicando-se-lhe o disposto nos artigos pertinentes da Consolidação das Leis do Trabalho (CLT).

Art. 21. Será considerado como serviço efetivo o período em que o Radialista permanecer à disposição do empregador.

Art. 22. É assegurada ao Radialista uma folga semanal remunerada de 24 (vinte e quatro) horas consecutivas, de preferência aos domingos.

Parágrafo único. As empresas organizarão escalas de revezamento de maneira a favorecer o empregado com um repouso dominical mensal, pelo menos, salvo quando, pela natureza do serviço, a atividade do

LEGISLAÇÃO COMPLEMENTAR

Radialista for desempenhada habitualmente aos domingos.

Art. 23. A jornada de trabalho dos Radialistas que prestem serviços em condições de insalubridade ou periculosidade poderá ser organizada em turnos, respeitada a duração semanal do trabalho, desde que previamente autorizada pelo Ministério do Trabalho.

Art. 24. A cláusula de exclusividade não impedirá o Radialista de prestar serviços a outro empregador, desde que em outro meio de comunicação e sem que se caracterize prejuízo para o primeiro contratante.

Art. 25. Os textos destinados à memorização, juntamente com o roteiro da gravação ou plano de trabalho, deverão ser entregues ao profissional com antecedência mínima de 24 (vinte e quatro) horas, em relação ao início dos trabalhos.

Art. 26. Nenhum profissional será obrigado a participar de qualquer trabalho que coloque em risco sua integridade física ou moral.

Art. 27. O fornecimento de guarda-roupa e demais recursos indispensáveis ao cumprimento das tarefas contratuais será de responsabilidade do empregador.

Art. 28. A empresa não poderá obrigar o Radialista, durante o desempenho de suas funções, a fazer uso de uniformes que contenham símbolos, marcas ou qualquer mensagem de caráter publicitário.

Parágrafo único. Não se incluem nessa proibição os símbolos ou marcas identificadores do empregador.

Art. 29. As infrações ao disposto na Lei e neste Regulamento serão punidas com multa de 2 (duas) a 20 (vinte) vezes o maior valor de referência previsto no art. 2º, parágrafo único, da Lei n. 6.205, de 29 de abril de 1975, calculada à razão de um valor de referência por empregado em situação irregular.

Parágrafo único. Em caso de reincidência, embaraço ou resistência à fiscalização, emprego de artifício ou simulação com objetivo de fraudar a Lei a multa será aplicada em seu valor máximo.

Art. 30. O empregador punido na forma do artigo anterior, enquanto não regularizar a situação que deu causa à autuação e não recolher a multa aplicada, após esgotados os recursos cabíveis, não poderá receber qualquer benefício, incentivo ou subvenção concedidos por órgãos públicos.

Art. 31. É assegurado o registro a que se refere o art. 6º, ao Radialista que, até 19 de dezembro de 1978, tenha exercido, comprovadamente, a respectiva profissão.

Parágrafo único. O registro de que se trata este artigo deverá ser requerido pelo interessado ao órgão regional Ministério do Trabalho.

Art. 32. Aplicam-se ao Radialista as normas da legislação do trabalho, exceto naquilo que for incompatível com as disposições da Lei n. 6.615, de 16 de dezembro de 1978.

Art. 33. São inaplicáveis aos órgãos da Administração Pública, direta ou indireta, as disposições constantes do § 1º do art. 10 e do art. 13 deste Regulamento.

Art. 34. A alteração do Quadro anexo a este Regulamento será proposta, sempre que necessária, pelo Ministério do Trabalho, de ofício ou em decorrência de representação das entidades de classe.

Art. 35. Aos Radialistas empregados de entidades sujeitas às normas legais que regulam a acumulação de cargos, empregos ou funções na Administração Pública não se aplicam as disposições do art. 16.

Art. 36. Este Decreto entrará em vigor na data da sua publicação, revogadas as disposições em contrário.

Brasília, 30 de outubro de 1979; 158º da Independência e 91º da República.

João Figueiredo
Murillo Macêdo
H. C. Mattos
DOU 31.10.1979

QUADRO ANEXO AO DECRETO N. 84.134, DE 30 DE OUTUBRO DE 1979

TÍTULOS E DESCRIÇÕES DAS FUNÇÕES EM QUE SE DESDOBRAM AS ATIVIDADES DOS RADIALISTAS.

I — ADMINISTRAÇÃO

1) RÁDIO — TV FISCAL

Fiscaliza as transmissões ouvindo-as e vendo-as, elaborando o relatório sequencial de tudo o que vai ao ar, principalmente a publicidade.

II — PRODUÇÃO

A — AUTORIA

1) AUTOR — ROTEIRISTA

Escreve original ou roteiros para a realização de programas ou séries de programas. Adaptam originais de terceiros transformando-os em programas.

B — DIREÇÃO

1) DIRETOR ARTÍSTICO OU DE PRODUÇÃO

Responsável pela execução dos programas, supervisiona o processo de recrutamento e seleção do pessoal necessário, principalmente quanto à escolha dos produtores e coordenadores de programas. Depois de prontos coloca os programas à disposição do Diretor de Programa.

2) DIRETOR DE PROGRAMAÇÃO

Responsável final pela emissão dos programas transmitidos pela emissora, tendo em vista sua qualidade e a adequação dos horários de transmissão.

3) DIRETOR ESPORTIVO

Responsável pela produção e transmissão dos programas e eventos esportivos. Desempenha, eventualidade, funções de locução durante os referidos eventos.

4) DIRETOR MUSICAL

Responsável pela produção musical da programação, trabalhando em harmonia com o produtor de programas na transmissão e/ou gravação de números e/ou espetáculos musicais.

5) DIRETOR DE PROGRAMAS

Responsável pela execução de um ou mais programas individuais, conforme lhe for atribuído pela Direção Artística ou de Produção, sendo também responsável pela totalidade das providências que resultam na elaboração do programa deixando-o pronto a ser transmitido ou gravado.

C — PRODUÇÃO

1) ASSISTENTE DE ESTÚDIO

Responsável pela ordem e sequência de encenação, programa ou gravação dentro de estúdio, coordena os trabalhos e providência para que a orientação do diretor do programa ou do diretor de imagens seja cumprida providencia cartões, ordens e sinais dentro do estúdio que permitam emissão ou gravação do programa.

2) ASSISTENTE DE PRODUÇÃO

Responsável pela obtenção dos meios materiais necessários à realização de programas, assessora o coordenador de produção durante os ensaios, encenação ou gravação dos programas. Convoca os elementos envolvidos no programa a ser produzido.

3) Operador de Câmera de Unidade Portátil Externa *(Redação dada pelo Decreto n. 94.447, de 16.6.87, DOU 17.6.87)*

Encarrega-se da gravação de matéria distribuída pelo Supervisor de Operações, planifica e orienta o entrevistador, repórter e o iluminador no que se refere aos aspectos técnicos de seu trabalho. Suas atividades envolvem tanto a gravação como a geração de som e imagem, através de equipamento eletrônico portátil de TV. *(Redação dada pelo Decreto n. 94.447, de 16.6.87, DOU 17.6.87)*

4) AUXILIAR DE DISCOTECÁRIO

Auxilia o discotecário e o discotecário programador no desempenho de suas atividades. Responsável pelos fichários de controle, catálogos e roteiros dos programas musicais, sob orientação do discotecário programador. Remete e recebe dos setores competentes o material da discoteca, em consonância com o encarregado de tráfego. Distribui, nos arquivos ou estantes próprias, os discos, fitas e cartuchos, zelando pelo material e equipamentos do acervo da discoteca.

5) Auxiliar de Operador de Câmera de Unidade Portátil Externa *(Redação dada pelo Decreto n. 94.447, de 16.6.87, 17.6.87)*

Encarrega-se do bom estado do equipamento e da sua montagem, e auxilia o operador de câmera na iluminação e na tomada de cenas. *(Redação dada pelo Decreto n. 94.447, de 16.6.87, 17.6.87)*

Suas atividades envolvem tanto a filmagem como a geração de som e imagem através de equipamento eletrônico portátil de TV (UPJ).

6) CONTINUISTA

Dá continuidade às cenas de programas, acompanhamento a sua gravação e providenciando para que cada cena seja retomada no mesmo ponto e da mesma maneira em que foi interrompida.

7) CONTRARREGRA

Realiza tarefas de apoio à produção, providenciando e obtenção e guarda de todos os objetos móveis necessários a produção.

8) COORDENADOR DE PRODUÇÃO

Responsável pela obtenção dos recursos materiais necessários à realização dos programas, bem como locais de encenação ou gravação, pela disponibilidade dos estúdios e das locações, inclusive instalação e renovação de cenários. Planeja e providencia os elementos necessários à produção juntamente com o produtor executivo, substituído-o em suas ausências.

9) COORDENADOR DE PROGRAMAÇÃO

Coordena as operações relativas à execução dos programas; prepara os mapas de programação estabelecendo horários e a sequência de transmissão, inclusive é adequada inserção dos comerciais para cumprimento das determinações legais que regulam a matéria.

10) DIRETOR DE IMAGENS (TV)

Selecione as imagens e efeitos que devem ser transmitidos e/ou gravados orientando as câmeras quanto ao seu posicionamento e ângulo de tomadas. Coordena os trabalhos de som, imagens, gravação, telecine, efeitos etc., supervisionado e dirigindo toda a equipe operacional durante os trabalhos.

11) DISCOTECÁRIO

Organiza e dirige os trabalhos de guarda e localização de discos, fitas e cartuchos, mantendo todo o material devidamente fichado para uso imediato pelos produtores.

12) DISCOTECÁRIO-PROGRAMADOS
Organiza e programa as condições constituídas por gravações. Observa o tempo e a cronometragem das gravações, bem como dos programas onde serão inseridas, trabalhando em estreito relacionamento com o discotecário e produtores musicais.

13) ENCARREGADO DE TRÁFEGO
Organiza e dirige o tráfego de programas entre praças, emissoras, departamentos, etc., controlando o destino e a restituição dos programas que saírem, nos prazos previstos.

14) FOTÓGRAFO
Executa todos os trabalhos de fotografia necessários à produção e à programação; seleciona material e equipamento adequados para cada tipo de trabalho; exerce sua atividade em estreito relacionamento com o pessoal de laboratório e com os montadores.

15) PRODUTOR EXECUTIVO
Organiza e produz programas de rádio ou televisão de qualquer gênero, inclusive telenoticioso ou esportivo, supervisionando a utilização de todos os recursos neles empregados.

16) ROTEIRISTA DE INTERVALOS COMERCIAIS
Elabora a programação dos intervalos comerciais das emissoras, distribuindo as mensagens comerciais ou publicitárias de acordo com a direção comercial da emissora.

17) ENCARREGADO DE CINEMA
Organiza a exibição de filmes, assim como a sua entrega pelo fornecedor, verificando sua qualidade técnica antes e depois da exibição.

18) FILMOTECÁRIO
Organiza e dirige os trabalhos de guarda e localização de filmes e videoteipes, mantendo em ordem o fichário para uso imediato dos produtores.

19) EDITOR DE VIDEOTEIPE (VT)
Edita os programas gravados em videoteipes (VT).

D — INTERPRETAÇÃO
1) COORDENADOR DE ELENCO
Responsável pela localização e convocação do elenco distribuição do material aos atores e figurantes e por todas as providências e cuidados exigidos pelo elenco que não sejam de natureza artística.

E — DUBLAGEM
1) ENCARREGADO DO TRÁFEGO
Recebe, cataloga e encaminha às respectivas seções o material do filme a ser dublado, mantendo os necessários controles. Organiza, controle e mantem sob sua guarda esse material em arquivos apropriados, coordenando os trabalhos de revisão e reparos das cópias.

2) MARCADOR DE ÓTIPO
Marca o filme, indicando as partes em que será dividido, numerando-as de acordo com a ordem constante no ¿script¿.

CORTADOR DE ÓTIPO E MAGNÉTICO
Corta o filme nas partes marcadas, cola as pontas de sincronismo e faz os anéis de magnético; recupera o magnético para novo uso.

4) OPERADOR DE SOM DE ESTÚDIO
Opera o equipamento de som no estúdio: microfone, mesa, equalizadora, máquina sincrônica gravadora de som e demais equipamentos relacionados com o som e sua retranscrição para cópias.

5) PROJECIONISTA DE ESTÚDIO
Opera projetor cinematográfico de estúdio de som, tanto nos estúdios de gravação como os de mixagem.

6) REMONTADOR DE ÓTICO E MAGNÉTICO
Após a dublagem do filme, une os anéis de ótico e de magnético, reconstruindo o filme em sua forma original, fazendo a revisão da cópia de trabalho.

7) EDITOR DE SINCRONISMO
Opera a moviola ou equipamento correspondente, colocando o diálogo gravado em sincronismo com a imagem, revisando as bandas de músicas e efeitos.

8) CONTRARREGRA/SONOPLASTA
Faz a complementação dos ruídos e efeitos sonoros que faltam na banda do rolo de fita magnética com musicas e efeitos sonoros (M. E).

9) OPERADOR DE MIXAGEM
Opera máquinas gravadoras e reprodutoras de som, mesa equalizadora e mixadora, passando para uma única banda os sons derivados das bandas de diálogo, M. E. e contrarregra, revisando a cópia final.

10) Diretor de Dublagem *(Acrescentado pelo Decreto n. 94.447, de 16.6.87, DOU 17.6.87)*
Assiste ao filme e sugere a escalação do elenco para a sua dublagem; esquematiza a produção; programa os horários de trabalho; orienta a interpretação e o sincronismo do Ator ou de outrem sobre sua imagem. *(Acrescentado pelo Decreto n. 94.447, de 16.6.87, DOU 17.6.87)*

F — LOCUÇÃO
1) LOCUTOR — ANUNCIADOR
Faz leitura de textos comerciais ou não nos intervalos da programação, anuncia sequência da programação, informações diversas e necessárias à conversão e sequência da programação.

2) LOCUTOR-APRESENTADOR-ANIMADOR
Apresentador e anuncia programas de rádio ou televisão realizando entrevistas e promovendo jogos, brincadeiras, competições e perguntas peculiares ao estúdio ou auditório de rádio ou televisão.

3) LOCUTOR COMENTARISTA ESPORTIVO
Comenta os eventos esportivos em rádio ou televisão, em todos os seus aspectos técnicos e esportivos.

4) LOCUTOR ESPORTIVO
Narra e eventualmente comenta os eventos esportivos em rádio ou televisão, transmitindo as informações comerciais que lhe forem atribuídas. Participa de debates e mesas-redondas.

5) LOCUTOR NOTICIARISTA DE RÁDIO
Lê programas noticiosos de rádio, cujos textos são previamente preparados pelo setor de redação.

6) LOCUTOR NOTICIARISTA DE TELEVISÃO
Lê programas noticiosos de televisão, cujos textos são previamente preparados pelo setor de redação.

7) LOCUTOR ENTREVISTADOR
Expõe e narra fatos, realiza entrevistas pertinentes aos fatos narrados.

G — CARACTERIZAÇÃO
1) CABELEIREIRO
Propõe e executam penteados para intérpretes e participantes de programas de televisão, responsáveis pela guarda e conservação de seus instrumentos de trabalho.

2) CAMAREIRO
Assiste os intérpretes e participantes no que se refere à utilização da roupagem exigida pelos programas, retirando-o do seu depósito e cuidado do seu aspecto e guarda até sua devolução.

3) COSTUREIRO
Confecciona as roupas conforme solicitadas pelo figurinista, reforma e conserta peças, adaptando-as às necessidades da produção, faz os acabamentos próprios nas confecções.

4) GUARDA-ROPEIRO
Guarda e conserva todas as roupas que lhe forem confiadas, providenciando sua manutenção e fornecimento quando requerido.

5) FIGURINISTA
Cria e desenha as roupas necessárias à produção e supervisiona sua confecção.

6) MAQUILADOR
Executa a maquilagem dos intérpretes, apresentadores e participantes dos programas de televisão, responsável pela guarda e manutenção dos seus instrumentos de trabalho.

H) CENOGRAFIA
1) ADERECISTA
Providencia, inclusive confeccionando, todo e qualquer tipo de adereço materiais necessários de acordo com as solicitações e especificações do setor competente, adequando as peças confeccionadas à linha do cenário.

2) CENOTÉCNICO
Responsável pela construção e montagem dos cenários, de acordo com as especificações determinadas pela produção.

3) DECORADOR
Decora o cenário a partir da ideia pre-estabelecida pelo diretor artístico ou de produção. Seleciona os mobiliários necessários à decoração, procurando ambientá-lo ao espírito do programa produzido.

4) CORTINEIRO-ESTOFADOR
Confecciona e conserta as cortinas, tapetes e estofados necessários à produção.

5) CARPINTEIRO
Prepara material em madeira para cenografia e outras destinações.

6) Pintor — Pintor Artístico *(Redação dada pelo Decreto n. 94.447, de 16.6.87, DOU 17.6.87)*
Executa o trabalho de pintura dos cenários, de acordo com as exigências da produção ou a pintura artística dos cenários; prepara cartazes para utilização nos cenários; amplia quadros e telas; zela pela guarda e conservação dos materiais e instrumentos de trabalho, indispensáveis à execução de sua tarefa. *(Redação dada pelo Decreto n. 94.447, de 16.6.87, DOU 17.6.87)*

7) MAQUINISTA
Monta, desmonta e transporta os cenários, conforme orientação do cenotécnico.

8) Cenógrafo *(Acrescentado pelo Decreto n. 94.447, de 16.6.87, DOU 17.6.87)*
Projeta o cenário, de acordo com o produtor e o Diretor de Programa; executa plantas baixa e alta do cenário; desenha os detalhes em escala para execução do cenário; indica as cores do cenário; orienta e dirige a montagem dos cenários e orienta o contrarregra quanto aos adereços necessários ao cenário. *(Acrescentado pelo Decreto n. 94.447, de 16.6.87, DOU 17.6.87)*

9) Maquetista *(Acrescentado pelo Decreto n. 94.447, de 16.6.87, DOU 17.6.87)*
Desenha e executa maqueta para efeito de cena. *(Incluído pelo Decreto n. 94.447, de 1987)*

III — TÉCNICA
A — DIREÇÃO
Responsável pelo bom funcionamento de todos os equipamentos em operação necessários às emissões, gravações, transporte e recepção de sinais e transmissões de uma emissora de rádio ou televisão.

2) SUPERVISOR DE OPERAÇÃO
Responsável pelo fornecimento à produção dos meios técnicos, equipamentos e operadores, a fim de possibilitar a realização dos programas.

B — TRATAMENTO E REGISTROS SONOROS

1) OPERADOR DE ÁUDIO
Opera a mesa de áudio durante gravações e transmissões, respondendo por sua qualidade.

2) OPERADOR DE MICROFONE
Cuida da transmissão através de microfones dos estúdios ou externas de televisão, até as mesas controladoras, sob as instruções do diretor de imagens ou do operador de áudio.

3) OPERADOR DE RÁDIO
Opera a mesa de emissora de rádio. Coordena e é responsável pela emissão dos programas e comerciais no ar, de acordo com o roteiro de programação. Recebem transmissão externa e equaliza os sons.

4) SONOPLASTA
Responsável pela gravação de textos, músicas, vinhetas, comerciais etc., para ser utilizada na programação, encarregado-se da manutenção dos níveis de áudio, equalização e qualidade do som.

C — TRATAMENTO E REGISTROS VISUAIS

1) OPERADOR DE CONTROLE MESTRE (MASTER)
Opera o controle mestre de uma emissora, seleciona e comuta diversos canais de alimentação, conforme roteiro de programação e comerciais preestabelecidos.

2) AUXILIAR DE ILUMINADOR
Prestador auxílio direto ao iluminador na operação dos equipamentos. Cuida da limpeza e conservação dos equipamentos, materiais e instrumentos indispensáveis ao desempenho da função.

3) EDITOR DE VIDEOTEIPE
Edita os programas gravados em videoteipe; maneja as máquinas operadoras durante a montagem final e edição; ajusta as máquinas; determina, conforme orientação do diretor do programa, o melhor ponto de edição.

4) ILUMINADOR
Coordena e opera todo o sistema de iluminação de estúdios ou de externas, zelando pela segurança e bom funcionamento do equipamento. Elabora o plano de iluminação de cada programa ou série de programas.

5) OPERADOR DE CABO
Auxilia o operador de câmera na movimentação e deslocamento das câmeras, inclusive pela movimentação dos cabos. Cuida da limpeza e manutenção dos cabos e outros equipamentos da câmera.

6) OPERADOR DE CÂMERA
Opera as câmeras inclusive as portáteis ou semiportáteis, sob orientação técnica do diretor de imagens.

7) OPERADOR DE MÁQUINA DE CARACTERES
Opera os caracteres nos programas gravados, filmes, vinhetas, chamadas, conforme roteiro da produção.

8) OPERADOR DE TELECINE
Opera projetores de telecine, municiando-os de acordo com as necessidades de utilização; efetua ajustes operacionais nos projetos (foco, filamento e enquadramento).

9) OPERADOR DE VÍDEO
Responsável pela qualidade de imagem no vídeo, operando os controles, aumentando ou diminuindo o vídeo e pedestal, alinhando as câmeras, colocando os filtros adequados e corrigindo as aberturas de diafragma.

10) OPERADOR DE VÍDEOTEIPE (VT)
Opera as máquinas de gravação e reprodução dos programas em videoteipe, mantendo responsabilidade direta sobre os controles indispensáveis à gravação e reprodução.

D — MONTAGEM E ARQUIVAMENTO

1) ALMOXARIFE TÉCNICO
Controla e mantém sob sua guarda todo o material em estoque, necessário à técnica, organizado fichários e arquivos referentes aos equipamentos e componentes eletrônicos. Controla entrada e saída do material.

2) ARQUIVISTA DE TEIPES
Arquiva os teipes, zela pela conservação das fitas, áudios-clipe e videoteipes, organiza fichários e distribui o material para os setores solicitantes, controlando sua saída e devolução.

3) MONTADOR DE FILMES
Responsável pela montagem de filmes. Faz projeções, corte e remontagem dos filmes depois de exibidos.

E — TRANSMISSÃO DE SONS E IMAGENS

1) OPERADOR DE TRANSMISSOR DE RÁDIO
Opera transmissores de rádio para recepção geral em todas as frequências em que operem os rádios comerciais e não comerciais. Ajusta equipamentos mantém níveis de modulação; faz leituras de instrumentos; executa manobras de substituição de transmissores; faz permanente monitoragem do sinal de áudio irradiando.

2) OPERADOR DE TRANSMISSORES DE TELEVISÃO
Opera os transmissores ou equipamentos de estação repetidora de televisão, efetua testes de áudio e vídeo com os estúdios, mantém a modificação de áudio e vídeo dentro dos padrões estabelecidos; faz leituras dos instrumentos e executa manobra de substituição de transmissores, aciona gerador de corrente alternada, quando necessário; faz permanente monitoragem dos sinais de áudio e vídeo irradiados.

3) TÉCNICO DE EXTERNAS
Responsável pela conexão entre o local da cena ou evento externo e o estúdio, a pontos intermediários ou a locais de gravação designados.

F — REVELAÇÃO E COPIAGEM DE FILMES

1) TÉCNICO LABORATORISTA
Realiza os trabalhos necessários à revelação e copiagem de filmes.

2) SUPERVISOR TÉCNICO DE LABORATÓRIO
Supervisiona os serviços dos técnicos laboratoriais; relaciona os filmes e fotos que estão sob responsabilidade do seu setor, anotando sua origem e promovendo a sua devolução. Supervisiona a conservação e estoque do material do laboratório.

G — ARTES PLÁSTICAS E ANIMAÇÃO DE DESENHOS E OBJETIVOS

1) DESENHISTA
Executa desenhos, contornos e letras necessários à confecção de "slides", vinhetas e outros trabalhos gráficos para a produção de programas.

H — MANUTENÇÃO TÉCNICA

1) ELETRICISTA
Instala e mantém circuitos elétricos necessários ao funcionamento dos equipamentos da emissora. Procede à manutenção prevista e corretiva dos sistemas elétricos instalados.

2) TÉCNICO DE MANUTENÇÃO ELETROTÉCNICA
Realiza a manutenção elétrica dos equipamentos, cabine de força e grupos geradores de energia em rádio e televisão.

3) MECÂNICO
Faz a manutenção dos equipamentos mecânicos, inclusive motores; substitui ou recupera peças dos equipamentos. Responsável por instalação e manutenção mecânica de torres e antenas.

4) TÉCNICO DE AR CONDICIONADO
Realiza a manutenção dos equipamentos de ar condicionado, mantendo a refrigeração dos ambientes nos níveis exigidos.

5) TÉCNICO DE ÁUDIO
Procede à manutenção de toda a aparelhagem de áudio; efetua montagens e testes de equipamentos de áudio, mantendo-os dentro dos padrões estabelecidos.

6) TÉCNICO DE MANUTENÇÃO DE RÁDIO
Responsável pelo setor de manutenção dos equipamentos de radiodifusão sonora, assim como de todos os seus acessórios.

7) TÉCNICO DE MANUTENÇÃO DE TELEVISÃO
Responsável pela manutenção dos equipamentos de radiodifusão sonora e de imagem, assim como todos os seus acessórios.

8) TÉCNICO DE ESTAÇÃO RETRANSMISSORA E REPETIDORA DE TELEVISÃO
Faz a manutenção e consertos dos equipamentos de estação repetidora de televisão ou retransmissora de rádio, conforme orientação do operador da estação.

9) TÉCNICO DE VÍDEO
Responde pelo funcionamento de todo os equipamentos operacional de vídeo, bem como pela instalação e reparos da aparelhagem, executando sua manutenção preventiva. Montam equipamentos, testa sistemas e dá apoio técnico à operação.

João Figueiredo
H. C. Mattos

Decreto n. 93.412, de 14 de outubro de 1986

Revoga o Decreto n. 92.212, de 26.12.1985, regulamenta a Lei n. 7.369, de 20 de setembro de 1985, que institui salário adicional para empregados do setor de energia elétrica, em condições de periculosidade e dá outras providências

O PRESIDENTE DA REPÚBLICA, usando da atribuição que lhe confere o art. 81, item III, da Constituição, decreta:

Art. 1º São atividades em condições de periculosidade de que trata a Lei n. 7.369, de 20 de setembro de 1985, aquelas relacionadas no Quadro de Atividades/Área de Risco, anexo a este Decreto.

Art. 2º É exclusivamente suscetível de gerar direito à percepção da remuneração adicional de que trata o art. 1º da Lei n. 7.369, de 20 de setembro de 1985, o exercício das atividades constantes do Quadro anexo, desde que o empregado, independentemente do cargo, categoria ou ramo da empresa:

I — permaneça habitualmente em área de risco, executando ou aguardando ordens, e em situação de exposição contínua, caso em que o pagamento adicional incidirá sobre o salário da jornada de trabalho integral;

II — ingresse, de modo intermitente e habitual, em área de risco, caso em que o adicional incidirá sobre o salário do tempo despendido pelo empregado na execução de atividade em condições de periculosidade ou do tempo à disposição do empregador, na forma do inciso I deste artigo.

§ 1º O ingresso ou a permanência eventual em área de risco não geram direito ao adicional de periculosidade.

§ 2º São equipamentos ou instalações elétricas em situação de risco aqueles de cujo contato físico ou exposição aos efeitos da eletricidade possam resultar incapacitação, invalidez permanente ou morte.

§ 3º O fornecimento pelo empregador dos equipamentos de proteção a que se refere o disposto no art. 166 da Consolidação das Leis do Trabalho ou a adoção de técnicas de proteção ao trabalhador, eximirão a empresa do pagamento do adicional, salvo quando não for eliminado o risco resultante da atividade do trabalhador em condições de periculosidade.

Art. 3º O pagamento do adicional de periculosidade não desobriga o empregador de promover as medidas de proteção ao trabalhador, destinadas à eliminação ou neutralização da periculosidade nem autoriza o empregado a desatendê-las.

Art. 4º Cessado o exercício da atividade ou eliminado o risco, o adicional de periculosidade poderá deixar de ser pago.

§ 1º A caracterização do risco ou da sua eliminação far-se-á através de perícia, observado o disposto no art. 195 e parágrafos da Consolidação das Leis do Trabalho.

Art. 5º Os empregados que exercerem atividades em condições de periculosidade serão especialmente credenciados e portarão identificação adequada.

Art. 6º Este Decreto entra em vigor na data da sua publicação, revogados o Decreto n. 92.212, de 26 de dezembro de 1985 e demais disposições em contrário.

Brasília, em 14 de outubro de 1986; 165º da Independência e 98º da República.

José Sarney
Almir Pazzianotto Pinto
DOU 15.10.1986

QUADRO DE ATIVIDADES/ÁREA DE RISCO
(Anexo do Decreto n. 93.412, de 14.10.1986)

Atividades	Áreas de Risco
1 — Atividade de Construção, Operação e Manutenção de redes de linhas aéreas de alta e baixa tensões integrantes de sistemas elétricos de potência, energizadas mas com possibilidade de energização, acidental ou por falha operacional, incluindo:	1 — Estruturas, condutores, e equipamentos de Linhas Aéreas de Transmissão, Sub-transmissão e Distribuição, incluindo, plataformas e cestos aéreos para execução dos trabalhos.
1.1. — Montagem, instalação, substituição, conservação, reparos, ensaios e testes de: verificação, inspeção, levantamento, supervisão e fiscalização: fusíveis, condutores, para-raios, postes, torres, chaves, muflas, isoladores, transformadores, capacitores, medidores, reguladores de tensão, religadores, seccionalizadores, carrier (onda portadora via linhas de transmissão), cruzetas, relé e braço de iluminação pública, aparelho de medição gráfica, bases de concretos ou alvenaria de torres, postes e estrutura de sustentação de redes e linhas aéreas e demais componentes das redes aéreas.	— Pátio e salas de operação de subestações. — Cabinas de distribuição. — Estruturas, condutores e equipamentos de redes de tração elétrica, incluindo escadas, plataformas e cestos aéreos usados para execução dos trabalhos.
1.2. — Corte e poda de árvores.	
1.3. — Ligações e cortes de Consumidores.	
1.4. — Manobras aéreas e subterrâneas de redes e linhas.	
1.5. — Manobras em subestações.	
1.6. — Testes de curto em linhas de transmissão.	
1.7. — Manutenção de fontes de alimentação de sistemas de comunicação.	
1.8. — Leitura em consumidores de alta tensão.	
1.9. — Aferição em equipamentos de medição.	
1.10. — Medidas de resistências, lançamento e instalação de cabo contrapeso.	
1.11. — Medidas de campo elétrico, rádio interferência e correntes induzidas.	
1.12. — Testes elétricos em instalações de torceiros em faixas de linhas de transmissão (oleodutos, gasodutos, etc.).	
1.13. — Pintura de estruturas e equipamentos.	
1.14. — Verificação, inspeção, inclusive aérea, fiscalização, levantamento de dados e supervisão de serviços técnicos.	
2 — Atividades de construção, operação e manutenção de redes e linhas subterrâneas de alta e baixa tensões integrantes de sistemas elétricos de potência energizados ou desenergizados, mas com possibilidade de energização acidental ou por operacional, incluindo:	2 — Valas, bancos de dutos, canaletas, condutores, recintos internos de caixas, poços de inspeção, câmaras, galerias túneis, estruturas terminais e áreas de superfície correspondentes.
2.1. — Montagem, instalação, substituição, manutenção e reparos de: barramentos, transformadores, disjuntores, chaves e seccionadoras, condensadores, chaves a óleo, transformadores para instrumentos, cabos subterrâneos e subaquáticos, painéis, circuitos elétricos, contatos, muflas e isoladores e demais componentes de redes subterrâneas.	— Áreas submersas em rios, lagos e mares.
2.2. — Construção civil, instalação, substituição, e limpeza de: valas, bancos de dutos, dutos, condutos, canaletas, galerias, túneis, caixas ou poços de inspeção, câmaras.	
2.3. — Medição, verificação, ensaios, testes, inspeção, fiscalização, levantamento de dados e supervisões de serviços técnicos.	
3 — As atividades de inspeção, testes, ensaios, calibração, medição e reparos em equipamentos e materiais elétricos, eletrônicos, eletromecânicos e de segurança individual e coletiva em sistemas elétricos de potência de alta e baixa tensão.	3 — Áreas das oficinas e laboratórios de testes e manutenção elétrica, eletrônica e eletromecânica onde são executados testes, ensaios, calibração e reparos de equipamentos energizados ou passíveis de energização acidental. — Sala de controle e casas de máquinas de usinas e unidades geradoras. — Pátios e salas de operação de subestações, inclusive consumidores. — Salas de ensaios elétricos de alta tensão. — Sala de controle dos centros de operação.
4 — Atividades de construção, operação e manutenção nas usinas, unidades geradoras, subestações e cabines de distribuição em operações integrantes de sistemas de potência, energizado ou desenergizado com possibilidade de voltar a funcionar ou energizar-se acidentalmente ou por falha operacional, incluindo:	4 — Pontos de medição e cabines de distribuição, inclusive de consumidores. — Salas de controles, casa de máquinas, barragens de usinas e unidades geradoras. — Pátios e salas de operações de subestações inclusive consumidores.
4.1. — Montagem, desmontagem, operação e conservação, de: medidores, relés, chaves disjuntores e religadores, caixas de controle, cabos de força, cabos de controle, barramentos, baterias e carregadores, transformadores, sistemas antincêndio e de resfriamento, bancos de capacitores, reatores, reguladores, equipamentos eletrônicos, eletrônicos mecânicos e eletroeletrônicos, painéis, para-raios, áreas de circulação, estruturas-suporte e demais instalações e equipamentos elétricos.	

Atividades	Áreas de Risco
4.2. — Construção de: valas de dutos; dutos, canaletas, bases de equipamentos, estruturas, condutos e demais instalações.	
4.3. — Serviços de limpeza, pintura e sinalização de instalações e equipamentos elétricos.	
4.4. — Ensaios testes, medições, supervisão, fiscalizações e levantamentos de circuitos e equipamentos elétricos, eletrônicos de telecomunicação e telecontrole.	
5 — Atividades de treinamento em equipamentos ou instalações energizadas, ou desenergizadas mas com possibilidade de energização acidental ou por falha operacional.	5 — Todas as áreas descritas nos itens anteriores.

Decreto n. 97.936, de 10 de julho de 1989

Institui o cadastro nacional do trabalhador e dá outras providências

O PRESIDENTE DA REPÚBLICA, usando das atribuições que lhe confere o art. 84, inciso IV, da Constituição, decreta:

Art. 1º Fica instituído o Cadastro Nacional do Trabalhador — CNT, destinado a registrar informações de interesse do trabalhador, do Ministério do Trabalho e da Previdência Social — MTPS e da Caixa Econômica Federal — CEF. *(Redação dada pelo Decreto n. 99.378, de 11.7.1990).*

Art. 2º O CNT, composto pelo sistema de identificação do trabalhador e pelo sistema de coleta de informações sociais, compreenderá os trabalhadores:

I — já inscritos no Programa de Integração Social — PIS e no Programa de Formação do Patrimônio do Servidor Público — PASEP;

II — cadastrados no sistema de contribuinte individual da Previdência Social;

III — que vierem a ser cadastrados no CNT.

Parágrafo único. A organização inicial do CNT será feita a partir de informações constantes dos Cadastros do PIS e do PASEP.

Art. 3º Para efeito de identificação do trabalhador junto ao CNT ficam instituídos:

I — o Número de Identificação do Trabalhador — NIT;

II — o Documento de Cadastramento do Trabalhador — DCT.

§ 1º O DCT substituirá a Ficha de Declaração de que trata o § 2º do art. 13 da Consolidação das Leis do Trabalho — CLT.

§ 2º O DCT será preenchido:

a) pelos postos competentes, a cada emissão da Carteira do Trabalho e Previdência Social — CTPS;

b) no caso de contribuintes individuais, pela Previdência Social, que poderá utilizar-se dos serviços da rede bancária.

§ 3º Os órgãos e entidades da Administração Pública, identificarão os trabalhadores do serviço público não regidos pela CLT, ainda não inscritos no CNT.

§ 4º A cada trabalhador será atribuído um NIT, que lhe facultará o acesso às informações referentes aos seus direitos trabalhistas e previdenciários.

Art. 4º A coleta de informações sociais será feita por meio do Documento de Informações Sociais — DIS, a ser preenchido pelos empregadores, que deverão:

I — identificar-se pelo número de inscrição no Cadastro Geral de Contribuintes do Ministério da Fazenda — CGC/MF;

II — identificar cada trabalhador pelo respectivo NIT.

§ 1º O empregador não inscrito no CGC/MF se identificará na forma a ser disciplinada pelo Grupo Gestor no CNT (art. 6º).

§ 2º O DIS conterá informações relativas:

a) à nacionalização do trabalho (CLT, art. 360);

b) ao controle dos registros relativos ao Fundo de Garantia do Tempo de Serviço — FGTS (Lei n. 5.107, de 13 de setembro de 1966);

c) ao salário de contribuição do trabalhador, para concessão e manutenção de benefícios por parte da Previdência Social;

d) ao pagamento do abono previsto pelo § 3º do art. 239 da Constituição;

e) ao pagamento e controle do seguro-desemprego (Decreto-Lei n. 2.284, de 10 de março de 1986);

f) à admissão e dispensa de empregados (Lei n. 4.923, de 23 de dezembro de 1965).

§ 3º As informações sociais referentes aos trabalhadores contribuintes individuais da Previdência Social serão prestadas ao CNT pelo MPAS.

Art. 5º O DIS substituirá os seguintes documentos:

I — Relação Anual de Informações Sociais — RAIS (Decreto n. 76.900, de 23 de dezembro de 1975);

II — formulário de comunicação de admissão e dispensa (Lei n. 4.923, de 1965);

III — Relação de Empregados — RE (Lei n. 5.107, de 1966);

IV — Relação de Salários de Contribuições — RSC da Previdência Social;

V — Comunicação de Dispensa — CD (Decreto n. 92.008, de 30 de abril de 1985).

Art. 6º Fica criado o Grupo do CNT, encarregado de administrar e fiscalizar a implantação e a operação do CNT, sob a Presidência do Secretário da Administração Federal, com a seguinte composição:

I — um representante do Ministério do Trabalho e da Previdência Social — MTPS;

II — um representante da Caixa Econômica Federal — CEF;

III — um representante dos trabalhadores;

IV — um representante dos empregadores.

Parágrafo único. O Regimento Interno, aprovado pelo Secretário da Administração Federal, disporá sobre o funcionamento do Grupo Gestor do CNT. *(Redação dada pelo Decreto s/n. de 25.6.1991, LTr 55-7/869).*

Art. 7º O Ministério do Trabalho e da Previdência Social, por intermédio da Empresa de Processamento de Dados da Previdência Social (DATAPREV) e a Caixa Econômica Federal (CEF), atenderão as despesas comuns do CNT com dotações ou recursos próprios, em partes iguais, podendo, para tanto, celebrar contratos e convênios. *(Redação dada pelo Decreto n. 99.378, de 1990)*

Parágrafo único. O Grupo Gestor do CNT poderá celebrar convênio com o Serviço Federal de Processamento de Dados — SERPRO para o processamento do CNT, bem assim utilizar-se dos serviços da rede bancária.

Art. 8º Pelo descumprimento do disposto no art. 4º deste Decreto, os infratores estarão sujeitos, conforme a infração, às penalidades previstas nos seguintes dispositivos legais:

I — art. 364 da CLT;

II — art. 10 da Lei n. 4.923, de 1965.

Parágrafo único. No caso de mais de uma infração, as respectivas penalidades serão aplicadas cumulativamente.

Art. 9º As contribuições devidas à Previdência Social, ao Programa de Integração Social PIS, ao Programa de Formação do Patrimônio do Servidor Público — PASEP, bem assim os depósitos relativos ao Fundo de Garantia do Tempo de Serviço — FGTS, continuarão a ser recolhidos mediante documento próprio.

Art. 10. O Secretário da Administração Federal, expedirá as instruções necessárias à execução do disposto neste Decreto. *(Redação dada pelo Decreto s/n. de 25.6.1991).*

Art. 11. Este Decreto entra em vigor na data de sua publicação.

Art. 12. Revogam-se as disposições em contrário.

Brasília, 10 de julho de 1989; 168º da Independência e 101º da República.

Decreto n. 840, de 22 de junho de 1993

Dispõe sobre a organização e o funcionamento do Conselho Nacional de Imigração e dá outras providências

O PRESIDENTE DA REPÚBLICA, no uso das atribuições que lhe confere o art. 84, incisos IV e VI, da Constituição, e tendo em vista o disposto nos arts. 16, inciso VIII, letra d, e 19, inciso VII, letra b, da Lei n. 8.490, de 19 de novembro de 1992,

DECRETA:

Art. 1º Ao Conselho Nacional de Imigração, órgão de deliberação coletiva, integrante do Ministério do Trabalho, nos termos da Lei n. 8.490, de 19 de novembro de 1992, compete:

I — formular a política de imigração;

II — coordenar e orientar as atividades de imigração;

III — efetuar o levantamento periódico das necessidades de mão de obra estrangeira qualificada, para admissão em caráter permanente ou temporário;

IV — definir as regiões de que trata o art. 18 da Lei n. 6.815, de 19 de agosto de 1980, e elaborar os respectivos planos de imigração;

V — promover ou fornecer estudos de problemas relativos à imigração;

VI — estabelecer normas de seleção de imigrantes, visando proporcionar mão de obra especializada aos vários setores da economia nacional e captar recursos para setores específicos;

VII — dirimir as dúvidas e solucionar os casos omissos, no que diz respeito a imigrantes;

VIII — opinar sobre alteração da legislação relativa à imigração, quando proposta por qualquer órgão do Poder Executivo;

IX — elaborar seu regimento interno, que deverá ser submetido à aprovação do Ministro de Estado do Trabalho.

Art. 2º O Conselho Nacional de Imigração terá a seguinte composição: *(Redação dada pelo Dec. n. 3.574, de 23.8.2000)*

I — um representante de cada Ministério a seguir indicado: *(Redação dada pelo Dec. n. 3.574, de 23.8.2000)*

a) do Trabalho e Emprego, que o presidirá; *(Alínea incluída pelo Dec. n. 3.574, de 23.8.2000)*

b) da Justiça; *(Alínea incluída pelo Dec. n. 3.574, de 23.8.2000)*

c) das Relações Exteriores; *(Alínea incluída pelo Dec. n. 3.574, de 23.8.2000)*

d) da Agricultura e do Abastecimento; *(Alínea incluída pelo Dec. n. 3.574, de 23.8.2000)*

e) da Ciência e Tecnologia; *(Alínea incluída pelo Dec. n. 3.574, de 23.8.2000)*

f) do Desenvolvimento, Indústria e Comércio Exterior; *(Alínea incluída pelo Dec. n. 3.574, de 23.8.2000)*

g) da Saúde; *(Alínea incluída pelo Dec. n. 3.574, de 23.8.2000)*

h) da Educação; *(Alínea incluída pelo Dec. n. 3.574, de 23.8.2000)*

II — cinco representantes dos trabalhadores; *(Redação dada pelo Dec. n. 3.574, de 23.8.2000)*

III — cinco representantes dos empregadores; *(Redação dada pelo Dec. n. 3.574, de 23.8.2000)*

IV — um representante da comunidade científica e tecnológica. *(Redação dada pelo Dec. n. 3.574, de 23.8.2000)*

Parágrafo único. Os membros do Conselho e os respectivos suplentes serão designados mediante indicação: *(Redação dada pelo Dec. n. 3.574, de 23.8.2000)*

I — dos respectivos Ministros de Estado, no caso do inciso I, alíneas b a h; *(Redação dada pelo Dec. n. 3.574, de 23.8.2000)*

II — das Centrais Sindicais, no caso do inciso II; *(Redação dada pelo Dec. n. 3.574, de 23.8.2000)*

III — das Confederações Nacionais da Indústria, do Comércio, do Transporte, da Agricultura e das Instituições Financeiras, no caso do inciso III; *(Inciso incluído pelo Dec. n. 3.574, de 23.8.2000)*

IV — da Sociedade Brasileira para o Progresso da Ciência, no caso do inciso IV. (NR) *(Redação dada pelo Dec. n. 3.574, de 23.8.2000)*

Art. 3º A participação no Conselho Nacional de Imigração não dará direito à percepção de qualquer remuneração e será considerada relevante serviço público.

Art. 4º O Conselho Nacional de Imigração deliberará por meio de resoluções.

Art. 5º O apoio técnico e administrativo aos trabalhos do conselho será prestado pelo Ministério do Trabalho.

Art. 6º Revoga-se o Decreto n. 662, de 29 de setembro de 1992.

Art. 7º Este decreto entra em vigor na data de sua publicação.

Brasília, 22 de junho de 1993, 172º da Independência e 105º da República.

Itamar Franco
Walter Barell

Decreto n. 1.480, de 3 de maio de 1995

Dispõe sobre os procedimentos a serem adotados em caso de paralisações dos serviços públicos federais, enquanto não regulado o disposto no art. 37, inciso VII, da Constituição

O PRESIDENTE DA REPÚBLICA, no uso das atribuições que lhe confere o art. 84, incisos II e IV, da Constituição, e tendo em vista o disposto nos arts. 116, inciso X, e 117, inciso I, da Lei n. 8.112, de 11 de dezembro de 1990, DECRETA:

Art. 1º Até que seja editada a lei complementar a que alude o art. 37, inciso VII, da Constituição, as faltas decorrentes de participação de servidor público federal, regido pela Lei n. 8.112, de 11 de dezembro de 1990, em movimento de paralisação de serviços públicos não poderão, em nenhuma hipótese, ser objeto de:

I — abono;

II — compensação; ou

III — cômputo, para fins de contagem de tempo de serviço ou de qualquer vantagem que o tenha por base.

§ 1º Para os fins de aplicação do disposto neste artigo, a chefia imediata do servidor transmitirá ao órgão de pessoal respectivo a relação dos servidores cujas faltas se enquadrem na hipótese nele prevista, discriminando, dentre os relacionados, os ocupantes de cargos em comissão e os que percebam função gratificada.

§ 2º A inobservância do disposto no parágrafo precedente implicará na exoneração ou dispensa do titular da chefia imediata, sem prejuízo do ressarcimento ao Tesouro Nacional dos valores por este despendidos em razão do ato comissivo ou omissivo, apurado em processo administrativo regular.

Art. 2º Serão imediatamente exonerados ou dispensados os ocupantes de cargos em comissão ou de funções gratificadas constantes da relação a que alude o artigo precedente.

Art. 3º No caso em que a União, autarquia ou fundação pública for citada em causa cujo objeto seja a indenização por interrupção, total ou parcial, da prestação dos serviços desenvolvidos pela Administração Pública Federal, em decorrência de movimento de paralisação, será obrigatória a denunciação à lide dos servidores que tiverem concorrido para o dano.

Parágrafo único. Compete ao Advogado-Geral da União expedir as instruções necessárias ao cumprimento do disposto neste artigo.

Art. 4º Este Decreto entra vigor na data de sua publicação.

Brasília, 3 de maio de 1995; 174º da Independência e 107º da República.

Fernando Henrique Cardoso
Luiz Carlos Bresser Pereira
DOU 4.5.1995

Decreto n. 2.067, de 12 de novembro de 1996

Promulga o protocolo de cooperação e assistência jurisdicional em matéria civil, comercial, trabalhista e administrativa — MERCOSUL

O PRESIDENTE DA REPÚBLICA, no uso das atribuições que lhe confere o art. 84, inciso VIII, da Constituição, e

Considerando que o Protocolo de Cooperação e Assistência Jurisdicional em Matéria Civil, Comercial, Trabalhista e Administrativa foi assinado pelo Brasil em 27 de junho de 1992, no âmbito do MERCOSUL;

Considerando que o Protocolo de Cooperação e Assistência Jurisdicional em Matéria Civil, Comercial, Trabalhista e Administrativa foi oportunamente submetido ao Congresso Nacional, que o aprovou por meio do Decreto Legislativo n. 55, de 19 de abril de 1995;

Considerando que o ato em tela entrou em vigor internacional em 17 de março de 1996;

Considerando que o Governo brasileiro depositou a Carta de Ratificação do instrumento em epígrafe em 16 de fevereiro de 1996, passando o mesmo a vigorar, para o Brasil em 17 de março de 1996, na forma de seu Artigo 33, decreta:

Art. 1º O Protocolo de Cooperação e Assistência Jurisdicional em Matéria Civil, Comercial, Trabalhista e Administrativa, assinado em Las Leñas, em 27 de junho de 1992, apenso por cópia ao presente Decreto, deverá ser executado e cumprido tão inteiramente como nele se contém.

Art. 2º O presente Decreto entra em vigor na data de sua publicação.

Fernando Henrique Cardoso
Luiz Felipe Lampreia
DOU 13.11.1996

ANEXO AO DECRETO N. 2.067, DE 12 DE NOVEMBRO DE 1996

Protocolo de Cooperação e Assistência Jurisdicional em Matéria Civil, Comercial, Trabalhista e Administrativa

Os Governos da República Argentina, da República Federativa do Brasil, da República do Paraguai e da República Oriental do Uruguai,

Considerando que o Mercado Comum do Sul — MERCOSUL, previsto no Tratado de Assunção, assinado em 26 de março de 1991, implica o compromisso dos Estados-Partes de harmonizar suas legislações nas matérias pertinentes para obter o fortalecimento do processo de integração;

Desejosos de promover e intensificar a cooperação jurisdicional em matéria civil, comercial, trabalhista e administrativa, a fim de assim contribuir para o desenvolvimento de suas relações de integração com base nos princípios do respeito à soberania nacional e à igualdade de direitos e interesses recíprocos;

Convencidos de que este Protocolo contribuirá para o tratamento equitativo dos cidadãos e residentes permanentes dos Estados-Partes do Tratado de Assunção e lhes facilitará o livre acesso à jurisdição nos referidos Estados para a defesa de seus direitos e interesses;

Conscientes da importância de que se reveste, para o processo de integração dos Estados-Partes, a adoção de instrumentos comuns que consolidem a segurança jurídica e tenham como finalidade atingir os objetivos do Tratado de Assunção, acordam:

Capítulo I
Cooperação e Assistência Jurisdicional

Artigo 1

Os Estados-Partes comprometem-se a prestar assistência mútua e ampla cooperação jurisdicional em matéria civil, comercial, trabalhista e administrativa. A assistência jurisdicional se estenderá aos procedimentos

administrativos em que se admitam recursos perante os tribunais.

Capítulo II
Autoridades Centrais

Artigo 2

Para os efeitos do presente Protocolo, cada Estado-Parte indicará uma Autoridade Central encarregada de receber e dar andamento às petições de assistência jurisdicional em matéria civil, comercial, trabalhista e administrativa. Para tanto, as Autoridades Centrais se comunicarão diretamente entre si, permitindo a intervenção de outras autoridades respectivamente competentes, sempre que seja necessário.

Os Estados-Partes, ao depositarem os instrumentos de ratificação do presente Protocolo, comunicarão essa providência ao Governo depositário, o qual dela dará conhecimento aos demais Estados-Partes.

A Autoridade Central poderá ser substituída em qualquer momento, devendo o Estado-Parte comunicar o fato, no mais breve prazo possível, ao Governo depositário do presente Protocolo, para que dê conhecimento aos demais Estados-Partes da substituição efetuada.

Capítulo III
Igualdade no Tratamento Processual

Artigo 3

Os cidadãos e os residentes permanentes de um dos Estados-Partes gozarão, nas mesmas condições dos cidadãos e residentes permanentes do outro Estado-Parte, do livre acesso à jurisdição desse Estado para a defesa de seus direitos e interesses.

O parágrafo anterior aplicar-se-á às pessoas jurídicas constituídas, autorizadas ou registradas conforme as leis de qualquer dos Estados-Partes.

Artigo 4

Nenhuma caução ou depósito, qualquer que seja sua denominação, poderá ser imposto em razão da qualidade de cidadão ou residente permanente de outro Estado-Parte.

O parágrafo precedente se aplicará às pessoas jurídicas constituídas, autorizadas ou registradas conforme as leis de qualquer dos Estados-Partes.

Capítulo IV
Cooperação em Atividades de Simples Trâmite e Probatórias

Artigo 5

Cada Estado-Parte deverá enviar às autoridades jurisdicionais do outro Estado, segundo o previsto no Artigo 2, carta rogatória em matéria civil, comercial, trabalhista ou administrativa, quando tenha por objeto:

a) diligências de simples trâmite, tais como citações, intimações, citações com prazo definido, notificações ou outras semelhantes;

b) recebimento ou obtenção de provas.

Artigo 6

As cartas rogatórias deverão conter:

a) denominação e domicílio do órgão jurisdicional requerente;

b) individualização do expediente, com especificação do objeto e natureza do juízo e do nome e domicílio das partes;

c) cópia da petição inicial e transcrição da decisão que ordena a expedição da carta rogatória;

d) nome e domicílio do procurador da parte solicitante no Estado requerido, se houver;

e) indicação do objeto da carta rogatória, com o nome e o domicílio do destinatário da medida;

f) informação sobre o prazo de que dispõe a pessoa afetada pela medida para cumprir-se a cooperação solicitada;

g) descrição das formas ou procedimentos especiais com que haverá de cumprir-se a cooperação solicitada;

h) qualquer outra informação que facilite o cumprimento da carta rogatória.

Artigo 7

No caso de ser solicitado o recebimento de provas, a carta rogatória deverá também conter:

a) descrição do assunto que facilite a diligência probatória;

b) nome e domicílio de testemunhas ou outras pessoas ou instituições que devam intervir;

c) texto dos interrogatórios e documentos necessários.

Artigo 8

A carta rogatória deverá ser cumprida de ofício pela autoridade jurisdicional competente do Estado requerido, e somente poderá denegar-se quando a medida solicitada, por sua natureza, atente contra os princípios de ordem pública do Estado requerido.

O referido cumprimento não implicará o reconhecimento da jurisdição internacional do Juiz do qual emana.

Artigo 9

A autoridade jurisdicional requerida terá competência para conhecer das questões que sejam suscitadas quando do cumprimento da diligência solicitada.

Caso a autoridade jurisdicional requerida se declare incompetente para proceder à tramitação da carta rogatória, remeterá de ofício os documentos e os antecedentes do caso à autoridade jurisdicional competente do seu Estado.

Artigo 10

As cartas rogatórias e os documentos que as acompanham deverão redigir-se no idioma da autoridade requerente e serão acompanhadas de uma tradução para o idioma da autoridade requerida.

Artigo 11

A autoridade requerida poderá, atendendo à solicitação da autoridade requerente, informar o lugar e a data em que a medida solicitada será cumprida, a fim de permitir que a autoridade requerente, as partes interessadas ou seus respectivos representantes possam comparecer e exercer as faculdades autorizadas pela legislação da Parte requerida.

A referida comunicação deverá efetuar-se, com a devida antecedência, por intermédio das Autoridades Centrais dos Estados-Partes.

Artigo 12

A autoridade jurisdicional encarregada do cumprimento de uma carta rogatória aplicará sua lei interna no que se refere aos procedimentos.

Não obstante, a carta rogatória poderá ter, mediante pedido da autoridade requerente, tramitação especial, admitindo-se o cumprimento de formalidades adicionais na diligência da carta rogatória, sempre que isso não seja incompatível com a ordem pública do Estado requerido.

O cumprimento da carta rogatória deverá efetuar-se sem demora.

Artigo 13

Ao diligenciar a carta rogatória, a autoridade requerida aplicará os meios processuais coercitivos previstos na sua legislação interna, nos casos e na medida em que deva fazê-lo para cumprir uma carta precatória das autoridades de seu próprio Estado, ou um pedido apresentado com o mesmo fim por uma parte interessada.

Artigo 14

Os documentos que comprovem o cumprimento da carta rogatória serão transmitidos por intermédio das Autoridades Centrais.

Quando a carta rogatória não tiver sido cumprida integralmente ou em parte, este fato e as razões do não cumprimento deverão ser comunicados de imediato à autoridade requerente, utilizando-se o meio assinalado no parágrafo anterior.

Artigo 15

O cumprimento da carta rogatória não poderá acarretar reembolso de nenhum tipo de despesa, exceto quando sejam solicitados meios probatórios que ocasionem custos especiais, ou sejam designados peritos para intervir na diligência. Em tais casos, deverão ser registrados no texto da carta rogatória os dados da pessoa que, no Estado requerido, procederá ao pagamento das despesas e honorários devidos.

Artigo 16

Quando os dados relativos ao domicílio do destinatário da ação ou da pessoa citada forem incompletos ou inexatos, a autoridade requerida deverá esgotar todos os meios para atender ao pedido. Para tanto, poderá também solicitar ao Estado requerente os dados complementares que permitam a identificação e a localização da referida pessoa.

Artigo 17

Os trâmites pertinentes para o cumprimento da carta rogatória não exigirão necessariamente a intervenção da parte solicitante, devendo ser praticados de ofício pela autoridade jurisdicional competente do Estado requerido.

Capítulo V
Reconhecimento e Execução de Sentenças e de Laudos Arbitrais

Artigo 18

As disposições do presente Capítulo serão aplicáveis ao reconhecimento e à execução das sentenças e dos laudos arbitrais pronunciados nas jurisdições dos Estados-Partes em matéria civil, comercial, trabalhista e administrativa, e serão igualmente aplicáveis às sentenças em matéria de reparação de danos e restituição de bens pronunciadas na esfera penal.

Artigo 19

O pedido de reconhecimento e execução de sentenças e de laudos arbitrais por parte das autoridades jurisdicionais será tramitado por via de cartas rogatórias e por intermédio da Autoridade Central.

Artigo 20

As sentenças e os laudos arbitrais a que se refere o artigo anterior terão eficácia extraterritorial nos Estados-Partes quando reunirem as seguintes condições:

a) que venham revestidos das formalidades externas necessárias para que sejam considerados autênticos no Estado de origem;

b) que estejam, assim como os documentos anexos necessários, devidamente traduzidos para o idioma oficial do Estado em que se solicita seu reconhecimento e execução;

c) que emanem de um órgão jurisdicional ou arbitral competente, segundo as normas do Estado requerido sobre jurisdição internacional;

d) que a parte contra a qual se pretende executar a decisão tenha sido devidamente citada e tenha garantido o exercício de seu direito de defesa;

e) que a decisão tenha força de coisa julgada e/ou executória no Estado em que foi ditada;

f) que claramente não contrariem os princípios de ordem pública do Estado em que se solicita seu reconhecimento e/ou execução.

Os requisitos das alíneas a, c, d, e e f devem estar contidos na cópia autêntica da sentença ou do laudo arbitral.

Artigo 21

A parte que, em juízo, invoque uma sentença ou um laudo arbitral de um dos Estados-Partes deverá apresentar cópia autêntica da sentença ou do laudo arbitral com os requisitos do artigo precedente.

Artigo 22

Quando se tratar de uma sentença ou de um laudo arbitral entre as mesmas partes, fundamentados nos mesmos fatos, e que tenha o mesmo objeto de outro processo judicial ou arbitral no Estado requerido, seu reconhecimento e sua executoriedade dependerão de que a decisão não seja incompatível com outro pronunciamento anterior ou simultâneo proferido no Estado requerido.

Do mesmo modo não se reconhecerá nem se procederá à execução, quando se houver iniciado um procedimento entre as mesmas partes, fundamentado nos mesmos fatos e sobre o mesmo objeto, perante qualquer autoridade jurisdicional da parte requerida, anteriormente à apresentação da demanda perante a autoridade jurisdicional que teria pronunciado a decisão da qual haja solicitação de reconhecimento.

Artigo 23

Se uma sentença ou um laudo arbitral não puder ter eficácia em sua totalidade, a autoridade jurisdicional competente do Estado requerido poderá admitir sua eficácia parcial mediante pedido da Parte interessada.

Artigo 24

Os procedimentos, inclusive a competência dos respectivos órgãos jurisdicionais, para fins de reconhecimento e execução das sentenças ou dos laudos arbitrais, serão regidos pela lei do Estado requerido.

Capítulo VI
Dos Instrumentos Públicos e Outros Documentos

Artigo 25

Os instrumentos públicos emanados de um Estado-Parte terão no outro a mesma força probatória que seus próprios instrumentos públicos.

Artigo 26

Os documentos emanados de autoridades jurisdicionais ou outras autoridades de um dos Estados-Partes, assim como as escrituras públicas e os documentos que certifiquem a validade, a data e a veracidade da assinatura ou a conformidade com o original, e que sejam tramitados por intermédio da Autoridade Central, ficam isentos de toda legalização, certificação ou formalidade análoga quando devam ser apresentados no território do outro Estado-Parte.

Artigo 27

Cada Estado-Parte remeterá, por intermédio da Autoridade Central, a pedido de outro Estado-Parte e para fins exclusivamente públicos, os traslados ou certidões dos assentos dos registros de estado civil, sem nenhum custo.

Capítulo VII
Informação do Direito Estrangeiro

Artigo 28

As Autoridades Centrais dos Estados-Partes fornecer-se-ão mutuamente, a título de cooperação judicial, e desde que não se oponham às disposições de sua ordem pública, informações em matéria civil, comercial, trabalhista, administrativa e de direito internacional privado, sem despesa alguma.

Artigo 29

A informação a que se refere o artigo anterior poderá também ser prestada perante a jurisdição do outro Estado, por meio de documentos fornecidos pelas autoridades diplomáticas ou consulares do Estado-Parte de cujo direito se trata.

Artigo 30

O Estado que fornecer as informações sobre o sentido do alcance legal de seu direito não será responsável pela opinião emitida, nem estará obrigado a aplicar seu direito, segundo a resposta fornecida.

O Estado que receber as citadas informações não estará obrigado a aplicar, ou fazer aplicar, o direito estrangeiro segundo o conteúdo da resposta recebida.

Capítulo VIII
Consultas e Solução de Controvérsias

Artigo 31

As Autoridades Centrais dos Estados-Partes realizarão consultas nas oportunidades que lhes sejam mutuamente convenientes com a finalidade de facilitar a aplicação do presente Protocolo.

Artigo 32

Os Estados-Partes numa controvérsia sobre a interpretação, a aplicação ou o não cumprimento das disposições deste Protocolo, procurarão resolvê-la mediante negociações diplomáticas diretas.

Se, mediante tais negociações, não se chegar a um acordo ou se tal controvérsia for solucionada apenas parcialmente, aplicar-se-ão os procedimentos previstos no Protocolo de Brasília para a Solução de Controvérsias quando este entrar em vigor e enquanto não for adotado um Sistema Permanente de Solução de Controvérsias para o Mercado Comum do Sul.

Capítulo IX
Disposições Finais

Artigo 33

O presente Protocolo, parte integrante do Tratado de Assunção, entrará em vigor 30 (trinta) dias após a data de depósito do segundo instrumento de ratificação, e será aplicado provisoriamente a partir da data de sua assinatura.

Artigo 34

A adesão por parte de um Estado ao Tratado de Assunção implicará, *ipso iure*, a adesão ao presente Protocolo.

Artigo 35

O presente Protocolo não restringirá as disposições das convenções que anteriormente tiverem sido assinadas sobre a mesma matéria entre os Estados-Partes, desde que não o contradigam.

Artigo 36

O Governo da República do Paraguai será o depositário do presente Protocolo e dos instrumentos de ratificação, e enviará cópias devidamente autenticadas dos mesmos aos Governos dos demais Estados-Partes.

Da mesma maneira, o Governo da República do Paraguai notificará aos Governos dos outros Estados-Partes a data da entrada em vigor deste Protocolo e a data de depósito dos instrumentos de ratificação.

Feito no Vale de Las Leñas, Departamento de Malargüe, Província de Mendoza, República Argentina, aos 27 dias do mês de junho de 1992, em um original, nos idiomas espanhol e português, sendo ambos os textos igualmente autênticos.

Pelo Governo da República Argentina.
Pelo Governo da República do Paraguai.
Pelo Governo da República Federativa do Brasil.
Pelo Governo da República Oriental do Uruguai.

Declaração sociolaboral do Mercosul

Os chefes de estado dos estados-partes do mercado comum do sul

Considerando que os Estados-Partes do MERCOSUL reconhecem nos termos do Tratado de Assunção (1991), que a ampliação das atuais dimensões de seus mercados nacionais, por meio da integração, constitui condição fundamental para acelerar os processos de desenvolvimento econômico com justiça social;

Considerando que os Estados-Partes declaram, no mesmo Tratado, a disposição de promover a modernização de suas economias para ampliar a oferta de bens e serviços disponíveis e, em consequência, melhorar as condições de vida de seus habitantes;

Considerando que os Estados-Partes, além de membros da Organização Internacional do Trabalho (OIT), ratificaram as principais convenções que garantem os direitos essenciais dos trabalhadores, e adotam em larga medida as recomendações orientadas para a promoção do emprego de qualidade, das condições saudáveis de trabalho, do diálogo social e do bem-estar dos trabalhadores;

Considerando, ademais, que os Estados-Partes apoiaram a "Declaração da OIT relativa a princípios e direitos fundamentais no trabalho" (1998), que reafirma o compromisso dos Membros de respeitar, promover e colocar em prática os direitos e obrigações expressos nas convenções reconhecidas como fundamentais dentro e fora da Organização;

Considerando que os Estados-Partes estão comprometidos com as declarações, pactos,

protocolos e outros tratados que integram o patrimônio jurídico da Humanidade, entre os quais a Declaração Universal dos Direitos Humanos (1948), o Pacto Internacional dos Direitos Civis e Políticos (1966), o Pacto Internacional dos Direitos Econômicos, Sociais e Culturais (1966), a Declaração Americana de Direitos e Obrigações do Homem (1948), a Carta Interamericana de Garantias Sociais (1948), a Carta da Organização dos Estados Americanos — OEA (1948), a Convenção Americana de Direitos Humanos sobre Direitos Econômicos, Sociais e Culturais (1988);

Considerando que diferentes fóruns internacionais, entre os quais a Cúpula de Copenhague (1995), têm enfatizado a necessidade de se instituir mecanismos de acompanhamento e avaliação dos componentes sociais da mundialização da economia, a fim de assegurar a harmonia entre progresso econômico e bem-estar social;

Considerando que a adesão dos Estados-Partes aos princípios da democracia política e do Estado de Direito e do respeito irrestrito aos direitos civis e políticos da pessoa humana constitui base irrenunciável do projeto de integração;

Considerando que a integração envolve aspectos e efeitos sociais cujo reconhecimento implica a necessidade de prever, analisar e solucionar os diferentes problemas gerados, neste âmbito, por essa mesma integração;

Considerando que os Ministros do Trabalho do MERCOSUL têm manifestado, em suas reuniões, que a integração regional não pode confinar-se à esfera comercial e econômica, mas abranger a temática social, tanto no que diz respeito à adequação dos marcos regulatórios trabalhistas às novas realidades configuradas por essa mesma integração e pelo processo de globalização da economia quanto ao reconhecimento de um patamar mínimo de direitos dos trabalhadores no âmbito do MERCOSUL, correspondente às convenções fundamentais da OIT;

Considerando a decisão dos Estados-Partes de consubstanciar em um instrumento comum os progressos já alcançados na dimensão social do processo de integração e alicerçar os avanços futuros e constantes no campo social, sobretudo mediante a ratificação e cumprimento das principais convenções da OIT;

Adotam os seguintes princípios e direitos na área do trabalho, que passam a constituir a "declaração sociolaboral do mercosul", sem prejuízo de outros que a prática nacional ou internacional dos estados partes tenha instaurado ou venha a instaurar:

DIREITOS INDIVIDUAIS

Não discriminação

Art. 1º Todo trabalhador tem garantida a igualdade efetiva de direitos, tratamento e oportunidade no emprego e ocupação, sem distinção ou exclusão por motivo de raça, origem nacional, cor, sexo ou orientação sexual, idade, credo, opinião política ou sindical, ideologia, posição econômica ou qualquer outra condição social ou familiar, em conformidade com as disposições legais vigentes.

Os Estados-Partes comprometem-se a garantir a vigência deste princípio de não discriminação. Em particular, comprometem-se a realizar ações destinadas a eliminar a discriminação no que tange aos grupos em situação desvantajosa no mercado de trabalho.

Promoção da igualdade

Art. 2º As pessoas portadoras de necessidades especiais serão tratadas de forma digna e não discriminatória favorecendo-se sua inserção social e no mercado de trabalho.

Os Estados-Partes comprometem-se a adotar medidas efetivas, especialmente no que se refere à educação, formação, readaptação e orientação profissional, à adequação dos ambientes de trabalho e ao acesso aos bens e serviços coletivos, a fim de assegurar que as pessoas portadoras de necessidades especiais tenham a possibilidade de desempenhar uma atividade produtiva.

Art. 3º Os Estados-Partes comprometem-se a garantir, mediante a legislação e práticas trabalhistas, a igualdade de tratamento e oportunidades entre mulheres e homens.

Trabalhadores migrantes e fronteiriços

Art. 4º Todo trabalhador migrante, independentemente de sua nacionalidade, tem direito à ajuda, informação, proteção e igualdade de direitos e condições de trabalho reconhecidos aos nacionais do país em que estiver exercendo suas atividades, em conformidade com a legislação profissional de cada país.

Os Estados-Partes comprometem-se a adotar medidas tendentes ao estabelecimento de normas e procedimentos comuns relativos à circulação dos trabalhadores nas zonas de fronteira e a levar a cabo as ações necessárias para melhorar as oportunidades de emprego e as condições de trabalho e de vida destes trabalhadores.

Eliminação do trabalho forçado

Art. 5º Toda pessoa tem direito ao trabalho livre e a exercer qualquer ofício ou profissão, de acordo com as disposições nacionais vigentes.

Os Estados-Partes comprometem-se a eliminar toda forma de trabalho ou serviço exigido a um indivíduo sob a ameaça de uma pena qualquer e para o qual dito indivíduo não se ofereça voluntariamente.

Ademais, comprometem-se a adotar medidas para garantir a abolição de toda utilização de mão de obra que propicie, autorize ou tolere o trabalho forçado ou obrigatório.

De modo especial, suprime-se toda forma de trabalho forçado ou obrigatório que possa utilizar-se:

a. como meio de coerção ou de educação política ou como castigo por não ter ou expressar o trabalhador determinadas opiniões políticas, ou por manifestar oposição ideológica à ordem política, social ou econômica estabelecida;

b. como método de mobilização e utilização da mão de obra com fins de fomento econômico;

c. como medida de disciplina no trabalho;

d. como castigo por haver participado em greves;

e. como medida de discriminação racial, social, nacional ou religiosa.

Trabalho infantil e de menores

Art. 6º A idade mínima de admissão ao trabalho será aquela estabelecida conforme as legislações nacionais dos Estados-Partes, não podendo ser inferior àquela em que cessa a escolaridade obrigatória.

Os Estados-Partes comprometem-se a adotar políticas e ações que conduzam à abolição do trabalho infantil e à elevação progressiva da idade mínima para ingressar no mercado de trabalho.

O trabalho dos menores será objeto de proteção especial pelos Estados-Partes, especialmente no que concerne à idade mínima para o ingresso no mercado de trabalho e a outras medidas que possibilitem seu pleno desenvolvimento físico, intelectual, profissional e moral.

A jornada de trabalho para esses menores, limitada conforme as legislações nacionais, não admitirá sua extensão mediante a realização de horas extras nem em horários noturnos.

O trabalho dos menores não deverá realizar-se em um ambiente insalubre, perigoso ou imoral, que possa afetar o pleno desenvolvimento de suas faculdades físicas, mentais e morais.

A idade de admissão a um trabalho com alguma das características antes assinaladas não poderá ser inferior a 18 anos.

Direitos dos empregadores

Art. 7º O empregador tem o direito de organizar e dirigir econômica e tecnicamente a empresa, em conformidade com as legislações e as práticas nacionais.

DIREITOS COLETIVOS

Liberdade de associação

Art. 8º Todos os empregadores e trabalhadores têm o direito de constituir as organizações que considerem convenientes, assim como de afiliar-se a essas organizações, em conformidade com as legislações nacionais vigentes.

Os Estados-Partes comprometem-se a assegurar, mediante dispositivos legais, o direito à livre associação, abstendo-se de qualquer ingerência na criação e gestão das organizações constituídas, além de reconhecer sua legitimidade na representação e na defesa dos interesses de seus membros.

Liberdade sindical

Art. 9º Os trabalhadores deverão gozar de adequada proteção contra todo ato de discriminação tendente a menoscabar a liberdade sindical com relação a seu emprego.

Deverá garantir-se:

a. a liberdade de filiação, de não filiação e desfiliação, sem que isto comprometa o ingresso em um emprego ou sua continuidade no mesmo; b. evitar demissões ou prejuízos a um trabalhador por causa de sua filiação sindical ou de sua participação em atividades sindicais; c. o direito de ser representado sindicalmente, de acordo com a legislação, acordos e convenções coletivos de trabalho em vigor nos Estados-Partes.

Negociação coletiva

Art. 10. Os empregadores ou suas organizações e as organizações ou representações de trabalhadores têm direito de negociar e celebrar convenções e acordos coletivos para regular as condições de trabalho, em conformidade com as legislações e práticas nacionais.

Greve

Art. 11. Todos os trabalhadores e as organizações sindicais têm garantido o exercício do direito de greve, conforme as disposições nacionais vigentes. Os mecanismos de prevenção ou solução de conflitos ou a regulação deste direito não poderão impedir seu exercício ou desvirtuar sua finalidade.

Promoção e desenvolvimento de procedimentos preventivos e de autocomposição de conflitos

Art. 12. Os Estados-Partes comprometem-se a propiciar e desenvolver formas preventivas e alternativas de autocomposi-

ção dos conflitos individuais e coletivos de trabalho, fomentando a utilização de procedimentos independentes e imparciais de solução de controvérsias.

Diálogo social

Art. 13. Os Estados-Partes comprometem-se a fomentar o diálogo social nos âmbitos nacional e regional, instituindo mecanismos efetivos de consulta permanente entre representantes dos governos, dos empregadores e dos trabalhadores, a fim de garantir, mediante o consenso social, condições favoráveis ao crescimento econômico sustentável e com justiça social da região e a melhoria das condições de vida de seus povos.

OUTROS DIREITOS

Fomento do emprego

Art. 14. Os Estados-Partes comprometem-se a promover o crescimento econômico, a ampliação dos mercados interno e regional e a executar políticas ativas referentes ao fomento e criação do emprego, de modo a elevar o nível de vida e corrigir os desequilíbrios sociais e regionais.

Proteção dos desempregados

Art. 15. Os Estados-Partes comprometem-se a instituir, manter e melhorar mecanismos de proteção contra o desemprego, compatíveis com as legislações e as condições internas de cada país, a fim de garantir a subsistência dos trabalhadores afetados pela desocupação involuntária e ao mesmo tempo facilitar o acesso a serviços de recolocação e a programas de requalificação profissional que facilitem seu retorno a uma atividade produtiva.

Formação profissional e desenvolvimento de recursos humanos

Art. 16. Todo trabalhador tem direito à orientação, à formação e à capacitação profissional.

Os Estados-Partes comprometem-se a instituir, com as entidades envolvidas que voluntariamente assim o desejem, serviços e programas de formação ou orientação profissional contínua e permanente, de maneira a permitir aos trabalhadores obter as qualificações exigidas para o desempenho de uma atividade produtiva, aperfeiçoar e reciclar os conhecimentos e habilidades, considerando fundamentalmente as modificações resultantes do progresso técnico.

Os Estados-Partes obrigam-se ademais a adotar medidas destinadas a promover a articulação entre os programas e serviços de orientação e formação profissional, por um lado, e os serviços públicos de emprego e de proteção dos desempregados, por outro, com o objetivo de melhorar as condições de inserção laboral dos trabalhadores.

Os Estados-Partes comprometem-se a garantir a efetiva informação sobre os mercados de trabalho e sua difusão tanto a nível nacional como regional.

Saúde e segurança no trabalho

Art. 17. Todo trabalhador tem o direito de exercer suas atividades em um ambiente de trabalho sadio e seguro, que preserve sua saúde física e mental e estimule seu desenvolvimento e desempenho profissional.

Os Estados-Partes comprometem-se a formular, aplicar e atualizar em forma permanente e em cooperação com as organizações de empregadores e de trabalhadores, políticas e programas em matéria de saúde e segurança dos trabalhadores e do meio ambiente de trabalho, a fim de prevenir os acidentes de trabalho e as enfermidades profissionais, promovendo condições ambientais propícias para o desenvolvimento das atividades dos trabalhadores.

Inspeção do trabalho

Art. 18. Todo trabalhador tem direito a uma proteção adequada no que se refere às condições e ao ambiente de trabalho.

Os Estados-Partes comprometem-se a instituir e a manter serviços de inspeção do trabalho, com o propósito de controlar em todo o seu território o cumprimento das disposições normativas que dizem respeito à proteção dos trabalhadores e às condições de segurança e saúde no trabalho.

Seguridade social

Art. 19. Os trabalhadores do MERCOSUL têm direito à seguridade social, nos níveis e condições previstos nas respectivas legislações nacionais.

Os Estados-Partes comprometem-se a garantir uma rede mínima de amparo social que proteja seus habitantes frente à contingência de riscos sociais, enfermidades, velhice, invalidez e morte, buscando coordenar as políticas na área social, de forma a suprimir eventuais discriminações derivadas da origem nacional dos beneficiários.

APLICAÇÃO E SEGUIMENTO

Art. 20. Os Estados-Partes comprometem-se a respeitar os direitos fundamentais inscritos nesta Declaração e a promover sua aplicação em conformidade com a legislação e as práticas nacionais e as convenções e acordos coletivos. Para tanto, recomendam instituir, como parte integrante desta Declaração, uma Comissão Sociolaboral, órgão tripartite, auxiliar do Grupo Mercado Comum, que terá caráter promocional e não sancionador, dotado de instâncias nacionais e regional, com o objetivo de fomentar e acompanhar a aplicação do instrumento. A Comissão Sociolaboral Regional manifestar-se-á por consenso dos três setores, e terá as seguintes atribuições e responsabilidades:

a. examinar, comentar e encaminhar as memórias preparadas pelos Estados-Partes, decorrentes dos compromissos desta Declaração; b. formular planos, programas de ação e recomendações tendentes a fomentar a aplicação e o cumprimento da Declaração; c. examinar observações e consultas sobre dificuldades e incorreções na aplicação e cumprimento dos dispositivos contidos na Declaração; d. examinar dúvidas sobre a aplicação dos termos da Declaração e propor esclarecimentos; e. elaborar análises e relatórios sobre a aplicação e o cumprimento da Declaração; f. examinar e apresentar as propostas de modificação do texto da Declaração e lhes dar o encaminhamento pertinente.

As formas e mecanismos de encaminhamento dos assuntos acima listados serão definidos pelo regulamento interno da Comissão Sociolaboral Regional.

Art. 21. A Comissão Sociolaboral Regional deverá reunir-se ao menos uma vez ao ano para analisar as memórias oferecidas pelos Estados-Partes e preparar relatório a ser elevado ao Grupo Mercado Comum.

Art. 22. A Comissão Sociolaboral Regional redigirá, por consenso e no prazo de seis meses, a contar da data de sua instituição, seu próprio regulamento interno e o das comissões nacionais, devendo submetê-los ao Grupo Mercado Comum para aprovação.

Art. 23. Os Estados-Partes deverão elaborar, por intermédio de seus Ministérios do Trabalho e em consulta às organizações mais representativas de empregadores e de trabalhadores, memórias anuais, contendo:

a. o relato das alterações ocorridas na legislação ou na prática nacional relacionadas à implementação dos enunciados desta Declaração; e b. o relato dos avanços realizados na promoção desta Declaração e das dificuldades enfrentadas em suas aplicação.

Art. 24. Os Estados-Partes concordam que esta Declaração, tendo em vista seu caráter dinâmico e o avanço do processo de integração sub-regional, será objeto de revisão, decorridos dois anos de sua adoção, com base na experiência acumulada no curso de sua aplicação ou nas propostas e subsídios formulados pela Comissão Sociolaboral ou por outros agentes.

Art. 25. Os Estados-Partes ressaltam que esta Declaração e seu mecanismo de seguimento não poderão ser invocados nem utilizados para outros fins que os neles previstos, vedada, em particular, sua aplicação a questões comerciais, econômicas e financeiras.

Feita na Cidade do Rio de Janeiro, aos dez de dezembro de mil novecentos e noventa e oito, nas versões espanhola e portuguesa, de igual teor.

<div style="text-align: right;">
CARLOS SAUL MENEM

FERNANDO HENRIQUE CARDOSO

RAUL ALBERTO CUBAS GRAU

JÚLIO MARIA SANGUINETT
</div>

Decreto n. 2.271, de 7 de julho de 1997

Dispõe sobre a contratação de serviços pela administração pública federal direta, autárquica e fundacional, e dá outras providências

O PRESIDENTE DA REPÚBLICA, no uso da atribuição que lhe confere o art. 84, inciso IV, da Constituição, e tendo em vista o disposto no § 7º do art. 10 do Decreto-Lei n. 200, de 25 de fevereiro de 1967, decreta:

Art. 1º No âmbito da Administração Pública Federal direta, autárquica e fundacional poderão ser objeto de execução indireta as atividades materiais acessórias, instrumentais ou complementares aos assuntos que constituem área de competência legal do órgão ou entidade.

§ 1º As atividades de conservação, limpeza, segurança, vigilância, transportes, informática, copeiragem, recepção, reprografia, telecomunicações e manutenção de prédios, equipamentos e instalações serão, de preferência, objeto de execução indireta.

§ 2º Não poderão ser objeto de execução indireta as atividades inerentes às categorias funcionais abrangidas pelo plano de cargos do órgão ou entidade, salvo expressa disposição legal em contrário ou quando se tratar de cargo extinto, total ou parcialmente, no âmbito do quadro geral de pessoal.

Art. 2º A contratação deverá ser precedida e instruída com plano de trabalho aprovado pela autoridade máxima do órgão ou entidade, ou a quem esta delegar competência, e que conterá, no mínimo:

I — justificativa da necessidade dos serviços;

II — relação entre a demanda prevista e a quantidade de serviço a ser contratada;

III — demonstrativo de resultados a serem alcançados em termos de economicidade e de melhor aproveitamento dos recursos humanos, materiais ou financeiros disponíveis.

Art. 3º O objeto da contratação será definido de forma expressa no edital de licitação e no contrato exclusivamente como prestação de serviços.

§ 1º Sempre que a prestação do serviço objeto da contratação puder ser avaliada por determinada unidade quantitativa de serviço prestado, esta deverá estar prevista no edital e no respectivo contrato, e será utilizada como um dos parâmetros de aferição de resultados.

§ 2º Os órgãos e entidades contratantes poderão fixar nos respectivos editais de licitação, o preço máximo que se dispõem a pagar pela realização dos serviços, tendo por base os preços de mercado, inclusive aqueles praticados entre contratantes da iniciativa privada.

Art. 4º É vedada a inclusão de disposições nos instrumentos contratuais que permitam:
I — indexação de preços por índices gerais, setoriais ou que reflitam a variação de custos;
II — caracterização exclusiva do objeto como fornecimento de mão de obra;
III — previsão de reembolso de salários pela contratante;
IV — subordinação dos empregados da contratada à administração da contratante.

Art. 5º Os contratos de que trata este Decreto, que tenham por objeto a prestação de serviços executados de forma contínua poderão, desde que previsto no edital, admitir repactuação visando à adequação aos novos preços de mercado, observados o interregno mínimo de um ano e a demonstração analítica da variação dos componentes dos custos do contrato, devidamente justificada.

Parágrafo único. Efetuada a repactuação, o órgão ou entidade divulgará, imediatamente, por intermédio do Sistema Integrado de Administração de Serviços Gerais — SIASG, os novos valores e a variação ocorrida.

Art. 6º A administração indicará um gestor do contrato, que será responsável pelo acompanhamento e fiscalização da sua execução, procedendo ao registro das ocorrências e adotando as providências necessárias ao seu fiel cumprimento, tendo por parâmetro os resultados previstos no contrato.

Art. 7º Os órgãos e entidades contratantes divulgarão ou manterão em local visível e acessível ao público, listagem mensalmente atualizada dos contratos firmados, indicando a contratada, o objeto, valor mensal e quantitativo de empregados envolvidos em cada contrato de prestação de serviços.

Art. 8º O Ministério da Administração Federal e Reforma do Estado expedirá, quando necessário, normas complementares ao cumprimento do disposto neste Decreto.

Art. 9º As contratações visando à prestação de serviços, efetuadas por empresas públicas, sociedades de economia mista e demais empresas controladas direta ou indiretamente pela União, serão disciplinadas por resoluções do Conselho de Coordenação das Empresas Estatais — CCE.

Art. 10. Este Decreto entra em vigor na data de sua publicação.

Art. 11. Ficam revogados o Decreto n. 2.031, de 11 de outubro de 1996, e o art. 6º do Decreto n. 99.188, de 17 de março de 1990, na redação dada pelo Decreto n. 804, de 20 de abril de 1993.

Brasília, 7 de julho de 1997; 176º da Independência e 109º da República.

Fernando Henrique Cardoso
Pedro Malan
Antonio Kandir
Claudia Maria Costin
DOU 8.7.1997

Decreto n. 3.048, de 6 de maio de 1999

Aprova o regulamento da Previdência Social, e dá outras providências. Salário-família — salário-maternidade e ações trabalhistas

..

Capítulo I
Dos Beneficiários

Art. 8º São beneficiários do Regime Geral de Previdência Social as pessoas físicas classificadas como segurados e dependentes, nos termos das Seções I e II deste Capítulo.

Seção I
Dos Segurados

Art. 9º São segurados obrigatórios da previdência social as seguintes pessoas físicas:
I — como empregado:
a) aquele que presta serviço de natureza urbana ou rural a empresa, em caráter não eventual, sob sua subordinação e mediante remuneração, inclusive como diretor empregado;
b) aquele que, contratado por empresa de trabalho temporário, por prazo não superior a três meses, prorrogável, presta serviço para atender a necessidade transitória de substituição de pessoal regular e permanente ou a acréscimo extraordinário de serviço de outras empresas, na forma da legislação própria;
c) o brasileiro ou o estrangeiro domiciliado e contratado no Brasil para trabalhar como empregado no exterior, em sucursal ou agência de empresa constituída sob as leis brasileiras e que tenha sede e administração no País;
d) o brasileiro ou o estrangeiro domiciliado e contratado no Brasil para trabalhar como empregado em empresa domiciliada no exterior com maioria do capital votante pertencente a empresa constituída sob as leis brasileiras, que tenha sede e administração no País e cujo controle efetivo esteja em caráter permanente sob a titularidade direta ou indireta de pessoas físicas domiciliadas e residentes no País ou de entidade de direito público interno;
e) aquele que presta serviço no Brasil a missão diplomática ou a repartição consular de carreira estrangeira e a órgãos a elas subordinados, ou a membros dessas missões e repartições, excluídos o não brasileiro sem residência permanente no Brasil e o brasileiro amparado pela legislação previdenciária do país da respectiva missão diplomática ou repartição consular;
f) o brasileiro civil que trabalha para a União no exterior, em organismos oficiais internacionais dos quais o Brasil seja membro efetivo, ainda que lá domiciliado e contratado, salvo se amparado por regime próprio de previdência social;
g) o brasileiro civil que presta serviços à União no exterior, em repartições governamentais brasileiras, lá domiciliado e contratado, inclusive o auxiliar local de que tratam os arts. 56 e 57 da Lei n. 11.440, de 29 de dezembro de 2006, este desde que, em razão de proibição legal, não possa filiar-se ao sistema previdenciário local; *(Redação dada pelo Decreto n. 6.722, de 30.12.08, DOU 31.12.08, ed. extra)*
h) o bolsista e o estagiário que prestam serviços a empresa, em desacordo com a Lei n. 11.788, de 25 de setembro de 2008; *(Redação dada pelo Decreto n. 6.722, de 30.12.08, DOU 31.12.08, ed. extra)*
i) o servidor da União, Estado, Distrito Federal ou Município, incluídas suas autarquias e fundações, ocupante, exclusivamente, de cargo em comissão declarado em lei de livre nomeação e exoneração;
j) o servidor do Estado, Distrito Federal ou Município, bem como o das respectivas autarquias e fundações, ocupante de cargo efetivo, desde que, nessa qualidade, não esteja amparado por regime próprio de previdência social;
l) o servidor contratado pela União, Estado, Distrito Federal ou Município, bem como pelas respectivas autarquias e fundações, por tempo determinado, para atender a necessidade temporária de excepcional interesse público, nos termos do inciso IX do art. 37 da Constituição Federal;
m) o servidor da União, Estado, Distrito Federal ou Município, incluídas suas autarquias e fundações, ocupante de emprego público;
n) *(Revogada pelo Decreto n. 3.265, de 29.11.09, DOU 30.11.99)*
o) o escrevente e o auxiliar contratados por titular de serviços notariais e de registro a partir de 21 de novembro de 1994, bem como aquele que optou pelo Regime Geral de Previdência Social, em conformidade com a Lei n. 8.935, de 18 de novembro de 1994; e
p) o exercente de mandato eletivo federal, estadual ou municipal, desde que não vinculado a regime próprio de previdência social; *(Redação dada pelo Decreto n. 5.545, de 22.9.05, DOU 30.9.05)*
q) o empregado de organismo oficial internacional ou estrangeiro em funcionamento no Brasil, salvo quando coberto por regime próprio de previdência social; *(Incluída pelo Decreto n. 3.265, de 29.11.99, DOU 30.11.99)*
r) o trabalhador rural contratado por produtor rural pessoa física, na forma do art. 14-A da Lei n. 5.889, de 8 de junho de 1973, para o exercício de atividades de natureza temporária por prazo não superior a dois meses dentro do período de um ano; *(Incluído pelo Decreto n. 6.722, de 30.12.08, DOU 31.12.12, ed. extra)*
II — como empregado doméstico — aquele que presta serviço de natureza contínua, mediante remuneração, a pessoa ou família, no âmbito residencial desta, em atividade sem fins lucrativos;
III e IV — *(Revogados pelo Decreto n. 3.265, de 29.11.99, DOU 30.9.99)*
..
VI — como trabalhador avulso — aquele que, sindicalizado ou não, presta serviço de natureza urbana ou rural, a diversas empresas, sem vínculo empregatício, com a intermediação obrigatória do órgão gestor de mão de obra, nos termos da Lei n. 8.630, de 25 de fevereiro de 1993, ou do sindicato da categoria, assim considerados:
a) o trabalhador que exerce atividade portuária de capatazia, estiva, conferência e

conserto de carga, vigilância de embarcação e bloco;

b) o trabalhador de estiva de mercadorias de qualquer natureza, inclusive carvão e minério;

c) o trabalhador em alvarenga (embarcação para carga e descarga de navios);

d) o amarrador de embarcação;

e) o ensacador de café, cacau, sal e similares;

f) o trabalhador na indústria de extração de sal;

g) o carregador de bagagem em porto;

h) o prático de barra em porto;

i) o guindasteiro; e

j) o classificador, o movimentador e o empacotador de mercadorias em portos; e

VII — ...

..

c) cônjuge ou companheiro, bem como filho maior de dezesseis anos de idade ou a este equiparado, do segurado de que tratam as alíneas "a" e "b" deste inciso, que, comprovadamente, tenham participação ativa nas atividades rurais ou pesqueiras artesanais, respectivamente, do grupo familiar. *(Incluído pelo Decreto n. 8.499, de 12.8.15, DOU 13.8.15)*

..

§ 14-A. Considera-se assemelhado ao pescador artesanal aquele que realiza atividade de apoio à pesca artesanal, exercendo trabalhos de confecção e de reparos de artes e petrechos de pesca e de reparos em embarcações de pequeno porte ou atuando no processamento do produto da pesca artesanal. *(Incluído pelo Decreto n. 8.499, de 12.8.15, DOU 13.8.15)*

Art. 12. Consideram-se:

I — empresa — a firma individual ou a sociedade que assume o risco de atividade econômica urbana ou rural, com fins lucrativos ou não, bem como os órgãos e as entidades da administração pública direta, indireta e fundacional; e

II — empregador doméstico — aquele que admite a seu serviço, mediante remuneração, sem finalidade lucrativa, empregado doméstico.

Parágrafo único. Equiparam-se a empresa, para os efeitos deste Regulamento: *(Redação dada pelo Decreto n. 3.265, de 29.11.99, DOU 30.11.99)*

I — o contribuinte individual, em relação a segurado que lhe presta serviço; *(Redação dada pelo Decreto n. 3.265, de 29.11.99, DOU 30.9.99)*

II — a cooperativa, a associação ou a entidade de qualquer natureza ou finalidade, inclusive a missão diplomática e a repartição consular de carreiras estrangeiras;

III — o operador portuário e o órgão gestor de mão de obra de que trata a Lei n. 8.630, de 1993; e

IV — o proprietário ou dono de obra de construção civil, quando pessoa física, em relação a segurado que lhe presta serviço.

..

Subseção VI
Do Salário-Família

Art. 81. O salário-família será devido, mensalmente, ao segurado empregado, exceto o doméstico, e ao trabalhador avulso que tenham salário de contribuição inferior ou igual a R$ 360,00 (trezentos e sessenta reais), na proporção do respectivo número de filhos ou equiparados, nos termos do art. 16, observado o disposto no art. 83.

Dispõe os arts. 4º e 7º da Portaria Interministerial MTPS/MF n. 1, de 8 de janeiro de 2016, DOU 11.1.16 — Com efeito a partir de 1º.1.2016

..

Art. 4º O valor da cota do salário-família por filho ou equiparado de qualquer condição, até 14 (quatorze) anos de idade, ou inválido de qualquer idade, a partir de 1º de janeiro de 2016, é de:

I — R$ 41,37 (quarenta e um reais e trinta e sete centavos) para o segurado com remuneração mensal não superior a R$ 806,80 (oitocentos e seis reais e oitenta centavos);

II — R$ 29,16 (vinte e nove reais e dezesseis centavos) para o segurado com remuneração mensal superior a R$ 806,80 (oitocentos e seis reais e oitenta centavos) e igual ou inferior a R$ 1.212,64 (um mil duzentos e doze reais e sessenta e quatro centavos).

§ 1º Para fins do disposto neste artigo, considera-se remuneração mensal do segurado o valor total do respectivo salário de contribuição, ainda que resultante da soma dos salários de contribuição correspondentes a atividades simultâneas.

§ 2º O direito à cota do salário-família é definido em razão da remuneração que seria devida ao empregado no mês, independentemente do número de dias efetivamente trabalhados.

§ 3º Todas as importâncias que integram o salário de contribuição serão consideradas como parte integrante da remuneração do mês, exceto o décimo terceiro salário e o adicional de férias previsto no inciso XVII do art. 7º da Constituição, para efeito de definição do direito à cota do salário-família.

§ 4º A cota do salário-família é devida proporcionalmente aos dias trabalhados nos meses de admissão e demissão do empregado.

Art. 7º A contribuição dos segurados empregado, inclusive o doméstico e do trabalhador avulso, relativamente aos fatos geradores que ocorrerem a partir da competência janeiro de 2016, será calculada mediante a aplicação da correspondente alíquota, de forma não cumulativa, sobre o salário de contribuição mensal, de acordo com a tabela constante do Anexo II desta Portaria.

..

TABELA DE CONTRIBUIÇÃO DOS SEGURADOS EMPREGADO, EMPREGADO DOMÉSTICO E TRABALHADOR AVULSO, PARA PAGAMENTO DE REMUNERAÇÃO A PARTIR DE 1º DE JANEIRO DE 2016

Salário de Contribuição (R$)	Alíquota para fins de Recolhimento ao INSS
até 1.556,94	8%
de 1.556,95 até 2.594,92	9%
de 2.594,93 até 5.189,82	11%

Art. 82. O salário-família será pago mensalmente:

I — ao empregado, pela empresa, com o respectivo salário, e ao trabalhador avulso, pelo sindicato ou órgão gestor de mão de obra, mediante convênio;

II — ao empregado e trabalhador avulso aposentados por invalidez ou em gozo de auxílio-doença, pelo Instituto Nacional do Seguro Social, juntamente com o benefício;

III — ao trabalhador rural aposentado por idade aos sessenta anos, se do sexo masculino, ou cinquenta e cinco anos, se do sexo feminino, pelo Instituto Nacional do Seguro Social, juntamente com a aposentadoria; e

IV — aos demais empregados e trabalhadores avulsos aposentados aos sessenta e cinco anos de idade, se do sexo masculino, ou sessenta anos, se do sexo feminino, pelo Instituto Nacional do Seguro Social, juntamente com a aposentadoria.

§ 1º No caso do inciso I, quando o salário do empregado não for mensal, o salário-família será pago juntamente com o último pagamento relativo ao mês.

§ 2º O salário-família do trabalhador avulso independe do número de dias trabalhados no mês, devendo seu pagamento corresponder ao valor integral da cota.

§ 3º Quando o pai e a mãe são segurados empregados ou trabalhadores avulsos, ambos têm direito ao salário-família.

§ 4º As cotas do salário-família, pagas pela empresa deverão ser deduzidas quando do recolhimento das contribuições sobre a folha de salário.

Art. 83. A partir de 1º de maio de 2004, o valor da cota do salário-família por filho ou equiparado de qualquer condição, até quatorze anos de idade ou inválido, é de:

I — R$ 20,00 (vinte reais), para o segurado com remuneração mensal não superior a R$ 390,00 (trezentos e noventa reais); e

II — R$ 14,09 (quatorze reais e nove centavos), para o segurado com remuneração mensal superior a R$ 390,00 (trezentos e noventa reais) e igual ou inferior a R$ 586,19 (quinhentos e oitenta e seis reais e dezenove centavos). (NR) *(Redação dada pelo Decreto n. 5.545, de 22.9.05, DOU 23.9.05)*

Art. 84. O pagamento do salário-família será devido a partir da data da apresentação da certidão de nascimento do filho ou da documentação relativa ao equiparado, estando condicionado à apresentação anual de atestado de vacinação obrigatória, até seis anos de idade, e de comprovação semestral de frequência à escola do filho ou equiparado, a partir dos sete anos de idade.

§ 1º A empresa deverá conservar, durante dez anos, os comprovantes dos pagamentos e as cópias das certidões correspondentes, para exame pela fiscalização do Instituto Nacional do Seguro Social, conforme o disposto no § 7º do art. 225.

§ 2º Se o segurado não apresentar o atestado de vacinação obrigatória e a comprovação de frequência escolar do filho ou equiparado, nas datas definidas pelo Instituto Nacional do Seguro Social, o benefício do salário-família será suspenso, até que a documentação seja apresentada.

§ 3º Não é devido salário-família no período entre a suspensão do benefício motivada pela falta de comprovação da frequência escolar e o seu reativamento, salvo se provada a frequência escolar regular no período.

§ 4º A comprovação de frequência escolar será feita mediante apresentação de documento emitido pela escola, na forma de legislação própria, em nome do aluno, onde conste o registro de frequência regular ou de atestado do estabelecimento de ensino, comprovando a regularidade da matrícula e frequência escolar do aluno.' (NR) *(Artigo e parágrafos com redação dada pelo Decreto n. 3.265, de 29.11.99, DOU 30.11.99)*

Art. 85. A invalidez do filho ou equiparado maior de quatorze anos de idade deve ser verificada em exame médico-pericial a cargo da previdência social.

Art. 86. O salário-família correspondente ao mês de afastamento do trabalho será pago integralmente pela empresa, pelo sindicato ou órgão gestor de mão de obra, conforme o caso, e o do mês da cessação de benefício pelo Instituto Nacional do Seguro Social.

Art. 87. Tendo havido divórcio, separação judicial ou de fato dos pais, ou em caso de abandono legalmente caracterizado ou perda do pátrio-poder, o salário-família passará a ser pago diretamente àquele a cujo cargo ficar o sustento do menor, ou a outra pessoa, se houver determinação judicial nesse sentido.

Art. 88. O direito ao salário-família cessa automaticamente:

I — por morte do filho ou equiparado, a contar do mês seguinte ao do óbito;

II — quando o filho ou equiparado completar quatorze anos de idade, salvo se inválido, a contar do mês seguinte ao da data do aniversário;

III — pela recuperação da capacidade do filho ou equiparado inválido, a contar do mês seguinte ao da cessação da incapacidade; ou

IV — pelo desemprego do segurado.

Art. 89. Para efeito de concessão e manutenção do salário-família, o segurado deve firmar termo de responsabilidade, no qual se comprometa a comunicar à empresa ou ao Instituto Nacional do Seguro Social qualquer fato ou circunstância que determine a perda do direito ao benefício, ficando sujeito, em caso do não cumprimento, às sanções penais e trabalhistas.

Art. 90. A falta de comunicação oportuna de fato que implique cessação do salário-família, bem como a prática, pelo empregado, de fraude de qualquer natureza para o seu recebimento, autoriza a empresa, o Instituto Nacional do Seguro Social, o sindicato ou órgão gestor de mão de obra, conforme o caso, a descontar dos pagamentos de cotas devidas com relação a outros filhos ou, na falta delas, do próprio salário do empregado ou da renda mensal do seu benefício, o valor das cotas indevidamente recebidas, sem prejuízo das sanções penais cabíveis, observado o disposto no § 2º do art. 154.

Art. 91. O empregado deve dar quitação à empresa, sindicato ou órgão gestor de mão de obra de cada recebimento mensal do salário-família, na própria folha de pagamento ou por outra forma admitida, de modo que a quitação fique plena e claramente caracterizada.

Art. 92. As cotas do salário-família não serão incorporadas, para qualquer efeito, ao salário ou ao benefício.

Subseção VII
Do Salário-maternidade

Art. 93. O salário-maternidade é devido à segurada da previdência social, durante cento e vinte dias, com início vinte e oito dias antes e término noventa e um dias depois do parto, podendo ser prorrogado na forma prevista no § 3º. (NR) *(Redação dada pelo Decreto n. 4.862, de 21.10.03, DOU 22.10.03)*

§ 1º Para a segurada empregada, inclusive a doméstica, observar-se-á, no que couber, as situações e condições previstas na legislação trabalhista relativas à proteção à maternidade.

§ 2º Será devido o salário-maternidade à segurada especial, desde que comprove o exercício de atividade rural nos últimos dez meses imediatamente anteriores à data do parto ou do requerimento do benefício, quando requerido antes do parto, mesmo que de forma descontínua, aplicando-se, quando for o caso, o disposto no parágrafo único do art. 29. (NR) *(Redação dada pelo Decreto n. 5.545, de 22.9.05, DOU 23.9.05)*

§ 3º Em casos excepcionais, os períodos de repouso anterior e posterior ao parto podem ser aumentados de mais duas semanas, mediante atestado médico específico. (NR) *(Redação dada pelo Decreto n. 3.668, de 22.11.00, DOU 23.11.00)*

§ 4º Em caso de parto antecipado ou não, a segurada tem direito aos cento e vinte dias previstos neste artigo.

§ 5º Em caso de aborto não criminoso, comprovado mediante atestado médico, a segurada terá direito ao salário-maternidade correspondente a duas semanas. (NR) *(Redação dada pelo Decreto n. 3.668, de 22.11.00, DOU 23.11.00)*

§ 6º *(Revogado pelo Decreto n. 4.032, de 26.11.01, DOU 27.11.01)*

Art. 93-A. O salário-maternidade é devido à segurada da Previdência Social que adotar ou obtiver guarda judicial para fins de adoção de criança com idade:

I — até um ano completo, por cento e vinte dias;

II — a partir de um ano até quatro anos completos, por sessenta dias; ou

III — a partir de quatro anos até completar oito anos, por trinta dias.

§ 1º O salário-maternidade é devido à segurada independentemente de a mãe biológica ter recebido o mesmo benefício quando do nascimento da criança.

§ 2º O salário-maternidade não é devido quando o termo de guarda não contiver a observação de que é para fins de adoção ou só contiver o nome do cônjuge ou companheiro.

§ 3º Para a concessão do salário-maternidade é indispensável que conste da nova certidão de nascimento da criança, ou do termo de guarda, o nome da segurada adotante ou guardiã, bem como, deste último, tratar-se de guarda para fins de adoção.

§ 4º Quando houver adoção ou guarda judicial para adoção de mais de uma criança, é devido um único salário-maternidade relativo à criança de menor idade, observando o disposto no art. 98.

§ 5º A renda mensal do salário-maternidade é calculada na forma do disposto nos arts. 94, 100 ou 101, de acordo com a forma de contribuição da segurada à Previdência Social. (NR) *(Artigo acrescentado pelo Decreto n. 4.729, de 9.6.03, DOU 10.6.03)*

§ 6º O salário-maternidade de que trata este artigo é pago diretamente pela previdência social. (NR) *(Parágrafo acrescentado pelo Decreto n. 4.862, de 21.10.03, DOU 22.10.03)*

Art. 94. O salário-maternidade para a segurada empregada consiste numa renda mensal igual à sua remuneração integral e será pago pela empresa, efetivando-se a compensação, observado o disposto no art. 248 da Constituição, quando do recolhimento das contribuições incidentes sobre a folha de salários e demais rendimentos pagos ou creditados, a qualquer título, à pessoa física que lhe preste serviço, devendo aplicar-se à renda mensal do benefício o disposto no art. 198. *(Redação dada pelo Decreto n. 4.862, de 21.10.03, DOU 22.10.03)*

..

§ 3º A empregada deve dar quitação à empresa dos recolhimentos mensais do salário-maternidade na própria folha de pagamento ou por outra forma admitida, de modo que a quitação fique plena e claramente caracterizada. *(Parágrafo acrescentado pelo Decreto n. 4.862, de 21.10.03, DOU 22.10.03)*

§ 4º A empresa deve conservar, durante dez anos, os comprovantes dos pagamentos e os atestados ou certidões correspondentes para exame pela fiscalização do INSS, conforme o disposto no § 7º do art. 225. (NR) *(Parágrafo acrescentado pelo Decreto n. 4.862, de 21.10.03, DOU 22.10.03)*

Art. 95. Compete à interessada instruir o requerimento do salário-maternidade com os atestados médicos necessários.

Parágrafo único. Quando o benefício for requerido após o parto, o documento comprobatório é a Certidão de Nascimento, podendo, no caso de dúvida, a segurada ser submetida à avaliação pericial junto ao Instituto Nacional do Seguro Social. (NR) *(Redação dada pelo Decreto n. 3.668, de 22.11.00, DOU 23.11.00)*

Art. 96. O início do afastamento do trabalho da segurada empregada será determinado com base em atestado médico ou certidão de nascimento do filho. (...) (NR) *(Redação dada pelo Decreto n. 4.862, de 21.10.03, DOU 22.10.03)*

§ 1º Quando a empresa dispuser de serviço médico próprio ou credenciado, o atestado deverá ser fornecido por aquele serviço médico. *(Redação dada pelo Decreto n. 3.265, de 29.11.99, DOU 30.11.99) (Revogado pelo Decreto n. 4729, de 9.6.03, DOU 10.6.2003)*

§ 2º O atestado deve indicar, além dos dados médicos necessários, Os períodos a que se referem o art. 93 e seus parágrafos, bem como a data do afastamento do trabalho. *(Redação dada pelo Decreto n. 4.862, de 21.10.03, DOU 22.10.03) (Revogado pelo Decreto n. 4.729, de 9.6.03, DOU 10.6.2003)*

Art. 97. O salário-maternidade da segurada empregada será devido pela previdência social enquanto existir relação de emprego, observadas as regras quanto ao pagamento desse benefício pela empresa.

Parágrafo único. Durante o período de graça a que se refere o art. 13, a segurada desempregada fará jus ao recebimento do salário-maternidade nos casos de demissão antes da gravidez, ou, durante a gestação, nas hipóteses de dispensa por justa causa ou a pedido, situações em que o benefício será pago diretamente pela previdência social. (NR) *(Caput e parágrafo com a redação dada pelo Decreto n. 6.122, de 13.6.07, DOU 14.6.07)*

Art. 98. No caso de empregos concomitantes, a segurada fará jus ao salário-maternidade relativo a cada emprego.

Art. 99. Nos meses de início e término do salário-maternidade da segurada empregada, o salário-maternidade será proporcional aos dias de afastamento do trabalho.

Art. 100. O salário-maternidade da segurada trabalhadora avulsa, pago diretamente pela previdência social, consiste numa renda mensal igual à sua remuneração integral equivalente a um mês de trabalho, devendo aplicar-se à renda mensal do benefício o disposto no art. 198. (NR) *(Redação dada pelo Decreto n. 4.862, de 21.10.03, DOU 22.10.03)*

Art. 101. O salário-maternidade, observado o disposto nos arts. 35, 198, 199 ou 199-A, pago diretamente pela Previdência Social, consistirá: *(Redação dada pelo Decreto n. 6.722, de 30.12.08, DOU 31.12.08, Edição extra)*

I — em valor correspondente ao do seu último salário de contribuição, para a segurada empregada doméstica;

II — em um salário mínimo, para a segurada especial;

III — em um doze avos da soma dos doze últimos salários de contribuição, apurados em período não superior a quinze meses, para as seguradas contribuinte individual, facultativa e para as que mantenham a qualidade de segurada na forma do art. 13. *(Redação dada pelo Decreto n. 6.122, de 13.6.07, DOU 14.6.07)*

§ 1º *(Revogado pelo Decreto n. 3.265, de 29.11.99, DOU 30.11.99)*

§ 2º *(Revogado pelo Decreto n. 3.265, de 29.11.99, DOU 30.11.99)*

§ 3º O documento comprobatório para requerimento do salário-maternidade da segurada que mantenha esta qualidade é a certidão de nascimento do filho, exceto nos casos de aborto espontâneo, quando deverá ser apresentado atestado médico, e no de adoção ou guarda para fins de adoção, casos em que serão observadas as regras do art. 93-A, devendo o evento gerador do benefício ocorrer, em qualquer hipótese, dentro do período previsto no art. 13. (NR) *(Acrescentado pelo Decreto n. 6.122, de 13.6.07, DOU 14.6.07)*

Art. 102. O salário-maternidade não pode ser acumulado com benefício por incapacidade.

Parágrafo único. Quando ocorrer incapacidade em concomitância com o período de pagamento do salário-maternidade, o benefício por incapacidade, conforme o caso, deverá ser suspenso enquanto perdurar o referido pagamento, ou terá sua data de início adiada para o primeiro dia seguinte ao término do período de cento e vinte dias.

Art. 103. A segurada aposentada que retornar à atividade fará jus ao pagamento do salário-maternidade, de acordo com o disposto no art. 93.

Art. 255. A empresa será reembolsada pelo pagamento do valor bruto do salário-maternidade, observado o disposto no art. 248 da Constituição, incluída a gratificação natalina proporcional ao período da correspondente licença e das cotas do salário-família pago aos segurados a seu serviço, de acordo com este Regulamento, mediante dedução do respectivo valor, no ato do recolhimento das contribuições devidas, na forma estabelecida pelo INSS. *(Redação dada pelo Decreto n. 4.862, de 21.10.03, DOU 22.10.03)*

Art. 276. Nas ações trabalhistas de que resultar o pagamento de direitos sujeitos à incidência de contribuição previdenciária, o recolhimento das importâncias devidas à seguridade social será feito no dia dois do mês seguinte ao da liquidação da sentença.

§ 1º No caso do pagamento parcelado, as contribuições devidas à seguridade social serão recolhidas na mesma data e proporcionalmente ao valor de cada parcela.

§ 2º Nos acordos homologados em que não figurarem, discriminadamente, as parcelas legais de incidência da contribuição previdenciária, esta incidirá sobre o valor total do acordo homologado.

§ 3º Não se considera como discriminação de parcelas legais de incidência de contribuição previdenciária a fixação de percentual de verbas remuneratórias e indenizatórias constantes dos acordos homologados, aplicando-se, nesta hipótese, o disposto no parágrafo anterior.

§ 4º A contribuição do empregado no caso de ações trabalhistas será calculada, mês a mês, aplicando-se as alíquotas previstas no art. 198, observado o limite máximo do salário de contribuição.

§ 5º Na sentença ou acordo homologado, cujo valor da contribuição previdenciária devida for inferior ao limite mínimo permitido para recolhimento na Guia da Previdência Social, é autorizado o recolhimento dos valores devidos cumulativamente com as contribuições normais de mesma competência.

§ 6º O recolhimento das contribuições do empregado reclamante deverá ser feito na mesma inscrição em que são recolhidas as contribuições devidas pela empresa.

§ 7º Se da decisão resultar reconhecimento de vínculo empregatício, deverão ser exigidas as contribuições, tanto do empregador como do reclamante, para todo o período reconhecido, ainda que o pagamento das remunerações a ele correspondentes não tenham sido reclamadas na ação, tomando-se por base de incidência, na ordem, o valor da remuneração paga, quando conhecida, da remuneração paga a outro empregado de categoria ou função equivalente ou semelhante, do salário normativo da categoria ou do salário mínimo mensal, permitida a compensação das contribuições patronais eventualmente recolhidas.

§ 8º Havendo reconhecimento de vínculo empregatício para empregado doméstico, tanto as contribuições do segurado empregado como as do empregador deverão ser recolhidas na inscrição do trabalhador.

§ 9º É exigido o recolhimento da contribuição previdenciária de que trata o inciso II do art. 201, incidente sobre o valor resultante da decisão que reconhecer a ocorrência de prestação de serviço à empresa, mas não o vínculo empregatício, sobre o valor total da condenação ou do acordo homologado, independentemente da natureza da parcela e forma de pagamento. (NR) *(Parágrafos 5º ao 9º acrescentados pelo Decreto n. 4.032, de 26.11.01, DOU 27.11.01)*

Art. 277. A autoridade judiciária deverá velar pelo fiel cumprimento do disposto no artigo anterior, executando, de ofício, quando for o caso, as contribuições devidas, fazendo expedir notificação ao Instituto Nacional do Seguro Social, para dar-lhe ciência dos termos da sentença, do acordo celebrado ou da execução.

Parágrafo único. O Instituto Nacional do Seguro Social fornecerá, quando solicitados, as orientações e dados necessários ao cumprimento do que dispõe este artigo.

Art. 283. Por infração a qualquer dispositivo das Leis ns. 8.212 e 8.213, ambas de 1991, e 10.666, de 8 de maio de 2003, para a qual não haja penalidade expressamente cominada neste Regulamento, fica o responsável sujeito a multa variável de R$ 636,17 (seiscentos e trinta e seis reais e dezessete centavos) a R$ 63.617,35 (sessenta e três mil, seiscentos e dezessete reais e trinta e cinco centavos), conforme a gravidade da infração, aplicando-se-lhe o disposto nos arts. 290 a 292, e de acordo com os seguintes valores: *(Redação dada pelo Decreto n. 4.862, de 21.10.03, DOU 22.10.03)*

I — a partir de R$ 636,17 (seiscentos e trinta e seis reais e dezessete centavos) nas seguintes infrações:

a) deixar a empresa de preparar folha de pagamento das remunerações pagas, devidas ou creditadas a todos os segurados a seu serviço, de acordo com este Regulamento e com os demais padrões e normas estabelecidos pelo Instituto Nacional do Seguro Social;

b) deixar a empresa de se matricular no Instituto Nacional do Seguro Social, dentro de trinta dias contados da data do início de suas atividades, quando não sujeita a inscrição no Cadastro Nacional da Pessoa Jurídica;

c) deixar a empresa de descontar da remuneração paga aos segurados a seu serviço importância proveniente de dívida ou responsabilidade por eles contraída junto à seguridade social, relativa a benefícios pagos indevidamente;

d) deixar a empresa de matricular no Instituto Nacional do Seguro Social obra de construção civil de sua propriedade ou executada sob sua responsabilidade no prazo de trinta dias do início das respectivas atividades;

e) deixar o Titular de Cartório de Registro Civil de Pessoas Naturais de comunicar ao Instituto Nacional do Seguro Social, até o dia dez de cada mês, a ocorrência ou a não ocorrência de óbitos, no mês imediatamente anterior, bem como enviar informações inexatas, conforme o disposto no art. 228;

f) deixar o dirigente dos órgãos municipais competentes de prestar ao Instituto Nacional do Seguro Social as informações concernentes aos alvarás, habite-se ou documento equivalente, relativos a construção civil, na forma do art. 226; e

g) deixar a empresa de efetuar os descontos das contribuições devidas pelos segurados a seu serviço; *(Acrescentado pelo Decreto n. 4.862, de 21.10.03, DOU 22.10.03)*

h) deixar a empresa de elaborar e manter atualizado perfil profissiográfico abrangendo as atividades desenvolvidas pelo trabalhador e de fornecer a este, quando da rescisão do contrato de trabalho, cópia autêntica deste documento; e (...) (NR) *(Acrescentado pelo Decreto n. 4.862, de 21.10.03, DOU 22.10.03)*

II — a partir de R$ 14.317,78 (quatorze mil trezentos e dezessete reais e setenta e oito centavos) nas seguintes infrações:

a) deixar a empresa de lançar mensalmente, em títulos próprios de sua contabilidade, de forma discriminada, os fatos geradores de todas as contribuições, o montante das quantias descontadas, as contribuições da empresa e os totais recolhidos;

...

n) deixar a empresa de manter laudo técnico atualizado com referência aos agentes nocivos existentes no ambiente de trabalho de seus trabalhadores ou emitir documento de comprovação de efetiva exposição em desacordo com o respectivo laudo; e *(Acrescentado pelo Decreto n. 6.722, de 30.12.08, DOU 31.12.08, Ed. extra)*

...

Art. 341. Nos casos de negligência quanto às normas de segurança e saúde do trabalho indicadas para a proteção individual e coletiva, a previdência social proporá ação regressiva contra os responsáveis.

Parágrafo único. O Ministério do Trabalho e Emprego, com base em informações fornecidas trimestralmente, a partir de 1º de março de 2011, pelo Ministério da Previdência Social relativas aos dados de acidentes e doenças do trabalho constantes das comunicações de acidente de trabalho registradas no período, encaminhará à Previdência Social os respectivos relatórios de análise de acidentes do trabalho com indícios de negligência quanto às normas de segurança e saúde do trabalho que possam contribuir para a proposição de ações judiciais regressivas. (NR) *(Redação dada pelo Decreto n. 7.331, de 19.10.10, DOU 20.10.10)*

...

DOU 7.5.1999

Decreto n. 3.197, de 5 de outubro de 1999

Organização Internacional do Trabalho — OIT — Convenção n. 132 — Férias anuais remuneradas

Promulga a Convenção n. 132 da Organização Internacional do Trabalho — OIT sobre férias anuais remuneradas (revista em 1970), concluída em Genebra, em 24 de junho de 1970

O PRESIDENTE DA REPÚBLICA, no uso da atribuição que lhe confere o art. 84, inciso VIII, da Constituição,

Considerando que a Convenção n. 132 da Organização Internacional do Trabalho — OIT sobre Férias Anuais Remuneradas (revista em 1970) foi concluída em Genebra, em 24 de junho de 1970;

Considerando que o Congresso Nacional aprovou o Ato multilateral em epígrafe por meio do Decreto Legislativo n. 47, de 23 de setembro de 1981;

LEGISLAÇÃO COMPLEMENTAR

Considerando que o Ato em tela entrou em vigor internacional em 30 de junho de 1973;

Considerando que o Governo brasileiro depositou o Instrumento de Ratificação da referida Convenção em 23 de setembro de 1998, passando a mesma a vigorar, para o Brasil, em 23 de setembro de 1999, decreta:

Art. 1º A Convenção n. 132 da Organização Internacional do Trabalho — OIT, sobre Férias Anuais Remuneradas (revista em 1970), concluída em Genebra, em 24 de junho de 1970, apensa por cópia a este decreto, deverá ser executada e cumprida tão inteiramente como nela se contém.

Art. 2º Este decreto entra em vigor na data de sua publicação.

Brasília, 5 de outubro de 1999; 178º da Independência e 111º da República.

Fernando Henrique Cardoso
Luiz Felipe Lampreia
DOU 6.10.1999

Decreto n. 3.361, de 10 de fevereiro de 2000

Regulamenta dispositivos da Lei n. 5.859, de 11 de dezembro de 1972, que dispõe sobre a profissão de empregado doméstico, para facultar o acesso do empregado doméstico ao Fundo de Garantia do Tempo de Serviço — FGTS e ao Programa do Seguro-Desemprego

O PRESIDENTE DA REPÚBLICA, no uso da atribuição que lhe confere o art. 84, inciso IV, da Constituição, e tendo em vista o disposto na Lei n. 5.859, de 11 de dezembro de 1972, com as alterações introduzidas pela Medida Provisória n. 1.986-2, de 10 de fevereiro de 2000, decreta:

Art. 1º O empregado doméstico poderá ser incluído no Fundo de Garantia do Tempo de Serviço — FGTS, de que trata a Lei n. 8.036, de 11 de maio de 1990, mediante requerimento do empregador, a partir da competência março do ano 2000.

§ 1º Para efeito deste Decreto, o requerimento consistirá na apresentação da guia de recolhimento do FGTS, devidamente preenchida e assinada pelo empregador, na Caixa Econômica Federal — CEF ou na rede arrecadadora a ela conveniada.

§ 2º Efetivado o primeiro depósito na conta vinculada, o empregado doméstico será automaticamente incluído no FGTS.

Art. 2º A inclusão do empregado doméstico no FGTS é irretratável com relação ao respectivo vínculo contratual e sujeita o empregador às obrigações e penalidades previstas na Lei n. 8.036, de 1990.

Art. 3º O benefício do seguro-desemprego de que trata a Lei n. 5.859, de 11 de dezembro de 1972, será concedido ao trabalhador, vinculado ao FGTS, que tiver trabalhado como doméstico por um período mínimo de quinze meses nos últimos vinte e quatro meses, contados da data de sua dispensa sem justa causa.

Art. 4º Para se habilitar ao seguro-desemprego, o trabalhador deverá apresentar ao órgão competente do Ministério do Trabalho e Emprego:

I — Carteira de Trabalho e Previdência Social, na qual deverá constar a anotação do contrato de trabalho doméstico e a data da dispensa, de modo a comprovar o vínculo empregatício, como empregado doméstico, durante pelo menos quinze meses nos últimos vinte e quatro meses;

II — termo de rescisão do contrato de trabalho atestando a dispensa sem justa causa;

III — comprovantes do recolhimento da contribuição previdenciária e do FGTS, durante o período referido no inciso I, na condição de empregado doméstico;

IV — declaração de que não está em gozo de nenhum benefício de prestação continuada da Previdência Social, exceto auxílio-acidente e pensão por morte; e

V — declaração de que não possui renda própria de qualquer natureza, suficiente à sua manutenção e de sua família.

§ 1º Na contagem do tempo de serviço de que trata o inciso I deste artigo, serão considerados os meses em que foram efetuados depósitos no FGTS, em nome do trabalhador como empregado doméstico, por um ou mais empregadores.

§ 2º Considera-se um mês de atividade, para efeito do inciso I deste artigo, a fração igual ou superior a quinze dias.

Art. 5º O valor do benefício do seguro-desemprego do empregado doméstico corresponderá a um salário mínimo e será concedido por um período máximo de três meses, de forma contínua ou alternada, a cada período aquisitivo de dezesseis meses.

Parágrafo único. O benefício do seguro-desemprego só poderá ser requerido novamente a cada período de dezesseis meses decorridos da dispensa que originou o benefício anterior, desde que satisfeitas as condições estabelecidas no artigo anterior.

Art. 6º A CEF definirá os procedimentos operacionais necessários à inclusão do empregado doméstico e seu empregador no FGTS.

Art. 7º Caberá ao Conselho Deliberativo do Fundo de Amparo ao Trabalhador — CODEFAT, mediante resolução, estabelecer as medidas operacionais que se fizerem necessárias à concessão do benefício do seguro-desemprego.

Art. 8º Este Decreto entra em vigor na data de sua publicação.

Brasília, 10 de fevereiro de 2000; 179º da Independência e 112º da República.

Fernando Henrique Cardoso
Francisco Dornelles
DOU 11.2.2000

Decreto n. 3.913, de 11 de setembro de 2001

Dispõe sobre a apuração e liquidação dos complementos de atualização monetária de saldos de contas vinculadas do Fundo de Garantia do Tempo de Serviço — FGTS, de que trata a Lei Complementar n. 110, de 29 de junho de 2001

O PRESIDENTE DA REPÚBLICA, no uso da atribuição que lhe confere o art. 84, inciso IV, da Constituição e tendo em vista as disposições contidas na Lei Complementar n. 110, de 29 de junho de 2001,

Decreta:

Art. 1º Este Decreto regulamenta a forma de apuração dos complementos de atualização monetária das contas vinculadas do Fundo de Garantia do Tempo de Serviço — FGTS, de que trata a *Lei Complementar n. 110, de 29 de junho de 2001*, relativos aos saldos mantidos no período de 1º de dezembro de 1988 a 28 de fevereiro de 1989 e no mês de abril de 1990, a forma e os prazos para lançamento dos respectivos créditos nas contas vinculadas e a forma de adesão às condições de resgate dos referidos créditos.

Art. 2º A Caixa Econômica Federal calculará o complemento de atualização monetária relativo ao período de 1º de dezembro de 1988 a 28 de fevereiro de 1989, inclusive, e ao mês de abril de 1990, com base nos percentuais:

I — de dezesseis inteiros e sessenta e quatro centésimos por cento, referente ao índice de janeiro de 1989, sobre o saldo mantido na conta vinculada no período de 1º de dezembro de 1988 a 28 de fevereiro de 1989, inclusive;

II — de quarenta e quatro inteiros e oito décimos por cento, referente ao índice de abril de 1990, sobre o saldo mantido no mês de abril de 1990;

III — de dezesseis inteiros e sessenta e quatro centésimos por cento e de quarenta e quatro inteiros e oito décimos por cento, cumulativos, sobre os saldos mantidos, respectivamente, no período de 1º de dezembro de 1988 a 28 de fevereiro de 1989, inclusive, e no mês de abril de 1990.

§ 1º O valor calculado na forma do *caput*, com a remuneração prevista no art. 5º e com a redução cabível especificada no inciso I do art. 6º, ambos da *Lei Complementar n. 110, de 2001*, será, a partir de 1º de maio de 2002, registrado na conta vinculada do trabalhador que tenha manifestado adesão às condições de resgate estabelecidas na Lei Complementar n. 110, de 2001, mediante assinatura do Termo de Adesão, para ser creditado nas condições, forma e prazos previstos neste Decreto.

§ 2º O valor do complemento de atualização monetária, após o seu registro na conta vinculada do trabalhador, efetuado segundo o disposto no § 1º, integra a base de cálculo das multas rescisórias de que tratam os §§ 1º e 2º do *art. 18 da Lei n. 8.036, de 11 de maio de 1990*.

Art. 3º A adesão às condições de resgate dos complementos de atualização monetária, estabelecidas na Lei Complementar n. 110, de 2001, deverá ser manifestada em Termo de Adesão próprio, nos moldes dos formulários aprovados em portaria conjunta da Advocacia-Geral da União e do Ministério do Trabalho e Emprego.

§ 1º Mantido o conteúdo constante dos formulários do Termo de Adesão, as adesões poderão ser manifestadas por meios magnéticos ou eletrônicos, inclusive mediante tele-processamento, na forma estabelecida em ato normativo do Agente Operador do FGTS.

§ 2º O titular de conta vinculada poderá, a partir de 5 de novembro de 2001, manifestar sua adesão às condições de resgate do complemento de atualização monetária previstas na Lei Complementar n. 110, de 2001, independentemente do conhecimento prévio do valor do complemento.

§ 3º A critério do Agente Operador do FGTS e mediante ampla divulgação prévia, o início do processo de adesão poderá ser antecipado.

Art. 4º O titular da conta vinculada manifestará, no Termo de Adesão, sua concordância:

I — com a redução do complemento de que trata o art. 2º, remunerado até o dia 10 do mês de julho de 2001 com base nos mesmos critérios de remuneração das contas vinculadas, nas seguintes proporções:

a) zero por cento sobre o total do complemento de atualização monetária de valor até R$ 2.000,00 (dois mil reais);

b) oito por cento sobre o total do complemento de atualização monetária de valor de R$ 2.000,01 (dois mil reais e um centavo) a R$ 5.000,00 (cinco mil reais), assegurado o crédito mínimo de R$ 2.000,00 (dois mil reais), quando a aplicação do percentual de redução resultar em quantia inferior a esse valor;

c) doze por cento sobre o total do complemento de atualização monetária de valor de R$ 5.000,01 (cinco mil reais e um centavo) a R$ 8.000,00 (oito mil reais), assegurado o crédito mínimo de R$ 4.600,00 (quatro mil e seiscentos reais), quando a aplicação do percentual de redução resultar em quantia inferior a esse valor;

d) quinze por cento sobre o total do complemento de atualização monetária de valor acima de R$ 8.000,00 (oito mil reais), assegurado o crédito mínimo de R$ 7.040,00 (sete mil e quarenta reais), quando a aplicação do percentual de redução resultar em quantia inferior a esse valor;

II — com a forma e os prazos do crédito na conta vinculada, consoante as seguintes especificações:

a) o complemento de atualização monetária no valor total de até R$ 1.000,00 (mil reais), será creditado até 30 de junho de 2002, em uma única parcela, para os titulares de contas vinculadas que tenham firmado o Termo de Adesão até o dia 31 de maio de 2002;

b) o complemento de atualização monetária no valor total de R$ 1.000,01 (mil reais e um centavo) a R$ 2.000,00 (dois mil reais), será creditado em duas parcelas semestrais, ocorrendo o crédito da primeira parcela, no valor de R$ 1.000,00 (mil reais), até 31 de julho de 2002, para os titulares de contas vinculadas que tenham firmado o Termo de Adesão até o dia 28 de junho de 2002;

c) o complemento de atualização monetária no valor total de R$ 2.000,01 (dois mil reais e um centavo) a R$ 5.000,00 (cinco mil reais), definido antes da dedução de que trata o inciso I, alínea *b*, será creditado em cinco parcelas semestrais, a partir de janeiro de 2003, para os titulares de contas vinculadas que tenham firmado o Termo de Adesão até o dia 30 de dezembro de 2002;

d) o complemento de atualização monetária no valor total de R$ 5.000,01 (cinco mil reais e um centavo), a R$ 8.000,00 (oito mil reais), definido antes da dedução de que trata o inciso I, alínea *c*, será creditado em sete parcelas semestrais, a partir de julho de 2003, para os titulares de contas vinculadas que tenham firmado o Termo de Adesão até o dia 30 de junho de 2003;

e) o complemento de atualização monetária no valor total acima de R$ 8.000,00 (oito mil reais), definido antes da dedução de que trata o inciso I, alínea *d*, será creditado em sete parcelas semestrais, a partir de janeiro de 2004, para os titulares de contas vinculadas que tenham firmado o Termo de Adesão até o dia 30 de dezembro de 2003;

III — em firmar, sob as penas da lei, declaração de que não está discutindo em juízo, nem ingressará em juízo para discutir, complementos de atualização monetária do FGTS relativos a junho de 1987, ao período de 1º de dezembro de 1988 a 28 de fevereiro de 1989, a abril e maio de 1990 e a fevereiro de 1991;

IV — em desistir de ação judicial que tenha interposto, inclusive na condição de litisconsorte, para pleitear o pagamento de complementos de atualização monetária citados no inciso III, conformando-se, por transação a ser homologada em juízo, com as condições estabelecidas neste Decreto.

§ 1º Nos casos em que a adesão dependa de transação, serão consideradas como datas de adesão, para os efeitos das alíneas *a* a *e* do inciso II, as datas em que os titulares de contas vinculadas firmarem o Termo de Adesão, independentemente da homologação judicial da transação, que deverá ser requerida mesmo depois de efetuado o crédito na conta. (NR) *(Redação dada pelo Decreto n. 4.777, de 11.7.03, DOU 14.7.03).*

§ 2º Para os trabalhadores que vierem a firmar seus termos de adesão após as datas previstas nas alíneas *a* a *d* do inciso II, os créditos em suas contas vinculadas iniciar-se-ão no mês subsequente ao da assinatura do Termo de Adesão, observadas as demais regras constantes nesses dispositivos, quanto a valores, número e periodicidade de pagamento de parcelas.

§ 3º A data final para assinatura do Termo de Adesão é 30 de dezembro de 2003.

§ 4º Na ocorrência de óbito do titular da conta vinculada, o Termo de Adesão será firmado por todos os seus dependentes, habilitados perante a Previdência Social para a concessão de pensões por morte e, na falta de dependentes, por todos os seus sucessores previstos na lei civil, indicados em alvará judicial, expedido a requerimento do interessado, independentemente de inventário ou arrolamento.

Art. 5º O titular da conta vinculada fará jus ao crédito de que trata o inciso II do art. 4º deste Decreto, em uma única parcela, até junho de 2002, disponível para imediata movimentação a partir desse mês, nas hipóteses de o titular:

I — ou qualquer de seus dependentes ser acometido de neoplasia maligna;

II — ou qualquer de seus dependentes ser portador do vírus HIV;

III — com crédito de até R$ 2.000,00 (dois mil reais), ser aposentado por invalidez em função de acidente de trabalho ou doença profissional, ou ser aposentado maior de sessenta e cinco anos de idade;

IV — de o titular ou qualquer de seus dependentes ser acometido de doença terminal.

Parágrafo único. Para efeito do inciso IV, apresentar-se-á diagnóstico médico claramente descritivo que, em face dos sintomas ou do histórico patológico, caracterize o estágio terminal de vida em razão da doença grave consignada no Código Internacional de Doenças — CID que acomete o trabalhador ou qualquer de seus dependentes, assinado por médico devidamente identificado por seu registro profissional e emitido na conformidade das normas dos Conselhos Federal e Regional de Medicina. (NR) *(Redação dada pelo Decreto n. 5.860, de 26.7.06, DOU 27.7.06)*

Art. 6º A movimentação da conta vinculada, relativamente ao crédito do complemento de atualização monetária, que não se enquadre nas hipóteses do art. 5º, observará as condições previstas no *art. 20 da Lei n. 8.036, de 1990.*

§ 1º As hipóteses de movimentação da conta vinculada previstas nos incisos I, II, III, IV, VIII, IX, X e XI do art. 20 da Lei n. 8.036, de 1990, e na *Lei n. 7.670, de 8 de setembro de 1988,* ocorridas anteriormente à data da edição da Lei Complementar n. 110, de 2001, autorizam o saque do complemento de atualização monetária após o crédito na conta vinculada.

§ 2º Após o crédito do complemento de atualização monetária na conta vinculada, nas condições do inciso II do art. 4º, será permitida a sua utilização para a amortização ou quitação de saldo devedor de financiamento de moradia própria no âmbito do Sistema Financeiro da Habitação, inclusive na modalidade de Carta de Crédito do FGTS, mediante encontro de contas, atendidas as condições do *art. 20 da Lei n. 8.036, de 1990.*

Art. 7º Os saques de que tratam o art. 5º e o § 1º do art. 6º poderão ser processados mediante transferência do valor correspondente para conta corrente do titular da conta vinculada, com a autorização deste.

Art. 8º A critério do titular da conta vinculada, o complemento de atualização monetária, de valor total superior a R$ 2.000,00 (dois mil reais), computada a dedução de que trata o inciso I do art. 4º, poderá ser resgatado mediante entrega, em julho de 2002, ou nos seis meses seguintes, no caso de adesões que se efetuarem até dezembro de 2002, de documento de quitação com o FGTS em que se autoriza a compra de título, lastreado nas receitas decorrentes das contribuições instituídas pelos arts. 1º e 2º da Lei Complementar n. 110, de 2001, de valor de face equivalente ao valor do referido complemento, nos termos e condições estabelecidas pelo Conselho Monetário Nacional — CMN.

Art. 9º O Agente Operador do FGTS, observadas as normas legais e regulamentares:

I — estabelecerá, em ato normativo, os procedimentos operacionais relativos ao exercício da adesão de que trata o art. 3º e à efetivação dos créditos nas contas vinculadas; e

II — promoverá, antes de iniciar o processo de adesão, ampla divulgação sobre os procedimentos, meios e forma de adesão, e distribuição dos respectivos formulários.

Art. 10. Este Decreto entra em vigor na data de sua publicação.

Brasília, 11 de setembro de 2001; 180º da Independência e 113º da República.

Fernando Henrique Cardoso
Pedro Malan
Francisco Dornelles
Gilmar Ferreira Mendes

Decreto n. 3.914, de 11 de setembro de 2001

Dispõe sobre a regulamentação das contribuições sociais instituídas pela Lei Complementar n. 110, de 29 de junho de 2001

O PRESIDENTE DA REPÚBLICA, no uso da atribuição que lhe confere o art. 84, inciso IV, da Constituição,

Decreta:

Art. 1º Este Decreto dispõe sobre a regulamentação da contribuição social devida por despedida de empregado sem justa causa e da contribuição social incidente sobre a remuneração mensal do trabalhador, instituídas pelos *arts. 1º e 2º da Lei Complementar n. 110, de 29 de junho de 2001.*

Art. 2º A contribuição social que tem por fato gerador a despedida de empregado sem justa causa é devida em relação às despedidas que ocorrerem a partir de 28 de setembro de 2001, inclusive.

§ 1º A base de cálculo da contribuição é o montante dos depósitos do Fundo de Garantia do Tempo de Serviço — FGTS, acrescidos das remunerações previstas no *art. 13 da Lei n. 8.036, de 11 de maio de 1990, bem como nos arts. 11 da Lei n. 7.839, de 12 de outubro de 1989, e 3º e 4º da Lei n. 5.107, de 13 de setembro de 1966*, enquanto vigentes, devidos durante a vigência do contrato de trabalho.

§ 2º O valor do complemento de atualização monetária de que trata o art. 4º, com a remuneração prevista no art. 5º e com a redução cabível especificada no inciso I do art. 6º, todos da Lei Complementar n. 110, de 2001, que esteja registrado, na data da rescisão do contrato de trabalho, na conta vinculada do trabalhador que tenha firmado o Termo de Adesão a que se refere o art. 4º, inciso I, da mesma Lei Complementar, integra a base de cálculo da contribuição de que trata este artigo.

§ 3º O valor da contribuição será determinado pela aplicação da alíquota de dez por cento sobre o valor da base de cálculo especificada nos §§ 1º e 2º.

§ 4º A contribuição deve ser paga nos seguintes prazos:

I — até o primeiro dia útil imediato ao término do contrato, no caso em que o empregador concede o aviso prévio nos termos do art. 487 da Consolidação das Leis do Trabalho — CLT; ou

II — até o décimo dia, contado da data da notificação da demissão, quando da ausência do aviso prévio, indenização do mesmo ou dispensa de seu cumprimento.

§ 5º Os empregadores domésticos ficam isentos da contribuição social de que trata este artigo.

Art. 3º A contribuição social incidente sobre a remuneração do trabalhador é devida a partir da remuneração relativa ao mês de outubro de 2001 até a remuneração relativa ao mês de setembro de 2006.

§ 1º A contribuição incide sobre a remuneração paga ou devida, no mês anterior, a cada trabalhador.

§ 2º A base de cálculo da contribuição é o valor da remuneração paga ou devida a cada trabalhador, computadas as parcelas de que trata o *art. 15 da Lei n. 8.036, de 1990*.

§ 3º O valor do pagamento antecipado de remuneração ou de gratificação de Natal integra a base de cálculo da contribuição social relativa ao mês em que ocorrer o pagamento antecipado.

§ 4º O valor da contribuição será determinado pela aplicação da alíquota de cinco décimos por cento sobre a base de cálculo especificada nos §§ 2º e 3º.

§ 5º A contribuição incidente sobre a remuneração paga ou devida em cada mês deve ser paga até o dia 7 do mês subsequente ou, não havendo expediente bancário no dia 7, até o último dia útil que o anteceder.

§ 6º Ficam isentas da contribuição social de que trata este artigo:

I — as empresas inscritas no Sistema Integrado de Pagamento de Impostos e Contribuições das Microempresas e Empresas de Pequeno Porte — SIMPLES, desde que o faturamento anual não ultrapasse o limite de R$ 1.200.000,00 (um milhão e duzentos mil reais);

II — as pessoas físicas, em relação à remuneração de empregados domésticos; e

III — as pessoas físicas, em relação à remuneração de empregados rurais, desde que sua receita bruta anual não ultrapasse o limite de R$ 1.200.000,00 (um milhão e duzentos mil reais).

§ 7º Para os fins do disposto no § 6º, poderão ser utilizadas informações constantes dos cadastros administrados pela Secretaria da Receita Federal, na forma estabelecida em convênio.

Art. 4º O sujeito passivo das contribuições sociais de que trata este Decreto é o empregador, considerado como tal a pessoa física ou a pessoa jurídica de direito privado ou de direito público, da administração pública direta, indireta ou fundacional de qualquer dos Poderes, da União, dos Estados, do Distrito Federal e dos Municípios, que admitir trabalhadores a seu serviço, bem assim aquele que, regido por legislação especial, encontrar-se nessa condição ou figurar como fornecedor ou tomador de mão de obra, independente da responsabilidade solidária ou subsidiária a que eventualmente venha obrigar-se.

Parágrafo único. Para os efeitos deste Decreto, considera-se empregado ou trabalhador toda pessoa física que prestar serviços a empregador, a locador ou tomador de mão de obra, excluídos os eventuais, os autônomos e os servidores públicos civis e militares sujeitos a regime jurídico próprio.

Art. 5º O pagamento das contribuições sociais de que trata este Decreto fora dos prazos estabelecidos sujeita o infrator aos acréscimos previstos no *art. 22 da Lei n. 8.036, de 1990, e nos §§ 2º e 3º do art. 3º da Lei Complementar n. 110, de 2001*.

Art. 6º A exigência fiscal da contribuição social, que não tenha sido paga por iniciativa do contribuinte, será formalizada em notificação de débito, lavrada por Auditor fiscal do Trabalho ou pela Repartição competente do Ministério do Trabalho e Emprego, nos termos de ato normativo do Ministro de Trabalho e Emprego.

Art. 7º As contribuições sociais de que trata este Decreto, inclusive os acréscimos legais correspondentes, serão pagos na rede bancária arrecadadora do FGTS, na forma a ser estabelecida pelo Agente Operador do FGTS.

§ 1º Os valores recolhidos pela rede bancária serão transferidos à Caixa Econômica Federal no segundo dia útil subsequente à data em que tenham sido recolhidos.

§ 2º A Caixa Econômica Federal procederá ao registro das receitas, relativas às contribuições sociais que lhe forem transferidas pela rede bancária, no Sistema Integrado de Administração Financeira do Governo Federal — SIAFI, na forma regulada pelo Ministério da Fazenda.

Art. 8º A falta de pagamento das contribuições de que trata este Decreto resultará no impedimento da emissão, pela Caixa Econômica Federal, do Certificado de Regularidade do FGTS, sem prejuízo das demais cominações legais cabíveis.

Art. 9º O Ministério do Trabalho e Emprego expedirá as normas para disciplinar os procedimentos de administração das contribuições sociais de que trata este Decreto.

Art. 10. Este Decreto entra em vigor na data de sua publicação.

Brasília, 11 de setembro de 2001; 180º da Independência e 113º da República.

FERNANDO HENRIQUE CARDOSO
PEDRO MALAN
FRANCISCO DORNELLES
DOU 12.9.2001

Decreto n. 4.751, de 17 de junho de 2003

Dispõe sobre o fundo PIS-PASEP, criado pela Lei Complementar n. 26, de 11 de setembro de 1975, sob a denominação de PIS-PASEP, e dá outras providências

O PRESIDENTE DA REPÚBLICA, no uso das atribuições que lhe confere o art. 84, incisos IV e VI, alínea a, da Constituição, e tendo em vista o disposto na Lei Complementar n. 26, de 11 de setembro de 1975,

Decreta:

Art. 1º O Fundo PIS-PASEP, criado pela Lei Complementar n. 26, de 11 de setembro de 1975, sob a denominação de PIS-PASEP, é um fundo contábil, de natureza financeira, e se subordina, no que couber, às disposições do art. 69 da Lei n. 4.728, de 14 de julho de 1965.

§ 1º O PIS-PASEP é constituído pelos valores do Fundo de Participação do Programa de Integração Social — PIS e do Fundo Único do Programa de formação do Patrimônio do Servidor Público — PASEP, existentes em 30 de junho de 1976 e apurados em balanços.

§ 2º O disposto no § 1º não afetará os saldos das contas individuais, existentes em 30 de junho de 1976, dos participantes e beneficiários dos respectivos Fundos.

Art. 2º Constituem recursos do PIS-PASEP:

I — juros, atualização monetária e multas devidas pelos contribuintes dos Programas, em decorrência da inobservância das obrigações a que estão sujeitos;

II — retorno, por via de amortização, de recursos aplicados em operações de empréstimos e financiamentos, incluído o total das receitas obtidas em tais operações;

III — resultado das operações financeiras realizadas, compreendendo, quando for o caso, multa contratual e honorários; e

IV — resultados das aplicações do Fundo de Participação Social — FPS, de que trata o Decreto n. 79.459, de 30 de março de 1977.

Art. 3º Os participantes do Fundo de Participação do PIS e os beneficiários do Fundo Único do PASEP, conforme qualificados na legislação pertinente aos respectivos Programas, passam a ser participantes do PIS-PASEP.

Parágrafo único. Os créditos provenientes da aplicação da atualização monetária, da incidência de juros, do resultado líquido adicional das operações realizadas e de qualquer outro benefício serão feitos exclusivamente na conta individual do participante.

Art. 4º No final de cada exercício financeiro, as contas individuais dos participantes do PIS-PASEP serão creditadas das quantias correspondentes:

I — à aplicação da atualização monetária sobre os respectivos saldos credores verificados ao término do exercício financeiro anterior;

II — à incidência de juros sobre os respectivos saldos credores atualizados, verificados ao término do exercício financeiro anterior; e

III — ao resultado líquido adicional das operações financeiras realizadas, verificado ao término do exercício financeiro anterior.

Art. 5º É facultada, no final de cada exercício financeiro posterior ao da abertura da conta individual, a retirada pelos participantes dos créditos correspondentes às parcelas a que se referem os incisos II e III do art. 4º, que tenham sido feitos nas respectivas contas individuais.

Art. 6º O exercício financeiro do PIS-PASEP corresponde ao período de 1º de julho de cada ano a 30 de junho do ano subsequente.

Art. 7º O PIS-PASEP será gerido por um Conselho Diretor, órgão colegiado constituído de sete membros efetivos e suplentes em igual número, com mandatos de dois anos, designados pelo Ministro de Estado da Fazenda, e terá a seguinte composição:

I — um representante titular e suplente do Ministério da Fazenda;

II — um representante titular e suplente do Ministério do Planejamento, Orçamento e Gestão;

III — um representante titular e suplente do Ministério do Desenvolvimento, Indústria e Comércio Exterior;

IV — um representante titular e suplente do Ministério do Trabalho e Emprego;

V — um representante titular e suplente da Secretaria do Tesouro Nacional do Ministério da Fazenda;

VI — um representante titular e suplente dos participantes do PIS; e

VII — um representante titular e suplente dos participantes do PASEP.

§ 1º Os representantes referidos nos incisos I a V serão indicados pelos titulares dos órgãos representados.

§ 2º Os representantes dos participantes do PIS serão escolhidos pelo Ministro de Estado do Trabalho e Emprego, mediante indicações das centrais sindicais, representando os trabalhadores da iniciativa privada.

§ 3º Os representantes dos servidores participantes do PASEP serão escolhidos pelo Ministro de Estado do Trabalho e Emprego, mediante indicações das centrais sindicais, representando os servidores públicos.

§ 4º O Conselho Diretor será coordenado pelo representante da Secretaria do Tesouro Nacional.

§ 5º O Coordenador do Conselho Diretor terá, além do voto normal, o voto de qualidade no caso de empate.

§ 6º O Conselho Diretor fica investido da representação ativa e passiva do PIS-PASEP, que será representado e defendido em juízo por Procurador da Fazenda Nacional.

Art. 8º No exercício da gestão do PIS-PASEP, compete ao Conselho Diretor:

I — elaborar e aprovar o plano de contas;

II — ao término de cada exercício financeiro:

a) calcular a atualização monetária do saldo credor das contas individuais dos participantes;

b) calcular a incidência de juros sobre o saldo credor atualizado das mesmas contas individuais;

c) constituir as provisões e reservas indispensáveis; e

d) levantar o montante das despesas de administração, apurar e atribuir aos participantes o resultado líquido adicional das operações realizadas;

III — autorizar, nas épocas próprias, que sejam feitos nas contas individuais dos participantes os créditos de que trata o art. 4º deste Decreto;

IV — aprovar anualmente o orçamento do PIS-PASEP e sua reformulação;

V — elaborar anualmente o balanço do PIS-PASEP, com os demonstrativos e o relatório;

VI — promover o levantamento de balancetes mensais;

VII — requisitar do Banco Nacional de Desenvolvimento Econômico e Social — BNDES as informações sobre os recursos do Fundo repassados, as aplicações realizadas e seus respectivos resultados;

VIII — prestar informações, fornecer dados e documentação e emitir parecer, por solicitação do Conselho Monetário Nacional e do Ministro de Estado da Fazenda, em relação ao PIS-PASEP, ao PIS e ao PASEP;

IX — autorizar, fixando as épocas próprias, o processamento das solicitações de saque e de retirada e os correspondentes pagamentos;

X — baixar normas operacionais necessárias à estruturação, organização e funcionamento do PIS-PASEP e compatíveis com a execução do PIS e do PASEP;

XI — emitir parecer sobre os balancetes mensais, balanços anuais e demais demonstrações contábeis e financeiras do PIS-PASEP;

XII — definir as tarifas de remuneração da Caixa Econômica Federal e do Banco do Brasil S.A., na qualidade de administradores do PIS e do PASEP, respectivamente; e

XIII — resolver os casos omissos, inclusive quanto aos pedidos de saques de quotas do PIS-PASEP.

Art. 9º Cabem à Caixa Econômica Federal, em relação ao PIS, as seguintes atribuições:

I — manter, em nome dos empregados e trabalhadores avulsos, as correspondentes contas individuais a que aludem o art. 5º da Lei Complementar n. 7, de 7 de setembro de 1970, e normas complementares;

II — creditar nas contas individuais, quando autorizada pelo Conselho Diretor, as parcelas e benefícios de que trata o art. 4º deste Decreto;

III — processar as solicitações de saque e de retirada e efetuar os correspondentes pagamentos, nas épocas próprias, quando autorizada pelo Conselho Diretor, na forma e para os fins previstos na Lei Complementar n. 26, de 1975, e neste Decreto;

IV — fornecer, nas épocas próprias e sempre que for solicitado, ao Conselho Diretor informações, dados e documentação, em relação a repasses de recursos, cadastro de empregados vinculados ao referido Programa, contas individuais de participantes e solicitações de saque e de retirada e seus correspondentes pagamentos; e

V — cumprir e fazer cumprir as normas operacionais baixadas pelo Conselho Diretor.

Parágrafo único. A Caixa Econômica Federal exercerá as atribuições previstas neste artigo de acordo com as normas, diretrizes e critérios estabelecidos pelo Conselho Diretor do PIS-PASEP, e com observância da Lei Complementar n. 26, de 1975, e das disposições deste Decreto.

Art. 10. Cabem ao Banco do Brasil S.A., em relação ao PASEP, as seguintes atribuições:

I — manter, em nome dos servidores e empregados, as contas individuais a que se refere o art. 5º da Lei Complementar n. 8, de 3 de dezembro de 1970;

II — creditar nas contas individuais, quando autorizado pelo Conselho Diretor, as parcelas e benefícios de que trata o art. 4º deste Decreto;

III — processar as solicitações de saque e de retirada e efetuar os correspondentes pagamentos, nas épocas próprias, quando autorizado pelo Conselheiro Diretor, na forma e para os fins previstos na Lei Complementar n. 26, de 1975, e neste Decreto;

IV — fornecer, nas épocas próprias e sempre que for solicitado, ao gestor do PIS-PASEP, informações, dados e documentação, em relação a repasses de recursos, cadastro de servidores e empregados vinculados ao referido Programa, contas individuais de participantes e solicitações de saque e de retirada e seus correspondentes pagamentos; e

V — cumprir e fazer cumprir as normas operacionais baixadas pelo gestor do PIS-PASEP.

Parágrafo único. O Banco do Brasil S.A. exercerá as atribuições previstas neste artigo de acordo com as normas, diretrizes e critérios estabelecidos pelo Conselho Diretor do PIS-PASEP, e com observância da Lei Complementar n. 26, de 1975, e das disposições deste Decreto.

Art. 11. A Caixa Econômica Federal, o Banco do Brasil S/A. e o BNDES prestarão ao Conselho Diretor todo apoio que for necessário à administração do PIS-PASEP.

Art. 12. Os dispêndios com a administração do PIS e do PASEP e com a administração do PIS-PASEP correrão por conta deste último Fundo, conforme for estabelecido pelo seu Conselho Diretor.

Art. 13. Compete ao Ministro de Estado da Fazenda aprovar o regimento interno do Conselho Diretor do Fundo PIS-PASEP, mediante proposta deste.

Art. 14. Este Decreto entra em vigor na data de sua publicação.

Art. 15. Ficam revogados os Decretos ns. 78.276, de 17 de agosto de 1976, 84.129, de 29 de outubro de 1979, e 93.200, de 1º de setembro de 1986.

Brasília, 17 de junho de 2003; 182º da Independência e 115º da República.

Luiz Inácio Lula da Silva
Bernard Appy
DOU 18.6.2003

Decreto n. 4.840, de 17 de setembro de 2003

Regulamenta a Medida Provisória n. 130, de 17.9.2003, que dispõe sobre a autorização para desconto de prestações em folha de pagamento, e dá outras providências

O PRESIDENTE DA REPÚBLICA, no uso da atribuição que lhe confere o art. 84, inciso IV, da Constituição, e tendo em vista o disposto na Medida Provisória n. 130, de 17 de setembro de 2003,

Decreta:

Art. 1º Regem-se por este Decreto os procedimentos para autorização de desconto em folha de pagamento dos valores referentes ao pagamento das prestações de empréstimos, financiamentos e operações de arrendamento mercantil concedidos por instituições financeiras e sociedades de arrendamento mercantil a empregados regidos pela Consolidação das Leis do Trabalho, aprovada pelo Decreto-Lei n. 5.452, de 1º de maio de 1943.

Art. 2º Para os fins deste Decreto, considera-se:

I — empregador, a pessoa jurídica assim definida pela legislação trabalhista;

II — empregado, aquele assim definido pela legislação trabalhista;

III — instituição consignatária, a instituição mencionada no art. 1º autorizada a conceder empréstimo ou financiamento ou realizar operação de arrendamento mercantil;

IV — mutuário, empregado que firma com instituição consignatária contrato de empréstimo, financiamento ou arrendamento mercantil regulado por este Decreto; e

V — verbas rescisórias, as importâncias devidas em dinheiro pelo empregador ao empregado em razão de rescisão do seu contrato de trabalho.

§ 1º Para os fins deste Decreto, considera-se remuneração básica a soma das parcelas pagas ou creditadas mensalmente em dinheiro ao empregado, excluídas:

I — diárias;
II — ajuda de custo;
III — adicional pela prestação de serviço extraordinário;
IV — gratificação natalina;
V — auxílio-natalidade;
VI — auxílio-funeral;
VII — adicional de férias;
VIII — auxílio-alimentação, mesmo se pago em dinheiro;
IX — auxílio-transporte, mesmo se pago em dinheiro; e
X — parcelas referentes a antecipação de remuneração de competência futura ou pagamento em caráter retroativo.

§ 2º Para os fins deste Decreto, considera-se remuneração disponível a parcela remanescente da remuneração básica após a dedução das consignações compulsórias, assim entendidas as efetuadas a título de:

I — contribuição para a Previdência Social oficial;
II — pensão alimentícia judicial;
III — imposto sobre rendimentos do trabalho;
IV — decisão judicial ou administrativa;
V — mensalidade e contribuição em favor de entidades sindicais;
VI — outros descontos compulsórios instituídos por lei ou decorrentes de contrato de trabalho.

§ 3º Para os fins deste Decreto, são consideradas consignações voluntárias as autorizadas pelo empregado e não relacionadas no § 2º.

Art. 3º No momento da contratação da operação, a autorização para a efetivação dos descontos permitidos neste Decreto observará, para cada mutuário, os seguintes limites:

I — a soma dos descontos referidos no art. 1º deste Decreto não poderá exceder a trinta por cento da remuneração disponível definida no § 2º do art. 2º; e

II — o total das consignações voluntárias, incluindo as referidas no art. 1º, não poderá exceder a quarenta por cento da remuneração disponível definida no § 2º do art. 2º.

Art. 4º A concessão de empréstimo, financiamento ou arrendamento será feita a critério da instituição consignatária, sendo os valores e demais condições objeto de livre negociação entre ela e o mutuário, observadas as demais disposições deste Decreto.

§ 1º Poderá o empregador, com a anuência da entidade sindical representativa da maioria dos empregados, firmar, com uma ou mais instituições consignatárias, acordo que defina condições gerais e demais critérios a serem observados nos empréstimos, financiamentos ou arrendamentos que venham a ser realizados com seus empregados.

§ 2º Poderão as entidades e centrais sindicais firmar, com uma ou mais instituições consignatárias, acordo que defina condições gerais e demais critérios a serem observados nos empréstimos, financiamentos ou arrendamentos que venham a ser realizados com seus representados.

§ 3º Uma vez observados pelo empregado todos os requisitos e condições definidos no acordo firmado segundo o disposto no § 1º ou no § 2º, não poderá a instituição concedente negar-se a celebrar o empréstimo, financiamento ou arrendamento mercantil.

§ 4º Para a realização das operações referidas neste Decreto, é assegurado ao empregado o direito de optar por instituição consignatária que tenha firmado acordo com o empregador, com sua entidade sindical, ou qualquer outra instituição consignatária de sua livre escolha, ficando o empregador obrigado a proceder aos descontos e repasses por ele contratados e autorizados.

§ 5º Os acordos mencionados nos §§ 1º e 2º poderão definir critérios mínimos, parâmetros e condições financeiras diferenciados por situação cadastral e demais características individuais do empregado.

§ 6º Dos acordos referidos no § 2º poderá constar, ainda, a diferenciação por empresa do critérios mínimos, parâmetros e condições financeiras.

§ 7º Os contratos de empréstimo, financiamento ou arrendamento celebrados ao amparo deste Decreto preverão obrigatoriamente prestações fixas ao longo de todo o período de amortização.

§ 7º-A. Nas hipóteses de concessão, ao amparo deste Decreto, de empréstimo ou financiamento imobiliário no âmbito do Sistema Financeiro da Habitação ou de outros sistemas ou programas destinados à aquisição de imóveis residenciais, as prestações e seus reajustamentos obedecerão às disposições contratuais celebradas entre as partes, sendo permitida a estipulação de prestações variáveis. *(Incluído pelo Decreto n. 5.892, de 12.9.2006, DOU 13.9.2006)*

§ 8º Os acordos referidos nos §§ 1º e 2º deste artigo poderão delegar à instituição consignatária a responsabilidade de receber, processar e encaminhar ao empregador as autorizações referidas no inciso III do § 3º do art. 5º.

Art. 5º Para os fins deste Decreto, são obrigações do empregador:

I — prestar ao empregado e à instituição consignatária, mediante solicitação formal do primeiro, as informações necessárias para a contratação da operação de crédito ou arrendamento mercantil, inclusive:

a) a data habitual de pagamento mensal do salário;
b) o total já consignado em operações preexistentes;
c) as demais informações necessárias para o cálculo da margem disponível para consignação;

II — tornar disponíveis aos empregados, bem assim às respectivas entidades sindicais, as informações referentes aos custos referidos no art. 10;

III — efetuar os descontos autorizados pelo empregado em folha de pagamento e repassar o valor à instituição consignatária na forma e prazo previstos em regulamento.

§ 1º É vedado ao empregador impor ao mutuário e à instituição consignatária qualquer condição que não esteja prevista neste Decreto para a efetivação do contrato e a implementação dos descontos autorizados.

§ 2º Os descontos autorizados na forma deste Decreto terão preferência sobre outros descontos da mesma natureza que venham a ser autorizados posteriormente.

§ 3º A liberação do crédito ao mutuário somente ocorrerá após:

I — a confirmação do empregador, por escrito ou por meio eletrônico certificado, quanto à possibilidade da realização dos descontos, em função dos limites referidos no art. 3º;

II — a assinatura, por escrito ou por meio eletrônico certificado, do contrato entre o mutuário e a instituição consignatária; e

III — a outorga ao empregador, por parte do mutuário, de autorização, em caráter irrevogável e irretratável, para a consignação das prestações contratadas em folha de pagamento.

§ 4º A autorização referida no inciso III do § 3º será outorgada por escrito ou por meio eletrônico certificado, podendo a instituição consignatária processar o documento e mantê-lo sob sua guarda, na condição de fiel depositária, transmitindo as informações ao empregador por meio seguro.

§ 5º Exceto quando diversamente previsto em contrato com a anuência do empregador, a efetivação do desconto em folha de pagamento do mutuário deverá ser iniciada pelo empregador no mínimo trinta dias e no máximo sessenta dias após o recebimento da autorização referida no inciso III do § 3º.

§ 6º A autorização referida no inciso III do § 3º é nula de pleno direito na hipótese da não liberação do crédito ou do bem arrendado ao mutuário no prazo máximo de cinco dias úteis contados da data da outorga.

§ 7º A repactuação do contrato de empréstimo, financiamento ou operação de arrendamento mercantil que implique alteração do número ou do valor das prestações consignadas em folha observará o procedimento referido no § 3º.

Art. 6º O empregador é o responsável pela retenção dos valores devidos e pelo repasse às instituições consignatárias, o qual deverá ser realizado até o quinto dia útil após a data de pagamento, ao mutuário, de sua remuneração mensal.

Art. 7º O empregador, salvo disposição contratual em sentido contrário, não será corresponsável pelo pagamento dos empréstimos, financiamentos ou arrendamentos concedidos aos mutuários, mas responderá sempre, como devedor principal e solidário, perante a instituição consignatária, por valores a ela devidos, em razão de contratações por ele confirmadas na forma deste Decreto, que deixarem, por sua falha ou culpa, de serem retidos ou repassados.

Art. 8º Caberá à instituição consignatária informar ao mutuário, por escrito ou meio eletrônico por ele indicado no ato da celebração do contrato, toda vez que o empregador deixar de repassar o valor exato do desconto mensal.

Art. 9º Na hipótese de comprovação de que o pagamento mensal do empréstimo, financiamento ou arrendamento foi descontado do mutuário e não foi repassado pelo empregador à instituição consignatária, fica ela proibida de incluir o nome do mutuário em qualquer cadastro de inadimplentes.

Art. 10. É facultado ao empregador descontar na folha de pagamento do mutuário os custos operacionais decorrentes da realização da operação objeto deste Decreto.

§ 1º Consideram-se custos operacionais do empregador:

I — tarifa bancária cobrada pela instituição financeira referente à transferência dos recur-

sos da conta corrente do empregador para a conta corrente da instituição consignatária;

II — despesa com alteração das rotinas de processamento da folha de pagamento para realização da operação.

§ 2º As tarifas bancárias mencionadas no inciso I do § 1º deste artigo deverão ser iguais ou inferiores às praticadas pela instituição financeira mantenedora da conta corrente do empregador em transações da mesma natureza.

§ 3º Cabe ao empregador, mediante comunicado interno ou mediante solicitação de empregado ou de entidade sindical, dar publicidade aos seus empregados dos custos operacionais mencionados no § 1º deste artigo previamente à realização da operação de empréstimo ou financiamento, os quais serão mantidos inalterados durante todo o período de duração da operação.

§ 4º Poderá ser prevista nos acordos referidos nos §§ 1º e 2º do art. 4º, ou em acordo específico entre o empregador e a instituição consignatária, a absorção total ou parcial dos custos referidos no § 1º pela instituição consignatária, hipótese na qual não caberá o desconto na folha do mutuário.

§ 5º No caso dos acordos celebrados nos termos do § 2º do art. 4º, os custos de que trata o inciso II do § 1º deste artigo deverão ser negociados entre o empregador e a entidade sindical, vedada a cobrança de custos superiores aos previstos nos acordos celebrados pelo mesmo empregador nos termos do § 1º do art. 4º.

Art. 11. Cabe ao empregador informar no demonstrativo de rendimentos do empregado, de forma discriminada, o valor do desconto mensal decorrente de cada operação de empréstimo ou financiamento, bem como os custos operacionais definidos no art. 10 deste Decreto.

Art. 12. Até o integral pagamento do empréstimo ou financiamento, as autorizações dos descontos somente poderão ser canceladas mediante prévia aquiescência da instituição consignatária e do empregado.

Art. 13. Em caso de rescisão do contrato de trabalho do empregado antes do término da amortização do empréstimo, ressalvada disposição contratual em contrário, serão mantidos os prazos e encargos originalmente previstos, cabendo ao mutuário efetuar o pagamento mensal das prestações diretamente à instituição consignatária.

Art. 14. Na hipótese de entrada em gozo de benefício previdenciário temporário pelo mutuário, com suspensão do pagamento de sua remuneração por parte do empregador, cessa a obrigação deste efetuar a retenção e o repasse das prestações à instituição consignatária.

Parágrafo único. O contrato de empréstimo, financiamento ou operação de arrendamento mercantil celebrado nos termos deste Decreto conterá, obrigatoriamente, cláusula que regulamente as relações entre o mutuário e a instituição consignatária na situação prevista no *caput*.

Art. 15. O desconto da prestação para pagamento do empréstimo, financiamento ou arrendamento concedido com base neste Decreto será feito diretamente em folha de pagamento e o valor correspondente creditado a favor da instituição consignatária, independentemente de crédito e débito na conta corrente dos mutuários.

Art. 16. Os contratos de empréstimo, financiamento ou arrendamento de que trata este Decreto poderão prever a incidência de desconto de até trinta por cento das verbas rescisórias referidas no inciso V do art. 2º para a amortização total ou parcial do saldo devedor líquido para quitação na data de rescisão do contrato de trabalho do empregado.

§ 1º Para os fins do *caput*, considera-se saldo devedor líquido para quitação o valor presente das prestações vincendas na data da amortização, descontado à taxa de juros contratualmente fixada referente ao período não utilizado em função da quitação antecipada.

§ 2º Na hipótese referida no *caput*, deverá a instituição consignatária informar ao mutuário e ao empregador, por escrito ou meio eletrônico certificado, o valor do saldo devedor líquido para quitação.

§ 3º Quando o saldo devedor líquido para quitação exceder o valor comprometido das verbas rescisórias, caberá ao mutuário efetuar o pagamento do restante diretamente à instituição consignatária, assegurada a manutenção das condições de número de prestações vincendas e taxa de juros originais, exceto se houver previsão contratual em contrário.

§ 4º Havendo previsão de vinculação de verbas rescisórias em mais de um contrato, será observada a ordem cronológica das autorizações referidas no inciso III do § 3º do art. 5º.

Art. 17. É facultada a contratação pelo mutuário de seguro em favor da instituição consignatária, junto a ela própria ou a outra instituição de sua escolha, para cobertura do risco de inadimplência nas operações de que trata este Decreto em caso de morte, desemprego involuntário ou redução de rendimentos.

Art. 18. Este Decreto entra em vigor na data de sua publicação.

Brasília, 17 de setembro de 2003; 182º da Independência e 115º da República.

Luiz Inácio Lula da Silva
Antônio Palocci Filho
DOU 18.9.2003

Decreto n. 5.113, de 22 de junho de 2004

Regulamenta o art. 20, inciso XVI, da Lei n. 8.036, de 11 de maio de 1990, que dispõe sobre o Fundo de Garantia do Tempo de Serviço — FGTS, e dá outras providências

O PRESIDENTE DA REPÚBLICA, no uso da atribuição que lhe confere o art. 84, inciso IV, da Constituição, e tendo em vista o disposto no art. 20, inciso XVI, da Lei n. 8.036, de 11 de maio de 1990, decreta:

Art. 1º O titular de conta vinculada do Fundo de Garantia do Tempo de Serviço — FGTS que resida em área do Distrito Federal ou de Município, em situação de emergência ou estado de calamidade pública objeto de decreto do respectivo Governo, poderá movimentar a referida conta por motivo de necessidade pessoal, cuja urgência e gravidade decorram de desastre natural.

§ 1º Para os fins da movimentação de que trata este artigo, o decreto municipal ou do Distrito Federal que declare a situação de emergência ou o estado de calamidade pública deverá ser publicado no prazo máximo de trinta dias, contados do primeiro dia útil seguinte ao da ocorrência do desastre natural.

§ 2º A movimentação da conta vinculada de que trata o *caput* só poderá ocorrer após o reconhecimento da situação de emergência ou do estado de calamidade pública em portaria do Ministro de Estado da Integração Nacional.

§ 3º A solicitação de movimentação será admitida até noventa dias da publicação do ato de reconhecimento de que trata o § 2º.

Art. 2º Para os fins do disposto neste Decreto, considera-se desastre natural:

I — vendavais ou tempestades;

II — vendavais muito intensos ou ciclones extratropicais;

III — vendavais extremamente intensos, furacões, tufões ou ciclones tropicais;

IV — tornados e trombas d'água;

V — precipitações de granizos;

VI — enchentes ou inundações graduais;

VII — enxurradas ou inundações bruscas;

VIII — alagamentos; e

IX — inundações litorâneas provocadas pela brusca invasão do mar.

Parágrafo único. Para fins do disposto no inciso XVI do *caput* do art. 20 da Lei n. 8.036, de 11 de maio de 1990, considera-se também como natural o desastre decorrente do rompimento ou colapso de barragens que ocasione movimento de massa, com danos a unidades residenciais. *(Alteração dada pelo Decreto n. 8.572, de 13.11.15, DOU ed. extra 13.11.15)*

Art. 3º A comprovação da área atingida de que trata o *caput* do art. 1º será realizada mediante fornecimento à Caixa Econômica Federal, pelo Município ou pelo Distrito Federal, de declaração das áreas atingidas por desastres naturais, que deverá conter a descrição da área no seguinte padrão:

I — nome do distrito, cidade e unidade da Federação, caso todas as unidades residenciais existentes no distrito tenham sido atingidas;

II — nome do bairro, cidade e unidade da Federação, caso todas as unidades residenciais existentes no bairro tenham sido atingidas;

III — nome do logradouro, bairro ou distrito, cidade e unidade da Federação, caso a área atingida se restrinja às unidades residenciais existentes naquele logradouro; ou

IV — identificação da unidade residencial, nome do logradouro, bairro ou distrito, cidade e unidade da Federação, caso a área atingida se restrinja à determinada unidade residencial.

§ 1º Para elaboração da declaração referida no *caput*, deverá ser observada a avaliação realizada pelos órgãos de defesa civil municipal e do Distrito Federal.

§ 2º A declaração referida no *caput* deverá conter a identificação do Município atingido pelo desastre natural, as informações relativas ao decreto municipal ou do Distrito Federal e à portaria do Ministro de Estado da Integração Nacional que reconheceu a situação de emergência ou o estado de calamidade pública, e a Codificação de Desastre, Ameaças e Riscos — CODAR.

Art. 4º O valor do saque será equivalente ao saldo existente na conta vinculada, na data da solicitação, limitado à quantia correspondente a R$ 6.220,00 (seis mil duzentos e vinte reais), por evento caracterizado como desastre natural, desde que o intervalo entre uma movimentação e outra não seja inferior a doze meses." (NR) *(Redação dada pelo Decreto n. 7.664, de 11 de janeiro de 2012, DOU 12.01.12)*

Art. 5º O titular da conta vinculada que não dispuser de meios para comprovação do endereço residencial poderá fazê-la com

apresentação de declaração emitida pelo Governo municipal ou do Distrito Federal.

Art. 6º A Caixa Econômica Federal expedirá, no prazo de até dez dias contados da data de publicação deste Decreto, atos normativos referentes aos procedimentos administrativos e operacionais a serem observados para a movimentação de que trata o art. 1º.

Art. 7º Este Decreto entra em vigor na data da sua publicação.

Art. 8º Fica revogado o Decreto n. 5.014, de 12 de março de 2004.

Brasília, 22 de junho de 2004; 183º da Independência e 116º da República.

<div align="right">
Luiz Inácio Lula da Silva
Antonio Palocci Filho
Ricardo José Ribeiro Berzoini
Ciro Ferreira Gomes
Olívio de Oliveira Dutra

DOU 23.6.2004
</div>

Decreto n. 5.598, de 1º de dezembro de 2005

Regulamenta a contratação de aprendizes e dá outras providências

O PRESIDENTE DA REPÚBLICA, no uso da atribuição que lhe confere o art. 84, inciso IV, da Constituição, e tendo em vista o disposto no Título III, Capítulo IV, Seção IV, do Decreto-lei n. 5.452, de 1º de maio de 1943. Consolidação das Leis do Trabalho, e no Livro I, Título II, Capítulo V, da Lei n. 8.069, de 13 de julho de 1990. Estatuto da Criança e do Adolescente, DECRETA:

Art. 1º Nas relações jurídicas pertinentes à contratação de aprendizes, será observado o disposto neste Decreto.

Capítulo I
Do Aprendiz

Art. 2º Aprendiz é o maior de quatorze anos e menor de vinte e quatro anos que celebra contrato de aprendizagem, nos termos do art. 428 da Consolidação das Leis do Trabalho — CLT.

Parágrafo único. A idade máxima prevista no *caput* deste artigo não se aplica a aprendizes portadores de deficiência.

Capítulo II
Do Contrato de Aprendizagem

Art. 3º Contrato de aprendizagem é o contrato de trabalho especial, ajustado por escrito e por prazo determinado não superior a dois anos, em que o empregador se compromete a assegurar ao aprendiz, inscrito em programa de aprendizagem, formação técnico profissional metódica compatível com o seu desenvolvimento físico, moral e psicológico, e o aprendiz se compromete a executar com zelo e diligência as tarefas necessárias a essa formação.

Parágrafo único. Para fins do contrato de aprendizagem, a comprovação da escolaridade de aprendiz portador de deficiência mental deve considerar, sobretudo, as habilidades e competências relacionadas com a profissionalização.

Art. 4º A validade do contrato de aprendizagem pressupõe anotação na Carteira de Trabalho e Previdência Social, matrícula e frequência do aprendiz à escola, caso não haja concluído o ensino fundamental, e inscrição em programa de aprendizagem desenvolvido sob a orientação de entidade qualificada em formação técnico profissional metódica.

Art. 5º O descumprimento das disposições legais e regulamentares importará a nulidade do contrato de aprendizagem, nos termos do art. 9º da CLT, estabelecendo-se o vínculo empregatício diretamente com o empregador responsável pelo cumprimento da cota de aprendizagem.

Parágrafo único. O disposto no *caput* não se aplica, quanto ao vínculo, a pessoa jurídica de direito público.

Capítulo III
Da Formação Técnico profissional e das Entidades Qualificadas em Formação Técnico Profissional Metódica

Seção I
Da Formação Técnico profissional

Art. 6º Entendem-se por formação técnico profissional metódica para os efeitos do contrato de aprendizagem as atividades teóricas e práticas, metodicamente organizadas em tarefas de complexidade progressiva desenvolvidas no ambiente de trabalho.

Parágrafo único. A formação técnico profissional metódica de que trata o *caput* deste artigo realiza-se por programas de aprendizagem organizados e desenvolvidos sob a orientação e responsabilidade de entidades qualificadas em formação técnico profissional metódica definidas no art. 8º deste Decreto.

Art. 7º A formação técnico profissional do aprendiz obedecerá aos seguintes princípios:

I — garantia de acesso e frequência obrigatória ao ensino fundamental;

II — horário especial para o exercício das atividades; e

III — capacitação profissional adequada ao mercado de trabalho.

Parágrafo único. Ao aprendiz com idade inferior a dezoito anos é assegurado o respeito à sua condição peculiar de pessoa em desenvolvimento.

Seção II
Das Entidades Qualificadas em Formação Técnico Profissional Metódica

Art. 8º Consideram-se entidades qualificadas em formação técnico profissional metódica:

I — os Serviços Nacionais de Aprendizagem, assim identificados:

a) Serviço Nacional de Aprendizagem Industrial — SENAI;

b) Serviço Nacional de Aprendizagem Comercial — SENAC;

c) Serviço Nacional de Aprendizagem Rural — SENAR;

d) Serviço Nacional de Aprendizagem do Transporte — SENAT; e

e) Serviço Nacional de Aprendizagem do Cooperativismo — SESCOOP;

II — as escolas técnicas de educação, inclusive as agrotécnicas; e

III — as entidades sem fins lucrativos, que tenham por objetivos a assistência ao adolescente e a educação profissional, registradas no Conselho Municipal dos Direitos da Criança e do Adolescente.

§ 1º As entidades mencionadas nos incisos deste artigo deverão contar com estrutura adequada ao desenvolvimento dos programas de aprendizagem, de forma a manter a qualidade do processo de ensino, bem como acompanhar e avaliar os resultados.

§ 2º O Ministério do Trabalho e Emprego editará, ouvido o Ministério da Educação, normas para avaliação da competência das entidades mencionadas no inciso III.

Capítulo IV

Seção I
Da Obrigatoriedade da Contratação de Aprendizes

Art. 9º Os estabelecimentos de qualquer natureza são obrigados a empregar e matricular nos cursos dos Serviços Nacionais de Aprendizagem número de aprendizes equivalente a cinco por cento, no mínimo, e quinze por cento, no máximo, dos trabalhadores existentes em cada estabelecimento, cujas funções demandem formação profissional.

§ 1º No cálculo da percentagem de que trata o *caput* deste artigo, as frações de unidade darão lugar à admissão de um aprendiz.

§ 2º Entende-se por estabelecimento todo complexo de bens organizado para o exercício de atividade econômica ou social do empregador, que se submeta ao regime da CLT.

Art. 10. Para a definição das funções que demandem formação profissional, deverá ser considerada a Classificação Brasileira de Ocupações (CBO), elaborada pelo Ministério do Trabalho e Emprego.

§ 1º Ficam excluídas da definição do *caput* deste artigo as funções que demandem, para o seu exercício, habilitação profissional de nível técnico ou superior, ou, ainda, as funções que estejam caracterizadas como cargos de direção, de gerência ou de confiança, nos termos do inciso II e do parágrafo único do art. 62 e do § 2º do art. 224 da CLT.

§ 2º Deverão ser incluídas na base de cálculo todas as funções que demandem formação profissional, independentemente de serem proibidas para menores de dezoito anos.

Art. 11. A contratação de aprendizes deverá atender, prioritariamente, aos adolescentes entre quatorze e dezoito anos, exceto quando:

I — as atividades práticas da aprendizagem ocorrerem no interior do estabelecimento, sujeitando os aprendizes à insalubridade ou à periculosidade, sem que se possa elidir o risco ou realizá-las integralmente em ambiente simulado;

II — a lei exigir, para o desempenho das atividades práticas, licença ou autorização vedada para pessoa com idade inferior a dezoito anos; e

III — a natureza das atividades práticas for incompatível com o desenvolvimento físico, psicológico e moral dos adolescentes aprendizes.

Parágrafo único. A aprendizagem para as atividades relacionadas nos incisos deste artigo deverá ser ministrada para jovens de dezoito a vinte e quatro anos.

Art. 12. Ficam excluídos da base de cálculo de que trata o *caput* do art. 9º deste Decreto os empregados que executem os serviços prestados sob o regime de trabalho temporário, instituído pela Lei n. 6.019, de 3 de janeiro de 1973, bem como os aprendizes já contratados.

Parágrafo único. No caso de empresas que prestem serviços especializados para terceiros, independentemente do local onde sejam executados, os empregados serão incluídos na base de cálculo da prestadora, exclusivamente.

Art. 13. Na hipótese de os Serviços Nacionais de Aprendizagem não oferecerem cursos ou vagas suficientes para atender à demanda dos estabelecimentos, esta poderá ser suprida por outras entidades qualificadas em formação técnico profissional metódica previstas no art 8º.

Parágrafo único. A insuficiência de cursos ou vagas a que se refere o *caput* será verificada pela inspeção do trabalho.

Art. 14. Ficam dispensadas da contratação de aprendizes:

I — as microempresas e as empresas de pequeno porte; e

II — as entidades sem fins lucrativos que tenham por objetivo a educação profissional.

Seção II
Das Espécies de Contratação do Aprendiz

Art. 15. A contratação do aprendiz deverá ser efetivada diretamente pelo estabelecimento que se obrigue ao cumprimento da cota de aprendizagem ou, supletivamente, pelas entidades sem fins lucrativos mencionadas no inciso III do art. 8º deste Decreto.

§ 1º Na hipótese de contratação de aprendiz diretamente pelo estabelecimento que se obrigue ao cumprimento da cota de aprendizagem, este assumirá a condição de empregador, devendo inscrever o aprendiz em programa de aprendizagem a ser ministrado pelas entidades indicadas no art. 8º deste Decreto.

§ 2º A contratação de aprendiz por intermédio de entidade sem fins lucrativos, para efeito de cumprimento da obrigação estabelecida no *caput* do art. 9º, somente deverá ser formalizada após a celebração de contrato entre o estabelecimento e a entidade sem fins lucrativos, no qual, dentre outras obrigações recíprocas, se estabelecerá as seguintes:

I — a entidade sem fins lucrativos, simultaneamente ao desenvolvimento do programa de aprendizagem, assume a condição de empregador, com todos os ônus dela decorrentes, assinando a Carteira de Trabalho e Previdência Social do aprendiz e anotando, no espaço destinado às anotações gerais, a informação de que o específico contrato de trabalho decorre de contrato firmado com determinado estabelecimento para efeito do cumprimento de sua cota de aprendizagem; e

II — o estabelecimento assume a obrigação de proporcionar ao aprendiz a experiência prática da formação técnico profissional metódica a que este será submetido.

Art. 16. A contratação de aprendizes por empresas públicas e sociedades de economia mista dar-se-á de forma direta, nos termos do § 1º do art. 15, hipótese em que será realizado processo seletivo mediante edital, ou nos termos do § 2º daquele artigo.

Parágrafo único. A contratação de aprendizes por órgãos e entidades da administração direta, autárquica e fundacional observará regulamento específico, não se aplicando o disposto neste Decreto.

Capítulo V
Dos Direitos Trabalhistas e Obrigações Acessórias

Seção I
Da Remuneração

Art. 17. Ao aprendiz, salvo condição mais favorável, será garantido o salário mínimo hora.

Parágrafo único. Entende-se por condição mais favorável aquela fixada no contrato de aprendizagem ou prevista em convenção ou acordo coletivo de trabalho, onde se especifique o salário mais favorável ao aprendiz, bem como o piso regional de que trata a Lei Complementar n. 103, de 14 de julho de 2000.

Seção II
Da Jornada

Art. 18. A duração do trabalho do aprendiz não excederá seis horas diárias.

§ 1º O limite previsto no *caput* deste artigo poderá ser de até oito horas diárias para os aprendizes que já tenham concluído o ensino fundamental, se nelas forem computadas as horas destinadas à aprendizagem teórica.

§ 2º A jornada semanal do aprendiz, inferior a vinte e cinco horas, não caracteriza trabalho em tempo parcial de que trata o art. 58-A da CLT.

Art. 19. São vedadas a prorrogação e a compensação de jornada.

Art. 20. A jornada do aprendiz compreende as horas destinadas às atividades teóricas e práticas, simultâneas ou não, cabendo à entidade qualificada em formação técnico profissional metódica fixá-las no plano do curso.

Art. 21. Quando o menor de dezoito anos for empregado em mais de um estabelecimento, as horas de trabalho em cada um serão totalizadas.

Parágrafo único. Na fixação da jornada de trabalho do aprendiz menor de dezoito anos, a entidade qualificada em formação técnico profissional metódica levará em conta os direitos assegurados na Lei n. 8.069, de 13 de julho de 1990.

Seção III
Das Atividades Teóricas e Práticas

Art. 22. As aulas teóricas do programa de aprendizagem devem ocorrer em ambiente físico adequado ao ensino, e com meios didáticos apropriados.

§ 1º As aulas teóricas podem se dar sob a forma de aulas demonstrativas no ambiente de trabalho, hipótese em que é vedada qualquer atividade laboral do aprendiz, ressalvado o manuseio de materiais, ferramentas, instrumentos e assemelhados.

§ 2º É vedado ao responsável pelo cumprimento da cota de aprendizagem cometer ao aprendiz atividades diversas daquelas previstas no programa de aprendizagem.

Art. 23. As aulas práticas podem ocorrer na própria entidade qualificada em formação técnico profissional metódica ou no estabelecimento contratante ou concedente da experiência prática do aprendiz.

§ 1º Na hipótese de o ensino prático ocorrer no estabelecimento, será formalmente designado pela empresa, ouvida a entidade qualificada em formação técnico profissional metódica, um empregado monitor responsável pela coordenação de exercícios práticos e acompanhamento das atividades do aprendiz no estabelecimento, em conformidade com o programa de aprendizagem.

§ 2º A entidade responsável pelo programa de aprendizagem fornecerá aos empregadores e ao Ministério do Trabalho e Emprego, quando solicitado, cópia do projeto pedagógico do programa.

§ 3º Para os fins da experiência prática segundo a organização curricular do programa de aprendizagem, o empregador que mantenha mais de um estabelecimento em um mesmo município poderá centralizar as atividades práticas correspondentes em um único estabelecimento.

§ 4º Nenhuma atividade prática poderá ser desenvolvida no estabelecimento em desacordo com as disposições do programa de aprendizagem.

Art. 23-A. O estabelecimento contratante cujas peculiaridades da atividade ou dos locais de trabalho constituam embaraço à realização das aulas práticas, além de poderem ministrá-las exclusivamente nas entidades qualificadas em formação técnico profissional, poderão requerer junto à respectiva unidade descentralizada do Ministério do Trabalho e Previdência Social a assinatura de termo de compromisso para o cumprimento da cota em entidade concedente da experiência prática do aprendiz. *(Incluído pelo Decreto n. 8.740, de 2016)*

§ 1º Caberá ao Ministério do Trabalho e Previdência Social definir: *(Incluído pelo Decreto n. 8.740, de 2016)*

I — os setores da economia em que a aula prática poderá se dar nas entidades concedentes; e *(Incluído pelo Decreto n. 8.740, de 2016)*

II — o processamento do pedido de assinatura de termo de compromisso. *(Incluído pelo Decreto n. 8.740, de 2016)*

§ 2º Consideram-se entidades concedentes da experiência prática do aprendiz: *(Incluído pelo Decreto n. 8.740, de 2016)*

I — órgãos públicos; *(Incluído pelo Decreto n. 8.740, de 2016)*

II — organizações da sociedade civil, nos termos do art. 2º da Lei n. 13.019, de 31 de julho de 2014; e *(Incluído pelo Decreto n. 8.740, de 2016)*

III — unidades do Sistema Nacional de Atendimento Socioeducativo — Sinase. *(Incluído pelo Decreto n. 8.740, de 2016)*

§ 3º Firmado o termo de compromisso com o Ministério do Trabalho e Previdência Social, o estabelecimento contratante e a entidade qualificada por ele já contratada deverão firmar conjuntamente parceria com uma das entidades concedentes para a realização das aulas práticas. *(Incluído pelo Decreto n. 8.740, de 2016)*

§ 4º Caberá à entidade qualificada o acompanhamento pedagógico da etapa prática. *(Incluído pelo Decreto n. 8.740, de 2016)*

§ 5º A seleção de aprendizes será realizada a partir do cadastro público de emprego, disponível no portal eletrônico Mais Emprego e deverá priorizar a inclusão de jovens e adolescentes em situação de vulnerabilidade ou risco social, tais como: *(Incluído pelo Decreto n. 8.740, de 2016)*

I — adolescentes egressos do sistema socioeducativo ou em cumprimento de medidas socioeducativas; *(Incluído pelo Decreto n. 8.740, de 2016)*

II — jovens em cumprimento de pena no sistema prisional; *(Incluído pelo Decreto n. 8.740, de 2016)*

III — jovens e adolescentes cujas famílias sejam beneficiárias de programas de transferência de renda; *(Incluído pelo Decreto n. 8.740, de 2016)*

IV — jovens e adolescentes em situação de acolhimento institucional; *(Incluído pelo Decreto n. 8.740, de 2016)*

V — jovens e adolescentes egressos do trabalho infantil; *(Incluído pelo Decreto n. 8.740, de 2016)*

VI — jovens e adolescentes com deficiência; *(Incluído pelo Decreto n. 8.740, de 2016)*

VII — jovens e adolescentes matriculados na rede pública de ensino, em nível fundamental, médio regular ou médio técnico, inclusive na modalidade de Educação de Jovens e Adultos; e, *(Incluído pelo Decreto n. 8.740, de 2016)*

VIII — jovens desempregados e com ensino fundamental ou médio concluído na rede pública. *(Incluído pelo Decreto n. 8.740, de 2016)*

§ 6º Os percentuais a serem cumpridos na forma alternativa e no sistema regular deverão constar do termo de compromisso firmado com o Ministério do Trabalho e Previdência Social, com vistas ao adimplemento integral da cota de aprendizagem, observados, em todos os casos, os limites previstos na Seção IV do Capítulo IV do Título III do Decreto-Lei n. 5.452, de 1º de maio de 1943 — Consolidação das Leis do Trabalho e a contratação do percentual mínimo no sistema regular, *(Incluído pelo Decreto n. 8.740, de 2016)*

Seção IV
Do Fundo de Garantia do Tempo de Serviço

Art. 24. Nos contratos de aprendizagem, aplicam-se as disposições da Lei n. 8.036, de 11 de maio de 1990.

Parágrafo único. A Contribuição ao Fundo de Garantia do Tempo de Serviço corresponderá a dois por cento da remuneração paga ou devida, no mês anterior, ao aprendiz.

Seção V
Das Férias

Art. 25. As férias do aprendiz devem coincidir, preferencialmente, com as férias escolares, sendo vedado ao empregador fixar período diverso daquele definido no programa de aprendizagem.

Seção VI
Dos Efeitos dos Instrumentos Coletivos de Trabalho

Art. 26. As convenções e acordos coletivos apenas estendem suas cláusulas sociais ao aprendiz quando expressamente previsto e desde que não excluam ou reduzam o alcance dos dispositivos tutelares que lhes são aplicáveis.

Seção VII
Do Vale-Transporte

Art. 27. É assegurado ao aprendiz o direito ao benefício da Lei n. 7.418, de 16 de dezembro de 1985, que institui o vale-transporte.

Seção VIII
Das Hipóteses de Extinção e Rescisão do Contrato de Aprendizagem

Art. 28. O contrato de aprendizagem extinguir-se-á no seu termo ou quando o aprendiz completar vinte e quatro anos, exceto na hipótese de aprendiz deficiente, ou, ainda antecipadamente, nas seguintes hipóteses:

I — desempenho insuficiente ou inadaptação do aprendiz;

II — falta disciplinar grave;

III — ausência injustificada à escola que implique perda do ano letivo; e

IV — a pedido do aprendiz.

Parágrafo único. Nos casos de extinção ou rescisão do contrato de aprendizagem, o empregador deverá contratar novo aprendiz, nos termos deste Decreto, sob pena de infração ao disposto no art. 429 da CLT.

Art. 29. Para efeito das hipóteses descritas nos incisos do art. 28 deste Decreto, serão observadas as seguintes disposições:

I — o desempenho insuficiente ou inadaptação do aprendiz referente às atividades do programa de aprendizagem será caracterizado mediante laudo de avaliação elaborado pela entidade qualificada em formação técnico profissional metódica;

II — a falta disciplinar grave caracteriza-se por quaisquer das hipóteses descritas no art. 482 da CLT; e

III — a ausência injustificada à escola que implique perda do ano letivo será caracterizada por meio de declaração da instituição de ensino.

Art. 30. Não se aplica o disposto nos arts. 479 e 480 da CLT às hipóteses de extinção do contrato mencionadas nos incisos do art. 28 deste Decreto.

Capítulo VI
Do Certificado de Qualificação Profissional de Aprendizagem

Art. 31. Aos aprendizes que concluírem os programas de aprendizagem com aproveitamento, será concedido pela entidade qualificada em formação técnico profissional metódica o certificado de qualificação profissional.

Parágrafo único. O certificado de qualificação profissional deverá enunciar o título e o perfil profissional para a ocupação na qual o aprendiz foi qualificado.

Capítulo VII
Das Disposições Finais

Art. 32. Compete ao Ministério do Trabalho e Emprego organizar cadastro nacional das entidades qualificadas em formação técnico profissional metódica e disciplinar a compatibilidade entre o conteúdo e a duração do programa de aprendizagem, com vistas a garantir a qualidade técnico profissional.

Art. 33. Este Decreto entra em vigor na data de sua publicação.

Art. 34. Revoga-se o Decreto n. 31.546, de 6 de outubro de 1952.

Brasília, 1º de dezembro de 2005; 184º da Independência e 117º da República.

LUIZ INÁCIO LULA DA SILVA
LUIZ MARINHO
DOU 2.12.2005

Decreto n. 6.481, de 12 de junho de 2008

Regulamenta os arts 3º, alínea d, e 4º da Convenção n. 182 da Organização Internacional do Trabalho (OIT) que trata da proibição das piores formas de trabalho infantil e ação imediata para sua eliminação, aprovada pelo Decreto Legislativo n. 178, de 14 de dezembro de 1999, e promulgada pelo Decreto n. 3.597, de 12 de setembro de 2000, e dá outras providências

O PRESIDENTE DA REPÚBLICA,

No uso das atribuições que lhe confere o art. 84, inciso IV, da Constituição, e tendo em vista o disposto nos arts. 3º, alínea d, e 4º da Convenção n. 182 da Organização Internacional do Trabalho (OIT),

DECRETA:

Art. 1º Fica aprovada a Lista das Piores Formas de Trabalho Infantil (Lista TIP), na forma do Anexo, de acordo com o disposto nos arts. 3º, d, e 4º da Convenção n. 182 da Organização Internacional do Trabalho — OIT, aprovada pelo Decreto Legislativo n. 178, de 14 de dezembro de 1999 e promulgada pelo Decreto n. 3.597, de 12 de setembro de 2000.

Art. 2º Fica proibido o trabalho do menor de dezoito anos nas atividades descritas na Lista TIP, salvo nas hipóteses previstas neste decreto.

§ 1º A proibição prevista no *caput* poderá ser elidida:

I — na hipótese de ser o emprego ou trabalho, a partir da idade de dezesseis anos, autorizado pelo Ministério do Trabalho e Emprego, após consulta às organizações de empregadores e de trabalhadores interessadas, desde que fiquem plenamente garantidas a saúde, a segurança e a moral dos adolescentes;

II — na hipótese de aceitação de parecer técnico circunstanciado, assinado por profissional legalmente habilitado em segurança e saúde no trabalho, que ateste a não exposição a riscos que possam comprometer a saúde, a segurança e a moral dos adolescentes, depositado na unidade descentralizada do Ministério do Trabalho e Emprego da circunscrição onde ocorrerem as referidas atividades.

§ 2º As controvérsias sobre a efetiva proteção dos adolescentes envolvidos em atividades constantes do parecer técnico referido no § 1º, inciso II, serão objeto de análise por órgão competente do Ministério do Trabalho e Emprego, que tomará as providências legais cabíveis.

§ 3º A classificação de atividades, locais e trabalhos prejudiciais à saúde, à segurança e à moral, nos termos da Lista TIP, não é extensiva aos trabalhadores maiores de dezoito anos.

Art. 3º Os trabalhos técnicos ou administrativos serão permitidos, desde que fora das áreas de risco à saúde, à segurança e à moral, ao menor de dezoito e maior de dezesseis anos e ao maior de quatorze e menor de dezesseis, na condição de aprendiz.

Art. 4º Para fins de aplicação das alíneas *a, b* e *c* do art. 3º da Convenção n. 182, da OIT, integram as piores formas de trabalho infantil:

I — todas as formas de escravidão ou práticas análogas, tais como venda ou tráfico, cativeiro ou sujeição por dívida, servidão, trabalho forçado ou obrigatório;

II — a utilização, demanda, oferta, tráfico ou aliciamento para fins de exploração sexual comercial, produção de pornografia ou atuações pornográficas;

III — a utilização, recrutamento e oferta de adolescente para outras atividades ilícitas, particularmente para a produção e tráfico de drogas; e

IV — o recrutamento forçado ou compulsório de adolescente para ser utilizado em conflitos armados.

Art. 5º A Lista TIP será periodicamente examinada e, se necessário, revista em consulta com as organizações de empregadores e de trabalhadores interessadas.

Parágrafo único. Compete ao Ministério do Trabalho e Emprego organizar os processos de exame e consulta a que se refere o *caput*.

Art. 6º Este Decreto entra em vigor noventa dias após a data de sua publicação.

Brasília, 12 de junho de 2008; 187º da Independência e 120º da República.

Luiz Inácio Lula da Silva
Carlos Lupi

DOU 13.6.2008 e Retif. DOU 23.10.2008

Decreto n. 6.949, de 25 de agosto de 2009

Promulga a convenção internacional sobre os direitos das pessoas com deficiência e seu protocolo facultativo, assinados em Nova York, em 30 de março de 2007

Artigo 1
Propósito

O propósito da presente Convenção é promover, proteger e assegurar o exercício pleno e equitativo de todos os direitos humanos e liberdades fundamentais por todas as pessoas com deficiência e promover o respeito pela sua dignidade inerente.

Pessoas com deficiência são aquelas que têm impedimentos de longo prazo de natureza física, mental, intelectual ou sensorial, os quais, em interação com diversas barreiras, podem obstruir sua participação plena e efetiva na sociedade em igualdades de condições com as demais pessoas.

Artigo 2
Definições

Para os propósitos da presente Convenção:

"Comunicação" abrange as línguas, a visualização de textos, o braille, a comunicação tátil, os caracteres ampliados, os dispositivos de multimídia acessível, assim como a linguagem simples, escrita e oral, os sistemas auditivos e os meios de voz digitalizada e os modos, meios e formatos aumentativos e alternativos de comunicação, inclusive a tecnologia da informação e comunicação acessíveis;

"Língua" abrange as línguas faladas e de sinais e outras formas de comunicação não falada;

"Discriminação por motivo de deficiência" significa qualquer diferenciação, exclusão ou restrição baseada em deficiência, com o propósito ou efeito de impedir ou impossibilitar o reconhecimento, o desfrute ou o exercício, em igualdade de oportunidades com as demais pessoas, de todos os direitos humanos e liberdades fundamentais nos âmbitos político, econômico, social, cultural, civil ou qualquer outro. Abrange todas as formas de discriminação, inclusive a recusa de adaptação razoável;

"Adaptação razoável" significa as modificações e os ajustes necessários e adequados que não acarretem ônus desproporcional ou indevido, quando requeridos em cada caso, a fim de assegurar que as pessoas com deficiência possam gozar ou exercer, em igualdade de oportunidades com as demais pessoas, todos os direitos humanos e liberdades fundamentais;

"Desenho universal" significa a concepção de produtos, ambientes, programas e serviços a serem usados, na maior medida possível, por todas as pessoas, sem necessidade de adaptação ou projeto específico. O "desenho universal" não excluirá as ajudas técnicas para grupos específicos de pessoas com deficiência, quando necessárias.

Artigo 3
Princípios gerais

Os princípios da presente Convenção são:

a) O respeito pela dignidade inerente, a autonomia individual, inclusive a liberdade de fazer as próprias escolhas, e a independência das pessoas;

b) A não discriminação;

c) A plena e efetiva participação e inclusão na sociedade;

d) O respeito pela diferença e pela aceitação das pessoas com deficiência como parte da diversidade humana e da humanidade;

e) A igualdade de oportunidades;

f) A acessibilidade;

g) A igualdade entre o homem e a mulher;

h) O respeito pelo desenvolvimento das capacidades das crianças com deficiência e pelo direito das crianças com deficiência de preservar sua identidade.

Artigo 4
Obrigações gerais

1. Os Estados-Partes se comprometem a assegurar e promover o pleno exercício de todos os direitos humanos e liberdades fundamentais por todas as pessoas com deficiência, sem qualquer tipo de discriminação por causa de sua deficiência. Para tanto, os Estados-Partes se comprometem a:

a) Adotar todas as medidas legislativas, administrativas e de qualquer outra natureza, necessárias para a realização dos direitos reconhecidos na presente Convenção;

b) Adotar todas as medidas necessárias, inclusive legislativas, para modificar ou revogar leis, regulamentos, costumes e práticas vigentes, que constituírem discriminação contra pessoas com deficiência;

c) Levar em conta, em todos os programas e políticas, a proteção e a promoção dos direitos humanos das pessoas com deficiência;

d) Abster-se de participar em qualquer ato ou prática incompatível com a presente Convenção e assegurar que as autoridades públicas e instituições atuem em conformidade com a presente Convenção;

e) Tomar todas as medidas apropriadas para eliminar a discriminação baseada em deficiência, por parte de qualquer pessoa, organização ou empresa privada;

f) Realizar ou promover a pesquisa e o desenvolvimento de produtos, serviços, equipamentos e instalações com desenho universal, conforme definidos no Artigo 2 da presente Convenção, que exijam o mínimo possível de adaptação e cujo custo seja o mínimo possível, destinados a atender às necessidades específicas de pessoas com deficiência, a promover sua disponibilidade e seu uso e a promover o desenho universal quando da elaboração de normas e diretrizes;

g) Realizar ou promover a pesquisa e o desenvolvimento, bem como a disponibilidade e o emprego de novas tecnologias, inclusive as tecnologias da informação e comunicação, ajudas técnicas para locomoção, dispositivos e tecnologias assistivas, adequados a pessoas com deficiência, dando prioridade a tecnologias de custo acessível;

h) Propiciar informação acessível para as pessoas com deficiência a respeito de ajudas técnicas para locomoção, dispositivos e tecnologias assistivas, incluindo novas tecnologias bem como outras formas de assistência, serviços de apoio e instalações;

i) Promover a capacitação em relação aos direitos reconhecidos pela presente Convenção dos profissionais e equipes que trabalham com pessoas com deficiência, de forma a melhorar a prestação de assistência e serviços garantidos por esses direitos.

2. Em relação aos direitos econômicos, sociais e culturais, cada Estado-Parte se compromete a tomar medidas, tanto quanto permitirem os recursos disponíveis e, quando necessário, no âmbito da cooperação internacional, a fim de assegurar progressivamente o pleno exercício desses direitos, sem prejuízo das obrigações contidas na presente Convenção que forem imediatamente aplicáveis de acordo com o direito internacional.

3. Na elaboração e implementação de legislação e políticas para aplicar a presente Convenção e em outros processos de tomada de decisão relativos às pessoas com deficiência, os Estados-Partes realizarão consultas estreitas e envolverão ativamente pessoas com deficiência, inclusive crianças com deficiência, por intermédio de suas organizações representativas.

4. Nenhum dispositivo da presente Convenção afetará quaisquer disposições mais propícias à realização dos direitos das pessoas com deficiência, as quais possam estar contidas na legislação do Estado-Parte ou no direito internacional em vigor para esse Estado. Não haverá nenhuma restrição ou derrogação de qualquer dos direitos humanos e liberdades fundamentais reconhecidos ou vigentes em qualquer Estado-Parte da presente Convenção, em conformidade com leis, convenções, regulamentos ou costumes, sob a alegação de que a presente Convenção não reconhece tais direitos e liberdades ou que os reconhece em menor grau.

5. As disposições da presente Convenção se aplicam, sem limitação ou exceção, a todas as unidades constitutivas dos Estados federativos.

Artigo 5
Igualdade e não discriminação

1. Os Estados-Partes reconhecem que todas as pessoas são iguais perante e sob a lei e que fazem jus, sem qualquer discriminação, a igual proteção e igual benefício da lei.

2. Os Estados-Partes proibirão qualquer discriminação baseada na deficiência e garantirão às pessoas com deficiência igual e efetiva proteção legal contra a discriminação por qualquer motivo.

3. A fim de promover a igualdade e eliminar a discriminação, os Estados-Partes adotarão todas as medidas apropriadas para garantir que a adaptação razoável seja oferecida.

4. Nos termos da presente Convenção, as medidas específicas que forem necessárias para acelerar ou alcançar a efetiva igualdade das pessoas com deficiência não serão consideradas discriminatórias.

Artigo 6
Mulheres com deficiência

1. Os Estados-Partes reconhecem que as mulheres e meninas com deficiência estão sujeitas a múltiplas formas de discriminação e, portanto, tomarão medidas para assegurar às mulheres e meninas com deficiência o pleno e igual exercício de todos os direitos humanos e liberdades fundamentais.

2. Os Estados-Partes tomarão todas as medidas apropriadas para assegurar o pleno desenvolvimento, o avanço e o empoderamento das mulheres, a fim de garantir-lhes o exercício e o gozo dos direitos humanos e liberdades fundamentais estabelecidos na presente Convenção.

Artigo 7

Crianças com deficiência

1. Os Estados-Partes tomarão todas as medidas necessárias para assegurar às crianças com deficiência o pleno exercício de todos os direitos humanos e liberdades fundamentais, em igualdade de oportunidades com as demais crianças.

2. Em todas as ações relativas às crianças com deficiência, o superior interesse da criança receberá consideração primordial.

3. Os Estados-Partes assegurarão que as crianças com deficiência tenham o direito de expressar livremente sua opinião sobre todos os assuntos que lhes disserem respeito, tenham a sua opinião devidamente valorizada de acordo com sua idade e maturidade, em igualdade de oportunidades com as demais crianças, e recebam atendimento adequado à sua deficiência e idade, para que possam oxorcer tal diroito.

Artigo 8

Conscientização

1. Os Estados-Partes se comprometem a adotar medidas imediatas, efetivas e apropriadas para:

a) Conscientizar toda a sociedade, inclusive as famílias, sobre as condições das pessoas com deficiência e fomentar o respeito pelos direitos e pela dignidade das pessoas com deficiência;

b) Combater estereótipos, preconceitos e práticas nocivas em relação a pessoas com deficiência, inclusive aqueles relacionados a sexo e idade, em todas as áreas da vida;

c) Promover a conscientização sobre as capacidades e contribuições das pessoas com deficiência.

2. As medidas para esse fim incluem:

a) Lançar e dar continuidade a efetivas campanhas de conscientização públicas, destinadas a:

i) Favorecer atitude receptiva em relação aos direitos das pessoas com deficiência;

ii) Promover percepção positiva e maior consciência social em relação às pessoas com deficiência;

iii) Promover o reconhecimento das habilidades, dos méritos e das capacidades das pessoas com deficiência e de sua contribuição ao local de trabalho e ao mercado laboral;

b) Fomentar em todos os níveis do sistema educacional, incluindo neles todas as crianças desde tenra idade, uma atitude de respeito para com os direitos das pessoas com deficiência;

c) Incentivar todos os órgãos da mídia a retratar as pessoas com deficiência de maneira compatível com o propósito da presente Convenção;

d) Promover programas de formação sobre sensibilização a respeito das pessoas com deficiência e sobre os direitos das pessoas com deficiência.

Artigo 9

Acessibilidade

1. A fim de possibilitar às pessoas com deficiência viver de forma independente e participar plenamente de todos os aspectos da vida, os Estados-Partes tomarão as medidas apropriadas para assegurar às pessoas com deficiência o acesso, em igualdade de oportunidades com as demais pessoas, ao meio físico, ao transporte, à informação e comunicação, inclusive aos sistemas e tecnologias da informação e comunicação, bem como a outros serviços e instalações abertos ao público ou de uso público, tanto na zona urbana como na rural. Essas medidas, que incluirão a identificação e a eliminação de obstáculos e barreiras à acessibilidade, serão aplicadas, entre outros, a:

a) Edifícios, rodovias, meios de transporte e outras instalações internas e externas, inclusive escolas, residências, instalações médicas e local de trabalho;

b) Informações, comunicações e outros serviços, inclusive serviços eletrônicos e serviços de emergência.

2. Os Estados-Partes também tomarão medidas apropriadas para:

a) Desenvolver, promulgar e monitorar a implementação de normas e diretrizes mínimas para a acessibilidade das instalações e dos serviços abertos ao público ou de uso público;

b) Assegurar que as entidades privadas que oferecem instalações e serviços abertos ao público ou de uso público levem em consideração todos os aspectos relativos à acessibilidade para pessoas com deficiência;

c) Proporcionar, a todos os atores envolvidos, formação em relação às questões de acessibilidade com as quais as pessoas com deficiência se confrontam;

d) Dotar os edifícios e outras instalações abertas ao público ou de uso público de sinalização em braille e em formatos de fácil leitura e compreensão;

e) Oferecer formas de assistência humana ou animal e serviços de mediadores, incluindo guias, ledores e intérpretes profissionais da língua de sinais, para facilitar o acesso aos edifícios e outras instalações abertas ao público ou de uso público;

f) Promover outras formas apropriadas de assistência e apoio a pessoas com deficiência, a fim de assegurar a essas pessoas o acesso a informações;

g) Promover o acesso de pessoas com deficiência a novos sistemas e tecnologias da informação e comunicação, inclusive à Internet;

h) Promover, desde a fase inicial, a concepção, o desenvolvimento, a produção e a disseminação de sistemas e tecnologias de informação e comunicação, a fim de que esses sistemas e tecnologias se tornem acessíveis a custo mínimo.

Artigo 10

Direito à vida

Os Estados-Partes reafirmam que todo ser humano tem o inerente direito à vida e tomarão todas as medidas necessárias para assegurar o efetivo exercício desse direito pelas pessoas com deficiência, em igualdade de oportunidades com as demais pessoas.

Artigo 11

Situações de risco e emergências humanitárias

Em conformidade com suas obrigações decorrentes do direito internacional, inclusive do direito humanitário internacional e do direito internacional dos direitos humanos, os Estados-Partes tomarão todas as medidas necessárias para assegurar a proteção e a segurança das pessoas com deficiência que se encontrarem em situações de risco, inclusive situações de conflito armado, emergências humanitárias e ocorrência de desastres naturais.

Artigo 12

Reconhecimento igual perante a lei

1. Os Estados-Partes reafirmam que as pessoas com deficiência têm o direito de ser reconhecidas em qualquer lugar como pessoas perante a lei.

2. Os Estados-Partes reconhecerão que as pessoas com deficiência gozam de capacidade legal em igualdade de condições com as demais pessoas em todos os aspectos da vida.

3. Os Estados-Partes tomarão medidas apropriadas para prover o acesso de pessoas com deficiência ao apoio que necessitarem no exercício de sua capacidade legal.

4. Os Estados-Partes assegurarão que todas as medidas relativas ao exercício da capacidade legal incluam salvaguardas apropriadas e efetivas para prevenir abusos, em conformidade com o direito internacional dos direitos humanos. Essas salvaguardas assegurarão que as medidas relativas ao exercício da capacidade legal respeitem os direitos, a vontade e as preferências da pessoa, sejam isentas de conflito de interesses e de influência indevida, sejam proporcionais e apropriadas às circunstâncias da pessoa, se apliquem pelo período mais curto possível e sejam submetidas à revisão regular por uma autoridade ou órgão judiciário competente, independente e imparcial. As salvaguardas serão proporcionais ao grau em que tais medidas afetarem os direitos e interesses da pessoa.

5. Os Estados-Partes, sujeitos ao disposto neste Artigo, tomarão todas as medidas apropriadas e efetivas para assegurar às pessoas com deficiência o igual direito de possuir ou herdar bens, de controlar as próprias finanças e de ter igual acesso a empréstimos bancários, hipotecas e outras formas de crédito financeiro, e assegurarão que as pessoas com deficiência não sejam arbitrariamente destituídas de seus bens.

Artigo 13

Acesso à justiça

1. Os Estados-Partes assegurarão o efetivo acesso das pessoas com deficiência à justiça, em igualdade de condições com as demais pessoas, inclusive mediante a provisão de adaptações processuais adequadas à idade, a fim de facilitar o efetivo papel das pessoas com deficiência como participantes diretos ou indiretos, inclusive como testemunhas, em todos os procedimentos jurídicos, tais como investigações e outras etapas preliminares.

2. A fim de assegurar às pessoas com deficiência o efetivo acesso à justiça, os Estados-Partes promoverão a capacitação apropriada daqueles que trabalham na área de administração da justiça, inclusive a polícia e os funcionários do sistema penitenciário.

Artigo 14

Liberdade e segurança da pessoa

1. Os Estados-Partes assegurarão que as pessoas com deficiência, em igualdade de oportunidades com as demais pessoas:

a) Gozem do direito à liberdade e à segurança da pessoa; e

b) Não sejam privadas ilegal ou arbitrariamente de sua liberdade e que toda privação

de liberdade esteja em conformidade com a lei, e que a existência de deficiência não justifique a privação de liberdade.

2. Os Estados-Partes assegurarão que, se pessoas com deficiência forem privadas de liberdade mediante algum processo, elas, em igualdade de oportunidades com as demais pessoas, façam jus a garantias de acordo com o direito internacional dos direitos humanos e sejam tratadas em conformidade com os objetivos e princípios da presente Convenção, inclusive mediante a provisão de adaptação razoável.

Artigo 15
Prevenção contra tortura ou tratamentos ou penas cruéis, desumanos ou degradantes

1. Nenhuma pessoa será submetida à tortura ou a tratamentos ou penas cruéis, desumanos ou degradantes. Em especial, nenhuma pessoa deverá ser sujeita a experimentos médicos ou científicos sem seu livre consentimento.

2. Os Estados-Partes tomarão todas as medidas efetivas de natureza legislativa, administrativa, judicial ou outra para evitar que pessoas com deficiência, do mesmo modo que as demais pessoas, sejam submetidas à tortura ou a tratamentos ou penas cruéis, desumanos ou degradantes.

Artigo 16
Prevenção contra a exploração, a violência e o abuso

1. Os Estados-Partes tomarão todas as medidas apropriadas de natureza legislativa, administrativa, social, educacional e outras para proteger as pessoas com deficiência, tanto dentro como fora do lar, contra todas as formas de exploração, violência e abuso, incluindo aspectos relacionados a gênero.

2. Os Estados-Partes também tomarão todas as medidas apropriadas para prevenir todas as formas de exploração, violência e abuso, assegurando, entre outras coisas, formas apropriadas de atendimento e apoio que levem em conta o gênero e a idade das pessoas com deficiência e de seus familiares e atendentes, inclusive mediante a provisão de informação e educação sobre a maneira de evitar, reconhecer e denunciar casos de exploração, violência e abuso. Os Estados-Partes assegurarão que os serviços de proteção levem em conta a idade, o gênero e a deficiência das pessoas.

3. A fim de prevenir a ocorrência de quaisquer formas de exploração, violência e abuso, os Estados-Partes assegurarão que todos os programas e instalações destinados a atender pessoas com deficiência sejam efetivamente monitorados por autoridades independentes.

4. Os Estados-Partes tomarão todas as medidas apropriadas para promover a recuperação física, cognitiva e psicológica, inclusive mediante a provisão de serviços de proteção, a reabilitação e a reinserção social de pessoas com deficiência que forem vítimas de qualquer forma de exploração, violência ou abuso. Tais recuperação e reinserção ocorrerão em ambientes que promovam a saúde, o bem-estar, o autorrespeito, a dignidade e a autonomia da pessoa e levem em consideração as necessidades de gênero e idade.

5. Os Estados-Partes adotarão leis e políticas efetivas, inclusive legislação e políticas voltadas para mulheres e crianças, a fim de assegurar que os casos de exploração, violência e abuso contra pessoas com deficiência sejam identificados, investigados e, caso necessário, julgados.

Artigo 17
Proteção da integridade da pessoa

Toda pessoa com deficiência tem o direito a que sua integridade física e mental seja respeitada, em igualdade de condições com as demais pessoas.

Artigo 18
Liberdade de movimentação e nacionalidade

1. Os Estados-Partes reconhecerão os direitos das pessoas com deficiência à liberdade de movimentação, à liberdade de escolher sua residência e à nacionalidade, em igualdade de oportunidades com as demais pessoas, inclusive assegurando que as pessoas com deficiência:

a) Tenham o direito de adquirir nacionalidade e mudar de nacionalidade e não sejam privadas arbitrariamente de sua nacionalidade em razão de sua deficiência.

b) Não sejam privadas, por causa de sua deficiência, da competência de obter, possuir e utilizar documento comprovante de sua nacionalidade ou outro documento de identidade, ou de recorrer a processos relevantes, tais como procedimentos relativos à imigração, que forem necessários para facilitar o exercício de seu direito à liberdade de movimentação.

c) Tenham liberdade de sair de qualquer país, inclusive do seu; e

d) Não sejam privadas, arbitrariamente ou por causa de sua deficiência, do direito de entrar no próprio país.

2. As crianças com deficiência serão registradas imediatamente após o nascimento e terão, desde o nascimento, o direito a um nome, o direito de adquirir nacionalidade e, tanto quanto possível, o direito de conhecer seus pais e de ser cuidadas por eles.

Artigo 19
Vida independente e inclusão na comunidade

Os Estados-Partes desta Convenção reconhecem o igual direito de todas as pessoas com deficiência de viver na comunidade, com a mesma liberdade de escolha que as demais pessoas, e tomarão medidas efetivas e apropriadas para facilitar às pessoas com deficiência o pleno gozo desse direito e sua plena inclusão e participação na comunidade, inclusive assegurando que:

a) As pessoas com deficiência possam escolher seu local de residência e onde e com quem morar, em igualdade de oportunidades com as demais pessoas, e que não sejam obrigadas a viver em determinado tipo de moradia;

b) As pessoas com deficiência tenham acesso a uma variedade de serviços de apoio em domicílio ou em instituições residenciais ou a outros serviços comunitários de apoio, inclusive os serviços de atendentes pessoais que forem necessários como apoio para que as pessoas com deficiência vivam e sejam incluídas na comunidade e para evitar que fiquem isoladas ou segregadas da comunidade;

c) Os serviços e instalações da comunidade para a população em geral estejam disponíveis às pessoas com deficiência, em igualdade de oportunidades, e atendam às suas necessidades.

Artigo 20
Mobilidade pessoal

Os Estados-Partes tomarão medidas efetivas para assegurar às pessoas com deficiência sua mobilidade pessoal com a máxima independência possível:

a) Facilitando a mobilidade pessoal das pessoas com deficiência, na forma e no momento em que elas quiserem, e a custo acessível;

b) Facilitando às pessoas com deficiência o acesso a tecnologias assistivas, dispositivos e ajudas técnicas de qualidade, e formas de assistência humana ou animal e de mediadores, inclusive tornando-os disponíveis a custo acessível;

c) Propiciando às pessoas com deficiência e ao pessoal especializado uma capacitação em técnicas de mobilidade;

d) Incentivando entidades que produzem ajudas técnicas de mobilidade, dispositivos e tecnologias assistivas a levarem em conta todos os aspectos relativos à mobilidade de pessoas com deficiência.

Artigo 21
Liberdade de expressão e de opinião e acesso à informação

Os Estados-Partes tomarão todas as medidas apropriadas para assegurar que as pessoas com deficiência possam exercer seu direito à liberdade de expressão e opinião, inclusive à liberdade de buscar, receber e compartilhar informações e ideias, em igualdade de oportunidades com as demais pessoas e por intermédio de todas as formas de comunicação de sua escolha, conforme o disposto no Artigo 2 da presente Convenção, entre as quais:

a) Fornecer, prontamente e sem custo adicional, às pessoas com deficiência, todas as informações destinadas ao público em geral, em formatos acessíveis e tecnologias apropriadas aos diferentes tipos de deficiência;

b) Aceitar e facilitar, em trâmites oficiais, o uso de línguas de sinais, braille, comunicação aumentativa e alternativa, e de todos os demais meios, modos e formatos acessíveis de comunicação, à escolha das pessoas com deficiência;

c) Urgir as entidades privadas que oferecem serviços ao público em geral, inclusive por meio da Internet, a fornecer informações e serviços em formatos acessíveis, que possam ser usados por pessoas com deficiência;

d) Incentivar a mídia, inclusive os provedores de informação pela Internet, a tornar seus serviços acessíveis a pessoas com deficiência;

e) Reconhecer e promover o uso de línguas de sinais.

Artigo 22
Respeito à privacidade

1. Nenhuma pessoa com deficiência, qualquer que seja seu local de residência ou tipo de moradia, estará sujeita a interferência arbitrária ou ilegal em sua privacidade, família, lar, correspondência ou outros tipos de comunicação, nem a ataques ilícitos à sua honra e reputação. As pessoas com deficiência têm o direito à proteção da lei contra tais interferências ou ataques.

2. Os Estados-Partes protegerão a privacidade dos dados pessoais e dados relativos à saúde e à reabilitação de pessoas com defi-

ciência, em igualdade de condições com as demais pessoas.

Artigo 23
Respeito pelo lar e pela família

1. Os Estados-Partes tomarão medidas efetivas e apropriadas para eliminar a discriminação contra pessoas com deficiência, em todos os aspectos relativos a casamento, família, paternidade e relacionamentos, em igualdade de condições com as demais pessoas, de modo a assegurar que:

a) Seja reconhecido o direito das pessoas com deficiência, em idade de contrair matrimônio, de casar-se e estabelecer família, com base no livre e pleno consentimento dos pretendentes;

b) Sejam reconhecidos os direitos das pessoas com deficiência de decidir livre e responsavelmente sobre o número de filhos e o espaçamento entre esses filhos e de ter acesso a informações adequadas à idade e a educação em matéria de reprodução e de planejamento familiar, bem como os meios necessários para exercer esses direitos.

c) As pessoas com deficiência, inclusive crianças, conservem sua fertilidade, em igualdade de condições com as demais pessoas.

2. Os Estados-Partes assegurarão os direitos e responsabilidades das pessoas com deficiência, relativos à guarda, custódia, curatela e adoção de crianças ou instituições semelhantes, caso esses conceitos constem na legislação nacional. Em todos os casos, prevalecerá o superior interesse da criança. Os Estados-Partes prestarão a devida assistência às pessoas com deficiência para que essas pessoas possam exercer suas responsabilidades na criação dos filhos.

3. Os Estados-Partes assegurarão que as crianças com deficiência terão iguais direitos em relação à vida familiar. Para a realização desses direitos e para evitar ocultação, abandono, negligência e segregação de crianças com deficiência, os Estados-Partes fornecerão prontamente informações abrangentes sobre serviços e apoios a crianças com deficiência e suas famílias.

4. Os Estados-Partes assegurarão que uma criança não será separada de seus pais contra a vontade destes, exceto quando autoridades competentes, sujeitas a controle jurisdicional, determinarem, em conformidade com as leis e procedimentos aplicáveis, que a separação é necessária, no superior interesse da criança. Em nenhum caso, uma criança será separada dos pais sob alegação de deficiência da criança ou de um ou ambos os pais.

5. Os Estados-Partes, no caso em que a família imediata de uma criança com deficiência não tenha condições de cuidar da criança, farão todo esforço para que cuidados alternativos sejam oferecidos por outros parentes e, se isso não for possível, dentro de ambiente familiar, na comunidade.

Artigo 24
Educação

1. Os Estados-Partes reconhecem o direito das pessoas com deficiência à educação. Para efetivar esse direito sem discriminação e com base na igualdade de oportunidades, os Estados-Partes assegurarão sistema educacional inclusivo em todos os níveis, bem como o aprendizado ao longo de toda a vida, com os seguintes objetivos:

a) O pleno desenvolvimento do potencial humano e do senso de dignidade e autoestima, além do fortalecimento do respeito pelos direitos humanos, pelas liberdades fundamentais e pela diversidade humana;

b) O máximo desenvolvimento possível da personalidade e dos talentos e da criatividade das pessoas com deficiência, assim como de suas habilidades físicas e intelectuais;

c) A participação efetiva das pessoas com deficiência em uma sociedade livre.

2. Para a realização desse direito, os Estados-Partes assegurarão que:

a) As pessoas com deficiência não sejam excluídas do sistema educacional geral sob alegação de deficiência e que as crianças com deficiência não sejam excluídas do ensino primário gratuito e compulsório ou do ensino secundário, sob alegação de deficiência;

b) As pessoas com deficiência possam ter acesso ao ensino primário inclusivo, de qualidade e gratuito, e ao ensino secundário, em igualdade de condições com as demais pessoas na comunidade em que vivem;

c) Adaptações razoáveis de acordo com as necessidades individuais sejam providenciadas;

d) As pessoas com deficiência recebam o apoio necessário, no âmbito do sistema educacional geral, com vistas a facilitar sua efetiva educação;

e) Medidas de apoio individualizadas e efetivas sejam adotadas em ambientes que maximizem o desenvolvimento acadêmico e social, de acordo com a meta de inclusão plena.

3. Os Estados-Partes assegurarão às pessoas com deficiência a possibilidade de adquirir as competências práticas e sociais necessárias de modo a facilitar às pessoas com deficiência sua plena e igual participação no sistema de ensino e na vida em comunidade. Para tanto, os Estados-Partes tomarão medidas apropriadas, incluindo:

a) Facilitação do aprendizado do braille, escrita alternativa, modos, meios e formatos de comunicação aumentativa e alternativa, e habilidades de orientação e mobilidade, além de facilitação do apoio e aconselhamento de pares;

b) Facilitação do aprendizado da língua de sinais e promoção da identidade linguística da comunidade surda;

c) Garantia de que a educação de pessoas, em particular crianças cegas, surdo-cegas e surdas, seja ministrada nas línguas e nos modos e meios de comunicação mais adequados ao indivíduo e em ambientes que favoreçam ao máximo seu desenvolvimento acadêmico e social.

4. A fim de contribuir para o exercício desse direito, os Estados-Partes tomarão medidas apropriadas para empregar professores, inclusive professores com deficiência, habilitados para o ensino da língua de sinais e/ou do braille, e para capacitar profissionais e equipes atuantes em todos os níveis de ensino. Essa capacitação incorporará a conscientização da deficiência e a utilização de modos, meios e formatos apropriados de comunicação aumentativa e alternativa, e técnicas e materiais pedagógicos, como apoios para pessoas com deficiência.

5. Os Estados-Partes assegurarão que as pessoas com deficiência possam ter acesso ao ensino superior em geral, treinamento profissional de acordo com sua vocação, educação para adultos e formação continuada, sem discriminação e em igualdade de condições. Para tanto, os Estados-Partes assegurarão a provisão de adaptações razoáveis para pessoas com deficiência.

Artigo 25
Saúde

Os Estados-Partes reconhecem que as pessoas com deficiência têm o direito de gozar do estado de saúde mais elevado possível, sem discriminação baseada na deficiência. Os Estados-Partes tomarão todas as medidas apropriadas para assegurar às pessoas com deficiência o acesso a serviços de saúde, incluindo os serviços de reabilitação, que levarão em conta as especificidades de gênero. Em especial, os Estados-Partes:

a) Oferecerão às pessoas com deficiência programas e atenção à saúde gratuitos ou a custos acessíveis da mesma variedade, qualidade e padrão que são oferecidos às demais pessoas, inclusive na área de saúde sexual e reprodutiva e de programas de saúde pública destinados à população em geral;

b) Propiciarão serviços de saúde que as pessoas com deficiência necessitam especificamente por causa de sua deficiência, inclusive diagnóstico e intervenção precoces, bem como serviços projetados para reduzir ao máximo e prevenir deficiências adicionais, inclusive entre crianças e idosos;

c) Propiciarão esses serviços de saúde às pessoas com deficiência, o mais próximo possível de suas comunidades, inclusive na zona rural;

d) Exigirão dos profissionais de saúde que dispensem às pessoas com deficiência a mesma qualidade de serviços dispensada às demais pessoas e, principalmente, que obtenham o consentimento livre e esclarecido das pessoas com deficiência concernentes. Para esse fim, os Estados-Partes realizarão atividades de formação e definirão regras éticas para os setores de saúde público e privado, de modo a conscientizar os profissionais de saúde acerca dos direitos humanos, da dignidade, autonomia e das necessidades das pessoas com deficiência;

e) Proibirão a discriminação contra pessoas com deficiência na provisão de seguro de saúde e seguro de vida, caso tais seguros sejam permitidos pela legislação nacional, os quais deverão ser providos de maneira razoável e justa;

f) Prevenirão que se negue, de maneira discriminatória, os serviços de saúde ou de atenção à saúde ou a administração de alimentos sólidos ou líquidos por motivo de deficiência.

Artigo 26
Habilitação e reabilitação

1. Os Estados-Partes tomarão medidas efetivas e apropriadas, inclusive mediante apoio dos pares, para possibilitar que as pessoas com deficiência conquistem e conservem o máximo de autonomia e plena capacidade física, mental, social e profissional, bem como plena inclusão e participação em todos os aspectos da vida. Para tanto, os Estados-Partes organizarão, fortalecerão e ampliarão serviços e programas completos de habilitação e reabilitação, particularmente nas áreas de saúde, emprego, educação e serviços sociais, de modo que esses serviços e programas:

a) Comecem no estágio mais precoce possível e sejam baseados em avaliação multidisciplinar das necessidades e pontos fortes de cada pessoa;

b) Apóiem a participação e a inclusão na comunidade e em todos os aspectos da vida social, sejam oferecidos voluntariamente

e estejam disponíveis às pessoas com deficiência o mais próximo possível de suas comunidades, inclusive na zona rural.

2. Os Estados-Partes promoverão o desenvolvimento da capacitação inicial e continuada de profissionais e de equipes que atuam nos serviços de habilitação e reabilitação.

3. Os Estados-Partes promoverão a disponibilidade, o conhecimento e o uso de dispositivos e tecnologias assistivas, projetados para pessoas com deficiência e relacionados com a habilitação e a reabilitação.

Artigo 27
Trabalho e emprego

1. Os Estados-Partes reconhecem o direito das pessoas com deficiência ao trabalho, em igualdade de oportunidades com as demais pessoas. Esse direito abrange o direito à oportunidade de se manter com um trabalho de sua livre escolha ou aceitação no mercado laboral, em ambiente de trabalho que seja aberto, inclusivo e acessível a pessoas com deficiência. Os Estados-Partes salvaguardarão e promoverão a realização do direito ao trabalho, inclusive daqueles que tiverem adquirido uma deficiência no emprego, adotando medidas apropriadas, incluídas na legislação, com o fim de, entre outros:

a) Proibir a discriminação baseada na deficiência com respeito a todas as questões relacionadas com as formas de emprego, inclusive condições de recrutamento, contratação e admissão, permanência no emprego, ascensão profissional e condições seguras e salubres de trabalho;

b) Proteger os direitos das pessoas com deficiência, em condições de igualdade com as demais pessoas, às condições justas e favoráveis de trabalho, incluindo iguais oportunidades e igual remuneração por trabalho de igual valor, condições seguras e salubres de trabalho, além de reparação de injustiças e proteção contra o assédio no trabalho;

c) Assegurar que as pessoas com deficiência possam exercer seus direitos trabalhistas e sindicais, em condições de igualdade com as demais pessoas;

d) Possibilitar às pessoas com deficiência o acesso efetivo a programas de orientação técnica e profissional e a serviços de colocação no trabalho e de treinamento profissional e continuado;

e) Promover oportunidades de emprego e ascensão profissional para pessoas com deficiência no mercado de trabalho, bem como assistência na procura, obtenção e manutenção do emprego e no retorno ao emprego;

f) Promover oportunidades de trabalho autônomo, empreendedorismo, desenvolvimento de cooperativas e estabelecimento de negócio próprio;

g) Empregar pessoas com deficiência no setor público;

h) Promover o emprego de pessoas com deficiência no setor privado, mediante políticas e medidas apropriadas, que poderão incluir programas de ação afirmativa, incentivos e outras medidas;

i) Assegurar que adaptações razoáveis sejam feitas para pessoas com deficiência no local de trabalho;

j) Promover a aquisição de experiência de trabalho por pessoas com deficiência no mercado aberto de trabalho;

k) Promover reabilitação profissional, manutenção do emprego e programas de retorno ao trabalho para pessoas com deficiência.

2. Os Estados-Partes assegurarão que as pessoas com deficiência não serão mantidas em escravidão ou servidão e que serão protegidas, em igualdade de condições com as demais pessoas, contra o trabalho forçado ou compulsório.

Artigo 28
Padrão de vida e proteção social adequados

1. Os Estados-Partes reconhecem o direito das pessoas com deficiência a um padrão adequado de vida para si e para suas famílias, inclusive alimentação, vestuário e moradia adequados, bem como à melhoria contínua de suas condições de vida, e tomarão as providências necessárias para salvaguardar e promover a realização desse direito sem discriminação baseada na deficiência.

2. Os Estados-Partes reconhecem o direito das pessoas com deficiência à proteção social e ao exercício desse direito sem discriminação baseada na deficiência, e tomarão as medidas apropriadas para salvaguardar e promover a realização desse direito, tais como:

a) Assegurar igual acesso de pessoas com deficiência a serviços de saneamento básico e assegurar o acesso aos serviços, dispositivos e outros atendimentos apropriados para as necessidades relacionadas com a deficiência;

b) Assegurar o acesso de pessoas com deficiência, particularmente mulheres, crianças e idosos com deficiência, a programas de proteção social e de redução da pobreza;

c) Assegurar o acesso de pessoas com deficiência e suas famílias em situação de pobreza à assistência do Estado em relação a seus gastos ocasionados pela deficiência, inclusive treinamento adequado, aconselhamento, ajuda financeira e cuidados de repouso;

d) Assegurar o acesso de pessoas com deficiência a programas habitacionais públicos;

e) Assegurar igual acesso de pessoas com deficiência a programas e benefícios de aposentadoria.

Artigo 29
Participação na vida política e pública

Os Estados-Partes garantirão às pessoas com deficiência direitos políticos e oportunidade de exercê-los em condições de igualdade com as demais pessoas, e deverão:

a) Assegurar que as pessoas com deficiência possam participar efetiva e plenamente na vida política e pública, em igualdade de oportunidades com as demais pessoas, diretamente ou por meio de representantes livremente escolhidos, incluindo o direito e a oportunidade de votarem e serem votadas, mediante, entre outros:

i) Garantia de que os procedimentos, instalações e materiais e equipamentos para votação serão apropriados, acessíveis e de fácil compreensão e uso;

ii) Proteção do direito das pessoas com deficiência ao voto secreto em eleições e plebiscitos, sem intimidação, e a candidatar-se nas eleições, efetivamente ocupar cargos eletivos e desempenhar quaisquer funções públicas em todos os níveis de governo, usando novas tecnologias assistivas, quando apropriado;

iii) Garantia da livre expressão de vontade das pessoas com deficiência como eleitores e, para tanto, sempre que necessário e a seu pedido, permissão para que elas sejam auxiliadas na votação por uma pessoa de sua escolha;

b) Promover ativamente um ambiente em que as pessoas com deficiência possam participar efetiva e plenamente na condução das questões públicas, sem discriminação e em igualdade de oportunidades com as demais pessoas, e encorajar sua participação nas questões públicas, mediante:

i) Participação em organizações não governamentais relacionadas com a vida pública e política do país, bem como em atividades e administração de partidos políticos;

ii) Formação de organizações para representar pessoas com deficiência em níveis internacional, regional, nacional e local, bem como a filiação de pessoas com deficiência a tais organizações.

Artigo 30
Participação na vida cultural e em recreação, lazer e esporte

1. Os Estados-Partes reconhecem o direito das pessoas com deficiência de participar na vida cultural, em igualdade de oportunidades com as demais pessoas, e tomarão todas as medidas apropriadas para que as pessoas com deficiência possam:

a) Ter acesso a bens culturais em formatos acessíveis;

b) Ter acesso a programas de televisão, cinema, teatro e outras atividades culturais, em formatos acessíveis; e

c) Ter acesso a locais que ofereçam serviços ou eventos culturais, tais como teatros, museus, cinemas, bibliotecas e serviços turísticos, bem como, tanto quanto possível, ter acesso a monumentos e locais de importância cultural nacional.

2. Os Estados-Partes tomarão medidas apropriadas para que as pessoas com deficiência tenham a oportunidade de desenvolver e utilizar seu potencial criativo, artístico e intelectual, não somente em benefício próprio, mas também para o enriquecimento da sociedade.

3. Os Estados-Partes deverão tomar todas as providências, em conformidade com o direito internacional, para assegurar que a legislação de proteção dos direitos de propriedade intelectual não constitua barreira excessiva ou discriminatória ao acesso de pessoas com deficiência a bens culturais.

4. As pessoas com deficiência farão jus, em igualdade de oportunidades com as demais pessoas, a que sua identidade cultural e linguística específica seja reconhecida e apoiada, incluindo as línguas de sinais e a cultura surda.

5. Para que as pessoas com deficiência participem, em igualdade de oportunidades com as demais pessoas, de atividades recreativas, esportivas e de lazer, os Estados-Partes tomarão medidas apropriadas para:

a) Incentivar e promover a maior participação possível das pessoas com deficiência nas atividades esportivas comuns em todos os níveis;

b) Assegurar que as pessoas com deficiência tenham a oportunidade de organizar, desenvolver e participar em atividades esportivas e recreativas específicas às deficiências e, para tanto, incentivar a provisão de instrução, treinamento e recursos adequados, em igualdade de oportunidades com as demais pessoas;

c) Assegurar que as pessoas com deficiência tenham acesso a locais de eventos esportivos, recreativos e turísticos;

d) Assegurar que as crianças com deficiência possam, em igualdade de condições com as demais crianças, participar de jogos e atividades recreativas, esportivas e de lazer, inclusive no sistema escolar;

e) Assegurar que as pessoas com deficiência tenham acesso aos serviços prestados por pessoas ou entidades envolvidas na organização de atividades recreativas, turísticas, esportivas e de lazer.

Artigo 31
Estatísticas e coleta de dados

1. Os Estados-Partes coletarão dados apropriados, inclusive estatísticos e de pesquisas, para que possam formular e implementar políticas destinadas a por em prática a presente Convenção. O processo de coleta e manutenção de tais dados deverá:

a) Observar as salvaguardas estabelecidas por lei, inclusive pelas leis relativas à proteção de dados, a fim de assegurar a confidencialidade e o respeito pela privacidade das pessoas com deficiência;

b) Observar as normas internacionalmente aceitas para proteger os direitos humanos, as liberdades fundamentais e os princípios éticos na coleta de dados e utilização de estatísticas.

2. As informações coletadas de acordo com o disposto neste Artigo serão desagregadas, de maneira apropriada, e utilizadas para avaliar o cumprimento, por parte dos Estados-Partes, de suas obrigações na presente Convenção e para identificar e enfrentar as barreiras com as quais as pessoas com deficiência se deparam no exercício de seus direitos.

3. Os Estados-Partes assumirão responsabilidade pela disseminação das referidas estatísticas e assegurarão que elas sejam acessíveis às pessoas com deficiência e a outros.

Artigo 32
Cooperação internacional

1. Os Estados-Partes reconhecem a importância da cooperação internacional e de sua promoção, em apoio aos esforços nacionais para a consecução do propósito e dos objetivos da presente Convenção e, sob este aspecto, adotarão medidas apropriadas e efetivas entre os Estados e, de maneira adequada, em parceria com organizações internacionais e regionais relevantes e com a sociedade civil e, em particular, com organizações de pessoas com deficiência. Estas medidas poderão incluir, entre outras:

a) Assegurar que a cooperação internacional, incluindo os programas internacionais de desenvolvimento, sejam inclusivos e acessíveis para pessoas com deficiência;

b) Facilitar e apoiar a capacitação, inclusive por meio do intercâmbio e compartilhamento de informações, experiências, programas de treinamento e melhores práticas;

c) Facilitar a cooperação em pesquisa e o acesso a conhecimentos científicos e técnicos;

d) Propiciar, de maneira apropriada, assistência técnica e financeira, inclusive mediante facilitação do acesso a tecnologias assistivas e acessíveis e seu compartilhamento, bem como por meio de transferência de tecnologias.

2. O disposto neste Artigo se aplica sem prejuízo das obrigações que cabem a cada Estado-Parte em decorrência da presente Convenção.

Artigo 33
Implementação e monitoramento nacionais

1. Os Estados-Partes, de acordo com seu sistema organizacional, designarão um ou mais de um ponto focal no âmbito do Governo para assuntos relacionados com a implementação da presente Convenção e darão a devida consideração ao estabelecimento ou designação de um mecanismo de coordenação no âmbito do Governo, a fim de facilitar ações correlatas nos diferentes setores e níveis.

2. Os Estados-Partes, em conformidade com seus sistemas jurídico e administrativo, manterão, fortalecerão, designarão ou estabelecerão estrutura, incluindo um ou mais de um mecanismo independente, de maneira apropriada, para promover, proteger e monitorar a implementação da presente Convenção. Ao designar ou estabelecer tal mecanismo, os Estados-Partes levarão em conta os princípios relativos ao status e funcionamento das instituições nacionais de proteção e promoção dos direitos humanos.

3. A sociedade civil e, particularmente, as pessoas com deficiência e suas organizações representativas serão envolvidas e participarão plenamente no processo de monitoramento.

Artigo 34
Comitê sobre os Direitos das Pessoas com Deficiência

1. Um Comitê sobre os Direitos das Pessoas com Deficiência (doravante denominado "Comitê") será estabelecido, para desempenhar as funções aqui definidas.

2. O Comitê será constituído, quando da entrada em vigor da presente Convenção, de 12 peritos. Quando a presente Convenção alcançar 60 ratificações ou adesões, o Comitê será acrescido em seis membros, perfazendo o total de 18 membros.

3. Os membros do Comitê atuarão a título pessoal e apresentarão elevada postura moral, competência e experiência reconhecidas no campo abrangido pela presente Convenção. Ao designar seus candidatos, os Estados-Partes são instados a dar a devida consideração ao disposto no Artigo 4.3 da presente Convenção.

4. Os membros do Comitê serão eleitos pelos Estados-Partes, observando-se uma distribuição geográfica equitativa, representação de diferentes formas de civilização e dos principais sistemas jurídicos, representação equilibrada de gênero e participação de peritos com deficiência.

5. Os membros do Comitê serão eleitos por votação secreta em sessões da Conferência dos Estados-Partes, a partir de uma lista de pessoas designadas pelos Estados-Partes entre seus nacionais. Nessas sessões, cujo quorum será de dois terços dos Estados-Partes, os candidatos eleitos para o Comitê serão aqueles que obtiverem o maior número de votos e a maioria absoluta dos votos dos representantes dos Estados-Partes presentes e votantes.

6. A primeira eleição será realizada, o mais tardar, até seis meses após a data de entrada em vigor da presente Convenção. Pelo menos quatro meses antes de cada eleição, o Secretário-Geral das Nações Unidas dirigirá carta aos Estados-Partes, convidando-os a submeter os nomes de seus candidatos no prazo de dois meses. O Secretário-Geral, subsequentemente, preparará lista em ordem alfabética de todos os candidatos apresentados, indicando que foram designados pelos Estados-Partes, e submeterá essa lista aos Estados-Partes da presente Convenção.

7. Os membros do Comitê serão eleitos para mandato de quatro anos, podendo ser candidatos à reeleição uma única vez. Contudo, o mandato de seis dos membros eleitos na primeira eleição expirará ao fim de dois anos; imediatamente após a primeira eleição, os nomes desses seis membros serão selecionados por sorteio pelo presidente da sessão a que se refere o parágrafo 5 deste Artigo.

8. A eleição dos seis membros adicionais do Comitê será realizada por ocasião das eleições regulares, de acordo com as disposições pertinentes deste Artigo.

9. Em caso de morte, demissão ou declaração de um membro de que, por algum motivo, não poderá continuar a exercer suas funções, o Estado-Parte que o tiver indicado designará um outro perito que tenha as qualificações e satisfaça aos requisitos estabelecidos pelos dispositivos pertinentes deste Artigo, para concluir o mandato em questão.

10. O Comitê estabelecerá suas próprias normas de procedimento.

11. O Secretário-Geral das Nações Unidas proverá o pessoal e as instalações necessários para o efetivo desempenho das funções do Comitê segundo a presente Convenção e convocará sua primeira reunião.

12. Com a aprovação da Assembleia Geral, os membros do Comitê estabelecido sob a presente Convenção receberão emolumentos dos recursos das Nações Unidas, sob termos e condições que a Assembleia possa decidir, tendo em vista a importância das responsabilidades do Comitê.

13. Os membros do Comitê terão direito aos privilégios, facilidades e imunidades dos peritos em missões das Nações Unidas, em conformidade com as disposições pertinentes da Convenção sobre Privilégios e Imunidades das Nações Unidas.

Artigo 35
Relatórios dos Estados-Partes

1. Cada Estado-Parte, por intermédio do Secretário-Geral das Nações Unidas, submeterá relatório abrangente sobre as medidas adotadas em cumprimento de suas obrigações estabelecidas pela presente Convenção e sobre o progresso alcançado nesse aspecto, dentro do período de dois anos após a entrada em vigor da presente Convenção para o Estado-Parte concernente.

2. Depois disso, os Estados-Partes submeterão relatórios subsequentes, ao menos a cada quatro anos, ou quando o Comitê o solicitar.

3. O Comitê determinará as diretrizes aplicáveis ao teor dos relatórios.

4. Um Estado-Parte que tiver submetido ao Comitê um relatório inicial abrangente não precisará, em relatórios subsequentes, repetir informações já apresentadas. Ao elaborar os relatórios ao Comitê, os Estados-Partes são instados a fazê-lo de maneira franca e transparente e a levar em consideração o disposto no Artigo 4.3 da presente Convenção.

5. Os relatórios poderão apontar os fatores e as dificuldades que tiverem afetado o cumprimento das obrigações decorrentes da presente Convenção.

Artigo 36
Consideração dos relatórios

1. Os relatórios serão considerados pelo Comitê, que fará as sugestões e recomendações gerais que julgar pertinentes e as transmitirá aos respectivos Estados-Partes. O Estado-Parte poderá responder ao Comitê com as informações que julgar pertinentes. O Comitê poderá pedir informações adicionais ao Estados-Partes, referentes à implementação da presente Convenção.

2. Se um Estado-Parte atrasar consideravelmente a entrega de seu relatório, o Comitê poderá notificar esse Estado de que examinará a aplicação da presente Convenção com base em informações confiáveis de que disponha, a menos que o relatório devido seja apresentado pelo Estado dentro do período de três meses após a notificação. O Comitê convidará o Estado-Parte interessado a participar desse exame. Se o Estado-Parte responder entregando seu relatório, aplicar-se-á o disposto no parágrafo 1 do presente artigo.

3. O Secretário-Geral das Nações Unidas colocará os relatórios à disposição de todos os Estados-Partes.

4. Os Estados-Partes tornarão seus relatórios amplamente disponíveis ao público em seus países e facilitarão o acesso à possibilidade de sugestões e de recomendações gerais a respeito desses relatórios.

5. O Comitê transmitirá às agências, fundos e programas especializados das Nações Unidas e a outras organizações competentes, da maneira que julgar apropriada, os relatórios dos Estados-Partes que contenham demandas ou indicações de necessidade de consultoria ou de assistência técnica, acompanhados de eventuais observações e sugestões do Comitê em relação às referidas demandas ou indicações, a fim de que possam ser consideradas.

Artigo 37
Cooperação entre os Estados-Partes e o Comitê

1. Cada Estado-Parte cooperará com o Comitê e auxiliará seus membros no desempenho de seu mandato.

2. Em suas relações com os Estados-Partes, o Comitê dará a devida consideração aos meios e modos de aprimorar a capacidade de cada Estado-Parte para a implementação da presente Convenção, inclusive mediante cooperação internacional.

Artigo 38
Relações do Comitê com outros órgãos

A fim de promover a efetiva implementação da presente Convenção e de incentivar a cooperação internacional na esfera abrangida pela presente Convenção:

a) As agências especializadas e outros órgãos das Nações Unidas terão o direito de se fazer representar quando da consideração da implementação de disposições da presente Convenção que disserem respeito aos seus respectivos mandatos. O Comitê poderá convidar as agências especializadas e outros órgãos competentes, segundo julgar apropriado, a oferecer consultoria de peritos sobre a implementação da Convenção em áreas pertinentes a seus respectivos mandatos. O Comitê poderá convidar agências especializadas e outros órgãos das Nações Unidas a apresentar relatórios sobre a implementação da Convenção em áreas pertinentes às suas respectivas atividades;

b) No desempenho de seu mandato, o Comitê consultará, de maneira apropriada, outros órgãos pertinentes instituídos ao amparo de tratados internacionais de direitos humanos, a fim de assegurar a consistência de suas respectivas diretrizes para a elaboração de relatórios, sugestões e recomendações gerais e de evitar duplicação e superposição no desempenho de suas funções.

Artigo 39
Relatório do Comitê

A cada dois anos, o Comitê submeterá à Assembleia Geral e ao Conselho Econômico e Social um relatório de suas atividades e poderá fazer sugestões e recomendações gerais baseadas no exame dos relatórios e nas informações recebidas dos Estados-Partes. Estas sugestões e recomendações gerais serão incluídas no relatório do Comitê, acompanhadas, se houver, de comentários dos Estados-Partes.

Artigo 40
Conferência dos Estados-Partes

1. Os Estados-Partes reunir-se-ão regularmente em Conferência dos Estados-Partes a fim de considerar matérias relativas à implementação da presente Convenção.

2. O Secretário-Geral das Nações Unidas convocará, dentro do período de seis meses após a entrada em vigor da presente Convenção, a Conferência dos Estados-Partes. As reuniões subsequentes serão convocadas pelo Secretário-Geral das Nações Unidas a cada dois anos ou conforme a decisão da Conferência dos Estados-Partes.

Artigo 41
Depositário

O Secretário-Geral das Nações Unidas será o depositário da presente Convenção.

Artigo 42
Assinatura

A presente Convenção será aberta à assinatura de todos os Estados e organizações de integração regional na sede das Nações Unidas em Nova York, a partir de 30 de março de 2007.

Artigo 43
Consentimento em comprometer-se

A presente Convenção será submetida à ratificação pelos Estados signatários e à confirmação formal por organizações de integração regional signatárias. Ela estará aberta à adesão de qualquer Estado ou organização de integração regional que não a houver assinado.

Artigo 44
Organizações de integração regional

1. "Organização de integração regional" será entendida como organização constituída por Estados soberanos de determinada região, à qual seus Estados-membros tenham delegado competência sobre matéria abrangida pela presente Convenção. Essas organizações declararão, em seus documentos de confirmação formal ou adesão, o alcance de sua competência em relação à matéria abrangida pela presente Convenção. Subsequentemente, as organizações informarão ao depositário qualquer alteração substancial no âmbito de sua competência.

2. As referências a "Estados-Partes" na presente Convenção serão aplicáveis a essas organizações, nos limites da competência destas.

3. Para os fins do § 1 do art. 45 e dos §§ 2 e 3 do art. 47, nenhum instrumento depositado por organização de integração regional será computado.

4. As organizações de integração regional, em matérias de sua competência, poderão exercer o direito de voto na Conferência dos Estados-Partes, tendo direito ao mesmo número de votos quanto for o número de seus Estados-membros que forem Partes da presente Convenção. Essas organizações não exercerão seu direito de voto, se qualquer de seus Estados-membros exercer seu direito de voto, e vice-versa.

Artigo 45
Entrada em vigor

1. A presente Convenção entrará em vigor no trigésimo dia após o depósito do vigésimo instrumento de ratificação ou adesão.

2. Para cada Estado ou organização de integração regional que ratificar ou formalmente confirmar a presente Convenção ou a ela aderir após o depósito do referido vigésimo instrumento, a Convenção entrará em vigor no trigésimo dia a partir da data em que esse Estado ou organização tenha depositado seu instrumento de ratificação, confirmação formal ou adesão.

Artigo 46
Reservas

1. Não serão permitidas reservas incompatíveis com o objeto e o propósito da presente Convenção.

2. As reservas poderão ser retiradas a qualquer momento.

Artigo 47
Emendas

1. Qualquer Estado-Parte poderá propor emendas à presente Convenção e submetê-las ao Secretário-Geral das Nações Unidas. O Secretário-Geral comunicará aos Estados-Partes quaisquer emendas propostas, solicitando-lhes que o notifiquem se são favoráveis a uma Conferência dos Estados-Partes para considerar as propostas e tomar decisão a respeito delas. Se, até quatro meses após a data da referida comunicação, pelo menos um terço dos Estados-Partes se manifestar favorável a essa Conferência, o Secretário-Geral das Nações Unidas convocará a Conferência, sob os auspícios das Nações Unidas. Qualquer emenda adotada por maioria de dois terços dos Estados-Partes presentes e votantes será submetida pelo Secretário-Geral à aprovação da Assembleia Geral das Nações Unidas e, posteriormente, à aceitação de todos os Estados-Partes.

2. Qualquer emenda adotada e aprovada conforme o disposto no § 1 do presente artigo entrará em vigor no trigésimo dia após a data na qual o número de instrumentos de aceitação tenha atingido dois terços do número de Estados-Partes na data de adoção da emenda. Posteriormente, a emenda entrará em vigor para todo Estado-Parte no trigésimo dia após o depósito por esse Estado do seu instrumento de aceitação. A emenda será vinculante somente para os Estados-Partes que a tiverem aceitado.

3. Se a Conferência dos Estados-Partes assim o decidir por consenso, qualquer emenda adotada e aprovada em conformidade com o disposto no § 1 deste Artigo, relacionada exclusivamente com os arts. 34, 38, 39 e 40, entrará em vigor para todos os Estados-Partes no trigésimo dia a partir da data em que o número de instrumentos de aceitação depositados tiver atingido dois terços do número de Estados-Partes na data de adoção da emenda.

Artigo 48
Denúncia

Qualquer Estado-Parte poderá denunciar a presente Convenção mediante notificação por escrito ao Secretário-Geral das Nações Unidas. A denúncia tornar-se-á efetiva um ano após a data de recebimento da notificação pelo Secretário-Geral.

Artigo 49
Formatos acessíveis

O texto da presente Convenção será colocado à disposição em formatos acessíveis.

Artigo 50
Textos autênticos

Os textos em árabe, chinês, espanhol, francês, inglês e russo da presente Convenção serão igualmente autênticos.
EM FÉ DO QUE os plenipotenciários abaixo assinados, devidamente autorizados para tanto por seus respectivos governos, firmaram a presente convenção.

DOU 26.8.2009

Decreto n. 7.674, de 20 de janeiro de 2012

Dispõe sobre o subsistema de relações de trabalho no Serviço Público Federal

A PRESIDENTA DA REPÚBLICA, no uso da atribuição que lhe confere o art. 84, inciso VI, alínea "a", da Constituição,
DECRETA:
Art. 1º Este Decreto disciplina a organização do processo de diálogo com vistas ao tratamento dos conflitos nas relações de trabalho no âmbito do Poder Executivo federal, por meio da negociação de termos e condições de trabalho entre suas autoridades e os servidores públicos federais da administração pública federal direta, autárquica e fundacional.
Art. 2º O processo de diálogo de que trata o art. 1º fica organizado sob a forma de subsistema, denominado Subsistema de Relações de Trabalho no Serviço Público Federal — SISRT, integrante do Sistema de Pessoal Civil da Administração Federal — SIPEC, criado pelo Decreto n. 67.326, de 5 de outubro de 1970.
Art. 3º A negociação de termos e condições de trabalho, no âmbito do SISRT, tem como objetivo a democratização das relações de trabalho e a busca da solução de conflitos por meio da redefinição das condições de trabalho.
Art. 4º O SISRT compreende o conjunto de atividades relacionadas com o diálogo com vistas ao tratamento dos conflitos decorrentes das relações do trabalho e à negociação de termos e condições de trabalho no âmbito da administração pública federal direta, autárquica e fundacional e das organizações de servidores, tendo por fim a solução dos conflitos.
Art. 5º O SISRT compreende:
I — órgão central — o Ministério do Planejamento, Orçamento e Gestão, por meio do órgão definido em sua estrutura regimental;
II — órgãos setoriais — departamentos ou outras unidades nos Ministérios e nos órgãos da Presidência da República, definidos em suas estruturas regimentais, responsáveis pelas instâncias setoriais de negociação permanente; e
III — órgãos seccionais — departamentos ou outras unidades nas autarquias e fundações, definidos em suas estruturas regimentais, responsáveis pelas instâncias seccionais de negociação permanente.
Art. 6º Ao órgão central do SISRT compete:
I — exercer a competência normativa em matéria de negociação de termos e condições de trabalho e solução de conflitos no serviço público federal;
II — organizar e supervisionar o SISRT;
III — exercer, como órgão central do SISRT, a interlocução com os servidores públicos, por meio de procedimentos de negociação de termos e condições de trabalho, da Ouvidoria-Geral do Servidor Público e de outros instrumentos;
IV — organizar e manter atualizado cadastro nacional das entidades sindicais representativas de servidores públicos federais;
V — propor a formulação de políticas e diretrizes que garantam a democratização das relações de trabalho na administração pública federal;
VI — propor medidas para a solução, por meio do diálogo institucional, de conflitos surgidos em razão da fixação de condições de trabalho, direitos e benefícios dos servidores públicos, conforme diretrizes estabelecidas pelo Presidente da República;
VII — articular a participação dos órgãos e entidades da administração pública federal direta, suas autarquias e fundações, nos procedimentos de diálogo institucional surgidos em razão da fixação de condições de trabalho;
VIII — difundir e fomentar a democratização das relações de trabalho no setor público; e
IX — registrar em conjunto com as entidades representativas, os consensos do processo negocial.
§ 1º O órgão central do SISRT prestará orientação nas questões referentes à interlocução com as entidades sindicais e associações representativas dos servidores públicos federais da administração pública federal direta, autárquica e fundacional, no âmbito das instâncias nacionais, setoriais e seccionais de negociação permanente.
§ 2º A proposição de medidas para a solução dos conflitos deverá contar com a participação, na sua formulação, do órgão setorial ou dos órgãos setoriais a cujo quadro de pessoal pertençam os servidores afetados.
Art. 7º Este Decreto entra em vigor na data de sua publicação.
Brasília, 20 de janeiro de 2012; 191º da Independência e 124º da República.

DILMA ROUSSEFF
MIRIAM BELCHIOR
DOU 23.1.2012

Decreto n. 7.721, de 16 de abril de 2012

Dispõe sobre o condicionamento do recebimento da assistência financeira do programa de seguro-desemprego à comprovação de matrícula e frequência em curso de formação inicial e continuada ou de qualificação profissional, com carga horária mínima de cento e sessenta horas

A PRESIDENTA DA REPÚBLICA, no uso da atribuição que lhe confere o art. 84, caput, inciso IV, da Constituição, e tendo em vista o disposto no § 1º do art. 3º e no § 2º do art. 8º da Lei n. 7.998, de 11 de janeiro de 1990, e na Lei n. 12.513, de 26 de outubro de 2011,
DECRETA:
Art. 1º O recebimento de assistência financeira pelo trabalhador segurado que solicitar o benefício do Programa de Seguro-Desemprego a partir da segunda vez dentro de um período de dez anos poderá ser condicionado à comprovação de matrícula e frequência em curso de formação inicial e continuada ou de qualificação profissional, habilitado pelo Ministério da Educação, nos termos do art. 18 da Lei n. 12.513, de 26 de outubro de 2011, com carga horária mínima de cento e sessenta horas. *(Alterada pelo Decreto n. 8.118, de 10.10.2013, DOU 11.10.2013)*
Parágrafo único. O curso previsto no *caput* será ofertado por meio da Bolsa-Formação Trabalhador concedida no âmbito do Programa Nacional de Acesso ao Ensino Técnico e Emprego — PRONATEC, instituído pela Lei n. 12.513, de 2011, ou de vagas gratuitas na rede de educação profissional e tecnológica.
Art. 2º Compete ao Ministério da Educação:
I — ofertar vagas em cursos de formação inicial e continuada ou de qualificação profissional no âmbito do PRONATEC aos trabalhadores beneficiários do seguro-desemprego, considerando as vagas gratuitas disponíveis na rede de educação profissional e tecnológica; e
II — encaminhar periodicamente ao Ministério do Trabalho e Emprego informações acerca das matrículas e frequência de que trata o *caput* do art. 1º.
Art. 3º Compete ao Ministério do Trabalho e Emprego:
I — orientar e encaminhar os trabalhadores beneficiários do seguro-desemprego aos cursos de formação inicial e continuada ou de qualificação profissional ofertados nos termos deste Decreto;
II — fixar os requisitos para a definição do perfil do trabalhador, conforme estabelecido no inciso I do *caput* do art. 5º;
III — encaminhar ao Ministério da Educação informações sobre as características dos trabalhadores beneficiários do seguro-desemprego para subsidiar as atividades de formação e qualificação profissional desenvolvidas para atendimento desse público; e
IV — estabelecer os demais procedimentos necessários ao cumprimento da condicionalidade para o recebimento do benefício do seguro-desemprego previsto no *caput* do art. 1º.
Art. 4º A disponibilização de cursos de formação inicial e continuada ou de qualificação profissional pelas instituições ofertantes no âmbito do PRONATEC deverá ter como referência as informações do Ministério do Trabalho e Emprego e do Sistema Nacional de Emprego — SINE relativas ao perfil dos trabalhadores segurados de que trata o *caput* do art. 1º e às características locais do mercado de trabalho.
Art. 5º Não será exigida do trabalhador a condicionalidade de que trata o *caput* do art. 1º nas seguintes hipóteses:

I — inexistência de oferta de curso compatível com o perfil do trabalhador no município ou região metropolitana de domicílio do trabalhador, ou, ainda, em município limítrofe; e

II — apresentação pelo trabalhador de comprovante de matrícula e frequência mensal em outro curso de formação inicial e continuada ou de qualificação profissional com carga horária igual ou superior a cento e sessenta horas.

Parágrafo único. A condicionalidade de que trata o *caput* do art. 1º ainda poderá ser exigida caso o encerramento do curso de que trata o inciso II do *caput* ocorra enquanto o trabalhador estiver recebendo as parcelas do benefício seguro-desemprego.

Art. 6º O benefício do seguro-desemprego do trabalhador sujeito à condicionalidade de que trata o *caput* do art. 1º poderá ser cancelado nas seguintes situações:

I — recusa pelo trabalhador da pré-matrícula no curso de formação inicial e continuada ou de qualificação profissional ofertado;

II — não realização pelo trabalhador da matrícula efetiva na instituição de ensino, no prazo estabelecido; e

III — evasão do curso de formação inicial e continuada ou de qualificação profissional em que estiver matriculado.

§ 1º A pré-matrícula ou sua recusa exigirá assinatura de termo de ciência.

§ 2º A pré-matrícula ou sua recusa será realizada nas unidades do Ministério do Trabalho e Emprego ou integrantes do SINE.

§ 3º No caso de o trabalhador recusar-se a assinar o documento de que trata o § 1º, será lavrado termo assinado por duas testemunhas.

Art. 7º Atendidos prioritariamente os trabalhadores de que trata o art. 1º, havendo disponibilidade de Bolsas-Formação Trabalhador no âmbito do PRONATEC ou de vagas gratuitas na rede de educação profissional e tecnológica, estas poderão ser ofertadas aos demais beneficiários do seguro-desemprego, respeitados os níveis de escolaridade requeridos e os demais critérios de priorização estabelecidos no âmbito do PRONATEC.

Art. 8º Ato conjunto dos Ministros de Estado da Educação e do Trabalho e Emprego disciplinará:

I — as características dos cursos de formação inicial e continuada ou de qualificação profissional ofertados no âmbito deste Decreto; e

II — as demais condições, requisitos e normas necessárias para aplicação da condicionalidade prevista no *caput* do art. 1º.

Art. 9º A oferta de Bolsa-Formação Trabalhador no âmbito do PRONATEC nos termos previstos neste Decreto fica condicionada à existência de dotação orçamentária.

Art. 10. Este Decreto entra em vigor na data de sua publicação.

Brasília,16 de abril de 2012; 191º da Independência e 124º da República.

Dilma Rousseff
Aloizio Mercadante
Paulo Roberto dos Santos Pinto

DOU 17.4.2012

Decreto n. 7.943, de 5 de março de 2013

Institui a política nacional para os trabalhadores rurais empregados

A PRESIDENTA DA REPÚBLICA, no uso da atribuição que lhe confere o art. 84, *caput*, inciso VI, alínea *a*, da Constituição,

DECRETA:

Art. 1º Fica instituída a Política Nacional para os Trabalhadores Rurais Empregados — PNATRE, com a finalidade de fortalecer os direitos sociais e a proteção social dos trabalhadores rurais empregados.

Art. 2º Para fins deste Decreto, considera-se trabalhador rural empregado a pessoa física prestadora de serviços remunerados e de natureza não eventual a empregador rural, sob a dependência deste, contratada por prazo indeterminado, determinado e de curta duração.

Art. 3º São princípios da PNATRE:

I — a dignidade da pessoa humana;

II — a garantia de direitos; e

III — o diálogo social.

Art. 4º São diretrizes da PNATRE:

I — revisar a legislação para articular as ações de promoção e proteção social aos trabalhadores rurais empregados;

II — fomentar a formalização e o aprimoramento das relações de trabalho que envolvam os trabalhadores rurais empregados;

III — promover o diálogo permanente e qualificado entre entidades e órgãos públicos e sociedade civil;

IV — aperfeiçoar as políticas de saúde, habitação, previdência e segurança destinadas aos trabalhadores rurais empregados;

V — fortalecer as políticas destinadas à educação formal e à capacitação profissional dos trabalhadores rurais empregados, para possibilitar a conciliação entre trabalho e estudo;

VI — integrar as políticas públicas federais, estaduais e municipais direcionadas aos trabalhadores rurais empregados;

VII — fortalecer as políticas públicas direcionadas à igualdade de gênero, raça e etnia nas relações de trabalho que envolvam os trabalhadores rurais empregados;

VIII — fortalecer as políticas públicas direcionadas à juventude que garantam acesso ao trabalho, sem prejuízo do direito à educação, à saúde, ao esporte e ao lazer;

IX — combater o trabalho infantil; e

X — articular-se com os Estados, o Distrito Federal, os Municípios e a sociedade civil para garantir a implementação da PNATRE.

Art. 5º São objetivos da PNATRE:

I — integrar e articular as políticas públicas direcionadas aos trabalhadores rurais empregados;

II — promover e ampliar a formalização nas relações de trabalho dos trabalhadores rurais empregados;

III — promover a reinserção produtiva dos trabalhadores rurais empregados que perderam seus postos de trabalho, gerando oportunidades de trabalho e renda;

IV — intensificar a fiscalização das relações de trabalho rural;

V — minimizar os efeitos do impacto das inovações tecnológicas na redução de postos de trabalho no meio rural;

VI — promover a alfabetização, a escolarização, a qualificação e a requalificação profissional aos trabalhadores rurais empregados;

VII — promover a saúde, a proteção social e a segurança dos trabalhadores rurais empregados;

VIII — promover estudos e pesquisas integrados e permanentes sobre os trabalhadores rurais empregados;

IX — ampliar as condições de trabalho decente para permanência de jovens no campo; e

X — combater práticas que caracterizem trabalho infantil.

Art. 6º Fica instituída a Comissão Nacional dos Trabalhadores Rurais Empregados — CNATRE, com a finalidade de gerir a PNATRE;

§ 1º A CNATRE terá a seguinte composição:

I — um representante, titular e suplente, dos seguintes órgãos:

a) Ministério do Trabalho e Emprego, que o coordenará;

b) Secretaria-Geral da Presidência da República;

c) Ministério da Agricultura, Pecuária e Abastecimento;

d) Ministério da Educação;

e) Ministério da Previdência Social;

f) Ministério do Desenvolvimento Social e Combate à Fome;

g) Ministério da Saúde;

h) Ministério do Desenvolvimento Agrário;

i) Secretaria de Relações Institucionais da Presidência da República;

j) Secretaria de Políticas para as Mulheres da Presidência da República; e

l) Secretaria de Direitos Humanos da Presidência da República.

II — Até cinco representantes da sociedade civil e seus suplentes.

§ 2º O prazo para instalação da CNATRE será de sessenta dias, contado da data de publicação deste Decreto.

§ 3º Os representantes da Comissão serão indicados pelos Secretários-Executivos dos órgãos integrantes no prazo de trinta dias, contado da data de publicação deste Decreto, e designados por ato do Ministro de Estado do Trabalho e Emprego.

§ 4º Ato conjunto dos Ministros de Estado do Trabalho e Emprego e da Secretaria-Geral da Presidência da República disporá sobre o funcionamento da CNATRE, sobre os critérios para definição dos representantes da sociedade civil e sua forma de designação.

§ 5º Poderão participar das reuniões da CNATRE, a convite de sua coordenação, especialistas e representantes de órgãos e entidades públicas ou privadas que exerçam atividades relacionadas ao tema.

§ 6º A participação na CNATRE será considerada prestação de serviço público relevante, não remunerada.

Art. 7º Compete à CNATRE:

I — articular e promover o diálogo entre entidades e órgãos públicos e sociedade civil para a implementação das ações no âmbito da PNATRE;

II — estabelecer outras diretrizes e objetivos da PNATRE;

III — propor alterações para aprimorar, acompanhar e monitorar as ações de seu Comitê Executivo;

IV — estabelecer critérios para elaboração dos planos de trabalho do Comitê Executivo; e

V — aprovar os planos de trabalho apresentados pelo Comitê Executivo.

Art. 8º A CNATRE terá um Comitê Executivo, integrado por um representante, titular e suplente, dos seguintes órgãos:

I — Ministério do Trabalho e Emprego, que o coordenará;

II — Ministério da Educação;

III — Ministério da Previdência Social; e

IV — Ministério do Desenvolvimento Social e Combate à Fome.

Art. 9º Compete ao Comitê Executivo da CNATRE:

I — elaborar plano de trabalho para execução de ações da PNATRE;

II — coordenar e supervisionar a execução de ações da PNATRE;

III — coordenar e supervisionar a execução do plano de trabalho;

IV — elaborar relatório de atividades desenvolvidas no âmbito da PNATRE, e encaminhá-lo à CNATRE; e

V — disponibilizar periodicamente informações sobre as ações implementadas no âmbito da PNATRE.

Art. 10. O Ministério do Trabalho e Emprego exercerá a função de Secretaria Executiva da CNATRAE e providenciará suporte técnico e administrativo ao seu funcionamento.

Art. 11. Este Decreto entra em vigor na data de sua publicação.

Brasília, 5 de março de 2013; 192º da Independência e 125º da República.

<div align="right">
DILMA ROUSSEFF

CARLOS DAUDT BRIZOLA

TEREZA CAMPELLO

GILBERTO JOSÉ SPIER VARGAS

GILBERTO CARVALHO

DOU 6.3.2013
</div>

Decreto n. 8.040, de 8 de julho de 2013

Institui comitê gestor e o grupo executivo do programa mais médicos e dá outras providências

A PRESIDENTA DA REPÚBLICA, no uso da atribuição que lhe confere o art. 84, *caput*, incisos IV e VI, alínea "a", da Constituição, e tendo em vista o disposto na Medida Provisória n. 621, de 8 de julho de 2013

Art. 1º Fica instituído o Comitê Gestor do Programa Mais Médicos, de que trata a Medida Provisória n. 621, de 8 de julho de 2013.

§ 1º Compete ao Comitê Gestor, instância de caráter deliberativo, fixar metas e orientar a formulação, a implementação, o monitoramento e a avaliação do Programa Mais Médicos.

§ 2º O Comitê Gestor será composto pelos titulares dos seguintes órgãos:

I — Ministério da Saúde, que o coordenará;

II — Ministério da Educação;

III — Casa Civil da Presidência da República; e

IV — Ministério do Planejamento, Orçamento e Gestão.

§ 3º Os membros do Comitê Gestor indicarão seus suplentes, que deverão ocupar cargo de Secretário ou equivalente nos respectivos órgãos.

§ 4º O Comitê Gestor poderá convidar representantes de outros órgãos e entidades, públicos e privados, e especialistas em assuntos afetos ao tema, para participar de suas reuniões.

§ 5º O Comitê Gestor aprovará, por maioria absoluta, regimento interno que disporá sobre sua organização e funcionamento e sobre a atuação do Grupo Executivo.

§ 6º O regimento interno deverá ser publicado no Diário Oficial da União no prazo de noventa dias após a instalação do Comitê.

Art. 2º Fica instituído o Grupo Executivo do Programa Mais Médicos, vinculado ao Comitê Gestor.

§ 1º Compete ao Grupo Executivo assegurar, monitorar e avaliar a execução das ações a serem desenvolvidas no âmbito do Programa Mais Médicos, com base nas orientações emitidas pelo Comitê Gestor.

§ 2º O Grupo Executivo será composto por um representante de cada um dos órgãos a seguir indicados:

I — Ministério da Saúde, que o coordenará;

II — Ministério da Educação;

III — Ministério do Planejamento, Orçamento e Gestão; e

IV — Casa Civil da Presidência da República.

§ 3º Os membros titulares e suplentes do Grupo Executivo serão indicados pelos titulares dos órgãos representados e designados pelo Ministro de Estado da Saúde.

§ 4º O Grupo Executivo poderá convidar para participar das reuniões representantes de outros órgãos e entidades, públicos e privados, e especialistas em assuntos afetos ao tema, especialmente:

I — o Conselho Nacional de Secretários de Saúde — Conass;

II — o Conselho Nacional de Secretarias Municipais de Saúde — Conasems;

III — a Associação Nacional dos Dirigentes das Instituições Federais de Ensino Superior — Andifes;

IV — a Associação Brasileira de Educação Médica — Abem; e

V — as entidades associativas nacionais médicas e de estudantes de medicina.

Art. 3º A Advocacia-Geral da União e os Ministérios da Justiça, da Defesa e das Relações Exteriores auxiliarão o Comitê Gestor e seu Grupo Executivo no desempenho de suas funções, sempre que por estes solicitado.

Art. 4º O Ministério da Saúde exercerá a Secretaria-Executiva do Comitê Gestor e do Grupo Executivo e fornecerá o suporte administrativo para seu funcionamento.

Art. 5º A participação na composição do Comitê Gestor e do Grupo Executivo é considerada serviço público relevante e não enseja remuneração.

Art. 6º *(Revogado pelo Decreto n. 8.126, de 22.10.2013, DOU 23.10.2013).*

Art. 7º *(Revogado pelo Decreto n. 8.126, de 22.10.2013, DOU 23.10.2013).*

Art. 7º-A O supervisor e tutor acadêmico de que trata a Medida Provisória n. 621, de 2013, poderão ser representados judicial e extrajudicialmente pela Advocacia-Geral da União, nos termos do art. 22 da Lei n. 9.028, de 12 de abril de 1995. *(Acrescentado pelo Decreto n. 8.081, de 23.8.2013, DOU 26.8.2013, republicação no DOU 29.08.2013, por ter havido omissão no que foi republicado no DOU de 27.8.2013)*

Art. 8º Este Decreto entra em vigor na data de sua publicação.

Brasília, 8 de julho de 2013; 192º da Independência e 125º da República.

<div align="right">
DILMA ROUSSEFF

ALOIZIO MERCADANTE

ALEXANDRE ROCHA SANTOS PADILHA

MIRIAM BELCHIOR

DOU 9.7.2013
</div>

Decreto n. 8.086, de 30 de agosto de 2013

Institui o Programa Mulher — Viver sem Violência e dá outras providências

A PRESIDENTA DA REPÚBLICA, no uso da atribuição que lhe confere o art. 84, *caput*, inciso VI, alínea *a*, da Constituição,

DECRETA:

Art. 1º Fica instituído o Programa Mulher: Viver sem Violência, que objetiva integrar e ampliar os serviços públicos existentes voltados às mulheres em situação de violência, mediante a articulação dos atendimentos especializados no âmbito da saúde, da justiça, da rede socioassistencial e da promoção da autonomia financeira.

§ 1º O Programa integra a Política Nacional de Enfrentamento à Violência contra as Mulheres e as ações de implementação do Pacto Nacional pelo Enfrentamento à Violência contra as Mulheres.

§ 2º A coordenação do Programa será de responsabilidade da Secretaria de Políticas para as Mulheres da Presidência da República.

§ 3º A ampliação e a integração dos serviços de que trata o *caput* deverá ser acompanhada da qualificação e da humanização do atendimento às mulheres em situação de violência.

Art. 2º São diretrizes do Programa Mulher: Viver sem Violência:

I — integração dos serviços oferecidos às mulheres em situação de violência;

II — transversalidade de gênero nas políticas públicas;

III — corresponsabilidade entre os entes federados;

IV — fomento à autonomia das mulheres e à garantia da igualdade de direitos entre mulheres e homens;

V — atendimento humanizado e integral à mulher em situação de violência, observado o respeito aos princípios da dignidade da pessoa humana, da não discriminação e da não revitimização;

VI — disponibilização de transporte à mulher em situação de violência para o acesso aos serviços, quando não integrados, da rede especializada de atendimento;

VII — garantia e promoção de direitos das mulheres em situação de violência, em especial do acesso à justiça;

VIII — os eixos estruturantes do Pacto Nacional pelo Enfrentamento à Violência contra as Mulheres; e

IX — as diretrizes da Política Nacional de Enfrentamento à Violência contra as Mulheres.

Art. 3º O Programa Mulher: Viver sem Violência será desenvolvido, principalmente, por meio das seguintes ações:

I — implementação das Casas da Mulher Brasileira, que consistem em espaços públicos onde se concentrarão os principais serviços especializados e multidisciplinares de atendimento às mulheres em situação de violência;

II — ampliação da Central de Atendimento à Mulher — Ligue 180;

III — organização, integração e humanização do atendimento às vítimas de violência sexual;

IV — ampliação dos Centros de Atendimento às Mulheres nas Regiões de Fronteiras Secas, que consistem em serviços especializados de atendimento às mulheres nos casos de violência de gênero, incluídos o tráfico de mulheres e as situações de vulnerabilidades provenientes do fenômeno migratório; e

V — promoção de campanhas continuadas de conscientização do enfrentamento à violência contra a mulher.

§ 1º Mediante articulação com órgãos e entidades públicas da União, dos Estados, do Distrito Federal e dos Municípios e com entidades do terceiro setor, as Casas da Mulher Brasileira e os Centros de Atendimento às Mulheres nas Regiões de Fronteiras Secas poderão contar com:

I — serviços de atendimento psicossocial;

II — alojamento de passagem;

III — orientação e direcionamento para programas de auxílio e promoção da autonomia econômica, de geração de trabalho, emprego e renda;

IV — integração com os serviços da rede de saúde e socioassistencial; e

V — a presença de órgãos públicos voltados para as mulheres, como as Delegacias Especializadas de Atendimento à Mulher, os Juizados e Varas Especializados de Violência Doméstica e Familiar contra a Mulher, as Promotorias Públicas Especializadas da Mulher e as Defensorias Públicas Especializadas da Mulher.

§ 2º As Casas da Mulher Brasileira e os Centros de Atendimento às Mulheres nas Regiões de Fronteiras Secas poderão ser mantidos pelos Estados, Distrito Federal e Municípios, com o apoio das instituições parceiras e da Secretaria de Políticas para as Mulheres da Presidência da República.

Art. 4º Compete à Secretaria de Políticas para as Mulheres da Presidência da República:

I — coordenar a implantação e execução do Programa;

II — coordenar a execução das ações de que trata o art. 3º;

III — construir e equipar as Casas da Mulher Brasileira;

IV — promover a capacitação das equipes dos Centros de Atendimento à Mulher nas Regiões de Fronteiras Secas e das Casas da Mulher Brasileira nos temas referentes às relações sociais de gênero;

V — promover a articulação com os órgãos e entidades referidos nos §§ 1º e 2º do art. 3º, com o objetivo de assegurar a implementação e o cumprimento das metas do Programa;

VI — elaborar e divulgar os protocolos de atendimento, as normas técnicas e a padronização de atendimento das Casas da Mulher Brasileira e dos Centros de Atendimento às Mulheres nas Regiões de Fronteira Secas, com apoio dos órgãos e entidades participantes e colaboradores;

VII — apoiar, técnica e financeiramente, os entes federados na manutenção das Casas da Mulher Brasileira e dos Centros de Atendimento às Mulheres nas Regiões de Fronteira Secas; e

VIII — promover encontros dos Centros de Atendimento às Mulheres nas Regiões de Fronteiras Secas e das Casas da Mulher Brasileira com o objetivo de avaliar a implementação e execução do Programa.

Parágrafo único. A Secretaria de Políticas para as Mulheres da Presidência da República poderá convidar para participar da implementação do Programa outros órgãos e entidades públicos e privados, como o Conselho Nacional de Justiça, o Conselho Nacional do Ministério Público e o Conselho Nacional de Defensores Públicos-Gerais.

Art. 5º Os Ministérios da Justiça, da Saúde, do Desenvolvimento Social e Combate à Fome e do Trabalho e Emprego atuarão de forma conjunta para a implementação do Programa com a Secretaria de Políticas para as Mulheres da Presidência da República.

Art. 6º A Secretaria de Políticas para as Mulheres da Presidência da República poderá expedir atos complementares para a coordenação e gestão do Programa Mulher: Viver sem Violência.

Art. 7º Este Decreto entra em vigor na data de sua publicação.

Brasília, 30 de agosto de 2013; 192º da Independência e 125º da República.

Dilma Rousseff
Márcia Pelegrini
Alexandre Rocha Santos Padilha
Miriam Belchior
Eleonora Menicucci de Oliveira

DOU 30.8.2013

Decreto n. 8.163, de 20 de dezembro de 2013

Institui o Programa Nacional de Apoio ao Associativismo e Cooperativismo Social — Pronacoop Social, e dá outras providências

A PRESIDENTA DA REPÚBLICA, no uso da atribuição que lhe confere o art. 84, *caput*, inciso VI, alínea "a", da Constituição,

DECRETA:

Art. 1º Fica instituído o Programa Nacional de Apoio ao Associativismo e ao Cooperativismo Social — Pronacoop Social, com a finalidade de planejar, coordenar, executar e monitorar as ações voltadas ao desenvolvimento das cooperativas sociais e dos empreendimentos econômicos solidários sociais.

Parágrafo único. O Pronacoop Social será desenvolvido pela União em parceria com Estados, Distrito Federal e Municípios, a iniciativa privada, e pessoas em situação de desvantagem, seus familiares e entidades de representação.

Art. 2º Para os fins deste Decreto, consideram-se:

I — cooperativas sociais — cooperativas cujo objetivo é promover a inserção social, laboral e econômica de pessoas em desvantagem, nos termos do art. 3º da Lei n. 9.867, de 10 de novembro de 1999; e

II — empreendimentos econômicos solidários sociais — organizações de caráter associativo que realizam atividades econômicas, cujos participantes sejam pessoas em desvantagem, nos termos do art. 3º da Lei n. 9.867, de 1999, e exerçam democraticamente a gestão das atividades e a alocação dos resultados.

Art. 3º São princípios do Pronacoop Social:

I — respeito à dignidade e independência da pessoa, inclusive a autonomia individual e coletiva;

II — não discriminação e promoção de igualdade de oportunidades;

III — participação e inclusão de pessoas em desvantagem na sociedade e respeito pela diferença como parte da diversidade humana;

IV — geração de trabalho e renda a partir da organização do trabalho com foco na autonomia e autogestão;

V — articulação e integração de políticas públicas para a promoção do desenvolvimento local e regional; e

VI — coordenação de ações dos órgãos que desenvolvem políticas de geração de trabalho e renda para as pessoas em desvantagem.

Art. 4º São objetivos do Pronacoop Social:

I — incentivar a formalização dos empreendimentos econômicos solidários sociais em cooperativas sociais;

II — promover o fortalecimento institucional das cooperativas sociais e dos empreendimentos econômicos solidários sociais, e a qualificação e formação dos cooperados e associados;

III — promover o acesso ao crédito;

IV — promover o acesso a mercados e à comercialização da produção das cooperativas sociais e dos empreendimentos econômicos solidários sociais;

V — incentivar a formação de redes e cadeias produtivas constituídas por cooperativas sociais e empreendimentos econômicos solidários sociais; e

VI — monitorar e avaliar os resultados e alcances sociais e econômicos das políticas de apoio ao cooperativismo e ao associativismo social.

Art. 5º Serão utilizados os seguintes instrumentos para o cumprimento dos objetivos do Pronacoop Social:

I — programas de formação continuada que atendam às necessidades dos trabalhadores das cooperativas sociais e dos empreendimentos econômicos solidários sociais;

II — oferta de padrões tecnológicos e gerenciais para a condução de suas atividades;

III — capacitação tecnológica e gerencial de pessoas em situação de desvantagem que desejem ingressar ou formar cooperativas sociais e empreendimentos econômicos solidários sociais;

IV — linhas de crédito existentes ou a serem criadas, nos termos da lei;

V — abertura de canais de comercialização dos produtos e serviços, que possibilitem o acesso das cooperativas sociais e empreendimentos econômicos solidários sociais às compras públicas; e

VI — transferência de recursos, nos termos da legislação vigente.

Parágrafo único. O acesso dos empreendimentos econômicos solidários sociais aos instrumentos previstos nos incisos IV, V e VI do *caput* depende de sua constituição como pessoa jurídica.

Art. 6º O Pronacoop Social será coordenado por um Comitê Gestor, que terá as seguintes atribuições:

I — coordenar e acompanhar a implementação das ações previstas neste Decreto;

II — propor metas e normas operacionais para o Programa;

III — promover estratégias de articulação de programas, projetos e atividades voltadas ao desenvolvimento do cooperativismo e do associativismo social;

IV — propor ações de formação e capacitação em cooperativismo e associativismo social para técnicos e gestores que atuem junto às pessoas em situação de desvantagem;

V — propor critérios para aprovação de projetos, aplicação de recursos e avaliação dos resultados das cooperativas sociais e dos empreendimentos econômicos solidários sociais, observada a legislação em vigor;

VI — propor iniciativas para o acesso ao crédito;

VII — manter banco de dados atualizado do cooperativismo e do associativismo social no Brasil; e

VIII — propor adequações e aperfeiçoamentos ao marco legal das cooperativas sociais.

LEGISLAÇÃO COMPLEMENTAR

Art. 7º O Comitê Gestor do Pronacoop Social será composto por um representante, titular e suplente, dos seguintes órgãos:

I — Ministério do Trabalho e Emprego;

II — Ministério do Desenvolvimento Social e Combate à Fome;

III — Ministério da Saúde;

IV — Ministério da Justiça;

V — Secretaria de Direitos Humanos da Presidência da República; e

VI — Secretaria-Geral da Presidência da República.

§ 1º Serão convidados a compor o Comitê Gestor seis representantes de entidades da sociedade civil, de caráter nacional, a serem selecionadas segundo critérios objetivos previamente definidos em ato conjunto dos órgãos previstos nos incisos I a VI do *caput*.

§ 2º O Comitê Gestor será coordenado pela Secretaria Nacional de Economia Solidária do Ministério do Trabalho e Emprego.

§ 3º O regimento interno do Comitê Gestor disporá sobre sua organização e funcionamento, e será aprovado pela maioria absoluta de seus membros e publicado por portaria do Ministro de Estado do Trabalho e Emprego.

§ 4º O Comitê Gestor poderá convidar representantes de outros órgãos e entidades públicas ou instituições da sociedade civil para participar das reuniões.

§ 5º Os membros a que se referem os incisos I a VI do *caput* e seus suplentes serão indicados pelos titulares dos órgãos e designados por ato do Ministro de Estado do Trabalho e Emprego.

§ 6º Os membros a que se refere o § 1º e seus suplentes serão indicados pelos titulares das entidades e designados por ato do Ministro de Estado do Trabalho e Emprego.

§ 7º A participação dos membros do Comitê Gestor é considerada prestação de serviço público relevante e não será remunerada.

Art. 8º As despesas decorrentes da execução das ações e projetos do Pronacoop Social serão custeadas pelas dotações orçamentárias da União, consignadas anualmente nos orçamentos dos órgãos e entidades envolvidos no Programa, observados os limites de movimentação, de empenho e de pagamento da programação orçamentária e financeira anual.

PARÁGRAFO ÚNICO. As despesas necessárias ao funcionamento do Comitê Gestor serão custeadas por dotações orçamentárias consignadas no orçamento do Ministério do Trabalho e Emprego.

Art. 9º Este Decreto entra em vigor na data de sua publicação.

Brasília, 20 de dezembro de 2013; 192º da Independência e 125º da República.

DILMA ROUSSEFF
JOSÉ EDUARDO CARDOZO
MANOEL DIAS
ALEXANDRE ROCHA SANTOS PADILHA
TEREZA CAMPELLO
GILBERTO CARVALHO
MARIA DO ROSÁRIO NUNES

DOU 20.12.2013

Decreto n. 8.373, de 11 de dezembro de 2014

Institui o Sistema de Escrituração Digital das Obrigações Fiscais, Previdenciárias e Trabalhistas — eSocial e dá outras providências

A PRESIDENTA DA REPÚBLICA, no uso da atribuição que lhe confere o art. 84, *caput*, inciso IV, alínea *a*, da Constituição,

DECRETA:

Art. 1º Fica instituído o Sistema de Escrituração Digital das Obrigações Fiscais, Previdenciárias e Trabalhistas — eSocial.

Art. 2º O eSocial é o instrumento de unificação da prestação das informações referentes à escrituração das obrigações fiscais, previdenciárias e trabalhistas e tem por finalidade padronizar sua transmissão, validação, armazenamento e distribuição, constituindo ambiente nacional composto por:

I — escrituração digital, contendo informações fiscais, previdenciárias e trabalhistas;

II — aplicação para preenchimento, geração, transmissão, recepção, validação e distribuição da escrituração; e

III — repositório nacional, contendo o armazenamento da escrituração.

§ 1º A prestação das informações ao eSocial substituirá, na forma disciplinada pelos órgãos ou entidades partícipes, a obrigação de entrega das mesmas informações em outros formulários e declarações a que estão sujeitos:

I — o empregador, inclusive o doméstico, a empresa e os que forem a eles equiparados em lei;

II — o segurado especial, inclusive em relação a trabalhadores que lhe prestem serviço;

III — as pessoas jurídicas de direito público da União, dos Estados, do Distrito Federal e dos Municípios; e

IV — as demais pessoas jurídicas e físicas que pagarem ou creditarem por si rendimentos sobre os quais tenha incidido retenção do Imposto sobre a Renda Retido na Fonte — IRRF, ainda que em um único mês do ano calendário.

§ 2º A prestação de informação ao eSocial pelas microempresas e empresas de pequeno porte, conforme a Lei Complementar n. 123, de 15 de dezembro de 2006, e pelo Microempreendedor Individual — MEI será efetuada em sistema simplificado, compatível com as especificidades dessas empresas.

§ 3º As informações prestadas por meio do eSocial substituirão as constantes na Guia de Recolhimento do Fundo de Garantia por Tempo de Serviço e Informações à Previdência Social — GFIP, na forma disciplinada no Manual de Orientação do eSocial.

§ 4º As informações prestadas pelos empregadores serão enviadas ao Fundo de Garantia do Tempo de Serviço — FGTS e armazenadas no repositório nacional.

§ 5º A escrituração digital de que trata o inciso I do *caput* é composta pelos registros de eventos tributários, previdenciários e trabalhistas, na forma disciplinada no Manual de Orientação do eSocial.

Art. 3º O eSocial rege-se pelos seguintes princípios:

I — viabilizar a garantia de direitos previdenciários e trabalhistas;

II — racionalizar e simplificar o cumprimento de obrigações;

III — eliminar a redundância nas informações prestadas pelas pessoas físicas e jurídicas;

IV — aprimorar a qualidade de informações das relações de trabalho, previdenciárias e tributárias; e

V — conferir tratamento diferenciado às microempresas e empresas de pequeno porte.

Art. 4º Fica instituído o Comitê Diretivo do eSocial, composto pelos Secretários-Executivos dos seguintes órgãos:

I — Ministério da Fazenda;

II — Ministério da Previdência Social;

III — Ministério do Trabalho e Emprego; e

IV — Secretaria da Micro e Pequena Empresa da Presidência da República.

§ 1º Ao Comitê Diretivo, com coordenação exercida alternadamente por período de um ano, compete:

I — estabelecer o prazo máximo da substituição de que trata o § 1º do art. 2º.

II — estabelecer diretrizes gerais e formular as políticas referentes ao eSocial;

III — acompanhar e avaliar a implementação das diretrizes gerais e políticas do eSocial;

IV — propor o orçamento e acompanhar a execução das ações referentes ao eSocial e das integrações dele decorrentes;

V — propor ações e parcerias para comunicação, divulgação e aperfeiçoamento do eSocial entre os empregadores e empregados;

VI — propor ajustes nos processos de trabalhos dos órgãos, visando à melhoria da qualidade da informação e dos serviços prestados à sociedade; e

VII — decidir, em última instância administrativa, mediante representação do subcomitê temático específico e após oitiva do Comitê Gestor, sobre proposições não implementadas no âmbito de suas atribuições, discriminadas no § 1º do art. 6º.

§ 2º As deliberações do Comitê Diretivo serão tomadas por consenso e formalizadas por meio de resolução.

Art. 5º Fica instituído o Comitê Gestor do eSocial, formado por representantes dos seguintes órgãos:

I — Ministério do Trabalho e Emprego;

II — Ministério da Previdência Social;

III — Secretaria da Receita Federal do Brasil;

IV — Instituto Nacional do Seguro Social — INSS; e

V — Conselho Curador do FGTS, representado pela Caixa Econômica Federal, na qualidade de agente operador do FGTS.

§ 1º Compete ao Comitê Gestor:

I — estabelecer diretrizes para o funcionamento e a divulgação do ambiente nacional;

II — especificar, desenvolver, implantar e manter o ambiente nacional;

III — promover a integração com os demais módulos do sistema;

IV — auxiliar e regular o compartilhamento e a utilização das informações armazenadas no ambiente nacional do eSocial; e

V — aprovar o Manual de Orientação do eSocial e suas atualizações.

§ 2º A gestão do eSocial será exercida de forma compartilhada e as deliberações do Comitê Gestor serão adotadas por meio de resolução.

§ 3º Os órgãos e entidades partícipes do Comitê Gestor exercerão, alternadamente, as funções de Secretaria-Executiva pelo período de um ano, tendo como secretário-executivo o respectivo representante no Comitê.

Art. 6º O Comitê Gestor será assessorado pelo Subcomitê Temático do Módulo Micro e Pequena Empresa e Microempreendedor Individual — MEI, formado por representantes dos órgãos referidos no *caput* do art. 6º e por representante da Secretaria da Micro e Pequena Empresa da Presidência da República.

§ 1º Ao Subcomitê Temático de que trata o *caput* compete formular proposta de simplificação, formalização, inovação, melhorias da especificação, arquitetura do sistema e de processos de trabalho que envolvam MEI, microempresas, empresas de pequeno porte e outros beneficiários enquadrados no Estatuto da Microempresa e Empresa de Pequeno Porte, disciplinado pela Lei Complementar n. 123, de 15 de dezembro de 2006.

§ 2º As deliberações do subcomitê serão tomadas por consenso, registradas em ata e encaminhadas ao Comitê Gestor.

§ 3º O Comitê Gestor se pronunciará, de forma motivada, sobre as propostas encaminhadas pelo subcomitê na forma prevista no § 2º do art. 6º.

§ 4º As propostas elaboradas pelo subcomitê que não forem aceitas pelo Comitê Gestor poderão ser analisadas pelo Comitê Diretivo, mediante representação, para decisão final acerca de sua implantação.

§ 5º Em caso de divergências no subcomitê temático, a iniciativa apenas poderá ser implementada pelo Comitê Gestor após decisão do Conselho Diretivo.

§ 6º O Comitê Gestor poderá constituir outros subcomitês para desenvolver as ações necessárias à implementação, à operacionalização, ao controle e ao aprimoramento do eSocial.

Art. 7º A participação nas atividades dos Comitês Diretivo e Gestor será considerada função relevante, não remunerada.

Art. 8º A Caixa Econômica Federal, na qualidade de agente operador do FGTS, o Instituto Nacional do Seguro Social, a Secretaria da Receita Federal do Brasil, o Ministério da Previdência Social e o Ministério do Trabalho e Emprego regulamentarão, no âmbito de suas competências, sobre o disposto neste Decreto.

§ 1º O eSocial não implica, em qualquer hipótese, transferência de atribuições e competências entre os órgãos ou entidades partícipes, nem transferência ou compartilhamento de propriedade intelectual de produtos não abrangidos por esse sistema.

§ 2º Os integrantes do Comitê Gestor terão acesso compartilhado às informações que integram o ambiente nacional do eSocial, e farão uso delas no limite de suas respectivas competências e atribuições, não podendo transferi-las a terceiros ou divulgá-las, salvo previsão legal.

§ 3º As informações de natureza tributária e do FGTS observarão as regras de sigilo fiscal e bancário, respectivamente.

Art. 9º Este Decreto entra em vigor na data de sua publicação.

Brasília, 11 de dezembro de 2014; 193º da Independência e 126º da República.

Dilma Rousseff
Guido Mantega
Manoel Dias
Garibaldi Alves Filho
Guilherme Afif Domingos

DOU 12.12.2014

Decreto n. 8.433, de 16 de abril de 2015

A PRESIDENTA DA REPÚBLICA, no uso da atribuição que lhe confere o art. 84, *caput*, incisos IV e VI, alínea "a", da Constituição, e tendo em vista o disposto na Lei n. 13.103, de 2 de março de 2015,

DECRETA:

Art.1º Este Decreto regulamenta a Lei n. 13.103, de 2 de março de 2015, que dispõe sobre o exercício da profissão de motorista.

Art. 2º Os veículos de transporte de carga que circularem vazios ficam isentos da cobrança de pedágio sobre os eixos que mantiverem suspensos.

§ 1º Os órgãos ou entidades competentes da União, dos Estados, do Distrito Federal e dos Municípios disporão sobre as medidas técnicas e operacionais para viabilizar a isenção de que trata o *caput*.

§ 2º Até a implementação das medidas a que se refere o § 1º, consideram-se vazios os veículos de transporte de carga que transpuserem as praças de pedágio com um ou mais eixos que mantiverem suspensos, ressalvada a fiscalização da condição pela autoridade com circunscrição sobre a via ou ao seu agente designado na forma do § 4º do art. 280 da Lei n. 9.503, de 23 de setembro de 1997 — Código de Trânsito Brasileiro.

§ 3º Para as vias rodoviárias federais concedidas, a regulamentação de que trata o § 1º será publicada pela Agência Nacional de Transportes Terrestres — ANTT no prazo máximo de cento e oitenta dias, contado da publicação deste Decreto, observada a viabilidade econômica e o interesse público.

§ 4º Regulamentações específicas fixarão os prazos para o cumprimento das medidas pelas concessionárias de rodovias.

Art. 3º As penalidades a que se refere o art. 22 da Lei n. 13.103, de 2015, ficam convertidas em advertências, conforme os procedimentos estabelecidos:

I — pelo Ministério do Trabalho e Emprego, no caso das infrações ao disposto na Lei n. 12.619, de 30 de abril de 2012, de que trata o inciso I do *caput* do art. 22 da Lei n. 13.103, de 2015; e

II — pelos órgãos competentes para aplicar penalidades, no caso das infrações ao Código de Trânsito Brasileiro de que tratam os incisos I e II do *caput* do art. 22 da Lei n. 13.103, de 2015.

§ 1º As penalidades decorrentes das infrações de trânsito de que tratam os incisos I e II do *caput* do art. 22 da Lei n. 13.103, de 2015, são aquelas previstas no inciso XXIII do *caput* do art. 230 e no inciso V do *caput* do art. 231 do Código de Trânsito Brasileiro, respectivamente.

§ 2º A restituição de valores pagos pelas penalidades referidas no *caput* deverá ser solicitada por escrito e autuada em processo administrativo específico junto ao órgão responsável pelo recolhimento.

Art. 4º Compete ao Ministério do Trabalho e Emprego regulamentar as condições de segurança, sanitárias e de conforto nos locais de espera, de repouso e de descanso dos motoristas profissionais de transporte rodoviário de passageiros e de cargas, conforme disposto no art. 9º da Lei n. 13.103, de 2 de março de 2015; e

Parágrafo único. Para os procedimentos de reconhecimento como ponto de parada e descanso, os órgãos de que trata o § 3º do art. 11 da Lei n. 13.103, de 2015, observarão o cumprimento da regulamentação de que trata o *caput*.

Art. 5º Compete ao Conselho Nacional de Trânsito — Contran regulamentar:

I — os modelos de sinalização, de orientação e de identificação dos locais de espera, de repouso e de descanso dos motoristas profissionais de transporte rodoviário de passageiros e de cargas, observadas as disposições do § 3º do art. 11 da Lei n. 13.103, de 2015; e

II — o uso de equipamentos para a verificação se o veículo se encontra vazio e os demais procedimentos a serem adotados para a fiscalização de trânsito e o cumprimento das disposições do art. 17 da Lei n. 13.103, de 2015, no prazo máximo de cento e oitenta dias, contado da publicação deste Decreto.

Art. 6º A regulamentação das disposições dos incisos I ao IV do *caput* do art. 10, do art. 11 e do art. 12 da Lei n. 13.103, de 2015, compete:

I — à ANTT, para as rodovias por ela concedidas; e

II — ao Departamento Nacional de Infraestrutura de Transportes — DNIT, para as demais rodovias federais.

Parágrafo único. A outorga de permissão de uso de bem público nas faixas de domínio a que se refere o inciso IV do *caput* do art. 10 da Lei n. 13.103, de 2015, compete ao órgão com jurisdição sobre a via, observados os requisitos e as condições por ele estabelecidos.

Art. 7º Este Decreto entra em vigor na data de sua publicação.

Brasília, 16 de abril de 2015; 194º da Independência e 127º da República.

Dilma Rousseff
Antonio Carlos Rodrigues
Manoel Dias
Gilberto Kassab

DOU 17.4.2015, RETIF. DOU 20.4.20158

Decreto n. 8.740, de 4 de maio de 2016, DOU 5.5.16

Altera o Decreto n. 5.598, de 1º de dezembro de 2005, para dispor sobre a experiência prática do aprendiz.

A PRESIDENTA DA REPÚBLICA, no uso da atribuição que lhe confere o art. 84, *caput*, inciso IV, da Constituição, e tendo em vista o disposto no Título III, Capítulo IV, Seção IV, do Decreto-Lei n. 5.452, de 1º de maio de 1943 - Consolidação das Leis do Trabalho, e no Título II, Capítulo V, da Lei nº 8.069, de 13 de julho de 1990 - Estatuto da Criança e do Adolescente,

D E C R E T A:

Art. 1º O Decreto n. 5.598, de 1º de dezembro de 2005, passa a vigorar com as seguintes alterações:

"Art. 23-A. O estabelecimento contratante cujas peculiaridades da atividade ou dos locais de trabalho constituam embaraço à realização das aulas práticas, além de poderem ministrá-las exclusivamente nas entidades qualificadas em formação técnico profissional, poderão requerer junto à respectiva unidade descentralizada do Ministério do Trabalho e Previdência Social a assinatura de termo de compromisso para o cumprimento da cota em entidade concedente da experiência prática do aprendiz.

§ 1º Caberá ao Ministério do Trabalho e Previdência Social definir:

I — os setores da economia em que a aula prática poderá se dar nas entidades concedentes; e

II — o processamento do pedido de assinatura de termo de compromisso.

§ 2º Consideram-se entidades concedentes da experiência prática do aprendiz:

I — órgãos públicos;

II — organizações da sociedade civil, nos termos do art. 2º da Lei n. 13.019, de 31 de julho de 2014; e

III — unidades do Sistema Nacional de Atendimento Socioeducativo - Sinase.

§ 3º Firmado o termo de compromisso com o Ministério do Trabalho e Previdência Social, o estabelecimento contratante e a entidade qualificada por ele já contratada deverão firmar conjuntamente parceria com uma das entidades concedentes para a realização das aulas práticas.

§ 4º Caberá à entidade qualificada o acompanhamento pedagógico da etapa prática.

§ 5º A seleção de aprendizes será realizada a partir do cadastro público de emprego,

disponível no portal eletrônico Mais Emprego e deverá priorizar a inclusão de jovens e adolescentes em situação de vulnerabilidade ou risco social, tais como:

I — adolescentes egressos do sistema socioeducativo ou em cumprimento de medidas socioeducativas;

II — jovens em cumprimento de pena no sistema prisional;

III — jovens e adolescentes cujas famílias sejam beneficiárias de programas de transferência de renda;

IV — jovens e adolescentes em situação de acolhimento institucional;

V — jovens e adolescentes egressos do trabalho infantil;

VI — jovens e adolescentes com deficiência;

VII — jovens e adolescentes matriculados na rede pública de ensino, em nível fundamental, médio regular ou médio técnico, inclusive na modalidade de Educação de Jovens e Adultos; e,

VIII — jovens desempregados e com ensino fundamental ou médio concluído na rede pública.

§ 6º Os percentuais a serem cumpridos na forma alternativa e no sistema regular deverão constar do termo de compromisso firmado com o Ministério do Trabalho e Previdência Social, com vistas ao adimplemento integral da cota de aprendizagem, observados, em todos os casos, os limites previstos na Seção IV do Capítulo IV do Título III do Decreto-Lei n. 5.452, de 1º de maio de 1943 — Consolidação das Leis do Trabalho e a contratação do percentual mínimo no sistema regular," (NR)

Art. 2º Este Decreto entra em vigor na data de sua publicação.

Brasília, 4 de maio de 2016; 195º da Independência e 128º da República.

Dilma Rousseff
Miguel Rossetto

Decreto-Lei n. 368, de 19 de dezembro de 1968

Dispõe sobre efeitos de débitos salariais e dá outras providências

O PRESIDENTE DA REPÚBLICA, usando da atribuição que lhe confere o § 1º do art. 2º do Ato Institucional n. 5, de 13 de dezembro de 1968, decreta:

Art. 1º A empresa em débito salarial com seus empregados não poderá:

I — pagar honorário, gratificação, *pro labore* ou qualquer outro tipo de retribuição ou retirada a seus diretores, sócios, gerentes ou titulares de firma individual;

II — distribuir quaisquer lucros, bonificações, dividendos ou interesses a seus sócios, titulares, acionistas, ou membros de órgãos dirigentes, fiscais ou consultivos;

III — ser dissolvida.

Parágrafo único. Considera-se em débito salarial a empresa que não paga, no prazo e nas condições da lei ou contrato, o salário devido a seus empregados.

Art. 2º A empresa em mora contumaz relativamente a salários não poderá, além do disposto no art. 1º, ser favorecida com qualquer benefício de natureza fiscal, tributária, ou financeira, por parte de órgãos da União, dos Estados ou dos Municípios, ou de que estes participem.

§ 1º Considera-se mora contumaz o atraso ou sonegação de salários devidos aos empregados, por período igual ou superior a três meses, sem motivo grave e relevante, excluídas as causas pertinentes ao risco do empreendimento.

§ 2º Não se incluem na proibição do artigo as operações de crédito destinadas à liquidação dos débitos salariais existentes, o que deverá ser expressamente referido em documento firmado pelo responsável legal da empresa, como justificação do crédito.

Art. 3º A mora contumaz e a infração ao art. 1º serão apuradas mediante denúncia de empregado da empresa ou entidade sindical da respectiva categoria profissional, pela Delegacia Regional do Trabalho, em processo sumário, assegurada ampla defesa ao interessado.

§ 1º Encerrado o processo, o Delegado Regional do Trabalho submeterá ao Ministro do Trabalho e Previdência Social parecer conclusivo para decisão.

§ 2º A decisão que concluir pela mora contumaz será comunicada às autoridades fazendárias locais pelo Delegado Regional do Trabalho, sem prejuízo da comunicação que deverá ser feita ao Ministro da Fazenda.

Art. 4º Os diretores, sócios, gerentes, membros de órgãos fiscais ou consultivos, titulares de firma individual ou quaisquer outros dirigentes de empresa responsável pela infração do disposto no art. 1º, incisos I e II, estarão sujeitos à pena de detenção de um mês a um ano.

Parágrafo único. Apurada a infração prevista neste artigo, o Delegado Regional do Trabalho representará, sob pena de responsabilidade, ao Ministério Público, para a instauração da competente ação penal.

Art. 5º No caso do inciso III do art. 1º, a empresa requererá a expedição de Certidão Negativa de Débito Salarial, a ser passada pela Delegacia Regional do Trabalho mediante prova bastante do cumprimento, pela empresa, das obrigações salariais respectivas.

Art. 6º Considera-se salário devido, para os efeitos deste Decreto-Lei, a retribuição de responsabilidade direta da Empresa, inclusive comissões, percentagens, gratificações, diárias para viagens e abonos, quando a sua liquidez e certeza não sofram contestação nem estejam pendentes de decisão judicial.

Art. 7º As infrações descritas no art. 1º, incisos I e II e seu parágrafo único, sujeitam a empresa infratora à multa variável de dez a cinquenta por cento do débito salarial, a ser aplicada pelo Delegado Regional do Trabalho, mediante o processo previsto nos arts. 626 e seguintes da Consolidação das Leis do Trabalho, sem prejuízo da responsabilidade criminal das pessoas implicadas.

Art. 8º O Ministério do Trabalho e Previdência Social, expedirá as instruções necessárias à execução deste Decreto-Lei.

Art. 9º Este Decreto-Lei entrará em vigor na data de sua publicação, revogadas as disposições em contrário.

Brasília, 19 de dezembro de 1968; 147º da Independência e 80º da República.

A.Costa e Silva
Antônio Delfim Netto
Jarbas G. Passarinho
Hélio Beltrão

DOU 20.12.1968

Decreto-Lei n. 691, de 18 de julho de 1969

Dispõe sobre a não aplicação, aos contratos de técnicos estrangeiros, com estipulação de pagamento de salários em moeda estrangeira, de diversas disposições da legislação trabalhista, e dá outras providências

O PRESIDENTE DA REPÚBLICA, no uso da atribuição que lhe confere o § 1º do art. 2º do Ato Institucional n. 5, de 13 de dezembro de 1968, decreta:

Art. 1º Os contratos de técnicos estrangeiros domiciliados ou residentes no exterior, para execução, no Brasil, de serviços especializados, em caráter provisório, com estipulação de salários, em moeda estrangeira, serão, obrigatoriamente, celebrados por prazo determinado e prorrogáveis sempre a termo certo, ficando excluídos da aplicação do disposto nos arts. 451, 452, 453 do Capítulo VII do Título IV da Consolidação das Leis do Trabalho e na Lei n. 5.107, de 13 de setembro de 1966, com as alterações do Decreto-Lei n. 20, de 14 de setembro de 1966, e legislação subsequente.

Parágrafo único. A rescisão dos contratos de que trata este artigo reger-se-á pelas normas estabelecidas nos arts. 479, 480, e seu § 1º, e 481 da Consolidação das Leis do Trabalho.

Art. 2º Aos técnicos estrangeiros contratados nos termos deste Decreto-Lei serão assegurados, além das vantagens previstas no contrato, apenas as garantias relativas a salário mínimo, repouso semanal remunerado, férias anuais, duração, higiene e segurança do trabalho, seguro contra acidente do trabalho e previdência social deferidas ao trabalhador que perceba salário exclusivamente em moeda nacional.

Parágrafo único. É vedada a estipulação contratual de participação nos lucros da empresa.

Art. 3º A taxa de conversão da moeda estrangeira será, para todos os efeitos, a da data do vencimento da obrigação.

Art. 4º A competência para dirimir as controvérsias oriundas das relações estabelecidas sob o regime deste Decreto-Lei será da Justiça do Trabalho.

Art. 5º O presente Decreto-Lei entrará em vigor na data de sua publicação, aplicando-se às relações em curso.

Art. 6º Revogam-se as disposições em contrário.

Brasília, 18 de julho de 1969; 148º da Independência e 81º da República.

A.Costa e Silva
Luís Antônio da Gama e Silva
Augusto Hamann Rademaker Grunewald
Aurélio de Lyra Tavares
José de Magalhães Pinto
Antônio Delfim Netto
Mário David Andreazza
Ruy Corrêa Lopes
Tarso Dutra
Jarbas G. Passarinho
Márcio de Souza e Mello
Romeu Honório Loures
Edmundo de Macedo Soares
Antônio Dias Leite Júnior
Hélio Beltrão
José Costa Cavalcanti
João Aristides Wiltgen

DOU 21.7.1969 e 23.7.1969

Decreto-lei n. 779, de 21 de agosto de 1969

Dispõe sobre a aplicação de normas processuais trabalhistas à União federal, aos estados, municípios, Distrito Federal e autarquias ou fundações de direito público que não explorem atividade econômica

O PRESIDENTE DA REPÚBLICA, usando das atribuições que lhe confere o § 1º do art. 2º do Ato Institucional n. 5, de 13 de dezembro de 1968, decreta:

Art. 1º Nos processos perante a Justiça do Trabalho constituem privilégio da União, dos Estados, do Distrito Federal, dos Municípios e das autarquias ou fundações de direito público federais, estaduais ou municipais que não explorem atividade econômica:

I — a presunção relativa de validade dos recibos de quitação ou pedidos de demissão de seus empregados ainda que não homologados nem submetidos à assistência mencionada nos §§ 1º, 2º e 3º do art. 477 da Consolidação das Leis do Trabalho;

II — o quádruplo do prazo fixado no art. 841, *in fine*, da Consolidação das Leis do Trabalho;

III — o prazo em dobro para recurso;

IV — a dispensa de depósitos para interposição de recurso;

V — o recurso ordinário *ex officio* das decisões que lhe sejam total ou parcialmente contrárias;

VI — o pagamento de custas a final, salvo quanto à União Federal, que não as pagará.

Art. 2º O disposto no artigo anterior aplica-se aos processos em curso, mas não acarretará a restituição de depósitos ou custas pagas para efeito de recurso até decisão passada em julgado.

Art. 3º Este Decreto-lei entra em vigor na data de sua publicação, revogadas as disposições em contrário.

Brasília, 21 de agosto de 1969; 148º da Independência e 81º da República.

COSTA E SILVA
LUÍS ANTONIO DA GAMA E SILVA
JARBAS G. PASSARINHO
DOU 25.8.1969

Circular n. 696, de 27 de outubro de 2015

Estabelece os procedimentos de contingência referentes a obrigatoriedade de recolhimento do FGTS pelo empregador doméstico

A Caixa Econômica Federal — CAIXA, na qualidade de Agente Operador do Fundo de Garantia do Tempo de Serviço — FGTS, no uso das atribuições que lhe são conferidas pelo art. 7º, inciso II, da Lei n. 8.036/90, de 11.5.1990, e de acordo com o Regulamento Consolidado do FGTS, aprovado pelo Decreto n. 99.684/90, de 8.11.1990 e alterado pelo Decreto n. 1.522/95, de 13.6.1995, em consonância com a Lei n. 9.012/95, de 11.3.1995, a Lei Complementar n. 110/01, de 29.6.2001, regulamentada pelos Decretos n. 3.913/01 e 3.914/01, de 11.9.2001, e a Lei Complementar n. 150, de 1º.6.2015, resolve:

1. Dispor sobre a contingência do recolhimento do Fundo de Garantia do Tempo de Serviço (FGTS), de que trata o parágrafo único do art. 32 da LC n. 150/2015, para o contrato de trabalho doméstico, considerando a obrigatoriedade da inclusão a partir da competência 10/2015, observadas as disposições da Resolução do Conselho Curador do FGTS n. 780, de 24.9.2015.

2. Na impossibilidade de utilização do eSocial para realização do recolhimento unificado, devido pelo empregador doméstico, a CAIXA acatará o recolhimento específico do FGTS por meio da GRF Internet Doméstico disponível no portal eSocial (www.esocial.gov.br).

2.1 O recolhimento específico do FGTS viabilizará o recolhimento mensal das seguintes parcelas incidentes sobre a folha de pagamento:

(a) 8% (oito por cento) de recolhimento para o FGTS; e

(b) 3,2% (três inteiros e dois décimos por cento) destinada ao pagamento da indenização compensatória da perda do emprego, sem justa causa, por culpa recíproca, na forma do art. 22 da Lei Complementar n. 150/2015.

2.1.1 Os depósitos do FGTS definidos nas alíneas (a) e (b) incidem sobre a remuneração paga ou devida no mês anterior, a cada empregado, incluída a remuneração do 13º salário correspondente a gratificação de natal, observadas as demais orientações contidas na Circular CAIXA n. 694/2015, inclusive quanto a data de vencimento que ocorre até o dia 7 do mês seguinte ao da competência, relativo aos fatos geradores ocorridos no mês anterior, antecipando-se para o dia útil imediatamente anterior na hipótese em que não houver expediente bancário no dia 07.

3. Nas rescisões de contrato de trabalho do trabalhador doméstico, o empregador observa as seguintes orientações:

3.1 Para recolhimento rescisório referente as rescisões ocorridas até a disponibilização do evento de desligamento e DAE Rescisório, o empregador deve utilizar-se da GRRF Internet Doméstico no portal eSocial (www.esocial.gov.br) observadas demais orientações de geração da GRRF contidas no Manual de Orientação ao Empregador — Recolhimentos Mensais e Rescisórios ao FGTS e das Contribuições Sociais disponível no endereço www.caixa.gov.br, download, FGTS — Manuais Operacionais e na Circular CAIXA n. 694/2015, inclusive quanto a data de vencimento.

4. Esta Circular entra em vigor na data de sua publicação.

FABIO FERREIRA CLETO
Vice-Presidente
DOU 28.10.2015

CONSELHO NACIONAL DE TRÂNSITO

Deliberação n. 143, de 20 de abril de 2015

Dispõe sobre a fiscalização do tempo de direção do motorista profissional de que trata os artigos 67-A, 67-C e 67-E, incluídos no Código de Transito Brasileiro — CTB, pela Lei n. 13.103, de 2 de março de 2015, e dá outras providências

O PRESIDENTE DO CONSELHO NACIONAL DE TRÂNSITO, ad referendum do CONTRAN, no uso das atribuições que lhe foram conferidas pelo inciso I, do art. 12, da Lei n. 9.503, de 23 de setembro de 1997, que instituiu o Código de Trânsito Brasileiro — CTB, e conforme o Decreto n. 4.711, de 29 de maio de 2003, que dispõe sobre a coordenação do Sistema Nacional de Trânsito — SNT;

CONSIDERANDO a publicação da Lei n. 13.103, de 2 de março de 2015, que dispõe sobre o exercício da profissão de motorista; altera a Consolidação das Leis do Trabalho — CLT, aprovada pelo Decreto-Lei n. 5.452, de 1º de maio de 1943, e as Leis ns. 9.503, de 23 de setembro de 1997 — Código de Trânsito Brasileiro e 11.442, de 5 de janeiro de 2007, (empresas e transportadores autônomos de carga), para disciplinar a jornada de trabalho e o tempo de direção do motorista profissional; altera a Lei n. 7.408, de 25 de novembro de 1985; revoga dispositivos da Lei n. 12.619, de 30 de abril de 2012; e dá outras providências;

CONSIDERANDO o disposto na Lei n. 10.350, de 21 de dezembro de 2001, que definiu motorista profissional como o condutor que exerce atividade remunerada ao veículo;

CONSIDERANDO o disposto na Lei n. 7.290, de 19 de dezembro de 1984, que define a atividade do Transportador Rodoviário Autônomo de Bens e dá outras providências;

CONSIDERANDO o disposto na Lei n. 11.442, de 5 de janeiro de 2007, que define o Transportador Autônomo de Cargas — TAC como a pessoa física que exerce sua atividade profissional mediante remuneração;

CONSIDERANDO que o registrador instantâneo e inalterável de velocidade e tempo é obrigatório em todos os veículos mencionados no inciso II do art. 105, do CTB;

CONSIDERANDO a necessidade de redução da ocorrência de acidentes de trânsito e de vítimas fatais nas vias públicas envolvendo veículos de transporte de escolares, de passageiros e de cargas;

CONSIDERANDO a necessidade de regulamentação dos meios a serem utilizados para a comprovação do registro do tempo de direção e repouso nos termos da Lei n. 13.103, de 2 de março de 2015;

CONSIDERANDO o disposto no artigo 8º da Lei Complementar n. 121, de 9 de fevereiro de 2006, que cria o Sistema Nacional de Prevenção, Fiscalização e Repressão ao Furto e Roubo de Veículos e dá outras providências; e

CONSIDERANDO o que consta no processo n. 80020.002766/2015-14, resolve:

Art. 1º Estabelecer os procedimentos para fiscalização do tempo de direção e descanso do motorista profissional na condução dos veículos de transporte e de condução de escolares, de transporte de passageiros com mais de 10 (dez) lugares e de carga com peso bruto total superior a 4.536 (quatro mil e quinhentos e trinta e seis) quilogramas, para cumprimento das disposições da Lei n. 13.103, de 2 de março de 2015.

Parágrafo único. Para efeito desta Deliberação, serão adotadas as seguintes definições:

I — motorista profissional: condutor de veículos automotores cuja condução exija formação profissional e que exerça a profissão no transporte rodoviário de passageiros ou cargas.

II — tempo de direção: período em que o condutor estiver efetivamente ao volante de um veículo em movimento.

III — intervalo de descanso: período de tempo em que o condutor estiver efetivamente cumprindo o descanso estabelecido nesta Deliberação, comprovado por meio dos documentos previstos no art. 2º, não computadas as interrupções involuntárias, tais como as decorrentes de engarrafamentos, semáforo e sinalização de trânsito.

IV — ficha de trabalho do autônomo: ficha de controle do tempo de direção e do intervalo de descanso do motorista profissional autônomo, que deverá sempre acompanhá-lo no exercício de sua profissão.

Art. 2º A fiscalização do tempo de direção e do intervalo de descanso do motorista profissional dar-se-á por meio de:

I — Análise do disco ou fita diagrama do registrador instantâneo e inalterável de velocidade e tempo ou de outros meios eletrônicos idôneos instalados no veículo; ou

II — Verificação do diário de bordo, papeleta ou ficha de trabalho externo, fornecida pelo empregador; ou

III — Verificação da ficha de trabalho do autônomo, que deverá ser elaborada nos termos do Anexo I desta Deliberação.

§ 1º A análise de que trata o inciso I deste artigo será realizada em equipamentos regulamentados pelo CONTRAN;

§ 2º A fiscalização por meio dos documentos previstos nos incisos II e III somente será feita quando da impossibilidade da comprovação por meio do disco ou fita diagrama do registrador instantâneo e inalterável de velocidade e tempo do próprio veículo fiscalizado.

§ 3º O motorista profissional autônomo deverá portar a ficha de trabalho das últimas 24 (vinte quatro) horas.

§ 4º Os documentos previstos nos incisos II e III deverão possuir espaço, no verso ou anverso, para que o agente de trânsito possa registrar, no ato da fiscalização, seu nome e matrícula, data, hora e local da fiscalização, e, quando for o caso, o número do auto de infração.

§ 5º Para controle do tempo de direção e do intervalo de descanso, quando a fiscalização for efetuada de acordo com o inciso I, deverá ser descontado da medição realizada, o erro máximo admitido de 2 (dois) minutos a cada 24 (vinte e quatro) horas e 10 (dez) minutos a cada 7 (sete) dias.

§ 6º Os documentos previstos nos incisos II e III servirão como autorização de transporte prevista no art. 8º da Lei Complementar n. 121, de 9 de fevereiro de 2006, desde que contenham o carimbo e assinatura do representante legal do proprietário ou arrendatário.

Art. 3º O motorista profissional, no exercício de sua profissão e na condução de veículos mencionados no *caput* do art. 1º, fica submetido às seguintes condições, conforme estabelecido nos arts. 67-C e 67-E da Lei n. 9.503, de 23 de setembro de 1997, incluídos pela Lei n. 13.103, de 2 de março de 2015:

I — É vedado ao motorista profissional dirigir por mais de 5 (cinco) horas e meia ininterruptas veículos de transporte rodoviário coletivo de passageiros ou de transporte rodoviário de cargas;

II — Serão observados 30 (trinta) minutos para descanso dentro de cada 6 (seis) horas na condução de veículo de transporte de carga, sendo facultado o seu fracionamento e o do tempo de direção desde que não ultrapassadas 5 (cinco) horas e meia contínuas no exercício da condução;

III — Serão observados 30 (trinta) minutos para descanso a cada 4 (quatro) horas na condução de veículo rodoviário de passageiros, sendo facultado o seu fracionamento e o do tempo de direção;

IV — Em situações excepcionais de inobservância justificada do tempo de direção, devidamente registradas, o tempo de direção poderá ser elevado pelo período necessário para que o condutor, o veículo e a carga cheguem a um lugar que ofereça a segurança e o atendimento demandados, desde que não haja comprometimento da segurança rodoviária;

V — O condutor é obrigado, dentro do período de 24 (vinte e quatro) horas, a observar o mínimo de 11 (onze) horas de descanso, que podem ser fracionadas, usufruídas no veículo e coincidir com os intervalos mencionados no inciso II, observadas, no primeiro período, 8 (oito) horas ininterruptas de descanso;

VI — Entende-se como tempo de direção ou de condução apenas o período em que o condutor estiver efetivamente ao volante, em curso entre a origem e o destino;

VII — Entende-se como início de viagem a partida do veículo na ida ou no retorno, com ou sem carga, considerando-se como sua continuação as partidas nos dias subsequentes até o destino;

VIII — O condutor somente iniciará uma viagem após o cumprimento integral do intervalo de descanso previsto no inciso V deste artigo;

IX — Nenhum transportador de cargas ou coletivo de passageiros, embarcador, consignatário de cargas, operador de terminais de carga, operador de transporte multimodal de cargas ou agente de cargas ordenará a qualquer motorista a seu serviço, ainda que subcontratado, que conduza veículo referido no *caput* sem a observância do disposto no inciso VIII;

X — O descanso de que tratam os incisos II, III e V deste artigo poderá ocorrer em cabine leito do veículo ou em poltrona correspondente ao serviço de leito, no caso de transporte de passageiros, devendo o descanso do inciso V ser realizado com o veículo estacionado, ressalvado o disposto no inciso XI;

XI — Nos casos em que o empregador adotar 2 (dois) motoristas trabalhando no mesmo veículo, o tempo de repouso poderá ser feito com o veículo em movimento, assegurado o repouso mínimo de 6 (seis) horas consecutivas fora do veículo em alojamento externo ou, se na cabine leito, com o veículo estacionado, a cada 72 (setenta e duas) horas, nos termos do § 5º do art. 235-D e inciso III do art. 235-E da Consolidação das Leis Trabalhistas — CLT.

X — O motorista profissional é responsável por controlar e registrar o tempo de condução estipulado neste artigo, com vistas à sua estrita observância;

XI — A não observância dos períodos de descanso estabelecidos neste artigo sujeitará o motorista profissional às penalidades previstas no art. 230, inciso XXIII, do Código de Trânsito Brasileiro;

XII — O tempo de direção será controlado mediante registrador instantâneo inalterável de velocidade e tempo e por meio de anotação em diário de bordo, ou papeleta ou ficha de trabalho externo, conforme o modelo do Anexo I desta Deliberação, ou por meios eletrônicos instalados no veículo, conforme regulamentação específica do CONTRAN, observada a sua validade jurídica para fins trabalhistas;

XIII — O equipamento eletrônico ou registrador deverá funcionar de forma independente de qualquer interferência do condutor, quanto aos dados registrados;

XIV — A guarda, a preservação e a exatidão das informações contidas no equipamento registrador instantâneo inalterável de velocidade e de tempo são de responsabilidade do condutor.

Art. 4º Nos termos dos incisos I e II do art. 235-E da Consolidação das Leis Trabalhistas, para o transporte de passageiros, serão observados os seguintes dispositivos:

I — é facultado o fracionamento do intervalo de condução do veículo previsto na Lei n. 9.503, de 23 de setembro de 1997 — Código de Trânsito Brasileiro — CTB, em períodos de no mínimo 5 (cinco) minutos;

II — será assegurado ao motorista intervalo mínimo de 1 (uma) hora para refeição, podendo ser fracionado em 2 (dois) períodos e coincidir com o tempo de parada obrigatória na condução do veículo estabelecido pelo CTB, exceto quando se tratar do motorista profissional enquadrado no § 5º do art. 71 da Consolidação das Leis Trabalhistas.

Art. 5º Compete ao órgão ou entidade de trânsito com circunscrição sobre a via em que ocorrer a abordagem do veículo a fiscalização das condutas previstas nesta Deliberação.

Art. 6º O descumprimento dos tempos de direção e descanso previstos nesta Deliberação sujeitará o infrator à aplicação das penalidades e medidas administrativas previstas no inciso XXIII art. 230 do CTB.

§ 1º A medida administrativa de retenção do veículo será aplicada:

I — por desrespeito aos incisos II e III do art. 3º, pelo período de 30 minutos, observadas as disposições do inciso IV do mesmo artigo;

II — por desrespeito ao inciso V do art. 3º, pelo período de 11 horas.

§ 2º No caso do inciso II, a retenção poderá ser realizada em depósito do órgão ou entidade de trânsito responsável pela fiscalização, com fundamento no § 4º do art. 270 do CTB.

§ 3º Não se aplicarão os procedimentos previstos nos §§ 1º e 2º, caso se apresente outro condutor habilitado que tenha observado o tempo de direção e descanso para dar continuidade à viagem.

§ 4º Caso haja local apropriado para descanso nas proximidades o agente de trânsito poderá liberar o veículo para cumprimento do intervalo de descanso nesse local, mediante recolhimento do CRLV (CLA), o qual será devolvido somente depois de decorrido o respectivo período de descanso.

§ 5º Incide nas mesmas penas previstas neste artigo o condutor que deixar de apresentar ao agente de trânsito qualquer um dos meios de fiscalização previstos no art. 2º, nos termos dos incisos IX, X e XIV do art. 230 do CTB.

§ 6º A critério do agente, no caso do inciso I do § 1º deste artigo, não se dará a retenção imediata de veículos de transporte coletivo de passageiros, carga perecível e produtos perigosos, nos termos do § 4º do art. 270 do CTB;

Art. 7º As exigências estabelecidas nesta Deliberação referentes ao transporte coletivo de passageiros, não exclui outras definidas pelo poder concedente.

Art. 8º As publicações de que trata o art. 11 da Lei n. 13.103, de 2 de março de 2015, poderão ser realizadas nos sítios eletrônicos dos órgãos que menciona, devendo ser atualizadas sempre que houver qualquer alteração.

Art. 9º O estabelecimento reconhecido como ponto de parada e descanso, na forma do § 3º do art. 11 da Lei n. 13.103, de 2 de março de 2015, deverá contar com sinalização de indicação de serviços auxiliares, conforme modelos apresentados no Anexo II.

Art. 10. As disposições dos incisos I, II, III e V do art. 3º desta Deliberação produzirão efeitos:

I — a partir da data da publicação dos atos de que trata o art. 8º desta Deliberação, para os trechos das vias deles constantes;

II — a partir da data da publicação das relações subsequentes, para as vias por elas acrescidas.

§ 1º Durante os primeiros 180 (cento e oitenta) dias de sujeição do trecho ao disposto na Consolidação das Leis do Trabalho — CLT, aprovada pelo Decreto-Lei n. 5.452, de 1º de maio de 1943, e no CTB, com as alterações constantes da Lei n. 13.103, de 2 de março de 2015, a fiscalização do seu cumprimento será meramente informativa e educativa.

§ 2º Decorrido o prazo de 3 (três) anos a contar da publicação da Lei n. 13.103, de 2 de março de 2015, as disposições referidas no *caput* produzirão efeitos para todas as vias, independentemente da publicação dos atos de que trata o art. 8º ou de suas revisões.

Art. 11. Os anexos desta Deliberação encontram-se no sítio eletrônico <www.denatran.gov.br>.

Art. 12. Esta Deliberação entra em vigor na data de sua publicação.

Art. 13. Ficam revogadas as Resoluções CONTRAN n. 405, de 12 de junho de 2012, n. 408, de 2 de agosto de 2012, n. 417, de 12 de setembro de 2012, n. 431, de 23 de janeiro de 2013, e n. 437, de 27 de março de 2013, e a Deliberação do Presidente do CONTRAN n. 134, de 16 de janeiro de 2013.

ALBERTO ANGERAMI

Despacho do Ministro do Trabalho MME n. 27000-2.699/86, de 16 de outubro de 1986

Parecer da CJ n. 173/86 — Esclarece quanto à abrangência da Lei n. 7.369, de 20.9.1985, que institui salário adicional para os empregados do setor de energia elétrica, em condições de periculosidade

Conclusão do Parecer CJ n. 173/86
Interessado: Companhia Vale do Rio Doce
Através do Aviso n. 161/86 o Sr. Consultor Geral da República solicita manifestação da Consultoria Jurídica do Ministério do Trabalho sobre a abrangência da Lei n. 7.369, de 20.9.1985, que instituiu salário adicional para os empregados do setor de energia elétrica, em condições de periculosidade.

4. De acordo com a Lei n. 7.369/85 o adicional é devido ao "empregado que exerce atividades no setor de energia elétrica, em condições de periculosidade".

A expressão utilizada não esclarece se setor de energia elétrica é a categoria profissional de eletricitários, se quer dizer atividade de qualquer empresa voltada para esse fim ou, ainda, se significa trabalho exercido por empregado de empresa geradora ou transmissora.

13. Desse modo é possível afirmar que o adicional de periculosidade instituído para o pessoal que trabalha no setor de energia elétrica não é devido a empregados de toda atividade, mas apenas daquelas expressamente incluídas na regulamentação e que estão resumidas acima.

Logo, é impróprio denominá-lo adicional de eletricitários, uma vez que dentre estes, apenas serão contemplados aqueles cujo trabalho exercer-se nas condições típicas descritas pela regulamentação, ficando excluídos todos os demais.

21. Quanto à fiscalização trabalhista, a sua ação encontra respaldo na Seção XVI do Capítulo V da Consolidação das Leis do Trabalho que prevê penalidade por infração aos dispositivos pertinentes ao adicional de periculosidade previsto no art. 193 para o trabalho com inflamável e explosivo, a que se acresceu, agora, a atividade em setor de energia elétrica.

É meu parecer.
Em 15 de outubro de 1986.

AMAURI MASCARO NASCIMENTO
Consultor Jurídico.

Despacho — Aprovo o Parecer da Consultoria Jurídica

ALMIR PAZZIANOTTO PINTO
DOU 21.10.1986

Instrução Normativa MTb/GM n. 3, de 29 de agosto de 1997

Dispõe sobre a fiscalização do trabalho nas empresas de prestação de serviços a terceiros e empresas de trabalho temporário

O MINISTRO DE ESTADO DO TRABALHO, no uso das atribuições legais que lhe confere o inciso IV, do art. 87, da Constituição Federal, e

Considerando a necessidade de uniformizar o procedimento da Fiscalização do Trabalho, frente às inovações introduzidas pelo Enunciado n. 331, do Tribunal Superior do Trabalho, que alterou o Enunciado n. 256, resolve:

Art. 1º Baixar as seguintes instruções a serem observadas pela Fiscalização do Trabalho.

I — Da Empresa de Prestação de Serviços a Terceiros

Art. 2º Para os efeitos desta Instrução Normativa, considera-se empresa de prestação de serviços a terceiros a pessoa jurídica de direito privado, de natureza comercial, legalmente constituída, que se destina a realizar determinado e específico serviço a outra empresa fora do âmbito das atividades-fim e normais para que se constituiu esta última.

§ 1º As relações entre a empresa de prestação de serviços a terceiros e a empresa contratante são regidas pela lei civil.

§ 2º As relações de trabalho entre a empresa de prestação de serviços a terceiros e seus empregados são disciplinadas pela Consolidação das Leis do Trabalho — CLT.

§ 3º Em se tratando de empresa de vigilância e de transporte de valores, as relações de trabalho estão reguladas pela Lei n. 7.102/83, e, subsidiariamente, pela CLT.

§ 4º Dependendo da natureza dos serviços contratados, a prestação dos mesmos poderá se desenvolver nas instalações físicas da empresa contratante ou em outro local por ela determinado.

§ 5º A empresa de prestação de serviços a terceiros contrata, remunera e dirige o trabalho realizado por seus empregados.

§ 6º Os empregados da empresa de prestação de serviços a terceiros não estão subordinados ao poder diretivo, técnico e disciplinar da empresa contratante.

Art. 3º Para os efeitos desta Instrução Normativa, considera-se contratante a pessoa física ou jurídica de direito público ou privado que celebrar contrato com empresas de prestação de serviços a terceiros com a finalidade de contratar serviços.

§ 1º A contratante e a empresa prestadora de serviços a terceiros devem desenvolver atividades diferentes e ter finalidades distintas.

§ 2º A contratante não pode manter trabalhador em atividade diversa daquela para a qual o mesmo fora contratado pela empresa de prestação de serviços a terceiros.

§ 3º Em se tratando de empresas do mesmo grupo econômico, onde a prestação de serviços se dê junto a uma delas, o vínculo empregatício se estabelece entre a contratante e o trabalhador colocado à sua disposição, nos termos do art. 2º da CLT.

§ 4º O contrato de prestação de serviços a terceiros pode abranger o fornecimento de serviços, materiais e equipamentos.

Art. 4º O contrato celebrado entre a empresa prestadora de serviços a terceiros e pessoa jurídica de direito público é tipicamente administrativo, com efeitos civis, na conformidade do § 7º, art. 10 do Decreto-Lei n. 200/67 e da Lei n. 8.666/93.

Parágrafo único. Não gera vínculo de emprego com os Órgãos da Administração Pública Direta, Indireta ou Fundacional, a contratação irregular de trabalhador mediante empresa interposta, de acordo com o Enunciado n. 331, do Tribunal Superior do Trabalho.

Art. 5º Cabe à Fiscalização do Trabalho, quando da inspeção na empresa de prestação de serviços a terceiros ou na contratante, observar as disposições contidas nesta Instrução Normativa, especialmente no que se refere a:

a) registro de empregado — deve permanecer no local da prestação de serviços, para exame do contrato de trabalho e identificação do cargo para o qual o trabalhador foi contratado, salvo quando o empregado tiver cartão de identificação, tipo crachá, contendo nome completo, função, data de admissão e número do PIS-PASEP, hipótese em que a Fiscalização fará a verificação do registro na sede da empresa prestadora de serviços, caso esta sede se localize no Município onde está sendo realizada a ação fiscal;

b) horário de trabalho — o controle de jornada de trabalho deve ser feito no local da prestação de serviços. Tratando-se de trabalhador externo (papeleta) este controle deve permanecer na sede da empresa prestadora de serviços a terceiros;

c) atividade do trabalhador — o agente da inspeção do trabalho deve observar as tarefas executadas pelo trabalhador da empresa prestadora de serviços, a fim de constatar se estas não estão ligadas às atividades-fim e essenciais da contratante;

d) o contrato social — o agente da inspeção do trabalho deve examinar os contratos sociais da contratante e da empresa prestadora de serviços, com a finalidade de constatar se as mesmas se propõem a explorar as mesmas atividades-fim;

e) contrato de prestação de serviços — o agente da inspeção do trabalho deve verificar se há compatibilidade entre o objeto do contrato de prestação de serviços e as tarefas desenvolvidas pelos empregados da prestadora, com o objetivo de constatar se ocorre desvio de função do trabalhador.

Parágrafo único. Presentes os requisitos configuradores da relação de emprego entre a contratante e os empregados da empresa de prestação de serviços a terceiros ou desvio de função destes, lavrar-se-á, em desfavor da contratante, o competente auto

de infração, pela caracterização do vínculo empregatício.

Arts. 6º a 14. Revogados pela Instrução Normativa SRT/MTE n. 17, de 7.11.2014, DOU 13.11.2014.

PAULO PAIVA
DOU 1º.9.1997

Instrução Normativa n. 1, GM/MTE, de 6 de março de 2002

Dispõe sobre o recolhimento da contribuição sindical prevista no art. 578 da CLT relativamente aos empregados do setor público

O MINISTRO DE ESTADO DO TRABALHO E EMPREGO, no uso das atribuições que lhe confere o art. 87, inciso II, da Constituição Federal, e

Considerando a necessidade de uniformizar o procedimento de recolhimento da contribuição sindical, prevista no art. 578 e seguintes da Consolidação das Leis do Trabalho — CLT, pela administração pública federal, estadual e municipal, direta e indireta;

Considerando a atribuição prevista no art. 610, da Consolidação das Leis do Trabalho, resolve:

Art. 1º Os órgãos da administração pública federal, estadual e municipal, direta e indireta, recolherão a contribuição sindical prevista no art. 578 da CLT, exclusivamente por meio da Guia de Recolhimento da Contribuição Sindical — GRCS até o dia 30 de abril de cada ano, em favor da entidade sindical regularmente registrada no Ministério do Trabalho e Emprego e detentora do código de enquadramento sindical, observado o disposto no art. 585 da CLT.

Art. 2º Esta Instrução Normativa entra em vigor na data de sua publicação.

FRANCISCO DORNELLES
DOU 8.3.2002

Instrução Normativa SRF n. 491, de 12 de janeiro de 2005

Dispõe sobre a incidência do imposto de renda sobre os rendimentos pagos em cumprimento de decisões da Justiça Federal e da Justiça do Trabalho, de que tratam os arts. 27 e 28 da Lei n. 10.833, de 29.12.2003 e dá outras providências

O SECRETÁRIO DA RECEITA FEDERAL, no uso da atribuição que lhe confere o inciso III do art. 209 do Regimento Interno da Secretaria da Receita Federal, aprovado pela Portaria MF n. 259, de 24 de agosto de 2001, e tendo em vista o disposto nos arts. 27 e 28 da Lei n. 10.833, de 29 de dezembro de 2003, e na Lei n. 10.865, de 30 de abril de 2004, resolve:

Rendimentos Pagos por Decisão da Justiça Federal

Art. 1º O imposto de renda incidente sobre os rendimentos pagos em cumprimento de decisão da Justiça Federal, mediante precatório ou requisição de pequeno valor, deve ser retido na fonte pela instituição financeira responsável pelo pagamento e incidirá à alíquota de 3% (três por cento) sobre o montante pago, sem quaisquer deduções, no momento do pagamento ao beneficiário ou seu representante legal.

§ 1º Fica dispensada a retenção do imposto quando o beneficiário declarar à instituição financeira responsável pelo pagamento que os rendimentos recebidos são isentos ou não tributáveis, ou que, em se tratando de pessoa jurídica, esteja inscrita no Sistema Integrado de Pagamento de Impostos e Contribuições das Microempresas e das Empresas de Pequeno Porte (Simples).

§ 2º O imposto retido na fonte de acordo com o *caput* é:

I — considerado antecipação do imposto apurado na Declaração de Ajuste Anual do Imposto de Renda das pessoas físicas; ou

II — deduzido do apurado no encerramento do período de apuração ou na data da extinção, no caso de beneficiário pessoa jurídica.

§ 3º A instituição financeira deverá, na forma, prazo e condições estabelecidas pela Secretaria da Receita Federal, fornecer à pessoa física ou jurídica beneficiária o Comprovante de Rendimentos Pagos e de Retenção do Imposto de Renda na Fonte, bem como apresentar à Secretaria da Receita Federal declaração contendo informações sobre:

I — os pagamentos efetuados à pessoa física ou jurídica beneficiária e o respectivo imposto de renda retido na fonte;

II — os honorários pagos a perito e o respectivo imposto de renda retido na fonte;

III — a indicação do advogado da pessoa física ou jurídica beneficiária;

IV — o número do processo judicial, a vara e a seção ou subseção judiciária.

§ 4º O disposto neste artigo não se aplica aos depósitos efetuados pelos Tribunais Regionais Federais antes de 1º de fevereiro de 2004.

Art. 2º Para fins do disposto no § 1º do art. 1º, o beneficiário dos rendimentos deve apresentar à instituição financeira responsável pelo pagamento declaração, na forma do Anexo Único, assinada pelo próprio ou por seu representante legal.

Parágrafo único. A declaração de que trata o *caput* deve ser emitida em duas vias, devendo a instituição financeira responsável pelo pagamento arquivar a primeira via e devolver a segunda via ao interessado, como recibo.

Rendimentos Pagos por Decisão da Justiça do Trabalho

Art. 3º Cabe à fonte pagadora, no prazo de 15 (quinze) dias da data da retenção de que trata o *caput* do art. 46 da Lei n. 8.541, de 23 de dezembro de 1992, comprovar, nos respectivos autos, o recolhimento do imposto de renda na fonte incidente sobre os rendimentos pagos em cumprimento de decisão da Justiça do Trabalho.

§ 1º Na hipótese de omissão da fonte pagadora relativamente à comprovação de que trata o *caput*, e nos pagamentos de honorários periciais, competirá ao Juízo do Trabalho calcular o imposto de renda na fonte e determinar o seu recolhimento à instituição financeira depositária do crédito.

§ 2º A não indicação pela fonte pagadora da natureza jurídica das parcelas objeto de acordo homologado perante a Justiça do Trabalho acarretará a incidência do imposto de renda na fonte sobre o valor total da avença.

§ 3º A instituição financeira deve, na forma, prazo e condições estabelecidas pela Secretaria da Receita Federal, fornecer à pessoa física beneficiária o Comprovante de Rendimentos Pagos e de Retenção do Imposto de Renda na Fonte, bem como apresentar à Secretaria da Receita Federal declaração contendo informações sobre:

I — os pagamentos efetuados à reclamante e o respectivo imposto de renda retido na fonte, na hipótese do § 1º;

II — os honorários pagos a perito e o respectivo imposto de renda retido na fonte;

III — as importâncias pagas a título de honorários assistenciais de que trata o art. 16 da Lei n. 5.584, de 26 de junho de 1970;

IV — a indicação do advogado da reclamante;

V — o número do processo judicial, a vara e a cidade ou comarca.

Art. 4º Esta Instrução Normativa entra em vigor na data de sua publicação, produzindo efeitos a partir de 1º de janeiro de 2005.

Art. 5º Fica formalmente revogada, sem interrupção de sua força normativa, a Instrução Normativa SRF n. 392, de 30 de janeiro de 2004.

JORGE ANTONIO DEHER RACHID
DOU 13.1.2005

Instrução Normativa SIT/MTE n. 64, de 25 de abril de 2006

Dispõe sobre a fiscalização do trabalho em empresas que operam com turnos ininterruptos de revezamento

A SECRETÁRIA DE INSPEÇÃO DO TRABALHO, no exercício de sua competência, prevista no art. 14, XIII do Decreto n. 5.063, de 3 de maio de 2004, resolve:

Art. 1º O Auditor Fiscal do Trabalho — AFT deverá observar o disposto nesta instrução normativa quando da fiscalização de jornada dos trabalhadores que laboram em empresas que operam com turnos ininterruptos de revezamento.

Art. 2º Considera-se trabalho em turno ininterrupto de revezamento aquele prestado por trabalhadores que se revezam nos postos de trabalho nos horários diurno e noturno em empresa que funcione ininterruptamente ou não.

Art. 3º Para fins de fiscalização da jornada normal de trabalho em turnos ininterruptos de revezamento, o AFT deverá verificar o limite de seis horas diárias, trinta e seis horas semanais e cento e oitenta horas mensais.

§ 1º Na hipótese de existir convenção ou acordo coletivo estabelecendo jornada superior à mencionada no *caput*, cabe ao AFT encaminhar cópia do documento à chefia imediata com proposta de análise de sua legalidade pelo Serviço de Relações do Trabalho — SERET, da unidade.

§ 2º Na hipótese de trabalho extraordinário, o AFT deverá observar também se estas horas foram remuneradas acrescidas do respectivo adicional.

Art. 4º Caso o AFT encontre trabalhadores, antes submetidos ao sistema de turno ininterrupto de revezamento, laborando em turnos fixados pela empresa, deverá observar com atenção e rigor as condições de segurança e saúde do trabalhador, especialmente daqueles cujo turno fixado for o noturno.

Parágrafo único. Neste caso, deverá o AFT verificar se o aumento de carga horária foi acompanhado do respectivo acréscimo salarial proporcional e respectivo adicional noturno, quando devido.

Art. 5º Esta Instrução Normativa entra em vigor na data de sua publicação

RUTH BEATRIZ V. VILELA
DOU 26.4.2006

Instrução Normativa SIT/MTE n. 70, de 13 de agosto de 2007

Dispõe sobre os procedimentos da fiscalização das condições do trabalho, segurança e saúde de vida a bordo de embarcações nacionais e estrangeiras

A SECRETÁRIA DE INSPEÇÃO DO TRABALHO, no exercício de sua competência regimental, prevista na Portaria Ministerial n. 483, de 15 de setembro de 2004, Anexo VI, art. 1º, inciso XIII e de acordo com o disposto na Portaria/MTE n. 210, de 30 de abril de 1999 e nas Resoluções Normativas RN-59/04; RN-71/06 e RN-72/06 do Conselho Nacional de Imigração — CNIg, resolve:

Das Disposições Gerais

Art. 1º Compete às Coordenações Nacional e Regionais de Inspeção do Trabalho Portuário e Aquaviário promover a fiscalização das condições do trabalho, segurança e saúde e de vida a bordo de embarcação comercial nacional ou estrangeira, utilizada na navegação marítima, fluvial ou lacustre.

Parágrafo único. Consideram-se condições de trabalho e de vida a bordo, entre outras, àquelas relativas às normas de manutenção e limpeza das áreas de alojamento e trabalho a bordo, à idade mínima, aos contratos de engajamento, à alimentação e ao serviço de quarto, ao alojamento da tripulação, à contratação, à lotação, ao nível de qualificação, às horas de trabalho, aos atestados médicos, à prevenção de acidentes de trabalho, aos cuidados médicos, ao bem estar social e questões afins e à repatriação.

Seção I
Da Ação Fiscal em Embarcação Nacional

Art. 2º Quando se tratar de embarcação comercial nacional, onde será sempre observada a legislação trabalhista nacional mesmo nos contratos de trabalho de marítimos estrangeiros, o Auditor Fiscal do Trabalho AFT deverá observar o cumprimento das normas contidas na Convenção n. 147 e seus anexos, as disposições da Consolidação das Leis do Trabalho — CLT, a legislação complementar pertinente, os acordos e convenções coletivas de trabalho e a Norma Regulamentadora de Segurança e Saúde no Trabalho Aquaviário — NR-30 e seus anexos.

Parágrafo único. Às violações das normas legais deve corresponder a lavratura de autos de infração, conforme ementário.

Seção II
Da Ação Fiscal em Embarcação de Bandeira Estrangeira

Art. 3º O Auditor Fiscal do Trabalho deverá, na ação fiscal em embarcações de bandeira estrangeira, observar as diretrizes sobre procedimentos de inspeção das condições de trabalho a bordo de embarcações, adotadas pela Reunião Tripartite de Peritos, convocada pela OIT em 1989, constantes nos arts. 4º a 10.

Art. 4º Nas situações como as dispostas no art. 4º da Portaria n. 210, de 1999, as queixas de um membro da tripulação, de um sindicato ou de qualquer pessoa ou organização interessada nas condições contratuais de trabalho, ou ainda, quando um AFT observar claro indício de irregularidade, a Coordenação Regional, deverá proceder à ação imediata de inspeção da embarcação.

Parágrafo único. A equipe de fiscalização formada para a verificação de qualquer um desses casos, deverá ser constituída por Auditores Fiscais do Trabalho com formação multidisciplinar.

Art. 5º Quando a denúncia for sobre embarcação ainda não atracada, a ação fiscal deverá ser precedida de investigação no sentido de obter com as empresas e órgãos responsáveis as seguintes informações:

I — o Agente Marítimo autorizado, o nome, a classe e a bandeira da embarcação;

II — se foi solicitada e se foi concedida a autorização definida como Livre Prática na Resolução da Diretoria Colegiada da ANVISA-RDC n. 217 de 21 de novembro de 2001, que é condição necessária para o acesso do AFT a bordo;

III — dados sobre a última vistoria efetuada pela Diretoria de Portos e Costas (Controle do Estado do Porto), junto à Capitania dos Portos;

IV — a previsão da data de atracação e desatracação, bem como o cais e berço que o navio irá ocupar no porto.

Art. 6º No navio atracado ou em área de fundeio, após a observância do disposto nos incisos I a IV do art. 5º, a ação fiscal deve determinar, inicialmente, a procedência e a seriedade das provas ou queixas, em consulta com o comandante ou na sua ausência, com o substituto imediato.

Art. 7º Se considerada justificada uma inspeção, deverão ser solicitados os documentos e certificados emitidos pelas sociedades classificadoras relativos à embarcação, conforme o objeto da denúncia, sendo indispensáveis o registro do navio, a lista de tripulantes (crew list), os dados gerais do navio (ship particulars), os contratos de engajamento dos tripulantes (contract of employment), o certificado de tripulação mínima de segurança (minimum safe manning certificate) e a lista de recibos do último pagamento efetuado à tripulação (crew payroll).

Art. 8º Quanto às condições de segurança e saúde, dependendo da denúncia, será efetuada a verificação física dos alojamentos, cozinha, câmaras frigoríficas e a quantidade e qualidade dos alimentos, bem como a provisão de água potável, que deverão ser compatíveis com o tempo de permanência do navio no porto e a duração da viagem até o próximo porto.

Art. 9º Caso a denúncia ou irregularidade seja confirmada, o agente de navegação autorizado pelo armador e o comandante deverão ser notificados para o saneamento da situação irregular encontrada, conforme preconizado no art. 4º, IV, da Portaria MTE n. 210, de 1999.

Art. 10. Se não atendidas as notificações expedidas, seja de âmbito contratual, salarial ou de condição ambiental de trabalho e de vida a bordo que possa causar acidente do trabalho ou doença profissional com lesão grave à integridade física do trabalhador, deverão ser adotados os seguintes procedimentos:

I — as questões relativas às condições de segurança, saúde e higiene do trabalho que possam causar grave e iminente risco à tripulação deverão ser comunicadas formalmente ao mais próximo representante consular do país da bandeira (art. 4º, VI da Portaria MTE n. 210, de 1999) e à autoridade marítima, com a descrição da situação encontrada e solicitação do impedimento do despacho do navio, com a consequente retenção do navio, na forma do que prevêem a Portaria Interministerial n. 80/2002 e a NORMAM 08 até a solução do problema;

II — nos casos de irregularidade de origem contratual ou salarial e condição de segurança, higiene e saúde do trabalho de menor gravidade, esgotadas todas as formas de solução e coletadas as provas documentais possíveis, o AFT deverá elaborar o relatório circunstanciado de que trata o art. 11.

III — os casos que ensejarem repatriação, como aqueles de contratos de engajamento vencidos ou de outras circunstâncias elencadas no art. 2º da Convenção n. 166 da OIT, ratificada pelo Decreto n. 2.670 de 15 de julho de 1998, enseja comunicação, por ofício, à Superintendência Regional da Polícia Federal, além da adoção dos procedimentos supramencionados;

IV — quando a tripulação se encontrar em greve (strike), a fiscalização do trabalho deverá buscar todos os meios de mediar o conflito procurando garantir os direitos dos trabalhadores envolvidos, inclusive o próprio direito à greve.

Art. 11. Ao fim de qualquer ação fiscal deverá ser elaborado um relatório circunstanciado em que constem as ações tomadas e o resultado, procedendo-se a remessa de cópia do mesmo à Coordenação Nacional de Inspeção do Trabalho Portuário e Aquaviário, bem como à chefia de fiscalização regional. Quando não atendidas itens considerados relevantes pelo agente fiscal, deverá ser proposto o encaminhamento do relatório à Assessoria Internacional do MTE, para as providências cabíveis.

Subseção I
Da Ação Fiscal em Embarcação Comercial Estrangeira Operando em Águas Jurisdicionais Brasileiras — AJB

Art. 12. Tratando-se de embarcação estrangeira que esteja operando em águas jurisdicionais brasileiras, por força de contrato de afretamento ou de prestação de serviços ou de riscos, celebrado com empresa brasileira e, havendo queixa de claro indício de irregularidade formulada por um membro da tripulação, um sindicato ou por qualquer pessoa ou organização interessada nas condições de trabalho, ou ainda, atendendo ao planejamento da Secretaria de Inspeção do Trabalho e das chefias de fiscalização regionais, será iniciada ação fiscal pela Coordenação Regional do local.

Art. 13. A Coordenação Regional procederá às diligências necessárias à apuração da denúncia ou da irregularidade, adotará os procedimentos seguintes e elaborará relatório circunstanciado:

I — verificar o tipo de navegação em que a embarcação opera: se de longo curso, cabotagem, apoio marítimo, navegação interior de percurso nacional ou navegação interior de percurso internacional;

II — solicitar o Certificado de Autorização de Afretamento — CAA, emitido pelo Departamento de Marinha Mercante — DMM, do Ministério dos Transportes, caso esteja na navegação de cabotagem, apoio marítimo ou na navegação interior de percurso nacional;

III — verificar os tipos de vistos de permanência dos tripulantes estrangeiros;

IV — solicitar para as embarcações de longo curso ou de navegação interior de percurso internacional que são dispensadas de possuir o CAA e seus tripulantes de possuírem vistos específicos, que seja apresentada a comprovação de que também frequentam portos estrangeiros, o que pode ser verificado no Diário de Navegação;

V — quando comprovado pelo CAA que a embarcação estrangeira está na navegação de cabotagem, apoio marítimo ou na navegação interior de percurso nacional, deverá ser solicitada a autorização de trabalho de todos os tripulantes estrangeiros bem como os respectivos vistos.

VI — quanto à contratação de trabalhadores brasileiros para essas embarcações estrangeiras que operam em águas jurisdicionais brasileiras, deverão ser aplicadas as disposições da RN-59/04 para os barcos de pesca, da RN-71/06 para as embarcações de turismo e da RN-72/06 para as embarcações ou plataformas de bandeira estrangeira, observando os prazos previstos nas Resoluções Normativas citadas, ou outros prazos estabelecidos pela Coordenação Geral de Imigração — CGIg/MTE, em conformidade com resoluções do Conselho Nacional de Imigração — CNIg:

a) nas embarcações estrangeiras de pesca, arrendadas por empresa brasileira, deverá haver tripulantes brasileiros contratados sob legislação nacional numa proporção de 2/3 (dois terços) da tripulação, nos diversos níveis técnicos e de atividades, e os tripulantes estrangeiros deverão estar contratados pela empresa arrendatária da embarcação, também sob legislação nacional;

b) no caso de tripulantes e outros profissionais que exerçam atividade remunerada a bordo de navio de cruzeiro aquaviário na costa brasileira, na bacia amazônica ou demais águas interiores, os vistos e autorizações de trabalho são aqueles definidos na Resolução Normativa n. 71 do CNIg, de 5 de setembro de 2006 e, no que tange à contratação de tripulantes brasileiros, conforme dispõe o art. 7º dessa Resolução, deverá ser verificado no Diário de Navegação ou nos controles da autoridade marítima, se a embarcação está em águas jurisdicionais brasileiras há mais de 30 (trinta) dias e, nesse caso, se a embarcação conta com um mínimo de 25% (vinte e cinco por cento) de brasileiros em vários níveis técnicos e em diversas atividades a serem definidas pelo armador ou pela empresa representante do mesmo;

c) em relação a embarcações e plataformas estrangeiras que operem em águas jurisdicionais brasileiras por prazo superior a noventa dias contínuos, observar que sejam aplicadas as normas do art. 3º da Resolução Normativa n. 72/06 do CNIg em relação à admissão de marítimos e outros profissionais brasileiros:

1. para embarcações utilizadas na navegação de apoio marítimo, assim definida aquela realizada para o apoio logístico a embarcações e instalações, que atuem nas atividades de pesquisa e lavra de minerais e hidrocarbonetos:

1.1. a partir de noventa dias de operação, deverá contar com um terço de brasileiros do total de profissionais existentes a bordo, em todos os níveis técnicos e em todas as atividades, de caráter contínuo;

1.2. a partir de cento e oitenta dias de operação, deverá contar com um meio de brasileiros do total de profissionais existentes a bordo, em todos os níveis técnicos e em todas as atividades, de caráter contínuo; e

1.3. a partir de trezentos e sessenta dias de operação, deverá contar com dois terços de brasileiros do total de profissionais existentes a bordo, em todos os níveis técnicos e em todas as atividades, de caráter contínuo.

2. para embarcações de exploração ou prospecção, assim como plataformas, definidas as instalações ou estruturas, fixas ou flutuantes, destinadas às atividades direta ou indiretamente relacionadas com a pesquisa, exploração e explotação dos recursos oriundos do leito das águas interiores e seu subsolo ou do mar, inclusive da plataforma continental e seu subsolo:

2.1. a partir de cento e oitenta dias de operação, deverá contar com um quinto de brasileiros do total de profissionais existentes a bordo;

2.2. a partir de trezentos e sessenta dias de operação, deverá contar com um terço de brasileiros do total de profissionais existentes a bordo; e

2.3. a partir de setecentos e vinte dias de operação, deverá contar com dois terços de brasileiros do total de profissionais existentes a bordo.

3. para embarcações utilizadas na navegação de cabotagem, definida como aquela realizada entre portos ou pontos do território brasileiro, utilizando a via marítima ou esta e as vias navegáveis interiores:

3.1. a partir de noventa dias de operação, deverá contar com um quinto de marítimos brasileiros, arredondando-se para o inteiro subsequente, em caso de fração igual ou maior que cinco décimos, em cada nível técnico (oficiais, graduados e não-graduados) e em cada ramo de atividade (convés e máquinas) de caráter contínuo; e

3.2. a partir de cento e oitenta dias de operação, deverá contar com um terço de marítimos brasileiros, arredondando-se para o inteiro subsequente, em caso de fração igual ou maior que cinco décimos, em cada nível técnico (oficiais, graduados e não-graduados) e em cada ramo de atividade (convés e máquinas) de caráter contínuo.

Das Disposições Finais

Art. 14. Caso descumprido o disposto nas Resoluções Normativas do CNIg, inclusive em relação à admissão de trabalhadores brasileiros, deverá ser lavrado Auto de Infração em desfavor da empresa brasileira contratante da embarcação estrangeira, por infração ao art. 444 da CLT (ementa 001139-8).

Art. 15. O relatório de que trata o *caput* art. 13 deverá ser acompanhado de cópia de eventuais Autos de Infração e encaminhado Coordenação Nacional de Inspeção do Trabalho Portuário e Aquaviário, com cópia à chefia de fiscalização regional.

Art. 16. A Secretaria de Inspeção do Trabalho poderá convocar, através das chefias de fiscalização, os integrantes das Coordenações Regionais para compor o Grupo Especial Móvel de que trata a Portaria MTb n. 1.115/96 para executarem também atividades de fiscalização do trabalho aquaviário.

Art. 17. Esta Instrução Normativa entra em vigor na data de sua publicação.

Art. 18. Revoga-se a Instrução Normativa n. 19, de 27 de setembro de 2000, publicada no Diário Oficial da União de 28 de setembro de 2000, Seção I página 9.

RUTH BEATRIZ VASCONCELOS VILELA
DOU 14.8.2007

Instrução Normativa SIT/MTE n. 72, de 5 de dezembro 2007

Orienta os Auditores Fiscais do Trabalho quanto a procedimentos a serem adotados na fiscalização, para que seja dispensado às microempresas e empresas de pequeno porte o tratamento diferenciado de que trata a Lei Complementar n. 123, de 14 de dezembro de 2006

A SECRETÁRIA DE INSPEÇÃO DO TRABALHO, no exercício de sua competência, prevista no art. 14, XIII do Decreto n. 5.063, de 3 de maio de 2004, e de acordo com o disposto no art. 23, inciso IV do Regulamento da Inspeção do Trabalho, aprovado pelo Decreto n. 4.552, de 27 de dezembro de 2002, resolve:

Art. 1º Consideram-se microempresa o empresário, a pessoa jurídica ou a ela equiparada que aufira, em cada ano calendário, receita bruta igual ou inferior a R$ 240.000 (duzentos e quarenta mil reais) e empresa de pequeno porte aquela cuja receita bruta seja superior a R$ 240.000 (duzentos e quarenta mil reais) e inferior a R$ 2.400.000,00 (dois milhões e quatrocentos mil reais).

Parágrafo único. Não receberão tratamento diferenciado aqueles empregadores que se enquadrem nas hipóteses mencionadas no art. 3º, § 4º da Lei Complementar n. 123, de dezembro de 2006.

Art. 2º O Auditor fiscal do Trabalho deverá verificar o porte econômico do empregador mediante consulta ao Cadastro Nacional de Pessoa Jurídica — CNPJ, por intermédio do sistema informatizado AUDITOR, para averiguar a existência de condição de microempresa ou empresa de pequeno porte.

Art. 3º Na ação, o Auditor Fiscal do Trabalho — AFT dispensará às microempresas e às empresas de pequeno porte tratamento diferenciado, mediante a adoção do critério de dupla visita para a lavratura de autos de infração, salvo quando constatada infração por falta de registro de empregado ou anotação da Carteira de Trabalho e Previdência Social — CTPS, ou, ainda, na ocorrência de reincidência, fraude, resistência ou embaraço à fiscalização.

Art. 4º Caso a condição de microempresa ou empresa de pequeno porte beneficiária de tratamento diferenciado esteja demonstrada e confirmada na primeira visita, o AFT deverá se abster de notificar o empregador para apresentar documentos relativos às obrigações mencionadas no art. 5º.

Art. 5º As microempresas e empresas de pequeno porte são dispensadas das seguintes obrigações:

I — art. 74 *caput* da Consolidação das Leis do Trabalho — CLT: afixação de Quadro de Horário de Trabalho em suas dependências;

II — art. 135, § 2º da CLT: anotação das férias dos empregados nos respectivos livros ou fichas de registro;

III — Art. 429 da CLT: empregar e matricular aprendizes nos cursos de aprendizagem;

IV — Art. 628 § 1º da CLT: possuir livro intitulado "Inspeção do Trabalho"; e

V — Art. 139 § 2º da CLT: comunicar ao Ministério do Trabalho e Emprego a concessão de férias coletivas.

Art. 6º Esta Instrução Normativa entra em vigor na data de sua publicação.

Ruth Beatriz Vasconcelos Vilela
DOU 6.12.2007

Instrução Normativa SIT/MTE n. 76, de 15 de maio de 2009

Dispõe sobre procedimentos para a fiscalização do trabalho rural

A SECRETÁRIA DE INSPEÇÃO DO TRABALHO, no exercício de sua competência, prevista no art. 14, XIII do Decreto n. 5.063, de 3 de maio de 2004, resolve:

Editar a presente Instrução Normativa sobre procedimentos que deverão ser adotados na fiscalização do trabalho rural.

Do planejamento das ações fiscais

Art. 1º As Superintendências Regionais do Trabalho (SRTE), por intermédio de suas estruturas de fiscalização, deverão, obrigatoriamente, incluir no planejamento anual as estratégias de ação relativas às inspeções nas atividades rurais.

§ 1º O planejamento deverá ser precedido de diagnóstico para a identificação dos focos de recrutamento de trabalhadores, das atividades econômicas rurais e sua sazonalidade, bem como das peculiaridades locais.

§ 2º O diagnóstico, elaborado com base em dados obtidos junto a órgãos e instituições governamentais, deverá ser subsidiado também por informações oriundas do Ministério Público do Trabalho, dos sindicatos de trabalhadores rurais e outras organizações não governamentais.

§ 3º O planejamento deverá direcionar com prioridade as ações para os focos de recrutamento de trabalhadores; para as atividades econômicas intensivas em mão de obra e para aquelas com maior incidência de agravos à saúde do trabalhador.

Art. 2º A proposta de planejamento deverá ser encaminhada à consulta da representação dos trabalhadores rurais que integra a Comissão de Colaboração com a Inspeção do Trabalho (CCIT) e de representantes do Ministério Público do Trabalho, Polícia Federal e Polícia Rodoviária Federal, com o intuito de colher informações para a versão final do documento.

Art. 3º As SRTE poderão instituir, por intermédio de portaria, grupos especiais permanentes de fiscalização para implementar as ações fiscais nas atividades rurais ou constituir equipes especiais para cada operação.

§ 1º No caso dos grupos especiais permanentes, as chefias de fiscalização e de segurança e saúde no trabalho designarão, de comum acordo, um coordenador dentre os integrantes do grupo.

§ 2º A chefia buscará garantir que cada grupo ou equipe de fiscalização seja integrado por, no mínimo, três auditores fiscais do trabalho, preferencialmente compondo uma equipe com formação multidisciplinar.

§ 3º Os grupos e/ou equipes de fiscalização também deverão, a cada operação, ter um coordenador indicado de comum acordo pelas chefias de fiscalização e de segurança e saúde no trabalho.

Art. 4º Para a definição da estratégia a ser utilizada na ação fiscal, quando necessário, serão ouvidos previamente o Ministério Público do Trabalho, a Polícia Federal e/ou a Polícia Rodoviária Federal.

Art. 5º Na fase de execução da ação fiscal, após avaliação do grupo ou equipe, deverá ser garantida a participação da Polícia Federal, da Polícia Rodoviária Federal, da Polícia Militar ou da Polícia Civil, por intermédio de solicitação direta da autoridade regional ou da chefia de fiscalização.

Art. 6º O Superintendente Regional do Trabalho e Emprego é responsável pela manutenção da frota de veículos de uso da fiscalização rural, devendo garantir a sua pronta disponibilização para a realização das ações fiscais previstas no planejamento.

Parágrafo único. Os recursos necessários ao licenciamento anual e à manutenção dos veículos de uso exclusivo da fiscalização deverão ser solicitados em tempo hábil à Secretaria de Inspeção do Trabalho, com cópias dos respectivos orçamentos.

Art. 7º Para subsidiar a execução das ações de fiscalização do trabalho rural, deverão ser observadas as normas previstas na Portaria n. 3.311, de 29 de novembro de 1989; no item 1.7, alínea d, da Norma Regulamentadora n. 1, aprovada pela Portaria n. 6, de 9 de março de 1983, e no item 31.3.3, alínea k, da Norma Regulamentadora n. 31, aprovada pela Portaria n. 86, de 3 de março de 2005.

Art. 8º A ação fiscal será iniciada com a verificação do cumprimento dos preceitos básicos da legislação trabalhista, destacando-se aqueles relativos às condições de segurança e saúde no trabalho, ao registro, à jornada, ao salário e ao FGTS.

Art. 9º No caso de constatação de risco grave e iminente para o trabalhador, o auditor fiscal do trabalho deverá adotar os procedimentos legais para interdição do estabelecimento, setor de serviço, máquina ou equipamento, conforme dispõe o art. 161 da CLT e a Norma Regulamentadora n. 3, aprovada pela Portaria Ministerial MTb n. 6, de 9 de março de 1983.

Art. 10. Ao identificar a ocorrência de aliciamento, terceirização ilegal ou qualquer forma irregular de intermediação de mão de obra, o auditor fiscal do trabalho procederá às autuações pertinentes e informará os fatos e circunstâncias em seu relatório para adoção de providências subsequentes.

Art. 11. Havendo identificação de trabalho análogo ao de escravo em ação fiscal rotineira, o auditor fiscal do trabalho ou grupo/equipe especial de fiscalização comunicará imediatamente o fato à chefia da fiscalização, por qualquer meio, e adotará os procedimentos previstos nos arts. 19 a 22 desta Instrução.

Art. 12. Quando constatar trabalho de crianças e adolescentes menores de 16 anos ou adolescentes entre 16 e 18 anos em atividades noturnas, insalubres, perigosas ou naquelas listadas no Decreto n. 6.481, de 12 de junho de 2008, o auditor fiscal do trabalho deverá observar o disposto na Instrução Normativa própria, bem como fazer constar do histórico do auto de infração a situação encontrada.

Art. 13. Concluída a ação fiscal, o coordenador do grupo/equipe especial de fiscalização encaminhará à chefia imediata, no prazo de cinco (5) dias úteis, contado do término da ação fiscal, relatório padrão contendo a identificação das empresas inspecionadas, descrição das situações encontradas, as providências adotadas, os resultados obtidos, cópias dos autos de infração lavrados, notificações emitidas e outros documentos e provas coletadas.

Art. 14. As autoridades regionais, as chefias e os auditores fiscais do trabalho em sua atividade de inspeção rural orientarão os empregadores e trabalhadores e suas respectivas representações sindicais sobre a importância da utilização dos serviços públicos de intermediação de mão de obra no âmbito do Sistema Nacional de Emprego (SINE).

Das Ações Fiscais em Reflorestamentos e Carvoarias

Art. 15. No caso de ações fiscais em exploração de madeira e produção de carvão vegetal, o grupo ou equipe de fiscalização deverá estar atento para a ocorrência de possíveis fraudes que visem a encobrir a natureza da relação laboral.

Parágrafo único. Havendo informações da existência de ilícitos relacionados à posse de terra ou a crimes ambientais, a fiscalização consultará previamente representantes do Instituto Brasileiro do Meio Ambiente (IBAMA), Instituto Nacional de Colonização e Reforma Agrária (INCRA) e/ou Fundação Nacional do Índio (FUNAI) sobre a regularidade da propriedade dos fiscalizados.

Art. 16. A responsabilidade decorrente da relação de emprego poderá ser estabelecida diretamente com o proprietário da terra, com o posseiro ou arrendatário ou com o comprador do produto da atividade de reflorestamento e/ou carvoejamento, dependendo da situação fática encontrada e da objetiva identificação dos pressupostos configuradores dessa relação, a partir da verificação do contrato realidade.

Parágrafo único. O procedimento acima deverá ser observado inclusive quando das ações nos assentamentos rurais, com comunicação dos resultados ao INCRA, ao IBAMA, ao Ministério Público do Trabalho e ao Ministério Público Federal.

Art. 17. Havendo, no curso da fiscalização, a constatação da inexistência de Licença Ambiental (LA) e do Documento de Origem Florestal (DOF) ou irregularidade nesses documentos, o coordenador do grupo e/ou equipe deverá comunicar o fato imediatamente aos órgãos competentes na matéria.

Art. 18. Nos casos em que ocorrer a identificação de trabalhadores submetidos à condição de trabalho análoga à de escravo, deverão ser obedecidos os procedimentos previstos nos arts. 19 a 22.

Das Ações Fiscais para o Combate ao Trabalho Análogo ao de Escravo

Art. 19. As ações fiscais para erradicação do trabalho análogo ao de escravo serão coordenadas pela Secretaria de Inspeção do Trabalho, que poderá realizá-las diretamente, por intermédio das equipes do grupo especial de fiscalização móvel ou por intermédio de grupos/equipes especiais de fiscalização rural, organizados no âmbito das SRTE.

Art. 20. Sempre que a SRTE receber denúncia que relate a existência de trabalhadores reduzidos à condição análoga à de escravo e decidir pela realização de ação fiscal local para a apuração dos fatos, esta deverá ser precedida da devida comunicação à Secretaria de Inspeção do Trabalho.

Art. 21. As ações fiscais deverão contar com a participação de representante da Polícia Federal, ou da Polícia Rodoviária Federal, ou da Polícia Militar ou da Polícia Civil.

§ 1º O Superintendente Regional do Trabalho e Emprego ou a chefia de fiscalização

deverá providenciar a participação de membros de um dos órgãos mencionados no *caput*, bem como enviar ao Ministério Público do Trabalho e à Advocacia Geral da União — (AGU) comunicação sobre a operação, para que estas instituições avaliem a conveniência de integrá-la.

§ 2º A constatação inequívoca de trabalho análogo ao de escravo ensejará a adoção dos procedimentos previstos no art. 2º-C, §§ 1º e 2º, da Lei n. 7.998, de 11 de janeiro de 1990, dando causa à rescisão indireta dos contratos de trabalho.

§ 3º O coordenador do grupo/equipe especial notificará o empregador para que providencie a imediata paralisação das atividades; a regularização dos contratos; a anotação nas Carteiras de Trabalho e Previdência Social (CTPS); as rescisões contratuais; o pagamento dos créditos trabalhistas; o recolhimento do FGTS; bem como para que tome as providências para o retorno dos trabalhadores aos locais de origem.

§ 4º Caberá ao coordenador, devidamente credenciado, o correto preenchimento, sob pena de responsabilidade, dos Requerimentos do Seguro-Desemprego do Trabalhador Resgatado, entregando a via própria ao interessado e outra à chefia imediata juntamente com o relatório a ser encaminhado à SIT.

Art. 22. No prazo de cinco (5) dias úteis após o encerramento da ação fiscal, o coordenador de grupo e/ou equipe deverá elaborar relatório na forma dos manuais e orientações da SIT e encaminhá-lo à chefia da fiscalização, que o encaminhará à SIT no prazo máximo de 5 (cinco) dias úteis a contar da data de seu recebimento.

Do recrutamento de trabalhadores

Art. 23. Para o transporte de trabalhadores recrutados para trabalhar em localidade diversa da sua origem é necessária a comunicação do fato às SRTE por intermédio da Certidão Declaratória de Transporte de Trabalhadores (CDTT).

Parágrafo único. O aliciamento e transporte de trabalhadores para localidade diversa de sua origem constitui, em tese, crime previsto no art. 207 do Código Penal.

Art. 24. A CDTT será preenchida em modelo próprio, conforme Anexo I, nela constando:

I) A identificação da razão social e o CNPJ da empresa contratante ou nome do empregador e seu CEI e CPF;
II) O endereço completo da sede do contratante e a indicação precisa do local de prestação dos serviços;
III) Os fins e a razão do transporte dos trabalhadores;
IV) O número total de trabalhadores recrutados;
V) As condições pactuadas de alojamento, alimentação e retorno à localidade de origem do trabalhador;
VI) O salário contratado;
VII) A data de embarque e o destino;
VIII) A identificação da empresa transportadora e dos condutores dos veículos;
IX) A assinatura do empregador ou seu preposto.

§ 1º O empregador poderá optar por realizar os exames médicos admissionais na localidade onde será prestado o serviço, caso não haja serviço médico adequado no local da contratação, desde que tal providência ocorra antes do início da atividade laboral.

§ 2º Na hipótese de o trabalhador não ser considerado apto para o trabalho, o empregador será responsável pelo custeio das despesas de transporte até o local de origem, bem como pelo pagamento das verbas salariais decorrentes do encerramento antecipado do contrato de trabalho.

Art. 25. A CDTT deverá ser devidamente preenchida e entregue nas unidades descentralizadas do MTE (Superintendências Regionais do Trabalho e Emprego ou Gerências Regionais do Trabalho e Emprego) da circunscrição dos trabalhadores recrutados, acompanhada de:

I) Cópia da inscrição no CNPJ ou CEI e CPF do empregador;
II) Procuração original ou cópia autenticada, concedendo poderes ao procurador para recrutar, contratar trabalhadores e proceder ao encaminhamento da CDTT junto à SRTE;
III) Cópia do contrato social do empregador, quando se tratar de pessoa jurídica;
IV) Cópias do documento de identidade do procurador e das habilitações dos condutores dos veículos;
V) Cópias dos contratos individuais de trabalho;
VI) Cópia do certificado de registro para fretamento da empresa transportadora, emitido pela Agência Nacional de Transportes Terrestres (ANTT);
VII) Relação nominal dos trabalhadores recrutados, com os números da CTPS e do PIS.

Parágrafo único. A CDTT poderá, excepcionalmente, ser protocolada fora das dependências da unidade do MTE, desde que em local definido pela chefia da fiscalização e por servidor especialmente designado para esse fim.

Art. 26. Estando a documentação completa, a SRTE receberá uma via da CDTT, devolvendo outra via ao empregador, devidamente protocolada.

§ 1º A SRTE formará processo a partir do recebimento da documentação, conferindo a regularidade do CNPJ na página da Secretaria da Receita Federal, encaminhando-o à SRTE da circunscrição onde ocorrerá a prestação dos serviços para que a situação seja analisada e ocorra, quando necessário, o devido acompanhamento *in loco* das condições de trabalho.

§ 2º A guarda da CDTT, documento de valor primário, deverá ser feita em arquivos intermediários por pelo menos um ano.

§ 3º A SRTE de origem dos trabalhadores enviará cópia da CDTT ao Sindicato dos Trabalhadores Rurais, acompanhada da relação nominal dos trabalhadores recrutados, e a entidade, se assim entender, dará ciência ao sindicato da localidade de destino.

§ 4º A SRTE encaminhará trimestralmente à SIT dados estatísticos referentes ao número de CDTT recebidas, atividades econômicas dos empregadores, número de trabalhadores transportados, municípios de recrutamento e destino dos trabalhadores.

Art. 27. O empregador, ou seu preposto, deverá, durante a viagem, manter no veículo de transporte dos trabalhadores a cópia da CDTT e, posteriormente, no local da prestação de serviços à disposição da fiscalização, juntamente com a cópia da relação nominal dos trabalhadores recrutados.

§ 1º Identificado o transporte de trabalhadores sem a CDTT, o auditor fiscal do trabalho comunicará o fato imediatamente à Polícia Rodoviária Federal, diretamente ou através de sua chefia imediata, ao tempo em que adotará as medidas legais cabíveis e providenciará relatório contendo a identificação do empregador, dos trabalhadores e demais dados relativos aos fatos apurados.

§ 2º A Chefia da fiscalização encaminhará o relatório ao Ministério Público Federal para as providências aplicáveis ao aliciamento e transporte irregular de trabalhadores.

Da avaliação dos resultados

Art. 28. A SRTE deverá promover, no mínimo, uma reunião semestral com os coordenadores dos grupos e/ou equipes para avaliação dos resultados quantitativos e qualitativos das ações e eventual alteração das estratégias e processos de trabalho.

Art. 29. Esta Instrução Normativa entra em vigor na data de sua publicação, ficando revogada a Instrução Normativa n. 65, de 19 de julho de 2006, publicada na Seção I do Diário Oficial da União, de 21 de julho 2006.

RUTH BEATRIZ VASCONCELOS VILELA
DOU 18.5.2009

Instrução Normativa SIT/DDSST n. 88, de 30 de novembro de 2010

Estabelece diretrizes para as análises de acidentes de trabalho efetuadas por auditor fiscal do trabalho e modelo de relatório

A SECRETÁRIA DE INSPEÇÃO DO TRABALHO e a DIRETORA DO DEPARTAMENTO DE SEGURANÇA E SAÚDE NO TRABALHO, no exercício da competência prevista no inciso II do art. 14 do Anexo I do Decreto n. 5.063, de 3 de maio de 2004, que aprovou a estrutura regimental do Ministério do Trabalho e Emprego, e em face do disposto nos arts. 19, 20 e 21 da Lei n. 8.213, de 24 de julho de 1991, no art. 18 do Decreto n. 4.552, de 27 de dezembro de 2002, que aprovou o Regulamento da Inspeção do Trabalho, e nos arts. 339 e 341, parágrafo único, do Decreto n. 3.048, de 6 de maio de 1999, resolve:

Art. 1º Estabelecer diretrizes para a análise de acidentes de trabalho efetuadas pelos Auditores Fiscais do Trabalho e os parâmetros mínimos para elaboração dos respectivos relatórios.

Art. 2º As análises de acidentes de trabalho serão determinadas ao Auditor Fiscal do Trabalho — AFT, no âmbito de cada Superintendência Regional do Trabalho e Emprego — SRTE, por meio de Ordens de Serviço — OS, conforme dispõe o art. 16 do Decreto n. 4.552, de 2002.

Parágrafo único. Será prioridade a emissão de OS para a análise de acidentes de trabalho graves ou fatais.

Art. 3º Além da análise dos acidentes previstos no parágrafo único do art. 2º, podem ser realizadas ações fiscais para análise de outros acidentes de trabalho considerados relevantes pela SRTE, em face da necessidade de tomada de medidas de prevenção de novos eventos.

Parágrafo único. Os acidentes de trabalho ocorridos há mais de dois anos serão analisados em circunstâncias excepcionais e justificadas, independentemente da existência de solicitação, sem prejuízo da inclusão, no planejamento da SRTE, de ação fiscal visando à verificação da persistência dos fatores que ensejaram a sua ocorrência, em especial o potencial risco ao trabalhador.

Art. 4º Nas análises de acidentes de trabalho é recomendável que os AFTs utili-

zem como referência o Guia de Análise de Acidentes de Trabalho disponível na página eletrônica do Ministério do Trabalho e Emprego — MTE na rede mundial de computadores — internet.

Art. 5º As providências para as análises de acidente de trabalho deverão ser tomadas, a partir do conhecimento do evento, com a urgência requerida por cada caso, e as análises serão realizadas *in loco*, devendo o AFT:

I — investigar a existência de irregularidades e infrações relativas às Normas Regulamentadoras de Segurança e Saúde no Trabalho — NRs aprovadas pela Portaria MTb n. 3.214, de 8 de junho de 1978, especialmente as de ns. 1, 4, 5, 7 e 9, e a provável deficiência na capacitação dos trabalhadores ou outros aspectos de gestão de segurança e saúde do trabalho que influenciaram a ocorrência do evento;

II — investigar a influência de possíveis infrações decorrentes do descumprimento da legislação disciplinadora da jornada de trabalho e dos períodos de descanso na ocorrência do evento;

III — entrevistar os trabalhadores e outras pessoas direta ou indiretamente envolvidas para a apuração dos fatos;

IV — relatar as medidas de prevenção que poderiam ter evitado o evento indesejado, bem como as medidas de proteção, que poderiam ter reduzido as suas consequências;

Art. 6º Ao término da análise do acidente, o AFT elaborará relatório para entrega ao Chefe da Seção ou Setor de Segurança e Saúde no Trabalho da SRTE, emitido de acordo com o modelo previsto no Anexo desta Instrução Normativa.

§1º O relatório previsto no *caput* deverá ser digitado, ter redação clara, precisa e com ordem lógica e instruído com o maior número possível de elementos probatórios, podendo ser incluídos diagramas, esquemas, fotos, vídeos e outros recursos.

§ 2º Os Autos de Infração lavrados no contexto de ação fiscal de análise de acidente de trabalho devem especificar, em seu histórico, a ocorrência do evento.

Art. 7º A SRTE deverá encaminhar cópia integral do relatório circunstanciado e seus anexos à Procuradoria da União no Estado, em face do disposto no parágrafo único do art. 341 do Decreto n. 3.048, de 1999 e art. 120 da Lei n. 8.213, de 1991.

Parágrafo único. Cópia do relatório poderá ser encaminhada a outras entidades ou interessados que demonstrem legítimo interesse, nos termos das Leis n. 8.159 de 8 de janeiro de 1991 e n. 11.111, de 5 de maio de 2005 e Decreto n. 4.553, de 27 de dezembro de 2002.

Art. 8º Durante a análise de acidentes, as informações prestadas pelo empregador devem ser cotejadas com as demais circunstâncias que envolvem o evento, sempre que estiverem presentes, isolada ou conjuntamente, as seguintes situações:

I — indicação de suicídio ou morte natural como fator causal;

II — ausência de testemunhas;

III — falta de preservação do local da ocorrência;

IV — ocorrência em locais onde não existam postos de trabalho fixos, tais como estradas e áreas rurais;

V — participação determinante de fatores socioambientais, tais como violência urbana ou fenômenos meteorológicos.

Art. 9º Os relatórios de análise deverão ser inseridos pelo Chefe da Seção ou Setor de Segurança e Saúde no Trabalho ou pelo Coordenador do Projeto de Análise de Acidentes de Trabalho da SRTE, no Sistema de Referência em Análise e Prevenção de Acidentes de Trabalho — SIRENA, coordenado pelo Departamento de Segurança e Saúde no Trabalho — DSST e constante da rede informatizada do MTE no endereço: "\\Jade\sit\ARQUIVOS SIT\Publico\SIRENA\Inserção de Análises de Acidentes pelas SRTE".

§ 1º Os dados deverão ser inseridos segundo o fator preponderante de morbidade e mortalidade, em uma das seguintes categorias:

I — agentes químicos, físicos e biológicos;

II — corrente elétrica;

III — impacto, contato, penetração;

IV — incêndio, explosão, queimadura;

V — máquinas, ferramentas e equipamentos;

VI — quedas;

VII — soterramento, desabamento, desmoronamento;

VIII — transporte;

IX — atos de violência; e

X — outros.

§ 2º A composição do nome do arquivo eletrônico com os dados a que se refere o § 1º deve-se iniciar pela letra F, se fatal, G, se grave ou D, para demais casos, seguida do ano de ocorrência com quatro dígitos, da sigla da Unidade da Federação, e do número do Relatório de Inspeção com nove dígitos, quando for o caso. Exemplo: G2010DFXXXXXXXXX.

Art. 10. Esta Instrução Normativa entra em vigor na data de sua publicação.

Ruth Beatriz Vasconcelos Vilela
Secretária de Inspeção do Trabalho
Júnia Maria de Almeida Barreto
Diretora do Departamento de Segurança e Saúde no Trabalho

DOU 1.11.2010

Instrução Normativa RFB n. 971, de 13 de novembro de 2009

Dispõe sobre normas gerais de tributação previdenciária e de arrecadação das contribuições sociais destinadas à previdência social e as destinadas a outras entidades ou fundos, administradas pela Secretaria da Receita Federal do Brasil (RFB)

Capítulo VI
Da Reclamatória e do Dissídio Trabalhista

Seção I
Da Reclamatória Trabalhista

Art. 100. Decorrem créditos previdenciários das decisões proferidas pelos Juízes e Tribunais do Trabalho que:

I — condenem o empregador ou tomador de serviços ao pagamento de remunerações devidas ao trabalhador, por direito decorrente dos serviços prestados ou de disposição especial de lei;

II — reconheçam a existência de vínculo empregatício entre as partes, declarando a prestação de serviços de natureza não eventual, pelo empregado ao empregador, sob a dependência deste e mediante remuneração devida, ainda que já paga à época, no todo ou em parte, e determinando o respectivo registro em CTPS;

III — homologuem acordo celebrado entre as partes antes do julgamento da reclamatória trabalhista, pelo qual fique convencionado o pagamento de parcelas com incidência de contribuições sociais para quitação dos pedidos que a originaram, ou o reconhecimento de vínculo empregatício em período determinado, com anotação do mesmo em CTPS;

IV — reconheçam a existência de remunerações pagas no curso da relação de trabalho, ainda que não determinem o registro em CTPS ou o lançamento em folha de pagamento.

Seção II
Dos Procedimentos e dos Órgãos Competentes

Art. 101. Compete à Justiça do Trabalho, nos termos do inciso VIII do art. 114 da Constituição Federal, promover de ofício a execução dos créditos das contribuições previdenciárias devidas em decorrência de decisões condenatórias ou homologatórias por ela proferidas, devendo a fiscalização apurar e lançar o débito verificado em ação fiscal, relativo às: (NR) *(Redação dada pela Instrução Normativa n. 1.453, de 24.2.14, DOU 25.2.14)*

I — contribuições destinadas a outras entidades ou fundos, conforme disposto no art. 3º da Lei n. 11.457, de 2007, exceto aquelas executadas pelo Juiz do Trabalho;

II — contribuições incidentes sobre remunerações pagas durante o período trabalhado, com ou sem vínculo empregatício, quando, por qualquer motivo, não houver sido executada a cobrança pela Justiça do Trabalho.

Parágrafo único. O disposto no *caput* não implica dispensa do cumprimento, pelo sujeito passivo, das obrigações acessórias previstas na legislação previdenciária.

Seção III
Da Verificação dos Fatos Geradores e da Apuração dos Créditos

Art. 102. Serão adotadas como bases de cálculo:

I — quanto às remunerações objeto da condenação, os valores das parcelas remuneratórias consignados nos cálculos homologados de liquidação de sentença;

II — quanto às remunerações objeto de acordo:

a) os valores das parcelas discriminadas como remuneratórias em acordo homologado ou, inexistindo estes;

b) o valor total consignado nos cálculos ou estabelecido no acordo;

III — quanto ao vínculo empregatício reconhecido, obedecida a seguinte ordem:

a) os valores mensais de remuneração do segurado empregado, quando conhecidos;

b) os valores mensais de remuneração pagos contemporaneamente a outro empregado de categoria ou função equivalente ou semelhante;

c) o valor do piso salarial, legal ou normativo da respectiva categoria profissional, vigente à época;

d) quando inexistente qualquer outro critério, o valor do salário mínimo vigente à época.

§ 1º Serão somados, para fins de composição da base de cálculo, os valores indicados nos incisos I e III ou II e III do *caput*, quando referentes às mesmas competências.

§ 2º A base de cálculo das contribuições sociais a cargo do reclamado não está sujeita a qualquer limitação, e para a sua apuração deverão ser excluídas apenas as parcelas que não integram a remuneração.

LEGISLAÇÃO COMPLEMENTAR

§ 3º As contribuições sociais a cargo do segurado empregado serão apuradas da seguinte forma:

I — as remunerações objeto da reclamatória trabalhista serão somadas ao salário de contribuição recebido à época, em cada competência;

II — com base no total obtido, fixar-se-á a alíquota e calcular-se-á a contribuição incidente, respeitado o limite máximo do salário de contribuição vigente em cada competência abrangida;

III — a contribuição a cargo do segurado já retida anteriormente será deduzida do valor apurado na forma do inciso II, observado o disposto no § 5º.

§ 4º Na competência em que ficar comprovado o desconto da contribuição a cargo do segurado empregado, sobre o limite máximo do salário de contribuição, deste não será descontada qualquer contribuição adicional incidente sobre a parcela mensal da sentença ou acordo.

§ 5º Cabe ao reclamado comprovar o recolhimento da contribuição anteriormente descontada do segurado reclamante, sob pena de comunicação à Delegacia ou Inspetoria da Receita Federal do Brasil, para apuração e constituição do crédito, nas formas previstas no Capítulo I do Título VII, e Representação Fiscal para Fins Penais.

§ 6º Quando a reclamatória trabalhista findar em acordo conciliatório ou em sentença, pelo qual não se reconheça qualquer vínculo empregatício entre as partes, o seu valor será considerado base de cálculo para a incidência das contribuições:

I — devidas pela empresa ou equiparado sobre as remunerações pagas ou creditadas a contribuinte individual que lhe prestou serviços;

II — devidas pelo contribuinte individual prestador de serviços, quando o reclamado se tratar de pessoa física, não equiparado à empresa. (Redação dada pela Instrução Normativa n. 1.453, de 24.2.14, DOU 25.2.14)

§ 7º Na hipótese de não reconhecimento de vínculo, deverá a empresa ou os equiparados à empresa, exceto os referidos no § 1º do art. 78, no pagamento das verbas definidas em acordo ou em sentença, reter a contribuição devida pelo segurado contribuinte individual prestador do serviço e recolhê-la juntamente com a contribuição a seu cargo, conforme disposto no art. 4º da Lei n. 10.666, de 2003.

§ 8º Não havendo a retenção da contribuição na forma do § 7º, o reclamado contratante de serviços é responsável pelo pagamento da referida contribuição, conforme disposto no art. 79.

Art. 103. Serão adotadas as competências dos meses em que foram prestados os serviços pelos quais a remuneração é devida, ou dos abrangidos pelo reconhecimento do vínculo empregatício, quando consignados nos cálculos de liquidação ou nos termos do acordo.

§ 1º Quando, nos cálculos de liquidação de sentença ou nos termos do acordo, a base de cálculo das contribuições sociais não estiver relacionada, mês a mês, ao período específico da prestação de serviços geradora daquela remuneração, as parcelas remuneratórias serão rateadas, dividindo-se seu valor pelo número de meses do período indicado na sentença ou no acordo, ou, na falta desta indicação, do período indicado pelo reclamante na inicial, respeitados os termos inicial e final do vínculo empregatício anotado em CTPS ou judicialmente reconhecido na reclamatória trabalhista.

§ 2º Se o rateio mencionado no § 1º envolver competências anteriores a janeiro de 1995, para a obtenção do valor originário relativo a cada competência, o valor da fração obtida com o rateio deve ser dividido por 0,9108 (nove mil cento e oito décimos de milésimos) — valor da Unidade Fiscal de Referência (UFIR), vigente em 1º de janeiro de 1997, a ser utilizado nos termos do art. 29 da Lei n. 10.522, de 19 de julho de 2002, dividindo-se em seguida o resultado dessa operação pelo Coeficiente em UFIR expresso na Tabela Prática Aplicada em Contribuições Previdenciárias elaborada pela RFB para aquela competência.

§ 3º Na hipótese de não reconhecimento de vínculo, e quando não fizer parte da sentença condenatória ou do acordo homologado a indicação do período em que foram prestados os serviços aos quais se refere o valor pactuado, será adotada a competência referente, respectivamente, à data da sentença ou da homologação do acordo, ou à data do pagamento, se este anteceder aquelas.

Art. 104. Serão adotadas as alíquotas, limites máximos de salário de contribuição, critérios de atualização monetária, taxas de juros de mora e valores de multas vigentes à época das competências apuradas na forma do art. 103.

Art. 105. Os fatos geradores de contribuições sociais decorrentes de reclamatória trabalhista deverão ser informados em GFIP, conforme orientações do Manual da GFIP, e as correspondentes contribuições sociais deverão ser recolhidas em documento de arrecadação identificado com código de pagamento específico para esse fim.

§ 1º O recolhimento das contribuições sociais devidas deve ser efetuado no mesmo prazo em que devam ser pagos os créditos encontrados em liquidação de sentença ou em acordo homologado, sendo que nesse último caso o recolhimento será feito em tantas parcelas quantas as previstas no acordo, nas mesmas datas em que sejam exigíveis e proporcionalmente a cada uma delas.

§ 2º Caso a sentença condenatória ou o acordo homologado seja silente quanto ao prazo em que devam ser pagos os créditos neles previstos, o recolhimento das contribuições sociais devidas deverá ser efetuado até o dia 20 (vinte) do mês seguinte ao da liquidação da sentença ou da homologação do acordo ou de cada parcela prevista no acordo, ou no dia útil imediatamente anterior, caso não haja expediente bancário no dia 20 (vinte).

§ 3º Se o valor total das contribuições apuradas em reclamatória trabalhista for inferior ao mínimo estabelecido pela RFB para recolhimento em documento de arrecadação da Previdência Social, este deverá ser recolhido juntamente com as demais contribuições devidas pelo sujeito passivo no mês de competência, ou no mês em que o valor mínimo para recolhimento for alcançado, caso não tenha outros fatos geradores no mês de competência, sem prejuízo da conclusão do processo.

§ 4º No caso de reconhecimento judicial da prestação de serviços em condições que permitam a aposentadoria especial após 15 (quinze), 20 (vinte) ou 25 (vinte e cinco) anos de contribuição, será devida a contribuição adicional de que trata o § 6º do art. 57 da Lei n. 8.213, de 1991.

§ 5º Na hipótese de acordo celebrado após ter sido proferida decisão de mérito, a contribuição será calculada com base no valor do acordo.

Art. 106. As contribuições sociais previdenciárias incidentes sobre a base de cálculo prevista no § 13 do art. 57 devem ser diretamente recolhidas pelo sujeito passivo, uma vez que não integram a cobrança de ofício realizada pela justiça trabalhista.

Seção IV
Da Comissão de Conciliação Prévia

Art. 107. Comissão de Conciliação Prévia é aquela instituída na forma da Lei n. 9.958, de 12 de janeiro de 2000, no âmbito da empresa ou do sindicato representativo da categoria, podendo ser constituída por grupos de empresas ou ter caráter intersindical, com o objetivo de promover a conciliação preventiva do ajuizamento de demandas de natureza trabalhista.

§ 1º Caso haja conciliação resultante da mediação pela Comissão de Conciliação Prévia, deverão ser recolhidas as contribuições incidentes sobre as remunerações cujo pagamento seja estipulado, bem como sobre os períodos de prestação de serviços em relação aos quais se reconheça o vínculo empregatício, observado o seguinte:

I — as contribuições serão apuradas pelos mesmos critérios previstos para os acordos celebrados entre as partes em reclamatórias trabalhistas, bem como os fatos geradores que lhes deram causa deverão ser declarados em GFIP, conforme a Seção III deste Capítulo;

II — o recolhimento será efetuado utilizando-se código de pagamento específico.

§ 2º Não sendo recolhidas espontaneamente as contribuições devidas, a RFB apurará e constituirá o crédito nas formas previstas no Capítulo I do Título VII.

Seção V
Da Convenção, do Acordo e do Dissídio Coletivos

Art. 108. Sobre os valores pagos em razão de acordos, convenções e dissídios coletivos de trabalho, de que tratam os arts. 611 e 616 da CLT, quando implicarem reajuste salarial, incide a contribuição previdenciária e contribuições devidas a outras entidades ou fundos.

§ 1º Ficando estabelecido o pagamento de parcelas retroativas ao mês da data-base da respectiva categoria profissional, os fatos geradores das contribuições deverão:

I — ser informados na GFIP da competência da celebração da convenção, do acordo ou do trânsito em julgado da sentença que decidir o dissídio, em código de recolhimento específico, observadas as orientações do Manual da GFIP;

II — constar em folha de pagamento distinta, elaborada nos termos do inciso III do art. 47, na qual fique identificado o valor da diferença de remuneração de cada mês.

§ 2º As contribuições decorrentes dos fatos geradores referidos no § 1º deverão ser recolhidas até o dia 20 (vinte) do mês seguinte ao da competência da celebração da convenção, do acordo ou do trânsito em julgado da sentença que decidir o dissídio, ou no dia útil imediatamente anterior, caso não haja expediente bancário no dia 20 (vinte).

§ 3º O recolhimento de que trata o § 2º será efetuado utilizando-se código de pagamento específico.

§ 4º Observado o prazo a que se refere o § 2º, não incidirão juros ou multas moratórias sobre os valores das contribuições calculadas na forma desta Seção.

§ 5º A contribuição do segurado será calculada mês a mês, considerando-se os valores originalmente pagos em cada competência, observada a alíquota e o limite máximo do salário de contribuição.

§ 6º Não sendo recolhidas espontaneamente as contribuições devidas, a RFB apurará e constituirá o crédito nas formas previstas no Capítulo I do Título VII.

DOU 17.11.2009

Instrução Normativa SRT/MTE n. 15, de 14 de julho de 2010

Estabelece procedimentos para assistência e homologação na rescisão de contrato de trabalho

A SECRETÁRIA DE RELAÇÕES DO TRABALHO DO MINISTÉRIO DO TRABALHO E EMPREGO, no uso da atribuição que lhe confere o art. 5º, inciso IX, do Regimento Interno da Secretaria de Relações do Trabalho, aprovado pela Portaria Ministerial n. 483, de 15 de setembro de 2004, e tendo em vista o disposto nas Portarias n. 1.620 e n. 1.621, de 14 de julho de 2010, resolve:

CAPÍTULO I

Seção I
Disposições preliminares

Art. 1º A assistência na rescisão de contrato de trabalho, prevista no § 1º do art. 477 da Consolidação das Leis do Trabalho — CLT, aprovada pelo Decreto-Lei n. 5.452, de 1º de maio de 1943, obedecerá ao disposto nesta Instrução Normativa.

Art. 2º Na assistência à rescisão do contrato de trabalho, o Sistema Homolognet, instituído pela Portaria n. 1.620, de 14 de julho de 2010, será utilizado gradualmente, conforme sua implantação nas Superintendências Regionais do Trabalho e Emprego, Gerências Regionais do Trabalho e Emprego e Agências Regionais.

§ 1º Nas rescisões contratuais em que não for adotado o Homolognet, será utilizado o Termo de Rescisão de Contrato de Trabalho — TRCT previsto no Anexo I da Portaria n. 1.621, de 14 de julho de 2010.

§ 2º Quando for adotado o Homolognet, serão utilizados os seguintes documentos:

I — Termo de Rescisão de Contrato de Trabalho, previsto no Anexo II da Portaria n. 1.621, de 2010;

II — Termo de Homologação sem ressalvas, previsto no Anexo III da Portaria n. 1.621, de 2010;

III — Termo de Homologação com ressalvas, previsto no Anexo IV da Portaria n. 1.621, de 2010;

IV — Termo de Comparecimento de uma das partes;

V — Termo de Comparecimento de ambas as partes, sem homologação da rescisão em face de discordância quanto aos valores constantes no TRCT; e

VI — Termo de Compromisso de Retificação do TRCT.

Art. 3º O empregador, ao utilizar o Homolognet, deverá acessar o Sistema por meio do portal do MTE na internet: www.mte.gov.br, cadastrar-se previamente e:

I — incluir os dados relativos ao contrato de trabalho e demais dados solicitados pelo Sistema;

II — informar-se com o órgão local do MTE, para verificar a necessidade de agendamento da homologação; e

III — dirigir-se ao órgão local do MTE, munido dos documentos previstos no art. 22 desta Instrução Normativa.

Seção II
Disposições gerais

Art. 4º A assistência na rescisão de contrato de trabalho tem por objetivo orientar e esclarecer empregado e empregador acerca do cumprimento da lei, bem como zelar pelo efetivo pagamento das parcelas rescisórias, e é devida:

I — nos contratos de trabalho firmados há mais de um ano;

II — quando o cômputo do aviso prévio indenizado resultar em mais de um ano de serviço; e

III — na hipótese de aposentadoria em que ocorra rescisão de contrato de trabalho que se enquadre nos incs. I e II deste artigo.

Parágrafo único. Conta-se o prazo de um ano e um dia de trabalho pelo calendário comum, incluindo-se o dia em que se iniciou a prestação do trabalho.

Art. 5º Não é devida a assistência na rescisão de contrato de trabalho em que são partes a União, os estados, os municípios, suas autarquias e fundações de direito público, e empregador doméstico, ainda que optante do Fundo de Garantia do Tempo de Serviço — FGTS.

CAPÍTULO II

Seção I
Da competência

Art. 6º São competentes para prestar a assistência na rescisão do contrato de trabalho:

I — o sindicato profissional da categoria do local onde o empregado laborou ou a federação que represente categoria inorganizada;

II — o servidor público em exercício no órgão local do MTE, capacitado e cadastrado como assistente no Homolognet; e

III — na ausência dos órgãos citados nos incs. I e II deste artigo na localidade, o representante do Ministério Público ou o Defensor Público e, na falta ou impedimentos destes, o Juiz de Paz.

Art. 7º Em função da proximidade territorial, poderão ser prestadas assistências em circunscrição diversa do local da prestação dos serviços ou da celebração do contrato de trabalho, desde que autorizadas por ato conjunto dos respectivos Superintendentes Regionais do Trabalho e Emprego.

Seção II
Dos procedimentos

Art. 8º Diante das partes, cabe ao assistente:

I — inquirir o empregado e confirmar a veracidade dos dados contidos no TRCT; e

II — verificar a existência de dados não lançados no TRCT, observados os prazos previstos no inc. XXIX do art. 7º da Constituição Federal.

Parágrafo único. O assistente deverá esclarecer às partes que:

I — a homologação de rescisão por justa causa não implica a concordância do empregado com os motivos ensejadores da dispensa; e

II — a quitação do empregado refere-se somente ao exato valor de cada verba especificada no TRCT.

Art. 9º São itens de verificação obrigatória pelo assistente:

I — a regularidade da representação das partes;

II — a existência de causas impeditivas à rescisão;

III — a observância dos prazos legais ou, em hipóteses mais favoráveis, dos prazos previstos em convenção ou acordo coletivo de trabalho ou sentença normativa;

IV — a regularidade dos documentos apresentados;

V — a correção das informações prestadas pelo empregador;

VI — o efetivo pagamento das verbas devidas;

VII — o efetivo recolhimento dos valores a título de FGTS e de Contribuição Social, prevista no art. 1º, da Lei Complementar n. 110, de 29 de junho de 2001, devidos na vigência do contrato de trabalho;

VIII — o efetivo pagamento, na rescisão sem justa causa, da indenização do FGTS, na alíquota de 40% (quarenta por cento), e da Contribuição Social, na alíquota de 10% (dez por cento), incidentes sobre o montante de todos os depósitos de FGTS devidos na vigência do contrato de trabalho, atualizados monetariamente e acrescidos dos respectivos juros remuneratórios, não se deduzindo, para o cálculo, saques ocorridos; e

IX — indícios de qualquer tipo de fraude, especialmente a rescisão contratual que vise somente ao saque de FGTS e à habilitação ao Seguro-Desemprego.

Art. 10. No caso de incorreção ou omissão de parcela devida, o assistente deve solucionar a falta ou a controvérsia, por meio de orientação e esclarecimento às partes.

§ 1º Quando a incorreção relacionar-se a dados do contrato de trabalho ou do empregado, tais como tipo do contrato de trabalho, categoria profissional, causa de afastamento, data de admissão e afastamento, percentual de pensão alimentícia a ser retida na rescisão, data do aviso prévio, dentre outros, o TRCT deverá ser retificado pelo empregador, devendo o assistente lavrar o Termo de Compromisso de Retificação do TRCT.

§ 2º Havendo incorreções não sanadas, o assistente deve comunicar o fato ao setor de fiscalização do trabalho do órgão para as devidas providências.

§ 3º Desde que haja concordância do empregado, a incorreção de parcelas ou valores lançados no TRCT não impede a homologação da rescisão, devendo o assistente consignar as devidas ressalvas no Homolognet.

Art. 11. Na correção dos dados ou na hipótese do § 3º do art. 10 desta Instrução Normativa, será impresso o Termo de Homologação gerado pelo Homolognet, que deverá ser assinado pelas partes ou seus prepostos e pelo assistente.

Parágrafo único. Devem constar das ressalvas:

I — parcelas e complementos não pagos e não constantes do TRCT;

II — matéria não solucionada, nos termos desta Instrução Normativa;

III — a expressa concordância do empregado em formalizar a homologação e

IV — quaisquer fatos relevantes para assegurar direitos e prevenir responsabilidades do assistente.

Seção III
Dos impedimentos

Art. 12. São circunstâncias impeditivas da homologação:

I — nas rescisões de contrato de trabalho por iniciativa do empregador, quando houver estabilidade do empregado decorrente de:

a) gravidez da empregada, desde a sua confirmação até cinco meses após o parto;

b) candidatura para o cargo de direção de Comissões Internas de Prevenção de Acidentes — CIPA, desde o registro da candidatura e, se eleito, ainda que suplente, até um ano após o final do mandato;

LEGISLAÇÃO COMPLEMENTAR

c) candidatura do empregado sindicalizado a cargo de direção ou representação sindical, desde o registro da candidatura e, se eleito, ainda que suplente, até um ano após o final do mandato;

d) garantia de emprego dos representantes dos empregados, titulares ou suplentes, em Comissão de Conciliação Prévia — CCP, instituída no âmbito da empresa, até um ano após o final do mandato;

e) demais garantias de emprego decorrentes de lei, convenção ou acordo coletivo de trabalho ou sentença normativa;

II — suspensão contratual, exceto na hipótese prevista no § 5º do art. 476-A da CLT;

III — irregularidade da representação das partes;

IV — insuficiência de documentos ou incorreção não sanável;

V — falta de comprovação do pagamento das verbas devidas;

VI — atestado de saúde ocupacional — ASO com declaração de inaptidão; e

VII — a constatação de fraude, nos termos do inciso IX do art. 9º desta Instrução Normativa.

Seção IV
Das partes

Art. 13. É obrigatória a presença de empregado e empregador para que seja prestada a assistência à rescisão contratual.

§ 1º Tratando-se de empregado com idade inferior a dezoito anos, será obrigatória a presença e a assinatura de seu representante legal no Termo de Homologação, exceto para os emancipados nos termos da lei civil.

§ 2º O empregador poderá ser representado por procurador legalmente habilitado ou preposto designado por carta de preposição em que conste referência à rescisão a ser homologada e os poderes para assinatura dos documentos na presença do assistente.

§ 3º O empregado poderá ser representado, excepcionalmente, por procurador legalmente constituído em procuração com poderes expressos para receber e dar quitação e com firma reconhecida em cartório.

Art. 14. No caso de morte do empregado, a assistência na rescisão contratual será prestada aos beneficiários habilitados perante o órgão previdenciário, reconhecidos judicialmente ou previstos em escritura pública lavrada nos termos do art. 982 do Código de Processo Civil, desde que dela constem os dados necessários à identificação do beneficiário e à comprovação do direito, conforme o art. 21 da Resolução n. 35, de 24 de abril de 2007, do Conselho Nacional de Justiça, e o art. 2º do Decreto n. 85.845, de 26 de março de 1981.

Seção V
Do aviso prévio

Art. 15. O direito ao aviso prévio é irrenunciável pelo empregado, salvo se houver comprovação de que ele obteve novo emprego.

Art. 16. O período referente ao aviso prévio, inclusive quando indenizado, integra o tempo de serviço para todos os efeitos legais.

Art. 17. Quando o aviso prévio for indenizado, a data da saída a ser anotada na Carteira de Trabalho e Previdência Social — CTPS deve ser:

I — na página relativa ao Contrato de Trabalho, a do último dia da data projetada para o aviso prévio indenizado; e

II — na página relativa às Anotações Gerais, a data do último dia efetivamente trabalhado.

Parágrafo único. No TRCT, a data de afastamento a ser consignada será a do último dia efetivamente trabalhado.

Art. 18. Caso o empregador não permita que o empregado permaneça em atividade no local de trabalho durante o aviso prévio, na rescisão deverão ser obedecidas as mesmas regras do aviso prévio indenizado.

Art. 19. É inválida a comunicação do aviso prévio na fluência de garantia de emprego e de férias.

Subseção I
Da contagem dos prazos do aviso prévio

Art. 20. O prazo de trinta dias correspondente ao aviso prévio conta-se a partir do dia seguinte ao da comunicação, que deverá ser formalizada por escrito.

Parágrafo único. No aviso prévio indenizado, quando o prazo previsto no art. 477, § 6º, alínea "b" da CLT recair em dia não útil, o pagamento poderá ser feito no próximo dia útil.

Art. 21. Quando o aviso prévio for cumprido parcialmente, o prazo para pagamento das verbas rescisórias ao empregado será de dez dias contados a partir da dispensa de cumprimento do aviso prévio, salvo se o termo final do aviso ocorrer primeiramente.

Seção VI
Dos documentos

Art. 22. Para a assistência, é obrigatória a apresentação dos seguintes documentos:

I — Termo de Rescisão de Contrato de Trabalho — TRCT, em quatro vias;

II — Carteira de Trabalho e Previdência Social — CTPS, com as anotações atualizadas;

III — Livro ou Ficha de Registro de Empregados;

IV — notificação de demissão, comprovante de aviso prévio ou pedido de demissão;

V — extrato para fins rescisórios da conta vinculada do empregado no FGTS, devidamente atualizado, e guias de recolhimento das competências indicadas como não localizadas na conta vinculada;

VI — guia de recolhimento rescisório do FGTS e da Contribuição Social, nas hipóteses do art. 18 da Lei n. 8.036, de 11 de maio de 1990, e do art. 1º da Lei Complementar n. 110, de 29 de junho de 2001;

VII — Comunicação da Dispensa — CD e Requerimento do Seguro-Desemprego, nas rescisões sem justa causa;

VIII — Atestado de Saúde Ocupacional Demissional, ou Periódico, durante o prazo de validade, atendidas as formalidades especificadas na Norma Regulamentadora — NR 7, aprovada pela Portaria n. 3.214, de 8 de junho de 1978, e alterações posteriores;

IX — documento que comprove a legitimidade do representante da empresa;

X — carta de preposto e instrumentos de mandato que, nos casos previstos nos §§ 2º e 3º do art. 13 e no art. 14 desta Instrução Normativa, serão arquivados no órgão local do MTE que efetuou a assistência juntamente com cópia do Termo de Homologação;

XI — prova bancária de quitação quando o pagamento for efetuado antes da assistência;

XII — o número de registro ou cópia do instrumento coletivo de trabalho aplicável; e

XIII — outros documentos necessários para dirimir dúvidas referentes à rescisão ou ao contrato de trabalho.

Seção VII
Do pagamento

Art. 23. O pagamento das verbas rescisórias constantes do TRCT será efetuado em dinheiro ou em cheque administrativo, no ato da assistência.

§ 1º O pagamento poderá ser feito, dentro dos prazos estabelecidos no § 6º do art. 477 da CLT, por meio de ordem bancária de pagamento, ordem bancária de crédito, transferência eletrônica ou depósito bancário em conta corrente ou poupança do empregado, facultada a utilização da conta não movimentável — conta salário, prevista na Resolução n. 3.402, de 6 de setembro de 2006, do Banco Central do Brasil.

§ 2º Para fins do disposto no § 1º deste artigo:

I — o estabelecimento bancário deverá se situar na mesma cidade do local de trabalho; e

II — o empregador deve comprovar que nos prazos legais ou previstos em convenção ou acordo coletivo de trabalho o empregado foi informado e teve acesso aos valores devidos.

§ 3º O pagamento das verbas rescisórias será efetuado somente em dinheiro na assistência à rescisão contratual de empregado não alfabetizado, ou na realizada pelos Grupos Especiais de Fiscalização Móvel, instituídos pela Portaria MTE n. 265, de 6 de junho de 2002.

CAPÍTULO III

Seção I
Disposições finais e transitórias

Art. 24. Não comparecendo uma das partes, ou na falta de homologação da rescisão em face de discordância quanto aos valores, o assistente emitirá os Termos de Comparecimento gerados pelo Homolognet.

Art. 25. Havendo homologação do TRCT, os Termos de Homologação serão assinados pelas partes e pelo assistente e, juntamente com as vias do TRCT, terão a seguinte destinação:

I — três vias para o empregado;

II — uma via para o empregador.

Art. 26. A assistência prestada nas homologações de rescisões de contrato sem utilização do Homolognet obedecerá, no que couber, ao disposto nesta Instrução Normativa, devendo ser observado:

I — o servidor público em exercício no órgão local do MTE, mediante ato próprio do Superintendente Regional do Trabalho e Emprego, ficará autorizado a prestar assistência na rescisão do contrato de trabalho;

II — em caso de incorreção de parcelas ou valores lançados no TRCT, o assistente deverá consignar as devidas ressalvas no verso;

III — é obrigatória a apresentação do demonstrativo de parcelas variáveis consideradas para fins de cálculo dos valores devidos na rescisão contratual e de cópia do instrumento coletivo aplicável;

IV — o assistente deverá conferir manualmente os valores das verbas rescisórias.

Art. 27. Esta Instrução Normativa entra em vigor na data de sua publicação.

Art. 28. Fica revogada a Instrução Normativa n. 3, de 21 de junho de 2002.

ZILMARA DAVID DE ALENCAR
DOU 15.7.2010

Instrução Normativa GM/MTE n. 85, de 26 de julho de 2010

Disciplina a fiscalização do Sistema de Registro Eletrônico de Ponto — SREP, regulamentado pela Portaria n. 1.510, de 21 de agosto de 2009, e fixa prazo para o critério da dupla visita em relação à obrigatoriedade da utilização do equipamento nela previsto

O MINISTRO DE ESTADO DO TRABALHO E EMPREGO, no uso das atribuições conferidas pelo art. 913, *caput*, da Consolidação das Leis do Trabalho — CLT, aprovada pelo Decreto-Lei n. 5.452, de 1º de maio de 1943, resolve:

Art. 1º Estabelecer procedimentos a serem observados, pelos Auditores Fiscais do Trabalho, na fiscalização dos estabelecimentos que adotam o Sistema de Registro Eletrônico de Ponto — SREP, regulamentado pela Portaria n. 1.510, de 21 de agosto de 2009.

Art. 2º Nas fiscalizações efetuadas nos estabelecimentos que utilizam o controle eletrônico de ponto, é obrigatória a verificação dos requisitos do SREP, quando do exame da regularidade dos atributos "jornada" e/ou "descanso" e seus impactos nos atributos "salário" e Fundo de Garantia do Tempo de Serviço — "FGTS".

Art. 3º Durante a verificação física, o Auditor Fiscal do Trabalho — AFT deverá colher dos empregados informações sobre o uso diário do sistema de controle da jornada utilizado pelo empregador, bem como orientá-los e dirimir dúvidas eventualmente manifestadas, nos termos do inc. II do art. 18 do Regulamento da Inspeção do Trabalho — RIT, aprovado pelo Decreto n. 4.552, de 27 de dezembro de 2002.

Art. 4º Deverá ser dada especial atenção à verificação da regularidade dos bancos de horas, mediante exame do seu sistema de controle, da previsão e autorização em instrumento coletivo, bem como dos critérios de compensação, prazo de validade e a quitação ou compensação das horas extraordinárias neles consignadas.

Art. 5º O Auditor Fiscal do Trabalho deverá atentar para o fato de que cada Registrador Eletrônico de Ponto — REP somente poderá conter empregados do mesmo empregador, excetuados os seguintes casos:

I — registro de jornada do trabalhador temporário regido pela Lei n. 6.019, de 3 de janeiro de 1974 no REP do tomador de serviços, posto que a subordinação direta por este exercida obriga-o a atender ao disposto no § 2º do art. 74 da CLT em relação ao referido trabalhador, sem prática discriminatória em comparação aos demais empregados; e

II — empresas de um mesmo grupo econômico, nos termos do § 2º do art. 2º da CLT, que podem determinar a consignação das marcações de ponto no mesmo REP dos seus empregados que compartilhem o mesmo local de trabalho ou que estejam trabalhando em outra empresa do mesmo grupo econômico.

Parágrafo único. Ocorrendo alguma das situações mencionadas nos incs. I e II do *caput*, o Programa de Tratamento de Registro de Ponto deverá identificar o empregado e considerar as respectivas marcações para o controle de ponto da empresa empregadora.

Art. 6º O empregador usuário do SREP deverá ser notificado pelo Auditor Fiscal do Trabalho para a apresentação dos seguintes documentos:

I — Termo de Responsabilidade e Atestado Técnico emitido pelo fabricante do Programa de Tratamento de Registro de Ponto utilizado pelo empregador, nos termos do art. 18, e seus parágrafos, da Portaria n. 1.510, de 2009;

II — Termo de Responsabilidade e Atestado Técnico emitido pelo fabricante do REP, nos termos do art. 17, e seus parágrafos, da Portaria n. 1.510, de 2009; e

III — Espelho de Ponto Eletrônico emitido pelo Programa de Tratamento de Registro de Ponto, nos termos do art. 12 e anexo II da Portaria n. 1.510, de 2009, relativo ao período a ser fiscalizado.

§ 1º Deverá ser conferida pelo Auditor-Fiscal do Trabalho a correspondência entre o equipamento REP e o Programa de Tratamento de Registro de Ponto utilizados pelo empregador com os modelos declarados nos termos de responsabilidade e atestados técnicos apresentados, com observância do nome do fabricante do REP, modelo e número da atualização, se houver.

§ 2º O Auditor Fiscal do Trabalho deverá verificar se os termos de responsabilidade e atestados técnicos referentes aos REP e ao Programa de Tratamento de Registro de Ponto utilizados estão em conformidade com as determinações dos arts. 17 e 18, respectivamente, da Portaria n. 1.510, de 2009.

Art. 7º O empregador usuário do SREP deverá ser notificado pelo Auditor Fiscal do Trabalho para fornecimento dos seguintes arquivos, em meio eletrônico:

I — Arquivo Fonte de Dados Tratados — AFDT, gerado pelo Programa de Tratamento de Registro de Ponto, nos termos do art. 12 da Portaria n. 1.510, de 2009, com o leiaute determinado no Anexo I, item 2, relativo ao período a ser fiscalizado; e

II — Arquivo de Controle de Jornada para Efeitos Fiscais — ACJEF, gerado pelo Programa de Tratamento de Registro de Ponto, nos termos do art. 12 da Portaria n. 1.510, de 2009, com o leiaute determinado no Anexo I, item 3, relativo ao período a ser fiscalizado.

Art. 8º O registro do modelo de REP utilizado pela empresa deverá ser conferido pelo Auditor Fiscal do Trabalho na página eletrônica do MTE na internet.

Art. 9º O Auditor Fiscal do Trabalho deverá verificar se o modelo do Programa de Tratamento de Registro de Ponto e os números de série dos REPs utilizados correspondem às informações declaradas pelo empregador no Cadastro de Sistema de Registro Eletrônico de Ponto — CAREP na página eletrônica do MTE na internet.

Art. 10. Deverá ser verificado pelo Auditor Fiscal do Trabalho se os REPs utilizados pelo empregador possuem as seguintes funcionalidades à disposição dos empregados e da inspeção do trabalho:

I — emissão e disponibilização do comprovante para o empregado, por meio de seu livre acesso ao REP;

II — impressão da Relação Instantânea das Marcações pelo Auditor Fiscal do Trabalho, com todas as marcações efetuadas nas vinte e quatro horas precedentes; e

III — livre acesso, pelo Auditor Fiscal do Trabalho, à porta fiscal para apropriação dos dados da Memória de Registro de Ponto — MRP.

Art. 11. Será capturado pelo Auditor Fiscal do Trabalho o Arquivo-Fonte de Dados — AFD gerado a partir dos dados armazenados na MRP, de todos os REPs necessários ao objetivo da ação fiscal, com ciência do fato de que os empregados podem registrar ponto em qualquer REP existente na empresa, desde que devidamente cadastrados.

Parágrafo único. Havendo necessidade, o Auditor Fiscal do Trabalho poderá emitir a Relação Instantânea das Marcações, que o auxiliará na verificação física, podendo fazer a checagem entre as informações constantes no comprovante do empregado com as da relação instantânea, além do efetivo horário em que o empregado foi encontrado trabalhando.

Art. 12. O aplicativo disponibilizado pela Secretaria de Inspeção do Trabalho para uso exclusivo dos Auditores Fiscais do Trabalho é o instrumento hábil para a validação e o cruzamento de dados entre os arquivos AFD, AFDT e ACJEF.

§ 1º O Auditor Fiscal do Trabalho deverá analisar as marcações de ponto para identificação de eventuais irregularidades, tais como ausência e/ou redução de intervalos intrajornada e interjornada, realização de horas extras além do limite legal, horas extras sem acordo, horas extras sem a remuneração devida ou sem compensação, não concessão do descanso semanal remunerado, entre outros aspectos relativos aos limites da jornada e respectivos períodos de descanso.

§ 2º Para a análise prevista no § 1º, o Auditor Fiscal do Trabalho deverá utilizar, além do aplicativo disponibilizado pela SIT, outras fontes de dados e sistemas oficiais.

Art. 13. O descumprimento de qualquer determinação ou especificação constante da Portaria n. 1.510, de 2009, descaracteriza o controle eletrônico de jornada, pois este não se prestará às finalidades que a CLT lhe destina.

§ 1º A infração a qualquer determinação ou especificação constante da Portaria n. 1.510, de 2009, ensejará a lavratura de auto de infração pelo Auditor Fiscal do Trabalho, com base no art. 74, § 2º, da CLT.

§ 2º Comprovada a adulteração de horários marcados pelo trabalhador ou a existência de dispositivos, programas ou sub-rotinas que permitam a adulteração dos reais dados do controle de jornada ou parametrizações e bloqueios na marcação, o Auditor Fiscal do Trabalho deverá tomar as seguintes providências:

I — apreender documentos e equipamentos que julgar necessários para comprovação do ilícito, conforme Instrução Normativa n. 28, de 27 de fevereiro de 2002;

II — copiar os arquivos eletrônicos que julgar necessários para comprovação do ilícito; e

III — elaborar relatório circunstanciado, contendo cópia dos autos de infração lavrados e da documentação apreendida, para a chefia técnica imediata, que enviará o relatório ao Ministério Público do Trabalho e a outros órgãos que julgar pertinentes.

Art. 14. Deverão ser incluídos nas Ordens de Serviço os atributos "jornada" e "descanso", especialmente para verificação dos impactos de eventuais irregularidades na saúde e segurança do trabalhador.

Parágrafo único. A regra do *caput* poderá ser excetuada onde o planejamento da fiscalização for com ela incompatível.

Art. 15. Deverá ser observado o critério da dupla visita em relação à obrigatoriedade da utilização do REP nas ações fiscais iniciadas até 25 de novembro de 2010, nos termos do art. 23 do RIT.

§ 1º A dupla visita no período mencionado no *caput* será formalizada em notificação que fixará prazo de trinta a noventa dias, a critério do Auditor Fiscal do Trabalho.

§ 2º O prazo concedido deverá ser consignado, juntamente com breve relato da situação encontrada, nas informações complementares do respectivo Relatório de Inspeção — RI no Sistema Federal de Inspeção do Trabalho — SFIT.

LEGISLAÇÃO COMPLEMENTAR

§ 3º Não havendo a regularização quanto à utilização do REP após o decurso do prazo fixado, o Auditor Fiscal do Trabalho deverá autuar o empregador e elaborar relatório circunstanciado, com cópia dos autos de infração, a ser entregue para a chefia técnica imediata, que enviará o relatório ao Ministério Público do Trabalho.

§ 4º O Auditor Fiscal do Trabalho não poderá encerrar a ação fiscal sem concluir a fiscalização da obrigatoriedade da utilização do REP, seja com a regularização ou com a autuação devida.

Art. 16. Os dispositivos da Portaria n. 1.510, de 2009, referentes ao REP só serão aplicáveis a partir de 26 de agosto de 2010, data de início de sua obrigatoriedade.

Art. 17. Esta instrução normativa entra em vigor na data de sua publicação oficial.

Carlos Roberto Lupi
DOU 27.7.2010

Instrução Normativa SRFB n. 991, de 21 de janeiro de 2010

Dispõe sobre o Programa Empresa Cidadã

O SECRETÁRIO DA RECEITA FEDERAL DO BRASIL, no uso da atribuição que lhe confere o inciso III do art. 261 do Regimento Interno da Secretaria da Receita Federal do Brasil, aprovado pela Portaria MF n. 125, de 4 de março de 2009, e tendo em vista o disposto na Lei n. 11.770, de 9 de setembro de 2008, no art. 16 da Lei n. 9.779, de 19 de janeiro de 1999, e no Decreto n. 7.052, de 23 de dezembro de 2009, resolve:

Art. 1º Será beneficiada pelo Programa Empresa Cidadã, instituído pelo Decreto n. 7.052, de 23 de dezembro de 2009, a empregada da pessoa jurídica que aderir ao Programa, desde que a empregada requeira a prorrogação do salário-maternidade até o final do 1º (primeiro) mês após o parto.

§ 1º A prorrogação do salário-maternidade de que trata o *caput*:

I — iniciar-se-á no dia subsequente ao término da vigência do benefício de que tratam os arts. 71 e 71-A da Lei n. 8.213, de 24 de julho de 1991;

II — será devida, inclusive, no caso de parto antecipado.

Art. 2º O disposto no art. 1º também aplica-se à empregada da pessoa jurídica que adotar ou obtiver guarda judicial para fins de adoção de criança, pelos seguintes períodos:

I — por 60 (sessenta) dias, quando se tratar de criança de até 1 (um) ano de idade;

II — por 30 (trinta) dias, quando se tratar de criança a partir de 1 (um) até 4 (quatro) anos de idade completos; e

III — por 15 (quinze) dias, quando se tratar de criança a partir de 4 (quatro) anos até completar 8 (oito) anos de idade.

Art. 3º A pessoa jurídica poderá aderir ao Programa Empresa Cidadã de que trata o art. 1º, mediante Requerimento de Adesão formulado em nome do estabelecimento matriz, pelo responsável perante o Cadastro Nacional da Pessoa Jurídica (CNPJ).

§ 1º O Requerimento de Adesão poderá ser formulado exclusivamente no sítio da Secretaria da Receita Federal do Brasil (RFB) na Internet, no endereço <http://www.receita.fazenda.gov.br> a partir do dia 25 de janeiro de 2010.

§ 2º Não produzirá efeito o requerimento formalizado por contribuinte que não se enquadre nas condições estabelecidas nesta Instrução Normativa.

§ 3º O acesso ao endereço eletrônico dar-se-á por meio de código de acesso, a ser obtido nos sítios da RFB na Internet, ou mediante certificado digital válido.

§ 4º A pessoa jurídica poderá cancelar sua adesão ao programa de que trata o *caput*, a qualquer tempo, por meio do sítio da RFB na Internet, no endereço mencionado no § 1º. *(Incluído pela Instrução Normativa RFB n. 1.292, de 20.9.12, DOU 24.9.12)*

Art. 4º A pessoa jurídica tributada com base no lucro real poderá deduzir do Imposto sobre a Renda da Pessoa Jurídica (IRPJ) devido, em cada período de apuração, o total da remuneração da empregada pago no período de prorrogação de sua licença-maternidade, vedada a dedução como despesa operacional.

§ 1º A dedução de que trata o *caput* fica limitada ao valor do IRPJ devido com base:

I — no lucro real trimestral; ou,

II — no lucro real apurado no ajuste anual.

§ 2º A dedução de que trata o *caput* também se aplica ao IRPJ determinado com base no lucro estimado.

§ 3º O valor deduzido do IRPJ com base no lucro estimado de que trata o § 2º:

I — não será considerado IRPJ pago por estimativa; e

II — deve compor o valor a ser deduzido do IRPJ devido no ajuste anual.

§ 4º O disposto nos incisos I e II do § 3º aplica-se aos casos de despesas da remuneração da empregada pagas no período de prorrogação de sua licença-maternidade, deduzidas do IRPJ devido com base em receita bruta e acréscimos ou com base no resultado apurado em balanço ou balancete de redução. *(Redação dada pela Instrução Normativa RFB n. 1.292, de 20.9.12, DOU 24.9.12)*

§ 5º Para efeitos do disposto neste artigo, o valor total da remuneração da empregada, pago no período de prorrogação de sua licença-maternidade e registrado na escrituração comercial, deverá ser adicionado ao lucro líquido para fins de apuração do lucro real e da base de cálculo da Contribuição Social sobre o Lucro Líquido (CSLL). *(Redação dada pela Instrução Normativa RFB n. 1.292, de 20.9.12, DOU 24.9.12)*

Art. 5º A pessoa jurídica tributada com base no lucro real que aderir ao Programa Empresa Cidadã, com o propósito de usufruir da dedução do IRPJ de que trata o art. 4º, deverá comprovar regularidade quanto à quitação de tributos federais e demais créditos inscritos em Dívida Ativa da União (DAU), ao final de cada ano calendário em que fizer uso do benefício.

§ 1º O disposto no *caput* também se aplica à certificação de não estar inclusa a pessoa jurídica no Cadastro Informativo de Créditos não Quitados do Setor Público Federal (Cadin).

§ 2º A pessoa jurídica deverá manter em seu poder pelo prazo decadencial os comprovantes de regularidade quanto à quitação de tributos federais e demais créditos inscritos em DAU e quanto à certificação de não estar inclusa no Cadin.

Art. 6º No período de licença-maternidade e de licença à adotante de que tratam os arts. 1º e 2º, a empregada não poderá exercer qualquer atividade remunerada, salvo nos casos de contrato de trabalho simultâneo firmado previamente, e a criança não poderá ser mantida em creche ou organização similar.

Parágrafo único. Em caso de ocorrência de quaisquer das situações previstas no *caput*, a beneficiária perderá o direito à prorrogação.

Art. 7º A empregada em gozo de salário-maternidade na data de publicação do Decreto n. 7.052, de 2009, poderá solicitar a prorrogação da licença-maternidade ou licença à adotante, desde que requeira no prazo de até 30 (trinta) dias.

Parágrafo único. A prorrogação da licença de que trata o *caput* produz efeitos a partir de 1º de janeiro de 2010.

Art. 8º Para fazer uso da dedução do IRPJ devido de que trata o art. 4º, a pessoa jurídica que aderir ao Programa Empresa Cidadã fica obrigada a controlar contabilmente os gastos com custeio da prorrogação da licença-maternidade ou da licença à adotante, identificando de forma individualizada os gastos por empregada que requeira a prorrogação.

Art. 9º Esta Instrução Normativa entra em vigor na data de sua publicação.

Otacílio Dantas Cartaxo
DOU 22.1.2010

Instrução Normativa SIT/MTE n. 89, de 2 de março de 2011

Estabelece procedimentos para apreensão e guarda de documentos, livros, materiais, equipamentos e assemelhados por auditor fiscal do trabalho e aprova modelos de auto de apreensão, termo de guarda e termo de devolução

A SECRETÁRIA DE INSPEÇÃO DO TRABALHO, no exercício da competência prevista no inciso XIII do art. 14 do Anexo I do Decreto n. 5.063, de 3 de maio de 2004, e em face do disposto no inciso VI do art. 11 da Lei n. 10.593, de 6 de dezembro de 2002, e nos incisos VII, XII e XX do art. 18 do Decreto n. 4.552, de 6 de dezembro de 2002, que aprovou o Regulamento da Inspeção do Trabalho, resolve:

Art. 1º Estabelecer os procedimentos para a apreensão, guarda e devolução de materiais, livros, papéis, arquivos, documentos e assemelhados de empregadores por Auditor Fiscal do Trabalho — AFT.

§ 1º A apreensão tem por finalidade a verificação e constituição de prova material de fraudes, irregularidades e indícios de crime, ou a análise e instrução de processos administrativos, nas hipóteses em que o acesso ou a posse do empregador possa prejudicar a apuração das irregularidades ou o objeto seja indício de crime.

§ 2º Consideram-se assemelhados e passíveis de apreensão, quaisquer que sejam o seu conteúdo, os objetos físicos, documentos e arquivos constantes de dispositivos móveis de armazenamento de dados, por meios magnéticos ou eletrônicos, mídias, discos rígidos de computadores e seus respectivos gabinetes, substâncias, rótulos, fitas, urnas e outros que, a critério do Auditor Fiscal do Trabalho, sejam necessários à apuração da irregularidade.

§ 3º A apuração poderá ser feita por meio do exame da contabilidade da empresa conforme disposto no inciso VI do art. 11 da Lei n. 10.593, de 6 de dezembro de 2002, conjugado com os arts. 190 e 193 da Lei n.

1503

10.406, de 10 de janeiro de 2002, que institui o Código Civil.

Art. 2º A apreensão pode ser determinada em Ordem de Serviço emitida pela chefia imediata ou por ação imediata do Auditor Fiscal do Trabalho e deve constar de Auto de Apreensão e Guarda, conforme modelo previsto no Anexo I e de relatório circunstanciado, em que devem ser descritos os motivos da apreensão e outras informações julgadas necessárias.

Art. 3º O Auto de Apreensão e Guarda a ser lavrado pelo Auditor Fiscal do Trabalho em cada apreensão, que deve conter, no mínimo:

I — nome ou razão social, endereço e n. do Cadastro Nacional da Pessoa Jurídica — CNPJ, do Cadastro de Pessoa Física — CPF ou Cadastro de Específico do INSS — CEI do autuado;

II — local, data e hora da apreensão e lavratura do auto;

III — descrição dos objetos apreendidos, com indicação de suas características aparentes;

IV — indicação das irregularidades, motivos ou indícios de irregularidades que ensejaram a apreensão;

V — identificação e assinatura do Auditor Fiscal do Trabalho autuante;

VI — assinatura e identificação do autuado;

VII — endereço da Superintendência Regional do Trabalho e Emprego, da Gerência Regional do Trabalho e Emprego ou da Agência Regional do Trabalho em que os objetos apreendidos ficarão depositados; e

VIII — informação de que o autuado poderá solicitar, por escrito, cópias dos documentos apreendidos, que serão fornecidos contra recibo.

§ 1º O Auto de Apreensão e Guarda deve ser emitido em três vias, sendo a primeira via para dar início ao processo administrativo previsto no art. 6º, a segunda via para ser entregue ao autuado e a terceira via para controle do Auditor Fiscal do Trabalho autuante.

§ 2º Os documentos apreendidos devem ser visados e datados, exceto os livros oficiais.

§ 3º O Auditor Fiscal do Trabalho poderá promover o lacre de gavetas, armários e arquivos, bem como de quaisquer volumes que sirvam para a guarda dos objetos, quando não for possível removê-los ou encerrar o levantamento para apreensão naquela visita fiscal.

Art. 4º A primeira via do Auto de Apreensão e Guarda deve ser entregue pelo Auditor Fiscal do Trabalho à chefia imediata, juntamente com os materiais, livros, papéis, arquivos, documentos e assemelhados apreendidos.

Art. 5º Cabe à chefia imediata a responsabilidade pela guarda, proteção e conservação dos materiais, livros, papéis, arquivos, documentos e assemelhados que lhe forem entregues, devendo ser lavrado, na ocasião do recebimento, o Termo de Recebimento e Guarda previsto no Anexo II desta Portaria.

Parágrafo único. O Termo de Recebimento e Guarda deve ser lavrado em três vias, sendo a primeira para instrução do processo administrativo previsto no art. 6º, a segunda via para o Auditor Fiscal do Trabalho que lavrou o Auto de Apreensão e Guarda e entregou os materiais, livros, papéis, arquivos, documentos e assemelhados apreendidos, e a terceira para controle da chefia imediata.

Art. 6º O Auto de Apreensão e Guarda deve ser protocolizado para formação de processo administrativo, em que devem ser juntados o Termo de Recebimento e Guarda e cópia de todas as ocorrências referentes ao procedimento de apreensão, inclusive da ordem de serviço, dos autos de infração e termos lavrados.

Parágrafo único. É facultado ao autuado o recebimento, mediante recibo, de cópia de todo o processo administrativo e dos documentos apreendidos, desde que a solicite por escrito, devendo a solicitação e o recibo ser anexados ao processo.

Art. 7º A ação fiscal será reiniciada pelo Auditor Fiscal do Trabalho autuante no prazo máximo de trinta dias contados da data de lavratura do Auto de Apreensão, que pode ser prorrogado por mais trinta dias, a critério da chefia imediata.

§ 1º Quando houver lacre previsto no § 3º do art. 3º, a ação fiscal deve ser reiniciada no prazo máximo de setenta e duas horas a partir da efetivação do lacre, cuja abertura será efetuada pelo Auditor Fiscal do Trabalho autuante, podendo dela participar o autuado, seu representante legal ou preposto, devidamente identificados e munidos de mandato.

§ 2º Para reinício da ação fiscal ou exame dos materiais, livros, papéis, arquivos, documentos e assemelhados apreendidos, o Auditor Fiscal do Trabalho deve solicitá-los à chefia imediata, e recebê-los por meio de Termo de Recebimento e Guarda.

Art. 8º O exame dos materiais, livros, papéis, arquivos, documentos e assemelhados apreendidos deve ser feito pelo Auditor Fiscal do Trabalho nas dependências da Superintendência Regional do Trabalho e Emprego, da Gerência Regional do Trabalho e Emprego ou da Agência Regional do Trabalho em que estejam depositados.

§ 1º Caso entenda necessário para seu exame, o Auditor Fiscal do Trabalho pode solicitar à chefia imediata diligências, laudos técnicos e periciais, elaborados pelas autoridades competentes, inclusive a degravação de arquivos magnéticos.

§ 2º Os materiais, livros, papéis, arquivos, documentos e assemelhados examinados e considerados desnecessários para instrução de processo administrativo ou comunicação às autoridades competentes devem ser devolvidos ao autuado em no máximo setenta e duas horas após o exame.

Art. 9º Após o encerramento da ação fiscal, devem ser tomadas as seguintes providências quanto aos materiais, livros, papéis, arquivos, documentos e assemelhados examinados:

I — havendo constatação de indícios de crime, cabe à chefia responsável pela sua guarda encaminhá-los às autoridades competentes para as providências que julgarem necessárias, por meio de ofício, cuja cópia deve ser anexada ao processo administrativo; e

II — deve ser providenciada, no prazo máximo de noventa dias da lavratura do Auto de Apreensão e Guarda ou setenta e duas horas após o encerramento da ação fiscal, a devolução ao autuado dos documentos que não foram encaminhados na forma § 2º do art. 8º ou do inciso I deste artigo.

§ 1º Para a devolução prevista no inciso II do *caput*, o autuado deve ser notificado via postal, com anexação do Aviso de Recebimento — AR ao processo administrativo, para comparecimento na Superintendência Regional do Trabalho e Emprego, na Gerência Regional do Trabalho e Emprego ou na Agência Regional do Trabalho em que se encontram os materiais, livros, papéis, arquivos, documentos e assemelhados apreendidos.

§ 2º A devolução a que se refere no inciso II do *caput* deve ser efetuada por meio do Termo de Devolução previsto no Anexo III, a ser assinado pelo Auditor Fiscal do Trabalho, pela chefia imediata e pelo autuado, seu representante legal ou preposto.

§ 3º Em caso de não comparecimento do autuado, os materiais, livros, papéis, arquivos, documentos e assemelhados devem lhe ser encaminhados via postal, no prazo de dez dias do recebimento da notificação, com anexação do Aviso de Recebimento ao processo administrativo.

§ 4º O processo administrativo deve ser arquivado após o encerramento da ação fiscal e dos procedimentos previstos neste artigo.

Art. 10. A constatação de rompimento do lacre pelo autuado ou seu representante, sem autorização escrita do Auditor Fiscal do Trabalho autuante, deve ser comunicada às autoridades competentes para apuração de crime.

Art. 11. Os empregadores que utilizam sistemas eletrônicos de dados para registro dos fatos relacionados ao cumprimento da legislação trabalhista e fazendária devem manter os respectivos arquivos digitais e sistemas à disposição da fiscalização do trabalho nos prazos previstos na legislação, observada a prescrição trintenária relativa ao Fundo de Garantia do Tempo de Serviço — FGTS.

Art. 12. Revoga-se a Instrução Normativa n. 28, de 27 de fevereiro de 2002.

Art. 13. Esta instrução entra em vigor na data de sua publicação.

Vera Lúcia Ribeiro de Albuquerque
DOU 3.3.2011 e RETIFICADA DOU 4.3.2011

Instrução Normativa SIT/MTE n. 90, de 28 de abril de 2011

Dispõe sobre o recrutamento de trabalhadores urbanos e o seu transporte para localidade diversa de sua origem

A SECRETÁRIA DE INSPEÇÃO DO TRABALHO, no exercício de sua competência, prevista no art. 14, XIII do Decreto n. 5.063, de 3 de maio de 2004, resolve:

Editar a presente Instrução Normativa sobre procedimentos que deverão ser adotados em relação ao recrutamento de trabalhadores em localidade diversa de sua origem.

Art. 1º Para o transporte de trabalhadores contratados em qualquer atividade econômica urbana, recrutados para trabalhar em localidade diversa da sua origem, é necessária a comunicação do fato ao órgão local do Ministério do Trabalho e Emprego — MTE por intermédio da Certidão Declaratória de Transporte de Trabalhadores — CDTT, na forma do Anexo I.

§ 1º Considera-se para a localidade diversa de sua origem o recrutamento que implique a mudança transitória, temporária ou definitiva de residência do trabalhador.

§ 2º O aliciamento e o transporte irregular de trabalhadores para localidade diversa de sua origem constituem, em tese, o crime previsto no art. 207, do Decreto-Lei n. 2.848, de 7 de dezembro de 1940 — Código Penal, quando se tratar de trabalhador nacional, e o crime previsto no art. 125, inciso XII, da Lei n. 6.815, de 19 de agosto de 1980, quando se tratar de trabalhador estrangeiro.

Art. 2º A CDTT será preenchida em modelo próprio, conforme Anexo I, nela constando:

I) a identificação da razão social e o n. no Cadastro Nacional da Pessoa Jurídica — CNPJ da empresa contratante ou nome do empregador e seu número no Cadastro Específico do INSS — CEI e número no Cadastro de Pessoa Física — CPF;

II) a identificação da razão social e o número no Cadastro Nacional da Pessoa Jurídica — CNPJ ou nome do empregador e seu número no Cadastro Específico do INSS — CEI e número no Cadastro de Pessoa Física — CPF da (as) tomadora (as), quando se tratar de contratação de trabalhadores para atender à demanda ocasionada em virtude de subcontratação de obras ou de serviços;

III) o endereço completo da sede do contratante e a indicação precisa do local de prestação dos serviços;

IV) os fins e a razão do transporte dos trabalhadores;

V) o número total de trabalhadores recrutados;

VI) as condições pactuadas de alojamento, alimentação e retorno à localidade de origem do trabalhador;

VII) o salário contratado;

VIII) a data de embarque e o destino;

IX) a identificação da empresa transportadora e dos condutores dos veículos;

X) a assinatura do empregador ou seu preposto.

§ 1º O empregador poderá optar por realizar os exames médicos admissionais na localidade onde será prestado o serviço, caso não haja serviço médico adequado no local da contratação, desde que tal providência ocorra antes do início da atividade laboral.

§ 2º Na hipótese de o trabalhador não ser considerado apto para o trabalho, o empregador será responsável pelo custeio das despesas de transporte até o local de origem, bem como pelo pagamento das verbas salariais decorrentes do encerramento antecipado do contrato de trabalho.

Art. 3º A CDTT deverá ser devidamente preenchida e entregue nas unidades descentralizadas do MTE, ou seja, nas Superintendências Regionais do Trabalho e Emprego — SRTE — ou nas Gerências Regionais do Trabalho e Emprego — GRTE da circunscrição dos trabalhadores recrutados, acompanhada de:

I) cópia da inscrição no CNPJ ou CEI e CPF do empregador;

II) procuração original ou cópia autenticada, concedendo poderes ao procurador para recrutar, contratar trabalhadores e proceder ao encaminhamento da CDTT junto à SRTE;

III) cópia do contrato social do empregador, quando se tratar de pessoa jurídica;

IV) cópias do documento de identidade do procurador e das habilitações dos condutores dos veículos;

V) cópias dos contratos individuais de trabalho;

VI) cópia do certificado de registro para fretamento da empresa transportadora, emitido pela Agência Nacional de Transportes Terrestres — ANTT ou do comprovante de custeio por parte do empregador de transporte terrestre, aéreo ou fluvial efetuado por linhas regulares;

VII) relação nominal dos trabalhadores recrutados, com os números da Carteira de Trabalho e Previdência Social — CTPS, e do Programa de Integração Social — PIS.

Parágrafo único. A CDTT poderá, excepcionalmente, ser protocolada fora das dependências da unidade do MTE, desde que em local definido pela chefia da fiscalização e por servidor especialmente designado para esse fim.

Art. 4º Estando a documentação completa, a SRTE receberá uma via da CDTT, devolvendo outra via ao empregador, devidamente protocolada.

§ 1º A SRTE formará processo a partir do recebimento da documentação, conferindo a regularidade do CNPJ na página da Secretaria da Receita Federal, encaminhando-o à SRTE da circunscrição onde ocorrerá a prestação dos serviços para que a situação seja analisada e, quando necessário, ocorra o devido acompanhamento "in loco" das condições de trabalho.

§ 2º A SRTE de origem dos trabalhadores enviará cópia da CDTT ao Sindicato dos Trabalhadores da categoria respectiva, acompanhada da relação nominal dos trabalhadores recrutados, e a entidade, se assim entender, dará ciência ao sindicato da localidade de destino.

§ 3º A SRTE encaminhará trimestralmente à SIT dados estatísticos referentes ao número de CDTT recebidas, atividades econômicas dos empregadores, número de trabalhadores transportados, municípios de recrutamento e destino dos trabalhadores.

Art. 5º O empregador, ou seu preposto, deverá manter à disposição da fiscalização, durante a viagem, no veículo de transporte dos trabalhadores, e, posteriormente, no local da prestação de serviços, cópia da CDTT, juntamente com a cópia da relação nominal dos trabalhadores recrutados.

§ 1º Identificado o transporte de trabalhadores sem a CDTT, o auditor fiscal do trabalho comunicará o fato imediatamente à Polícia Rodoviária Federal e Polícia Rodoviária Estadual, diretamente ou através de sua chefia imediata, ao tempo em que adotará as medidas legais cabíveis e providenciará relatório contendo a identificação do empregador, dos trabalhadores e demais dados relativos aos fatos apurados.

§ 2º A chefia da fiscalização encaminhará o relatório ao Ministério Público Federal e ao Ministério Público do Trabalho para as providências aplicáveis ao aliciamento e transporte irregular de trabalhadores.

Vera Lucia Ribeiro de Albuquerque
DOU 29.4.2011

Instrução Normativa SIT/MTE n. 91, de 5 de outubro de 2011

Dispõe sobre a fiscalização para a erradicação do trabalho em condição análoga à de escravo e dá outras providências

A SECRETÁRIA DE INSPEÇÃO DO TRABALHO, no exercício da competência prevista no inciso XIII do art. 14 do Anexo I do Decreto n. 5.063, de 3 de maio de 2004, resolve:

Editar a presente Instrução Normativa sobre procedimentos que deverão ser adotados em relação à fiscalização para a erradicação do trabalho em condição análoga à de escravo.

Art. 1º O trabalho realizado em condição análoga à de escravo, sob todas as formas, constitui atentado aos direitos humanos fundamentais e fere a dignidade humana, sendo dever do Auditor Fiscal do Trabalho colaborar para a sua erradicação.

DO ÂMBITO DE APLICAÇÃO DA PRESENTE INSTRUÇÃO NORMATIVA

Art. 2º Serão observados pelos Auditores Fiscais do Trabalho, na fiscalização para a erradicação do trabalho em condição análoga à de escravo, em qualquer atividade econômica urbana, rural ou marítima, e para qualquer trabalhador, nacional ou estrangeiro, os procedimentos previstos na presente Instrução Normativa.

Art. 3º Para os fins previstos na presente Instrução Normativa, considera-se trabalho realizado em condição análoga à de escravo a que resulte das seguintes situações, quer em conjunto, quer isoladamente:

I — A submissão de trabalhador a trabalhos forçados;

II — A submissão de trabalhador a jornada exaustiva;

III — A sujeição de trabalhador a condições degradantes de trabalho;

IV — A restrição da locomoção do trabalhador, seja em razão de dívida contraída, seja por meio do cerceamento do uso de qualquer meio de transporte por parte do trabalhador, ou por qualquer outro meio com o fim de retê-lo no local de trabalho;

V — A vigilância ostensiva no local de trabalho por parte do empregador ou seu preposto, com o fim de retê-lo no local de trabalho;

VI — A posse de documentos ou objetos pessoais do trabalhador, por parte do empregador ou seu preposto, com o fim de retê-lo no local de trabalho.

§ 1º As expressões referidas nos incisos de I a VI deverão ser compreendidas na forma a seguir:

a) "trabalhos forçados" — todas as formas de trabalho ou de serviço exigidas de uma pessoa sob a ameaça de sanção e para o qual não se tenha oferecido espontaneamente, assim como aquele exigido como medida de coerção, de educação política, de punição por ter ou expressar opiniões políticas ou pontos de vista ideológicamente opostos ao sistema político, social e econômico vigente, como método de mobilização e de utilização da mão de obra para fins de desenvolvimento econômico, como meio para disciplinar a mão de obra, como punição por participação em greves ou como medida de discriminação racial, social, nacional ou religiosa;

b) "jornada exaustiva" — toda jornada de trabalho de natureza física ou mental que, por sua extensão ou intensidade, cause esgotamento das capacidades corpóreas e produtivas da pessoa do trabalhador, ainda que transitória e temporalmente, acarretando, em consequência, riscos a sua segurança e/ou a sua saúde;

c) "condições degradantes de trabalho" — todas as formas de desrespeito à dignidade humana pelo descumprimento aos direitos fundamentais da pessoa do trabalhador, notadamente em matéria de segurança e saúde, e que, em virtude do trabalho, venha a ser tratada pelo empregador, por prepostos ou mesmo por terceiros, como coisa e não como pessoa;

d) "restrição da locomoção do trabalhador" — todo tipo de limitação imposta ao trabalhador a seu direito fundamental de ir e vir ou de dispor de sua força de trabalho, inclusive o de encerrar a prestação do trabalho, em razão de dívida, por meios diretos ou indiretos, por meio de coerção física ou moral, fraude ou outro meio ilícito de submissão;

e) "cerceamento do uso de qualquer meio de transporte com o objetivo de reter o trabalhador" — toda forma de limitação do uso de transporte, particular ou público, utilizado pelo trabalhador para se locomover do trabalho para outros locais situados fora dos domínios patronais, incluindo sua residência, e vice-versa;

f) "vigilância ostensiva no local de trabalho" — todo tipo ou medida de controle empresarial exercida sobre a pessoa do trabalhador, com o objetivo de retê-lo no local de trabalho;

g) "posse de documentos ou objetos pessoais do trabalhador" — toda forma de apoderamento ilícito de documentos ou objetos pessoais do trabalhador, com o objetivo de retê-lo no local de trabalho;

§ 2º Quando o Auditor-fiscal do Trabalho concluir pela ocorrência de uma ou mais hipóteses previstas nos incisos I a VI do *caput*, deverá lavrar auto de infração onde consignará expressamente os fundamentos que compõem a constatação de trabalho em condição análoga à de escravo, enumerando a quantidade de trabalhadores submetidos a tais condições. *(Redação dada pela Instrução Normativa SIT n. 124, de 12.5.16, DOU 13.5.16)*

§ 3º O Auto de infração de que trata o § 2º deste artigo será capitulado no art. 444 da Consolidação das Leis do Trabalho e seguirá, assim como todos os demais autos de infração lavrados, o rito previsto no Título VII da Consolidação das Leis do Trabalho e na Portaria n. 854, de 25 de junho de 2015, garantido o contraditório e a ampla defesa nas duas instâncias previstas nas normas mencionadas. *(Redação dada pela Instrução Normativa n. 124, de 12.5.16, DOU 13.5.16)*

Art. 4º A constatação administrativa de trabalho em condição análoga à de escravo realizada pelo Auditor Fiscal do Trabalho, bem como os atos administrativos dela decorrentes, independem do reconhecimento no âmbito criminal.

Art. 5º O Auditor Fiscal do Trabalho, ao concluir pela existência de trabalho em condição análoga à de escravo, tomará todas as medidas indicadas nos arts. 13 e 14, da presente Instrução Normativa.

Art. 6º O disposto nesta Instrução Normativa é aplicável aos casos nos quais o Auditor Fiscal do Trabalho identifique tráfico de pessoas para fins de exploração de trabalho em condição análoga à de escravo, uma vez presente qualquer das hipóteses previstas nos incisos I a VI do art. 3º, desta Instrução Normativa.

§ 1º Considera-se tráfico de pessoas para fins de exploração de trabalho em condição análoga à de escravo, conforme definido no Protocolo Adicional à Convenção das Nações Unidas contra o Crime Organizado Transnacional Relativo à Prevenção, Repressão e Punição do Tráfico de Pessoas, em especial Mulheres e Crianças, promulgado por meio do Decreto n. 5.017, de 12 de março de 2004, "o recrutamento, o transporte, a transferência, o alojamento ou o acolhimento de pessoas, recorrendo à ameaça ou uso da força ou a outras formas de coação, ao rapto, à fraude, ao engano, ao abuso de autoridade ou à situação de vulnerabilidade ou à entrega ou aceitação de pagamentos ou benefícios para obter o consentimento de uma pessoa que tenha autoridade sobre outra para fins de exploração que incluirá, no mínimo, a exploração do trabalho ou serviços forçados, escravatura ou práticas similares à escravatura ou a servidão".

§ 2º Os casos de tráfico de trabalhadores estrangeiros em situação migratória irregular para fins de exploração de trabalho em condição análoga à de escravo que venham a ser identificados pelos Auditores Fiscais do Trabalho deverão ser encaminhados para concessão do visto permanente ou permanência no Brasil, de acordo com o que determina a Resolução Normativa n. 93, de 21 de dezembro de 2010, do Conselho Nacional de Imigração — CNIg, além de todos os demais procedimentos previstos nos arts. 13 e 14, desta Instrução Normativa.

§ 3º O encaminhamento referido na alínea anterior será efetuado mediante ofício da chefia superior, nos termos do art. 18, II, da Portaria n. 546, de 11 de março de 2010, com a indicação dos trabalhadores estrangeiros irregulares, endereçado ao Ministério da Justiça e devidamente instruído com parecer técnico de um dos seguintes órgãos, de acordo com sua competência:

I — Secretaria Nacional de Justiça do Ministério da Justiça;

II — Núcleos de Enfrentamento ao Tráfico de Pessoas;

III — Postos Avançados de serviços de recepção a brasileiros (as) deportados (as) e não admitidos (as) nos principais pontos de entrada e saída do País;

IV — Secretaria de Direitos Humanos da Presidência da República; e

V — Serviços que prestem atendimento a vítimas de violência e de tráfico de pessoas.

DAS AÇÕES FISCAIS PARA A ERRADICAÇÃO DO TRABALHO EM CONDIÇÃO ANÁLOGA À DE ESCRAVO

Art. 7º As ações fiscais para erradicação do trabalho em condição análoga à de escravo serão coordenadas pela Secretaria de Inspeção do Trabalho, que poderá realizá-las diretamente, por intermédio das equipes do grupo especial de fiscalização móvel, ou por intermédio de grupos/equipes de fiscalização organizados no âmbito das Superintendências Regionais do Trabalho e Emprego — SRTE por meio da chefia superior, nos termos do art. 18, II, da Portaria n. 546, de 11 de março de 2010.

Art. 8º Sempre que a SRTE, por meio da chefia superior, nos termos do art. 18, II, da Portaria n. 546, de 11 de março de 2010, receber denúncia que relate a existência de trabalhadores reduzidos à condição análoga à de escravo e decidir pela realização de ação fiscal local para a apuração dos fatos, deverá iniciar a inspeção comunicar à Secretaria de Inspeção do Trabalho.

Art. 9º A Secretaria de Inspeção do Trabalho e as SRTE, por meio da chefia superior, nos termos do art. 18, II, da Portaria n. 546, de 11 de março de 2010, realizarão diagnósticos das atividades econômicas com incidência de trabalho em condições análogas à de escravo, que servirão de base para a elaboração do planejamento e desenvolvimento das ações fiscais.

Parágrafo único. Serão realizadas anualmente reuniões para análise crítica da execução e monitoramento das ações planejadas durante o ano.

Art. 10. A SRTE, por meio da chefia superior, nos termos do art. 18, II, da Portaria n. 546, de 11 de março de 2010, deverá buscar a articulação e a integração com os órgãos e/ou entidades que compõem as Comissões Estaduais de Erradicação do Trabalho Escravo — COETRAEs, e os Comitês Estaduais de Enfrentamento ao Tráfico de Pessoas, no âmbito de cada estado da federação e o Distrito Federal.

Parágrafo único. A articulação prevista no *caput* do presente artigo visará à elaboração de diagnósticos e à eleição de prioridades que irão compor o planejamento a que se refere o art. 9º desta instrução e, em particular, à viabilização de outras medidas que estejam fora do âmbito administrativo de responsabilidade do Auditor Fiscal do Trabalho.

Art. 11. A eleição de prioridades que irão compor o planejamento previsto no art. 9º desta instrução deverá conter a indicação de setores de atividade econômica a serem fiscalizados e a programação dos recursos humanos e materiais necessários à execução das fiscalizações, além da identificação de ações a serem desenvolvidas em conjunto com os parceiros referidos no artigo anterior.

Art. 12. As ações fiscais deverão contar com a participação de representantes da Polícia Federal, ou Polícia Rodoviária Federal, ou Polícia Militar, ou Polícia Civil, ou outra autoridade policial.

§ 1º A chefia superior, nos termos do art. 18, II, da Portaria n. 546, de 11 de março de 2010, deverá oficiar, visando à participação de membros de um dos órgãos mencionados no *caput*, bem como enviar à Advocacia Geral da União (AGU), ao Ministério Público Federal (MPF), ao Ministério Público do Trabalho (MPT) e à Defensoria Pública da União (DPU) comunicação prévia sobre a operação, para que essas instituições avaliem a conveniência de integrá-la.

§ 2º Caso o coordenador da operação entenda prescindível o auxílio da força policial poderá ser dispensada a participação das autoridades mencionadas no *caput* deste artigo, desde que haja a anuência da chefia superior.

Art. 13. A constatação de trabalho em condição análoga à de escravo ensejará a adoção dos procedimentos previstos no art. 2º-C, §§ 1º e 2º, da Lei n. 7.998, de 11 de janeiro de 1990, devendo o Auditor Fiscal do Trabalho resgatar o trabalhador que estiver submetido a essa condição e emitir o Requerimento do Seguro-desemprego do Trabalhador Resgatado.

Art. 14. O Auditor Fiscal do Trabalho, ao concluir pela constatação de trabalho em condição análoga à de escravo, determinará que o empregador ou preposto tome as seguintes providências:

I — A imediata paralisação das atividades dos empregados encontrados em condição análoga à de escravo;

II — A regularização dos contratos de trabalho;

III — O pagamento dos créditos trabalhistas por meio dos competentes Termos de Rescisões de Contrato de Trabalho;

IV — O recolhimento do FGTS e da Contribuição Social;

V — O cumprimento das obrigações acessórias ao contrato de trabalho, bem como tome as providências para o retorno dos trabalhadores aos locais de origem ou para rede hoteleira, abrigo público ou similar, quando for o caso.

§ 1º O auto de infração previsto nos §§ 2º e 3º, do art. 3º, desta Instrução Normativa, descreverá minuciosamente os fatos a que se referem e serão conclusivos a respeito da existência de trabalho em condição análoga à de escravo, o que será objeto do contraditório e da ampla defesa garantida ao autuado. *(Redação dada pela Instrução Normativa SIT n. 124, de 12.5.16, DOU 13.5.16)*

§ 2º Em caso de não recolhimento do FGTS e Contribuição Social, deverão ser lavradas as competentes Notificações para Recolhimento (NFGC e NRFC).

§ 3º Em caso de descumprimento das determinações contidas nos incisos I, II, III ou V, o Auditor Fiscal do Trabalho relatará o fato imediatamente à Chefia da Fiscalização para que informe a Advocacia-Geral da União (AGU), o Ministério Público do Trabalho (MPT) ou a Defensoria Pública da União (DPU), a fim de que tomem as medidas judiciais cabíveis.

§ 4º Caso seja constatada situação de grave e iminente risco à segurança e/ou à saúde do trabalhador, serão tomadas as medidas previstas em lei.

Art. 15. Pela sua natureza e gravidade, conforme o art. 1º desta Instrução Normativa, nos casos em que for constatado trabalho em condição análoga à de escravo, a lavratura de autos de infração sobrepõe-se a quaisquer critérios de auditoria fiscal utilizados em outras ações.

Art. 16. Os autos de infração e Notificações Fiscais para Recolhimento de FGTS e Contribuição Social decorrentes das ações fiscais em que se constate a existência de trabalho em condição análoga à de escravo serão autuados e identificados por meio de capas diferenciadas e terão prioridade de tramitação.

Art. 17. Caberá ao Auditor Fiscal do Trabalho, devidamente credenciado junto à Secretaria de Políticas Públicas e Emprego, o preenchimento da Comunicação de Dispensa do Trabalhador Resgatado — CDTR, entregando a via própria ao interessado e outra à chefia imediata a ser encaminhada à Secretaria de Inspeção do Trabalho.

§ 1º Cópia do Requerimento do Seguro-Desemprego do Trabalhador Resgatado deve ser mantida anexa ao relatório encaminhado à Secretaria de Inspeção do Trabalho.

Art. 18. No prazo de cinco dias úteis após o encerramento da ação fiscal, o coordenador de grupo e/ou equipe deverá elaborar o competente relatório de fiscalização e entregá-lo à Chefia da Fiscalização imediata, que deverá verificar a adequação de todos os dados e informações nele inseridos, para posterior encaminhamento à SIT, no prazo máximo de cinco dias úteis a contar da data de seu recebimento.

DOS CRITÉRIOS TÉCNICOS PARA A INCLUSÃO DO INFRATOR NO CADASTRO DE EMPREGADORES QUE TENHAM MANTIDO TRABALHADORES EM CONDIÇÕES ANÁLOGAS À DE ESCRAVO

Art. 19. Os critérios para a inclusão de infrator no Cadastro de Empregadores que tenham Mantido Trabalhadores em Condições Análogas à de Escravo são de natureza técnico-administrativa e vinculados ao cumprimento dos requisitos contidos na Portaria Interministerial n. 2, de 12 de maio de 2011.

Art. 20. A inclusão do nome do infrator no Cadastro ocorrerá após decisão administrativa final relativa ao auto de infração lavrado em decorrência de ação fiscal em que tenha havido a identificação de trabalhadores submetidos à condição análoga à de escravo.

Art. 21. A Fiscalização do Trabalho monitorará pelo período de dois anos após a inclusão do nome do infrator no Cadastro para verificação da regularidade das condições de trabalho, devendo, após esse período, caso não haja reincidência, proceder sua exclusão do Cadastro. *(Revogado pela Instrução Normativa SIT n. 124, de 12.5.16, DOU 13.5.16)*

§ 1º A exclusão do nome do infrator do Cadastro ficará condicionada ao pagamento das multas resultantes da ação fiscal, bem como, da comprovação da quitação de eventuais débitos trabalhistas e previdenciários, sem prejuízo do decurso de prazo a que se refere o *caput* do presente artigo.

Art. 22. A presente instrução normativa entra em vigor na data de sua publicação.

VERA LUCIA RIBEIRO DE ALBUQUERQUE

DOU 6.10.2001 E RETIF. DOU 13.10.2011

Instrução Normativa SIT/MTE n. 96, de 16 de janeiro de 2012

Dispõe sobre procedimentos para a divulgação e fiscalização do cumprimento da legislação do Programa de Alimentação do Trabalhador — PAT

A SECRETÁRIA DE INSPEÇÃO DO TRABALHO, no exercício da competência prevista no art. 14, inciso XIII, do Anexo I do Decreto n. 5.063, de 3 de maio de 2004, resolve:

Planejamento das ações

Art. 1º As Superintendências Regionais do Trabalho e Emprego — SRTE devem incluir no seu planejamento ações de divulgação e de fiscalização do cumprimento da legislação do Programa de Alimentação do Trabalhador — PAT.

Art. 2º O planejamento deve contemplar empregadores inscritos e não inscritos no PAT, especialmente empresas de médio e grande porte.

Art. 3º As atividades de fiscalização dos empregadores inscritos no PAT podem ser organizadas em projeto específico ou executadas no contexto de outros projetos, desde que atendido o número mínimo anual de empresas fiscalizadas definido pela Secretaria de Inspeção do Trabalho — SIT.

Art. 4º As ações de divulgação devem visar aos empregadores não inscritos no Programa.

Execução das ações

Art. 5º Nas ações fiscais de investigação da regularidade do cumprimento da legislação do PAT, deve o Auditor Fiscal do Trabalho — AFT verificar, no mínimo, se:

I — há atendimento a todos os empregados da faixa salarial prioritária, correspondente a rendimentos de valor equivalente a até cinco salários mínimos, sempre que houver inclusão, no Programa, de trabalhador de rendimento mais elevado;

II — o benefício concedido aos empregados da faixa salarial prioritária tem valor igual ou superior ao concedido aos trabalhadores de rendimento mais elevado;

III — o valor cobrado ao conjunto dos trabalhadores atendidos no Programa não ultrapassa vinte por cento do montante do custo direto e exclusivo dos benefícios concedidos, considerando-se o período de apuração;

IV — o empregador se abstém de utilizar o PAT de forma a premiar ou punir os trabalhadores;

V— são observados os indicadores paramétricos do valor calórico e da composição nutricional dos alimentos disponibilizados aos trabalhadores;

VI — há profissional legalmente habilitado em nutrição indicado pelo empregador como responsável técnico pelo Programa, no caso de autogestão;

VII — o fornecedor ou o prestador de serviço de alimentação coletiva contratado pelo empregador estão regularmente registrados no Programa, no caso de terceirização.

Art. 6º Independentemente da constatação de irregularidades, as informações referentes ao cumprimento dos itens listados no art. 5º devem ser consolidadas pelo AFT em formulário padrão disponível para acesso na rede mundial de computadores, no endereço eletrônico <http://portal.mte.gov.br/pat>.

Art. 7º Sem prejuízo de outras ações direcionadas ao público em geral, as ações de divulgação do PAT devem visar preferencialmente a empregadores integrantes dos setores econômicos em relação aos quais se tenham apurado indícios de fornecimento de alimentação ou de benefício equivalente aos trabalhadores.

Processo administrativo de cancelamento da inscrição ou do registro

Art. 8º No caso de constatação de irregularidades no cumprimento da legislação do PAT, deve o AFT lavrar relatório circunstanciado, em duas vias, propondo o cancelamento da inscrição da empresa beneficiária no Programa, o qual deverá conter:

I — identificação do empregador com nome, inscrição no Cadastro Nacional da Pessoa Jurídica — CNPJ ou Cadastro de Pessoa Física — CPF, código na Classificação Nacional de Atividades Econômicas — CNAE e endereço completo dos estabelecimentos abrangidos pela ação fiscal;

II — descrição clara dos fatos considerados como infração;

III — citação expressa dos dispositivos normativos considerados infringidos;

IV — delimitação do período em que persistiram as irregularidades, com indicação precisa dos respectivos termo inicial e final;

V — assinatura e identificação do AFT, contendo nome, cargo e número da Carteira de Identidade Fiscal — CIF.

Art. 9º Constatando-se a corresponsabilidade do fornecedor ou do prestador de serviço de alimentação coletiva contratado pelo empregador na prática das irregularidades, deve ser também proposto o cancelamento do respectivo registro no PAT, em relatório apartado e elaborado nos moldes previstos no art. 8º.

Art. 10. O relatório deve ser entregue, mediante protocolo, à seção, setor ou núcleo de segurança e saúde no trabalho da SRTE ou seção ou setor de inspeção do trabalho da Gerência Regional do Trabalho e Emprego — GRTE com competência fiscal sobre o estabelecimento inspecionado, para formação de processo administrativo, do qual constituirá peça inaugural.

Art. 11. A unidade responsável pelo recebimento deve, no prazo máximo de dez dias, notificar o interessado da instauração do processo, devendo do respectivo termo indicar os dispositivos normativos considerados infringidos, o prazo para a apresentação de defesa e o local para a sua entrega.

§ 1º A notificação via postal deve ser feita com aviso de recebimento — AR.

§ 2º Não sendo localizado o empregador nos endereços registrados nos cadastros oficiais, deve-se promover sua notificação por edital, em conformidade com o art. 26, § 4º, da Lei n. 9.784, de 29 de janeiro de 1999.

§ 3º Ressalvado o caso do § 2º deste artigo, o termo de notificação será acompanhado de cópia integral do relatório a que se refere o art. 8º ou 9º, conforme o caso, assim como dos documentos que o instruem.

Art. 12. O interessado tem prazo de dez dias para apresentação de defesa, contados

da notificação, observadas as regras do art. 16 da Portaria MTb n. 148, de 25 de janeiro de 1996.

Art. 13. A autoridade regional, ainda que não apresentada defesa, deve distribuir o processo para análise e elaboração de proposta de decisão.

§ 1º O analista poderá, mediante despacho fundamentado e diante dos argumentos apresentados pelo defendente, solicitar a manifestação do autor do relatório, o qual terá o prazo de dez dias para fazê-lo.

§ 2º No caso do § 1º deste artigo, o interessado será cientificado do inteiro teor da manifestação, e terá o prazo de dez dias para apresentar novas razões, se entender necessário.

Art. 14. Instruído com a proposta de decisão, o processo será encaminhado ao Departamento de Segurança e Saúde no Trabalho — DSST, que decidirá sobre o acolhimento da proposta.

Parágrafo único. O DSST comunicará a decisão ao interessado aplicando-se, no que couber, as regras do art. 11.

Art. 15. Da decisão que aplicar penalidade cabe recurso ao Secretário da Inspeção do Trabalho, no prazo de dez dias.

Parágrafo único. Compete ao DSST a elaboração de proposta de decisão sobre o recurso e a comunicação da decisão final ao interessado.

Art. 16. O cancelamento da inscrição ou do registro determinados por decisão administrativa irrecorrível deve ser formalizado em Portaria específica da SIT, que indicará o período de aplicação da medida e será publicada no Diário Oficial da União.

Parágrafo único. A Coordenação do Programa de Alimentação do Trabalhador — COPAT enviará cópia da Portaria à Superintendência Regional do Trabalho e Emprego com competência fiscal sobre a matriz da empresa e à Secretaria da Receita Federal do Brasil, para providências de sua competência.

Art. 17. O pedido de nova inscrição ou registro deve ser apresentado na unidade administrativa do Ministério do Trabalho e Emprego — MTE com competência fiscal sobre o estabelecimento requerente, acompanhado das provas do saneamento das irregularidades determinantes da decisão do cancelamento.

§ 1º A nova inscrição apenas poderá ser requerida pelo estabelecimento matriz.

§ 2º A autoridade regional deve avaliar a necessidade de realização de ação fiscal para atestar a regularização e, independentemente dessa providência, distribuirá o processo para a elaboração de proposta de decisão.

§ 3º O processo, devidamente instruído com a proposta de decisão, deve ser encaminhado ao DSST para análise do pedido.

Disposições finais

Art. 18. Aos procedimentos relativos ao trâmite dos processos de cancelamento e de solicitação de nova inscrição ou registro, aplicam-se subsidiariamente as regras previstas na Portaria MTb n. 148, de 25 de janeiro de 1996.

Art. 19. Fica aprovado o formulário padrão anexo a esta Instrução Normativa.

Art. 20. Revoga-se a Instrução Normativa n. 83, de 28 de maio de 2010, e as demais disposições em contrário.

Art. 21. Esta Instrução Normativa entra em vigor na data de sua publicação.

VERA LÚCIA RIBEIRO DE ALBUQUERQUE
DOU 17.01.2012

Instrução Normativa SIT/MTE n. 97, de 30 de julho de 2012

Dispõe sobre a fiscalização das condições de trabalho no âmbito dos programas de aprendizagem

A SECRETÁRIA DE INSPEÇÃO DO TRABALHO, no uso da competência prevista no inciso XIII do art. 14, do Anexo I do Decreto n. 5.063, de 3 de maio de 2004, que aprovou a estrutura regimental do Ministério do Trabalho e Emprego, resolve:

Art. 1º Estabelecer diretrizes e disciplinar a fiscalização da aprendizagem prevista no Capítulo IV do Título III da Consolidação das Leis do Trabalho — CLT, aprovada pelo Decreto-lei n. 5.452, de 1º de maio de 1943, em conformidade com o disposto no Decreto n. 5.598, de 1º de dezembro de 2005 e com a Portaria n. 723, de 23 de abril de 2012.

Seção I
Da Obrigatoriedade de Contratação de Aprendizes

Art. 2º Conforme determina o art. 429 da CLT, os estabelecimentos de qualquer natureza são obrigados a contratar e matricular aprendizes nos cursos de aprendizagem, no percentual mínimo de cinco e máximo de quinze por cento das funções que exijam formação profissional.

§ 1º Na conformação numérica de aplicação do percentual, ficam obrigados a contratar aprendizes os estabelecimentos que tenham pelo menos sete empregados contratados nas funções que demandam formação profissional, nos termos do art. 10 do Decreto n. 5.598, de 2005, devendo ser respeitado o limite máximo de quinze por cento previsto no art. 429 da CLT.

§ 2º Entende-se por estabelecimento todo complexo de bens organizado para o exercício de atividade econômica ou social do empregador, que se submeta ao regime da CLT.

§ 3º São incluídas na base de cálculo do número de aprendizes a serem contratados o total de trabalhadores existentes em cada estabelecimento, cujas funções demandem formação profissional, independentemente de serem proibidas para menores de dezoito anos, excluindo-se:

I — as funções que, em virtude de lei, exijam formação profissional de nível técnico ou superior;

II — as funções caracterizadas como cargos de direção, de gerência ou de confiança, nos termos do inciso II do art. 62 e § 2º do art. 224 da CLT;

III — os trabalhadores contratados sob o regime de trabalho temporário instituído pela Lei n. 6.019, de 3 de janeiro de 1973; e

IV — os aprendizes já contratados.

§ 4º As funções e atividades executadas por terceiros, dentro dos parâmetros legais, serão computadas para o cálculo da cota cabível à empresa prestadora de serviços.

Art. 3º Estão legalmente dispensadas do cumprimento da cota de aprendizagem:

I — as microempresas e empresas de pequeno porte, optantes ou não pelo Regime Especial Unificado de Arrecadação de Tributos e Contribuições devidos pelas Microempresas e Empresas de Pequeno Porte — Simples Nacional.

II — entidade sem fins lucrativos que tenha por objetivo a educação profissional e contrate aprendizes na forma do art. 431 da CLT.

Parágrafo único. As microempresas e empresas de pequeno porte que contratem aprendizes devem observar o limite máximo de quinze por cento estabelecido no art. 429 da CLT. *(Revogado pela Instrução Normativa SIT/MTE n. 108, de 4.6.14, DOU 5.6.14)*

Seção II
Do Contrato de Aprendizagem

Art. 4º O contrato de trabalho de aprendizagem possui natureza especial e tem por principal característica, segundo o art. 428 da CLT, o compromisso de o empregador assegurar ao maior de quatorze e menor de vinte e quatro anos, inscrito em programa de aprendizagem, formação técnico profissional metódica, compatível com o seu desenvolvimento físico, moral e psicológico, e do aprendiz de executar com zelo e diligência as tarefas necessárias a essa formação.

Art. 5º O contrato de aprendizagem deve ser pactuado por escrito e por prazo determinado, e para sua validade exige-se:

I — registro e anotação na Carteira de Trabalho e Previdência Social — CTPS;

II — matrícula e frequência do aprendiz à escola, caso não tenha concluído o ensino médio;

III — inscrição do aprendiz em programa de aprendizagem, desenvolvido sob a orientação de entidade qualificada em formação técnico profissional metódica, quais sejam:

a) entes do Sistema Nacional de Aprendizagem;

b) escolas técnicas de educação; e

c) entidades sem fins lucrativos que tenham por objetivo a assistência ao adolescente e à educação profissional, devidamente inscritas no Cadastro Nacional de Aprendizagem e registradas no Conselho Municipal dos Direitos da Criança e do Adolescente CMDCA, quando atender a menores de dezoito anos;

IV — programa de aprendizagem desenvolvido em conformidade com as diretrizes da Portaria n. 723, de 2012;

Parágrafo único. A falta de cumprimento dos itens I a IV e demais normas que regulamentam a aprendizagem descaracteriza o contrato de aprendizagem e importa a sua nulidade, estabelecendo-se vínculo com o estabelecimento que deve cumprir a cota, conforme disposto no art. 18.

Art. 6º O contrato de aprendizagem poderá ser firmado por até dois anos, com correspondência obrigatória ao programa constante do Cadastro Nacional de Aprendizagem e deverá indicar expressamente:

I — o termo inicial e final, coincidentes com o prazo do programa de aprendizagem, exceto quando a contratação ocorrer após o início das atividades teóricas, podendo o empregador, neste caso, providenciar o registro retroativo;

II — o programa em que o aprendiz está vinculado e matriculado, com indicação da carga horária teórica e prática, e obediência aos critérios estabelecidos na Portaria n. 723, de 2012;

III — a função, a jornada diária e semanal, de acordo com a carga horária estabelecida no programa de aprendizagem, o horário de trabalho; e

IV — a remuneração pactuada.

Parágrafo único. O prazo máximo de dois anos do contrato de aprendizagem não se aplica às pessoas com deficiência, desde que o tempo adicional seja, nesses casos, fundamentado em aspectos relacionados

à deficiência, vedada em qualquer caso a contratação de pessoa com deficiência na qualidade de aprendiz por prazo indeterminado.

Art. 6º-A. As Microempresas e Empresas de Pequeno Porte, conforme definidas pela Lei Complementar n. 123, de 2006, na forma do art. 179 da Constituição Federal, gozarão de tratamento privilegiado e diferenciado, garantindo-se:

I — possibilidade de iniciar o contrato de aprendizagem após o início do curso teórico, quando realizado no âmbito do Programa Nacional de Acesso ao Ensino Técnico e Emprego (PRONATEC), sem necessidade de o empregador realizar o registro retroativo do aprendiz;

II — no caso do inciso I, as horas de aulas teóricas cursadas antes do início do contrato de aprendizagem deverão ser decrescidas do cômputo total de horas do contrato de aprendizagem;

III — o jovem inscrito em curso Pronatec que deseje participar do programa de aprendizagem deve estar inscrito em itinerário formativo em área compatível com o aprendizado prático na empresa cuja carga horária teórica possua, no mínimo, 300h por fazer no momento da assinatura do contrato de aprendizagem, respeitado o § 3º do art. 10 da Portaria n. 723, de 23 de abril de 2012, do Ministério do Trabalho e Emprego. *(Artigo acrescentado pela Inst. Normativa n. SIT/MTE n. 118, de 16.1.2015, DOU 19.1.2015)*

Art. 7º A contratação de aprendizes por entidades sem fins lucrativos que tenham por objetivo a assistência ao adolescente e à educação profissional, conforme faculdade prevista no art. 431 da CLT, exige a formalização prévia de contrato ou convênio entre o estabelecimento que deve cumprir a cota e a entidade.

§ 1º Na hipótese de contratação indireta prevista no *caput*, a entidade sem fins lucrativos assume a condição de empregador de forma simultânea ao desenvolvimento do programa de aprendizagem, cabendo-lhe:

I — o cumprimento da legislação trabalhista em sua totalidade e no que concerne à aprendizagem;

II — assinar a Carteira de Trabalho e Previdência Social do aprendiz e anotar, no espaço destinado às anotações gerais, informação de que se trata de contratação decorrente de contrato firmado com estabelecimento para fins de cumprimento de sua cota;

III — promover o desenvolvimento do programa de aprendizagem constante do Cadastro Nacional de Aprendizagem;

§ 2º O estabelecimento, na contratação indireta, obriga-se a proporcionar a experiência prática para a formação técnico profissional do aprendiz e em ambiente adequado, com atenção ao disposto no art. 9º.

§ 3º O contrato ou convênio mencionado no *caput* pode conter cláusula específica com a indicação da parte responsável pela elabo- ração e consecução dos programas de segurança e saúde no trabalho previstos nas Normas Regulamentadoras ns. 7 e 9, aprovadas pela Portaria n. 3.214, de 8 de dezembro de 1978, para os aprendizes pertencentes à cota do estabelecimento e contratados por intermédio da entidade sem fins lucrativos.

Art. 8º A idade máxima de vinte e quatro anos é condição de extinção automática do contrato de aprendizagem, não se aplicando tal critério às pessoas com deficiência, para as quais a contratação é possível mesmo após essa idade.

Art. 9º Nos estabelecimentos em que sejam desenvolvidas atividades em ambientes ou funções proibidas a menores de dezoito anos devem ser atendidas as seguintes regras:

I — para a aprendizagem das funções proibidas para menores de dezoitos anos, devem ser contratados aprendizes da faixa etária entre dezoito e vinte e quatro anos ou aprendizes com deficiência maiores de dezoito anos.

II — excepcionalmente, é permitida a contratação de aprendizes na faixa etária entre quatorze e dezoito anos para desempenharem tais funções ou exercerem suas funções no local, desde que o empregador:

a) apresente previamente, na unidade descentralizada do MTE da circunscrição onde ocorrerem as referidas atividades, parecer técnico circunstanciado, assinado por profissional legalmente habilitado em segurança e saúde no trabalho, que ateste a não exposição a riscos que possam comprometer a saúde, a segurança e a moral dos adolescentes, o qual deve ser renovado quando houver alterações nos locais do trabalho ou nos serviços prestados; ou

b) opte pela execução das atividades práticas dos adolescentes nas instalações da própria entidade encarregada da formação técnico profissional, em ambiente protegido.

Art. 10. O contrato de aprendizagem extinguir-se-á:

I — no seu termo final;

II — quando o aprendiz completar vinte e quatro anos, observado o disposto no art. 8º;

III — antecipadamente, nas seguintes hipóteses:

a) desempenho insuficiente ou inadaptação do aprendiz, que devem ser comprovados mediante laudo de avaliação elaborado pela entidade executora da aprendizagem, a quem cabe a sua supervisão e avaliação, após consulta ao estabelecimento onde se realiza a aprendizagem;

b) falta disciplinar grave prevista no art. 482 da CLT;

c) ausência injustificada à escola que implique perda do ano letivo, comprovada por meio de declaração do estabelecimento de ensino;

d) a pedido do aprendiz;

e) fechamento da empresa em virtude de falência, encerramento das atividades da empresa e morte do empregador constituído em empresa individual.

§ 1º Não se aplica o disposto nos arts. 479 e 480 da CLT às hipóteses de extinção do contrato previstas nas alíneas do inciso III, exceto na hipótese prevista na alínea "e", em que o aprendiz fará jus, além das verbas rescisórias, à indenização prevista no art. 479 da CLT.

§ 2º A diminuição do quadro de pessoal da empresa, ainda que em razão de dificuldades financeiras ou de conjuntura econômica desfavorável, não autoriza a rescisão antecipada dos contratos de aprendizagem em curso, que devem ser cumpridos até o seu termo final.

§ 3º A contratação do aprendiz como empregado regular da empresa, após o término do contrato de aprendizagem, implica a rescisão deste em razão da hipótese prevista no inciso I do *caput*, com o consequente pagamento das verbas rescisórias devidas e assinatura de novo contrato de trabalho.

Seção III
Dos Direitos Trabalhistas

Art. 11. Ao aprendiz é garantido, preservada a condição mais benéfica:

I — o salário mínimo hora, considerado para tal fim o valor do salário mínimo nacional ou salário mínimo regional fixado em lei;

II — o piso da categoria previsto em instrumento normativo, quando houver previsão de aplicabilidade ao aprendiz; e

III — o valor pago por liberalidade do empregador, superior aos valores previstos nos incisos I e II.

Parágrafo único. O aprendiz maior de dezoito anos que labore em ambiente insalubre ou perigoso ou cuja jornada seja cumprida em horário noturno faz jus ao recebimento do respectivo adicional.

Art. 12. A duração da jornada de trabalho do aprendiz não excederá de seis horas diárias, durante a qual poderão ser desenvolvidas atividades teóricas e práticas ou apenas uma delas, dentro e no limite dos parâmetros estabelecidos no programa de aprendizagem.

§ 1º A jornada de até oito horas diárias é permitida para os aprendizes que completaram o ensino fundamental, desde que nela sejam incluídas atividades teóricas, na proporção prevista no contrato e no programa de aprendizagem.

§ 2º Ao aprendiz são vedadas, em qualquer caso, a prorrogação e a compensação da jornada de trabalho, e não se aplicam as hipóteses previstas nos incisos I e II do art. 413 da Consolidação das Leis do Trabalho.

§ 3º A fixação do horário do aprendiz deverá ser feita pela empresa em conjunto com a entidade formadora, com respeito à carga horária estabelecida no programa de aprendizagem.

§ 4º As atividades devem ser desenvolvidas em horário que não prejudique a frequência do aprendiz com idade inferior a dezoito anos à escola, nos termos do art. 427 da CLT e do inciso III do art. 63 da Lei n. 8.069, de 1990 — Estatuto da Criança e do Adolescente, devendo ser considerado, nesse caso, o tempo necessário para seu deslocamento.

§ 5º Aplica-se à jornada do aprendiz, nas atividades práticas ou teóricas, o disposto nos arts. 66 a 72 da CLT.

Art. 13. O período de férias do aprendiz deve ser definido no programa de aprendizagem, conforme estabelece a Portaria n. 723, de 2012, observado o seguinte:

I — as férias do aprendiz com idade inferior a dezoito anos devem coincidir, obrigatoriamente, com um dos períodos de férias escolares, sendo vedado o parcelamento, em conformidade com o disposto no § 2º do art. 136 e § 2º do art. 134 da CLT.

II — as férias do aprendiz com idade igual ou superior a dezoito anos devem coincidir, preferencialmente, com as férias escolares, em conformidade com o art. 25 do Decreto n. 5.598, de 2005.

Art. 14. A alíquota do depósito ao Fundo de Garantia do Tempo de Serviço — FGTS nos contratos de aprendizagem é de dois por cento da remuneração paga ou devida ao aprendiz conforme previsto no art. 15 da Lei n. 8.036, de 11 de maio de 1990.

Seção IV
Dos Programas de Aprendizagem

Art. 15. Para fins da formação técnico profissional, e nos termos dos arts. 429 e 430 da CLT, os cursos e programas de aprendizagem devem ser oferecidos preferencialmente

pelos entes dos Serviços Nacionais de Aprendizagem.

Parágrafo único. Não sendo oferecidos pelos entes referidos no *caput* cursos ou vagas suficientes, ou ainda programa de aprendizagem que atenda às necessidades dos estabelecimentos, a demanda poderá ser atendida pelas seguintes entidades qualificadas em formação profissional metódica:

I — escolas técnicas de educação;

II — entidades sem fins lucrativos, que tenham por objetivo a assistência ao adolescente e à educação profissional, inscritas no Cadastro Nacional de Aprendizagem do MTE e registradas no Conselho Municipal do Direito da Criança e do Adolescente — CMDCA quando atenderem menores de dezoito anos.

Art. 16. Cabe à inspeção do trabalho verificar a insuficiência de vagas ou inexistência de cursos junto aos Serviços Nacionais de Aprendizagem, nos termos do parágrafo único do art. 13 do Decreto n. 5.598, 2005.

§ 1º Confirmada a insuficiência de vagas ou inexistência de cursos, a empresa poderá matricular os aprendizes nas escolas técnicas de educação e nas entidades sem fins lucrativos.

§ 2º O auditor fiscal do trabalho poderá utilizar os elementos de convicção que entender suficientes para comprovar a inexistência ou insuficiência de vagas a que se referem o § 1º.

Art. 17. As atividades teóricas e práticas da aprendizagem devem ser realizadas em ambientes adequados ao desenvolvimento dos respectivos programas, cabendo às empresas e às entidades responsáveis pelos cursos de aprendizagem oferecer aos aprendizes condições de segurança e saúde e acessibilidade nos ambientes de aprendizagem, observadas as disposições dos arts. 157 e 405 da CLT, do art. 29 do Decreto n. 3.298, de 20 de dezembro de 1999, do art. 2º do Decreto n. 6.481, de 12 de junho de 2008 e das Normas Regulamentadoras de Segurança e Saúde no Trabalho aprovadas pela Portaria n. 3.214, de 1978.

Seção V
Da Inspeção do Trabalho

Art. 18. A descaracterização do contrato de aprendizagem, acarreta sua nulidade e ocorre:

I — quando houver descumprimento das disposições legais e regulamentares relativas à aprendizagem;

II — na ausência de correlação entre as atividades práticas executadas pelo aprendiz e as previstas no programa de aprendizagem;

III — pela contratação de entidades sem fins lucrativos não inscritas no Cadastro Nacional de Aprendizagem ou com parâmetro em programa de aprendizagem não constante do Cadastro; e

IV — quando houver descumprimento da legislação trabalhista na execução do contrato de aprendizagem.

§ 1º Descaracterizada a aprendizagem, caberá a lavratura dos autos de infração pertinentes, e o contrato de trabalho passará a ser considerado por prazo indeterminado, com as consequências jurídicas e financeiras dele decorrentes, a incidirem sobre todo o período contratual.

§ 2º Quando a contratação for por intermédio de entidade sem fins lucrativos, o ônus cabe ao estabelecimento responsável pelo cumprimento da cota de aprendizagem, com quem o vínculo empregatício será estabelecido diretamente.

§ 3º A nulidade do contrato de aprendizagem firmado com menor de dezesseis anos implica a imediata rescisão contratual, sem prejuízo da aplicação das sanções pertinentes e do pagamento das verbas rescisórias devidas.

§ 4º O disposto no § 1º não se aplica, quanto ao vínculo, aos órgãos da Administração Pública.

Art. 19. Na fiscalização da aprendizagem, o auditor fiscal do trabalho deve verificar:

I — o cumprimento, pelos estabelecimentos, da cota prevista no art. 429 da CLT para contratação de aprendizes;

II — a adequação do contrato de aprendizagem à legislação vigente;

III — a conformação do programa de aprendizagem com as atividades desenvolvidas pelo aprendiz no estabelecimento, com observância, dentre outros aspectos, da;

a) compatibilidade do programa do curso com as funções do aprendiz;

b) supervisão da entidade sem fins lucrativos;

c) formação específica dos instrutores; e

d) compatibilidade da duração do curso com a função desempenhada

IV — a existência de vagas ou cursos nos entes do Sistema Nacional de Aprendizagem;

V — a regularidade da entidade sem fins lucrativos junto ao Cadastro Nacional de Aprendizagem e ao Conselho Municipal dos Direitos da Criança e do Adolescente;

VI — as condições ambientais da execução da aprendizagem, tanto na entidade responsável por pelo programa quanto no estabelecimento empregador

VII — a regularidade dos contratos firmados entre o estabelecimento e a entidade sem fins lucrativos;

VIII — o cumprimento da legislação trabalhista, especialmente no que diz respeito à aprendizagem, pelo estabelecimento empregador ou entidade sem fins lucrativos que assumiu a condição de empregador;

IX — a adequação do ambiente de aprendizagem às normas de proteção ao trabalho e à formação profissional prevista no programa de aprendizagem.

§ 1º Nos estabelecimentos com atividades sazonais ou com grande rotatividade de mão de obra, o auditor fiscal do trabalho deve exigir o cumprimento da cota com base no quantitativo de empregados existentes à época da fiscalização.

§ 2º A falta de cumprimento, pelas entidades sem fins lucrativos, dos incisos do *caput* e da legislação referente à aprendizagem, bem como a inadequação de seus programas ao contexto da atividade desenvolvida pelo aprendiz no que concerne à sua formação técnico profissional e irregularidades na contratação devem ser relatadas de forma circunstanciada pelo auditor fiscal do trabalho no relatório a que se refere o art. 7º da Portaria n. 723, de 2012.

Art. 20. Nas entidades sem fins lucrativos que contratam aprendizes, conforme previsto no art. 7º, o auditor fiscal do trabalho deve verificar, além do disposto no art. 19:

I — a inserção e a regularidade da entidade sem fins lucrativos empregadora no Cadastro Nacional de Aprendizagem, na forma da Portaria n. 723, de 2012;

II — a existência de programa de aprendizagem compatível com a função e atividades dos aprendizes contratados e sua adequação aos requisitos estabelecidos na Portaria n. 723, de 2012;

III — a existência de certificado de registro da entidade sem fins lucrativos no CMDCA como entidade que objetiva a assistência ao adolescente e a educação profissional, quando algum de seus cursos se destinar a aprendizes menores de dezoito anos, bem como a comprovação do depósito do programa de aprendizagem naquele Conselho;

IV — a existência de declaração de frequência do aprendiz na escola, quando esta for obrigatória;

V — contrato ou convênio firmado entre a entidade responsável por ministrar o curso de aprendizagem e o estabelecimento tomador dos serviços; e

VI — os contratos de aprendizagem firmados entre a entidade e os aprendizes.

§ 1º Dos registros e contratos de aprendizagem firmados pelas entidades sem fins lucrativos devem constar a razão social, o endereço e o número de inscrição no Cadastro Nacional de Pessoa Jurídica — CNPJ do estabelecimento responsável pelo cumprimento da cota.

§ 2º Verificada a inadequação da entidade sem fins lucrativos, na forma do art. 20, o auditor fiscal do trabalho, sem prejuízo da lavratura de autos de infrações cabíveis, deve adotar as providências previstas no art. 7º da Portaria n. 723, de 2012.

Art. 21. Os indícios de irregularidades relacionadas à segurança e saúde no trabalho devem ser informados pelo auditor fiscal do trabalho à chefia imediata, para comunicação ao setor competente a fim de ser realizada a ação fiscal pertinente.

Parágrafo único. Constatada a inadequação dos ambientes de aprendizagem às condições de proteção ao trabalho do adolescente e às condições de acessibilidade ao aprendiz com deficiência, ou divergências apuradas entre as condições reais das instalações da entidade formadora e aquelas informadas no Cadastro Nacional da Aprendizagem, o auditor fiscal do trabalho promoverá ações destinadas a regularizar a situação, sem prejuízo da lavratura de autos de infrações cabíveis, adotando, caso não sejam sanadas as irregularidades, as providências indicadas no art. 7º da Portaria n. 723, de 2012.

Seção VI
Do Planejamento da Fiscalização da Aprendizagem

Art. 22. Na elaboração do planejamento da fiscalização da contratação de aprendizes, a Superintendência Regional do Trabalho e Emprego deve observar as diretrizes expedidas pela Secretaria de Inspeção do Trabalho.

Art. 23. O planejamento da fiscalização da aprendizagem deve compreender as ações previstas nos arts. 19, 20 e 21 e ainda a fiscalização, se necessária, das entidades sem fins lucrativos que solicitarem inserção no Cadastro Nacional de Aprendizagem, nos termos dos arts. 3º e 4º da Portaria n. 723, de 2012.

§ 1º A fiscalização da aprendizagem, da execução e regularidade dos contratos de aprendizagens firmados pelos estabelecimentos e entidades sem fins lucrativos deve ser precedida de emissão de ordem de serviço específica.

§ 2º Para a fiscalização do cumprimento da obrigação de contratação de aprendizes, caberá à Superintendência Regional do

Trabalho e Emprego, por meio de servidores designados pela chefia da fiscalização, identificar a oferta de cursos e vagas pelas instituições de aprendizagem e a demanda de aprendizes por parte dos empregadores.

§ 3º A oferta de cursos e vagas poderá ser verificada por meio dos programas de aprendizagem validados e inseridos Cadastro Nacional de Aprendizagem ou contatos com os entes do Sistema Nacional de Aprendizagem, escolas técnicas e entidades qualificadas em formação profissional, inclusive durante eventos e palestras promovidos pela Superintendência Regional do Trabalho e Emprego.

§ 4º A demanda potencial por aprendizes será identificada por atividade econômica, em cada município, a partir das informações disponíveis nos bancos de dados oficiais, tais como a Relação Anual de Informações Sociais — RAIS e o Cadastro Geral de Empregados e Desempregados — CAGED, ou outros sistema disponíveis aos auditores fiscais do trabalho, observado o disposto no art. 3º desta instrução normativa.

Art. 24. Para acesso ao Cadastro Nacional de Aprendizagem deve ser solicitada senha de acesso, diretamente pela Superintendência Regional do Trabalho e Emprego à Coordenação-Geral de Preparação de Mão de obra Juvenil do Departamento de Políticas de Trabalho e Emprego para a Juventude da Secretaria de Políticas Públicas de Emprego — SPPE.

Art. 25. Poderá ser adotada, sem prejuízo da ação fiscal *in loco*, a notificação para apresentação de documentos — NAD via postal — modalidade de fiscalização indireta — para convocar, individual ou coletivamente, os empregadores a apresentarem documentos, em dia e hora previamente fixados, a fim de comprovarem a regularidade da contratação de empregados aprendizes, conforme determina o art. 429 da CLT.

§ 1º No procedimento de notificação via postal poderá ser utilizado, como suporte instrumental, sistema informatizado de dados destinado a facilitar a identificação dos estabelecimentos obrigados a contratar aprendizes.

§ 2º No caso de convocação coletiva, a Superintendência Regional do Trabalho e Emprego poderá realizar, a seu critério, evento em que seja feita explanação acerca da temática da aprendizagem, visando conscientizar, orientar e esclarecer dúvidas em relação à aprendizagem.

§ 3º Caso o auditor fiscal do trabalho, no planejamento da fiscalização ou no curso desta, conclua pela ocorrência de motivo grave ou relevante que impossibilite ou dificulte a imediata contratação dos aprendizes, poderá instaurar, com a anuência da chefia imediata e desde que o estabelecimento esteja sendo fiscalizado pela primeira vez, procedimento especial para ação fiscal, nos termos do art. 27 a 30 do Regulamento da Inspeção do Trabalho — RIT, aprovado pelo Decreto n. 4.552, de 27 de dezembro de 2002, explicitando os motivos que determinaram essa medida.

§ 4º O procedimento especial para a ação fiscal poderá resultar na lavratura de termo de compromisso que estipule as obrigações assumidas pelo compromissado e os prazos para seu cumprimento.

§ 5º Durante o prazo fixado no termo, o estabelecimento compromissado poderá ser fiscalizado para verificação de seu cumprimento, sem prejuízo da ação fiscal em atributos não contemplados no referido termo.

Art. 25-A. Poderá ser adotada a fiscalização na modalidade eletrônica para ampliar a abrangência da fiscalização da aprendizagem.

§ 1º Na fiscalização eletrônica as empresas serão notificadas, via postal, para apresentar documentos em meio eletrônico que serão confrontados com dados dos sistemas oficiais do Ministério do Trabalho e Emprego, visando comprovação da efetiva contratação dos aprendizes, nos termos do art. 429 da CLT.

§ 2º A empresa sujeita à contratação de aprendizes deverá apresentar em meio eletrônico, via e-mail, os seguintes documentos:

a) imagem da ficha, folha do livro ou tela do sistema eletrônico de registro de empregados comprovando o registro do aprendiz;

b) imagem do contrato de aprendizagem firmado entre empresa e o aprendiz, com a anuência/interveniência da entidade formadora;

c) imagem da declaração de matrícula do aprendiz no curso de aprendizagem emitida pela entidade formadora;

d) comprovante em meio digital de entrega do CAGED referente à contratação dos aprendizes;

e) outros dados referentes à ação fiscal, solicitados pelo AFT notificante. (*Caput*, parágrafos e alíneas acrescentado pela Instrução Normativa SIT/MTE n. 113, de 30.10.14, DOU 31.10.14)

Art. 26. A chefia de fiscalização deve designar auditores fiscais do trabalho para realizar a fiscalização indireta, prevista no art. 25 e, quando for o caso, verificar o cumprimento dos termos de cooperação técnica firmados no âmbito do Ministério do Trabalho e Emprego.

Parágrafo único. No caso de convocação coletiva, devem ser designados auditores-fiscais do trabalho em número suficiente para o atendimento de todas as empresas notificadas.

Art. 27. Esgotada a atuação da inspeção do trabalho, sem a correção das irregularidades relativas a aprendizagem, o auditor fiscal do trabalho, sem prejuízo da lavratura de autos de infração cabíveis, deve elaborar relatório circunstanciado e encaminhá-lo à chefia imediata, a qual adotará as providências que julgar cabíveis conforme o caso.

Art. 28. Fica revogada a Instrução Normativa n. 75, de 8 de maio de 2009.

Art. 29. Esta Instrução Normativa entra em vigor na data de sua publicação.

Vera Lucia Ribeiro de Albuquerque
DOU 31.7.2012

Instrução Normativa SIT/MTE n. 98, de 15 de agosto de 2012

Dispõe sobre procedimentos de fiscalização do cumprimento, por parte dos empregadores, das normas destinadas à inclusão no trabalho das pessoas com deficiência e beneficiários da previdência social reabilitados

A SECRETÁRIA DE INSPEÇÃO DO TRABALHO no uso da competência prevista no inciso XIII do art. 14 do Anexo I do Decreto n. 5.063, de 3 de maio de 2004, e em face do disposto no art. 36 do Decreto n. 3.298, de 20 de dezembro de 1999, resolve:

Art. 1º Estabelecer os procedimentos da fiscalização da inclusão de pessoas com deficiência e beneficiários da Previdência Social reabilitados no mercado de trabalho, com vistas a assegurar o exercício pleno e equânime do direito ao trabalho e a promoção do respeito à dignidade da pessoa humana, conforme estabelece a Convenção sobre os Direitos das Pessoas com Deficiência e seu Protocolo Facultativo, promulgados por meio do Decreto n. 6.949, de 25 de agosto de 2009.

Seção I
Da Fiscalização da Reserva Legal de Cargos para Pessoa com Deficiência

Art. 2º As Superintendências Regionais do Trabalho e Emprego — SRTE, por meio da Auditoria Fiscal do Trabalho, devem realizar ações de fiscalização do cumprimento da reserva de cargos para pessoas com deficiência ou reabilitadas, na forma do art. 93 da Lei n. 8.213, de 24 de julho de 1991, observadas as diretrizes da Secretaria de Inspeção do Trabalho.

§ 1º A execução, coordenação, monitoramento e avaliação das ações fiscais serão realizados por meio do Projeto Estadual de Inclusão no Mercado de Trabalho de Pessoas com Deficiência ou Reabilitadas, observados o planejamento aprovado pelas chefias de fiscalização e as diretrizes da Secretaria de Inspeção do Trabalho.

§ 2º As coordenações nacional e estaduais do Projeto devem se articular com as entidades e instituições públicas e privadas atuantes na inclusão de pessoas com deficiência ou reabilitadas.

Art. 3º A ação fiscal para a verificação do cumprimento da reserva legal de cargos competirá à SRTE em cuja circunscrição territorial estiver instalada a matriz da empresa, na modalidade direta ou indireta, abrangendo todos os estabelecimentos, inclusive aqueles situados em outras Unidades da Federação — UF.

§ 1º Constatado indício de descumprimento da reserva legal, a fiscalização poderá ser centralizada, excepcionalmente, por outra SRTE em cuja circunscrição exista estabelecimento da empresa.

§ 2º Para a centralização prevista no § 1º, o Auditor Fiscal do Trabalho — AFT que constatou a situação deve solicitar, por meio do Sistema Federal de Inspeção do Trabalho — SFIT, autorização à Superintendência Regional do Trabalho e Emprego da localidade em que se encontra a matriz da empresa, e dar ciência do fato ao coordenador de projeto de sua SRTE.

§ 3º Autorizada a centralização, o AFT solicitante será responsável pela fiscalização da matriz e de todos os estabelecimentos da empresa, inclusive os localizados nas demais UF.

§ 4º Caso não seja autorizada a centralização, o AFT deve se abster de fiscalizar o cumprimento da reserva de cargos para pessoas com deficiência ou reabilitadas e encaminhar relatório circunstanciado à SRTE do estado em que se situa a matriz da empresa, na hipótese de ser constatada irregularidade grave na inclusão dos trabalhadores com deficiência ou reabilitadas.

Art. 4º Independentemente da existência de ação fiscal centralizada em andamento, qualquer estabelecimento poderá ser fiscalizado pela SRTE de sua circunscrição, relativamente a eventuais irregularidades quanto a outras normas de proteção ao trabalho, inclusive as relativas às pessoas com deficiência ou reabilitadas.

Art. 5º O AFT deve verificar se a empresa com cem ou mais empregados preenche o percentual de dois a cinco por cento de seus cargos com pessoas com deficiência ou com beneficiários reabilitados da Previdência Social, na seguinte proporção:

I — de cem a duzentos empregados, dois por cento;

II — de duzentos e um a quinhentos empregados, três por cento;

III — de quinhentos e um a mil empregados, quatro por cento;

IV — mais de mil empregados, cinco por cento.

§ 1º Para efeito de aferição dos percentuais dispostos no *caput*, será considerado o número de empregados da totalidade dos estabelecimentos da empresa.

§ 2º Para as empresas que apresentem variações sazonais no quantitativo de empregados, a fiscalização poderá utilizar, para a composição da base de cálculo da cota a ser cumprida, a média aritmética da totalidade de empregados existentes ao final de cada um dos doze últimos meses.

§ 3º As frações de unidade no cálculo de que trata o *caput* darão lugar à contratação de mais um trabalhador.

Art. 6º Nas ações fiscais para aferição do cumprimento da reserva legal de cargos, o AFT deve verificar se as dispensas dos empregados reabilitados ou com deficiência, ao final de contrato por prazo determinado superior a noventa dias, ou as dispensas imotivadas, nos contratos a prazo indeterminado, ocorreram mediante contratação prévia de substituto de condição semelhante, salvo quando a empresa mantiver atendido o cumprimento da reserva de cargos.

Seção II
Da Inclusão da Pessoa Com Deficiência

Art. 7º A caracterização da condição de pessoa com deficiência dar-se-á com base no Decreto n. 3.298, de 20 de dezembro de 1999, observados os dispositivos da Convenção sobre os Direitos da Pessoa com Deficiência.

Parágrafo único. Os empregados com contratos de trabalho celebrados antes das alterações promovidas pelo Decreto n. 5.296, de 2004, e que foram comprovadamente caracterizados com deficiência auditiva para fins de cumprimento da reserva legal de cargos segundo os critérios legais vigentes à época, serão considerados pessoas com deficiência pela fiscalização até a rescisão de seu contrato de trabalho.

Art. 8º Para fins de comprovação do enquadramento do empregado como pessoa com deficiência é necessária a apresentação de laudo elaborado por profissional de saúde de nível superior, preferencialmente habilitado na área de deficiência relacionada ou em saúde do trabalho, que deve contemplar as seguintes informações e requisitos mínimos:

I — identificação do trabalhador;

II — referência expressa quanto ao enquadramento nos critérios estabelecidos na legislação pertinente;

III — identificação do tipo de deficiência;

IV — descrição detalhada das alterações físicas, sensoriais, intelectuais e mentais e as interferências funcionais delas decorrentes;

V — data, identificação, número de inscrição no conselho regional de fiscalização da profissão correspondente e assinatura do profissional de saúde; e

VI — concordância do trabalhador para divulgação do laudo à Auditoria-Fiscal do Trabalho e ciência de seu enquadramento na reserva legal.

Parágrafo único. Nas hipóteses de deficiência auditiva, visual, intelectual ou mental serão exigidos, respectivamente, exame audiológico — audiometria, exame oftalmológico — acuidade visual com correção e campo visual, se for o caso, e avaliação intelectual ou mental especializada.

Art. 9º A comprovação do enquadramento na condição de segurado reabilitado da Previdência Social será realizada com a apresentação do Certificado de Reabilitação Profissional emitido pelo Instituto Nacional de Seguridade Social — INSS.

Art. 10. O AFT deve verificar, na Relação Anual de Informações Sociais — RAIS e no Cadastro Geral de Empregados e Desempregados — CAGED, a exatidão das informações prestadas referentes aos empregados com deficiência e reabilitados, inclusive quanto ao tipo de deficiência, e ainda a eventual condição de aprendiz e exigirá a regularização, caso identificado erro ou omissão quanto a essas informações.

Parágrafo único. Na hipótese de o empregado adquirir a deficiência ou a condição de reabilitado no curso do contrato de trabalho, o AFT deve orientar o empregador para fazer constar essa informação na RAIS, a partir do ano da ocorrência, e no CAGED, no caso de transferência ou desligamento do empregado.

Art. 11. No intuito de coibir práticas discriminatórias, o AFT deve verificar se está sendo garantido o direito ao trabalho das pessoas com deficiência ou reabilitadas, em condições de igualdade de oportunidades com as demais pessoas, com respeito a todas as questões relacionadas ao emprego, observando, dentre outros aspectos:

I — garantia de acesso às etapas de recrutamento, seleção, contratação e admissão, capacitação e ascensão profissional, sem ocorrência de exclusões de pessoas com base, a priori, na deficiência ou na condição de reabilitado;

II — distribuição, pela empresa, dos empregados com deficiência ou reabilitados nos diversos cargos, funções, postos de trabalho, setores e estabelecimentos, preferencialmente de forma proporcional, tendo como parâmetro as reais potencialidades individuais e as habilidades requeridas para a atividade;

III — manutenção no emprego;

IV — jornada de trabalho não diferenciada, salvo exceção prevista no § 2º do art. 35 do Decreto n. 3.298, de 1999;

V — remuneração equitativa;

VI — acessibilidade ampla; e

VII — condições de saúde e segurança adaptadas às necessidades dos empregados.

Art. 12. Quando do exame dos programas relativos à saúde e segurança, tais como o Programa de Prevenção de Riscos Ambientais — PPRA e o Programa de Controle Médico de Saúde Ocupacional — PCMSO, o AFT deve verificar se foram contempladas as medidas necessárias para garantir aos trabalhadores com deficiência e reabilitados condições de trabalho seguras e saudáveis e, da mesma maneira, verificar se a Comissão Interna de Prevenção de Acidentes — CIPA, quando obrigatória, acompanha a inclusão desses trabalhadores, inclusive documentando em ata esse acompanhamento.

Art. 13. Caberá ao AFT verificar se no processo de inclusão da pessoa com deficiência ou reabilitada a empresa promoveu as modificações dos postos de trabalho, da organização do trabalho e as condições ambientais, em conformidade com as necessidades do trabalhador, com garantia desde a acessibilidade arquitetônica até adaptações específicas de mobiliários, máquinas e equipamentos, dispositivos de segurança, utilização de tecnologias assistivas, ajudas técnicas, facilitação de comunicação, apoios e capacitação específica, dentre outros, de modo a eliminar as barreiras porventura existentes.

Parágrafo único. O AFT deve verificar a adaptação das condições de trabalho às características psicofisiológicas dos trabalhadores, de modo a proporcionar o máximo de conforto, segurança e desempenho eficiente, conforme estabelece a Norma Regulamentadora 17 — Ergonomia.

Art. 14. Havendo lavratura de autos de infração por desrespeito às normas protetivas do trabalho das pessoas com deficiência ou reabilitadas, o AFT deve:

I — consignar no histórico do auto de infração, na hipótese de não preenchimento integral da reserva legal prevista no *caput* do art. 93 da Lei n. 8.213, de 1991, o montante de pessoas com deficiência ou reabilitadas que deixaram de ser contratadas e o número de empregados que serviu de base para a aplicação do percentual legal, conforme previsto no art. 5º;

II — consignar no histórico do auto de infração, na hipótese de dispensa de empregado com deficiência ou reabilitado sem a antecedente contratação de substituto de condição semelhante, por término de contrato por prazo determinado superior a noventa dias, ou por dispensa imotivada, relativamente a contrato por prazo indeterminado, os nomes daqueles empregados dispensados e o número total de trabalhadores da empresa fiscalizada;

III — fundamentar o auto de infração, na hipótese de caracterização de prática discriminatória, conforme o caso, no disposto no inciso IV do art. 3º e no inciso IV e *caput* do art. 5º da Constituição Federal; nos arts. 2 e 27 da Convenção sobre os Direitos da Pessoa com Deficiência; no art. 1º da Lei n. 9.029, de 13 de abril de 1995; nos arts. 8º e 373-A da Consolidação das Leis do Trabalho — CLT, aprovada pelo Decreto-Lei n. 5.452, de 1º de maio de 1943, e demais normas aplicáveis.

Seção III
Da Aprendizagem Profissional da Pessoa com Deficiência

Art. 15. O AFT deve incentivar as empresas e outras instituições para que promovam a participação das pessoas com deficiência nos programas de aprendizagem profissional, inclusive as beneficiárias do Benefício de Prestação Continuada — BPC da Lei Orgânica da Assistência Social — LOAS, com o objetivo de sua posterior contratação por prazo indeterminado, observando que:

I — as instituições públicas e privadas, que ministram educação profissional devem disponibilizar cursos profissionais de nível básico para as pessoas com deficiência, conforme prevê o § 2º do art. 28 do Decreto n. 3.298, de 1999;

II — os programas de aprendizagem profissional, em suas atividades teóricas e práticas, devem promover as adaptações e

as medidas de apoio individualizadas, de forma a atender às necessidades de inclusão de todos os aprendizes;

III — para o aprendiz com deficiência devem ser consideradas, sobretudo, as habilidades e as competências relacionadas com a profissionalização e não a sua escolaridade;

IV — não há previsão de idade máxima para contratação da pessoa com deficiência como aprendiz, apenas o limite mínimo de quatorze anos, observadas as disposições legais de proteção ao trabalho dos adolescentes; e

V — as empresas poderão contratar aprendizes até o limite de quinze por cento das funções que demandem formação profissional.

Seção IV
Do Procedimento Especial para a Ação Fiscal da Inclusão de Pessoas com Deficiência ou Reabilitadas

Art. 16. Constatados motivos relevantes que impossibilitam ou dificultam o cumprimento da reserva legal de cargos para pessoas com deficiência ou reabilitadas, poderá ser instaurado o procedimento especial para ação fiscal, por empresa ou setor econômico, previsto no art. 627-A da CLT e nos arts. 27 a 29 do Decreto n. 4.552, de 27 de dezembro de 2002, observadas as disposições desta Instrução Normativa e da Instrução Normativa n. 23, de 23 de maio de 2001.

Parágrafo único. O procedimento especial para a ação fiscal da inclusão de pessoa com deficiência ou reabilitada será instaurado pelo AFT, com anuência do coordenador do Projeto e da chefia imediata.

Art. 17. O procedimento especial para a ação fiscal poderá resultar na lavratura de termo de compromisso, no qual serão estipuladas as obrigações assumidas pelas empresas ou setores econômicos compromissados e os prazos para seu cumprimento.

§ 1º Nas reuniões concernentes ao processo de discussão e elaboração do termo de compromisso é permitida a participação de entidades e instituições atuantes na inclusão das pessoas com deficiência, bem como entidades representativas das categorias dos segmentos econômicos e profissionais.

§ 2º O termo de compromisso deve conter, no mínimo, as seguintes obrigações por parte dos compromissados:

I — proibição de discriminação baseada na deficiência, com respeito às questões relacionadas com as formas de emprego, de acordo com o especificado no art. 11;

II — identificação das barreiras porventura existentes e promoção da acessibilidade em suas diversas formas, respeitadas as necessidades de cada pessoa;

III — promoção de campanhas internas de valorização da diversidade humana e de combate à discriminação e ao assédio;

IV — promoção de qualificação profissional da pessoa com deficiência ou reabilitada, preferencialmente na modalidade de aprendizagem; e

V — impossibilidade de dispensa de trabalhador reabilitado ou com deficiência, sem a prévia contratação de substituto de condição semelhante, na hipótese de término de contrato por prazo determinado de mais de noventa dias, ou dispensa imotivada em contrato por prazo indeterminado.

§ 3º O prazo máximo do termo de compromisso será de doze meses, excetuado o caso em que o cumprimento da reserva legal esteja condicionado ao desenvolvimento de programas de aprendizagem profissional de pessoas com deficiência, nos termos do art. 429 da CLT, caso em que o prazo máximo será de vinte e quatro meses.

§ 4º Em caráter excepcional, e em face de projetos específicos de inclusão e qualificação profissional ou dificuldades comprovadamente justificadas, os prazos estipulados no § 3º poderão ser ampliados, com observância aos procedimentos estabelecidos pelas normas de regência.

§ 5º O termo de compromisso deve estabelecer metas e cronogramas para o cumprimento da reserva legal de forma gradativa, devendo a empresa, a cada etapa estipulada, apresentar variação positiva do percentual de preenchimento e, ao final do prazo, comprovar o cumprimento integral da reserva legal estipulada no art. 93 da Lei n. 8.213, de 1991, e dos demais compromissos assumidos.

§ 6º Durante o prazo fixado no termo de compromisso, devem ser feitas fiscalizações nas empresas, a fim de ser verificado o seu cumprimento, sem prejuízo da ação fiscal relativa a atributos não contemplados no referido termo.

§ 7º Frustrado o procedimento especial para a ação em face de não atendimento da convocação, recusa de firmar termo de compromisso, descumprimento de qualquer cláusula compromissada, devem ser lavrados, de imediato, os respectivos autos de infração, e poderá ser encaminhado relatório circunstanciado ao Ministério Público do Trabalho e demais órgãos competentes.

Seção V
Dos Concursos Públicos

Art. 18. Nas ações fiscais realizadas nos entes Administração Pública que contratem sob o regime celetista, o AFT deve verificar o cumprimento da reserva de cargos prevista no art. 93 da Lei n. 8.213, de 1991, e o disposto no § 1º do art. 37 do Decreto n. 3.298, de 1999.

Art. 19. Cabe ao AFT verificar a disponibilização, nos concursos públicos para contratação de empregados regidos pela CLT, do percentual mínimo de cinco por cento das vagas de cada cargo para pessoas com deficiência, visando à necessária igualdade de oportunidades, de acordo com o art. 37 do Decreto n. 3.298, de 1999.

§ 1º Caso a aplicação do percentual de que trata o caput resulte em número fracionado, este deve ser elevado até o primeiro número inteiro subsequente, de acordo com o § 2º do art. 37 do Decreto n. 3.298, de 1999.

§ 2º As pessoas com deficiência possuem direito de acesso a todos os cargos públicos, inclusive àqueles exercidos em condições de periculosidade, insalubridade, exposição a riscos e situações de emergência, ressalvados os expressamente afastados por lei federal que regule o exercício de profissão regulamentada, de acordo com o art. 40 do Decreto n. 3.298, de 1999.

§ 3º A avaliação da compatibilidade entre as atribuições do cargo e a deficiência do candidato será realizada por equipe multiprofissional, composta de três profissionais capacitados e atuantes nas áreas das deficiências em questão, sendo um deles médico, e três profissionais integrantes da carreira almejada pelo candidato, durante o estágio probatório, considerando as ajudas técnicas e demais adaptações necessárias ao posto de trabalho, de acordo com o art. 43 do Decreto n. 3.298, de 1999.

Art. 20. O AFT deve verificar se em todo o processo seletivo, na fase de contratação e no estágio probatório, estão sendo observadas, no mínimo, as seguintes disposições previstas no art. 39 do Decreto n. 3.298, de 1999:

I — se consta do edital o número de vagas, o total correspondente à reserva destinada à pessoa com deficiência, discriminadas por cargo e localidade, assim como as atribuições e tarefas essenciais dos cargos;

II — se há previsão no edital de adaptação das provas, do curso de formação e do estágio probatório, conforme a necessidade do candidato, por exemplo: ledor, prova ampliada, material audiovisual adaptado, auxílio para transcrição de gabaritos, mobiliário adaptado, material em Braile, sintetizador de voz, sala de mais fácil acesso, intérprete de libras, tempo adicional e outros apoios;

III — se há previsão no edital de que o laudo comprobatório da deficiência possa utilizar parâmetros internacionalmente utilizados, não se restringindo aos da Classificação Internacional de Doenças — CID.

IV — se a publicação do resultado final do concurso será realizada em duas listas: a primeira, com a pontuação de todos os candidatos, inclusive aqueles com deficiência, e a segunda, somente com a pontuação destes últimos.

Parágrafo único. O AFT deve verificar os pareceres da equipe multiprofissional, emitidos em todas as etapas previstas, conforme previsto no art. 19 desta IN e observando as disposições do art. 43 do Decreto n. 3.298, de 1999 e demais diplomas legais aplicáveis.

Art. 21. Fica revogada a Instrução Normativa n. 20, de 26 de janeiro de 2001.

Art. 22. Esta Instrução Normativa entra em vigor na data de sua publicação.

VERA LÚCIA RIBEIRO DE ALBUQUERQUE
DOU 16.8.2012 E RETIF DOU 22.8.2012

Instrução Normativa GM/MTE n. 99, de 23 de agosto de 2012

Dispõe sobre a fiscalização do Fundo de Garantia do Tempo de Serviço — FGTS e das contribuições sociais instituídas pela Lei Complementar n. 110, de 29 de junho de 2001

A SECRETÁRIA DE INSPEÇÃO DO TRABALHO, no exercício da competência prevista nos incisos VI e XIII do art. 1º, do Anexo VI, da Portaria n. 483, de 15 de setembro de 2004 e tendo em vista o disposto no art. 1º da Lei n. 8.844, de 20 de janeiro de 1994, art. 23 da Lei n. 8.036, de 11 de maio de 1990, art. 54 do Decreto n. 99.684, de 8 de novembro de 1990, art. 3º da Lei Complementar n. 110, de 29 de junho de 2001, no art. 6º do Decreto n. 3.914, de 11 de setembro de 2001, no art. 31 da Lei n. 9.491, de 9 de setembro de 1997 e no art. 9º do Decreto n. 2.430, de 17 de dezembro de 1997, resolve:

Art. 1º O Auditor Fiscal do Trabalho — AFT, na fiscalização do Fundo de Garantia do Tempo de Serviço — FGTS e das Contribuições Sociais — CS, deve observar o disposto nesta instrução normativa.

Capítulo I
Da Fiscalização

Art. 2º Cabe à Secretaria de Inspeção do Trabalho — SIT definir os projetos nos quais

deve ser obrigatória, em todas as ações fiscais, a inclusão dos atributos relacionados à verificação de regularidade dos recolhimentos do FGTS, das CS e da formalização do vínculo de emprego nas ordens de serviço — OS.

§ 1º O período mínimo a ser fiscalizado deve ter como início e término, respectivamente, a primeira competência não inspecionada e a penúltima competência exigível, definida por ocasião do encerramento da ação fiscal, facultando-se ao AFT atingir até a última.

§ 2º Se durante a ação fiscal o AFT constatar indício de débito não notificado, a fiscalização deve retroagir a outros períodos, para fins de levantamento de débito.

§ 3º Na fiscalização na modalidade indireta, o período mínimo a ser fiscalizado pode ter como início a competência mais antiga com indício de débito apurado nos sistemas informatizados, limitando a competência final à existência de documentos ou de informações nas bases de dados disponibilizadas à fiscalização. (Redação dada pela Instrução Normativa SIT n. 106, de 23.4.14, DOU 24.4.14)

Art. 3º O AFT deve notificar o empregador, por meio de Notificação para Apresentação de Documentos — NAD, para apresentar livros e documentos necessários ao desenvolvimento da ação fiscal, inclusive a apresentação em mídia e formatos acessíveis à fiscalização, arquivos digitais, em meio magnético ou eletrônico, quando mantidos pelo pregador e quando entender serem necessários ao exercício de suas atribuições legais.

§ 1º O AFT deve observar o critério da dupla visita para a lavratura de autos de infração, na forma do art. 627 da Consolidação das Leis do Trabalho — CLT, aprovada pelo Decreto-lei n. 5.452, de 1º de maio de 1943, do art. 6º, § 3º, da Lei n. 7.855, de 24 de outubro de 1989, e do art. 55, § 1º, da Lei Complementar n. 123, de 14 de dezembro de 2006, não se aplicando este critério para a emissão das notificações de débito.

§ 2º Em caso de fiscalização de empregador que adote controle único e centralizado de documentos sujeitos à inspeção do trabalho, o AFT deve solicitar a comprovação da regularidade dos recolhimentos do FGTS e CS por estabelecimento, nos termos dos arts. 18 a 24 desta instrução normativa.

§ 3º O controle único e centralizado de documentos é aquele efetuado em apenas um estabelecimento da empresa, ressalvados os documentos que, obrigatoriamente, devam permanecer em cada local de trabalho.

§ 4º O termo empregador refere-se também àquele a quem a lei determinar a obrigação do recolhimento.

Art. 4º O AFT pode examinar livros contábeis, fiscais e outros documentos de suporte à escrituração das empresas, assim como apreender documentos, arquivos digitais, materiais, livros e assemelhados, para a verificação da existência de fraudes e irregularidades, mediante termo lavrado de acordo com a Instrução Normativa n. 89, de 2 de março de 2011.

Parágrafo único. Caso constate indícios de fraude, o AFT, sem prejuízo da ação fiscal, deve informá-los à chefia imediata, por meio de relatório.

Capítulo II
Do FGTS e da Contribuição Social sobre a Remuneração Mensal do Trabalhador do Procedimento de Verificação do Recolhimento

Art. 5º O AFT deve verificar o recolhimento do FGTS e da CS incidentes sobre a remuneração paga ou devida aos trabalhadores, nos seguintes percentuais, estabelecidos em lei:

I — FGTS, à alíquota de oito por cento;
II — Contribuição Social prevista no art. 2º da Lei Complementar n. 110, de 2001, à alíquota de cinco décimos por cento.

§ 1º Na verificação do recolhimento do FGTS prevista no inciso I, o AFT deve observar ainda os seguintes percentuais:

a) nos contratos de aprendizagem previstos no art. 428 da CLT, o percentual de dois por cento;

b) no período de fevereiro de 1998 a janeiro de 2003, o percentual de dois por cento a oito por cento nos contratos por prazo determinado instituídos pela Lei n. 9.601, de 21 de janeiro de 1998.

§ 2º É devido o depósito do FGTS, excluída a indenização compensatória, na conta vinculada do trabalhador, cujo contrato de trabalho seja declarado nulo, nos termos do art. 37, § 2º, da Constituição Federal, quando reconhecido o direito à percepção do salário.

Art. 6º A verificação a que se refere o art. 5º deve ser realizada inclusive nas hipóteses em que o trabalhador se afaste do serviço, por força de lei ou de acordo, mas continue percebendo remuneração ou contando o tempo de afastamento como de serviço efetivo, tais como:

I — serviço militar obrigatório;
II — primeiros quinze dias de licença para tratamento de saúde, exceto no caso de concessão de novo benefício decorrente da mesma doença, dentro de sessenta dias contados da cessação do benefício anterior, de acordo com o previsto no § 3º do art. 75 do Decreto n. 3.048, de 6 de maio de 1999;
III — licença por acidente de trabalho;
IV — licença-maternidade;
V — licença-paternidade;
VI — gozo de férias;
VII — exercício de cargo de confiança; e
VIII — demais casos de ausências remuneradas.

Art. 7º Para verificação da CS mensal, deve ser considerado o período de janeiro de 2002 a dezembro de 2006, observando-se ainda as hipóteses de isenção previstas no § 1º do art. 2º da Lei Complementar n. 110, de 2001.

§ 1º Para a apuração do benefício da isenção previsto no inciso I do § 1º do art. 2º da Lei Complementar n. 110, de 2001, deve ser considerado o limite de um milhão e duzentos mil reais do faturamento anual, independentemente da receita bruta exigida para inscrição no Sistema Integrado de Pagamento de Impostos e Contribuições das Microempresas e Empresas de Pequeno Porte — SIMPLES.

§ 2º Descaracteriza a isenção qualquer documentação que comprove faturamento superior ao limite estabelecido no § 1º.

Da Identificação da Base de Cálculo

Art. 8º Consideram-se de natureza salarial, para fins do disposto no art. 5º, as seguintes parcelas, além de outras identificadas pelo caráter de contraprestação do trabalho:

I — o salário-base, inclusive as prestações *in natura*;
II — as horas extras;
III — os adicionais de insalubridade, periculosidade e do trabalho noturno;
IV — o adicional por tempo de serviço;
V — o adicional por transferência de localidade de trabalho;
VI — o salário-família, no que exceder ao valor legal obrigatório;
VII — o abono ou gratificação de férias, desde que excedente a vinte dias do salário, concedido em virtude de cláusula contratual, de regulamento da empresa, ou de convenção ou acordo coletivo;
VIII — o valor de um terço do abono constitucional das férias;
IX — as comissões;
X — as diárias para viagem, pelo seu valor global, quando excederem a cinquenta por cento da remuneração do empregado, desde que não haja prestação de contas do montante gasto;
XI — as etapas, no caso dos marítimos;
XII — as gorjetas;
XIII — a gratificação de natal, seu valor proporcional e sua parcela incidente sobre o aviso prévio indenizado, inclusive na extinção de contrato a prazo certo e de safra, e a gratificação periódica contratual, pelo seu duodécimo;
XIV — as gratificações ajustadas, expressa ou tacitamente, tais como de produtividade, de balanço, de função ou por exercício de cargo de confiança;
XV — as retiradas de diretores não empregados, quando haja deliberação da empresa, garantindo-lhes os direitos decorrentes do contrato de trabalho;
XVI — o valor a título de licença-prêmio;
XVII — o valor pelo repouso semanal remunerado;
XVIII — o valor pelos domingos e feriados civis e religiosos trabalhados, bem como o valor relativo à dobra em razão de feriados trabalhados, não compensados;
XIX — o valor a título de aviso prévio, trabalhado ou indenizado;
XX — o valor a título de quebra de caixa.
XXI — o valor do tempo de reserva, nos termos do § 6º do art. 235-E da CLT.

Parágrafo único. As contribuições mencionadas no art. 5º também incidirão sobre:

I — o valor contratual mensal da remuneração do empregado afastado na forma do art. 6º desta IN, inclusive sobre a parte variável, calculada segundo os critérios previstos na CLT e na legislação esparsa, atualizada sempre que ocorrer aumento geral na empresa ou para a categoria;

II — o valor da remuneração paga pela entidade de classe ao empregado licenciado para desempenho de mandato sindical, idêntico ao que perceberia caso não licenciado, inclusive com as variações salariais ocorridas durante o licenciamento, obrigatoriamente informadas pelo empregador à respectiva entidade;

III — o salário contratual e o adicional de transferência devido ao empregado contratado no Brasil transferido para prestar serviço no exterior;

IV — a remuneração percebida pelo empregado ao passar a exercer cargo de diretoria, gerência ou outro cargo de confiança imediata do empregador, salvo se a do cargo efetivo for maior;

V — remuneração paga a empregado estrangeiro, em atividade no Brasil, independentemente do local em que for realizado o pagamento.

Art. 9º Não integram a remuneração, para fins do disposto no art. 5º:

I — participação do empregado nos lucros ou resultados da empresa, quando paga ou creditada de acordo com a Lei n. 10.101, de 19 de dezembro de 2000;

II — abono correspondente à conversão de um terço das férias em pecúnia e seu respectivo adicional constitucional;

III — abono ou gratificação de férias, concedido em virtude de contrato de trabalho, de regulamento da empresa, de convenção ou acordo coletivo de trabalho, cujo valor não exceda a vinte dias do salário;

IV — o valor correspondente ao pagamento da dobra da remuneração de férias concedidas após o prazo legal;

V — importâncias recebidas a título de férias indenizadas e o respectivo adicional constitucional;

VI — indenização por tempo de serviço anterior a 5 de outubro de 1988, de empregado não optante pelo FGTS;

VII — indenização relativa à dispensa de empregado no período de trinta dias que antecede sua data-base, de acordo com o disposto no art. 9º da Lei n. 7.238, de 29 de outubro de 1984;

VIII — indenização por despedida sem justa causa do empregado nos contratos com termo estipulado de que trata o art. 479 da CLT, bem como na indenização prevista na alínea *f* do art. 12 da Lei n. 6.019, de 3 de janeiro de 1974;

IX — indenização do tempo de serviço do safrista, quando do término normal do contrato de que trata o art. 14 da Lei n. 5.889, de 8 de junho de 1973;

X — indenização recebida a título de incentivo à demissão;

XI — indenização de quarenta por cento sobre o montante de todos os depósitos de FGTS realizados na conta vinculada do trabalhador.

XII — indenização relativa à licença-prêmio;

XIII — ajuda de custo, em parcela única, recebida exclusivamente em decorrência de mudança de localidade de trabalho do empregado, na forma do art. 470 da CLT;

XIV — ajuda de custo, em caso de transferência permanente, e o adicional mensal, em caso de transferência provisória, recebidos pelo aeronauta nos termos da Lei n. 5.929, de 30 de outubro de 1973;

XV — diárias para viagem, desde que não excedam a cinquenta por cento da remuneração mensal percebida pelo empregado;

XVI — valor da bolsa de aprendizagem, garantida ao adolescente até quatorze anos de idade, de acordo com o disposto no art. 64 da Lei n. 8.069, de 13 de julho de 1990, vigente até 15 de dezembro de 1998, em face da promulgação da Emenda Constitucional n. 20;

XVII — valor da bolsa ou outra forma de contraprestação, quando paga ao estagiário nos termos da Lei n. 11.788, de 25 de setembro de 2008;

XVIII — cotas do salário-família e demais benefícios pagos pela Previdência Social, nos termos e limites legais, salvo o salário-maternidade e o auxílio-doença decorrente de acidente do trabalho;

XIX — parcela in natura recebida de acordo com o Programa de Alimentação do Trabalhador — PAT, instituído pela Lei n. 6.321, de 14 de abril de 1976;

XX — vale-transporte, nos termos e limites legais, bem como transporte fornecido pelo empregador para deslocamento ao trabalho e retorno, em percurso servido ou não por transporte público;

XXI — valor da multa paga ao trabalhador em decorrência do atraso na quitação das parcelas rescisórias;

XXII — importâncias recebidas a título de ganhos eventuais e abonos expressamente desvinculados do salário por força de lei;

XXIII — abono do Programa de Integração Social — PIS e do Programa de Assistência ao Servidor Público — PASEP;

XXIV — valores correspondentes a transporte, alimentação e habitação fornecidos pelo empregador ao empregado contratado para trabalhar em localidade distante de sua residência, em canteiro de obras ou local que, por força da atividade, exija deslocamento e estada, observadas as normas de proteção estabelecidas pelo MTE;

XXV — importância paga ao empregado a título de complementação ao valor do auxílio-doença, desde que este direito seja extensivo à totalidade dos empregados da empresa;

XXVI — parcelas destinadas à assistência ao empregado da agroindústria canavieira, de que trata o art. 36 da Lei n. 4.870, de 1º de dezembro de 1965;

XXVII — valor das contribuições efetivamente pagas pelo empregador a título de previdência privada;

XXVIII — valor relativo a assistência médica, hospitalar e odontológica, prestada diretamente pelo empregador ou mediante seguro-saúde;

XXIX — valor correspondente a vestuários, equipamentos e outros acessórios fornecidos ao empregado e utilizados no local de trabalho para prestação dos serviços;

XXX — ressarcimento de despesas pelo uso de veículo do empregado, quando devidamente comprovadas;

XXXI — valor relativo à concessão de educação, em estabelecimento de ensino do empregador ou de terceiros, compreendendo valores relativos à matrícula, mensalidade, anuidade, livros e material didático;

XXXII — valores recebidos em decorrência da cessão de direitos autorais;

XXXIII — auxílio-creche pago em conformidade com a legislação trabalhista, para ressarcimento de despesas devidamente comprovadas com crianças de até 6 (seis) anos de idade;

XXXIV — auxílio-babá, limitado ao salário mínimo, pago em conformidade com a legislação trabalhista e condicionado a comprovação do registro na Carteira de Trabalho e Previdência Social — CTPS, para ressarcimento de despesas de remuneração e contribuição previdenciária de empregado que cuide de crianças de até 6 (seis) anos de idade;

XXXV — valor das contribuições efetivamente pagas pelo empregador a título de prêmio de seguro de vida e de acidentes pessoais; e

XXXVI — o valor do tempo de espera, nos termos do § 9º do art. 235-C da CLT.

Da Forma e Prazo do Recolhimento

Art. 10. Na verificação a que se refere o art. 5º, o AFT deve observar se o recolhimento foi efetuado até o dia sete do mês subsequente ao da competência devida, em conta vinculada do empregado, por meio de guia ou procedimento específico estabelecido pela Caixa Econômica Federal — CAIXA.

§ 1º Quando o vencimento do prazo mencionado no *caput* ocorrer em dia não útil, o recolhimento deve ser efetuado no dia útil imediatamente anterior.

§ 2º Considera-se competência devida dos recolhimentos previstos no art. 5º:

I — o mês e o ano a que se refere a remuneração;

II — o período de gozo das férias, observada a proporcionalidade do número de dias em cada mês;

III — o mês e o ano em que é paga ou devida cada parcela da gratificação natalina, como também o mês e o ano da complementação da gratificação, para efeito de recolhimento complementar.

Art. 11. O AFT deve observar que na vigência de legislação anterior, o recolhimento do FGTS estava sujeito aos seguintes prazos:

I — até o último dia do mês subsequente ao vencido, no período de 1º de janeiro de 1967 a 20 de junho de 1989, de acordo com a Lei n. 5.107, de 13 de setembro de 1966;

II — até o último dia do expediente bancário do primeiro decêndio de cada mês, referente ao mês anterior, no período de 21 de junho de 1989 a 12 de outubro de 1989, nos termos da Lei n. 7.794, de 10 de julho de 1989;

III — até o quinto dia útil do mês subsequente ao vencido, no período de 13 de outubro de 1989 a 13 de maio de 1990, conforme previsto na Lei n. 7.839, de 12 de outubro de 1989, considerado o sábado como dia útil para efeito de contagem, a partir da vigência da Instrução Normativa n. 01, de 7 de novembro de 1989.

Capítulo III
Do FGTS e da Contribuição Social na Rescisão ou Extinção do Contrato de Trabalho

Da Verificação de Recolhimento e da Identificação da Base de Cálculo

Art. 12. No caso de despedida sem justa causa, rescisão indireta do contrato de trabalho, rescisão antecipada de contrato a termo por iniciativa do empregador, inclusive do contrato de trabalho temporário, o AFT deve verificar o recolhimento do FGTS e da CS incidentes sobre o montante de todos os depósitos devidos ao FGTS na vigência do contrato de trabalho, atualizados monetariamente e acrescidos dos respectivos juros remuneratórios, não se deduzindo, para este fim, os saques ocorridos:

I — FGTS, à alíquota de quarenta por cento;

II — Contribuição Social prevista no art. 1º da Lei Complementar n. 110, de 2001, à alíquota de dez por cento.

§ 1º O percentual de que trata o inciso I será de vinte por cento na ocorrência de despedida por culpa recíproca ou força maior, reconhecidas pela Justiça do Trabalho.

§ 2º Os empregadores domésticos estão isentos da contribuição de que trata o inciso II.

§ 3º O disposto no inciso I não se aplica aos contratos celebrados de acordo com a Lei n. 9.601, de 1998, exceto se convencionado pelas partes.

§ 4º Ocorrendo despedida sem justa causa, ainda que indireta, com culpa recíproca, por força maior, extinção normal ou antecipada do contrato de trabalho a termo, inclusive a do trabalhador temporário e daquele contratado na forma da Lei n. 9.601, de 1998, o AFT deve verificar o recolhimento do FGTS e da CS, mencionado no art. 5º, referente ao mês da rescisão e ao imediatamente anterior.

Art. 13. Integram a base de cálculo das contribuições mencionadas no art. 12 os valores dos recolhimentos relativos ao mês da rescisão e ao imediatamente anterior, bem como o complemento da atualização monetária devido na data da rescisão contratual, previsto no art. 4º da Lei Complementar n. 110, de 2001.

Da Forma e Prazo de Recolhimento

Art. 14. Na verificação do valor devido na rescisão contratual, o AFT deve observar se

o depósito foi efetuado em conta vinculada do trabalhador, por meio de guia ou procedimento específico estabelecido pela CAIXA, nos seguintes prazos:

I — até o primeiro dia útil imediato ao término do contrato ou do efetivo desligamento do empregado dispensado sem justa causa e com aviso prévio trabalhado;

II — até o décimo dia corrido, a contar do dia imediatamente posterior ao do efetivo desligamento do empregado dispensado sem justa causa, com indenização, ausência ou dispensa de cumprimento do aviso prévio, ou em caso de rescisão antecipada de contrato de trabalho por prazo determinado, inclusive do trabalho temporário.

§ 1º O recolhimento incidente sobre a remuneração do mês anterior e do mês da rescisão do contrato deve ser efetuado na forma do art. 10, caso o prazo ali previsto seja anterior aos consignados neste artigo.

§ 2º O prazo para o recolhimento previsto no inciso II não será aplicado na rescisão antecipada de contrato de trabalho por prazo determinado, que ocorrer nos dez dias que antecederem ao término regular do contrato, hipótese em que deve ser observado o prazo previsto no inciso I.

Da Sistemática para Distribuição de Valor Rescisório Recolhido a Menor

Art. 15. Ao verificar que o valor recolhido é menor que a soma das parcelas declaradas na guia de recolhimento rescisório, o AFT deve adotar a sistemática de distribuição de valores de acordo com a seguinte ordem de prioridade:

I — percentual devido a título de contribuição para o FGTS relativo à:
a) multa rescisória;
b) percentual incidente sobre o aviso prévio indenizado;
c) percentual incidente sobre a remuneração do mês da rescisão; e
d) percentual incidente sobre a remuneração do mês anterior ao da rescisão;

II — juros e atualização monetária — JAM devidos na conta vinculada do empregado, relativos aos percentuais incidentes sobre as parcelas seguintes, em ordem de prioridade:
a) remuneração do mês anterior ao da rescisão;
b) remuneração do mês da rescisão;
c) aviso prévio indenizado; e
d) multa rescisória.

III — alíquota de cinco décimos por cento devida a título de Contribuição Social Mensal — CSM, observando-se a ordem de prioridade do inciso II, exceto alínea *d*;

IV — alíquota de dez por cento, devida na rescisão, a título de Contribuição Social Rescisória — CSR;

V — parcela resultante da diferença entre os acréscimos legais e o JAM, observando-se a ordem de prioridade do inciso II;

VI — parcela relativa aos acréscimos legais referentes à contribuição mencionada no inciso III, observando-se a ordem de prioridade do inciso II, exceto alínea *d*;

VII — parcela relativa aos acréscimos legais referentes à contribuição mencionada no inciso IV.

Parágrafo único. Para efeito do disposto neste artigo, considera-se:

I — JAM: a soma dos valores devidos pela aplicação dos juros remuneratórios da conta vinculada do empregado com atualização pela taxa referencial — TR, na forma da lei;

II — acréscimos legais: a soma da atualização pela TR com os juros de mora e multa de mora, na forma da lei.

Art. 16. Após a aplicação do disposto no art. 15, o AFT, a fim de apurar o débito, deve confrontar os valores distribuídos com os valores devidos pelo empregador.

Capítulo IV
Do Levantamento de Débito

Art. 17. Ao constatar irregularidade, o AFT deve proceder ao levantamento do débito, individualizado por empregado, e emitir a notificação respectiva para que o empregador recolha a importância devida.

Parágrafo único. Os sistemas informatizados à disposição da fiscalização do trabalho devem ser utilizados para a verificação da regularidade dos recolhimentos de FGTS e CS.

Do Procedimento em Empresas com Estabelecimentos Filiais

Art. 18. Nas empresas com mais de um estabelecimento, localizados em diferentes Unidades da Federação — UF, o levantamento do débito do FGTS e das CS, relativo a todos os estabelecimentos, deve ser efetuado preferencialmente pela Superintendência Regional do Trabalho e Emprego — SRTE com competência sobre a localidade da matriz da empresa.

Art. 19. Ao constatar a existência de débito em estabelecimento filial ou equivalente, localizado fora da UF da matriz, o AFT deve comunicá-la à chefia imediata e solicitar à SRTE competente, ou seja, em cuja circunscrição esteja localizada a matriz, por meio do Sistema Federal de Inspeção do Trabalho — SFIT, autorização para o levantamento do débito na forma do art. 18.

§ 1º As chefias imediatas das SRTE envolvidas devem informar aos coordenadores dos projetos do FGTS a existência de débito, para fins de inclusão no planejamento da fiscalização.

§ 2º O levantamento efetuado na forma centralizada deve conter demonstrativo do débito discriminado por estabelecimento.

§ 3º Recebida a solicitação referida no *caput*, a SRTE competente deve autorizar ou negar a solicitação no prazo de dez dias, a contar da informação no SFIT.

§ 4º Negada a solicitação, a SRTE competente deve iniciar a ação fiscal em dez dias, a contar da informação no SFIT.

§ 5º Autorizado o levantamento do débito, a SRTE solicitante deve iniciar a ação fiscal no prazo máximo de dez dias.

§ 6º No caso de omissão da SRTE competente, a SRTE solicitante deve iniciar a ação fiscal no prazo do § 5º.

Art. 20. Para o levantamento do débito, a chefia competente, ou quem esta designar, deve programar a ação fiscal considerando a complexidade da apuração, tais como, o porte do empregador, a distribuição geográfica dos estabelecimentos envolvidos, além de outros fatores que entender como relevantes, podendo para tanto designar mais de um AFT.

Art. 21. Independentemente da solicitação prevista no art. 19, o AFT deve emitir notificação de débito quando este for originado de remuneração paga a empregados sem registro, parcelas não declaradas, ou decorrentes de irregularidades específicas do estabelecimento fiscalizado.

Art. 22. Caso a fiscalização não se inicie nos prazos estabelecidos no art. 19 e não havendo outra solicitação em andamento, a SIT deve indicar à SRTE que procederá ao levantamento centralizado, podendo, inclusive, designar AFT de outras unidades.

Art. 23. No levantamento de débito para empresa com todos os estabelecimentos localizados na mesma UF aplicam-se, no que couber, as disposições dos arts. 18 a 21, devendo a solicitação ser dirigida ao chefe de fiscalização da SRTE.

Art. 24. A ação fiscal para o levantamento do débito na forma do art. 18 não impede a lavratura de autos de infração por infrações constatadas em quaisquer dos estabelecimentos fiscalizados.

Do Procedimento em Tomadores de Serviço

Art. 25. Ao constatar ser irregular o fornecimento de mão de obra, atribuindo-se ao tomador do serviço a responsabilidade pelo vínculo empregatício dos trabalhadores, o AFT deve expedir a notificação de débito de FGTS e CS contra o tomador.

Parágrafo único. Os depósitos de FGTS e CS eventualmente realizados pelo prestador de serviços, decorrentes dos contratos de trabalho a que se refere o *caput*, devem ser abatidos do débito apurado.

Do Procedimento em Grupos Econômicos

Art. 26. Caso o AFT constate que o empregador, objeto da ação fiscal, é devedor de FGTS e/ou CS e integra grupo econômico nos termos do § 2º do art. 2º da CLT, os depósitos eventualmente realizados por outros empregadores integrantes deste grupo, relativos ao mesmo contrato de trabalho, devem ser abatidos do débito apurado, quando pertinentes.

§ 1º Se, em razão do procedimento descrito no *caput*, for constatada a existência de débito de FGTS e/ou CS em empregador integrante do grupo econômico situado em outra unidade da federação, ou em outra circunscrição na mesma unidade, o AFT deve informar tal fato à sua chefia imediata, para comunicação à unidade regional do MTE competente e a devida apuração.

§ 2º O relatório circunstanciado deve conter fundamentação quanto à caracterização da existência do grupo econômico, bem como dele deve constar a qualificação dos demais integrantes do grupo.

Do Procedimento em Órgãos Públicos

Art. 27. O AFT deve verificar o recolhimento das contribuições mencionadas nos artigos 5º e 12 relativamente aos servidores de entes da Administração Pública, cujo regime de trabalho seja regidos pela CLT, notificando-os na forma do art. 3º.

§ 1º Quando for constatada a inexistência de documentos e quaisquer registros que possibilitem o levantamento, o débito deve ser arbitrado com base em dados contidos na dotação específica do orçamento do órgão ou na forma prevista nos arts. 30 e 31.

§ 2º Caso o ente público se negue a apresentar os documentos solicitados, o AFT deve informar à chefia imediata, para fins de comunicação ao Tribunal de Contas, ao Ministério Público Federal, ao Ministério Público Estadual, ao Ministério Público do

LEGISLAÇÃO COMPLEMENTAR

Trabalho, sem prejuízo da lavratura dos respectivos autos de infração.

Do Procedimento Frente a Confissões de Dívida na Caixa Econômica Federal

Art. 28. Nas ações fiscais em que se constatar a existência de confissão de dívida junto à CAIXA, o AFT deve emitir, no Sistema AUDITOR, o Relatório de Auditoria de Débito Confessado — RAC, independentemente da existência de parcelamento concedido.

§ 1º O AFT deve consultar a existência de confissão de dívida ainda não auditada, no período a que se refere o art. 2º, inclusive junto aos sistemas informatizados disponíveis à fiscalização do trabalho.

§ 2º O RAC contemplará a identificação do empregador, a situação verificada e demais observações relativas à auditoria.

§ 3º O RAC não exime o AFT da emissão de notificação de débito, na forma do art. 17, ainda que o débito tenha sido corretamente confessado e que haja parcelamento formalizado.

§ 4º Na notificação deve ser incluído o débito existente no momento de sua emissão, confessado ou não.

§ 5º A confissão de débito apresentada pelo empregador perante a Caixa Econômica Federal — CAIXA, durante o andamento da ação fiscal, não prejudica a emissão da notificação de débito.

Art. 29. Para fins do disposto no art. 28, a fiscalização do trabalho deve utilizar os dados enviados pela CAIXA, em arquivo digital, relativos às confissões de débito por ela recebidas, acompanhadas das informações necessárias à auditagem do débito, de acordo com o disposto no parágrafo único do art. 1º da Lei n. 8.844, de 1994.

Dos Procedimentos Especiais

Art. 30. Havendo documentação que, embora incompleta, propicie a identificação de empregados em situação irregular, proceder-se-á ao levantamento por recomposição de folha de pagamento, utilizando-se dados declarados em sistemas informatizados.

Art. 31. Não sendo possível a recomposição da folha de pagamento, o levantamento do débito será efetuado por arbitramento, optando-se pelo critério mais favorável ao empregado, dentre os quais:

a) a remuneração paga ao empregado em meses anteriores ou posteriores;

b) a remuneração paga a outros empregados da mesma empresa que exerçam ou exerciam função equivalente ou semelhante;

c) o piso salarial da categoria profissional;

d) o salário profissional;

e) o piso salarial previsto na Lei Complementar n. 103, de 14 de julho de 2000;

f) o salário mínimo nacional.

Art. 32. Considera-se não quitado o FGTS pago diretamente ao empregado, à exceção dos pagamentos efetuados até 15 de fevereiro de 1998, relativos ao mês da rescisão, ao imediatamente anterior e à indenização compensatória.

Art. 33. No período de vigência da Unidade Real de Valor — URV, de março de 1994 a junho de 1994, o valor apurado deverá ser convertido em Cruzeiro Real, com base na URV do dia cinco do mês subsequente ao da competência, se recolhido no prazo, ou na URV do dia sete do mês subsequente, se recolhido fora do prazo, conforme determina o parágrafo único do art. 32 da Lei n. 8.880, de 27 de maio de 1994.

Art. 34. Caso o empregador não esteja inscrito no Cadastro Nacional da Pessoa Jurídica — CNPJ, a identificação se fará pelo Cadastro de Pessoas Físicas — CPF, cabendo, em ambos os casos, informar o Cadastro Específico do INSS — CEI, caso existente.

Art. 35. A individualização do valor devido ou recolhido de FGTS na conta vinculada do empregado consiste obrigação do empregador.

Art. 36. A apresentação de Certificado de Regularidade do FGTS — CRF pelo empregador não inibe o levantamento e a emissão da notificação de débito.

Parágrafo único. Ao constatar débito relativo ao período abrangido pelo CRF, o AFT deve comunicar o fato à chefia imediata, que deve dar ciência do fato à CAIXA.

Capítulo V
Da Notificação de Débito do Fundo de Garantia e da Contribuição Social

Art. 37. O AFT deve emitir Notificação de Débito do Fundo de Garantia e da Contribuição Social — NDFC, quando for constatado débito por falta de recolhimento ou recolhimento a menor das contribuições mencionadas nos arts. 5º e 12.

Parágrafo único. O valor do débito deve ser atualizado pela TR até a data da emissão da NDFC e representado na moeda atual, com especificação dos valores históricos devidos, segundo os padrões monetários à época vigentes.

Art. 38. Integram a NDFC os seguintes relatórios:

I — Relatório inicial que discrimina o débito total notificado, correspondente à totalização dos débitos de recolhimento mensal e rescisório;

II — Débito Mensal do FGTS por Competência;

III — Débito Mensal do FGTS por Empregado;

IV — Débito Mensal de Contribuição Social;

V — Débito Rescisório por Data de Vencimento;

VI — Débito Rescisório por Empregado;

VII — Recomposição do Saldo Rescisório;

VIII — Guias de Recolhimento Analisadas;

IX — Relação de Empregados; e

X — Relatório Circunstanciado.

§ 1º Na inexistência de dados para sua composição, alguns relatórios relacionados no *caput* podem ser suprimidos.

§ 2º O Relatório Circunstanciado deve conter as seguintes informações, além de outras que propiciem a reconstituição do débito a qualquer tempo:

I — indicação do período auditado, devendo incluir todas as competências verificadas;

II — indicação de débito: original ou débito complementar aos valores anteriormente notificados;

III — indicação da forma do levantamento de débito: centralizado ou não, nos termos do art. 18 e seguintes;

IV — relação dos estabelecimentos envolvidos na auditoria, a saber: matriz e todas as filiais e CEI vinculado, inclusive aqueles em que não se constatou débito. *(Redação dada pela Instrução Normativa SIT/MTE n. 115, de 19.11.14, DOU 20.11.14)*

V — manifestação expressa do AFT a respeito da caracterização de sucessão trabalhista ou de grupo econômico, e dos motivos que o levaram a concluir por uma ou outra situação;

VI — relação dos documentos examinados, das fontes de consulta a sistemas informatizados, inclusive manifestação expressa do AFT a respeito da obtenção de informações do empregador por meio magnético ou digital;

VII — descrição dos procedimentos utilizados para o levantamento do débito e demais ocorrências, tais como recomposição e arbitramento de bases de incidência;

VIII — identificação dos corresponsáveis existentes na data da emissão da NDFC, com nome, endereço completo e número do CPF, incluindo os demais responsáveis do período abrangido pela notificação, devendo neste campo ser citadas as pessoas jurídicas componentes do grupo econômico constatado, se for o caso;

IX — indicação, com número e capitulação, dos autos de infração correlatos com o débito notificado, incluindo os lavrados por afronta ao art. 630 da CLT; e

X — relato de que o empregador exerce suas atividades em endereço diverso do que consta do cadastro oficial, que não seja o local de prestação de serviços a tomadores.

§ 3º Quanto aos débitos do FGTS, decorrentes da rescisão contratual de empregados afastados até 15 de fevereiro de 1998:

I — os relativos ao mês da rescisão e ao imediatamente anterior, quando vencidos antes do prazo de pagamento das verbas rescisórias, deverão ser notificados; e

II — os relativos à multa rescisória, ao mês da rescisão e ao imediatamente anterior, quando vencidos no prazo da rescisão, não serão objeto de notificação.

Dos Procedimentos Gerais

Art. 39. Para o levantamento do débito, o AFT deve lançar no sistema AUDITOR todos os recolhimentos quitados pelo empregador, estejam eles individualizados ou não.

§ 1º A liquidez dos valores notificados será definida na data de apuração indicada pelo AFT que lavrou a notificação.

§ 2º O interstício entre a data da apuração, definida pelo AFT que lavrou a notificação, e a data da emissão da Notificação não pode ser superior a 30 (trinta) dias. *(Redação dada pela Instrução Normativa n. 120, de 25 de agosto de 2015, DOU 26.8.15)*

§ 3º Não serão considerados, para fins de abatimento no débito, os recolhimentos efetuados sem a necessária individualização.

§ 4º O FGTS regularmente depositado na conta vinculada do trabalhador em decorrência de reclamatória trabalhista deve ser considerado para fins de abatimento no débito. *(Acrescentado pela Instrução Normativa SIT/MTE n. 115, de 19.11.14, DOU 20.11.14)*

§ 5º O recolhimento fundiário referido no parágrafo quarto, quando efetuado por meio de guia única que contemple mais de uma competência, deve ser abatido do débito priorizando-se as competências mais antigas dentre as reclamadas. *(Acrescentado pela Instrução Normativa SIT/MTE n. 115, de 19.11.14, DOU 20.11.14)*

§ 6º A multa rescisória, quando contemplada em recolhimento descrito no parágrafo anterior, será a última parcela fundiária a ser abatida do levantamento de débito. *(Acrescentado pela Instrução Normativa SIT/MTE n. 115, de 19.11.14, DOU 20.11.14)*

§ 7º O FGTS depositado na conta vinculada do trabalhador em decorrência de reclamatória trabalhista, quando recolhido por meio de

guias que especifiquem o valor respectivo a cada competência, deve ser assim abatido.
(Acrescentado pela Instrução Normativa SIT/MTE n. 115, de 19.11.14, DOU 20.11.14)

Art. 40. O débito de FGTS ou das CS apurado na forma dos arts. 5º e 12, resultante da incidência sobre parcela de remuneração que não conste em folha de pagamento, ou não declarada como base de cálculo, deve ensejar a emissão de notificação de débito em separado.

Art. 41. A notificação de débito, bem como os anexos que porventura a acompanham, devem conter a comprovação do recebimento pelo empregador ou seu preposto, com identificação legível.

Art. 42. Os documentos que serviram de base para o levantamento do débito do FGTS e das CS devem ser datados e rubricados pelo AFT, salvo os oficiais e aqueles em que, pela sua forma, tal providência não seja possível.

Parágrafo único. As guias de recolhimento do FGTS e das CS devem ser relacionadas na notificação de débito, dispensando-se o procedimento previsto no *caput*.

Art. 43. O levantamento de débito do FGTS e das CS pode ser feito, a critério do AFT, no local que oferecer melhores condições para a execução da ação fiscal.

Art. 44. A notificação de débito deve ser expedida em três vias, com a seguinte destinação:

I — primeira via: instauração do processo;
II — segunda via: empregador; e
III — terceira via: AFT.

§ 1º A primeira via deve ser protocolizada na unidade de exercício do AFT dentro de quarenta e oito horas contadas da data da entrega ao empregador, salvo nos casos de fiscalização fora de sua unidade de exercício, hipótese em que deve ser protocolizada quando o AFT a ela retornar.

§ 2º O AFT deve entregar a notificação de débito ao empregador ou ao seu preposto, assim entendido como aquele que atendeu a fiscalização, prestando informações ou apresentando documentos, mediante recibo no campo próprio, com identificação legível do recebedor.

§ 3º A notificação pode ser expedida em arquivo digital e entregue ao notificado mediante Termo de Recebimento gerado obrigatoriamente pelo sistema AUDITOR.

§ 4º O Termo de Recebimento deve conter a identificação do notificado, as características do arquivo digital, o local, a data do recebimento, as assinaturas do AFT notificante e do empregador notificado ou seu preposto e as informações que possibilitam o download do arquivo digital pela internet.

§ 5º O Termo de Recebimento, formalizado nos termos do § 4º, comprova que o empregador foi notificado, para todos os efeitos legais, e deve ser protocolizado juntamente com a notificação, a qual pode constar do processo administrativo em mídia não regravável.

§ 6º O Termo de Recebimento e o relatório inicial da notificação, necessariamente impressos, devem acompanhar cada via da notificação sempre que esta for expedida em arquivo digital.

§ 7º Havendo recusa no recebimento da notificação de débito ou qualquer motivo que impeça os procedimentos previstos nos §§ 1º e 6º, a segunda via deve ser entregue, com a devida justificativa, juntamente com a primeira, ao setor responsável, para remessa postal.

Do Termo de Retificação

Art. 45. Para inclusão, exclusão ou alteração de dados ou valores na notificação de débito, deve ser emitido Termo de Retificação pelo AFT que emitiu a notificação.

§ 1º O Termo de Retificação deve ser emitido até o momento da remessa do processo para análise, ou quando o processo for encaminhado ao AFT para esse fim, o que pode ocorrer em qualquer fase do processo, mediante requerimento fundamentado.

§ 2º O débito retificado deve ser atualizado até a data da emissão da notificação que lhe deu origem, sendo vedada a dedução de depósitos do FGTS e/ou CS quando efetuados após essa data, bem como a inclusão de competências fora do período auditado.

§ 3º Do Termo de Retificação deve constar a informação de reabertura do prazo legal para defesa do notificado, salvo se emitido em razão de encaminhamento da unidade competente pela tramitação do processo e não resultar em majoração do débito total notificado, inserção de novas competências e/ou empregados envolvidos, hipóteses em que o trâmite do processo retomará a partir da fase em que se encontrava.

§ 4º O Termo de Retificação deve ser expedido em três vias, com a seguinte destinação:

I — primeira via: juntada ao respectivo processo de notificação de débito, não originando novo processo administrativo;
II — segunda via: empregador, podendo ser entregue ao setor competente para remessa via postal;
III — terceira via: AFT.

§ 5º O Termo de Retificação deve ser emitido quando a correção:

I — alterar a identificação ou qualificação dos corresponsáveis e estabelecimentos envolvidos; ou
II — alterar dados ou valores que impliquem na modificação do débito.

§ 6º As correções que não envolvam as situações referidas no § 6º devem constar de documento juntado ao processo, prescindindo da emissão do Termo de Retificação.

§ 7º O Termo de Retificação pode ser expedido em arquivo digital, aplicando-se as regras do art. 44.

Art. 46. A chefia imediata deve designar outro AFT para emissão do Termo de Retificação, se ocorrer a impossibilidade ou impedimento de emissão pelo AFT que emitiu a notificação, decorrentes dos seguintes motivos:

I — aposentadoria;
II — falecimento;
III — exoneração;
IV — remoção;
V — afastamento legal superior a 90 (noventa) dias;
VI — outras situações devidamente justificadas.

Art. 47. O Termo de Retificação referente à notificação de débito mensal ou rescisório, emitida antes da vigência desta Instrução Normativa, deve ser elaborado nos moldes da notificação de origem e não pode ser utilizada a forma digital.

Do Termo de Alteração do Débito

Art. 48. Deve ser emitido Termo de Alteração do Débito — TAD pelo AFT analista para correção de valores lançados com evidente equívoco na notificação de débito, ou para alteração de valores que decorrer de interpretação sobre a incidência do FGTS ou da Contribuição Social em relação à base de cálculo utilizada pelo AFT que emitiu a notificação, resultando em proposta de procedência parcial.

§ 1º Quando, a critério do AFT analista, os elementos constantes dos autos forem insuficientes para a emissão do TAD, o processo deve ser remetido ao AFT que emitiu a notificação para que este preste as informações solicitadas pelo AFT analista.

§ 2º A constatação de recolhimentos ou individualizações efetuados até o dia anterior à data de apuração e que não foram considerados pelo AFT que emitiu a notificação ensejará a remessa do processo para emissão de Termo de Retificação, após o que o trâmite do processo retornará à fase em que se encontrava. *(Redação dada pela Instrução Normativa SIT n. 106, de 23.4.14, DOU 24.4.14).*

§ 3º Na ocorrência simultânea das hipóteses previstas no *caput* e no § 2º, o Termo de Retificação precederá à emissão do TAD.

§ 4º A emissão do TAD não renovará o prazo para defesa nem pode majorar o débito total notificado, sendo vedada a inserção de novas competências e/ou empregados envolvidos, hipóteses em que se procederá na forma do art. 45.

§ 5º O débito alterado será atualizado até a data da emissão da notificação que lhe deu origem, sendo vedada a dedução de depósitos do FGTS e/ou CS, quando efetuados após a data da apuração do débito.

§ 6º O TAD acompanhará necessariamente o relatório de análise que fundamentará a decisão, devendo ser juntado ao respectivo processo de notificação de débito.

§ 7º Quando restarem comprovados equívocos que não envolvam valores, a alteração constará apenas do relatório de análise, não ensejando a emissão de TAD.

§ 8º O TAD pode ser expedido em arquivo digital, hipótese em que o analista deve disponibilizar as vias para o processo e para remessa ao empregador, aplicando-se, no que couber, as regras do art. 44.

Art. 49. Não se aplica o disposto no art. 48 na ocorrência de erro quanto à identificação do empregador notificado, devendo a notificação de débito ser arquivada por nulidade.

Parágrafo único. Considera-se erro quanto à pessoa do notificado a indicação, na notificação, do nome da pessoa física ou jurídica e número de inscrição, CPF ou CNPJ, diversos dos do empregador fiscalizado.

Art. 50. Aplica-se ao TAD o disposto no art. 47.

Do Procedimento para Apuração de Mora do FGTS

Art. 51. O AFT deve apresentar à sua chefia o relatório circunstanciado de que trata o art. 5º da Portaria n. 1.061, de 1º de novembro de 1996, para dar cumprimento ao disposto no Decreto-lei n. 368, de 19 de dezembro de 1968, e no art. 22, § 1º, da Lei n. 8.036, de 1990 sempre que constatar débito de FGTS, por período:

I — igual ou superior a três meses, independentemente da comprovação de retiradas pelos sócios;
II — inferior a três meses, quando comprovada retirada pelos sócios.

Parágrafo único. O procedimento de apuração de mora do FGTS deve ser instaurado quando a ação fiscal decorrer de denúncia de empregado ou de entidade sindical da respectiva categoria profissional.

LEGISLAÇÃO COMPLEMENTAR

Capítulo VI
Da Lavratura dos Autos de Infração

Art. 52. As infrações às obrigações relativas ao recolhimento do FGTS e das CS ensejam a lavratura de autos de infração distintos.

Art. 53. Os autos de infração lavrados pelo não recolhimento das CS, ou seu recolhimento após o vencimento do prazo sem os acréscimos legais, deverão ser capitulados como a seguir:

I — rescisória: art. 1º da Lei Complementar n. 110, de 2001;

II — mensal: art. 2º da Lei Complementar n. 110, de 2001.

Parágrafo único. Os autos de infração lavrados nos termos do *caput* devem conter, no histórico, o valor atualizado do débito das CS notificadas e o número da respectiva notificação de débito.

Capítulo VII
Da Fiscalização Indireta

Art. 54. Sem prejuízo da fiscalização direta, pode ser adotado o procedimento de fiscalização indireta prevista na Instrução Normativa n. 105, de 15 de abril de 2014, visando à verificaçao dos recolhimentos do FGTS e da CS. *(Redação dada pela Instrução Normativa SIT n. 106, de 23.4.14, DOU 24.4.14)*

Parágrafo único. O cruzamento e análise de dados declarados pelo empregador em programa de tratamento das informações deve abranger, no mínimo, os últimos 5 (cinco) anos, observada a data da última fiscalização realizada no atributo FGTS, se mais recente. *(Redação dada pela Instrução Normativa SIT n. 106, de 23.4.14, DOU 24.4.14)*

Art. 55. A fiscalização indireta eletrônica deve atingir, preferencialmente, empregadores com indício de débito estabelecidos em localidades menos atingidas pela fiscalização direta. *(Redação dada pela Instrução Normativa SIT n. 106, de 23.4.14, DOU 24.4.14)*

Art. 56. Na fiscalização indireta eletrônica devem ser notificados, por meio de Notificação para Comprovação do Cumprimento de Obrigações Trabalhistas — NCO, os empregadores com indício de débito, para comprovar a regularidade do recolhimento do FGTS e da CS, no prazo estabelecido na notificação. *(Redação dada pela Instrução Normativa SIT n. 106, de 23.4.14, DOU 24.4.14)*

Art. 57. A notificação emitida deve ser encaminhada via postal com Aviso de Recebimento — AR, ou outro meio que assegure a comprovação do recebimento, e conter, necessariamente:

I — a identificação do empregador;

II — os documentos necessários à verificação de regularidade do FGTS, mensal e rescisório;

III — a indicação do período a ser fiscalizado.

§ 1º Na fiscalização indireta presencial a Notificação para Apresentação de Documentos — NAD deve conter, ainda, a data, hora e local para comparecimento.

§ 2º Na fiscalização indireta eletrônica a NCO deve conter, ainda:

I — o prazo final para o cumprimento da notificação.

II — a indicação do correio eletrônico institucional a ser utilizado pelo empregador para informar as datas de quitação do FGTS e da CS ou para prestar outros esclarecimentos.

III — a solicitação, no mínimo, dos seguintes documentos: folhas de pagamento analíticas em meio digital, das competências com indício de débito, preferencialmente no formato texto, os arquivos "SEFIP.RE" e "GRRF.RE".

IV — informação de que os documentos digitais enviados somente serão considerados recebidos se houver uma confirmação de recebimento do órgão fiscalizador. *(Redação do caput, §§ e incisos dada pela Instrução Normativa SIT n. 106, de 23.4.14, DOU 24.4.14)*

Art. 57-A. Na fiscalização indireta eletrônica, se houver a quitação integral do débito do FGTS e da CS no prazo estabelecido para cumprimento da notificação, o empregador fica dispensado de exibir documentos digitais à fiscalização, devendo informar apenas a data da quitação dos débitos. *(Redação dada pela Instrução Normativa SIT n. 106, de 23.4.14, DOU 24.4.14)*

Art. 58. Constatando-se que não houve a quitação, o AFT deverá emitir a Notificação de Débito do Fundo de Garantia e da Contribuição Social — NDFC e lavrar os autos de infração, adotando, como base de apuração, os valores constantes dos documentos apresentados e, na sua ausência ou inexatidão, os dados declarados em sistemas informatizados, como RAIS ou guias declaratórias do FGTS, na forma prevista nessa Instrução Normativa. *(Redação dada pela Instrução Normativa SIT n. 106, de 23.4.14, DOU 24.4.14)*

Parágrafo único. O relatório circunstanciado da NDFC conterá a informação de todos os eventos que motivaram sua lavratura, em especial os relacionados ao cumprimento da notificação. *(Redação dada pela Instrução Normativa SIT n. 106, de 23.4.14, DOU 24.4.14)*

Art. 58-A. Devem ser observadas as disposições contidas na Instrução Normativa n. 105, de 15 de abril de 2014. *(Redação dada pela Instrução Normativa SIT n. 106, de 23.4.14, DOU 24.4.14)*

Art. 59. Caso o empregador, regularmente notificado, não compareça no dia e hora determinados, o AFT deve lavrar auto de infração capitulado no art. 630, §§ 3º ou 4º, da CLT, e adotar procedimento visando à apuração dos débitos e a emissão de correspondente notificação, se for o caso, conforme planejamento da fiscalização.

Parágrafo único. Na hipótese de devolução da NAD, o setor competente pode novamente notificar o empregador ou encaminhar o procedimento para a fiscalização direta.

Art. 60. Considera-se fiscalização indireta, ainda, a decorrente de comunicação emitida para que a empresa efetue a regularização de indício de débito apurado pelos sistemas informatizados disponíveis, sem necessidade de haver o comparecimento da empresa às unidades descentralizadas do MTE.

Parágrafo único. Confirmado o recebimento da comunicação, nos termos do § 2º do art. 66, e não sendo constatada a regularização até o prazo estipulado, deve ser adotado procedimento visando à apuração dos débitos e a emissão de correspondente notificação, se for o caso, conforme planejamento da fiscalização.

Capítulo VIII
Do Procedimento Administrativo

Art. 61. Os documentos apresentados em fase de defesa ou recurso devem ser apreciados pela autoridade competente apenas no momento da decisão, independentemente do número de vezes que o notificado se manifestar no processo.

Parágrafo único. A quitação ou individualização operada a partir da data da apuração do débito, prevista no art. 39, será apreciada pela CAIXA, cabendo ao MTE apreciar apenas aquela ocorrida em data anterior à data de apuração. *(Redação dada pela Instrução Normativa n. 120, de 25 de agosto de 2015, DOU 26.8.15)*

Art. 62. Os recolhimentos que impliquem quitação integral do débito e a confissão ou o parcelamento que abranjam integralmente a notificação, ocorridos após a data de apuração da notificação, confirmam sua procedência, operando o encerramento do contencioso administrativo.

Art. 63. Previamente ao envio dos autos para análise, em etapa de saneamento, bem como nas outras fases do procedimento administrativo, o AFT que emitiu a notificação pode-se determinar diligências complementares a fim de prestar informações ou corrigir a notificação de débito, mediante Termo de Retificação.

§ 1º Na etapa de saneamento prévio à análise, a unidade de multas e recursos deve verificar, dentre outros aspectos formais, o atendimento da composição estrutural da notificação de débito, prevista no art. 38, não dispensando a futura análise dessa verificação.

Art. 64. O planejamento da fiscalização deve priorizar o andamento das fiscalizações e dos processos administrativos de empregadores em fase de falência, liquidação judicial ou extrajudicial.

Art. 64-A. Os recolhimentos que impliquem quitação integral do débito e a confissão ou o parcelamento que abranjam integralmente a notificação, ocorridos a partir da data de apuração da notificação, confirmam sua procedência, operando o encerramento do contencioso administrativo. *(Redação dada pela Instrução Normativa SIT n. 106, de 23.4.14, DOU 24.4.14)*

Art. 65. Encerrada a tramitação administrativa no âmbito do MTE, o processo deve ser remetido para cobrança do débito, podendo ser reapreciado somente em caso de nulidade, erro material ou apresentação de provas de quitação operada em data anterior à da apuração do débito, prevista no art. 39.

Capítulo IX
Das Disposições Finais

Art. 66. Os casos omissos serão resolvidos pela Secretária de Inspeção do Trabalho, mediante provocação de qualquer Superintendência Regional do Trabalho e Emprego — SRTE.

Art. 67. As disposições desta instrução aplicam-se às microempresas e empresas de pequeno porte naquilo em que não forem incompatíveis com as disposições legais especiais.

Art. 68. Fica revogada a Instrução Normativa n. 84, de 13 de julho de 2010.

Art. 69. Esta Instrução Normativa entra em vigor em 10 de setembro de 2012.

Vera Lucia Ribeiro de Albuquerque

DOU 24.8.2012 e Retificado DOU 30.8.2012

Instrução Normativa SRT/MTE n. 16, de 15 de outubro de 2013

Dispõe sobre o depósito, registro e arquivo de convenções e acordos coletivos de trabalho nos órgãos do Ministério do Trabalho e Emprego e sobre a solicitação de mediação coletiva de conflitos trabalhistas

O SECRETÁRIO DE RELAÇÕES DO TRABALHO, no uso das atribuições que lhe conferem o art. 17, incisos II e III, do Ane-

xo I ao Decreto n. 5.063, de 3 de maio de 2004 e o art. 1º, incisos II e III, do Anexo VII à Portaria n. 483, de 15 de setembro de 2004, resolve:

Art. 1º Disciplinar os procedimentos para depósito, registro e arquivo de convenções e acordos coletivos de trabalho e seus respectivos termos aditivos nos órgãos do Ministério do Trabalho e Emprego — MTE, e para a solicitação de mediação coletiva de conflitos trabalhistas.

CAPÍTULO I
Da Solicitação de Depósito, Registro e Arquivo de Convenções e Acordos Coletivos de Trabalho

Art. 2º Para os fins desta Instrução Normativa considera-se:

I — Instrumento coletivo: convenção, acordo coletivo de trabalho ou acordo coletivo de trabalho específico, e seus respectivos termos aditivos, previstos nos arts. 611 e seguintes da CLT; *(Alteração dada pela IN SRT/MTE n. 20, de 24.7.15, DOU 29.7.15)*

II — Depósito: ato de entrega do requerimento de registro do instrumento transmitido via internet, por meio do Sistema MEDIADOR, no protocolo dos órgãos do MTE, para fins de registro;

III — Registro: ato administrativo de assentamento da norma depositada;

IV — Arquivo sem registro: situação em que o processo não atende aos requisitos previstos nesta Instrução Normativa;

V — Signatário: pessoa legitimada a firmar o instrumento coletivo;

VI — Solicitante: pessoa legitimada a solicitar o registro no Sistema MEDIADOR;

VII — CNES — Cadastro Nacional de Entidades Sindicais.

Parágrafo único. Entendem-se como acordos coletivos de trabalho específicos os que visem à adesão ao Plano de Proteção ao Emprego — PPE, a que se refere a Medida Provisória n. 680, de 6.8.2015, e à autorização transitória para trabalho aos domingos e feriados civis e religiosos, na forma da Portaria MTE n. 945, de 8.7.2015. (NR) *(Alteração dada pela IN SRT/MTE n. 20, de 24.7.15, DOU 29.7.15)*

Art. 3º Os requerimentos de registro de convenções, dos acordos coletivos de trabalho, dos acordos coletivos de trabalho específicos e respectivos termos aditivos deverão ser efetuados por meio do Sistema MEDIADOR, disponível no endereço eletrônico do MTE na internet (www.mte.gov.br), observados os requisitos formais e de legitimidade previstos na Consolidação das Leis do Trabalho — CLT, aprovada pelo Decreto-Lei n. 5.452, de 1º de maio de 1943 e nesta Instrução Normativa. *(Alteração dada pela IN SRT/MTE n. 20, de 24.7.15, DOU 29.7.15)*

Parágrafo único. As convenções coletivas, os acordos coletivos de trabalho e os acordos coletivos de trabalho específicos, bem como os seus respectivos termos aditivos, deverão ter seus registros requeridos no sistema MEDIADOR por meio de menus próprios disponibilizados no Sistema. (NR) *(Alteração dada pela IN SRT/MTE n. 20, de 24.7.15, DOU 29.7.15)*

DA ELABORAÇÃO

Art. 4º Os instrumentos coletivos de trabalho deverão observar as disposições do Título VI da CLT, os requisitos de validade dos atos e negócios jurídicos em geral e demais normas vigentes.

Art. 5º O Sistema MEDIADOR permitirá apenas a elaboração de instrumento coletivo cuja(s) entidade(s) sindical(is) signatária(s) esteja(m) devidamente cadastrada(s) e atualizada(s) no CNES.

Art. 6º O Sistema MEDIADOR extrairá do CNES as informações das entidades sindicais signatárias referentes à base territorial, ao mandato de diretoria, à legitimidade de representação dos dirigentes sindicais, conforme o grupo a que pertençam, se empregado ou empregador.

§ 1º Tratando-se de convenção coletiva, o Sistema MEDIADOR fará o cruzamento das bases territoriais das entidades sindicais signatárias e exibirá a base territorial comum entre as partes.

§ 2º Quando se tratar de acordo coletivo, o Sistema MEDIADOR exibirá toda a base territorial da(s) entidade(s) sindical(is) signatária(s).

§ 3º Quando os dados de diretoria de qualquer entidade sindical signatária estiverem desatualizados no CNES, o Sistema MEDIADOR não permitirá a transmissão do instrumento coletivo, que ficará aguardando atualização das informações, observando-se o disposto no parágrafo único do art. 8º desta Instrução Normativa.

§ 4º As Federações ou, na falta destas, as Confederações representativas de categorias econômicas ou profissionais são legítimas para celebrar instrumento coletivo de trabalho para reger as relações das categorias a elas vinculadas ou filiadas, quando:

I — Inorganizadas em sindicatos, no âmbito de suas representações, conforme o § 2º do art. 611 da CLT;

II — Houver recusa de pactuação pela entidade sindical respectiva, conforme o § 1º do art. 617 da CLT;

III — Comprovadamente autorizadas pelas respectivas entidades sindicais representadas para pactuar em seu nome.

Art. 7º As cláusulas do instrumento coletivo em elaboração deverão ser inseridas sem numeração e separadamente, sendo necessário informar para cada cláusula o Grupo, Sub-Grupo e o título específico a que pertence.

§ 1º Quando versarem sobre o mesmo objeto, as informações inseridas na descrição das cláusulas não devem divergir daquelas inseridas nas abas específicas do Sistema Mediador. *(Alteração dada pela IN SRT/MTE n. 20, de 24.7.15, DOU 29.7.15)*

§ 2º Aos instrumentos coletivos em elaboração deverá ser inserido, na aba ANEXO do sistema MEDIADOR, arquivo contendo cópia da ata da assembleia dos trabalhadores que aprovou o referido instrumento. *(Alteração dada pela IN SRT/MTE n. 20, de 24.7.15, DOU 29.7.15)*

§ 3º Quando o instrumento se referir a acordo coletivo de trabalho específico para efeitos de adesão ao Programa de Proteção ao Emprego — PPE, deverá ser anexado, na aba TRABALHADORES, conforme modelo disponibilizado no Sistema, arquivo contendo a relação dos trabalhadores abrangidos pelo acordo, onde deverão constar os seguinte dados: *(Alteração dada pela IN SRT/MTE n. 20, de 24.7.15, DOU 29.7.15)*

I — Da Empresa:
a) razão social;
b) número de inscrição no CNPJ/CEI;
c) código CNAE da atividade principal;
d) número de meses de adesão pretendida;
e) dia do mês que a empresa quita a folha de pagamento;
f) endereço;
g) endereço eletrônico
h) números de telefone e fax, para contato;
i) dados da conta bancária para recebimento da compensação prevista no § 1º do art. 4º da Medida Provisória n. 680/2015;
j) código da agência da Caixa Econômica Federal de relacionamento da empresa;
k) mês de competência de pagamento do benefício PPE ao empregado;

II — DOS EMPREGADOS ABRANGIDOS PELO PPE:
a) nome;
b) data de nascimento;
c) número do CPF;
d) número do PIS;
e) raça/cor;
f) data de admissão;
g) setor de trabalho na empresa;
h) CBO da função/ocupação de trabalho;
i) valor do salário sem a redução prevista no acordo;
j) percentual de redução do salário;
k) valor do salário a ser pago pela empresa após a redução prevista no acordo;
l) valor da parcela correspondente ao Benefício PPE; e
m) valor total a ser percebido durante a adesão ao PPE. (NR) *(Alteração dada pela IN SRT/MTE n. 20, de 24.7.15, DOU 29.7.15)*

Art. 8º Concluída a elaboração do instrumento coletivo no Sistema MEDIADOR, deverá ser feita sua transmissão.

Parágrafo único. Os instrumentos coletivos em elaboração no Sistema MEDIADOR que permanecerem pendentes de transmissão por mais de 60 dias, a contar da sua última movimentação, serão arquivados automaticamente. *(Revogado pela IN SRT/MTE n. 20, de 20.7.15, DOU 29.7.15)*

Art. 9º Após a transmissão a que se refere o art. 8º desta IN, o Sistema MEDIADOR gerará o requerimento de registro do instrumento coletivo, que deverá ser assinado pelos solicitantes.

Art. 10. Serão permitidas alterações no instrumento coletivo:

I — Durante a sua fase de elaboração, por acesso direto ao formulário do sistema;

II — Após a sua transmissão e registro, desde que formalizadas mediante Termo Aditivo, ao qual se aplicam todas as regras da negociação e celebração do instrumento coletivo a que se refere.

DO TERMO ADITIVO

Art. 11. Poderá ser elaborado Termo Aditivo pelas partes signatárias do instrumento coletivo, seja para alterá-lo ou complementá-lo, o qual deverá também ser incluído no sistema MEDIADOR.

Art. 12. Aplicam-se ao Termo Aditivo todas as regras previstas nesta IN para inclusão e solicitação de registros dos instrumentos coletivos a que se refere.

DO PROTOCOLO

Art. 13. O requerimento de registro, emitido por meio do Sistema MEDIADOR, deverá ser protocolado em qualquer unidade do MTE.

Parágrafo único. O requerimento de registro de acordo coletivo de trabalho especifico para efeitos de adesão ao Programa de Proteção ao Emprego — PPE deverá ser dirigido à Secretaria Executiva do Comitê do Programa de Proteção ao Emprego — SE-CPPE, juntamente com os demais documentos exigidos para adesão ao programa, que o encaminhará à Secretaria de Relações do Trabalho. (NR) *(Alteração dada pela IN SRT/MTE n. 20, de 24.7.15, DOU 29.7.15)*

DA ANÁLISE

Art. 14. O requerimento de registro será analisado:

LEGISLAÇÃO COMPLEMENTAR

I — pela Secretaria de Relação do Trabalho, quando se tratar de instrumento coletivo com abrangência nacional, interestadual ou de acordo coletivo específico para efeitos de adesão ao Programa de Proteção ao Emprego — PPE; e *(Alteração dada pela IN SRT/MTE n. 20, de 24.7.15, DOU 29.7.15)*

II — pelo Serviço/Seção de Relações do Trabalho da unidade descentralizada do MTE da Unidade Federativa abrangida pelo instrumento coletivo, nos demais casos.

DAS RETIFICAÇÕES

Art. 15. Após o protocolo, as solicitações de registro de instrumento coletivo serão passíveis de retificação nas seguintes situações:

I — Rasura no requerimento de registro;

II — Ausência de assinatura no requerimento de registro;

III — Requerimento de registro diverso do original;

IV — Ausência de comprovação, por Federação ou Confederação, de outorga para negociar em nome da entidade sindical que lhe é vinculada, na hipótese do inciso III do § 4º do art. 6º desta IN;

V — Ausência de comprovação de representação válida e legítima do solicitante;

VI — Indicação de categoria não representada pelos signatários.

VII — Ausência ou inconsistências nos anexos exigidos. *(Alteração dada pela IN SRT/MTE n. 20, de 24.7.15, DOU 29.7.15)*

§ 1º A outorga de que trata o inciso IV deste artigo pode ser comprovada mediante previsão de delegação da entidade representada constante de seu estatuto, ou de ata de assembleia da categoria que aprove a referida representação.

§ 2º As partes signatárias serão notificadas para sanar as irregularidades, permanecendo o processo na situação "aguardando retificação" até que se verifiquem as correções necessárias.

DO ARQUIVAMENTO SEM REGISTRO

Art. 16. As solicitações serão arquivadas sem o devido registro do instrumento coletivo nas seguintes situações:

I — Instrumento elaborado sem observância ao disposto nos arts. 6º e 7º, caput e § 1º, desta IN; *(Alteração dada pela IN SRT/MTE n. 20, de 24.7.15, DOU 29.7.15)*

II — Instrumento coletivo inserido no Sistema MEDIADOR sem formatação de texto, de forma que impossibilite sua leitura;

III — Quando expirada a vigência de instrumento coletivo pendente de retificação, sem que tenham sido efetuadas as retificações necessárias; ou

IV — Quando a solicitação de registro se referir a instrumento coletivo com vigência expirada.

V — Quando pendente de transmissão por mais de 60 dias, a contar da sua última movimentação. (NR) *(Alteração dada pela IN SRT/MTE n. 20, de 24.7.15, DOU 29.7.15)*

DA CONSULTA

Art. 17. Os instrumentos coletivos registrados ficarão disponíveis para consulta de qualquer interessado na página eletrônica do MTE (www.mte.gov.br).

CAPÍTULO II
Da Solicitação de Mediação de Negociação Coletiva de Natureza Trabalhista

Art. 18. Poderá se solicitar mediação de negociação coletiva de natureza trabalhista, nos casos de:

I — Pactuação de instrumento coletivo de trabalho;

II — Descumprimento de norma contida em instrumento coletivo; ou

III — Descumprimento de legislação trabalhista.

Art. 19. As solicitações de mediação coletiva de natureza trabalhista deverão ser efetuadas por meio do Sistema MEDIADOR, disponível no endereço eletrônico do MTE na internet (www.mte.gov.br), por qualquer das partes interessadas, observados os requisitos formais e de legitimidade previstos nesta Instrução Normativa.

Art. 20. A solicitação de mediação deverá ser dirigida:

I — Ao Serviço/Seção de Relações do Trabalho da unidade descentralizada do MTE correspondente, quando se tratar de negociação de âmbito municipal, intermunicipal ou estadual; ou

II — À Secretaria de Relações do Trabalho do Ministério do Trabalho e Emprego, na hipótese de negociação de âmbito nacional ou interestadual.

Art. 21. Para efeitos de verificação de legitimidade das partes para negociar, o Sistema MEDIADOR extrairá do CNES as informações das entidades sindicais, referentes à base territorial, mandato de diretoria e identificação dos dirigentes sindicais.

Art. 22. O solicitante deverá preencher o "Formulário de solicitação de mediação" disponível no Sistema MEDIADOR, conforme as instruções nele constantes, e, após, transmiti-lo através do mesmo sistema.

Art. 23. Concluída a transmissão, o sistema MEDIADOR emitirá o "Requerimento de mediação", o qual deverá ser protocolado em até sessenta dias na unidade do MTE selecionada pelo solicitante.

Parágrafo único. O requerimento de que trata o caput deste artigo deve ser assinado pelo solicitante.

Art. 24. As solicitações deverão ser analisadas pelo órgão do MTE correspondente, no prazo de até trinta dias do seu recebimento.

Parágrafo único. Entendendo que, face à importância do tema ou ao impacto social da mediação, o Serviço/Seção de Relações do Trabalho da unidade descentralizada do MTE poderá solicitar que mediações a ele solicitadas sejam realizadas pela Secretaria de Relações do Trabalho, a qual analisará a proposta.

Art. 25. Deferida a solicitação, o órgão do MTE correspondente realizará o agendamento da mediação e fará a devida comunicação às partes envolvidas.

Art. 26. O não comparecimento injustificado da parte solicitante à reunião de mediação ensejará o arquivamento do processo, exceto se a outra solicitar a sua continuidade.

Art. 27. As fases de tramitação do processo de solicitação de mediação ficarão disponíveis no Sistema MEDIADOR.

CAPÍTULO III
Das Disposições Gerais

Art. 28. Os casos omissos serão resolvidos pela SRT.

Art. 29. Esta Instrução Normativa entra em vigor na data de sua publicação, revogando-se a Instrução Normativa SRT n. 11, de 24 de março de 2009.

Manoel Messias Nascimento Melo

DOU 16.10.2013

Instrução Normativa SIT/MTE n. 102, de 28 de março de 2013

Dispõe sobre a fiscalização do trabalho infantil e proteção ao adolescente trabalhador

O SECRETÁRIO DE INSPEÇÃO DO TRABALHO, no uso das atribuições previstas no inciso XIII do art. 14, do Anexo I do Decreto n. 5.063, de 3 de maio de 2004, resolve:

Art. 1º Estabelecer os procedimentos para a atuação da inspeção do trabalho no combate ao trabalho infantil e proteção ao adolescente trabalhador, de acordo com os princípios, regras e limites previstos na Constituição Federal, na Consolidação das Leis do Trabalho — CLT, aprovada pelo Decreto-lei n. 5.452, de 1º de maio de 1943, no Estatuto da Criança e do Adolescente — ECA, Lei n. 8.069, de 13 de julho de 1990, nas Convenções Internacionais ratificadas pelo Brasil e no Regulamento da Inspeção do Trabalho — RIT, aprovado pelo Decreto n. 4.552, de 27 de dezembro de 2002.

Seção I
Disposições gerais

Art. 2º Inserem-se no rol das competências institucionais de todos os Auditores Fiscais do Trabalho — AFT, as atividades de fiscalização voltadas aos temas do combate ao trabalho infantil e proteção ao adolescente trabalhador.

Art. 3º Das ações fiscais empreendidas pelas Superintendências Regionais do Trabalho e Emprego — SRTE, devem ter prioridade absoluta para atendimento aquelas relacionadas ao trabalho infantil e proteção ao adolescente trabalhador.

§ 1º As Superintendências Regionais do Trabalho e Emprego devem incluir em seu planejamento anual de fiscalização a programação de mobilizações especiais para combate ao trabalho infantil e proteção ao adolescente trabalhador, em períodos específicos, observadas as peculiaridades locais e as diretrizes emanadas da Secretaria de Inspeção do Trabalho — SIT.

§ 2º Para a realização das mobilizações e fiscalizações em datas especiais, tais como o Dia Mundial de Combate ao Trabalho Infantil, no dia doze de junho, as chefias de fiscalização do trabalho e de saúde e segurança no trabalho da SRTE deve garantir a maior participação possível dos Auditores Fiscais do Trabalho em exercício naquela regional.

Art. 4º O projeto de combate ao trabalho infantil de cada SRTE deve contemplar a promoção de articulação e integração com os órgãos e entidades que compõem a rede de proteção a crianças e adolescentes, no âmbito de cada unidade da Federação, visando à elaboração de diagnósticos e à eleição de prioridades que irão compor o planejamento anual a que se refere o § 1º do art. 3º, com a indicação de setores de atividade econômica a serem fiscalizados.

Parágrafo único. As chefias de fiscalização do trabalho e de saúde e segurança no trabalho devem buscar, junto ao Superintendente Regional do Trabalho e Emprego, garantir a infraestrutura necessária para a execução das ações do projeto de combate ao trabalho infantil, incluindo a designação de recursos humanos, técnicos e administrativos, bem como a disponibilização de materiais permanentes e outros que se fizerem necessários.

Art. 5º Ao coordenador do projeto de combate ao trabalho infantil, além das atividades

elencadas no art. 11, inciso XXVII, da Portaria n. 546, de 11 de março de 2010, cabe:

I — planejar e executar as ações fiscais, com solicitação à chefia técnica imediata de presença ou participação de outros Auditores Fiscais do Trabalho;

II — atuar junto aos fóruns estaduais e municipais de combate ao trabalho infantil e proteção ao adolescente trabalhador; e

III — promover a integração e o fortalecimento da rede de proteção a crianças e adolescentes diretamente ou por Auditores Fiscais do Trabalho designados, por meio da promoção/participação em reuniões, palestras, seminários ou outras atividades, em especial as promovidas pelos demais entes da rede.

Seção II
Das ações fiscais

Art. 6º No curso da ação fiscal, o AFT deve, sem prejuízo da lavratura dos autos de infração cabíveis e demais encaminhamentos previstos nesta instrução:

I — preencher a Ficha de Verificação Física para cada criança ou adolescente encontrado em situação irregular de trabalho, independentemente da natureza da relação laboral, previsto no Anexo I;

II — determinar, quando for possível, a mudança de função dos adolescentes maiores de dezesseis anos em situação de trabalho por meio do Termo de Mudança de Função, nos termos do art. 407 da CLT, previsto no Anexo II;

III — notificar o responsável pela empresa ou local de trabalho onde a situação irregular de trabalho infantil foi encontrada, para que afaste de imediato do trabalho as crianças e os adolescentes da atividade proibida, por meio do Termo de Afastamento do Trabalho, previsto no Anexo III.

IV — notificar o responsável pela empresa ou local de trabalho onde a situação irregular de trabalho infantil foi encontrada, para efetuar o pagamento das verbas trabalhistas decorrentes do tempo de serviço laborado à criança ou ao adolescente afastado do trabalho, conforme previsto nos arts. 8º e 9º.

Parágrafo único. Caso o responsável pelo estabelecimento ou local de trabalho não atenda à determinação do AFT de mudança de função do adolescente ou não seja possível a adequação da função, fica configurada a rescisão indireta do contrato de trabalho, nos termos do art. 407 da CLT.

Art. 7º O AFT que realizar a ação fiscal deve encaminhar os documentos decorrentes da fiscalização à coordenação do projeto de combate ao trabalho infantil, para as providências que se fizerem necessárias, no prazo de dez dias, contados do encerramento da ação fiscal.

Parágrafo único. Para propiciar os encaminhamentos junto à rede de proteção à criança e ao adolescente, as informações relativas a crianças e adolescentes em situação de risco social ou laboral devem ser encaminhadas pelo AFT à coordenação do projeto, no prazo de cinco dias da constatação do risco.

Seção III
Do pagamento das verbas rescisórias

Art. 8º As verbas rescisórias devem ser pagas a partir do período não controverso.

§ 1º Havendo controvérsia ou divergência em relação às datas declaradas pela criança ou adolescente e o empregador, o AFT deve procurar provas e elementos de convicção que embasem a definição do período inicial ou convergência.

§ 2º Na impossibilidade de definição, por meio documental, do período inicial, deve ser considerada a data em que foi verificado o trabalho infantil.

Art. 9º Ao constatar o trabalho de crianças ou adolescentes menores de dezesseis anos que não estejam na condição de aprendiz, o AFT deve determinar o pagamento das seguintes verbas rescisórias:

I — saldo de salário;

II — férias proporcionais e vencidas, acrescidas do terço constitucional, conforme o caso;

III — décimo terceiro salário proporcional ou integral, conforme o caso; e

IV — aviso prévio indenizado.

§ 1º O pagamento das verbas rescisórias previstas no *caput* e no § 2º do art. 10 não prejudica os encaminhamentos devidos à rede de proteção à criança e ao adolescente, e o envio de relatório ao Ministério Público do Trabalho, acompanhado do Termo de Comunicação e Pedido de Providências previsto no Anexo IV.

§ 2º Independentemente do pagamento das verbas rescisórias, o AFT deve lavrar auto de infração, em virtude da proibição legal do trabalho de crianças e adolescentes menores de dezesseis anos, a não ser na condição de aprendiz, a partir dos quatorze anos.

§ 3º Para propiciar a comprovação do trabalho da criança ou do adolescente menor de 16 anos na via judicial, o Auditor Fiscal do Trabalho deve lavrar o Termo de Constatação de Tempo de Serviço, previsto no Anexo V, que deve ser entregue ao responsável legal pela criança ou adolescente, descabendo exigência de anotações na CTPS.

Art. 10. A constatação do trabalho de adolescentes com idade superior a dezesseis anos em situações legalmente proibidas, frustrada a mudança de função, configura rescisão indireta do contrato de trabalho, nos termos no art. 407 da CLT, e são devidos os mesmos direitos trabalhistas assegurados a qualquer empregado com mais de 18 anos.

§ 1º O AFT deve determinar ao responsável pela empresa ou local de trabalho a anotação do contrato na CTPS do adolescente maior de dezesseis anos, ainda que o trabalho seja proibido, devendo ser consignada a função efetivamente desempenhada.

§ 2º Quando o trabalho do adolescente iniciou-se em idade inferior a dezesseis anos e o contrato permaneceu após essa idade, aplica-se o disposto no art. 9º para o período anterior aos dezesseis anos, e o previsto no *caput* para o período posterior, devendo o AFT determinar que o fato conste nas anotações gerais da CTPS.

Art. 11. O AFT pode exigir que o pagamento das verbas rescisórias seja feito em sua presença ou solicitar aos membros da rede de proteção que assistam as crianças e adolescentes afastados, se entender que as circunstâncias justificam a adoção dessa medida.

Parágrafo único. Para recebimento das verbas rescisórias, as crianças e adolescentes devem ser acompanhados de seu responsável legal ou de autoridade competente.

Seção IV
Dos encaminhamentos

Art. 12. A coordenação do projeto de combate ao trabalho infantil, sob a supervisão de sua chefia técnica imediata, deve encaminhar à rede de proteção à criança e ao adolescente o Termo de Comunicação e Pedido de Providências, previsto no Anexo IV, acompanhado dos documentos necessários, de acordo com a avaliação do caso concreto.

Parágrafo único. Para acompanhamento dos encaminhamentos e providências solicitadas, a coordenação do projeto de combate ao trabalho infantil deve estabelecer fluxo de informações com os órgãos ou entidades pertencentes à rede de proteção à criança e ao adolescente.

Art. 13. Para fins de transparência e publicidade dos resultados obtidos pela atuação da inspeção do trabalho no combate ao trabalho infantil e proteção ao adolescente trabalhador, os dados das ações fiscais específicas de combate ao trabalho infantil, com ou sem afastamento, bem como as demais ações fiscais em que resultarem o afastamento de criança ou adolescente, devem ser inseridos no Sistema de Informações sobre Focos de Trabalho Infantil — SITI, no endereço eletrônico <http://www.sistemasiti.mte.gov.br>.

Parágrafo único. O coordenador do projeto de combate ao trabalho infantil ou servidor por ele indicado, sob a supervisão da chefia técnica imediata, deve lançar os dados das ações fiscais referidas no *caput* até o dia dez do mês subsequente ao da ação fiscal.

Art. 14. A competência administrativa da inspeção do trabalho encerra-se com:

I — a adoção dos procedimentos específicos de ação fiscal previstos nesta instrução, que são de responsabilidade de cada AFT até a entrega dos relatórios e respectivos anexos à coordenação do projeto; e

II — o acionamento, pela coordenação do projeto, sob a supervisão da chefia técnica imediata, de outros órgãos ou entidades, em conformidade com as atribuições institucionais, bem como o acompanhamento dos encaminhamentos feitos e providências solicitadas.

Seção V
Disposições finais

Art. 15. Ficam aprovados os modelos de Ficha de Verificação Física, Termo de Mudança de Função, Termo de Afastamento do Trabalho, Termo de Pedido de Providências e Termo de Constatação Tempo de Serviço em anexo.

Art. 16. Revoga-se a Instrução Normativa n. 77, de 3 de junho de 2009.

Art. 17. Esta Instrução Normativa entra em vigor na data de sua publicação.

<div style="text-align:right"><small>Luiz Felipe Brandão de Mello</small>
<small>DOU 2.4.2013</small></div>

Instrução Normativa MTE n. 2, de 22 de dezembro de 2014

Revoga a Instrução Normativa n. 5 de 20 de dezembro de 2013, e estabelece novas regras e procedimentos relacionados à aferição dos índices de representatividade das Centrais Sindicais no âmbito do GT Aferição

O MINISTRO DE ESTADO DO TRABALHO E EMPREGO, no uso das atribuições legais que lhe confere o art. 87, do parágrafo único, inciso II da Constituição e tendo em vista o disposto no § 1º do art. 4º da Lei n. 11.648,

de 31 de março de 2008 e no parágrafo único do art. 1º da Portaria n. 1.718, de 5 de novembro de 2014, resolve:

Art. 1º Para fins de aferição dos índices de representatividade das centrais sindicais serão considerados o número de sindicalizados dos sindicatos constantes nos seguintes documentos:

I — solicitações eletrônicas de registro sindical (SC), de complemento de registro (CR) e de complemento de alteração (CA) validadas no ano anterior ao de início do ano de referência;

II — solicitações eletrônicas de atualizações de diretorias (SD) e solicitações de atualização sindical (SR), transmitidas para o sítio do MTE até o dia 30 de novembro e protocoladas até o dia 15 de dezembro do ano anterior e validadas até 20 de janeiro do ano de início do ano de referência, com exceção das solicitações já aferidas no ano anterior.

§ 1º As solicitações eletrônicas transmitidas até 30 de novembro, protocoladas até 15 de dezembro e não decididas até 20 de janeiro, por deficiência nos dados ou na documentação apresentada pela entidade sindical, serão consideradas na aferição do ano de referência seguinte.

§ 2º Excepcionalmente, para aferição no ano de 2015, serão consideradas todas as solicitações eletrônicas de atualizações de diretorias e de filiação a entidades de grau superior (SD) e solicitações de atualização sindical (SR) transmitidas e protocoladas até 31 de dezembro de 2014, além das solicitações previstas no inciso I deste artigo.

Art. 2º Não serão considerados, para fins de alteração do número de sindicalizados, as atas e documentos apresentados em sede de SD que façam referência à troca de membros de diretoria ainda vigente, sem a composição de uma nova diretoria mediante eleição.

Parágrafo único. Somente serão aceitas para fins de aferição atas retificadoras apresentadas no curso da análise e validação da SD de diretoria.

Art. 3º Será considerado, em ordem de preferência, nos dados da ata de eleição e apuração de votos da diretoria, registrada em cartório, o número de:

I — sindicalizados;
II — sindicalizados aptos a votar;
III — sindicalizados votantes.

Parágrafo único. Para os processos protocolados no Ministério anteriores à entrada em vigor da Portaria n. 2, de 22 de fevereiro de 2013 (atualizações sindicais — SR) e para os processos anteriores à entrada em vigor da Portaria n. 326, de 1º de março de 2013 (registro sindical e alteração estatutária) serão considerados o número de sindicalizados dos sindicatos constantes das atas de eleição e/ou apuração, da lista de presença da assembleia de eleição e/ou apuração e, nos casos de ausência desses itens, o número de membros dirigentes eleitos.

Art. 4º Participarão do Grupo de Trabalho — GT criado especificamente para os trabalhos de aferição do índice de representatividade, as centrais sindicais cadastradas no SIRT que atenderam a pelo menos 2 (dois) requisitos constantes do art. 2º da Lei n. 11.648/2008, relativo à aferição do ano anterior.

Art. 5º Serão considerados para fins de apuração do índice de representatividade das centrais sindicais, os dados eleitorais constantes do CNES.

§ 1º A Secretaria de Relações do Trabalho SRT, por meio da Coordenação de Informações Sindicais — CIS fornecerá mensalmente às centrais sindicais integrantes do GT, arquivo eletrônico extraído do CNES com os dados das solicitações validadas no período, para fins de conhecimento.

§ 2º A central interessada deverá solicitar em até 15 (quinze) dias após o envio do arquivo mensal pelo CIS, pedido formal onde deverão ser indicados os processos a serem levados para verificação pelo GT.

§ 3º Trimestralmente, será agendada reunião do GT a que se refere o art. 4º, com a finalidade de discussão e verificação dos processos que as centrais indicarem.

§ 4º Excepcionalmente, para o ano de 2014, as reuniões do GT previstas no § 3º deste artigo serão agendadas na medida em que os processos forem sendo disponibilizados pelo CIS, sem prejuízo da data prevista no art. 7º.

Art. 6º Na verificação dos processos pelo GT, havendo divergência de posicionamento de seus membros acerca das informações constantes das atas em relação aos dados informados no CNES, cada representante de central sindical proferirá seu posicionamento sobre o caso em questão, devendo prevalecer o posicionamento da maioria simples, e não havendo posição majoritária serão registrados o posicionamento de cada central e levada à decisão final pelo Ministério.

Art. 7º O encerramento dos trabalhos de verificação dos dados eleitorais validados no CNES, a serem utilizados na apuração dos percentuais de representatividade anual de cada central sindical, deverá ocorrer até o dia 15 de fevereiro do ano de início do ano de referência.

Parágrafo único. Excepcionalmente para efeitos da aferição referente ao ano de referência relativo ao período de 1º de abril de 2015 a 31 de março de 2016, o encerramento dos trabalhos a que se refere o *caput* deste artigo deverá ocorrer até o dia 30 de abril de 2015. (Acrescentado pela IN MTF n. 1, de 31.3.15, DOU 9.4.15)

Art. 8º Após o encerramento dos trabalhos poderá qualquer central sindical integrante do GT interpor recurso administrativo em face do resultado final apurado, no prazo de 10 (dez) dias, a partir da publicação do extrato do relatório final do GT no Diário Oficial da União.

Parágrafo único. Quando o objeto do recurso versar sobre o número de trabalhadores sindicalizados da entidade sindical, este deverá ser instruído com provas materiais, tais como, cópia das guias de recolhimento da contribuição sindical recolhidas no ano anterior ao do ano de referência, quando exigida por lei, recebidas pela entidade sindical nos termos do § 2º do art. 583 da CLT, entre outras.

Art. 9º Esta Instrução Normativa entra em vigor na data de sua publicação.

Art. 10. Revoga-se a Instrução Normativa n. 5, de 20 de dezembro de 2013.

MANOEL DIAS
DOU 23.12.2014

Instrução Normativa SRT/MTE n. 18, de 7 de novembro de 2014

Dispõe sobre o registro de empresas de trabalho temporário, solicitação de prorrogação de contrato de trabalho temporário e dá outras providências

O Secretário de Relações do Trabalho do Ministério do Trabalho e Emprego — MTE, no uso da atribuição que lhe confere o inciso VIII do art. 17 do Anexo I ao Decreto n. 5.063, de 3 de maio de 2004, considerando o disposto na Lei n. 6.019, de 3 de janeiro de 1974, no Decreto n. 73.841, de 13 de março de 1974, e na Portaria MTE n. 789, de 02 de junho de 2014, resolve:

Art. 1º Os procedimentos de registro de empresa de trabalho temporário e os de autorização de contratação e prorrogação de contratos de trabalho temporário que excedam três meses obedecerão ao disposto nesta Instrução Normativa.

CAPÍTULO I
Do Registro das Empresas de Trabalho Temporário

Art. 2º O funcionamento da Empresa de Trabalho Temporário — ETT dependerá de registro efetuado junto ao Ministério do Trabalho e Emprego — MTE, conforme previsto no art. 5º da Lei n. 6.019/74 e no art. 4º do Decreto n. 73.841/74.

Parágrafo único. O registro para funcionamento da ETT é pessoal e intransferível, sendo vedada a execução das atividades de locação de mão de obra temporária por terceiros.

Art. 3º O contrato de trabalho temporário — CTT firmado com ETT sem registro no Ministério do Trabalho e Emprego será considerado nulo de pleno direito, nos termos do art. 9º da Consolidação das Leis do Trabalho — CLT.

Art. 4º A ETT fica autorizada a exercer suas atividades nas localidades onde possuir matriz, filiais, agências ou escritórios, devidamente registrados no MTE.

§ 1º A ETT poderá exercer suas atividades em localidades onde não possua filial, agência ou escritório, desde que informe no Sistema de Registro de Empresa de Trabalho Temporário — SIRETT os dados de contrato firmado com a empresa tomadora ou cliente.

§ 2º O recrutamento e a seleção de trabalhadores temporários são atividades exclusivas da ETT, ainda que em local onde não tenha filial, agência ou escritório.

Art. 5º A solicitação de registro de ETT deverá ser realizada por meio do SIRETT, disponível no endereço eletrônico do MTE, em <www.mte.gov.br>.

Art. 6º Após o preenchimento do formulário eletrônico e a transmissão dos dados, o SIRETT emitirá requerimento, que deverá ser protocolado na unidade descentralizada do MTE da localidade da ETT, acompanhado dos seguintes documentos:

I — requerimento de empresário ou contrato social e suas alterações ou versão consolidada, devidamente registrados na Junta Comercial, no qual conste o nome empresarial e o nome de fantasia, se houver;

II — comprovação de integralização do capital social previsto na alínea *b* do art. 6º da Lei n. 6.019, de 1974, para o qual poderão ser considerados imóveis de propriedade da empresa, desde que devidamente registrados em cartório.

III — prova de entrega da última Relação Anual de Informações Sociais — RAIS, positiva ou negativa;

IV — certidão negativa de débito previdenciário — CND;

V — prova de recolhimento da contribuição sindical patronal;

VI — prova de propriedade do imóvel sede ou contrato de locação firmado em nome da ETT ou autorização de sublocação, se for o caso, e eventuais aditamentos e comprovantes de prorrogação da locação, acompanhado do recibo de aluguel do mês imediatamente anterior à data do pedido;

VII — inscrição no Cadastro Nacional da Pessoa Jurídica — CNPJ, em que conste como atividade principal a locação de mão de obra temporária; e

VIII — identificação dos sócios por meio dos seguintes documentos, dentre outros que se fizerem necessários:

a) para sócios pessoas físicas: identificação pessoal que contenha o número da carteira de identidade e o número do Cadastro de Pessoa Física — CPF; e

b) para sócios pessoas jurídicas: contrato social ou requerimento de empresário e inscrição no CNPJ.

Parágrafo único. Os documentos devem ser apresentados em cópia autenticada, a qual poderá ser efetuada por servidor do MTE, desde que os originais respectivos lhe sejam apresentados juntamente com as cópias, para conferência.

Art. 7º Compete ao Secretário de Relações do Trabalho decidir sobre o deferimento da solicitação de registro.

Art. 8º A Divisão de Registro de Empresa de Trabalho Temporário — DITT, da Coordenação-Geral de Relações do Trabalho — CGRT, da Secretaria de Relações do Trabalho — SRT, é a unidade competente para analisar as solicitações de registro de ETT.

§ 1º Havendo falta ou constatada irregularidade nos documentos previstos no art. 6º, a DITT notificará a empresa para saneamento do processo no prazo de dez dias.

§ 2º As irregularidades não sanadas ensejarão a declaração de inépcia do pedido pelo chefe do DITT e o consequente arquivamento do processo.

§ 3º Da decisão de arquivamento a que se refere o parágrafo anterior caberá recurso, no prazo de dez dias.

§ 4º O recurso será dirigido ao chefe da DITT, o qual, caso não reconsidere sua decisão, o encaminhará ao Secretário de Relações do Trabalho, para decisão final.

Art. 9º Deferido o pedido, o processo será encaminhado à unidade regional do MTE onde foi protocolada a solicitação para entrega do certificado de registro à ETT, mediante recibo.

Art. 10. Havendo alteração contratual, mudança de sede ou abertura de filiais, agências ou escritórios, a ETT deverá seguir os procedimentos previstos nos arts. 5º e 6º.

§ 1º A solicitação de alteração de dados gerada pelo SIRETT deverá ser protocolada na unidade regional do MTE da localidade onde está situada sua sede ou filial, juntamente com cópia dos seguintes documentos:

I — requerimento de empresário ou contrato social e respectivas alterações ou versão consolidada devidamente registrados na Junta Comercial, do qual conste a mudança de sede ou abertura de filiais, agências ou escritórios;

II — inscrição no CNPJ, em que conste como atividade principal a locação de mão de obra temporária e o novo nome empresarial, endereço da sede ou da filial, agência ou escritório;

III — certificado de registro de ETT; e

IV — prova de propriedade do imóvel, conforme previsto no inciso VI do art. 6º.

§ 2º A solicitação de alteração relativa a mudanças de endereço, abertura de filiais ou alteração de razão social, implicará na expedição de novo certificado e seguirá os mesmos procedimentos previstos para a de registro.

§ 3º O novo certificado deverá ser entregue à ETT pela Seção ou Setor de Relações do Trabalho da unidade regional do MTE onde foi efetuado o protocolo do pedido, mediante recibo e devolução do certificado original para anexação aos autos.

Art. 11. No caso de extravio, perda, roubo ou inutilização do certificado original, a ETT poderá solicitar a emissão de segunda via por meio de requerimento dirigido à DITT, acompanhado de boletim de ocorrência policial, se for o caso.

Art. 12. O registro de ETT será cancelado nas seguintes hipóteses:

I — a pedido da ETT, para o qual devem ser observados os procedimentos constantes nos arts. 5º e 6º, *caput* ;

II — de ofício, quando for comprovada cobrança de qualquer importância ao trabalhador, conforme parágrafo único do art. 18 da Lei n. 6.019/74;

III — de ofício, quando a ETT deixar de cumprir quaisquer dos requisitos constantes no art. 6º, da Lei n. 6.019/74.

§ 1º O pedido de cancelamento feito pela ETT deverá vir acompanhado dos seguintes documentos:

a) cópia do requerimento de empresário ou do contrato social e suas alterações ou versão consolidada, devidamente registrados na Junta Comercial, no qual conste o nome empresarial e o nome de fantasia, se houver; e

b) original do certificado de registro de empresa de trabalho temporário.

§ 2º A ETT será notificada do início do processo de cancelamento de ofício do registro e poderá apresentar defesa escrita à DITT, no prazo de dez dias, acompanhada de documentos que a sustentem.

§ 3º O cancelamento de ofício será realizado pelo Secretário de Relações do Trabalho, com base em análise feita pela DITT.

§ 4º Da decisão de cancelamento de ofício caberá pedido de reconsideração, sem efeito suspensivo, no prazo de dez dias.

CAPÍTULO II
Da Autorização de Contratação de Trabalho Temporário por Período Superior a Três Meses

Art. 13. O CTT poderá exceder o prazo de três meses, desde que autorizado pelo MTE, atendidas as condições previstas nos arts. 2º a 6º da Portaria MTE n. 789/14.

Art. 14. Na hipótese legal de substituição transitória de pessoal regular e permanente, o CTT poderá ser pactuado por mais de três meses com relação a um mesmo empregado, nas seguintes situações:

I — quando ocorrerem circunstâncias, já conhecidas na data da sua celebração, que justifiquem a contratação de trabalhador temporário por período superior a três meses; ou

II — quando houver motivo que justifique a prorrogação do contrato de trabalho temporário, que exceda o prazo total de três meses de duração.

§ 1º Observadas as condições estabelecidas neste artigo, a duração do CTT, incluídas as prorrogações, não pode ultrapassar um período total de nove meses.

§ 2º Na hipótese prevista no *caput*, caberá à ETT, ao descrever o motivo justificador, identificar o trabalhador substituído e o motivo do seu afastamento.

Art. 15. Na hipótese legal de acréscimo extraordinário de serviços será permitida a prorrogação do CTT por até três meses além do prazo previsto no art. 10 da Lei n. 6.019, de 3 de janeiro de 1974, desde que perdure o motivo justificador da contratação.

§ 1º Acréscimo extraordinário de serviços é o aumento excepcional da atividade da empresa ou de setor dela, provocado por um fato determinado e identificável;

§ 2º Não se consideram extraordinários os acréscimos de serviço comuns do ramo de negócio do tomador e que façam parte do risco do empreendimento, bem como os decorrentes do crescimento da empresa, da expansão de seus negócios ou da abertura de filiais;

§ 3º Demandas sazonais, entendidas como aquelas que, embora previsíveis, representam um aumento expressivo e significativo na atividade da empresa para atender a um evento episódico no decorrer do ano, justificam a contratação por acréscimo extraordinário de serviços.

Art. 16. Para efeitos desta Instrução Normativa, considera-se:

I — Hipóteses legal para a contratação de trabalho temporário: necessidade transitória de substituição de pessoal regular e permanente ou acréscimo extraordinário de serviços;

II — Motivo justificador: fato determinado que, no caso concreto, justifica a hipótese legal para a contratação de trabalho temporário.

§ 1º É vedada a indicação de mais de uma hipótese legal para o mesmo CTT, bem como a sua alteração no decorrer do contrato.

§ 2º A alteração do motivo justificador da contratação implica em celebração de novo CTT.

Art. 17. As solicitações de autorização para contratação ou prorrogação deverão observar os seguintes prazos, sob pena de indeferimento do pedido:

I — até cinco dias antes de seu início, quando se tratar de celebração de CTT com prazo superior a três meses;

II — até cinco dias antes do termo final inicialmente previsto, quando se tratar de prorrogação de CTT.

Art. 18. A ETT deverá efetuar a solicitação de autorização de prorrogação do CTT ou de sua contratação pelo prazo superior a três meses por meio do SIRETT.

§ 1º As prorrogações de CTT cujo tempo total de contratação não exceda três meses independem de autorização.

§ 2º O CTT pode ser prorrogado mais de uma vez, desde que o motivo justificador da contratação perdure e seja suficiente para abranger todo o período permitido;

§ 3º Para solicitação de autorização de prorrogação de CTT é necessário que conste no SIRETT a informação prévia do respectivo contrato, na forma do art. 7º da Portaria MTE n. 789/2014.

Art. 19. Compete ao Chefe da Seção de Relações do Trabalho, da Superintendência Regional do Trabalho e Emprego da Unidade da Federação onde o trabalhador temporário prestará seus serviços, decidir de forma fundamentada sobre a autorização solicitada.

§ 1º A decisão será proferida com base na análise formal e objetiva da documentação e das declarações prestadas pelos requerentes, não implicando em responsabilidade da autoridade concedente caso as condições fáticas do contrato divirjam das informações prestadas pelo solicitante;

§ 2º A competência estabelecida neste artigo poderá ser delegada pela chefia aos servidores lotados na Seção de Relações do Trabalho da respectiva unidade.

Art. 20. A decisão sobre o pedido de autorização constará de termo gerado pelo SIRETT, que será disponibilizado no próprio sistema.

Art. 21. Será denegado o pedido de autorização quando não preenchidas as condições previstas na Portaria MTE n. 789/14 e nesta Instrução Normativa.

§ 1º Será denegado o pedido, ainda, quando o motivo justificador constituir-se em alegações abstratas e inespecíficas ou simples remissão às hipóteses legais.

Art. 22. Em caso de indeferimento do pedido de autorização, o interessado poderá, em até dez dias, apresentar pedido de reconsideração à autoridade que proferiu a decisão, a qual, se não a reconsiderar, a encaminhará de ofício à autoridade superior para análise em grau de recurso, sem efeito suspensivo.

CAPÍTULO III
Disposições Gerais

Art. 23. Havendo a celebração de um único contrato com um mesmo trabalhador temporário para substituir mais de um empregado do quadro permanente, sucessivamente, tal condição deverá ser informada expressamente no SIRETT, com a indicação dos trabalhadores substituídos e o motivo da substituição, devendo o prazo contratual ser compatível com a substituição de todos os empregados.

Art. 24. O local da efetiva prestação de serviços pelo trabalhador temporário colocado à disposição da empresa tomadora ou cliente é o endereço do espaço físico em que ele desempenhará suas atividades, seja o próprio estabelecimento do tomador, seja o estabelecimento de cliente do tomador do serviço ou um local externo determinado.

§ 1º Quando, pela própria natureza do trabalho, o local da prestação de serviços externo for variável ou indeterminado, como nos casos de atendimento a diversos clientes do tomador ou serviço prestado em via pública, a ETT deverá indicar tal condição no SIRETT;

§ 2º Em qualquer caso, a ETT deverá informar o CNPJ vinculado, entendido como o da unidade do tomador — matriz ou filial — que exerce o poder diretivo sobre o trabalhador durante o contrato.

Art. 25. A ETT deverá indicar as datas de início e término do contrato no SIRETT, sendo vedada a celebração de CTT por prazo indeterminado ou sujeito a condição para seu encerramento.

§ 1º A data de término do contrato deve ser determinada no momento da assinatura do CTT;

§ 2º Eventuais alterações na data de término de contrato implicarão sua rescisão antecipada ou sua prorrogação e estarão sujeitas aos respectivos procedimentos legais, bem como à obrigação de atualização no SIRETT.

Art. 26. A contagem dos prazos a que se refere esta Instrução Normativa se dá excluindo-se o dia do início e incluindo-se o do final.

Art. 27. Os casos omissos serão resolvidos pela Secretaria de Relações do Trabalho.

Art. 28. Esta Instrução Normativa entra em vigor na data de sua publicação.

Art. 29. Fica revogada a Instrução Normativa n. 14, de 17 de novembro de 2009.

Manoel Messias Nascimento Melo

DOU 13.11.2014

Instrução Normativa SIT n. 105, de 23 de abril de 2014

Dispõe sobre os procedimentos de fiscalização indireta

O SECRETÁRIO DE INSPEÇÃO DO TRABALHO, no exercício da competência prevista nos incisos I, VI e XIII do art. 1º, do Anexo VI, da Portaria n. 483, de 15 de setembro de 2004, considerando a previsão contida no art. 30, caput, do Decreto n. 4.552, de 27 de dezembro de 2002, e o disposto no inciso II do art. 11 da Portaria n. 546, de 11 de março de 2010, com a redação dada pela Portaria n. 287, do 27 de fovoroiro do 2014, resolve:

Art. 1º Estabelecer normas relacionadas ao procedimento de fiscalização indireta no âmbito da Inspeção do Trabalho.

Art. 2º Considera-se fiscalização indireta aquela que envolve apenas análise documental, a partir de notificações aos empregadores, por via postal ou outro meio de comunicação, mediante a comprovação do recebimento, para apresentação de documentos ou para comprovação de cumprimento de obrigações, nas unidades descentralizadas do Ministério do Trabalho e Emprego — MTE, ou através de envio eletrônico de informações, em data e horário definidos.

§ 1º A fiscalização indireta decorre da constatação de indício de descumprimento de obrigação trabalhista, utilizando-se de ferramentas informatizadas para coleta, cruzamento e análise de dados, arquivos ou outros documentos.

§ 2º A fiscalização indireta pode ser:

I — Presencial: aquela que exige o comparecimento do empregador ou seu preposto à unidade descentralizada do MTE; ou

II — Eletrônica: aquela que dispensa o comparecimento do empregador ou seu preposto, exigindo apenas a apresentação de documentos em meio digital, via correio eletrônico institucional, à unidade descentralizada do MTE.

Art. 3º Para a fiscalização indireta, o empregador deve ser notificado por meio de:

I — Notificação para Apresentação de Documentos — NAD, quando na modalidade presencial; ou

II — Notificação para Comprovação do Cumprimento de Obrigações Trabalhistas — NCO, quando na modalidade eletrônica.

§ 1º A notificação emitida, em ambas as modalidades, deve ser encaminhada via postal com Aviso de Recebimento — AR, ou outro meio que assegure a comprovação do recebimento, e conter, necessariamente:

I — a identificação do empregador; e

II — os documentos necessários à comprovação do cumprimento da obrigação trabalhista.

§ 2º Além do disposto no parágrafo anterior, a NCO deve conter:

I — a indicação do correio eletrônico institucional a ser utilizado pelo empregador para comprovação de cumprimento de obrigações trabalhistas; e

II — a informação de que os documentos digitais enviados somente serão considerados recebidos se houver uma confirmação de recebimento do órgão fiscalizador.

§ 3º Considera-se notificado o empregador cuja correspondência tenha sido recebida no seu endereço, ou equivalente, conforme comprovante de recebimento.

§ 4º Na hipótese de devolução da notificação, o setor competente pode notificar novamente o empregador, nas modalidades presencial ou eletrônica, ou encaminhar o procedimento para a fiscalização direta.

Art. 4º A análise dos documentos enviados em meio digital, a verificação do cumprimento de obrigações ou o atendimento aos empregadores notificados deve ser realizado por Auditor Fiscal do Trabalho — AFT designado pela chefia imediata ou superior por meio de Ordem de Serviço — OS.

§ 1º A chefia competente deve disponibilizar ao AFT designado nos termos do caput cópia da notificação, ou as informações necessárias ao desenvolvimento da ação fiscal, com antecedência mínima de dez dias da data para o cumprimento da obrigação, a apresentação de documentos ou o comparecimento à unidade descentralizada do MTE, além do comprovante de recebimento da notificação, quando necessário.

§ 2º O AFT deve confirmar o recebimento dos documentos através de envio de mensagem eletrônica ao empregador, utilizando correio eletrônico institucional.

§ 3º Na modalidade presencial, o atendimento dos empregadores notificados deve ser realizado observando-se um intervalo mínimo de trinta minutos entre agendamentos.

§ 4º No caso do parágrafo anterior, a critério do AFT, outros atendimentos poderão ser agendados para continuidade da fiscalização.

Art. 5º Caso o empregador, notificado nos termos do art. 3º, não compareça no dia e hora determinados, ou não envie os documentos exigidos na notificação na forma requerida, o AFT deve lavrar auto de infração capitulado no art. 630, §§ 3º ou 4º, da CLT, que deve ser obrigatoriamente acompanhado da via original do AR ou de outro documento que comprove o recebimento da respectiva notificação, independentemente de outras autuações ou procedimentos fiscais cabíveis.

Parágrafo único. Caso haja, via correio eletrônico institucional, solicitação subsequente para apresentação de documentos, no curso da mesma ação fiscal, os eventuais autos de infração lavrados conforme art. 630, §§ 3º ou 4º, da CLT, deverão ser acompanhados de cópia impressa da mensagem de correio eletrônico na qual o AFT solicitou tais documentos, com confirmação de entrega.

Art. 6º Esta Instrução Normativa entra em vigor na data de sua publicação.

Paulo Sérgio de Almeida

DOU 24.4.2014

Instrução Normativa SIT/MTE n. 107, de 22 de maio de 2014

Dispõe sobre procedimentos da inspeção do trabalho na fiscalização do registro de empregados, com vistas à redução da informalidade

O SECRETÁRIO DE INSPEÇÃO DO TRABALHO, no exercício de sua competência, prevista pelo art. 14, XIII do Anexo I do

Decreto n. 5.063, de 3 de maio de 2004 e considerando o disposto no art. 11, inciso II da Lei n. 10.593, de 6 de dezembro de 2002, que estabelece a prerrogativa da Inspeção do Trabalho de atuar na redução dos índices de informalidade, resolve:

Art. 1º O Auditor Fiscal do Trabalho — AFT, na fiscalização do atributo Registro de Empregados, deve observar o disposto nesta instrução normativa.

Art. 2º Cabe à Secretaria de Inspeção do Trabalho — SIT definir os projetos nos quais deve ser obrigatória, em todas as ações fiscais, a inclusão dos atributos relacionados da formalização do vínculo de emprego nas ordens de serviço — OS.

Parágrafo único. Para o planejamento das ações fiscais devem ser considerados prioritários os estabelecimentos com maior probabilidade da existência de empregados sem registro, conforme cruzamento e análise de informações disponíveis em bancos de dados oficiais.

Art. 3º A chefia de fiscalização deve dimensionar a equipe de AFT destinada à fiscalização em função dos indícios de informalidade e das peculiaridades do local a ser fiscalizado.

Art. 4º Nas fiscalizações do atributo Registro de Empregados o AFT deve:

I — realizar pesquisas e investigações prévias nos sistemas de informações disponíveis em relação ao empregador a ser fiscalizado;

II — verificar a existência de empregados em atividade no local de trabalho, podendo valer-se de entrevistas, controles de jornada e outros meios que julgar necessários à sua identificação;

III — averiguar a existência de documentos ou outros meios que comprovem a existência de vínculo empregatício com outros empregados que não estejam no local de trabalho no momento da verificação prevista no inciso anterior;

IV — lavrar auto de infração capitulado no art. 41, *caput*, da Consolidação das Leis do Trabalho — CLT, quando constatar a admissão de empregado sem o respectivo registro; *(Redação dada pela IN n. 119 da SRT/MTE, de 23.4.15, DOU 24.4.15)*

V — notificar o empregador para comprovar a formalização dos vínculos de emprego sem registros constatados, informando-o de que o descumprimento constituirá infração ao art. 24 da Lei n. 7.998, de 11 de janeiro de 1990, combinado com o art. 6º, inciso II, da Portaria n. 1.129, de 23 de julho de 2014, do Ministro do Trabalho e Emprego, e o sujeitará a autuação, a reiterada ação fiscal, sem prejuízo da adoção de outras medidas legais cabíveis; *(Redação dada pela IN n. 119 da SRT/MTE, de 23.4.15,DOU 24.4.15)*

VI — lavrar auto de infração capitulado no art. 24 da Lei n. 7.998, de 11 de janeiro de 1990, combinado com o art. 6º, inciso II, da Portaria n. 1.129, de 23 de julho de 2014, do Ministro do Trabalho e Emprego, quando constatar o descumprimento da notificação a que se refere o inciso anterior; *(Redação dada pela IN n. 119 da SRT/MTE, de 23.4.15,DOU 24.4.15)*

§ 1º A notificação referida no inciso V será emitida conforme modelo constante do anexo a esta Instrução Normativa. *(Redação dada pela IN n. 119 da SRT/MTE, de 23.4.15, DOU 24.4.15)*

§ 2º Para os procedimentos a que se refere o inciso V o AFT poderá adotar a fiscalização mista definida no art. 30, § 3º, do Decreto n. 4.552, de 27 de dezembro de 2002.

§ 3º Caso o empregador se recuse a receber a notificação, o AFT deverá entregá-la à unidade local de multas e recursos, que a enviará, por via postal, com aviso de recebimento. *(Redação dada pela IN n. 119 da SRT/MTE, de 23.4.15,DOU 24.4.15)*

§ 4º A comprovação da formalização dos vínculos de emprego irregulares deverá, a critério do AFT, ser feita por meio de consulta eletrônica ou de forma presencial e será consignada, no auto de infração a que se refere o inciso IV, quando da sua confirmação. *(Redação dada pela IN n. 119 da SRT/MTE, de 23.4.15,DOU 24.4.15)*

Art. 5º Os processos de autos de infração a que se referem os incisos IV e VI desta Instrução Normativa terão prioridade de tramitação em todas as instâncias administrativas e, para tanto, serão identificados por meio de capas diferenciadas e/ou de sinalização específica. *(Redação dada pela IN n. 119 da SRT/MTE, de 23.4.15, DOU 24.4.15)*

Art. 6º As chefias de fiscalização e os Auditores Fiscais do Trabalho observarão as orientações expedidas pela Secretaria de Inspeção do Trabalho para adaptar o planejamento anual aos procedimentos desta Instrução Normativa no prazo de 60 dias contados da data de sua publicação.

Art. 7º Esta Instrução Normativa entra em vigor na data de sua publicação.

PAULO SÉRGIO DE ALMEIDA

DOU 23.5.14

ANEXO
Serviço Público Federal
Ministério do Trabalho e Emprego
Secretaria de Inspeção do Trabalho

NOTIFICAÇÃO PARA COMPROVAÇÃO DE REGISTRO DE EMPREGADO (NCRE) N. _____

Empregador:

CNPJ/CPF:

Endereço:

Com fundamento no disposto no art. 11 da Lei n. 10.593, de 6 de dezembro de 2002, fica V.S. **notificado** a apresentar ao sistema do seguro-desemprego, até o dia __/__/__, por meio da transmissão das declarações do **CAGED** (Cadastro Geral de Empregados e Desempregados), os registros dos empregados referidos no auto de infração n. _____, lavrado em seu desfavor.

Fica V.S. **informado** que estará sujeito a **autuação**, nos termos do art. 24 da Lei n. 7.998, de 11 de janeiro de 1990, combinado com o art. 6º, inciso II, da Portaria n. 1.129, de 23 de julho de 2014, e a **reiterada ação fiscal**, nos termos do art. 26 do Regulamento da Inspeção do Trabalho, aprovado pelo Decreto n. 4.552, de 27 de dezembro de 2002, em caso de descumprimento da presente notificação.

Notas: 1. Esta notificação foi emitida em decorrência do auto de infração acima referido e não necessita de apresentação de defesa específica.

2. O empregador que omitir, de forma reiterada, em folha de pagamento ou em documento de informações previsto pela legislação previdenciária, trabalhista ou tributária, o segurado empregado, trabalhador avulso ou contribuinte individual que lhe preste serviço, estará sujeita à exclusão de ofício do Simples Nacional (art. 29, inciso XII, da Lei Complementar n. 123, de 14 de dezembro de 2006).

Observações: (Local e data)

Auditor-Fiscal do Trabalho — CIF n.

Recebi, nesta data, a segunda via deste documento.

__/__/____ _____

Empregador ou preposto

Instrução Normativa GM/MTE n. 110, de 6 de agosto de 2014

Dispõe sobre os procedimentos de fiscalização do cumprimento das normas relativas à proteção ao trabalho doméstico

O SECRETÁRIO DE INSPEÇÃO DO TRABALHO, no exercício da competência prevista nos incisos I e XIII do art. 1º, do Anexo VI, da Portaria n. 483, de 15 de setembro de 2004, considerando a previsão contida no art. 30, *caput*, do Decreto n. 4.552, de 27 de dezembro de 2002, e o disposto no inciso II do art. 11 da Portaria n. 546, de 11 de março de 2010, com a redação dada pela Portaria n. 287, de 27 de fevereiro de 2014, resolve:

Art. 1º A verificação do cumprimento das normas de proteção ao trabalho doméstico, de que trata a Lei n. 5.859, de 11 de dezembro de 1972, com a redação da Lei n. 12.964, de 8 de abril de 2014, será realizada por Auditor Fiscal do Trabalho — AFT, preferencialmente mediante procedimento de fiscalização indireta.

Parágrafo único. Considera-se fiscalização indireta a realizada por meio de sistema de notificações para apresentação de documentos nas unidades descentralizadas do Ministério do Trabalho e Emprego — MTE.

Art. 2º A fiscalização indireta será iniciada mediante a emissão de notificação por via postal, com Aviso de Recebimento — AR, que liste a documentação a ser apresentada e indique dia, hora e unidade descentralizada do MTE para a apresentação dos referidos documentos, fazendo-se constar expressamente a advertência de que o desatendimento à notificação acarretará a lavratura dos autos de infração cabíveis.

§ 1º Constará necessariamente da lista de documentos a ser apresentada, em relação a cada empregado doméstico, cópia da Carteira de Trabalho e Previdência Social (CTPS) onde conste a identificação do mesmo, a anotação do contrato de trabalho doméstico e as condições especiais, se houver, de modo a comprovar a formalização do vínculo empregatício.

§ 2º Em caso de impossibilidade de comparecimento, o empregador poderá fazer-se representar, independentemente de carta de preposição, por pessoa da família que seja maior de dezoito anos e capaz, resida no local onde ocorra a prestação de serviços pelo empregado doméstico e apresente a documentação requerida.

§ 3º Comparecendo o empregador ou representante e sendo ou não apresentada a documentação requerida na notificação, caberá ao Auditor Fiscal do Trabalho responsável pela fiscalização a análise do caso concreto e a adoção dos procedimentos fiscais cabíveis.

§ 4º Na hipótese de fiscalização iniciada por denúncia, o AFT deverá guardar sigilo a esse respeito, bem como quanto à identidade do denunciante, em obediência ao disposto na alínea c do art. 15 da Convenção n. 81 da Organização Internacional do Trabalho, promulgada pelo Decreto n. 41.721, de 25 de junho de 1957.

Art. 3º Caso o empregador, notificado para apresentação de documentos, não compareça no dia e hora determinados, o AFT deverá lavrar auto de infração capitulado no § 3º ou no § 4º do art. 630 da CLT, ao qual anexará via original da notificação emitida e, se for o caso, do AR que comprove o recebimento da respectiva notificação, independentemente

de outras autuações ou procedimentos fiscais cabíveis.

Art. 4º Em caso de necessidade de fiscalização do local de trabalho, o AFT, após apresentar sua Carteira de Identidade Fiscal (CIF) e em observância ao mandamento constitucional da inviolabilidade do domicílio, dependerá de consentimento expresso e escrito do empregador para ingressar na residência onde ocorra a prestação de serviços por empregado doméstico.

Parágrafo único. Considera-se empregador, para fins do consentimento previsto no *caput*, qualquer pessoa capaz, pertencente à família para a qual o empregado doméstico preste serviços, que esteja responsável pela residência onde ocorra a prestação, no momento da inspeção a ser realizada por AFT.

Art. 5º O vínculo de emprego doméstico declarado em decisão judicial transitada em julgado, comunicado oficialmente por órgão da Justiça do Trabalho deverá ser considerado como prova documental a ser auditada no procedimento de fiscalização de que trata esta Instrução Normativa e servirá como elemento de convicção à eventual lavratura dos correspondentes autos de infração.

Art. 6º Esta Instrução Normativa entra em vigor na data de sua publicação.

PAULO SÉRGIO DE ALMEIDA
DOU 7.8.2014

Instrução Normativa SIT/MTE n. 114, de 5 de novembro de 2014

Estabelece diretrizes e disciplina a fiscalização do trabalho temporário regido pela Lei n. 6.019, de 03 de janeiro de 1974, pelo Decreto n. 73.841, de 13 de março de 1974, e pela Portaria n. 789, de 2 de junho de 2014

O SECRETÁRIO DE INSPEÇÃO DO TRABALHO, no exercício da competência prevista no Decreto n. 5.063, Anexo I, art. 14, Incisos I e XIII, de 3 de maio de 2004, e na Portaria n. 483, Anexo VI, art. 1º, Incisos I e XIII, de 15 de setembro de 2004, resolve:

Art. 1º O Auditor Fiscal do Trabalho — AFT, na fiscalização do trabalho temporário, deve observar o disposto nesta instrução normativa.

Art. 2º Trabalho temporário é aquele prestado por pessoa física a uma empresa para atender necessidade transitória de substituição de pessoal regular e permanente ou a acréscimo extraordinário de serviços.

§ 1º Acréscimo extraordinário de serviços é o aumento excepcional da atividade da empresa ou de setor dela, provocado por um fato determinado e identificável.

§ 2º Não se consideram extraordinários os acréscimos de serviço comuns do ramo de negócio do tomador e que façam parte do risco do empreendimento, bem como os decorrentes do crescimento da empresa, da expansão de seus negócios ou da abertura de filiais.

§ 3º Demandas sazonais, entendidas como aquelas que, embora previsíveis, representam um aumento expressivo e significativo na atividade da empresa para atender a um evento episódico no decorrer do ano, justificam a contratação por acréscimo de extraordinário de serviços.

Art. 3º A regularidade da locação de mão de obra temporária está condicionada à observância estrita tanto dos requisitos formais quanto dos requisitos materiais da legislação aplicável.

Parágrafo único. A empresa tomadora ou cliente pode ser responsabilizada pelo vínculo empregatício com o trabalhador temporário em caso de irregularidade na locação de mão de obra, conforme disposto no art. 9º da Consolidação das Leis do Trabalho — CLT.

Art. 4º A empresa de trabalho temporário tem seu funcionamento condicionado ao registro no Ministério do Trabalho e Emprego — MTE, observados os procedimentos estabelecidos pelo órgão.

§ 1º O registro regular da empresa de trabalho temporário no MTE é requisito de validade essencial do contrato de trabalho temporário, devendo ser observado o disposto no art. 3º desta Instrução Normativa.

§ 2º A atividade de locação de mão de obra é exclusiva da empresa de trabalho temporário, não podendo ser transferida a terceiros, mesmo em locais em que não possua filial, agência ou escritório.

§ 3º Considera-se irregular o recrutamento e a seleção de trabalhadores temporários realizado pelo próprio tomador da mão de obra.

Art. 5º É lícito à empresa tomadora ou cliente exercer, durante a vigência do contrato firmado com a empresa de trabalho temporário, o poder diretivo sobre o trabalhador colocado à sua disposição, inclusive em tarefas vinculadas à sua atividade-fim.

Art. 6º Somente trabalhadores devidamente qualificados podem ser contratados na modalidade de contrato temporário regido pela Lei n. 6.019, de 1974.

§ 1º Considera-se trabalhador devidamente qualificado aquele tecnicamente apto a realizar as tarefas para as quais é contratado.

§ 2º O treinamento para ambientação no posto de trabalho e os referentes às normas de saúde e segurança promovidas pela empresa tomadora são compatíveis com a forma de contratação temporária.

Art. 7º O AFT deverá verificar o estrito atendimento dos seguintes requisitos:

I — formais:

a) registro regular da empresa de trabalho temporário no Ministério do Trabalho e Emprego;

b) tomada de mão de obra temporária feita por empresa urbana;

c) existência de contrato escrito ou aditivo contratual entre a empresa de trabalho temporário e a empresa tomadora de serviço ou cliente para cada contratação de trabalho temporário;

d) duração do contrato entre a empresa de trabalho temporário e a empresa tomadora ou cliente, com relação a um mesmo empregado, não superior a três meses, ressalvadas as exceções previstas na Portaria n. 789, de 2014, devendo ser indicadas expressamente as datas de início e término no instrumento firmado entre a empresa de trabalho temporário e a tomadora de serviço ou cliente;

e) existência de cláusula constante do contrato entre empresa de trabalho temporário e tomadora ou cliente descrevendo expressamente o motivo justificador da demanda de trabalho temporário, sendo insuficiente a mera indicação da hipótese legal — acréscimo extraordinário de serviços ou substituição de quadro regular e permanente;

f) existência de contrato firmado entre a empresa de trabalho temporário e cada um dos trabalhadores, nele constando as datas de início e término do contrato, além de elencar os direitos conferidos pela lei.

II — materiais:

a) comprovação do motivo alegado no contrato entre a empresa de trabalho temporário e o tomador ou cliente, por meio de apresentação de informações específicas, tais como dados estatísticos, financeiros ou contábeis concretos relativos à produção, vendas ou prestação de serviços, no caso de acréscimo extraordinário de serviços, ou, no caso de substituição de quadro permanente, por meio da indicação do trabalhador substituído e causa de afastamento;

b) compatibilidade entre o prazo do contrato de trabalho temporário e o motivo justificador alegado;

c) comprovação da justificativa apresentada nos casos de solicitação de prorrogação de contrato por prazo superior a três meses, nos termos da Portaria n. 789, de 2014.

§ 1º É vedada a contratação de mão de obra temporária por empresa tomadora ou cliente cuja atividade econômica seja rural.

§ 2º A solicitação de mão de obra pela tomadora à empresa de trabalho temporário, ainda que formalizada por qualquer meio, não afasta a obrigatoriedade de instrumento contratual escrito em cada contratação.

§ 3º Não é obrigatória a indicação do motivo justificador da contratação no contrato de trabalho firmado entre a empresa de trabalho temporário e o trabalhador.

§ 4º As informações relativas aos contratos de trabalho temporário estão disponíveis no Sistema de Registro de Empresa de Trabalho Temporário — SIRETT, prestadas pela Empresa de Trabalho Temporário, nos termos do art. 7º da Portaria n. 789, de 2014.

Art. 8º A rescisão por término do contrato de trabalho temporário acarreta o pagamento de todas as verbas rescisórias, calculadas proporcionalmente à duração do contrato e conforme o tipo de rescisão efetuada.

§ 1º Quando antecipada, a rescisão enseja o da multa rescisória do FGTS prevista no art. 18, §1º, da Lei n. 8.036, de 1990; e da indenização prevista no art. 12, alínea *f*, da Lei n. 6.019, de 1974.

§ 2º A data de término do contrato deve ser determinada na assinatura do contrato de trabalho temporário, sendo irregular sua definição posteriormente ao início da prestação dos serviços pelo trabalhador.

Art. 9º Considera-se irregular, sem prejuízo de outras constatações, o trabalho temporário prestado nas seguintes situações:

I — utilização sucessiva de mão de obra temporária para atender ao mesmo motivo justificador, inclusive quando fornecida por diferentes empresas de trabalho temporário;

II — celebração de sucessivos contratos onde figure o mesmo trabalhador, para atender ao mesmo motivo justificador, ainda que a intermediação seja feita por diferentes empresas de trabalho temporário;

III — utilização de contrato de trabalho temporário com finalidade de contrato de experiência;

IV — substituição de quadro próprio da empresa tomadora por trabalhadores temporários;

V — contratação de trabalhador temporário por acréscimo extraordinário de serviços cuja atividade desempenhada não exista na tomadora.

Parágrafo único. É lícita a celebração de um único contrato com um mesmo trabalhador temporário para substituir mais de um empregado do quadro permanente, sucessivamente, nos casos de quaisquer afastamentos legais, desde que tal condição esteja indicada expressamente no contrato firmado e o prazo

seja compatível com a substituição de todos os empregados.

Art. 10. Na hipótese legal de substituição transitória de pessoal regular e permanente são possíveis tanto a celebração de contrato de trabalho temporário por prazo superior a três meses, quanto a sua prorrogação, desde que previamente autorizadas pelo MTE, nos termos dos arts. 2º e 3º, da Portaria n. 789, de 2014.

Art. 11. Na hipótese legal de acréscimo extraordinário de serviços, a contratação do trabalhador temporário é limitada a três meses, podendo superar tal prazo apenas por meio de prorrogação previamente autorizada pelo MTE, nos termos previstos na Portaria n. 789, de 2014.

§ 1º Na hipótese de prorrogação prevista no *caput*, o AFT deve verificar se foram apresentados elementos fáticos que demonstrem a permanência do motivo justificador da contratação.

§ 2º É vedado às empresas inovar, durante a ação fiscal, as justificativas anteriormente apresentadas no SIRETT.

Art. 12. Constatada a cobrança pela empresa de trabalho temporário de qualquer importância do trabalhador, mesmo a título de mediação, salvo os descontos previstos em lei, o AFT deve comunicar este fato à Seção de Relações do Trabalho da Superintendência Regional do Trabalho e Emprego, sem prejuízo da lavratura dos competentes autos de infração.

Art. 13. Cabe ao AFT verificar o cumprimento do art. 8º da Lei n. 6.019, de 1974, e da Portaria n. 789, de 2014, quanto à obrigatoriedade da prestação de informações pela empresa de trabalho temporário para o Estudo de Mercado, atentando para os prazos fixados, a falta de envio das informações, bem como incorreções ou omissões em sua prestação.

Art. 14. Esta Instrução Normativa entrará em vigor na data de sua publicação.

Art. 15. Revogam-se os arts. 6º ao 14 da Instrução Normativa n. 3, de 1º de setembro de 1997.

PAULO SÉRGIO DE ALMEIDA
DOU 12.11.2014 E RETIF. DOU 18.11.2014

Instrução Normativa INSS n. 83, de 18 de dezembro de 2015

Estabelece procedimentos relativos ao Seguro-Desemprego devido aos pescadores profissionais artesanais, durante o período de defeso, e dá outras providências

FUNDAMENTAÇÃO LEGAL:
Lei n. 10.779, de 25 de novembro de 2003;
Decreto n. 3.048, de 6 de maio de 1999;
Decreto n. 8.424, de 31 de março de 2015; e
Medida Provisória n. 665, de 30 de dezembro de 2014, convertida na Lei n. 13.135, de 17 de junho de 2015.

A PRESIDENTA DO INSTITUTO NACIONAL DO SEGURO SOCIAL — INSS, no uso da competência que lhe confere o Decreto n. 7.556, de 24 de agosto de 2011, e considerando a necessidade de atualizar os procedimentos relativos ao Seguro-Desemprego devido aos pescadores profissionais artesanais durante os períodos de defeso, resolve:

Art. 1º Ficam estabelecidos procedimentos para a concessão do Seguro-Desemprego do Pescador Profissional Artesanal — SDPA que exerça sua atividade profissional ininterruptamente, de forma artesanal, individualmente ou em regime de economia familiar, durante o período de defeso da atividade pesqueira para a preservação da espécie, conforme disposto na Lei n. 10.779, de 25 de novembro de 2003.

§ 1º Considera-se ininterrupta a atividade exercida durante o período compreendido entre o término do defeso anterior e o início do defeso em curso, ou nos doze meses imediatamente anteriores ao início do defeso em curso, o que for menor.

§ 2º A percepção de auxílio-doença, auxílio-doença por acidente de trabalho ou salário-maternidade, durante o período mencionado no § 1º do *caput*, não impede o recebimento do SDPA.

§ 3º Entende-se como regime de economia familiar o trabalho dos membros da mesma família, indispensável à própria subsistência e exercido em condições de mútua dependência e colaboração, sem a utilização de empregados, conforme disposto no § 7º do art. 11 da Lei n. 8.213, de 24 de julho de 1991.

§ 4º Entende-se como período de defeso, para fins de concessão do benefício, a paralisação temporária da atividade pesqueira para preservação da espécie, nos termos e prazos fixados pelos órgãos competentes, conforme § 2º do art. 1º da Lei n. 10.779, de 2003.

§ 5º O benefício SDPA será devido ao pescador profissional artesanal inscrito no Registro Geral da Atividade Pesqueira — RGP, com licença de pesca concedida nos termos da legislação e que não disponha de fonte de renda diversa da decorrente da atividade pesqueira artesanal da espécie abrangida pelo defeso.

§ 6º A concessão do benefício SDPA não será extensível aos trabalhadores de apoio à pesca artesanal, nos termos do art. 2º, inciso VIII, do Decreto n. 8.425, de 31 de março de 2015.

§ 7º As portarias de instituição de defeso podem conter mais de um período de proibição para a mesma espécie, sendo devido o SDPA em todos os períodos.

§ 8º O pescador profissional artesanal não fará jus a mais de um SDPA no mesmo ano decorrente de defesos relativos a espécies distintas.

Art. 2º O SDPA é direito pessoal e intransferível.

CAPÍTULO I
Do Requerimento

Art. 3º O requerimento do SDPA será, preferencialmente, protocolizado por meio dos canais remotos, que poderão agendar a entrega de documentos em uma Unidade de Atendimento da Previdência Social.

§ 1º O requerimento do SDPA deverá ser feito individualmente e a documentação apresentada deverá se referir ao próprio requerente, não podendo ser utilizados documentos dos demais membros do grupo familiar.

§ 2º Serão informadas ao requerente as pendências impeditivas à conclusão da habilitação, bem como o órgão ou agente responsável pela sua resolução.

§ 3º Deverá ser utilizado no requerimento o mesmo Número de Inscrição do Trabalhador — NIT constante no requerimento anterior, caso haja.

§ 4º O prazo para o requerimento iniciar-se-á trinta dias antes da data de início do defeso e terminará no último dia do referido período.

§ 5º O requerimento do SDPA poderá ser processado em qualquer Agência da Previdência Social — APS, independentemente do domicílio do requerente.

CAPÍTULO II
Da Comprovação e da Concessão

Art. 4º Terá direito ao SDPA o pescador que preencher os seguintes requisitos:

I — ter registro ativo no RGP, emitido com antecedência mínima de um ano, contado da data de requerimento do benefício, conforme disposto no inciso I do § 2º do art. 2º da Lei n. 10.779, de 2003;

II — possuir a condição de segurado especial unicamente na categoria de pescador profissional artesanal;

III — ter realizado o pagamento da contribuição previdenciária, nos termos da Lei n. 8.212, de 24 de julho de 1991, nos doze meses imediatamente anteriores ao requerimento do benefício ou desde o último período de defeso até o requerimento do benefício, o que for menor;

IV — não estar em gozo de nenhum benefício de prestação continuada da Assistência Social ou da Previdência Social, exceto auxílio-acidente e pensão por morte limitados a um salário-mínimo, respeitando-se a cota individual; e

V — não dispor de qualquer fonte de renda diversa da decorrente da atividade pesqueira referente às espécies objeto do defeso.

§ 1º Desde que atendidos os demais requisitos previstos neste artigo, o benefício de SDPA será concedido ao pescador profissional artesanal, ainda que a família seja beneficiária de programa de transferência de renda com condicionalidades, nos termos dos §§ 8º e 9º do art. 2º da Lei n. 10.779, de 2003.

§ 2º A limitação de um salário-mínimo constante no inciso IV do *caput* não se aplica caso a categoria de filiação do benefício seja a de segurado especial.

Art. 5º A condição de segurado especial do pescador artesanal será verificada automaticamente por meio do sistema de habilitação do SDPA, com fundamento nos arts. 329-A e 329-B, ambos do Decreto n. 3.048, de 6 de maio de 1999.

Art. 6º Para análise do benefício nas Unidades de Atendimento, deverá ser apresentado:

I — documento de identificação oficial;

II — número de inscrição no Cadastro de Pessoa Física — CPF;

III — número do RGP ativo, com licença de pesca na categoria de pescador profissional artesanal;

IV — cópia do documento fiscal de venda do pescado à empresa adquirente, consumidora ou consignatária da produção, em que conste, além do registro da operação realizada, o valor da respectiva contribuição previdenciária de que trata o § 7º do art. 30 da Lei n. 8.212, de 1991, ou comprovante do recolhimento da contribuição previdenciária, caso tenha comercializado sua produção a pessoa física, conforme art. 25 da Lei n. 8.212, de 1991;

V — comprovante de residência em municípios abrangidos pela Portaria que declarou o defeso ou nos limítrofes; e

VI — os seguintes documentos, conforme o caso, para defesos restritos à pesca embarcada:

LEGISLAÇÃO COMPLEMENTAR

a) Certificado de Registro de Embarcação, emitido pelo Ministério da Agricultura, Pecuária e Abastecimento — MAPA, em que conste a autorização para captura da espécie objeto do defeso;

b) para as embarcações com propulsão a motor, cópia do Título de Inscrição de Embarcação registrado na Marinha do Brasil;

c) Caderneta de Inscrição e Registro — CIR, emitida pela Diretoria de Portos e Costas da Marinha do Brasil — DPC, em que conste a categoria do titular como Pescador Profissional; e

d) rol de equipagem da embarcação, emitida pela DPC, em que conste o pescador no rol de tripulantes.

§ 1º Serão encaminhadas pelo MAPA as informações que demonstrem o exercício ininterrupto da atividade de pesca, com a indicação das localidades em que foi exercida e das espécies capturadas, bem como os municípios abrangidos pelo defeso ao qual o pescador está vinculado.

§ 2º Os documentos listados nos incisos II a VI do *caput* serão dispensados caso as informações constem em bases governamentais disponibilizadas ao INSS por outros órgãos, nos termos do art. 2º do Decreto n. 6.932, de 11 de agosto de 2009.

§ 3º As informações referidas no inciso III do *caput* serão disponibilizadas pelo MAPA por meio de concessão do SDPA, sendo dispensada a apresentação de documentação física em caso de RGP ativo.

§ 4º Nos termos do inciso IV do *caput*, quanto à apresentação de Guia da Previdência Social — GPS para comprovação da comercialização da produção pesqueira a pessoa física, deve-se observar que:

I — este pagamento é realizado sobre a matrícula do Cadastro Específico do INSS — CEI;

II — o penúltimo dígito da matrícula CEI constante na GPS deve ser o algarismo 8 (oito), relativo ao CEI para a contribuição rural;

III — o pagamento deve ter sido realizado com o código 2704, correspondente ao recolhimento sobre a comercialização da produção rural;

IV — a competência recolhida deve estar contida no período compreendido entre o término do defeso anterior e o requerimento, ou nos doze meses imediatamente anteriores ao requerimento do benefício, o que for menor;

V — caso seja apresentada GPS referente à competência contida no período do defeso, por tratar-se de comercialização de espécies coletadas antes deste período, deverá ser apresentado documento do Instituto Brasileiro do Meio Ambiente e dos Recursos Naturais — IBAMA, ou de outro órgão fiscalizador ambiental competente, atestando que se trata de comercialização autorizada de estoque;

VI — caso seja apresentada GPS referente à competência contida no período do defeso, mas que não corresponda à comercialização de estoque autorizada, o benefício será devido somente se houve erro na competência informada na GPS, caso em que o pescador deverá ser orientado, por carta de exigências, a solicitar sua retificação junto à Receita Federal do Brasil — RFB;

VII — é possível o pagamento agregado de mais de uma competência quando estas não alcançarem valor mínimo instituído em ato da RFB, sendo suficiente a apresentação de apenas uma GPS paga para comprovar o período descrito no inciso IV do § 4º do *caput*, sem necessidade de discriminação das competências agregadas na GPS;

VIII — a apresentação da GPS é dispensada caso seja constatado o pagamento por meio de informação disponibilizada em base governamental; e

IX — a GPS será aceita mesmo que paga em atraso.

§ 5º Nos termos do inciso IV do *caput*, quando a comercialização for realizada a pessoa jurídica, deverá ser apresentado pelo menos um documento fiscal para comprovar o período.

§ 6º As pendências de habilitação serão notificadas pelo Sistema, e divididas em três categorias:

I — Notificação de Acerto de Divergência de Informação: indica a necessidade de confirmação da titularidade do número do Programa de Integração Social — PIS informado;

II — Notificação de Acerto de Dados Cadastrais: indica pendências possivelmente sanáveis mediante atualização de cadastro pelo INSS ou por outros órgãos; ou

III — Notificação de Recurso: indica o indeferimento do pedido, cabendo verificação da condição apontada pelo Sistema.

Art. 7º Caso faltem documentos essenciais à análise do direito ou haja necessidade de retificação de alguma informação, o servidor deverá emitir carta de exigências, conforme Anexo II desta Instrução Normativa — IN, observando o prazo disposto no art. 678 da Instrução Normativa n. 77/PRES/INSS, de 21 de janeiro de 2015.

§ 1º A exigência emitida nos termos do *caput* deverá ser cumprida na unidade onde foi formalizado o processo.

§ 2º A exigência de atualização dos dados do RGP será sanada com a atualização deste registro junto ao MAPA, sendo dispensado novo comparecimento do requerente à APS, uma vez que o Sistema concederá o benefício automaticamente.

Art. 8º Não sendo reconhecido o direito ao benefício e não havendo mais exigências possíveis, a informação do indeferimento deverá ser disponibilizada ao requerente, conforme Anexo I desta IN.

Parágrafo único. Caso o servidor tome conhecimento de outros fatos que descaracterizem os requisitos à concessão do benefício, deverá consigná-los de maneira fundamentada na carta de indeferimento.

CAPÍTULO III
Do Pagamento e da Manutenção

Art. 9º Quando da concessão do benefício, o crédito será gerado e disponibilizado automaticamente à Caixa Econômica Federal, podendo ser realizado o saque em qualquer unidade da referida instituição financeira.

§ 1º A efetivação do pagamento será feita pelo Ministério do Trabalho e Previdência Social — MTPS, valendo-se de informações disponibilizadas pelo INSS.

§ 2º O pagamento do benefício será devido desde o início do período de defeso, independentemente da data de requerimento.

§ 3º Compete às Unidades de Atendimento a inclusão de informações para geração ou reprocessamento de créditos.

§ 4º Nos casos em que seja verificado, no ato do requerimento do benefício, o recebimento indevido de SDPA concedido anteriormente, deverão ser restituídas as parcelas recebidas indevidamente pelo segurado, mediante Guia de Recolhimento da União — GRU ou compensação nas parcelas do novo benefício, observando-se o disposto no art. 18.

§ 5º A Central de Teleatendimento 135 prestará informações sobre o pagamento aos pescadores e pendências de seus requerimentos.

Art. 10. O benefício será cessado quando constatadas pelo INSS ou informadas pelo órgão ou entidade pública competente quaisquer das seguintes situações:

I — início de atividade remunerada ou percepção de outra renda incompatível com o benefício;

II — desrespeito ao período de defeso ou às proibições estabelecidas em normas de defeso;

III — obtenção de renda proveniente da pesca de espécies alternativas não contempladas no ato que fixar o período de defeso;

IV — suspensão do período de defeso;

V — morte do beneficiário;

VI — início de percepção de renda proveniente de benefício previdenciário ou assistencial de natureza continuada, exceto auxílio-acidente e pensão por morte, nos termos do art. 4º, inciso IV;

VII — prestação de declaração falsa; ou

VIII — comprovação de fraude.

CAPÍTULO IV
Do Recurso e da Revisão

Art. 11. Nos casos de indeferimento ou cessação do benefício, o requerente poderá interpor recurso endereçado ao Conselho de Recursos da Previdência Social — CRPS, aplicando-se o disposto no Regulamento da Previdência Social, aprovado pelo Decreto n. 3.048, de 1999, e no Regimento Interno do CRPS.

Parágrafo único. O prazo para interposição de recurso ou para o oferecimento de contrarrazões é de trinta dias, contados de forma contínua da ciência da decisão e da interposição do recurso, respectivamente, excluindo-se a contagem o dia do início e incluindo- se o do vencimento.

Art. 12. Nos casos de requerimento de revisão deverá ser aplicado o disposto no Regulamento da Previdência Social e na Instrução Normativa n. 77/PRES/INSS, de 2015.

CAPÍTULO V
Da Formalização e do Arquivamento

Art. 13. Os processos administrativos do SDPA serão formalizados a partir do comparecimento, com assinatura do requerimento e apresentação de documentos para comprovação do direito ao benefício, nos termos do capítulo XIV da Instrução Normativa n. 77/PRES/INSS, de 2015.

Art. 14. Todo processo administrativo do SDPA formalizado deverá receber Número Único de Protocolo — NUP.

Art. 15. O arquivamento dos processos administrativos do SDPA será realizado por ordem de número do requerimento.

CAPÍTULO VI
Do Monitoramento Operacional de Benefícios

Art. 16. O Monitoramento Operacional de Benefícios — MOB da Gerência-Executiva realizará a apuração dos indícios de irregularidades previstos no art. 10, devendo ser cessado o benefício, quando for o caso, após adotados os procedimentos previstos no Manual do Monitoramento Operacional

de Benefícios — Apuração de Indícios de Irregularidades.

Art. 17. O processo de apuração de irregularidade no SDPA que ensejar cobrança administrativa deverá ser encaminhado para a Secretaria de Políticas Públicas de Emprego — SPPE do MTPS, para que esta realize a devida cobrança perante o interessado.

Parágrafo único. Somente nos casos em que o interessado manifeste o desejo de ressarcir as importâncias recebidas indevidamente no curso da apuração, o pedido de ressarcimento ao erário deverá ser expresso e será emitida GRU, devendo o processo de apuração ser encaminhado à SPPE do MTPS, quando da sua conclusão.

CAPÍTULO VII
Das Disposições Gerais

Art. 18. Conforme disposto no Decreto n. 8.424, de 31 de março de 2015, o INSS deverá habilitar e processar apenas os SDPA referentes aos períodos de defeso iniciados a partir de 1º de abril de 2015.

§ 1º Aos períodos de defeso iniciados até 31 de março de 2015, aplica-se o disposto na legislação anterior, inclusive quanto aos prazos, procedimentos e recursos e à competência do atual MTPS para as atividades de recebimento e processamento dos requerimentos, habilitação dos beneficiários e apuração de irregularidades.

§ 2º Nos termos do art. 5º da Lei n. 13.134, de 16 de junho de 2015, é assegurada a concessão do seguro-desemprego relativo a períodos de defeso iniciados entre 1º de abril de 2015 e 31 de agosto de 2015 nos mesmos termos e condições da legislação vigente anteriormente à edição da Medida Provisória n. 665, de 30 de dezembro de 2014.

Art. 19. Revoga-se a Instrução Normativa n. 79/PRES/INSS, de 1º de abril de 2015, publicada no Diário Oficial da União n. 63, de 2 de abril de 2015, Seção 1, p. 63/64.

Art. 20. Ficam convalidados os atos praticados regularmente sob a vigência da Instrução Normativa n. 79/PRES/INSS, de 2015.

Art. 21. Os Anexos desta Instrução Normativa serão publicados em Boletim de Serviço e suas atualizações e posteriores alterações poderão ser procedidas mediante Despacho Decisório Conjunto expedido pelos Diretores de Atendimento e de Benefícios.

Art. 22. Esta Instrução Normativa entra em vigor na data de sua publicação, devendo ser aplicada a todos os processos pendentes de análise e decisão.

Elisete Berchiol da Silva Iwai
DOU 21.12.2015

Orientação Normativa MPAS/INSS n. 5, de 20 de março de 1998

Dispõe sobre procedimentos a serem observados pelas empresas que optarem pela contratação de empregados por prazo determinado

Fundamentação Legal:
Lei n. 8.212, de 24 de julho de 1991; Lei n. 9.601, de 21 de janeiro de 1998; Decreto n. 2.173, de 5 de março de 1997; Decreto n. 2.490, de 4 de fevereiro de 1998; e Ordem de Serviço INSS/DAF n. 170, de 20 de agosto de 1997.

O COORDENADOR-GERAL DE ARRECADAÇÃO DO INSTITUTO NACIONAL DO SEGURO SOCIAL — INSS, no uso das atribuições que lhe confere o art. 183, inciso II, do Regimento Interno do INSS, aprovado pela Portaria MPS/GM n. 458, de 24 de setembro de 1992, considerando as alterações introduzidas pela Lei n. 9.601/98 que dispõs sobre o contrato de trabalho por prazo determinado, considerando os requisitos legais exigidos para usufruir dos benefícios concedidos pela Lei n. 9.601/98, considerando a necessidade de disciplinar a forma de preenchimento da Guia de Recolhimento da Previdência Social — GRPS, resolve:

1. A Lei n. 9.601, de 21 de janeiro de 1998, ao dispor sobre o contrato de trabalho por prazo determinado, reduziu por dezoito meses, a contar de 22 de janeiro de 1998, em cinquenta por cento as alíquotas destinadas ao Serviço Social da Indústria — SESI, Serviço Social do Comércio — SESC, Serviço Social do Transporte — SEST, Serviço Nacional de Aprendizagem Industrial — SENAI, Serviço Nacional de Aprendizagem Comercial — SENAC, Serviço Nacional de Aprendizagem do Transporte — SENAT, Serviço Brasileiro de Apoio às Micro e Pequenas Empresas SEBRAE e Instituto Nacional de Colonização e Reforma Agrária — INCRA, bem como ao Salário-Educação e para o financiamento dos benefícios concedidos em razão do grau de incapacidade laborativa decorrente dos riscos ambientais do trabalho.

2. A empresa, no momento da contratação, deverá estar adimplente com as contribuições previdenciárias.

3. Deverá ser elaborada folha de pagamento distinta, para os empregados contratados por prazo determinado.

4. O recolhimento das contribuições incidentes sobre a remuneração desses empregados será efetuado juntamente com as contribuições dos demais empregados, com os mesmos códigos de FPAS, de Terceiros e SAT que a empresa vem utilizando.

4.1. As contribuições destinadas ao SAT e a Terceiros serão apuradas separadamente em conformidade com as folhas de pagamento, e após consolidadas para inserção na GRPS nos respectivos campos (Empresa e Terceiros).

5. No campo 8 da GRPS — Outras Informações — deverá constar em separado o número de empregados e o valor total da folha de salário de contribuição dos admitidos nesta espécie de contrato.

6. Esta Orientação Normativa entrará em vigor na data de sua publicação.

João Donadon
DOU 30.3.1998

Portaria n. 3.158, de 18 de maio de 1971

Dispõe sobre a obrigatoriedade do livro de "inspeção do trabalho"

O MINISTRO DE ESTADO DO TRABALHO E PREVIDÊNCIA SOCIAL, usando das atribuições que lhe confere o art. 913, da Consolidação das Leis do Trabalho, aprovada pelo Decreto-Lei n. 5.452, de 1º de maio de 1943,

Considerando que os §§ 1º e 2º do art. 628, da Consolidação das Leis do Trabalho, com a redação dada pelo Decreto-Lei n. 229, de 28 de fevereiro de 1967, preveem a existência de um livro denominado "Inspeção do Trabalho", para o registro das inspeções efetuadas;

Considerando que os mesmos dispositivos estabelecem que referido livro deverá ter seu modelo aprovado por Portaria Ministerial, resolve:

Art. 1º Ficam as empresas ou empregadores sujeitos à inspeção do trabalho, obrigados a manter um livro de "Inspeção do Trabalho", de acordo com as seguintes especificações:

a) o livro deverá ser encadernado, em cor escura, tamanho 22cm x 33cm;

b) conterá o livro 100 (cem) folhas numeradas tipograficamente, em papel branco acetinado, encorpado e pautado, conforme modelo n. 1, que acompanha esta Portaria;

c) as folhas 1 (um) e 100 (cem) conterão, respectivamente, os termos de abertura e encerramento, efetuados pela empresa ou empregador, conforme modelos ns. 2 e 3.

Art. 2º Os Agentes da Inspeção do Trabalho relacionados nas alíneas de *a* e *d*, do inciso II, do art. 2º do Decreto n. 55.841, de 15 de março de 1965, quando de sua visita ao estabelecimento empregador, autenticarão o Livro de Inspeção do Trabalho que ainda não tiver sido autenticado, sendo desnecessária a autenticação pela unidade regional do Ministério do Trabalho. *(Redação dada pela Portaria n. 402, de 28.4.1995).*

Parágrafo único. *(Revogado pela Portaria n. 402, de 28.4.1995).*

Art. 3º As empresas ou empregadores que mantiverem mais de um estabelecimento, filial ou sucursal, deverão possuir tantos livros "Inspeção do Trabalho" quantos forem seus estabelecimentos.

Art. 4º Os agentes encarregados da inspeção das normas de proteção ao trabalho obedecerão às instruções constantes do Anexo I, na ocasião da inspeção efetuada.

Art. 5º O não cumprimento dos dispositivos da presente Portaria configurará infração dos arts. 628 e 630, da Consolidação das Leis do Trabalho, conforme o responsável, sujeitando-se este às penalidades previstas nos §§ 3º, do art. 628 e 6º do art. 630, do referido diploma legal.

Art. 6º A presente Portaria entrará em vigor 60 (sessenta) dias após a sua publicação.

Júlio Barata
DOU 24.5.1971

ANEXO I

Instruções a que se refere o art. 4º da Portaria Ministerial n. 3.158, de 18 de maio de 1971.

1) O Termo de Registro da Inspeção do Trabalho deverá ser lavrado pelo Agente da Inspeção do Trabalho que proceder à visita. Quando for mais de um Agente a fazê-la, um deles se encarregará da lavratura do Termo, assinando-o ambos.

2) Nesse Termo deverão ficar consignadas todas as irregularidades encontradas no estabelecimento visitado, relacionando-as nos itens, que se contêm no corpo do mesmo.

3) *(Revogado pela Portaria n. 3.006, de 7.1.1982, DOU 12.1.1982).*

4) Lavrado o auto, procederá o Agente à entrega de sua primeira via à repartição competente, dentro do prazo de 48 horas.

5) Quando da visita procedida não for encontrada qualquer irregularidade, o agente riscará no corpo do Termo todas as linhas em branco.

6) Quando forem apreendidos materiais e substâncias utilizadas, lavrará o Agente competente Termo de apreensão na forma do Modelo n. 4.

7) Os casos omissos serão dirimidos pelo Delegado Regional do Trabalho, com recurso para o Diretor-Geral do Departamento Nacional do Trabalho.

MODELO N. 1
TERMO DE REGISTRO DE INSPEÇÃO

Data: .../.../... Hora de início:

Término:

Nome do Agente da Inspeção do Trabalho:
..

Matrícula: Cargo ou função:

Documentos exigidos: ..
.....

1 — Livro ou Fichas de Registro de Empregados ()
2 — Comprovante da Contribuição Sindical (Patronal) — Ano ()
3 — Comprovante da Contribuição Sindical (Empregados) — Ano ()
4 — Relação dos Empregados que recolheram a Contribuição Sindical ()
5 — Relação de Empregados (Lei de 2/3) — Ano ()
6 — Cadastro Permanente de Admissões e Dispensas ()
7 — Relação de Empregados Menores — Ano ()
8 — Acordo para Prorrogação da Duração do Trabalho ()
9 — Acordo para Compensação da Duração do Trabalho ()
10 — Escala de revezamento ()
11 — Ficha ou Papeleta de Horário de Serviço Externo ()
12 — Recibo de Férias — Ano ()
13 — Folhas de Pagamento ()
14 — Atestados Médicos de Admissão dos Empregados ()
15 — Convênio de Aprendizagem com o SENAI ou SENAC ()
16 — E mais:

.. ()
.. ()
.. ()

Prazos concedidos: ...
..

Irregularidades encontradas:
..
..

Autos de Infração lavrados:
..
..

Orientação dada: ..
..

N. de empregados em atividade:
..

Maiores: Menores: Mulheres:

MODELO N. 2
Agente da Inspeção do Trabalho

LIVRO DA INSPEÇÃO DO TRABALHO
TERMO DE ABERTURA

Contém o presente livro 100 folhas, numeradas tipograficamente de 1 a 100 e servirá para Registro da Inspeção do Trabalho, na conformidade do § 1º, art. 628 da Consolidação das Leis do Trabalho, aprovada pelo Decreto-Lei n. 5.452, de 1º de maio de 1943 e alterada pelo Decreto-Lei n. 5.452, de 1º de maio de 1943 e alterado pelo Decreto-Lei n. 229, de 28 de fevereiro de 1967.

Este livro destina-se ao estabelecimento de...
sito na Rua n.
............. Matrícula no INPS n.
CGC n. e está devidamente autenticado em todas as suas folhas, para os efeitos legais.

Data

Empregador

MODELO N. 3

LIVRO DA INSPEÇÃO DO TRABALHO
TERMO DE ENCERRAMENTO

Este livro, preenchidas as suas 100 folhas, fica nesta data encerrada.

Data:

..

Empregador ou preposto

MODELO N. 4
TERMO DE APREENSÃO

Àshoras e minutos do dia de 19, eu, abaixo-assinado, legalmente investido nas funções de Agente de Inspeção do Trabalho, com exercício fiscalizando situado n. CGC n. Matrícula no INPS n. apreendi, com base na alínea "c" do art. 8º do Regulamento da Inspeção do Trabalho, aprovado pelo Decreto n. 55.841, de 15 de março de 1965, para análise, as amostras de materiais e substâncias utilizadas, a seguir discriminadas tendo, consequentemente, lavrado o presente termo, em duas vias, entregando a segunda ao interessado, mediante recibo passado na primeira delas, a fim de remetê-la à autoridade competente.

..

Agente da Inspeção do Trabalho — Nome e matrícula

Portaria n. 3.281, de 7 de dezembro de 1984

Dispõe sobre o pagamento de salários e férias por meio de cheque

O MINISTRO DE ESTADO DO TRABALHO, no uso das atribuições que lhe confere o art. 913, da Consolidação das Leis do Trabalho, e

Considerando que os arts. 145, 463 e 465 da Consolidação das Leis do Trabalho objetivam proteger os interesses imediatos do trabalhador quando do pagamento de seus salários e férias, a fim de que possa dispor de todo o seu tempo após o término do horário de trabalho, para atividades desvinculadas dos interesses empresariais;

Considerando que o pagamento do salário em cheque não contraria lei federal;

Considerando que a utilização de cheque constitui um dos imperativos da vida moderna;

Considerando, ainda, que se torna imprescindível a adaptação da lei à evolução tecnológica, desde que não contrarie os princípios que a inspiraram, resolve:

Art. 1º As empresas situadas em perímetro urbano poderão efetuar o pagamento dos salários e da remuneração das férias através de conta bancária, aberta para este fim em nome de cada empregado e com o consentimento deste, em estabelecimento de crédito próximo ao local de trabalho, ou em cheque emitido diretamente pelo empregador em favor do empregado, salvo se o trabalhador for analfabeto, quando o pagamento somente poderá ser efetuado em dinheiro.

Parágrafo único. As condições de funcionamento do sistema previsto neste artigo serão estipuladas em convênios entre a empresa e o estabelecimento de crédito, de modo a que o empregado possa utilizar a importância depositada de conformidade com o disposto nos arts. 145, 459, parágrafo único, e 465, todos da Consolidação das Leis do Trabalho.

Art. 2º Os pagamentos efetuados na forma do art. 1º obrigam o empregador a assegurar ao empregado:

a) horário que permita o desconto imediato do cheque;

b) transporte, caso o acesso ao estabelecimento de crédito exija a utilização do mesmo;

c) condição que impeça qualquer atraso no recebimento dos salários e da remuneração das férias.

Art. 3º Esta Portaria entrará em vigor na data de sua publicação, revogadas as disposições em contrário, especialmente a Portaria n. 3.245, de 28 de julho de 1971.

MURILLO MACÊDO
DOU 12.12.1984

Portaria MTB/GM n. 3.296, de 3 de setembro de 1986

Autoriza as empresas e empregadores a adotar o sistema de reembolso-creche, em substituição à exigência contida no § 1º do art. 389 da CLT

O MINISTRO DE ESTADO DO TRABALHO, no uso das atribuições que lhe confere o art. 913 da Consolidação das Leis do Trabalho — CLT, aprovada pelo Decreto-Lei n. 5.452, de 1º de maio de 1943, e

Considerando o disposto no art. 444 da CLT, que permite às partes estipularem condições de trabalho que não contrariem as normas de proteção;

Considerando as negociações coletivas, que têm preconizado a concessão do benefício reembolso-creche, objetivando assegurar o contido no art. 389, § 1º, da CLT, a toda empregada-mãe, independentemente da idade e do número de mulheres empregadas no estabelecimento;

Considerando as inúmeras consultas das empresas abrangidas pelos acordos e convenções coletivas sobre a validade da estipulação do benefício, em relação à fiscalização trabalhista, no tocante ao cumprimento art. 389, § 1º, da CLT;

Considerando as autorizações deste Ministério para a implantação do sistema, visando à apreciação de seu funcionamento e os resultados satisfatórios decorrentes da extensão do direito além da obrigação legal,

Resolve:

Art. 1º Ficam as empresas e empregadores autorizados a adotar o sistema de reembolso creche, em substituição à exigência contida no § 1º do art. 389, da CLT, desde que obedeçam às seguintes exigências:

I — o reembolso-creche deverá cobrir, integralmente, as despesas efetuadas com o pagamento da creche de livre escolha da empregada-mãe, ou outra modalidade de prestação de serviço desta natureza, pelo menos até os seis meses de idade da criança, nas condições, prazos e valor estipulados em acordo ou convenção coletiva, sem prejuízo do cumprimento dos demais preceitos de prestação à maternidade; *(Alterado pela Portaria MTb/GM n. 670, de 20.8.1997, publicado no DOU 21.8.1997)*

II — o benefício deverá ser concedido a toda empregada-mãe, independente do número de mulheres do estabelecimento, e sem prejuízo do cumprimento dos demais preceitos de proteção à maternidade;

III — as empresas e empregadores deverão dar ciência às empregadas da existência do sistema e dos procedimentos necessários para a utilização do benefício com a afixação de avisos em locais visíveis e de fácil acesso para os empregados;

IV — o reembolso-creche deverá ser efetuado até o 3º (terceiro) dia útil da entrega do comprovante das despesas efetuadas, pela empregada-mãe, com a mensalidade da creche.

Art. 2º A implantação do sistema de reembolso-creche dependerá de prévia estipulação em acordo ou convenção coletiva.

Parágrafo único. A exigência não se aplica aos órgãos públicos e às instituições paraestatais referidas no *caput* do art. 566, da CLT.

Art. 3º As empresas e empregadores deverão comunicar à Delegacia Regional do Trabalho a adoção do sistema de reembolso-creche, remetendo-lhe cópia do documento explicativo do seu funcionário.

Art. 4º Esta Portaria entrará em vigor na data de sua publicação.

ALMIR PAZZIANOTTO PINTO
DOU 5.9.1986

Portaria MTPS/GM n. 3.626, de 13 de novembro de 1991

Dispõe sobre o registro de empregados, as anotações na carteira de trabalho e previdência social e o registro de horário de trabalho

O MINISTRO DE ESTADO DO TRABALHO E DA PREVIDÊNCIA SOCIAL, usando das atribuições que lhe confere o art. 913 da Consolidação das Leis do Trabalho;

Considerando o disposto nos arts. 29, 41 e 74 da mesma Consolidação das Leis do Trabalho, com as alterações da Lei n. 7.855, de 24 de outubro de 1989, resolve:

Capítulo I
Do Registro de Empregados

Art. 1º *(Revogado pela Portaria GM/MTE n. 41, de 28.3.2007, DOU 30.3.2007)*

Art. 2º *(Revogado pela Portaria GM/MTE n. 41, de 28.3.2007, DOU 30.3.2007)*

Art. 3º O empregador poderá utilizar controle único e centralizado dos documentos sujeitos à inspeção do trabalho, à exceção do registro de empregados, do registro de horário de trabalho e do Livro de Inspeção do Trabalho, que deverão permanecer em cada estabelecimento.

§ 1º A exibição dos documentos passíveis de centralização deverá ser feita no prazo de 2 (dois) a 8 (oito) dias, segundo determinação do agente da inspeção do trabalho.

§ 2º *(Revogado pela Portaria GM/MTE n. 41, de 28.3.2007, DOU 30.3.2007)*

§ 3º *(Revogado pela Portaria GM/MTE n. 41, de 28.3.2007, DOU 30.3.2007)*

Capítulo II
Do Registro Informatizado de Empregados

(Capítulo Revogado pela Portaria MTb/GM n. 1.121, de 8.11.1995)

Art. 4º a 10. *(Revogados pela Portaria MTb/GM n. 1.121, de 8.11.1995)*

Capítulo III
Das Anotações na Carteira de Trabalho e Previdência Social

Art. 11. *(Revogado pela Portaria GM/MTE n. 41, de 28.3.2007, DOU 30.3.2007)*

Art. 12. *(Revogado pela Portaria GM/MTE n. 41, de 28.3.2007, DOU 30.3.2007)*

Art. 12-A. *(Revogado pela Portaria GM/MTE n. 41, de 28.3.2007, DOU 30.3.2007)*

Capítulo IV
Do Registro de Horário de Trabalho

Art. 13. A empresa que adotar registros manuais, mecânicos ou eletrônicos individualizados de controle de horário de trabalho, contendo a hora de entrada e de saída, bem como a pré-assinalação do período de repouso ou alimentação, fica dispensada do uso de quadro de horário (art. 74 da CLT).

Parágrafo único. Quando a jornada de trabalho for executada integralmente fora do estabelecimento do empregador, o horário de trabalho constará também de ficha, papeleta ou registro de ponto, que ficará em poder do empregado.

Art. 14. Permanece como modelo único de quadro de horário de trabalho o aprovado pela Portaria n. 576, de 6 de janeiro de 1941.

Capítulo V
Disposições Finais

Art. 15. Esta Portaria entra em vigor na data de sua publicação, revogadas as Portarias ns. 5, de 21 de janeiro de 1944; 161, de 11 de outubro de 1946; 3, de 7 de janeiro de 1952; 43, de 19 de abril de 1956; 308, de 1º de outubro de 1962; GB-195, de 10 de maio de 1968; 96, de 26 de março de 1969; 3.378, de 14 de dezembro de 1971; 3.560, de 10 de outubro de 1979; 3.088, de 28 de abril de 1980; 3.162, de 8 de setembro de 1982; 3.163, de 8 de setembro de 1982; 3.081, de 11 de abril de 1984; 3.082, de 11 de abril de 1984; 3.022, de 7 de janeiro de 1985; 3.035, de 26 de fevereiro de 1985; 3.044, de 8 de março de 1985; 3.288, de 23 de setembro de 1987 e demais disposições em contrário.

ANTONIO MAGRI
DOU 14.11.1991

Portaria MTB/GM n. 937, de 23 de julho de 1993

Dispõe sobre a isenção da contribuição sindical para as entidades de fins filantrópicos

O MINISTRO DE ESTADO DO TRABALHO, no uso das atribuições que lhe conferem o art. 87, parágrafo único, inciso II, da Constituição Federal e o art. 913 da Consolidação das Leis do Trabalho,

Considerando que, na forma do disposto no § 5º do art. 580, da Consolidação das Leis do Trabalho, as entidades ou instituições, sem registro de capital social, considerarão como capital para os efeitos do cálculo da contribuição sindical, o valor resultante da aplicação do percentual de 40% (quarenta por cento) sobre o movimento econômico registrado no exercício imediatamente anterior;

Considerando que o parágrafo 6º do art. 580 da Consolidação das Leis do Trabalho exclui as entidades ou instituições que comprovarem que não exercem atividade econômica com fins lucrativos, da exigência do § 5º do mesmo dispositivo consolidado, pertinente ao recolhimento da contribuição sindical, resolve:

Art. 1º Para efeito do disposto no § 6º do art. 580 da CLT, consideram-se entidades ou instituições não exercentes de atividades econômicas com fins lucrativos, as sociedades, associações e fundações de caráter beneficente, filantrópico, assistencial, caritativo ou religioso, *mantidas*, exclusivamente, por contribuições, doações, auxílios e/ou subvenções, e que:

a) apliquem seus recursos integralmente na manutenção e desenvolvimento de seus objetivos;

b) não remunerem seus dirigentes;

c) não distribuam lucros a qualquer título; e

d) mantenham escrituração de suas receitas e despesas em livros revestidos das formalidades que assegurem a respectiva exatidão.

Art. 2º A isenção prevista nesta Portaria será reconhecida por despacho do Ministro do Trabalho mediante requerimento da entidade ou instituição interessada, acompanhado de documentos comprobatórios da situação estipulada no item precedente.

Art. 3º A isenção do pagamento da contribuição sindical, concedida na forma do item anterior, será cancelada se, a qualquer tempo, as sociedades, associações e fundações beneficiadas deixarem de satisfazer as condições estabelecidas no item I desta Portaria.

Art. 4º As dúvidas no cumprimento desta Portaria serão dirimidas pelo Secretário de Relações do Trabalho, que expedirá instruções necessárias à sua execução.

Art. 5º Esta Portaria entra em vigor na data de sua publicação, revogadas as Portarias n. 3.015, de 17 de janeiro de 1979, n. 3.583, de 16 de outubro de 1991 e demais disposições em contrário.

WALTER BARELLI
DOU 26.7.1993

Portaria GM/MTE n. 925, de 28 de setembro de 1995

Dispõe sobre a fiscalização do trabalho na empresa tomadora de serviço de sociedade cooperativa

O MINISTRO DE ESTADO DO TRABALHO, no uso das atribuições legais que lhe confere o inciso IV do art. 87 da Constituição Federal,

Considerando que a Constituição Federal nos arts. 5º, inciso XVII e 174, § 4º, estimula a criação de sociedade cooperativa e re-

LEGISLAÇÃO COMPLEMENTAR

cepciona, em parte, a Lei n. 5.764, de 16 de dezembro de 1971;

Considerando que a Lei n. 8.949, de 9 de dezembro de 1994, acrescentou parágrafo único ao art. 442 da Consolidação das Leis do Trabalho — CLT, estabelecendo que não há vínculo empregatício entre a sociedade cooperativa e seus cooperados, nem entre estes e a empresa tomadora de serviços; e

Considerando que, em face desta nova orientação legal, impõe-se a necessidade de a Fiscalização do Trabalho, no desempenho de suas atribuições legais, observar o que determinam os arts. 3º e 9º da CLT, resolve:

Art. 1º O Agente da Inspeção do Trabalho, quando da fiscalização na empresa tomadora de serviços de sociedade cooperativa, no meio urbano ou rural, procederá levantamento físico objetivando detectar a existência dos requisitos da relação de emprego entre a empresa tomadora e os cooperados, nos termos do art. 3º da CLT.

§ 1º Presentes os requisitos do art. 3º da CLT, ensejará a lavratura de auto de infração.

§ 2º Sem prejuízo do disposto neste artigo e seu § 1º, o Agente da Inspeção do Trabalho verificará junto à sociedade cooperativa se a mesma se enquadra no regime jurídico estabelecido pela Lei n. 5.764, de 16 de dezembro de 1971, mediante a análise das seguintes características:

a) número mínimo de vinte associados;

b) capital variável, representado por quotas-partes, para cada associado, inacessíveis a terceiros, estranhos à sociedade;

c) limitação do número de quota-partes para cada associado;

d) singularidade de voto, podendo as cooperativas centrais, federações e confederações de cooperativas, exceção feita às de crédito, optar pelo critério de proporcionalidade;

e) quorum para as assembleias, baseado no número de associado e não no capital;

f) retorno das sobras líquidas do exercício, proporcionalmente às operações realizadas pelo associado;

g) prestação de assistência ao associado; e

h) fornecimento de serviços a terceiros atendendo a seus objetivos sociais.

Art. 2º Constatada a ausência das características da sociedade cooperativa, deverá o Agente da Inspeção do Trabalho comunicar o fato, por escrito, à chefia imediata.

Parágrafo único. Recebida a comunicação, a chefia imediata, quando for o caso, apresentará denúncia à Procuradoria Regional do Trabalho, conforme previsto no art. 6º da Lei n. 7.347, de 24 de julho de 1985 e incisos I, III e IV do art. 83, da Lei Complementar n. 75, de 20 de maio de 1993.

Art. 3º Esta Portaria entrará em vigor na data de sua publicação.

Paulo Paiva
DOU 29.9.1995

Portaria GM/MTB n. 1.061, de 1º de novembro de 1996

Institui procedimentos para a organização e tramitação dos processos de débito salarial, mora do Fundo de Garantia por Tempo de Serviço — FGTS, mora contumaz salarial e mora contumaz do Fundo de Garantia por Tempo de Serviço — FGTS e dá outras providências

O MINISTRO DE ESTADO DO TRABALHO, no uso de suas atribuições legais, e

Considerando o elevado índice de denúncias de atraso de pagamento de salários e do recolhimento do FGTS, com considerável prejuízo ao trabalhador; e

Considerando a necessidade de se estabelecer procedimentos para a perfeita instrução dos processos de débito salarial, mora do FGTS, mora contumaz salarial e mora contumaz do FGTS, a que se referem o Decreto-Lei n. 368, de 11 de dezembro de 1968, a Lei n. 8.036, de 11 de maio de 1990, art. 15 combinado com o art. 22, e o Regulamento do FGTS, aprovado pelo Decreto n. 99.684, de 8 de novembro de 1990, arts. 50 a 52, resolve:

Art. 1º Baixar normas sobre a organização e a tramitação dos processos de débito salarial, mora do FGTS, mora contumaz salarial e mora contumaz do FGTS.

DAS DEFINIÇÕES

Art. 2º Para os efeitos desta Portaria, considera-se:

a) débito salarial — o não pagamento de salários no prazo legal e por período inferior a três meses; (Consolidação das Leis do Trabalho — CLT, art. 459, § 1º)

b) mora do FGTS — o não recolhimento das parcelas devidas ao Fundo, no prazo legal, por período inferior a três meses; (Lei n. 8.036/90, art. 15)

c) mora contumaz salarial — o atraso ou sonegação de salários devidos aos empregados, por período igual ou superior a três meses, sem motivo grave ou relevante, excluídas as causas pertinentes ao risco da atividade econômica; (Decreto-Lei n. 368/68, art. 2º, § 1º)

d) mora contumaz do FGTS — o não recolhimento de valores devidos ao FGTS, por período igual ou superior a três meses, sem motivo grave ou relevante, excluídas as causas pertinentes ao risco do empreendimento. (Decreto n. 99.684/90, art. 51, § 1º)

Art. 3º O processo de débito salarial, mora do FGTS, mora contumaz salarial e mora contumaz do FGTS iniciar-se-á por denúncia do empregado ou da entidade sindical representativa da categoria, assinada pelo seu presidente e, ainda, incidentalmente por relatório da fiscalização, originário de denúncia feita pelas mesmas partes.

Parágrafo único. A denúncia deverá ser apresentada por escrito, em duas vias, contendo os seguintes requisitos:

a) a qualificação do denunciante, e se possível, quando se tratar de empregado, o número e a série de sua Carteira de Trabalho;

b) a indicação do denunciado;

c) o fato objeto da denúncia;

d) a data e assinatura do denunciante.

DA CONSTATAÇÃO DA IRREGULARIDADE

Art. 4º Recebida a denúncia, a chefia da Divisão de Fiscalização do Trabalho emitirá Ordem de Serviço, no prazo máximo de quarenta e oito horas, designando fiscal do trabalho para a verificação acerca do teor da mesma, e constatada a irregularidade será lavrado o respectivo Auto de Infração com fundamento nos arts. 459, § 1º da CLT ou art. 23, § 1º, inciso I da Lei n. 8.036/90, conforme for o caso.

Art. 5º Concluída a fiscalização, o fiscal do trabalho apresentará em quarenta e oito horas, relatório circunstanciado contendo o seguinte:

a) a qualificação e o endereço da empresa;

b) a qualificação e o endereço dos sócios da empresa;

c) o período do atraso dos salários ou da falta de recolhimento do FGTS;

d) comprovantes de pagamentos de honorários, gratificações, *pro labore* ou qualquer outro tipo de retribuição ou retirada, feitos a seus diretores, sócios, gerentes ou titulares no período citado no item anterior;

e) fundamentação específica do fato constatado, tratando-se de débito salarial, mora do FGTS, mora contumaz do salário ou mora contumaz do FGTS;

f) cópia do contrato ou estatuto social da empresa;

g) cópia autenticada do Auto de Infração, que deverá ser processado em apenso.

DA FORMALIZAÇÃO DO PROCESSO

Art. 6º A chefia da Divisão da Fiscalização do Trabalho, de posse do relatório da ação fiscal executada, determinará a formalização do processo, no prazo de quarenta e oito horas e, sendo procedente a denúncia, em igual prazo, notificará a empresa para que apresente sua defesa.

§ 1º A defesa, formalizada por escrito e instruída com os documentos que a fundamentarem, será apresentada à Delegacia Regional do Trabalho, no prazo de dez dias, contados do recebimento da notificação.

§ 2º Não constatada a irregularidade pela Fiscalização, a chefia da Divisão de Fiscalização do Trabalho, sem prejuízo de novas diligências, proporá ao Delegado Regional do Trabalho o arquivamento do processo.

Art. 7º O não oferecimento de defesa no prazo fixado no art. 6º, § 1º, importará em revelia, podendo o Delegado Regional do Trabalho dispensar diligências e concluir o processo para decisão.

Art. 8º O Delegado Regional do Trabalho determinará de ofício ou a requerimento do interessado, a realização de diligências que lhe parecerem necessárias à elucidação de fatos a serem apurados, inclusive a oitiva de testemunhas, indeferindo as que considerar procrastinatórias.

Art. 9º Após encerradas as diligências, a chefia da Divisão de Fiscalização do Trabalho, no prazo de oito dias, dará parecer conclusivo a ser submetido à aprovação do Delegado Regional do Trabalho.

Parágrafo único. O parecer conclusivo deverá conter o resumo dos fatos denunciados e das razões da defesa, a apreciação das provas, os fundamentos da convicção e a conclusão pela procedência ou não da denúncia.

Art. 10. O Delegado Regional do Trabalho encaminhará o processo, no prazo de oito dias, à decisão do Senhor Ministro do Trabalho.

Art. 11. Constatada a infração prevista no art. 1º, incisos I e II, do Decreto-Lei n. 368/68 e no art. 50, incisos I e II, do Decreto n. 99.684/90, o Delegado Regional do Trabalho representará, sob pena de responsabilidade, ao Ministério Público, para a instauração da competente ação penal.

DA DECISÃO

Art. 12. O Ministro do Trabalho, antes de proferir sua decisão, poderá determinar diligências complementares.

Art. 13. Da decisão do processo será dada ciência às partes interessadas, pelo Delegado Regional do Trabalho.

Art. 14. Após a decisão do processo, o Delegado Regional do Trabalho, se for o caso, no prazo de quarenta e oito horas, notificará a empresa para o pagamento da multa, no

prazo de dez dias, sob pena de encaminhamento do processo à cobrança judicial.

Art. 15. Da decisão que concluir pela mora contumaz salarial ou do FGTS, será expedida comunicação ao Senhor Ministro da Fazenda pelo Ministro do Trabalho e às autoridades fazendárias locais municipal, estadual e federal, pelo Delegado Regional do Trabalho.

DAS DISPOSIÇÕES FINAIS

Art. 16. Para os procedimentos previstos nesta Portaria aplicar-se-á, subsidiariamente, a Portaria n. 148, de 25 de janeiro de 1996.

Art. 17. A dissolução da empresa ficará condicionada à emissão de Certidão Negativa de Débito Salarial, pela Delegacia Regional do Trabalho, mediante prova bastante do cumprimento pela empresa de suas obrigações salariais.

§ 1º Para a expedição da Certidão Negativa de Débito Salarial, a Delegacia Regional do Trabalho poderá consultar a entidade sindical da categoria profissional dos empregados da requerente quanto à inexistência de débitos salariais.

§ 2º A Certidão de que trata este artigo será gratuita e terá validade por trinta dias contados de sua expedição.

Art. 18. Esta Portaria entra em vigor na data de sua publicação, revogada a Portaria n. 3.035, de 15 de janeiro de 1969, e a Portaria n. 734, de 9 de junho de 1993.

Paulo Paiva
DOU 5.11.1996

MULTAS ADMINISTRATIVAS TRABALHISTAS APLICAÇÃO

Portaria GM/MTB n. 290, de 11 de abril de 1997

Aprova normas para a imposição de multas administrativas previstas na legislação trabalhista

O MINISTRO DE ESTADO DO TRABALHO, no uso da atribuição que lhe confere o art. 87, parágrafo único, inciso II da Constituição,

Considerando a necessidade de definir critérios para a gradação das multas administrativas variáveis previstas na legislação trabalhista, resolve:

Art. 1º Ficam aprovadas as tabelas constantes nos anexos I, II e III, desta portaria.

Art. 2º As multas administrativas variáveis, quando a lei não determinar sua imposição pelo valor máximo, serão graduadas observando-se os seguintes critérios:
I — natureza da infração (arts. 75 e 351 da CLT);
II — intenção do infrator (arts. 75 e 351 da CLT);
III — meios ao alcance do infrator para cumprir a lei (art. 5º da Lei n. 7.855/89);
IV — extenção da infração (arts. 75 e 351 da CLT);
V — situação econômico-financeira do infrator (art. 5º da Lei n. 7.855/89).

Parágrafo único. O valor final da multa administrativa variável será calculado aplicando-se o percentual fixo de 20% do valor máximo previsto na lei, acrescidos os percentuais de 8% a 40%, conforme o porte econômico do infrator e de 40%, conforme a extensão da infração, cumulativamente, nos termos das tabelas constantes no Anexo III.

Art. 3º A multa prevista no art. 25, da Lei n. 7.998 de janeiro de 1990, será imposta na forma do disposto no art. 9º, da Portaria n. 1.127, de 22 de fevereiro de 1996.

Art. 4º Esta portaria entra em vigor na data de sua publicação.

Paulo Paiva
DOU 18.4.1997

ANEXO I

Tabela das Multas Administrativas de Valor Fixo (em UFIR) Valor da UFIR para o exercício do ano 2000 — R$ 1,0641

NATUREZA	INFRAÇÃO	BASE LEGAL	QUANTIDADE	OBSERVAÇÕES
Obrigatoriedade da CTPS	CLT art. 13	CLT art. 55	378,2847	
Falta anotação da CTPS	CLT art. 29	CLT art. 54	278,2847	
Falta registro de empregado	CLT art. 41	CLT art. 47	378,2847	Por empregado, dobrado na reincidência
Falta de autentificação LRE/FRE	CLT art. 41 parágrafo único	CLT art. 47 parágrafo único	189,1424	Dobrado na reincidência
Falta de autentificação LRE/FRE	CLT art. 41 parágrafo único	CLT art. 47 parágrafo único	189,1424	Dobrado na reincidência
Falta de autentificação LRE/FRE	CLT art. 42 parágrafo único	CLT art. 47 parágrafo único	189,1424	Dobrado na reincidência
Venda CTPS (igual ou semelhante)	CLT art. 51	CLT art. 51	1.134,8541	
Extravio ou inutilização CTPS	CLT art. 52	CLT art. 52	189,1424	
Retenção da CTPS	CLT art. 53	CLT art. 53	189,1424	
Não comparecimento audiência p/ anotação CTPS	CLT art. 54	CLT art. 54	378,2847	
Cobrança CTPS pelo sindicato	CLT art. 56	CLT art. 56	1.134,8541	
Férias	CLT arts. 129/152	CLT art. 153	160,0000	Por empregado, dobrado na reincidência, embaraço ou resistência
Trabalho do menor (Criança e Adolescente)	CLT arts. 402/441	CLT art. 434	378,2847	Por menor irregular até o máximo de 1.891,4236 quando infrator primário. Dobrado esse máximo na reincidência
Anotação indevida CTPS	CLT art. 435	CLT art. 435	378,2847	
Contrato individual de trabalho	CLT art.442/508	CLT art. 510	378,2847	Dobrado na reincidência
Atraso Pagamento de Salário	CLT art. 459 § 1º	art. 4º Lei n. 7.855/89	160,0000	Por empregado prejudicado
Não Pagamento de Verbas Recisórias Prazo Previsto	CLT art. 477 § 8º	CLT art. 477 § 8º	160,0000	Por empregado prejudicado + multa 1 (um) salário, corrigido, para o empregado
13º Salário	Lei n. 4.090/62	Lei n. 7.855/89 art. 3º	160,0000	Por empregado, dobrado na reincidência
Vale-transporte	Lei n. 7.418/85	Lei n. 7.855/89 art. 3º	160,0000	Por empregado, dobrado na reincidência
Entrega de CAGED c/ atraso até 30 dias	Lei n. 4.923/65	Lei n. 4.923/65 art. 10, parágrafo único	4,2000	Por empregado
Entrega de CAGED c/ atraso até 31 dias a 60 dias	Lei n. 4.923/65	Lei n. 4.923/65 art. 10, parágrafo único	6,3000	Por empregado
Falta de CAGED/entrega c/ atraso acima de 60 dias	Lei n. 4.923/65	Lei n. 4.923/65 art. 10	12,6000	Por empregado
Trabalho temporário	Lei n. 6.019/74	Lei n. 7.855/89 art. 3º	160,0000	Por empregado, dobrado na reincidência
Atividade petrolífera	Lei n. 5.811/72	Lei n. 7.855/89 art. 3º	160,0000	Por empregado, dobrado na reincidência
Aeronauta	Lei n. 7.183/84	Lei n. 7.855/89 art. 3º	160,0000	Por empregado, dobrado na reincidência

LEGISLAÇÃO COMPLEMENTAR

FUNDAMENTAÇÃO LEGAL:
1 — Decreto-Lei n. 5.452, de 1º de maio de 1943
2 — Lei n. 4.923, de 23 de dezembro de 1965 — (art. 11)
3 — Decreto-Lei n. 193, de 24 de fevereiro de 1967 — (art. 1º)
4 — Decreto-Lei n. 229, de 28 de fevereiro de 1967
5 — Lei n. 5.562, de 12 de dezembro de 1968 — (art. 2º)
6 — Lei n. 6.205, de 29 de abril de 1975 — (art. 2º, parágrafo único)
7 — Decreto n. 75.704, de 8 de maio de 1975
8 — Lei n. 6.514, de 22 de dezembro de 1977
9 — Lei n. 6.986, de 13 de abril de 1982 — (art. 7º)
10 — Lei n. 7.855, de 24 de outubro de 1989 — (arts. 2º a 6º)
11 — Lei n. 8.177, de 1º de março de 1991 — (art. 3º)
12 — Lei n. 8.178, de 1º de março de 1991 — (art. 21)
13 — Lei n. 8.218, de 29 de agosto de 1991 — (art. 10)
14 — Lei n. 8.383, de 30 de dezembro de 1991 — (arts. 1º e 3º)

ANEXO II

Tabela das Multas Administrativas de Valor Variável (em UFIR)

NATUREZA	INFRAÇÃO	BASE LEGAL	QUANTIDADE		OBSERVAÇÕES
			Min.	Máx.	
Duração do trabalho	CLT arts. 57/74	CLT art. 75	37,8285	3.782,8472	Dobrado na reincidência oposição ou desacato
Salário Mínimo	CLT arts. 76/126	CLT art. 120	37,8285	1.153,1389	Dobrado na reincidência
Segurança do trabalho	CLT arts. 154/200	CLT art. 201	630,4745	6.304,7452	Vr. Máximo reincidência embaraço, resistência, artifício, simulação
Medicina do Trabalho	CLT arts. 154/200	CLT art. 201	378,2847	3.782,8472	Vr. Máximo reincidência embaraço, resistência, artifício, simulação
Duração e Condições Especiais do Trabalho	CLT arts. 224/350	CLT art. 351	37,8285	3.782,8472	Dobrado na reincidência, oposição ou desacato
Nacionalização do Trabalho	CLT arts. 352/371	CLT art. 364	75,6569	7.565,6943	
Trabalho da Mulher	CLT arts. 372/400	CLT art. 401	75,6569	756,5964	Vr. Máximo na reincidêcia artifício, simulação ou fraude
Contribuição sindical	CLT arts. 578/610	CLT art. 598	7,5657	7.565,6943	
Fiscalização	CLT arts. 626/642	CLT art. 630, § 6º	189,1424	1.891,4236	
FGTS: Falta de depósito	Lei n. 8.036/90 art. 23, I	Lei n. 8.036/90 art. 23, § 2º "b"	10,0000	100,0000	Por empregado, dobrado na reincidência, fraude, simulação, artifício, ardil, resistência, embaraço ou desacato
FGTS: omitir informações sobre a conta vinculada do trabalhador	Lei n. 8.036/90 art. 23, II	Lei n. 8.036/90 art. 23, § 2º, "a"	2,0000	5,0000	Por empregado, dobrado na reincidência, fraude, simulação, artifício, ardil, resistência, embaraço ou desacato
FGTS: deixar de computar parcela de remuneração	Lei n. 8.036/90 art. 23, IV	Lei n. 8.036/90 art. 23 § 2º, "b"	10,0000	100,0000	Por empregado, dobrado na reincidência, fraude, simulação, artifício, ardil, resistência, embaraço ou desacato
Seguro-desemprego	Lei n. 7.998/90 art. 24	Lei n. 7.998/90 art. 25	400,0000	40.000,0000	Dobrado na reincidência, oposição ou desacato
RAIS: não entregar no prazo previsto, entregar com erro, omissão ou declaração falsa	Decreto n. 76.900/75 art. 7º c/ Lei n. 7.998/90 art. 24	Lei n. 7.998/90 art. 25	400,0000	40.000,0000	Dobrado na reincidência, oposição ou desacato Gradação conforme Port. MTb. n. 319, de 26.2.93 (art. 6º) e 1.127, de 22.11.1996
Trabalho rural (ver IN Intersecretarial SEFIT/ SSST/ MTb n. 1, de 24.3.1994, que prevê mesmos critérios para o trabalho urbano e o rural, por força da CF)	Lei n. 5.889/73 art. 9º	Lei n. 5.889/73 art. 18	3,7828	378,2847	Por empregado, limitado a 151,3140 quando o infrator for primário Dobrado na reincidência oposição ou desacato.
Radialista	Lei n. 6.615/78	Lei n. 6.615/78 art. 27	107,1738	1.071,7382	Por empregado. Valor máximo na reincidência, embaraço, resistência, artifício ou simulação
Jornalista	Decreto-Lei n. 972/69	Decreto Lei n. 972/69, art. 13	53,5869	535,8692	
Artista	Lei n. 6.533/78	Lei n. 6.533/78, Art. 33	107,1738	1.071,7382	Por empregado. Valor máximo na reincidência, embaraço, resistência, artifício ou simulação
Publicitário	Lei n. 4.680/65	Lei n. 4.680/65, art. 16	3,7828	378,2847	Valores sem expressão na moeda atual, por falta de base legal para atualização ou majoração até 7/89.
Repouso semanal remunerado	Lei n. 605/49	Lei n. 605/49, art.12	0,0000	0,0040	Idem

FUNDAMENTAÇÃO LEGAL:
1 — Decreto-Lei n. 5.452, de 1º de maio de 1943
2 — Lei n. 4.923, de 23 de dezembro de 1965 — (art. 11)
3 — Decreto-Lei n. 193, de 24 de fevereiro de 1967 — (art. 1º)
4 — Decreto-Lei n. 229, de 28 de fevereiro de 1967
5 — Lei n. 5.562, de 12 de dezembro de 1968 — (art. 2º)
6 — Lei n. 6.205, de 29 de abril de 1975 — (art. 2º, parágrafo único)
7 — Decreto n. 75.704, de 8 de maio de 1975
8 — Lei n. 6.514, de 22 de dezembro de 1977
9 — Lei n. 6.986, de 13 de abril de 1982 — (art. 7º)
10 — Lei n. 7.855, de 24 de outubro de 1989 — (arts. 2º a 6º)
11 — Lei n. 8.177, de 1º de março de 1991 — (art. 3º)
12 — Lei n. 8.178, de 1º de março de 1991 — (art. 21)
13 — Lei n. 8.218, de 29 de março de 1991 — (art. 10)
14 — Lei n. 8.383, de 30 de dezembro de 1991 — (arts. 1º e 3º)

ANEXO III

A — TABELA EM UFIR DE GRADUAÇÃO DAS MULTAS DE VALOR VARIÁVEL (art. 5º)

CRITÉRIOS	VALOR A SER ATRIBUÍDO
I — Natureza da infração Intenção do infrator de praticar a infração Meios ao alcance do infrator para cumprir a lei	20% do valor máximo previsto para multa, equivalente ao conjunto dos três critérios. Obs.: Percentual fixo aplicável a todas as infrações, conforme tabela "B" abaixo.
II — Porte Econômico do infrator	De 8% a 40% do valor máximo previsto para a multa, conforme tabela abaixo.
III — Extensão da infração	a) 40% do valor máximo previsto para a multa, quando se tratar de infração a: — Capítulos II e III do Título II da CLT (Duração do Trabalho e Salário Mínimo) — Capítulos II e III do Título III da CLT (Disposições especiais sobre duração e condições de trabalho e Proteção do Trabalho da Mulher) — Capítulos I do Título VII da CLT (Fiscalização, Autuação e Imposição de Multas) — Art. 23 da Lei n. 8.036/90 (Fundo de Garantia do Tempo de Serviço) b) De 8% a 40% do valor máximo previsto para a multa aplicável às demais infrações, conforme tabela "C" abaixo

Obs.: O valor da multa corresponderá à soma dos valores resultantes da aplicação dos percentuais relativos aos três níveis de critérios acima (I, II e III)

B — TABELA EM UFIR DO PERCENTUAL FIXO APLICÁVEL A TODAS AS INFRAÇÕES

Base Legal								
Arts. 75 e 351 da CLT	Art. 120 da CLT	Arts. 364 e 598 da CLT	Art. 401 da CLT	Art. 630, § 6º, da CLT	Art. 16, Lei n. 4.680/65 Art. 18, Lei n. 5.889/73	Art. 13 Decreto-Lei n. 972/69	Art. 23, § 2º "a", da Lei n. 8.036/90	Art. 23, § 2º "b", da Lei n. 8.036/90
756,5694	302,6277	1.513,1388	151,3138	378,2847	75,6569	107,1738	1,0000	20,0000

C) TABELA EM UFIR DE GRADAÇÃO DE MULTAS DE VALOR VARIÁVEL APLICÁVEL AOS CRITÉRIOS II E III, ALÍNEA "B", DO QUADRO ACIMA

Quantidade de Empregados	%	Base Legal								
		Art. 75 e 351 da CLT	Art. 120 da CLT	Arts. 364 e 598 da CLT	Art. 401 da CLT	Art. 630, § 6º, da CLT	Art. 16, Lei n. 4.680/65 Art. 18, Lei n. 5.889/73	Art. 13, Decreto-Lei n. 972/69	Art. 23, § 2º, "a", da Lei n. 8.036/90	Art. 23, § 2º, "b", da Lei n. 8.036/90
de 01 a 10	8	302,6277	121,0511	605,2555	60,5255	151,3138	30,2627	42,8695	0,4000	8,0000
de 11 a 30	16	605,2555	242,1022	1.210,5111	121,0511	302,6277	60,5255	85,7390	0,8000	16,0000
de 31 a 60	24	907,8833	363,1533	1.815,7666	181,5766	453,9416	90,7883	128,6086	1,2000	24,0000
de 61 a 100	32	1.210,5111	484,2044	2.421,0221	242,1022	605,2555	121,0511	171,4781	1,6000	32,0000
acima de 100	40	1.513,1388	605,2555	3.026,2777	302,6277	756,5694	151,3138	214,3476	2,0000	40,0000

TABELA PARA IMPOSIÇÃO DE MULTAS VARIÁVEIS DA LEGISLAÇÃO TRABALHISTA

Natureza da Infração	Artigo Infringido	Artigo Imposição	Quantidade de empregados da empresa					Obs.
			01 A 10	11 A 30	31 A 60	61 A 100	Mais de 100	
Duração do Trabalho	57 A 74	75	2.737,22	3.059,24	3.381,65	3.703,30	4.025,32	1
Salário mínimo	76 A 126	120	1.094,88	1.223,69	1.352,51	1.481,32	1.610,13	2
Condições Especiais	224 A 350	351	2.737,22	3.059,24	3.381,27	3.703,30	4.025,32	1
Nacionalização do Trabalho	352 A 371	364	2.898,23	4.186,34	5.474,44	6.762,55	8.050,65	
Trabalho da Mulher	372 A 400	401	547,44	611.84	676,25	740,66	805,06	3
Contribuição Sindical	578 A 610	598	2.898,23	4.186,34	5.474,44	6.762,55	8.050,65	
Fiscalização	626 A 642	630 § 6º	1.368,61	1.525,16	1.690,63	1.851,65	2.012,66	
FGTS — Falta de depósito Lei n. 8.036/90	23 § 1º, inc I	23 § 2º, al. b	72,35	80,87	89,38	97.89	106,41	4
FGTS — Omitir inform. s/ a conta vinculada	23 § 1º, inc I	23 § 2º, al. b	3,61	4,04	4,46	4,89	5,32	4
FGTS — Apresent. Inform. c/erro/omissão	23 § 1º, inc I	23 § 2º, al. b	3,61	4,04	4,46	4,89	5,32	4
FGTS — Deixar de comput. parc. remuner.	23 § 1º, inc I	23 § 2º, al. b	72,35	80,87	89,38	97,89	106,41	4
FGTS — Deixar de depositar após Notific.	23 § 1º, inc I	23 § 2º, al. b	72,35	80,87	89,38	97,89	106,41	4
Seguro Desemprego — Lei n. 7.998/90	24	25	15.323,04	22.133,28	28.943,52	35.753,76	42.564,00	1
RAIS	V. Portaria MTE/GM n. 14, de 10.2.2006, DOU 13.2.2006							
Trabalho Rural — Lei n. 5.889/73		18	144,91	209,31	273,72	338,12	402,53	5
Jornalista — Dec. Lei n. 972/69		13	205,27	296,51	387,74	478,98	570,21	
Publicitário — Lei n. 4.680/65		16	144,91	209,31	273,72	338,76	402,53	

1. Dobrada na reincidência, oposição, desacato.
2. Dobrada na reincidência.
3. Aplicar valor máximo na reincidência, artifício, simulação/fraude.
4. Por empregado, dobrada na reincidência, fraude, simulação, artifício, ardil, resistência, embaraço ou desacato.
5. Por empregado, limitado a 151,3140 quando primário, dobrada na reincidência/oposição/desacato.

LEGISLAÇÃO COMPLEMENTAR

TABELA PARA IMPOSIÇÃO DE MULTAS FIXAS DA LEGISLAÇÃO TRABALHISTA

Natureza da Infração	Artigo Infringido	Artigo Imposição	Valor em Reais	
Obrigatoriedade da CTPS	13	55	402,53	Por ocorrência
Falta de Anotação	29	54	402,53	Por ocorrência
Falta de Registro	41	47	402,53	Por empregado, dobrada na reincidência
Falta de atualização do LRE/FRE	41 parágrafo único	47 parágrafo único	201,26	Dobrada na reincidência
Falta de altenticação do LRE/FRE	42	47 parágrafo único	201,26	Dobrada na reincidência
Venda de CTPS	51	51	1.207,59	Por ocorrência
Extravio/Inutilização de CTPS	52	52	201,26	Por ocorrência
Retenção de CTPS	53	53	201,26	Por ocorrência
Não Comparecim. Audiência p/anotação CTPS	54	54	402,53	Por ocorrência
Cobrança CTPS pelo Sindicato	56	56	1.207,59	Por ocorrência
Férias	129/152	153	170,25	Por empregado, dobrada na reincid/embar/resist.
Trabalho Menor (criança ou adolescente)	402/441	434	402,53	Por menor até 5, dobrado o máximo na reincid.
Anotação Indevida da CTPS	435	435	402,53	Por ocorrência
Contrato individual de Trabalho	442/508	510	402,53	Dobrado na reincidência
Atraso no pagamento do Salário	459 § 1º	4º, Lei n. 7.855/89	170,25	Por empregado prejudicado + 1 sal. p/o empreg.
Não Pagto. de Verbas Rescis. no prazo previsto	477 § 6º	477 § 8º	170,25	Por empregado prejudicado + 1 sal. p/o empreg.
13º Salário	Lei n. 4.090/62	3º, I, Lei n. 7.855/89	170,25	Por empregado, dobrada na reincidência
Vale-Transporte	Lei n. 7.418/85	3º, V, Lei n. 7.855/89	170,25	Por empregado, dobrada na reincidência
Entrega do CAGED c/atraso até 30 dias	Lei n. 4.923/65	10º, Lei n. 4.923/65	4,46	Por empregado
Entrega do CAGED c/atraso 31 a 60 d.	Lei n. 4.923/65	10º, Lei n. 4.923/65	6,30	Por empregado
Não entrega ou entrega CAGED atraso. > 60 d.	Lei n. 4.923/65	10º, Lei n. 4.923/65	13,40	Por empregado
Trabalho Temporário	Lei n. 6.019/74	3º, III, Lei n. 7.855/89	170,25	Por empregado dobrado na reincidência
Atividade Petrolífera	Lei n. 5.811/72	3º, II, Lei n. 7.855/89	170,25	Por empregado dobrado na reincidência
Aeronauta	Lei n. 7.183/84	3º, IV, Lei n. 7.855/89	170,25	Por empregado dobrado na reincidência
Seguro-Desemprego	Lei n. 2.284/86	3º, VI, Lei n. 7.855/89	170,25	Por empregado dobrado na reincidência

(*) Tabela fornecida pela Delegacia Regional do Trabalho de São Paulo com a conversão dos valores de UFIRs para Reais.

Portaria MTE n. 207, de 31 de março de 1998

Baixa instruções sobre a forma de cálculo das médias previstas nos arts. 3º e 4º da Lei n. 9.601, de 21 de janeiro de 1998, que "dispõe sobre o contrato de trabalho por prazo determinado e dá outras providências", e estabelece procedimentos relativos ao depósito do referido contrato e sua fiscalização

O MINISTRO DE ESTADO DO TRABALHO — Interino, usando das atribuições que lhe confere o inciso IV do art. 87 da Constituição Federal, e nos termos da Lei n. 9.601, de 21 de janeiro de 1998, e do Decreto n. 2.490, de 4 de fevereiro de 1998, resolve:

Art. 1º Para o cálculo da média mensal do número de empregados contratados por prazo indeterminado existentes no estabelecimento, a que se refere o art. 5º, § 1º, alínea "a" do Decreto n. 2.490, de 4 de fevereiro de 1998, considerar-se-á a contagem de todos os dias do mês, trabalhados ou não.

Art. 2º Para que subsista a redução das alíquotas previstas no art. 2º da Lei n. 9.601, de 21 de janeiro de 1998, com a regulamentação dada pelo Decreto n. 2.490/98, deverão ser satisfeitas as seguintes condições.

I — o quadro de empregados contratados por prazo indeterminado existentes no estabelecimento no mês de referência deverá:

a) ser calculado somando-se o número de empregados contratados por prazo indeterminado existentes no estabelecimento durante o mês, levando-se em conta todos os dias, e dividindo-se pelo número total de dias do mês, trabalhados ou não;

b) manter-se igual ou superar a média semestral de empregados contratados por prazo indeterminado calculada na forma do art. 5º do Decreto n. 2.490/98 e do art. 1º desta Portaria;

II — a folha salarial relativa aos empregados contratados por prazo indeterminado existentes no estabelecimento no mês de referência deverá ser superior à folha salarial média semestral.

§ 1º A folha salarial média semestral será calculada somando-se as folhas salariais relativas aos empregados contratados por prazo indeterminado existentes no estabelecimento dos meses considerados para cálculo da média de empregados, a que se refere o art. 5º do Decreto n. 2.490/98, e dividindo-se por seis.

§ 2º A folha salarial média semestral, calculada na forma do § 1º deste artigo, e a folha salarial do mês de referência incluem os valores referentes à remuneração paga aos empregados e excluem os referentes ao terço constitucional, abono pecuniário, gratificação natalina e verbas rescisórias indenizatórias.

Art. 3º A redução de que trata o art. 2º da Lei n. 9.601/98 será assegurada, atendidas as demais condições legais, mediante depósito, no órgão regional do Ministério do Trabalho, do contrato escrito firmado entre empregado e empregador.

§ 1º O empregador ou seu preposto deverá apresentar, no ato do depósito, os seguintes documentos:

I — requerimento para depósito, em formulário próprio, nos termos do Anexo I a esta Portaria, em três vias, dirigido ao Delegado Regional do Trabalho, onde o empregador declarará, sob as penas da lei, que no momento da contratação se encontra adimplente junto ao Instituto Nacional do Seguro Social — INSS e ao Fundo de Garantia do Tempo de Serviço — FGTS e que as admissões representam acréscimo no número de empregados e obedecem aos percentuais legais;

II — 3 cópias da convenção ou do acordo coletivo que autorizou a contratação;

III — segunda via dos contratos de trabalho por prazo determinado;

IV — relação dos empregados contratados, em formulário próprio, em conformidade com o Anexo II a esta Portaria, apresentado em três vias.

§ 2º A apresentação dos documentos mencionados no parágrafo anterior deverá ser precedida pelo depósito da convenção ou acordo coletivo nos termos do Título VI, arts. 611 a 625, da Consolidação das Leis do Trabalho.

Art. 4º O requerimento para depósito dos contratos de trabalho por prazo determinado acompanhado dos demais documentos previstos no § 1º do art. 3º desta Portaria, será recebido pelos órgãos regionais do Ministério do Trabalho no seu setor de protocolo, que o encaminhará à Divisão, ao Serviço ou à Seção de Fiscalização do Trabalho.

Art. 5º A chefia da fiscalização encaminhará mensalmente, ao agente operador do FGTS e ao INSS, as segundas e terceiras vias, respectivamente, dos documentos relacionados nos incisos I, II e IV do § 1º, do art. 3º desta Portaria.

Art. 6º À Divisão, ao Serviço ou à Seção de Fiscalização do Trabalho compete:

I — manter arquivo próprio, diferente daquele utilizado para depósito da convenção ou acordo coletivo na Divisão ou no Serviço de Relações do Trabalho, organizado com numeração de controle sequencial por estabelecimento, para os contratos de trabalho por prazo determinado, em conformidade com a Lei n. 9.601/98;

II — analisar a documentação referente ao requerimento de depósito mencionado no art. 3º desta Portaria, quanto aos pressupostos legais para a validade do contrato.

§ 1º Será imediatamente determinada ação fiscal no estabelecimento empregador que deixar de apresentar quaisquer documentos exigidos no art. 3º, § 1º, desta Portaria.

§ 2º Havendo autuação por infração às disposições da Lei n. 9.601/98, a Chefia da Fiscalização encaminhará comunicação aos seguintes órgãos ou entidades:

I — Ministério Público do Trabalho, nos termos da Lei n. 7.347, de 5 de julho de 1985, e da Lei Complementar n. 75, de 20 de maio de 1993, instruída a comunicação com cópia do respectivo auto de infração, após sua decisão em última instância administrativa;

II — Agente Operador do FGTS, noticiando que o empregador não faz jus à redução de alíquota prevista no inciso II do art. 2º da Lei n. 9.601/98;

III — Instituto Nacional do Seguro Social — INSS, se observado qualquer indício de descumprimento do inciso I do art. 4º da Lei n. 9.601/98.

Art. 7º Esta Portaria entra em vigor na data de sua publicação.

Antonio Augusto Junho Anastasia
DOU 1.4.1998

Anexo I
FORMULÁRIO PARA DEPÓSITO DE CONTRATO

Anexo II
RELAÇÃO DE EMPREGADOS CONTRATADOS POR PRAZO DETERMINADO (Lei n. 9.601/98)

Fls. __/__

Nome do Empregado	N. da CTPS	N. do PIS/PASEP	Data do Início do Contrato	Data do Término do Contrato	Prorrogação (Sim/Não)
1)					
2)					
3)					
4)					
5)					
6)					
7)					
8)					

LEGISLAÇÃO COMPLEMENTAR

Nome do Empregado	N. da CTPS	N. do PIS/ PASEP	Data do Início do Contrato	Data do Término do Contrato	Prorrogação (Sim/Não)
9)					
10)					
11)					
12)					
13)					
14)					
15)					
16)					
17)					
18)					
19)					
20)					

Em caso de prorrogação do contrato de trabalho, informar a primeira data de contratação do empregado.

Portaria MTE n. 60, de 4 de fevereiro de 1999

FGTS — Multa rescisória pelo empregador

O MINISTRO DE ESTADO DO TRABALHO E EMPREGO, no uso de suas atribuições legais, e considerando a necessidade de adotar medidas que visem a preservação do direito do trabalhador de movimentar sua conta vinculada do FGTS, diante do não recolhimento da multa rescisória pelo empregador, resolve:

Art. 1º O agente homologador, ao constatar o não recolhimento pelo empregador da multa rescisória de que trata o art. 18 da Lei n. 8.036, de 11 de maio de 1990, que deve ser depositada na conta vinculada do FGTS do trabalhador, na hipótese de despedida sem justa causa, inclusive a indireta, de culpa recíproca e de força maior, deverá adverti-lo quanto aos prazos e às penalidades a que está sujeito, em conformidade com o disposto no art. 477 da Consolidação das Leis do Trabalho — CLT e no art. 23 da Lei n. 8.036/90.

§ 1º Caso o empregador não efetue o referido depósito na conta vinculada do FGTS do trabalhador, a homologação será efetuada com ressalva, relatando-se o fato no Termo de Rescisão do Contrato de Trabalho — TRCT.

§ 2º Na homologação realizada na Delegacia Regional do Trabalho — DRT, a não exibição do comprovante do referido depósito ensejará imediata lavratura de auto de infração para fins de imposição de multa.

§ 3º Em se tratando de homologação realizada pelo Sindicato e na hipótese de ocorrência do previsto no § 1º, será encaminhada denúncia à DRT, para a adoção das devidas providências.

§ 4º O TRCT, contendo a ressalva quanto ao não recolhimento da referida multa rescisória, é documento comprobatório para efeito de movimentação da conta vinculada pelo trabalhador perante o agente operador do FGTS, além dos demais requisitos exigidos pelas normas em vigor.

Art. 2º No caso de rescisão do contrato de trabalho com menos de um ano, sem justa causa, inclusive a indireta, de culpa recíproca e de força maior, diante do não recolhimento da multa rescisória, a DRT, por solicitação do trabalhador ou mediante comunicado do agente operador do FGTS sobre a referida ocorrência, adotará os procedimentos de fiscalização cabíveis para apuração da infração denunciada, sem prejuízo da movimentação da conta vinculada do FGTS pelo trabalhador.

Art. 3º Esta Portaria entra em vigor na data de sua publicação, revogadas as disposições em contrário.

FRANCISCO DORNELLES
DOU 8.2.1999

Portaria GM/MTE n. 1.964, de 1º de dezembro de 1999

Resolve que as delegacias regionais do trabalho deverão dar ampla divulgação ao modelo de contratação rural denominado "consórcio de empregadores rurais", estimulando, para tanto, o debate entre produtores e trabalhadores rurais, por meio de suas entidades associativas ou sindicais

O MINISTRO DE ESTADO DO TRABALHO E EMPREGO, no uso das atribuições que lhe confere o inciso I do parágrafo único do art. 87 da Constituição Federal, tendo em vista o disposto no art. 7º dessa Carta e, ainda, considerando a necessidade de orientação aos Auditores Fiscais do Trabalho quanto à fiscalização em propriedades rurais em que haja prestação de trabalho subordinado a um "Condomínio de Empregadores" (ou "Pluralidade de Empregadores Rurais", ou "Registro de Empregadores em Nome Coletivo de Empregadores" ou "Consórcio de Empregadores Rurais"), resolve:

Art. 1º As Delegacias Regionais do Trabalho deverão dar ampla divulgação ao modelo de contratação rural denominado "Consórcio de Empregadores Rurais", estimulando, para tanto, o debate entre produtores e trabalhadores rurais, por meio de suas entidades associativas ou sindicais.

Parágrafo único. Para os fins do disposto nesta Portaria, considera-se "Consórcio de Empregadores Rurais" a união de produtores rurais, pessoas físicas, com a finalidade única de contratar empregados rurais.

Art. 2º O Auditor Fiscal do Trabalho, quando da fiscalização em propriedade rural em que haja prestação de trabalho a produtores rurais consorciados, procederá a levantamento físico objetivando identificar os trabalhadores encontrados em atividade, fazendo distinção entre os empregados diretos do produtor e aqueles comuns ao grupo consorciado.

Art. 3º Feito o levantamento físico e tendo o Auditor Fiscal do Trabalho identificado trabalhadores contratados por "Consórcio de Empregadores Rurais", deverá solicitar os seguintes documentos, que deverão estar centralizados no local de administração do Consórcio:

I — matrícula coletiva — CEI (Cadastro Específico do INSS) — deferida pelo Instituto Nacional do Seguro Social — INSS;

II — pacto de solidariedade, consoante previsto no art. 896 do Código Civil, devidamente registrado em cartório;

III — documentos relativos à administração do Consórcio, inclusive de outorga de poderes pelos produtores a um deles ou a um gerente/administrador para contratar e gerir a mão de obra a ser utilizada nas propriedades integrantes do grupo;

IV — livro, ficha ou sistema eletrônico de registro de empregados;

V — demais documentos necessários à atuação fiscal.

§ 1º O nome especificado na matrícula referida no inciso I deverá constar como empregador no registro do empregado e em todos os documentos decorrentes do contrato único de prestação de trabalho entre cada trabalhador e os produtores rurais consorciados.

§ 2º No pacto de solidariedade, onde os produtores rurais se responsabilizarão solidariamente pelas obrigações trabalhistas e previdenciárias decorrentes da contratação dos trabalhadores comuns, deverá constar a identificação de todos os consorciados com nome completo, CPF, documento de identidade, matrícula CEI individual endereço e domicílio, além do endereço das propriedades rurais onde os trabalhadores exercerão atividades.

Art. 4º Constatada a violação de preceito legal pelo "Consórcio de Empregadores Rurais", deverá o Auditor Fiscal do Trabalho lavrar o competente auto de infração em nome contido na CEI coletiva citando, ainda, o CPF do produtor que encabeça a matrícula e fazendo constar no corpo desta peça as informações necessárias à caracterização da prestação de trabalho a produtores consorciados.

§ 1º O Auditor Fiscal do Trabalho deverá, sempre que possível, juntar ao auto de infração a cópia da CEI coletiva e do pacto de solidariedade, a fim de garantir a perfeita identificação de todos os produtores rurais.

§ 2º A infração ao art. 41, *caput*, da Consolidação das Leis do Trabalho ensejará a

lavratura do competente auto de infração em nome do proprietário ou possuidor da propriedade em que o empregado sem registro for encontrado em atividade.

Art. 5º Esta Portaria entra em vigor na data de sua publicação.

<div style="text-align:right">FRANCISCO DORNELLES
DOU 2.12.1999</div>

Portaria GM/MTE n. 329, de 14 de agosto de 2002

Estabelece procedimentos para a instalação e o funcionamento das comissões de conciliação prévia e núcleos intersindicais de conciliação trabalhista

O MINISTRO DE ESTADO DO TRABALHO E EMPREGO, no uso das atribuições que lhe conferem o art. 87, parágrafo único, II, da Constituição Federal, e o art. 913 da Consolidação das Leis do Trabalho — CLT, aprovada pelo Decreto-Lei n. 5.452, de 10 de maio de 1943; e

Considerando o disposto nos arts. 625-A a 625-H da CLT, com a redação dada pela Lei n. 9.958, de 12 de janeiro de 2000.

Considerando a relevante finalidade das Comissões de Conciliação Prévia, como fator de prevenção e solução extrajudicial de conflitos;

Considerando a necessidade de se traçarem instruções dirigidas às Comissões de Conciliação Prévia com vistas a garantir a legalidade, a efetividade e a transparência dos seus atos, bem como resguardar os direitos sociais e trabalhistas previstos na Constituição Federal, na CLT e legislação esparsa; e

Considerando as sugestões do Grupo de Trabalho, organizado em configuração tripartite, com a finalidade de promover ações conjuntas visando ao aprimoramento dos mecanismos de funcionamento, acompanhamento e avaliação das Comissões de Conciliação Prévia, resolve:

Art. 1º A Comissão de Conciliação Prévia instituída no âmbito do sindicato terá sua constituição e funcionamento definidos em convenção ou acordo coletivo de trabalho.

Parágrafo único. A Comissão conciliará exclusivamente conflitos que envolvam trabalhadores pertencentes à categoria profissional e à base territorial das entidades sindicais que as tiverem instituído.

Art. 2º A Comissão instituída no âmbito da empresa ou grupo de empresas destina-se a conciliar conflitos envolvendo os respectivos empregados e empregadores.

Parágrafo único. A escolha de representantes dos empregados da Comissão instituída no âmbito da empresa será por meio de eleição, fiscalizada pelo sindicato da categoria profissional.

Art. 3º A instalação da sessão de conciliação pressupõe a existência de conflito trabalhista, não se admitindo a utilização da Comissão de Conciliação Prévia como órgão de assistência e homologação de rescisão contratual.

Parágrafo único. A competência para prestar assistência ao trabalhador na rescisão contratual é do sindicato da categoria e da autoridade do Ministério do Trabalho e Emprego, nos termos do art. 477 da CLT.

Art. 4º A submissão de demanda de natureza trabalhista à Comissão de Conciliação Prévia é obrigatória quando houver Comissão instituída no âmbito da empresa ou do sindicato da categoria, na localidade da prestação de serviços do trabalhador.

Art. 5º A Comissão deverá comunicar, à Seção ou ao Setor de Relações do Trabalho das Delegacias Regionais do Trabalho do Ministério do Trabalho e Emprego, a instituição, o local de funcionamento, a composição e o início das atividades. *(Revogado pela Portaria MTE n. 617, de 19.3.2010, DOU 22.3.2010)*

Art. 6º A Comissão de Conciliação Prévia deverá dispor sobre a produção e guarda dos documentos relativos aos procedimentos de tentativa e de conciliação prévia trabalhista.

Parágrafo único. Todos os documentos produzidos no processo de conciliação, desde a formulação da demanda até seu resultado final, frustrado ou não, deverão ser arquivados pela Comissão, pelo período de 5 (cinco) anos.

Art. 7º A Comissão deve se abster de utilizar, nos seus documentos, símbolos oficiais, como o Selo e as Armas da República, que são de uso exclusivo da Administração Pública Federal, nos termos da Lei n. 5.700, de 10 de setembro de 1971.

Art. 8º O local e o horário de funcionamento da Comissão devem ser amplamente divulgados para conhecimento público.

Art. 9º A paridade de representação na Comissão de Conciliação Prévia será mantida no funcionamento da sessão de conciliação.

Art. 10. A forma de custeio da Comissão será regulada no ato de sua instituição, em função da previsão de custos, observados os princípios da razoabilidade e da gratuidade ao trabalhador.

§ 1º A Comissão não pode constituir fonte de renda para as entidades sindicais.

§ 2º Não serão adotados, para o custeio das Comissões, os seguintes critérios:

I — cobrança do trabalhador de qualquer pagamento pelo serviço prestado;

II — cobrança de remuneração vinculada ao resultado positivo da conciliação;

III — cobrança de remuneração em percentual do valor pleiteado ou do valor conciliado.

V — cobrança de remuneração vinculada ao número de demandas propostas. *(Inciso acrescentado pela Portaria n. 230, de 21.5.2004, DOU 24.5.2004)*

§ 3º Os membros da comissão não podem perceber qualquer remuneração ou gratificação com base nos acordos firmados, no número de demandas propostas perante a comissão, no valor do pedido ou do acordo e no resultado da demanda. *(Redação dada pela Portaria n. 230, de 21.5.2004, DOU 24.5.2004)*

§ 4º O custeio da Comissão de empresa ou empresas é de exclusiva responsabilidade dessas.

Art. 11. A conciliação deverá cingir-se a conciliar direitos ou parcelas controversas.

Parágrafo único. Não pode ser objeto de transação o percentual devido a título de FGTS, inclusive a multa de 40% sobre todos os depósitos devidos durante a vigência do contrato de trabalho, nos termos da Lei n. 8.036, de 11 de maio de 1990.

Art. 12. O convite de comparecimento à sessão de conciliação deve ser acompanhado de cópia da demanda.

Art. 13. As partes devem ser informadas, no convite e ao início da sessão de conciliação, de que:

I — a Comissão tem natureza privada e não integra o Poder Judiciário;

II — o serviço é gratuito para o trabalhador;

III — a tentativa de conciliação é obrigatória, mas o acordo é facultativo;

IV — o não comparecimento do representante da empresa ou a falta de acordo implica tão somente a frustração da tentativa de conciliação e viabiliza o acesso à Justiça do Trabalho;

V — as partes podem ser acompanhadas de pessoa de sua confiança;

VI — a quitação passada pelo Empregado no termo de conciliação firmado perante a Comissão de Conciliação Prévia somente refere aos direitos expressamente reclamados pelo mesmo na demanda, independentemente de ressalvas; *(Redação dada pela Portaria n. 230, de 21.5.2004, DOU 24.5.2004)*

VII — aos direitos objeto da conciliação poderá ser dada quitação total, devendo-se ressalvar as parcelas referentes a esses em relação às quais não se tenha atingido a conciliação; *(Redação dada pela Portaria n. 230, de 21.5.2004, DOU 24.5.2004)*

VIII — o termo de acordo constitui título executivo extrajudicial, sujeito, no caso de descumprimento, à execução na Justiça do Trabalho;

IX — as partes podem ser atendidas em separado pelos respectivos membros representantes para esclarecimentos necessários, assegurando-se a transparência do processo de conciliação.

Art. 14. Caso a conciliação não prospere, será fornecida ao Empregado e ao Empregador declaração da tentativa conciliatória frustrada, com a descrição de seu objeto, firmada pelos membros da Comissão.

Art. 15. A conciliação deverá ser reduzida a termo, que será assinado em todas as vias pelas partes e membros da Comissão, fornecendo-se cópias aos interessados.

Parágrafo único. O termo de conciliação deverá ser circunstanciado, especificando direitos, parcelas e respectivos valores, ressalvas, bem como outras matérias objeto da conciliação.

Art. 16. As instruções constantes desta Portaria aplicam-se aos Núcleos Intersindicais de Conciliação Trabalhista.

Art. 17. Esta Portaria entra em vigor na data de sua publicação.

<div style="text-align:right">PAULO JOBIM FILHO
DOU 15.8.2002 E REPUB. DOU 20.8.2002</div>

Portaria n. 3, da SIT/MTE, de 1º de março de 2002

Baixa instruções sobre a execução do Programa de Alimentação do Trabalhador — PAT

A SECRETÁRIA DE INSPEÇÃO DO TRABALHO E O DIRETOR DO DEPARTAMENTO DE SEGURANÇA E SAÚDE NO TRABALHO, no uso de suas atribuições legais, considerando o disposto no art. 9º, do Decreto n. 05, de 14 de janeiro de 1991, resolvem:

I — Do Objetivo do Programa de Alimentação do Trabalhador — PAT

Art. 1º O Programa de Alimentação do Trabalhador — PAT, instituído pela Lei n. 6.321, de 14 de abril de 1976, tem por objetivo a melhoria da situação nutricional dos trabalhadores, visando a promover sua saúde e prevenir as doenças profissionais.

LEGISLAÇÃO COMPLEMENTAR

I-A — Da Inscrição e do Registro

Seção acrescida pela Portaria SIT/MTE n. 335, de 12.9.2012, DOU 17.9.2002

Seção acrescida pela Portaria SIT/DDSST n. 343, de 18.2.2013, DOU 20.2.2013

II — Das Pessoas Jurídicas Beneficiárias

Art. 2º Para inscrever-se no Programa e usufruir dos benefícios fiscais, a pessoa jurídica deverá requerer a sua inscrição à Secretaria de Inspeção do Trabalho — SIT, através do Departamento de Segurança e Saúde no Trabalho — DSST, do Ministério do Trabalho e Emprego — MTE, em impresso próprio para esse fim a ser adquirido na Empresa Brasileira de Correios e Telégrafos — ECT ou por meio eletrônico utilizando o formulário constante da página do Ministério do Trabalho e Emprego na INTERNET (www.mte.gov.br). *(Revogado pela Portaria SIT/MTE n. 335, de 12.9.2012, DOU 17.9.2012) (Vigência do caput e parágrafos restaurada pela Portaria SIT/DSST n. 343, de 18.2.2013, DOU 20.2.2013.)*

§ 1º A cópia do formulário e o respectivo comprovante oficial de postagem ao DSST/SIT ou o comprovante da adesão via INTERNET deverá ser mantida nas dependências da empresa, matriz e filiais, à disposição da fiscalização federal do trabalho. *(Revogado pela Portaria SIT/MTE n. 335, de 12.9.2012, DOU 17.9.2012) (Vigência do caput e parágrafos restaurada pela Portaria SIT/DSST n. 343, de 18.2.2013, DOU 20.2.2013.)*

§ 2º A documentação relacionada aos gastos com o Programa e aos incentivos dele decorrentes será mantida à disposição da fiscalização federal do trabalho, de modo a possibilitar seu exame e confronto com os registros contábeis e fiscais exigidos pela legislação. *(Revogado pela Portaria SIT/MTE n. 335, de 12.9.2012, DOU 17.9.2012) (Vigência do caput e parágrafos restaurada pela Portaria SIT/DSST n. 343, de 18.2.2013, DOU 20.2.2013.)*

§ 3º A pessoa jurídica beneficiária ou prestadora de serviços de alimentação coletiva registrada no Programa de Alimentação do Trabalhador deve atualizar os dados constantes de seu registro sempre que houver alteração de informações cadastrais, sem prejuízo da obrigatoriedade de prestar informações anualmente a este Ministério por meio da Relação Anual de Informações Sociais — RAIS. *(Redação dada pela Portaria n. 61, da SIT/MTE, de 28.10.2003, DOU 31.10.2003) (Revogado pela Portaria SIT/MTE n. 335, de 12.9.2012, DOU 17.9.2012) (Vigência do caput e parágrafos restaurada pela Portaria SIT/DSST n. 343, de 18.2.2013, DOU 20.2.2013.)*

Art. 3º As pessoas jurídicas beneficiárias poderão incluir no Programa trabalhadores de renda mais elevada, desde que esteja garantido o atendimento da totalidade dos trabalhadores que percebam até cinco salários mínimos, independentemente da duração da jornada de trabalho.

Parágrafo único. O benefício concedido aos trabalhadores que percebam até cinco salários mínimos não poderá, sob qualquer pretexto, ter valor inferior àquele concedido aos de rendimento mais elevado.

Art. 4º A participação financeira do trabalhador fica limitada a 20% (vinte por cento) do custo direto da refeição.

Parágrafo único. A documentação relacionada aos dispêndios referentes à execução do PAT e à fruição dos incentivos fiscais deve ser mantida à disposição dos órgãos de fiscalização, de modo a possibilitar seu exame e confronto com os registros contábeis e fiscais exigidos pela legislação. *(Redação dada pela Portaria SIT/MTE n. 335, de 12.9.2012, DOU 17.9.2012) (Revogado pela Portaria SIT/DSST n. 343, de 18.2.2013, DOU 20.2.2013)*

Art. 5º Os programas de alimentação do trabalhador deverão propiciar condições de avaliação do teor nutritivo da alimentação, conforme disposto no art. 3º do Decreto n. 5, de 14 de janeiro de 1991. *(Alterado pela Portaria SIT/DDSST n. 193, de 5.12.2006, DOU 7.12.2006)*

§ 1º Entende-se por alimentação saudável, o direito humano a um padrão alimentar adequado às necessidades biológicas e sociais dos indivíduos, respeitando os princípios da variedade, da moderação e do equilíbrio, dando-se ênfase aos alimentos regionais e respeito ao seu significado socioeconômico e cultural, no contexto da Segurança Alimentar e Nutricional. *(Alterado pela Portaria SIT/DDSST n. 193, de 5.12.2006, DOU 7.12.2006)*

§ 2º As pessoas jurídicas participantes do Programa de Alimentação do Trabalhador — PAT, mediante prestação de serviços próprios ou de terceiros, deverão assegurar qualidade e quantidade da alimentação fornecida aos trabalhadores, de acordo com esta Portaria, cabendo-lhes a responsabilidade de fiscalizar o disposto neste artigo. *(Alterado pela Portaria SIT/DDSST n. 193, de 5.12.2006, DOU 7.12.2006)*

§ 3º Os parâmetros nutricionais para a alimentação do trabalhador estabelecidos nesta Portaria deverão ser calculados com base nos seguintes valores diários de referência para macro e micronutrientes: *(Alterado pela Portaria SIT/DDSST n. 193, de 5.12.2006, DOU 7.12.2006)*

NUTRIENTES	VALORES DIÁRIOS
VALOR ENERGÉTICO TOTAL	2000 CALORIAS
CARBOIDRATO	55-75%
PROTEÍNA	10-15%
GORDURA TOTAL	15-30%
GORDURA SATURADA	< 10%
FIBRA	> 25 g
SÓDIO	≤ 2400mg

I — as refeições principais (almoço, jantar e ceia) deverão conter de seiscentas a oitocentas calorias, admitindo-se um acréscimo de vinte por cento (quatrocentas calorias) em relação ao Valor Energético Total — VET de duas mil calorias por dia e deverão corresponder a faixa de 30-40% (trinta a quarenta por cento) do VET diário; *(Alterado pela Portaria SIT/DDSST n. 193, de 5.12.2006, DOU 7.12.2006)*

II — as refeições menores (desjejum e lanche) deverão conter de trezentas a quatrocentas calorias, admitindo-se um acréscimo de vinte por cento (quatrocentas calorias) em relação ao Valor Energético Total de duas mil calorias por dia e deverão corresponder a faixa de 15-20 % (quinze a vinte por cento) do VET diário; *(Alterado pela Portaria SIT/DDSST n. 193, de 5.12.2006, DOU 7.12.2006)*

III — as refeições principais e menores deverão seguir a seguinte distribuição de macronutrientes, fibra e sódio: e. *(Alterado pela Portaria SIT/DDSST n. 193, de 5.12.2006, DOU 7.12.2006)*

Refeições	carboidratos (%)	proteínas (%)	gorduras totais (%)	gorduras saturadas (%)	fibras (%)	sódio (%)
desjejum/ lanche	60	15	25	<10	45	360-430
Almoço/ jantar/ ceia	60	15	25	<10	7-10	720-960

IV — o percentual protéico — calórico (NdPCal) das refeições deverá ser de no mínimo 6% (seis por cento) e no máximo 10% (dez por cento). *(Alterado pela Portaria SIT/DDSST n. 193, de 5.12.2006, DOU 7.12.2006)*

§ 4º Os estabelecimentos vinculados ao PAT deverão promover educação nutricional, inclusive mediante a disponibilização, em local visível ao público, de sugestão de cardápio saudável aos trabalhadores, em conformidade com o § 3º deste artigo. *(Acrescentado pela Portaria SIT/DDSST n. 193, de 5.12.2006, DOU 7.12.2006)*

§ 5º A análise de outros nutrientes poderá ser realizada, desde que não seja substituída a declaração dos nutrientes solicitados como obrigatórios. *(Acrescentado pela Portaria SIT/DDSST n. 193, de 5.12.2006, DOU 7.12.2006)*

§ 6º Independente da modalidade adotada para o provimento da refeição, a pessoa jurídica beneficiária poderá oferecer aos seus trabalhadores uma ou mais refeições diárias. *(Acrescentado pela Portaria SIT/DDSST n. 193, de 5.12.2006, DOU 7.12.2006)*

§ 7º O cálculo do VET será alterado, em cumprimento às Exigências laborais, em benefício da saúde do trabalhador, desde que baseado em estudos de diagnóstico nutricional. *(Acrescentado pela Portaria SIT/DDSST n. 193, de 5.12.2006, DOU 7.12.2006)*

§ 8º Quando a distribuição de gêneros alimentícios constituir benefício adicional àqueles referidos nos incisos I, II e III do § 3º deste artigo, os índices de NdPCal e percentuais de macro e micronutrientes poderão deixar de obedecer aos estabelecidos nesta Portaria, com exceção do sódio e das gorduras saturadas. *(Acrescentado pela Portaria SIT/DDSST n. 193, de 5.12.2006, DOU 7.12.2006)*

§ 9º As empresas beneficiárias deverão fornecer aos trabalhadores portadores de doenças relacionadas à alimentação e nutrição, devidamente diagnosticadas, refeições adequadas e condições amoldadas ao PAT, para tratamento de suas patologias, devendo ser realizada avaliação nutricional periódica destes trabalhadores. *(Acrescentado pela Portaria SIT/DDSST n. 193, de 5.12.2006, DOU 7.12.2006)*

§ 10 Os cardápios deverão oferecer, pelo menos, uma porção de frutas e uma porção de legumes ou verduras, nas refeições principais (almoço, jantar e ceia) e pelo menos uma porção de frutas nas refeições menores (desjejum e lanche). *(Acrescentado pela Portaria SIT/DDSST n. 193, de 5.12.2006, DOU 7.12.2006)*

§ 11 As empresas fornecedoras e prestadoras de serviços de alimentação coletiva do PAT, bem como as pessoas jurídicas beneficiárias na modalidade autogestão deverão possuir responsável técnico pela execução do programa. *(Acrescentado pela Portaria SIT/DDSST n. 193, de 5.12.2006, DOU 7.12.2006)*

§ 12 O responsável técnico do PAT é o profissional legalmente habilitado em Nutrição, que tem por compromisso a correta

execução das atividades nutricionais do programa, visando à promoção da alimentação saudável ao trabalhador." (NR) *(Acrescentado pela Portaria SIT/DDSST n. 193, de 5.12.2006, DOU 7.12.2006)*

Art. 6º É vedado à pessoa jurídica beneficiária:

I — suspender, reduzir ou suprimir o benefício do Programa a título de punição ao trabalhador;

II — utilizar o Programa, sob qualquer forma, como premiação; e,

III — utilizar o Programa em qualquer condição que desvirtue sua finalidade.

Art. 7º Todas as empresas participantes do Programa de Alimentação do Trabalhador — PAT, beneficiárias, fornecedoras ou prestadoras de serviço de alimentação coletiva e respectivas associações de classe, deverão promover a realização de atividades de conscientização e de educação alimentar para os trabalhadores, além de divulgação sobre métodos de vida saudável, seja mediante campanhas, seja por meio de programas de duração continuada.

III — Das Modalidades de Execução do PAT

Art. 8º Para a execução do PAT, a pessoa jurídica beneficiária poderá manter serviço próprio de refeições ou distribuição de alimentos, inclusive não preparados, bem como firmar convênios com entidades que forneçam ou prestem serviços de alimentação coletiva, desde que essas entidades sejam credenciadas pelo Programa e se obriguem a cumprir o disposto na legislação do PAT e nesta Portaria, condição que deverá constar expressamente do texto do convênio entre as partes interessadas.

Art. 9º As empresas produtoras de cestas de alimentos e similares, que fornecem componentes alimentícios devidamente embalados e registrados nos órgãos competentes, para transporte individual, deverão comprovar atendimento legislação vigente. *(Redação dada pela Portaria n. 61, da SIT/MTE, de 28.10.2003, DOU 31.10.2003)*

Art. 10. Quando a pessoa jurídica beneficiária fornecer a seus trabalhadores documentos de legitimação (impressos, cartões eletrônicos, magnéticos ou outros oriundos de tecnologia adequada) que permitam a aquisição de refeições ou de gêneros alimentícios em estabelecimentos comerciais, o valor do documento deverá ser suficiente para atender às exigências nutricionais do PAT.

Parágrafo único. Cabe à pessoa jurídica beneficiária orientar devidamente seus trabalhadores sobre a correta utilização dos documentos referidos neste artigo.

IV — Das Pessoas Jurídicas Fornecedoras e das Prestadoras de Serviços de Alimentação Coletiva

Art. 11. As pessoas jurídicas que pretendam credenciar-se como fornecedoras ou prestadoras de serviços de alimentação coletiva deverão requerer seu registro no PAT mediante preenchimento de formulário próprio oficial, conforme modelo anexo a esta Portaria, o qual se encontra também na página eletrônica do Ministério do Trabalho e Emprego — MTE na INTERNET, e que, após preenchido, deverá ser encaminhado com a documentação nele especificada ao Departamento de Segurança e Saúde no Trabalho — DSST, da Secretaria de Inspeção do Trabalho — SIT, por intermédio da Delegacia Regional do Trabalho local ou diretamente pela INTERNET. *(Revogado pela Portaria SIT/MTE n. 335, de 12.9.2012, DOU 17.9.2012)*

Parágrafo único. As empresas prestadoras de serviços de alimentação coletiva deverão encaminhar o formulário e a documentação nele especificada exclusivamente por intermédio da Delegacia Regional do Trabalho local. *(Revogado pela Portaria SIT/MTE n. 335, de 12.9.2012, DOU 17.9.2012). (Vigência restaurada pela Portaria SIT/DSST n. 343, de 18.2.2013, DOU 20.2.2013)*

Art. 12. A pessoa jurídica será registrada no PAT nas seguintes categorias:

I — fornecedora de alimentação coletiva:

a) operadora de cozinha industrial e fornecedora de refeições preparadas transportadas;

b) administradora de cozinha da contratante;

c) fornecedora de cestas de alimento e similares, para transporte individual.

II — prestadora de serviço de alimentação coletiva:

a) administradora de documentos de legitimação para aquisição de refeições em restaurantes e estabelecimentos similares (refeição convênio);

b) administradora de documentos de legitimação para aquisição de gêneros alimentícios em estabelecimentos comerciais (alimentação convênio).

Parágrafo único. O registro poderá ser concedido nas duas modalidades aludidas no inciso II, sendo, neste caso, obrigatória a emissão de documentos de legitimação distintos.

V — Da Operação das Pessoas Jurídicas Prestadoras de Serviços de Alimentação Coletiva

Art. 13. Cabe às prestadoras de serviços de alimentação coletiva:

I — garantir que os restaurantes e outros estabelecimentos por elas credenciados se situem nas imediações dos locais de trabalho;

II — garantir que os documentos de legitimação para aquisição de refeições ou gêneros alimentícios sejam diferenciados e regularmente aceitos pelos estabelecimentos credenciados, de acordo com a finalidade expressa no documento;

III — reembolsar ao estabelecimento comercial credenciado os valores dos documentos de legitimação, mediante depósito na conta bancária em nome da empresa credenciada, expressamente indicada para esse fim;

IV — cancelar o credenciamento dos estabelecimentos comerciais que não cumprirem as exigências sanitárias e nutricionais e, ainda, que, por ação ou omissão, concorrerem para o desvirtuamento do PAT mediante o uso indevido dos documentos de legitimação ou outras práticas irregulares, especialmente:

a) a troca do documento de legitimação por dinheiro em espécie ou por mercadorias, serviços ou produtos não compreendidos na finalidade do PAT;

b) a exigência de qualquer tipo de ágio ou a imposição de descontos sobre o valor do documento de legitimação;

c) o uso de documentos de legitimação que lhes forem apresentados para qualquer outro fim que não o de reembolso direto junto à prestadora do serviço, emissora do documento, vedada a utilização de quaisquer intermediários.

Art. 14. Poderá ser cancelado o registro da pessoa jurídica fornecedora ou prestadora de serviços de alimentação coletiva que:

I — deixar de cumprir obrigações legítimas de reembolso à rede de estabelecimentos comerciais junto a ela credenciados; ou

II — deixar de garantir a emissão de documento de legitimação impresso em papel, quando esta modalidade estiver estabelecida em contrato com a empresa beneficiária. *(Redação dada pela Portaria n. 61, da SIT/MTE, de 28.10.2003, DOU 31.10.2003)*

Art. 15. As prestadoras de serviços de alimentação coletiva deverão manter atualizados os cadastros de todos os estabelecimentos comerciais junto a elas credenciados, em documento que contenha as seguintes informações:

I — categoria do estabelecimento credenciado, com indicação de que:

a) comercializa refeições (restaurante, lanchonete, bar ou similar); ou

b) comercializa gêneros alimentícios (supermercados, armazém, mercearia, açougue, peixaria, hortimercado, comércio de laticínios e/ou frios, padaria etc.).

II — capacidade instalada de atendimento, com informação do número máximo de refeições/dia, medida da área de atendimento ao público, número de mesas, cadeiras ou bancos e o número de lugares possíveis em balcão, no caso do inciso I, alínea "a";

III — capacidade instalada de atendimento, com indicação da área e equipamento, como caixa registradora e outros, de modo a permitir que se verifique o porte do estabelecimento, no caso do inciso I, alínea b.

Parágrafo único. Cabe às prestadoras de serviços de alimentação coletiva proceder à verificação *in loco* das informações prestadas pelos estabelecimentos comerciais credenciado devendo o documento de cadastramento ficar à disposição da fiscalização federal do trabalho.

VI — Dos Documentos de Legitimação

Art. 16. O fornecimento de documentos de legitimação, para as finalidades previstas no art. 10, é atribuição exclusiva das empresas prestadoras de serviço de alimentação coletiva, credenciadas de conformidade com o disposto nesta Portaria.

Parágrafo único. A pessoa jurídica beneficiária celebrará contrato com a prestadora de serviço de alimentação coletiva visando ao fornecimento dos documentos de legitimação mencionados no *caput*, que poderão ser na forma impressa, na de cartões eletrônicos ou magnéticos, ou outra forma que se adeque à utilização na rede de estabelecimentos conveniados.

Art. 17. Nos documentos de legitimação de que trata o artigo anterior deverão constar:

I — razão ou denominação social da pessoa jurídica beneficiária;

II — numeração contínua, em sequência ininterrupta, vinculada à pessoa jurídica beneficiária;

III — valor em moeda corrente no País, para os documentos impressos;

IV — nome, endereço e CGC da prestadora de serviço de alimentação coletiva;

V — prazo de validade, não inferior a 30 dias, nem superior a 15 meses, para os documentos impressos;

VI — a expressão "válido somente para refeições" ou "válido somente para aquisição de gêneros alimentícios", conforme o caso.

§ 1º Na emissão dos documentos de legitimação deverão ser adotados mecanismos que assegurem proteção contra falsificação.

§ 2º Os documentos de legitimação destinados à aquisição de refeição ou de

LEGISLAÇÃO COMPLEMENTAR

gêneros alimentícios serão distintos e aceitos pelos estabelecimentos conveniados, de acordo com a finalidade expressa em cada um deles, sendo vedada a utilização de instrumento único.

§ 3º A pessoa jurídica beneficiária deverá exigir que cada trabalhador firme uma declaração, que será mantida à disposição da fiscalização federal do trabalho, acusando o recebimento dos documentos de legitimação, na qual deverá constar a numeração e a identificação da espécie dos documentos entregues.

§ 4º Quando os documentos de legitimação previstos nesta Portaria forem concedidos sob a forma de cartões magnéticos ou eletrônicos, a pessoa jurídica beneficiária deverá obter de cada trabalhador uma única declaração de recebimento do cartão, que será mantida à disposição da fiscalização federal do trabalho, e servirá como comprovação da concessão do benefício.

§ 5º Quando os documentos de legitimação previstos nesta Portaria forem concedidos sob a forma de cartões magnéticos ou eletrônicos, o valor do benefício será comprovado mediante a emissão de notas fiscais pelas empresas prestadoras de serviços de alimentação coletiva, além dos correspondentes contratos celebrados entre estas e as pessoas jurídicas beneficiárias.

§ 6º Os documentos de legitimação, sejam impressos ou na forma de cartões eletrônicos ou magnéticos, destinam-se exclusivamente às finalidades do Programa de Alimentação do Trabalhador, sendo vedada sua utilização para outros fins.

§ 7º A validade do cartão magnético e/ou eletrônico, pelas suas características operacionais, poderá ser de até cinco anos.

Art. 18. Em caso de utilização a menor do valor do documento de legitimação, o estabelecimento comercial deverá fornecer ao trabalhador um contravale com a diferença, vedada a devolução em moeda corrente.

VII — Das Disposições Finais

Art. 19. A execução inadequada do Programa de Alimentação do Trabalhador — PAT acarretará o cancelamento da inscrição no Ministério do Trabalho e Emprego, com a consequente perda do incentivo fiscal, sem prejuízo do disposto no art. 8º, parágrafo único, do Decreto n. 5, de 14 de janeiro de 1991.

Art. 20. O Ministério do Trabalho e Emprego, através da Secretaria de Inspeção do Trabalho, emitirá Instrução Normativa relativa à fiscalização do cumprimento da legislação de sustento do Programa de Alimentação junto às empresas inscritas e registradas no mesmo. *(Redação dada pela Portaria n. 8, de 16 de abril de 2002)*

Art. 21. As dúvidas e casos omissos serão dirimidos pelo DSST/SIT/MTE.

Art. 22. Esta portaria entra em vigor na data de sua publicação.

Art. 23. Revogam-se a Portaria MTb n. 87, de 28 de janeiro de 1997 e demais disposições em contrário.

VERA OLÍMPIA GONÇALVES
Secretária de Inspeção do Trabalho
JUAREZ CORREIA BARROS JÚNIOR
Diretor do Departamento de Segurança e Saúde no Trabalho
DOU 5.3.2002

Tabela 1

MINISTÉRIO DO TRABALHO E EMPREGO SECRETARIA DE INSPEÇÃO DO TRABALHO DEPARTAMENTO DE SEGURANÇA E SAÚDE NO TRABALHO Coordenação-Geral Programa de Alimentação do Trabalhador (LEI N. 6.321/76)		Registro no PAT número _____ Data ___/___/___	
1. IDENTIFICAÇÃO DA EMPRESA FORNCEDORA E/OU PRESTADORA DE SERVIÇO DE ALIMENTAÇÃO COLETIVA			
1.1. Razão Social			
1.2. Endereço (Rua, n., etc.)			
	1.3. Bairro		
1.4. Município	1.5. UF		1.6. Telefone
1.7. CEP	1.8. CGC da Matriz		

2. IDENTIFICAÇÃO DO SERVIÇO DE ALIMENTAÇÃO
2.1. Cozinha Industrial para distribuição de refeições prontas
2.2. Administração de cozinhas e Refeitórios
2.3. Refeição-Convênio
2.4. alimentação-convênio
2.5. cesta de alimentos

INFORMAÇÕES DE ORDEM GENÉRICA

A empresa poderá buscar orientação diretamente no Ministério do Trabalho e Emprego, Edifício Anexo — Ala "B" — 1º Andar — Sala 107 — Brasília-DF ou nas Delegacias Regionais do Trabalho e Emprego.

— A empresa fornecedora e/ou prestadora de serviços de alimentação coletiva responsabilizar-se-á pelo cumprimento da legislação do PAT.

— A ficha deve ser apresentada em 1 (uma) via original, adquirida e protocolizada na DRT ou no PAT-DF e acompanhada de carta de encaminhamento, elaborada em papel timbrado, de acordo com o modelo abaixo.

Observações:

A EMPRESA DEVERÁ ANEXAR:
— Modelo de documento de refeição-convênio (frente e verso), para as prestadoras de serviço de refeição coletiva.
— Modelo de documento da alimentação-convênio (frente e verso), para as prestadoras de serviço de alimentação coletiva.
— Nome(s) do(s) profissional(ais) legalmente habilitado(s) em Nutrição responsável(eis) técnico(s), número e região do respectivo Conselho Regional, para qualquer modalidade do serviço de alimentação coletiva.

LEGISLAÇÃO COMPLEMENTAR

MODELO DE CARTA PARA SOLICITAÇÃO DE REGISTRO
(Use papel timbrado da empresa)

_____, _____ de _____ de _____

À Secretaria de Inspeção do Trabalho
Departamento Segurança e Saúde no Trabalho
Coordenação-Geral Programa de Alimentação do Trabalhador
Ministério do Trabalho e Emprego
Brasília- DF

_____,
(nome da empresa)

solicita o registro para fins de prestação de serviços a pessoas jurídicas, nos termos da legislação que rege a matéria. Declara que o profissional responsável técnico é_____
(nome)

inscrito no CR_____ sob o n.º _____.
(Região)

Atenciosamente,

Nome:_____

Cargo:_____

E-mail:_____

Assinatura

Portaria GM/MPS n. 516, de 7 de maio de 2003

Dispõe sobre contribuição previdenciária por meio de execução judicial

O MINISTRO DE ESTADO DA PREVIDÊNCIA SOCIAL, no uso das atribuições que lhe confere o art. 87, parágrafo único, inc. I e II da Constituição da República e tendo em vista o disposto no § 3º do art. 114 da Constituição da República e na Lei n. 10.035, de 25 de outubro de 2000, e

Considerando a imperatividade da norma representada pelo art. 141 do Código Tributário Nacional;

Considerando o Convênio de Cooperação Técnica firmado, em data de 19 de dezembro de 2002, entre o INSS e o Tribunal Superior do Trabalho;

Considerando que a natureza das normas jurídicas suprarreferidas recomenda regulamentação específica e destacada daquelas normas gerais de cobrança, arrecadação e recuperação de créditos decorrentes de contribuições previdenciárias não abrangidas pela execução fiscal trabalhista;

Considerando o primordial interesse neste tipo de receita previdenciária, bem como o seu especial incremento, resolve:

Art. 1º Os aspectos administrativos da determinação constitucional de cobrança da contribuição previdenciária por meio de execução de ofício, cuja iniciativa compete à Justiça do Trabalho, serão regidos pela presente norma.

§ 1º Não se incluem na regência desta norma os casos não disciplinados pelo § 3º do art. 114 da Constituição da República e pela Lei n. 10.035, de 25 de outubro de 2000, que serão tratados segundo a sistemática anterior a tais diplomas.

§ 2º A cobrança suprarreferida independe de lançamento fiscal e de inscrição de débito em dívida ativa e contém as competências abrangidas pela decisão de mérito ou pela decisão homologatória de acordo trabalhista.

Art. 2º Para automação de cobrança judicial do débito, de atuação advocatícia, de procedimentos de controle e de parcelamento de quantias devidas será mantido pelo INSS, sistema informatizado, preferencialmente em regime de cooperação com a Justiça do Trabalho.

Art. 3º No contexto da missão do INSS, a recuperação de crédito na execução fiscal trabalhista e o sistema referido no artigo anterior têm caráter estratégico e prioritário, devendo as unidades locais da Procuradoria Federal Especializada — INSS alocar para a finalidade o contingente disponível de procuradores, excluídas apenas as chefias, com divisão equitativa da demanda de serviço, sem prejuízo de outras funções advocatícias a serem desempenhadas por eles.

Parágrafo único. Nas procuradorias em que o contingente esteja todo investido em cargos de chefia, não se aplica a exclusão acima referida.

Art. 4º Os resultados da execução fiscal trabalhista constarão obrigatoriamente das estatísticas mensais e anuais da Procuradoria Federal Especializada — INSS, que velará pela exatidão dos respectivos dados. Constarão com a mesma obrigatoriedade informações, de cada unidade de procuradoria, sobre:

I — quantitativo individualizado de procuradores que oficiaram em execução fiscal trabalhista no período;

II — quantitativo individualizado de estagiários, contratados e servidores, estes por categorias funcional, que auxiliaram em matéria de execução fiscal trabalhista no período;

III — quantitativo, por espécie, de atos processuais produzidos e por qualquer motivo deixados de produzir no período;

IV — produtividade funcional auferida.

Art. 5º Para salvaguarda de direitos previdenciários (princípio da inversão do ônus da prova), as informações oriundas das ações de execução de ofício e processadas pelo Sistema de Execução Fiscal Trabalhista — SEFT de relevância ao CNIS serão a ele repassadas por alimentação direta da base de dados.

Art. 6º A sentença homologatória de cálculo da contribuição previdenciária devida supre a inexistência de lançamento administrativo (art. 142 CTN).

Art. 7º Os cálculos de liquidação, elaborados ou não pelo INSS, serão objeto de intransigente atuação advocatícia das Procuradorias Federais Especializadas — INSS, a partir dos parâmetros fixados na lei previdenciária, mormente quanto à apuração creditícia por competências devidas.

Parágrafo único. Homologados os cálculos, expedir-se-á, tão logo, Guia da Previdência Social — GPS.

Art. 8º A cobrança de créditos de terceiros, se não efetuada conjuntamente com a da contribuição previdenciária em execução de ofício, deverá ser precedida de cálculo administrativo, disto comunicando-se a Diretoria de Arrecadação, para os devidos fins de lançamento e cobrança.

Parágrafo único. Dependendo de aceitação pela Justiça do Trabalho e de expresso entendimento com o FNDE, os créditos deste, ainda que contra empresa com a qual mantenha convênio de cobrança, poderão ser cobrados exclusivamente pelo INSS, em se tratando de execução de ofício.

Art. 9º Para os efeitos do art. 54 da Lei n. 8.212, de 24 de julho de 1991, será estabelecido um valor-piso periódico para as execuções fiscais trabalhistas, como tal entendida a cifra que for igual ou inferior ao custo suportado pelo INSS na cobrança executiva.

§ 1º Só após completado o procedimento judicial de liquidação da obrigação previdenciária e o não pagamento espontâneo dela é que se fará o enquadramento do caso em face do valor-piso.

§ 2º Os montantes inferiores ao valor-piso não serão objeto de incontinente exigência, restando no aguardo (art. 792 CPC), em vista da indispensabilidade de créditos e da

responsabilidade do agente (art. 141, última parte do Código Tributário Nacional), pelo prazo prescricional, de surgimento de outro débito do mesmo devedor ao qual seja acrescido para fim de cobrança judicial ou administrativa.

§ 3º Se o novo débito enquadrável segundo o valor-piso for suscitado em:

I — outra vara da mesma circunscrição judiciária, requerer-se-á reunião de execuções (art. 28 da Lei n. 6.830, de 22 de setembro de 1980);

II — outra circunscrição judiciária, requerer-se-á a execução por carta ao juízo da primeira distribuição.

§ 4º O valor-piso será revisto sempre que o custo atingir aumento igual ou superior a dez por cento.

§ 5º A fixação do valor-piso decorrerá de trabalho experto de levantamento, devidamente homologado pela Diretoria Colegiada do INSS, a quem caberá a iniciativa de revisão.

§ 6º O valor-piso, à conveniência dos interesses de recuperação, poderá ser regionalizado.

Art. 10. A existência de débito implicará, após o procedimento liquidatório, a inibição de fornecimento de certidão negativa ou positiva com efeito de negativa de débito (arts. 205 a 208 do Código Tributário Nacional, art. 47 da Lei n. 8.212, de 24 de julho de 1991), conforme as seguintes hipóteses:

I — em regra geral, a partir da data do vencimento assinado na respectiva GPS;

II — em caso de acordo trabalhista para pagamentos em parcela (§ 5º, art. 13), a partir das datas judicialmente aprazadas.

Parágrafo único. Não haverá inibição se existir penhora suficiente, bem assim se a exigibilidade do crédito estiver suspensa.

Art. 11. O parcelamento administrativo aplicável aos débitos em execução fiscal trabalhista é o estabelecido no art. 38 e seus parágrafos da Lei n. 8.212, de 24 de julho de 1991 (regulamentados pelo art. 244 e parágrafos do Decreto n. 3.048 de 6 de maio de 1999), obedecida a disciplina do art. 155-A e respectivos parágrafos do Código Tributário Nacional.

§ 1º A parte do débito liquidado, a qual, por lei, for defeso parcelar (§ 1º do art. 38 da Lei n. 8.212, de 24 de julho de 1991), será executada independentemente de concessão de parcelamento.

§ 2º O parcelamento que puder ser feito pelo Sistema de Execução Fiscal Trabalhista não poderá sê-lo por nenhum outro sistema no âmbito da Previdência Social. Em ocorrendo esta última hipótese, o parcelamento será cancelado e refeito na forma ora estabelecida.

§ 3º O parcelamento inadimplido não será objeto de inscrição em dívida ativa e a confissão de dívida dele decorrente será levada à execução de ofício no juízo de origem.

§ 4º A concessão de parcelamento administrativo poderá ser objeto de delegação à Justiça do Trabalho (arts. 11 e 12 do Decreto-Lei n. 200, de 25 de fevereiro de 1967), desde que observados os parâmetros e as regras adotadas pelo INSS.

§ 5º Não se confunde o parcelamento administrativo com aquele sobre pagamento de obrigação trabalhista e estabelecido em acordo homologado (inciso II do art. 12). Neste último caso, a contribuição previdenciária incidente será recolhida na mesma data, proporcionalmente ao valor de cada parcela acordada.

Art. 12. O Sistema de Execução Fiscal Trabalhista — SEFT, ora em desenvolvimento e produção parcial, que concretiza o cumprimento do previsto no art. 2º, deverá ser concluído o mais breve possível, de forma a resultar implantado com celeridade nos Tribunais Regionais do Trabalho e respectivas Varas, e convenientemente mantido, como garantia de correta exação, de otimização de receita previdenciária e de ideal administração de justiça.

Art. 13. Os casos omissos serão objeto de indicação à Coordenação-Geral de Dívida Ativa da Procuradoria Federal Especializada — INSS para análise, solução ou encaminhamento de recomendação para completamento desta norma.

Art. 14. Esta Portaria entra em vigor na data de sua publicação, revogadas as disposições em contrário.

RICARDO BERZOINI
DOU 8.5.2003

Portaria MTE n. 1.277, de 31 de dezembro de 2003

Dispõe sobre os estatutos das entidades sindicais em face do art. 2.031 da Lei n. 10.406, de 10 de janeiro de 2002 (Novo Código Civil)

O Ministro de Estado do Trabalho e Emprego, no uso das suas atribuições e,

Considerando o disposto no art 8º, inciso I da Constituição Federal que estabelece: "a lei não poderá exigir autorização do Estado para a fundação de sindicato, ressalvado o registro no órgão competente, vedadas ao Poder público a interferência e a intervenção na organização do sindicato;

Considerando que o Supremo Tribunal Federal, em sua Súmula n. 677, publicada no Diário de Justiça de 9 de outubro de 2003, estabeleceu que o Ministério do Trabalho é órgão competente para o registro das entidades sindicais a que se refere o inciso I do art. 8º da Constituição Federal, nos seguintes termos: "até que lei venha a dispor a respeito, incumbe ao Ministério do Trabalho proceder ao registro das entidades sindicais e zelar pela observância do princípio da unicidade";

Considerando o disposto no art. 2.031 da Lei n. 10.406, de 10 de janeiro de 2002 (Novo Código Civil), segundo o qual "as associações, sociedades e fundações, constituídas na forma das leis anteriores, terão prazo de 1 (um) ano para se adaptarem às disposições deste Código, a partir de sua vigência.

Considerando a iminência do término do prazo a que se refere o art. 2.031 da Lei n. 10.406, de 2002, que se dará em 11 de janeiro de 2004, e a necessidade de orientação das entidades sindicais quanto à eventual adequação de seus estatutos aos termos desse artigo;

Considerando a existência na legislação trabalhista de normas específicas concernentes à organização sindical, dispostas no Título V do Decreto-lei n. 5.452, de 10 de maio de 1943 (Consolidação das Leis do Trabalho);

Considerando, finalmente, a singularidade do sindicato como ente associativo, resolve:

Art. 1º A personalidade jurídica sindical decorre de registro no Ministério do Trabalho e Emprego.

Art. 2º As entidades sindicais registradas no Ministério do Trabalho e Emprego não estão obrigadas a promover em seus estatutos as adaptações a que se refere o art. 2.031 da Lei n. 10.406, de 2002 (Novo Código Civil).

Art. 3º Esta portaria entra em vigor na data de sua publicação.

JAQUES WAGNER
DOU 6.1.2004

Portaria GM/MTE n. 14, de 10 de fevereiro de 2006

Aprova normas para a imposição da multa administrativa variável prevista no art. 25 da Lei n. 7.998, de 11 de janeiro de 1990, pelo descumprimento da obrigação de declaração da Relação Anual de Informações Sociais — RAIS

O MINISTRO DE ESTADO DO TRABALHO E EMPREGO, no uso da atribuição que lhe confere os incisos I e II do parágrafo único do art. 87 da Constituição Federal, resolve:

Art. 1º Esta Portaria fixa parâmetros para a gradação da multa administrativa variável prevista no art. 25 da Lei n. 7.998, de 11 de janeiro de 1990, pelo não cumprimento das obrigações relativas à declaração da Relação Anual de Informações Sociais — RAIS.

Art. 2º O empregador que não entregar a RAIS no prazo legal ficará sujeito à multa prevista no art. 25 da Lei n. 7.998, de 1990, a ser cobrada em valores monetários a partir de R$ 425,64 (quatrocentos e vinte e cinco reais e sessenta e quatro centavos), acrescidos de R$ 106,40 (cento e seis reais e quarenta centavos) por bimestre de atraso, contados até a data de entrega da RAIS respectiva ou da lavratura do auto de infração, se este ocorrer primeiro.

Parágrafo único. O valor da multa resultante da aplicação do previsto no *caput* deste artigo, quando decorrente da lavratura de Auto de infração, deverá ser acrescido de percentuais, em relação ao valor máximo da multa prevista no art. 25 da Lei n. 7.998, de 1990, a critério da autoridade julgadora, na seguinte proporção:

I — de 0% a 4% — para empresas com 0 a 25 empregados;

II — de 5% a 8,0% — para empresas com 26 a 50 empregados;

III — de 9% a 12% — para empresas com 51 a 100 empregados;

IV — de 13% a 16,0% — para empresas com 101 a 500 empregados; e

V — de 17% a 20,0% — para empresas com mais de 500 empregados. *(Redação do art. 2º e incs. dada pela Portaria MTE n. 688, de 24.4.2009, DOU 27.4.2009)*

Art. 3º O empregador que omitir informações ou prestar declaração falsa ou inexata ficará sujeito à multa prevista no art. 25 da Lei n. 7.998, de 1990, a ser cobrada em valores monetários a partir de R$ 425,64 (quatrocentos e vinte e cinco reais e sessenta e quatro centavos), acrescidos de R$ 26,60 (vinte e seis reais e sessenta centavos) por empregado omitido ou declarado falsa ou inexatamente.

Art. 4º O valor resultante da aplicação dos arts. 2º e 3º será dobrado se o atraso

na entrega ou correção do erro ou omissão ultrapassar o último dia do ano de exercício para entrega da RAIS em referência.

Art. 5º As multas previstas nesta Portaria serão aplicadas em dobro no caso de reincidência, oposição à fiscalização ou desacato à autoridade.

Art. 6º Esta Portaria entra em vigor na data da sua publicação.

Luiz Marinho
DOU 13.2.2006

Portaria MTE n. 193, de 23 de novembro de 2006

Fixa parâmetros para a gradação da multa administrativa variável prevista no art. 25 da Lei n. 7.998, de 11 de janeiro de 1990, pelo não cumprimento das obrigações relativas ao programa do seguro-desemprego

O MINISTRO DE ESTADO DO TRABALHO E EMPREGO, no uso da atribuição que lhe confere o art. 87, parágrafo único, inciso II, da Constituição, resolve:

Art. 1º Fixar parâmetros para a gradação da multa administrativa variável prevista no art. 25 da Lei n. 7.998, de 11 de janeiro de 1990, pelo não cumprimento das obrigações relativas ao programa do seguro-desemprego.

Art. 2º O empregador que, no ato da dispensa, deixar de fornecer ao empregado, devidamente preenchidos, o requerimento do seguro-desemprego — SD e a Comunicação de Dispensa — CD, ficará sujeito à multa prevista no art. 25 da Lei n. 7.998, de 1990, a ser cobrada em valores monetários a partir de R$ 425,64 (quatrocentos e vinte e cinco reais e sessenta e quatro centavos), por empregado prejudicado.

Parágrafo único. O valor monetário previsto no *caput* deste artigo deverá ser acrescido de percentuais, a critério da autoridade julgadora, na seguinte proporção:

I — até 20% — para empresas com até 25 empregados;
II — de 21% a 40% — para empresas com 25 a 50 empregados;
III — de 41% a 60% — para empresas com 51 a 100 empregados;
IV — de 61% a 80% — para empresas com 101 a 500 empregados; e
V — de 81% a 100% — para empresas com mais de 500 empregados.

Art. 3º A aplicação das penalidades a que se refere esta Portaria fica sujeita às agravantes previstas no art. 5º da Lei n. 7.855, de 24 de outubro de 1989, e no art. 25 da Lei n. 7.998, de 1990.

Art. 4º Esta Portaria entra em vigor na data de sua publicação.

Luiz Marinho
DOU 27.11.2006

Portaria GM/MTE n. 41, de 28 de março de 2007

Disciplina o registro e a anotação de carteira de trabalho e previdência social de empregados

O MINISTRO DE ESTADO DO TRABALHO E EMPREGO, no uso da competência que lhe confere o art. 87, parágrafo único, incisos I e II da Constituição, resolve:

Art. 1º Proibir ao empregador que, na contratação ou na manutenção do emprego do trabalhador, faça a exigência de quaisquer documentos discriminatórios ou obstativos para a contratação, especialmente certidão negativa de reclamatória trabalhista, teste, exame, perícia, laudo, atestado ou declaração relativos à esterilização ou a estado de gravidez.

Art. 2º O registro de empregados de que trata o art. 41 da CLT conterá as seguintes informações:

I — nome do empregado, data de nascimento, filiação, nacionalidade e naturalidade;
II — número e série da Carteira de Trabalho e Previdência Social — CTPS;
III — número de identificação do cadastro no Programa de Integração Social — PIS ou no Programa de Formação do Patrimônio do Serviço Público — PASEP;
IV — data de admissão;
V — cargo e função;
VI — remuneração;
VII — jornada de trabalho;
VIII — férias; e
IX — acidente do trabalho e doenças profissionais, quando houver.

Parágrafo único. O registro de empregado deverá estar atualizado e obedecer à numeração sequencial por estabelecimento.

Art. 3º O empregador poderá adotar controle único e centralizado do registro de empregados, desde que os empregados portem cartão de identificação contendo seu nome completo, número de inscrição no PIS/PASEP, horário de trabalho e cargo ou função.

§ 1º O registro de empregados de prestadores de serviços poderá permanecer na sede da contratada caso atendida a exigência contida no *caput* deste artigo.

§ 2º A exibição dos documentos passíveis de centralização deverá ser feita no prazo de dois a oito dias, a critério do Auditor Fiscal do Trabalho.

Art. 4º O empregador poderá efetuar o registro de empregados em sistema informatizado que garanta a segurança, inviolabilidade, manutenção e conservação das informações e que:

I — mantenha registro individual em relação a cada empregado;
II — mantenha registro original, individualizado por empregado, acrescentando-lhe as retificações ou averbações, quando for o caso; e
III — assegure, a qualquer tempo, o acesso da fiscalização trabalhista às informações, por meio de tela, impressão de relatório e meio magnético.

§ 1º O sistema deverá conter rotinas autoexplicativas, para facilitar o acesso e o conhecimento dos dados registrados.

§ 2º As informações e relatórios deverão conter data e hora do lançamento, atestada a sua veracidade por meio de rubrica e identificação do empregador ou de seu representante legal nos documentos impressos.

§ 3º O sistema deverá possibilitar à fiscalização o acesso às informações e dados dos últimos doze meses.

§ 4º As informações anteriores a doze meses poderão ser apresentadas no prazo de dois a oito dias via terminal de vídeo ou relatório ou por meio magnético, a critério do Auditor Fiscal do Trabalho.

Art. 5º O empregador anotará na CTPS do empregado, no prazo de 48 horas contadas da admissão, os seguintes dados:

I — data de admissão;
II — remuneração; e
III — condições especiais do contrato de trabalho, caso existentes.

§ 1º As demais anotações deverão ser realizadas nas oportunidades mencionadas no art. 29 da CLT.

§ 2º As anotações poderão ser feitas mediante o uso de carimbo ou etiqueta gomada, bem como de qualquer meio mecânico ou eletrônico de impressão, desde que autorizado pelo empregador ou seu representante legal.

Art. 6º O empregador poderá adotar ficha de anotações, exceto quanto às datas de admissão e de extinção do contrato de trabalho, que deverão ser anotadas na própria CTPS.

Parágrafo único. O empregado poderá, a qualquer tempo, solicitar a atualização e o fornecimento, impressos, de dados constantes na ficha de anotações.

Art. 7º As anotações deverão ser feitas sem abreviaturas, ressalvando-se, ao final de cada assentamento, as emendas, entrelinhas, rasuras ou qualquer circunstância que possa gerar dúvida.

Art. 8º É vedado ao empregador efetuar anotações que possam causar dano à imagem do trabalhador, especialmente referentes a sexo ou sexualidade, origem, raça, cor, estado civil, situação familiar, idade, condição de autor em reclamações trabalhistas, saúde e desempenho profissional ou comportamento.

Art. 9º Esta portaria entra em vigor na data de sua publicação.

Art. 10. Revogam-se as Portarias ns. 3.024, de 22 de janeiro de 1992; 402, de 18 de abril de 1995; 1.121, de 8 de novembro de 1995; 739, de 29 de agosto de 1997; 628, de 10 de agosto de 2000; 376, de 18 de setembro de 2002 e os arts. 1º e 2º, §§ 2º e 3º do art. 3º; e arts. 11, 12 e 12-A da Portaria n. 3.626, de novembro de 1991.

Luiz Marinho
DOU 30.3.2007

Portaria MTE n. 412, de 20 de setembro de 2007

Disciplina a alteração na jornada e no horário de trabalho dos empregados que trabalhem em regime de turnos ininterruptos de revezamento

O MINISTÉRIO DE ESTADO DO TRABALHO E EMPREGO, no uso das suas atribuições legais e tendo em vista o disposto no art. 87, parágrafo único, inciso II, da Constituição e no art. 913 da Consolidação das Leis do Trabalho, aprovada pelo Decreto-Lei n. 5.452, de 1º de maio de 1943, resolve:

Art. 1º Considera-se ilícita a alteração da jornada e do horário de trabalho dos empregados que trabalhem em regime de turnos ininterruptos de revezamento, salvo mediante convenção ou acordo coletivo de trabalho.

Parágrafo único. A não observância do disposto no *caput* implica infração ao disposto nos arts. 444 e 468 da Consolidação das Leis do Trabalho, aprovada pelo Decreto-Lei

n. 5.452, de 1º de maio de 1943 e enseja a aplicação da multa estabelecida no art. 510 daquele diploma legal.

Art. 2º Esta Portaria entra em vigor na data de sua publicação.

CARLOS LUPI
DOU 21.9.2007

Portaria GM/MTE n. 186, de 10 de abril de 2008

Dispõe sobre pedido de registro sindical

O MINISTRO DE ESTADO DO TRABALHO E EMPREGO, no uso das suas atribuições legais e tendo em vista o disposto no art. 87, parágrafo único, inciso II, da Constituição, no Título V da Consolidação das Leis do Trabalho, aprovada pelo Decreto-lei n. 5.452, de 1º de maio de 1943, e na Súmula n. 677, do Supremo Tribunal Federal, resolve:

Art. 1º Os pedidos de registro sindical no Ministério do Trabalho e Emprego — MTE observarão os procedimentos administrativos previstos nesta Portaria.

Capítulo I
Dos Pedidos de Registro Sindical e de Alteração Estatutária

Seção I
Da solicitação e análise dos pedidos

Art. 2º Para a solicitação de registro, a entidade sindical deverá acessar o Sistema do Cadastro Nacional de Entidades Sindicais — CNES, disponível no endereço eletrônico www.mte.gov.br, e seguir as instruções ali constantes para a emissão do formulário de pedido de registro.

§ 1º Após a transmissão dos dados e confirmação do envio eletrônico do pedido, o interessado deverá protocolizar, para formação de processo administrativo, unicamente na Superintendência Regional do Trabalho e Emprego — SRTE da unidade da Federação onde se localiza a sede da entidade sindical, sendo vedada a remessa via postal, os seguintes documentos:

I — requerimento original gerado pelo Sistema, assinado pelo representante legal da entidade;

II — edital de convocação dos membros da categoria para a assembleia geral de fundação ou ratificação de fundação da entidade, do qual conste a indicação nominal de todos os municípios, estados e categorias pretendidas, publicado, simultaneamente, no Diário Oficial da União e em jornal de grande circulação diária na base territorial, com antecedência mínima de dez dias da realização da assembleia para as entidades com base municipal, intermunicipal ou estadual e de trinta dias para as entidades com base interestadual ou nacional;

III — ata da assembleia geral de fundação da entidade e eleição, apuração e posse da diretoria, com a indicação do nome completo e número do Cadastro Pessoas Físicas — CPF dos representantes legais da entidade requerente, acompanhada de lista contendo o nome completo e assinatura dos presentes;

IV — estatuto social, aprovado em assembleia geral e registrado em cartório, que deverá conter os elementos identificadores da representação pretendida, em especial a categoria ou categorias representadas e a base territorial;

V — comprovante original de pagamento da Guia de Recolhimento da União — GRU, relativo ao custo das publicações no Diário Oficial da União, conforme indicado em portaria ministerial, devendo-se utilizar as seguintes referências: UG 380918, Gestão 00001 e Código de recolhimento 68888-6, referência 38091800001-3947;

VI — certidão de inscrição do solicitante no Cadastro Nacional de Pessoa jurídica — CNPJ, com natureza jurídica específica; e

VII — comprovante de endereço em nome da entidade.

§ 2º O processo será encaminhado preliminarmente à Seção de Relações do Trabalho da SRTE, para efetuar a conferência dos documentos que acompanham o pedido de registro sindical e encaminhá-lo, por meio de despacho, à Coordenação-Geral de Registro Sindical da Secretaria de Relações do Trabalho — CGRS para fins de análise.

Art. 3º A entidade sindical que pretenda registrar alteração estatutária referente a categoria e/ou base territorial, deverá estar com cadastro ativo no CNES e protocolizar na SRTE do local onde se encontre sua sede, os seguintes documentos, além dos previstos nos incisos V, VI e VII do § 1º do art. 2º desta Portaria, vedada a remessa via postal ou o protocolo na sede do Ministério do Trabalho e Emprego: *(Redação dada pela Portaria n. 2.451, de 2.12.11, DOU 5.12.11)*

I — requerimento original gerado pelo Sistema, assinado pelo representante legal da entidade: *(Redação dada pela Portaria n. 2.451, de 2.12.11, DOU 5.12.11)*

II — edital de convocação dos membros das categorias representada e pretendida para a assembleia geral de alteração estatutária da entidade, do qual conste a indicação nominal de todos os municípios, estados e categorias pretendidas, publicado, simultaneamente, no Diário Oficial da União e em jornal de grande circulação diária na base territorial, com antecedência mínima de dez dias da realização da assembleia para as entidades com base municipal, intermunicipal ou estadual e de trinta dias para as entidades com base interestadual ou nacional;

III — ata da assembleia geral de alteração estatutária da entidade e eleição, apuração e posse da diretoria, com a indicação do nome completo e número do Cadastro Pessoas Físicas — CPF dos representantes legais da entidade requerente, acompanhada de lista contendo o nome completo e assinatura dos presentes;

IV — estatuto social, aprovado em assembleia geral e registrado em cartório, do qual deverá constar a base e categoria ao final representada.

§ 1º As fusões ou incorporações de entidades sindicais são consideradas alterações estatutárias. *(Renumerado como parágrafo primeiro pela Portaria n. 2.451, de 2.12.11, DOU 5.12.11)*

§ 2º A solicitação de registro de alteração estatutária deverá ser preenchida no Sistema do Cadastro Nacional de Entidades Sindicais — CNES, disponível no endereço eletrônico www.mte.gov.br. *(Acrescentado pela Portaria n. 2.451, de 2.12.11, DOU 5.12.11)*

§ 3º Não será permitida a tramitação de mais de uma solicitação de registro de alteração estatutária simultaneamente. *(Acrescentado pela Portaria n. 2.451, de 2.12.11, DOU 5.12.11)*

Art. 4º Os pedidos de registro sindical ou de alteração estatutária serão analisados na CGRS, que verificará se os representantes constituem categoria, nos termos da Lei, bem como a existência, no CNES, de outras entidades sindicais representantes da mesma categoria, na mesma base territorial da entidade requerente.

Art. 5º O pedido será arquivado pelo Secretário de Relações do Trabalho, com base em análise fundamentada da CGRS nos seguintes casos:

I — não caracterização de categoria econômica ou profissional para fins de organização sindical, nos termos da legislação pertinente;

II — insuficiência ou irregularidade dos documentos apresentados, na forma dos arts. 2º, 3º e 22, quando a entidade requerente, dentro do prazo de vinte dias, após notificada, não suprir a insuficiência ou a irregularidade; (NR) *(Redação dada pela Portaria MTE n. 414, de 7.4.15, DOU 9.4.15)*

III — coincidência total de categoria e base territorial do sindicato postulante com sindicato registrado no CNES;

IV — quando a base territorial requerida englobar o local da sede de sindicato, registrado no CNES, representante de idêntica categoria; e

V — quando o pedido for protocolado em desconformidade com o § 1º do art. 2º.

§ 1º Nos pedidos de registro e de alteração estatutária de federações e confederações, será motivo de arquivamento, ainda, a falta de preenchimento dos requisitos previstos no Capítulo IV desta Portaria.

§ 2º A análise de que trata o inciso I deste artigo deverá identificar todos os elementos exigidos por Lei para a caracterização de categoria econômica, profissional ou específica.

Seção II
Da publicação do pedido

Art. 6º Após a verificação, pela CGRS, da regularidade dos documentos apresentados e a análise de que tratam os arts. 4º e 5º, o pedido de registro sindical ou de alteração estatutária será publicado no Diário Oficial da União, para fins de publicidade e abertura de prazo para impugnações.

Art. 7º Quando for constatada a existência de dois ou mais pedidos de registro ou alteração estatutária com coincidência total ou parcial de base territorial e categoria, proceder-se-á da seguinte forma:

I — caso ambos tenham protocolizados com a documentação completa, deve-se publicar pela ordem de data do protocolo do pedido; e

II — nos pedidos de registro ou de alteração estatutária, anteriores a esta Portaria, que tenham sido protocolizados com a documentação incompleta, deverá ser publicado primeiramente aquele que, em primeiro lugar, protocolizar a documentação completa.

Parágrafo único. Nos casos descritos neste artigo, se as partes interessadas estiverem discutindo o conflito de representação na via judicial, os processos ficarão suspensos, nos termos do art. 16.

Art. 8º Serão publicadas no Diário Oficial da União e devidamente certificadas no processo as decisões de arquivamento, das quais poderá o interessado apresentar recurso administrativo, na forma do Capítulo XV da Lei n. 9.784, de 29 de janeiro de 1999.

Capítulo II
Das Impugnações

Seção I
Da publicação e dos requisitos para impugnações

Art. 9º Publicado o pedido de registro sindical ou de alteração estatutária, a entidade sindical de mesmo grau, registrada no CNES, que entenda coincidentes sua representação e a do requerente, poderá apresentar impugnação, no prazo de trinta dias, contado da data da publicação de que trata art. 6º, diretamente no protocolo do Ministério do Trabalho e Emprego, sendo vedada impugnação por qualquer outro meio, devendo instruí-la com os seguintes documentos, além dos previstos nos incisos V, VI e VII do § 1º do art. 2º desta Portaria:

I — requerimento, que deverá indicar claramente o objeto do conflito e configurar a coincidência de base territorial e de categoria;

II — documento comprobatório do registro sindical expedido pelo MTE, com identificação da base territorial e da categoria representada, ressalvada ao interessado a utilização da faculdade prevista no art. 37 da Lei n. 9.784, de 1999;

III — estatuto social atualizado, aprovado em assembleia geral da categoria;

IV — ata de apuração de votos do último processo eleitoral;

V — ata de posse da atual diretoria; e

VI — formulário de atualização sindical extraído do endereço eletrônico www.mte.gov.br, devidamente preenchido e assinado.

§ 1º A entidade sindical impugnante que estiver com suas informações atualizadas no CNES fica dispensada da apresentação dos documentos previstos nos incisos III a VI do *caput* deste artigo.

§ 2º Não serão aceitas impugnações coletivas, apresentadas por meio do mesmo documento por um impugnante a mais de um pedido ou por vários impugnantes ao mesmo pedido.

Seção II
Da análise dos pedidos de impugnação

Art. 10. As impugnações serão submetidas ao procedimento previsto na Seção III deste Capítulo, exceto nos seguintes casos, em que serão arquivadas pelo Secretário de Relações do Trabalho, após análise da CGRS:

I — inobservância do prazo previsto no *caput* do art. 9º;

II — ausência de registro sindical do impugnante, exceto se seu pedido de registro ou de alteração estatutária já houver sido publicado no Diário Oficial da União, mesmo que se encontre sobrestado, conforme § 5º do art. 13;

III — apresentação por diretoria de sindicato com mandato vencido;

IV — inexistência de comprovante de pagamento da taxa de publicação;

V — não coincidência de base territorial e categoria entre impugnante e impugnado;

VI — impugnação apresentada por entidade de grau diverso da entidade impugnada, salvo por mandato;

VII — na hipótese de desmembramento, que ocorre quando a base territorial do impugnado é menor que a do impugnante, desde que não englobe o município da sede do sindicato impugnante e não haja coincidência de categoria específica;

VIII — na ocorrência de dissociação de categorias ecléticas, similares ou conexas, para a formação de entidade com representação de categoria mais específica;

IX — ausência ou irregularidade de qualquer dos documentos previstos no art. 9º; e

X — perda do objeto da impugnação, ocasionada pela retificação do pedido da entidade impugnada.

§ 1º A decisão de arquivamento será fundamentada e publicada no Diário Oficial da União, dela cabendo recurso administrativo, na forma do Capítulo XV da Lei n. 9.784, de 1999.

§ 2º O pedido de desistência de impugnação somente será admitido por meio de documentos originais, protocolizados neste Ministério, devidamente assinados pelo representante legal da entidade com mandato válido, vedada a sua apresentação por fax ou e-mail, devendo sua legalidade ser analisada pela CGRS antes da decisão do Secretário de Relações do Trabalho.

Seção III
Da autocomposição

Art. 11. A CGRS deverá informar ao Secretário de Relações do Trabalho as impugnações não arquivadas, na forma do art. 10, para notificação das partes com vistas à autocomposição.

Art. 12. Serão objeto do procedimento previsto nesta Seção:

I — os pedidos de registro impugnados, cujas impugnações não tenham sido arquivadas nos termos do art. 10; e

II — os casos previstos no inciso II do art. 7º.

Art. 13. Serão notificados, na forma do § 3º do art. 26 da Lei n. 9.784, de 1999, os representantes legais das entidades impugnantes e impugnadas, para comparecimento a reunião destinada à autocomposição, que será realizada no âmbito da SRT ou da Superintendência Regional do Trabalho e Emprego da sede da entidade impugnada, com antecedência mínima de quinze dias da data da reunião.

§ 1º O Secretário de Relações do Trabalho ou o servidor por ele designado iniciará o procedimento previsto no *caput* deste artigo, convidando as partes para se pronunciarem sobre as bases de uma possível conciliação.

§ 2º Será lavrada ata circunstanciada da reunião, assinada por todos os presentes com poder de decisão, da qual conste o resultado da tentativa de acordo.

§ 3º As ausências serão consignadas pelo servidor responsável pelo procedimento e atestadas pelos demais presentes à reunião.

§ 4º O acordo entre as partes fundamentará a concessão do registro ou da alteração estatutária pleiteada, que será concedido após a apresentação de cópia do estatuto social das entidades, registrado em cartório, com as modificações decorrentes do acordo, cujos termos serão anotados no registro de todas as entidades envolvidas no CNES, na forma do Capítulo V.

§ 5º Não havendo acordo entre as partes, o pedido ficará sobrestado até que a Secretaria de Relações do Trabalho seja notificada do inteiro teor de acordo judicial ou extrajudicial ou decisão judicial que decida a controvérsia.

§ 6º Considerar-se-á dirimido o conflito quando a entidade impugnada retirar, de seu estatuto, o objeto da controvérsia claramente definido, conforme disposto no inciso I do art. 9º.

§ 7º O pedido de registro será arquivado se a entidade impugnada, devidamente notificada, não comparecer à reunião prevista neste artigo.

§ 8º Será arquivada a impugnação e concedido o registro sindical ou de alteração estatutária se a única entidade impugnante, devidamente notificada, não comparecer à reunião prevista neste artigo.

§ 9º Havendo mais de uma impugnação, serão arquivadas as impugnações das entidades que não comparecerem à reunião, mantendo-se o procedimento em relação às demais entidades impugnantes presentes.

§ 10. As reuniões de que trata este artigo serão públicas, devendo a pauta respectiva ser publicada em local visível, acessível aos interessados, com antecedência mínima de cinco dias da data da sua realização.

Capítulo III
Do Registro

Seção I
Da concessão

Art. 14. O registro sindical ou de alteração estatutária será concedido com fundamento em análise técnica da SRT, nas seguintes situações:

I — decorrido o prazo previsto no art. 9º sem que tenham sido apresentadas impugnações ao pedido;

II — arquivamento das impugnações, nos termos do art. 10;

III — acordo entre as partes; e

IV — determinação judicial dirigida ao Ministério do Trabalho e Emprego.

Art. 15. A concessão de registro sindical ou de alteração estatutária será publicada no Diário Oficial da União, cujos dados serão incluídos no CNES, os quais deverão ser permanentemente atualizados, na forma das instruções expedidas pela Secretaria de Relações do Trabalho.

Parágrafo único. A SRT expedirá, após a publicação da concessão do registro ou da alteração estatutária, certidão com os dados constantes do CNES.

Seção II
Da suspensão dos pedidos

Art. 16. Os processos de registro ou de alteração estatutária ficarão suspensos, neles não se praticando quaisquer atos, nos seguintes casos:

I — por determinação judicial;

II — na hipótese prevista no parágrafo único do art. 7º;

III — durante o procedimento disposto na Seção III do Capítulo II;

IV — no período compreendido entre o acordo previsto no § 4º do art. 13 e a entrega, na SRT, dos respectivos estatutos sociais com as alterações decorrentes do acordo firmado entre as partes;

V — quando as entidades que tiveram seus registros anotados, na forma do Capítulo V, deixarem de enviar, no prazo previsto no § 2º do art. 25, novo estatuto social, registrado em cartório, com a representação sindical devidamente atualizada; e

VI — na redução, pela federação ou confederação, do número mínimo legal de entidades filiadas, conforme previsto no § 3º do art. 20; e

VII — se o interessado deixar de promover os atos que lhe competem, no prazo de trinta dias, após regularmente notificado para sanear eventuais irregularidades.

Seção III
Do cancelamento

Art. 17. O registro sindical ou a alteração estatutária somente será cancelado nos seguintes casos:

I — por ordem judicial que determine ao Ministério do Trabalho e Emprego o cancelamento do registro, fundada na declaração de ilegitimidade da entidade para representar a categoria ou de nulidade dos seus atos constitutivos;

II — administrativamente, se constatado vício de legalidade no processo de concessão, assegurados ao interessado o contraditório e a ampla defesa, bem como observado o prazo decadencial previsto no art. 53 da Lei n. 9.784, de 1999;

III — a pedido da própria entidade, nos termos do art. 18; e

IV — na ocorrência de fusão ou incorporação entre duas ou mais entidades, devidamente comprovadas com a apresentação do registro em cartório e após a publicação do registro da nova entidade.

Art. 18. Quando a forma de dissolução da entidade sindical não estiver prevista em seu estatuto social, o pedido de cancelamento do registro no CNES deverá ser instruído com os seguintes documentos:

I — edital de convocação de assembleia específica da categoria para fins de deliberação acerca do cancelamento do registro sindical, publicado na forma do inciso II do §1º do art. 2º desta Portaria; e

II — ata de assembleia da categoria da qual conste como pauta a dissolução da entidade e a autorização do cancelamento do registro sindical.

Art. 19. O cancelamento do registro de entidade sindical deverá ser publicado no Diário Oficial da União e será anotado, juntamente com o motivo, no CNES, cabendo o custeio da publicação ao interessado, se for a pedido, em conformidade com o custo da publicação previsto em portaria específica deste Ministério.

Capítulo IV
Das Entidades de Grau Superior

Seção I
Da formação e do registro

Art. 20. Para pleitear registro no CNES, as federações e confederações deverão organizar-se na forma dos arts. 534 e 535 da Consolidação das Leis do Trabalho, aprovada pelo Decreto-lei n. 5.452, de 1º de maio de 1943 e das leis específicas.

§ 1º Para o registro sindical ou de alteração estatutária, a federação deverá comprovar ter sido constituída por, no mínimo, cinco sindicatos registrados no CNES.

§ 2º A confederação deverá comprovar, para fins de registro sindical ou de alteração estatutária, ser formada pelo número mínimo de três federações registradas no CNES.

§ 3º O requisito do número mínimo de filiados para a constituição de entidades de grau superior previsto na CLT deverá ser mantido pela entidade respectiva.

§ 4º A inobservância do §3º deste artigo importará na suspensão do registro da entidade sindical de grau superior até que seja suprida a exigência legal, garantida à entidade atingida pela restrição manifestação prévia, no prazo de dez dias, contado da intimação realizada para essa finalidade.

Art. 21. A filiação de uma entidade de grau inferior a mais de uma entidade de grau superior não poderá ser considerada para fins de composição do número mínimo previsto em lei para a criação ou manutenção de uma federação ou confederação.

Parágrafo único. As entidades de grau superior coordenam o somatório das entidades a elas filiadas, devendo, sempre que possível, sua denominação corresponder fielmente a sua representatividade.

Art. 22. Os pedidos de registro sindical e de alterações estatutárias de federações e confederações serão instruídos com os seguintes documentos, além dos previstos nos incisos V, VI e VII do § 1º do art. 2º desta Portaria:

I — requerimento original gerado pelo Sistema, assinado pelo representante legal da entidade. *(Redação dada pela Portaria n. 2.451, de 2.12.11, DOU 5.12.11)*

II — estatutos das entidades que pretendam criar a federação ou confederação, registrado em cartório, contendo autorização para criação de entidade de grau superior, ou editais de convocação de assembleia geral específica para autorização de entidade de grau superior, publicado no Diário Oficial da União com antecedência mínima de trinta dias da data da assembleia;

III — edital de convocação dos conselhos de representantes das entidades fundadoras da entidade de grau superior, para assembleia geral de ratificação da fundação da entidade, publicado no Diário Oficial da União com antecedência mínima de trinta dias da data da assembleia, do qual conste a ratificação da fundação, a filiação das entidades e a aprovação do estatuto;

IV — ata da assembleia geral de ratificação de fundação da entidade constando a eleição, apuração e posse da diretoria, com a indicação do nome completo e número do Cadastro Pessoas Físicas — CPF dos representantes legais da entidade requerente, acompanhada de lista contendo o nome completo e assinatura dos presentes;

V — estatuto social, aprovado em assembleia geral e registrado em cartório;

VI — comprovante de registro sindical no CNES das entidades fundadoras da entidade de grau superior; e

VII — nas alterações estatutárias de entidade superior, o objeto da alteração deverá constar do edital e da ata da assembleia geral.

Art. 22-A. Para atualização dos dados cadastrais aplica-se às entidades de grau superior o disposto nos art. 36 a 38 da Portaria n. 326/2013-MTE. *(Acrescentado pela Portaria MTE n. 414, de 7.4.15, DOU 9.4.15)*

Art. 22-B. Os estatutos sociais e as atas previstos nesta Portaria deverão estar registrados no cartório da comarca da sede da entidade requerente. *(Acrescentado pela Portaria MTE n. 414, de 7.4.15, DOU 9.4.15)*

Seção II
Das impugnações

Art. 23. Os pedidos de registro ou de alteração estatutária de federações e confederações poderão ser objeto de impugnação por entidades do mesmo grau cujas entidades filiadas constem da formação da nova entidade.

§ 1º A análise das impugnações, na forma da Seção II do Capítulo II, verificará se a criação da nova entidade ou a alteração estatutária viola o princípio da unicidade sindical e, ainda, se reduz o número mínimo de entidades filiadas necessário à manutenção de entidade registrada no CNES.

§ 2º Configurar-se-á conflito de representação sindical entre entidades de grau superior quando houver a coincidência entre a base territorial dos sindicatos ou federações fundadoras da nova entidade com os filiados da entidade preexistente.

Art. 24. Na verificação do conflito de representação, será realizado o procedimento previsto na Seção III do Capítulo II.

Parágrafo único. Na ocorrência de redução de número mínimo de filiados da entidade de grau superior, o processo de registro sindical ficará suspenso, até que conste do CNES nova filiação de entidade de grau inferior, que componha o número mínimo previsto na CLT.

Capítulo V
Da Anotação no CNES

Art. 25. Quando a publicação de concessão de registro sindical ou de alteração estatutária no Diário Oficial da União implicar exclusão de categoria ou base territorial de entidade sindical registrada no CNES, a modificação será anotada no registro da entidade preexistente, para que conste, de forma atualizada, a sua representação.

§ 1º A entidade sindical cuja categoria ou base territorial for atingida pela restrição poderá apresentar manifestação escrita, no prazo de dez dias, contado da publicação de que trata o *caput* deste artigo, exceto se atuar como impugnante no processo de registro sindical ou de alteração estatutária.

§ 2º A anotação no CNES será publicada no Diário Oficial da União, devendo a entidade que tiver seu cadastro anotado juntar, em trinta dias, novo estatuto social do qual conste sua representação devidamente atualizada, sob pena de suspensão do processo de registro sindical, nos termos do inciso V do art. 16.

Art. 26. Para a fiel correspondência entre o trâmite dos processos de registro sindical e de alteração estatutária e os dados do CNES, neste serão anotados todos os atos praticados no curso dos processos.

Parágrafo único. Será procedida a anotação no CNES, após trinta dias da apresentação do estatuto retificado, no registro da entidade que celebrou acordo com base no procedimento previsto na Seção III do Capítulo II, permanecendo suspenso o registro da entidade que não cumpriu o disposto no inciso IV do art. 16.

Capítulo VI
Disposições Finais

Art. 27. Os documentos previstos no § 1º do art. 2º serão conferidos pelas Seções de Relações do Trabalho das Superintendências Regionais do Trabalho no prazo máximo de trinta dias da data de recebimento do processo.

Parágrafo único. Os documentos relacionados nesta Portaria serão apresentados em originais ou cópias, desde que apresentadas juntamente com os originais para conferência e visto do servidor.

Art. 28. Os processos administrativos de registro sindical e de alteração estatutária deverão ser concluídos no prazo máximo de cento e oitenta dias, ressalvada a hipótese de atraso devido a providências a cargo do interessado, devidamente justificadas nos autos.

Art. 29. As entidades sindicais deverão manter seu cadastro no CNES atualizado no que se refere a dados cadastrais, diretoria e filia-

ção a entidades de grau superior, conforme instruções constantes do endereço eletrônico www.mte.gov.br.

Art. 30. A contagem dos prazos previstos nesta Portaria será feita na forma prevista no Capítulo XVI da Lei n. 9.784, de 1999.

Art. 31. A SRT deverá providenciar a publicação, no Diário Oficial da União, dos atos relativos aos pedidos de registro sindical e de alteração estatutária, tais como arquivamento, admissibilidade de impugnação, suspensão, cancelamento, concessão e anotação no CNES.

Art. 32. Caberá aos interessados promover as diligências necessárias junto ao Poder Judiciário, a fim de que o Ministério do Trabalho e Emprego seja notificado para cumprimento de decisão judicial.

Art. 33. Esta Portaria entra em vigor na data de sua publicação e se aplica a todos os processos em curso neste Ministério.

Art. 34. Revoga-se a Portaria n. 343, de 4 de maio de 2000.

CARLOS LUPI
DOU 14.4.2008

Portaria MTE n. 210, de 29 de abril de 2008

O MINISTRO DE ESTADO DO TRABALHO E EMPREGO, no uso da atribuição que lhe confere o art. 87, parágrafo único, inciso II, da Constituição Federal, e tendo em vista o disposto no § 2º do art. 13 da Consolidação das Leis do Trabalho — CLT, aprovada pelo Decreto-lei n. 5.452, de 1º de maio de 1943, resolve:

Art. 1º A Carteira de Trabalho e Previdência Social — CTPS Informatizada será confeccionada segundo as disposições desta Portaria.

Art. 2º A CTPS Informatizada terá capa na cor azul e conterá na segunda contracapa do documento a letra do Hino Nacional Brasileiro.

§ 1º Será incorporado à CTPS Informatizada código de barras no padrão "2/5 interleaved," com o número do PIS do trabalhador.

§ 2º O número de páginas da CTPS Informatizada será de 34 páginas, na seguinte disposição:

I — páginas 01 e 02 — identificação do trabalhador;

II — página 03 — alteração de identidade;

III — páginas 04 e 05 — profissões regulamentadas;

IV — página 06 — dados pessoais do trabalhador e carteiras anteriores;

V — páginas 07 a 16 — contrato de trabalho;

VI — páginas 17 e 18 — alterações de salário;

VII — páginas 19 e 20 — anotações de férias;

VIII — páginas 21 a 29 — anotações gerais;

IX — página 30 — anotações para uso do Ministério do Trabalho e Emprego — MTE; e

X — páginas 31 a 34 — anotações para uso da Previdência Social — Instituto Nacional do Seguro Social — INSS.

§ 3º Integrará a CTPS Informatizada um cartão denominado Cartão de Identificação do Trabalhador — CIT.

Art. 3º O CIT conterá as seguintes informações:

I — nome do solicitante;

II — filiação e data de nascimento;

III — Número e série da CTPS;

IV — naturalidade;

V — número do Cadastro de Pessoa Física — CPF, do Ministério da Fazenda;

VI — número da CI e órgão expedidor ou n. certidão nascimento;

VII — número do PIS/PASEP;

VIII — assinatura, Impressão digital e foto do solicitante;

IX — data de expedição do CIT; e

X — assinatura eletrônica do Ministro de Estado do Trabalho e Emprego.

Art. 4º Já introduzido na Portaria n. 1, de 28 de janeiro de 1997. *(Revogado pela Portaria SPPE/MTE n. 3, de 26.1.2015, DOU 30.1.2015)*

Art. 5º Esta Portaria entra em vigor na data de sua publicação.

CARLOS LUPI
DOU 30.4.2008

Portaria GM/MTE n. 262, de 29 de maio de 2008

Profissão — técnico de segurança — Lei n. 7.410, de 27 de novembro de 1985 — Registro de profissão no MTE

O MINISTRO DO TRABALHO E EMPREGO, no uso das atribuições que lhe conferem o inciso II do parágrafo único do art. 87 da Constituição Federal, o art. 3º da Lei n. 7.410, de 27 de novembro de 1985, e o art. 7º do Decreto n. 92.530, de 9 de abril de 1986, resolve:

Art. 1º O exercício da profissão do Técnico de Segurança do Trabalho depende de prévio registro no Ministério do Trabalho e Emprego.

Art. 2º O registro profissional será efetivado pelo Setor de Identificação e Registro Profissional das Unidades Descentralizadas do Ministério do Trabalho e Emprego, mediante requerimento do interessado, que poderá ser encaminhado pelo sindicato da categoria.

§ 1º O requerimento deverá estar acompanhado dos seguintes documentos:

I — Carteira de Trabalho e Previdência Social — CTPS, para lançamento do registro profissional;

II — cópia autenticada de documento comprobatório de atendimento aos requisitos constantes nos incisos I, II ou III do art. 2º da Lei n. 7.410, de 27 de novembro de 1985;

III — cópia autenticada da Carteira de Identidade (RG); e

IV — cópia autenticada do comprovante de inscrição no Cadastro de Pessoa Física (CPF).

§ 2º A autenticação das cópias dos documentos dispostos nos incisos II, III e IV poderá ser obtida mediante apresentação dos originais para conferência na Unidade Descentralizada do Ministério do Trabalho e Emprego.

Art. 3º Permanecerão válidos os registros profissionais de técnico de segurança do trabalho emitidos pela Secretaria de Inspeção do Trabalho — SIT.

Art. 4º Os recursos interpostos em razão de indeferimento dos pedidos de registro pelas unidades descentralizadas serão analisados pelo Departamento de Segurança e Saúde no Trabalho — DSST, da SIT.

Art. 5º Esta Portaria entra em vigor na data de sua publicação.

Art. 6º Ficam revogadas a Portaria SNT n. 4, de 6 de fevereiro de 1992; a Portaria DNSST n. 1, de 19 de maio de 1992; e a Portaria SSST n. 13, de 20 de dezembro de 1995, que deu nova redação à Norma Regulamentadora — NR 27.

CARLOS LUPI
DOU 30.5.2008

Portaria MTE n. 984, de 26 de novembro de 2008

Dispõe sobre o cadastro de entidades sindicais especiais

O MINISTRO DO TRABALHO E EMPREGO, no uso das suas atribuições legais e tendo em vista o disposto no art. 87, parágrafo único, inciso II e no art. 8º, da Constituição Federal e na Súmula n. 677, do Supremo Tribunal Federal, resolve:

Art. 1º Fica instituído, no âmbito do Ministério do Trabalho e Emprego — MTE, o Cadastro de Entidades Sindicais Especiais — CESE, para fins de inscrição das entidades sindicais que não representam categorias profissionais ou econômicas, mas que representam os grupos mencionados no inciso VII e Parágrafo único do art. 8º da Constituição Federal.

Parágrafo único. A inscrição no CESE possui efeito meramente cadastral, sem gerar os efeitos previstos nos incisos II, IV, VI e VIII do art. 8º da Constituição Federal, art. 477, e Títulos V, VI e VI-A da Consolidação das Leis do Trabalho, aprovada pelo Decreto-lei n. 5.452, de 1º de maio de 1943.

Art. 2º Os pedidos de inscrição de entidades sindicais especiais no CESE observarão os procedimentos administrativos previstos nesta Portaria.

Art. 3º O interessado deverá protocolizar, para formação de processo administrativo, unicamente na sede do MTE, sendo vedada a remessa via postal, os seguintes documentos:

I — requerimento assinado pelo representante legal da entidade;

II — edital de convocação dos membros da representação pleiteada para a assembleia geral de fundação ou ratificação da fundação da entidade, do qual constem a área de abrangência e representação pretendidas, publicado no Diário Oficial da União com antecedência mínima de cinco dias da realização da assembleia;

III — atas da assembleia geral de fundação da entidade e da última eleição, apuração e posse da diretoria, com a indicação do número de filiados na data da eleição, número do Cadastro Pessoas Físicas — CPF dos representantes legais da entidade requerente;

IV — lista de presença das assembleias de fundação da entidade e da última eleição da diretoria;

V — estatuto social, aprovado em assembleia geral e registrado em cartório, que deverá conter os elementos identificadores da representação pretendida, em especial

LEGISLAÇÃO COMPLEMENTAR

o grupo representado e a área de abrangência;

VI — certidão de inscrição do solicitante no Cadastro Nacional de Pessoa jurídica — CNPJ, com natureza jurídica específica; e

VII — comprovante de endereço em nome da entidade.

Art. 4º A Secretaria de Relações do Trabalho — SRT efetuará a conferência e análise dos documentos que acompanham o pedido de inscrição de entidades sindicais especiais, para verificação de sua regularidade.

Parágrafo único. Com base na análise dos documentos, a SRT proporá o arquivamento do pedido ou a concessão da inscrição ao Ministro do Trabalho, a quem caberá a decisão final acerca do pedido.

Art. 5º Concedida a inscrição, o Secretário de Relações do Trabalho expedirá Certidão de Inscrição no CESE, em que serão anotados os dados da entidade.

Art. 6º Os documentos relacionados nesta Portaria serão apresentados em originais, cópias autenticadas ou cópias simples, desde que apresentadas juntamente com os originais para conferência e visto do servidor.

Art. 7º As entidades sindicais especiais deverão manter seu cadastro no CESE atualizado no que se refere a dados cadastrais, diretoria e filiação a Centrais Sindicais, conforme instruções expedidas pela SRT.

Art. 8º Caso haja decisão judicial relativa a assuntos de inscrição de entidades sindicais especiais, caberá aos interessados promover as diligências necessárias junto ao Poder Judiciário, a fim de que o MTE seja notificado.

Art. 9º Esta Portaria entra em vigor na data de sua publicação.

CARLOS LUPI
DOU 27.11.2008

Portaria SIT/MTE n. 88, de 28 de abril de 2009

A SECRETÁRIA DE INSPEÇÃO DO TRABALHO, no uso das atribuições que lhes são conferidas pelo inciso I do art. 405 da Consolidação das Leis do Trabalho — CLT, resolve:

Art. 1º Para efeitos do art. 405, inciso I, da CLT, são considerados locais e serviços perigosos ou insalubres, proibidos ao trabalho do menor de 18 (dezoito) anos, os descritos no item I — Trabalhos Prejudiciais à Saúde e à Segurança, do Decreto n. 6.481, de 12 de junho de 2008, que publicou a Lista das Piores Formas do Trabalho Infantil.

Art. 2º Fica revogada a Portaria n. 20, de 13 de setembro de 2001, publicada no Diário Oficial da União n. 177, de 14 de setembro de 2001, Seção I, p. 46.

Art. 3º Esta Portaria entra em vigor na data de sua publicação.

RUTH BEATRIZ VASCONCELOS VILELA
DOU 29.4.2009

I. TRABALHOS PREJUDICIAIS À SAÚDE E À SEGURANÇA

Atividade: Agricultura, Pecuária, Silvicultura e Exploração Florestal

Item	Descrição dos Trabalhos	Prováveis Riscos Ocupacionais	Prováveis Repercussões à Saúde
1.	Na direção e operação de tratores, máquinas agrícolas e esmeris, quando motorizados e em movimento	Acidentes com máquinas, instrumentos ou ferramentas perigosas	Afecções músculo-esqueléticas (bursites, tendinites, dorsalgias, sinovites, tenossinovites); mutilações, esmagamentos, fraturas
2.	No processo produtivo do fumo, algodão, sisal, cana-de-açúcar e abacaxi	Esforço físico e posturas viciosas; exposição a poeiras orgânicas e seus contaminantes, como fungos e agrotóxicos; contato com substâncias tóxicas da própria planta; acidentes com animais peçonhentos; exposição, sem proteção adequada, à radiação solar, calor, umidade, chuva e frio; acidentes com instrumentos pérfuro-cortantes	Afecções músculo-esqueléticas (bursites, tendinites, dorsalgias, sinovites, tenossinovites); pneumoconioses; intoxicações exógenas; cânceres; bissinoses; hantaviroses; urticárias; envenenamentos; intermações; queimaduras na pele; envelhecimento precoce; câncer de pele; desidratação; doenças respiratórias; ceratoses actínicas; ferimentos e mutilações; apagamento de digitais
3.	Na colheita de cítricos, pimenta malagueta e semelhantes	Esforço físico, levantamento e transporte manual de peso; posturas viciosas; exposição, sem proteção adequada, à radiação solar, calor, umidade, chuva e frio; contato com ácido da casca; acidentes com instrumentos pérfuro-cortante	Afecções músculo-esqueléticas (bursites, tendinites, dorsalgias, sinovites, tenossinovites); intermações; queimaduras na pele; envelhecimento precoce; câncer de pele; desidratação; doenças respiratórias; ceratoses actínicas; apagamento de digitais; ferimentos; mutilações
4.	No beneficiamento do fumo, sisal, castanha de caju e cana-de-açúcar	Esforço físico, levantamento e transporte de peso; exposição a poeiras orgânicas, ácidos e substâncias tóxicas	Fadiga física; afecções músculo-esqueléticas, (bursites, tendinites, dorsalgias, sinovites, tenossinovites); intoxicações agudas e crônicas; rinite; bronquite; vômitos; dermatites ocupacionais; apagamento das digitais
5.	Na pulverização, manuseio e aplicação de agrotóxicos, adjuvantes, e produtos afins, incluindo limpeza de equipamentos, descontaminação, disposição e retorno de recipientes vazios	Exposição a substâncias químicas, tais como, pesticidas e fertilizantes, absorvidos por via oral, cutânea e respiratória	Intoxicações agudas e crônicas; polineuropatias; dermatites de contato; dermatites alérgicas; osteomalácias do adulto induzidas por drogas; cânceres; arritmias cardíacas; leucemias e episódios depressivos
6.	Em locais de armazenamento ou de beneficiamento em que haja livre desprendimento de poeiras de cereais e de vegetais	Exposição a poeiras e seus contaminantes	Bissinoses; asma; bronquite; rinite alérgica; enfizema; pneumonia e irritação das vias aéreas superiores
7.	Em estábulos, cavalariças, currais, estrebarias ou pocilgas, sem condições adequadas de higienização	Acidentes com animais e contato permanente com vírus, bactérias, parasitas, bacilos e fungos	Afecções músculo-esqueléticas(bursites, tendinites, dorsalgias, sinovites, tenossinovites); contusões; tuberculose; carbúnculo; brucelose; leptospirose; tétano; psitacose; dengue; hepatites virais; dermatofitoses; candidíases; leishmanioses cutâneas e cutâneo-mucosas e blastomicoses
8.	No interior ou junto a silos de estocagem de forragem ou grãos com atmosferas tóxicas, explosivas ou com deficiência de oxigênio	Exposição a poeiras e seus contaminantes; queda de nível; explosões; baixa pressão parcial de oxigênio	Asfixia; dificuldade respiratória; asma ocupacional; pneumonia; bronquite; rinite; traumatismos; contusões e queimaduras
9.	Com sinalizador na aplicação aérea de produtos ou defensivos agrícolas	Exposição a substâncias químicas, tais como pesticidas e fertilizantes, absorvidos por via oral, cutânea e respiratória	Intoxicações exógenas agudas e crônicas; polineuropatias; dermatites; rinite; bronquite; leucemias; arritmia cardíaca; cânceres; leucemias; neurastenia e episódios depressivos.
10.	Na extração e corte de madeira	Acidentes com queda de árvores, serra de corte, máquinas e ofidismo	Afecções músculo-esqueléticas (bursites, tendinites, dorsalgias, sinovites, tenossinovites); esmagamentos; amputações; lacerações; mutilações; contusões; fraturas; envenenamento e blastomicose
11.	Em manguezais e lamaçais	Exposição à umidade; cortes; perfurações; ofidismo, e contato com excrementos	Rinite; resfriados; bronquite; envenenamentos; intoxicações exógenas; dermatites; leptospirose; hepatites virais; dermatofitoses e candidíases

Atividade: PESCA

Item	Descrição dos Trabalhos	Prováveis Riscos Ocupacionais	Prováveis Repercussões à Saúde
12.	Na cata de iscas aquáticas	Trabalho noturno; exposição à radiação solar, umidade, frio e a animais carnívoros ou peçonhentos; afogamento	Transtorno do ciclo vigília-sono; queimaduras na pele; envelhecimento precoce; hipotermia; lesões; envenenamentos; perfuração da membrana do tímpano; perda da consciência; labirintite e otite média não supurativa e apneia prolongada
13.	Na cata de mariscos	Exposição à radiação solar, chuva, frio; posturas inadequadas e movimentos repetitivos; acidentes com instrumentos pérfuro-cortantes; horário flutuante, como as marés; águas profundas	Queimaduras na pele; envelhecimento precoce; câncer de pele; desidratação; doenças respiratórias; ceratoses actínicas; hipertermia; fadiga física; dores musculares nos membros e coluna vertebral; ferimentos; fadiga; distúrbios do sono; afogamento
14.	Que exijam mergulho, com ou sem equipamento	Apneia prolongada e aumento do nitrogênio circulante	Afogamento; perfuração da membrana do tímpano; perda de consciência; barotrauma; embolia gasosa; síndrome de Raynaud; acrocianose; otite barotraumática; sinusite barotraumática; labirintite e otite média não supurativa

LEGISLAÇÃO COMPLEMENTAR

Item	Descrição dos Trabalhos	Prováveis Riscos Ocupacionais	Prováveis Repercussões à Saúde
15.	Em condições hiperbáricas	Exposição a condições hiperbáricas, sem períodos de compressão e descompressão	Morte; perda da consciência; perfuração da membrana do tímpano; intoxicação por gases (oxigênio ou nitrogênio); barotrauma; embolia gasosa; síndrome de Raynaud; acrocianose; otite barotraumática; sinusite barotraumática; labirintite; otite média não supurativa; osteonecrose asséptica e mal dos caixões (doença descompressiva

Atividade: Indústria Extrativa

Item	Descrição dos Trabalhos	Prováveis Riscos Ocupacionais	Prováveis Repercussões à Saúde
16.	Em cantarias e no preparo de cascalho	Esforço físico; posturas viciosas; acidentes com instrumentos pérfuro-cortantes; exposição a poeiras minerais, inclusive sílica	Afecções músculo-esqueléticas(bursites, tendinites, dorsalgias, sinovites, tenossinovites); DORT/LER; ferimentos e mutilações; rinite; asma; pneumoconioses; tuberculose
17.	De extração de pedras, areia e argila (retirada, corte e separação de pedras; uso de instrumentos contusocortantes, transporte e arrumação de pedras)	Exposição à radiação solar, chuva; exposição à sílica; levantamento e transporte de peso excessivo; posturas inadequadas e movimentos repetitivos; acidentes com instrumentos pérfuro-cortantes; condições sanitárias precárias; corpos estranhos	Queimaduras na pele; envelhecimento precoce; câncer de pele; desidratação; doenças respiratórias; hipertermia; fadiga física; dores musculares nos membros e coluna vertebral; lesões e deformidades osteomusculares; comprometimento do desenvolvimento psicomotor; ferimentos; mutilações; parasitores múltiplas e gastroenterites; ferimentos nos olhos (córnea e esclera)
18.	De extração de mármores, granitos, pedras preciosas, semipreciosas e outros minerais	Levantamento e transporte de peso excessivo; acidentes com instrumentos contudentes e pérfuro-cortantes; exposição a poeiras inorgânicas; acidentes com eletricidade e explosivos; gases asfixiantes	Fadiga física; afecções músculo-esqueléticas (bursites, tendinites, dorsalgias, sinovites, tenossinovites); esmagamentos; traumatismos; ferimentos; mutilações; queimaduras; silicose; bronquite; bronquiolite; rinite; tuberculose; asma ocupacional; enfisema; fibrose pulmonar; choque elétrico; queimaduras e mutilações; asfixia
19.	Em escavações, subterrâneos, pedreiras, garimpos, minas em subsolo e a céu aberto	Esforços físicos intensos; soterramento; exposição a poeiras inorgânicas e a metais pesados;	Afecções músculo-esqueléticas (bursites, tendinites, dorsalgias, sinovites, tenossinovites); asfixia, anóxia; hipóxia; esmagamentos; queimaduras; fraturas; silicoses; tuberculose; asma ocupacional; bronquites; enfisema pulmonar; cânceres; lesões oculares; contusões; ferimentos; alterações mentais; fadiga e estresse
20	Em locais onde haja livre desprendimento de poeiras minerais	Exposição a poeiras inorgânicas	Pneumoconioses associadas com tuberculose; asma ocupacional; rinite; silicose; bronquite e bronquiolite
21	Em salinas	Esforços físicos intensos; levantamento e transporte manual de peso; movimentos repetitivos; exposição, sem proteção adequada, à radiação solar, chuva e frio	Fadiga física; stress; afecções músculo-esqueléticas (bursites, tendinites, dorsalgias, sinovites, tenossinovites); DORT/LER; intermações; queimaduras na pele; envelhecimento precoce; câncer de pele; desidratação; doenças respiratórias; ceratoses actínicas

Atividade: Indústria de Transformação

Item	Descrição dos Trabalhos	Prováveis Riscos Ocupacionais	Prováveis Repercussões à Saúde
22.	De lixa nas fábricas de chapéu ou feltro	Acidentes com máquinas e instrumentos perigosos; exposição à poeira	Ferimentos; lacerações; mutilações; asma e bronquite
23.	De jateamento em geral, exceto em processos enclausurados	Exposição à poeira mineral	Silicose; asma; bronquite; bronquiolite; stress e alterações mentais
24.	De douração, prateação, niquelação, galvanoplastia, anodização de alumínio, banhos metálicos ou com desprendimento de fumos metálicos	Exposição a fumos metálicos (cádmio, alumínio, níquel, cromo etc.), névoas, vapores e soluções ácidas e cáusticas; exposição a altas temperaturas; umidade	Intoxicações agudas e crônicas; asma ocupacional; rinite; faringite; sinusite; bronquite; bronquiolite; pneumonia; edema pulmonar; estomatite ulcerativa crônica; dermatite de contato; neoplasia maligna dos brôn- quios e pulmões; ulceração ou necrose do septo nasal; queimaduras
25.	Na operação industrial de reciclagem de papel, plástico e metal	Exposição a riscos biológicos (bactérias, vírus, fungos e parasitas), como contaminantes do material a ser reciclado, geralmente advindo de coleta de lixo	Dermatoses ocupacionais; dermatites de contato; asma; bronquite; viroses; parasitoses; cânceres
26.	No preparo de plumas e crinas	Exposição ao mercúrio e querosene, além de poeira orgânica	Transtornos da personalidade e de comportamento; episódios depressivos; neurastenia; ataxia cerebelosa; encefalopatia; transtorno extrapiramidal do movimento; gengivite crônica; estomatite ulcerativa e arritmias cardíacas
27.	Na industrialização do fumo	Exposição à nicotina	Intoxicações exógenas; tonturas e vômitos
28.	Na industrialização de cana-de-açúcar	Exposição a poeiras orgânicas	Bagaçose; asma; bronquite e pneumonite
29.	Em fundições em geral	Exposição a poeiras inorgânicas, a fumos metálicos (ferro, bronze, alumínio, chumbo, manganês e outros); exposição a altas temperaturas; esforços físicos intensos;	Intoxicações; siderose; saturnismo; beriliose; estanhose; bronquite crônica; bronquite asmática; bronquite obstrutiva; sinusite; cânceres; ulceração ou necrose do septo nasal; desidratação e intermação; afecções músculo-esqueléticas (bursites, tendinites, dorsalgias, sinovites, tenossinovites)
30.	Em tecelagem	Exposição à poeira de fios e fibras mistas e sintéticas; exposição a corantes; postura inadequadas e esforços repetitivos	Bissinose; bronquite crônica; bronquite asmática; bronquite obstrutiva; sinusite; fadiga física; DORT/LER
31.	No beneficiamento de mármores, granitos, pedras preciosas, semipreciosas e outros bens minerais	Esforços físicos intensos; acidentes com máquinas perigosas e instrumentos pérfuro-cortantes; exposição a poeiras inorgânicas; acidentes com eletricidade	Afecções músculo-esqueléticas(bursites, tendinites, dorsalgias, sinovites, tenossinovites); traumatismos; ferimentos; mutilações; silicose; bronquite; bronquiolite; rinite; tuberculose; asma ocupacional; enfisema; fibrose pulmonar; choque elétrico
32.	Na produção de carvão vegetal	Exposição à radiação solar, chuva; contato com amianto; picadas de insetos e animais peçonhentos; levantamento e transporte de peso excessivo; posturas inadequadas e movimentos repetitivos; acidentes com instrumentos pérfuro-cortantes; queda de toras; exposição à vibração, explosões e desabamentos; combustão espontânea do carvão; monotonia; estresse da tensão da vigília do forno; fumaça contendo subprodutos da pirólise e combustão incompleta: ácido pirolenhoso, alcatrão, metanol, acetona, acetato, monóxido de carbono, dióxido de carbono e metano	Queimaduras na pele; envelhecimento precoce; câncer de pele; desidratação; doenças respiratórias; hipertermia; reações na pele ou generalizadas; fadiga física; dores musculares nos membros e coluna vertebral; lesões e deformidades osteomusculares; comprometimento do desenvolvimento psicomotor; DORT/LER; ferimentos; mutilações; traumatismos; lesões osteomusculares; síndromes vasculares; queimaduras; sofrimento psíquico; intoxicações agudas e crônicas
33.	Em contato com resíduos de animais deteriorados, glândulas, vísceras, sangue, ossos, couros, pelos ou dejetos de animais	Exposição a vírus, bactérias, bacilos, fungos e parasitas	Tuberculose; carbúnculo; brucelose; hepatites virais; tétano; psitacose; ornitose; dermatoses ocupacionais e dermatites de contato

LEGISLAÇÃO COMPLEMENTAR

Item	Descrição dos Trabalhos	Prováveis Riscos Ocupacionais	Prováveis Repercussões à Saúde
34.	Na produção, processamento e manuseio de explosivos, inflamáveis líquidos, gasosos ou liquefeitos	Exposição a vapores e gases tóxicos; risco de incêndios e explosões	Queimaduras; intoxicações; rinite; asma ocupacional; dermatoses ocupacionais e dermatites de contato
35.	Na fabricação de fogos de artifícios	Exposição a incêndios, explosões, corantes de chamas (cloreto de potássio, antimônio trisulfito) e poeiras	Queimaduras; intoxicações; enfisema crônico e difuso; bronquite e asma ocupacional
36.	De direção e operação de máquinas e equipamentos elétricos de grande porte	Esforços físicos intensos e acidentes com sistemas; circuitos e condutores de energia elétrica	Afecções músculo-esqueléticas(bursites, tendinites, dorsalgias, sinovites, tenossinovites); mutilações; esmagamentos; fraturas; queimaduras; perda temporária da consciência; carbonização; parada cárdio-respiratória
37.	Em curtumes, industrialização de couros e fabricação de peles e peliças	Esforços físicos intensos; exposição a corantes, alvejantes, álcalis, desengordurantes, ácidos, alumínio, branqueadores, vírus, bactérias, bacilos, fungos e calor	Afecções músculo-esqueléticas(bursites, tendinites, dorsalgias, sinovites, tenossinovites); tuberculose; carbúnculo; brucelose; antrax; cânceres; rinite crônica; conjuntivite; pneumonite; dermatites de contato; dermatose ocupacional e queimaduras
38.	Em matadouros ou abatedouros em geral	Esforços físicos intensos; riscos de acidentes com animais e ferramentas pérfuro-cortantes e exposição a agentes biológicos	Afecções músculo-esqueléticas(bursites, tendinites, dorsalgias, sinovites, tenossinovites); contusões; ferimentos; tuberculose; carbúnculo; brucelose e psitacose; antrax
39.	Em processamento ou empacotamento mecanizado de carnes	Acidentes com máquinas, ferramentas e instrumentos pérfuro-cortantes; esforços repetitivos e riscos biológicos	Afecções músculo-esqueléticas(bursites, tendinites, dorsalgias, sinovites, tenossinovites); contusão; amputação; corte; DORT/LER; tuberculose; carbúnculo; brucelose; psitacose
40.	Na fabricação de farinha de mandioca	Esforços físicos intensos; acidentes com instrumentos pérfuro-cortantes; posições inadequadas; movimentos repetitivos; altas temperaturas e poeiras	Afecções músculo-esqueléticas(bursites, tendinites, dorsalgias, sinovites, tenossinovites); contusão; amputações; cortes; queimaduras; DORT/LER; cifose; escoliose; afecções respiratórias e dermatoses ocupacionais
41.	Em indústrias cerâmicas	Levantamento e transporte de peso; posturas inadequadas e movimentos repetitivos; exposição ao calor e à umidade; exposição à poeira; acidentes com máquinas e quedas	Fadiga física; dores musculares nos membros e coluna vertebral; lesões e deformidades osteomusculares; comprometimento do desenvolvimento psicomotor; desidratação; intermação; doenças respiratórias, com risco de silicose; fraturas; mutilações; choques elétricos
42.	Em olarias nas áreas de fornos ou com exposição à umidade excessiva	Levantamento e transporte de peso; posturas inadequadas e movimentos repetitivos; exposição ao calor e à umidade; exposição à poeira; acidentes com máquinas e quedas	Fadiga física; dores musculares nos membros e coluna vertebral; lesões e deformidades osteomusculares; comprometimento do desenvolvimento psicomotor; desidratação; intermação; doenças respiratórias, com risco de silicose; fraturas; mutilações; choques elétricos
43.	Na fabricação de botões e outros artefatos de nácar, chifre ou osso	Acidentes com máquinas e ferramentas pérfuro-cortantes; esforços repetitivos e vibrações, poeiras e ruídos	Contusões; perfurações; cortes; dorsalgia; cervicalgia; síndrome cervicobraquial; tendinites; bursites; DORT/LER; alterações temporária do limiar auditivo; hipoacusia e perda da audição
44.	Na fabricação de cimento ou cal	Esforços físicos intensos; exposição a poeiras (sílica); altas temperaturas; efeitos abrasivos sobre a pele	Afecções músculo-esqueléticas(bursites, tendinites, dorsalgias, sinovites, tenossinovites); silicose; asma ocupacional; bronquite; dermatites; dermatoses ocupacionais; intermação; ferimentos; mutilações; fadiga e estresse
45.	Na fabricação de colchões	Exposição a solventes orgânicos, pigmentos de chumbo, cádmio e manganês e poeiras	Encefalopatias tóxicas agudas e crônicas; hipertensão arterial; arritmias cardíacas; insuficiência renal; hipotireoidismo; anemias; dermatoses ocupacionais e irritação da pele e mucosas
46.	Na fabricação de cortiças, cristais, esmaltes, estopas, gesso, louças, vidros ou vernizes	Esforços físicos intensos; exposição a poeiras (sílica), metais pesados, altas temperaturas, corantes e pigmentos metálicos (chumbo, cromo e outros) e calor	Afecções músculo-esqueléticas(bursites, tendinites, dorsalgias, sinovites, tenossinovites); queimaduras; catarata; silicose; asma ocupacional; bronquite; enfisema; intoxicação; dermatoses ocupacionais; intermação
47.	Na fabricação de porcelanas	Exposição a poeiras minerais e ao calor; posições inadequadas	Pneumoconioses e dermatites; fadiga física e intermação; afecções músculo-esqueléticas(bursites, tendinites, dorsalgias, sinovites, tenossinovites); DORT/LER
48.	Na fabricação de artefatos de borracha	Esforços físicos intensos; exposição a produtos químicos, antioxidantes, plastificantes, dentre outros, e ao calor	Afecções músculo-esqueléticas(bursites, tendinites, dorsalgias, sinovites, tenossinovites); câncer de bexiga e pulmão; asma ocupacional; bronquite; enfisema; intoxicação; dermatoses ocupacionais; intermação e intoxicações; queimaduras
49.	Em destilarias de álcool	Exposição a vapores de etanol, metanol e outros riscos químicos; risco de incêndios e explosões	Cânceres; dermatoses ocupacionais; dermatites de contato; intermação; asma ocupacional; bronquites; queimaduras
50.	Na fabricação de bebidas alcoólicas	Exposição a vapores de etanol e a poeira de cereais; exposição a bebidas alcoólicas, ao calor, à formação de atmosferas explosivas; incêndios e outros acidentes	Queimaduras; asfixia; tonturas; intoxicação; irritação das vias aéreas superiores; irritação da pele e mucosas; cefaleia e embriaguez
51.	No interior de resfriadores, casas de máquinas, ou junto de aquecedores, fornos ou alto-fornos	Exposição a temperaturas extremas, frio e calor	Frio; hipotermia com diminuição da capacidade física e mental; calor, hipertermia; fadiga; desidratação; desequilíbrio hidroeletrolítico e estresse
52.	Em serralherias	Exposição a poeiras metálicas tóxicas, (chumbo, arsênico cádmio), monóxido de carbono, estilhaços de metal, calor, e acidentes com máquinas e equipamentos	Neoplasia maligna dos brônquios e pulmões; bronquite; pneumonite; edema pulmonar agudo; enfisema intersticial; queimaduras; cortes; amputações; traumatismos; conjuntivite; catarata e intoxicações
53.	Em indústrias de móveis	Esforços físicos intensos; exposição à poeira de madeiras, solventes orgânicos, tintas e vernizes; riscos de acidentes com máquinas, serras e ferramentas perigosas	Afecções músculo-esqueléticas(bursites, tendinites, dorsalgias, sinovites, tenossinovites); neoplasia maligna dos brônquios e pulmões; bronquite; pneumonite; edema pulmonar agudo; enfisema intersticial; asma ocupacional; cortes; amputações; traumatismos; dermatose ocupacional; anemias; conjuntivite
54.	No beneficiamento de madeira	Esforços físicos intensos; exposição à poeira de madeiras; risco de acidentes com máquinas, serras, equipamentos e ferramentas perigosas	Afecções músculo-esqueléticas(bursites, tendinites, dorsalgias, sinovites, tenossinovites); asma ocupacional; bronquite; pneumonite; edema pulmonar agudo; enfizema intersticial; asma ocupacional; dermatose ocupacional; esmagamentos; ferimentos; amputações; mutilações; fadiga; stress e DORT/LER
55.	Com exposição a vibrações localizadas ou de corpo inteiro	Vibrações localizadas ou generalizadas	Síndrome cervicobraquial; dor articular; moléstia de Dupuytren; capsulite adesiva do ombro; bursites; epicondilite lateral; osteocondrose do adulto; doença de Kohler; hérnia de disco; artroses e aumento da pressão arterial

LEGISLAÇÃO COMPLEMENTAR

Item	Descrição dos Trabalhos	Prováveis Riscos Ocupacionais	Prováveis Repercussões à Saúde
56.	De desmonte ou demolição de navios e embarcações em geral	Esforços físicos intensos; exposição a fumos metálicos (ferro, bronze, alumínio, chumbo e outros); uso de ferramentas pesadas; altas temperaturas	Afecções músculo-esqueléticas(bursites, tendinites, dorsalgias, sinovites, tenossinovites); asfixia; perda da consciência; fibrilação ventricular; queimaduras; fraturas; contusões; internação; perfuração da membrana do tímpano

Atividade: Produção e Distribuição de Eletricidade, Gás e Água

Item	Descrição dos Trabalhos	Prováveis Riscos Ocupacionais	Prováveis Repercussões à Saúde
57.	Em sistemas de geração, transmissão e distribuição de energia elétrica	Exposição à energia de alta tensão; choque elétrico e queda de nível.	Eletrochoque; fibrilação ventricular; parada cárdio-respiratória; traumatismos; escoriações fraturas

Atividade: Construção

Item	Descrição dos Trabalhos	Prováveis Riscos Ocupacionais	Prováveis Repercussões à Saúde
58.	Construção civil e pesada, incluindo construção, restauração, reforma e demolição	Esforços físicos intensos; risco de acidentes por queda de nível, com máquinas, equipamentos e ferramentas; exposição à poeira de tintas, cimento, pigmentos metálicos e solventes; posições inadequadas; calor; vibrações e movimentos repetitivos	Afecções músculo-esqueléticas(bursites, tendinites, dorsalgias, sinovites, tenossinovites); mutilações; fraturas; esmagamentos; traumatismos; afecções respiratórias; dermatites de contato; internação; síndrome cervicobraquial; dores articulares; intoxicações; polineuropatia periférica; doenças do sistema hematopoiético; leucocitose; episódios depressivos; neurastenia; dermatoses ocupacionais; DORT/LER; cortes; contusões; traumatismos

Atividade: Comércio (Reparação de Veículos Automotores Objetos Pessoais e Domésticos)

Item	Descrição dos Trabalhos	Prováveis Riscos Ocupacionais	Prováveis Repercussões à Saúde
59.	Em borracharias ou locais onde sejam feitos recapeamento ou recauchutagem de pneus	Esforços físicos intensos; exposição a produtos químicos, antioxidantes, plastificantes, entre outros, e calor	Afecções músculo-esqueléticas(bursites, tendinites, dorsalgias, sinovites, tenossinovites); queimaduras; câncer de bexiga e pulmão; asma ocupacional; bronquite; enfisema; intoxicação; dermatoses ocupacionais; internação e intoxicações

Atividade: Transporte e Armazenagem

Item	Descrição dos Trabalhos	Prováveis Riscos Ocupacionais	Prováveis Repercussões à Saúde
60.	No transporte e armazenagem de álcool, explosivos, inflamáveis líquidos, gasosos e liquefeitos	Exposição a vapores tóxicos; risco de incêndio e explosões	Intoxicações; queimaduras; rinite e dermatites de contato
61.	Em porão ou convés de navio	Esforços físicos intensos; risco de queda de nível; isolamento, calor e outros riscos inerentes às cargas transportadas	Afecções músculo-esqueléticas(bursites, tendinites, dorsalgias, sinovites, tenossinovites); lesões; fraturas; contusões; traumatismos; fobia e transtorno do ciclo vigília-sono
62.	Em transporte de pessoas ou animais de pequeno porte	Acidentes de trânsito	Ferimentos; contusões; fraturas; traumatismos e mutilações

Atividade: Saúde e Serviços Sociais

Item	Descrição dos Trabalhos	Prováveis Riscos Ocupacionais	Prováveis Repercussões à Saúde
63.	No manuseio ou aplicação de produtos químicos, incluindo limpeza de equipamentos, descontaminação, disposição e retorno de recipientes vazios	Exposição a quimioterápicos e outras substâncias químicas de uso terapêutico	Intoxicações agudas e crônicas; polineuropatia; dermatites de contato; dermatite alérgica; osteomalácia do adulto induzida por drogas; cânceres; arritmia cardíaca; leucemias; neurastenia e episódios depressivos
64.	Em contato com animais portadores de doenças infecto-contagiosas e em postos de vacinação de animais	Exposição a vírus, bactérias, parasitas e bacilos	Tuberculose; carbúnculo; brucelose; psitacose; raiva; asma; rinite; conjuntivite; pneumonia; dermatite de contato e dermatose ocupacional
65.	Em hospitais, serviços de emergência, enfermarias, ambulatórios, postos de vacinação e outros estabelecimentos destinados ao cuidado da saúde humana, em que se tenha contato direto com os pacientes ou se manuseie objetos de uso dos pacientes não previamente esterilizados	Exposição a vírus, bactérias, parasitas e bacilos; stress psíquico e sofrimento; acidentes com material biológico	Tuberculose; AIDS; hepatite; meningite; carbúnculo; toxaplasmose; viroses, parasitoses; zoonose; pneumonias; candidíases; dermatoses; episódios depressivos e sofrimento mental
66.	Em laboratórios destinados ao preparo de soro, de vacinas e de outros produtos similares	Exposição a vírus, bactérias, parasitas, bacilos e contato com animais de laboratório	Envenenamentos; cortes; lacerações; hepatite; AIDS; tuberculose; carbúnculo; brucelose; psitacose; raiva; asma; rinite crônica; conjuntivite; zoonoses; ansiedade e sofrimento mental

Atividade: Serviços Coletivos, Sociais, Pessoais e Outros

Item	Descrição dos Trabalhos	Prováveis Riscos Ocupacionais	Prováveis Repercussões à Saúde
67.	Em lavanderias industriais	Exposição a solventes, cloro, sabões, detergentes, calor e movimentos repetitivos	Polineurites; dermatoses ocupacionais; blefarites; conjuntivites; internação; fadiga e queimaduras
68.	Em tinturarias e estamparias	Exposição a solventes, corantes, pigmentos metálicos, calor e umidade	Hipotireoidismo; anemias; polineuropatias; encefalopatias; hipertensão arterial; arritmia cardíaca; insuficiência renal; infertilidade masculina; queimaduras; internação e depressão do Sistema Nervoso Central.
69.	Em esgotos	Esforços físicos intensos; exposição a produtos químicos utilizados nos processos de tratamento de esgoto, tais como cloro, ozônio, sulfeto de hidrogênio e outros; riscos biológicos; espaços confinados e riscos de explosões	Afecções músculo-esqueléticas(bursites, tendinites, dorsalgias, sinovites, tenossinovites); escolioses; disfunção olfativa; alcoolismo; asma; bronquite; lesões oculares; dermatites; dermatoses; asfixia; salmoneloses; leptospirose e disfunções olfativas
70.	Na coleta, seleção e beneficiamento de lixo	Esforços físicos intensos; exposição aos riscos físicos, químicos e biológicos; exposição a poeiras tóxicas; calor; movimentos repetitivos; posições antiergonômicas	Afecções músculo-esqueléticas(bursites, tendinites, dorsalgias, sinovites, tenossinovites); ferimentos; lacerações; internações; resfriados; DORT/LER; deformidades da coluna vertebral; infecções respiratórias; piodermites; desidratação; dermatoses ocupacionais; dermatites de contato; alcoolismo e disfunções olfativas

LEGISLAÇÃO COMPLEMENTAR

Item	Descrição dos Trabalhos	Prováveis Riscos Ocupacionais	Prováveis Repercussões à Saúde
71.	Em cemitérios	Esforços físicos intensos; calor; riscos biológicos (bactérias, fungos, ratos e outros animais, inclusive peçonhentos); risco de acidentes e estresse psíquico	Afecções músculo-esqueléticas(bursites, tendinites, dorsalgias, sinovites, tenossinovites); ferimentos; contusões; dermatoses ocupacionais; ansiedade; alcoolismo; desidratação; câncer de pele; neurose profissional e ansiedade
72.	Em serviços externos, que impliquem em manuseio e porte de valores que coloquem em risco a sua segurança (Office-boys, mensageiros, contínuos)	Acidentes de trânsito e exposição à violência	Traumatismos; ferimentos; ansiedade e estresse
73.	Em ruas e outros logradouros públicos (comércio ambulante, guardador de carros, guardas-mirins, guias turísticos, transporte de pessoas ou animais, entre outros)	Exposição à violência, drogas, assédio sexual e tráfico de pessoas; exposição à radiação solar, chuva e frio; acidentes de trânsito; atropelamento	Ferimentos e comprometimento do desenvolvimento afetivo; dependência química; doenças sexualmente transmissíveis; atividade sexual precoce; gravidez indesejada; queimaduras na pele; envelhecimento precoce; câncer de pele; desidratação; doenças respiratórias; hipertermia; traumatismos; ferimentos
74.	Em artesanato	Levantamento e transporte de peso; manutenção de posturas inadequadas; movimentos repetitivos; acidentes com instrumentos pérfuro-cortantes; corpos estranhos; jornadas excessivas	Fadiga física; dores musculares nos membros e coluna vertebral; lesões e deformidades ostemusculares; comprometimento do desenvolvimento psicomotor; DORT/LER; ferimentos; mutilações; ferimentos nos olhos; fadiga; estresse; distúrbios do sono
75.	De cuidado e vigilância de crianças, de pessoas idosas ou doentes	Esforços físicos intensos; violência física, psicológica e abuso sexual; longas jornadas; trabalho noturno; isolamento; posições antiergonômicas; exposição a riscos biológicos.	Afecções músculo-esqueléticas (bursites, tendinites, dorsalgias, sinovites, tenossinovites); DORT/LER; ansiedade; alterações na vida familiar; síndrome do esgotamento profissional; neurose profissional; fadiga física; transtornos do ciclo vigília-sono; depressão e doenças transmissíveis.

Atividade: Serviço Doméstico

Item	Descrição dos Trabalhos	Prováveis Riscos Ocupacionais	Prováveis Repercussões à Saúde
76.	Domésticos	Esforços físicos intensos; isolamento; abuso físico, psicológico e sexual; longas jornadas de trabalho; trabalho noturno; calor; exposição ao fogo, posições antiergonômicas e movimentos repetitivos; tracionamento da coluna vertebral; sobrecarga muscular e queda de nível	Afecções músculo-esqueléticas(bursites, tendinites, dorsalgias, sinovites, tenossinovites); contusões; fraturas; ferimentos; queimaduras; ansiedade; alterações na vida familiar; transtornos do ciclo vigília-sono; DORT/LER; deformidades da coluna vertebral (lombalgias, lombociatalgias, escolioses, cifoses, lordoses); síndrome do esgotamento profissional e neurose profissional; traumatismos; tonturas e fobias

Atividade: Todas

Item	Descrição dos Trabalhos	Prováveis Riscos Ocupacionais	Prováveis Repercussões à Saúde
77.	De manutenção, limpeza, lavagem ou lubrificação de veículos, tratores, motores, componentes, máquinas ou equipamentos, em que se utilizem solventes orgânicos ou inorgânicos, óleo diesel, desengraxantes ácidos ou básicos ou outros produtos derivados de óleos minerais	Exposição a solventes orgânicos, neurotóxicos, desengraxantes, névoas ácidas e alcalinas	Dermatoses ocupacionais; encefalopatias; queimaduras; leucocitoses; elaioniose; episódios depressivos; tremores; transtornos da personalidade e neurastenia
78.	Com utilização de instrumentos ou ferramentas perfurocontantes, sem proteção adequada capaz de controlar o risco	Perfurações e cortes	Ferimentos e mutilações
79.	Em câmaras frigoríficas	Exposição a baixas temperaturas e a variações súbitas	Hipotermia; eritema pérnio; geladura (Frostbite) com necrose de tecidos; bronquite; rinite; pneumonias
80.	Com levantamento, transporte, carga ou descarga manual de pesos, quando realizados raramente, superiores a 20 quilos, para o gênero masculino e superiores a 15 quilos para o gênero feminino; e superiores a 11 quilos para o gênero masculino e superiores a 7 quilos para o gênero feminino, quando realizados frequentemente	Esforço físico intenso; tracionamento da coluna vertebral; sobrecarga muscular	Afecções músculo-esqueléticas(bursites, tendinites, dorsalgias, sinovites, tenossinovites); lombalgias; lombociatalgias; escolioses; cifoses; lordoses; maturação precoce das epífises
81.	Ao ar livre, sem proteção adequada contra exposição à radiação solar, chuva, frio	Exposição, sem proteção adequada, à radiação solar, chuva e frio	Intermações; queimaduras na pele; envelhecimento precoce; câncer de pele; desidratação; doenças respiratórias; ceratoses actínicas, hipertermia, dermatoses, dermatites, conjuntivite; queratite; pneumonite; fadiga; intermação
82.	Em alturas superiores a 2,0 (dois) metros	Queda de nível	Fraturas; contusões; traumatismos; tonturas; fobias
83.	Com exposição a ruído contínuo ou intermitente acima do nível previsto na legislação pertinente em vigor, ou a ruído de impacto	Exposição a níveis elevados de pressão sonora	Alteração temporária do limiar auditivo; hipoacusia; perda da audição; hipertensão arterial; ruptura traumática do tímpano; alterações emocionais; alterações mentais e estresse
84.	Com exposição ou manuseio de arsênico e seus compostos, asbestos, benzeno, carvão mineral, fósforo e seus compostos, hidrocarbonetos, outros compostos de carbono, metais pesados (cádmio, chumbo, cromo e mercúrio)e seus compostos, silicatos, ácido oxálico, nítrico, sulfúrico, bromídrico, fosfórico, pícrico, álcalis cáusticos ou substâncias nocivas à saúde conforme classificação da Organização Mundial da Saúde (OMS)	Exposição aos compostos químicos acima dos limites de tolerância	Neoplasia maligna dos brônquios e pulmões; angiosarcoma do fígado; polineuropatias; encefalopatias; neoplasia maligna do estômago, laringe e pleura; mesoteliomas; asbestoses; arritmia cardíaca; leucemias; síndromes mielodisplásicas; transtornos mentais; cor pulmonale; silicose e síndrome de Caplan
85.	Em espaços confinados	Isolamento; contato com poeiras, gases tóxicos e outros contaminantes	Transtorno do ciclo vigília-sono; rinite; bronquite; irritabilidade e estresse
86.	De afiação de ferramentas e instrumentos metálicos em afiadora, rebolo ou esmeril, sem proteção coletiva contra partículas volantes	Acidentes com material cortante e com exposição a partículas metálicas cortantes desprendidas da afiadora	Ferimentos e mutilações
87.	De direção, operação, de veículos, máquinas ou equipamentos, quando motorizados e em movimento (máquinas de laminação, forja e de corte de metais, máquinas de padaria, como misturadores e cilindros de massa, máquinas de fatiar, máquinas em trabalhos com madeira, serras circulares, serras de fita e guilhotinas, esmeris, moinhos, cortadores e misturadores, equipamentos em fábricas de papel, guindastes ou outros similares)	Esforços físicos; acidentes com ferramentas e com sistemas condutores de energia elétrica	Afecções músculo-esqueléticas(bursites, tendinites, dorsalgias, sinovites, tenossinovites); mutilações; esmagamentos; fraturas; queimaduras e parada cárdio-respiratória

Item	Descrição dos Trabalhos	Prováveis Riscos Ocupacionais	Prováveis Repercussões à Saúde
88.	Com exposição a radiações ionizante e não ionizantes (microondas, ultravioleta ou laser)	Exposição a radiações não ionizante e ionizante (raios X, gama, alfa e beta) em processos industriais, terapêuticos ou propedêuticos (em saúde humana ou animal) ou em prospecção; processamento, estocagem e transporte de materiais radioativos	Carcinomas baso-celular e espino-celular; neoplasia maligna da cavidade nasal, brônquios, pulmões, ossos e cartilagens articulares; sarcomas ósseos; leucemias; síndrome mielodisplásicas; anemia aplástica; hemorragias; agranulocitose; polineuropatia; blefarite; conjuntivite; catarata; gastroenterite; afecções da pele e do tecido conjuntivo relacionadas com a radiação, osteonecrose e infertilidade masculina
89.	De manutenção e reparo de máquinas e equipamentos elétricos, quando energizados	Esforços físicos intensos; exposição a acidentes com sistemas, circuitos e condutores de energia elétrica e acidentes com equipamentos e ferramentas contuso-cortantes	Afecções músculo-esqueléticas(bursites, tendinites, dorsalgias, sinovites, tenossinovites); mutilações; esmagamentos; fraturas; queimaduras; perda temporária da consciência; carbonização; parada cárdio-respiratória

Portaria GM/MTE n. 1.510, de 21 de agosto de 2009

Resolve disciplinar o registro de ponto e a utilização do Sistema de Registro de Ponto Eletrônico — SREP

O MINISTRO DE ESTADO DO TRABALHO E EMPREGO, no uso das atribuições que lhe conferem o inciso II do parágrafo único do art. 87 da Constituição Federal e os arts. 74, § 2º, e 913 da Consolidação das Leis do Trabalho, aprovada pelo Decreto-Lei n. 5.452, de 1º de maio de 1943, resolve:

Art. 1º Disciplinar o registro eletrônico de ponto e a utilização do Sistema de Registro Eletrônico de Ponto — SREP.

Parágrafo único. Sistema de Registro Eletrônico de Ponto — SREP — é o conjunto de equipamentos e programas informatizados destinado à anotação por meio eletrônico da entrada e saída dos trabalhadores das empresas, previsto no art. 74 da Consolidação das Leis do Trabalho — CLT, aprovada pelo Decreto-Lei n. 5.452, de 1º de maio de 1943.

Art. 2º O SREP deve registrar fielmente as marcações efetuadas, não sendo permitida qualquer ação que desvirtue os fins legais a que se destina, tais como:

I — restrições de horário à marcação do ponto;

II — marcação automática do ponto, utilizando-se horários predeterminados ou o horário contratual;

III — exigência, por parte do sistema, de autorização prévia para marcação de sobrejornada; e

IV — existência de qualquer dispositivo que permita a alteração dos dados registrados pelo empregado.

Art. 3º Registrador Eletrônico de Ponto — REP é o equipamento de automação utilizado exclusivamente para o registro de jornada de trabalho e com capacidade para emitir documentos fiscais e realizar controles de natureza fiscal, referentes à entrada e à saída de empregados nos locais de trabalho.

Parágrafo único. Para a utilização de Sistema de Registro Eletrônico de Ponto é obrigatório o uso do REP no local da prestação do serviço, vedados outros meios de registro.

Art. 4º O REP deverá apresentar os seguintes requisitos:

I — relógio interno de tempo real com precisão mínima de um minuto por ano com capacidade de funcionamento ininterrupto por um período mínimo de mil quatrocentos e quarenta horas na ausência de energia elétrica de alimentação;

II — mostrador do relógio de tempo real contendo hora, minutos e segundos;

III — dispor de mecanismo impressor em bobina de papel, integrado e de uso exclusivo do equipamento, que permita impressões com durabilidade mínima de cinco anos;

IV — meio de armazenamento permanente, denominado Memória de Registro de Ponto — MRP, onde os dados armazenados não possam ser apagados ou alterados, direta ou indiretamente;

V — meio de armazenamento, denominado Memória de Trabalho — MT, onde ficarão armazenados os dados necessários à operação do REP;

VI — porta padrão USB externa, denominada Porta Fiscal, para pronta captura dos dados armazenados na MRP pelo Auditor Fiscal do Trabalho;

VII — para a função de marcação de ponto, o REP não deverá depender de qualquer conexão com outro equipamento externo; e

VIII — a marcação de ponto ficará interrompida quando for feita qualquer operação que exija a comunicação do REP com qualquer outro equipamento, seja para carga ou leitura de dados.

Art. 5º Os seguintes dados deverão ser gravados na MT:

I — do empregador: tipo de identificador do empregador, CNPJ ou CPF; identificador do empregador; CEI, caso exista; razão social; e local da prestação do serviço; e

II — dos empregados que utilizam o REP: nome, PIS e demais dados necessários à identificação do empregado pelo equipamento.

Art. 6º As seguintes operações deverão ser gravadas de forma permanente na MRP:

I — inclusão ou alteração das informações do empregador na MT, contendo os seguintes dados: data e hora da inclusão ou alteração; tipo de operação; tipo de identificador do empregador, CNPJ ou CPF; identificador do empregador; CEI, caso exista; razão social; e local da prestação do serviço;

II — marcação de ponto, com os seguintes dados: número do PIS, data e hora da marcação;

III — ajuste do relógio interno, contendo os seguintes dados: data antes do ajuste, hora antes do ajuste, data ajustada, hora ajustada; e

IV — inserção, alteração e exclusão de dados do empregado na MT, contendo: data e hora da operação, tipo de operação, número do PIS e nome do empregado.

Parágrafo único. Cada registro gravado na MRP deve conter Número Sequencial de Registro — NSR consistindo em numeração sequencial em incrementos unitários, iniciando-se em 1 na primeira operação do REP.

Art. 7º O REP deverá prover as seguintes funcionalidades:

I — marcação de Ponto, composta dos seguintes passos:

a) receber diretamente a identificação do trabalhador, sem interposição de outro equipamento;

b) obter a hora do Relógio de Tempo Real;

c) registrar a marcação de ponto na MRP; e

d) imprimir o comprovante do trabalhador.

II — geração do Arquivo-Fonte de Dados — AFD, a partir dos dados armazenados na MRP;

III — gravação do AFD em dispositivo externo de memória, por meio da Porta Fiscal;

IV — emissão da Relação Instantânea de Marcações com as marcações efetuadas nas vinte e quatro horas precedentes, contendo:

a) cabeçalho com Identificador e razão social do empregador, local de prestação de serviço, número de fabricação do REP;

b) NSR;

c) número do PIS e nome do empregado; e

d) horário da marcação.

Art. 8º O registro da marcação de ponto gravado na MRP consistirá dos seguintes campos:

I — NSR;

II — PIS do trabalhador;

III — data da marcação; e

IV — horário da marcação, composto de hora e minutos.

Art. 9º O Arquivo-Fonte de Dados será gerado pelo REP e conterá todos os dados armazenados na MRP, segundo formato descrito no Anexo I.

Art. 10. O REP deverá atender aos seguintes requisitos:

I — não permitir alterações ou apagamento dos dados armazenados na Memória de Registro de Ponto;

II — ser inviolável de forma a atender aos requisitos do art. 2º;

III — não possuir funcionalidades que permitam restringir as marcações de ponto;

IV — não possuir funcionalidades que permitam registros automáticos de ponto; e

V — possuir identificação do REP gravada de forma indelével na sua estrutura externa, contendo CNPJ e nome do fabricante, marca, modelo e número de fabricação do REP.

Parágrafo único. O número de fabricação do REP é o número exclusivo de cada equipamento e consistirá na junção sequencial do número de cadastro do fabricante no MTE, número de registro do modelo no MTE e número série único do equipamento.

Art. 11. Comprovante de Registro de Ponto do Trabalhador é um documento impresso para o empregado acompanhar, a cada marcação, o controle de sua jornada de trabalho, contendo as seguintes informações:

I — cabeçalho contendo o título "Comprovante de Registro de Ponto do Trabalhador";

II — identificação do empregador contendo nome, CNPJ/CPF e CEI, caso exista;

III — local da prestação do serviço;

IV — número de fabricação do REP;
V — identificação do trabalhador contendo nome e número do PIS;
VI — data e horário do respectivo registro; e
VII — NSR.

§ 1º A impressão deverá ser feita em cor contrastante com o papel, em caracteres legíveis com a densidade horizontal máxima de oito caracteres por centímetro e o caractere não poderá ter altura inferior a três milímetros *(Redação dada pela Portaria n. 2.233, de 17.11.2009, DOU 18.11.2009)*

§ 2º O empregador deverá disponibilizar meios para a emissão obrigatória do Comprovante de Registro de Ponto do Trabalhador no momento de qualquer marcação de ponto.

Art. 12. O "Programa de Tratamento de Registro de Ponto" é o conjunto de rotinas informatizadas que tem por função tratar os dados relativos à marcação dos horários de entrada e saída, originários exclusivamente do AFD, gerando o relatório "Espelho de Ponto Eletrônico", de acordo com o anexo II, o Arquivo Fonte de Dados Tratados — AFDT e Arquivo de Controle de Jornada para Efeitos Fiscais — ACJEF, de acordo com o Anexo I.

Parágrafo único. A função de tratamento dos dados se limitará a acrescentar informações para complementar eventuais omissões no registro de ponto ou indicar marcações indevidas.

Art. 13. O fabricante do REP deverá se cadastrar junto ao Ministério do Trabalho e Emprego, e solicitar o registro de cada um dos modelos de REP que produzir.

Art. 14. Para o registro do modelo do REP no MTE o fabricante deverá apresentar "Certificado de Conformidade do REP à Legislação" emitido por órgão técnico credenciado e "Atestado Técnico e Termo de Responsabilidade" previsto no art. 17.

Art. 15. Qualquer alteração no REP certificado, inclusive nos programas residentes, ensejará novo processo de certificação e registro.

Art. 16. Toda a documentação técnica do circuito eletrônico, bem como os arquivos fontes dos programas residentes no equipamento, deverão estar à disposição do Ministério do Trabalho e Emprego, Ministério Público do Trabalho e Justiça do Trabalho, quando solicitado.

Art. 17. O fabricante do equipamento REP deverá fornecer ao empregador usuário um documento denominado "Atestado Técnico e Termo de Responsabilidade" assinado pelo responsável técnico e pelo responsável legal pela empresa, afirmando expressamente que o equipamento e os programas nele embutidos atendem às determinações desta portaria, especialmente que:

I — não possuem mecanismos que permitam alterações dos dados de marcações de ponto armazenados no equipamento;
II — não possuem mecanismos que restrinjam a marcação do ponto em qualquer horário;
III — não possuem mecanismos que permitam o bloqueio à marcação de ponto; e
IV — possuem dispositivos de segurança para impedir o acesso ao equipamento por terceiros.

§ 1º No "Atestado Técnico e Termo de Responsabilidade" deverá constar que os declarantes estão cientes das consequências legais, cíveis e criminais, quanto à falsa declaração, falso atestado e falsidade ideológica.

§ 2º O empregador deverá apresentar o documento de que trata este artigo à Inspeção do Trabalho, quando solicitado.

Art. 18. O fabricante do programa de tratamento de registro de ponto eletrônico deverá fornecer ao consumidor do seu programa um documento denominado "Atestado Técnico e Termo de Responsabilidade" assinado pelo responsável técnico pelo programa e pelo responsável legal pela empresa, afirmando expressamente que seu programa atende às determinações desta portaria, especialmente que não permita:

I — alterações no AFD; e
II — divergências entre o AFD e os demais arquivos e relatórios gerados pelo programa.

§ 1º A declaração deverá constar ao seu término que os declarantes estão cientes das consequências legais, cíveis e criminais, quanto à falsa declaração, falso atestado e falsidade ideológica.

§ 2º Este documento deverá ficar disponível para pronta apresentação à Inspeção do Trabalho.

Art. 19. O empregador só poderá utilizar o Sistema de Registro Eletrônico de Ponto se possuir os atestados emitidos pelos fabricantes dos equipamentos e programas utilizados, nos termos dos arts. 17, 18, 26 e 30-A desta Portaria. *(Redação dada pela Portaria n. 1.001, de 6.5.2010, DOU 7.5.2010).*

Art. 20. O empregador usuário do Sistema de Registro Eletrônico de Ponto deverá se cadastrar no MTE via internet informando seus dados, equipamentos e softwares utilizados.

Art. 21. O REP deve sempre estar disponível no local da prestação do trabalho para pronta extração e impressão de dados pelo Auditor Fiscal do Trabalho.

Art. 22. O empregador deverá prontamente disponibilizar os arquivos gerados e relatórios emitidos pelo "Programa de Tratamento de Dados do Registro de Ponto" aos Auditores Fiscais do Trabalho.

Art. 23. O MTE credenciará órgãos técnicos para a realização da análise de conformidade técnica dos equipamentos REP à legislação.

§ 1º Para se habilitar ao credenciamento, o órgão técnico pretendente deverá realizar pesquisa ou desenvolvimento e atuar nas áreas de engenharia eletrônica ou de tecnologia da informação e atender a uma das seguintes condições:

I — ser entidade da administração pública direta ou indireta; e
II — ser entidade de ensino, pública ou privada, sem fins lucrativos.

§ 2º O órgão técnico interessado deverá requerer seu credenciamento ao MTE mediante apresentação de:

I — documentação comprobatória dos requisitos estabelecidos no § 1º;
II — descrição detalhada dos procedimentos que serão empregados na análise de conformidade de REP, observando os requisitos estabelecidos pelo MTE;
III — cópia reprográfica de termo de confidencialidade celebrado entre o órgão técnico pretendente ao credenciamento e os técnicos envolvidos com a análise; e
IV — indicação do responsável técnico e do responsável pelo órgão técnico.

Art. 24. O órgão técnico credenciado:

I — deverá apresentar cópia reprográfica do termo de confidencialidade de que trata o inciso III do § 2º do art. 23, sempre que novo técnico estiver envolvido com o processo de análise de conformidade técnica do REP;

II — não poderá utilizar os serviços de pessoa que mantenha ou tenha mantido vínculo nos últimos dois anos com qualquer fabricante de REP, ou com o MTE; e

III — deverá participar, quando convocado pelo MTE, da elaboração de especificações técnicas para estabelecimento de requisitos para desenvolvimento e fabricação de REP, sem ônus para o MTE.

Art. 25. O credenciamento do órgão técnico poderá ser:

I — cancelado a pedido do órgão técnico;
II — suspenso pelo MTE por prazo não superior a noventa dias; e
III — cassado pelo MTE.

Art. 26. O "Certificado de Conformidade do REP à Legislação" será emitido pelo órgão técnico credenciado contendo no mínimo as seguintes informações:

I — declaração de conformidade do REP à legislação aplicada;
II — identificação do fabricante do REP;
III — identificação da marca e modelo do REP;
IV — especificação dos dispositivos de armazenamento de dados utilizados;
V — descrição do sistemas que garantam a inviolabilidade do equipamento e integridade dos dados armazenados;
VI — data do protocolo do pedido no órgão técnico;
VII — número sequencial do "Certificado de Conformidade do REP à Legislação" no órgão técnico certificador;
VIII — identificação do órgão técnico e assinatura do responsável técnico e do responsável pelo órgão técnico, conforme inciso IV do § 2º do art. 23; e
IX — documentação fotográfica do equipamento certificado.

Art. 27. Concluída a análise, não sendo constatada desconformidade, o órgão técnico credenciado emitirá "Certificado de Conformidade do REP à Legislação", nos termos do disposto no art. 26.

Art. 28. O descumprimento de qualquer determinação ou especificação constante desta Portaria descaracteriza o controle eletrônico de jornada, pois este não se prestará às finalidades que a Lei lhe destina, o que ensejará a lavratura de auto de infração com base no art. 74, § 2º, da CLT, pelo Auditor Fiscal do Trabalho.

Art. 29. Comprovada a adulteração de horários marcados pelo trabalhador ou a existência de dispositivos, programas ou sub-rotinas que permitam a adulteração dos reais dados do controle de jornada ou parametrizações e bloqueios na marcação, o Auditor Fiscal do Trabalho deverá apreender documentos e equipamentos, copiar programas e dados que julgar necessários para comprovação do ilícito.

§ 1º O Auditor Fiscal do Trabalho deverá elaborar relatório circunstanciado, contendo cópia dos autos de infração lavrados e da documentação apreendida.

§ 2º A chefia da fiscalização enviará o relatório ao Ministério Público do Trabalho e outros órgãos que julgar pertinentes.

Art. 30. O Ministério do Trabalho e Emprego criará os cadastros previstos nesta Portaria, com parâmetros definidos pela Secretaria de Inspeção do Trabalho — SIT.

Art. 30-A. Equipara-se ao fabricante nacional, para efeitos desta Portaria, o importador que legalmente introduzir no Brasil o equipamento REP. *(Redação dada pela Portaria MTE n. 1.001, de 6.5.2010, DOU 7.5.2010).*

§ 1º Considera-se importador, para efeitos desta Portaria, o responsável pela introdução do equipamento REP no Brasil, pessoa jurídica regularmente constituída sob as leis brasileiras, apta a assumir as responsabilidades decorrentes da comercialização do produto e das determinações e especificações previstas nesta Portaria. *(Redação dada pela Portaria MTE n. 1.001, de 6.5.2010, DOU 7.5.2010).*

§ 2º O manual do usuário, o "Termo de Responsabilidade e Atestado Técnico", documentação técnica e as informações constantes no corpo do equipamento REP importado, deverão ser redigidos em língua portuguesa. (NR) *(Redação dada pela Portaria MTE n. 1.001, de 6.5.2010, DOU 7.5.2010).*

Art. 31. Esta Portaria entra em vigor na data de sua publicação, exceto quanto à utilização obrigatória do REP, que entrará em vigor após doze meses contados da data de sua publicação.

Parágrafo único. Enquanto não for adotado o REP, o Programa de Tratamento de Registro de Ponto poderá receber dados em formato diferente do especificado no anexo I para o AFD, mantendo-se a integridade dos dados originais.

CARLOS ROBERTO LUPI

Obs.: Os anexos a que se referem a supracitada Portaria encontram-se publicados no DOU de 25.8.2009 com alterações de anexos procedidas na Portaria 2.233 de 17.11.2009, os quais se encontram publicados no DOU de 18.11.2009.

Portaria GM/MTE n. 1.095, de 19 de maio de 2010

Disciplina os requisitos para a redução do intervalo intrajornada

O MINISTRO DE ESTADO DO TRABALHO E EMPREGO, no uso da competência que lhe confere o art. 87, parágrafo único, incisos I e II da Constituição, resolve:

Art. 1º A redução do intervalo intrajornada de que trata o art. 71, § 3º, da Consolidação das Leis do Trabalho — CLT poderá ser deferida por ato de autoridade do Ministério do Trabalho e Emprego quando prevista em convenção ou acordo coletivo de trabalho, desde que os estabelecimentos abrangidos pelo seu âmbito de incidência atendam integralmente às exigências concernentes à organização dos refeitórios, e quando os respectivos empregados não estiverem sob regime de trabalho prorrogado a horas suplementares.

§ 1º Fica delegada, privativamente, aos Superintendentes Regionais do Trabalho e Emprego a competência para decidir sobre o pedido de redução de intervalo para repouso ou refeição.

§ 2º Os instrumentos coletivos que estabeleçam a possibilidade de redução deverão especificar o período do intervalo intrajornada.

§ 3º Não será admitida a supressão, diluição ou indenização do intervalo intrajornada, respeitado o limite mínimo de trinta minutos.

Art. 2º O pedido de redução do intervalo intrajornada formulado pelas empresas com fulcro em instrumento coletivo far-se-ão acompanhar de cópia deste e serão dirigidos ao Superintendente Regional do Trabalho e Emprego, com a individualização dos estabelecimentos que atendam os requisitos indicados no *caput* do art. 1º desta Portaria, vedado o deferimento de pedido genérico.

§ 1º Deverá também instruir o pedido, conforme modelo previsto no anexo desta Portaria, documentação que ateste o cumprimento, por cada estabelecimento, dos requisitos previstos no *caput* do art. 1º desta Portaria.

§ 2º O Superintendente Regional do Trabalho e Emprego poderá deferir o pedido formulado, independentemente de inspeção prévia, após verificar a regularidade das condições de trabalho nos estabelecimentos pela análise da documentação apresentada, e pela extração de dados do Sistema Federal de Inspeção do Trabalho, da Relação Anual de Informações Sociais — RAIS e do Cadastro Geral de Empregados e Desempregados — CAGED.

Art. 3º O ato de que trata o art. 1º desta Portaria terá a vigência máxima de dois anos e não afasta a competência dos agentes da Inspeção do Trabalho de verificar, a qualquer tempo, *in loco*, o cumprimento dos requisitos legais.

Parágrafo único. O descumprimento dos requisitos torna sem efeito a redução de intervalo, procedendo-se às autuações por descumprimento do previsto no *caput* do art. 71 da CLT, bem como das outras infrações que forem constatadas.

Art. 4º Esta portaria entra em vigor na data de sua publicação.

Art. 5º Revoga-se a Portaria n. 42, de 28 de março de 2007.

CARLOS ROBERTO LUPI
DOU 20.5.2010

Portaria GM/MTE n. 1.621, de 14 de julho de 2010

Aprova modelos de termos de rescisão de contrato de trabalho e termos de homologação

O MINISTRO DE ESTADO DO TRABALHO E EMPREGO, no uso das atribuições que lhe conferem o art. 87, parágrafo único, inciso II, da Constituição Federal, e tendo em vista o disposto no art. 913 da Consolidação das Leis do Trabalho — CLT, aprovada pelo Decreto-Lei n. 5.452, de 1º de maio de 1943, resolve:

Art. 1º Aprovar os modelos de Termos de Rescisão de Contrato de Trabalho — TRCT e Termos de Homologação, que devem ser utilizados como instrumentos de quitação das verbas devidas nas rescisões de contrato de trabalho.

Art. 2º Nas rescisões de contrato de trabalho em que não for utilizado o sistema Homolognet, deverão ser utilizados os seguintes documentos:

I — TRCT previsto no Anexo I desta Portaria, impresso em 2 (duas) vias, sendo uma para o empregador e outra para o empregado, acompanhado do Termo de Quitação de Rescisão do Contrato de Trabalho, previsto no Anexo VI, impresso em quatro vias, sendo uma para o empregador e três para o empregado, destinadas ao saque do FGTS e solicitação do seguro-desemprego, nas rescisões de contrato de trabalho em que não é devida assistência e homologação; e

II — TRCT previsto no Anexo I desta Portaria, impresso em 2 (duas) vias, sendo uma para o empregador e outra para o empregado, acompanhado do Termo de Homologação de Rescisão do Contrato de Trabalho, previsto no anexo VII, impresso em quatro vias, sendo uma para o empregador e três para o empregado, destinadas ao saque do FGTS e solicitação do seguro-desemprego, nas rescisões de contrato de trabalho em que é devida a assistência e homologação.

Parágrafo único. O TRCT previsto no Anexo I desta Portaria deve ser utilizado nas rescisões de contrato de trabalho doméstico. *(Redação do caput e incisos dada pela Portaria MTE n. 1.057, de 6.7.2012, DOU 9.7.2012)*

Art. 3º Serão gerados pelo Homolognet, os seguintes documentos anexos a esta Portaria:

I — Termo de Rescisão de Contrato de Trabalho — Anexo II;

II — Termo de Homologação sem ressalvas — Anexo III; e

III — Termo de Homologação com ressalvas — Anexo IV.

IV — Termo de Quitação de Rescisão do Contrato de Trabalho — Anexo V. *(Redação dada pela Portaria MTE n. 1.057, de 6.7.2012, DOU 9.7.2012)*

Parágrafo único. O TRCT previsto no Anexo II desta Portaria deverá ser impresso em 2 (duas) vias, sendo uma para o empregador e outra para o empregado, e os demais Termos deverão ser impressos em quatro vias, sendo uma para o empregador e três para o empregado.

Art. 4º É facultada a confecção dos Termos previstos nesta Portaria com a inserção de rubricas, de acordo com as necessidades do empregador, desde que respeitada a sequência numérica de campos estabelecida nas Instruções de Preenchimento, previstas no Anexo VIII, e a distinção de quadros de pagamentos e deduções". *(Redação dada pela Portaria MTE n. 1.057, de 6.7.2012, DOU 9.7.2012)*

Art. 5º Os documentos previstos nesta Portaria poderão ser impressos em verso e anverso.

Art. 6º Esta Portaria entra em vigor na data de sua publicação.

Art. 7º Revoga-se a Portaria n. 302, de 26 de junho de 2002, sendo permitida a utilização, até o dia 31 de dezembro de 2010, do TRCT por ela aprovado.

CARLOS ROBERTO LUPI
DOU 15.7.2010

Portaria GM/MTE n. 1.246, de 28 de maio de 2010

Orientar as empresas e os trabalhadores em relação à testagem relacionada ao vírus da imunodeficiência adquirida — HIV

O MINISTRO DO TRABALHO E EMPREGO, no uso das atribuições que lhe confere o inciso II do Parágrafo único do art. 87 da Constituição Federal;

Considerando que a Convenção da Organização Internacional do Trabalho — OIT n. 111, promulgada pelo Decreto n. 62.150, de 19 de janeiro de 1968, proíbe todo tipo de discriminação no emprego ou profissão;

Considerando que a Lei n. 9.029, de 13 de abril de 1995, proíbe a adoção de qualquer prática discriminatória e limitativa para efeito de acesso à relação de emprego ou a sua manutenção;

Considerando o previsto na ação programática constante do item j do Objetivo Estratégico VI do Eixo Orientador III do Programa Nacional de Direitos Humanos, aprovado pelo Decreto n. 7.037, de 22 de dezembro de 2009;

Considerando que a Portaria Interministerial n. 869, de 12 de agosto de 1992, proíbe, no âmbito do Serviço Público Federal, a exigência de teste para detecção do vírus de imunodeficiência adquirida — HIV, tanto nos exames

pré-admissionais quanto nos exames periódicos de saúde; e

Considerando que a Resolução n. 1.665 do Conselho Federal de Medicina, de 7 de maio de 2003, veda a realização compulsória de sorologia para o — HIV, resolve:

Art. 1º Orientar as empresas e os trabalhadores em relação à testagem relacionada ao vírus da imunodeficiência adquirida — HIV.

Art. 2º Não será permitida, de forma direta ou indireta, nos exames médicos por ocasião da admissão, mudança de função, avaliação periódica, retorno, demissão ou outros ligados à relação de emprego, a testagem do trabalhador quanto ao HIV.

Parágrafo único. O disposto no *caput* deste artigo não obsta que campanhas ou programas de prevenção da saúde estimulem os trabalhadores a conhecer seu estado sorológico quanto ao HIV por meio de orientações e exames comprovadamente voluntários, sem vínculo com a relação de trabalho e sempre resguardada a privacidade quanto ao conhecimento dos resultados.

Art. 3º Esta Portaria entra em vigor na data de sua publicação.

CARLOS ROBERTO LUPI
DOU 31.5.2010

Portaria GM/MTE n. 373, de 25 de fevereiro de 2011

Dispõe sobre a possibilidade de adoção pelos empregadores de sistemas alternativos de controle de jornada de trabalho

O MINISTRO DE ESTADO DO TRABALHO E EMPREGO, no uso das atribuições que lhe conferem o inciso II do parágrafo único do art. 87 da Constituição Federal e os arts. 74, § 2º, e 913 da Consolidação das Leis do Trabalho, aprovada pelo Decreto-Lei n. 5.452, de 1º de maio de 1943, resolve:

Art. 1º Os empregadores poderão adotar sistemas alternativos de controle da jornada de trabalho, desde que autorizados por Convenção ou Acordo Coletivo de Trabalho.

§ 1º O uso da faculdade prevista no *caput* implica a presunção de cumprimento integral pelo empregado da jornada de trabalho contratual, convencionada ou acordada, vigente no estabelecimento.

§ 2º Deverá ser disponibilizada ao empregado, até o momento do pagamento da remuneração referente ao período em que está sendo aferida a frequência, a informação sobre qualquer ocorrência que ocasione alteração de sua remuneração em virtude da adoção de sistema alternativo.

Art. 2º Os empregadores poderão adotar sistemas alternativos eletrônicos de controle de jornada de trabalho, mediante autorização em Acordo Coletivo de Trabalho.

Art. 3º Os sistemas alternativos eletrônicos não devem admitir:

I — restrições à marcação do ponto;

II — marcação automática do ponto;

III — exigência de autorização prévia para marcação de sobrejornada; e

IV — a alteração ou eliminação dos dados registrados pelo empregado.

§ 1º Para fins de fiscalização, os sistemas alternativos eletrônicos deverão:

I — estar disponíveis no local de trabalho;

II — permitir a identificação de empregador e empregado; e

III — possibilitar, através da central de dados, a extração eletrônica e impressa do registro fiel das marcações realizadas pelo empregado.

Art. 3º Fica constituído Grupo de Trabalho com a finalidade de elaborar estudos com vistas à revisão e ao aperfeiçoamento do Sistema de Registro Eletrônico de Ponto — SREP.

Art. 4º Em virtude do disposto nesta Portaria, o início da utilização obrigatória do Registrador Eletrônico de Ponto — REP, previsto no art. 31 da Portaria n. 1.510, de 21 de agosto de 2009, será no dia 1º de setembro de 2011.

Art. 5º Revoga-se a Portaria n. 1.120, de 08 de novembro de 1995.

Art. 6º Esta Portaria entra em vigor na data de sua publicação.

CARLOS ROBERTO LUPI
DOU 28.2.2011

Portaria n. 2.686, de 27 de dezembro de 2011

O MINISTRO DE ESTADO DO TRABALHO E EMPREGO INTERINO, no uso das atribuições que lhe conferem o inciso II do parágrafo único do art. 87 da Constituição Federal e os arts. 74, § 2º, e 913 da Consolidação das Leis do Trabalho, aprovada pelo Decreto-Lei n. 5.452, de 1º de maio de 1943, considerando o disposto na Portaria n. 1.979, de 30 de setembro de 2011 e as dificuldades operacionais ainda não superadas em alguns segmentos da economia para implantação do Sistema de Registro Eletrônico de Ponto — SREP, resolve:

Art. 1º O art. 31 da Portaria n. 1.510, de 21 de agosto de 2009, somente produzirá efeitos:

I — A partir de 2 de abril de 2012, para as empresas que exploram atividades na indústria, no comércio em geral, no setor de serviços, incluindo, entre outros, os setores financeiro, de transportes, de construção, de comunicações, de energia, de saúde e de educação;

II — A partir de 1º de junho de 2012, para as empresas que exploram atividade agroeconômica nos termos da Lei n. 5.889, de 8 de julho de 1973;

III — A partir de 3 de setembro de 2012, para as microempresas e empresas de pequeno porte, definidas na forma da Lei Complementar n. 123/2006.

Art. 2º Esta portaria entra em vigor na data de sua publicação.

PAULO ROBERTO DOS SANTOS PINTO
CARLOS ROBERTO LUPI
DOU 28.12.2011

Portaria GM/MTE n. 112, de 20 de janeiro de 2012

Dispõe sobre os critérios a serem aplicados na gradação das multas de valor variável previstas na legislação trabalhista

O MINISTRO DE ESTADO DO TRABALHO E EMPREGO — INTERINO, no uso da atribuição que lhe confere o art. 87, parágrafo único, inciso II, da Constituição Federal, Considerando a necessidade de definir critérios para a gradação das multas administrativas variáveis previstas na legislação trabalhista, resolve:

Art. 1º Serão calculadas em conformidade com os critérios previstos na Portaria MTb n. 290, de 11 de abril de 1997 as multas variáveis a que se referem:

a) o art. 25 da Lei n. 7.998, de 11 de janeiro de 1990, especificamente quanto à infração de fraude ao seguro-desemprego;

b) o art. 10, incisos I e III e o art. 11, da Lei n. 9.719, de 27 de novembro de 1998;

c) o art. 12, da Lei n. 605/1949, com redação dada pela Lei n. 12.544, de 8 de dezembro de 2011.

Art. 2º O presente instrumento normativo não se aplica às demais multas de valor variável, para as quais haja critérios de gradação previstos em portarias específicas, ficando ratificadas aquelas multas já aplicadas conforme os critérios vigentes à época da sua aplicação.

Art. 3º Revoga-se a Portaria n. 746/2000.

Art. 4º Esta Portaria entra em vigor na data de sua publicação.

PAULO ROBERTO DOS SANTOS PINTO
DOU 23.1.2012

Portaria GM/MTE n. 723, de 23 de abril de 2012

Cria o Cadastro Nacional de Aprendizagem Profissional — CNAP

O MINISTRO DE ESTADO DO TRABALHO E EMPREGO — INTERINO, no uso das atribuições que lhe confere o inciso II do parágrafo único do art. 87 da Constituição, e tendo em vista o disposto no § 2º do art. 8º e art. 32 do Decreto n. 5.598, de 1º de dezembro de 2005, resolve:

Art. 1º Criar o Cadastro Nacional de Aprendizagem Profissional — CNAP, destinado ao cadastramento das entidades qualificadas em formação técnico profissional metódica definidas no art. 8º do Decreto n. 5.598, de 1º de dezembro de 2005.

§ 1º Para inserção no CNAP, as entidades a que se refere o inciso III do art. 8º do Decreto n. 5.598, de 2005, serão submetidas às normas de avaliação de competência previstas nesta Portaria, relativas à verificação da aptidão da entidade para ministrar programas de formação técnico profissional que permitam a inclusão de aprendizes no mercado de trabalho.

§ 2º As entidades referidas nos incisos I e II do art. 8º do Decreto n. 5.598, de 2005, devem se inscrever no CNAP, na forma do art. 3º e fornecer as informações previstas no inciso IV do art. 5º, as turmas criadas e os aprendizes nelas matriculados, e não se submetem às normas de avaliação de competência previstas nesta Portaria, referentes ao programa de aprendizagem inserido.

Art. 2º Compete à Secretaria de Políticas Públicas de Emprego — SPPE, do Ministério do Trabalho e Emprego — MTE:

I — autorizar a inserção das entidades no CNAP, após a avaliação de competência e verificação de cumprimento das regras e requisitos previstos nesta Portaria;

II — operacionalizar, sistematizar, monitorar e aperfeiçoar o CNAP e o Catálogo Nacional de Programas de Aprendizagem Profissional — CONAP;

III — orientar e padronizar a oferta de programas da aprendizagem profissional, em consonância com a Classificação Brasileira de Ocupações — CBO;

IV — efetuar a avaliação de competência das entidades qualificadas em formação técnico profissional metódica mencionadas no inciso III do art. 8º do Decreto n. 5.598, de 2005, dos programas de aprendizagem e autorizar sua inserção no CNAP; e

V — divulgar os programas de aprendizagem inseridos no CNAP na página eletrônica do MTE na rede mundial de computadores — internet, com objetivo de instrumentalizar os órgãos de fiscalização e promover informações a jovens e adolescentes, empregadores e sociedade civil, com a descrição:

a) do perfil profissional da formação;
b) da carga horária teórica e prática; e
c) da jornada diária e semanal;

VI — desenvolver procedimentos para o monitoramento e a avaliação sistemáticos da aprendizagem, com ênfase na qualidade pedagógica e na efetividade social.

Art. 3º A inscrição das entidades de que trata o art. 1º desta Portaria no CNAP, dos respectivos programas, das turmas e dos aprendizes nelas matriculados, deve ser efetuada por meio do formulário disponível na página eletrônica do MTE na internet, no endereço www.juventude web.mte.gov.br, que deve ser preenchido conforme as regras ali previstas e enviado eletronicamente. *(Redação dada pela Portaria GM/MTE n. 1.005, de 1º.7.13, DOU 2.7.13)*

§ 1º Os programas de aprendizagem, elaborados em consonância com as regras do Catálogo Nacional de Programas de Aprendizagem Profissional — CONAP previsto no art. 8º desta Portaria, devem ser inscritos no CNAP para avaliação da competência da entidade.

§ 2º O programa de aprendizagem inserido no CNAP tem prazo de vigência de dois anos contados a partir de sua divulgação na página eletrônica do MTE na internet.

§ 3º O prazo de vigência do programa de aprendizagem profissional pode ser prorrogado por igual período, salvo se as diretrizes forem alteradas.

Art. 4º Após a inscrição da entidade, será gerado pelo Sistema do Cadastro Nacional de Aprendizagem — CNAP o Termo de Compromisso da Entidade e o Termo de Compromisso do Programa de Aprendizagem, que devem ser assinados pelo responsável legal da entidade e entregues na unidade descentralizada do Ministério do Trabalho e Emprego mais próxima ao seu endereço.

§ 1º O Termo de Compromisso da Entidade deve ser entregue acompanhado de cópia e original, para conferência, de seu registro no Conselho Municipal dos Direitos da Criança e do Adolescente — CMDCA do município em que irá atuar. *(Redação dada pela Portaria GM/MTE n. 1.005, de 1º.7.13, DOU 2.7.13)*

§ 2º O Termo de Compromisso do Programa de Aprendizagem deve ser entregue acompanhado de comprovação de: *(Redação dada pela Portaria GM/MTE n. 1.005, de 1º.7.13, DOU 2.7.13)*

I — adequação da proposta pedagógica aos princípios e diretrizes desta Portaria;

II — existência de quadro técnico docente devidamente qualificado; e

III — estrutura adequada ao desenvolvimento dos programas de aprendizagem, nos termos do disposto no § 1º art. 430 da CLT;

IV — carteira de identidade — RG, Cadastro de Pessoa Física — CPF e certidão negativa de antecedentes criminais de seu representante legal;

V — plano de trabalho atual; e

VI — demonstrativo anual de receitas e despesas.

§ 3º Cabe à coordenação de fiscalização de aprendizagem de cada Superintendência Regional do Trabalho e Emprego — SRTE conferir a documentação encaminhada pela entidade, atestar e registrar o recebimento no CNAP e arquivá-la. *(Redação dada pela Portaria GM/MTE n. 1.005, de 1º.7.13, DOU 2.7.13)*

Art. 5º A inscrição do programa de aprendizagem deve ser feita nos moldes do art. 3º desta Portaria e a entidade deve fornecer, no mínimo, as seguintes informações:

I — público participante do programa de aprendizagem, com máximo de aprendizes por turma, perfil socioeconômico e justificativa para seu atendimento;

II — objetivos do programa de aprendizagem, com especificação do propósito das ações a serem realizadas e sua relevância para o público participante, a sociedade e o mundo do trabalho;

III — conteúdos a serem desenvolvidos, contendo os conhecimentos, habilidades e competências, sua pertinência em relação aos objetivos do programa, público participante a ser atendido e potencial de aplicação no mercado de trabalho;

IV — estrutura do programa de aprendizagem e sua duração total em horas, em função do conteúdo a ser desenvolvido e do perfil do público participante, contendo:

a) definição e ementa dos programas;
b) organização curricular em módulos, núcleos ou etapas com sinalização do caráter propedêutico ou profissionalizante de cada um deles;
c) respectivas cargas horárias teóricas e práticas, fixadas na forma dos §§ 2º e 3º do art. 10 desta Portaria, ou em exceção específica constante do CONAP relativa à ocupação objeto do programa de aprendizagem; e
d) atividades práticas da aprendizagem desenvolvidas no local da prestação dos serviços, previstas na tabela de atividades da CBO objeto do programa;

V — infraestrutura física, como equipamentos, instrumentos e instalações necessárias para as ações do programa, com adequação aos conteúdos, à duração e à quantidade e perfil dos participantes;

VI — recursos humanos: quantidade e qualificação do pessoal técnico-docente e de apoio envolvido na execução do programa de aprendizagem, adequadas ao conteúdo pedagógico, duração, quantidade e perfil dos participantes, e identificação dos mecanismos de contratação e permanência de educadores no quadro profissional, com especificação do profissional da entidade responsável pelo acompanhamento das atividades práticas dos aprendizes na empresa;

VII — mecanismos de acompanhamento e avaliação do programa de aprendizagem, mediante registro documental das atividades teóricas e práticas pela entidade formadora, com a participação do aprendiz e da empresa; e

VIII — mecanismos para propiciar a inserção dos aprendizes no mercado de trabalho após o término do contrato de aprendizagem.

Art. 6º Após o registro, pela SRTE, do recebimento da documentação de que trata o art. 4º no CNAP, a SPPE analisará a inscrição para autorização ou não da inserção da entidade no CNAP.

§ 1º A incompatibilidade dos programas de aprendizagem com as regras estabelecidas nesta Portaria será informada pela SPPE à entidade por mensagem eletrônica, e a inscrição no CNAP ficará sobrestada até a regularização da pendência.

§ 2º Durante a análise do programa de aprendizagem para inserção no CNAP, a SPPE poderá solicitar a colaboração de outros órgãos, conselhos e demais entidades envolvidos com a ocupação objeto do programa de aprendizagem ou com o seu público alvo.

§ 3º Verificada a regularidade dos dados da entidade e de pelo menos um programa de aprendizagem, a SPPE autorizará, por meio do sistema informatizado, a inserção da entidade no CNAP, que ficará apta a exercer a atividade de entidade qualificadora, e deverá informar, no CNAP, as turmas criadas e os aprendizes nelas matriculados referentes ao programa de aprendizagem inserido.

§ 4º Os demais programas de aprendizagem devem ser elaborados e desenvolvidos pela entidade em consonância com esta Portaria e ser inscritos no CNAP para autorização de sua inclusão pela SPPE.

Art. 7º Quando identificada pela fiscalização a inadequação dos programas de aprendizagem à legislação ou a sua execução em desacordo com as informações constantes do CNAP, a chefia da inspeção do trabalho poderá solicitar à SPPE a suspensão da inserção da entidade ou a exclusão do programa daquele Cadastro.

§ 1º Os motivos que justifiquem a suspensão de entidades ou exclusão de programas de aprendizagem devem ser fundamentados em relatório de fiscalização, do qual deve ser enviada cópia à SPPE, juntamente com a solicitação prevista no *caput* deste artigo.

§ 2º A suspensão da entidade qualificadora motivada pela hipótese prevista no *caput* deste artigo abrange somente as entidades constem do referido relatório.

§ 3º Cabe a SPPE dar ciência do relatório às chefias de fiscalização das localidades em que forem identificadas filiais das respectivas entidades. *(Redação dada pela Portaria GM/MTE n. 1.005, de 1.7.13, DOU 2.7.13)*

Art. 8º Os programas de aprendizagem devem ser elaborados em conformidade com o Catálogo Nacional de Programas de Aprendizagem Profissional — CONAP, publicado na página eletrônica do MTE.

Parágrafo único. Cabe à SPPE revisar o CONAP e promover a publicação das alterações na página eletrônica do MTE na internet, na periodicidade necessária para contemplar a evolução técnica e tecnológica do setor produtivo e promover oportunidades de inclusão social e econômica dos adolescentes e jovens de forma sustentável e por meio do trabalho decente.

Art. 9º A formação profissional em cursos de nível inicial e técnico constantes do CONAP relaciona-se à ocupação codificada na Classificação Brasileira de Ocupações — CBO.

§ 1º O código da CBO a que se refere o *caput* deste artigo deve constar do contrato de trabalho do aprendiz e ser anotado em sua Carteira de Trabalho e Previdência Social — CTPS.

§ 2º Quando o curso for classificado no CONAP como desenvolvido na metodologia dos Arcos Ocupacionais, na CTPS do aprendiz deve constar o código da CBO com a melhor

LEGISLAÇÃO COMPLEMENTAR

condição salarial e especificação, nas Anotações Gerais, do nome do referido Arco.

Art. 10. Além do atendimento aos arts. 2º e 3º do Decreto n. 5.154, de 23 de julho de 2004 e demais normas federais relativas à formação inicial e continuada de trabalhadores, as entidades ofertantes de programas de aprendizagem em nível de formação inicial devem se adequar ao CONAP e atender às seguintes diretrizes:

I — diretrizes gerais:

a) qualificação social e profissional adequada às demandas e diversidades dos adolescentes, em conformidade com o disposto no art. 7º, parágrafo único, do Decreto n. 5.598, de 2005;

b) início de um itinerário formativo, tendo como referência curso técnico correspondente;

c) promoção da mobilidade no mundo de trabalho pela aquisição de formação técnica geral e de conhecimentos e habilidades específicas como parte de um itinerário formativo a ser desenvolvido ao longo da vida do aprendiz;

d) contribuição para a elevação do nível de escolaridade do aprendiz;

e) garantia das adequações para a aprendizagem de pessoas com deficiência conforme estabelecem os arts. 2º e 24 da Convenção da Organização das Nações Unidas — ONU sobre os Direitos das Pessoas com Deficiência, promulgada pelo Decreto n. 6.949, de 25 de agosto de 2009, e os arts. 28 e 29 do Decreto n. 3.298, de 20 de dezembro de 1999;

f) atendimento às necessidades dos adolescentes e jovens do campo e dos centros urbanos, que exijam um tratamento diferenciado no mercado de trabalho em razão de suas especificidades ou exposição a situações de maior vulnerabilidade social, particularmente no que se refere às dimensões de gênero, raça, etnia, orientação sexual e deficiência; e

g) articulação de esforços nas áreas de educação, do trabalho e emprego, do esporte e lazer, da cultura e da ciência e tecnologia e assistência social. *(Redação dada pela Portaria GM/MTE n. 1.005, de 1.7.13, DOU 2.7.13)*

II — diretrizes curriculares:

a) desenvolvimento social e profissional do adolescente e do jovem, na qualidade de trabalhador e cidadão;

b) perfil profissional, conhecimentos e habilidades requeridas para o desempenho da ocupação objeto de aprendizagem e descritos na CBO;

c) Referências Curriculares Nacionais aprovadas pelo Conselho Nacional de Educação, quando pertinentes;

d) potencialidades do mercado local e regional de trabalho e as necessidades dos empregadores dos ramos econômicos para os quais se destina a formação profissional;

e) ingresso de pessoas com deficiência e de adolescentes e jovens em situação de vulnerabilidade social nos programas de aprendizagem, condicionado à sua capacidade de aproveitamento e não ao seu nível de escolaridade; e

f) outras demandas do mundo do trabalho, vinculadas ao empreendedorismo e à economia solidária;

III — conteúdos de formação humana e científica devidamente contextualizados:

a) comunicação oral e escrita, leitura e compreensão de textos e inclusão digital;

b) raciocínio lógico-matemático, noções de interpretação e análise de dados estatísticos;

c) diversidade cultural brasileira;

d) organização, planejamento e controle do processo de trabalho e trabalho em equipe;

e) noções de direitos trabalhistas e previdenciários, de saúde e segurança no trabalho e do Estatuto da Criança e do Adolescente — ECA;

f) direitos humanos, com enfoque no respeito à orientação sexual, raça, etnia, idade, credo religioso ou opinião política;

g) educação fiscal para o exercício da cidadania;

h) formas alternativas de geração de trabalho e renda com enfoque na juventude;

i) educação financeira e para o consumo e informações sobre o mercado e o mundo do trabalho;

j) prevenção ao uso de álcool, tabaco e outras drogas;

k) educação para a saúde sexual reprodutiva, com enfoque nos direitos sexuais e nos direitos reprodutivos e relações de gênero;

l) políticas de segurança pública voltadas para adolescentes e jovens; e

m) incentivo à participação individual e coletiva, permanente e responsável, na preservação do equilíbrio do meio ambiente, com enfoque na defesa da qualidade ambiental como um valor inseparável do exercício da cidadania.

§ 1º As dimensões teórica e prática da formação do aprendiz devem ser pedagogicamente articuladas entre si, sob a forma de itinerários formativos que possibilitem ao aprendiz o desenvolvimento da sua cidadania, a compreensão das características do mundo do trabalho, dos fundamentos técnico-científicos e das atividades técnico-tecnológicas específicas à ocupação.

§ 2º Para definição da carga horária teórica do programa de aprendizagem, a instituição deve utilizar como parâmetro a carga horária dos cursos técnicos homologados pelo Ministério da Educação — MEC, aplicando-se, no mínimo, quarenta por cento da carga horária do curso correspondente ou quatrocentas horas, o que for maior.

§ 3º A carga horária teórica deve representar no mínimo trinta por cento e, no máximo, cinquenta por cento do total de horas do programa de aprendizagem.

Art. 11. A parte teórica do programa de aprendizagem deve ser desenvolvida pela entidade formadora distribuindo-se as horas no decorrer de todo o período do contrato de forma a garantir a alternância e a complexidade progressiva das atividades práticas a serem vivenciadas no ambiente da empresa. *(Redação dada pela Portaria GM/MTE n. 1.005, de 1.7.13, DOU 2.7.13)*

§ 1º A carga horária prática do curso poderá ser desenvolvida, total ou parcialmente, em condições laboratoriais, quando essenciais à especificidade da ocupação objeto do curso, ou quando o local de trabalho não oferecer condições de segurança e saúde ao aprendiz. *(Redação dada pela Portaria GM/MTE n. 1.005, de 1.7.13, DOU 2.7.13)*

§ 2º Na elaboração da parte específica dos programas de aprendizagem, as entidades devem contemplar os conteúdos e habilidades requeridas para o desempenho das ocupações objeto da aprendizagem descritas na CBO. *(Redação dada pela Portaria GM/MTE n. 1.005, de 1.7.13, DOU 2.7.13)*

Art. 12. Os cursos de nível técnico serão reconhecidos como programas de aprendizagem profissional para efeito de cumprimento do art. 428 e seguintes da Consolidação das Leis do Trabalho — CLT, aprovada pelo Decreto-lei n. 5.452, de 1º de maio de 1943, quando ofertados por instituições de ensino devidamente regularizadas perante o respectivo órgão competente do sistema de ensino e validados de acordo com os critérios previstos nesta Portaria. *(Redação dada pela Portaria GM/MTE n. 1.005, de 1.7.13, DOU 2.7.13)*

§ 1º A critério das instituições de ensino federais ou dos órgãos competentes nos sistemas estaduais, as atividades práticas realizadas durante a vigência do contrato de aprendizagem poderão ser reconhecidas para efeitos de contagem da carga-horária de estágio obrigatório desde que explicitada tal previsão no projeto pedagógico do curso e que os termos desta equivalência constem no Termo de Compromisso firmado entre o estagiário, a instituição de ensino e a parte concedente do estágio. *(Redação dada pela Portaria GM/MTE n. 1.005, de 1.7.13, DOU 2.7.13)*

§ 2º A instituição de educação profissional e tecnológica interessada em ofertar programas na modalidade de aprendizagem profissional deverá proceder ao registro eletrônico no Cadastro Nacional de Aprendizagem do Ministério do Trabalho e Emprego. *(Redação dada pela Portaria GM/MTE n. 1.005, de 1.7.13, DOU 2.7.13)*

§ 3º A duração do programa de aprendizagem deverá coincidir com a vigência do contrato de trabalho de aprendizagem. *(Redação dada pela Portaria GM/MTE n. 1.005, de 1.7.13, DOU 2.7.13)*

§ 4º Excepcionalmente, quando o curso técnico tiver duração superior à do programa de aprendizagem, o contrato poderá ser celebrado após o início do curso, observadas as seguintes condições:

I — o início e término do contrato de aprendizagem e do programa de aprendizagem deverão coincidir com o início e término dos respectivos módulos;

II — o contrato deverá englobar o mínimo de módulo(s) que assegurarem a formação técnico profissional metódica completa, necessária para a certificação do curso de aprendizagem correspondente a uma ocupação prevista na Classificação Brasileira de Ocupações — CBO; e

III — a carga horária teórica não poderá ser inferior a quatrocentas horas. *(Redação dada pela Portaria GM/MTE n. 1.005, de 1.7.13, DOU 2.7.13)*

Art. 13. Na utilização dos Arcos Ocupacionais previstos no Anexo I desta Portaria, as entidades formadoras e empresas responsáveis pela contratação dos aprendizes devem observar as proibições de trabalho aos menores de dezoito anos nas atividades descritas na Lista das Piores Formas do Trabalho Infantil — Lista TIP, aprovada pelo Decreto n. 6.481, de 12 de junho de 2008.

Art. 14. A autorização de utilização de metodologia de educação à distância para a aprendizagem e sua inserção no CNAP restringe-se a cursos e programas em locais em que:

I — o número de aprendizes não justifique a formação de uma turma presencial;

II — sua implantação imediata não seja possível em razão de inexistência de estrutura educacional adequada para a aprendizagem; e

Parágrafo único. As propostas de programas de aprendizagem à distância serão avaliadas pelo MTE, e autorizada sua inserção no CNAP quando adequadas ao estabelecido nesta Portaria e aos termos do Anexo II. *(Redação dada pela Portaria GM/MTE n. 1.005, de 1.7.13, DOU 2.7.13)*

Art. 15. Para inserção no CNAP dos programas de aprendizagem desenvolvidos em parceria devem participar, no máximo, duas entidades que, em conjunto, inscreverão o programa no CNAP, no endereço eletrônico previsto no art. 3º, com justificativa da necessidade da parceria, detalhamento da participação e responsabilidade de cada uma das entidades e especificação das respectivas atribuições na execução do programa.

§ 1º A análise da SPPE para autorização da inserção da parceria no CNAP se fundamentará nas informações da inscrição do programa de aprendizagem e naquelas constantes do Cadastro referentes às entidades parceiras.

§ 2º A entidade parceira que assumir a condição de empregador fica responsável pelo ônus decorrente da contratação do aprendiz, sem prejuízo da responsabilidade subsidiária da outra entidade parceira e do estabelecimento responsável pelo cumprimento da cota de aprendizagem.

§ 3º A parceria não será autorizada se a participação e a responsabilidade de uma entidade limitar-se ao registro e anotação da CTPS do aprendiz.

§ 4º Em caso de constatação, pela fiscalização, de desvirtuamento da parceria para a hipótese prevista no § 3º deste artigo a aprendizagem será descaracterizada, devendo ser enviado relatório para a SPPE, nos moldes do art. 7º desta Portaria, para fins de suspensão do programa de aprendizagem feito em parceria e da autorização de inserção das entidades no CNAP.

Art. 16. A entidade qualificada em formação técnico profissional inserida no CNAP poderá desenvolver programa de aprendizagem em município diverso de sua sede, desde que apresente o respectivo CMDCA da entidade, bem como efetue a inscrição do programa no CMDCA do município em que será ministrado o programa. *(Redação dada pela Portaria GM/MTE n. 1.005, de 1.7.13, DOU 2.7.13)*

I — não exista, no município em que se situa a empresa e será desenvolvido o programa de aprendizagem, outra entidade qualificadora de formação técnico profissional com programa de aprendizagem inserido no CNAP e publicado na página do MTE na internet;

II — a matriz ou filial da entidade qualificadora, a empresa e o local de formação se localizem em municípios limítrofes ou a uma distância máxima de trinta quilômetros a partir do limite do município em que se situa a entidade qualificadora; e

III — haja facilidade de deslocamento.

Art. 17. Os contratos de aprendizagem efetuados com base em programa validados até a publicação desta Portaria devem ser executados até o seu término, sem necessidade de adequação a esta Portaria. *(Redação dada pela Portaria GM/MTE n. 1.005, de 1.7.13, DOU 2.7.13)*

Parágrafo único. Os contratos de aprendizagem efetuados com base em programas validados em conformidade com a Portaria n. 615, de 2007, devem ser executados até o final de seu prazo, sem necessidade de adequação a esta Portaria.

Art. 18. Esta Portaria entra em vigor na data de sua publicação.

Art. 19. Revogam-se as Portarias ns. 615, de 13 de dezembro de 2007 e 2.755, de 23 de novembro de 2010.

Paulo Roberto dos Santos Pinto
DOU 24.4.2012

Portaria SRT/MTE n. 2, de 22 de fevereiro de 2013

Revoga a Portaria n. 1, de 19 de abril de 2005 e dá outras providências

O SECRETÁRIO DE RELAÇÕES DO TRABALHO, no uso das atribuições que lhe conferem o art. 1º, inciso VI, do Anexo VII, da Portaria n. 483, de 15 de setembro de 2004, e o art. 3º da Portaria n. 197, de 18 de abril de 2005, ambas do Ministro de Estado do Trabalho e Emprego, resolve:

Art. 1º Disciplinar os procedimentos para a atualização dos dados das entidades sindicais no Cadastro Nacional de Entidades Sindicais — CNES, do Ministério do Trabalho e Emprego — MTE.

Art. 2º A atualização dos dados relativos às entidades sindicais registradas no MTE tem o objetivo de dotar o Ministério de instrumentos eficazes de coleta, tratamento, gestão, distribuição e publicidade de informações.

§ 1º A atualização das informações sindicais não modificará a situação jurídica da entidade sindical perante o MTE.

§ 2º As entidades com pedido de alteração estatutária em tramitação no MTE deverão solicitar a atualização das informações sindicais de acordo com a última representação deferida pelo MTE.

Art. 3º A entidade sindical deverá acessar o sistema do CNES, disponível no endereço eletrônico www.mte.gov.br, utilizando-se de certificação digital, e fornecer as informações necessárias para a emissão do formulário de solicitação de atualização sindical (SR).

§ 1º O requerimento eletrônico emitido por meio do CNES, assinado pelo representante legal da entidade ou por procurador legalmente constituído, deverá ser protocolado na Superintendência Regional do Trabalho e Emprego — SRTE ou Gerências da Unidade da Federação — UF onde se localiza a sede da entidade (em se tratando de abrangência municipal, intermunicipal ou estadual) ou no protocolo da sede do Ministério em Brasília (quando se tratar de entidade interestadual ou nacional) no prazo de até 30 (trinta) dias, acompanhado dos seguintes documentos: *(Redação dada pela Portaria SRT n. 20, de 15.4.16, DOU 18.4.16)*

I — estatuto social da entidade, registrado em cartório, no qual conste a atual representação de seu registro ou de alteração estatutária deferidos pelo MTE;

II — ata de eleição e apuração de votos da diretoria, registrada em cartório, com a indicação da forma de eleição, do número de sindicalizados, do número de sindicalizados aptos a votar, do número de votantes, das chapas concorrentes com a respectiva votação, dos votos brancos e nulos, do resultado do processo eleitoral, acompanhada de lista de presença dos votantes. (NR) *(alterada pela Portaria SRT n. 4, de 28 de maio de 2013, DOU 29.5.2013)*

III — ata de posse da diretoria, registrada em cartório, com a indicação de data do início e término do mandato, devendo constar, sobre os dirigentes eleitos:

a) nome completo;

b) número de inscrição no Cadastro Nacional da Pessoa Física — CPF;

c) o contrato de trabalho vigente ou, no caso dos aposentados, o último que comprove ser membro da categoria. *(Redação dada pela Portaria SRT n. 20, de 15.4.16, DOU 18.4.16)*

d) número de inscrição no Programa de Integração Social/Programa de Formação do Patrimônio do Servidor Público — PIS/PASEP, quando de entidades laborais;

e) número de inscrição no Cadastro Nacional da Pessoa Jurídica — CNPJ da empresa representada, quando de entidades patronais;

f) número de inscrição no conselho profissional, quando de entidades de profissionais liberais; e

g) número de inscrição na Prefeitura Municipal, quando se tratar de entidades de trabalhadores autônomos, ou de profissionais liberais, na inexistência do respectivo conselho profissional.

IV — no caso de entidade laboral, cópia das páginas da Carteira de Trabalho e Previdência Social — CTPS onde conste:

a) nome e foto do empregado;

b) razão social e CNPJ do atual ou último empregador; e

c) contrato de trabalho vigente ou o último.

V — documento comprobatório do registro sindical ou alteração estatutária expedido pelo MTE (cópia da carta sindical ou publicação do deferimento do registro no Diário Oficial da União), ressalvada ao interessado a utilização da faculdade prevista no art. 37 da Lei n. 9.784, de 1999. (NR); *(Redação dada pela Portaria SRT/MTE n. 8, de 17.10.14, DOU 20.10.14)*

VI — comprovante de endereço em nome da entidade sindical;

VII — recibos de entrega da Relação Anual de Informações Sociais — RAIS entregue pela entidade sindical, relativos aos últimos cinco anos-base anteriores ao do pedido de atualização sindical, assim como os referentes às RAIS retificadoras, quando houver; e

VIII — comprovante de inscrição e de situação cadastral do solicitante no CNPJ, no qual deverá constar a data de abertura e a natureza jurídica de Entidade Sindical.

IX — edital de convocação dos membros da categoria para assembleia geral para fins de atualização e/ou reativação da entidade ou para ratificação do estatuto social, do qual conste o nome e o endereço do subscritor, para correspondência, bem como indicação nominal de todos os municípios, Estados e categoria representada, publicado no Diário Oficial da União e em jornal de grande circulação na base territorial, que deverá atender também ao seguinte: *(Incluído pela Portaria SRT n. 20, de 15.4.16, DOU 18.4.16)*

a) intervalo entre as publicações no DOU e em jornal de grande circulação não superior a 05 (cinco) dias; *(Incluído pela Portaria SRT n. 20, de 15.4.16, DOU 18.4.16)*

b) publicação com antecedência mínima de 20 (vinte) dias da realização da assembleia, para as entidades com base municipal, intermunicipal ou estadual, e de 45 (quarenta e cinco) dias para as entidades com base interestadual ou nacional, contados a partir da última publicação; *(Incluído pela Portaria SRT n. 20, de 15.4.16, DOU 18.4.16)*

c) publicação em todas as Unidades da Federação — UF, quando se tratar de entidade com abrangência nacional, e nos respectivos Estados abrangidos, quando se tratar de entidade interestadual. *(Incluído pela Portaria SRT n. 20, de 15.4.16, DOU 18.4.16)*

X — ata da assembleia geral de convocação da categoria para fins de atualização e/ou reativação da entidade ou para ratificação do estatuto, onde deverá constar a base territorial, a categoria profissional ou econômica representada, acompanhada de lista de pre-

LEGISLAÇÃO COMPLEMENTAR

sença contendo a finalidade da assembleia, a data, o horário e o local de realização e, ainda, o nome completo, o número de registro no Cadastro de Pessoas Físicas — CPF e assinatura dos presentes; *(Incluído pela Portaria SRT n. 20, de 15.4.16, DOU 18.4.16)*

§ 2º No caso de entidades rurais, os documentos listados no inciso III, alíneas *d* e *e*, poderão ser substituídos pelo número da Declaração de Aptidão ao Pronaf — DAP expedida pelo Ministério do Desenvolvimento Agrário — MDS, pelo número de inscrição no Cadastro de Segurados Especiais do Instituto Nacional de Seguridade Social — INSS ou de inscrição no Cadastro do Instituto Nacional de Colonização e Reforma Agrária — INCRA.

§ 3º Não atendido o disposto no art. 3º, § 1º, inciso I, a entidade deverá apresentar estatuto social ratificado pela categoria, registrado em cartório da comarca da sede da entidade requerente, nos termos da representação deferida pelo MTE. *(Redação dada pela Portaria SRT n. 20, de 15.4.16, DOU 18.4.16)*

§ 4º A ata de eleição e apuração de votos do último processo eleitoral e a ata de posse da atual diretoria podem, eventualmente, ser apresentadas em um único documento.

§ 5º Os documentos relacionados nesta Portaria serão apresentados em originais, cópias autenticadas ou cópias simples, estas últimas apresentadas juntamente com os originais para conferência e visto do servidor

§ 6º A utilização da certificação digital a que se refere o *caput* deste artigo, será de uso obrigatório para as solicitações iniciadas no sistema CNES a partir de 2 de abril de 2013.

§ 7º Havendo indicação de filiação e/ou desfiliação à entidade de grau superior ou a central sindical, deverá ser apresentada ata da assembleia, de reunião de direção ou do conselho de representantes que decidiu pela filiação e/ou desfiliação, devidamente registrada no cartório da comarca da sede da entidade requerente. *(Acrescentado pela Portaria SRT/MTE n. 8, de 17.10.14, DOU 20.10.14)*

§ 8º Os estatutos sociais e as atas deverão estar registrados no cartório da sede da entidade requerente. *(Acrescentado pela Portaria SRT/MTE n. 8, de 17.10.14, DOU 20.10.14)*

§ 9º Não será admitida a apresentação dos documentos de que tratam os incisos I a VIII do § 1º do art. 3º, por fax, via postal, correio eletrônico ou outro meio que não os estabelecidos nesta Portaria. *(Acrescentado pela Portaria SRT/MTE n. 8, de 17.10.14, DOU 20.10.14)*

§ 10. Os documentos listados na alínea *d* a *g* do inciso III do art. 3º, inciso IV e § 2º do mesmo artigo, poderão ser substituídos por outros que comprovem ser o dirigente integrante da categoria representada pela entidade, devendo estes serem atestados pelo servidor. *(Acrescentado pela Portaria SRT/MTE n. 8, de 17.10.14, DOU 20.10.14)*

§ 11. Aplica-se a esta Portaria, o disposto no art. 49 da Portaria n. 326, de 1º de março de 2013, no que couber. *(Incluído pela Portaria SRT n. 20, de 15.4.16, DOU 18.4.16)*

Art. 4º Os pedidos de atualização das informações sindicais assim como os documentos apresentados serão analisados pelas Seções de Relações do Trabalho das SRTEs ou pela SRT, quando for o caso.

§ 1º A SRTE ou a SRT decidirão fundamentadamente por meio de Nota Técnica pela validação ou não da solicitação, de acordo com a documentação protocolada pela entidade e também no mérito, nos termos desta Portaria, sendo anotado tal ato no sistema CNES.

§ 2º Após a decisão de que trata o parágrafo anterior, os autos do processo deverão ser remetidos à SRT, para fins de arquivamento.

§ 3º Na análise de que trata este artigo, verificada a insuficiência ou irregularidade dos documentos apresentados pela entidade requerente, a SRT a notificará uma única vez para, no prazo improrrogável de 20 (vinte dias), contados do recebimento da notificação, atender às exigências desta Portaria. *(Acrescentado pela Portaria SRT/MTE n. 8, de 17.10.14, DOU 20.10.14)*

Art. 4º-A Aplica-se a esta Portaria, no que couber, o disposto no art. 49 da Portaria n. 326/2013, no que couber. *(Acrescentado pela Portaria SRT/MTE n. 8, de 17.10.14, DOU 20.10.14)*

Art. 5º Revoga-se a Portaria n. 01, de 19 de abril de 2005.

Art. 6º Esta Portaria entra em vigor na data de sua publicação.

Manoel Messias Nascimento Melo
DOU 25.2.2013

Portaria GM/MTE n. 326, de 1º de março de 2013

Dispõe sobre os pedidos de registro das entidades sindicais de primeiro grau no Ministério do Trabalho e Emprego

O MINISTRO DE ESTADO DO TRABALHO E EMPREGO, no uso das suas atribuições legais e tendo em vista o disposto no art. 87, parágrafo único, inciso II, da Constituição, no Título V da Consolidação das Leis do Trabalho, aprovada pelo Decreto-lei n. 5.452, de 1º de maio de 1943, e na Súmula n. 677, do Supremo Tribunal Federal, resolve:

Art. 1º Os procedimentos administrativos relacionados com o registro de entidades sindicais de primeiro grau no Ministério do Trabalho e Emprego — MTE serão os previstos nesta Portaria.

TÍTULO I
Dos pedidos

Capítulo I
Dos sindicatos

Seção I
Da solicitação de registro sindical

Art. 2º Para a solicitação de registro sindical a entidade deverá possuir certificado digital e acessar o Sistema do Cadastro Nacional de Entidades Sindicais — CNES, disponível no endereço eletrônico www.mte.gov.br, e seguir as instruções ali constantes para a emissão do requerimento de registro, após a transmissão eletrônica dos dados.

Art. 3º Após a transmissão eletrônica dos dados, o interessado deverá protocolizar na Superintendência Regional do Trabalho e Emprego — SRTE ou Gerências da Unidade da Federação onde se localiza a sede da entidade sindical, os seguintes documentos, no prazo de trinta dias:

I — requerimento original gerado pelo Sistema, transmitido por certificação digital e assinado pelo representante legal da entidade;

II — edital de convocação dos membros da categoria para assembleia geral de fundação ou ratificação de fundação da entidade, do qual conste o nome e o endereço do subscritor, para correspondência, bem como indicação nominal de todos os municípios, Estados e categoria ou categorias pretendidas, publicado no Diário Oficial da União — DOU e em jornal de grande circulação na base territorial, que deverá atender também ao seguinte:

a) intervalo entre as publicações no DOU e em jornal de grande circulação não superior a cinco dias;

b) publicação com antecedência mínima de vinte dias da realização da assembleia, para as entidades com base municipal, intermunicipal ou estadual, e de quarenta e cinco dias para as entidades com base interestadual ou nacional, contados a partir da última publicação;

c) publicação em todas as Unidades da Federação — UF, quando se tratar de entidade com abrangência nacional, ou nos respectivos Estados abrangidos, quando se tratar de entidade interestadual;

III — ata da assembleia geral de fundação ou de ratificação de fundação da entidade, onde deverá constar a base territorial, a categoria profissional ou econômica pretendida, acompanhada de lista de presença contendo a finalidade da assembleia, a data, o horário e o local de realização e, ainda, o nome completo, o número de registro no Cadastro de Pessoas Físicas — CPF, razão social do empregador, se for o caso, e assinatura dos presentes;

IV — ata de eleição e apuração de votos da diretoria, com a indicação da forma de eleição, número de votantes, chapas concorrentes com a respectiva votação, votos brancos e nulos e o resultado do processo eleitoral;

V — ata de posse da diretoria, com a indicação da data de início e término do mandato, devendo constar, sobre o dirigente eleito:

a) nome completo;

b) número de inscrição no CPF;

c) função dos dirigentes da entidade requerente;

d) o número de inscrição no Programa de Integração Social ou no Programa de Formação do Patrimônio do Servidor Público — PIS/Pasep, quando se tratar de entidades laborais;

e) o número de inscrição no Cadastro Nacional da Pessoa Jurídica — CNPJ da empresa representada, quando de entidades patronais;

f) o número de inscrição no respectivo conselho profissional, quando de entidades de profissionais liberais; e

g) o número de inscrição na prefeitura municipal, quando de entidades de trabalhadores autônomos ou de profissionais liberais, na hipótese de inexistência do respectivo conselho profissional.

VI — no caso de dirigente de entidade laboral, cópia das páginas da Carteira de Trabalho e Previdência Social — CTPS onde conste:

a) o nome e foto do empregado;

b) a razão social e CNPJ do atual ou último empregador; e

c) o contrato de trabalho vigente ou, no caso dos aposentados, o último que comprove ser membro da categoria. *(Redação dada pela Portaria GM/MTE n. 671, de 20.5.15, DOU 21.5.15)*

VII — estatuto social, aprovado em assembleia geral, que deverá conter objetivamente a categoria e a base territorial pretendida, não sendo aceitos os termos como afins, conexos e similares, entre outros;

LEGISLAÇÃO COMPLEMENTAR

VIII — comprovante de pagamento da Guia de Recolhimento da União — GRU, relativo ao custo das publicações no DOU, conforme indicado em portaria específica, devendo nele constar a razão social e o CNPJ da entidade requerente e utilizar as seguintes referências: UG 380918, Gestão 00001 e Código de recolhimento 68888-6, referência 38091800001-3947;

IX — comprovante de inscrição do solicitante no CNPJ, com natureza jurídica de Entidade Sindical;

X — comprovante de endereço em nome da entidade; e

XI — qualificação do subscritor ou subscritores do edital a que se refere o inciso II, contendo:

a) nome completo;

b) número de inscrição no CPF;

c) número de inscrição no PIS/Pasep, no caso de entidade laboral;

d) número de inscrição no CNPJ, quando se tratar de entidades patronais;

e) número de inscrição no conselho profissional, quando se tratar de entidades de profissionais liberais; e

f) número de inscrição na prefeitura municipal, quando se tratar de entidades de trabalhadores autônomos ou de profissionais liberais, na hipótese de inexistência do respectivo conselho profissional.

§ 1º No caso de entidades rurais, os documentos listados no inciso V, alíneas *d* e *e*, e inciso XI, alíneas *c* e *d*, poderão ser substituídos pelo número da Declaração de Aptidão ao Programa Nacional de Fortalecimento da Agricultura Familiar — DAP/Pronaf expedida pelo Ministério do Desenvolvimento Agrário — MDA, pelo número da inscrição no Cadastro de Segurados Especiais do Instituto Nacional de Seguridade Social — INSS ou de inscrição no Cadastro do Instituto Nacional de Colonização e Reforma Agrária — Incra.

§ 2º Não sendo apresentados os documentos no prazo a que se refere este artigo, o requerimento eletrônico será automaticamente cancelado e o interessado deverá refazer o requerimento.

§ 3º Os documentos não previstos nesta Portaria que possam comprovar que o dirigente faz parte da categoria deverá ser objeto de consulta ao Conselho de Relações do Trabalho — CRT, por meio de Nota Técnica, antes de sua validação por enunciado. (NR) *(Redação dada pela Portaria GM/MTE n. 671, de 20.5.15, DOU 21.5.15)*

Subseção I
Da fusão

Art. 4º Será considerada fusão, para os fins de registro sindical, a união de duas ou mais entidades sindicais destinadas à formação de uma nova com a finalidade de suceder-lhes em direitos e obrigações, e resultará na soma das bases e categorias dessas entidades.

Parágrafo único. O deferimento da solicitação de fusão importará no cancelamento dos registros sindicais preexistentes.

Art. 5º Para a solicitação de fusão os sindicatos interessados deverão proceder na forma do art. 2º e 3º, *caput* e incisos I, V, VI e VIII e IX do art. 3º, com a juntada dos documentos a seguir:

I — editais de convocação de assembleia geral específica de cada sindicato, para autorização da fusão, publicados com intervalo não superior a cinco dias no DOU e em jornal de grande circulação nas respectivas bases territoriais, com a antecedência mínima prevista nos estatutos de cada entidade;

II — edital de convocação conjunta dos membros das categorias, subscrito pelos representantes legais dos respectivos sindicatos, para a assembleia geral de fusão, do qual conste a indicação nominal de todos os municípios, Estados e categorias a serem fundidas, publicados na forma do inciso II do art. 3º;

III — ata das assembleias gerais que autorizaram e que decidiram pela fusão, respeitados os quóruns estatutários, acompanhadas das respectivas listas de presença, contendo finalidade, data, horário e local de realização e, ainda, o nome completo, número do CPF, a razão social do empregador, se for o caso, e a assinatura dos presentes;

IV — ata de eleição e apuração de votos da diretoria, com a indicação da forma de eleição, do número de sindicalizados, do número de sindicalizados aptos a votar, do número de votantes, das chapas concorrentes com a respectiva votação, dos votos brancos e nulos, do resultado do processo eleitoral, acompanhada de lista de presença dos votantes. (NR) *(Redação dada pela Portaria GM/MTE n. 837, de 13 de junho de 2013, DOU 14.6.13)*

V — estatuto social, aprovado na assembleia geral a que se refere o inciso II deste artigo, que deverá conter as categorias e base territorial objeto da fusão, não sendo aceitos termos como afins, conexos e similares, entre outros; e

VI — comprovante de endereço em nome da nova entidade.

Parágrafo único. Não havendo previsão estatutária de prazo mínimo para convocação das assembleias de que trata o inciso II deste artigo, deverão ser observados os prazos previstos na alínea b do inciso II do art. 3º desta Portaria.

Seção II
Da solicitação de registro de alteração estatutária

Art. 6º Para os fins de registro sindical será considerado registro de alteração estatutária aquele que se refira à mudança na categoria e/ou na base territorial da entidade sindical.

§ 1º O sindicato que pretenda registrar alteração estatutária deverá, antes, proceder à atualização cadastral nos termos desta Portaria.

§ 2º As alterações estatutárias de denominação da entidade sindical deverão seguir os procedimentos descritos nos arts. 37 e 38 desta Portaria. (NR) *(Redação dada pela Portaria GM/MTE n. 671, de 20.5.15, DOU 21.5.15)*

Art. 7º Para a solicitação de registro de alteração estatutária, o sindicato deverá possuir certificação digital e acessar o Sistema do CNES, disponível no endereço eletrônico www.mte.gov.br, e seguir as instruções ali constantes para a emissão do requerimento de registro de alteração estatutária, após a transmissão eletrônica dos dados.

Art. 8º Após a transmissão eletrônica dos dados, o sindicato deverá protocolizar na SRTE da UF onde se localiza a sede da entidade sindical ou nas Gerências, além dos previstos nos incisos I e VIII do art. 3º, os seguintes documentos:

I — edital de convocação dos membros das categorias e bases representadas e pretendidas para a assembleia geral de alteração estatutária, publicado no DOU e em jornal de grande circulação na base territorial, devendo constar a indicação nominal de todos os municípios, Estados e categorias pretendidas e atender ao seguinte:

a) intervalo entre as publicações no DOU e em jornal de grande circulação não superior a cinco dias;

b) publicação com antecedência mínima de vinte dias da realização da assembleia, para as entidades com base municipal, intermunicipal ou estadual, e de quarenta e cinco dias para as entidades com base interestadual ou nacional, contados a partir da última publicação; e

c) publicação em cada UF, quando se tratar de entidade com abrangência nacional, e nos respectivos Estados abrangidos, quando se tratar de entidade interestadual.

II — ata da assembleia geral de alteração estatutária ou de ratificação, onde deverá constar a base territorial, a categoria profissional ou econômica pretendida, acompanhada de lista de presença contendo finalidade, data, horário e local de realização e, ainda, o nome completo, número de inscrição no CPF, razão social do empregador, se for o caso, e assinatura dos presentes; e (NR) *(Redação dada pela Portaria GM/MTE n. 837, de 13 de junho de 2013 — DOU 14.6.13)*

III — estatuto social, aprovado na assembleia geral a que se refere o inciso II deste artigo, que deverá conter, objetivamente, a categoria e a base territorial da nova representação.

Subseção I
Da incorporação

Art. 9º Considera-se incorporação, para fins de registro sindical, a alteração estatutária pela qual uma ou mais entidades sindicais são absorvidas por outra com o objetivo de lhes suceder em direitos e obrigações, permanecendo apenas o registro sindical da entidade incorporadora.

Parágrafo único. O deferimento da solicitação de incorporação implicará no cancelamento dos registros sindicais das entidades incorporadas.

Art. 10. Para a solicitação de incorporação os sindicatos interessados deverão proceder na forma do art. 3º, *caput* e incisos I, V, VI e VIII, do art. 7º e 8º, *caput* com a juntada dos documentos a seguir:

I — editais de convocação de assembleia geral específica de cada sindicato, para autorização da incorporação, publicados, com intervalo não superior a cinco dias, no DOU e em jornal de grande circulação nas respectivas bases territoriais, com a antecedência mínima prevista nos estatutos de cada entidade;

II — edital de convocação conjunta dos membros das categorias, subscrito pelos representantes legais dos respectivos sindicatos, para a assembleia geral de incorporação, do qual conste a indicação nominal de todos os municípios, Estados e categorias objeto da incorporação, publicados na forma do inciso I do art. 8º;

III — ata das assembleias gerais que autorizaram e que decidiram pela incorporação, respeitados os quóruns estatutários, acompanhadas das respectivas listas de presença, contendo finalidade, data, horário e local de realização e, ainda, o nome completo, número do CPF, razão social do empregador, se for o caso, e assinatura dos presentes;

IV — ata de eleição e apuração de votos da nova diretoria, com a indicação da forma de eleição, número de sindicalizados, do número de sindicalizados aptos a votar, do número de votantes, das chapas concorrentes com a respectiva votação, dos votos brancos e nulos e do resultado do processo eleitoral; acompanhada de lista de presença dos votantes; e

V — estatuto social, aprovado na assembleia geral a que se refere o inciso III deste artigo, que deverá conter, objetivamente, a categoria e a base territorial da nova representação.

Parágrafo único. Não havendo previsão estatutária de prazo mínimo para convocação das assembleias de que trata o inciso I deste artigo, deverão ser observados os prazos previstos na alínea "b" do inciso I do art. 8º.

Capítulo II
Da análise e da decisão

Seção I
Da análise

Art. 11. Os pedidos de registro, após verificado pela SRTE se os processos estão instruídos com os documentos exigidos nos termos dos arts. 3º, 5º, 8º e 10, conforme o tipo de solicitação, e se atendem ao disposto no art. 42, serão encaminhados à Secretaria de Relações do Trabalho — SRT, por meio de Nota Técnica, no prazo máximo de 90 (noventa) dias, contados da data de entrada no protocolo, para fins de análise. (Redação dada pela Portaria GM/MTE n. 671, de 20.5.15, DOU 21.5.15)

§ 1º Verificada irregularidade e/ou insuficiência a SRTE deverá notificar a entidade para no prazo máximo de 20 (vinte) dias, improrrogáveis, sanear o processo. (Redação dada pela Portaria GM/MTE n. 671, de 20.5.15, DOU 21.5.15)

§ 2º Esgotado o prazo previsto no parágrafo anterior, estando o processo saneado ou não, este deverá ser encaminhado à SRT, para fins de análise. (NR) (Redação dada pela Portaria GM/MTE n. 671, de 20.5.15, DOU 21.5.15)

Art. 12. A Coordenação-Geral de Registro Sindical — CGRS, da SRT, fará a análise de mérito dos processos recebidos, conforme distribuição cronológica, na seguinte ordem: (Redação dada pela Portaria GM/MTE n. 671, de 20.5.15, DOU 21.5.15)

I — o cumprimento das exigências previstas nos arts. 3º, 5º, 8º ou 10, conforme o caso;

II — a adequação da categoria pleiteada à definição prevista no art. 511 da CLT;

III — a existência, no CNES, de outras entidades sindicais representantes da mesma categoria, em base territorial coincidente com a da entidade requerente; e

IV — nos casos de fusão e incorporação sobre se a representação da entidade resultante corresponde à soma da representação das entidades preexistentes.

§ 1º Na análise de que trata este artigo, verificada irregularidade nos documentos apresentados pela entidade requerente, a SRT a notificará uma única vez para, no prazo improrrogável de 20 (vinte) dias, contados do recebimento da notificação, atender às exigências desta Portaria, exceto na fase de recurso administrativo. (Redação dada pela Portaria GM/MTE n. 671, de 20.5.15, DOU 21.5.15)

§ 2º A SRT verificará mensalmente a existência, no Sistema do CNES, de documentação recebida e não enviada para o exame a que se refere o artigo desta Portaria, e requisitará o envio da documentação, se for o caso.

§ 3º A hipótese prevista no § 1º não se aplica a irregularidades ou insuficiência de documentos que impliquem na publicação de novos editais de convocação dos membros da categoria, nas hipóteses previstas nos arts. 3º, 5º, 8º ou 10. (Redação dada pela Portaria GM/MTE n. 671, de 20.5.15, DOU 21.5.15)

§ 4º Os processos anteriores à Portaria n. 186, de 10 de abril de 2008 sem movimentação há pelo menos 1 (um) ano, serão analisados desde que o Sindicato apresente ata de assembleia de ratificação. (NR) (Redação dada pela Portaria GM/MTE n. 671, de 20.5.15, DOU 21.5.15)

Art. 13. Apresentados os documentos exigidos por esta Portaria e suscitada dúvida técnica sobre a caracterização da categoria pleiteada, a SRT encaminhará de imediato análise técnica fundamentada ao Conselho de Relações do Trabalho — CRT, para manifestação na primeira reunião subsequente.

Parágrafo único. Recebida a recomendação do CRT, o Secretário de Relações do Trabalho decidirá de forma fundamentada sobre a caracterização da categoria e determinará o prosseguimento da análise do processo de registro sindical.

Art. 14. Quando da verificação de que trata o inciso III do art. 12 constatar-se a existência de conflito parcial de representação, considerar-se-á regular o pedido para fins de publicação, salvo se a base territorial requerida englobar o local da sede de sindicato representante da mesma categoria registrado no CNES. (Redação dada pela Portaria GM/MTPS n. 592, de 10.5.16, DOU 11.5.16)

Art. 15. Quando for constatada a existência de dois ou mais pedidos de registro ou de registro de alteração estatutária com coincidência total ou parcial de base territorial e/ou categoria, proceder-se-á da seguinte forma:

I — caso ambos tenham protocolizado a documentação completa, deve-se publicar o pedido pela ordem de data de seu protocolo; ou

II — nos pedidos de registro sindical ou de registro de alteração estatutária, protocolizados com a documentação incompleta, deverá ser publicado, primeiramente, aquele que completar a documentação.

Seção II
Da publicação

Art. 16. Após a análise de que trata o art. 12, e constatada a regularidade do pedido de registro sindical ou de registro de alteração estatutária, a SRT o publicará no DOU, para fins de publicidade e abertura de prazo para impugnações.

Seção III
Das Impugnações

Subseção I
Dos requisitos para impugnação

Art. 17. Publicado o pedido de registro sindical ou de registro de alteração estatutária, a entidade sindical de mesmo grau registrada no CNES e a entidade com o processo de pedido de registro sindical publicado no DOU, mesmo que se encontre sobrestado, poderá apresentar impugnação, no prazo de trinta dias, contado da data da publicação de que trata art. 16, nos termos da Lei n. 9.784, de 1999, diretamente no Protocolo Geral da Sede do MTE, devendo instruí-la com o comprovante previsto no inciso VIII do art. 3º e com os seguintes documentos:

I — requerimento, que deverá identificar, por meio do CNPJ, a entidade ou entidades conflitantes, indicar a coincidência existente de base territorial e/ou de categoria e se o conflito se encontra no registro ou no pedido em trâmite.

II — documento comprobatório do registro sindical expedido pelo MTE ou comprovante de publicação do pedido de registro, ressalvada ao interessado a utilização da faculdade prevista no art. 37 da Lei n. 9.784, de 1999;

III — estatuto social que comprove a existência do conflito identificado, nos termos do inciso I deste artigo;

IV — atas de eleição e apuração de votos da diretoria e de posse, na forma do inciso III do art. 38; e

V — cópia do requerimento de atualização sindical, extraído do endereço eletrônico www.mte.gov.br, devidamente preenchido, assinado e protocolizado no MTE, quando a entidade sindical possuir registro deferido.

§ 1º A entidade impugnante que estiver com suas informações atualizadas no CNES fica dispensada da apresentação dos documentos previstos nos incisos II, III, IV e V deste artigo. (NR) (Redação dada pela Portaria GM/MTE n. 671, de 20.5.15, DOU 21.5.15)

§ 2º As impugnações deverão ser individuais e se referirem a um único pedido de registro.

Subseção II
Da análise das impugnações

Art. 18. As impugnações serão arquivadas pelo Secretário de Relações do Trabalho, após análise pela CGRS, nas seguintes hipóteses:

I — inobservância do prazo previsto no *caput* do art. 17;

II — insuficiência ou irregularidade dos documentos apresentados, na forma do art. 17;

III — não coincidência de base territorial e categoria entre as entidades indicadas como conflitantes;

IV — perda do objeto da impugnação, ocasionada pela retirada do conflito;

V — desistência da impugnação pelo impugnante;

VI — se o impugnante alegar conflito preexistente ao objeto da alteração estatutária;

VII — se apresentada por diretoria de sindicato com mandato vencido, exceto quando, no momento da impugnação, a entidade comprovar ter protocolizado a atualização de dados de Diretoria, e esta atualização ter sido validada;

VIII — quando o impugnante deixar de apresentar comprovante de pagamento da taxa de publicação; ou

IX — na hipótese de impugnação apresentada por entidade de grau diverso da entidade impugnada, salvo por mandato.

X — após assembleia de ratificação prevista no art. 19, se a categoria decidir pela dissociação e/ou desmembramento. (NR) (Redação dada pela Portaria GM/MTE n. 671, de 20.5.15, DOU 21.5.15)

§ 1º Na hipótese da invalidação da atualização de diretoria tratada no inciso VII, a impugnação será arquivada.

§ 2º A mudança de sede de entidade sindical preexistente ocorrida após a assembleia

de fundação da nova entidade não será considerada para fins de conflito de sede.

Art. 19. Nos casos em que, na análise do mérito das impugnações, constatar que se tratam de processos de dissociação e desmembramento, a SRT notificará a entidade impugnada, por meio de publicação no Diário Oficial da União, para realizar nova assembleia, no prazo improrrogável de até 120 (cento e vinte) dias da notificação, para ratificar ou não o pedido, cumprindo os requisitos previstos nos incisos II, III e VII do art. 3º c/c art. 41, no que couber. (Redação dada pela Portaria GM/MTPS n. 592, de 10.5.16, DOU 11.5.16)

§ 1º Nos casos de dissociação e/ou desmembramento previstos no *caput* deste artigo, a SRT notificará, por meio de publicação no Diário Oficial da União, a(s) entidade(s) impugnante(s) para conhecimento. (Redação dada pela Portaria GM/MTPS n. 592, de 10.5.16, DOU 11.5.16)

§ 2º A documentação decorrente da assembleia prevista no *caput* ou no § 1º, conforme o caso, deverá ser protocolada na sede do MTE, em Brasília, no prazo previsto no *caput* deste artigo. (NR) (Redação dada pela Portaria GM/MTE n. 671, de 20.5.15, DOU 21.5.15)

Art. 20. As impugnações que não forem arquivadas, conforme disposto no artigo 18, e não se refiram a processos de desmembramento e dissociação, serão remetidas ao procedimento de mediação previsto nos arts. 22-24 desta Portaria.

Art. 21. O pedido de desistência de impugnação, devidamente fundamentado, assinado por representante legal da entidade impugnante, somente será acolhido se em original com firma reconhecida, acompanhado da ata da assembleia ou da ata da reunião de diretoria ou do conselho de representantes, que decidiu pela desistência, e apresentado diretamente no protocolo geral da sede do MTE. (Redação dada pela Portaria GM/MTE n. 671, de 20.5.15, DOU 21.5.15)

Seção IV
Da Solução de Conflitos

Art. 22. Para os fins desta Portaria, considera-se mediação o procedimento destinado à solução dos conflitos de representação sindical, com o auxílio de um servidor, que funcionará como mediador, para coordenar as reuniões e discussões entre os interessados, buscando solução livremente acordada pelas partes.

Art. 23. Os representantes legais das entidades conflitantes serão notificados, com antecedência mínima de quinze dias da data da reunião, na forma do § 3º do art. 26 da Lei n. 9.784, de 1999, para comparecimento na reunião destinada à mediação, que será realizada no âmbito da SRT ou da SRTE da sede da entidade impugnada.

§ 1º Não comparecendo pessoalmente, o representante legal poderá designar procurador que deverá apresentar procuração, com poderes específicos para discussão e decisão, com firma reconhecida.

§ 2º O servidor designado iniciará o procedimento previsto no *caput* deste artigo, convidando as partes para se pronunciarem sobre as bases de um possível acordo.

§ 3º Será lavrada ata da reunião, obrigatoriamente assinada pelo servidor e por representante legal de todas as partes envolvidas presentes, da qual conste, além das eventuais ausências, o resultado da tentativa de acordo.

§ 4º Na hipótese de acordo entre as partes, na ata deverá constar objetivamente a representação de cada entidade envolvida resultante do acordo e o prazo para apresentação, ao MTE, de estatutos que contenham os elementos identificadores da nova representação.

§ 5º Ausentes o impugnante e/ou o impugnado, por motivo de caso fortuito ou de força maior devidamente comprovado, será remarcada a reunião.

§ 6º As reuniões de que trata este artigo serão públicas, devendo a pauta respectiva ser publicada no local de sua realização e no sítio do MTE com antecedência mínima de dez dias da data da sua realização.

§ 7º Deverá ser juntada ao procedimento, além da ata a que se refere o § 3º, lista contendo nome completo, número do CPF e assinatura dos demais presentes na reunião.

§ 8º Considerar-se-á dirimido o conflito quando for retirado o objeto da controvérsia, conforme disposto no inciso IV do art. 18.

§ 9º Encerrado o processo de mediação e não havendo acordo ou ausentes os interessados, a CGRS analisará o possível conflito diante das alegações formuladas e toda documentação apresentada pelas partes e submeterá a questão à decisão do Secretário de Relações do Trabalho que, se reconhecer a existência de conflito, indeferirá o registro da representação conflitante. (NR) (Redação dada pela Portaria GM/MTE n. 671, de 20.5.15, DOU 21.5.15)

§ 10. A ausência dos interessados à reunião de que trata este artigo não ensejará o arquivamento do pedido de registro sindical ou da impugnação. (Revogado pela Portaria MTE/GM n. 671, de 20.5.15, DOU 21.5.15)

Art. 24. A qualquer tempo, entidades sindicais envolvidas em conflito de representação poderão solicitar à SRT, ou às SRTE e Gerências da realização de mediação.

Seção V
Do deferimento, do indeferimento e do arquivamento

Art. 25. O pedido de registro sindical ou de registro de alteração estatutária será deferido, com fundamento em análise técnica realizada na SRT, às entidades que estiverem com dados atualizados, nos termos desta Portaria, e comprovado o pagamento de GRU, relativo ao custo da publicação no DOU, conforme indicado em portaria ministerial, nas seguintes situações:

I — decorrido o prazo previsto no art. 17 sem que tenham sido apresentadas impugnações ao pedido;

II — arquivamento de todas as impugnações, na forma do art. 18;

III — se a entidade impugnada, nos termos do art. 19, realizar a assembleia e a categoria ratificar o desmembramento ou dissociação;

IV — após a apresentação do estatuto social da entidade ou das entidades, com as modificações decorrentes do acordo entre os conflitantes;

V — determinação judicial dirigida ao MTE;

Parágrafo único. Não tendo cumprido o disposto no *caput* deste artigo, no que se refere à atualização dos dados cadastrais e comprovação do pagamento da GRU, relativo ao custo da publicação no DOU, a CGRS oficiará a entidade para apresentação dos documentos necessários no prazo de trinta dias do recebimento do ofício, sob pena de indeferimento do pedido.

...

Art. 26. O Secretário de Relações do Trabalho indeferirá o pedido de registro sindical ou o registro de alteração estatutária, com base em análise fundamentada da CGRS, nos seguintes casos:

I — não caracterização da categoria pleiteada, nos termos do art. 13;

II — coincidência total de categoria e base territorial do sindicato postulante com sindicato registrado no CNES;

III — quando a base territorial requerida englobar o local da sede de sindicato registrado no CNES, representante de idêntica categoria;

Art. 27. O Secretário de Relações do Trabalho arquivará o pedido de registro sindical ou o registro de alteração estatutária, com base em análise fundamentada da CGRS, nos seguintes casos:

I — insuficiência ou irregularidade dos documentos apresentados, na forma dos arts. 3º, 5º, 8º ou 10, quando a entidade requerente, dentro do prazo assinalado no § 1º do art. 12, não suprir a insuficiência ou a irregularidade;

II — quando o pedido for protocolizado em desconformidade com o *caput* dos arts. 3º ou 8º, conforme o caso;

III — se a entidade impugnada, nos termos do art. 19, não realizar a assembleia ou se a categoria não ratificar o desmembramento ou dissociação; e

IV — se o interessado deixar de promover os atos que lhe competem, no prazo de noventa dias, caso não haja prazo específico que trate do assunto, após regularmente notificado; e

V — a pedido da entidade requerente.

VI — a pedido da entidade quando houver mais de um processo em trâmite. (Incluído pela Portaria GM/MTPS n. 592, de 10.5.16, DOU 11.5.16)

§ 1º Nos casos de desistência previstos no inciso V deste artigo aplica-se o previsto no parágrafo único e incisos do art. 34, salvo na ocorrência de erro material. (Renumerado pela Portaria GM/MTPS n. 592, de 10.5.16, DOU 11.5.16)

§ 2º O pedido de desistência do processo previsto no inciso VI deverá ser fundamentado, assinado pelo representante legal da entidade, em original com firma reconhecida, acompanhado da ata da assembleia ou da ata da reunião de diretoria ou do conselho de representantes, que decidiu pela desistência, no prazo de 30 (trinta) dias do recebimento da notificação, sob pena de arquivamento do processo em análise. (Incluído pela Portaria GM/MTPS n. 592, de 10.5.16, DOU 11.5.16)

§ 3º Havendo desistência do processo mais antigo, o requerente perderá a precedência na análise em relação aos pedidos anteriores protocolados por outras entidades. (Incluído pela Portaria GM/MTPS n. 592, de 10.5.16, DOU 11.5.16)

§ 4º Os documentos deverão ser protocolizados na Superintendência Regional do Trabalho e Emprego — SRTE ou Gerências da Unidade da Federação onde se localiza a sede da entidade sindical requerente. (Incluído pela Portaria GM/MTPS n. 592, de 10.5.16, DOU 11.5.16)

Seção VI
Da Suspensão
(Título alterado pela Portaria GM/MTE n. 837, de 13 de junho de 2013 — DOU 14.6.13)

Art. 28. Os processos de pedidos de registro sindical ou de registro de alteração estatutária ficarão suspensos, neles não se praticando quaisquer atos, nos seguintes casos:

I — por determinação judicial dirigida ao MTE;

II — durante o procedimento de mediação previsto nos arts. 22 a 24;

III — no período compreendido entre o acordo firmado no procedimento de mediação e a entrega, na SRT, dos respectivos estatutos sociais com as alterações decorrentes do acordo firmado entre as partes;

IV — durante os prazos previstos nos procedimentos de ratificação conforme art. 19 *caput* e parágrafos; (Redação dada pela Portaria GM/MTE n. 671, de 20.5.15, DOU 21.5.15)

V — após avaliados os fatos recebidos por meio de notificação de órgãos públicos competentes que comunicam a existência de procedimento de investigação que vise apurar a legitimidade de assembleia sindical destinada a instituir, alterar ou extinguir atos constitutivos de entidade sindical. (Redação dada pela Portaria GM/MTE n. 671, de 20.5.15, DOU 21.5.15)

VI — enquanto o CRT estiver verificando a caracterização ou não da categoria, nos termos do art. 13. (NR) (Redação dada pela Portaria GM/MTE n. 671, de 20.5.15, DOU 21.5.15)

TÍTULO II
Do registro

Capítulo I
Da inclusão e anotações no CNES

Art. 29. Após a publicação do deferimento do pedido de registro sindical ou do registro de alteração estatutária, a SRT incluirá os dados cadastrais da entidade no CNES e expedirá a respectiva certidão.

Art. 30. Quando a publicação de deferimento de registro sindical ou do registro de alteração estatutária resultar na exclusão de categoria e/ou de base territorial de entidade sindical registrada no CNES, a modificação será anotada imediatamente no registro da entidade preexistente, para que conste, de forma atualizada, a sua representação.

§ 1º A entidade sindical atingida por publicação de deferimento de registro sindical ou de registro de alteração estatutária com conflito parcial de representação será notificada para que apresente, no prazo de 60 dias, novo estatuto social com sua representação atualizada.

§ 2º Não juntado novo estatuto social, na forma do parágrafo anterior, o registro sindical será suspenso, nos termos do inciso II do art. 33.

Art. 31. Publicado o deferimento de registro sindical ou de registro de alteração estatutária, com base em acordo firmado nos procedimentos de mediação previstos nesta Portaria, será imediatamente procedida a alteração no CNES da entidade ou entidades sindicais que celebraram o acordo.

Art. 32. Para a fiel correspondência entre o trâmite dos processos de registro sindical e de registro de alteração estatutária e os dados do CNES, neste serão anotados todos os atos praticados no curso dos processos.

Capítulo II
Da suspensão e do cancelamento do registro sindical

Seção I
Da Suspensão

Art. 33. O registro sindical da entidade será suspenso quando:

I — houver determinação judicial dirigida ao MTE.

II — tiver seu registro anotado, na forma do art. 30, e deixar de enviar, no prazo previsto em seu § 1º, novo estatuto social com a representação sindical devidamente atualizada; e

III — celebrado acordo, com base no procedimento de mediação, deixar de apresentar estatuto social retificado, decorrido o prazo acordado entre as partes, salvo se a categoria, em assembleia, não homologar o acordo firmado.

IV — enquanto não comprovar estar em situação regular junto aos órgãos de registros públicos, decorridos os 90 (noventa) dias contados da notificação. (NR) (Redação dada pela Portaria GM/MTE n. 671, de 20.5.15, DOU 21.5.15)

Seção II
Do Cancelamento

Art. 34. O registro sindical ou o registro de alteração estatutária será cancelado nos seguintes casos:

I — por ordem judicial dirigida ao MTE;

II — administrativamente, se constatado vício de legalidade no processo de deferimento, assegurados ao interessado o contraditório e a ampla defesa, bem como observado o prazo decadencial, conforme disposições contidas nos arts. 53 e 54 da Lei n. 9.784, de 1999;

III — a pedido da própria entidade, nos casos de sua dissolução, observadas as disposições estatutárias ou a pedido de terceiros quando comprovada a situação de dissolvida ou nula junto ao cartório; (Redação dada pela Portaria GM/MTE n. 671, de 20.5.15, DOU 21.5.15)

V — após notificada, quando tiver a sua inscrição no CNPJ com a situação Baixada ou Nula. (NR) (Redação dada pela Portaria GM/ MTE n. 671, de 20.5.15, DOU 21.5.15)

Parágrafo único. Quando a forma de dissolução da entidade sindical não estiver prevista em seu estatuto social, o pedido de cancelamento do registro no CNES deverá ser instruído com os seguintes documentos:

I — edital de convocação dos membros da categoria para a assembleia geral específica com a finalidade de deliberar acerca do cancelamento do registro sindical, publicado nos termos do inciso II do art. 3º desta Portaria; e

II — ata de assembleia geral específica da categoria para fins de deliberação acerca da autorização para o cancelamento do registro sindical, entre outros assuntos deliberados, acompanhada de lista de presença contendo a finalidade da assembleia, data, horário e local de realização e, ainda, o nome completo, número de inscrição no CPF, número de inscrição no CNPJ, no caso de representantes de entidades patronais, e assinatura dos presentes.

Art. 35. O cancelamento do registro de entidade sindical deverá ser publicado no DOU e anotado, juntamente com o motivo, no CNES, cabendo o custeio da publicação ao interessado, se for a pedido, em conformidade com o custo da publicação previsto em portaria específica.

Capítulo III
Da atualização dos dados cadastrais

Art. 36. As entidades sindicais deverão manter atualizados no CNES o endereço, a denominação, os dados de diretoria e, quando houver, os dados de filiação.

Art. 37. Para a atualização, a entidade deverá possuir certificação digital, acessar o Sistema do CNES, disponível no endereço eletrônico www.mte.gov.br, e seguir as instruções ali constantes para a emissão do requerimento de atualização, após a transmissão eletrônica dos dados.

Art. 38. Após a transmissão eletrônica dos dados, o interessado deverá protocolizar o requerimento original na SRTE ou Gerências da UF onde se localiza a sede da entidade — em se tratando entidade de abrangência municipal, intermunicipal ou estadual — ou no protocolo geral da sede do MTE, em Brasília — quando se tratar de entidade de abrangência interestadual ou nacional — no prazo máximo de 30 (trinta) dias, sob pena de invalidação, acompanhado dos seguintes documentos, conforme a modalidade a ser atualizada: (Redação dada pela Portaria GM/ MTE n. 671, de 20.5.15, DOU 21.5.15)

I — de localização — comprovante de endereço em nome da entidade, e o estatuto social no caso de mudança do município sede; (Redação dada pela Portaria GM/MTE n. 671, de 20.5.15, DOU 21.5.15)

II — de denominação — ata da assembleia que decidiu pela alteração da denominação, acompanhada de estatuto atualizado;

III — de diretoria — Ata de eleição e apuração de votos da diretoria e ata de posse, na forma do inciso V e VI do art. 3º e do inciso IV do art. 5º; e (NR) (Redação dada pela Portaria GM/MTE n. 837, de 13.6.13, DOU 14.6.13)

IV — havendo indicação de filiação e/ou desfiliação a entidade de grau superior ou a central sindical deverá ser apresentada a ata da assembleia ou da reunião de direção ou do conselho de representantes, que decidiu pela filiação e/ou desfiliação. (Redação dada pela Portaria GM/MTE n. 671, de 20.5.15, DOU 21.5.15)

§ 1º Na hipótese tratada no inciso II deste artigo, verificada a correspondência da denominação com a representação deferida pelo MTE a solicitação será validada e efetuada a publicação nos termos do art. 45, § 2º, desta portaria e, não havendo correspondência esta será invalidada. (Redação dada pela Portaria GM/MTE n. 671, de 20.5.15, DOU 21.5.15)

§ 2º O pedido será deferido e a solicitação validada caso não haja impugnação.

§ 3º Os pedidos de atualização de denominação deverão ser analisados no âmbito da SRT. (NR) (Redação dada pela Portaria GM/ MTE n. 671, de 20.5.15, DOU 21.5.15)

Art. 39. Na hipótese de emancipação de município, a entidade sindical preexistente na área emancipada deverá promover atualização do estatuto e solicitar a modificação do seu cadastro por meio de requerimento protocolado na SRTE ou Gerências da unidade da Federação onde se localiza a sua sede, juntando ata da assembleia, nos termos do estatuto vigente, acompanhada de lista dos presentes, estatuto social e cópia da Lei Estadual que regulamentou a criação do município emancipado.

Parágrafo único. Após o decurso do prazo de três anos, a contar da emancipação do município, caso a entidade sindical preexistente não tenha procedido na forma descrita no *caput*, o acréscimo da base territorial deverá ocorrer por meio de pedido de registro de alteração estatutária, na forma do art. 8º desta portaria.

TÍTULO III
Das disposições gerais

Art. 40. É dispensável a assinatura manuscrita nos requerimentos, quando o titular ou o responsável pelo certificado digital for a pessoa indicada pela entidade sindical como seu representante no CNES.

Art. 41. Na hipótese de dissociação e/ou de desmembramento, os editais a que se refere esta Portaria deverão expressar tal interesse, com a indicação do CNPJ e da razão social de todas as entidades atingidas.

I — Considera-se dissociação o processo pelo qual uma entidade sindical com representação de categoria mais específica se forma a partir da entidade sindical com representação de categorias ecléticas, similares ou conexas;

II — Será considerado desmembramento, o destacamento da base territorial de sindicato preexistente.

Art. 42. Os documentos relacionados nesta Portaria serão apresentados em originais, cópias autenticadas ou cópias simples, estas últimas serão apresentadas juntamente com os originais para conferência e visto do servidor, exceção feita aos comprovantes de pagamento da GRU, relativo ao custo das publicações no DOU, que deverão ser apresentados em original.

§ 1º Os estatutos sociais e as atas deverão, ainda, estar registrados no cartório da comarca da sede da entidade requerente.

§ 2º Não será admitida a apresentação dos documentos de que trata o *caput*, por fax, via postal, correio eletrônico ou outro meio que não os estabelecidos nesta Portaria.

§ 3º As assembleias de que faz menção esta Portaria deverão ser realizadas sempre no perímetro urbano do município e em local de livre acesso aos membros da categoria. (Redação dada pela Portaria GM/MTE n. 671, de 20.5.15, DOU 21.5.15)

§ 4º Na hipótese do cartório não liberar, comprovadamente, a documentação mencionada no § 2º em tempo hábil para protocolo no MTE, a entidade poderá solicitar a abertura de um novo prazo, juntando comprovante que justifique a impossibilidade de atendimento ao prazo inicial. (NR) (Redação dada pela Portaria GM/MTE n. 671, de 20.5.15, DOU 21.5.15)

Art. 43. Os processos administrativos de registro sindical e de registro de alteração estatutária deverão ser concluídos no prazo máximo de cento e oitenta dias, contados do recebimento dos autos na CGRS, ressalvados os prazos para a prática de atos a cargo do interessado, devidamente justificados nos autos.

Art. 44. A contagem dos prazos previstos nesta Portaria será feita na forma prevista no Capítulo XVI da Lei n. 9.784, de 1999, ressalvadas as disposições em contrário.

Art. 45. Serão lançados em ordem cronológica no CNES e juntados aos autos do pedido de registro todos os atos referentes ao processo.

§ 1º Todas as decisões administrativas serão realizadas com base em análise técnica da CGRS.

§ 2º As decisões de abertura de prazo para impugnação, arquivamento de impugnação, encaminhamento para mediação, encaminhamento para assembleia de ratificação, suspensão, sobrestamento, deferimento, indeferimento e revisão desses atos serão publicadas no DOU. (Redação dada pela Portaria GM/MTPS n. 592, de 10.5.16, DOU 11.5.16)

§ 3º Das decisões poderá o interessado apresentar recurso administrativo, na forma do Capítulo XV da Lei n. 9.784, de 29 de janeiro de 1999. (Redação dada pela Portaria GM/MTE n. 671, de 20.5.15, DOU 21.5.15)

§ 4º A apresentação de documentos que visem tão somente o saneamento do processo administrativo não será admitida em sede de recurso administrativo. (NR) (Redação dada pela Portaria GM/MTE n. 671, de 20.5.15, DOU 21.5.15)

Art. 46. Caberá aos interessados promover as diligências necessárias junto ao Poder Judiciário a fim de que o MTE seja notificado para cumprimento de decisão judicial.

Parágrafo único. Se uma decisão judicial com trânsito em julgado repercutir sobre o registro sindical existente no CNES, ainda que uma autoridade do MTE ou a União não tenham participado do processo judicial, a entidade interessada poderá juntar ao processo administrativo de registro sindical certidão original de inteiro teor do processo judicial, expedida pelo Poder Judiciário, para fins de análise e decisão.

Art. 47. Não será permitida a tramitação simultânea de mais de uma solicitação de registro sindical, de registro de alteração estatutária, de fusão ou de incorporação, de uma mesma entidade.

Parágrafo único. Em caso de novo pedido de registro ou alteração estatutária da mesma entidade, deverá ser observado o trâmite do pedido de desistência previsto no art. 27. (Redação dada pela Portaria GM/MTPS n. 592, de 10.5.16, DOU 11.5.16)

Art. 48. Na fusão ou incorporação de entidades sindicais, a publicação do cancelamento do registro das entidades envolvidas ocorrerá simultaneamente com a publicação do deferimento do pedido.

Art. 49. Quando da aplicação dos dispositivos desta Portaria ensejar dúvida de cunho técnico ou jurídico, o Secretário de Relações do Trabalho expedirá enunciado que expresse o entendimento da Secretaria sobre o tema, que vinculará as decisões administrativas sobre a matéria no âmbito deste Órgão.

§ 1º A edição do enunciado em registro sindical será objeto de processo administrativo específico, que contará com manifestação técnica e jurídica, quando for o caso, e será concluída por decisão administrativa;

§ 2º Quando a edição do enunciado de que trata o *caput* deste artigo demandar a solução de dúvida de natureza jurídica, os autos deverão ser enviados a Consultoria Jurídica, para pronunciamento, nos termos regimentais;

§ 3º Aprovado o enunciado administrativo, a SRT promoverá a sua publicação e ampla divulgação, inclusive, no sítio eletrônico do MTE.

TÍTULO IV
Das disposições transitórias

Art. 50. Os procedimentos de pedidos de registro e de alteração estatutária de entidades de grau superior continuam a ser regidos pela Portaria n. 186, de 10 de abril de 2008.

Art. 51. As disposições desta Portaria aplicam-se a todos os processos em curso neste Ministério.

Art. 52. Esta Portaria entra em vigor 30 dias após a sua publicação.

CARLOS DAUDT BRIZOLA
DOU 4.3.2013. Retificada DOU 14.6.2013

Portaria n. 4, do SRT/MTE, de 16 de setembro de 2014

Aprova, revisa e revoga enunciados da Secretaria de Relações do Trabalho

O SECRETÁRIO DE RELAÇÕES DO TRABALHO DO MINISTÉRIO DO TRABALHO E EMPREGO, no uso das atribuições previstas no art. 17 do Decreto n. 5.063, de 3 de maio de 2004, e no Anexo VII, do art. 1º da Portaria n. 483, de 15 de setembro de 2004.

Considerando a necessidade dar maior eficiência ao atendimento ao público prestado pelas Superintendências Regionais do Trabalho e Emprego por meio da padronização dos procedimentos administrativos; e Considerando as orientações e os entendimentos normativos emanados desta Secretaria, resolve:

Art. 1º Revisar as ementas aprovadas pela Portaria SRT n. 1, de 26 de maio de 2006 e pela Portaria n. 4, de 22 de julho de 2008, que passarão a ser denominadas de "enunciados" e vigorarão com as redações e as referências constantes no Anexo I.

Art. 2º Revogar os enunciados ns. 8, 36 e 40.

Art. 3º Aprovar os enunciados ns. 41 a 60.

Art. 4º Os enunciados aprovados pela Secretaria de Relações do Trabalho devem orientar a atuação e atividade dos servidores e chefes das seções ou setores de relações de trabalho das Superintendências Regionais do Trabalho e Emprego, e daqueles que compõem a Secretaria de Relações do Trabalho no desempenho de suas respectivas atribuições.

Art. 5º Esta Portaria entra em vigor na data de sua publicação.

Enunciado n. 01 — Homologação. Empregado Emancipado

Não é necessária a assistência por responsável legal, na homologação da rescisão contratual, ao empregado adolescente que comprove ter sido emancipado.

Ref.: art. 439 da CLT e art. 5º do Código Civil.

Enunciado n. 02 — Homologação. Aposentadoria.

É devida a assistência prevista no § 1º, do art. 477, da CLT, na ocorrência da aposentadoria espontânea acompanhada do afastamento do empregado. A assistência não é devida na aposentadoria por invalidez.

Ref.: art. 477, § 1º, da CLT; art. 4º, III, da IN n. 10, de 2010; STF RE 449.420-5/PR

Enunciado n. 03 — Homologação. Empregado Falecido.

I — No caso de falecimento de empregado, é devida a homologação e a assistência na rescisão do contrato de trabalho aos beneficiários habilitados perante o órgão previdenciário ou assim reconhecidos judicialmente, porque a estes se transferem todos os direitos do *de cujus*.

II — No caso de haver beneficiários com idade inferior a 18 (dezoito) anos, suas quotas deverão ser depositadas em caderneta de poupança, consoante Lei n. 6.858/80 e Decreto n. 85.845/81, sendo imprescindível a apresentação desta conta bancária para depósito, ou de autorização do juiz que ampare a aquisição de imóvel destinado à residência do menor e de sua família ou o dispêndio necessário à subsistência e educação do menor.

Ref.: art. 477, § 1º, da CLT; Lei n. 6.858, de 1980, Decreto 85.845, de 1981; art. 14 da IN n. 15, de 2010.

LEGISLAÇÃO COMPLEMENTAR

Enunciado n. 04 — Homologação. Impedimentos.

As seguintes circunstâncias, se não sanadas no decorrer da assistência, impedem o assistente do Ministério do Trabalho e Emprego de efetuar a homologação, ainda que o empregado com ela concorde:

I — a irregularidade na representação das partes;

II — a existência de garantia de emprego, no caso de dispensa sem justa causa;

III — a suspensão contratual, exceto na hipótese do art. 476-A, da CLT;

IV — a inaptidão do trabalhador declarada no atestado de saúde ocupacional (ASO);

V — a fraude caracterizada;

VI — a falta de apresentação de todos os documentos necessários ou incorreção não sanável;

VII — a falta de comprovação do pagamento das verbas rescisórias;

VIII — a recusa do empregador em pagar pelo menos parte das verbas rescisórias.

Ref.: CLT; NR-07; IN n. 15, de 2010.

Enunciado n. 05 — Homologação. Falta de Pagamento de Verba Rescisória Devida. Ciência do Empregado.

O assistente deverá informar o trabalhador quanto à existência de irregularidades. Cientificado o empregado, caso este concorde com a rescisão, exceto nas hipóteses relacionadas na Ementa n. 4, o assistente não poderá obstá-la, e deverá consignar aquela anuência no verso do TRCT.

Ref.: arts. 10, §§ 1º, 2º e 3º, e 26, II, da IN n. 15, de 2010

Enunciado n. 06 — Homologação. Meios de Prova dos Pagamentos.

A assistência ao empregado na rescisão do contrato de trabalho compreende os seguintes atos: informar direitos e deveres aos interessados; conciliar controvérsias; conferir os reflexos financeiros decorrentes da extinção do contrato; e zelar pela quitação dos valores especificados no Termo de Rescisão do Contrato de Trabalho. Dada a natureza de ato vinculado da assistência, o agente somente deve admitir os meios de prova de quitação previstos em lei ou normas administrativas aplicáveis, quais sejam: o pagamento em dinheiro ou cheque administrativo no ato da assistência; a comprovação da efetiva transferência dos valores, para a conta corrente do empregado, por meio eletrônico, por depósito bancário, transferência eletrônica ou ordem bancária ou vale postal de pagamento ou de crédito.

Ref.: art. 477, § 4º, da CLT e art. 23 da IN n. 15, de 2010.

Enunciado n. 07 — Homologação. Depósito Bancário. Multas.

Não são devidas as multas previstas no § 8º, do art. 477, da CLT quando o pagamento integral das verbas rescisórias, realizado por meio de depósito bancário em conta corrente do empregado, tenha observado o prazo previsto no § 6º, do art. 477, da CLT. Se o depósito for efetuado mediante cheque, este deve ser compensado no referido prazo legal. Em qualquer caso, o empregado deve ser, comprovadamente, informado desse depósito. Este entendimento não se aplica às hipóteses em que o pagamento das verbas rescisórias deve ser feito necessariamente em dinheiro, como por exemplo, na rescisão do contrato do empregado analfabeto ou adolescente e na efetuada pelo grupo móvel de fiscalização.

Ref.: art. 477, §§ 6º e 8º da CLT; e art. 23 da IN n. 15 de 2010.

Enunciado n. 08 – Revogado

Enunciado n. 09 — Homologação. Federação de Trabalhadores. Competência.

As federações de trabalhadores são competentes para prestar a assistência prevista no § 1º, do art. 477, da CLT, nas localidades onde a categoria profissional não estiver organizada em sindicato.

Ref.: art. 477, § 1º e art. 611, § 2º, da CLT.

Enunciado n. 10 — Assistência. Rescisão. Competência dos Servidores.

I — A assistência e a homologação de rescisão do contrato de trabalho somente poderão ser prestadas por servidor público em exercício no MTE.

II — Compreendem-se no conceito de servidores públicos, em sentido amplo, os servidores estatutários e ocupantes de cargo público; os empregados públicos contratados sob regime da legislação trabalhista; e os servidores temporários contratados à luz do n. art. 37, IX, da Constituição Federal e da Lei 8.745, de 9 de dezembro de 1993.

Ref.: art. 477, § 1º, da CLT. Constituição Federal e Lei 8.745, de 9 de dezembro de 1993.

Enunciado n. 11 — Homologação. Aviso Prévio.

O período do aviso prévio, mesmo indenizado, é considerado tempo de serviço para todos os efeitos legais. Dessa forma se, quando computado esse período, resultar mais de um ano de serviço do empregado, deverá ser realizada a assistência à rescisão do contrato de trabalho prevista no § 1º, do art. 477, da Consolidação das Leis do Trabalho.

Ref.: art. 477, § 1º, e art. 487, §1º, da CLT.

Enunciado n. 12 — Homologação. Contagem do Prazo.

O prazo de um ano e um dia de trabalho, a partir do qual se torna necessária a prestação de assistência na rescisão do contrato de trabalho, deve ser contado pelo calendário comum, incluindo-se o dia em que se iniciou a prestação do trabalho. A assistência será devida, portanto, se houver prestação de serviço até o mesmo dia do começo, no ano seguinte.

Ref.: art. 132, §3º, do CC.

Enunciado n. 13 — Homologação. Trct.

Os comandos, determinações e especificações técnicas referentes ao Termo de Rescisão do Contrato de Trabalho, aprovado pela Portaria n. 302, de 26 de junho de 2002 ou pela Portaria n. 1.621, de 15 de julho de 2010, não comportam alterações ou supressões, ressalvadas as permitidas na própria regulamentação.

Ref.: art. 477 da CLT e Portaria n. 1.621, de 2010.

Enunciado n. 14 — Homologação. Trct. Identificação do Órgão Homologador

I — Devem constar, em campo reservado do TRCT, o nome, endereço e telefone do órgão que prestou assistência ao empregado na rescisão do contrato de trabalho.

II — Referida identificação pode ser aquela impressa automaticamente pelo sistema Homolognet, no caso de sua utilização para a assistência à rescisão, ou mediante outro meio, como carimbo, que contemple estas informações.

III — Tratando-se de entidade sindical, deverá ser informado, também, o número da carta sindical ou do processo que concedeu o registro sindical no âmbito do Ministério do Trabalho e Emprego.

Ref.: Portaria n. 1.057, de 6 de julho de 2012.

Enunciado n. 15 — Revogado pela Portaria n. 3, de 9 de novembro de 2006, Seção 1, P. 106.

Enunciado n. 16 — Homologação. Perfil Profissiográfico Previdenciário.

Não compete aos assistentes do MTE exigir a apresentação do Perfil Profissiográfico Previdenciário — PPP, previsto na Lei n. 8.213, de 1991 e no Decreto n. 3048, de 1999, no ato da assistência e homologação das rescisões de contrato de trabalho, uma vez que tal exigência é de competência da Auditoria Fiscal da Previdência Social.

Ref.: art. 58, §4º, da Lei n. 8.213, de 1991; art. 68, § 2º, do Decreto n. 3048, de 1999; e Informação CGRT/SRT n. 12, de 2004.

Enunciado n. 17 — Homologação. Empresa em Processo de Recuperação Judicial.

As empresas em processo de recuperação judicial não têm privilégios ou prerrogativas em relação à homologação das rescisões de contrato de trabalho. Portanto, devem atender a todas as exigências da legislação em vigor.

Ref.: Art. 6º da Lei n. 11.101, de 2005 e art. 477 da CLT.

Enunciado n. 18 — Revogado pela Portaria n. 9, Publicada no DOU de 15.4.2011.

Enunciado n. 19 — Homologação. Art. 9º da Lei n. 7.238, de 1984. Indenização Adicional. Contagem do Prazo do Aviso Prévio.

É devida ao empregado, dispensado sem justa causa no período de 30 dias que antecede a data-base de sua categoria, indenização equivalente ao seu salário mensal.

I — Será devida a indenização em referência se o término do aviso prévio trabalhado ou a projeção do aviso prévio indenizado se verificar em um dos dias do trintídio;

II — O empregado não terá direito à indenização se o término do aviso prévio ocorrer após ou durante a data base e fora do trintídio, no entanto, fará jus aos complementos rescisórios decorrentes da norma coletiva celebrada.

Ref.: art. 9º, da Lei n. 7.238, de 1984, e art. 487, § 1º, da CLT.

Enunciado n. 20 — Homologação. Aviso Prévio Cumprido em Casa. Falta de Previsão Legal. Efeitos.

Inexiste a figura jurídica do "aviso prévio cumprido em casa". O aviso prévio ou é trabalhado ou indenizado. A dispensa de empregado de trabalhar no período de aviso prévio implica a necessidade de quitação das verbas rescisórias até o décimo dia, contado da data da notificação da dispensa, nos termos do § 6º, alínea "b", do art. 477, da CLT.

Ref.: art. 477, § 6º, "b" e art. 487, § 1º, da CLT; Orientação Jurisprudencial n. 14 do TST.

Enunciado n. 21 — Homologação. Aviso Prévio. Contagem do Prazo.

O prazo do aviso prévio conta-se excluindo o dia da notificação e incluindo o dia do vencimento. A contagem do período de trinta dias será feita independentemente de o dia seguinte ao da notificação ser útil ou não, bem como do horário em que foi feita a notificação no curso da jornada.

Ref.: Art. 487 da CLT; art. 132 do CC; e Súmula n. 380 do TST

Enunciado n. 22 — Homologação. Aviso Prévio Indenizado. Prazo para Pagamento.

No aviso prévio indenizado, o prazo para pagamento das verbas rescisórias deve ser contado excluindo-se o dia da notificação e incluindo-se o do vencimento.

Ref.: art. 477, § 6º, "b" da CLT; art. 132 do CC; e Orientação Jurisprudencial n. 162 da SBDI-1/TST.

Enunciado n. 23 — Homologação. Aviso Prévio. Dispensa do Cumprimento. Prazo.

No pedido de demissão, se o empregador aceitar a solicitação do trabalhador de dispensa de cumprimento do aviso prévio, não haverá o dever de indenização pelo empregador, nem de cumprimento pelo trabalhador. A quitação das verbas rescisórias será feita até o décimo dia, contado do pedido de demissão ou do pedido de dispensa do cumprimento do aviso prévio.

Ref.: art. 477, § 6º, "b" da CLT.

Enunciado n. 24 — Homologação. Aviso Prévio. Dispensa do Empregado Durante o Cumprimento do Aviso. Prazo para Pagamento.

Quando, no curso do aviso prévio, o trabalhador for dispensado pelo empregador do seu cumprimento, o prazo para o pagamento das verbas rescisórias será o que ocorrer primeiro: o décimo dia, a contar da dispensa do cumprimento, ou o primeiro dia útil após o término do cumprimento do aviso prévio.

Ref.: art. 477, § 6º, da CLT.

Enunciado n. 25 — Homologação. Aviso Prévio. Contrato por Prazo Determinado.

Nos contratos por prazo determinado, só haverá direito a aviso prévio quando existir cláusula assecuratória do direito recíproco de rescisão antecipada, uma vez que, neste caso, aplicam-se as regras da rescisão dos contratos por prazo indeterminado.

Ref.: art. 7º, XXI, da CF; arts. 477 e 481 da CLT.

Enunciado n. 26 — Homologação. Rescisão de Contrato de Trabalho. Descanso Semanal Remunerado.

Nos contratos por prazo indeterminado, será devido o pagamento do descanso semanal remunerado por ocasião da rescisão do contrato de trabalho nas seguintes hipóteses: quando o descanso for aos domingos e a carga horária semanal tiver sido cumprida integralmente; quando o prazo do aviso prévio terminar em sábado ou sexta-feira e o sábado for compensado; quando existir escala de revezamento e o prazo do aviso prévio se encerrar no dia anterior ao do descanso previsto.

Ref.: arts. 67 e 385 da CLT; Lei n. 605, de 1949, e Decreto n. 27.048, de 1949.

Enunciado n. 27 — Homologação. Rescisão de Contrato de Trabalho. Férias. Parcelas Variáveis. Cálculo.

Ressalvada norma mais favorável, o cálculo da média das parcelas variáveis incidentes sobre as férias será efetuado das seguintes formas:

I — com base no período aquisitivo, aplicando-se o valor do salário devido na data da rescisão;

II — quando pago por hora ou tarefa, com base na média quantitativa do período aquisitivo, aplicando-se o valor do salário devido na data da rescisão;

III — se o salário for pago por porcentagem, comissão ou viagem, com base na média dos salários percebidos nos doze meses que precederam seu pagamento ou rescisão contratual.

Ref.: arts. 7º, VII e XVII, da CF; art. 142 da CLT; Súmula n. 199 do STF; e Súmula n. 149 do TST.

Enunciado n. 28 — Capacidade Sindical. Comprovação.

A capacidade sindical, necessária para a negociação coletiva, para a celebração de convenções e acordos coletivos do trabalho, para a participação em mediação coletiva no âmbito do Ministério do Trabalho e Emprego, para a prestação de assistência à rescisão de contrato de trabalho, bem como para figurar como beneficiário do recolhimento da contribuição sindical compulsória, é comprovada, sem prejuízo da necessidade de inscrição válida e ativa no cartório de pessoas jurídicas, por meio do registro sindical e da regularidade e atualização da diretoria no Cadastro Nacional de Entidades Sindicais deste Ministério.

Ref.: art. 8º, I, IV da CF; arts. 578 e 611 da CLT; Inst. Normativa n. 16, de 15.10.2013; Portaria MTE n. 186, de 10.4.2008 e Port. 326, de 1.3.2013.

Enunciado n. 29 — Convenção ou Acordo Coletivo de Trabalho. Depósito e Registro. Análise das Cláusulas.

I — O instrumento coletivo, para ser registrado no MTE, deve cumprir as formalidades previstas em lei aplicáveis ao processo de negociação, inclusive quanto à capacidade jurídica e/ou sindical daqueles que o subscrevem, assim como quanto à correspondência de categorias e bases territoriais.

II — Não será indeferido o registro por questões de mérito ou conteúdo das cláusulas convencionadas, as quais poderão ser objeto de controle de legalidade pelos órgãos competentes.

Ref.: art. 7º, XXVI, da CF; arts. 611 e 614 da CLT; IN n. 16, de 2013.

Enunciado n. 30 — Revogado pela Portaria n. 3, de 9 de novembro de 2006, seção 1, p. 106.

Enunciado n. 31 — Convenção ou Acordo Coletivo de Trabalho. Prazo para Depósito.

I — O instrumento coletivo de trabalho deverá observar os requisitos de validade dos atos e negócios jurídicos em geral, razão pela qual não será depositado quando expirada sua vigência.

II — A alteração do instrumento coletivo por Termo Aditivo deve obedecer às mesmas regras previstas para o depósito da solicitação de registro.

Ref.: arts. 613 e 614 da CLT; IN n. 16, de 2013.

Enunciado n. 32 — Comissão de Conciliação Prévia — CCP e Núcleo Intersindical de Conciliação Trabalhista — Ninter. Assistência ao Empregado na Rescisão do Contrato de Trabalho.

I — A Comissão de Conciliação Prévia — CCP e o Núcleo Intersindical de Conciliação Trabalhista — NINTER não têm competência para a assistência e homologação de rescisão de contrato de trabalho de empregado com mais de um ano de serviço.

II — O termo de conciliação celebrado no âmbito da CCP ou do NINTER, ainda que ultime uma rescisão, não está sujeito à homologação prevista no art. 477 da CLT.

Ref.: art. 477, § 1º e art. 625-E, parágrafo único, da CLT.

Enunciado n. 33 — Comissão de Conciliação Prévia — CCP e Núcleo Intersindical de Conciliação Trabalhista — Ninter. Descumprimento de Prazo para Pagamento das Verbas Rescisórias.

I — Os prazos para pagamento das verbas rescisórias são determinados pelo § 6º, do art. 477, da Consolidação das Leis do Trabalho.

II — O acordado em âmbito de CCP ou NINTER não tem o condão de ilidir a incidência da multa prevista no § 8º do art. 477 da CLT, quando a quitação não ocorra nos prazos previstos no § 6º do mesmo dispositivo.

Ref.: art. 477, §§ 6º e 8º, e art. 625-D, § 1º, da CLT.

Enunciado n. 34 — COMISSÃO DE CONCILIAÇÃO PRÉVIA — CCP E NÚCLEO INTERSINDICAL DE CONCILIAÇÃO TRABALHISTA — NINTER. FGTS.

Não produz efeitos o acordo firmado no âmbito de CCP e NINTER transacionando o pagamento diretamente ao empregado da contribuição do FGTS e da multa de quarenta por cento, prevista no § 1º, do art. 18, da Lei n. 8.036, de 11 de maio de 1990, incidentes sobre os valores acordados ou devidos na duração do vínculo empregatício, dada a natureza jurídica de ordem pública da legislação respectiva.

Ref.: arts. 18 e 23 da Lei n. 8.036, de 11 de maio de 1990; arts. 625-A e 625-H da CLT.

Enunciado n. 35 — MEDIAÇÃO DE CONFLITOS COLETIVOS DE TRABALHO. ABRANGÊNCIA.

I — A mediação coletiva será realizada pelo Ministério do Trabalho e Emprego, observados os limites de sua competência, para:

a) Promoção de celebração de instrumentos coletivos de trabalho,

b) Resolução de conflitos nas relações de trabalho,

c) Resolução de conflitos intersindicais relativos à representação das categorias.

II — Caso as partes não compareçam à mediação proposta ou não cheguem a um acordo para a regularização dos conflitos existentes, o processo poderá ser encaminhado à Seção de Fiscalização do Trabalho para as providências cabíveis, especialmente quando versarem sobre garantias ou direitos dos trabalhadores que estejam sendo inobservados ou descumpridos.

Ref.: art. 626 da CLT, art. 11, da Lei n. 10.192, de 14 de dezembro de 2001; art. 4º, da Lei n. 10.101, de 19 de dezembro de 2000; art. 2º, do Decreto n. 1.256, de 1994; art. 2º, do Decreto n. 1.572, de 28 de julho de 1995; art. 18 do Decreto n. 4.552, de 27 de dezembro de 2002; art. 7º, da Portaria n. 343, de 23 de maio de 2000; arts. 22 e 24 da Portaria 326 de 2013, Instrução Normativa n. 16, de 15 de outubro de 2013.

Enunciado n. 36 — Revogado.

Enunciado n. 37 — MEDIACÃO DE CONFLITOS COLETIVOS DE TRABALHO. TRANSAÇÃO DE DIREITOS INDISPONÍVEIS. VEDAÇÃO. Na mediação decorrente de descumprimento de norma legal ou convencional, os direitos indisponíveis não poderão ser objeto de transação.

Ref.: art. 11, da Lei n. 10.192, de 14 de dezembro de 2001; arts. 2º e 6º, do Decreto n. 1.572, de 28 de julho de 1995.

Enunciado n. 38 — TRABALHO TEMPORÁRIO. PRORROGAÇÃO DO CONTRATO. LOCAL DE RECEBIMENTO DO PEDIDO.

I — Os pedidos de prorrogação do contrato de trabalho temporário devem ser realizados até cinco dias antes do termo final inicialmente previsto, mediante inserção da solicitação no Sistema de Registro de Empresa de Trabalho Temporário — SIRETT.

II — Independe de autorização do órgão regional do MTE a prorrogação de contrato de trabalho temporário, quando a duração total da contratação, já somada a prorrogação, não exceder a três meses.

III — A análise das solicitações será feita pela Seção de Relações do Trabalho — SERET da Superintendência Regional do Trabalho e Emprego do local da prestação do serviço.

IV — Em caso de negativa do pedido, o interessado pode, em até dez dias daquele ato, apresentar pedido de reconsideração à autoridade que proferiu a decisão, a qual, se não a reconsiderar, o encaminhará à autoridade superior.

Ref.: Lei n. 6.019, de 03 de janeiro de 1974; Arts. 55, 56 e 59 da Lei n. 9.784, de 1999, Portaria n. 789, de 02 de junho de 2014.

Enunciado n. 39 — TRABALHO TEMPORÁRIO. PRORROGAÇÃO DO CONTRATO. PRAZOS PARA PEDIDO E PARA ANÁLISE

I — Pedidos de registro de contratos fora dos prazos previstos na Port. n. 789/2014 implicam indeferimento da solicitação.

II — A Administração tem cinco dias para analisar os pedidos, salvo motivo de força maior. Este prazo pode ser dilatado até o dobro, mediante comprovada justificação.

Ref.: Port. n. 789, de 2 de junho de 2014; arts. 24 e 48 da Lei n. 9.784/99.

Enunciado n. 40 — REVOGADO.

Enunciado n. 41 — TRABALHO TEMPORÁRIO. MOTIVO JUSTIFICADOR. INDICAÇÃO. ALTERAÇÃO.

I — O art. 2º da Lei n. 6.019, de 3 de janeiro de 1974 serve apenas para enumerar as hipóteses de contratação de trabalho temporário.

II — A empresa deve obrigatoriamente, sob pena de indeferimento, descrever o motivo justificador, entendido como o fato determinado e identificável que ampara a contratação temporária, não sendo suficiente a mera referência às hipóteses legais.

III — A alteração da hipótese legal ou do motivo justificador não amparam prorrogação do contrato de trabalho temporário, mas ensejam nova contratação, a ser analisada à luz dos normativos vigentes.

Ref.: Lei n. 6.019, de 3 de janeiro de 1974; Portaria n. 789, de 2 de junho de 2014.

Enunciado n. 42 — EMPRESA DE TRABALHO TEMPORÁRIO. SÓCIO ESTRANGEIRO.

I — A empresa de trabalho temporário pode possuir em seu quadro sócio estrangeiro, visto que a limitação constante no art. 6º, alínea "a" da Lei n. 6.019/74 não foi recepcionada pela Constituição Federal de 1988, consoante Parecer CONJUR n. 342/97, aprovado em caráter normativo pelo Sr. Ministro do Trabalho e Emprego.

II — Se um dos sócios, pessoa física ou jurídica, for estrangeiro, deve apresentar seus documentos de identificação ou de contrato social, com tradução juramentada, além de procuração que atribua plenos poderes a procurador residente no Brasil para, em nome da pessoa física ou jurídica domiciliada no exterior, tratar e resolver definitivamente quaisquer questões perante o MTE.

Ref.: Parecer CONJUR n. 342/97, publicado no Diário Oficial da União em 30 de junho de 1997, e Parecer CONJUR n. 528/2005.

Enunciado n. 43 — CONTRIBUIÇÃO SINDICAL. FORMA E COMPROVANTE DE RECOLHIMENTO.

I — Considerando que o art. 583, — 1º, da Consolidação das Leis do Trabalho — CLT, estabelece que o recolhimento da contribuição sindical urbana, que tem natureza tributária, obedecerá ao sistema de guias, de acordo com instruções do Ministério do Trabalho e Emprego, os recolhimentos, seja da parte laboral ou patronal, devem observar as regras constantes da Port. n. 488, de 23 de novembro de 2005.

II — A contribuição sindical rural também é tributo, à luz do art. 149 da Constituição Federal, e seu recolhimento é realizado em rede bancária conforme guias emitidas pelas entidades que a administram.

III — Pagamentos efetuados de modo diverso não são considerados, posto que, além de atentar contra a distribuição entre os beneficiários legais e lesar a conta pública de emprego e salário do Fundo de Amparo do Trabalhador — FAT, é uma ofensa ao princípio da legalidade.

Ref.: Art. 149 da Constituição Federal. Arts. 586 a 591 da CLT, Dec-lei n. 1.166, de 15.4.71 Lei n. 8.847, 28.1.94, Lei n. 9.393, de 19.12.96, Port. n. 488, de 23.11.2005, Port. n. 982, de 5.5.2010, Port. n. 189 de 5.7.2007 e Port. n. 186, de 26.1.2014.

Enunciado n. 44 — DEPÓSITO, REGISTRO E ARQUIVAMENTO DOS INSTRUMENTOS COLETIVOS. LEGITIMAÇÃO, HABILITAÇÃO, ALTERAÇÃO E PRAZOS

I — Consoante Instrução Normativa n. 16, de 15 de outubro de 2013, os instrumentos coletivos, como negócios jurídicos que são, devem ser subscritos pelas pessoas legitimadas a fazê-lo, à luz dos arts. 115 a 120 da Lei n. 10.406, de 10 de janeiro de 2002 (Código Civil).

II — A inclusão da norma coletiva no sistema MEDIADOR deve ser feita por pessoa habilitada pelos signatários para a realização do ato

III — A análise formal de que trata a IN n. 16/2013, para fins de registro e depósito, demanda verificação dos documentos apresentados assinados pelos signatários, sem rasuras; a existência de procuração, quando for o caso; a correspondência de categorias entre as partes signatárias e a correspondência da base territorial de abrangência do instrumento coletivo.

IV — Constatado que o requerimento não é original, encontra-se rasurado ou sem assinatura, as partes deverão ser notificadas para as devidas correções.

V — Verificada a ausência de procuração ou procuração inválida, as partes deverão ser notificadas para apresentarem procurações que concedam poderes a seus representantes legais para atuarem no instrumento coletivo.

VI — Havendo erro de categoria, as partes serão notificadas para fazer a retificação devida por meio do sistema e transmitir novamente o instrumento, ocasião em que será gerado um novo requerimento que deverá ser assinado e protocolado no MTE ou em seus órgãos regionais, conforme o caso.

VII — Enquanto o instrumento coletivo não for transmitido, via sistema, para a base de dados do MTE, o solicitante poderá alterar cláusulas já inseridas. No entanto, se já tiver sido feita a transmissão, a alteração das cláusulas só poderá ser feita através de Termo Aditivo ou mediante nova solicitação.

VIII — Quando se tratar de acordo coletivo, a categoria de trabalhadores deverá ser equivalente à atividade econômica da empresa, e em todos os casos a categoria deverá ser compatível com o que consta no cadastro da entidade no CNES.

IX — O protocolo de instrumento coletivo ocorrido quando expirada sua vigência enseja imediato arquivamento sem registro.

X — A competência para análise, registro e arquivo de instrumento coletivo de abrangência nacional ou interestadual é da Secretaria de Relações do Trabalho, mas quaisquer termos aditivos que possuam base estadual, intermunicipal ou municipal serão registrados pela SRTE correspondente, independente de onde esteja registrado o processo principal.

Ref.: Instrução Normativa n. 16, de 15 de outubro de 2013.

Enunciado n. 45 — HOMOLOGAÇÃO. FALTA DE PAGAMENTO DE VERBA RESCISÓRIA DEVIDA. RESSALVA. AUTO DE INFRAÇÃO.

As irregularidades deverão ser especificamente ressalvadas no Termo de Rescisão de Contrato de Trabalho — TRCT ou do Termo de Homologação.

I — Se o assistente for Auditor Fiscal do Trabalho, deverá lavrar o auto de infração cabível, consignando sua lavratura no ato da homologação;

II — Se o assistente não for Auditor Fiscal do Trabalho, deverá comunicar a irregularidade ao setor de fiscalização para os devidos fins.

Ref.: arts. 10, §§ 1º, 2º e 3º, e 26, II, da IN n. 15, de 2010

Enunciado n. 46 — ASSISTÊNCIA À HOMOLOGAÇÃO DE RESCISÃO DO TRABALHO. MINISTÉRIO DO TRABALHO E EMPREGO. Administração Pública Indireta. Regime Jurídico.

A rescisão de contratos de trabalho com prazo superior a 01 (um) ano, regidos pela Consolidação das Leis do Trabalho (CLT) está sujeita à homologação prevista no art. 477 da CLT, inclusive quando figure como empregador ente pertencente à Administração Pública Indireta.

Ref.: Art. 173, §1º, inc. II CF-88 e Art. 477 da CLT. Instrução Normativa n. 15, de 14 de julho de 2010.

Enunciado n. 47 — REVOGAÇÃO OU ALTERAÇÃO DO PLANO DE CARGOS E SALÁRIOS. DIREITO ADQUIRIDO

Cláusulas do Plano de Cargos e Salários, que revoguem ou alterem vantagens deferidas anteriormente, só atingirão os trabalhadores admitidos após a revogação ou alteração do Plano.

Ref. Súmula n. 51, TST, inciso I. Nota Informativa CGRT SRT n. 121.2014.

Enunciado n. 48 — COEXISTÊNCIA DE PLANOS DE CARGOS E SALÁRIOS. OPÇÃO DO EMPREGADO

Havendo a coexistência de Planos de Cargos e Salários da empresa, a opção do empregado por um deles tem efeito jurídico de renúncia às regras do sistema do outro.

Ref. Súmula n. 51, TST, inciso I. Nota Informativa CGRT SRT n. 121.2014.

Enunciado n. 49 — PLANO DE CARGOS E SALÁRIOS. NÃO APLICAÇÃO DE CLÁUSULAS

Havendo reivindicação de direito estabelecido no Plano de Cargos e Salários, ainda quando submetido à homologação no Ministério do Trabalho e Emprego, a competência para apreciação da demanda é da Justiça do Trabalho.

Ref. Súmula n. 19, TST. Nota Informativa CGRT SRT n. 40.2014

LEGISLAÇÃO COMPLEMENTAR

Enunciado n. 50 — PLANO DE CARGOS E SALÁRIOS. EFEITOS PECUNIÁRIOS. DIFERENÇA DO ADICIONAL POR TEMPO DE SERVIÇO

I — Promoção por antiguidade não se confunde com adicional por tempo de serviço, sendo estes institutos distintos e independentes.

II — A promoção, tanto por antiguidade quanto por mérito, segue os critérios estabelecidos no PCS, refletindo em efetivo aumento salarial através da incorporação da promoção ao valor do salário-base.

III — O Adicional por Tempo de Serviço leva em consideração somente o critério temporal e, ainda que importe em aumento da remuneração, não altera o salário-base, nem tem o condão de alterar a classe ou o nível do trabalhador dentro do quadro de carreira.

Ref. Nota Informativa CGRT SRT n. 40.2014

Enunciado n. 51 — PLANO DE CARGOS E SALÁRIOS. TRABALHADORES EM FUNÇÃO DE CONFIANÇA OU COMISSIONADOS.

I — Empregados que estejam ocupando função de confiança ou cargo comissionado na empresa permanecem beneficiários das progressões previstas no PCS, conforme seus critérios.

II — Ocupantes de função de confiança, tais como diretores, conselheiros e afins, podem ser abrangidos pelo Plano de Cargos e Salários, conforme discricionariedade da empresa, desde que expressamente previsto neste.

Ref. Nota Informativa CGRT SRT n. 92.2014

Enunciado n. 52 — PLANO DE CARGOS E SALÁRIOS. IGUALDADE TEMPORAL NOS CRITÉRIOS DE PROMOÇÃO POR MÉRITO E TEMPO DE SERVIÇO

I — O Plano de Cargos e Salários deve conter, de forma detalhada, os critérios a serem aplicados para fins de reflexos pecuniários em favor dos empregados contemplados pela progressão na carreira, tanto no caso de progressão por mérito quanto por tempo de serviço.

II — A progressão deve contemplar a alternância entre as duas modalidades, de forma que ocorra um tipo a cada período idêntico de tempo, sucessivamente.

III — Uma vez cumpridos todos os requisitos detalhadamente previstos para a progressão por antiguidade ou por mérito, o PCS não pode sujeitá-la a qualquer tipo de aprovação ou aval posterior, seja de cunho subjetivo ou de disponibilidade orçamentária.

Ref. Nota Informativa CGRT SRT n. 39.2014.

Enunciado n. 53 — PLANO DE CARGOS E SALÁRIOS. ABRANGÊNCIA E UNIVERSALIDADE.

I — O Plano de Cargos e Salários compreende toda a universalidade de empregados da empresa, independentemente de adesão.

II — Não será homologado o PCS que contenha cláusulas excludentes, proibitivas, discriminatórias ou restritivas para promoção, progressão ou reclassificação do empregado.

Ref. Lei n. 9.029, de 13 de abril de 1995.

Enunciado n. 54 — HOMOLOGAÇÃO. PLANO DE CARGOS E SALÁRIOS. ADMINISTRAÇÃO PÚBLICA INDIRETA

Quando submetidos à homologação por parte do MTE, cabe análise do plano de cargos e salários de empresa pública ou sociedade de economia mista, desde que se refira a relações de emprego regidas pela Consolidação das Leis do Trabalho.

Ref.: Art. 173, §1º, inc. II CF-88 e art. 461, § 2 º da CLT. Port. MTE n. 02/2006.

Enunciado n. 55 — ATOS PROCESSUAIS. MEIO ELETRÔNICO. ASSINATURA DIGITAL.

A assinatura autenticada com certificação digital ou meio equivalente que comprove sua autenticidade é hábil a substituir firmas ou assinaturas de declarações, requerimentos ou solicitações, constantes dos documentos em forma eletrônica, presumindo-se verdadeira em relação aos signatários.

Ref.: Medida Provisória n. 2.200-2, de 24 de agosto de 2001, Lei n. 12.682, de 09 de julho de 2012 e art. 968, inc. II da Lei n. 10.406, de 10 de janeiro de 2002 (Código Civil).

Enunciado n. 56 — TRABALHO PORTUÁRIO. ENQUADRAMENTO SINDICAL. CATEGORIA DIFERENCIADA.

I — O trabalho portuário pode se dar na modalidade avulsa ou com vínculo empregatício.

II — Para efeito do enquadramento do trabalhador na categoria diferenciada, é suficiente a verificação do exercício de atividades tipicamente portuárias, sendo irrelevante se a forma de contratação é avulsa ou com vínculo de emprego, assim como independentemente das atividades serem desempenhadas dentro ou fora da área do porto organizado.

Ref.: Art. 511, § 3º da CLT. Lei n. 12.815, de 05 de junho de 2013. Parecer CONJUR n. 058/2011. Parecer CONJUR/CGU/AGU n. 065/2013. Nota Técnica SRT n. 15/2013.

Enunciado n. 57 — DIREITO DO TRABALHO. CATEGORIA DOS AGRICULTORES FAMILIARES.

Não se aplica o inciso VI do art. 3º da Portaria n. 326, de 01 de março de 2013. Desnecessária a apresentação da cópia da Carteira de Trabalho e Previdência Social — CTPS, para solicitação de pedido de registro no caso da categoria laboral dos agricultores familiares.

Ref.: Nota Técnica n. 023/2013/SRT/MTE.

Enunciado n. 58 — DIREITO CONSTITUCIONAL E DO TRABALHO. REGISTRO DE ESTATUTOS DE ENTIDADES SINDICAIS. LIBERDADE SINDICAL.

Quando for oposto impedimento, no caso de atualização de mandato de diretoria, de registro pelos cartórios de atas de eleição e de posse com fundamento em duração de mandato superior a três anos ou inobservância do quantitativo de dirigentes, a entidade sindical apresentará ao MTE estes documentos, acompanhados da negativa cartorária, para depósito e registro no CNES.

Ref.: NOTA INFORMATIVA/CGRT/SRT/N. 159/2014. NOTA TÉCNICA n. 37/2014/GAB/SRT/MTE. Art. 49 da Portaria 326, de 01 de março de 2013. Art. 8º, da Constituição Federal

Enunciado n. 59 — DIREITO CONSTITUCIONAL E DO TRABALHO. ESTATUTOS DE ENTIDADES SINDICAIS. LIBERDADE E ORGANIZAÇÃO SINDICAL.

No que tange à composição ou quantificação dos órgãos diretivos da entidade sindical, assim como à duração dos mandatos de seus dirigentes, a análise do pedido de registro sindical verificará se tais informações estão em consonância com as disposições constantes no estatuto da entidade.

Ref.: Arts. 3º e 49 da Portaria 326, de 01 de março de 2013. Art. 8º, da Constituição Federal.

Enunciado n. 60 — REGISTRO SINDICAL. CONTAGEM DOS PRAZOS.

A prática dos atos previstos na Port. n. 326, de 1 de março de 2013 deverá observar o que segue:

I — Computar-se-ão os prazos, excluindo-se o dia do começo e incluindo-se o do vencimento.

II — Os prazos só se iniciam e se vencem em dias úteis e/ou de expediente normal dos órgãos do ministério.

Ref.: Portaria n. 326/2013. Art. 66, § 1º da Lei n. 9.784/99. Art. 184, *caput* e § 2º do Código de Processo Civil.

Enunciado n. 61 — MEDIAÇÃO. CONFLITO DE REPRESENTAÇÃO SINDICAL.

A mediação para resolução de conflitos de representação sindical, a que se refere o art. 24 da Portaria n. 326/2013 deverá seguir os seguintes procedimentos elencados neste enunciado: *(Redação dada pela Portaria SRT n. 10, de 24.4.15, DOU 28.4.15)*

I — Solicitada a mediação, a SRT publicará, com a antecedência mínima de dez dias, no Diário Oficial da União — DOU, o dia e hora da reunião de instalação da mediação para resolução do conflito de representação, de categoria e/ou base territorial, indicando o objeto do conflito a ser mediado;

II — Serão convocados, o(s) solicitante(s) da mediação, bem como o(s) diretamente interessado(s) na resolução do conflito, considerados para tal, a entidade sindical com registro no CNES ou que já tenha o seu pedido de registro sindical ou de alteração estatutária publicado, que sejam alcançadas pelo objeto da mediação a ser realizada;

III — Caso seja necessária a realização de mais de uma reunião de mediação, as demais prescindirão de convocação prévia via Diário Oficial da União, para a sua realização;

IV — Havendo acordo entre as entidades sindicais interessadas sobre a resolução do conflito, a SRT fará análise do acordado e, verificando que o resultado não envolve base e/ou categoria além do que já são representados pelos interessados, e atendido o art. 511 da Consolidação das Leis do Trabalho, a SRT publicará no DOU o resultado da mediação, informando a representação final de cada entidade para que, no prazo estabelecido na ata lavrada conforme § 4º, do art. 23, da Portaria n. 326/2013, sejam apresentados os estatutos contendo os elementos identificadores da nova representação sindical acordada; (NR) *(Redação dada pela Portaria SRT n. 10, de 24.4.15, DOU 28.4.15)*

V — A correção da representação sindical no CNES de cada entidade sindical só será feita quando todas as partes envolvidas no acordo apresentarem os seus estatutos devidamente alterados e registrados em cartório.

VI — Quando a solicitação for feita junto a SRTE ou Gerência, o processo será remetido à SRT, para cumprimento dos procedimentos elencados neste enunciado.

Os procedimentos elencados acima deverão ser aplicados, integralmente, nos casos em que a contenda entre as partes envolvidas for pré-existente. Na hipótese do conflito envolver entidade cujo processo ainda se encontre em trâmite na Secretaria de Relações do Trabalho, não se aplica o item IV. *(Incluído pela Portaria n. 10/2015, DOU 28.4.15)*

Ref.: Art. 24 da Portaria n. 326, de 1º de março de 2013.

Enunciado n. 62 — DIREITO DO TRABALHO. REGRAS SOBRE ENQUADRAMENTO E CONTRIBUIÇÃO SINDICAL RURAL. DECRETO-LEI N. 1.166, DE 15 DE ABRIL DE 1971.

Entende-se como TRABALHADOR RURAL a pessoa física que presta serviço a

empregador rural mediante remuneração e aquele que trabalhe individualmente ou em regime de economia familiar em área igual ou inferior a dois módulos rurais e EMPREGADOR RURAL, a pessoa física ou jurídica que tendo empregado empreende atividade econômica rural e aquele que mesmo sem empregado, em regime de economia familiar, explore imóvel rural em área superior a dois módulos rurais. Existe a possibilidade de dissociação da categoria eclética de trabalhador rural nas categorias específicas de assalariados rurais e de agricultores familiares. (DOU 28.11.2014)

Ref.: Decreto-Lei n. 1.166/71. Nota Técnica n. 88/ 2014/GAB/SRT/MTE.

Enunciado n. 63 — REGISTRO SINDICAL. SINDICALIZADOS. SINDICALIZADOS APTOS A VOTAR.

O termo "sindicalizados" e a expressão "sindicalizados aptos a votar", contidos no art. 5º, inciso IV, da Portaria n. 326/2013, devem ser interpretadas como "entidades filiadas" e "entidades filiadas aptas a votar", respectivamente, quando as suas aplicações se referirem às entidades de grau superior. (DOU 5.12.2014)

Ref.: Nota Técnica n. 90/2014/GAB/SRT/MTE

Enunciado n. 64 — TERMO SINDICALIZADO. APLICAÇÃO.(*)

Deve ser entendido como sindicalizado, associado e/ou filiado, aquele membro da categoria profissional em exercício, que é integrante do quadro associativo, nisso incluindo-se os que se aposentaram como membro dela, que possuem o pleno gozo dos direitos em sendo sócios, conforme definido em norma estatutária da entidade. *(Renumerado de n. 62 para n. 64 pelo art. 2º da Portaria n. 10, de 24.4.2015, DOU 28.4.2015)*

Ref.: Art. 6º da IN n. 2 de dezembro de 2014.

Enunciado n. 65 — DOCUMENTOS DE IDENTIFICAÇÃO DOS DIRIGENTES SINDICAIS DE DIVERSAS CATEGORIAS.

Comprovação do exercício da atividade do dirigente da entidade em diversas categorias. Novos documentos que sevirão de comprovação. AVULSOS:

1. Movimentadores de Mercadorias: Declaração do Sindicato, nos termos da Lei n. 12.023/2009; 2. Portuários: — Porto Organizado: Registro no Órgão Gestor de Mão Obra — OGMO; Fora do Porto Organizado: Declaração do Sindicato. PESCADORES ARTESANAIS: Registro no Ministério da Pesca — RGP (Registro Geral de Pesca). MOTOTAXISTAS E MOTO FRETISTAS: Autorização emitida pelo órgão ou entidade executivo de trânsito dos Municípios, Estados e do Distrito Federal. SERVIDORES PÚBLICOS: Contracheque; Declaração do órgão; Cópia Autenticada do termo de Nomeação. TRABALHADORES DOMÉSTICOS: Diarista — Número do NIT (Número de Inscrição do Trabalhador); Cópia dos três últimos recolhimentos da Previdência Social. TRANSPORTADORES AUTÔNOMOS DE CARGAS: Número do Registro Nacional dos Transportes Nacional de Cargas — RNTNC na Agência Nacional de Transportes Terrestres — ANTT. PROFISSIONAIS LIBERAIS: Cópia do registro no Ministério do Trabalho e Emprego quando a categoria não possuir Conselho.

Ref.: Art. 24 da Portaria n. 326, de 1º de março de 2013.

Enunciado n. 66 — DOCUMENTOS DE IDENTIFICAÇÃO DOS DIRIGENTES SINDICAIS DA CATEGORIA DE RURAIS.

Comprovação do exercício da atividade do dirigente da entidade na categoria de rurais. Novos documentos que servirão de comprovação em complementação aos elencados na Portaria n. 326, de 11 de maio de 2013: A) Trabalhador Rural: 1) Assalariado: Contrato de Safra; Contrato de Curta Duração. 2) (REVOGADO) B) Empregador Rural: 1) Pessoa física: Documento que comprove a condição de empregador; (NR) 2) Pessoa Jurídica: CNPJ; C) Propriedade explorada em nome de terceiro: Contrato de Cessão; Contrato de Arrendamento Rural, Comodato, Meação, Parceria ou matrícula onde se encontra averbado o usufruto (Todos os contratos devem estar registrados em Cartório).

Ref.: Art. 24 da Portaria n. 326, de 1º de março de 2013.

Enunciado n. 67 — ANÁLISE PRELIMINAR REALIZADA PELA SRTE NOS PROCESSOS DE REGISTRO SINDICAL E ALTERAÇÃO ESTATUTÁRIA.

A análise realizada pela SRTE nos processos de pedido de registro sindical e alteração estatutária restringir-se-á a verificar se a documentação elencada nos arts. 3º, 5º, 8º e 10 foi protocolada e se atende o que determina o art. 42, qual seja, se são originais, cópias autenticadas ou cópias simples com visto do servidor; se o comprovante de pagamento da GRU é o original; se os estatutos e as atas foram registrados no cartório da comarca da sede da entidade requerente. A SRTE não notificará a entidade que não realizou assembleia no perímetro urbano do município, uma vez que o saneamento implicará na publicação de novos editais, o que o § 3º do art. 12 proíbe. A análise de mérito será realizada pela CGRS.

Ref.: Art. 11 da Portaria n. 326, de 1º de março de 2013.

Enunciado n. 68 — CURSOS DE FORMAÇÃO DE VIGILANTES NO SEGMENTO DA SEGURANÇA PRIVADA.

Os membros das escolas/cursos de formação de segurança privada pertencem à categoria do ramo das empresas que exercem segurança privada.

Ref.: Art. 49 da Portaria n. 326, de 1º de março de 2013. (Aprovado pela Portaria n. 19, de 2016 SRT)

DOU 19.9.2014

Precedentes Administrativos da Secretaria de Inspeção do Trabalho/MTE

O DIRETOR DO DEPARTAMENTO DE FISCALIZAÇÃO DO TRABALHO, no uso de sua competência regimental, resolve:

I — aprovar os precedentes administrativos de n. 31 a n. 50, resultantes de posicionamentos firmados na Coordenação Geral de Normatização e Análise de Recursos;

II — revisar os precedentes de n. 01 a n. 30;

III — consolidar todos os precedentes administrativos aprovados, conforme anexo I deste ato;

IV — os precedentes administrativos em anexo deverão orientar a ação dos Auditores Fiscais do Trabalho no exercício de suas atribuições.

LEONARDO SOARES DE OLIVEIRA

ANEXO I

Precedente Administrativo n. 1

FGTS. Parcelamento. Falta de recolhimento do percentual de 8% sobre parte da remuneração devida. I — A comprovação do recolhimento integral do débito apurado antes da emissão da NDFG, NFGC ou NRFC, ou da data de apuração da NDFC, acarreta sua declaração de improcedência. II — O parcelamento concedido antes da emissão da notificação, relativo às competências nela apuradas, não caracteriza sua improcedência, exceto se: a) A notificação for emitida na vigência das Instruções Normativas ns. 17/2000 e 25/2001, e o débito apurado for idêntico ao confessado. b) A notificação for emitida na vigência da Instrução Normativa n. 84/2010 e o débito apurado for idêntico ou inferior ao confessado, ou se houver débito de contribuição social não parcelado.

Referência Normativa: Art. 23, *caput*, da Lei n. 8.036/90, no art. 1º da Lei n. 8.844/94, no art. 3º da Lei Complementar n. 110/2001, art. 28, §§ 4º e 5º, da Instrução Normativa n. 99/2012 e art. 20 da Instrução Normativa n. 17/2000, art. 30 da Instrução Normativa n. 25/2001, art. 26 da Instrução Normativa n. 84/2010

Precedente Administrativo n. 2

(Revogado pelo Ato Declaratório n. 5, de 27.6.2002, DOU 28.6.2002)

Precedente Administrativo n. 3

FGTS. Vale-transporte. Falta de recolhimento do percentual de 8% sobre parte da remuneração devida. O vale-transporte não terá natureza salarial, não se incorporará à remuneração para quaisquer efeitos e tampouco constituirá base de incidência do FGTS, desde que fornecido de acordo com o disposto no art. 2º, II da Lei n. 7.418/85. O vale-transporte pago em dinheiro tem natureza salarial e repercussão no FGTS.

Referência Normativa: art. 2º e alíneas, da Lei n. 7.418/85 e arts. 5º e 6º do Decreto n. 95.247/87.

Precedente Administrativo n. 4

FGTS. Depósito após lavratura da Notificação para Depósito do FGTS — NDFG. A defesa ao auto de infração lavrado por deixar o empregador de efetuar os depósitos fundiários, com os acréscimos legais, após notificado pela fiscalização, deve limitar-se à comprovação de parcelamento ou pagamento correspondente. A discussão acerca do mérito sobre a existência ou acerto do débito apurado encerra-se com o processo de Notificação para Depósito do FGTS — NDFG que lhe deu origem.

Referência Normativa: art. 23, § 1º, inciso V da Lei n. 8.036, de 1990.

Precedente Administrativo n. 5

(Cancelado pelo Ato Declaratório n. 10, de 3.8.2009, (DOU 4.8.2009))

Precedente Administrativo n. 6

FGTS. Gratificação. Falta de recolhimento do percentual de 8% sobre parte da remuneração devida. A gratificação, bem como comissões, percentagens ou abonos pagos pelo empregador, integram o salário. Consequentemente, são base de cálculo para o FGTS.

Referência Normativa: art. 457 e 458, CLT; Lei n. 8.036/90, art. 15.

Precedente Administrativo n. 7

Recurso administrativo. Intempestividade. Depósito recursal dentro do prazo. Não é suficiente para o conhecimento do recurso a efetivação do depósito dentro do prazo legal. É necessário que também o recurso administrativo seja aviado no decêndio legal.

Referência Normativa: art. 636 *caput* e § 1º da CLT e art. 33 da Portaria n. 148, de 25 de janeiro de 1996.

Precedente Administrativo n. 8
Registro. Representante comercial. Para a caracterização de atividade autônoma do representante comercial, é imprescindível a comprovação de sua inscrição no Conselho respectivo.
Referência Normativa: art. 41, caput da CLT.

Precedente Administrativo n. 9
Autorização para o trabalho em feriados nacionais e religiosos via acordo coletivo ou convenção coletiva de trabalho. Necessidade de prévia permissão da autoridade competente em matéria de trabalho. Os acordos coletivos ou convenções coletivas de trabalho podem estabelecer as regras de remuneração e/ou compensação para o trabalho em dias feriados, mas não são instrumentos hábeis para afastar a competência da autoridade em matéria de trabalho para exercer o controle do trabalho em tais dias.
Referência Normativa: art. 70 da CLT.

Precedente Administrativo n. 10
Jornada. Telefonista de mesa. Independente do ramo de atividade do empregador, aplica-se o disposto no art. 227 da CLT, e seus parágrafos, ao exercente das funções de telefonista: jornada de seis horas diárias. Inteligência do Enunciado n. 178 do Tribunal Superior do Trabalho — TST.
Referência Normativa: art. 227 da CLT.

Precedente Administrativo n. 11
Inspeção do trabalho. Rol não taxativo quanto aos documentos necessários à inspeção do trabalho. Fitas do caixa bancário. Fitas do caixa bancário são consideradas documentos necessários à inspeção do trabalho. O sigilo das informações financeiras é da responsabilidade do Auditor Fiscal do Trabalho, que também, por lei, deve guardar sigilo profissional.
Referência Normativa: art. 630, §§ 3º e 4º da CLT c/c art. 6º do Regulamento da Inspeção do Trabalho — RIT, aprovado pelo Decreto n. 55.841, de 1965.

Precedente Administrativo n. 12
(Revogado pelo Ato Declaratório n. 6, de 16.12.2002, DOU 20.12.2002)

Precedente Administrativo n. 13
(Revogado pelo Ato Declaratório n. 6, de 6.12.2002, DOU 20.12.2002)

Precedente Administrativo n. 14
Multa. Valor sem expressão econômica. Processamento regular obrigatório. A impossibilidade de impor multa ao infrator em virtude da desatualização ou inexpressividade de seu valor, não obsta o processamento regular do auto de infração e sua declaração de subsistência, uma vez que o instituto da reincidência e a possibilidade de ulterior atualização daquele valor impedem-lhe pronto arquivamento.

Precedente Administrativo n. 15
Salário. Empregador e equiparados. Entidades sem fins lucrativos. Prazo legal. Equiparam-se ao empregador, para os efeitos da relação de emprego, as pessoas e entidades referidas no § 1º do art. 2º da CLT. A partir do momento em que a instituição sem fins lucrativos contrata empregados, assume todas as obrigações dessa relação jurídica, não podendo repassar aos seus empregados o risco de sua atividade. Os salários, portanto, devem ser pagos no prazo legal, sob pena de imposição de sanção administrativa.
Referência Normativa: art. 2º § 1º da CLT.

Precedente Administrativo n. 16
(Cancelado pelo Ato Declaratório n. 10, de 3.8.2009, DOU 4.8.2009)

Precedente Administrativo n. 17
Descanso. Trabalho em feriados. Decisão judicial. São insubsistentes os autos lavrados contra empregadores amparados por decisão judicial que os permita manter trabalhadores em atividade em dias feriados.

Precedente Administrativo n. 18
FGTS. Notificação para depósito do FGTS. Notificação para depósito do FGTS — NDFG. Pagamentos posteriores ao levantamento. A quitação de valores relativos a competências levantadas em Notificação para Depósito do FGTS — NDFG não acarreta sua improcedência. Cabe ao Agente Operador do Fundo, Caixa Econômica Federal — CEF deduzir os valores pagos a posteriori, quando da verificação de quitação do débito.

Precedente Administrativo n. 19
FGTS. Notificação para depósito do FGTS — NDFG. Parcelamento não formalizado. Não obsta a lavratura da Notificação para Depósito do FGTS — NDFG processo de parcelamento em andamento junto ao Agente Operador do Fundo, Caixa Econômica Federal — CEF, ainda sem a devida formalização.
Referência Normativa: art. 20 § 4º da IN/SIT/MTE n. 17, de 31 de julho de 2000.

Precedente Administrativo n. 20
(Cancelado pelo Ato Declaratório n. 10, de 3.8.2009, DOU 4.8.2009)

Precedente Administrativo n. 21
CTPS. Inutilização. Ao lançar na Carteira de Trabalho e Previdência Social — CTPS anotações prejudiciais ao trabalhador, a empresa tornou aquele documento inútil para uso, mesmo que objetivamente apenas uma das folhas tenha sido inutilizada. Autuação procedente.
Referência Normativa: art. 52 da CLT.

Precedente Administrativo n. 22
Inspeção do trabalho. Livre acesso. A prerrogativa do Auditor Fiscal do Trabalho — AFT de ter livre acesso a todas as dependências dos estabelecimentos sujeitos ao regime da legislação trabalhista compreende não só o direito de ingressar mas também o de permanecer no local, para o exercício de sua ação fiscal.
Referência Normativa: art. 630 § 3º da CLT.

Precedente Administrativo n. 23
Jornada. Controle alternativo. Os sistemas alternativos de controle de jornada só podem ser utilizados quando autorizados por convenção ou acordo coletivo.
Referência Normativa: art. 7º, XXVI da Constituição Federal, art. 74 § 2º da CLT e Portaria n. 1.120, de 8 de novembro de 1995.

Precedente Administrativo n. 24
Registro. Autenticação de livro, folha ou sistema eletrônico. Após a edição da Portaria n. 739, de 29 de agosto de 1997, descabe autuação por falta de autenticação do sistema de registro de empregados, no prazo legal, uma vez autorizada a autenticação pelo Auditor Fiscal do Trabalho quando de sua visita fiscal. A partir da revogação do art. 42 da CLT, a obrigação legal de autenticação deixou de existir.
Referência Normativa: art. 42 CLT, art. 2º § 2º da Portaria n. 739 de 29 de agosto de 1997 e Lei n. 10.243, de 19 de junho de 2001.

Precedente Administrativo n. 25
Gratificação natalina. Prazo. A lei dispõe que o prazo para pagamento da gratificação natalina é o dia 20 de dezembro de cada ano. Recaindo o dia 20 em domingo ou feriado, o pagamento deve ser antecipado. Não há que se falar em prorrogação para o primeiro dia útil subsequente.
Referência Normativa: art. 1º da Lei n. 4.749, de 12 de agosto de 1965.

Precedente Administrativo n. 26
(Cancelado pelo Ato Declaratório n. 10, de 3.8.2009, DOU 4.8.2009)

Precedente Administrativo n. 27
Rescisão contratual. Homologação. Entidades públicas. A União, os Estados e os Municípios, as autarquias e as fundações de direito público que não explorem atividade econômica não estão sujeitos à assistência mencionada no art. 477 da CLT, face à presunção de legitimidade de seus atos.
Referência Normativa: art. 1º, I do Decreto-Lei n. 779, de 21 de agosto de 1969 e art. 477 CLT.

Precedente Administrativo n. 28
Rescisão contratual. Pagamento de verbas fora do prazo legal. O pagamento da multa em favor do empregado não exime o autuado da multa administrativa, uma vez que são penalidades distintas: a primeira beneficia o empregado, enquanto a segunda destina-se ao Poder Público.
Referência Normativa: art. 477 § 8º da CLT.

Precedente Administrativo n. 29
Jornada. Bancários. Prorrogação de jornada. Intervalo para repouso ou alimentação. Ao estabelecer que a jornada normal de seis horas dos bancários poderá ser excepcionalmente prorrogada até oito horas diárias, observados os preceitos gerais sobre duração do trabalho, o art. 225 da CLT atraiu a incidência da regra do art. 71 do mesmo diploma, que prevê a obrigatoriedade de concessão de intervalo para repouso ou alimentação de, no mínimo uma e, no máximo, duas horas.
Referência Normativa: art. 71 e art. 225, ambos da CLT.

Precedente Administrativo n. 30
Jornada. Prorrogação. Convenção ou acordo coletivo. A mera inserção em acordo ou convenção coletiva de cláusula com previsão de percentuais acima de cinquenta por cento para a remuneração das horas extraordinárias, por si só, não autoriza o elasticimento da jornada normal de trabalho. Imprescindível autorização expressa, pois o acessório, exigido pelo § 1º do art. 59, não substitui o principal, cuja obrigação decorre do caput.
Referência Normativa: art. 59 da CLT.

Precedente Administrativo n. 31
Jornada. Prorrogação. Necessidade imperiosa. I — Os serviços inadiáveis ou cuja inexecução possa acarretar prejuízos manifestos autorizam a prorrogação da jornada apenas até 12 horas, caracterizando-se como tais aqueles que, por impossibilidade decorrente de sua própria natureza, não podem ser paralisados num dia e retomados no seguinte, sem ocasionar prejuízos graves e imediatos. II — Se a paralisação é apenas inconveniente, por acarretar atrasos ou outros transtornos, a necessidade de continuação do trabalho não se caracteriza como imperiosa e o excesso de jornada não se justifica.
Referência Normativa: art. 59, caput, e art. 61 da Consolidação das Leis do Trabalho — CLT.

LEGISLAÇÃO COMPLEMENTAR

Precedente Administrativo n. 32
(Cancelado pelo Ato Declaratório n. 10, de 3.8.2009, DOU 4.8.2009).

Precedente Administrativo n. 33
Jornada. Prorrogação. Efeitos do pagamento relativo ao trabalho extraordinário. O pagamento do adicional por serviço extraordinário não elide a infração pela prorrogação de jornada além dos limites legais ou convencionais, uma vez que o serviço extraordinário deve ser remunerado, independentemente de sua licitude. Isso porque as normas limitadoras da jornada visam a evitar males ao trabalhador, protegendo-lhe a saúde e o bem-estar, não se prestando a retribuição pecuniária como substituta da proteção ao bem jurídico.
Referência Normativa: art. 59 da Consolidação das Leis do Trabalho — CLT.

Precedente Administrativo n. 34
FGTS. Cesta básica. Falta de recolhimento do percentual de 8% sobre parte da remuneração devida. O valor pago pelo empregador ao empregado a título de cesta básica ou outro fornecimento de alimentação realizado à margem do Programa de Alimentação do Trabalhador — PAT deve compor a base de cálculo do FGTS, pois se trata de salário *in natura*.
Referência Normativa: art. 458 da Consolidação das Leis do Trabalho — CLT e Lei n. 6.321, de 14 de abril de 1976.

Precedente Administrativo n. 35
Salário. Pagamento fora do prazo legal. Dificuldades econômicas. Dificuldades econômicas do empregador, decorrentes de inadimplemento contratual de clientes, retração de mercado ou de outros transtornos inerentes à atividade empreendedora, não autorizam o atraso no pagamento de salários, uma vez que, salvo exceções expressamente previstas em lei, os riscos do negócio devem ser suportados exclusivamente pelo empregador.
Referência Normativa: art. 2º e art. 459, § 1º, da Consolidação das Leis do Trabalho — CLT.

Precedente Administrativo n. 36
Registro de empregados. Empresa pública e sociedade de economia mista. Autuação capitulada no art. 41 da Consolidação das Leis do Trabalho — CLT. Legalidade. I — A autuação por falta de registro de empregados em empresas públicas e sociedades de economia mista não contraria o dispositivo constitucional que veda a contratação sem prévia aprovação em concurso público, tampouco as reiteradas decisões judiciais que declaram a nulidade das contratações irregulares. II — Cabe ao Auditor Fiscal do Trabalho verificar o cumprimento da obrigação legal de formalização do vínculo de emprego quando houver trabalho subordinado e, descumprida a norma, proceder à autuação por falta de registro, independentemente do motivo pelo qual o contrato não se formalizou ou da existência de efeitos contratuais de cunho material e patrimonial, questões cujo controle está afeto a outros órgãos do Executivo e ao Poder Judiciário.
Referência Normativa: arts. 2º, 3º, 41 e 626 da CLT; arts. 37 e 173 da Constituição Federal de 1988.

Precedente Administrativo n. 37
Rescisão. Ajuizamento da ação de consignação fora do prazo legal para pagamento das verbas rescisórias. A propositura fora do prazo legal de ação judicial de consignação em pagamento para pagamento das verbas rescisórias não afasta a mora da empresa autuada em relação ao prazo legal para cumprimento da obrigação.

Referência Normativa: art. 477 da Consolidação das Leis do Trabalho — CLT.

Precedente Administrativo n. 38
Inspeção do trabalho. Acompanhamento da ação fiscal por representantes dos trabalhadores. Os empregadores estão obrigados a franquear seus estabelecimentos à visita de representantes dos trabalhadores que acompanhem ação de inspeção trabalhista das condições de segurança e saúde do trabalhador.
Referência Normativa: art. 200 da Consolidação das Leis do Trabalho — CLT e Portaria n. 3.214, de 8 de junho de 1978, Norma Regulamentadora — NR 1, item 1.7 alínea *d*.

Precedente Administrativo n. 39
Empregados em tabelionatos. Natureza jurídica do vínculo. É de natureza celetista o vínculo dos empregados em tabelionatos contratados após a edição da Lei n. 8.935, de 18 de novembro de 1994, bem como o dos servidores admitidos antes da Constituição Federal de 1988 em regime estatutário ou especial que tenham feito opção expressa pelo regime.
Referência Normativa: art. 236 da Constituição Federal de 1988, art. 32 do Ato das Disposições Constitucionais Transitórias, Lei n. 8.935, de 18 de novembro de 1994, Lei n. 9.534, de 10 de dezembro de 1997, Lei n. 9.812, de 10 de agosto de 1999.

Precedente Administrativo n. 40
Inspeção do trabalho. Documentos sujeitos à fiscalização. Transferência de empregado. Os documentos sujeitos a inspeção devem permanecer no local de trabalho do empregado. Em caso de ser o empregado deslocado para prestar serviço em outro estabelecimento da empresa, devem acompanhá-lo para o novo local de trabalho o seu controle de jornada e seus registros funcionais, onde será anotada a respectiva transferência.
Referência Normativa: art. 630 § 4º da Consolidação das Leis do Trabalho — CLT e art. 3º da Portaria n. 1.121, de 8 de novembro de 1995.

Precedente Administrativo n. 41
Remuneração. Repouso semanal remunerado. Incidência do adicional noturno. I — Cabível a repercussão do adicional noturno nos cálculos do repouso semanal remunerado de empregado que tem salário pago na base da unidade dia ou mensalistas e quinzenalistas cujo trabalho não seja exclusivamente noturno. II — Para os empregados mensalistas ou quinzenalistas que cumprem jornada exclusivamente noturna, o salário acrescido do adicional de 20% já inclui a remuneração do repouso.
Referência Normativa: art. 73 da CLT; art. 7º da Lei n. 605, de 5 de janeiro de 1949.

Precedente Administrativo n. 42
Jornada. Obrigatoriedade de controle. Os empregadores não sujeitos à obrigação legal de manter sistema de controle de jornada de seus empregados, mas que deles se utilizam, devem zelar para que os mesmos obedeçam à regulamentação específica, eventualmente existente para a modalidade que adotarem. Caso o Auditor Fiscal do Trabalho tenha acesso a tal controle, poderá dele extrair elementos de convicção para autuação por infrações, já que o documento existe e é meio de prova hábil a contribuir na sua convicção. *(Alterado pelo Ato Declaratório n. 12, de 10.8.2011, DOU 9.9.2011).*

Referência Normativa: art. 74 da Consolidação das Leis do Trabalho — CLT.

Precedente Administrativo n. 43
Inspeção do trabalho. Documentos sujeitos a inspeção. Apresentação parcial. A alegação em defesa de que não foi exibida ao Auditor Fiscal do Trabalho apenas parte dos documentos mencionados no auto de infração acarreta a procedência total da autuação, uma vez que a infração ao art. 630 §§ 3º e 4º da Consolidação das Leis do Trabalho — CLT não comporta subsistência parcial.
Referência Normativa: art. 630 §§ 3º e 4º da Consolidação das Leis do Trabalho — CLT.

Precedente Administrativo n. 44
Inspeção do trabalho. Competência dos Auditores Fiscais do trabalho médicos e engenheiros. Os Auditores Fiscais do Trabalho médicos e engenheiros têm competência para lavrar auto de infração capitulado no art. 41 da CLT, ao constatarem falta de registro de empregado.
Referência Normativa: Medida Provisória n. 2.175-29, de 24 de agosto de 2001.

Precedente Administrativo n. 45
Domingos e feriados. Comércio varejista em geral. I — O comércio em geral pode manter empregados trabalhando aos domingos, independentemente de convenção ou acordo coletivo e de autorização municipal. *(Alterado pelo Ato Declaratório n. 12, de 10.8.2011, DOU 9.9.2011).* II — Revogado pelo Ato Declaratório n. 7, de 12 de junho de 2003. III — Por sua vez, a abertura do comércio aos domingos é de competência municipal e a verificação do cumprimento das normas do município incumbe à fiscalização de posturas local. IV — O comércio em geral pode manter empregados trabalhando em feriados, desde que autorizado em convenção coletiva de trabalho. *(Alterado pelo Ato Declaratório n. 12, de 10.8.2011, DOU 9.9.2011).* V — Os shopping centers, mercados, supermercados, hipermercados e congêneres estão compreendidos na categoria "comércio em geral" referida pela Lei n. 10.101/2000, com redação dada pela Lei n. 11.603/2007. *(Alterado pelo Ato Declaratório n. 12, de 10.8.2011, DOU 9.9.2011)*
Referência Normativa: Lei n. 11.603 de 5 de dezembro de 2007, que altera e acrescenta dispositivos ao art. 6º da Lei n. 10.101 de 19 de dezembro de 2000.

Precedente Administrativo n. 46
(Cancelado pelo Ato Declaratório n. 10, de 3.8.2009, DOU 4.8.2009).

Precedente Administrativo n. 47
(Cancelado pelo Ato Declaratório n. 10, de 3.8.2009, DOU 4.8.2009).

Precedente Administrativo n. 48
(Cancelado pelo Ato Declaratório n. 10, de 3.8.2009, DOU 4.8.2009).

Precedente Administrativo n. 49
Jornada. Controle. Gerentes. O empregador não está desobrigado de controlar a jornada de empregado que detenha simples título de gerente, mas que não possua poderes de gestão nem perceba gratificação de função superior a 40% do salário efetivo.
Referência Normativa: art. 62, II e parágrafo único e art. 72 § 2º da Consolidação das Leis do Trabalho — CLT.

Precedente Administrativo n. 50
Remuneração. Diárias de viagem que excedem 50% do salário. Natureza jurídica. É ônus do empregador afastar a presunção de

que as diárias de viagem que excedam a 50% do salário do empregado têm natureza salarial, pela comprovação de que o empregado presta contas de suas despesas, recebendo os valores a título de ressarcimento.

Referência Normativa: art. 457, § 2º da Consolidação das Leis do Trabalho — CLT e Instrução Normativa n. 8, de 1º de novembro de 1991.

Precedente Administrativo n. 51

Inspeção do Trabalho. Notificação para apresentação de documentos.

Revisão do precedente administrativo n. 12. Notificação para apresentação de documentos em dia certo, sem indicação de hora, caracteriza infração somente quando transcorrer completamente o dia sem a devida apresentação.

Referência Normativa: art. 630 § 4º, da CLT.

Precedente Administrativo n. 52

Inspeção do Trabalho. Notificação para apresentação de documentos. A expressão "a partir de" constante da notificação para apresentação de documentos indica o horário a partir do qual, no dia assinalado, o Auditor Fiscal comparecerá para inspecioná-los. Ao empregador cabe disponibilizar os documentos no dia assinalado e no horário constante da notificação e, a partir daquele horário, mantê-los disponíveis para exame.

Referência Normativa: art. 630 § 4º, da CLT.

Precedente Administrativo n. 53

Embaraço ou resistência. Capitulação e base legal. O art. 630, § 6º é base legal para aplicação de sanção pela infração ao art. 630, §§ 3º, 4º e 5º, além de ser explicativo quanto à configuração de embaraço ou resistência. Embaraço e resistência não são infrações autônomas capituláveis no art. 630 § 6º, mas apenas circunstâncias que agravam a sanção.

Referência Normativa: art. 630 da CLT e art. 5º da Lei n. 7.855, de 24 de outubro de 1989.

Precedente Administrativo n. 54

FGTS. Deixar de recolher FGTS após notificado pela fiscalização. Caracteriza-se a infração prevista no art. 23, § 1º, inciso V da Lei n. 8.036, de 11 de maio de 1990, a partir do momento em que se tornou definitiva decisão administrativa proferida em notificação de débito, sem que o notificado tenha recolhido o valor devido.

Referência Normativa: art. 23, § 1º, inciso V da Lei n. 8.036, de 11 de maio de 1990.

Precedente Administrativo n. 55

Jornada. Fixação de limite especial. Turnos ininterruptos de revezamento. Para a caracterização de trabalho em turnos ininterruptos de revezamento é necessária a constante alternância de horários de trabalho.

Referência Normativa: art. 58 da CLT; art. 7º, inciso XIV da Constituição Federal.

Precedente Administrativo n. 56

Auto de infração. Presunção de veracidade. A presunção de veracidade do auto de infração não desobriga o Fiscal de demonstrar os fatos que o levaram a concluir pela existência do ilícito trabalhista.

Referência Normativa: art. 9º, inciso IV, da Portaria n. 148, de 25 de janeiro de 1996.

Precedente Administrativo n. 57

Contribuição Sindical. Recolhida a contribuição sindical, descabe ao Auditor Fiscal exigir recolhimento para outro sindicato, sob o fundamento de enquadramento sindical incorreto. É direito constitucionalmente assegurado a livre associação.

Referência Normativa: art. 8º da Constituição Federal; art. 545 da CLT.

Precedente Administrativo n. 58

FGTS. Levantamento de débito. Contrato com a administração pública declarado nulo. Procedente débito levantado referente a FGTS devido a trabalhador cujo contrato foi declarado nulo, com manutenção do direito ao salário, após 27.8.2001, data de introdução do art. 19-A na Lei n. 8.036, de 11 de maio de 1990, pela Medida Provisória n. 2.164-41, de 24 de agosto de 2001.

Referência Normativa: art. 19-A da Lei n. 8.036, de maio de 1990; art. 37 § 2º da Constituição Federal.

Precedente Administrativo n. 59

Registro. Contrato de Trabalho. Grupo Econômico. O trabalho prestado pelo empregado a várias empresas do mesmo grupo econômico configura apenas um contrato de trabalho, sendo desnecessário o registro do empregado em cada uma das empresas. Autuação improcedente.

Referência Normativa: art. 2º, § 2º e art. 41 ambos da CLT.

Precedente Administrativo n. 60

(Cancelado pelo Ato Declaratório n. 10, de 3.8.2009, DOU 4.8.2009).

Precedente Administrativo n. 61

Estágio. Requisitos Legais. Descumprimento. I — A existência de termo de compromisso e a compatibilidade da jornada de estágio com o horário escolar do aluno não são elementos suficientes para a configuração da regularidade do contrato de estágio, uma vez que devem ser atendidos todos os requisitos legais, em especial a complementação do ensino e da aprendizagem. II — Os estágios devem ser planejados, executados, acompanhados e avaliados em conformidade com os currículos, programas e calendários escolares. III — Presentes os elementos da relação de emprego sob a roupagem do contrato de estágio, procede a descaracterização dessa contratação especial.

Referência Normativa: Lei n. 6.494/77 e Decreto n. 87.497/82

Precedente Administrativo n. 62

Segurança e Saúde no Trabalho. Autuação. Capitulação legal. Descabe autuação capitulada no art. 200 da CLT, uma vez que tal dispositivo não encerra qualquer comando dirigido ao empregador, mas apenas consigna autorização legal para expedição de normas pelo Ministério do Trabalho e Emprego.

Referência Normativa: art. 200 da CLT.

Precedente Administrativo n. 63

Jornada. Redução do intervalo intrajornada. A existência de acordo coletivo com previsão de intervalo para repouso ou alimentação inferior ao limite mínimo legal não é suficiente para que seja considerada regular a jornada de trabalho. O acordo coletivo é apenas um dos requisitos para a imprescindível autorização, pelo Ministro do Trabalho e Emprego ou autoridade delegada, da redução do intervalo para menos de uma hora.

Referência Normativa: art. 71 da CLT e Portaria/MTb n. 3.116, de 5 de abril de 1989.

Precedente Administrativo n. 64

Processual. Revelia. Direito de defesa. A revelia na fase de defesa não tem como consequência a confissão ficta em relação à matéria de fato. O autuado pode, mesmo revel na fase de defesa, interpor recurso contra a decisão regional, inclusive com apresentação de documentos.

Referência Normativa: art. 635 da CLT e art. 34 c/c art. 23 da Portaria n. 148, de 25 de janeiro de 1996.

Precedente Administrativo n. 65

Rurícula. Contrato de Safra. Indenização ao término do contrato. FGTS. Compatibilidade. O art. 14 da Lei n. 5.889, de 8 de junho de 1973, foi recepcionado pela Constituição Federal de 1988, devendo tal indenização ser cumulada com o percentual do FGTS devido na dispensa. No contrato de safra se permite uma dualidade de regimes, onde o acúmulo de direitos corresponde a um plus concedido ao safrista. Não há que se falar, portanto, em *bis in idem* ao empregador rural.

Referência Normativa: art. 14 da Lei n. 5.889, de 8 de junho de 1973 e art. 13, inciso IX da Instrução Normativa/SIT n. 25, de 20 de dezembro de 2001.

Precedente Administrativo n. 66

Segurança no trabalho. Construção civil. Campo de aplicação da NR-18. Os comandos constantes da Norma Regulamentadora NR-18 não se dirigem exclusivamente aos empregadores cujo objeto social é a construção civil e que, portanto, enquadram-se nos Códigos de Atividade Específica constantes do Quadro I da Norma Regulamentadora — NR 4. As obrigações se estendem aos empregadores que realizem atividades ou serviços de demolição, reparo, pintura, limpeza e manutenção de edifícios em geral, de qualquer número de pavimentos ou tipo de construção, de urbanização e paisagismo, independentemente de seu objeto social.

Referência Normativa: Item 18.1.2 da Norma Regulamentadora NR-18.

Precedente Administrativo n. 67

(Cancelado pelo Ato Declaratório n. 10, de 3.8.2009, DOU 4.8.2009).

Precedente Administrativo n. 68

Empregado sem registro. Adolescente menor de 16 anos. Autuação. I — Improcede autuação por falta de registro de adolescente menor de 16 anos, uma vez que não se pode impor sanção ao empregador por descumprir formalidade de contratação de pessoa que, de acordo com disposição constitucional, não pode ser contratado como empregado. II — A infração portanto, não ocorreu no dispositivo que determina o registro de empregado, mas ao dispositivo que proíbe o trabalho de menores de 16 anos, salvo na condição de aprendiz e a partir dos 14 anos.

Referência Normativa: art. 7º, XXXIII da Constituição Federal, art. 41 e 403 da CLT.

Precedente Administrativo n. 69

Empregado sem registro. Parentesco com o proprietário da empresa. Parentesco entre empregador e empregado não é fato impeditivo da caracterização da relação laboral, cuja configuração se dá pela presença dos elementos contidos na lei.

Referência Normativa: art. 3º da CLT.

Precedente Administrativo n. 70

Segurança e saúde no trabalho. Dimensionamento dos serviços especializados em engenharia de segurança e em medicina do trabalho — SESMT. Enquadramento no cadastro nacional de atividades econômicas — CNAE. O dimensionamento do SESMT deve estar de acordo com o grau de risco da atividade efetivamente realizada no estabelecimento, que pode ser constatada em inspeção do trabalho. Irregular o dimensionamento que considerou o grau de risco correspondente ao CNAE declarado pelo empregador, mas se mostrou inadequado ao

risco constatado no local de trabalho. Autuação procedente.
Referência Normativa: Item 4.2 da Norma Regulamentadora NR-4.

Precedente Administrativo n. 71
Inspeção do trabalho. Notificação de empresas autorizadas a centralizar documentos. Critério para contagem dos prazos concedidos. Revisão do Precedente Administrativo n. 16. Quando aplicável concessão de prazo para exibição de documentos, não inferior a dois nem superior a oito dias, sua contagem deve se dar com exclusão do dia do início e inclusão do dia do término, sendo irrelevante o horário em que se procedeu à notificação. Desnecessária observância do prazo para as notificações posteriores à anteriormente emitida e não cumprida pelo administrado.
Referência Normativa: art. 3º Portaria n. 3.626/91 e art. 3º Portaria 41/2007

Precedente Administrativo n. 72
Processual. Notificação de débito. Comprovação de pagamento anterior. Revisão dos precedentes administrativos n. 20 e 72. I — A existência de recolhimentos anteriores à data de emissão ou de apuração da notificação, não considerados, torna obrigatório seu abatimento, para convalidação do ato administrativo, mesmo após encerrado o contencioso administrativo, na forma prevista na instrução normativa vigente. II — Se o saneamento do débito é demandado após encerramento do contencioso, em razão de devolução do processo pela CAIXA apenas e estritamente para fins de dedução de guias anteriores, o analista deverá propor a emissão de termo necessário para ajuste de liquidez da decisão definitiva, o qual, após acolhido pela autoridade competente, ensejará remessa dos autos para continuidade da inscrição ou cobrança, sem prejuízo da ciência do empregador a respeito.
Referência Normativa: art. 61 e 65 da Instrução Normativa n. 99/2012 e art. 55 da Lei n. 9.784/1999.

Precedente Administrativo n. 73
Jornada. Telefonista. Telemarketing. Revisão do Precedente Administrativo n. 26. Estende-se ao operador de telemarketing a proteção prevista no art. 227 da CLT. O tempo de efetivo labor em teleatendimento deve ser de, no máximo, 6 horas diárias. Essa exigência não prejudica a existência de jornadas de duração superior, nos termos da legislação, desde que o restante da jornada seja ocupado com outras tarefas e que se respeitem as pausas obrigatórias diárias previstas no Anexo II da NR-17 e o limite semanal de 36 horas de teleatendimento/telemarketing.
Referência Normativa: art. 227 da CLT e itens 5.3 e 5.3.1 do Anexo II da NR -17 da Portaria n. 9, de 30.3.2007.

Precedente Administrativo n. 74
Processual. Auto de infração e notificação de débito de FGTS e Contribuição social. Requisitos de admissibilidade. Caráter material de recurso. Revisão do precedente administrativo n. 32. I — O recurso administrativo interposto em processo iniciado por auto de infração não deve ter seu mérito analisado quando careça de quaisquer requisitos de admissibilidade. O mesmo se aplica à defesa. (INALTERADO) II — Aplica-se o disposto no item I ao processo iniciado por notificação de débito, exceto se houver recolhimentos de FGTS ou Contribuição Social anteriores à data de emissão ou apuração do débito, e que não tenham sido considerados, dada a necessidade de haver certeza e liquidez quanto ao débito apurado. A exceção alcança também as hipóteses em que se comprova parcelamento anterior, desde que assim previsto nas instruções normativas vigentes ao tempo da emissão da notificação, conforme Precedente Administrativo n. 01. III — Não será recebida como recurso a manifestação do interessado que seja desprovida de argumentos que materialmente possam ser caracterizados como recursais. Assim, caso a peça recursal não apresente razões legais ou de mérito demonstrando precisamente os fundamentos de inconformismo do recorrente em relação à decisão recorrida, não terá seu mérito analisado. (INALTERADO) IV — O juízo de admissibilidade formal e material dos recursos interpostos em instância administrativa é feito pela autoridade regional. Caso seja negado seguimento ao recurso pela autoridade regional pela ocorrência das hipóteses. (INALTERADO)
Referência Normativa: arts. 629, § 3º e 636 da CLT, arts. 56 e 60 da Lei n. 9.784/1999, arts. 14, 24, 33 e 34 da Portaria n. 148/1996, art. 9º do anexo VI da Portaria n. 483/2004 e art. 23, *caput,* da Lei n. 8.036/90, no art. 1º da Lei n. 8.844/94 e no art. 3º da Lei Complementar n. 110/2001

Precedente Administrativo n. 75
Inspeção do trabalho. Autuação por não apresentação de documentos. Improcedência. Revisão do Precedente Administrativo n. 60. O auto de infração lavrado por falta de apresentação de documentos será improcedente quando: I — for lavrado por descumprimento da obrigação específica; II — o próprio autuante demonstrar, no corpo do auto de infração, o não cumprimento da referida obrigação ou; III — por outro dado constante do processo, inclusive alegações da defesa, fique demonstrado que o fato gerador é o descumprimento da obrigação e não a ausência do documento relativo àquela obrigação.
Referência Normativa: art. 630 §§ 3º e 4º, da CLT

Precedente Administrativo n. 76
Adicional de insalubridade. Reflexo sobre horas extras. Revisão do Precedente Administrativo n. 67. A remuneração do trabalho extraordinário realizado em condições insalubres deve ter como base de cálculo o salário normal acrescido do adicional de insalubridade.
Referência Normativa: art. 59, § 1º e art. 192 da CLT.

Precedente Administrativo n. 77
Prescrição. Processo administrativo paralisado em virtude do desaparecimento dos autos. O afastamento da prescrição administrativa de que trata a Lei n. 9.873/99 somente pode ocorrer nos casos expressamente previstos na legislação. Dessa forma, incide a prescrição prevista no art. 1º, § 1º desta norma no processo administrativo paralisado em virtude do desaparecimento dos autos, tendo em vista que tal fato não se enquadra dentre as hipóteses de interrupção ou suspensão da prescrição previstas nessa lei.
Referência Normativa: art. 2º e 3º da Lei n. 9.873/99.

Precedente Administrativo n. 78
Registros de ponto. Marcação incorreta. Defeito em relógio. Falha de sistema. O controle de registro de jornada é responsabilidade do empregador. Assim sendo, se houve marcação incorreta do ponto, responde o autuado pela falta cometida, por culpa *in vigilando,* vez que o empregador é dotado legalmente de poder diretivo e disciplinar para cumprir e fazer cumprir as disposições do estatuto celetizado.
Referência Normativa: art. 74, § 2º da CLT

Precedente Administrativo n. 79
Intervalos intra e interjornadas e descanso semanal. Descumprimento. Necessidade imperiosa. Inaplicabilidade art. 61 da CLT. A ocorrência de necessidade imperiosa não autoriza o descumprimento do intervalo mínimo de onze horas consecutivas para descanso entre duas jornadas de trabalho, tampouco a não concessão do descanso semanal de vinte e quatro horas consecutivas, ou ainda a não concessão do intervalo mínimo intrajornada.
Referência Normativa: art. 66 e 67, *caput* e 71, *caput,* da CLT

Precedente Administrativo n. 80
Vale-transporte. Não concessão para deslocamento do empregado no período do intervalo intrajornada. Infração inexistente. Não se depreende da Lei n. 7.418/85, alterada pela Lei n. 7.619/87, que o empregador esteja obrigado ao fornecimento do vale-transporte para a ida e retorno do empregado à sua residência para refeição.
Referência Normativa: art. 4º da Lei n. 7.418/1985.

Precedente Administrativo n. 81
Regime de compensação. Jornada de trabalho 12 x 36 horas. Admissibilidade. Não obstante a limitação do art. 59, *caput,* da CLT, admite-se o regime de compensação 12 x 36, quando previsto em convenção coletiva e praticado em atividade que não exige esforço constante e intenso, devido às vantagens que proporciona ao trabalhador: descanso de 36 horas entre as jornadas, menor número de deslocamentos residência-trabalho-residência, duração do trabalho semanal inferior a 44 horas.
Referência Normativa: art. 7º, XIII da Constituição Federal

Precedente Administrativo n. 82
Jornada. Intervalo para repouso e alimentação. Não cumulatividade. Os intervalos para repouso e alimentação previstos no art. 71, *caput* e § 1º não são cumulativos, inexistindo obrigação legal de concessão de dois intervalos. A expressão "trabalho contínuo" deve ser entendida como jornada diária e não como períodos individuais que antecedem ou sucedem o horário de repouso. Ainda que o segundo período da jornada diária do empregado, após o intervalo concedido, seja superior a seis horas, o empregador não está obrigado a conceder-lhe novo intervalo.
Referência Normativa: art. 71, *caput* e § 1º da CLT.

Precedente Administrativo n. 83
Salário mínimo e piso salarial. Aprendizes. Aplicabilidade. A lei garante ao aprendiz o direito ao salário mínimo, e não ao piso salarial, salvo quando lhe for expressamente assegurada condição mais favorável, seja pela lei, por contrato coletivo ou por liberalidade do empregador.
Referência Normativa: art. 7º, IV e V da CF e art. 428, § 2º, da CLT

Precedente Administrativo n. 84
Jornada. Intervalo interjornadas de 11 horas e descanso semanal de 24 horas. O intervalo interjornada corresponde ao lapso temporal de 11 horas consecutivas que deve separar uma jornada e outra de trabalho. Tal intervalo não se confunde ou se compensa com o descanso semanal remunerado, de 24 horas consecutivas. Entre módulos semanais somam-se os dois intervalos: 11 horas (entre dias) e 24 horas (entre semanas), totalizando, pois, 35 horas.

Referência Normativa: art. 66 e art. 67 da CLT.

Precedente Administrativo n. 85
Parentesco. Relação de emprego. Possibilidade. A caracterização da relação de emprego pode ser estabelecida entre familiares, não sendo o parentesco fator impeditivo da configuração do vínculo empregatício.
Referência Normativa: art. 3º da CLT.

Precedente Administrativo n. 86
Salário. Pagamento por depósito bancário. Se o salário é depositado em conta bancária, o comprovante de depósito substitui o recibo de pagamento. A empresa fica obrigada, apenas, a entregar ao trabalhador um contracheque ou demonstrativo de pagamento, em que se discriminem as parcelas salariais.
Referência Normativa: art. 464, parágrafo único da CLT.

Precedente Administrativo n. 87
Rescisão. Multas pelo atraso. Duas consequências decorrem da inobservância ao § 6º do art. 477 da CLT, quais sejam, uma multa a título de penalidade pela irregularidade e outra multa em favor do empregado lesado, equivalente ao seu salário. Estatuindo a própria lei duas consequências pecuniárias, absolutamente distintas em termos de natureza jurídica, finalidade e destinatário, completamente descabida é a tese de improcedência do auto de infração por já ter sido recolhida a multa de um salário em favor do empregado.
Referência Normativa: art. 477, § 6º da CLT.

Precedente Administrativo n. 88
Infração trabalhista. Regularização após a autuação. A regularização, após a autuação, de situação irregular constatada durante fiscalização não descaracteriza a infração, tampouco acarreta a improcedência do auto.

Precedente Administrativo n. 89
FGTS. Assistência médica. Não incidência. Não incide FGTS sobre parcela relativa a "assistência médica".
Referência Normativa: art. 458 da CLT.

Precedente Administrativo n. 90
Jornada. Gerentes e ocupantes de cargos de confiança em bancos. Controle. Os gerentes ou ocupantes de cargos de confiança não estão dispensados do ponto, apesar de não terem direito à jornada de seis horas. Somente o gerente bancário com amplos poderes de mando e gestão — o gerente-geral — a quem todos os outros gerentes, direta ou indiretamente, estão subordinados, é que está dispensado do ponto, por força do art. 62, II, da CLT.
Referência Normativa: art. 224 e art. 62, II da CLT.

Precedente Administrativo n. 91
Norma Regulamentadora n. 1. Disposições legais e regulamentares sobre segurança e saúde no trabalho. Abrangência. A competência da Inspeção do Trabalho consiste na verificação do cumprimento da legislação trabalhista. Medidas de proteção da saúde e segurança previstas em Instrução Técnica do Corpo de Bombeiros Militar, sem o correspondente específico na legislação trabalhista, mas que são aplicáveis e necessárias no ambiente de trabalho, devem ser previamente notificadas para cumprimento, em atenção ao dever de prever e controlar os riscos estabelecido na NR n. 9.
Referência Normativa: subitem 1.7, alínea a da NR n. 1 c/c subitem 9.1.1 da NR n. 9.

Precedente Administrativo n. 92
Autuação. Citação de pelo menos um empregado. Desnecessidade. Infração à coletividade dos trabalhadores. Não é necessária citação de pelo menos um empregado em situação irregular na caracterização de infração que atinge a coletividade dos trabalhadores, pois todos aqueles que laboram no local de trabalho estão em situação irregular.

Precedente Administrativo n. 93
Programa de Controle Médico de Saúde Ocupacional — PCMSO. Ações de saúde. Autuação. Necessidade de notificação prévia. A autuação por ausência de ações de saúde no planejamento do PCMSO não previstas em Norma Regulamentadora, depende de notificação prévia que especifique as ações de saúde adequadas ao trabalho desenvolvido e ao ambiente laboral, tendo em vista a generalidade do dispositivo normativo.
Referência Normativa: subitem 7.4.6 da NR n. 7.

Precedente Administrativo n. 94
Programa de Controle Médico de Saúde Ocupacional — PCMSO. Elaboração. Médico do trabalho não integrante do serviço especializado em engenharia de segurança e em medicina do trabalho. O PCMSO, desde que atendidos os requisitos normativos, pode ser elaborado por qualquer médico do trabalho, não havendo obrigatoriedade de ser integrante do SESMT, nem mesmo de ser empregado. Quando houver SESMT com médico, ele é quem deve coordenar e executar o PCMSO.

Precedente Administrativo n. 95
Programa de Prevenção de Riscos Ambientais — PPRA. Riscos mecânicos e ergonômicos. Os riscos mecânicos e ergonômicos não são de previsão obrigatória no PPRA.
Referência Normativa: subitem 9.1.5 da NR n. 9.

Precedente Administrativo n. 96
(Cancelado pelo Ato Declaratório n. 11, de 25.11.2009, DOU 26.11.2009).

Precedente Administrativo n. 97
Comissão Interna de Prevenção de Acidentes — CIPA. Dimensionamento. Atividade considerada para determinação do grupo. Para fins de dimensionamento de CIPA, a atividade considerada na determinação do grupo deve ser aquela efetivamente desenvolvida no estabelecimento, ainda que outro código de Classificação Nacional de Atividade Econômica conste do Cadastro Nacional de Pessoa Jurídica, mesmo que resulte no aumento ou redução do dimensionamento ou desobrigação de constituição da Comissão.
Referência Normativa: item 5.6 da NR n. 5.

Precedente Administrativo n. 98
Comissão Interna de Prevenção de Acidentes — CIPA. Não adoção das recomendações da CIPA. Regular funcionamento. A não adoção pelo empregador das recomendações da CIPA não significa infração ao dever de mantê-la em regular funcionamento.

Precedente Administrativo n. 99
Equipamento de Proteção Individual — EPI. Uniforme. O uniforme simples não é considerado EPI, pois sua finalidade é servir de vestimenta para o trabalho e não proteger o trabalhador de acidentes ou exposição a agentes nocivos. O não fornecimento de uniforme pode configurar transferência indevida do custo da atividade econômica ao empregado e não infração à Norma Regulamentadora n. 6.

Precedente Administrativo n. 100
Serviço especializado em engenharia de segurança e em medicina do trabalho. Registro. Atualização. Tendo em vista que o SESMT é constituído de pessoas, a substituição de profissionais não significa mera atualização, mas constituição de novo SESMT, principalmente quando há redimensionamento do Serviço, que deve ser comunicado de imediato ao MTE como se de novo registro se tratasse. Interpretação do item 4.17 da NR n. 4.

Precedente Administrativo n. 101
FGTS. Levantamento de débito. Acordos judiciais. Não exclusão do débito. Aplicação da IN n. 84/2010. Notificações de débito lavradas na vigência da IN n. 25/2001. I — Os débitos de FGTS acordados judicialmente em ação na qual a União e a CAIXA não foram chamadas para se manifestarem, não devem ser excluídos das NFGC/NFRC lavradas pelos Auditores Fiscais do Trabalho, pois seus atos não são alcançados pelos limites da coisa julgada feita pela sentença que homologou o acordo. II — As notificações de débito de FGTS lavradas durante a vigência da IN n. 25/2001 em que foram excluídos valores acordados judicialmente, devem ser analisadas conforme os procedimentos nela previstos, pois constituem atos administrativos praticados consoantes interpretação e normatização sobre o tema à época de sua lavratura. *(Ato Declaratório n. 12, de 10.8.2011, DOU 9.9.2011)*
Referência Normativa: art. 472 do CPC; arts. 15, 25 e 26 da Lei n. 8.036, de maio de 1990. Art. 2º, parágrafo único, XIII, da Lei n. 9.784, de janeiro de 1999 e art. 34 da IN n. 25, de dezembro de 2001.

Precedente Administrativo n. 102
Auto de infração. Local de lavratura. O conceito de local de inspeção abrange aquele onde os Auditores Fiscais do Trabalho executam atos de inspeção e verificam os atributos trabalhistas por meio de análise de documentos ou sistemas informatizados, conforme procedimento de fiscalização previsto em normas expedidas pela autoridade nacional competente em matéria de inspeção do trabalho.
Referência Normativa: Art. 629, § 1º da CLT. Arts. 20, 24, 25 e 30 do Decreto n. 4.552, de 27 de dezembro de 2002. Art. 7º da Portaria n. 148, de 25 de janeiro de 1996. Art. 43 da Instrução Normativa n. 99, de 23 de agosto de 2012.

Precedente Administrativo n. 103
Interposição de embargos de declaração e outros recursos sem previsão expressa no Título VII da CLT. Inadmissibilidade. Os processos administrativos de autos de infrações e de notificações de débito de FGTS e CS estão sujeitos a duas instâncias administrativas: defesa e recurso. Após o encerramento do contencioso administrativo, não deverão ser conhecidos embargos de declaração ou outros recursos sem previsão expressa na legislação específica.
Referência normativa: Título VII da Consolidação das Leis do Trabalho e Portaria n. 148, de 25 de janeiro de 1996.

Portaria GM/MTE n. 188, de 29 de janeiro de 2014

Dispõe sobre as transferências de valores dos recursos da arrecadação da Contribuição Sindical entre as entidades sindicais e a Conta Especial Emprego Salário estabelecidas nos arts. 590 e 591 da Consolidação das Leis Trabalhistas — CLT

O MINISTRO DE ESTADO DO TRABALHO E EMPREGO, no uso das suas atribuições

LEGISLAÇÃO COMPLEMENTAR

legais e tendo em vista o disposto no art. 87, parágrafo único, inciso II, da Constituição, no Título V da Consolidação das Leis do Trabalho, aprovada pelo Decreto-lei n. 5.452, de 1º de maio de 1943, resolve:

Art. 1º Os procedimentos relacionados com a distribuição de valores arrecadados quando da inexistência de entidade sindical no sistema sindical brasileiro, será regulamentado nos termos desta Portaria.

Art. 2º Da importância da arrecadação da contribuição sindical serão feitos os seguintes créditos pela Caixa Econômica Federal, para as entidades representantes de empregados e empregadores:
a) 60% para o sindicato respectivo;
b) 15% para a federação;
c) 5% para confederação correspondente; e
d) 20% para Conta Especial Emprego e Salário.

Parágrafo único. O Sindicato dos trabalhadores indicará ao Ministério do Trabalho e Emprego a central sindical a que estiver filiado, que fará jus a 10% (dez por cento) dos créditos da repartição da Contribuição Sindical inseridas na letra d, do art. 2º, sem prejuízo da observância dos critérios de representatividade previstos na legislação específica sobre a matéria.

Art. 3º Inexistindo sindicato representativo da categoria profissional ou econômica, o valor arrecadado a título de contribuição sindical será repassado da seguinte forma:
a) 60% para a federação;
b) 20% para a confederação correspondente; e
c) 20% para Conta Especial Emprego e Salário.

Art. 4º Inexistindo sindicato e federação, simultaneamente, a repartição da contribuição sindical ocorrerá da seguinte forma:
a) 20% para a confederação; e
b) 80% para Conta Especial Emprego e Salário.

Art. 5º Inexistindo sindicato e confederação, simultaneamente, a repartição da contribuição sindical ocorrerá da seguinte forma:
a) 80% para a Federação; e
b) 20% para Conta Especial Emprego e Salário.

Art. 6º Inexistindo federação, o valor deverá ser repassado da seguinte forma:
a) 60% para o sindicato;
b) 5% para a confederação; e
c) 35% para a Conta Especial Emprego e Salário.

Art. 7º Inexistindo federação e confederação, simultaneamente, o repasse dos valores arrecadados a título de contribuição sindical ocorrerá da seguinte forma:
a) 60% para o sindicato; e
b) 40% para a Conta Especial Emprego e Salário.

Art. 8º Inexistindo confederação, o montante arrecado a título de contribuição sindical será repassado da seguinte forma:
a) 60% para o sindicato;
b) 20% para a federação; e
c) 20% para a Conta Especial Emprego e Salário.

Art. 9º Não havendo sindicato, nem entidade sindical de grau superior, ou central sindical, a contribuição sindical será creditada, integralmente, à Conta Especial Emprego e Salário.

Art. 10. Esta Portaria entra em vigor em 1º março de 2014.

MANOEL DIAS
DOU 18.2.2014

Portaria MTE n. 376, de 21 de março de 2014

O MINISTRO DE ESTADO DO TRABALHO E EMPREGO no uso das atribuições que lhes confere o art. 87 da Constituição, resolve:

Art. 1º Suspender os efeitos da Portaria n. 188, de 29 de janeiro de 2014, publicada no Diário Oficial da União n. 21, de 30 de janeiro de 2014, Seção 1, p. 118.

Art. 2º Esta portaria entra em vigor na data de sua publicação.

MANOEL DIAS
DOU 24.3.2014

Portaria GM/MTE n. 589, de 28 de abril de 2014

Disciplinar as medidas a serem adotadas pelas empresas em relação à notificação de doenças e acidentes do trabalho

O MINISTRO DE ESTADO DO TRABALHO E EMPREGO, no uso das atribuições que lhe conferem o inciso II do Parágrafo Único do art. 87 da Constituição Federal;

Considerando o disposto no art. 169 da Consolidação das Leis do Trabalho, relativamente à notificação obrigatória das doenças profissionais e outras relacionadas ao trabalho, comprovadas ou objeto de suspeita;

Considerando que a Convenção n. 81 da Organização Internacional do Trabalho — OIT, promulgada pelo Decreto n. 41.721, de 25 de junho de 1957, estabelece em seu art. 14 que os acidentes do trabalho e os casos de doenças profissionais deverão ser notificados à inspeção do trabalho, nos casos e na forma determinada pela legislação nacional; e

Considerando o disposto no art. 20 da Lei n. 8.213, de 24 de julho de 1991, que trata da relação dos agravos que caracterizam doenças profissionais e o do trabalho, resolve:

Art. 1º Disciplinar as medidas a serem adotadas pelas empresas em relação à notificação de doenças e acidentes do trabalho.

Art. 2º Todo acidente fatal relacionado ao trabalho, inclusive as doenças do trabalho que resultem morte, deve ser comunicado à unidade do Ministério do Trabalho e Emprego mais próxima à ocorrência no prazo de até vinte e quatro horas após a constatação do óbito, além de informado no mesmo prazo por mensagem eletrônica ao Departamento de Segurança e Saúde no Trabalho, da Secretaria de Inspeção do Trabalho, no endereço <dsst.sit@mte.gov.br> contendo as informações listadas em anexo a esta norma.

Art. 3º A comunicação de que trata o art. 2º não suprime a obrigação do empregador de notificar todos os acidentes do trabalho e doenças relacionadas ao trabalho, com ou sem afastamento, comprovadas ou objeto de suspeita, mediante a emissão de Comunicação de Acidente de Trabalho — CAT apresentada ao órgão competente do Ministério da Previdência Social.

Art. 4º O Ministério do Trabalho e Emprego apresentará periodicamente ao Comitê Executivo criado pelo Decreto n. 7.602, de 7 de novembro de 2011, a relação de agravos que caracterizam doenças relacionadas ao trabalho, a ser publicada no dia 28 de abril seguinte, dia mundial de segurança e saúde no trabalho.

Art. 4º Esta Portaria entra em vigor na data de sua publicação.

MANOEL DIAS
DOU 30.4.2014

ANEXO

Empregador	
CNPJ, CEI ou CPF	
Endereço e telefone da empresa	
Número da CAT registrada	
Data do Óbito	
Nome do Acidentado	
Endereço do acidente	
Situação geradora do acidente	

Portaria GM/MTE n. 654, de 9 de maio de 2014

Estabelece procedimentos, no âmbito do Ministério do Trabalho e Emprego para concessão, registro e arquivo de solicitação de audiência a particulares

O MINISTRO DE ESTADO DO TRABALHO E EMPREGO, no uso das atribuições que lhe conferem o artigo 87, parágrafo único, inciso II da Constituição Federal, e tendo em vista o disposto na Lei n. 12.813, de 16 de maio de 2013 e no Decreto n. 4.334, de 12 de agosto de 2002, resolve:

Art 1º Estabelecer procedimentos para registro e arquivo de solicitações de audiências concedidas a particulares por agentes públicos em exercício nas Unidades do Ministério do Trabalho e Emprego, ocupantes de cargos de Direção e Assessoramento — DAS 5, 6 e cargos de Natureza Especial, incluindo-se Ministro de Estado.

Parágrafo único. Para fins desta Portaria, considera-se:

I — Agente público todo aquele, civil ou militar, que por força de lei, contrato ou qualquer outro ato jurídico detenha atribuição de se manifestar ou decidir sobre ato ou fato sujeito à sua área de atuação;

II — Particular todo aquele que, mesmo ocupante de cargo ou função pública, solicite audiência para tratar de interesse privado seu ou de terceiros.

Art. 2º As concessões de audiências deverão ser precedidas de pedido de audiência, dirigido ao chefe de gabinete, ocupante de cargo equivalente ou servidor designado para esse fim, do órgão a que estiver vinculado o agente público, enviado por meio do serviço de protocolo, fac-símile ou meio eletrônico, contendo, no mínimo, as seguintes informações:

I — identificação do requerente;
II — instituição que representa, se for o caso;
III — assunto a ser tratado, descrito no menor nível de detalhamento possível;
IV — identificação dos acompanhantes, se houver;
V — data e hora em que pretende ser recebido e, quando for o caso, as razões da urgência; e
VI — endereço, telefone ou e-mail para contato.

Parágrafo único. Após a análise da solicitação de reunião pelo agente público, ficará a cargo da autoridade responsável, conforme previsto no *caput*, as seguintes atribuições:

I — no caso da aprovação do pleito:
a) informar ao solicitante o local, data e hora da realização da audiência ou a providência adotada, compatível à finalidade do pedido de audiência;

b) cadastrar as concessões de audiência em link destinado a publicação das agendas públicas, disponível do Portal do MTE na internet.

II — no caso de negativa quanto ao pleito, informar as razões, bem como, se for o caso, o novo encaminhamento interno ao pedido.

Art. 3º Qualquer alteração da agenda dos agentes públicos, após publicada no sítio eletrônico do MTE, deverá ser formalmente justificada.

Parágrafo único. Todas as audiências concedidas deverão ser registradas em memória de reunião, a ser elaborada por pessoa designada pelo agente público, contendo, no mínimo, as seguintes informações:

I — participantes da audiência, identificando:

a) nome completo e respectivos cargos/funções ocupadas, no caso dos servidores públicos participantes;

b) nome completo, no caso de particular.

II — local, data e hora da audiência;

III — principais assuntos tratados e respectivos encaminhamentos;

Art. 4º O agente público que receber documentos ou informações em audiência, em meio físico ou eletrônico, deverá providenciar imediatamente seu regular registro no protocolo do MTE.

Art. 5º As audiências, sempre em caráter oficial, deverão atender aos seguintes requisitos:

I — realizar-se preferencialmente no órgão a que esteja subordinado o agente público;

II — realizar-se em dia útil, em horário definido; e

III — o agente público deverá estar acompanhado de pelo menos um servidor público.

§ 1º Audiência realizada fora do órgão público, o agente público poderá dispensar o acompanhamento de outro servidor público, devendo manter seu registro em agenda pública no Portal do MTE na Internet.

§ 2º As normas ora estabelecidas poderão, a critério de cada agente público, ser estendidas para as reuniões com servidores públicos de outros órgãos.

Art. 6º Ficará a cargo da Coordenação Geral de Informática — CGI/SPOA, o desenvolvimento de ferramenta necessária ao registro e arquivo das audiências solicitadas aos agentes públicos do MTE, disponível para consulta pública no endereço eletrônico: http://portal.mte.gov.br/imprensa/agendas-de-autoridades.htm.

Art. 7º Esta Portaria entra em vigor na data de sua publicação.

Art. 8º Revogam-se as disposições em contrário.

MANOEL DIAS
DOU 12.5.2014

Portaria GM/MTE n. 768, de 28 de maio de 2014

O MINISTRO DE ESTADO DO TRABALHO E EMPREGO, no uso da atribuição que lhe confere o inciso II do parágrafo único do art. 87 da Constituição e tendo em vista o disposto no art. 1º da Lei n. 4.923, de 23 de dezembro de 1965 e no art. 24 da Lei n. 7.998, de 11 de janeiro 1990, resolve:

Art. 1º Aprovar instruções para a prestação de informações pelo empregador, relativas a movimentações de empregados, para fins do:

I — Cadastro Geral de Empregados e Desempregados — CAGED, instituído pela Lei n. 4.923, de 23 de dezembro de 1965;

II — Seguro-Desemprego, nos termos do art. 7º, inciso I, e art. 24 da Lei n. 7.998, de 11 de janeiro de 1990.

Art. 2º O Aplicativo do CAGED Informatizado — ACI deve ser utilizado para gerar e ou analisar o arquivo do CAGED, pelas empresas nas quais tenha ocorrido movimentação de empregados regidos pela Consolidação das Leis do Trabalho — CLT.

§ 1º O arquivo gerado deve ser enviado ao MTE via Internet. A cópia do arquivo, o recibo de entrega e o Extrato da Movimentação Processada, devem ser mantidos no estabelecimento a que se referem, pelo prazo de 5 anos a contar da data do envio, para fins de comprovação perante a fiscalização do trabalho.

§ 2º O Extrato da Movimentação Processada estará disponível para impressão, na Internet, após o dia 20 de cada mês no endereço <www.mte.gov.br>, opção CAGED.

§ 3º As empresas que possuem mais de um estabelecimento devem remeter ao MTE arquivos específicos a cada estabelecimento.

Art. 3º É obrigatória a utilização de certificado digital válido, padrão ICP Brasil, para a transmissão das informações de que trata o art. 1º, por todos os estabelecimentos que possuam vinte empregados ou mais no primeiro dia do mês de movimentação.

Parágrafo único. As declarações poderão ser transmitidas com o certificado digital de pessoa jurídica, emitido em nome do estabelecimento, ou com certificado digital do responsável pela entrega da declaração, sendo este o e-CPF ou o e-CNPJ.

Art. 4º As informações prestadas fora do prazo deverão ser declaradas obrigatoriamente com a utilização de certificado digital válido.

Art. 5º As informações de que trata o inciso I do art. 1º desta Portaria deverão ser prestadas ao Ministério do Trabalho e Emprego — MTE até o dia sete do mês subsequente àquele em que ocorreu a movimentação de empregados.

Art. 6º Para os fins a que se refere o inciso II do art. 1º, as informações relativas a admissões deverão ser prestadas:

I — na data de início das atividades do empregado, quando este estiver em percepção do Seguro-Desemprego ou cujo requerimento esteja em tramitação;

II — na data do registro do empregado, quando o mesmo decorrer de ação fiscal conduzida por Auditor Fiscal do Trabalho.

§ 1º As informações a que se refere este artigo suprirão os fins referidos no inciso I do art. 1º, o que dispensará a obrigação a que se refere o art. 5º, relativamente às admissões informadas.

§ 2º O Ministério do Trabalho e Emprego disponibilizará, em seu sítio na Internet, a situação do trabalhador relativa ao Seguro-Desemprego, para consulta pelo empregador e pelo responsável designado por este.

Art. 7º O empregador que não prestar as informações no prazo previsto nos arts. 5º e 6º, omitir informações ou prestar declaração falsa ou inexata, ficará sujeito às multas previstas nas leis de números 4.923, de 1965 e 7.998, de 1990.

Parágrafo único. Além das penalidades administrativas, os responsáveis por meios fraudulentos na habilitação ou na percepção do Seguro-Desemprego serão punidos civil e criminalmente, nos termos da lei.

Art. 8º Esta Portaria entra em vigor no prazo de sessenta dias da data de sua publicação.

Art. 9º Revogam-se as Portarias n. 235, de 14 de março de 2003 e a Portaria n. 2.124, de 20 de dezembro de 2012.

DOU 29.5.2014

Portaria GM/TEM n. 789, de 2 de junho de 2014

Estabelece instruções para o contrato de trabalho temporário e o fornecimento de dados relacionados ao estudo do mercado de trabalho

O MINISTRO DE ESTADO DO TRABALHO E EMPREGO, no uso das atribuições que lhe confere o art. 87, parágrafo único, inciso II, da Constituição Federal, e tendo em vista o disposto nos arts. 8º a 10 da Lei n. 6.019, de 3 de janeiro de 1974, e no art. 27 do Decreto n. 73.841, de 13 de março de 1974, resolve:

Art. 1º Estabelecer instruções para o contrato de trabalho temporário por período superior a três meses e o fornecimento de dados relacionados ao estudo do mercado de trabalho.

I — Autorização para celebração de contrato de trabalho temporário por prazo superior a três meses

Art. 2º Na hipótese legal de substituição transitória de pessoal regular e permanente, o contrato poderá ser pactuado por mais de três meses com relação a um mesmo empregado, nas seguintes situações:

I — quando ocorrerem circunstâncias, já conhecidas na data da sua celebração, que justifiquem a contratação de trabalhador temporário por período superior a três meses; ou

II — quando houver motivo que justifique a prorrogação de contrato de trabalho temporário, que exceda o prazo total de três meses de duração.

Parágrafo único. Observadas as condições estabelecidas neste artigo, a duração do contrato de trabalho temporário, incluídas as prorrogações, não pode ultrapassar um período total de nove meses.

Art. 3º Na hipótese legal de acréscimo extraordinário de serviços, será permitida prorrogação do contrato de trabalho temporário por até três meses além do prazo previsto no art. 10 da Lei n. 6.019, de 3 de janeiro de 1974, desde que perdure o motivo justificador da contratação.

Art. 4º A empresa de trabalho temporário deverá solicitar as autorizações previstas nos arts. 2º e 3º desta Portaria por meio da página eletrônica do MTE, conforme instruções previstas no Sistema de Registro de Empresa de Trabalho Temporário — SIRETT, disponível no endereço www.mte.gov.br.

§ 1º Quando se tratar de celebração de contrato de trabalho temporário com prazo superior a três meses, a solicitação de autorização deve ser feita com antecedência mínima de cinco dias de seu início.

§ 2º Quando se tratar de prorrogação de contrato de trabalho temporário, a solicitação de autorização deve ser feita até cinco dias antes do termo final inicialmente previsto.

§ 3º Independe de autorização do órgão regional do MTE a prorrogação de contrato

de trabalho temporário, quando, somada à duração inicial do contrato, este não exceder a três meses.

Art. 5º O requerimento das autorizações previstas no arts. 2º e 3º desta Portaria será analisado pela Seção de Relações do Trabalho — SERET da Superintendência Regional do Trabalho e Emprego do Estado da Federação onde o trabalhador temporário prestará seus serviços.

§ 1º Compete ao Chefe da Seção de Relações do Trabalho, de forma fundamentada, decidir sobre a autorização solicitada.

§ 2º A competência estabelecida no § 1º deste artigo poderá ser delegada pela chefia aos servidores lotados na Seção de Relações do Trabalho da respectiva unidade.

§ 3º A decisão sobre a autorização constará de termo gerado pelo SIRETT, que será disponibilizado no próprio sistema.

Art. 6º Será denegada a autorização quando não preenchidas as condições previstas nesta Portaria.

§ 1º A concessão das autorizações previstas no art. 2º ou no art. 3º desta Portaria é realizada com base na análise formal e objetiva da documentação e das declarações prestadas pelos requerentes, não implicando responsabilidade da autoridade concedente caso as condições fáticas do contrato divirjam das informações prestadas pelo solicitante.

§ 2º Compete à Inspeção do Trabalho a verificação da regularidade das condições do contrato de trabalho temporário, inclusive quanto a seus motivos, a ser realizada de acordo com o planejamento de cada regional.

II — Informações destinadas ao estudo de mercado

Art. 7º Para fins de cumprimento do disposto no art. 8º da Lei n. 6.019, de 1974, as empresas de trabalho temporário deverão informar, até o dia sete de cada mês, os dados relativos aos contratos de trabalho temporário celebrados no mês anterior.

§ 1º As informações serão prestadas no SIRETT, por meio de preenchimento do formulário eletrônico ou pela transmissão de arquivo digital com formato padronizado.

§ 2º Em caso de prorrogação de contrato de trabalho temporário que independa de autorização, a empresa de trabalho temporário deverá informar a nova data de encerramento, por meio do SIRETT, até o último dia do período inicialmente pactuado.

§ 3º Em caso de rescisão antecipada do contrato de trabalho temporário, a empresa de trabalho temporário deverá informar a nova data de rescisão, por meio do SIRETT, em até dois dias após o término do contrato.

§ 4º A solicitação de autorização para contratação por período superior a três meses, prevista no art. 4º, supre a obrigação de informação contida no *caput* deste artigo.

III — Disposições gerais

Art. 8º Para efeitos desta Portaria, considera-se:

I — Hipótese legal para a contratação de trabalho temporário: necessidade transitória de substituição de pessoal regular e permanente ou acréscimo extraordinário de serviços;

II — Motivo justificador: fato determinado que, no caso concreto, justifica a hipótese legal para a contratação de trabalho temporário.

Art. 9º A falta de envio das informações previstas no art. 7º desta Portaria, bem como as incorreções ou omissões em sua prestação, consiste em infração ao art. 8º da Lei n. 6.019, de 1974, a ser apurada na forma do Título VII da Consolidação das Leis do Trabalho.

Art. 10. O contrato de trabalho temporário será considerado nulo de pleno direito, nos termos do art. 9º da Consolidação das Leis do Trabalho, quando comprovada, pela Inspeção do Trabalho, a inexistência do motivo justificador da contratação nele indicado, sujeitando os infratores às cominações legais correspondentes.

Art. 11. A atividade de locação de mão de obra temporária é exclusiva da empresa de trabalho temporário e não pode ser transferida a terceiros.

Art. 12. Os casos omissos serão resolvidos pela Secretaria de Relações do Trabalho.

Art. 13. Fica revogada a Portaria n. 550, de 12 de março de 2010.

Art. 14. Esta portaria entra em vigor em 1º de julho de 2014.

MANOEL DIAS
DOU 3.6.2014

Portaria MTE n. 1.129, de 23 de julho de 2014

O MINISTRO DE ESTADO DO TRABALHO E EMPREGO, no uso da atribuição que lhe confere o inciso II do parágrafo único do art. 87 da Constituição e tendo em vista o disposto no art. 1º da Lei n. 4.923, de 23 de dezembro de 1965 e no art. 24 da Lei n. 7.998, de 11 de janeiro 1990, resolve:

Art. 1º Aprovar instruções para a prestação de informações pelo empregador, relativas a movimentações de empregados, para fins do:

I — Cadastro Geral de Empregados e Desempregados — CAGED, instituído pela Lei n. 4.923, de 23 de dezembro de 1965;

II — Seguro-Desemprego, nos termos do art. 7º, inciso I, e art. 24 da Lei n. 7.998, de 11 de janeiro de 1990.

Art. 2º O Aplicativo do CAGED Informatizado — ACI deve ser utilizado para gerar e ou analisar o arquivo do CAGED, pelas empresas nas quais tenha ocorrido movimentação de empregados regidos pela Consolidação das Leis do Trabalho — CLT.

§ 1º O arquivo gerado deve ser enviado ao MTE via Internet.

A cópia do arquivo, o recibo de entrega e o Extrato da Movimentação Processada, devem ser mantidos no estabelecimento a que se referem, pelo prazo de 5 anos a contar da data do envio, para fins de comprovação perante a fiscalização do trabalho.

§ 2º O Extrato da Movimentação Processada estará disponível para impressão, na Internet, após o dia 20 de cada mês no endereço <www.mte.gov.br>, opção CAGED.

§ 3º Art. 2º As empresas que possuem mais de um estabelecimento devem remeter ao MTE arquivos específicos a cada estabelecimento.

Art. 3º É obrigatória utilização de certificado digital válido, padrão ICP Brasil, para a transmissão das informações de que trata o art. 1º, por todos os estabelecimentos que possuam vinte empregados ou mais no primeiro dia do mês de movimentação.

Parágrafo único. As declarações poderão ser transmitidas com o certificado digital de pessoa jurídica, emitido em nome do estabelecimento, ou com certificado digital do responsável pela entrega da declaração, sendo este o e-CPF ou o e-CNPJ.

Art. 4º As informações prestadas fora do prazo deverão ser declaradas obrigatoriamente com a utilização de certificado digital válido.

Art. 5º As informações de que trata o inciso I do art. 1º desta Portaria deverão ser prestadas ao Ministério do Trabalho e Emprego — MTE até o dia sete do mês subsequente àquele em que ocorreu a movimentação de empregados.

Art. 6º Para os fins a que se refere o inciso II do art. 1º, as informações relativas a admissões deverão ser prestadas:

I — na data de início das atividades do empregado, quando este estiver em percepção do Seguro-Desemprego ou cujo requerimento esteja em tramitação;

II — no prazo estipulado em notificação para comprovação do registro do empregado lavrada em ação fiscal conduzida por Auditor-Fiscal do Trabalho. *(Redação dada pela Portaria MTE n. 509, de 17.4.15, DOU 20.4.15 e Retif. DOU 23.4.15)*

§ 1º As informações a que se refere este artigo suprirão os fins referidos no inciso I do art. 1º, o que dispensará a obrigação a que se refere o art. 5º, relativamente às admissões informadas.

§ 2º O Ministério do Trabalho e Emprego disponibilizará, em seu sítio na Internet, a situação do trabalhador relativa ao Seguro-Desemprego, para consulta pelo empregador e pelo responsável designado por este.

Art. 7º O empregador que não prestar as informações no prazo previsto nos arts. 5º e 6º, omitir informações ou prestar declaração falsa ou inexata, ficará sujeito às multas previstas nas Leis ns. 4.923, de 1965 e 7.998, de 1990.

Parágrafo único. Além das penalidades administrativas, os responsáveis por meios fraudulentos na habilitação ou na percepção do Seguro-Desemprego serão punidos civil e criminalmente, nos termos da lei.

Art. 8º Esta Portaria entra em vigor no prazo de sessenta dias da data de sua publicação.

Art. 9º Revogam-se as Portarias n. 235, de 14 de março de 2003 e a Portaria n. 2.124, de 20 de dezembro de 2012.

MANOEL DIAS
DOU 24.7.2014

Portaria GM/MTE n. 1.421, de 12 de setembro de 2014

O MINISTRO DE ESTADO DO TRABALHO E EMPREGO, no uso da atribuição que lhe confere o inciso I do parágrafo único do art. 87 da Constituição Federal e de acordo com o disposto no art. 6º do Regulamento de Inspeção do Trabalho, aprovado pelo Decreto n. 4.552, de 27 de dezembro de 2002 e o art. 14, incisos I e II, do anexo I ao Decreto n. 5.063, de 03 de maio de 2004, resolve:

Art. 1º Instituir, no âmbito do Ministério do Trabalho e Emprego — MTE, a Certidão de Débitos, cuja responsabilidade de emissão caberá à Secretaria de Inspeção do Trabalho — SIT.

Art. 2º A prova de quitação das multas impostas pela Inspeção do Trabalho far-se-á

mediante emissão da supracitada certidão, que conterá informações da situação do empregador quanto a débitos registrados no sistema oficial de controle de processos de multas e recursos da Secretaria de Inspeção do Trabalho, do Ministério do Trabalho e Emprego.

§ 1º A certidão será solicitada e emitida exclusivamente por meio da internet, em página apropriada do sítio do Ministério do Trabalho e Emprego.

§ 2º No caso de empregadores inscritos no Cadastro Nacional de Pessoa Jurídica (CNPJ), a certidão abrangerá todos os estabelecimentos do empregador.

Art. 3º A Certidão de Infrações e Débitos não substitui o cadastro previsto na Portaria Interministerial MTE/SDH n. 2, de 12 de maio de 2011 que lista os empregadores que tenham submetido trabalhadores a condições análogas a de escravo.

Certidão Negativa

Art. 4º A Certidão Negativa será emitida quando inexistir débito decorrente da lavratura de auto de infração.

Certidão Positiva

Art. 5º A Certidão Positiva será emitida quando existirem débitos de multa definitivamente constituídos, inclusive os relativos a processos encaminhados para a Procuradoria Geral da Fazenda Nacional, e será integrada de anexo, onde constarão informações sobre os processos para os quais existam débitos.

Parágrafo único. Considerando que o sistema referido no art. 2º registra informações existentes no âmbito do Ministério do Trabalho e Emprego, a certidão ora instituída refletirá sempre a última situação ocorrida em cadastros administrados pelo emitente, de modo que, havendo processos enviados à Procuradoria Geral da Fazenda Nacional — PGFN, quanto a estes, poderá ser obtida certidão perante aquele órgão, visando a demonstrar a situação atualizada dos mesmos.

Disposições Gerais

Art. 6º Somente terá validade a certidão emitida eletronicamente, através do sítio de internet do Ministério do Trabalho e Emprego.

Parágrafo único. A certidão conterá, obrigatoriamente, a hora e a data de emissão e o respectivo código de controle, podendo sua autenticidade ser confirmada no endereço eletrônico nela informado.

Disposições Finais

Art. 7º Esta Portaria entra em vigor na data de sua publicação. Os casos omissos serão resolvidos pela Secretaria de Inspeção do Trabalho.

Revogam-se as portarias das Superintendências Regionais do Trabalho e Emprego que regulam sobre certidão de infrações e débitos decorrentes das autuações.

MANOEL DIAS
DOU 26.9.2014

Portaria GM/MTE n. 1.717, de 5 de novembro de 2014

Aprova instruções para a aferição dos requisitos de representatividade das centrais sindicais e dá outras providências

O MINISTRO DE ESTADO DO TRABALHO E EMPREGO, no uso das atribuições que lhe confere o art. 87, parágrafo único, inciso II, da Constituição e tendo em vista o disposto no § 1º do art. 4º da Lei n. 11.648, de 31 de março de 2008, resolve:

Art. 1º Para fins de verificação da representatividade, as centrais sindicais deverão se cadastrar no Sistema Integrado de Relações do Trabalho — SIRT, devendo seu cadastro ser atualizado, de acordo com instruções expedidas pela Secretaria de Relações do Trabalho — SRT.

Parágrafo único. Para o cadastramento e atualização do cadastro no SIRT, a central sindical deverá protocolar, na sede do Ministério do Trabalho e Emprego — MTE, os seguintes documentos:

I — atos constitutivos, registrados em cartório;

II — comprovante de posse da diretoria e duração do mandato;

III — indicação dos dirigentes com nome, cargo e número do Cadastro de Pessoas Físicas — CPF;

IV — informação do representante legal junto ao MTE;

V — indicação do tipo de diretoria, se singular ou colegiada;

IV — Certidão do Cadastro Nacional da Pessoa Jurídica — CNPJ, no Ministério da Fazenda; e

VII — comprovante de endereço em nome da entidade.

Art. 2º As entidades que pretendam a aquisição das atribuições e prerrogativas de central sindical, a que se refere o inciso II do art. 1º da Lei n. 11.648, de 2008, deverão atender aos requisitos constantes do art. 2º da referida Lei.

§ 1º Para a verificação do atendimento dos requisitos previstos nos incisos I e II do art. 2º da Lei n. 11.648, de 2008, utilizar-se-á como parâmetro as declarações de filiação de sindicatos à central sindical informadas no Cadastro Nacional de Entidades Sindicais — CNES.

§ 2º Para análise do cumprimento do previsto no inciso III do art. 2º da Lei n. 11.648, de 2008, serão utilizados como parâmetros de pesquisa os dados do CNES e da Classificação Nacional de Atividades Econômicas — CNAE, apurados pelo Departamento Intersindical de Estatística e Estudos Socioeconômico — DIEESE.

§ 3º A aferição do índice previsto no inciso IV do art. 2º da Lei n. 11.648, de 2008, será realizada anualmente pelo MTE, utilizando-se das informações do CNES transmitidas até o dia 30 de novembro do ano anterior ao do ano de referência.

§ 4º A aferição do índice previsto no § 2º do art. 4º da Lei n. 11.648, de 2008, gerará seus efeitos a partir de 1º de abril e se encerrará no dia 31 de março do ano seguinte, período esse definido como ano de referência.

§ 5º Para o ano base de referência a partir de 2010, o percentual do total de empregados sindicalizados em âmbito nacional deverá ser de, no mínimo, sete por cento.

§ 6º Excepcionalmente, para os efeitos da aferição, o ano de referência de 2014 vigerá de 1º de janeiro de 2014 a 31 de março de 2015.

§ 7º Para o ano de referência de 2015, excepcionalmente, serão utilizadas as informações do CNES transmitidas até o dia 31 de dezembro de 2014.

Art. 3º O índice de representatividade será calculado utilizando-se a seguinte fórmula:

IR = TFS / TSN \times 100, onde:

IR = índice de representatividade;

TFS = total de trabalhadores filiados aos sindicatos integrantes da estrutura organizativa da central sindical, comprovado nos termos do § 3º do art. 2º desta Portaria;

TSN = total de trabalhadores sindicalizados em âmbito nacional, comprovado nos termos do § 3º do art. 2º desta Portaria.

Art. 4º As centrais sindicais que no ano de referência atingirem os requisitos legais serão consideradas para efeito de cálculo da taxa de proporcionalidade — TP.

Parágrafo único. A indicação de representantes para participação nos fóruns tripartites, conselhos e colegiados de órgãos públicos a que se refere o inciso II do *caput* do art. 1º da Lei n. 11.648, de 2008, será feita observando-se o disposto no § 1º do art. 2º desta Portaria, bem como a TP, obtida utilizando-se a seguinte fórmula:

TP = TFS / TSC \times 100, onde:

TP = Taxa de Proporcionalidade

TFS = total de trabalhadores filiados aos sindicatos integrantes da estrutura organizativa da Central Sindical, comprovado nos termos do § 3º do art. 2º desta Portaria;

TSC = total de trabalhadores filiados aos sindicatos integrantes da estrutura organizativa das centrais sindicais que atenderem aos requisitos do art. 2º da Lei n. 11.648, de 2008, comprovado nos termos do § 3º do art. 2º desta Portaria.

Art. 5º O MTE divulgará anualmente, no mês de março do correspondente ano, a relação das centrais sindicais que atenderem integralmente aos requisitos de que trata o art. 2º da Lei n. 11.648, de 2008, indicando seus índices de representatividade.

Parágrafo único. Às centrais sindicais que atenderem integralmente aos requisitos do art. 2º da Lei n. 11.648, de 2008, será fornecido Certificado de Representatividade (CR) contendo a TP, calculada nos termos do artigo anterior, e a partir de então, deverão publicar seus balanços contábeis no Diário Oficial da União e no sítio eletrônico do MTE.

Art. 6º A aferição dos requisitos de representatividade gerará efeitos financeiros na distribuição dos recursos da contribuição sindical, conforme previsto nos arts. 589 a 593 da CLT, relativamente aos recolhimentos efetuados na rede bancária no curso do ano de referência.

Art. 7º Na impossibilidade da publicação do resultado da aferição até a data prevista no art. 5º desta Portaria, o MTE apurará e enviará as informações sobre o montante devido às entidades que cumpriram os requisitos de representatividade, para que a Caixa Econômica Federal — CAIXA proceda ao repasse dos percentuais previstos nos arts. 589 e 590 da CLT.

Parágrafo único. A Coordenação-Geral do Fundo de Amparo ao Trabalhador comunicará à CAIXA sobre o montante a ser repassado mensalmente a cada central.

Art. 8º A CAIXA encaminhará ao MTE, até o dia 10 de cada mês, arquivo com as informações referentes às Guias de Recolhimento da Contribuição Sindical Urbana, recolhidas no mês anterior, juntamente com a relação atualizada das entidades sindicais titulares das contas referidas no art. 588 da CLT, em meio magnético, contendo CNPJ, Razão Social, Código Sindical e valor recolhido no exercício.

Art. 9º Esta portaria entra em vigor na data de sua publicação.

Art. 10. Revoga-se a Portaria n. 194, de 17 de abril de 2008.

MANOEL DIAS
DOU 6.11.2014

Portaria GM/MTE n. 1.719, de 5 de novembro de 2014

Disciplina os procedimentos relativos aos embargos e interdições

O MINISTRO DE ESTADO DO TRABALHO E EMPREGO, no uso da atribuição conferida pelo art. 87, parágrafo único, inciso II, da Constituição Federal e pelo art. 913 da Consolidação das Leis do Trabalho, aprovada pelo Decreto-Lei n. 5.452, de 1º de maio de 1943, e em face do disposto no art. 21 do Decreto n. 5.063, de 3 de maio de 2004, resolve:

Art. 1º Suspender, temporariamente, a vigência da Portaria n. 40, de 14.1.2011, considerando a decisão proferida no curso da Ação Civil Pública n. 0010450-12.2013.5.14.0008.

Parágrafo único. Durante a suspensão prevista no *caput*, a presente norma disciplinará os procedimentos de embargo e interdição previstos na Consolidação das Leis do Trabalho — CLT.

Art. 2º Os procedimentos previstos nesta Portaria revestem-se de caráter de urgência, tendo em vista a natureza preventiva das medidas de embargo e interdição, que têm por objeto evitar o dano à integridade física do trabalhador.

Seção I
Disposições preliminares

Art. 3º O embargo e a interdição são medidas de urgência, adotadas quando constatada condição ou situação de trabalho que caracterize risco grave e iminente ao trabalhador.

§ 1º Considera-se grave e iminente risco toda condição ou situação de trabalho que possa causar acidente ou doença relacionada ao trabalho com lesão grave à integridade física do trabalhador.

§ 2º O embargo implica a paralisação total ou parcial da obra, considerada todo e qualquer serviço de engenharia de construção, montagem, instalação, manutenção ou reforma.

§ 3º A interdição implica a paralisação total ou parcial do estabelecimento, setor de serviço, máquina ou equipamento.

Seção II
Da competência

Art. 4º Os Auditores Fiscais do Trabalho — AFT estão autorizados, em todo o território nacional, a ordenar a adoção de medidas de interdições e embargos, e o consequente levantamento posterior dos mesmos, quando se depararem com uma condição ou situação de perigo iminente à vida, à saúde ou à segurança dos trabalhadores.

§ 1º Para o início ou manutenção da produção de seus efeitos, o embargo ou interdição não depende de prévia autorização ou confirmação por autoridade diversa não envolvida na ação fiscal, ressalvada exclusivamente a possibilidade de recurso ao órgão técnico superior da Inspeção do Trabalho.

§ 2º A competência prevista no *caput* destina-se a todos os AFT em exercício na circunscrição da Superintendência Regional do Trabalho e Emprego, bem como aos integrantes dos grupos móveis de fiscalização legalmente instituídos, que estejam em ação no local em que se verificou a condição ou situação de grave e iminente risco.

§ 3º A interdição ou o embargo somente é aplicável à condição ou situação constatada pelo AFT em verificação física no local de trabalho, com alcance limitado ao local inspecionado.

Seção III
Imposição do Embargo ou da Interdição

Art. 5º Quando o Auditor Fiscal do Trabalho — AFT constatar, em verificação física no local de trabalho, grave e iminente risco que justifique embargo ou interdição, deverá lavrar com a urgência que o caso requer Relatório Técnico em duas vias, que contenha:

I — identificação do empregador com nome, inscrição no Cadastro Nacional da Pessoa Jurídica — CNPJ ou Cadastro de Pessoa Física — CPF, código na Classificação Nacional de Atividades Econômicas — CNAE e endereço do estabelecimento em que será aplicada a medida;

II — endereço do empregador, caso a medida seja aplicada em obra, local de prestação de serviço ou frente de trabalho realizada fora do estabelecimento;

III — identificação precisa do objeto da interdição ou embargo;

IV — descrição dos fatores de risco e indicação dos riscos a eles relacionados;

V — indicação clara e objetiva das medidas de proteção da segurança e saúde no trabalho que deverão ser adotadas pelo empregador;

VI — assinatura e identificação do AFT, contendo nome, cargo e número da Carteira de Identidade Fiscal — CIF; e

VII — indicação da relação de documentos que devem ser apresentados pelo empregador quando houver a necessidade de comprovação das medidas de proteção por meio de relatório, projeto, cálculo, laudo ou outro documento.

Art. 6º O embargo e a interdição deverão se fundamentar no Relatório Técnico, e ser formalizados por meio de Termo de Embargo ou Termo de Interdição, a partir dos modelos de conteúdo mínimo previstos nos Anexos I e II desta Portaria, com numeração sequencial do órgão regional ou com numeração sequencial precedida do número da CIF quando emitido por AFT.

§ 1º O Termo de Embargo ou Termo de Interdição será lavrado em duas vias, com a seguinte destinação:

I — a primeira via formará processo administrativo, juntamente com a primeira via do Relatório Técnico; e

II — a segunda via deverá ser entregue ao empregador, mediante aposição de recibo na primeira via, no máximo em um dia útil após sua lavratura, juntamente com a segunda via do Relatório Técnico.

§ 2º A via do empregador poderá ser remetida via postal, com Aviso de Recebimento, caso o estabelecimento se localize em local de difícil acesso.

§ 3º O embargo e a interdição produzirão efeitos desde a ciência pelo empregador do termo respectivo.

§ 4º O processo administrativo de embargo ou interdição deverá ter tramitação prioritária, em todas as suas etapas.

Art. 7º Para cumprimento do disposto nesta Portaria, nas ações realizadas em locais de difícil acesso os documentos poderão ser enviados por meio digital.

§ 1º Os documentos originais deverão ser entregues à seção, setor ou núcleo de segurança e saúde no trabalho da Superintendência Regional do Trabalho e Emprego — SRTE ou seção ou setor de inspeção do trabalho da Gerência Regional do Trabalho e Emprego — GRTE no prazo de cinco dias após o término da ação fiscal, para formação do processo administrativo.

§ 2º Independentemente do disposto no parágrafo anterior, tão logo lavrado o termo de Embargo ou o termo de Interdição e tendo o mesmo produzido seus efeitos, o AFT responsável deverá comunicar imediatamente sua chefia imediata pelos meios à sua disposição.

Art. 8º O Chefe da seção, setor ou núcleo de segurança e saúde no trabalho ou seção ou setor de inspeção do trabalho deverá dar ciência do embargo ou interdição ao sindicato representativo dos trabalhadores da empresa e ao Superintendente Regional do Trabalho e Emprego e, se for o caso, ao Gerente Regional do Trabalho e Emprego.

Seção IV
Suspensão do Embargo ou Interdição

Art. 9º Caberá ao empregador requerer o levantamento do embargo ou da interdição a qualquer momento, apos adoção das medidas de proteção da segurança e saúde no trabalho indicadas no Relatório Técnico.

Parágrafo único. O requerimento deverá ser protocolizado na SRTE ou na GRTE e conter:

I — o número do Termo de Embargo ou Termo de Interdição;

II — a identificação do estabelecimento, local da prestação de serviços, frente de trabalho, obra, máquina, setor de serviço ou equipamento objeto do embargo ou interdição; e

III — descrição das providências e medidas tomadas.

Art. 10. O requerimento de levantamento do embargo ou interdição será anexado no processo administrativo originado do Termo de Embargo ou Termo de Interdição, conforme inciso I do § 1º do art. 6º.

Art. 11. A seção, setor ou núcleo de segurança e saúde no trabalho ou seção ou setor de inspeção do trabalho deverá providenciar nova inspeção no estabelecimento, local da prestação de serviço ou frente de trabalho, para verificação da adoção das medidas indicadas no Relatório Técnico.

§ 1º A inspeção de que trata o *caput* deve ser realizada no prazo máximo de um dia útil a contar da data do protocolo do requerimento previsto no art. 9º.

§ 2º Deverá ser preferencialmente designado para a nova inspeção o AFT que participou da inspeção inicial e elaborou o Relatório Técnico ou o Termo de Embargo e Termo de Interdição.

§ 3º Na impossibilidade de cumprimento do prazo previsto no § 1º por AFT que tenha participado da inspeção original, conforme justificativa apresentada à chefia, esta deverá designar outro AFT para realização da tarefa.

§ 4º Em caso de a inspeção ser realizada fora do município de exercício do AFT designado, o deslocamento deve ser providenciado com a maior brevidade possível, e o prazo de um dia útil para a inspeção deve ser contado a partir da data de sua chegada à localidade.

§ 5º Quando a suspensão do embargo ou interdição for condicionada à apresentação de relatório, projeto, cálculo, laudo ou outro

documento pelo empregador, conforme previsto no Relatório Técnico, o prazo de um dia útil para a inspeção será contado a partir da conclusão da análise dos documentos pelo AFT, conforme número de turnos indicados na Ordem de Serviço Administrativa — OSAD pela chefia.

Art. 12. Após a inspeção de que trata o art. 11, o AFT deverá elaborar novo Relatório Técnico, conforme número de turnos indicados pela chefia na OSAD, que conterá, dentre outras informações julgadas necessárias, as previstas nos itens I, II, III e VI do art. 5º e ainda:

I — indicação do cumprimento ou não das medidas previstas no Relatório Técnico emitido quando do embargo ou interdição;

II — indicação da permanência ou não dos fatores de risco e dos riscos a eles relacionados; e

III — proposta de suspensão total, suspensão parcial ou manutenção do embargo ou interdição.

Parágrafo único. O Relatório Técnico servirá de base para a manutenção ou levantamento do embargo ou interdição pelo AFT.

Art. 13. O levantamento do embargo ou da interdição deve ser formalizado por meio de Termos de Suspensão de Embargo e Interdição, conforme modelos previstos nos Anexos III e IV desta Portaria, numerados na forma do art. 6º.

§ 1º A segunda via do Termo de Suspensão de Embargo ou Termo de Suspensão de Interdição ou cópia da decisão pela manutenção do embargo ou interdição deverá ser entregue ao empregador, mediante recibo na primeira via, na data de sua expedição ou, no máximo, no próximo dia útil da data da emissão.

§ 2º Caso o estabelecimento do empregador se localize em local de difícil acesso, os documentos previstos no § 1º poderão ser remetidos via postal, com Aviso de Recebimento.

Seção V
Dos Recursos

Art. 14. Contra os atos relativos a embargo ou interdição, cabe a interposição de recurso administrativo à Coordenação-Geral de Recursos — CGR da Secretaria de Inspeção do Trabalho, que poderá atribuir efeito suspensivo ao recurso.

Art. 15. O recurso deverá ser protocolizado na SRTE ou na GRTE mais próxima do município do local da interdição ou embargo, no prazo de dez dias contado da ciência do termo de embargo ou interdição, e será recebido e autuado em processo administrativo apartado no qual constituirá a peça inaugural, sendo suas folhas numeradas e rubricadas a tinta.

Parágrafo único. Os autos do recurso deverão ser apensados ao processo administrativo previsto no inciso I do § 1º do art. 6º.

Art. 16. Interposto recurso, o processo será encaminhado ao AFT responsável pela lavratura do Relatório Técnico, para que, caso seja necessário, diante dos argumentos apresentados pelo recorrente, preste informações complementares, no prazo de quarenta e oito horas.

§ 1º Cumprido o procedimento estabelecido no caput, o processo deverá ser distribuído para análise, a qual examinará o cumprimento dos requisitos formais do ato, bem como o conteúdo do Relatório Técnico, nos termos do artigo 5º desta Portaria, e elaborará proposta de decisão sobre o recurso.

§ 2º Após a análise, o processo deverá ser encaminhado, devidamente instruído, no prazo máximo de dez dias da data do protocolo do recurso, à autoridade competente.

§ 3º Caso necessário, a CGR poderá constituir comissão específica composta por três AFT, para deliberação sobre proposta de decisão.

Art. 17. A decisão final do recurso deve ser proferida no prazo de dez dias do recebimento do processo devidamente instruído.

Art. 18. A suspensão de embargo ou interdição que implique perda do objeto do recurso deverá ser comunicada de imediato à autoridade a quem foi encaminhado o recurso.

Art. 19. A decisão final quanto ao recurso deve ser comunicada pela SRTE ao empregador.

Seção VI
Das infrações e disposições finais

Art. 20. Quando constatado o descumprimento da interdição ou do embargo, o AFT, além de lavrar o auto de infração correspondente, providenciará diretamente ou por meio de sua chefia, a comunicação imediata do fato à autoridade policial para a adoção das medidas legais cabíveis.

Art. 21. Os casos de reincidência na exposição dos trabalhadores à condição de risco grave e iminente deverão ser comunicados ao Ministério Público do Trabalho através de relatório circunstanciado e cópias dos documentos pertinentes.

Art. 22. A imposição de embargo ou interdição não elide a lavratura de autos de infração por descumprimento das normas regulamentadoras de segurança e saúde no trabalho ou dos dispositivos da legislação trabalhista relacionados à situação analisada.

Art. 23. O embargo ou interdição decorrente de requerimento de entidade sindical, conforme previsto no § 2º do art. 161 da CLT, seguirão os procedimentos previstos nesta Portaria.

Art. 24. Esta Portaria entra em vigor na data de sua publicação.

MANOEL DIAS
DOU 7.11.2014

Portaria GM/MTE n. 1.927, de 10 de dezembro de 2014

Estabelece orientações sobre o combate à discriminação relacionada ao HIV e a Aids nos locais de trabalho, cria a Comissão Participativa de Prevenção do HIV e Aids no Mundo do Trabalho e dá outras providências

O MINISTRO DE ESTADO DO TRABALHO E EMPREGO, no uso das atribuições que lhe confere o inciso II do Parágrafo único do art. 87 da Constituição Federal;

Considerando que a Convenção da Organização Internacional do Trabalho — OIT n. 111, promulgada pelo Decreto n. 62.150, de 19 de janeiro de 1968, proíbe todo tipo de discriminação no emprego ou profissão;

Considerando que a Lei n. 9.029, de 13 de abril de 1995, proíbe a adoção de qualquer prática discriminatória e limitativa para efeito de acesso à relação de emprego ou a sua manutenção;

Considerando que a Portaria Interministerial n. 869, de 12 de agosto de 1992, proíbe, no âmbito do Serviço Público Federal, a exigência de teste para detecção do vírus de imunodeficiência adquirida — HIV, nos exames pré-admissionais e periódicos de saúde;

Considerando a Portaria n. 1.246, de 28 de maio de 2010, do Ministério do Trabalho e Emprego, que proíbe a realização de testes sorológicos de HIV nos exames ocupacionais; e

Considerando a competência prevista no art. 200 da Consolidação das Leis do Trabalho — CLT, relativo a medidas especiais de proteção em relação a doenças e acidentes, resolve:

Art. 1º São definições aplicáveis a esta norma:

a) "HIV" refere-se ao vírus da imunodeficiência humana, um vírus que danifica o sistema imunológico humano. A infecção pode ser prevenida por medidas adequadas;

b) "Aids" refere-se à síndrome da imunodeficiência adquirida, que resulta de estágios avançados de infecção pelo HIV e é caracterizada por infecções oportunistas ou cânceres relacionados com o HIV, ou ambos;

c) "Pessoas vivendo com HIV" designa as pessoas infectadas com o HIV;

d) "Estigmatização" refere-se à associação de marca social a uma pessoa, geralmente provocando a marginalização ou constituindo um obstáculo ao pleno gozo da vida social da pessoa infectada ou afetada pelo HIV;

e) "Discriminação" refere-se a qualquer distinção, exclusão ou preferência tendo o efeito de anular ou alterar a igualdade de oportunidades ou de tratamento no emprego ou ocupação, tal como referido na Convenção da Organização Internacional do Trabalho — OIT n. 111 sobre Discriminação (Emprego e Ocupação) e a respectiva Recomendação de 1958;

f) "pessoas afetadas" refere-se às pessoas cujas vidas são alteradas pelo HIV ou Aids devido ao maior impacto da pandemia;

g) "acomodação razoável" significa toda modificação ou ajuste relativo a postos ou locais de trabalho que seja razoavelmente exequível e permita que uma pessoa vivendo com HIV ou Aids tenha acesso a um emprego, possa trabalhar e progredir profissionalmente;

h) "vulnerabilidade" significa a desigualdade de oportunidades, a exclusão social, o desemprego ou o emprego precário resultantes de fatores sociais, culturais, políticos e econômicos que tornam uma pessoa mais suscetível à infecção pelo HIV e ao desenvolvimento da Aids;

i) "local de trabalho" refere-se a todo local em que os trabalhadores exercem a sua atividade;

j) "trabalhador" refere-se a toda pessoa que trabalhe sob qualquer forma ou modalidade.

Art. 2º Esta norma abrange:

a) todos os trabalhadores que atuem sob todas as formas ou modalidades, e em todos os locais de trabalho, incluindo:

I — as pessoas que exercem qualquer emprego ou ocupação;

II — as pessoas em formação, incluindo estagiários e aprendizes;

III — os voluntários;

IV — as pessoas que estão à procura de um emprego e os candidatos a um emprego; e

V — os trabalhadores despedidos e suspensos do trabalho;

b) todos os setores da atividade econômica, incluindo os setores privado e público e as economias formal e informal; e

c) as forças armadas e os serviços uniformizados.

Art. 3º Os seguintes princípios gerais devem aplicar-se a todas as ações relativas ao HIV e à Aids no mundo do trabalho:

a) a resposta ao HIV e à Aids deve ser reconhecida como uma contribuição para a concretização dos direitos humanos, das liberdades fundamentais e da igualdade de gênero para todos, incluindo os trabalhadores, suas famílias e dependentes;

b) o HIV e a Aids devem ser reconhecidos e tratados como uma questão que afeta o local de trabalho, a ser incluída entre os elementos essenciais da resposta nacional para a pandemia, com plena participação das organizações de empregadores e de trabalhadores;

c) não pode haver discriminação ou estigmatização dos trabalhadores, em particular as pessoas que buscam e as que se candidatam a um emprego, em razão do seu estado sorológico relativo ao HIV, real ou suposto, ou do fato de pertencerem a regiões do mundo ou a segmentos da população considerados sob maior risco ou maior vulnerabilidade à infecção pelo HIV;

d) a prevenção de todos os meios de transmissão do HIV deve ser uma prioridade fundamental;

e) os trabalhadores, suas famílias e seus dependentes necessitam ter acesso a serviços de prevenção, tratamento, atenção e apoio em relação a HIV e Aids, e o local de trabalho deve desempenhar um papel relevante na facilitação do acesso a esses serviços;

f) a participação dos trabalhadores e o seu envolvimento na concepção, implementação e avaliação dos programas nacionais sobre o local de trabalho devem ser reconhecidos e reforçados;

g) os trabalhadores devem beneficiar-se de programas de prevenção do risco específico de transmissão pelo HIV no trabalho e de outras doenças transmissíveis associadas, como a tuberculose;

h) os trabalhadores, suas famílias e seus dependentes devem gozar de proteção da sua privacidade, incluindo a confidencialidade relacionada ao HIV e à Aids, em particular no que diz respeito ao seu próprio estado sorológico para o HIV;

i) nenhum trabalhador pode ser obrigado a realizar o teste de HIV ou revelar seu estado sorológico para o HIV;

j) as medidas relativas ao HIV e à Aids no mundo do trabalho integram todas as políticas relacionadas ao trabalho;

k) proteção dos trabalhadores em ocupações particularmente expostas ao risco de transmissão do HIV.

Art. 4º Fica criado no âmbito do Ministério do Trabalho e Emprego, a Comissão Participativa de Prevenção do HIV e Aids no Mundo do Trabalho — "CPPT — Aids", com o objetivo de desenvolver esforços para reforçar as políticas e programas nacionais relativos ao HIV e à Aids e o mundo do trabalho, inclusive no que se refere à segurança e saúde no trabalho, ao combate à discriminação e à promoção do trabalho decente, bem como verificar o cumprimento desta norma.

Parágrafo único. A Comissão Participativa de Prevenção do HIV e Aids no Mundo do Trabalho — "CPPT — Aids", coordenada pelo Ministério do Trabalho e Emprego, será composta pelas seguintes representações:

a) Governo:

02 (dois) representantes do Ministério do Trabalho e Emprego, sendo um deles integrante da Secretaria de Inspeção do Trabalho; 01 (um) representante do Ministério da Saúde; 01 (um) representante do Ministério da Previdência Social; 01 (um) representante da Secretaria de Direitos Humanos da Presidência da República; 01 (um) representante do Fórum Nacional de Secretarias do Trabalho — Fonset.

b) Movimentos Sociais: 03 (três) representantes de organizações representantes de pessoas vivendo com HIV ou de prevenção da Aids; 01 (um) representante de entidade médica nacional de medicina do trabalho; 02 (dois) representantes de entidades associativas relacionadas aos direitos trabalhistas.

c) Empregadores: 06 (seis) representantes das confederações nacionais de empregadores;

d) Trabalhadores: 06 (seis) representantes das centrais sindicais nacionais de trabalhadores.

Art. 5º Na elaboração de suas normas, políticas e programas, o Ministério do Trabalho e Emprego deverá considerar o Repertório de Recomendações Práticas da OIT sobre o HIV/Aids e o Mundo do Trabalho, de 2001 e suas revisões posteriores, os outros instrumentos pertinentes da OIT e demais diretrizes internacionais adotadas sobre o assunto.

Art. 6º O Ministério do Trabalho e Emprego estimulará o papel do local de trabalho na prevenção, tratamento, atenção e apoio, incluindo a promoção do aconselhamento e testes de diagnóstico voluntário, em colaboração com o Ministério da Saúde.

Art. 7º As organizações de empregadores e de trabalhadores, bem como outras entidades relacionadas ao HIV e à Aids, serão estimuladas a divulgar informações acerca das políticas e programas sobre HIV e Aids e o mundo do trabalho.

Art. 8º O estado sorológico de HIV, real ou suposto, não pode ser motivo de qualquer discriminação para a contratação ou manutenção do emprego, ou para a busca da igualdade de oportunidades compatíveis com as disposições da Convenção sobre Discriminação (Emprego e Ocupação), de 1958.

Art. 9º O estado sorológico de HIV, real ou suposto, não pode ser causa de rompimento da relação de trabalho.

Parágrafo único. As ausências temporárias do trabalho por motivo de doença ou para prestar cuidados relacionadas ao HIV e à Aids devem ser tratadas da mesma maneira que as ausências por outros motivos de saúde.

Art. 10. Quando as medidas existentes contra a discriminação no local de trabalho forem inadequadas para assegurar a proteção eficaz contra a discriminação relacionada com HIV e a Aids, deve ser feita adaptação ou substituição dessas medidas por outras mais eficazes.

Art. 11. Às pessoas com doenças relacionadas ao HIV não deve ser negada a possibilidade de continuar a realizar seu trabalho enquanto são clinicamente aptas a fazê-lo, mediante acomodações razoáveis sempre que necessário.

Parágrafo único. Devem ser estimuladas medidas para realocar essas pessoas em atividades razoavelmente adaptadas às suas capacidades, apoiada sua requalificação profissional para o caso de procurarem outro trabalho ou facilitar o seu retorno ao trabalho.

Art. 12. Deverão ser tomadas medidas no local de trabalho, ou através dele, para reduzir a transmissão do HIV e atenuar o seu impacto, utilizando medidas como:

a) garantir o respeito aos direitos humanos e às liberdades fundamentais;

b) assegurar a igualdade de gênero;

c) garantir ações para prevenir e proibir a violência e o assédio no local de trabalho;

d) promover a participação ativa de mulheres e homens na resposta ao HIV e à Aids;

e) promover o envolvimento de todos os trabalhadores, independentemente da sua orientação sexual ou porque façam ou não parte de grupos vulneráveis;

f) garantir a efetiva confidencialidade dos dados pessoais, inclusive dos dados médicos.

Art. 13. As estratégias de prevenção devem ser adaptadas aos ambientes e processos de trabalho, além de levar em consideração aspectos econômicos, sociais, culturais e de gênero.

Art. 14. Os programas de prevenção devem garantir:

a) informações relevantes, oportunas e atualizadas a todos, em um formato e linguagem culturalmente adequados, mediante os diferentes canais de comunicação disponíveis;

b) programas de educação abrangente, de modo a ajudar homens e mulheres a compreender e reduzir o risco de todas as formas de infecção pelo HIV, inclusive a transmissão de mãe para filho, e entender a importância da mudança de comportamentos de risco associados à infecção;

c) medidas efetivas de segurança e saúde no trabalho;

d) medidas para incentivar os trabalhadores a conhecer o seu próprio estado sorológico, mediante aconselhamento e teste voluntário;

e) estímulo à utilização dos métodos de prevenção necessários, em particular preservativos masculinos e femininos e, quando adequado, informações sobre seu uso correto, além do acesso a medidas de profilaxia pós-exposição;

f) orientação quanto a medidas para reduzir comportamentos de alto risco, inclusive dos grupos mais expostos a risco, com vistas a diminuir a incidência do HIV.

Art. 15. Os testes diagnósticos devem ser verdadeiramente voluntários e livres de qualquer coerção, respeitando as diretrizes internacionais em matéria de confidencialidade, aconselhamento e consentimento.

Art. 16. Caracteriza-se como prática discriminatória exigir aos trabalhadores, incluindo os migrantes, às pessoas que procuram emprego e aos candidatos a trabalho, testes para HIV ou quaisquer outras formas de diagnóstico de HIV.

Art. 17. Os resultados dos testes de HIV devem ser confidenciais e não devem comprometer o acesso ao emprego, a estabilidade, a segurança no emprego ou oportunidades para o avanço profissional.

Art. 18. Os trabalhadores, incluindo os migrantes, os desempregados e os candidatos a emprego, não devem ser coagidos a fornecer informações relacionadas ao HIV sobre si mesmos ou outros.

Art. 19. O trânsito dos trabalhadores migrantes ou daqueles que pretendem migrar em função do emprego não deve ser impedido com base no seu status sorológico para o HIV, real ou suposto.

Art. 20. O ambiente de trabalho deve ser seguro e salubre, a fim de prevenir a transmissão do HIV no local do trabalho.

Art. 21. As ações de segurança e saúde destinadas a prevenir a exposição dos trabalhadores ao HIV no trabalho devem incluir precauções universais, medidas de prevenção de riscos e acidentes, tais como medidas relacionadas à organização do trabalho e ao controle de técnicas e práticas de trabalho; equipamentos de proteção individual, quando for apropriado; medidas de controle ambiental e profilaxia pós exposição; e outras medidas

de segurança para minimizar o risco de infecção pelo HIV e a tuberculose, especialmente em profissões de maior risco, como as do setor da saúde.

Art. 22. Quando existir a possibilidade de exposição ao HIV no local de trabalho, os trabalhadores devem receber informação e orientação sobre os modos de transmissão e os procedimentos para evitar a exposição e a infecção.

Art. 23. As medidas de sensibilização devem enfatizar que o HIV não é transmitido por simples contato físico e que a presença de uma pessoa vivendo com HIV não deve ser considerada como uma ameaça no local de trabalho.

Art. 24. As práticas discriminatórias referidas nesta norma são passíveis das sanções previstas na Lei n. 9.029, de 13 de abril de 1995.

Art. 25. Esta norma entra em vigor na data de sua publicação

<div align="right">Manoel Dias
DOU 11.12.2014</div>

Portaria n. 2.020, de 23 de dezembro de 2014

Aprova regras para a imposição de multas administrativas, previstas na legislação trabalhista, por infrações às normas de proteção ao trabalho doméstico

O MINISTRO DE ESTADO DO TRABALHO E EMPREGO, no uso da atribuição que lhe confere o art. 87, Parágrafo único, inciso II, da Constituição Federal, considerando a necessidade de definir critérios para a fixação dos valores das multas administrativas previstas na legislação trabalhista, aplicáveis às infrações às normas de proteção ao trabalho doméstico, conforme o disposto no art. 6º-E da Lei n. 5.859, de 11 de dezembro de 1972, resolve:

Art. 1º As multas e os valores fixados para as infrações previstas na Consolidação das Leis do Trabalho — CLT, aprovada pelo Decreto-Lei n. 5.452, de 1º de maio de 1943, aplicam-se, no que couber, à sanção das infrações aos dispositivos da Lei n. 5.859, de 11 de dezembro de 1972, na forma prevista nesta portaria.

Art. 2º Os valores das multas de que trata o art. 1º terão como base de cálculo os valores das multas previstas na CLT e serão estabelecidos considerando-se a gravidade da infração, conforme o tempo de serviço do empregado, a idade e o número de empregados prejudicados.

§ 1º Em razão do tempo de serviço dos empregados prejudicados, o valor de multa previsto na CLT será acrescido de 1% (um por cento) por cada mês trabalhado, se houver empregado prejudicado com mais de 30 (trinta) dias de tempo de serviço prestado ao empregador. Em razão da idade dos empregados prejudicados, o valor de multa previsto na CLT será acrescido de 30% (trinta por cento), se houver empregado prejudicado maior de 50 (cinquenta) anos de idade, ou dobrado, se houver empregado prejudicado com 17 (dezessete) anos de idade ou menos.

§ 2º O valor de multa previsto na CLT será multiplicado pelo número de empregados prejudicados.

Art. 3º O valor da multa aplicada em razão da falta de anotação da data de admissão e da remuneração do empregado doméstico na Carteira de Trabalho e Previdência Social — CTPS será dobrado em relação ao valor estabelecido pela CLT.

Parágrafo único. O valor da multa prevista no *caput* será reduzido pela metade para a hipótese do empregador reconhecer voluntariamente o tempo de serviço do empregado, efetuar as anotações pertinentes e recolher as contribuições previdenciárias devidas.

Art. 4º O histórico do auto de infração lavrado por descumprimento de norma de proteção ao trabalho doméstico deverá conter, no mínimo, o nome, a idade e a data de admissão de cada um dos empregados prejudicados.

Art. 5º Os processos administrativos para imposição das multas de que trata a presente portaria obedecerão às normas previstas no Título VII da CLT, regulamentadas pela Portaria n. 148, de 25 de janeiro de 1996.

Art. 6º Esta Portaria entra em vigor na data de sua publicação.

<div align="right">Manoel Dias
DOU 24.12.2014</div>

Portaria SPPE/MTE n. 3, de 26 de janeiro de 2015

Dispõe sobre os procedimentos para emissão de Carteira de Trabalho e Previdência Social (CTPS) para brasileiros

A SECRETÁRIA DE POLÍTICAS PÚBLICAS DE EMPREGO — SUBSTITUTA, no uso das atribuições que lhe conferem os arts. 10 e 28 do Anexo I ao Decreto n. 5.063, de 3 de maio de 2004, com as redações dadas pelo Decreto n. 6.341, de 3 de janeiro de 2008 e Decreto n. 7.015, de 24 de novembro de 2009 e considerando o disposto nos arts. 1º e 48 do Anexo V à Portaria n. 483, de 15 de setembro de 2004, e

Considerando a Portaria n. 369, de 2013, deste Ministério do Trabalho e Emprego (MTE), que regulamenta a emissão de descentralização de Carteira de Trabalho e Previdência Social (CTPS), prevista no art. 14, do Decreto-lei n. 5.452, de 1943, que aprova a Consolidação das Leis do Trabalho (CLT);

Considerando a implantação da versão 3.0 do Sistema Informatizado da Carteira de Trabalho e Previdência Social (CTPSWEB), que moderniza a emissão de CTPS pelos postos emissores do documento; e

Considerando a necessidade de atualização das normas utilizadas pelos órgãos emissores de CTPS para brasileiro, resolve:

Art. 1º O atendimento ao cidadão interessado na solicitação de Carteira de Trabalho e Previdência Social (CTPS) para brasileiro será feita pelas Superintendências, Gerências e Agências Regionais do Trabalho e Emprego e, mediante a celebração de Acordo de Cooperação Técnica, pelos órgãos e entidades estaduais e municipais da Administração direta e indireta do Poder Executivo.

§ 1º A CTPS somente poderá ser solicitada pelo próprio interessado nos postos de atendimento do Ministério do Trabalho e Emprego (MTE) e de seus conveniados, conforme previsão contida no art. 15 do Decreto-lei n. 5.452, de 1943, que aprova a Consolidação das Leis do Trabalho (CLT).

§ 2º A CTPS será entregue ao interessado pessoalmente, mediante identificação digital, no prazo máximo de até 15 (quinze) dias úteis, contados a partir da data constante no protocolo de atendimento.

§ 3º Caso não haja no Sistema Informatizado de emissão de CTPS (CTPSWEB) a imagem da digital, o emissor deverá fazer constar no respectivo sistema a entrega do documento após a assinatura do recibo.

§ 4º Excepcionalmente, a CTPS poderá ser entregue a terceiro, mediante apresentação de procuração pública, registrada em cartório, específica para retirada da Carteira.

§ 5º O Acordo de Cooperação Técnica, de que trata o *caput* desse artigo, será regulamentado por norma específica.

Art. 2º A CTPS será fornecida mediante a apresentação dos seguintes documentos:

I — Documento oficial de identificação civil que contenha nome do interessado; data, município e estado de nascimento; filiação; nome e número do documento com órgão emissor e data de emissão;

II — Cadastro de Pessoa Física (CPF);

III — Comprovante de residência com CEP;

IV — Certidão de Nascimento ou Casamento para comprovação obrigatória do estado civil;

§ 1º Excepcionalmente, nos casos em que houver impeditivo operacional para emitir o documento informatizado, deverá ser exigido à apresentação de (01) uma foto 3X4, fundo branco, com ou sem data, colorida e recente, que identifique plenamente o solicitante.

§ 2º Todos os documentos apresentados pelo interessado devem estar legíveis, em bom estado de conservação, serem originais, admitindo-se, excepcionalmente, a apresentação de cópias dos documentos, desde que estejam autenticadas em cartório.

§ 3º No caso de o solicitante ainda não possuir o CPF, a Superintendência, Gerência ou Agência Regional do Trabalho e Emprego expedirá o número do CPF no ato do atendimento, desde que o interessado apresente o Título de eleitor e haja a aprovação da Receita Federal.

Art. 3º A emissão de 2ª via de CTPS far-se-á mediante apresentação dos documentos constantes no art. 2º desta Portaria, além de documentação complementar e obrigatória para os casos especificados abaixo:

§ 1º No caso da emissão de 2ª Via por motivo de roubo, furto, extravio ou perda:

I — Boletim de ocorrência policial;

II — Comprovação obrigatória, por parte do interessado, do número da CTPS anterior, que pode ser feita por meio de um dos seguintes documentos:

a) cópia da ficha de registro de empregado com carimbo do CNPJ da empresa;

b) extrato do PIS/PASEP ou FGTS;

c) requerimento do seguro desemprego;

d) termo de rescisão do contrato de trabalho, homologado pelo Ministério do Trabalho e Emprego, ou pelo Ministério Público, ou pela Defensoria Pública, ou pelo Sindicato de classe, ou por um juiz de paz.

§ 2º No caso da emissão de via de Continuação da CTPS, apresentar a CTPS anterior, onde deverá ser comprovado o preenchimento total dos espaços de pelo menos um dos campos. Os campos ainda não esgotados devem ser inutilizados com carimbo próprio, antes da devolução do documento ao trabalhador.

§ 3º No caso da emissão de 2ª via por Inutilização da via anterior:

I — apresentar a CTPS anterior inutilizada;

II — apresentar comprovante do numero da CTPS inutilizada, caso ele não esteja legível no próprio documento apresentado.

§ 4º Será inutilizada a CTPS que apresentar emendas, rasuras, falta ou substituição de fotografia; não contiver a data de expedição do documento, assinatura do emissor; assinatura do interessado, salvo exceções previstas no § 2º, do art. 5º, e na alínea b e c, inciso II, do art. 6º desta Portaria.

§ 5º Não é considerado motivo para emissão de 2ª via de CTPS a alegação de:
a) substituição do modelo manual para o informatizado;
b) atualização exclusiva de fotografia do documento;

Art. 4º Com base na Lei n. 12.037, de 1º de outubro de 2011, a CTPS será aceita como documento de identificação civil.

§ 1º para identificação civil, só será aceita a CTPS modelo informatizado;

§ 2º não será aceita, para identificação civil, a CTPS anterior de brasileiro que foi emitida em caráter temporário;

Art. 5º A CTPS não será emitida para menor de quatorze anos ou para falecido, exceto nos casos que houver ordem ou autorização judicial, sendo obrigatório o lançamento no sistema informatizado de emissão (CTPSWEB) e a anotação do número do mandado judicial no campo de anotações gerais da CTPS;

Art. 6º Na impossibilidade da apresentação dos documentos listados no art. 2º, desta Portaria, devido aos casos de calamidade pública e mediante autorização da Coordenação de Identificação de Registro Profissional (CIRP), a CTPS será excepcionalmente emitida com validade máxima e improrrogável de 90 (noventa) dias, com base em declarações verbais do interessado, firmadas por duas testemunhas, fazendo-se constar o fato na primeira folha de "Anotações Gerais", consoante o disposto no art. 17 da Consolidação das Leis do Trabalho — CLT e seus parágrafos, utilizando-se para isto modelo próprio de carimbo.

Parágrafo único. A CTPS, emitida nas condições prevista no *caput* deste artigo, só pode ser feita uma única vez para o mesmo interessado, exceto se for decretado novo estado de calamidade pública no seu local de residência.

Art. 7º No caso de o interessado encontrar-se hospitalizado ou cerceado de sua liberdade por motivo de prisão, é necessário o deslocamento do emissor para a coleta dos dados imprescindíveis para emissão da CTPS, observando o seguinte:

§ 1º Se o interessado hospitalizado estiver inconsciente, a CTPS somente será emitida quando houver ordem ou autorização judicial, sendo obrigatório o lançamento no sistema informatizado de emissão (CTPSWEB) e a anotação do número do mandado judicial no campo de anotações gerais da CTPS;

§ 2º Na impossibilidade de recolher a assinatura e coletar a impressão digital do interessado hospitalizado, deve-se emitir a CTPS com impedimentos de assinatura e digital.

§ 3º A emissão de CTPS para detento só será feita mediante assinatura de convênio do posto de atendimento do MTE com órgão competente e/ou na condição de mutirões previamente acordados e oficializados;

Art. 8º As imagens colhidas para a confecção da CTPS devem obedecer às seguintes especificações:

I — Da fotografia:
a) deve retratar o busto do requerente (cabeça, pescoço e parte do tórax do indivíduo), na medida de 3cm x 4cm;

b) não pode estampar o fotografado de perfil, ou com traje que sugira estar desnudo ou com a face coberta por cabelos, véu ou óculos escuros; trajando chapéu, boné, bandana ou qualquer outro objeto que encubra a cabeça, de modo a interferir na perfeita visualização das características do rosto do requerente, com exceção para os casos que for observado hábito e cultura religiosa ou deficiência visual;

c) não deve conter qualquer objeto pessoal ou estampa que faça apologia às drogas, ao racismo, à violência ou a qualquer outro fato que atente contra a paz social.

II — Da Assinatura:
a) não pode conter rasuras;
b) quando o interessado não souber assinar a sua CTPS, deverá ser lançada no campo "Assinatura do Titular" a expressão "Não alfabetizado";
c) quando o interessado estiver impedido de assinar, deverá ser lançada no campo "Assinatura do Titular" a expressão "vide anotações gerais" e fazer constar a observação no espaço próprio.

III — Da digital:
a) será colhida a impressão digital do polegar direito do interessado. Na sua falta colhe-se a impressão digital do polegar esquerdo e na falta de ambos colhe-se a impressão digital de qualquer dedo da mão, fazendo-se o registro no campo das anotações gerais, identificando-se inclusive o dedo utilizado;

b) na impossibilidade temporária ou permanente de coletar a impressão digital do interessado, deve-se efetuar no campo a ela destinado, o lançamento "vide anotações gerais" e fazer constar a observação no espaço próprio.

Art. 9º As anotações referentes às alterações de identidade de titulares de CTPS, devidamente comprovada por prova documental, podem ser efetuadas pelos postos emissores do documento, conforme *caput* e Parágrafo único do art. 32, da CLT.

§ 1º São consideradas alterações de identidade:

I — alteração da data de nascimento, por decisão judicial;
II — alteração de nome em virtude de mudança do estado civil (casamento, separação, divórcio, viuvez);
III — alteração de nome, em virtude de mudança de sexo;
IV — alteração voluntária de nome, por decisão judicial; e
V — inclusão/alteração do nome do pai e/ou mãe; bem como alteração, inclusão ou exclusão do nome ou sobrenomes do titular da CTPS em virtude de adoção, negativa/reconhecimento de maternidade ou de paternidade.

§ 2º As alterações de que trata o *caput* desse artigo serão efetuadas na página destinada à alteração de identidade da CTPS, não sendo, portanto, motivo de emissão de nova via do documento, com exceção dos motivos constantes nos itens III e IV.

Art. 10. A personalização da Carteira de Trabalho e Previdência Social (CTPS) será feita, exclusivamente, pelas Superintendências, Gerências e Agências Regionais do Trabalho e Emprego.

Art. 11. Quando da emissão de 2ª via de CTPS, é obrigatório o lançamento do número e série das Carteiras anteriores do interessado, no sistema de emissão informatizado (CTPSWEB) e a anotação, em campo específico da CTPS.

Art. 12. A CTPS para índio deverá ser emitida como a qualquer outro brasileiro, sem discriminação, na conformidade do disposto na Lei n. 6.001/73, assegurados todos os direitos e garantias das leis trabalhistas e previdenciárias.

Art. 13. Ao artesão, devidamente habilitado, será aposto quando da emissão ou apresentação da Carteira de Trabalho e Previdência Social — CTPS, o carimbo regulamentado através da Portaria n. 2, de 3 de abril de 1987, do Ministério do Trabalho e Emprego, na forma que a legislação dispuser.

Art. 14. Até o dia 05 (cinco) do mês subsequente, as Gerências e Agências Regionais do Trabalho e Emprego e os Postos Conveniados não informatizados deverão encaminhar à Superintendência de seu Estado, devidamente preenchido, o Relatório de Emissão de CTPS do mês anterior.

Art. 15. Os casos omissos e as dúvidas surgidas na aplicação desta Portaria serão orientados por Instruções Normativas e/ou solucionados pela Coordenação de Identificação de Registro Profissional (CIRP).

Art. 16. Esta Portaria entra em vigor na data da sua publicação, revogadas as disposições em contrário, em especial a Portaria n. 1, de 28 de Janeiro de 1997, art. 4º da Portaria n. 210, de 29 de abril de 2008, desta Secretaria de Políticas Públicas e Emprego.

Sinara Neves Ferreira
DOU 30.1.2015

Portaria GM/MTPS n. 116, de 13 de novembro de 2015

Regulamenta a realização dos exames toxicológicos previstos nos §§ 6º e 7º do art. 168 da CLT

O MINISTRO DE ESTADO DO TRABALHO E PREVIDÊNCIA SOCIAL, no uso das atribuições que lhe conferem o inciso II do parágrafo único do art. 87 da Constituição Federal e os arts. 155 e 168 da Consolidação das Leis do Trabalho — CLT, aprovada pelo Decreto-Lei n. 5.452, de 1º de maio de 1943, resolve:

Art. 1º Regulamentar a realização dos exames toxicológicos previstos nos §§ 6º ou 7º do art. 168 da CLT por meio do Anexo — Diretrizes para realização de exame toxicológico em motoristas profissionais do transporte rodoviário coletivo de passageiros e do transporte rodoviário de cargas, aprovado com a redação constante no Anexo desta Portaria.

Art. 2º Esta Portaria entra em vigor em 2 de março de 2016.

Miguel Soldatelli Rossetto
DOU 16.11.15 e Retif. DOU 19.11.15

ANEXO

Diretrizes para realização de exame toxicológico em motoristas profissionais do transporte rodoviário coletivo de passageiros e do transporte rodoviário de cargas.

1. Os motoristas profissionais do transporte rodoviário coletivo de passageiros e do transporte rodoviário de cargas devem ser submetidos a exame toxicológico em conformidade com este Anexo.

1.1. Os exames toxicológicos devem ser realizados:
a) previamente à admissão;
b) por ocasião do desligamento.

1.2. Os exames toxicológicos devem:

a) ter janela de detecção para consumo de substâncias psicoativas, com análise retrospectiva mínima de 90 (noventa) dias;

b) ser avaliados em conformidade com os parâmetros estabelecidos no Quadro I.

1.3. Os exames toxicológicos não devem:

a) ser parte integrantes do PCMSO;

b) constar de atestados de saúde ocupacional;

c) estar vinculados à definição de aptidão do trabalhador.

2. A validade do exame toxicológico será de 60 dias, a partir da data da coleta da amostra, podendo seu resultado ser utilizado neste período para todos os fins de que trata o item 1.1 deste Anexo.

2.1. O exame toxicológico previsto pela Lei n. 9.503, de 23 de setembro de 1997 — Código de Trânsito Brasileiro, desde que realizado nos últimos 60 (sessenta) dias, poderá ser utilizado para todos os fins de que trata o item 1.1 deste Anexo.

3. O exame toxicológico de que trata esta Portaria somente poderá ser realizado por laboratórios acreditados pelo CAP-FDT — Acreditação forense para exames toxicológicos de larga janela de detecção do Colégio Americano de Patologia — ou por Acreditação concedida pelo INMETRO de acordo com a Norma ABNT NBR ISO/IEC 17025, com requisitos específicos que incluam integralmente as "Diretrizes sobre o Exame de Drogas em Cabelos e Pelos: Coleta e Análise" da Sociedade Brasileira de Toxicologia, além de requisitos adicionais de toxicologia forense reconhecidos internacionalmente.

3.1. O exame toxicológico deve possuir todas suas etapas protegidas por cadeia de custódia, garantindo a rastreabilidade de todo o processo além de possuir procedimento com validade forense para todas as etapas analíticas (descontaminação, extração, triagem e confirmação).

3.2. Os laboratórios devem entregar ao trabalhador laudo laboratorial detalhado em que conste a relação de substâncias testadas, bem como seus respectivos resultados.

3.3. Os resultados detalhados dos exames e da cadeia de custódia devem ficar armazenados em formato eletrônico pelo laboratório executor por no mínimo 5 (cinco) anos.

3.4. É assegurado ao trabalhador: a) o direito à contraprova e à confidencialidade dos resultados dos exames;

b) o acesso à trilha de auditoria do seu exame.

4. Os laboratórios devem disponibilizar Médico Revisor — MR para proceder a interpretação do laudo laboratorial e emissão do relatório médico, sendo facultado ao empregador optar por outro Médico Revisor de sua escolha.

4.1. Cabe ao MR emitir relatório médico, concluindo pelo uso indevido ou não de substância psicoativa.

4.1.1. O MR deve considerar, dentre outras situações, além dos níveis da substância detectada no exame, o uso de medicamento prescrito, devidamente comprovado.

4.2. O MR deve possuir conhecimentos para interpretação dos resultados laboratoriais.

4.3. O relatório médico emitido pelo MR deve conter:

a) nome e CPF do trabalhador;

b) data da coleta da amostra;

c) número de identificação do exame;

d) identificação do laboratório que realizou o exame;

e) data da emissão do laudo laboratorial;

f) data da emissão do relatório;

g) assinatura e CRM do Médico Revisor — MR.

4.3.1. O relatório médico deve concluir pelo uso indevido ou não de substância psicoativa, sem indicação de níveis ou tipo de substância.

4.3.2. O trabalhador deve entregar ao empregador o relatório médico emitido pelo MR em até 15 dias após o recebimento.

5. Os exames toxicológicos devem testar, no mínimo, a presença das seguintes substâncias:

a) maconha e derivados;

b) cocaína e derivados, incluindo crack e merla;

c) opiáceos, incluindo codeína, morfina e heroína;

d) anfetaminas e metanfetaminas;

e) "ecstasy" (MDMA e MDA);

f) anfepramona;

g) femproporex;

h) mazindol.

5.1. Para a realização dos exames toxicológicos devem ser coletadas duas amostras, conforme procedimentos de custódia indicados pelo laboratório executor, com as seguintes finalidades:

a) para proceder ao exame completo, com triagem e exame confirmatório;

b) para armazenar no laboratório, por no mínimo 5 (cinco) anos, a fim de se dirimirem eventuais litígios.

6. Os laboratórios executores de exames toxicológicos de que trata esta Portaria devem encaminhar, semestralmente, ao Departamento de Segurança e Saúde no Trabalho da Secretaria de Inspeção do Trabalho, dados estatísticos detalhados dos exames toxicológicos realizados, resguardando a confidencialidade dos trabalhadores.

QUADRO I
Valores de corte ("cut-off")

ANFETAMINAS	Triagem	Confirmação
Anfetamina	200ng/g	200ng/g
Metanfetamina	200ng/g	200ng/g
MDMA	200ng/g	200ng/g
MDA	200ng/g	200ng/g
Anfepramona	200ng/g	200ng/g
Femproporex	200ng/g	200ng/g
Mazindol	500ng/g	500ng/g

MACONHA	Triagem	Confirmação
THC	50ng/g	
CarboxyTHC (THC-COOH)	0,2ng/g	0,2ng/g

COCAÍNA	Triagem	Confirmação
Cocaína	500ng/g	500ng/g
Benzoilecgonina	50ng/g	50ng/g
Cocaetileno	50ng/g	50ng/g
Norcocaína	50ng/g	50ng/g

OPIÁCEOS	Triagem	Confirmação
Morfina	200ng/g	200ng/g
Codeína	200ng/g	200ng/g
Heroína (metabólito)	200ng/g	200ng/g

Fonte: adaptado de Sociedade Brasileira de Toxicologia (SBTOX — http://www.sbtox.org.br/); Associação Brasileira de Provedores de Serviços Toxicológicos de Larga Janela de Detecção (ABRATOX — http://www.abratox.org.br) e SoHT — Society of Hair Testing (<http://www.soht.org/>).

Nota 1: Em relação a maconha, na triagem qualquer uma das substâncias pode resultar em um presumido positivo. Na confirmação apenas o THC-COOH é aceito.

Nota 2: Em relação a cocaína, na triagem qualquer uma das substâncias pode resultar em um presumido positivo. A confirmação deve incluir cocaína e, pelo menos, um dos metabólitos.

Nota 3: Em relação às anfetaminas e opiáceos, todas as substâncias devem ser testadas na triagem e, quanto houver um presumido positivo, na confirmação.

Portaria GM/MTE n. 702, de 28 de maio de 2015

Estabelece requisitos para a prorrogação de jornada em atividade insalubre

O MINISTRO DE ESTADO DO TRABALHO E EMPREGO, no uso das atribuições que lhe confere o inciso II do art. 87 da Constituição Federal e considerando o disposto no art. 60 da CLT, resolve:

Art. 1º Nas atividades insalubres, quaisquer prorrogações de jornada só poderão ser praticadas mediante autorização da chefia da unidade de segurança e saúde no trabalho da Superintendência Regional do Trabalho e Emprego correspondente.

Art. 2º O pedido de autorização para a prorrogação de jornada em atividade insalubre deverá ser apresentado com as seguintes informações:

a) identificação do empregador e do estabelecimento, contendo razão social, CNPJ, endereço, CNAE e número de empregados;

b) indicação das funções, setores e turnos cuja jornada será prorrogada, com o número de empregados alcançados pela prorrogação;

c) descrição da jornada de trabalho ordinária e a indicação do tempo de prorrogação pretendido; e

d) relação dos agentes insalubres, com identificação da fonte, nível ou concentração e descrição das medidas de controle adotadas.

Art. 3º A análise do pedido deve considerar o possível impacto da prorrogação na saúde dos trabalhadores alcançados.

Art. 4º O deferimento do pedido está condicionado ao atendimento dos seguintes requisitos:

a) inexistência de infrações às Normas Regulamentadoras que possam comprometer a saúde ou a integridade física dos trabalhadores;

b) adoção de sistema de pausas durante o trabalho, quando previstas em Norma Regulamentadora, e as condições em que são concedidas;

c) rigoroso cumprimento dos intervalos previstos na legislação; e

d) anuência da representação de trabalhadores, por meio de Acordo ou Convenção Coletiva de Trabalho.

Art. 5º Os pedidos de empregadores que apresentarem números elevados de acidentes ou doenças do trabalho devem ser indeferidos.

Art. 6º Não será admitida prorrogação em atividades com exposição a agentes cuja caracterização da insalubridade se dá por meio de avaliação quantitativa, salvo em situações transitórias, por curto período de tempo e desde que sejam implementadas medidas adicionais de proteção do trabalhador contra a exposição ao agente nocivo.

Art. 7º A análise do pedido será feita por meio de análise documental e consulta aos sistemas de informação da inspeção do trabalho, referentes a ações fiscais anteriormente realizadas e, caso seja necessário, complementada por inspeção no estabelecimento do empregador.

LEGISLAÇÃO COMPLEMENTAR

Art. 8º A validade da autorização será determinada pela autoridade que a conceder, nunca superior a 5 (cinco) anos.

Art. 9º A autorização deve ser cancelada:

I — sempre que for verificado o não atendimento às condições estabelecidas no art. 4º;

II — quando ocorrer a situação prevista no art. 5º; ou

III — em situação que gere impacto negativo à saúde do trabalhador.

Art. 10. Esta Portaria entra em vigor na data de sua publicação.

<div align="right">

MANOEL DIAS
DOU 29.5.2015

</div>

Portaria GM/MTE n. 706, de 28 de maio de 2015

Dispõe sobre a conversão em advertência das penalidades decorrentes de infrações ao disposto na Lei n. 12.619, de 30 de abril de 2012, em conformidade com o disposto no art. 22, inciso I, da Lei n. 13.103, de 2 de março de 2015, bem como do ressarcimento a que terão direito aqueles que já pagaram as multas impostas

O MINISTRO DE ESTADO DO TRABALHO E EMPREGO, no uso da atribuição que lhe confere o art. 87, parágrafo único, inciso II, da Constituição Federal, considerando a necessidade de regulamentar o art. 22, inciso I, da Lei n. 13.103, de 2 de março de 2015, resolve:

Art. 1º Ficam convertidas em sanção de advertência as penalidades decorrentes de infrações ao disposto na Lei n. 12.619, de 30 de abril de 2012, que incluiu a Seção IV-A no Capítulo I da Consolidação das Leis do Trabalho — CLT, aprovada pelo Decreto-Lei n. 5.452, de 1º de maio de 1943, na forma prevista nesta portaria.

§ 1º Os processos atualmente em trâmite receberão análise sumária.

§ 2º Após o cumprimento do parágrafo anterior, se os autos forem considerados procedentes, as multas serão convertidas em sanção de advertência e a Unidade de Multas e Recursos na qual tramita o processo notificará o empregador da sanção de advertência aplicada, através de publicação no Diário Oficial da União, utilizando o modelo do Anexo I da presente portaria.

Art. 2º Os empregadores que foram autuados em razão do descumprimento dos dispositivos da CLT alterados pela Lei n. 12.619, de 30 de abril de 2012 e que já quitaram as multas impostas em virtude da decisão de procedência dos autos de infração lavrados poderão fazer jus à restituição dos valores pagos.

§ 1º O empregador deverá protocolar solicitação da restituição mencionada no *caput* na Unidade de Multas e Recursos em que o processo tramitou.

§ 2º Verificado que o empregador preenche os requisitos para ter os valores pagos restituídos, a Unidade de Multas e Recursos encaminhará ofício à Receita Federal do Brasil comunicando acerca do fato, para que o órgão arrecadador possa proceder aos trâmites necessários para a devolução dos valores.

Art. 3º Esta Portaria entra em vigor na data de sua publicação.

<div align="right">

Manoel Dias
DOU 29.5.2015

</div>

Portaria GM/MTE n. 854, de 25 de junho de 2015

Aprova normas para a organização e tramitação dos processos de multas administrativas e de Notificação de Débito de Fundo de Garantia do Tempo de Serviço e/ou Contribuição Social

O MINISTRO DE ESTADO DO TRABALHO E EMPREGO, no uso de suas atribuições legais; e considerando a necessidade de expedir instruções para a execução do disposto no Título VII da Consolidação das Leis do Trabalho, e tendo em vista o disposto na Lei n. 9.784, de 29 de janeiro de 1999, bem como o § 1º do art. 23 da Lei n. 8.036, de 11 de maio de 1990, resolve:

Capítulo I
Da Organização do Processo

Art. 1º Os processos administrativos de aplicação de multas e de notificação de débito do fundo de garantia e da contribuição social iniciar-se-ão com a lavratura do auto de infração e a emissão da notificação de débito de fundo de garantia do tempo de serviço e da contribuição social, respectivamente.

Art. 2º Na organização e instrução do processo administrativo, serão observados os seguintes procedimentos:

I — os autos de infração e as notificações de débito serão protocolizados no setor competente;

II — cada auto de infração ou notificação de débito originará um processo administrativo;

III — o número de protocolo será sempre o mesmo, ainda quando o processo seja remetido a outro órgão ou instância superior;

IV — as informações, despachos, termos, pareceres, documentos e demais peças do processo serão dispostos em ordem cronológica de entrada no processo, devendo ter suas páginas numeradas sequencialmente e rubricadas;

V — a remissão a qualquer documento constante de outro processo em tramitação no âmbito do MTE far-se-á mediante a indicação do número do processo e do número da folha em que se encontra, além da transcrição do teor ou juntada da cópia;

VI — nas informações e despachos, cuidar-se-á para que:

a) a escrita seja legível e em vernáculo;

b) a redação seja clara, concisa, precisa e a linguagem isenta de agressão e parcialidade;

c) conste se houve defesa e se esta foi apresentada dentro ou fora do prazo previsto.

VII — a conclusão das informações ou despachos conterá:

a) a denominação da unidade em que tem exercício o servidor, permitida a abreviatura;

b) data;

c) assinatura ou chancela eletrônica e nome do servidor com o cargo ou função.

VIII — Será disponibilizado para consulta, na página oficial do MTE, o trâmite processual de todos os processos de auto de infração.

Art. 3º Serão canceladas do processo, pela autoridade competente, expressões consideradas descorteses ou injuriosas.

Art. 4º Os atos e termos procedimentais, quando a lei não prescrever forma determinada, conterão somente o indispensável a sua finalidade.

Art. 5º Os atos do processo realizados pela administração, observadas as normas de segurança e controle de uso dispostos nesta Portaria, poderão ser subscritos por chancela eletrônica, a critério do Chefe da Unidade de Multas e Recursos das Superintendências Regionais do Trabalho e Emprego e do Secretário de Inspeção do Trabalho.

§ 1º A chancela eletrônica deverá ser a reprodução exata de assinatura de próprio punho e descrição do nome e cargo do agente competente, com o emprego de recursos da informática.

§ 2º Fica vedada a utilização da chancela eletrônica para outros fins que não aqueles previstos no *caput* deste artigo.

Art. 6º Compete à Chefia da Unidade de Multas e Recursos, na primeira instância decisória, solicitar a prévia habilitação e o cadastramento da chancela eletrônica junto ao Coordenador-Geral de Recursos, bem assim requerer o imediato cancelamento, desativação ou substituição, na hipótese de afastamento ou impedimento do titular da chancela.

Art. 7º Compete ao Coordenador-Geral de Recursos, na segunda instância decisória, solicitar a prévia habilitação e o cadastramento da chancela eletrônica junto ao Secretário da Inspeção do Trabalho, bem assim requerer o imediato cancelamento, desativação ou substituição, na hipótese de afastamento ou impedimento do titular da chancela.

Parágrafo único. Para a chancela eletrônica serão habilitados apenas 02 (dois) titulares para cada unidade organizacional, devendo o responsável por cada uma destas indicar o autógrafo principal, que constará dos atos expedidos pelo sistema informatizado, salvo nas hipóteses de afastamento ou impedimento do titular, quando haverá substituição pelo autógrafo secundário.

Art. 8º Para implantação da chancela eletrônica, as imagens colhidas para os fins do § 1º, do art. 5º, serão repassadas pela Secretaria de Inspeção do Trabalho ao serviço de informática, ao qual compete, na operacionalização da chancela eletrônica, a adoção de medidas de segurança que confiram o restrito e o seguro manuseio dos autógrafos, estando expressamente vedado o uso destes para fins diversos daqueles relativos aos atos processuais regulados nesta portaria.

Art. 9º Compete ao titular da chancela zelar pela sua correta utilização, devendo comunicar imediatamente, por escrito, à chefia imediata quaisquer irregularidades identificadas.

Art. 10. A indevida utilização da chancela caracterizará infração funcional, a ser apurada em processo administrativo disciplinar, sem prejuízo de responsabilidade penal e civil, conforme o caso.

Capítulo II
Do Auto de infração e da notificação de débito de Fundo de Garantia do Tempo de Serviço e da contribuição social

Seção I
Disposições Gerais

Art. 11. O auto de infração e a notificação de débito terão suas características definidas em modelo oficial e serão preenchidos de forma indelével.

Art. 12. O auto de infração e a notificação de débito não terão seu valor probante

condicionado à assinatura do infrator e de testemunhas e serão lavrados no local da inspeção, salvo motivo justificado.

Parágrafo único. Considera-se local da inspeção:

I — o local de trabalho fiscalizado;

II — as unidades do Ministério do Trabalho e Emprego;

III — qualquer outro local previamente designado pelo Auditor Fiscal do Trabalho — AFT para a exibição de documentos por parte do empregador.

Art. 13. Poderão ser apreendidos pelo AFT, conforme disciplinado pela Secretaria de Inspeção do Trabalho, quaisquer papéis e documentos que constituam prova material da infração.

Seção II
Do auto de infração

Art. 14. O auto de infração será lavrado em 03 (três) vias conforme modelos e instruções emitidos pelo Ministério do Trabalho e Emprego e conterá, essencialmente, os seguintes elementos:

I — nome, inscrição, endereço e CEP do autuado constantes dos cadastros de pessoa física ou jurídica da Secretaria da Receita Federal do Brasil;

II — código de atividade segundo a Classificação Nacional de Atividades Econômicas — CNAE e número total de empregados de todos os estabelecimentos do autuado;

III — ementa da autuação e seu código;

IV — narrativa clara e precisa do fato caracterizado como infração, com referência às circunstâncias pertinentes, relacionando, quando tecnicamente possível, pelo menos um empregado em situação ou atividade irregular, exceto quando a lei cominar multa per capita, hipótese em que deverão ser relacionados todos os empregados em situação ou atividade irregular e o local onde ocorreu o fato, se diverso do citado no inciso I;

V — capitulação do fato mediante citação expressa do dispositivo legal infringido;

VI — elementos de convicção;

VII — ciência do prazo para apresentação de defesa e indicação do local para sua entrega;

VIII — local e data;

IX — assinatura e identificação do AFT autuante contendo nome e número de sua Carteira de Identidade Fiscal — CIF;

X — assinatura e identificação do autuado, seu representante ou preposto.

§ 1º O AFT poderá anexar ao auto de infração elementos probatórios da situação identificada, tais como cópias de documentos, fotografias e vídeos.

§ 2º Em todos os autos de infração lavrados em ação fiscal onde houver a constatação de trabalho em condições análogas às de escravo deverá conter a seguinte informação: "Diante da decisão administrativa final de procedência do auto de infração ou do conjunto de autos de infração que caracterize submissão de trabalhadores à condição análoga à de escravo estará o autuado sujeito a ter seu nome incluído em listas ou cadastros de empresas, conforme preceitos estabelecidos na Lei n. 12.527, de 18 de novembro de 2011.".

Art. 15. A omissão ou incorreção no auto de infração não acarretará sua nulidade, quando do processo constarem elementos suficientes para a caracterização da falta.

§ 1º Quando se tratar de omissão ou erro na capitulação da infração, caberá ao Chefe da Unidade de Multas e Recursos, mediante despacho saneador e antes do julgamento, corrigir a irregularidade, concedendo novo prazo à autuada para apresentar defesa.

§ 2º A constatação de mais de um tipo de irregularidade acarretará a lavratura de autos de infração distintos.

Seção III
Da Notificação de Débito de FGTS e da Contribuição Social

Art. 16. Constatado que o depósito devido ao FGTS e/ou contribuição social não foi efetuado, ou foi efetuado a menor, será expedida contra o infrator a notificação de débito de FGTS e/ou contribuição social, sem prejuízo da lavratura dos autos de infração que couberem.

Art. 17. A notificação de débito de FGTS e/ou contribuição social será emitida em 03 (três) vias e será regulada nos modelos e instruções emitidos pelo Ministério do Trabalho e Emprego, devendo conter, essencialmente, os seguintes elementos:

I — nome, inscrição, endereço e CEP do autuado constantes dos cadastros de pessoa física ou jurídica da Secretaria da Receita Federal do Brasil;

II — prazo de 10 (dez) dias para recolhimento do débito ou apresentação de defesa;

III — indicação discriminativa dos débitos, por mês e ano de competência;

IV — ciência do prazo para apresentação de defesa e indicação do local para sua entrega;

V — local e data da lavratura;

VI — assinatura e identificação do notificado, seu representante ou preposto;

VII — assinatura e identificação do AFT notificante contendo nome e CIF.

Seção IV
Da Destinação das Vias e da Entrega do Auto de Infração e da Notificação de Débito

Art. 18. O auto de infração e a notificação de débito terão a seguinte destinação:

a) uma via será entregue no protocolo da unidade de exercício do AFT para instauração do processo administrativo, em até dois dias úteis contados de sua lavratura;

b) uma via será entregue ao empregador ou seu preposto;

c) uma via será destinada ao AFT emitente.

§ 1º Atendendo a peculiaridades ou circunstâncias locais, ou ainda a programas especiais de fiscalização, a via prevista na alínea "a" deverá ser entregue na sede onde se encontra circunscrito o empregador ou na Secretaria de Inspeção do Trabalho.

§ 2º Havendo deslocamento do AFT para fora de seu município de exercício, a entrega no protocolo ocorrerá em até dois dias úteis após o seu retorno.

§ 3º Os documentos fiscais citados acima serão preferencialmente entregues pelo AFT ao empregador ou seu representante ou preposto, podendo ser enviados por via postal com comprovante de recebimento.

§ 4º Em caso de recusa no recebimento do documento fiscal, seja pessoalmente ou por via postal, deverá tal fato ser informado no processo, a fim de que o empregador seja notificado por meio de edital a ser publicado no Diário Oficial da União.

Capítulo III
Da Competência

Art. 19. O julgamento do processo compete:

I — em primeira instância, aos Superintendentes Regionais do Trabalho e Emprego;

II — em segunda instância, ao Coordenador-Geral de Recursos.

Art. 20. O Superintendente Regional do Trabalho e Emprego poderá delegar matéria e poderes referentes a este normativo aos seguintes agentes administrativos:

I — Chefe da Unidade de Multas e Recursos;

II — Gerentes Regionais de Trabalho e Emprego;

III — Chefias de Fiscalização ou da Inspeção do Trabalho;

IV — demais servidores das Unidades de Multas e Recursos;

V — parte de sua competência a outros titulares, desde que servidores efetivos do órgão, quando for conveniente, em razão de circunstâncias de índole técnica, social, econômica, jurídica ou territorial.

Parágrafo único. É vedada delegação de competência nas hipóteses do art. 13 da Lei n. 9.784, de 29 de janeiro de 1999.

Art. 21. Compete exclusivamente aos AFT a análise dos processos e emissão de pareceres para a motivação de decisão de auto de infração e de notificação de débito de FGTS e/ou contribuição social.

Capítulo IV
Da Ciência ao Autuado e ao Notificado

Art. 22. O autuado e o notificado serão cientificados das decisões, por escrito, mantendo-se cópia no processo, podendo a ciência ser feita:

I — pessoalmente;

II — por via postal, com aviso de recebimento, ou outro meio que assegure a ciência do interessado;

III — por meio de publicação oficial, quando o interessado estiver em local incerto e não sabido, não for encontrado ou recusar-se a receber o documento.

Parágrafo único. A notificação pode ser feita ao representante ou preposto do interessado.

Art. 23. Considera-se feita a notificação:

I — pessoal, na data da ciência do interessado;

II — por via postal com aviso de recebimento ou outro meio que assegure a ciência do interessado, na data do seu recebimento;

III — por publicação oficial, 10 (dez) dias após sua publicação.

§ 1º No caso de envio postal em que o destinatário não houver preenchido a data de entrega no Aviso de Recebimento — AR será utilizada, para caracterizar a data de ciência da decisão, a data informada pela Empresa de Correios e Telégrafos.

§ 2º Todas as notificações dos autos de infração lavrados em ação fiscal onde houver a constatação de trabalho em condições análogas às de escravo deverá conter a seguinte informação: "Diante da decisão administrativa final de procedência do auto de infração ou do conjunto de autos de infração que caracterize submissão de trabalhadores à condição análoga à de escravo estará o autuado sujeito a ter seu nome incluído em listas ou cadastros de empresas, conforme preceitos estabelecidos na Lei n. 12.527 de 18 de novembro de 2011".

LEGISLAÇÃO COMPLEMENTAR

Capítulo V
Dos Prazos

Art. 24. Os prazos começam a correr a partir da data da cientificação oficial, excluindo-se da contagem o dia do começo e incluindo-se o do vencimento.

§ 1º Considera-se prorrogado o prazo até o primeiro dia útil seguinte se o vencimento cair em dia em que não houver expediente ou este for encerrado antes da hora normal.

§ 2º Os prazos expressos em dias contam-se de modo contínuo.

Art. 25. Salvo motivo de força maior devidamente comprovado, os prazos processuais não se suspendem.

Capítulo VI
Do Processo em Primeira Instância

Seção I
Início do Processo

Art. 26. O processo terá início com a protocolização ou inserção eletrônica em sistema informatizado do auto de infração ou da notificação de débito.

Parágrafo único. Após a protocolização serão identificados como de tramitação prioritária, com andamento imediato, independente da ordem cronológica de entrada, os processos decorrentes de fiscalização de trabalho em condições análogas às de escravo.

Seção II
Da Reincidência

Art. 27. Será considerado reincidente o empregador infrator que for autuado por infração ao mesmo dispositivo legal, antes de decorridos 02 (dois) anos da imposição de penalidade.

Seção III
Da Defesa

Art. 28. A defesa, formalizada por escrito e instruída com documentos que a fundamentarem, será apresentada no endereço indicado no auto de infração ou notificação de débito, no prazo de 10 (dez) dias, contados do recebimento do auto de infração ou da notificação de débito.

§ 1º Cada auto de infração ou notificação de débito ensejará a apresentação de uma defesa.

§ 2º A defesa poderá ser remetida via postal para o endereço indicado no auto de infração ou notificação de débito no mesmo prazo do *caput*, sendo considerada a data de postagem como a de sua apresentação.

§ 3º Não será conhecida pela autoridade a defesa que não atenda aos requisitos:
I — tempestividade;
II — legitimidade e representação.

Art. 29. A defesa mencionará:
I — a autoridade a quem é dirigida;
II — a qualificação do interessado;
III — os motivos de fato e de direito em que se fundamentar;
IV — as diligências que o interessado pretende que sejam efetuadas.

§ 1º Os documentos apresentados em meio papel juntamente com a defesa poderão, a critério da Chefia da Unidade de Multas e Recursos, ser escaneados e gravados em mídia digital que será replicada em duas, sendo uma anexada ao processo e outra mantida como cópia de segurança na repartição, com devolução dos papéis apresentados pelo defendente.

§ 2º O servidor que efetuar a digitalização dos documentos, ao anexar a mídia digital, declarará aqueles que foram apresentados em originais e os que foram apresentados em cópias autenticadas.

§ 3º As provas e documentos, se apresentadas por cópia, deverão ser autenticadas.

§ 4º O documento em cópia oferecido para prova poderá ser declarado autêntico pelo próprio advogado, sob sua responsabilidade pessoal.

§ 5º No caso de apresentação de cópias simples estas serão analisadas como elementos informativos.

§ 6º A defesa deverá ser assinada e indicar o número do auto de infração ou notificação de débito a que se refere, fazendo-se acompanhar de documentos que comprovem a legitimidade do signatário. Quando assinada por procurador legalmente constituído, será acompanhada também da respectiva procuração, que, por sua vez, se particular, deverá conter os requisitos estabelecidos no art. 654 do Código Civil.

§ 7º No caso do mandante ser pessoa jurídica é necessário que esta apresente nos autos documentação a fim de comprovar tal qualidade.

§ 8º O não atendimento às formalidades de que tratam os §§ 6º e 7º deste artigo resultará no não conhecimento da defesa, equivalendo à sua não apresentação.

Seção IV
Das Diligências e Saneamento

Art. 30. A autoridade competente determinará de ofício, ou a requerimento do interessado, a realização de diligências necessárias à apuração dos fatos, indeferindo as que considerar procrastinatórias.

Seção V
Da Decisão

Art. 31. A decisão será fundamentada, clara, precisa e objetiva, e evitará o uso de expressões vagas, códigos ou siglas, a fim de que o interessado possa, de pronto, dar-lhe cumprimento ou requerer o que couber.

Art. 32. A decisão poderá ser:
I — pela procedência total;
II — pela procedência parcial;
III — pela improcedência.

Art. 33. O interessado será cientificado:
I — das decisões do processo que resultem em imposição de deveres, ônus, sanções ou restrição ao exercício de direitos;
II — dos despachos de saneamento ou diligência, quando forem acrescentadas informações que possam influir no seu direito de defesa, sendo-lhe reaberto o prazo de defesa.

Art. 34. As inexatidões materiais, devidas a lapso manifesto, a erros de escrita ou de cálculos, existentes na decisão, poderão ser corrigidas de ofício ou a requerimento do interessado, por mera declaração.

Seção VI
Do Cumprimento das Decisões

Art. 35. A Superintendência Regional do Trabalho e Emprego dará ciência da decisão ao autuado ou notificado para recolher o valor da multa administrativa ou do débito para com o FGTS e/ou contribuição social, no prazo de 10 (dez) dias.

§ 1º A guia de recolhimento de multa obedecerá ao modelo e instruções próprias do formulário DARF, devendo obrigatoriamente conter o número do processo no campo denominado número de referência e o CNPJ do estabelecimento autuado, sendo utilizados os seguintes códigos:
a) 0289 — Multas da Legislação Trabalhista;
b) 2877 — Relação Anual de Informações Sociais — RAIS, Seguro-Desemprego e Cadastro Permanente de Admissão e Dispensa — CAGED;
c) 9207 — Contribuição Social Rescisória.

§ 2º A multa administrativa será reduzida de 50% (cinquenta por cento) se o infrator, renunciando ao recurso, a recolher no prazo de 10 (dez) dias contados do recebimento da notificação, da decisão ou da publicação do edital, observando a contagem de prazo estabelecida no art. 24 da presente Portaria.

§ 3º As guias de recolhimento do FGTS obedecerão aos modelos e instruções expedidas pela Caixa Econômica Federal.

§ 4º A existência de confissão de dívida que observe as formalidades previstas pelos órgãos competentes e que abranja integralmente o débito notificado caracteriza a procedência da notificação de débito o do termo de retificação, encerrando o contencioso administrativo com o respectivo envio do processo à Caixa Econômica Federal.

Capítulo VII
Dos Recursos

Seção I
Do Recurso Voluntário

Art. 36. Da decisão que impuser multa administrativa ou julgar procedente total ou parcialmente a notificação de débito, caberá recurso à Coordenação-Geral de Recursos, no prazo de 10 (dez) dias, contados da notificação da decisão.

Art. 37. O recurso será interposto perante a autoridade que houver imposto a multa ou julgado a notificação de débito e conterá os mesmos requisitos da defesa, no que couber.

Parágrafo único. Não será conhecido pela autoridade de primeira instância o recurso que não atenda aos requisitos:
I — tempestividade;
II — legitimidade e representação.

Art. 38. O processo conhecido deverá ser encaminhado na Superintendência Regional do Trabalho e Emprego para análise do recurso, e após ser devidamente instruído, será imediatamente encaminhado à Coordenação-Geral de Recursos da Secretaria de Inspeção do Trabalho.

Seção II
Do Recurso de Ofício

Art. 39. De toda decisão de improcedência ou procedência parcial do processo, a autoridade regional prolatora recorrerá de ofício à autoridade competente de instância superior.

Capítulo VIII
Do Processo em Segunda Instância

Art. 40. Aplica-se às decisões de segunda instância o estabelecido nos arts. 31, 32, 33 e 34 desta norma.

Art. 41. Proferida a decisão de segunda instância, os autos serão devolvidos à Superintendência Regional do Trabalho e Emprego para ciência do interessado,

quando couber, e para o seu cumprimento, observado, se for o caso, o disposto no art. 42 e 43.

Capítulo IX
Dos Processos de Auto de Infração e Notificação de Débito de Fundo de Garantia do Tempo de Serviço e da Contribuição Social Discutidos na Esfera Judicial

Art. 42. A propositura, pelo administrado, de ação anulatória ou declaratória de nulidade de auto de infração ou notificação de débito importa em renúncia ao direito de se manifestar na esfera administrativa, com consequente desistência do recurso ou defesa interposto, causando o encerramento do contencioso administrativo.

§ 1º No caso descrito no *caput* deverá a autoridade competente, certificar nos autos esta situação e encaminhá-lo à Procuradoria-Geral da Fazenda Nacional ou à Caixa Econômica Federal, conforme seja o caso de auto de infração ou notificação de débito.

§ 2º Caso haja decisão judicial determinando a suspensão do feito não será aplicado o disposto no *caput*, devendo tal situação ser certificada no processo.

Capítulo X
Da Dívida para com o Fundo de Garantia do Tempo de Serviço — FGTS e Contribuição Social e da Cobrança das Multas Administrativas

Art. 43. O processo de notificação de débito com atendimento às formalidades legais será encaminhado à Caixa Econômica Federal, órgão este por convênio firmado com a Procuradoria da Fazenda Nacional o responsável pela inscrição em Dívida Ativa da União, após esgotados os prazos recursais para notificações de débito julgadas procedentes no todo ou em parte.

Art. 44. O processo de multas administrativas com atendimento às formalidades legais será encaminhado à Procuradoria da Fazenda Nacional após decisão definitiva que julgou pela procedência total ou parcial do auto de infração.

Capítulo XI
Das Disposições Gerais

Art. 45. Ao Coordenador-Geral de Recursos compete resolver os casos omissos desta Portaria.

Art. 46. Esta Portaria entra em vigor na data de sua publicação, exceção feita ao procedimento de chancela eletrônica, que entrará em vigor no prazo de 120 dias

Art. 47. Fica revogada a Portaria n. 148, de 25 de janeiro de 1996, e a Instrução Normativa n. 5, de 1996.

Manoel Dias
DOU 26.6.2015

Portaria GM/MTE n. 944, de 8 de julho de 2015

Estabelece as condições de segurança, sanitárias e de conforto nos locais de espera, de repouso e de descanso dos motoristas profissionais de transporte rodoviário de passageiros e de cargas

O MINISTRO DE ESTADO DO TRABALHO E EMPREGO, no uso das atribuições que lhe confere o inciso II do parágrafo único do art. 87 da Constituição Federal e considerando o disposto no art. 9º da Lei n. 13.103, de 2 de março de 2015 e no art. 4º do Decreto n. 8.433, de 16 de abril de 2015, resolve:

Art. 1º As condições de segurança, sanitárias e de conforto nos locais de espera, de repouso e de descanso dos motoristas profissionais de transporte rodoviário de passageiros e de cargas devem atender ao disposto nesta Portaria.

Art. 2º As instalações sanitárias devem:

a) ser localizadas a uma distância máxima de 250 (duzentos e cinquenta) metros do local de estacionamento do veículo;

b) ser separadas por sexo;

c) possuir gabinetes sanitários privativos, dotados de portas de acesso que impeçam o devassamento, com dispositivo de fechamento, além de cesta de lixo e papel higiênico;

d) dispor de lavatórios dotados de espelhos, material para higienização e para secagem das mãos;

e) ser dotadas de chuveiros com água fria e quente;

f) seguir a proporção mínima de 1 (um) gabinete sanitário, 1 (um) lavatório e 1 (um) chuveiro, por sexo, para cada 20 (vinte) vagas ou fração, considerando a quantidade total de vagas existentes no estacionamento;

g) ser providos de rede de iluminação; e

h) ser mantidas em adequadas condições de higiene, conservação, funcionamento e organização.

§ 1º Os vasos sanitários devem possuir assento com tampa.

§ 2º O local dos chuveiros pode ser separado daquele destinado às instalações com gabinetes sanitários e lavatórios.

§ 3º Nas instalações sanitárias masculinas é permitida a instalação adicional de mictórios.

§ 4º As instalações sanitárias femininas podem ser reduzidas em até 70% da proporção prevista na alínea "f", nos locais em que houver baixa demanda de usuárias, desde que assegurada a existência de pelo menos uma instalação sanitária feminina.

§ 5º Para cumprimento do disposto nesta Portaria, não é permitida a utilização de banheiros químicos.

Art. 3º Os compartimentos destinados aos chuveiros devem:

a) ser individuais;

b) ser dotados de portas de acesso que impeçam o devassamento, com dispositivo de fechamento;

c) possuir ralos sifonados com sistema de escoamento que impeça a comunicação das águas servidas entre os compartimentos e que escoe toda a água do piso;

d) dispor de suporte para sabonete e cabide para toalha;

e) ter área mínima de 1,20m²; e

f) possuir estrado removível em material lavável e impermeável.

Art. 4º Medidas adequadas devem ser adotadas para garantir que o esgotamento das águas utilizadas não seja fonte de contaminação.

Art. 5º Os ambientes para refeições podem ser de uso exclusivo ou compartilhado com o público em geral, devendo sempre:

a) ser dotados de mesas e assentos;

b) ser mantidos em adequadas condições de higiene, limpeza e conforto; e

c) permitir acesso fácil às instalações sanitárias e às fontes de água potável.

Art. 6º É permitido que os usuários dos locais de espera, de repouso e de descanso utilizem a própria caixa de cozinha ou equipamento similar para preparo de suas refeições.

Art. 7º Deve ser disponibilizada gratuitamente água potável em quantidade suficiente, por meio de copos descartáveis individuais, bebedouro de jato inclinado ou equipamento similar que garanta as mesmas condições.

Art. 8º Todo local de espera, de repouso e de descanso deve conter sinalização vertical e horizontal informando as regras de movimentação, as áreas destinadas ao estacionamento e o pátio de manobra de veículos, bem como a indicação da localização das instalações sanitárias e dos ambientes para refeições.

Art. 9º Os locais de espera, de repouso e de descanso situados em rodovia pavimentada devem possuir pavimentação ou calçamento.

Art. 10. Todo local de espera, de repouso e de descanso deve possuir sistema de vigilância e/ou monitoramento eletrônico.

Parágrafo único. O local de espera, de repouso e de descanso que exija dos usuários pagamento de taxa para permanência do veículo deve ser cercado e possuir controle de acesso.

Art. 11. É proibida a venda, o fornecimento e o consumo de bebidas alcoólicas nos locais de espera, de repouso e de descanso.

Art. 12. É vedado o ingresso e a permanência de crianças e adolescentes nos locais de espera, de repouso e de descanso, salvo quando acompanhados pelos responsáveis ou por eles autorizados.

Art. 13. Aos estabelecimentos de propriedade do transportador, do embarcador ou do consignatário de cargas, bem como nos casos em que esses mantiverem com os proprietários destes locais contratos que os obriguem a disponibilizar locais de espera, de repouso e de descanso aos motoristas profissionais aplicam-se as Normas Regulamentadoras do Ministério do Trabalho e Emprego.

Art. 14. Os locais de espera, de repouso e de descanso já existentes na data publicação desta Portaria, terão o prazo de 1 (um) ano, a contar da citada publicação, para se adequarem ao disposto na alínea "a" do art. 2º e ao art. 9º.

Art. 15. Revoga-se a Portaria MTE n. 510, de 17 de abril de 2015, publicada no DOU de 20.4.2015 — Seção 1.

Art. 16. Esta Portaria entra em vigor na data de sua publicação.

Manoel Dias
DOU 9.7.2015

Portaria GM/MTE n. 945, de 8 de julho de 2015

O MINISTRO DE ESTADO DO TRABALHO E EMPREGO, usando da competência que lhe foi atribuída pelo art. 87, parágrafo único, incisos I e II da Constituição Federal, pelo art. 913 da Consolidação das Leis do Trabalho — CLT e pelo art. 1º do Decreto n. 83.842, de 14 de agosto de 1979, resolve:

Art. 1º A autorização transitória para trabalho aos domingos e feriados civis e religiosos

a que se refere o artigo 68, parágrafo único, da CLT será regida de acordo com os procedimentos previstos nesta Portaria.

Parágrafo único. A autorização a que se refere este artigo poderá ser concedida:

a) mediante acordo coletivo específico firmado entre empregadores e entidade representativa da categoria profissional de empregados;

b) mediante ato de autoridade competente do Ministério do Trabalho e Emprego, baseado em relatório da inspeção do trabalho, por meio de requerimento do empregador.

Art. 2º Fica concedida autorização transitória para trabalho aos domingos e feriados civis e religiosos aos empregadores que firmarem acordo coletivo específico de trabalho com entidade representativa da categoria profissional, após o devido registro no Ministério do Trabalho e Emprego.

Art. 3º O acordo coletivo específico a que se refere o artigo anterior disciplinará a prestação do trabalho aos domingos e feriados civis e religiosos, devendo versar, no mínimo, sobre:

I — Escala de revezamento;

II — Prazo de vigência da prestação do trabalho aos domingos e feriados civis e religiosos;

III — Condições específicas de segurança e saúde para o trabalho em atividades perigosas e insalubres;

IV — Os efeitos do acordo coletivo específico na hipótese de cancelamento da autorização.

Art. 4º Para a análise da pertinência da pactuação sobre o trabalho aos domingos e feriados civis e religiosos, as partes considerarão:

I — o histórico de cumprimento da legislação trabalhista pela empresa, por meio de consulta às certidões de débito e informações processuais administrativas no âmbito do Ministério do Trabalho e Emprego — MTE, através do endereço eletrônico http://consulta.cpmr.mte.gov.br/ConsultaCPMR

II — as taxas de incidência ou gravidade de doenças e acidentes do trabalho do empregador em relação ao perfil do setor econômico, com base nas estatísticas oficiais anualmente publicadas pelo Ministério da Previdência Social.

Art. 5º O registro do acordo coletivo específico deve ser requerido por meio do Sistema Mediador em http://www.mte.gov.br, conforme instruções previstas no sistema.

Parágrafo único. Para a validade do acordo coletivo específico serão observadas as regras constantes do Título VI da CLT.

Art. 6º A autorização se encerrará:

I) com o decurso do prazo previsto no acordo coletivo específico;

II) pelo distrato entre as partes.

Art. 7º Excetuados os casos previstos no art. 2º desta Portaria, fica subdelegada competência aos Superintendentes Regionais do Trabalho e Emprego, com circunscrição no local da prestação do serviço, para conceder autorização de trabalho aos domingos e feriados.

Art. 8º O requerimento para solicitar a autorização prevista no artigo anterior deverá ser instruído com os seguintes documentos:

I — laudo técnico elaborado por instituição Federal, Estadual ou Municipal, indicando a necessidade de ordem técnica e os setores que exigem a continuidade do trabalho, com validade de 4 (quatro) anos;

II — escala de revezamento, de forma que o gozo do repouso semanal remunerado dos trabalhadores coincida com o domingo, no mínimo, 1 (uma) vez a cada três semanas;

III — comprovação da comunicação, com antecedência mínima de 15 dias da data do protocolo do pedido feito ao MTE, à entidade sindical representativa da categoria laboral a respeito da autorização para o trabalho aos domingos e feriados.

IV — Resposta apresentada pela entidade sindical laboral competente no prazo de 15 dias, se houver.

Parágrafo único. Em caso de objeção ao pedido de autorização para o trabalho aos domingos e feriados, a entidade sindical laboral poderá protocolar sua manifestação diretamente no MTE.

Art. 9º As autorizações de que trata o art. 7º desta portaria somente serão concedidas após inspeção na empresa requerente e serão consideradas na avaliação do pedido de autorização a ocorrência das seguintes situações:

I — infração reincidente nos atributos de jornada e descanso;

II — taxa de incidência ou gravidade de doenças e acidentes do trabalho superior à média do perfil do setor econômico, com base nas estatísticas oficiais anualmente publicadas pelo Ministério da Previdência Social.

§ 1º As autorizações previstas no *caput* poderão ser concedidas pelo prazo de até dois anos, renováveis, com validade a partir da publicação no Diário Oficial da União.

§ 2º Os pedidos de renovação deverão ser formalizados em até três meses antes do término da autorização, observados os requisitos exigidos no *caput* deste artigo.

Art. 10. A autorização para trabalho aos domingos e feriados civis e religiosos poderá ser cancelada a qualquer momento, após oitiva da empresa, mediante despacho fundamentado e baseado em relatório da inspeção do trabalho, desde que observada a ocorrência de uma das seguintes hipóteses:

I — descumprimento do instrumento coletivo pelo empregador relativamente às normas coletivas sobre o trabalho em domingos e feriados, no caso de autorização concedida por meio de acordo coletivo específico;

II — descumprimento das exigências constantes desta Portaria;

III — infração reincidente nos atributos de jornada e descanso, constatada pela inspeção do trabalho;

IV — atingimento, pelo empregador, de taxa de incidência ou gravidade de doenças e acidentes do trabalho superior à do perfil do setor econômico, com base nas estatísticas oficiais anualmente publicadas pelo Ministério da Previdência Social.

V — situação de grave e iminente risco à segurança e saúde do trabalhador constatada pela Inspeção do Trabalho.

§ 1º No caso do inciso IV, caberá à Inspeção do Trabalho avaliar se a ocorrência é suficientemente relevante a fim de justificar o cancelamento da autorização.

§ 2º Fica subdelegada competência aos Superintendentes Regionais do Trabalho e Emprego, com circunscrição no local da prestação de serviço, para o cancelamento de que trata o *caput* deste artigo.

Art. 11. O MTE disponibilizará em sua página eletrônica a relação das empresas autorizadas, na forma desta Portaria, ao trabalho em domingos e feriados.

Art. 12. Os casos omissos serão dirimidos pelo Secretário Executivo do MTE, ouvidas as áreas técnicas envolvidas.

Art. 13. Esta Portaria entra em vigor na data de sua publicação.

Art. 14. Revogam-se as Portarias n. 3.118, de 3 de abril de 1989 e n. 375, de 21 de março de 2014.

Manoel Dias
DOU 9.7.2015

Portaria GM/MTE n. 1.013, de 21 de julho de 2015

O MINISTRO DE ESTADO DO TRABALHO E EMPREGO, no uso de suas atribuições legais, e tendo em vista o disposto no art. 5º do Decreto n. 8.479, de 6 de julho de 2015, e considerando as disposições da Resolução n. 2, de 21 de julho de 2015, do Comitê do Programa de Proteção ao Emprego — CPPE, resolve:

Art. 1º Dispor que a compensação pecuniária de que trata a Medida Provisória n. 680, de 6 de julho de 2015, que institui o Programa de Proteção ao Emprego — PPE, será paga sob a forma de benefício concedido a empregado de empresa participante do Programa.

Parágrafo único. O benefício de que trata o *caput* deste artigo, Benefício PPE, consiste em ação para auxiliar trabalhadores na preservação do emprego, no âmbito do Programa Seguro-Desemprego, nos termos do inciso II do *caput* do art. 2º da Lei n. 7.998, de 11 de janeiro de 1990, conforme disposto no parágrafo único do art. 1º da MP n. 680/2015.

Art. 2º O Benefício PPE, devido aos empregados que tiverem seus salários reduzidos nos termos do art. 3º da MP n. 680/2015, será custeado com recursos do Fundo de Amparo ao Trabalhador — FAT, com pagamento realizado pelo Ministério do Trabalho e Emprego — MTE, por intermédio da Caixa Econômica Federal — CAIXA, mediante depósito em conta bancária da empresa participante do PPE, para transferência do valor do benefício aos empregados beneficiários do Programa, via crédito em folha de pagamento mensal da empresa.

Parágrafo único. A CAIXA está autorizada, a partir das alocações de recursos do FAT realizadas pelo MTE, a executar as rotinas de pagamento do Benefício PPE, observadas as disposições desta Portaria e demais legislação aplicada ao Programa, bem como cláusulas do contrato com o MTE para operacionalização e pagamento das modalidades de benefícios do Programa Seguro-Desemprego.

Art. 3º Para operacionalização do pagamento do Benefício PPE, a empresa participante do Programa deverá, mensalmente, prestar ao MTE, no mínimo, as seguintes informações:

I — da empresa:

a) razão social;

b) número do CNPJ/CEI;

c) código CNAE da atividade principal;

d) número do termo de adesão ao PPE;

e) período de adesão ao PPE;

f) endereço;

g) endereço eletrônico, números de telefone e fax, para contato;

II — dos empregados abrangidos pelo PPE:

a) nome;

b) data de nascimento;

c) nome da mãe;

d) CPF;
e) PIS;
f) raça/cor;
g) data de admissão;
h) estabelecimento de trabalho;
i) setor de trabalho;
j) CBO da função/ocupação de trabalho;
k) jornada de trabalho antes da redução;
l) percentual de redução da jornada de trabalho;
m) jornada de trabalho reduzida;
n) valor do salário antes da redução da jornada de trabalho;
o) percentual de redução do salário;
p) valor do salário depois da redução da jornada de trabalho;
q) valor da parcela correspondente ao Benefício PPE; e
r) valor total a receber pelo empregado.

§ 1º A empresa informará ao MTE os dados da conta bancária para depósitos dos valores do Benefício PPE e o código da agência da CAIXA com a qual se relacionará para tratar das questões operacionais relativas ao pagamento do benefício aos empregados abrangidos pelo Programa.

§ 2º A empresa manterá atualizadas, junto ao MTE, a relação e as informações dos empregados beneficiários do PPE constantes do respectivo Acordo Coletivo de Trabalho Específico — ACTE registrado no Sistema Mediador do MTE, as quais comporão base para a liberação mensal dos valores do Benefício PPE.

§ 3º O Benefício PPE será pago pelas empresas aos empregados, mensalmente, em folha de pagamento

§ 4º A folha de pagamento de que trata o § 3º deste artigo deverá ser informada ao Ministério em posição fechada no prazo a ser estabelecido pela SE-CPPE. (AC) *(Parágrafo acrescentado pela Portaria GM/MTPS n. 242, de 8.16, DOU 9.3.16)*

§ 5º Admite-se o recebimento de folha de pagamento em posição prévia quando não for possível à empresa enviar a posição fechada no tempo requerido para o processamento do pagamento do Benefício pelo Ministério, conforme prazo a ser estabelecido pela SE-CPPE. (AC) *(Parágrafo acrescentado pela Portaria GM/MTPS n. 242, de 8.16, DOU 9.3.16)*

§ 6º No caso de envio de folha de pagamento em posição prévia, conforme previsto no parágrafo anterior, a empresa deverá encaminhar ao Ministério, até o quarto dia útil posterior à data de pagamento da folha, a correspondente posição fechada. (AC) *(Parágrafo acrescentado pela Portaria GM/MTPS n. 242, de 8.16, DOU 9.3.16)*

§ 7º Eventuais diferenças de valores no pagamento do Benefício PPE apuradas pelo Ministério no processo de conciliação das folhas de pagamento informadas em posições prévia e fechada deverão ser objeto de compensação, de repasse complementar ou de devolução ao Ministério, conforme for o caso. (AC) *(Parágrafo acrescentado pela Portaria GM/MTPS n. 242, de 8.16, DOU 9.3.16)*

§ 8º A devolução de recursos pela empresa ao Ministério poderá ocorrer pelo seu valor nominal, desde que realizada até o décimo quinto dia contado da data do recebimento da notificação expedida pelo Ministério. (AC) *(Parágrafo acrescentado pela Portaria GM/MTPS n. 242, de 8.16, DOU 9.3.16)*

§ 9º Vencido o prazo estabelecido no parágrafo anterior, sobre o valor da devolução incidirá atualização financeira desde a data da sua origem até a data do seu efetivo recolhimento, utilizando-se o Sistema Atualização de Débito do Tribunal de Contas da União, para o cálculo do débito, e a Guia de Recolhimento da União (GRU), para efetuar o recolhimento. (AC) *(Parágrafo acrescentado pela Portaria GM/MTPS n. 242, de 8.16, DOU 9.3.16)*

§ 10. O não recolhimento dos recursos de que trata o § 8º deste decreto no prazo de trinta dias, contados da data do recebimento da notificação expedida pelo Ministério, ensejará a exclusão da empresa do PPE e o seu registro no Cadastro Informativo de Créditos não Quitados do Setor Público Federal (CADIN). (AC) *(Parágrafo acrescentado pela Portaria GM/MTPS n. 242, de 8.16, DOU 9.3.16)*

§ 11. A veracidade e a fidedignidade das informações prestadas são de responsabilidade da empresa. (AC) *(Parágrafo acrescentado pela Portaria GM/MTPS n. 242, de 8.16, DOU 9.3.16)*

Art. 4º A Secretaria Executiva do Comitê do Programa de Proteção ao Emprego — SE-CPPE, informará à CAIXA o rol de empresas participantes do PPE, com as respectivas relações e informações dos empregados abrangidos pelo Programa.

§ 1º A SE-CPPE prestará informações à CAIXA sobre alterações na relação de empregados beneficiários do PPE.

§ 2º As alterações cadastrais das relações de empregados, apresentadas pelas empresas à SE-CPPE após o dia 10 (dez) de cada mês serão processadas para pagamento no mês subsequente.

Art. 5º A CAIXA deverá executar os serviços de validação dos dados de identificação da empresa e dos empregados participantes do PPE e dos respectivos vínculos empregatícios, por meio da consulta à base do Fundo de Garantia por Tempo de Serviço — FGTS.

§ 1º A CAIXA repassará às empresas, mensalmente, os recursos para o pagamento do Benefício PPE e disponibilizará à SE-CPPE as informações da operacionalização do Programa.

§ 2º A CAIXA manterá disponível, pelo prazo mínimo de cinco anos, os registros comprobatórios das rotinas operacionais e dos repasses efetuados às empresas para os pagamentos do Benefício PPE.

Art. 6º Os recursos necessários ao pagamento do Benefício PPE serão depositados na conta-suprimento do seguro-desemprego, observada a disponibilidade orçamentária e financeira do FAT.

§ 1º Os recursos necessários ao pagamento do Benefício PPE serão transferidos em até cinco dias úteis após a data de solicitação da CAIXA, mediante acompanhamento do saldo da conta-suprimento.

§ 2º Não ocorrendo a transferência mencionada no § 1º, a CAIXA não realizará o pagamento do benefício PPE.

Art. 7º O saldo diário da conta-suprimento será remunerado, pela CAIXA, com base na Taxa Extramercado do Banco Central, constituindo-se receita do FAT.

§ 1º A remuneração de que trata este artigo será apurada mensalmente e recolhida ao FAT até o último dia útil do primeiro decêndio do mês subsequente ao da apuração.

§ 2º O descumprimento do estabelecido no § 1º deste artigo implicará remuneração do saldo diário da conta suprimento, eventualmente existente, com base na mesma taxa utilizada para remunerar as disponibilidades do Tesouro pela Lei n. 9.027, de 12 de abril de 1995, até o dia do cumprimento da obrigação.

Art. 8º A CAIXA deverá encaminhar ao Departamento de Emprego e Salário — DES/SPPE, mensalmente, até o quinto dia útil do mês subsequente, os relatórios gerenciais estabelecidos pela Resolução n. 9, de 31 de dezembro de 1990, e suas alterações, do Conselho Deliberativo do Fundo de Amparo ao Trabalhador — CODEFAT.

Parágrafo único. O descumprimento do estabelecido neste artigo sujeitará a CAIXA às penalidades previstas na Lei n. 8.666, de 21 de junho de 1993, e demais normas relativas a contratos.

Art. 9º A CAIXA prestará contas dos recursos recebidos, devolvendo, até o último dia útil do mês de fevereiro do exercício subsequente, o eventual saldo de recursos, apresentando a documentação pertinente, em conjunto com as demais modalidades de pagamento dos benefícios do Programa Seguro-Desemprego.

Parágrafo único. Ultrapassado o prazo estabelecido neste artigo, o saldo de recursos será remunerado conforme disposto § 2º do art. 7º desta Portaria.

Art. 10. Caberá à SE-CPPE a adoção de providências, expedição de orientações e atos normativos, e a celebração de instrumentos necessários ao cumprimento do disposto nesta Portaria.

Art. 11. Esta Portaria entra em vigor na data de sua publicação.

MANOEL DIAS
DOU 22.7.2015

Portaria GM/MTE n. 1.166, de 18 de agosto de 2015

Dispõe sobre a concessão de registros profissionais, e dá outras providências

O MINISTRO DE ESTADO DO TRABALHO E EMPREGO, no uso das competências que lhe conferem o art. 87, parágrafo único, inciso II, da Constituição Federal, e tendo em vista o disposto no art. 3º, inciso IV, do Decreto n. 5.063, de 3 de maio de 2004, resolve:

Art. 1º Estabelecer os procedimentos para a concessão de registros profissionais.

Art. 2º A concessão de registros profissionais obedecerá ao disposto nesta Portaria e nos normativos que tratam sobre o assunto.

Capítulo I
Das Disposições Preliminares

Art. 3º O atendimento aos cidadãos interessados na solicitação de registros profissionais será feito pelas Superintendências, Gerências e Agências Regionais do Trabalho e Emprego.

Art. 4º A concessão dos registros profissionais será realizada pelas Superintendências e Gerências Regionais do Trabalho e Emprego.

Parágrafo único. A concessão dos registros profissionais poderá ser desempenhada pelas Agências Regionais do Trabalho e Emprego, mediante delegação do Superintendente Regional do Trabalho e Emprego.

Capítulo II
Das Competências

Art. 5º À Coordenação de Identificação e Registro Profissional compete:

LEGISLAÇÃO COMPLEMENTAR

I — coordenar e orientar as atividades relacionadas à concessão de registro profissional;

II — orientar e acompanhar a concessão de registro profissional, de competência das unidades descentralizadas do Ministério, padronizando os procedimentos de acordo com a legislação em vigor; e

III — analisar e informar, quando em grau de recurso, os processos de registro profissional.

Art. 6º Às Superintendências e Gerências do Trabalho e Emprego compete:

I — coordenar, supervisionar, acompanhar e avaliar a execução das atividades relacionadas à concessão de registro profissional;

II — processar o cadastramento, controle e emissão de registro profissional, conforme legislação em vigor;

III — receber e encaminhar à Coordenação de Identificação e Registro Profissional os recursos contra indeferimento de pedidos de registro profissional; e

IV — emitir certidões de registro profissional.

Capítulo III
Dos Procedimentos

Art. 7º A versão 2.0 do Sistema Informatizado de Registro Profissional — Sirpweb é a aplicação para processamento das atividades de concessão dos registros profissionais, ficando aprovados os modelos de documentos emitidos pelo sistema.

Art. 8º Os cidadãos deverão acessar o Sirpweb por meio do endereço eletrônico http://sirpweb.mte.gov.br/sirpweb/, disponível no sítio eletrônico do Ministério do Trabalho e Emprego, http://www.mte.gov.br para registrar as solicitações, realizar consultas, acompanhar o andamento da solicitação ou obter informações.

Art. 9º Os servidores lotados nos setores de registro profissional das unidades emissoras, responsáveis pela análise dos pedidos, deverão acessar o Sirpweb por meio do endereço eletrônico http://sirpweb.mte.gov.br/sirpwebintra/, disponível na Intranet do Ministério do Trabalho e Emprego, para realizar os procedimentos de concessão de registros profissionais.

Capítulo IV
Das Disposições Finais

Art. 10. Esta Portaria entra em vigor na data da sua publicação.

Manoel Dias
DOU 19.8.2015

Portaria GM/MTPS n. 89, de 22 de janeiro de 2016

Dispõe sobre a substituição das anotações dos registros profissionais nas Carteiras de Trabalho e Previdência Social pelo cartão de registro profissional, e dá outras providências

O Ministro de Estado do Trabalho e Previdência Social, no uso das competências que lhe conferem o art. 87, parágrafo único, inciso II, da Constituição Federal, e tendo em vista o disposto no art. 3º, inciso IV, do Decreto n. 5.063, de 3 de maio de 2004, e

Considerando a necessidade de oferecer atendimento célere aos profissionais que obtiveram o pedido de registro profissional deferido por este Ministério do Trabalho e Previdência Social — MTPS, e

Considerando a necessidade de aprimorar a segurança das informações prestadas por este MTPS e de fornecer mecanismos hábeis de comprovação do registro profissional,

Resolve:

Art. 1º A concessão do registro profissional por parte deste Ministério não será mais realizada com anotações nas Carteiras de Trabalho e Previdência Social — CTPS, e sim por meio da emissão de cartão de registro profissional.

§ 1º Os solicitantes de registro profissional que tiveram o pedido do respectivo registro deferido por este Ministério deverão acessar o Sistema Informatizado de Registro Profissional — Sirpweb, por meio do endereço eletrônico http://sirpweb.mte.gov.br/sirpweb/, disponível no sítio eletrônico do MTPS, http://www.mte.gov.br, para imprimir o cartão de registro profissional.

§ 2º Os interessados em verificar a autenticidade e a veracidade das informações constantes no cartão de registro profissional poderão obter a certificação junto ao MTPS por meio do Sirpweb.

Art. 2º Fica aprovado o modelo de cartão de registro profissional, disposto no Anexo I desta Portaria.

Art. 3º Esta Portaria entra em vigor na data da sua publicação.

Miguel Rossetto
DOU 27.01.2016

ANEXO I

MINISTÉRIO DO TRABALHO E PREVIDÊNCIA SOCIAL

CARTÃO DE REGISTRO PROFISSIONAL

Instituído pela Portaria n. XX, de DD de Mês de ANO

Certifico que, de acordo com os assentamentos do Cadastro de Registro Profissional e com o que dispõe a LEI DA PROFISSÃO e o DECRETO DA PROFISSÃO QUANDO HOUVER, o (a) senhor (a) NOME DO INTERESSADO (A) foi registrado (a) como NOME DA PROFISSÃO, NA(S) FUNÇÃO (ões) de NOME DA FUNÇÃO, sob o número 0000000/UF, em DD/MM/AAAA, conforme processo n. 0000.00000/0000-00, estando apto a exercer a profissão.

MINISTÉRIO DO TRABALHO E PREVIDÊNCIA SOCIAL

Este documento é válido em todo território nacional

Certidão emitida às HH:MM de DD/MM/AAAA

Este documento é expedido gratuitamente. Sua autenticidade poderá ser confirmada na página do Sistema Informatizado de Registro Profissional — Sirpweb na Internet, no endereço: http://sirpweb.mte.gov.br/sirpweb, por meio do código XXXX.XXXX.XXXX.XXXX

Portaria GM/MTPS n. 472, de 28 de abril de 2016

Dispõe sobre os critérios a serem aplicados na gradação da multa de valor variável prevista no art. 2º, da Lei n. 12.436, de 6 de julho de 2011 que veda o emprego de práticas que estimulem o aumento de velocidade por motociclistas profissionais

O MINISTRO DE ESTADO DO TRABALHO E PREVIDÊNCIA SOCIAL, no uso da competência que lhe confere o art. 87, parágrafo único, II, da Constituição Federal e considerando a Lei n. 8.383, de 30 de dezembro de 1991, que instituiu a Unidade Fiscal de Referência — UFIR como medida de valor e atualização monetária de multas e penalidades de qualquer natureza, resolve:

Art. 1º Esta Portaria tem por objeto definir critérios para a gradação de multa administrativa variável prevista na Lei n. 12.436 de 6 de julho de 2011.

Art. 2º Os critérios previstos no art. 2º e ANEXO III da Portaria MTb n. 290, de 11 de abril de 1997 serão aplicados para o cálculo da multa prevista no 2º da Lei n. 12.436, de 6 de julho de 2011 que prevê penalidade de R$ 300,00 (trezentos reais) a R$ 3.000,00 (três mil reais) ao empregador ou ao tomador de serviço pela infração de qualquer dispositivo daquela Lei.

Art. 3º Esta Portaria entra em vigor na data de sua publicação.

Miguel Soldatelli Rossetto
DOU 29.4.2016

1595

Portaria MTPS n. 491, de 28 de abril de 2016

Regulamenta o compartilhamento de informações relativas a benefícios por incapacidade, aposentadoria especial, acidentes de trabalho e fiscalizações do trabalho entre a Secretaria Especial de Previdência Social e a Secretaria Especial do Trabalho

O MINISTRO DO TRABALHO E PREVIDÊNCIA SOCIAL, no uso das atribuições que lhes confere o inciso I do art. 87 da Constituição, e tendo em vista o disposto no art. 2º, III, da Lei n. 13.266, de 5 de abril de 2016 e no Decreto n. 7.602, de 7 de novembro de 2011, resolve:

Art. 1º Fica estabelecido, no âmbito no Ministério do Trabalho e Previdência Social, o intercâmbio de informações relacionadas a benefícios por incapacidade, aposentadoria especial e acidentes de trabalho entre os órgãos competentes da Secretaria Especial da Previdência Social e da Secretaria Especial do Trabalho, objetivando a efetividade das políticas de Saúde e Segurança do Trabalhador.

Art. 2º As informações constantes dos bancos de dados da Previdência Social e da Inspeção do Trabalho, com exceção dos dados objeto de sigilo fiscal, serão intercambiadas trimestralmente, conforme parâmetros a serem estabelecidos pelas áreas técnicas, garantindo-se o sigilo das informações compartilhadas.

Parágrafo único. O fluxo estipulado no *caput* não impede que informações adicionais sejam solicitadas, a qualquer tempo, pelas áreas técnicas, devendo tais demandas serem atendidas em prazo razoável.

Art. 3º Quando aplicável será concedido acesso aos sistemas que contém os bancos de dados citados no artigo anterior possibilitando a consulta direta aos dados de interesse das áreas técnicas sem a necessidade de solicitações especiais, de modo a promover a agilidade necessária ao aprimoramento das atividades.

Art. 4º Esta Portaria entra em vigor na data de sua publicação.

MIGUEL SOLDATELLI ROSSETTO
DOU 29.4.2016

Portaria GM/MTPS n. 600, de 10 de maio de 2016, DOU 13.5.16

Dispõe sobre as atividades de recebimento, habilitação, processamento dos requerimentos e pagamento do benefício de Seguro-Desemprego, durante o período de defeso, ao pescador profissional, categoria artesanal, por parte do Instituto Nacional do Seguro Social e do Ministério do Trabalho e Previdência Social.

O MINISTRO DE ESTADO DO TRABALHO E PREVIDÊNCIA SOCIAL, no uso das atribuições que lhes conferem os incisos I e II do parágrafo único do art. 87 da Constituição Federal, e tendo em vista o disposto no artigo 2º da Lei n. 10.779, de 25 de novembro de 2003, e na Lei n. 7.998, de 11 de janeiro de 1990, resolve

Art. 1º Compete ao INSS o recebimento, habilitação e processamento dos requerimentos de Seguro-Desemprego do Pescador Artesanal - SDPA baseados em períodos de defeso cuja data de início tenha ocorrido a partir de 1º de abril de 2015.

§ 1º A Secretaria de Políticas Públicas de Emprego — SPPE do Ministério do Trabalho e Previdência Social — MTPS continuará exercendo as atividades de recebimento, habilitação e processamento dos requerimentos que não se enquadrem na hipótese estabelecida no caput, ou seja, baseados em período de defeso cuja data de início tenha ocorrido até 31 de março de 2015.

§ 2º À SPPE compete operacionalização do pagamento do SDPA em conformidade com prazos e critérios estabelecidos em resolução própria do Conselho Deliberativo do Fundo de Amparo ao Trabalhador - Codefat.

Art. 2º Quando do processamento dos requerimentos será aplicada a legislação vigente à época da data do início dos defesos em que foram baseados.

Art. 3º O atendimento aos beneficiários de que trata esta Portaria será realizado pelo INSS e pelo MTPS na forma prevista em suas respectivas Cartas de Serviços e nos termos do artigo 1º.

Art. 4º As informações necessárias ao requerimento, processamento, habilitação e pagamento dos benefícios serão disponibilizadas reciprocamente entre MTPS e INSS mediante acesso direto aos sistemas corporativos informatizados, fornecimento de arquivo eletrônico ou integração de sistemas.

Parágrafo único. Caso as informações referidas neste artigo não sejam disponibilizadas mediante acesso direto aos sistemas corporativos, poderão, quando formalmente solicitadas, ser fornecidas mediante extração especial dos bancos de dados.

Art. 5º Os processos administrativos relativos aos requerimentos dos benefícios permanecerão sob guarda e responsabilidade do órgão competente para o seu processamento, na forma do art. 1º.

§ 1º Quando houver a necessidade de consulta a processo administrativo que não estiver sob a sua guarda, o órgão do INSS ou do MTPS solicitará ao outro o envio do expediente, preferencialmente por meio eletrônico, o qual deverá ser disponibilizado em até 5 (cinco) dias úteis, contadas do recebimento do pedido.

§ 2º O órgão solicitante providenciará a retirada do processo administrativo.

§ 3º O órgão do INSS ou do MTPS informará em até 5 (cinco) dias úteis, contadas do recebimento da solicitação, quando o processo administrativo solicitado não estiver sob sua responsabilidade, indicando a localização do mesmo.

Art. 6º Os prazos e procedimentos para apresentação de impugnações e recursos às decisões administrativas já proferidas no âmbito do MTPS continuarão inalterados.

Art. 7º Os requerimentos, habilitações, prazos e recursos referentes aos benefícios habilitados nos termos do caput do art. 1º sujeitar-se-ão às normas específicas do INSS que dispõem sobre os Planos de Benefícios da Previdência Social, especialmente a Lei n. 8.213, de 24 de julho de 1991, e o Decreto n. 3.048, de 06 de maio de 1999.

Art. 8º Caberá à Procuradoria Federal Especializada — PFE junto ao INSS assistir à autarquia quanto à legalidade dos atos praticados em virtude das atribuições fixadas neste ato.

Art. 9º Caberá à Consultoria Jurídica — CONJUR junto ao MTPS assistir à SPPE quanto à legalidade dos atos praticados em virtude das atribuições fixadas neste ato.

Art. 10. Caberá ao órgão responsável, nos termos do art. 1º , apurar as irregularidades apontadas no processamento do Seguro-Desemprego do Pescador Artesanal.

§ 1º Quando a apuração for de responsabilidade do INSS e a autarquia concluir pela irregularidade da habilitação do benefício, a mesma deverá comunicar à SPPE, diretamente por notificação do processo no Portal mais Emprego, para que se proceda à recuperação de valores pagos indevidamente conforme regulamentação do Codefat.

§ 2º Nos casos em que seja verificado, no ato de requerimento do benefício junto ao INSS, o recebimento indevido de SDPA concedido anteriormente, deverão ser restituídas as parcelas recebidas indevidamente pelo segurado, mediante guia de recolhimento da União (GRU) ou compensação nas parcelas do novo benefício, nos termos definidos pelo Codefat.

§ 3º Caberá ao INSS, na hipótese do § 2º, emitir a guia ou proceder à compensação no novo benefício.

Art. 11. Caberá aos Órgãos Seccionais, Órgãos Específicos Singulares, Órgãos Descentralizados e à Empresa de Tecnologia e Informações da Previdência Social - DATAPREV, adotar providências de caráter técnico e administrativo para o cumprimento do disposto nesta Portaria.

§ 1º A DATAPREV disponibilizará ao INSS e ao MTPS as soluções tecnológicas necessárias para o processamento dos requerimentos do benefício.

§ 2º Os custos decorrentes das providências contidas no § 1º correrão por conta do FAT, na forma do art. 21 da Lei n. 7.998, de 11 de janeiro de 1990.

Art. 12. Esta Portaria entra em vigor na data de sua publicação.

MIGUEL ROSSETTO

Portaria Ministerial n. 19, de 31 de janeiro de 1952

Altera tabela para desconto do peso da alimentação

O MINISTRO DE ESTADO DOS NEGÓCIOS DO TRABALHO, INDÚSTRIA E COMÉRCIO, usando da atribuição que lhe confere o art. 126 da Consolidação das Leis do Trabalho,

Resolve substituir a tabela que acompanhou a Portaria Ministerial n. SCm 318, de 26 de janeiro de 1940, pela tabela anexa na qual, à vista da que foi expedida com o Decreto n. 30.342, de 24 de dezembro de 1951, na conformidade do seu art. 1º, é determinado o desconto do peso da alimentação fixado aos trabalhadores em relação ao salário mínimo.

SEGADAS VIANNA
DOU 5.2.1952

LEGISLAÇÃO COMPLEMENTAR

Tabela Anexa à Portaria Ministerial n. 19, de 31 de janeiro de 1952

Percentagem	ESTADOS	1ª refeição	2ª almoço	3ª lanche	4ª jantar	Total
43%	Amazonas, Território Federal de Rondônia e Território Federal de Roraima	4%	18%	4%	17%	43%
43%	São Paulo	4%	18%	4%	17%	43%
44%	Rio Grande do Sul	4%	18%	4%	18%	44%
49%	Maranhão	5%	20%	5%	19%	49%
49%	Mato Grosso	5%	20%	5%	19%	49%
50%	Rio de Janeiro	5%	20%	5%	20%	50%
50%	Acre	5%	20%	5%	20%	50%
50%	Distrito Federal	5%	20%	5%	20%	50%
51%	Pará e Território Federal do Amapá	5%	21%	5%	20%	51%
51%	Ceará	5%	21%	5%	20%	51%
51%	Espírito Santo	5%	21%	5%	20%	51%
51%	Goiás	5%	21%	5%	20%	51%
53%	Piauí	5%	22%	5%	21%	53%
53%	Sergipe	5%	22%	5%	21%	53%
54%	Bahia	5%	22%	5%	22%	54%
54%	Minas Gerais	5%	22%	5%	22%	54%
55%	Rio Grande do Norte	6%	22%	5%	22%	55%
55%	Paraíba	6%	22%	5%	22%	55%
55%	Pernambuco e Território Federal de Fernando de Noronha	6%	22%	5%	22%	55%
55%	Paraná	6%	22%	5%	22%	55%
56%	Alagoas	6%	23%	5%	23%	56%
57%	Santa Catarina	6%	23%	5%	23%	57%

(*) O zoneamento e os percentuais originais desta Portaria foram alterados de acordo com o Decreto que fixou os novos níveis de salário mínimo, adiante reproduzido.

Portaria Interministerial MTE n. 5, de 30 de novembro de 1999

Dispõe que o departamento de segurança e saúde no trabalho, é o órgão gestor do Programa de Alimentação do Trabalhador — PAT e revoga a Portaria Interministerial n. 3, de 11 de novembro de 1998

Os MINISTROS DE ESTADO DO TRABALHO E EMPREGO, DA FAZENDA E DA SAÚDE, no uso da competência que lhes confere o § 4º do art. 1º do Decreto n. 5, de 14 de janeiro de 1991, resolvem:

Art. 1º O Departamento de Segurança e Saúde no Trabalho, da Secretaria de Inspeção do Trabalho do Ministério do Trabalho e Emprego, é o órgão gestor do Programa de Alimentação do Trabalhador — PAT.

Art. 2º Portaria específica do Ministério do Trabalho e Emprego determinará o modo de efetuar a adesão ao PAT. (NR) *(Redação dada pela Portaria Interministerial n. 70, de 22.7.2008, DOU 23.7.2008)*

§§ 1º e 2º Revogados pela Portaria Interministerial n. 70, dos Ministros do MTE, da Fazenda, da Saúde, da Previdência Social, e do Desenvolvimento Social e Combate a Fome de 22.7.2008, DOU 23.7.2008.

Art. 3º A adesão ao PAT poderá ser efetuada a qualquer tempo e terá validade a partir da data de registro do formulário de adesão na ECT, por prazo indeterminado, podendo ser cancelada por iniciativa da empresa beneficiária ou pelo Ministério do Trabalho e Emprego, em razão da execução inadequada do Programa.

Parágrafo único. Excepcionalmente, para o ano 2000, a validade mencionada no *caput* deste artigo será retroativa a 1º de janeiro para as empresas que aderirem ao PAT até 31 de março do mesmo ano.

Art. 4º Revogado pela Portaria Interministerial n. 70, dos Ministros do MTE, da Fazenda, da Saúde, da Previdência Social, e do Desenvolvimento Social e Combate a Fome de 22.7.2008, DOU 23.7.2008)

Art. 5º Os programas de alimentação do trabalhador deverão propiciar condições de avaliação do teor nutritivo da alimentação, conforme disposto no art. 3º do Decreto n. 5, de 14 de janeiro de 1991.

§ 1º Entende-se por alimentação saudável, o direito humano a um padrão alimentar adequado às necessidades biológicas e sociais dos indivíduos, respeitando os princípios da variedade, da moderação e do equilíbrio, dando-se ênfase aos alimentos regionais e respeito ao seu significado socioeconômico e cultural, no contexto da Segurança Alimentar e Nutricional.

§ 2º As pessoas jurídicas participantes do Programa de Alimentação do Trabalhador — PAT, mediante prestação de serviços próprios ou de terceiros, deverão assegurar qualidade e quantidade da alimentação fornecida aos trabalhadores, de acordo com esta Portaria, cabendo-lhes a responsabilidade de fiscalizar o disposto neste artigo.

§ 3º Os parâmetros nutricionais para a alimentação do trabalhador estabelecidos nesta Portaria deverão ser calculados com base nos seguintes valores diários de referência para macro e micronutrientes:

Nutrientes	Valores diários
Valor Energético Total	2000 calorias
CARBOIDRATO	55-75%
PROTEÍNA	10-15%
GORDURA TOTAL	15-30%
GORDURA SATURADA	< 10%
FIBRA	> 25 g
SÓDIO	≤ 2400mg

I — as refeições principais (almoço, jantar e ceia) deverão conter de seiscentas a oitocentas calorias, admitindo-se um acréscimo de vinte por cento (quatrocentos calorias) em relação ao Valor Energético Total — VET de duas mil calorias por dia e deverão corresponder a faixa de 30-40% (trinta a quarenta por cento) do VET diário;

II — as refeições menores (desjejum e lanche) deverão conter de trezentas a quatrocentas calorias, admitindo-se um acréscimo de vinte por cento (quatrocentas calorias) em relação ao Valor Energético Total de duas mil calorias por dia e deverão corresponder a faixa de 15 — 20 % (quinze a vinte por cento) do VET diário;

III — as refeições principais e menores deverão seguir a seguinte distribuição de macronutrientes, fibra e sódio: e

IV — o percentual protéico — calórico (NdPCal) das refeições deverá ser de no mínimo 6% (seis por cento) e no máximo 10 % (dez por cento).

§ 4º Os estabelecimentos vinculados ao PAT deverão promover educação nutricional, inclusive mediante a disponibilização, em local visível ao público, de sugestão de cardápio saudável aos trabalhadores, em conformidade com o § 3º deste artigo.

§ 5º A análise de outros nutrientes poderá ser realizada, desde que não seja substituída a declaração dos nutrientes solicitados como obrigatórios.

§ 6º Independente da modalidade adotada para o provimento da refeição, a pessoa jurídica beneficiária poderá oferecer aos seus trabalhadores uma ou mais refeições diárias.

§ 7º O cálculo do VET será alterado, em cumprimento às exigências laborais, em benefício da saúde do trabalhador, desde que baseado em estudos de diagnóstico nutricional.

§ 8º Quando a distribuição de gêneros alimentícios constituir benefício adicional àqueles referidos nos incisos I, II e III do § 3º deste artigo, os índices de NdPCal e percentuais de macro e micronutrientes poderão deixar de obedecer aos parâmetros determinados nesta Portaria, com exceção do sódio e das gorduras saturadas.

Refeições	carboidratos (%)	proteínas (%)	gorduras totais (%)	gorduras saturadas (%)	fibras (g)	sódio (mg)
desjejum/ lanche	60	15	25	<10	4-5	360-480
Almoço/ jantar/ ceia	60	15	25	<10	7-10	720-960

§ 9º As empresas beneficiárias deverão fornecer aos trabalhadores portadores de doenças relacionadas à alimentação e nutrição, devidamente diagnosticadas, refeições adequadas e condições amoldadas ao PAT, para tratamento de suas patologias, devendo ser realizada avaliação nutricional periódica destes trabalhadores.

§ 10. Os cardápios deverão oferecer, pelo menos, uma porção de frutas e uma porção de legumes ou verduras, nas refeições principais (almoço, jantar e ceia) e pelo menos uma porção de frutas nas refeições menores (desjejum e lanche).

§ 11. As empresas fornecedoras e prestadoras de serviços de alimentação coletiva do PAT, bem como as pessoas jurídicas beneficiárias na modalidade autogestão deverão possuir responsável técnico pela execução do programa.

§ 12. O responsável técnico do PAT é o profissional legalmente habilitado em Nutrição, que tem por compromisso a correta execução das atividades nutricionais do programa, visando à promoção da alimentação saudável ao trabalhador. (NR *Artigo alterado pela Portaria Interministerial n. 66, de 25.8.2006, DOU 28.8.2006)*

Art. 6º Esta Portaria entrará em vigor na data de sua publicação.

Art. 7º Fica revogada a Portaria Interministerial n. 3, de 11 de novembro de 1998 e outras disposições em contrário.

FRANCISCO DORNELLES,
Ministro de Estado do Trabalho e Emprego
PEDRO SAMPAIO MALAN,
Ministro de Estado da Fazenda
JOSÉ SERRA,
Ministro de Estado da Saúde
DOU 3.12.1999

Portaria Interministerial MTE/SGPR n. 2, de 2 de abril de 2014

O MINISTRO DE ESTADO DO TRABALHO E EMPREGO E O MINISTRO DE ESTADO CHEFE DA SECRETARIA-GERAL DA PRESIDÊNCIA DA REPÚBLICA, no uso da atribuição que lhes confere o inciso II do parágrafo único do art. 87 da Constituição Federal, e tendo em vista o disposto no Decreto n. 7.943, de 5 de março de 2013, resolvem:

Art. 1º Instituir o Plano Nacional dos Trabalhadores Rurais Empregados — PLANATRE, com a finalidade de implementar ações no âmbito da Política Nacional para os Trabalhadores Rurais Empregados — PNATRE, que contribuam com a implementação de programas e ações para fortalecer os direitos sociais e a proteção social dos Trabalhadores Rurais Empregados.

Art. 2º A consecução dos objetivos do PLANATRE dar-se-á por intermédio da execução das ações descritas no Anexo, de acordo com os seguintes eixos de atuação:

I — Capacitação profissional e ampliação da escolarização;

II — Universalização de direitos;

III — Criação de oportunidades para geração de trabalho; e

IV — Saúde, assistência social e segurança do trabalhador e trabalhadora.

Art. 3º São objetivos específicos do PLANATRE:

I — integrar e articular as políticas públicas direcionadas aos trabalhadores rurais empregados;

II — promover e ampliar a formalização nas relações de trabalho dos trabalhadores rurais empregados;

III — promover a reinserção produtiva dos trabalhadores rurais empregados que perderam seus postos de trabalho, gerando oportunidades de trabalho e renda;

IV — intensificar a fiscalização das relações de trabalho rural;

V — minimizar os efeitos do impacto das inovações tecnológicas na redução de postos de trabalho no meio rural;

VI — promover a alfabetização, a escolarização, a qualificação e a requalificação profissional aos trabalhadores rurais empregados;

VII — promover a saúde, a proteção social e a segurança dos trabalhadores rurais empregados;

VIII — promover estudos e pesquisas integrados e permanentes sobre os trabalhadores rurais empregados;

IX — ampliar as condições de trabalho decente para permanência de jovens no campo; e Ministério do Trabalho e Emprego.

X — combater práticas que caracterizem trabalho infantil.

Art. 4º São beneficiários do PLANATRE todos os trabalhadores rurais empregados, considerados como tais aqueles que são pessoas físicas prestadoras de serviços remunerados e de natureza não eventual a empregador rural, sob a dependência deste, contratada por prazo indeterminado, determinado e de curta duração.

Art. 5º O PLANATRE deverá ser revisado e atualizado por ocasião da elaboração do Plano Plurianual.

Art. 6º A Comissão Nacional dos Trabalhadores Rurais Empregados — CNATRE é responsável pela articulação junto aos órgãos e entidades do Poder Executivo Federal para implementação da PNATRE.

Art. 7º Esta portaria entra em vigor na data de sua publicação.

MANOEL DIAS
Ministro de Estado do Trabalho Emprego
GILBERTO CARVALHO
Ministro de Estado Chefe da Secretaria-Geral da Presidência da República
(os anexos da referida Portaria encontram-se publicados às páginas 130 a 134, do DOU de 4.4.2014).
DOU 4.4.2014

Portaria Interministerial n. 822, GM/MF/MPS/ MTE, de 30 de setembro de 2015

Disciplina o regime unificado de pagamento de tributos, de contribuições e dos demais encargos do empregador doméstico (Simples Doméstico) e dá outras providências

OS MINISTROS DE ESTADO DA FAZENDA, DA PREVIDÊNCIA SOCIAL e DO TRABALHO E EMPREGO, no uso das atribuições que lhe conferem o art. 87, inciso II, da Constituição Federal e o art. 33 da Lei Complementar n. 150, de 1º de junho de 2015, resolvem:

Art. 1º Disciplinar o regime unificado de pagamento de tributos, de contribuições e dos demais encargos do empregador doméstico (Simples Doméstico).

Art. 2º A inscrição do empregador e a entrada única de dados cadastrais e de informações trabalhistas, previdenciárias e fiscais no âmbito do Simples Doméstico dar-se-á mediante registro no Sistema de Escrituração Digital das Obrigações Fiscais, Previdenciárias e Trabalhistas — eSocial, instituído pelo Decreto n. 8.373, de 11 de dezembro de 2014.

Parágrafo único. As informações a que se refere o *caput* deste artigo serão prestadas na forma disciplinada nos Manuais de Orientação do eSocial.

Art. 3º Os recolhimentos de tributos e depósitos decorrentes da relação de emprego doméstico serão efetuados mediante utilização de documento unificado de arrecadação, gerado exclusivamente pelo aplicativo a ser disponibilizado no Portal do eSocial, cujo pagamento no prazo é até o dia 7 (sete) do mês seguinte ao da competência a que se referem.

§ 1º O documento unificado de arrecadação conterá:

I — a identificação do contribuinte;

II — a competência;

III — a composição do documento de arrecadação, conforme art. 34 da Lei Complementar n. 150/2015;

IV — o valor total;

V — o número único de identificação do documento, atribuído pelo aplicativo;

VI — a data limite para acolhimento pela rede arrecadadora;

VII — o código de barras e sua representação numérica.

§ 2º Ocorrendo rescisão do contrato de trabalho que gere direito ao saque do FGTS por parte do empregado, o recolhimento dos valores de FGTS previstos nos incisos IV e V do art. 34 da Lei Complementar n. 150, de 2015, referentes ao mês da rescisão e ao mês anterior, que ainda não houver sido recolhido, sem prejuízo das cominações legais, deve seguir os prazos estabelecidos no art. 477 da Consolidação das Leis do Trabalho.

Art. 4º O recolhimento das contribuições previstas nos incisos I, II, e III do art. 34 da Lei Complementar n. 150, de 2015, incidentes sobre a gratificação natalina a que se referem a Lei n. 4.090, de 13 de julho de 1962, e a Lei n. 4.749, de 12 de agosto de 1965, deverá ocorrer até o dia 7 (sete) do mês de janeiro do período seguinte ao de apuração, em conformidade com a Lei Complementar no 150, de 2015. *(Redação dada pela Portaria Interministerial GM/MTE n. 1, de 8.12.15, DOU 9.12.15).*

Art. 5º Aplicam-se à relação de emprego doméstico os limites do salário de contribuição previstos nos §§ 3º e 5º do art. 28 da Lei n. 8.212, de 24 de julho de 1991.

Art. 6º Antecipam-se os prazos de recolhimentos de tributos e depósitos para o dia útil imediatamente anterior quando não houver expediente bancário nas datas de vencimentos.

LEGISLAÇÃO COMPLEMENTAR

Art. 7º O Simples Doméstico passa a vigorar a partir da competência outubro de 2015, com vencimento dia 06 de novembro de 2015.

Art. 8º A distribuição dos recursos recolhidos por meio do Simples Doméstico será feita na forma estabelecida no § 4º do art. 34 da Lei Complementar n. 150, de 2015.

Art. 9º Compete à Secretaria da Receita Federal do Brasil (RFB) credenciar as instituições financeiras que se habilitem a prestar serviços de arrecadação relativa ao Simples Doméstico.

§ 1º O documento unificado de arrecadação somente será acolhido por instituição financeira credenciada para tal finalidade, denominada, para os fins desta Portaria, agente arrecadador.

§ 2º Para prestar o serviço de arrecadação, o agente arrecadador deverá firmar contrato administrativo com a União, representada pela RFB, observado o disposto na Lei n. 8.666, de 21 de junho de 1993.

Art. 10. Cabe à Secretaria da Receita Federal do Brasil (RFB) regular o processo de arrecadação à cargo do agente arrecadador, dispondo sobre:

I — credenciamento de agentes arrecadadores;

II — aplicação de penalidades agentes arrecadadores por descumprimento de normas;

III — cobrança de encargos por atraso no repasse financeiro;

IV — correção e cancelamento de documentos de arrecadação, respeitadas as regras e condições específicas do FGTS.

§ 1º O pagamento do documento unificado de arrecadação por meio de cheque será de inteira responsabilidade do agente arrecadador, que não poderá ser desonerado da responsabilidade pela liquidação dos cheques sem provisão de fundos ou rejeitados por outros motivos regulamentados pelo BACEN.

§ 2º O repasse dos montantes arrecadados deverá ocorrer:

I — dos agentes arrecadadores à instituição financeira centralizadora — Caixa Econômica Federal, no primeiro dia útil seguinte à arrecadação;

II — da instituição financeira centralizadora para a Conta Única do Tesouro Nacional, no primeiro dia útil seguinte ao repasse efetuado pelos agentes arrecadadores.

Art. 11. Esta Portaria entra em vigor na data da sua publicação.

Joaquim Vieira Ferreira Levy
Ministro de Estado da Fazenda
Carlos Eduardo Gabas
Ministro de Estado da Previdência Social
Manoel Dias
Ministro de Estado do Trabalho e Emprego

DOU 1.10.2015

Portaria Interministerial GM/MTPS n. 4 de 11 de maio de 2016

Dispõe sobre as regras relativas ao Cadastro de Empregadores que tenham submetido trabalhadores a condições análogas à de escravo

O MINISTRO DE ESTADO DO TRABALHO E PREVIDÊNCIA SOCIAL E A MINISTRA DE ESTADO DAS MULHERES, DA IGUALDADE RACIAL, DA JUVENTUDE E DOS DIREITOS HUMANOS, no uso da atribuição que lhes confere o art. 87, parágrafo único, inciso II, da Constituição Federal, e tendo em vista o disposto nos arts. 3º, incisos I e II, e 7º, incisos VII, alínea *b*, da Lei n. 12.527, de 18 de novembro de 2011, e

Considerando a Convenção n. 29 da Organização Internacional do Trabalho (OIT), promulgada pelo Decreto n. 41.721, de 25 de junho de 1957;

Considerando a Convenção n. 105 da OIT, promulgada pelo Decreto n. 58.822, de 14 de julho de 1966;

Considerando a Convenção sobre a Escravatura de Genebra, promulgada pelo Decreto n. 58.563, de 1º de junho de 1966, e

Considerando a Convenção Americana sobre Direitos Humanos, promulgada pelo Decreto n. 678, de 6 de novembro de 1992,

Resolvem:

Art. 1º Estabelecer, no âmbito do Ministério do Trabalho e Previdência Social (MTPS), Cadastro de Empregadores que tenham submetido trabalhadores a condições análogas à de escravo, bem como dispor sobre as regras que lhes são aplicáveis.

Art. 2º O Cadastro de Empregadores será divulgado no sítio eletrônico oficial do Ministério do Trabalho e Previdência Social (MTPS), contendo a relação de pessoas físicas ou jurídicas autuadas em ação fiscal que tenha identificado trabalhadores submetidos à condições análogas à de escravo.

§ 1º A inclusão do empregador somente ocorrerá após a prolação de decisão administrativa irrecorrível de procedência do auto de infração lavrado na ação fiscal em razão da constatação de exploração de trabalho em condições análogas à de escravo.

§ 2º Será assegurado ao administrado, no processo administrativo do auto de infração, o exercício do contraditório e da ampla defesa a respeito da conclusão da Inspeção do Trabalho de constatação de trabalho em condições análogas à de escravo, na forma dos art. 629 a 638 do Decreto-Lei n. 5.452, de 1º de maio de 1943 (Consolidação das Leis do Trabalho) e da Portaria MTPS n. 854, de 25 de junho de 2015.

§ 3º A organização e divulgação do Cadastro ficará a cargo da Divisão de Fiscalização para Erradicação do Trabalho Escravo (DETRAE), inserida no âmbito da Secretaria de Inspeção do Trabalho (SIT), do Ministério do Trabalho e Previdência Social.

§ 4º A relação a ser publicada conterá o nome do empregador, seu número de inscrição no Cadastro Nacional de Pessoas Jurídicas (CNPJ) ou no Cadastro de Pessoas Físicas (CPF), o ano da fiscalização em que ocorreram as autuações, o número de pessoas encontradas em condição análoga à de escravo, e a data decisão definitiva prolatada no processo administrativo do auto de infração lavrado.

§ 5º A atualização da relação poderá ocorrer a qualquer tempo, não podendo tal providência, entretanto, ocorrer em periodicidade superior a 6 (seis) meses.

Art. 3º O nome do empregador permanecerá divulgado no Cadastro por um período de 2 (dois) anos, durante o qual a Inspeção do Trabalho realizará monitoramento a fim de verificar a regularidade das condições de trabalho.

Parágrafo único. Verificada, no curso do período previsto no *caput* deste artigo, reincidência na identificação de trabalhadores submetidos à condições análogas à de escravo, com a prolação de decisão administrativa irrecorrível de procedência do novo auto de infração lavrado, o empregador permanecerá no Cadastro por mais 2 (dois) anos, contados a partir de sua reinclusão.

Art. 4º Os dados divulgados no Cadastro de Empregadores não prejudicam o direito de obtenção, pelos interessados, de outras informações relacionadas ao combate ao trabalho em condições análogas à de escravo, de acordo com o previsto na Lei n. 12.527, de 18 de novembro de 2011 (Lei de Acesso à Informação).

Art. 5º A União poderá, com a necessária participação e anuência da Secretaria de Inspeção do Trabalho do Ministério do Trabalho e Previdência Social, e observada a imprescindível autorização, participação e representação da Advocacia-Geral da União para a prática do ato, celebrar Termo de Ajustamento de Conduta (TAC) ou acordo judicial com o administrado sujeito a constar no Cadastro de Empregadores, com objetivo de reparação dos danos causados, saneamento das irregularidades e adoção de medidas preventivas e promocionais para evitar a futura ocorrência de novos casos de trabalho em condições análogas à de escravo, tanto no âmbito de atuação do administrado quanto no mercado de trabalho em geral.

§ 1º A análise da celebração do Termo de Ajustamento de Conduta (TAC) ou acordo judicial deverá ocorrer mediante apresentação de pedido escrito pelo administrado.

§ 2º Recebido o pedido, será dada ciência ao Ministério Público do Trabalho (MPT), mediante comunicação à Procuradoria-Geral do Trabalho (PGT), ao qual será oportunizado o acompanhamento das tratativas com o administrado, bem como a participação facultativa na celebração do Termo de Ajustamento de Conduta (TAC) ou acordo judicial.

§ 3º O empregador que celebrar Termo de Ajustamento de Conduta (TAC) ou acordo judicial na forma disciplinada neste artigo não integrará a relação disciplinada no art. 2º desta Portaria, mas uma segunda relação, localizada topicamente logo abaixo da primeira, devendo ambas integrarem o mesmo documento e meio de divulgação.

§ 4º A relação de que trata o § 3º deste artigo conterá nome do empregador, seu número de CNPJ ou CPF, o ano da fiscalização em que ocorreram as autuações, o número de pessoas encontradas em condição análoga à de escravo e a data de celebração do compromisso com a União.

§ 5º O Termo de Ajustamento de Conduta (TAC) ou acordo judicial somente poderá ser celebrado entre o momento da constatação, pela Inspeção do Trabalho, da submissão de trabalhadores a condições análogas às de escravo e a prolação de decisão administrativa irrecorrível de procedência do auto de infração lavrado na ação fiscal.

Art. 6º Para alcançar os objetivos e gerar os efeitos expressos no art. 5º, a celebração do Termo de Ajustamento de Conduta (TAC) ou acordo judicial, deverá conter, no mínimo, as seguintes disposições e compromissos por parte do administrado:

I — renúncia a qualquer medida, na esfera administrativa ou judicial, que vise a impugnação, invalidação ou afastamento da eficácia dos efeitos legais dos autos de infração lavrados na ação fiscal em que foi constatado trabalho análogo ao de escravo;

II — como medida de saneamento, o pagamento de eventuais débitos trabalhistas e previdenciários apurados durante o processo de auditoria e ainda não quitados;

III — como medida de reparação aos trabalhadores encontrados pela Inspeção do

Trabalho em condição análoga à de escravo, o pagamento de indenização por dano moral individual, em valor não inferior a 2 (duas) vezes o seu salário contratual;

IV — como medida de reparação material, o ressarcimento ao Estado de todos os custos envolvidos na execução da ação fiscal e no resgate dos trabalhadores, inclusive o seguro-desemprego devido a cada um deles, nos termos do art. 2º-C da Lei n. 7.998, de 11 de janeiro de 1990, pela situação em condições análogas às de escravo;

V — como medida preventiva e promocional, o custeio de programa multidisciplinar que seja destinado a assistência e acompanhamento psicossocial, progresso educacional e qualificação profissional de trabalhadores resgatados de trabalho em condições análogas às de escravo, ou especialmente vulneráveis a este tipo de ilícito;

VI — como medida preventiva e promocional, a contratação de trabalhadores egressos de programa de qualificação nos moldes previstos no inciso V, em quantidade equivalente a, no mínimo, 3 (três) vezes o número de trabalhadores encontrados em condições análogas às de escravo pela Inspeção do Trabalho, dando a eles necessária preferência no preenchimento de vagas abertas compatíveis com sua qualificação profissional.

VII — como medida preventiva e promocional, o custeio de programa cujo objetivo seja o diagnóstico de vulnerabilidades em comunidades identificadas como fornecedoras de mão de obra explorada em condições análogas às de escravo, seguido da adoção de medidas para a superação de tais vulnerabilidades, como progresso educacional e implementação de ações favorecendo o acesso a programas públicos e o desenvolvimento de alternativas de geração de renda de acordo com as vocações econômicas locais, incluindo a estruturação de economia familiar sustentável;

VIII — como medida preventiva e promocional, a elaboração e implementação de sistema de auditoria para monitoramento continuado do respeito aos direitos trabalhistas e humanos de todos os trabalhadores que prestem serviço ao administrado, sejam eles contratados diretamente ou terceirizados, e que tenha por objetivo não somente eliminar as piores formas de exploração, como o trabalho análogo ao de escravo, mas estimular e promover o trabalho decente;

IX — criação de mecanismos de avaliação e controle sobre o sistema de auditoria, para aferição de sua efetiva implementação e de seus resultados, bem como para promoção de seu aperfeiçoamento contínuo, com a elaboração de relatórios periódicos;

X — pactuação de que, em nenhuma hipótese, a execução ou os resultados do sistema de auditoria descrito na alínea VIII poderão estabelecer, nem induzir, a que o administrado ou eventuais prestadores de serviço adotem posturas discriminatórias em relação a trabalhadores que sejam identificados como vítimas efetivas ou potenciais de trabalho em condições análogas às de escravo;

XI — assunção pelo empregador de responsabilidade e dever de imediato saneamento e reparação de quaisquer violações a direitos dos trabalhadores que lhe prestem serviço, sejam eles seus empregados ou obreiros terceirizados, constatadas em sua auditoria própria ou por meio das atividades de fiscalização da Inspeção do Trabalho ou por quaisquer outros órgãos estatais competentes, a exemplo do Ministério Público do Trabalho;

XII — necessidade de comprovação, no prazo de 30 (trinta) dias, da adoção das medidas de saneamento e reparação necessárias sempre que constatada qualquer violação a direito de trabalhador que lhe preste serviços, nos termos do inciso XI;

XIII — envio de comunicação por escrito sempre que, por seu sistema de auditoria, ou por qualquer outro meio, o administrado constate desrespeito aos direitos trabalhistas ou humanos de trabalhadores que lhe prestem serviço, no prazo de 30 (trinta) dias, acompanhada da comprovação de adoção das respectivas medidas de saneamento e reparação;

XIV — apresentação de cronograma para cumprimento das obrigações assumidas, em especial as obrigações de fazer definidas nos incisos VI, VIII e IX;

XV — envio de relatórios semestrais para prestação de contas sobre o cumprimento das obrigações assumidas, inclusive do cronograma de obrigações de fazer definidas nos incisos VI, VIII e IX;

XVI — obrigação de apresentação de informações por escrito, acompanhadas dos documentos comprobatórios eventualmente solicitados, a qualquer questionamento formulado pela União ou por entidade integrante da Comissão Nacional para Erradicação do Trabalho Escravo (CONATRAE) quanto ao cumprimento dos termos do TAC ou acordo judicial, no prazo máximo de 30 (trinta) dias;

XVII — previsão expressa de que o cumprimento das obrigações de dar, estabelecidas para saneamento e reparação, representará quitação restrita aos títulos expressamente delimitados no TAC ou acordo judicial, não implicando quitação geral, nem o reconhecimento pelo Estado de reparação a quaisquer outros danos, individuais ou coletivos, eventualmente decorrentes da conduta do empregador;

XVIII — previsão expressa de que o TAC ou acordo judicial não constituirá óbice, sob qualquer aspecto, à atuação administrativa ou judicial do Estado no caso de existência de outros danos causados e não reparados pelo empregador ou de constatação de outras violações do administrado à legislação;

XIX — imposição de multa pelo eventual descumprimento de cada cláusula contratual, em valor equivalente ao conteúdo econômico da obrigação ou, quando esta aferição for impossível, em valor a ser fixado entre as partes;

XX — previsão de que todas as comunicações relativas à execução do Termo de Ajustamento de Conduta (TAC) ou acordo judicial deverão ser remetidas por escrito à Advocacia-Geral da União, à Secretaria de Inspeção do Trabalho e à CONATRAE;

XXI — previsão expressa de que, constatada violação pelo administrado à cláusula do TAC ou acordo judicial, terá ele 30 (trinta) dias para apresentar impugnação ou comprovar o saneamento da irregularidade, quando for possível. Não aceita a impugnação, ou não comprovado o saneamento integral da violação, o TAC ou acordo judicial será executado, e incidirá o disposto no § 3º do art. 10 desta Portaria;

Parágrafo único. O programa multidisciplinar de assistência e acompanhamento psicossocial, progresso educacional e qualificação descrito no inciso V do caput deste artigo deverá atender aos seguintes requisitos:

I — considerar as necessidades peculiares de readaptação dos participantes, como sua experiência pregressa e o nível educacional;

II — oferecer ciclo de assistência, acompanhamento psicossocial e monitoramento do trabalhador de, no mínimo, 1 (um) ano, dada a sua condição de especial vulnerabilidade;

III — oferecer ciclo de progresso educacional e qualificação profissional não inferior a 3 (três) meses, assegurando o custeio de todas as despesas necessárias para a inserção e efetiva adesão dos trabalhadores enquadrados como público alvo, incluindo aquelas com alimentação, transporte, material didático, bem como garantia de renda mensal não inferior a um salário mínimo enquanto perdurar o programa;

IV — ser executado preferencialmente nas localidades de origem dos trabalhadores;

V — desenvolver-se em consonância com as pretensões profissionais do trabalhador e promover, ao final, a sua inclusão laboral, seja pelo estabelecimento de contratos de emprego, seja pelo estabelecimento de outras formas de inserção, como economia familiar ou empreendedorismo;

VI — assumir o compromisso de apresentar prestação de contas ao administrado, à Advocacia-Geral da União, à Secretaria de Inspeção do Trabalho e à Comissão Nacional para Erradicação do Trabalho Escravo (CONATRAE), quanto ao uso dos recursos recebidos;

VII — assumir o compromisso de prestar informações ao administrado, à Advocacia-Geral da União, à Secretaria de Inspeção do Trabalho e à Secretaria de Direitos Humanos, por intermédio da CONATRAE, a respeito da execução e dos resultados do programa multidisciplinar.

Art. 7º Quando a celebração de Termo de Ajustamento de Conduta (TAC) ou acordo judicial envolver microempresa, empresa de pequeno porte, empresário individual ou empregador doméstico, o administrado, mediante prévia apresentação de declaração integral de patrimônio e renda, a ser remetida à Receita Federal se efetivamente pactuado o compromisso, poderá solicitar à União que, em respeito aos princípios da razoabilidade e proporcionalidade, e considerando o seu porte econômico, os recursos à sua disposição, a atividade econômica explorada, o grau de fragmentação da cadeia produtiva, e a capacidade de emprego de mão de obra, avalie a conveniência de:

I — Limitar o cumprimento do inciso IV do art. 6º ao ressarcimento ao Estado dos custos decorrentes do seguro-desemprego devido a cada um dos trabalhadores encontrados em situação análoga à de escravo na ação fiscal, nos termos do art. 2º-C da Lei n. 7.998, de 11 de janeiro de 1990;

II — Dispensar o cumprimento dos incisos VIII, IX e X do art. 6º;

III — Dispensar, alternativamente, o cumprimento do inciso V ou VII do art. 6º;

IV — Reduzir o quantitativo de contratação de trabalhadores egressos de programa de qualificação previsto no inciso VI do art. 6º, em número nunca inferior ao total de trabalhadores encontrados em condições análogas às de escravo pela Inspeção do Trabalho.

Art. 8º Cópia do Termo de Ajustamento de Conduta (TAC) ou acordo judicial celebrado deverá ser remetida para a Advocacia-Geral

da União, para a Divisão para Erradicação do Trabalho Escravo (DETRAE) e para a Comissão Nacional para Erradicação do Trabalho Escravo (CONATRAE).

Art. 9º Termos de Ajustamento de Conduta ou acordos judiciais celebrados perante o Ministério Público do Trabalho (MPT) poderão gerar regulares efeitos para a elaboração das duas relações disciplinadas pelos art. 2º e § 3º do art. 5º desta Portaria, desde que:

I — seja formulado pedido formal do administrado à Advocacia-Geral da União e à Secretaria de Inspeção do Trabalho, acompanhado de cópia do Termo de Ajustamento de Conduta (TAC) ou acordo judicial, do processo judicial ou do procedimento investigatório, e de documento que comprove a anuência expressa do Procurador do Trabalho celebrante; e

II — os seus termos atendam às condições previstas nesta Portaria.

Art. 10. Os empregadores que celebrarem Termo de Ajustamento de Conduta (TAC) ou acordo judicial nos termos desta Portaria permanecerão na relação prevista no § 3º do art. 5º pelo prazo máximo de 2 (dois) anos, contados de sua inclusão, e poderão requerer sua exclusão após 1 (um) ano.

§ 1º O requerimento de exclusão, que será apreciado em até 30 (trinta) dias, deverá ser instruído com os relatórios periódicos previstos no inciso XV do art. 5º desta Portaria atualizados, ficando o seu deferimento condicionado à inexistência de constatação de descumprimento de qualquer das obrigações assumidas por parte do administrado.

§ 2º Cópia do Termo de Ajustamento de Conduta (TAC) ou acordo judicial celebrado nos termos desta Portaria será acessível ao público por meio de link inserido no documento de divulgação previsto no § 3º do art. 5º.

§ 3º Na hipótese de descumprimento pelo administrado de qualquer das obrigações assumidas durante o período de 2 (dois) anos, contados a partir de sua inclusão na relação prevista no § 3º do art. 5º, este será imediatamente integrado à relação publicada conforme art. 2º desta Portaria, sujeitando-se às regras de inclusão e exclusão a ela aplicáveis.

Art. 11. Durante o período em que permanecerem na relação prevista no § 3º do art. 5º, os empregadores estarão igualmente sujeitos à fiscalização da Inspeção do Trabalho e, no caso de reincidência de identificação de trabalhadores submetidos à condições análogas às de escravo neste interstício:

I — A União não celebrará com o administrado novo Termo de Ajustamento de Conduta (TAC) ou acordo judicial;

II — O empregador será integrado à relação publicada conforme art. 2º desta Portaria imediatamente após a prolação de nova decisão administrativa irrecorrível de procedência do auto de infração lavrado em face da constatação de trabalho em condições análogas às de escravo.

Art. 12. Em nenhuma hipótese, o tempo em que o empregador permanecer na relação daqueles que celebraram Termo de Ajustamento de Conduta (TAC) ou acordo judicial será computado na contagem do período determinado pelo art. 3º.

Art. 13. À Secretaria de Direitos Humanos compete acompanhar, por intermédio da Comissão Nacional para a Erradicação do Trabalho Escravo (CONATRAE), os procedimentos para inclusão e exclusão de nomes do Cadastro de Empregadores.

Art. 14. Fica revogada a Portaria Interministerial n. 2, de 31 de março de 2015.

Art. 15. Esta Portaria entra em vigor na data de sua publicação.

Miguel Soldatelli Rossetto
Ministro de Estado do Trabalho e Previdência Social
Nilma Lino Gomes
Ministra de Estado das Mulheres, da Igualdade Racial, da Juventude e dos Direitos Humanos
DOU 13.5.2016

Resolução CC/FGTS n. 28, de 6 de fevereiro de 1991

Esclarece que, nos casos de despedida sem justa causa, o empregador deve pagar diretamente ao trabalhador importância igual a quarenta por cento do montante de todos os depósitos realizados na conta vinculada durante a vigência do contrato de trabalho, atualizados monetariamente e acrescidos dos respectivos juros, não sendo permitida a dedução dos saques ocorridos

O CONSELHO CURADOR DO FUNDO DE GARANTIA DO TEMPO DE SERVIÇO — FGTS, com base no inciso VI do art. 5º da Lei n. 8.036, de 11 de maio de 1990;

Considerando controvérsia gerada em face à redação do § 1º do art. 9º do Decreto n. 99.684, de 8 de novembro de 1990, que regulamenta a Lei n. 8.036, de 11 de maio de 1990, com manifestações discrepantes emanadas de renomados juristas;

Considerando o elevado número de denúncias encaminhadas a diversos sindicatos sobre prejuízos financeiros causados aos trabalhadores demitidos em decorrência de interpretação restritiva do citado artigo;

Considerando a iminência e premência dos sindicatos buscarem a reparação dos danos pela via judicial, fato que, indiscutivelmente, acarretará inúmeros transtornos para a gestão do FGTS;

Considerando que o Decreto n. 99.684 incorpora diversas sugestões do Conselho Curador do FGTS, dentre estas a sistemática de cálculo da multa rescisória de 40% (quarenta por cento) e 20% (vinte por cento) e a forma de atualização de todos os depósitos efetuados na conta vinculada do trabalhador, resolve:

I — Esclarecer que, segundo o disposto no art. 18 da Lei n. 8.036, de 11 de maio de 1990, e no art. 9º do Decreto n. 99.684, de 8 de novembro de 1990, no caso de despedida sem justa causa, ainda que indireta, o empregador deve pagar diretamente ao trabalhador importância igual a quarenta por cento do montante de todos os depósitos realizados na conta vinculada durante a vigência do contrato de trabalho, atualizados monetariamente e acrescidos dos respectivos juros, não sendo permitida a dedução dos saques ocorridos.

II — Reiterar que, quando não for possível atualizar os valores de todos os depósitos efetuados, a base de cálculo para efeito de aplicação dos percentuais de quarenta e vinte por cento devidos, respectivamente, em caso de despedida sem justa causa, ainda que indireta, e despedida por culpa recíproca ou força maior será o equivalente a oito por cento da última remuneração, multiplicado pelo número de meses em que perdurou o contrato de trabalho.

III — Esta Resolução entra em vigor na data de sua publicação, revogadas as disposições em contrário.

Antônio Rogério Magri
Presidente
DOU 13.2.1991

Resolução CC/FGTS n. 48, de 18 de setembro de 1991

Dispõe sobre a participação das entidades sindicais na fiscalização do FGTS

O CONSELHO CURADOR DO FUNDO DE GARANTIA DO TEMPO DE SERVIÇO — FGTS, na forma do artigo 5º da Lei n. 8.036, de 11 de maio de 1990;

Considerando as dimensões do País, o reduzido número de agentes fiscalizadores e a grande quantidade de empresas a serem fiscalizadas quanto aos depósitos do FGTS, que são feitos em cerca de 25 milhões de contas vinculadas;

Considerando os indícios de que vem crescendo o número de empresas inadimplentes para com o FGTS;

Considerando que, em face destas circunstâncias, é necessário buscar a parceria e a colaboração das entidades sindicais para que a ação fiscalizadora do Estado seja mais eficaz e fique mais protegido o direito dos trabalhadores ao FGTS, resolve:

I — Estimular as entidades sindicais de trabalhadores a colaborarem no controle dos depósitos nas contas vinculadas de seus representados, exercitando a faculdade que o art. 72 do Decreto n. 99.684/90, lhes assegura de, independentemente de procuração, obter informações relativas ao FGTS junto ao empregador, ao banco depositário ou à Caixa Econômica Federal.

II — Esclarecer que, não obtidas as informações referidas no item anterior ou, se obtidas, for constatado débito do empregador, a entidade sindical poderá escolher qualquer das seguintes providências, de forma sucessiva ou concomitante:

a) formular denúncia à fiscalização do trabalho, para os fins do art. 23 da Lei n. 8.036/90;

b) ingressar com reclamação trabalhista contra o empregador inadimplente, perante a Justiça do Trabalho, na condição de substituto processual, assegurada no art. 25 da Lei n. 8.036/90.

III — A faculdade da entidade sindical de obter as informações referidas no item I não abrange os atos de gestão ou de aplicação dos recursos do FGTS

IV — Esta Resolução entra em vigor na data de sua publicação, revogadas as disposições em contrário.

João de Lima Teixeira Filho
Presidente em exercício
DOU 24.9.1991

Resolução CC/FGTS n. 64, de 17 de dezembro de 1991

Estabelece multa para o empregador que não repassar aos empregados os extratos das contas vinculadas já centralizadas na CEF e dá outras providências

O CONSELHO CURADOR DO FUNDO DE GARANTIA DO TEMPO DE SERVIÇO — FGTS, na forma do art. 5º da Lei n. 8.036, de 11 de maio de 1990, resolve:

I — O empregador que, no prazo de 72 horas, não repassar aos empregados os extratos de contas vinculadas encaminhados pela Caixa Econômica Federal — CEF,

relativamente às contas já centralizadas, fica sujeito à multa de Cr$ 860,00 (oitocentos e sessenta cruzeiros) a Cr$ 2.150,00 (dois mil, cento e cinquenta cruzeiros), em favor do trabalhador prejudicado, a ser cobrada judicialmente, pelo interessado ou pelo respectivo sindicato profissional, na condição de substituto processual.

II — O valor da multa, cuja fixação a Justiça do Trabalho decidirá de acordo com a intensidade e reincidência da falta, será reajustado mensalmente pela variação do índice de remuneração básica dos depósitos de poupança.

III — Aplica-se o disposto no item anterior aos extratos encaminhados pelos bancos depositários aos empregadores, relativamente às contas ainda não centralizadas na CEF.

IV — Ficam suspensos os efeitos do item II da Resolução n. 49, de 12 de novembro de 1991, até posterior deliberação.

V — Esta Resolução entra em vigor na data de sua publicação.

JOÃO DE LIMA TEIXEIRA FILHO
Presidente em exercício

DOU 13.1.1992

Resolução CODEFAT n. 36, de 22 de setembro de 1992

Faculta às empresas utilizarem formulários contínuos para concessão do seguro-desemprego

O CONSELHO DELIBERATIVO DO FUNDO DE AMPARO AO TRABALHADOR — CODEFAT, no uso das atribuições que lhe confere o inciso V do art. 19 da Lei n. 7.998, de 11 de janeiro de 1990, resolve:

Art. 1º Facultar às Empresas utilizarem formulários contínuos em substituição aos formulários instituídos pela Resolução n. 18, de 3 de julho de 1991.

Art. 2º Na hipótese do artigo anterior, as Empresas deverão observar as normas constantes na Resolução n. 18, que dispõem sobre as especificações técnicas do formulário.

Art. 3º Para confecção dos formulários contínuos, as Empresas poderão utilizar-se de sistema de processamento de dados próprio ou contratado, de acordo com o modelo e numeração específica, fornecidos pelo Ministério do Trabalho e da Administração, mediante autorização do Departamento Nacional de Emprego.

Art. 4º Esta Resolução entra em vigor na data de sua publicação, revogadas as disposições em contrário.

SANTIAGO BALLESTEROS FILHO,
Presidente

DOU 5.10.1992

Resolução MTb/CODEFAT n. 91, de 14 de setembro de 1995

Estabelece prazo para restituição das parcelas do seguro-desemprego indevidamente recebidas

O CONSELHO DELIBERATIVO DO FUNDO DE AMPARO AO TRABALHADOR — CODEFAT, no uso de suas atribuições legais e em face do disposto nos incisos V e X do art. 19, da Lei n. 7.998, de 11 de janeiro de 1990, e tendo em vista o necessário aprimoramento do Programa do Seguro-Desemprego, resolve:

Art. 1º Adotar o prazo de prescrição em cinco anos, para a restituição, pelos beneficiários do Seguro-Desemprego, das parcelas recebidas indevidamente.

Art. 2º O prazo de prescrição que trata o art. 1º desta Resolução, será contado a partir da data do efetivo pagamento do benefício, recebido indevidamente. *(Redação dada pela Resol. MTb n. 193, de 23.9.1998, DOU 29.9.1998).*

Art. 3º Esta Resolução entra em vigor na data de sua publicação.

ALENCAR NAUL ROSSI,
Presidente do Conselho

DSOU 20.9.1995

Resolução MTb/CODEFAT n. 199, de 4 de novembro de 1998

Dispõe sobre pagamento do benefício do seguro-desemprego

O CONSELHO DELIBERATIVO DO FUNDO DE AMPARO AO TRABALHADOR — CODEFAT, no uso das atribuições que lhe confere o inciso V do art. 19 da Lei n. 7.998, de 11 de janeiro de 1990, resolve:

Art. 1º Estabelecer as condições indispensáveis para que a partir de 1º de janeiro de 1999, os trabalhadores que estejam em situação de desemprego involuntário, pelo período compreendido entre doze e dezoito meses, ininterruptos, e que já tenham sido beneficiados com o seguro-desemprego, recebam três parcelas no valor de R$ 100,00 (cem reais) cada, do benefício instituído, em caráter excepcional e pelo prazo máximo de seis meses, nos termos do art. 2º-B da Lei n. 7.998/90, com a redação dada pela Medida Provisória n. 1.726, de 3 de novembro de 1998.

Parágrafo único. O período de doze a dezoito meses de que trata o *caput* será contado a partir do recebimento da primeira parcela do seguro-desemprego.

Art. 2º Farão jus ao seguro-desemprego previsto nesta Resolução os trabalhadores com idade igual ou superior a trinta anos, cujo domicílio do empregador, ao qual esteve vinculado, quando da demissão que resultou no recebimento de parcelas anteriores do seguro-desemprego, estiver situado nas regiões metropolitanas de: São Paulo, Rio de Janeiro, Belo Horizonte, Belém, Salvador, Curitiba, Porto Alegre, Recife, Vitória e Fortaleza.

Parágrafo único. O benefício poderá estar integrado a ações de qualificação profissional e articulado com ações de emprego a serem executadas nas localidades de domicílio do beneficiado.

Art. 3º No momento do requerimento para o recebimento do seguro-desemprego de que trata esta Resolução o trabalhador deverá comprovar:

I — ter idade igual ou superior a trinta anos;

II — a data do pagamento da primeira parcela do benefício anteriormente recebido; e

III — o domicílio do último empregador.

§ 1º Onde houver posto de atendimento do Sistema Nacional de Emprego o trabalhador deverá comprovar, também, sua inscrição para participação em ações de qualificação profissional e de emprego.

§ 2º Fica o beneficiário do seguro-desemprego, ora concedido, dispensado da comprovação dos demais requisitos previstos para a percepção do benefício conforme estabelecido na Lei n. 7.998/90 e suas alterações.

Art. 4º O pagamento do benefício será suspenso ou cancelado na hipótese de ocorrência das situações previstas nos arts. 7º e 8º da Lei n. 7.998/90 e suas alterações.

Art. 5º Esta Resolução entra em vigor na data de sua publicação, revogadas as disposições em contrário.

FLÁVIO OBINO FILHO
DOU 9.11.1998

Resolução CC/FGTS n. 339, de 26 de abril de 2000

Dispõe sobre sistemática de ajuste para valores recolhidos a menor na guia de recolhimento rescisório do FGTS e informações à Previdência Social — GRFP

O CONSELHO CURADOR DO FUNDO DE GARANTIA DO TEMPO DE SERVIÇO — FGTS, tendo em vista o disposto no inciso VI do art. 5º da Lei n. 8.036/90 e no inciso VI do art. 64 do Regulamento Consolidado do FGTS, aprovado pelo Decreto n. 99.684, de 8 novembro de 1990,

Considerando orientações emanadas deste Conselho quanto à inibição de ocorrências de natureza devedora;

Considerando o art. 18 da Lei n. 8.036/90, alterado pelo art. 31 da Lei n. 9.491/97, que obriga o empregador a depositar em conta vinculada do trabalhador no FGTS os valores relativos aos depósitos referentes ao mês da rescisão, ao imediatamente anterior, que ainda não houver sido recolhido, e a multa rescisória, quando devida;

Considerando o disposto no § 5º, art. 12, da Lei n. 8.036/90, notadamente quanto à apropriação nas contas vinculadas dos depósitos realizados fora do prazo regulamentar;

Considerando ter se tem verificado preenchimento incorreto do campo valor total a recolher da Guia de Recolhimento Rescisório do FGTS e Informações à Previdência Social — GRFP, resultando em recolhimento menor do que o devido;

Considerando a necessidade de priorizar o crédito dos valores devidos ao trabalhador, em detrimento dos encargos devidos ao FGTS, nos recolhimentos rescisórios efetuados pelas empresas, resolve:

1. Autorizar o Agente Operador a implementar sistemática para tratamento da GRFP, ajustando os valores devidos com os efetivamente recolhidos pela empresa, na forma e ordem, a seguir indicadas:

a) a diferença será abatida, primeiramente, dos encargos devidos ao FGTS, deduzida a parcela de Juros e Atualização Monetária — JAM relativa à conta vinculada, se houver, incidente sobre o valor da Multa Rescisória;

*a.*1) em seguida, dos encargos devidos ao FGTS, deduzida a parcela de JAM relativa à conta vinculada, se houver, incidente sobre o valor de depósito das Verbas Indenizatórias;

*a.*2) havendo ainda diferença entre o valor recolhido e o devido, será abatida dos encargos devidos ao FGTS, deduzida a parcela de JAM, relativa à conta vinculada, se houver, incidente sobre o valor do depósito do mês da rescisão;

*a.*3) se ainda assim não for suficiente, será abatida dos encargos devidos ao FGTS, deduzida a parcela de JAM, relativa à conta

vinculada, se houver, incidente sobre o valor do depósito do mês anterior à rescisão;

b) quando for o caso, o ajuste deverá prosseguir com o abatimento na rubrica de Juros e Atualização Monetária — JAM, incidente sobre as parcelas indicadas no item anterior, observada, ainda a mesma ordem de prioridade;

c) ocorrendo a possibilidade do valor recolhido não ser suficiente para cobrir os valores da parcela Depósito, o ajuste deverá ser feito observando a seguinte ordem:

c.1) Mês Anterior à Rescisão;
c.2) Mês da Rescisão;
c.3) Verbas Indenizatórias;
c.4) e por último, na Multa Rescisória.

2. Determinar ao Agente Operador do FGTS que somente efetue a cobrança dos encargos devidos ao FGTS, cujos recolhimentos tenham sido objeto de ajuste diminutivo, de diferença em valor acima de R$ 10,00 (Dez reais);

2.1. Não se aplica o dispositivo acima quando o ajuste se referir a valores devidos ao trabalhador, que terá a cobrança efetuada, seja qual for o valor ajustado.

3. Determinar ao Agente Operador do FGTS que elabore e apresente a este Conselho, estratificação dos valores ajustados, por mês e UF.

4. Autorizar o Agente Operador do FGTS a adotar as medidas necessárias à cobrança administrativa e judicial, utilizando o documento de recolhimento rescisório, das diferenças decorrentes dos ajustes aqui tratados.

4.1. O Agente Operador do FGTS regulamentará o disposto neste item no prazo de até 60 dias após a data da publicação desta Resolução.

5. Determinar ao Agente Operador do FGTS que retifique os ajustes realizados com base na sistemática anterior, observando os critérios definidos nesta Resolução.

6 Esta Resolução entrará em vigor 60 dias após a data de sua publicação, revogando-se as disposições em contrário.

FRANCISCO DORNELLES,
Presidente do Conselho

DOU 5.5.2000

Resolução n. 8, do Conselho Superior da Justiça do Trabalho, de 27 de outubro de 2005

Estabelece a tabela única para atualização e conversão de débitos trabalhistas — Sistema Único de Cálculo (SUCJT)

O PRESIDENTE DO CONSELHO SUPERIOR DA JUSTIÇA DO TRABALHO no uso de suas atribuições legais e tendo em conta o decidido no Processo CSJT — 99/2005-000-90-00.1 na Sessão do dia 27 de outubro de 2005;

Considerando que compete ao Conselho Superior da Justiça do Trabalho expedir normas gerais que se refiram a sistemas relativos a atividades auxiliares comuns que necessitem de coordenação central conforme o disposto no art. 5º, inciso II, do Regimento Interno do Conselho Superior da Justiça do Trabalho;

Considerando a ausência de uniformização no sistema de cálculos trabalhistas, atualmente sujeito a critérios díspares no âmbito dos Tribunais Regionais do Trabalho e das Varas do Trabalho;

Considerando a imperiosa necessidade de padronização de critérios para se afastar o tratamento desigual emprestado às partes conforme a Região de que emane o cálculo do débito trabalhista;

Considerando a conveniência de adoção de um sistema unificado de cálculos na Justiça do Trabalho que viabilize o compartilhamento de dados entre usuários internos e externos, visando ao melhor atendimento dos princípios constitucionais da eficiência, da publicidade e da presteza na outorga da prestação jurisdicional;

Considerando o aprimoramento (nova versão) encetado no Sistema Único de Cálculos da Justiça do Trabalho (SUCJT), atualmente franqueado aos interessados no sítio do Tribunal Superior do Trabalho, ao implementar novas funcionalidades visando a atender às necessidades dos usuários;

Resolve

Art. 1º É aprovada a Tabela Única para Atualização e Conversão de Débitos Trabalhistas, constante do Anexo I, que será aplicada na elaboração de todos os cálculos de débitos trabalhistas no âmbito da Justiça do Trabalho.

§ 1º A Tabela Única será disponibilizada a todos os interessados através dos sítios da internet do Conselho Superior da Justiça do Trabalho e do Tribunal Superior do Trabalho.

§ 2º Caberá à Assessoria Econômica do Tribunal Superior do Trabalho:

I — promover a atualização da Tabela Única, até o terceiro dia útil de cada mês, de acordo com a variação da TR do dia 1º ao último dia de cada mês, ou mediante outro índice por que venha a ser substituída;

II — incorporar os novos coeficientes de atualização monetária à Tabela Única disponibilizada na forma do § 1º;

III — apurar os novos coeficientes de atualização monetária mediante arredondamento até a nona casa decimal.

Art. 2º É aprovado, integrado pela Tabela Única a que se refere o art. 1º, o Sistema Único de Cálculos da Justiça do Trabalho — SUCJT (versão 2.4), que será disponibilizado a todos os interessados nos sítios da internet do Conselho Superior da Justiça do Trabalho e do Tribunal Superior do Trabalho.

Art. 3º A Tabela Única para Atualização e Conversão de Débitos Trabalhistas vigerá a partir de 1º de novembro de 2005 e suceder-se-á a todas as demais tabelas afins editadas pelos Tribunais Regionais do Trabalho.

Registre-se. Publique-se. Cumpra-se.

Brasília, 27 de outubro de 2005.

VANTUIL ABDALA
Presidente do Conselho Superior
da Justiça do Trabalho

DJU 3.11.2005

Resolução n. 8, do Conselho Nacional de Justiça, de 29 de novembro de 2005

Dispõe sobre a regulamentação do expediente forense no período natalino e dá outras providências

O PRESIDENTE DO CONSELHO NACIONAL DE JUSTIÇA, tendo em vista o decidido em sessão plenária do dia 29 de novembro de 2005, no uso de suas atribuições conferidas pela Constituição Federal, especialmente os incisos I e II, § 4º, de seu art. 103-B,

Considerando que o inciso I do art. 62 da Lei n. 5.010, de 30 de maio de 1966, estabelece feriado na Justiça da União, inclusive nos Tribunais Superiores, nos dias compreendidos entre 20 de dezembro e 6 de janeiro;

Considerando que a suspensão do expediente forense, no período de 20 de dezembro a 6 de janeiro, constitui antiga reivindicação dos advogados, sobretudo os de menor poder econômico e não vinculados a grandes escritórios profissionais;

Considerando que a existência de critérios conflitantes, quanto à suspensão do expediente forense, gera incerteza e insegurança entre os usuários da Justiça, podendo inclusive prejudicar o direito de defesa e a produção de provas;

Considerando que o caráter ininterrupto da atividade jurisdicional é garantido, quando da suspensão do expediente forense no período noturno, nos fins de semana e nos feriados, através de sistema de plantões judiciários; resolve:

Art. 1º Os Tribunais de Justiça dos Estados poderão, por meio de deliberação do Órgão Competente, suspender o expediente forense no período de 20 de dezembro a 6 de janeiro, garantindo o atendimento aos casos urgentes, novos ou em curso, através de sistema de plantões.

Parágrafo único. O sistema de plantões deve ser amplamente divulgado e fiscalizado pelos órgãos competentes.

Art. 2º A deliberação que aprovar a suspensão do expediente forense suspenderá, igualmente, os prazos processuais e a publicação de acórdãos, sentenças e decisões, bem como a intimação de partes ou advogados, na primeira e segunda instâncias, exceto com relação às medidas consideradas urgentes.

Parágrafo único. O Tribunal de Justiça regulamentará o funcionamento de plantões judiciários, de modo a garantir o caráter ininterrupto da atividade jurisdicional.

Art. 3º A suspensão não obsta a prática de ato processual de natureza urgente e necessário à preservação de direitos, nem impede a realização de audiência e de sessão de julgamento já designadas até a data da publicação dessa Resolução.

Art. 4º Esta resolução entra em vigor na data de sua publicação.

MINISTRO NELSON JOBIM

DOU 6.12.2005

Resolução CODEFAT n. 467, de 21 de dezembro de 2005

Estabelece procedimentos relativos à concessão do seguro-desemprego

O CONSELHO DELIBERATIVO DO FUNDO DE AMPARO AO TRABALHADOR — CODEFAT, no uso das atribuições que lhe confere o inciso V do art. 19 da Lei n. 7.998, de 11 de janeiro de 1990, resolve:

Art. 1º Estabelecer critérios relativos à integração das ações de concessão do Seguro-Desemprego e de assistência aos trabalhadores dispensados face às alterações introduzidas na Lei n. 7.998/90 e na legislação trabalhista.

Art. 2º O Programa do Seguro-Desemprego tem por finalidade:

I — prover assistência financeira temporária ao trabalhador desempregado em virtude de dispensa sem justa causa, inclusive a indireta; e

II — auxiliar os trabalhadores na busca de emprego, promovendo, para tanto, ações integradas de orientação, recolocação e qualificação profissional.

Art. 3º Terá direito a perceber o Seguro-Desemprego o trabalhador dispensado sem justa causa, inclusive a indireta, que comprove:

I — ter recebido salários consecutivos no período de 6 (seis) meses imediatamente anteriores à data da dispensa, de uma ou mais pessoas jurídicas ou físicas equiparadas às jurídicas;

II — ter sido empregado de pessoa jurídica ou pessoa física equiparada à jurídica durante, pelo menos, 6 (seis) meses nos últimos 36 (trinta e seis) meses que antecederam a data de dispensa que deu origem ao requerimento do Seguro-Desemprego;

III — não estar em gozo de qualquer benefício previdenciário de prestação continuada, previsto no Regulamento de Benefícios da Previdência Social, excetuando o auxílio-acidente e a pensão por morte; e

IV — não possuir renda própria de qualquer natureza suficiente a sua manutenção e de sua família.

§ 1º Considera-se pessoa física equiparada à jurídica, os profissionais liberais inscritos no Cadastro Específico do Instituto Nacional do Seguro Social (CEI).

§ 2º Considera-se 1 (um) mês de atividade, para efeito do inciso II deste artigo, a fração igual ou superior a 15 (quinze) dias, nos termos da Consolidação das Leis do Trabalho.

Art. 4º A comprovação dos requisitos de que trata o artigo anterior deverá ser feita:

I — mediante as anotações da Carteira de Trabalho e Previdência Social — CTPS;

II — pela apresentação do Termo de Rescisão do Contrato de Trabalho — TRCT, homologado quando o período trabalhado for superior a 1 (um) ano;

III — mediante documento utilizado para levantamento dos depósitos do FGTS ou extrato comprobatório dos depósitos;

IV — pela apresentação da sentença judicial transitada em julgado, acórdão ou certidão judicial, onde conste os dados do trabalhador, da empresa e se o motivo da dispensa for sem justa causa; e

V — mediante verificação a cargo da Auditoria Fiscal do Trabalho, quando for o caso.

Parágrafo único. A comprovação dos demais requisitos será feita mediante declaração firmada pelo trabalhador, no Requerimento do Seguro-Desemprego — RSD.

Art. 5º O Seguro-Desemprego será concedido ao trabalhador desempregado, por um período máximo variável de 3 (três) a 5 (cinco) meses, de forma contínua ou alternada, a cada período aquisitivo de 16 (dezesseis) meses, observando-se a seguinte relação:

I — 3 (três) parcelas, se o trabalhador comprovar vínculo empregatício com pessoa jurídica ou pessoa física a ela equiparada de no mínimo 6 (seis) meses e no máximo 11 (onze) meses, nos últimos 36 (trinta e seis) meses;

II — 4 (quatro) parcelas, se o trabalhador comprovar vínculo empregatício com pessoa jurídica ou pessoa física a ela equiparada de no mínimo 12 (doze) meses e no máximo 23 (vinte e três) meses no período de referência; e

III — 5 (cinco) parcelas, se o trabalhador comprovar vínculo empregatício com pessoa jurídica ou pessoa física a ela equiparada, de no mínimo 24 (vinte e quatro) meses no período de referência.

§ 1º O período aquisitivo de que trata este artigo será contado da data de dispensa que deu origem à última habilitação, não podendo ser interrompido quando a concessão do benefício estiver em curso.

§ 2º A primeira dispensa que habilitar o trabalhador determinará o número de parcelas a que este terá direito no período aquisitivo.

Art. 6º A adesão a Planos de Demissão Voluntária ou similar não dará direito ao benefício, por não caracterizar demissão involuntária.

Art. 7º O valor do benefício será fixado em moeda corrente na data de sua concessão e corrigido anualmente por índice oficial, não podendo ser inferior ao valor do salário mínimo.

Art. 8º O valor do benefício do Seguro-Desemprego será calculado com base no art. 5º da Lei n. 7.998/90 e reajustado de acordo com a legislação em vigor.

Art. 9º Para fins de apuração do benefício, será considerada a média aritmética dos salários dos últimos 3 (três) meses de trabalho.

§ 1º O salário será calculado com base no mês completo de trabalho, mesmo que o trabalhador não tenha trabalhado integralmente em qualquer dos 3 (três) últimos meses.

§ 2º No caso do trabalhador perceber salário fixo com parte variável, a composição do salário para o cálculo do Seguro-Desemprego tomará por base, ambas as parcelas.

§ 3º Quando o trabalhador perceber salário por quinzena, por semana, ou por hora, o valor do Seguro-Desemprego será calculado com base no que seria equivalente ao seu salário mensal, tomando-se por parâmetro, para essa equivalência, o mês de 30 (trinta) dias ou 220 (duzentos e vinte) horas, exceto para quem tem horário especial, inferior a 220 horas mensais, que será calculado com base no salário mensal.

§ 4º O valor do benefício será igual ao valor de unidades de moeda corrente, excluída as partes decimais.

Art. 10. Para o trabalhador em gozo de auxílio-doença, ou convocado para prestação do serviço militar, bem assim na hipótese de não ter percebido do mesmo empregador os 3 (três) últimos salários, o valor do benefício basear-se-á na média dos 2 (dois) últimos ou, ainda, no valor do último salário.

Art. 11. O benefício Seguro-Desemprego é direito pessoal e intransferível, nos termos da Lei n. 7.998/1990, e será pago diretamente ao beneficiário, salvo em caso de morte do segurado, ausência, moléstia contagiosa e beneficiário preso, observadas as seguintes condições: *(Redação dada pela Resolução CODEFAT n. 665, de 26.5.2011, DOU 30.5.2011)*

I — morte do segurado, quando serão pagas parcelas vencidas até a data do óbito, aos sucessores, mediante apresentação de Alvará Judicial; *(Redação dada pela Resolução CODEFAT n. 665, de 26.5.2011, DOU 30.5.2011)*

II — grave moléstia do segurado, comprovada pela perícia médica do Instituto Nacional de Seguridade Social — INSS, quando serão pagas parcelas vencidas ao seu curador legalmente designado ou representante legal, mediante apresentação de Mandato outorgado por instrumento público, com finalidade específica para o benefício a ser recebido; *(Redação dada pela Resolução CODEFAT n. 665, de 26.5.2011, DOU 30.5.2011)*

III — moléstia contagiosa ou impossibilidade de locomoção, devidamente comprovada mediante perícia médica do Instituto Nacional de Seguridade Social — INSS, quando serão pagas parcelas vencidas a procurador designado em instrumento público, com poderes específicos para receber o benefício; *(Redação dada pela Resolução CODEFAT n. 665, de 26.5.2011, DOU 30.5.2011)*

IV — ausência civil, quando serão pagas parcelas vencidas ao curador designado pelo Juiz, mediante certidão judicial de nomeação do curador habilitado à prática do ato; *(Redação dada pela Resolução CODEFAT n. 665, de 26.5.2011, DOU 30.5.2011)*

V — beneficiário preso, impossibilitado de comparecer pessoalmente à instituição financeira responsável pelo pagamento, quando as parcelas vencidas serão pagas por meio de instrumento público com poderes específicos para o ato. *(Redação dada pela Resolução CODEFAT n. 665, de 26.5.2011, DOU 30.5.2011)*

§ 1º O Requerimento do Seguro-Desemprego somente poderá ser firmado pelo trabalhador, admitindo-se, excepcionalmente, sua apresentação pelos representantes mencionados nos incisos I a V deste artigo, desde que instruído com os documentos mencionados nos arts. 4º e 5º da Resolução n. 253/2000, nos arts. 13 e 15 da Resolução n. 467/2005 e no art. 3º da Resolução n. 657/2010. *(Redação dada pela Resolução CODEFAT n. 665, de 26.5.2011, DOU 30.5.2011)*

§ 2º Em qualquer caso, o mandato deverá ser individual e outorgado por instrumento público, especificando a modalidade de benefício Seguro-Desemprego a qual o Requerimento faz referência e à dispensa que lhe deu causa, cujo direito foi adquirido pelo trabalhador em função de demissão sem justa causa, ou no caso do pescador artesanal relativo ao defeso a ser requerido, vedada sua utilização posterior para outros benefícios da mesma espécie. *(Redação dada pela Resolução CODEFAT n. 665, de 26.5.2011, DOU 30.5.2011)*

Art. 12. A concessão do Seguro-Desemprego poderá ser retomada a cada novo período aquisitivo desde que, atendidas as condições estabelecidas no art. 3º desta Resolução.

Art. 13. O Requerimento do Seguro-Desemprego — RSD, e a Comunicação de Dispensa — CD devidamente preenchidas com as informações constantes da Carteira de Trabalho e Previdência Social, serão fornecidas pelo empregador no ato da dispensa, ao trabalhador dispensado sem justa causa.

Art. 14. Os documentos de que trata o artigo anterior deverão ser encaminhados pelo trabalhador a partir do 7º (sétimo) e até o 120º (centésimo vigésimo) dias subsequentes à data da sua dispensa ao Ministério do Trabalho e Emprego por intermédio dos postos credenciados das suas Delegacias, do Sistema Nacional de Emprego — SINE e Entidades Parceiras.

Parágrafo único. Nas localidades onde não existam os Órgãos citados no *caput* deste artigo, o Requerimento de Seguro-Desemprego — RSD poderá ser encaminhado por outra entidade autorizada pelo Ministério do Trabalho e Emprego.

Art. 15. O trabalhador, para requerer o benefício, deverá apresentar os seguintes documentos:

a) documento de identificação — Carteira de Identidade ou Certidão de Nascimento, Certidão de Casamento com o protocolo de requerimento da identidade (somente para recepção), Carteira Nacional de Habilitação (modelo novo), Carteira de Trabalho (modelo novo), Passaporte e Certificado de Reservista;

b) Cadastro de Pessoa Física — CPF

c) Carteira de Trabalho e Previdência Social;

d) documento de Identificação no Programa de Integração Social — PIS ou Programa de Formação do Patrimônio do Servidor Público — PASEP;

e) Requerimento do Seguro-Desemprego — RSD e Comunicação de Dispensa — CD;

f) Termo de Rescisão do Contrato de Trabalho — TRCT, homologado quando o período de vínculo for superior a 1 (um) ano;

g) Documentos de levantamento dos depósitos no Fundo de Garantia por Tempo de Serviço — FGTS ou extrato comprobatório dos depósitos; e

h) No caso do requerente não ter recebido as verbas rescisórias deverá apresentar certidão das Comissões de Conciliação Prévia/ Núcleos Intersindicais (certidão da justiça ou relatório da fiscalização).

§ 1º No ato da entrega do requerimento, o agente credenciado junto ao Programa do Seguro-Desemprego conferirá os critérios de habilitação e fornecerá ao trabalhador comprovante de recepção.

§ 2º Se atendidos os requisitos de habilitação o Ministério do Trabalho e Emprego enviará a autorização de pagamento do benefício do Seguro-Desemprego ao agente pagador.

§ 3º Caso não sejam atendidos os critérios e na hipótese de não ser concedido o Seguro-Desemprego, o trabalhador será comunicado dos motivos do indeferimento.

§ 4º Do indeferimento do pedido do Seguro-Desemprego, caberá recurso ao Ministério do Trabalho e Emprego por intermédio das Delegacias Regionais do Trabalho, no prazo de 2 (dois) anos, contados a partir da data de dispensa que deu origem ao benefício, bem como para os casos de notificações, reemissões.

Art. 16. Ressalvados os casos previstos no art. 11, o pagamento do benefício poderá ser efetuado mediante crédito em Conta Simplificada ou Conta Poupança em favor de beneficiário correntista da Caixa Econômica Federal, sem qualquer ônus para o trabalhador, ou em espécie, por meio da apresentação do Cartão do Cidadão ou documentos abaixo relacionados: *(Redação dada pela Resolução CODEFAT n. 651, de 26.8.2010, DOU 30.8.2010)*

a) documento de identificação (Carteira de Identidade ou Carteira Nacional de Habilitação — Modelo novo ou Carteira de Identificação Profissional ou que contenha o número do PIS/PASEP); e

b) comprovante de inscrição no PIS/PASEP.

§ 1º Os pagamentos efetuados nas agências da CAIXA, sem utilização do Cartão do Cidadão ou mediante crédito em conta em favor de segurado correntista, terão sua comprovação por meio de autenticação em documento próprio ou registro eletrônico, arquivado na CAIXA, que deverá ficar à disposição do MTE durante o prazo de cinco anos. *(Redação dada pela Resolução CODEFAT n. 651, de 26.8.2010, DOU 30.8.2010)*

§ 2º Os pagamentos efetuados com a utilização do Cartão do Cidadão terão sua comprovação por meio do registro eletrônico da transação, ficando à disposição para consulta pelo MTE durante o prazo de 5 (cinco) anos.

§ 3º O Cartão do Cidadão será fornecido ao segurado pela CAIXA. No ato do cadastramento da senha o caixa executivo solicitará identificação pessoal do segurado, assinatura no formulário, "Termo de Responsabilidade para uso do Cartão/Senha do Cidadão" e cadastramento da senha, que é pessoal e intransferível.

§ 4º O valor a ser pago ao segurado corresponderá ao valor total da parcela disponível. Caso haja impedimento para o pagamento, será impresso comprovante contendo mensagem impeditiva (notificação), que ficará à disposição para consulta pelo MTE, durante o prazo de 5 (cinco) anos.

§ 5º O beneficiário que não desejar receber as parcelas do Seguro-Desemprego por meio de crédito em Conta Simplificada ou Conta Poupança deverá solicitar formalmente ao agente pagador a sua suspensão, por meio de agências bancárias, no prazo máximo de até dez dias após o recebimento da parcela. *(Acrescentado dada pela Resolução CODEFAT n. 651, de 26.8.2010, DOU 30.8.2010)*

§ 6º As parcelas creditadas indevidamente pelo agente pagador em conta corrente reverterão automaticamente ao Programa do Seguro-Desemprego. *(Acrescentado dada pela Resolução CODEFAT n. 651, de 26.8.2010, DOU 30.8.2010)*

Art. 17. O pagamento da primeira parcela corresponderá aos 30 (trinta) dias de desemprego, a contar da data da dispensa.

§ 1º O trabalhador fará jus ao pagamento integral das parcelas subsequentes para cada mês, por fração igual ou superior a 15 (quinze) dias de desemprego.

§ 2º A primeira parcela será liberada trinta dias após a data do requerimento e as demais a cada intervalo de 30 (trinta) dias, contados da emissão da parcela anterior.

§ 3º Em caso de liberação por recurso, a primeira parcela será liberada no lote imediatamente posterior ao processamento do recurso, desde que, a data do recurso tenha pelo menos 30 (trinta) dias da data do requerimento.

§ 4º Para os casos de processos judiciais em que são expedidos mandados judiciais para liberação do seguro-desemprego, as parcelas serão liberadas em um único lote.

Art. 18. O pagamento do Seguro-Desemprego será suspenso nas seguintes situações:

I — admissão do trabalhador em novo emprego; e

II — início de percepção de benefício de prestação continuada da Previdência Social, exceto o auxílio-acidente e a pensão por morte.

Parágrafo único. Será assegurado o direito ao recebimento do benefício e/ou retomada do saldo de parcelas quando ocorrer a suspensão motivada por reemprego em contrato temporário, experiência, tempo determinado, desde que o motivo da dispensa não seja a pedido ou por justa causa, observando que o término do contrato ocorra dentro do mesmo período aquisitivo e tenha pelo menos 1 (um) dia de desemprego de um contrato para outro.

Art. 19. O Seguro-Desemprego será cancelado:

I — pela recusa, por parte do trabalhador desempregado de outro emprego condizente com sua qualificação e remuneração anterior;

II — por comprovação da falsidade na prestação de informações necessárias à habilitação;

III — por comprovação de fraude visando à percepção indevida do benefício do Seguro-Desemprego; e

IV — por morte do segurado.

§ 1º Para efeito do Seguro-Desemprego, considerar-se-á emprego condizente com a vaga ofertada, aquele que apresente tarefas semelhantes ao perfil profissional do trabalhador, declarado/comprovado no ato do seu cadastramento.

§ 2º Para definição do salário compatível, deverá ser tomado como base o último salário recebido pelo trabalhador.

§ 3º No caso de recusa de novo emprego no ato do cadastramento, o benefício será cancelado.

§ 4º Caso o trabalhador seja convocado para um novo posto de trabalho e não atender à convocação por 3 (três) vezes consecutivas, o benefício será suspenso.

§ 5º Após o cancelamento do benefício em decorrência de recusa pelo trabalhador de novo emprego, o trabalhador poderá recorrer através de Processo Administrativo, no prazo de 2 (dois) anos contados a partir da data de dispensa que deu origem ao benefício.

§ 6º Nos casos previstos nos incisos I, II e III deste artigo, o Seguro-Desemprego será suspenso por 2 (dois) anos, dobrando-se este prazo em caso de reincidência.

Art. 20. O encaminhamento do trabalhador ao mercado de trabalho, no ato do requerimento, não representará impedimento na concessão do benefício nem afetará a sua tramitação, salvo por comprovação de reemprego o quando não houver resposta do encaminhamento para a vaga ofertada, no prazo de 30 (trinta) dias, a contar da data do requerimento.

Art. 21. Revogado pela Resolução CODEFAT n. 619, de 5.11.2009, DOU 9.11.2009

Art. 22. Nos casos de contrato em aberto na CTPS, o trabalhador poderá requerer o benefício do Seguro-Desemprego, desde que o empregador não seja localizado pela fiscalização do trabalho, nem apresente movimento há mais de 2 (dois) anos no CAGED, observando que o período relativo à situação de contrato em aberto, não será considerado para a contagem de tempo de serviço para fins de obtenção do Seguro-Desemprego.

Art. 23. Esta Resolução entra em vigor na data de sua publicação, ficando revogada a Resolução do CODEFAT n. 392, de 8 de julho de 2004.

REMIGIO TODESCHINII
Presidente do Conselho

DOU 26.12.2005

Resolução CODEFAT n. 591, de 11 de fevereiro de 2009

Dispõe sobre o pagamento da bolsa de qualificação profissional instituída pela Medida Provisória n. 2.164-41, de 2001, que acresceu artigos à Lei n. 7.998, de 1990

O CONSELHO DELIBERATIVO DO FUNDO DE AMPARO AO TRABALHADOR — CODEFAT, no uso das atribuições que lhe confere o inciso V, do art. 19, da Lei n. 7.998, de 11 de janeiro de 1990, resolve:

Art. 1º Fará jus ao benefício bolsa de qualificação profissional, instituída pelo art. 8º da Medida Provisória n. 2.164-41, de 2001 que acresceu à Lei n. 7.998/90 os arts. 2º-A, 2º-B, 3º-A, 7º-A, 8º-A, 8º-B e 8º-C, o trabalhador, com contrato de trabalho suspenso, na forma prevista no art. 476-A da Consolidação das Leis do Trabalho — CLT, devidamente matriculado em curso no programa de qualificação profissional oferecido pelo empregador.

Art. 2º A concessão do benefício bolsa de qualificação profissional de que trata o art. 1º desta Resolução, deverá observar em

face do que preceitua o art. 3º-A, da Lei n. 7.998/90, a mesma periodicidade, valores, cálculo do número de parcelas, procedimentos operacionais e pré-requisitos para habilitação adotados para a obtenção do benefício do seguro-desemprego, exceto quanto à dispensa sem justa causa.

Art. 3º Para concessão do benefício de que trata o caput do art. 1º, o empregador deverá informar à Superintendência Regional do Trabalho e Emprego a suspensão do contrato de trabalho acompanhado dos seguintes documentos:

a) cópia da convenção ou do acordo coletivo celebrado para este fim;

b) relação dos trabalhadores a serem beneficiados pela medida;

c) plano pedagógico e metodológico contendo, no mínimo, objetivo, público alvo, estrutura curricular e carga horária.

§ 1º Caberá às Superintendências Regionais do Trabalho e Emprego, após homologar a Convenção ou o acordo coletivo, acompanhar a execução dos cursos e fiscalizar a concessão do benefício de que trata o caput do art. 1º desta Resolução.

§ 2º O benefício bolsa de qualificação profissional poderá ser requerido nos postos de atendimento do Ministério do Trabalho e Emprego.

Art. 4º Para requerer o benefício, o trabalhador deverá comprovar os requisitos previstos na Lei n. 7.998/90 e suas alterações, e apresentar os seguintes documentos:

I — cópia da convenção ou acordo coletivo celebrado para este fim;

II — Carteira de Trabalho e Previdência Social — CTPS, com a anotação da suspensão do contrato de trabalho;

III — cópia de comprovante de inscrição em curso ou programa de qualificação profissional, oferecido pelo empregador, onde deverá constar a duração deste;

IV — documento de identidade e do CPF;

V — comprovante de inscrição no PIS;

Art. 5º O prazo para o trabalhador requerer o benefício bolsa de qualificação profissional será o período compreendido entre o início e fim da suspensão do contrato.

Art. 6º A primeira parcela do benefício bolsa de qualificação profissional será liberada trinta dias após a data de suspensão do contrato e as demais a cada trinta dias.

Art. 7º Caso ocorra demissão, após o período de suspensão do contrato de trabalho, as parcelas da bolsa de qualificação profissional que o empregado tiver recebido serão descontadas das parcelas do benefício do Seguro-Desemprego a que fizer jus, sendo-lhe garantido, no mínimo, o recebimento de uma parcela do benefício Seguro-Desemprego.

Art. 8º O pagamento do benefício bolsa de qualificação profissional será suspenso nas seguintes situações:

I — se ocorrer a rescisão do contrato de trabalho;

II — início de percepção de benefício de prestação continuada da Previdência Social, exceto auxílio-acidente e pensão por morte;

III — comprovada ausência do empregado nos cursos de qualificação, observada a frequência mínima de 75% (setenta e cinco por cento).

Art. 9º O benefício bolsa de qualificação profissional será cancelado, nas seguintes situações:

I — fim da suspensão contratual e retorno ao trabalho;

II — por comprovação de falsidade na prestação das informações necessárias à habilitação;

III — por comprovação de fraude com vistas à percepção indevida da bolsa; e,

IV — por morte do beneficiário.

Art. 10 Os cursos ou programas de qualificação a serem oferecidos pelo empregador deverão assegurar qualidade pedagógica, carga horária compatível, frequência mínima e estar relacionados com as atividades da empresa.

§ 1º Os cursos de qualificação profissional deverão observar a carga horária mínima de:

I — cento e vinte horas para contratos suspensos pelo período de dois meses;

II — cento e oitenta horas para contratos suspensos pelo período de três meses;

III — duzentas e quarenta horas para contratos suspensos pelo período de quatro meses;

IV — trezentas horas para contratos suspensos pelo período de cinco meses.

§ 2º Será exigida a frequência mínima de setenta e cinco por cento do total de horas letivas.

§ 3º Os cursos a serem oferecidos pelo empregador deverão estar relacionados, preferencialmente, com as atividades da empresa e observar:

I — mínimo de 85% (oitenta e cinco por cento) de ações formativas denominadas cursos ou laboratórios;

II — até 15% (quinze por cento) de ações formativas denominadas seminários e oficinas.

Art. 11. O prazo de carência (período aquisitivo) que trata o art. 4º da Lei n. 7.998, de 1990, para recebimento de um novo benefício será contado a partir da data de suspensão do contrato de trabalho.

Art. 12. Fica revogada a Resolução do CODEFAT n. 200, de 4 de novembro de 1998.

Art. 13. Esta resolução entra em vigor na data de sua publicação.

Luiz Fernando de Souza Emediato
Presidente do CODEFAT
DOU 12.2.2009

Resolução CODEFAT n. 592, de 11 de fevereiro de 2009

Aprova os critérios técnicos que orientarão o prolongamento do prazo do benefício do seguro-desemprego aos setores mais atingidos pelo desemprego, identificados pelo MTE por meio do CAGED

O CONSELHO DELIBERATIVO DO FUNDO DE AMPARO AO TRABALHADOR — CODEFAT, no uso das atribuições que lhe confere o inciso V, do art. 19 da Lei n. 7.998, de 11 de janeiro de 1990, e tendo em vista o que estabelece o § 4º do art. 2º da Lei n. 8.900, de 30 de junho de 1994, resolve:

Art. 1º Aprovar os critérios técnicos que orientarão o prolongamento por até mais 2 (dois) meses a concessão do Seguro-Desemprego aos trabalhadores dispensados por empregadores dos setores identificados pelo MTE, por meio do Cadastro Geral de Empregados e Desempregados — CAGED, observa- das as condições previstas no art. 2º da Lei n. 8.900/94.

Parágrafo único. O prolongamento de que trata o caput deste artigo poderá ser concedido, independentemente dos critérios técnicos estabelecidos nesta Resolução, aos trabalhadores demitidos por empregadores com domicílio em municípios que se encontrem em comprovada situação de emergência e calamidade pública. *(Redação dada pela Resolução n. 647, 7.7.2010, DOU 8.7.2010)*

Art. 2º Para fins de identificação dos beneficiários do seguro-desemprego, de que trata o art. 1º, serão utilizados os critérios a seguir elencados, tendo por referência os subsetores de atividades econômicas dispostos no § 3º deste artigo.

I — Serão realizadas comparações de comportamentos da evolução do emprego formal celetista de cada Unidade da Federação nos diversos subsetores, no horizonte de janeiro de 2003 até o mês de análise (ta), a saber:

a) saldo de geração de emprego do mês de análise em cada ano, do período de 2003 a 2009, para verificar se o saldo de ta é o menor entre os saldos do mesmo mês em todos os anos do referido período;

b) a mesma comparação de que trata a alínea "a" será feita com os saldos do acumulado do ano de referência até o mês ta, para todos os anos entre 2003 a 2009;

c) comportamento similar será feito mediante comparação dos saldos dos últimos doze meses para todos os anos entre 2003 a 2009;

d) comparação das somas dos saldos de Ta e $Ta\text{-}1$, também em todos os anos, para verificar se a soma dos dois meses mais recentes é menor do que a soma dos meses correspondentes em cada ano anterior;

e) a mesma comparação utilizada na alínea "d", considerando a soma dos saldos dos últimos três meses (Ta, $Ta\text{-}1$ e $Ta\text{-}2$);

II — Serão realizadas estimativas, com a utilização da metodologia clássica de previsão de séries temporais, dos valores esperados, em cada um dos últimos doze meses, e será estabelecido um limite mínimo para a diferença entre o valor estimado e o valor realizado, para fins de identificação dos subsetores cuja variação seja igual ou inferior a esse limite, em cada um dos últimos três meses.

§ 1º Com base em todas essas comparações, será emitido um relatório, para cada Unidade da Federação, com os subsetores que apresentarem as piores performances, considerando todos os critérios elencados acima.

§ 2º As Unidades da Federação *versus* subsetores que constarem do relatório de que trata o § 1º serão monitorados nos três meses subsequentes, para efeito de pagamento das parcelas adicionais, se confirmado o quadro desfavorável do emprego.

§ 3º Os Subsetores de Atividades Econômicas de que trata o caput do art. 2º são os seguintes:

a) Extrativa Mineral;

b) Indústria de Produtos Minerais não Metálicos;

c) Indústria Metalúrgica;

d) Indústria Mecânica;

e) Indústria Material Elétrico e Comunicação;

f) Indústria Material de Transporte;

g) Indústria Madeira e Mobiliário;

h) Indústria Papel, Papelão, Editoração;

i) Indústria Borracha, Fumo, Couros;

j) Indústria Química, Produtos Farmacêuticos Veterinários;

k) Indústria Têxtil, Vestuário;

l) Indústria de Calçados;

m) Indústria de Produtos Alimentícios e Bebidas;

n) Serviços Industriais de Utilidade Pública;

o) Construção Civil;
p) Comércio Varejista;
q) Comércio Atacadista;
r) Instituições Financeiras;
s) Serviços de Comércio de Administração de Imóveis e Técnicos Profissionais;
t) Serviços de Transportes e Comunicações;
u) Serviços de Alojamento, Alimentação, Reparação e Manutenção;
v) Serviços Médicos e Odontológicos;
w) Ensino;
x) Administração Pública;
y) Agricultura, Silvicultura, Suinocultura, Piscicultura e outros similares.

Art. 3º Identificada a necessidade de prolongamento do prazo de concessão, o MTE submeterá aos Conselheiros as propostas específicas para exame e deliberação.

Parágrafo único. A proposta de que trata o *caput* deste artigo poderá conter eventuais ajustes nos critérios de que trata esta Resolução, para atender necessidades de adequações e aprimoramentos observadas ao longo do período de monitoramento, decorrentes da evolução conjuntural do mercado de trabalho e da disponibilidade orçamentária.

Art. 4º Fica a Secretaria Executiva do CODEFAT incumbida de dar conhecimento às Centrais Sindicais e às Patronais das concessões realizadas na forma estabelecida por esta Resolução.

Art. 5º Esta Resolução entra em vigor a partir da data de sua publicação.

Luiz Fernando de Souza Emediato
Presidente do Conselho
DOU 13.2.2009

Resolução n. 66 do Conselho Superior da Justiça do Trabalho de 10 de junho de 2010

Regulamenta, no âmbito da Justiça do Trabalho de primeiro e segundo graus, a responsabilidade pelo pagamento e antecipação de honorários do perito, do tradutor e do intérprete, no caso de concessão à parte do benefício de Justiça Gratuita

O PRESIDENTE DO CONSELHO SUPERIOR DA JUSTIÇA DO TRABALHO, no uso de suas atribuições regimentais,

Considerando o princípio constitucional de acesso dos cidadãos ao Poder Judiciário e o dever do Estado de prestar assistência judiciária integral e gratuita às pessoas carentes, conforme disposto nos incisos XXXV, LV e LXXIV do art. 5º da Constituição Federal;

Considerando o direito social do trabalhador à redução dos riscos inerentes ao trabalho, por meio de normas de saúde, higiene e segurança (inciso XXII, art. 7º, da Constituição Federal);

Considerando a ampliação da competência material da Justiça do Trabalho, determinada pela Emenda Constitucional n. 45/2004, bem como a necessidade de prova pericial, principalmente nos casos em que se discute indenização por dano moral, dano material, doença profissional, acidente de trabalho, insalubridade ou periculosidade;

Considerando o art. 790-B da Consolidação das Leis do Trabalho que dispõe que "a responsabilidade pelo pagamento dos honorários periciais é da parte sucumbente na pretensão objeto da perícia, salvo se beneficiária de justiça gratuita";

Considerando a existência de rubrica orçamentária específica destinada a despesas resultantes da elaboração de laudos periciais, em processos que envolvam pessoas carentes;

Considerando a necessidade de regulamentar o pagamento de honorários periciais no âmbito da Justiça do Trabalho de 1ª e 2ª Instâncias, de modo a serem uniformizados os procedimentos atinentes à matéria;

Considerando as decisões proferidas nos autos dos processos nos CSJT-268/2006-000-90-00.4 e CSJT-2012616-70.2008.5.2000.0000, RESOLVE:

Regulamentar, no âmbito da Justiça do Trabalho de primeiro e segundo graus, a responsabilidade pelo pagamento e antecipação de honorários do perito, do tradutor e do intérprete, no caso de concessão à parte do benefício de justiça gratuita, nos termos da presente Resolução.

Art. 1º Os Tribunais Regionais do Trabalho deverão destinar recursos orçamentários para:

I — o pagamento de honorários periciais, sempre que à parte sucumbente na pretensão for concedido o benefício da justiça gratuita;

II — o pagamento de honorários a tradutores e intérpretes, que será realizado após atestada a prestação dos serviços pelo juízo processante, de acordo com a tabela constante do Anexo.

§ 1º Os valores serão consignados sob a rubrica "Assistência Judiciária a Pessoas Carentes", em montante estimado que atenda à demanda da Região, segundo parâmetros que levem em conta o movimento processual.

§ 2º O juiz poderá ultrapassar em até 3 (três) vezes os valores fixados na tabela constante do Anexo, observados o grau de especialização do tradutor ou intérprete e a complexidade do trabalho, comunicando-se ao Corregedor do Tribunal.

Art. 2º A responsabilidade da União pelo pagamento de honorários periciais, em caso de concessão do benefício da justiça gratuita, está condicionada ao atendimento simultâneo dos seguintes requisitos:

I — fixação judicial de honorários periciais;
II — sucumbência da parte na pretensão objeto da perícia;
III — trânsito em julgado da decisão.

§ 1º A concessão da justiça gratuita a empregador, pessoa física, dependerá da comprovação de situação de carência que inviabilize a assunção dos ônus decorrentes da demanda judicial.

§ 2º O pagamento dos honorários poderá ser antecipado, para despesas iniciais, em valor máximo equivalente a R$ 350,00 (trezentos e cinquenta reais), efetuando-se o pagamento do saldo remanescente após o trânsito em julgado da decisão, se a parte for beneficiária de justiça gratuita.

§ 3º No caso de reversão da sucumbência, quanto ao objeto da perícia, caberá ao reclamado-executado ressarcir o erário dos honorários periciais adiantados, mediante o recolhimento da importância adiantada em GRU — Guia de Recolhimento da União, em código destinado ao Fundo de "assistência judiciária a pessoas carentes", sob pena de execução específica da verba. (NR)

Art. 3º Em caso de concessão do benefício da justiça gratuita, o valor dos honorários periciais, observado o limite de R$ 1.000,00 (um mil reais), será fixado pelo juiz, atendidos:

I — a complexidade da matéria;
II — o grau de zelo profissional;
III — o lugar e o tempo exigidos para a prestação do serviço;
IV — as peculiaridades regionais.

Parágrafo único. A fixação dos honorários periciais, em valor maior do que o limite estabelecido neste artigo, deverá ser devidamente fundamentada.

Art. 4º Havendo disponibilidade orçamentária, os valores fixados nesta Resolução serão reajustados anualmente no mês de janeiro, com base na variação do IPCA-E do ano anterior ou outro índice que o substitua, por ato normativo do Presidente do Tribunal.

Art. 5º O pagamento dos honorários efetuar-se-á mediante determinação do presidente do Tribunal, após requisição expedida pelo Juiz do feito, observando-se, rigorosamente, a ordem cronológica de apresentação das requisições e as deduções das cotas previdenciárias e fiscais, sendo o valor líquido depositado em conta bancária indicada pelo perito, tradutor ou intérprete.

Parágrafo único. O valor dos honorários será atualizado pelo IPCAE ou outro índice que o substitua, a partir da data do arbitramento até o seu efetivo pagamento.

Art. 6º As requisições deverão indicar, obrigatoriamente: o número do processo, o nome das partes e respectivos CPF ou CNPJ; o valor dos honorários, especificando se de adiantamento ou se finais; o número da conta bancária para crédito; natureza e característica da atividade desempenhada pelo auxiliar do Juízo; declaração expressa de reconhecimento, pelo Juiz, do direito à justiça gratuita; certidão do trânsito em julgado e da sucumbência na perícia, se for o caso; e o endereço, telefone e inscrição no INSS do perito, tradutor ou intérprete.

Art. 7º Os Tribunais Regionais do Trabalho poderão manter sistema de credenciamento de peritos, tradutores e intérpretes para fins de designação, preferencialmente, de profissionais inscritos nos órgãos de classe competentes e que comprovem sua especialidade na matéria sobre a qual deverão opinar, a ser atestada por meio de certidão do órgão profissional a que estiverem vinculados.

Art. 8º As Presidências de Tribunais Regionais do Trabalho ficam autorizadas a celebrar convênios com instituições com notória experiência em avaliação e consultoria nas áreas de Meio Ambiente, Promoção da Saúde, Segurança e Higiene do Trabalho, e outras, capazes de realizar as perícias requeridas pelos Juízes.

Art. 9º O pagamento dos honorários está condicionado à disponibilidade orçamentária, transferindo-se para o exercício financeiro subsequente as requisições não atendidas.

Art. 10. Nas ações contendo pedido de adicional de insalubridade, de periculosidade, de indenização por acidente do trabalho ou qualquer outro atinente à segurança e saúde do trabalhador, o Juiz poderá determinar a notificação da empresa reclamada para trazer aos autos cópias dos LTCAT (Laudo Técnico de Condições Ambientais de Trabalho), PCMSO (Programa de Controle Médico de Saúde Ocupacional) e PPRA (Programa de Prevenção de Riscos Ambientais), e de laudo pericial da atividade ou local de trabalho, passível de utilização como prova

emprestada, referentes ao período em que o reclamante prestou serviços na empresa.

Art. 11. Fica revogada a Resolução n. 35/2007.

Art. 12. Esta Resolução entra em vigor na data de sua publicação.

Brasília, 10 de junho de 2010.

MINISTRO MILTON DE MOURA FRANÇA
Presidente do Conselho Superior da Justiça do Trabalho

DJe 15.6.2010

Anexo da Resolução n. 66/2010
TABELA
Honorários dos Tradutores e dos Intérpretes

ATIVIDADES	VALOR (R$)
Tradução/versão de textos: valor até as três primeiras laudas*	— 35,22
Tradução/versão, por lauda excedente às três primeiras	— 9,39
Interpretação em audiências/sessões com até três horas de duração	— 58,70
Interpretação em audiências/sessões, por hora excedente às três primeiras	— 23,48

Nota: na tradução/versão, cada lauda terá a configuração mínima de trinta e cinco linhas e cada linha terá, pelo menos, setenta toques.

Resolução n. 78, de 2 de junho de 2011, do Conselho Superior da Justiça do Trabalho

O CONSELHO SUPERIOR DA JUSTIÇA DO TRABALHO, em sessão ordinária hoje realizada, sob a presidência do Exmo. Ministro Conselheiro João Oreste Dalazen (Presidente), presentes os Exmos. Ministros Conselheiros Maria Cristina Irigoyen Peduzzi, Antônio José de Barros Levenhagen, Renato de Lacerda Paiva, Emmanoel Pereira e Lelio Bentes Corrêa e os Exmos. Desembargadores Conselheiros Gilmar Cavalieri, Márcia Andrea Farias da Silva, Eduardo Augusto Lobato, Marcio Vasques Thibau de Almeida e José Maria Quadros de Alencar, presentes o Exmo. Subprocurador-Geral do Trabalho Dr. Luís Antônio Camargo de Melo e o Exmo. Juiz Presidente da ANAMATRA, Luciano Athayde Chaves,

Considerando a decisão proferida pelo Plenário no julgamento do Processo n. CSJT-24342-07.2010.5.2000.0000;

RESOLVE:

Art. 1º Os §§ 1º e 2º do art. 3º da Resolução n. 66, de 10 de junho de 2010, que regulamenta, no âmbito da Justiça do Trabalho de primeiro e segundo graus, a responsabilidade pelo pagamento e antecipação de honorários do perito, do tradutor e do intérprete, no caso de concessão à parte do benefício de justiça gratuita, passam a vigorar com a seguinte redação:

"§ 1º Os Tribunais Regionais do Trabalho poderão fixar, por meio de atos regulamentares, os valores passíveis de reembolso pela União, a título de honorários periciais, até o montante máximo previsto no caput do art. 3º desta Resolução, ou seja, até R$1.000,00 (mil reais).

§ 2º A fixação dos honorários periciais, em valor maior do que o limite estabelecido neste artigo e observada a ressalva que consta do caput, deverá ser devidamente fundamentada."

Art. 2º Esta Resolução entra em vigor na data de sua publicação.

Brasília, 2 de junho de 2011.

MINISTRA MARIA CRISTINA IRIGOYEN PEDUZZI
VICE-PRESIDENTE, NO EXERCÍCIO DA PRESIDÊNCIA DO CONSELHO SUPERIOR DA JUSTIÇA DO TRABALHO

DEJT 6.6.2011

Resolução n. 127, de 15 de março de 2011, do Conselho Nacional de Justiça

Dispõe sobre o pagamento de honorários de perito, tradutor e intérprete, em casos de beneficiários da Justiça Gratuita, no âmbito da Justiça de Primeiro e Segundo Graus

O PRESIDENTE DO CONSELHO NACIONAL DE JUSTIÇA, no uso de suas atribuições constitucionais e regimentais,

Considerando a necessidade de observância do princípio da eficiência administrativa pelo Poder Judiciário, inserto no art. 37, caput, da Constituição Federal;

Considerando a necessidade, em muitos processos, de produção de prova pericial para demonstração da procedência da pretensão posta em juízo e a regra geral vertida no art. 19 do Código de Processo Civil, de antecipação da despesa do ato pela parte que o requer;

Considerando os incisos XXXV, LV e LXXIV do art. 5º da Constituição Federal, garantidores do amplo acesso à Justiça e da assistência judiciária integral e gratuita às pessoas que comprovarem insuficiência de recursos pelo Estado;

Considerando a existência de regulamentação da matéria nas esferas trabalhista e federal, a teor das Resoluções n. 35/07 do Conselho Superior da Justiça do Trabalho e n. 558/07 do Conselho da Justiça Federal;

Considerando a necessidade de regulamentar o pagamento de honorários periciais, na esfera cível, no âmbito da Justiça Estadual de primeiro e segundo graus, quando o responsável pelo pagamento destes é contemplado com a assistência judiciária gratuita;

Considerando a missão de planejamento estratégico do Poder Judiciário cometida constitucionalmente ao Conselho Nacional de Justiça, nos moldes do art. 103-B, § 4º, I, da Constituição Federal, com o escopo de uniformizar os procedimentos com relação ao tema;

Resolve:

Art. 1º Recomenda-se aos Tribunais que destinem, sob rubrica específica, parte do seu orçamento ao pagamento de honorários de perito, tradutor ou intérprete, quando, nos processos de natureza cível, à parte sucumbente no objeto da perícia for deferido o benefício da justiça gratuita.

Art. 2º Os Tribunais poderão manter banco de peritos credenciados, para fins de designação, preferencialmente, de profissionais inscritos nos órgãos de classe competentes e que comprovem a especialidade na matéria sobre a qual deverão opinar, a ser atestada por meio de certidão do órgão profissional a que estiverem vinculados.

Art. 3º As Presidências dos Tribunais ficam autorizadas a celebrar convênios com profissionais, empresas ou instituições com notória experiência em avaliação e consultoria nos ramos de atividades capazes de realizar as perícias requeridas pelos juízes.

Art. 4º A designação de perito, tradutor ou intérprete é cometida exclusivamente ao juiz da causa, sendo-lhe vedado nomear cônjuge, companheiro(a) e parente, em linha reta ou colateral, até o terceiro grau, de magistrado ou de servidor do juízo.

Parágrafo único. Poderá o juiz, ainda, substituir o perito, tradutor ou intérprete, desde que o faça de forma fundamentada.

Art. 5º São requisitos essenciais para a percepção dos honorários periciais, de tradutor ou intérprete, nas hipóteses em que a parte responsável pelo pagamento, porque sucumbente no objeto da perícia, é beneficiária da justiça gratuita, a fixação deles por decisão judicial e o trânsito em julgado da decisão.

Art. 6º O valor dos honorários periciais, de tradutor ou intérprete, a serem pagos pelo Poder Judiciário em relação a pleito de beneficiário de gratuidade de Justiça, será limitado a R$ 1.000,00 (um mil reais), independentemente do valor fixado pelo juiz, que considerará a complexidade da matéria, os graus de zelo profissional e especialização do perito, o lugar e o tempo exigidos para a prestação do serviço e as peculiaridades regionais.

§ 1º O montante que eventualmente ultrapassar o valor previsto no caput poderá vir a ser cobrado pelo perito, nos termos do art. 12 da Lei 1.060/50.

§ 2º Ainda que haja processos incidentes, tais honorários deverão ser fixados em valor único, em razão da natureza da ação principal.

§ 3º A fixação dos honorários de que trata este artigo, em valor maior do que o limite estabelecido neste artigo, deverá ser devidamente fundamentada, podendo o juiz ultrapassar em até 5 (cinco) vezes o limite máximo definido neste artigo.

Art. 7º Poderá haver adiantamento de despesas iniciais de perito, em valor equivalente a R$ 350,00 (trezentos e cinquenta reais), se este, comprovadamente, demonstrar a necessidade de valores para a satisfação de despesas decorrentes do encargo recebido, efetuando-se o pagamento do saldo remanescente após o trânsito em julgado da decisão.

Parágrafo único. Havendo reversão da sucumbência, quanto ao objeto da perícia, caberá ao Executado ressarcir o erário dos honorários periciais adiantados, sob pena de execução específica da verba.

Art. 8º Se vencida na causa entidade pública, o perito, tradutor ou intérprete serão pagos conforme ordem de pagamento apresentada ao Tribunal respectivo.

Art. 9º O pagamento dos honorários periciais, de tradutor ou intérprete efetuar-se-á mediante determinação do presidente do Tribunal, após requisição expedida pelo juiz do feito, observando-se, rigorosamente, a ordem cronológica de apresentação das requisições e as deduções das cotas previdenciárias e fiscais, sendo o valor líquido depositado em conta bancária indicada pelo perito.

§ 1º As requisições deverão indicar, obrigatoriamente: o número do processo, o nome das partes e respectivos CPF ou CNPJ; o valor dos honorários, especificando se de adiantamento ou se finais; o número da conta bancária para crédito; natureza e característica da perícia; declaração expressa de reconhecimento, pelo Juiz, do direito à justiça gratuita; certidão do trânsito em julgado e da sucumbência na perícia, se for o caso; endereço, telefone e inscrição no INSS do perito.

§ 2º O valor dos honorários será atualizado pelo IPCA-E ou outro índice que o substitua,

a partir da data do arbitramento até o seu efetivo pagamento.

Art. 10. Os valores de que trata esta Resolução serão reajustados anualmente, no mês de janeiro, por meio de Portaria do Presidente do Tribunal, com base na variação do IPCA-E do ano anterior ou outro índice que o substitua, desde que haja disponibilidade orçamentária.

Parágrafo único. O disposto nos arts. 6º e 7º desta Resolução será aplicado aos honorários periciais devidos pelo Instituto Nacional de Seguro Social em ações de acidente de trabalho.

Art. 11. Os Tribunais farão controle informatizado dos dados da ação, da quantidade de processos e de pessoas físicas assistidas, bem como do montante pago aos peritos.

Art. 12. Caberá às Corregedorias dos Tribunais acompanhar o cumprimento desta Resolução no âmbito de suas competências.

Art. 13. A presente resolução entra em vigor 60 (sessenta) dias após a sua publicação.

MINISTRO CEZAR PELUSO
PRESIDENTE

DJe 18.3.2011

Resolução CODEFAT n. 724, de 18 de dezembro de 2013

Dispõe sobre medidas para viabilizar o equilíbrio financeiro do Fundo de Amparo ao Trabalhador — FAT

O CONSELHO DELIBERATIVO DO FUNDO DE AMPARO AO TRABALHADOR — CODEFAT, no uso das atribuições que lhe confere o inciso V do art. 19 da Lei n. 7.998, de 11 de janeiro de 1990,

Considerando que para viabilizar o desenvolvimento sustentável do Brasil há necessidade da manutenção de taxas de juros de longo prazo reduzidas, tornando-se inadequadas propostas de ajustes do critério legal de remuneração dos recursos do FAT, de que trata a Lei n. 9.635, de 16.11.1996, que aumente a taxa de remuneração dos financiamentos de projetos de longo prazo;

Considerando que a Desvinculação de Receitas da União — DRU, de que trata a Emenda Constitucional n. 68, de 21.12.2011, vigerá até o final do exercício de 2015;

Considerando que a política de desonerações fiscais, com expressivo volume de renúncia de recursos da contribuição PIS/PASEP, é um importante instrumento para estimular a economia do Brasil; Considerando que a DRU e as desonerações reduziram drasticamente as fontes de recursos do FAT para cumprimento de suas obrigações constitucionais, com destaque para perdas de receitas da contribuição da arrecadação PIS/PASEP e de remunerações do Patrimônio do Fundo;

Considerando a necessidade de aprimoramento do Programa Seguro-Desemprego e dos sistemas de controle do pagamento de benefícios do seguro-desemprego;

Considerando o papel social do Fundo de Amparo ao Trabalhador e o alcance de suas políticas, beneficiando inclusive trabalhadores cujos empregadores não recolhem o PIS/PASEP;

Considerando que a falta de estrutura do Sistema Nacional de Emprego — SINE gera baixa eficiência do processo de qualificação e de intermediação de mão de obra dos trabalhadores, e o consequente aumento dos gastos com pagamento de benefícios do seguro-desemprego; e,

Considerando a necessidade de adoção de medidas para equilibrar as contas anuais do FAT, por meio de aumento de receitas, redução de despesas e melhoria de gestão, resolve:

Art. 1º Requerer aos Ministérios da Área Econômica do Governo Federal que:

I — Adotem providências para restituir ao FAT os recursos correspondentes: a) aos valores relativos aos descontos da arrecadação da contribuição PIS/PASEP, por DRU, a partir de 1º de janeiro de 2014; b) ao valor apurado pela Receita Federal do Brasil pelas desonerações tributárias da contribuição PIS/PASEP, a partir de 1º de janeiro de 2014;

II — Disponibilizem créditos orçamentários e recursos financeiros do Tesouro Nacional para a execução de despesas com pagamento de benefícios aos trabalhadores de empregadores pessoas físicas e aos trabalhadores que não tenham vínculo empregatício.

Art. 2º Determinar que, até o final do exercício de 2015, os pagamentos dos benefícios do Seguro-Desemprego, em quaisquer modalidades, serão efetuados por meio de conta simplificada ou conta poupança em favor do beneficiário, sem qualquer ônus para o trabalhador; ou, diretamente, em espécie, por meio de identificação em sistema biométrico, com vistas a garantir maior segurança ao exercício do direito pelo trabalhador, minimizando riscos de fraudes no pagamento dos benefícios.

Art. 3º Encaminhar ao Ministério do Trabalho e Emprego — MTE proposta de regulamentação do § 4º do art. 239 da Constituição Federal, que trata da instituição de contribuição adicional da empresa cujo índice de rotatividade da força de trabalho supere o índice médio da rotatividade do setor, a ser encaminhada à Casa Civil da Presidência da República.

Art. 4º Aprovar proposta do MTE/CODEFAT para fortalecimento do Sistema Público de Emprego, por meio da reestruturação da rede dos postos de atendimento ao trabalhador, com vistas à padronização e aumento da capacidade operacional do Sistema e à maior integração entre o pagamento de benefícios do seguro-desemprego, a qualificação profissional e a intermediação de mão de obra do trabalhador.

Parágrafo único. A proposta de que trata o *caput* desse artigo poderá ser consultada no Portal do MTE.

Art. 5º A proposta de que trata o art. 2º será objeto de resolução específica deste Conselho.

Art. 6º Esta Resolução entra em vigor na data de sua publicação.

QUINTINO MARQUES SEVER
DOU 23.12.2013

Resolução CSJT n. 136, de 25 de abril de 2014

(Republicada em razão de erro material)

Institui o Sistema Processo Judicial Eletrônico da Justiça do Trabalho — PJE-JT como sistema de processamento de informações e prática de atos processuais e estabelece os parâmetros para sua implementação e funcionamento

O **CONSELHO SUPERIOR DA JUSTIÇA DO TRABALHO**, em sessão ordinária hoje realizada, sob a presidência do Exmo. Ministro Conselheiro Antonio José de Barros Levenhagen, presentes os Exmos. Ministros Conselheiros João Batista Brito Pereira, Aloysio Corrêa da Veiga, Luiz Philippe Vieira de Mello Filho e Maria de Assis Calsing, os Exmos. Desembargadores Conselheiros David Alves de Mello Júnior, Elaine Machado Vasconcelos, Maria Doralice Novaes, Carlos Coelho de Miranda Freire e Altino Pedrozo dos Santos, o Exmo. Vice-Procurador-Geral do Trabalho, Dr. Eduardo Antunes Parmeggiani, e o Exmo. Presidente da Associação Nacional dos Magistrados da Justiça do Trabalho — ANAMATRA, Juiz Paulo Luiz Schmidt,

Considerando as diretrizes contidas na Lei n. 11.419, de 19 de dezembro de 2006, que dispõe sobre a informatização do processo judicial, especialmente o disposto no art. 18, que autoriza os órgãos do Poder Judiciário a regulamentarem-na;

Considerando a regulamentação do PJe-JT pelo Conselho Nacional de Justiça por meio da Resolução n. 185, de 18 de dezembro de 2013;

Considerando os benefícios advindos da substituição da tramitação de autos em meio impresso pelo meio eletrônico, como instrumento de celeridade e qualidade da prestação jurisdicional;

Considerando a necessidade de racionalização da utilização dos recursos orçamentários pelos Tribunais Regionais do Trabalho;

Considerando o contido no Acórdão TCU n. 1094/2012, que, entre outras diretrizes, recomenda a realização de fiscalização no CSJT, mormente de modo a "evitar o desperdício de recursos no desenvolvimento de soluções a serem descartadas quando da implantação dos projetos nacionais, orientando acerca da estrita observância dos termos do Ato Conjunto CSJT.TST.GP.SE n. 9/2008, especialmente em seus arts. 9º e 11, zelando pela compatibilidade das soluções de TI adotadas no âmbito da Justiça do Trabalho, bem como se abstendo da prática de contratações cujo objeto venha a ser rapidamente descartado, podendo resultar em atos de gestão antieconômicos e ineficientes";

Considerando a necessidade de regulamentar a implantação e funcionamento do sistema de processo judicial eletrônico na Justiça do Trabalho;

Considerando a atual multiplicidade de sistemas de tramitação processual, seja em meio físico, seja em meio eletrônico, o que implica replicação de gastos e investimentos pelos Tribunais e em dificuldades de aprendizado para os usuários, notadamente os advogados e procuradores que atuam perante vários Tribunais diferentes;

Considerando as atribuições previstas na Constituição Federal, art. 111-A, § 2º, II, especialmente no que concerne à supervisão administrativa, orçamentária, financeira e patrimonial da Justiça do Trabalho de primeiro e segundo graus;

Considerando as sugestões apresentadas pelos Tribunais Regionais do Trabalho para alterações na Resolução Administrativa n. 94/2012, deste Conselho;

Considerando a experiência adquirida após mais de dois anos de implantação do PJe na Justiça do Trabalho e a necessidade de adaptá-lo às necessidades apresentadas pelos Tribunais Regionais do Trabalho; e

Considerando os termos da decisão proferida pelo Conselho Superior da Justiça do Trabalho, objeto do Processo CSJT-AN-7304-40.2014.5.90.0000,

RESOLVE:
Instituir o Sistema Processo Judicial Eletrônico da Justiça do Trabalho — PJe-JT como sistema informatizado de processo judicial na Justiça do Trabalho e estabelecer os parâmetros para a sua implementação e funcionamento, na forma a seguir:

CAPÍTULO I
Do Processo Judicial Eletrônico da Justiça do Trabalho

Seção I
Das Disposições Gerais

Art. 1º A tramitação do processo judicial no âmbito da Justiça do Trabalho, a prática de atos processuais e sua representação por meio eletrônico, nos termos da Lei n. 11.419, de 19 de dezembro de 2006, serão realizadas exclusivamente por intermédio do Sistema Processo Judicial Eletrônico da Justiça do Trabalho — PJe-JT regulamentado por esta Resolução.

Art. 2º O PJe-JT compreenderá o controle do sistema judicial trabalhista nos seguintes aspectos:

I — a tramitação do processo;

II — a padronização de todos os dados e informações compreendidas pelo processo judicial;

III — a produção, registro e publicidade dos atos processuais; e

IV — o fornecimento de dados essenciais à gestão das informações necessárias aos diversos órgãos de supervisão, controle e uso do sistema judiciário trabalhista.

Art. 3º Para o disposto nesta Resolução, considera-se:

I — certificado digital: meio eletrônico de identificação de seu titular, pessoa física ou jurídica, destinado a identificá-lo eletronicamente em todos os acessos ao meio eletrônico (Internet), nos termos da Lei n. 11.419, de dezembro de 2006;

II — assinatura eletrônica, que compreende as seguintes formas de identificação inequívoca do signatário:

a) assinatura digital: baseada em certificado digital, emitido por Autoridade Certificadora credenciada, na forma de lei ou regulamentação específica;

b) usuário(nome de *login*) e senha, mediante cadastro no PJe-JT.

III — autos do processo eletrônico ou autos digitais: conjunto de meta dados e documentos eletrônicos correspondentes a todos os atos, termos e informações do processo;

IV — digitalização: processo de reprodução ou conversão de fato ou coisa produzido originalmente em meio não digital para o formato digital;

V — documento digital: documento originalmente produzido em meio digital;

VI — documento digitalizado: reprodução digital de documento originalmente físico;

VII — meio eletrônico: ambiente de armazenamento ou tráfego de informações digitais;

VIII — transmissão eletrônica: toda forma de comunicação à distância com a utilização de redes de comunicação, preferencialmente a rede mundial de computadores;

IX — usuários internos: magistrados e servidores da Justiça do Trabalho, bem como outros a que se reconheçer acesso às funcionalidades internas do sistema de processamento em meio eletrônico, tais como estagiários e prestadores de serviço; e

X — usuários externos: todos os demais usuários, incluídas as partes, os advogados, os membros do Ministério Público do Trabalho, os auxiliares da justiça e os terceiros intervenientes.

Art. 4º Os atos processuais terão sua produção, registro, visualização, tramitação, controle e publicação exclusivamente em meio eletrônico e serão assinados digitalmente, contendo elementos que permitam identificar o usuário responsável pela sua prática.

§ 1º A cópia de documento extraída dos autos digitais deverá conter elementos que permitam verificar a sua autenticidade no endereço referente à consulta pública do PJe-JT, cujo acesso também será disponibilizado nos sítios do Conselho Superior da Justiça do Trabalho, do Tribunal Superior do Trabalho e dos Tribunais Regionais do Trabalho na rede mundial de computadores.

§ 2º O usuário é responsável pela exatidão das informações prestadas, quando de seu credenciamento, assim como pela guarda, sigilo e utilização da assinatura digital, não sendo oponível, em qualquer hipótese, alegação de uso indevido, nos termos da Medida Provisória n. 2.200-2, de 24 de agosto de 2001.

Seção II
Do Acesso ao Sistema

Art. 5º Para acesso ao PJe-JT é obrigatória a utilização de assinatura digital a que se refere o inciso II, alínea "a", do art. 3º desta Resolução, nas seguintes hipóteses:

I — assinatura de documentos e arquivos;

II — serviços com a exigência de identificação ou certificação digital; e

III — consultas e operações que tramitem em sigilo ou em segredo de justiça.

Parágrafo único. Excetuados os casos previstos no *caput* deste artigo, será possível acesso ao sistema por meio de utilização de usuário (*login*) e senha, na forma prevista no art. 7º da Resolução n. 185, de 18 de dezembro de 2013, do Conselho Nacional de Justiça.

Art. 6º O acesso ao sistema PJe-JT mediante identificação de usuário (*login*) e senha, será exclusivamente para visualização de autos, exceto nas hipóteses de sigilo ou segredo de justiça.

§ 1º Partes ou terceiros interessados desassistidos de advogados poderão apresentar peças processuais e documentos em papel, segundo as regras ordinárias, nos locais competentes para recebê-los, que serão digitalizados e inseridos no processo pela Unidade Judiciária.

§ 2º A regra prevista no parágrafo anterior também pode ser estendida aos advogados e membros do Ministério Público do Trabalho, em casos urgentes, devidamente comprovados, em que não for possível a prática de atos diretamente pelo sistema, ou em qualquer outra hipótese de justo impedimento de acesso, a critério do magistrado.

Art. 7º Constitui responsabilidade do usuário:

I — o acesso ao seu provedor da internet e a configuração do computador utilizado nas transmissões eletrônicas;

II — a aquisição, por si ou pela instituição à qual está vinculado, do certificado digital, padrão ICP-Brasil, tipo A-3 ou A-4, emitido por Autoridade Certificadora credenciada, e respectivo dispositivo criptográfico portátil;

III — o acompanhamento do regular recebimento das petições e documentos transmitidos eletronicamente.

Art. 8º O credenciamento de advogados no sistema dar-se-á pela identificação do usuário por meio de seu certificado digital e remessa do formulário eletrônico disponibilizado no portal de acesso ao PJe-JT, devidamente preenchido e assinado digitalmente.

§ 1º As alterações de dados cadastrais poderão ser feitas pelos próprios usuários, a qualquer momento, utilizando a funcionalidade específica do PJe-JT para este fim, salvo as informações cadastrais obtidas de bancos de dados credenciados, como Receita Federal, Justiça Eleitoral e OAB, que deverão ser atualizadas diretamente nas respectivas fontes.

§ 2º O credenciamento implica a aceitação das normas estabelecidas nesta Resolução, assim como nas demais normas que vierem a regulamentar o uso do processo eletrônico no âmbito dos Tribunais e a responsabilidade do credenciado pelo uso indevido da assinatura digital.

§ 3º O credenciamento de advogados na forma prevista neste artigo não dispensa a juntada de mandato, para fins do disposto no art. 37 do Código de Processo Civil.

Art. 9º As Presidências do Conselho Superior da Justiça do Trabalho e dos Tribunais Regionais do Trabalho adotarão as providências necessárias para fornecer, pelo menos, 2 (dois) certificados digitais para cada magistrado, preferencialmente de autoridades certificadoras diferentes, e pelo menos 1 (um) para os demais usuários internos do sistema.

Art. 10. Os órgãos da Justiça do Trabalho manterão instalados equipamentos à disposição das partes, advogados e interessados para consulta aos autos digitais, digitalização e envio das peças processuais e documentos em meio eletrônico.

§ 1º Para fins do *caput*, os órgãos da Justiça do Trabalho devem providenciar auxílio técnico presencial às pessoas com deficiência ou que comprovem idade igual ou superior a 60 (sessenta anos).

§ 2º Aos peticionários, inclusive advogados, com deficiência física impeditiva do uso adequado do sistema, será assegurado o direito de peticionamento físico, devendo as peças e documentos serem digitalizados e juntados ao sistema PJe-JT por servidor da unidade judiciária competente.

§ 3º Os órgãos da Justiça do Trabalho poderão celebrar convênios com a Ordem dos Advogados do Brasil ou outras associações representativas de advogados, bem como com outros órgãos públicos, para compartilhar responsabilidades na disponibilização de tais espaços, equipamentos e auxílio técnico presencial.

Subseção I
Dos Perfis de Usuário no Sistema PJe-JT

Art. 11. Os usuários terão acesso às funcionalidades do PJe-JT, de acordo com o perfil que lhes for atribuído no sistema e definido em ato da Presidência do Conselho Superior da Justiça do Trabalho, observada a natureza de sua atuação na relação jurídico-processual.

Art. 12. A criação de novos perfis de usuários no sistema é atribuição exclusiva do Conselho Superior da Justiça do Trabalho, ouvida a Gerência Técnica do PJe-JT.

Art. 13. Caberá ao magistrado gestor da Unidade Judiciária definir os perfis dos servidores usuários nela lotados, vedada a designação, para o estagiário, de perfil diverso daquele existente no sistema.

Subseção II
Da Disponibilidade do Sistema

Art. 14. O PJe-JT estará disponível 24 horas por dia, ininterruptamente, ressalvadas as hipóteses previstas nesta Resolução.

LEGISLAÇÃO COMPLEMENTAR

Art. 15. Considera-se indisponibilidade do sistema PJe-JT a falta de oferta ao público externo, diretamente ou por meio de *WebService*, de qualquer um dos seguintes serviços:

I — consulta aos autos digitais;

II — transmissão eletrônica de atos processuais;

III — acesso a citações, intimações ou notificações eletrônicas feitas via sistema; ou

IV — impossibilidade de utilização de equipamentos disponibilizados pelos Tribunais Regionais do Trabalho para acesso dos usuários externos ao sistema.

§ 1º As manutenções programadas do sistema serão ostensivamente comunicadas aos usuários internos e externos, com antecedência mínima de 5 (cinco) dias, e realizadas, preferencialmente, no período das 0h de sábado às 22h de domingo, ou entre 0h e 6h nos demais dias da semana.

§ 2º Não caracterizam indisponibilidade as falhas de transmissão de dados entre as estações de trabalho do público externo e a rede de comunicação pública, assim como a impossibilidade técnica que decorra de falhas nos equipamentos ou programas dos usuários.

Art. 16. A indisponibilidade definida no artigo anterior será aferida na forma do art. 10 da Resolução n. 185, de 18 de dezembro de 2013, do Conselho Nacional de Justiça e também pelos Tribunais Regionais do Trabalho, devendo ser registrada em relatório de interrupções de funcionamento e divulgada ao público em seus sítios na rede mundial de computadores.

Parágrafo único. O relatório de que trata o *caput* deste artigo deverá conter, pelo menos, as seguintes informações:

I — data, hora e minuto de início da indisponibilidade;

II — data, hora e minuto de término da indisponibilidade;

III — serviços que ficaram indisponíveis; e

IV — assinatura digital do responsável pela unidade de Tecnologia da Informação ou Informática do Tribunal Regional do Trabalho, com efeito de certidão, devendo estar acessível, preferencialmente, em tempo real, ou, no máximo, até às 12h do dia seguinte ao da indisponibilidade.

Art. 17. Os prazos que vencerem no dia da ocorrência de indisponibilidade serão prorrogados para o dia útil seguinte à retomada de funcionamento, quando:

I — a indisponibilidade for superior a 60 minutos, ininterruptos ou não, se ocorrida entre 6h e 23h; ou

II — ocorrer indisponibilidade entre 23h e 23h59.

§ 1º As indisponibilidades ocorridas entre 0h e 6h dos dias de expediente forense e as ocorridas em feriados e finais de semana, a qualquer hora, não produzirão o efeito do *caput*.

§ 2º Os prazos fixados em hora ou minuto serão prorrogados até às 24 horas do dia útil seguinte quando:

I — ocorrer indisponibilidade superior a 60 (sessenta) minutos, ininterruptos ou não, nas últimas 24 (vinte e quatro) horas do prazo; ou

II — ocorrer indisponibilidade nos 60 (sessenta) minutos anteriores ao término.

Seção III
Do Funcionamento do Sistema

Art. 18. O sistema receberá arquivos com tamanho máximo de 1,5 megabyte, com resolução máxima de 300 dpi e formatação A4.

§ 1º Faculta-se o peticionamento inicial e incidental mediante a utilização do editor de texto do sistema ou da juntada de arquivo eletrônico, tipo *Portable Document Format* (.pdf), de padrão "PDFA".

§ 2º Os documentos juntados deverão ter o formato *Portable Document Format* (.pdf), podendo ou não ter o padrão "PDF-A".

§ 3º O sistema de armazenamento dos documentos digitais deverá conter funcionalidades que permitam identificar o usuário que promover exclusão, inclusão e alteração de dados, arquivos baixados, bem como o momento de sua ocorrência.

§ 4º É atribuição típica dos magistrados de primeiro e segundo graus, se for o caso, tornar indisponíveis peças e documentos assinados no sistema.

§ 5º A parte ou o advogado poderá juntar quantos arquivos se fizerem necessários à ampla e integral defesa de seus interesses, desde que cada um desses arquivos observe o limite de tamanho máximo fixado no *caput* deste artigo.

Art. 19. Os documentos produzidos eletronicamente, os extratos digitais, os documentos digitalizados e juntados aos autos pelos órgãos da Justiça do Trabalho e seus auxiliares, pelos membros do Ministério Público do Trabalho, pelas procuradorias e por advogados têm a mesma força probante dos originais, ressalvada a alegação motivada e fundamentada de adulteração.

§ 1º Incumbirá àquele que produzir o documento, digital ou digitalizado, e realizar a sua juntada aos autos zelar pela qualidade deste, especialmente quanto à sua legibilidade.

§ 2º Os originais dos documentos digitalizados, mencionados no *caput* deste artigo, deverão ser preservados pelo seu detentor até o trânsito em julgado da sentença ou, quando admitida, até o final do prazo para propositura de ação rescisória.

§ 3º A arguição de falsidade do documento original será processada eletronicamente na forma da lei processual em vigor.

§ 4º Os documentos cuja digitalização mostre-se tecnicamente inviável devido ao grande volume, tamanho/formato ou por motivo de ilegibilidade deverão ser apresentados em secretaria no prazo de 10 (dez) dias, contados do envio de petição eletrônica comunicando o fato. Após o trânsito em julgado, os referidos documentos serão devolvidos, incumbindo-se à parte preservá-los até o final do prazo para propositura de ação rescisória, quando admitida.

§ 5º O usuário deve assegurar que os arquivos eletrônicos que enviar ao PJe-JT estejam livres de artefatos maliciosos (vírus, *spyware*, *trojan horses*, *worms* etc.). Em quaisquer dessas hipóteses, os arquivos poderão ser rejeitados de plano, informando-se ao usuário as razões da rejeição, com efeito de certidão.

Art. 20. Excetuando-se os documentos referidos no artigo anterior, todos os demais documentos apresentados deverão ser retirados pelos interessados, no prazo de 45 (quarenta e cinco) dias, para os efeitos do art. 11, § 3º, da Lei n. 11.419/2006.

Parágrafo único. Findo o prazo estabelecido no *caput* deste artigo, a Unidade Judiciária correspondente poderá inutilizar os documentos mantidos sob sua guarda em meio impresso.

Art. 21. Os documentos juntados eletronicamente em autos digitais e reputados manifestamente impertinentes pelo Juízo poderão ter sua visualização tornada indisponível por expressa determinação judicial, observado o contraditório.

Art. 22. Os documentos digitalizados e anexados às petições eletrônicas serão adequadamente classificados e organizados por quem os juntar, de forma a facilitar o exame dos autos eletrônicos.

§ 1º Os arquivos a serem juntados aos autos eletrônicos devem utilizar descrição que identifique, resumidamente, os documentos neles contidos e, se for o caso, os períodos a que se referem; e, individualmente considerados, devem trazer os documentos da mesma espécie, ordenados cronologicamente.

§ 2º O preenchimento dos campos "Descrição" e "Tipo de Documento", exigido pelo sistema para anexação de arquivos à respectiva petição, deve guardar correspondência com a descrição conferida aos arquivos.

§ 3º Quando a forma de apresentação dos documentos puder ensejar prejuízo ao exercício do contraditório e da ampla defesa, deverá o magistrado determinar nova apresentação e tornar indisponível os anteriormente juntados.

§ 4º A falta de cumprimento da determinação contida no *caput* ensejará a retirada da visibilidade do documento, e em se tratando de petição inicial, será observada a regra prevista no art. 284 e parágrafo único do CPC.

Seção IV
Dos Atos Processuais

Art. 23. No processo eletrônico, todas as citações, intimações e notificações, inclusive as destinadas à Fazenda Pública, far-se-ão por meio eletrônico.

§ 1º As citações, intimações, notificações e remessas que viabilizem o acesso à íntegra do processo correspondente serão consideradas vista pessoal do interessado para todos os efeitos legais.

§ 2º Quando, por motivo técnico, for inviável o uso do meio eletrônico para a realização de citação, intimação ou notificação, ou ainda nas hipóteses de urgência/determinação expressa do magistrado, esses atos processuais poderão ser praticados segundo as regras ordinárias.

§ 3º Na ocorrência de ato urgente em que o usuário externo não possua certificado digital para o peticionamento, ou em se tratando da hipótese prevista no artigo 791 da Consolidação das Leis do Trabalho, a prática será viabilizada por intermédio de servidor da Unidade Judiciária destinatária da petição ou do setor responsável pela redução a termo e digitalização de peças processuais.

§ 4º As intimações endereçadas aos advogados nos módulos de primeiro e segundo graus, cuja ciência não exija vista pessoal, as inclusões em pauta de órgão julgador colegiado, a publicação de acórdãos e de decisões monocráticas, deverão ser feitas por meio do Diário Eletrônico da Justiça do Trabalho, hipótese em que a contagem dos prazos reger-se-á na forma prevista nos §§ 3º e 4º do artigo 4º da Lei n. 11.419/2006.

Art. 24. No instrumento de notificação ou citação constará indicação da forma de acesso ao inteiro teor da petição inicial no endereço referente à consulta pública do PJe-JT, cujo acesso também será disponibilizado nos sítios do Conselho Superior da Justiça do Trabalho e dos Tribunais Regionais do Trabalho na Rede Mundial de Computadores.

Art. 25. Para efeito da contagem do prazo de 10 (dez) dias corridos de que trata o art. 5º, § 3º, da Lei n. 11.419/2006, sendo a intimação feita pelo sistema do processo judicial eletrônico:

I — o dia inicial da contagem é o seguinte ao da disponibilização do ato de comunicação no sistema, independentemente de esse dia ser, ou não, de expediente no órgão comunicante;

II — o dia da consumação da intimação ou comunicação é o décimo a partir do dia inicial, caso seja de expediente judiciário, ou o primeiro dia útil seguinte, conforme previsto no art. 5º, § 2º, da Lei n. 11.419/2006.

Parágrafo único. A intercorrência de feriado, interrupção de expediente ou suspensão de prazo entre o dia inicial e final do prazo para conclusão da comunicação não terá nenhum efeito sobre sua contagem, excetuada a hipótese do inciso II.

Art. 26. A distribuição da ação e a juntada da resposta, dos recursos e das petições em geral, todos em formato digital, nos autos de processo eletrônico, serão feitas diretamente por aquele que tenha capacidade postulatória, sem necessidade da intervenção da secretaria judicial, de forma automática, mediante recibo eletrônico de protocolo, disponível permanentemente para guarda do peticionante.

§ 1° A petição inicial conterá, além dos requisitos referidos no art. 840, § 1º, da CLT, a indicação do CPF ou CNPJ da parte autora, conforme determinação contida no art. 15, caput, da Lei n. 11.419, de 19 de dezembro de 2006.

§ 2º O sistema fornecerá, por ocasião da distribuição da ação, o número atribuído ao processo, o Órgão Julgador para o qual foi distribuída e, se for o caso, o local, a data e o horário de realização da audiência, da qual estará o autor imediatamente intimado.

§ 3º Os dados da autuação automática deverão ser conferidos pela Unidade Judiciária, que procederá a sua alteração em caso de desconformidade com os documentos apresentados, com o devido registro no sistema.

Art. 27. Poderão ser criadas outras funcionalidades no sistema que indiquem a ocorrência de possível prevenção, suspeição e impedimento, bem como de litispendência e coisa julgada.

Parágrafo único. O alerta do sistema quanto à ocorrência de possível prevenção, suspeição, impedimento, litispendência e coisa julgada não afastará a livre distribuição do feito e o magistrado, sempre que acolher tal indicativo, proferirá decisão fundamentada.

Art. 28. Em regra, a distribuição de ações, a interposição de recursos e de incidentes serão unicamente por meio eletrônico, salvo na hipótese de embargos de terceiros, ações cautelares, agravos de instrumento e demais incidentes, quando ajuizados ou interpostos em processos que tramitam em meio físico.

Art. 29. Os advogados credenciados deverão encaminhar eletronicamente contestação, reconvenção ou exceção, e respectivos documentos, antes da realização da audiência designada para recebimento da defesa.

§ 1º A parte reclamada poderá, justificadamente, atribuir sigilo à contestação, reconvenção ou exceção e aos respectivos documentos juntados.

§ 2º Fica facultada a apresentação de defesa oral, por 20 (vinte) minutos, conforme o disposto no art. 847 da CLT.

Art. 30. A comprovação da entrega de expedientes por Oficiais de Justiça será feita por certidão circunstanciada acerca do cumprimento da diligência.

Parágrafo único. Haverá opção de digitalizar a contrafé subscrita pelos destinatários e juntá-la aos autos, ou realizar a guarda desta em meio físico até o trânsito em julgado da sentença ou decurso do prazo para ação rescisória, quando cabível.

Art. 31. Os avisos de recebimento (AR) serão digitalizados e os respectivos arquivos juntados aos autos eletrônicos, a critério do Juiz ou a requerimento da parte.

Art. 32. As atas e os termos de audiência serão assinados digitalmente apenas pelo Juiz do Trabalho.

Parágrafo único. Na hipótese de celebração de acordo e havendo requerimento da parte, a ata deverá ser impressa pela Secretaria da Vara do Trabalho e assinada manualmente e, então, digitalizada para inserção no PJe-JT.

Art. 33. A postulação encaminhada será considerada tempestiva quando enviada, integralmente, até às 24 (vinte e quatro) horas do dia em que se encerra o prazo processual, considerado o horário do Município sede do órgão judiciário ao qual é dirigida a petição.

§ 1º A suspensão dos prazos processuais não impedirá o encaminhamento de petições e a movimentação de processos eletrônicos, podendo a apreciação dos pedidos decorrentes desses prazos ocorrer, a critério do Juiz, após o término do período de suspensão, ressalvados os casos de urgência.

§ 2º O sistema fornecerá ao usuário externo recibo eletrônico da prática do ato processual, disponível permanentemente para guarda do peticionante, contendo:

I — data e horário da prática do ato;

II — a identificação do processo;

III — o nome do remetente ou do usuário que assinou eletronicamente o documento; e

IV — o assunto, o órgão destinatário da petição e as particularidades de cada arquivo eletrônico, conforme informados pelo remetente, se houver.

§ 3º Será de integral responsabilidade do remetente a equivalência entre os dados informados para o envio e os constantes da petição remetida.

§ 4º Não serão considerados, para fins de tempestividade, o horário inicial de conexão do usuário à internet, o horário de acesso do usuário ao sítio eletrônico do Tribunal ou ao PJe-JT, tampouco os horários registrados pelos equipamentos do remetente.

§ 5º A não obtenção de acesso ao PJe-JT, e eventual defeito de transmissão ou recepção de dados não imputáveis à indisponibilidade ou impossibilidade técnica do sistema, não servirão de escusa para o descumprimento de prazo processual, salvo deliberação expressa da autoridade judiciária competente.

Seção V
Dos Atos Processuais nos Tribunais

Art. 34. A partir da implantação do PJe-JT no segundo grau de jurisdição dos Tribunais Regionais do Trabalho, será dispensada a formação de autos suplementares em casos de exceção de impedimento ou suspeição, agravos de instrumento, agravos regimentais e agravo previsto no art. 557 do Código de Processo Civil.

Art. 35. As atas de sessões, quando necessárias para registros passíveis de publicidade, deverão ser lavradas pela secretaria e aprovadas pela Presidência do respectivo Órgão colegiado, com envio posterior para publicação no Diário Eletrônico da Justiça do Trabalho — DEJT.

CAPÍTULO II
Da Consulta

Art. 36. A consulta ao inteiro teor dos documentos juntados ao PJe-JT somente estará disponível pela rede mundial de computadores, nos termos da Lei n. 11.419, de 19 de dezembro de 2006 e da Resolução n. 121, de 5 de outubro de 2010, do Conselho Nacional de Justiça — CNJ, para as partes, advogados, Ministério Público do Trabalho e para os magistrados, sem prejuízo da possibilidade de visualização nas Secretarias dos Órgãos Julgadores.

Parágrafo único. Para a consulta de que trata o caput deste artigo, será exigido o credenciamento no sistema.

Seção I
Do Segredo de Justiça e do Sigilo

Art. 37. Na propositura da ação, o autor poderá requerer segredo de justiça para os autos processuais ou sigilo para um ou mais documentos ou arquivos do processo, através de indicação em campo próprio. (Redação dada pela Resol. CSJT n. 154, de 28.8.15)

§ 1º Em toda e qualquer petição poderá ser requerido sigilo para esta ou para documento ou arquivo a ela vinculado. (Redação dada pela Resol. CSJT n. 154, de 28.8.15)

§ 2º Requerido o segredo de justiça ou sigilo de documento ou arquivo, este permanecerá sigiloso até que o magistrado da causa decida em sentido contrário, de ofício ou a requerimento da parte contrária. (Redação dada pela Resol. CSJT n. 154, de 28.8.15)

§ 3º Nos casos em que o rito processual autorize a apresentação de resposta em audiência, faculta-se a sua juntada antecipada aos autos eletrônicos, juntamente com os documentos, hipótese em que permanecerão ocultos para a parte contrária, a critério do advogado peticionante, até a audiência. (Redação dada pela Resol. CSJT n. 154, de 28.8.15)

Seção II
Do Uso Inadequado do Sistema

Art. 38. O uso inadequado do sistema que cause redução significativa de sua disponibilidade poderá ensejar o bloqueio total do usuário, de forma preventiva ou temporária.

§ 1º Considera-se uso inadequado do sistema, para fins do caput deste artigo, as atividades que configurem ataques ou uso desproporcional dos ativos computacionais, devidamente comprovados.

§ 2º Na hipótese do caput, deverá ser procedido imediato contato com o usuário bloqueado para identificação da causa do problema e reativação no sistema e, em caso de advogado, a comunicação à respectiva Seccional da Ordem dos Advogados do Brasil.

§ 3º A automatização de consultas ao sistema deve ser feita mediante utilização do modelo nacional de interoperabilidade, previsto na Resolução Conjunta CNJ/CNMP n. 3, de 16 de abril de 2013.

CAPÍTULO III
Da Administração do Sistema

Seção I
Dos Comitês Gestores

Art. 39. A administração do PJe-JT caberá ao Comitê Gestor Nacional da Justiça do Trabalho e aos Comitês Gestores Regionais, compostos por usuários internos e externos do sistema, de acordo com as diretrizes fixadas nesta Resolução.

Subseção I
Do Comitê Gestor Nacional

Art. 40. O Comitê Gestor Nacional da Justiça do Trabalho supervisionará o gerenciamen-

to, a especificação, o desenvolvimento, a implantação, o suporte, a manutenção corretiva e evolutiva, bem como a divulgação do Processo Judicial Eletrônico da Justiça do Trabalho — PJe-JT.

Art. 41. São atribuições do Comitê Gestor Nacional da Justiça do Trabalho:

I — garantir a adequação do PJe-JT aos requisitos legais e às necessidades da Justiça do Trabalho;

II — definir as premissas e as estratégias utilizadas para a especificação, desenvolvimento, testes, homologação, implantação e integridade de operação do PJe-JT;

III — garantir a padronização do PJe-JT nos órgãos da Justiça do Trabalho;

IV — definir o escopo do sistema no que concerne às particularidades da Justiça do Trabalho;

V — promover a integração com os demais órgãos e entidades necessários ao desenvolvimento e implantação do PJe-JT;

VI — colaborar com as áreas de Gestão de Pessoas do Tribunal Superior do Trabalho, do Conselho Superior da Justiça do Trabalho e dos Tribunais Regionais do Trabalho para a capacitação necessária dos servidores da Justiça do Trabalho nas competências afetas a este projeto;

VII — interagir com as áreas de comunicação social do Tribunal Superior do Trabalho, do Conselho Superior da Justiça do Trabalho e dos Tribunais Regionais do Trabalho, dando ciência a todos os magistrados, servidores e demais usuários, de qualquer questão pertinente ao PJe-JT;

VIII — priorizar e deliberar sobre as necessidades de manutenção do sistema e encaminhá-las às áreas competentes;

IX — analisar, para fins de aprovação prévia, os cronogramas dos Tribunais Regionais do Trabalho para novas implantações do sistema PJe-JT nas Unidades Judiciárias;

X — propor a criação de grupos de trabalho com o objetivo de avaliar as propostas de desenvolvimento de projetos afetos ao PJe-JT, com vistas a possível aproveitamento;

XI — divulgar, no Diário Eletrônico da Justiça do Trabalho — DEJT e nos sítios do Tribunal Superior do Trabalho e do Conselho Superior da Justiça do Trabalho, o cronograma de implantação do PJe-JT; e

XII — receber e avaliar as demandas relacionadas ao PJe-JT que forem encaminhadas pelos Comitês Gestores Regionais.

Art. 42. O Comitê Gestor Nacional da Justiça do Trabalho será composto por:

I — Ministro Presidente do Conselho Superior da Justiça do Trabalho;

II — três magistrados do trabalho designados pelo Presidente do Conselho Superior da Justiça do Trabalho;

III — um magistrado indicado pelo Colégio de Presidentes e Corregedores de Tribunais Regionais do Trabalho — COLEPRECOR;

IV — um Secretário ou Diretor de Tecnologia da Informação de Tribunal Regional do Trabalho designado pela Presidência do Conselho Superior da Justiça do Trabalho;

V — Secretário Especial de Integração Tecnológica do Conselho Superior da Justiça do Trabalho;

VI — Secretário de Tecnologia da Informação do Tribunal Superior do Trabalho;

VII — um advogado indicado pelo Presidente do Conselho Federal da Ordem dos Advogados do Brasil — OAB; e

VIII — um membro do Ministério Público do Trabalho indicado pelo Procurador-Geral do Trabalho.

Parágrafo único. O Ministro Presidente do Conselho Superior da Justiça do Trabalho presidirá os trabalhos do Comitê Gestor Nacional da Justiça do Trabalho e designará, nas suas ausências ou impedimentos, um dos magistrados indicados no inciso II para substituí-lo.

Subseção II
Dos Comitês Gestores Regionais

Art. 43. Compete aos Comitês Gestores Regionais, a serem criados pelos Tribunais Regionais do Trabalho, nos termos do art. 48 desta Resolução, as seguintes atribuições:

I — administrar a estrutura, implementação e funcionamento do sistema, de acordo com as diretrizes fixadas pelo Comitê Gestor Nacional da Justiça do Trabalho;

II — avaliar as necessidades de manutenção corretiva e evolutiva do sistema e encaminhá-las ao Comitê Gestor Nacional;

III — organizar a estrutura de atendimento às demandas de seus usuários internos e externos;

IV — determinar auditorias no sistema, especialmente no que diz respeito à integridade das suas informações e segurança;

V — garantir a integridade do sistema, no que diz respeito à sua taxonomia e classes processuais;

VI — propor ao Comitê Gestor Nacional da Justiça do Trabalho alterações visando ao aprimoramento do sistema;

VII — observar as normas expedidas pelo Conselho Nacional de Justiça, Conselho Superior da Justiça do Trabalho e Comitê Gestor Nacional da Justiça do Trabalho;

VIII — divulgar as ações para a implantação do PJe-JT no sítio do respectivo Tribunal Regional do Trabalho e no Diário Eletrônico da Justiça do Trabalho — DEJT;

IX — apresentar proposta de plano de ação regional para a implantação do PJe-JT;

X — acompanhar a execução do plano de ação regional, após a aprovação do Desembargador Presidente do Tribunal Regional do Trabalho, verificando se as atividades desenvolvidas estão adequadas e em consonância com o planejamento traçado;

XI — monitorar e avaliar periodicamente os resultados do plano de implantação, com vistas a melhorar a sua qualidade, eficiência e eficácia, aprimorando a execução e corrigindo eventuais falhas; e

XII — avaliar demandas dos usuários e, se for o caso, encaminhá-los ao Comitê Gestor Nacional da Justiça do Trabalho.

Art. 44. Cada Comitê Gestor Regional será composto, pelo menos, por:

I — um Desembargador do Tribunal Regional do Trabalho;

II — um Juiz do Trabalho, preferencialmente titular de Vara do Trabalho;

III — dois servidores da área judiciária, compreendendo cada grau de jurisdição;

IV — um servidor da área de tecnologia da informação e comunicação;

V — um advogado indicado pela Ordem dos Advogados do Brasil, da Secção respectiva, ou pelo Conselho Federal em caso de atuação em mais de um Estado;

VI — um membro do Ministério Público do Trabalho, indicado pela Procuradoria Regional do Trabalho.

§ 1º Os membros dos Comitês Gestores Regionais serão designados por ato da Presidência do Tribunal Regional do Trabalho.

§ 2º O Desembargador do Tribunal Regional Trabalho coordenará os trabalhos do Comitê Gestor Regional e designará, nas suas ausências ou impedimentos, seu substituto.

§ 3º Os Presidentes dos Regionais encaminharão à Presidência do Conselho Superior da Justiça do Trabalho cópias dos atos de constituição de seus respectivos Comitês Regionais, informando, inclusive, sobre eventuais alterações em suas composições.

Subseção III
Do Administrador do Sistema

Art. 45. Compete ao Presidente do Tribunal Regional do Trabalho designar servidores que exercerão a função de Administrador do Sistema, no 1º e no 2º graus de jurisdição, observadas as seguintes regras:

I — dois servidores da área de Tecnologia da Informação para, com o apoio da área de infraestrutura, exercer as atividades relacionadas à configuração de novas versões disponibilizadas pelo CSJT, atualização de fluxos, parametrização, testes preliminares e correções no sistema;

II — dois servidores da área judiciária, para o módulo de 2º grau, com experiência de atuação em áreas como a Presidência, Vice-Presidência, Corregedoria, Vice-Corregedoria, Gabinetes e Secretarias de órgãos colegiados;

III — dois servidores da área judiciária, para o módulo de 1º grau, com experiência de atuação em áreas como secretarias de varas e gabinetes de juízes.

§ 1º A critério do Desembargador Presidente do Tribunal Regional do Trabalho poderá ser ampliado o número de administradores de sistema, além dos quantitativos indicados nos incisos anteriores.

§ 2º Além dos servidores indicados pelo Presidente do Tribunal, também deverão exercer a função de Administrador do Sistema os magistrados integrantes do Comitê Regional do PJe-JT.

Subseção IV
Da Equipe de Testes

Art. 46. Os Tribunais Regionais do Trabalho deverão constituir equipe específica de testes, composta por servidores da área judiciária, para, com apoio da área de Tecnologia da Informação, realizar todos os testes e experimentos necessários à verificação do pleno funcionamento das novas versões disponibilizadas pelo CSJT.

Parágrafo único. A migração para as novas versões do PJe-JT somente deverá ocorrer após a realização dos testes de homologação em ambiente próprio nos respectivos Tribunais Regionais do Trabalho.

CAPÍTULO IV
Da Implantação

Art. 47. A implantação do PJe-JT poderá ocorrer:

I — A partir da fase de conhecimento, hipótese em que implicará, para os processos novos, a superação dos atuais sistemas de gestão das informações processuais mantidos pelos Tribunais;

II — A partir das fases de liquidação ou execução, após o trânsito em julgado do título, inclusive cartas precatórias executórias, execução de termo de ajuste de conduta e execuções fiscais.

Art. 48. Os Tribunais encaminharão à Presidência do Conselho Superior da Justiça do Trabalho, no prazo de 30 (trinta) dias,

cópias do ato constitutivo do Comitê Gestor Regional, do plano e do cronograma de implantação do PJe-JT, para o respectivo ano civil, para análise e prévia aprovação do Comitê Gestor Nacional das instalações nas Unidades Judiciárias remanescentes, em tempo adequado ao plano e à dimensão do cronograma.

Parágrafo único. O plano deve descrever as ações e contemplar informações sobre os requisitos necessários à implantação, como infraestrutura de tecnologia da informação e capacitação de usuários.

Art. 49. O Tribunal Regional do Trabalho deverá divulgar, na página principal de seu sítio na internet e no respectivo veículo de comunicação oficial dos atos processuais, a ampliação do PJe-JT para outras competências ou órgãos com antecedência mínima de 30 (trinta) dias.

Art. 50. A partir da implantação do PJe-JT em unidade judiciária, fica vedada a utilização do e-DOC ou qualquer outro sistema de peticionamento eletrônico para o envio de petições relativas aos processos que tramitam no PJe-JT.

Parágrafo único. O descumprimento da determinação constante do *caput* implicará no descarte dos documentos recebidos, que não constarão de nenhum registro e não produzirão qualquer efeito legal.

Seção I
Do Cadastramento da Liquidação e Execução — CLE

Art. 51. Para o cadastramento do processo físico no PJe-JT no módulo Cadastramento da Liquidação e Execução — CLE, deverão ser digitalizados os seguintes documentos, além de outros que, a critério do magistrado, forem necessários para a liquidação e execução do feito, sendo dispensada a digitalização das demais peças processuais:

I — título executivo judicial ou extrajudicial, ainda que contenham apenas obrigações de fazer ou não fazer;

II — cálculos homologados, se houver; e

III — instrumentos procuratórios.

Parágrafo único. Após a inserção do processo no CLE, os autos físicos serão remetidos ao arquivo definitivo, com baixa na distribuição, prosseguindo-se com o processo pelo meio eletrônico.

Art. 52. Não deverão ser cadastrados no módulo CLE os processos que estejam em execução provisória.

Art. 53. A digitalização de autos físicos será precedida de publicação de editais de intimações ou da intimação pessoal das partes e de seus procuradores, para que, no prazo preclusivo de 30 (trinta) dias, se manifestem sobre o interesse de manterem pessoalmente a guarda de algum dos documentos originais presentes nos autos físicos, nos termos do art. 12, § 5º, da Lei n. 11.419, de 19 de dezembro de 2006.

Parágrafo único. Na hipótese do *caput* deste artigo, o magistrado deverá conceder prazo de 30 (trinta) dias para que a parte que se encontre assistida por advogado adote as providências necessárias a regular tramitação do feito no meio eletrônico, inclusive o seu prévio credenciamento no sistema, caso ainda não haja ocorrido, sob pena de extinção do processo, sem resolução do mérito, nos termos do art. 267, III, do Código de Processo Civil.

CAPÍTULO V
Das Disposições Finais e Transitórias

Art. 54. O desenvolvimento de novas funcionalidades no PJe-JT e a correção de problemas identificados na sua utilização observarão as regras de Desenvolvimento de Novas Funcionalidades no Sistema Processo Judicial Eletrônico da Justiça do Trabalho — PJe-JT.

Art. 55. As intervenções que impliquem alterações estruturais do sistema somente poderão ser promovidas quando autorizadas pela Presidência do Conselho Superior da Justiça do Trabalho.

Art. 56. Os Tribunais Regionais do Trabalho manterão, no âmbito de suas unidades judiciárias, estruturas de atendimento e suporte aos usuários do PJe-JT.

Art. 57. As cartas precatórias e de ordem expedidas para as unidades judiciárias nas quais tenha sido implantado o sistema Processo Judicial Eletrônico — PJe-JT tramitarão também em meio eletrônico e, quando da devolução ao juízo deprecante, será encaminhada certidão constando o seu cumprimento, com a materialização apenas de peças essenciais à compreensão dos atos realizados.

§ 1º Caso somente a unidade deprecante ou deprecada esteja integrada ao sistema Processo Judicial Eletrônico — PJe-JT, as cartas precatórias e de ordem deverão ser encaminhadas e devolvidas via Malote Digital, observado o tamanho máximo de cada um dos arquivos de 1,5MB.

§ 2º Havendo na localidade mais de uma Vara do Trabalho com a mesma competência territorial, as cartas precatórias e de ordem recebidas serão cadastradas pelo setor de distribuição respectivo.

§ 3º O acompanhamento da carta precatória deverá ser realizado através da "consulta de processos de terceiros" ou "usuário (nome de *login*) e senha" para utilização do sistema Processo Judicial Eletrônico — PJe-JT, evitando, sempre que possível, a emissão de comunicação para este fim, bastando registrar nos autos principais o procedimento e o estágio atualizado da Carta Precatória.

Art. 58. É vedada a criação de novas soluções de informática para o processo judicial e realização de investimentos nos sistemas eventualmente existentes nos Tribunais, bem como a respectiva implantação em unidades judiciárias de primeiro e segundo graus.

§ 1º A vedação contida no *caput* deste artigo não se aplica às manutenções necessárias ao funcionamento dos sistemas já implantados.

§ 2º O Comitê Gestor Nacional do PJe-JT poderá, a requerimento do Tribunal, relativizar as regras previstas no *caput* deste artigo, bem como do artigo 49 desta Resolução, quando entender justificado pelas circunstâncias ou especificidades locais.

Art. 59. Os Tribunais Regionais do Trabalho promoverão investimentos para a formação dos usuários internos, com o objetivo de prepará-los para o aproveitamento adequado do PJe-JT.

Art. 60. As Varas do Trabalho criadas por lei poderão ser instaladas sem a concomitante implantação do Processo Judicial Eletrônico da Justiça do Trabalho, respeitado o princípio do Juiz natural pelo quantitativo de órgãos com competência territorial concorrente, mediante autorização da Presidência do Conselho Superior da Justiça do Trabalho.

Art. 61. O Juiz da causa resolverá todas as questões relativas à utilização e ao funcionamento do PJe-JT em cada caso concreto, inclusive as hipóteses não previstas neste regramento.

Art. 62. Esta Resolução entra em vigor na data de sua publicação, revogando-se as disposições em contrário, em especial a Resolução CSJT n. 94/2012.

Brasília, 25 de abril de 2014.

MINISTRO ANTONIO JOSÉ DE BARROS LEVENHAGEN
Presidente do Conselho Superior da Justiça do Trabalho
DEJT 14.5.2014

Resolução CODEFAT n. 736, de 8 de outubro de 2014

Torna obrigatório aos empregadores o uso do aplicativo Empregador Web no Portal Mais Emprego para preenchimento de requerimento de Seguro-Desemprego (RSD) e de Comunicação de Dispensa (CD) ao Ministério do Trabalho e Emprego e dá outras providências

O CONSELHO DELIBERATIVO DO FUNDO DE AMPARO AO TRABALHADOR — CODEFAT, no uso das atribuições que lhe confere o inciso V, do art. 19 da Lei n. 7.998, de 11 de janeiro de 1990, e Considerando a modernização da gestão pública na adoção de procedimentos que se traduzem em agilização, segurança da informação e controle para o Seguro-Desemprego, resolve:

Art. 1º Estabelecer a obrigatoriedade do uso do aplicativo Empregador Web no Portal Mais Emprego para o preenchimento de Requerimento de Seguro-Desemprego/Comunicação de Dispensa de trabalhadores dispensados involuntariamente de pessoa jurídica ou pessoa física a ela equiparada.

§ 1º O uso do aplicativo Empregador Web no Portal Mais Emprego exige cadastro da Empresa.

§ 2º Para o preenchimento de Requerimento de Seguro-Desemprego/Comunicação de Dispensa no aplicativo Empregador Web do Portal Mais Emprego, é obrigatório o uso de certificado digital — padrão ICP-Brasil.

Art. 2º O aplicativo Empregador Web possui funcionalidade que permite ao empregador a realização de cadastro e nomeação de procurador para representá-lo no preenchimento do Requerimento de Seguro-Desemprego/Comunicação de Dispensa.

§ 1º Quando empregador e procurador possuem certificado digital — padrão ICP-Brasil, a procuração poderá ser realizada no aplicativo Empregador Web, sem a necessidade de validação na rede de atendimento do Ministério do Trabalho e Emprego.

§ 2º Quando somente o procurador possui certificado digital — padrão ICP-Brasil, o empregador poderá efetuar cadastro e emissão de procuração no aplicativo Empregador Web, que deverá ser entregue nas superintendências regionais do Ministério do Trabalho e Emprego ou nas unidades conveniadas estaduais e municipais do Sistema Nacional de Emprego.

§ 3º A procuração de que trata o § 2º do art. 2º desta Resolução deverá ter firma reconhecida em cartório e ser acompanhada da seguinte documentação:

a) cópias de documento de identificação civil e de CPF do outorgado;

b) cópias de documento de identificação civil e de CPF do outorgante; e,

c) cópia do contrato social, do estatuto ou documento equivalente que comprove ser o outorgante o responsável legal da empresa.

Art. 3º Fica estabelecido o prazo de validade de cinco anos para a procuração, que a critério do outorgante poderá ser cancelada a qualquer momento no Empregador Web — Portal Mais Emprego, ou mediante solicitação nas superintendências regionais do Ministério do Trabalho e Emprego ou nas unidades conveniadas estaduais e municipais do Sistema Nacional de Emprego.

Art. 4º Compete ao empregador a entrega do Requerimento de Seguro-Desemprego/Comunicação de Dispensa para o trabalhador, impresso pelo Empregador Web no Portal Mais Emprego.

Art. 5º Os empregadores terão acesso ao Empregador Web no Portal Mais Emprego no endereço eletrônico <http://maisemprego.mte.gov.br>.

Art. 6º O uso do Empregador Web no Portal Mais Emprego permite o preenchimento do Requerimento de Seguro-Desemprego/Comunicação de Dispensa, de forma individual ou coletiva, mediante arquivo de dados, se respeitada a estrutura de leiaute definida pelo Ministério do Trabalho e Emprego disponível na página eletrônica <http://maisemprego.mte.gov.br>.

Art. 7º Os formulários Requerimento de Seguro-Desemprego/ Comunicação de Dispensa (guias verde e marrom) impressos em gráficas serão aceitos na rede de atendimento do Ministério do Trabalho e Emprego até o dia 31 de março de 2015.

Art. 8º Esta Resolução entra em vigor na data de sua publicação.

Art. 9º Fica revogada a Resolução CODEFAT n. 620, de 5 de novembro de 2009.

Quintino Marques Severo
Presidente do Conselho

DOU 10.10.2014

Resolução CODEFAT n. 737, de 8 de outubro de 2014

Aprova modelo de formulário de Requerimento do Seguro-Desemprego do Trabalhador Resgatado — RSDTR, em via única e com protocolo de recebimento, para concessão do benefício seguro-desemprego ao trabalhador resgatado da condição análoga à de escravo

O CONSELHO DELIBERATIVO DO FUNDO DE AMPARO AO TRABALHADOR — CODEFAT, no uso das atribuições que lhe confere o inciso V, do artigo 19, da Lei n. 7.998, de 11 de janeiro de 1990, resolve:

Art. 1º Aprovar formulário de Requerimento do Seguro-Desemprego do Trabalhador Resgatado — RSDTR, em via única e com protocolo de recebimento, conforme modelo anexo a esta Resolução, para concessão do benefício seguro-desemprego ao trabalhador resgatado da condição análoga à de escravo, de que trata o a Resolução n. 306, de 6 de novembro de 2002.

PARÁGRAFO ÚNICO. Permanecem válidos e passíveis de serem utilizados os estoques existentes dos formulários instituídos pela Resolução n. 306/2002, até 31 de dezembro de 2016. *(Redação dada pela Resolução n. 757, de 16.12.15, DOU 17.12.15)*

Art. 2º Esta Resolução entra em vigor na data de sua publicação.

Quintino Marques Severo
Presidente do Conselho

DOU 13.10.2014

Resolução Comitê Gestor do eSocial n. 1, de 20 de fevereiro de 2015

Dispõe sobre o Sistema de Escrituração Digital das Obrigações Fiscais, Previdenciárias e Trabalhistas (eSocial)

O COMITÊ GESTOR DO eSOCIAL, no uso das atribuições previstas no art. 5º do Decreto n. 8.373, de 11 de dezembro de 2014, e, considerando o disposto no art. 41 da Consolidação das Leis do Trabalho, aprovada pelo Decreto-Lei n. 5.452, de 1º de maio de 1943, no art. 1º da Lei n. 4.923, de 23 de dezembro de 1965, no art. 14-A da Lei n. 5.889, de 8 de junho de 1973, no art. 8º da Lei n. 6.019, de 3 de janeiro de 1974, no art. 11 do Decreto-Lei n. 1.968, de 23 de novembro de 1982, no art. 24 da Lei n. 7.998 de 11 de janeiro de 1990, no art. 23 da Lei n. 8.036 de 11 de maio de 1990, nos incisos I, III e IV do *caput* e nos §§ 2º, 9º e 10 do art. 32 da Lei n. 8.212, de 24 de julho de 1991, nos arts. 22, 29-A e 58 da Lei n. 8.213, de 24 de julho de 1991, no art. 9º da Lei n. 9.717, de 27 de novembro de 1998, no art. 16 da Lei n. 9.779, de 19 de janeiro de 1999, nos arts. 219, 1.179 e 1.180 da Lei n. 10.406, de 10 de janeiro de 2002, nos arts. 10 e 11 da Medida Provisória n. 2.200-2, de 24 de agosto de 2001, no § 3º do art. 1º e no art. 3º da Lei n. 10.887, de 18 de junho de 2004, no art. 4º da Lei n. 12.023, de 27 de agosto de 2009, no Decreto n. 97.936, de 10 de julho de 1989, no Decreto n. 3.048, de 6 de maio de 1999 e no Decreto n. 6.022, de 22 de janeiro de 2007, resolve:

Art. 1º Fica regulamentado o eSocial como instrumento de unificação da prestação das informações referentes à escrituração das obrigações fiscais, previdenciárias e trabalhistas, que padroniza sua transmissão, validação, armazenamento e distribuição, constituindo Ambiente Nacional, composto por:

I — escrituração digital contendo os livros digitais com informações fiscais, previdenciárias e trabalhistas;

II — sistemas para preenchimento, geração, transmissão, recepção, validação e distribuição da escrituração; e

III — repositório nacional contendo o armazenamento da escrituração.

Parágrafo único. As informações prestadas pelos empregadores serão enviadas ao Fundo de Garantia do Tempo de Serviço — FGTS e armazenadas no ambiente nacional.

Art. 2º O eSocial é composto pelo registro de informações fiscais, previdenciárias e trabalhistas agrupadas em eventos que contêm:

I — dados cadastrais dos empregadores, inclusive domésticos, da empresa e a eles equiparados em legislação específica e dos segurados especiais;

II — dados cadastrais e contratuais de trabalhadores, incluídos os relacionados ao registro de empregados;

III — dados cadastrais, funcionais e remuneratórios dos servidores titulares de cargos efetivos amparados em regime próprio de previdência social, de todos os poderes, órgãos e entidades do respectivo ente federativo, suas autarquias e fundações, dos magistrados, dos membros do Tribunal de Contas, dos membros do Ministério Público e dos militares;

IV — dados cadastrais dos dependentes dos empregados, inclusive domésticos, dos trabalhadores avulsos e dos segurados dos regimes geral e próprios de previdência social;

V — dados relacionados às comunicações de acidente de trabalho, às condições ambientais do trabalho e do monitoramento da saúde do trabalhador e dos segurados relacionados no inciso III;

VI — dados relacionados à folha de pagamento e outros fatos geradores, bases de cálculo e valores devidos de contribuições previdenciárias, contribuições sociais de que trata a Lei Complementar n. 110, de 29 de junho de 2001, contribuições sindicais, FGTS e imposto sobre renda retido na fonte; e

VII — outras informações de interesse dos órgãos e entidades integrantes do Comitê Gestor do eSocial, no âmbito de suas competências.

§ 1º Os órgãos partícipes disciplinarão os procedimentos e os efeitos para que as informações prestadas no eSocial componham a base de cálculo para a apuração dos débitos delas decorrentes e a base de dados para fins de cálculo e concessão de benefícios previdenciários e trabalhistas em atos administrativos específicos das autoridades competentes. Ministério do Trabalho e Emprego.

§ 2º O disposto no *caput* não dispensa os obrigados ao eSocial da manutenção, sob sua guarda e responsabilidade, dos documentos, na forma e prazos previstos na legislação aplicável.

§ 3º As informações previdenciárias constantes do eSocial referem-se ao Regime Geral de Previdência Social e aos regimes próprios de previdência social previstos no art. 1º da Lei n. 9.717 de 27 de novembro de 1998.

§ 4º Os dados de que trata o inciso III do *caput* referem-se a ativos, aposentados, transferidos para reserva remunerada, reformados ou reincluídos, seus dependentes e pensionistas, devendo abranger também as informações de outras categorias de segurados amparados em regime próprio de previdência social com fundamento em decisão judicial ou em legislação específica do ente federativo.

Art. 3º Os eventos que compõem o eSocial obedecerão as regras constantes no Manual de Orientação do eSocial e serão transmitidos ao Ambiente Nacional nos seguintes prazos:

I — eventos iniciais e tabelas do empregador:

a) as informações relativas à identificação do empregador, de seus estabelecimentos e obras de construção civil deverão ser enviadas previamente à transmissão de outras informações;

b) as informações relativas às tabelas do empregador, que representam um conjunto de regras específicas necessárias para validação dos eventos do eSocial, como as rubricas da folha de pagamento, informações de processos administrativos e judiciais, lotações, relação de cargos, carreiras, patentes e funções, jornada de trabalho, horário contratual, ambientes de trabalho e outras necessárias para verificação da integridade dos eventos periódicos e não periódicos deverão ser enviadas previamente à transmissão de qualquer evento que requeira essas informações;

c) as informações relativas aos vínculos trabalhistas e funcionais mantidos no momento do início da obrigatoriedade da utilização do eSocial deverão ser transmitidas antes do envio de qualquer evento periódico ou não periódico e até o final do 1º (primeiro) mês de sua obrigatoriedade; e

d) as informações de atualização de identificação do empregador, dos estabelecimentos e das obras de construção civil de que trata a alínea "a" deverão ser enviadas até o dia 7 (sete) do mês subsequente ao de ocorrência da alteração, ou previamente à transmissão de qualquer evento que requeira essas informações para validação, o que ocorrer primeiro.

II — livro de eventos não periódicos:

a) as informações do registro preliminar de admissão do trabalhador devem ser enviadas até o final do dia imediatamente anterior ao do início da prestação do serviço, observado o disposto no § 1º deste artigo;

b) as informações da admissão do trabalhador e de ingresso e reingresso do servidor público de todos os poderes, órgãos e entidades do respectivo ente federativo vinculados ao Regime Geral de Previdência Social, suas autarquias e fundações, devem ser enviadas antes da transmissão de qualquer outro evento relativo a esse trabalhador ou até o dia 7 (sete) do mês subsequente ao da sua ocorrência, observado o disposto no § 2º deste artigo;

c) as informações de ingresso e reingresso do servidor titular de cargo efetivo de todos os poderes, órgãos e entidades do respectivo ente federativo, suas autarquias e fundações, amparado por Regime Próprio de Previdência Social, do magistrado, do membro do Tribunal de Contas, do membro do Ministério Público e do militar, devem ser enviadas antes da transmissão de qualquer outro evento relativo a esses segurados ou até o dia 7 (sete) do mês subsequente ao da sua ocorrência;

d) as informações da comunicação de acidente de trabalho devem ser enviadas até o 1º (primeiro) dia útil seguinte ao da ocorrência e, em caso de morte, de imediato; e) as informações de desligamento devem ser enviadas até o 1º (primeiro) dia útil seguinte à data do desligamento, no caso de aviso prévio trabalhado ou do término de contrato por prazo determinado;

f) as informações de desligamento devem ser enviadas até 10 (dez) dias seguintes à data do desligamento nos casos não previstos na alínea "e" deste inciso;

g) as informações do aviso prévio devem ser enviadas em até 10 dias de sua comunicação ao empregado;

h) as informações do afastamento temporário ocasionado por acidente do trabalho, agravo de saúde ou doença decorrentes do trabalho com duração de até 30 (trinta) dias devem ser enviadas até o dia 7 (sete) do mês subsequente;

i) as informações do afastamento temporário ocasionado por acidente de qualquer natureza, agravo de saúde ou doença não relacionados ao trabalho com duração de 3 (três) a 30 (trinta) dias devem ser enviadas até o dia 7 (sete) do mês subsequente;

j) as informações do afastamento temporário ocasionado por acidente de trabalho, acidente de qualquer natureza, agravo de saúde ou doença com duração superior a 30 (trinta) dias devem ser enviadas até o 31º dia da sua ocorrência, caso não tenha transcorrido o prazo previsto nas alíneas "h" ou "i";

k) as informações dos afastamentos temporários ocasionados pelo mesmo acidente ou doença que ocorrerem dentro do prazo de 60 (sessenta) dias e tiverem em sua totalidade duração superior a 30 (trinta) dias, independente da duração individual de cada afastamento, deverão ser enviados em conjunto até o 31º dia do afastamento, caso não tenha transcorrido o prazo previsto nas alíneas "h" ou "i";

l) as informações dos eventos não periódicos não relacionados nas alíneas "a" a "k" devem ser enviadas até o dia 7 (sete) do mês subsequente ao da sua ocorrência ou antes do envio dos eventos mensais de remuneração a que se relacionem, observado o disposto no § 2º deste artigo; e

m) as informações dos afastamentos temporários e desligamentos do servidor titular de cargo efetivo de todos os poderes, órgãos e entidades do respectivo ente federativo, suas autarquias e fundações, amparado por Regime Próprio de Previdência Social, do magistrado, do membro do Tribunal de Contas, do membro do Ministério Público e do militar, devem ser enviadas antes do evento que contém a remuneração devida no mês a que se refere o afastamento, ou até o dia 20 (vinte) do mês subsequente ao que ocorrerem quando não for devida remuneração na competência.

III — livro de eventos periódicos:

a) as informações das folhas de pagamento contendo as remunerações devidas aos empregados, trabalhadores avulsos e contribuintes individuais, bem como os correspondentes totais, base de cálculo e valores devidos de contribuições previdenciárias, contribuições sociais de que trata a Lei Complementar n. 110, de 2001, contribuições sindicais, FGTS e imposto sobre a renda devem ser enviadas até o dia 7 (sete) do mês subsequente ao que se refiram;

b) as informações de folha de pagamento contendo os pagamentos realizados a todos os trabalhadores, deduções e os valores devidos do imposto de renda retido na fonte devem ser transmitidas até o dia 7 (sete) do mês subsequente ao do pagamento;

c) as informações relacionadas à comercialização da produção rural pelo segurado especial e pelo produtor rural pessoa física, com as correspondentes deduções, bases de cálculo e os valores devidos e retidos, devem ser transmitidas até o dia 7 (sete) do mês subsequente ao que se refiram; e

d) as informações das remunerações e benefícios devidos e dos pagamentos realizados ao servidor titular de cargo efetivo de todos os poderes, órgãos e entidades do respectivo ente federativo, suas autarquias e fundações, amparado por regime próprio de previdência social, do magistrado, do membro do Tribunal de Contas, do membro do Ministério Público e do militar, bem como as bases de cálculo e valores devidos pelos segurados, beneficiários e pelo ente federativo das contribuições previdenciárias, devem ser enviadas até o dia 7 (sete) do mês subsequente ao que ocorrerem.

§ 1º O empregador pode optar por enviar todas as informações de admissão do trabalhador até o final do dia imediatamente anterior ao do início da prestação do serviço ficando, nesse caso, dispensado do envio das informações do registro preliminar do trabalhador.

§ 2º Antecipa-se o vencimento dos prazos de envio para o dia útil imediatamente anterior quando não houver expediente bancário nas datas indicadas nas alíneas "b", "c", "f", "h" a "k" e "m" do inciso II e no inciso III.

§ 3º Antecipa-se o vencimento do prazo de envio para o dia 7 (sete) do mês subsequente quando o 10º dia corrido de que trata a alínea "f" do inciso II deste artigo for posterior ao dia 7 (sete).

§ 4º As informações de remuneração de empregado referentes ao mês anterior, de que trata a alínea "a" do inciso III deste artigo, devem ser enviadas previamente às informações de desligamento deste empregado, nas hipóteses em que os vencimentos dos prazos previstos para envio do desligamento ocorram antes do dia 7 (sete) do mês subsequente.

§ 5º Na ausência de fatos geradores que obrigam o envio dos eventos periódicos previstos no inciso III, o obrigado ao eSocial deve enviar um evento específico informando que não possui movimento na primeira competência em que essa situação ocorrer, devendo tal informação ser ratificada na competência janeiro de cada ano enquanto permanecer essa situação.

§ 6º Os eventos que compõem o eSocial devem ser transmitidos mediante autenticação e assinatura digital utilizando-se certificado digital válido no âmbito da Infraestrutura de Chaves Públicas Brasileiras (ICP-Brasil).

§ 7º Terão as rotinas de autenticação disciplinadas no Manual de Orientação do eSocial, não se aplicando o § 6º deste artigo, o Micro Empreendedor Individual — MEI com empregado, o segurado especial e os obrigados relacionados a seguir que possuam até 7 (sete) empregados:

I — empregadores domésticos;

II — micro e pequenas empresas optantes pelo Simples Nacional;

III — contribuinte individual equiparado à empresa; e

IV — produtor rural pessoa física.

§ 8º A transmissão e a assinatura digital dos eventos poderão ser feitas por procuradores com poderes outorgados de acordo com modelos adotados pelos órgãos e entidades integrantes do Comitê Gestor do eSocial.

§ 9º Aquele que deixar de prestar as informações no prazo fixado ou que a apresentar com incorreções ou omissões ficará sujeito às penalidades previstas na legislação.

Art. 4º O tratamento diferenciado, simplificado e favorecido a ser dispensado às empresas optantes pelo Regime Especial Unificado de Arrecadação de Tributos e Contribuições devidos pelas Microempresas e Empresas de Pequeno Porte — Simples Nacional, MEI com empregado, ao empregador doméstico, ao segurado especial e ao produtor rural pessoa física será definido em atos específicos.

Art. 5º Fica aprovada a versão 2.0 do Manual de Orientação do eSocial, disponível no sítio eletrônico do eSocial na Internet, no endereço <http://www.esocial.gov.br>.

Art. 6º Os órgãos e entidades integrantes do Comitê Gestor do eSocial regulamentarão, no âmbito de suas competências, o disposto nesta Resolução.

Art. 7º Esta Resolução entra em vigor na data de sua publicação.

José Alberto Reynaldo Maia Alves Filho
Ministério do Trabalho e Emprego
Jarbas de Araújo Félix
Ministério da Previdência Social
Janaína dos Santos de Queiroz
Instituto Nacional do Seguro Social
Henrique José Santana
Caixa Econômica Federal
Clóvis Belbute Peres
Secretaria da Receita Federal do Brasil

DOU 3.3.2015

Resolução n. 2, do Comitê do Programa de Proteção ao Emprego — CPPE, de 21 de julho de 2015

Estabelece regras e procedimentos para a adesão e o funcionamento do Programa de Proteção ao Emprego — PPE

O COMITÊ DO PROGRAMA DE PROTEÇÃO AO EMPREGO — CPPE, no uso das

atribuições que lhe conferem os arts. 3º e 6º do Decreto n. 8.479, de 6 de julho de 2015, e tendo em vista o disposto na Medida Provisória n. 680, de 6 de julho de 2015, resolve:

Art. 1º Estabelecer as regras e os procedimentos para a adesão e o funcionamento do Programa de Proteção ao Emprego — PPE.

Art. 2º A solicitação de adesão ao PPE deverá ser dirigida à Secretaria Executiva do Comitê do Programa de Proteção ao Emprego — SE-CPPE.

Art. 3º Para aderir ao PPE, a empresa deverá:

I — apresentar solicitação de Adesão ao Programa de Proteção ao Emprego, conforme modelo de formulário aprovado pela SE-CPPE, devidamente preenchido;

II — comprovar registro no Cadastro Nacional da Pessoa Jurídica — CNPJ há, no mínimo, dois anos;

III — demonstrar a regularidade fiscal, previdenciária e relativa ao Fundo de Garantia do Tempo de Serviço — FGTS, por meio da apresentação da Certidão de Débitos Relativos a Créditos Tributários Federais e à Dívida Ativa da União e do Certificado de Regularidade do Fundo de Garantia do Tempo de Serviço — CRF/FGTS;

IV — comprovar a sua situação de dificuldade econômico-financeira; e

V — apresentar Requerimento de Registro e demais documentos necessários para o depósito e registro do Acordo Coletivo de Trabalho Específico — ACTE no Sistema Mediador do Ministério do Trabalho e Emprego, conforme instruções normativas da Secretaria de Relações do Trabalho.

§ 1º Para fins do disposto no inciso II do caput, em caso de solicitação de adesão por filial de empresa, poderá ser considerado o tempo de registro no CNPJ da matriz.

§ 2º A regularidade de que trata o inciso III do *caput* deverá ser observada durante todo o período de adesão ao PPE, como condição para permanência no programa.

Art. 4º Será considerada em situação de dificuldade econômico-financeira, para fins do disposto no inciso IV do *caput* do art. 3º, a empresa cujo Indicador Líquido de Empregos — ILE for igual ou inferior a 1%, apurado com base nas informações da empresa disponíveis no Cadastro Geral de Empregados e Desempregados — CAGED.

§ 1º O ILE consiste no percentual representado pela diferença entre admissões e desligamentos, acumulada nos doze meses anteriores ao da solicitação de adesão ao PPE, em relação ao estoque de empregados.

§ 2º Para fins de apuração do ILE, será considerado o estoque de empregados verificado no 13º mês anterior ao da solicitação de adesão ao PPE.

Art. 5º O Acordo Coletivo de Trabalho Específico — ACTE de que trata o inciso V do *caput* do art. 3º, a ser celebrado com o sindicato dos trabalhadores representativos da categoria da atividade econômica preponderante da empresa, deverá ser registrado no sistema Mediador, nos termos do art. 614 do Decreto-Lei n. 5.452, de 1º de maio de 1943 — Consolidação das Leis do Trabalho, e conter, no mínimo:

I — o período pretendido de adesão ao PPE;

II — o percentual de redução da jornada de trabalho, limitado a trinta por cento, com redução proporcional do salário;

III — os estabelecimentos ou os setores da empresa a serem abrangidos pelo PPE;

IV — a previsão de constituição de comissão paritária composta por representantes do empregador e dos empregados abrangidos pelo PPE para acompanhamento e fiscalização do Programa e de acordo;

V — a relação dos empregados abrangidos, anexada ao Acordo, contendo nomes, números de inscrição no Cadastro Nacional de Pessoas Físicas — CPF e no Programa de Integração Social — PIS e demais dados necessários ao registro do ACTE no MTE e pagamento do Benefício PPE.

§ 1º O ACTE deverá ser aprovado em assembleia dos empregados a serem abrangidos pelo Programa.

§ 2º Para a pactuação do ACTE, a empresa demonstrará ao sindicato que foram esgotados os períodos de férias, inclusive coletivas, e os bancos de horas.

§ 3º Previamente à celebração do ACTE, a empresa fornecerá ao sindicato as informações econômico-financeiras a serem apresentadas para adesão ao PPE.

§ 4º As alterações no ACTE referentes a prazo, setores abrangidos e percentual de redução de jornada e salário, bem como as prorrogações da adesão, deverão ser registradas no sistema Mediador do Ministério do Trabalho e Emprego e submetidas à análise da SE-CPPE.

§ 5º Eventuais alterações na relação de empregados abrangidos deverão ser encaminhadas à SE-CPPE, com aprovação da comissão paritária de que trata o inciso IV do caput, em arquivo com o mesmo formato da relação inicialmente apresentada.

§ 6º O ACTE deverá prever percentual único de redução de salário para os empregados por ele abrangidos.

§ 7º A redução temporária da jornada de trabalho poderá ter duração de até seis meses, podendo ser prorrogada, desde que o período total não ultrapasse doze meses.

Art. 6º As solicitações de adesão ao PPE serão recebidas e analisadas pela SE-CPPE, que decidirá em caráter final e informará os resultados às empresas solicitantes.

Parágrafo único. A aprovação das solicitações de adesão ao PPE dependerá da disponibilidade orçamentária e financeira do Fundo de Amparo ao Trabalhador — FAT, o qual custeará o pagamento do Benefício PPE.

Art. 7º As empresas que aderirem ao PPE ficam proibidas de dispensar arbitrariamente ou sem justa causa os empregados que tiverem sua jornada de trabalho temporariamente reduzida enquanto vigorar a adesão ao PPE e, após o seu término, durante o prazo equivalente a um terço do período de adesão.

Art. 8º No período de adesão ao PPE, a empresa não poderá contratar empregados para executar, total ou parcialmente, as mesmas atividades exercidas pelos trabalhadores abrangidos pelo Programa, exceto nos casos de reposição ou aproveitamento de concluinte decurso de aprendizagem na empresa, nos termos do art. 429 da Consolidação das Leis do Trabalho, desde que o novo empregado também seja abrangido pela adesão.

Art. 9º Será excluída do PPE e ficará impedida de aderir novamente a empresa que:

I — descumprir os termos do ACTE relativo à redução temporária da jornada de trabalho ou qualquer outro dispositivo da Medida Provisória n. 680, de 2015, ou de sua regulamentação; ou

II — cometer fraude no âmbito do PPE.

Parágrafo único. Em caso de fraude no âmbito do PPE, a empresa ficará obrigada a restituir ao FAT os recursos recebidos, devidamente corrigidos, e a pagar multa administrativa correspondente a cem por cento desse valor, a ser aplicada conforme o Título VII da Consolidação das Leis do Trabalho e revertida ao FAT.

Art. 10. Caberá à SE-CPPE a adoção de providências, expedição de orientações e celebração de instrumentos necessários ao cumprimento do disposto nesta Resolução, podendo submeter ao CPPE os casos omissos e as dúvidas suscitadas quanto à aplicação desta Resolução.

Art. 11. As empresas que não atenderem o requisito estabelecido no art. 4º poderão apresentar à SE-CPPE outras informações que julgarem relevantes para comprovar sua situação de dificuldade econômico-financeira, a fim de subsidiarem eventual aprimoramento das regras e procedimentos do Programa pelo CPPE.

Art. 12. Esta Resolução entra em vigor na data de sua publicação.

Manoel Dias
Coordenador

DOU 22.7.2015

Resolução CODEFAT n. 754, de 26 de agosto de 2015

Regulamenta os procedimentos para habilitação e concessão de Seguro-Desemprego para empregados domésticos dispensados sem justa causa na forma do art. 26 da Lei Complementar n. 150, de 1º de junho de 2015

O CONSELHO DELIBERATIVO DO FUNDO DE AMPARO AO TRABALHADOR — CODEFAT, no uso das atribuições que lhe confere o inciso V, do art. 19, da Lei n. 7.998, de 11 de janeiro de 1990 e conforme o disposto no art. 26, § 1º da Lei Complementar n. 150, de 1º de junho de 2015,

Resolve:

Art. 1º Estabelecer os critérios relativos ao processamento de requerimentos e habilitação no Programa do Seguro-Desemprego na forma do que dispõe o art. 26, § 1º, da Lei Complementar n. 150, de 1º de junho de 2015 e a Lei n. 7.998, de 11 de janeiro de 1990, no que couber.

Art. 2º O Programa do Seguro-Desemprego tem por finalidade:

I — prover assistência financeira temporária ao trabalhador desempregado em virtude de dispensa sem justa causa, inclusive a indireta;

II — auxiliar os trabalhadores na busca ou preservação do emprego, promovendo, para tanto, ações integradas de orientação, recolocação e qualificação profissional na forma da Lei.

Art. 3º Terá direito a perceber o Seguro-Desemprego o empregado doméstico dispensado sem justa causa ou de forma indireta, que comprove:

I — ter sido empregado doméstico, por pelo menos quinze meses nos últimos vinte e quatro meses que antecedem à data da dispensa que deu origem ao requerimento do Seguro-Desemprego;

LEGISLAÇÃO COMPLEMENTAR

II — não estar em gozo de qualquer benefício previdenciário de prestação continuada da previdência social, exceto auxílio-acidente e pensão por morte;

III — não possuir renda própria de qualquer natureza, suficiente à sua manutenção e de sua família.

§ 1º Os requisitos de que trata este artigo serão verificados a partir das informações registradas no CNIS e, se insuficientes, por meio das anotações na Carteira de Trabalho e Previdência Social — CTPS, por meio de contracheques ou documento que contenha decisão judicial que detalhe a data de admissão, demissão, remuneração, empregador e função exercida pelo empregado.

§ 2º Considera-se um mês de atividade, para efeito do inciso I, deste artigo, a fração igual ou superior a 15 (quinze) dias, conforme previsão do art. 4º, § 3º da Lei n. 7.998/1990.

Art. 4º Para requerer sua habilitação no Programa do Seguro-Desemprego, o empregado doméstico deverá comparecer perante uma das Unidades da rede de atendimento vinculadas ou autorizadas pelo Ministério do Trabalho e Emprego — MTE munido dos seguintes documentos:

I — Carteira de Trabalho e Previdência Social — CTPS, na qual deverão constar a anotação do contrato de trabalho doméstico e a data de admissão e a data da dispensa, de modo a comprovar o vínculo empregatício doméstico, durante pelo menos 15 (quinze) meses nos últimos 24 (vinte e quatro) meses;

II — Termo de Rescisão do Contrato de Trabalho — TRCT atestando a dispensa sem justa causa;

III — declaração de que não está em gozo de benefício de prestação continuada da previdência social, exceto auxílio-acidente e pensão por morte; e

IV — declaração de que não possui renda própria de qualquer natureza suficiente à sua manutenção e de sua família.

§ 1º As declarações de que tratam os incisos III e IV, deste artigo, serão firmadas pelo trabalhador no documento de Requerimento do Seguro-Desemprego do Empregado Doméstico — RSDED fornecido pelo MTE na unidade de atendimento.

§ 2º Os documentos descritos nos incisos I e II serão substituídos por sentença judicial com força executiva, decisão liminar ou antecipatória de tutela, ata de audiência realizada na Justiça do Trabalho ou acórdão de Tribunal onde constem os dados do trabalhador, tais como a data de admissão, demissão e salário, dados do empregador e o motivo da rescisão, se direta sem justa causa ou indireta.

Art. 5º É obrigatória a identificação do empregado doméstico no NIS, NIT ou no Programa de Integração Social — PIS, cujo número de inscrição deverá ser indicado em campo próprio do requerimento de habilitação e do formulário de Comunicado de Dispensa do Empregado Doméstico — CDED.

Parágrafo único. O agente público ou atendente vinculado ao Ministério do Trabalho e Emprego — MTE deverá conferir se o requerente preenche os critérios de habilitação no Programa do Seguro-Desemprego e, em caso afirmativo, fornecerá ao trabalhador a Comunicação de Dispensa do Empregado Doméstico — CDED, devidamente preenchida.

Art. 6º O valor do benefício do Seguro-Desemprego do empregado doméstico corresponderá a 1 (um) salário-mínimo e será concedido por um período máximo de 3 (três) meses, de forma contínua ou alternada, a cada período aquisitivo de 16 (dezesseis) meses, contados da data da dispensa que originou habilitação anterior.

§ 1º O requerimento de habilitação no Programa do Seguro-Desemprego só poderá ser proposto a cada novo período aquisitivo, desde que cumpridos todos os requisitos estabelecidos na Lei Complementar n. 150/2015 e nesta Resolução.

§ 2º A contagem do prazo do período aquisitivo não se interrompe, nem se suspende.

Art. 7º O direito de requerer a habilitação no Programa do Seguro-Desemprego, bem como o de receber o benefício tem caráter pessoal e intransferível, exceto para os seguintes casos:

I — morte do trabalhador, para efeito de recebimento das parcelas legalmente adquiridas que abrangem o período que vai da data da dispensa à data do óbito do segurado, mediante a apresentação pelos sucessores de decisão oriunda do Poder Judiciário ou alvará judicial;

II — grave moléstia do segurado, comprovada pela perícia médica do Instituto Nacional de Seguridade Social — INSS, quando serão pagas parcelas legalmente adquiridas ao seu curador legalmente designado ou representante legal, mediante apresentação de mandato outorgado por instrumento público, com finalidade específica para o benefício a ser recebido;

III — moléstia contagiosa ou impossibilidade de locomoção, devidamente comprovada mediante perícia médica do Instituto Nacional de Seguridade Social — INSS, quando serão pagas parcelas vencidas a procurador designado em instrumento público, com poderes específicos para receber o benefício;

IV — ausência civil, quando serão pagas parcelas vencidas ao curador designado pelo Juiz, mediante certidão judicial de nomeação do curador habilitado à prática do ato;

V — beneficiário preso, impossibilitado de comparecer pessoalmente à instituição financeira responsável pelo pagamento, quando as parcelas legalmente adquiridas serão pagas ao dependente, segundo a ordem preferencial de que trata o art. 16, da Lei n. 8.213, de 24 de julho de 1991, indicado por meio de instrumento público com poderes específicos para o ato.

§ 1º Nas excepcionais hipóteses elencadas nos incisos I a V, o mandatário deverá instruir o requerimento de habilitação no Programa do Seguro-Desemprego com os documentos exigidos no art. 4º desta Resolução.

§ 2º O mandato deverá ser outorgado em caráter individual, especificando a modalidade de benefício de Seguro-Desemprego a qual o requerimento faz referência e à dispensa que lhe deu causa.

§ 3º Será permitido o processamento de requerimento de parcelas legalmente adquiridas por beneficiário que se encontre preso na forma especificada na Resolução n. 745, de 27 de maio de 2015.

Art. 8º A habilitação no Programa do Seguro-Desemprego deverá ser requerida perante as unidades de atendimento do Ministério do Trabalho e Emprego — MTE ou aos órgãos autorizados no prazo de 7 (sete) a 90 (noventa) dias contados da data da dispensa.

§ 1º No ato do atendimento o agente público verificará se o requerente reúne os requisitos legais e os estabelecidos nesta Resolução, bem como se está munido dos documentos listados no art. 4º, necessários à habilitação no Programa do Seguro-Desemprego;

§ 2º Sempre que viável, o requerente será incluído nas ações integradas de intermediação de mão de obra com o objetivo de recolocá-lo no mercado de trabalho ou, não sendo possível, encaminhado a curso qualificador disponível ofertado no âmbito do Programa Nacional de Acesso ao Ensino Técnico e Emprego — PRONATEC.

Art. 9º O pagamento da primeira parcela será agendado para trinta dias após a data do protocolo do RSDED e as demais a cada intervalo de trinta dias, contados da emissão da parcela anterior.

Art. 10. O trabalhador fará jus ao pagamento integral das parcelas subsequentes para cada mês, quando contar com fração igual ou superior a quinze dias de desemprego de forma que:

I — O segurado terá direito a 1 (uma) parcela se ficar desempregado até 44 dias após a demissão;

II — O segurado terá direito a 2 (duas) parcelas se ficar desempregado até 60 dias após a demissão; e

III — O segurado terá direito a 3 (três) parcelas se ficar desempregado por 75 dias ou mais após a demissão.

Art. 11. A quantidade de parcelas adquiridas são obtidas a partir do cálculo feito entre a data da demissão e a data do reemprego, a data do implemento do benefício previdenciário, data do óbito ou da data da prisão do segurado.

Art. 12. O pagamento do benefício poderá ser efetuado mediante crédito em conta simplificada ou conta poupança na Caixa Econômica Federal — CEF ou, ainda, a partir de apresentação do cartão cidadão ou outro documento de identificação com foto.

Parágrafo único. As parcelas creditadas indevidamente pelo agente pagador em conta corrente reverterão automaticamente ao Programa do Seguro-Desemprego.

Art. 13. O segurado deverá promover o recebimento de cada parcela no prazo de 67 (sessenta e sete) dias a contar de sua disponibilização para saque.

§ 1º Passado o período estabelecido no *caput* deste artigo, as parcelas não sacadas serão devolvidas para o Fundo de Amparo ao Trabalhador — FAT.

§ 2º As parcelas devolvidas somente poderão ser reemitidas a partir de solicitação do beneficiário ou por meio de decisão proferida pelo Poder Judiciário.

§ 3º A reemissão da parcela devolvida poderá ser solicitada no prazo de 2 (dois) anos contados da data da sua devolução individualmente considerada.

§ 4º Na hipótese de não ser concedido o benefício do Seguro-Desemprego ao empregado doméstico, o Ministério do Trabalho e Emprego notificará o requerente quanto aos motivos do indeferimento.

Art. 14. O requerente que não satisfizer os requisitos legais e os estabelecidos nesta Resolução, terá o pedido de habilitação indeferido.

Parágrafo único. O agente público ou agente credenciado informará ao requerente que este poderá interpor recurso administrativo da decisão de indeferimento.

Art. 15. A habilitação do trabalhador no Programa do Seguro-Desemprego do Empregado Doméstico será suspensa nas seguintes situações:

I — admissão do empregado doméstico em novo emprego;

II — início de percepção de benefício de prestação continuada da Previdência Social,

exceto aqueles permitidos pelo art. 28, III, da Lei Complementar n. 150, de 1º de junho de 2015; e

III — recusa injustificada por parte do trabalhador desempregado em participar de ações de recolocação de emprego, conforme regulamentação do CODEFAT.

Art. 16. A habilitação do empregado doméstico no Programa do Seguro-Desemprego será cancelada:

I — pela recusa por parte do trabalhador desempregado de outro emprego condizente com sua qualificação registrada ou declarada e com sua remuneração anterior;

II — por comprovação de falsidade na prestação das informações necessárias à habilitação;

III — por comprovação de fraude visando à percepção indevida do benefício do seguro-desemprego; ou

IV — por morte do segurado.

§ 1º Nos casos previstos nos incisos I a III deste artigo, será suspenso por um período de 2 (dois) anos o direito do trabalhador à percepção de parcelas de Seguro-Desemprego, dobrando-se este período em caso de reincidência;

§ 2º O ato de cancelamento consiste no impedimento de recebimento de parcelas liberadas ou emitidas que serão devolvidas ao Fundo de Amparo ao Trabalhador — FAT;

§ 3º Para efeito do Seguro-Desemprego, considerar-se-á emprego condizente com a vaga ofertada, aquele que apresente tarefas semelhantes ao perfil profissional do trabalhador, declarado ou comprovado no ato do seu cadastramento;

§ 4º Para a aferição de salário compatível, leva-se em consideração o piso salarial da categoria, a média do mercado baseado em dados de que dispõe o Sistema Nacional de Emprego — SINE e salário pretendido pelo requerente;

§ 5º O cancelamento do benefício em decorrência de recusa de novo emprego, ocorrerá após análise por parte do Órgão competente das justificativas apresentadas pelo trabalhador.

Art. 17. As parcelas do Seguro-Desemprego do Empregado Doméstico, recebidas irregularmente pelos segurados, serão restituídas mediante Guia de Recolhimento da União — GRU ou por meio de compensação automática consoante previsão do art. 25-A da Lei n. 7.998/1990, com redação dada pela Lei n. 13.134, de 16 de junho de 2015 e na forma regulamentada em resolução específica do CODEFAT.

Art. 18. Fica revogada a Resolução n. 253, de 4 de outubro de 2000.

Art. 19. Esta Resolução entra em vigor na data de sua publicação.

Virgílio Nelson da Silva Carvalho,
Presidente do Conselho

DOU 28.8.2015

Resolução CODEFAT n. 759, de 9 de março de 2016

Dispõe sobre critérios de pagamento do benefício Seguro-Desemprego aos pescadores profissionais, categoria artesanal, durante a paralisação da atividade pesqueira instituída pela Lei n. 10.779, de 25 de novembro de 2003, e dá outras providências

O CONSELHO DELIBERATIVO DO FUNDO DE AMPARO AO TRABALHADOR — CODEFAT, no uso das atribuições que lhe confere o inciso V, do art. 19 da Lei n. 7.998, de 11 de janeiro de 1990, e tendo em vista o que estabelece a Lei n. 10.779, de 25 de novembro de 2003,

Resolve:

Art. 1º Estabelecer critérios de pagamento do benefício Seguro-Desemprego ao pescador artesanal de que trata o art. 1º da Lei n. 10.779/2003, que se dedicou à pesca durante o período compreendido entre o término do defeso anterior e o início do defeso em curso, desde que da mesma espécie, a ser pago no valor de um salário mínimo mensal durante o período do defeso.

§ 1º O Seguro-Desemprego pescador artesanal será custeado com recursos do Fundo de Amparo ao Trabalhador — FAT, com pagamento realizado pelo Ministério do Trabalho e Previdência Social — MTPS, por intermédio da Caixa Econômica Federal — CAIXA.

§ 2º O pagamento da primeira parcela corresponderá aos primeiros trinta dias a contar do início do defeso e, as parcelas subsequentes, a cada intervalo de 30 dias.

§ 3º O pescador fará jus ao pagamento integral das parcelas subsequentes para cada mês, por fração igual ou superior a 15 (quinze) dias do defeso.

§ 4º Em caso de liberação por recurso, a primeira parcela ficará disponível no lote imediatamente posterior ao processamento do recurso, desde que a data do recurso tenha pelo menos 30 (trinta) dias da data do início do defeso.

§ 5º As parcelas deverão estar disponíveis para saque, em lotes semanais, emitidos com antecedência mínima de 10 (dez) dias do início do cronograma a seguir:

LOTE	FINAL NIS/PIS
1º dia	1 e 2
2º dia	3 e 4
3º dia	5 e 6
4º dia	7 e 8
5º dia	9 e 0

§ 6º Quando a data de pagamento do benefício recair em dia não útil esse ocorrerá no próximo dia útil subsequente, deslocando-se o cronograma e mantendo a execução, quando for o caso, sem prejuízo do início de novo cronograma.

§ 7º Nos casos de início de atividade remunerada, percepção de outra renda ou morte do beneficiário, o seguro-desemprego será pago com base na relação entre o início do defeso e a data de impedimento para a percepção do benefício, conforme §§ 2º e 3º.

§ 8º O período de recebimento do benefício não poderá exceder o limite variável de que trata o § 8º do art. 1º da Lei n. 10.779/2003, ressalvado o período adicional de que trata o § 5º do art. 4º da Lei n. 7.998/1990.

Art. 2º O pagamento do benefício do Seguro-Desemprego será efetuado mediante crédito em Conta Simplificada ou Conta Poupança, em favor de beneficiário correntista da Caixa Econômica Federal, sem qualquer ônus para o pescador, podendo, a requerimento do pescador, ser efetuado em espécie, mediante a utilização do Cartão Cidadão ou a apresentação de documento de identificação civil, nos termos da Lei n. 12.037, de 1º de outubro de 2009.

§ 1º O beneficiário que não desejar receber as parcelas do Seguro-Desemprego Pescador Artesanal por meio de crédito em Conta Simplificada ou Conta Poupança deverá solicitar formalmente ao agente pagador a sua suspensão, nas agências da CAIXA no prazo máximo de até dez dias após o recebimento da parcela.

§ 2º As parcelas creditadas indevidamente pelo agente pagador em conta corrente serão revertidas automaticamente ao Programa do Seguro-Desemprego.

§ 3º Os pagamentos efetuados com a utilização do Cartão Cidadão terão sua comprovação por meio do registro eletrônico da transação, o qual ficará à disposição para consulta pelo MTPS/INSS durante o prazo de 5 (cinco) anos.

§ 4º Os pagamentos efetuados nas agências da CAIXA, sem utilização do Cartão Cidadão ou mediante crédito em conta em favor de segurado correntista, terão sua comprovação por meio de autenticação em documento próprio ou registro eletrônico, arquivado na CAIXA, que ficará à disposição do MTPS/INSS durante o prazo de 5 (cinco) anos.

Art. 3º Esta Resolução entra em vigor na data da sua publicação, ficando revogados os arts. 6º e 7º da Resolução CODEFAT n. 657, de 16 de dezembro de 2010.

Virgílio Nelson da Silva Carvalho,
Presidente do Conselho

DOU 11.3.2016

Resolução CODEFAT N. 760, de 9 de março de 2016

Estabelece novo prazo para adoção do procedimento de coleta biométrica no pagamento do benefício Seguro-Desemprego, em espécie

O Conselho Deliberativo do Fundo de Amparo ao Trabalhador — CODEFAT, em face do que estabelece o inciso V do art. 19 da Lei n. 7.998, de 11 de janeiro de 1990,

Resolve:

Art. 1º Estabelecer que, até o final do exercício de 2017, os pagamentos dos benefícios do Seguro-Desemprego, em quaisquer modalidades, serão efetuados por meio de conta simplificada ou conta poupança em favor do beneficiário, sem qualquer ônus para o trabalhador; ou, diretamente, em espécie, por meio de identificação em sistema biométrico, mantidas as hipóteses de pagamento a terceiros previstas no art. 11 da Resolução n. 467, de 21 de dezembro de 2005, art. 8º da Resolução n. 657, de 16 de dezembro de 2010, e art. 7º da Resolução n. 754, de 26 de agosto de 2015.

Art. 2º Ficam convalidados os atos praticados anteriormente à edição desta Resolução.

Art. 3º Esta Resolução entra em vigor na data de sua publicação, revogando-se a Resolução n. 725/2013.

Virgílio Nelson da Silva Carvalho,
Presidente do Conselho

DOU 11.3.2016

Resolução Normativa CNI n. 94, de 16 de março de 2011

Disciplina a concessão de visto a estrangeiro, estudante ou recém-formado, que venha ao Brasil no âmbito de programa de intercâmbio profissional

O CONSELHO NACIONAL DE IMIGRAÇÃO, instituído pela Lei n. 6.815, de 19 de agosto de

1980 e organizado pela Lei n. 10.683, de 28 de maio de 2003, no uso das atribuições que lhe confere o Decreto n. 840, de 22 de junho de 1993, resolve:

Art. 1º O Ministério do Trabalho e Emprego poderá conceder autorização de trabalho para obtenção do visto temporário previsto no art. 13, inciso V da Lei n. 6.815, de 19 de agosto de 1980, ao estrangeiro que pretenda vir ao Brasil para participar de programa de intercâmbio profissional com entidade empregadora estabelecida no País.

§ 1º Considera-se intercâmbio profissional, para efeito desta Resolução Normativa, a experiência de aprendizado sociolaboral internacional realizada em ambiente de trabalho com vistas ao aprimoramento da formação acadêmica inicial ou continuada objetivando a troca de conhecimentos e experiências culturais e profissionais.

§ 2º O prazo de validade do visto será de até um ano, improrrogável, circunstância que constará da Cédula de Identidade do Estrangeiro.

Art. 2º A concessão do visto de que trata esta Resolução Normativa dependerá de prévia autorização do Ministério do Trabalho e Emprego, que deve ser solicitada pela entidade empregadora no Brasil com a apresentação dos seguintes documentos:

I — comprovação de matrícula em curso de graduação ou pós-graduação ou certificado de conclusão há menos de 01 (um) ano;

II — contrato de trabalho temporário a tempo parcial ou integral com o estrangeiro chamado;

III — termo de compromisso entre o estrangeiro e a entidade empregadora, com participação de entidade brasileira de intercâmbio interveniente, onde constem os termos do programa de intercâmbio;

IV — demais documentos exigidos pelo Ministério do Trabalho e Emprego para a autorização de trabalho.

Art. 3º O Ministério do Trabalho e Emprego poderá indeferir o pedido:

I — se restar caracterizado indício de interesse da empresa em efetuar mera substituição da mão de obra nacional por profissionais estrangeiros; e

II — se for constatado que o mesmo tratamento não é dispensado aos brasileiros no país de origem do interessado.

Art. 4º Os documentos emitidos no exterior deverão estar legalizados por repartição consular brasileira e traduzidos por tradutor juramentado no Brasil.

Art. 5º Esta Resolução Normativa entra em vigor na data de sua publicação.

PAULO SÉRGIO DE ALMEIDA
DOU 14.4.2011

Resolução Normativa CNI n. 103, de 16 de maio de 2013

Disciplina a concessão de autorização de trabalho para obtenção de visto temporário a estrangeiro para trabalho no Brasil nas férias relativas a período acadêmico em instituição de ensino no exterior

O CONSELHO NACIONAL DE IMIGRAÇÃO, instituído pela Lei n. 6.815, de 19 de agosto de 1980 e organizado pela Lei n. 10.683, de 28 de maio de 2003, no uso das atribuições que lhe confere o Decreto n. 840, de 22 de junho de 1993, resolve:

Art. 1º O Ministério do Trabalho e Emprego poderá conceder autorização de trabalho para obtenção do visto temporário previsto no art. 13, inciso V da Lei n. 6.815, de 19 de agosto de 1980, ao estrangeiro matriculado em curso de pós-graduação em instituição de ensino no exterior que pretenda vir ao Brasil para trabalho em entidade empregadora estabelecida no País, no período de férias letivas.

§ 1º O trabalho a que se refere o *caput* não se vincula à realização de estágio ou intercâmbio profissional.

§ 2º O prazo de validade do visto será de até noventa dias, improrrogável, vedada a sua transformação em permanente.

Art. 2º A concessão do visto de que trata esta Resolução Normativa dependerá de prévia autorização do Ministério do Trabalho e Emprego, que deve ser solicitada pela entidade empregadora no Brasil com a apresentação dos seguintes documentos:

I — comprovação de matrícula do estrangeiro em curso de mestrado ou doutorado ou pós-graduação com no mínimo 360 horas, no exterior;

II — contrato de trabalho por prazo determinado, a tempo parcial ou integral, celebrado pela empresa requerente com o estrangeiro chamado;

III — demais documentos exigidos pelo Ministério do Trabalho e Emprego para a autorização de Trabalho.

Art. 3º Esta Resolução Normativa entra em vigor na data de sua publicação.

PAULO SÉRGIO DE ALMEIDA
Presidente do Conselho
DOU 17.5.2013

Resolução Normativa CNI n. 104, de 16 de maio de 2013

Disciplina os procedimentos para a autorização de trabalho a estrangeiros, bem como dá outras providências

O CONSELHO NACIONAL DE IMIGRAÇÃO, instituído pela Lei n. 6.815, de 19 de agosto de 1980 e organizado pela Lei n. 10.683, de 28 de maio de 2003, no uso das atribuições que lhe confere o Decreto n. 840, de 22 de junho de 1993, resolve:

Art. 1º A pessoa jurídica ou física interessada na vinda de trabalhador estrangeiro, em caráter permanente ou temporário, deverá solicitar autorização de trabalho junto à Coordenação-Geral de Imigração do Ministério do Trabalho e Emprego, mediante a apresentação de requerimento, conforme "Formulário de Requerimento de Autorização de Trabalho" em anexo, assinado e encaminhado por seu representante legal, ou procurador, instruído com os seguintes documentos, ou seus equivalentes, quando cabível:

I — Requerente:

a) ato legal que rege a pessoa jurídica devidamente registrada no órgão competente ou identidade, no caso de pessoa física;

b) ato de eleição ou de nomeação de seu representante legal devidamente registrado no órgão competente;

c) cópia do cartão do Cadastro Nacional da Pessoa Jurídica — CNPJ, ou do cartão do Cadastro de Pessoa Física — CPF;

d) procuração quando a requerente se fizer representar por procurador;

e) comprovante original de recolhimento da taxa individual de imigração; e

f) outros documentos previstos em Resoluções do Conselho Nacional de Imigração.

II — Candidato:

a) cópia de página do passaporte que contenha o número, nome, data de nascimento, nacionalidade e fotografia do estrangeiro; e

b) outros documentos previstos em razão de Resoluções do Conselho Nacional de Imigração.

III — Contrato de trabalho por prazo determinado, ou indeterminado, devidamente assinado pelas partes, conforme modelos anexos.

§ 1º Os documentos serão apresentados, caso possível, em meio digital, pela rede mundial de computadores, desde que preservadas as garantias de segurança de sua autenticidade, nos termos da Lei.

§ 2º Os documentos previstos neste artigo, uma vez apresentados e digitalizados, comporão cadastro eletrônico da requerente junto à Coordenação-Geral de Imigração, sendo dispensável sua apresentação em novos pedidos subsequentes, salvo em caso de atualização.

§ 3º O reconhecimento de firma não será exigível, salvo nos casos previstos em lei.

Art. 2º A ausência de documento ou falha na instrução do processo, acarretará o seu sobrestamento para cumprimento de exigência, pelo prazo de trinta dias, contados da data de ciência do interessado, sob pena de indeferimento do pedido.

Parágrafo único. A notificação de qualquer ato administrativo ou de decisão exarada pela Coordenação-Geral de Imigração será efetuada preferencialmente por meio eletrônico que assegure a certeza da ciência do interessado, podendo ainda ser realizada, se necessário, por ciência do processo, por via postal com Aviso de Recebimento — AR ou por telegrama.

Art. 3º Concluída a instrução do processo, a Coordenação-Geral de Imigração decidirá quanto à autorização em até o prazo estabelecido na Lei n. 9.784, de 29 de janeiro de 1999, prorrogável por igual período, mediante justificativa expressa.

§ 1º Denegada a autorização de trabalho caberá pedido de reconsideração dirigido à autoridade que proferiu a decisão, no prazo estabelecido em lei, contados da data de publicação no Diário Oficial da União.

§ 2º O pedido de reconsideração deverá ser acompanhado da taxa de imigração em dobro.

§ 3º Se a autoridade não reconsiderar a decisão no prazo legal, o pedido será recebido como recurso e será encaminhado de ofício à autoridade superior para decisão.

Art. 4º A Coordenação-Geral de Imigração fica autorizada a chamar à ordem o processo e cancelar a autorização de trabalho quando verificado o não cumprimento de qualquer cláusula contratual ou descumprimento de disposições legais, cabendo recurso no prazo estipulado por esta Resolução Normativa.

Art. 5º As hipóteses de transferência do estrangeiro para outra empresa do mesmo grupo econômico, ou mudança de função e/ou agregamento de outras atividades àquelas originalmente desempenhadas pelo estrangeiro, obrigam a pessoa contratante apenas a comunicar e justificar o ato ao Ministério do Trabalho e Emprego no prazo máximo de até quinze dias após a sua ocorrência, apresentando aditivo ao contrato de trabalho, quando cabível.

LEGISLAÇÃO COMPLEMENTAR

Art. 6º Os documentos produzidos fora do país deverão estar consularizados e traduzidos, na forma da legislação em vigor.

§ 1º A Coordenação-Geral de Imigração fica autorizada a conceder prazo de até 60 dias para apresentação da consularização e tradução, nos termos da Lei, de documento produzido no exterior, sem que tal prazo obste o processo de decisão de pedido de autorização de trabalho a estrangeiro.

§ 2º A não apresentação da consularização e tradução, nos termos da Lei, de documento produzido no exterior no prazo previsto no parágrafo anterior, resultará no cancelamento da autorização de trabalho do estrangeiro e comunicação ao Ministério da Justiça.

Art. 7º A pessoa física ou jurídica chamante informará à Coordenação-Geral de Imigração o término do vínculo com o estrangeiro antes do prazo final da autorização de trabalho concedida para fins de cancelamento.

§ 1º O pedido de cancelamento de autorização de trabalho será efetuado por simples comunicação eletrônica do representante legal da pessoa chamante, ou procurador, conforme correio eletrônico informado no Formulário de Requerimento de Autorização de Trabalho.

§ 2º Em caso de novo pedido de autorização de trabalho a estrangeiro que ainda conte com autorização anterior vigente, a Coordenação-Geral de Imigração providenciará o cancelamento automático da autorização anteriormente concedida em caso de deferimento do novo pedido.

§ 3º Os cancelamentos de autorizações de trabalho, após processados, serão comunicados ao Ministério da Justiça, sendo dispensável sua publicação em Diário Oficial.

Art. 8º A Resolução Normativa n. 62, de 8 de dezembro de 2004 passa a vigorar acrescida dos seguintes artigos:

> "Art. 2º-A. Quando se tratar de chamada de dirigente, com poderes de representação geral, em instituições financeiras e demais instituições autorizadas a funcionar pelo Banco Central do Brasil — BACEN, a requerente deverá apresentar carta de anuência do BACEN, quanto à indicação do estrangeiro para o cargo."

> "Art. 2º-B Quando se tratar de chamada de representante legal de sociedade estrangeira de exploração de transporte aéreo e de serviços acessórios, a requerente deverá apresentar instrumento público de procuração delegando poderes ao estrangeiro e carta de homologação da nomeação do representante no Brasil, ou de seu substituto, expedida pela Agência Nacional de Aviação Civil — ANAC."

Art. 9º Esta Resolução Normativa entra em vigor na data de sua publicação.

Art. 10. Fica revogada a Resolução Normativa n. 74, de 9 de fevereiro de 2007.

PAULO SÉRGIO DE ALMEIDA

DOU 17.5.2013

Resolução Normativa CNI n. 108, de 12 de fevereiro de 2014

Dispõe sobre a concessão de visto temporário ou permanente e permanência definitiva a título de reunião familiar

O CONSELHO NACIONAL DE IMIGRAÇÃO, instituído pela Lei n. 6.815, de 19 de agosto de 1980 e organizado pela Lei n. 10.683, de 28 de maio de 2003, no uso das atribuições que lhe confere o Decreto n. 840, de 22 de junho de 1993, resolve:

Art. 1º O Ministério das Relações Exteriores poderá conceder visto temporário ou permanente, a título de reunião familiar, aos dependentes de cidadão brasileiro ou de estrangeiro temporário ou permanente no Brasil.

Parágrafo único. As solicitações de visto de que trata esta Resolução Normativa deverão ser apresentadas às Missões diplomáticas, Repartições consulares de carreira ou Vice-consulados.

Art. 2º Para o efeito do disposto nesta Resolução, consideram-se dependentes:

I — descendentes menores de 18 anos, ou de qualquer idade, quando comprovada a incapacidade de prover o próprio sustento;

II — ascendentes ou descendentes, desde que demonstrada a necessidade de amparo pelo interessado;

III — irmão, neto ou bisneto se órfão, solteiro e menor de 18 anos, ou de qualquer idade, quando comprovada a incapacidade de prover o próprio sustento; e

IV — cônjuge ou companheiro ou companheira, em união estável, sem distinção de sexo, de cidadão brasileiro ou de estrangeiro temporário ou permanente no Brasil.

§ 1º Os dependentes a que se referem os incisos I e III do *caput* deste artigo, que estejam inscritos em curso de graduação ou pós-graduação, serão assim considerados até o ano calendário em que completarem 24 anos, desde que seja concedida igualdade de tratamento a brasileiro no país de origem do estrangeiro.

§ 2º Equiparam-se aos descendentes, a que se refere o inciso I do *caput* deste artigo, o enteado e o menor que, por determinação judicial ou de autoridade competente, se encontrem sob guarda ou tutela de cidadão brasileiro ou estrangeiro temporário ou permanente no Brasil, ou ainda de seu cônjuge, companheiro ou companheira.

§ 3º Para a obtenção de visto temporário ou permanente de que tratam os incisos I a III do *caput* deste artigo deverão ser apresentados às Missões diplomáticas, Repartições consulares de carreira ou Vice-consulados os seguintes documentos:

I — certidão de nascimento, decisão judicial ou outro documento que comprove a relação familiar, emitido por autoridade brasileira ou estrangeira;

II — atestado de antecedentes penais, quando cabível; e

III — declaração de compromisso de manutenção, subsistência e saída do território nacional, em favor do chamado, com firma reconhecida em cartório ou em Repartição consular de carreira.

Art. 3º Os casos de incapacidade de provimento do próprio sustento, de que tratam os incisos I e III, do *caput* do art. 2º desta Resolução, deverão ser comprovados por meio de decisão judicial ou de órgão competente no país de residência do chamado.

Parágrafo único. Em caso de enfermidade, deverá ser apresentado laudo médico emitido no local de residência do chamado.

Art. 4º O Ministério das Relações Exteriores levará em consideração, para configurar o amparo previsto no inciso II, do *caput* do art. 2º, desta Resolução, ao menos um dos seguintes aspectos:

I — não dispor o interessado de renda suficiente para prover o próprio sustento e comprovar a remessa regular de recursos para sua manutenção e sobrevivência;

II — não possuir o interessado descendentes ou colaterais em primeiro ou segundo grau que possam prover sua própria subsistência no país de residência; e

III — necessitar o interessado de assistência, em virtude de enfermidade comprovada por laudo médico.

Art. 5º Poderá ser concedido visto permanente ou permanência definitiva ao estrangeiro que possua filho brasileiro que esteja sob sua guarda e dele dependa economicamente.

Parágrafo único. O disposto neste artigo aplica-se, também, ao estrangeiro que possua a guarda judicial ou a tutela de brasileiro.

Art. 6º Para a obtenção de visto temporário ou permanente com base em casamento, deverão ser apresentadas às Missões diplomáticas, Repartições consulares de carreira ou Vice-consulados os seguintes documentos:

I — certidão de casamento brasileira ou estrangeira consularizada;

II — atestado de antecedentes penais, quando cabível; e

III — declaração de compromisso de manutenção, subsistência e saída do território nacional, em favor do interessado, com firma reconhecida em cartório ou Repartição consular de carreira.

Art. 7º Para a obtenção de visto temporário ou permanente com base em união estável, sem distinção de sexo, deverão ser apresentados às Missões diplomáticas, Repartições consulares de carreira ou Vice-consulados os documentos elencados nos incisos II e III do art. 6º desta Resolução, bem como um dos seguintes documentos:

I — atestado de união estável emitido por autoridade competente do país de procedência do chamado; ou

II — comprovação de união estável emitida por juízo competente no Brasil ou autoridade correspondente no exterior.

Art. 8º Na ausência dos documentos a que se refere o art. 7º desta Resolução, a comprovação de união estável poderá ser feita mediante apresentação dos seguintes documentos:

I — certidão ou documento similar emitido por autoridade de registro civil nacional, ou equivalente estrangeiro;

II — declaração, sob as penas da lei, de duas pessoas que atestem a existência da união estável; e

III — no mínimo, um dos seguintes documentos:

a) comprovação de dependência emitida por autoridade fiscal ou órgão correspondente à Receita Federal;

b) certidão de casamento religioso;

c) disposições testamentárias registradas junto a cartório brasileiro ou autoridade competente no exterior que comprovem o vínculo;

d) apólice de seguro de vida ou plano de saúde em que conste um dos interessados como instituidor do seguro e, o outro, como beneficiário;

e) escritura de compra e venda, registrada em cartório de registro de imóveis ou perante autoridade competente no exterior, quando aplicável, onde os interessados constem como proprietários, ou contrato de locação de imóvel em que ambos figurem como locatários;

f) conta bancária conjunta;

g) certidão de nascimento de filho estrangeiro do casal.

Parágrafo único. Para efeito do disposto nas alíneas b a f do inciso III deste artigo, será exigido o tempo mínimo de um ano.

Art. 9º O Ministério da Justiça poderá conceder a permanência temporária ou definitiva de que trata esta Resolução Normativa.

Art. 10. Ficam revogadas as Resoluções Normativas n. 36, de 28 de setembro de 1999, e n. 77, de 29 de janeiro de 2008.

Art. 11. Esta Resolução Normativa entra em vigor 30 dias após a data de sua publicação.

PAULO SÉRGIO DE ALMEIDA
DOU 18.2.2014

Resolução Normativa CNI n. 121, de 8 de março de 2016

Disciplina a concessão de autorização de trabalho a estrangeiro na condição de atleta profissional, definido em lei

O CONSELHO NACIONAL DE IMIGRAÇÃO, instituído pela Lei n. 6.815, de 19 de agosto de 1980 e organizado pela Lei n. 10.683, de 28 de maio de 2003, no uso das atribuições que lhe confere o Decreto n. 840, de 22 de junho de 1993,

Resolve:

Art. 1º Ao atleta profissional, definido em lei, que pretenda vir ao Brasil, contratado com vínculo empregatício, por entidade de prática desportiva, pessoa jurídica de direito privado, poderá ser concedida autorização de trabalho e visto temporário, de que trata o inciso V do art. 13 da Lei n. 6.815, de 19 de agosto de 1980, nos termos do artigo 46, da Lei n. 9.615 de 24 de março de 1998, alterado pela Lei n. 12.395, de 16 de março de 2011.

Parágrafo único. O pedido de autorização de trabalho deverá ser formulado pela entidade interessada junto ao Ministério do Trabalho e Previdência Social, acompanhado dos seguintes documentos:

I — formulário de requerimento de autorização de trabalho, conforme modelo aprovado em Resolução Normativa do Conselho Nacional de Imigração;

II — formulário de dados da requerente e do candidato, conforme modelo anexo;

III — ato legal, devidamente registrado no órgão competente, que rege a pessoa jurídica;

IV — ato de eleição ou de nomeação de seu representante legal devidamente registrado no órgão competente;

V — cópia do cartão do Cadastro Nacional da Pessoa Jurídica — CNPJ, ou documento equivalente, expedido pela Secretaria da Receita Federal;

VI — procuração quando a requerente se fizer representar por procurador;

VII — comprovante original de recolhimento da taxa individual de imigração do candidato e dependentes;

VIII — cópia de página do passaporte que contenha o número, nome, data de nascimento, nacionalidade e fotografia do estrangeiro; e

IX — contrato especial de trabalho desportivo, do qual deverá constar:

a) qualificação e assinatura das partes contratantes;

b) remuneração pactuada;

c) compromisso de repatriação do estrangeiro chamado, bem como de seus dependentes ao final de sua estada; e

d) prazo de vigência não inferior a três meses nem superior a cinco anos, com início contado a partir da data de chegada do trabalhador ao Brasil.

Art. 2º O visto temporário de que trata o *caput* do art. 1º desta Resolução Normativa poderá ser prorrogado uma única vez, no limite do prazo de até cinco anos.

Art. 3º Esta Resolução Normativa entra em vigor na data de sua publicação.

Art. 4º Fica revogada a Resolução Normativa n. 76, de 03 de maio de 2007.

PAULO SÉRGIO DE ALMEIDA
Presidente do Conselho
DOU 18.3.2016

Portaria Conjunta AGU/PGF n. 6, de 18 de janeiro de 2013

Dispõe sobre as ações regressivas previdenciárias

O PROCURADOR-GERAL FEDERAL, no uso da competência de que trata os incisos I e VIII do § 2º do art. 11 da Lei n. 10.480, de 2 de julho de 2002 e o PROCURADOR--CHEFE DA PROCURADORIA FEDERAL ESPECIALIZADA JUNTO AO INSTITUTO NACIONAL DO SEGURO SOCIAL, no uso das atribuições que lhe confere o artigo 27 do anexo I do Decreto n. 7.556, de 24 de agosto de 2011, e tendo em vista o disposto nos arts. 1º, III, 3º, I, 5º, 6º, 7º, XXVIII, 194 ao 196 da Constituição Federal, nos arts. 186 e 927 do Código Civil, nos arts. 120 e 121 da Lei n. 8.213, de 24 de julho de 1991, e as disposições do Código de Trânsito Brasileiro e do Código Penal, resolvem:

Art. 1º Disciplinar critérios e procedimentos relativos ao ajuizamento de ações regressivas previdenciárias pela Procuradoria-Geral Federal — PGF no exercício da representação do Instituto Nacional do Seguro Social — INSS.

Capítulo I
Das Disposições Preliminares

Art. 2º Considera-se ação regressiva previdenciária para os efeitos desta portaria conjunta a ação que tenha por objeto o ressarcimento ao INSS de despesas previdenciárias determinadas pela ocorrência de atos ilícitos.

Art. 3º Consideram-se despesas previdenciárias ressarcíveis as relativas ao pagamento, pelo INSS, de pensão por morte e de benefícios por incapacidade, bem como aquelas decorrentes do custeio do programa de reabilitação profissional.

Art. 4º Compreendem-se por atos ilícitos suscetíveis ao ajuizamento de ação regressiva os seguintes:

I — o descumprimento de normas de saúde e segurança do trabalho que resultar em acidente de trabalho;

II — o cometimento de crimes de trânsito na forma do Código de Trânsito Brasileiro;

III — o cometimento de ilícitos penais dolosos que resultarem em lesão corporal, morte ou perturbação funcional.

Parágrafo único. Consideram-se normas de saúde e segurança do trabalho, dentre outras, aquelas assim definidas na Consolidação das Leis do Trabalho, as normas regulamentadoras do Ministério do Trabalho e Emprego, normas de segurança afetas à atividade econômica, normas de segurança relativas à produção e utilização de máquinas, equipamentos e produtos, além de outras que forem determinadas por autoridades locais ou que decorrerem de acordos ou convenções coletivas de trabalho.

Art. 5º Do exame concreto de fatos e dos correspondentes argumentos jurídicos, outras hipóteses de responsabilização, incluindo crimes na modalidade culposa, poderão dar ensejo ao ajuizamento de ação regressiva.

Parágrafo único. O ajuizamento de ação regressiva nos casos de que trata este artigo dependerá de manifestação do respectivo órgão de execução da — PGF, que emitirá nota conclusiva e submeterá o caso à prévia avaliação da Coordenação-Geral de Cobrança e Recuperação de Créditos — CGCOB, estando ainda condicionado o ajuizamento à concordância da PFE-INSS.

Capítulo II
Do Procedimento de Instrução Prévia — PIP

Art. 6º O procedimento de instrução prévia — PIP compreende o levantamento das informações, documentos previdenciários e constituição de prova da ocorrência dos ilícitos tratados nesta portaria, com vistas ao eventual ajuizamento da ação regressiva.

Art. 7º O PIP será instaurado pelos órgãos de execução da PGF:

I — de ofício, em razão do conhecimento direto do caso;

II — mediante provocação interna, através de expedientes encaminhados pela CGCOB;

III — mediante provocação externa, decorrente do recebimento de representações e documentos provenientes de particulares ou órgãos públicos.

Art. 8º Cabe ao órgão de execução da PGF do local dos fatos instaurar e concluir o PIP.

Art. 9º A instauração ocorrerá por meio de portaria interna e a finalização por meio de nota, que deverá concluir pelo:

I — ajuizamento da ação regressiva; ou

II — não ajuizamento da ação regressiva, que se dará nos casos de:

a) não comprovação ou ausência de ato ilícito;

b) não comprovação ou ausência de dolo ou culpa;

c) não existência de nexo de causalidade entre a ação ou omissão ilícita e o evento que gerou a concessão de benefício previdenciário; ou

d) não concessão de benefício.

§ 1º Concluído o PIP com o ajuizamento de ação regressiva em função da não concessão de benefício, o procurador federal responsável deverá solicitar ao INSS que realize marcação nos cadastros da vítima em sistemas específicos, para efeito de posterior informação ao órgão de execução da PGF a respeito de eventual concessão de benefício, fato que determinará a reabertura do procedimento.

§ 2º Estando pendente a concessão de benefício, inclusive nos casos de indeferimento discutido em instâncias recursais administrativas ou em instâncias judiciais, o PIP será sobrestado após a conclusão da instrução relativamente à conduta ilícita.

§ 3º Quando necessário e sem prejuízo do imediato ajuizamento da ação regressiva, o procurador federal responsável solicitará ao INSS, por meio eletrônico, a correção da espécie do benefício concedido, anexando-se a respectiva cópia ao PIP.

Art. 10. O PIP será formalizado com registro de Número Único de Protocolo — NUP e cadastramento no Sistema Integrado de Controle das Ações da União — SICAU.

Art. 11. Os órgãos de execução da PGF terão o prazo de 30 dias para instaurar o procedimento a partir do conhecimento dos

fatos ou recebimento de provocação interna ou externa, e até 180 dias para conclusão após a instauração.

PARÁGRAFO ÚNICO. Os prazos fixados no *caput* poderão ser prorrogados, justificadamente e por meio de cota, mediante solicitação ao núcleo de cobrança da respectiva Procuradoria Federal no Estado ou Procuradoria Regional Federal.

Art. 12. Serão priorizados os PIP's na ordem abaixo:

I — Quanto ao evento:
a) acidentes de trabalho;
b) acidente de trânsito;
c) demais fatos.

II — Quanto às consequências:
a) morte;
b) invalidez;
c) incapacidade decorrente de lesão ou doença envolvendo mais de uma vítima;
d) incapacidade decorrente de lesão ou doença de natureza grave.

Art. 13. As informações previdenciárias deverão ser obtidas mediante acesso aos sistemas previdenciários, e os documentos não disponíveis nos sistemas deverão ser solicitados diretamente ao INSS.

§ 1º Dos sistemas previdenciários, além dos dados básicos de concessão, de manutenção e histórico de créditos pelos valores brutos, deverão ser extraídas as seguintes informações:

I — no caso de pensão por morte: qualificação do segurado instituidor, dos dependentes e dados de eventual desdobramento do benefício;

II — no caso de benefício por incapacidade: qualificação do segurado, histórico médico e, no caso de acidente de trabalho, extrato da Comunicação de Acidente de Trabalho — CAT.

§ 2º Na hipótese de reabilitação profissional, deverão ser comprovadas as despesas realizadas mediante cópias dos procedimentos de aquisição de bens e serviços, e documentos de disponibilização ao segurado, bem como avaliada a expectativa de despesas futuras.

Art. 14. As provas da ocorrência do ato ilícito poderão ser obtidas, sem prejuízo de outros modos determinados pelas circunstâncias dos fatos, da seguinte forma:

I — no caso de acidente de trabalho, preferencialmente:
a) por encaminhamento espontâneo, ou mediante solicitação, de laudo de análise de acidente à Superintendência Regional do Trabalho e Emprego da localidade;
b) por solicitação aos órgãos do Ministério Público Estadual ou do Distrito Federal e Territórios, Ministério Público do Trabalho, Polícia Civil, Fundação Jorge Duprat Figueiredo de Saúde e Segurança do Trabalho — FUNDACENTRO, Sindicatos e outras entidades que porventura disponham de elementos probatórios;
c) por meio de pesquisas e requerimentos aos órgãos jurisdicionais da Justiça dos Estados ou Distrito Federal e Territórios, ou da Justiça do Trabalho a respeito de eventuais ações de indenização;

II — nos casos de crimes de trânsito, preferencialmente:
a) por encaminhamento espontâneo, ou mediante solicitação, de denúncias ao Ministério Público dos Estados ou do Distrito Federal e Territórios;
b) por encaminhamento espontâneo, ou mediante solicitação, de laudos e documentos aos órgãos responsáveis pela regulamentação e fiscalização do trânsito, bem como a polícia civil;
c) por meio de pesquisas e requerimentos aos órgãos jurisdicionais a respeito de eventuais ações de indenização;

III — nos demais casos, preferencialmente:
a) por encaminhamento espontâneo, ou mediante solicitação, de denúncias ao Ministério Público dos Estados ou do Distrito Federal e Territórios;
b) por meio de pesquisas e requerimentos aos órgãos jurisdicionais a respeito de eventuais ações de indenização;

Parágrafo único. Relativamente ao inciso I, os procuradores federais oficiantes na execução fiscal trabalhista deverão encaminhar aos órgãos responsáveis pelas ações regressivas previdenciárias as decisões judiciais de que tomarem conhecimento quando estas resultarem em condenação por descumprimento de normas de saúde e segurança do trabalho.

Capítulo III
Do Ajuizamento

Art. 15. A ação regressiva será proposta quando estiverem presentes os elementos suficientes de prova da ocorrência do ato ilícito, da culpabilidade, do nexo causal e da realização de despesas previdenciárias.

Art. 16. A ação será ajuizada perante a Justiça Federal no foro do domicílio do réu.

§ 1º Quando o réu for pessoa jurídica e possuir estabelecimentos em lugares diferentes, o ajuizamento deverá ser realizado no foro do domicílio do estabelecimento onde tiver ocorrido o ato ilícito.

§ 2º Quando houver vários réus, será ajuizada a ação no foro do local do ilícito.

§ 3º Quando houver vários réus sem que nenhum deles tenha domicílio no local do ilícito, deverá ser ajuizada a ação, preferencialmente, perante o foro daquele que tiver o domicílio mais próximo.

Art. 17. O órgão de execução do local do ajuizamento será responsável pela elaboração da petição inicial.

§ 1º No caso de o órgão de execução da PGF responsável pelo ajuizamento entender pela necessidade de complementação do procedimento, deverá encaminhá-lo à origem para adequação.

§ 2º Não havendo concordância quanto ao pedido de complementação de instrução, o processo deverá ser encaminhado ao núcleo de cobrança da respectiva PF ou PRF, com manifestação fundamentada, que decidirá a divergência.

§ 3º Na hipótese de o procurador federal responsável concluir pelo não ajuizamento, a nota conclusiva será submetida à aprovação de sua chefia imediata. No caso de não aprovação, o caso será submetido ao núcleo de cobrança da Procuradoria Federal-PF ou Procuradoria-Regional Federal-PRF respectiva, que decidirá a divergência.

§ 4º Na hipótese de o órgão de execução da PGF responsável pelo ajuizamento discordar da conclusão do procedimento do órgão de origem, deverá submeter o caso à decisão da respectiva PF ou PRF, com manifestação fundamentada.

§ 5º Os conflitos entre órgãos de execução subordinados a Procuradorias Regionais Federais distintas serão dirimidos pela CGCOB.

Art. 18. Havendo mais de um responsável pelo ato ilícito, o polo passivo da ação regressiva será composto em litisconsórcio, formulando-se pretensão expressa no sentido da condenação solidária dos autores do dano.

Parágrafo único. A definição dos responsáveis deverá levar em conta as condutas imputadas a empregadores, tomadores de serviço, contratantes e cedentes de mão de obra e órgãos públicos para os quais, direta ou indiretamente, o segurado trabalhava.

Art. 19. A petição inicial deverá detalhar minuciosamente o ato ilícito, a culpabilidade, o nexo causal, e o dano, este caracterizado pelas despesas previdenciárias ocorridas e por ocorrer.

§ 1º Deverão ser enfatizadas as conclusões técnicas acerca do ato ilícito, com detalhamento das normas de saúde e segurança do trabalho, normas do código de trânsito, dispositivos do Código Penal, dentre outras, evitando-se meras remissões a documentos anexos.

§ 2º Não havendo a exata dimensão das despesas a serem realizadas com eventual processo de reabilitação profissional, far-se-á uso da possibilidade de elaboração de pedido genérico nos termos do inciso II do art. 286 do CPC.

Art. 20. O pedido de reparação deve ser integral, compreendendo:

I — prestações vencidas, atualizadas mediante a utilização dos valores brutos das mensalidades, empregando-se a taxa do Sistema Especial de Liquidação e de Custódia — SELIC, pela variação a partir do mês do pagamento;

II — prestações vincendas a serem pagas mensalmente ou de forma integral.

III — verbas sucumbenciais.

Parágrafo único. No caso de pagamento de prestações vincendas, deverá ser requerida a garantia de caução real ou fidejussória.

Art. 21. O valor da causa deverá corresponder ao total das despesas realizadas até o ajuizamento e o correspondente a uma prestação anual, que compreende as 12 parcelas mensais e ao abono anual.

Art. 22. Após ajuizamento a ação regressiva deverá ser cadastrada no SICAU, observados os parâmetros definidos pela CGCOB.

Art. 23. As importâncias recebidas por meio das ações regressivas deverão ser recolhidas por meio de guia de arrecadação com códigos específicos.

DISPOSIÇÕES GERAIS

Art. 24. Incumbe à PFE-INSS e à CGCOB:

I — providenciar o acesso a todos os procuradores federais responsáveis pelas ações regressivas aos sistemas PLENUS, CNIS e SUIBE do INSS, ao sistema INFORMAR da Secretaria da Receita Federal, e ao sistema INFOSEG do Ministério da Justiça, a fim de viabilizar a realização de pesquisas estratégicas e estatísticas para subsidiar as atividades tratadas nesta portaria; e,

II — realizar levantamento semestral de benefícios oriundos de acidentes de trabalho, observada a ordem de prioridades estabelecida no art. 12.

Parágrafo único. O resultado dos levantamentos do inciso II serão encaminhados à CGCOB, que procederá à distribuição das atividades pelos respectivos núcleos de cobrança de cada PRF.

Art. 25. A CGCOB procederá à orientação técnica dos órgãos de execução da PGF no que se refere às ações regressivas, em articulação com o Departamento de Contencioso e com a PFE/INSS.

Art. 26. No prazo de 30 dias da publicação desta portaria será constituído Núcleo de Es-

tudos de Ações Regressivas Previdenciárias — NEARP, composto por quatro membros designados pela PFE-INSS e outros quatro pela CGCOB, destinado à realização de estudos estatísticos, ao desenvolvimento de teses e rotinas, monitoramento de acordos de cooperação técnica e acompanhamento de resultados.

§ 1º O NEARP será coordenado pelo Chefe da Divisão de Gerenciamento de Execuções Fiscais Trabalhistas e Ações Regressivas — DIGETRAB da CGCOB.

§ 2º A composição do núcleo será formalizada em ato conjunto da PFE-INSS e da CGCOB.

Art. 27. Os órgãos de execução da PGF designarão, sempre que possível, procuradores federais para atuar especificamente na instrução e ajuizamento das ações regressivas previdenciárias.

Parágrafo único. A PFE-INSS poderá indicar procuradores federais em exercício em suas unidades para colaborar com os demais órgãos de execução da PGF responsáveis pelas ações regressivas previdenciárias, sob a coordenação destes.

Art. 28. Os órgãos de execução da PGF deverão comunicar mensalmente à CGCOB, por meio eletrônico, o ajuizamento de ações regressivas, o respectivo trâmite atualizado, as decisões de natureza cautelar, sentenças, recursos e acórdãos.

Art. 29. Os recursos terão acompanhamento prioritário junto aos Tribunais Regionais e Superiores mediante comunicação do órgão de origem.

Art. 30. Os órgãos de execução da PGF adotarão as medidas necessárias à celebração de acordos de cooperação técnica perante os órgãos do Ministério Público Estadual ou do Distrito Federal e Territórios e do Trabalho, Superintendências Regionais do Trabalho e Emprego, Tribunais Regionais do Trabalho, e outros órgãos de âmbito regional ou local, com o objetivo de viabilizar as atividades previstas nesta portaria.

Art. 31. A CGCOB divulgará semestralmente as estatísticas relativas aos procedimentos de instrução prévia e às ações regressivas.

Art. 32. No que se refere a eventuais acordos a serem realizados às ações regressivas, deverão ser observadas as seguintes diretrizes:

I — aplica-se o art. 37-B da Lei n. 10.522, de 19 de julho de 2002 ao parcelamento do crédito pretendido por meio das ações regressivas;

II — aplicam-se os limites de alçada constantes da Portaria PGF que regulamenta a realização de acordos em processos judiciais;

III — os honorários advocatícios poderão ser objeto de parcelamento;

IV — havendo opção pelo recolhimento mensal das parcelas vincendas, deverá ser exigida adequada garantia, real ou fidejussória;

V — parcelas vencidas e vincendas deverão ser atualizadas pela SELIC, devendo ser avaliado o interesse em eventual recurso quando decisão judicial vier a fixar critério diverso;

Art. 33. Ficam revogadas a Portaria Conjunta PFE-INSS e CGCOB n. 1, de 20 de janeiro de 2009 e a Orientação Interna Conjunta PFE--INSS e CGCOB n. 1, de 9 de fevereiro de 2009.

Art. 34. Esta Portaria entra em vigor na data de sua publicação.

Marcelo de Siqueira Freitas
Procurador-Geral Federal
Alessandro A. Stefanutto
Procurador-Chefe da PFE-INSS

DOU 1º.2.2013

Portaria Conjunta PGFN/MTPS n. 1, de 10 de março de 2016

Estabelece normas para a remessa de débitos para com o Fundo de Garantia do Tempo de Serviço — FGTS originários de notificações lavradas por auditores fiscais do trabalho do Ministério do Trabalho e Previdência Social para fins de inscrição em Dívida Ativa pela Procuradoria-Geral da Fazenda Nacional — PGFN.

O PROCURADOR-GERAL DA FAZENDA NACIONAL E O MINISTRO DE ESTADO DO TRABALHO E PREVIDÊNCIA SOCIAL, com amparo, respectivamente, no Decreto-Lei n. 147, de 3 de fevereiro de 1967, no inciso XIII do art. 82 do Regimento Interno da Procuradoria-Geral da Fazenda Nacional — PGFN, aprovado pela Portaria MF n. 36, de 24 de janeiro de 2014, e no inciso XXI do art. 27 da Lei n. 10.683, de 28 de maio de 2003, com redação dada pela Medida Provisória n. 696, de 2015, resolvem:

Art. 1º Para a inscrição em Dívida Ativa, bem como a cobrança administrativa e judicial dos valores devidos ao FGTS (contribuição social instituída pela Lei Complementar n. 110, de 29 de junho de 2001 e contribuição de FGTS instituída pela Lei n. 8.036, de 11 de maio de 1990), os processos administrativos originários de notificações lavradas pelos auditores fiscais do trabalho do Ministério do Trabalho e Previdência Social que versem sobre débitos para com o FGTS serão remetidos às respectivas unidades regionais da Caixa Econômica Federal — (Gerência de Filial de FGTS — GIFUG) pelas unidades descentralizadas do Ministério do Trabalho e Previdência Social — MTPS, em até 90 (noventa) dias, contados do prazo final concedido ao devedor para efetuar o respectivo pagamento.

§ 1º Para aplicação do disposto no *caput* deste artigo, considerar-se-á como prazo final concedido para pagamento a data prevista na notificação encaminhada ao autuado cientificando-o da importância a ser paga em razão de decisão definitiva, assim entendida aquela não mais sujeita a impugnação ou recurso na esfera administrativa.

§ 2º Os processos administrativos serão remetidos pelas unidades descentralizadas do MTPS às unidades regionais da Caixa Econômica Federal (GIFUG) situadas na mesma localidade, de acordo com a abrangência territorial de cada GIFUG.

§ 3º A remessa de processos administrativos pelas unidades descentralizadas do MTPS para as GIFUG será realizada uma vez a cada mês, podendo ocorrer em intervalo diferente, desde que prévia e consensualmente acordada entre as unidades da PGFN e do MTPS diretamente envolvidas.

§ 4º Processos administrativos decorrentes de notificações de débitos para com o FGTS oficialmente considerados como de atendimento prioritário no âmbito do MTPS serão previamente identificados e encaminhados à GIFUG respectiva em prazos específicos e inferiores ao previsto no *caput* desse artigo.

§ 5º No caso do parágrafo anterior, a PGFN, por meio das GIFUG, dará tratamento prioritário ao controle de legalidade dos débitos encaminhados para inscrição em Dívida Ativa.

§ 6º Processos administrativos decorrentes de notificações de débitos para com o FGTS de grandes devedores, nos termos da Portaria PGFN n. 359, de 6 de maio de 2014, receberão o mesmo tratamento prioritário e identificação previstos nos parágrafos deste artigo.

§ 7º Serão indicados representantes, ao final de cada ano, pelos órgãos locais do MTPS e da PGFN, para o estabelecimento do fluxo de encaminhamento de processos para o exercício seguinte naquela regional, mediante a elaboração de um cronograma, de preferência anual, estabelecendo as previsões de encaminhamento, conforme determinação contida nos parágrafos anteriores.

§ 8º O processo administrativo não será objeto de remessa para inscrição em Dívida Ativa quando o valor total consolidado de débitos já definitivamente constituídos em face do mesmo devedor não superar o montante de R$ 1.000,00 (um mil reais), nos termos do art. 45 da Lei n. 13.043, de 13 de novembro de 2014.

§ 9º A PGFN, por meio das GIFUG, terá como objetivo o prazo de 90 (noventa) dias, contados do recebimento do respectivo processo administrativo, para exercer o controle de legalidade, desde que não importe em prescrição, ressalvado o disposto no § 2º do art. 22 do Decreto-Lei n. 147, de 3 de fevereiro de 1967.

Art. 2º As unidades descentralizadas do MTPS instruirão os processos administrativos, que serão remetidos às GIFUG com demonstrativo de débito, na forma do Anexo I, contendo os seguintes campos e informações:

I — informações sobre o processo administrativo:

a) número do processo administrativo;

b) número da notificação de débito; e

c) unidade descentralizada do MTPS responsável;

II — identificação do devedor:

a) nome do devedor principal e do corresponsável, se estiver configurada hipótese de corresponsabilidade;

b) número de inscrição no Cadastro Nacional de Pessoas Jurídicas — CNPJ ou no Cadastro de Pessoas Físicas — CPF do devedor; e

c) endereço completo do devedor;

III — dados relativos ao débito:

a) número e data da lavratura da notificação de débito;

b) capitulação legal da notificação de débito;

c) valor do principal;

d) valor dos juros de mora;

e) valor da multa de mora;

f) valor dos pagamentos eventualmente realizados, com as respectivas datas de arrecadação;

g) saldo atualizado na data da emissão do demonstrativo;

h) base legal dos juros de mora;

i) base legal da multa de mora;

j) base legal da corresponsabilidade, se for o caso;

k) forma e data da notificação;

l) data de vencimento do prazo para pagamento;

m) data da constituição definitiva do crédito e

n) relação dos empregados abrangidos pela notificação, bem como o valor devido a cada um, no caso de a notificação ter sido lavrada sob a vigência da Instrução Normativa SIT n. 99, de 23 de agosto de 2012.

§ 1º Considera-se data de início do prazo para pagamento o primeiro dia útil seguinte

à data em que o autuado foi notificado para pagar o débito apurado.

§ 2º No caso de notificação por edital, considerar-se-á notificado o devedor no 10º (décimo) dia contado da data de publicação do edital no Diário Oficial da União.

§ 3º Considera-se data de vencimento do prazo para pagamento o 10º (décimo) dia, contado a partir da data de início do prazo para pagamento do débito apurado.

§ 4º Os prazos só se iniciam ou vencem em dia de expediente normal na unidade descentralizada do MTPS, excluindo-se o dia da notificação e incluindo-se o dia do vencimento.

§ 5º A constituição definitiva do crédito ocorre quando a decisão se torna irrecorrível na esfera administrativa.

Art. 3º A unidade responsável do MTPS deverá consolidar todos os débitos definitivamente constituídos em face de um mesmo devedor, ainda que apurados em processos administrativos diversos, a fim de verificar a sua compatibilidade com o limite mínimo para inscrição em Dívida Ativa, previsto no § 8º do art. 1º.

§ 1º A unicidade do devedor deverá ser aferida através da utilização de seu CNPJ raiz.

§ 2º O limite mínimo de R$ 1.000 (um mil reais) será apurado em relação a cada espécie de débito (contribuições de FGTS instituídas pela Lei n. 8.036, de 1990 e contribuição social instituída pela Lei Complementar n. 110, de 2001).

§ 3º A consolidação em face de um mesmo devedor deverá ser obtida mediante a soma dos valores do principal, dos juros e da multa de mora, de todos os débitos definitivamente constituídos.

§ 4º Alcançado o valor mínimo para inscrição em Dívida Ativa, mediante a consolidação de débitos apurados em processos administrativos distintos, a unidade responsável do MTPS deverá providenciar a reunião das notificações em lote único, encaminhando-as em conjunto e de forma identificada à GIFUG competente.

§ 5º A unidade responsável do MTPS deverá anexar, ao final de cada processo administrativo que compuser a sistemática descrita no parágrafo anterior, demonstrativo próprio do lote, além daquele tratado no art. 2º, denominado "Demonstrativo de lote de débitos reunidos para alcance do valor mínimo de inscrição", na forma do Anexo II, e nele informará os seguintes dados:

I — número do lote, o qual deverá ser reproduzido em todas as páginas do demonstrativo;

II — identificação completa do devedor e de seu endereço;

III — quantidade de processos administrativos enviados de acordo com a sistemática de consolidação;

IV — número dos processos administrativos e das respectivas notificações abrangidas pela consolidação;

V — todas as informações sobre os débitos, apurados em cada um dos processos administrativos considerados, conforme delineado no inciso III do art. 2º;

VI — valor total do lote, decorrente da consolidação dos valores apurados nos processos administrativos considerados.

Art. 4º A Secretaria de Inspeção do Trabalho — SIT enviará semestralmente à Coordenação-Geral da Dívida Ativa da União — CDA/PGFN arquivo eletrônico de relatório gerencial consolidado para o período, contendo o número de processos administrativos, de notificações de débitos encaminhados para inscrição, por unidade do MTPS, informando ainda o valor total dos débitos remetidos.

Art. 5º A SIT enviará mensalmente à CDA/PGFN arquivo eletrônico com a relação de notificações lavradas no mês em face de pessoas físicas ou jurídicas que nunca tenham sido autuadas por débitos de FGTS, desde que o valor total devido, apurado na notificação, seja igual ou superior a R$ 100.000,00 (cem mil reais).

Art. 6º A CDA/PGFN enviará semestralmente à SIT arquivo eletrônico de relatório gerencial consolidado para o período e por unidade da PGFN, contendo a quantidade de débitos, de processos administrativos, de inscrições realizadas (mês a mês) e de execuções fiscais ajuizadas, informando ainda o valor total inscrito, consolidado, ajuizado e o valor total arrecadado.

Art. 7º Sendo necessário o retorno de processo administrativo que se encontre na PGFN ou na GIFUG ao órgão de origem para a adoção de providências, deverá o mesmo ser devolvido para a unidade descentralizada do MTPS que anteriormente o encaminhou.

§ 1º Se a necessidade citada no *caput* operar-se em decorrência, direta ou indireta, de ordem e/ou decisão judiciais, específicas para aquele mesmo processo administrativo e/ou o crédito que o abranger, a PGFN, por meio da GIFUG correspondente, deverá encaminhá-lo à unidade descentralizada do MTPS em prazo suficiente para análise e resposta, que, por sua vez, deverá restituí-lo no prazo necessário ao cumprimento da diligência.

§ 2º No caso de retorno de processo administrativo para a prática de ato decorrente do controle de legalidade, a unidade descentralizada do MTPS deverá se pautar pelo prazo máximo de 60 (sessenta) dias, contados do efetivo recebimento, considerando, todavia, dentre outros fatores, a indispensável atenção aos prazos prescricionais eventualmente envolvidos e ao tempo necessário para o exercício de novo controle de legalidade pela PGFN, por meio da GIFUG.

Art. 8º As unidades da PGFN, atuando na representação judicial do FGTS, especialmente na defesa de créditos ainda não inscritos em Dívida Ativa, solicitarão subsídios às unidades descentralizadas do MTPS, que deverão prestá-los no prazo assinalado pelo Procurador da Fazenda Nacional responsável pelo acompanhamento da medida judicial que justificou o pedido de informações.

Art. 9º A Procuradoria-Geral da Fazenda Nacional e o Ministério do Trabalho e Previdência Social, por suas unidades centrais e descentralizadas, juntamente com as GIFUG, adotarão uma contínua e respeitosa relação de cooperação, que promova e zele pela eficiência no trato e na recuperação dos créditos devidos ao FGTS, realizando, para tanto, uma constante avaliação do fluxo tratado nesta Portaria, mediante a promoção de reuniões periódicas para o estabelecimento de metas, cronogramas e análise de procedimentos.

Art. 10. A Procuradoria-Geral da Fazenda Nacional e o Ministério do Trabalho e Previdência Social iniciarão, no prazo de 90 (noventa) dias, a contar da publicação da presente Portaria, procedimentos que possibilitem a transmissão eletrônica das informações dos créditos ora tratados, empreendendo, para tanto, todos os esforços nesse sentido, inclusive considerando a hipótese de implementação parcial, regional e/ou progressiva, das respectivas rotinas tecnológicas.

Art. 11. Esta Portaria entra em vigor na data de sua publicação.

MIGUEL SOLDATELLI ROSSETTO
Ministro de Estado do Trabalho e Previdência Social
FABRÍCIO DA SOLLER
Procurador-Geral da Fazenda Nacional

DOU 11.3.16

Ato n. 245 do TST, de 5 de agosto de 1999

Resolve centralizar para garantia das partes, o recebimento de petições mediante fac-símile na subsecretaria de cadastramento processual, observado o horário fixado na Resolução Administrativa n. 200/95 para protocolização do documento

O PRESIDENTE DO TRIBUNAL SUPERIOR DO TRABALHO, no uso de suas atribuições legais e regimentais, de conformidade com o disposto na letra *b* do inciso I do art. 96 da Constituição Federal, na letra *c* do art. 707 da CLT e no inciso XXXVIII do art. 42 do Regimento Interno da Corte;

Considerando a edição da Lei n. 9.800, de 26 de maio de 1999, publicada em 27 seguinte, que permite "às partes a utilização de sistema de transmissão de dados e imagens tipo fac-símile ou outro similar, para a prática de atos processuais que dependam de petição escrita" (art. 1º);

Considerando a necessidade de regulamentação interna para o efetivo cumprimento da regra estabelecida no art. 1º da aludida lei;

Considerando a possibilidade de eventual extravio e comprometimento dos prazos pelo recebimento de petições, mediante o novo método, em vários equipamentos instalados nesta Corte;

Considerando a necessidade de evitar a ocorrência de controvérsias a respeito da data de apresentação das petições;

Considerando a necessidade de registro e cadastramento das peças pela Subsecretaria de Cadastramento Processual;

Considerando a Resolução Administrativa n. 200/95, que estabelece o horário das 10 (dez) às 19 (dezenove) horas para o atendimento ao público na Subsecretaria de Cadastramento Processual; resolve:

1 — Centralizar, para garantia das partes, o recebimento de petições mediante fac-símile na Subsecretaria de Cadastramento Processual, observado o horário fixado na Resolução Administrativa n. 200/95 para protocolização do documento.

2 — Estabelecer que os números (061) 216-4808, 216-4809 e 216-4810, instalados na Subsecretaria de Cadastramento Processual, serão de utilização específica para cumprimento do disposto no art. 1º da Lei n. 9.800, de 26 de maio de 1999, funcionando nos dias de expediente do Tribunal, no período compreendido entre 10 (dez) e 19 (dezenove) horas.

Este ato entra em vigor no dia de sua publicação no Diário da Justiça. Publique-se no DJ e no BI.

Ministro WAGNER PIMENTA

DJ 10.8.1999

Ato GDGCJ GP n. 484, do Tribunal Superior do Trabalho, de 25 de novembro de 2003

O MINISTRO PRESIDENTE DO TRIBUNAL SUPERIOR DO TRABALHO, no uso de suas atribuições legais e regimentais,

Considerando a garantia de prioridade, em qualquer instância, na tramitação dos processos em que o idoso é parte ou interveniente;

Considerando o disposto no art. 71 da Lei n. 10.741, de 1º de outubro de 2003, que reduziu para 60 (sessenta) anos de idade o direito à obtenção dessa garantia;

Considerando a necessidade de uniformizar os procedimentos no âmbito das Subsecretarias e Secretarias desta Corte, resolve:

1 — Assegurar, no Tribunal Superior do Trabalho, prioridade na tramitação dos processos em que figure como parte ou interveniente pessoa com idade igual ou superior a 60 (sessenta) anos de idade;

2 — A prioridade será concedida mediante requerimento da parte ou do interveniente e da prova de idade, dirigidos ou ao Presidente do Tribunal Superior do Trabalho, ou aos Presidentes das Turmas, ou ao relator do processo, conforme as normas de competência aplicáveis ao caso;

3 — As Secretarias e Subsecretarias que estejam na posse do processo, desde que deferido o pedido de tramitação preferencial, procederão aos respectivos registros no Sistema de Informações Judiciárias — SIJ, em campo próprio, e anotarão na capa dos autos "Tramitação preferencial — Lei n. 10.741/2003", mediante a aposição de carimbo, a ser providenciado pela Diretoria-Geral de Coordenação Judiciária;

5 — A garantia de prioridade estende-se ao atendimento imediato do idoso, nas Secretarias e Subsecretarias.

6 — Revoga-se o Ato GDGCJ.GP n. 110/2001.

7 — O presente Ato entrará em vigor em 2 de janeiro de 2004.

Publique-se no BI e no DJ.

Brasília, 25 de novembro de 2003.

FRANCISCO FAUSTO,
Ministro Presidente do Tribunal Superior do Trabalho
DJ 27.11.2003

Ato Conjunto — TST.CSJT.GP.SG n. 21, de 7 de dezembro de 2010

Dispõe sobre o recolhimento de custas e emolumentos na Justiça do Trabalho

O PRESIDENTE DO TRIBUNAL SUPERIOR DO TRABALHO E DO CONSELHO SUPERIOR DA JUSTIÇA DO TRABALHO, no uso de suas atribuições legais e regimentais,

Considerando o contido no Processo Administrativo n. 503.019/2010-1,

RESOLVE:

Art. 1º A partir de 1º de janeiro de 2011, o pagamento das custas e dos emolumentos no âmbito da Justiça do Trabalho deverá ser realizado, exclusivamente, mediante Guia de Recolhimento da União — GRU Judicial, sendo ônus da parte interessada efetuar seu correto preenchimento.

Art. 2º A emissão da GRU Judicial deverá ser realizada por meio do sítio da Secretaria do Tesouro Nacional na internet (<www.stn.fazenda.gov.br>), ou em Aplicativo Local instalado no Tribunal, devendo o recolhimento ser efetuado exclusivamente no Banco do Brasil ou na Caixa Econômica Federal.

§ 1º O preenchimento da GRU Judicial deverá obedecer às orientações contidas no Anexo I.

§ 2º O pagamento poderá ser feito em dinheiro em ambas as instituições financeiras ou em cheque somente no Banco do Brasil.

Art. 3º Na emissão da GRU Judicial serão utilizados os seguintes códigos de recolhimento:

18740-2 — STN-CUSTAS JUDICIAIS (CAIXA/BB)

18770-4 — STN-EMOLUMENTOS (CAIXA/BB)

Art. 4º Até 31 de dezembro de 2010, serão válidos tanto os recolhimentos efetuados por meio de Documento de Arrecadação de Receitas Federais — DARF, em conformidade com as regras previstas na Instrução Normativa n. 20 do Tribunal Superior do Trabalho, de 24 de setembro de 2002, quanto os realizados de acordo com as diretrizes estabelecidas por este Ato.

Art. 5º Este Ato entra em vigor na data de sua publicação.

Brasília, 7 de dezembro de 2010.

MINISTRO MILTON DE MOURA FRANÇA
Presidente do Tribunal Superior do Trabalho e do Conselho Superior da Justiça do Trabalho
DJe 9.12.2010

Ato Conjunto n. 21/2010 — TST.CSJT.GP.SG

ANEXO I

— O campo "Unidade Gestora" deverá ser preenchido com o código do tribunal favorecido pelo recolhimento, conforme relação constante do Anexo II.

— No campo "Gestão" deverá constar o código 00001.

— O campo "Código de Recolhimento" deverá ser preenchido com um dos seguintes códigos, conforme o caso:

18740-2 — STN-CUSTAS JUDICIAIS (CAIXA/BB)

18770-4 — STN-EMOLUMENTOS (CAIXA/BB)

— O campo "número do processo/referência" deverá ser preenchido, sem pontos ou hifens, excluindo-se os quatro últimos dígitos, que deverão ser informados no campo "Vara".

Os demais campos deverão ser preenchidos conforme as regras estabelecidas pela Secretaria do Tesouro Nacional.

Ato Conjunto n. 21/2010 — TST.CSJT.GP.SG

ANEXO II

UNIDADE GESTORA	CÓDIGO
Tribunal Superior do Trabalho	080001
Tribunal Regional do Trabalho da 1ª Região	080009
Tribunal Regional do Trabalho da 2ª Região	080010
Tribunal Regional do Trabalho da 3ª Região	080008
Tribunal Regional do Trabalho da 4ª Região	080014
Tribunal Regional do Trabalho da 5ª Região	080007
Tribunal Regional do Trabalho da 6ª Região	080006
Tribunal Regional do Trabalho da 7ª Região	080004
Tribunal Regional do Trabalho da 8ª Região	080003
Tribunal Regional do Trabalho da 9ª Região	080012
Tribunal Regional do Trabalho da 10ª Região	080016
Tribunal Regional do Trabalho da 11ª Região	080002
Tribunal Regional do Trabalho da 12ª Região	080013
Tribunal Regional do Trabalho da 13ª Região	080005
Tribunal Regional do Trabalho da 14ª Região	080015
Tribunal Regional do Trabalho da 15ª Região	080011
Tribunal Regional do Trabalho da 16ª Região	080018
Tribunal Regional do Trabalho da 17ª Região	080019
Tribunal Regional do Trabalho da 18ª Região	080020
Tribunal Regional do Trabalho da 19ª Região	080022
Tribunal Regional do Trabalho da 20ª Região	080023
Tribunal Regional do Trabalho da 21ª Região	080021
Tribunal Regional do Trabalho da 22ª Região	080024
Tribunal Regional do Trabalho da 23ª Região	080025
Tribunal Regional do Trabalho da 24ª Região	080026

Ato n. 342 TST.SEJUD.GP, de 27 de julho de 2010[*]

Regulamenta o Processo Judicial Eletrônico no âmbito do Tribunal Superior do Trabalho

O PRESIDENTE DO TRIBUNAL SUPERIOR DO TRABALHO, no uso de suas atribuições legais e regimentais,

Considerando a Instrução Normativa n. 30, que regulamenta, no âmbito da Justiça do Trabalho, a Lei n. 11.419, de 19 de dezembro de 2006;

Considerando o Ato Conjunto TST/CSJT n. 10, de 28 de junho de 2010, que regulamenta a transmissão de peças processuais, por meio eletrônico, entre os Tribunais Regionais do Trabalho e o Tribunal Superior do Trabalho e dá outras providências;

RESOLVE:

Da Tramitação do Processo Eletrônico no TST

Art. 1º Os processos judiciais que ingressarem no Tribunal Superior do Trabalho, a partir de 2 de agosto de 2010, tramitarão em meio eletrônico.

Art. 2º O processo judicial eletrônico, para os fins deste Ato, será formado pelos arquivos enviados pelos Tribunais Regionais do Trabalho, na forma prevista no Ato Conjunto TST/CSJT n. 10/2010, petições e documentos apresentados pelas partes, atos processuais praticados nesta Corte e pareceres emitidos pelo Ministério Público do Trabalho.

Art. 3º Os atos processuais praticados pelos Ministros e servidores do TST serão assinados eletronicamente, nos termos da Lei n. 11.419/2006.

Art. 4º As peças processuais apresentadas pelas partes continuarão a ser protocoladas pelos meios hoje disponíveis, até o desenvolvimento de ferramentas eletrônicas específicas.

Art. 5º As petições apresentadas em meio físico, vinculadas a processos eletrônicos, serão digitalizadas pela Coordenadoria de Cadastramento Processual e mantidas em guarda provisória por um ano, podendo ser retiradas pelas partes após o sexto mês.

§ 1º Transcorrido o prazo de um ano de sua apresentação, as petições serão eliminadas.

(*) Republicado em razão das alterações introduzidas pelo ATO.SEJUD.GP N. 559/2010.

(Redada dada pelo Ato do TST n. 559, SEJUD.GP, de 30.11.2010)

§ 2º As peças em meio físico apresentadas pelas partes da tribuna das salas de sessões, vinculadas a processos eletrônicos, serão encaminhadas à Coordenadoria de Cadastramento Processual para os procedimentos descritos no caput e no § 1º. *(Redada dada pelo Ato do TST n. 559, SEJUD.GP, de 30.11.2010)*

Art. 6º A remessa do processo eletrônico ao TRT de origem para diligências ou baixa definitiva obedecerá ao disposto no Ato Conjunto TST/CSJT n. 10/2010, de 28 de junho de 2010.

Da Visualização dos Processos por Usuários Externos

Art. 7º A visualização dos processos eletrônicos é um serviço disponível no sítio do TST a advogados e procuradores, mediante cadastro, e, não possui efeito de intimação.

Art. 8º São considerados usuários externos os advogados, procuradores e demais representantes judiciais dos entes públicos.

Parágrafo único. As procuradorias poderão indicar servidores para acessar o sistema de visualização de processos eletrônicos.

Art. 9º Os procuradores do Ministério Público do Trabalho deverão anexar, por meio eletrônico, o seu parecer.

Parágrafo único. Os pareceres anexados aos processos serão assinados eletronicamente, na forma da Lei n. 11.419/2006.

Art. 10. As secretarias dos órgãos judicantes e a Coordenadoria de Recursos manterão, em suas dependências, terminais de computadores disponíveis para visualização do processo eletrônico, sendo facultada a gravação da íntegra do processo em dispositivo eletrônico.

Parágrafo único. A visualização dos processos eletrônicos que tramitam em segredo de justiça estará disponível apenas às partes e aos seus procuradores constituídos no feito.

Do Cadastro de Advogados

Art. 11. O cadastro de advogado regularmente inscrito na OAB será realizado com o preenchimento de formulário disponível no sistema de visualização de peças, no sítio do TST (www.tst.jus.br) *(Redação dada pelo Ato TST n. 415, SEJUD.GP, de 1.9.2010)*

§ 1º A validação é realizada mediante o comparecimento do usuário à Secretaria Judiciária do TST, munido do original doo documentos indicados no formulário, vedada a possibilidade da validação por despachante ou procurador. *(Redação dada pelo Ato TST n. 415, SEJUD.GP, de 1.9.2010)*

§ 2º O usuário que preencher o cadastro utilizando o certificado digital (ICP-Brasil) fica dispensado da validação presencial. *(Redação dada pelo Ato TST n. 415, SEJUD.GP, de 1.9.2010)*

§ 3º Validado o cadastro, o advogado será credenciado e receberá, no endereço eletrônico indicado no formulário, o login e a senha para acesso ao sistema. *(Redação dada pelo Ato do TST n. 415, SEJUD.GP, de 1.9.2010)*

Do Cadastro de Procuradores e Servidores Autorizados

Art. 12. As procuradorias deverão encaminhar previamente à Secretaria Judiciária, por meio do endereço eletrônico <pe_cadastro@tst.jus.br>, a relação de procuradores e de servidores autorizados a realizar o cadastro com os dados constantes da tabela contida no Anexo deste Ato.

Art. 13. O cadastro de procuradores e de servidores autorizados será realizado com a inserção do respectivo CPF em campo específico do sistema de visualização de peças disponível no sítio do TST.

Parágrafo único. Após a validação do cadastro pela Secretaria Judiciária, o procurador ou o servidor autorizado será credenciado e, receberá, no endereço eletrônico corporativo indicado, o login e a senha para visualização dos processos.

Disposições Finais e Transitórias

Art. 14. Os esclarecimentos sobre o conteúdo ilegível de peças digitalizadas ou a sua ausência no arquivo eletrônico, desde que comprometam a análise do processo, deverão ser solicitados, via Malote Digital, pelas Secretarias dos Órgãos Judicantes, Secretaria da Corregedoria-Geral da Justiça do Trabalho, Secretaria Judiciária ou Coordenadoria de Recursos, por determinação dos Ministros, ao Tribunal que mantém a guarda dos processos físicos. *(Redação dada pelo Ato do TST n. 559, SEJUD.GP, de 30.11.2010)*

Art. 15. As intimações pessoais, exigidas por força de lei, serão realizadas pelo meio hoje disponível até o desenvolvimento de ferramenta própria para intimação eletrônica.

Parágrafo único. As peças a que se refere o caput serão digitalizadas e anexadas ao processo eletrônico pela unidade responsável pela expedição do ofício.

Art. 16. As alterações no cadastro de advogados, procuradores e servidores das procuradorias deverão ser comunicadas à Secretaria Judiciária do TST por meio do endereço eletrônico pe_cadastro@tst.jus.br.

Art. 17. Os feitos pendentes na data do início de vigência deste Ato continuarão a tramitar em autos físicos, permitida a sua conversão para meio eletrônico, mediante a digitalização dos autos.

§ 1º Realizada a conversão, o processo passa a tramitar exclusivamente em meio eletrônico.

§ 2º A conversão deverá ser certificada nos autos eletrônicos e nos físicos.

§ 3º Os processos físicos em tramitação no TST que forem incluídos no fluxo eletrônico serão devolvidos ao TRT de origem e aqueles relativos à competência originária desta Corte serão arquivados.

§ 4º O processo físico que tramite conjuntamente com o processo eletrônico deverá ser digitalizado e incluído no fluxo eletrônico pelas Secretarias dos Órgãos Judicantes, Secretaria da Corregedoria-Geral da Justiça do Trabalho ou Coordenadoria de Recursos, mediante despacho dos Ministros. *(Redação dada pelo Ato do TST n. 559, SEJUD.GP, de 30.11.2010)*

Art. 18. Os casos não previstos neste Ato deverão ser submetidos, formalmente, à apreciação da Presidência do Tribunal.

Art. 19. Este Ato entra em vigor em 2 de agosto de 2010 e revoga o Ato n. 677/TST. SEJUD.GP, de 4 de novembro de 2009.

Publique-se.

Brasília, 28 de julho de 2010.

Ministro Milton de Moura França
Presidente do Tribunal Superior do Trabalho

DJe 29.7.2010

Ato GCGJT n. 001, de 1º de fevereiro de 2012, da Corregedoria Geral da Justiça do Trabalho

Dispõe sobre a conversão de autos físicos de processos arquivados provisoriamente em certidão de crédito trabalhista para continuidade dos atos executivos e dá outras providências

O CORREGEDOR-GERAL DA JUSTIÇA DO TRABALHO, no uso das atribuições legais e regimentais que lhe são conferidas pelo art. 6º, inciso V, do Regimento Interno da Corregedoria-Geral da Justiça do Trabalho,

Considerando o disposto no ATO GCGJT n. 17/2011, em que fora elucidado o significado das locuções "arquivamento provisório do processo de execução" e "arquivamento definitivo do processo de execução", no âmbito do Judiciário do Trabalho, tendo como precedente a decisão do Conselho Nacional de Justiça, proferida nos autos da Consulta n. 0000534-85.2011.2.00.0000;

Considerando a necessidade de se prevenir possível colapso organizacional das Varas do Trabalho com a manutenção física dos processos arquivados provisoriamente;

RESOLVE:

Art. 1º Exauridos em vão os meios de coerção do devedor, deverá ser providenciada a atualização dos dados cadastrais das partes tanto quanto a situação do devedor no Banco Nacional de Devedores Trabalhistas, na conformidade da Resolução Administrativa n. 1.470/2011, e, em seguida, expedida Certidão de Crédito Trabalhista.

Art. 2º A Certidão de Crédito Trabalhista será expedida conforme modelo constante do Anexo I e deverá conter:

I — o nome e o endereço das partes, incluídos eventuais corresponsáveis pelo débito, bem como o número do respectivo processo;

II — o número de inscrição do credor e do devedor no Cadastro de Pessoas Físicas (CPF) e no Cadastro Nacional de Pessoas Jurídicas (CNPJ) da Receita Federal do Brasil;

III — o valor do débito, do crédito do exequente, dos recolhimentos previdenciários e fiscais, dos honorários, das custas e das despesas processuais;

IV — a data de homologação da conta de liquidação, para posterior incidência de juros e atualização monetária.

Art. 3º A Certidão de Crédito Trabalhista deverá ser instruída com cópias autenticadas, pela Secretaria da Vara do Trabalho, dos seguintes documentos:

I — decisão exequenda;

II — decisão homologatória dos cálculos de liquidação.

Art. 4º O credor será comunicado sobre a obrigatoriedade de comparecimento à Secretaria da Vara do Trabalho para, no prazo de 30 (trinta) dias, retirar a Certidão de Crédito Trabalhista e os documentos de seu interesse.

Parágrafo único. Decorrido o prazo, os autos do processo serão arquivados provisoriamente.

Art. 5º A Secretaria da Vara do Trabalho deverá criar arquivo, preferencialmente digital, para manutenção permanente das Certidões de Crédito Trabalhista originais não entregues aos exequentes e das demais certidões expedidas.

Art. 6º Localizado o devedor ou encontrados bens passíveis de penhora, é assegurado ao credor, de posse da Certidão de Crédito Trabalhista, requerer, a qualquer tempo, o prosseguimento da execução, a teor do § 3º do art. 40 da Lei n. 6.830/80.

Parágrafo único. A execução prosseguirá sem o desarquivamento dos autos físicos, mediante a reautuação do processo com a Certidão de Crédito Trabalhista, preservada a numeração original.

Art. 7º Para os fins de que trata a Lei n. 7.627/87, aplicar-se-ão aos processos arquivados provisoriamente, nos termos deste

Ato, as mesmas regras adotadas para os processos arquivados definitivamente.

Art. 8º Este Ato entrará em vigor na data da sua publicação.

Publique-se no DEJT. Dê-se ciência aos Presidentes e Corregedores dos Tribunais Regionais do Trabalho, mediante ofício, do inteiro teor deste Ato, solicitando de Suas Excelências que o divulguem junto às Varas do Trabalho da respectiva jurisdição.

Brasília, 1º de fevereiro de 2012.

ANTÔNIO JOSÉ DE BARROS LEVENHAGEN
MINISTRO CORREGEDOR-GERAL DA
JUSTIÇA DO TRABALHO
DEJT 3.2.2012

Ato do Presidente do TST n. 3 SEGJUD.GP, de 3 de janeiro de 2012

Dispõe sobre a obrigatoriedade, na autuação das ações originárias de competência do Tribunal Superior do Trabalho, do registro do número de inscrição das partes no cadastro de pessoas físicas ou jurídicas mantido pela Receita Federal do Brasil

O PRESIDENTE DO TRIBUNAL SUPERIOR DO TRABALHO, no uso de suas atribuições legais e regimentais,

Considerando que, na autuação das ações originárias de competência do Tribunal Superior do Trabalho, o registro do número de inscrição das partes no cadastro de pessoas físicas ou jurídicas mantido pela Receita Federal do Brasil tornará mais precisa a identificação dos atores da relação processual;

Considerando o disposto no art. 15 da Lei n. 11.419 de 19 de dezembro de 2006, que atribui às partes, ao distribuir a petição inicial de qualquer ação judicial, o ônus processual de informar o número de inscrição no cadastro de pessoas físicas ou jurídicas, conforme o caso, salvo impossibilidade que comprometa o acesso à justiça;

Considerando o que estabelece a Resolução n. 46 do Conselho Nacional de Justiça, no sentido de que o cadastramento de partes nos processos deverá ser realizado, prioritariamente, pelo nome ou razão social constante do cadastro de pessoas físicas ou jurídicas mantido pela Receita Federal do Brasil,

RESOLVE:

Art. 1º O autor informará na petição inicial das ações originárias propostas perante o Tribunal Superior do Trabalho, *a partir de 1º de março de 2012*, o número de inscrição das partes no cadastro de pessoas físicas ou jurídicas da Receita Federal do Brasil, conforme o caso, salvo impossibilidade que comprometa o acesso à justiça, expressamente justificada na própria petição.

Art. 2º A Coordenadoria de Cadastramento Processual desta Corte (Protocolo) não receberá petição inicial física que não contiver o número de inscrição das partes no cadastro de pessoas físicas ou jurídicas, tampouco a justificativa para a ausência dessa informação.

Art. 3º Recebida a petição inicial, no TST, por meio do Sistema eDOC, a Secretaria-Geral Judiciária, se for o caso, intimará o autor para, no prazo de 10 (dez) dias, informar o número de inscrição das partes no cadastro de pessoas físicas ou jurídicas da Receita Federal do Brasil, ou, alternativamente, justificar a impossibilidade de fornecer o dado, sob pena de arquivamento da petição.

Art. 4º A petição inicial será encaminhada à consideração do Presidente do Tribunal Superior do Trabalho, sempre que houver justificativa do autor para a ausência de informação do número de inscrição das partes no cadastro de pessoas físicas ou jurídicas.

Art. 5º Nas ações originárias propostas perante o Tribunal Superior do Trabalho, o cadastramento de partes no processo será realizado, prioritariamente, pelo nome ou razão social constante do cadastro de pessoas físicas ou jurídicas mantido pela Receita Federal do Brasil, mediante alimentação automática, observados os convênios e condições tecnológicas disponíveis, vedado o uso dos tipos itálico e negrito.

Parágrafo único. Em caso de divergência entre o nome ou razão social informados na petição inicial com os constantes da base de dados da Receita Federal do Brasil, a Secretaria-Geral Judiciária intimará o autor para, no prazo de 10 (dez) dias, esclarecer a contradição.

Publique-se.

Brasília, 3 de janeiro de 2012.

MINISTRO JOÃO ORESTE DALAZEN
DJe 31.1.2012

Ato Conjunto GP.CGJT n. 4, de 9 de dezembro de 2013

Altera a Recomendação Conjunta n. 1/2011

O PRESIDENTE DO TRIBUNAL SUPERIOR DO TRABALHO e o CORREGEDOR-GERAL DA JUSTIÇA DO TRABALHO, no uso de suas atribuições legais e regimentais,

Considerando o caráter preventivo das ações coletivas que versem sobre acidentes de trabalho e a necessidade de priorizar o julgamento desses processos;

RESOLVEM:

Art. 1º Alterar a Recomendação Conjunta n. 1/GP. CGJT, de 3 de maio de 2011, para que passe a constar a seguinte redação: "RECOMENDAR aos Desembargadores dos Tribunais Regionais do Trabalho e aos Juízes do Trabalho que confiram prioridade à tramitação e ao julgamento das ações coletivas e das reclamações trabalhistas que envolvam acidentes de trabalho."

Art. 2º Republique-se a Recomendação Conjunta n. 1/GP.CGJT, de 3 de maio de 2011, consolidando a alteração introduzida.

Art. 3º Este Ato entra em vigor na data de sua publicação.

MINISTRO CARLOS ALBERTO REIS DE PAULA
Presidente do Tribunal Superior do Trabalho
MINISTRO IVES GANDRA DA SILVA MARTINS FILHO
Corregedor-Geral da Justiça do Trabalho
DEJT 10.12.2013

Ato SEGJUD.GP n. 116, de 25 de fevereiro de 2013

Dispõe sobre a implantação do sistema Processo Judicial Eletrônico da Justiça do Trabalho — PJE-JT no âmbito do Tribunal Superior do Trabalho, e dá outras providências

O PRESIDENTE DO TRIBUNAL SUPERIOR DO TRABALHO, no uso das atribuições legais e regimentais, Considerando as diretrizes contidas na Lei n. 11.419, de 19 de dezembro de 2006, que dispõe sobre a informatização do processo judicial, especialmente o disposto no art. 18, que autoriza os órgãos do Poder Judiciário a regulamentar a matéria;

Considerando os benefícios advindos da substituição da tramitação de autos em meio físico pelo meio eletrônico, como instrumento de celeridade e qualidade da prestação jurisdicional;

Considerando a necessidade de regulamentar a implantação do Sistema Processo Judicial Eletrônico da Justiça do Trabalho — PJE-JT no Tribunal Superior do Trabalho;

Considerando que já tramitam no sistema PJE-JT mais de 103 (cento e três) mil processos e seria ilógico e irracional que eventual recurso de revista ou agravo de instrumento em recurso de revista, nesses processos, persistam tramitando mediante digitalização de peças;

Considerando o disposto na Resolução Administrativa n. 1589/2013;

RESOLVE

Art. 1º É implantado no Tribunal Superior do Trabalho — TST, a partir de 26 de fevereiro de 2013, o Sistema de Processo Judicial Eletrônico da Justiça do Trabalho — PJe-JT.

Parágrafo único. O Sistema PJe-JT, no TST, rege-se pelo disposto no presente Ato, como também pela Resolução Administrativa n. 1589/2013.

Art. 2º A implantação do PJe-JT no TST ocorrerá de forma gradual, iniciando-se pela Sexta Turma e gabinetes dos Ministros vinculados ao aludido colegiado, limitada às classes processuais agravo de instrumento em recurso de revista — AIRR, recurso de revista — RR, recurso de revista com agravo — ARR e ação cautelar — Caulnon incidental em processo com qualquer desses tipos de recurso pendente de julgamento e que já tramite no PJe-JT.

Parágrafo único. O cronograma de extensão do PJe-JT para outros órgãos julgadores e gabinetes de Ministros será estabelecido e divulgado pela Presidência do TST.

Art. 3º A adoção do Sistema PJe-JT implicará, para os processos iniciados no referido sistema, a superação do atual sistema de gestão das informações processuais mantido pelo TST, observada a graduação e o cronograma previstos no artigo anterior.

Art. 4º A partir da implantação do Sistema PJe-JT, o recebimento de petição inicial ou de prosseguimento, relativas aos processos que tramitam no PJe-JT, somente ocorrerá no meio eletrônico próprio desse sistema, sendo vedada a utilização do e-DOC ou de qualquer outro sistema de peticionamento eletrônico ou físico.

Art. 5º O acesso ao Sistema PJe-JT será por meio do sítio do TST na Rede Mundial de Computadores e dependerá do credenciamento prévio do usuário nesse sistema e da utilização de assinatura digital, baseada em certificado digital, padrão ICPBRASIL, tipo A-3 ou A-4, emitido por Autoridade Certificadora Credenciada, na forma de lei específica.

Parágrafo único. No caso de ato urgente, e não sendo o usuário externo portador de certificado digital, o peticionamento será viabilizado por intermédio da Coordenadoria de Cadastramento Processual do TST.

Art. 6º O Sistema PJe-JT estará disponível 24 horas por dia, ininterruptamente, ressalvados os períodos de manutenção, nos termos da Resolução Administrativa do TST n. 1589/2013.

Art. 7º A indisponibilidade do Sistema PJe-JT no âmbito do TST, a que se refere os arts. 8º e 9º da Resolução Administrativa 1589, de 4 de fevereiro de 2013, será registrada em relatório de interrupções de funcionamento a ser divulgado ao público no Portal do TST na rede mundial de computadores, devendo conter, pelo menos, as seguintes informações:

I — data, hora e minuto de início da indisponibilidade;
II — data, hora e minuto de término da indisponibilidade; e,
III — serviços que ficaram indisponíveis.

Parágrafo único. O relatório de indisponibilidade será divulgado até às 12h do dia útil seguinte ao da sua ocorrência, pela Secretaria de Tecnologia da Informação do TST — SETIN, sob a supervisão do Comitê Gestor do sistema.

Art. 8º O Sistema PJe-JT será operado por usuários internos e usuários externos.

§ 1º Usuários internos: Ministros, Desembargadores convocados e servidores, bem como outros a que se reconhecer acesso às funcionalidades internas do sistema (estagiários, prestadores de serviço etc.).

§ 2º Usuários externos: todos os demais usuários, incluídos advogados públicos (PGU, PFG e PGFN) e privados, membros do Ministério Público, peritos e leiloeiros.

Art. 9º O usuário é responsável pela exatidão das informações prestadas no momento do credenciamento, assim como pela guarda, sigilo e utilização da assinatura eletrônica, não sendo oponível, em qualquer hipótese, alegação de uso indevido, nos termos da Medida Provisória n. 2.200-2, de 24 de agosto de 2001.

Art. 10. O credenciamento de advogado dependerá do preenchimento de formulário eletrônico disponível no Portal de acesso ao PJE-JT, no sítio do TST na Rede Mundial de Computadores, bem assim da utilização de certificado digital (ICPBrasil), dispensando-se a validação presencial.

Art. 11. Os membros do Ministério Público do Trabalho e os integrantes da Procuradoria-Geral da União, Procuradoria-Geral Federal e Procuradoria-Geral da Fazenda Nacional serão credenciados ou tornados inativos pelos gestores dos próprios órgãos.

Parágrafo único. A inatividade será registrada no sistema na hipótese de desligamento da instituição ou situações análogas.

Art. 12. Os usuários internos do TST serão credenciados pelas respectivas unidades administrativas, também responsáveis por torná-los inativos.

Art. 13. A existência de cadastro prévio em qualquer sistema do TST, efetuado por advogado, público ou privado, e por membro do Ministério Público do Trabalho, com ou sem certificado digital, não dispensa novo cadastramento no PJe-JT.

Art. 14. A comunicação dos atos processuais praticados no PJe-JT, durante a fase de implantação do aludido sistema no TST, e até ulterior deliberação, far-se-á, em regra, diretamente pelo sistema (Portal do PJe-JT), à exceção da ciência de inclusão do processo em pauta de órgão julgador colegiado, de decisões monocráticas e de acórdãos, as quais serão realizadas por meio de publicação no Diário Eletrônico da Justiça do Trabalho.

§ 1º O Ministério Público do Trabalho — MPT e os entes públicos representados pela Procuradoria-Geral da União — PGU, Procuradoria-Geral Federal — PGF e Procuradoria-Geral da Fazenda Nacional — PGFN serão assim comunicados dos atos processuais praticados no PJe-JT:

a) Ciência de inclusão do processo em pauta: pessoal, mediante ofício ou mandado judicial;
b) Intimação de acórdão, decisão monocrática e despacho: Portal do PJe-JT;
c) Intimação para emissão de parecer pelo MPT: Portal do PJe-JT.

§ 2º Quando for inviável o uso do meio eletrônico para a realização de intimação ou notificação, esses atos processuais poderão ser praticados segundo as regras ordinárias, digitalizando-se e destruindo-se posteriormente o documento físico.

Art. 15. O cadastramento do processo, a distribuição da petição inicial e a juntada da contestação, dos recursos, do parecer do Ministério Público do Trabalho e das petições em geral, todos em formato digital, aos autos de processo eletrônico, serão realizadas diretamente pelos usuários externos, dispensando-se a intervenção da secretaria judicial, situação em que a autuação ocorrerá de forma automática, fornecendo-se o recibo eletrônico de protocolo.

Parágrafo único. A petição inicial conterá a indicação do CPF ou CNPJ da parte autora, conforme determinação do art. 15, *caput*, da Lei n. 11.419/2006.

Art. 16. O sistema fornecerá, imediatamente após o envio da petição inicial, juntamente com a comprovação de recebimento, informações sobre o número atribuído ao processo e o nome do Ministro para o qual foi distribuída a ação.

Art. 17. Os recursos protocolizados nos Tribunais Regionais do Trabalho, dirigidos ao Tribunal Superior do Trabalho, serão juntados ao processo eletrônico na origem e distribuídos automaticamente pelo Sistema PJe-JT.

Art. 18. A Coordenadoria de Classificação, Autuação e Distribuição de Processos — CCADP, durante a fase de implantação do PJe-JT e até ulterior deliberação, fará a conferência dos dados cadastrais do processo eletrônico, como também da adequação da distribuição às regras do Regimento Interno do TST, devendo informar ao Relator eventual erro na distribuição do processo, bem assim a existência de possível impedimento ou prevenção.

Parágrafo único. Em caso de erro de cadastramento ou divergência entre os dados cadastrados e os documentos apresentados, a CCADP procederá aos ajustes necessários, de tudo ficando registro no Sistema PJe-JT.

Art. 19. Em caso de prevenção, os processos que não sejam da competência da Sexta Turma desta Corte serão convertidos para o sistema legado, até a implantação do Sistema PJe-JT no órgão prevento.

Art. 20. No sistema legado serão compensados, em igual número, os processos distribuídos no Sistema PJe-JT, observadas as classes processuais.

Art. 21. Nos gabinetes de Ministros e demais unidades internas usuárias do Sistema PJe-JT haverá, pelo menos, 2 (dois) servidores que atuarão como facilitadores em suas respectivas lotações.

§ 1º Os facilitadores serão responsáveis por orientar e dirimir dúvidas dos servidores de sua unidade na utilização do Sistema PJe-JT, realizar a interlocução com os respectivos representantes no Comitê Gestor do PJe-JT no TST e com a Central de Atendimento de Usuários, bem assim receber e dar encaminhamento às sugestões de aperfeiçoamento.

§ 2º As unidades internas usuárias do Sistema PJe-JT deverão indicar os seus facilitadores ao Presidente do Tribunal, no prazo de 15 dias da data da implantação do sistema na respectiva unidade, inclusive para fins de capacitação.

Art. 22. Os casos não disciplinados no presente Ato serão resolvidos pela Presidência do Tribunal Superior do Trabalho.

Art. 23. Este Ato entra em vigor em 26 de fevereiro de 2013.

Brasília, 25 de fevereiro de 2013.

MINISTRO JOÃO ORESTE DALAZEN
Presidente do Tribunal Superior do Trabalho
DJE/TST 25.2.2013

Ato do Presidente do TST n. 589 SEGJUD.GP, de 30 de agosto de 2013

Dispõe sobre a tramitação de processos em segredo de justiça no âmbito do TST

O PRESIDENTE DO TRIBUNAL SUPERIOR DO TRABALHO, no uso das atribuições legais e regimentais,

CONSIDERANDO o disposto nos arts. 93, inciso IX, da Constituição Federal e 155 do Código de Processo Civil,

RESOLVE

Art. 1º Os gabinetes dos Ministros, a Secretaria-Geral Judiciária e as Secretarias dos Órgãos Judicantes do Tribunal Superior do Trabalho deverão zelar pelo sigilo inerente ao processo com trâmite em segredo de justiça.

Art. 2º Nos processos em grau de recurso, se já houver indicação de que tramitaram em segredo de justiça no Juízo *a quo*, a Coordenadoria de Classificação, Autuação e Distribuição de Processos — CCADP manterá o registro na autuação.

Art. 3º Nas ações originárias, havendo pedido expresso de trâmite em segredo de justiça, a CCADP fará a autuação com o respectivo indicador, certificando o ato.

Art. 4º O Relator sorteado determinará a retificação do registro de trâmite em segredo de justiça, lançado na autuação, se considerar ausentes os elementos que justifiquem o procedimento.

Art. 5º No momento da autuação, a CCADP cadastrará as partes com as iniciais dos nomes ou razão social, conforme o caso.

Art. 6º As decisões proferidas nos processos em segredo de justiça não conterão dados que possibilitem a identificação das partes envolvidas, bem como não serão objeto de indexação na base de pesquisa de jurisprudência do Tribunal Superior do Trabalho.

Parágrafo único. Nas decisões de que trata o *caput* deste artigo, as partes serão identificadas pelas iniciais dos nomes ou razão social, conforme o caso.

Art. 7º A publicação oficial de qualquer decisão ou ato ordinatório não conterá elementos que identifiquem as partes.

Art. 8º O acesso aos autos de processo físico ou eletrônico que tramita em segredo de justiça será restrito às partes, aos advogados com procuração e ao Ministério Público do Trabalho para emissão de parecer, nos casos previstos em lei.

Art. 9º Este Ato entra em vigor na data de sua publicação.

Publique-se.

Brasília, 30 de agosto de 2013.

MINISTRO CARLOS ALBERTO REIS DE PAULA
Presidente do Tribunal Superior do Trabalho
DEJT 2.9.2013

Ato Conjunto TST.GP.CGJT n. 01 de 23 de janeiro de 2014

Dispõe sobre o sistema de transmissão em tempo real, com disponibilização nos sítios da internet e intranet do TST e dos Tribunais Regionais do Trabalho, de sessão administrativa de encerramento de correição ordinária e de inspeção realizadas pelo corregedor-geral da justiça do trabalho

O PRESIDENTE DO TRIBUNAL SUPERIOR DO TRABALHO E O MINISTRO CORREGEDOR-GERAL DA JUSTIÇA DO TRABALHO, no uso das suas atribuições legais e regimentais,

Considerando a necessidade de conferir ampla transparência às atividades correicionais desenvolvidas pelo Corregedor-Geral da Justiça do Trabalho perante os Tribunais Regionais do Trabalho;

Considerando que a transmissão em tempo real das sessões administrativas ou judiciais dos Tribunais, com disponibilização nos sítios da *internet* e *intranet*, possibilita o fácil e rápido acesso dos jurisdicionados, advogados e servidores, aproximando-os das atividades cotidianas do Poder Judiciário, e propiciando, *in casu*, a intercomunicação entre todas as instâncias do Judiciário Trabalhista;

Considerando a viabilidade técnica da transmissão em tempo real de sessão administrativa de encerramento de Correição Ordinária e de Inspeção, em face do êxito do projeto piloto, obtido por ocasião das Correições Ordinárias e das Inspeções realizadas nos Tribunais Regionais do Trabalho das 2ª, 4ª, 6ª, 7ª, 9ª, 12ª, 18ª e 23ª Regiões, no corrente ano,

RESOLVEM:

Art. 1º Determinar aos Tribunais Regionais do Trabalho que adotem os procedimentos técnicos, em parceria com a Secretaria de Tecnologia da Informação — SETIN do Tribunal Superior do Trabalho, tendentes a viabilizar a transmissão, em tempo real, nos sítios da *internet* e *intranet* do TST e dos Tribunais Regionais do Trabalho correicionados ou inspecionados, de sessão administrativa de encerramento de Correição Ordinária e de Inspeção realizadas pelo Corregedor-Geral da Justiça do Trabalho, seja por meio de equipamento próprio de transmissão ou por empresa contratada para tal fim.

Parágrafo único. A transmissão somente será efetivada com o aval do Corregedor-Geral da Justiça do Trabalho, que expedirá ofícios aos Tribunais Regionais do Trabalho e à referida Secretaria do TST, com antecedência mínima de 7 (sete) dias úteis antes do início da Inspeção ou da Correição Ordinária, a fim de viabilizar os testes e os ajustes necessários da Coordenadoria de Suporte ao Usuário do TST junto aos Tribunais Regionais do Trabalho.

Art. 2º Os eventuais ônus da transmissão serão suportados exclusivamente pelos Tribunais Regionais do Trabalho.

Art. 3º Este Ato Conjunto entrará em vigor na data de sua publicação no DEJT.

CARLOS ALBERTO REIS DE PAULA
Ministro Presidente do Tribunal Superior do Trabalho
IVES GANDRA MARTINS FILHO
Ministro Corregedor-Geral da Justiça do Trabalho
DEJT 31.1.2014

Ato Conjunto n. 001/TST.GP.GVP, de 28 de outubro de 2014

Delega atribuição ao Coordenador da Coordenadoria de Recursos para a prática de atos de mero expediente

O PRESIDENTE DO TRIBUNAL SUPERIOR DO TRABALHO E O VICE-PRESIDENTE DO TRIBUNAL SUPERIOR DO TRABALHO, no uso das atribuições legais e regimentais,

Considerando o disposto no art. 93, XIV, da Constituição Federal, que prevê a possibilidade de delegação de atribuição aos servidores para a prática de atos de administração e atos de mero expediente sem caráter decisório;

Considerando o disposto no art. 35, XXXIII, do Regimento Interno desta Corte;

Considerando que o permissivo do art. 162, § 4º, do Código de Processo Civil, ao dispor que "os atos meramente ordinatórios, como a juntada e a vista obrigatória, independem de despacho, devendo ser praticados de ofício pelo servidor e revistos pelo juiz quando necessários", trata de enumeração exemplificativa, e não taxativa;

Considerando que a Vice-Presidência desta Corte não dispõe de Secretaria própria destinada a efetuar os procedimentos relativos à prática dos atos meramente ordinatórios;

Considerando a necessidade de direcionar toda a força de trabalho dos servidores do Gabinete da Vice-Presidência para imprimir maior celeridade e efetividade à prestação jurisdicional quanto aos atos decisórios relativamente aos processos que lhe são afetos, em atenção ao disposto no art. 5º, LXXVIII, da Constituição Federal;

RESOLVEM

Art. 1º Delegar ao Coordenador da Coordenadoria de Recursos, em relação aos recursos extraordinários, atribuição para a prática dos seguintes atos:

I — determinar a juntada de petições;
II — determinar a reautuação do feito;
III — expedir certidões;
IV — baixar ao Tribunal Regional, em diligência, processos que apresentem defeito na digitalização das peças;
V — determinar o desentranhamento e a desvinculação de petições;
VI — determinar a anotação dos registros referentes à tramitação preferencial dos feitos, desde que preenchidos os requisitos legais;
VII — determinar a autuação do agravo interno, nos termos do art. 557, § 1º, do CPC, sujeito a reexame da Vice-Presidência;
VIII — determinar a remessa dos autos ao Ministro Presidente de Turma do TST, na hipótese de interposição simultânea de recurso extraordinário e embargos (CLT, art. 894);
IX — intimar as Partes para procederem à regularização da representação processual;
X — devolver petição protocolada nesta Corte, e os respectivos documentos, quando o processo a que se destina não tramitar no Tribunal Superior do Trabalho, quando estiver endereçada a outro Tribunal, e quando o número do processo ou o nome de quaisquer das Partes não coincidir com os registros constantes do Sistema de Informações Judiciárias desta Corte;
XI — adotar as providências necessárias para assegurar a tramitação conjunta de processos, quando o caso exigir;
XII — determinar o apensamento ou desapensamento de autos e a correção dos registros no sistema;
XIII — determinar o desarquivamento do processo e requerer o envio a esta Corte.

Art. 2º O Coordenador da Coordenadoria de Recursos poderá, ainda, praticar outros atos meramente ordinatórios não previstos no artigo anterior, desde que revistos previamente pela Vice-Presidência.

Art. 3º As petições que demandem análise jurídica de maior complexidade deverão ser submetidas ao Gabinete da Vice-Presidência.

Art. 4º Este Ato Conjunto entrará em vigor 45 (quarenta e cinco) dias após a sua publicação.

Brasília, 28 de outubro de 2014.

ANTÔNIO JOSÉ DE BARROS LEVENHAGEN
Ministro Presidente do Tribunal Superior do Trabalho
IVES GANDRA MARTINS FILHO
Ministro Vice-Presidente do Tribunal Superior do Trabalho
DEJT 29.10.2014

Ato Conjunto CSJT.TST.GP n. 24, de 13 de novembro de 2014

Institui a Política Nacional de Responsabilidade Socioambiental da Justiça do Trabalho — PNRSJT

O PRESIDENTE DO CONSELHO SUPERIOR DA JUSTIÇA DO TRABALHO e do TRIBUNAL SUPERIOR DO TRABALHO, no uso de suas atribuições legais e regimentais,

Considerando os princípios e normativos referentes à responsabilidade socioambiental, aos direitos humanos e à promoção do desenvolvimento sustentável, em especial a fundamentação legal constante do Anexo A;

Considerando que promover a cidadania e a responsabilidade socioambiental são objetivos estratégicos da Justiça do Trabalho;

Considerando a necessidade de contribuir para a integração e a efetividade das diversas ações de responsabilidade socioambiental da Justiça do Trabalho; e

Considerando a decisão proferida pelo Plenário do Conselho Superior da Justiça do Trabalho nos autos do Processo CSJT n. AN-6503-27.2014.5.90.0000,

RESOLVE

Editar o presente Ato Conjunto, nos termos a seguir:

Art. 1º Instituir a Política Nacional de Responsabilidade Socioambiental da Justiça do Trabalho (PNRSJT), que estabelece princípios, objetivos, instrumentos e diretrizes a serem observados na formulação de políticas próprias do Conselho Superior da Justiça do Trabalho (CSJT), do Tribunal Superior do Trabalho (TST) e dos Tribunais Regionais do Trabalho (TRTs).

Parágrafo único. As políticas próprias do CSJT e dos Tribunais consistem nas estratégias internas para viabilizar a estrutura organizacional e os instrumentos da responsabilidade socioambiental, assim como nas iniciativas que serão elaboradas com base nas diretrizes da Política Nacional.

Art. 2º As políticas do CSJT e dos Tribunais devem ser aprovadas pelos respectivos Presidentes, integrar a estratégia organizacional e ser consideradas na implementação das atividades da organização. consideradas na implementação das atividades da organização.

Art. 3º As políticas de cada órgão serão definidas com ampla participação de magistrados, servidores e, quando for o caso, estagiários, prestadores de serviços, público externo e demais partes interessadas.

Art. 4º Os Tribunais devem elaborar suas políticas de acordo com a metodologia e o cronograma constantes do Anexo B.

Art. 5º As revisões e atualizações dos Planejamentos Estratégicos dos Tribunais e do CSJT devem contemplar as respectivas políticas socioambientais.

DAS DEFINIÇÕES

Art. 6º Para os efeitos deste documento aplicam-se os seguintes termos e definições:

I — Accountability — princípio que pressupõe responsabilizar-se pelas consequências de suas ações e decisões, respondendo pelos seus impactos na sociedade, na economia e no meio ambiente, principalmente aqueles com consequências negativas significativas, prestando contas aos órgãos de governança da organização, a autoridades legais e, de modo mais amplo, às partes interessadas, declarando os seus erros e as medidas cabíveis para remediá-los;

II — Agente público — é todo aquele que exerce, ainda que transitoriamente ou sem remuneração, por eleição, nomeação, designação, contratação ou qualquer forma de investidura ou vínculo, mandato, cargo, emprego ou função pública;

III — Boas práticas — iniciativas e ações reconhecidas pela eficiência, eficácia e efetividade, revestidas de valor para os envolvidos e que possam ser replicadas;

IV — Comportamento ético e responsável — comportamento que esteja de acordo com os princípios de conduta moral aceitos no contexto de uma situação específica, com base nos valores de honestidade, equidade e integridade, implicando a preocupação com pessoas, animais e meio ambiente, e que seja consistente com as normas internacionais de comportamento;

V — Corpo funcional — magistrados e servidores da Justiça do Trabalho;

VI — Impacto ambiental — alteração positiva ou negativa no meio ambiente ou em algum de seus componentes por determinada ação ou atividade humana;

VII — Meio ambiente — conjunto de condições, leis, influências e interações de ordem física, química e biológica, que permite, abriga e rege a vida em todas as suas formas;

VIII — Organizações comunitárias locais — conjunto de pessoas de uma determinada região que empreendem esforços para obtenção de melhorias para a comunidade, em parceria ou não com o Estado e/ou outros atores sociais. Essas organizações comunitárias podem ser formais ou informais;

IX — Partes Interessadas — pessoa ou grupo que tem interesse nas decisões e atividades da organização ou por elas possa ser afetada. A parte interessada pode também ser chamada de stakeholder;

X — Práticas leais de operação — conduta ética no relacionamento dos órgãos da Justiça do Trabalho com outras organizações, como órgãos públicos, parceiros, fornecedores de bens e serviços e outras organizações com as quais interagem;

XI — Práticas internas de trabalho — compreende as políticas e práticas de trabalho realizadas dentro, para e em nome da organização, por magistrados, servidores e demais agentes públicos;

XII — Responsabilidade socioambiental — responsabilidade de uma organização pelos impactos de suas decisões e atividades na sociedade e no meio ambiente, por meio de um comportamento ético e transparente, que:

a) contribua para o desenvolvimento sustentável, inclusive a saúde e bem estar da sociedade;

b) leve em consideração as expectativas das partes interessadas e os interesses difusos e coletivos;

c) esteja em conformidade com a legislação aplicável e seja consistente com as normas internacionais de direitos humanos, direitos sociais, proteção ao trabalho e de comportamento;

d) esteja integrada em toda a organização e seja praticada em suas relações;

XIII — Sustentabilidade — interação do ser humano com o planeta que considere a manutenção da capacidade da Terra de suportar a vida em toda a sua diversidade e não comprometa a satisfação das necessidades de populações presentes e futuras. Essa interação inclui objetivos de qualidade de vida, justiça e participação social;

XIV — Trabalho Decente — o Trabalho Decente é o ponto de convergência dos quatro objetivos estratégicos da OIT: respeito aos direitos no trabalho (em especial aqueles definidos como fundamentais pela Declaração Relativa aos Direitos e Princípios Fundamentais no Trabalho e seu seguimento adotada em 1998: (i) liberdade sindical e reconhecimento efetivo do direito de negociação coletiva; (ii) eliminação de todas as formas de trabalho forçado; (iii) abolição efetiva do trabalho infantil; (iv) eliminação de todas as formas de discriminação em matéria de emprego e ocupação), a promoção do emprego produtivo e de qualidade, a extensão da proteção social e o fortalecimento do diálogo social;

XV — Trabalho voluntário — atividade não remunerada realizada por pessoa física, sem vínculo empregatício, para entidade pública de qualquer natureza ou para instituição privada sem fins lucrativos, que tenha objetivos cívicos, culturais, educacionais, de inclusão social, de fortalecimento da cidadania, científicos, recreativos ou de assistência social, inclusive mutualidade;

XVI — Transparência — franqueza sobre decisões e atividades que afetam a sociedade, a economia, e o meio ambiente, assim como a disposição de comunicá-las de forma clara, precisa, acessível, tempestiva, honesta e completa;

XVII — Usuário — indivíduo, profissional ou organização que utiliza os serviços da Justiça do Trabalho.

DOS PRINCÍPIOS

Art. 7º Na elaboração das Políticas, bem como nas atividades dos órgãos, deverão ser considerados os seguintes princípios da PNRSJT:

I — Sustentabilidade;
II — Compromisso com o trabalho decente;
III — Accountability;
IV — Transparência;
V — Comportamento ético;
VI — Respeito aos interesses das partes interessadas (stakeholders);
VII — Respeito pelo Estado Democrático de Direito;
VIII — Respeito às Normas Internacionais de Comportamento;
IX — Respeito pelos Direitos Humanos.

DOS OBJETIVOS

Art. 8º São objetivos da PNRSJT:

I — Estabelecer instrumentos e diretrizes de responsabilidade socioambiental;

II — Promover a integração e a efetividade das ações de responsabilidade socioambiental;

III — Promover o valor social do trabalho e a dignificação do trabalhador;

IV — Promover a gestão eficiente e eficaz dos recursos sociais, ambientais e econômicos;

V — Contribuir para o fortalecimento das políticas públicas voltadas para o desenvolvimento sustentável.

DA ESTRUTURA ORGANIZACIONAL

Art. 9º O Conselho Superior da Justiça do Trabalho, o Tribunal Superior do Trabalho e os Tribunais Regionais do Trabalho devem possuir unidade de Gestão Socioambiental que tenha como atribuição propor, coordenar, planejar, organizar, assessorar, supervisionar e apoiar as atividades do órgão, a fim de promover a integração e a efetividade da responsabilidade socioambiental.

I — A unidade de Gestão Socioambiental será vinculada, preferencialmente, a Secretaria Geral da Presidência ou à Diretoria-Geral;

II — A unidade de Gestão Socioambiental deve ter estrutura que assegure o desempenho de suas atribuições.

Art. 10. Os Tribunais devem manter Comissão com formação multissetorial, à qual caberá acompanhar e dar suporte à unidade de Gestão Socioambiental no planejamento das ações e na proposição de projetos socioambientais.

Art. 11. Os Tribunais designarão agentes multiplicadores, voluntários, em cada uma das unidades de apoio administrativo e judiciário, que terão a atribuição de estimular o comportamento proativo e zelar pelas práticas socioambientais em seus locais de trabalho.

Parágrafo único. Recomenda-se que os Tribunais incluam em suas políticas internas mecanismos de capacitação, incentivo e apoio ao desempenho dos agentes multiplicadores.

DOS INSTRUMENTOS DE IMPLEMENTAÇÃO E MONITORAMENTO

Art. 12. São instrumentos de implementação e monitoramento da PNRSJT:

I — Capacitação;
II — Comunicação;
III — Encontro anual;
IV — Relatório anual;
V — Comitê Gestor.

Art. 13. O CSJT, o TST e os TRTs devem inserir o tema da responsabilidade socioambiental em seus programas de capacitação para magistrados e servidores, a fim de desenvolver conhecimentos, habilidades e atitudes em consonância com os princípios e diretrizes desta Política.

Art. 14. As áreas de comunicação do CSJT, do TST e dos TRTs deverão incluir a responsabilidade socioambiental e as ações a ela vinculadas em seu plano de comunicação.

Art. 15. Será realizado anualmente o encontro de responsabilidade socioambiental da Justiça do Trabalho com os seguintes objetivos:

I — Proporcionar maior participação de magistrados e servidores, a fim de que a Política tenha maior alcance;

II — Compartilhar experiências que aprimorem as atuações dos Tribunais e sirvam de subsídios para a atualização da Política;

III — Promover a corresponsabilidade e a descentralização do debate sobre o tema.

Art. 16. O CSJT publicará, anualmente, o Relatório de Responsabilidade Socioambiental da Justiça do Trabalho, com base nos relatórios apresentados pelos Tribunais.

Parágrafo único. O CSJT orientará os Tribunais quanto à metodologia de construção dos relatórios.

Art. 17. Será instituído Comitê Gestor da PNRSJT com as seguintes atribuições:

I — Revisar e atualizar a PNRSJT;

II — Manter atualizado o Banco de Boas Práticas da Justiça do Trabalho com as informações referentes à responsabilidade socioambiental da Justiça do Trabalho;

III — Organizar os Encontros Anuais de Responsabilidade Socioambiental da Justiça do Trabalho.

DAS DIRETRIZES

Art. 18. São eixos de atuação da PNRSJT:

I — Direitos Humanos;

II — Práticas internas de trabalho;

III — Meio ambiente;

IV — Práticas leais de operação;

V — Questões relativas ao usuário-cidadão;

VI — Envolvimento e desenvolvimento da comunidade.

Art. 19. Para a implementação das diretrizes desta Política, os órgãos da Justiça do Trabalho devem adotar a *due diligence*, ou seja, ser proativos no sentido de identificar impactos negativos reais e potenciais de suas decisões e atividades.

DIREITOS HUMANOS

Art. 20. O Tribunal Superior do Trabalho, os Tribunais Regionais do Trabalho e, no que couber, o Conselho Superior da Justiça do Trabalho, na elaboração de suas políticas próprias, devem atender às seguintes diretrizes em direitos humanos:

I — Promover o respeito à diversidade e à equidade, de forma a combater a discriminação que se baseie em preconceito e envolva distinção, exclusão e preferência que tenham o efeito de anular a igualdade de tratamento ou oportunidades;

II — Garantir a acessibilidade às pessoas com deficiência ou com mobilidade reduzida em todas as suas instalações, serviços e processos;

III — Contribuir para a erradicação do trabalho infantil e para proteger o adolescente do trabalho ilegal;

IV — Contribuir para a eliminação de todas as formas de trabalho forçado ou compulsório.

PRÁTICAS INTERNAS DE TRABALHO

Art. 21. O Tribunal Superior do Trabalho, os Tribunais Regionais do Trabalho e, no que couber, o Conselho Superior da Justiça do Trabalho, na elaboração de suas políticas próprias, devem garantir a melhoria efetiva da qualidade de vida no trabalho, atendendo às seguintes diretrizes em práticas internas de trabalho:

I — Promover a saúde ocupacional e prevenir riscos e doenças relacionados ao trabalho;

II — Valorizar o corpo funcional, promovendo o seu desenvolvimento pessoal e de suas competências profissionais de forma equânime;

III — Estabelecer critérios objetivos para lotação e ocupação de funções com base nas competências do servidor;

IV — Prevenir e coibir o assédio moral e sexual, garantindo relações de trabalho nas quais predominem a dignidade, o respeito e os direitos do cidadão;

V — Proporcionar condições de trabalho que permitam equilíbrio entre trabalho e vida pessoal;

VI — Fornecer aos magistrados e servidores, de forma acessível, clara, compreensível e antecipada, todas as informações sobre os atos administrativos que possam afetá-los.

MEIO AMBIENTE

Art. 22. O Tribunal Superior do Trabalho, os Tribunais Regionais do Trabalho e, no que couber, o Conselho Superior da Justiça do Trabalho, na elaboração de suas políticas próprias, devem atender às seguintes diretrizes em meio ambiente:

I — Identificar riscos, potenciais e efetivos, e promover ações que objetivem evitar e mitigar impactos ambientais negativos, provocados por suas atividades;

II — Realizar contratações de bens e serviços que atendam a critérios e práticas de sustentabilidade;

III — Construir, reformar e manutenir as edificações atendendo a critérios e práticas de sustentabilidade;

IV — Elaborar plano de gerenciamento de resíduos sólidos em conformidade com a Política Nacional dos Resíduos Sólidos;

V — Promover a gestão sustentável dos recursos naturais, mediante redução do consumo, uso eficiente de insumos e materiais, bem como minimizar a geração de resíduos e poluentes;

VI — Promover práticas que incentivem o transporte compartilhado, não motorizado ou não poluente, disponibilizando estrutura adequada, conforme o caso.

PRÁTICAS LEGAIS DE OPERAÇÃO

Art. 23. O Tribunal Superior do Trabalho, os Tribunais Regionais do Trabalho e, no que couber, o Conselho Superior da Justiça do Trabalho, na elaboração de suas políticas próprias, devem atender às seguintes diretrizes em Práticas Leais de Operação:

I — Combater a corrupção e a improbidade administrativa mediante a identificação dos riscos, o fortalecimento de instrumentos que eliminem tais práticas e a conscientização de magistrados, servidores, empresas terceirizadas e fornecedores;

II — Fortalecer os canais de comunicação para denúncia de práticas e tratamento antiético e injusto, que permitam o acompanhamento do caso sem medo de represálias;

III — Promover a conscientização de magistrados e servidores acerca do comportamento ético e responsável nas relações institucionais, no envolvimento político e na solução de conflitos de interesse;

IV — Exercer e proteger o direito de propriedade intelectual e física, levando em consideração as expectativas da sociedade, os direitos humanos e as necessidades básicas do indivíduo.

QUESTÕES RELATIVAS AO USUÁRIO

Art. 24. O Tribunal Superior do Trabalho, os Tribunais Regionais do Trabalho e, no que couber, o Conselho Superior da Justiça do Trabalho, na elaboração de suas políticas próprias, devem atender às seguintes diretrizes em questões relativas ao usuário-cidadão:

I — Manter canais de comunicação transparentes, permanentes e estruturados para estabelecer diálogo amplo com o usuário da Justiça do Trabalho;

II — Fortalecer as ouvidorias, proporcionando-lhes os meios adequados para a realização de sua missão de contribuir com o aprimoramento da Justiça do Trabalho;

III — Proporcionar à sociedade, em especial a trabalhadores e empregadores, informações e orientações sobre os direitos e deveres fundamentais da relação de trabalho.

ENVOLVIMENTO E DESENVOLVIMENTO DA COMUNIDADE

Art. 25. O Tribunal Superior do Trabalho, os Tribunais Regionais do Trabalho e, no que couber, o Conselho Superior da Justiça do Trabalho, na elaboração de suas políticas próprias, devem estabelecer ações junto à comunidade, considerando as seguintes diretrizes:

I — Identificar oportunidades de atuar positivamente nas dimensões social, ambiental, cultural e econômica;

II — Alinhar-se às políticas públicas existentes e às ações desenvolvidas por organizações comunitárias locais;

III — Dialogar com as organizações comunitárias locais ou grupos de pessoas acerca das ações a serem implantadas;

IV — Estimular e apoiar o trabalho voluntário do seu corpo funcional, quando for o caso.

Art. 26. Este Ato Conjunto entra em vigor na data de sua publicação.

Brasília, 13 de novembro de 2014.

Ministro Antonio José de Barros Levenhagen
Presidente do Conselho Superior da
Justiça do Trabalho e do Tribunal
Superior do Trabalho

DEJT 18.11.2014

Ato TST.GP n. 207, de 15 de abril de 2014[*]

Suspende, temporariamente, a vigência do Ato n. 116/SEGJUD.GP, de 25 de fevereiro de 2013 e dá outras providências

O PRESIDENTE DO TRIBUNAL SUPERIOR DO TRABALHO, no uso de suas atribuições legais e regimentais,

Considerando a relevância do alinhamento entre a versão do PJe-JT que está em processo de implantação no Tribunal Superior do Trabalho e a versão do PJe-JT em desenvolvimento no âmbito do Conselho Superior da Justiça do Trabalho;

Considerando que, no âmbito do Tribunal Superior do Trabalho, ainda não houve a efetiva implementação do PJe-JT, inclusive na 6ª Turma;

Considerando que alguns Tribunais Regionais do Trabalho têm procedido ao envio de recursos em processos que tramitam no PJe-JT pelo eRemessa e mais a conveniência de uniformização desse procedimento;

Considerando a necessidade de ser redimensionado o cronograma de instalação do PJe-JT, no Tribunal Superior do Trabalho, em sintonia com o estabelecido na Resolução 185 do Conselho Nacional de Justiça,

RESOLVE:

Art. 1º Fica suspenso, temporariamente, o Ato n.116/SEGJUD.GP, de 25 de fevereiro de 2013.

(*) Republicado em cumprimento ao disposto no art. 2º do ATO GP n. 550/SEGJUD.GP, de 5 de outubro de 2015.

LEGISLAÇÃO COMPLEMENTAR

Art. 2º Até que seja ultimada a implementação do PJe-JT, no âmbito do TST, os recursos de revista, os agravos de instrumento dos despachos de Presidente de Tribunal Regional que denegarem seguimento a recurso de revista, os recursos ordinários e os respectivos agravos de instrumento nas ações de competência originária dos Regionais, oriundos de processos que estejam tramitando no PJe-JT, serão enviados para apreciação do Tribunal Superior do Trabalho, excepcionalmente e em caráter temporário, por intermédio do e-Remessa.

§ 1º Fica permitido ao Tribunal Regional do Trabalho da 7ª Região a transmissão de processos que tramitam pelo sistema PJe-JT na Segunda Instância por meio da ferramenta 'ConectorPJe', em alternativa ao e-Remessa, na forma regulamentada por ofício da Presidência do TST; *(Redação introduzida pelo Ato GP Fonte: Diário Eletrônico da Justiça do Trabalho, Brasília, DF, n. 1839, 22 out. 2015. Caderno Administrativo [do] Tribunal Superior do Trabalho, p. 1-2. Republicação. n. 663, de 12 de dezembro de 2014)*

§ 2º Fica permitido aos Tribunais Regionais do Trabalho da 1ª, 3º e 15ª Regiões o envio de processos que tramitam pelo sistema PJe-JT na Segunda Instância, por meio da ferramenta 'ConectorPJe', em alternativa ao sistema eRemessa, na forma regulamentada por ofício da Presidência do TST; *(Redação introduzida pelo Ato TST.GP n. 217, de 23 de abril de 2015)*

§ 3º Fica permitido aos demais Tribunais Regionais do Trabalho o envio de processos que tramitam pelo sistema PJe-JT na Segunda Instância, por meio da ferramenta 'ConectorPJe', em alternativa ao sistema e-Remessa, na forma regulamentada por ofício da Presidência do TST; *(Redação introduzida pelo Ato TST. SEGJUD.GP n. 550, de 5 de outubro de 2015)*

§ 4º Fica mantido o sistema de digitalização dos recursos a serem remetidos ao TST, relativamente aos processos físicos ainda em curso nos Tribunais Regionais do Trabalho, ou outro sistema que acaso tenha sido adotado na origem. *(Redação introduzida pelo Ato TST. SEGJUD.GP n. 550, de 5 de outubro de 2015)*

Art. 3º Os recursos enviados no formato descrito no art. 2º serão distribuídos aos órgãos judicantes competentes para o seu exame e julgamento.

Art. 4º A baixa de processos transitados em julgado, realizada pelas secretarias dos órgãos judicantes e pela SEGJUD, conforme o caso, será feita com as peças produzidas no TST, por intermédio do e-Remessa, sendo facultado ao Tribunal Regional do Trabalho optar pela íntegra do processo.

Parágrafo único. Após o recebimento do processo pelo e-Remessa, incumbirá ao Tribunal Regional do Trabalho realizar a inserção, no sistema do PJeJT, do acórdão do TST e das demais peças processuais necessárias, em formato PDF.

Art. 5º Os casos omissos serão dirimidos pela Presidência do Tribunal Superior do Trabalho.

Art. 6º Este Ato entra em vigor na data de sua publicação.

MINISTRO ANTONIO JOSÉ DE BARROS LEVENHAGEN
PRESIDENTE DO TRIBUNAL SUPERIOR DO TRABALHO

Ato n. 491/SEGJUD.GP, de 23 de setembro de 2014(*)

O PRESIDENTE DO TRIBUNAL SUPERIOR DO TRABALHO, no uso das atribuições

(*) Ato republicado em razão de erro material omisso.

legais e regimentais, *ad referendum* do Órgão Especial, considerando a edição da Lei n. 13.015, de 21 de julho de 2014, que instituiu novos requisitos para a admissibilidade de recursos no âmbito da Justiça do Trabalho e introduz a sistemática do recurso repetitivo; considerando a necessidade de fixação de parâmetros procedimentais mínimos para dar efetividade à referida lei,
RESOLVE:

Art. 1º A Lei n. 13.015, de 21 de julho de 2014, aplica-se aos recursos interpostos das decisões publicadas a partir da data de sua vigência.

Parágrafo único. As normas procedimentais da Lei n. 13.015/2014 e as que não afetarem o direito processual adquirido de qualquer das partes aplicam-se aos recursos interpostos anteriormente à data de sua vigência, em especial as que regem o sistema de julgamento de recursos de revista repetitivos, o efeito interruptivo dos embargos de declaração e a afetação do recurso de embargos ao Tribunal Pleno do TST, dada a relevância da matéria (art. 7º).

Art. 2º Sem prejuízo da competência do Ministro Relator do recurso de embargos prevista no § 3º do art. 894 da CLT, o Presidente do Turma, na forma do Regimento Interno do Tribunal Superior do Trabalho, denegar-lhe-á seguimento nas hipóteses ali previstas e quando a divergência apresentada não se revelar atual, nos termos do § 2º do mesmo dispositivo legal.

Art. 3º Para efeito de aplicação dos §§ 4º e 5º do art. 896 da CLT, persistindo decisão conflitante com a jurisprudência já uniformizada do Tribunal Regional do Trabalho de origem, deverão os autos retornar à instância *a quo* para sua adequação à súmula regional ou à tese jurídica prevalecente no Tribunal Regional do Trabalho, desde que não conflitante com súmula ou orientação jurisprudencial do Tribunal Superior do Trabalho

Art. 4º A comprovação da existência da súmula regional ou da tese jurídica prevalecente no Tribunal Regional do Trabalho e não conflitante com súmula ou orientação jurisprudencial do Tribunal Superior do Trabalho servirá para os efeitos do art. 896, *a*, da CLT, desde que regularmente demonstrada sua fonte de publicação.

Art. 5º No caso de decisão regional em consonância com súmula ou orientação jurisprudencial do Tribunal Superior do Trabalho, o Relator denegará seguimento ao recurso.

Art. 6º Os Tribunais Regionais do Trabalho deverão manter e dar publicidade a suas súmulas e teses jurídicas prevalecentes mediante banco de dados, organizando-as por questão jurídica decidida e divulgando-as, preferencialmente, na rede mundial de computadores.

Art. 7º a 22. Revogados pela Resolução TST/Órgão Especial n. 201, de 10.11.15, DEJT 17.11.15.

Art. 23. A dispensa de depósito recursal a que se refere o § 8º do art. 899 da CLT não será aplicável aos casos em que o agravo de instrumento se refira a uma parcela de condenação, pelo menos, que não seja objeto de arguição de contrariedade a súmula ou a orientação jurisprudencial do Tribunal Superior do Trabalho.

Parágrafo único. Quando a arguição a que se refere o *caput* deste artigo revelar-se manifestamente infundada, temerária ou artificiosa, o agravo de instrumento será considerado deserto.

Publique-se.

MINISTRO ANTONIO JOSÉ DE BARROS LEVENHAGEN
Presidente do Tribunal Superior do Trabalho

DEJT 14.11.2014

Ato do Presidente do TST SEGJUD n. 55, de 19 de fevereiro de 2014

Dispõe sobre a gestão de documentos judiciais, físicos e eletrônicos, do Tribunal Superior do Trabalho

O PRESIDENTE DO TRIBUNAL SUPERIOR DO TRABALHO, no uso das atribuições legais e regimentais,

considerando que a Constituição Federal de 1988, no § 2º do art. 216, dispõe que cabem à administração pública a gestão da documentação governamental e as providências para franquear sua consulta a quantos dela necessitem,

considerando que a Lei n. 8.159/1991, no art. 1º, determina que é dever do Poder Público a gestão documental e a proteção especial a documentos de arquivo, como instrumentos de apoio à administração, à cultura, ao desenvolvimento científico e como elementos de prova e informação,

considerando que a Lei n. 8.159/1991, no art. 20, estabelece que competem aos arquivos do Poder Judiciário Federal a gestão e o recolhimento dos documentos produzidos e recebidos por esse Poder no exercício de suas funções, *"bem como preservar e facultar o acesso aos documentos sob sua guarda"*,
RESOLVE:

DAS DISPOSIÇÕES GERAIS

Art. 1º Para os efeitos deste Ato considera-se:

I — arquivo: o conjunto de documentos produzidos e recebidos pelo Tribunal em decorrência do exercício de atividades específicas, qualquer que seja o suporte da informação;

II — fase corrente: compreende os documentos frequentemente consultados, que possuam forte vínculo com as razões pelas quais foram produzidos, o que justifica sua manutenção nas unidades produtoras ou receptoras;

III — fase intermediária: compreende os documentos com baixa frequência de consultas, o que permite, no caso de acervo físico, sua transferência para locais distantes da unidade produtora, nos quais aguardam a destinação final;

IV — fase permanente: compreende o acervo arquivístico considerado na avaliação como de valor histórico, o que justifica a guarda e manutenção definitiva do documento em razão das informações nele contidas;

V — avaliação: processo de análise de documentos de arquivo, que estabelece os prazos de guarda e a destinação, de acordo com os valores que lhes são atribuídos;

VI — gestão documental: o conjunto de procedimentos e operações técnicas referentes à produção, tramitação, uso, avaliação e arquivamento em fase corrente e intermediária, visando à eliminação ou recolhimento para guarda permanente.

Art. 2º Quanto à custódia, os documentos são agrupados do seguinte modo:

I — aqueles mantidos sob a guarda das diversas unidades do Tribunal se encontram na fase corrente;

II — aqueles transferidos e mantidos sob a guarda da unidade de gestão documental se encontram nas fases intermediária e permanente.

Parágrafo único. As fases documentais são definidas pela Tabela de Temporalidade e Destinação de Documentos do Tribunal.

DO ARQUIVAMENTO E DESARQUIVAMENTO

Art. 3º O arquivamento e o desarquivamento de documentos judiciais, inclusive os processos, sejam eles físicos ou eletrônicos, poderão ser determinados pelas seguintes autoridades:

I — Ministros do Tribunal;
II — Secretário-Geral da Presidência;
III — Secretário-Geral Judiciário;
IV — Diretor-Geral da Secretaria do Tribunal;
V — Secretário-Geral do Conselho Superior da Justiça do Trabalho;
VI — Secretários dos Órgãos Judicantes.

Art. 4º O desarquivamento deverá ser solicitado formalmente à unidade de gestão documental.

DAS RESPONSABILIDADES

Art. 5º Na hipótese de desaparecimento ou extravio de documento judicial, o servidor que tomar conhecimento do fato comunicará a sua chefia para que esta adote as providências cabíveis.

DAS DISPOSIÇÕES FINAIS

Art. 6º O fluxo documental se encerra com a destinação final, determinada pelo processo de avaliação.

Parágrafo único. A política de avaliação da documentação do Tribunal será formulada pela Comissão de Documentação e aplicada pela Coordenadoria de Gestão Documental e Memória nos termos dos arts. 56 e 57 do Regimento Interno desta Corte.

Art. 7º Os casos omissos serão dirimidos pela Presidência do Tribunal.

Art. 8º Este Ato entra em vigor na data de sua publicação e revoga o Ato GDGCA.GP n. 130, de 29 de março de 2004.

Publique-se.

Brasília, 19 de fevereiro de 2014.

MINISTRO CARLOS ALBERTO REIS DE PAULA
Presidente do Tribunal Superior do Trabalho

DEJT 20.2.2014

Ato Declaratório Executivo (SRF) n. 14, de 2 de junho de 2015

Dispõe sobre os procedimentos a serem observados para o preenchimento da Guia de Recolhimento do Fundo de Garantia do Tempo de Serviço e Informações à Previdência Social (GFIP), pelas cooperativas de trabalho, referente a contribuição previdenciária sobre montante da remuneração recebida em decorrência de serviço prestado a pessoas físicas ou jurídicas

O COORDENADOR-GERAL DE ARRECADAÇÃO E COBRANÇA, no uso da atribuição que lhe confere o inciso III do art. 312 do Regimento Interno da Secretaria da Receita Federal do Brasil, aprovado pela Portaria MF n. 203, de 14 de maio de 2012, e tendo em vista o disposto no art. 21 da Lei n. 8.212, de 24 de julho de 1991, e no Anexo Único da Instrução Normativa RFB n. 880, de 16 de outubro de 2008, declara:

Art. 1º A contribuição previdenciária devida pelo cooperado sobre o montante de remuneração recebida ou creditada em decorrência de serviço prestado a contratante por intermédio de cooperativa de trabalho, de que trata o art. 1º do Ato Declaratório Interpretativo RFB n. 5, de 25 de maio de 2015, será retida e arrecadada por essa cooperativa em consonância ao § 1º do art. 4º da Lei n. 10.666, de 8 de maio de 2003, e ao inciso III do art. 216 da Instrução Normativa RFB n. 971, de 13 de novembro de 2009.

§ 1º A cooperativa de trabalho preencherá a Guia de Recolhimento do Fundo de Garantia do Tempo de Serviço e Informações à Previdência Social (GFIP) relativa a seus cooperados com indicação das categorias abaixo, para as quais o Sistema Empresa de Recolhimento do Fundo de Garantia do Tempo de Serviço e Informações à Previdência Social (Sefip) utiliza a alíquota de 20% (vinte por cento) para cálculo do desconto da contribuição previdenciária devida:

I — código 24: Contribuinte individual — Cooperado que presta serviços a entidade beneficente de assistência social isenta da cota patronal ou a pessoa física, por intermédio da cooperativa de trabalho; ou

II — código 25: Contribuinte individual — Transportador cooperado que presta serviços a entidade beneficente de assistência social isenta da cota patronal ou a pessoa física, por intermédio da cooperativa de trabalho.

§ 2º O procedimento descrito neste artigo aplica-se à contribuição previdenciária sobre a remuneração dos cooperados pelos serviços prestados a quaisquer pessoas, físicas ou jurídicas, isentas ou não da cota patronal.

Art. 2º Este Ato Declaratório Executivo entra em vigor na data de sua publicação no Diário Oficial da União, produzindo efeitos desde a publicação do Ato Declaratório Interpretativo RFB n. 5, de 25 de maio de 2015.

JOÃO PAULO R. F. MARTINS DA SILVA

DOU 5.6.2015

Ato TST/GP n. 168, de 4 de abril de 2016

Dispõe sobre os pedidos de mediação e conciliação pré-processual de conflitos coletivos no âmbito do Tribunal Superior do Trabalho

O PRESIDENTE DO TRIBUNAL SUPERIOR DO TRABALHO, no uso das atribuições legais e regimentais,

Considerando a competência do Ministro Vice-Presidente para conciliar em Dissídios Coletivos (art. 36, IV, do RITST);

Considerando o disposto no art. 764 da CLT, o qual estabelece a valorização da conciliação como forma de solução de conflitos, incentivando o Judiciário a buscar todos os meios adequados e eficientes para a busca da solução conciliatória;

Considerando o êxito da Vice-Presidência do TST durante o biênio 2014/2016 na solução e prevenção de conflitos coletivos por meio de tratativas pré-processuais, inclusive no sentido de evitar o ajuizamento de dissídios e proporcionar a mais ampla pacificação social no âmbito das categorias profissionais e econômicas submetidas a tal procedimento;

Considerando que a Resolução n. 125 do CNJ estimula a valorização dos meios adequados de solução de conflitos enquanto política Judiciária;

Considerando os fundamentos invocados no Ato Conjunto TST.CSJT.GP n. 009, de 11 de março de 2016;

Considerando a importância e necessidade de prevenção dos conflitos coletivos de trabalho; RESOLVE:

Art. 1º Fica instituído por meio do presente ato o procedimento de mediação e conciliação pré-processual em dissídios coletivos, a ser conduzido e processado no âmbito da Vice-Presidência do Tribunal Superior do Trabalho.

Art. 2º Podem ser submetidos ao procedimento de mediação e conciliação pré-processual as relações jurídicas passíveis de submissão a dissídio coletivo de natureza econômica, jurídica ou de greve.

Art. 3º A mediação e conciliação pré-processual pode ser requerida por iniciativa de qualquer das partes potenciais de dissídios coletivos.

Art. 4º O pedido de mediação e conciliação pré-processual deverá ser apresentado em petição pela parte interessada, observado o seguinte:

I — a petição poderá ser enviada por meio eletrônico, através do sistema e-DOC, disponível no site do Tribunal Superior do Trabalho, ou por meio físico, em documento protocolizado na Coordenadoria de Cadastramento Processual do Tribunal Superior do Trabalho;

II — a petição deverá conter na primeira folha, de forma expressa, a expressão "Pedido de Mediação e Conciliação Pré-Processual";

III — a petição deverá contar com o relato das tratativas voltadas à solução conciliatória, realizadas até a apresentação do pedido de mediação e conciliação pré-processual;

IV — recebido o pedido, a Coordenadoria de Cadastramento Processual fará o cadastramento da petição e remeterá o feito à Coordenadoria de Classificação, Autuação e Distribuição de Processos que, após as providências cabíveis, fará conclusão à Vice-Presidência do Tribunal.

Parágrafo único. O pedido de mediação e conciliação pré-processual deverá ser acompanhado dos seguintes documentos:

I — pauta de reivindicações da categoria profissional;

II — proposta da categoria econômica ou empresa;

III — atas das reuniões voltadas à tentativa de solução conciliatória;

IV — dados da entidade sindical potencialmente suscitada em eventual dissídio coletivo proposto pelo requerente da mediação e conciliação pré-processual;

V — instrumentos normativos vigentes.

Art. 5º Recebido o pedido de mediação e conciliação pré-processual, a Vice-Presidência do Tribunal poderá designar audiência e encaminhar o feito à Secretaria-Geral Judiciária, que providenciará a notificação das partes acerca do dia, hora e local da audiência de mediação, conforme pauta previamente estabelecida.

§ 1º As audiências de conciliação serão realizadas na sede do Tribunal Superior do Trabalho, sob a condução do Ministro Vice-Presidente do Tribunal.

§ 2º Serão resumidos em ata os trâmites da audiência, bem como os acordos ou propostas de acordos.

§ 3º O Ministro Vice-Presidente do Tribunal poderá convidar o Procurador-Geral do Trabalho para participar da audiência a que se refere o *caput*.

Art. 6º A tramitação da mediação e conciliação pré-processual, bem como prazos eventualmente estabelecidos, serão defi-

nidos em decisão específica proferida nos autos do procedimento ou na ata de audiência.

Art. 7º Os advogados das partes poderão visualizar as peças produzidas no pedido de mediação e conciliação pré-processual, desde que realize cadastro no sistema de visualização de autos do Tribunal Superior do Trabalho, nos termos do Ato n. 342/SEGJUD.GP, de 27 de julho de 2010.

Parágrafo único. O cadastro de advogado regularmente inscrito na OAB será realizado com o preenchimento de formulário disponível no sistema de visualização de peças, no site do Tribunal Superior do Trabalho.

Art. 8º Os incidentes no âmbito da mediação e conciliação pré-processual ou situações não previstas neste Ato serão resolvidos pela Vice-Presidência do Tribunal.

Art. 9º A Coordenadoria de Estatística e Pesquisas do Tribunal Superior do Trabalho manterá dados estatísticos referentes aos pedidos de mediação e conciliação pré-processual.

Art. 10. Este Ato entra em vigor na data de sua publicação.

MINISTRO IVES GANDRA DA SILVA MARTINS FILHO,
Presidente do Tribunal Superior do Trabalho.

DEJT 5.4.2016

Instrução Normativa n. 3, do TST, de 5 de março de 1993(*)

(Resol. n. 190, de 11.12.2013)

Interpreta o art. 8º da Lei n. 8.542, de 23.12.1992 (DOU 24.12.1992), que trata do depósito para recurso nas ações na Justiça do Trabalho e a Lei n. 12.275, de 29 de junho de 2010, que altera a redação do inciso I do § 5º do art. 897 e acresce o § 7º ao art. 899, ambos da Consolidação das Leis do Trabalho — CLT, aprovada pelo Decreto-Lei n. 5.452, de 1º de maio de 1943

I — Os depósitos de que trata o art. 40, e seus parágrafos, da Lei n. 8.177/1991, com a redação dada pelo art. 8º da Lei n. 8.542/1992, e o depósito de que tratam o § 5º, I, do art. 897 e o § 7º do art. 899, ambos da CLT, com a redação dada pela Lei n. 12.275, de 29.6.2010, não têm natureza jurídica de taxa de recurso, mas de garantia do juízo recursal, que pressupõe decisão condenatória ou executória de obrigação de pagamento em pecúnia, com valor líquido ou arbitrado.

II — No processo de conhecimento dos dissídios individuais o valor do depósito é limitado a R$5.889,50 (cinco mil, oitocentos e oitenta e nove reais e cinquenta centavos), ou novo valor corrigido, para o recurso ordinário, e a R$11.779,02 (onze mil, setecentos e setenta e nove reais e dois centavos), ou novo valor corrigido, para cada um dos recursos subsequentes, isto é, de revista, de embargos (ditos impropriamente infringentes) e extraordinário, para o Supremo Tribunal Federal, observando-se o seguinte:

a) para o recurso de agravo de instrumento, o valor do "depósito recursal corresponderá a 50% (cinquenta por cento) do valor do depósito do recurso ao qual se pretende destrancar";

b) depositado o valor total da condenação, nenhum depósito será exigido nos recursos das decisões posteriores, salvo se o valor da condenação vier a ser ampliado;

c) se o valor constante do primeiro depósito, efetuado no limite legal, é inferior ao da condenação, será devida complementação de depósito em recurso posterior, observado o valor nominal remanescente da condenação e/ou os limites legais para cada novo recurso;

d) havendo acréscimo ou redução da condenação em grau recursal, o juízo prolator da decisão arbitrará novo valor à condenação, quer para a exigibilidade de depósito ou complementação do já depositado, para o caso de recurso subsequente, quer para liberação do valor excedente decorrente da redução da condenação;

e) nos dissídios individuais singulares o depósito será efetivado pelo recorrente, mediante a utilização das guias correspondentes, na conta do empregado no FGTS — Fundo de Garantia do Tempo de Serviço, em conformidade com os §§ 4º e 5º do art. 899 da CLT, ou fora dela, desde que feito na sede do juízo e permaneça à disposição deste, mediante guia de depósito judicial extraída pela Secretaria Judiciária;

f) nas reclamatórias plúrimas e nas em que houver substituição processual, será arbitrado o valor total da condenação, para o atendimento da exigência legal do depósito recursal, em conformidade com as alíneas anteriores, mediante guia de depósito judicial extraída pela Secretaria Judiciária do órgão em que se encontra o processo;

g) a expedição de Mandado de Citação Penhora e Avaliação em fase definitiva ou provisória de execução deverá levar em conta a dedução dos valores já depositados nos autos, em especial o depósito recursal;

h) com o trânsito em julgado da decisão que absolveu o demandado da condenação, ser-lhe-á autorizado o levantamento do valor depositado e seus acréscimos.

III — Julgada procedente ação rescisória e imposta condenação em pecúnia, será exigido um único depósito recursal, até o limite máximo de R$11.779,02 (onze mil, setecentos e setenta e nove reais e dois centavos), ou novo valor corrigido, dispensado novo depósito para os recursos subsequentes, salvo o depósito do agravo de instrumento, previsto na Lei n. 12.275/2010, observando-se o seguinte:

a) o depósito será efetivado pela parte recorrente vencida, mediante guia de depósito judicial expedida pela Secretaria Judiciária, à disposição do juízo da causa;

b) com o trânsito em julgado da decisão, se condenatória, o valor depositado e seus acréscimos serão considerados na execução; se absolutória, será liberado o levantamento do valor do depositado e seus acréscimos.

IV — A exigência de depósito no processo de execução observará o seguinte:

a) a inserção da vírgula entre as expressões "...aos embargos" e "à execução..." é atribuída a erro de redação, devendo ser considerada a locução "embargos à execução";

b) dada a natureza jurídica dos embargos à execução, não será exigido depósito para a sua oposição quando estiver suficientemente garantida a execução por depósito recursal já existente nos autos, efetivado no processo de conhecimento, que permaneceu vinculado à execução, e/ou pela nomeação ou apreensão judicial de bens do devedor, observada a ordem preferencial estabelecida em lei;

c) garantida integralmente a execução nos embargos, só haverá exigência de depósito em qualquer recurso subsequente do devedor se tiver havido elevação do valor do débito, hipótese em que o depósito recursal corresponderá ao valor do acréscimo, sem qualquer limite;

d) o depósito previsto no item anterior será efetivado pelo executado recorrente, mediante guia de depósito judicial expedida pela Secretaria Judiciária, à disposição do juízo da execução;

e) com o trânsito em julgado da decisão que liquidar a sentença condenatória, serão liberados em favor do exequente os valores disponíveis, no limite da quantia exequenda, prosseguindo, se for o caso, a execução por crédito remanescente, e autorizando-se o levantamento, pelo executado, dos valores que acaso sobejarem.

V — Nos termos da redação do § 3º do art. 40, não é exigido depósito para recurso ordinário interposto em dissídio coletivo, eis que a regra aludida atribui apenas valor ao recurso, com efeitos limitados, portanto, ao cálculo das custas processuais.

VI — Os valores alusivos aos limites de depósito recursal serão reajustados anualmente pela variação acumulada do INPC do IBGE dos doze meses imediatamente anteriores, e serão calculados e publicados no Diário Eletrônico da Justiça do Trabalho por ato do Presidente do Tribunal Superior do Trabalho, tornando-se obrigatória a sua observância a partir do quinto dia seguinte ao da publicação.

VII — Toda decisão condenatória ilíquida deverá conter o arbitramento do valor da condenação. O acréscimo de condenação em grau recursal, quando ilíquido, deverá ser arbitrado também para fins de depósito.

VIII — O depósito judicial, realizado na conta do empregado no FGTS ou em estabelecimento bancário oficial, mediante guia à disposição do juízo, será da responsabilidade da parte quanto à exatidão dos valores depositados e deverá ser comprovado, nos autos, pelo recorrente, no prazo do recurso a que se refere, independentemente da sua antecipada interposição, observado o limite do valor vigente na data da efetivação do depósito, bem como o contido no item VI, salvo no que se refere à comprovação do depósito recursal em agravo de instrumento, que observará o disposto no art. 899, § 7º, da CLT, com a redação da Lei n. 12.275/2010.

IX — é exigido depósito recursal para o recurso adesivo, observados os mesmos critérios e procedimentos do recurso principal previsto nesta Instrução Normativa.

X — Não é exigido depósito recursal, em qualquer fase do processo ou grau de jurisdição, dos entes de direito público externo e das pessoas de direito público contempladas no Decreto-Lei n. 779, de 21.8.69, bem assim da massa falida e da herança jacente.

XI — Não se exigirá a efetivação de depósito em qualquer fase ou grau recursal do processo, fora das hipóteses previstas nesta Instrução Normativa.

XII — Havendo acordo para extinção do processo, as partes disporão sobre o valor depositado. Na ausência de expressa esti-

(*) Republicação da Instrução Normativa n. 3, com ás alterações introduzidas pela Resolução n. 190, de 11 de dezembro de 2013.

pulação dos interessados, o valor disponível será liberado em favor da parte depositante.

DEJT 13.12.2013

Instrução Normativa n. 15 do TST, de 8 de outubro de 1998

Aprova normas relativas ao depósito recursal na justiça do trabalho (Resolução n. 88/98 do TST)

O Órgão Especial do Tribunal Superior do Trabalho, no uso das suas atribuições legais e regimentais,

Considerando o cancelamento dos Enunciados ns. 216 e 165;

Considerando a nova regulamentação do depósito recursal constante da Circular n. 149/98, da Caixa Econômica Federal, publicada no Diário Oficial da União de 4.9.1998;

Considerando a necessidade de uniformização de entendimentos quanto à regularidade do depósito recursal na Justiça do Trabalho;

Resolve que a validade do depósito recursal na Justiça do Trabalho condiciona-se à observância das exigências contidas no item 5 e seus subitens, da Circular n. 149/98, da Caixa Econômica Federal, a seguir transcrita:

5. Do Depósito Recursal

5.1. Depósito, referente a causas trabalhistas, previsto no art. 899 da Consolidação das Leis do Trabalho — CLT, efetuado como condição necessária à interposição de recurso contra decisão proferida pela Justiça do Trabalho.

5.2. Deve ser efetivado em conta vinculada do FGTS, aberta para este fim específico, mediante GRE, avulsa e apresentada em 3 (três) vias, com a seguinte destinação:

— 1ª Via — Caixa/Banco;
— 2ª Via — Empregador;
— 3ª Via — Processo/JCJ.

5.3. Cada GRE obrigará o depósito recursal relativo a apenas um processo, identificado no campo 17, e poderá ser autenticado em qualquer agência bancária, no ato da efetivação do depósito.

5.4. São informações indispensáveis à qualificação dos recolhimentos referentes ao depósito recursal.

5.4.1. Do Depositante (Empregador)

— Razão Social/Nome do Empregador (campo 03);

— CGC/CNPJ/CEI (campo 04);

— Endereço (campos 05 a 09).

5.4.1.1. Na inexistência por impossibilidade de cadastramento do empregador junto ao CGC/CNPJ/CEL, admite-se, excepcionalmente, a indicação do CPF do empregador.

5.4.1.2. No caso de empregado doméstico deverá ser indicado o número do CPF do empregador.

5.4.2. Do Trabalhador

— Nome (campo 21);

— Número PIS/PASEP (campo 23).

5.4.2.1. No caso de Sindicato, Federação ou Confederação atuando como substituto processual, deverá ser informado, no campo 21, o nome/razão social do mesmo.

5.4.2.2. Tratando-se de ação conjunta, deverá ser indicado, no campo 21, o nome de um dos reclamantes, seguido da expressão "e outros".

5.4.2.3 Na hipótese da inexistência, por impossibilidade de cadastramento do trabalhador junto ao cadastro do PIS/PASEP e para aqueles cujas relações trabalhistas tenham encerrado anteriormente a 1.1.72, admite-se, excepcionalmente, a indicação do número do Processo/Juízo.

5.4.3. Do Processo

— Informações complementares (campo 17): deverá ser preenchido com o número do processo, bem como do Juízo correspondente (na forma: n. do processo, Seção, Vara etc.).

5.4.4. Do Depósito

— Competência (campo 18) — deverá ser preenchido no formato MM/AA correspondente ao mês/ano em que o recolhimento está sendo efetuado;

— Código de recolhimento (campo 19): deverá ser preenchido sempre com o código 418;

— Valor (campo 27): deverá ser preenchido com o valor determinado pelo Juízo.

5.5. A movimentação da conta aberta para abrigar depósito recursal dar-se-á, exclusivamente, através de Alvará Judicial, em qualquer Agência da Caixa ou, não estando esta presente na localidade, em qualquer banco integrante da rede arrecadora e pagadora do FGTS.

5.5.1. O Alvará deverá ser dirigido à Caixa Econômica Federal (mantenedora legal das contas vinculadas do FGTS), devendo nele constar:

— identificação do processo;
— identificação do depositante;
— nome(s) do(s) beneficiário(s) e forma de rateio (percentual/valor), quando for o caso.

Sala de Sessões, 8 de outubro de 1998.

Luzia de Andrade Costa Freitas,
Diretora-Geral de Coordenação Judiciária

DJ 15.10.1998

Instrução Normativa n. 18 do TST, de 17 de dezembro de 1999

Considera-se válida para comprovação do depósito recursal na Justiça do Trabalho a guia respectiva em que conste pelo menos o nome do recorrente e do Recorrido; o número do processo; a designação do juízo por onde tramitou o feito e a explicação do valor depositado, desde que autenticada pelo Banco recebedor.

Revogam-se as disposições em contrário (Res. n. 92/99).

Sala de Sessões, 17 de dezembro de 1999.

Luzia de Andrade Costa Freitas
Diretora-Geral de Coordenação Judiciária

DJ 12.1.2000

Instrução Normativa n. 16 do TST, de 5 de outubro de 2000

Uniformiza a interpretação da Lei n. 9.756, de 17 de dezembro de 1998, com relação a Agravo de Instrumento

I — O Agravo de Instrumento se rege, na Justiça do Trabalho, pelo art. 897, alínea b, §§ 2º, 4º, 5º, 6º e 7º, da Consolidação das Leis do Trabalho, pelos demais dispositivos do direito processual do trabalho e, no que omisso, pelo direito processual comum, desde que compatível com as normas e princípios daquele, na forma desta Instrução.

a) Não se aplicam aos agravos de instrumento opostos antes de 18 de dezembro de 1998, data da publicação da Lei n. 9.756, as disposições desse diploma legal, salvo aquelas relativas ao cancelamento da possibilidade de concessão de efeito suspensivo à revista.

II — Limitado o seu cabimento, no processo do trabalho, aos despachos que denegarem a interposição de recurso (art. 897, alínea b, da CLT), o agravo de instrumento será dirigido à autoridade judiciária prolatora do despacho agravado, no prazo de oito dias de sua intimação, e processado em autos apartados.

§ 1º Revogado pelo Ato GDGCJ-GP n. 162/03 de 28.4.2003, DJ 25.3 e rep. 7.5.2003.

§ 2º Revogado pelo Ato GDGCJ-GP n. 162/03, de 28.4.2003, DJ 2.5.2003 e rep. 7.5.2003.

III — O agravo não será conhecido se o instrumento não contiver as peças necessárias para o julgamento do recurso denegado, incluindo a cópia do respectivo arrazoado e da comprovação de satisfação de todos os pressupostos extrínsecos do recurso principal.

IV — O agravo de instrumento, protocolizado e autuado, será concluso ao juiz prolator do despacho agravado, para reforma ou confirmação da decisão impugnada, observada a competência estabelecida nos arts. 659, inciso VI, e 682, inciso IX, da CLT.

V — Será certificada nos autos principais a interposição do agravo de instrumento e a decisão que determina o seu processamento ou a decisão que reconsidera o despacho agravado.

VI — Mantida a decisão agravada, será intimado o agravado a apresentar contrarrazões relativas ao agravo e, simultaneamente, ao recurso principal, juntando as peças que entender necessárias para o julgamento de ambos, encaminhando-se, após, os autos do agravo ao Juízo competente.

VII — Provido o agravo, o órgão julgador deliberará quanto ao julgamento do recurso destrancado, observando-se, daí em diante, o procedimento relativo a tal recurso, com designação de relator e de revisor, se for o caso.

VIII — Da certidão de julgamento do agravo provido constará o resultado da deliberação relativa à apreciação do recurso destrancado.

IX — As peças trasladadas conterão informações que identifiquem o processo do qual foram extraídas, autenticadas uma a uma, no anverso ou verso. Tais peças poderão ser declaradas autenticas pelo próprio advogado, sob sua responsabilidade pessoal. Não será válida a cópia de despacho ou decisão que não contenha a assinatura do juiz prolator, nem as certidões subscritas por serventuário sem as informações acima exigidas. (NR)

X — Cumpre às partes providenciar a correta formação do instrumento, não comportando a omissão em conversão em diligência para suprir a ausência de peças, ainda que essenciais.

XI — O agravo de instrumento não requer preparo.

XII — A tramitação e o julgamento de agravo de instrumento no Juízo competente obedecerão à disciplina legal e ao constante dos respectivos Regimentos Internos.

XIII — O agravo de instrumento de despacho denegatório de recurso extraordinário obedecerá à disciplina especial, na forma de Resolução da Suprema Corte.

XIV — Fica revogada a Instrução Normativa n. 06.

Sala de Sessões, 21 de novembro de 2002.

VALÉRIO AUGUSTO FREITAS DO CARMO
Diretor-Geral de Coordenação Judiciária

DJ 3.11.2000

Instrução Normativa n. 17 do TST, de 5 de outubro de 2000(*)

Uniformiza a interpretação da Lei n. 9.756, de 17 de dezembro de 1998, com relação ao recurso de revista

I — Aplica-se ao processo do trabalho o disposto no parágrafo único do art. 120 do Código de Processo Civil, segundo a redação dada pela Lei n. 9.756/98, relativo ao conflito de competência, nos seguintes termos:

Havendo jurisprudência dominante no Tribunal sobre a questão suscitada, o relator poderá decidir, de plano, o conflito de competência, cabendo agravo, no prazo de oito dias, contado da intimação às partes, para o órgão recursal competente.

II — Aplica-se ao processo do trabalho o parágrafo único acrescido ao art. 481 do Código de Processo Civil, conforme redação dada pela Lei n. 9.756/98, no que tange à declaração de inconstitucionalidade, nos seguintes termos:

Os órgãos fracionários dos Tribunais não submeterão ao plenário, ou ao órgão especial, a arguição de inconstitucionalidade, quando já houver pronunciamento destes, ou do plenário do Supremo Tribunal Federal, sobre a questão.

III — Aplica-se ao Processo do Trabalho o art. 557, *caput* e §§ 1º-A, 1º e 2º do Código de Processo Civil, segundo a redação dada pela Lei n. 9.756/98, adequando-se o prazo do agravo ao prazo de oito dias.

IV — Os beneficiários da justiça gratuita estão dispensados do recolhimento antecipado da multa prevista no § 2º do art. 557 do CPC.

V — As demais disposições oriundas de alteração do processo civil, resultantes da Lei n. 9.756/98, consideram-se inaplicáveis ao processo do trabalho, especialmente o disposto no art. 511, *caput*, e seu § 2º.

Sala de Sessões, 17 de dezembro de 1999.

LUZIA DE ANDRADE COSTA FREITAS
Diretora-Geral de Coordenação Judiciária

DEJT 24.9.2012

Instrução Normativa n. 19 do TST, de 27 de abril de 2000

Aprova normas relativas a inserção de tema na Orientação Jurisprudencial do Tribunal Superior do Trabalho

O precedente jurisprudencial deve ser inserido pela Comissão de Jurisprudência na Orientação Jurisprudencial desta Corte quando:

1 — as 5 (cinco) Turmas decidirem no mesmo sentido quanto à matéria; ou

2 — houver 3 (três) acórdãos da Seção Especializada em Dissídios Individuais e, pelo menos, 3 (três) acórdãos de 3 (três) Turmas no mesmo sentido; ou

3 — houver, pelo menos, 2 (duas) decisões unânimes de cada uma das duas Subseções da Seção Especializada em Dissídios Individuais sobre a mesma matéria; ou

4 — o Tribunal Pleno, mediante provocação da Comissão Permanente de Jurisprudência, decidir conflito entre 5 (cinco) decisões reiteradas da Subseção I Especializada em Dissídios Individuais sobre determinada tese, contrárias a decisões reiteradas de 3 (três) Turmas;

5 — os verbetes relativos à precedentes da Subseção II Especializada em Dissídios Individuais, após aprovados pela referida Subseção, serão encaminhados à Comissão Permanente de Jurisprudência para publicação na Orientação da Jurisprudência da Corte. Se a Comissão entender conveniente, submeterá a proposta da Subseção II Especializada em Dissídios Individuais ao egrégio Tribunal Pleno.

6 — por moção subscrita por 8 (oito) ministros e dirigida à Comissão Permanente de Jurisprudência, será submetida ao egrégio Tribunal Pleno a proposta de retirada de tema inserto no repositório da Orientação Jurisprudencial do Tribunal Superior do Trabalho.

Sala de Sessões, 27 de abril de 2000.

LUZIA DE ANDRADE COSTA FREITAS
Diretora-Geral de Coordenação Judiciária

DJ 9.5.2000

Instrução Normativa n. 20 do TST, de 7 de novembro de 2002(**)

Dispõe sobre os procedimentos para o recolhimento de custas e emolumentos devidos à união no âmbito da Justiça do Trabalho.

O Tribunal Superior do Trabalho, em sua composição Plena, Considerando o disposto na Lei n. 10.537, de 27 de agosto de 2002, que alterou os arts. 789 e 790 da Consolidação das Leis do Trabalho — CLT, sobre custas e emolumentos na Justiça do Trabalho, RESOLVEU expedir as seguintes instruções:

I — O pagamento das custas e dos emolumentos no âmbito da Justiça do Trabalho deverá ser realizado, exclusivamente, mediante Guia de Recolhimento da União — GRU Judicial, em 4 (quatro) vias, sendo ônus da parte interessada realizar seu correto preenchimento, observando-se as seguintes instruções:

a) o preenchimento da GRU Judicial será *on line*, no sítio da Secretaria do Tesouro Nacional na internet;

b) o pagamento da GRU — Judicial poderá ser efetivado em dinheiro, na Caixa Econômica Federal e no Banco do Brasil S/A, ou em cheque, apenas no Banco do Brasil S/A.

c) o campo inicial da GRU Judicial, denominado Unidade Gestora (UG), será preenchido com o código correspondente ao Tribunal Superior do Trabalho ou ao Tribunal Regional do Trabalho onde se encontra o processo. Os códigos constam do Anexo I;

d) o campo denominado Gestão será preenchido, sempre, com a seguinte numeração: 00001 — Tesouro Nacional.

II — As 4 (quatro) vias serão assim distribuídas: uma ficará retida no banco arrecadador; a segunda deverá ser anexada ao processo mediante petição do interessado; a terceira será entregue pelo interessado na secretaria do órgão judicante; a quarta ficará na Código para aferir autenticidade deste caderno: 72270 posse de quem providenciou o recolhimento.

III — É ônus da parte zelar pela exatidão do recolhimento das custas e/ou dos emolumentos, bem como requerer a juntada aos autos dos respectivos comprovantes.

IV — (Revogado).

V — O recolhimento das custas e emolumentos será realizado nos seguintes códigos:

a) 18740-2 — STN — CUSTAS JUDICIAIS (CAIXA/BB);

b) 18770-4 — STN — EMOLUMENTOS (CAIXA/BB).

Para esses códigos de arrecadação, os pagamentos não estão submetidos à restrição de valores inferiores a R$ 10,00 (dez reais), de conformidade com a nota SRF/Corat/Codac/Dirar/n. 174, de 14 de outubro de 2002.

VI — As secretarias das Varas do Trabalho e dos Tribunais Regionais do Trabalho informarão, mensalmente, aos setores encarregados pela elaboração da estatística do órgão, os valores de arrecadação de custas e emolumentos, baseando-se nas GRUs Judiciais que deverão manter arquivadas.

VII — (Revogado).

VIII — O comprovante de pagamento efetuado por meio de transferência eletrônica de fundos deverá ser apresentado pela parte em duas vias: a primeira será anexada ao processo, a segunda ficará arquivada na secretaria.

VIII-A — O requerimento de restituição dos valores indevidamente recolhidos, por meio de GRU judicial, de forma total ou parcial, a título de custas processuais e/ou emolumentos, deverá ser formalizado pelo interessado na Unidade Judiciária em que tramita o processo, acompanhado dos documentos comprobatórios das alegações, juntamente com o número do CNPJ ou CPF e dos respectivos dados bancários.

IX — Nos dissídios coletivos, as partes vencidas responderão solidariamente pelo pagamento das custas.

X — Não serão fixadas, no processo de conhecimento, custas inferiores a R$ 10,64 (dez reais e sessenta e quatro centavos), ainda que o resultado do cálculo seja inferior a este valor.

XI — As custas serão satisfeitas pelo vencido, após o trânsito em julgado da decisão. Em caso de recurso, a parte deverá recolher as custas e comprovar o seu pagamento no prazo recursal.

XII — O preparo de recurso da competência do Supremo Tribunal Federal será feito no prazo e na forma do disposto no Regimento Interno daquela Corte e segundo a sua "Tabela de Custas".

XIII — No processo de execução, as custas não serão exigidas por ocasião do recurso, devendo ser suportadas pelo executado ao final.

XIV — a tabela de custas da Justiça do Trabalho, referente ao processo de execução, vigorará com os seguintes valores:

(*) Republicada em cumprimento ao disposto no art. 2º da Resolução n. 184, de 14 de setembro de 2012. (DEJT 24.9.2012, p. 3/4).

(**) Republicação da Instrução Normativa n. 20, com as alterações introduzidas pela Resolução n. 191, de 11 de dezembro de 2013.

a) AUTOS DE ARREMATAÇÃO, DE ADJUDICAÇÃO E DE REMIÇÃO: 5% (cinco por cento) sobre o respectivo valor, até o máximo de R$ 1.915,38 (um mil, novecentos e quinze reais e trinta e oito centavos);

b) ATOS DOS OFICIAIS DE JUSTIÇA, POR DILIGÊNCIA CERTIFICADA:

b1) em zona urbana: R$ 11,06 (onze reais e seis centavos);

b2) em zona rural: R$ 22,13 (vinte e dois reais e treze centavos);

c) AGRAVO DE INSTRUMENTO: R$ 44,26 (quarenta e quatro reais e vinte e seis centavos);

d) AGRAVO DE PETIÇÃO: R$ 44,26 (quarenta e quatro reais e vinte e seis centavos);

e) EMBARGOS À EXECUÇÃO, EMBARGOS DE TERCEIRO E EMBARGOS À ARREMATAÇÃO: R$ 44,26 (quarenta e quatro reais e vinte e seis centavos);

f) RECURSO DE REVISTA: R$ 55,35 (cinquenta e cinco reais e trinta e cinco centavos);

g) IMPUGNAÇÃO À SENTENÇA DE LIQUIDAÇÃO: R$ 55,35 (cinquenta e cinco reais e trinta e cinco centavos);

h) DESPESA DE ARMAZENAGEM EM DEPÓSITO JUDICIAL:

por dia: 0,1% (um décimo por cento) do valor da avaliação;

i) CÁLCULOS DE LIQUIDAÇÃO REALIZADOS PELO CONTADOR DO JUÍZO:

Sobre o valor liquidado: 0,5% (cinco décimos por cento) até o limite de R$ 638,46 (seiscentos e trinta e oito reais e quarenta e seis centavos).

XV — A tabela de emolumentos da Justiça do Trabalho vigorará com os seguintes valores:

a) AUTENTICAÇÃO DE TRASLADO DE PEÇAS MEDIANTE CÓPIA REPROGRÁFICA APRESENTADA PELAS PARTES:

por folha: R$ 0,55 (cinquenta e cinco centavos de real);

b) FOTOCÓPIA DE PEÇAS:

por folha: R$ 0,28 (vinte e oito centavos de real);

c) AUTENTICAÇÃO DE PEÇAS:

por folha: R$ 0,55 (cinquenta e cinco centavos de real);

d) CARTAS DE SENTENÇA, DE ADJUDICAÇÃO, DE REMIÇÃO E DE ARREMATAÇÃO:

por folha: R$ 0,55 (cinquenta e cinco centavos de real);

e) CERTIDÕES:

por folha: R$ 5,53 (cinco reais e cinquenta e três centavos de real)

XVI — Os emolumentos serão suportados pelo requerente.

XVII — Os órgãos da Justiça do Trabalho não estão obrigados a manter serviços de reprografia para atendimento ao público externo, tampouco autenticar fotocópias apresentadas pelas partes.

XVIII — As requisições de traslados serão atendidas sem o comprometimento das atividades normais das secretarias.

Sala de Sessões, 07 de novembro de 2002.

VALÉRIO AUGUSTO FREITAS DO CARMO
DIRETOR-GERAL DE COORDENAÇÃO JUDICIÁRIA
DET 13.12.2013

Instrução Normativa n. 23 do TST, de 5 de agosto de 2003

(Resolução n. 118, de 5.8.2003)

Dispõe sobre Petições de Recurso de Revista Resolução n. 118/03

Certifico e Dou Fé que o Egrégio Pleno do Tribunal Superior do Trabalho, em sessão extraordinária hoje realizada, sob a Presidência do Exmo. Sr. Ministro Francisco Fausto Paula de Medeiros, Presidente do Tribunal Superior do Trabalho, presentes os Exmos. Srs. Ministros Rider Nogueira de Brito, Milton de Moura França, João Oreste Dalazen, Carlos Alberto Reis de Paula, Antônio José de Barros Levenhagen, Ives Gandra Martins Filho, João Batista Brito Pereira, Maria Cristina Irigoyen Peduzzi, José Simpliciano Fontes de Faria Fernandes, Renato de Lacerda Paiva, Emmanoel Pereira e Lélio Bentes Corrêa, e a Exma. Subprocuradora-Geral do Trabalho, Dr. Guiomar Sanches Mendonça, Resolveu, por unanimidade, cancelar a Instrução Normativa n. 22 e editar a Instrução Normativa n. 23, dispondo sobre petições de recurso de revista, nos termos a seguir transcritos:

Considerando a necessidade de racionalizar o funcionamento da Corte, para fazer frente à crescente demanda recursal, e de otimizar a utilização dos recursos da informática, visando à celeridade da prestação jurisdicional, anseio do jurisdicionado;

Considerando a natureza extraordinária do recurso de revista e a exigência legal de observância de seus pressupostos de admissibilidade;

Considerando que a elaboração do recurso de maneira adequada atende aos interesses do próprio recorrente, principalmente na viabilização da prestação jurisdicional;

Considerando que o advogado desempenha papel essencial à administração da Justiça, colaborando como partícipe direto no esforço de aperfeiçoamento da atividade jurisdicional, merecendo assim atenção especial na definição dos parâmetros técnicos que racionalizam e objetivam seu trabalho;

Considerando que facilita o exame do recurso a circunstância de o recorrente indicar as folhas em que se encontra a prova da observância dos pressupostos extrínsecos do recurso;

Considerando que, embora a indicação dessas folhas não seja requisito legal para conhecimento do recurso, é recomendável que o recorrente o faça;

Resolve, quanto às petições de recurso de revista:

I — Recomendar sejam destacados os tópicos do recurso e, ao demonstrar o preenchimento dos seus pressupostos extrínsecos, sejam indicadas as folhas dos autos em que se encontram:

a) a procuração e, no caso de elevado número de procuradores, a posição em que se encontra(m) o(s) nome(s) do(s) subscritor(es) do recurso;

b) a ata de audiência em que o causídico atuou, no caso de mandato tácito;

c) o depósito recursal e as custas, caso já satisfeitos na instância ordinária;

d) os documentos que comprovam a tempestividade do recurso (indicando o início e o termo do prazo, com referência aos documentos que o demonstram).

II — Explicitar que é ônus processual da parte demonstrar o preenchimento dos pressupostos intrínsecos do recurso de revista, indicando:

a) qual o trecho da decisão recorrida que consubstancia o prequestionamento da controvérsia trazida no recurso;

b) qual o dispositivo de lei, súmula, orientação jurisprudencial do TST ou ementa (com todos os dados que permitam identificá-la) que atrita com a decisão regional.

III — Reiterar que, para comprovação da divergência justificadora do recurso, é necessário que o recorrente:

a) junte certidão ou cópia autenticada do acórdão paradigma ou cite a fonte oficial ou repositório em que foi publicado;

b) transcreva, nas razões recursais, as ementas e/ou trechos dos acórdãos trazidos à configuração do dissídio, demonstrando os conflitos de teses que justifiquem o conhecimento do recurso, ainda que os acórdãos já se encontrem nos autos ou venham a ser juntados com o recurso.

IV — Aplica-se às contrarrazões o disposto nesta Instrução, no que couber.

Sala de Sessões, 5 de agosto de 2003.

VALÉRIO AUGUSTO FREITAS DO CARMO
Diretor-Geral de Coordenação Judiciária

DJ 14.8.2003

Instrução Normativa n. 24 do TST, de 2 de outubro de 2003

(Resol. n. 120/03, do TP do TST)

Dispõe sobre a faculdade de o Ministro Presidente do Tribunal Superior do Trabalho designar audiência prévia de conciliação, no caso de pedido de efeito suspensivo a Recurso Ordinário interposto à decisão normativa da Justiça do Trabalho

O TRIBUNAL SUPERIOR DO TRABALHO, em sua composição plena, no uso de suas atribuições legais e regimentais, sob a Presidência do Exmo. Sr. Ministro Francisco Fausto Paula de Medeiros,

Considerando o disposto no art. 14 da Lei n. 10.192, de 14 de fevereiro de 2001, pelo qual foi concedida ao Presidente do Tribunal Superior do Trabalho a prerrogativa de suspender, "na medida e extensão" que entender convenientes, a eficácia de decisão normativa da Justiça do Trabalho, até o julgamento do recurso ordinário interposto em autos de dissídio coletivo;

Considerando a inexistência de regulamentação dos procedimentos a serem observados pela Presidência da Corte relativamente aos pedidos de efeito suspensivo;

Considerando a marcante característica conciliatória da Justiça do Trabalho, presente, sobretudo, na sua atuação nos dissídios coletivos;

Considerando os bons resultados alcançados com a praxe que vem sendo adotada no sentido de mediar os conflitos por ocasião do recebimento de pedido de efeito suspensivo de cláusula de sentença normativa;

Considerando a instrumentalidade do processo,

Resolve:

I — Ao Presidente do Tribunal Superior do Trabalho é facultada a designação de audiência de conciliação relativamente a pedido de concessão de efeito suspensivo a recurso

ordinário interposto à decisão normativa da Justiça do Trabalho;

II — Poderá o Presidente do Tribunal Superior do Trabalho, antes de designar audiência prévia de conciliação, conceder ao requerido o prazo de 5 (cinco) dias, para, querendo, manifestar-se sobre o pedido de efeito suspensivo;

III — O Ministério Público do Trabalho, por intermédio da Procuradoria-Geral do Trabalho, será comunicado do dia, hora e local de realização da audiência, enquanto as partes serão notificadas;

IV — Havendo transação nessa audiência, as condições respectivas constarão de ata, facultando-se ao Ministério Público do Trabalho emitir parecer oral, sendo, em seguida, sorteado Relator, que submeterá o acordo à apreciação da Seção Especializada em Dissídios Coletivos, na primeira sessão ordinária subsequente ou em sessão extraordinária designada para esse fim;

V — O Presidente do Tribunal Superior do Trabalho poderá submeter o pedido de efeito suspensivo à apreciação da Seção Especializada em Dissídios Coletivos, desde que repute a matéria de alta relevância.

Sala de Sessões, 2 de outubro de 2003.

VALÉRIO AUGUSTO FREITAS DO CARMO
DJ 9.10.2003

Instrução Normativa n. 26 do TST, de 2 de setembro de 2004

(Resol. n. 124/04)

Dispõe sobre a guia de recolhimento do depósito recursal

O TRIBUNAL SUPERIOR DO TRABALHO, no gozo de suas prerrogativas constitucionais e legais,

Considerando que o depósito recursal, nos termos do art. 899 da CLT, deve ser feito em conta vinculada do Fundo de Garantia do Tempo de Serviço — FGTS, aberta para fim específico;

Considerando que os recolhimentos, a título de depósito recursal, realizam-se por intermédio da Guia de Recolhimento do FGTS e Informações à Previdência Social — GFIP, de conformidade com o disposto no item 10.2 da Circular Caixa n. 321, de 20 de maio de 2004;

Considerando a possibilidade da emissão da Guia de Recolhimento do FGTS e Informações à Previdência Social, pelo aplicativo da Caixa Econômica Federal denominado "Sistema Empresa de Recolhimento do FGTS e Informações à Previdência Social — SEFIP" (GFIP emitida eletronicamente), conforme previsto no item 4.1.1 da Circular Caixa n. 321, de 20 de maio de 2004;

Considerando a inovação trazida pela Circular Caixa n. 321, de 20 de maio de 2004, item 10.4, autorizando o recolhimento do depósito recursal mediante a utilização da Guia de Recolhimento do FGTS e Informações à Previdência Social — GFIP, emitida pelo aplicativo "SEFIP" (GFIP emitida eletronicamente), sem prejuízo do uso da GFIP avulsa;

Resolveu expedir as seguintes instruções:

I — O depósito recursal previsto no art. 899 da CLT poderá ser efetuado mediante a utilização da Guia de Recolhimento do FGTS e Informações à Previdência Social — GFIP, gerada pelo aplicativo da Caixa Econômica Federal denominado "Sistema Empresa de Recolhimento do FGTS e Informações à Previdência Social — SEFIP" (GFIP emitida eletronicamente), conforme Anexo 1, ou por intermédio da GFIP avulsa, disponível no comércio e no sítio da Caixa Econômica Federal (Anexo 2).

II — A GFIP emitida eletronicamente, para fins de depósito recursal, ostentará no seu cabeçalho o seguinte título "Guia de Recolhimento para Fins de Recurso Junto à Justiça do Trabalho".

III — O empregador que fizer uso da GFIP gerada eletronicamente poderá efetuar o recolhimento do depósito judicial via *Internet Banking* ou diretamente em qualquer agência da Caixa Econômica Federal ou dos bancos conveniados.

IV — A comprovação da efetivação do depósito recursal, dar se-á obrigatoriamente das seguintes formas:

No caso de pagamento efetuado em agências da Caixa Econômica Federal ou dos bancos conveniados, mediante a juntada aos autos da guia GFIP devidamente autenticada, e na hipótese de recolhimento feito via *Internet*, com a apresentação do "Comprovante de Recolhimento/FGTS — via *Internet Banking*" (Anexo 3), bem como da Guia de Recolhimento para Fins de Recurso junto à Justiça do Trabalho (Anexo 2), para confrontação dos respectivos códigos de barras, que deverão coincidir.

Sala de Sessões, 2 de setembro de 2004.

VALÉRIO AUGUSTO FREITAS DO CARMO
DIRETOR-GERAL DE COORDENAÇÃO JUDICIÁRIA
DJ 17.9.2004

Instrução Normativa n. 27 do TST, de 16 de fevereiro de 2005

(Resol. 126/05 do TP/TST)

Dispõe sobre normas procedimentais aplicáveis ao processo do trabalho em decorrência da ampliação da competência da Justiça do Trabalho pela Emenda Constitucional n. 45/2004

Art. 1º As ações ajuizadas na Justiça do Trabalho tramitarão pelo rito Ordinário ou Sumaríssimo, conforme previsto na Consolidação das Leis do Trabalho, excepcionando-se, apenas, as que, por disciplina legal expressa, estejam sujeitas a rito especial, tais como o Mandado de Segurança, *Habeas Corpus*, *Habeas Data*, Ação Rescisória, Ação Cautelar e Ação de Consignação em Pagamento.

Art. 2º A sistemática recursal a ser observada é a prevista na Consolidação das Leis do Trabalho, inclusive no tocante à nomenclatura, à alçada, aos prazos e às competências.

Parágrafo único. O depósito recursal a que se refere o art. 899 da CLT é sempre exigível como requisito extrínseco do recurso, quando houver condenação em pecúnia.

Art. 3º Aplicam-se quanto às custas as disposições da Consolidação das Leis do Trabalho.

§ 1º As custas serão pagas pelo vencido, após o trânsito em julgado da decisão.

§ 2º Na hipótese de interposição de recurso, as custas deverão ser pagas e comprovado seu recolhimento no prazo recursal (arts. 789, 789-A, 790 e 790-A da CLT).

§ 3º Salvo nas lides decorrentes da relação de emprego, é aplicável o princípio da sucumbência recíproca, relativamente às custas.

Art. 4º Aos emolumentos aplicam-se as regras previstas na Consolidação das Leis do Trabalho, conforme previsão dos arts. 789-B e 790 da CLT.

Parágrafo único. Os entes públicos mencionados no art. 790-A da CLT são isentos do pagamento de emolumentos. *(Acrescentado pela Resolução n. 133/2005)*

Art. 5º Exceto nas lides decorrentes da relação de emprego, os honorários advocatícios são devidos pela mera sucumbência.

Art. 6º Os honorários periciais serão suportados pela parte sucumbente na pretensão objeto da perícia, salvo se beneficiária da justiça gratuita.

Parágrafo único. Faculta-se ao Juiz, em relação à perícia, exigir depósito prévio dos honorários, ressalvadas as lides decorrentes da relação de emprego.

Art. 7º Esta Resolução entrará em vigor na data da sua publicação.

Sala de sessões, 16 de fevereiro de 2005.

VALÉRIO AUGUSTO FREITAS DO CARMO
Diretor-Geral de Coordenação Judiciária
DJ 22.2.2005
e alterada pela Resol. 133/05, DJ 5.7.2005)

Instrução Normativa n. 29 do TST, de 5 de agosto de 2005

(Resol. Administrativa n. 136/05)

Dispõe sobre a prioridade na tramitação dos processos em que é parte pessoa portadora de deficiência

CONSIDERANDO o teor do Ofício n. 427/2005/PFDC/MPF, oriundo do Ministério Público Federal — Procuradoria Federal dos direitos dos cidadãos, que requer prioridade de tramitação nos feitos em que estejam em causa direitos de pessoas com deficiência, e

CONSIDERANDO o disposto no art. 9º da Lei n. 7.853, de 24 de outubro de 1989, estabelecendo que a Administração Pública Federal conferirá aos assuntos relativos às pessoas portadoras de deficiência tratamento prioritário e apropriado, para que lhes seja efetivamente ensejado o pleno exercício de seus direitos individuais e sociais, bem como sua integração social",

RESOLVE:

Art. 1º Assegurar, no Tribunal Superior do Trabalho, prioridade na tramitação dos processos cuja parte ou interveniente seja pessoa portadora de deficiência, desde que a causa discutida em juízo tenha como fundamento a própria deficiência.

Parágrafo único. Considera-se pessoa portadora de deficiência a que se enquadra nas categorias definidas no art. 4º do Decreto n. 3.298, de 20 de dezembro de 1999.

Art. 2º A prioridade será concedida mediante requerimento da parte ou interveniente, que deverá juntar ao pedido atestado médico comprovando sua condição.

I — O pedido será dirigido ao Presidente do Tribunal Superior do Trabalho, ao Presidente de Turma ou ao Relator do Processo, conforme as normas de competência.

II — o atestado médico referido no *caput* deste artigo deverá indicar a deficiência, de

acordo com os critérios constantes do art. 4º do Decreto n. 3.298/99 e art. 5º do Decreto n. 5.296/2004.

Art. 3º A garantia de prioridade estende-se ao atendimento imediato, nas secretarias e subsecretarias desta Corte, da pessoa portadora de deficiência.

Art. 4º Esta Instrução Normativa entra em vigor na data de sua publicação.

Sala de sessões, 4 de agosto de 2005

<div align="right">
VALÉRIO AUGUSTO FREITAS DO CARMO
Diretor-Geral de Coordenação Judiciária

DJ 9.8.2005
</div>

Instrução Normativa n. 30/2007 do TST, de 13 de setembro de 2007(*)

(Resolução TST/TP n. 192, de 11 de dezembro de 2013)

Regulamenta, no âmbito da Justiça do Trabalho, a Lei n. 11.419, de 19 de dezembro de 2006, que dispõe sobre a informatização do processo judicial

CAPÍTULO I
Informatização do Processo Judicial no Âmbito da Justiça do Trabalho

Art. 1º O uso de meio eletrônico na tramitação de processos judiciais, comunicação de atos e transmissão de peças processuais, na Justiça do Trabalho, será disciplinado pela presente instrução normativa.

Art. 2º Os Tribunais Regionais do Trabalho disponibilizarão em suas dependências e nas Varas do Trabalho, para os usuários dos serviços de peticionamento eletrônico que necessitarem, equipamentos de acesso à rede mundial de computadores e de digitalização do processo, para a distribuição de peças processuais.

Parágrafo único. Os Tribunais Regionais do Trabalho terão o prazo de um ano da publicação da presente instrução normativa para atenderem ao disposto no presente artigo.

CAPÍTULO II
Assinatura Eletrônica

Art. 3º No âmbito da Justiça do Trabalho, o envio de petições, de recursos e a prática de atos processuais em geral por meio eletrônico serão admitidos mediante uso de assinatura eletrônica.

Art. 4º A assinatura eletrônica, no âmbito da Justiça do Trabalho, será admitida sob as seguintes modalidades:

I — assinatura digital, baseada em certificado digital emitido pelo ICP — Brasil, com uso de cartão e senha;

II — assinatura cadastrada, obtida perante o Tribunal Superior do Trabalho ou Tribunais Regionais do Trabalho, com fornecimento de login e senha.

§ 1º Para o uso de qualquer das duas modalidades de assinatura eletrônica, o usuário deverá se credenciar previamente perante o Tribunal Superior do Trabalho ou o Tribunal Regional do Trabalho com jurisdição sobre a cidade em que tenha domicílio, mediante o preenchimento de formulário eletrônico, disponibilizado no Portal da Justiça do Trabalho (Portal-JT).

§ 2º No caso de assinatura digital, em que a identificação presencial já se realizou perante a Autoridade Certificadora, o credenciamento se dará pela simples identificação do usuário por meio de seu certificado digital e remessa do formulário devidamente preenchido.

§ 3º No caso da assinatura cadastrada, o interessado deverá comparecer, pessoalmente, perante o órgão do Tribunal no qual deseje cadastrar sua assinatura eletrônica, munido do formulário devidamente preenchido, obtendo senhas e informações para a operacionalização de sua assinatura eletrônica.

§ 4º Ao credenciado será atribuído registro e meio de acesso ao sistema, de modo a preservar o sigilo (mediante criptografia de senha), a identificação e a autenticidade de suas comunicações.

§ 5º Alterações de dados cadastrais poderão ser feitas pelos usuários, a qualquer momento, na seção respectiva do Portal-JT.

§ 6º O credenciamento implica a aceitação das normas estabelecidas nesta Instrução Normativa e a responsabilidade do credenciado pelo uso indevido da assinatura eletrônica.

CAPÍTULO III
Sistema de Peticionamento Eletrônico

Art. 5º A prática de atos processuais por meio eletrônico pelas partes, advogados e peritos será feita, na Justiça do Trabalho; através do Sistema Integrado de Protocolização e Fluxo de Documentos Eletrônicos (e-DOC).

§ 1º O e-DOC é um serviço de uso facultativo, disponibilizado no Portal-JT, na Internet.

§ 2º (Revogado).

§ 3º O sistema do e-DOC deverá buscar identificar, dentro do possível, os casos de ocorrência de prevenção, litispendência e coisa julgada.

§ 4º A parte desassistida de advogado que desejar utilizar o sistema do e-DOC deverá se cadastrar, antes, nos termos desta Instrução Normativa.

Art. 6º As petições, acompanhadas ou não de anexos, apenas serão aceitas em formato PDF (Portable Document Format), no tamanho máximo, por operação, de 5 Megabytes. *(Alteração dada pela Resolução n. 196, de 4.5.15, DEJT 6.5.15)*

Parágrafo único. Não se admitirá o fracionamento de petição, tampouco dos documentos que a acompanham, para fins de transmissão.

Art. 7º O envio da petição por intermédio do e-DOC dispensa a apresentação posterior dos originais ou de fotocópias autenticadas, inclusive aqueles destinados à comprovação de pressupostos de admissibilidade do recurso.

Art. 8º O acesso ao e-DOC depende da utilização, pelo usuário, da sua assinatura eletrônica.

Parágrafo único. Salvo impossibilidade que comprometa o acesso à justiça, a parte deverá informar, ao distribuir a petição inicial de qualquer ação judicial em meio eletrônico, o número no cadastro de pessoas físicas ou jurídicas, conforme o caso, perante a Secretaria da Receita Federal.

Art. 9º O Sistema Integrado de Protocolização e Fluxo de Documentos Eletrônicos (e-DOC), no momento do recebimento da petição, expedirá recibo ao remetente, que servirá como comprovante de entrega da petição e dos documentos que a acompanharam.

§ 1º Constarão do recibo as seguintes informações:

I — o número de protocolo da petição gerado pelo Sistema;

II — o número do processo e o nome das partes, se houver, o assunto da petição e o órgão destinatário da petição, informados pelo remetente;

III — a data e o horário do recebimento da petição no Tribunal, fornecidos pelo Observatório Nacional;

IV — as identificações do remetente da petição e do usuário que assinou eletronicamente documento.

§ 2º O usuário poderá consultar no e-DOC as petições e documentos que tenham sido enviados há menos de dois anos, bem como os respectivos recibos. *(Alteração dada pela Resolução n. 196, de 4.5.15, DEJT 6.5.15)*

Art. 9º-A. O sistema armazenará em sua base de dados, por dois anos, cópias de segurança dos documentos transmitidos por intermédio do e-Doc, prazo após o qual serão excluídas. *(Redação dada pela Resolução n. 196, de 4.5.15, DEJT 6.5.15)*

Art. 10. Incumbe aos Tribunais, por intermédio das respectivas unidades administrativas responsáveis pela recepção das petições transmitidas pelo e-DOC:

I — imprimir as petições e seus documentos, caso existentes, anexando-lhes o comprovante de recepção gerado pelo Sistema, enquanto não generalizada a virtualização do processo, que dispensará os autos físicos;

II — verificar, diariamente, no sistema informatizado, a existência de petições eletrônicas pendentes de processamento.

Art. 11. São de exclusiva responsabilidade dos usuários:

I — o sigilo da assinatura digital, não sendo oponível, em qualquer hipótese, alegação de seu uso indevido;

II — a equivalência entre os dados informados para o envio (número do processo e unidade judiciária) e os constantes da petição remetida;

III — as condições das linhas de comunicação e acesso ao seu provedor da Internet;

IV — a edição da petição e anexos em conformidade com as restrições impostas pelo serviço, no que se refere à formatação e tamanho do arquivo enviado;

V — o acompanhamento da divulgação dos períodos em que o serviço não estiver disponível em decorrência de manutenção no sítio do Tribunal.

§ 1º A não obtenção, pelo usuário, de acesso ao Sistema, além de eventuais defeitos de transmissão ou recepção de dados, não serve de escusa para o descumprimento dos prazos legais.

§ 2º Deverão os Tribunais informar, nos respectivos sítios, os períodos em que, eventualmente, o sistema esteve indisponível.

Art. 12. Consideram-se realizados os atos processuais por meio eletrônico no dia e hora do seu recebimento pelo sistema do e-DOC.

§ 1º Quando a petição eletrônica for enviada para atender prazo processual, serão consideradas tempestivas as transmitidas até as 24 (vinte e quatro) horas do seu último dia.

§ 2º Incumbe ao usuário observar o horário estabelecido como base para recebimento,

(*) Republicação da Instrução Normativa n. 30, com as alterações introduzidas pela Resolução n. 192, de 11 de dezembro de 2013.

como sendo o do Observatório Nacional, devendo atender para as diferenças de fuso horário existente no país.

§ 3º Não serão considerados, para efeito de tempestividade, o horário da conexão do usuário à Internet, o horário do acesso ao sítio do Tribunal, tampouco os horários consignados nos equipamentos do remetente e da unidade destinatária, mas o de recebimento no órgão da Justiça do Trabalho.

Art. 13. O uso inadequado do e-DOC que venha a causar prejuízo às partes ou à atividade jurisdicional importa bloqueio do cadastramento do usuário, a ser determinado pela autoridade judiciária competente.

CAPÍTULO IV
Comunicação e Informação dos Atos Processuais no Portal da Justiça do Trabalho

Art. 14. O Portal da Justiça do Trabalho (Portal-JT) é o sítio corporativo da instituição, abrangendo todos os Tribunais trabalhistas do país, gerenciado pelo Conselho Superior da Justiça do Trabalho e operado pelo Tribunal Superior do Trabalho e pelos Tribunais Regionais do Trabalho, incluindo, entre outras funcionalidades:

I — o Diário da Justiça do Trabalho Eletrônico (DJT), para publicação de atos judiciais e administrativos dos Tribunais e Varas do Trabalho;

II — Sistemas de Pesquisa de Jurisprudência, de Legislação Trabalhista e Atos Normativos da Justiça do Trabalho, de acompanhamento processual, de acervo bibliográfico, com Banco de Dados Geral integrado pelos julgados e atos administrativos de todos os Tribunais trabalhistas do país;

III — Informações gerais sobre os Tribunais e Varas do Trabalho, incluindo memória da Justiça do Trabalho, dados estatísticos, magistrados, concursos e licitações, entre outros;

IV — Informações sobre o Conselho Superior da Justiça do Trabalho (CSJT), incluindo seu Regimento Interno, suas resoluções e decisões, além de seus integrantes e estrutura do órgão;

V — Informações sobre a Escola Nacional de Formação e Aperfeiçoamento de Magistrados do Trabalho (ENAMAT), incluindo quadro diretivo, de professores, de alunos e de cursos, bem como disponibilizando ambiente para o ensino à distância;

VI — Sistemas de Assinatura Eletrônica, Peticionamento Eletrônico (e-DOC) e de Carta Eletrônica (CE).

VII — Informações sobre a Corregedoria-Geral da Justiça do Trabalho.

Parágrafo único. O conteúdo das publicações de que trata este artigo deverá ser assinado digitalmente, na forma desta Instrução Normativa.

Art. 15. A publicação eletrônica no DJT substitui qualquer outro meio e publicação oficial, para quaisquer efeitos legais, à exceção dos casos que, por lei, exigem intimação ou vista pessoal.

§ 1º Os atos processuais praticados pelos magistrados trabalhistas a serem publicados no DJT serão assinados digitalmente no momento de sua prolação.

§ 2º Considera-se como data da publicação o primeiro dia útil seguinte ao da disponibilização da informação no DJT.

§ 3º Os prazos processuais terão início no primeiro dia útil que seguir ao considerado como data da publicação.

Art. 16. As intimações serão feitas por meio eletrônico no Portal-JT aos que se credenciarem na forma desta Instrução Normativa, dispensando-se a publicação no órgão oficial, inclusive eletrônico.

§ 1º Considerar-se-á realizada a intimação no dia em que o intimando efetivar a consulta eletrônica ao teor da intimação, certificando-se nos autos a sua realização.

§ 2º Na hipótese do § 1º deste artigo, nos casos em que a consulta se dê em dia não útil, a intimação será considerada como realizada no primeiro dia útil seguinte.

§ 3º A consulta referida nos §§ 1º e 2º deste artigo deverá ser feita em até 10 (dez) dias corridos contados da data do envio da intimação, sob pena de considerar-se a intimação automaticamente realizada na data do término desse prazo.

§ 4º A intimação de que trata este artigo somente será realizada nos processos em que todas as partes estejam credenciadas na forma desta Instrução Normativa, de modo a uniformizar a contagem dos prazos processuais.

§ 5º Nos casos urgentes em que a intimação feita na forma deste artigo possa causar prejuízo a quaisquer das partes ou nos casos em que for evidenciada qualquer tentativa de burla ao sistema, o ato processual deverá ser realizado por outro meio que atinja a sua finalidade, conforme determinado pelo juiz.

§ 6º As intimações feitas na forma deste artigo, inclusive da Fazenda Pública, serão consideradas pessoais para todos os efeitos legais.

§ 7º Observadas as formas e as cautelas deste artigo, as citações, inclusive da Fazenda Pública, poderão ser feitas por meio eletrônico, desde que a íntegra dos autos seja acessível ao citando.

Art. 17. As cartas precatórias, rogatórias e de ordem, no âmbito da Justiça do Trabalho, serão transmitidas exclusivamente de forma eletrônica, através do Sistema de Carta Eletrônica (CE) já referido, com dispensa da remessa física de documentos.

§ 1º A utilização do Sistema de Carta Eletrônica fora do âmbito da Justiça do Trabalho dependerá da aceitação pelos demais órgãos do Poder Judiciário.

§ 2º Eventuais falhas na transmissão eletrônica dos dados não desobriga os magistrados do corvonturário do cumprimento dos prazos legais, cabendo, nesses casos, a utilização de outros meios previstos em lei para a remessa das cartas.

Art. 18. As petições e demais documentos referentes às cartas precatórias, rogatórias e de ordem, não apresentados pelas partes em meio eletrônico, serão digitalizados e inseridos no Sistema de Carta Eletrônica.

Art. 19. Os documentos em meio físico, em poder do Juízo deprecado, deverão ser adequadamente organizados e arquivados, obedecidos os critérios estabelecidos na Lei n. 8.159, de 8 de janeiro de 1991, e no Decreto n. 4.073, de 3 de janeiro de 2002.

Parágrafo único. Poderá o Juízo deprecante, em casos excepcionais, solicitar o documento físico em poder do Juízo deprecado.

Art. 20. Serão certificados nos autos principais todos os fatos relevantes relativos ao andamento da carta, obtidos junto ao sistema Carta Eletrônica (CE), com impressão e juntada apenas dos documentos essenciais à instrução do feito, nos casos de autos em papel.

Art. 21. Os Tribunais Regionais do Trabalho ficarão obrigados a comunicar à Presidência do Conselho Superior da Justiça do Trabalho qualquer alteração na competência territorial de suas Varas do Trabalho.

CAPÍTULO V
Processo Eletrônico

Art. 22. Na Justiça do Trabalho, os atos processuais do processo eletrônico serão assinados eletronicamente na forma estabelecida nesta Instrução Normativa.

Art. 23. No processo eletrônico, todas as citações, intimações e notificações, inclusive da Fazenda Pública, serão feitas por meio eletrônico.

§ 1º As citações, intimações, notificações e remessas que viabilizem o acesso à íntegra do processo correspondente serão consideradas vista pessoal do interessado para todos os efeitos legais.

§ 2º Quando, por motivo técnico, for inviável o uso do meio eletrônico para a realização de citação, intimação ou notificação, esses atos processuais poderão ser praticados segundo as regras ordinárias, digitalizando-se o documento físico, que deverá ser posteriormente destruído.

Art. 24. A distribuição da petição inicial e a juntada da contestação, dos recursos e das petições em geral, todos em formato digital, nos autos de processo eletrônico, podem ser feitas diretamente pelos advogados públicos e privados, sem necessidade da intervenção do cartório ou secretaria judicial, situação em que a autuação deverá se dar de forma automática, fornecendo-se o recibo eletrônico de protocolo.

§ 1º Quando o ato processual tiver que ser praticado em determinado prazo, por meio de petição eletrônica, serão considerados tempestivos se efetivados até as 24 (vinte e quatro) horas do último dia.

§ 2º No caso do § 1º deste artigo, se o serviço respectivo do Portal-JT se tornar indisponível por motivo técnico que impeça a prática do ato no termo final do prazo, este fica automaticamente prorrogado para o primeiro dia útil seguinte à resolução do problema.

Art. 25. Os documentos produzidos eletronicamente e juntados aos processos eletrônicos com garantia da origem e de seu signatário, na forma estabelecida nesta Instrução Normativa, serão considerados originais para todos os efeitos legais.

§ 1º Os extratos digitais e os documentos digitalizados e juntados aos autos pelos órgãos da Justiça do Trabalho e seus auxiliares, pelo Ministério Público e seus auxiliares, pelas procuradorias, pelas autoridades policiais, pelas repartições públicas em geral e por advogados públicos e privados têm a mesma força probante dos originais, ressalvada a alegação motivada e fundamentada de adulteração antes ou durante o processo de digitalização.

§ 2º A arguição de falsidade do documento original será processada eletronicamente na forma da lei processual em vigor.

§ 3º Os originais dos documentos digitalizados, mencionados no § 1º deste artigo, deverão ser preservados pelo seu detentor até o trânsito em julgado da sentença ou, quando admitida, até o final do prazo para interposição de ação rescisória.

§ 4º Os documentos cuja digitalização seja tecnicamente inviável devido ao grande volume ou por motivo de ilegibilidade deverão ser apresentados ao cartório ou secretaria no prazo de 10 (dez) dias contados do envio de petição eletrônica comunicando o fato, os quais serão devolvidos à parte após o trânsito em julgado.

§ 5º Os documentos digitalizados juntados em processo eletrônico somente estarão disponíveis para acesso por meio da rede externa para suas respectivas partes processuais e para o Ministério Público, respeitado o disposto em lei para as situações de sigilo e de segredo de justiça.

Art. 26. A conservação dos autos do processo poderá ser efetuada total ou parcialmente por meio eletrônico.

§ 1º Os autos dos processos eletrônicos serão protegidos por meio de sistemas de segurança de acesso e armazenados de forma a preservar a integridade dos dados, sendo dispensada a formação de autos suplementares.

§ 2º Os autos de processos eletrônicos que tiverem de ser remetidos a outro juízo ou instância superior que não disponham de sistema compatível deverão ser impressos em papel e autuados na forma dos arts. 166 a 168 do CPC.

§ 3º No caso do § 2º deste artigo, o escrivão ou o chefe de secretaria certificará os autores ou a origem dos documentos produzidos nos autos, acrescentando, ressalvada a hipótese de existir segredo de justiça, a forma pela qual o banco de dados poderá ser acessado para aferir a autenticidade das peças e das respectivas assinaturas digitais.

§ 4º Feita a autuação na forma estabelecida no § 2º deste artigo, o processo seguirá a tramitação legalmente estabelecida para os processos físicos.

§ 5º A digitalização de autos em mídia não digital, em tramitação ou já arquivados, será precedida de publicação de editais de intimações ou da intimação pessoal das partes e de seus procuradores, para que, no prazo preclusivo de 30 (trinta) dias, se manifestem sobre o desejo de manterem pessoalmente a guarda de algum dos documentos originais.

Art. 27. O magistrado poderá determinar que sejam realizados por meio eletrônico a exibição e o envio de dados e de documentos necessários à instrução do processo.

§ 1º Consideram-se cadastros públicos, para os efeitos deste artigo, dentre outros existentes ou que venham a ser criados, ainda que mantidos por concessionárias de serviço público ou empresas privadas, os que contenham informações indispensáveis ao exercício da função judicante.

§ 2º O acesso de que trata este artigo dar-se-á por qualquer meio tecnológico disponível, preferencialmente o de menor custo, considerada sua eficiência.

CAPÍTULO VI
Disposições Gerais, Finais e Transitórias

Art. 28. Os credenciamentos de assinatura eletrônica já feitos pelos Tribunais Regionais do Trabalho antes da publicação desta Instrução Normativa e que estejam em desacordo com as regras nela estabelecidas terão validade por 180 (cento e oitenta) dias da última publicação desta Resolução, devendo os interessados promover o credenciamento adequado até essa data.

Art. 29. Os casos omissos desta Instrução Normativa serão resolvidos pelos Presidentes dos Tribunais, no âmbito de suas esferas de competência.

Art. 30. Para efeito do disposto no § 5º do art. 4º da Lei n. 11.419, de 19 de dezembro de 2006, a presente Instrução Normativa será publicada durante 30 (trinta) dias no Diário Oficial em uso, dando-lhe ampla divulgação.

Art. 31. A presente Instrução Normativa entra em vigor 90 (noventa) dias após a sua última publicação, revogada a Instrução Normativa n. 28 desta Corte.

Sala de sessões, 13 de setembro de 2007.

ANA LÚCIA REGO QUEIROZ
Secretário do Tribunal Pleno e da Seção Especializada em Dissídios Coletivos
DEJT 13.12.2013

Instrução Normativa n. 31 do TST, de 27 de setembro de 2007
(Resol. 141/07-TP)

Regulamenta a forma de realização do depósito prévio em Ação Rescisória de que trata o art. 836 da CLT, com redação dada pela Lei n. 11.495, de 22 de junho de 2007

Art. 1º O depósito prévio em ação rescisória de que trata o art. 836 da CLT, com redação dada pela Lei n. 11.495, de 22 de junho de 2007, deverá ser realizado na forma preconizada na Instrução Normativa n. 21 desta Corte, observando-se as seguintes peculiaridades quanto ao preenchimento da guia de acolhimento de depósito judicial:

I — nos campos relativos à identificação do processo deverão ser informados os dados do processo em que foi proferida a decisão rescindenda;

II — o campo "Tipo de Depósito" deverá ser preenchido com o número 1 (primeiro depósito), ainda que outros depósitos judiciais tenham sido efetuados no processo originário;

III — o campo "Motivo do Depósito" deverá ser preenchido com o número 4 (Outros).

Art. 2º O valor da causa da ação rescisória que visa desconstituir decisão da fase de conhecimento corresponderá:

I — no caso de improcedência, ao valor dado à causa do processo originário ou aquele que for fixado pelo Juiz;

II — no caso de procedência, total ou parcial, ao respectivo valor arbitrado à condenação.

Art. 3º O valor da causa da ação rescisória que visa desconstituir decisão da fase de execução corresponderá ao valor apurado em liquidação de sentença.

Art. 4º O valor da causa da ação rescisória, quer objetive desconstituir decisão da fase de conhecimento ou decisão da fase de execução, será reajustado pela variação cumulada do INPC do IBGE até a data do seu ajuizamento.

Art. 5º O valor depositado será revertido em favor do réu, a título de multa, caso o pedido deduzido na ação rescisória seja julgado, por unanimidade de votos, improcedente ou inadmissível. *(Redação dada pela Res. n. 154, de 16.2.2009, DJe/TST de 19.2.2009)*

Art. 6º O depósito prévio não será exigido da massa falida e quando o autor perceber salário igual ou inferior ao dobro do mínimo legal, ou declarar, sob as penas da lei, que não está em condições de pagar as custas do processo sem prejuízo do sustento próprio ou de sua família.

Art. 7º Esta Instrução Normativa entra em vigor na data de sua publicação. Sala de Sessões, 27 de setembro de 2007.

ANA LUCIA REGO QUEIROZ
Secretária do Tribunal Pleno
DJ 9.10.2007

Instrução Normativa n. 32, de 19 de dezembro de 2007

Uniformiza procedimentos para a expedição de precatórios e requisições de pequeno valor no âmbito da Justiça do Trabalho e dá outras providências

Art. 1º Os pagamentos devidos pelas Fazendas Públicas Federal, Estadual, Distrital ou Municipal, em virtude de sentença judicial transitada em julgado, serão realizados exclusivamente na ordem de apresentação dos precatórios e à conta dos créditos respectivos, na forma da lei.

Parágrafo único. Não estão sujeitos à expedição de precatórios os pagamentos de obrigações definidas em lei como de pequeno valor.

Art. 2º É obrigatória a inclusão, no orçamento das entidades de Direito Público, de verba necessária ao pagamento de seus débitos oriundos de sentenças transitadas em julgado, constantes de precatórios judiciários, apresentados até 1º de julho, fazendo-se o pagamento até o final do exercício seguinte, quando terão seus valores atualizados monetariamente.

Art. 3º Reputa-se de pequeno valor o crédito cuja importância atualizada, por beneficiário, seja igual ou inferior a:

I — 60 (sessenta) salários mínimos, se a devedora for a Fazenda Pública Federal;

II — 40 (quarenta) salários mínimos, ou o valor estipulado pela legislação local, se as devedoras forem as Fazendas Públicas Estadual e Distrital; e

III — 30 (trinta) salários mínimos, ou o valor estipulado pela legislação local, se a devedora for a Fazenda Pública Municipal.

Art. 4º Ao credor de importância superior à estabelecida na definição de pequeno valor, fica facultado renunciar ao crédito do valor excedente e optar pelo pagamento do saldo dispensando-se o precatório.

§ 1º Não é permitido o fracionamento do valor da execução relativamente ao mesmo beneficiário, de modo que se faça o pagamento, em parte, por intermédio de requisição de pequeno valor e, em parte, mediante expedição de precatório.

§ 2º Na hipótese de crédito de valor aproximado ao pequeno valor legalmente previsto, o Presidente do Tribunal ou o Juízo Auxiliar de Conciliação de Precatórios consultará o credor quanto ao interesse em renunciar parcialmente ao crédito de modo a afastar a necessidade de expedição do precatório.

Art. 5º As requisições de pagamento que decorram de precatório ou as de pequeno valor, quando a devedora for a União, serão expedidas pelo Juiz da execução e dirigidas ao presidente do Tribunal, a quem compete:

a) examinar a regularidade formal da requisição;

b) corrigir, de ofício ou a requerimento das partes, inexatidões materiais ou retificar erros de cálculos, vinculados à utilização de critério em descompasso com a lei ou com o título executivo judicial, desde que o critério não haja sido objeto de debate quer na fase de conhecimento, quer na fase de execução;

c) expedir o ofício requisitório; e

d) zelar pela obediência à ordem de preferência de pagamento dos créditos, na hipótese de precatórios.

Art. 6º Nos casos de créditos de pequeno valor de responsabilidade das Fazendas

Públicas Estadual, Distrital ou Municipal, as requisições serão encaminhadas pelo Juiz da execução ao próprio devedor.

Art. 7º Na hipótese de reclamação plúrima será considerado o valor devido a cada litisconsorte, expedindo-se, simultaneamente, se for o caso:

a) requisições de pequeno valor em favor dos exequentes cujos créditos não ultrapassam os limites definidos no art. 3º desta Instrução; e

b) requisições mediante precatório para os demais credores.

Parágrafo único. Os honorários advocatícios e periciais serão considerados parcela autônoma, não se somando ao crédito dos exequentes para fins de classificação do requisitório de pequeno valor.

Art. 8º É vedado requisitar pagamento em execução provisória.

Art. 9º O Juiz da execução informará na requisição os seguintes dados constantes do processo:

I — número do processo;

II — nomes das partes e de seus procuradores;

III — nomes dos beneficiários e respectivos números no CPF ou no CNPJ, inclusive quando se tratar de advogados, peritos e outros;

IV — natureza do crédito (comum ou alimentar) e espécie da requisição (RPV ou precatório);

VI — valor individualizado por beneficiário e valor total da requisição;

VII — data-base considerada para efeito de atualização monetária dos valores; e

VIII — data do trânsito em julgado da sentença ou acórdão.

Parágrafo único. Ausentes quaisquer dos dados especificados, o Tribunal restituirá a requisição à origem, para regularização.

Art. 10. Os precatórios e as requisições de pequeno valor serão processados nos próprios autos do processo que os originaram.

Art. 11. O pagamento das requisições obedecerá estritamente à ordem cronológica de apresentação nos Tribunais.

Art. 12. Os valores destinados aos pagamentos decorrentes de precatórios e de requisições de pequeno valor serão depositados em instituição bancária oficial, abrindo-se conta remunerada e individualizada para cada beneficiário.

Art. 13. Incumbirá ao Juiz da execução comunicar ao Presidente do Tribunal ou ao Juízo Auxiliar de Conciliação de Precatórios, no prazo de 5 (cinco) dias, a efetivação do pagamento ao credor.

Art. 14. O Presidente do Tribunal, exclusivamente na hipótese de preterição do direito de precedência do credor, fica autorizado a proceder ao sequestro de verba do devedor, desde que requerido pelo exequente e depois de ouvido o Ministério Público.

Art. 15. As requisições de pequeno valor — RPV encaminhadas ao devedor deverão ser pagas no prazo de 60 (sessenta) dias.

Parágrafo único. Na hipótese de não cumprimento da requisição judicial, o Juiz determinará o sequestro do numerário suficiente ao cumprimento da decisão.

Art. 16. Os Tribunais Regionais do Trabalho instituirão Juízo Auxiliar de Conciliação de Precatórios, com o objetivo de incluir em pauta, observada a ordem cronológica de apresentação, os precatórios e as requisições de pequeno valor (RPV) já consignados em precatório, para tentativa de acordo.

Parágrafo único. Caberá ao Juízo Auxiliar de Conciliação de Precatórios, sem prejuízo de outras atribuições, o controle da listagem da ordem preferencial dos credores, a realização de cálculos, o acompanhamento de contas bancárias e a celebração de convênios entre os entes públicos devedores e o Tribunal Regional do Trabalho, para repasse mensal de verbas necessárias ao pagamento dos precatórios.

Art. 17. Será designado pelo Presidente do Tribunal um Juiz do Trabalho substituto para atuar no Juízo Auxiliar de Conciliação de Precatórios.

§ 1º O Juízo Auxiliar de Conciliação de Precatórios determinará a inclusão em pauta de todos os precatórios, observada a ordem cronológica, para tentativa de conciliação.

§ 2º As partes e seus procuradores serão convocados para audiência de conciliação, que poderá ser realizada apenas com a presença dos procuradores, desde que possuam poderes para transigir, receber e dar quitação.

§ 3º O Ministério Público do Trabalho será comunicado do dia, local e horário da realização da audiência de conciliação.

Art. 18. As partes poderão, a qualquer tempo, solicitar a reinclusão do precatório em pauta, para nova tentativa de conciliação.

Art. 19. Os precatórios conciliados serão quitados, na ordem cronológica, observando-se o repasse realizado pelo ente público devedor.

Art. 20. Os precatórios que não foram objeto de conciliação serão pagos na ordem cronológica de apresentação.

Art. 21. Frustrada a tentativa de conciliação referente a precatório cujo prazo para pagamento já venceu os autos serão encaminhados à Presidência do Tribunal, para deliberar sobre eventual pedido de intervenção.

Art. 22. O Presidente do Tribunal deverá fundamentar a decisão relativa ao encaminhamento do pedido de intervenção, justificando a necessidade da adoção da medida excepcional.

Art. 23. O pedido de intervenção deverá ser instruído, obrigatoriamente, com as seguintes peças:

a) petição do credor, dirigida ao Presidente do Tribunal Regional do Trabalho, requerendo o encaminhamento do pedido de intervenção ao Supremo Tribunal Federal ou ao Tribunal de Justiça, conforme o caso;

b) impugnação do ente público ao pedido, se houver;

c) manifestação do Ministério Público do Trabalho da Região;

d) decisão fundamentada do Presidente do Tribunal Regional do Trabalho relativa à admissibilidade do encaminhamento do pedido de intervenção; e

e) ofício requisitório que permita a verificação da data de expedição do precatório e o ano de sua inclusão no orçamento.

Parágrafo único. O pedido de intervenção em Estado-membro será encaminhado ao Supremo Tribunal Federal por intermédio da Corregedoria-Geral da Justiça do Trabalho, enquanto o pedido de intervenção em município será enviado diretamente pelo Presidente do Tribunal Regional do Trabalho ao Tribunal de Justiça do respectivo Estado.

Art. 24. Fica revogada a Resolução n. 67, de 10 de abril de 1997, que aprovou a Instrução Normativa n. 11.

Art. 25. Esta Resolução entra em vigor na data de sua publicação.

Brasília, 19 de dezembro de 2007.

RIDER NOGUEIRA DE BRITO
Ministro Presidente do Tribunal Superior do Trabalho

DJ 14.1.2008

Instrução Normativa TST n. 34, de 16 de novembro de 2009

Dispõe sobre a guia a ser utilizada, na Justiça do Trabalho, para o recolhimento do depósito prévio destinado à propositura de ação anulatória de débito fiscal resultante de penalidade administrativa imposta por autoridade do Ministério do Trabalho e Emprego

Art. 1º Na Justiça do Trabalho, o depósito prévio para o ajuizamento de ação anulatória de débito fiscal, resultante de penalidade administrativa imposta por autoridade do Ministério do Trabalho e Emprego, será efetuado em guia definida em instrução normativa específica da Secretaria da Receita Federal do Brasil, presentemente objeto do Anexo I da Instrução Normativa n. 421/2004-SRF.

Art. 2º Esta Instrução Normativa entrará em vigor na data de sua publicação.

MINISTRO MILTON DE MOURA FRANÇA
Presidente do Tribunal Superior do Trabalho

DEJT 20.11.2009

Instrução Normativa n. 35, de 1 de outubro de 2012

(Resolução n. 187, de 1º de outubro de 2012)

O Egrégio Órgão Especial do Tribunal Superior do Trabalho, em sessão ordinária hoje realizada, sob a Presidência do Excelentíssimo Ministro João Oreste Dalazen, Presidente do Tribunal, presentes os Exmos. Srs. Ministros Maria Cristina Irigoyen Peduzzi, Vice-Presidente, Carlos Alberto Reis de Paula, Ives Gandra da Silva Martins Filho, João Batista Brito Pereira, Renato de Lacerda Paiva, Luiz Philippe Vieira de Mello Filho, Alberto Luiz Bresciani de Fontan Pereira, Dora Maria da Costa, Fernando Eizo Ono, Guilherme Augusto Caputo Bastos, Márcio Eurico Vitral Amaro, Walmir Oliveira da Costa e o Exmo Sr. Procurador-Geral do Trabalho, Dr. Luis Antônio Camargo de Melo.

Considerando a Emenda Regimental n 4, de 14 de setembro de 2012, aprovada pelo Tribunal Pleno do Tribunal Superior do Trabalho, que atribuiu competência ao Presidente de Turma do Colendo TST, para admissibilidade dos Embargos à Subseção I da Seção Especializada em Dissídios Individuais,

Considerando o disposto nos arts. 769 e 894 da CLT c/c o art. 557 do CPC,

Considerando a necessidade de otimizar o fluxo do recurso de Embargos à Subseção I da Seção Especializada em Dissídios Individuais, visando à celeridade processual e a efetividade da prestação jurisdicional, em atenção ao disposto no art. 5º, LXXVIII, da Constituição Federal,

RESOLVE

Aprovar a Instrução Normativa n 35, nos seguintes Termos:

Dispõe sobre a admissibilidade do recurso de embargos à Subseção I da Seção Especializada em Dissídios Individuais por decisão do Presidente de Turma do Tribunal Superior do Trabalho

Art. 1º A Secretaria da Turma deverá observar os seguintes procedimentos quando

da interposição do recurso de Embargos à Subseção I da Seção Especializada em Dissídios Individuais:

I — autuação;

II — conclusão ao Presidente da Turma para proferir despacho.

Art. 2º O Presidente da Turma procederá ao exame prévio de admissibilidade do recurso de Embargos, proferindo despacho fundamentado.

§ 1º Recebido o recurso de Embargos, deverá ser enviado à Secretaria da Turma, com o fim de intimação da parte embargada para impugnação.

§ 2º Do despacho que não admitir o recurso de Embargos, caberá Agravo, observando-se os seguintes procedimentos:

I — autuação do Agravo em Embargos pela Secretaria da Turma;

II — intimação ao embargado para impugnação aos Embargos e contrarrazões ao Agravo.

§ 3º Após exaurido o prazo para impugnação/contrarrazões, os autos deverão ser remetidos para a distribuição.

Art. 3º Provido o Agravo, publicar-se-á a certidão para efeito de intimação das partes, dela constando que o julgamento dos Embargos dar-se-á na primeira sessão ordinária subsequente à data da publicação.

Art. 4º No caso de interposição simultânea dos Embargos e de Recurso Extraordinário, seguirá o fluxo objeto da presente Instrução Normativa apenas após o trâmite relacionado com o Recurso Extraordinário.

Art. 5º Essa norma entra em vigor na data de sua publicação.

Brasília, 1º de outubro de 2012.

MINISTRO JOÃO ORESTE DALAZEN
Presidente do Tribunal Superior do Trabalho

DEJT 5.10.2012

Instrução Normativa n. 36, de 14 de novembro de 2012

(Resolução n. 188, de 14 de novembro de 2012)

O Egrégio Órgão Especial do Tribunal Superior do Trabalho, em sessão ordinária hoje realizada, sob a Presidência do Excelentíssimo Ministro João Oreste Dalazen, Presidente do Tribunal, presentes os Exmos. Srs. Ministros Antônio José de Barros Levenhagen, Corregedor-Geral da Justiça do Trabalho, Carlos Alberto Reis de Paula, Ives Gandra da Silva Martins Filho, João Batista Brito Pereira, Renato de Lacerda Paiva, Luiz Philippe Vieira de Mello Filho, Alberto Luiz Bresciani de Fontan Pereira, Dora Maria da Costa, Guilherme Augusto Caputo Bastos, Walmir Oliveira da Costa e a Exma. Sra. Procuradora-Regional do Trabalho, Dra. Eliane Araque dos Santos,

Considerando a necessidade de uniformização dos procedimentos relativos à realização do depósito judicial para pagamentos, garantia de execução, encargos processuais e levantamento de valores, excetuados os depósitos recursais, nesta Justiça do Trabalho;

Considerando a possibilidade de os depósitos de que trata esta Instrução Normativa serem também realizados através da Transferência Eletrônica Disponível — TED;

Considerando a necessidade de maior segurança aos procedimentos operacionais de emissão de Guias de Depósito para recolhimento de valores em contas judiciais;

Considerando que os Tribunais disporão de serviço de emissão de guia de depósito eletrônico nos seus portais da Rede Mundial de Computadores — Internet;

Considerando as facilidades da informática e os recursos tecnológicos presentes na Justiça do Trabalho, a possibilitar a troca de arquivos eletrônicos com o Banco do Brasil S.A. e a Caixa Econômica Federal a fim de agilizar o trâmite processual;

Considerando a decisão proferida pelo Órgão Especial desta Corte nos autos do processo n. TST-PA-3464-90.2012.5.2000.0000,

RESOLVE

Aprovar a Instrução Normativa n. 36, nos seguintes termos:

Instrução Normativa n. 36/2012

Regulamenta, na Justiça do Trabalho, acolhimento e o levantamento de depósitos judiciais

TÍTULO I
Do Acolhimento de Depósitos Judiciais

Art. 1º Os depósitos judiciais na Justiça do Trabalho, a exceção dos depósitos recursais, serão realizados em conta judicial pelos seguintes meios disponíveis:

I — depósito direto em espécie ou cheque;

II — boleto bancário;

III — transferência eletrônica disponível — TED;

IV — penhora eletrônica de dinheiro (Sistema BACEN-JUD);

V — cartão de crédito ou débito.

Art. 2º Os depósitos judiciais, de que trata o artigo anterior, serão efetivados pelo interessado diretamente na instituição financeira depositária (Banco do Brasil S.A. e Caixa Econômica Federal), utilizando-se obrigatoriamente dos modelos padronizados de guia constantes dos anexos desta Instrução Normativa.

§ 1º Os valores discriminados em campos de detalhamento na guia são exclusivamente informativos e de responsabilidade do depositante.

§ 2º As responsabilidades do Banco do Brasil S.A. e da Caixa Econômica Federal limitam-se ao processamento e a contabilização do valor global ao depósito.

§ 3º Na hipótese de boleto bancário, o depositante poderá efetuar o depósito em qualquer agência da rede bancária do Brasil ou correspondente bancário.

Art. 3º As guias de depósito poderão ser obtidas pelo interessado na secretaria da Vara do Trabalho ou no Tribunal, quando não houver o serviço de emissão de guia de depósito fornecido pelos Tribunais do Trabalho nos seus portais na Rede Mundial de Computadores — internet.

Parágrafo único. Quando do fornecimento e preenchimento de guia de depósito no portal na rede mundial de computadores — internet, as informações cadastrais e valores disponíveis nas respectivas bases de dados serão capturadas automaticamente dos sistemas dos Tribunais.

Art. 4º É permitido o uso do cartão de crédito ou de débito para recolhimento de depósitos judiciais, sempre sem ônus para os Tribunais e com ônus para o devedor.

Parágrafo único. Em caso de desfazimento de transações por contestação do usuário do cartão de crédito, de acordo com as regras contratuais, os autos do processo serão conclusos ao juízo para decisão.

Art. 5º O depositante que optar pelo recolhimento via transferência eletrônica disponível — TED deverá obter o código "ID" (identificação de depósito) mediante o preenchimento da guia de depósito eletrônico ou boleto bancário nos portais dos Tribunais, do Banco do Brasil S.A. ou da Caixa Econômica Federal.

§ 1º Nesta opção o depositante deverá informar o "ID" ao banco de seu relacionamento que, de posse dele, realizará a transferência do recurso via transferência eletrônica disponível — TED.

§ 2º Realizada a transferência, o Banco do Brasil S.A. ou a Caixa Econômica Federal efetuará o depósito com todos os dados informados e tornará disponível o recibo respectivo via rede mundial de computadores — internet, no sítio do Banco do Brasil S.A. ou da Caixa Econômica Federal.

Art. 6º Uma vez disponível a guia de depósito eletrônica ou o boleto bancário com "ID" no portal do respectivo Tribunal, as instituições financeiras ficam dispensadas de fornecê-la.

Art. 7º Obtido o "ID" no portal do Tribunal, os dados da guia de depósito eletrônico ou do boleto bancário serão encaminhados pelo Tribunal à instituição financeira encarregada do recebimento, por transferência de arquivo via FTP ou de informação via WebService, com garantia de autenticidade, conforme previsto nos Manuais anexos a esta Instrução Normativa.

Parágrafo único. Os modelos dos arquivos, as informações trocadas via WebService e o cálculo do "ID" das guias ou dos boletos bancários respeitarão os critérios estabelecidos nos Manuais anexos a esta Instrução Normativa.

Art. 8º O recibo deverá ser apresentado pelo depositante nos autos do processo a que se referir o depósito.

Parágrafo único. A comprovação ficará dispensada quando o depósito for realizado na forma do art. 7º, hipótese em que o Banco do Brasil S.A. e Caixa Econômica Federal, imediatamente após o processamento bancário de cada dia útil, encaminharão aos Tribunais arquivo eletrônico ou fornecerão via WebService informações de todos os depósitos do período, devendo a secretaria da Vara do Trabalho ou o Tribunal juntar aos autos do respectivo processo, no mesmo dia do recebimento do arquivo, o comprovante das informações dos depósitos encaminhados eletronicamente pelas instituições financeiras.

Art. 9º Os depósitos judiciais oriundos do sistema BACENJUD, cartão de crédito ou débito, bem como os depósitos em lote feitos por empresas conveniadas com o Banco do Brasil S.A. ou Caixa Econômica Federal, deverão ser encaminhados aos tribunais em arquivo próprio ou via WebService, após o processamento bancário de cada dia útil, para juntada do comprovante nos autos do respectivo processo.

Parágrafo único. No depósito judicial oriundo do sistema BACENJUD, o fornecimento do "ID" será de responsabilidade do Banco Central do Brasil; no depósito judicial feito por empresas conveniadas com o Banco do Brasil S.A. ou a Caixa Econômica Federal o fornecimento do "ID" será de responsabilidade dessas instituições financeiras; e nos demais casos o "ID" será gerado pelo Tribunal.

TÍTULO II
Do Levantamento de Depósitos Judiciais

Art. 10. O levantamento de depósitos judiciais será feito sempre por alvará de levantamento.

Parágrafo único. Os tribunais deverão utilizar os modelos padronizados de alvarás de

levantamento constantes nos anexos desta Instrução Normativa.

Art. 11. A secretaria da Vara do Trabalho ou o Tribunal poderá gerar, a qualquer momento, os alvarás de levantamento, sempre vinculados a uma guia de depósito com saldo confirmado pelo respectivo banco depositário.

Art. 12. Após a geração de um alvará de levantamento, o Tribunal deverá remeter ao banco depositário as informações do alvará gerado através de transferência de arquivo via WebService, conforme padrões definidos nos anexos desta Instrução Normativa.

Art. 13. Será de responsabilidade do Tribunal o controle dos usuários autorizados a emitir os alvarás de levantamento, sendo recomendado seguir os padrões de assinatura eletrônica estipulados no art. 1º, § 2º, III, da Lei n. 11.419/2006.

Parágrafo único. No caso de alvarás de levantamento processados via WebService pelo BANCO DO BRASIL S.A. será necessário o certificado pessoal (A3) emitido por autoridade certificadora credenciada pelo ICP-Brasil.

Art. 14. Será de responsabilidade do Banco do Brasil S.A. e da Caixa Econômica Federal certificar-se de que os arquivos ou informações de alvarás de levantamento recebidos para cumprimento foram enviados pelo Tribunal que assina o arquivo ou a informação transmitida.

Art. 15. Os valores constantes dos alvarás de levantamento poderão ser sacados em qualquer agência do banco depositário.

§ 1º Os saques reger-se-ão pelas normas aplicáveis aos depósitos bancários, com prazo de até 24 (vinte e quatro) horas para a agência efetuar o pagamento, a contar da apresentação dos documentos de identificação ao gerente.

§ 2º Os saques deverão ser realizados pessoalmente pelo beneficiário indicado como sacador no alvará de levantamento de valores.

§ 3º Diante da necessidade de representação do beneficiário, a eventual habilitação de procurador, tutor ou curador deverá ocorrer nos autos do processo, devendo a Vara do Trabalho ou o Tribunal, quando for o caso, cancelar o alvará de levantamento de valores anteriormente emitido para em seguida emitir um novo alvará figurando o representante como beneficiário.

Art. 16. Os valores constantes dos alvarás de levantamento poderão ser creditados automaticamente em conta corrente ou poupança de titularidade do beneficiário, desde que na mesma instituição financeira onde o depósito esteja custodiado.

Art. 17. O Tribunal poderá enviar à instituição financeira ordem de cancelamento do alvará de levantamento transmitido, devendo aguardar o retorno do cumprimento da ordem para confirmar ou não a operação em seu sistema de gerenciamento de processos.

Parágrafo único. A instituição financeira deverá fornecer retorno imediato do sucesso ou não da execução da ordem de cancelamento.

Art. 18. O valor constante do alvará de levantamento será corrigido pelo índice aplicado à conta objeto do pagamento, a partir da data de atualização nele informada.

Parágrafo único. Caso a data de atualização não seja informada no alvará, o banco depositário pagará o valor nominal informado, sem qualquer atualização.

Art. 19. O Tribunal poderá enviar alvará de levantamento de todo o saldo remanescente na conta, no entanto, deverá controlar em seu sistema de gerenciamento de processos se todas as ordens de levantamento emitida, referentes àqueles depósitos, já foram cumpridas.

TÍTULO III
Das Disposições Gerais e Transitórias

Art. 20. As instituições financeiras deverão fornecer aos Tribunais ferramenta para consulta dos saldos disponíveis nas contas judiciais ativas e inativas, emitindo relatórios gerenciais consolidados, conforme prazo de inatividade definido pelo respectivo Tribunal.

Art. 21. O Conselho Superior da Justiça do Trabalho designará um Comitê Gestor, que contará com a participação de representantes das instituições financeiras oficiais depositárias, para tratar dos assuntos referentes à integração bancária.

Art. 22. Os Tribunais do Trabalho deverão, no prazo de 60 dias a contar da publicação desta norma, adaptar os seus sistemas internos e portais na Rede Mundial de Computadores — Internet para cumprimento do disposto nesta Instrução Normativa.

Art. 23. O Conselho Superior da Justiça do Trabalho atualizará os anexos desta Instrução Normativa sempre que necessário para a adequada evolução dos controles de acolhimento e levantamento de depósitos judiciais.

Art. 24. Esta Instrução Normativa entrará em vigor na data da sua publicação, revogando-se a Instrução Normativa n. 33/2008.

Considerando que a matéria tem ampla repercussão no primeiro e segundo graus de jurisdição, terá vigência até que o Conselho Superior da Justiça do Trabalho edite Resolução dispondo a respeito.

Brasília, 14 de novembro de 2012.

Ministro João Oreste Dalazen
Presidente do Tribunal Superior do Trabalho
DEJT 31.1.2013

Resolução TST/Órgão Especial n. 195, de 2 de março de 2015

Edita a Instrução Normativa n. 37, que regulamenta procedimentos em caso de Incidente de Uniformização de Jurisprudência no âmbito dos TRTs, suscitado na forma do art. 896, § 4º, da CLT

O EGRÉGIO ÓRGÃO ESPECIAL DO TRIBUNAL SUPERIOR DO TRABALHO, em sessão ordinária hoje realizada, sob a Presidência do Excelentíssimo Senhor Ministro Antonio José de Barros Levenhagen, Presidente do Tribunal, presentes os Excelentíssimos Senhores Ministros Ives Gandra da Silva Martins Filho, Vice-Presidente do Tribunal, João Oreste Dalazen, Maria Cristina Irigoyen Peduzzi, Renato de Lacerda Paiva, Emmanoel Pereira, Guilherme Augusto Caputo Bastos, Walmir Oliveira da Costa, Maurício Godinho Delgado, Augusto César Leite de Carvalho, Delaíde Alves Miranda Arantes, Hugo Carlos Scheuermann, Alexandre de Souza Agra Belmonte e o Excelentíssimo Subprocurador-Geral do Trabalho, Dr. Aluísio Aldo da Silva Júnior, considerando a atual redação do art. 896, § 4º, da CLT, conferida pela Lei n. 13.015/14, que autoriza o Tribunal Superior do Trabalho, constatando a existência de decisões atuais e conflitantes no âmbito do mesmo Tribunal Regional do Trabalho sobre o tema objeto do recurso de revista, a determinar o retorno dos autos à Corte de origem, a fim de que proceda à uniformização da jurisprudência local, considerando a necessidade de regulamentar e uniformizar os procedimentos em caso de acolhimento de Incidente de Uniformização de Jurisprudência no âmbito dos TRTs, suscitado na forma do art. 896, § 4º, da CLT,

RESOLVE

Aprovar a Instrução Normativa n. 37, nos seguintes termos:

Instrução Normativa n. 37/2015

Art. 1º Para efeito do Incidente de Uniformização de Jurisprudência (IUJ) previsto nos §§ 4º e 5º do art. 896 da CLT, com a redação da Lei n. 13.015/14, considerar-se-á dissenso jurisprudencial sobre idêntica questão jurídica no âmbito do mesmo Tribunal Regional do Trabalho:

I — a discrepância subsistente de julgados entre órgãos fracionários da Corte, ainda que não uniformizada a matéria;

II — a divergência subsistente de julgados entre órgão fracionário e o Tribunal Pleno ou o Órgão Especial em decisão uniformizadora, sumulada ou não, ainda que anterior à Lei n. 13.015/14.

Art. 2º O Ministro Relator no Tribunal Superior Trabalho, ao decidir, monocraticamente, de ofício ou mediante provocação, pela suscitação de Incidente de Uniformização de Jurisprudência (IUJ) no âmbito do Tribunal Regional do Trabalho, no caso do art. 896, § 4º, da CLT, além do sobrestamento do julgamento do recurso do caso concreto:

I — determinará a devolução dos autos à Corte de origem, ainda que já suscitado IUJ sobre a mesma matéria no mesmo Tribunal em outro processo;

II — expedirá imediatamente ofício ao Presidente do Tribunal Superior do Trabalho para que este dê ciência ao Presidente do Tribunal Regional do Trabalho, para os efeitos do art. 6º, bem assim aos demais Ministros da Corte;

III — expedirá ofício ao Ministro Presidente da Comissão de Jurisprudência e de Precedentes Normativos do TST em que lhe dará ciência da decisão e informará: o Tribunal Regional do Trabalho, o número do processo, a classe e o tema objeto de IUJ;

IV — determinará a publicação da decisão no DEJT.

§ 1º Os Ministros da Corte, cientes do ofício expedido pelo Ministro Presidente Tribunal Superior do Trabalho comunicando a suscitação de IUJ, suspenderão o julgamento de outros recursos de revista de sua relatoria, oriundos do mesmo Tribunal Regional do Trabalho, que versem sobre idêntica questão jurídica, e determinarão a devolução dos autos ao respectivo TRT, mediante decisão fundamentada, desde que tempestivo o recurso de revista, observadas as formalidades dos incisos II e III.

§ 2º O IUJ somente será suscitado nos recursos de revista, inclusive aqueles oriundos dos agravos de instrumento providos.

Art. 3º Até a implantação do banco de dados a que se refere o art. 7º, a Comissão de Jurisprudência e de Precedentes Normativos do TST organizará, manterá e atualizará, disponibilizado na intranet, registro dos Incidentes de Uniformização de Jurisprudência

(IUJ) concernentes a cada Tribunal Regional do Trabalho, de que constarão os seguintes dados:

I — classe e número do processo em que acolhida a suscitação de IUJ;

II — Tribunal Regional do Trabalho de origem;

III — tema(s) objeto de IUJ;

IV — Ministro Relator;

V — data da suspensão do julgamento do processo.

Art. 4º A Secretaria-Geral-Judiciária do TST providenciará códigos de movimentação específicos para os processos remetidos e recebidos dos Tribunais Regionais do Trabalho em decorrência da decisão que deferiu a suscitação de Incidente de Uniformização de Jurisprudência (IUJ).

Art. 5º O Presidente ou o Vice-Presidente do Tribunal Regional do Trabalho, ciente do ofício da Presidência do Tribunal Superior do Trabalho aludido no art. 2º, inciso II, antes de emitir juízo de admissibilidade em recurso de revista, deverá suscitar Incidente de Uniformização de Jurisprudência em todos os outros processos que tratam da mesma matéria, enquanto não uniformizada a jurisprudência interna, e sobrestar a remessa ao TST dos respectivos autos até o julgamento do IUJ referente ao caso concreto e a reapreciação da questão no órgão fracionário prolator do acórdão originário recorrido.

Art. 6º Julgado o Incidente de Uniformização de Jurisprudência, o Presidente do Tribunal Regional do Trabalho comunicará imediatamente a decisão ao Presidente do Tribunal Superior do Trabalho para ulterior ciência e providências de registro da Comissão de Jurisprudência e de Precedentes Normativos.

Art. 7º O Tribunal Superior do Trabalho, para efeito do disposto no art. 896, § 4º, da CLT, instituirá o Banco Nacional de Jurisprudência Uniformizada — BANJUR, vinculado à Comissão de Jurisprudência e de Precedentes Normativos do TST, contendo, pelo menos, os registros referidos no art. 3º, as súmulas, orientações jurisprudenciais e teses jurídicas prevalecentes nos Tribunais Regionais do Trabalho.

Parágrafo único. As informações contidas no BANJUR serão públicas, podendo o interessado acessá-las no sítio do Tribunal Superior do Trabalho na internet.

Art. 8º No prazo de cinco dias, da publicação da presente Resolução, os Ministros que já acolherem Incidente de Uniformização de Jurisprudência (IUJ) expedirão os ofícios a que alude o art. 2º, incisos II e III.

Publique-se.

DEJ 3.3.2015

Resolução TST/ÓRGÃO Especial n. 201, de 10 de novembro de 2015

Edita a Instrução Normativa n. 38, que regulamenta o procedimento do Incidente de Julgamento dos Recursos de Revista e de Embargos à SbDI-1 repetitivos

O EGRÉGIO ÓRGÃO ESPECIAL DO TRIBUNAL SUPERIOR DO TRABALHO, em Sessão Extraordinária hoje realizada, sob a Presidência do Excelentíssimo Senhor Ministro Antonio José de Barros Levenhagen, Presidente do Tribunal, presentes os Excelentíssimos Senhores Ministros João Oreste Dalazen, Maria Cristina Irigoyen Peduzzi, Emmanoel Pereira, Guilherme Augusto Caputo Bastos, Walmir Oliveira da Costa, Maurício Godinho Delgado, Augusto César Leite de Carvalho, Delaíde Alves Miranda Arantes, Hugo Carlos Scheuermann e a Excelentíssima Vice Procuradora-Geral do Trabalho, Dr.ª Cristina Aparecida Ribeiro Brasiliano, considerando a edição da Lei n. 13.015, de 21 de julho de 2014, que, entre outras providências, acrescentou os arts. 896-B e 896-C à CLT para introduzir, no âmbito do processo do trabalho, a sistemática do julgamento dos recursos repetitivos, e do ATO desta Presidência n. 491/SEGJUD.GP, de 23 de setembro de 2014, que fixou parâmetros procedimentais mínimos para dar efetividade à referida lei, considerando ainda a necessidade de aperfeiçoamento e de detalhamento dessa sistemática para sua segura e efetiva aplicação no âmbito da jurisdição trabalhista,

RESOLVE:

Aprovar a Instrução Normativa n. 38, nos seguintes termos:

Instrução Normativa n. 38/2015

Art. 1º As normas do Código de Processo Civil relativas ao julgamento dos recursos extraordinário e especial repetitivos aplicam-se, no que couber, ao recurso de revista e ao recurso de embargos repetitivos (CLT, arts. 894, II e 896 da CLT).

Art. 2º Havendo multiplicidade de recursos de revista ou de embargos para a Subseção de Dissídios Individuais I (SbDI-1) fundados em idêntica questão de direito, a questão poderá ser afetada a essa Subseção ou ao Tribunal Pleno, por decisão da maioria simples de seus membros, mediante requerimento de um dos Ministros que a compõem, considerando a relevância da matéria ou a existência de entendimentos divergentes entre os Ministros dessa Subseção ou das Turmas do Tribunal.

§ 1º O requerimento fundamentado de um dos Ministros da Subseção de Dissídios Individuais I de afetação da questão a ser julgada em incidente de recursos repetitivos deverá indicar um ou mais recursos de revista ou de embargos representativos da controvérsia e ser formulado por escrito diretamente ao Presidente da SbDI-1 ou, oralmente, em questão preliminar suscitada quando do julgamento de processo incluído na pauta de julgamentos da Subseção.

§ 2º De forma concorrente, quando a Turma do Tribunal Superior do Trabalho entender necessária a adoção do procedimento de julgamento de recursos de revista repetitivos, seu Presidente deverá submeter ao Presidente da Subseção de Dissídios Individuais I a proposta de afetação do recurso de revista, para os efeitos dos arts. 896-B e 896-C da CLT.

§ 3º O Presidente da Subseção submeterá a proposta de afetação ao colegiado, se formulada por escrito, no prazo máximo de 30 dias de seu recebimento, ou de imediato, se suscitada em questão preliminar, quando do julgamento de determinado processo pela SbDI-1, após o que:

I — acolhida a proposta, por maioria simples, o colegiado também decidirá se a questão será analisada pela própria SbDI-1 ou pelo Tribunal Pleno;

II — acolhida a proposta, a desistência da ação ou do recurso não impede a análise da questão objeto de julgamento de recursos repetitivos;

III — na hipótese do inciso I, o processo será distribuído a um relator e a um revisor do órgão jurisdicional correspondente, para sua tramitação nos termos do art. 896-C da CLT;

IV — rejeitada a proposta, se for o caso, os autos serão devolvidos ao órgão julgador respectivo, para que o julgamento do recurso prossiga regularmente.

§ 4º Não será admitida sustentação oral versando, de forma específica, sobre a proposta de afetação.

§ 5º A critério do Presidente da Subseção, as propostas de afetação formuladas por escrito por um dos Ministros da Subseção de Dissídios Individuais I ou pelo Presidente de Turma do Tribunal Superior do Trabalho poderão ser apreciadas pela SbDI-1 por meio eletrônico, nos termos e para os efeitos do § 3º, I, deste artigo, do que serão as partes cientificadas pelo Diário da Justiça.

§ 6º Caso surja alguma divergência entre os integrantes do colegiado durante o julgamento eletrônico, este ficará imediatamente suspenso, devendo a proposta de afetação ser apreciada em sessão presencial.

Art. 3º O Presidente da Subseção de Dissídios Individuais I que afetar processo para julgamento sob o rito dos recursos repetitivos deverá expedir comunicação aos demais Presidentes de Turma, que poderão afetar outros processos sobre a questão para julgamento conjunto, a fim de conferir ao órgão julgador visão global da questão.

Art. 4º Somente poderão ser afetados recursos representativos da controvérsia que sejam admissíveis e que, a critério do relator do incidente de julgamento dos recursos repetitivos, contenham abrangente argumentação e discussão a respeito da questão a ser decidida.

Parágrafo único. O relator desse incidente não fica vinculado às propostas de afetação de que trata o artigo anterior, podendo recusá-las por desatenderem aos requisitos previstos no *caput* deste artigo e, ainda, selecionar outros recursos representativos da controvérsia.

Art. 5º Selecionados os recursos, o relator, na Subseção Especializada em Dissídios Individuais ou no Tribunal Pleno, constatada a presença do pressuposto do *caput* do art. 896-C da CLT, proferirá decisão de afetação, sempre fundamentada, na qual:

I — identificará com precisão a questão a ser submetida a julgamento;

II — poderá determinar a suspensão dos recursos de revista ou de embargos de que trata o § 5º do art. 896-C da CLT;

III — poderá solicitar aos Tribunais Regionais do Trabalho informações a respeito da controvérsia, a serem prestadas no prazo de 15 (quinze) dias, e requisitar aos Presidentes ou Vice-Presidentes dos Tribunais Regionais do Trabalho a remessa de até dois recursos de revista representativos da controvérsia;

IV — concederá o prazo de 15 (quinze) dias para a manifestação escrita das pessoas, órgãos ou entidades interessados na controvérsia, que poderão ser admitidos como amici curiae.

V — informará aos demais Ministros sobre a decisão de afetação;

VI — poderá conceder vista ao Ministério Público e às partes, nos termos e para os efeitos do § 9º do art. 896-C da CLT.

Art. 6º O Presidente do Tribunal Superior do Trabalho oficiará os Presidentes dos Tribunais Regionais do Trabalho, com cópia da decisão de afetação, para que suspendam os recursos de revista interpostos em casos idênticos aos afetados como recursos repetitivos e ainda não encaminhados a este Tribunal, bem como os recursos ordinários

interpostos contra as sentenças proferidas em casos idênticos aos afetados como recursos repetitivos, até o pronunciamento definitivo do Tribunal Superior do Trabalho.

Art. 7º Caberá ainda ao Presidente do Tribunal de origem, caso receba a requisição de que trata o inciso III do art. 5º desta Instrução Normativa, admitir até dois recursos representativos da controvérsia, os quais serão encaminhados ao Tribunal Superior do Trabalho.

Art. 8º Se, após receber os recursos de revista selecionados pelo Presidente ou Vice-Presidente do Tribunal Regional do Trabalho, não se proceder à sua afetação, o relator, no Tribunal Superior do Trabalho, comunicará o fato ao Presidente ou Vice-Presidente que os houver enviado, para que seja revogada a decisão de suspensão referida no art. 896-C, § 4º, da CLT.

Art. 9º As partes deverão ser intimadas da decisão de suspensão de seu processo, a ser proferida pelo respectivo relator.

§ 1º A parte poderá requerer o prosseguimento de seu processo se demonstrar a intempestividade do recurso nele interposto ou a existência de distinção entre a questão de direito a ser decidida no seu processo e aquela a ser julgada sob o rito dos recursos repetitivos.

§ 2º O requerimento a que se refere o § 1º será dirigido:

I — ao juiz, se o processo sobrestado estiver em primeiro grau;

II — ao relator, se o processo sobrestado estiver no tribunal de origem;

III — ao relator do acórdão recorrido, se for sobrestado recurso de revista no tribunal de origem;

IV — ao relator, no Tribunal Superior do Trabalho, do recurso de revista ou de embargos cujo processamento houver sido sobrestado.

§ 3º A outra parte deverá ser ouvida sobre o requerimento, no prazo de cinco dias.

§ 4º Reconhecida a distinção no caso:

I — dos incisos I, II e IV do § 2º, o próprio juiz ou relator dará prosseguimento ao processo;

II — do inciso III do § 2º, o relator comunicará a decisão ao presidente ou ao vice-presidente que houver determinado o sobrestamento, para que este dê normal prosseguimento ao processo.

§ 5º A decisão que resolver o requerimento a que se refere o § 1º é irrecorrível de imediato, nos termos do art. 893, § 1º, da CLT.

Art. 10. Para instruir o procedimento, pode o relator fixar data para, em audiência pública, ouvir depoimentos de pessoas com experiência e conhecimento na matéria, sempre que entender necessário o esclarecimento de questões ou circunstâncias de fato subjacentes à controvérsia objeto do incidente de recursos repetitivos.

§ 1º O relator poderá também admitir, tanto na audiência pública quanto no curso do procedimento, a manifestação, como amici curiae, de pessoas, órgãos ou entidades com interesse na controvérsia, considerando a relevância da matéria e assegurando o contraditório e a isonomia de tratamento.

§ 2º A manifestação de que trata o § 1º somente será admitida até a inclusão do processo em pauta.

Art. 11. Os recursos afetados deverão ser julgados no prazo de um ano e terão preferência sobre os demais feitos.

§ 1º Na hipótese de não ocorrer o julgamento no prazo de um ano a contar da publicação da decisão de que trata o art. 5º desta Instrução Normativa, cessam automaticamente, em todo o território nacional, a afetação e a suspensão dos processos, que retomarão seu curso normal.

§ 2º Ocorrendo a hipótese do § 1º, é permitida, nos termos e para os efeitos do art. 2º desta Instrução Normativa e do art. 896-C da CLT, a formulação de outra proposta de afetação de processos representativos da controvérsia para instauração e julgamento de recursos repetitivos para ser apreciada e decidida pela SbDI-1 deste Tribunal.

Art. 12. O conteúdo do acórdão paradigma abrangerá a análise de todos os fundamentos da tese jurídica discutida, favoráveis ou contrários.

Parágrafo único. É vedado ao órgão colegiado decidir, para os fins do art. 896-C da CLT, questão não delimitada na decisão de afetação.

Art. 13. Decidido o recurso representativo da controvérsia, os órgãos jurisdicionais respectivos declararão prejudicados os demais recursos versando sobre idêntica controvérsia ou os decidirão, aplicando a tese firmada.

Parágrafo único. Quando os recursos requisitados do Tribunal Regional do Trabalho contiverem outras questões além daquela que é objeto da afetação, caberá ao órgão jurisdicional competente, em acórdão específico para cada processo, decidir esta em primeiro lugar e depois as demais.

Art. 14. Publicado o acórdão paradigma:

I — o Presidente ou Vice-Presidente do Tribunal de origem negará seguimento aos recursos de revista sobrestados na origem, se o acórdão recorrido coincidir com a orientação do Tribunal Superior do Trabalho;

II — o órgão que proferiu o acórdão recorrido, na origem, reexaminará o processo de competência originária ou o recurso anteriormente julgado, na hipótese de o acórdão recorrido contrariar a orientação do Tribunal Superior do Trabalho;

III — os processos porventura suspensos em primeiro e segundo graus de jurisdição retomarão o curso para julgamento e aplicação da tese firmada pelo Tribunal Superior do Trabalho.

Art. 15. Para fundamentar a decisão de manutenção do entendimento, o órgão que proferiu o acórdão recorrido deverá demonstrar a existência de distinção, por se tratar de caso particularizado por hipótese fática distinta ou questão jurídica não examinada, a impor solução diversa.

§ 1º Na hipótese de que trata o *caput* deste artigo, o recurso de revista será submetido a novo exame de sua admissibilidade pelo Presidente ou Vice Presidente do Tribunal Regional, retomando o processo o seu curso normal.

§ 2º Realizado o juízo de retratação, com alteração do acórdão divergente, o Tribunal de origem, se for o caso, decidirá as demais questões ainda não decididas, cujo enfrentamento se tornou necessário em decorrência da alteração.

§ 3º Quando for alterado o acórdão divergente na forma do § 1º e o recurso anteriormente interposto versar sobre outras questões, o Presidente ou Vice Presidente do Tribunal Regional, independentemente de ratificação do recurso, procederá a novo juízo de admissibilidade, retomando o processo o seu curso normal.

Art. 16. A parte poderá desistir da ação em curso no primeiro grau de jurisdição, antes de proferida a sentença, se a questão nela discutida for idêntica à resolvida pelo recurso representativo da controvérsia.

§ 1º Se a desistência ocorrer antes de oferecida a defesa, a parte, se for o caso, ficará dispensada do pagamento de custas e de honorários de advogado.

§ 2º A desistência apresentada nos termos do *caput* deste artigo independe de consentimento do reclamado, ainda que apresentada contestação.

Art. 17. Caberá revisão da decisão firmada em julgamento de recursos repetitivos quando se alterar a situação econômica, social ou jurídica, caso em que será respeitada a segurança jurídica das relações firmadas sob a égide da decisão anterior, podendo o Tribunal Superior do Trabalho modular os efeitos da decisão que a tenha alterado.

Art. 18. Caso a questão afetada e julgada sob o rito dos recursos repetitivos também contenha questão constitucional, a decisão proferida pelo Tribunal Pleno não obstará o conhecimento de eventuais recursos extraordinários sobre a questão constitucional.

Art. 19. Aos recursos extraordinários interpostos perante o Tribunal Superior do Trabalho será aplicado o procedimento previsto no Código de Processo Civil para o julgamento dos recursos extraordinários repetitivos, cabendo ao Presidente do Tribunal Superior do Trabalho selecionar um ou mais recursos representativos da controvérsia e encaminhá-los ao Supremo Tribunal Federal, sobrestando os demais até o pronunciamento definitivo da Corte, na forma ali prevista.

Art. 20. Quando o julgamento dos embargos à SbDI-1 envolver relevante questão de direito, com grande repercussão social, sem repetição em múltiplos processos mas a respeito da qual seja conveniente a prevenção ou a composição de divergência entre as turmas ou os demais órgãos fracionários do. Tribunal Superior do Trabalho, poderá a SbDI-1, por iniciativa de um de seus membros e após a aprovação da maioria de seus integrantes, afetar o seu julgamento ao Tribunal Pleno.

Parágrafo único. Aplica-se a este incidente, no que couber, o que esta Instrução Normativa dispõe sobre o incidente de julgamento de recursos repetitivos.

Art. 21. O Tribunal Superior do Trabalho deverá manter e dar publicidade às questões de direito objeto dos recursos repetitivos já julgados, pendentes de julgamento ou já reputadas sem relevância, bem como daquelas objeto das decisões proferidas por sua composição plenária, nos termos do § 13 do art. 896 da CLT e do art. 20 desta Instrução Normativa.

Parágrafo único. As decisões, organizadas por questão jurídica julgada, serão divulgadas, preferencialmente, na rede mundial de computadores e constarão do Banco Nacional de Jurisprudência Uniformizadora — BANJUR, instituído pelo art. 7º da Instrução Normativa n. 37/2015, aprovada pela Resolução n. 195, de 02.03.2015, do Tribunal Superior do Trabalho.

Art. 22. Após a publicação da presente Instrução Normativa, ficam expressamente revogados os arts. 7º a 22 do Ato n. 491/SEGJUD.GP, de 23 de setembro de 2014.

Ministro
Antonio José de Barros Levenhagen
Presidente do Tribunal Superior do Trabalho

DEJT 17.11.2015

Resolução n. 203, de 15 de março de 2016

Edita a Instrução Normativa n. 39, que dispõe sobre as normas do Código de Processo Civil de 2015 aplicáveis e inaplicáveis ao Processo do Trabalho, de forma não exaustiva

O EGRÉGIO PLENO DO TRIBUNAL SUPERIOR DO TRABALHO, em Sessão

Extraordinária hoje realizada, sob a Presidência do Excelentíssimo Senhor Ministro Ives Gandra da Silva Martins Filho, Presidente do Tribunal, presentes os Excelentíssimos Senhores Ministros Emmanoel Pereira, Vice-Presidente do Tribunal, Renato de Lacerda Paiva, Corregedor-Geral da Justiça do Trabalho, João Oreste Dalazen, Antonio José de Barros Levenhagen, João Batista Brito Pereira, Maria Cristina Irigoyen Peduzzi, Aloysio Corrêa da Veiga, Luiz Philippe Vieira de Mello Filho, Alberto Luiz Bresciani de Fontan Pereira, Maria de Assis Calsing, Dora Maria da Costa, Guilherme Augusto Caputo Bastos, Márcio Eurico Vitral Amaro, Walmir Oliveira da Costa, Maurício Godinho Delgado, Kátia Magalhães Arruda, Augusto César Leite de Carvalho, José Roberto Freire Pimenta, Delaíde Alves Miranda Arantes, Hugo Carlos Scheuermann, Alexandre de Souza Agra Belmonte, Cláudio Mascarenhas Brandão, Douglas Alencar Rodrigues, Maria Helena Mallmann e a Excelentíssima Vice-Procuradora-Geral do Trabalho, Dr. Cristina Aparecida Ribeiro Brasiliano,

considerando a vigência de novo Código de Processo Civil (Lei n. 13.105, de 17.3.2015) a partir de 18 de março de 2016,

considerando a imperativa necessidade de o Tribunal Superior do Trabalho posicionar-se, ainda que de forma não exaustiva, sobre as normas do Código de Processo Civil de 2015 aplicáveis e inaplicáveis ao Processo do Trabalho,

considerando que as normas dos arts. 769 e 889 da CLT não foram revogadas pelo art. 15 do CPC de 2015, em face do que estatui o art. 2º, § 2º da Lei de Introdução às Normas do Direito Brasileiro,

considerando a plena possibilidade de compatibilização das normas em apreço,

considerando o disposto no art. 1046, § 2º, do CPC, que expressamente preserva as "disposições especiais dos procedimentos regulados em outras leis", dentre as quais sobressaem as normas especiais que disciplinam o Direito Processual do Trabalho, considerando o escopo de identificar apenas questões polêmicas e algumas das questões inovatórias relevantes para efeito de aferir a compatibilidade ou não da aplicação subsidiária ou supletiva ao Processo do Trabalho do Código de Processo Civil de 2015,

considerando a exigência de transmitir segurança jurídica aos jurisdicionados e órgãos da Justiça do Trabalho, bem assim o escopo de prevenir nulidades processuais em detrimento da desejável celeridade,

considerando que o Código de Processo Civil de 2015 não adota de forma absoluta a observância do princípio do contraditório prévio como vedação à decisão surpresa, como transparece, entre outras, das hipóteses de julgamento liminar de improcedência do pedido (art. 332, *caput* e § 1º, conjugado com a norma explícita do parágrafo único do art. 487), de tutela provisória liminar de urgência ou da evidência (parágrafo único do art. 9º) e de indeferimento liminar da petição inicial (CPC, art. 330),

considerando que o conteúdo da aludida garantia do contraditório há que se compatibilizar com os princípios da celeridade, da oralidade e da concentração de atos processuais no Processo do Trabalho, visto que este, por suas especificidades e pela natureza alimentar das pretensões nele deduzidas, foi concebido e estruturado para a outorga rápida e imposterável da tutela jurisdicional (CLT, art. 769),

considerando que está *sub judice* no Tribunal Superior do Trabalho a possibilidade de imposição de multa pecuniária ao executado e de liberação de depósito em favor do exequente, na pendência de recurso, o que obsta, de momento, qualquer manifestação da Corte sobre a incidência no Processo do Trabalho das normas dos arts. 520 a 522 e § 1º do art. 523 do CPC de 2015,

considerando que os enunciados de súmulas dos Tribunais do Trabalho a que se referem os incisos V e VI do § 1º do art. 489 do CPC de 2015 são exclusivamente os que contenham os fundamentos determinantes da decisão (ratio decidendi — art. 926, § 2º),

RESOLVE:

Aprovar a Instrução Normativa n. 39, nos seguintes termos:

Instrução Normativa n. 39/2016

Art. 1º Aplica-se o Código de Processo Civil, subsidiária e supletivamente, ao Processo do Trabalho, em caso de omissão e desde que haja compatibilidade com as normas e princípios do Direito Processual do Trabalho, na forma dos arts. 769 e 889 da CLT e do art. 15 da Lei n. 13.105, de 17.03.2015.

§ 1º Observar-se-á, em todo caso, o princípio da irrecorribilidade em separado das decisões interlocutórias, de conformidade com o art. 893, § 1º da CLT e Súmula n. 214 do TST.

§ 2º O prazo para interpor e contra-arrazoar todos os recursos trabalhistas, inclusive agravo interno e agravo regimental, é de oito dias (art. 6º da Lei n. 5.584/70 e art. 893 da CLT), exceto embargos de declaração (CLT, art. 897-A).

Art. 2º Sem prejuízo de outros, não se aplicam ao Processo do Trabalho, em razão de inexistência de omissão ou por incompatibilidade, os seguintes preceitos do Código de Processo Civil:

I — art. 63 (modificação da competência territorial e eleição de foro);

II — art. 190 e parágrafo único (negociação processual);

III — art. 219 (contagem de prazos em dias úteis);

IV — art. 334 (audiência de conciliação ou de mediação);

V — art. 335 (prazo para contestação);

VI — art. 362, III (adiamento da audiência em razão de atraso injustificado superior a 30 minutos);

VII — art. 373, §§ 3º e 4º (distribuição diversa do ônus da prova por convenção das partes);

VIII — arts. 921, §§ 4º e 5º, e 924, V (prescrição intercorrente);

IX — art. 942 e parágrafos (prosseguimento de julgamento não unânime de apelação);

X — art. 944 (notas taquigráficas para substituir acórdão);

XI — art. 1010, § 3º(desnecessidade de o juízo a quo exercer controle de admissibilidade na apelação);

XII — arts. 1043 e 1044 (embargos de divergência);

XIII — art. 1070 (prazo para interposição de agravo).

Art. 3º Sem prejuízo de outros, aplicam-se ao Processo do Trabalho, em face de omissão e compatibilidade, os preceitos do Código de Processo Civil que regulam os seguintes temas:

I — art. 76, §§ 1º e 2º (saneamento de incapacidade processual ou de irregularidade de representação);

II — art. 138 e parágrafos (*amicus curiae*);

III — art. 139, exceto a parte final do inciso V (poderes, deveres e responsabilidades do juiz);

IV — art. 292, V (valor pretendido na ação indenizatória, inclusive a fundada em dano moral);

V — art. 292, § 3º (correção de ofício do valor da causa);

VI — arts. 294 a 311 (tutela provisória);

VII — art. 373, §§ 1º e 2º (distribuição dinâmica do ônus da prova);

VIII — art. 485, § 7º (juízo de retratação no recurso ordinário);

IX — art. 489 (fundamentação da sentença);

X — art. 496 e parágrafos (remessa necessária);

XI — arts. 497 a 501 (tutela específica);

XII — arts. 536 a 538 (cumprimento de sentença que reconheça a exigibilidade de obrigação de fazer, de não fazer ou de entregar coisa);

XIII — arts. 789 a 796 (responsabilidade patrimonial);

XIV — art. 805 e parágrafo único (obrigação de o executado indicar outros meios mais eficazes e menos onerosos para promover a execução);

XV — art. 833, incisos e parágrafos (bens impenhoráveis);

XVI — art. 835, incisos e §§ 1º e 2º (ordem preferencial de penhora);

XVII — art. 836, §§ 1º e 2º (procedimento quando não encontrados bens penhoráveis);

XVIII — art. 841, §§ 1º e 2º (intimação da penhora);

XIX — art. 854 e parágrafos (BacenJUD);

XX — art. 895 (pagamento parcelado do lanço);

XXI — art. 916 e parágrafos (parcelamento do crédito exequendo);

XXII — art. 918 e parágrafo único (rejeição liminar dos embargos à execução);

XXIII — arts. 926 a 928 (jurisprudência dos tribunais);

XXIV — art. 940 (vista regimental);

XXV — art. 947 e parágrafos (incidente de assunção de competência);

XXVI — arts. 966 a 975 (ação rescisória);

XXVII — arts. 988 a 993 (reclamação);

XXVIII — arts. 1013 a 1014 (efeito devolutivo do recurso ordinário — força maior);

XXIX — art. 1021 (salvo quanto ao prazo do agravo interno).

Art. 4º Aplicam-se ao Processo do Trabalho as normas do CPC que regulam o princípio do contraditório, em especial os artigos 9º e 10, no que vedam a decisão surpresa.

§ 1º Entende-se por "decisão surpresa" a que, no julgamento final do mérito da causa, em qualquer grau de jurisdição, aplicar fundamento jurídico ou embasar-se em fato não submetido à audiência prévia de uma ou de ambas as partes.

§ 2º Não se considera "decisão surpresa" a que, à luz do ordenamento jurídico nacional e dos princípios que informam o Direito Processual do Trabalho, as partes tinham obrigação de prever, concernente às condições da ação, aos pressupostos de admissibilidade de recurso e aos pressupostos processuais, salvo disposição legal expressa em contrário.

Art. 5º Aplicam-se ao Processo do Trabalho as normas do art. 356, §§ 1º a 4º, do CPC que regem o julgamento antecipado parcial do mérito, cabendo recurso ordinário de imediato da sentença.

Art. 6º Aplica-se ao Processo do Trabalho o incidente de desconsideração da personalidade jurídica regulado no Código de Processo Civil (arts. 133 a 137), assegu-

rada a iniciativa também do juiz do trabalho na fase de execução (CLT, art. 878).

§ 1º Da decisão interlocutória que acolher ou rejeitar o incidente:

I — na fase de cognição, não cabe recurso de imediato, na forma do art. 893, § 1º da CLT;

II — na fase de execução, cabe agravo de petição, independentemente de garantia do juízo;

III — cabe agravo interno se proferida pelo Relator, em incidente instaurado originariamente no tribunal (CPC, art. 932, inciso VI).

§ 2º A instauração do incidente suspenderá o processo, sem prejuízo de concessão da tutela de urgência de natureza cautelar de que trata o art. 301 do CPC.

Art. 7º Aplicam-se ao Processo do Trabalho as normas do art. 332 do CPC, com as necessárias adaptações à legislação processual trabalhista, cumprindo ao juiz do trabalho julgar liminarmente improcedente o pedido que contrariar:

I — enunciado de súmula do Supremo Tribunal Federal ou do Tribunal Superior do Trabalho (CPC, art. 927, inciso V);

II — acórdão proferido pelo Supremo Tribunal Federal ou pelo Tribunal Superior do Trabalho em julgamento de recursos repetitivos (CLT, art. 896-B; CPC, art. 1046, § 4º);

III — entendimento firmado em incidente de resolução de demandas repetitivas ou de assunção de competência;

IV — enunciado de súmula de Tribunal Regional do Trabalho sobre direito local, convenção coletiva de trabalho, acordo coletivo de trabalho, sentença normativa ou regulamento empresarial de observância obrigatória em área territorial que não exceda à jurisdição do respectivo Tribunal (CLT, art. 896, "b", a contrario sensu).

Parágrafo único. O juiz também poderá julgar liminarmente improcedente o pedido se verificar, desde logo, a ocorrência de decadência.

Art. 8º Aplicam-se ao Processo do Trabalho as normas dos arts. 976 a 986 do CPC que regem o incidente de resolução de demandas repetitivas (IRDR).

§ 1º Admitido o incidente, o relator suspenderá o julgamento dos processos pendentes, individuais ou coletivos, que tramitam na Região, no tocante ao tema objeto de IRDR, sem prejuízo da instrução integral das causas e do julgamento dos eventuais pedidos distintos e cumulativos igualmente deduzidos em tais processos, inclusive, se for o caso, do julgamento antecipado parcial do mérito.

§ 2º Do julgamento do mérito do incidente caberá recurso de revista para o Tribunal Superior do Trabalho, dotado de efeito meramente devolutivo, nos termos dos arts. 896 e 899 da CLT.

§ 3º Apreciado o mérito do recurso, a tese jurídica adotada pelo Tribunal Superior do Trabalho será aplicada no território nacional a todos os processos, individuais ou coletivos, que versem sobre idêntica questão de direito.

Art. 9º O cabimento dos embargos de declaração no Processo do Trabalho, para impugnar qualquer decisão judicial, rege-se pelo art. 897-A da CLT e, supletivamente, pelo Código de Processo Civil (arts. 1022 a 1025; §§ 2º, 3º e 4º do art. 1026), excetuada a garantia de prazo em dobro para litisconsortes (§ 1º do art. 1023).

Parágrafo único. A omissão para fins de prequestionamento ficto a que alude o art. 1025 do CPC dá-se no caso de o Tribunal Regional do Trabalho, mesmo instado mediante embargos de declaração, recusar-se a emitir tese sobre questão jurídica pertinente, na forma da Súmula n. 297, item III, do Tribunal Superior do Trabalho.

Art. 10. Aplicam-se ao Processo do Trabalho as normas do parágrafo único do art. 932 do CPC, §§ 1º a 4º do art. 938 e §§ 2º e 7º do art. 1007.

Parágrafo único. A insuficiência no valor do preparo do recurso, no Processo do Trabalho, para os efeitos do § 2º do art. 1007 do CPC, concerne unicamente às custas processuais, não ao depósito recursal.

Art. 11. Não se aplica ao Processo do Trabalho a norma do art. 459 do CPC no que permite a inquirição direta das testemunhas pela parte (CLT, art. 820).

Art. 12. Aplica-se ao Processo do Trabalho o parágrafo único do art. 1034 do CPC. Assim, admitido o recurso de revista por um fundamento, devolve-se ao Tribunal Superior do Trabalho o conhecimento dos demais fundamentos para a solução apenas do capítulo impugnado.

Art. 13. Por aplicação supletiva do art. 784, I (art. 15 do CPC), o cheque e a nota promissória emitidos em reconhecimento de dívida inequivocamente de natureza trabalhista também são títulos extrajudiciais para efeito de execução perante a Justiça do Trabalho, na forma do art. 876 e segs. da CLT.

Art. 14. Não se aplica ao Processo do Trabalho o art. 165 do CPC, salvo nos conflitos coletivos de natureza econômica (Constituição Federal, art. 114, §§ 1º e 2º).

Art. 15. O atendimento à exigência legal de fundamentação das decisões judiciais (CPC, art. 489, § 1º) no Processo do Trabalho observará o seguinte:

I — por força dos arts. 332 e 927 do CPC, adaptados ao Processo do Trabalho, para efeito dos incisos V e VI do § 1º do art. 489 considera-se "precedente" apenas:

a) acórdão proferido pelo Supremo Tribunal Federal ou pelo Tribunal Superior do Trabalho em julgamento de recursos repetitivos (CLT, art. 896-B; CPC, art. 1046, § 4º);

b) entendimento firmado em incidente de resolução de demandas repetitivas ou de assunção de competência;

c) decisão do Supremo Tribunal Federal em controle concentrado de constitucionalidade;

d) tese jurídica prevalecente em Tribunal Regional do Trabalho e não conflitante com súmula ou orientação jurisprudencial do Tribunal Superior do Trabalho (CLT, art. 896, § 6º);

e) decisão do plenário, do órgão especial ou de seção especializada competente para uniformizar a jurisprudência do tribunal a que o juiz estiver vinculado ou do Tribunal Superior do Trabalho.

II — para os fins do art. 489, § 1º, incisos V e VI do CPC, considerar-se-ão unicamente os precedentes referidos no item anterior, súmulas do Supremo Tribunal Federal, orientação jurisprudencial e súmula do Tribunal Superior do Trabalho, súmula de Tribunal Regional do Trabalho não conflitante com súmula ou orientação jurisprudencial do TST, que contenham explícita referência aos fundamentos determinantes da decisão (ratio decidendi).

III — não ofende ao art. 489, § 1º, inciso IV do CPC a decisão que deixar de apreciar questões cujo exame haja ficado prejudicado em razão da análise anterior de questão subordinante.

IV — o art. 489, § 1º, IV, do CPC não obriga o juiz ou o Tribunal a enfrentar os fundamentos jurídicos invocados pela parte, quando já tenham sido examinados na formação dos precedentes obrigatórios ou nos fundamentos determinantes de enunciado de súmula.

V — decisão que aplica a tese jurídica firmada em precedente, nos termos do item I, não precisa enfrentar os fundamentos já analisados na decisão paradigma, sendo suficiente, para fins de atendimento das exigências constantes no art. 489, § 1º, do CPC, a correlação fática e jurídica entre o caso concreto e aquele apreciado no incidente de solução concentrada.

VI — é ônus da parte, para os fins do disposto no art. 489, § 1º, V e VI, do CPC, identificar os fundamentos determinantes ou demonstrar a existência de distinção no caso em julgamento ou a superação do entendimento, sempre que invocar precedente ou enunciado de súmula.

Art. 16. Para efeito de aplicação do § 5º do art. 272 do CPC, não é causa de nulidade processual a intimação realizada na pessoa de advogado regularmente habilitado nos autos, ainda que conste pedido expresso para que as comunicações dos atos processuais sejam feitas em nome de outro advogado, se o profissional indicado não se encontra previamente cadastrado no Sistema de Processo Judicial Eletrônico, impedindo a serventia judicial de atender ao requerimento de envio da intimação direcionada. A decretação de nulidade não pode ser acolhida em favor da parte que lhe deu causa (CPC, art. 276).

Art. 17. Sem prejuízo da inclusão do devedor no Banco Nacional de Devedores Trabalhistas (CLT, art. 642-A), aplicam-se à execução trabalhista as normas dos artigos 495, 517 e 782, §§ 3º, 4º e 5º do CPC, que tratam respectivamente da hipoteca judiciária, do protesto de decisão judicial e da inclusão do nome do executado em cadastros de inadimplentes.

Art. 18. Esta Instrução Normativa entrará em vigor na data da sua publicação.

MINISTRO
IVES GANDRA DA SILVA MARTINS FILHO
Presidente do Tribunal Superior do Trabalho

DEJT 16.3.2016

Resolução n. 205, de 15 de março de 2016

Edita a Instrução Normativa n. 40, que dispõe sobre o cabimento de agravo de instrumento em caso de admissibilidade parcial de recurso de revista no Tribunal Regional do Trabalho e dá outras providências

O EGRÉGIO PLENO DO TRIBUNAL SUPERIOR DO TRABALHO, em Sessão Extraordinária hoje realizada, sob a Presidência do Excelentíssimo Senhor Ministro Ives Gandra da Silva Martins Filho, Presidente do Tribunal, presentes os Excelentíssimos Senhores Ministros Emmanoel Pereira, Vice-Presidente do Tribunal, Renato de Lacerda Paiva, Corregedor-Geral da Justiça do Trabalho, João Oreste Dalazen, Antonio José de Barros Levenhagen, João Batista

Brito Pereira, Maria Cristina Irigoyen Peduzzi, Aloysio Corrêa da Veiga, Luiz Philippe Vieira de Mello Filho, Alberto Luiz Bresciani de Fontan Pereira, Maria de Assis Calsing, Dora Maria da Costa, Guilherme Augusto Caputo Bastos, Márcio Eurico Vitral Amaro, Walmir Oliveira da Costa, Maurício Godinho Delgado, Kátia Magalhães Arruda, Augusto César Leite de Carvalho, José Roberto Freire Pimenta, Delaíde Alves Miranda Arantes, Hugo Carlos Scheuermann, Alexandre de Souza Agra Belmonte, Cláudio Mascarenhas Brandão, Douglas Alencar Rodrigues, Maria Helena Mallmann e a Excelentíssima Vice-Procuradora-Geral do Trabalho, Dr. Cristina Aparecida Ribeiro Brasiliano,

considerando o cancelamento da Súmula n. 285 e da Orientação Jurisprudencial n. 377 da SBDI-1 pelo Pleno do Tribunal Superior do Trabalho,

considerando a necessidade de explicitar-se o novo entendimento do Tribunal sobre a matéria, a bem da segurança jurídica dos jurisdicionados e da imprescindível orientação e planejamento da Presidência dos Tribunais Regionais do Trabalho,

considerando a conveniência de modulação dos efeitos do aludido cancelamento para não surpreender as partes, como se impõe da aplicação analógica do art. 896 § 17 da CLT,

considerando que, não obstante o Código de Processo Civil haja extinto o procedimento para disciplinar o incidente de uniformização de jurisprudência (IUJ), o instituto continua previsto no art. 896, §§ 3º a 6º da CLT,

RESOLVE:

Aprovar a Instrução Normativa n. 40, nos seguintes termos:

Instrução Normativa n. 40/2016

Art. 1º Admitido apenas parcialmente o recurso de revista, constitui ônus da parte impugnar, mediante agravo de instrumento, o capítulo denegatório da decisão, sob pena de preclusão. **(Artigo com vigência a partir de 15 de abril de 2016, conforme art. 3º desta Resolução)**

§ 1º Se houver omissão no juízo de admissibilidade do recurso de revista quanto a um ou mais temas, é ônus da parte interpor embargos de declaração para o órgão prolator da decisão embargada supri-la (CPC, art. 1.024, § 2º), sob pena de preclusão.

§ 2º Incorre em nulidade a decisão regional que se abstiver de exercer controle de admissibilidade sobre qualquer tema objeto de recurso de revista, não obstante interpostos embargos de declaração (CF/88, art. 93, inciso IX e § 1º do art. 489 do CPC de 2015).

§ 3º No caso do parágrafo anterior, sem prejuízo da nulidade, a recusa do Presidente do Tribunal Regional do Trabalho a emitir juízo de admissibilidade sobre qualquer tema equivale à decisão denegatória. É ônus da parte, assim, após a intimação da decisão dos embargos de declaração, impugná-la mediante agravo de instrumento (CLT, art. 896, § 12), sob pena de preclusão.

§ 4º Faculta-se ao Ministro Relator, por decisão irrecorrível (CLT, art. 896, § 5º, por analogia), determinar a restituição do agravo de instrumento ao Presidente do Tribunal Regional do Trabalho de origem para que complemente o juízo de admissibilidade, desde que interpostos embargos de declaração.

Art. 2º Após a vigência do Código de Processo Civil de 2015, subsiste o Incidente de Uniformização de Jurisprudência da CLT (art. 896, §§ 3º, 4º, 5º e 6º), observado o procedimento previsto no regimento interno do Tribunal Regional do Trabalho.

Art. 3º A presente instrução normativa vigerá a partir de sua publicação, exceto o art. 1º, que vigorará a partir de 15 de abril de 2016.

MINISTRO
IVES GANDRA DA SILVA MARTINS FILHO
PRESIDENTE DO TRIBUNAL SUPERIOR DO TRABALHO
DEJT 17.3.2016

Provimento TST/CG n. 1, de 18 de fevereiro de 2004

Determina aos Tribunais Regionais do Trabalho a elaboração de súmula de sua jurisprudência dominante

O Ministro Ronaldo Leal, Corregedor-Geral da Justiça do Trabalho, no uso de suas atribuições legais e regimentais,

Considerando:

1. a representação que faz a 3ª Turma deste Tribunal a esta Corregedoria, ao apreciar Recurso de Revista provindo do 11º TRT;

2. que é inaceitável que os Tribunais Regionais decidam de forma díspar a mesma matéria, embora com a mesma composição;

3. que a prestação jurisdicional é dada em função do jurisdicionado, destinatário dela, o que exige dos Tribunais as adequações necessárias para que o Poder Judiciário não caia no descrédito público;

Resolve determinar:

Art. 1º Os Tribunais Regionais do Trabalho deverão elaborar a súmula de sua jurisprudência dominante e alertar todos os Juízes, inclusive os convocados, sobre a conveniência de observá-la.

Art. 2º Revogam-se as disposições em contrário.

Este Provimento entra em vigor na data da sua publicação.

Publique-se.

Cumpra-se.

Brasília-DF, 18 de fevereiro de 2004.

RONALDO LEAL
Corregedor-Geral da Justiça do Trabalho
DJ 20.2.2004

Provimento CGJT N. 001, de 3 de maio de 2012

Dispõe sobre os procedimentos a serem adotados pelos MM. Juízes do Trabalho relativamente a credores trabalhistas de empresa falida ou em recuperação judicial e dá outras providências

O CORREGEDOR-GERAL DA JUSTIÇA DO TRABALHO, no uso da atribuição regimental que lhe é conferida pelo art. 6º, inciso V, do Regimento Interno da Corregedoria-Geral da Justiça do Trabalho,

Considerando ser da competência das Varas do Trabalho ultimar a liquidação da sentença condenatória ilíquida, nos termos do art. 6º, § 1º, da Lei n. 11.101/2005;

Considerando que após a liquidação do crédito trabalhista impõe-se a sua habilitação perante o Administrador Judicial da Empresa Falida ou em Recuperação Judicial, a teor do art. 7º da Legislação Extravagante, cabendo para tanto ao Juízo do Trabalho expedir a competente Certidão de Habilitação de Crédito;

Considerando que todos os bens e créditos da Empresa Falida, inclusive aqueles objeto de constrição judicial e os produtos obtidos em leilão realizado no âmbito do Judiciário do Trabalho, sujeitam-se à força atrativa do Juízo Falimentar, com a consequente suspensão da execução trabalhista, na conformidade do art. 108, § 3º, da Lei n. 11.101/2005;

Considerando que, aprovado e homologado o Plano de Recuperação Judicial, é do Juízo de Falências e Recuperações Judiciais a competência para a prática de quaisquer atos de execução referentes a reclamações trabalhistas movidas contra a Empresa Recuperanda, de acordo com a jurisprudência consolidada no STJ e no STF;

Considerando que a elaboração da Relação de Credores e subsequente Quadro Geral de Credores é atribuição do Administrador Judicial e não do Cartório do Juízo de Falência, segundo disposto nos arts. 7º a 20 da Legislação Extravagante,

RESOLVE:

Art. 1º No caso de execução de crédito trabalhista em que se tenha dado a decretação da falência do executado ou este se encontre em recuperação judicial, caberá aos MM. Juízos das Varas do Trabalho orientar os respectivos credores para que providenciem a habilitação dos seus créditos perante o Administrador Judicial da Empresa Falida ou em Recuperação Judicial, expedindo para tanto Certidão de Habilitação de Crédito.

Parágrafo único. Expedida a Certidão de Habilitação de Crédito, os MM. Juízos das Varas do Trabalho deverão se abster de encaminhar diretamente aos MM. Juízos de Falências e Recuperações Judiciais os autos das execuções trabalhistas e/ou Certidões de Créditos Trabalhistas, com vistas à habilitação, inclusão ou exclusão de credores da Relação de Credores e do Quadro Geral de Credores, pois tal atribuição não é do Cartório Falimentar, mas do Administrador Judicial.

Art. 2º Os MM. Juízos das Varas do Trabalho manterão em seus arquivos os autos das execuções que tenham sido suspensas em decorrência da decretação da recuperação judicial ou da falência, a fim de que, com o encerramento da quebra, seja retomado o seu prosseguimento, desde que os créditos não tenham sido totalmente satisfeitos, em relação aos quais não corre a prescrição enquanto durar o processo falimentar, nos termos do art. 6º Lei n. 11.101/2005.

Art. 3º É assegurado aos MM. Juízos das Varas do Trabalho, ainda que as ações trabalhistas se achem pendentes de julgamento, formular pedidos de reserva de valor diretamente aos MM. Juízos de Falência, os quais serão atendidos na medida das forças da Massa Falida, na conformidade do disposto no art. 6º, § 3º, da Lei n. 11.101/2005.

Art. 4º Este Provimento entrará em vigor na data da sua publicação.

Publique-se no DEJT.

Dê-se ciência aos Presidentes e Corregedores dos Tribunais Regionais do Trabalho, mediante ofício, do inteiro teor deste Provimento, solicitando de Suas Excelências que o divulguem junto às Varas do Trabalho das respectivas jurisdições.

Brasília, 3 de maio de 2012.

ANTONIO JOSÉ DE BARROS LEVENHAGEN
MINISTRO CORREGEDOR-GERAL DA JUSTIÇA DO TRABALHO
DEJT 4.5.2012

LEGISLAÇÃO COMPLEMENTAR

Recomendação CGJT n. 002, de 2 de maio de 2011

O CORREGEDOR-GERAL DA JUSTIÇA DO TRABALHO, no uso das atribuições que lhe são conferidas pelos arts. 5º, inciso III, do Regimento Interno da Corregedoria-Geral da Justiça do Trabalho, e 39 do Regimento Interno do Tribunal Superior do Trabalho,

Considerando o ATO.GCGJT N. 11/2011 pelo qual fora cancelada a recomendação contida na letra "g" da Recomendação n. 1/2011 da Corregedoria da Justiça do Trabalho, referente à expedição de mandado de protesto notarial de sentença judicial condenatória, integrante da estrutura mínima sequencial de atos de execução a ser observada pelos Juízes da execução antes do arquivamento dos autos;

Considerando a necessidade de ser editada outra recomendação que substitua a Recomendação n. 1/2011 da Corregedoria-Geral da Justiça do Trabalho,

RESOLVE:

Recomendar à criteriosa consideração dos Senhores Juízes da execução o seguinte iter procedimental:

a) Citação do executado;
b) Bloqueio de valores do executado via sistema do BACENJUD;
c) Desconsideração da personalidade jurídica da empresa executada, nos termos dos arts. 79 e 80 da Consolidação dos Provimentos da Corregedoria-Geral da Justiça do Trabalho;
d) Registro no sistema informatizado e citação do sócio;
e) Pesquisa de bens de todos os corresponsáveis via sistemas BACENJUD, RENAJUD e INFOJUD;
f) Mandado de penhora;
g) Arquivamento provisório;
h) Emissão de Certidão de Crédito Trabalhista após prazo mínimo de 1 ano de arquivamento provisório, e renovação da pesquisa de bens de todos corresponsáveis com as ferramentas tecnológicas disponíveis;
i) Arquivamento definitivo;
j) Audiência de tentativa conciliatória a qualquer momento.

Art. 2º Esta recomendação entra em vigor na data de sua publicação.

Publique-se no Boletim Interno e no Diário Eletrônico da Justiça do Trabalho. Dê-se ciência aos Presidentes e Corregedores dos Tribunais Regionais do Trabalho, mediante ofício, do inteiro teor desta Recomendação, solicitando de Suas Excelências que a divulguem junto às Varas do Trabalho, integrantes da respectiva jurisdição.

Brasília, 2 de maio de 2011.

Antônio José de Barros Levenhagen
DEJT 2.5.2011

Recomendação Conjunta GP.CGJT. n. 3, de 27 de setembro de 2013

Recomenda o encaminhamento de cópia das sentenças que reconheçam a presença de agentes insalubres no Meio Ambiente do Trabalho ao Ministério do Trabalho e Emprego, a fim de subsidiar o planejamento de ações de fiscalização

O PRESIDENTE DO TRIBUNAL SUPERIOR DO TRABALHO E O CORREGEDOR-GERAL DA JUSTIÇA DO TRABALHO, no uso de suas atribuições legais e regulamentares, e

CONSIDERANDO o dever de a Justiça do Trabalho contribuir para o alcance dos fundamentos do Estado Democrático de Direito, em especial para a edificação da dignidade da pessoa humana, da cidadania e dos valores sociais do trabalho e da livre iniciativa;

CONSIDERANDO as dezenas de milhares de processos envolvendo a constatação de agentes insalubres no meio ambiente do trabalho, sem o pagamento do respectivo adicional ou a adoção de medidas que eliminem ou neutralizem o agente nocivo;

CONSIDERANDO a competência residual de administrar os órgãos da Justiça e o dever de, por meio da gestão das informações que produz, contribuir para a atuação de outros ramos do Poder Público;

CONSIDERANDO o Protocolo de Cooperação Técnica celebrado pelo Tribunal Superior do Trabalho, Conselho Superior da Justiça do Trabalho, Ministério da Saúde, Ministério do Trabalho e Emprego, Ministério da Previdência Social e Advocacia-Geral da União visando à implementação de programas nacionais voltados à prevenção de acidentes de trabalho;

CONSIDERANDO o Acordo de Cooperação Técnica firmado entre o Tribunal Superior do Trabalho, o Conselho Superior da Justiça do Trabalho e o Ministério do Trabalho e Emprego em 18 de setembro de 2013, por ocasião da abertura do 2º Seminário Nacional de Prevenção de Acidentes de Trabalho;

RESOLVEM:

Recomendar aos Juízes do Trabalho que enviem cópia das decisões em que haja o reconhecimento, por meio de prova pericial, de agente insalubre no meio ambiente do trabalho ao endereço eletrônico sentenças.dsst@mte.gov.br, com cópia para insalubridade@tst.jus.br, contendo no corpo do e-mail:

I) Identificação do número do processo;
II) Identificação do empregador, com denominação social/nome e CNPJ/CPF;
III) Endereço do estabelecimento, com código postal (CEP);
IV) Indicação do agente insalubre constatado.

Brasília, 27 de setembro de 2013.

Ministro Carlos Alberto Reis de Paula
Presidente do Tribunal Superior do Trabalho
DEJT 30.9.2013

Recomendação n. 1/GCGJT, de 24 de junho de 2016

O MINISTRO CORREGEDOR-GERAL DA JUSTIÇA DO TRABALHO, no uso das atribuições legais e regimentais,

Considerando o disposto no art. 6º da Instrução Normativa n. 39/2016 do Tribunal Superior do Trabalho, segundo o qual "Aplica-se ao Processo do Trabalho o incidente de desconsideração da personalidade jurídica regulado no Código de Processo Civil (arts. 133 a 137), assegurada a iniciativa também do juiz do trabalho na fase de execução (CLT, art. 878)",

Considerando que o procedimento para instauração e processamento do incidente de desconsideração da personalidade jurídica encontra-se regulado no Código de Processo Civil (arts. 133 a 137) e na referida Instrução Normativa,

Considerando o disposto no Ato n. 05/CGJT, de 29 de março de 2016, que revogou os arts. 78 e 79 da Consolidação dos Provimentos da Corregedoria-Geral da Justiça do Trabalho, que tratavam dos procedimentos a serem adotados pelos Tribunais Regionais ao aplicarem a teoria da desconsideração da personalidade jurídica,

Considerando que vários Tribunais Regionais do Trabalho ainda possuem atos internos ou provimentos em vigor tratando dos procedimentos a serem adotados na aplicação da teoria da desconsideração da personalidade jurídica de modo contrário aos regulados pelo Novo Código de Processo Civil e pela Instrução Normativa n. 39/2016 do Tribunal Superior do Trabalho, **RESOLVE:**

RECOMENDAR aos Tribunais Regionais do Trabalho a revogação dos dispositivos contidos em seus atos internos ou provimentos que tratem dos procedimentos a serem adotados na aplicação da teoria da desconsideração da personalidade jurídica de modo contrário aos regulados pelo Novo Código de Processo Civil e pela Instrução Normativa n. 39/2016 do Tribunal Superior do Trabalho.

Publique-se.

Dê-se ciência ao Ministro Presidente do Tribunal Superior do Trabalho, aos Desembargadores Presidentes e Corregedores dos Tribunais Regionais do Trabalho, mediante ofício, do inteiro teor desta Recomendação.

Ministro Renato de Lacerda Paiva
Corregedor-Geral da Justiça do Trabalho
Coordenadoria de Recursos
(DEJT/TST 24.6.16)

Resolução Administrativa n. 874, de 1º de julho de 2002

Teses jurídicas não apreciadas pelo TST — Tratamento diferenciado para apreciação de imediato — Inovação jurisprudencial

Certifico e dou fé que o Egrégio Pleno do Tribunal Superior do Trabalho, em sessão ordinária hoje realizada, sob a Presidência do Exmo. Ministro Presidente Francisco Fausto, presentes os Exmos. Ministros Vantuil Abdala, Vice-Presidente, Ronaldo Lopes Leal, Corregedor-Geral da Justiça do Trabalho, Wagner Pimenta, Rider Nogueira de Brito, José Luciano de Castilho Pereira, Milton de Moura França, Gelson de Azevedo, Carlos Alberto Reis de Paula, Antônio José de Barros Levenhagen, João Batista Brito Pereira, Maria Cristina Irigoyen Peduzzi, José Simpliciano Fontes de Faria Fernandes e Renato de Lacerda Paiva e a Exma. Vice-Procuradora-Geral do Trabalho, Dra. Guiomar Rechia Gomes, considerando que a Corregedoria-Geral da Justiça do Trabalho constatou que a longa defasagem temporal entre os julgamentos dos TRTs e os do TST vem acarretando a tardia uniformização dos julgados à medida em que, no momento do exame da matéria controvertida no Tribunal Superior do Trabalho, os Tribunais Regionais já assentaram tese sobre ela, e, ausente a uniformização, já mandaram subir centenas de Recursos de Revista ao Tribunal Superior do Trabalho; considerando que a intercorrência de novas normas positivas pode afetar o conteúdo dos verbetes uniformizadores do Tribunal Superior do Trabalho, dando ensejo à indiscriminada subida de Recursos de

1651

Revista ao TST por aparente desrespeito a tais verbetes; considerando que o Tribunal Pleno aprovou que se tomassem dois tipos de providências, conforme a natureza dos fenômenos acima descritos, Resolveu, por unanimidade: I — a Corregedoria-Geral da Justiça do Trabalho tomará providências junto aos Presidentes dos Tribunais Regionais do Trabalho e/ou Corregedores Regionais do Trabalho para que, ao admitirem Recursos de Revista ou processarem Agravos de Instrumento abrangendo teses jurídicas que se reiteram no âmbito do Tribunal Regional e ainda não apreciadas pelo TST, identifique os processos respectivos registrando em suas capas a expressão "RA n. 874/2002-TST" em letras destacadas; II — os processos referidos no item I, ao ingressarem no TST, terão autuação, distribuição e julgamento destacados, devendo o setor competente identificá-los na respectiva capa com a expressão "RA n. 874/2002-TST", em todas as fases processuais no âmbito do TST; III — quando do julgamento desses processos, o Relator deverá esclarecer que se trata de hipótese prevista na Resolução Administrativa n. 874/2002 do TST; IV — a Comissão de Jurisprudência e de Precedentes Normativos examinará as eventuais repercussões de novas normas positivas nos verbetes sumulados e de jurisprudência dominante, cabendo-lhe tomar as providências no sentido de, alternativamente, adaptar tais verbetes à nova ordem positiva ou submeter proposta de alteração deles ao Tribunal Pleno.

Sala de Sessões, 1 de julho de 2002.

VALÉRIO AUGUSTO FREITAS DO CARMO
Diretor-Geral de Coordenação Judiciária

DJ 4.7.2002

Resolução Administrativa do TST/Pleno n. 940, de 30 de junho de 2003

Certifico e dou fé que o Egrégio Pleno do Tribunal Superior do Trabalho, em sessão extraordinária hoje realizada, sob a Presidência do Exmo. Sr. Ministro Francisco Fausto Paula de Medeiros, Presidente do Tribunal Superior do Trabalho, presentes os Exmos. Srs. Ministros Vantuil Abdala, Vice-Presidente, Ronaldo Lopes Leal, Corregedor-Geral da Justiça do Trabalho, Rider Nogueira de Brito, José Luciano de Castilho Pereira, Milton de Moura França, João Oreste Dalazen, Carlos Alberto Reis de Paula, Antônio José de Barros Levenhagen, João Batista Brito Pereira, José Simpliciano Fontes de Faria Fernandes, Renato de Lacerda Paiva e Emmanoel Pereira, e o Exmo. Procurador-Geral do Trabalho, Dr. Guilherme Mastrichi Basso, RESOLVEU, por unanimidade, estabelecer os seguintes procedimentos a serem observados pelas Secretarias e Subsecretarias do Tribunal Superior do Trabalho, em face do disposto na Lei n. 8.906, de 4 de julho de 1994, e no Regulamento-Geral do Estatuto da Advocacia e da Ordem dos Advogados do Brasil:

1. Os processos serão entregues, com carga, ao advogado com poderes de representação nos autos ou a estagiário inscrito na Ordem dos Advogados do Brasil, desde que credenciado, nos termos do art. 29, § 1º, inciso II, do Regulamento-Geral do Estatuto da Advocacia e da OAB.

2. O credenciamento do estagiário será feito observando-se os seguintes critérios:

2.1. deverá ser solicitado por advogado, mediante petição dirigida ao Presidente desta Corte, informando o nome e o número de inscrição do estagiário na OAB.

2.2. na petição de credenciamento, o advogado declarará ser o responsável pelos atos praticados pelo estagiário no processo, inclusive os relacionados à retirada e devolução de autos.

2.3. deferido o pedido de credenciamento, o gabinete da Diretoria-Geral de Coordenação Judiciária fará os registros correspondentes no Sistema de Informações Judiciárias do Tribunal, arquivando, em seguida, a petição.

2.4. o credenciamento do estagiário vigorará até o momento em que o advogado, mediante petição, requeira ao Presidente do Tribunal o seu cancelamento.

3. Deverá o servidor, no momento da retirada dos autos da Secretaria ou Subsecretaria, registrar no Sistema de Informações Judiciárias — SIJ os dados do processo, o nome do advogado e do estagiário, os respectivos números de inscrição na OAB, o endereço e telefone do escritório, bem assim a data da entrega dos autos e o dia em que deverão ser restituídos ao Tribunal.

3. A As Secretarias e Subsecretarias desta Corte, quando da entrega de autos em carga a estagiário devidamente credenciado, deverão observar se o advogado credenciante possui poderes de representação nos autos. *(Acrescido pela Resol. Admin. TST n. 1.178/06)*

3.1. na entrega e na devolução dos autos, a guia emitida deverá ser assinada pelo servidor e pelo advogado ou estagiário, a fim de se resguardarem responsabilidades.

4. Caso os autos sejam restituídos ao Tribunal em desconformidade com os parâmetros da lei (fora do prazo, faltando volumes, autos danificados etc.), a ocorrência deverá ser certificada, para a adoção das providências cabíveis e o imediato descredenciamento do estagiário perante esta Corte, por 60 (sessenta) dias. *(Redação dada pela Resol. Admin. TST n. 962/03)*

4.1. Transcorrido o prazo, o advogado responsável poderá solicitar o recadastramento do estagiário, vedando-se o recredenciamento por mais de uma vez. *(Redação dada pela Resol. Admin. TST n. 962/03)*

5. Havendo acórdão ou despacho pendente de publicação, o advogado constituído no processo poderá ter ciência do inteiro teor do decidido, desde que assine o respectivo Termo de Contrafé. *(Redação dada pela Resol. Admin. TST n. 1.178/06)*

5. A Os autos não poderão ser retirados da Secretaria quando estiver correndo prazo comum às partes. *(Acrescido pela Resol. Admin. TST n. 1.178/06)*

5.1. do termo lavrado constará advertência no sentido de que a contrafé possui eficácia de intimação.

6. Fica revogada a Resolução Administrativa n. 250/95.

Sala de Sessões, 30 de junho de 2003.

VALÉRIO AUGUSTO FREITAS DO CARMO
DIRETOR-GERAL DE COORDENAÇÃO JUDICIÁRIA

Resolução Administrativa do TST/Pleno n. 958, de 2 de outubro de 2003

Certifico e dou fé que o Egrégio Pleno do Tribunal Superior do Trabalho, em sessão ordinária hoje realizada, sob a Presidência do Exmo. Sr. Ministro Francisco Fausto, Presidente do Tribunal, presentes os Exmos. Srs. Ministros Vantuil Abdala, Vice-Presidente, Ronaldo Lopes Leal, Corregedor-Geral da Justiça do Trabalho, Rider Nogueira de Brito, José Luciano de Castilho Pereira, Milton de Moura França, João Oreste Dalazen, Gelson de Azevedo, Carlos Alberto Reis de Paula, Antônio José de Barros Levenhagen, João Batista Brito Pereira, Maria Cristina Irigoyen Peduzzi, Renato de Lacerda Paiva, Emmanoel Pereira e Lelio Bentes Corrêa, e a Exma. Subprocuradora-Geral do Trabalho, Dra. Ivana Auxiliadora Mendonça Santos, RESOLVEU, por unanimidade: 1) autorizar advogados, estagiários e credenciados a restituírem os autos às secretarias dos Órgãos Judicantes até 2 (dois) dias úteis após o término do prazo legal de devolução; 2) decorrido o prazo de prorrogação, e não restituídos os autos, as secretarias dos Órgãos Judicantes tomarão medidas no intuito de recuperá-los, comunicando o fato ao Presidente do Órgão Judicante, para adoção das providências cabíveis, e 3) havendo necessidade, o Presidente do Órgão Judicante requisitará os autos ao final do prazo legal de restituição.

Sala de Sessões, 2 de outubro de 2003.

VALÉRIO AUGUSTO FREITAS DO CARMO
DIRETOR-GERAL DE COORDENAÇÃO JUDICIÁRIA

DJ 9.10.2003

Resolução Administrativa n. 1.276, do Tribunal Superior do Trabalho, de 22 de novembro de 2007

Dispõe sobre a criação, composição e competência do Órgão Especial do Tribunal Superior do Trabalho, e sobre a competência do Tribunal Pleno

O Egrégio Órgão Especial do Tribunal Superior do Trabalho, em sessão ordinária hoje realizada, sob a Presidência do Exmo. Sr. Ministro Rider Nogueira de Brito, Presidente do Tribunal, presentes os Exmos. Srs. Ministros Milton de Moura França, Vice-Presidente, João Oreste Dalazen, Corregedor-Geral da Justiça do Trabalho, Vantuil Abdala, Carlos Alberto Reis de Paula, Antônio José de Barros Levenhagen, Ives Gandra da Silva Martins Filho, João Batista Brito Pereira, Maria Cristina Irigoyen Peduzzi, José Simpliciano Fontes de Faria Fernandes, Emmanoel Pereira, Aloysio Corrêa da Veiga, Horácio Raymundo de Senna Pires, Rosa Maria Weber Candiota da Rosa, Luiz Philippe Vieira de Mello Filho, Alberto Luiz Bresciani de Fontan Pereira, Maria de Assis Calsing, Dora Maria da Costa, Pedro Paulo Teixeira Manus, Fernando Eizo Ono, Guilherme Augusto Caputo Bastos, Márcio Eurico Vitral Amaro, Walmir Oliveira da Costa e Maurício Godinho Delgado e a Exma. Sra. Subprocuradora-Geral do Trabalho, Dra. Maria Guiomar Sanches de Mendonça,

Considerando o disposto no inciso XI do art. 93 da Constituição Federal, o qual estabelece que, nos tribunais com número superior a vinte e cinco julgadores, poderá ser constituído órgão especial, com o mínimo de onze e o máximo de vinte e cinco membros, para o exercício das atribuições administrativas e jurisdicionais delegadas da competência do tribunal pleno, provendo-se metade das vagas por antiguidade e a outra metade por eleição pelo Tribunal Pleno, resolve:

Art. 1º Fica criado o Órgão Especial do Tribunal Superior do Trabalho, que será integrado pelos 7 (sete) Ministros mais antigos,

incluídos os Membros da Direção, e por 7 (sete) Ministros eleitos pelo Tribunal Pleno. Os Ministros integrantes do Órgão Especial comporão também outras Seções do Tribunal.

Parágrafo único. O quórum para o funcionamento do Órgão Especial é de 8 (oito) Ministros, sendo necessária maioria absoluta quando a deliberação se der sobre disponibilidade ou aposentadoria de Magistrado.

Art. 2º Compete ao Órgão Especial:

I — em matéria judiciária:

a) processar e julgar as reclamações destinadas à preservação da competência dos órgãos do Tribunal, assim considerados aqueles mencionados no art. 61 do Regimento Interno do Tribunal Superior do Trabalho, ou a garantir a autoridade de suas decisões;

b) julgar mandado de segurança impetrado contra atos do Presidente ou de qualquer Ministro do Tribunal, ressalvada a competência das Seções Especializadas;

c) julgar os recursos interpostos de decisões dos Tribunais Regionais do Trabalho em mandado de segurança de interesse de Juízes e servidores da Justiça do Trabalho;

d) julgar os recursos interpostos de decisão em matéria de concurso para a Magistratura do Trabalho;

e) julgar os recursos ordinários interpostos a agravo regimental e a mandado de segurança que tenha apreciado despacho de Presidente de Tribunal Regional em sede de precatório; e

f) deliberar sobre as demais matérias jurisdicionais não incluídas na competência dos outros Órgãos do Tribunal.

II — em matéria administrativa:

a) proceder à abertura e ao encerramento do semestre judiciário, respectivamente no primeiro e no último dia útil de cada período;

b) eleger os Membros do Conselho da Ordem do Mérito Judiciário do Trabalho e os das Comissões previstas no Regimento Interno do Tribunal Superior do Trabalho;

c) aprovar e emendar o Regulamento Geral da Secretaria do Tribunal Superior do Trabalho, o Regimento da Corregedoria-Geral da Justiça do Trabalho, o Regulamento da Ordem do Mérito Judiciário do Trabalho, os Estatutos da Escola Nacional de Formação e Aperfeiçoamento de Magistrados do Trabalho — ENAMAT e o Regimento Interno do Conselho Superior da Justiça do Trabalho — CSJT;

d) opinar sobre propostas de alterações da legislação trabalhista, inclusive processual, quando entender que deve manifestar-se oficialmente;

e) propor ao Legislativo, após a deliberação do Conselho Superior da Justiça do Trabalho, a criação, extinção ou modificação da composição de Tribunais Regionais do Trabalho e Varas do Trabalho, assim como a alteração de jurisdição e de sede destes;

f) propor ao Legislativo a criação, extinção e transformação de cargos e funções públicas e a fixação dos respectivos vencimentos ou gratificações;

g) escolher, mediante escrutínio secreto e pelo voto da maioria absoluta dos seus Membros, Juízes de Tribunal Regional para substituir temporariamente Ministro do Tribunal;

h) aprovar a lista dos admitidos na Ordem do Mérito Judiciário do Trabalho;

i) aprovar as instruções dos concursos para provimento dos cargos do Quadro de Pessoal do Tribunal e homologar seu resultado final;

j) aprovar a lotação das funções comissionadas do Quadro de Pessoal do Tribunal;

l) conceder licença, férias e outros afastamentos aos Membros do Tribunal;

m) fixar e rever as diárias e as ajudas de custo do Presidente, dos Ministros e servidores do Tribunal;

n) designar as comissões temporárias para exame e elaboração de estudo sobre matéria relevante, respeitada a competência das comissões permanentes;

o) baixar instruções de concurso para provimento dos cargos de Juiz do Trabalho Substituto;

p) examinar as matérias encaminhadas pelo Conselho Superior da Justiça do Trabalho;

q) julgar os recursos de decisões ou atos do Presidente do Tribunal em matéria administrativa;

r) julgar os recursos interpostos das decisões dos Tribunais Regionais do Trabalho em processo administrativo disciplinar envolvendo magistrado, estritamente para controle da legalidade;

s) julgar agravos regimentais interpostos contra decisões proferidas pelo Corregedor-Geral da Justiça do Trabalho; e

t) julgar os recursos ordinários em agravos regimentais interpostos contra decisões proferidas em reclamações correicionais ou em pedidos de providências, que envolvam impugnações de cálculos de precatórios.

Art. 3º Compete ao Tribunal Pleno:

I — eleger, por escrutínio secreto, o Presidente e o Vice-Presidente do Tribunal Superior do Trabalho, o Corregedor-Geral da Justiça do Trabalho, 7 (sete) Ministros para integrar o Órgão Especial, o Diretor, o Vice-Diretor e os Membros do Conselho Consultivo da Escola Nacional de Formação e Aperfeiçoamento de Magistrados do Trabalho — ENAMAT, os Ministros Membros do Conselho Superior da Justiça do Trabalho — CSJT e respectivos suplentes e os Membros do Conselho Nacional de Justiça — CNJ;

II — dar posse aos Membros eleitos para os cargos de Direção do Tribunal Superior do Trabalho, aos Ministros nomeados para o Tribunal, aos Membros da Direção e do Conselho Consultivo da Escola Nacional de Formação e Aperfeiçoamento de Magistrados do Trabalho — ENAMAT;

III — escolher os integrantes das listas para preenchimento das vagas de Ministro do Tribunal;

IV — deliberar sobre prorrogação do prazo para a posse no cargo de Ministro do Tribunal Superior do Trabalho e o início do exercício;

V — decidir sobre declaração de inconstitucionalidade de lei ou ato normativo do Poder Público, quando aprovada a arguição pelas Seções Especializadas ou Turmas;

VI — aprovar, modificar ou revogar, em caráter de urgência e com preferência na pauta, Súmula da Jurisprudência predominante em dissídios individuais e os Precedentes Normativos da Seção Especializada em Dissídios Coletivos; e

VII — aprovar e emendar o Regimento Interno do Tribunal Superior do Trabalho.

Art. 4º Para o funcionamento do Tribunal Pleno é exigida a presença de, no mínimo, 14 (quatorze) Ministros, sendo necessária maioria absoluta quando a deliberação se der sobre:

I — escolha dos nomes que integrarão a lista destinada ao preenchimento de vaga de Ministro do Tribunal, observado o disposto no art. 4º, § 2º, inc. II, do Regimento Interno do Tribunal Superior do Trabalho;

II — aprovação de Emenda Regimental;

III — eleição dos Ministros para os cargos de Direção do Tribunal;

IV — aprovação, revisão ou cancelamento de Súmula ou de Precedente Normativo; e

V — declaração de inconstitucionalidade de lei ou de ato normativo do poder público.

Parágrafo único. Será tomada por dois terços dos votos dos Ministros do Tribunal Pleno a deliberação preliminar referente à existência de relevante interesse público que fundamenta a proposta de edição de Súmula, dispensadas as exigências regimentais, nos termos previstos no Regimento Interno do Tribunal Superior do Trabalho.

Art. 5º As atividades de apoio ao Órgão Especial serão realizadas pela Secretaria do Tribunal Pleno e da Seção Especializada em Dissídios Coletivos, que passa a se denominar Secretaria do Tribunal Pleno, do Órgão Especial e da Seção Especializada em Dissídios Coletivos.

Art. 6º Esta Resolução Administrativa entra em vigor na data de sua publicação.

Brasília, 22 de novembro de 2007.

Rider de Brito
Ministro Presidente do Tribunal Superior do Trabalho

DOU 27.11.2007

Resolução Administrativa TST n. 1.340, de 1º de junho de 2009

Referenda ato da Presidência que autoriza o Presidente do Tribunal a decidir, monocraticamente, os Agravos de Instrumento em Recurso de Revista e os Recursos de Revista pendentes de distribuição, nas hipóteses que especifica

O Egrégio Órgão Especial do Tribunal Superior do Trabalho, em sessão ordinária hoje realizada, sob a Presidência do Exmo. Sr. Ministro Milton de Moura França, Presidente do Tribunal, presentes os Exmos. Ministros João Oreste Dalazen, Vice-Presidente, Antônio José Barros Levenhagen, Ives Gandra da Silva Martins Filho, João Batista Brito Pereira, Maria Cristina Irigoyen Peduzzi, José Simpliciano Fontes de Faria Fernandes, Renato de Lacerda Paiva, Emmanoel Pereira, Lelio Bentes Corrêa, Aloysio Corrêa da Veiga e Horácio Raymundo de Senna Pires e a Exma. Subprocuradora-Geral do Trabalho, Dra. Maria Guiomar Sanches de Mendonça, RESOLVEU

Referendar o ATO.SETPOEDC.GP. n. 310/2009, praticado pela Presidência *ad referendum* do Órgão Especial, nos termos a seguir transcritos: "ATO.SETPOEDC.GP n. 310/2009 — Autoriza o Presidente do Tribunal a decidir, monocraticamente, os agravos de instrumento em recurso de revista e os recursos de revista pendentes de distribuição, nas hipóteses que especifica.

O PRESIDENTE DO TRIBUNAL SUPERIOR DO TRABALHO, no uso de suas atribuições legais e regimentais, *ad referendum* do Órgão Especial, Considerando o disposto no art. 5º, inciso LXXVIII, da Constituição da República, que assegura às partes o direito a razoável duração do processo e os meios que garantam a celeridade de sua tramitação,

RESOLVEU

Art. 1º Fica o Presidente do Tribunal autorizado a decidir, monocraticamente, os agravos de instrumento em recurso de revista e os recursos de revista pendentes de distribuição que não preencham os pressupostos extrínsecos de admissibilidade.

Art. 2º Compete, ainda, ao Presidente, antes da distribuição:

I — negar provimento a agravo de instrumento manifestamente incabível;

II — negar provimento ao agravo de instrumento na hipótese de o recurso de revista não atender os pressupostos extrínsecos de admissibilidade;

III — negar provimento ao agravo de instrumento para manter o despacho que denegou seguimento ao recurso de revista, por estar a decisão do Tribunal Regional em conformidade com súmula ou orientação jurisprudencial de direito material, da Corte.

Art. 3º Os embargos de declaração serão julgados pelo Presidente.

Parágrafo único. Postulando o embargante efeito modificativo, os embargos de declaração serão convertidos em agravo, em face dos princípios da fungibilidade e celeridade processual, e distribuídos no âmbito das Turmas do Tribunal.

Art. 4º Havendo interposição de agravo contra a decisão da Presidência, o processo será distribuído no âmbito das Turmas do Tribunal.

Art. 5º Este Ato entra em vigor na data de sua publicação, ficando revogadas as Resoluções Administrativas ns. 1.171/2006, 1.185/2006 e 1.242/2007."

Brasília, 1º de junho de 2009.

MILTON DE MOURA FRANÇA
Ministro Presidente do Tribunal Superior do Trabalho

DJe 8.6.2009

Resolução Administrativa TST n. 1.418, de 30 de agosto de 2010

Regulamenta o processamento do Agravo de Instrumento interposto de despacho que negar seguimento a Recurso de Competência do Tribunal Superior do Trabalho

O Egrégio Órgão Especial do Tribunal Superior do Trabalho, em sessão extraordinária hoje realizada, sob a Presidência do Exmo. Sr. Ministro Milton de Moura França, Presidente do Tribunal, presentes os Exmos. Srs. Ministros João Oreste Dalazen, Vice-Presidente, Antônio José de Barros Levenhagen, Ives Gandra Martins Filho, Brito Pereira, Maria Cristina Irigoyen Peduzzi, Renato de Lacerda Paiva, Emmanoel Pereira, Lelio Bentes Corrêa, Aloysio Corrêa da Veiga, Horácio de Senna Pires, Rosa Maria Weber Candiota da Rosa e Luiz Philippe Vieira de Mello Filho e o Exmo. Sr. Vice-Procurador-Geral do Trabalho, Dr. Jeferson Luiz Pereira Coelho,

Considerando o Ato.SEJUD.GP n. 342/2010, que implantou e regulamentou o processo eletrônico no âmbito do Tribunal Superior do Trabalho, por força da Lei n. 11.419, de 19 de dezembro de 2006;

Considerando que, em razão dessa nova realidade normativa, já não há mais razão para o trâmite de processos físicos nesta Corte;

Considerando que a existência do processo judicial eletrônico deve substituir o processo físico e que a coexistência de ambos resulta em duplicidade antieconômica;

Considerando a digitalização de processos, pelos Tribunais Regionais, para a remessa ao Tribunal Superior do Trabalho, conforme previsto no Ato Conjunto TST.CSJT n. 10/2010;

Considerando que a remessa eletrônica de processos dos Tribunais Regionais para o Tribunal Superior do Trabalho não impede o prosseguimento dos procedimentos concernentes à execução na origem,

RESOLVEU

Art. 1º O agravo de instrumento interposto de despacho que negar seguimento a recurso para o Tribunal Superior do Trabalho deve ser processado nos autos do recurso denegado.

Art. 2º Após a juntada da petição de agravo de instrumento, o processo será concluso ao juiz prolator do despacho agravado, para sua reforma ou confirmação.

§ 1º Mantido o despacho e não havendo outro recurso admitido, o agravo de instrumento será autuado no TRT.

§ 2º Havendo agravo de instrumento e também recurso admitido, o processo será remetido ao TST com a classe processual anterior à interposição dos recursos, cabendo ao TST proceder à devida autuação do processo.

Art. 3º Nos processos em que haja agravo de instrumento e também recurso admitido, se provido o agravo, publicar-se-á certidão para efeito de intimação das partes, dela constando que o julgamento de ambos os recursos dar-se-á na primeira sessão ordinária subsequente à data da publicação, determinando-se ainda a reautuação do processo e a alteração dos registros.

§ 1º Julgados os recursos, será lavrado um único acórdão, que consignará também os fundamentos do provimento do agravo de instrumento, fluindo a partir da data da publicação do acórdão o prazo para interposição de recursos.

§ 2º Se não for conhecido ou provido o agravo de instrumento, será de imediato julgado o recurso, com lavratura de um único acórdão, que consignará os fundamentos de ambas as decisões.

Art. 4º Interposto apenas agravo de instrumento, se lhe for dado provimento, observar-se-á o procedimento descrito no art. 3º, § 1º.

Art. 5º Esta Resolução Administrativa entra em vigor na data da sua publicação.

MINISTRO MILTON DE MOURA FRANÇA
Presidente do Tribunal Superior do Trabalho

DJe 31.8.2010

Resolução Administrativa n. 1.470/2011, do órgão especial do Tribunal Superior do Trabalho

(Alterada pelo Ato TST.GP N. 772/2011, Ato TST.GP N. 1/2012 e Ato N. 317 GP, de 11.5.2012)(*)

Regulamenta a expedição da Certidão Negativa de Débitos Trabalhistas — CNDT e dá outras providências

O EGRÉGIO ÓRGÃO ESPECIAL DO TRIBUNAL SUPERIOR DO TRABALHO, em

(*) Resolução Administrativa republicada ante a determinação contida no art. 5º do Ato TST.GP. N. 772/2011.

sessão extraordinária hoje realizada, sob a Presidência do Excelentíssimo senhor Ministro João Oreste Dalazen, Presidente do Tribunal, presentes os Exmos. senhores Ministros Maria Cristina Irigoyen Peduzzi, Vice-Presidente, Antônio José de Barros Levenhagen, Corregedor-Geral da Justiça do Trabalho, Milton de Moura França, Carlos Alberto Reis de Paula, Ives Gandra da Silva Martins Filho, João Batista Brito Pereira, Horácio Raymundo de Senna Pires, Rosa Maria Weber Candiota da Rosa, Luiz Philippe Vieira de Mello Filho, Alberto Luiz Bresciani de Fontan Pereira, Dora Maria da Costa, Fernando Eizo Ono, Márcio Eurico Vitral Amaro e o Exmo. Procurador-Geral do Trabalho, Dr. Luis Antônio Camargo de Melo,

Considerando a edição da Lei n. 12.440, de 7 de julho de 2011, que instituiu a Certidão Negativa de Débitos Trabalhistas — CNDT;

Considerando que a expedição da CNDT, eletrônica e gratuita, pressupõe a existência de base de dados integrada, de âmbito nacional, com informações sobre as pessoas físicas e jurídicas inadimplentes perante a Justiça do Trabalho;

Considerando a necessidade de padronizar e regulamentar a frequência, o conteúdo e o formato dos arquivos a serem disponibilizados pelos Tribunais Regionais do Trabalho com os dados necessários à expedição da CNDT;

RESOLVE

Art. 1º É instituído o Banco Nacional de Devedores Trabalhistas — BNDT, composto dos dados necessários à identificação das pessoas naturais e jurídicas, de direito público e privado, inadimplentes perante a Justiça do Trabalho quanto às obrigações:

I — estabelecidas em sentença condenatória transitada em julgado ou em acordos judiciais trabalhistas; ou

II — decorrentes de execução de acordos firmados perante o Ministério Público do Trabalho ou Comissão de Conciliação Prévia.

§ 1º É obrigatória a inclusão no BNDT do devedor que, devidamente cientificado, não pagar o débito ou descumprir obrigação de fazer ou não fazer, no prazo previsto em lei. *(Redação dada pelo Ato TST n. 1, de 2.1.2012, DJe 2.1.2012)*

§ 1º-A. Antes de efetivar a ordem de inclusão do devedor no BNDT, em caso de execução por quantia certa, o Juízo da Execução determinará o bloqueio eletrônico de numerário por meio do sistema BACENJUD (art. 655, I, CPC) e também registrará no sistema, quando for o caso, a informação sobre a existência de garantia total da execução. *(Acrescentado pelo Ato TST n. 1, de 2.1.2012, DJe 2.1.2012)*

§ 1º-B. Não será inscrita no Banco Nacional de Devedores Trabalhistas a pessoa jurídica que goze do privilégio do pagamento de seus débitos por meio do sistema previsto no art. 100 da Constituição da República, antes de vencido o prazo para quitação do precatório. *(Acrescentado pelo Ato n. 317/GP DE 11.5.2012, DJe 17.5.2012)*

§ 1º-C. A pessoa jurídica que houver adotado o regime especial de pagamento de precatórios instituído pela Emenda Constitucional n. 62/2009 não será inscrita no Banco Nacional de Devedores Trabalhistas, desde que mantenha pontualidade nos depósitos. *(Acrescentado pelo Ato n. 317/GP DE 11.5.2012, DJe 17.5.2012)*

§ 2º A garantia total da execução por depósito, bloqueio de numerário ou penhora de bens suficientes, devidamente formalizada,

LEGISLAÇÃO COMPLEMENTAR

ensejará a expedição de Certidão Positiva de Débitos Trabalhistas, com os mesmos efeitos da CNDT.

§ 3º Não será inscrito no Banco Nacional de Devedores Trabalhistas o devedor cujo débito é objeto de execução provisória.

§ 4º Uma vez inscrito, o devedor comporá pré-cadastro para a emissão da CNDT e disporá do prazo improrrogável de 30 (trinta) dias para cumprir a obrigação ou regularizar a situação, a fim de evitar a positivação de seus registros junto ao BNDT. *(Redação dada pelo Ato TST n. 1, de 2.1.2012, DJe 2.1.2012)*

§ 5º Transcorrido o prazo de que trata o parágrafo anterior, a inclusão do devedor inadimplente acarretará, conforme o caso, a emissão de Certidão Positiva ou de Certidão Positiva com efeito de negativa, na forma do art. 6º desta Resolução. *(Acrescentado pelo Ato TST n. 1, de 2.1.2012, DJe 2.1.2012)*

§ 6º A alteração dos dados do devedor no BNDT, no curso do prazo fixado no § 4º, não renova ou modifica o prazo ali previsto. *(Acrescentado pelo Ato TST n. 1, de 2.1.2012, DJe 2.1.2012)*

Art. 2º A inclusão, a alteração e a exclusão de dados no Banco Nacional de Devedores Trabalhistas serão sempre precedidas de determinação judicial expressa, preferencialmente por meio eletrônico.

§ 1º Na execução por Carta, caberá ao Juízo Deprecante a determinação de que trata o *caput*. *(Alterado pelo ATO GP n. 772/2011, de 13.12.2011)*

§ 2º As alterações no BNDT decorrentes de decisão de Tribunal Regional do Trabalho ou do Tribunal Superior do Trabalho serão imediatamente comunicadas ao juízo de origem, a quem caberá a atualização. *(Incluído pelo ATO GP n. 772/2011, de 13.12.2011)*

§ 3º Caberá aos Tribunais Regionais do Trabalho, observado o disposto no parágrafo anterior, determinar a atualização dos dados do BNDT antes do envio dos autos ao TST para julgamento de eventual recurso interposto. *(Incluído pelo ATO GP n. 772/2011, de 13.12.2011)*

§ 4º O Desembargador competente para emitir despacho de admissibilidade em recurso dirigido ao TST velará pelo cumprimento das normas dos §§ 2º e 3º. *(Incluído pelo ATO GP n. 772/2011, de 13.12.2011)*

Art. 3º Os Tribunais Regionais do Trabalho disponibilizarão diariamente arquivo eletrônico com os seguintes dados necessários à alimentação do Banco Nacional de Devedores Trabalhistas, no formato a ser definido pela Secretaria de Tecnologia da Informação do TST:

I — número dos autos do processo, observada a numeração única prevista na Resolução CNJ n. 65/2008;

II — número de inscrição do devedor no Cadastro de Pessoas Físicas (CPF) ou no Cadastro Nacional de Pessoas Jurídicas (CNPJ) da Receita Federal do Brasil (RFB);

III — nome ou razão social do devedor, observada a grafia constante da base de dados do CPF ou do CNPJ da RFB;

IV — existência de depósito, bloqueio de numerário ou penhora suficiente à garantia do débito, se for o caso;

V — suspensão da exigibilidade do débito trabalhista, quando houver.

§ 1º Os dados de inclusão de devedor no Banco serão precedidos de conferência do respectivo nome ou razão social e do número do CPF ou do CNPJ com a base de dados da Receita Federal do Brasil, cujos meios de acesso o Tribunal Superior do Trabalho fornecerá.

§ 2º Serão armazenadas as datas de inclusão e exclusão dos devedores e das informações previstas nos incisos IV e V, bem como o registro do usuário responsável pelo lançamento dos dados.

§ 3º Nas execuções promovidas contra dois ou mais devedores, as informações sobre a suspensão da exigibilidade do débito ou garantia da execução por depósito, bloqueio de numerário ou penhora suficiente deverão ser individualizadas por devedor.

§ 4º Paga a dívida ou satisfeita a obrigação, o Juiz da execução determinará a imediata exclusão do(s) devedor(es) do Banco Nacional de Devedores Trabalhistas.

§ 5º Sempre que houver modificação das informações descritas nos incisos IV e V, atualizar-se-ão os dados no Banco Nacional de Devedores Trabalhistas.

Certidão Negativa de Débitos Trabalhistas

Art. 4º A Certidão Negativa de Débitos Trabalhistas — CNDT será expedida gratuita e eletronicamente em todo o território nacional, observado o modelo constante do Anexo I, no período de pré-cadastro a que alude o § 4º do art. 1º, e para comprovar a inexistência de débitos inadimplidos perante a Justiça do Trabalho, tendo como base de dados o Banco Nacional de Devedores Trabalhistas. *(Redação dada pelo Ato TST n. 1, de 2.1.2012, DJe 2.1.2012)*

§ 1º O interessado requererá a CNDT nas páginas eletrônicas do Tribunal Superior do Trabalho (http://www.tst.jus.br), do Conselho Superior da Justiça do Trabalho (http://www.csjt.jus.br) e dos Tribunais Regionais do Trabalho na internet, as quais manterão, permanentemente, hiperlink de acesso ao sistema de expedição. *(Redação dada pelo Ato TST n. 1, de 2.1.2012, DJe 2.1.2012)*

§ 2º O sistema de expedição da CNDT também disponibilizará consulta pública dos dados referentes aos devedores inscritos no pré-cadastro do BNDT e ainda não positivados, no prazo a que alude o § 4º do art. 1º, observado o modelo constante do Anexo IV. *(Acrescentado pelo Ato TST n. 1, de 2.1.2012, DJe 2.1.2012)*

Art. 5º O requerimento da CNDT indicará, obrigatoriamente, o CPF ou o CNPJ da pessoa sobre quem deva versar a certidão.

§ 1º No caso de pessoa jurídica, a CNDT certificará a empresa em relação a todos os seus estabelecimentos, agências e filiais.

§ 2º A certidão conterá:

I — informação de que os dados estão atualizados até 2 (dois) dias anteriores à data de sua expedição; e

II — código de segurança para o controle de sua autenticidade no próprio sistema de emissão.

Certidão Positiva de Débitos Trabalhistas

Art. 6º A Certidão Negativa de Débitos Trabalhistas — CNDT não será obtida quando, decorrido o prazo de regularização a que se refere o art. 1º, § 4º, constar do Banco Nacional de Devedores Trabalhistas o número de inscrição no CPF ou no CNPJ da pessoa sobre quem deva versar. *(Redação dada pelo Ato TST n. 1, de 2.1.2012, DJe 2.1.2012)*

§ 1º Na hipótese prevista no *caput*, expedir-se-á Certidão Positiva de Débitos Trabalhistas — CPDT, observado o modelo constante do Anexo II.

§ 2º Suspensa a exigibilidade do débito ou garantida a execução por depósito, bloqueio de numerário ou penhora de bens suficientes, devidamente formalizada, expedir-se-á Certidão Positiva de Débitos Trabalhistas com os mesmos efeitos da Certidão Negativa de Débitos Trabalhistas, observado o modelo constante do Anexo III.

Art. 7º O Tribunal Superior do Trabalho manterá repositório de todas as informações constantes do banco de dados da CNDT pelo prazo mínimo de 5 (cinco) anos.

Gestão e Fiscalização

Art. 8º A gestão técnica do Banco Nacional de Devedores Trabalhistas e do sistema de expedição da Certidão Negativa de Débitos Trabalhistas caberá a um Comitê a ser instituído e regulamentado pela Presidência do Tribunal Superior do Trabalho.

Parágrafo único. Integrará o Comitê um representante indicado pelo Corregedor-Geral da Justiça do Trabalho.

Art. 9º À Corregedoria-Geral da Justiça do Trabalho caberá fiscalizar e orientar os Tribunais Regionais do Trabalho e as Corregedorias Regionais quanto ao cumprimento da presente Resolução, especialmente no que concerne:

I — ao fiel registro, no sistema dos Tribunais Regionais do Trabalho, dos atos processuais relativos à execução trabalhista, necessários à expedição da CNDT;

II — à obrigatoriedade de inclusão e exclusão dos devedores no Banco Nacional de Devedores Trabalhistas;

III — à atualização dos dados no Banco Nacional de Devedores Trabalhistas, sempre que houver modificação das informações descritas nos incisos IV e V do art. 3º desta Resolução;

IV — à disponibilização correta e tempestiva dos dados necessários à alimentação do Banco Nacional de Devedores Trabalhistas; e

V — à existência e manutenção de *hiperlink* de acesso ao sistema de expedição da CNDT nas páginas eletrônicas dos Tribunais Regionais do Trabalho.

Disposições Finais e Transitórias

Art. 10. O sistema de expedição da Certidão Negativa de Débitos Trabalhistas estará disponível ao público a partir de 4 (quatro) de janeiro de 2012.

§ 1º A partir da data prevista no *caput*, os Tribunais Regionais do Trabalho e as Varas do Trabalho não emitirão certidão com a mesma finalidade e conteúdo da CNDT, salvo em caráter excepcional e urgente em que, após comprovada a emissão da certidão nacional pelo interessado, constatar-se que a informação pretendida ainda não está registrada no BNDT (art. 5º, § 2º, I).

§ 2º A CNDT pode ser exigida para fins de transação imobiliária, mas não exclui a emissão, pelos Tribunais e Varas do Trabalho, de certidão específica para esse fim.

Art. 10-A Para os devedores incluídos no BNDT até o dia 4 de janeiro de 2012, o prazo de regularização de que trata o art. 1º, § 4º desta Resolução terá início nessa data. *(Redação dada pelo Ato TST n. 1, de 2.1.2012, DJe 2.1.2012)*

Art. 11. Os Tribunais Regionais do Trabalho encaminharão ao Tribunal Superior do Trabalho, no prazo de 15 (quinze) dias, contados da publicação desta Resolução, plano de ação com cronograma detalhado das medidas a serem implementadas para o seu integral cumprimento.

Art. 12. No tocante aos processos em fase de execução atualmente em trâmite nos Tribunais Regionais do Trabalho ou no Tribunal Superior do Trabalho, em que ainda não houve alimentação dos dados no BNDT, ca-

berá ao juízo de origem determinar a adoção dessa providência quando da devolução dos autos físicos principais, ressalvada a hipótese do § 2º do art. 2º desta Resolução.

Art. 13. Esta Resolução entra em vigor na data de sua publicação.

DJe/TST 21.12.2011

Resolução Administrativa n. 1.589, de 4 de fevereiro de 2013

Institui o Sistema Processo Judicial Eletrônico da Justiça do Trabalho — PJE-JT como sistema de processamento de informações e prática de atos processuais e estabelece os parâmetros para sua implementação e funcionamento no Tribunal Superior do Trabalho

O EGRÉGIO ÓRGÃO ESPECIAL DO TRIBUNAL SUPERIOR DO TRABALHO, em sessão ordinária hoje realizada, sob a Presidência do Excelentíssimo Ministro João Oreste Dalazen, Presidente do Tribunal, presentes os Exmos. Srs. Ministros Maria Cristina Irigoyen Peduzzi, Vice-Presidente do Tribunal, Antônio José de Barros Levenhagen, Corregedor-Geral da Justiça do Trabalho, Carlos Alberto Reis de Paula, Ives Gandra da Silva Martins Filho, João Batista Brito Pereira, Renato de Lacerda Paiva, Luiz Philippe Vieira de Mello Filho, Alberto Luiz Bresciani de Fontan Pereira, Dora Maria da Costa, Fernando Eizo Ono, Guilherme Augusto Caputo Bastos, Márcio Eurico Vitral Amaro, Walmir Oliveira da Costa e o Exmo. Sr. Procurador-Geral do Trabalho, Dr. Luís Antônio Camargo de Melo.

Considerando as diretrizes contidas na Lei n. 11.419, de 19 de dezembro de 2006, que dispõe sobre a informatização do processo judicial, especialmente o disposto no art. 18, que autoriza os órgãos do Poder Judiciário a regulamentarem-na,

Considerando os benefícios advindos da substituição da tramitação de autos em meio impresso pelo meio eletrônico, como instrumento de celeridade e qualidade da prestação jurisdicional,

Considerando a implantação do PJE-JT nas 24 Regiões da Justiça do Trabalho,

Considerando a necessidade de racionalização da utilização dos recursos orçamentários, advinda da utilização de um sistema uno e nacional por todos os Órgãos da Justiça do Trabalho,

Considerando o teor da Resolução CSJT n. 94, de 23 de março de 2012, e a necessidade de regulamentar a implantação do sistema de processo eletrônico também no Tribunal Superior do Trabalho, de modo a uniformizar a normatização em toda a Justiça do Trabalho,

RESOLVE

Instituir o Sistema de Processo Judicial Eletrônico da Justiça do Trabalho — PJe-JT no Tribunal Superior do Trabalho e estabelecer os parâmetros para a sua implementação e funcionamento, na forma a seguir:

CAPÍTULO I
Do Processo Judicial Eletrônico da Justiça do Trabalho

Seção I
Das Disposições Gerais

Art. 1º A tramitação do processo judicial no âmbito do Tribunal Superior do Trabalho, a prática de atos processuais e sua representação por meio eletrônico, nos termos da Lei n. 11.419, de 19 de dezembro de 2006, serão realizadas por intermédio do Sistema Processo Judicial Eletrônico da Justiça do Trabalho — PJe-JT regulamentado por esta Resolução.

Parágrafo único. A implantação do sistema mencionado no *caput* deste artigo ocorrerá de forma gradual, conforme cronograma definido pela Presidência do Tribunal Superior do Trabalho — TST.

Art. 2º O PJe-JT compreenderá o controle do sistema judicial trabalhista nos seguintes aspectos:

I — o controle da tramitação do processo;

II — a padronização de todos os dados e informações compreendidas pelo processo judicial;

III — a produção, registro e publicidade dos atos processuais; e

IV — o fornecimento de dados essenciais à gestão das informações necessárias aos diversos órgãos de supervisão, controle e uso do sistema judiciário trabalhista.

Art. 3º Para o disposto nesta Resolução, considera-se:

I — assinatura digital: assinatura em meio eletrônico, que permite aferir a origem e a integridade do documento, baseada em certificado digital, padrão ICP-BRASIL, tipo A-3 ou A-4, emitido por Autoridade Certificadora Credenciada, na forma de lei específica;

II — autos do processo eletrônico ou autos digitais: conjunto de documentos digitais correspondentes a todos os atos, termos e informações do processo;

III — digitalização: processo de conversão de um documento originalmente confeccionado em papel para o formato digital por meio de dispositivo apropriado;

IV — documento digital: documento codificado em dígitos binários, acessível por meio de sistema computacional;

V — meio eletrônico: qualquer forma de armazenamento ou tráfego de documentos e arquivos digitais;

VI — transmissão eletrônica: toda forma de comunicação à distância com a utilização de redes de comunicação, preferencialmente a rede mundial de computadores;

VII — usuários internos: Ministros e servidores do Tribunal Superior do Trabalho, bem como outros a que se reconhecer acesso às funcionalidades internas do sistema de processamento em meio eletrônico (estagiários, prestadores de serviço, etc.);

VIII — usuários externos: todos os demais usuários, incluídos partes, advogados, membros do Ministério Público, peritos e leiloeiros.

§ 1º Os usuários terão acesso às funcionalidades do PJe-JT, de acordo com o perfil que lhes for atribuído no sistema e em razão de sua natureza na relação jurídico-processual.

§ 2º A Presidência do Tribunal Superior do Trabalho adotará as providências necessárias para fornecer, pelo menos, dois certificados digitais para cada Ministro e pelo menos um para os demais usuários internos.

Art. 4º Os atos processuais terão registro, visualização, tramitação e controle exclusivamente em meio eletrônico e serão assinados digitalmente, contendo elementos que permitam identificar o usuário responsável pela sua prática.

§ 1º A cópia de documento extraída dos autos digitais deverá conter elementos que permitam verificar a sua autenticidade no endereço referente à consulta pública do PJe-JT, cujo acesso também será disponibilizado no sítio do Tribunal Superior do Trabalho na Rede Mundial de Computadores.

§ 2º O usuário é responsável pela exatidão das informações prestadas, quando de seu credenciamento, assim como pela guarda, sigilo e utilização da assinatura eletrônica, não sendo oponível, em qualquer hipótese, alegação de uso indevido, nos termos da Medida Provisória n. 2.200-2, de 24 de agosto de 2001.

Seção II
Do Acesso ao Sistema

Art. 5º Para acesso ao PJe-JT é obrigatória a utilização de assinatura digital a que se refere o inciso I do art. 3º desta Resolução.

Parágrafo único. No caso de ato urgente em que o usuário externo não possua certificado digital para o peticionamento, a prática será viabilizada por intermédio de unidade vinculada à Secretaria Geral Judiciária — SEGJUD.

Art. 6º Para o uso da assinatura digital o credenciamento dar-se-á pela simples identificação do usuário por meio de seu certificado digital e remessa do formulário eletrônico, devidamente preenchido, disponibilizado no portal de acesso ao PJe-JT.

§ 1º Alterações de dados cadastrais poderão ser feitas pelos usuários, a qualquer momento, na seção respectiva do portal de acesso ao PJe-JT.

§ 2º O credenciamento implica a aceitação das normas estabelecidas nesta Resolução, assim como nas demais normas que vierem a regulamentar o uso do processo eletrônico no âmbito do TST, e a responsabilidade do credenciado pelo uso indevido da assinatura digital.

Art. 7º O PJe-JT estará disponível 24 horas por dia, ininterruptamente, ressalvados os períodos de manutenção do sistema.

Parágrafo único. As manutenções programadas do sistema serão sempre informadas com antecedência e realizadas, preferencialmente, no período das 00h dos sábados às 22h do domingo, ou no horário entre 00h e 06h nos demais dias da semana.

Art. 8º Considera-se indisponibilidade dos sistemas de tramitação eletrônica de processos a falta de oferta ao público externo de qualquer um dos seguintes serviços:

I — consulta aos autos digitais;

II — transmissão eletrônica de atos processuais; ou

III — citações, intimações ou notificações eletrônicas.

§ 1º As falhas de transmissão de dados entre as estações de trabalho do público externo e a rede de comunicação pública, assim como a impossibilidade técnica que decorra de falhas nos equipamentos ou programas dos usuários, não caracterizam indisponibilidade.

§ 2º É de responsabilidade do usuário:

I — o acesso ao seu provedor da internet e a configuração do computador utilizado nas transmissões eletrônicas;

II — o acompanhamento do regular recebimento das petições e documentos transmitidos eletronicamente.

Art. 9º A indisponibilidade definida no artigo anterior será aferida por sistemas de auditoria estabelecidos por ato do Tribunal Superior do Trabalho.

§ 1º Os sistemas de auditoria verificarão a disponibilidade externa dos serviços referi-

dos no art. 8° com a periodicidade mínima de 5 (cinco) minutos.

§ 2° Toda indisponibilidade dos sistemas de tramitação eletrônica de processos será registrada em relatório de interrupções de funcionamento a ser divulgado ao público na rede mundial de computadores, devendo conter, pelo menos, as seguintes informações:

I — data, hora e minuto de início da indisponibilidade;

II — data, hora e minuto de término da indisponibilidade; e,

III — serviços que ficaram indisponíveis.

Art. 10. Os prazos que se vencerem no dia da ocorrência de indisponibilidade de quaisquer dos serviços referidos no art. 8° serão prorrogados para o dia útil seguinte à retomada de funcionamento, quando:

I — a indisponibilidade for superior a 60 minutos, ininterruptos ou não, se ocorrida entre 06h00 e 23h00; e

II — ocorrer indisponibilidade entre 23h00 e 24h00.

§ 1° As indisponibilidades ocorridas entre 00h00 e 06h00 dos dias de expediente forense e as ocorridas em feriados e finais de semana, a qualquer hora, não produzirão o efeito do *caput*.

§ 2° Aos prazos fixados em hora não se aplica a regra prevista no inciso I deste artigo e serão prorrogados na mesma proporção das indisponibilidades ocorridas no intervalo entre 06h00 e 23h00.

§ 3° A prorrogação de que trata este artigo será feita automaticamente nos sistemas que controlem prazo.

Art. 11. A indisponibilidade previamente programada produzirá as consequências definidas pelo Presidente do TST e será ostensivamente comunicada ao público externo com, pelo menos, 5 (cinco) dias de antecedência.

Seção III
Do Funcionamento do Sistema

Art. 12. O sistema receberá arquivos com tamanho máximo de 1,5 megabytes e apenas nos seguintes formatos:

I — arquivos de texto, no formato PDF (portable document format), com resolução máxima de 300 dpi e formatação A4.

II — arquivos de áudio, no formato MPEG-1 ou MP3 (Moving Picture Experts Group).

III — arquivos de áudio e vídeo (AV), no formato MPEG-4 (Moving Picture Experts Group).

IV — arquivos de imagem, no formato JPEG (Joint Photographic Expertes Group), com resolução máxima de 300 dpi.

§ 1° Partes ou terceiros interessados desassistidos de advogados poderão apresentar peças processuais e documentos em papel, segundo as regras ordinárias, nos locais competentes para o recebimento, que serão digitalizados e inseridos no processo pela Unidade Judiciária.

§ 2° O sistema de armazenamento dos documentos digitais deverá conter funcionalidades que permitam identificar o usuário que promover exclusão, inclusão ou alteração de dados, arquivos baixados, bem como o momento de sua ocorrência.

§ 3° A parte ou o advogado poderá juntar quantos arquivos se fizerem necessários à ampla e integral defesa de seus interesses, desde que cada um desses arquivos observe o limite de tamanho máximo fixado no *caput* deste artigo.

§ 4° O recebimento de arquivos nos formatos definidos nos incisos II, III e IV deste artigo somente ocorrerá a partir da implantação da versão correspondente do sistema.

Art. 13. Os documentos produzidos eletronicamente, os extratos digitais e os documentos digitalizados e juntados aos autos pelos órgãos da Justiça do Trabalho e seus auxiliares, pelos membros do Ministério Público, pelas procuradorias e por advogados públicos e privados têm a mesma força probante dos originais, ressalvada a alegação motivada e fundamentada de adulteração.

§ 1° Incumbirá à parte zelar pela qualidade dos documentos juntados por qualquer meio, especialmente quanto à sua legibilidade, para o que se recomenda não utilizar papel reciclado, em virtude de dificultar a respectiva visualização posterior.

§ 2° Os originais dos documentos digitalizados, mencionados no *caput* deste artigo, deverão ser preservados pelo seu detentor até o trânsito em julgado da sentença ou, quando admitida, até o final do prazo para propositura de ação rescisória.

§ 3° A arguição de falsidade do documento original será processada eletronicamente na forma da lei processual em vigor.

§ 4° Os documentos cuja digitalização mostre-se tecnicamente inviável devido ao grande volume ou por motivo do ilogibilidade deverão ser apresentados em secretaria no prazo de 10 (dez) dias contados do envio de petição eletrônica comunicando o fato. Após o trânsito em julgado, os referidos documentos serão devolvidos, incumbindo-se à parte preservá-los, até o final do prazo para propositura de ação rescisória, quando admitida.

Art. 14. Excetuando-se os documentos referidos no artigo anterior, todos os demais documentos apresentados deverão ser retirados pelos interessados, no prazo de 30 dias, para os efeitos do art. 11, § 3°, da Lei n. 11.419/2006.

Parágrafo único. Findo o prazo estabelecido no *caput*, poderão ser inutilizados os documentos mantidos em meio impresso.

Art. 15. Os documentos que forem juntados eletronicamente em autos digitais e reputados manifestamente impertinentes pelo Juízo terão sua visualização tornada indisponível por expressa determinação judicial.

Art. 16. Os documentos digitalizados e anexados às petições eletrônicas serão adequadamente classificados e organizados de forma a facilitar o exame dos autos eletrônicos, podendo o Ministro determinar a sua reorganização e classificação, caso não atenda ao disposto neste artigo.

Art. 17. O Tribunal Superior do Trabalho manterá instalados equipamentos à disposição das partes, advogados e interessados para consulta ao conteúdo dos autos digitais e envio de peças processuais e documentos em meio eletrônico.

Seção IV
Dos Atos Processuais

Art. 18. No processo eletrônico, todas as citações, intimações e notificações, inclusive da Fazenda Pública, far-se-ão por meio eletrônico, preferencialmente mediante publicação no Portal do PJE, sem prejuízo da publicação no Diário de Justiça Eletrônico, quando necessário.

§ 1° As citações, intimações, notificações e remessas que viabilizem o acesso à íntegra do processo correspondente serão consideradas vista pessoal do interessado para todos os efeitos legais.

§ 2° Quando, por motivo técnico, for inviável o uso do meio eletrônico para a realização de citação, intimação ou notificação, esses atos processuais poderão ser praticados segundo as regras ordinárias, digitalizando-se e destruindo-se posteriormente o documento físico.

Art. 19. No instrumento de notificação ou citação constará indicação da forma de acesso ao inteiro teor da petição inicial no endereço referente à consulta pública do PJe-JT, cujo acesso também disponibilizar-se-á no sítio do Tribunal Superior do Trabalho na Rede Mundial de Computadores.

Art. 20. Para efeito da contagem do prazo de 10 (dez) dias corridos de que trata o art. 5°, § 3°, da Lei n. 11.419/2006, nos sistemas de tramitação eletrônica de processos:

I — o dia inicial da contagem é o dia seguinte ao da disponibilização do ato de comunicação no sistema, independentemente de esse dia ser, ou não, de expediente no órgão comunicante;

II — o dia da consumação da intimação ou comunicação é o décimo dia a partir do dia inicial, caso seja de expediente judiciário, ou o primeiro dia útil seguinte, conforme previsto no art. 5°, § 2°, da Lei n. 11.419/2006.

Parágrafo único. A intercorrência de feriado, interrupção de expediente ou suspensão de prazo entre o dia inicial e o dia final do prazo para conclusão da comunicação não terá nenhum efeito sobre sua contagem, excetuada a hipótese do inciso II.

Art. 21. A distribuição da petição inicial e a juntada da contestação, dos recursos e das petições em geral, todos em formato digital, nos autos de processo eletrônico devem ser feitas diretamente pelos usuários externos, sem necessidade da intervenção da secretaria judicial, situação em que a autuação ocorrerá de forma automática, fornecendo-se o recibo eletrônico de protocolo.

§ 1° No caso de petição inicial, o sistema fornecerá, imediatamente após o envio, juntamente com a comprovação de recebimento, informações sobre o número atribuído ao processo e o Órgão Julgador para o qual foi distribuída a ação.

§ 2° Os dados da autuação automática serão conferidos por unidade judiciária, que procederá à sua alteração em caso de desconformidade com os documentos apresentados, de tudo ficando registro no sistema.

Art. 22. A comprovação da entrega de expedientes por oficiais de justiça será feita por certidão circunstanciada acerca do cumprimento da diligência, dispensando-se a juntada aos autos de contrafé digitalizada e subscrita pelos destinatários.

Art. 23. As atas e termos de audiência serão assinados digitalmente apenas pelo Ministro, assim como o documento digital, no caso de audiências gravadas em áudio e vídeo, os quais passarão a integrar os autos digitais, mediante registro em termo.

Art. 24. Os atos processuais praticados por usuários externos considerar-se-ão realizados na data e horário do seu recebimento no PJe-JT.

§ 1° A postulação encaminhada considerar-se-á tempestiva quando recebida, integralmente, até as vinte e quatro horas do dia em que se encerra o prazo processual, considerado o horário de Brasília.

§ 2° A suspensão dos prazos processuais não impedirá o encaminhamento de petições e a movimentação de processos eletrônicos, podendo a apreciação dos pedidos decorrentes desses prazos ocorrer, a critério do Ministro, após o término do prazo de suspensão, ressalvados os casos de urgência.

§ 3° O sistema fornecerá ao usuário externo recibo eletrônico da prática do ato processual

contendo o número do protocolo gerado pelo sistema, a data e o horário da prática do ato, a identificação do processo, o nome do remetente e/ou do usuário que assinou eletronicamente o documento e, se houver, o assunto, o órgão destinatário da petição e as particularidades de cada arquivo eletrônico, conforme informados pelo remetente.

§ 4º Será de integral responsabilidade do remetente a equivalência entre os dados informados para o envio e os constantes da petição remetida.

§ 5º Não serão considerados, para fins de tempestividade, o horário inicial de conexão do usuário à internet, o horário de acesso do usuário ao sítio eletrônico do Tribunal ou ao PJe-JT, tampouco os horários registrados pelos equipamentos do remetente.

§ 6º A não obtenção de acesso ao PJe-JT e eventual defeito de transmissão ou recepção de dados não imputáveis à indisponibilidade ou impossibilidade técnica do sistema não servirão de escusa para o descumprimento de prazo processual.

Art. 25. A partir da implantação do PJe-JT será dispensada a formação de autos suplementares em casos como de agravos de instrumento, precatórios, agravos regimentais e execução provisória.

Art. 26. Nas classes processuais em que haja a designação de revisor, caberá ao relator determinar a inclusão do processo em pauta, observado o prazo mínimo de 15 (quinze) dias para o revisor preparar o voto.

Parágrafo único. Determinada a inclusão, o revisor será cientificado pelo sistema do início do prazo.

Seção V
Da Consulta e do Sigilo

Art. 27. A consulta ao inteiro teor dos documentos juntados ao PJe-JT somente estará disponível pela rede mundial de computadores, nos termos da Lei n. 11.419/2006 e da Resolução n. 121, de 5 de outubro de 2010, do Conselho Nacional de Justiça — CNJ, para as respectivas partes processuais, advogados em geral, Ministério Público e para os magistrados, sem prejuízo da possibilidade de visualização nas Secretarias dos Órgãos Julgadores, à exceção daqueles que tramitarem em sigilo ou segredo de justiça.

Parágrafo único. Para a consulta de que trata o *caput* deste artigo será exigido o credenciamento no sistema.

Seção VI
Do Uso Inadequado do Sistema

Art. 28. O uso inadequado do sistema que cause prejuízo às partes ou à atividade jurisdicional poderá importar, após determinação da autoridade judiciária competente, no bloqueio provisório do cadastro do usuário, relativamente ao processo em que se deu o evento, ou mesmo ao sistema, dependendo da gravidade do fato, sem prejuízo de outras medidas processuais e legais, observadas as prerrogativas legais, no caso de magistrados, advogados e membros do Ministério Público.

CAPÍTULO II
Da Administração do Sistema no TST

Art. 29. A gestão técnica do PJe-JT no âmbito do Tribunal Superior do Trabalho caberá ao Comitê Gestor do TST, que atuará em permanente diálogo e interação com o Comitê Gestor Nacional.

Parágrafo único. Os membros do Comitê Gestor do TST serão designados pelo Presidente e sua coordenação será exercida por um Ministro.

Art. 30. Compete ao Comitê Gestor do TST:

I — administrar o sistema nos aspectos relacionados à sua estrutura, implementação e funcionamento, de acordo com as diretrizes fixadas pelo Comitê Gestor Nacional;

II — avaliar a necessidade de promover a manutenção corretiva e evolutiva;

III — organizar a estrutura de atendimento às demandas de seus usuários internos e externos;

IV — determinar a realização de auditorias no sistema, especialmente no que diz respeito à integridade das suas informações e segurança;

V — garantir a integridade do sistema, no que diz respeito à sua taxonomia e classes processuais;

VI — propor ao Comitê Gestor Nacional alterações visando ao aprimoramento do sistema;

VII — observar as orientações técnicas expedidas pelo Comitê Gestor Nacional.

CAPÍTULO III
Da Implantação

Art. 31. A implantação do PJe-JT implicará, para os processos novos, a superação dos atuais sistemas de gestão das informações processuais mantidos pelo TST, observada a graduação prevista no parágrafo único do art. 1º desta Resolução.

Art. 32. A partir da implantação do PJe-JT, o recebimento de petição inicial ou de prosseguimento, relativas aos processos que nele tramitam, somente pode ocorrer no meio eletrônico próprio do sistema, sendo vedada a utilização do e-DOC ou qualquer outro sistema de peticionamento eletrônico.

Art. 33. A implementação das versões atualizadas do sistema ficará a cargo das equipes técnicas do Tribunal Superior do Trabalho, a partir da liberação e sob a supervisão da SETIN e da gerência técnica do PJe-JT nacional.

Parágrafo único. Na atividade a que se refere o *caput* deste artigo está incluída a realização de testes por servidores designados pelo TST.

CAPÍTULO IV
Das Disposições Finais e Transitórias

Art. 34. As intervenções que impliquem alterações estruturais do sistema somente poderão ser promovidas quando autorizadas pela Presidência do Tribunal Superior do Trabalho.

Art. 35. O TST manterá, no âmbito de suas atribuições, estrutura de atendimento e suporte aos usuários do PJe-JT.

Art. 36. As cartas de ordem expedidas para as unidades judiciárias nas quais tenha sido implantado o PJe-JT tramitarão também em meio eletrônico e, quando da devolução, será encaminhada certidão constando o seu cumprimento com a materialização apenas de peças essenciais à compreensão dos atos realizados.

Art. 37. O TST promoverá investimentos para a formação dos usuários internos, com o objetivo de prepará-los para o aproveitamento adequado do PJe-JT.

Art. 38. Os casos não disciplinados na presente Resolução serão resolvidos pela Presidência do Tribunal Superior do Trabalho.

Art. 39. Esta Resolução entra em vigor na data de sua publicação

Brasília, 4 de fevereiro de 2013.

Ministro João Oreste Dalazen
Presidente do Tribunal Superior do Trabalho

DEJT 8.2.2013

Resolução CNJ n. 232 de 13 de julho de 2016

Fixa os valores dos honorários a serem pagos aos peritos, no âmbito da Justiça de primeiro e segundo graus, nos termos do disposto no art. 95, § 3º, II, do Código de Processo Civil — Lei n. 13.105/2015.

Origem: Presidência

O PRESIDENTE DO CONSELHO NACIONAL DE JUSTIÇA (CNJ), no uso de suas atribuições legais e regimentais;

CONSIDERANDO o disposto no art. 156 do Código de Processo Civil, que determina seja o juiz assistido por perito quando a prova do fato depender de conhecimento técnico ou científico, devendo ser formalizado cadastro de profissionais habilitados;

CONSIDERANDO que o pagamento da perícia de responsabilidade de beneficiário de gratuidade da justiça, quando realizada por particular, poderá ser efetuado com recursos alocados no orçamento da União, do Estado, do Distrito Federal, conforme disposição do art. 95, § 3º, II, do Código de Processo Civil;

CONSIDERANDO que o valor dos honorários a serem pagos aos profissionais ou aos órgãos que prestarem serviços nos processos será fixado pelo respectivo Tribunal ou, em caso de sua omissão, pelo Conselho Nacional de Justiça;

CONSIDERANDO a deliberação do Plenário do CNJ no Ato Normativo 0002839-66.2016.2.00.0000, na 16ª Sessão Virtual, realizada em 5 de julho de 2016;

RESOLVE:

Art. 1º Os valores a serem pagos pelos serviços de perícia de responsabilidade de beneficiário da gratuidade da justiça são os fixados na Tabela constante do Anexo desta Resolução, na hipótese do art. 95, § 3º, II, do Código de Processo Civil.

Art. 2º O magistrado, em decisão fundamentada, arbitrará os honorários do profissional ou do órgão nomeado para prestar os serviços nos termos desta Resolução, observando-se, em cada caso:

I — a complexidade da matéria;

II — o grau de zelo e de especialização do profissional ou do órgão;

III — o lugar e o tempo exigidos para a prestação do serviço;

IV — as peculiaridades regionais.

§ 1º O pagamento dos valores de que trata este artigo e do referente à perícia de responsabilidade de beneficiário da gratuidade da justiça será efetuado com recursos alocados no orçamento da União, do Estado ou do Distrito Federal.

§ 2º Quando o valor dos honorários for fixado em montante superior aos definidos em tabela oficial, seu pagamento, a ser realizado pelos cofres públicos, estará limitado àqueles valores estabelecidos por cada Tribunal ou, na sua falta, pelo CNJ, conforme anexo.

§ 3º Em sendo o beneficiário da justiça gratuita vencedor na demanda, a parte contrária, caso não seja beneficiária da assistência judiciária, deverá arcar com o pagamento integral dos honorários periciais arbitrados.

§ 4º O juiz, ao fixar os honorários, poderá ultrapassar o limite fixado na tabela em até 5 (cinco) vezes, desde que de forma fundamentada.

§ 5º Os valores constantes da tabela anexa serão reajustados, anualmente, no mês de janeiro, pela variação do IPCA-E.

Art. 3º Esta Resolução entra em vigor em 90 (noventa) dias após sua publicação.

Ministro Ricardo Lewandowski

LEGISLAÇÃO COMPLEMENTAR

ANEXO DA RESOLUÇÃO 232, DE 13 DE JULHO 2016
TABELA HONORÁRIOS PERICIAIS

ESPECIALIDADES	NATUREZA DA AÇÃO E/OU ESPÉCIE DE PERÍCIA A SER REALIZADA	VALOR MÁXIMO
1. CIÊNCIAS ECONÔMICAS/CONTÁBEIS	1.1 — Laudo produzido em demanda proposta por servidor(es) contra União/Estado/Município	R$ 300,00
	1.2 — Laudo em ação revisional envolvendo negócios jurídicos bancários até 4 (quatro) contratos	R$ 370,00
	1.3 — Laudo em ação revisional envolvendo negócios jurídicos bancários acima de 4 (quatro) contratos	R$ 630,00
	1.4 — Laudo em ação de dissolução e liquidação de sociedades civis e mercantis	R$ 830,00
	1.5 — Outras	R$ 370,00
2. ENGENHARIA/ARQUITETURA	2.1 — Laudo de avaliação de imóvel urbano, conforme normas ABNT respectivas	R$ 430,00
	2.2 — Laudo de avaliação de imóvel rural, conforme normas ABNT respectivas	R$ 530,00
	2.3 — Laudo pericial das condições estruturais de segurança e solidez de imóvel, conforme normas ABNT respectivas	R$ 370,00
	2.4 — Laudo de avaliação de bens fungíveis/imóvel rural/urbano, conforme normas ABNT respectivas	R$ 700,00
	2.5 — Laudo pericial em Ação Demarcatória	R$ 870,00
	2.6 — Laudo de insalubridade e/ou periculosidade, conforme normas técnicas respectivas	R$ 370,00
	2.7 — Outras	R$ 370,00
3. MEDICINA/ODONTOLOGIA	3.1 — Laudo em interdição/DNA	R$ 370,00
	3.2 — Laudo sobre danos físicos e estéticos	R$ 370,00
	3.3 — Outras	R$ 370,00
4. PSICOLOGIA		R$ 300,00
5. SERVIÇO SOCIAL	5.1 — Estudo social	R$ 300,00
6. OUTRAS	6.1 — Laudo de avaliação comercial de bens imóveis	R$ 170,00
	6.2 — Laudo de avaliação comercial de bens imóveis por corretor	R$ 330,00
	6.3 — Outras	R$ 300,00

DJE/CNJ DE 14.07.2016

Resolução CNJ n. 233 de 13 de julho 2016

Dispõe sobre a criação de cadastro de profissionais e órgãos técnicos ou científicos no âmbito da Justiça de primeiro e segundo graus.

O PRESIDENTE DO CONSELHO NACIONAL DE JUSTIÇA (CNJ), no uso de suas atribuições legais e regimentais,

CONSIDERANDO o disposto nos artigos 156 e seguintes do Código de Processo Civil, que determina seja o juiz assistido por perito quando a prova do fato depender de conhecimento técnico ou científico;

CONSIDERANDO a necessidade de formação de cadastro, pelos tribunais, de profissionais e de órgãos técnicos e científicos aptos à nomeação pelo juízo;

CONSIDERANDO a importância de regulamentar o procedimento referente à criação e à manutenção do cadastro de peritos no âmbito da Justiça de primeiro e segundo graus;

CONSIDERANDO a conveniência de implementação de sistema pelos tribunais visando à agilidade operacional, à padronização e ao melhor controle das informações pertinentes às atividades de contratação de profissionais e de órgãos prestadores de serviços técnico/periciais;

CONSIDERANDO a deliberação do Plenário do CNJ no Ato Normativo 0002844-88.2016.2.00.0000, na 16ª Sessão Virtual, realizada em 5 de julho de 2016;

RESOLVE:

Art. 1º Os tribunais brasileiros instituirão Cadastro Eletrônico de Peritos e Órgãos Técnicos ou Científicos (CPTEC), destinado ao gerenciamento e à escolha de interessados em prestar serviços de perícia ou de exame técnico nos processos judiciais, nos termos do art. 156, § 1º, do Código de Processo Civil.

§ 1º O CPTEC conterá a lista de profissionais e órgãos aptos a serem nomeados para prestar serviço nos processos a que se refere o *caput* deste artigo, que poderá ser dividida por área de especialidade e por comarca de atuação.

§ 2º Para formação do cadastro, os tribunais deverão realizar consulta pública, por meio de divulgação na rede mundial de computadores ou em jornais de grande circulação, além de consulta direta a universidades, a entidades, órgãos e conselhos de classe, ao Ministério Público, à Defensoria Pública e à Ordem dos Advogados do Brasil, para a indicação de profissionais ou de órgãos técnicos interessados.

Art. 2º Cada tribunal publicará edital fixando os requisitos a serem cumpridos e os documentos a serem apresentados pelos profissionais e pelos órgãos interessados, nos termos desta Resolução.

Art. 3º Os tribunais manterão disponíveis, em seus sítios eletrônicos, a relação dos profissionais e órgãos cujos cadastros tenham sido validados.

Parágrafo único. As informações pessoais e o currículo dos profissionais serão disponibilizados, por meio do CPTEC, aos interessados, conforme § 2º do art. 157 do CPC, e aos magistrados e servidores do respectivo tribunal.

Art. 4º O profissional ou o órgão interessado em prestar serviço nos processos deverá apresentar a documentação indicada no edital.

§ 1º O cadastramento é de responsabilidade do próprio profissional ou do órgão interessado e será realizado exclusivamente por meio do sistema disponível no sítio de cada tribunal.

§ 2º A documentação apresentada e as informações registradas no CPTEC são de inteira responsabilidade do profissional ou do órgão interessado, que é garantidor de sua autenticidade e veracidade, sob penas da lei.

§ 3º O cadastramento ou a efetiva atuação do profissional, nas hipóteses de que trata esta Resolução, não gera vínculo empregatício ou estatutário, nem obrigação de natureza previdenciária.

§ 4º Ficam mantidos os cadastros existentes na data da publicação desta Resolução, previstos em atos normativos que não conflitem com as disposições deste artigo.

1659

Art. 5º Cabe a cada tribunal validar o cadastramento e a documentação apresentada pelo profissional ou pelo órgão interessado em prestar os serviços de que trata esta Resolução.

§ 1º Os tribunais poderão criar comissões provisórias para análise e validação da documentação apresentada pelos peritos.

§ 2º Os tribunais realizarão avaliações e reavaliações periódicas, para manutenção do cadastro, relativas à formação profissional, ao conhecimento e à experiência dos peritos e órgãos cadastrados.

Art. 6º É vedada a nomeação de profissional ou de órgão que não esteja regularmente cadastrado, com exceção do disposto no art. 156, § 5º, do Código de Processo Civil.

Parágrafo único. O perito consensual, indicado pelas partes, na forma do art. 471 do CPC, fica sujeito às mesmas normas e deve reunir as mesmas qualificações exigidas do perito judicial.

Art. 7º O profissional ou o órgão poderá ter seu nome suspenso ou excluído do CPTEC, por até 5 (cinco) anos, pelo tribunal, a pedido ou por representação de magistrado, observados o direito à ampla defesa e ao contraditório.

§ 1º A representação de que trata o *caput* dar-se-á por ocasião do descumprimento desta Resolução ou por outro motivo relevante.

§ 2º A exclusão ou a suspensão do CPTEC não desonera o profissional ou o órgão de seus deveres nos processos ou nos procedimentos para os quais tenha sido nomeado, salvo determinação expressa do magistrado.

Art. 8º A permanência do profissional ou do órgão no CPTEC fica condicionada à ausência de impedimentos ou de restrições ao exercício profissional.

§ 1º As entidades, os conselhos e os órgãos de fiscalização profissional deverão informar aos tribunais sobre suspensões e outras situações que importem empecilho ao exercício da atividade profissional, mensalmente ou em prazo inferior e, ainda, sempre que lhes for requisitado.

§ 2º Informações comunicadas pelos magistrados acerca do desempenho dos profissionais e dos órgãos credenciados serão anotadas no CPTEC.

§ 3º Para inscrição e atualização do cadastro, os peritos/órgãos deverão informar a ocorrência de prestação de serviços na condição de assistente técnico, apontando sua especialidade, a unidade jurisdicional em que tenha atuado, o número do processo, o período de trabalho e o nome do contratante.

Art. 9º Cabe ao magistrado, nos feitos de sua competência, escolher e nomear profissional para os fins do disposto nesta Resolução.

§ 1º A escolha se dará entre os peritos cadastrados, por nomeação direta do profissional ou por sorteio eletrônico, a critério do magistrado.

§ 2º O juiz poderá selecionar profissionais de sua confiança, entre aqueles que estejam regularmente cadastrados no CPTEC, para atuação em sua unidade jurisdicional, devendo, entre os selecionados, observar o critério equitativo de nomeação em se tratando de profissionais da mesma especialidade.

§ 3º É vedada, em qualquer hipótese, a nomeação de profissional que seja cônjuge, companheiro ou parente, em linha colateral até o terceiro grau de magistrado, de advogado com atuação no processo ou de servidor do juízo em que tramita a causa, para a prestação dos serviços de que trata esta Resolução, devendo declarar, se for o caso, o seu impedimento ou suspeição.

§ 4º Não poderá atuar como perito judicial o profissional que tenha servido como assistente técnico de qualquer das partes, nos 3 (três) anos anteriores.

§ 5º O CPTEC disponibilizará lista dos peritos/órgãos nomeados em cada unidade jurisdicional, permitindo a identificação dos processos em que ela ocorreu, a data correspondente e o valor fixado de honorários profissionais.

Art. 10. Para prestação dos serviços de que trata esta Resolução, será nomeado profissional ou órgão detentor de conhecimento necessário à realização da perícia regularmente cadastrado e habilitado, nos termos do art. 8º desta Resolução.

§ 1º Na hipótese de não existir profissional ou órgão detentor da especialidade necessária cadastrado ou quando indicado conjuntamente pelas partes, o magistrado poderá nomear profissional ou órgão não cadastrado.

§ 2º Para fins do disposto no § 1º deste artigo, o profissional ou o órgão será notificado, no mesmo ato que lhe der ciência da nomeação, para proceder ao seu cadastramento, conforme disposto nesta Resolução, no prazo de 30 (trinta) dias, contados do recebimento da notificação, sob pena de não processamento do pagamento pelos serviços prestados.

Art. 11. O magistrado poderá substituir o perito no curso do processo, mediante decisão fundamentada.

Art. 12. São deveres dos profissionais e dos órgãos cadastrados nos termos desta Resolução:

I — atuar com diligência;

II — cumprir os deveres previstos em lei;

III — observar o sigilo devido nos processos em segredo de justiça;

IV — observar, rigorosamente, a data e os horários designados para a realização das perícias e dos atos técnicos ou científicos;

V — apresentar os laudos periciais e/ou complementares no prazo legal ou em outro fixado pelo magistrado;

VI — manter seus dados cadastrais e informações correlatas anualmente atualizados;

VII — providenciar a imediata devolução dos autos judiciais quando determinado pelo magistrado;

VIII — cumprir as determinações do magistrado quanto ao trabalho a ser desenvolvido;

IX — nas perícias:

a) responder fielmente aos quesitos, bem como prestar os esclarecimentos complementares que se fizerem necessários;

b) identificar-se ao periciando ou à pessoa que acompanhará a perícia, informando os procedimentos técnicos que serão adotados na atividade pericial;

c) devolver ao periciando ou à pessoa que acompanhará a perícia toda a documentação utilizada.

Art. 13. Os profissionais ou os órgãos nomeados nos termos desta Resolução deverão dar cumprimento aos encargos que lhes forem atribuídos, salvo justo motivo previsto em lei ou no caso de força maior, justificado pelo perito, a critério do magistrado, sob pena de sanção, nos termos da lei e dos regulamentos próprios.

Art. 14. Ao detentor de cargo público no âmbito do Poder Judiciário é vedado o exercício do encargo de perito, exceto nas hipóteses do art. 95, § 3º, I, do Código de Processo Civil.

Art. 15. O disposto nesta Resolução não se aplica às nomeações de perícias realizadas até sua entrada em vigor.

Art. 16. Esta Resolução entra em vigor 90 (noventa) dias após a data de sua publicação.

Ministro Ricardo Lewandowski
DJE/CNJ DE 14.07.2016

Resolução CNJ n. 234 de 13 de julho 2016

Institui o Diário de Justiça Eletrônico Nacional (DJEN), a Plataforma de Comunicações Processuais (Domicílio Eletrônico) e a Plataforma de Editais do Poder Judiciário, para os efeitos da Lei n. 13.105, de 16 de março de 2015 e dá outras providências.

O PRESIDENTE DO CONSELHO NACIONAL DE JUSTIÇA (CNJ), no uso de suas atribuições legais e regimentais,

CONSIDERANDO o disposto no art. 196 da Lei 13.105/2015, que atribui ao CNJ a competência para regulamentar a prática e a comunicação oficial de atos processuais por meio eletrônico e velar pela compatibilidade dos sistemas;

CONSIDERANDO a previsão para que o CNJ mantenha uma Plataforma de Editais em meio eletrônico;

CONSIDERANDO o estabelecido no art. 246, § 1º, da Lei 13.105/2015, de existência do cadastro para recebimento de comunicações processuais em meio eletrônico, bem como a diversidade de critérios para publicação de atos judiciais nos tribunais brasileiros;

CONSIDERANDO a dicção do § 3º do art. 205 da Lei 13.105/2015, quanto à obrigatória publicação de todos os despachos, decisões interlocutórias, dispositivo das sentenças e ementa dos acórdãos publicados no Diário de Justiça Eletrônico;

CONSIDERANDO a deliberação do Plenário do CNJ no Ato Normativo 0002840-51.2016.2.00.0000, na 16ª Sessão Virtual, realizada em 5 de julho de 2016,

RESOLVE:

Art. 1º Instituir o Diário de Justiça Eletrônico Nacional (DJEN) como plataforma de editais do CNJ e instrumento de publicação dos atos judiciais dos órgãos do Poder Judiciário.

Art. 2º Instituir a Plataforma de Comunicações Processuais do Poder Judiciário (Domicílio Eletrônico) no âmbito do Poder Judiciário, para os fins previstos nos arts. 246, §§ 1º e 2º, e 1.050 da Lei n. 13.105/2015.

Parágrafo único. A Plataforma de Comunicações Processuais deverá conter funcionalidade que permita a interoperabilidade com os órgãos do Poder Judiciário, bem como sistemas públicos e privados, nos termos do Modelo Nacional de Interoperabilidade (MNI), assegurados os requisitos de autenticidade e de integridade previstos no art. 195 da Lei 13.105/2015.

Art. 3º A comunicação oficial dos atos processuais por meio eletrônico observará o disposto nesta Resolução.

Art. 4º Para os fins desta Resolução, considera-se:

I — meio eletrônico: qualquer forma de armazenamento ou tráfego de documentos e arquivos digitais;

II — transmissão eletrônica: toda forma de comunicação a distância com a utilização de

LEGISLAÇÃO COMPLEMENTAR

redes de comunicação, preferencialmente a rede mundial de computadores.

CAPÍTULO I
Do Diário de Justiça Eletrônico Nacional (DJEN)

Art. 5º O Diário de Justiça Eletrônico Nacional (DJEN) substitui os atuais diários de justiça eletrônicos mantidos pelos órgãos do Poder Judiciário e estará disponível no sítio do CNJ na rede mundial de computadores.

§ 1º A publicação do DJEN substitui qualquer outro meio de publicação oficial, para fins de intimação, à exceção dos casos em que a lei exija vista ou intimação pessoal.

§ 2º Na intimação feita pelo DJEN deverá constar, obrigatoriamente, sob pena de nulidade, o tribunal, o órgão julgador, o número único do processo, os nomes das partes, de seus advogados e respectivos números de inscrição na Ordem dos Advogados do Brasil ou, se assim requerido, da sociedade de advogados, nos termos do art. 272 da Lei n. 13.105/2015.

§ 3º A divulgação dos dados processuais no DJEN observará o disposto na Resolução CNJ 121/2010, nos processos sujeitos a sigilo ou a segredo de justiça.

Art. 6º Serão objeto de publicação no DJEN:

I — o conteúdo dos despachos, as decisões interlocutórias, o dispositivo das sentenças e a ementa dos acórdãos, conforme previsão do § 3º do art. 205 da Lei n. 13.105/2015;

II — as intimações destinadas aos advogados nos sistemas de processo judicial eletrônico, cuja ciência não exija vista ou intimação pessoal;

III — a lista de distribuição prevista no parágrafo único do art. 285 da Lei 13.105/2015;

IV — os atos destinados à plataforma de editais do CNJ, nos termos da Lei 13.105/2015;

V — os demais atos, cuja publicação esteja prevista nos regimentos internos e disposições normativas dos tribunais e conselhos.

Art. 7º O conteúdo das publicações incluídas no DJEN deverá ser assinado digitalmente, observados os requisitos da Infraestrutura de Chaves Públicas (ICP Brasil).

CAPÍTULO II
Da Plataforma de Comunicações Processuais do Poder Judiciário

Art. 8º A Plataforma de Comunicações Processuais do Poder Judiciário é o ambiente digital próprio do destinatário da comunicação processual, mantido pelo CNJ na rede mundial de computadores.

§ 1º O cadastro na Plataforma de Comunicações Processuais do Poder Judiciário é obrigatório para a União, os Estados, o Distrito Federal, os Municípios e as entidades da administração indireta, bem como as empresas públicas e privadas, com exceção das microempresas e empresas de pequeno porte, para efeitos de recebimento de citações, constituindo seu domicílio judicial eletrônico, conforme disposto no art. 246, § 1º, da Lei n. 13.105/2015.

§ 2º O cadastro na Plataforma de Comunicações Processuais do Poder Judiciário, para o recebimento de citações, é facultativo para as pessoas físicas e jurídicas não previstas no parágrafo anterior.

§ 3º O disposto no § 1º aplica-se ao Ministério Público, à Defensoria Pública e à Advocacia Pública, conforme disposições do art. 1.050, da Lei n. 13.105/2015, inclusive para o recebimento de intimações, nos moldes do art. 270, *caput* e § 1º, da Lei n. 13.105/2016.

Art. 9º A identificação na Plataforma de Comunicações Processuais do Poder Judiciário será feita por seu número no Cadastro de Pessoas Físicas (CPF) ou Cadastro Nacional de Pessoas Jurídicas (CNPJ) junto à Secretaria da Receita Federal do Brasil, observado o disposto no art. 15 desta Resolução.

Art. 10. A comunicação processual enviada para a Plataforma de Comunicações Processuais do Poder Judiciário substitui as demais formas de comunicação, exceto aquela prevista no art. 5º, § 1º, desta Resolução.

Art. 11. O aperfeiçoamento da comunicação processual por meio eletrônico, com a correspondente abertura do prazo, se houver, ocorrerá no momento em que o destinatário consultar efetivamente o seu teor documental, manifestando inequivocamente sua ciência.

§ 1º Quando a consulta ocorrer em dia não útil, a comunicação processual será considerada como realizada no primeiro dia útil seguinte.

§ 2º Realizada a consulta de que trata o § 1º, o próprio sistema expedirá certidão com a descrição do fato.

§ 3º Não havendo consulta em até 10 (dez) dias corridos contados da data do envio da comunicação processual, considerar-se-á automaticamente realizada na data do término desse prazo, nos termos do art. 5º, § 3º, da Lei n. 11.419/2006, não se aplicando o disposto no art. 219 da Lei n. 13.105/2016 a esse interstício.

Art. 12. O conteúdo das comunicações processuais conterá, no mínimo:

I — o tribunal, o sistema de processo eletrônico, o órgão julgador e o número único do processo judicial, nos termos da Resolução CNJ 65, de 16 de fevereiro de 2008;

II — a identificação do responsável pela produção da informação;

III — o prazo para eventual cumprimento de ato processual decorrente da publicação;

IV — o fornecimento de endereço eletrônico, que permita acesso ao conteúdo integral dos documentos que compõem a comunicação processual.

Art. 13. As comunicações processuais permanecerão disponíveis para consulta na Plataforma de Comunicações Processuais do Poder Judiciário correspondente durante 24 (vinte e quatro) meses e serão excluídas após este prazo.

CAPÍTULO III
Disposições Finais

Art. 14. Até que seja implantado o DJEN, as intimações dos atos processuais serão realizadas via Diário de Justiça Eletrônico (DJe) do próprio Órgão.

Art. 15. A partir da disponibilização da Plataforma de Comunicações Processuais prevista nesta Resolução, os interessados terão prazo de 90 (noventa) dias para atualização dos dados cadastrais a serem utilizados pelo sistema, na forma do art. 9º desta Resolução.

Art. 16. O acesso ao ambiente digital previsto nesta Resolução será feito com a utilização de certificado digital reconhecido pela infraestrutura de chaves públicas (ICP Brasil) ou outro meio que permita a identificação inequívoca do destinatário ou seu responsável legal.

Art. 17. O CNJ publicará os requisitos mínimos exigidos para transmissão eletrônica dos atos processuais destinados à Plataforma de Comunicações Processuais do Poder Judiciário.

Parágrafo único. A contar da publicação dos requisitos previstos no *caput*, os órgãos do Poder Judiciário terão o prazo de 90 (noventa) dias para adequação de seus sistemas de Processo Judicial Eletrônico, de modo a utilizar os serviços instituídos nesta Resolução.

Art. 18. O CNJ dará ampla divulgação da disponibilidade da Plataforma de Comunicações Processuais e do DJEN, durante os 30 (trinta) dias imediatamente anteriores.

Art. 19. Os sistemas produzidos por intermédio desta Resolução observarão os requisitos de acessibilidade exigidos pelo Modelo de Acessibilidade em Governo Eletrônico (eMAG), destinado aos sítios e portais do governo brasileiro.

Art. 20. Os sistemas de comunicação previstos nesta Resolução deverão conter funcionalidade que permita, em caráter informativo, efetivar a remessa de correspondência eletrônica (e-mail) aos que manifestarem interesse por esse serviço.

Art. 21. Caberá à Comissão Permanente de Tecnologia da Informação e Infraestrutura do CNJ supervisionar o funcionamento das soluções tecnológicas previstas nesta Resolução.

Art. 22. As publicações previstas nesta Resolução não alcançam o Supremo Tribunal Federal.

Art. 23. Esta Resolução entra em vigor na data de sua publicação.

Ministro Ricardo Lewandowski
DJE/CNJ DE 14/07/2016

Resolução CNJ n. 235 de 13 de julho 2016

Dispõe sobre a padronização de procedimentos administrativos decorrentes de julgamentos de repercussão geral, de casos repetitivos e de incidente de assunção de competência previstos na Lei 13.105, de 16 de março de 2015 (Código de Processo Civil), no Superior Tribunal de Justiça, no Tribunal Superior Eleitoral, no Tribunal Superior do Trabalho, no Superior Tribunal Militar, nos Tribunais Regionais Federais, nos Tribunais Regionais do Trabalho e nos Tribunais de Justiça dos Estados e do Distrito Federal, e dá outras providências.

O PRESIDENTE DO CONSELHO NACIONAL DE JUSTIÇA (CNJ), no uso de suas atribuições legais e regimentais,

CONSIDERANDO o § 4º do art. 103-B da Constituição Federal, que fixa a competência do CNJ para o controle da atuação administrativa do Poder Judiciário;

CONSIDERANDO o disposto no art. 979, caput, §§ 1º e 3º, da Lei 13.105/2015 — Código de Processo Civil;

CONSIDERANDO a conveniência de agregar às estruturas orgânico-funcionais já existentes no Superior Tribunal de Justiça, no Tribunal Superior do Trabalho, no Tribunal Superior Eleitoral, no Superior Tribunal Militar, nos Tribunais Regionais Federais, nos Tribunais de Justiça dos Estados e do Distrito Federal para gerenciamento de processos em virtude da repercussão geral e dos recursos repetitivos, a organização dos procedimentos administrativos decorrentes dos incidentes de resolução de demandas repetitivas e de assunção de competência;

CONSIDERANDO a necessidade de uniformização dos procedimentos administrativos decorrentes de sobrestamento de processos em virtude de julgamento de repercussão geral e de casos repetitivos;

CONSIDERANDO a conveniência de especialização do corpo funcional do Conselho Nacional de Justiça, do Superior Tribunal de Justiça, do Tribunal Superior do Trabalho, do Tribunal Superior Eleitoral, do Superior Tribunal Militar, dos Tribunais Regionais Federais, dos Tribunais Regionais do Trabalho e dos Tribunais de Justiça dos Estados e do Distrito Federal dedicado às atividades de gerenciamento de dados e do acervo de processos sobrestados em decorrência dos institutos da repercussão geral e dos casos repetitivos, e do incidente de assunção de competência;

CONSIDERANDO a necessidade de criação de um banco nacional de dados que permita a ampla consulta às informações da repercussão geral, dos casos repetitivos e dos incidentes de assunção de competência do Superior Tribunal de Justiça, do Tribunal Superior do Trabalho, do Tribunal Superior Eleitoral, do Superior Tribunal Militar, dos Tribunais Regionais Federais, dos Tribunais Regionais do Trabalho e dos Tribunais de Justiça dos Estados e do Distrito Federal para otimização do sistema de julgamento de casos repetitivos e de formação concentrada de precedentes obrigatórios previsto no novo Código de Processo Civil;

CONSIDERANDO o disposto nos arts. 896-B e 896-C da Consolidação das Leis do Trabalho (CLT), com a redação que lhes foi dada pela Lei 13.015/2014;

RESOLVE:

CAPÍTULO I
Das Disposições Gerais

Art. 1º A padronização de procedimentos administrativos decorrentes de julgamentos de repercussão geral, de casos repetitivos e de incidente de assunção de competência previstos na Lei n. 13.105, de 16 de março de 2015, Código de Processo Civil (CPC), no Superior Tribunal de Justiça (STJ), no Tribunal Superior do Trabalho (TST), no Tribunal Superior Eleitoral (TSE), no Superior Tribunal Militar (STM), nos Tribunais Regionais Federais, nos Tribunais Regionais do Trabalho e nos Tribunais de Justiça dos Estados e do Distrito Federal segue o disposto nesta Resolução.

Art. 2º O STJ e o TST são os gestores dos recursos repetitivos, de acordo com a competência constitucional definida, sendo responsáveis pela criação de temas e pela divulgação das informações nos termos definidos no CPC e nesta Resolução.

Art. 3º Os Tribunais Regionais Federais, os Tribunais Regionais do Trabalho e os Tribunais de Justiça dos Estados e do Distrito Federal são os gestores do incidente de resolução de demandas repetitivas (IRDR) instaurados no âmbito de sua competência, observadas as determinações legais e o disposto nesta Resolução.

Art. 4º O STJ, o TSE, o TST, o STM, os Tribunais Regionais Federais, os Tribunais Regionais do Trabalho e os Tribunais de Justiça dos Estados e do Distrito Federal são responsáveis pela gestão dos incidentes de assunção de competência (IAC) instaurados no âmbito de sua competência, observadas as determinações legais e o disposto nesta Resolução.

CAPÍTULO II
Do Banco Nacional de Dados de Casos Repetitivos e de Incidentes de Assunção de Competência

Art. 5º Fica criado, no âmbito do CNJ, banco nacional de dados com informações da repercussão geral, dos casos repetitivos e dos incidentes de assunção de competência do Supremo Tribunal Federal (STF), do STJ, do TST, do TSE, do STM, dos Tribunais Regionais Federais, dos Tribunais Regionais do Trabalho e dos Tribunais de Justiça dos Estados e do Distrito Federal.

§ 1º O banco nacional de dados será alimentado continuamente pelos tribunais, com a padronização e as informações previstas nos Anexos I a V desta Resolução.

§ 2º O CNJ disponibilizará as informações para toda a comunidade jurídica, separando em painéis específicos os dados relativos à repercussão geral, aos recursos repetitivos, ao incidente de resolução de demandas repetitivas e ao incidente de assunção de competência admitidos e julgados pelos tribunais.

§ 3º A gestão das informações a que se refere o § 2º deste artigo, bem como a criação do Número Único dos Temas (NUT) de IRDR e de IAC são da competência da Comissão Permanente de Gestão Estratégica, Estatística e Orçamento do CNJ, com o apoio técnico do Departamento de Pesquisas Judiciárias (DPJ).

§ 4º O Número Único dos Temas de IRDR e de IAC conterá as informações previstas nos §§ 4º e 5º do art. 1º da Resolução CNJ 65/2008, seguidas de um algarismo identificador do respectivo incidente, além de um número sequencial único gerado por ordem cronológica de cadastro, que será vinculado à descrição do tema, enviada pelos Tribunais Regionais Federais, Tribunais Regionais do Trabalho e pelos Tribunais de Justiça dos Estados e do Distrito Federal.

CAPÍTULO III
Do Núcleo de Gerenciamento de Precedentes

Art. 6º O STJ, o TST, o TSE, o STM, os Tribunais de Justiça dos Estados e do Distrito Federal, os Tribunais Regionais Federais e os Tribunais Regionais do Trabalho devem organizar, como unidade permanente, o Núcleo de Gerenciamento de Precedentes (Nugep) no âmbito de suas estruturas administrativas com as atribuições previstas no art. 7º.

§ 1º O prazo de implantação dos Nugep's será de até 90 (noventa) dias contados da publicação desta Resolução.

§ 2º Para a organização do Nugep, os tribunais deverão aproveitar os servidores e a estrutura administrativa dos Núcleos de Repercussão Geral e Recursos Repetitivos (Nurer), que atuem diretamente com a gestão da repercussão geral e dos recursos repetitivos.

§ 3º O Nugep será vinculado à Presidência ou à Vice-Presidência do tribunal e será supervisionado por uma Comissão Gestora composta por Ministros ou Desembargadores, conforme o caso, representativa de Seção ou Grupo de Câmaras ou congêneres, de acordo com o regimento interno de cada tribunal, por matéria de competência.

§ 4º O Nugep será constituído por, no mínimo, 4 (quatro) servidores, dos quais pelo menos 75% (setenta e cinco por cento) devem integrar, de forma efetiva, o quadro de pessoal do respectivo tribunal e possuir graduação em Direito.

§ 5º Aos tribunais com grande número de processos é facultada a designação de magistrados para compor o Nugep.

§ 6º A critério do tribunal, poderão ser convidados a acompanhar as reuniões da Comissão Gestora de que trata o § 3º um representante da Ordem dos Advogados do Brasil, indicado pelo Conselho Federal, e um representante do Ministério Público.

§ 7º O CNJ designará, por ato da Presidência, os integrantes de seu próprio Nugep, com as atribuições específicas de gerir o banco de dados a que se refere o art. 5º desta Resolução e de providenciar a ampla e específica divulgação de que trata o art. 979 do CPC.

§ 8º Cabe ao DPJ produzir relatórios periódicos a respeito da metodologia de tratamento de casos repetitivos e de formação concentrada de precedentes obrigatórios previstas na Lei 13.105, de 16 de março de 2015, Código de Processo Civil.

Seção I
Das Atribuições do Núcleo de Gerenciamento de Precedentes

Art. 7º O Nugep terá como principais atribuições:

I — informar ao Nugep do CNJ e manter na página do tribunal na internet dados atualizados de seus integrantes, tais como nome, telefone e e-mail, com a principal finalidade de permitir a integração entre os tribunais do país, bem como enviar esses dados, observadas as competências constitucionais, ao STF, ao STJ e ao TST, sempre que houver alteração em sua composição;

II — uniformizar, nos termos desta Resolução, o gerenciamento dos procedimentos administrativos decorrentes da aplicação da repercussão geral, de julgamentos de casos repetitivos e de incidente de assunção de competência;

III — acompanhar os processos submetidos à técnica dos casos repetitivos e da assunção de competência em todas as suas fases, nos termos dos arts. 8º e 11 desta Resolução, alimentando o banco de dados a que se refere o art. 5º, observado o disposto nos Anexos I (julgamento de casos repetitivos) ou V (incidente de assunção de competência) desta Resolução;

IV — controlar os dados referentes aos grupos de representativos previstos no art. 9º desta Resolução, bem como disponibilizar informações para as áreas técnicas de cada tribunal quanto à alteração da situação do grupo, inclusive se admitido como Controvérsia ou Tema, conforme o tribunal superior, alimentando o banco de dados a que se refere o art. 5º, observado o disposto no Anexo II desta Resolução;

V — acompanhar a tramitação dos recursos selecionados pelo tribunal como representativos da controvérsia encaminhados ao STF, ao STJ e ao TST (art. 1.036, § 1º, do CPC), a fim de subsidiar a atividade dos órgãos jurisdicionais competentes pelo juízo de admissibilidade e pelo sobrestamento de feitos, alimentando o banco de dados a que se refere o art. 5º, observado o disposto no Anexo III (controvérsia recebida pelo tribunal superior) desta Resolução;

VI — auxiliar os órgãos julgadores na gestão do acervo sobrestado;

VII — manter, disponibilizar e alimentar o banco de dados previsto no art. 5º, com

informações atualizadas sobre os processos sobrestados no estado ou na região, conforme o caso, bem como nas turmas e colégios recursais e nos juízos de execução fiscal, identificando o acervo a partir do tema de repercussão geral ou de repetitivos, ou de incidente de resolução de demandas repetitivas e do processo paradigma, conforme a classificação realizada pelos tribunais superiores e o respectivo regional federal, regional do trabalho ou tribunal de justiça, observado o disposto no Anexo IV desta Resolução;

VIII — informar a publicação e o trânsito em julgado dos acórdãos dos paradigmas para os fins dos arts. 985; 1.035, § 8º; 1.039; 1.040 e 1.041 do Código de Processo Civil;

IX — receber e compilar os dados referentes aos recursos sobrestados no estado ou na região, conforme o caso, bem como nas turmas e colégios recursais e nos juízos de execução fiscal;

X — informar ao Nugep do CNJ a existência de processos com possibilidade de gestão perante empresas, públicas e privadas, bem como agências reguladoras de serviços públicos, para implementação de práticas autocompositivas, nos termos do art. 6º, VII, da Resolução CNJ 125/2010.

Parágrafo único. Os eventos promovidos pelo STF, pelo CNJ, pelo STJ e pelo TST com o objetivo de discutir os institutos de que trata esta Resolução devem contar com a participação de pelo menos 1 (um) integrante do Nugep de cada tribunal.

CAPÍTULO IV
Da Padronização da Divulgação dos Casos Repetitivos

Art. 8º O STJ, o TST, o TSE, o STM, os Tribunais de Justiça dos Estados e do Distrito Federal, os Tribunais Regionais Federais e os Tribunais Regionais do Trabalho manterão, na sua página na internet, banco de dados pesquisável com os registros eletrônicos dos temas para consulta pública com informações padronizadas de todas as fases percorridas dos casos repetitivos.

Parágrafo único. O banco de dados previsto no *caput* conterá, no mínimo, as informações previstas no Anexo I desta Resolução e deverá permitir a consulta das peças eletrônicas dos processos paradigmas essenciais à compreensão da questão discutida e da tese firmada.

Seção I
Do Controle e da Divulgação dos Recursos Representativos da Controvérsia

Art. 9º A fim de permitir a padronização, a organização e o controle dos recursos representativos da controvérsia encaminhados ao STF, ao STJ e ao TST e daqueles que permanecem sobrestados no estado ou na região, conforme o caso, bem como nas turmas e colégios recursais e nos juízos de execução fiscal, os tribunais deverão criar grupo de representativos (GR).

§ 1º O grupo de representativos é o conjunto de processos enviados ao STF, ao STJ ou ao TST, nos termos do § 1º do art. 1.036 do CPC.

§ 2º O conjunto de processos a que se refere o *caput* receberá um número sequencial e descrição da questão jurídica discutida e servirá de controle para os processos em virtude dele sobrestados no âmbito de cada tribunal.

§ 3º O controle dos dados referentes aos grupos de representativos, bem como a disponibilização de informações para as áreas técnicas de cada tribunal quanto à alteração da situação do grupo deve ser gerenciada pelo Nugep, nos termos do Anexo II desta Resolução.

Art. 10. O STJ e o TST poderão organizar os recursos encaminhados pelos tribunais de origem nos termos do art. 9º com a utilização de numeração sequencial correspondente à controvérsia, seguindo, quando aplicável, as disposições previstas no art. 8º desta Resolução.

Parágrafo único. Utilizada a faculdade prevista no *caput*, o STJ e o TST deverão criar e disponibilizar, observado o disposto no art. 5º, § 1º, e no art. 8º, banco de dados que conterá, no mínimo, as informações previstas no Anexo II desta Resolução.

CAPÍTULO V
Da Padronização da Divulgação do Incidente de Assunção de Competência

Art. 11. O STJ, o TST, o TSE, o STM, os Tribunais Regionais Federais, os Tribunais Regionais do Trabalho e os Tribunais de Justiça dos Estados e do Distrito Federal manterão, na sua página na internet, banco de dados pesquisável com os registros eletrônicos dos temas, para consulta pública, com informações padronizadas de todas as fases percorridas dos incidentes de assunção de competência ajuizados no respectivo tribunal.

Parágrafo único. O banco de dados previsto no *caput* conterá, no mínimo, as informações previstas no Anexo III desta Resolução.

CAPÍTULO VII
Das Disposições Finais e Transitórias

Art. 13. O STJ, o TSE, o TST, o STM, os Tribunais Regionais Federais, os Tribunais Regionais do Trabalho e os Tribunais de Justiça dos Estados e do Distrito Federal deverão implementar as ferramentas tecnológicas necessárias para alimentação do banco nacional de dados previsto no art. 5º desta Resolução.

§ 1º A alimentação dos dados iniciará em 1º de setembro de 2016.

§ 2º Todos os dados serão alimentados via Web Service, em rotina diária.

§ 3º O CNJ disponibilizará ao STF, ao STJ e ao TST amplo acesso ao banco nacional de dados.

Art. 14. Até a completa integração do tribunal ao sistema Web Service, admitir-se-á, pelo prazo de 1 (um) ano, contado a partir de 1º de setembro de 2016, o envio dos dados por formulário eletrônico, observado o modelo definido pelos DPJ e de Tecnologia da Informação do CNJ.

§ 1º A transmissão dos dados constantes nos Anexos I, II, III, IV e V desta Resolução, quando efetuada por formulário eletrônico, deverá ser realizada com periodicidade quinzenal, sendo a primeira relativa à última quinzena do mês anterior, no dia 5 (cinco), e a segunda, referente à primeira quinzena do mês corrente, no dia 20 (vinte).

§ 2º A transmissão dos dados constantes nos Anexos I e II desta Resolução, quando efetuada por formulário eletrônico, deverá ser realizada no prazo de 5 (cinco) dias, contados a partir da data de admissão do incidente de resolução de demanda repetitiva e do incidente de assunção de competência.

Art. 15. O CNJ publicará anualmente relatório com a síntese estruturada das informações previstas nesta Resolução, para os fins do art. 1.069 do Código de Processo Civil.

Art. 16. O TST poderá contar com mais de um Núcleo de Gerenciamento de Precedentes.

Art. 17. Fica revogada a *Resolução CNJ 160, de 19 de outubro de 2012.*

Art. 18. Esta resolução entra em vigor na data de sua publicação.

MINISTRO RICARDO LEWANDOWSKI

ANEXO I DA RESOLUÇÃO 235, DE 13 DE JULHO DE 2016

Para os fins do art. 8º desta Resolução, apresenta-se as definições dos dados que o STJ, o TST, o TSE, o STM, os Tribunais de Justiça dos Estados e do Distrito Federal e Territórios, os Tribunais Regionais Federais e os Tribunais Regionais do Trabalho deverão disponibilizar para consulta pública na página do tribunal na internet e informar ao CNJ relativos aos casos repetitivos suscitados no respectivo Tribunal.

• **NumTRR — Número do Tema Repetitivo**: número sequencial do Tema objeto do recurso afetado ao rito de julgamento dos recursos repetitivos, conforme organização do STJ e do TST.

• **NUT** — Número Único de Tema de IRDR, criado pelo CNJ, quando houver.

• **QueSubJulg** — Questão Submetida a Julgamento: delimitação da matéria a ser decidida sob a técnica dos casos repetitivos.

• **TesFir** — Tese Firmada: conclusão do órgão julgador referente à questão submetida a julgamento sob a técnica dos casos repetitivos.

• **SitT** — Situação do Tema: descrição da situação do Tema objeto do incidente de resolução de demandas repetitivas ou do recurso repetitivo: IRDR — admitido, admitido — possível revisão de tese, mérito julgado, mérito julgado (REsp pendente, RecRev pendente ou RE pendente), acórdão publicado, sobrestado por tema TST, sobrestado por tema STJ, sobrestado por tema STF, alterado por tema TST, alterado por tema STJ, alterado por tema STF, revisado, transitado em julgado;

• **Recursos Repetitivos** — afetado, afetado — possível revisão de tese, em julgamento, mérito julgado, mérito julgado (RE pendente), acórdão publicado, revisado, sobrestado por tema STF, sem processo vinculado, cancelado, transitado em julgado.

• **Rel — Relator**: magistrado relator do processo submetido a julgamento sob a técnica dos casos repetitivos.

• **OrJulgr — Órgão Julgador**: órgão competente para julgamento do processo repetitivo, conforme as regras estabelecidas no Regimento Interno do respectivo Tribunal e na decisão que submeteu/admitiu o processo para julgamento sob a técnica dos casos repetitivos.

• **CProc — Classe do(s) Processo(s) Paradigma(s)**: código e descrição da Classe do(s) processo(s) selecionado(s) para julgamento sob a técnica dos casos repetitivos.

• **ProcPar — Processo(s) Paradigma(s)**: número do(s) processo(s) selecionado(s) para julgamento sob a técnica dos casos repetitivos.

• **DataAdmA — Data da Admissão do Incidente de Resolução de Demandas Repetitivas (órgão colegiado) ou da Afetação do Recurso ao rito dos repetitivos (órgão colegiado ou decisão unipessoal)**: data da admissão do Incidente de Resolução de Demandas Repetitivas no Tribunal Regional Federal, no Tribunal de Justiça do Estado

ou do Distrito Federal e no Tribunal Regional do Trabalho ou da afetação do recurso ao rito dos repetitivos no STJ ou no TST.

• **DataJulT — Data do Julgamento do Tema**: data do julgamento do mérito do Tema objeto do processo submetido à técnica de julgamento dos casos repetitivos.

• **DataPubA — Data da Publicação do Acórdão**: data da publicação do acórdão que julgou o mérito do Tema objeto do processo submetido à técnica de julgamento dos casos repetitivos.

• **DataTJ — Data do Trânsito em Julgado**: Data do trânsito em julgado do acórdão que julgou o mérito do Tema objeto do processo submetido à técnica de julgamento dos casos repetitivos.

• **ASS — Assunto**: código de descrição do Assunto referente à questão submetida a julgamento sob a técnica dos casos repetitivos, de acordo com o último nível constante da Tabela Processual Unificada do CNJ.

• **RefLeg — Referência Legislativa**: dispositivo(s) legal(is) sobre os quais recai o Tema de casos repetitivos.

• **SuspGer — Suspensão Geral**: informação quanto à determinação do STF, do TST ou do STJ de suspensão nacional de processos que possuam a mesma questão submetida a julgamento em incidente de resolução de demandas repetitivas (art. 1.029, § 4º, do CPC).

ANEXO II DA RESOLUÇÃO 235, DE 13 DE JULHO DE 2016

Para os fins do art. 9º desta Resolução, apresentam-se as definições dos dados que o STJ, o TSE, o TST, o STM, os Tribunais Regionais Federais, os Tribunais Regionais do Trabalho, os Tribunais de Justiça dos Estados e do Distrito Federal e Territórios deverão disponibilizar para consulta pública na página do tribunal na internet e informar ao CNJ relativos aos **Grupos de Representativos**.

• **NumGR — Número do Grupo de Representativos**: número sequencial em cada Tribunal do Grupo de Representativos.

• **TiT — Título do Grupo de Representativos**: resumo da matéria discutida nos processos selecionados como representativos da controvérsia.

• **DesGR — Descrição do Grupo de Representativos**: verbete descritivo da matéria discutida nos processos selecionados como representativos da controvérsia.

• **Situação do Grupo de Representativos**: descrição da situação do Grupo de Representativos em relação ao andamento, no respectivo tribunal superior, dos processos selecionados: aguardando pronunciamento do tribunal superior, grupo sem processo ativo no tribunal superior, vinculado à controvérsia STF (com o número da controvérsia), vinculado à controvérsia STJ (com o número da controvérsia), vinculado à controvérsia TST (com o número da controvérsia), vinculado ao Tema STF (com o número do Tema), vinculado ao Tema STJ (com o número do Tema), vinculado ao Tema TST (com o número do Tema).

• **CProc — Classe do(s) Processo(s) Paradigma(s)**: código e descrição da Classe do(s) processo(s) selecionado(s) como representativos da controvérsia.

• **ProcPar — Processo(s) Paradigma(s)**: número do(s) processo(s) selecionado(s) como representativos da controvérsia.

• **DataCrGR — Data da Criação do Grupo de Representativos**: data da criação do grupo de representativos que será aquela correspondente ao cumprimento da primeira decisão que admitiu um recurso como representativo da controvérsia.

ANEXO III DA RESOLUÇÃO 235, DE 13 DE JULHO DE 2016

Para os fins do art. 10 desta Resolução, apresentam-se as definições dos dados que o STJ e o TST deverão disponibilizar para consulta pública na página do Tribunal na internet e informar ao CNJ relativos às **controvérsias**.

• **NumCT — Número da Controvérsia**: número sequencial em cada Tribunal da controvérsia.

• **TiT — Título da Controvérsia**: resumo da matéria discutida nos processos selecionados como integrantes da controvérsia.

• **DesCT — Descrição da Controvérsia**: verbete descritivo da matéria discutida nos processos selecionados como integrantes da controvérsia.

• **SitCT — Situação da Controvérsia**: descrição da situação da controvérsia em relação ao andamento, no respectivo tribunal superior, dos processos selecionados: controvérsia pendente, controvérsia vinculada ao Tema STJ (com o número do Tema), controvérsia vinculada ao Tema TST (com o número do Tema), controvérsia cancelada.

• **CProc — Classe do(s) Processo(s) Paradigma(s)**: código e descrição da Classe do(s) processo(s) selecionado(s) para integrar a controvérsia.

• **ProcPar — Processo(s) Paradigma(s)**: número do(s) processo(s) selecionado(s) para integrar a controvérsia.

• **Part — Partes**: nome das partes do(s) processo(s) selecionado(s) para integrar controvérsia, conforme cadastrado pelo setor de autuação.

• **DataCrCT — Data da Criação da Controvérsia**: data da criação da controvérsia que será aquela correspondente ao cumprimento de decisão que a admitiu ou da disponibilização da controvérsia, de acordo com regramento próprio no âmbito do STJ ou do TST.

ANEXO IV DA RESOLUÇÃO 235, DE 13 DE JULHO DE 2016

Por intermédio do presente Anexo, apresentam-se as definições dos dados que deverão ser informados ao CNJ, relativos aos processos sobrestados, em todas as instâncias e graus de jurisdição, em razão da admissão de incidentes de demandas repetitivas ou afetação de processos ao regime de julgamento dos recursos repetitivos ou de recursos extraordinários com repercussão geral.

• **NProcS — Número dos Processos Sobrestados**: número único de todos os processos sobrestados em razão da criação de um Grupo de Representativos, de uma Controvérsia, da admissão de incidente de resolução de demandas repetitivas, da afetação de recurso especial, de revista ou de embargos ao rito dos recursos repetitivos ou do reconhecimento da repercussão geral de recurso extraordinário.

• **CProcS — Classe dos Processos Sobrestados**: código e descrição da Classe dos processos sobrestados em razão da criação de um Grupo de Representativos, de uma Controvérsia, da admissão de incidente de resolução de demandas repetitivas, da afetação de recurso especial, de revista ou de embargos ao rito dos recursos repetitivos ou do reconhecimento da repercussão geral de recurso extraordinário.

• **Tema — Tema**: Número do Tema ou Controvérsia ou do NUT — Número Único de Temas de IRDR ao qual o processo sobrestado está vinculado.

• **Tipo — Tipo**: incidente ou recurso que gerou o sobrestamento do processo: GR (Grupo de Representativos) Cont (Controvérsia), IRDR (Incidente de Resolução de Demandas Repetitivas), REspRep (Recurso Especial Repetitivo), ReRevRep (Recurso de Revista Repetitivo), RecEmbRep (Recurso de Embargos Repetitivo) ou RG (Repercussão Geral).

• **DataDS — Data da Distribuição**: data da distribuição ou do recebimento do processo sobrestado na instância ou grau de jurisdição em que ocorreu o sobrestamento em razão da criação de um Grupo de Representativos, de uma Controvérsia, da admissão de incidente de resolução de demandas repetitivas, da afetação de recurso especial, de revista ou de embargos ao rito dos recursos repetitivos ou do reconhecimento da repercussão geral de recurso extraordinário.

• **DataS — Data do Sobrestamento**: data do sobrestamento de cada processo em razão da criação de um Grupo de Representativos, de uma Controvérsia, da admissão de incidente de resolução de demandas repetitivas, da afetação de recurso especial, de revista ou de embargos ao rito dos recursos repetitivos ou do reconhecimento da repercussão geral de recurso extraordinário.

• **DataJS — Data do Julgamento**: data da decisão que aplica o entendimento descrito na variável **TesFir — Tese Firmada** a cada processo sobrestado em razão da criação de um Grupo de Representativos, de uma Controvérsia, da admissão de incidente de resolução de demandas repetitivas, da afetação de recurso especial, de revista ou de embargos ao rito dos recursos repetitivos ou do reconhecimento da repercussão geral de recurso extraordinário.

• **DataTJP — Data do Trânsito em Julgado do Processo Sobrestado**: data do trânsito em julgado de cada processo sobrestado em razão da criação de um Grupo de Representativos, de uma Controvérsia, da admissão de incidente de resolução de demandas repetitivas, da afetação de recurso especial, de revista ou de embargos ao rito dos recursos repetitivos ou do reconhecimento da repercussão geral de recurso extraordinário.

• **DataBaixS — Data da Baixa**: data da baixa de cada processo sobrestado em razão da criação de um Grupo de Representativos, de uma Controvérsia, da admissão de incidente de resolução de demandas repetitivas, da afetação de recurso especial, de revista ou de embargos ao rito dos recursos repetitivos ou do reconhecimento da repercussão geral de recurso extraordinário.

• **CodOJulg — Código do Órgão Julgador**: código do órgão julgador onde foi realizado o sobrestamento, conforme lista de códigos do CNJ.

ANEXO V DA RESOLUÇÃO 235, DE 13 DE JULHO DE 2016

Para os fins do art. 11 desta Resolução, apresentam-se as definições dos dados que o STJ, o TSE, o TST, o STM, os Tribunais Regionais Federais, os Tribunais Regionais do Trabalho e os Tribunais de Justiça dos Estados e do Distrito Federal e Territórios deverão disponibilizar para consulta pública na

página do Tribunal na internet e informar ao CNJ relativos aos incidentes de **assunção de competência** admitidos no respectivo Tribunal.

• **NumIAC — Número do Incidente de Assunção de Competência**: número sequencial único do incidente de assunção de competência.

• **QueSubJulg — Questão Submetida a Julgamento**: delimitação da matéria a ser decidida sob a técnica da assunção de competência.

• **TesFir — Tese Firmada**: conclusão do órgão julgador referente à questão submetida a julgamento sob a técnica da assunção de competência.

• **SitIAC — Situação do Incidente de Assunção de Competência**: descrição da situação do incidente de assunção de competência: admitido, recusado, mérito julgado, mérito julgado (REsp pendente, RecRev pendente ou RE pendente), acórdão publicado, sobrestado por Tema TST, sobrestado por tema STJ, sobrestado por Tema STF, alterado por Tema TST, alterado por tema STJ, alterado por Tema STF, revisado, transitado em julgado.

• **Rel — Relator**: magistrado relator do processo submetido a julgamento sob a técnica da assunção de competência.

• **OrJulgr — Órgão Julgador**: órgão competente para julgamento do incidente de assunção de competência, conforme as regras estabelecidas no Regimento Interno do respectivo tribunal e na decisão que admitiu o processo para julgamento sob a técnica da assunção de competência.

• **CProc — Classe do(s) Processo(s) Paradigma(s)**: código e descrição da Classe do(s) processo(s) selecionado(s) para julgamento sob a técnica da assunção de competência.

• **ProcPar — Processo(s) Paradigma(s)**: número do(s) processo(s) selecionado(s) para julgamento sob a técnica da assunção de competência.

• **DataInsIAC — Data da Instauração do Incidente de Assunção de Competência**: data da instauração do incidente de assunção de competência (decisão unipessoal — art. 947, § 1º, do CPC).

• **DataAdmIAC — Data da Admissão do Incidente de Assunção de Competência**: data da admissão do incidente de assunção de competência (órgão colegiado — art. 947, § 2º, do CPC).

• **DataJulIAC — Data do Julgamento do Incidente de Assunção de Competência**: data do julgamento do mérito do incidente de assunção de competência.

• **DataPubA — Data da Publicação do Acórdão**: data da publicação do acórdão que julgou o mérito do incidente de assunção de competência.

• **DataTJ — Data do Trânsito em Julgado**: Data do trânsito em julgado do acórdão que julgou o mérito do incidente de assunção de competência.

• **ASS — Assunto**: código de descrição do Assunto referente à questão submetida a julgamento sob a técnica da assunção de competência, de acordo com o último nível constante da Tabela Processual Unificada do CNJ.

• **RefLeg — Referência Legislativa**: dispositivo(s) legal(is) sobre os quais recai o incidente de assunção de competência.

Resolução CNJ n. 236, de 13 de julho 2016

Regulamenta, no âmbito do Poder Judiciário, procedimentos relativos à alienação judicial por meio eletrônico, na forma preconizada pelo art. 882, § 1º, do novo Código de Processo Civil (Lei n. 13.105/2015).

O PRESIDENTE DO CONSELHO NACIONAL DE JUSTIÇA (CNJ), no uso de suas atribuições legais e regimentais,

CONSIDERANDO que a eficiência operacional, o acesso ao sistema de Justiça e a responsabilidade social constituem objetivos estratégicos do Poder Judiciário, nos termos da Resolução CNJ 198, de 1º de setembro de 2014;

CONSIDERANDO o disposto no art. 882, § 1º, do Código de Processo Civil, que confere ao CNJ, no âmbito de sua competência, a regulamentação da alienação judicial realizada por meio da rede mundial de computadores;

CONSIDERANDO que a alienação judicial eletrônica visa a facilitar a participação dos licitantes, reduzindo custos e agilizando os processos de execução;

CONSIDERANDO a necessidade de regulamentação uniforme dos leilões eletrônicos em todos os tribunais do país;

CONSIDERANDO a deliberação do Plenário do CNJ no Ato Normativo 0002842-21.2016.2.00.0000, na 16ª Sessão Virtual, realizada em 5 de julho de 2016;

RESOLVE:

CAPÍTULO I

Seção I
Dos Leiloeiros Judiciais e Corretores

Art. 1º Os leilões judiciais serão realizados exclusivamente por leiloeiros credenciados perante o órgão judiciário, conforme norma local (art. 880, *caput* e § 3º), e deverão atender aos requisitos da ampla publicidade, autenticidade e segurança, com observância das regras estabelecidas na legislação sobre certificação digital.

Parágrafo único. As alienações particulares poderão ser realizadas por corretor ou leiloeiro público, conforme valor mínimo fixado pelo juiz.

Art. 2º Caberá ao juiz a designação (art. 883), constituindo requisito mínimo para o credenciamento de leiloeiros públicos e corretores o exercício profissional por não menos que 3 (três) anos, sem prejuízo de disposições complementares editadas pelos tribunais (art. 880, § 3º).

§ 1º O leiloeiro público, por ocasião do credenciamento, deverá apresentar declaração de que:

I — dispõe de propriedade, ou por contrato de locação com vigência durante o período de validade do cadastramento, de imóvel destinado à guarda e à conservação dos bens removidos, com informações sobre a área e endereço atualizado completo (logradouro, número, bairro, município e código de endereçamento postal), no qual deverá ser mantido atendimento ao público;

II — possui sistema informatizado para controle dos bens removidos, com fotos e especificações, para consulta on-line pelo Tribunal, assim como de que dispõe de equipamentos de gravação ou filmagem do ato público de venda judicial dos bens ou contrato com terceiros que possuam tais equipamentos;

III — possui condições para ampla divulgação da alienação judicial, com a utilização dos meios possíveis de comunicação, especialmente publicação em jornais de grande circulação, rede mundial de computadores e material de divulgação impresso;

IV — possui infraestrutura para a realização de leilões judiciais eletrônicos, bem como de que adota medidas reconhecidas pelas melhores práticas do mercado de tecnologia da informação para garantir a privacidade, a confidencialidade, a disponibilidade e a segurança das informações de seus sistemas informatizados, submetida à homologação pelo Tribunal respectivo;

V — não possui relação societária com outro leiloeiro público ou corretor credenciado.

§ 2º Os tribunais poderão criar Comissões Provisórias de Credenciamento de Leiloeiros para definição e análise do cumprimento das disposições editalícias e normativas, em especial os requisitos tecnológicos mencionados neste dispositivo.

Art. 3º Na forma dos impedimentos elencados no art. 890 e incisos do Código de Processo Civil, os leiloeiros públicos, assim como seus respectivos prepostos, não poderão oferecer lances quanto aos bens de cuja venda estejam encarregados.

Art. 4º O credenciamento de novos leiloeiros e corretores públicos será realizado por meio de requerimento dos interessados, conforme procedimento definido pelo Tribunal correspondente.

Parágrafo único. O descredenciamento de leiloeiros públicos e corretores ocorrerá a qualquer tempo, a pedido da parte interessada ou pelo descumprimento de dispositivos desta Resolução, mediante ampla defesa e contraditório.

Seção II
Das Responsabilidades

Art. 5º Mediante a celebração do Termo de Credenciamento e Compromisso, em modelo aprovado pelo órgão jurisdicional, o leiloeiro público assumirá, além das obrigações definidas em lei, as seguintes responsabilidades:

I — remoção dos bens penhorados, arrestados ou sequestrados, em poder do executado ou de terceiro, para depósito sob sua responsabilidade, assim como a guarda e a conservação dos referidos bens, na condição de depositário judicial, mediante nomeação pelo juízo competente, independentemente da realização pelo leiloeiro público depositário do leilão do referido bem;

II — divulgação do edital dos leilões de forma ampla ao público em geral, por meio de material impresso, mala direta, publicações em jornais e na rede mundial de computadores, inclusive com imagens reais dos bens nesse canal de comunicação, para melhor aferição de suas características e de seu estado de conservação;

III — exposição dos bens sob sua guarda, mantendo atendimento ao público em imóvel destinado aos bens removidos no horário ininterrupto das 8h às 18h, nos dias úteis, ou por meio de serviço de agendamento de visitas;

IV — responder ou justificar sua impossibilidade, de imediato, a todas as indagações formuladas pelo juízo da execução;

V — comparecer ao local da hasta pública com antecedência necessária ao planejamento das atividades;

VI — comprovar, documentalmente, as despesas decorrentes de remoção, guarda e conservação dos bens;

VII — excluir bens da hasta pública sempre que assim determinar o juízo da execução;

VIII — comunicar, imediatamente, ao juízo da execução, qualquer dano, avaria ou deterioração do bem removido;

IX — comparecer ou nomear preposto igualmente credenciado para participar de reuniões convocadas pelos órgãos judiciais onde atuam ou perante o Tribunal correspondente;

X — manter seus dados cadastrais atualizados;

XI — criar e manter, na rede mundial de computadores, endereço eletrônico e ambiente web para viabilizar a realização de alienação judicial eletrônica e divulgar as imagens dos bens ofertados.

Art. 6º O leiloeiro público deverá comunicar ao juízo, com antecedência, a impossibilidade de promover a alienação judicial por meio eletrônico, a fim de que a autoridade possa designar, se for o caso, servidor para a realização do leilão.

§ 1º Na hipótese do caput, remanescerá ao leiloeiro público a obrigação de disponibilizar equipe e estrutura de apoio para a realização da modalidade eletrônica do leilão, sob pena de descredenciamento sumário, observados o direito à ampla defesa e ao contraditório.

§ 2º A ausência do leiloeiro oficial público deverá ser justificada documentalmente no prazo máximo e improrrogável de 5 (cinco) dias após a realização do leilão, sob pena de descredenciamento, cabendo ao juízo da execução, conforme o caso, por decisão fundamentada, aceitar ou não a justificativa.

Art. 7º Além da comissão sobre o valor de arrematação, a ser fixada pelo magistrado (art. 884, parágrafo único), no mínimo de 5% (cinco por cento) sobre o valor da arrematação (art. 24, parágrafo único, do Decreto 21.981/1932), a cargo do arrematante, fará jus o leiloeiro público ao ressarcimento das despesas com a remoção, guarda e conservação dos bens, desde que documentalmente comprovadas, na forma da lei.

§ 1º Não será devida a comissão ao leiloeiro público na hipótese da desistência de que trata o art. 775 do Código de Processo Civil, de anulação da arrematação ou de resultado negativo da hasta pública.

§ 2º Anulada ou verificada a ineficácia da arrematação ou ocorrendo a desistência prevista no art. 775 do Código de Processo Civil, o leiloeiro público e o corretor devolverão ao arrematante o valor recebido a título de comissão, corrigido pelos índices aplicáveis aos créditos respectivos.

§ 3º Na hipótese de acordo ou remição após a realização da alienação, o leiloeiro e o corretor público farão jus à comissão prevista no caput.

§ 4º Se o valor de arrematação for superior ao crédito do exequente, a comissão do leiloeiro público, bem como as despesas com remoção e guarda dos bens, poderá ser deduzida do produto da arrematação.

§ 5º Os leiloeiros públicos credenciados poderão ser nomeados pelo juízo da execução para remover bens e atuar como depositário judicial.

§ 6º A recusa injustificada à ordem do juízo da execução para remoção do bem deverá ser imediatamente comunicada ao Tribunal para análise de eventual descredenciamento.

§ 7º O executado ressarcirá as despesas previstas no caput, inclusive se, depois da remoção, sobrevier substituição da penhora, conciliação, pagamento, remição ou adjudicação.

Art. 8º O juízo da execução deverá priorizar os bens removidos na ordem de designação do leilão, assim como o ressarcimento das despesas com a remoção e guarda, observados os privilégios legais.

Seção III
Da Nomeação dos Leiloeiros Públicos

Art. 9º Os leiloeiros públicos credenciados poderão ser indicados pelo exequente, cuja designação deverá ser realizada pelo juiz, na forma do art. 883, ou por sorteio na ausência de indicação, inclusive na modalidade eletrônica, conforme regras objetivas a serem estabelecidas pelos tribunais.

§ 1º O desenvolvimento de ferramenta eletrônica para realização de sorteio dos leiloeiros públicos ficará a cargo de cada Tribunal.

§ 2º As designações diretas ou por sorteio devem ser feitas de modo equitativo, observadas a impessoalidade, a capacidade técnica do leiloeiro público e a participação em certames anteriores.

§ 3º Nas ações trabalhistas, o leiloeiro será nomeado nos termos do art. 888, § 3º, da Consolidação das Leis do Trabalho.

Art. 10. Os tribunais brasileiros ficam autorizados a editar disposições complementares sobre o procedimento de alienação judicial e dispor sobre o credenciamento dos leiloeiros públicos de que trata o art. 880, § 3º, do Código de Processo Civil, observadas as regras desta Resolução e ressalvada a competência das unidades judiciárias para decidir questões jurisdicionais.

Parágrafo único. Os leilões eletrônicos deverão ser realizados por leiloeiro credenciado e nomeado na forma desta Resolução ou, onde não houver leiloeiro público, pelo próprio Tribunal (art. 881, § 1º).

Art. 11. A modalidade eletrônica de leilão judicial será aberta para recepção de lances com, no mínimo, 5 (cinco) dias (art. 887, § 1º) de antecedência da data designada para o início do período em que se realizará o leilão (art. 886, IV), observado o disposto no art. 889, parágrafo único, do Código de Processo Civil.

Parágrafo único. O leilão poderá ser simultâneo (eletrônico e presencial), cujo endereço será indicado no edital e a modalidade presencial se dará no último dia do período designado para o leilão eletrônico.

CAPÍTULO II
Do Leilão Eletrônico

Art. 12. O usuário interessado em participar da alienação judicial eletrônica, por meio da rede mundial de computadores, deverá se cadastrar previamente no site respectivo, ressalvada a competência do juízo da **execução para decidir sobre eventuais impedimentos.**

Art. 13. O cadastramento será gratuito e constituirá requisito indispensável para a participação na alienação judicial eletrônica, responsabilizando-se o usuário, civil e criminalmente, pelas informações lançadas por ocasião do cadastramento.

Parágrafo único. O cadastramento implicará na aceitação da integralidade das disposições desta Resolução, assim como das demais condições estipuladas no edital respectivo.

Art. 14. Caberá ao leiloeiro do sistema de alienação judicial eletrônica (as próprias unidades judiciais ou as entidades credenciadas) a definição dos critérios de participação na alienação judicial eletrônica com o objetivo de preservar a segurança e a confiabilidade dos lances.

§ 1º O cadastro de licitantes deverá ser eletrônico e sujeito à conferência de identidade em banco de dados oficial.

§ 2º Até o dia anterior ao leilão, o leiloeiro estará disponível para prestar aos interessados os esclarecimentos de quaisquer dúvidas sobre o funcionamento do leilão.

§ 3º O leiloeiro deverá manter telefones disponíveis em seção facilmente visível em seu site na rede mundial de computadores para dirimir eventuais dúvidas referentes às transações efetuadas durante e depois do leilão judicial eletrônico.

Art. 15. O leiloeiro confirmará ao interessado seu cadastramento via e-mail ou por emissão de login e senha provisória, que deverá ser, necessariamente, alterada pelo usuário.

Parágrafo único. O uso indevido da senha, de natureza pessoal e intransferível, é de exclusiva responsabilidade do usuário.

Art. 16. Os bens penhorados serão oferecidos em site designado pelo juízo da execução (art. 887, § 2º), com descrição detalhada e preferencialmente por meio de recursos multimídia, para melhor aferição de suas características e de seu estado de conservação.

Parágrafo único. Fica o leiloeiro autorizado a fotografar o bem e a visitá-lo, acompanhado ou não de interessados na arrematação.

Art. 17. Os bens a serem alienados estarão em exposição nos locais indicados no site, com a descrição de cada lote, para visitação dos interessados, nos dias e horários determinados.

Art. 18. Os bens serão vendidos no estado de conservação em que se encontram, sem garantia, constituindo ônus do interessado verificar suas condições, antes das datas designadas para a alienação judicial eletrônica.

Art. 19. O leiloeiro suportará os custos e se encarregará da divulgação da alienação, observando as disposições legais e as determinações judiciais a respeito.

Art. 20. O período para a realização da alienação judicial eletrônica (art. 886, IV) terá sua duração definida pelo juiz da execução ou pelo leiloeiro, cuja publicação do edital deverá ser realizada com antecedência mínima de 5 (cinco) dias (art. 887, § 1º) da data inicial do leilão.

Art. 21. Sobrevindo lance nos 3 (três) minutos antecedentes ao termo final da alienação judicial exclusivamente eletrônica, o horário de fechamento do pregão será prorrogado em 3 (três) minutos para que todos os usuários interessados tenham oportunidade de ofertar novos lances.

Parágrafo único. No caso de alienação presencial ou simultânea (presencial e eletrônica), o tempo previsto no caput deste artigo será de 15 (quinze) segundos.

Art. 22. Durante a alienação, os lances deverão ser oferecidos diretamente no sistema do gestor e imediatamente divulgados on-line, de modo a viabilizar a preservação do tempo real das ofertas.

Parágrafo único. Não será admitido sistema no qual os lances sejam realizados por e-mail e posteriormente registrados no site do leiloeiro, assim como qualquer outra forma de intervenção humana na coleta e no registro dos lances.

Art. 23. Com a aceitação do lance, o sistema emitirá guia de depósito judicial identificado vinculado ao juízo da execução.

Art. 24. O pagamento deverá ser realizado de imediato pelo arrematante, por depósito judicial ou por meio eletrônico (art. 892), salvo disposição judicial diversa ou arrematação a prazo (art. 895, § 9º).

Art. 25. A arrematação será considerada perfeita, acabada e irretratável tão logo assinado o auto pelo juiz, pelo arrematante e pelo leiloeiro, observadas as disposições do art. 903 do Código de Processo Civil.

Art. 26. Não sendo efetuados os depósitos, serão comunicados também os lances imediatamente anteriores, para que sejam submetidos à apreciação do juiz, na forma do art. 895, §§ 4º e 5º; art. 896, § 2º; arts. 897 e 898, sem prejuízo da invalidação de que trata o art. 903 do Código de Processo Civil.

Art. 27. Para garantir o bom uso do site e a integridade da transmissão de dados, o juiz da execução poderá determinar o rastreamento do número do IP da máquina utilizada pelo usuário para oferecer seus lances.

Art. 28. O leiloeiro público deverá disponibilizar ao juízo da execução acesso imediato à alienação.

Art. 29. Correrão por conta do arrematante as despesas e os custos relativos à desmontagem, remoção, transporte e transferência patrimonial dos bens arrematados.

Art. 30. Serão de exclusiva responsabilidade do leiloeiro e do corretor público ônus decorrentes da manutenção e operação do site disponibilizado para a realização das alienações judiciais eletrônicas, assim como as despesas com o arquivamento das transmissões e ao perfeito desenvolvimento e implantação do sistema de leilões eletrônicos.

Art. 31. A estrutura física de conexão externa de acesso e segurança ao provedor é de responsabilidade do leiloeiro e do corretor público.

Parágrafo único. Caso a alienação judicial eletrônica não possa se realizar em razão de força maior, o início do novo período de pregão deverá ser publicado na forma do art. 897, § 1º, do Código de Processo Civil.

Art. 32. Os lances e dizeres inseridos na sessão on-line correrão exclusivamente por conta e risco do usuário.

Art. 33. Eventuais ocorrências ou problemas que possam afetar ou interferir nas regras desta Resolução serão dirimidos pelo juiz da execução.

Art. 34. Todo o procedimento deverá ser gravado em arquivos eletrônicos e de multimídia, com capacidade para armazenamento de som, dados e imagens.

CAPÍTULO III
Dos Registros Eletrônicos de Penhora

Art. 35. O CNJ celebrará convênios com entidades públicas e privadas, a fim de viabilizar a efetivação da penhora de dinheiro e as averbações de penhoras incidentes sobre bens imóveis e móveis por meio eletrônico, nos termos do art. 837 do Código de Processo Civil.

§ 1º Os convênios a que se refere o *caput* já celebrados por ocasião da vigência desta Resolução ficam por ela convalidados.

§ 2º Até que sejam definidas as normas de segurança sob critérios uniformes do CNJ, ficam reconhecidas as diretrizes adotadas junto a cada instituição conveniada.

Art. 36. Esta Resolução entra em vigor 90 (noventa) dias após a data de sua publicação.

Ministro Ricardo Lewandowski
DEJT 15.07.2016

ÍNDICE SISTEMÁTICO DO REGIMENTO INTERNO DO TRIBUNAL SUPERIOR DO TRABALHO — TST

SUMÁRIO

LIVRO I
DO TRIBUNAL

TÍTULO I
DO TRIBUNAL, DA SUA COMPOSIÇÃO, DOS SEUS MINISTROS

Capítulo I — Do Tribunal .. 1673

Capítulo II — Da Composição e da Investidura ... 1673

Capítulo III — Dos ministros .. 1673

 Seção I — Da Posse e das Prerrogativas .. 1673
 Seção II — Das Férias, das Licenças, das Substituições e das Convocações 1674
 Seção III — Da Convocação Extraordinária ... 1674
 Seção IV — Da Aposentadoria ... 1674
 Seção V — Da Disponibilidade e da Aposentadoria por Interesse Público 1675

TÍTULO II
DA DIREÇÃO

Capítulo I — Dos Cargos de Direção, da Eleição, da Posse e da Vacância 1675

Capítulo II — Da Presidência e da Vice-Presidência .. 1675

 Seção I — Das Disposições Gerais .. 1675
 Seção II — Das Atribuições do Presidente .. 1675
 Seção III — Da Vice-Presidência .. 1677

Capítulo III — Da Corregedoria-Geral da Justiça do Trabalho ... 1677

 Seção I — Das Disposições Gerais .. 1677
 Seção II — Das Atribuições do Corregedor-Geral da Justiça do Trabalho 1677

Capítulo IV — Da Polícia do Tribunal .. 1677

Capítulo V — Da Representação por Desobediência ou Desacato ... 1677

Capítulo VI — Da Ordem do Mérito Judiciário do Trabalho ... 1677

Capítulo VII — Das Comissões .. 1677

 Seção I — Das Disposições Gerais .. 1677
 Seção II — Da Comissão de Regimento .. 1678
 Seção III — Da Comissão de Jurisprudência e de Precedentes Normativos 1678
 Seção IV — Da Comissão de Documentação ... 1678

TÍTULO III
DA ORGANIZAÇÃO E DA COMPETÊNCIA

Capítulo I — Da Organização ... 1678

Capítulo II — Da Competência .. 1679

 Seção I — Das Disposições Gerais .. 1679
 Seção II — Da Competência do Tribunal Pleno .. 1679
 Seção III — Da Competência do Órgão Especial .. 1680
 Seção IV — Da Competência da Seção Especializada em Dissídios Coletivos (SDC) 1680
 Seção V — Da Competência da Seção Especializada em Dissídios Individuais 1681
 Seção VI — Da Competência das Turmas ... 1681
 Seção VII — Da Escola Nacional de Formação e Aperfeiçoamento de Magistrados do Trabalho — ENAMAT 1681
 Seção VIII — Do Conselho Superior da Justiça do Trabalho ... 1681
 Seção IX — Das Disposições Gerais .. 1681

Capítulo III — Da Presidência das Sessões ... 1682

 Seção I — Da Presidência do Tribunal Pleno, do Órgão Especial e das Seções Especializadas 1682
 Seção II — Da Presidência das Turmas ... 1682
 Seção III — Das Atribuições do Presidente de Turma .. 1682

TÍTULO IV
DO MINISTÉRIO PÚBLICO DO TRABALHO

LIVRO II
DOS PROCESSOS E DA JURISPRUDÊNCIA

TÍTULO I
DOS PROCESSOS

Capítulo I — Do Registro e da Classificação	1683
Capítulo II — Da Distribuição	1683
Seção I — Das Disposições Gerais	1683
Seção II — Das Disposições Especiais	1684
Capítulo III — Do Relator e do Revisor	1684
Capítulo IV — Das Pautas	1685
Capítulo V — Das Sessões	1685
Seção I — Do Funcionamento dos Órgãos	1685
Seção II — Das Disposições Gerais	1686
Seção III — Da Participação dos Advogados	1688
Seção IV — Das Disposições Especiais	1688
Seção V — Das Deliberações em Conselho	1688
Seção VI — Das Sessões Solenes	1688
Seção VII — Das Decisões e de sua Publicação	1688

TÍTULO II
DA JURISPRUDÊNCIA

Capítulo I — Da Uniformização da Jurisprudência	1689
Capítulo II — Das Súmulas	1689
Capítulo III — Dos Precedentes Normativos e das Orientações Jurisprudenciais	1690
Capítulo IV — Da Divulgação da Jurisprudência do Tribunal	1691

TÍTULO III
DOS ATOS PROCESSUAIS

Capítulo I — Dos Atos e Formalidades	1691
Seção I — Das Disposições Gerais	1691
Seção II — Das Notificações e dos Editais	1691
Capítulo II — Dos Prazos	1691
Capítulo III — Dos Dados Estatísticos	1691
Capítulo IV — Das Audiências	1692

TÍTULO IV
DOS PROCESSOS EM ESPÉCIE

Capítulo I — Dos Processos Sobre Competência	1692
Seção I — Do Habeas corpus	1692
Seção II — Da Reclamação	1692
Seção III — Dos Conflitos de Competência e de Atribuições	1693
Capítulo II — Das Ações Originárias	1693
Seção I — Do Mandado de Segurança	1693
Seção II — Da Ação Rescisória	1693
Seção III — Dos Dissídios Coletivos	1694
Capítulo III — Dos Recursos	1694
Seção I — Do Recurso Ordinário	1694
Seção II — Do Recurso de Revista	1694
Seção III — Do Agravo de Instrumento	1695
Capítulo IV — Dos Recursos Das Decisões Proferidas No Tribunal	1695
Seção I — Dos Embargos	1695
Seção II — Dos Embargos Infringentes	1695

Seção III — Do Agravo Regimental 1695
Seção IV — Do Pedido de Concessão de Efeito Suspensivo 1696
Seção V — Do Agravo 1696
Seção VI — Dos Embargos de Declaração 1696

TÍTULO V
DAS OUTRAS ESPÉCIES DE PROCESSOS

Capítulo I — Da Declaração de Inconstitucionalidade de Lei ou de Ato Normativo do Poder Público 1696

Capítulo II — Dos Processos Incidentes 1696

Seção I — Da Suspensão de Segurança 1696
Seção II — Da Suspensão de Liminar e de Antecipação de Tutela 1697
Seção III — Das Medidas Cautelares 1697
Seção IV — Da Habilitação Incidente 1697
Seção V — Dos Impedimentos e Das Suspeições 1697

Capítulo III — Dos Recursos Para O Supremo Tribunal Federal 1697

Seção I — Do Recurso Extraordinário 1697
Seção II — Do Agravo de Instrumento 1698

Capítulo IV — Da Restauração De Autos 1698

Capítulo V — Da Execução 1698

Seção I — Das Disposições Gerais 1698
Seção II — Da Execução contra a Fazenda Pública 1698

LIVRO III
DOS SERVIÇOS ADMINISTRATIVOS E DAS DISPOSIÇÕES FINAIS

TÍTULO I
DOS SERVIÇOS ADMINISTRATIVOS

Capítulo I — Da Secretaria Do Tribunal 1698
Capítulo II — Do Gabinete Do Presidente 1699
Capítulo III — Do Gabinete Dos Ministros 1699

TÍTULO II
DAS DISPOSIÇÕES FINAIS

Capítulo I — Das Emendas ao Regimento 1699
Capítulo II — Das Resoluções do Tribunal 1699
Capítulo III — Das Disposições Finais e Transitórias 1699

RESOLUÇÃO ADMINISTRATIVA N. 1295, DE 24 DE ABRIL DE 2008

APROVA O NOVO TEXTO DO REGIMENTO INTERNO DO TRIBUNAL SUPERIOR DO TRABALHO

LIVRO I
DO TRIBUNAL

TÍTULO I
DO TRIBUNAL, DA SUA COMPOSIÇÃO, DOS SEUS MINISTROS

CAPÍTULO I
DO TRIBUNAL

Art. 1º O Tribunal Superior do Trabalho, órgão de cúpula da Justiça do Trabalho, com sede na Capital da República, tem jurisdição em todo o território nacional.

Art. 2º A bandeira do Tribunal, instituída pela Portaria n. 291, de 16 de outubro de 1981, publicada no DJ de 3 de novembro de 1981, simboliza a Justiça do Trabalho como órgão do Poder Judiciário, sua jurisdição e a importância social do exercício jurisdicional.

CAPÍTULO II
DA COMPOSIÇÃO E DA INVESTIDURA

Art. 3º O Tribunal compõe-se de vinte e sete Ministros, escolhidos dentre brasileiros com mais de trinta e cinco anos e menos de sessenta e cinco, nomeados pelo Presidente da República após aprovação pelo Senado Federal.

Art. 4º Para preenchimento de vaga de Ministro, destinada aos Juízes da carreira da Magistratura do Trabalho, o Presidente do Tribunal convocará o Pleno para, pelo voto secreto e em escrutínios sucessivos, escolher, dentre os Juízes da carreira, integrantes dos Tribunais Regionais do Trabalho, os nomes para a formação da lista tríplice a ser encaminhada ao Presidente da República.

1º Na hipótese de haver mais de uma vaga a ser preenchida, a lista conterá o número de Magistrados igual ao das vagas mais dois.

2º Na votação para escolha dos nomes dos Juízes que integrarão a lista, serão observados os seguintes critérios:

I — os nomes serão escolhidos em voto secreto e em escrutínios sucessivos, para o primeiro, o segundo, o terceiro, e, eventualmente, o quarto nome integrante da lista, e, assim, sucessivamente, sendo escolhido em cada escrutínio aquele que obtiver votos da maioria absoluta;

II — a maioria absoluta necessária para a escolha do nome é metade mais um do número de Ministros que compõem a Corte no momento da votação;

III — não alcançada, no primeiro escrutínio, a maioria absoluta, proceder-se-á a nova votação, na qual concorrerão os dois Juízes mais votados;

na hipótese de empate, será realizada nova votação. Persistindo o empate, adotar-se-ão como critérios de desempate, sucessivamente, o tempo de investidura dos Juízes no Tribunal Regional e o tempo de investidura na Magistratura do Trabalho;

se houver empate entre dois Juízes que tenham obtido, individualmente, número de votos inferior ao alcançado por outro Juiz, far-se-á, primeiramente, a votação para o desempate, e, a seguir, para a escolha do nome que integrará a lista; e

IV — escolhido um nome, fica excluído dos escrutínios subsequentes Juiz da mesma Região.

Art. 5º O Presidente do Tribunal, ocorrendo vaga destinada a membro do Ministério Público do Trabalho e a advogado militante, dará imediata ciência à Procuradoria-Geral do Trabalho e ao Conselho Federal da Ordem dos Advogados do Brasil, respectivamente, para formação e encaminhamento de lista sêxtupla ao Tribunal, que escolherá, dentre os nomes que a compõem, os que integrarão a lista tríplice a ser encaminhada ao Presidente da República.

Art. 6º O Tribunal Pleno, para o preenchimento das vagas aludidas no artigo anterior, pelo voto secreto da maioria absoluta de seus membros, escolherá, em escrutínios secretos e sucessivos, os nomes que integrarão a lista tríplice a ser encaminhada ao Presidente da República.

§ 1º Na hipótese de haver mais de uma vaga a ser preenchida por membro do Ministério Público ou por advogado, será formada uma lista tríplice para cada uma das listas sêxtuplas encaminhadas.

§ 2º Se para as vagas o Tribunal receber lista única dos indicados a mais de uma vaga, formará uma só lista com o número de candidatos igual ao das vagas mais dois.

§ 3º Aplica-se, no que couber, à votação para escolha dos integrantes da lista tríplice, o estabelecido nos incisos do § 2º do art. 4º

CAPÍTULO III
DOS MINISTROS

Seção I
Da Posse e das Prerrogativas

Art. 7º No ato da posse, o Ministro obrigar-se-á, por compromisso formal em sessão solene do Tribunal Pleno, ou perante o Presidente, a bem cumprir os deveres do cargo, de conformidade com a Constituição e as Leis da República, sendo lavrado pelo Secretário-Geral Judiciário o respectivo termo de compromisso e posse, que será assinado pelo Ministro Presidente e pelo empossado. *(Redação dada pela Emenda Regimental n. 4, de 14 de setembro de 2012)*

Parágrafo único. — Somente será dada posse ao Ministro que haja comprovado:

I — ser brasileiro;

II — contar mais de trinta e cinco e menos de sessenta e cinco anos de idade; e

III — satisfazer aos demais requisitos legais.

Art. 8º No período correspondente às férias coletivas ou ao recesso judiciário, o Presidente do Tribunal poderá dar posse ao Ministro nomeado, devendo o ato ser ratificado pelo Pleno.

Art. 9º A antiguidade dos Ministros, para efeitos legais e regimentais, é regulada:
I — pela posse;
II — pela nomeação;
III — pelo tempo de investidura na Magistratura da Justiça do Trabalho;
IV — pelo tempo de serviço público federal; e
V — pela idade, quando houver empate pelos demais critérios.

Art. 10. Os Ministros do Tribunal receberão o tratamento de Excelência e usarão nas sessões as vestes correspondentes ao modelo aprovado.

Parágrafo único. Após a concessão da aposentadoria, os Ministros conservarão o título e as honras correspondentes ao cargo, salvo no exercício de atividade profissional.

Seção II
Das Férias, das Licenças, das Substituições e das Convocações

Art. 11. Os Ministros gozarão férias nos meses de janeiro e julho, na forma da lei.

Parágrafo único. Os Ministros informarão na Presidência seu endereço, para eventual convocação durante as férias e feriados.

Art. 12. O Presidente, o Vice-Presidente e o Corregedor-Geral da Justiça do Trabalho, se a necessidade do serviço judiciário lhes exigir a contínua presença no Tribunal, poderão acumular férias para fruição oportuna, facultado o fracionamento dos períodos.

Parágrafo único. A acumulação de férias somente ocorrerá mediante prévia autorização do Órgão Especial e deverá ser registrada nos assentamentos funcionais do Ministro, para que lhe seja reconhecido o direito de posterior fruição.

Art. 13. A licença é requerida pelo Ministro com a indicação do prazo e do dia do início.

§ 1º Salvo contra-indicação médica, o Ministro licenciado poderá proferir decisões em processos de que, antes da licença, haja pedido vista, ou que tenham recebido o seu visto como Relator ou Revisor.

§ 2º O Ministro licenciado pode reassumir o cargo, entendendo-se que desistiu do restante do prazo, mediante prévia comunicação formal ao Presidente do Tribunal.

§ 3º Se a licença for para tratamento da própria saúde, o Ministro somente poderá reassumir o cargo, antes do término do prazo, se não houver contra-indicação médica.

Art. 14. A critério do Órgão Especial, poderá ser concedido afastamento ao Ministro, sem prejuízo de seus direitos, vencimentos e vantagens para:
I — frequência a cursos ou seminários de aperfeiçoamento e estudos, pelo prazo máximo de dois anos; e
II — realização de missão ou serviços relevantes à administração da justiça.

Art. 15. Nas ausências ou impedimentos eventuais ou temporários, a substituição no Tribunal far-se-á da seguinte maneira:
I — o Presidente do Tribunal, pelo Vice-Presidente, seguindo-se, na ausência de ambos, o Corregedor-Geral da Justiça do Trabalho e os Ministros, em ordem decrescente de antiguidade;
II — o Vice-Presidente, pelo Presidente, ou, na ausência desse, pelo Corregedor-Geral da Justiça do Trabalho, e, em seqüência, pelos Ministros, em ordem decrescente de antiguidade;
III — o Corregedor-Geral da Justiça do Trabalho, pelo Vice-Presidente, ou, na ausência desse, pelo Presidente, e, em seqüência, pelos Ministros, em ordem decrescente de antiguidade;
IV — o Presidente da Turma, pelo Ministro mais antigo presente na sessão;
V — o Presidente da Comissão, pelo mais antigo dentre os seus membros; e
VI — qualquer dos membros das Comissões, pelo respectivo suplente.

Art. 16. O Relator é substituído nas hipóteses e formas previstas na Seção I do Capítulo II do Título I do Livro II.

Art. 17. Nas ausências temporárias, por período superior a trinta dias, e nos afastamentos definitivos, os Ministros serão substituídos por Desembargador do Trabalho, escolhido pelo Órgão Especial, mediante escrutínio secreto e pelo voto da maioria absoluta dos seus membros. *(Redação dada pela Emenda Regimental n. 4, de 14 de setembro de 2012)*

Parágrafo único. O Desembargador do Trabalho convocado atuará exclusivamente em Turma da Corte. *(Redação dada pela Emenda Regimental n. 4, de 14 de setembro de 2012)*

Art. 18. O Presidente do Tribunal poderá, em caso de urgência, e quando inviável a imediata reunião do Órgão Especial, *ad referendum* deste, convocar Desembargador do Trabalho, para a substituição de Ministro afastado. *(Redação dada pela Emenda Regimental n. 4, de 14 de setembro de 2012)*

Art. 18-A. Excepcionalmente, poderá o Tribunal Superior do Trabalho convocar Desembargadores do Trabalho para atuarem, temporariamente, em suas Turmas. *(Incluído pelo Ato Regimental n. 5, de 10 de março de 2014)*

Art. 19. Na sessão do Órgão Especial que decidir a convocação, os Ministros deverão ter cópias das nominatas dos Desembargadores que compõem os Tribunais Regionais do Trabalho, para orientarem-se na escolha. *(Redação dada pela Emenda Regimental n. 4, de 14 de setembro de 2012)*

Seção III
Da Convocação Extraordinária

Art. 20. Durante o período de férias, o Presidente do Tribunal, ou o seu substituto, poderá convocar, com antecedência de quarenta e oito horas, sessão extraordinária para julgamento de ações de dissídio coletivo, mandado de segurança e ação declaratória alusiva a greve e que requeiram apreciação urgente.

Seção IV
Da Aposentadoria

Art. 21. O processo administrativo de aposentadoria compulsória de Ministro da Corte deverá ser iniciado trinta dias antes que esse complete os setenta anos, para que a publicação possa se dar na data da jubilação.

Art. 22. Na aposentadoria por invalidez, o processo respectivo terá início:
I — a requerimento do Ministro;

II — por ato de ofício do Presidente do Tribunal; e

III — em cumprimento a deliberação do Tribunal.

Parágrafo único. Em se tratando de incapacidade mental, o Presidente do Tribunal nomeará curador ao paciente, sem prejuízo da defesa que esse queira apresentar, pessoalmente ou por procurador constituído.

Art. 23. O paciente, na hipótese do parágrafo único do artigo anterior, deverá ser afastado imediatamente do exercício do cargo, até decisão final, devendo ficar concluído o processo no prazo de sessenta dias, justificadas as faltas do Ministro no referido período.

Art. 24. A recusa do paciente a submeter-se à perícia médica permitirá o julgamento baseado em quaisquer outras provas.

Art. 25. O Ministro que, por dois anos consecutivos, afastar-se, ao todo, por seis meses ou mais, para tratamento de saúde, ao requerer nova licença para igual fim, dentro de dois anos, deverá submeter-se a exame por junta médica para verificação de invalidez, na Coordenadoria de Saúde do Tribunal.

Art. 26. A junta médica competente para o exame a que se referem os arts. 24 e 25 será indicada pelo Órgão Especial e formada por três médicos, dos quais dois, no mínimo, integrem o Quadro de Pessoal do Tribunal. *(Redação dada pela Emenda Regimental n. 4, de 14 de setembro de 2012)*

Parágrafo único. Na hipótese de não contar o Tribunal, na ocasião, com dois dos seus médicos em exercício, o Presidente, *ad referendum* do Órgão Especial, providenciará a indicação de médicos de outros órgãos públicos para integrar a junta.

Art. 27. Concluindo o Órgão Especial pela incapacidade do Magistrado, o Presidente do Tribunal comunicará imediatamente a decisão ao Poder Executivo, para os devidos fins.

Seção V
Da Disponibilidade e da Aposentadoria por Interesse Público

Art. 28. O Tribunal Pleno poderá determinar, por motivo de interesse público, em escrutínio secreto e pelo voto da maioria absoluta dos seus membros, a disponibilidade ou a aposentadoria de Ministro do Tribunal, assegurada a ampla defesa.

Parágrafo único. Aplicam-se ao processo de disponibilidade ou aposentadoria, no que couber, as normas e os procedimentos previstos na Lei Complementar n. 35/79, relativos à perda do cargo, e, subsidiariamente, desde que não haja conflito com o Estatuto da Magistratura, as normas e princípios relativos ao processo administrativo disciplinar das Leis n. 8.112/90 e n. 9.784/99. *(Redação dada pela Emenda Regimental n. 4, de 14 de setembro de 2012)*

TÍTULO II
DA DIREÇÃO

CAPÍTULO I
DOS CARGOS DE DIREÇÃO, DA ELEIÇÃO, DA POSSE E DA VACÂNCIA

Art. 29. A Presidência, a Vice-Presidência e a Corregedoria-Geral da Justiça do Trabalho são cargos de direção do Tribunal, preenchidos mediante eleição, em que concorrem os Ministros mais antigos da Corte, em número correspondente ao dos cargos de direção, proibida a reeleição.

Art. 30. O Presidente, o Vice-Presidente e o Corregedor-Geral da Justiça do Trabalho serão eleitos por dois anos, mediante escrutínio secreto e pelo voto da maioria absoluta, em sessão extraordinária do Tribunal Pleno, a realizar-se nos sessenta dias antecedentes ao término dos mandatos anteriores, e tomarão posse em sessão solene, na data marcada pelo Tribunal Pleno.

§ 1º Se a vacância do cargo de Presidente ocorrer antes do término do respectivo mandato, a eleição será para todos os cargos e realizada nos trinta dias seguintes (ao da vacância), e os eleitos tomarão posse em sessão solene na data marcada pelo Tribunal Pleno. Nessa hipótese, caberá ao Vice-Presidente a regência provisória do Tribunal e a convocação da sessão extraordinária a que se referem o *caput* e este parágrafo.

§ 2º Os remanescentes mandatos dos demais exercentes de cargos de direção extinguir-se-ão na data da posse dos novos eleitos.

Art. 31. Na impossibilidade da posse de qualquer dos eleitos na data estabelecida, por fato superveniente à eleição, observar-se-á o seguinte:

I — se a impossibilidade for de caráter temporário, dar-se-á posse, na data marcada, aos demais eleitos, e, ao remanescente, em data oportuna; e

II — se a impossibilidade for de natureza definitiva e do eleito Presidente, proceder-se-á à nova eleição para todos os cargos de direção; se do Vice-Presidente, a eleição será para esse cargo e para o de Corregedor-Geral da Justiça do Trabalho; se do eleito para a Corregedoria, a eleição será somente para Corregedor-Geral.

Art. 32. O Ministro impossibilitado de comparecer à sessão de eleição poderá enviar carta ao Presidente do Tribunal, na qual anexará o seu voto em invólucro à parte, fechado e rubricado, para que, no momento próprio, seja depositado na urna juntamente com o dos Ministros presentes.

Parágrafo único. A eleição do Presidente precede à do Vice-Presidente, e, a desse, à do Corregedor-Geral da Justiça do Trabalho.

Art. 33. O Ministro que houver exercido quaisquer cargos de direção por quatro anos, ou o de Presidente, não mais figurará entre os elegíveis, até que se esgotem todos os nomes na ordem de antiguidade, observado o disposto nos arts. 94 e 102, *caput* e parágrafo único, da Lei Orgânica da Magistratura Nacional (Lei Complementar n. 35/1979).

CAPÍTULO II
DA PRESIDÊNCIA E DA VICE-PRESIDÊNCIA

Seção I
Das Disposições Gerais

Art. 34. O Presidente do Tribunal exercerá o cargo com a colaboração do Vice-Presidente, que desempenhará as atribuições a ele delegadas e aquelas previstas nos casos de substituição em razão de férias, ausências e impedimentos eventuais.

Seção II
Das Atribuições do Presidente

Art. 35. Compete ao Presidente:

I — representar o Tribunal perante os Poderes Públicos e demais autoridades, incumbindo-lhe, no exercício da

representação, observar fielmente as diretrizes estabelecidas pelo Órgão Especial;

II — corresponder-se, em nome do Tribunal, com quaisquer autoridades, observada a hierarquia de funções;

III — encaminhar ao Presidente da República as listas para preenchimento de vaga de Ministro do Tribunal;

IV — enviar ao Congresso Nacional, após aprovação pelo Órgão Especial, projetos de lei de interesse da Justiça do Trabalho em matéria de sua competência constitucional;

V — submeter ao Tribunal de Contas da União, na forma da lei, a tomada de contas do Tribunal Superior do Trabalho;

VI — solicitar aos Órgãos fazendários a liberação do numerário correspondente às dotações orçamentárias;

VII — editar, no início das atividades judiciárias de cada ano, o ato de composição do Tribunal e dos órgãos judicantes, cabendo-lhe, ainda, dar-lhe publicidade, quando renovada a direção da Corte, ou alterada sua composição;

VIII — apresentar ao Órgão Especial, anualmente, na segunda quinzena do mês seguinte ao término de cada ano de seu mandato, a resenha dos trabalhos realizados no ano anterior e, até 30 de junho, o Relatório Geral da Justiça do Trabalho;

IX — dar publicidade, mensalmente, no órgão oficial, dos dados estatísticos relativos às atividades jurisdicionais do Tribunal e dos Ministros;

X — zelar pelas prerrogativas e pela imagem pública do Tribunal e dos Ministros e pelo bom funcionamento da Corte e dos órgãos da Justiça do Trabalho, expedindo atos, portarias, ordens e instruções, adotando as providências necessárias ao seu cumprimento;

XI — praticar, *ad referendum* do Tribunal Pleno ou do Órgão Especial, os atos reputados urgentes;

XII — editar os atos indispensáveis à disciplina dos serviços e à polícia do Tribunal, determinando as providências atinentes ao resguardo da disciplina, da ordem e da integridade universal da Corte, na sede ou nas dependências, requisitando, quando necessário, o auxílio de outras autoridades;

XIII — manter a ordem nas sessões, podendo mandar retirar os que a perturbarem e os que faltarem com o devido respeito, e mandar prender os desobedientes, fazendo lavrar o respectivo auto;

XIV — instaurar inquérito quando caracterizado infração de lei penal na sede ou nas dependências do Tribunal;

XV — comunicar ao órgão competente do Ministério Público a ocorrência de desobediência a ordem emanada do Tribunal ou de seus Ministros, encaminhando os elementos de que dispuser para a propositura de ação penal;

XVI — impor aos servidores penas disciplinares de demissão, cassação de aposentadoria ou disponibilidade e decidir os recursos interpostos das penalidades que forem aplicadas pelo Diretor-Geral da Secretaria do Tribunal Superior do Trabalho; *(Redação dada pela Emenda Regimental n. 6, de 16 de fevereiro de 2016)*

XVII — dar posse aos Ministros do Tribunal;

XVIII — dar posse ao Diretor-Geral da Secretaria do Tribunal Superior do Trabalho, ao Secretário-Geral Judiciário e ao Secretário-Geral da Presidência e designar seus respectivos substitutos; *(Redação dada pela Emenda Regimental n. 4, de 14 de setembro de 2012)*

XIX — nomear os servidores para os cargos em comissão e designar os servidores para o exercício de funções comissionadas nos Gabinetes de Ministro;

XX — conceder licença e férias ao Diretor-Geral da Secretaria do Tribunal Superior do Trabalho, ao Secretário-Geral da Presidência, ao Secretário-Geral Judiciário e aos servidores de seu Gabinete; *(Redação dada pela Emenda Regimental n. 4, de 14 de setembro de 2012)*

XXI — expedir atos concernentes às relações jurídico-funcionais dos Ministros e servidores e decidir seus requerimentos sobre assuntos de natureza administrativa;

XXII — movimentar os recursos orçamentários e financeiros à disposição do Tribunal, autorizar despesas e expedir ordens de pagamento, observadas as normas legais específicas;

XXIII — autorizar e homologar as licitações e ratificar as contratações por dispensa ou inexigibilidade de licitação de valor superior ao limite estipulado para o convite;

XXIV — conceder diárias e ajuda de custo, observados os critérios estabelecidos pelo Órgão Especial;

XXV — determinar a distribuição dos processos, segundo as regras regimentais e resoluções administrativas, aos Ministros do Tribunal, e dirimir as controvérsias referentes à distribuição;

XXVI — despachar as desistências dos recursos e das ações, quando se referirem a processo pendente de distribuição na Corte, bem como os demais incidentes processuais suscitados;

XXVII — designar as sessões ordinárias e extraordinárias do Tribunal Pleno, do Órgão Especial e das Seções Especializadas, podendo convocar, durante as férias coletivas, com antecedência de quarenta e oito horas, sessões extraordinárias para julgamento de ações de dissídio coletivo, mandado de segurança e ação declaratória alusiva a greve ou a situação de relevante interesse público que requeiram apreciação urgente;

XXVIII — dirigir os trabalhos do Tribunal e presidir as sessões do Tribunal Pleno, do Órgão Especial e das Seções Especializadas;

XXIX — decidir os efeitos suspensivos, os pedidos de suspensão de segurança e de suspensão de decisão proferida em ação cautelar inominada e em tutela antecipada, assim como despachar os documentos e os expedientes que lhe sejam submetidos, inclusive as cartas previstas em lei;

XXX — decidir, durante as férias e feriados, os pedidos de liminar em mandado de segurança, em ação cautelar e sobre outras medidas que reclamem urgência;

XXXI — delegar ao Vice-Presidente, ao Corregedor-Geral da Justiça do Trabalho ou a Ministros da Corte atribuições as quais esteja impossibilitado de cumprir ou que a conveniência administrativa recomende a delegação;

XXXII — delegar ao Secretário-Geral da Presidência, ao Diretor-Geral da Secretaria e ao Secretário-Geral Judiciário, respeitado o disposto no inciso anterior, atribuições para a prática de atos judiciários e administrativos, quando a conveniência administrativa recomendar; *(Redação dada pela Emenda Regimental n. 4, de 14 de setembro de 2012)*

XXXIII — praticar os demais atos de gestão necessários ao funcionamento dos serviços, encaminhando ao Órgão Especial as questões de caráter relevante;

XXXIV — nomear, promover, demitir, exonerar e conceder aposentadoria a servidores do Tribunal, bem como pensão aos beneficiários de Ministro ou servidor; e

XXXV — decidir sobre cessão de servidores do Tribunal, observado o disposto em ato normativo do Órgão Especial, bem como sobre requisições de servidores de outros órgãos.

XXXVI — excepcionalmente, convocar audiência pública, de ofício ou a requerimento de cada uma das Seções Especializadas ou de suas Subseções, pela maioria de seus integrantes, para ouvir o depoimento de pessoas com ex-

periência e autoridade em determinada matéria, sempre que entender necessário o esclarecimento de questões ou circunstâncias de fato, subjacentes a dissídio de grande repercussão social ou econômica, pendente de julgamento no âmbito do Tribunal. *(Incluído pelo Ato Regimental n. 1, de 24 de maio de 2011)*

XXXVII — decidir, de forma irrecorrível, sobre a manifestação de terceiros, subscrita por procurador habilitado, em audiências públicas. *(Incluído pelo Ato Regimental n. 1, de 24 de maio de 2011)*

Seção III
Da Vice-Presidência

Art. 36. Compete ao Vice-Presidente:

I — substituir o Presidente e o Corregedor-Geral da Justiça do Trabalho nas férias, ausências e impedimentos;

II — cumprir as delegações do Presidente;

III — *(Revogado pelo Ato Regimental n. 1, de 24 de maio de 2011)*

IV — designar e presidir audiências de conciliação e instrução de dissídio coletivo de competência originária do Tribunal;

V — exercer o juízo de admissibilidade dos recursos extraordinários;

VI — examinar os incidentes surgidos após a interposição de recurso extraordinário; e

VII — apreciar ação cautelar incidental a recurso extraordinário.

Art. 37. O Vice-Presidente participa das sessões dos órgãos judicantes do Tribunal, exceto de Turma, não concorrendo à distribuição de processos.

CAPÍTULO III
DA CORREGEDORIA-GERAL DA JUSTIÇA DO TRABALHO

Seção I
Das Disposições Gerais

Art. 38. O Corregedor-Geral da Justiça do Trabalho não concorre à distribuição de processos, participando, quando não estiver ausente em função corregedora, das sessões dos órgãos judicantes da Corte, exceto de Turmas, com direito a voto.

Seção II
Das Atribuições do Corregedor-Geral da Justiça do Trabalho

Art. 39. A competência do Corregedor-Geral da Justiça do Trabalho será definida no Regimento Interno da Corregedoria-Geral da Justiça do Trabalho.

Art. 40. Das decisões proferidas pelo Corregedor-Geral da Justiça do Trabalho caberá agravo regimental para o Órgão Especial, incumbindo-lhe determinar sua inclusão em pauta.

Art. 41. O Corregedor-Geral da Justiça do Trabalho apresentará ao Órgão Especial, na última sessão do mês seguinte ao do término de cada ano de sua gestão, relatório circunstanciado das atividades da Corregedoria-Geral durante o ano findo.

CAPÍTULO IV
DA POLÍCIA DO TRIBUNAL

Art. 42. O Presidente, no exercício das atribuições referentes à Polícia do Tribunal, determinará as providências atinentes ao resguardo da disciplina, da ordem e da integridade universal da Corte, na sede ou nas dependências.

Parágrafo único. No desempenho dessa atribuição, o Presidente poderá implantar sistema informatizado de controle de acesso às dependências do Tribunal, e requisitar, quando necessário, o auxílio de outras autoridades.

Art. 43. Ocorrendo infração de lei penal na sede, ou nas dependências do Tribunal, o Presidente instaurará inquérito, podendo delegar essa atribuição a Ministro da Corte.

Parágrafo único. Nos demais casos, o Presidente poderá proceder na forma desse artigo, ou requisitar a instauração de inquérito à autoridade competente.

Art. 44. A polícia das sessões e das audiências compete ao seu Presidente.

CAPÍTULO V
DA REPRESENTAÇÃO POR DESOBEDIÊNCIA OU DESACATO

Art. 45. Na hipótese de desobediência a ordem emanada do Tribunal ou de seus Ministros, no exercício da função, ou desacato ao Tribunal ou a seus Ministros, o Presidente comunicará o fato ao órgão competente do Ministério Público, provendo-o dos elementos de que dispuser para a propositura da ação penal.

CAPÍTULO VI
DA ORDEM DO MÉRITO JUDICIÁRIO DO TRABALHO

Art. 46. A Ordem do Mérito Judiciário do Trabalho, administrada por seu respectivo Conselho, é regida por regulamento próprio, aprovado pelo Órgão Especial, no qual é definida a sua organização, administração e composição.

CAPÍTULO VII
DAS COMISSÕES

Seção I
Das Disposições Gerais

Art. 47. As comissões permanentes colaboram no desempenho dos encargos do Tribunal e são compostas por Ministros eleitos pelo Órgão Especial na primeira sessão subsequente à posse dos membros da direção. *(Redação dada pela Emenda Regimental n. 1, de 24 de maio de 2011)*

§ 1º Não integram comissões permanentes os Ministros exercentes dos cargos de direção do Tribunal, o Diretor e o Vice-Diretor da Escola Nacional de Formação e Aperfeiçoamento de Magistrados do Trabalho — ENAMAT. *(Redação dada pela Emenda Regimental n. 1, de 24 de maio de 2011)*

§ 2º A Presidência das comissões permanentes caberá ao Ministro mais antigo que as compuser.

§ 3º Observado o disposto no § 1º deste artigo, cada Ministro poderá ser eleito membro titular da mesma comissão permanente para um único período, admitida sua

reeleição para o mandato imediatamente seguinte. *(Incluído pelo Ato Regimental n., de 24 de maio de 2011)*

Art. 48. Para atender a finalidades específicas, poderão ser instituídas pelo Órgão Especial comissões temporárias, que serão extintas quando cumprido o fim a que se destinavam.

Art. 49. São comissões permanentes:

I — Comissão de Regimento Interno;

II — Comissão de Jurisprudência e de Precedentes Normativos; III — Comissão de Documentação.

Art. 50. As comissões, permanentes ou temporárias, poderão:

I — sugerir ao Presidente do Tribunal normas de serviço relativas à matéria de sua competência; e

II — manter entendimento com outras autoridades ou instituições, relativamente a assuntos de sua competência, mediante delegação do Presidente do Tribunal.

Seção II
Da Comissão de Regimento

Art. 51. A Comissão de Regimento é formada por três Ministros titulares e um suplente, designados pelo Órgão Especial, recaindo a escolha, preferencialmente, sobre os membros mais antigos da Corte, excluídos os exercentes de cargo de direção e aqueles mencionados no § 1º do art. 47.

Art. 52. À Comissão de Regimento Interno cabe:

I — zelar pela atualização do Regimento, propondo emendas ao texto em vigor, e emitir parecer sobre as emendas de iniciativa dos membros da Corte; e

II — opinar em processo administrativo que envolva matéria regimental, por solicitação do Presidente do Tribunal, do Tribunal Pleno ou do Órgão Especial.

Seção III
Da Comissão de Jurisprudência e de Precedentes Normativos

Art. 53. A Comissão de Jurisprudência e de Precedentes Normativos constitui-se de três Ministros titulares e um suplente, designados pelo Órgão Especial, excluídos os titulares que integram outras comissões permanentes, os membros da direção e aqueles mencionados no § 1º do art. 47.

Art. 54. À Comissão de Jurisprudência e de Precedentes Normativos cabe:

I — zelar pela expansão, atualização e publicação da Jurisprudência do Tribunal;

II — supervisionar o serviço de sistematização da jurisprudência do Tribunal, determinando medidas atinentes à seleção e ao registro dos temas para fim de pesquisa, bem como administrar a base de dados informatizada de jurisprudência, sugerindo ao Presidente as medidas necessárias ao seu aperfeiçoamento;

III — propor edição, revisão ou cancelamento de Súmulas, de Precedentes Normativos e de Orientações Jurisprudenciais;

IV — inserir as Orientações Jurisprudenciais das Seções do Tribunal que retratem a jurisprudência pacificada da Corte, indicando os precedentes que a espelham; e

V — manter a seleção dos repertórios idôneos de divulgação dos julgados da Justiça do Trabalho.

Art. 55. A Comissão de Jurisprudência e de Precedentes Normativos realizará reunião quinzenal ordinária, e extraordinária, quando necessário, para deliberar sobre propostas de edição, revisão ou revogação de Súmulas, de Precedentes ou de Orientações Jurisprudenciais, e dar parecer nos Incidentes de Uniformização.

Seção IV
Da Comissão de Documentação

Art. 56. A Comissão de Documentação é constituída de três Ministros titulares e um suplente, designados pelo Órgão Especial, excluídos os titulares das demais comissões, os membros da direção do Tribunal e aqueles mencionados no § 1º do art. 47.

Art. 57. À Comissão de Documentação cabe:

I — publicar a Revista do Tribunal, destinada à divulgação de trabalhos doutrinários e jurisprudenciais e ao registro de atos públicos de interesse da Justiça do Trabalho;

II — supervisionar a administração da biblioteca do Tribunal, sugerindo ao Presidente as medidas necessárias ao seu aperfeiçoamento, bem como opinar sobre a aquisição de livros;

III — propor a política de gestão documental do Tribunal, opinando sobre a manutenção do acervo, modernização e automatização da Coordenadoria de Gestão Documental e Memória; *(Redação dada pela Emenda Regimental n. 4, de 14 de setembro de 2012)*

IV — propor alterações na Tabela de Temporalidade e no Plano de Classificação;

V — manifestar-se, anualmente, sobre o Termo de Eliminação dos processos judiciais, encaminhado pela Coordenadoria de Gestão Documental e Memória, determinando a sua publicação na Imprensa Oficial, caso aprovado; *(Redação dada pela Emenda Regimental n. 4, de 14 de setembro de 2012)*

VI — acompanhar os procedimentos de eliminação dos documentos constantes do Termo aludido no inciso V deste artigo;

VII — manter, na biblioteca, serviço de documentação para recolher elementos que sirvam de subsídio à história do Tribunal e da Justiça do Trabalho, com pastas individuais, contendo dados biográficos e bibliográficos dos Ministros;

VIII — orientar a biblioteca na divulgação, para os Ministros e seus Gabinetes, do acervo bibliográfico, e na atualização legislativa e jurisprudencial de interesse da Justiça do Trabalho;

IX — efetivar o registro e o controle dos repositórios autorizados à publicação da jurisprudência da Corte, previstos no parágrafo único do art. 174;

X — supervisionar a documentação contida na internet e providenciar a renovação dos conteúdos do sítio do Tribunal; e

XI — selecionar os acórdãos a serem encaminhados para publicação nas revistas do Tribunal e demais periódicos autorizados.

TÍTULO III
DA ORGANIZAÇÃO E DA COMPETÊNCIA

CAPÍTULO I
DA ORGANIZAÇÃO

Art. 58. O Tribunal funciona em sua plenitude ou dividido em Órgão Especial, Seções e Subseções Especializadas e Turmas.

Art. 59. São órgãos do Tribunal Superior do Trabalho:
I — Tribunal Pleno;
II — Órgão Especial;
III — Seção Especializada em Dissídios Coletivos;
IV — Seção Especializada em Dissídios Individuais, dividida em duas subseções; e
V — Turmas;
Parágrafo único. São órgãos que funcionam junto ao Tribunal Superior do Trabalho:
I — Escola Nacional de Formação e Aperfeiçoamento de Magistrados do Trabalho — ENAMAT; e
II — Conselho Superior da Justiça do Trabalho — CSJT.

Art. 60. Para a composição dos órgãos judicantes do Tribunal, respeitados os critérios de antiguidade e os estabelecidos neste capítulo, os Ministros poderão escolher a Seção Especializada e a Turma que desejarem integrar, podendo exercer o direito de permuta, salvo os Presidentes de Turma, que, para fazê-lo, deverão previamente renunciar à Presidência do Colegiado.
Parágrafo único. Cada Ministro comporá apenas uma Seção Especializada.

Art. 61. O Ministro empossado integrará os Órgãos do Tribunal onde se deu a vaga ou ocupará aquela resultante da transferência de Ministro, autorizada pelo art. 60.

Art. 62. O Tribunal Pleno é constituído pelos Ministros da Corte.
§ 1º Para o funcionamento do Tribunal Pleno é exigida a presença de, no mínimo, quatorze Ministros, sendo necessário maioria absoluta quando a deliberação tratar de:
I — escolha dos nomes que integrarão a lista destinada ao preenchimento de vaga de Ministro do Tribunal, observado o disposto no art. 4º, §2º, II;
II — aprovação de Emenda Regimental;
III — eleição dos Ministros para os cargos de direção do Tribunal;
IV — aprovação, revisão ou cancelamento de Súmula ou de Precedente Normativo; e
V — declaração de inconstitucionalidade de lei ou de ato normativo do poder público.
§ 2º Será tomada por dois terços dos votos dos Ministros do Órgão Especial a deliberação preliminar referente à existência de relevante interesse público que fundamenta a proposta de edição de Súmula, dispensadas as exigências regimentais, nos termos previstos neste Regimento.

Art. 63. Integram o Órgão Especial o Presidente e o Vice-Presidente do Tribunal, o Corregedor-Geral da Justiça do Trabalho, os sete Ministros mais antigos, incluindo os membros da direção, e sete Ministros eleitos pelo Tribunal Pleno. Os Ministros integrantes do Órgão Especial comporão também outras Seções do Tribunal.
Parágrafo único. O *quorum* para funcionamento do Órgão Especial é de oito Ministros, sendo necessário maioria absoluta quando a deliberação tratar de disponibilidade ou aposentadoria de Magistrado.

Art. 64. Integram a Seção Especializada em Dissídios Coletivos o Presidente e o Vice-Presidente do Tribunal, o Corregedor-Geral da Justiça do Trabalho e mais seis Ministros.
Parágrafo único. O *quorum* para o funcionamento da Seção Especializada em Dissídios Coletivos é de cinco Ministros.

Art. 65. A Seção Especializada em Dissídios Individuais é composta de vinte e um Ministros, sendo: o Presidente e o Vice-Presidente do Tribunal, o Corregedor-Geral da Justiça do Trabalho e mais dezoito Ministros, e funciona em composição plena ou dividida em duas subseções para julgamento dos processos de sua competência.
§ 1º O *quorum* exigido para o funcionamento da Seção de Dissídios Individuais plena é de onze Ministros, mas as deliberações só poderão ocorrer pelo voto da maioria absoluta dos integrantes da Seção.
§ 2º Integram a Subseção I Especializada em Dissídios Individuais quatorze Ministros: o Presidente e o Vice-Presidente do Tribunal, o Corregedor-Geral da Justiça do Trabalho e mais onze Ministros, preferencialmente os Presidentes de Turma, sendo exigida a presença de, no mínimo, oito Ministros para o seu funcionamento.
§ 3º Haverá pelo menos um e no máximo dois integrantes de cada Turma na composição da Subseção I Especializada em Dissídios Individuais.
§ 4º Integram a Subseção II da Seção Especializada em Dissídios Individuais o Presidente e o Vice-Presidente do Tribunal, o Corregedor-Geral da Justiça do Trabalho e mais sete Ministros, sendo exigida a presença de, no mínimo, seis Ministros para o seu funcionamento.

Art. 66. As Turmas são constituídas, cada uma, por três Ministros, sendo presididas de acordo com os critérios estabelecidos pelos artigos 79 e 80 deste Regimento. *(Redação dada pela Emenda Regimental n. 1, de 24 de maio de 2011)*
Parágrafo único. Para os julgamentos nas Turmas é necessária a presença de três Magistrados.

CAPÍTULO II
DA COMPETÊNCIA

Seção I
Das Disposições Gerais

Art. 67. Compete ao Tribunal Superior do Trabalho processar, conciliar e julgar, na forma da lei, em grau originário ou recursal ordinário ou extraordinário, as demandas individuais e os dissídios coletivos que excedam a jurisdição dos Tribunais Regionais, os conflitos de direito sindical, assim como outras controvérsias decorrentes de relação de trabalho, e os litígios relativos ao cumprimento de suas próprias decisões, de laudos arbitrais e de convenções e acordos coletivos.

Seção II
Da Competência do Tribunal Pleno

Art. 68. Compete ao Tribunal Pleno:
I — eleger, por escrutínio secreto, o Presidente e o Vice-Presidente do Tribunal Superior do Trabalho, o Corregedor-Geral da Justiça do Trabalho, os sete Ministros para integrar o Órgão Especial, o Diretor, o Vice-Diretor e os membros do Conselho Consultivo da Escola Nacional de Formação e Aperfeiçoamento de Magistrados do Trabalho — ENAMAT, os Ministros membros do Conselho Superior da Justiça do Trabalho — CSJT e respectivos suplentes e os membros do Conselho Nacional de Justiça;
II — dar posse aos membros eleitos para os cargos de direção do Tribunal Superior do Trabalho, aos Ministros nomeados para o Tribunal, aos membros da direção e do Conselho Consultivo da Escola Nacional de Formação e Aperfeiçoamento de Magistrados do Trabalho — ENAMAT;

III — escolher os integrantes das listas para preenchimento das vagas de Ministro do Tribunal;

IV — deliberar sobre prorrogação do prazo para a posse no cargo de Ministro do Tribunal Superior do Trabalho e o início do exercício;

V — determinar a disponibilidade ou a aposentadoria de Ministro do Tribunal;

VI — opinar sobre propostas de alterações da legislação trabalhista, inclusive processual, quando entender que deve manifestar-se oficialmente;

VII — aprovar, modificar ou revogar, em caráter de urgência e com preferência na pauta, Súmula da Jurisprudência predominante em Dissídios Individuais e os Precedentes Normativos da Seção Especializada em Dissídios Coletivos;

VIII — julgar os Incidentes de Uniformização de Jurisprudência;

IX — decidir sobre a declaração de inconstitucionalidade de lei ou ato normativo do Poder Público, quando aprovada a argüição pelas Seções Especializadas ou Turmas; e

X — aprovar e emendar o Regimento Interno do Tribunal Superior do Trabalho;

XI — aprovar o cancelamento e a revisão de orientação jurisprudencial. *(Incluído pelo Ato Regimental n. 4, de 14 de setembro de 2012)*

Seção III
Da Competência do Órgão Especial

Art. 69. Compete ao Órgão Especial: I — em matéria judiciária:

a) *(Revogado pelo Ato Regimental n. 2, de 15 de setembro de 2011)*

b) julgar mandado de segurança impetrado contra atos do Presidente ou de qualquer Ministro do Tribunal, ressalvada a competência das Seções Especializadas;

c) julgar os recursos interpostos contra decisões dos Tribunais Regionais do Trabalho em mandado de segurança de interesse de Juízes e servidores da Justiça do Trabalho;

d) julgar os recursos interpostos contra decisão em matéria de concurso para a Magistratura do Trabalho;

e) julgar os recursos ordinários em agravos regimentais interpostos contra decisões proferidas em reclamações correicionais ou em pedidos de providências que envolvam impugnações de cálculos de precatórios;

f) julgar os recursos ordinários interpostos contra decisões proferidas em mandado de segurança impetrado contra ato do

Presidente de Tribunal Regional em sede de precatório;*(Redação dada pela Emenda Regimental n. 4, de 14 de setembro de 2012)*

g) julgar os agravos regimentais interpostos contra decisões proferidas pelo Corregedor-Geral da Justiça do Trabalho;

g.1) julgar os agravos internos interpostos contra decisões que denegam seguimento a recurso extraordinário por ausência de repercussão geral da questão constitucional debatida; *(Incluído pelo Ato Regimental n. 4,3 de 14 de setembro de 2012)*

h) deliberar sobre as demais matérias jurisdicionais não incluídas na competência dos outros Órgãos do Tribunal.

II — em matéria administrativa:

a) proceder à abertura e ao encerramento do semestre judiciário;

b) eleger os membros do Conselho da Ordem do Mérito Judiciário do Trabalho e os das Comissões previstas neste Regimento, com observância, neste último caso, do disposto nos §§ 1º e 3º de seu artigo 47; *(Redação dada pela Emenda Regimental n. 1, de 24 de maio de 2011)*

c) aprovar e emendar o Regulamento Geral da Secretaria do Tribunal Superior do Trabalho, o Regimento da Corregedoria-Geral da Justiça do Trabalho, o Regulamento da Ordem do Mérito Judiciário do Trabalho, os Estatutos da Escola Nacional de Formação e Aperfeiçoamento de Magistrados do Trabalho — ENAMAT e o Regimento Interno do Conselho Superior da Justiça do Trabalho — CSJT;

d) propor ao Poder Legislativo, após a deliberação do Conselho Superior da Justiça do Trabalho, a criação, extinção ou modificação de Tribunais Regionais do Trabalho e Varas do Trabalho, assim como a alteração de jurisdição e de sede destes;

e) propor ao Poder Legislativo a criação, extinção e transformação de cargos e funções públicas e a fixação dos respectivos vencimentos ou gratificações;

f) escolher, mediante escrutínio secreto e pelo voto da maioria absoluta dos seus membros, Juízes de Tribunal Regional do Trabalho para substituir temporariamente Ministro do Tribunal Superior do Trabalho;

g) aprovar a lista dos admitidos na Ordem do Mérito Judiciário do Trabalho;

h) aprovar a lotação das funções comissionadas do Quadro de Pessoal do Tribunal;

i) conceder licença, férias e outros afastamentos aos membros do Tribunal;

j) fixar e rever as diárias e as ajudas de custo do Presidente, dos Ministros e servidores do Tribunal;

l) designar as comissões temporárias para exame e elaboração de estudo sobre matéria relevante, respeitada a competência das comissões permanentes;

m) aprovar as instruções de concurso para provimento dos cargos de Juiz do Trabalho Substituto;

n) aprovar as instruções dos concursos para provimento dos cargos do Quadro de Pessoal do Tribunal e homologar seu resultado final;

o) *(Revogado pelo Ato Regimental n. 7, de 16 de fevereiro de 2016)*

p) julgar os recursos de decisões ou atos do Presidente do Tribunal em matéria administrativa;

q) julgar os recursos interpostos contra decisões dos Tribunais Regionais do Trabalho em processo administrativo disciplinar envolvendo magistrado, estritamente para controle da legalidade;

r) examinar as matérias encaminhadas pelo Conselho Superior da Justiça do Trabalho;

s) aprovar a proposta orçamentária da Justiça do Trabalho *(Incluído pelo Ato Regimental n. 4, de 14 de setembro de 2012)*; e

t) julgar os recursos ordinários interpostos contra agravos regimentais em que tenha sido apreciada decisão de Presidente de Tribunal Regional em precatório. *(Incluído pelo Ato Regimental n. 4, de 14 de setembro de 2012)*

Seção IV
Da Competência da Seção Especializada em Dissídios Coletivos (SDC)

Art. 70. À Seção Especializada em Dissídios Coletivos compete:

I — **originariamente**:

a) julgar os dissídios coletivos de natureza econômica e jurídica, de sua competência, ou rever suas próprias sentenças normativas, nos casos previstos em lei;

b) homologar as conciliações firmadas nos dissídios coletivos;

c) julgar as ações anulatórias de acordos e convenções coletivas;

d) julgar as ações rescisórias propostas contra suas sentenças normativas;

e) julgar os agravos regimentais contra despachos ou decisões não definitivas, proferidos pelo Presidente do Tribunal, ou por qualquer dos Ministros integrantes da Seção Especializada em Dissídios Coletivos;

f) julgar os conflitos de competência entre Tribunais Regionais do Trabalho em processos de dissídio coletivo;

g) processar e julgar as medidas cautelares incidentais nos processos de dissídio coletivo; e

h) processar e julgar as ações em matéria de greve, quando o conflito exceder a jurisdição de Tribunal Regional do Trabalho.

II — **em última instância, julgar**:

a) os recursos ordinários interpostos contra as decisões proferidas pelos Tribunais Regionais do Trabalho em dissídios coletivos de natureza econômica ou jurídica;

b) os recursos ordinários interpostos contra decisões proferidas pelos Tribunais Regionais do Trabalho em ações rescisórias e mandados de segurança pertinentes a dissídios coletivos e em ações anulatórias de acordos e convenções coletivas; (Redação dada pela Emenda Regimental n. 1, de 24 de maio de 2011)

c) os embargos infringentes interpostos contra decisão não unânime proferida em processo de dissídio coletivo de sua competência originária, salvo se a decisão embargada estiver em consonância com precedente normativo do Tribunal Superior do Trabalho, ou com Súmula de sua jurisprudência predominante; e

d) os agravos de instrumento interpostos contra despacho denegatório de recurso ordinário nos processos de sua competência.

Seção V
Da Competência da Seção Especializada em Dissídios Individuais

Art. 71. À Seção Especializada em Dissídios Individuais, em composição plena ou dividida em duas Subseções, compete:

I — em composição plena, julgar, em caráter de urgência e com preferência na pauta, os processos nos quais tenha sido estabelecida, na votação, divergência entre as Subseções I e II da Seção Especializada em Dissídios Individuais, quanto à aplicação de dispositivo de lei federal ou da Constituição da República.

II — à Subseção I:

a) julgar os embargos interpostos contra decisões divergentes das Turmas, ou destas que divirjam de decisão da Seção de Dissídios Individuais, de Orientação Jurisprudencial ou de Súmula; e

b) julgar os agravos e os agravos regimentais interpostos contra despacho exarado em processos de sua competência.

III — à Subseção II:

a) originariamente:

I — julgar as ações rescisórias propostas contra suas decisões, as da Subseção I e as das Turmas do Tribunal;

II — julgar os mandados de segurança contra os atos praticados pelo Presidente do Tribunal, ou por qualquer dos Ministros integrantes da Seção Especializada em Dissídios Individuais, nos processos de sua competência;

III — julgar as ações cautelares; e

IV — julgar os habeas corpus.

b) em única instância:

I. julgar os agravos e os agravos regimentais interpostos contra despacho exarado em processos de sua competência; e

II. julgar os conflitos de competência entre Tribunais Regionais e os que envolvam Juízes de Direito investidos da jurisdição trabalhista e Varas do Trabalho em processos de dissídios individuais.

c) em última instância:

I — julgar os recursos ordinários interpostos contra decisões dos Tribunais Regionais em processos de dissídio individual de sua competência originária; e

II — julgar os agravos de instrumento interpostos contra despacho denegatório de recurso ordinário em processos de sua competência.

Seção VI
Da Competência das Turmas

Art. 72. Compete a cada uma das Turmas julgar:

I — os recursos de revista interpostos contra decisão dos Tribunais Regionais do Trabalho, nos casos previstos em lei;

II — os agravos de instrumento dos despachos de Presidente de Tribunal Regional que denegarem seguimento a recurso de revista;

III — os agravos e os agravos regimentais interpostos contra despacho exarado em processos de sua competência; e

IV — os recursos ordinários em ação cautelar, quando a competência para julgamento do recurso do processo principal for atribuída à Turma.

Seção VII
Da Escola Nacional de Formação e Aperfeiçoamento de Magistrados do Trabalho — ENAMAT

Art. 73. A Escola Nacional de Formação e Aperfeiçoamento de Magistrados do Trabalho — ENAMAT é órgão que funciona junto ao Tribunal Superior do Trabalho, com autonomia administrativa, cabendo-lhe, dentre outras funções, regulamentar os cursos oficiais para o ingresso e promoção na carreira, na forma dos seus estatutos.

Art. 74. O Diretor, o Vice-Diretor e os membros do Conselho Consultivo da Escola Nacional de Formação e Aperfeiçoamento de Magistrados do Trabalho — ENAMAT serão eleitos pelo Tribunal Pleno, em escrutínio secreto, para mandato de dois anos, permitida uma recondução.

Parágrafo único. Os membros eleitos para os cargos de direção da Escola e os do Conselho Consultivo tomarão posse perante o Tribunal Pleno.

Seção VIII
Do Conselho Superior da Justiça do Trabalho

Art. 75. O Conselho Superior da Justiça do Trabalho é órgão que funciona junto ao Tribunal Superior do Trabalho, com autonomia administrativa, cabendo-lhe exercer a supervisão administrativa, orçamentária, financeira e patrimonial da Justiça do Trabalho, de primeiro e segundo graus, como órgão central do sistema;

Seção IX
Das Disposições Gerais

Art. 76. Ao Órgão Especial, às Seções Especializadas e às Turmas cabe, ainda, nos processos de sua competência:

I — julgar:

a) os embargos de declaração interpostos contra suas decisões;

b) as ações cautelares incidentais e preparatórias e as demais argüições;

c) os incidentes que lhes forem submetidos; e

d) a restauração de autos perdidos, em se tratando de processo de sua competência.

II — homologar as desistências dos recursos, decidir sobre pedido de desistência de ação quanto aos processos incluídos em pauta para julgamento, e homologar os acordos em processos de competência originária do Tribunal; e

III — representar à autoridade competente, quando, em autos ou documentos de que conhecer, houver indício de crime de ação pública.

Art. 77. A proclamação do resultado da votação será suspensa:

I — pelas Seções Especializadas e pelas Turmas, para remessa do processo ao Tribunal Pleno, quando se verificar que a maioria respectiva se inclina pelo acolhimento da argüição de inconstitucionalidade de norma em matéria que ainda não tenha sido decidida pelo Tribunal Pleno ou pelo Supremo Tribunal Federal;

II — pelas Seções Especializadas, quando convier o pronunciamento do Tribunal Pleno, em razão da relevância da questão jurídica, do interesse público ou da necessidade de prevenir divergência de julgados.

CAPÍTULO III
DA PRESIDÊNCIA DAS SESSÕES

Seção I
Da Presidência do Tribunal Pleno, do Órgão Especial e das Seções Especializadas

Art. 78. O Ministro Presidente do Tribunal presidirá o Tribunal Pleno, o Órgão Especial e as Seções Especializadas, podendo ser substituído, sucessivamente, pelo Vice-Presidente, pelo Corregedor-Geral da Justiça do Trabalho, ou pelo Ministro mais antigo presente à sessão.

Seção II
Da Presidência das Turmas

Art. 79. O Presidente da Turma será o mais antigo dentre os Ministros que a compõem, por um período de dois anos, vedada a recondução, até que todos os seus integrantes hajam exercido a Presidência, observada a ordem decrescente de antiguidade. *(Redação dada pela Emenda Regimental n. 1, de 24 de maio de 2011)*

Parágrafo único. É facultado aos demais Ministros recusarem a Presidência, desde que o façam antes da proclamação de sua escolha. *(Redação dada pela Redação dada pela Emenda Regimental n. 1, de 24 de maio de 2011)*

Art. 80. Na hipótese de vacância do cargo de Presidente de Turma, assumirá o Ministro mais antigo do respectivo Colegiado.

§ 1º Nas ausências eventuais ou afastamentos temporários, o Presidente da Turma será substituído pelo Ministro mais antigo do Colegiado.

§ 2º A escolha do Presidente da Turma, observado o critério estabelecido no artigo 79 deste Regimento, dar-se-á na primeira sessão ordinária da Turma que se suceder à posse da nova direção do tribunal, ressalvada a situação prevista no parágrafo seguinte.*(Incluído pelo Ato Regimental n. 1, de 24 de maio de 2011)*

§ 3º Se a Presidência da Turma vagar por outro motivo, a escolha do Presidente dar-se-á na sessão ordinária imediatamente posterior à ocorrência da vaga, hipótese em que ele exercerá, por inteiro, o mandato de dois anos a contar da data de sua investidura. *(Incluído pelo Ato Regimental n. 1, de 24 de maio de 2011)*

§ 4º Considera-se empossado o sucessor, em qualquer das situações a que se referem os §§ 2º e 3º deste artigo, na mesma data de sua escolha para a Presidência da Turma. *(Incluído pelo Ato Regimental n. 1, de 24 de maio de 2011)*

Seção III
Das Atribuições do Presidente de Turma

Art. 81. Compete ao Presidente de Turma:

I — indicar o Coordenador da Turma para nomeação pelo Presidente do Tribunal;

II — convocar sessões ordinárias e extraordinárias;

III — dirigir os trabalhos e presidir as sessões da Turma, propor e submeter as questões, apurar os votos e proclamar as decisões;

IV — manter a ordem nas sessões, podendo mandar retirar os que as perturbarem e os que faltarem com o devido respeito e prender os desobedientes, fazendo lavrar o respectivo auto;

V — despachar os expedientes da Turma que excederem à competência dos Relatores, inclusive os pedidos manifestados após a publicação dos acórdãos;

VI — supervisionar os serviços da Coordenadoria;

VII — encaminhar ao Presidente do Tribunal, no final de cada mês, relatório circunstanciado das atividades da Turma;

VIII — convocar, mediante prévio entendimento, Ministro de outra Turma para compor o *quorum;* e

IX — exercer o juízo de admissibilidade dos embargos à Subseção I da Seção Especializada em Dissídios Individuais. *(Incluído pelo Ato Regimental n. 4, de 14 de setembro de 2012)*

Parágrafo único. Em face da atribuição contida no inciso IX do presente artigo, o Presidente de Turma receberá 10% (dez por cento) a menos de processos distribuídos, respeitada a proporção quanto às classes processuais de competência da Turma. *(Incluído pelo Ato Regimental n. 4, de 14 de setembro de 2012)*

TÍTULO IV
DO MINISTÉRIO PÚBLICO DO TRABALHO

Art. 82. O Ministério Público do Trabalho atuará nas sessões do Tribunal representado pelo Procurador-Geral ou, mediante sua delegação, por Subprocuradores-Gerais e por Procuradores Regionais, na forma da lei.

Art. 83. À Procuradoria-Geral do Trabalho serão remetidos processos para parecer, nas seguintes hipóteses:

I — obrigatoriamente, quando for parte pessoa jurídica de direito público, Estado estrangeiro ou organismo internacional;

II — facultativamente, por iniciativa do Relator, quando a matéria, por sua relevância, recomendar a prévia manifestação do Ministério Público;

III — por iniciativa do Ministério Público, quando entender existente interesse público que justifique a sua intervenção; e

IV — por determinação legal, os mandados de segurança em grau originário ou recursal, as ações civis públicas em que o Ministério Público não for autor, os dissídios coletivos originários, caso não exarado parecer na instrução, e os processos em que forem parte índio, comunidades e organizações indígenas.

§ 1º À Procuradoria-Geral do Trabalho serão encaminhados de imediato, após autuação e distribuição, os processos nos quais figuram como parte pessoa jurídica de direito público, Estado estrangeiro ou organismo internacional, e os recursos ordinários em mandado de segurança.

§ 2º Não serão remetidos à Procuradoria-Geral do Trabalho: I — processos oriundos de ações originárias nos quais for autora; e

II — processos de remessa facultativa que exijam urgência no julgamento ou que versem sobre tema pacificado na jurisprudência.

Art. 84. O Ministério Público, observadas as regras legais especiais e a tramitação preferencial de demandas, emitirá parecer no prazo legal, restituindo imediatamente os autos ao Tribunal.

Art. 85. O Ministério Público, após publicado o acórdão e vencido o prazo para as partes, será intimado pessoalmente, com a entrega dos autos, nas causas em que tenha intervindo ou emitido parecer.

Parágrafo único. A data da entrega dos autos na Procuradoria-Geral do Trabalho será certificada nos autos para efeitos legais, inclusive a contagem dos prazos processuais a que está sujeito o Ministério Público.

LIVRO II
DOS PROCESSOS E DA JURISPRUDÊNCIA
TÍTULO I
DOS PROCESSOS

CAPÍTULO I
DO REGISTRO E DA CLASSIFICAÇÃO

Art. 86. As petições e os processos recebidos serão registrados no dia de seu ingresso no Tribunal. Após a conferência das folhas, os processos serão classificados e autuados, de acordo com a tabela aprovada pelo Conselho Nacional de Justiça.

Art. 87. A classificação das ações de competência originária será feita nos exatos termos do requerido pela parte, desde que prevista a classe processual na tabela unificada da Justiça do Trabalho, elaborada pela Corregedoria-Geral e aprovada pelo Conselho Nacional de Justiça. *(Redação dada pela Emenda Regimental n. 4, de 14 de setembro de 2012)*

Art. 88. Na hipótese de ajuizamento de ação ou de interposição de recurso não previsto na tabela processual unificada, o processo será classificado e autuado na classe processual "Petição — Pet". *(Redação dada pela Emenda Regimental n. 4, de 14 de setembro de 2012)*

CAPÍTULO II
DA DISTRIBUIÇÃO

Seção I
Das Disposições Gerais

Art. 89. Os processos de competência do Tribunal serão distribuídos por classe, observada a competência e composição dos órgãos judicantes, assim como a ordem cronológica do seu ingresso na Corte, concorrendo ao sorteio todos os Ministros, excetuados os membros da direção.

Parágrafo único. Não haverá distribuição de processos aos Ministros nos sessenta dias que antecederem a jubilação compulsória, nem a partir da data da apresentação do pedido de aposentadoria ao Órgão Especial.

Art. 90. No período correspondente às férias dos Ministros, não haverá distribuição de processos, exceto os de dissídio coletivo, mandado de segurança, ações cautelares e *habeas corpus*.

Art. 91. Todos os processos recebidos no Tribunal, independentemente da classe a que pertencerem, serão distribuídos logo após os registros e as formalidades necessárias à sua identificação.

Parágrafo único. Será fornecido a cada Ministro, por ocasião da distribuição, documento escrito ou transmissão computadorizada, contendo todos os dados da distribuição que lhe coube.

Art. 92. As redistribuições autorizadas expressamente neste Regimento serão feitas no âmbito da Secretaria do Colegiado em que tramita o processo, pelo respectivo Presidente, observada a compensação e publicidade, devendo ser fornecidos a cada Ministro integrante do Colegiado, mediante documento escrito ou transmissão computadorizada, todos os dados do repasse de feitos. *(Redação dada pela Emenda Regimental n. 4, de 14 de setembro de 2012)*

Art. 92-A. O Ministro recém-empossado receberá os processos vinculados à cadeira que ocupará, inclusive os agravos, agravos regimentais e embargos de declaração. *(Incluído pelo Ato Regimental n. 4, de 14 de setembro de 2012)*

§ 1º Haverá compensação, na Turma, na hipótese em que o montante de processos recebidos na cadeira seja inferior, na data da posse do novo Ministro, à média de processos dos cinco Ministros com maior acervo, considerada a competência das Turmas do Tribunal. *(Incluído pelo Ato Regimental n. 4, de 14 de setembro de 2012)*

§ 2º Na composição do saldo total de processos que caberá ao Ministro recém-empossado, observar-se-á, sempre que possível, a proporção de 2/5 de recurso de revista e 3/5 de agravo de instrumento. *(Incluído pelo Ato Regimental n. 4, de 14 de setembro de 2012)*

§ 3º Existindo processos, na cadeira, nas classes processuais "agravo de instrumento" ou "recurso de revista", cujo montante seja superior à proporção mencionada no § 2º, a totalidade da compensação recairá sobre a classe processual que não atingiu a aludida proporcionalidade. *(Incluído pelo Ato Regimental n. 4, de 14 de setembro de 2012)*

§ 4º A compensação de processos será progressiva, cabendo ao Presidente do Tribunal definir o acréscimo percentual à distribuição normal diária do Ministro recém-empossado. *(Incluído pelo Ato Regimental n. 4, de 14 de setembro de 2012)*

Art. 93. Os processos distribuídos aos Ministros permanecerão a eles vinculados, ainda que ocorram afastamentos temporários, ressalvada a hipótese de mandados de segurança originários, processos de dissídio coletivo, ações cautelares e *habeas corpus* que, a juízo da parte, reclamem solução inadiável. Nesse caso, ausente o Relator por mais de três dias, poderá ocorrer a redistribuição, observada a posterior compensação.

§ 1º Os processos de competência das Turmas, na hipótese de o Relator afastar-se temporariamente do Tribunal por período superior a 30 dias ou definitivamente, serão atribuídos ao Desembargador convocado para substituí-lo. Cessada a convocação, o Relator ou o novo Ministro Titular da cadeira receberá os processos, não solucionados, atribuídos ou distribuídos ao Desembargador convocado. *(Redação dada pela Emenda Regimental n. 4, de 14 de setembro de 2012)*

§ 2º Os processos de competência das Seções Especializadas serão redistribuídos no âmbito dos respectivos Órgãos fracionários, desde que não haja remoção de Ministro para a cadeira vaga. O Ministro que vier a ocupar a cadeira vaga receberá, em igual número, mediante compensação, o montante de processos redistribuídos por ocasião da vacância da cadeira. *(Redação dada pela Emenda Regimental n. 4, de 14 de setembro de 2012)*

§ 3º Os processos de competência do Órgão Especial, em caso de afastamento definitivo do Relator, serão atribuídos ao Ministro que o suceder no Órgão. Na hipótese de afastamento temporário, o Relator permanecerá vinculado a tais processos, observada, porém, a regra do art. 93, "*caput*", do RITST. *(Incluído pelo Ato Regimental n. 3, de 6 de fevereiro de 2012)*

Art. 94. *(Revogado pelo Ato Regimental n. 3, de 6 de fevereiro de 2012)*

I — *(Revogado pelo Ato Regimental n. 3, de 6 de fevereiro de 2012)*

II — *(Revogado pelo Ato Regimental n. 3, de 6 de fevereiro de 2012)*

Art. 94-B. O relator que se afastar definitivamente da Turma ou da Seção Especializada, por motivo de remoção, receberá no órgão para o qual se removeu os processos vinculados ao antecessor em que este ainda não após o visto. *(Incluído pelo Ato Regimental n. 4, de 14 de setembro de 2012)*

Parágrafo único. Na hipótese de remoção de Turma, o Ministro que se removeu receberá no novo órgão, em compensação, a diferença entre o acervo processual deixado na Turma de origem, ao se remover, e o que recebeu na nova cadeira, observadas as classes processuais. *(Incluído pelo Ato Regimental n. 4, de 14 de setembro de 2012)*

Art. 95. *(Revogado pelo Ato Regimental n. 4, de 14 de setembro de 2012)*

Art. 96. Se o afastamento do Relator for definitivo, em decorrência de haver assumido cargo de direção do Tribunal, seus processos serão atribuídos, conforme o caso, ao Juiz convocado, ou ao Titular da cadeira, que, em lugar do afastado, vier a integrar a Turma, inclusive em relação aos agravos e aos embargos de declaração. *(Redação dada pela Emenda Regimental n. 3, de 6 de fevereiro de 2012)*

Parágrafo único. Os processos de competência das Seções Especializadas serão atribuídos ao Titular da cadeira que, em lugar do afastado, vier a integrar a Seção Especializada, inclusive em relação aos agravos e aos embargos de declaração. *(Incluído pelo Ato Regimental n. 3, de 6 de fevereiro de 2012)*

Art. 97. O Ministro afastado definitivamente de qualquer Órgão julgador retornará ao Colegiado para relatar os processos em que, até a data do seu afastamento, após o visto. *(Redação dada pela Emenda Regimental n. 3, de 6 de fevereiro de 2012)*

Seção II
Das Disposições Especiais

Art. 98. O Colegiado que conhecer do processo terá jurisdição preventa para o julgamento dos recursos posteriores interpostos no mesmo processo, observada a competência.

Parágrafo único. O processo que tramita na fase de execução será distribuído ao Ministro a quem coube a relatoria na fase de conhecimento, ou a quem o tenha substituído ou sucedido, devendo os processos tramitar conjuntamente, sempre que possível.

Art. 99. O processo já apreciado pelo Órgão Especial ou por uma das Seções Especializadas, retornando a novo exame, será distribuído ao mesmo Colegiado e ao mesmo Relator ou Redator do acórdão. Na ausência definitiva do Relator ou do Redator do acórdão anterior, o processo será distribuído ao novo titular que vier a integrar o órgão prevento. *(Redação dada pela Emenda Regimental n. 3, de 6 de fevereiro de 2012)*

Parágrafo único. O processo já apreciado por uma das Turmas será distribuído ao mesmo Colegiado e ao mesmo Relator ou Redator do acórdão. Na ausência definitiva do Relator ou do Redator do acórdão anterior, o processo será distribuído ao Juiz convocado para a vaga ou ao novo titular que vier a integrar o órgão prevento. *(Incluído pelo Ato Regimental n. 3, de 6 de fevereiro de 2012)*

Art. 100. Aplica-se a regra do artigo anterior à hipótese de processo no qual haja recurso submetido à apreciação do Tribunal em razão de provimento de agravo de instrumento.

Art. 101. O agravo de instrumento que tramitar, ou que deveria tramitar, anexado ao processo principal, será distribuído no mesmo Colegiado e ao mesmo Relator.

Art. 102. A ação cautelar será distribuída ao Relator do processo principal, salvo se a medida for requerida em procedimento preparatório, hipótese em que será sorteado Relator dentre os integrantes do Colegiado competente para o julgamento da matéria, o qual fica prevento para a ação principal.

Parágrafo único. Observar-se á a mesma regra na hipótese de recurso ordinário em ação cautelar.

Art. 103. À distribuição dos embargos infringentes não concorrerá o Ministro que já tenha atuado no processo como Relator e/ou redigido o acórdão embargado.

Art. 104. Os embargos interpostos contra decisão de Turma serão distribuídos entre os Ministros não integrantes do Colegiado prolator da decisão embargada.

Art. 105. Da distribuição da ação rescisória originária será excluído o Ministro que tenha relatado o processo e/ou redigido o acórdão rescindendo.

CAPÍTULO III
DO RELATOR E DO REVISOR

Art. 106. Compete ao Relator:

I — submeter pedido de liminar ao órgão competente, antes de despachá-lo, desde que repute de alta relevância a matéria nele tratada. Caracterizada a urgência do despacho, concederá ou denegará a liminar, que será submetida ao referendo do Colegiado na primeira sessão que se seguir;

II — promover as diligências necessárias à perfeita instrução dos processos, fixando prazo para o seu cumprimento;

III — solicitar audiência do Ministério Público do Trabalho nas hipóteses previstas em lei, ou quando entender necessário;

IV — processar os incidentes de falsidade, suspeição e de impedimento, argüidos pelos litigantes;

V — despachar os pedidos de desistência de ação ou de recurso, suscitados em processo que lhe tenha sido distribuído, salvo quando incluídos em pauta ou quando formulados após a publicação do acórdão;

VI — lavrar os acórdãos referentes às decisões proferidas nos processos em que seu voto tenha prevalecido;

VII — requisitar autos originais, quando necessário;

VIII — delegar atribuições a autoridades judiciárias de instância inferior, nos casos previstos em lei ou neste Regimento

IX — decidir sobre os pedidos constantes das petições vinculadas a processos de sua competência que não excedam as atribuições do Presidente do Tribunal, do órgão julgador, e/ou da respectiva Presidência;

X — decidir por despacho, ou negar seguimento a recurso, na forma da lei;

XI — indeferir liminarmente ações originárias, na forma da lei; XII — submeter ao órgão julgador, conforme a competência, questão de ordem para o bom andamento dos processos; e

Art. 107. Compete ao Revisor:

I — sugerir ao Relator medidas ordenatórias do processo em que tenham sido omitidas;

II — confirmar, completar ou retificar o relatório; e

III — encaminhar os autos à Secretaria ou à Coordenadoria para inclusão em pauta.

CAPÍTULO IV
DAS PAUTAS

Art. 108. A pauta de julgamento de cada Colegiado será organizada por seu Secretário, conforme o caso, e aprovada pelo respectivo Presidente. *(Redação dada pela Emenda Regimental n. 4, de 14 de setembro de 2012)*

§ 1º Nenhum processo poderá ser incluído em pauta sem que dele conste o visto do Relator e do Revisor, se houver.

§ 2º Não haverá julgamento de processo sem prévia inclusão em pauta, salvo os recursos de revista convertidos em razão de provimento de agravo de instrumento, embargos de declaração, pedidos de homologação de acordo formulados em processo de dissídio coletivo originário, ou em grau recursal, e os incidentes de suspeição, que serão apresentados em Mesa pelo Relator.

§ 3º Os processos que versem sobre matéria idêntica ou semelhante poderão ser ordenados em pauta específica para julgamento conjunto.

Art. 109. Os processos serão incluídos em pauta, considerada a data de sua remessa à Secretaria, ressalvadas as seguintes preterências: *(Redação dada pela Emenda Regimental n. 4, de 14 de setembro de 2012)*

I — futuro afastamento temporário ou definitivo do Relator, bem como posse em cargo de direção;

II — solicitação do Ministro-Relator ou das partes, se devidamente justificada;

III — quando a natureza do processo exigir tramitação urgente, especificamente

s dissídios coletivos, mandados de segurança, ações cautelares, conflitos de competência e declaração de inconstitucionalidade de lei ou de ato do Poder Público; *(Redação dada pela Emenda Regimental n. 2/2011)*

IV — na ocorrência de transferência do Relator para outro Colegiado; e

V — nos processos submetidos ao rito sumaríssimo e naqueles que tenham como parte pessoa com mais de sessenta anos de idade.

Art. 110. Para a ordenação dos processos na pauta, observar-se-á a numeração correspondente a cada classe, preferindo no lançamento o elenco do inciso III do art. 109 deste Regimento e, ainda, aqueles em que é permitida a sustentação oral.

Art. 111. A pauta de julgamento será publicada no órgão oficial até a antevéspera da sessão.

§ 1º Havendo expressa concordância das partes, poderá ser dispensada a inclusão do processo em pauta.

§ 2º Os processos que não tiverem sido julgados na sessão permanecerão em pauta, independentemente de nova publicação, conservada a mesma ordem, com preferência sobre os demais, ressalvadas as hipóteses previstas no art. 109.

Art. 112. As matérias administrativas sujeitas à deliberação do Órgão Especial constarão de pauta previamente divulgada aos Ministros, sendo-lhe vedado deliberar sobre matéria dela não integrante, exceto quanto àquelas reputadas urgentes ou inadiáveis.

Parágrafo único. Para deliberar sobre matérias não constantes da pauta, é necessária a autorização de pelo menos dois terços dos Ministros, em votação preliminar.

Art. 113. Os processos que não tiverem sido julgados até a última sessão de cada semestre serão retirados de pauta.

CAPÍTULO V
DAS SESSÕES

Seção I
Do Funcionamento dos Órgãos

Art. 114. As sessões do Tribunal Pleno, do Órgão Especial, das Seções Especializadas e das Turmas realizar-se-ão, ordinária e extraordinariamente, por convocação do Presidente do Tribunal ou das Turmas, com a presença de todos os Ministros, ressalvadas as hipóteses excepcionais de férias, licenças ou afastamentos, previamente comunicados à Presidência do respectivo Colegiado e à Secretaria, para os procedimentos cabíveis. *(Redação dada pela Emenda Regimental n. 4, de 14 de setembro de 2012)*

Parágrafo único. Os Ministros comparecerão na hora designada para o início da sessão e não se ausentarão antes do seu término, salvo quando autorizados.

Art. 115. As sessões do Pleno e dos demais órgãos colegiados do Tribunal são públicas, salvo o disposto nos arts. 148 e 149.

Art. 116. Nas sessões do Tribunal Pleno, do Órgão Especial e das Seções Especializadas, o Presidente terá assento ao centro da Mesa, o Vice-Presidente ocupará a primeira cadeira do Plenário, à direita do Presidente, o Ministro mais antigo, a da esquerda, e o Corregedor-Geral da Justiça do Trabalho, a segunda da direita, seguindo-se assim, sucessivamente, observada a ordem de antiguidade.

Art. 117. Nas sessões das Turmas, o Presidente terá assento ao centro da Mesa e os demais integrantes do Colegiado ocuparão os lugares na bancada pela ordem de antiguidade.

Art. 118. O Desembargador do Trabalho convocado, nas sessões das Turmas, terá assento no lugar seguinte ao do ministro mais moderno. *(Redação dada pela Emenda Regimental n. 4, de 14 de setembro de 2012)*

Art. 119. O representante do Ministério Público do Trabalho participará das sessões, tendo assento à Mesa ao lado direito do Presidente.

Art. 120. Para a complementação do *quorum*, serão observadas as seguintes regras:

I — do Órgão Especial, será convocado o Ministro mais antigo, que não o integre;

II — das Seções Especializadas e das Turmas, será convocado Ministro do Tribunal.

Parágrafo único. Se não houver número para o funcionamento do Órgão, aguardar-se-á por trinta minutos a formação do *quorum*. Decorrido esse prazo e persistindo as ausências, será encerrada a sessão, com registro em ata.

Seção II
Das Disposições Gerais

Art. 121. Nas sessões dos órgãos judicantes do Tribunal, os trabalhos obedecerão à seguinte ordem:

I — verificação do número de Ministros presentes;

II — exame de propostas; e

III — julgamento dos processos.

Art. 122. Os processos serão submetidos a julgamento na seguinte ordem:

I — os *habeas corpus*;

II — aqueles em que houver pedido de preferência formulado por advogado até trinta minutos antes da hora prevista para o início da sessão, condicionando-se a ordem de julgamento do processo à presença, na sala de sessões, do advogado que solicitou a preferência; *(Redação dada pela Emenda Regimental n. 4, de 14 de setembro de 2012)*

III — os mandados de segurança e as medidas cautelares;

IV — os remanescentes de sessões anteriores;

V — os suspensos em sessão anterior em razão de vista regimental; e

VI — os demais processos constantes da pauta do dia.

Art. 123. As decisões serão tomadas pela maioria de votos, salvo as hipóteses previstas nos incisos dos §§ 1º e 2º do art. 62 e no parágrafo único do art. 64.

Art. 124. Na ocorrência de empate nas sessões do Órgão Especial e das Seções Especializadas, prevalecerá o voto proferido pelo Presidente do Tribunal ou pelo Ministro que o estiver substituindo.

Art. 125. Proclamada a decisão, não poderá ser feita apreciação ou crítica sobre a conclusão adotada.

Art. 126. A votação será iniciada com o voto do Relator. Não havendo divergência, o Presidente proclamará o resultado. Se houver divergência, os votos serão colhidos, a partir do voto do Relator, em ordem decrescente de antiguidade. Esgotada essa ordem, prosseguirá a tomada de votos, a partir do mais antigo.

§ 1º O Presidente ou o Ministro que o estiver substituindo votará por último, salvo se for o Relator do processo.

§ 2º Nenhum Ministro poderá se eximir de votar, salvo nas hipóteses de impedimento, de suspeição, de não ter assistido ao relatório ou participado dos debates ou, ainda, na situação, prevista no § 3º do art. 131, em que o Ministro vistor não estiver habilitado a proferir voto. *(Redação dada pela Emenda Regimental n. 6, de 16 de fevereiro de 2016)*

Art. 127. Ao Relator poderão ser solicitados esclarecimentos, sendo facultado aos advogados, mediante autorização, apresentar questão de fato relativa à controvérsia.

Art. 128. O Ministro usará o tempo que se fizer necessário para proferir seu voto, podendo retomar a palavra para retificá-lo antes da proclamação, prestar esclarecimentos ou se for nominalmente referido, sendo vedadas as interrupções e pronunciamentos sem prévia autorização do Presidente.

Art. 129. O julgamento, uma vez iniciado, será ultimado na mesma sessão, salvo se houver pedido de vista regimental, motivo relevante ou conversão do julgamento em diligência, quando necessária à decisão da causa.

§ 1º Na hipótese de conversão do julgamento em diligência, o processo será retirado da pauta, devendo, após ultimada, ser reincluído, com preferência.

§ 2º Nenhum processo poderá ficar suspenso por tempo indeterminado, salvo:

I — quando pender de decisão incidente de uniformização jurisprudencial, relativo à matéria discutida no processo, com vista à aprovação, modificação ou revogação de Súmula;

II — quando penderem de decisão os incidentes a que se referem as alíneas "a" e "b" do inciso I do art. 69 e os feitos mencionados no art. 299; e

III — enquanto não decidida argüição sobre declaração de inconstitucionalidade de lei ou de ato normativo do Poder público.

Art. 130. O representante do Ministério Público do Trabalho poderá usar da palavra, em seqüência ao relatório, quando solicitado por algum dos Ministros ou quando entender necessária a intervenção, em cada caso, mediante autorização do Presidente.

Art. 131. Na oportunidade em que lhe caiba votar, o Ministro poderá pedir vista regimental dos autos ou vista em Mesa. Sendo em Mesa, o julgamento dar-se-á na mesma sessão, tão logo o Ministro que a requereu se declare habilitado a votar; em sendo regimental, ficará adiado o julgamento, salvo anterior habilitação do Ministro que a requereu, para a primeira sessão subsequente ao término do prazo de dez dias, prorrogável por igual período, mediante pedido devidamente justificado, podendo os demais Ministros adiantar seus votos. *(Redação dada pela Emenda Regimental n. 6, de 16 de fevereiro de 2016)*

§ 1º O adiamento do julgamento em razão de vista regimental será registrado em certidão, bem como a data do seu prosseguimento e os votos proferidos.

§ 2º Se o processo não for devolvido tempestivamente, ou se o vistor deixar de solicitar prorrogação de prazo, o Presidente do órgão correspondente fará a requisição para julgamento na sessão subsequente, com publicação na pauta em que houver a inclusão.

(Redação dada pela Emenda Regimental n. 6, de 16 de fevereiro de 2016)

§ 3º Na hipótese do § 2º, apregoado o julgamento do processo, na data aprazada, não estando o Ministro que pediu vista habilitado a votar, o Presidente do órgão correspondente convocará substituto para proferir voto, observadas

as regras do art. 120 para a complementação do quorum. *(Redação dada pela Emenda Regimental n. 6, de 16 de fevereiro de 2016)*

§ 4º Na hipótese de mais de um pedido de vista, será concedido aos Ministros, sucessivamente, o prazo de dez dias, prorrogável na forma estabelecida no *caput*. *(Redação dada pela Emenda-Regimental n. 6, de 16 de fevereiro de 2016)*

§ 5º Prosseguindo o julgamento, a votação iniciará com o voto do Ministro que requereu a vista regimental ou daquele convocado para o substituir, hipótese em que, salvo quando o Ministro substituto se declarar esclarecido, observar-se-á o procedimento previsto no § 13. *(Redação dada pela Emenda Regimental n. 6, de 16 de fevereiro de 2016)*

§ 6º Os pedidos de vista regimental formulados por Ministros que se afastaram definitivamente do Tribunal serão desconsiderados, e o julgamento prosseguirá com a repetição do voto do Relator.

§ 7º O julgamento dos processos com vista regimental poderá prosseguir sem vinculação à Presidência e na ausência do Relator, se este já houver votado sobre toda a matéria.

§ § 8º Na ocorrência de afastamento definitivo do Relator, sem que tenha sido concluído o julgamento, este continuará da fase em que se encontrar, considerados os votos já proferidos e sob a competência do Ministro que primeiro requereu a vista ou daquele convocado para o substituir. *(Redação dada pela Emenda Regimental n. 6, de 16 de fevereiro de 2016)*

§ § 9º Não participará do julgamento já iniciado ou em prosseguimento o Ministro que não tenha assistido ao relatório ou aos debates, salvo quando se declarar esclarecido. *(Redação dada pela Emenda Regimental n. 1, de 24 de maio de 2011)*

§ 10. Ao reiniciar-se o julgamento, serão computados os votos já proferidos pelos Ministros, ainda que não compareçam ou que não mais componham o órgão. *(Redação dada pela Emenda Regimental n. 1, de 24 de maio de 2011)*

§ 11. *(Revogado pelo Ato Regimental n. 1, de 24 de maio de 2011)*

§ 12. *(Revogado pelo Ato Regimental n. 1, de 24 de maio de 2011)*

§ 13. Se, para efeito de *quorum*, for imprescindível o voto de Ministro nas condições do § 9º, serão renovados o relatório e a sustentação oral, computando-se os votos anteriormente proferidos. *(Incluído pelo Ato Regimental n. 4, de 14 de setembro de 2012)*

§ 14. Em caso de pedido de vista, o prazo de restituição dos autos ficará suspenso nos períodos de recesso e de férias coletivas. *(Incluído pelo Ato Regimental n. 7, de 16 de fevereiro de 2016)*

Art. 132. No julgamento dos recursos, o mérito será examinado após ultrapassada a fase de conhecimento.

Parágrafo único. Na hipótese de mais de um recurso com preliminares distintas, a apreciação far-se-á sucessivamente na ordem de preferência ditada pela prejudicialidade, considerado cada recurso isoladamente, esgotando-se com o exame do mérito.

Art. 133. O exame das preliminares prefere ao do mérito, observando-se nos julgamentos os seguintes critérios:

I — rejeitada a preliminar, ou se a decisão liminar for compatível com a apreciação do mérito, seguir-se-á o julgamento da matéria principal, pronunciando-se todos os Ministros, inclusive os vencidos na preliminar; e

II — o acolhimento da preliminar, se incompatível com o exame da matéria principal, impedirá o conhecimento do mérito.

III — vencido o Relator quanto aos pressupostos extrínsecos de admissibilidade do recurso, preliminar ou prejudicial de mérito e havendo necessidade de prosseguir no julgamento das questões subsequentes, os autos lhe serão conclusos para elaboração do voto correspondente, a ser proferido em sessão subsequente. *(Incluído pelo Ato Regimental n. 1, de 24 de maio de 2011)*

Art. 134. Para apuração da votação, havendo várias conclusões parcialmente divergentes, os votos deverão ser somados no que coincidirem. Permanecendo a divergência, sem possibilidade de nenhuma soma, serão as questões submetidas à apreciação, duas a duas, eliminando-se, sucessivamente, as que tiverem menor votação e prevalecendo a que reunir, por último, a maioria de votos.

Art. 135. Findo o julgamento, o Presidente proclamará a decisão e, se vencido o Relator em alguma questão de mérito, designará redator do acórdão o Ministro prolator do primeiro voto vencedor. *(Redação dada pela Emenda Regimental n. 1, de 24 de maio de 2011)*

Art. 136. As decisões proclamadas serão consignadas em certidão, que será juntada aos autos, na qual constará:

I — a identificação, o número do processo e o nome das partes e dos advogados que sustentaram oralmente;

II — o nome do Ministro que presidiu a sessão de julgamento; III — o nome do representante do Ministério Público do Trabalho presente na sessão;

IV — o nome do Relator e dos Ministros que participaram do julgamento;

V — a suspensão do julgamento em razão de pedido de vista regimental, com registro dos votos já proferidos e designação da data para o seu prosseguimento;

VI — a conclusão do julgamento com a indicação dos votos vencidos, se houver;

VII — a designação do Ministro-Redator do acórdão na hipótese de não prevalecer, em alguma questão de mérito, o voto do Relator

originário; *(Redação dada pela Emenda Regimental n. 1, de 24 de maio de 2011)*

VIII — os impedimentos e suspeições dos Ministros para o julgamento; e

IX — a data da sessão.

Art. 137. No horário regimental, concluídos os julgamentos, o Presidente encerrará a sessão, devendo ser lavrada a respectiva ata.

Parágrafo único. Na hipótese de remanescer sem julgamento número significativo de processos, a critério do órgão julgador, deverá o seu Presidente designar outro dia para o prosseguimento da sessão, considerando-se intimados os interessados, mediante o anúncio da deliberação.

Art. 138. Na ata, serão consignados, resumidamente, os assuntos tratados na sessão, devendo, ainda, constar:

I — dia, mês, ano e hora da abertura da sessão;

II — nome do Ministro que presidiu a sessão;

III — nomes dos Ministros presentes;

IV — nome do representante do Ministério Público do Trabalho; V — sumária notícia dos expedientes, das propostas e deliberações; e

VI — a identificação dos processos julgados, com o resultado da decisão e os votos vencidos, nomes das partes e do advogado, se tiver havido sustentação oral.

Art. 139. A ata será assinada pelo Presidente do Colegiado e arquivada na Secretaria. *(Redação dada pela Emenda Regimental n. 4, de 14 de setembro de 2012)*

Seção III
Da Participação dos Advogados

Art. 140. Nas sessões de julgamento do Tribunal, os advogados, no momento em que houverem de intervir, terão acesso à tribuna.

Parágrafo único. Na sustentação oral, ou para dirigir-se ao Colegiado, vestirão beca, que lhes será posta à disposição.

Art. 141. Os pedidos de preferência, formulados pelos advogados para os julgamentos de processos, encerrar-se-ão trinta minutos antes do início da sessão e serão concedidos com observância da ordem de registro. *(Redação dada pela Emenda Regimental n. 4, de 14 de setembro de 2012)*

Parágrafo único. O pregão do processo, na preferência, vincula-se à presença, na sala de sessões, do advogado que a requereu.

Art. 142. O requerimento de preferência formulado por um mesmo advogado em relação a mais de três processos, poderá ser deferido de forma alternada, considerados os pedidos formulados pelos demais advogados.

Art. 143. Os pedidos de adiamento de julgamento, se dirigidos à Presidência no início da sessão, somente serão admitidos se devidamente justificados, com a concordância do Relator e da parte contrária, se presente.

Art. 144. O advogado sem mandato nos autos, ou que não o apresentar no ato, não poderá proferir sustentação oral, salvo motivo relevante que justifique o deferimento da juntada posterior.

Art. 145. Ressalvado o disposto no art. 131, § 13, a sustentação oral será feita de uma só vez, ainda que arguida matéria preliminar ou prejudicial, e observará as seguintes disposições: *(Redação dada pela Emenda Regimental n. 4, de 14 de setembro de 2012)*

§ 1º Ao proferir seu voto, o Relator fará um resumo da matéria em discussão e antecipará sua conclusão, hipótese em que poderá ocorrer a desistência da sustentação, ante a antecipação do resultado. Havendo, porém, qualquer voto divergente daquele anunciado pelo Relator, o Presidente voltará a facultar a palavra ao advogado desistente. Não desistindo os advogados da sustentação, o Presidente concederá a palavra a cada um dos representantes das partes, por dez minutos, sucessivamente.

§ 2º Usará da palavra, em primeiro lugar, o advogado do recorrente; se ambas as partes o forem, o do reclamante.

§ 3º Aos litisconsortes representados por mais de um advogado, o tempo lhes será proporcionalmente distribuído, podendo haver prorrogação até o máximo de vinte minutos, ante a relevância da matéria.

§ 4º Quando for parte o Ministério Público, seu representante poderá proferir sustentação oral após as demais partes, sendo-lhe concedido prazo igual ao destas.

§ 5º Não haverá sustentação oral em: *(Redação dada pela Emenda Regimental n. 2/2011)*

I — embargos de declaração;

II — conflito de competência;

III — agravo de instrumento;

IV — agravos e agravos regimentais previstos neste Regimento Interno;

(Redação dada pela Emenda Regimental n. 5, de 9 de dezembro de 2014)

V — agravo em recurso extraordinário; *(Revogado pelo Ato Regimental n. 6, de 9 de dezembro de 2014)*

VI — agravo regimental contra decisão do Presidente de Turma que denegar seguimento a embargos à Subseção I da Seção Especializada em Dissídios Individuais; *(Incluído pelo Ato Regimental n. 4/2012) (Revogado pelo Ato Regimental n. 6, de 9 de dezembro de 2014)*

VII — arguição de suspeição ou de impedimento; *(Incluído pelo Ato Regimental n. 4, de 14 de setembro de 2012)*

VIII — ação cautelar. *(Incluído pelo Ato Regimental n. 4, de 14 de setembro de 2012)*

§ 6º O Presidente do órgão julgador cassará a palavra do advogado que, em sustentação oral, conduzir-se de maneira desrespeitosa ou, por qualquer motivo, inadequada.

Seção IV
Das Disposições Especiais

Art. 146. A Subseção I Especializada em Dissídios Individuais julgará desde logo a matéria objeto da revista não conhecida pela Turma, caso conclua, no julgamento dos embargos interpostos, que aquele recurso estava corretamente fundamentado em contrariedade a Súmula da Jurisprudência da Corte, ou a Orientação Jurisprudencial.

Seção V
Das Deliberações em Conselho

Art. 147. As sessões do Tribunal, por sugestão do Presidente ou de Ministro da Corte, desde que aprovadas pela maioria, poderão ser transformadas em Conselho para debate da matéria em apreciação.

Parágrafo único. A sessão também será transformada em Conselho para julgamento de processos sobre os quais a lei exigir sigilo.

Art. 148. Permanecerão em sessão o representante do Ministério Público do Trabalho, o Secretário, as partes interessadas e os respectivos Procuradores. *(Redação dada pela Emenda Regimental n. 4, de 14 de setembro de 2012)*

Art. 149. A proclamação da matéria deliberada em Conselho será pública, salvo se o conteúdo recomendar o contrário.

Seção VI
Das Sessões Solenes

Art. 150. O Tribunal Pleno reunir-se-á em sessão solene para:

I — dar posse ao Presidente, Vice-Presidente e Corregedor-Geral da Justiça do Trabalho;

II — dar posse aos Ministros do Tribunal; e

III — celebrar acontecimento de alta relevância.

Art. 151. O cerimonial das sessões solenes será regulado por ato do Presidente do Tribunal.

Seção VII
Das Decisões e da sua Publicação

Art. 152. Os acórdãos serão assinados pelo Relator do processo ou pelo julgador designado para lavrá-lo.

Parágrafo único. Na ausência dos julgadores mencionados no *caput* deste artigo, assinará o Presidente do órgão.

Art. 153. Os acórdãos da Seção Especializada em Dissídios Coletivos serão publicados na íntegra, no órgão oficial; os dos demais Colegiados terão publicadas apenas a ementa e a parte dispositiva.

Parágrafo único. A republicação de acórdão somente será feita quando autorizada pelo Presidente do Tribunal ou pelo Presidente do Colegiado, prolator da decisão.

Art. 154. Publicado o acórdão, a Secretaria providenciará sua juntada aos autos e, vencido o prazo de recurso para as partes, os encaminhará à Procuradoria-Geral do Trabalho, quando for parte o Ministério Público, pessoa jurídica de direito público, Estado estrangeiro ou organismo internacional. *(Redação dada pela Emenda Regimental n. 4, de 14 de setembro de 2012)*

Art. 155. São requisitos do acórdão:

I — a ementa, que, resumidamente, consignará a tese jurídica prevalecente no julgamento;

II — o relatório, contendo os nomes das partes, o resumo do pedido e da defesa e o registro das principais ocorrências do processo;

III — os fundamentos em que se baseia a decisão; e IV — o dispositivo.

TÍTULO II
DA JURISPRUDÊNCIA

CAPÍTULO I
DA UNIFORMIZAÇÃO DA JURISPRUDÊNCIA

Art. 156. O incidente de uniformização reger-se-á pelos preceitos dos arts. 476 a 479 do Código de Processo Civil.

§ 1º O incidente será suscitado quando a Seção Especializada constatar que a decisão se inclina contrariamente a reiteradas decisões dos órgãos fracionários sobre interpretação de regra jurídica, não necessariamente sobre matéria de mérito.

§ 2º O incidente somente poderá ser suscitado por Ministro ao proferir seu voto perante a Seção Especializada, pela parte, ou pelo Ministério Público do Trabalho, pressupondo, nos dois últimos casos, divergência jurisprudencial já configurada.

§ 3º A petição da parte e do Ministério Público, devidamente fundamentada, poderá ser apresentada até o momento da sustentação oral, competindo à Seção Especializada apreciar preliminarmente o requerimento.

§ 4º Verificando a Seção Especializada que a maioria conclui contrariamente a decisões reiteradas de órgãos fracionários sobre tema relevante de natureza material ou processual, deixará de proclamar o resultado e suscitará o incidente de uniformização de jurisprudência ao Tribunal Pleno. A decisão constará de simples certidão.

§ 5º A determinação de remessa ao Tribunal Pleno é irrecorrível, assegurada às partes a faculdade de sustentação oral por ocasião do julgamento.

§ 6º Será Relator no Tribunal Pleno, o Ministro originariamente sorteado para relatar o feito em que se verifica o incidente de uniformização; se vencido, o Ministro que primeiro proferiu o voto prevalecente. Caso o Relator originário não componha o Tribunal Pleno, o feito será distribuído a um dos membros deste Colegiado.

§ 7º Os autos serão remetidos à Comissão de Jurisprudência para emissão de parecer e apresentação da proposta relativa ao conteúdo e redação da Súmula ou do Precedente Normativo a ser submetido ao Tribunal Pleno, e, após, serão conclusos ao Relator para exame e inclusão em pauta.

§ 8º As cópias da certidão referente ao incidente de uniformização e do parecer da Comissão de Jurisprudência serão remetidas aos Ministros da Corte, tão logo incluído em pauta o processo.

§ 9º Como matéria preliminar, o Tribunal Pleno decidirá sobre a configuração da contrariedade, passando, caso admitida, a deliberar sobre as teses em conflito.

§ 10. A decisão do Tribunal Pleno sobre o tema é irrecorrível, cabendo à Seção Especializada, na qual foi suscitado o incidente, quando do prosseguimento do julgamento, aplicar a interpretação fixada.

§ 11. A decisão do Tribunal Pleno sobre o incidente de uniformização de jurisprudência constará de certidão, juntando-se o voto prevalecente aos autos. As cópias da certidão e do voto deverão ser juntadas ao projeto de proposta formulado pela Comissão de Jurisprudência e Precedentes Normativos para redação final da Súmula ou do Precedente Normativo que daí decorrerá.

Art. 157. Observar-se-á, no que couber, o disposto no art. 156 quanto ao procedimento de revisão da jurisprudência uniformizada do Tribunal, objeto de Súmula, de Orientação Jurisprudencial e de Precedente Normativo.

Art. 158. A revisão ou cancelamento da jurisprudência uniformizada do Tribunal, objeto de Súmula, de Orientação Jurisprudencial e de Precedente Normativo, será suscitada pela Seção Especializada, ao constatar que a decisão se inclina contrariamente a Súmula, a Orientação Jurisprudencial ou a Precedente Normativo, ou por proposta firmada por pelo menos dez Ministros da Corte, ou por projeto formulado pela Comissão de Jurisprudência e Precedentes Normativos.

§ 1º Verificando a Seção Especializada que a maioria se inclina contrariamente a Súmula, a Orientação Jurisprudencial ou a Precedente Normativo, deixará de proclamar o resultado e encaminhará o feito à Comissão de Jurisprudência e Precedentes Normativos para, em trinta dias, apresentar parecer sobre a sua revisão ou cancelamento, após o que os autos irão ao Relator para preparação do voto e inclusão do feito em pauta do Tribunal Pleno.

§ 2º A determinação de remessa à Comissão do Jurisprudência e Precedentes Normativos e ao Tribunal Pleno é irrecorrível, assegurada às partes a faculdade de sustentação oral por ocasião do julgamento.

§ 3º Será relator no Tribunal Pleno o Ministro originariamente sorteado para relatar o feito em que se processa a revisão ou o cancelamento da Súmula, da Orientação Jurisprudencial ou do Precedente Normativo; se vencido, o Ministro que primeiro proferiu o voto prevalecente. Caso o relator originário não componha o Tribunal Pleno, o feito será distribuído a um dos membros deste Colegiado.

§ 4º As cópias da certidão referente à revisão ou cancelamento da Súmula, da Orientação Jurisprudencial ou do Precedente Normativo, e do parecer da Comissão de Jurisprudência e Precedentes Normativos serão remetidas aos Ministros da Corte, tão logo incluído em pauta o processo.

CAPÍTULO II
DAS SÚMULAS

Art. 159. Nos processos que tratem de matéria objeto de incidente de uniformização de jurisprudência, haverá o sobrestamento do feito até decisão do incidente.

Art. 160. Para efeito do disposto nos arts. 894, II, e 896, "a" e "b", e §§ 3º, 4º, 5º e 6º, da Consolidação das Leis do Trabalho, será consubstanciada em Súmula a jurisprudência predominante do Tribunal Superior do Trabalho.

Art. 161. Quando se tratar de exame de constitucionalidade de lei ou de ato normativo do Poder Público, a edição de Súmula independe da observância dos dispositivos regimentais que regem a matéria, salvo quanto à exigência relativa à tomada de decisão por maioria absoluta.

Art. 162. Da proposta de edição de Súmula formulada pela Comissão de Jurisprudência e Precedentes Normativos resultará um projeto, devidamente instruído, que será encaminhado ao Presidente do Tribunal para ser submetido à apreciação do Tribunal Pleno.

Art. 163. A proposta de edição de Súmula, firmada por pelo menos dez Ministros da Corte, ou de iniciativa de qualquer Ministro do Tribunal, no exercício da atividade jurisdicional, deverá ser encaminhada à Comissão de Jurisprudência e Precedentes Normativos.

§ 1º A proposta firmada por pelo menos dez Ministros da Corte será encaminhada ao Presidente do Tribunal, que a enviará à Comissão de Jurisprudência e Precedentes Normativos para, no prazo de trinta dias, emitir parecer fundamentado e conclusivo, que será submetido à apreciação do Tribunal Pleno.

§ 2º A proposta de iniciativa de Ministro, se acolhida pela maioria absoluta dos membros efetivos da Seção Especializada que apreciou o recurso respectivo, será examinada pela Comissão que, no prazo de trinta dias, emitirá parecer dirigido ao Presidente do Tribunal para ser submetido à apreciação do Tribunal Pleno.

Art. 164. O parecer da Comissão de Jurisprudência e Precedentes Normativos deverá conter opinião fundamentada acerca da proposta de edição da Súmula. Na hipótese de acolhimento da proposta, deverá sugerir o texto a ser editado, instruído com as cópias dos precedentes e da legislação pertinente.

Art. 165. O projeto de edição de Súmula deverá atender a um dos seguintes pressupostos:

I — três acórdãos da Subseção Especializada em Dissídios Individuais, reveladores de unanimidade sobre a tese, desde que presentes aos julgamentos pelo menos 2/3 (dois terços) dos membros efetivos do órgão;

II — cinco acórdãos da Subseção Especializada em Dissídios Individuais, prolatados por maioria simples, desde que presentes aos julgamentos pelo menos 2/3 (dois terços) dos membros efetivos do órgão;

III — quinze acórdãos de cinco Turmas do Tribunal, sendo três de cada, prolatados por unanimidade; ou

IV — dois acórdãos de cada uma das Turmas do Tribunal, prolatados por maioria simples.

§ 1º Os acórdãos catalogados para fim de edição de Súmula deverão ser de relatores diversos, proferidos em sessões distintas.

§ 2º Na hipótese de matéria revestida de relevante interesse público e já decidida por Colegiado do Tribunal, poderá qualquer dos órgãos judicantes, a Comissão de Jurisprudência e Precedentes Normativos, a Procuradoria-Geral do Trabalho, o Conselho Federal da Ordem dos Advogados do Brasil ou Confederação Sindical, de âmbito nacional, suscitar ou requerer ao Presidente do Tribunal apreciação, pelo Tribunal Pleno, de proposta de edição de Súmula. Nesse caso, serão dispensados os pressupostos dos incisos I a IV deste artigo, e deliberada, preliminarmente, por dois terços dos votos, a existência de relevante interesse público.

Art. 166. A edição, revisão ou cancelamento de Súmula serão objeto de apreciação pelo Tribunal Pleno, considerando-se aprovado o projeto quando a ele anuir a maioria absoluta de seus membros.

CAPÍTULO III
DOS PRECEDENTES NORMATIVOS E DAS ORIENTAÇÕES JURISPRUDENCIAIS

Art. 167. Da proposta de edição de Precedentes Normativos do Tribunal e de Orientações Jurisprudenciais formulada pela Comissão de Jurisprudência e Precedentes Normativos resultará um projeto, que será devidamente instruído com a sugestão do texto, a exposição dos motivos que justificaram a sua edição, a relação dos acórdãos que originaram os precedentes e a indicação da legislação pertinente à hipótese.

§ 1º O projeto será encaminhado aos Ministros para, no prazo de quinze dias, apresentarem sugestões e/ou objeções pertinentes.

§ 2º Vencido o prazo do parágrafo anterior, a Comissão, após exame das sugestões e/ou objeções, deliberará conclusivamente sobre o projeto.

Art. 168. A proposta de Precedente Normativo do Tribunal deverá atender a um dos um dos seguintes pressupostos:

I — três acórdãos da Seção Especializada em Dissídios Coletivos, reveladores da unanimidade sobre a tese, desde que presentes aos julgamentos pelo menos 2/3 (dois terços) dos membros efetivos do Órgão; ou

II — cinco acórdãos da Seção Especializada em Dissídios Coletivos, prolatados por maioria simples, desde que presentes aos julgamentos pelo menos 2/3 (dois terços) dos membros efetivos do Órgão.

Art. 169. Poderão ser estabelecidos precedentes para o Órgão Especial, que expressarão a jurisprudência prevalecente.

Art. 170. A proposta de orientação jurisprudencial do Órgão Especial deverá atender a um dos seguintes pressupostos:

I — três acórdãos do Tribunal Pleno ou do Órgão Especial, reveladores da unanimidade sobre a tese, desde que presentes aos julgamentos pelo menos 2/3 (dois terços) de seus membros; ou

II — cinco acórdãos do Tribunal Pleno ou do Órgão Especial, prolatados por maioria simples, desde que presentes aos julgamentos pelo menos 2/3 (dois terços) de seus membros.

Art. 171. A proposta de instituição de nova orientação jurisprudencial da Seção Especializada em Dissídios Individuais deverá atender a um dos seguintes pressupostos:

I — dez acórdãos da Subseção respectiva reveladores da unanimidade sobre a tese; ou *(Redação dada pela Emenda Regimental n. 1, de 24 de maio de 2011)*

II — vinte acórdãos da Subseção respectiva prolatados por maioria de dois terços de seus integrantes. *(Redação dada pela Emenda Regimental n. 1, de 24 de maio de 2011)*

Art. 172. Aprovada a proposta, passará a denominar-se Precedente Normativo ou Orientação Jurisprudencial, conforme o caso, com numeração própria.

Art. 173. Os Precedentes Normativos e as Orientações Jurisprudenciais expressarão a jurisprudência prevalecente das respectivas Subseções, quer para os efeitos do que contém a Súmula n. 333 do TST quer para o que dispõe o art. 557, *caput*, e § 1º-A do Código de Processo Civil.

Parágrafo único. Os acórdãos catalogados para fim de adoção de Precedentes Normativos e de Orientação Jurisprudencial deverão ser de relatores diversos correspondentes a, pelo menos, dois terços dos integrantes do respectivo órgão fracionário do Tribunal e ter sido proferidos em sessões distintas, realizadas no período mínimo de dezoito meses. *(Redação dada pela Emenda Regimental n. 1, de 24 de maio de 2011)*

CAPÍTULO IV
DA DIVULGAÇÃO DA JURISPRUDÊNCIA DO TRIBUNAL

Art. 174. A jurisprudência do Tribunal será divulgada pelas seguintes publicações:

I — Diário Eletrônico da Justiça do Trabalho ou Diário da Justiça da União;

II — Revista do Tribunal Superior do Trabalho; III — periódicos autorizados, mediante registro; e

IV — sítio do Tribunal Superior do Trabalho na internet.

Parágrafo único. São repositórios autorizados para indicação de julgados perante o Tribunal os repertórios, revistas e periódicos registrados de conformidade com o ato normativo editado pela Presidência, além do sítio do Tribunal Superior do Trabalho na internet.

Art. 175. As Súmulas, os Precedentes Normativos e as Orientações Jurisprudenciais, datados e numerados, serão publicados por três vezes consecutivas no Diário da Justiça da União ou no Diário Eletrônico da Justiça do Trabalho, com a indicação dos respectivos precedentes, observado o mesmo procedimento na revisão e no cancelamento.

Parágrafo único. As Súmulas, os Precedentes Normativos e as Orientações Jurisprudenciais canceladas ou alteradas manterão a respectiva numeração, com a nota correspondente, tomando novos números as que forem editadas.

TÍTULO III
DOS ATOS PROCESSUAIS

CAPÍTULO I
DOS ATOS E FORMALIDADES

Seção I
Das Disposições Gerais

Art. 176. Os atos processuais serão autenticados, conforme o caso, mediante a assinatura ou rubrica do Presidente, dos Ministros ou dos servidores para tal fim qualificados.

Parágrafo único. É exigida a assinatura usual nos acórdãos, na correspondência oficial e nas certidões, ressalvada a hipótese de chancela mecânica e dos procedimentos permitidos pela Lei n. 11.419/2006.

Seção II
Das Notificações e dos Editais

Art. 177. A critério do Presidente do Tribunal, dos Presidentes das Turmas ou do Relator, conforme o caso, a notificação de ordens ou decisões será feita:

I — por publicação no Diário Eletrônico da Justiça do Trabalho ou no Diário da Justiça da União;

II — por servidor credenciado; e

III — por via postal ou por qualquer modo eficaz de telecomunicação, com as cautelas necessárias à autenticação da mensagem e do recebimento.

Parágrafo único. Poder-se-á admitir a resposta pela forma indicada no inciso III deste artigo.

Art. 178. Da publicação do expediente de cada processo constará, além do nome das partes, o de seu advogado.

Art. 179. É suficiente a indicação do nome de um dos advogados, quando a parte houver constituído mais de um, ou o constituído substabelecer a outro com reserva de poderes.

Art. 180. A retificação de publicação no Diário Eletrônico da Justiça do Trabalho ou no Diário da Justiça da União, com efeito de intimação, decorrente de incorreções ou omissões, será providenciada pela Secretaria do órgão responsável pela publicação, mediante despacho do Presidente do Tribunal ou do Presidente de Turma, ou por deliberação do órgão julgador, conforme o caso. *(Redação dada pela Emenda Regimental n. 4, de 14 de setembro de 2012)*

Art. 181. Os editais destinados à divulgação de ato poderão conter apenas o essencial à defesa ou à resposta, observadas as normas previstas na lei processual.

Art. 182. Nas férias dos Ministros, não se interromperá a publicação de acórdãos, decisões e despachos no órgão oficial.

CAPÍTULO II
DOS PRAZOS

Art. 183. A contagem dos prazos no Tribunal será feita segundo as normas estabelecidas nas leis processuais, aplicáveis ao processo do trabalho, ainda que se trate de procedimento administrativo.

§ 1º O recesso forense e as férias coletivas dos Ministros suspendem os prazos recursais.

§ 2º Nos casos deste artigo, os prazos começam ou continuam a fluir no dia de reabertura do expediente forense.

Art. 184. Os prazos para os Ministros, salvo acúmulo de serviço, são os seguintes:

I — quinze dias para atos administrativos e despachos em geral;

II — trinta dias para o visto do Relator; III — quinze dias para o visto do Revisor;

IV — quinze dias para lavratura de acórdão, exceto o referente às decisões normativas, em que o prazo é de dez dias;

V — quinze dias para justificativa de voto; e

VI — dez dias para vista regimental de processo.

Parágrafo único. Por deliberação do Órgão Especial, os prazos fixados neste artigo poderão ser suspensos, caracterizada situação excepcional que justifique a medida.

CAPÍTULO III
DOS DADOS ESTATÍSTICOS

Art. 185. Os dados estatísticos relativos às atividades jurisdicionais dos órgãos do Tribunal e dos Ministros serão publicados, mensalmente, no órgão oficial.

Art. 186. Da publicação da estatística deverá constar o nome dos julgadores, o número de feitos que lhes foram distribuídos ou conclusos no mês, os despachos proferidos, os processos julgados, os acórdãos lavrados, os pedidos de vista, bem como os processos pendentes de exame e de inclusão em pauta, e os processos com vista à Procuradoria-Geral do Trabalho.

CAPÍTULO IV
DAS AUDIÊNCIAS

Art. 187. As audiências para instrução de processo da competência originária do Tribunal serão públicas e realizadas nos dias e horários marcados pelo Presidente, pelo Vice-Presidente ou pelo Ministro por eles designado, ou pelo Relator, presentes o Secretário-Geral Judiciário, no caso de processo de competência originária da Seção Especializada em Dissídios Coletivos, ou os Secretários das Subseções Especializadas em Dissídios Individuais, conforme o caso. *(Redação dada pela Emenda Regimental n. 4, de 14 de setembro de 2012)*

Parágrafo único. O Ministro que presidir a audiência deliberará sobre o que lhe for requerido.

Art. 188. Ninguém se retirará da sala de audiência a que haja comparecido para dela participar sem permissão do Ministro que a presidir.

Art. 189. Será lavrada ata da audiência de instrução e conciliação.

Art. 189-A. A audiência pública prevista no artigo 35, incisos XXXVI e XXXVII, deste Regimento será presidida pelo Presidente do Tribunal, observado, se for o caso, o disposto no inciso XXXI do mesmo dispositivo, e atenderá ao seguinte procedimento: *(Incluído pelo Ato Regimental n. 1, de 24 de maio de 2011)*

I — o despacho que a convocar será amplamente divulgado e fixará prazo para a indicação das pessoas a serem ouvidas; *(Incluído pelo Ato Regimental n. 1, de 24 de maio de 2011)*

II — havendo defensores e opositores relativamente à matéria objeto da audiência, será garantida a participação das diversas

correntes de opinião; *(Incluído pelo Ato Regimental n. 1, de 24 de maio de 2011)*

III — caberá ao Presidente do Tribunal selecionar as pessoas que serão ouvidas e divulgar a lista dos habilitados, sem prejuízo das que entender devam ser indicadas, determinando a ordem dos trabalhos e fixando o tempo que cada um disporá para se manifestar; *(Incluído pelo Ato Regimental n. 1, de 24 de maio de 2011)*

IV — o depoente deverá limitar-se ao tema ou questão em debate; *(Incluído pelo Ato Regimental n. 1, de 24 de maio de 2011)*

V — a audiência pública poderá ser transmitida pela TV Justiça, pela Rádio Justiça e pela rede mundial de computadores; *(Incluído pelo Ato Regimental n. 1, de 24 de maio de 2011)*

VI — os trabalhos da audiência pública serão registrados e juntados aos autos do processo, quando for o caso, ou arquivados no âmbito da Presidência do Tribunal; *(Incluído pelo Ato Regimental n. 1, de 24 de maio de 2011)*

VII — os casos omissos serão resolvidos pelo Presidente do Tribunal ou, se for o caso, pelo Ministro que presidir a audiência.*(Incluído pelo Ato Regimental n. 1, de 24 de maio de 2011)*

TÍTULO IV
DOS PROCESSOS EM ESPÉCIE

CAPÍTULO I
DOS PROCESSOS SOBRE COMPETÊNCIA

Seção I
Do *Habeas corpus*

Art. 190. Impetrado o *habeas corpus*, o Relator requisitará informações do apontado coator, no prazo que fixar, podendo, ainda:

I — nomear advogado para acompanhar e defender oralmente o pedido, se o impetrante não for bacharel em Direito;

II — ordenar diligências necessárias à instrução do pedido;

III — se convier ouvir o paciente, determinar sua apresentação à sessão de julgamento; e

IV — no *habeas corpus* preventivo, expedir salvo-conduto em favor do paciente, até decisão do feito, se houver grave risco de consumar-se a violência.

Art. 191. Instruído o processo e ouvido o Ministério Público, o Relator o submeterá a julgamento na primeira sessão da Subseção II Especializada em Dissídios Individuais, independentemente de pauta.

Parágrafo único. Opondo-se o paciente, não se conhecerá do pedido.

Art. 192. A decisão concessiva de *habeas corpus* será imediatamente comunicada às autoridades a quem couber cumpri-la, sem prejuízo da remessa de cópia do acórdão.

Parágrafo único. A comunicação, mediante ofício ou qualquer outro meio idôneo, bem como o salvo-conduto, em caso de ameaça de violência ou coação, serão firmados pelo Relator.

Art. 193. O carcereiro ou o diretor da prisão, o escrivão, o oficial de justiça ou a autoridade judiciária, policial ou militar, que embaraçar ou procrastinar o encaminhamento do pedido de *habeas corpus*, ou as informações sobre a causa da violência, coação ou ameaça, serão multados na forma da legislação processual vigente, sem prejuízo de outras sanções penais ou administrativas.

Art. 194. Havendo desobediência ou retardamento abusivo no cumprimento da ordem de *habeas corpus*, de parte do detentor ou do carcereiro, o Presidente do Tribunal expedirá mandado contra o desobediente e oficiará ao Ministério Público, para que promova a ação penal.

Parágrafo único. Na hipótese deste artigo, o Presidente do Tribunal adotará as providências necessárias ao cumprimento da decisão, com emprego dos meios legais cabíveis.

Art. 195. Quando o pedido for incabível, ou for manifesta a incompetência do Tribunal para dele conhecer originariamente, ou for reiteração de outro com os mesmos fundamentos, o Relator o indeferirá liminarmente.

Seção II
Da Reclamação

Art. 196. *(Revogado pelo Ato Regimental n. 2, de 15 de setembro de 2011)*

§ 1º. *(Revogado pelo Ato Regimental n. 2, de 15 de setembro de 2011)*

§ 2º. *(Revogado pelo Ato Regimental n. 2, de 15 de setembro de 2011)*

§ 3º. *(Revogado pelo Ato Regimental n. 2, de 15 de setembro de 2011)*

§ 4º. Oficiará no feito o Ministério Público do Trabalho, como custos legis, salvo se figurar como reclamante. *(Revogado pelo Ato Regimental n. 2, de 15 de setembro de 2011)*

Art. 197. *(Revogado pelo Ato Regimental n. 2, de 15 de setembro de 2011)*

Art. 198. Ao despachar a inicial, incumbe ao Relator: *(Revogado pelo Ato Regimental n. 2/2011)*

I — *(Revogado pelo Ato Regimental n. 2/2011)*

II — ordenar liminarmente, se houver risco de dano irreparável, a suspensão do processo ou do ato impugnado. *(Revogado pelo Ato Regimental n. 2, de 15 de setembro de 2011)*

Art. 199. *(Revogado pelo Ato Regimental n. 2, de 15 de setembro de 2011)*

Art. 200. *(Revogado pelo Ato Regimental n. 2, de 15 de setembro de 2011)*

Seção III
Dos Conflitos de Competência e de Atribuições

Art. 201. O conflito de jurisdição ou competência poderá ocorrer entre autoridades judiciárias, e o de atribuições, entre autoridades judiciárias e administrativas.

Art. 202. Dar-se-á conflito quando:
I — ambas as autoridades se julgarem competentes; II — ambas se considerarem incompetentes; e
III — houver controvérsia entre as autoridades sobre a reunião ou separação de processos.

Art. 203. O conflito poderá ser suscitado pela parte interessada ou seus representantes legais, pelo Ministério Público do Trabalho ou pelos Juízes e Tribunais Regionais do Trabalho.

Art. 204. O processo de conflito será autuado e distribuído, observada a competência dos órgãos judicantes do Tribunal.

Art. 205. O Relator, de ofício ou a requerimento de qualquer das partes, poderá determinar, quando positivo o conflito, o sobrestamento do processo, e, na hipótese de conflito negativo, designar um dos órgãos para, em caráter provisório, decidir as medidas urgentes.

Art. 206. O Relator, sempre que necessário, determinará que as autoridades em conflito sejam ouvidas no prazo de dez dias.

Art. 207. Proferida, a decisão será comunicada, imediatamente, às autoridades em conflito, devendo prosseguir o feito no Juízo ou Tribunal competente.

Art. 208. Da decisão de conflito não caberá recurso, não podendo a matéria ser renovada na discussão da causa principal.

CAPÍTULO II
DAS AÇÕES ORIGINÁRIAS

Seção I
Do Mandado de Segurança

Art. 209. Cabe mandado de segurança contra ato do Presidente ou de qualquer dos membros da Corte, observadas para o julgamento as regras referentes à competência dos órgãos judicantes do Tribunal.

Art. 210. O mandado de segurança, de competência originária do Tribunal, terá seu processo iniciado por petição, em duplicata, que preencherá os requisitos legais, inclusive a necessidade de autenticação dos documentos que instruem a ação mandamental, sendo facultada ao advogado a declaração de autenticidade dos referidos documentos, sob sua responsabilidade pessoal, na forma do artigo 830 da CLT, devendo conter, ainda, a indicação precisa da autoridade a quem se atribua o ato impugnado. *(Redação dada pela Emenda Regimental n. 3, de 6 de fevereiro de 2012)*

§ 1º A segunda via da inicial deverá conter as cópias dos documentos que acompanham a primeira via, autenticadas ou declaradas autênticas, na forma do "*caput*" deste artigo. *(Redação dada pela Emenda Regimental n. 3, de 6 de fevereiro de 2012)*

§ 2º Afirmado pelo requerente que o documento necessário à prova de suas alegações se encontra em órgão ou estabelecimento público ou em poder de autoridade que lhe recuse certidão, ele solicitará ao Relator que seja requisitada, por ofício, a exibição do documento, em original ou cópia autenticada, no prazo de cinco dias úteis. Se a autoridade indicada pelo requerente for a coatora, far-se-á requisição no próprio instrumento da intimação.

Art. 211. Distribuído o feito na forma regimental, o Relator mandará ouvir a autoridade dita coatora, mediante ofício acompanhado da segunda via da petição, instruída com as cópias dos documentos, a fim de que preste informações, no prazo legal.

§ 1º A petição inicial poderá de plano ser indeferida pelo Relator, quando não for a hipótese de mandado de segurança, ou quando não atendidos os requisitos do artigo anterior, devendo os autos ser remetidos ao Juízo competente, se manifesta a incompetência do Tribunal, dispensadas as informações da autoridade dita coatora.

§ 2º O Relator poderá ordenar a suspensão liminar do ato que deu motivo ao pedido, quando for relevante o fundamento e do ato impugnado puder resultar a ineficácia da medida, caso seja deferida.

Art. 212. Transcorrido o prazo legal para as informações, o Relator determinará a remessa dos autos à Procuradoria Geral do Trabalho.

Seção II
Da Ação Rescisória

Art. 213. Caberá ação rescisória dos acórdãos prolatados pelo Tribunal, no prazo e nas hipóteses previstas na legislação processual aplicável, observadas, para o julgamento, as regras alusivas à competência dos Órgãos judicantes da Corte.

Parágrafo único. A ação rescisória está sujeita ao depósito prévio equivalente a 20% (vinte por cento) do valor da causa, salvo prova de miserabilidade jurídica do autor.

Art. 214. A ação rescisória terá início por petição, acompanhada de tantas cópias quantos forem os réus e preenchidos os requisitos da legislação processual compatíveis com o processo do trabalho.

Parágrafo único. Registrada e autuada, a ação rescisória será distribuída, mediante sorteio, a um Relator, dentre os Ministros integrantes da Subseção II Especializada em Dissídios Individuais. *(Redação dada pela Emenda Regimental n. 7, de 23 de maio de 2016)*

Art. 215. A petição inicial será indeferida pelo Relator, se não preenchidas as exigências legais e não suprida a irregularidade.

Art. 216. Compete ao Relator, se a petição preencher os requisitos legais:

I — ordenar as citações e intimações requeridas;

II — receber ou rejeitar, *in limine*, a petição inicial e as exceções opostas e designar audiência especial para produção de provas, se requeridas ou se lhe parecerem necessárias;

III — submeter a julgamento em Mesa as questões incidentes e as exceções opostas, quando regularmente processadas; e

IV — dar vista ao Ministério Público do Trabalho, sempre que couber, depois das alegações finais das partes.

Art. 217. Feita a citação, o réu, no prazo assinalado pelo Relator, que não poderá ser inferior a quinze dias nem superior a trinta, apresentará a contestação.

Art. 218. Ultimada a fase probatória, permanecerão os autos na Secretaria, para apresentação de razões finais, tendo as partes, sucessivamente, o prazo de dez dias.

Parágrafo único. Findo esse prazo e tendo sido oficiado, quando cabível, ao Ministério Público do Trabalho, serão os autos conclusos ao Relator. *(Redação dada pela Emenda Regimental n. 7, de 23 de maio de 2016)*

Seção III
Dos Dissídios Coletivos

Art. 219. Frustrada, total ou parcialmente, a autocomposição dos interesses coletivos em negociação promovida diretamente pelos interessados ou mediante intermediação administrativa do órgão competente do Ministério do Trabalho, poderá ser ajuizada a ação de dissídio coletivo.

§ 1º Na impossibilidade real de encerramento da negociação coletiva em curso antes do termo final a que se refere o art. 616, § 3º, da CLT, a entidade interessada poderá formular protesto judicial em petição escrita, dirigida ao Presidente do Tribunal, a fim de preservar a data-base da categoria.

§ 2º Deferida a medida prevista no item anterior, a representação coletiva será ajuizada no prazo máximo de trinta dias, contados da intimação, sob pena de perda da eficácia do protesto.

Art. 220. Os dissídios coletivos podem ser:

I — de natureza econômica, para a instituição de normas e condições de trabalho;

II — de natureza jurídica, para interpretação de cláusulas de sentenças normativas, de instrumentos de negociação coletiva, acordos e convenções coletivas, de disposições legais particulares de categoria profissional ou econômica e de atos normativos;

III — originários, quando inexistentes ou em vigor normas e condições especiais de trabalho, decretadas em sentença normativa;

IV — de revisão, quando destinados a reavaliar normas e condições coletivas de trabalho preexistentes, que se hajam tornado injustas ou ineficazes pela modificação das circunstâncias que as ditaram; e

V — de declaração sobre a paralisação do trabalho decorrente de greve.

Art. 221. Para julgamento, o processo será incluído em pauta preferencial, se for caso de urgência, sobretudo na ocorrência ou iminência de paralisação do trabalho.

Parágrafo único. Na hipótese de greve em serviços ou atividades essenciais, poderá o Presidente do Tribunal, justificando a urgência, dispensar a inclusão do processo em pauta, convocar sessão para julgamento do dissídio coletivo, notificando as partes, por meio de seus patronos, e cientificando o Ministério Público, tudo com antecedência de, pelo menos, doze horas.

Art. 222. Requerida a homologação de acordo em processo de dissídio coletivo, antes ou depois do julgamento, da apresentação de recursos ou da publicação do acórdão, adotar-se-á o seguinte procedimento:

I — o pedido de homologação de acordo será apreciado pelo Relator originário ou pelo Redator designado para lavrar o acórdão do julgamento já realizado, se for o caso;

II — o processo será redistribuído a um dos membros do Colegiado, se ausente, por qualquer motivo, o Relator; e

III — o pedido de homologação de acordo será apreciado, independentemente de publicação de pauta, cabendo ao Relator apresentar os autos em Mesa, na primeira sessão ordinária subsequente à formulação do pedido, ou em sessão extraordinária designada para esse fim, sendo de igual modo dispensada a prévia inclusão em pauta, quando o pedido ingressar antes do julgamento do recurso ordinário.

Art. 223. O acordo judicial homologado no processo de dissídio coletivo, abrangendo a totalidade ou parte das pretensões, tem força de decisão irrecorrível para as partes.

CAPÍTULO III
DOS RECURSOS

Seção I
Do Recurso Ordinário

Art. 224. Cabe recurso ordinário para o Tribunal das decisões definitivas proferidas pelos Tribunais Regionais do Trabalho em processos de sua competência originária, no prazo legal, contado da publicação do acórdão ou de sua conclusão no órgão oficial.

Art. 225. É cabível recurso ordinário em:

I — ação anulatória;

II — ação cautelar;

III — ação declaratória;

IV — agravo regimental;

V — ação rescisória;

VI — dissídio coletivo;

VII — *habeas corpus*;

VIII — *habeas data*; e

IX — mandado de segurança.

Seção II
Do Recurso de Revista

Art. 226. O recurso de revista, interposto na forma da lei, é apresentado no Tribunal Regional do Trabalho e tem seu cabimento examinado em despacho fundamentado pelo Presidente do Tribunal de origem, ou pelo Juiz designado para esse fim, conforme o Regimento Interno do Tribunal Regional do Trabalho.

Parágrafo único. São fontes oficiais de publicação dos julgados o Diário Eletrônico da Justiça do Trabalho, o Diário da Justiça da União e dos Estados, a Revista do Tribunal Superior do Trabalho, as revistas publicadas pelos Tribunais Regionais do Trabalho, os sítios do Tribunal Superior

do Trabalho e dos Tribunais Regionais do Trabalho na internet e os repositórios autorizados a publicar a jurisprudência trabalhista.

Seção III
Do Agravo de Instrumento

Art. 227. O agravo de instrumento interposto contra despacho denegatório do processamento de recurso de competência desta Corte será autuado e distribuído, observada a competência dos órgãos do Tribunal, aplicando-se quanto à tramitação e julgamento as disposições inscritas nesta Seção.

Art. 228. Em se tratando de agravo de instrumento que tramita conjuntamente com recurso de revista, se provido o agravo, publicar-se-á a certidão para efeito de intimação das partes, dela constando que o julgamento de ambos os recursos de revista dar-se-á na primeira sessão ordinária subseqüente à data da publicação.
§ 1º Os autos do agravo de instrumento serão apensados aos do processo principal, com a alteração dos registros relativamente às partes, permanecendo a numeração constante dos autos principais.
§ 2º Julgado o recurso de revista, será lavrado um único acórdão, que consignará também os fundamentos do provimento do agravo de instrumento, fluindo a partir da data de publicação do acórdão o prazo para interposição de embargos de declaração e/ou embargos à Seção de Dissídios Individuais.

Art. 229. Interposto apenas agravo de instrumento, se lhe for dado provimento, observar-se-á o procedimento do art. 228, *caput*, e § 2º.
§ 1º O processo, nessa hipótese, será reautuado como recurso de revista, mantida a numeração dada ao agravo de instrumento.
§ 2º Não sendo conhecido ou provido o agravo de instrumento, será lavrado o respectivo acórdão.

Art. 230. Na hipótese do art. 228, se não for conhecido ou provido o agravo de instrumento, será de imediato julgado o recurso de revista, com lavratura de acórdãos distintos.

CAPÍTULO IV
DOS RECURSOS DAS DECISÕES PROFERIDAS NO TRIBUNAL

Seção I
Dos Embargos

Art. 231. Cabem embargos, por divergência jurisprudencial, das decisões das Turmas do Tribunal, no prazo de oito dias, contados de sua publicação, na forma da lei.

Seção II
Dos Embargos Infringentes

Art. 232. Cabem embargos infringentes das decisões não unânimes proferidas pela Seção Especializada em Dissídios Coletivos, no prazo de oito dias, contados da publicação do acórdão no órgão oficial, nos processos de Dissídios Coletivos de competência originária do Tribunal.
Parágrafo único. Os embargos infringentes serão restritos à cláusula em que há divergência, e, se esta for parcial, ao objeto da divergência.

Art. 233. Registrado o protocolo na petição a ser encaminhada à Secretaria do órgão julgador competente, esta juntará o recurso aos autos respectivos e abrirá vista à parte contrária, para impugnação, no prazo legal. Transcorrido o prazo, o processo será remetido à unidade competente, para ser imediatamente distribuído.

Art. 234. Não atendidas as exigências legais relativas ao cabimento dos embargos infringentes, o Relator denegará seguimento ao recurso, facultada à parte a interposição de agravo regimental.

Seção III
Do Agravo Regimental

Art. 235. Cabe agravo regimental, no prazo de oito dias, para o Órgão Especial, Seções Especializadas e Turmas, observada a competência dos respectivos órgãos, nas seguintes hipóteses:
I — do despacho do Presidente do Tribunal que denegar seguimento aos embargos infringentes;
II — do despacho do Presidente do Tribunal que suspender execução de liminares ou de decisão concessiva de mandado de segurança;
III — do despacho do Presidente do Tribunal que conceder ou negar suspensão da execução de liminar, antecipação de tutela ou da sentença em cautelar;
IV — do despacho do Presidente do Tribunal concessivo de liminar em mandado de segurança ou em ação cautelar;
V — do despacho do Presidente do Tribunal proferido em pedido de efeito suspensivo;
VI — das decisões e despachos proferidos pelo Corregedor-Geral da Justiça do Trabalho;
VII — do despacho do Relator que negar prosseguimento a recurso, ressalvada a hipótese do art. 239;
VIII — do despacho do Relator que indeferir inicial de ação de competência originária do Tribunal;
IX — do despacho ou da decisão do Presidente do Tribunal, de Presidente de Turma ou do Relator que causar prejuízo ao direito da parte, ressalvados aqueles contra os quais haja recursos próprios previstos na legislação ou neste Regimento. *Regimental n. 4, de 14 de setembro de 2012)*; e
X — da decisão do Presidente de Turma que denegar seguimento a embargos à Subseção I da Seção Especializada em Dissídios Individuais. (Incluído pelo Ato regimental n. 4, de 14 de setembro de 2012).

Art. 236. O agravo regimental será concluso ao prolator do despacho, que poderá reconsiderá-lo ou determinar sua inclusão em pauta visando apreciação do Colegiado competente para o julgamento da ação ou do recurso em que exarado o despacho, salvo o previsto no art. 235, inciso X, que será diretamente distribuído entre os demais integrantes da Subseção I da Seção Especializada em Dissídios Individuais. *(Redação dada pela Emenda Regimental n. 4, de 14 de setembro de 2012)*
§ 1º Os agravos regimentais contra ato ou decisão do Presidente do Tribunal, do Vice-Presidente e do Corregedor-Geral da Justiça do Trabalho, desde que interpostos no período do respectivo mandato, serão por eles relatados. Os agravos regimentais interpostos após o término da investidura no cargo do prolator do despacho serão conclusos ao Ministro sucessor.
§ 2º Os agravos regimentais interpostos contra despacho do Relator, na hipótese de seu afastamento temporário ou definitivo, serão conclusos, em relação aos processos de Turmas, ao Juiz convocado ou ao Ministro nomeado para

a vaga, conforme o caso, e, nos processos das Seções Especializadas, ao Ministro que ocupar a vaga, ou redistribuídos na forma dos §§ 1º e 2º do art. 93. *(Redação dada pela Emenda Regimental n. 3, de 6 de fevereiro de 2012)*

§ 3º Os agravos regimentais interpostos contra despacho do Presidente do Tribunal, proferido durante o período de recesso e férias, serão julgados pelo Relator do processo principal, salvo nos casos de competência específica da Presidência da Corte.

§ 4º O acórdão do agravo regimental será lavrado pelo Relator, ainda que vencido.

Seção IV
Do Pedido de Concessão de Efeito Suspensivo

Art. 237. O recurso interposto de decisão normativa da Justiça do Trabalho terá efeito suspensivo, na medida e extensão conferidas em despacho do Presidente do Tribunal Superior do Trabalho.

Art. 238. O pedido de concessão de efeito suspensivo de recurso em matéria normativa deverá ser instruído com as seguintes peças: decisão normativa recorrida; petição de recurso ordinário, prova de sua tempestividade e respectivo despacho de admissibilidade; guia de recolhimento de custas, se houver; procuração conferindo poderes ao subscritor da medida; e outras que o requerente reputar úteis para o exame da solicitação.

Seção V
Do Agravo

Art. 239. Caberá agravo ao órgão colegiado competente para o julgamento do respectivo recurso, no prazo de oito dias, a contar da publicação no órgão oficial:

I — da decisão do Relator, tomada com base no § 5º do art. 896 da CLT;

II — da decisão do Relator, dando ou negando provimento ou negando seguimento a recurso, nos termos do art. 557 e § 1º-A do CPC.

Art. 240. Para o julgamento do processo, observar-se-á o disposto neste Regimento.

Seção VI
Dos Embargos de Declaração

Art. 241. Contra as decisões proferidas pelo Tribunal, e contra os despachos do Relator, provendo ou negando provimento, ou denegando seguimento a recurso, poderão ser interpostos embargos de declaração, no prazo de cinco dias, contados da sua publicação.

Parágrafo único. Em se tratando de embargos de declaração interpostos contra decisão monocrática, caberá ao Relator apreciá-los por despacho, ou recebê-los como agravo, se entender pertinente, conforme o caso.

Art. 242. Registrado o protocolo na petição e após sua juntada, os autos serão conclusos ao Relator da decisão embargada, ressalvadas as situações previstas nos arts. 92 a 96 deste Regimento.

Parágrafo único. Não sendo possível a aplicação de nenhuma das regras previstas nos arts. 92 a 96, adotar-se-á critério de competência para a distribuição dos embargos de declaração ao Juiz convocado, na hipótese dos processos das Turmas, ou ao Ministro que tenha ocupado a vaga do antigo Relator, nas Turmas e nas Subseções, e, como último critério, distribuir-se-á o processo entre os integrantes do órgão. *(Redação dada pela Emenda Regimental n. 3, de 6 de fevereiro de 2012)*

Art. 243. Nos embargos de declaração, a concessão de efeito modificativo sujeitar-se-á à prévia concessão de vista à parte contrária.

TÍTULO V
DAS OUTRAS ESPÉCIES DE PROCESSOS

CAPÍTULO I
DA DECLARAÇÃO DE INCONSTITUCIONALIDADE DE LEI OU DE ATO NORMATIVO DO PODER PÚBLICO

Art. 244. A arguição de inconstitucionalidade de lei ou de ato do Poder Público poderá ser suscitada pelo Relator, por qualquer Ministro ou a requerimento do Ministério Público, no curso do julgamento do processo nos órgãos judicantes da Corte, após concluído o relatório.

Art. 245. Suscitada a inconstitucionalidade e ouvido o Ministério Público do Trabalho, será submetida à apreciação do Colegiado em que tramita o feito.

§ 1º Rejeitada a arguição, prosseguirá o julgamento.

§ 2º Acolhida a arguição suscitada perante o Tribunal Pleno, a matéria será submetida de imediato à apreciação.

§ 3º Acolhida a arguição suscitada nos demais órgãos judicantes da Corte, os autos serão remetidos ao Tribunal Pleno.

Art. 246. A decisão que declara imprescindível o pronunciamento do Tribunal Pleno sobre a inconstitucionalidade de lei, de disposição nela contida ou de ato normativo do Poder Público não é recorrível.

Art. 247. Os procedimentos relativos à remessa do processo ao Tribunal Pleno, à distribuição e ao julgamento da arguição de inconstitucionalidade são regulados pelas normas estabelecidas neste Regimento.

Art. 248. A decisão declaratória de inconstitucionalidade de lei ou de ato do Poder Público, observadas as exigências regimentais, motivará a edição de Súmula.

Art. 249. Na hipótese prevista no artigo anterior, ocorrendo nova alegação de inconstitucionalidade da mesma lei ou do mesmo ato do Poder Público, não poderão os órgãos judicantes da Corte considerá-la para efeito de encaminhamento do processo ao Tribunal Pleno, salvo se demonstrado que o Supremo Tribunal Federal tenha julgado contrariamente ao decidido pelo Tribunal.

CAPÍTULO II
DOS PROCESSOS INCIDENTES

Seção I
Da Suspensão de Segurança

Art. 250. O Presidente do Tribunal, na forma da lei, a requerimento do Ministério Público do Trabalho ou da pessoa jurídica de direito público interessada, e para evitar grave lesão à ordem, à segurança e à economia públicas, pode suspender, por despacho fundamentado, a execução de liminar ou de decisão concessiva de mandado de segurança, proferida em última instância pelos Tribunais Regionais do Trabalho.

§ 1º O Presidente, se necessário, poderá ouvir o impetrante, em cinco dias.

§ 2º A suspensão de segurança, nos casos de ações movidas contra o Poder Público, vigorará enquanto pender o recurso, ficando sem efeito se a decisão concessiva for mantida pelo Tribunal ou se transitar em julgado.

Seção II
Da Suspensão de Liminar e de Antecipação de Tutela

Art. 251. O Presidente, nos termos da lei, a requerimento do Ministério Público do Trabalho ou da pessoa jurídica de direito público interessada, em caso de manifesto interesse público ou de flagrante ilegitimidade, e para evitar grave lesão à ordem, à saúde, à segurança e à economia públicas, poderá, por despacho fundamentado, suspender a execução de liminar ou de antecipação de tutela concedida nas ações movidas contra o Poder Público ou seus agentes.

§ 1º Aplica-se o disposto neste artigo à sentença proferida em processo de ação cautelar inominada.

§ 2º O Presidente, se necessário, poderá ouvir o autor da ação e o Ministério Público do Trabalho, em cinco dias.

§ 3º A suspensão de liminar e de antecipação da tutela vigorará até a decisão da cautelar, e a da sentença, enquanto pender de decisão o recurso, ficando sem efeito se a decisão concessiva da medida for mantida pelo órgão julgador, ou se transitar em julgado.

Seção III
Das Medidas Cautelares

Art. 252. O procedimento cautelar pode ser instaurado antes ou no curso do processo principal e deste é sempre dependente.

Art. 253. O pedido cautelar será apresentado ao Presidente do Tribunal e distribuído ao Relator do processo principal, salvo se a medida for requerida em procedimento preparatório, caso em que será sorteado, dentre os integrantes do Colegiado competente, o Relator do feito, o qual ficará prevento para a ação principal.

Art. 254. A tramitação do processo no Tribunal observará as disposições da lei processual civil, no que aplicáveis.

Seção IV
Da Habilitação Incidente

Art. 255. A habilitação incidente, ocorrendo o falecimento de uma das partes, será processada na forma da lei processual.

Art. 256. A citação far-se-á na pessoa do Procurador constituído nos autos, mediante publicação no órgão oficial, ou à parte, pessoalmente, se não estiver representada no processo.

Art. 257. Quando incertos os sucessores, a citação far-se-á por edital.

Art. 258. O Relator, se contestado o pedido, facultará às partes sumária produção de provas, em cinco dias, e decidirá, em seguida, a habilitação.

Art. 259. A habilitação requerida em processo incluído em pauta para julgamento será decidida pelo Colegiado.

Seção V
Dos Impedimentos e Das Suspeições

Art. 260. Os Ministros declarar-se-ão impedidos ou suspeitos nos casos previstos em lei.

Art. 261. A suspeição ou o impedimento do Relator ou Revisor serão declarados por despacho nos autos. Se feita na sessão de julgamento, a argüição será verbal, devendo constar da ata e da certidão.

Parágrafo único. Na suspeição ou no impedimento do Relator, o processo será redistribuído pelo Presidente do órgão julgador entre os demais Ministros que o compõem, observada oportuna compensação.

Art. 262. A argüição de suspeição ou impedimento deverá ser suscitada até o início do julgamento, em petição assinada pela parte ou por procurador com poderes especiais, e dirigida ao Relator do processo, indicando os fatos que a motivaram, e acompanhada de prova documental e rol de testemunhas, se houver. *(Redação dada pela Emenda Regimental n. 4, de 14 de setembro de 2012)*

Parágrafo único. A argüição será sempre individual, não ficando os demais Ministros impedidos de apreciá-la, ainda que também recusados. *(Incluído pelo Ato Regimental n. 4, de 14 de setembro de 2012)*

Art. 263. O Relator, reconhecendo a suspeição ou o impedimento, determinará a juntada da petição aos autos, e, por despacho, submeterá o processo à Presidência do Colegiado, para sua redistribuição, na forma regimental. *(Redação dada pela Emenda Regimental n. 4, de 14 de setembro de 2012)*

§ 1º O Ministro, não aceitando a suspeição ou o impedimento, continuará vinculado ao processo, ficando sua apreciação suspensa até a solução do incidente, que será autuado em separado, com designação de Relator. *(Redação dada pela Emenda Regimental n. 4, de 14 de setembro de 2012)*

§ 2º No curso do julgamento do incidente, havendo necessidade de deliberação sobre medida urgente relativa ao processo principal, o Presidente do órgão julgador a encaminhará à apreciação do Ministro imediato em antiguidade dentre os seus integrantes não recusados. *(Incluído pelo Ato Regimental n. 4/2012)*

§ 3º Excepcionalmente, no caso de argüição de impedimento ou suspeição de todos os integrantes do órgão julgador, o exame da medida urgente caberá ao Presidente do Tribunal. *(Incluído pelo Ato Regimental n. 4, de 14 de setembro de 2012)*

Art. 264. Conclusos os autos, o Relator mandará ouvir o Ministro recusado, no prazo de cinco dias.

Parágrafo único. Vencido o prazo, com ou sem resposta, o Relator ordenará o processo, colhendo as provas requeridas.

Art. 265. Reconhecida a suspeição ou o impedimento do Relator, declarar-se-ão nulos os atos praticados pelo Ministro suspeito ou impedido, e o processo será redistribuído, na forma regimental. *(Redação dada pela Emenda Regimental n. 4, 14 de setembro de 2012)*

CAPÍTULO III
DOS RECURSOS PARA O SUPREMO TRIBUNAL FEDERAL

Seção I
Do Recurso Extraordinário

Art. 266. Cabe recurso extraordinário das decisões do Tribunal proferidas em única ou última instância, nos termos da Constituição da República.

§ 1º O recurso será interposto em petição fundamentada, no prazo de quinze dias da publicação do acórdão ou de suas conclusões no órgão oficial.

§ 2º A petição do recurso extraordinário será juntada aos autos após transcorrido o prazo legal sem a interposição de recurso de competência do Tribunal Superior do Trabalho, abrindo-se, de imediato, vista dos autos à parte contrária para apresentação das contra-razões no prazo de quinze dias.

Art. 267. Findo o prazo das contra-razões, os autos serão conclusos ao Vice-Presidente do Tribunal para exame da admissibilidade do recurso.

Art. 268. Os processos julgados pelo Tribunal Superior do Trabalho só serão restituídos à instância originária quando findo o prazo de interposição do recurso extraordinário para o Supremo Tribunal Federal.

Seção II
Do Agravo de Instrumento

Art. 269. Cabe agravo de instrumento contra despacho denegatório do recurso extraordinário, no prazo de dez dias, contados de sua publicação no órgão oficial.

Art. 270. Formado o instrumento, abrir-se-á vista ao agravado, por igual prazo, para apresentação de contraminuta, podendo, conforme o caso, requerer o traslado de outras peças além das exigidas pelo Regimento Interno do Supremo Tribunal Federal, que serão extraídas e juntadas aos autos no prazo de três dias.

Art. 271. O agravante e o agravado poderão, com documentos novos, instruir, respectivamente, a minuta e a contraminuta.

Parágrafo único. Apresentado documento novo pelo agravado, será aberta vista ao agravante, no prazo de cinco dias.

Art. 272. Os autos devidamente preparados serão conclusos ao Vice-Presidente do Tribunal, que reformará ou manterá o despacho agravado, podendo, se o mantiver, ordenar a extração e a juntada, em igual prazo, de outras peças dos autos principais.

CAPÍTULO IV
DA RESTAURAÇÃO DE AUTOS

Art. 273. A restauração de autos far-se-á de ofício ou a pedido de qualquer das partes ou do Ministério Público do Trabalho.

Art. 274. O pedido de restauração de autos será apresentado ao Presidente do Tribunal e distribuído ao Relator do processo desaparecido ou ao seu substituto.

Parágrafo único. Aplicam-se à restauração de autos, no Tribunal, as normas do Código de Processo Civil.

Art. 275. O Relator determinará as diligências necessárias, solicitando, se preciso for, informações e cópias autenticadas a outros Juízos e Tribunais.

Art. 276. O julgamento de restauração caberá ao Colegiado no qual tramitava o processo desaparecido.

Art. 277. Julgada a restauração, será lavrado acórdão e, após publicado no órgão oficial, o processo seguirá os trâmites normais. Reencontrado o original, nele prosseguirá o feito, apensando-se-lhe os autos reconstituídos.

CAPÍTULO V
DA EXECUÇÃO

Seção I
Das Disposições Gerais

Art. 278. A execução competirá ao Presidente:

I — quanto às suas decisões e ordens; e

II — quanto às decisões dos órgãos do Tribunal, quando excederem à competência do Corregedor-Geral da Justiça do Trabalho ou dos Presidentes de Turma, ou se referirem a matéria administrativa.

Art. 279. Os atos de execução poderão ser requisitados, determinados, notificados ou delegados a quem os deva praticar.

Art. 280. A execução atenderá, no que couber, à legislação processual.

Seção II
Da Execução contra a Fazenda Pública

Art. 281. Na execução por quantia certa, fundada em decisão proferida contra a Fazenda Pública, adotar-se-á, no que couber, o procedimento fixado em Instrução Normativa do Tribunal.

Art. 282. Nas execuções processadas pelas Varas do Trabalho ou por Juízo de Direito investido de jurisdição trabalhista, o precatório será encaminhado ao Presidente do Tribunal Regional do Trabalho da jurisdição, que o dirigirá, mediante ofício, à autoridade competente ou entidade requisitada.

Art. 283. No âmbito do Tribunal, o procedimento alusivo ao precatório constará de ato expedido pelo Presidente.

LIVRO III
DOS SERVIÇOS ADMINISTRATIVOS E DAS DISPOSIÇÕES FINAIS

TÍTULO I
DOS SERVIÇOS ADMINISTRATIVOS

CAPÍTULO I
DA SECRETARIA DO TRIBUNAL

Art. 284. A Secretaria do Tribunal é dirigida pelo Diretor-Geral, bacharel em Direito, nomeado em comissão pelo Presidente, incumbindo-lhe a direção dos serviços administrativos do Tribunal. *(Redação dada pela Emenda Regimental n. 4, 14 de setembro de 2012)*

Parágrafo único. Incumbe ao Secretário-Geral Judiciário, bacharel em Direito, nomeado em comissão pelo Presidente, a direção dos serviços judiciários do Tribunal. *(Incluído pelo Ato Regimental n. 4, de 14 de setembro de 2012)*

Art. 285. A organização da Secretaria do Tribunal, seu funcionamento e as atribuições do Diretor-Geral, do Secretário-Geral Judiciário, dos Secretários e dos Co-

ordenadores, bem como das Unidades Administrativas, constarão do Regulamento Geral. *(Redação dada pela Emenda Regimental n. 4, de 14 de setembro de 2012)*

Art. 286. Não poderá ser nomeado para cargo em comissão ou designado para função gratificada, cônjuge, companheiro ou parente, até o terceiro grau, inclusive, de qualquer dos Ministros do Tribunal, em atividade, salvo se servidor ocupante de cargo de provimento efetivo das carreiras judiciárias, caso em que a vedação é restrita à nomeação ou designação para servir junto ao Ministro determinante da incompatibilidade.

Art. 287. Ressalvada a existência de regulação legal especial, aplica-se no Tribunal o Regime Jurídico dos Servidores Públicos Civis da União.

Art. 288. O horário de expediente no Tribunal Superior do Trabalho será estabelecido por Resolução Administrativa, aprovada pelo Órgão Especial, por iniciativa do seu Presidente.

Art. 289. Os servidores do Tribunal cumprirão 35 (trinta e cinco) horas de trabalho semanal, com controle de frequência e horário, de conformidade com as escalas estabelecidas, observado o intervalo entre os turnos de trabalho.

§ 1º Os servidores ocupantes de cargo em comissão e submetidos ao regime de integral dedicação ao serviço estão excepcionados da regra desse artigo, podendo ser convocados sempre que houver interesse da Administração.

§ 2º Os agentes de segurança dos Ministros permanecem à disposição, estando sujeitos a controle de frequência.

Art. 290. Durante as férias dos Ministros e no período de recesso, ficam suspensas as atividades judicantes do Tribunal, prosseguindo, no entanto, os serviços administrativos e judiciários nas Secretarias e nos Gabinetes, devendo a escala de férias dos servidores ser organizada de modo a atender ao respectivo funcionamento.

Parágrafo único. Os servidores devem gozar férias no mesmo período dos Ministros, sempre que possível.

CAPÍTULO II
DO GABINETE DO PRESIDENTE

Art. 291. O Gabinete do Presidente será chefiado pelo Secretário-Geral da Presidência, bacharel em Direito, nomeado em comissão, para o exercício das funções de direção e assessoramento jurídico.

Parágrafo único. As atribuições do Secretário-Geral, dos Secretários, do Chefe de Gabinete, dos Assessores e das assessorias diretamente subordinadas ao Gabinete da Presidência constam do Regulamento Geral.

CAPÍTULO III
DO GABINETE DOS MINISTROS

Art. 292. Compõem os Gabinetes dos Ministros: I — um Chefe de Gabinete, bacharel em direito;

II — assessores, bacharéis em Direito, nomeados em comissão, nos termos da lei e deste Regimento; e

III — auxiliares da confiança do Ministro, que poderão exercer função comissionada, observada a lotação numérica, fixada em Resolução Administrativa aprovada pelo Órgão Especial.

Parágrafo único. As atribuições do Chefe de Gabinete dos Ministros e dos assessores constam do Regulamento Geral.

Art. 293. O horário do pessoal do Gabinete, observadas a duração legal e as peculiaridades do serviço, será determinado pelo Ministro, bem como a fruição das férias, atendida a exigência do controle de frequência e horário, comum a todos os servidores da Corte.

TÍTULO II
DAS DISPOSIÇÕES FINAIS

CAPÍTULO I
DAS EMENDAS AO REGIMENTO

Art. 294. Os atos de competência do Tribunal Pleno, de natureza regimental, obedecem à seguinte nomenclatura:
I — Emenda Regimental, que introduz modificações no texto; e II — Ato Regimental, que suprime e/ou acrescenta dispositivo.

Art. 295. Os atos mencionados no artigo anterior serão numerados em séries próprias, seguida e ininterruptamente.

CAPÍTULO II
DAS RESOLUÇÕES DO TRIBUNAL

Art. 296. Os atos de competência do Tribunal, normativos ou individuais, obedecem à seguinte nomenclatura:
I — Resolução Administrativa; e II — Resolução.

Art. 297. Na classe de Resolução Administrativa, enquadram-se as regulamentações sobre pessoal (Magistrados e servidores), organização e administração dos órgãos da Justiça do Trabalho, funcionamento e atribuições das unidades do Tribunal e de seus servidores, e, na classe de Resolução, as deliberações referentes à aprovação de Instrução Normativa, Súmulas e Precedentes Normativos.

Art. 298. As Resoluções Administrativas e as Resoluções serão numeradas em séries próprias, de acordo com a matéria disciplinada, seguida e ininterruptamente, independentemente do ano de sua edição.

CAPÍTULO III
DAS DISPOSIÇÕES FINAIS E TRANSITÓRIAS

Art. 299. Compete ao Órgão Especial apreciar os feitos que ficaram com julgamento suspenso na extinta Seção Administrativa, nos termos deste Regimento;

Art. 300. Quando o agravo de instrumento tramitar nos autos principais em que haja recurso de revista da outra parte, o processo será autuado como agravo de instrumento em recurso de revista e recurso de revista — AIRR e RR e receberá um único número.

Art. 301. Quando o agravo de instrumento for processado nos autos principais, nos quais se encontra sobrestado julgamento de recurso de revista da outra parte, na autuação do processo será considerado o número originário do recurso de revista sobrestado e observada a classe de agravo de instrumento em recurso de revista e recurso de revista (AIRR e RR).

Parágrafo único. O processo será distribuído ao Relator do recurso de revista sobrestado. Se o Relator não se encontrar em exercício no órgão prevento, haverá a

redistribuição no âmbito do Colegiado a um dos seus integrantes.

Art. 302. Em quaisquer situações previstas nos arts. 300 e 301, se não for conhecido ou provido o agravo de instrumento, será de imediato julgado o recurso de revista, com lavratura de um único acórdão.

Art. 303. A Subseção I Especializada em Dissídios Individuais julgará desde logo a matéria objeto do recurso de revista não conhecido pela Turma, caso conclua, no julgamento do recurso de embargos interposto em data anterior à vigência da Lei n. 11.496/2007, que aquele recurso estava corretamente fundamentado em violação de dispositivo de lei federal ou da Constituição da República.

Art. 304. Fazem parte integrante deste Regimento, no que lhes for aplicável, as normas de lei complementar alusiva à Magistratura Nacional, as estabelecidas pela Consolidação das Leis do Trabalho e legislação complementar e, subsidiariamente, as do Direito Processual Civil, salvo se incompatíveis com o Direito Processual do Trabalho.

Art. 305. O Regulamento Geral da Secretaria do Tribunal constitui parte integrante deste Regimento, bem como as Resoluções, Instruções Normativas, Resoluções Administrativas e Emendas Regimentais.

Art. 306. Revoga-se o Regimento Interno publicado em 27 de novembro de 2002, aprovado pela Resolução Administrativa n. 908/2002, e todas as demais disposições regimentais.

Art. 306-A. A escolha do Presidente de cada Turma, de acordo com os critérios estabelecidos nos arts. 66 e 79 deste Regimento, na redação que lhe foi dada pela Emenda Regimental n. 1/2011, de 24 de maio de 2011, dar-se-á na Sessão imediatamente subsequente à posse da nova direção do Tribunal ou, se for o caso, nos termos do § 3° do artigo 80 do Regimento, considerando-se empossado o sucessor, em qualquer dos casos, segundo o estabelecido no § 4° do mesmo dispositivo regimental. *(Incluído pelo Ato Regimental n. 1, de 24 de maio de 2011)*

Art. 307. Este Regimento entrará em vigor na data de sua publicação.

Sala de sessões, 24 de abril de 2008.

Rider de Brito
Ministro Presidente do Tribunal Superior do Trabalho

SÚMULAS VINCULANTES DO STF

1. Fundo de Garantia do Tempo de Serviço. Lei Complementar n. 110/2001. Ofende a garantia constitucional do ato jurídico perfeito a decisão que, sem ponderar as circunstâncias do caso concreto, desconsidera a validez e a eficácia de acordo constante de termo de adesão instituído pela Lei Complementar n. 110/2001, (DJ 6.6.07).

4. Salvo nos casos previstos na Constituição, o salário mínimo não pode ser usado como indexador de base de cálculo de vantagem de servidor público ou de empregado, nem ser substituído por decisão judicial. (DJe 9.5.08)

5. A falta de defesa técnica por advogado no processo administrativo disciplinar não ofende a Constituição (DJe 16.5.08)

6. Não viola a Constituição o estabelecimento de remuneração inferior ao salário mínimo para as praças prestadoras de serviço militar inicial (DJe 16.5.08)

8. São inconstitucionais o parágrafo único do art. 5º do Decreto-Lei n. 1.569/1.977 e os arts. 45 e 46 da Lei n. 8.212/1991, que tratam de prescrição e decadência de crédito tributário. (DJe 20.6.08)

10. Viola a cláusula de reserva de Plenário (CF, art. 97) a decisão de órgão fracionário de Tribunal que, embora não declare expressamente a inconstitucionalidade de lei ou ato normativo do Poder Público, afasta a sua incidência no todo ou em parte. (DJe 27.6.08)

15. O cálculo de gratificações e outras vantagens do servidor público não incide sobre o abono utilizado para se atingir o salário mínimo. (DJe 1º.7.09)

16. Os arts. 7º, IV, e 39, § 3º (redação da EC n. 19/98), da Constituição referem-se ao total da remuneração percebida pelo servidor público. (DJe 1º.7.09)

17. Durante o período previsto no § 1º do art. 100 da Constituição, não incidem juros de mora sobre os precatórios que nele sejam pagos (DJe 10.11.09)

20. A gratificação de desempenho de atividade técnico-administrativa. GDATA, instituída pela Lei n. 10.404/2002, deve ser deferida aos inativos nos valores correspondentes a 37,5 (trinta e sete vírgula cinco) pontos no período de fevereiro a maio de 2002 e, nos termos do art. 5º, parágrafo único, da Lei n. 10.404/2002, no período de junho de 2002 até a conclusão dos efeitos do último ciclo de avaliação a que se refere o art. 1º da Medida Provisória n. 198/2004, a partir da qual passa a ser de 60 (sessenta) pontos (DJe 10.11.09)

21. É inconstitucional a exigência de depósito ou arrolamento prévios de dinheiro ou bens para admissibilidade de recurso administrativo (DJe 10.11.09)

22. A Justiça do Trabalho é competente para processar e julgar as ações de indenização por danos morais e patrimoniais decorrentes de acidente de trabalho propostas por empregado contra empregador, inclusive aquelas que ainda não possuíam sentença de mérito em primeiro grau quando da promulgação da Emenda Constitucional n. 45/04. (DJe 11.12.09)

23. A Justiça do Trabalho é competente para processar e julgar ação possessória ajuizada em decorrência do exercício do direito de greve pelos trabalhadores da iniciativa privada. (DJe 11.12.09)

25. É ilícita a prisão civil de depositário infiel, qualquer que seja a modalidade do depósito. (DJe 23.12.09)

33. Aplicam-se ao servidor público, no que couber, as regras do regime geral da previdência social sobre aposentadoria especial de que trata o art. 40, § 4º, inciso III da Constituição Federal, até a edição de lei complementar específica. (DJe 24.4.2014)

34. A Gratificação de Desempenho de Atividade de Seguridade Social e do Trabalho. GDASST, instituída pela Lei n. 10.483/2002, deve ser estendida aos inativos no valor correspondente a 60 (sessenta) pontos, desde o advento da Medida Provisória n. 198/2004, convertida na Lei n. 10.971/2004, quando tais inativos façam jus à paridade constitucional (EC ns. 20/1998, 41/2003 e 47/2005). (DJe n. 210 de 24.10.14)

37. Não cabe ao Poder Judiciário, que não tem função legislativa, aumentar vencimentos de servidores públicos sob o fundamento de isonomia. (DJe n. 210 de 24.10.14)

38. É competente o Município para fixar o horário de funcionamento de estabelecimento comercial (DJe n. 55/2015, Publicação: 20.3.15)

39. Compete privativamente à União legislar sobre vencimentos dos membros das polícias civil e militar e do corpo de bombeiros militar do Distrito Federal (DJe n. 55/2015, Publicação: 20.3.15).

40. A contribuição confederativa de que trata o art. 8º, IV, da Constituição Federal, só é exigível dos filiados ao sindicato respectivo (DJe n. 55/2015, Publicação 20.3.15).

42. É inconstitucional a vinculação do reajuste de vencimentos de servidores estaduais ou municipais a índices federais de correção monetária (DJe n. 55/2015, Publicação: 20.3.15).

43. É inconstitucional toda modalidade de provimento que propicie ao servidor investir-se, sem prévia aprovação em concurso público destinado ao seu provimento, em cargo que não integra a carreira na qual anteriormente investido (DJe n. 72/15. 16.4.15).

44. Só por lei se pode sujeitar a exame psicotécnico a habilitação de candidato a cargo público (DJe n. 72/15. 16.4.15).

47. Os honorários advocatícios incluídos na condenação ou destacados do montante principal devido ao credor consubstanciam verba de natureza alimentar cuja satisfação ocorrerá com a expedição de precatório ou requisição de pequeno valor, observada ordem especial restrita aos créditos dessa natureza.

49. Ofende o princípio da livre concorrência lei municipal que impede a instalação de estabelecimentos comerciais do mesmo ramo em determinada área.

50. Norma legal que altera o prazo de recolhimento de obrigação tributária não se sujeita ao princípio da anterioridade (DJe 22.6.15).

51. O reajuste de 28,86%, concedido aos servidores militares pelas Leis ns. 8.622/1993 e 8.627/1993, estende-se aos servidores civis do poder executivo, observadas as eventuais compensações decorrentes dos reajustes diferenciados concedidos pelos mesmos diplomas legais (DJe 22.6.15).

53. A competência da Justiça do Trabalho prevista no art. 114, VIII, da Constituição Federal alcança a execução de ofício das contribuições previdenciárias relativas ao objeto da condenação constante das sentenças que proferir e acordos por ela homologados (DJe 22.6.15).

54. A medida provisória não apreciada pelo congresso nacional podia, até a Emenda Constitucional n. 32/2001, ser reeditada dentro do seu prazo de eficácia de trinta dias, mantidos os efeitos de lei desde a primeira edição (DJe 22.3.16, Pub. 28.3.16).

55. O direito ao auxílio-alimentação não se estende aos servidores inativos. (DJe 22.3.16, Pub. 28.3.16).

SÚMULAS DO STF AFETAS À ÁREA TRABALHISTA

20. Processo administrativo. Ampla defesa. Demissão de funcionário admitido por concurso

É necessário processo administrativo com ampla defesa, para demissão de funcionário admitido por concurso.

24. Funcionário substituto interino. Demissível, mesmo antes de cessar a causa da substituição

Funcionário interino substituto é demissível, mesmo antes de cessar a causa da substituição.

35. Acidente. Morte do amásio

Em caso de acidente de trabalho ou de transporte, a concubina tem direito de ser indenizada pela morte do amásio, se entre eles não havia impedimento para o matrimônio.

37. Dupla aposentadoria

Não tem direito de se aposentar pelo Tesouro Nacional o servidor que não satisfizer as condições estabelecidas na legislação do serviço público federal, ainda que aposentado pela respectiva instituição previdenciária, com direito, em tese, a duas aposentadorias.

128. Taxa de assistência médica

É indevida a taxa de assistência médica e hospitalar das instituições de previdência social.

150. Execução. Prescrição no mesmo prazo da ação

Prescreve a execução no mesmo prazo de prescrição da ação.

163. Juros moratórios. Obrigação ilíquida. Contagem desde a citação inicial para ação, salvo contra a fazenda pública

Salvo contra a fazenda pública, sendo a obrigação ilíquida, contam-se os juros moratórios desde a citação inicial para a ação.

194. Insalubridade. Competência

É competente o Ministro do Trabalho para especificação das atividades insalubres.

195. Contrato a prazo ou por obra certa. Prorrogação

Contrato de trabalho por obra certa, ou de prazo determinado, transforma-se em contrato de prazo indeterminado, quando prorrogado por mais de quatro anos.

196. Empregado. Atividade rural

Ainda que exerça atividade rural, o empregado de empresa industrial ou comercial é classificado de acordo com a categoria do empregador.

197. Estabilidade. Dirigente sindical

O empregado com representação sindical só pode ser despedido mediante inquérito em que se apure falta grave.

198. Férias. Ausência por acidente

As ausências motivadas por acidente do trabalho não são descontáveis do período aquisitivo das férias.

199. Férias. Empregado horista

O salário das férias do empregado horista corresponde à média do período aquisitivo, não podendo ser inferior ao mínimo.

200. Férias proporcionais

Não é inconstitucional a Lei n. 1.530, de 26.12.51, que manda incluir na indenização por despedida injusta parcela correspondente a férias proporcionais.

201. Vendedor pracista. Repouso semanal

O vendedor pracista, remunerado mediante comissão, não tem direito ao repouso semanal remunerado.

202. Equiparação salarial

Na equiparação de salário, em caso de trabalho igual, toma-se em conta o tempo de serviço na função, e não no emprego.

203. Salário mínimo. "vacatio legis"

Não está sujeita à vacância de 60 dias a vigência de novos níveis de salário mínimo.

204. Trabalhador substituto ou reserva

Tem direito o trabalhador substituto, ou de reserva, ao salário mínimo do dia em que fica à disposição do empregador, sem ser aproveitado na função específica; se aproveitado, recebe o salário contratual.

205. Menor não aprendiz. Salário

Tem direito a salário integral o menor não sujeito à aprendizagem metódica.

207. Gratificação habitual

As gratificações habituais, inclusive a de Natal, consideram-se tacitamente convencionadas, integrando o salário.

209. Salário-prêmio. Salário-produção

O salário-produção, como outras modalidades de salário-prêmio, é devido, desde que verificada a condição a que estiver subordinado, e não pode ser suprimido, unilateralmente, pelo empregador, quando pago com habitualidade.

212. Adicional de periculosidade

Tem direito ao adicional de serviço perigoso o empregado de posto de revenda de combustível líquido.

213. Adicional noturno

É devido o adicional de serviço noturno, ainda que sujeito o empregado ao regime de revezamento.

214. Adicional noturno

A duração legal da hora de serviço noturno (52 minutos e 30 segundos) constitui vantagem suplementar, que não dispensa o salário adicional.

215. Tempo de serviço. Readmissão

Conta-se a favor do empregado readmitido o tempo de serviço anterior, salvo se houver sido despedido por falta grave ou tiver recebido a indenização legal.

217. Aposentadoria. Readmissão

Tem direito de retornar ao emprego, ou ser indenizado em caso de recusa do empregador, o aposentado que recupera a capacidade de trabalho dentro de cinco anos a contar da aposentadoria, que se torna definitiva após esse prazo.

219. Indenização de empregado readmissível

Para a indenização devida a empregado que tinha direito a ser readmitido, e não foi, levam-se em conta as vantagens advindas à sua categoria no período do afastamento.

220. Indenização de estável readmissível

A indenização devida a empregado estável, que não é readmitido, ao cessar sua aposentadoria, deve ser paga em dobro.

221. Transferência ou extinção de estabelecimento

A transferência de estabelecimento, ou a sua extinção parcial, por motivo que não seja de força maior, não justifica a transferência de empregado estável.

222. Identidade física do juiz

O princípio da identidade física do juiz não é aplicável às Juntas de Conciliação e Julgamento, da Justiça do Trabalho.

223. Sindicato. Isenção de custas

Concedida isenção de custas ao empregado, por elas não responde o sindicato que o representa em juízo.

224. Juros da mora

Os juros da mora, nas reclamações trabalhistas, são contados desde a notificação inicial.

225. Carteira profissional. Valor probatório

Não é absoluto o valor probatório das anotações da carteira profissional.

SÚMULAS DO STF AFETAS À ÁREA TRABALHISTA

227. Concordata do empregador
A concordata do empregador não impede a execução de crédito nem a reclamação de empregado na Justiça do Trabalho.

228. Execução. Recurso extraordinário pendente
Não é provisória a execução na pendência de recurso extraordinário, ou de agravo destinado a fazê-lo admitir.

229. Acidente. Indenização
A indenização acidentária não exclui a do direito comum, em caso de dolo ou culpa grave do empregador.

230. Acidente. Prescrição
A prescrição da ação de acidente do trabalho conta-se do exame pericial que comprovar a enfermidade ou verificar a natureza da incapacidade.

232. Acidente. Diárias
Em caso de acidente do trabalho, são devidas diárias até doze meses, as quais não se confundem com a indenização acidentária nem com o auxílio-enfermidade.

234. Acidente. Honorários de advogado
São devidos honorários de advogado em ação de acidente do trabalho julgada procedente.

235. Acidente. Competência. Autarquia seguradora
É competente para a ação de acidente de trabalho a Justiça cível comum, inclusive em segunda instância, ainda que seja parte autarquia seguradora.

236. Acidente. Custas. Autarquia seguradora
Em ação de acidente do trabalho, a autarquia seguradora não tem isenção de custas.

238. Acidente. Multa moratória
Em caso de acidente do trabalho, a multa pelo retardamento da liquidação é exigível do segurador sub-rogado, ainda que autarquia.

240. Acidente. Recurso. Depósito
O depósito para recorrer, em ação de acidente do trabalho, é exigível do segurador sub-rogado, ainda que autarquia.

241. Previdência. Contribuição sobre abono
A contribuição previdenciária incide sobre o abono incorporado ao salário.

243. Previdência. Proventos em caso de dupla aposentadoria
Em caso de dupla aposentadoria, os proventos a cargo do IAPFESP não são equiparáveis aos pagos pelo Tesouro Nacional, mas calculados à base da média salarial nos últimos doze meses de serviço.

252. Ação rescisória. Juízes que participaram do julgamento rescindendo. Não impedimento
Na ação rescisória, não estão impedidos juízes que participaram do julgamento rescindendo.

254. Juros moratórios na liquidação. Omissão no pedido ou na condenação
Incluem-se os juros moratórios na liquidação, embora omisso o pedido inicial ou a condenação.

258. Reconvenção em ação declaratória
É admissível reconvenção em ação declaratória.

259. Documento de procedência estrangeira. Autenticados por via consular. Inscrição no registro público. Efeitos
Para produzir efeito em juízo não é necessária a inscrição, no registro público, de documentos de procedência estrangeira, autenticados por via consular.

266. Mandado de segurança. Contra lei em tese
Não cabe mandado de segurança contra lei em tese.

267. Mandado de segurança. Ato passível de recurso ou correição
Não cabe mandado de segurança contra ato judicial passível de recurso ou correição.

268. Mandado de segurança. Decisão com trânsito em julgado
Não cabe mandado de segurança contra decisão judicial com trânsito em julgado.

287. Agravo. Deficiência de fundamentação
Nega-se provimento ao agravo, quando a deficiência na sua fundamentação, ou na do recurso extraordinário, não permitir a exata compreensão da controvérsia.

288. Agravo. Falta de traslado
Nega-se provimento ao agravo para subida de recurso extraordinário, quando faltar no traslado o despacho agravado, a decisão recorrida, a petição de recurso extraordinário ou qualquer peça essencial à compreensão da controvérsia.

307. Salário. Adicional de insalubridade
É devido o adicional de serviço insalubre, calculado à base do salário mínimo da região, ainda que a remuneração contratual seja superior ao salário mínimo acrescido da taxa de insalubridade.

310. Intimação na sexta-feira. Prazo judicial
Quando a intimação tiver lugar na sexta-feira, ou a publicação com efeito de intimação for feita nesse dia, o prazo judicial terá início na segunda-feira imediata, salvo se não houver expediente, caso em que começará no primeiro dia útil que se seguir.

311. Acidente. Multa moratória. Ação judicial
No típico acidente do trabalho, a existência de ação judicial não exclui a multa pelo retardamento da liquidação.

312. Músico de orquestra e artista
Músico integrante de orquestra da empresa, com atuação permanente e vínculo de subordinação, está sujeito à legislação geral do trabalho, e não à especial dos artistas.

313. Adicional noturno
Provada a identidade entre o trabalho diurno e o noturno, é devido o adicional, quanto a este, sem a limitação do art. 73, § 3º, da CLT, independentemente da natureza da atividade do empregador.

314. Acidente. Indenização. Critério
Na composição do dano por acidente do trabalho, ou de transporte, não é contrário à lei tomar para base da indenização o salário do tempo da perícia ou da sentença.

315. Agravo de instrumento. Traslado insuficiente
Indispensável o traslado das razões da revista, para julgamento pelo Tribunal Superior do Trabalho, do agravo para sua admissão.

316. Greve. Simples adesão
A simples adesão à greve não constitui falta grave.

317. Embargos declaratórios
São improcedentes os embargos declaratórios, quando não pedida a declaração do julgado anterior, em que se verificou a omissão.

327. Prescrição intercorrente
O direito trabalhista admite a prescrição intercorrente.

337. Acidente. Controvérsia entre segurador e empregador
A controvérsia entre o empregador e o segurador não suspende o pagamento devido ao empregado por acidente do trabalho.

338. Ação rescisória
Não cabe ação rescisória no âmbito da Justiça do Trabalho.

341. Presunção de culpa do patrão ou comitente. Ato culposo do empregado ou preposto
É presumida a culpa do patrão ou comitente pelo ato culposo do empregado ou preposto.

343. Ação rescisória
Não cabe ação rescisória por ofensa à literal disposição de lei, quando a decisão rescindenda se tiver baseado em texto legal de interpretação controvertida nos tribunais.

SÚMULAS DO STF AFETAS À ÁREA TRABALHISTA

349. Prescrição
A prescrição atinge somente as prestações de mais de dois anos, reclamadas com fundamento em decisão normativa da Justiça do Trabalho, ou em convenção coletiva de trabalho, quando não estiver em causa a própria validade de tais atos.

371. Dupla aposentadoria. Ferroviários
Ferroviário que foi admitido como servidor autárquico não tem direito a dupla aposentadoria.

372. Dupla aposentadoria. Servidores aposentados
A Lei n. 2.752, de 10.4.1956, sobre dupla aposentadoria, aproveita, quando couber, a servidores aposentados antes de sua publicação.

401. Recursos. Revista e embargos de divergência
Não se conhece do recurso de revista, nem dos embargos de divergência, do processo trabalhista, quando houver jurisprudência firme do Tribunal Superior do Trabalho no mesmo sentido da decisão impugnada, salvo se houver colisão com a jurisprudência do Supremo Tribunal Federal.

402. Vigia. Adicional noturno
Vigia noturno tem direito a salário adicional.

403. Inquérito judicial. Decadência
É de decadência o prazo de trinta dias para a instauração de inquérito judicial, a contar da suspensão, por falta grave, de empregado estável.

432. Recurso extraordinário
Não cabe recurso extraordinário com fundamento no art. 101, III, *d*, da Constituição Federal, quando a divergência alegada for entre decisões da Justiça do Trabalho.

433. Mandado de segurança. Competência do TRT
É competente o Tribunal Regional do Trabalho para julgar mandado de segurança contra ato de seu presidente em execução de sentença trabalhista.

434. Acidente. Controvérsia entre seguradores
A controvérsia entre seguradores indicados pelo empregador na ação de acidente do trabalho não suspende o pagamento devido ao acidentado.

439. Fiscalização. Exame de livros
Estão sujeitos à fiscalização tributária ou previdenciária quaisquer livros comerciais, limitado o exame aos pontos objeto da investigação.

450. Honorários. Justiça gratuita
São devidos honorários de advogado sempre que vencedor o beneficiário de Justiça Gratuita.

457. Recurso de revista. Âmbito. Mérito
O Tribunal Superior do Trabalho, conhecendo da revista, julgará a causa, aplicando o direito à espécie.

458. Execução. Remição pelo executado
O processo de execução trabalhista não exclui a remição pelo executado.

459. Indenização. Adicionais e gratificações
No cálculo da indenização por despedida injusta, incluem-se os adicionais, ou gratificações, que, pela habitualidade, se tenham incorporado ao salário.

460. Insalubridade. Perícia e enquadramento
Para efeito do adicional de insalubridade, a perícia judicial, em reclamação trabalhista, não dispensa o enquadramento da atividade entre as insalubres, que é ato da competência do Ministro do Trabalho e Previdência Social.

461. Repouso semanal remunerado. Duplo
É duplo, e não triplo, o pagamento do salário nos dias destinados a descanso.

462. Indenização. Repouso semanal remunerado
No cálculo da indenização por despedida injusta, inclui-se, quando devido, o repouso semanal remunerado.

463. Tempo de serviço militar
Para efeito de indenização e estabilidade, conta-se o tempo em que o empregado esteve afastado, em serviço militar obrigatório, mesmo anteriormente à Lei n. 4.072, de 1°.6.1962.

464. Acidente. Indenização. Repouso semanal
No cálculo da indenização por acidente do trabalho, inclui-se, quando devido, o repouso semanal remunerado.

465. Acidente. Manutenção de salário
O regime de manutenção de salário, aplicável ao IAPM e ao IAPETC, exclui a indenização tarifada na Lei de Acidentes do Trabalho, mas não o benefício previdenciário.

466. Previdência. Contribuições de sócios e dirigentes
Não é inconstitucional a inclusão de sócios e administradores de sociedades e titulares de firmas individuais como contribuintes obrigatórios da previdência social.

467. Previdência. Contribuição. Cálculo
A base de cálculo das contribuições previdenciárias, anteriormente à vigência da Lei Orgânica da Previdência Social, é o salário mínimo mensal, observados os limites da Lei n. 2.755, de 1956.

478. Juízes substitutos do trabalho. Provimento
O provimento em cargo de Juízes substitutos do Trabalho deve ser feito independentemente de lista tríplice, na ordem de classificação dos candidatos.

501. Acidente do trabalho. Competência da justiça ordinária estadual
Compete à Justiça ordinária estadual o processo e o julgamento, em ambas as instâncias, das causas de acidente do trabalho, ainda que promovidas contra a União, suas autarquias, empresas públicas ou sociedades de economia mista.

505. Decisões da justiça do trabalho. Recurso para o supremo tribunal federal
Salvo quando contrariarem a Constituição, não cabe recurso para o Supremo Tribunal Federal, de quaisquer decisões da Justiça do Trabalho, inclusive dos presidentes de seus Tribunais.

512. Mandado de segurança. Condenação em honorários de advogado. Não cabimento
Não cabe condenação em honorários de advogado na ação de mandado de segurança

514. Ação rescisória. Sentença transitada em julgado
Admite-se ação rescisória contra sentença transitada em julgado, ainda que contra ela não se tenha esgotado todos os recursos.

528. Recurso extraordinário. Admissão parcial
Se a decisão contiver partes autônomas, a admissão parcial, pelo Presidente do Tribunal *a quo* de recurso extraordinário que, sobre qualquer delas se manifestar, não limitará apreciação de todas pelo Supremo Tribunal Federal, independentemente de interposição de agravo de instrumento.

529. Acidente de trabalho. Responsabilidade do empregador pela indenização
Subsiste a responsabilidade do empregador pela indenização decorrente de acidente do trabalho, quando o segurador, por haver entrado em liquidação, ou por outro motivo, não se encontrar em condições financeiras, de efetuar, na forma da lei, o pagamento que o seguro obrigatório visava garantir.

530. Contribuições de previdência. Gratificação de natal
Na legislação anterior ao art. 4º da Lei n. 4.749, de 12.8.1965, a contribuição para a previdência social não estava sujeita ao limite estabelecido no art. 69, da Lei n. 3.807, de 26 de agosto de 1960, sobre o 13º salário a que se refere o art. 3º, da Lei n. 4.281, de 8.11.1963.

531. Salário profissional. Trabalhadores de transportes marítimos, fluviais e lacustres
É inconstitucional o Decreto n. 51.668, de 17.1.1963, que estabeleceu salário profissional para trabalhadores de transportes marítimos, fluviais e lacustres.

SÚMULAS DO STF AFETAS À ÁREA TRABALHISTA

556. Competência da justiça comum. Causas em que é parte sociedade de economia mista

É competente a Justiça comum para julgar as causas em que é parte sociedade de economia mista.

557. Competência da justiça federal. Causas em que são partes a COBAL e a CIBRAZEM

É competente a Justiça Federal para julgar as causas em que são partes a COBAL e a CIBRAZEM.

593. FGTS. Horas extraordinárias

Incide o percentual do Fundo de Garantia do Tempo de Serviço (FGTS) sobre a parcela da remuneração correspondente a horas extraordinárias de trabalho.

612. Trabalhador rural. Acidente do trabalho. Inaplicabilidade da Lei n. 6.367/76

Ao trabalhador rural não se aplicam, por analogia, os benefícios previstos na Lei n. 6.367, de 19.10.1976 (DJ 29, 30 e 31.10.84).

613. Dependentes do trabalhador rural. Pensão previdenciária

Os dependentes de trabalhador rural não têm direito à pensão previdenciária, se o óbito ocorreu anteriormente à vigência da Lei Complementar n. 11/1971 (DJ 29, 30 e 31.10.84).

619. Prisão do depositário infiel. Quando pode ser decretada (revogada)

A prisão do depositário infiel pode ser decretada no próprio processo em que se constituiu o encargo, independentemente da propositura de ação de depósito (DJ 29, 30 e 31.10.84). (Revogada. DJE/12.12.08)

622. Agravo regimental. Decisão do relator que concede ou indefere liminar. Mandado de segurança

Não cabe agravo regimental contra decisão do relator que concede ou indefere liminar em mandado de segurança (DJ 9, 10 e 13.10.03).

623. Mandado de segurança. Competência originária. Art. 102, n, da cf. Deliberação administrativa do tribunal de origem. Maioria ou totalidade de seus membros

Não gera por si só a competência originária do Supremo Tribunal Federal para conhecer do mandado de segurança com base no art. 102, I, n, da Constituição, dirigir-se o pedido contra deliberação administrativa do tribunal de origem, da qual haja participado a maioria ou a totalidade de seus membros (DJ 9, 10 e 13.10.03).

624. Mandado de segurança contra atos de outros tribunais. Não competência do supremo tribunal federal

Não compete ao Supremo Tribunal Federal conhecer originariamente de mandado de segurança contra atos de outros tribunais (DJ 9, 10 e 13.10.03).

625. Mandado de segurança. Controvérsia sobre matéria de direito. Cabimento

Controvérsia sobre matéria de direito não impede concessão de mandado de segurança (DJ 9, 10 e 13.10.03).

626. Suspensão da liminar em mandado de segurança. Vigência. Manutenção pelo supremo tribunal federal. Objeto da liminar

A suspensão da liminar em mandado de segurança, salvo determinação em contrário da decisão que a deferir, vigorará até o trânsito em julgado da decisão definitiva de concessão da segurança ou, havendo recurso, até a sua manutenção pelo Supremo Tribunal Federal, desde que o objeto da liminar deferida coincida, total ou parcialmente, com o da impetração (DJ 9, 10 e 13.10.03).

627. Mandado de segurança. Nomeação de magistrado da competência do presidente da república. Autoridade coatora

No mandado de segurança contra a nomeação de magistrado da competência do Presidente da República, este é considerado autoridade coatora, ainda que o fundamento da impetração seja nulidade ocorrida em fase anterior do procedimento (DJ 9, 10 e 13.10.03).

628. Integrante de lista de candidatos. Vaga da composição de tribunal. Parte legítima para impugnar a validade da nomeação do concorrente

Integrante de lista de candidatos a determinada vaga da composição de tribunal é parte legítima para impugnar a validade da nomeação de concorrente (DJ 9, 10 e 13.10.03).

629. Mandado de segurança coletivo. Entidade de classe em favor dos associados independe da autorização destes

A impetração de mandado de segurança coletivo por entidade de classe em favor dos associados independe da autorização destes (DJ 9, 10 e 13.10.03).

630. Entidade de classe. Legitimação. Mandado de segurança. Interesse apenas a uma parte da respectiva categoria

A entidade de classe tem legitimação para o mandado de segurança ainda quando a pretensão veiculada interesse apenas a uma parte da respectiva categoria (DJ 9, 10 e 13.10.03).

631. Mandado de segurança. Citação do litisconsorte necessário. Não promoção pelo impetrante. Extinção do processo

Extingue-se o processo de mandado de segurança se o impetrante não promove, no prazo assinado, a citação do litisconsorte passivo necessário (DJ 9, 10 e 13.10.03).

632. Prazo decadencial. Mandado de segurança. Constitucionalidade

É constitucional lei que fixa o prazo de decadência para a impetração de mandado de segurança (DJ 9, 10 e 13.10.03).

633. Honorários advocatícios. Condenação. Recurso extraordinário em processo trabalhista. Incabível, exceto nas hipóteses previstas na Lei n. 5.584/70

É incabível a condenação em verba honorária nos recursos extraordinários interpostos em processo trabalhista, exceto nas hipóteses previstas na Lei n. 5.584/1970 (DJ 9, 10 e 13.10.03).

634. Medida cautelar. Efeito suspensivo a recurso extraordinário que ainda não foi objeto de juízo de admissibilidade na origem. Incompetência do STF

Não compete ao Supremo Tribunal Federal conceder medida cautelar para dar efeito suspensivo a recurso extraordinário que ainda não foi objeto de juízo de admissibilidade na origem (DJ 9, 10 e 13.10.03).

635. Medida cautelar. Recurso extraordinário pendente de juízo de admissibilidade. Competência. Presidente do tribunal de origem

Cabe ao Presidente do Tribunal de origem decidir o pedido de medida cautelar em recurso extraordinário ainda pendente do seu juízo de admissibilidade (DJ 9, 10 e 13.10.03).

636. Recurso extraordinário. Contrariedade ao princípio constitucional da legalidade. Interpretação dada a normas infraconstitucionais pela decisão recorrida. Não cabimento

Não cabe recurso extraordinário por contrariedade ao princípio constitucional da legalidade, quando a sua verificação pressuponha rever a interpretação dada a normas infraconstitucionais pela decisão recorrida (DJ 9, 10 e 13.10.03).

639. Agravo de Instrumento. Traslado das peças necessárias. Tempestividade do recurso extraordinário. Aplicação da Súmula n. 288

Aplica-se a Súmula n. 288 quando não constarem do traslado do agravo de instrumento as cópias das peças necessárias à verificação da tempestividade do recurso extraordinário não admitido pela decisão agravada (DJ 9, 10 e 13.10.03).

640. Recurso extraordinário. Decisão de primeiro grau. Causas de alçada ou turma recursal de juizado especial cível e criminal

É cabível recurso extraordinário contra decisão proferida por juiz de primeiro grau nas causas de alçada, ou por turma recursal de juizado especial cível e criminal (DJ 9, 10 e 13.10.03).

641. Litisconsortes sucumbidos. Prazo para recorrer

Não se conta em dobro o prazo para recorrer, quando só um dos litisconsortes haja sucumbido (DJ 9, 10 e 13.10.03).

644. Procurador autárquico. Instrumento de mandato

Ao titular do cargo de procurador de autarquia não se exige a apresentação de instrumento de mandato para reapresentá-la em juízo (DJ 9.12.03).

645. Horário de funcionamento de estabelecimento comercial. Competência. Município

É competente o Município para fixar o horário de funcionamento de estabelecimento comercial (DJ 9, 10 e 13.10.03).

651. Medida provisória não apreciada pelo congresso nacional. EC n. 32/98. Reedição. Eficácia

A medida provisória não apreciada pelo Congresso Nacional podia, até a EC n. 32/2001, ser reeditada dentro do seu prazo de eficácia de trinta dias, mantidos os efeitos de lei desde a primeira edição (DJ 9, 10 e 13.10.03).

654. Garantia da irretroatividade da lei. Art. 5º, xxxvi, da CF. Não é invocável pela entidade estatal que a tenha editado

A garantia da irretroatividade da lei, prevista no art. 5º, XXXVI, da Constituição da República, não é invocável pela entidade estatal que a tenha editado (DJ 9, 10 e 13.10.03).

655. Precatório. Exceção prevista no art. 100, caput, da constituição. Crédito de natureza alimentícia. Não dispensa do precatório. Observância da ordem cronológica

A exceção prevista no art. 100, *caput*, da Constituição, em favor dos créditos de natureza alimentícia, não dispensa a expedição de precatório, limitando-se a isentá-los da observância da ordem cronológica dos precatórios decorrentes de condenações de outra natureza (DJ 9, 10 e 13.10.03).

666. Contribuição confederativa. Art. 8º, iv, da Constituição. Filiados. Exigência

A contribuição confederativa de que trata o art. 8º, IV, da Constituição, só é exigível dos filiados ao sindicato respectivo (DJ 9, 10 e 13.10.03).

671. URP de abril/maio de 1988. Servidores públicos e trabalhadores em geral. Direito: 7/30 de 16,19%. Não cumulatividade e correção até o efetivo pagamento

Os servidores públicos e os trabalhadores em geral têm direito, no que concerne à URP de abril/maio de 1988, apenas ao valor correspondente a 7/30 de 16,19% sobre os vencimentos e salários pertinentes aos meses de abril e maio de 1988, não cumulativamente, devidamente corrigido até o efetivo pagamento (DJ 9, 10 e 13.10.03).

672. Reajuste salarial de 28,86%. Leis ns. 8.662/93 e 8.627/93. Servidores militares. Extensão aos servidores civis do poder executivo. Compensação

O reajuste de 28,86%, concedido aos servidores militares pelas Leis ns. 8.622/1993 e 8.627/1993, estende-se aos servidores civis do Poder Executivo, observadas as eventuais compensações decorrentes dos reajustes diferenciados concedidos pelos mesmos diplomas legais (DJ 9, 10 e 13.10.03).

675. Turnos ininterruptos de revezamento. Intervalos para descanso e alimentação durante a jornada de seis horas. Não descaracterização

Os intervalos fixados para descanso e alimentação durante a jornada de seis horas não descaracterizam o sistema de turnos ininterruptos de revezamento para o efeito do art. 7º, XIV, da Constituição (DJ 9, 10 e 13.10.03).

676. Suplente do cargo de direção de Comissões Internas de Prevenções de Acidentes (CIPA). Art. 10, II, a, do ADCT. Estabilidade provisória

A garantia da estabilidade provisória prevista no art. 10, II, *a*, do ADCT, também se aplica ao suplente do cargo de direção de comissões internas de prevenção de acidentes (CIPA) (DJ 9, 10 e 13.10.03).

677. Registro das entidades sindicais. Princípio da unicidade. Ministério do trabalho

Até que lei venha a dispor a respeito, incumbe ao Ministério do Trabalho proceder ao registro das entidades sindicais e zelar pela observância do princípio da unicidade (DJ 9, 10 e 13.10.03).

678. Lei n. 8.162/91, incisos I e III do art. 7º. Contagem de tempo de serviço pela CLT. Anuênio e licença-prêmio. Inconstitucionalidade

São inconstitucionais os incisos I e III do art. 7º da Lei n. 8.162/1991, que afastam, para efeito de anuênio e de licença-prêmio, a contagem do tempo de serviço regido pela CLT dos servidores que passaram a submeter-se ao Regime Jurídico Único (DJ 9, 10 e 13.10.03).

679. Servidores públicos. Fixação de vencimentos. Convenção coletiva. Não cabimento

A fixação de vencimentos dos servidores públicos não pode ser objeto de convenção coletiva (DJ 9, 10 e 13.10.03).

680. Servidores inativos. Auxílio-alimentação. Não extensão

O direito ao auxílio-alimentação não se estende aos servidores inativos (DJ 9, 10 e 13.10.03).

681. Servidores estaduais ou municipais. Vinculação do reajuste de vencimentos a índices federais de correção monetária. Inconstitucionalidade

É inconstitucional a vinculação do reajuste de vencimentos de servidores estaduais ou municipais a índices federais de correção monetária (DJ 9, 10 e 13.10.03).

682. Servidores públicos. Correção monetária. Atraso dos vencimentos. Não ofensa a CF

Não ofende a Constituição a correção monetária no pagamento com atraso dos vencimentos de servidores públicos (DJ 9, 10 e 13.10.03).

683. Concurso público. Limite de idade para inscrição. Art. 7º, XXX, da CF. Natureza das atribuições do cargo a ser preenchido

O limite de idade para a inscrição em concurso público só se legitima em face do art. 7º, XXX, da Constituição, quando possa ser justificado pela natureza das atribuições do cargo a ser preenchido (DJ 9, 10 e 13.10.03).

684. Concurso público. Candidato. Veto não motivado à participação de candidato. Inconstitucionalidade

É inconstitucional o veto não motivado à participação de candidato a concurso público (DJ 9, 10 e 13.10.03).

685. Servidor público. Provimento de cargo sem prévia aprovação em concurso público destinado ao seu provimento. Cargo que não integra a carreira. Inconstitucionalidade

É inconstitucional toda modalidade de provimento que propicie ao servidor investir-se, sem prévia aprovação em concurso público destinado ao seu provimento, em cargo que não integra a carreira na qual anteriormente investido (DJ 9, 10 e 13.10.03).

686. Candidato a cargo público. Exame psicotécnico. Só por lei

Só por lei se pode sujeitar a exame psicotécnico a habilitação de candidato a cargo público (DJ 9, 10 e 13.10.03).

688. Contribuição previdenciária. 13º salário. Legítima a incidência

É legítima a incidência da contribuição previdenciária sobre o 13º salário (DJ 9, 10 e 13.10.03)

691. Habeas corpus. Impetrado contra decisão do relator. Tribunal superior. Indeferimento da liminar

Não compete ao Supremo Tribunal Federal conhecer de *habeas corpus* impetrado contra decisão do Relator que, em *habeas corpus* requerido a tribunal superior, indefere a liminar (DJ 9, 10 e 13.10.03).

726. Professor. Aposentadoria especial. Tempo de serviço prestado fora da sala de aula

Para efeito de aposentadoria especial de professores, não se computa o tempo de serviço prestado fora da sala de aula (DJ 9.12.03).

727. Agravo de instrumento. Decisão que não admite recurso extraordinário. Apreciação pelo STF ainda que referente a causa instaurada no âmbito dos juizados especiais

Não pode o magistrado deixar de encaminhar ao Supremo Tribunal Federal o agravo de instrumento interposto da decisão que não admite recurso extraordinário, ainda que referente a causa instaurada no âmbito dos juizados especiais (DJ 9.12.03).

729. ADC-4. Antecipação de tutela. Causa de natureza previdenciária

A decisão na ADC-4 não se aplica à antecipação de tutela em causa de natureza previdenciária (DJ 9.12.03).

731. Competência. Originária. Interesse geral da magistratura. Loman. Direito à licença prêmio

Para fim da competência originária do Supremo Tribunal Federal, é de interesse geral da magistratura a questão de saber se, em face da LOMAN, os juízes têm direito à licença-prêmio (DJ 9.12.03).

732. Salário-educação. Cobrança. Constitucionalidade

É constitucional a cobrança da contribuição do salário-educação, seja sob a Carta de 1969, seja sob a Constituição Federal de 1988, e no regime da Lei n. 9.424/1996 (DJ 9.12.03).

SÚMULAS DO STF AFETAS À ÁREA TRABALHISTA

733. Recurso extraordinário. Decisão proferida no processamento de precatório. Descabimento

Não cabe recurso extraordinário contra decisão proferida no processamento de precatórios (DJ 9.12.03).

734. Reclamação. Trânsito em julgado. Ato judicial que se alega tenha desrespeitado decisão do STF. Descabimento

Não cabe reclamação quando já houver transitado em julgado o ato judicial que se alega tenha desrespeitado decisão do Supremo Tribunal Federal (DJ 9.12.03).

735. Recurso extraordinário. Contra acórdão que defere medida liminar. Descabimento

Não cabe recurso extraordinário contra acórdão que defere medida liminar (DJ 9.12.03).

736. Competência. Ações que tenham como causa de pedir o descumprimento de normas trabalhistas relativas à segurança, higiene e saúde dos trabalhadores. Justiça do trabalho

Compete à Justiça do Trabalho julgar as ações que tenham como causa de pedir o descumprimento de normas trabalhistas relativas à segurança, higiene e saúde dos trabalhadores (DJ 9.12.03).

SÚMULAS DO TST

1. Prazo judicial

Quando a intimação tiver lugar na sexta-feira, ou a publicação com efeito de intimação for feita nesse dia, o prazo judicial será contado da segunda-feira imediata, inclusive, salvo se não houver expediente, caso em que fluirá no dia útil que se seguir. (RA 28/1969, DO-GB 21.8.1969)

2. Gratificação natalina *cancelada*

É devida a gratificação natalina proporcional (Lei n. 4.090, de 1962) na extinção dos contratos a prazo, entre estes incluídos os de safra, ainda que a relação de emprego haja findado antes de dezembro. (RA 28/1969, DO-GB 21.8.1969) *[Cancelada pela Res. Adm. do TST (PLENO) n. 121, de 28.10.2003, DJ 19.11.2003, Rep. DJ 25.11.2003]*

3. Gratificação natalina *cancelada*

É devida a gratificação natalina proporcional (Lei n. 4.090, de 1962) na cessação da relação de emprego resultante da aposentadoria do trabalhador, ainda que verificada antes de dezembro. (RA 28/1969, DO-GB 21.8.1969) *[Cancelada pela Res. Adm. do TST (PLENO) n. 121, de 28.10.2003, DJ 19.11.2003, Rep. DJ 25.11.2003]*

4. Custas *cancelada*

As pessoas jurídicas de direito público não estão sujeitas a prévio pagamento de custas, nem a depósito da importância da condenação, para o processamento de recurso na Justiça do Trabalho. (RA 28/1969, DO-GB 21.8.1969) *[Cancelada pela Res. Adm. do TST (PLENO) n. 121, de 28.10.2003, DJ 19.11.2003, Rep. DJ 25.11.2003]*

5. Reajustamento salarial *cancelada*

O reajustamento salarial coletivo, determinado no curso do aviso prévio, beneficia o empregado pré-avisado da despedida, mesmo que tenha recebido antecipadamente os salários correspondentes ao período do aviso, que integra o seu tempo de serviço para todos os efeitos legais. (RA 28/1969, DO-GB 21.8.1969) *[Cancelada pela Res. Adm. do TST (PLENO) n. 121, de 28.10.2003, DJ 19.11.2003, Rep. DJ 25.11.2003]*

6. Equiparação salarial. Art. 461 da CLT (redação do item VI alterada). Res. n. 198/2015, republicada em razão de erro material. DEJT divulgado em 12, 15 e 16.6.2015

I. Para os fins previstos no § 2º do art. 461 da CLT, só é válido o quadro de pessoal organizado em carreira quando homologado pelo Ministério do Trabalho, excluindo-se, apenas, dessa exigência o quadro de carreira das entidades de direito público da administração direta, autárquica e fundacional aprovado por ato administrativo da autoridade competente. *(ex-Súmula n. 06. alterada pela Res. n. 104/2000, DJ 20.12.2000)*

II. Para efeito de equiparação de salários em caso de trabalho igual, conta-se o tempo de serviço na função e não no emprego. *(ex-Súmula n. 135. RA 102/1982, DJ 11.10.1982 e DJ 15.10.1982)*

III. A equiparação salarial só é possível se o empregado e o paradigma exercerem a mesma função, desempenhando as mesmas tarefas, não importando se os cargos têm, ou não, a mesma denominação. *(ex-OJ da SBDI-1 n. 328. DJ 9.12.2003)*

IV. É desnecessário que, ao tempo da reclamação sobre equiparação salarial, reclamante e paradigma estejam a serviço do estabelecimento, desde que o pedido se relacione com situação pretérita. *(ex-Súmula n. 22. RA 57/1970, DO-GB 27.11.1970)*

V. A cessão de empregados não exclui a equiparação salarial, embora exercida a função em órgão governamental estranho à cedente, se esta responde pelos salários do paradigma e do reclamante. *(ex-Súmula n. 111. RA 102/1980, DJ 25.9.1980)*

VI. Presentes os pressupostos do art. 461 da CLT, é irrelevante a circunstância de que o desnível salarial tenha origem em decisão judicial que beneficiou o paradigma, exceto: a) se decorrente de vantagem pessoal ou de tese jurídica superada pela jurisprudência de Corte Superior; b) na hipótese de equiparação salarial em cadeia, suscitada em defesa, se o empregador produzir prova do alegado fato modificativo, impeditivo ou extintivo do direito à equiparação salarial em relação ao paradigma remoto, considerada irrelevante, para esse efeito, a existência de diferença de tempo de serviço na função superior a dois anos entre o reclamante e os empregados paradigmas componentes da cadeia equiparatória, à exceção do paradigma imediato.

VII. Desde que atendidos os requisitos do art. 461 da CLT, é possível a equiparação salarial de trabalho intelectual, que pode ser avaliado por sua perfeição técnica, cuja aferição terá critérios objetivos. *(ex-OJ da SBDI-1 n. 298. DJ 11.8.2003)*

VIII. É do empregador o ônus da prova do fato impeditivo, modificativo ou extintivo da equiparação salarial. *(ex-Súmula n. 68. RA 9/1977, DJ 11.2.1977)*

IX. Na ação de equiparação salarial, a prescrição é parcial e só alcança as diferenças salariais vencidas no período de 5 (cinco) anos que precedeu o ajuizamento. *(ex-Súmula n. 274. alterada pela Res. n. 121/2003, DJ 21.11.2003)*

X. O conceito de "mesma localidade" de que trata o art. 461 da CLT refere-se, em princípio, ao mesmo município, ou a municípios distintos que, comprovadamente, pertençam à mesma região metropolitana. *(ex-OJ da SBDI-1 n. 252. inserida em 13.3.2002)*

7. Férias

A indenização pelo não-deferimento das férias no tempo oportuno será calculada com base na remuneração devida ao empregado na época da reclamação ou, se for o caso, na da extinção do contrato. (RA 28/1969, DO-GB 21.8.1969)

8. Juntada de documento

A juntada de documentos na fase recursal só se justifica quando provado o justo impedimento para sua oportuna apresentação ou se referir a fato posterior à sentença. (RA 28/1969, DO-GB 21.8.1969)

9. Ausência do reclamante

A ausência do reclamante, quando adiada a instrução após contestada a ação em audiência, não importa arquivamento do processo. (RA 28/1969, DO-GB 21.8.1969)

10. Professor. Dispensa sem justa causa. Término do ano letivo ou no curso de férias escolares. Aviso prévio (redação alterada em sessão do tribunal pleno realizada em 14.9.2012. Res. N. 185/2012, DEJT divulgado em 25.9.2012)

O direito aos salários do período de férias escolares assegurado aos professores (art. 322, *caput* e § 3º, da CLT) não exclui o direito ao aviso prévio, na hipótese de dispensa sem justa causa ao término do ano letivo ou no curso das férias escolares.

11. Honorários de advogado *cancelada*

É inaplicável na Justiça do Trabalho o disposto no art. 64 do Código de Processo Civil, sendo os honorários de advogado somente devidos nos termos do preceituado na Lei n. 1.060, de 1950. (RA 28/1969, DO-GB 21.8.1969) *[Cancelada pela Res. Adm. do TST (PLENO) n. 121, de 28.10.2003, DJ 19.11.2003, Rep. DJ 25.11.2003]*

12. Carteira profissional

As anotações apostas pelo empregador na carteira profissional do empregado não geram presunção *juris et de jure*, mas apenas *juris tantum*. (RA 28/1969, DO-GB 21.8.1969)

13. Mora

O só pagamento dos salários atrasados em audiência não ilide a mora capaz de determinar a rescisão do contrato de trabalho. (RA 28/1969, DO-GB 21.8.1969)

14. Culpa recíproca. Nova redação

Reconhecida a culpa recíproca na rescisão do contrato de trabalho (art. 484 da CLT), o empregado tem direito a 50% (cinquenta por cento) do valor do aviso prévio, do décimo terceiro salário e das férias proporcionais.

Histórico:
Redação original. RA 28/1969, DO-GB 21.8.1969 *[Revisada pela Res. Adm. do TST (PLENO) n. 121, de 28.10.2003, DJ 19.11.2003, Rep. DJ 25.11.2003]*

SÚMULAS DO TST

15. Atestado médico

A justificação da ausência do empregado motivada por doença, para a percepção do salário-enfermidade e da remuneração do repouso semanal, deve observar a ordem preferencial dos atestados médicos estabelecida em lei. (RA 28/1969, DO-GB 21.8.1969)

16. Notificação. Nova redação

Presume-se recebida a notificação 48 (quarenta e oito) horas depois de sua postagem. O seu não recebimento ou a entrega após o decurso desse prazo constitui ônus de prova do destinatário.

Histórico:
Redação original. RA 28/1969, DO-GB 21.8.1969 *[Revisada pela Res. Adm. do TST (PLENO) n. 121, de 28.10.2003, DJ 19.11.2003, Rep. DJ 25.11.2003]*

17. Adicional de insalubridade. Cálculo. Salário profissional. Restaurada (cancelada na sessão do tribunal pleno realizada em 26.6.08). Res. n. 148/2008, DJ 4 e 7.7.2008. Republicada DJ 8, 9 e 10.7.2008

O adicional de insalubridade devido a empregado que, por força de lei, convenção coletiva ou sentença normativa, percebe salário profissional será sobre este calculado. (RA 28/1969, DO-GB 21.8.1969)

Histórico:
Cancelado. Res. 29/1994, DJ 12.5.1994 *[Restaurada pela Res. Adm. do TST (PLENO) n. 121, de 28.10.2003, DJ 19.11.2003, Rep. DJ 25.11.2003]*

18. Compensação

A compensação, na Justiça do Trabalho, está restrita a dívidas de natureza trabalhista. (RA 28/1969, DO-GB 21.8.1969)

19. Quadro de carreira

A Justiça do Trabalho é competente para apreciar reclamação de empregado que tenha por objeto direito fundado em quadro de carreira. (RA 28/1969, DO-GB 21.8.1969)

20. Resilição contratual cancelada (Res. n. 106/2001, DJ 21.3.2001)

Não obstante o pagamento da indenização de antiguidade, presume-se em fraude à lei a resilição contratual, se o empregado permaneceu prestando serviço ou tiver sido, em curto prazo, readmitido. (RA 57/1970, DO-GB 27.11.1970)

21. Aposentadoria cancelada (Res. n. 30/1994, DJ 12.5.1994)

O empregado aposentado tem direito ao cômputo do tempo anterior à aposentadoria, se permanecer a serviço da empresa ou a ela retornar. (RA 57/1970, DO-GB 27.11.1970)

22. Equiparação salarial. Paradigma despedido cancelada em decorrência da sua incorporação à nova redação da Súmula n. 6. Res. n. 129/05. DJ 20.4.2005

É desnecessário que, ao tempo da reclamação sobre equiparação salarial, reclamante e paradigma estejam a serviço do estabelecimento, desde que o pedido se relacione com situação pretérita. (RA 57/1970, DO-GB 27.11.1970)

23. Recurso

Não se conhece de recurso de revista ou de embargos, se a decisão recorrida resolver determinado item do pedido por diversos fundamentos e a jurisprudência transcrita não abranger a todos. (RA 57/1970, DO-GB 27.11.1970)

24. Serviço extraordinário

Insere-se no cálculo da indenização por antiguidade o salário relativo a serviço extraordinário, desde que habitualmente prestado. (RA 57/1970, DO-GB 27.11.1970)

25. Custas processuais. Inversão do ônus da sucumbência. (alterada a súmula e incorporadas as Orientações Jurisprudenciais ns. 104 E 186 DA SBDI-1). Res. n. 197/2015. DEJT divulgado em 14, 15 e 18.5.2015

I. A parte vencedora na primeira instância, se vencida na segunda, está obrigada, independentemente de intimação, a pagar as custas fixadas na sentença originária, das quais ficará isenta a parte então vencida;

II. No caso de inversão do ônus da sucumbência em segundo grau, sem acréscimo ou atualização do valor das custas e se estas já foram devidamente recolhidas, descabe um novo pagamento pela parte vencida, ao recorrer. Deverá ao final, se sucumbente, reembolsar a quantia; *(ex-OJ n. 186 da SBDI-I)*

III. Não caracteriza deserção a hipótese em que, acrescido o valor da condenação, não houve fixação ou cálculo do valor devido a título de custas e tampouco intimação da parte para o preparo do recurso, devendo ser as custas pagas ao final; *(ex-OJ n. 104 da SBDI-I)*

IV. O reembolso das custas à parte vencedora faz-se necessário mesmo na hipótese em que a parte vencida for pessoa isenta do seu pagamento, nos termos do art. 790-A, parágrafo único, da CLT.

26. Estabilidade cancelada

Presume-se obstativa à estabilidade a despedida, sem justo motivo, do empregado que alcançar nove anos de serviço na empresa. (RA 57/1970, DO-GB 27.11.1970) *[Cancelada pela Res. Adm. do TST (PLENO) n. 121, de 28.10.2003, DJ 19.11.2003, Rep. DJ 25.11.2003]*

27. Comissionista

É devida a remuneração do repouso semanal e dos dias feriados ao empregado comissionista, ainda que pracista. (RA 57/1970, DO-GB 27.11.1970)

28. Indenização. Nova redação

No caso de se converter a reintegração em indenização dobrada, o direito aos salários é assegurado até a data da primeira decisão que determinou essa conversão.

Histórico:
Redação original. RA 57/1970, DO-GB 27.11.1970 *[Revisada pela Res. Adm. do TST (PLENO) n. 121, de 28.10.2003, DJ 19.11.2003, Rep. DJ 25.11.2003]*

29. Transferência

Empregado transferido, por ato unilateral do empregador, para local mais distante de sua residência, tem direito a suplemento salarial correspondente ao acréscimo da despesa de transporte. (RA 57/1970, DO-GB 27.11.1970)

30. Intimação da sentença

Quando não juntada a ata ao processo em 48 horas, contadas da audiência de julgamento (art. 851, § 2º, da CLT), o prazo para recurso será contado da data em que a parte receber a intimação da sentença. (RA 57/1970, DO-GB 27.11.1970)

31. Aviso prévio cancelada Res. n. 31/1994, DJ 12.5.1994. Referência Lei n. 7.108/1983

É incabível o aviso prévio na despedida indireta. (RA 57/1970, DO-GB 27.11.1970)

32. Abandono de emprego. Nova redação

Presume-se o abandono de emprego se o trabalhador não retornar ao serviço no prazo de 30 (trinta) dias após a cessação do benefício previdenciário nem justificar o motivo de não o fazer.

Histórico:
Redação original. RA 57/1970, DO-GB 27.11.1970 *[Revisada pela Res. Adm. do TST (PLENO) n. 121, de 28.10.2003, DJ 19.11.2003, Rep. DJ 25.11.2003]*

33. Mandado de segurança. Decisão judicial transitada em julgado

Não cabe mandado de segurança de decisão judicial transitada em julgado. (RA 57/1970, DO-GB 27.11.1970)

34. Gratificação natalina cancelada

A gratificação natalina, instituída pela Lei n. 4.090, de 1962, é devida ao empregado rural. (RA 57/1970, DO-GB 27.11.1970) *[Cancelada pela Res. Adm. do TST (PLENO) n. 121, de 28.10.2003, DJ 19.11.2003, Rep. DJ 25.11.2003]*

35. Depósito recursal. Complementação cancelada

A majoração do salário mínimo não obriga o recorrente a complementar o depósito de que trata o art. 899 da CLT. (RA 57/1970, DO-GB 27.11.1970) *[Cancelada pela Res. Adm. do TST (PLENO) n. 121, de 28.10.2003, DJ 19.11.2003, Rep. DJ 25.11.2003]*

36. Custas

Nas ações plúrimas, as custas incidem sobre o respectivo valor global. (RA 57/1970, DO-GB 27.11.1970)

37. Prazo cancelada Res. N. 32/1994, DJ 12.5.1994

O prazo para recurso da parte que não comparece à audiência de julgamento, apesar de notificada, conta-se da intimação da sentença. (RA 57/1970, DO-GB 27.11.1970)

38. Recurso *cancelada*

Para comprovação da divergência justificadora do recurso é necessário que o recorrente junte certidão, ou documento equivalente, do acórdão paradigma ou faça transcrição do trecho pertinente à hipótese, indicando sua origem e esclarecendo a fonte da publicação, isto é, órgão oficial ou repertório idôneo de jurisprudência. (RA 57/1970, DO-GB 27.11.1970)

Histórica:
Revista pela Súmula n. 337. Res. 35/1994, DJ 18.11.1994. Republicada DJ 30.11.1994. *[Cancelada pela Res. Adm. do TST (PLENO) n. 121, de 28.10.2003, DJ 19.11.2003, Rep. DJ 25.11.2003]*

39. Periculosidade

Os empregados que operam em bomba de gasolina têm direito ao adicional de periculosidade (Lei n. 2.573, de 15.08.1955). (RA 41/1973, DJ 14.6.1973)

40. Processo administrativo *cancelada*

Não cabe recurso ao Tribunal Superior do Trabalho contra decisão em processo administrativo, de interesse de funcionário, proferida por Tribunal Regional do Trabalho. (RA 41/1973, DJ 14.6.1973)

Histórico:
Revista pela Súmula n. 302. Res. n. 1/1990, DJ 2.4.1990 *[Cancelada pela Res. Adm. do TST (PLENO) n. 121, de 28.10.2003, DJ 19.11.2003, Rep. DJ 25.11.2003]*

41. Quitação *cancelada*

A quitação, nas hipóteses dos §§ 1º e 2º do art. 477 da CLT concerne exclusivamente aos valores discriminados no documento respectivo. (RA 41/1973, DJ 14.6.1973)

Histórico:
Revista pela Súmula n. 330. Res. 22/1993, DJ 21.12.1993 *[Cancelada pela Res. Adm. do TST (PLENO) n. 121, de 28.10.2003, DJ 19.11.2003, Rep. DJ 25.11.2003]*

42. Recurso *cancelada*

Não ensejam o conhecimento de revista ou de embargos decisões superadas por iterativa, notória e atual jurisprudência do Pleno. (RA 41/1973, DJ 14.6.1973)

Histórico:
Revista pela Súmula n. 333. Res. 25/1994, DJ 12.5.1994 *[Cancelada pela Res. Adm. do TST (PLENO) n. 121, de 28.10.2003, DJ 19.11.2003, Rep. DJ 25.11.2003]*

43. Transferência

Presume-se abusiva a transferência de que trata o § 1º do art. 469 da CLT, sem comprovação da necessidade do serviço. (RA 41/1973, DJ 14.6.1973)

44. Aviso prévio

A cessação da atividade da empresa, com o pagamento da indenização, simples ou em dobro, não exclui, por si só, o direito do empregado ao aviso prévio. (RA 41/1973, DJ 14.6.1973)

45. Serviço suplementar

A remuneração do serviço suplementar, habitualmente prestado, integra o cálculo da gratificação natalina prevista na Lei n. 4.090, de 13.7.1962. (RA 41/1973, DJ 14.6.1973)

46. Acidente de trabalho

As faltas ou ausências decorrentes de acidente do trabalho não são consideradas para os efeitos de duração de férias e cálculo da gratificação natalina. (RA 41/1973, DJ 14.6.1973)

47. Insalubridade

O trabalho executado em condições insalubres, em caráter intermitente, não afasta, só por essa circunstância, o direito à percepção do respectivo adicional. (RA 41/1973, DJ 14.6.1973)

48. Compensação

A compensação só poderá ser arguida com a contestação. (RA 41/1973, DJ 14.6.1973)

49. Inquérito judicial *cancelada*

No inquérito judicial, contadas e não pagas as custas no prazo fixado pelo juízo, será determinado o arquivamento do processo. (RA 41/1973, DJ 14.6.1973) *[Cancelada pela Res. Adm. do TST (PLENO) n. 121, de 28.10.2003, DJ 19.11.2003, Rep. DJ 25.11.2003]*

50. Gratificação natalina

A gratificação natalina, instituída pela Lei n. 4.090, de 13.7.1962, é devida pela empresa cessionária ao servidor público cedido enquanto durar a cessão. (RA 41/1973, DJ 14.6.1973)

51. Norma regulamentar. Vantagens e opção pelo novo regulamento. Art. 468 da clt. (Incorporada a Orientação Jurisprudencial n. 163 da SBDI-I. Res. n. 129/2005. DJ 20.4.2005)

I. As cláusulas regulamentares, que revoguem ou alterem vantagens deferidas anteriormente, só atingirão os trabalhadores admitidos após a revogação ou alteração do regulamento. *(ex-Súmula n. 51. RA 41/73, DJ 14.6.1973)*

II. Havendo a coexistência de dois regulamentos da empresa, a opção do empregado por um deles tem efeito jurídico de renúncia às regras do sistema do outro. *(ex-OJ n. 163. Inserida em 26.3.1999)*

52. Tempo de serviço(*)

O adicional de tempo de serviço (quinquênio) é devido, nas condições estabelecidas no art. 19 da Lei n. 4.345, de 26.6.1964, aos contratados sob o regime da CLT, pela empresa a que se refere a mencionada lei, inclusive para o fim de complementação de aposentadoria. (RA 41/1973, DJ 14.6.1973)

53. Custas

O prazo para pagamento das custas, no caso de recurso, é contado da intimação do cálculo. (RA 41/1973, DJ 14.6.1973)

54. Optante

Rescindindo por acordo seu contrato de trabalho, o empregado estável optante tem direito ao mínimo de 60% (sessenta por cento) do total da indenização em dobro, calculada sobre o maior salário percebido no emprego. Se houver recebido menos do que esse total, qualquer que tenha sido a forma de transação, assegura-se-lhe a complementação até aquele limite. (RA 105/1974, DJ 24.10.1974)

55. Financeiras

As empresas de crédito, financiamento ou investimento, também denominadas financeiras, equiparam-se aos estabelecimentos bancários para os efeitos do art. 224 da CLT. (RA 105/1974, DJ 24.10.1974)

56. Balconista *cancelada*

O balconista que recebe comissão tem direito ao adicional de 20% (vinte por cento) pelo trabalho em horas extras, calculado sobre o valor das comissões referentes a essas horas. (RA 105/1974, DJ 24.10.1974)

Histórico:
Revista pela Súmula n. 340. Res. 40/1995, DJ 17.2.1995 *[Cancelada pela Res. Adm. do TST (PLENO) n. 121, de 28.10.2003, DJ 19.11.2003, Rep. DJ 25.11.2003]*

57. Trabalhador rural *cancelada* Res. N. 3/1993, DJ 6.5.1993

Os trabalhadores agrícolas das usinas de açúcar integram categoria profissional de industriários, beneficiando-se dos aumentos normativos obtidos pela referida categoria. (RA 105/1974, DJ 24.10.1974)

58. Pessoal de obras

Ao empregado admitido como pessoal de obras, em caráter permanente e não amparado pelo regime estatutário, aplica-se a legislação trabalhista. (RA 105/1974, DJ 24.10.1974)

59. Vigia. Cancelada

Vigia de estabelecimento bancário não se beneficia da jornada de trabalho reduzida prevista no art. 224 da CLT. (RA 105/1974, DJ 24.10.1974) *[Cancelada pela Res. Adm. do TST (PLENO) n. 121, de 28.10.2003, DJ 19.11.2003, Rep. DJ 25.11.2003]*

60. Adicional noturno. Integração no salário e prorrogação em horário diurno. (incorporada Orientação Jurisprudencial n. 6 da SBDI-1. Res. n. 129/2005. DJ 20.4.2005)

I. O adicional noturno, pago com habitualidade, integra o salário do empregado para todos os efeitos. *(ex-Súmula n. 60. RA 105/74, DJ 24.10.1974)*

II. Cumprida integralmente a jornada no período noturno e prorrogada esta, devido é também o adicional quanto às horas

prorrogadas. Exegese do art. 73, § 5º, da CLT. *(ex-OJ n. 6 da SBDI-1. Inserida em 25.11.1996)*

61. Ferroviário
Aos ferroviários que trabalham em estação do interior, assim classificada por autoridade competente, não são devidas horas extras (art. 243 da CLT). (RA 105/1974, DJ 24.10.1974)

62. Abandono de emprego
O prazo de decadência do direito do empregador de ajuizar inquérito em face do empregado que incorre em abandono de emprego é contado a partir do momento em que o empregado pretendeu seu retorno ao serviço. (RA 105/1974, DJ 24.10.1974)

63. Fundo de Garantia
A contribuição para o Fundo de Garantia do Tempo de Serviço incide sobre a remuneração mensal devida ao empregado, inclusive horas extras e adicionais eventuais. (RA 105/1974, DJ 24.10.1974)

64. Prescrição cancelada
A prescrição para reclamar contra anotação de carteira profissional, ou omissão desta, flui da data de cessação do contrato de trabalho. (RA 52/1975, DJ 5.6.1975) *[Cancelado pela Res. Adm. do TST (PLENO) n. 121, de 28.10.2003, DJ 19.11.2003, Rep. DJ 25.11.2003]*

65. Vigia
O direito à hora reduzida de 52 minutos e 30 segundos aplica-se ao vigia noturno. (RA 5/1976, DJ 26.2.1976)

66. Tempo de serviço cancelada
Os quinquênios devidos ao pessoal da Rede Ferroviária Federal S.A. serão calculados sobre o salário do cargo efetivo, ainda que o trabalhador exerça cargo ou função em comissão. (RA 7/1977, DJ 11.2.1977) *[Cancelada pela Res. Adm. do TST (PLENO) n. 121, de 28.10.2003, DJ 19.11.2003, Rep. DJ 25.11.2003]*

67. Gratificação. Ferroviário
Chefe de trem, regido pelo estatuto dos ferroviários (Decreto n. 35.530, de 19.9.1959), não tem direito à gratificação prevista no respectivo art. 110. (RA 8/1977, DJ 11.02.1977)

68. Prova. Equiparação salarial. (cancelada em decorrência da sua incorporação à nova redação da Súmula n. 6. Res. n. 129/2005. DJ 20.4.2005)
É do empregador o ônus da prova do fato impeditivo, modificativo ou extintivo da equiparação salarial. (RA 9/77, DJ 11.2.1977)

69. Rescisão do contrato. Nova redação
A partir da Lei n. 10.272, de 5.9.2001, havendo rescisão do contrato de trabalho e sendo revel e confesso quanto à matéria de fato, deve ser o empregador condenado ao pagamento das verbas rescisórias, não quitadas na primeira audiência, com acréscimo de 50% (cinquenta por cento).

Histórico:
Redação original. RA 10/1977, DJ 11.2.1977 *[Revisada pela Res. Adm. do TST (PLENO) n. 121, de 28.10.2003, DJ 19.11.2003, Rep. DJ 25.11.2003]*

70. Adicional de periculosidade
O adicional de periculosidade não incide sobre os triênios pagos pela Petrobrás. (RA 60/1978, DJ 26.9.1978)

71. Alçada
A alçada é fixada pelo valor dado à causa na data de seu ajuizamento, desde que não impugnado, sendo inalterável no curso do processo. (RA 69/1978, DJ 26.9.1978)

72. Aposentadoria. Nova redação
O prêmio-aposentadoria instituído por norma regulamentar da empresa não está condicionado ao disposto no § 2º do art. 14 da Lei n. 8.036, de 11.5.1990.

Histórico:
Redação original. RA 69/1978, DJ 26.9.1978 *[Revisada pela Res. Adm. do TST (PLENO) n. 121, de 28.10.2003, DJ 19.11.2003, Rep. DJ 25.11.2003]*

73. Despedida. Justa causa. Nova redação
A ocorrência de justa causa, salvo a de abandono de emprego, no decurso do prazo do aviso prévio dado pelo empregador, retira do empregado qualquer direito às verbas rescisórias de natureza indenizatória.

Histórico:
Redação original. RA 69/1978, DJ 26.9.1978 *[Revisada pela Res. Adm. do TST (PLENO) n. 121, de 28.10.2003, DJ 19.11.2003, Rep. DJ 25.11.2003]*

74. Confissão (atualizada em decorrência do CPC/2015). Res. n. 208/2016, DEJT divulgado em 22, 25 e 26.4.2016.
I. Aplica-se a confissão à parte que, expressamente intimada com aquela cominação, não comparecer à audiência em prosseguimento, na qual deveria depor. *(ex-Súmula n. 74. RA 69/1978, DJ 26.09.1978)*

II. A prova pré-constituída nos autos pode ser levada em conta para confronto com a confissão ficta (arts. 442 e 443, do CPC de 2015. art. 400, I, do CPC de 1973), não implicando cerceamento de defesa o indeferimento de provas posteriores. *(ex-OJ n. 184 da SBDI-1. inserida em 08.11.2000)*

III. A vedação à produção de prova posterior pela parte confessa somente a ela se aplica, não afetando o exercício, pelo magistrado, do poder/dever de conduzir o processo.

75. Ferroviário cancelada
É incompetente a Justiça do Trabalho para conhecer de ação de ferroviário oriundo das empresas Sorocabana, São Paulo-Minas e Araraquarense, que mantém a condição de funcionário público. (RA 69/1978, DJ 26.9.1978) *[Cancelada pela Res. Adm. do TST (PLENO) n. 121, de 28.10.2003, DJ 19.11.2003, Rep. DJ 25.11.2003]*

76. Horas extras cancelada
O valor das horas suplementares prestadas habitualmente, por mais de 2 (dois) anos, ou durante todo o contrato, se suprimidas, integra-se ao salário para todos os efeitos legais. (RA 69/1978, DJ 26.9.1978)

Histórico:
Revista pela Súmula n. 291. Res. n. 1/1989, DJ 14.4.1989 *[Cancelada pela Res. Adm. do TST (PLENO) n. 121, de 28.10.2003, DJ 19.11.2003, Rep. DJ 25.11.2003]*

77. Punição(*)
Nula é a punição de empregado se não precedida de inquérito ou sindicância internos a que se obrigou a empresa por norma regulamentar. (RA 69/1978, DJ 26.9.1978)

78. Gratificação cancelada
A gratificação periódica contratual integra o salário, pelo seu duodécimo, para todos os efeitos legais, inclusive o cálculo da natalina da Lei n. 4.090/1962. (RA 69/1978, DJ 26.9.1978) *[Cancelada pela Res. Adm. do TST (PLENO) n. 121, de 28.10.2003, DJ 19.11.2003, Rep. DJ 25.11.2003]*

79. Tempo de serviço cancelada
O adicional de antiguidade, pago pela Fepasa, calcula-se sobre o salário-base. (RA 69/1978, DJ 26.9.1978) *[Cancelada pela Res. Adm. do TST (PLENO) n. 121, de 28.10.2003, DJ 19.11.2003, Rep. DJ 25.11.2003]*

80. Insalubridade
A eliminação da insalubridade mediante fornecimento de aparelhos protetores aprovados pelo órgão competente do Poder Executivo exclui a percepção do respectivo adicional. (RA 69/1978, DJ 26.9.1978)

81. Férias (*)
Os dias de férias gozados após o período legal de concessão deverão ser remunerados em dobro. (RA 69/1978, DJ 26.9.1978)

82. Assistência. Nova redação
A intervenção assistencial, simples ou adesiva, só é admissível se demonstrado o interesse jurídico e não o meramente econômico.

Histórico:
Redação original. RA 69/1978, DJ 26.9.1978 *[Revisada pela Res. Adm. do TST (PLENO) n. 121, de 28.10.2003, DJ 19.11.2003, Rep. DJ 25.11.2003]*

83. Ação rescisória. Matéria controvertida. (incorporada a Orientação Jurisprudencial n. 77 da SBDI-II. Res. n. 137/2005. DJ 22.8.2005)
I. Não procede pedido formulado na ação rescisória por violação literal de lei se a decisão rescindenda estiver baseada em texto le-

gal infraconstitucional de interpretação controvertida nos Tribunais. *(ex-Súmula n. 83. Res. n. 121/03, DJ 21.11.2003)*

II. O marco divisor quanto a ser, ou não, controvertida, nos Tribunais, a interpretação dos dispositivos legais citados na ação rescisória é a data da inclusão, na Orientação Jurisprudencial do TST, da matéria discutida. *(ex-OJ n. 77 da SBDI-II— inserida em 13.3.2002)*

84. Adicional regional. Nova redação

O adicional regional, instituído pela Petrobrás, não contraria o art. 7º, XXXII, da CF/1988.

Histórico:
Redação original. RA 69/1978, DJ 26.9.1978 *[Revisada pela Res. Adm. do TST (PLENO) n. 121, de 28.10.2003, DJ 19.11.2003, Rep. DJ 25.11.2003]*

85. Compensação de jornada (inserido o item VI). Res. n. 209/2016, DEJT divulgado em 1, 2 e 3.6.2016.

I. A compensação de jornada de trabalho deve ser ajustada por acordo individual escrito, acordo coletivo ou convenção coletiva. *(ex-Súmula n. 85. primeira parte. alterada pela Res. n. 121/2003, DJ 21.11.2003)*

II. O acordo individual para compensação de horas é válido, salvo se houver norma coletiva em sentido contrário. *(ex-OJ n. 182 da SBDI-1. inserida em 08.11.2000)*

III. O mero não atendimento das exigências legais para a compensação de jornada, inclusive quando encetada mediante acordo tácito, não implica a repetição do pagamento das horas excedentes à jornada normal diária, se não dilatada a jornada máxima semanal, sendo devido apenas o respectivo adicional. *(ex-Súmula n. 85. segunda parte. alterada pela Res. n. 121/2003, DJ 21.11.2003)*

IV. A prestação de horas extras habituais descaracteriza o acordo de compensação de jornada. Nesta hipótese, as horas que ultrapassarem a jornada semanal normal deverão ser pagas como horas extraordinárias e, quanto àquelas destinadas à compensação, deverá ser pago a mais apenas o adicional por trabalho extraordinário. *(ex-OJ n. 220 da SBDI-1. inserida em 20.6.2001)*

V. As disposições contidas nesta súmula não se aplicam ao regime compensatório na modalidade "banco de horas", que somente pode ser instituído por negociação coletiva.

VI. Não é válido acordo de compensação de jornada em atividade insalubre, ainda que estipulado em norma coletiva, sem a necessária inspeção prévia e permissão da autoridade competente, na forma do art. 60 da CLT.

86. Deserção. Massa falida. Empresa em liquidação extrajudicial. (incorporada a Orientação Jurisprudencial n. 31 da SBDI-1. Res. n. 129/2005. DJ 20.4.2005)

Não ocorre deserção de recurso da massa falida por falta de pagamento de custas ou de depósito do valor da condenação. Esse privilégio, todavia, não se aplica à empresa em liquidação extrajudicial. *(Primeira parte. ex-Súmula n. 86. RA 69/78, DJ 26.9.1978; segunda parte. ex-OJ n. 31. Inserida em 14.3.1994)*

87. Previdência privada(*)

Se o empregado, ou seu beneficiário, já recebeu da instituição previdenciária privada, criada pela empresa, vantagem equivalente, é cabível a dedução de seu valor do benefício a que faz jus por norma regulamentar anterior. (RA 69/1978, DJ 26.9.1978)

88. Jornada de trabalho. Intervalo entre turnos. Cancelada. Res. 42/1995, dj 17.2.1995. Lei n. 8.923/1994(**)

O desrespeito ao intervalo mínimo entre dois turnos de trabalho, sem importar em excesso na jornada efetivamente trabalhada, não dá direito a qualquer ressarcimento ao obreiro, por tratar-se apenas de infração sujeita a penalidade administrativa (art. 71 da CLT). (RA 69/1978, DJ 26.9.1978)

89. Falta ao serviço

Se as faltas já são justificadas pela lei, consideram-se como ausências legais e não serão descontadas para o cálculo do período de férias. (RA 69/1978, DJ 26.9.1978)

90. Horas in itinere. Tempo de serviço (incorporadas as Súmulas ns. 324 e 325 e as Orientações Jurisprudenciais ns. 50 e 236 da SBDI-1. Res. n. 129/2005. DJ 20.4.2005)

I. O tempo despendido pelo empregado, em condução fornecida pelo empregador, até o local de trabalho de difícil acesso ou não servido por transporte público regular, e para o seu retorno, é computável na jornada de trabalho. *(ex-Súmula n. 90. RA 80/78, DJ 10.11.1978)*

II. A incompatibilidade entre os horários de início e término da jornada do empregado e os do transporte público regular é circunstância que também gera o direito às horas *in itinere*. *(ex-OJ n. 50. Inserida em 1.2.1995)*

III. A mera insuficiência de transporte público não enseja o pagamento de horas *in itinere*. *(ex-Súmula n. 324. RA 16/1993, DJ 21.12.1993)*

IV. Se houver transporte público regular em parte do trajeto percorrido em condução da empresa, as horas *in itinere* remuneradas limitam-se ao trecho não alcançado pelo transporte público. *(ex-Súmula n. 325. RA17/1993, DJ 21.12.1993)*

V. Considerando que as horas *in itinere* são computáveis na jornada de trabalho, o tempo que extrapola a jornada legal é considerado como extraordinário e sobre ele deve incidir o adicional respectivo. *(ex-OJ n. 236. Inserida em 20.6.2001)*

91. Salário complessivo

Nula é a cláusula contratual que fixa determinada importância ou percentagem para atender englobadamente vários direitos legais ou contratuais do trabalhador. (RA 69/1978, DJ 26.9.1978)

92. Aposentadoria

O direito à complementação de aposentadoria, criado pela empresa, com requisitos próprios, não se altera pela instituição de benefício previdenciário por órgão oficial. (RA 69/1978, DJ 26.9.1978)

93. Bancário

Integra a remuneração do bancário a vantagem pecuniária por ele auferida na colocação ou na venda de papéis ou valores mobiliários de empresas pertencentes ao mesmo grupo econômico, se exercida essa atividade no horário e no local de trabalho e com o consentimento, tácito ou expresso, do banco empregador. (RA 121/1979, DJ 27.11.1979)

94. Horas extras *cancelada*

O valor das horas extraordinárias habituais integra o aviso prévio indenizado. (RA 43/1980, DJ 15.5.1980. Republicada Res. 80/1980, DJ 4.7.1980) *[Cancelada pela Res. Adm. do TST (PLENO) n. 121, de 28.10.2003, DJ 19.11.2003, Rep. DJ 25.11.2003]*

95. Prescrição trintenária. FGTS. (*cancelada* em decorrência da sua incorporação à nova redação da súmula n. 362. Res. n. 121/2003, DJ 19, 20 e 21.11.2003)

É trintenária a prescrição do direito de reclamar contra o não recolhimento da contribuição para o Fundo de Garantia do Tempo de Serviço. (RA 44/1980, DJ 15.5.1980) *[Cancelada pela Res. Adm. do TST (PLENO) n. 121, de 28.10.2003, DJ 19.11.2003, Rep. DJ 25.11.2003]*

96. Marítimo

A permanência do tripulante a bordo do navio, no período de repouso, além da jornada, não importa presunção de que esteja à disposição do empregador ou em regime de prorrogação de horário, circunstâncias que devem resultar provadas, dada a natureza do serviço. (RA 45/1980, DJ 16.5.1980)

97. Aposentadoria. Complementação

Instituída complementação de aposentadoria por ato da empresa, expressamente dependente de regulamentação, as condições desta devem ser observadas como parte integrante da norma.

Histórico:
Redação original. RA 48/1980, DJ 22.5.1980

98. FGTS. Indenização. Equivalência. Compatibilidade. (incorporada a Orientação Jurisprudencial n. 299 da SBDI-1. Res. n. 129/2005. DJ 20.4.2005)

I. A equivalência entre os regimes do Fundo de Garantia do Tempo de Serviço e da estabilidade prevista na CLT é meramente jurídica e não econômica, sendo indevidos valores a título de reposição de diferenças. *(ex-Súmula n. 98. RA 57/1980, DJ 6.6.1980)*

II. A estabilidade contratual ou a derivada de regulamento de empresa são compatíveis com o regime do FGTS. Diversamente ocorre com a estabilidade legal (decenal, art. 492 da CLT), que é renunciada com a opção pelo FGTS. *(ex-OJ n. 299 da SBDI-I. DJ 11.8.2003)*

99. Ação rescisória. Deserção. Prazo. (incorporada a Orientação Jurisprudencial n. 117 da SBDI-II. Res. n. 137/2005. DJ 22.8.2005)

Havendo recurso ordinário em sede de rescisória, o depósito recursal só é exigível quando for julgado procedente o pedido e imposta condenação em pecúnia, devendo este ser efetuado no prazo recursal, no limite e nos termos da legislação vigente, sob pena de deserção. (ex-Súmula n. 99. RA 62/1980, DJ 11.6.80 e alterada pela Res. n. 110/02, DJ 11.4.02 e ex-OJ n. 117 da SBDI-II. DJ 11.8.2003)

100. Ação rescisória. Decadência (incorporadas as Orientações Jurisprudenciais ns. 13, 16, 79, 102, 104, 122 e 145 da SDI-II. Res. n. 137/05. DJ 22.8.2005)

I. O prazo de decadência, na ação rescisória, conta-se do dia imediatamente subsequente ao trânsito em julgado da última decisão proferida na causa, seja de mérito ou não. (ex-Súmula n. 100. Res. n. 109/01, DJ 20.4.2001)

II. Havendo recurso parcial no processo principal, o trânsito em julgado dá-se em momentos e em tribunais diferentes, contando-se o prazo decadencial para a ação rescisória do trânsito em julgado de cada decisão, salvo se o recurso tratar de preliminar ou prejudicial que possa tornar insubsistente a decisão recorrida, hipótese em que flui a decadência a partir do trânsito em julgado da decisão que julgar o recurso parcial. (ex-Súmula n. 100. Res. n. 109/01, DJ 20.4.2001)

III. Salvo se houver dúvida razoável, a interposição de recurso intempestivo ou a interposição de recurso incabível não protrai o termo inicial do prazo decadencial. (ex-Súmula n. 100. Res. n. 109/2001, DJ 20.4.2001)

IV. O juízo rescindente não está adstrito à certidão de trânsito em julgado juntada com a ação rescisória, podendo formar sua convicção através de outros elementos dos autos quanto à antecipação ou postergação do dies a quo do prazo decadencial. (ex-OJ n. 102 da SBDI-II. DJ 29.4.2003)

V. O acordo homologado judicialmente tem força de decisão irrecorrível, na forma do art. 831 da CLT. Assim sendo, o termo conciliatório transita em julgado na data da sua homologação judicial. (ex-OJ n. 104 da SBDI-II. DJ 29.4.2003)

VI. Na hipótese de colusão das partes, o prazo decadencial da ação rescisória somente começa a fluir para o Ministério Público, que não interveio no processo principal, a partir do momento em que tem ciência da fraude. (ex-OJ n. 122 da SBDI-II. DJ 11.8.2003)

VII. Não ofende o princípio do duplo grau de jurisdição a decisão do TST que, após afastar a decadência em sede de recurso ordinário, aprecia desde logo a lide, se a causa versar questão exclusivamente de direito e estiver em condições de imediato julgamento. (ex-OJ n. 79 da SBDI-II. inserida em 13.3.2002)

VIII. A exceção de incompetência, ainda que oposta no prazo recursal, sem ter sido aviado o recurso próprio, não tem o condão de afastar a consumação da coisa julgada e, assim, postergar o termo inicial do prazo decadencial para a ação rescisória. (ex-OJ n. 16 da SBDI-II. inserida em 20.9.2000)

IX. Prorroga-se até o primeiro dia útil, imediatamente subsequente, o prazo decadencial para ajuizamento de ação rescisória quando expira em férias forenses, feriados, finais de semana ou em dia em que não houver expediente forense. Aplicação do art. 775 da CLT. (ex-OJ n. 13 da SBDI-II. inserida em 20.9.2000)

X. Conta-se o prazo decadencial da ação rescisória, após o decurso do prazo legal previsto para a interposição do recurso extraordinário, apenas quando esgotadas todas as vias recursais ordinárias. (ex-OJ n. 145 da SBDI-II— DJ 10.11.2004)

101. Diárias de viagem. Salário. (incorporada a Orientação Jurisprudencial n. 292 da SBDI-1. Res. n. 129/2005. DJ 20.4.2005)

Integram o salário, pelo seu valor total e para efeitos indenizatórios, as diárias de viagem que excedam a 50% (cinquenta por cento) do salário do empregado, enquanto perdurarem as viagens. (Primeira parte. ex-Súmula n. 101. RA 65/1980, DJ 18.6.1980; segunda parte. ex-OJ n. 292 da SBDI-I. Inserida em 11.8.2003)

102. Bancário. Cargo de confiança. (mantida. Res. n. 174, 24.5.2011. DJe/27.5.2011)

I. A configuração, ou não, do exercício da função de confiança a que se refere o art. 224, § 2°, da CLT, dependente da prova das reais atribuições do empregado, é insuscetível de exame mediante recurso de revista ou de embargos. (ex-Súmula n. 204. alterada pela Res. n. 121/2003, DJ 21.11.2003)

II. O bancário que exerce a função a que se refere o § 2° do art. 224 da CLT e recebe gratificação não inferior a um terço de seu salário já tem remuneradas as duas horas extraordinárias excedentes de seis. (ex-Súmula n. 166. RA 102/1982, DJ 11.10.1982 e DJ 15.10.1982)

III. Ao bancário exercente de cargo de confiança previsto no art. 224, § 2°, da CLT são devidas as 7ª e 8ª horas, como extras, no período em que se verificar o pagamento a menor da gratificação de 1/3. (ex-OJ n. 288 da SBDI-1. DJ 11.8.2003)

IV. O bancário sujeito à regra do art. 224, § 2°, da CLT cumpre jornada de trabalho de 8 (oito) horas, sendo extraordinárias as trabalhadas além da oitava. (ex-Súmula n. 232. RA 14/1985, DJ 19.9.1985)

V. O advogado empregado de banco, pelo simples exercício da advocacia, não exerce cargo de confiança, não se enquadrando, portanto, na hipótese do § 2° do art. 224 da CLT. (ex-OJ n. 222 da SBDI-1. Inserida em 20.6.2001)

VI. O caixa bancário, ainda que caixa executivo, não exerce cargo de confiança. Se perceber gratificação igual ou superior a um terço do salário do posto efetivo, essa remunera apenas a maior responsabilidade do cargo e não as duas horas extraordinárias além da sexta. (ex-Súmula n. 102. RA 66/1980, DJ 18.6.1980 e republicada DJ 14.7.1980)

VII. O bancário exercente de função de confiança, que percebe a gratificação não inferior ao terço legal, ainda que norma coletiva contemple percentual superior, não tem direito às sétima e oitava horas como extras, mas tão somente às diferenças de gratificação de função, se postuladas. (ex-OJ n. 15 da SBDI-1. Inserida em 14.3.1994)

103. Tempo de serviço. Licença-prêmio *cancelada*

Os trabalhadores que hajam prestado serviço no regime da Lei n. 1.890, de 13.6.1953, e optado pelo regime estatutário, não contam, posteriormente, esse período para fins de licença-prêmio, privativa de servidores estatutários. (RA 67/1980, DJ 18.6.1980) [Cancelada pela Res. Adm. do TST (PLENO) n. 121, de 28.10.2003, DJ 19.11.2003, Rep. DJ 25.11.2003]

104. Férias. Trabalhador rural *cancelada*

É devido o pagamento de férias ao rurícola, qualquer que tenha sido a data de sua admissão e, em dobro, se não concedidas na época prevista em lei. (RA 70/1980, DJ 21.7.1980) [Cancelada pela Res. Adm. do TST (PLENO) n. 121, de 28.10.2003, DJ 19.11.2003, Rep. DJ 25.11.2003]

105. Funcionário público. Quinquênios *cancelada*

O empregado estatutário que optar pelo regime celetista, com o congelamento dos quinquênios em seus valores à época, não tem direito ao reajuste posterior dos seus níveis. (RA 71/1980, DJ 21.7.1980) [Cancelada pela Res. Adm. do TST (PLENO) n. 121, de 28.10.2003, DJ 19.11.2003, Rep. DJ 25.11.2003]

106. Aposentadoria. Ferroviário. Competência

É incompetente a Justiça do Trabalho para julgar ação ajuizada em face da Rede Ferroviária Federal, em que ex-empregado desta pleiteie complementação de aposentadoria, elaboração ou alteração de folhas de pagamento de aposentados, se por essas obrigações responde órgão da previdência social. (RA 72/1980, DJ 21.7.1980) [Cancelada pela Resol. n. 157, de 31.8.2009, DEJT 4.8.2009]

107. Ação rescisória. Prova *cancelada* **pela Súmula n. 299. Res. 9/1989, DJ 14.4.1989**

É indispensável a juntada à inicial da ação rescisória da prova do trânsito em julgado da decisão rescindenda, sob pena de indeferimento liminar. (RA 74/1980, DJ 21.7.1980)

108. Compensação de horário. Acordo *cancelada* **(Res. 85/1998, DJ 20.8.1998)**

A compensação de horário semanal deve ser ajustada por acordo escrito, não necessariamente em acordo coletivo ou convenção coletiva, exceto quanto ao trabalho da mulher. (RA 75/1980, DJ 21.7.1980)

109. Gratificação de função

O bancário não enquadrado no § 2° do art. 224 da CLT, que receba gratificação de função, não pode ter o salário relativo a horas extraordinárias compensado com o valor daquela vantagem.

Histórico:
Redação original. RA 89/1980, DJ 29.8.1980

110. Jornada de trabalho. Intervalo

No regime de revezamento, as horas trabalhadas em seguida ao repouso semanal de 24 horas, com prejuízo do intervalo mínimo de 11 horas consecutivas para descanso entre jornadas, devem ser remuneradas como extraordinárias, inclusive com o respectivo adicional. (RA 101/1980, DJ 25.9.1980)

111. Equiparação salarial. (cancelada em decorrência da sua incorporação à nova redação da Súmula n. 6. Res. n. 129/2005. DJ 20.4.2005)

A cessão de empregados não exclui a equiparação salarial, embora exercida a função em órgão governamental estranho à cedente, se esta responde pelos salários do paradigma e do reclamante. (RA 102/1980, DJ 25.9.1980)

112. Trabalho noturno. Petróleo

O trabalho noturno dos empregados nas atividades de exploração, perfuração, produção e refinação do petróleo, industrialização do xisto, indústria petroquímica e transporte de petróleo e seus derivados, por meio de dutos, é regulado pela Lei n. 5.811, de 11.10.1972, não se lhe aplicando a hora reduzida de 52 minutos e 30 segundos prevista no art. 73, § 1º, da CLT. (RA 107/1980, DJ 10.10.1980)

113. Bancário. Sábado. Dia útil

O sábado do bancário é dia útil não trabalhado, não dia de repouso remunerado. Não cabe a repercussão do pagamento de horas extras habituais em sua remuneração. (RA 115/1980, DJ 3.11.1980)

114. Prescrição intercorrente

É inaplicável na Justiça do Trabalho a prescrição intercorrente. (RA 116/1980, DJ 3.11.1980)

115. Horas extras. Gratificações semestrais. Nova redação

O valor das horas extras habituais integra a remuneração do trabalhador para o cálculo das gratificações semestrais.

Histórico:

Redação original. RA 117/1980, DJ 03.11.1980 *[Revisada pela Res. Adm. do TST (PLENO) n. 121, de 28.10.2003, DJ 19.11.2003, Rep. DJ 25.11.2003]*

116. Funcionário público. Cedido. Reajuste salarial. Cancelada

Os funcionários públicos cedidos à Rede Ferroviária Federal S.A. têm direito ao reajustamento salarial determinado pelo art. 5º da Lei n. 4.345/1964. (RA 118/1980, DJ 3.11.1980)

Histórico:

Revista pela Súmula n. 252. Res. n. 18/1985, DJ 13.1.1986 *[Cancelada pela Res. Adm. do TST (PLENO) n. 121, de 28.10.2003, DJ 19.11.2003, Rep. DJ 25.11.2003]*

117. Bancário. Categoria diferenciada

Não se beneficiam do regime legal relativo aos bancários os empregados de estabelecimento de crédito pertencentes a categorias profissionais diferenciadas. (RA 140/1980, DJ 18.12.1980)

118. Jornada de trabalho. Horas extras

Os intervalos concedidos pelo empregador na jornada de trabalho, não previstos em lei, representam tempo à disposição da empresa, remunerados como serviço extraordinário, se acrescidos ao final da jornada. (RA 12/1981, DJ 19.3.1981)

119. Jornada de trabalho

Os empregados de empresas distribuidoras e corretoras de títulos e valores mobiliários não têm direito à jornada especial dos bancários. (RA 13/1981, DJ 19.3.1981)

120. Equiparação salarial. Decisão judicial. Redação dada pela Res. n. 100/2000, DJ 18.9.2000. (cancelada em decorrência da sua incorporação à nova redação da Súmula n. 6. Res. n. 129/2005. DJ 20.4.2005)

Presentes os pressupostos do art. 461 da CLT, é irrelevante a circunstância de que o desnível salarial tenha origem em decisão judicial que beneficiou o paradigma, exceto se decorrente de vantagem pessoal ou de tese jurídica superada pela jurisprudência de Corte Superior.

121. Funcionário público. Gratificação de produtividade *cancelada*

Não tem direito a percepção da gratificação de produtividade, na forma do regime estatutário, o servidor de ex-autarquia administradora de porto que opta pelo regime jurídico da Consolidação das Leis do Trabalho. (RA 15/1981, DJ 19.3.1981) *[Cancelada pela Res. Adm. do TST (PLENO) n. 121, de 28.10.2003, DJ 19.11.2003, Rep. DJ 25.11.2003]*

122. Revelia. Atestado médico. (Incorporada a Orientação Jurisprudencial n. 74 da SBDI-1. Res. n. 129/2005. DJ 20.4.2005)

A reclamada, ausente à audiência em que deveria apresentar defesa, é revel, ainda que presente seu advogado munido de procuração, podendo ser ilidida a revelia mediante a apresentação de atestado médico, que deverá declarar, expressamente, a impossibilidade de locomoção do empregador ou do seu preposto no dia da audiência. *(Primeira parte. ex-OJ n. 74 da SBDI-I. Inserida em 25.11.1996; segunda parte. ex-Súmula n. 122, redação dada pela Res. n. 121/2003, DJ 21.11.2003)*

123. Competência. Art. 106. Da CF *cancelada*

Em se tratando de Estado ou Município, a lei que estabelece o regime jurídico (art. 106 da Constituição Federal) do servidor temporário ou contratado é a estadual ou municipal, a qual, uma vez editada, apanha as situações preexistentes, fazendo cessar sua regência pelo regime trabalhista. Incompetente é a Justiça do Trabalho para julgar as reclamações ajuizadas posteriormente à vigência da lei especial. (RA 81/1981, DJ 06.10.1981. Republicada DJ 13.10.1981) *[Cancelada pela Res. Adm. do TST (PLENO) n. 121, de 28.10.2003, DJ 19.11.2003, Rep. DJ 25.11.2003]*

124. Bancário. Salário-hora. Divisor (Redação alterada na sessão do tribunal pleno realizada em 14.9.2012. Res. n. 185/2012, DEJT divulgado em 25.9.2012)

I. O divisor aplicável para o cálculo das horas extras do bancário, se houver ajuste individual expresso ou coletivo no sentido de considerar o sábado como dia de descanso remunerado, será:

a) 150, para os empregados submetidos à jornada de seis horas, prevista no *caput* do art. 224 da CLT;

b) 200, para os empregados submetidos à jornada de oito horas, nos termos do § 2º do art. 224 da CLT.

II. Nas demais hipóteses, aplicar-se-á o divisor:

a) 180, para os empregados submetidos à jornada de seis horas prevista no *caput* do art. 224 da CLT;

b) 220, para os empregados submetidos à jornada de oito horas, nos termos do § 2º do art. 224 da CLT.

125. Contrato de trabalho. Art. 479 da CLT

O art. 479 da CLT aplica-se ao trabalhador optante pelo FGTS admitido mediante contrato por prazo determinado, nos termos do art. 30, § 3º, do Decreto n. 59.820, de 20.12.1966. (RA 83/1981, DJ 6.10.1981)

126. Recurso. Cabimento

Incabível o recurso de revista ou de embargos (arts. 896 e 894, b, da CLT) para reexame de fatos e provas. (RA 84/1981, DJ 6.10.1981)

127. Quadro de carreira

Quadro de pessoal organizado em carreira, aprovado pelo órgão competente, excluída a hipótese de equiparação salarial, não obsta reclamação fundada em preterição, enquadramento ou reclassificação. (RA 103/1981, DJ 12.11.1981)

128. Depósito recursal. (Incorporadas as Orientações Jurisprudenciais ns. 139, 189 e 190 da SBDI-1. Res. n. 129/2005. DJ 20.4.2005)

I. É ônus da parte recorrente efetuar o depósito legal, integralmente, em relação a cada novo recurso interposto, sob pena de deserção. Atingido o valor da condenação, nenhum depósito mais é exigido para qualquer recurso. *(ex-Súmula n. 128, redação dada pela Res. n. 121/2003, DJ 21.11.2003, que incorporou a OJ n. 139. Inserida em 27.11.1998)*

II. Garantido o juízo, na fase executória, a exigência de depósito para recorrer de qualquer decisão viola os incisos II e LV do art. 5º da CF/1988. Havendo, porém, elevação do valor do débito, exige-se a complementação da garantia do juízo. *(ex-OJ n. 189 da SBDI-I. Inserida em 8.11.2000)*

III. Havendo condenação solidária de duas ou mais empresas, o depósito recursal efetuado por uma delas aproveita as demais, quando a empresa que efetuou o depósito não pleiteia sua exclusão da lide. *(ex-OJ n. 190 da SBDI-I. Inserida em 8.11.2000)*

SÚMULAS DO TST

129. Contrato de trabalho. Grupo econômico(*)

A prestação de serviços a mais de uma empresa do mesmo grupo econômico, durante a mesma jornada de trabalho, não caracteriza a coexistência de mais de um contrato de trabalho, salvo ajuste em contrário. (RA 26/1982, DJ 4.5.1982)

130. Adicional noturno cancelada

O regime de revezamento no trabalho não exclui o direito do empregado ao adicional noturno, em face da derrogação do art. 73 da CLT, pelo art. 157, item III, da Constituição de 18.9.1946. Ex-Prejulgado n. 1. (RA 102/1982, DJ 11.10.1982 e DJ 15.10.1982) *[Cancelada pela Res. Adm. do TST (PLENO) n. 121, de 28.10.2003, DJ 19.11.2003, Rep. DJ 25.11.2003]*

131. Salário mínimo. Vigência cancelada

O salário mínimo, uma vez decretado em condições de excepcionalidade, tem imediata vigência. Ex-Prejulgado n. 2. (RA 102/1982, DJ 11.10.1982 e DJ 15.10.1982) *[Cancelada pela Res. Adm. do TST (PLENO) n. 121, de 28.10.2003, DJ 19.11.2003, Rep. DJ 25.11.2003]*

132. Adicional de periculosidade. Integração. (Incorporadas as Orientações Jurisprudenciais ns. 174 e 267 da SBDI-1. Res. n. 129/2005. DJ 20.4.2005)

I. O adicional de periculosidade, pago em caráter permanente, integra o cálculo de indenização e de horas extras. (ex-prejulgado n. 3). *(ex-Súmula n. 132. RA 102/1982, DJ 11.10.1982/ DJ 15.10.1982 e ex-OJ n. 267 da SBDI-I. Inserida em 27.9.2002)*

II. Durante as horas de sobreaviso, o empregado não se encontra em condições de risco, razão pela qual é incabível a integração do adicional de periculosidade sobre as mencionadas horas. *(ex-OJ n. 174 da SBDI-I. Inserida em 8.11.2000)*

133. Embargos infringentes cancelada

Para o julgamento dos embargos infringentes, nas juntas, é desnecessária a notificação das partes. Ex-Prejulgado n. 4. (RA 102/1982, DJ 11.10.1982 e DJ 15.10.1982) *[Cancelada pela Res. Adm. do TST (PLENO) n. 121, de 28.10.2003, DJ 19.11.2003, Rep. DJ 25.11.2003]*

134. Salário. Menor não aprendiz cancelada

Ao menor não aprendiz é devido o salário mínimo integral. Ex-Prejulgado n. 5. (RA 102/1982, DJ 11.10.1982 e DJ 15.10.1982) *[Cancelada pela Res. Adm. do TST (PLENO) n. 121, de 28.10.2003, DJ 19.11.2003, Rep. DJ 25.11.2003]*

135. Salário. Equiparação. (cancelada em decorrência da sua incorporação à nova redação da Súmula n. 6. Res. n. 129/2005. DJ 20.4.2005)

Para efeito de equiparação de salários em caso de trabalho igual, conta-se o tempo de serviço na função e não no emprego. Ex-prejulgado n. 6 (RA 102/1982, DJ 11.10.1982)

136. Juiz. Identidade física cancelada (Res. n. 185/2012. DEJT 25.9.2012)

Não se aplica às Varas do Trabalho o princípio da identidade física do juiz. Ex-Prejulgado n. 7. (RA 102/1982, DJ 11.10.1982 e DJ 15.10.1982)

137. Adicional de insalubridade cancelada

É devido o adicional de serviço insalubre, calculado à base do salário mínimo da região, ainda que a remuneração contratual seja superior ao salário mínimo acrescido da taxa de insalubridade. Ex-Prejulgado n. 8. (RA 102/1982, DJ 11.10.1982 e DJ 15.10.1982) *[Cancelada pela Res. Adm. do TST (PLENO) n. 121, de 28.10.2003, DJ 19.11.2003, Rep. DJ 25.11.2003]*

138. Readmissão

Em caso de readmissão, conta-se a favor do empregado o período de serviço anterior, encerrado com a saída espontânea. Ex-Prejulgado n. 9. (RA 102/1982, DJ 11.10.1982 e DJ 15.10.1982)

139. Adicional de insalubridade. (Incorporada a Orientação Jurisprudencial n. 102 da SDI-1. Res. n. 129/2005. DJ 20.4.2005)

Enquanto percebido, o adicional de insalubridade integra a remuneração para todos os efeitos legais. *(ex-OJ n. 102 da SBDI-I. Inserida em 1.10.1997)*

140. Vigia

É assegurado ao vigia sujeito ao trabalho noturno o direito ao respectivo adicional. Ex-Prejulgado n. 12. (RA 102/1982, DJ 11.10.1982 e DJ 15.10.1982)

141. Dissídio coletivo cancelada

É constitucional o art. 2º da Lei n. 4.725, de 13.7.1965. Ex-Prejulgado n. 13. (RA 102/1982, DJ 11.10.1982 e DJ 15.10.1982) *[Cancelada pela Res. Adm. do TST (PLENO) n. 121, de 28.10.2003, DJ 19.11.2003, Rep. DJ 25.11.2003]*

142. Gestante. Dispensa cancelada

Empregada gestante, dispensada sem motivo antes do período de seis semanas anteriores ao parto, tem direito à percepção do salário-maternidade. Ex-Prejulgado n. 14. (RA 102/1982, DJ 11.10.1982 e DJ 15.10.1982) *[Cancelada pela Res. Adm. do TST (PLENO) n. 121, de 28.10.2003, DJ 19.11.2003, Rep. DJ 25.11.2003]*

143. Salário profissional

O salário profissional dos médicos e dentistas guarda proporcionalidade com as horas efetivamente trabalhadas, respeitado o mínimo de 50 (cinquenta) horas mensais. Ex-Prejulgado n. 15. (RA 102/1982, DJ 11.10.1982 e DJ 15.10.1982)

144. Ação rescisória cancelada

É cabível a ação rescisória no âmbito da Justiça do Trabalho. Ex-Prejulgado n. 16. (RA 102/1982, DJ 11.10.1982 e DJ 15.10.1982) *[Cancelada pela Res. Adm. do TST (PLENO) n. 121, de 28.10.2003, DJ 19.11.2003, Rep. DJ 25.11.2003]*

145. Gratificação de natal cancelada

É compensável a gratificação de Natal com a da Lei n. 4.090, de 1962. Ex-Prejulgado n. 17. (RA 102/1982, DJ 11.10.1982 e DJ 15.10.1982) *[Cancelada pela Res. Adm. do TST (PLENO) n. 121, de 28.10.2003, DJ 19.11.2003, Rep. DJ 25.11.2003]*

146. Trabalho em domingos e feriados, não compensado. (Incorporada a Orientação Jurisprudencial n. 93 da SBDI-1). Res. n. 121/2003, DJ 19, 20 e 21.11.2003

O trabalho prestado em domingos e feriados, não compensado, deve ser pago em dobro, sem prejuízo da remuneração relativa ao repouso semanal.

Histórico:

Redação original. RA 102/1982, DJ 11.10.1982 e DJ 15.10.1982 *[Revisada pela Res. Adm. do TST (PLENO) n. 121, de 28.10.2003, DJ 19.11.2003, Rep. DJ 25.11.2003]*

147. Férias. Indenização cancelada

Indevido o pagamento dos repousos semanais e feriados intercorrentes nas férias indenizadas. Ex-Prejulgado n. 19. (RA 102/1982, DJ 11.10.1982 e DJ 15.10.1982) *[Cancelada pela Res. Adm. do TST (PLENO) n. 121, de 28.10.2003, DJ 19.11.2003, Rep. DJ 25.11.2003]*

148. Gratificação natalina

É computável a gratificação de Natal para efeito de cálculo de indenização. Ex-Prejulgado n. 20. (RA 102/1982, DJ 11.10.1982 e DJ 15.10.1982)

149. Tarefeiro. Férias

A remuneração das férias do tarefeiro deve ser calculada com base na média da produção do período aquisitivo, aplicando-se-lhe a tarifa da data da concessão. Ex-Prejulgado n. 22. (RA 102/1982, DJ 11.10.1982 e DJ 15.10.1982)

150. Demissão. Incompetência da justiça do trabalho cancelada

Falece competência à Justiça do Trabalho para determinar a reintegração ou a indenização de empregado demitido com base nos atos institucionais. Ex-Prejulgado n. 23. (RA 102/1982, DJ 11.10.1982 e DJ 15.10.1982) *[Cancelada pela Res. Adm. do TST (PLENO) n. 121, de 28.10.2003, DJ 19.11.2003, Rep. DJ 25.11.2003]*

151. Férias. Remuneração cancelada

A remuneração das férias inclui a das horas extraordinárias habitualmente prestadas. Ex-Prejulgado n. 24. (RA 102/1982, DJ 11.10.1982 e DJ 15.10.1982) *[Cancelada pela Res. Adm. do TST (PLENO) n. 121, de 28.10.2003, DJ 19.11.2003, Rep. DJ 25.11.2003]*

152. Gratificação. Ajuste tácito(*)

O fato de constar do recibo de pagamento de gratificação o caráter de liberalidade não basta, por si só, para excluir a existência

de ajuste tácito. Ex-Prejulgado n. 25. (RA 102/1982, DJ 11.10.1982 e DJ 15.10.1982)

153. Prescrição(*)

Não se conhece de prescrição não arguida na instância ordinária. Ex-Prejulgado n. 27. (RA 102/1982, DJ 11.10.1982 e DJ 15.10.1982)

154. Mandado de segurança *cancelada*

Da decisão do Tribunal Regional do Trabalho em mandado de segurança cabe recurso ordinário, no prazo de 10 dias, para o Tribunal Superior do Trabalho. Ex-Prejulgado n. 28. (RA 102/1982, DJ 11.10.1982 e DJ 15.10.1982)

Histórico:
Revista pela Súmula n. 201. Res. n. 7/1985, DJ 11.07.1985 *[Cancelada pela Res. Adm. do TST (PLENO) n. 121, de 28.10.2003, DJ 19.11.2003, Rep. DJ 25.11.2003]*

155. Ausência ao serviço

As horas em que o empregado falta ao serviço para comparecimento necessário, como parte, à Justiça do Trabalho não serão descontadas de seus salários. Ex-Prejulgado n. 30. (RA 102/1982, DJ 11.10.1982 e DJ 15.10.1982)

156. Prescrição. Prazo

Da extinção do último contrato começa a fluir o prazo prescricional do direito de ação em que se objetiva a soma de períodos descontínuos de trabalho. Ex-Prejulgado n. 31. (RA 102/1982, DJ 11.10.1982 e DJ 15.10.1982)

157. Gratificação

A gratificação instituída pela Lei n. 4.090, de 13.7.1962 é devida na resilição contratual de iniciativa do empregado. Ex-Prejulgado n. 32. (RA 102/1982, DJ 11.10.1982 e DJ 15.10.1982)

158. Ação rescisória

Da decisão de Tribunal Regional do Trabalho, em ação rescisória, é cabível recurso ordinário para o Tribunal Superior do Trabalho, em face da organização judiciária trabalhista. Ex-Prejulgado n. 35. (RA 102/1982, DJ 11.10.1982 e DJ 15.10.1982)

159. Substituição de caráter não eventual e vacância do cargo. (incorporada a Orientação Jurisprudencial n. 112 da SBDI-1. Res. n. 129/2005. DJ 20.4.2005)

I. Enquanto perdurar a substituição que não tenha caráter meramente eventual, inclusive nas férias, o empregado substituto fará jus ao salário contratual do substituído. *(ex-Súmula n. 159. Res. n. 121/2003, DJ 21.11.2003)*

II. Vago o cargo em definitivo, o empregado que passa a ocupá-lo não tem direito a salário igual ao do antecessor. *(ex-OJ n. 112 da SBDI-I. Inserida em 1.10.1997)*

160. Aposentadoria por invalidez

Cancelada a aposentadoria por invalidez, mesmo após cinco anos, o trabalhador terá direito de retornar ao emprego, facultado, porém, ao empregador, indenizá-lo na forma da lei. Ex-Prejulgado n. 37. (RA 102/1982, DJ 11.10.1982 e DJ 15.10.1982)

161. Depósito. Condenação a pagamento em pecúnia(*)

Se não há condenação a pagamento em pecúnia, descabe o depósito de que tratam os §§ 1º e 2º do art. 899 da CLT. Ex-Prejulgado n. 39. (RA 102/1982, DJ 11.10.1982 e DJ 15.10.1982)

162. Insalubridade *cancelada* **(RES. N. 59/1996, DJ 28.6.1996)**

É constitucional o art. 3º do Decreto-Lei n. 389, de 26.12.1968. Ex-Prejulgado n. 41. (RA 102/1982, DJ 11.10.1982 e DJ 15.10.1982)

163. Aviso prévio. Contrato de experiência

Cabe aviso prévio nas rescisões antecipadas dos contratos de experiência, na forma do art. 481 da CLT. Ex-Prejulgado n. 42. (RA 102/1982, DJ 11.10.1982 e DJ 15.10.1982)

164. Procuração. Juntada. Nova redação *cancelada* **Resol. n. 210, de 30.6.2016, DEJT 1º.7.2016**

O não-cumprimento das determinações dos §§ 1º e 2º do art. 5º da Lei n. 8.906, de 4.7.1994 e do art. 37, parágrafo único, do Código de Processo Civil importa o não-conhecimento de recurso, por inexistente, exceto na hipótese de mandato tácito.

Histórico:
Redação original. RA 102/1982, DJ 11.10.1982 e DJ 15.10.1982 *[Revisada pela Res. Adm. do TST (Pleno) n. 121, de 28.10.2003, DJ 19.11.2003, Res. DJ 25.11.2003]*

165. Depósito. Recurso. Conta vinculada *cancelada* **(Res. 87/1998, DJ 15.10.1998. Referência circular CEF n. 149/1998)**

O depósito, para fins de recurso, realizado fora da conta vinculada do trabalhador, desde que feito na sede do juízo, ou realizado na conta vinculada do trabalhador, apesar de fora da sua sede do juízo, uma vez que permaneça à disposição deste, não impedirá o conhecimento do apelo. Ex-Prejulgado n. 45. (RA 102/1982, DJ 11.10.1982 e DJ 15.10.1982)

166. Bancário. Cargo de confiança. Jornada de trabalho. (*cancelada* **em decorrência da sua incorporação à nova redação da Súmula n. 102. Res. n. 129/2005. DJ 20.4.2005).**

O bancário que exerce a função a que se refere o § 2º do art. 224 da CLT e recebe gratificação não inferior a um terço de seu salário já tem remuneradas as duas horas extraordinárias excedentes de seis. Ex-prejulgado n. 46. (RA 102/1982, DJ 11.10.1982 e DJ 15.10.1982)

167. Vogal. Investidura. Recurso *cancelada*

Das decisões proferidas pelos Tribunais Regionais, em processo de impugnação ou contestação à investidura de vogal, cabe recurso para o Tribunal Superior do Trabalho. Ex-Prejulgado n. 47. (RA 102/1982, DJ 11.10.1982 e DJ 15.10.1982) *[Cancelada pela Res. Adm. do TST (PLENO) n. 121, de 28.10.2003, DJ 19.11.2003, Rep. DJ 25.11.2003]*

168. Prescrição. Prestações periódicas. Contagem *cancelada* **pela Súmula n. 294. Res. 4/1989, DJ 14.4.1989(**) (cancelamento mantido. Resol. 121/2003, DJ 19, 20 e 21.11.2003)**

Na lesão de direito que atinja prestações periódicas, de qualquer natureza, devidas ao empregado, a prescrição é sempre parcial e se conta do vencimento de cada uma delas e não do direito do qual se origina. Ex-Prejulgado n. 48. (RA 102/1982, DJ 11.10.1982 e DJ 15.10.1982)

169. Ação rescisória. Justiça do trabalho. Depósito prévio *cancelada*

Nas ações rescisórias ajuizadas na Justiça do Trabalho e que só serão admitidas nas hipóteses dos arts. 798 a 800 do Código de Processo Civil de 1939, desnecessário o depósito a que aludem os arts. 488, II, e 494 do Código de Processo Civil de 1973. Ex-Prejulgado n. 49. (RA 102/1982, DJ 11.10.1982 e DJ 15.10.1982)

Histórico:
Revista pela Súmula n. 194. Res. 2/1984, DJ 4.10.1984 *[Cancelada pela Res. Adm. do TST (PLENO) n. 121, de 28.10.2003, DJ 19.11.2003, Rep. DJ 25.11.2003]*

170. Sociedade de economia mista. Custas(*) (mantida Resol. 121/2003, DJ 19,20 e 21.11.2003)

Os privilégios e isenções no foro da Justiça do Trabalho não abrangem as sociedades de economia mista, ainda que gozassem desses benefícios anteriormente ao Decreto-Lei n. 779, de 21.8.1969. Ex-Prejulgado n. 50. (RA 102/1982, DJ 11.10.1982 e DJ 15.10.1982)

171. Férias proporcionais. Contrato de trabalho. Extinção. Nova redação

Salvo na hipótese de dispensa do empregado por justa causa, a extinção do contrato de trabalho sujeita o empregador ao pagamento da remuneração das férias proporcionais, ainda que incompleto o período aquisitivo de 12 (doze) meses (art. 147 da CLT). Ex-Prejulgado n. 51.

Histórico:
Redação original. RA 102/1982, DJ 11.10.1982 e DJ 15.10.1982 *[Revisada pela Res. Adm. do TST (PLENO) n. 121, de 28.10.2003, DJ 19.11.2003, Rep. DJ 25.11.2003] e republicado em DJ 5.5.2004, em razão de erro material no registro da referência legislativa.*

172. Repouso remunerado. Horas extras. Cálculo(*) (mantida Resol. 121/2003, DJ 19, 20 e 21.11.2003)

Computam-se no cálculo do repouso remunerado as horas extras habitualmente prestadas. Ex-Prejulgado n. 52. (RA 102/1982, DJ 11.10.1982 e DJ 15.10.1982)

173. Salário. Empresa. Cessação de atividades(*)

Extinto, automaticamente, o vínculo empregatício com a cessação das atividades da empresa, os salários só são devidos

SÚMULAS DO TST

até a data da extinção. Ex-Prejulgado n. 53. (RA 102/1982, DJ 11.10.1982 e DJ 15.10.1982) (Mantida resol. 121/2003, DJ 19,20 e 21.11.2003)

174. Previdência. Lei n. 3.841/1960. Aplicação cancelada

As disposições da Lei n. 3.841, de 15.12.1960, dirigidas apenas ao sistema previdenciário oficial, não se aplicam aos empregados vinculados ao regime de seguro social de caráter privado. Ex-Prejulgado n. 54. (RA 102/1982, DJ 11.10.1982 e DJ 15.10.1982) *[Cancelada pela Res. Adm. do TST (PLENO) n. 121, de 28.10.2003, DJ 19.11.2003, Rep. DJ 25.11.2003]*

175. Recurso adesivo. Art. 500 do CPC. Inaplicabilidade cancelada

O recurso adesivo, previsto no art. 500 do Código de Processo Civil, é incompatível com o processo do trabalho. Ex-Prejulgado n. 55. (RA 102/1982, DJ 11.10.1982 e DJ 15.10.1982)

Histórico:
Revista pela Súmula n. 196. Res. 2/1985, DJ 1.4.1985. Republicada com correção DJ 12.4.1985 *[Cancelada pela Res. Adm. do TST (PLENO) n. 121, de 28.10.2003, DJ 19.11.2003, Rep. DJ 25.11.2003]*

176. Fundo de Garantia. Levantamento do depósito. Nova redação cancelada

A Justiça do Trabalho só tem competência para autorizar o levantamento do depósito do Fundo de Garantia do Tempo de Serviço na ocorrência de dissídio entre empregado e empregador.

Histórico:
Redação original. RA 102/1982, DJ 11.10.1982 e DJ 15.10.1982 *[Revisada pela Res. Adm. do TST (PLENO) n. 121, de 28.10.2003, DJ 19.11.2003, Rep. DJ 25.11.2003] [Cancelada pela Resol. Adm n. 130, do TST, de 5.5.2005 DJ 13.5.2005]*

177. Dissídio coletivo. Sindicato. Representação cancelada

Está em plena vigência o art. 859 da Consolidação das Leis do Trabalho, cuja redação é a seguinte: "A representação dos Sindicatos para instauração da instância fica subordinada à aprovação de assembleia, da qual participem os associados interessados na solução do dissídio coletivo, em primeira convocação, por maioria de 2/3 dos mesmos, ou, em segunda convocação, por 2/3 dos presentes". Ex-Prejulgado n. 58. (RA 102/1982, DJ 11.10.1982 e DJ 15.10.1982) *[Cancelada pela Res. Adm. do TST (PLENO) n. 121, de 28.10.2003, DJ 19.11.2003, Rep. DJ 25.11.2003]*

178. Telefonista. Art. 227, e parágrafos, da CLT. Aplicabilidade(*)

É aplicável à telefonista de mesa de empresa que não explora o serviço de telefonia o disposto no art. 227, e seus parágrafos, da CLT. Ex-Prejulgado n. 59. (RA 102/1982, DJ 11.10.1982 e DJ 15.10.1982)

179. Inconstitucionalidade. Art. 22 da Lei n. 5.107/1966 cancelada

É inconstitucional o art. 22 da Lei n. 5.107, de 13.9.1966, na sua parte final, em que dá competência à Justiça do Trabalho para julgar dissídios coletivos "quando o BNH e a Previdência Social figurarem no feito como litisconsortes". Ex-Prejulgado n. 60. (RA 102/1982, DJ 11.10.1982 e DJ 15.10.1982) *[Cancelada pela Res. Adm. do TST (PLENO) n. 121, de 28.10.2003, DJ 19.11.2003, Rep. DJ 25.11.2003]*

180. Ação de cumprimento. Substituição processual. Desistência cancelada

Nas ações de cumprimento, o substituído processualmente pode, a qualquer tempo, desistir da ação, desde que, comprovadamente, tenha havido transação. (Res. n. 1/1983, DJ 19.10.1983)

Histórico:
Revista pela Súmula n. 255. Res. 3/1986. DJ 2.7.1986 *[Cancelada pela Res. Adm. do TST (PLENO) n. 121, de 28.10.2003, DJ 19.11.2003, Rep. DJ 25.11.2003]*

181. Adicional. Tempo de serviço. Reajuste semestral. Lei n. 6.708/1979 cancelada

O adicional por tempo de serviço, quando estabelecido em importe fixo, está sujeito ao reajuste da Lei n. 6.708/1979. (Res. 2/1983, DJ 19.10.1983) *[Cancelada pela Res. Adm. do TST (PLENO) n. 121, de 28.10.2003, DJ 19.11.2003, Rep. DJ 25.11.2003]*

182. Aviso prévio. Indenização compensatória. Lei n. 6.708, de 30.10.1979. Redação dada pela Res. 5/1983, DJ 9.11.1983 (*)

O tempo do aviso prévio, mesmo indenizado, conta-se para efeito da indenização adicional prevista no art. 9º da Lei n. 6.708, de 30.10.1979.

Histórico:
Redação original. Res. 3/1983, DJ 19.10.1983

183. Embargos. Recurso de revista. Despacho denegatório. Agravo de instrumento. Não cabimento cancelada

São incabíveis embargos para o Tribunal Pleno contra decisão em agravo de instrumento oposto a despacho denegatório de recurso de revista, inexistindo ofensa ao art. 153, § 4º, da Constituição Federal. (Redação dada pela Res. n. 1/1984, DJ 28.2.1984)

Histórico:
Revista pela Súmula n. 335. Res. 27/1994, DJ 12.5.1994. Redação original. Res. 4/1983, DJ 19.10.1983 *[Cancelada pela Res. Adm. do TST (PLENO) n. 121, de 28.10.2003, DJ 19.11.2003, Rep. DJ 25.11.2003]*

184. Embargos declaratórios. Omissão em recurso de revista. Preclusão

Ocorre preclusão se não forem opostos embargos declaratórios para suprir omissão apontada em recurso de revista ou de embargos. (Res. n. 6/1983, DJ 9.11.1983)

185. Embargos sob intervenção do Banco Central. Liquidação extrajudicial. Juros. Correção monetária. Lei n. 6.024/1974 cancelada

Aplicada a Lei n. 6.024/1974, fica suspensa a incidência de juros e correção monetária nas liquidações de empresas sob intervenção do Banco Central. (Res. n. 7/1983, DJ 9.11.1983)

Histórico:
Revista pela Súmula n. 284. Res. n. 17/1988, DJ 18.3.1988 *[Cancelada pela Res. Adm. do TST (PLENO) n. 121, de 28.10.2003, DJ 19.11.2003, Rep. DJ 25.11.2003]*

186. Licença-prêmio. Conversão em pecúnia. Regulamento da empresa. Nova redação

A licença-prêmio, na vigência do contrato de trabalho, não pode ser convertida em pecúnia, salvo se expressamente admitida a conversão no regulamento da empresa.

Histórico:
Redação original. Res. 8/1983, DJ 9.11.1983 *[Revisada pela Res. Adm. do TST (PLENO) n. 121, de 28.10.2003, DJ 19.11.2003, Rep. DJ 25.11.2003]*

187. Correção monetária. Incidência

A correção monetária não incide sobre o débito do trabalhador reclamante. (Res. n. 9/1983, DJ 9.11.1983)

188. Contrato de trabalho. Experiência. Prorrogação(*)

O contrato de experiência pode ser prorrogado, respeitado o limite máximo de 90 (noventa) dias. (Res. n. 10/1983, DJ 9.11.1983)

189. Greve. Competência da justiça do trabalho. Abusividade. Nova redação

A Justiça do Trabalho é competente para declarar a abusividade, ou não, da greve.

Histórico:
Redação original. Res. n. 11/1983, DJ 9.11.1983 *[Revisada pela Res. Adm. do TST (PLENO) n. 121, de 28.10.2003, DJ 19.11.2003, Rep. DJ 25.11.2003]*

190. Poder normativo do TST. Condições de trabalho. Inconstitucionalidade. Decisões contrárias ao STF(*)

Ao julgar ou homologar ação coletiva ou acordo nela havido, o Tribunal Superior do Trabalho exerce o poder normativo constitucional, não podendo criar ou homologar condições de trabalho que o Supremo Tribunal Federal julgue iterativamente inconstitucionais. (Res. n. 12/1983, DJ 9.11.1983)

191. Adicional. Periculosidade. Incidência. Nova redação

O adicional de periculosidade incide apenas sobre o salário básico e não sobre este acrescido de outros adicionais. Em relação aos eletricitários, o cálculo do adicional de periculosidade deverá ser efetuado sobre a totalidade das parcelas de natureza salarial.

Histórico:
Redação original. Res. n. 13/1983, DJ 9.11.1983 *[Revisada pela Res. Adm. do TST (PLENO) n. 121, de 28.10.2003, DJ 19.11.2003, Rep. DJ 25.11.2003]*

192. Ação rescisória. Competência e possibilidade jurídica do pedido. (incorporadas as Orientações Jurisprudenciais ns. 48, 105 e 133 da SBDI-II. Res. n. 137/2005, DJ 22.8.2005)

I. Se não houver o conhecimento de recurso de revista ou de embargos, a competência para julgar ação que vise a rescindir a decisão de mérito é do Tribunal Regional do Trabalho, ressalvado o disposto no item II. (ex-Súmula n. 192, alterada pela Res. n. 121/2003, DJ 21.11.2003)

II. Acórdão rescindendo do Tribunal Superior do Trabalho que não conhece de recurso de embargos ou de revista, analisando arguição de violação de dispositivo de lei material ou decidindo em consonância com súmula de direito material ou com iterativa, notória e atual jurisprudência de direito material da Seção de Dissídios Individuais (Súmula n. 333), examina o mérito da causa, cabendo ação rescisória da competência do Tribunal Superior do Trabalho. *(ex-Súmula n. 192. alterada pela Res. n. 121/03, DJ 21.11.2003)*

III. Em face do disposto no art. 512, do CPC, é juridicamente impossível o pedido explícito de desconstituição de sentença quando substituída por acórdão de Tribunal Regional ou superveniente sentença homologatória de acordo que puser fim ao litígio. *(Redação dada pela Resolução TST n. 153, de 17.11.2008, DJe TST 21.11.2008)*

IV. É manifesta a impossibilidade jurídica do pedido de rescisão de julgado proferido em agravo de instrumento que, limitando-se a aferir o eventual desacerto do juízo negativo de admissibilidade do recurso de revista, não substitui o acórdão regional, na forma do art. 512 do CPC. *(ex-OJ n. 105 da SBDI-II. DJ 29.4.2003)*

V. A decisão proferida pela SDI, em sede de agravo regimental, calcada na Súmula n. 333, substitui acórdão de Turma do TST, porque emite juízo de mérito, comportando, em tese, o corte rescisório. (ex-OJ n. 133 da SBDI-II. DJ 4.5.2004)

193. Correção monetária. Juros. Cálculo. Execução de sentença. Pessoa jurídica de direito público cancelada **(Res. n. 105/2000, DJ 18.12.2000)**

Nos casos de execução de sentença contra pessoa jurídica de direito público, os juros e a correção monetária serão calculados até o pagamento do valor principal da condenação. (Res. n. 15/1983, DJ 9.11.1983)

194. Ação rescisória. Justiça do trabalho. Depósito prévio. Revisão da Súmula n. 169 cancelada **(Res. n. 142/07 DE 27.9.2007, DJ 11.10.2007)**

As ações rescisórias ajuizadas na Justiça do Trabalho serão admitidas, instruídas e julgadas conforme os arts. 485 *usque* 495 do Código de Processo Civil de 1973, sendo, porém, desnecessário o depósito prévio a que aludem os respectivos arts. 488, II, e 494. (Res. n. 2/1984, DJ 4.10.1984)

195. Embargos. Agravo regimental. Cabimento cancelada

Não cabem embargos para o Pleno de decisão de Turma do Tribunal Superior do Trabalho, prolatada em agravo regimental. (Res. n. 1/1985, DJ 1.4.1985)

Histórico:

Revista pela Súmula n. 353. Res. n. 70/1997, DJ 30.5.1997 *[Cancelada pela Res. Adm. do TST (PLENO) n. 121, de 28.10.2003, DJ 19.11.2003, Rep. DJ 25.11.2003]*

196. Recurso adesivo. Prazo cancelada

O recurso adesivo é compatível com o processo do trabalho, onde cabe, no prazo de 8 (oito) dias, no recurso ordinário, na revista, nos embargos para o Pleno e no agravo de petição. (Res. 2/1985, DJ 1.4.1985. Republicada com correção DJ 12.4.1985)

Histórico:

Revisão do Enunciado n. 175. RA 102/1982, DJ 11.10.1982 e DJ 15.10.1982. Revista pela Súmula n. 283. Res. n. 16/1988, DJ 18.3.1988 *[Cancelada pela Res. Adm. do TST (PLENO) n. 121, de 28.10.2003, DJ 19.11.2003, Rep. DJ 25.11.2003]*

197. Prazo

O prazo para recurso da parte que, intimada, não comparecer à audiência em prosseguimento para a prolação da sentença conta-se de sua publicação. (Res. 3/1985, DJ 1.4.1985)

198. Prescrição cancelada **pela Súmula n. 294. Res. 4/1989, DJ 14.4.1989**

Na lesão de direito individual que atinja prestações periódicas devidas ao empregado, à exceção da que decorre de ato único do empregador, a prescrição é sempre parcial e se conta do vencimento de cada uma dessas prestações, e não da lesão do direito. (Res. 4/1985, DJ 1.4.1985)

199. Bancário. Pré-contratação de horas extras. (incorporadas as Orientações Jurisprudenciais ns. 48 e 63 da SBDI-1. Res. n. 129/05. DJ 20.4.2005)

I. A contratação do serviço suplementar, quando da admissão do trabalhador bancário, é nula. Os valores assim ajustados apenas remuneram a jornada normal, sendo devidas as horas extras com o adicional de, no mínimo, 50% (cinquenta por cento), as quais não configuram pré-contratação, se pactuadas após a admissão do bancário. *(ex-Súmula n. 199, alterada pela Res. 41/95, DJ 21.2.1995 e ex-OJ 48 da SBDI-I. Inserida em 25.11.1996)*

II. Em se tratando de horas extras pré-contratadas, opera-se a prescrição total se a ação não for ajuizada no prazo de cinco anos, a partir da data em que foram suprimidas. *(ex-OJ n. 63 da SBDI-I. Inserida em 14.3.1994)*

200. Juros de mora. Incidência

Os juros de mora incidem sobre a importância da condenação já corrigida monetariamente. (Res. n. 6/1985, DJ 18.6.1985)

201. Recurso ordinário em mandado de segurança. Revisão da Súmula n. 154. RA 102/1982, DJ 11.10.1982 e DJ 15.10.1982(*)

Da decisão de Tribunal Regional do Trabalho em mandado de segurança cabe recurso ordinário, no prazo de 8 (oito) dias, para o Tribunal Superior do Trabalho, e igual dilação para o recorrido e interessados apresentarem razões de contrariedade. (Res. n. 7/1985, DJ 11.7.1985)

202. Gratificação por tempo de serviço. Compensação(*)

Existindo, ao mesmo tempo, gratificação por tempo de serviço outorgada pelo empregador e outra da mesma natureza prevista em acordo coletivo, convenção coletiva ou sentença normativa, o empregado tem direito a receber, exclusivamente, a que lhe seja mais benéfica. (Res. 8/1985, DJ 11.7.1985)

203. Gratificação por tempo de serviço. Natureza salarial

A gratificação por tempo de serviço integra o salário para todos os efeitos legais. (Res. n. 9/1985, DJ 11.7.1985)

204. Bancário. Cargo de confiança. Caracterização. Redação dada pela Res. n. 121/03, DJ 21.11.2003. (cancelada **em decorrência da sua incorporação à nova redação da Súmula n. 102). Res. n. 129/05. DJ 20.4.2005).**

A configuração, ou não, do exercício da função de confiança a que se refere o art. 224, § 2º, da CLT, dependente da prova das reais atribuições do empregado, é insuscetível de exame mediante recurso de revista ou de embargos.

205. Grupo econômico. Execução. Solidariedade cancelada

O responsável solidário, integrante do grupo econômico, que não participou da relação processual como reclamado e que, portanto, não consta no título executivo judicial como devedor, não pode ser sujeito passivo na execução. (Res. n. 11/1985, DJ 11.7.1985) *[Cancelada pela Res. Adm. do TST (PLENO) n. 121, de 28.10.2003, DJ 19.11.2003, Rep. DJ 25.11.2003]*

206. FGTS. Incidência sobre parcelas prescritas. Nova redação

A prescrição da pretensão relativa às parcelas remuneratórias alcança o respectivo recolhimento da contribuição para o FGTS.

Histórico:

Redação original. Res. n. 12/1985, DJ 11.7.1985 *[Revisada pela Res. Adm. do TST (PLENO) n. 121, de 28.10.2003, DJ 19.11.2003, Rep. DJ 25.11.2003]*

207. Conflitos de leis trabalhistas no espaço. Princípio da lex loci executionis cancelada **(Resol. 181/TST, DEJT 19.4.2012)**

A relação jurídica trabalhista é regida pelas leis vigentes no país da prestação de serviço e não por aquelas do local da contratação. (Res. n. 13/1985, DJ 11.7.1985)

208. Recurso de revista. Admissibilidade. Interpretação de cláusula de natureza contratual cancelada **(Res. 59/1996, DJ 28.6.1996)**

A divergência jurisprudencial, suficiente a ensejar a admissibilidade ou o conhecimento do recurso de revista, diz respeito à interpretação de lei, sendo imprestável aquela referente ao alcance de cláusula contratual, ou de regulamento de empresa. (Res. n. 14/1985, DJ 19.9.1985)

209. Cargo em comissão. Reversão cancelada **(RA 81/1985, DJ 3.12.1985)**

A reversão do empregado ao cargo efetivo implica na perda das vantagens salariais inerentes ao cargo em comissão, salvo se nele houver permanecido dez ou mais anos ininterruptos. (Res. n. 14/1985, DJ 19.9.1985. Republicada DJ 7.10.1985)

SÚMULAS DO TST

210. Recurso de revista. Execução de sentença *cancelada*

A admissibilidade do recurso de revista contra acórdão proferido em execução de sentença depende de demonstração inequívoca de violação direta à Constituição Federal. (Res. n. 14/1985, DJ 19.9.1985)

Histórico:
Revista pela Súmula n. 266. Res. n. 1/1987, DJ 23.10.1987 e DJ 14.12.1987 *[Cancelada pela Res. Adm. do TST (PLENO) n. 121, de 28.10.2003, DJ 19.11.2003, Rep. DJ 25.11.2003]*

211. Juros de mora e correção monetária. Independência do pedido inicial e do título executivo judicial

Os juros de mora e a correção monetária incluem-se na liquidação, ainda que omisso o pedido inicial ou a condenação. (Res. n. 14/1985, DJ 19.9.1985)

212. Despedimento. Ônus da prova

O ônus de provar o término do contrato de trabalho, quando negados a prestação de serviço e o despedimento, é do empregador, pois o princípio da continuidade da relação de emprego constitui presunção favorável ao empregado. (Res. n. 14/1985, DJ 19.9.1985)

213. Embargos de declaração. Suspensão do prazo recursal *cancelada* **(Res. 46/1995, DJ 20.4.1995. Lei n. 8.950/1994)**

Os embargos de declaração suspendem o prazo do recurso principal, para ambas as partes, não se computando o dia da sua interposição. (Res. n. 14/1985, DJ 19.9.1985)

214. Decisão interlocutória. Irrecorribilidade. Nova redação. Res. n. 127/2005, DJ 16.3.2005.

Na Justiça do Trabalho, nos termos do art. 893, § 1º, da CLT, as decisões interlocutórias não ensejam recurso imediato, salvo nas hipóteses de decisão: a) de Tribunal Regional do Trabalho contrária à Súmula ou Orientação Jurisprudencial do Tribunal Superior do Trabalho; b) suscetível de impugnação mediante recurso para o mesmo Tribunal; c) que acolhe exceção de incompetência territorial, com a remessa dos autos para Tribunal Regional distinto daquele a que se vincula o juízo excepcionado, consoante o disposto no art. 799, § 2º, da CLT.

215. Horas extras não contratadas expressamente. Adicional devido *cancelada* **(Res. 28/1994, DJ 12.5.1994. Referência art. 7º, XVI, CF/1988**

Inexistindo acordo escrito para prorrogação da jornada de trabalho, o adicional referente às horas extras é devido na base de 25% (vinte e cinco por cento). (Res. n. 14/1985, DJ 19.9.1985)

216. Deserção. Relação de empregados. Autenticação mecânica desnecessária *cancelada* **(Res. 87/1998, DJ 15.10.1998)**

São juridicamente desnecessárias a autenticação mecânica do valor do depósito recursal na relação de empregados (RE) e a individualização do processo na guia de recolhimento (GR), pelo que a falta não importa em deserção. (Res. n. 14/1985, DJ 19.9.1985)

217. Depósito recursal. Credenciamento bancário. Prova dispensável

O credenciamento dos bancos para o fim de recebimento do depósito recursal é fato notório, independendo da prova. (Res. n. 14/1985, DJ 19.9.1985)

218. Recurso de revista. Acórdão proferido em agravo de instrumento

É incabível recurso de revista interposto de acórdão regional prolatado em agravo de instrumento. (Res. n. 14/1985, DJ 19.9.1985)

219. Honorários advocatícios. Cabimento (alterada a redação do item I e acrescidos os itens IV a VI na sessão do tribunal pleno realizada em 15.03.2016)

I. Na Justiça do Trabalho, a condenação ao pagamento de honorários advocatícios não decorre pura e simplesmente da sucumbência, devendo a parte, concomitantemente: a) estar assistida por sindicato da categoria profissional; b) comprovar a percepção de salário inferior ao dobro do salário mínimo ou encontrar-se em situação econômica que não lhe permita demandar sem prejuízo do próprio sustento ou da respectiva família. (art. 14, § 1º, da Lei n. 5.584/1970). *(ex-OJ n. 305da SBDI-I)*

II. É cabível a condenação ao pagamento de honorários advocatícios em ação rescisória no processo trabalhista.

III. São devidos os honorários advocatícios nas causas em que o ente sindical figure como substituto processual e nas lides que não derivem da relação de emprego.

IV. Na ação rescisória e nas lides que não derivem de relação de emprego, a responsabilidade pelo pagamento dos honorários advocatícios da sucumbência submete-se à disciplina do Código de Processo Civil (arts. 85, 86, 87 e 90).

V. Em caso de assistência judiciária sindical, revogado o art. 11 da Lei n. 1.060/50 (CPC de 2015, art. 1.072, inc. III), os honorários advocatícios assistenciais são devidos entre o mínimo de dez e o máximo de vinte por cento sobre o valor da condenação, do proveito econômico obtido ou, não sendo possível mensurá-lo, sobre o valor atualizado da causa (CPC de 2015, art. 85, § 2º).

VI. Nas causas em que a Fazenda Pública for parte, aplicar-se-ão os percentuais específicos de honorários advocatícios contemplados no Código de Processo Civil.

220. Honorários advocatícios. Substituição processual *cancelada* **(Res. 55/1996, DJ 19.4.1996)**

Atendidos os requisitos da Lei n. 5.584/1970, são devidos os honorários advocatícios, ainda que o sindicato figure como substituto processual. (Res. n. 14/1985, DJ 19.9.1985)

221. Recurso de revista. Violação de lei. Indicação de preceito (*cancelada* o item II e conferida nova redação na sessão do tribunal pleno realizada em 14.9.2012. Res. n. 185/2012, DEJT divulgado em 25.9.2012).

A admissibilidade do recurso de revista por violação tem como pressuposto a indicação expressa do dispositivo de lei ou da Constituição tido como violado.

222. Dirigentes de associações profissionais. Estabilidade provisória *cancelada* **(Res. 84/1998, DJ 20.8.1998)**

Os dirigentes de associações profissionais, legalmente registradas, gozam de estabilidade provisória no emprego. (Res. n. 14/1985, DJ 19.9.1985)

223. Prescrição. Opção pelo sistema do Fundo de Garantia do Tempo de Serviço. Termo inicial *cancelada*

O termo inicial da prescrição para anular a opção pelo Fundo de Garantia do Tempo de Serviço coincide com a data em que formalizado o ato opcional, e não com a cessação do contrato de trabalho. (Res. n. 14/1985, DJ 19.9.1985) *[Cancelada pela Res. Adm. do TST (PLENO) n. 121, de 28.10.2003, DJ 19.11.2003, Rep. DJ 25.11.2003]*

224. Competência. Ação de cumprimento. Sindicato. Desconto assistencial *cancelada*

A Justiça do Trabalho é incompetente para julgar ação na qual o sindicato, em nome próprio, pleiteia o recolhimento de desconto assistencial previsto em sentença normativa, convenção ou acordo coletivos. (Res. n. 14/1985, DJ 19.9.1985)

Histórico:
Revista pela Súmula n. 334. Res. 26/1994, DJ 12.5.1994 *[Cancelada pela Res. Adm. do TST (PLENO) n. 121, de 28.10.2003, DJ 19.11.2003, Rep. DJ 25.11.2003]*

225. Repouso semanal. Cálculo. Gratificações por tempo de serviço e produtividade

As gratificações por tempo de serviço e produtividade, pagas mensalmente, não repercutem no cálculo do repouso semanal remunerado. (Res. n. 14/1985, DJ 19.9.1985)

226. Bancário. Gratificação por tempo de serviço. Integração no cálculo das horas extras

A gratificação por tempo de serviço integra o cálculo das horas extras. (Res. n. 14/1985, DJ 19.9.1985)

227. Salário-família. Trabalhador rural *cancelada*

O salário-família somente é devido aos trabalhadores urbanos, não alcançando os rurais, ainda que prestem serviços, no campo, à empresa agroindustrial. (Res. n. 14/1985, DJ 19.9.1985)

Histórico:
Revista pela Súmula n. 344. Res. 51/1995, DJ 21.9.1995 *[Cancelada pela Res. Adm. do TST (PLENO) n. 121, de 28.10.2003, DJ 19.11.2003, Rep. DJ 25.11.2003]*

228. Adicional de insalubridade. Base de cálculo. (redação alterada na sessão do tribunal pleno realizada em 26.6.08). Res. n. 148/2008, DJ 4 e 7.7.2008. Republicada DJ 8, 9 e 10.7.2008

Súmula cuja eficácia está suspensa por decisão liminar do Supremo Tribunal Federal (Adendo acrescentado pela Res. n.

185/2012, DEJT divulgado em 25.9.2012). A partir de 9 de maio de 2008, data da publicação da Súmula Vinculante n. 4 do Supremo Tribunal Federal, o adicional de insalubridade será calculado sobre o salário básico, salvo critério mais vantajoso fixado em instrumento coletivo.

229. Sobreaviso. Eletricitários. Nova redação

Por aplicação analógica do art. 244, § 2º, da CLT, as horas de sobreaviso dos eletricitários são remuneradas à base de 1/3 sobre a totalidade das parcelas de natureza salarial.

Histórico:
Redação original. Res. n. 14/1985, DJ 19.9.1985 *[Revisada pela Res. Adm. do TST (PLENO) n. 121, de 28.10.2003, DJ 19.11.2003, Rep. DJ 25.11.2003]*

230. Aviso prévio. Substituição pelo pagamento das horas reduzidas da jornada de trabalho(*)

É ilegal substituir o período que se reduz da jornada de trabalho, no aviso prévio, pelo pagamento das horas correspondentes. (Res. n. 14/1985, DJ 19.9.1985)

231. Quadro de carreira. Homologação pelo Conselho Nacional de Política Salarial. Eficácia cancelada

É eficaz para efeito do art. 461, § 2º, da CLT a homologação de quadro organizado em carreira pelo Conselho Nacional de Política Salarial. (Res. n. 14/1985, DJ 19.9.1985) *[Cancelada pela Res. Adm. do TST (PLENO) n. 121, de 28.10.2003, DJ 19.11.2003, Rep. DJ 25.11.2003]*

232. Bancário. Cargo de confiança. Jornada. Horas extras. (cancelada **em decorrência da sua incorporação à nova redação da Súmula n. 102. Res. n. 129/2005 DJ 20.4.2005).**

O bancário sujeito à regra do art. 224, § 2º, da CLT cumpre jornada de trabalho de 8 (oito) horas, sendo extraordinárias as trabalhadas além da oitava. (Res. n. 14/1985, DJ 19.9.1985)

233. Bancário. Chefe cancelada

O bancário no exercício da função de chefia, que recebe gratificação não inferior a 1/3 do salário do cargo efetivo, está inserido na exceção do § 2º do art. 224 da CLT, não fazendo jus ao pagamento das sétima e oitava horas como extras. (Res. n. 14/1985, DJ 19.9.1985) *[Cancelada pela Res. Adm. do TST (PLENO) n. 121, de 28.10.2003, DJ 19.11.2003, Rep. DJ 25.11.2003]*

234. Bancário. Subchefe cancelada

O bancário no exercício da função de subchefia, que recebe gratificação não inferior a 1/3 do salário do cargo efetivo, está inserido na exceção do § 2º do art. 224 da CLT, não fazendo jus ao pagamento das sétima e oitava horas como extras. (Res. n. 14/1985, DJ 19.9.1985) *[Cancelada pela Res. Adm. do TST (PLENO) n. 121, de 28.10.2003, DJ 19.11.2003, Rep. DJ 25.11.2003]*

235. Distrito Federal e autarquias. Correção automática dos salários. Inaplicabilidade da Lei n. 6.708/1979 cancelada

Aos servidores do Distrito Federal e respectivas autarquias, submetidos ao regime da CLT, não se aplica a Lei n. 6.708/1979, que determina a correção automática dos salários. (Res. n. 15/1985, DJ 9.12.1985) *[Cancelada pela Res. Adm. do TST (PLENO) n. 121, de 28.10.2003, DJ 19.11.2003, Rep. DJ 25.11.2003]*

236. Honorários periciais. Responsabilidade cancelada

A responsabilidade pelo pagamento dos honorários periciais é da parte sucumbente na pretensão relativa ao objeto da perícia. (Res. n. 15/1985, DJ 9.12.1985) *[Cancelada pela Res. Adm. do TST (PLENO) n. 121, de 28.10.2003, DJ 19.11.2003, Rep. DJ 25.11.2003]*

237. Bancário. Tesoureiro cancelada

O bancário investido na função de tesoureiro, que recebe gratificação não inferior a 1/3 do salário do cargo efetivo, está inserido na exceção do § 2º do art. 224 da CLT, não fazendo jus ao pagamento das sétima e oitava horas como extras. (Res. n. 15/1985, DJ 9.12.1985) *[Cancelada pela Res. Adm. do TST (PLENO) n. 121, de 28.10.2003, DJ 19.11.2003, Rep. DJ 25.11.2003]*

238. Bancário. Subgerente cancelada

O bancário no exercício da função de subgerente, que recebe gratificação não inferior a 1/3 do salário do cargo efetivo, está inserido na exceção do § 2º do art. 224 da CLT, não fazendo jus ao pagamento das sétima e oitava horas como extras. (Res. n. 15/1985, DJ 9.12.1985) *[Cancelada pela Res. Adm. do TST (PLENO) n. 121, de 28.10.2003, DJ 19.11.2003, Rep. DJ 25.11.2003]*

239. Bancário. Empregado de empresa de processamento de dados. (incorporadas as Orientações Jurisprudenciais ns. 64 e 126 da SBDI-1. Res. n. 129/2005. DJ 20.4.2005).

É bancário o empregado de empresa de processamento de dados que presta serviço a banco integrante do mesmo grupo econômico, exceto quando a empresa de processamento de dados presta serviços a banco e a empresa não bancárias do mesmo grupo econômico ou a terceiros. *(Primeira parte. ex-Súmula n. 239. Res. n. 15/1985, DJ 9.12.1985; segunda parte. ex-OJs n. 64. inserida em 13.9.1994 e n. 126. Inserida em 20.4.1998)*

240. Bancário. Gratificação de função e adicional por tempo de serviço

O adicional por tempo de serviço integra o cálculo da gratificação prevista no art. 224, § 2º, da CLT. (Res. n. 15/1985, DJ 9.12.1985)

241. Salário-utilidade. Alimentação

O vale para refeição, fornecido por força do contrato de trabalho, tem caráter salarial, integrando a remuneração do empregado, para todos os efeitos legais. (Res. n. 15/1985, DJ 9.12.1985)

242. Indenização adicional. Valor

A indenização adicional, prevista no art. 9º da Lei n. 6.708, de 30.10.1979 e no art. 9º da Lei n. 7.238 de 28.10.1984, corresponde ao salário mensal, no valor devido na data da comunicação do despedimento, integrado pelos adicionais legais ou convencionados, ligados à unidade de tempo mês, não sendo computável a gratificação natalina. (Res. n. 15/1985, DJ 9.12.1985)

243. Opção pelo regime trabalhista. Supressão das vantagens estatutárias

Exceto na hipótese de previsão contratual ou legal expressa, a opção do funcionário público pelo regime trabalhista implica a renúncia dos direitos inerentes ao regime estatutário. (Res. n. 15/1985, DJ 9.12.1985)

244. Gestante. Estabilidade provisória (redação do item III alterada na sessão do tribunal pleno realizada em 14.9.2012. Res. n. 185/2012, DEJT divulgado em 25.9.2012)

I. O desconhecimento do estado gravídico pelo empregador não afasta o direito ao pagamento da indenização decorrente da estabilidade (art. 10, II, "b" do ADCT).

II. A garantia de emprego à gestante só autoriza a reintegração se esta se der durante o período de estabilidade. Do contrário, a garantia restringe-se aos salários e demais direitos correspondentes ao período de estabilidade.

III. A empregada gestante tem direito à estabilidade provisória prevista no art. 10, inciso II, alínea "b", do Ato das Disposições Constitucionais Transitórias, mesmo na hipótese de admissão mediante contrato por tempo determinado.

245. Depósito recursal. Prazo

O depósito recursal deve ser feito e comprovado no prazo alusivo ao recurso. A interposição antecipada deste não prejudica a dilação legal. (Res. n. 15/1985, DJ 9.12.1985)

246. Ação de cumprimento. Trânsito em julgado da sentença normativa

É dispensável o trânsito em julgado da sentença normativa para a propositura da ação de cumprimento. (Res. n. 15/1985, DJ 9.12.1985)

247. Quebra de caixa. Natureza jurídica

A parcela paga aos bancários sob a denominação "quebra de caixa" possui natureza salarial, integrando o salário do prestador de serviços, para todos os efeitos legais. (Res. n. 16/1985, DJ 13.1.1986)

248. Adicional de insalubridade. Direito adquirido

A reclassificação ou a descaracterização da insalubridade, por ato da autoridade competente, repercute na satisfação do respectivo adicional, sem ofensa a direito adquirido ou ao princípio da irredutibilidade salarial. (Res. n. 17/1985, DJ 13.1.1986)

SÚMULAS DO TST

249. Aumento salarial setorizado. Tabela única *cancelada*

Legítima é a concessão de aumento salarial por região do país, desfazendo identidade anterior, baseada em tabela única de âmbito nacional. (Res. n. 17/1985, DJ 13.01.1986) *[Cancelada pela Res. Adm. do TST (PLENO) n. 121, de 28.10.2003, DJ 19.11.2003, Rep. DJ 25.11.2003]*

250. Plano de classificação. Parcelas antiguidade e desempenho. Aglutinação ao salário *cancelada*

Lícita é a incorporação ao salário-base das parcelas pagas a título de antiguidade e desempenho, quando não há prejuízo para o empregado. (Res. n. 17/1985, DJ 13.1.1986) *[Cancelada pela Res. Adm. do TST (PLENO) n. 121, de 28.10.2003, DJ 19.11.2003, Rep. DJ 25.11.2003]*

251. Participação nos lucros. Natureza salarial. Cancelada. Res. n. 33/1994, DJ 12.5.1994. Referência art. 7º, XI, CF/1988

A parcela participação nos lucros da empresa, habitualmente paga, tem natureza salarial, para todos os efeitos legais. (Res. n. 17/1985, DJ 13.1.1986)

252. Funcionário público. Cedido. Reajuste salarial *cancelada*

Os funcionários públicos cedidos à Rede Ferroviária Federal S.A. têm direito ao reajustamento salarial previsto no art. 5º da Lei n. 4.345/1964, compensável com o deferido pelo art. 1º da Lei n. 4.564/1964 e observados os padrões de vencimentos, à época dos cargos idênticos ou assemelhados do serviço público, a teor do disposto no art. 20, item I, da Lei n. 4.345/1964 e nos termos dos acórdãos proferidos no DC 2/1966. O paradigma previsto neste último dispositivo legal será determinado através de perícia, se as partes não o indicarem de comum acordo. (Redação dada pela Res. n. 107/2001, DJ 21.3.2001. Republicada DJ 26.3.2001)

Histórico:
Alteração da Súmula n. 116. RA 118/1980, DJ 3.11.1980 Redação original. Res. n. 18/1985, DJ 13.1.1986 *[Cancelada pela Res. Adm. do TST (PLENO) n. 121, de 28.10.2003, DJ 19.11.2003, Rep. DJ 25.11.2003]*

253. Gratificação semestral. Repercussões. Nova redação

A gratificação semestral não repercute no cálculo das horas extras, das férias e do aviso prévio, ainda que indenizados. Repercute, contudo, pelo seu duodécimo na indenização por antiguidade e na gratificação natalina.

Histórico:
Redação original. Res. n. 1/1986, DJ 23.5.1986 *[Revisada pela Res. Adm. do TST (PLENO) n. 121, de 28.10.2003, DJ 19.11.2003, Rep. DJ 25.11.2003]*

254. Salário-família. Termo inicial da obrigação

O termo inicial do direito ao salário-família coincide com a prova da filiação. Se feita em juízo, corresponde à data de ajuizamento do pedido, salvo se comprovado que anteriormente o empregador se recusara a receber a respectiva certidão. (Res. 2/1986, DJ 2.7.1986)

255. Substituição processual. Desistência *cancelada*

O substituído processualmente pode, antes da sentença de primeiro grau, desistir da ação. (Res. 3/1986, DJ 2.7.1986)

Histórico:
Alteração da Súmula n. 180. Res. n. 1/1983, DJ 19.10.1983 *[Cancelada pela Res. Adm. do TST (PLENO) n. 121, de 28.10.2003, DJ 19.11.2003, Rep. DJ 25.11.2003]*

256. Contrato de prestação de serviços. Legalidade *cancelada*

Salvo nos casos de trabalho temporário e de serviço de vigilância, previstos nas Leis ns. 6.019, de 3.1.1074, e 7.102, de 20.6.1983, é ilegal a contratação de trabalhadores por empresa interposta, formando-se o vínculo empregatício diretamente com o tomador dos serviços. (Res. 4/1986, DJ 30.9.1986)

Histórico:
Revista pela Súmula n. 331. Res. 23/1993, DJ 21.12.1993 *[Cancelada pela Res. Adm. do TST (PLENO) n. 121, de 28.10.2003, DJ 19.11.2003, Rep. DJ 25.11.2003]*

257. Vigilante

O vigilante, contratado diretamente por banco ou por intermédio de empresas especializadas, não é bancário. (Res. 5/1986, DJ 31.10.1986)

258. Salário-utilidade. Percentuais. Nova redação

Os percentuais fixados em lei relativos ao salário *in natura* apenas se referem às hipóteses em que o empregado percebe salário mínimo, apurando-se, nas demais, o real valor da utilidade.

Histórico:
Redação original. Res. n. 6/1986, DJ 31.10.1986 *[Revisada pela Res. Adm. do TST (PLENO) n. 121, de 28.10.2003, DJ 19.11.2003, Rep. DJ 25.11.2003]*

259. Termo de conciliação. Ação rescisória

Só por ação rescisória é impugnável o termo de conciliação previsto no parágrafo único do art. 831 da CLT. (Res. n. 7/1986, DJ 31.10.1986)

260. Salário-maternidade. Contrato de experiência *cancelada*

No contrato de experiência, extinto antes do período de 4 (quatro) semanas que precede ao parto, a empregada não tem direito a receber, do empregador, o salário-maternidade. (Res. 8/1986, DJ 31.10.1986. Republicada com correção DJ 6.11.1986) *[Cancelada pela Res. Adm. do TST (PLENO) n. 121, de 28.10.2003, DJ 19.11.2003, Rep. DJ 25.11.2003]*

261. Férias proporcionais. Pedido de demissão. Contrato vigente há menos de um ano. Nova redação

O empregado que se demite antes de completar 12 (doze) meses de serviço tem direito a férias proporcionais.

Histórico:
Redação original. Res. n. 9/1986, DJ 30.10.1986. Republicada com correção DJ 6.11.1986 *[Revisada pela Res. Adm. do TST (PLENO) n. 121, de 28.10.2003, DJ 19.11.2003, Rep. DJ 25.11.2003]*

262. Prazo judicial. Notificação ou intimação em sábado. Recesso forense (redação do item II alterada na sessão do tribunal pleno realizada em 19.05.2014). Res. 194/2014, DEJT divulgado em 21, 22 e 23.05.2014

I. Intimada ou notificada a parte no sábado, o início do prazo se dará no primeiro dia útil imediato e a contagem, no subsequente. *(ex-Súmula n. 262. Res. 10/1986, DJ 31.10.1986)*

II. O recesso forense e as férias coletivas dos Ministros do Tribunal Superior do Trabalho suspendem os prazos recursais. *(ex-OJ n. 209 da SBDI-1. inserida em 08.11.2000).*

263. Petição inicial. Indeferimento. Instrução obrigatória deficiente (nova redação em decorrência do CPC de 2015). Res. 208/2016, DEJT divulgado em 22, 25 e 26.04.2016

Salvo nas hipóteses do art. 330 do CPC de 2015 (art. 295 do CPC de 1973), o indeferimento da petição inicial, por encontrar-se desacompanhada de documento indispensável à propositura da ação ou não preencher outro requisito legal, somente é cabível se, após intimada para suprir a irregularidade em 15 (quinze) dias, mediante indicação precisa do que deve ser corrigido ou completado, a parte não o fizer (art. 321 do CPC de 2015). (Atualizado Res. n. 208, de 19.4.16, DEJT 22.4.16)

264. Hora suplementar. Cálculo

A remuneração do serviço suplementar é composta do valor da hora normal, integrado por parcelas de natureza salarial e acrescido do adicional previsto em lei, contrato, acordo, convenção coletiva ou sentença normativa. (Res. n. 12/1986, DJ 31.10.1986)

265. Adicional noturno. Alteração de turno de trabalho. Possibilidade de supressão

A transferência para o período diurno de trabalho implica a perda do direito ao adicional noturno. (Res. n. 13/1986, DJ 20.1.1987)

266. Recurso de revista. Admissibilidade. Execução de sentença. Revisão da súmula n. 210. Res. n. 14/1985, DJ 19.9.1985(*)

A admissibilidade do recurso de revista interposto de acórdão proferido em agravo de petição, na liquidação de sentença ou em processo incidente na execução, inclusive os embargos de terceiro, depende de demonstração inequívoca de violência direta à Constituição Federal. (Res. n. 1/1987, DJ 23.10.1987 e DJ 14.12.1987)

267. Bancário. Valor do salário-hora. Divisor *cancelada*

O bancário sujeito à jornada de 8 (oito) horas (art. 224, § 2º, da CLT) tem salário-hora calculado com base no divisor 240 (duzentos e quarenta) e não 180 (cento e oitenta), que é relativo à jornada de 6 (seis) horas. (Res. 2/1987, DJ 14.12.1987)

Histórico:
Revista pela Súmula n. 343. Res. 48/1995, DJ 30.8.1995 *[Cancelada pela Res. Adm. do TST (PLENO) n. 121, de 28.10.2003, DJ 19.11.2003, Rep. DJ 25.11.2003]*

268. Prescrição. Interrupção. Ação trabalhista arquivada. Nova redação

A ação trabalhista, ainda que arquivada, interrompe a prescrição somente em relação aos pedidos idênticos.

Histórico:
Redação original. Res. n. 1/1988, DJ 1.3.1988 *[Revisada pela Res. Adm. do TST (PLENO) n. 121, de 28.10.2003, DJ 19.11.2003, Rep. DJ 25.11.2003]*

269. Diretor eleito. Cômputo do período como tempo de serviço(*)

O empregado eleito para ocupar cargo de diretor tem o respectivo contrato de trabalho suspenso, não se computando o tempo de serviço desse período, salvo se permanecer a subordinação jurídica inerente à relação de emprego. (Res. 2/1988, DJ 1.3.1988)

270. Representação processual. Mandato expresso. Ausência de firma reconhecida cancelada **(Res. 49/1995, DJ 30.8.1995. Lei n. 8.952/1994)**

A ausência de reconhecimento de firma no instrumento de mandato. procuração. torna irregular a representação processual, impossibilitando o conhecimento do recurso, por inexistente. (Res. 3/1988, DJ 1.3.1988)

271. Substituição processual. Adicionais de insalubridade e de periculosidade cancelada

Legítima é a substituição processual dos empregados associados, pelo sindicato que congrega a categoria profissional, na demanda trabalhista cujo objeto seja adicional de insalubridade ou periculosidade. (Res. 4/1988, DJ 1.3.1988) *[Cancelada pela Res. Adm. do TST (PLENO) n. 121, de 28.10.2003, DJ 19.11.2003, Rep. DJ 25.11.2003]*

272. Agravo de instrumento. Traslado deficiente cancelada

Não se conhece do agravo para subida de recurso de revista, quando faltarem no traslado o despacho agravado, a decisão recorrida, a petição de recurso de revista, a procuração subscrita pelo agravante, ou qualquer peça essencial à compreensão da controvérsia. (Res. 5/1988, DJ 1.3.1988) *[Cancelada pela Res. Adm. do TST (PLENO) n. 121, de 28.10.2003, DJ 19.11.2003, Rep. DJ 25.11.2003]*

273. Constitucionalidade. Decretos-Leis ns. 2.012/1983 E 2.045/1983 cancelada

São constitucionais os Decretos-Leis ns. 2.012/1983 e 2.045/1983. (Res. n. 6/1988, DJ 1º.3.1988) *[Cancelada pela Res. Adm. do TST (PLENO) n. 121, de 28.10.2003, DJ 19.11.2003, Rep. DJ 25.11.2003]*

274. Prescrição parcial. Equiparação salarial. Redação dada pela Res. n. 121/2003, DJ 21.11.2003. (cancelada **em decorrência da sua incorporação à nova redação da Súmula n. 6). Res. n. 129/05. DJ 20.4.2005.**

Na ação de equiparação salarial, a prescrição só alcança as diferenças salariais vencidas no período de 5 (cinco) anos que precedeu o ajuizamento.

275. Prescrição. Desvio de função e reenquadramento. (incorporada a Orientação Jurisprudencial n. 144 da SBDI-1. Res. n. 129/05. DJ 20.4.2005

I. Na ação que objetive corrigir desvio funcional, a prescrição só alcança as diferenças salariais vencidas no período de 5 (cinco) anos que precedeu o ajuizamento. *(ex-Súmula n. 275. Res. n. 121/03, DJ 21.11.2003)*

II. Em se tratando de pedido de reenquadramento, a prescrição é total, contada da data do enquadramento do empregado. *(ex-OJ n. 144 da SBDI-I. Inserida em 27.11.1998)*

276. Aviso prévio. Renúncia pelo empregado

O direito ao aviso prévio é irrenunciável pelo empregado. O pedido de dispensa de cumprimento não exime o empregador de pagar o respectivo valor, salvo comprovação de haver o prestador dos serviços obtido novo emprego. (Res. n. 9/1988, DJ 1.3.1988)

277. Convenção coletiva de trabalho ou acordo coletivo de trabalho. Eficácia. Ultratividade (redação alterada na sessão do tribunal pleno realizada em 14.9.2012. Res. n. 185/2012, DEJT divulgado em 25.9.2012)

As cláusulas normativas dos acordos coletivos ou convenções coletivas integram os contratos individuais de trabalho e somente poderão ser modificadas ou suprimidas mediante negociação coletiva de trabalho.

278. Embargos de declaração. Omissão no julgado

A natureza da omissão suprida pelo julgamento de embargos declaratórios pode ocasionar efeito modificativo no julgado. (Res. n. 11/1988, DJ 1.3.1988)

279. Recurso contra sentença normativa. Efeito suspensivo. Cassação(*)

A cassação de efeito suspensivo concedido a recurso interposto de sentença normativa retroage à data do despacho que o deferiu. (Res. n. 12/1988, DJ 1.3.1988)

280. Convenção coletiva. Sociedade de economia mista. Audiência prévia do órgão oficial competente cancelada **(Res. 2/1990, DJ 10.1.1991) (**)**

Convenção coletiva, formalizada sem prévia audição do órgão oficial competente, não obriga sociedade de economia mista. (Res. n. 13/1988, DJ 1.3.1988)

281. Piso salarial. Professores cancelada

A instituição do Fundo de Participação dos Estados e Municípios não fez surgir, para os professores, direito a piso salarial. (Res. n. 14/1988, DJ 1.3.1988) *[Cancelada pela Res. Adm. do TST (PLENO) n. 121, de 28.10.2003, DJ 19.11.2003, Rep. DJ 25.11.2003]*

282. Abono de faltas. Serviço médico da empresa

Ao serviço médico da empresa ou ao mantido por esta última mediante convênio compete abonar os primeiros 15 (quinze) dias de ausência ao trabalho. (Res. n. 15/1988, DJ 1.3.1988)

283. Recurso adesivo. Pertinência no processo do trabalho. Correlação de matérias. Revisão da súmula n. 196. Res. 2/1985, DJ 1.4.1985. Republicada com correção DJ 12.4.1985

O recurso adesivo é compatível com o processo do trabalho e cabe, no prazo de 8 (oito) dias, nas hipóteses de interposição de recurso ordinário, de agravo de petição, de revista e de embargos, sendo desnecessário que a matéria nele veiculada esteja relacionada com a do recurso interposto pela parte contrária. (Res. n. 16/1988, DJ 18.3.1988)

284. Correção monetária. Empresas em liquidação. Lei n. 6.024/1974 cancelada

Os débitos trabalhistas das empresas em liquidação de que cogita a Lei n. 6.024/1974 estão sujeitos à correção monetária, observada a vigência do Decreto-Lei n. 2.278/1985, ou seja, a partir de 22.11.1985. (Res. n. 17/1988, DJ 18.3.1988)

Histórico:
Revisão da Súmula n. 185. Res. n. 7/1983, DJ 9.11.1983 Revista pela Súmula n. 304. Res. 2/1992, DJ 5.11.1992. *[Cancelada pela Res. Adm. do TST (PLENO) n. 121, de 28.10.2003, DJ 19.11.2003, Rep. DJ 25.11.2003]*

285. Recurso de revista. Admissibilidade parcial pelo juiz-presidente do tribunal regional do trabalho. Efeito cancelada

O fato de o juízo primeiro de admissibilidade do recurso de revista entendê-lo cabível apenas quanto à parte das matérias veiculadas não impede a apreciação integral pela Turma do Tribunal Superior do Trabalho, sendo imprópria a interposição de agravo de instrumento. (Res. n. 18/1988, DJ 18.3.1988)

286. Sindicato. Substituição processual. Convenção e acordo coletivos. Redação dada pela Res. 98/2000, DJ 18.9.2000 (*)

A legitimidade do sindicato para propor ação de cumprimento estende-se também à observância de acordo ou de convenção coletivos.

Histórico:
Redação original. Res. n. 19/1988, DJ 18.3.1988

287. Jornada de trabalho. Gerente bancário. Nova redação

A jornada de trabalho do empregado de banco gerente de agência é regida pelo art. 224, § 2º, da CLT. Quanto ao gerente geral de agência bancária, presume-se o exercício de encargo de gestão, aplicando-se-lhe o art. 62 da CLT.

Histórico:
Redação original. Res. 20/1988, DJ 18.3.1988 *[Revisada pela Res. Adm. do TST (PLENO) n. 121, de 28.10.2003, DJ 19.11.2003, Rep. DJ 25.11.2003]*

288. Complementação dos proventos da aposentadoria (nova redação para o item I e acrescidos os itens III e IV em decorrência do julgamento do processo TST-E-ED-RR-235-20.2010.5.20.0006 pelo Tribunal Pleno em 12.04.2016). Res. 207/2016, DEJT 19.4.2016

I. A complementação dos proventos de aposentadoria, instituída, regulamentada e paga diretamente pelo empregador, sem vínculo com as entidades de previdência privada fechada, é regida pelas normas em vigor na data de admissão do empregado, ressalvadas as alterações que forem mais benéficas (art. 468 da CLT).

II. Na hipótese de coexistência de dois regulamentos de planos de previdência complementar, instituídos pelo empregador ou por entidade de previdência privada, a opção do beneficiário por um deles tem efeito jurídico de renúncia às regras do outro.

III. Após a entrada em vigor das Leis Complementares ns. 108 e 109, de 29.5.2001, reger-se-á a complementação dos proventos de aposentadoria pelas normas vigentes na data da implementação dos requisitos para obtenção do benefício, ressalvados o direito adquirido do participante que anteriormente implementara os requisitos para o benefício e o direito acumulado do empregado que até então não preenchera tais requisitos.

IV. O entendimento da primeira parte do item III aplica-se aos processos em curso no Tribunal Superior do Trabalho em que, em 12.4.2016, ainda não haja sido proferida decisão de mérito por suas Turmas e Seções.

289. Insalubridade. Adicional. Fornecimento do aparelho de proteção. Efeito

O simples fornecimento do aparelho de proteção pelo empregador não o exime do pagamento do adicional de insalubridade. Cabe-lhe tomar as medidas que conduzam à diminuição ou eliminação da nocividade, entre as quais as relativas ao uso efetivo do equipamento pelo empregado. (Res. 22/1988, DJ 24.3.1988)

290. Gorjetas. Natureza jurídica. Ausência de distinção quanto à forma de recebimento *cancelada*

As gorjetas, sejam cobradas pelo empregador na nota de serviço ou oferecidas espontaneamente pelos clientes, integram a remuneração do empregado. (Res. 23/1988, DJ 24.3.1988)

Histórico:
Revista pela Súmula n. 354. Res. n. 71/1997, DJ 30.5.1997 *[Cancelada pela Res. Adm. do TST (PLENO) n. 121, de 28.10.2003, DJ 19.11.2003, Rep. DJ 25.11.2003]*

291. Horas extras. Habitualidade. Supressão. Indenização. (nova redação em decorrência do julgamento do processo TST-IUJERR 10700-45.2007.5.22.0101. Res. n. 174, 24.5.2011, DJe/27.5.2011)

A supressão total ou parcial, pelo empregador, de serviço suplementar prestado com habitualidade, durante pelo menos 1 (um) ano, assegura ao empregado o direito à indenização correspondente ao valor de 1 (um) mês das horas suprimidas, total ou parcialmente, para cada ano ou fração igual ou superior a seis meses de prestação de serviço acima da jornada normal. O cálculo observará a média das horas suplementares nos últimos 12 (doze) meses anteriores à mudança, multiplicada pelo valor da hora extra do dia da supressão.

292. Adicional de insalubridade. Trabalhador rural *cancelada*

O trabalhador rural tem direito ao adicional de insalubridade, observando-se a necessidade de verificação, na forma da lei, de condições nocivas à saúde. (Res. 2/1989, DJ 14.04.1989) *[Cancelada pela Res. Adm. do TST (PLENO) n. 121, de 28.10.2003, DJ 19.11.2003, Rep. DJ 25.11.2003]*

293. Adicional de insalubridade. Causa de pedir. Agente nocivo diverso do apontado na inicial

A verificação mediante perícia de prestação de serviços em condições nocivas, considerado agente insalubre diverso do apontado na inicial, não prejudica o pedido de adicional de insalubridade. (Res. 3/1989, DJ 14.4.1989)

294. Prescrição. Alteração contratual. Trabalhador urbano

Tratando-se de ação que envolva pedido de prestações sucessivas decorrente de alteração do pactuado, a prescrição é total, exceto quando o direito à parcela esteja também assegurado por preceito de lei. (Res. 4/1989, DJ 14.4.1989)

295. Aposentadoria espontânea. Depósito do FGTS. Período anterior à opção. Nova redação *cancelada* (Res. TST n. 152, de 17.11.2008 DJe. TST 20.11.2008)

A cessação do contrato de trabalho em razão de aposentadoria espontânea do empregado exclui o direito ao recebimento de indenização relativa ao período anterior à opção. A realização de depósito na conta do Fundo de Garantia do Tempo de Serviço, de que trata o § 3º do art. 14 da Lei n. 8.036, de 11.5.1990, é faculdade atribuída ao empregador.

Histórico:
Redação original. Res. 5/1989, DJ 14.4.1989 *[Revisada pela Res. Adm. do TST (PLENO) n. 121, de 28.10.2003, DJ 19.11.2003, Rep. DJ 25.11.2003]*

296. Recurso. Divergência jurisprudencial. Especificidade. (incorporada a Orientação Jurisprudencial n. 37 da SBDI-1. Res. n. 129/05. DJ 20.4.2005)

I. A divergência jurisprudencial ensejadora da admissibilidade, do prosseguimento e do conhecimento do recurso há de ser específica, revelando a existência de teses diversas na interpretação de um mesmo dispositivo legal, embora idênticos os fatos que as ensejaram. *(ex-Súmula n. 296. Res. n. 6/1989, DJ 14.4.1989)*

II. Não ofende o art. 896 da CLT decisão de Turma que, examinando premissas concretas de especificidade da divergência colacionada no apelo revisional, conclui pelo conhecimento ou desconhecimento do recurso. *(ex-OJ n. 37 da SBDI-I. Inserida em 1º.2.95)*

297. Prequestionamento. Oportunidade. Configuração. Nova redação

I. Diz-se prequestionada a matéria ou questão quando na decisão impugnada haja sido adotada, explicitamente, tese a respeito.

II. Incumbe à parte interessada, desde que a matéria haja sido invocada no recurso principal, opor embargos declaratórios objetivando o pronunciamento sobre o tema, sob pena de preclusão.

III. Considera-se prequestionada a questão jurídica invocada no recurso principal sobre a qual se omite o Tribunal de pronunciar tese, não obstante opostos embargos de declaração.

Histórico:
Redação original. Res. n. 7/1989, DJ 14.4.1989 *[Revisada pela Res. Adm. do TST (PLENO) n. 121, de 28.10.2003, DJ 19.11.2003, Rep. DJ 25.11.2003]*

298. Ação rescisória. Violação a disposição de lei. Pronunciamento explícito. (redação alterada pelo tribunal pleno na sessão realizada em 6.2.2012) (Resol. 177, 6.2.2012. DJe 13, 14 e 15.2.2012)

I. A conclusão acerca da ocorrência de violação literal a disposição de lei pressupõe pronunciamento explícito, na sentença rescindenda, sobre a matéria veiculada.

II. O pronunciamento explícito exigido em ação rescisória diz respeito à matéria e ao enfoque específico da tese debatida na ação, e não, necessariamente, ao dispositivo legal tido por violado. Basta que o conteúdo da norma reputada violada haja sido abordado na decisão rescindenda para que se considere preenchido o pressuposto.

III. Para efeito de ação rescisória, considera-se pronunciada explicitamente a matéria tratada na sentença quando, examinando remessa de ofício, o Tribunal simplesmente a confirma.

IV. A sentença meramente homologatória, que silencia sobre os motivos de convencimento do juiz, não se mostra rescindível, por ausência de pronunciamento explícito.

V. Não é absoluta a exigência de pronunciamento explícito na ação rescisória, ainda que esta tenha por fundamento violação de dispositivo de lei. Assim, prescindível o pronunciamento explícito quando o vício nasce no próprio julgamento, como se dá com a sentença *extra*, *citra* e *ultra petita*.

299. Ação rescisória. Decisão rescindenda. Trânsito em julgado. Comprovação. Efeitos. (nova redação do item II em decorrência do CPC de 2015)

I. É indispensável ao processamento da ação rescisória a prova do trânsito em julgado da decisão rescindenda. *(ex-Súmula n. 299 — Res 8/1989, DJ 14, 18 e 19.04.1989)*

II. Verificando o relator que a parte interessada não juntou à inicial o documento comprobatório, abrirá prazo de 15 (quinze) dias para que o faça (art. 321 do CPC de 2015), sob pena de indeferimento. *(ex-Súmula n. 299 — Res 8/1989, DJ 14, 18 e 19.04.1989)*

III. A comprovação do trânsito em julgado da decisão rescindenda é pressuposto processual indispensável ao tempo do ajuizamento da ação rescisória. Eventual trânsito em julgado posterior ao ajuizamento da ação rescisória não reabilita a ação proposta, na medida em que o ordenamento jurídico não contempla a ação rescisória preventiva. *(ex-OJ n. 106 da SBDI-2. DJ 29.4.2003)*

IV. O pretenso vício de intimação, posterior à decisão que se pretende rescindir, se efetivamente ocorrido, não permite a

formação da coisa julgada material. Assim, a ação rescisória deve ser julgada extinta, sem julgamento do mérito, por carência de ação, por inexistir decisão transitada em julgado a ser rescindida. *(ex-OJ n. 96 da SBDI-2. inserida em 27.09.2002)*

300. Competência da justiça do trabalho. Cadastramento no PIS

Compete à Justiça do Trabalho processar e julgar ações ajuizadas por empregados em face de empregadores relativas ao cadastramento no Programa de Integração Social (PIS). (Res. n. 10/1989, DJ 14.4.1989)

301. Auxiliar de laboratório. Ausência de diploma. Efeitos

O fato de o empregado não possuir diploma de profissionalização de auxiliar de laboratório não afasta a observância das normas da Lei n. 3.999, de 15.12.1961, uma vez comprovada a prestação de serviços na atividade. (Res. n. 11/1989, DJ 14.4.1989)

302. Processo administrativo *cancelada*

Não cabe recurso ao Tribunal Superior do Trabalho, contra decisão em processo administrativo, proferida por Tribunal Regional do Trabalho, ainda que nele seja interessado magistrado. (Res. n. 1/1990, DJ 2.4.1990)

Histórico:
Revisão da Súmula n. 40. RA 41/1973, DJ 14.6.1973. Revista pela Súmula n. 321. Res. n. 13/1993, DJ 29.11.1993 *[Cancelada pela Res. Adm. do TST (PLENO) n. 121, de 28.10.2003, DJ 19.11.2003, Rep. DJ 25.11.2003]*

303. Fazenda pública. Reexame necessário (nova redação em decorrência do CPC de 2015)

I. Em dissídio individual, está sujeita ao reexame necessário, mesmo na vigência da Constituição Federal de 1988, decisão contrária à Fazenda Pública, salvo quando a condenação não ultrapassar o valor correspondente a: a) 1.000 (mil) salários mínimos para a União e as respectivas autarquias e fundações de direito público; b) 500 (quinhentos) salários mínimos para os Estados, o Distrito Federal, as respectivas autarquias e fundações de direito público e os Municípios que constituam capitais dos Estados; c) 100 (cem) salários mínimos para todos os demais Municípios e respectivas autarquias e fundações de direito público.

II. Também não se sujeita ao duplo grau de jurisdição a decisão fundada em: a) súmula ou orientação jurisprudencial do Tribunal Superior do Trabalho; b) acórdão proferido pelo Supremo Tribunal Federal ou pelo Tribunal Superior do Trabalho em julgamento de recursos repetitivos; c) entendimento firmado em incidente de resolução de demandas repetitivas ou de assunção de competência; d) entendimento coincidente com orientação vinculante firmada no âmbito administrativo do próprio ente público, consolidada em manifestação, parecer ou súmula administrativa.

III. Em ação rescisória, a decisão proferida pelo Tribunal Regional do Trabalho está sujeita ao duplo grau de jurisdição obrigatório quando desfavorável ao ente público, exceto nas hipóteses dos incisos anteriores. *(ex-OJ n. 71 da SBDI-1. inserida em 03.06.1996)*

IV — Em mandado de segurança, somente cabe reexame necessário se, na relação processual, figurar pessoa jurídica de direito público como parte prejudicada pela concessão da ordem. Tal situação não ocorre na hipótese de figurar no feito como impetrante e terceiro interessado pessoa de direito privado, ressalvada a hipótese de matéria administrativa. *(ex-OJs ns. 72 e 73 da SBDI-1. inseridas, respectivamente, em 25.11.1996 e 03.06.1996).*

304. Correção monetária. Empresas em liquidação. Art. 46 do ADCT/CF

Os débitos trabalhistas das entidades submetidas aos regimes de intervenção ou liquidação extrajudicial estão sujeitos a correção monetária desde o respectivo vencimento até seu efetivo pagamento, sem interrupção ou suspensão, não incidindo, entretanto, sobre tais débitos, juros de mora.

305. Fundo de Garantia do Tempo de Serviço. Incidência sobre o aviso prévio

O pagamento relativo ao período de aviso prévio, trabalhado ou não, está sujeito a contribuição para o FGTS. (Res. 3/1992, DJ 5.11.1992)

306. Indenização adicional. Pagamento devido com fundamento nos arts. 9º da Lei n. 6.708/1979 e 9º da Lei n. 7.238/1984 *cancelada*

É devido o pagamento da indenização adicional na hipótese de dispensa injusta do empregado, ocorrida no trintídio que antecede a data-base. A legislação posterior não revogou os arts. 9º da Lei n. 6.708/1979 e 9º da Lei n. 7.238/1984. (Res. 4/1992, DJ 5.11.1992) *[Cancelada pela Res. Adm. do TST (PLENO) n. 121, de 28.10.2003, DJ 19.11.2003, Rep. DJ 25.11.2003]*

307. Juros. Irretroatividade do Decreto-Lei n. 2.322, de 26.2.1987

A fórmula de cálculo de juros prevista no Decreto-lei n. 2.322, de 26.2.1987, somente é aplicável a partir de 27.2.1987. Quanto ao período anterior, deve-se observar a legislação então vigente. (Res. 5/1992, DJ 5.11.1992)

308. Prescrição quinquenal. (incorporada a Orientação Jurisprudencial n. 204 da SBDI-1). Res. n. 129/05. DJ 20.4.2005)

I. Respeitado o biênio subsequente à cessação contratual, a prescrição da ação trabalhista concerne às pretensões imediatamente anteriores a cinco anos, contados da data do ajuizamento da reclamação e, não, às anteriores ao quinquênio da data da extinção do contrato. *(ex-OJ n. 204 da SBDI-I. Inserida em 8.11.2000)*

II. A norma constitucional que ampliou o prazo de prescrição da ação trabalhista para 5 (cinco) anos é de aplicação imediata e não atinge pretensões já alcançadas pela prescrição bienal quando da promulgação da CF/88. *(ex-Súmula n. 308. Res. n. 6/92, DJ 5.11.1992)*

309. Vigia portuário. Terminal privativo. Não obrigatoriedade de requisição

Tratando-se de terminais privativos destinados à navegação de cabotagem ou de longo curso, não é obrigatória a requisição de vigia portuário indicado por sindicato. (Res. n. 7/1992, DJ 5.11.1992)

310. Substituição processual. Sindicato *cancelada* **(Res. n. 119/2003, DJ 1.10.2003)**

I. O art. 8º, inciso III, da Constituição da República não assegura a substituição processual pelo sindicato.

II. A substituição processual autorizada ao sindicato pelas Leis ns. 6.708, de 30.10.1979, e 7.238, de 29.10.1984, limitada aos associados, restringe-se às demandas que visem aos reajustes salariais previstos em lei, ajuizadas até 3.7.1989, data em que entrou em vigor a Lei n. 7.788.

III. A Lei n. 7.788/1989, em seu art. 8º, assegurou, durante sua vigência, a legitimidade do sindicato como substituto processual da categoria.

IV. A substituição processual autorizada pela Lei n. 8.073, de 30.7.1990, ao sindicato alcança todos os integrantes da categoria e é restrita às demandas que visem à satisfação de reajustes salariais específicos resultantes de disposição prevista em lei de política salarial.

V. Em qualquer ação proposta pelo sindicato como substituto processual, todos os substituídos serão individualizados na petição inicial e, para o início da execução, devidamente identificados pelo número da Carteira de Trabalho e Previdência Social ou de qualquer documento de identidade.

VI. É lícito aos substituídos integrar a lide como assistente litisconsorcial, acordar, transigir e renunciar, independentemente de autorização ou anuência do substituto.

VII. Na liquidação da sentença exequenda, promovida pelo substituto, serão individualizados os valores devidos a cada substituído, cujos depósitos para quitação serão levantados através de guias expedidas em seu nome ou do procurador com poderes especiais para esse fim, inclusive nas ações de cumprimento.

VIII. Quando o sindicato for o autor da ação na condição de substituto processual, não serão devidos honorários advocatícios. (Res. n. 1/1993, DJ 6.5.1993)

311. Benefício previdenciário a dependente de ex-empregado. Correção monetária. Legislação aplicável

O cálculo da correção monetária incidente sobre débitos relativos a benefícios previdenciários devidos a dependentes de ex-empregado pelo empregador, ou por entidade de previdência privada a ele vinculada, será o previsto na Lei n. 6.899, de 8.4.1981. (Res. 2/1993, DJ 6.5.1993. Republicada DJ 14.5.1993)

312. Constitucionalidade. Alínea b do art. 896 da CLT (*)

É constitucional a alínea *b* do art. 896 da CLT, com a redação dada pela Lei n. 7.701, de 21.12.1988. (Res. 4/1993, DJ 22.9.1993)

313. Complementação de aposentadoria. Proporcionalidade. Banespa

A complementação de aposentadoria, prevista no art. 106, e seus parágrafos, do regulamento de pessoal editado em 1965, só é integral para os empregados que tenham 30 (trinta) ou mais anos de serviços prestados exclusivamente ao banco. (Res. 5/1993, DJ 22.9.1993)

314. Indenização adicional. Verbas rescisórias. Salário corrigido

Se ocorrer a rescisão contratual no período de 30 (trinta) dias que antecede à data-base, observado a Súmula n. 182 do TST,

SÚMULAS DO TST

o pagamento das verbas rescisórias com o salário já corrigido não afasta o direito à indenização adicional prevista nas Leis ns. 6.708, de 30.10.1979 e 7.238, de 28.10.1984. (Res. n. 6/1993, DJ 22.9.1993)

315. IPC de março/1990. Lei n. 8.030, de 12.4.1990 (plano collor). Inexistência de direito adquirido

A partir da vigência da Medida Provisória n. 154, de 15.3.1990, convertida na Lei n. 8.030, de 12.4.1990, não se aplica o IPC de março de 1990, de 84,32% (oitenta e quatro vírgula trinta e dois por cento), para a correção dos salários, porque o direito ainda não se havia incorporado ao patrimônio jurídico dos trabalhadores, inexistindo ofensa ao inciso XXXVI do art. 5º da CF/1988. (Res. n. 7/1993, DJ 22.9.1993)

316. IPC de junho/1987. Decreto-Lei n. 2.335/1987 (Plano Bresser). Existência de direito adquirido cancelada **(Res. n. 37/1994, DJ 25.11.1994)**

É devido o reajuste salarial decorrente da incidência do IPC de junho de 1987, correspondente a 26,06% (vinte e seis vírgula zero seis por cento), porque este direito já se havia incorporado ao patrimônio jurídico dos trabalhadores quando do advento do Decreto-Lei n. 2.335/1987. (Res. 8/1993, DJ 22.9.1993)

317. URP de fevereiro/1989. Lei n. 7.730/1989 (Plano Verão). Existência de direito adquirido cancelada **(Res. n. 37/1994, DJ 25.11.1994)**

A correção salarial da URP de fevereiro de 1989, de 26,05% (vinte e seis vírgula zero cinco por cento), já constituía direito adquirido do trabalhador, quando do advento da Medida Provisória n. 32/1989, convertida na Lei n. 7.730/1989, sendo devido o reajuste respectivo. (Res. n. 9/1993, DJ 22.9.1993)

318. Diárias. Base de cálculo para sua integração no salário

Tratando-se de empregado mensalista, a integração das diárias no salário deve ser feita tomando-se por base o salário mensal por ele percebido e não o valor do dia de salário, somente sendo devida a referida integração quando o valor das diárias, no mês, for superior à metade do salário mensal. (Res. n. 10/1993, DJ 29.11.1993)

319. Reajustes salariais ("gatilhos"). Aplicação aos servidores públicos contratados sob a égide da legislação trabalhista

Aplicam-se aos servidores públicos, contratados sob o regime da CLT, os reajustes decorrentes da correção automática dos salários pelo mecanismo denominado "gatilho", de que tratam os Decretos-Leis ns. 2.284, de 10.3.1986 e 2.302, de 21.11.1986. (Res. n. 11/1993, DJ 29.11.1993)

320. Horas in itinere. **Obrigatoriedade de cômputo na jornada de trabalho**

O fato de o empregador cobrar, parcialmente ou não, importância pelo transporte fornecido, para local de difícil acesso ou não servido por transporte regular, não afasta o direito à percepção das horas in itinere. (Res. n. 12/1993, DJ 29.11.1993)

321. Decisão administrativa. Recurso. Revisão da Súmula n. 302. Res. n. 1/1990, DJ 2.4.1990 cancelada **(Res. n. 135/2005, DJ 5.7.2005)**

Das decisões proferidas pelos Tribunais Regionais do Trabalho, em processo administrativo, cabe recurso para o Tribunal Superior do Trabalho tão somente para o exame da legalidade do ato. (Res. n. 13/1993, DJ 29.11.1993)

322. Diferenças salariais. Planos econômicos. Limite

Os reajustes salariais decorrentes dos chamados "gatilhos" e URPs, previstos legalmente como antecipação, são devidos tão somente até a data-base de cada categoria. (Res. n. 14/1993, DJ 21.12.1993)

323. URP de abril e maio de 1988. Decreto-Lei n. 2.425/1988 cancelada **(Res. n. 38/1994, DJ 25.11.1994)**

A suspensão do pagamento das URP's de abril e maio de 1988, determinada pelo Decreto-Lei n. 2.425, de 7.4.1988, afronta direito adquirido dos trabalhadores e o princípio constitucional da isonomia. (Res. n. 15/1993, DJ 21.12.1993)

324. Horas in itinere. Enunciado n. 90. Insuficiência de transporte público. (cancelada **em decorrência da sua incorporação à nova redação da Súmula n. 90. Res. n. 129/05. DJ 20.4.2005)**

A mera insuficiência de transporte público não enseja o pagamento de horas in itinere. (Res. n. 16/93, DJ 21.12.1993)

325. Horas in itinere. Súmula n. 90. Remuneração em relação a trecho não servido por transporte público. (cancelada **em decorrência da sua incorporação à nova redação da Súmula n. 90. Res. n. 129/05. DJ 20.4.2005)**

Se houver transporte público regular, em parte do trajeto percorrido em condução da empresa, as horas in itinere remuneradas limitam-se ao trecho não alcançado pelo transporte público. (Res. n. 17/93, DJ 21.12.1993)

326. Complementação de aposentadoria. Prescrição total (Nova redação. Res. n. 174, 24.5.2011. DJe 27.5.2011)

A pretensão à complementação de aposentadoria jamais recebida prescreve em 2 (dois) anos contados da cessação do contrato de trabalho.

327. Complementação de aposentadoria. Diferença. Prescrição parcial. (Nova redação. Res. n. 174, 24.5.2011. DJe 27.5.2011)

A pretensão a diferenças de complementação de aposentadoria sujeita-se à prescrição parcial e quinquenal, salvo se o pretenso direito decorrer de verbas não recebidas no curso da relação de emprego e já alcançadas pela prescrição, à época da propositura da ação.

328. Férias. Terço constitucional

O pagamento das férias, integrais ou proporcionais, gozadas ou não, na vigência da CF/1988, sujeita-se ao acréscimo do terço previsto no respectivo art. 7º, XVII. (Res. 20/1993, DJ 21.12.1993)

329. Honorários advocatícios. Art. 133 da CF/1988

Mesmo após a promulgação da CF/1988, permanece válido o entendimento consubstanciado na Súmula n. 219 do Tribunal Superior do Trabalho. (Res. 21/1993, DJ 21.12.1993)

330. Quitação. Validade

A quitação passada pelo empregado, com assistência de entidade sindical de sua categoria, ao empregador, com observância dos requisitos exigidos nos parágrafos do art. 477 da CLT, tem eficácia liberatória em relação às parcelas expressamente consignadas no recibo, salvo se oposta ressalva expressa e especificada ao valor dado à parcela ou parcelas impugnadas. I. A quitação não abrange parcelas não consignadas no recibo de quitação e, consequentemente, seus reflexos em outras parcelas, ainda que estas constem desse recibo. II. Quanto a direitos que deveriam ter sido satisfeitos durante a vigência do contrato de trabalho, a quitação é válida em relação ao período expressamente consignado no recibo de quitação.

Histórico:
Revisão da Súmula n. 41. RA 41/1973, DJ 14.6.1973 Explicitação dada pela RA n. 4/1994, DJ 18.2.1994 Redação original. Res. 22/1993, DJ 21.12.1993

331. Contrato de prestação de serviços. Legalidade. (nova redação do item IV e inseridos os itens V e VI à redação. Res. n. 174, 24.5.2011. DJe/27.5.2011)

I. A contratação de trabalhadores por empresa interposta é ilegal, formando-se o vínculo diretamente com o tomador dos serviços, salvo no caso de trabalho temporário (Lei n. 6.019, de 3.1.1974).

II. A contratação irregular de trabalhador, mediante empresa interposta, não gera vínculo de emprego com os órgãos da Administração Pública direta, indireta ou fundacional (art. 37, II, da CF/1988).

III. Não forma vínculo de emprego com o tomador a contratação de serviços de vigilância (Lei n. 7.102, de 20.6.1983) e de conservação e limpeza, bem como a de serviços especializados ligados à atividade-meio do tomador, desde que inexistente a pessoalidade e a subordinação direta.

IV. O inadimplemento das obrigações trabalhistas, por parte do empregador, implica a responsabilidade subsidiária do tomador dos serviços quanto àquelas obrigações, desde que haja participado da relação processual e conste também do título executivo judicial.

V. Os entes integrantes da Administração Pública direta e indireta respondem subsidiariamente, nas mesmas condições do item IV, caso evidenciada a sua conduta culposa no cumprimento das obrigações da Lei n. 8.666, de 21.6.1993, especialmente na fiscalização do cumprimento das obrigações contratuais e legais da prestadora de serviço como empregadora. A aludida responsabilidade não decorre de mero inadimplemento das obrigações trabalhistas assumidas pela empresa regularmente contratada.

VI. A responsabilidade subsidiária do tomador de serviços abrange todas as verbas decorrentes da condenação referentes ao período da prestação laboral.

332. Complementação de aposentadoria. Petrobrás. Manual de pessoal. Norma programática

As normas relativas à complementação de aposentadoria, inseridas no Manual de Pessoal da Petrobrás, têm caráter meramente programático, delas não resultando direito à referida complementação. (Res. 24/1994, DJ 12.5.1994)

333. Recurso de revista e de embargos. Conhecimento(*)

Não ensejam recurso de revista decisões superadas por iterativa, notória e atual jurisprudência do Tribunal Superior do Trabalho. (Alterada na sessão do Tribunal Pleno do TST realizada em 18.2.2009, Resol. n. 155, do TST, DEJT 26, 27 e 2.3.2009)

Histórico:
Revisão da Súmula n. 42. RA 41/1973, DJ 14.6.1973 Redação original. Res. 25/1994, DJ 12.5.1994

334. Competência. Ação de cumprimento. Sindicato. Desconto assistencial cancelada (Res. 59/1996, DJ 28.6.1996)(**)

A Justiça do Trabalho é incompetente para julgar ação na qual o sindicato, em nome próprio, pleiteia o recolhimento de desconto assistencial previsto em convenção ou acordo coletivos. (Res. 26/1994, DJ 12.5.1994)

Histórico:
Revisão da Súmula n. 224. Res. n. 14/1985, DJ 19.9.1985

335. Embargos para a seção especializada em dissídios individuais contra decisão em agravo de instrumento oposto a despacho denegatório de recurso de revista cancelada

São incabíveis embargos para a Seção Especializada em Dissídios Individuais contra decisão proferida em agravo de instrumento oposto a despacho denegatório de recurso de revista, salvo quando a controvérsia se referir a pressupostos extrínsecos do próprio agravo. (Res. 27/1994, DJ 12.5.1994)

Histórico:
Revisão da Súmula n. 183. Res. 4/1983, DJ 19.10.1983 Revista pela Súmula n. 353. Res. n. 70/1997, DJ 30.5.1997 [Cancelada pela Res. Adm. do TST (PLENO) n. 121, de 28.10.2003, DJ 19.11.2003, Rep. DJ 25.11.2003]

336. Constitucionalidade. § 2º do art. 9º do Decreto-Lei n. 1.971, de 30.11.1982

É constitucional o § 2º do art. 9º do Decreto-Lei n. 1.971, de 30.11.1982, com a redação dada pelo Decreto-Lei n. 2.100, de 28.12.1983. (Res. 34/1994, DJ 10.10.1994)

337. Comprovação de divergência jurisprudencial. Recursos de revista e de embargos. (redação do item IV alterada na sessão do tribunal pleno realizada em 14.9.2012. Res. n. 185/2012, DEJT divulgado em 25.9.2012)

I. Para comprovação da divergência justificadora do recurso, é necessário que o recorrente:

a) Junte certidão ou cópia autenticada do acórdão paradigma ou cite a fonte oficial ou o repositório autorizado em que foi publicado; e

b) Transcreva, nas razões recursais, as ementas e/ou trechos dos acórdãos trazidos à configuração do dissídio, demonstrando o conflito de teses que justifique o conhecimento do recurso, ainda que os acórdãos já se encontrem nos autos ou venham a ser juntados com o recurso.

II. A concessão de registro de publicação como repositório autorizado de jurisprudência do TST torna válidas todas as suas edições anteriores.

III. A mera indicação da data de publicação, em fonte oficial, de aresto paradigma é inválida para comprovação de divergência jurisprudencial, nos termos do item I, "a", desta súmula, quando a parte pretende demonstrar o conflito de teses mediante a transcrição de trechos que integram a fundamentação do acórdão divergente, uma vez que só se publicam o dispositivo e a ementa dos acórdãos.

IV. É válida para a comprovação da divergência jurisprudencial justificadora do recurso a indicação de aresto extraído de repositório oficial na internet, desde que o recorrente:

a) transcreva o trecho divergente;

b) aponte o sítio de onde foi extraído; e

c) decline o número do processo, o órgão prolator do acórdão e a data da respectiva publicação no Diário Eletrônico da Justiça do Trabalho.

338. Jornada de trabalho. Registro. Ônus da prova. (incorporadas as Orientações Jurisprudenciais ns. 234 e 306 da SBDI-1. Res. n. 129/05. DJ 20.4.2005)

I. É ônus do empregador que conta com mais de 10 (dez) empregados o registro da jornada de trabalho na forma do art. 74, § 2º, da CLT. A não apresentação injustificada dos controles de frequência gera presunção relativa de veracidade da jornada de trabalho, a qual pode ser elidida por prova em contrário. (ex-Súmula n. 338. alterada pela Res. n. 121, DJ 21.11.2003)

II. A presunção de veracidade da jornada de trabalho, ainda que prevista em instrumento normativo, pode ser elidida por prova em contrário. (ex-OJ n. 234 da SBDI-I Inserida em 20.6.2001)

III. Os cartões de ponto que demonstram horários de entrada e saída uniformes são inválidos como meio de prova, invertendo-se o ônus da prova, relativo às horas extras, que passa a ser do empregador, prevalecendo a jornada da inicial se dele não se desincumbir. (ex-OJ n. 306 da SBDI-I. DJ 11.8.2003)

339. Cipa. Suplente. Garantia de emprego. Cf/1988. (incorporadas as Orientações Jurisprudenciais ns. 25 e 329 da SBDI-1. Res. n. 129/2005. DJ 20.4.2005)

I. O suplente da cipa goza da garantia de emprego prevista no art. 10, II, "a", do ADCT a partir da promulgação da Constituição Federal de 1988. (ex-Súmula n. 339. Res. 39/1994, DJ 20.12.94 e ex-OJ n. 25 da SBDI-I. Inserida em 29.3.1996)

II. A estabilidade provisória do cipeiro não constitui vantagem pessoal, mas garantia para as atividades dos membros da CIPA, que somente tem razão de ser quando em atividade a empresa. Extinto o estabelecimento, não se verifica a despedida arbitrária, sendo impossível a reintegração e indevida a indenização do período estabilitário. (ex-OJ n. 329 da SBDI-I. DJ 9.12.2003)

340. Comissionista. Horas extras. Nova redação

O empregado, sujeito a controle de horário, remunerado à base de comissões, tem direito ao adicional de, no mínimo, 50% (cinquenta por cento) pelo trabalho em horas extras, calculado sobre o valor-hora das comissões recebidas no mês, considerando-se como divisor o número de horas efetivamente trabalhadas.

Histórico:
Revisão da Súmula n. 56. RA 105/1974, DJ 24.10.1974.
Redação original. Res. 40/1995, DJ 17.02.1995
[Revisada pela Res. Adm. do TST (PLENO) n. 121, de 28.10.2003, DJ 19.11.2003, Rep. DJ 25.11.2003]

341. Honorários do assistente técnico

A indicação do perito assistente é faculdade da parte, a qual deve responder pelos respectivos honorários, ainda que vencedora no objeto da perícia. (Res. 44/1995, DJ 22.3.1995)

342. Descontos salariais. Art. 462 da CLT (*)

Descontos salariais efetuados pelo empregador, com a autorização prévia e por escrito do empregado, para ser integrado em planos de assistência odontológica, médico-hospitalar, de seguro, de previdência privada, ou de entidade cooperativa, cultural ou recreativo-associativa de seus trabalhadores, em seu benefício e de seus dependentes, não afrontam o disposto no art. 462 da CLT, salvo se ficar demonstrada a existência de coação ou de outro defeito que vicie o ato jurídico. (Res. 47/1995, DJ 20.4.1995)

343. Bancário. Hora de salário. Divisor cancelada (Res. n. 185/2012, DEJT 25.9.2012)

O bancário sujeito à jornada de 8 (oito) horas (art. 224, § 2º, da CLT), após a CF/1988, tem salário-hora calculado com base no divisor 220 (duzentos e vinte), não mais 240 (duzentos e quarenta). (Res. 48/1995, DJ 30.8.1995)

344. Salário-família. Trabalhador rural

O salário-família é devido aos trabalhadores rurais somente após a vigência da Lei n. 8.213, de 24.7.1991.

345. BANDEPE. Regulamento interno de pessoal não confere estabilidade aos empregados

O Regulamento Interno de Pessoal (RIP) do Banco do Estado de Pernambuco. BANDEPE, na parte que trata de seu regime

disciplinar, não confere estabilidade aos seus empregados. (Res. 54/1996, DJ 19.4.1996. Republicada DJ 9.5.1996)

346. Digitador. Intervalos intrajornada. Aplicação analógica do art. 72 da CLT

Os digitadores, por aplicação analógica do art. 72 da CLT, equiparam-se aos trabalhadores nos serviços de mecanografia (datilografia, escrituração ou cálculo), razão pela qual têm direito a intervalos de descanso de 10 (dez) minutos a cada 90 (noventa) de trabalho consecutivo. (Res. 56/1996, DJ 28.6.1996)

347. Horas extras habituais. Apuração. Média física(*)

O cálculo do valor das horas extras habituais, para efeito de reflexos em verbas trabalhistas, observará o número de horas efetivamente prestadas e a ele aplica-se o valor do salário-hora da época do pagamento daquelas verbas. (Res. 57/1996, DJ 28.6.1996)

348. Aviso prévio. Concessão na fluência da garantia de emprego. Invalidade

É inválida a concessão do aviso prévio na fluência da garantia de emprego, ante a incompatibilidade dos dois institutos. (Res. 58/1996, DJ 28.6.1996)

349. Acordo de compensação de horário em atividade insalubre, celebrado por acordo coletivo. Validade cancelada (Res. n. 174, 24.5.2011. DJe/27.5.2011)

A validade de acordo coletivo ou convenção coletiva de compensação de jornada de trabalho em atividade insalubre prescinde da inspeção prévia da autoridade competente em matéria de higiene do trabalho (art. 7°, XIII, da CF/1988; art. 60 da CLT).

350. Prescrição. Termo inicial. Ação de cumprimento. Sentença normativa

O prazo de prescrição com relação à ação de cumprimento de decisão normativa flui apenas da data de seu trânsito em julgado. (Res. n. 62/1996, DJ 4.10.1996)

351. Professor. Repouso semanal remunerado. Art. 7°, § 2°, da Lei n. 605, de 5.1.1949 e art. 320 da CLT

O professor que recebe salário mensal à base de hora-aula tem direito ao acréscimo de 1/6 a título de repouso semanal remunerado, considerando-se para esse fim o mês de quatro semanas e meia. (Res. n. 68/1997, DJ 30.5.1997)

352. Custas. Prazo para comprovação cancelada (Res. n. 114/2002, DJ 28.11.2002. Referência Lei n. 10.537/2002)

O prazo para comprovação do pagamento das custas, sempre a cargo da parte, é de 5 (cinco) dias contados do seu recolhimento (CLT art. 789, § 4°, CPC art. 185). (Res. n. 69/1997, DJ 30.5.1997)

353. Embargos. Agravo. Cabimento (atualizada em decorrência do CPC de 2015). Res. 208/2016, DEJT divulgado em 22, 25 e 26.04.2016

Não cabem embargos para a Seção de Dissídios Individuais de decisão de Turma proferida em agravo, salvo:

a) da decisão que não conhece de agravo de instrumento ou de agravo pela ausência de pressupostos extrínsecos;

b) da decisão que nega provimento a agravo contra decisão monocrática do Relator, em que se proclamou a ausência de pressupostos extrínsecos de agravo de instrumento;

c) para revisão dos pressupostos extrínsecos de admissibilidade do recurso de revista, cuja ausência haja sido declarada originariamente pela Turma no julgamento do agravo;

d) para impugnar o conhecimento de agravo de instrumento;

e) para impugnar a imposição de multas previstas nos arts. 1.021, § 4°, do CPC de 2015 ou 1.026, § 2°, do CPC de 2015 (art. 538, parágrafo único, do CPC de 1973, ou art. 557, § 2°, do CPC de 1973).

f) contra decisão de Turma proferida em agravo em recurso de revista, nos termos do art. 894, II, da CLT.

354. Gorjetas. Natureza jurídica. Repercussões

As gorjetas, cobradas pelo empregador na nota de serviço ou oferecidas espontaneamente pelos clientes, integram a remuneração do empregado, não servindo de base de cálculo para as parcelas de aviso prévio, adicional noturno, horas extras e repouso semanal remunerado. (Res. n. 71/1997, DJ 30.5.1997)

355. CONAB. Estabilidade. Aviso DIREH n. 2 de 12.12.1984(*)

O aviso DIREH n. 2, de 12.12.1984, que concedia estabilidade aos empregados da CONAB, não tem eficácia, porque não aprovado pelo Ministério ao qual a empresa se subordina. (Res. n. 72/1997, DJ 4.7.1997)

356. Alçada recursal. Vinculação ao salário mínimo

O art. 2°, § 4°, da Lei n. 5.584, de 26.6.1970 foi recepcionado pela CF/1988, sendo lícita a fixação do valor da alçada com base no salário mínimo. (Res. n. 75/1997, DJ 19.12.1997)

357. Testemunha. Ação contra a mesma reclamada. Suspeição

Não torna suspeita a testemunha o simples fato de estar litigando ou de ter litigado contra o mesmo empregador. (Res. n. 76/1997, DJ 19.12.1997)

358. Radiologista. Salário profissional. Lei n. 7.394, de 29.10.1985

O salário profissional dos técnicos em radiologia é igual a 2 (dois) salários mínimos e não a 4 (quatro). (Res. n. 77/1997, DJ 19.12.1997)

359. Substituição processual. Ação de cumprimento. Art. 872, parágrafo único, da CLT. Federação. Legitimidade cancelada

A federação não tem legitimidade para ajuizar a ação de cumprimento prevista no art. 872, parágrafo único, da CLT na qualidade de substituto processual da categoria profissional inorganizada. (Res. n. 78/1997, DJ 19.12.1997) [Cancelada pela Res. Adm. do TST (PLENO) n. 121, de 28.10.2003, DJ 19.11.2003, Rep. DJ 25.11.2003]

360. Turnos ininterruptos de revezamento. Intervalos intrajornada e semanal

A interrupção do trabalho destinada a repouso e alimentação, dentro de cada turno, ou o intervalo para repouso semanal, não descaracteriza o turno de revezamento com jornada de 6 (seis) horas previsto no art. 7°, XIV, da CF/1988. (Res. n. 79/1997, DJ 13.1.1998)

361. Adicional de periculosidade. Eletricitários. Exposição intermitente

O trabalho exercido em condições perigosas, embora de forma intermitente, dá direito ao empregado a receber o adicional de periculosidade de forma integral, porque a Lei n. 7.369, de 20.9.1985, não estabeleceu nenhuma proporcionalidade em relação ao seu pagamento. (Res. 83/1998, DJ 20.8.1998)

362. FGTS. Prescrição (redação alterada). Res. n. 198/2015, republicada em razão de erro material. DEJT divulgado em 12, 15 e 16.6.2015

I. Para os casos em que a ciência da lesão ocorreu a partir de 13.11.2014, é quinquenal a prescrição do direito de reclamar contra o não recolhimento de contribuição para o FGTS, observado o prazo de dois anos após o término do contrato;

II. Para os casos em que o prazo prescricional já estava em curso em 13.11.2014, aplica-se o prazo prescricional que se consumar primeiro: trinta anos, contados do termo inicial, ou cinco anos, a partir de 13.11.2014 (STF-ARE-709212/DF).

363. Contrato nulo. Efeitos. Nova redação

A contratação de servidor público, após a CF/1988, sem prévia aprovação em concurso público, encontra óbice no respectivo art. 37, II e § 2°, somente lhe conferindo direito ao pagamento da contraprestação pactuada, em relação ao número de horas trabalhadas, respeitado o valor da hora do salário mínimo, e dos valores referentes aos depósitos do FGTS.

Histórico:
Redação dada pela Res. 111/2002, DJ 11.4.2002 Redação original. Res. n. 97/2000, DJ 18.9.2000. Republicada DJ 13.10.2000. Republicada DJ 10.11.2000 [Revisada pela Res. Adm. do TST (PLENO) n. 121, de 28.10.2003, DJ 19.11.2003, Rep. DJ 25.11.2003]

364. Adicional de periculosidade. Exposição eventual, permanente e intermitente (inserido o item II). Res. 209/2016, DEJT divulgado em 01, 02 e 03.06.2016

I. Tem direito ao adicional de periculosidade o empregado exposto permanentemente ou que, de forma intermitente, sujeita-se a condições de risco. Indevido, apenas, quando o contato dá-se de forma eventual, assim considerado o fortuito, ou o que, sendo habitual, dá-se por tempo extremamente reduzido. (ex-Ojs da SBDI-1 ns. 05. inserida em 14.3.1994. e 280. DJ 11.8.2003)

II. Não é válida a cláusula de acordo ou convenção coletiva de trabalho fixando o adicional de periculosidade em percentual inferior ao estabelecido em lei e proporcional ao tempo de exposição ao risco, pois tal parcela constitui medida de higiene, saúde e segurança do trabalho, garantida por norma de ordem pública (arts. 7º, XXII e XXIII, da CF e 193, § 1º, da CLT).

365. Alçada. Ação rescisória e mandado de segurança. (conversão das Orientações Jurisprudenciais ns. 8 e 10 da SBDI-1. Res. n. 129/05. DJ 20.4.2005).

Não se aplica a alçada em ação rescisória e em mandado de segurança. *(ex-OJs ns. 8 e 10 da SBDI-I, ambas Inseridas em 1º.2.1995)*

366. Cartão de ponto. Registro. Horas extras. Minutos que antecedem e sucedem a jornada de trabalho (nova redação). Res. n. 197/2015, DEJT divulgado em 14, 15 e 18.5.2015

Não serão descontadas nem computadas como jornada extraordinária as variações de horário do registro de ponto não excedentes de cinco minutos, observado o limite máximo de dez minutos diários. Se ultrapassado esse limite, será considerada como extra a totalidade do tempo que exceder a jornada normal, pois configurado tempo à disposição do empregador, não importando as atividades desenvolvidas pelo empregado ao longo do tempo residual (troca de uniforme, lanche, higiene pessoal etc.)

367. Utilidades in natura. Habitação. Energia elétrica. Veículo. Cigarro. Não integração ao salário. (conversão das Orientações Jurisprudenciais ns. 24, 131 e 246 da SBDI-1. Res. n. 129/05. DJ 20.4.2005)

I. A habitação, a energia elétrica e veículo fornecidos pelo empregador ao empregado, quando indispensáveis para a realização do trabalho, não têm natureza salarial, ainda que, no caso de veículo, seja ele utilizado pelo empregado também em atividades particulares. *(ex-OJs da SBDI-I n. 131. Inserida em 20.4.1998 e ratificada pelo Tribunal Pleno em 7.12.00 e n. 246. Inserida em 20.6.2001)*

II. O cigarro não se considera salário utilidade em face de sua nocividade à saúde. *(ex-OJ n. 24 da SBDI-I. Inserida em 29.3.1996)*

368. Descontos previdenciários e fiscais. Competência. Responsabilidade pelo pagamento. Forma de cálculo (redação do item II alterada na sessão do tribunal pleno realizada em 16.04.2012). (DJET 19.4.2012)

I. A Justiça do Trabalho é competente para determinar o recolhimento das contribuições fiscais. A competência da Justiça do Trabalho, quanto à execução das contribuições previdenciárias, limita-se às sentenças condenatórias em pecúnia que proferir e aos valores, objeto de acordo homologado, que integrem o salário de contribuição. *(ex-OJ n. 141 da SBDI-1. inserida em 27.11.1998)*

II. É do empregador a responsabilidade pelo recolhimento das contribuições previdenciárias e fiscais, resultante de crédito do empregado oriundo de condenação judicial, devendo ser calculadas, em relação à incidência dos descontos fiscais, mês a mês, nos termos do art. 12-A da Lei n. 7.713, de 22.12.1988, com a redação dada pela Lei n. 12.350/2010.

III. Em se tratando de descontos previdenciários, o critério de apuração encontra-se disciplinado no art. 276, § 4º, do Decreto n. 3.048/1999 que regulamentou a Lei n. 8.212/1991 e determina que a contribuição do empregado, no caso de ações trabalhistas, seja calculada mês a mês, aplicando-se as alíquotas previstas no art. 198, observado o limite máximo do salário de contribuição. *(ex-OJs ns. 32 e 228 da SBDI-1. inseridas, respectivamente, em 14.3.1994 e 20.6.2001)*

369. Dirigente sindical. Estabilidade provisória. (redação do item I alterada na sessão do tribunal pleno realizada em 14.9.2012. Res. n. 185/2012. DEJT divulgado em 25.9.2012)

I. É assegurada a estabilidade provisória ao empregado dirigente sindical, ainda que a comunicação do registro da candidatura ou da eleição e da posse seja realizada fora do prazo previsto no art. 543, § 5º, da CLT, desde que a ciência ao empregador, por qualquer meio, ocorra na vigência do contrato de trabalho.

II. O art. 522 da CLT foi recepcionado pela Constituição Federal de 1988. Fica limitada, assim, a estabilidade a que alude o art. 543, § 3º, da CLT a sete dirigentes sindicais e igual número de suplentes.

III. O empregado de categoria diferenciada eleito dirigente sindical só goza de estabilidade se exercer na empresa atividade pertinente à categoria profissional do sindicato para o qual foi eleito dirigente.

IV. Havendo extinção da atividade empresarial no âmbito da base territorial do sindicato, não há razão para subsistir a estabilidade.

V. O registro da candidatura do empregado a cargo de dirigente sindical durante o período de aviso prévio, ainda que indenizado, não lhe assegura a estabilidade, visto que inaplicável a regra do § 3º do art. 543 da Consolidação das Leis do Trabalho.

370. Médico e engenheiro. Jornada de trabalho. Leis ns. 3.999/61 e 4.950-a/66. (conversão das Orientações Jurisprudenciais ns. 39 e 53 da SBDI-1. Res. n. 129/05. DJ 20.4.2005).

Tendo em vista que as Leis ns. 3.999/61 e 4.950-A/66 não estipulam a jornada reduzida, mas apenas estabelecem o salário mínimo da categoria para uma jornada de 4 horas para os médicos e de 6 horas para os engenheiros, não há que se falar em horas extras, salvo as excedentes à oitava, desde que seja respeitado o salário mínimo/horário das categorias. *(ex-OJs ns. 39 e 53 da SBDI-I. Inseridas respectivamente em 7.11.1994 e 29.4.1994)*

371. Aviso prévio indenizado. Efeitos. Superveniência de auxílio-doença no curso deste. (conversão das Orientações Jurisprudenciais ns. 40 e 135 da SBDI-1. Res. n. 129/05. DJ 20.4.2005).

A projeção do contrato de trabalho para o futuro, pela concessão do aviso prévio indenizado, tem efeitos limitados às vantagens econômicas obtidas no período de pré-aviso, ou seja, salários, reflexos e verbas rescisórias. No caso de concessão de auxílio-doença no curso do aviso prévio, todavia, só se concretizam os efeitos da dispensa depois de expirado o benefício previdenciário. *(ex-OJs ns. 40 e 135 da SBDI-I. Inseridas, respectivamente em 28.11.1995 e 27.11.1998)*

372. Gratificação de função. Supressão ou redução. Limites. (conversão das Orientações Jurisprudenciais ns. 45 e 303 da SBDI-1. Res. n. 129/05. DJ 20.4.2005)

I. Percebida a gratificação de função por dez ou mais anos pelo empregado, se o empregador, sem justo motivo, revertê-lo a seu cargo efetivo, não poderá retirar-lhe a gratificação tendo em vista o princípio da estabilidade financeira. *(ex-OJ n. 45 da SBDI-I. Inserida em 25.11.1996)*

II. Mantido o empregado no exercício da função comissionada, não pode o empregador reduzir o valor da gratificação. *(ex-OJ n. 303 da SBDI-I. DJ 11.8.2003)*

373. Gratificação semestral. Congelamento prescrição parcial. (conversão da Orientação Jurisprudencial n. 46 da SBDI-1. Res. n. 129/05. DJ 20.4.2005)

Tratando-se de pedido de diferença de gratificação semestral que teve seu valor congelado, a prescrição aplicável é a parcial. *(ex-OJ n. 46 da SBDI-I. Inserida em 29.3.1996)*

374. Norma coletiva. Categoria diferenciada. Abrangência. (conversão da Orientação Jurisprudencial n. 55 da SBDI-1. Res. n. 129/05. DJ 20.4.2005)

Empregado integrante de categoria profissional diferenciada não tem o direito de haver de seu empregador vantagens previstas em instrumento coletivo no qual a empresa não foi representada por órgão de classe de sua categoria. *(ex-OJ n. 55 da SBDI-I. Inserida em 25.11.1996)*

375. Reajustes salariais previstos em norma coletiva. Prevalência da legislação de política salarial. (conversão da Orientação Jurisprudencial n. 69 da SBDI-1 e da Orientação Jurisprudencial n. 40 da SBDI-2. Res. n. 129/05. DJ 20.4.2005)

Os reajustes salariais previstos em norma coletiva de trabalho não prevalecem frente à legislação superveniente de política salarial. *(ex-OJs n. 69 da SBDI-1. Inserida em 14.3.1994 e n. 40 da SBDI-2. Inserida em 20.9.2000)*

376. Horas extras. Limitação. Art. 59 da CLT. Reflexos. (conversão das Orientações Jurisprudenciais ns. 89 e 117 da SBDI-1. Res. n. 129/05. DJ 20.4.2005)

I. A limitação legal da jornada suplementar a duas horas diárias não exime o empregador de pagar todas as horas trabalhadas. *(ex-OJ n. 117 da SBDI-I. Inserida em 20.11.1997)*

II. O valor das horas extras habitualmente prestadas integra o cálculo dos haveres trabalhistas, independentemente da limitação

prevista no *caput* do art. 59 da CLT. *(ex-OJ n. 89 da SBDI-I. Inserida em 28.4.1997)*

377. Preposto. Exigência da condição de empregado. (nova redação. Resol. n. 146, de 24.4.08, DJ 5.5.08)

Exceto quanto à reclamação de empregado doméstico, ou contra micro ou pequeno empresário, o preposto deve ser necessariamente empregado do reclamado. Inteligência do art. 843, § 1º, da CLT e do art. 54 da Lei Complementar n. 123, de 14 de dezembro de 2006. *(ex-OJ n. 99. Inserida em 30.5.1997)*

378. Estabilidade provisória. Acidente do trabalho. Art. 118 da Lei n. 8.213/91 (inserido o item III. Res. n. 185/2012, DEJT divulgado em 25.9.2012)

I. É constitucional o art. 118 da Lei n. 8.213/1991 que assegura o direito à estabilidade provisória por período de 12 meses após a cessação do auxílio-doença ao empregado acidentado. *(ex-OJ n. 105 da SBDI-1. inserida em 1º.10.1997)*

II. São pressupostos para a concessão da estabilidade o afastamento superior a 15 dias e a consequente percepção do auxílio-doença acidentário, salvo se constatada, após a despedida, doença profissional que guarde relação de causalidade com a execução do contrato de emprego. *(primeira parte. ex-OJ n. 230 da SBDI-1. inserida em 20.6.2001)*

III. O empregado submetido a contrato de trabalho por tempo determinado goza da garantia provisória de emprego, decorrente de acidente de trabalho, prevista no art. 118 da Lei n. 8.213/91.

379. Dirigente sindical. Despedida. Falta grave. Inquérito judicial. Necessidade. (conversão da Orientação Jurisprudencial n. 114 da SBDI-1. Res. n. 129/05. DJ 20.4.2005)

O dirigente sindical somente poderá ser dispensado por falta grave mediante a apuração em inquérito judicial, inteligência dos arts. 494 e 543, § 3º, da CLT. *(ex-OJ n. 114 da SBDI-I. Inserida em 20.11.1997)*

380. Aviso prévio. Início da contagem. Art. 132 do Código Civil de 2002. (conversão da Orientação Jurisprudencial n. 122 da SBDI-1). Res. n. 129/05. DJ 20.4.2005

Aplica-se a regra prevista no *caput* do art. 132 do Código Civil de 2002 à contagem do prazo do aviso prévio, excluindo-se o dia do começo e incluindo o do vencimento. *(ex-OJ n. 122 da SBDI-I. Inserida em 20.4.1998)*

381. Correção monetária. Salário. Art. 459 da CLT. (conversão da Orientação Jurisprudencial n. 124 da SBDI-1. Res. n. 129/05. DJ 20.4.2005)

O pagamento dos salários até o 5º dia útil do mês subsequente ao vencido não está sujeito à correção monetária. Se essa data limite for ultrapassada, incidirá o índice da correção monetária do mês subsequente ao da prestação dos serviços, a partir do dia 1º. *(ex-OJ n. 124 da SBDI-I. Inserida em 20.4.1998)*

382. Mudança de regime celetista para estatutário. Extinção do contrato. Prescrição bienal. (conversão da Orientação Jurisprudencial n. 128 da SBDI-1. Res. n. 129/05. DJ 20.4.2005)

A transferência do regime jurídico de celetista para estatutário implica extinção do contrato de trabalho, fluindo o prazo da prescrição bienal a partir da mudança de regime. *(ex-OJ n. 128 da SBDI-I. Inserida em 20.4.1998)*

383. Recurso. Mandato. Irregularidade de representação. CPC de 2015, arts. 104 e 76, § 2º (nova redação em decorrência do CPC de 2015) (Resol. n. 210, de 30.6.16, DEJT 1.7.16)

I. É inadmissível recurso firmado por advogado sem procuração juntada aos autos até o momento da sua interposição, salvo mandato tácito. Em caráter excepcional (art. 104 do CPC de 2015), admite-se que o advogado, independentemente de intimação, exiba a procuração no prazo de 5 (cinco) dias após a interposição do recurso, prorrogável por igual período mediante despacho do juiz. Caso não a exiba, considera-se ineficaz o ato praticado e não se conhece do recurso.

II. Verificada a irregularidade de representação da parte em fase recursal, em procuração ou substabelecimento já constante dos autos, o relator ou o órgão competente para julgamento do recurso designará prazo de 5 (cinco) dias para que seja sanado o vício. Descumprida a determinação, o relator não conhecerá do recurso, se a providência couber ao recorrente, ou determinará a desentranhamento das contrarrazões, se a providência couber ao recorrido (art. 76, § 2º, do CPC de 2015).

384. Multa convencional. Cobrança. (conversão das Orientações Jurisprudenciais ns. 150 e 239 da SBDI-1. Res. n. 129/05. DJ 20.4.2005)

I. O descumprimento de qualquer cláusula constante de instrumentos normativos diversos não submete o empregado a ajuizar várias ações, pleiteando em cada uma o pagamento da multa referente ao descumprimento de obrigações previstas nas cláusulas respectivas. *(ex-OJ n. 150 da SBDI-I. Inserida em 27.11.1998)*

II. É aplicável multa prevista em instrumento normativo (sentença normativa, convenção ou acordo coletivo) em caso de descumprimento de obrigação prevista em lei, mesmo que a norma coletiva seja mera repetição de texto legal. *(ex-OJ n. 239 da SBDI-I. Inserida em 20.6.2001)*

385. Feriado local. Ausência de expediente forense. Prazo recursal. Prorrogação. Comprovação. Necessidade. Ato administrativo do juízo a quo (redação alterada na sessão do tribunal pleno realizada em 14.9.2012. Res. n. 185/2012, DEJT divulgado em 25.9.2012)

I. Incumbe à parte o ônus de provar, quando da interposição do recurso, a existência de feriado local que autorize a prorrogação do prazo recursal.

II. Na hipótese de feriado forense, incumbirá à autoridade que proferir a decisão de admissibilidade certificar o expediente nos autos.

III. Na hipótese do inciso II, admite-se a reconsideração da análise da tempestividade do recurso, mediante prova documental superveniente, em Agravo Regimental, Agravo de Instrumento ou Embargos de Declaração.

386. Policial militar. Reconhecimento de vínculo empregatício com empresa privada. (conversão da Orientação Jurisprudencial n. 167 da SBDI-1. Res. n. 129/05. DJ 20.4.2005)

Preenchidos os requisitos do art. 3º da CLT, é legítimo o reconhecimento de relação de emprego entre policial militar e empresa privada, independentemente de eventual cabimento de penalidade disciplinar prevista no Estatuto do Policial Militar. *(ex-OJ n. 167 da SBDI-I. Inserida em 26.3.1999)*

387. Recurso. Fac-símile. Lei n. 9.800/1999 (atualizada em decorrência do CPC de 2015). Res. n. 208/2016, DEJT divulgado em 22, 25 e 26.04.2016

I. A Lei n. 9.800, de 26.05.1999, é aplicável somente a recursos interpostos após o início de sua vigência. *(ex-OJ n. 194 da SBDI-1. inserida em 08.11.2000)*

II. A contagem do quinquidio para apresentação dos originais de recurso interposto por intermédio de fac-símile começa a fluir do dia subsequente ao término do prazo recursal, nos termos do art. 2º da Lei n. 9.800, de 26.05.1999, e não do dia seguinte à interposição do recurso, se esta se deu antes do termo final do prazo. *(ex-OJ n. 337 da SBDI-1. primeira parte. DJ 01.06.2004)*

III. Não se tratando a juntada dos originais de ato que dependa de notificação, pois a parte, ao interpor o recurso, já tem ciência de seu ônus processual, não se aplica a regra do art. 224 do CPC de 2015 (art. 184 do CPC de 1973) quanto ao "dies a quo", podendo coincidir com sábado, domingo ou feriado. *(ex-OJ n. 337 da SBDI-1. "in fine". DJ 04.05.2004)*

IV. A autorização para utilização do fac-símile, constante do art. 1º da Lei n. 9.800, de 26.05.1999, somente alcança as hipóteses em que o documento é dirigido diretamente ao órgão jurisdicional, não se aplicando à transmissão ocorrida entre particulares.

388. Massa falida. Arts. 467 e 477 da CLT. Inaplicabilidade. (conversão das Orientações Jurisprudenciais ns. 201 e 314 da SBDI-1. Res. n. 129/05. DJ 20.4.2005)

A Massa Falida não se sujeita à penalidade do art. 467 e nem à multa do § 8º do art. 477, ambos da CLT. *(ex-OJs da SBDI-I n. 201. DJ 11.8.2003 e n. 314. DJ 8.11.2000)*

389. Seguro-desemprego. Competência da justiça do trabalho. Direito à indenização por não liberação de guias. (conversão das Orientações Jurisprudenciais ns. 210 e 211 da SBDI-1. Res. n. 129/05. DJ 20.4.2005)

I. Inscreve-se na competência material da Justiça do Trabalho a lide entre empregado e empregador tendo por objeto indenização pelo não fornecimento das guias do seguro-desemprego. *(ex-OJ n. 210 da SBDI-I. Inserida em 8.11.2000)*

II. O não fornecimento pelo empregador da guia necessária para o recebimento do seguro-desemprego dá origem ao direito à indenização. *(ex-OJ n. 211 da SBDI-I. Inserida em 8.11.2000)*

390. Estabilidade. Art. 41 da CF/1988. Celetista. Administração direta, autárquica ou fundacional. Aplicabilidade. Empregado de empresa pública e sociedade de economia mista. Inaplicável. (conversão das Orientações Jurisprudenciais ns. 229 e 265 da SBDI-1 e da Orientação Jurisprudencial n. 22 da SBDI-2. Res. n. 129/05. DJ 20.4.2005)

I. O servidor público celetista da administração direta, autárquica ou fundacional é beneficiário da estabilidade prevista no art. 41 da CF/1988. *(ex-OJ n. 265 da SBDI-1. Inserida em 27.9.2002 e ex-OJ n. 22 da SBDI-2. Inserida em 20.9.2000)*

II. Ao empregado de empresa pública ou de sociedade de economia mista, ainda que admitido mediante aprovação em concurso público, não é garantida a estabilidade prevista no art. 41 da CF/1988. *(ex-OJ n. 229 da SBDI-1. Inserida em 20.6.2001)*

391. Petroleiros. Lei n. 5.811/72. Turno ininterrupto de revezamento. Horas extras e alteração da jornada para horário fixo. (conversão das Orientações Jurisprudenciais ns. 240 e 333 da SBDI-1. Res. n. 129/05. DJ 20.4.2005)

I. A Lei n. 5.811/72 foi recepcionada pela CF/88 no que se refere à duração da jornada de trabalho em regime de revezamento dos petroleiros. *(ex-OJ n. 240 da SBDI-I. Inserida em 20.6.2001)*

II. A previsão contida no art. 10 da Lei n. 5.811/72, possibilitando a mudança do regime de revezamento para horário fixo, constitui alteração lícita, não violando os arts. 468 da CLT e 7º, VI, da CF/1988. *(ex-OJ n. 333 da SBDI-I. DJ 9.12.2003)*

392. Dano moral e material. Relação de trabalho. Competência da justiça do trabalho. (redação alterada na sessão do tribunal pleno realizada em 27.10.2015). Res. n. 200/ 2015, DEJT 30.10.15)

Nos termos do art. 114, inc. VI, da Constituição da República, a Justiça do Trabalho é competente para processar e julgar ações de indenização por dano moral e material, decorrentes da relação de trabalho, inclusive as oriundas de acidente de trabalho e doenças a ele equiparadas, ainda que propostas pelos dependentes ou sucessores do trabalhador falecido.

393. Recurso ordinário. Efeito devolutivo em profundidade. Art. 1.013, § 1º, do CPC de 2015. Art. 515, § 1º, do CPC de 1973. (nova redação em decorrência do CPC de 2015). Res. n. 208/2016, DEJT divulgado em 22, 25 e 26.04.2016

I. O efeito devolutivo em profundidade do recurso ordinário, que se extrai do § 1º do art. 1.013 do CPC de 2015 (art. 515, § 1º, do CPC de 1973), transfere ao Tribunal a apreciação dos fundamentos da inicial ou da defesa, não examinados pela sentença, ainda que não renovados em contrarrazões, desde que relativos ao capítulo impugnado.

II. Se o processo estiver em condições, o tribunal, ao julgar o recurso ordinário, deverá decidir desde logo o mérito da causa, nos termos do § 3º do art. 1.013 do CPC de 2015, inclusive quando constatar a omissão da sentença no exame de um dos pedidos.

394. Fato superveniente. Art. 493 do CPC de 2015. Art. 462 do CPC de 1973. (atualizada em decorrência do CPC de 2015). Res. 208/2016, DEJT divulgado em 22, 25 e 26.04.2016

O art. 493 do CPC de 2015 (art. 462 do CPC de 1973), que admite a invocação de fato constitutivo, modificativo ou extintivo do direito, superveniente à propositura da ação, é aplicável de ofício aos processos em curso em qualquer instância trabalhista. Cumpre ao juiz ou tribunal ouvir as partes sobre o fato novo antes de decidir.

395. Mandato e substabelecimento. Condições de validade. (nova redação dos itens I e II e acrescido o item V em decorrência do CPC de 2015)

I. Válido é o instrumento de mandato com prazo determinado que contém cláusula estabelecendo a prevalência dos poderes para atuar até o final da demanda (§ 4º do art. 105 do CPC de 2015). *(ex-OJ n. 312 da SBDI-1. DJ 11.08.2003)*

II. Se há previsão, no instrumento de mandato, de prazo para sua juntada, o mandato só tem validade se anexado ao processo o respectivo instrumento no aludido prazo. *(ex-OJ n. 313 da SBDI-1. DJ 11.08.2003)*

III. São válidos os atos praticados pelo substabelecido, ainda que não haja, no mandato, poderes expressos para substabelecer (art. 667, e parágrafos, do Código Civil de 2002). *(ex-OJ n 108 da SBDI-1. inserida em 01.10.1997)*

IV. Configura-se a irregularidade de representação se o substabelecimento é anterior à outorga passada ao substabelecente. *(ex-OJ n. 330 da SBDI-1. DJ 09.12.2003)*

V. Verificada a irregularidade de representação nas hipóteses dos itens II e IV, deve o juiz suspender o processo e designar prazo razoável para que seja sanado o vício, ainda que em instância recursal (art. 76 do CPC de 2015).

396. Estabilidade provisória. Pedido de reintegração. Concessão do salário relativo ao período de estabilidade já exaurido. Inexistência de julgamento extra petita. (conversão das Orientações Jurisprudenciais ns. 106 e 116 da SBDI-1. Res. n. 129/05. DJ 20.4.2005)

I. Exaurido o período de estabilidade, são devidos ao empregado apenas os salários do período compreendido entre a data da despedida e o final do período de estabilidade, não lhe sendo assegurada a reintegração no emprego. *(ex-OJ n. 116 da SBDI-I. Inserida em 1º.10.1997)*

II. Não há nulidade por julgamento *extra petita* da decisão que deferir salário quando o pedido for de reintegração, dados os termos do art. 496 da CLT. *(ex-OJ n. 106 da SBDI-I. Inserida em 20.11.1997)*

397. Ação rescisória. Art. 966, IV, do CPC de 2015. Art. 485, IV, do CPC de 1973. Ação de cumprimento. Ofensa à coisa julgada emanada de sentença normativa modificada em grau de recurso. Inviabilidade. Cabimento de mandado de segurança. (atualizada em decorrência do CPC de 2015). Res. n. 208/2016, DEJT divulgado em 22, 25 e 26.04.2016

Não procede ação rescisória calcada em ofensa à coisa julgada perpetrada por decisão proferida em ação de cumprimento, em face de a sentença normativa, na qual se louvava, ter sido modificada em grau de recurso, porque em dissídio coletivo somente se consubstancia coisa julgada formal. Assim, os meios processuais aptos a atacarem a execução da cláusula reformada são a exceção de pré-executividade e o mandado de segurança, no caso de descumprimento do art. 514 do CPC de 2015 (art. 572 do CPC de 1973). *(ex-OJ n. 116 da SBDI-2. DJ 11.08.2003)*

398. Ação rescisória. Ausência de defesa. Inaplicáveis os efeitos da revelia. (conversão da Orientação Jurisprudencial n. 126 da SBDI-II. Res. n. 137/05. DJ 22.08.2005)

Na ação rescisória, o que se ataca na ação é a sentença, ato oficial do Estado, acobertado pelo manto da coisa julgada. Assim sendo, e considerando que a coisa julgada envolve questão de ordem pública, a revelia não produz confissão na ação rescisória. *(ex-OJ n. 126 da SBDI-II. DJ 9.12.2003)*

399. Ação rescisória. Cabimento. Sentença de mérito. Decisão homologatória de adjudicação, de arrematação e de cálculos. (conversão das Orientações Jurisprudenciais ns. 44, 45 e 85, primeira parte, da SBDI-II. Res. n. 137/05. DJ 22.8.2005)

I. É incabível ação rescisória para impugnar decisão homologatória de adjudicação ou arrematação. *(ex-OJs ns. 44 e 45 da SBDI-II. ambas inseridas em 20.9.2000)*

II. A decisão homologatória de cálculos apenas comporta rescisão quando enfrentar as questões envolvidas na elaboração da conta de liquidação, quer solvendo a controvérsia das partes quer explicitando, de ofício, os motivos pelos quais acolheu os cálculos oferecidos por uma das partes ou pelo setor de cálculos, e não contestados pela outra. *(ex-OJ n. 85 da SBDI-II. primeira parte. inserida em 13.3.2002 e alterada em 26.11.2002)*

400. Ação rescisória de ação rescisória. Violação manifesta de norma jurídica. Indicação da mesma norma jurídica apontada na rescisória primitiva (mesmo dispositivo de lei sob o CPC de 1973). (nova redação em decorrência do CPC de 2015). Res. n. 208/2016, DEJT divulgado em 22, 25 e 26.04.2016

Em se tratando de rescisória de rescisória, o vício apontado deve nascer na decisão rescindenda, não se admitindo a rediscussão do acerto do julgamento da rescisória anterior. Assim, não procede rescisória calcada no inciso V do art. 966 do CPC de 2015 (art. 485, V, do CPC de 1973) para discussão, por má aplicação da mesma norma jurídica, tida por violada na rescisória anterior, bem como para arguição de questões inerentes à ação rescisória primitiva. *(ex-OJ n. 95 da SBDI-2. inserida em 27.09.2002 e alterada DJ 16.04.2004)*

401. Ação rescisória. Descontos legais. Fase de execução. Sentença exequenda omissa. Inexistência de ofensa à coisa julgada. (conversão da Orientação Jurisprudencial n. 81 da SBDI-II. Res. n. 137/05. DJ 22.8.2005)

Os descontos previdenciários e fiscais devem ser efetuados pelo juízo executório, ainda que a sentença exequenda tenha sido omissa sobre a questão, dado o caráter de ordem pública ostentado pela norma que os disciplina. A ofensa à coisa julgada somente poderá ser caracterizada na hipótese de o título exequendo, expressamente, afastar a dedução dos valores a título de imposto de renda e de contribuição previdenciária. *(ex-OJ n. 81 da SBDI-II. inserida em 13.3.2002)*

402. Ação rescisória. Documento novo. Dissídio coletivo. Sentença normativa. (conversão da Orientação Jurisprudencial n. 20 da SBDI-II. Res. n. 137/05. DJ 22.8.2005)

Documento novo é o cronologicamente velho, já existente ao tempo da decisão rescindenda, mas ignorado pelo interessado ou de impossível utilização, à época, no processo. Não é documento novo apto a viabilizar a desconstituição de julgado:

a) sentença normativa proferida ou transitada em julgado posteriormente à sentença rescindenda;

b) sentença normativa preexistente à sentença rescindenda, mas não exibida no processo principal, em virtude de negligência da parte, quando podia e deveria louvar-se de documento já existente e não ignorado quando emitida a decisão rescindenda. (ex-OJ n. 20 da SBDI-II. inserida em 20.9.2000)

403. Ação rescisória. Dolo da parte vencedora em detrimento da vencida. Art. 485, III, do CPC. (Conversão das Orientações Jurisprudenciais ns. 111 e 125 da SBDI-II. Res. n. 137/05. DJ 22.8.2005)

I. Não caracteriza dolo processual, previsto no art. 485, III, do CPC, o simples fato de a parte vencedora haver silenciado a respeito de fatos contrários a ela, porque o procedimento, por si só, não constitui ardil do qual resulte cerceamento de defesa e, em consequência, sentença na qual o juiz de uma sentença não condizente com a verdade. *(ex-OJ n. 125 da SBDI-II. DJ 9.12.2003)*

II. Se a decisão rescindenda é homologatória de acordo, não há parte vencedora ou vencida, razão pela qual não é possível a sua desconstituição calcada no inciso III do art. 485 do CPC (dolo da parte vencedora em detrimento da vencida), pois constitui fundamento de rescindibilidade que supõe solução jurisdicional para a lide. *(ex-OJ n. 111 da SBDI-II. DJ 29.4.2003)*

404. Ação rescisória. Fundamento para invalidar confissão. Confissão ficta. Inadequação do enquadramento no art. 485, VIII, do CPC de 1973. Res. n. 209/2016, DEJT divulgado em 1, 2 e 3.6.2016

O art. 485, VIII, do CPC de 1973, ao tratar do fundamento para invalidar a confissão como hipótese de rescindibilidade da decisão judicial, referia-se à confissão real, fruto de erro, dolo ou coação, e não à confissão ficta resultante de revelia.

405. Ação rescisória. Tutela provisória (nova redação em decorrência do CPC de 2015). Res. n. 208/2016, DEJT divulgado em 22, 25 e 26.04.2016

Em face do que dispõem a MP 1.984-22/2000 e o art. 969 do CPC de 2015, é cabível o pedido de tutela provisória formulado na petição inicial de ação rescisória ou na fase recursal, visando a suspender a execução da decisão rescindenda.

406. Ação rescisória. Litisconsórcio. Necessário no polo passivo e facultativo no ativo. Inexistente quanto aos substituídos pelo sindicato. (conversão das Orientações Jurisprudenciais ns. 82 e 110 da SBDI-II. Res. n. 137/05. DJ 22.8.2005)

I. O litisconsórcio, na ação rescisória, é necessário em relação ao polo passivo da demanda, porque supõe uma comunidade de direitos ou de obrigações que não admite solução díspar para os litisconsortes, em face da indivisibilidade do objeto. Já em relação ao polo ativo, o litisconsórcio é facultativo, uma vez que a aglutinação de autores se faz por conveniência e não, pela necessidade decorrente da natureza do litígio, pois não se pode condicionar o exercício do direito individual de um dos litigantes no processo originário à anuência dos demais para retomar a lide. *(ex-OJ n. 82 da SBDI-II. inserida em 13.3.2002)*

II. O Sindicato, substituto processual e autor da reclamação trabalhista, em cujos autos fora proferida a decisão rescindenda, possui legitimidade para figurar como réu na ação rescisória, sendo descabida a exigência de citação de todos os empregados substituídos, porquanto inexistente litisconsórcio passivo necessário. *(ex-OJ n. 110 da SBDI-II. DJ 29.4.2003)*

407. Ação rescisória. Ministério público. Legitimidade "ad causam" prevista no art. 967, III, "a", "b" e "c" do CPC de 2015. Art. 487, III, "a" e "b", do CPC de 1973. Hipóteses meramente exemplificativas (nova redação em decorrência do CPC de 2015). Res. n. 208/2016, DEJT divulgado em 22, 25 e 26.04.2016

A legitimidade "ad causam" do Ministério Público para propor ação rescisória, ainda que não tenha sido parte no processo que deu origem à decisão rescindenda, não está limitada às alíneas "a", "b" e "c" do inciso III do art. 967 do CPC de 2015 (art. 487, III, "a" e "b", do CPC de 1973), uma vez que traduzem hipóteses meramente exemplificativas *(ex-OJ n. 83 da SBDI-2. inserida em 13.03.2002)*

408. Ação rescisória. Petição inicial. Causa de pedir. Ausência de capitulação ou capitulação errônea no art. 966 do CPC de 2015. Art. 485 do CPC de 1973. Princípio "iura novit curia" (nova redação em decorrência do CPC de 2015). Res. n. 208/2016, DEJT divulgado em 22, 25 e 26.04.2016

Não padece de inépcia a petição inicial de ação rescisória apenas porque omite a subsunção do fundamento de rescindibilidade no art. 966 do CPC de 2015 (art. 485 do CPC de 1973) ou o capitula erroneamente em um de seus incisos. Contanto que não se afaste dos fatos e fundamentos invocados como causa de pedir, ao Tribunal é lícito emprestar-lhes a adequada qualificação jurídica ("iura novit curia"). No entanto, fundando-se a ação rescisória no art. 966, inciso V, do CPC de 2015 (art. 485, inciso V, do CPC de 1973), é indispensável expressa indicação, na petição inicial da ação rescisória, da norma jurídica manifestamente violada (dispositivo legal violado sob o CPC de 1973), por se tratar de causa de pedir da rescisória, não se aplicando, no caso, o princípio "iura novit curia". *(ex-OJs ns. 32 e 33 da SBDI-2. inseridas em 20.09.2000)*

409. Ação rescisória. Prazo prescricional. Total ou parcial. Violação do art. 7º, XXIX, da cf/88. Matéria infraconstitucional. (conversão da Orientação Jurisprudencial n. 119 da SBDI-II. Res. n. 137/05. DJ 22.8.2005)

Não procede ação rescisória calcada em violação do art. 7º, XXIX, da CF/88 quando a questão envolve discussão sobre a espécie de prazo prescricional aplicável aos créditos trabalhistas, se total ou parcial, porque a matéria tem índole infraconstitucional, construída, na Justiça do Trabalho, no plano jurisprudencial. *(ex-OJ n. 119 da SBDI-II. DJ 11.8.2003)*

410. Ação rescisória. Reexame de fatos e provas. Inviabilidade. (conversão da Orientação Jurisprudencial n. 109 da SBDI-II. Res. n. 137/05. DJ 22.8.2005)

A ação rescisória calcada em violação de lei não admite reexame de fatos e provas do processo que originou a decisão rescindenda. *(ex-OJ n. 109 da SBDI-II. DJ 29.4.2003)*

411. Ação rescisória. Sentença de mérito. Decisão de tribunal regional do trabalho em agravo regimental confirmando decisão monocrática do relator que, aplicando a Súmula n. 83 do TST, indeferiu a petição inicial da ação rescisória. Cabimento. (conversão da Orientação Jurisprudencial n. 43 da SBDI-II. Res. n. 137/05. DJ 22.8.2005)

Se a decisão recorrida, em agravo regimental, aprecia a matéria na fundamentação, sob o enfoque das Súmulas ns. 83 do TST e 343 do STF, constitui sentença de mérito, ainda que haja resultado no indeferimento da petição inicial e na extinção do processo sem julgamento do mérito. Sujeita-se, assim, à reforma pelo TST, a decisão do Tribunal que, invocando controvérsia na interpretação da lei, indefere a petição inicial de ação rescisória. *(ex-OJ n. 43 da SBDI-II. inserida em 20.9.2000)*

412. Ação rescisória. Sentença de mérito. Questão processual. (conversão da Orientação Jurisprudencial n. 46 da SBDI-II. Res. n. 137/05. DJ 22.8.2005)

Pode uma questão processual ser objeto de rescisão desde que consista em pressuposto de validade de uma sentença de mérito. *(ex-OJ n. 46 da SBDI-II. inserida em 20.9.2000)*

413. Ação rescisória. Sentença de mérito. Violação do art. 896, "a", da CLT (nova redação em decorrência do CPC de 2015). Res. n. 209/2016, DEJT divulgado em 1, 2 e 3.6.2016

É incabível ação rescisória, por violação do art. 896, "a", da CLT, contra decisão transitada em julgado sob a égide do CPC de 1973 que não conhece de recurso de revista, com base em divergência jurisprudencial, pois não se cuidava de sentença de mérito (art. 485 do CPC de 1973). *(ex-OJ n. 47 da SBDI-2. inserida em 20.9.2000)*

414. Mandado de segurança. Antecipação de tutela (ou liminar) concedida antes ou na sentença. (conversão das Orientações Jurisprudenciais ns. 50, 51, 58, 86 e 139 da SBDI-II. Res. n. 137/05. DJ 22.8.2005)

I. A antecipação da tutela concedida na sentença não comporta impugnação pela via do mandado de segurança, por ser impugná-

vel mediante recurso ordinário. A ação cautelar é o meio próprio para se obter efeito suspensivo a recurso. *(ex-OJ n. 51 da SBDI-II. inserida em 20.9.2000)*

II. No caso da tutela antecipada (ou liminar) ser concedida antes da sentença, cabe a impetração do mandado de segurança, em face da inexistência de recurso próprio. *(ex-OJs ns. 50 e 58 da SBDI-II. ambas inseridas em 20.9.2000)*

III. A superveniência da sentença, nos autos originários, faz perder o objeto do mandado de segurança que impugnava a concessão da tutela antecipada (ou liminar). *(ex-OJs da SBDI-II n. 86. inserida em 13.3.2002 e n. 139. DJ 4.5.2004).*

415. Mandado de segurança. Petição inicial. Art. 321 do CPC de 2015. Art. 284 do CPC de 1973. Inaplicabilidade. (atualizada em decorrência do CPC de 2015). Res. n. 208/2016, DEJT divulgado em 22, 25 e 26.04.2016

Exigindo o mandado de segurança prova documental pré-constituída, inaplicável o art. 321 do CPC de 2015 (art. 284 do CPC de 1973) quando verificada, na petição inicial do "mandamus", a ausência de documento indispensável ou de sua autenticação. *(ex--OJ n. 52 da SBDI-2 — inserida em 20.09.2000)*

416. Mandado de segurança. Execução. Lei n. 8.432/92, art. 897, § 1º, da CLT. Cabimento. (conversão da Orientação Jurisprudencial n. 55 da SBDI-II. Res. n. 137/05. DJ 22.8.2005)

Devendo o agravo de petição delimitar justificadamente a matéria e os valores objeto de discordância, não fere direito líquido e certo o prosseguimento da execução quanto aos tópicos e valores não especificados no agravo. *(ex-OJ n. 55 da SBDI-II. inserida em 20.9.2000)*

417. Mandado de segurança. Penhora em dinheiro. (conversão das Orientações Jurisprudenciais ns. 60, 61 e 62 da SDI-II. Res. n. 137/05. DJ 22.8.2005)

I. Não fere direito líquido e certo do impetrante o ato judicial que determina penhora em dinheiro do executado, em execução definitiva, para garantir crédito exequendo, uma vez que obedece à gradação prevista no art. 655 do CPC. *(ex-OJ n. 60 da SBDI-II. inserida em 20.9.2000)*

II. Havendo discordância do credor, em execução definitiva, não tem o executado direito líquido e certo a que os valores penhorados em dinheiro fiquem depositados no próprio banco, ainda que atenda aos requisitos do art. 666, I, do CPC. *(ex-OJ n. 61. inserida em 20.9.2000)*

III. Em se tratando de execução provisória, fere direito líquido e certo do impetrante a determinação de penhora em dinheiro, quando nomeados outros bens à penhora, pois o executado tem direito a que a execução se processe da forma que lhe seja menos gravosa, nos termos do art. 620 do CPC. *(ex-OJ n. 62 da SBDI-II. inserida em 20.9.2000)*

418. Mandado de segurança visando à concessão de liminar ou homologação de acordo. (conversão das Orientações Jurisprudenciais ns. 120 e 141 da SBDI-II. Res. n. 137/05. DJ 22.8.2005)

A concessão de liminar ou a homologação de acordo constituem faculdade do juiz, inexistindo direito líquido e certo tutelável pela via do mandado de segurança. *(ex-OJs da SBDI-II n. 120. DJ 11.8.2003 e n. 141. DJ 4.5.2004)*

419. Competência. Execução por carta. Embargos de terceiro. Juízo deprecante. (conversão da Orientação Jurisprudencial n. 114 da SBDI-II. Res. n. 137/05. DJ 22.8.2005)

Na execução por carta precatória, os embargos de terceiro serão oferecidos no juízo deprecante ou no juízo deprecado, mas a competência para julgá-los é do juízo deprecante, salvo se versarem, unicamente, sobre vícios ou irregularidades da penhora, avaliação ou alienação dos bens, praticados pelo juízo deprecado, em que a competência será deste último. *(ex-OJ n. 114 da SBDI-II. DJ 11.8.2003)*

420. Competência funcional. Conflito negativo. TRT e vara do trabalho de idêntica região. Não configuração. (conversão da Orientação Jurisprudencial n. 115 da SBDI-II. Res. n. 137/05. DJ 22.8.2005)

Não se configura conflito de competência entre Tribunal Regional do Trabalho e Vara do Trabalho a ele vinculada. *(ex-OJ n. 115 da SBDI-II. DJ 11.8.2003)*

421. Embargos de declaração. Cabimento. Decisão monocrática do relator calcada no art. 932 do CPC de 2015. Art. 557 do CPC de 1973. (atualizada em decorrência do CPC de 2015). Res. n. 208/2016, DEJT divulgado em 22, 25 e 26.04.2016

I. Cabem embargos de declaração da decisão monocrática do relator prevista no art. 932 do CPC de 2015 (art. 557 do CPC de 1973), se a parte pretende tão somente juízo integrativo retificador da decisão e, não, modificação do julgado.

II. Se a parte postular a revisão no mérito da decisão monocrática, cumpre ao relator converter os embargos de declaração em agravo, em face dos princípios da fungibilidade e celeridade processual, submetendo-o ao pronunciamento do Colegiado, após a intimação do recorrente para, no prazo de 5 (cinco) dias, complementar as razões recursais, de modo a ajustá-las às exigências do art. 1.021, § 1º, do CPC de 2015.

422. Recurso. Fundamento ausente ou deficiente. Não conhecimento. (redação alterada, com inserção dos itens I, II e III. Resol. n. 199, de 9.6.15, DEJT divulgado em 24, 25 e 26.6.15)

I. Não se conhece de recurso para o TST se as razões do recorrente não impugnam os fundamentos da decisão recorrida, nos termos em que proferida.

II. o entendimento referido no item anterior não se aplica em relação à motivação secundária e impertinente, consubstanciada em despacho de admissibilidade de recurso ou em decisão monocrática.

III. Inaplicável a exigência do item I relativamente ao recurso ordinário da competência de Tribunal Regional do Trabalho, exceto em caso de recurso cuja motivação é inteiramente dissociada dos fundamentos da sentença.

423. Turno ininterrupto de revezamento. Fixação de jornada de trabalho mediante negociação coletiva. Validade. (conversão da Orientação Jurisprudencial n. 169 da SBDI-I. Res. n. 139/2006. DJ 10.10.2006)

Estabelecida jornada superior a seis horas e limitada a oito horas por meio de regular negociação coletiva, os empregados submetidos a turnos ininterruptos de revezamento não têm direito ao pagamento das 7ª e 8ª horas como extras.

424. Recurso administrativo. Pressuposto de admissibilidade. Depósito prévio da multa administrativa. Não recepção pela Constituição Federal do § 1º do art. 636 da CLT. (Resol. n. 160/2009, TST, DEJT 20.11.2009)

O § 1º do art. 636 da CLT, que estabelece a exigência de prova do depósito prévio do valor da multa cominada em razão de atuação administrativa como pressuposto de admissibilidade de recurso administrativo, não foi recepcionada pela Constituição Federal de 1988, ante a sua incompatibilidade com o inciso LV do art. 5º.

425. Jus postulandi na justiça do trabalho. Alcance. (Res. n. 165/2010, DEJT 30.4.2010 e 3 e 4.5.2010)

O *jus postulandi* das partes, estabelecido no art. 791 da CLT, limita-se às Varas do Trabalho e aos Tribunais Regionais do Trabalho, não alcançando a ação rescisória, a ação cautelar, o mandado de segurança e os recursos de competência do Tribunal Superior do Trabalho.

426. Depósito recursal. Utilização da guia. GFIP. Obrigatoriedade. (Res. n. 174, 24.5.2011. DJe 27.5.2011)

Nos dissídios individuais o depósito recursal será efetivado mediante a utilização da Guia de Recolhimento do FGTS e Informações à Previdência Social. GFIP, nos termos dos §§ 4º e 5º do art. 899 da CLT, admitido o depósito judicial, realizado na sede do juízo e à disposição deste, na hipótese de relação de trabalho não submetida ao regime do FGTS.

427. Intimação. Pluralidade de advogados. Publicação em nome de advogado diverso daquele expressamente indicado. Nulidade. (Res. n. 174, 24.5.2011. DJe/27.5.2011)

Havendo pedido expresso de que as intimações e publicações sejam realizadas exclusivamente em nome de determinado advogado, a comunicação em nome de outro profissional constituído nos autos é nula, salvo se constatada a inexistência de prejuízo.

428. Sobreaviso. Aplicação analógica do art. 244, § 2º da CLT (redação alterada na sessão do tribunal pleno realizada em 14.9.2012. Res. n. 185/2012, DEJT divulgado em 25.9.2012)

I. O uso de instrumentos telemáticos ou informatizados fornecidos pela empresa ao empregado, por si só, não caracteriza o regime de sobreaviso.

II. Considera-se em sobreaviso o empregado que, à distância e submetido a controle patronal por instrumentos telemáticos ou informatizados, permanecer em regime de plantão ou equivalente, aguardando a qualquer momento o chamado para o serviço durante o período de descanso.

429. Tempo à disposição do empregador. Art. 4º da CLT. Período de deslocamento entre a portaria e o local de trabalho. (Res. n. 174, 24.5.2011. DJe 27.5.2011)

Considera-se à disposição do empregador, na forma do art. 4º da CLT, o tempo necessário ao deslocamento do trabalhador entre a portaria da empresa e o local de trabalho, desde que supere o limite de 10 (dez) minutos diários.

430. Administração pública indireta. Contratação. Ausência de concurso público. Nulidade. Ulterior privatização. Convalidação. Insubsistência do vício. (Res. n. 177, 6.2.2012, DJe 13, 14 e 15.2.2012)

Convalidam-se os efeitos do contrato de trabalho que, considerado nulo por ausência de concurso público, quando celebrado originalmente com ente da Administração Pública Indireta, continua a existir após a sua privatização.

431. Salário-hora. Empregado sujeito ao regime geral de trabalho (art. 58, caput, da clt). 40 horas semanais. Cálculo. Aplicação do divisor 200 (redação alterada na sessão do tribunal pleno realizada em 14.9.2012. Res. n. 185/2012, DEJT divulgado em 25.9.2012)

Para os empregados a que alude o art. 58, *caput*, da CLT, quando sujeitos a 40 horas semanais de trabalho, aplica-se o divisor 200 (duzentos) para o cálculo do valor do salário-hora.

432. Contribuição sindical rural. Ação de cobrança. Penalidade por atraso no recolhimento. Inaplicabilidade do art. 600 da CLT. Incidência do art. 2o da Lei n. 8.022/1990. (Resol. n. 177, 6.2.2012. DJe 13, 14 e 15.2.2012)

O recolhimento a destempo da contribuição sindical rural não acarreta a aplicação da multa progressiva prevista no art. 600 da CLT, em decorrência da sua revogação tácita pela Lei n. 8.022, de 12 de abril de 1990.

433. Embargos. Admissibilidade. Processo em fase de execução. Acórdão de turma publicado na vigência da Lei n. 11.496, de 26.6.2007. Divergência de interpretação de dispositivo constitucional. (Res. n. 177, 6.2.2012. DJe 13, 14 e 15.2.2012)

A admissibilidade do recurso de embargos contra acórdão de Turma em recurso de revista em fase de execução, publicado na vigência da Lei n. 11.496, de 26.6.2007, condiciona-se à demonstração de divergência jurisprudencial entre Turmas ou destas e a Seção Especializada em Dissídios Individuais do Tribunal Superior do Trabalho em relação à interpretação de dispositivo constitucional.

434. Recurso. Interposição antes da publicação do acórdão impugnado. Extemporaneidade *cancelada* (Res. n. 198/2015, republicada em razão de erro material. DEJT divulgado em 12, 15 e 16.6.2015)

I. É extemporâneo recurso interposto antes de publicado o acórdão impugnado. *(ex-OJ n. 357 da SBDI-1. inserida em 14.3.2008)*

II. A interrupção do prazo recursal em razão da interposição de embargos de declaração pela parte adversa não acarreta qualquer prejuízo àquele que apresentou seu recurso tempestivamente.

435. Decisão monocrática. Relator. Art. 932 do CPC de 2015. Art. 557 do CPC de 1973. Aplicação subsidiária ao processo do trabalho (atualizada em decorrência do CPC de 2015). Res. n. 208/2016, DEJT divulgado em 22, 25 e 26.04.2016

Aplica-se subsidiariamente ao processo do trabalho o art. 932 do CPC de 2015 (art. 557 do CPC de 1973).

436. Representação processual. Procurador da união, estados, municípios e distrito federal, suas autarquias e fundações públicas. Juntada de instrumento de mandato (conversão da Orientação Jurisprudencial n. 52 da SBDI-I e inserção do item II à redação. Res. n. 185/2012, DEJT divulgado em 25.9.2012)

I. A União, Estados, Municípios e Distrito Federal, suas autarquias e fundações públicas, quando representados em juízo, ativa e passivamente, por seus procuradores, estão dispensadas da juntada de instrumento de mandato e de comprovação do ato de nomeação.

II. Para os efeitos do item anterior, é essencial que o signatário ao menos declare-se exercente do cargo de procurador, não bastando a indicação do número de inscrição na Ordem dos Advogados do Brasil.

437. Intervalo intrajornada para repouso e alimentação. Aplicação do art. 71 da CLT (conversão das Orientações Jurisprudenciais ns. 307, 342, 354, 380 e 381 da SBDI-1. Res. n. 185/2012, DEJT divulgado em 25.9.2012)

I. Após a edição da Lei n. 8.923/94, a não concessão ou a concessão parcial do intervalo intrajornada mínimo, para repouso e alimentação, a empregados urbanos e rurais, implica o pagamento total do período correspondente, e não apenas daquele suprimido, com acréscimo de, no mínimo, 50% sobre o valor da remuneração da hora normal de trabalho (art. 71 da CLT), sem prejuízo do cômputo da efetiva jornada de labor para efeito de remuneração.

II. É inválida cláusula de acordo ou convenção coletiva de trabalho contemplando a supressão ou redução do intervalo intrajornada porque este constitui medida de higiene, saúde e segurança do trabalho, garantido por norma de ordem pública (art. 71 da CLT e art. 7º, XXII, da CF/1988), infenso à negociação coletiva.

III. Possui natureza salarial a parcela prevista no art. 71, § 4º, da CLT, com redação introduzida pela Lei n. 8.923, de 27 de julho de 1994, quando não concedido ou reduzido pelo empregador o intervalo mínimo intrajornada para repouso e alimentação, repercutindo, assim, no cálculo de outras parcelas salariais.

IV. Ultrapassada habitualmente a jornada de seis horas de trabalho, é devido o gozo do intervalo intrajornada mínimo de uma hora, obrigando o empregador a remunerar o período para descanso e alimentação não usufruído como extra, acrescido do respectivo adicional, na forma prevista no art. 71, *caput* e § 4º da CLT.

438. Intervalo para recuperação térmica do empregado. Ambiente artificialmente frio. Horas extras. Art. 253 da CLT. Aplicação analógica (Res. n. 185/2012, DEJT divulgado em 25.9.2012).

O empregado submetido a trabalho contínuo em ambiente artificialmente frio, nos termos do parágrafo único do art. 253 da CLT, ainda que não labore em câmara frigorífica, tem direito ao intervalo intrajornada previsto no *caput* do art. 253 da CLT.

439. Danos morais. Juros de mora e atualização monetária. Termo inicial. (res. n. 185/2012, DEJT divulgado em 25.9.2012)

Nas condenações por dano moral, a atualização monetária é devida a partir da data da decisão de arbitramento ou de alteração do valor. Os juros incidem desde o ajuizamento da ação, nos termos do art. 883 da CLT.

440. Auxílio-doença acidentário. Aposentadoria por invalidez. Suspensão do contrato de trabalho. Reconhecimento do direito à manutenção de plano de saúde ou de assistência médica. (Res. n. 185/2012, DEJT divulgado em 25.9.2012)

Assegura-se o direito à manutenção de plano de saúde ou de assistência médica oferecido pela empresa ao empregado, não obstante suspenso o contrato de trabalho em virtude de auxílio-doença acidentário ou de aposentadoria por invalidez.

441. Aviso prévio. Proporcionalidade. (Res. n. 185/2012, DEJT divulgado em 25.9.2012).

O direito ao aviso prévio proporcional ao tempo de serviço somente é assegurado nas rescisões de contrato de trabalho ocorridas a partir da publicação da Lei n. 12.506, em 13 de outubro de 2011.

442. Procedimento sumaríssimo. Recurso de revista fundamentado em contrariedade a Orientação Jurisprudencial. Inadmissibilidade. Art. 896, § 6º, da CLT, acrescentado pela Lei n. 9.957, de 12.01.2000 (conversão da Orientação Jurisprudencial n. 352 da SBDI-1. Res. n. 185/2012, DEJT divulgado em 25.9.2012)

Nas causas sujeitas ao procedimento sumaríssimo, a admissibilidade de recurso de revista está limitada à demonstração de violação direta a dispositivo da Constituição Federal ou contrariedade a Súmula do Tribunal Superior do Trabalho, não se admitindo o recurso por contrariedade a Orientação Jurisprudencial deste Tribunal (Livro II, Título II, Capítulo III, do RITST), ante a ausência de previsão no art. 896, § 6º, da CLT.

443. Dispensa discriminatória. Presunção. Empregado portador de doença grave. Estigma ou preconceito. Direito à reintegração. (Res. n. 185/2012, DEJT divulgado em 25.9.2012)

Presume-se discriminatória a despedida de empregado portador do vírus HIV ou de outra doença grave que suscite estigma ou preconceito. Inválido o ato, o empregado tem direito à reintegração no emprego.

444. Jornada de trabalho. Norma coletiva. Lei. Escala de 12 por 36. Validade. Res. n. 185/2012, DEJT divulgado em 25.9.2012)

É valida, em caráter excepcional, a jornada de doze horas de trabalho por trinta e seis de descanso, prevista em lei ou ajustada exclusivamente mediante acordo coletivo de trabalho ou convenção coletiva de trabalho, assegurada a remuneração em dobro dos feriados trabalhados. O empregado não tem direito ao pagamento de adicional referente ao labor prestado na décima primeira e décima segunda horas. (Republicada no DEJT de 26.11.12, por cumprimento a despacho do Exmo. Ministro João Oreste Dalazen)

445. Inadimplemento de verbas trabalhistas. Frutos. Posse de má-fé. Art. 1.216 do Código Civil. Inaplicabilidade ao direito do trabalho. (Resol. 189, de 27.2.2013) DEJT divulgado em 14.3.2013)

A indenização por frutos percebidos pela posse de má-fé, prevista no art. 1.216 do Código Civil, por tratar-se de regra afeta a direitos reais, mostra-se incompatível com o direito do trabalho, não sendo devida no caso de inadimplemento de verbas trabalhistas.

446. Maquinista ferroviário. Intervalo intrajornada. Supressão parcial ou total. Horas extras devidas. Compatibilidade entre os arts. 71, § 4º, e 238, § 5º, da CLT. Res. n. 193/2013, DEJT divulgado em 13, 16 e 17.12.2013

A garantia ao intervalo intrajornada, prevista no art. 71 da CLT, por constituir-se em medida de higiene, saúde e segurança do empregado, é aplicável também ao ferroviário maquinista integrante da categoria "c" (equipagem de trem em geral), não havendo incompatibilidade entre as regras inscritas nos arts. 71, § 4º, e 238, § 5º, da CLT.

447. Adicional de periculosidade. Permanência a bordo durante o abastecimento da aeronave. Indevido. Res. n. 193/2013, DEJT divulgado em 13, 16 e 17.12.2013

Os tripulantes e demais empregados em serviços auxiliares de transporte aéreo que, no momento do abastecimento da aeronave, permanecem a bordo não têm direito ao adicional de periculosidade a que aludem o art. 193 da CLT e o Anexo 2, item 1, "c", da NR-16 do MTE.

448. Atividade insalubre. Caracterização. Previsão na Norma Regulamentadora n. 15 da Portaria do Ministério do Trabalho n. 3.214/78. Instalações sanitárias. (conversão da Orientação Jurisprudencial n. 4 da SBDI-1 com nova redação do item II). Res. n. 194/2014, DEJT divulgado em 21, 22 e 23.5.2014

I. Não basta a constatação da insalubridade por meio de laudo pericial para que o empregado tenha direito ao respectivo adicional, sendo necessária a classificação da atividade insalubre na relação oficial elaborada pelo Ministério do Trabalho.

II. A higienização de instalações sanitárias de uso público ou coletivo de grande circulação, e a respectiva coleta de lixo, por não se equiparar à limpeza em residências e escritórios, enseja o pagamento de adicional de insalubridade em grau máximo, incidindo o disposto no Anexo 14 da NR-15 da Portaria do MTE n. 3.214/78 quanto à coleta e industrialização de lixo urbano.

449. Minutos que antecedem e sucedem a jornada de trabalho. Lei n. 10.243, de 19.06.2001. Norma coletiva. Flexibilização. Impossibilidade. (conversão da Orientação Jurisprudencial n. 372 da SBDI-1). Res. n. 194/2014, DEJT divulgado em 21, 22 e 23.5.2014

A partir da vigência da Lei n. 10.243, de 19.06.2001, que acrescentou o § 1º ao art. 58 da CLT, não mais prevalece cláusula prevista em convenção ou acordo coletivo que elastece o limite de 5 minutos que antecedem e sucedem a jornada de trabalho para fins de apuração das horas extras.

450. Férias. Gozo na época própria. Pagamento fora do prazo. Dobra devida. Arts. 137 e 145 da CLT. (conversão da Orientação Jurisprudencial n. 386 da SBDI-1). Res. n. 194/2014, DEJT divulgado em 21, 22 e 23.5.2014

É devido o pagamento em dobro da remuneração de férias, incluído o terço constitucional, com base no art. 137 da CLT, quando, ainda que gozadas na época própria, o empregador tenha descumprido o prazo previsto no art. 145 do mesmo diploma legal.

451. Participação nos lucros e resultados. Rescisão contratual anterior à data da distribuição dos lucros. Pagamento proporcional aos meses trabalhados. Princípio da isonomia. (conversão da Orientação Jurisprudencial n. 390 da SBDI-1). Res. n. 194/2014, DEJT divulgado em 21, 22 e 23.5.2014

Fere o princípio da isonomia instituir vantagem mediante acordo coletivo ou norma regulamentar que condiciona a percepção da parcela participação nos lucros e resultados ao fato de estar o contrato de trabalho em vigor na data prevista para a distribuição dos lucros. Assim, inclusive na rescisão contratual antecipada, é devido o pagamento da parcela de forma proporcional aos meses trabalhados, pois o ex-empregado concorreu para os resultados positivos da empresa.

452. Diferenças salariais. Plano de cargos e salários. Descumprimento. Critérios de promoção não observados. Prescrição parcial. (conversão da orientação jurisprudencial n. 404 da SBDI-1). Res. n. 194/2014, DEJT divulgado em 21, 22 e 23.5.2014

Tratando-se de pedido de pagamento de diferenças salariais decorrentes da inobservância dos critérios de promoção estabelecidos em Plano de Cargos e Salários criado pela empresa, a prescrição aplicável é a parcial, pois a lesão é sucessiva e se renova mês a mês.

453. Adicional de periculosidade. Pagamento espontâneo. Caracterização de fato incontroverso. Desnecessária a perícia de que trata o art. 195 da CLT. (conversão da Orientação Jurisprudencial n. 406 da SBDI-1). Res. n. 194/2014, DEJT divulgado em 21, 22 e 23.5.2014

O pagamento de adicional de periculosidade efetuado por mera liberalidade da empresa, ainda que de forma proporcional ao tempo de exposição ao risco ou em percentual inferior ao máximo legalmente previsto, dispensa a realização da prova técnica exigida pelo art. 195 da CLT, pois torna incontroversa a existência do trabalho em condições perigosas.

454. Competência da justiça do trabalho. Execução de ofício. Contribuição social referente ao Seguro de Acidente de Trabalho (SAT). Arts. 114, VIII, e 195, I, "a", da Constituição da República. (conversão da Orientação Jurisprudencial n. 414 da SBDI-1). Res. n. 194/2014, DEJT divulgado em 21, 22 e 23.5.2014

Compete à Justiça do Trabalho a execução, de ofício, da contribuição referente ao Seguro de Acidente de Trabalho (SAT), que tem natureza de contribuição para a seguridade social (arts. 114, VIII, e 195, I, "a", da CF), pois se destina ao financiamento de benefícios relativos à incapacidade do empregado decorrente de infortúnio no trabalho (arts. 11 e 22 da Lei n. 8.212/1991).

455. Equiparação salarial. Sociedade de economia mista. Art. 37, XIII, da CF/1988. Possibilidade. (conversão da Orientação Jurisprudencial n. 353 da SBDI-1 com nova redação). Res. n. 194/2014, DEJT divulgado em 21, 22 e 23.5.2014

À sociedade de economia mista não se aplica a vedação à equiparação prevista no art. 37, XIII, da CF/1988, pois, ao admitir empregados sob o regime da CLT, equipara-se a empregador privado, conforme disposto no art. 173, § 1º, II, da CF/1988.

456. Representação. Pessoa jurídica. Procuração. Invalidade. Identificação do outorgante e de seu representante. (inseridos os itens II e III em decorrência do CPC de 2015)

I. É inválido o instrumento de mandato firmado em nome de pessoa jurídica que não contenha, pelo menos, o nome do outorgante e do signatário da procuração, pois estes dados constituem elementos que os individualizam.

II. Verificada a irregularidade de representação da parte na instância originária, o juiz designará prazo de 5 (cinco) dias para que seja sanado o vício. Descumprida a determinação, extinguirá o processo, sem resolução de mérito, se a providência couber ao reclamante, ou considerará revel o reclamado, se a providência lhe couber (art. 76, § 1º, do CPC de 2015).

III. Caso a irregularidade de representação da parte seja constatada em fase recursal, o relator designará prazo de 5 (cinco) dias para que seja sanado o vício. Descumprida a determinação, o relator não conhecerá do recurso, se a providência couber ao recorrente, ou determinará o desentranhamento das contrarrazões, se a providência couber ao recorrido (art. 76, § 2º, do CPC de 2015).

457. Honorários periciais. Beneficiário da justiça gratuita. Responsabilidade da União pelo pagamento. Resolução n. 66/2010 do CSJT. Observância. (conversão da Orientação Jurisprudencial n. 387 da SBDI-1 com nova redação). Res. n. 194/2014, DEJT divulgado em 21, 22 e 23.5.2014

A União é responsável pelo pagamento dos honorários de perito quando a parte sucumbente no objeto da perícia for beneficiária da assistência judiciária gratuita, observado o procedimento disposto nos arts. 1º, 2º e 5º da Resolução n. 66/2010 do Conselho Superior da Justiça do Trabalho. CSJT.

458. Embargos. Procedimento sumaríssimo. Conhecimento. Recurso interposto após vigência da Lei n. 11.496, de 22.6.2007, que conferiu nova redação ao art. 894, da CLT. (Conversão da Orientação Jurisprudencial n. 405 da SBDI-1 com nova redação). Res. n. 194/2014, DEJT divulgado em 21, 22 e 23.5.2014

Em causas sujeitas ao procedimento sumaríssimo, em que pese a limitação imposta no art. 896, § 6º, da CLT à interposição de recurso de revista, admitem-se os embargos interpostos na vigência da Lei n. 11.496, de 22.6.2007, que conferiu nova redação ao art. 894 da CLT, quando demonstrada a divergência jurisprudencial entre Turmas do TST, fundada em interpretações diversas acerca da aplicação de mesmo dispositivo constitucional ou de matéria sumulada.

459. Recurso de revista. Nulidade por negativa de prestação jurisdicional. (conversão da Orientação Jurisprudencial n. 115 da SBDI-1). Res. n. 197/2015, DEJT divulgado em 14, 15 e 18.5.2015

O conhecimento do recurso de revista, quanto à preliminar de nulidade por negativa de prestação jurisdicional, supõe indicação de violação do art. 832 da CLT, do art. 458 do CPC ou do art. 93, IX, da CF/1988.

460. Vale-transporte. Ônus da prova. Res. n. 209/2016, DEJT divulgado em 1, 2 e 3.6.2016

É do empregador o ônus de comprovar que o empregado não satisfaz os requisitos indispensáveis para a concessão do vale-transporte ou não pretenda fazer uso do benefício.

461. FGTS. Diferenças. Recolhimento. Ônus da prova. Res. n. 209/2016, DEJT divulgado em 1, 2 e 3.6.2016

É do empregador o ônus da prova em relação à regularidade dos depósitos do FGTS, pois o pagamento é fato extintivo do direito do autor (art. 373, II, do CPC de 2015).

462. Multa do art. 477, § 8º, da CLT. Incidência. Reconhecimento judicial da relação de emprego. Res. n. 209/2016, DEJT divulgado em 1, 2 e 3.6.2016

A circunstância de a relação de emprego ter sido reconhecido apenas em juízo não tem o condão de afastar a incidência da multa prevista no art. 477, § 8º, da CLT. A referida multa não será devida apenas quando, comprovadamente, o empregado der causa à mora no pagamento das verbas rescisórias.

ORIENTAÇÕES JURISPRUDENCIAIS (OJs) DO TST
OJs DO TRIBUNAL PLENO

1. Precatório. Crédito trabalhista. Pequeno valor. Emenda Constitucional n. 37/2002. Há dispensa da expedição de precatório, na forma do art. 100, § 3º, da CF/1988, quando a execução contra a Fazenda Pública não exceder os valores definidos, provisoriamente, pela Emenda Constitucional n. 37/2002, como obrigações de pequeno valor, inexistindo ilegalidade, sob esse prisma, na determinação de sequestro da quantia devida pelo ente público. (DJ 9.12.2003. Parágrafo único do artigo 168 do Regimento Interno do TST)

2. Precatório. Revisão de cálculos. Limites da competência do Presidente do TRT. O pedido de revisão dos cálculos, em fase de precatório, previsto no art. 1º-E da Lei n. 9.494/1997, apenas poderá ser acolhido desde que: a) o requerente aponte e especifique claramente quais são as incorreções existentes nos cálculos, discriminando o montante que seria correto, pois do contrário a incorreção torna-se abstrata; b) o defeito nos cálculos esteja ligado à incorreção material ou à utilização de critério em descompasso com a lei ou com o título executivo judicial; e c) o critério legal aplicável ao débito não tenha sido objeto de debate nem na fase de conhecimento, nem na fase de execução. (DJ 9.12.2003. Parágrafo único do artigo 168 do Regimento Interno do TST)

3. Precatório. Sequestro. Emenda Constitucional n. 30/2000. Preterição. ADIn 1.662-8. Art. 100, § 2º, da CF/1988. O sequestro de verbas públicas para satisfação de precatórios trabalhistas só é admitido na hipótese de preterição do direito de precedência do credor, a ela não se equiparando as situações de não inclusão da despesa no orçamento ou de não-pagamento do precatório até o final do exercício, quando incluído no orçamento. (DJ 9.12.2003. Parágrafo único do art. 168 do Regimento Interno do TST)

4. Mandado de segurança. Decisão de TRT. Incompetência originária do Tribunal Superior do Trabalho. Ao Tribunal Superior do Trabalho não compete apreciar, originariamente, mandado de segurança impetrado em face de decisão de TRT. (DJ 17.3.04. Parágrafo único do art. 168 do Regimento Interno do TST)

5. Recurso Ordinário. Cabimento. (Conversão da Orientação Jurisprudencial n. 70 da SBDI-1, DJ 20.4.2005). Não cabe recurso ordinário contra decisão em agravo regimental interposto em reclamação correicional ou em pedido de providência. *(ex-OJ n. 70. inserida em 13.9.1994)*

6. Precatório. Execução. Limitação da condenação imposta pelo Título judicial exequendo à data do advento da Lei n. 8.112, de 11.12.1990. Em sede de precatório, não configura ofensa à coisa julgada a limitação dos efeitos pecuniários da sentença condenatória ao período anterior ao advento da Lei n. 8.112, de 11.12.1990, em que o exequente submetia-se à legislação trabalhista, salvo disposição expressa em contrário na decisão exequenda. (DJ 25.4.2007)

7. Juros de mora. Condenação da Fazenda Pública. (Nova redação. Res. n. 175, 24.5.2011. DJe/27.5.2011) I. Nas condenações impostas à Fazenda Pública, incidem juros de mora segundo os seguintes critérios: a) 1% (um por cento) ao mês, até agosto de 2001, nos termos do § 1º do art. 39 da Lei n. 8.177, de 1º.3.1991; b) 0,5% (meio por cento) ao mês, de setembro de 2001 a junho de 2009, conforme determina o art. 1º-F da Lei n. 9.494, de 10.9.1997, introduzido pela Medida Provisória n. 2.180-35, de 24.8.2001. II. A partir de 30 de junho de 2009, atualizam-se os débitos trabalhistas da Fazenda Pública, mediante a incidência dos índices oficiais de remuneração básica e juros aplicados à caderneta de poupança, por força do art. 5º da Lei n. 11.960, de 29.6.2009. III. A adequação do montante da condenação deve observar essa limitação legal, ainda que em sede de precatório.

8. Precatório. Matéria administrativa. Remessa necessária. Não cabimento. Em sede de precatório, por se tratar de decisão de natureza administrativa, não se aplica o disposto no art. 1º, V, do Decreto-Lei n. 779, de 21.8.1969, em que se determina a remessa necessária em caso de decisão judicial desfavorável a ente público.

9. Precatório. Pequeno valor. Individualização do crédito apurado. Reclamação trabalhista plúrima. Execução direta contra a Fazenda Pública. Possibilidade. Tratando-se de reclamações trabalhistas plúrimas, a aferição do que vem a ser obrigação de pequeno valor, para efeito de dispensa de formação de precatório e aplicação do disposto no § 3º do art. 100 da CF/88, deve ser realizada considerando-se os créditos de cada reclamante.

10. Precatório. Processamento e pagamento. Natureza administrativa. Mandado de segurança. Cabimento. É cabível mandado de segurança contra atos praticados pela Presidência dos Tribunais Regionais em precatório em razão de sua natureza administrativa, não se aplicando o disposto no inciso II do art. 5º da Lei n. 1.533, de 31.12.1951.

11. Recurso em matéria administrativa. Prazo. Órgão colegiado. Oito dias. Art. 6º da Lei n. 5.584, de 26.6.1970. Se não houver norma específica quanto ao prazo para interposição de recurso em matéria administrativa de decisão emanada de órgão Colegiado do Tribunal Regional do Trabalho, aplica-se, por analogia, a regra geral dos prazos adotados na Justiça do Trabalho, ou seja, oito dias, conforme estabelecido no art. 6º da Lei n. 5.584, de 26.6.1970. O prazo de dez dias a que alude o art. 59 da Lei n. 9.784, de 29.1.1999, aplica-se somente à interposição de recursos de decisões prolatadas monocraticamente.

12. Precatório. Procedimento de natureza administrativa. Incompetência funcional do presidente do TRT para declarar a inexigibilidade do título exequendo. (DEJT Divulgado em 16, 17 e 20.9.2010) O Presidente do TRT, em sede de precatório, não tem competência funcional para declarar a inexigibilidade do título judicial exequendo, com fundamento no art. 884, § 5º, da CLT, ante a natureza meramente administrativa do procedimento.

13. Precatório. Quebra da ordem de precedência. Não demonstração da posição do exequente na ordem cronológica. Sequestro indevido. (DEJT Divulgado em 16, 17 e 20.9.2010) É indevido o sequestro de verbas públicas quando o exequente/requerente não se encontra em primeiro lugar na lista de ordem cronológica para pagamento de precatórios ou quando não demonstrada essa condição.

ORIENTAÇÕES JURISPRUDENCIAIS DA SDI-1 — TST

OJs DA SEÇÃO DE DISSÍDIOS INDIVIDUAIS 1 — SDI-1(*)

1. **Ação rescisória. Réu sindicato. Legitimidade passiva** *ad causam*. Admitida. (25.11.96) (*Cancelada* em decorrência da sua conversão na OJ n. 110 da SBDI-II DJ 29.4.03)

2. **Adicional de insalubridade. Base de cálculo. Mesmo na vigência da CF/88: salário mínimo.** (29.3.96) (*Cancelada* na sessão do Tribunal Pleno realizada em 26.6.2008). Res. 148/2008, DJ 4 e 7.7.2008. Republicada DJ 8, 9 e 10.7.2008

3. **Adicional de insalubridade. Base de cálculo, na vigência do Decreto-Lei n. 2.351/87: piso nacional de salários.** Inserida em 14.3.94. (*Cancelada* em decorrência da sua conversão na Orientação Jurisprudencial Transitória n. 33 da SBDI-1, DJ 20.4.05)

4. **Adicional de insalubridade. Lixo urbano** (*Cancelada* em decorrência da sua conversão na Súmula n. 448). Res. 194/2014, DEJT divulgado em 21, 22 e 23.05.2014.

5. **Adicional de periculosidade. Exposição permanente e intermitente. Inflamáveis e/ou explosivos. Direito ao adicional integral.** Inserida em 14.3.94 (*Cancelada* em decorrência da sua conversão na Súmula n. 364, DJ 20.4.05)

6. **Adicional noturno. Prorrogação em horário diurno.** Inserida em 25.11.96 (*Cancelada* em decorrência da nova redação conferida à Súmula n. 60, DJ 20.4.05). Cumprida integralmente a jornada no período noturno e prorrogada esta, devido é também o adicional quanto às horas prorrogadas. Exegese do art. 73, § 5º, da CLT.

7. **Advogado. Atuação fora da seção da OAB onde o advogado está inscrito. Ausência de comunicação. (Lei n. 4.215/63, § 2º, ART. 56). Infração disciplinar. Não importa nulidade.** Inserida em 29.3.96 (inserido dispositivo, DJ 20.4.05). A despeito da norma então prevista no art. 56, § 2º, da Lei n. 4.215/63, a falta de comunicação do advogado à OAB para o exercício profissional em seção diversa daquela na qual tem inscrição não importa nulidade dos atos praticados, constituindo apenas infração disciplinar, que cabe àquela instituição analisar.

8. **Alçada. Ação rescisória. Não se aplica a alçada em ação rescisória.** Inserida em 1.2.95 (*Cancelada* em decorrência da sua conversão na Súmula n. 365, DJ 20.4.05)

9. **Alçada. Decisão contrária à entidade pública. Cabível a remessa de ofício. Decreto-Lei n. 779/69 e Lei n. 5.584/70.** Inserida em 7.11.94 (*Cancelada* em decorrência da nova redação conferida à Súmula n. 303, DJ 20.4.05). Tratando-se de decisão contrária à entidade pública, cabível a remessa de ofício mesmo de processo de alçada.

10. **Alçada. Mandado de segurança.** Inserida em 1º.2.95 (*Cancelada* em decorrência da sua conversão na Súmula n. 365, DJ 20.4.05). Não se aplica a alçada em mandado de segurança.

11. **Alçada. Vinculação ao salário mínimo. Duplo grau. Recorribilidade. O art. 5º, inc. LV e o art. 7º, inc. IV, da CF/88 não revogaram o art. 2º, § 4º, da Lei n. 5.584/70.** Convertida na Súmula n. 356, Resol. n. 75/97, DJ 19.12.97. (3.6.96)

12. **Anistia. Emenda Constitucional n. 26/85. Efeitos financeiros da promulgação.** (Nova redação, DJ 20.4.05). Os efeitos financeiros decorrentes da anistia concedida pela Emenda Constitucional n. 26/85 contam-se desde a data da sua promulgação.

13. **APPA. Decreto-Lei n. 779/69. Depósito recursal e custas. Não isenção** (inserido dispositivo). DEJT divulgado em 16, 17 e 18.11.2010. A Administração dos Portos de Paranaguá e Antonina. APPA, vinculada à Administração Pública indireta, não é isenta do recolhimento do depósito recursal e do pagamento das custas processuais por não ser beneficiária dos privilégios previstos no Decreto-Lei n. 779, de 21.8.1969, ante o fato de explorar atividade econômica com fins lucrativos, o que descaracteriza sua natureza jurídica, igualando-a às empresas privadas.

14. **Aviso prévio cumprido em casa. Verbas rescisórias. Prazo para pagamento.** Inserida em 25.11.96 (título alterado e inserido dispositivo, DJ 20.4.05). Em caso de aviso prévio cumprido em casa, o prazo para pagamento das verbas rescisórias é até o décimo dia da notificação de despedida.

15. **Bancário. Gratificação de função superior a 1/3 e inferior ao valor constante de norma coletiva. Inexistência de direito às 7ª e 8ª horas. Direito à diferença do adicional, se e quando pleiteada.** Inserida em 14.3.94 (*Cancelada* em decorrência da nova redação conferida à Súmula n. 102, DJ 20.4.05)

16. **Banco do Brasil. ACP. Adicional de caráter pessoal. Indevido.** Inserida em 13.2.95 (inserido dispositivo, DJ 20.4.05). A isonomia de vencimentos entre servidores do Banco Central do Brasil e do Banco do Brasil, decorrente de sentença normativa, alcançou apenas os vencimentos e vantagens de caráter permanente. Dado o caráter personalíssimo do Adicional de Caráter Pessoal. ACP e não integrando a remuneração dos funcionários do Banco do Brasil, não foi ele contemplado na decisão normativa para efeitos de equiparação à tabela de vencimentos do Banco Central do Brasil.

17. **Banco do Brasil. AP e ADI.** Os adicionais AP, ADI ou AFR, somados ou considerados isoladamente, sendo equivalentes a 1/3 do salário do cargo efetivo (art. 224, § 2º, da CLT), excluem o empregado ocupante de cargo de confiança do Banco do Brasil da jornada de 6 horas. (Inserida em 7.11.94)

18. **Complementação de aposentadoria. Banco do Brasil.** (redação do item I alterada em decorrência do julgamento dos processos TST-IUJ E-ED-RR-301900. 52.2005.5.09.0661 e ERR 119900-56.1999.5.04.0751) Res. 175, 24.5.11. DJe 27.5.11.

I. O valor das horas extras integra a remuneração do empregado para o cálculo da complementação de aposentadoria, desde que sobre ele incida a contribuição à Caixa de Previdência dos Funcionários do Banco do Brasil. PREVI, observado o respectivo regulamento no tocante à integração.

II. Os adicionais AP e ADI não integram o cálculo para a apuração do teto da complementação de aposentadoria; *(ex-OJ n. 21 da SBDI-1. inserida em 13.2.95)*

III. No cálculo da complementação de aposentadoria deve-se observar a média trienal; *(ex-OJs ns. 19 e 289 ambas da SBDI-1. inseridas respectivamente em 5.6.95 e 11.8.03)*

IV. A complementação de aposentadoria proporcional aos anos de serviço prestados exclusivamente ao Banco do Brasil somente se verifica a partir da Circular Funci n. 436/63; *(ex-OJ n. 20 da SBDI-1. inserida em 13.2.95)*

V. O telex DIREC do Banco do Brasil n. 5003/1987 não assegura a complementação de aposentadoria integral, porque não aprovado pelo órgão competente ao qual a instituição se subordina. *(ex-OJ n. 136 da SBDI-1. inserida em 27.11.98)*

19. **Banco do Brasil. Complementação de aposentadoria. Média trienal.** Inserida em 5.6.95 (*Cancelada* em decorrência da sua incorporação à nova redação conferida à Orientação Jurisprudencial n. 18 da SBDI-1, DJ 20.4.05)

20. **Banco do Brasil. Complementação de aposentadoria. Proporcionalidade somente a partir da Circ. Funci n. 436/1963.** Inserida em 13.2.95 (*Cancelada* em decorrência da sua incorporação à nova redação conferida à Orientação Jurisprudencial n. 18 da SBDI-1, DJ 20.4.05)

21. **Banco do Brasil. Complementação de aposentadoria. Teto. Cálculo. AP e ADI. Não integração.** Inserida em 13.2.95 (*Cancelada* em decorrência da sua incorporação à nova redação conferida à nova redação conferida à Orientação Jurisprudencial n. 18 da SBDI-1, DJ 20.4.05)

22. **BRDE. Entidade autárquica de natureza bancária. Lei n. 4.595/64, art. 17. Res. BACEN n. 469/70, art. 8º. CLT, art. 224, § 2º. CF, art. 173, § 1º.** Inserida em 14.3.94 (*Cancelada* em decorrência da sua conversão na Orientação Jurisprudencial Transitória n. 34 da SBDI-1, DJ 20.4.05)

(*) A data da inclusão da Orientação Jurisprudencial encontra-se ao final de cada texto, em negrito. A inclusão é feita em função da Orientação Jurisprudencial da SBDI-II, de n. 77.

ORIENTAÇÕES JURISPRUDENCIAIS DA SDI-1 — TST

23. Cartão de ponto. Registro. Inserida em 3.6.96 (*Cancelada* em decorrência da sua conversão na Súmula n. 366, DJ 20.4.05). Não é devido o pagamento de horas extras relativamente aos dias em que o excesso de jornada não ultrapassa de cinco minutos antes e/ou após a duração normal do trabalho. (Se ultrapassado o referido limite, como extra será considerada a totalidade do tempo que exceder a jornada normal).

24. Cigarro não é salário utilidade. Inserida em 29.3.96 (*Cancelada* em decorrência da sua conversão na Súmula n. 367, DJ 20.4.05)

25. CIPA. Suplente. Antes da CF/1988. Não tem direito à estabilidade. Inserida em 29.3.96 (*Cancelada* em decorrência da nova redação conferida à Súmula n. 339, DJ 20.4.05)

26. Competência da Justiça do Trabalho. Complementação de pensão requerida por viúva de ex-empregado. Inserida em 1.2.95 (inserido dispositivo, DJ 20.4.05). A Justiça do Trabalho é competente para apreciar pedido de complementação de pensão postulada por viúva de ex-empregado, por se tratar de pedido que deriva do contrato de trabalho.

27. CONAB. Estabilidade concedida por norma interna. Não assegurada. Aviso DIREH 02/88. (Convertida na Súmula n. 355/TST). (5.10.95)

28. Correção monetária sobre as diferenças salariais. Universidades federais. Devida. Lei n. 7.596/87. (Nova redação, DJ 20.4.05). Incide correção monetária sobre as diferenças salariais dos servidores das universidades federais, decorrentes da aplicação retroativa dos efeitos financeiros assegurados pela Lei n. 7.596/87, pois a correção monetária tem como escopo único minimizar a desvalorização da moeda em decorrência da corrosão inflacionária.

29. Custas. Mandado de segurança. Recurso ordinário. Exigência do pagamento. Inserida em 3.6.96 (*Cancelada* em decorrência da sua conversão na Orientação Jurisprudencial n. 148 da SBDI-2, DJ 20.4.05)

30. Custas. Prazo para comprovação. (Convertida na Súmula n. 352. Res. n. 69/97, DJ 30.5.97). (29.3.96)

31. Depósito recursal e custas. Empresa em liquidação extrajudicial. Súmula n. 86. Não pertinência. Inserida em 14.3.94 (*Cancelada* em decorrência da nova redação conferida à Súmula n. 86, DJ 20.4.05)

32. Descontos legais. Sentenças trabalhistas. Contribuição previdenciária e imposto de renda. Devidos. Provimento CGJT n. 3/84. Inserida em 14.3.94 (*Cancelada* em decorrência da sua conversão na Súmula n. 368, DJ 20.4.05)

33. Deserção. Custas. Carimbo do banco. Validade. O carimbo do banco recebedor na guia de comprovação do recolhimento das custas supre a ausência de autenticação mecânica. (Inserida em 25.11.96)

34. Dirigente sindical. Estabilidade provisória. Inserida em 29.4.94 (*Cancelada* em decorrência da sua conversão na Súmula n. 369, DJ 20.4.05). É indispensável a comunicação, pela entidade sindical, ao empregador, na forma do § 5º, do art. 543, da CLT.

35. Dirigente sindical. Registro de candidatura no curso do aviso prévio. Não tem direito à estabilidade provisória (art. 543, § 3º, CLT). Inserida em 14.3.94 (*Cancelada* em decorrência da sua conversão na Súmula n. 369, DJ 20.4.05)

36. Instrumento normativo. Cópia não autenticada. Documento comum às partes. Validade. (título alterado e inserido dispositivo, DJ 20.4.05). O instrumento normativo em cópia não autenticada possui valor probante, desde que não haja impugnação ao seu conteúdo, eis que se trata de documento comum às partes.

37. Embargos. Violação do art. 896 da CLT. Inserida em 1º.2.95 (*Cancelada* em decorrência da nova redação conferida à Súmula n. 296, DJ 20.4.05). Não ofende o art. 896, da CLT, decisão de turma que, examinando premissas concretas de especificidade da divergência colacionada no apelo revisional, conclui pelo conhecimento ou desconhecimento do recurso.

38. Empregado que exerce atividade rural. Empresa de reflorestamento. Prescrição própria do rurícola. (Lei n. 5.889/73, art. 10 e Decreto n. 73.626/74, art. 2º, § 4º) (inserido dispositivo). DEJT divulgado em 16, 17 e 18.11.2010. O empregado que trabalha em empresa de reflorestamento, cuja atividade está diretamente ligada ao manuseio da terra e de matéria-prima, é rurícola e não industriário, nos termos do Decreto n. 73.626, de 12.02.1974, art. 2º, § 4º, pouco importando que o fruto de seu trabalho seja destinado à indústria. Assim, aplica-se a prescrição própria dos rurícolas aos direitos desses empregados.

39. Engenheiro. Jornada de trabalho. Lei n. 4.950/66. Inserida em 7.11.94 (*Cancelada* em decorrência da sua conversão na Súmula n. 370, DJ 20.4.05). A Lei n. 4.950/66 não estipula a jornada reduzida para os engenheiros, mas apenas estabelece o salário mínimo da categoria para uma jornada de 6 horas. Não há que se falar em horas extras, salvo as excedentes à 8ª, desde que seja respeitado o salário mínimo/horário da categoria.

40. Estabilidade. Aquisição no período do aviso prévio. Não reconhecida. Inserida em 28.11.95 (*Cancelada* em decorrência da sua conversão na Súmula n. 371, DJ 20.4.05). A projeção do contrato de trabalho para o futuro, pela concessão do aviso prévio indenizado, tem efeitos limitados às vantagens econômicas obtidas no período de pré-aviso, ou seja, salários, reflexos e verbas rescisórias.

41. Estabilidade. Instrumento normativo. Vigência. Eficácia. Preenchidos todos os pressupostos para a aquisição de estabilidade decorrente de acidente ou doença profissional, ainda durante a vigência do instrumento normativo, goza o empregado de estabilidade mesmo após o término da vigência deste. (Inserida em 25.11.96)

42. FGTS. Multa de 40%. (nova redação em decorrência da incorporação das Orientações Jurisprudenciais ns. 107 e 254 da SBDI-1, DJ 20.4.05).

I. É devida a multa do FGTS sobre os saques corrigidos monetariamente ocorridos na vigência do contrato de trabalho. Art. 18, § 1º, da Lei n. 8.036/90 e art. 9º, § 1º, do Decreto n. 99.684/90. (*ex-OJ n. 107 da SBDI-1. inserida em 1.10.97*)

II. O cálculo da multa de 40% do FGTS deverá ser feito com base no saldo da conta vinculada na data do efetivo pagamento das verbas rescisórias, desconsiderada a projeção do aviso prévio indenizado, por ausência de previsão legal. (*ex-OJ n. 254 da SBDI-1. inserida em 13.3.02*)

43. Conversão de sálarios de cruzeiros para cruzados. Decreto-Lei n. 2.284/86. (nova redação, DJ 20.4.05). A conversão de salários de cruzeiros para cruzados, nos termos do Decreto-lei n. 2.284/86, não afronta direito adquirido dos empregados.

44. Gestante. Salário-maternidade. É devido o salário-maternidade, de 120 dias, desde a promulgação da CF/88, ficando a cargo do empregador o pagamento do período acrescido pela Carta. (Inserida em 13.9.94)

45. Gratificação de função percebida por 10 ou mais anos. Afastamento do cargo de confiança sem justo motivo. Estabilidade financeira. Manutenção do pagamento. Inserida em 25.11.96 (Cancelada em decorrência da sua conversão na Súmula n. 372, DJ 20.4.05)

46. Gratificação semestral. Congelamento. Prescrição parcial. Inserida em 29.3.96 (*Cancelada* em decorrência da sua conversão na Súmula n. 373, DJ 20.4.05)

47. Hora extra. Adicional de insalubridade. Base de cálculo. (redação alterada na sessão do Tribunal Pleno em 26.6.08). (Res. 148/2008, DJ 4 e 7.7.08. Republicada DJ 8, 9 e 10.7.08). A base de cálculo da hora extra é o resultado da soma do salário contratual mais o adicional de insalubridade.

48. Horas extras pactuadas após a admissão do bancário não configura pré-contratação. Súmula n. 199. Inaplicável. Inserida em 25.11.96 (*Cancelada* em decorrência da nova redação conferida à Súmula n. 199, DJ 20.4.05)

49. Horas extras. Uso do BIP. Não caracterizado o "sobreaviso". (*Cancelada* em decorrência da sua conversão na Súmula n. 428 do TST Res. 175, 24.5.11. DJe 27.5.11). O uso do aparelho BIP pelo empregado, por si só, não caracteriza o regime de sobreavi-

so, uma vez que o empregado não permanece em sua residência aguardando, a qualquer momento, convocação para o serviço.

50. Horas *in itinere*. Incompatibilidade de horários. Devidas. Aplicável a Súmula n. 90. Inserida em 1.2.95 (Cancelada em decorrência da nova redação conferida à Súmula n. 90, DJ 20.4.05)

51. Legislação eleitoral. Empresas públicas e sociedades de economia mista (título alterado e inserido dispositivo. DEJT divulgado em 16, 17 e 18.11.2010). Aos empregados das empresas públicas e das sociedades de economia mista regidos pela CLT aplicam-se as vedações dispostas no art. 15 da Lei n. 7.773, de 8.6.1989.

52. Mandato. Procurador da União, Estados, Municípios e Distrito Federal, suas autarquias e fundações públicas. Dispensável a juntada de procuração. (Lei n. 9.469, de 10 de julho de 1997). (*Cancelada* em decorrência da conversão na Súmula n. 436. (Res. 186/2012, DEJT divulgado em 25.9.12). A União, Estados, Municípios e Distrito Federal, suas autarquias e fundações públicas quando representadas em juízo, ativa e passivamente, por seus procuradores, estão dispensadas da juntada de instrumento de mandato.

53. Médico. Jornada de trabalho. Lei n. 3.999/61. Inserida em 29.4.94 (*Cancelada* em decorrência da sua conversão na Súmula n. 370, DJ 20.4.05). A Lei n. 3.999/61 não estipula a jornada reduzida para os médicos, mas apenas estabelece o salário mínimo da categoria para uma jornada de 4 horas. Não há que se falar em horas extras, salvo as excedentes à 8ª, desde que seja respeitado o salário mínimo/horário da categoria.

54. Multa. Cláusula penal. Valor superior ao principal. (título alterado, inserido dispositivo e atualizada a legislação, DJ 20.4.05). O valor da multa estipulada em cláusula penal, ainda que diária, não poderá ser superior à obrigação principal corrigida, em virtude da aplicação do art. 412 do Código Civil de 2002 (art. 920 do Código Civil de 1916).

55. Norma coletiva. Categoria diferenciada. Abrangência. Inserida em 25.11.96 (*Cancelada* em decorrência da sua conversão na Súmula n. 374, DJ 20.4.05). Empregado integrante de categoria profissional diferenciada não tem o direito de haver de seu empregador vantagens previstas em instrumento coletivo no qual a empresa não foi representada por órgão de classe de sua categoria.

56. Nossa Caixa. Nosso Banco (Caixa Econômica do Estado de São Paulo). Regulamento. Gratificação especial e/ou anuênios. Direito reconhecido apenas àqueles empregados que tinham 25 anos de efetivo exercício prestados exclusivamente à Caixa. **(Inserida em 25.11.96)**

57. PCCS. Devido o reajuste do adiantamento. Lei n. 7.686/88, art. 1º. Inserida em 14.3.94 (inserido dispositivo, DJ 20.4.05). É devido o reajuste da parcela denominada "adiantamento do PCCS", conforme a redação do art. 1º da Lei n. 7.686/88.

58. Plano Bresser. IPC jun./1987. Inexistência de direito adquirido. Inserida em 10.3.95 (inserido dispositivo, DJ 20.4.05). Inexiste direito adquirido ao IPC de junho de 1987 (Plano Bresser), em face da edição do Decreto-Lei n. 2.335/87.

59. Plano Verão. URP de fevereiro de 1989. Inexistência do direito adquirido. Inserida em 13.2.95 (inserido dispositivo, DJ 20.4.05). Inexiste direito adquirido à URP de fevereiro de 1989 (Plano Verão), em face da edição da Lei n. 7.730/89.

60. Portuários. Hora noturna. Horas extras. (Lei n. 4.860/65, arts. 4º e 7º, § 5º). (nova redação em decorrência da incorporação da Orientação Jurisprudencial n. 61 da SBDI-1, DJ 20.4.05).

I. A hora noturna no regime de trabalho no porto, compreendida entre dezenove horas e sete horas do dia seguinte, é de sessenta minutos.

II. Para o cálculo das horas extras prestadas pelos trabalhadores portuários, observar-se-á somente o salário básico percebido, excluídos os adicionais de risco e de produtividade. *(ex-OJ n. 61 da SBDI-1. inserida em 14.3.94)*

61. Portuários. Horas extras. Base de cálculo: ordenado sem o acréscimo dos adicionais de risco e de produtividade. Lei n. 4.860/65, art. 7º, § 5º. Inserida em 14.3.94 (*Cancelada* em decorrência da sua incorporação à nova redação da Orientação Jurisprudencial n. 60 da SBDI-1, DJ 20.4.05)

62. Prequestionamento. Pressuposto de admissibilidade em apelo de natureza extraordinária. Necessidade, ainda que se trate de incompetência absoluta (republicada em decorrência de erro material). **DEJT divulgado em 23, 24 e 25.11.2010.** É necessário o prequestionamento como pressuposto de admissibilidade em recurso de natureza extraordinária, ainda que se trate de incompetência absoluta.

63. Prescrição total. Horas extras. Pré-contratadas e suprimidas. Termo inicial. Data da supressão. Inserida em 14.3.94 (*Cancelada* em decorrência da nova redação conferida à Súmula n. 199, DJ 20.4.05)

64. PROBAM. Súmula n. 239. Inaplicável. Não são bancários seus empregados. Inserida em 13.9.94 (*Cancelada* em decorrência da nova redação conferida à Súmula n. 239, DJ 20.4.05)

65. Professor adjunto. Ingresso no cargo de professor titular. Exigência de concurso público não afastada pela Constituição Federal de 1988 (CF/1988, art. 37, II e 206, V). Inserida em 30.5.94 (inserido dispositivo, DJ 20.4.05). O acesso de professor adjunto ao cargo de professor titular só pode ser efetivado por meio de concurso público, conforme dispõem os arts. 37, inciso II, e 206, inciso V, da CF/88.

66. Professor. Repouso semanal remunerado. Lei n. 605/49, art 7º, § 2º e art. 320, da CLT. (Convertida na Súmula n. 351. Res. n. 68/97, DJ 30.5.97). (25.11.96)

67. Radiologista. Salário profissional. O salário profissional dos técnicos em radiologia é igual a dois salários mínimos e não a quatro **(Lei n. 7.394/85). (*Cancelada* em decorrência da sua conversão na Súmula n. 358. Res. n. 77/97, DJ 19.12.97). (Inserida em 3.6.96)**

68. Reajustes salariais. Bimestrais e quadrimestrais (Lei n. 8.222/91). Simultaneidade inviável. Inserida em 28.11.95 (*Cancelada* em decorrência da sua conversão na Orientação Jurisprudencial Transitória n. 35 da SBDI-1, DJ 20.4.05).

69. Reajustes salariais previstos em norma coletiva. Prevalência dos Decretos-Leis ns. 2.283/86 e 2.284/86. "plano cruzado". Inserida em 14.3.94 (*Cancelada* em decorrência da sua conversão na Súmula n. 375, DJ 20.4.05)

70. Recurso ordinário. Cabimento. Inserida em 13.9.94 (*Cancelada* em decorrência da sua conversão na Orientação Jurisprudencial n. 5 do Tribunal Pleno, DJ 20.4.05). Não cabe recurso ordinário contra decisão de agravo regimental interposto em reclamação correicional.

71. Remessa *ex officio*. Ação rescisória. Decisões contrárias a entes públicos (art. 1ª, inc. V, do Decreto-Lei n. 779/69 e inc. II, do art. 475, do CPC). CABÍVEL. Inserida em 3.6.96 (*Cancelada* em decorrência da nova redação conferida à Súmula n. 303, DJ 20.4.05)

72. Remessa *ex officio*. Mandado de segurança concedido. Impetrante e terceiro interessado pessoas de direito privado. Incabível, ressalvadas as hipóteses de matéria administrativa, de competência do órgão especial. Inserida em 25.11.96 (*Cancelada* em decorrência da nova redação conferida à Súmula n. 303, DJ 20.4.05).

73. Remessa *ex officio*. Mandado de segurança. Incabível. Decisões proferidas pelo TRT e favoráveis ao impetrante ente público. Inaplicabilidade do art. 12 da Lei n. 1.533/51. Inserida em 3.6.96 (*Cancelada* em decorrência da nova redação conferida à Súmula n. 303, DJ 20.4.05)

74. Revelia. Ausência da reclamada. Comparecimento de advogado. Inserida em 25.11.96 (*Cancelada* em decorrência da nova redação conferida à Súmula n. 122, DJ 20.4.05). A reclamada, ausente à audiência em que deveria apresentar defesa, é revel, ainda que presente seu advogado munido de procuração.

75. Substabelecimento sem o reconhecimento de firma do substabelecente. Inválido (anterior à Lei n. 8.952/94). Inserida

em 1.2.95 (inserido dispositivo, DJ 20.4.05). Não produz efeitos jurídicos recurso subscrito por advogado com poderes conferidos em substabelecimento em que não consta o reconhecimento de firma do outorgante. Entendimento aplicável antes do advento da Lei n. 8.952/94.

76. Substituição dos avanços trienais por quinquênios. Alteração do contrato de trabalho. Prescrição total. CEEE. Inserida em 14.3.94 (inserido dispositivo, DJ 20.4.05). A alteração contratual consubstanciada na substituição dos avanços trienais por quinquênios decorre de ato único do empregador, momento em que começa a fluir o prazo fatal de prescrição.

77. Testemunha que move ação contra a mesma reclamada. Não há suspeição (Convertida na Súmula n. 357, Resol. n. 76/97, DJ 19.12.97). (29.3.96)

78. Turnos ininterruptos de revezamento. Jornada de seis horas. A interrupção do trabalho dentro de cada turno ou semanalmente, não afasta a aplicação do art. 7º, XVI da CF/88. **(Convertida na Súmula n. 360, Resol. n. 79/97, DJ 13.1.98) (30.5.94)**

79. URP de abril e maio de 1988. Decreto-Lei n. 2.425/1988. (alterada em decorrência do julgamento do processo TST-R-XOFROAR-573062/1999 pelo Tribunal Pleno. certidão de julgamento publicada no DJ de 14.6.2005). Existência de direito apenas ao reajuste de 7/30 de 16,19% a ser calculado sobre o salário de março e incidente sobre o salário dos meses de abril e maio, não cumulativamente e corrigidos desde a época própria até a data do efetivo pagamento.

80. Ação rescisória. Réu sindicato. Substituto processual na ação originária. Inexistência de litisconsórcio passivo necessário. (Cancelada **em decorrência da sua conversão na Orientação Jurisprudencial n. 110 da SBDI-2, DJ 29.4.03)** Quando o sindicato é réu na Ação Rescisória, por ter sido autor, como substituto processual na ação originária, é desnecessária a citação dos substituídos.

81. Art. 462, do CPC. Fato superveniente. Inserida em 28.4.97 (Cancelada **em decorrência da sua conversão na Súmula n. 394, DJ 20.4.05).** É aplicável de ofício aos processos em curso em qualquer instância trabalhista.

82. Aviso prévio. Baixa na CTPS. A data de saída a ser anotada na CTPS deve corresponder à do término do prazo do aviso prévio, ainda que indenizado. **(Inserida em 28.4.97)**

83. Aviso prévio. Indenizado. Prescrição. A prescrição começa a fluir no final da data do término do aviso prévio. Art. 487, § 1º, CLT. **(Inserida em 28.4.97)**

84. Aviso prévio. Proporcionalidade. (Cancelada. **Res. 186/2012, DEJT divulgado em 25.9.12).** A proporcionalidade do aviso prévio, com base no tempo de serviço, depende da legislação regulamentadora, visto que o art. 7º, inc. XXI, da CF/88 não é autoaplicável.

85. Contrato nulo. Efeitos. Devido apenas o equivalente aos salários dos dias trabalhados. (Cancelada **em decorrência da sua conversão na Súmula n. 363. Res. n. 97/00, DJ 18.9.00. Republicação DJ 13.10.00).**

86. Dirigente sindical. Extinção da atividade empresarial no âmbito da base territorial do sindicato. Insubsistência da estabilidade. Inserida em 28.4.97 (Cancelada **em decorrência da sua conversão na Súmula n. 369, DJ 20.4.05)**

87. Entidade pública. Exploração de atividade eminentemente econômica. Execução. Art. 883, da CLT. É direta a execução contra a APPA e MINASCAIXA (§ 1º do art. 173, da CF/88). **(Nova redação. DJ 16.4.04. Parágrafo único do art. 168 do Regimento Interno do TST.**

88. Gestante. Estabilidade provisória. (Cancelada **em decorrência da nova redação conferida à Súmula n. 244). DJ 20.4.05.** O desconhecimento do estado gravídico pelo empregador não afasta o direito ao pagamento da indenização decorrente da estabilidade. (art. 10, II, "b", ADCT).

89. Horas extras. Reflexos. Inserida em 28.4.97 (Cancelada **em decorrência da sua conversão na Súmula n. 376, DJ 20.4.05).** O valor das horas extras habitualmente prestadas integra o cálculo dos haveres trabalhistas, independentemente da limitação prevista no caput do art. 59, da CLT.

90. Agravo de instrumento. Traslado. Não exigência de certidão de publicação do acórdão regional. Res. 52/96. Instrução Normativa n. 6/96. Inserida em 30.5.97 (Cancelada **em decorrência da nova redação conferida ao art. 897 da CLT pela Lei n. 9.756/98, DJ 20.4.05).** Quando o despacho denegatório de processamento de recurso de revista não se fundou na intempestividade deste, não é necessário o traslado da certidão de publicação do acórdão regional.

91. Anistia. Art. 8º, § 1º, ADCT. Efeitos financeiros. ECT. ROAR 105608/94, SDI-plena. Em 19.5.97, a SDI-plena decidiu, pelo voto prevalente do Exmo. Sr. Presidente, que os efeitos financeiros da readmissão do empregado anistiado serão contados a partir do momento em que este manifestou o desejo de retornar ao trabalho e, na ausência de prova, da data do ajuizamento da ação. **(Inserida em 30.5.97)**

92. Desmembramento de municípios. Responsabilidade trabalhista. Em caso de criação de novo município, por desmembramento, cada uma das novas entidades responsabiliza-se pelos direitos trabalhistas do empregado no período em que figurarem como real empregador. **(Inserida em 30.5.97)**

93. Domingos e feriados trabalhados e não compensados. Aplicação da Súmula n. 146. Inserida em 30.5.97 (Cancelada **em decorrência da redação da Súmula n. 146 conferida pela Res. 121/03. DJ 21.11.03).** O trabalho prestado em domingos e feriados não compensados deve ser pago em dobro sem prejuízo da remuneração relativa ao repouso semanal.

94. Embargos. Exigência. Indicação expressa do dispositivo legal tido como violado. Inserida em 30.5.97 (Cancelada **em decorrência da nova redação conferida à Súmula n. 221, DJ 20.4.05).** ERR 164691/95, SDI-Plena. Em 19.5.97, a SDI-Plena decidiu, por maioria, que não se conhece de revista (896 "c") e de embargos (894 "b") por violação legal ou constitucional quando o recorrente não indica expressamente o dispositivo de lei ou da Constituição tido como violado.

95. Embargos para SDI. Divergência oriunda da mesma turma do TST. Inservível. Inserida em 30.5.1997. ERR 125320/1994, SDI-Plena. Em 19.5.97, a SDI-plena, por maioria, decidiu que acórdãos oriundos da mesma Turma, embora divergentes não fundamentam divergência jurisprudencial que trata a alínea b, do art. 894 da Consolidação das Leis do Trabalho para embargos à Seção Especializada em Dissídios Individuais, subseção I. (30.5.97)

96. Férias. Salário substituição. Devido. Aplicação da Súmula n. 159. Inserida em 30.5.97 (Cancelada **em decorrência da redação da Súmula n. 159 conferida pela Res. 121/03. DJ 21.11.03).**

97. Horas extras. Adicional noturno. Base de cálculo. O adicional noturno integra a base de cálculo das horas extras prestadas no período noturno. **(Inserida em 30.5.97)**

98. Horas in itinere. **Tempo gasto entre a portaria da empresa e o local do serviço. Devidas. Açominas. Inserida em 30.5.97 (**Cancelada **em decorrência da sua conversão na Orientação Jurisprudencial Transitória n. 36 da SDI-1, DJ 20.4.05)**

99. Preposto. Exigência da condição de empregado. Inserida em 30.5.97 (Cancelada **em decorrência da sua conversão na Súmula n. 377, DJ 20.4.05).** Exceto quanto à reclamação de empregado doméstico, o preposto deve ser necessariamente empregado do reclamado. Inteligência do art. 843, § 1º da CLT.

100. Salário. Reajuste. Entes públicos. Inserida em 30.5.97 (título alterado e inserido dispositivo, DJ 20.4.05). Os reajustes salariais previstos em legislação federal devem ser observados pelos Estados-membros, suas Autarquias e Fundações Públicas nas relações contratuais trabalhistas que mantiverem com seus empregados.

101. Reintegração convertida em indenização dobrada. Efeitos. Aplicação da Súmula n. 28. Inserida em 30.5.97 (Cancelada **em decorrência da nova redação da Súmula n. 28 conferida pela Res. n. 121/03, DJ 21.11.03).** AGERR 100357/93, SDI-Plena. Em 19.5.97, a SDI-Plena, por maioria, decidiu que o direito à percepção de salários vencidos e vincendos decorrentes da condenação ao pagamento de indenização dobrada é assegurado até a data da primeira decisão que converteu a reintegração em indenização dobrada.

102. Adicional de insalubridade. Integração na remuneração. Inserida em 1.10.97 (*Cancelada* em decorrência da nova redação conferida à Súmula n. 139, DJ 20.4.05). Enquanto percebido, o adicional de insalubridade integra a remuneração para todos os efeitos legais.

103. Adicional de insalubridade. Repouso semanal e feriados. (nova redação, DJ 20.4.05). O adicional de insalubridade já remunera os dias de repouso semanal e feriados.

104. Custas. Condenação acrescida. Inexistência de deserção quando as custas não são expressamente calculadas e não há intimação da parte para o preparo do recurso, devendo, então, ser as custas pagas ao final (*Cancelada* em decorrência da sua incorporação à nova redação da Súmula n. 25). Res. n. 197/2015, DEJT divulgado em 14, 15 e 18.5.2015. Não caracteriza deserção a hipótese em que, acrescido o valor da condenação, não houve fixação ou cálculo do valor devido a título de custas e tampouco intimação da parte para o preparo do recurso, devendo, pois, as custas ser pagas ao final.

105. Estabilidade provisória. Acidente de trabalho. É constitucional o art. 118 da Lei n. 8.213/91. Inserida em 1.10.97 (*Cancelada* em decorrência da sua conversão na Súmula n. 378, DJ 20.4.05).

106. Estabilidade provisória. Pedido de reintegração. Concessão do salário relativo ao período de estabilidade já exaurido. Inexistência de julgamento *extra petita*. Inserida em 1.10.97 (*Cancelada* em decorrência da sua conversão na Súmula n. 396, DJ 20.4.05)

107. FGTS. Multa de 40%. Saques. Atualização monetária. Incidência. Inserida em 1º.10.97 (*Cancelada* em decorrência da sua incorporação à nova redação da Orientação Jurisprudencial n. 42 da SBDI-1, DJ 20.4.05). A multa de 40% a que se refere o art. 9º, § 1º, do Decreto n. 99.684/90, incide sobre os saques, corrigidos monetariamente.

108. Mandato expresso. Ausência de poderes para substabelecer. Válidos os atos praticados pelo substabelecido. (art. 1.300, §§ 1º e 2º do CCB). Inserida em 1º.10.97 (*Cancelada* em decorrência da sua conversão na Súmula n. 395, DJ 20.4.05)

109. Minascaixa. Legitimidade passiva *ad causam* enquanto não concluído o procedimento de liquidação extrajudicial. Inserida em 1º.10.97 (*Cancelada* em decorrência da sua conversão na Orientação Jurisprudencial Transitória n. 37 da SBDI-1, DJ 20.4.05)

110. Representação irregular. Procuração apenas nos autos de agravo de instrumento. (inserido dispositivo. DEJT divulgado em 16, 17 e 18.11.2010). A existência de instrumento de mandato apenas nos autos de agravo de instrumento, ainda que em apenso, não legitima a atuação de advogado nos processos de que se originou o agravo.

111. Recurso de revista. Divergência jurisprudencial. Aresto oriundo do mesmo Tribunal Regional. Lei n. 9.756/98. Inservível Ao Conhecimento. (nova redação, DJ 20.4.05). Não é servível ao conhecimento de recurso de revista aresto oriundo de mesmo Tribunal Regional do Trabalho, salvo se o recurso houver sido interposto anteriormente à vigência da Lei n. 9.756/98.

112. Vacância do cargo. Salário do sucessor. Súmula n. 159. Inaplicável. Inserida em 1º.10.97 (*Cancelada* em decorrência da nova redação conferida à Súmula n. 159, DJ 20.4.05). Vago o cargo em definitivo, o empregado que passa a ocupá-lo não tem direito a salário igual ao do antecessor.

113. Adicional de transferência. Cargo de confiança ou previsão contratual de transferência. Devido. Desde que a transferência seja provisória. O fato de o empregado exercer cargo de confiança ou a existência de previsão de transferência no contrato de trabalho não exclui o direito ao adicional. O pressuposto legal apto a legitimar a percepção do mencionado adicional é a transferência provisória. **(Inserida em 20.11.97)**

114. Dirigente sindical. Despedida. Falta grave. Inquérito judicial. Necessidade. Inserida em 20.11.97 (*Cancelada* em decorrência da sua conversão na Súmula n. 379, DJ 20.4.05)

115. Recurso de revista. Nulidade por negativa de prestação jurisdicional (*Cancelada* em decorrência da sua conversão na Súmula n. 459). Res. n. 197/2015, DEJT divulgado em 14, 15 e 18.5.2015. O conhecimento do recurso de revista, quanto à preliminar de nulidade por negativa de prestação jurisdicional, supõe indicação de violação do art. 832 da CLT, do art. 458 do CPC ou do art. 93, IX, da CF/1988.

116. Estabilidade provisória. Período estabilitário exaurido. Reintegração não assegurada. Devidos apenas os salários desde a data da despedida até o final do período estabilitário. Inserida em 20.11.97 (*Cancelada* em decorrência da sua conversão na Súmula n. 396, DJ 20.4.05)

117. Horas extras. Limitação. Art. 59 da CLT. Inserida em 20.11.97 (*Cancelada* em decorrência da sua conversão na Súmula n. 376, DJ 20.4.05). A limitação legal da jornada suplementar a duas horas diárias não exime o empregador de pagar todas as horas trabalhadas.

118. Prequestionamento. Tese explícita. Inteligência da Súmula n. 297. Havendo tese explícita sobre a matéria, na decisão recorrida, desnecessário contenha nela referência expressa do dispositivo legal para ter-se como prequestionado este. **(Inserida em 20.11.97)**

119. Prequestionamento inexigível. Violação nascida na própria decisão recorrida. Súmula n. 297. Inaplicável. (inserido dispositivo). DEJT divulgado em 16, 17 e 18.11.2010). E inexigível o prequestionamento quando a violação indicada houver nascido na própria decisão recorrida. Inaplicável à Súmula n. 297 do TST.

120. Recurso. Assinatura da petição ou das razões recursais. Validade. (nova redação, DJ 20.4.05). O recurso sem assinatura será tido por inexistente. Será considerado válido o apelo assinado, ao menos, na petição de apresentação ou nas razões recursais.

121. Substituição processual. Diferença do adicional de insalubridade. Legitimidade. Inserida em 20.11.97 (nova redação, DJ 20.4.05). O sindicato tem legitimidade para atuar na qualidade de substituto processual para pleitear diferença de adicional de insalubridade.

122. Aviso prévio. Início da contagem. Art. 125, Código Civil. Inserida em 20.4.98 (*Cancelada* em decorrência da sua conversão na Súmula n. 380, DJ 20.4.05). Aplica-se a regra prevista no art. 125, do Código Civil, à contagem do prazo do aviso prévio.

123. Bancários. Ajuda alimentação. A ajuda alimentação prevista em norma coletiva em decorrência de prestação de horas extras tem natureza indenizatória e, por isso, não integra o salário do empregado bancário. **(Inserida em 20.4.98)** ERR 118739/1994, SDI-Plena em 10.2.98, a SDI-Plena, por maioria, decidiu que ajuda alimentação paga ao bancário, em decorrência de prestação de horas extras por prorrogação de jornada, tem natureza indenizatória e, portanto, não integrativa ao salário.

124. Correção monetária. Salário. Art. 459, CLT. Inserida em 20.4.98 (*Cancelada* em decorrência da sua conversão na Súmula n. 381, DJ 20.4.05). O pagamento dos salários até o 5º dia útil do mês subsequente ao vencido não está sujeito à correção monetária. Se essa data limite for ultrapassada, incidirá o índice da correção monetária do mês subsequente ao da prestação dos serviços.

125. Desvio de função. Quadro de carreira (alterado em 13.2.02). O simples desvio funcional do empregado não gera direito a novo enquadramento, mas apenas às diferenças salariais respectivas mesmo que o desvio de função haja iniciado antes da vigência da CF/88. **(Inserida em 20.4.98)**

126. Súmula n. 239. Empresa de processamento de dados. Inaplicável. Inserida em 20.4.98 (*Cancelada* em decorrência da nova redação conferida à Súmula n. 239, DJ 20.4.05). É inaplicável a Súmula n. 239 quando a empresa de processamento de dados presta serviços a banco e a empresas não bancárias do mesmo grupo econômico ou a terceiros.

127. Hora noturna reduzida. Subsistência após a CF/88. O art. 73, § 1º, da CLT, que prevê a redução da hora noturna, não foi revogado pelo inciso IX do art. 7º, da CF/88. **(Inserida em 20.4.98)**

128. **Mudança de regime celetista para estatutário. Extinção do contrato. Prescrição bienal.** Inserida em 20.4.98 (*Cancelada* em decorrência da sua conversão na Súmula n. 382, DJ 20.4.05). A transferência do regime jurídico de celetista para estatutário implica extinção do contrato de trabalho, fluindo o prazo da prescrição bienal a partir da mudança de regime.

129. **Prescrição. Complementação da pensão e auxílio-funeral.** A prescrição extintiva para pleitear judicialmente o pagamento da complementação de pensão e do auxílio-funeral é de 2 anos, contados a partir do óbito do empregado. (**20.4.98**)

130. **Prescrição. Ministério Público. Arguição. "custos legis". Ilegitimidade (atualizada em decorrência do CPC de 2015). Res. n. 209/2016, DEJT divulgado em 1, 2 e 3.6.2016.** Ao exarar o parecer na remessa de ofício, na qualidade de "custos legis", o Ministério Público não tem legitimidade para arguir a prescrição em favor de entidade de direito público, em matéria de direito patrimonial.

131. **Vantagem *in natura*. Hipóteses em que não integra o salário.** Inserida em 20.4.98 e ratificada pelo Tribunal Pleno em 7.12.00 (*Cancelada* em decorrência da sua conversão na Súmula n. 367, DJ 20.4.05). A habitação e a energia elétrica fornecidas pelo empregador ao empregado, quando indispensáveis para a realização do trabalho, não têm natureza salarial.

132. **Agravo regimental. Peças essenciais nos autos principais.** Inexistindo lei que exija a tramitação do Agravo Regimental em autos apartados, tampouco previsão no Regimento Interno do Regional, não pode o agravante ver-se apenado por não haver colacionado cópia de peças dos autos principais, quando o Agravo Regimental deveria fazer parte dele. (**Inserida em 27.11.98**)

133. **Ajuda alimentação. Pat. Lei n. 6.321/76. Não integração ao salário.** A ajuda alimentação fornecida por empresa participante do Programa de Alimentação ao Trabalhador, instituído pela Lei n. 6.321/76, não tem caráter salarial. Portanto, não integra o salário para nenhum efeito legal. (**Inserida em 27.11.98**)

134. **Autenticação. Pessoa jurídica de direito público. Dispensada. Medida Provisória n. 1.360, DE 12.3.96.** São válidos os documentos apresentados, por pessoa jurídica de direito público, em fotocópia não autenticada, posteriormente à edição da Medida Provisória n. 1.360/1996 e suas reedições. (**Inserida em 27.11.98**)

135. **Aviso prévio indenizado. Superveniência de auxílio-doença no curso deste.** Inserida em 27.11.98 (*Cancelada em decorrência da sua conversão na Súmula n. 371, DJ 20.4.05*). Os efeitos da dispensa só se concretizam depois de concedido o benefício previdenciário, sendo irrelevante que tenha sido concedido no período do aviso prévio já que ainda vigorava o contrato de trabalho.

136. **Banco do Brasil. Complementação de aposentadoria. Telex DIREC n. 5003/87. Não assegurada.** Inserida em 27.11.98 (*Cancelada* em decorrência da sua incorporação à nova redação da Orientação Jurisprudencial n. 18 da SBDI-1, DJ 20.4.05). O telex DIREC do Banco do Brasil n. 5003/87 não assegura a complementação de aposentadoria integral, porque não aprovado pelo órgão competente ao qual a instituição se subordina.

137. **Banco meridional. Circular n. 34046/1989. Dispensa sem justa causa.** Inserida em 27.11.98 (*Cancelada* em decorrência da sua conversão na Orientação Jurisprudencial Transitória n. 38 da SBDI-1, DJ 20.4.05). A inobservância dos procedimentos disciplinados na Circular n. 34046/1989, norma de caráter eminentemente procedimental, não é causa para a nulidade da dispensa sem justa causa.

138. **Competência residual. Regime jurídico único. Limitação da execução.** (nova redação em decorrência da incorporação da Orientação Jurisprudencial n. 249 da SBDI-1, DJ 20.4.05). Compete à Justiça do Trabalho julgar pedidos de direitos e vantagens previstos na legislação trabalhista referente a período anterior à Lei n. 8.112/90, mesmo que a ação tenha sido ajuizada após a edição da referida lei. A superveniência de regime estatutário em substituição ao celetista, mesmo após a sentença, limita a execução ao período celetista. (1ª parte. ex-OJ n. 138 da SBDI-1. **inserida em 27.11.98**; 2ª parte. ex-OJ n. 249. **inserida em 13.3.02**)

139. **Depósito recursal. Complementação devida. Aplicação da Instrução Normativa n. 3/93, II.** Inserida em 27.11.98 (*Cancelada em decorrência da nova redação conferida à Súmula n. 128, DJ 20.4.05*). Está a parte recorrente obrigada a efetuar o depósito legal, integralmente, em relação a cada novo recurso interposto, sob pena de deserção. Atingido o valor da condenação, nenhum depósito mais é exigido para qualquer recurso.

140. **Depósito recursal e custas. Diferença ínfima. Deserção. Ocorrência.** (**nova redação, DJ 20.4.05**). Ocorre deserção do recurso pelo recolhimento insuficiente das custas e do depósito recursal, ainda que a diferença em relação ao *quantum* devido seja ínfima, referente a centavos.

141. **Descontos previdenciários e fiscais. Competência da justiça do trabalho.** Inserida em 27.11.98 (*Cancelada* em decorrência da sua conversão na Súmula n. 368, DJ 20.4.05).

142. **Embargos de declaração. Efeito modificativo. Vista à parte contrária.** (Inserido o item II à redação) (Resol. 178, 6.2.12. DJe 13, 14 e 15.2.12).

I. É passível de nulidade decisão que acolhe embargos de declaração com efeito modificativo sem que seja concedida oportunidade de manifestação prévia à parte contrária.

II. Em decorrência do efeito devolutivo amplo conferido ao recurso ordinário, o item I não se aplica às hipóteses em que não se concede vista à parte contrária para se manifestar sobre os embargos de declaração opostos contra sentença.

143. **Empresa em liquidação extrajudicial. Execução. Créditos trabalhistas. Lei n. 6.024/74.** A execução trabalhista deve prosseguir diretamente na Justiça do Trabalho mesmo após a decretação da liquidação extrajudicial. Lei n. 6.830/1980, arts. 5º e 29, aplicados supletivamente (CLT, art. 889 e CF/1988, art. 114). (**Inserida em 27.11.98**)

144. **Enquadramento funcional. Prescrição extintiva.** Inserida em 27.11.98 (*Cancelada em decorrência da nova redação conferida à Súmula n. 275, DJ 20.4.05*).

145. **Estabilidade. Dirigente sindical. Categoria diferenciada.** Inserida em 27.11.98 (*Cancelada* em decorrência da sua conversão na Súmula n. 369, DJ 20.4.05). O empregado de categoria diferenciada eleito dirigente sindical só goza de estabilidade se exercer na empresa atividade pertinente à categoria profissional do sindicato para o qual foi eleito dirigente.

146. **FGTS. Opção retroativa. Concordância do empregador. Necessidade.** Inserida em 27.11.98 (*Cancelada* em decorrência da sua conversão na Orientação Jurisprudencial Transitória n. 39 da SBDI-1, DJ 20.4.05)

147. **Lei estadual, norma coletiva ou norma regulamentar. Conhecimento indevido do recurso de revista por divergência jurisprudencial.** (nova redação em decorrência da incorporação da Orientação Jurisprudencial n. 309 da SBDI-1, DJ 20.4.05).

I. É inadmissível o recurso de revista fundado tão somente em divergência jurisprudencial, se a parte não comprovar que a lei estadual, a norma coletiva ou o regulamento da empresa extrapolam o âmbito do TRT prolator da decisão recorrida. *(ex-OJ n. 309 da SBDI-1. inserida em 11.8.03)*

II. É imprescindível a arguição de afronta ao art. 896 da CLT para o conhecimento de embargos interpostos em face de acórdão de Turma que conhece indevidamente de recurso de revista, por divergência jurisprudencial, quanto a tema regulado por lei estadual, norma coletiva ou norma regulamentar de âmbito restrito ao Regional prolator da decisão.

148. **Lei n. 8.880/94, art. 31. Constitucionalidade.** (**nova redação, DJ 20.4.05**). É constitucional o art. 31 da Lei n. 8.880/94, que prevê a indenização por demissão sem justa causa.

149. **Mandato. Art. 13 do CPC. Regularização. Fase recursal. Inaplicável.** Inserida em 27.11.98 (*Cancelada em decorrência da sua conversão na Súmula n. 383, DJ 20.4.05*)

150. **Multa prevista em vários instrumentos normativos. Cumulação de ações.** Inserida em 27.11.98 (*Cancelada em decorrência da sua conversão na Súmula n. 384, DJ 20.4.05*). O descumprimento de qualquer cláusula constante de instrumentos normativos diversos não submete o empregado a ajuizar várias ações, pleiteando em cada uma o pagamento da multa referente ao descumprimento de obrigações previstas nas cláusulas respectivas.

151. **Prequestionamento. Decisão regional que adota a sentença. Ausência de prequestionamento.** Decisão regional que simplesmente adota os fundamentos da decisão de primeiro grau

ORIENTAÇÕES JURISPRUDENCIAIS DA SDI-1 — TST

não preenche a exigência do prequestionamento, tal como previsto na Súmula n. 297. **(Inserida em 27.11.98)**

152. Revelia. Pessoa jurídica de direito público. Aplicável. (art. 844 da CLT). Inserida em 27.11.98 (inserido dispositivo, DJ 20.4.05). Pessoa jurídica de direito público sujeita-se à revelia prevista no art. 844 da CLT.

153. Adicional de insalubridade. Deficiência de iluminamento. Limitação. Inserida em 26.3.1999 (*Cancelada* em decorrência da sua conversão na Orientação Jurisprudencial Transitória n. 57 da SBDI-1). Somente após 26.2.1991 foram, efetivamente, retiradas do mundo jurídico as normas ensejadoras do direito ao adicional de insalubridade por iluminamento insuficiente no local da prestação de serviço, como previsto na Portaria n. 3.751/1990 do Ministério do Trabalho.

154. Atestado médico. INSS. Exigência prevista em instrumento normativo. (Nova redação, DJ 20.4.05). (*Cancelada* pela Resol. 158/09, de 21.10.09) A doença profissional deve ser atestada por médico do INSS, se tal exigência consta de cláusula de instrumento normativo, sob pena de não reconhecimento do direito à estabilidade.

155. BANRISUL. Complementação de aposentadoria. Inserida em 26.3.99 (*Cancelada* em decorrência da sua conversão na Orientação Jurisprudencial Transitória n. 40 da SBDI-1, DJ 20.4.05). A Resolução n. 1600/1964, vigente à época da admissão do empregado, incorporou-se ao contrato de trabalho, pelo que sua alteração não poderá prejudicar o direito adquirido, mesmo em virtude da edição da Lei n. 6.435/77. Incidência das Súmulas ns. 51 e 288.

156. Complementação de aposentadoria. Diferenças. Prescrição. (*Cancelada* em decorrência da nova redação da Súmula n. 327 do TST. Resol. 175, 24.5.11. DJe 27.5.11) Ocorre a prescrição total quanto a diferenças de complementação de aposentadoria quando estas decorrem de pretenso direito a verbas não recebidas no curso da relação de emprego e já atingidas pela prescrição, à época da propositura da ação.

157. Complementação de aposentadoria. Fundação Clemente De Faria. Banco Real. Inserida em 26.3.99 (*Cancelada* em decorrência da sua conversão na Orientação Jurisprudencial Transitória n. 41 da SBDI-1, DJ 20.4.05). É válida a cláusula do Estatuto da Fundação que condicionou o direito à complementação de aposentadoria à existência de recursos financeiros, e também previa a suspensão, temporária ou definitiva, da referida complementação.

158. Custas. Comprovação de recolhimento. DARF eletrônico. Validade. O denominado "DARF eletrônico" é válido para comprovar o recolhimento de custas por entidades da administração pública federal, emitido conforme a IN SRF n. 162, de 4.11.88. **(Inserida em 26.3.99)**

159. Data de pagamento. Salários. Alteração. Diante da inexistência de previsão expressa em contrato ou em instrumento normativo, a alteração de data de pagamento pelo empregador não viola o art. 468, desde que observado o parágrafo único, do art. 459, ambos da CLT. **(Inserida em 26.3.99)**

160. Descontos salariais. Autorização no ato da admissão. Validade. É inválida a presunção de vício de consentimento resultante do fato de ter o empregado anuído expressamente com descontos salariais na oportunidade da admissão. É de se exigir demonstração concreta do vício de vontade. **(Inserida em 26.3.99)**

161. Feriado local. Prazo recursal. Prorrogação. Comprovação. Necessidade. Inserida em 26.3.99 (*Cancelada* em decorrência da sua conversão na Súmula n. 385, DJ 20.4.05). Cabe à parte comprovar, quando da interposição do recurso, a existência de feriado local que justifique a prorrogação do prazo recursal.

162. Multa. Art. 477 da CLT. Contagem do prazo. Aplicável o art. 132 do Código Civil de 2002. (atualizada a legislação e inserido dispositivo, DJ 20.4.05). A contagem do prazo para quitação das verbas decorrentes da rescisão contratual prevista no art. 477 da CLT exclui necessariamente o dia da notificação da demissão e inclui o dia do vencimento, em obediência ao disposto no art. 132 do Código Civil de 2002 (art. 125 do Código Civil de 1916).

163. Norma regulamentar. Opção pelo novo regulamento. Art. 468 da CLT e Súmula n. 51. Inaplicáveis. Inserida em 26.3.99 (*Cancelada* em decorrência da nova redação conferida à Súmula n. 51, DJ 20.4.05). Havendo a coexistência de dois regulamentos da empresa, a opção do empregado por um deles tem efeito jurídico de renúncia às regras do sistema do outro.

164. Oficial de justiça *ad hoc*. Inexistência de vínculo empregatício. Inserida em 26.3.99 (inserido dispositivo, DJ 20.4.05). Não se caracteriza o vínculo empregatício na nomeação para o exercício das funções de oficial de justiça *ad hoc*, ainda que feita de forma reiterada, pois exaure-se a cada cumprimento de mandado.

165. Perícia. Engenheiro ou médico. Adicional de insalubridade e periculosidade. Válido. Art. 195 da CLT. O art. 195 da CLT não faz qualquer distinção entre o médico e o engenheiro para efeito de caracterização e classificação da insalubridade e periculosidade, bastando para a elaboração do laudo seja o profissional devidamente qualificado. **(Inserida em 26.3.99)**

166. Petrobras. Pensão por morte do empregado assegurada no manual de pessoal. Estabilidade decenal. Opção pelo regime do FGTS. Inserida em 26.3.99 (*Cancelada* em decorrência da sua conversão na Orientação Jurisprudencial Transitória n. 42 da SBDI-1, DJ 20.4.05). Tendo o empregado adquirido a estabilidade decenal, antes de optar pelo regime do FGTS, não há como negar-se o direito à pensão, eis que preenchido o requisito exigido pelo Manual de Pessoal.

167. Policial militar. Reconhecimento de vínculo empregatício com empresa privada. Inserida em 26.3.99 (*Cancelada* em decorrência da sua conversão na Súmula n. 386, DJ 20.4.05). Preenchidos os requisitos do art. 3º da CLT, é legítimo o reconhecimento de relação de emprego entre policial militar e empresa privada, independentemente do eventual cabimento de penalidade disciplinar prevista no Estatuto do Policial Militar.

168. SUDS. Gratificação. Convênio da União com Estado. Natureza salarial enquanto paga. Inserida em 26.3.99 (*Cancelada* em decorrência da sua conversão na Orientação Jurisprudencial Transitória n. 43 da SBDI-1, DJ 20.4.05). A parcela denominada "Complementação SUDS" paga aos servidores em virtude de convênio entre o Estado e a União Federal tem natureza salarial, enquanto paga, pelo que repercute nos demais haveres trabalhistas do empregado.

169. Turno ininterrupto de revezamento. Fixação de jornada de trabalho mediante negociação coletiva. Validade. (*Cancelada* em decorrência da sua conversão na Súmula n. 423. Res. 139/2006). DJ 10.10.2006. Quando há na empresa o sistema de turno ininterrupto de revezamento, é válida a fixação de jornada superior a seis horas mediante a negociação coletiva.

170. Adicional de insalubridade. Lixo urbano. Inserida em 8.11.00 (*Cancelada* em decorrência da sua incorporação à nova redação da Orientação Jurisprudencial n. 4 da SBDI-1, DJ 20.4.05). A limpeza em residências e escritórios e a respectiva coleta de lixo não podem ser consideradas atividades insalubres, ainda que constatadas por laudo pericial, porque não se encontram dentre as classificadas como lixo urbano, na Portaria do Ministério do Trabalho.

171. Adicional de insalubridade. Óleos minerais. Sentido do termo "manipulação". Para efeito de concessão de adicional de insalubridade não há distinção entre fabricação e manuseio de óleos minerais. Portaria n. 3.214 do Ministério do Trabalho, NR-15, Anexo XIII. **(Inserida em 8.11.00)**

172. Adicional de insalubridade ou periculosidade. Condenação. Inserção em folha de pagamento. Condenada ao pagamento do adicional de insalubridade ou periculosidade, a empresa deverá inserir, mês a mês e enquanto o trabalho for executado sob essas condições, o valor correspondente em folha de pagamento. **(Inserida em 8.11.00)**

173. Adicional de insalubridade. Atividade a céu aberto. Exposição ao sol e ao calor. (redação alterada na sessão do Tribunal Pleno realizada em 14.9.2012. Res. 186/2012, DEJT divulgado em 25.9.12).

I. Ausente previsão legal, indevido o adicional de insalubridade ao trabalhador em atividade a céu aberto, por sujeição à radiação solar (art. 195 da CLT e Anexo 7 da NR 15 da Portaria n. 3.214/78 do MTE).

II. Tem direito ao adicional de insalubridade o trabalhador que exerce atividade exposto ao calor acima dos limites de tolerância, inclusive em ambiente externo com carga solar, nas condições previstas no Anexo 3 da NR-15 da Portaria n. 3.214/78 do MTE.

174. Adicional de periculosidade. Horas de sobreaviso. Indevido. Inserida em 8.11.00 (*Cancelada* em decorrência da nova redação conferida à Súmula n. 132, DJ 20.4.05). Durante as horas de sobreaviso, o empregado não se encontra em condições de risco, razão pela qual é incabível a integração do adicional de periculosidade sobre as mencionadas horas.

175. Comissões. Alteração ou supressão. Prescrição total. (Inserida 8.11.00) (Nova redação em decorrência da incorporação da Orientação Jurisprudencial n. 248 da SBDI-1, DJ 22.11.05). A supressão das comissões, ou a alteração quanto à forma ou ao percentual, em prejuízo do empregado, é suscetível de operar a prescrição total da ação, nos termos da Súmula n. 294 do TST, em virtude de cuidar-se de parcela não assegurada por preceito de lei.

176. Anistia. Lei n. 6.683/79. Tempo de afastamento. Não computável para efeito de indenização e adicional por tempo de serviço, licença-prêmio e promoção. Inserida em 8.11.00 (*Cancelada* em decorrência da sua conversão na Orientação Jurisprudencial Transitória n. 44 da SBDI-1, DJ 20.4.05)

177. Aposentadoria espontânea. Efeitos. A aposentadoria espontânea extingue o contrato de trabalho, mesmo quando o empregado continua a trabalhar na empresa após a concessão do benefício previdenciário. Assim sendo, indevida a multa de 40% do FGTS com relação ao período anterior à aposentadoria. ERR 628600/00. Tribunal Pleno. Em 28.10.03, o Tribunal Pleno decidiu, por maioria, manter o entendimento contido na Orientação Jurisprudencial n. 177, de que a aposentadoria espontânea extingue o contrato de trabalho, mesmo quando o empregado continua a trabalhar na empresa. **(Inserida em 8.11.00)** (*Cancelada* 30.10.06)

178. Bancário. Intervalo de 15 minutos. Não computável na jornada de trabalho. Inserida em 8.11.00 (inserido dispositivo, DJ 20.4.05). Não se computa, na jornada do bancário sujeito a seis horas diárias de trabalho, o intervalo de quinze minutos para lanche ou descanso.

179. (*) BNDES. Arts. 224/226, CLT. Aplicável a seus empregados (Cancelada em decorrência da sua conversão na Orientação Jurisprudencial Transitória n. 77 da SBDI-1). **DEJT divulgado em 16, 17 e 18.11.2010).** Entidade sujeita à legislação bancária.

(*) Vide *Medida Provisória n. 56, de 18.07.2002 (convertida na Lei n. 10.556/02, de 13.11.2002) que fixa jornada de sete horas para empregados do BNDES e de suas subsidiárias (art. 7º) e de 8 horas para os empregados da FINEP (parágrafo único do art. 8º).*

180. Comissionista puro. Abono. Lei n. 8.178/91. Não-incorporação. Inserida em 8.11.00 (Cancelada em decorrência da sua conversão na Orientação Jurisprudencial Transitória n. 45 da SBDI-1, DJ 20.4.05). É indevida a incorporação do abono instituído pela Lei n. 8.178/91 aos empregados comissionistas.

181. Comissões. Correção monetária. Cálculo. O valor das comissões deve ser corrigido monetariamente para em seguida obter-se a média para efeito de cálculo de férias, 13ª salário e verbas rescisórias. **(Inserida em 8.11.00)**

182. Compensação de jornada. Acordo individual. Validade. Inserida em 8.11.00 (*Cancelada* em decorrência da nova redação conferida à Súmula n. 85, DJ 20.4.05). É válido o acordo individual para compensação de horas, salvo se houver norma coletiva em sentido contrário.

183. Complementação de aposentadoria. Banco Itaú. Inserida em 8.11.00 (*Cancelada* em decorrência da sua conversão na Orientação Jurisprudencial Transitória n. 46 da SBDI-1, DJ 20.4.05). O empregado admitido na vigência da Circular BB-05/66, que passou para a inatividade posteriormente à vigência da RP-40/74, está sujeito ao implemento da condição "idade mínima de 55 anos".

184. Confissão ficta. Produção de prova posterior. Inserida em 8.11.00 (*Cancelada* em decorrência da nova redação conferida à Súmula n. 74, DJ 20.4.05). Somente a prova pré-constituída nos autos é que deve ser levada em conta para confronto com a confissão ficta (art. 400, I, CPC), não implicando cerceamento de defesa o indeferimento de provas posteriores.

185. Contrato de trabalho com a Associação de Pais e Mestres — APM. Inexistência de responsabilidade solidária ou subsidiária do Estado. Inserida em 8.11.00 (inserido dispositivo, DJ 20.4.05). O Estado-Membro não é responsável subsidiária ou solidariamente com a Associação de Pais e Mestres pelos encargos trabalhistas dos empregados contratados por esta última, que deverão ser suportados integral e exclusivamente pelo real empregador.

186. Custas. Inversão do ônus da sucumbência. Deserção. Não ocorrência (*Cancelada* em decorrência da sua incorporação da nova redação da Súmula n. 25). **Res. n. 197/2015, DEJT divulgado em 14, 15 e 18.5.2015).** No caso de inversão do ônus da sucumbência em segundo grau, sem acréscimo ou atualização do valor das custas e se estas já foram devidamente recolhidas, descabe um novo pagamento pela parte vencida, ao recorrer. Deverá ao final, se sucumbente, ressarcir a quantia.

187. Décimo terceiro salário. Dedução da 1ª parcela. URV. Lei n. 8.880/94. Inserida em 8.11.00 (*Cancelada* em decorrência da sua conversão na Orientação Jurisprudencial Transitória n. 47 da SBDI-1, DJ 20.4.05). Ainda que o adiantamento do 13º salário tenha ocorrido anteriormente à edição da Lei n. 8.880/94, as deduções deverão ser realizadas considerando o valor da antecipação, em URV, na data do efetivo pagamento, não podendo a 2ª parcela ser inferior à metade do 13º salário, em URV.

188. Decisão normativa que defere direitos. Falta de interesse de agir para ação individual. Falta interesse de agir para a ação individual, singular ou plúrima, quando o direito já foi reconhecido através de decisão normativa, cabendo, no caso, ação de cumprimento. **(Inserido em 8.11.00)**

189. Depósito recursal. Agravo de petição. IN/TST n. 3/93. Inserida em 8.11.00 (*Cancelada* em decorrência da nova redação conferida à Súmula n. 128, DJ 20.4.05). Garantido o juízo, na fase executória, a exigência de depósito para recorrer de qualquer decisão viola os incisos II e LV do art. 5º da CF/1988. Havendo, porém, elevação do valor do débito, exige-se a complementação da garantia do juízo.

190. Depósito recursal. Condenação solidária. Inserida em 8.11.00 (*Cancelada* em decorrência da nova redação conferida à Súmula n. 128, DJ 20.4.05). Havendo condenação solidária de duas ou mais empresas, o depósito recursal efetuado por uma delas aproveita as demais, quando a empresa que efetuou o depósito não pleiteia sua exclusão da lide.

191. Contrato de empreitada. Dono da obra de construção civil. Responsabilidade. (Nova redação. Res. 175, 24.5.11 DJe/27.5.11) Diante da inexistência de previsão legal específica, o contrato de empreitada de construção civil entre o dono da obra e o empreiteiro não enseja responsabilidade solidária ou subsidiária nas obrigações trabalhistas contraídas pelo empreiteiro, salvo sendo o dono da obra uma empresa construtora ou incorporadora.

192. Embargos declaratórios. Prazo em dobro. Pessoa Jurídica de Direito Público. Decreto-Lei n. 779/69. É em dobro o prazo para a interposição de embargos declaratórios por Pessoa Jurídica de Direito Público. **(Inserida em 8.11.00)**

193. Equiparação salarial. Quadro de carreira. Homologação. Governo Estadual. Válido. Inserida em 8.11.00 (*Cancelada* em decorrência da redação da Súmula n. 6 conferida pela Res. 104/00, DJ 18.12.00, DJ 20.04.05).

194. Fac-Símile. Lei n. 9.800/99. Aplicável só a recursos interpostos na sua vigência. Inserida em 8.11.00 (*Cancelada* em decorrência da sua conversão na Súmula n. 387, DJ 20.4.05). A Lei n. 9.800/99 é aplicável somente a recursos interpostos após o início de sua vigência.

195. Férias indenizadas. FGTS. Não-incidência. Inserida em 8.11.00 (inserido dispositivo, DJ 20.4.05). Não incide a contribuição para o FGTS sobre as férias indenizadas.

196. Gestante. Contrato de experiência. Estabilidade provisória. Não-assegurada. Inserida em 8.11.00 (*Cancelada* em decorrência da nova redação conferida à Súmula n. 244, DJ 20.4.05)

ORIENTAÇÕES JURISPRUDENCIAIS DA SDI-1 — TST

197. Gratificação semestral. Repercussão no 13º salário. Súmula n. 78 do TST. Aplicável. Inserida em 8.11.00 (*Cancelada* em decorrência da redação da Súmula n. 253 conferida pela Res. 121/03, DJ 21.11.03) (DJ 20.4.05)

198. Honorários periciais. Atualização monetária. Diferentemente da correção aplicada aos débitos trabalhistas, que têm caráter alimentar, a atualização monetária dos honorários periciais é fixada pelo art. 1º da Lei n. 6.899/81, aplicável a débitos resultantes de decisões judiciais. (**Inserida em 8.11.00**)

199. Jogo do bicho. Contrato de trabalho. Nulidade. Objeto ilícito (título alterado e inserido dispositivo). DEJT divulgado em 16, 17 e 18.11.2010. É nulo o contrato de trabalho celebrado para o desempenho de atividade inerente à prática do jogo do bicho, ante a ilicitude de seu objeto, o que subtrai o requisito de validade para a formação do ato jurídico.

200. Mandato tácito. Substabelecimento inválido. Inserida em 8.11.00 (inserido dispositivo, DJ 20.4.05). É inválido o substabelecimento de advogado investido de mandato tácito.

201. Multa. Art. 477 da CLT. Massa falida. Inaplicável. Inserida em 8.11.00 (*Cancelada* em decorrência da sua conversão na Súmula n. 388, DJ 20.4.05)

202. Petromisa. Sucessão. Petrobras. Legitimidade. Inserida em 8.11.00 (*Cancelada* em decorrência da sua conversão na Orientação Jurisprudencial Transitória n. 48 da SBDI-1, DJ 20.4.05). Em virtude da decisão tomada em assembleia, a Petrobras é a real sucessora da Petromisa, considerando que recebeu todos os bens móveis e imóveis da extinta Petromisa.

203. Plano econômico (Collor). Execução. Correção monetária. Índice de 84,32%. Lei n. 7.738/89. Aplicável. Inserida em 8.11.00 (*Cancelada* em decorrência da sua conversão na Orientação Jurisprudencial Transitória n. 54 da SBDI-1, DJ 20.4.05)

204. Prescrição. Contagem do prazo. Art. 7º, XXIX, da CF. Inserida em 8.11.00 (*Cancelada* em decorrência da nova redação conferida à Súmula n. 308, DJ 20.04.05). A prescrição quinquenal abrange os cinco anos anteriores ao ajuizamento da reclamatória e não os cinco anos anteriores à data da extinção do contrato.

205. Competência material. Justiça do trabalho. Ente público. Contratação irregular. Regime especial. Desvirtuamento (*Cancelada*). Res. 156/2009, DJe divulgado em 27, 28 e 29.4.09
I. Inscreve-se na competência material da Justiça do Trabalho dirimir dissídio individual entre trabalhador e ente público se há controvérsia acerca do vínculo empregatício.
II. A simples presença de lei que disciplina a contratação por tempo determinado para atender a necessidade temporária de excepcional interesse público (art. 37, inciso IX, da CF/1988) não é o bastante para deslocar a competência da Justiça do Trabalho se se alega desvirtuamento em tal contratação, mediante a prestação de serviços à Administração para atendimento de necessidade permanente e não para acudir a situação transitória e emergencial.

206. Professor. Horas extras. Adicional de 50%. Excedida a jornada máxima (art. 318 da CLT), as horas excedentes devem ser remuneradas com o adicional de, no mínimo, 50% (art. 7º, XVI, CF/88). (**Inserida em 8.11.00**)

207. Programa de incentivo à demissão voluntária. Indenização. Imposto de renda. Não-incidência. Inserida em 8.11.00 (inserido dispositivo, DJ 20.4.05). A indenização paga em virtude de adesão a programa de incentivo à demissão voluntária não está sujeita à incidência do imposto de renda.

208. Radiologista. Gratificação de raios X. Redução. Lei n. 7.923/89. A alteração da gratificação por trabalho com raios X, de quarenta para dez por cento, na forma da Lei n. 7.923/89, não causou prejuízo ao trabalhador porque passou a incidir sobre o salário incorporado com todas as demais vantagens. (**Inserida em 8.11.00**)

209. Recesso forense. Suspensão dos prazos recursais (arts. 181, I, e 148 do RI/TST). Inserida em 8.11.00 (*Cancelada* em decorrência da nova redação conferida à Súmula n. 262, DJ 20.4.05)

210. Seguro-desemprego. Competência da Justiça do Trabalho. Inserida em 8.11.00 (*Cancelada* em decorrência da sua conversão na Súmula n. 389, DJ 20.4.05)

211. Seguro-desemprego. Guias. Não-liberação. Indenização substitutiva. Inserida em 8.11.00 (*Cancelada* em decorrência da sua conversão na Súmula n. 389, DJ 20.4.05). O não-fornecimento pelo empregador da guia necessária para o recebimento do seguro-desemprego dá origem ao direito à indenização.

212. SERPRO. Norma regulamentar. Reajustes salariais. Superveniência de sentença normativa. Prevalência. Inserida em 8.11.00 (*Cancelada* em decorrência da sua conversão na Orientação Jurisprudencial Transitória n. 49 da SBDI-1, DJ 20.4.05). Durante a vigência do instrumento normativo, é lícita ao empregador a obediência à norma coletiva (DC 8948/90), que alterou as diferenças interníveis previstas no Regulamento de Recursos Humanos.

213. Telex. Operadores. Art. 227 da CLT. Inaplicável. O operador de telex de empresa, cuja atividade econômica não se identifica com qualquer uma das previstas no art. 227 da CLT, não se beneficia de jornada reduzida. (**8.11.00**)

214. URP's de junho e julho de 1988. Suspensão do pagamento. Data-base em maio. Decreto-Lei n. 2.425/1988. Inexistência de violação a direito adquirido. Inserida em 8.11.2000 (*Cancelada* em decorrência da sua conversão na Orientação Jurisprudencial Transitória n. 58 da SBDI-1). O Decreto-Lei n. 2.425, de 7.4.1988, não ofendeu o direito adquirido dos empregados com data-base em maio, pelo que não fazem jus às URP's de junho e julho de 1988.

215. Vale-transporte. Ônus da prova. (*Cancelada* Res. 175, 24.5.11. DJe 27.5.11) É do empregado o ônus de comprovar que satisfaz os requisitos indispensáveis à obtenção do vale-transporte.

216. Vale-transporte. Servidor público celetista. Lei n. 7.418/85. Devido. Inserida em 8.11.00 (inserido dispositivo, DJ 20.4.05). Aos servidores públicos celetistas é devido o vale-transporte, instituído pela Lei n. 7.418/85, de 16 de dezembro de 1985.

217. Agravo de instrumento. Traslado. Lei n. 9.756/1998. Guias de custas e de depósito recursal. Para a formação do Agravo de Instrumento, não é necessária a juntada de comprovantes de recolhimento de custas e de depósito recursal relativamente ao Recurso Ordinário, desde que não seja objeto de controvérsia no Recurso de Revista a validade daqueles recolhimentos. (**Inserida em 2.4.01**)

218. Plano Collor. Servidores do GDF. Celetistas. Lei Distrital n. 38/89. Inserida em 2.4.01 (*Cancelada* em decorrência da sua incorporação à Orientação Jurisprudencial n. 241 da SBDI-1 e posterior conversão na Orientação Jurisprudencial Transitória n. 55 da SBDI-1, DJ 20.4.05). Inexiste direito adquirido às diferenças salariais de 84,32% do IPC de março de 1990 aos servidores celetistas da Administração Direta do Distrito Federal.

219. Recurso de revista ou de embargos fundamentado em Orientação Jurisprudencial do TST. É válida, para efeito de conhecimento do recurso de revista ou de embargos, a invocação de Orientação Jurisprudencial do Tribunal Superior do Trabalho, desde que, das razões recursais, conste o seu número ou conteúdo. (**Inserida em 2.4.01**)

220. Acordo de compensação. Extrapolação da jornada. Inserida em 20.6.01 (*Cancelada* em decorrência da nova redação conferida à Súmula n. 85, DJ 20.4.05). A prestação de horas extras habituais descaracteriza o acordo de compensação de horas. Nesta hipótese, as horas que ultrapassarem a jornada semanal normal devem ser pagas como horas extras e, quanto àquelas destinadas à compensação, deve ser pago a mais apenas o adicional por trabalho extraordinário.

221. Anistia. Lei n. 8.878/94. Efeitos financeiros devidos a partir do efetivo retorno à atividade. Inserida em 20.6.01 (*Cancelada* em decorrência da sua conversão na Orientação Jurisprudencial Transitória n. 56 da SBDI-1)

222. Bancário. Advogado. Cargo de confiança. Inserida em 20.6.01 (*Cancelada* em decorrência da nova redação conferida à Súmula n. 102, DJ 20.4.05). O advogado empregado de banco, pelo simples exercício da advocacia, não exerce cargo de confiança, não se enquadrando, portanto, na hipótese do § 2º do art. 224 da CLT.

223. Compensação de jornada. Acordo individual tácito. Inválido. Inserida em 20.6.01 (*Cancelada* em decorrência da nova redação conferida à Súmula n. 85, DJ 20.4.05)

224. Complementação de aposentadoria. Reajuste. Lei n. 9.069, de 29.6.1995. (DEJT divulgado em 16, 17 e 20.9.10)

I. A partir da vigência da Medida Provisória n. 542, de 30.6.1994, convalidada pela Lei n. 9.069, de 29.06.1995, o critério de reajuste da complementação de aposentadoria passou a ser anual e não semestral, aplicando-se o princípio *rebus sic stantibus* diante da nova ordem econômica. II. A alteração da periodicidade do reajuste da complementação de aposentadoria – de semestral para anual –, não afeta o direito ao resíduo inflacionário apurado nos meses de abril, maio e junho de 1994, que deverá incidir sobre a correção realizada no mês de julho de 1995.

225. Contrato de concessão de serviço público. Responsabilidade trabalhista. (nova redação, DJ 20.4.05). Celebrado contrato de concessão de serviço público em que uma empresa (primeira concessionária) outorga a outra (segunda concessionária), no todo ou em parte, mediante arrendamento, ou qualquer outra forma contratual, a título transitório, bens de sua propriedade:

I. em caso de rescisão do contrato de trabalho após a entrada em vigor da concessão, a segunda concessionária, na condição de sucessora, responde pelos direitos decorrentes do contrato de trabalho, sem prejuízo da responsabilidade subsidiária da primeira concessionária pelos débitos trabalhistas contraídos até a concessão;

II. no tocante ao contrato de trabalho extinto antes da vigência da concessão, a responsabilidade pelos direitos dos trabalhadores será exclusivamente da antecessora.

226. Crédito trabalhista. Cédula de crédito rural. Cédula de crédito industrial. Penhorabilidade. Inserida em 20.6.01 (título alterado, DJ 20.4.05). Diferentemente da cédula de crédito industrial garantida por alienação fiduciária, na cédula rural pignoratícia ou hipotecária o bem permanece sob o domínio do devedor (executado), não constituindo óbice à penhora na esfera trabalhista. (Decreto-Lei n. 167/67, art. 69; CLT, arts. 10 e 30 e Lei n. 6.830/80).

227. Denunciação da lide. Processo do trabalho. Incompatibilidade. Inserida em 20.6.01 (*Cancelada*, DJ 22.11.05)

228. Descontos legais. Sentenças trabalhistas. Lei n. 8.541/92, art. 46. Provimento da CGJT n. 3/84 e alterações posteriores. Inserida em 20.6.01 (*Cancelada* em decorrência da sua conversão na Súmula n. 368, DJ 20.4.05). O recolhimento dos descontos legais, resultante dos créditos do trabalhador oriundos de condenação judicial, deve incidir sobre o valor total da condenação e calculado ao final.

229. Estabilidade. Art. 41, CF/1988. Celetista. Empresa pública e sociedade de economia mista. Inaplicável. Inserida em 20.6.01 (*Cancelada* em decorrência da sua conversão na Súmula n. 390, DJ 20.4.05)

230. Estabilidade. Lei n. 8.213/91. Art. 118 C/C art. 59. Inserida em 20.6.01 (*Cancelada* em decorrência da sua conversão na Súmula n. 378, DJ 20.4.05). O afastamento do trabalho por prazo superior a 15 dias e a consequente percepção do auxílio-doença acidentário constituem pressupostos para o direito à estabilidade prevista no art. 118 da Lei n. 8.213/91, assegurada por período de 12 meses, após a cessação do auxílio-doença.

231. Férias. Abono instituído por instrumento normativo e terço constitucional. Simultaneidade inviável. Inserida em 20.6.01 (*Cancelada* em decorrência da sua conversão na Orientação Jurisprudencial Transitória n. 50 da SBDI-1, DJ 20.4.05)

232. FGTS. Incidência. Empregado transferido para o exterior. Remuneração. O FGTS incide sobre todas as parcelas de natureza salarial pagas ao empregado em virtude de prestação de serviços no exterior. (Inserida em 20.6.01)

233. Horas extras. Comprovação de parte do período alegado. (nova redação, DJ 20.4.05). A decisão que defere horas extras com base em prova oral ou documental não ficará limitada ao tempo por ela abrangido, desde que o julgador fique convencido de que o procedimento questionado superou aquele período.

234. Horas extras. Folha Individual de Presença (FIP) instituída por norma coletiva. Prova oral. Prevalência. Inserida em 20.6.01 (*Cancelada* em decorrência da nova redação conferida à Súmula n. 338, DJ 20.4.05). A presunção de veracidade da jornada de trabalho anotada em folha individual de presença, ainda que prevista em instrumento normativo, pode ser elidida por prova em contrário.

235. Horas extras. Salário por produção. (redação alterada na sessão do Tribunal Pleno realizada em 16.4.2012). (Resol. n. 182/TST, de 16.4.12, DEJT 19.4.12). O empregado que recebe salário por produção e trabalha em sobrejornada tem direito à percepção apenas do adicional de horas extras, exceto no caso do empregado cortador de cana, a quem é devido o pagamento das horas extras e do adicional respectivo.

236. Horas *in itinere*. Horas extras. Adicional devido. Inserida em 20.6.01 (*Cancelada* em decorrência da nova redação conferida à Súmula n. 90, DJ 20.4.05). Considerando que as horas *in itinere* são computáveis na jornada de trabalho, o tempo que extrapola a jornada legal é considerado como extraordinário e sobre ele deve incidir o adicional respectivo.

237. Ministério Público do Trabalho. Legitimidade para recorrer. Sociedade de economia mista. Empresa pública (incorporada a Orientação Jurisprudencial n. 338 da SBDI-I). (Resol. n. 210, de 30.6.16, DEJT 1.7.16)

I. O Ministério Público do Trabalho não tem legitimidade para recorrer na defesa de interesse patrimonial privado, ainda que de empresas públicas e sociedades de economia mista.

II. Há legitimidade do Ministério Público do Trabalho para recorrer de decisão que declara a existência de vínculo empregatício com sociedade de economia mista ou empresa pública, após a Constituição Federal de 1988, sem a prévia aprovação em concurso público, pois é matéria de ordem pública.

238. Multa. Art. 477 da CLT. Pessoa jurídica de direito público. Aplicável. Inserida em 20.6.01 (inserido dispositivo, DJ 20.4.05). Submete-se à multa do artigo 477 da CLT a pessoa jurídica de direito público que não observa o prazo para pagamento das verbas rescisórias, pois nivela-se a qualquer particular, em direitos e obrigações, despojando-se do "jus imperii" ao celebrar um contrato de emprego.

239. Multa convencional. Horas extras. Inserida em 20.6.01 (*Cancelada* em decorrência da sua conversão na Súmula n. 384, DJ 20.4.05). Prevista em instrumento normativo (sentença normativa, convenção ou acordo coletivo) determinada obrigação e, consequentemente, multa pelo respectivo descumprimento, esta tem incidência mesmo que aquela obrigação seja mera repetição de texto da CLT.

240. Petroleiros. Horas extras. Lei n. 5.811/72. Recepcionada pela CF/1988. Inserida em 20.6.01 (*Cancelada* em decorrência da sua conversão na Súmula n. 391, DJ 20.4.05)

241. Plano Collor. Servidores de fundações e autarquias do GDF. Celetistas. Legislação federal. Inserida em 20.6.01 (*Cancelada* em decorrência da sua conversão na Orientação Jurisprudencial Transitória n. 55 da SBDI-1, DJ 20.4.05). Inexiste direito adquirido às diferenças salariais de 84,32% do IPC de março de 1990 aos servidores celetistas de Fundações e Autarquias do GDF.

242. Prescrição total. Horas extras. Adicional. Incorporação. Embora haja previsão legal para o direito à hora extra, inexiste previsão para a incorporação ao salário do respectivo adicional, razão pela qual deve incidir a prescrição total. (Inserida em 20.6.01)

243. Prescrição total. Planos econômicos. Aplicável a prescrição total sobre o direito de reclamar diferenças salariais resultantes de planos econômicos. (Inserida em 20.6.01)

244. Professor. Redução da carga horária. Possibilidade. A redução da carga horária do professor, em virtude da diminuição do número de alunos, não constitui alteração contratual, uma vez que não implica redução do valor da hora-aula. (Inserida em 20.6.01)

245. Revelia. Atraso. Audiência. Inexiste previsão legal tolerando atraso no horário de comparecimento da parte na audiência. (Inserida em 20.6.01)

246. Salário-Utilidade. Veículo. Inserida em 20.6.01 (*Cancelada* em decorrência da sua conversão na Súmula n. 367, DJ

20.4.05). A utilização, pelo empregado, em atividades particulares, de veículo que lhe é fornecido para o trabalho da empresa não caracteriza salário-utilidade.

247. Servidor Público. Celetista Concursado. Despedida Imotivada. Empresa Pública Ou Sociedade De Economia Mista. Possibilidade. (Nova redação, res. TST 143/07, DJ 13.11.07). I. A despedida de empregados de empresa pública e de sociedade de economia mista, mesmo admitidos por concurso público, independe de ato motivado para sua validade; II. A validade do ato de despedida do empregado da Empresa Brasileira de Correios e Telégrafos (ECT) está condicionada à motivação, por gozar a empresa do mesmo tratamento destinado à Fazenda Pública em relação à imunidade tributária e à execução por precatório, além das prerrogativas de foro, prazos e custas processuais.

248. Comissões. Alteração. Prescrição Total. Súmula n. 294. Aplicável. Inserida em 13.3.02 (*Cancelada* **em decorrência da sua incorporação à Orientação Jurisprudencial n. 175 da SBDI-1, DJ 22.11.05).** A alteração das comissões caracteriza-se como ato único e positivo do empregador, incidindo a prescrição total, nos termos da Súmula n. 294 do TST.

249. Competência residual. Regime jurídico único. Lei n. 8.112/90. Limitação. Inserida em 13.3.02 (*Cancelada* **em decorrência da sua incorporação à nova redação da Orientação Jurisprudencial n. 138 da SBDI-1, DJ 20.4.05).** A superveniência de regime estatutário em substituição ao celetista, mesmo após a sentença, limita a execução ao período celetista.

250. Complementação de aposentadoria. Caixa Econômica Federal. Auxílio-alimentação. Supressão. Súmulas ns. 51 e 288. Aplicáveis. Inserida em 13.3.02 (*Cancelada* **em decorrência da sua conversão na Orientação Jurisprudencial Transitória n. 51 da SBDI-1, DJ 20.4.05).** A determinação de supressão do pagamento de auxílio-alimentação aos aposentados e pensionistas da Caixa Econômica Federal, oriunda do Ministério da Fazenda, não atinge aqueles ex-empregados que já percebiam o benefício.

251. Descontos. Frentista. Cheques sem fundos. É lícito o desconto salarial referente à devolução de cheques sem fundos, quando o frentista não observar as recomendações previstas em instrumento coletivo. **(Inserida em 13.3.02)**

252. Equiparação salarial. Mesma localidade. Conceito. Art. 461 da CLT. Inserida em 13.3.02 (*Cancelada* **em decorrência da nova redação conferida à Súmula n. 6, DJ 20.4.05)**. O conceito de "mesma localidade" de que trata o art. 461 da CLT refere-se, em princípio, ao mesmo município, ou a municípios distintos que, comprovadamente, pertençam à mesma região metropolitana.

253. Estabilidade provisória. Cooperativa. Lei n. 5.764/71. Conselho fiscal. Suplente. Não assegurada. O art. 55 da Lei n. 5.764/71 assegura a garantia de emprego apenas aos empregados eleitos diretores de Cooperativas, não abrangendo os membros suplentes. **(Inserida em 13.3.02)**

254. Mandato. Contrato social. Desnecessária a juntada. O art. 75, inciso VIII, do CPC de 2015 (art. 12, VI, do CPC de 1973) não determina a exibição dos estatutos da empresa em juízo como condição de validade do instrumento de mandato outorgado ao seu procurador, salvo se houver impugnação da parte contrária. **(Atualizada Resol. n. 208, de 19.4.16, DEJT 22.4.2016)**

255. Mandato. Contrato social. Desnecessária a juntada. (atualizada em decorrência do CPC de 2015). Res. n. 208/2016, DEJT divulgado em 22, 25 e 26.4.2016. O art. 75, inciso VIII, do CPC de 2015 (art. 12, VI, do CPC de 1973) não determina a exibição dos estatutos da empresa em juízo como condição de validade do instrumento de mandato outorgado ao seu procurador, salvo se houver impugnação da parte contrária.

256. Prequestionamento. Configuração. Tese explícita. Súmula n. 297. Para fins do requisito do prequestionamento de que trata a Súmula n. 297, há necessidade de que haja, no acórdão, de maneira clara, elementos que levem à conclusão de que o Regional adotou uma tese contrária à lei ou à Súmula. **(Inserida em 13.3.02)**

257. Recurso de revista. Fundamentação. Violação de lei. Vocábulo violação. Desnecessidade (alterada em decorrência do inciso II do art. 894 da CLT, incluído pela Lei n. 11.496/2007) (Resol. n. 182/TST, de 16.4.12, DEJT 19.4.12. A invocação expressa no recurso de revista dos preceitos legais ou constitucionais tidos como violados não significa exigir da parte a utilização das expressões "contrariar", "ferir", "violar" etc.

258. Adicional de periculosidade. Acordo coletivo ou convenção coletiva. Prevalência. (Convertida na Súmula n. 364, DJ 20.4.05). A fixação do adicional de periculosidade, em percentual inferior ao legal e proporcional ao tempo de exposição ao risco, deve ser respeitada, desde que pactuada em acordos ou convenções coletivos de trabalho (art. 7º, inciso XXVI, da CF/88). **(Inserida em 27.9.02)**

259. Adicional noturno. Base de cálculo. Adicional de periculosidade. Integração. O adicional de periculosidade deve compor a base de cálculo do adicional noturno, já que também neste horário o trabalhador permanece sob as condições de risco. **(Inserida em 27.9.02)**

260. Agravo de instrumento. Recurso de revista. Procedimento sumaríssimo. Lei n. 9.957/00. Processos em curso. I. É inaplicável o rito sumaríssimo aos processos iniciados antes da vigência da Lei n. 9.957/00. II. No caso de o despacho denegatório de recurso de revista invocar, em processo iniciado antes da Lei n. 9.957/00, o § 6º do art. 896 da CLT (rito sumaríssimo), como óbice ao trânsito do apelo calcado em divergência jurisprudencial ou violação de dispositivo infraconstitucional, o Tribunal superará o obstáculo, apreciando o recurso sob esses fundamentos. **(Inserida em 27.9.02)**

261. Bancos. Sucessão trabalhista. As obrigações trabalhistas, inclusive as contraídas à época em que os empregados trabalhavam para o banco sucedido, são de responsabilidade do sucessor, uma vez que a este foram transferidos os ativos, as agências, os direitos e deveres contratuais, caracterizando típica sucessão trabalhista. **(Inserida em 27.9.02)**

262. Coisa julgada. Planos econômicos. Limitação à data-base na fase de execução. Não ofende a coisa julgada a limitação à data-base da categoria, na fase executória, da condenação ao pagamento de diferenças salariais decorrentes de planos econômicos, quando a decisão exequenda silenciar sobre a limitação, uma vez que a limitação decorre de norma cogente. Apenas quando a sentença exequenda houver expressamente afastado a limitação à data-base é que poderá ocorrer ofensa à coisa julgada. **(Inserida em 27.9.02)**

263. Contrato por prazo determinado. Lei especial (estadual e municipal). Incompetência da justiça do trabalho. A relação jurídica que se estabelece entre o Estado ou Município e o servidor contratado para exercer funções temporárias ou de natureza técnica, decorrente de lei especial, é de natureza administrativa, razão pela qual a competência é da justiça comum, até mesmo para apreciar a ocorrência de eventual desvirtuamento do regime especial (CF/67, art. 106; CF/88, art. 37, IX). **(Inserida em 27.9.02) (Cancelada. DJ 14.9.04)**

264. Depósito recursal. PIS/PASEP. Ausência de indicação na guia de depósito recursal. Validade. Não é essencial para a validade da comprovação do depósito recursal a indicação do número do PIS/PASEP na guia respectiva. **(Inserida em 27.9.02)**

265. Estabilidade. Art. 41 da CF/1988. Celetista. Administração direta, autárquica ou fundacional. Aplicabilidade. Inserida em 27.9.02 (*Cancelada* **em decorrência da sua conversão na Súmula n. 390, DJ 20.4.05).** O servidor público celetista da administração direta, autárquica ou fundacional é beneficiário da estabilidade prevista no art. 41 da Constituição Federal.

266. Estabilidade. Dirigente sindical. Limitação. Art. 522 da CLT. Inserida em 27.9.02 (*Cancelada* **em decorrência da sua conversão na Súmula n. 369, DJ 20.4.05).** O art. 522 da CLT, que limita a sete o número de dirigentes sindicais, foi recepcionado pela Constituição Federal de 1988.

267. Horas extras. Adicional de periculosidade. Base de cálculo. Inserida em 27.9.02 (*Cancelada* **em decorrência da nova redação conferida à Súmula n. 132, DJ 20.4.05).** O adicional de periculosidade integra a base de cálculo das horas extras.

268. Indenização adicional. Leis ns. 6.708/79 e 7.238/84. Aviso prévio. Projeção. Estabilidade provisória. Somente após o término do período estabilitário é que se inicia a contagem do prazo do aviso prévio para efeito das indenizações previstas nos artigos 9º da Lei n. 6.708/79 e 9º da Lei n. 7.238/84. **(Inserida em 27.9.02)**

269. Justiça gratuita. Requerimento de isenção de despesas processuais. Momento oportuno. O benefício da justiça gratuita pode ser requerido em qualquer tempo ou grau de jurisdição, desde que, na fase recursal, seja o requerimento formulado no prazo alusivo ao recurso. (Inserida em 27.9.02)

270. Programa de incentivo à demissão voluntária. Transação extrajudicial. Parcelas oriundas do extinto contrato de trabalho. Efeitos. A transação extrajudicial que importa rescisão do contrato de trabalho ante a adesão do empregado a plano de demissão voluntária implica quitação exclusivamente das parcelas e valores constantes do recibo. (Inserida em 27.9.02)

271. Rurícola. Prescrição. Contrato de emprego extinto. Emenda Constitucional n. 28/2000. Inaplicabilidade. (Alterada, DJ 22.11.05). O prazo prescricional da pretensão do rurícola, cujo contrato de emprego já se extinguira ao sobrevir a Emenda Constitucional n. 28, de 26.5.00, tenha sido ou não ajuizada a ação trabalhista, prossegue regido pela lei vigente ao tempo da extinção do contrato de emprego.

272. Salário mínimo. Servidor. Salário-base inferior. Diferenças. Indevidas. A verificação do respeito ao direito ao salário mínimo não se apura pelo confronto isolado do salário-base com o mínimo legal, mas deste com a soma de todas as parcelas de natureza salarial recebidas pelo empregado diretamente do empregador. (Inserida em 27.9.02)

273. "Telemarketing". Operadores. Art. 227 da CLT. Inaplicável. (*Cancelada* Res. 175, 24.5.11. DJe 27.5.11) A jornada reduzida de que trata o art. 227 da CLT não é aplicável, por analogia, ao operador de televendas, que não exerce suas atividades exclusivamente como telefonista, pois, naquela função, não opera mesa de transmissão, fazendo uso apenas dos telefones comuns para atender e fazer as ligações exigidas no exercício da função.

274. Turno ininterrupto de revezamento. Ferroviário. Horas extras. Devidas. O ferroviário submetido a escalas variadas, com alternância de turnos, faz jus à jornada especial prevista no art. 7º, XIV, da CF/88. (Inserida em 27.9.02)

275. Turno ininterrupto de revezamento. Horista. Horas extras e adicional. Devidos. Inexistindo instrumento coletivo fixando jornada diversa, o empregado horista submetido a turno ininterrupto de revezamento faz jus ao pagamento das horas extraordinárias laboradas além da 6ª, bem como ao respectivo adicional. (Inserida em 27.9.02)

276. Ação declaratória. Complementação de aposentadoria. É incabível ação declaratória visando a declarar direito à complementação de aposentadoria, se ainda não atendidos os requisitos necessários à aquisição do direito, seja por via regulamentar, ou por acordo coletivo. (DJ 11.8.03)

277. Ação de cumprimento fundada em decisão normativa que sofreu posterior reforma, quando já transitada em julgado a sentença condenatória. Coisa julgada. Não configuração. A coisa julgada produzida na ação de cumprimento é atípica, pois dependente de condição resolutiva, ou seja, da não modificação da decisão normativa por eventual recurso. Assim, modificada a sentença normativa pelo TST, com a consequente extinção do processo, sem julgamento do mérito, deve-se extinguir a execução em andamento, uma vez que a norma sobre a qual se apoiava o título exequendo deixou de existir no mundo jurídico. (DJ 11.8.03)

278. Adicional de insalubridade. Perícia. Local de trabalho desativado. A realização de perícia é obrigatória para a verificação de insalubridade. Quando não for possível sua realização como em caso de fechamento da empresa, poderá o julgador utilizar-se de outros meios de prova. (DJ 11.8.03)

279. Adicional de periculosidade. Eletricitários. Base de cálculo. Lei n. 7.369/1985, art. 1º. Interpretação. O adicional de periculosidade dos eletricitários deverá ser calculado sobre o conjunto de parcelas de natureza salarial. (DJ 11.8.03)

280. Adicional de periculosidade. Exposição eventual. Indevido. DJ 11.8.03 (*Cancelada*** em decorrência da sua conversão na Súmula n. 364, DJ 20.4.05).** O contato eventual com o agente perigoso, assim considerado o fortuito, ou o que, sendo habitual, se dá por tempo extremamente reduzido, não dá direito ao empregado a perceber o adicional respectivo.

281. Agravo de instrumento. Acórdão do TRT não assinado. Interposto anteriormente à Instrução Normativa n. 16/99. DJ 11.8.03 (*Cancelada*** em decorrência da sua conversão na Orientação Jurisprudencial Transitória n. 52 da SBDI-1, DJ 20.4.05).** Nos Agravos de Instrumentos interpostos anteriormente à edição da Instrução Normativa n. 16/99, a ausência de assinatura na cópia não a torna inválida, desde que dela conste o carimbo, aposto pelo servidor, certificando que confere com o original.

282. Agravo de instrumento. Juízo de admissibilidade *ad quem*. No julgamento de Agravo de Instrumento ao afastar o óbice apontado pelo TRT para o processamento do recurso de revista, pode o juízo *ad quem* prosseguir no exame dos demais pressupostos extrínsecos e intrínsecos do recurso de revista, mesmo que não apreciados pelo TRT. (DJ 11.8.03)

283. Agravo de instrumento. Peças essenciais. Traslado realizado pelo agravado. Validade. É válido o traslado de peças essenciais efetuado pelo agravado, pois a sua regular formação incumbe às partes e não somente ao agravante. (DJ 11.8.03)

284. Agravo de instrumento. Traslado. Ausência de certidão de publicação. Etiqueta adesiva imprestável para aferição da tempestividade. A etiqueta adesiva na qual consta a expressão "no prazo" não se presta à aferição de tempestividade do recurso, pois sua finalidade é tão somente servir de controle processual interno do TRT e sequer contém a assinatura do funcionário responsável por sua elaboração. (DJ 11.8.03)

285. Agravo de instrumento. Traslado. Carimbo do protocolo do recurso ilegível. Inservível. O carimbo do protocolo da petição recursal constitui elemento indispensável para aferição da tempestividade do apelo, razão pela qual deverá estar legível, pois um dado ilegível é o mesmo que a inexistência do dado (DJ 11.8.03)

286. Agravo de instrumento. Traslado. Mandato tácito. Ata de audiência. Configuração (alterada). Res. 167/2010, DEJT divulgado em 30.4.2010 e 3 e 4.5.2010
I. A juntada da ata de audiência, em que consignada a presença do advogado, desde que não estivesse atuando com mandato expresso, torna dispensável a procuração deste, porque demonstrada a existência de mandato tácito.
II. Configurada a existência de mandato tácito fica suprida a irregularidade detectada no mandato expresso.

287. Autenticação. Documentos distintos. Despacho denegatório do recurso de revista e certidão de publicação. Distintos os documentos contidos no verso e anverso, é necessária a autenticação de ambos os lados da cópia. (DJ 11.8.03)

288. Bancário. Cargo de confiança. Art. 224, § 2ª, CLT. Gratificação. Pagamento a menor. DJ 11.8.03 (*Cancelada*** em decorrência da nova redação conferida à Súmula n. 102, DJ 20.4.05).** Devidas são as 7ª e 8ª horas como extras no período em que se verificou o pagamento a menor da gratificação de 1/3.

289. Banco do Brasil. Complementação de aposentadoria. Média trienal. Valorizada. DJ 11.8.03 (*Cancelada*** em decorrência da sua incorporação à nova redação da Orientação Jurisprudencial n. 18 da SBDI-1, DJ 20.4.05).** Nos cálculos da complementação de aposentadoria há de ser observada a média trienal valorizada.

290. Contribuição sindical patronal. Ação de cumprimento. Incompetência da justiça do trabalho. (*Cancelada*** DJ 5.7.05)** É incompetente a Justiça do Trabalho para apreciar lide entre o sindicato patronal e a respectiva categoria econômica, objetivando cobrar a contribuição assistencial. (DJ 11.8.03)

291. Custas. Embargos de terceiro interpostos anteriormente à Lei n. 10.537/02. Inexigência de recolhimento. DJ 11.8.03 (Cancelada em decorrência da sua conversão na Orientação Jurisprudencial Transitória n. 53 da SBDI-1, DJ 20.4.05). Tratando-se de embargos de terceiro, incidentes em execução, interpostos anteriormente à Lei n. 10.537/02, incabível o pagamento de custas, por falta de previsão legal.

292. Diárias. Integração ao salário. Art. 457, § 2º, da CLT. DJ 11.8.03 (*Cancelada*** em decorrência da nova redação conferida à Súmula n. 101, DJ 20.4.05).** As diárias de viagem pagas, ainda que superiores a 50%, só integram o salário do empregado enquanto perdurarem as viagens.

293. Embargos à SDI contra decisão de turma do TST em agravo do art. 557, § 1º, do CPC. Cabimento (Cancelada em decorrência da sua conversão na letra F da Súmula n. 353 do TST). Res. 171/2010. DEJT divulgado em 19, 22 e 23.11.2010. São cabíveis Embargos para a SDI contra decisão de Turma proferida em Agravo interposto de decisão monocrática do relator, baseada no art. 557, § 1º, do CPC.

294. Embargos à SDI contra decisão em recurso de revista não conhecido quanto aos pressupostos intrínsecos. Necessária a indicação expressa de ofensa ao art. 896 da CLT (Cancelada em decorrência da sua conversão na Orientação Jurisprudencial Transitória n. 78 da SBDI-1). Res. 194/2014, DEJT divulgado em 21, 22 e 23.05.2014

Para a admissibilidade e conhecimento de embargos, interpostos contra decisão mediante a qual não foi conhecido o recurso de revista pela análise dos pressupostos intrínsecos, necessário que a parte embargante aponte expressamente a violação ao art. 896 da CLT. Histórico: Redação original. DJ 11.08.2003

295. Embargos. Revista não conhecida por má aplicação de súmula ou de Orientação Jurisprudencial. Exame do mérito pela SDI (Cancelada em decorrência da sua conversão na Orientação Jurisprudencial Transitória n. 79 da SBDI-1). Res. 194/2014, DEJT divulgado em 21, 22 e 23.05.2014

A SDI, ao conhecer dos Embargos por violação do art. 896. por má aplicação de súmula ou de orientação jurisprudencial pela Turma., julgará desde logo o mérito, caso conclua que a revista merecia conhecimento e que a matéria de fundo se encontra pacificada neste Tribunal.

296. Equiparação salarial. Atendente e auxiliar de enfermagem. Impossibilidade. Sendo regulamentada a profissão de auxiliar de enfermagem, cujo exercício pressupõe habilitação técnica, realizada pelo Conselho Regional de Enfermagem, impossível a equiparação salarial do simples atendente com o auxiliar de enfermagem. (DJ 11.8.03)

297. Equiparação salarial. Servidor público da administração direta, autárquica e fundacional. Art. 37, XIII, da CF/1988. O art. 37, inciso XIII, da CF/88 veda a equiparação de qualquer natureza para o efeito de remuneração do pessoal do serviço público, sendo juridicamente impossível a aplicação da norma infraconstitucional prevista no art. 461 da CLT quando se pleiteia equiparação salarial entre servidores públicos, independentemente de terem sido contratados pela CLT. (DJ 11.8.03)

298. Equiparação salarial. Trabalho intelectual. Possibilidade. DJ 11.8.03 (Cancelada em decorrência da nova redação conferida à Súmula n. 6, DJ 20.4.05). Desde que atendidos os requisitos do art. 461 da CLT, é possível a equiparação salarial de trabalho intelectual, que pode ser avaliado por sua perfeição técnica, cuja aferição terá critérios objetivos.

299. Estabilidade contratual e FGTS. Compatibilidade. DJ 11.8.03 (Cancelada em decorrência da nova redação conferida à Súmula n. 98, DJ 20.4.05). A estabilidade contratual ou derivada de regulamento de empresa é compatível com o regime do FGTS. Diversamente ocorre com a estabilidade legal (decenal, art. 492, CLT), que é renunciada com a opção pelo FGTS.

300. Execução trabalhista. Correção monetária. Juros. Lei n. 8.177/91, art. 39, e Lei n. 10.192/01, art. 15. (nova redação, DJ 20.4.05). Não viola norma constitucional (art. 5º, II e XXXVI) a determinação de aplicação da TRD, como fator de correção monetária dos débitos trabalhistas, cumulada com juros de mora, previstos no artigo 39 da Lei n. 8.177/91 e convalidado pelo art. 15 da Lei n. 10.192/01.

301. FGTS. Diferenças. Ônus da prova. Lei n. 8.036/90, art. 17. (Cancelada Res. 175, 24.5.11. DJe 27.5.11) Definido pelo reclamante o período no qual não houve depósito do FGTS, ou houve em valor inferior, alegada pela reclamada a inexistência de diferença nos recolhimentos de FGTS, atrai para si o ônus da prova, incumbindo-lhe, portanto, apresentar as guias respectivas, a fim de demonstrar o fato extintivo do direito do autor (art. 818 da CLT c/c art. 333, II, do CPC).

302. FGTS. Índice de correção. Débitos trabalhistas. Os créditos referentes ao FGTS, decorrentes de condenação judicial, serão corrigidos pelos mesmos índices aplicáveis aos débitos trabalhistas. (DJ 11.8.03)

303. Gratificação. Redução. Impossibilidade. DJ 11.8.03 (Cancelada em decorrência da sua conversão na Súmula n. 372, DJ 20.4.05). Mantido o empregado no exercício da função comissionada, não pode o empregador reduzir o valor da gratificação.

304. Honorários advocatícios. Assistência judiciária. Declaração de pobreza. Comprovação. Atendidos os requisitos da Lei n. 5.584/1970 (art. 14, § 2º), para a concessão da assistência judiciária, basta a simples afirmação do declarante ou de seu advogado, na petição inicial, para considerar configurada a sua situação econômica (art. 4º, § 1º, da Lei n. 7.510/1986, que deu nova redação à Lei n. 1.060/1950). (DJ 11.8.03)

305. Honorários advocatícios. Requisitos. Justiça do trabalho (Cancelada em decorrência da sua incorporação à nova redação da Súmula n. 219). Res. n. 197/2015, DEJT divulgado em 14, 15 e 18.5.2015)

Na Justiça do Trabalho, o deferimento de honorários advocatícios sujeita-se à constatação da ocorrência concomitante de dois requisitos: o benefício da justiça gratuita e a assistência por sindicato.

306. Horas extras. Ônus da prova. Registro invariável. DJ 11.8.03 (Cancelada em decorrência da nova redação conferida à Súmula n. 338, DJ 20.4.05). Os cartões de ponto que demonstram horários de entrada e saída invariáveis são inválidos como meio de prova, invertendo-se o ônus da prova, relativo às horas extras, que passa a ser do empregador, prevalecendo o horário da inicial se dele não se desincumbir.

307. Intervalo intrajornada (para repouso e alimentação). Não concessão ou concessão parcial. Lei n. 8.923/94 (DJ 11.8.2003) (Cancelada em decorrência da aglutinação ao item I da Súmula n. 437. Res. 186/2012, DEJT divulgado em 25.9.12). Após a edição da Lei n. 8.923/94, a não-concessão total ou parcial do intervalo intrajornada mínimo, para repouso e alimentação, implica o pagamento total do período correspondente, com acréscimo de, no mínimo, 50% sobre o valor da remuneração da hora normal de trabalho (art. 71 da CLT).

308. Jornada de trabalho. Alteração. Retorno à jornada inicialmente contratada. Servidor público. O retorno do servidor público (administração direta, autárquica e fundacional) à jornada inicialmente contratada não se insere nas vedações do art. 468 da CLT, sendo a sua jornada definida em lei e no contrato de trabalho firmado entre as partes. (DJ 11.8.03)

309. Lei estadual, norma coletiva ou regulamento de empresa. Interpretação. Art. 896, "b", da CLT. DJ 11.8.03 (Cancelada em decorrência da sua incorporação à nova redação da Orientação Jurisprudencial n. 147 da SBDI-1, DJ 20.4.05). Viola o art. 896, "b", da CLT, o conhecimento de recurso por divergência, caso a parte não comprove que a lei estadual, a norma coletiva ou o regulamento da empresa extrapolam o âmbito do TRT prolator da decisão recorrida.

310. Litisconsortes. Procuradores distintos. Prazo em dobro. Art. 229, caput e §§ 1º e 2º, do CPC de 2015. Art. 191 do CPC de 1973. Inaplicável ao processo do trabalho. Inaplicável ao processo do trabalho a norma contida no art. 229, caput e §§ 1º e 2º, do CPC de 2015 (art. 191 do CPC de 1973), em razão de incompatibilidade com a celeridade que lhe é inerente. **(Atualizada Resol. n. 208, de 19.4.16, DEJT 22.4.16)**

311. Mandato. Art. 37 do CPC. Inaplicável na fase recursal. DJ 11.8.03 (Cancelada em decorrência da sua conversão na Súmula n. 383, DJ 20.4.05). É inadmissível, em instância recursal, o oferecimento tardio de procuração, ainda que mediante protesto por posterior juntada, já que a interposição de recurso não pode ser reputada como ato urgente.

312. Mandato. Cláusula com ressalva de vigência. Prorrogação até o final da demanda. DJ 11.8.03 (Cancelada em decorrência da sua conversão na Súmula n. 395, DJ 20.4.05). Válido é o instrumento de mandato com prazo determinado que contém cláusula estabelecendo a prevalência dos poderes para atuar até o final da demanda.

313. Mandato. Cláusula fixando prazo para juntada. DJ 11.8.03 (Cancelada em decorrência da sua conversão na Súmula n. 395, DJ 20.4.05). Diante da existência de previsão, no mandato, fixando termo para sua juntada, o instrumento de mandato só tem validade se anexado ao processo dentro do aludido prazo.

314. Massa falida. Dobra salarial. Art. 467 da CLT. Inaplicável. DJ 11.8.03 (*Cancelada* em decorrência da sua conversão na Súmula n. 388, DJ 20.4.05). É indevida a aplicação da dobra salarial, prevista no art. 467 da CLT, nos casos da decretação de falência da empresa, porque a massa falida está impedida de saldar qualquer débito, até mesmo o de natureza trabalhista, fora do Juízo Universal da Falência (Decreto-Lei n. 7.661/1945, art. 23).

315. Motorista. Empresa. Atividade predominantemente rural. Enquadramento como trabalhador rural. É considerado trabalhador rural o motorista que trabalha no âmbito de empresa cuja atividade é preponderantemente rural, considerando que, de modo geral, não enfrenta o trânsito das estradas e cidades. (DJ 11.8.03) (*Cancelada*, Resol. n. 200/2015, DEJT 29.10.15)

316. Portuários. Adicional de risco. Lei n. 4.860/1965. O adicional de risco dos portuários, previsto no art. 14 da Lei n. 4.860/1965, deve ser proporcional ao tempo efetivo no serviço considerado sob risco e apenas concedido àqueles que prestam serviços na área portuária. (DJ 11.8.03)

317. Repositório de jurisprudência autorizado após a interposição do recurso. Validade. DJ 11.8.03 (*Cancelada* em decorrência da nova redação conferida à Súmula n. 337, DJ 20.4.05). A concessão de registro de publicação como repositório autorizado de jurisprudência do TST torna válidas todas as suas edições anteriores.

318. Representação irregular. Autarquia. Os Estados e os Municípios não têm legitimidade para recorrer em nome das autarquias detentoras de personalidade jurídica própria, devendo ser representadas pelos procuradores que fazem parte de seus quadros ou por advogados constituídos. (DJ 11.8.03)

319. Representação regular. Estagiário. Habilitação posterior. Válidos são os atos praticados por estagiário se, entre o substabelecimento e a interposição do recurso, sobreveio a habilitação, do então estagiário, para atuar como advogado. (DJ 11.8.03)

320. Sistema de protocolo integrado. Norma interna. Eficácia limitada a recursos da competência do TRT que a editou. Art. 896, § 2º, da CLT. O sistema de protocolo integrado, criado pelos Tribunais Regionais do Trabalho, que autoriza as Varas localizadas no interior do Estado a receberem e a protocolarem documentos de natureza judiciária ou administrativa, destinados a outras Varas ou ao TRT local, tem aplicação restrita ao âmbito de competência do Tribunal que o editou, não podendo ser considerado válido em relação a recursos de competência do Tribunal Superior do Trabalho. (DJ 11.8.03) (Cancelada. DJ 14.9.04)

321. Vínculo empregatício com a administração pública. Período anterior à CF/1988. (nova redação, DJ 20.4.05). Salvo os casos de trabalho temporário e de serviço de vigilância, previstos nas Leis ns. 6.019, de 3.1.1974, e 7.102, de 20.6.1983, é ilegal a contratação de trabalhadores por empresa interposta, formando-se o vínculo empregatício diretamente com o tomador dos serviços, inclusive ente público, em relação ao período anterior à vigência da CF/88.

322. Acordo coletivo de trabalho. Cláusula de termo aditivo prorrogando o acordo para prazo indeterminado. Inválida. Nos termos do art. 614, § 3º, da CLT, é de 2 anos o prazo máximo de vigência dos acordos e das convenções coletivas. Assim sendo, é inválida, naquilo que ultrapassa o prazo total de 2 anos, a cláusula de termo aditivo que prorroga a vigência do instrumento coletivo originário por prazo indeterminado. (DJ 9.12.2003. Parágrafo único do art. 168 do Regimento Interno do TST)

323. Acordo de compensação de jornada. "semana espanhola". Validade. É válido o sistema de compensação de horário quando a jornada adotada é a denominada "semana espanhola", que alterna a prestação de 48 horas em uma semana e 40 horas em outra, não violando os arts. 59, § 2º, da CLT e 7º, XIII, da CF/1988 ou o seu ajuste mediante acordo ou convenção coletiva de trabalho. (DJ 9.12.2003. Parágrafo único do art. 168 do Regimento Interno do TST)

324. Adicional de periculosidade. Sistema elétrico de potência. Decreto n. 93.412/1986, art. 2º, § 1º. É assegurado o adicional de periculosidade apenas aos empregados que trabalham em sistema elétrico de potência em condições de risco, ou que o façam com equipamentos e instalações elétricas similares, que ofereçam risco equivalente, ainda que em unidade consumidora de energia elétrica. (DJ 9.12.2003. Parágrafo único do art. 168 do Regimento Interno do TST)

325. Aumento salarial concedido pela empresa. Compensação no ano seguinte em antecipação sem a participação do sindicato profissional. Impossibilidade. O aumento real, concedido pela empresa a todos os seus empregados, somente pode ser reduzido mediante a participação efetiva do sindicato profissional no ajuste, nos termos do art. 7º, VI, da CF/1988. (DJ 9.12.2003. Parágrafo único do art. 168 do Regimento Interno do TST)

326. Cartão de ponto. Registro. Horas extras. Minutos que antecedem e sucedem a jornada de trabalho. Tempo utilizado para uniformização, lanche e higiene pessoal. DJ 9.12.03 (*Cancelada* em decorrência da sua conversão na Súmula n. 366, DJ 20.4.05). O tempo gasto pelo empregado com troca de uniforme, lanche e higiene pessoal, dentro das dependências da empresa, após o registro de entrada e antes do registro de saída, considera-se tempo à disposição do empregador, sendo remunerado como extra o período que ultrapassar, no total, a dez minutos da jornada de trabalho diária.

327. Dano moral. Competência da justiça do trabalho. DJ 9.12.03 (*Cancelada* em decorrência da sua conversão na Súmula n. 392, DJ 20.4.05). Nos termos do art. 114 da CF/1988, a Justiça do Trabalho é competente para dirimir controvérsias referentes à indenização por dano moral, quando decorrente da relação de trabalho.

328. Equiparação salarial. Cargo com a mesma denominação. Funções diferentes ou similares. Não autorizada a equiparação. DJ 9.12.03 (*Cancelada* em decorrência da nova redação conferida à Súmula n. 6, DJ 20.4.05). A equiparação salarial só é possível se o empregado e o paradigma exercerem a mesma função, desempenhando as mesmas tarefas, não importando se os cargos têm, ou não, a mesma denominação.

329. Estabilidade. Cipeiro. Suplente. Extinção do estabelecimento. Indenização indevida. DJ 9.12.03 (*Cancelada* em decorrência da nova redação conferida à Súmula n. 339, DJ 20.4.05). A estabilidade provisória do cipeiro não constitui vantagem pessoal, mas garantia para as atividades dos membros da CIPA, que somente tem razão de ser quando em atividade a empresa. Extinto o estabelecimento, não se verifica a despedida arbitrária, sendo impossível a reintegração e indevida a indenização do período estabilitário.

330. Irregularidade de representação. Substabelecimento anterior à procuração. DJ 9.12.03 (*Cancelada* em decorrência da sua conversão na Súmula n. 395, DJ 20.4.05). Configura-se a irregularidade de representação se o substabelecimento é anterior à outorga passada ao substabelecente.

331. Justiça gratuita. Declaração de insuficiência econômica. Mandato. Poderes específicos desnecessários. (Cancelada. Resol. n. 210, de 30.6.16, DEJT 1.7.16). Desnecessária a outorga de poderes especiais ao patrono da causa para firmar declaração de insuficiência econômica, destinada à concessão dos benefícios da justiça gratuita. (DJ 9.12.2003. Parágrafo único do art. 168 do Regimento Interno do TST)

332. Motorista. Horas extras. Atividade externa. Controle de jornada por tacógrafo. Resolução n. 816/1986 do CONTRAN. O tacógrafo, por si só, sem a existência de outros elementos, não serve para controlar a jornada de trabalho de empregado que exerce atividade externa. (DJ 9.12.2003. Parágrafo único do art. 168 do Regimento Interno do TST)

333. Petroleiros. Turno ininterrupto de revezamento. Alteração da jornada para horário fixo. Art. 10 da Lei n. 5.811/72 recepcionado pela CF/1988. DJ 9.12.03 (*Cancelada* em decorrência da sua conversão na Súmula n. 391, DJ 20.4.05). A previsão contida no art. 10 da Lei n. 5.811/72, possibilitando a mudança do regime de revezamento para horário fixo, constitui alteração lícita, não violando os arts. 468 da CLT, e 7º, VI, da CF/1988.

334. Remessa *ex officio*. Recurso de revista. Inexistência de recurso ordinário voluntário de ente público. Incabível. Incabível recurso de revista de ente público que não interpôs recurso ordinário voluntário da decisão de primeira instância, ressalvada a hipótese de ter sido agravada, na segunda instância, a condenação imposta.

335. Contrato nulo. Administração pública. Efeitos. Conhecimento do recurso por violação do art. 37, II e § 2º, da CF/88. A nulidade da contratação sem concurso público, após a CF/88, bem como a limitação de seus efeitos, somente poderá ser declarada por ofensa ao art. 37, II, se invocado concomitantemente o seu § 2º, todos da CF/88. (DJ 4.5.04)

336. Embargos interpostos anteriormente à vigência da Lei n. 11.496/2007. Recurso não conhecido com base em Orientação Jurisprudencial. Desnecessário o exame das violações de lei e da Constituição Federal alegadas no recurso de revista. (Redação alterada pelo Tribunal Pleno na sessão realizada em 6.2.2012) (Resol. 178, 6.2.12. DJe 13, 14 e 15.2.12). Estando a decisão recorrida em conformidade com orientação jurisprudencial, desnecessário o exame das divergências e das violações de lei e da Constituição alegadas em embargos interpostos antes da vigência da Lei n. 11.496/2007, salvo nas hipóteses em que a orientação jurisprudencial não fizer qualquer citação do dispositivo constitucional.

337. Fac-Símile. Lei n. 9.800/99, art. 2º. Prazo. Apresentação dos originais. DJ 4.5.04 (Cancelada, em decorrência da sua conversão na Súmula n. 387, DJ 20.4.05). A contagem do quinquídio para apresentação dos originais de recurso interposto por intermédio de fac-símile começa a fluir do dia subsequente ao término do prazo recursal, nos termos do art. 2º da Lei n. 9.800/99, e não do dia seguinte à interposição do recurso, se esta se deu antes do termo final do prazo. Ademais, não se tratando, a juntada dos originais, de ato que dependa de notificação, pois a parte, ao interpor o recurso, já tem ciência de seu ônus processual, não se aplica a regra do art. 184 do CPC quanto ao *dies a quo* do prazo, podendo coincidir com sábado, domingo ou feriado.

338. Ministério Público do Trabalho. Legitimidade para recorrer. Sociedade de economia mista e empresa pública. Contrato nulo (DJ 4.5.2004). (Cancelada. Resol. n. 210, de 306.16, DEJT 1.7.16. Incorporada à nova redação da OJ. n. 237). Há interesse do Ministério Público do Trabalho para recorrer contra decisão que declara a existência de vínculo empregatício com sociedade de economia mista ou empresa pública, após a CF/88, sem a prévia aprovação em concurso público.

339. Teto remuneratório. Empresa pública e sociedade de economia mista. Art. 37, XI, da CF/1988 (anterior à Emenda Constitucional n. 19/98). (nova redação, DJ 20.04.05). As empresas públicas e as sociedades de economia mista estão submetidas à observância do teto remuneratório previsto no inciso XI do art. 37 da CF/1988, sendo aplicável, inclusive, ao período anterior à alteração introduzida pela Emenda Constitucional n. 19/98.

340. Efeito devolutivo. Profundidade. Recurso ordinário. Art. 515, § 1º, do CPC. Aplicação. DJ 22.6.04 (Cancelada em decorrência da sua conversão na Súmula n. 393, DJ 20.4.05). O efeito devolutivo em profundidade do Recurso Ordinário, que se extrai do § 1º do art. 515 do CPC, transfere automaticamente ao Tribunal a apreciação de fundamento da defesa não examinado pela sentença, ainda que não renovado em contrarrazões. Não se aplica, todavia, ao caso de pedido não apreciado na sentença.

341. FGTS. Multa de 40%. Diferenças decorrentes dos expurgos inflacionários. Responsabilidade pelo pagamento. É de responsabilidade do empregador o pagamento da diferença da multa de 40% sobre os depósitos do FGTS, decorrente da atualização monetária em face dos expurgos inflacionários. (DJ 22.6.04 Parágrafo único do art. 168 do Regimento Interno do TST)

342. Intervalo intrajornada para repouso e alimentação. Não concessão ou redução. Previsão em norma coletiva. Invalidade. Exceção aos condutores de veículos rodoviários, empregados em empresas de transporte coletivo urbano (alterada em decorrência do julgamento do processo TST IUJEEDEDRR 1226/2005-005-24-00.1). Res. 159/2009, DEJT divulgado em 23, 24 e 25.11.2009 (Cancelada. Convertido o item I no item II da Súmula n. 437. Res. 186/2012, DEJT divulgado em 25.9.12).

I. É inválida cláusula de acordo ou convenção coletiva de trabalho contemplando a supressão ou redução do intervalo intrajornada porque este constitui medida de higiene, saúde e segurança do trabalho, garantido por norma de ordem pública (art. 71 da CLT e art. 7º, XXII, da CF/1988), infenso à negociação coletiva.

II. Ante a natureza do serviço e em virtude das condições especiais de trabalho a que são submetidos estritamente os condutores e cobradores de veículos rodoviários, empregados em empresas de transporte público coletivo urbano, é válida cláusula de acordo ou convenção coletiva de trabalho contemplando a redução do intervalo intrajornada, desde que garantida a redução da jornada para, no mínimo, sete horas diárias ou quarenta e duas semanais, não prorrogada, mantida a mesma remuneração e concedidos intervalos para descanso menores e fracionados ao final de cada viagem, não descontados da jornada.

343. Penhora. Sucessão. Art. 100 da CF/88. Execução. É válida a penhora em bens de pessoa jurídica de direito privado, realizada anteriormente à sucessão pela União ou por Estado-membro, não podendo a execução prosseguir mediante precatório. A decisão que a mantém não viola o art. 100 da CF/1988. (DJ 22.6.04)

344. FGTS. Multa de 40%. Diferenças decorrentes dos expurgos inflacionários. Prescrição. Termo inicial. (Mantida Res. 175, 24.5.11. DJe 27.5.11) O termo inicial do prazo prescricional para o empregado pleitear em juízo diferenças da multa do FGTS, decorrentes dos expurgos inflacionários, deu-se com a vigência da Lei Complementar n. 110, em 30.6.01, salvo comprovado trânsito em julgado de decisão proferida em ação proposta anteriormente na Justiça Federal, que reconheça o direito à atualização do saldo da conta vinculada.

345. Adicional de periculosidade. Radiação ionizante ou substância radioativa. Devido. DJ 22.6.05. A exposição do empregado à radiação ionizante ou à substância radioativa enseja a percepção do adicional de periculosidade, pois a regulamentação ministerial (Portarias do Ministério do Trabalho ns. 3.393, de 17.12.1987, e 518, de 7.4.2003), ao reputar perigosa a atividade, reveste-se de plena eficácia, porquanto expedida por força de delegação legislativa contida no art. 200, *caput*, e inciso VI, da CLT. No período de 12.12.2002 a 6.4.2003, enquanto vigeu a Portaria n. 496 do Ministério do Trabalho, o empregado faz jus ao adicional de insalubridade.

346. Abono previsto em norma coletiva. Natureza indenizatória. Concessão apenas aos empregados em atividade. Extensão aos inativos. Impossibilidade. DJ 25.4.07. A decisão que estende aos inativos a concessão de abono de natureza jurídica indenizatória, previsto em norma coletiva apenas para os empregados em atividade, a ser pago de uma única vez, e confere natureza salarial à parcela, afronta o art. 7º, XXVI, da CF/88.

347. Adicional de periculosidade. Sistema elétrico de potência. Lei n. 7.369, de 20.9.1985, regulamentada pelo Decreto n. 93.412, de 14.10.1986. Extensão do direito aos cabistas, instaladores e reparadores de linhas e aparelhos em empresa de telefonia. DJ 25.4.07. É devido o adicional de periculosidade aos empregados cabistas, instaladores e reparadores de linhas e aparelhos de empresas de telefonia, desde que, no exercício de suas funções, fiquem expostos a condições de risco equivalente ao do trabalho exercido em contato com sistema elétrico de potência.

348. Honorários advocatícios. Base de cálculo. Valor líquido. Lei n. 1.060, de 5.2.1950. DJ 25.4.07. Os honorários advocatícios, arbitrados nos termos do art. 11, § 1º, da Lei n. 1.060, de 5.2.1950, devem incidir sobre o valor líquido da condenação, apurado na fase de liquidação de sentença, sem a dedução dos descontos fiscais e previdenciários.

349. Mandato. Juntada de nova procuração. Ausência de ressalva. Efeitos. DJ 25.4.07. A juntada de nova procuração aos autos, sem ressalva de poderes conferidos ao antigo patrono, implica revogação tácita do mandato anterior.

350. Ministério Público do Trabalho. Nulidade do contrato de trabalho não suscitada pelo ente público no momento da defesa. Arguição em parecer. Possibilidade (alterada em decorrência do julgamento do processo TST IUJERR 526538/1999.2). O Ministério Público do Trabalho pode arguir, em parecer, na primeira vez que tenha de se manifestar no processo, a nulidade do contrato de trabalho em favor de ente público, ainda que a parte não a tenha suscitado, a qual será apreciada, sendo vedada, no entanto, qualquer dilação probatória. IUJ-ERR 526538/1999.2 Min. Aloysio Corrêa da Veiga. Julgado em 18.9.2008 Decisão por maioria" (DEJT 20.11.09)

351. Multa. Art. 477, § 8º, da CLT. Verbas rescisórias reconhecidas em juízo. DJ 25.4.07. Incabível a multa prevista no art.

ORIENTAÇÕES JURISPRUDENCIAIS DA SDI-1 — TST

477, § 8º, da CLT, quando houver fundada controvérsia quanto à existência da obrigação cujo inadimplemento gerou a multa. Legislação: CLT, art. 477, *caput*, §§ 6º e 8º. (*Cancelada* pela Resol. 163/2009 da SJ/TST DEJT, 20.11.09)

352. Procedimento sumaríssimo. Recurso de revista fundamentado em contrariedade a Orientação Jurisprudencial. Inadmissibilidade. Art. 896, § 6º, da CLT, acrescentado pela Lei n. 9.957, de 12.01.2000. (*Cancelada* em decorrência da conversão na Súmula n. 442 (Res. 186/2012, DEJT divulgado em 25.9.12). Nas causas sujeitas ao procedimento sumaríssimo, a admissibilidade de recurso de revista está limitada à demonstração de violação direta a dispositivo da Constituição Federal ou contrariedade a Súmula do Tribunal Superior do Trabalho, não se admitindo o recurso por contrariedade a Orientação Jurisprudencial deste Tribunal (Livro II, Título II, Capítulo III, do RITST), ante a ausência de previsão no art. 896, § 6º, da CLT.

353. Equiparação salarial. Sociedade de economia mista. Art. 37, XIII, da CF/1988. Possibilidade (*Cancelada* em decorrência da sua conversão na Súmula n. 455). Res. 194/2014, DEJT divulgado em 21, 22 e 23.05.2014
À sociedade de economia mista não se aplica a vedação à equiparação prevista no art. 37, XIII, da CF/1988, pois, ao contratar empregados sob o regime da CLT, equipara-se a empregador privado, conforme disposto no art. 173, § 1º, II, da CF/1988.

354. Intervalo intrajornada. Art. 71, § 4º, da CLT. Não concessão ou redução. Natureza jurídica salarial (DJ 14.03.2008) (*Cancelada* em decorrência da conversão no item III da Súmula n. 437. Res. 186/2012, DEJT divulgado em 25.9.12). Possui natureza salarial a parcela prevista no art. 71, § 4º, da CLT, com redação introduzida pela Lei n. 8.923, de 27 de julho de 1994, quando não concedido ou reduzido pelo empregador o intervalo mínimo intrajornada para repouso e alimentação, repercutindo, assim, no cálculo de outras parcelas salariais.

355. Intervalo interjornadas. Inobservância. Horas extras. Período pago como sobrejornada. Art. 66 da CLT. Aplicação analógica do § 4º do art. 71 da CLT. O desrespeito ao intervalo mínimo interjornadas previsto no art. 66 da CLT acarreta, por analogia, os mesmos efeitos previstos no § 4º do art. 71 da CLT e na Súmula n. 110 do TST, devendo-se pagar a integralidade das horas que foram subtraídas do intervalo, acrescidas do respectivo adicional. **(DJ 14.3.08)**

356. Programa de Incentivo à Demissão Voluntária (PDV). Créditos trabalhistas reconhecidos em juízo. Compensação. Impossibilidade. Os créditos tipicamente trabalhistas reconhecidos em juízo não são suscetíveis de compensação com a indenização paga em decorrência de adesão do trabalhador a Programa de Incentivo à Demissão Voluntária (PDV). **(DJ 14.3.08)**

357. Recurso. Interposição antes da publicação do acórdão impugnado. Extemporaneidade. Não conhecimento (*Cancelada* em decorrência da sua conversão na Súmula n. 434) (Resol. 178, 6.2.12. DJe 13, 14 e 15.2.12). É extemporâneo recurso interposto antes de publicado o acórdão impugnado.

358. Salário mínimo e piso salarial proporcional à jornada reduzida. Empregado. Servidor público (redação alterada na sessão do Tribunal Pleno realizada em 16.02.2016). Res. 202/2016, DEJT divulgado em 19, 22 e 23.02.2016.
I. Havendo contratação para cumprimento de jornada reduzida, inferior à previsão constitucional de oito horas diárias ou quarenta e quatro semanais, é lícito o pagamento do piso salarial ou do salário mínimo proporcional ao tempo trabalhado.
II. Na Administração Pública direta, autárquica e fundacional não é válida remuneração de empregado público inferior ao salário mínimo, ainda que cumpra jornada de trabalho reduzida. Precedentes do Supremo Tribunal Federal.

359. Substituição processual. Sindicato. Legitimidade. Prescrição. Interrupção. A ação movida por sindicato, na qualidade de substituto processual, interrompe a prescrição, ainda que tenha sido considerado parte ilegítima *ad causam*. **(DJ 14.3.08)**

360. Turno ininterrupto de revezamento. Dois turnos. Horário diurno e noturno. Caracterização. Faz jus à jornada especial prevista no art. 7º, XIV, da CF/1988 o trabalhador que exerce suas atividades em sistema de alternância de turnos, ainda que em dois turnos de trabalho, que compreendam, no todo ou em parte, o horário diurno e o noturno, pois submetido à alternância de horário prejudicial à saúde, sendo irrelevante que a atividade da empresa se desenvolva de forma ininterrupta. **(DJ 14.3.08)**

361. Aposentadoria espontânea. Unicidade do contrato de trabalho. Multa de 40% do FGTS sobre todo o período. A aposentadoria espontânea não é causa de extinção do contrato de trabalho se o empregado permanece prestando serviços ao empregador após a jubilação. Assim, por ocasião da sua dispensa imotivada, o empregado tem direito à multa de 40% do FGTS sobre a totalidade dos depósitos efetuados no curso do pacto laboral. **(DJU 23.5.08)**

362. Contrato nulo. Efeitos. FGTS. Medida Provisória n. 2.164-41, de 24.8.2001, e art. 19-A da Lei n. 8.036, de 11.5.1990. Irretroatividade. Não afronta o princípio da irretroatividade da lei a aplicação do art. 19-A da Lei n. 8.036, de 11.5.1990, aos contratos declarados nulos celebrados antes da vigência da Medida Provisória n. 2.164-41, de 24.8.2001. **(DJU 23.5.08)**

363. Descontos previdenciários e fiscais. Condenação do empregador em razão do inadimplemento de verbas remuneratórias. Responsabilidade do empregado pelo pagamento. Abrangência. A responsabilidade pelo recolhimento das contribuições social e fiscal, resultante de condenação judicial referente a verbas remuneratórias, é do empregador e incide sobre o total da condenação. Contudo, a culpa do empregador pelo inadimplemento das verbas remuneratórias não exime a responsabilidade do empregado pelos pagamentos do imposto de renda devido e da contribuição previdenciária que recaia sobre sua quota-parte. **(DJU 23.5.08)**

364. Estabilidade. Art. 19 do ADCT. Servidor público de fundação regido pela CLT. Fundação instituída por lei e que recebe dotação ou subvenção do Poder Público para realizar atividades de interesse do Estado, ainda que tenha personalidade jurídica de direito privado, ostenta natureza de fundação pública. Assim, seus servidores regidos pela CLT são beneficiários da estabilidade excepcional prevista no art. 19 do ADCT. **(DJU 23.5.08)**

365. Estabilidade provisória. Membro de conselho fiscal de sindicato. Inexistência. Membro de conselho fiscal de sindicato não tem direito à estabilidade prevista nos arts. 543, § 3º, da CLT e 8º, VIII, da CF/1988, porquanto não representa ou atua na defesa de direitos da categoria respectiva, tendo sua competência limitada à fiscalização da gestão financeira do sindicato (art. 522, § 2ª, da CLT). **(DJU 23.5.08)**

366. Estagiário. Desvirtuamento do contrato de estágio. Reconhecimento do vínculo empregatício com a administração pública direta ou indireta. Período posterior à Constituição Federal de 1988. Impossibilidade. Ainda que desvirtuada a finalidade do contrato de estágio celebrado na vigência da Constituição Federal de 1988, é inviável o reconhecimento do vínculo empregatício com ente da Administração Pública direta ou indireta, por força do art. 37, II, da CF/1988, bem como o deferimento de indenização pecuniária, exceto em relação às parcelas previstas na Súmula n. 363 do TST, se requeridas. **(DJU 23.5.08)**

367. Aviso prévio de 60 dias. Elastecimento por norma coletiva. Projeção. Reflexos nas parcelas trabalhistas. (DJe divulgado em 3, 4 e 5.12.2008). O prazo de aviso prévio de 60 dias, concedido por meio de norma coletiva que silencia sobre alcance de seus efeitos jurídicos, computa-se integralmente como tempo de serviço, nos termos do § 1º do art. 487 da CLT, repercutindo nas verbas rescisórias.

368. Descontos previdenciários. Acordo homologado em juízo. Inexistência de vínculo empregatício. Parcelas indenizatórias. Ausência de discriminação. Incidência sobre o valor total. (DJe divulgado em 3, 4 e 5.12.2008). É devida a incidência das contribuições para a Previdência Social sobre o valor total do acordo homologado em juízo, independentemente do reconhecimento de vínculo de emprego, desde que não haja discriminação das parcelas sujeitas à incidência da contribuição previdenciária, conforme parágrafo único do art. 43 da Lei n. 8.212, de 24.7.1991, e do art. 195, I, "a", da CF/1988.

369. Estabilidade provisória. Delegado sindical. Inaplicável. (DJe divulgado em 3, 4 e 5.12.2008). O delegado sindical não é beneficiário da estabilidade provisória prevista no art. 8º, VIII, da CF/1988, a qual é dirigida, exclusivamente, àqueles que exercem

ou ocupem cargos de direção nos sindicatos, submetidos a processo eletivo.

370. FGTS. Multa de 40%. Diferenças dos expurgos inflacionários. Prescrição. Interrupção decorrente de protestos judiciais (DJe divulgado em 3, 4 e 5.12.2008). O ajuizamento de protesto judicial dentro do biênio posterior à Lei Complementar n. 110, de 29.6.2001, interrompe a prescrição, sendo irrelevante o transcurso de mais de dois anos da propositura de outra medida acautelatória, com o mesmo objetivo, ocorrida antes da vigência da referida lei, pois ainda não iniciado o prazo prescricional, conforme disposto na Orientação Jurisprudencial n. 344 da SBDI-1.

371. Irregularidade de representação. Substabelecimento não datado. Inaplicabilidade do art. 654, § 1º, do Código Civil.
Não caracteriza a irregularidade de representação a ausência da data da outorga de poderes, pois, no mandato judicial, ao contrário do mandato civil, não é condição de validade do negócio jurídico. Assim, a data a ser considerada é aquela em que o instrumento for juntado aos autos, conforme preceitua o art. 409, IV, do CPC de 2015 (art. 370, IV, do CPC de 1973). Inaplicável o art. 654, § 1º, do Código Civil. **(atualizada em decorrência do CPC de 2015). Res. 208, de 19.4.16, DEJT divulgado em 22.4.2016)**

372. Minutos que antecedem e sucedem a jornada de trabalho. Lei n. 10.243, de 19.06.2001. Norma coletiva. Flexibilização. Impossibilidade (Cancelada em decorrência da sua conversão na Súmula n. 449). Res. 194/2014, DEJT divulgado em 21, 22 e 23.05.2014
A partir da vigência da Lei n. 10.243, de 19.06.2001, que acrescentou o § 1º ao art. 58 da CLT, não mais prevalece cláusula prevista em convenção ou acordo coletivo que elastece o limite de 5 minutos que antecedem e sucedem a jornada de trabalho para fins de apuração das horas extras.

373. Representação. Pessoa jurídica. Procuração. Invalidade. Identificação do outorgante e de seu representante (Cancelada em decorrência da sua conversão na Súmula n. 456). Res. 194/2014, DEJT divulgado em 21, 22 e 23.05.2014.

374. Agravo de instrumento. Representação processual. Regularidade. Procuração ou substabelecimento com cláusula limitativa de poderes ao âmbito do tribunal regional do trabalho. (DJe divulgado em 19, 20 e 22.04.2010) É regular a representação processual do subscritor do agravo de instrumento ou do recurso de revista que detém mandato com poderes de representação limitados ao âmbito do Tribunal Regional do Trabalho, pois, embora a apreciação desse recurso seja realizada pelo Tribunal Superior do Trabalho, a sua interposição é ato praticado perante o Tribunal Regional do Trabalho, circunstância que legitima a atuação do advogado no feito.

375. Auxílio-doença. Aposentadoria por invalidez. Suspensão do contrato de trabalho. Prescrição. Contagem. (DJe divulgado em 19, 20 e 22.04.2010) A suspensão do contrato de trabalho, em virtude da percepção do auxílio-doença ou da aposentadoria por invalidez, não impede a fluência da prescrição quinquenal, ressalvada a hipótese de absoluta impossibilidade de acesso ao judiciário.

376. Contribuição previdenciária. Acordo homologado em juízo após o trânsito em julgado da sentença condenatória. Incidência sobre o valor homologado. (DJe divulgado em 19, 20 e 22.04.2010) É devida a contribuição previdenciária sobre o valor do acordo celebrado e homologado após o trânsito em julgado de decisão judicial, respeitada a proporcionalidade de valores entre as parcelas de natureza salarial e indenizatória deferidas na decisão condenatória e as parcelas objeto do acordo.

377. Embargos de declaração. Decisão denegatória de recurso de revista exarado por presidente do TRT. Descabimento. Não interrupção do prazo recursal. (DJe divulgado em 19, 20 e 22.04.2010). (Cancelada) Não cabem embargos de declaração interpostos contra decisão de admissibilidade do recurso de revista, não tendo o efeito de interromper qualquer prazo recursal.

378. Embargos. Interposição contra decisão monocrática. Não cabimento. Não encontra amparo no art. 894 da CLT, quer na redação anterior quer na redação posterior à Lei n. 11.496, de 22.6.2007, recurso de embargos interposto à decisão monocrática exarada nos moldes do art. 932 do CPC de 2015 (art. 557 do CPC de 1973), pois o comando legal restringe seu cabimento à pretensão de reforma de decisão colegiada proferida por Turma do Tribunal Superior do Trabalho. **(Atualizada Resol. n. 208, 19.4.16, DEJT 22.4.2016)**

379. empregado de cooperativa de crédito. Bancário. Equiparação. Impossibilidade. (DJe divulgado em 19, 20 e 22.04.2010). Os empregados de cooperativas de crédito não se equiparam a bancário, para efeito de aplicação do art. 224 da CLT, em razão da inexistência de expressa previsão legal, considerando, ainda, as diferenças estruturais e operacionais entre as instituições financeiras e as cooperativas de crédito. Inteligência das Leis ns. 4.594, de 29.12.1964, e 5.764, de 16.12.1971.

380. INTERVALO intrajornada. Jornada contratual de seis horas diárias. Prorrogação habitual. Aplicação do art. 71, caput e § 4º, da CLT. (DEJT divulgado em 19, 20 e 22.04.2010) (Cancelada em decorrência da conversão no item IV da Súmula n. 437. Res. 186/2012, DEJT divulgado em 25.9.12). Ultrapassada habitualmente a jornada de seis horas de trabalho, é devido o gozo do intervalo intrajornada mínimo de uma hora, obrigando o empregador a remunerar o período para descanso e alimentação não usufruído como extra, acrescido do respectivo adicional, na forma prevista no art. 71, caput e § 4º, da CLT.

381. Intervalo intrajornada. Rurícola. Lei n. 5.889, de 8.6.1973. Supressão total ou parcial. Decreto n. 73.626, de 12.2.1974. Aplicação do art. 71, § 4º, da CLT. (DEJT divulgado em 19, 20 e 22.4.2010) (Cancelada em decorrência da aglutinação ao item I da Súmula n. 437 (Res. 186/2012, DEJT divulgado em 25.9.12)
A não concessão total ou parcial do intervalo mínimo intrajornada de uma hora ao trabalhador rural, fixado no Decreto n. 73.626, de 12.2.1974, que regulamentou a Lei n. 5.889, de 8.6.1973, acarreta o pagamento do período total, acrescido do respectivo adicional, por aplicação subsidiária do art. 71, § 4º, da CLT.

382. Juros de mora. Art. 1º-F da Lei n. 9.494, de 10.9.1997. Inaplicabilidade à Fazenda Pública quando condenada subsidiariamente. (DJe divulgado em 19, 20 e 22.04.2010) A Fazenda Pública, quando condenada subsidiariamente pelas obrigações trabalhistas devidas pela empregadora principal, não se beneficia da limitação dos juros, prevista no art. 1º-F da Lei n. 9.494, de 10.9.1997.

383. Terceirização. Empregados da empresa prestadora de serviços e da tomadora. Isonomia. Art. 12, "a", da Lei n. 6.019, de 3.1.1974. (Mantida Res. 175, 24.5.11. DJe 27.5.11) A contratação irregular de trabalhador, mediante empresa interposta, não gera vínculo de emprego com ente da Administração Pública, não afastando, contudo, pelo princípio da isonomia, o direito dos empregados terceirizados às mesmas verbas trabalhistas legais e normativas asseguradas àqueles contratados pelo tomador dos serviços, desde que presente a igualdade de funções. Aplicação analógica do art. 12, "a", da Lei n. 6.019, de 3.1.1974.

384. Trabalhador avulso. Prescrição bienal. Termo inicial. (cancelada pela Resol. 186/2012, DEJT divulgado em 25.9.12) É aplicável a prescrição bienal prevista no art. 7º, XXIX, da Constituição de 1988 ao trabalhador avulso, tendo como marco inicial a cessação do trabalho ultimado para cada tomador de serviço.

385. Adicional de periculosidade. Devido. Armazenamento de líquido inflamável no prédio. Construção vertical. (DEJT divulgado em 9, 10 e 11.6.10). É devido o pagamento do adicional de periculosidade ao empregado que desenvolve suas atividades em edifício (construção vertical), seja em pavimento igual ou distinto daquele onde estão instalados tanques para armazenamento de líquido inflamável, em quantidade acima do limite legal, considerando-se como área de risco toda a área interna da construção vertical.

386. Férias. Gozo na época própria. Pagamento fora do prazo. Dobra devida. Arts. 137 e 145 da CLT. (Cancelada em decorrência da sua conversão na Súmula n. 450). Res. 194/2014, DEJT divulgado em 21, 22 e 23.05.2014
É devido o pagamento em dobro da remuneração de férias, incluído o terço constitucional, com base no art. 137 da CLT, quando, ainda que gozadas na época própria, o empregador tenha descumprido o prazo previsto no art. 145 do mesmo diploma legal. Redação original. DEJT divulgado em 09, 10 e 11.06.2010.

387. Honorários periciais. Beneficiário da justiça gratuita. Responsabilidade da união pelo pagamento. Resolução n.

35/2007 do CSJT. Observância. (*Cancelada* em decorrência da sua conversão na Súmula n. 457). Res. 194/2014, DEJT divulgado em 21, 22 e 23.05.2014. A União é responsável pelo pagamento dos honorários de perito quando a parte sucumbente no objeto da perícia for beneficiária da assistência judiciária gratuita, observado o procedimento disposto nos arts. 1º, 2º e 5º da Resolução n. 35/2007 do Conselho Superior da Justiça do Trabalho. CSJT.

388. Jornada 12X36. Jornada mista que compreenda a totalidade do período noturno. Adicional noturno. Devido. (DEJT divulgado em 9, 10 e 11.6.10). O empregado submetido à jornada de 12 horas de trabalho por 36 de descanso, que compreenda a totalidade do período noturno, tem direito ao adicional noturno, relativo às horas trabalhadas após as 5 horas da manhã.

389. Multa prevista no art. 1.021, §§ 4º e 5º, do CPC de 2015. Art. 557, § 2º, do CPC de 1973. Recolhimento. Pressuposto recursal. Beneficiário da justiça gratuita e Fazenda Pública. Pagamento ao final. (nova redação em decorrência do CPC de 2015) — Res. 209/2016, DEJT divulgado em 01, 02 e 03.06.2016 Constitui ônus da parte recorrente, sob pena de deserção, depositar previamente a multa aplicada com fundamento nos §§ 4º e 5º, do art. 1.021, do CPC de 2015 (§ 2º do art. 557 do CPC de 1973), à exceção da Fazenda Pública e do beneficiário de justiça gratuita, que farão o pagamento ao final.

390. Participação nos lucros e resultados. Rescisão contratual anterior à data da distribuição dos lucros. Pagamento proporcional aos meses trabalhados. Princípio da isonomia. (*Cancelada* em decorrência da sua conversão na Súmula n. 451). Res. 194/2014, DEJT divulgado em 21, 22 e 23.05.2014. Fere o princípio da isonomia instituir vantagem mediante acordo coletivo ou norma regulamentar que condiciona a percepção da parcela participação nos lucros e resultados ao fato de estar o contrato de trabalho em vigor na data prevista para a distribuição dos lucros. Assim, inclusive na rescisão contratual antecipada, é devido o pagamento da parcela de forma proporcional aos meses trabalhados, pois o ex-empregado concorreu para os resultados positivos da empresa.

391. Portuários. Submissão prévia de demanda a comissão paritária. Lei n. 8.630, de 25.02.1993. Inexigibilidade. (DEJT divulgado em 9, 10 e 11.6.10). A submissão prévia de demanda a comissão paritária, constituída nos termos do art. 23 da Lei n. 8.630, de 25.02.1993 (Lei dos Portos), não é pressuposto de constituição e desenvolvimento válido e regular do processo, ante a ausência de previsão em lei.

392. Prescrição. Interrupção. Ajuizamento de protesto judicial. Marco inicial. (republicada em razão de erro material) — Res. 209/2016, DEJT divulgado em 01, 02 e 03.06.2016 O protesto judicial é medida aplicável no processo do trabalho, por força do art. 769 da CLT e do art. 15 do CPC de 2015. O ajuizamento da ação, por si só, interrompe o prazo prescricional, em razão da inaplicabilidade do § 2º do art. 240 do CPC de 2015 (§ 2º do art. 219 do CPC de 1973), incompatível com o disposto no art. 841 da CLT.

393. Professor. Jornada de trabalho especial. Art. 318 da CLT. Salário mínimo. Proporcionalidade. (DEJT divulgado em 9, 10 e 11.6.10). A contraprestação mensal devida ao professor, que trabalha no limite máximo da jornada prevista no art. 318 da CLT, é de um salário mínimo integral, não se cogitando do pagamento proporcional em relação a jornada prevista no art. 7º, XIII, da Constituição Federal.

394. Repouso Semanal Remunerado — RSR. Integração das horas extras. Não repercussão no cálculo das férias, do décimo terceiro salário, do aviso prévio e dos depósitos do FGTS. (DEJT divulgado em 9, 10 e 11.6.10). A majoração do valor do repouso semanal remunerado, em razão da integração das horas extras habitualmente prestadas, não repercute no cálculo das férias, da gratificação natalina, do aviso prévio e do FGTS, sob pena de caracterização de *bis in idem*.

395. Turno ininterrupto de revezamento. Hora noturna reduzida. Incidência. (DEJT divulgado em 9, 10 e 11.6.10). O trabalho em regime de turnos ininterruptos de revezamento não retira o direito à hora noturna reduzida, não havendo incompatibilidade entre as disposições contidas nos arts. 73, § 1º, da CLT e 7º, XIV, da Constituição Federal.

396. Turnos ininterruptos de revezamento. Alteração da jornada de 8 para 6 horas diárias. Empregado horista. Aplicação do divisor 180. (DEJT divulgado em 9, 10 e 11.6.10). Para o cálculo do salário-hora do empregado horista, submetido a turnos ininterruptos de revezamento, considerando a alteração da jornada de 8 para 6 horas diárias, aplica-se o divisor 180, em observância ao disposto no art. 7º, VI, da Constituição Federal, que assegura a irredutibilidade salarial.

397. Comissionista misto. Horas extras. Base de cálculo. Aplicação da Súmula n. 340 do TST. (DEJT divulgado em 02, 3 e 4.8.2010). O empregado que recebe remuneração mista, ou seja, uma parte fixa e outra variável, tem direito a horas extras pelo trabalho em sobrejornada. Em relação à parte fixa, são devidas as horas simples acrescidas do adicional de horas extras. Em relação à parte variável, é devido somente o adicional de horas extras, aplicando-se à hipótese o disposto na Súmula n. 340 do TST.

398. Contribuição previdenciária. Acordo homologado em juízo sem reconhecimento de vínculo de emprego. Contribuinte individual. Recolhimento da alíquota de 20% a cargo do tomador e 11% a cargo do prestador de serviços. (DEJT divulgado em 2, 3 e 4.8.2010). Nos acordos homologados em juízo em que não haja o reconhecimento de vínculo empregatício, é devido o recolhimento da contribuição previdenciária, mediante a alíquota de 20% a cargo do tomador de serviços e de 11% por parte do prestador de serviços, na qualidade de contribuinte individual, sobre o valor total do acordo, respeitado o teto de contribuição. Inteligência do § 4º do art. 30 e do inciso III do art. 22, todos da Lei n. 8.212, de 24.07.1991.

399. Estabilidade provisória. Ação trabalhista ajuizada após o término do período de garantia no emprego. Abuso do exercício do direito de ação. Não configuração. Indenização devida. (DEJT divulgado em 2, 3 e 4.8.2010). O ajuizamento de ação trabalhista após decorrido o período de garantia de emprego não configura abuso do exercício do direito de ação, pois este está submetido apenas ao prazo prescricional inscrito no art. 7º, XXIX, da CF/1988, sendo devida a indenização desde a dispensa até a data do término do período estabilitário.

400. Imposto de renda. Base de cálculo. Juros de mora. Não integração. Art. 404 do Código Civil brasileiro. (DEJT divulgado em 02, 03 e 04.08.2010). Os juros de mora decorrentes do inadimplemento de obrigação de pagamento em dinheiro não integram a base de cálculo do imposto de renda, independentemente da natureza jurídica da obrigação inadimplida, ante o cunho indenizatório conferido pelo art. 404 do Código Civil de 2002 aos juros de mora.

401. Prescrição. Marco inicial. Ação condenatória. Trânsito em julgado da ação declaratória com mesma causa de pedir remota ajuizada antes da extinção do contrato de trabalho. (DEJT divulgado em 2, 3 e 4.8.2010). O marco inicial da contagem do prazo prescricional para o ajuizamento de ação condenatória, quando advém a dispensa do empregado no curso de ação declaratória que possua a mesma causa de pedir remota, é o trânsito em julgado da decisão proferida na ação declaratória e não a data da extinção do contrato de trabalho.

402. Adicional de risco. Portuário. Terminal privativo. Arts. 14 e 19 da Lei n. 4.860, de 26.11.1965. Indevido. (Mantida Res. 175, 24.5.11. DJe/27.5.11) O adicional de risco previsto no artigo 14 da Lei n. 4.860, de 26.11.1965, aplica-se somente aos portuários que trabalham em portos organizados, não podendo ser conferido aos que operam terminal privativo.

403. Advogado empregado. Contratação anterior a Lei n. 8.906, de 4.7.1994. Jornada de trabalho mantida com o advento da lei. Dedicação exclusiva. Caracterização. (DEJT Divulgado em 16, 17 e 20.9.10) O advogado empregado contratado para jornada de 40 horas semanais, antes da edição da Lei n. 8.906, de 4.7.1994, está sujeito ao regime de dedicação exclusiva disposto no art. 20 da referida lei, pelo que não tem direito à jornada de 20 horas semanais ou 4 diárias.

404. Diferenças salariais. Plano de cargos e salários. Descumprimento. Critérios de promoção não observados. Prescrição parcial. (*Cancelada* em decorrência da sua conversão na Súmula n. 452). Res. 194/2014, DEJT divulgado em 21, 22 e 23.05.2014. Tratando-se de pedido de pagamento de diferenças salariais decorrentes da inobservância dos critérios de promoção

estabelecidos em Plano de Cargos e Salários criado pela empresa, a prescrição aplicável é a parcial, pois a lesão é sucessiva e se renova mês a mês.

405. Embargos. Procedimento sumaríssimo. Conhecimento. Recurso interposto após vigência da Lei n. 11.496, de 22.06.2007, que conferiu nova redação ao art. 894, II, da CLT. (*Cancelada* em decorrência da sua conversão na Súmula n. 458). Res. 194/2014, DEJT divulgado em 21, 22 e 23.05.2014. Em causas sujeitas ao procedimento sumaríssimo, em que pese a limitação imposta no art. 896, § 6º, da CLT à interposição de recurso de revista, admite-se os embargos interpostos na vigência da Lei n. 11.496, de 22.06.2007, que conferiu nova redação ao art. 894 da CLT, quando demonstrada a divergência jurisprudencial entre Turmas do TST, fundada em interpretações diversas acerca da aplicação de mesmo dispositivo constitucional ou de matéria sumulada.

406. Adicional de periculosidade. Pagamento espontâneo. Caracterização de fato incontroverso. Desnecessária a perícia de que trata o art. 195 da CLT. (*Cancelada* em decorrência da sua conversão na Súmula n. 453). Res. 194/2014, DEJT divulgado em 21, 22 e 23.05.2014. O pagamento de adicional de periculosidade efetuado por mera liberalidade da empresa, ainda que de forma proporcional ao tempo de exposição ao risco ou em percentual inferior ao máximo legalmente previsto, dispensa a realização da prova técnica exigida pelo art. 195 da CLT, pois torna incontroversa a existência do trabalho em condições perigosas.

407. Jornalista. Empresa não jornalística. Jornada de trabalho reduzida. Arts. 302 e 303 da CLT. (DEJT divulgado em 22, 25 e 26.10.10). O jornalista que exerce funções típicas de sua profissão, independentemente do ramo de atividade do empregador, tem direito à jornada reduzida prevista no art. 303 da CLT.

408. Juros de mora. Empresa em liquidação extrajudicial. Sucessão trabalhista. (DEJT divulgado em 22, 25 e 26.10.10) É devida a incidência de juros de mora em relação aos débitos trabalhistas de empresa em liquidação extrajudicial sucedida nos moldes dos arts. 10 e 448 da CLT. O sucessor responde pela obrigação do sucedido, não se beneficiando de qualquer privilégio a este destinado.

409. Multa por litigância de má-fé. Recolhimento. Pressuposto recursal. Inexigibilidade. (nova redação em decorrência do CPC de 2015). Res. n. 209/2016, DEJT divulgado em 1, 2 e 3.6.2016. O recolhimento do valor da multa imposta como sanção por litigância de má-fé (art. 81 do CPC de 2015, art. 18 do CPC de 1973) não é pressuposto objetivo para interposição dos recursos de natureza trabalhista.

410. Repouso semanal remunerado. Concessão após o sétimo dia consecutivo de trabalho. Art. 7º, XV, da CF. Violação. (DEJT divulgado em 22, 25 e 26.10.2010) Viola o art. 7º, XV, da CF a concessão de repouso semanal remunerado após o sétimo dia consecutivo de trabalho, importando no seu pagamento em dobro.

411. Sucessão trabalhista. Aquisição de empresa pertencente a grupo econômico. Responsabilidade solidária do sucessor por débitos trabalhistas de empresa não adquirida. Inexistência. (DEJT divulgado em 22, 25 e 26.10.2010). O sucessor não responde solidariamente por débitos trabalhistas de empresa não adquirida, integrante do mesmo grupo econômico da empresa sucedida, quando, à época, a empresa devedora direta era solvente ou idônea economicamente, ressalvada a hipótese de má-fé ou fraude na sucessão.

412. Agravo interno ou agravo regimental. Interposição em face de decisão colegiada. Não cabimento. Erro grosseiro. Inaplicabilidade do princípio da fungibilidade recursal (nova redação em decorrência do CPC de 2015). Res. n. 209/2016, DEJT divulgado em 1, 2 e 3.6.2016. É incabível agravo interno (art. 1.021 do CPC de 2015, art. 557, § 1º, do CPC de 1973) ou agravo regimental (art. 235 do RITST) contra decisão proferida por Órgão colegiado. Tais recursos destinam-se, exclusivamente, a impugnar decisão monocrática nas hipóteses previstas. Inaplicável, no caso, o princípio da fungibilidade ante a configuração de erro grosseiro.

413. Auxílio-alimentação. Alteração da natureza jurídica. Norma coletiva ou adesão ao PAT. (DEJT divulgado em 14, 15 e 16.2.12). A pactuação em norma coletiva conferindo caráter indenizatório à verba "auxílio-alimentação" ou a adesão posterior do empregador ao Programa de Alimentação do Trabalhador (PAT) não altera a natureza salarial da parcela, instituída anteriormente, para aqueles empregados que, habitualmente, já percebiam o benefício, a teor das Súmulas ns. 51, I, e 241 do TST.

414. Competência da Justiça do Trabalho. Execução de ofício. Contribuição social referente ao Seguro de Acidente de Trabalho (SAT). Arts. 114, VIII, e 195, I, "a", da Constituição da República. (*Cancelada* em decorrência da sua conversão na Súmula n. 454). Res. 194/2014, DEJT divulgado em 21, 22 e 23.05.2014. Compete à Justiça do Trabalho a execução, de ofício, da contribuição referente ao Seguro de Acidente de Trabalho (SAT), que tem natureza de contribuição para a seguridade social (arts. 114, VIII, e 195, I, "a", da CF), pois se destina ao financiamento de benefícios relativos à incapacidade do empregado decorrente de infortúnio no trabalho (arts. 11 e 22 da Lei n. 8.212/1991).

415. Horas extras. Reconhecimento em juízo. Critério de dedução/abatimento dos valores comprovadamente pagos no curso do contrato de trabalho. (DEJT divulgado em 14, 15 e 16.2.12). A dedução das horas extras comprovadamente pagas daquelas reconhecidas em juízo não pode ser limitada ao mês de apuração, devendo ser integral e aferida pelo total das horas extraordinárias quitadas durante o período imprescrito do contrato de trabalho.

416. Imunidade de jurisdição. Organização ou organismo internacional. (DEJT divulgado em 14, 15 e 16.2.12). As organizações ou organismos Internacionais gozam de imunidade absoluta de jurisdição quando amparados por norma internacional incorporada ao ordenamento jurídico brasileiro, não se lhes aplicando a regra do Direito Consuetudinário relativa à natureza dos atos praticados. Excepcionalmente, prevalecerá a jurisdição brasileira na hipótese de renúncia expressa à cláusula de imunidade jurisdicional.

417. Prescrição. Rurícola. Emenda Constitucional n. 28, de 26.5.2000. Contrato de trabalho em curso. (DEJT divulgado em 14, 15 e 16.2.12). Não há prescrição total ou parcial da pretensão do trabalhador rural que reclama direitos relativos a contrato de trabalho que se encontrava em curso à época da promulgação da Emenda Constitucional n. 28, de 26.5.2000, desde que ajuizada a demanda no prazo de cinco anos de sua publicação, observada a prescrição bienal.

418. Equiparação salarial. Plano de cargos e salários. Aprovação por instrumento coletivo. Ausência de alternância de critérios de promoção por antiguidade e merecimento. (DEJT divulgado em 12, 13 e 16.4.2012) Não constitui óbice à equiparação salarial a existência de plano de cargos e salários que, referendado por norma coletiva, prevê critério de promoção apenas por merecimento ou antiguidade, não atendendo, portanto, o requisito de alternância dos critérios, previsto no art. 461, § 2º, da CLT.

419. Enquadramento. Empregado que exerce atividade em empresa agroindustrial. Definição pela atividade preponderante da empresa. (DJe Divulgado em 28.6.12) Considera-se rurícola empregado que, a despeito da atividade exercida, presta serviços a empregador agroindustrial (art. 3º, § 1º, da Lei n. 5.889, de 8.6.1973), visto que, neste caso, é a atividade preponderante da empresa que determina o enquadramento. (*Cancelada*, Resol. n. 200/2015, DEJT 29.10.15)

420. Turnos ininterruptos de revezamento. Elastecimento da jornada de trabalho. Norma coletiva com eficácia retroativa. Invalidade. (DJe Divulgado em 28.6.12) É Inválido o Instrumento normativo que, regularizando situações pretéritas, estabelece jornada de oito horas para o trabalho em turnos ininterruptos de revezamento.

421. Honorários advocatícios. Ação de indenização por danos morais e materiais decorrentes de acidente de trabalho ou de doença profissional. Ajuizamento perante a justiça comum antes da promulgação da Emenda Constitucional n. 45/2004. Posterior remessa dos autos à justiça do trabalho. Art. 85 do CPC de 2015. Art. 20 do CPC de 1973. Incidência. A condenação em honorários advocatícios nos autos de ação de indenização por danos morais e materiais decorrentes de acidente de trabalho ou de doença profissional, remetida à Justiça do Trabalho após ajuizamento na Justiça comum, antes da vigência da Emenda Constitucional n. 45/2004, decorre da mera sucumbência, nos termos do art. 85 do CPC de 2015 (art. 20 do CPC de 1973), não se sujeitando aos requisitos da Lei n. 5.584/1970. (**Atualizada Resol. n. 208, 19.4.16, DEJT 22.4.2016**)

OJs TRANSITÓRIAS DA SEÇÃO DE DISSÍDIOS INDIVIDUAIS 1 — SDI-1

01. FGTS. Multa de 40%. Complementação. Indevida. Inserida em 2.10.97. A rescisão contratual operada antes da vigência da Constituição Federal de 1988, com o pagamento da multa sobre os depósitos do FGTS no percentual de 10%, é ato jurídico perfeito, não se admitindo retroatividade. Assim, indevido o deferimento da complementação, a título de diferenças de multa do FGTS, do percentual de 30%, referente ao período do primeiro contrato rescindindo e pago de acordo com a norma vigente à época. (Lei n. 5.107/66, art. 6º). (título alterado e inserido dispositivo, DJ 20.4.05)

02. CSN. Licença remunerada. É devido o valor das horas extras até então habitualmente prestadas. (inserida em 2.10.1997)

03. SÚMULA n. 337. Inaplicabilidade. A Súmula n. 337 do TST é inaplicável a recurso de revista interposto anteriormente à sua vigência. (título alterado e inserido dispositivo, DJ 20.4.05)

04. MINERAÇÃO morro velho. Adicional de insalubridade. Base de cálculo. Acordo coletivo. Prevalência. (*Cancelada* Res. 175, 24.5.11. DJe/27.5.11). O acordo coletivo estabelecido com a Mineração Morro Velho sobrepõe-se aos comandos da lei, quando as partes, com o propósito de dissipar dúvidas e nos exatos limites de seu regular direito de negociação, livremente acordaram parâmetros para a base de cálculo do adicional de insalubridade.

05. Servita. Bonificação de assiduidade e produtividade paga semanalmente. Repercussão no repouso semanal remunerado. Inserida em 2.10.97. O valor das bonificações de assiduidade e produtividade, pago semanalmente e em caráter permanente pela empresa Servita, visando incentivar o melhor rendimento dos empregados, possui natureza salarial, repercutindo no cálculo repouso semanal remunerado. (título alterado e inserido dispositivo, DJ 20.4.05)

06. Adicional de produtividade. Decisão normativa. Vigência. Limitação. O adicional de produtividade previsto na decisão normativa, proferida nos Autos do Dissídio Coletivo n. DC-TST 6/79, tem sua eficácia limitada à vigência do respectivo instrumento normativo. (inserida em 19.10.00)

07. Banrisul. Complementação de aposentadoria. ADI e cheque-rancho. Não integração. Inserida em 19.10.00. As parcelas ADI e cheque-rancho não integram a complementação de aposentadoria dos empregados do Banrisul. (ex-OJ Transitória n. 8 da SBDI-1. inserida em 19.10.00. (nova redação em decorrência da incorporação da Orientação Jurisprudencial Transitória n. 8 da SBDI-I, DJ 20.4.05)

08. Banrisul. Complementação de aposentadoria. Cheque-rancho. Não integração. Inserida em 19.10.00. (cancelada em decorrência da sua incorporação à redação da Orientação Jurisprudencial Transitória n. 7 da SBDI-1, DJ 20.4.05)

09. BNCC. Garantia de emprego. Não assegurada. O Regulamento do BNCC não garante a estabilidade ao empregado nos moldes daquela prevista na CLT, mas apenas a garantia no emprego, ou seja, a garantia contra a despedida imotivada. (inserida em 19.10.00)

10. BNCC. Juros. Súmula n. 304/TST. Inaplicável. A extinção do BNCC não foi decretada pelo Banco Central mas por deliberação de seus acionistas. Portanto, inaplicável à Súmula n. 304/TST e, em seus débitos trabalhistas, devem incidir os juros de mora. (inserida em 19.10.00)

11. Complementação de aposentadoria. CEAGESP. Para o empregado se beneficiar da aposentadoria integral, prevista no § 1º do art. 16 do Regulamento Geral n. 1/1963, da CEAGESP, o empregado deverá contar com 30 anos ou mais de efetivo serviço à CEAGESP. (inserida em 19.10.00)

12. CSN. Adicional de insalubridade e de periculosidade. Salário complessivo. Prevalência do acordo coletivo. Inserida em 19.10.00. O pagamento do adicional de insalubridade e periculosidade embutido no salário contratual dos empregados da CSN não caracteriza a complessividade salarial uma vez que essa forma de pagamento decorre de acordo coletivo há muitos anos em vigor. (inserido dispositivo, DJ 20.4.05)

13. CSN. Licença remunerada. Aviso prévio. Concomitância. Possibilidade. Devido às circunstâncias especialíssimas ocorridas na CSN (Próspera), considera-se válida a concessão de aviso prévio durante o período da licença remunerada. (inserida em 19.10.00)

14. Defensoria pública. Opção pela carreira. Servidor investido na função de defensor público até a data em que foi instalada a Assembleia Nacional Constituinte tem direito à opção pela carreira, independentemente de realização de concurso público (celetista ou estatutário), bastando que a opção tenha sido feita até a data supra. (inserida em 19.10.00)

15. Energipe. Participação nos lucros. Incorporação anterior à CF/1988. Natureza salarial. A parcela participação nos lucros, incorporada ao salário do empregado anteriormente à CF/1988, possui natureza salarial e gera reflexos em todas as verbas salariais. (inserida em 19.10.00)

16. Agravo de instrumento interposto na vigência da Lei n. 9.756/1998 e anteriormente à edição da IN n. 16/1999 do TST. Traslado de peças. Obrigatoriedade. Não há como dizer que a exigência de traslado de peças necessárias ao julgamento de ambos os recursos (o agravo e o recurso principal) somente se tornou obrigatória após a edição da IN n. 16/1999, pois trata-se apenas de meio destinado à interpretação acerca das novas exigências que se tornaram efetivas a partir da vigência da Lei n. 9.756/1998. (inserida em 13.2.01)

17. Agravo de instrumento interposto na vigência da Lei n. 9.756/1998. Embargos declaratórios. Para comprovar a tempestividade do Recurso de Revista, basta a juntada da certidão de publicação do acórdão dos Embargos Declaratórios opostos perante o Regional, se conhecidos. (inserida em 13.2.01)

18. Agravo de instrumento interposto na vigência da Lei n. 9.756/1998. Peça indispensável. Certidão de publicação do acórdão regional. Necessária a juntada, salvo se nos autos houver elementos que atestem a tempestividade da revista. A certidão de publicação do acórdão regional é peça essencial para a regularidade do traslado do agravo de instrumento, porque imprescindível para aferir a tempestividade do recurso de revista e para viabilizar, quando provido, seu imediato julgamento, salvo se nos autos houver elementos que atestem a tempestividade da revista. (inserida em 13.2.01)

19. Agravo de instrumento. Interposto na vigência da Lei n. 9.756/1998. Peças dispensáveis à compreensão da controvérsia. Desnecessária a juntada. Mesmo na vigência da Lei n. 9.756/1998, a ausência de peças desnecessárias à compreensão da controvérsia, ainda que relacionadas no inciso I do § 5º do art. 897 da CLT, não implica o não-conhecimento do Agravo. (inserida em 13.2.01)

20. Agravo de instrumento. Ministério público. Pressupostos extrínsecos. Para aferição da tempestividade do AI interposto pelo Ministério Público, desnecessário o traslado da certidão de publicação do despacho agravado, bastando a juntada da cópia da intimação pessoal na qual conste a respectiva data de recebimento (LC n. 75/1993, art. 84, IV). (inserida em 13.2.01)

21. Agravo de instrumento. Traslado. Certidão. IN n. 6/1996 do TST. Certidão do Regional afirmando que o AI está formado de acordo com IN n. 6/96 do TST não confere autenticidade às peças. (inserida em 13.2.01)

22. Autenticação. Documentos distintos. Cópia. Verso e anverso. Necessidade. Distintos os documentos contidos no verso e anverso, é necessária a autenticação de ambos os lados da cópia. (inserida em 13.2.01) (*Cancelada* em face de sua conversão na Orientação Jurisprudencial n. 287 da SBDI-I. DJ 24.11.03)

23. Autenticação. Documento único. Cópia. Verso e anverso. Inexistindo impugnação da parte contrária, bem como o disposto no art. 795 da CLT, é válida a autenticação aposta em uma face da folha que contenha documento que continua no verso, por constituir documento único. (inserida em 13.2.01)

ORIENTAÇÕES JURISPRUDENCIAIS DA SDI-1 (TRANSITÓRIAS) — TST

24. Abono. Complementação de aposentadoria. Reajuste. CVRD (valia). A Resolução n. 7/1989 da CVRD, que instituiu o benefício "abono aposentadoria" (art. 6º), determina que o reajuste seja feito na mesma época e com o mesmo índice aplicado pelo INSS ou observada a variação do IGP ou da OTN, aplicando-se o maior deles. (DJ 9.12.03)

25. Banco meridional. Complementação de aposentadoria. Reajustes. Extensão. Os reajustes salariais concedidos sobre quaisquer parcelas aos empregados ativos devem ser estendidos aos inativos, com exclusão apenas das parcelas ressalvadas expressamente no Regulamento do Banco. (DJ 9.12.03)

26. Banerj. Plano Bresser. Acordo coletivo de trabalho de 1991. Não é norma programática. É de eficácia plena e imediata o *caput* da cláusula 5ª do Acordo Coletivo de Trabalho de 1991/1992 celebrado pelo Banerj contemplando o pagamento de diferenças salariais do Plano Bresser, sendo devido o percentual de 26,06% nos meses de janeiro a agosto de 1992, inclusive. (DJ 9.12.03)

27. Banrisul. Gratificação jubileu. Prescrição. A Gratificação Jubileu, instituída pela Resolução n. 1.761/1967, que foi alterada, reduzindo-se o seu valor, pela Resolução n. 1.885/1970, era devida a todo empregado que completasse 25, 30, 35 e 40 anos de serviço no Banco. Era vantagem a ser paga de uma única vez, na data da aposentadoria, fluindo desta data o prazo prescricional, sendo inaplicável o Súmula n. 294 do TST, que é restrito aos casos em que se postulam prestações sucessivas. (DJ 9.12.03)

28. CDHU. Sucessão trabalhista. Considerando a moldura fática delineada pelo Regional, conduz-se à ilação de que a CDHU foi a sucessora da CONESP, uma vez que ocupou os imóveis e assumiu os contratos anteriores, dando sequência às obras com o mesmo pessoal. (DJ 9.12.03)

29. CEEE. Equiparação salarial. Quadro de carreira. Reestruturação em 1991. Válido. O quadro de carreira implantado na CEEE em 1977 foi homologado pelo Ministério do Trabalho. A reestruturação procedida em 1991, mesmo não homologada, é válida. (DJ 9.12.03)

30. Cisão parcial de empresa. Responsabilidade solidária. Proforte. É solidária a responsabilidade entre a empresa cindida subsistente e aquelas que absorverem parte do seu patrimônio, quando constatada fraude na cisão parcial. (DJ 9.12.03)

31. Plano Bresser e Verão. Acordo coletivo autorizando a quitação através da concessão de folgas remuneradas. Conversão em pecúnia após a extinção do contrato de trabalho. Inviabilidade. Acordo coletivo celebrado entre as partes autorizando a quitação dos valores devidos a título de Planos Bresser e Verão em folgas remuneradas é válido. Incabível a conversão do valor correspondente às folgas remuneradas em pecúnia quando extinto o contrato de trabalho pelo advento de aposentadoria voluntária. (DJ 9.12.03)

32. Complementação de aposentadoria. Banco do Brasil. Sucumbência. Inversão. Imposta condenação originária em diferenças de complementação de aposentadoria, por ocasião do julgamento de recurso de revista, imperativo o exame no acórdão, sob pena de negativa de prestação jurisdicional, de postulação aduzida em contestação e/ou em contrarrazões visando à limitação da condenação à média trienal e ao teto, matéria insuscetível de prequestionamento. (DJ 10.11.04)

33. Adicional de insalubridade. Base de cálculo, na vigência do Decreto-Lei n. 2.351/1987: piso nacional de salários. Na vigência do Decreto-lei n. 2.351/1987, o piso nacional de salários é a base de cálculo para o adicional de insalubridade. *(ex-OJ n. 3 da SBDI-1. inserida em 14.3.94).* (conversão da Orientação Jurisprudencial n. 3 da SBDI-I, DJ 20.4.05)

34. BRDE. Entidade autárquica de natureza bancária. Lei n. 4.595/1964, art. 17. Res. Bacen 469/1970, art. 8º. CLT, art. 224, § 2º, CF, art. 173, § 1º. O Banco Regional de Desenvolvimento do Extremo Sul. BRDE é uma entidade autárquica de natureza bancária, e, como tal, submete-se ao art. 173, § 1º, da Constituição Federal de 1988. Desta forma, sendo a natureza das atividades por ele exercidas similares às de qualquer instituição financeira, seus empregados são bancários, regendo-se pelas normas especiais a eles referentes, inclusive o art. 224 da CLT. *(ex-OJ n. 22 da SBDI-1 — inserida em 14.3.94).* (conversão da Orientação Jurisprudencial n. 22 da SBDI-1, DJ 20.4.05)

35. Reajustes salariais. Bimestrais e quadrimestrais (Lei n. 8.222/1991). Simultaneamente inviável. Nova antecipação bimestral, na mesma época do reajuste quadrimestral, constitui verdadeiro *bis in idem*, pois o bimestre anterior, que servia como base de cálculo, já teve o INPC considerado para fim do reajuste quadrimestral. *(ex-OJ n. 68 da SBDI-1. inserida em 28.11.95).* (conversão da Orientação Jurisprudencial n. 68 da SBDI-I, DJ 20.4.05)

36. Hora *in itinere*. Tempo gasto entre a portaria da empresa e o local do serviço. Devida. Açominas. (Mantida Res. 175, 24.5.11. DJe 27.5.11). Configura-se como hora *in itinere* o tempo gasto pelo obreiro para alcançar seu local de trabalho a partir da portaria da Açominas. (ex-OJ n. 98 da SDI-1. inserida em 30.05.97)

37. Minascaixa. Legitimidade passiva *ad causam* enquanto não concluído o procedimento de liquidação extrajudicial. A Minascaixa tem legitimidade passiva *ad causam* para figurar nas demandas contra ela ajuizadas enquanto não tiver concluído o processo de liquidação extrajudicial ao qual se encontra submetida. (ex-OJ n. 109 da SBDI-1. inserida em 1.10.97). (conversão da Orientação Jurisprudencial n. 109 da SBDI-1, DJ 20.4.05)

38. Banco Meridional. Circular 34046/1989. Dispensa sem justa causa. A inobservância dos procedimentos disciplinados na Circular 34046/1989 do Banco Meridional, norma de caráter eminentemente procedimental, não é causa para a nulidade de dispensa sem justa causa. *(ex-OJ n. 137 da SBDI-I. inserida em 27.11.98).* (conversão da Orientação Jurisprudencial n. 137 da SBDI-1, DJ 20.4.05)

39. FGTS. Opção retroativa. Concordância do empregador. Necessidade. A concordância do empregador é indispensável para que o empregado possa optar retroativamente pelo sistema do Fundo de Garantia por Tempo de Serviço. *(ex-OJ n. 146 da SBDI-1. inserida em 27.11.98).* (conversão da Orientação Jurisprudencial n. 146 da SBDI-1, DJ 20.4.05)

40. Banrisul. Complementação de aposentadoria. A resolução 1600/1964, vigente à época da admissão do empregado, incorporou-se ao contrato de trabalho, pelo que sua alteração não poderá prejudicar o direito adquirido, mesmo em virtude da edição da Lei n. 6.435/1977. Incidência das Súmulas ns. 51 e 288. *(ex-OJ n. 155 da SBDI-1. inserida em 26.3.99).* (conversão da Orientação Jurisprudencial n. 155 da SBDI-1, DJ 20.4.05)

41. Complementação de aposentadoria. Fundação Clemente de Faria. Banco Real. É válida a cláusula do Estatuto da Fundação Clemente de Faria que condicionou o direito à complementação de aposentadoria à existência de recursos financeiros, e também prévia a suspensão, temporária ou definitiva, da referida complementação. *(ex-OJ n. 157 da SBDI-1. inserida em 26.3.99).* (conversão da Orientação Jurisprudencial n. 157 da SBDI-I, DJ 20.4.05)

42. Petrobras. Pensão por morte do empregado assegurada no manual de pessoal. Estabilidade decenal. Opção pelo regime do FGTS. (inserido item II à redação) (Resol. n. 182/TST, de 16.4.12, DEJT 19.4.12)

I. Tendo o empregado adquirido a estabilidade decenal, antes de optar pelo regime do FGTS, não há como negar-se o direito à pensão, eis que preenchido o requisito exigido pelo Manual de Pessoal. *(ex-OJ n. 166 da SDI-1. inserida em 26.3.1999)*

II. O benefício previsto no manual de pessoal da Petrobras, referente ao pagamento de pensão e auxílio-funeral aos dependentes do empregado que vier a falecer no curso do contrato de trabalho, não se estende à hipótese em que sobrevém o óbito do trabalhador quando já extinto o contrato de trabalho.

43. SUDS. Gratificação. Convênio da união com estado. Natureza salarial enquanto paga. A parcela denominada "Complementação SUDS" paga aos servidores em virtude de convênio entre o Estado e a União Federal tem natureza salarial, enquanto para, pelo que repercute nos demais créditos trabalhistas do empregado. (conversão da Orientação Jurisprudencial n. 168 da SBDI-1, DJ 20.4.05)

44. Anistia. Lei n. 6.683/79. Tempo de afastamento. Não computável para efeito de indenização e adicional por tempo de serviço, licença-prêmio e promoção. O tempo de afastamento do anistiado pela Lei n. 6.683/79 não é computável para efeito do pagamento de indenização por tempo de serviço, licença-prêmio e promoção. *(ex-OJ n. 176 da SDI-1 inserida em 8.11.00).* (conversão da Orientação Jurisprudencial n. 176 da SBDI-1, DJ 20.4.05)

45. Comissionista puro. Abono. Lei n. 8.178/1991. Não incorporação. É indevida a incorporação do abono instituído pela Lei n. 8.178/1991 aos empregados comissionistas. *(ex-OJ n. 180 da SBDI-1. inserida em 8.11.00).* (conversão da Orientação Jurisprudencial n. 180 da SBDI-1, DJ 20.4.05)

46. Complementação de aposentadoria. Banco Itaú. O empregado do Banco Itaú admitido na vigência da Circular BB-05/1966, que passou para a inatividade posteriormente à vigência da RP-40/1974, está sujeito ao implemento da condição "idade mínima de 55 anos". *(ex-OJ n. 183 da SBDI-1 — inserida em 8.11.00).* (conversão da Orientação Jurisprudencial n. 183 da SBDI-1, DJ 20.4.05)

47. Décimo terceiro salário. Dedução da 1ª parcela. URV. Lei n. 8.880/1994. Ainda que o adiantamento do 13º salário tenha ocorrido anteriormente à edição da Lei n. 8.880/1994, as deduções deverão ser realizadas considerando o valor da antecipação, em URV, na data do efetivo pagamento, não podendo a 2ª parcela ser inferior à metade do 13º salário, em URV. *(ex-OJ n. 187 da SBDI-1. inserida em 8.11.00).* (conversão da Orientação Jurisprudencial n. 187 da SBDI-I, DJ 20.4.05)

48. Petromisa. Sucessão. Petrobrás. Legitimidade. Em virtude da decisão tomada em assembleia, a Petrobrás é a real sucessora da Petromisa, considerando que recebeu todos os bens móveis e imóveis da extinta Petromisa. *(ex-OJ n. 202 da SDI-1. inserida em 8.11.00).* (conversão da Orientação Jurisprudencial n. 202 da SDI-1, DJ 20.4.05)

49. SERPRO. Norma regulamentar. Reajustes salariais. Superveniência de sentença normativa. Prevalência. Durante a vigência do instrumento normativo, é lícita ao empregador a obediência à norma coletiva (DC 8948/1990) que alterou as diferenças interníveis previstas no Regulamento de Recursos Humanos. *(ex-OJ n. 212 da SBDI-1. inserida em 8.11.00).* (conversão da Orientação Jurisprudencial n. 212 da SBDI-1, DJ 20.4.05)

50. Férias. Abono instituído por instrumento normativo e terço constitucional. Simultaneidade inviável. O abono de férias decorrente de instrumento normativo e o abono de 1/3 (um terço) previsto no art. 7º, XVII, da CF/1988 têm idêntica natureza jurídica, destinação e finalidade, constituindo-se bis in idem seu pagamento simultâneo, sendo legítimo o direito do empregador de obter compensação de valores porventura pagos. *(ex-OJ n. 231 da SBDI-1. inserida em 20.6.01).* (conversão da Orientação Jurisprudencial n. 231 da SBDI-1, DJ 20.4.05)

51. Complementação de aposentadoria. Caixa Econômica Federal. Auxílio-alimentação. Supressão. Súmulas ns. 51 e 288. A determinação de supressão do pagamento de auxílio-alimentação aos aposentados e pensionistas da Caixa Econômica Federal, oriunda do Ministério da Fazenda, não atinge aqueles ex-empregados que já percebiam o benefício. *(ex-OJ n. 250 da SBDI-1. inserida em 13.3.02).* (conversão da Orientação Jurisprudencial n. 250 da SDI-1, DJ 20.4.05)

52. Agravo de instrumento. Acórdão do TRT não assinado. Interposto anteriormente à Instrução Normativa n. 16/1999. Nos agravos de instrumento interpostos anteriormente à edição da Instrução Normativa n. 16/1999, a ausência de assinatura na cópia não a torna inválida, desde que conste o carimbo aposto pelo servidor certificando que confere com o original. *(ex-OJ n. 281 da SBDI-1. inserida em 11.8.03).* (conversão da Orientação Jurisprudencial n. 281 da SBDI-1, DJ 20.4.05)

53. Custas. Embargos de terceiro. Interpostos anteriormente à Lei n. 10.537/2002. Inexigência de recolhimento para a interposição de agravo de petição. Tratando-se de embargos de terceiro, incidentes em execução, ajuizados anteriormente à Lei n. 10.537/2002, incabível a exigência do recolhimento de custas para a interposição de agravo de petição por falta de previsão legal. *(ex-OJ n. 291 da SBDI-1. inserida em 11.8.03).* (conversão da Orientação Jurisprudencial n. 291 da SBDI-1, DJ 20.4.05)

54. Plano econômico (Collor). Execução. Correção monetária. Índice de 84,32%. Lei n. 7.738/89. Aplicável. Aplica-se o índice de 84,32%, relativo ao IPC de março de 1990, para a correção monetária do débito trabalhista, por ocasião da execução, nos termos da Lei n. 7.738/89. *(ex-OJ n. 203 da SBDI-1. inserida em 8.11.00).* (conversão da Orientação Jurisprudencial n. 203 da SBDI-1, DJ 20.4.05)

55. Plano Collor. Servidores celetistas do GDF. Legislação Federal. Prevalência. Inexiste direito adquirido às diferenças salariais de 84,32% do IPC de março de 1990 aos servidores celetistas da Administração Direta, Fundações e Autarquias do Distrito Federal. *(ex-OJs n. 218 e 241 da SBDI-1. inseridas respectivamente em 2.4.01 e 20.6.01).* (conversão da Orientação Jurisprudencial n. 218 da SDI-1 e incorporada a Orientação Jurisprudencial n. 241 da SBDI-1, DJ 20.4.05)

56. Anistia. Lei n. 8.878/94. Efeitos financeiros devidos a partir do efetivo retorno à atividade. Os efeitos financeiros da anistia concedida pela Lei n. 8.878/94 somente serão devidos a partir do efetivo retorno à atividade, vedada a remuneração em caráter retroativo. *(ex-OJ n. 221 da SDI-1. inserida em 20.6.01).* (conversão da Orientação Jurisprudencial n. 221 da SDI-1, DJ 20.4.05)

57. Adicional de insalubridade. Deficiência de iluminamento. Limitação. Somente após 26.2.1991 foram, efetivamente, retiradas do mundo jurídico as normas ensejadoras do direito ao adicional de insalubridade por iluminamento insuficiente no local da prestação de serviço, como previsto na Portaria n. 3751/1990 do Ministério do Trabalho. *(ex-OJ n. 153 da SBDI-1 — inserida em 26.3.99).* (conversão da Orientação Jurisprudencial n. 153 da SBDI-1, DJ 20.4.05)

58. URP's de junho e julho de 1988. Suspensão do pagamento. Data-base em maio. Decreto-Lei n. 2.425/1988. Inexistência de violação a direito adquirido. O Decreto-Lei n. 2.425, de 7.4.1988, não ofendeu o direito adquirido dos empregados com data-base em maio, pelo que não fazem jus às URP's de junho e julho de 1988. *(ex-OJ n. 214 da SBDI-1. inserida em 8.11.00).* (conversão da Orientação Jurisprudencial n. 214 da SBDI-1, DJ 20.4.05)

59. Interbras. Sucessão. Responsabilidade. A Petrobras não pode ser responsabilizada solidária ou subsidiariamente pelas obrigações trabalhistas da extinta Interbras, da qual a União é a real sucessora, nos termos do art. 20 da Lei n. 8.029, de 12.4.1990. (atual art. 23, em face da renumeração dada pela Lei n. 8.154, de 28.12.1990)

60. Adicional por tempo de serviço. Base de cálculo. Salário-base. Art. 129 da Constituição do Estado de São Paulo (republicada em decorrência de erro material). O adicional por tempo de serviço. quinquênio, previsto no art. 129 da Constituição do Estado de São Paulo, tem como base de cálculo o vencimento básico do servidor público estadual, ante o disposto no art. 11 da Lei Complementar do Estado de São Paulo n. 712, de 12.4.1993. DJ 14.3.08 e Republicada no DJe do dia 11.4.11, por ter saído com erro material.

61. Auxílio cesta-alimentação previsto em norma coletiva. CEF. Cláusula que estabelece natureza indenizatória à parcela. Extensão aos aposentados e pensionistas. Impossibilidade. Havendo previsão em cláusula de norma coletiva de trabalho de pagamento mensal de auxílio cesta-alimentação somente a empregados em atividade, dando-lhe caráter indenizatório, é indevida a extensão desse benefício aos aposentados e pensionistas. Exege-se o art. 7º, XXVI, da Constituição Federal. (DJ 14.3.08)

62. Petrobrás. Complementação de aposentadoria. Avanço de nível. Concessão de parcela por acordo coletivo apenas para os empregados da ativa. Extensão para os inativos. Art. 41 do regulamento do plano de benefícios da Petros (DJe divulgado em 3, 4 e 5.12.2008). Ante a natureza de aumento geral de salários, estende-se à complementação de aposentadoria dos ex-empregados da Petrobras benefício concedido indistintamente a todos os empregados da ativa e estabelecido em norma coletiva, prevendo a concessão de aumento de nível salarial. "avanço de nível", a fim de preservar a paridade entre ativos e inativos assegurada no art. 41 do Regulamento do Plano de Benefícios da Fundação Petrobras de Seguridade Social. Petros.

63. Petrobras. Complementação de aposentadoria. Integralidade. Condição. Idade mínima. Lei n. 6.435, de 15.7.1977 (DJe divulgado em 3, 4 e 5.12.2008). Os empregados admitidos na vigência do Decreto n. 81.240, de 20.1.1978, que regulamentou a Lei n. 6.435, de 15.7.1977, ainda que anteriormente à alteração do Regulamento do Plano de Benefícios da Petros, sujeitam-se à condição "idade mínima de 55 anos" para percepção dos proventos integrais de complementação de aposentadoria.

64. Petrobras. Parcelas gratificação contingente e participação nos resultados deferidas por norma coletiva a empregados da ativa. Natureza jurídica não salarial. Não integração na complementação de aposentadoria (DJe divulgado em 3, 4 e 5.12.2008). As parcelas gratificação contingente e participação nos resultados, concedidas por força de acordo coletivo a empregados da Petrobras em atividade, pagas de uma única vez, não integram a complementação de aposentadoria.

ORIENTAÇÕES JURISPRUDENCIAIS DA SDI-1 (TRANSITÓRIAS) — TST

65. Representação judicial da união. Assistente jurídico. Apresentação do ato de designação (DJe divulgado em 3, 4 e 5.12.2008). A ausência de juntada aos autos de documento que comprove a designação do assistente jurídico como representante judicial da União (art. 69 da Lei Complementar n. 73, de 10.2.1993) importa irregularidade de representação.

66. SPTrans. Responsabilidade subsidiária. Não configuração. Contrato de concessão de serviço público. Transporte coletivo (DJe divulgado em 3, 4 e 5.12.2008). A atividade da São Paulo Transportes S/A. SPTrans de gerenciamento e fiscalização dos serviços prestados pelas concessionárias de transporte público, atividade descentralizada da Administração Pública, não se confunde com a terceirização de mão de obra, não se configurando a responsabilidade subsidiária.

67. Telemar. Privatização. Plano de Incentivo à Rescisão Contratual (PIRC). Previsão de pagamento da indenização com redutor de 30%. Aplicação limitada ao período da reestruturação. (DJe divulgado em 3, 4 e 5.12.2008). Não é devida a indenização com redutor de 30%, prevista no Plano de Incentivo à Rescisão Contratual da Telemar, ao empregado que, embora atenda ao requisito estabelecido de não haver aderido ao PIRC, foi despedido em data muito posterior ao processo de reestruturação da empresa, e cuja dispensa não teve relação com o plano.

68. Banco do Estado de São Paulo S.A.. Banespa. Convenção coletiva. Reajuste salarial. Superveniência de acordo em dissídio coletivo. Prevalência (DJe divulgado em 3, 4 e 5.11.2009). O acordo homologado no Dissídio Coletivo n. TST. DC. 810.950/2001.3, que estabeleceu a garantia de emprego aos empregados em atividade do Banco do Estado de São Paulo S.A.. Banespa e que, portanto, não se aplica aos empregados aposentados, prevalece sobre a fixação do reajuste salarial previsto na convenção coletiva firmada entre a Federação Nacional dos Bancos. Fenaban e os sindicatos dos bancários, ante a consideração do conjunto das cláusulas constantes do acordo e em respeito às disposições dos arts. 5º, XXXVI, e 7º, XXVI, da CF/1988.

69. Banco do Brasil. Complementação de aposentadoria. Alteração do plano de cargos comissionados. Extensão aos inativos (DeJT divulgado em 26, 27 e 28.5.10). As alterações na estrutura do Plano de Cargos Comissionados do Banco do Brasil, introduzidas pelas Cartas-Circulares DIREC/FUNCI 96/0904 e 96/0957, dentre as quais a substituição do Abono de Função e Representação (AFR) pelo Adicional de Função (AF) e pelo Adicional Temporário de Revitalização (ATR), não autorizam o pagamento de diferenças de complementação de aposentadoria aos inativos por só abrangerem os empregados em atividade, bem como em razão de o Plano de Incentivo à Aposentadoria da época do jubilamento não conter previsão de aplicação de eventual alteração na estrutura dos cargos comissionados àqueles que se aposentassem.

70. Caixa Econômica Federal. Bancário. Plano de cargos em comissão. Opção pela jornada de oito horas. Ineficácia. Exercício de funções meramente técnicas. Não caracterização de exercício de função de confiança (DeJT divulgado em 26, 27 e 28.5.10). Ausente a fidúcia especial a que alude o art. 224, § 2º, da CLT, é ineficaz a adesão do empregado à jornada de oito horas constante do Plano de Cargos em Comissão da Caixa Econômica Federal, o que importa no retorno à jornada de seis horas, sendo devidas como extras a sétima e a oitava horas laboradas. A diferença de gratificação de função recebida em face da adesão ineficaz poderá ser compensada com as horas extraordinárias prestadas.

71. Empresa Brasileira de Correios e Telégrafos — ECT. Plano de cargos e salários. Progressão horizontal por antiguidade. Necessidade de deliberação da diretoria para comprovar o efetivo cumprimento dos requisitos do PCCS. Condição puramente potestativa para a concessão da promoção. Invalidade. (DeJT divulgado em 9, 10 e 11.6.10). A deliberação da diretoria da Empresa Brasileira de Correios e Telégrafos. ECT, prevista no Plano de Carreira, Cargos e Salários como requisito necessário para a concessão de progressão por antiguidade, por se tratar de condição puramente potestativa, não constitui óbice ao deferimento da progressão horizontal por antiguidade aos empregados, quando preenchidas as demais condições dispostas no aludido plano.

72. Petrobras. Domingos e feriados trabalhados. Regime de turnos ininterruptos de revezamento. Pagamento em dobro concedido por liberalidade do empregador. Incorporação ao contrato de trabalho. Supressão unilateral. Acordo coletivo posterior que valida a supressão. Retroação da norma coletiva. Impossibilidade. (DeJT divulgado em 9, 10 e 11.6.10). O pagamento em dobro, concedido por liberalidade da empresa, dos domingos e feriados trabalhados de forma habitual pelo empregado da Petrobras submetido ao regime de turnos ininterruptos de revezamento não pode ser suprimido unilateralmente, pois é vantagem incorporada ao contrato de trabalho, nos termos do art. 468 da CLT. Assim, o acordo coletivo, posteriormente firmado, somente opera efeitos a partir da data de sua entrada em vigor, sendo incabível a utilização da norma coletiva para regular situação pretérita.

73. Volkswagen do Brasil Ltda. Participação nos lucros e resultados. Pagamento mensal em decorrência de norma coletiva. Natureza indenizatória. (DeJT divulgado em 9, 10 e 11.6.10) A despeito da vedação de pagamento em periodicidade inferior a um semestre civil ou mais de duas vezes no ano cível, disposta no art. 3º, § 2º, da Lei n. 10.101, de 19.12.2000, o parcelamento em prestações mensais da participação nos lucros e resultados de janeiro de 1999 a abril de 2000, fixado no acordo coletivo celebrado entre o Sindicato dos Metalúrgicos do ABC e a Volkswagen do Brasil Ltda., não retira a natureza indenizatória da referida verba (art. 7º, XI, da CF), devendo prevalecer a diretriz constitucional que prestigia a autonomia privada coletiva (art. 7º, XXVI, da CF).

74. Hospital de Clínicas de Porto Alegre. Custas processuais. Recolhimento. Isenção. Art. 15 da Lei n. 5.604, de 2.9.1970. (DEJT divulgado em 2, 3 e 4.8.2010). A isenção tributária concedida pelo art. 15 da Lei n. 5.604, de 2.9.1970, ao Hospital de Clínicas de Porto Alegre compreende as custas processuais, por serem estas espécie do gênero tributo.

75. Parcela "sexta parte". Art. 129 da Constituição do Estado de São Paulo. Extensão aos empregados de sociedade de economia mista e empresa pública. Indevida. (DEJT divulgado em 2, 3 e 4.8.2010). A parcela denominada "sexta parte", instituída pelo art. 129 da Constituição do Estado de São Paulo, é devida apenas aos servidores estaduais, celetistas e estatutários da Administração Pública direta, das fundações e das autarquias, conforme disposição contida no art. 124 da Constituição Estadual, não se estendendo aos empregados de sociedade de economia mista e de empresa pública, integrantes da Administração Pública indireta, submetidas ao regime jurídico próprio das empresas privadas, nos termos do art. 173, § 1º, II, da Constituição Federal.

76. Complementação de aposentadoria. Integralidade. Empregado do Estado de São Paulo admitido antes da Lei Estadual n. 200, de 13.5.1974. Implementação do requisito relativo aos 30 anos de serviço efetivo. Incidência da Súmula n. 288 do TST. (DEJT Divulgado em 16, 17 e 20.9.2010) É assegurado o direito à percepção de complementação de aposentadoria integral ao ex-empregado do Estado de São Paulo que, admitido anteriormente ao advento da Lei Estadual n. 200, de 13.5.1974, implementou 30 anos de serviço efetivo, ante a extensão das regras de complementação de aposentadoria previstas na Lei Estadual n. 1.386, de 19.12.1951. Incidência da Súmula n. 288 do TST.

77. BNDES. Arts. 224 a 226, CLT. Aplicável a seus empregados (Conversão da Orientação Jurisprudencial n. 179 da SBDI-1). DEJT divulgado em 16, 17 e 18.11.2010. Até o advento da Lei n. 10.556, de 13.11.2002, era aplicável aos empregados do BNDES a jornada de trabalho dos bancários prevista nos arts. 224 a 226 da CLT.

78. Embargos à SDI contra decisão em recurso de revista não conhecido quanto aos pressupostos intrínsecos. Recurso interposto antes da vigência da Lei n. 11.496, de 22.06.2007, que conferiu nova redação ao art. 894 da CLT. Necessária a indicação expressa de ofensa ao art. 896 da CLT (conversão da Orientação Jurisprudencial n. 294 da SBDI-1 com nova redação). Res. 194/2014, DEJT divulgado em 21, 22 e 23.05.2014

Para a admissibilidade e conhecimento de embargos, interpostos antes da vigência da Lei n. 11.496/2007, contra decisão mediante a qual não foi conhecido o recurso de revista pela análise dos pressupostos intrínsecos, necessário que a parte embargante aponte expressamente a violação ao art. 896 da CLT.

79. Embargos. Recurso interposto antes da vigência da Lei n. 11.496, de 22.06.2007, que conferiu nova redação ao art. 894 da CLT. Revista não conhecida por má aplicação de súmula ou de orientação jurisprudencial. Exame do mérito pela SDI (conversão da Orientação Jurisprudencial n. 295 da SBDI-1 com nova redação). Res. 194/2014, DEJT divulgado em 21, 22 e 23.05.2014

A SDI, ao conhecer dos embargos, interpostos antes da vigência da Lei n. 11.496/2007, por violação do art. 896. por má aplicação de súmula ou de orientação jurisprudencial pela Turma, julgará desde logo o mérito, caso conclua que a revista merecia conhecimento e que a matéria de fundo se encontra pacificada neste Tribunal.

ORIENTAÇÕES JURISPRUDENCIAIS DA SDI-2 — TST

OJs DA SEÇÃO DE DISSÍDOS INDIVIDUAIS 2 — SDI-2

01. Ação rescisória. Ação cautelar incidental. Planos econômicos. Inserida em 20.9.00 (*Cancelada* em decorrência da sua conversão na Súmula n. 405. Res. 137/2005. DJ 22.8.05). Procede o pedido de cautelar incidental somente se o autor da ação rescisória, fundada no art. 485, inciso V, do CPC, invocar na respectiva petição inicial afronta ao art. 5º, inciso XXXVI, da Constituição Federal de 1988.

02. Ação rescisória. Adicional de insalubridade. Base de cálculo. Salário mínimo. Cabível. Viola o art. 192 da CLT decisão que acolhe pedido de adicional de insalubridade com base na remuneração do empregado. (20.9.00) (Mantida a redação na sessão do Tribunal Pleno realizada em 26.6.2008). Res. 148/2008, DJ 4 e 7.7.2008. Republicada DJ 8, 9 e 10.07.2008

03. Ação rescisória. Antecipação de tutela de mérito requerida em fase recursal. Recebimento como medida acautelatória. Medida PROVISÓRIA n. 1.906 e reedições. Inserida em 20.9.00. Em face do que dispõe a Medida Provisória n. 1.906 e reedições, é recebido como medida acautelatória em ação rescisória o pedido de antecipação de tutela formulado por entidade pública em recurso ordinário, visando a suspender a execução até o trânsito em julgado da decisão proferida na ação principal. (*Cancelada* em decorrência da sua conversão na Súmula n. 405. Res. 137/2005. DJ 22.8.05)

04. Ação rescisória. Banco do Brasil. Adicional de Caráter Pessoal — ACP. Procede, por ofensa ao art. 5º, inc. XXXVI, da CF/88, o pedido de rescisão de julgado que acolheu adicional de caráter pessoal em favor de empregado do Banco do Brasil S.A. (20.9.00)

05. Ação rescisória. Banco do Brasil. AP e ADI. Horas extras. Súmula n. 83 do TST. Aplicável. Não se acolhe pedido de rescisão de julgado que deferiu a empregado do Banco do Brasil S.A. horas extras após a sexta, não obstante o pagamento dos adicionais AP e ADI, ou AFR quando a decisão rescindenda for anterior à Orientação Jurisprudencial n. 17, da Seção de Dissídios Individuais do TST (7.11.94). Incidência das Súmulas ns. 83, do TST e 343, do STF. (20.9.00)

06. Ação rescisória. Cipeiro suplente. Estabilidade. ADCT da CF/88, art. 10, II, "a". Súmula n. 83 do TST. Inserida em 20.9.00 (Nova redação Res. 137/2005. DJ 22.8.05). Rescinde-se o julgado que nega estabilidade a membro suplente de CIPA, representante de empregado, por ofensa ao art. 10, II, "a", do ADCT da CF/88, ainda que se cuide de decisão anterior à Súmula n. 339 do TST. Incidência da Súmula n. 83 do TST.

07. Ação rescisória. Competência. Criação de Tribunal Regional do Trabalho. Na omissão da lei, é fixada pelo art. 678, inc. I, "c", item 2, da CLT. Inserida em 20.9.00 (Nova redação. Res. 137/2005. DJ 22.8.05) A Lei n. 7.872/89 que criou o Tribunal Regional do Trabalho da 17ª Região não fixou a sua competência para apreciar as ações rescisórias de decisões oriundas da 1ª Região, o que decorreu do art. 678, I, "c", item 2, da CLT.

08. Ação rescisória. Complementação de aposentadoria. Banespa. Súmula n. 83 do TST. Inserida em 20.9.00 (Nova redação. Res. 137/2005. DJ 22.8.05) Não se rescinde julgado que acolheu pedido de complementação de aposentadoria integral em favor de empregado do BANESPA, antes da Súmula n. 313 do TST, em virtude da notória controvérsia jurisprudencial então reinante. Incidência da Súmula n. 83 do TST.

09. Ação rescisória. Conab. Aviso DIREH 2/84. Súmula n. 83 do TST. Aplicável. Não se rescinde julgado que reconheceu garantia de emprego com base no Aviso DIREH 02/84 da CONAB, antes da Súmula n. 355, do TST, em virtude da notória controvérsia jurisprudencial então reinante. Incidência da Súmula n. 83, do TST. (20.9.00)

10. Ação rescisória. Contrato nulo. Administração pública. Efeitos. Arts. 37, II e § 2º da CF/88. Somente por ofensa ao art. 37, II e § 2º da CF/88, procede o pedido de rescisão de julgado para considerar nula a contratação, sem concurso público, de servidor, após a CF/88. (20.9.00)

11. Ação rescisória. Correção monetária. Lei n. 7.596/87. Universidades Federais. Implantação tardia do plano de classificação de cargos. Violação de lei. Súmula n. 83 do TST. Aplicável. Não se rescinde julgado que acolhe pedido de correção monetária decorrente da implantação tardia do plano de classificação de cargos de Universidade Federal previsto na Lei n. 7.596/87, à época em que era controvertida tal matéria na jurisprudência. Incidência da Súmula n. 83, do TST. (20.9.00)

12. Ação rescisória. Decadência. Consumação antes ou depois da edição da MEDIDA Provisória n. 1.577/97. Ampliação do prazo. Res. 208/2016, DEJT divulgado em 22, 25 e 26.04.2016

I. A vigência da Medida Provisória n. 1.577/97 e de suas reedições implicou o elastecimento do prazo decadencial para o ajuizamento da ação rescisória a favor dos entes de direito público, autarquias e fundações públicas. Se o biênio decadencial do art. 495 do CPC de 1973 findou após a entrada em vigor da referida medida provisória e até sua suspensão pelo STF em sede liminar de ação direta de inconstitucionalidade (ADIn 1753-2), tem-se como aplicável o prazo decadencial elastecido à rescisória. (*ex-OJ n. 17 da SDI-2. inserida em 20.09.00*)

II. A regra ampliativa do prazo decadencial para a propositura de ação rescisória em favor de pessoa jurídica de direito público não se aplica se, ao tempo em que sobreveio a Medida Provisória n. 1.577/97, já se exaurira o biênio do art. 495 do CPC. Preservação do direito adquirido da parte à decadência já consumada sob a égide da lei velha. (*ex-OJ n. 12 da SDI-2. inserida em 20.09.00*) (Atualizada pela Resol. n. 208, de 19.4.16, DEJT 22.4.16)

13. Ação rescisória. Decadência. *Dies ad quem*. Art. 775 da CLT. Aplicável. Inserida em 20.9.00 (*Cancelada* em decorrência da nova redação conferida à Súmula n. 100. Res. 137/2005. DJ 22.8.05) Prorroga-se até o primeiro dia útil imediatamente subsequente o prazo decadencial para ajuizamento de ação rescisória quando expira em férias forenses, feriados, finais de semana ou em dia em que não houver expediente forense. Aplicação do art. 775 da CLT.

14. Ação rescisória. Decadência. *Dies a quo*. Recurso intempestivo. (*Cancelada* em decorrência da nova redação conferida à Súmula n. 100, Resol. n. 109/2001, DJ 18.4.01). (20.9.00)

15. Ação rescisória. Decadência. Duas decisões rescindendas. (*Cancelada* em decorrência da nova redação conferida Súmula n. 100, Resol. n. 109/2001, DJ 18.4.01). (20.9.00)

16. Ação rescisória. Decadência. Exceção de incompetência. Inserida em 20.9.00 (*Cancelada* em decorrência da nova redação conferida à Súmula n. 100. Res. 137/2005. DJ 22.8.05) A exceção de incompetência, ainda que oposta no prazo recursal, sem ter sido aviado o recurso próprio, não tem o condão de afastar a consumação da coisa julgada e, assim, postergar o termo inicial do prazo decadencial para a ação rescisória.

17. Ação rescisória. Decadência. Não consumação antes da edição da Medida Provisória n. 1.577/97. Ampliação do prazo. Inserida em 20.9.00 (*Cancelada* em decorrência da sua incorporação à nova redação da Orientação Jurisprudencial n. 12 da SBDI--II. Res. 137/2005. DJ 22.8.05) A vigência da Medida Provisória n. 1.577/97 e de suas reedições implicou o elastecimento do prazo decadencial para o ajuizamento da ação rescisória a favor dos entes de direito público, autarquias e fundações públicas. Se o biênio decadencial do art. 495 do CPC findou após a entrada em vigor da referida medida provisória e até sua suspensão pelo STF em sede liminar de ação direta de inconstitucionalidade (ADIn 1753-2), tem-se como aplicável o prazo decadencial elastecido à rescisória.

18. Ação rescisória. Decadência. União. Lei Complementar n. 73/93, art. 67. Lei n. 8.682/93, art. 6º. O art. 67 da Lei Complementar n. 73/93 interrompeu todos os prazos, inclusive o de deca-

dência, em favor da União no período compreendido entre 14.2.93 e 14.8.93. (20.9.00)

19. Ação rescisória. Desligamento incentivado. Imposto de renda. Abono pecuniário. Violação de lei. Súmula n. 83 do TST. Aplicável. Havendo notória controvérsia jurisprudencial acerca da incidência de imposto de renda sobre parcela paga pelo empregador ("abono pecuniário") a título de "desligamento incentivado", improcede pedido de rescisão do julgado. Incidência da Súmula n. 83, do TST. (20.9.00)

20. Ação rescisória. Documento novo. Dissídio coletivo. Sentença normativa. Inserida em 20.9.00 (*Cancelada* em decorrência da sua conversão na Súmula n. 402. Res. 137/2005. DJ 22.8.05) Documento novo é o cronologicamente velho, já existente ao tempo da decisão rescindenda, mas ignorado pelo interessado ou de impossível utilização à época no processo. Não é documento novo apto a viabilizar a desconstituição de julgado: a) a sentença normativa proferida ou transitada em julgado posteriormente à sentença rescindenda. b) a sentença normativa preexistente à sentença rescindenda, mas não exibida no processo principal, em virtude de negligência da parte, quando podia e deveria louvar-se de documento já existente e não ignorado quando emitida a decisão rescindenda.

21. Ação rescisória. Duplo grau de jurisdição. Trânsito em julgado. Inobservância. Decreto-Lei n. 779/69, art. 1º, V. Incabível. Inserida em 20.9.00 (Nova redação. Res. 137/2005. DJ 22.8.05) É incabível ação rescisória para a desconstituição de sentença não transitada em julgado porque ainda não submetida ao necessário duplo grau de jurisdição, na forma do Decreto-Lei n. 779/69. Determina-se que se oficie ao Presidente do TRT para que proceda à avocatória do processo principal para o reexame da sentença rescindenda.

22. Ação rescisória. Estabilidade. Art. 41, cf/1988. Celetista. Administração direta, autárquica ou fundacional. Aplicabilidade. Inserida em 20.9.00 (*Cancelada* em decorrência da sua conversão na Súmula n. 390, DJ 20.4.05). O servidor público celetista da administração direta, autárquica ou fundacional é beneficiário da estabilidade prevista no art. 41 da Constituição Federal.

23. Ação rescisória. Estabilidade. Período pré-eleitoral. Violação de lei. Súmula n. 83 do TST. Aplicável. Não procede pedido de rescisão de sentença de mérito que assegura ou nega estabilidade pré-eleitoral, quando a decisão rescindenda for anterior à Orientação Jurisprudencial n. 51, da Seção de Dissídios Individuais do TST (25.11.96). Incidência da Súmula n. 83, do TST. (20.9.00)

24. Ação rescisória. Estabilidade provisória. Reintegração em período posterior. Direito limitado aos salários e consectários do período da estabilidade. Rescinde-se o julgado que reconhece estabilidade provisória e determina a reintegração de empregado, quando já exaurido o respectivo período de estabilidade. Em juízo rescisório, restringe-se a condenação quanto aos salários e consectários até o termo final da estabilidade. (20.9.00)

25. Ação rescisória. Expressão "lei" do art. 485, V, do CPC. Não inclusão do ACT, CCT, portaria, regulamento, súmula e Orientação Jurisprudencial de tribunal. Inserida em 20.09.00 (Nova redação em decorrência da incorporação da Orientação Jurisprudencial n. 118 da SBDI-II. Res. 137/2005. DJ 22.8.05) Não procede pedido de rescisão fundado no art. 485, V, do CPC quando se aponta contrariedade à norma de convenção coletiva de trabalho, acordo coletivo de trabalho, portaria do Poder Executivo, regulamento de empresa e súmula ou orientação jurisprudencial de tribunal. (ex-OJ 25 da SDI-2, inserida em 20.9.00 e ex-OJ 118 da SDI-2, DJ 11.8.03)

26. Ação rescisória. Gratificação de nível superior. Suframa. A extensão da gratificação instituída pela SUFRAMA aos servidores celetistas exercentes de atividade de nível superior não ofende as disposições contidas nos arts. 37, XIII e 39, § 1º da CF/88. (20.9.00)

27. Ação rescisória. Honorários advocatícios. Inserida em 20.9.00 (*Cancelada* em decorrência da nova redação conferida à Súmula n. 219. Res. 137/2005. DJ 22.8.05) Incabível condenação em honorários advocatícios em ação rescisória no processo trabalhista, salvo preenchidos os requisitos da Lei n. 5.584/70.

28. Ação rescisória. Juízo rescisório. Restituição da parcela já recebida. Deve a parte propor ação própria. (*Cancelada* pela Resol. n. 149, de 17.11.08, DJe TST 21.11.08) Inviável em sede de ação rescisória pleitear condenação relativa à devolução dos valores pagos aos empregados quando ultimada a execução da decisão rescindenda, devendo a empresa buscar por meio de procedimento próprio essa devolução. (20.9.00)

29. Ação rescisória. Matéria constitucional. Súmula n. 83 do TST e Súmula n. 343 do STF. Inaplicáveis. Inserida em 20.9.00 (*Cancelada* em decorrência da redação conferida à Súmula n. 83 pela Res. 121/03, DJ 21.11.03. Res. 137/2005. DJ 22.8.05) No julgamento de ação rescisória fundada no art. 485, inciso V, do CPC, não se aplica o óbice das Súmulas ns. 83 do TST e 343 do STF, quando se tratar de matéria constitucional.

30. Ação rescisória. Multa. Art. 920 do Código Civil de 1916 (art. 412 do Código Civil de 2002). Inserida em 20.9.00 (Nova redação em decorrência da incorporação da Orientação Jurisprudencial n. 31 da SBDI-II. Res. 137/2005. DJ 22.8.05) Não se acolhe, por violação do art. 920 do Código Civil de 1916 (art. 412 do Código Civil de 2002), pedido de rescisão de julgado que:

a) em processo de conhecimento, impôs condenação ao pagamento de multa, quando a decisão rescindenda for anterior à Orientação Jurisprudencial n. 54 da Subseção I Especializada em Dissídios Individuais do TST (30.5.94), incidindo o óbice da Súmula n. 83 do TST; (ex-OJ n. 30 da SDI-2 inserida em 20.9.00), b) em execução, rejeita-se limitação da condenação ao pagamento de multa, por inexistência de violação literal. (ex-OJ n. 31 da SDI-2. inserida em 20.9.00)

31. Ação rescisória. Multa. Violação do art. 920 do Código Civil. Decisão rescindenda em execução. Inserida em 20.09.00 (*Cancelada* em decorrência da sua incorporação à redação da Orientação Jurisprudencial n. 30 da SBDI-II. Res. 137/2005. DJ 22.8.05) Não se acolhe, por violação do art. 920 do Código Civil, pedido de rescisão de julgado que, em execução, rejeita limitação da condenação ao pagamento de multa. Inexistência de violação literal.

32. Ação rescisória. Petição inicial. Causa de pedir. Ausência de capitulação ou capitulação errônea no art. 485 do CPC. Princípio *iura novit curia*. Inserida em 20.09.00 (*Cancelada* em decorrência da sua conversão na Súmula n. 408. Res. 137/2005. DJ 22.8.05) Não padece de inépcia a petição inicial de ação rescisória apenas porque omite a subsunção do fundamento de rescindibilidade no art. 485 do CPC, ou o capitula erroneamente. Contanto que não se afaste dos fatos e fundamentos invocados como causa de pedir, ao Tribunal é lícito emprestar-lhes a adequada qualificação jurídica (*iura novit curia*).

33. AÇÃO RESCISÓRIA. PETIÇÃO INICIAL. VIOLAÇÃO LITERAL DE LEI. PRINCÍPIO *IURA NOVIT CURIA*. Inserida em 20.9.00 (*Cancelada* em decorrência da sua conversão na Súmula n. 408. Res. 137/2005. DJ 22.8.05) Fundando-se a ação rescisória no art. 485, inciso V, do CPC é indispensável expressa indicação na petição inicial da ação rescisória do dispositivo legal violado, não se aplicando, no caso, o princípio *iura novit curia*.

34. Ação rescisória. Planos econômicos.

I. O acolhimento de pedido em ação rescisória de plano econômico, fundada no art. 485, inciso V, do CPC de 1973, pressupõe, necessariamente, expressa invocação na petição inicial de afronta ao art. 5º, inciso XXXVI, da Constituição Federal de 1988. A indicação de ofensa literal a preceito de lei ordinária atrai a incidência da Súmula n. 83 do TST e Súmula n. 343 do STF. II. Se a decisão rescindenda é posterior à Súmula n. 315 do TST (Res. 07, DJ 22.09.93), inaplicável a Súmula n. 83 do TST. (Atualizada pela Resol. n. 208, de 19.4.16, DEJT 22.4.16)

35. Ação rescisória. Planos econômicos. Coisa julgada. Limitação à data-base na fase de execução. Não ofende a coisa julgada a limitação à data-base da categoria, na fase executória, da condenação ao pagamento de diferenças salariais decorrentes de planos econômicos, quando a decisão exequenda silenciar sobre a limitação, uma vez que a limitação decorre de norma cogente. Apenas quando a sentença exequenda houver expressamente afastado a limitação à data-base é que poderá ocorrer ofensa à coisa julgada. (20.9.00)

36. Ação rescisória. Prequestionamento. Violação ocorrida na própria decisão rescindenda. Inserida em 20.9.00 (*Cancelada* em decorrência da nova redação conferida à Súmula n. 298. Res. 137/2005. DJ 22.8.05) Não é absoluta a exigência de prequestionamento na ação rescisória: ainda que a ação rescisória tenha por fundamento violação de dispositivo legal, é prescindível o prequestionamento quando o vício nasce no próprio julgamento, como se dá com a sentença *extra, citra e ultra petita.*

37. Ação rescisória. Prescrição quinquenal. Matéria Constitucional. Súmula n. 83 do TST e Súmula n. 343 do STF. Inaplicáveis. Inserida em 20.9.00 (*Cancelada* em decorrência da redação conferida à Súmula n. 83 pela Res. 121/03, DJ 21.11.03. Res. 137/2005. DJ 22.8.05) No julgamento de ação rescisória fundada no art. 485, inciso V, do CPC, não se aplica o óbice das Súmulas ns. 83 do TST e 343 do STF quando se tratar de prazo prescricional com assento constitucional.

38. Ação rescisória. Professor adjunto. Ingresso no cargo de professor titular. Exigência de concurso público (Lei n. 7.596/87, Decreto n. 94.664/87 e art. 206, V, CF/88). A assunção do professor adjunto ao cargo de professor titular de universidade pública, sem prévia aprovação em concurso público, viola o art. 206, inc. V, da Constituição Federal. Procedência do pedido de rescisão do julgado. (20.9.00)

39. Ação rescisória. Reajustes bimestrais e quadrimestrais. Lei n. 8.222/91. Súmula n. 83 do TST. Aplicável. Havendo controvérsia jurisprudencial à época, não se rescinde decisão que aprecia a possibilidade de cumulação das antecipações bimestrais e reajustes quadrimestrais de salário previstos na Lei n. 8.222/91. Incidência da Súmula n. 83 do TST. (20.9.00)

40. Ação rescisória. Reajustes salariais previstos em norma coletiva. Prevalência da legislação de política salarial quando a norma coletiva é anterior à lei. Inserida em 20.9.00 (*Cancelada* em decorrência da sua conversão na Súmula n. 375, DJ 20.4.05). Os reajustes salariais previstos em norma coletiva de trabalho não prevalecem frente à legislação superveniente de política salarial.

41. Ação rescisória. Sentença *citra petita*. Cabimento. Revelando-se a sentença *citra petita*, o vício processual vulnera os arts. 141 e 492 do CPC de 2015 (arts. 128 e 460 do CPC de 1973), tornando-a passível de desconstituição, ainda que não interpostos embargos de declaração. (Atualizada Resol. n. 208, de 19.4.16, DEJT 22.4.2016)

42. Ação rescisória. Sentença de mérito. Competência do TST. Acórdão rescindendo do TST. Não conhecimento de recurso. Súmula n. 192. Não aplicação. Inserida em 20.9.00 (*Cancelada* em decorrência da redação conferida à Súmula n. 192 pela Res. 121/2003. DJ 21.11.2003. Res. 137/2005. DJ 22.8.05) Acórdão rescindendo do TST que não conhece de recurso de embargos ou de revista, seja examinando a arguição de violação de dispositivo de lei, seja decidindo de acordo com súmula de direito material ou em consonância com iterativa, notória e atual jurisprudência de direito material da SDI (Súmula n. 333) examina o mérito da causa, comportando ação rescisória da competência do Tribunal Superior do Trabalho.

43. Ação rescisória. Sentença de mérito. Decisão de tribunal regional do trabalho em agravo regimental confirmando decisão monocrática do relator que, aplicando a Súmula n. 83 do TST, indeferiu a petição inicial da ação rescisória. Cabimento. Inserida em 20.9.00 (*Cancelada* em decorrência da sua conversão na Súmula n. 411. Res. 137/2005. DJ 22.8.05) Se a decisão recorrida, em agravo regimental, aprecia a matéria na fundamentação, sob o enfoque das Súmulas ns. 83 do TST e 343 do STF, constitui sentença de mérito ainda que haja resultado no indeferimento da petição inicial e na extinção do processo, "sem julgamento do mérito". Sujeita-se, assim, à reforma pelo TST a decisão do Tribunal que, invocando controvérsia na interpretação da lei, indefere a petição inicial de ação rescisória.

44. Ação rescisória. Sentença de mérito. Decisão homologatória de adjudicação. Incabível. Inserida em 20.9.00 (*Cancelada* em decorrência da sua conversão na Súmula n. 399. Res. 137/2005. DJ 22.8.05) Incabível ação rescisória para impugnar decisão homologatória de adjudicação.

45. Ação rescisória. Sentença de mérito. Decisão homologatória de arrematação. Incabível. Inserida em 20.9.00 (*Cancelada* em decorrência da sua conversão na Súmula n. 399. Res. 137/2005. DJ 22.8.05) Incabível ação rescisória para impugnar decisão homologatória de arrematação.

46. Ação rescisória. Sentença de mérito. Questão processual. Inserida em 20.9.00 (*Cancelada* em decorrência da sua conversão na Súmula n. 412. Res. 137/2005. DJ 22.8.05) Pode uma questão processual ser objeto de rescisão desde que consista em pressuposto de validade de uma sentença de mérito.

47. Ação rescisória. Sentença de mérito. Violação do art. 896, "a", da CLT. Inserida em 20.9.00 (*Cancelada* em decorrência da sua conversão na Súmula n. 413. Res. 137/2005. DJ 22.8.05) Incabível ação rescisória, por violação do art. 896, "a", da CLT, contra decisão que não conhece de recurso de revista, com base em divergência jurisprudencial, pois não se cuida de sentença de mérito (art. 485 do CPC).

48. Ação rescisória. Sentença e acórdão. Substituição. Inserida em 20.9.00 (*Cancelada* em decorrência da nova redação da Súmula n. 192. Res. 137/2005. DJ 22.8.05) Em face do disposto no art. 512 do CPC, é juridicamente impossível o pedido explícito de desconstituição de sentença quando substituída por acórdão regional.

49. Mandado de segurança. Ação de cumprimento fundada em decisão normativa que sofreu posterior reforma, quando já transitada em julgado a sentença condenatória proferida na ação de cumprimento. Inserida em 20.9.00 (*Cancelada* em decorrência da conversão de tese mais abrangente da Orientação Jurisprudencial n. 116 na Súmula n. 397. Res. 137/2005. DJ 22.8.05) É cabível o mandado de segurança para extinguir a execução fundada em sentença proferida em ação de cumprimento, quando excluída da sentença normativa a cláusula que lhe serviu de sustentáculo.

50. Mandado de segurança. Antecipação de tutela. Cabimento. Inserida em 20.9.00 (*Cancelada* em decorrência da sua conversão na Súmula n. 414. Res. 137/2005. DJ 22.8.05) A tutela antecipada concedida antes da prolação da sentença é impugnável mediante mandado de segurança, por não comportar recurso próprio.

51. Mandado de segurança. Antecipação de tutela concedida em sentença. Reintegração. Não cabimento. Inserida em 20.9.00 (*Cancelada* em decorrência da sua conversão na Súmula n. 414. Res. 137/2005. DJ 22.8.05) A antecipação da tutela conferida na sentença não comporta impugnação pela via do mandado de segurança, por ser impugnável mediante recurso ordinário. A ação cautelar é o meio próprio para se obter efeito suspensivo a recurso.

52. Mandado de segurança. Art. 284, CPC. Aplicabilidade. Inserida em 20.9.00 (*Cancelada* em decorrência da sua conversão na Súmula n. 415. Res. 137/2005. DJ 22.8.05) Exigindo o mandado de segurança prova documental pré-constituída, inaplicável se torna o art. 284 do CPC quando verificada na petição inicial do *mandamus* a ausência de documento indispensável ou sua autenticação.

53. Mandado de segurança. Cooperativa em liquidação extrajudicial. Lei n. 5.764/71, art. 76. Inaplicável. Não suspende a execução. A liquidação extrajudicial de sociedade cooperativa não suspende a execução dos créditos trabalhistas existentes contra ela. (20.9.00)

54. Mandado de segurança. Embargos de terceiro. Cumulação. Penhora. Incabível. Ajuizados embargos de terceiro (art. 674 do CPC de 2015. art. 1.046 do CPC de 1973) para pleitear a desconstituição da penhora, é incabível mandado de segurança com a mesma finalidade. (Atualizada Resol. n. 208, de 19.4.16, DEJT 22.4.2016)

55. Mandado de segurança. Execução. Lei n. 8.432/92. Art. 897, § 1º, da CLT. Cabimento. Inserida em 20.9.00 (*Cancelada* em decorrência da sua conversão na Súmula n. 416. Res. 137/2005. DJ 22.8.05) Devendo o agravo de petição delimitar justificadamente a matéria e os valores objeto de discordância, não fere direito líquido e certo o prosseguimento da execução quanto aos tópicos e valores não especificados no agravo.

56. Mandado de segurança. Execução. Pendência de recurso extraordinário. Não há direito líquido e certo à execução definitiva na pendência de recurso extraordinário, ou de agravo de instrumento visando a destrancá-lo. (20.9.00)

57. Mandado de segurança. INSS. Tempo de serviço. Averbação e/ou reconhecimento. Conceder-se-á mandado de segurança para impugnar ato que determina ao INSS o reconhecimento e/ou averbação de tempo de serviço. (20.9.00)

58. Mandado de segurança para cassar liminar concedida em ação civil pública. Cabível. Inserida em 20.9.00 (*Cancelada* em decorrência da sua conversão na Súmula n. 414. Res. 137/2005. DJ 22.8.05) É cabível o mandado de segurança visando a cassar liminar concedida em ação civil pública.

59. Mandado de segurança. Penhora. Carta de fiança bancária. Seguro garantia judicial (nova redação em decorrência do CPC de 2015). Res. n. 209/2016, DEJT divulgado em 1, 2 e 3.6.2016. A carta de fiança bancária e o seguro garantia judicial, desde que em valor não inferior ao do débito em execução, acrescido de trinta por cento, equivalem a dinheiro para efeito da gradação dos bens penhoráveis, estabelecida no art. 835 do CPC de 2015 (art. 655 do CPC de 1973).

60. Mandado de segurança. Penhora em dinheiro. Banco. Inserida em 20.9.00 (*Cancelada* em decorrência da sua conversão na Súmula n. 417. Res. 137/2005. DJ 22.8.05) Não fere direito líquido e certo do impetrante o ato judicial que determina penhora em dinheiro de banco, em execução definitiva, para garantir crédito exequendo, uma vez que obedece à gradação prevista no art. 655 do CPC.

61. Mandado de segurança. Penhora em dinheiro. Execução definitiva. Depósito em Banco Oficial no Estado. Arts. 612 e 666 do CPC. Inserida em 20.9.00 (*Cancelada* em decorrência da sua conversão na Súmula n. 417. Res. 137/2005. DJ 22.8.05) Havendo discordância do credor, em execução definitiva, não tem o executado direito líquido e certo a que os valores penhorados em dinheiro fiquem depositados no próprio banco, ainda que atenda aos requisitos do art. 666, I, do CPC.

62. Mandado de segurança. Penhora em dinheiro. Execução provisória. Inserida em 20.9.00 (*Cancelada* em decorrência da sua conversão na Súmula n. 417. Res. 137/2005. DJ 22.8.05) Em se tratando de execução provisória, fere direito líquido e certo do impetrante a determinação de penhora em dinheiro, quando nomeados outros bens à penhora, pois o executado tem direito a que a execução se processe da forma que lhe seja menos gravosa, nos termos do art. 620 do CPC.

63. Mandado de segurança. Reintegração. Ação cautelar. Comporta a impetração de mandado de segurança o deferimento de reintegração no emprego em ação cautelar. (20.9.00)

64. Mandado de segurança. Reintegração liminarmente concedida. Não fere direito líquido e certo a concessão de tutela antecipada para reintegração de empregado protegido por estabilidade provisória decorrente de lei ou norma coletiva. (20.9.00)

65. Mandado de segurança. Reintegração liminarmente concedida. Dirigente sindical. Ressalvada a hipótese do art. 494, da CLT, não fere direito líquido e certo a determinação liminar de reintegração no emprego de dirigente sindical, em face da previsão do inciso X do art. 659 da CLT. (20.9.00)

66. Mandado de segurança. Sentença homologatória de adjudicação. Incabível. É incabível o mandado de segurança contra sentença homologatória de adjudicação, uma vez que existe meio próprio para impugnar o ato judicial, consistente nos embargos à adjudicação (CPC, art. 746). (20.9.00)

67. Mandado de segurança. Transferência. Art. 659, IX, da CLT. Não fere direito líquido e certo a concessão de liminar obstativa de transferência de empregado, em face da previsão do inciso IX do art. 659 da CLT. (20.9.00)

68. Antecipação de tutela. Competência. Inserida em 20.9.00. (nova redação. DJ 22.8.05). Nos Tribunais, compete ao relator decidir sobre o pedido de antecipação de tutela, submetendo sua decisão ao Colegiado respectivo, independentemente de pauta, na sessão imediatamente subsequente. (20.9.00)

69. Fungibilidade recursal. Indeferimento liminar de ação rescisória ou mandado de segurança. Recurso para o TST. Recebimento como agravo regimental e devolução dos autos ao TRT. Recurso ordinário interposto contra despacho monocrático indeferitório da petição inicial de ação rescisória ou de mandado de segurança pode, pelo princípio de fungibilidade recursal, ser recebido como agravo regimental. Hipótese de não conhecimento do recurso pelo TST e devolução dos autos ao TRT, para que aprecie o apelo como agravo regimental. (20.9.00)

70. Ação rescisória. Manifesto e inescusável equívoco no direcionamento. Inépcia da inicial. Extinção do processo. O manifesto equívoco da parte em ajuizar ação rescisória no TST para desconstituir julgado proferido pelo TRT, ou vice-versa, implica a extinção do processo sem julgamento do mérito por inépcia da inicial. (Inserido em 8.11.00 e alterado em 26.11.02)(*)

71. Ação rescisória. Salário profissional. Fixação. Múltiplo de salário mínimo. Art. 7º, IV, da CF/88. (Nova redação. DJ 22.11.04). A estipulação do salário profissional em múltiplos do salário mínimo não afronta o art. 7º, inciso IV, da Constituição Federal de 1988, só incorrendo em vulneração do referido preceito constitucional a fixação de correção automática do salário pelo reajuste do salário mínimo. (Inserida em 8.11.04 e nova redação em 22.11.04 (DJ 22.11.04).

72. Ação rescisória. Prequestionamento quanto à matéria e ao conteúdo da norma, não necessariamente do dispositivo legal tido por violado. Inserida em 8.11.00 (*Cancelada* em decorrência da nova redação conferida à Súmula n. 298. Res. 137/2005. DJ 22.8.05) O prequestionamento exigido em ação rescisória diz respeito à matéria e ao enfoque específico da tese debatida na ação e não, necessariamente, ao dispositivo legal tido por violado. Basta que o conteúdo da norma reputada como violada tenha sido abordado na decisão rescindenda para que se considere preenchido o pressuposto do prequestionamento.

73. Art. 557 do CPC. Constitucionalidade (*Cancelada* em razão da conversão na Súmula n. 435. (Res. 186/2012, DEJT divulgado em 25.9.12). Não há como se cogitar da inconstitucionalidade do art. 557 do CPC, meramente pelo fato de a decisão ser exarada pelo Relator, sem a participação do Colegiado, porquanto o princípio da publicidade insculpido no inciso IX do art. 93 da CF/1988 não está jungido ao julgamento pelo Colegiado e sim o acesso ao processo pelas partes, seus advogados ou terceiros interessados, direito preservado pela Lei n. 9.756/1998, ficando, outrossim, assegurado o acesso ao Colegiado através de agravo.

74. Embargos declaratórios contra decisão monocrática do relator, calcada no art. 557 do CPC. Cabimento. Inserida em 8.11.00 (*Cancelada* em decorrência da sua conversão na Súmula n. 421. Res. 137/2005. DJ 22.8.05)

I. Tendo o despacho monocrático de provimento ou denegação de recurso, previsto no art. 557 do CPC, conteúdo decisório definitivo e conclusivo da lide, comporta ser esclarecido pela via dos embargos declaratórios, em despacho aclaratório, também monocrático quando se pretende tão somente suprir omissão e não modificação do julgado. II. Postulando o embargante efeito modificativo, os embargos declaratórios deverão ser submetidos ao pronunciamento do Colegiado, convertidos em agravo, em face dos princípios da fungibilidade e celeridade processual.

75. Remessa de ofício. Ação rescisória. Prequestionamento. Decisão regional que simplesmente confirma a sentença. Inserida em 20.4.01 (*Cancelada* em decorrência da nova redação conferida à Súmula n. 298. Res. 137/2005. DJ 22.8.05) Para efeito de ação rescisória, considera-se prequestionada a matéria tratada na sentença quando, examinando remessa de ofício, o Tribunal simplesmente a confirma.

76. Ação rescisória. Ação cautelar para suspender execução. Juntada de documento indispensável. Possibilidade de êxito na rescisão do julgado. É indispensável a instrução da ação cau-

telar com as provas documentais necessárias à aferição da plausibilidade de êxito na rescisão do julgado. Assim sendo, devem vir junto com a inicial da cautelar as cópias da petição inicial da ação rescisória principal, da decisão rescindenda, da certidão do trânsito em julgado e informação do andamento atualizado da execução. (13.3.02)

77. Ação rescisória. Aplicação da Súmula n. 83 do TST. Matéria controvertida. Limite temporal. Data de inserção em Orientação Jurisprudencial do TST. Inserida em 13.3.02 (*Cancelada* em decorrência da nova redação conferida à Súmula n. 83. Res. 137/2005. DJ 22.8.05) A data da inclusão da matéria discutida na ação rescisória, na Orientação Jurisprudencial do TST, é o divisor de águas quanto a ser, ou não, controvertida nos Tribunais a interpretação dos dispositivos legais citados na ação rescisória.

78. Ação rescisória. Cumulação sucessiva de pedidos. Rescisão da sentença e do acórdão. Ação única. Art. 326 do CPC de 2015. Art. 289 do CPC de 1973. É admissível o ajuizamento de uma única ação rescisória contendo mais de um pedido, em ordem sucessiva, de rescisão da sentença e do acórdão. Sendo inviável a tutela jurisdicional de um deles, o julgador está obrigado a apreciar os demais, sob pena de negativa de prestação jurisdicional. (Atualizada Resol. n. 208, de 19.4.16, DEJT 22.4.2016)

79. Ação rescisória. Decadência afastada. Imediato julgamento do mérito. Inexistência de ofensa ao duplo grau de jurisdição. Inserida em 13.3.02 (*Cancelada* em decorrência da nova redação conferida à Súmula n. 100. Res. 137/2005. DJ 22.8.05) Não ofende o princípio do duplo grau de jurisdição a decisão do TST que, após afastar a decadência em sede de recurso ordinário, aprecia desde logo a lide, se a causa versar questão exclusivamente de direito e estiver em condições de imediato julgamento.

80. Ação rescisória. Decadência. *Dies a quo*. Recurso deserto. Súmula n. 100/TST. O não-conhecimento do recurso por deserção não antecipa o *dies a quo* do prazo decadencial para o ajuizamento da ação rescisória, atraindo, na contagem do prazo, a aplicação da Súmula n. 100 do TST. (13.3.02)

81. Ação rescisória. Descontos legais. Fase de execução. Sentença exequenda omissa. Inexistência de ofensa à coisa julgada. Inserida em 13.3.02 (*Cancelada* em decorrência da sua conversão na Súmula n. 401. Res. 137/2005. DJ 22.8.05) Os descontos previdenciários e fiscais devem ser efetuados pelo juízo executório, ainda que a sentença exequenda tenha sido omissa sobre a questão, dado o caráter de ordem pública ostentado pela norma que os disciplina. A ofensa à coisa julgada somente poderá ser caracterizada na hipótese de o título exequendo, expressamente, afastar a dedução dos valores a título de imposto de renda e de contribuição previdenciária.

82. Ação rescisória. Litisconsórcio. Necessário no polo passivo e facultativo no ativo. Inserida em 13.3.02 (*Cancelada* em decorrência da sua conversão na Súmula n. 406. Res. 137/2005. DJ 22.8.05) O litisconsórcio, na ação rescisória, é necessário em relação ao polo passivo da demanda, porque supõe uma comunidade de direito ou de obrigações que não admite solução díspar para os litisconsortes, em face da indivisibilidade do objeto. Já em relação ao polo ativo, o litisconsórcio é facultativo, uma vez que a aglutinação de autores se faz por conveniência, e não pela necessidade decorrente da natureza do litígio, pois não se pode condicionar o exercício do direito individual de um dos litigantes no processo originário à anuência dos demais para retomar a lide.

83. Ação rescisória. Ministério Público. Legitimidade *ad causam* prevista no art. 487, III, "a" e "b", do CPC. As hipóteses são meramente exemplificativas. Inserida em 13.3.02 (*Cancelada* em decorrência da sua conversão na Súmula n. 407. Res. 137/2005. DJ 22.8.05) A legitimidade *ad causam* do Ministério Público para propor ação rescisória, ainda que não tenha sido parte no processo que deu origem à decisão rescindenda, não está limitada às alíneas "a" e "b" do inciso III do art. 487 do CPC, uma vez que traduzem hipóteses meramente exemplificativas.

84. Ação rescisória. Petição inicial. Ausência da decisão rescindenda e/ou da certidão do seu trânsito em julgado, devidamente autenticadas. Peças essenciais para a consti- tuição válida e regular do feito. Arguição de ofício. Extinção do processo sem julgamento do mérito. A decisão rescindenda e/ou a certidão do seu trânsito em julgado, devidamente autenticadas, à exceção de cópias reprográficas apresentadas por pessoa jurídica de direito público, a teor do art. 24 da Lei n. 10.522/02, são peças essenciais para o julgamento da ação rescisória. Em fase recursal, verificada a ausência de qualquer delas, cumpre ao Relator do recurso ordinário arguir, de ofício, a extinção do processo, sem julgamento do mérito, por falta de pressuposto de constituição e desenvolvimento válido do feito. (Inserido em 13.3.02 e alterado em 26.11.02)(*)

85. Ação rescisória. Sentença homologatória de cálculo. Existência de contraditório. Decisão de mérito. Cabimento. Inserida em 13.3.02 e alterada em 26.11.02 (cancelada 1ª parte convertida na Súmula n. 399 e parte final (Incorporada à nova redação da Súmula n. 298. Res. 137/2005. DJ 22.8.05) A decisão homologatória de cálculos apenas comporta rescisão quando enfrentar as questões envolvidas na elaboração da conta de liquidação, quer solvendo a controvérsia das partes, quer explicitando, de ofício, os motivos pelos quais acolheu os cálculos oferecidos por uma das partes, ou pelo setor de cálculos, e não contestados pela outra. A sentença meramente homologatória, que silencia sobre os motivos de convencimento do juiz, não se mostra rescindível, por ausência de prequestionamento.

86. Mandado de segurança. Antecipação de tutela. Sentença superveniente. Perda de objeto. Inserida em 13.3.02 (*Cancelada* em decorrência da sua conversão na Súmula n. 414. Res. 137/2005. DJ 22.8.05) Perde objeto o mandado de segurança que impugna tutela antecipada pelo fato de haver sido proferida sentença de mérito nos autos originários.

87. Mandado de segurança. Reintegração em execução provisória. Impossibilidade. Inserida em 13.3.02 (*Cancelada* Res. 137/2005. DJ 22.8.05) O art. 899 da CLT, ao impedir a execução definitiva do título executivo, enquanto pendente recurso, alcança tanto as execuções por obrigação de pagar quanto as por obrigação de fazer. Assim, tendo a obrigação de reintegrar caráter definitivo, somente pode ser decretada, liminarmente, nas hipóteses legalmente previstas, em sede de tutela antecipada ou tutela específica.

88. Mandado de segurança. Valor da causa. Custas processuais. Cabimento. Incabível a impetração de mandado de segurança contra ato judicial que, de ofício, arbitrou novo valor à causa, acarretando a majoração das custas processuais, uma vez que cabia à parte, após recolher as custas, calculadas com base no valor dado à causa na inicial, interpor recurso ordinário e, posteriormente, agravo de instrumento no caso de o recurso ser considerado deserto. (13.3.02)

89. *Habeas corpus*. Depositário. Termo de depósito não assinado pelo paciente. Necessidade de aceitação do encargo. Impossibilidade de prisão civil. A investidura no encargo de depositário depende da aceitação do nomeado que deve assinar termo de compromisso no auto de penhora, sem o que, é inadmissível a restrição de seu direito de liberdade. (27.5.02)

90. Recurso ordinário. Apelo que não ataca os fundamentos da decisão recorrida. Não conhecimento. Art. 514, II, do CPC. Inserida em 27.5.02 (*Cancelada* em decorrência da sua conversão na Súmula n. 422. Res. 137/2005. DJ 22.8.05) Não se conhece de recurso ordinário para o TST, pela ausência do requisito de admissibilidade inscrito no art. 514, II, do CPC, quando as razões do recorrente não impugnam os fundamentos da decisão recorrida, nos termos em que fora proposta.

91. Mandado de segurança. Autenticação de cópias pelas secretarias dos tribunais regionais do trabalho. Requerimento indeferido. Art. 789, § 9º, da CLT. Não sendo a parte beneficiária da assistência judiciária gratuita, inexiste direito líquido e certo à autenticação, pelas Secretarias dos Tribunais, de peças extraídas do processo principal, para formação do agravo de instrumento. (27.5.02)

92. Mandado de segurança. Existência de recurso próprio. Não cabe mandado de segurança contra decisão judicial passível de reforma mediante recurso próprio, ainda que com efeito diferido. (27.5.02)

ORIENTAÇÕES JURISPRUDENCIAIS DA SDI-2 — TST

93. Mandado de segurança. Possibilidade da penhora sobre parte da renda de estabelecimento comercial. É admissível a penhora sobre a renda mensal ou faturamento de empresa, limitada a determinado percentual, desde que não comprometa o desenvolvimento regular de suas atividades. (27.5.02)

94. Ação rescisória. Colusão. Fraude à lei. Reclamatória simulada extinta. A decisão ou acordo judicial subjacente à reclamação trabalhista, cuja tramitação deixa nítida a simulação do litígio para fraudar a lei e prejudicar terceiros, enseja ação rescisória, com lastro em colusão. No juízo rescisório, o processo simulado deve ser extinto. (27.9.02)

95. Ação rescisória de ação rescisória. Violação de lei. Indicação dos mesmos dispositivos legais apontados na rescisória primitiva. Inserida em 27.9.02 e alterada. DJ 16.4.04 (*Cancelada* em decorrência da sua conversão na Súmula n. 400. Res. 137/2005. DJ 22.8.05). Em se tratando de rescisória de rescisória, o vício apontado deve nascer na decisão rescindenda, não se admitindo a rediscussão do acerto do julgamento da rescisória anterior. Assim, não se admite rescisória calcada no inciso V do art. 485 do CPC, para discussão, por má aplicação, dos mesmos dispositivos de lei tidos por violados na rescisória anterior, bem como para arguição de questões inerentes à ação rescisória primitiva.

96. Ação rescisória. Vício de intimação da decisão rescindenda. Ausência da formação da coisa julgada material. Carência de ação. Inserida em 27.9.02 (*Cancelada* em decorrência da nova redação conferida à Súmula n. 299. Res. 137/2005. DJ 22.8.05). O pretenso vício de intimação posterior à decisão que se pretende rescindir, se efetivamente ocorrido, não permite a formação da coisa julgada material. Assim, a ação rescisória deve ser julgada extinta sem julgamento do mérito por carência de ação, por inexistir decisão transitada em julgado a ser rescindida.

97. Ação rescisória. Violação do art. 5º, II, LIV e LV, da Constituição Federal. Princípios da legalidade, do devido processo legal, do contraditório e da ampla defesa. Inserida em 27.9.02 e alterada em 25.4.03. DJ 9.5.03 (Nova redação. Res. 137/2005. DJ 22.8.05) Os princípios da legalidade, do devido processo legal, do contraditório e da ampla defesa não servem de fundamento para a desconstituição de decisão judicial transitada em julgado, quando se apresentam sob a forma de pedido genérico e desfundamentado, acompanhando dispositivos legais que tratam especificamente da matéria debatida, estes sim, passíveis de fundamentarem a análise do pleito rescisório.

98. Mandado de segurança. Cabível para atacar exigência de depósito prévio de honorários periciais. Inserida em 27.9.02 (nova redação. DJ 22.8.2005). É ilegal a exigência de depósito prévio para custeio dos honorários periciais, dada a incompatibilidade com o processo do trabalho, sendo cabível o mandado de segurança visando à realização da perícia, independentemente do depósito.

99. Mandado de segurança. Esgotamento de todas as vias processuais disponíveis. Trânsito em julgado formal. Descabimento. Esgotadas as vias recursais existentes, não cabe mandado de segurança. (27.9.02)

100. Recurso ordinário para o TST. Decisão de TRT proferida em agravo regimental contra liminar em ação cautelar ou em mandado de segurança. Incabível. Não cabe recurso ordinário para o TST de decisão proferida pelo Tribunal Regional do Trabalho em agravo regimental interposto contra despacho que concede ou não liminar em ação cautelar ou em mandado de segurança, uma vez que o processo ainda pende de decisão definitiva do Tribunal *a quo*. (27.9.02)

101. Ação rescisória. Inciso IV do art. 966 do CPC de 2015. Art. 485, IV, do CPC de 1973. Ofensa a coisa julgada. Necessidade de fixação de tese na decisão rescindenda. Para viabilizar a desconstituição do julgado pela causa de rescindibilidade do inciso IV, do art. 966 do CPC de 2015 (inciso IV do art. 485 do CPC de 1973), é necessário que a decisão rescindenda tenha enfrentado as questões ventiladas na ação rescisória, sob pena de inviabilizar o cotejo com o título executivo judicial tido por desrespeitado, de modo a se poder concluir pela ofensa à coisa julgada. (Atualizada Resol. n. 208, de 19.4.16, DEJT 22.4.2016)

102. Ação rescisória. Certidão de trânsito em julgado. Descompasso com a realidade. Presunção relativa de veracidade. DJ 29.4.03 (*Cancelada* em decorrência da nova redação conferida à Súmula n. 100. Res. 137/2005. DJ 22.8.05) O juízo rescindente não está adstrito à certidão de trânsito em julgado juntada com a ação rescisória, podendo formar sua convicção através de outros elementos dos autos quanto à antecipação ou postergação do *dies a quo* do prazo decadencial.

103. Ação rescisória. Contradição entre fundamentação e parte dispositiva do julgado. Cabimento. Erro de fato. É cabível a rescisória para corrigir contradição entre a parte dispositiva do acórdão rescindendo e a sua fundamentação, por erro de fato na retratação do que foi decidido. (DJ 29.4.03)

104. Ação rescisória. Decadência. Sentença homologatória de acordo. Momento do trânsito em julgado. DJ 29.4.03 (*Cancelada* em decorrência da nova redação conferida à Súmula n. 100. Res. 137/2005. DJ 22.8.05). O acordo homologado judicialmente tem força de decisão irrecorrível, na forma do art. 831 da CLT. Assim sendo, o termo conciliatório transita em julgado na data da sua homologação judicial.

105. Ação rescisória. Decisão rescindenda. Agravo de instrumento. Não substituição. Impossibilidade jurídica. DJ 29.4.03 (*Cancelada* em decorrência da nova redação conferida à Súmula n. 192. Res. 137/2005. DJ 22.8.05) É manifesta a impossibilidade jurídica do pedido de rescisão de julgado proferido em agravo de instrumento que, limitando-se a aferir o eventual desacerto do juízo negativo de admissibilidade do recurso de revista, não substitui o acórdão regional, na forma do art. 512 do CPC.

106. Ação rescisória. Decisão rescindenda. Ausência de trânsito em julgado. Descabimento de ação rescisória preventiva. DJ 29.4.03 (*Cancelada* em decorrência da nova redação conferida à Súmula n. 299. Res. 137/2005. DJ 22.8.05). A comprovação do trânsito em julgado da decisão rescindenda é pressuposto processual indispensável ao tempo do ajuizamento da ação rescisória. Eventual trânsito em julgado posterior ao ajuizamento da ação rescisória não reabilita a ação proposta, na medida em que o ordenamento jurídico não contempla a ação rescisória preventiva.

107. Ação rescisória. Decisão rescindenda de mérito. Sentença declaratória de extinção de execução. Satisfação da obrigação. Embora não haja atividade cognitiva, a decisão que declara extinta a execução, nos termos do art. 924, incisos I al IV c/c art. 925 do CPC de 2015 (art. 794 c/c 795 do CPC de 1973), extingue a relação processual e a obrigacional, sendo passível de corte rescisório. (Atualizada Resol. n. 208, de 19.4.16, DEJT 22.4.2016)

108. Ação rescisória. Fundamento para invalidar confissão. Confissão ficta. Inadequação do enquadramento no art. 485, VIII, do CPC. DJ 29.4.03 (*Cancelada* em decorrência da sua conversão na Súmula n. 404). O art. 485, VIII, do CPC, ao tratar do fundamento para invalidar a confissão como hipótese de rescindibilidade da decisão judicial, refere-se à confissão real, fruto de erro, dolo ou coação, e não à confissão ficta resultante de revelia.

109. Ação rescisória. Reexame de fatos e provas. Inviabilidade. DJ 29.4.03 (*Cancelada* em decorrência da sua conversão na Súmula n. 410. Res. 137/2005. DJ 22.8.05). A ação rescisória calcada em violação de lei não admite reexame de fatos e provas do processo que originou a decisão rescindenda.

110. Ação rescisória. Réu sindicato. Substituto processual na ação originária. Legitimidade passiva *ad causam*. Inexistência de litisconsórcio passivo necessário. DJ 29.4.03 (*Cancelada* em decorrência da sua conversão na Súmula n. 406. Res. 137/2005. DJ 22.8.05). O Sindicato, substituto processual e autor da reclamação trabalhista, em cujos autos fora proferida a decisão rescindenda, possui legitimidade para figurar como réu na ação rescisória, sendo descabida a exigência de citação de todos os empregados substituídos, porquanto inexistente litisconsórcio passivo necessário.

111. Ação rescisória. Sentença homologatória de acordo. Dolo da parte vencedora em detrimento da vencida. Art. 485, III, do CPC. Inviável. DJ 29.4.03 (*Cancelada* em decorrência da sua conversão na Súmula n. 403. Res. 137/2005. DJ 22.8.05). Se

a decisão rescindenda é homologatória de acordo, não há parte vencedora ou vencida, razão pela qual não é possível a sua desconstituição calcada no inciso III do art. 485 do CPC (dolo da parte vencedora em detrimento da vencida), pois constitui fundamento de rescindibilidade que supõe solução jurisdicional para a lide.

112. Ação rescisória. Violação de lei. Decisão rescindenda por duplo fundamento. Impugnação parcial. Para que a violação da lei dê causa à rescisão de decisão de mérito alicerçada em duplo fundamento, é necessário que o Autor da ação rescisória invoque causas de rescindibilidade que, em tese, possam infirmar a motivação dúplice da decisão rescindenda. (DJ 29.4.03)

113. Ação cautelar. Efeito suspensivo ao recurso ordinário em mandado de segurança. Incabível. Ausência de interesse. Extinção. É incabível medida cautelar para imprimir efeito suspensivo a recurso interposto contra decisão proferida em mandado de segurança, pois ambos visam, em última análise, à sustação do ato atacado. Extingue-se, pois, o processo, sem julgamento do mérito, por ausência de interesse de agir, para evitar que decisões judiciais conflitantes e inconciliáveis passem a reger idêntica situação jurídica. (DJ 11.8.03)

114. Competência. Execução por carta. Embargos de terceiro. Juízo deprecante. DJ 11.8.03 (*Cancelada* em decorrência da sua conversão na Súmula n. 419. Res. 137/2005. DJ 22.8.05) Na execução por carta precatória, os embargos de terceiro serão oferecidos no juízo deprecante ou no juízo deprecado, mas a competência para julgá-los é do juízo deprecante, salvo se versarem, unicamente, sobre vícios ou irregularidades da penhora, avaliação ou alienação dos bens, praticados pelo juízo deprecado, em que a competência será deste último.

115. Competência funcional. Conflito negativo. TRT e Vara do Trabalho de idêntica região. Não configuração. DJ 11.8.03 (*Cancelada* em decorrência da sua conversão na Súmula n. 420. Res. 137/2005. DJ 22.8.05) Não se configura conflito de competência entre Tribunal Regional do Trabalho e Vara do Trabalho a ele vinculada.

116. Ação rescisória. Art. 485, IV, do CPC. Ação de cumprimento. Ofensa à coisa julgada emanada de sentença normativa modificada em grau de recurso. Inviabilidade. DJ 11.8.03 (*Cancelada* em decorrência da sua conversão na Súmula n. 397. Res. 137/2005. DJ 22.8.05) Não procede ação rescisória calcada em ofensa à coisa julgada perpetrada por decisão proferida em ação de cumprimento, em face de a sentença normativa, na qual se louvava, ter sido modificada em grau de recurso, porque em dissídio coletivo somente se consubstancia coisa julgada formal. Assim os meios processuais, aptos a atacarem a execução da cláusula reformada, são a exceção da pré-executividade e o mandado de segurança, no caso de descumprimento do art. 572 do CPC.

117. Ação rescisória. Depósito recursal. Pedido rescisório procedente. Condenação em pecúnia. Instrução Normativa n. 3/93, III. DJ 11.8.03 (*Cancelada* em decorrência da nova redação conferida à Súmula n. 99. Res. 137/2005. DJ 22.8.05) Havendo recurso ordinário em sede de rescisória, o depósito recursal prévio só é exigível quando for julgado procedente o pedido e imposta condenação em pecúnia.

118. Ação rescisória. Expressão "lei" do art. 485, V, do CPC. Indicação de contrariedade à Súmula ou Orientação Jurisprudencial do TST. Descabimento. DJ 11.8.03 (*Cancelada* em decorrência da sua incorporação à nova redação da Orientação Jurisprudencial n. 25 da SBDI-II. Res. 137/2005. DJ 22.8.05) Não prospera pedido de rescisão fundado no art. 485, inciso V, do CPC, com indicação de contrariedade a súmula, uma vez que a jurisprudência consolidada dos tribunais não corresponde ao conceito de lei.

119. Ação rescisória. Prazo prescricional. Total ou parcial. Violação do art. 7º, XXIX, da CF/88. Matéria infraconstitucional. DJ 11.8.03 (*Cancelada* em decorrência da sua conversão na Súmula n. 409. Res. 137/2005. DJ 22.8.05) Não procede ação rescisória calcada em violação do art. 7º, XXIX, da CF/88, quando a questão envolve discussão sobre a espécie de prazo prescricional aplicável aos créditos trabalhistas, se total ou parcial, porque a matéria tem índole infraconstitucional, construída, na Justiça do Trabalho, no plano jurisprudencial.

120. Mandado de segurança. Recusa à homologação de acordo. Inexistência de direito líquido e certo. DJ 11.8.03 (*Cancelada* em decorrência da sua conversão na Súmula n. 418. Res. 137/2005. DJ 22.8.05) Não comporta mandado de segurança a negativa de homologação de acordo, por inexistir direito líquido e certo à homologação, já que se trata de atividade jurisdicional alicerçada no livre convencimento do juiz.

121. Ação rescisória. Pedido de antecipação de tutela. Descabimento. DJ 11.8.03 (*Cancelada* em decorrência da sua conversão na Súmula n. 405. Res. 137/2005. DJ 22.8.05) Não se admite tutela antecipada em sede de ação rescisória, na medida em que não se pode desconstituir antecipadamente a coisa julgada, com base em juízo de verossimilhança, dadas as garantias especiais de que se reveste o pronunciamento estatal transitado em julgado.

122. Ação rescisória. Decadência. Ministério Público. *Dies a quo* do prazo. Contagem. Colusão das partes. DJ 11.8.03 (*Cancelada* em decorrência da nova redação conferida à Súmula n. 100. Res. 137/2005. DJ 22.8.05) Na hipótese de colusão das partes, o prazo decadencial da ação rescisória somente começa a fluir para o Ministério Público, que não interveio no processo principal, a partir do momento em que tem ciência da fraude.

123. Ação rescisória. Interpretação do sentido e alcance do título executivo. Inexistência de ofensa à coisa julgada. DJ 11.8.03 (Título alterado). Res. 137/2005. DJ 22.8.05) O acolhimento da ação rescisória calcada em ofensa à coisa julgada supõe dissonância patente entre as decisões exequenda e rescindenda, o que não se verifica quando se faz necessária a interpretação do título executivo judicial para se concluir pela lesão à coisa julgada.

124. Ação rescisória. Art. 966, inciso II, do CPC de 2015. Art. 485, II, do CPC de 1973. Arguição de incompetência absoluta. Prequestionamento inexigível. Na hipótese em que a ação rescisória tem como causa de rescindibilidade o inciso II do art. 966 do CPC de 2015 (inciso II do art. 485 do CPC de 1973), a arguição de incompetência absoluta prescinde de prequestionamento. (Atualizada Resol. n. 208, de 19.4.16, DEJT 22.4.2016)

125. Ação rescisória. Art. 485, III, do CPC. Silêncio da parte vencedora acerca de eventual fato que lhe seja desfavorável. Descaracterizado o dolo processual. (*Cancelada* em decorrência da sua conversão na Súmula n. 403. DJ 22.8.05). Não caracteriza dolo processual, previsto no art. 485, III, do CPC, o simples fato de a parte vencedora haver silenciado a respeito de fatos contrários a ela, porque o procedimento, por si só, não constitui ardil do qual resulte cerceamento de defesa e, em consequência, desvie o juiz de uma sentença não-condizente com a verdade. (DJU 9.12.03)

126. Ação rescisória. Ausência de defesa. Inaplicáveis os efeitos da revelia. (*Cancelada* em decorrência da sua conversão na Súmula n. 398. DJ 22.8.05). Na ação rescisória, o que se ataca na ação é a sentença, ato oficial do Estado, acobertado pelo manto da coisa julgada. Assim sendo e, considerando que a coisa julgada envolve questão de ordem pública, a revelia não produz confissão na ação rescisória. (DJU 9.12.03)

127. Mandado de segurança. Decadência. Contagem. Efetivo ato coator. Na contagem do prazo decadencial para ajuizamento de mandado de segurança, o efetivo ato coator é o primeiro em que se firmou a tese hostilizada e não aquele que a ratificou. (DJU 9.12.03)

128. Ação rescisória. Concurso Público anulado posteriormente. Aplicação da SÚMULA n. 363 do TST. O certame público posteriormente anulado equivale à contratação realizada sem a observância da exigência contida no art. 37, II, da Constituição Federal de 1988. Assim sendo, aplicam-se à hipótese os efeitos previstos na Súmula n. 363 do TST. (DJU 9.12.03)

129. Ação anulatória. Competência originária. Em se tratando de ação anulatória, a competência originária se dá no mesmo juízo em que praticado o ato supostamente eivado de vício. (DJ 4.5.04)

130. Ação Civil Pública. Competência. Local do dano. Lei n. 7.347/1985, art. 2º. Código de Defesa do Consumidor, art. 93 (redação alterada na sessão do Tribunal Pleno realizada em 14.9.2012. (Res. 186/2012, DEJT divulgado em 25.9.12)

ORIENTAÇÕES JURISPRUDENCIAIS DA SDI-2 — TST

I. A competência para a Ação Civil Pública fixa-se pela extensão do dano.

II. Em caso de dano de abrangência regional, que atinja cidades sujeitas à jurisdição de mais de uma Vara do Trabalho, a competência será de qualquer das Varas das localidades atingidas, ainda que vinculadas a Tribunais Regionais do Trabalho distintos.

III. Em caso de dano de abrangência suprarregional ou nacional, há competência concorrente para a Ação Civil Pública das Varas do Trabalho das sedes dos Tribunais Regionais do Trabalho.

IV. Estará prevento o juízo a que a primeira ação houver sido distribuída.

131. Ação rescisória. Ação cautelar para suspender execução da decisão rescindenda. Pendência de trânsito em julgado da ação rescisória principal. Efeitos. A ação cautelar não perde o objeto enquanto ainda estiver pendente o trânsito em julgado da ação rescisória principal, devendo o pedido cautelar ser julgado procedente, mantendo-se os efeitos da liminar eventualmente deferida, no caso de procedência do pedido rescisório ou, por outro lado, improcedente, se o pedido da ação rescisória principal tiver sido julgado improcedente. (DJ 4.5.04)

132. Ação rescisória. Acordo homologado. Alcance. Ofensa à coisa julgada. Acordo celebrado. homologado judicialmente. em que o empregado dá plena e ampla quitação, sem qualquer ressalva, alcança não só o objeto da inicial, como também todas as demais parcelas referentes ao extinto contrato de trabalho violando a coisa julgada, a propositura de nova reclamação trabalhista. (DJ 4.5.04)

133. Ação rescisória. Decisão em agravo regimental. Aplicação da SÚMULA n. 333. Juízo de mérito. DJ 4.5.04 (*Cancelada* em decorrência da nova redação conferida à Súmula n. 192. Res. 137/2005. DJ 22.8.05) A decisão proferida pela SDI, em sede de agravo regimental, calcada na Súmula n. 333, substitui acórdão de Turma do TST, porque emite juízo de mérito, comportando, em tese, o corte rescisório.

134. Ação rescisória. Decisão rescindenda. Preclusão declarada. Formação da coisa julgada formal. Impossibilidade jurídica do pedido. A decisão que conclui estar preclusa a oportunidade de impugnação da sentença de liquidação, por ensejar tão somente a formação da coisa julgada formal, não é suscetível de rescindibilidade. (DJ 4.5.04)

135. Ação rescisória. Violação do art. 37, caput, da CF/1988. Necessidade de prequestionamento. A ação rescisória calcada em violação do art. 37, *caput*, da Constituição Federal, por desrespeito ao princípio da legalidade administrativa exige que ao menos o princípio constitucional tenha sido prequestionado na decisão. (DJ 4.5.04)

136. Ação rescisória. Erro de fato. Caracterização. A caracterização do erro de fato como causa de rescindibilidade de decisão judicial transitada em julgado supõe a afirmação categórica e indiscutida de um fato, na decisão rescindenda, que não corresponde à realidade dos autos. O fato afirmado pelo julgador, que pode ensejar ação rescisória calcada no inciso VIII do art. 966 do CPC de 2015 (inciso IX do art. 485 do CPC de 1973), é apenas aquele que se coloca como premissa fática indiscutida de um silogismo argumentativo, não aquele que se apresenta ao final desse mesmo silogismo, como conclusão decorrente das premissas que especificaram as provas oferecidas, para se concluir pela existência do fato. Esta última hipótese é afastada pelo § 1º do art. 966 do CPC de 2015 (§ 2º do art. 485 do CPC de 1973), ao exigir que não tenha havido controvérsia sobre o fato e pronunciamento judicial esmiuçando as provas. (Atualizada Resol. n. 208, de 19.4.16, DEJT 22.4.2016)

137. Mandado de segurança. Dirigente sindical. Art. 494 da CLT. Aplicável. Constitui direito líquido e certo do empregador a suspensão do empregado, ainda que detentor de estabilidade sindical, até a decisão final do inquérito em que se apure a falta grave a ele imputada, na forma do art. 494, *caput* e parágrafo único, da CLT. (DJ 4.5.04)

138. Mandado de segurança. Incompetência da Justiça do Trabalho. Cobrança de honorários advocatícios. Contrato de natureza civil. (*Cancelada* DJ 10.5.06) A Justiça do Trabalho é incompetente para apreciar ação de cobrança de honorários advocatícios, pleiteada na forma do art. 24, §§ 1º e 2º, da Lei n. 8.906/94, em face da natureza civil do contrato de honorários. Legislação: CF/88, art. 114, Lei n. 8.906/94, art. 24, § 1º. (DJ 4.5.04). (Cancelada. DJ 10.5.2006)

139. Mandado de segurança. Liminar em ação civil pública. Sentença de mérito superveniente. Perda de objeto. DJ 4.5.04 (*Cancelada* em decorrência da sua conversão na Súmula n. 414. Res. 137/2005. DJ 22.8.05) Perde objeto o mandado de segurança que impugna liminar em ação civil pública substituída por sentença de mérito superveniente.

140. Mandado de segurança contra liminar, concedida ou denegada em outra segurança. Incabível. (art. 8º da Lei n. 1.533/51). Não cabe mandado de segurança para impugnar despacho que acolheu ou indeferiu liminar em outro mandado de segurança. (DJ 4.5.04)

141. Mandado de segurança para conceder liminar denegada em ação cautelar. DJ 4.5.04 (*Cancelada* em decorrência da sua conversão na Súmula n. 418. Res. 137/2005. DJ 22.8.2005) A concessão de liminar constitui faculdade do juiz, no uso de seu poder discricionário e de cautela, inexistindo direito líquido e certo tutelável pela via do mandado de segurança.

142. Mandado de segurança. Reintegração liminarmente concedida. Inexiste direito líquido e certo a ser oposto contra ato de Juiz que, antecipando a tutela jurisdicional, determina a reintegração do empregado até a decisão final do processo, quando demonstrada a razoabilidade do direito subjetivo material, como nos casos de anistiado pela Lei n. 8.878/94, aposentado, integrante de comissão de fábrica, dirigente sindical, portador de doença profissional, portador de vírus HIV ou detentor de estabilidade provisória prevista em norma coletiva. Legislação: CLT, art. 659, inciso X. (DJ 4.5.04. Parágrafo único do art. 168 do Regimento Interno do TST)

143. *Habeas corpus*. Penhora sobre coisa futura e incerta. Prisão. Depositário infiel (redação alterada na sessão do Tribunal Pleno realizada em 17.11.2008, Resol. 151, do TST, DJe/TST 20, 21 e 24.11.08). Não se caracteriza a condição de depositário infiel quando a penhora recair sobre coisa futura e incerta, circunstância que, por si só, inviabiliza a materialização do depósito no momento da constituição do paciente em depositário, autorizando-se a concessão de *habeas corpus* diante da prisão ou ameaça de prisão que sofra.

144. Mandado de segurança. Proibição de prática de atos futuros. Sentença genérica. Evento futuro. Incabível. DJ 22.6.04 (nova redação. Res. 137/2005. DJ 22.8.05) O mandado de segurança não se presta à obtenção de uma sentença genérica, aplicável a eventos futuros, cuja ocorrência é incerta.

145. Ação rescisória. Decadência. Não esgotamento das vias recursais. Prazo legal do recurso extraordinário. DJ 10.11.04 (*Cancelada* em decorrência da nova redação conferida à Súmula n. 100. Res. 137/2005. DJ 22.8.05) Conta-se o prazo decadencial da ação rescisória, após o decurso do prazo legal previsto para a interposição do recurso extraordinário, apenas quando esgotadas todas as vias recursais ordinárias.

146. Ação rescisória. Início do prazo para apresentação da contestação. Art. 774 da CLT. A contestação apresentada em ação rescisória obedece à regra relativa à contagem de prazo constante do art. 774 da CLT, sendo inaplicável o art. 231 do CPC de 2015 (art. 241 do CPC de 1973). (Atualizada Resol. n. 208, de 19.4.16, DEJT 22.4.2016)

147. Ação rescisória. Valor da causa. O valor da causa, na ação rescisória de sentença de mérito advinda de processo de conhecimento, corresponde ao valor da causa fixado no processo originário, corrigido monetariamente. No caso de se pleitear a rescisão de decisão proferida na fase de execução, o valor da causa deve corresponder ao montante da condenação. (DJ 10.11.04. Parágrafo único do art. 168 do Regimento Interno do TST) (Cancelada. Res. n. 142/2007. DJ 10.10.2007)

148. Custas. Mandado de segurança. Recurso ordinário. Exigência do pagamento. (conversão da Orientação Jurisprudencial

n. 29 da SBDI-1, DJ 20.4.05). É responsabilidade da parte, para interpor recurso ordinário em mandado de segurança, a comprovação do recolhimento das custas processuais no prazo recursal, sob pena de deserção. (ex-OJ n. 29. inserida em 20.9.00)

149. Conflito de competência. Incompetência territorial. Hipótese do art. 651, § 3º, da CLT. Impossibilidade de declaração de ofício de incompetência relativa. (DJe divulgado em 3, 4 e 5.12.2008). Não cabe declaração de ofício de incompetência territorial no caso do uso, pelo trabalhador, da faculdade prevista no art. 651, § 3º, da CLT. Nessa hipótese, resolve-se o conflito pelo reconhecimento da competência do juízo do local onde a ação foi proposta.

150. Ação rescisória. Decisão rescindenda que extingue o processo sem resolução de mérito por acolhimento da exceção de coisa julgada. Conteúdo meramente processual. Impossibilidade jurídica do pedido (DJe divulgado em 3, 4 e 5.12.2008). Reputa-se juridicamente impossível o pedido de corte rescisório de decisão que, reconhecendo a configuração de coisa julgada, nos termos do art. 267, V, do CPC, extingue o processo sem resolução de mérito, o que, ante o seu conteúdo meramente processual, a torna insuscetível de produzir a coisa julgada material.

151. Ação rescisória e mandado de segurança. Procuração. Poderes específicos para ajuizamento de reclamação trabalhista. Irregularidade de representação processual. Fase recursal. Vício processual insanável (nova redação em decorrência do CPC de 2015). A procuração outorgada com poderes específicos para ajuizamento de reclamação trabalhista não autoriza a propositura de ação rescisória e mandado de segurança. Constatado, todavia, o defeito de representação processual na fase recursal, cumpre ao relator ou ao tribunal conceder prazo de 5 (cinco) dias para a regularização, nos termos da Súmula n. 383, item II, do TST.

152. Ação rescisória e mandado de segurança. Recurso de revista de acórdão regional que julga ação rescisória ou mandado de segurança. Princípio da fungibilidade. Inaplicabilidade. Erro grosseiro na interposição do recurso (DJe divulgado em 3, 4 e 5.12.2008). A interposição de recurso de revista de decisão definitiva de Tribunal Regional do Trabalho em ação rescisória ou em mandado de segurança, com fundamento em violação legal e divergência jurisprudencial e remissão expressa ao art. 896 da CLT, configura erro grosseiro, insuscetível de autorizar o seu recebimento como recurso ordinário, em face do disposto no art. 895, "b", da CLT.

153. Mandado de segurança. Execução. Ordem de penhora sobre valores existentes em conta salário. Art. 649, IV, do CPC. Ilegalidade (DJe divulgado em 3, 4 e 5.12.2008). Ofende direito líquido e certo decisão que determina o bloqueio de numerário existente em conta salário, para satisfação de crédito trabalhista, ainda que seja limitado a determinado percentual dos valores recebidos ou a valor revertido para fundo de aplicação ou poupança, visto que o art. 649, IV, do CPC contém norma imperativa que não admite interpretação ampliativa, sendo a exceção prevista no art. 649, § 2º, do CPC espécie e não gênero de crédito de natureza alimentícia, não englobando o crédito trabalhista.

154. Ação rescisória. Acordo prévio ao ajuizamento da reclamação. Quitação geral. Lide simulada. Possibilidade de rescisão da sentença homologatória de acordo apenas se verificada a existência de vício de consentimento. (DeJT divulgado em 9, 10 e 11.6.10). A sentença homologatória de acordo prévio ao ajuizamento de reclamação trabalhista, no qual foi conferida quitação geral do extinto contrato, sujeita-se ao corte rescisório tão somente se verificada a existência de fraude ou vício de consentimento.

155. Ação rescisória e mandado de segurança. Valor atribuído à causa na inicial. Majoração de ofício. Inviabilidade. (cancelada). Res. n. 206/2016, DEJT divulgado em 18, 19 e 20.04.2016. Atribuído o valor da causa na inicial da ação rescisória ou do mandado de segurança e não havendo impugnação, nos termos do art. 261 do CPC, é defeso ao Juízo majorá-lo de ofício, ante a ausência de amparo legal. Inaplicável, na hipótese, a Orientação Jurisprudencial da SBDI-2 n. 147 e o art. 2º, II, da Instrução Normativa n. 31 do TST.

156. *Habeas corpus* originário no TST. Substitutivo de recurso ordinário em *habeas corpus*. Cabimento contra decisão definitiva proferida por Tribunal Regional do Trabalho. (DeJT divulgado em 9, 10 e 11.6.2010). É cabível ajuizamento de *habeas corpus* originário no Tribunal Superior do Trabalho, em substituição de recurso ordinário em *habeas corpus*, de decisão definitiva proferida por Tribunal Regional do Trabalho, uma vez que o órgão colegiado passa a ser a autoridade coatora no momento em que examina o mérito do *habeas corpus* impetrado no âmbito da Corte local.

157. Ação rescisória. Decisões proferidas em fases distintas de uma mesma ação. Coisa julgada. Não configuração. A ofensa à coisa julgada de que trata o inciso IV do art. 966 do CPC de 2015 (inciso IV do art. 485 do CPC de 1973) refere-se apenas a relações processuais distintas. A invocação de desrespeito à coisa julgada formada no processo de conhecimento, na correspondente fase de execução, somente é possível com base na violação do art. 5º, XXXVI, da Constituição da República. (Atualizada Resol. n. 208, de 19.4.16, DEJT 22.4.2016)

158. AÇÃO rescisória. Declaração de nulidade de decisão homologatória de acordo em razão de colusão (art. 485, III, do CPC). Multa por litigância de má-fé. Impossibilidade. (DeJT divulgado em 12, 13 e 16.4.2012). A declaração de nulidade de decisão homologatória de acordo, em razão da colusão entre as partes (art. 485, III, do CPC), é sanção suficiente em relação ao procedimento adotado, não havendo que ser aplicada a multa por litigância de má-fé.

OJs DA SEÇÃO DE DISSÍDIOS COLETIVOS — SDC

01. Acordo coletivo. Descumprimento. Existência de ação própria. Abusividade da greve deflagrada para substituí-la. O ordenamento legal vigente assegura a via da ação de cumprimento para as hipóteses de inobservância de norma coletiva em vigor, razão pela qual é abusivo o movimento grevista deflagrado em substituição ao meio pacífico próprio para a solução do conflito. (*Cancelada* pela SDC em 19.5.04, DJ 22.6.04)

02. Acordo homologado. Extensão a partes não subscreventes. Inviabilidade. É inviável aplicar condições constantes de acordo homologado nos autos de dissídio coletivo, extensivamente, às partes que não o subscreveram, exceto se observado o procedimento previsto no art. 868 e seguintes, da CLT.

03. Arresto. Apreensão. Depósito. Pretensões insuscetíveis de dedução em sede coletiva. São incompatíveis com a natureza e finalidade do dissídio coletivo as pretensões de provimento judicial de arresto, apreensão ou depósito.

04. Disputa por titularidade de representação. Incompetência da Justiça do Trabalho. A disputa intersindical pela representatividade de certa categoria refoge ao âmbito da competência material da Justiça do Trabalho. (*Cancelada* pela SDC. 18.10.06)

05. Dissídio coletivo. Pessoa jurídica de direito público. Possibilidade jurídica. Cláusula de natureza social (Redação alterada na sessão do Tribunal Pleno realizada em 14.9.2012. (Res. 186/2012, DEJT divulgado em 25.9.12). Em face de pessoa jurídica de direito público que mantenha empregados, cabe dissídio coletivo exclusivamente para apreciação de cláusulas de natureza social. Inteligência da Convenção n. 151 da Organização Internacional do Trabalho, ratificada pelo Decreto Legislativo n. 206/2010.

06. Dissídio coletivo. Natureza jurídica. Imprescindibilidade de realização de assembleia de trabalhadores e negociação prévia. O dissídio coletivo de natureza jurídica não prescinde da autorização da categoria, reunida em assembleia, para legitimar o sindicato próprio, nem da etapa negocial prévia para buscar solução de consenso. (*Cancelada* pela SDC em 10 de agosto de 2000, DJ 23.3.01)

07. Dissídio coletivo. Natureza jurídica. Interpretação de norma de caráter genérico. Inviabilidade. Não se presta o dissídio coletivo de natureza jurídica à interpretação de normas de caráter genérico, a teor do disposto no art. 313 do RITST.

08. Dissídio coletivo. Pauta reivindicatória não registrada em ata. Causa de extinção. A ata da assembleia de trabalhadores que legitima a atuação da entidade sindical respectiva em favor de seus interesses deve registrar, obrigatoriamente, a pauta reivindicatória, produto da vontade expressa da categoria.

09. Enquadramento sindical. Incompetência material da justiça do trabalho. O dissídio coletivo não é meio próprio para o Sindicato vir a obter o reconhecimento de que a categoria que representa é diferenciada, pois esta matéria. enquadramento sindical. envolve a interpretação de norma genérica, notadamente do art. 577 da CLT.

10. Greve abusiva não gera efeitos. É incompatível com a declaração de abusividade de movimento grevista o estabelecimento de quaisquer vantagens ou garantias a seus partícipes, que assumiram os riscos inerentes à utilização do instrumento de pressão máximo.

11. Greve. Imprescindibilidade de tentativa direta e pacífica da solução do conflito. Etapa negocial prévia. É abusiva a greve levada a efeito sem que as partes hajam tentado, direta e pacificamente, solucionar o conflito que lhe constitui o objeto.

12. Greve. Qualificação jurídica. Ilegitimidade ativa *ad causam* do sindicato profissional que deflagra o movimento. Não se legitima o sindicato profissional a requerer judicialmente a qualificação legal de movimento paredista que ele próprio fomentou. (*Cancelada*. Res. 166/2010, DEJT divulgado em 30.4.2010 e 3 e 4.5.2010)

13. Legitimação da entidade sindical. Assembleia deliberativa. *Quorum* de validade. Art. 612 da CLT. Mesmo após a promulgação da Constituição Federal de 1988, subordina-se a validade da assembleia de trabalhadores que legitima a atuação da entidade sindical respectiva em favor de seus interesses à observância do *quorum* estabelecido no art. 612 da CLT. (*Cancelada* pela SDC em 9.10.03. DJ 24.11.03).

14. Sindicato. Base territorial excedente de um município. Obrigatoriedade da realização de múltiplas assembleias. Se a base territorial do sindicato representativo da categoria abrange mais de um município, a realização de assembleia deliberativa em apenas um deles inviabiliza a manifestação de vontade da totalidade dos trabalhadores envolvidos na controvérsia, pelo que conduz à insuficiência de *quorum* deliberativo, exceto *quando* particularizado o conflito. (*Cancelada* pela SDC em 13.11.03. DJ 2.12.03)

15. Sindicato. Legitimidade *ad processum*. Imprescindibilidade do registro no ministério do trabalho. A comprovação da legitimidade *ad processum* da entidade sindical se faz por seu registro no órgão competente do Ministério do Trabalho, mesmo após a promulgação da Constituição Federal de 1988.

16. Taxa de homologação de rescisão contratual. Ilegalidade. É contrária ao espírito da lei (art. 477, § 7º, da CLT) e da função precípua do sindicato a cláusula coletiva que estabelece taxa para homologação de rescisão contratual, a ser paga pela empresa a favor do sindicato profissional.

17. Contribuições para entidades sindicais. Inconstitucionalidade de sua extensão a não associados. As cláusulas coletivas que estabeleçam contribuição em favor de entidade sindical, a qualquer título, obrigando trabalhadores não sindicalizados, são ofensivas ao direito de livre associação e sindicalização, constitucionalmente assegurado, e, portanto, nulas, sendo passíveis de devolução, por via própria, os respectivos valores eventualmente descontados.

18. Descontos autorizados no salário pelo trabalhador. Limitação máxima de 70% do salário-base. Os descontos efetuados com base em cláusula de acordo firmado entre as partes não podem ser superiores a 70% do salário-base percebido pelo empregado, pois deve-se assegurar um mínimo de salário em espécie ao trabalhador.

19. Dissídio coletivo contra empresa. Legitimação da entidade sindical. Autorização dos trabalhadores diretamente envolvidos no conflito (inserido dispositivo), DEJT divulgado em 16, 17 e 18.11.2010. A legitimidade da entidade sindical para a instauração da instância contra determinada empresa está condicionada à prévia autorização dos trabalhadores da suscitada diretamente envolvidos no conflito.

20. Empregados sindicalizados. Admissão preferencial. Condição violadora do art. 8º, V, da CF/88 (inserido dispositivo). DEJT divulgado em 16, 17 e 18.11.2010. Viola o art. 8º, V, da CF/1988 cláusula de instrumento normativo que estabelece a preferência, na contratação de mão de obra, do trabalhador sindicalizado sobre os demais.

21. Ilegitimidade *ad causam* do sindicato. Ausência de indicação do total de associados da entidade sindical. Insuficiência de *quorum* (art. 612 da CLT). (*Cancelada* pela SDC em 13.11.03. DJ 2.12.03)

22. Legitimidade *ad causam* do sindicato. Correspondência entre as atividades exercidas pelos setores profissional e econômico envolvidos no conflito. Necessidade (inserido dispositivo). DEJT divulgado em 16, 17 e 18.11.2010. É necessária a correspondência entre as atividades exercidas pelos setores profissional e econômico, a fim de legitimar os envolvidos no conflito a ser solucionado pela via do dissídio coletivo.

23. Legitimidade *ad causam*. Sindicato representativo de segmento profissional ou patronal. Impossibilidade. A representa-

ção sindical abrange toda a categoria, não comportando separação fundada na maior ou menor dimensão de cada ramo ou empresa.

24. Negociação prévia insuficiente. Realização de mesa-redonda perante a DRT. Art. 114, § 2º, da CF/88. Violação. (*Cancelada* pela SDC em 11.12.03, DJ 16.4.04)

25. Salário normativo. Contrato de experiência. Limitação. Tempo de serviço. Possibilidade. Não fere o princípio da isonomia salarial (art. 7º, XXX, da CF/88) a previsão de salário normativo tendo em vista o fator tempo de serviço.

26. Salário normativo. Menor empregado. Art. 7º, XXX, da CF/88. Violação. Os empregados menores não podem ser discriminados em cláusula que fixa salário mínimo profissional para a categoria.

27. Custas. Ausência de intimação. Deserção. Caracterização. A deserção se impõe mesmo não tendo havido intimação, pois incumbe à parte, na defesa do próprio interesse, obter os cálculos necessários para efetivar o preparo.

28. Edital de convocação da AGT. Publicação. Base territorial. Validade. O edital de convocação para a AGT deve ser publicado em jornal que circule em cada um dos municípios componentes da base territorial.

29. Edital de convocação e Ata da Assembleia Geral. Requisitos essenciais para instauração de dissídio coletivo. O edital de convocação da categoria e a respectiva ata da AGT constituem peças essenciais à instauração do processo de dissídio coletivo.

30. Estabilidade da gestante. Renúncia ou transação de direitos constitucionais. Impossibilidade (Republicada em decorrência de erro material. DEJT divulgado em 19, 20 e 21.9.11). Nos termos do art. 10, II, *b*, do ADCT, a proteção à maternidade foi erigida à hierarquia constitucional, pois retirou do âmbito do direito potestativo do empregador a possibilidade de despedir arbitrariamente a empregada em estado gravídico. Portanto, a teor do art. 9º da CLT, torna-se nula de pleno direito a cláusula que estabelece a possibilidade de renúncia ou transação, pela gestante, das garantias referentes à manutenção do emprego e salário.

31. Estabilidade do acidentado. Acordo homologado. Prevalência. Impossibilidade. Violação do art. 118, Lei n. 8.213/91. Não é possível a prevalência de acordo sobre legislação vigente, quando ele é menos benéfico do que a própria lei, porquanto o caráter imperativo dessa última restringe o campo de atuação da vontade das partes.

32. Reivindicações da categoria. Fundamentação das cláusulas. Necessidade. Aplicação do PN 37 do TST. É pressuposto indispensável à constituição válida e regular da ação coletiva a apresentação em forma clausulada e fundamentada das reivindicações da categoria, *conforme* orientação do item VI, letra *e*, da IN n. 04/93.

33. Ação rescisória. Ministério Público. Legitimidade restrita. Hipóteses do art. 487, incisos I e III do CPC. A teor do disposto no art. 487, incisos I e III, do CPC, o Ministério Público apenas detém legitimidade para propor ação rescisória nas hipóteses em que tenha sido parte no processo no qual proferida a decisão rescindenda; nas quais deixou de manifestar-se ou intervir na lide, quando por previsão legal expressa deveria tê-lo feito, ou ainda naquelas em que a sentença resultou de colusão das partes, com o intuito de fraudar a lei. (*Cancelada*, DJ 22.8.05)

34. Acordo extrajudicial. Homologação. Justiça do trabalho. Prescindibilidade. É desnecessária a homologação, por tribunal trabalhista, do acordo extrajudicialmente celebrado, sendo suficiente, para que surta efeitos, sua formalização perante o Ministério do Trabalho (art. 614 da CLT e art. 7º, inciso XXVI, da Constituição Federal).

35. Edital de convocação da AGT. Disposição estatutária específica. Prazo mínimo entre a publicação e a realização da assembleia. Observância obrigatória. (inserida em 7.12.1998). Se os estatutos da entidade sindical contam com norma específica que estabeleça prazo mínimo entre a data de publicação do edital convocatório e a realização da assembleia correspondente, então a validade desta última depende da observância desse interregno.

36. Empregados de empresa de processamento de dados. Reconhecimento como categoria diferenciada. Impossibilidade. É por lei e não por decisão judicial, que as categorias diferenciadas são reconhecidas como tais. De outra parte, no que tange aos profissionais da informática, o trabalho que desempenham sofre alterações, de acordo com a atividade econômica exercida pelo empregador.

37. Empregados de entidades sindicais. Estabelecimento de condições coletivas de trabalho distintas daquelas às quais sujeitas as categorias representadas pelos empregadores. Impossibilidade jurídica. Art. 10 da Lei n. 4.725/65. O art. 10 da Lei n. 4.725/65 assegura, para os empregados de entidades sindicais, as mesmas condições coletivas de trabalho fixadas para os integrantes das categorias que seus empregadores representam. Assim, a previsão legal expressa constitui óbice ao ajuizamento de dissídio coletivo com vistas a estabelecer para aqueles profissionais regramento próprio. (*Cancelada* pela SDC. 18.10.06)

38. Greve. Serviços essenciais. Garantia das necessidades inadiáveis da população usuária. Fator determinante da qualificação jurídica do movimento. É abusiva a greve que se realiza em setores que a lei define como sendo essenciais à comunidade, se não é assegurado o atendimento básico das necessidades inadiáveis dos usuários do serviço, na forma prevista na Lei n. 7.783/89.

PRECEDENTES NORMATIVOS DA SEÇÃO DE DISSÍDIOS COLETIVOS — SDC

005. Anotação de comissões (positivo)

O empregador é obrigado a anotar, na CTPS, o percentual das comissões a que faz jus o empregado. (Ex-PN 05)

006. Garantia de salário no período de amamentação (positivo)

É garantido às mulheres, no período de amamentação, o recebimento do salário, sem prestação de serviços, quando o empregador não cumprir as determinações dos §§ 1º e 2º do art. 389 da CLT. (Ex-PN 06)

008. Atestados de afastamento e salários (positivo)

O empregador é obrigado a fornecer atestados de afastamento e salários ao empregado demitido. (Ex-PN 08)

010. Banco do Brasil como parte em dissídio coletivo no TRT

Os Tribunais Regionais do Trabalho são incompetentes para processar e julgar Dissídios Coletivos em que sejam partes o Banco do Brasil S/A. e Entidades Sindicais dos Bancários. (Resol. Adm. n. 86/98, 8.10.98, DJ 15.10.98, p. 122).

014. Desconto no salário (positivo)

Proíbe-se o desconto no salário do empregado dos valores de cheques não compensados ou sem fundos, salvo se não cumprir as resoluções da empresa. (Ex-PN 15)

015. Comissão sobre cobrança (positivo)

Se não obrigado por contrato a efetuar cobranças, o vendedor receberá comissões por esse serviço, respeitadas as taxas em vigor para os demais cobradores. (Ex-PN-16)

020. Empregado rural. Contrato escrito (positivo)

Sendo celebrado contrato por tarefa, parceria ou meação, por escrito, obriga-se o empregador a fornecer uma via deste ao empregado, devidamente datada e assinada pelas partes. (Ex-PN 24)

022. Creche (positivo)

Determina-se a instalação de local destinado à guarda de crianças em idade de amamentação, quando existentes na empresa mais de 30 (trinta) mulheres maiores de 16 (dezesseis) anos, facultado o convênio com creches. (Ex-PN 22)

024. Dispensa do aviso prévio (positivo)

O empregado despedido fica dispensado do cumprimento do aviso prévio quando comprovar a obtenção de novo emprego, desonerando a empresa do pagamento dos dias não trabalhados. (Ex-PN 28)

029. Greve. Competência dos tribunais para declará-la abusiva (positivo)

Compete aos Tribunais do Trabalho decidir sobre o abuso do direito de greve. (Ex-PN 41)

031. Professor ("janelas"). (positivo)

Os tempos vagos (janelas) em que o professor ficar à disposição do curso serão remunerados como aula, no limite de 1 (uma) hora diária por unidade. (Ex-PN 45)

032. Jornada do estudante (positivo)

Proíbe-se a prorrogação da jornada de trabalho do empregado estudante, ressalvadas as hipóteses dos artigos 59 e 61 da CLT. (Ex-PN 48)

034. Empregado rural moradia (positivo)

Ao empregado que residir no local de trabalho fica assegurada a moradia em condições de habitabilidade, conforme exigências da autoridade local. (Ex-PN 51)

037. Dissídio coletivo. Fundamentação de cláusulas. Necessidade (positivo)

Nos processos de dissídio coletivo só serão julgadas as cláusulas fundamentadas na representação, em caso de ação originária, ou no recurso. (Ex-PN 55)

041. Relação nominal de empregados (positivo)

As empresas encaminharão à entidade profissional cópia das guias de contribuição sindical e assistencial, com a relação nominal dos respectivos salários, no prazo máximo de 30 (trinta) dias após o desconto. (Ex-PN 60)

042. Seguro obrigatório (positivo)

Institui-se a obrigação do seguro, por acidente ou morte, para empregados que transportem valores ou exerçam as atividades de vigia ou vigilantes. (Ex PN 63)

047. Dispensa de empregado (positivo)

O empregado despedido será informado, por escrito, dos motivos da dispensa. (Ex-PN 69)

050. Empregado rural. Defensivos agrícolas (positivo)

O empregador rural é obrigado a possuir o receituário agronômico de defensivos agrícolas e a observar as medidas de prevenção nele contidas. (Ex-PN 76)

052. Recebimento do PIS (positivo)

Garante-se ao empregado o recebimento do salário do dia em que tiver de se afastar para recebimento do PIS. (Ex-PN 78)

053. Empregado rural. Rescisão do contrato de trabalho do chefe de família (positivo)

A rescisão do contrato de trabalho rural, sem justa causa, do chefe da unidade familiar, é extensiva à esposa, às filhas solteiras e aos filhos até 20 (vinte) anos de idade, que exerçam atividades na propriedade, mediante opção destes. (Ex-PN 80)

055. Jornalista. Contrato de trabalho (positivo)

O empregador é obrigado a mencionar no contrato de trabalho o órgão de imprensa no qual o jornalista vai trabalhar. (Ex-PN 82)

056. Constitucionalidade (positivo)

São constitucionais os Decretos-Leis ns. 2.012/83, 2.024/83 e 2.045/83. (Ex-PN 86)

058. Salário. Pagamento ao analfabeto (positivo)

O pagamento de salário ao empregado analfabeto deverá ser efetuado na presença de 2 (duas) testemunhas. (Ex-PN 91)

059. Empregado rural. Aferição das balanças (positivo)

O instrumento de peso e medida, utilizado pelos empregadores para aferição das tarefas no regime de produção, deverá ser conferido pelo INPM. (Ex-PN 93)

060. Empregado rural. Latão de café (positivo)

O latão de café terá capacidade de 60 litros e será padronizado de acordo com as normas do INPM. (Ex-PN 94)

061. Cobrança de títulos (positivo)

Salvo disposição contratual, é vedado ao empregador responsabilizar o empregado pelo inadimplemento do cliente, até mesmo quanto a títulos. (Ex-PN 95)

062. Empregado rural. Conservação das casas (positivo)

Os empregadores são responsáveis pelos reparos nas residências que cedam aos empregados rurais, desde que os danos não decorram de culpa destes. (Ex-PN 96)

063. Empregado rural. Ficha de controle da produção (positivo)

Quando da colheita, o café será entregue na lavoura ou no monte, fornecendo-se ao trabalhador uma ficha com o valor da respectiva produção. (Ex-PN 97)

064. Empregado rural. Horário e local de condução (positivo)

Fornecendo o empregador condução para o trabalho, informará ele aos empregados, previamente, os locais e horários do transporte. (Ex-PN 98)

065. Empregado rural. Pagamento de salário (positivo)

O pagamento do salário será efetuado em moeda corrente e no horário de serviço, para isso é permitido o seu prolongamento até duas horas após o término da jornada de trabalho. (Ex-PN 99)

066. Garrafas "bicadas" (positivo)

Constituem ônus do empregador aceitar a devolução de garrafas "bicadas" e o extravio de engradados, salvo se não cumpridas as disposições contratuais pelo empregado. (Ex-PN 100)

067. Remuneração por produção (positivo)

Quando o serviço for contratado por produção, a remuneração não poderá ser inferior à diária correspondente ao salário normativo. (Ex-PN 107)

068. Empregado rural. Faltas ao serviço. Compras (positivo)

Autoriza-se o chefe de família, se empregado rural, a faltar ao serviço um dia por mês ou meio dia por quinzena, para efetuar compras, sem remuneração ou mediante compensação de horário, mas sem prejuízo do repouso remunerado, desde que não tenha falta injustificada durante o mês. (Ex-PN 108)

069. Empregado rural. Pagamento de dia não trabalhado (positivo)

O empregado rural fará jus ao salário do dia, quando comparecer ao local de prestação de serviço ou ponto de embarque, se fornecida condução pelo empregador, e não puder trabalhar em consequência de chuva ou de outro motivo alheio à sua vontade. (Ex-PN 109)

070. Licença para estudante (positivo)

Concede-se licença não remunerada nos dias de prova ao empregado estudante, desde que avisado o patrão com 72 (setenta e duas) horas de antecedência e mediante comprovação. (Ex-PN 70)

071. Empregado rural. Transporte. Condições de segurança (positivo)

Quando fornecidos pelo empregador, os veículos destinados a transportar trabalhadores rurais deverão satisfazer as condições de segurança e comodidade sendo proibido o carregamento de ferramentas soltas junto às pessoas conduzidas. (Ex-PN 112)

072. Multa. Atraso no pagamento de salário (positivo)

Estabelece-se multa de 10% (dez por cento) sobre o saldo salarial, na hipótese de atraso no pagamento de salário até 20 (vinte) dias, e de 5% (cinco por cento) por dia no período subsequente. (Ex-PN 115)

073. Multa. Obrigação de fazer (positivo)

Impõe-se multa, por descumprimento das obrigações de fazer, no valor equivalente a 10% (dez por cento) do salário básico, em favor do empregado prejudicado. (Ex-PN 73)

077. Empregado transferido. Garantia de emprego (positivo)

Assegura-se ao empregado transferido, na forma do art. 469 da CLT, a garantia de emprego por 1 (um) ano após a data da transferência. (Ex-PN 118)

078. Professor. Redução salarial não configurada (negativo)

Não configura redução salarial ilegal a diminuição de carga horária motivada por inevitável supressão de aulas eventuais ou de turmas. (Ex-PN 119)

079. Trabalhador temporário. Descanso semanal (positivo)

Concede-se ao trabalhador temporário o acréscimo de 1/6 (um sexto) ao seu salário diário, correspondente ao descanso semanal remunerado, por aplicação analógica do art. 3º da Lei n. 605/49. (Ex-PN 120)

080. Serviço militar. Garantia de emprego ao alistando (positivo)

Garante-se o emprego do alistando, desde a data da incorporação no serviço militar até 30 (trinta) dias após a baixa. (Ex-PN 122)

081. Atestados médicos e odontológicos (positivo)

Assegura-se eficácia aos atestados médicos e odontológicos fornecidos por profissionais do sindicato dos trabalhadores, para o fim de abono de faltas ao serviço, desde que existente convênio do sindicato com a Previdência Social, salvo se o empregador possuir serviço próprio ou conveniado. (Ex-PN 124)

082. Dissídio coletivo. Garantia desalários e consectários (positivo)

Defere-se a garantia de salários e consectários ao empregado despedido sem justa causa, desde a data do julgamento do dissídio coletivo até 90 (noventa) dias após a publicação do acórdão, limitado o período total a 120 (cento e vinte) dias. (Ex-PN 134)

083. Dirigentes sindicais. Frequência livre (positivo)

Assegura-se a frequência livre dos dirigentes sindicais para participarem de assembleias e reuniões sindicais devidamente convocadas e comprovadas, sem ônus para o empregador. (Nova Redação. Res. Adm. n. 123/04, DJ 6.7.04).

084. Seguro de vida. Assalto (positivo)

Institui-se a obrigação do seguro de vida, em favor do empregado e seus dependentes previdenciários, para garantir a indenização nos casos de morte ou invalidez permanente, decorrentes de assalto, consumado ou não, desde que o empregado se encontre no exercício das suas funções. (Ex-PN 136)

085. Garantia de emprego. Aposentadoria voluntária (positivo)

Defere-se a garantia de emprego, durante os 12 (doze) meses que antecedem a data em que o empregado adquire direito à aposentadoria voluntária, desde que trabalhe na empresa há pelo menos 5 (cinco) anos. Adquirido o direito, extingue-se a garantia. (Ex-PN 137)

086. Representantes dos trabalhadores. Estabilidade no emprego (positivo)

Nas empresas com mais de 200 empregados é assegurada a eleição direta de um representante, com as garantias do art. 543, e seus parágrafos, da CLT. (Ex-PN 138)

087. Trabalho em domingos e feriados. Pagamento dos salários (positivo)

É devida a remuneração em dobro do trabalho em domingos e feriados não compensados, sem prejuízo do pagamento do repouso remunerado, desde que, para este, não seja estabelecido outro dia pelo empregador. (Ex-PN 140)

089. Reembolso de despesas (positivo)

Defere-se o reembolso das despesas de alimentação e pernoite a motorista e ajudante, quando executarem tarefas a mais de 100 (cem) km da empresa. (Ex-PN 142)

091. Acesso de dirigente sindical à empresa (positivo)

Assegura-se o acesso dos dirigentes sindicais às empresas, nos intervalos destinados à alimentação e descanso, para desempenho de suas funções, vedada a divulgação de matéria político-partidária ou ofensiva. (Ex-PN 144)

092. Garantia de repouso remunerado. Ingresso com atraso (positivo)

Assegura-se o repouso remunerado ao empregado que chegar atrasado, quando permitido seu ingresso pelo empregador, compensado o atraso no final da jornada de trabalho ou da semana. (Ex-PN 145)

093. Comprovante de pagamento (positivo)

O pagamento do salário será feito mediante recibo, fornecendo-se cópia ao empregado, com a identificação da empresa, e do qual constarão a remuneração, com a discriminação das parcelas, a quantia líquida paga, os dias trabalhados ou o total da produção, as horas extras e os descontos efetuados, inclusive para a Previdência Social, e o valor correspondente ao FGTS. (Ex-PN 153)

095. Abono de falta para levar filho ao médico (positivo)

Assegura-se o direito à ausência remunerada de 1 (um) dia por semestre ao empregado, para levar ao médico filho menor ou dependente previdenciário de até 6 (seis) anos de idade, mediante comprovação no prazo de 48 (quarenta e oito) horas. (Ex-PN 155)

097. Proibição de estorno de comissões (positivo)

Ressalvada a hipótese prevista no art. 7º da Lei n. 3.207/57, fica vedado às empresas o desconto ou estorno das comissões do empregado, incidentes sobre mercadorias devolvidas pelo cliente, após a efetivação de venda. (Ex-PN 157)

098. Retenção da CTPS. Indenização (positivo)

Será devida ao empregado a indenização correspondente a 1 (um) dia de salário, por dia de atraso, pela retenção de sua carteira profissional após o prazo de 48 (quarenta e oito) horas. (Ex-PN 158)

PRECEDENTES NORMATIVOS DA SEÇÃO DE DISSÍDIOS COLETIVOS — SDC

100. Férias. Início do período de gozo (positivo)
O início das férias, coletivas ou individuais, não poderá coincidir com sábado, domingo, feriado ou dia de compensação de repouso semanal. (Ex-PN 161)

102. Assistência jurídica aos vigias (positivo)
A empresa prestará assistência jurídica a seu empregado que, no exercício de função de vigia praticar ato que o leve a responder a ação penal. (Ex-PN 163)

103. Gratificação de caixa (positivo)
Concede-se ao empregado que exercer permanentemente a função de caixa a gratificação de 10% (dez por cento) sobre seu salário, excluídos do cálculo adicionais, acréscimos e vantagens pessoais. (Ex-PN 170)

104. Quadro de avisos (positivo)
Defere-se a afixação, na empresa, de quadro de avisos do sindicato, para comunicados de interesse dos empregados, vedados os de conteúdos político-partidário ou ofensivo. (Ex-PN 172)

105. Anotação na carteira profissional (positivo)
As empresas ficam obrigadas a anotar na Carteira de Trabalho a função efetivamente exercida pelo empregado, observada a Classificação Brasileira de Ocupações (CBO). (Ex-JN 802)

106. Empregado rural. Atividade insalubre. Fornecimento de leite (positivo)
Os empregadores que se dedicarem à pecuária leiteira fornecerão, diariamente, 1 (um) litro de leite aos trabalhadores que exerçam atividades insalubres. (Ex-JN 803)

107. Empregado rural. Caixa de medicamentos (positivo)
Nos locais de trabalho no campo serão mantidos pelo empregador medicamentos e materiais de primeiros socorros. (Ex-JN 805)

108. Empregado rural. Abrigos no local de trabalho (positivo)
Os empregadores rurais ficam obrigados a construir abrigos rústicos, nos locais de trabalho, para proteção de seus empregados. (Ex-JN 807)

109. Desconto-moradia (positivo)
Autoriza-se o desconto da moradia fornecida ao empregado somente quando o imóvel tiver o habite-se concedido pela autoridade competente. (Ex-JN 809)

110. Empregado rural. Ferramentas. Fornecimento pelo empregador (positivo)
Serão fornecidas gratuitamente, pelo empregador, as ferramentas necessárias à execução do trabalho. (Ex-JN 812)

111. Relação de empregados (positivo)
Obriga-se a empresa a remeter ao sindicato profissional, uma vez por ano, a relação dos empregados pertencentes à categoria. (Ex-JN 816)

112. Jornalista. Seguro de vida (positivo)
Institui-se a obrigação do seguro de vida em favor de jornalista designado para prestar serviço em área de risco. (Ex-JN 819)

113. Transporte de acidentados, doentes e parturientes (positivo)
Obriga-se o empregador a transportar o empregado, com urgência, para local apropriado, em caso de acidente, mal súbito ou parto, desde que ocorram no horário de trabalho ou em consequência deste. (Ex-JN 821)

115. Uniformes (positivo)
Determina-se o fornecimento gratuito de uniformes, desde que exigido seu uso pelo empregador. (Ex-JN 824)

116. Férias. Cancelamento ou adiantamento (positivo)
Comunicado ao empregado o período do gozo de férias individuais ou coletivas, o empregador somente poderá cancelar ou modificar o início previsto se ocorrer necessidade imperiosa e, ainda assim, mediante o ressarcimento, ao empregado, dos prejuízos financeiros por este comprovados.

117. Pagamento do salário com cheque (positivo)
Se o pagamento do salário for feito em cheque, a empresa dará ao trabalhador o tempo necessário para descontá-lo, no mesmo dia.

118. Quebra de material (positivo)
Não se permite o desconto salarial por quebra de material, salvos nas hipóteses de dolo ou recusa de apresentação dos objetos danificados, ou ainda, havendo previsão contratual, de culpa comprovada do empregado.

119. Contribuições sindicais. Inobservância de preceitos constitucionais
A Constituição da República, em seus arts. 5º, XX e 8º, V, assegura o direito de livre associação e sindicalização. É ofensiva a essa modalidade de liberdade cláusula constante de acordo, convenção coletiva ou sentença normativa estabelecendo contribuição em favor de entidade sindical a título de taxa para custeio do sistema confederativo, assistencial, revigoramento ou fortalecimento sindical e outras da mesma espécie, obrigando trabalhadores não sindicalizados. Sendo nulas as estipulações que inobservem tal restrição, tornam-se passíveis de devolução os valores irregularmente descontados.

120. Sentença normativa. Duração. Possibilidade e limites. (Resol. n. 176/2011, DEJT divulgado em 27, 30 e 31.5.11)
A sentença normativa vigora, desde seu termo inicial até que sentença normativa, convenção coletiva de trabalho ou acordo coletivo de trabalho superveniente produza sua revogação, expressa ou tácita, respeitado, porém, o prazo máximo legal de quatro anos de vigência.

SÚMULAS DO STJ AFETAS À ÁREA TRABALHISTA

03. Competência. Conflito

Compete ao Tribunal Regional Federal dirimir conflito de competência verificado, na respectiva Região, entre Juiz Federal e Juiz Estadual investido de jurisdição federal (DJ 18.5.90).

04. Competência. Sindicato. Processo eleitoral

Compete à Justiça Estadual julgar causa decorrente do processo eleitoral sindical (DJ 18.5.90).

8. Correção monetária. Créditos habilitados em concordata preventiva. Aplicação e exceção

Aplica-se a correção monetária aos créditos habilitados em concordata preventiva, salvo durante o período compreendido entre as datas de vigência da Lei n. 7.274, de 10.12.1984, e do Decreto-Lei n. 2.283, de 27.2.1986. (DJ. 4.9.1990)

10. Competência. Junta instalada

Instalada a Junta de Conciliação e Julgamento, cessa a competência do Juiz de Direito em matéria trabalhista, inclusive para a execução das sentenças por ele proferidas (DJ 1º.10.90).

14. Honorários advocatícios. Correção monetária

Arbitrados os honorários advocatícios em percentual sobre o valor da causa, a correção monetária incide a partir do respectivo ajuizamento (DJ 14.11.90).

15. Acidente do trabalho. Competência: justiça comum

Compete à Justiça Estadual processar e julgar os litígios decorrentes de acidente do trabalho (DJ 14.11.90).

19. Competência. Fixação do horário bancário

Fixação do horário bancário, para atendimento ao público, é da competência da União (DJ 7.12.90).

32. Competência. Justificações judiciais

Compete à Justiça Federal processar justificações judiciais destinadas a instruir pedidos perante entidades que nela têm exclusividade de foro, ressalvada a aplicação do art. 15, II da Lei n. 5.010/66 (DJ 29.10.91).

33. Competência. Territorial

A incompetência relativa não pode ser declarada de ofício (DJ 29.10.91).

41. Competência. Mandado de segurança

O Superior Tribunal de Justiça não tem competência para processar e julgar, originariamente, mandado de segurança contra ato de outros ou dos respectivos órgãos (DJ 20.5.92).

44. Previdenciário. Benefício. Disacusia

A definição, em ato regulamentar, de grau mínimo de disacusia, não exclui, por si só, a concessão do benefício previdenciário (DJ 26.6.92).

45. Fazenda pública. Condenação

No reexame necessário, é defeso ao Tribunal, agravar a condenação imposta à Fazenda Pública (DJ 26.6.92).

46. Competência. Embargos de devedor

Na execução por carta, os embargos do devedor serão decididos no juízo deprecante, salvo se versarem unicamente vícios ou defeitos da penhora, avaliação ou alienação dos bens (DJ 24.8.92).

55. Competência. Funcional

Tribunal Regional Federal não é competente para julgar recurso de decisão proferida por juiz estadual não investido de jurisdição federal (DJ 1º.10.92).

57. Competência. Ação de cumprimento

Compete à Justiça Comum Estadual processar e julgar ação de cumprimento fundada em acordo ou convenção coletiva não homologada pela Justiça do Trabalho (DJ 6.10.92).

59. Competência. Trânsito em julgado

Não há conflito de competência se já existe sentença com trânsito em julgado, proferida por um dos juízos conflitantes (DJ 14.10.92).

62. Competência. Crime de falsa anotação na CTPS. Empresa privada

Compete à Justiça Estadual processar e julgar o crime de falsa anotação na Carteira de Trabalho e Previdência Social, atribuído à empresa privada (DJ 26.11.92).

82. FGTS. Movimentação. Competência

Compete à Justiça Federal, excluídas as reclamações trabalhistas, processar e julgar os feitos relativos à movimentação do FGTS (DJ 2.7.93).

89. Acidente do trabalho. Via administrativa

A ação acidentária prescinde do exaurimento da via administrativa (DJ 26.10.93).

92. Alienação fiduciária

A terceiro de boa-fé não é oponível a alienação fiduciária não anotada no Certificado de Registro do veículo automotor (DJ 3.11.93).

97. Competência. Servidor público

Compete à Justiça do Trabalho processar e julgar reclamação de servidor público relativamente a vantagens trabalhistas anteriores à instituição do regime jurídico único (DJ 3.3.94).

98. Embargos de declaração. Prequestionamento

Embargos de declaração manifestados com notório propósito de prequestionamento não têm caráter protelatório (DJ 25.4.94).

99. Ministério público. Legitimidade

O Ministério Público tem legitimidade para recorrer no processo em que oficiou como fiscal da lei, ainda que não haja recurso da parte (DJ 25.4.94).

105. Honorários advocatícios. Mandado de segurança

Na ação de mandado de segurança não se admite condenação em honorários advocatícios (DJ 3.6.94).

125. O pagamento de férias não gozadas por necessidade do serviço

Não está sujeito à incidência do Imposto de Renda (DJ 16.12.94).

134. Embargos de terceiro. Meação

Embora intimada da penhora em imóvel do casal, o cônjuge do executado, pode opor embargos de terceiro para defesa de sua meação (DJ 5.5.95).

136. Licença-prêmio. Não gozada por necessidade de serviço. Imposto de renda

O pagamento de licença-prêmio não gozada por necessidade do serviço não está sujeito ao imposto de renda (DJ 16.5.95).

137. Competência. Servidor público municipal. Regime estatutário

Compete à Justiça Comum Estadual processar e julgar ação de servidor público municipal, pleiteando direitos relativos ao vínculo estatutário (DJ 19.5.95).

144. Precatório. Créditos de natureza alimentícia. Preferência

Os créditos de natureza alimentícia gozam de preferência, desvinculados os precatórios da ordem cronológica dos créditos de natureza diversa (DJ 18.8.95).

147. Competência. Crime praticado contra funcionário público federal no exercício da função

Compete à Justiça Federal processar e julgar os crimes praticados contra funcionário público federal, quando relacionados com o exercício da função (DJ 18.12.95).

SÚMULAS DO STJ AFETAS À ÁREA TRABALHISTA

150. Competência. Interesse jurídico da união, suas autarquias ou empresas públicas
Compete à Justiça Federal decidir sobre a existência de interesse jurídico que justifique a presença no processo, da União, suas autarquias ou empresas públicas (DJ 15.2.96).

154. FGTS. Optantes. Lei n. 5.958/93. Taxa progressiva de juros
Os optantes pelo FGTS, nos termos da Lei n. 5.958, de 1973, têm direito à taxa progressiva dos juros, na forma do art. 4º da Lei n. 5.107/1996 (DJ 15.4.96).

161. Competência. Levantamento dos valores relativos ao PIS/PASEP e FGTS. Falecimento do titular da conta
É da competência da Justiça Estadual autorizar o levantamento dos valores relativos ao PIS/PASEP e FGTS, em decorrência do falecimento do titular da conta (DJ 19.6.96).

165. Competência. Crime de falso testemunho. Processo do trabalho
Compete à Justiça Federal processar e julgar crime de falso testemunho cometido no processo do trabalho (DJ 2.9.96)

170. Competência. Pedidos trabalhistas e estatutário e pedido remanescente
Compete ao juízo onde primeiro for intentada a ação envolvendo acumulação de pedidos, trabalhista e estatutário, decidi-la nos limites da sua jurisdição, sem prejuízo do ajuizamento de nova causa, com o pedido remanescente, no juízo próprio (DJ 5.11.96).

173. Competência da justiça federal. Servidor dispensado antes da vigência do regime jurídico único
Compete à Justiça Federal processar e julgar o pedido de reintegração em cargo público federal, ainda que o servidor tenha sido dispensado antes da instituição do Regime Jurídico Único (DJ 5.11.96).

175. Ação rescisória. Inss. Depósito prévio. Descabimento
Descabe o depósito prévio nas ações rescisórias propostas pelo INSS.

179. Depósito judicial. Correção monetária. Responsabilidade do estabelecimento de crédito
O estabelecimento de crédito que recebe dinheiro, em depósito judicial, responde pelo pagamento da correção monetária relativa aos valores recolhidos (DJU 17.2.97).

180. Lide trabalhista. Conflito de competência. Juiz estadual e junta de conciliação e julgamento. Competência do tribunal regional do trabalho da respectiva região
Na lide trabalhista, compete ao Tribunal Regional do Trabalho dirimir conflito de competência verificado, na respectiva região, entre juiz estadual e Junta de Conciliação e Julgamento (DJU 17.2.97).

201. Honorários advocatícios. Fixação em salários mínimos. Descabimento
Os honorários advocatícios não podem ser fixados em salários mínimos. (DJ 4.2.98).

210. FGTS. Cobrança. Prescrição
A ação de cobrança das contribuições para o FGTS. Prescreve em 30 anos (DJ 5.6.98).

215. Imposto de renda. Programa de demissão voluntária. Isenção
A indenização recebida pela adesão a programa de incentivo à demissão voluntária não está sujeita à incidência do imposto de renda (DJ 4.12.98).

218. Competência. Ação de servidor público estadual. Cargo em comissão. Estatutário. Justiça comum
Compete à Justiça dos Estados processar e julgar ação de servidor estadual decorrente de direitos e vantagens estatutárias no exercício de cargo em comissão (DJ 24.2.99).

219. Créditos. Serviços prestados à massa falida. Privilégios
Os créditos decorrentes de serviços prestados à massa falida, inclusive a remuneração do síndico, gozam dos privilégios próprios dos trabalhistas. (DJ 25.3.99).

222. Competência. Contribuição sindical prevista no art. 578 da CLT
Compete à Justiça Comum processar e julgar as ações relativas à Contribuição Sindical prevista no art. 578 da CLT (DJ 2.8.99).

225. Competência. Tribunal regional do trabalho
Compete ao Tribunal Regional do Trabalho apreciar recurso contra sentença proferida por órgão de primeiro grau da Justiça Trabalhista, ainda que para declarar-lhe a nulidade em virtude de incompetência (DJ 25.8.99).

226. Ministério público. Legitimidade para recorrer. Ação de acidente do trabalho
O Ministério Público tem legitimidade para recorrer na ação de acidente do trabalho, ainda que o segurado esteja assistido por advogado.

227. Dano moral. Pessoa jurídica
A pessoa jurídica pode sofrer dano moral (DJ 11.10.99).

230. Competência. Trabalhador avulso portuário. Ato do órgão gestor. Exercício da profissão
Compete à Justiça Estadual processar e julgar ação movida por trabalhador avulso portuário, em que se impugna ato do órgão gestor de mão de obra de que resulte óbice ao exercício de sua profissão. (DJ 11.10.99). (Cancelada pela Segunda Seção do STJ, publicado no DJ, 9.11.00).

236. Competência. Conflitos de competência entre juízes trabalhistas vinculados a tribunais do trabalho diversos
Não compete ao Superior Tribunal de Justiça dirimir conflitos de competência entre juízes trabalhistas vinculados a Tribunais Regionais do Trabalho diversos (DJ 17.4.00).

239. Adjudicação compulsória. Não se condiciona ao registro do compromisso de compra e venda no cartório de imóveis
O direito à adjudicação compulsória não se condiciona ao registro do compromisso de compra e venda no cartório de imóveis.

242. Ação declaratória. Tempo de serviço. Fins previdenciários
Cabe ação declaratória para reconhecimento de tempo de serviço para fins previdenciários (DJ 27.11.2000).

249. FGTS. Correção monetária. Caixa Econômica Federal. Legitimidade passiva
A Caixa Econômica Federal tem legitimidade passiva para integrar processo em que se discute correção monetária do FGTS (DJ 22.6.01).

252. FGTS. Saldos das contas. Correção pelos índices de planos econômicos (perdas)
Os saldos das contas do FGTS, pela legislação infraconstitucional, são corrigidos em 42,72% (IPC) quanto às perdas de janeiro de 1989 e 44,80% (IPC) quanto às de abril de 1990, acolhidos pelo STJ os índices de 18,02% (LBC) quanto às perdas de junho de 1987, de 5,38% (BTN) para maio de 1990 e 7,00% (TR) para fevereiro de 1991, de acordo com o entendimento do STF (RE 226.855-7-RS). (DJ 16.8.01).

253. Art. 557, do CPC. Reexame necessário
O art. 557 do CPC, que autoriza o relator a decidir o recurso, alcança o reexame necessário (DJ 15.8.01).

272. Trabalhador rural. Segurado especial. Aposentadoria. Recolhimento. Contribuições facultativas
O trabalhador rural, na condição de segurado especial, sujeito à contribuição obrigatória sobre a produção rural comercializada, somente faz jus à aposentadoria por tempo de serviço se recolher contribuições facultativas (DJ 19.9.02).

273. Carta precatória. Expedição. Intimação. Desnecessária a intimação da data da audiência no juízo deprecado
Intimada a defesa da expedição da carta precatória, torna-se desnecessária intimação da data da audiência no juízo deprecado (DJ 19.9.02).

278. Prescrição. Prazo prescricional. Ação de indenização. Incapacidade laboral
O termo inicial do prazo prescricional, na ação de indenização é a data em que o segurado teve ciência inequívoca da incapacidade laboral (DJ 16.6.03).

281. Dano moral. Tarifação prevista na lei de imprensa
A indenização por dano moral não está sujeita à tarifação prevista na Lei de Imprensa. (DJ 13.5.04)

SÚMULAS DO STJ AFETAS À ÁREA TRABALHISTA

282. Ação monitória. Citação. Edital. Cabimento

Cabe a citação por edital em ação monitória. (DJ 14.5.04)

289. Restituição das parcelas pagas. Previdência privada. Correção

A restituição das parcelas pagas a plano de previdência privada deve ser objeto de correção plena, por índice que recomponha a efetiva desvalorização da moeda. (DJ 14.5.04)

290. Planos de previdência privada. Beneficiário. Contribuição. Devolução. Não cabimento

Nos planos de previdência privada, não cabe ao beneficiário a devolução da contribuição efetuada pelo patrocinador. (DJ 14.5.04)

291. Ação de cobrança. Parcelas de complementação. Previdência privada. Prescrição

A ação de cobrança de parcelas de complementação de aposentadoria pela previdência privada prescreve em cinco anos. (DJ 14.5.04)

292. Reconvenção. Ação monitória. Conversão. Procedimento ordinário. Cabimento

A reconvenção é cabível na ação monitória, após a conversão do procedimento em ordinário. (DJ 14.5.04)

304. Depositário. Que não assume expressamente o encargo. Prisão civil. Ilegalidade

É ilegal a decretação da prisão civil daquele que não assume expressamente o encargo de depositário judicial. (DJ 22.11.04)

305. Depositário. Falência. Arrecadação do bem pelo síndico. Prisão civil. Descabimento

É descabida a prisão civil do depositário quando, decretada a falência da empresa, sobrevém a arrecadação do bem pelo síndico. (DJ 22.11.04)

310. Auxílio-creche. Salário de contribuição. Não integração ao salário

O auxílio-creche não integra o salário de contribuição. (DJ 23.5.05)

314. Execução fiscal. Não localização de bens penhoráveis. Suspensão do processo. Prescrição intercorrente

Em execução fiscal, não localizados bens penhoráveis, suspende-se o processo por um ano, findo o qual se inicia o prazo da prescrição quinquenal intercorrente. (DJ 8.2.06)

328. Execução contra instituição financeira. Penhora

Na execução contra instituição financeira, é penhorável o numerário disponível, excluídas as reservas bancárias mantidas no Banco Central. (DJ 10.8.06)

343. Advogado. Processo administrativo disciplinar. Presença obrigatória

É obrigatória a presença de advogado em todas as fases do processo administrativo disciplinar. (DJ 21.9.07)

344. Liquidação. Forma diversa na sentença. Não ofensa a coisa julgada

A liquidação por forma diversa da estabelecida na sentença não ofende a coisa julgada.

345. Honorários advocatícios. Fazenda pública. Execuções individuais. Ações coletivas, ainda que não embargada. Cabimento

São devidos honorários advocatícios pela Fazenda Pública nas execuções individuais de sentença proferida em ações coletivas, ainda que não embargadas.

346. Militares temporários. Aquisição de estabilidade. Contagem em dobro de férias e licenças não gozadas. Vedação

É vedada aos militares temporários, para aquisição de estabilidade, a contagem em dobro de férias e licenças não-gozadas. (DJe 3.3.08)

349. Competência. Julgamento das execuções fiscais de contribuições devidas pelo empregador ao FGTS. Justiça federal ou aos juízes com competência delegada

Compete à Justiça Federal ou aos juízes com competência delegada o julgamento das execuções fiscais de contribuições devidas pelo empregador ao FGTS. (DJe 19.6.08)

351. Seguro de Acidente do Trabalho (SAT). Alíquota de contribuição para o seguro de acidente do trabalho. Aferição do grau de risco

A alíquota de contribuição para o Seguro de Acidente do Trabalho (SAT) é aferida pelo grau de risco desenvolvido em cada empresa, individualizada pelo seu CNPJ, ou pelo grau de risco da atividade preponderante quando houver apenas um registro.(DJe 19.6.08)

353. FGTS. Contribuição. Disposições do código tributário nacional. Não aplicação

As disposições do Código Tributário Nacional não se aplicam às contribuições para o FGTS. (DJ 19.6.08)

362. Dano moral. Correção monetária. Incidência desde a data do arbitramento

A correção monetária do valor da indenização do dano moral incide desde a data do arbitramento. (DJe 3.11.08)

363. Competência. Ação de cobrança ajuizada por profissional liberal contra cliente. Justiça estadual

Compete à Justiça estadual processar e julgar a ação de cobrança ajuizada por profissional liberal contra cliente. (DJe 3.11.08)

364. Bem de família. Impenhorabilidade. Imóvel pertencente a pessoas solteiras, separadas e viúvas. Abrangência

O conceito de impenhorabilidade de bem de família abrange também o imóvel pertencente a pessoas solteiras, separadas e viúvas. (DJe 4.11.08)

365. Rede Ferroviária Federal S/A. Intervenção da união. Sucessão. Competência. Justiça federal

A intervenção da União como sucessora da Rede Ferroviária Federal S/A (RFFSA) desloca a competência para a Justiça Federal ainda que a sentença tenha sido proferida por Juízo estadual (DJe 26.11.08)

366. Ação indenizatória proposta por viúva e filhos de empregado falecido em acidente do trabalho. Competência. Justiça estadual

Compete à Justiça estadual processar e julgar ação indenizatória proposta por viúva e filhos de empregado falecido em acidente de trabalho (DJe 26.11.08) (Cancelada. CC 10/977 DJe 5.10.09)

367. Emenda Constitucional n. 45/2004. Competência. Processos já sentenciados. Não alcance

A competência estabelecida pela EC n. 45/2004 não alcança os processos já sentenciados (DJe 26.11.08)

373. Depósito prévio. Recurso administrativo. Admissibilidade. Exigência ilegítima

É ilegítima a exigência de depósito prévio para admissibilidade de recurso administrativo (DJe 30.3.09)

375. Fraude à execução. Reconhecimento. Registro da penhora do bem alienado ou da prova de má-fé do terceiro adquirente

O reconhecimento da fraude à execução depende do registro da penhora do bem alienado ou da prova de má-fé do terceiro adquirente. (DJe 30.3.09)

377. Concurso público. Portador de visão monocular. Vagas reservadas aos deficientes. Direito de concorrer

O portador de visão monocular tem direito de concorrer, em concurso público, às vagas reservadas aos deficientes. (DJe/STJ 5.5.09)

378. Servidor público. Desvio de função. Diferenças salariais decorrentes

Reconhecido o desvio de função, o servidor faz jus às diferenças salariais decorrentes (DJe 5.5.09)

386. Férias. Proporcionais e respectivo adicional. Imposto de renda. Isenção

São isentas de imposto de renda as indenizações de férias proporcionais e o respectivo adicional (DJe 1.9.09)

387. Dano estético e moral. Indenização. Cumulação. Licitude

É lícita a cumulação das indenizações de dano estético e dano moral (DJe 1.9.09)

1776

SÚMULAS DO STJ AFETAS À ÁREA TRABALHISTA

393. Execução fiscal. Exceção de pré-executividade. Matérias conhecíveis de ofício que não demandem dilação probatória. Admissibilidade

A exceção de pré-executividade é admissível na execução fiscal relativamente às matérias conhecíveis de ofício que não demandem dilação probatória. (DJe 7.10.09)

396. Contribuição sindical. Rural. Cobrança. Confederação nacional da agricultura. Legitimidade ativa

A Confederação Nacional da Agricultura tem legitimidade ativa para a cobrança da contribuição sindical rural (DJe 7.10.09)

398. FGTS. Prescrição. Juros progressivo sobre os saldos da conta vinculada. Limite. Parcelas vencidas

A prescrição da ação para pleitear os juros progressivos sobre os saldos de conta vinculada do FGTS não atinge o fundo de direito, limitando-se às parcelas vencidas DJe 7.10.09)

400. Execução fiscal. Encargo de 20%. DL n. 1.025/1969. Massa falida. Exigência

O encargo de 20% previsto no DL n. 1.025/1969 é exigível na execução fiscal proposta contra a massa falida (DJe 7.10.09)

401. Ação rescisória. Prazo decadencial. Só se inicia quando não for cabível qualquer recurso do último pronunciamento judicial

O prazo decadencial da ação rescisória só se inicia quando não for cabível qualquer recurso do último pronunciamento judicial (DJe 13.10.09)

403. Indenização. Publicação não autorizada de imagem de pessoa com fins econômicos ou comerciais. Independe de prova do prejuízo

Independe de prova do prejuízo a indenização pela publicação não autorizada de imagem de pessoa com fins econômicos ou comerciais. DJe 24.11.09

406. Fazenda pública. Recusa. Substituição do bem penhorado por precatório. Possibilidade

A Fazenda Pública pode recusar a substituição do bem penhorado por precatório.

409. Execução fiscal. Prescrição ocorrida antes da propositura da ação. Decretação de ofício. Possibilidade (art. 219, § 5º, do CPC)

Em execução fiscal, a prescrição ocorrida antes da propositura da ação pode ser decretada de ofício (art. 219, § 5º, do CPC (DJe 24.11.09, REP. DJe 25.11.09)

414. Execução fiscal. Citação por edital. Cabível quando frustradas as demais modalidades

A citação por edital na execução fiscal é cabível quando frustradas as demais modalidades (DJe 16.12.09)

417. Penhora. De dinheiro. Execução civil. Ordem de nomeação de bens. Caráter não absoluto

Na execução civil, a penhora de dinheiro na ordem de nomeação de bens não tem caráter absoluto. (DJe 11.3.10)

419. Depositário infiel. Prisão civil. Descabimento

Descabe a prisão civil do depositário judicial infiel. (DJe 11.3.10)

421. Honorários advocatícios. Defensoria pública. Atuação contra a pessoa jurídica de direito público à qual pertença. Descabimento

Os honorários advocatícios não são devidos à Defensoria Pública quando ela atua contra a pessoa jurídica de direito público à qual pertença. (DJe 11.3.10)

425. Retenção da contribuição para a seguridade social pelo tomador de serviços. Não aplicação às empresas optantes pelo simples.

A retenção da contribuição para a seguridade social pelo tomador do serviço não se aplica às empresas optantes pelo simples.

429. Citação postal. Autorização por lei. Exigência de aviso de recebimento

A citação postal, quando autorizada por lei, exige o aviso de recebimento.

430. Inadimplemento da obrigação pela sociedade. Não gera, por si só a responsabilidade solidária do sócio-gerente

O inadimplemento da obrigação tributária pela sociedade não gera, por si só, a responsabilidade solidária do sócio-gerente. (Dje 20.5.10)

435. Empresa dissolvida irregularmente. Domicílio fiscal. Não comunicação aos órgãos competentes. Presunção. Execução fiscal. Direcionamento

Presume-se dissolvida irregularmente a empresa que deixar de funcionar no seu domicílio fiscal, sem comunicação aos órgãos competentes, legitimando o redirecionamento da execução fiscal para o sócio-gerente. (DJe 14.5.10)

445. Fundo de Garantia do Tempo de Serviço. Expurgos inflacionários. Diferenças. Termo inicial. Data em que deveriam ter sido creditadas

As diferenças de correção monetária resultantes de expurgos inflacionários sobre os saldos de FGTS têm como termo inicial a data em que deveriam ter sido creditadas. (DJe 14.5.10)

449. Penhora. Vaga de garagem. Matrícula própria no registro de imóveis. Não configuração como bem de família

A vaga de garagem que possui matrícula própria no registro de imóveis não constitui bem de família para efeito de penhora. (DJe 21.6.10)

451. Penhora. Sede do estabelecimento comercial. Legitimidade

É legítima a penhora da sede do estabelecimento comercial. (DJe 21.6.10)

452. Ações de pequeno valor. Extinção. Faculdade da administração federal. Vedada a atuação judicial de ofício

A extinção das ações de pequeno valor é faculdade da Administração Federal, vedada a atuação judicial de ofício. (DJe 21.6.10)

456. Correção monetária. Salários de contribuição. Benefício de auxílio-doença, aposentadoria por invalidez, pensão ou auxílio-reclusão concedidos antes da vigência da CF/1988. Descabimento

É incabível a correção monetária dos salários de contribuição considerados no cálculo do salário de benefício de auxílio-doença, aposentadoria por invalidez, pensão ou auxílio-reclusão concedidos antes da vigência da CF/1988 (DJe 8.9.10)

458. Contribuição previdenciária. Comissão paga ao corretor de seguro. Incidência

A contribuição previdenciária incide sobre a comissão paga ao corretor de seguros. (DJe 8.9.10)

459. Correção monetária. FGTS. Débitos recolhidos pelo empregador mas não repassados ao fundo. TR (Taxa Referencial). Índice aplicado

A Taxa Referencial (TR) é o índice aplicável, a título de correção monetária, aos débitos com o FGTS recolhidos pelo empregador mas não repassados ao fundo. (DJe 8.9.10)

462. Caixa Econômica Federal. Ações em que representa o FGTS. Quando sucumbente. Custas. Reembolso a parte vencedora

Nas ações em que representa o FGTS, a CEF, quando sucumbente, não está isenta de reembolsar as custas antecipadas pela parte vencedora. (DJe 8.9.10)

463. Imposto de renda. Indenização. Horas extraordinárias trabalhadas, ainda que decorrentes de acordo coletivo. Incidência

Incide imposto de renda sobre os valores percebidos a título de indenização por horas extraordinárias trabalhadas, ainda que decorrentes de acordo coletivo. (DJe 8.9.10)

466. Fundo de Garantia do Tempo de Serviço. Titular da conta. Saque. Contrato de trabalho declarado nulo por ausência de prévia aprovação em concurso público

O titular da conta vinculada ao FGTS tem o direito de sacar o saldo respectivo quando declarado nulo seu contrato de trabalho por ausência de prévia aprovação em concurso público. (DJe 25.10.10)

467. Prescrição. Execução da multa por infração ambiental. Processo administrativo. Prazo e contagem

Prescreve em cinco anos, contados do término do processo administrativo, a pretensão da Administração Pública de promover a execução da multa por infração ambiental. (DJe 25.10.10)

478. Execução. Cotas condominiais. Preferência sobre o hipotecário

Na execução de crédito relativo a cotas condominiais, este tem preferência sobre o hipotecário. (DJe 19.6.12)

SÚMULAS DO STJ AFETAS À ÁREA TRABALHISTA

479. Instituições financeiras. Responsabilidade objetiva. Danos gerados por fortuito interno. Fraudes e delitos praticados por terceiros no âmbito de operações bancárias

As instituições financeiras respondem objetivamente pelos danos gerados por fortuito interno relativo a fraudes e delitos praticados por terceiros no âmbito de operações bancárias. (DJe 1.8.12).

480. Juízo da recuperação judicial. Decisão sobre a constrição de bens não abrangidos pelo plano de recuperação da empresa. Incompetência

O juízo da recuperação judicial não é competente para decidir sobre a constrição de bens não abrangidos pelo plano de recuperação da empresa. (DJe 1.8.12)

481. Justiça gratuita. Pessoa jurídica com ou sem fins lucrativos. Impossibilidade de arcar com os encargos processuais. Benefício

Faz jus ao benefício da justiça gratuita a pessoa jurídica com ou sem fins lucrativos que demonstrar sua impossibilidade de arcar com os encargos processuais. (DJe 1.8.12)

482. Processo cautelar. Falta de ajuizamento da ação principal no prazo do art. 806 do CPC. Perda da eficácia da liminar deferida e a extinção do processo cautelar

A falta de ajuizamento da ação principal no prazo do art. 806 do CPC acarreta a perda da eficácia da liminar deferida e a extinção do processo cautelar. (DJe 1.8.12)

483. INSS. Não obrigação de efetuar o depósito prévio de preparo. Prerrogativas e privilégios da Fazenda Pública

O INSS não está obrigado a efetuar depósito prévio do preparo por gozar das prerrogativas e privilégios da Fazenda Pública. (DJe 1.8.12)

484. Recurso. Preparo. Interposição do recurso após o encerramento do expediente bancário

Admite-se que o preparo seja efetuado no primeiro dia útil subsequente, quando a interposição do recurso ocorrer após o encerramento do expediente bancário. (DJe 1.8.12)

485. Arbitragem. Contratos que contenham cláusula arbitral. Lei. Aplicação ainda que celebrados antes da sua edição

A Lei de Arbitragem aplica-se aos contratos que contenham cláusula arbitral, ainda que celebrados antes da sua edição. (DJe 1.8.12)

486. Penhora. Único imóvel. Locado a terceiro. Renda obtida com a locação e revertida para a subsistência ou moradia da família. Impenhorabilidade

É impenhorável o único imóvel residencial do devedor que esteja locado a terceiros, desde que a renda obtida com a locação seja revertida para a subsistência ou a moradia da sua família. (DJe 1.8.12)

487. Art. 741, parágrafo único, do CPC. Sentenças transitadas em julgado em data anterior à da sua vigência. Não aplicação

O parágrafo único do art. 741 do CPC não se aplica às sentenças transitadas em julgado em data anterior à da sua vigência. (DJe 1.8.12)

488. Honorários advocatícios. Repartição. Art. 6º, § 2º da Lei n. 9.469/1997. Inaplicável a acordos ou transações celebrados em data anterior à sua vigência

O § 2º do art. 6º da Lei n. 9.469/1997, que obriga à repartição dos honorários advocatícios, é inaplicável a acordos ou transações celebrados em data anterior à sua vigência. (DJe 1.8.12)

489. Ação civil pública. Continência. Reconhecimento. Justiça federal e Justiça estadual. Reunião na Justiça Federal

Reconhecida a continência, devem ser reunidas na Justiça Federal as ações civis públicas propostas nesta e na Justiça estadual. (DJe 1.8.12)

490. Reexame necessário. Dispensa. Valor da condenação ou do direito controvertido inferior a sessenta salários mínimos. Sentenças ilíquidas. Não aplicação

A dispensa de reexame necessário, quando o valor da condenação ou do direito controvertido for inferior a sessenta salários mínimos, não se aplica a sentenças ilíquidas. (DJe 1.8.12)

494. PIS-PASEP. Benefício fiscal. Ressarcimento do crédito presumido do IPI. Exportações. Incidência quando as matérias-primas ou os insumos sejam adquiridos de pessoa física ou jurídica não contribuinte

O benefício fiscal do ressarcimento do crédito presumido do IPI relativo às exportações incide mesmo quando as matérias-primas ou os insumos sejam adquiridos de pessoa física ou jurídica não contribuinte do PIS/PASEP. (DJe 13.8.12)

497. Penhora. Créditos das autarquias federais preferem aos créditos da fazenda estadual. Coexistência

Os créditos das autarquias federais preferem aos créditos da Fazenda estadual desde que coexistam penhoras sobre o mesmo bem. (DJe 13.8.12)

498. Dano moral. Indenização. Imposto de renda. Não incidência

Não incide imposto de renda sobre a indenização por danos morais (DJe 13.8.12).

499. Contribuições ao sesc e senac. Empresa. Prestadoras de serviços. Serviço social

As empresas prestadoras de serviços estão sujeitas às contribuições ao Sesc e Senac, salvo se integradas noutro serviço social. (DJe 18.3.13)

505. Competência. Demandas que têm por objeto obrigações decorrentes dos contratos de planos de previdência privada firmados com a Fundação Rede Ferroviária de Seguridade Social. REFER. Justiça estadual

A competência para processar e julgar as demandas que têm por objeto obrigações decorrentes dos contratos de planos de previdência privada firmados com a Fundação Rede Ferroviária de Seguridade Social. REFER é da Justiça estadual. (DJe 10.2.2014) (RSTJ 1.233, p. 823)

507. Acumulação. Auxílio-acidente com aposentadoria. Lesão incapacitante. Art. 23 da Lei n. 8.213/91. Definição. Momento da lesão nos casos de doença profissional ou do trabalho

A acumulação de auxílio-acidente com aposentadoria pressupõe que a lesão incapacitante e a aposentadoria sejam anteriores a 11.11.1997, observado o critério do art. 23 da Lei n. 8.213/1991 para definição do momento da lesão nos casos de doença profissional ou do trabalho. (DJe 31.3.2014)

514. CEF. Responsável pelo fornecimento dos extratos das contas individualizadas vinculadas ao FGTS dos trabalhadores, inclusive para fins de exibição em juízo, independentemente do período em discussão

A CEF é responsável pelo fornecimento dos extratos das contas individualizadas vinculadas ao FGTS dos Trabalhadores participantes do Fundo de Garantia do Tempo de Serviço, inclusive para fins de exibição em juízo, independentemente do período em discussão. (DJe 18.8.14)

515. Reunião de execuções fiscais. Mesmo devedor. Faculdade do juiz

A reunião de execuções fiscais contra o mesmo devedor constitui faculdade do Juiz. (DJe 18.8.14)

521. Execução fiscal. Legitimidade para a execução. Multa pendente de pagamento imposta em sentença condenatória. Exclusividade da procuradoria da fazenda pública

A legitimidade para a execução fiscal de multa Pendente de pagamento imposta em sentença condenatória é exclusiva da procuradoria da fazenda pública. (DJE n. 1707/15, 6.4.15)

529. Seguro. Responsabilidade civil facultativo. Ajuizamento de ação pelo terceiro prejudicado direta e exclusivamente em face da seguradora do apontado causador do dano. Não cabimento

No seguro de responsabilidade civil facultativo, não cabe o ajuizamento de ação pelo terceiro prejudicado direta e exclusivamente em face da seguradora do apontado causador do dano. (DJe/STJ 18.5.15, PUBL. 19.5.15)

549. Bem de família. Pertencente a fiador de contrato de locação. Validade

É válida a penhora de bem de família pertencente a fiador de contrato de locação. (DJe 19.10.15)

SÚMULAS DO STJ AFETAS À ÁREA TRABALHISTA

552. Concurso público. Vagas reservadas. Portador de surdez unilateral. Não qualificação como pessoa com deficiência para o fim de disputar as vagas reservadas

O portador de surdez unilateral não se qualifica como pessoa com deficiência para o fim de disputar as vagas reservadas em concursos públicos. (DJe 9.11.15)

554. Sucessão empresarial. Responsabilidade da sucessora. Abrangência. Tributos devidos pela sucedida e multas moratórias ou punitivas. Fatos geradores ocorridos até a data da sucessão

Na hipótese de sucessão empresarial, a responsabilidade da sucessora abrange não apenas os tributos devidos pela sucedida, mas também as multas moratórias ou punitivas referentes a fatos geradores ocorridos até a data da sucessão. (DJe 15.12.15)

556. Imposto de renda. Complementação aposentadoria. Indevida a incidência sobre o valor pago por entidade de previdência privada em relação ao resgate de contribuições recolhidas para referidas entidades. Período de 1º.1.1989 a 31.12.1995. Isenção. Lei n. 7.713/88

É indevida a incidência de imposto de renda sobre o valor da complementação de aposentadoria pago por entidade de previdência privada e em relação ao resgate de contribuições recolhidas para referidas entidades patrocinadoras no período de 1º.1.1989 a 31.12.1995, em razão da isenção concedida pelo art. 6º, VII, b, da Lei n. 7.713/1988, na redação anterior à que lhe foi dada pela Lei n. 9.250/1995. (DJe: 15.12.15)

557. Renda Mensal Inicial (RMI). Benefício de aposentadoria por invalidez precedido de auxílio-doença. Apuração (art. 36, § 7º do Decreto n. 3.048/99). Critérios (art. 29, § 5º, da Lei n. 8.213/91)

A Renda Mensal Inicial (RMI) alusiva ao benefício de aposentadoria por invalidez precedido de auxílio-doença será apurada na forma do art. 36, § 7º, do Decreto n. 3.048/1999, observando-se, porém, os critérios previstos no art. 29, § 5º, da Lei n. 8.213/1991, quando intercalados períodos de afastamento e de atividade laboral. (DJe 15.12.15)

558. Ações. Petição inicial. Não pode ser indeferida sob o argumento da falta de indicação do CPF e/ou RG ou CNPJ da parte executada

Em ações de execução fiscal, a petição inicial não pode ser indeferida sob o argumento da falta de indicação do CPF e/ou RG ou CNPJ da parte executada. (DJe 15.12.15)

559. Ações. Petição inicial. Desnecessária a instrução da petição inicial com o demonstrativo de cálculo do débito. Requisito não previsto no art. 6º da Lei n. 6.830/1980

Em ações de execução fiscal, é desnecessária a instrução da petição inicial com o demonstrativo de cálculo do débito, por tratar-se de requisito não previsto no art. 6º da Lei n. 6.830/1980. (DJe: 15.12.15)

560. Decretação da indisponibilidade de bens e direitos, na forma do art. 185-a do CTN. Exaurimento das diligências na busca por bens penhoráveis. Caracterização

A decretação da indisponibilidade de bens e direitos, na forma do art. 185-A do CTN, pressupõe o exaurimento das diligências na busca por bens penhoráveis, o qual fica caracterizado quando infrutíferos o pedido de constrição sobre ativos financeiros e a expedição de ofícios aos registros públicos do domicílio do executado, ao Denatran ou Detran. (DJe: 15.12.15)

561. Conselhos regionais de farmácia. Atribuição para fiscalizar e autuar as farmácias e drogarias. Cumprimento da exigência de manter profissional legalmente habilitado (farmacêutico). Período de funcionamento dos respectivos estabelecimentos

Os Conselhos Regionais de Farmácia possuem atribuição para fiscalizar e autuar as farmácias e drogarias quanto ao cumprimento da exigência de manter profissional legalmente habilitado (farmacêutico) durante todo o período de funcionamento dos respectivos estabelecimentos. (DJe: 15.12.15)

563. Código de defesa do consumidor. Aplicável às entidades abertas de previdência complementar. Não incidência nos contratos previdenciários celebrados com entidades fechadas

O Código de Defesa do Consumidor é aplicável às entidades abertas de previdência complementar, não incidindo nos contratos previdenciários celebrados com entidades fechadas. (DJe 29.2.16)

568. Recurso. Relator. Monocraticamente e no STJ, poderá dar ou negar provimento ao recurso quando houver entendimento dominante acerca do tema

O relator, monocraticamente e no Superior Tribunal de Justiça, poderá dar ou negar provimento ao recurso quando houver entendimento dominante acerca do tema. (DJe 17.3.16)

571. Juros. Taxa progressiva. Não aplicação às contas vinculadas ao FGTS de trabalhadores qualificados como avulsos

A taxa progressiva de juros não se aplica às contas vinculadas ao FGTS de trabalhadores qualificados como avulsos. (DJe 2.5.16)

576. Ausente requerimento administrativo no INSS. Termo inicial para a implantação da aposentadoria por invalidez

Ausente requerimento administrativo no INSS, o termo inicial para a implantação da aposentadoria por invalidez concedida judicialmente será a data da citação válida.

Referência: CPC/2015, art. 1.036 (DJe 28.6.16)

577. Tempo de serviço rural anterior ao documento mais antigo apresentada

É possível reconhecer o tempo de serviço rural anterior ao documento mais antigo apresentado, desde que amparado em convincente prova testemunhal colhida sob o contraditório. Referência: CPC/2015, art. 1.036. Lei n. 8.213, de 24/07/1991, arts. 55, § 3º, 106 e 142. Decreto n. 3.048, de 06/05/1999, art. 63. Súmula n. 149 do STJ. (DJe 28.6.16)

578. Cultivo da cana-de-açúcar para empresa agroindustrial ligada ao setor sucroalcooleiro.

Os empregados que laboram no cultivo da cana-de-açúcar para empresa agroindustrial ligada ao setor sucroalcooleiro detêm a qualidade de rurícola, ensejando a isenção do FGTS desde a edição da Lei Complementar n. 11/1971 até a promulgação da Constituição Federal de 1988. Referência: CF/1988, art. 7º, III. LC n. 11, de 25.05.1971. CPC/2015, art. 1.036. Lei n. 5.889, de 08.06.1973, arts. 2º e 3º, § 1º. (DJe 28.6.16)

Produção Gráfica e Editoração Eletrônica: RLUX
Projeto de capa: Fábio Giglio
Assistente de pesquisa jurídica e de informática: *Valéria de Oliveira Dias*
Impressão: Cromosete

LOJA VIRTUAL
www.ltr.com.br

E-BOOKS
www.ltr.com.br